Duden Deutsch als Fremdsprache Standardwörterbuch

Herausgegeben vom Wissenschaftlichen Rat
der Dudenredaktion:
Dr. Matthias Wermke (Vorsitzender)
Dr. Kathrin Kunkel-Razum
Dr. Werner Scholze-Stubenrecht

Duden

Deutsch als Fremdsprache
Standardwörterbuch

2., neu bearbeitete und erweiterte Auflage

Herausgegeben von der Dudenredaktion

Dudenverlag

Mannheim · Leipzig · Wien · Zürich

Projektleitung
Dr. Kathrin Kunkel-Razum

Redaktionelle Bearbeitung
Anja Konopka, Ursula Kraif
unter Mitwirkung von
Christine Beil (Nürnberg),
Prof. Dr. Mechthild Habermann (Erlangen),
Prof. Dr. Stefanie Stricker (Bamberg) und
Wolfgang Worsch (München)

Herstellung Tina Vogel, Monika Schoch
Typografisches Konzept Iris Farnschläder, Hamburg
Umschlaggestaltung Sven Rauska, Wiesbaden

Die Deutsche Nationalbibliothek – CIP-Einheitsaufnahme
Ein Titeldatensatz für diese Publikation ist bei der Deutschen Nationalbibliothek
erhältlich.

Satz Bibliographisches Institut AG, Mannheim
Druck und Bindearbeit Druckerei C. H. Beck, Nördlingen
Printed in Germany
ISBN 978-3-411-71732-3
www.duden.de

Vorwort

Mit dem »Standardwörterbuch Deutsch als Fremdsprache« legen Dudenverlag und Dudenredaktion ein Wörterbuch vor, das sich speziell an Deutsch Lernende richtet. Einerseits soll dieses Wörterbuch Nichtmuttersprachler dabei unterstützen, geschriebene und gesprochene deutsche Texte korrekt zu verstehen; gleichzeitig aber soll es auch beim produktiven Gebrauch der deutschen Sprache, also bei der Texterstellung, helfen. Um dieser Zielsetzung gerecht zu werden, verzeichnet das Wörterbuch rund 20 000 Stichwörter und Wendungen der Standardsprache, darunter den gesamten Wortschatz des »Zertifikats Deutsch«.

Die Bedeutungserklärungen werden in einem leicht verständlichen Grundvokabular gegeben. Zusätzlich stellen authentische Anwendungsbeispiele die Stichwörter und ihre Bedeutungen in typischen Kontexten vor. Grundlage für die möglichst exakte Darstellung der Wortbedeutungen sind das umfangreiche Dudenkorpus sowie die nahezu unbegrenzten Recherchemöglichkeiten des Internets.

Neben den Grundbedeutungen werden bedeutungsgleiche und -ähnliche Wörter ebenso berücksichtigt wie Wortbildungen mithilfe der jeweiligen Stichwörter. So findet man beim Eintrag **Angst** die synonymen Wörter *Ängstlichkeit, Beklemmung, Furcht, Panik* und als mögliche Zusammensetzungen (Komposita) die Wörter *Berührungsangst, Todesangst.*

Rund 75 Infokästen enthalten Informationen zu leicht verwechselbaren Wörtern (z. B. *anscheinend / scheinbar*). Dieses Element soll dazu beitragen, gerade dort Sicherheit im Umgang mit der Bedeutungsvielfalt der deutschen Sprache zu erlangen, wo die Bedeutungen unscharf werden bzw. sich mit benachbarten Bedeutungen überschneiden.

Viele Wörter entfalten ihre volle Bedeutungsdimension erst dann, wenn sie zusammen mit anderen Wörtern idiomatische Wendungen bilden, deren Bedeutung über die ursprüngliche Bedeutung der Einzelwörter hinausreicht. Im Vorspann werden hierzu Beispiele aus dem Bereich von Redewendungen, die Zahlen enthalten, gegeben.

Für die Verbesserung der passiven (textverstehenden) wie aktiven (textproduzierenden) Sprachkompetenz ist der sichere Umgang mit Wortbildungselementen unerlässlich. Dies gilt selbstverständlich auch für die Erschließung von Neuwörtern, die im Zuge veränderter wirtschaftlicher, gesellschaftlicher, kultureller etc. Entwicklungen in der Zukunft aus bestehendem Sprachmaterial gebildet werden.

Dabei handelt es sich nicht nur um die bekannten Präfixe wie *be-, ent-, un-, ver-* oder Suffixe wie *-bar, -heit, -keit, -ung,* sondern auch um Wortbildungselemente, die selbstständige Stichwörter mit eigenständiger Bedeutung darstellen und gleichzeitig produktiv an der Bildung neuer zusammengesetzter Begriffe und semantischer Wortfelder beteiligt sind: *Öko-: Ökobauer, Ökoladen, Ökopartei; multi-, Multi-: multifunktional, multimedial, Multimillionär, Multitalent* etc.

Es werden aber nicht nur die traditionellen Wortbildungsmittel inhaltlich erläutert und vorgeführt (z. B.: *herbei-: herbeizaubern; -bar: maschinenlesbar*), sondern auch die Wortbildungsmittel, die man als Affixoide – als Halbpräfixe (Präfixoide) bzw. Halbsuffixe (Suffixoide) – bezeichnet.

Unter Affixoiden werden in diesem Buch die produktiven Wortbildungsmittel verstanden, mit denen man – wie mit den Affixen – in Analogie ganze Reihen neuer Wörter für den Augenblicksbedarf bilden kann, die aber noch immer – trotz inhaltlicher Entkonkretisierung oder Verblassung – die Bedeutung des selbstständigen Wortes erkennen lassen. Aus diesem Grund kann man unterscheiden zwischen einem Kompositum, das aus zwei selbstständigen Wörtern besteht (*Marathon-lauf, Papier-fabrik, frühjahrs-müde*), und einer affixoiden Wortbildung, die aus einem selbstständigen Wort und einem Affixoid besteht (*Marathon*-sitzung, Ideen-*fabrik*, ehe-*müde*).

Die Affixoide sind für die deutsche Gegenwartssprache besonders charakteristisch; aber gerade sie finden sich in den Wörterbüchern in der Regel nicht oder nur in Ansätzen verzeichnet. Bei der Bearbeitung wurde diesen sprachlichen Ausdrucksmitteln besondere Aufmerksamkeit gewidmet. Alle in den Artikeln aufgeführten Beispiele stammen aus dem umfangreichen Dudenkorpus, sind also belegte und keine erfundenen Wortbildungen. Diese Artikel zur Wortbildung verschaffen dem Benutzer Zugang zu vielen Wörtern, die in den Wörterbüchern nicht zu finden sind und auch nicht zu finden sein können, weil diese Wörter (noch) nicht lexikalisiert, (noch) nicht wörterbuchreif sind.

In der Gebrauchsprosa finden sich solche Bildungen besonders häufig. Auf einer Speisekarte werden – beispielsweise – kutter*frische* Krabben angeboten, und eine Firma beschreibt ihre Ventilatoren mit Attributen wie einbau*fertig,* drehzahlsteuer*bar,* anpassungs*fähig,* wartungs*frei,* geräusch*arm,* leistungs*stark,* bedarfs*gerecht,* betriebs*sicher,* anschluss*fertig.* Aber auch emotionale Wertungen kann man mit den Mitteln der Wortbildung ausdrücken: *Chef*ideologe, *sau*dumm, *hunde*müde, *top*aktuell, karriere*geil,* gesundheits*bewusst.*

Jeder einzelne Wortbildungsartikel erschließt eine oder mehrere Reihen gleich gebildeter Wörter. So finden sich unter *-in* beispielsweise: *Anwältin, Bewunderin, Hündin, Seniorin;* unter *Bilderbuch-: -ehe, -ehemann, -familie, -karriere, -landung, -start;* unter *-intern: anstalts-, fach-, firmen-, haus-, partei-.* Dabei werden gleichzeitig die unterschiedlichsten Bildungsweisen – mit Fugenelement, Umlaut, Ausfall der Endung, mit pluralischem oder singularischem Basiswort – deutlich.

Besonders in der – meist gesprochenen – Alltagskommunikation findet man eine praktisch unbegrenzte Kombinationsvielfalt, die oft zu Ad-hoc-Bildungen führt, die zwar unter Umständen in keinem Wörterbuch verzeichnet werden, deren Verstehen jedoch Voraussetzung für das Gelingen von Kommunikation ist. Die durch die Kombination mehrerer sprachlicher Elemente entstandene Bedeutung wird vom Sprachbenutzer nur erfasst, wenn er auch fähig ist, ähnliche Wortbildungen voneinander zu unterscheiden.

Mithilfe der Wortbildung werden oft ganze Sätze oder Satzteile zu einem einzigen Wort verdichtet. Solch ein Gebilde ist zwar für den Sprecher/Schreiber oft recht griffig, doch für den Hörer/Leser manchmal schwer oder gar nicht verständlich oder auch mehrdeutig. Die Bedeutung wird erst – aber auch nicht immer – aus dem Textzusammenhang oder aus der Situation erkennbar. Die Auflösung mancher Wortbildungen erfordert oftmals eine umständliche längere Umschreibung, so ist zum Beispiel »eine kinofähige Wirklichkeit« eine Wirklichkeit, die sich auch für den Film, das Kino eignet, und »brieftaschenfreundliche Preise« sind Preise, die nicht zu hoch, also akzeptabel sind, die die »Brieftasche« (als den Aufbewahrungsort für Geld) nicht so sehr belasten.

Die Produktivität der Sprache liegt in der Wortbildung. Daher gehören die Wortbildungsmittel auch in ein Bedeutungswörterbuch; aber nicht nur, um

Gegenwartstexte verstehbar zu machen, sondern auch, um sprachliche Kreativität zu fördern und anzuregen. Mit der ausführlichen Berücksichtigung der Wortbildung einerseits und mit der Einarbeitung des Ergänzungswortschatzes, der Synonyme und Zusammensetzungen, andererseits wurde in diesem Buch der Versuch unternommen, dem traditionellen Bedeutungswörterbuch eine neue Qualität zu geben und durch unmittelbare, lebendige Einblicke in die Vielfalt und Produktivität der Sprache die Lust an der Sprache und an eigener sprachlicher Gestaltung zu wecken.

Mannheim, im Februar 2010
Die Dudenredaktion

Inhalt

Die Behandlung der Stichwörter

1. Die Anordnung der Stichwörter

Die Stichwörter sind streng alphabetisch angeordnet. Dabei werden die Umlaute **ä, ö** und **ü** – anders als in Telefonbüchern – wie die Vokale **a, o** und **u** behandelt.

dämlich ...
Damm ...
dämmen ...
dämmern ...
Dämmerung ...
dämmrig ...

Es gilt der Grundsatz: Jedes Stichwort beginnt mit einer neuen Zeile. Damit vermeidet das Wörterbuch umfangreiche »Nester«, die wegen ihrer Komplexität das Auffinden des gesuchten Wortes erschweren:

abklappern ...
abklingen ...
abklopfen ...
abknallen ...
abknicken ...
abknöpfen ...

Die Infofenster zu leicht verwechselbaren Wörtern werden nach dem im Alphabet zuerst stehenden Wort eingefügt, also **anscheinend/scheinbar** nach dem Eintrag zu **anscheinend.**

2. Aussprache und Lautschrift

Zu den Hauptstichwörtern wird in diesem Wörterbuch die Lautschrift mit den Zeichen der *International Phonetic Association (IPA)* angegeben. Eine Liste der verwendeten Zeichen und der Laute, die sie repräsentieren, befindet sich auf Seite 18.

3. Darstellung und Aufbau der Stichworteinträge

Ab|bau[1] ['apbau̯][2], der; -[e]s[3]:
1.[4] **a)** *Zerlegung von Aufgebautem in seine Einzelteile*[5]: der Abbau von Tribünen ist besonders schwierig[6]. **Syn.:**[7] Abriss. **b)** *allmähliche Beseitigung:* Abbau von Privilegien[6]. **Zus.:**[8] Subventionsabbau, Truppenabbau.
2.[4] *Verringerung des Bestandes oder der Personenzahl*[5]: Abbau von Arbeitsplätzen, Lehrstellen, Personal[6]. **Zus.:**[8] Arbeitsplatzabbau, Personalabbau.
3.[4] *Förderung oder Gewinnung von Erzen und Mineralien*[5]: der Abbau der Steinkohle wird hier eingestellt[6].
4.[4] *Rückgang von Kräften*[5]: biologisch bedingter Abbau von Knochenmasse[6]. **Zus.:**[8] Leistungsabbau.

Die Stichwörter[1] erscheinen halbfett. Mögliche Worttrennstellen werden durch den vertikalen Strich | markiert. Es folgt die Lautschrift[2]. Angaben zur Wortart und zur Grammatik[3] sind der nächste Bestandteil des Artikels. Die Gliederung eines Eintrags nach Bedeutungen erfolgt durch halbfette arabische Ziffern[4]. Die Definitionen erscheinen in kursiver Schrift[5]. Sie werden durch Anwendungsbeispiele[6] illustriert. Synonyme[7] und Zusammensetzungen[8] beschließen einen Stichworteintrag bzw. eine Bedeutungskategorie.

ab|bau|en[1] ['apbau̯ən][2], baute ab, abgebaut[9]:
1.[4] ⟨tr.; hat⟩[10] **a)**[11] *(Aufgebautes) in seine Bestandteile zerlegen [und wegbringen]*[5] /Ggs. aufbauen/[12]: ein Gerüst, Zelt, Tribünen abbauen[6]. **Syn.:**[7] abbrechen, demontieren. **b)**[11] *allmählich beseitigen*[5]: Zölle abbauen[6]. **Syn.:**[7] senken.
2.[4] ⟨tr.; hat⟩[10] *in der Personenzahl verringern*[5]: die Verwaltung, Beamte abbauen[6]. **Syn.:**[7] abschießen (ugs.)[13], abservieren (ugs.)[13], auf die Straße setzen (ugs.)[13], auf die Straße werfen (ugs.)[13], entlassen, feuern (ugs.)[13], in den einstweiligen Ruhestand versetzen, in die Wüste schicken (ugs.)[13], kaltstellen (ugs.)[13], kündigen, seines Amtes entheben (geh.)[13], seines Amtes entkleiden (geh.)[13], über die Klinge springen lassen (ugs.)[13], zum alten Eisen werfen (ugs.)[13].
3.[4] ⟨tr.; hat⟩[10] *(Erze, Mineralien) fördern, gewinnen*[5]: heute wird immer weniger Kohle abgebaut[6].
4.[4] ⟨itr.; hat⟩[10] (ugs.)[13] *in der Leistung schwächer werden*[5]: von der zehnten Runde an baute die Europameisterin [körperlich] ab[6]. **Syn.:**[7] nachlassen.

Bei bestimmten Verben (siehe unten, S. 16) werden nach dem Stichwort die 3. Person Präteritum und das Partizip Perfekt[9] angegeben. Danach bzw. bei jeder weiteren Unterbedeutung folgen Angaben zu Transitivität bzw. Intransitivität sowie zum Hilfsverb[10]. Innerhalb einer Bedeutungskategorie erfolgt gegebenenfalls die weiter gehende Bedeutungsdifferenzierung mithilfe von Kleinbuchstaben[11]. Zur Eingrenzung der Bedeutung können gegensätzliche Wörter (Antonyme)[12] angegeben werden. In runden Klammern stehen die Markierungen der Sprachebene[13].

[1]**aus**[1] [au̯s][2] ⟨Präp. mit Dativ⟩[14]: **1.**[4] **a)**[11] gibt die Richtung, die Bewegung von innen nach außen an[15]: aus dem Zimmer gehen[6]. **b)**[11] gibt die räumliche oder zeitliche Herkunft, den Ursprung, den ursprünglichen Bereich an[15]: ein Werk aus dem vorigen Jahrhundert; aus der Nähe; aus drei Meter Entfernung; aus Berlin stammen[6] …	Die grammatischen Angaben stehen in Winkelklammern[14]. Manchmal wird die Bedeutung nicht als Definition, sondern als Erklärung[15] angegeben.
[1]**Ball** [bal][2], der; -[e]s, Bälle[3] ['bɛlə][2]: **a)**[4] *[mit Luft gefüllter] Gegenstand zum Spielen, Sporttreiben*[5] … [2]**Ball** [bal][2], der; -[e]s, Bälle[3] ['bɛlə][2]: *festliche Veranstaltung*[5] …	Wörter mit gleicher Schreibung, aber völlig unterschiedlicher Bedeutung …
[1]**Te|nor** [te'noːɐ̯][2], der; -s, Tenöre[3] [te'nøːrə][2]: **a)**[11] *Männersingstimme in hoher Lage*[5] … [2]**Te|nor** ['teːnoːɐ̯], der; -s: *grundlegender Gehalt*[5] …	… oder Wörter mit unterschiedlicher Aussprache oder Betonung …
[1]**Band** [bant][2], das; -[e]s, Bänder[3] ['bɛndɐ][2]: **a)** *schmaler Streifen aus Stoff o. Ä.:* ein buntes Band; ein Band im Haar … [2]**Band** [bɛnt][2], die; -, -s[3]: *Gruppe von Musikern* … [3]**Band** [bant][2], der; -[e]s, Bände[3] ['bɛndə][2]: *gebundenes Buch [das zu einer Reihe gehört]:* ein dicker Band …	… oder mit unterschiedlichem Genus und unterschiedlicher Deklination …
[1]**hän|gen** ['hɛŋən][2], hing, gehangen[3] ⟨itr.; hat⟩[10]: **1.** *oben, an seinem oberen Teil an einer bestimmten Stelle [beweglich] befestigt sein*[5] … [2]**hän|gen** ['hɛŋən][2], hängte, gehängt[3]: **1.** ⟨tr.; hat⟩[10] *etwas oben, an seinem oberen Teil … befestigen*[5] …	… oder Verben mit unterschiedlicher Konjugation werden durch vor dem Stichwort stehende Hochzahlen unterschieden.

4. Handhabung der Stilangaben

Es ist eine Wertung des individuellen Sprachgefühls, in welcher Qualität Wörter wie »Scheiße«, »blöd«, »Drecks-«, »saukalt« oder »affengeil« wahrgenommen werden. Was manchen Benutzern normalsprachlich, weil dem eigenen vertrauten Lebens- und Sprachalltag entstammend, erscheint, ist für andere schon »ugs.« (= umgangssprachlich), ja gar »derb«. Ähnlich verhält es sich mit Bewertungen wie »geh.« (= gehoben) oder »Jargon«.

Angaben zum Sprachstil, zur Sprachebene sind immer wertend und damit oft subjektiv. Dies gilt bis zu einem gewissen Grad auch für dieses Wörterbuch, auch wenn es sich auf Analysen des Dudenkorpus stützen kann und so mit empirisch abgesicherten Daten die Ebene der rein subjektiven Bewertung hinter sich lässt.

Zum Gebrauch und Stil werden folgende Angaben gemacht:

geh. = gehoben	Nicht alltägliche bzw. im alltäglichen Sprachgebrauch feierlich oder übertrieben wirkende Wörter wie **Affront, Antlitz** oder **sich befleißigen.**
ugs. = umgangssprachlich	Hier handelt es sich um eine zwanglose Ausdrucksweise im sprachlichen Alltag, die man vor allem hört, bzw. dort liest, wo individuelle Abweichungen von der Norm der Hochsprache üblich sind, etwa in persönlichen Briefen, E-Mails oder SMS-Texten, z. B. **drauflosgehen, dazwischenfunken, flitzen** oder **pennen.** Zu der Gruppe gehören auch Bildungen unter Verwendung von intensivierenden Präfixen wie **mega-** oder **super-.**
derb	Mit »derb« markierte Wörter werden im Allgemeinen als negativ und im alltäglichen Sprachgebrauch als anstößig empfunden. Dazu gehören Wörter wie **Arsch** oder **Visage.**
abwertend	Als »abwertend« empfundene Wörter oder Wortbildungselemente transportieren oft ein ablehnendes Urteil, eine persönliche Kritik an der Person, auf die sich das Wort bezieht, etwa **Chauvi, Drecks-, Pöbel** oder **Rowdy.**
emotional	Damit wird eine Ausdrucksweise markiert, die eine emotionale Anteilnahme an dem Bezeichneten wiedergibt, z. B. bei Wörtern oder Wortbildungselementen wie **Barbar, Drecks-** oder **super-.**
Jargon	Einem »Jargon« zugehörende Begriffe entstammen meist sozial oder beruflich definierbaren Gruppen. Dort wird der »Jargon« dann zum umgangssprachlichen Kommunikationsmittel, etwa **Stoff** unter Rauschgiftsüchtigen für das jeweilig konsumierte *Rauschmittel.*

5. Die Verwendung von »Syn.« und »Zus.«

Am Ende der Stichworteinträge bzw. am Ende der verschiedenen Bedeutungskategorien finden sich nach den Abkürzungen **Syn.:** bzw. **Zus.:** Aufstellungen von Wörtern, die in einer semantischen Beziehung zum Stichwort stehen.

Nach der Abkürzung **Syn.** folgen bedeutungsgleiche oder -ähnliche Wörter oder Wortgruppen (Synonyme) in alphabetischer Reihenfolge. Ist das Synonym ein Einzelwort, so ist es fast immer selbst wieder Stichwort im Buch und kann an der entsprechenden Stelle nachgeschlagen werden. Unter Umständen sind Einzelwörter ergänzt um »sich« und/oder eine Präposition. Außerdem werden die Sprachebenen angegeben.

Fach|mann ... **Syn.:** Ass, Autorität, Experte, Größe, Kapazität, Kenner, Könner, Meister, Phänomen, Profi, Spezialist.

Li|ai|son ... **Syn.:** Affäre, Liebelei (abwertend), Techtelmechtel (ugs.), Verhältnis.

be|trü|gen ... **Syn.:** anscheißen (salopp), anschmieren (ugs.), aufs Glatteis führen, aufs Kreuz legen (salopp), bluffen, einwickeln (ugs.), hereinlegen (ugs.), hinters Licht führen, leimen (ugs.), linken (ugs.), neppen (ugs.), prellen, über den Löffel balbieren (ugs.), überfahren (ugs.), überlisten, übers Ohr hauen (ugs.), übertölpeln, übervorteilen, verraten.

Nach **Zus.** werden zusammengesetzte Wörter (Komposita) aufgeführt, deren zweiter Bestandteil dem Stichwort entspricht; dies schließt auch Ableitungen ein.

Attraktion ... **Zus.:** Hauptattraktion, Touristenattraktion.

6. Produktive Wortbildungselemente

Präfixe, Suffixe, Suffixoide und auch selbstständige Wörter, mit denen Reihen neuer Wörter gebildet werden können, erscheinen als selbstständige Stichwörter an ihrem alphabetischen Ort:

be- <verbales Präfix> ... beackern, befummeln; bekotzen; bekritzeln ...
hin- <trennbares, betontes verbales Bestimmungswort >: ... hingehen; hinlaufen ...
-muffel ... Bewegungsmuffel; Ehemuffel; Gurtmuffel ...
-tüchtig ... fahrtüchtig; flugtüchtig; funktionstüchtig ...

Die einzelnen Wortarten

1. Substantive

a) Bei Substantiven stehen der Artikel, der Genitiv Singular und der Plural. Der bei diesen Angaben verwendete Strich »-« steht für das Stichwort:

Mann [man], der; -[e]s, Männer ['mɛnɐ]: …

b) Hat ein Substantiv keine Pluralform, wird als Form nur der Genitiv Singular angegeben:

Hunger ['hʊŋɐ], der; -s: …

c) Ausschließlich im Plural vorkommende Substantive erhalten die Angabe <Plural>:

Ferien ['fe:ri̯ən], die <Plural> …

d) Tritt ein Substantiv in einer bestimmten Bedeutung nur im Singular auf, dann wird dies durch den Zusatz <ohne Plural> gekennzeichnet:

Andacht ['andaxt], die; -, -en **1.** <ohne Plural> *Zustand, in dem sich jmd. befindet, wenn er sich in etwas versenkt* … **2.** *kurzer Gottesdienst* …

2. Verben

a) Verben mit regelmäßiger Konjugation erhalten keine weiteren Angaben. Als regelmäßig gelten die schwachen Verben, bei denen keine Trennung von Präfixen erfolgt, die im Präteritum in der 3. Person Singular auf -te enden und deren Hilfsverb im Perfekt ausschließlich »haben« ist:

aas/en, aas/te, hat geaas/t
absolvier/en, absolvier/te, hat absolvier/t
niesel/n, niesel/te, hat geniesel/t
opfer/n, opfer/te, hat geopfer/t

Bei Verben, die davon abweichende Formen aufweisen, werden die 3. Person Präteritum und die 3. Person Perfekt angegeben. Die 3. Person Präsens wird nur aufgeführt, wenn eine zusätzliche lautliche und/oder orthografische Abweichung auftritt:

fallen, fällt, fiel, ist gefallen
messen, misst, maß, hat gemessen

Die Formen werden in folgenden Fällen angegeben:

* starke Verben: beißen, biss, hat gebissen
* schwache Verben mit trennbarer Vorsilbe: auftrennen, trennte auf, hat aufgetrennt
* schwache Verben, bei denen in der Konjugation noch ein -e- zwischen Wortstamm und Endung tritt:
  fast/en, fast/ete, hat gefast/et
* schwache Verben, deren Hilfsverb im Perfekt ausschließlich (oder zusammen mit »haben«) »sein« ist: filzen, filzte, hat/ist gefilzt.

b) Verben, die ein Akkusativobjekt haben und ein persönliches Passiv bilden (transitive Verben), erhalten die Kennzeichnung <tr.>. Es gibt Verben mit Akkusativobjekt, die aber trotzdem nicht als transitiv gelten, da sie kein Passiv bilden, z. B. »bekommen« (er bekommt das Buch; nicht möglich jedoch: das Buch wurde von ihm bekommen). Verben mit reflexivem oder reziprokem Pronomen erhalten die Kennzeichnung <+ sich>, alle übrigen Verben die Kennzeichnung <itr.> = intransitiv.

c) Mit der Bezeichnung »Funktionsverb« werden Verben dann versehen, wenn sie neben ihrem Gebrauch als bedeutungtragendes Vollverb in bestimmten Verbindungen mit Substantiven auftreten, in denen ihre eigentliche Bedeutung verblasst ist und in denen sie nur Teil einer festen Wendung sind, z. B. »gelangen« in den Wendungen »zur Aufführung gelangen« (= aufgeführt werden) oder »zur Auszahlung gelangen« (= ausgezahlt werden).

3. Adjektive

a) Adjektive können als nähere Eigenschaftsbestimmung vor ein Substantiv treten: die schöne Rose. Hier spricht man vom *attributiven Gebrauch* des Adjektivs.

b) In Verbindung mit »sein« können Adjektive als nähere Eigenschaftsbestimmung nach dem Substantiv stehen: die Rose ist schön. Dann spricht man vom *prädikativen Gebrauch* des Adjektivs.

c) Adjektive können auch ein Verb näher bestimmen: die Rose blüht schön. Man spricht dann vom *adverbialen Gebrauch* des Adjektivs.

d) Steigerungsformen werden nur dann angegeben, wenn sie unregelmäßig gebildet werden oder wenn ein Umlaut auftritt:

gut, besser, beste
groß, größer, größte

Die Lautschrift

Zeichen der Lautschrift für deutsche Aussprache

Die unten stehende Tabelle zeigt Lautzeichen und Lautzeichenkombinationen, wie sie bei deutscher Aussprache im Wörterverzeichnis verwendet werden. In der ersten Spalte steht das Lautzeichen oder die Lautzeichenkombination, in der zweiten Spalte ein Wortbeispiel dazu und in der dritten Spalte das Beispiel in Lautschrift.

a	hạt	hat	i:	vi̲e̲l	fi:l	ɔ͜y	He̲u̲	hɔ͜y
a:	Ba̲hn	ba:n	i̯	Stu̲die	ˈʃtu:di̯ə	p	Pạkt	pakt
ɐ	O̲ber	ˈo:bɐ	ɪ	bịst	bɪst	p͜f	Pfa̲hl	p͜fa:l
ɐ̯	U̲hr	u:ɐ̯	j	ja̲	ja:	r	Rạst	rast
ã	Pense̲e̲	pãˈse:	k	kạlt	kalt	s	Hạst	hast
ã:	Gourmand	gʊrˈmã:	l	Lạst	last	ʃ	scha̲l	ʃa:l
a͜i	we̲i̲t	va͜it	l̩	Na̲bel	ˈna:bl̩	t	Ta̲l	ta:l
a͜u	Ha̲u̲t	ha͜ut	m	Mạst	mast	t͜s	Za̲hl	t͜sa:l
b	Bạll	bal	m̩	gro̲ßem	ˈgro:sm̩	t͜ʃ	Mạtsch	mat͜ʃ
ç	ịch	ɪç	n	Na̲ht	na:t	u	kulạnt	kuˈlant
d	dạnn	dan	n̩	ba̲den	ˈba:dn̩	u:	Hu̲t	hu:t
d͜ʒ	Gịn	d͜ʒɪn	ŋ	lạng	laŋ	u̯	aktuẹll	akˈtu̯ɛl
e	Metha̲n	meˈta:n	o	Mora̲l	moˈra:l	ʊ	Pụlt	pʊlt
e:	Be̲e̲t	be:t	o:	Bo̲o̲t	bo:t	u͜i	pfu̲i̲!	p͜fu͜i
ɛ	hạ̈tte	ˈhɛtə	o̯	loya̲l	lo̯aˈja:l	v	wạs	vas
ɛ:	wä̲hle	ˈvɛ:lə	õ	Fondue	fõˈdy:	x	Bạch	bax
ɛ̃	timbri̲e̲ren	tɛ̃ˈbri:rən	õ:	Fond	fõ:	y	Myke̲ne	myˈke:nə
ɛ̃:	Timbre	ˈtɛ̃:brə	ɔ	Pọst	pɔst	y:	Rü̲be	ˈry:bə
ə	hạlte	ˈhaltə	ø	Ökono̲m	økoˈno:m	y̆	Tuileri̲e̲n	ty̆iləˈri:ən
f	Fạss	fas	ø:	Ö̲l	ø:l	ʏ	fụ̈llt	fʏlt
g	Gạst	gast	œ	gọ̈ttlich	ˈgœtlɪç	z	Ha̲se	ˈha:zə
h	hạt	hat	œ̃	Lundịst	lœ̃ˈdɪst	ʒ	Geni̲e̲	ʒeˈni:
i	vita̲l	viˈta:l	œ̃:	Parfum	parˈfœ̃:	ǀ	beạmtet	bəˈǀamtət

Sonstige Zeichen der Lautschrift

| Stimmritzenverschlusslaut (Glottalstop, »Knacklaut«) im Deutschen, z. B. beạcht! [bə'|axt]; wird vor Vokal am Wortanfang weggelassen, z. B. Ạst [ast], eigentlich [|ast].

: Längezeichen, bezeichnet Länge des unmittelbar davor stehenden Lautes (besonders bei Vokalen), z. B. ba̲de ['ba:də].

˜ Zeichen für nasale (nasalierte) Vokale, z. B. Fond [fõ:].

ˈ Hauptbetonung, steht unmittelbar vor der hauptbetonten Silbe, z. B. Ạffe ['afə], Apothe̲ke [apo'te:kə].

ˌ Nebenbetonung, steht unmittelbar vor der nebenbetonten Silbe, wird selten verwendet; z. B. Ba̲hnhofstraße ['ba:nho:fˌʃtra:sə].

̩ Zeichen für silbischen Konsonanten, steht unmittelbar unter dem Konsonanten z. B. Bụ̈ffel ['bʏfl̩].

̯ ̆ Halbkreis, untergesetzt oder übergesetzt, bezeichnet unsilbischen Vokal, z. B. Stu̲die ['ʃtu:di̯ə].

‿ kennzeichnet im Deutschen die Affrikaten sowie Diphthonge, z. B. Pụtz [pʊt͜s], we̲it [va͜it].

- Bindestrich, bezeichnet Silbengrenze, z. B. Gastrospạsmus [gas-tro-'spas-mʊs].

Im Wörterbuch verwendete Abkürzungen und Zeichen

Abk.	Abkürzung
Adj.	Adjektiv
Akk.	Akkusativ
amtl.	amtlich
Amtsspr.	Amtssprache
Attr.	Attribut
bayr.	bayrisch
bes.	besonders
bildl.	bildlich
bildungsspr.	bildungssprachlich
Börsenw.	Börsenwesen
BRD	Bundesrepublik Deutschland
bzw.	beziehungsweise
DDR	Deutsche Demokratische Republik
dgl.	dergleichen
dichter.	dichterisch
EDV	elektronische Datenverarbeitung
ev.	evangelisch
fachspr.	fachsprachlich
Fachspr.	Fachsprache
fam.	familiär
geh.	gehoben
Gen.	Genitiv
Ggs.	Gegensatz
hist.	historisch
Inf.	Infinitiv
Interj.	Interjektion
itr.	intransitiv
jmd.	jemand
jmdm.	jemandem
jmdn.	jemanden
jmds.	jemandes
Jugendspr.	Jugendsprache
kath.	katholisch
Kaufmannsspr.	Kaufmannssprache
Kfz-T.	Kfz-Technik
Konj.	Konjunktion
landsch.	landschaftlich
Med.	Medizin
mitteld.	mitteldeutsch
Milit.	Militär
nicht amtl.	nicht amtlich
Nom.	Nominativ
nordd.	norddeutsch
nordostd.	nordostd.
o. ä.; o. Ä.	oder ähnlich[e]; oder Ähnliche[s]
österr.	österreichisch
Präp.	Präposition
Psych.	Psychologie
Rechtsspr.	Rechtssprache
Rel.	Religion
scherzh.	scherzhaft
schweiz.	schweizerisch
Seemannsspr.	Seemannssprache
südd.	süddeutsch
südwestd.	südwestdeutsch

Syn.	Synonym[e]	usw.	und so weiter
tr.	transitiv	westd.	westdeutsch
u. a.	und andere[s]	Wirtsch.	Wirtschaft
u. ä.; u. Ä.	und ähnlich[e]; und Ähnliche[s]	z. B.	zum Beispiel
ugs.	umgangssprachlich	Zus.	Zusammensetzung

* Das Sternchen kennzeichnet feste Verbindungen (* kein Aas).

Liste der Wortbildungselemente, die in der alphabetischen Stichwortliste erscheinen

a-	-bezogen	-ell	-geil
ab-	bi-, Bi-	-(e)ln	-gemäß
-abel	Bilderbuch-	empor-	-gen
-abhängig	Bio-	End-	general-, General-
-ade	bitter-	ent-	-gerecht
affen-, Affen-	-blind	entgegen-	-geschehen
-aktiv	blitz-, Blitz-	er-	-getreu
-al/-ell	blut-	-er	grund-
Alibi-	-bold	-[er]ei	Grund-
Allerwelts-	-bolzen	erz-, Erz-	-günstig
Amateur-	bomben-,	-esk	-gut
Amok-	Bomben-	-eur	-haft
an-	brand-	-euse	-hai
-and	Brot-	Ex-	-halber
-anfällig	-bulle	extra-	-haltig
-ant	bullen-, Bullen-	Extra-	Haupt-
anti-, Anti-	Chef-	-fabrik	Heiden-
-arm	-chen	-fähig	heim-
-artig	-chinesisch	fehl-, Fehl-	-heini
-ation/-ierung	co-, Co-	-feindlich	-heit/-ung
-(at)or	Dampf-	Feld-Wald-und-	her-
-(at)ur	de-, De-	Wiesen-	herab-
auf-	-denken	-fern	heran-
-aufkommen	des-, Des-	-fertig	herauf-
aus-	-dicht	-fest	heraus-
außer-	-dick	-förmig	herbei-
-bar	dis-, Dis-	fort-	herein-
-bar/-lich	Drecks-	-frage	herum-
be-	durch-	-frau	herunter-
-bedingt	Durchschnitts-	-frei	hervor-
-bedürftig	-durstig	-frei/-los	-hilfe
-(be)gierig	-ebene	-fremd	hin-
bei-, Bei-	-echt	-freudig	hinab-
-bereit	Eck-	-freundlich	hinauf-
-berg	Edel-	-frisch	hinaus-
-beständig	-ei	-fritze	hinein-
-betont	-eigen	Ge...[e]	hinter-
-bewegt	ein-	-gebunden	hinunter-
-bewusst	elektro-, Elektro-	Gegen-	hinzu-

Hobby-	-isierung	-lustig	nieder-
hoch-	-ismus	-mache	-nis
Hoch-	-ist	-macher	Nobel-
Höllen-	-ität	-mafia	non-, Non-
homo-, Homo-	-itis	makro-, Makro-	-nudel
Horror-	-iv	Mammut-	Null-
hunde-, Hunde-	-iv/-orisch	-mane	Nullacht-fünfzehn-
-hungrig	-jahr	-mann	-o
hyper-, Hyper-	Jahrhundert-	-männer/-leute	ober-, Ober-
hypo-, Hypo-	Jungfern-	Marathon-	-oid
-i	-keit	-marathon	Öko-
-iade	Killer-	-maschine	-okratie
-ical	-killer	Massen-	-omane
-id	Klasse-	-maßen	-onaut
-ier	knall-	-mäßig	Operetten-
-ieren	ko-, Ko-	-material	-orientiert
-ierung/-ation	kontra-, Kontra-	mega-, Mega-	-orisch/-iv
-ig	-kräftig	-meier	-os, -ös
-ig/-lich	-kratie	Meister-	-ose
-igkeit	-kreis	meta-, Meta-	-othek
-ik	kreuz-	mikro-, Mikro-	pan-, Pan-
-iker	Kult-	Mini-	-papst
il-	Kunst-	misch-, Misch-	para-, Para-
im-	-lastig	miss-, Miss-	-pflichtig
-imperium	-latein	mit-	-phil
in-	-lawine	Mit-	-phob
-in	-leer	-mittel	Pilot-
ineinander-	-leicht	Möchtegern-	Polit-
inner-	-lein	mono-, Mono-	-politisch
-inski	-ler	Monster-	poly-, Poly-
-intensiv	-leute	mords-, Mords-	post-, Post-
inter-, Inter-	-leute/-männer	-müde	prä-, Prä-
-intern	-lich	-muffel	pro-, Pro-
intra-	-lich/-bar	multi-, Multi-	Problem-
-ion	-lich/-ig	nach-	-protz
ir-	Lieblings-	-nah	pseudo-, Pseudo-
irgend-	-ling	-naut	quasi-, Quasi-
-isch	los-	neo-, Neo-	Rahmen-
-isch/-	-los	-ner	-rahmen
-isch/-lich	-los/-frei	-neutral	ran-
-isieren	-lüstern	nicht-, Nicht-	

Raub-	-seitig	tod-	-voll
rauf-	-seits	top-	Vollblut-
raus-	-sel	Top-	vor-, Vor-
re-, Re-	Selbst-	-tourismus	Wahnsinns-
-reich	-selig	-trächtig	weg-
-reif	semi-, Semi-	-träger	Wegwerf-
rein-	-sicher	trans-, Trans-	-weise
Riesen-	-silo	traum-, Traum-	-welle
Risiko-	Sonder-	-treu	-welt
Routine-	Sonntags-	-tüchtig	-werk
rüber-	-spezifisch	-tum	-wert
rück-, Rück-	Spitzen-	über-	-wesen
rum-	-stark	Über-	Westentaschen-
runter-	stein-	ultra-, Ultra-	-widrig
-sache	-stel	um-	-willig
-salat	-sterben	umher-	-wirksam
-sam	stink-	un-	Wunsch-
sau-, Sau-	stock-	Un-	-würdig
-schaft	sub-, Sub-	-ung/-heit	-wut
Schand-	-süchtig	unter-	-wütig
schein-, Schein-	super-, Super	Unter-	-zar
scheiß-, Scheiß-	supra-, Supra-	ur-	-zentriert
Schlüssel-	syn-, Syn-	Ur-	zer-
-schwach	-täter	ver-	-zeug
-schwanger	-tätigkeit	-verdächtig	Ziel-
schwarz-, Schwarz-	-technisch	-verhalten	zu-
-schwemme	-tel	-verschnitt	zurück-
-schwer	tele-, Tele-	Video-	zusammen-
Seiten-	-thek	Vize-	
	tief-	voll-, Voll-	

Zahlen

Kardinalzahlen	Ordinalzahlen
0 null	
1 eins, ein	*der, die, das* erste
2 zwei	*der, die, das* zweite
3 drei	*der, die, das* dritte
4 vier	*der, die, das* vierte
5 fünf	*der, die, das* fünfte
6 sechs	*der, die, das* sechste
7 sieben	*der, die, das* siebte, siebente
8 acht	*der, die, das* achte
9 neun	*der, die, das* neunte
10 zehn	*der, die, das* zehnte
11 elf	*der, die, das* elfte
12 zwölf	*der, die, das* zwölfte
13 dreizehn	*der, die, das* dreizehnte
14 vierzehn	*der, die, das* vierzehnte
15 fünfzehn	*der, die, das* fünfzehnte
16 sechzehn	*der, die, das* sechzehnte
17 siebzehn	*der, die, das* siebzehnte
18 achtzehn	*der, die, das* achtzehnte
19 neunzehn	*der, die, das* neunzehnte
20 zwanzig	*der, die, das* zwanzigste
21 einundzwanzig	*der, die, das* einundzwanzigste
22 zweiundzwanzig	*der, die, das* zweiundzwanzigste
30 dreißig	*der, die, das* dreißigste
40 vierzig	*der, die, das* vierzigste
50 fünfzig	*der, die, das* fünfzigste
60 sechzig	*der, die, das* sechzigste
70 siebzig	*der, die, das* siebzigste
80 achtzig	*der, die, das* achtzigste
90 neunzig	*der, die, das* neunzigste
100 hundert, einhundert	*der, die, das* hundertste, einhundertste
101 hunderteins, hundertundeins, einhunderteins, einhundertundeins	*der, die, das* hunderterste, hundertunderste, einhunderterste, einhundertunderste
200 zweihundert	*der, die, das* zweihundertste
555 fünfhundertfünfundfünfzig, fünfhundertundfünfundfünfzig	*der, die, das* fünfhundertfünfundfünfzigste, fünfhundertundfünfundfünfzigste
1 000 tausend, eintausend	*der, die, das* tausendste, eintausendste
1 001 tausendeins, tausendundeins, eintausendeins, eintausend- undeins; tausendein…, tausendundein…, eintau- sendein…, eintausendundein…	*der, die, das* tausenderste, tausendunderste, eintausenderste, eintausendunderste

1 200	tausendzweihundert, eintausendzweihundert	*der, die, das*	tausendzweihundertste, eintausendzweihundertste
2 000	zweitausend	*der, die, das*	zweitausendste
3 000	dreitausend	*der, die, das*	dreitausendste
10 000	zehntausend	*der, die, das*	zehntausendste
100 000	hunderttausend, einhunderttausend	*der, die, das*	hunderttausendste, einhunderttausendste
1 000 000	eine Million	*der, die, das*	millionste
1 000 000 000	eine Milliarde	*der, die, das*	milliardste

Zahlen – Ordnungsfaktor im Leben und in der Sprache

Zahlen spielen im menschlichen Leben eine wichtige Rolle. Sie dienen dazu, in bestimmten Lebensbereichen Ordnung herzustellen, Überschaubarkeit zu schaffen, Orientierungspunkte zu bieten, indem mit ihrer Hilfe etwas zählbar, messbar wird.

Kinder müssen das durch Zahlen repräsentierte Ordnungssystem erst lernen. Für einen Dreijährigen ist der Satz: »Ich bin in fünf Minuten wieder zurück« ebenso abstrakt wie der Satz: »Der Fernseher hat 600 Euro gekostet«. Im Laufe ihrer Entwicklung lernen Kinder, die durch Zahlen repräsentierten Größen- und Mengenverhältnisse richtig zu erkennen bzw. auszudrücken.

Das Medium, das ihnen diese Kompetenz vermittelt, ist die Sprache, in der es unablässig um Zahlen geht: »Aufstehen – es ist schon fünf vor sechs.« »Du bist schon zehn Minuten im Bad.« »Wir müssen in zwei Minuten fahren.« »Herr Müller sitzt in Zimmer 112.« »Wir nehmen die S 8.« »Ich habe Reihe 9, Sitz 18.« »Das Filetsteak kostet 14 Euro.« »Ich will mit 60 in Rente gehen.« »Sie feiern ihren 50. Hochzeitstag.«

Zahlen beeinflussen unsere Lebensqualität, was jeder mit einem Blick auf den Kontoauszug oder die Waage selbst überprüfen kann. Zahlen können uns teuer zu stehen kommen, etwa wenn sie bei der Geschwindigkeitskontrolle über dem erlaubten Wert liegen.

Es ist bei dieser Allgegenwart von Zahlen nicht verwunderlich, dass sie in unserer Sprache ebenfalls eine bedeutende Rolle spielen. Die folgende Auswahl an Redewendungen soll dies veranschaulichen.

1 Er war eins, zwei, drei fertig.	Sehr schnell; so schnell, wie man braucht, um von eins bis drei zu zählen
eins a: Die Pommes schmecken eins a.	Aus der Kaufmannssprache: höchste Qualitätsstufe.
Eins zu null für dich.	Du bist momentan im Vorteil; eine Wendung aus dem Bereich des Sports, wo, etwa beim Fußball, trotz einer 1 : 0-Führung der Ausgang des Spiels noch lange nicht feststeht.

2	
Jedes Ding hat seine zwei Seiten.	Man soll alle Aspekte einer Angelegenheit betrachten.
Zwei Fliegen mit einer Klappe schlagen.	Mit einer Aktion zwei Ziele realisieren.
Das ist so sicher, wie zwei mal zwei vier ist.	Absolut sicher.
Das ließ er sich nicht zweimal sagen.	Ein verlockendes Angebot sofort annehmen.
Wenn zwei sich streiten, freut sich der Dritte.	Aus einem Konflikt profitiert ein daran Unbeteiligter, der »lachende Dritte«.

3	
der lachende Dritte	Siehe »Wenn zwei sich streiten...«.
Der kann wirklich nicht bis drei zählen.	Der ist sehr dumm.
Aller guten Dinge sind drei.	Gehört zu den Floskeln, mit denen jemand zu einer bestimmten Handlung überredet werden soll; hier: wenn etwas schon zweimal geschehen ist.
Du machst ein Gesicht wie drei Tage Regenwetter.	Wenn jemand schlechte Laune ausstrahlt; die Zahl drei ist dabei gegen größere Zahlen austauschbar.
Dreimal darfst du raten.	Je nach Kontext: a) du errätst es nicht; b) das ist doch sonnenklar.

4	
Alle viere von sich strecken.	Aus Erschöpfung oder zum Entspannen Arme und Beine im Liegen von sich strecken.
Vier Augen sehen mehr als zwei.	Zwei Personen nehmen mehr wahr als eine.
Kann ich dich unter vier Augen sprechen?	Privat, ohne Zeugen.
In meinen vier Wänden fühle ich mich am wohlsten.	In meiner gewohnten Umgebung; vier Wände können also ein Zimmer, aber auch ein ganzes Haus bedeuten.

5	Fünf(e) gerade sein lassen.	Es mit etwas nicht so genau nehmen.
	Es ist fünf Minuten vor zwölf.	Es ist allerhöchste Zeit, etwas Negatives zu verhindern bzw. eine negative Entwicklung zu stoppen.
	Das kannst du dir an deinen fünf Fingern abzählen.	Etwas ist ganz offensichtlich, leicht einzusehen, vorhersehbar.
	das fünfte Rad am Wagen sein	In Bezug auf eine Anzahl anderer Menschen überflüssig und nur geduldet sein.
	seine fünf Sinne zusammennehmen	Sich konzentrieren; die fünf Sinne sind Hören, Sehen, Schmecken, Riechen, Tasten.
	Hast du deine fünf Sinne nicht (richtig) beisammen?	Spinnst du? Bis du nicht bei Verstand?

6	Sie hat einen sechsten Sinn für so etwas.	Etwas im Voraus spüren; die Wendung bezieht sich darauf, dass die Menschen fünf Sinne haben (siehe »fünf Sinne«).
	Das wäre wie ein Sechser im Lotto.	Das wäre ein unwahrscheinlicher Glücksfall.

7	die sieben fetten/mageren Jahre	Bezieht sich auf die alttestamentarische Geschichte, in der einem Pharao sieben Jahre mit reichen Ernten und sieben Jahre mit Missernten vorausgesagt werden.
	Die sieben fetten Jahre der Autoindustrie sind vorbei	Metapher für eine wirtschaftlich erfolgreiche Zeit.
	Viele Gebrauchsanleitungen sind für mich ein Buch mit sieben Siegeln.	Völlig unverständlich, rätselhaft; nach einer neutestamentarischen Geschichte, in der von einem mit sieben Siegeln verschlossenen Buch erzählt wird.
	seine Siebensachen packen	Zusammenpacken, was man für einen bestimmten Zweck benötigt.
	mit Siebenmeilenstiefeln	Sehr schnell; geht auf »Peter Schlemihls wundersame Geschichte« von Adelbert von Chamisso zurück.
	sich wie im siebten Himmel fühlen	Sich sehr wohl fühlen, sehr glücklich sein; geht auf eine alte, in vorchristlichen Religionen zu findende Vorstellung zurück, wonach es verschiedene »Abstufungen« des Paradieses gebe.

9 ach du grüne Neune	Ausruf des Schrecks, der unangenehmen Überraschung; geht möglicherweise auf ein Berliner Lokal zurück, das im Volksmund »die grüne Neune« genannt wurde.

10 sich alle zehn Finger nach etwas ablecken	Etwas gerne haben wollen, auf etwas »scharf« sein; kommt aus der Zeit, als man noch ohne Besteck aß und sich – vor allem wenn etwas schmeckte – nach dem Essen die Finger ableckte.
zehn an jedem Finger haben	Viele Beziehungen, Verhältnisse gleichzeitig haben.
Du machst ein Gesicht wie zehn Tage Regenwetter.	Vgl. »drei Tage«.
keine zehn Pfennige wert sein	Nichts wert sein – man wird sehen, ob die Einführung des Euros langfristig diese Redewendung verändert.
Keine zehn Pferde bringen mich in die Oper etc.	Unter keinen Umständen werde ich in die Oper etc. gehen; nicht einmal die Kraft von zehn Pferden ist so stark wie die Abneigung gegen die Oper etc.

12 Du denkst nicht von zwölf bis Mittag.	Da es sich dabei um zweimal die gleiche Uhrzeit handelt, wird mit der Wendung ausgedrückt, dass man jemanden für sehr dumm hält.
Es ist fünf Minuten vor zwölf.	Vgl. 5.
Von diesem Restaurant gehen zwölf auf ein Dutzend.	Es ist nichts Besonderes.

13 Jetzt schlägts (aber) dreizehn.	Das geht zu weit! Jetzt reicht es aber! Dieser spontane Ausruf der Empörung geht darauf zurück, dass Uhren früher höchstens zwölfmal schlugen, dreizehn Schläge also nicht der Norm entsprachen.

14 ein Gesicht machen wie vierzehn Tage Regenwetter	Vgl. »drei Tage« und »zehn Tage«.

15 Fuffzehn machen	Besonders in Berlin zu hören: bei der Arbeit eine Pause (von 15 Minuten) einlegen.
kurze Fuffzehn machen Wenn er mir blöd kommt, mach ich kurze Fuffzehn und rufe die Polizei.	Nicht lange fackeln, nicht zögern, etwas zu tun.
17 Trick siebzehn Wie hast du das nur geschafft? – Tja, Trick siebzehn.	Eine rhetorische Floskel, mit der ausgedrückt wird, dass etwas ganz einfach war – man muss nur wissen, wie es gemacht wird, bzw. man will nicht verraten, wie man etwas geschafft hat.
50 So ein falscher Fünfziger/Fuffziger.	Meint einen scheinheiligen, unaufrichtigen, unehrlichen Menschen. Der Ursprung liegt in einer gefälschten 50-Pfennig-Münze.
80 auf achtzig kommen auf achtzig sein jemanden auf achtzig bringen	Die drei Wendungen bedeuten wütend werden, wütend sein, wütend machen und stammen aus einer lange zurückliegenden Zeit, der ersten Hälfte des 20. Jahrhunderts, als 80 km/h die Höchstgeschwindigkeit war, die ein Auto erreichen konnte (siehe unten: hundert, hundertachtzig)
zwischen achtzig und scheintot	Sehr alt – die Wendung ist gegenüber Senioren abfällig. Ebenso abfällig, aber im übertragenen Sinne kann sie auch auf einen jüngeren, geistig unbeweglichen Menschen gemünzt werden.

99 auf neunundneunzig sein jemanden auf neunundneunzig bringen	Äußerst aufgebracht, wütend sein. Die Wendung bedient sich der Temperatur, in Celsius gemessen. Da Wasser bei 100 Grad Celsius zu kochen beginnt, drückt die Wendung den gemeinten Gemütszustand recht treffend aus.
der Kandidat hat neunundneunzig Punkte	Beifälliger Kommentar, wenn jemand etwas sehr gut (wenn auch nicht perfekt, vgl. 100) gemacht hat. Stammt aus diversen Quizshows aus der Frühzeit des Fernsehens in den 50er- und 60er-Jahren des 20. Jahrhunderts.

100 jemanden auf hundert bringen auf hundert kommen	Vgl. 80.
der Kandidat hat hundert Punkte	Vgl. 99.

180 Jemanden auf hundertachtzig bringen auf hundertachtzig sein	Vgl. 80.

1000 vom Hundertsten ins Tausendste kommen	Sich völlig verzetteln, abschweifen, vom eigentlichen Thema abkommen – die Wendung geht auf alte Rechenvorrichtungen zurück. Es geschah häufiger, dass jemand beim Auflegen der Marken (Rechenpfennige) auf die Rechenbänke auf 100 gleich 1 000 folgen ließ, also 200, 300, 400 etc. übersprang. Die Wendung meinte also ursprünglich einen Fehler beim Rechnen.

Übersicht über die im Wörterbuch verwendeten sprachwissenschaftlichen Fachausdrücke

Abstraktum: Substantiv, mit dem etwas Nichtgegenständliches bezeichnet wird. **Bsp.:** *»Liebe«, »Hoffnung«.* Vgl. Konkretum.

Adjektiv: deklinier- und komparierbares Wort, das eine Eigenschaft, ein Merkmal bezeichnet. Es drückt aus, wie jemand oder etwas ist, wie etwas vor sich geht oder geschieht. Eigenschaftswort. **Bsp.:** »Das ist ein *großes* Haus.« »Das Haus ist *groß*.« »Er läuft *schnell*.«

adjektivisch: das Adjektiv betreffend, als Adjektiv gebraucht.

Adverb: unflektierbares Wort, das näher bezeichnet, wo, wie oder warum etwas ist/geschieht, das die räumlichen, zeitlichen Beziehungen kennzeichnet. Umstandswort. **Bsp.:** »Ich komme *bald*.« »Er läuft *sehr* schnell.« »Ich möchte das Buch *dort*.« »*Hoffentlich* geht alles gut.«

adverbial: (von Adjektiven) ein durch ein Verb ausgedrücktes Geschehen kennzeichnend. **Bsp.:** »Die Rose blüht *schön*.« Vgl.: attributiv, prädikativ.

adversativ: einen Gegensatz kennzeichnend; entgegensetzend. **Bsp.:** »Er kommt nicht heute, *sondern* morgen.«

Affixoid: Oberbegriff für Präfixoid/Suffixoid.

Akkusativ: der vierte Fall. Wenfall. **Bsp.:** »Ich grüße *den Lehrer*.« »Ich lese *ein Buch*.«

Akkusativobjekt: s. Objekt.

Aktiv: Blickrichtung beim Verb, bei der ein Geschehen im Hinblick auf den Täter, Urheber gesehen wird (Gegensatz: Passiv). Tatform, Tätigkeitsform. **Bsp.:** »Fritz *streichelt* den Hund.« »Die Rose *blüht*.« »Sie *leidet*.«

aktivisch: mit aktivischer Bedeutung. **Bsp.:** *-fähig* in: »Sie ist *lernfähig*« (= Sie ist fähig zu lernen, kann lernen), »Das Modell ist *flugfähig*« (= ist fähig zu fliegen, kann fliegen). Vgl. passivisch.

Artangabe: Umstandsangabe oder freie Umstandsangabe, die die Art und Weise (Qualität, Quantität, Intensität usw.) angibt und mit »wie?« (»wie viel?«, »wie sehr?« usw.) erfragt wird. Umstandsbestimmung, adverbiale Bestimmung der Art und Weise. **Bsp.:** »Karl singt *laut*.« »Er peinigte mich *bis aufs Blut*.« »Die Figur ist *aus Holz*.«

Artikel: deklinierbares Wort, das Geschlecht, Fall und Zahl eines Substantivs angibt; Begleiter des Substantivs. Man unterscheidet den **bestimmten Artikel** *(»der«, »die«, »das«)* und den **unbestimmten Artikel** *(»ein«, »eine«, »ein«).*

attributiv: (von Adjektiven) als nähere Bestimmung bei einem Substantiv stehend. **Bsp.:** »Das ist eine *schöne* Rose«. Vgl. adverbial, prädikativ.

Basiswort: Wort, das die Basis für ein neues Wort bietet, das mithilfe eines Präfixes, Suffixes, Präfixoids oder Suffixoids gebildet wird. **Bsp.:** Das Substantiv *»Beitrag«* ist Basiswort in »*beitrags*frei«, das Adjektiv *»kalt«* ist das Basiswort in »eis*kalt*«, das Verb *»tanzen«* ist Basiswort in «er*tanzen*«.

Bestimmungswort: erster (am Anfang stehender) Bestandteil eines zusammengesetzten Wortes, der das Grundwort näher bestimmt. **Bsp.:** »*Regen*schirm«, »*Regenschirm*ständer«, »*hand*gemalt«.

Bezugswort: Wort, auf das sich ein anderes Wort bezieht. **Bsp.:** In dem Satz »Sie hat viele Länder bereist« ist »Länder« das »Bezugswort zu »bereisen«.

Dativ: der dritte Fall. Wemfall. **Bsp.:** »Das Buch gehört *meinem Freund*.«

Dativobjekt: s. Objekt.

Deklination: Formabwandlung von Substantiv, Artikel, Pronomen und Adjektiv. Beugung. **Bsp.:** »der nette Vater, des netten Vaters, die netten Väter« usw.

Demonstrativpronomen: Pronomen, das auf etwas Bekanntes [nachdrücklich] hinweist. Hinweisendes Fürwort. **Bsp.:** »*Dieses* Buch gefällt mir besser.«

elliptisch: eine Ellipse, d. h. eine Auslassung von Rede-, Satzteilen, enthaltend. **Bsp.:** *»Betreten des Platzes verboten!«* (= Das Betreten des Platzes ist verboten.) *»Licht an!«* (= Licht anmachen!), *»brieftaschenfreundliche Preise«* (= Preise, die die Brieftasche, d. h. das darin befindliche Geld, schonen und daher »freundlich« sind).

flektiert: je nach Fall, Geschlecht oder Zahl in der Wortform verändert (Gegensatz: unflektiert); gebeugt.

final: den Zweck, eine Absicht kennzeichnend. **Bsp.:** »Sie fährt zur Kur, *damit* sie sich erholt.«

Fugenzeichen: Verbindungselement zwischen Wortbildungsbestandteilen. **Bsp.:** »Bischof*s*mütze«, »Hose*n*anzug«.

Funktionsverb: Verb, das als Teil eines festen Gefüges seine ursprüngliche, volle Bedeutung weitgehend verloren hat, verblasst ist und nur noch eine grammatische Funktion hat. **Bsp.:** »zum Druck *gelangen*« (= gedruckt werden), »eine Vereinbarung *treffen*« (= etwas vereinbaren), »zur Anwendung *bringen*« (= anwenden).

Futur I: Zeitform des Verbs mit Zukunftsbezug. Erste, unvollendete Zukunft. **Bsp.:** »Meine Frau *wird* ins Kino *gehen.*« »Morgen *wird* es *regnen.*«

Futur II: Zeitform des Verbs, das den Vollzug oder Abschluss eines Geschehens als (vermutete) Tatsache für den Sprech- bzw. einen zukünftigen Zeitpunkt feststellt. Zweite, vollendete Zukunft, Vorzukunft, Futurum exactum. **Bsp.:** »Meine Frau *wird* ins Kino *gegangen sein.*« »Bis morgen *wird* es *geregnet haben.*«

Genitiv: der zweite Fall. Wesfall. **Bsp.:** »Das Haus *der Tante.*«

Genitivobjekt: s. Objekt.

Grundwort: zweiter (am Ende stehender) Bestandteil eines zusammengesetzten Wortes, nach dem sich Wortart, Geschlecht und Zahl des ganzen Wortes richten. **Bsp.:** »hand*gemalt*« (Wortart = Adjektiv), »der Bahn*hof*«, »die Glücks*strähne*«, »das Kinder*zimmer*«.

Hilfsverb: *haben, sein* oder *werden* als Bestandteil einer zusammengesetzten Verbform. **Bsp.:** »Sie *ist* ins Kino gegangen.«

Imperativ: Aussageweise (Modus) des Verbs, die einen Befehl, eine Bitte, Aufforderung, Warnung o. Ä. kennzeichnet. Befehlsform. **Bsp.:** »*Komm[e]* schnell!« Vgl. Indikativ, Konjunktiv.

Indefinitpronomen: Pronomen, das eine Person, Sache oder Zahl in ganz allgemeiner und unbestimmter Weise bezeichnet. Unbestimmtes Fürwort. **Bsp.:** »*Alle* waren gekommen.« »Er hat *etwas* mitgebracht.«

indeklinabel: sich nicht deklinieren lassend. **Bsp.:** »Am liebsten mag er *Schweizer* Käse.«

Indikativ: Aussageweise (Modus) des Verbs, die ein Geschehen als tatsächlich oder wirklich hinstellt; Wirklichkeitsform. **Bsp.:** »Sie *kommt* morgen.« Vgl. Imperativ, Konjunktiv.

Infinitiv: Form des Verbs, die nach Person, Zahl, Aussageweise und Zeit unbestimmt ist. Grundform, Nennform. **Bsp.:** *»kommen«, »laufen«, »sehen«.*

instrumental: das Mittel oder Werkzeug kennzeichnend. **Bsp.:** »Er öffnete das Paket, *indem* er die Schnur zerschnitt.«

Interjektion: unflektierbares Wort, das eine Empfindung, ein Begehren, eine Aufforderung ausdrückt oder mit einem Laut nachgeahmt wird. Empfindungswort, Ausrufewort. **Bsp.:** *»ach!«, »hallo!«, »pst!«*

Interrogativadverb: Adverb, das zur Kennzeichnung einer Frage verwendet wird. Frageumstandswort. **Bsp.:** »*Woher* kommst du?«

Interrogativpronomen: Pronomen, das eine Frage kennzeichnet. **Bsp.:** »*Was* hast du gesagt?«

intransitiv: (von Verben) nicht zu einem persönlichen Passiv fähig (Gegensatz: transitiv). **Bsp.:** »Ich arbeite.« »Wir bekommen einen Hund.«

Kardinalzahl: Zahlwort, das eine bestimmte Anzahl oder Menge bezeichnet. Grundzahl. **Bsp.:** Die Hand hat *fünf* Finger. Vgl. Ordinalzahl.

kausal: einen Grund oder eine Ursache kennzeichnend; begründend. **Bsp.:** »Ich konnte nicht kommen, *weil* ich krank war.«

Komparativ: Vergleichsform des Adjektivs (und einiger Adverbien) zum Ausdruck des ungleichen Grades. Erste Steigerungsstufe. **Bsp.:** »Tim ist *größer* als Lukas.«

konditional: die Bedingung kennzeichnend, unter der ein Geschehen eintritt; bedingend. **Bsp.:** »Ich komme, *wenn* ich Zeit habe.«

Konjunktion: unflektierbares Wort, das zwischen Wörtern, Wortgruppen oder Sätzen eine (räumliche, zeitliche, kausale o. Ä.) Beziehung kennzeichnet. Bindewort. **Bsp.:** »Er *und* sie kamen zum Fest.« »Die Kinder weinten *und* wir mussten sie trösten.« »Ich hoffe, *dass* es gelingt.«

Konjunktiv: Aussageweise (Modus) des Verbs, die ein Geschehen oder Sein nicht als wirklich, sondern als erwünscht, vorgestellt, von einem anderen nur behauptet darstellt. Möglichkeitsform. **Bsp.:** »Sie sagte, sie *komme*« (Konjunktiv I). »Sie *käme,* wenn sie Zeit *hätte*« (Konjunktiv II). Vgl. Imperativ, Indikativ.

Konkretum: Substantiv, mit dem etwas Gegenständliches bezeichnet wird. **Bsp.:** *»Topf«, »Stuhl«.* Vgl. Abstraktum.

konsekutiv: eine Folge kennzeichnend; folgernd. **Bsp.:** »Er sprach so laut, *dass* ihn alle hörten.«

konzessiv: einen Umstand kennzeichnend, der einem Geschehen eigentlich entgegenwirkt, es aber nicht verhindert. **Bsp.:** »Sie ging spazieren, *obwohl* es regnete.«

lokal: einen Ort kennzeichnend; räumlich. **Bsp.:** »Das ist die Stelle, *wo* der Unfall passierte.«

männlich: Bezeichnung des Geschlechts, das bei Substantiven durch den Artikel »der«, bei Pronomen durch die Form »er« gekennzeichnet ist. **Bsp.:** »*Der* Mann *(er)* ist berühmt.«

modal: die Art und Weise kennzeichnend. **Bsp.:** »Wir taten, *als ob* wir nichts gehört hätten.«

Modalverb: Verb, das in Verbindung mit dem Infinitiv eines anderen Verbs dessen Inhalt modifiziert *(»dürfen, »können«, »müssen«, »mögen«, »sollen«, »wollen«).* Vgl. Hilfsverb, Vollverb.

Nominativ: der erste Fall. Werfall. **Bsp.:** »*Der Vater* kommt nach Hause.«

Objekt: Satzglied, das von einem Verb als Ergänzung gefordert wird. Man unterscheidet vier Arten von Objekten: **Genitivobjekt** (Ergänzung eines Verbs im Genitiv, z. B.: »Ich bedarf nicht *seines Rates*«); **Dativobjekt** (Ergänzung eines Verbs im Dativ, z. B.: »Sie misstraute *diesen Worten*«); **Akkusativobjekt** (Ergänzung eines Verbs im Akkusativ, z. B.: »Wir besuchen *unsere Mutter*«); **Präpositionalobjekt** (Objekt mit einer bestimmten, vom Verb geforderten Präposition, z. B. »Maria denkt *an ihre Schwester*«).

Ordinalzahl: Zahlwort, das angibt, an welchem Punkt einer Reihenfolge oder Rangordnung eine Person oder Sache steht. Ordnungszahl. **Bsp.:** »Er wohnt im *zweiten* Stock.« »Beim Hochspringen wurde sie *Erste.*« Vgl. Kardinalzahl.

Partikel: unflektierbares Wort ohne eigentliche lexikalische Bedeutung und ohne grammatische Funktion. Partikeln erfüllen vielfältige Aufgaben: Sie geben den Grad oder die Intensität an, dienen der Hervorhebung, drücken die innere Einstellung des Sprechers aus und spielen eine wichtige Rolle bei der Gesprächsführung. **Bsp.:** *»ja«, »nein«, »sogar«, »gefälligst«.*

Partizip: Form des Verbs, die eine Mittelstellung zwischen Verb und Adjektiv einnimmt. Mittelwort. Man unterscheidet:

erstes Partizip (Partizip Präsens, Mittelwort der Gegenwart), **Bsp.:** »der *lobende* Lehrer«, und zweites Partizip (Partizip Perfekt, Mittelwort der Vergangenheit), **Bsp.:** »der *gelobte* Schüler«.

Passiv: Blickrichtung beim Verb, bei der das Geschehen im Vordergrund steht und der Täter, Urheber nicht oder nur nebenbei genannt wird (Gegensatz: Aktiv). Leideform. **Bsp.:** »Der Hund *wird gestreichelt.*« »Es *wurde* viel *gelacht.*«

passivisch: das Passiv betreffend, mit passivischer Bedeutung. **Bsp.:** *»-fähig«* in *»abzugsfähige* Ausgaben« (= Ausgaben, die [von der Steuer] abgezogen werden können).

Perfekt: Zeitform des Verbs, das den Vollzug oder Abschluss eines Geschehens als gegebene Tatsache für den Sprechzeitpunkt feststellt. Vollendete Gegenwart, Vorgegenwart, zweite Vergangenheit. **Bsp.:** »Meine Frau *ist* ins Kino *gegangen.*« »Gestern *hat* es den ganzen Tag *geregnet.*«

persönlich: in Verbindung mit allen Formen des Personalpronomens – zumindest aber in der 3. Person – oder eines entsprechenden Substantivs möglich (Gegensatz: unpersönlich). **Bsp.:** *laufen* (»ich laufe«, »du läufst«).

Personalpronomen: Pronomen, das angibt, von welcher Person oder Sache die Rede ist; von der Person, die spricht (ich, wir), von der Person, die angesprochen wird (du, ihr) oder von der Person oder Sache, über die gesprochen wird (er, sie, es; sie [Plural]). Persönliches Fürwort. **Bsp.:** »*Ich* lese *es* (das Buch) *dir* vor.«

Plural: Mehrzahl (Gegensatz: Singular). **Bsp.:** »Die *Kinder* spielen.«

Plusquamperfekt: Zeitform des Verbs, das den Vollzug oder Abschluss eines Geschehens als gegebene Tatsache für einen Zeitpunkt der Vergangenheit feststellt. Vollendete Vergangenheit, Vorvergangenheit, dritte Vergangenheit. **Bsp.:** »Meine Frau *war* ins Kino *gegangen.*« »Gestern *hatte es geregnet.*«

Positiv: Vergleichsform des Adjektivs, die eine Eigenschaft einfach nur nennt oder die Gleichheit zweier (oder mehrerer) Wesen oder Dinge feststellt. Grundform. **Bsp.:** »Tim ist *groß.*« »Tim ist so *groß* wie Karin.« Vgl. Komparativ, Superlativ.

Possessivpronomen: Pronomen, das Besitz oder Zugehörigkeit ausdrückt. Besitzanzeigendes Fürwort. **Bsp.:** »Das ist *mein* Buch.« »Sie besucht *ihre* Freundin.«

Prädikat: ein- oder mehrteiliges Verb, das die Struktur des Satzes bestimmt. Es drückt einen Zustand oder ein Geschehen aus oder teilt mit, was mit dem Subjekt geschieht. Satzaussage. **Bsp.:** »Petra *hat* sich gestern ein Kleid *gekauft.*« »Die Rosen *blühen.*«

prädikativ: (von Adjektiven) in Verbindung mit den Verben »sein«, »werden« oder »bleiben« stehend. **Bsp.:** »Die Rose ist *schön*«. »Das Wetter bleibt *gut.*«

Präfix: sowohl nicht trennbarer Wortteil als auch trennbares Wort, das vor ein Wort gesetzt wird, wodurch ein neues Wort entsteht. **Bsp.:** *»be-«* (»*be*raten«), *»er-«* (»*er*arbeiten«), *»herein-«* (»*herein*tragen«).

Präfixoid: Wortbildungsmittel, das sich aus einem selbstständigen Wort zu einer Art Präfix entwickelt hat und das sich von dem selbstständigen Wort durch Reihenbildung (Analogiebildung) unterscheidet. Halbpräfix. **Bsp.:** *»Bilderbuch-«* (= wie im Bilderbuch): »*Bilderbuch*ehe«, »*Bilderbuch*sommer«; *»Problem-«* (= was problematisch ist): »*Problem*familie«, »*Problem*kind«.

Präposition: unflektierbares Wort, das in Verbindung mit einem anderen Wort, meist einem Substantiv, ein (räumliches, zeitliches, kausales o. ä.) Verhältnis kennzeichnet. Verhältniswort. **Bsp.:** »Er geht *in* das Zimmer.« »Sie tut es *aus* Liebe.« »Er schlägt *mit* dem Hammer.«

präpositional: mit einer Präposition gebildet. **Bsp.:** »Meine Freude *über den Sieg*« (präpositionales Attribut). »Maria denkt *an ihre Schwester*« (präpositionales Objekt).

Präpositionalobjekt: s. Objekt.

Präsens: Zeitform des Verbs, das ein Geschehen oder Sein als gegenwärtig kennzeichnet. Gegenwart. **Bsp.:** »Meine Frau *geht* ins Kino.« »Heute *regnet* es den ganzen Tag.«

Präteritum: Zeitform des Verbs, das ein Geschehen oder Sein als vergangen kennzeichnet. Erste Vergangenheit; Imperfekt. **Bsp.:** »Meine Frau *ging* ins Kino.« »Gestern *regnete* es den ganzen Tag.«

Pronomen: unflektierbares Wort, das in einem Satz statt eines Substantivs stehen kann. Fürwort. **Bsp.:** »Der Vater kam nach Hause. *Er* brachte *mir* ein Buch mit.« »Holt schnell *eure* Taschen!«

Pronominaladverb: Adverb, dass statt einer Fügung Präposition + Pronomen steht und aus den Adverbien »da«, »hier« oder »wo« und einer Präposition besteht. **Bsp.:** »*Worüber* (= über was) lachst du?«

relativ: einen Bezug zu einem Wort des übergeordneten Satzes herstellend; bezüglich. **Bsp.:** »Er soll wieder dorthin gehen, *woher* er gekommen ist.« »Der Junge, *der* den Preis gewonnen hat.«

Relativpronomen: Pronomen, das den Bezug eines Gliedsatzes zu einem Substantiv oder Pronomen des übergeordneten Satzes herstellt. Bezügliches Fürwort. **Bsp.:** »Das ist der Mann, *den* ich gestern gesehen habe.«

sächlich: Bezeichnung des Geschlechts, das bei Substantiven durch den Artikel »das«, bei Pronomen durch die Form »es« gekennzeichnet ist. **Bsp.:** »*Das* Kind *(es)* ist lebhaft.«

Singular: Einzahl (Gegensatz: Plural). **Bsp.:** »Das *Kind* spielt.«

Subjekt: Teil des Satzes, der etwas Seiendes, Vorhandenes benennt, über das im Satz etwas ausgesagt wird. Satzgegenstand. **Bsp.:** »*Die Rosen* blühen.« »*Meine Freundin* spielt Tennis.«

Substantiv: deklinierbares, mit dem Artikel verbindbares Wort, das ein Lebewesen, einen Gegenstand oder einen Begriff bezeichnet. Nomen, Hauptwort, Dingwort. Bsp.: *»Mutter«, »Stuhl«, »Schönheit«, »Freude«, »Drehung«.*

substantivisch: das Substantiv betreffend, als Substantiv gebraucht.

Suffix: Wortteil, der an ein Wort (Besitz-*tum*) oder einen Wortstamm (vernachlässig-*bar*) angehängt werden kann, wodurch ein neues Wort gebildet wird. **Bsp.:** »-chen« (»Tür*chen*«), *»-in«* (»Verkäufer*in*«), *»-lich«* (»pflanz*lich*«).

Suffixoid: Wortbildungsmittel, das sich aus einem selbstständigen Wort zu einer Art Suffix entwickelt hat und das sich von dem selbstständigen Wort durch Reihenbildung (Analogiebildung) und Entkonkretisierung (durch übertragenen oder bildlichen Gebrauch) unterscheidet. Halbsuffix. **Bsp.:** *»-müde«* (»ehe*müde*« [= der Ehe müde], »fernseh*müde*« [= des Fernsehens müde], nicht aber: »altersmüde« [= vom Alter müde]; *»-muffel«* (Gurt*muffel*, Sex*muffel;* nicht aber: »Morgenmuffel« [= jmd., der am Morgen ein Muffel, muffig ist]).

Superlativ: Vergleichsform des Adjektivs, die den höchsten Grad feststellt. Meist-, Höchststufe. **Bsp.:** »Tim ist der *größte* unter den Schülern.« »Der Betrieb arbeitet mit *modernsten* Maschinen.«

Synonyme: Wörter mit annähernd gleicher Bedeutung, die (in bestimmten Zusammenhängen) gegeneinander ausgetauscht werden können. **Bsp.:** *»Samstag« – »Sonnabend«, »abbekommen« – »abkriegen«.*

temporal: eine Zeitangabe kennzeichnend; zeitlich. **Bsp.:** »*Als* sie mich sah, kam sie auf mich zu.«

transitiv: (von Verben) ein Akkusativobjekt verlangend und zu einem persönlichen Passiv fähig (Gegensatz: intransitiv). **Bsp.:** »Ich schreibe den Brief« – »Der Brief wird von mir geschrieben«.

unflektiert: in Fall, Geschlecht und Zahl nicht verändert; ungebeugt (Gegensatz: flektiert). **Bsp.:** *Welch* kluger Mann (flektiert: *welcher* kluge Mann).

unpersönlich: in Verbindung mit »es« gebraucht (Gegensatz: persönlich). **Bsp.:** »Es schneit.« »Es singen alle Vögel.«

Verb: konjugierbares Wort, das ein Geschehen, einen Vorgang, Zustand oder eine Tätigkeit bezeichnet und mit dem das Prädikat des Satzes gebildet wird. Zeitwort, Tätigkeitswort. **Bsp.:** *»gehen«, »helfen«, »liegen«, »sich verändern«.*

verbal: das Verb betreffend, als Verb gebraucht.

Vergleichsform: Form (Positiv, Komparativ und Superlativ) des Adjektivs – manchmal auch des Adverbs – durch die Beziehungen und Verhältnisse bestimmter Art zwischen mindestens zwei Wesen oder Dingen gekennzeichnet werden.

Verlaufsform: sprachliche Fügung, die ausdrückt, dass eine Handlung, ein Geschehen gerade abläuft. **Bsp.:** »Sie war gerade *beim Lesen* (= war gerade dabei zu lesen).

Vollverb: Verb mit einer lexikalischen Bedeutung und der Fähigkeit, allein das Prädikat zu bilden. **Bsp.:** *»gehen«, »kaufen«, »sitzen«.* Vgl. Hilfsverb, Modalverb.

weiblich: Bezeichnung des Geschlechts, das bei Substantiven durch den Artikel »die«, bei Pronomen durch die Form »sie« gekennzeichnet ist. **Bsp.:** »*Die* Frau *(sie)* ist schön.« Vgl. männlich, sächlich.

Zahlwort: Wort, das eine Zahl bezeichnet, etwas zahlenmäßig näher bestimmt. Numerale. Man unterscheidet bestimmte Zahlwörter (z. B. *»eins«, »drei«*) und unbestimmte Zahlwörter (z. B. *»manche«, »mehrere«, »viele«*).

Zusammensetzung: Unter »Zusammensetzung« werden in diesem Wörterbuch zwei Arten von Wortbildungen zusammengefasst: Komposita (Wörter, die sich aus zwei oder mehr selbstständigen Wörtern zusammensetzen, wie z. B. *»Glückwunsch«, »Kaufhaus«*) und Präfigierungen (Verben, die durch die Erweiterung eines Ausgangsverbs durch Präfixe wie *»be-«, »ent-«, »ver-«* entstanden sind).

Auflistung der in diesem Wörterbuch vorkommenden Sachgebiete und deren Fach- und Sondersprachen

- → Bergbau
- → Börsenwesen
- → Chemie
- → EDV
- → Jugendsprache
- → Kaufmannssprache
- → Kraftfahrzeugtechnik
- → Medizin
- → Militär
- → Politik
- → Psychologie
- → Rechtssprache
- → Religion
- → Seemannssprache
- → Sport
- → Technik
- → Wirtschaft

Die gebräuchlichsten unregelmäßigen Verben

Verben mit Vorsilbe werden nur in Ausnahmefällen aufgeführt; in der Regel sind ihre Formen unter dem entsprechenden einfachen Verb nachzuschlagen. Bei der 1. Stammform wird die 2. Person Singular Präsens hinzugesetzt, wenn Umlaut oder e/i-Wechsel auftritt; bei der 2. Stammform wird der Konjunktiv II angegeben, wenn er Umlaut aufweist; bei der 3. Stammform wird deutlich gemacht, ob das Perfekt mit *haben* oder *sein* gebildet wird.

1. Stammform (Infinitiv)	2. Stammform (Präteritum)	3. Stammform (Partizip II)
backen du bäckst/ backst	backte/buk backte/büke	hat gebacken
befehlen du befiehlst	befahl befähle/ beföhle	hat befohlen
beginnen	begann begänne/ begönne	hat begonnen
beißen	biss	hat gebissen
bergen du birgst	barg bärge	hat geborgen
bersten du birst	barst bärste	ist geborsten
bewegen	bewog bewöge	hat bewogen
biegen	bog böge	hat/ist gebogen
bieten	bot böte	hat geboten
binden	band bände	hat gebunden
bitten	bat bäte	hat gebeten
blasen du bläst	blies	hat geblasen
bleiben	blieb	ist geblieben
braten du brätst	briet	hat gebraten
brechen du brichst	brach bräche	hat/ist gebrochen
brennen	brannte brennte	hat gebrannt
bringen	brachte brächte	hat gebracht
denken	dachte dächte	hat gedacht
dringen	drang	hat/ist gedrungen
dürfen	durfte dürfte	hat gedurft
empfangen du empfängst	empfing	hat empfangen
empfehlen du empfiehlst	empfahl empfähle/ empföhle	hat empfohlen
erlöschen du erlischst	erlosch erlösche	ist erloschen
erschrecken du erschrickst	erschrak erschräke	ist erschrocken
essen du isst	aß äße	hat gegessen
fahren du fährst	fuhr führe	hat/ist gefahren
fallen du fällst	fiel	ist gefallen
fangen du fängst	fing	hat gefangen
fechten du fichtst	focht föchte	hat gefochten
finden	fand fände	hat gefunden

1. Stammform (Infinitiv)	2. Stammform (Präteritum)	3. Stammform (Partizip II)	1. Stammform (Infinitiv)	2. Stammform (Präteritum)	3. Stammform (Partizip II)
flechten du flichtst	flocht flöchte	hat geflochten	haben	hatte hätte	hat gehabt
fliegen	flog flöge	hat/ist geflogen	halten du hältst	hielt	hat gehalten
fliehen	floh flöhe	ist geflohen	hängen	hing	hat gehangen
			hauen	hieb	hat gehauen
fließen	floss flösse	ist geflossen	heben	hob höbe	hat gehoben
fressen du frisst	fraß fräße	hat gefressen	heißen	hieß	hat geheißen
frieren	fror fröre	hat gefroren	helfen du hilfst	half hälfe/hülfe	hat geholfen
gären	gor/gärte göre/gärte	hat/ist gegoren	kennen	kannte kennte	hat gekannt
gebären du gebierst	gebar gebäre	hat geboren	klingen	klang klänge	hat geklungen
geben du gibst	gab gäbe	hat gegeben	kneifen	kniff	hat gekniffen
gedeihen	gedieh	ist gediehen	kommen	kam käme	ist gekommen
gehen	ging	ist gegangen	können	konnte könnte	hat gekonnt
gelingen	gelang gelänge	ist gelungen	kriechen	kroch kröche	ist gekrochen
gelten du giltst	galt gälte/gölte	hat gegolten	laden du lädst	lud lüde	hat geladen
genießen	genoss genösse	hat genossen	lassen du lässt	ließ	hat gelassen
geschehen es geschieht	geschah geschähe	ist geschehen	laufen du läufst	lief	ist gelaufen
gewinnen	gewann gewänne/ gewönne	hat gewonnen	leiden	litt	hat gelitten
			leihen	lieh	hat geliehen
gießen	goss gösse	hat gegossen	lesen du liest	las läse	hat gelesen
gleichen	glich	hat geglichen	liegen	lag läge	hat gelegen
gleiten	glitt	ist geglitten			
glimmen	glomm glömme	hat geglommen	lügen	log löge	hat gelogen
graben du gräbst	grub grübe	hat gegraben	mahlen	mahlte	hat gemahlen
			meiden	mied	hat gemieden
greifen	griff	hat gegriffen	messen du misst	maß mäße	hat gemessen

1. Stammform (Infinitiv)	2. Stammform (Präteritum)	3. Stammform (Partizip II)
misslingen	misslang misslänge	ist misslungen
mögen	mochte möchte	hat gemocht
müssen	musste müsste	hat gemusst
nehmen du nimmst	nahm nähme	hat genommen
nennen	nannte nennte	hat genannt
pfeifen	pfiff	hat gepfiffen
preisen	pries	hat gepriesen
quellen du quillst	quoll quölle	ist gequollen
raten du rätst	riet	hat geraten
reiben	rieb	hat gerieben
reißen	riss	hat/ist gerissen
reiten	ritt	hat/ist geritten
rennen	rannte rennte	ist gerannt
riechen	roch röche	hat gerochen
ringen	rang ränge	hat gerungen
rinnen	rann ränne/rönne	ist geronnen
rufen	rief	hat gerufen
saufen du säufst	soff söffe	hat gesoffen
schaffen	schuf schüfe	hat geschaffen
scheiden	schied	hat/ist geschieden
scheinen	schien	hat geschienen
scheißen	schiss	hat geschissen
schelten du schiltst	schalt schölte	hat gescholten
schieben	schob schöbe	hat geschoben

1. Stammform (Infinitiv)	2. Stammform (Präteritum)	3. Stammform (Partizip II)
schießen	schoss schösse	hat/ist geschossen
schlafen du schläfst	schlief	hat geschlafen
schlagen du schlägst	schlug schlüge	hat geschlagen
schleichen	schlich	ist geschlichen
schleifen	schliff	hat geschliffen
schließen	schloss schlösse	hat geschlossen
schlingen	schlang schlänge	hat geschlungen
schmeißen	schmiss	hat geschmissen
schmelzen du schmilzt	schmolz schmölze	ist geschmolzen
schneiden	schnitt	hat geschnitten
schreiben	schrieb	hat geschrieben
schreien	schrie	hat geschrien
schreiten	schritt	ist geschritten
schweigen	schwieg	hat geschwiegen
schwimmen	schwamm schwämme/ schwömme	hat/ist geschwommen
schwinden	schwand schwände	ist geschwunden
schwingen	schwang schwänge	hat geschwungen
schwören	schwor schwüre/ schwöre	hat geschworen
sehen du siehst	sah sähe	hat gesehen
sein	war wäre	ist gewesen
senden	sandte sendete	hat gesandt
singen	sang sänge	hat gesungen

1. Stammform (Infinitiv)	2. Stammform (Präteritum)	3. Stammform (Partizip II)
sinken	sank sänke	ist gesunken
sinnen	sann sänne	hat gesonnen
sitzen	saß säße	hat gesessen
sollen	sollte	hat gesollt
spalten	spaltete	hat gespalten
speien	spie	hat gespien
sprechen du sprichst	sprach spräche	hat gesprochen
sprießen	spross sprösse	ist gesprossen
springen	sprang spränge	ist gesprungen
stechen du stichst	stach stäche	hat gestochen
stecken (=sich in etwas befinden)	stak stäke	hat gesteckt
stehen	stand stände/stünde	hat gestanden
stehlen du stiehlst	stahl stähle/stöhle	hat gestohlen
steigen	stieg	ist gestiegen
sterben du stirbst	starb stürbe	ist gestorben
stinken	stank stänke	hat gestunken
stoßen du stößt	stieß	hat/ist gestoßen
streichen	strich	hat gestrichen
streiten	stritt	hat gestritten
tragen du trägst	trug trüge	hat getragen
treffen du triffst	traf träfe	hat getroffen
treiben	trieb	hat getrieben
treten du trittst	trat träte	hat/ist getreten

1. Stammform (Infinitiv)	2. Stammform (Präteritum)	3. Stammform (Partizip II)
trinken	trank tränke	hat getrunken
trügen	trog tröge	hat getrogen
tun	tat täte	hat getan
verderben du verdirbst	verdarb verdürbe	hat/ist verdorben
vergessen du vergisst	vergaß vergäße	hat vergessen
verlieren	verlor verlöre	hat verloren
verlöschen du verlischst	verlosch verlösche	ist verloschen
wachsen du wächst	wuchs wüchse	ist gewachsen
waschen du wäschst	wusch wüsche	hat gewaschen
weben	wob wöbe	hat gewoben
weichen	wich	ist gewichen
weisen	wies	hat gewiesen
wenden	wandte wendete	hat gewandt
werben du wirbst	warb würbe	hat geworben
werden du wirst	wurde würde	ist geworden
werfen du wirfst	warf würfe	hat geworfen
wiegen	wog wöge	hat gewogen
winden	wand wände	hat gewunden
wissen	wusste wüsste	hat gewusst
wollen	wollte	hat gewollt
ziehen	zog zöge	hat/ist gezogen
zwingen	zwang zwänge	hat gezwungen

A *a*

a- [a] ⟨adjektivisches Präfix⟩: schließt den Inhalt des meist fremdsprachlichen Basiswortes aus, verneint ihn; *nicht:* ahistorisch; amusisch; apolitisch; areligiös; asexuell; atypisch. **Syn.:** nicht-, pseudo-, un-.

Aal [aːl], der; -[e]s, -e: *in Flüssen lebender, schlangenförmiger Fisch mit schlüpfriger Haut:* Aal blau *(gekochter Aal, dessen Haut sich durch Übergießen mit heißem Essigwasser blau gefärbt hat);* Aal grün *(frisch gedünsteter Aal).* **Zus.:** Flussaal, Räucheraal.

aa|len [ˈaːlən] ⟨+ sich⟩ (ugs.): *sich wohlig strecken, sich behaglich ausgestreckt ausruhen:* sie aalte sich in der Sonne.

Aas [aːs], das; -es, -e und Äser [ˈɛːzɐ]:
1. ⟨Plural: Aase⟩ *[verwesender] toter Körper eines Tieres; Kadaver:* das Aas liegt auf der Straße.
2. ⟨Plural: Äser⟩ (ugs. abwertend) *Person, über deren Verhalten man sich ärgert, auf die man wütend ist:* dieses verdammte Aas hat mir alles weggenommen. **Zus.:** Rabenaas; *** kein Aas:** *überhaupt niemand:* kein Aas hat mich im Krankenhaus besucht.

aa|sen [ˈaːzn̩] ⟨itr.; hat⟩ (ugs.): *verschwenderisch umgehen:* mit dem Geld aasen. **Syn.:** durchbringen (ugs.), vergeuden, verjubeln (ugs.), verschwenden.

¹ab [ap] ⟨Präp. mit Dativ⟩: *von … an, von:* ab [unserem] Werk; ab Hamburg; ⟨bei einer Angabe zur Zeit auch mit Akk.⟩ ab erstem/ersten Mai; Jugendliche ab 18 Jahren/Jahre; ab kommendem/kommenden Montag; ⟨bei einer Angabe zur Reihenfolge auch mit Akk.⟩ ab nächster/nächste Ausgabe.

²ab [ap] ⟨Adverb⟩:
1. a) *weg, fort, entfernt:* rechts ab von der Station; keine drei Schritte ab. **b)** (ugs.) *hinweg, fort:* ab nach Hause!
2. ⟨elliptisch⟩ **a)** *herunter, hinunter:* Mützen ab! *(absetzen!).* **b)** *abgetrennt:* der Knopf war schon ab.
3. *** ab und an** (bes. nordd.): *gelegentlich; von Zeit zu Zeit:* er kommt ab und an, um nach dem Rechten zu sehen; *** ab und zu:** *manchmal; von Zeit zu Zeit:* jmdn. ab und zu besuchen.

ab- [ap] ⟨trennbares, betontes verbales Präfix⟩:
1. *weg:* abbröckeln; abbürsten; abreisen; abschalten; abwinkeln. **Syn.:** weg-.
2. a) *zu Ende, ganz und gar:* den Stapel abarbeiten; das Geld abtelefonieren. **b)** *die im Basiswort genannte Sportart zum letzten Mal in der Saison ausüben* /Ggs. an-/: abrudern; absurfen.
3. *nach unten:* **a)** /räumlich/ absinken. **b)** /in der Anzahl weniger/ abrüsten.
4. *ein wenig:* abändern; abwandeln.
5. *rückgängig machen:* abbestellen; absagen.
6. *versehen mit:* abpolstern.

ab|ar|bei|ten [ˈap|arbai̯tn̩], arbeitete ab, abgearbeitet ⟨tr.; hat⟩: *durch Arbeit tilgen, wieder ausgleichen:* wir mussten unsere Schulden regelrecht abarbeiten.

ab|ar|tig [ˈap|aːɐ̯tɪç] ⟨Adj.⟩:
1. (emotional abwertend) *(in sexueller Hinsicht) vom als normal Empfundenen abweichend:* etwas als sexuell abartig ansehen. **Syn.:** abnorm, abnormal (bes. österr. u. schweiz.), abseitig, anormal, außergewöhnlich, krankhaft, pervers, unnatürlich.
2. (ugs., oft emotional) *(auf absurde Weise) unangemessen; merkwürdig:* überfüllte Kaufhäuser sind einfach abartig; sie hatte eine abartig hohe Gage verlangt. **Syn.:** haarsträubend (emotional), kriminell (ugs.), pervers (ugs., oft emotional übertreibend).

Ab|bau [ˈapbau̯], der; -[e]s:
1. a) *Zerlegung von Aufgebautem in seine Einzelteile:* der Abbau von Tribünen ist besonders schwierig. **Syn.:** Abriss. **b)** *allmähliche Beseitigung:* Abbau von Privilegien. **Zus.:** Subventionsabbau, Truppenabbau.
2. *Verringerung des Bestandes oder der Personenzahl:* Abbau von Arbeitsplätzen, Lehrstellen, Personal. **Zus.:** Arbeitsplatzabbau, Personalabbau.
3. *Förderung oder Gewinnung von Erzen und Mineralien:* der Abbau der Steinkohle wird hier eingestellt.
4. *Rückgang von Kräften:* biologisch bedingter Abbau von Knochenmasse. **Zus.:** Leistungsabbau.

ab|bau|en [ˈapbau̯ən], baute ab, abgebaut:
1. ⟨tr.; hat⟩ **a)** *(Aufgebautes) in seine Bestandteile zerlegen [und wegbringen]* /Ggs. aufbauen/: ein Gerüst, Zelt, Tribünen abbauen. **Syn.:** abbrechen, demontieren. **b)** *allmählich beseitigen:* Zölle abbauen. **Syn.:** senken.
2. ⟨tr.; hat⟩ *in der Personenzahl verringern:* die Verwaltung, Beamte abbauen. **Syn.:** abschießen (ugs.), abservieren (ugs.), auf die Straße setzen (ugs.), auf die Straße werfen (ugs.), entlassen, feuern (ugs.), in den einstweiligen Ruhestand versetzen, in die Wüste schicken (ugs.), kaltstellen (ugs.), kündigen, seines Amtes entheben (geh.), seines Amtes entkleiden (geh.), über die Klinge springen lassen (ugs.), zum alten Eisen werfen (ugs.).
3. ⟨tr.; hat⟩ *(Erze, Mineralien) fördern, gewinnen:* heute wird immer weniger Kohle abgebaut.
4. ⟨itr.; hat⟩ (ugs.) *in der Leistung schwächer werden:* von der zehnten Runde an baute die Europameisterin [körperlich] ab. **Syn.:** nachlassen.

ab|bei|ßen [ˈapbai̯sn̩], biss ab, abgebissen ⟨tr.; hat⟩: *(ein Stück von etwas) mit den Zähnen abtrennen:* einen Bissen [vom Brot] abbeißen; sie hat den Faden abgebissen; ⟨auch itr.⟩ lass mich mal abbeißen!

ab|be|kom|men [ˈapbəkɔmən], bekam ab, abbekommen ⟨itr.; hat⟩:
1. *(einen Teil von etwas) bekommen:* viel [von dem Vermögen] abbekommen; jeder bekommt sein[en] Teil ab. **Syn.:** abkriegen (ugs.), erhalten.
2. *bei einem Geschehen o. Ä. von etwas in Mitleidenschaft gezogen*

werden: einen Schlag abbekommen. **Syn.:** abkriegen (ugs.).
3. *(etwas Festhaftendes, Festsitzendes) lösen, entfernen können:* ich habe den Rost [vom Messer] abbekommen; der Deckel ist schwer abzubekommen. **Syn.:** abkriegen (ugs.).

ab|be|stel|len [ˈapbəʃtɛlən], bestellte ab, abbestellt ‹tr.; hat›:
eine Bestellung, ein Abonnement rückgängig machen: die Zeitung abbestellen. **Syn.:** abmelden.

ab|bie|gen [ˈapbi:gn̩], bog ab, abgebogen:
1. ‹itr.; ist› *eine andere Richtung – seitlich von der ursprünglichen – nehmen:* er ist falsch abgebogen; hier musst du [nach] links abbiegen. **Syn.:** abdrehen, abgehen, abschwenken, abzweigen, biegen um, die Richtung ändern, einbiegen, einen Bogen machen, schwenken.
2. ‹tr.; hat› (ugs.) *einer unangenehmen Sache [geschickt] eine andere Wendung geben und sie auf diese Weise verhindern:* unangenehme Fragen abbiegen; das konnte sie gerade noch abbiegen. **Syn.:** abblocken, abwehren, abwenden, aufhalten, ausschalten, begegnen, verhindern.

ab|bil|den [ˈapbɪldn̩], bildete ab, abgebildet ‹tr.; hat›:
bildlich darstellen: auf der Ansichtskarte war eine Burg abgebildet. **Syn.:** aufnehmen, nachbilden, reproduzieren, wiedergeben, zeigen.

Ab|bil|dung [ˈapbɪldʊŋ], die; -, -en:
1. *das Abbilden:* dieses Motiv eignet sich nicht für eine Abbildung.
2. *das Abgebildete, bildliche Darstellung:* ein Lexikon mit vielen Abbildungen. **Syn.:** Bild.

ab|bin|den [ˈapbɪndn̩], band ab, abgebunden ‹tr.; hat›:
1. *etwas, was um- oder angebunden worden ist, wieder abnehmen, losbinden:* die Krawatte, das Kopftuch abbinden. **Syn.:** ablegen, abmachen, ausziehen, entfernen, streifen von.
2. *abschnüren:* binde das Bein [mit einem Tuch] ab, damit das Blut nicht aus der Wunde rinnt.

Ab|bit|te [ˈapbɪtə], die; -, -n:
Bitte um Verzeihung für etwas, was einem leidtut: [jmdm.] Abbitte schulden, tun, leisten.

ab|bit|ten [ˈapbɪtn̩], bat ab, abgebeten ‹tr.; hat›:
jmdn. (für ein zugefügtes Unrecht) um Verzeihung bitten: ich habe ihr viel abzubitten; im Stillen bat ich den Eltern ab, dass ich sie als die Urheber meiner Leiden angesehen hatte. **Syn.:** sich entschuldigen.

ab|bla|sen [ˈapbla:zn̩], bläst ab, blies ab, abgeblasen ‹tr.; hat› (ugs.):
etwas, was angekündigt war, absagen und die Vorbereitungen dazu einstellen: ein Unternehmen abblasen; die Veranstaltung ist abgeblasen worden. **Syn.:** absetzen.

ab|blät|tern [ˈapblɛtɐn], blätterte ab, abgeblättert ‹itr.; ist›:
sich blattweise, in Blättchen lösen und abfallen: die Farbe ist abgeblättert. **Syn.:** abgehen, sich ablösen.

Ab|blend|licht [ˈapblɛntlɪçt], das; -[e]s:
(bei Kraftfahrzeugen) Scheinwerferlicht, das so eingestellt ist, dass ein entgegenkommendes Fahrzeug nicht geblendet wird: mit Abblendlicht fahren; vom Standlicht auf Abblendlicht umschalten; Scheinwerfer für Fern- und Abblendlicht.

ab|blit|zen [ˈapblɪt͜sn̩], blitzte ab, abgeblitzt ‹itr.; ist› (ugs.):
bei jmdm. mit etwas keine Gegenliebe finden: er ist [bei ihr] mit seinem Vorschlag abgeblitzt;
*** jmdn. abblitzen lassen:** *jmds. Werben, Bemühungen kein Gehör schenken, jmdn. abweisen:* sie hat mich einfach abblitzen lassen.

ab|blo|cken [ˈapblɔkn̩], blockte ab, abgeblockt ‹tr.; hat›:
bewirken, dass jmds. Bemühungen um etwas abgewehrt, blockiert, verhindert werden: eine Diskussion, Initiative, Kritik, Fragen, Reformen abblocken; sie blockt ab: »Tut mir leid, mehr kann ich nicht sagen.« **Syn.:** abbiegen (ugs.), abschlagen, abweisen.

ab|bre|chen [ˈapbrɛçn̩], bricht ab, brach ab, abgebrochen:
1. ‹tr.; hat› *durch Brechen von etwas entfernen:* er hat den Ast [vom Baum] abgebrochen. **Syn.:** abknicken, abmachen, abtrennen.
2. ‹itr.; ist› *sich brechend von dem Übrigen trennen [und dadurch nicht mehr richtig zu gebrauchen sein]:* die Nadel brach ab; die Spitze vom Bleistift, der Griff, der Stiel ist abgebrochen; der Ast ist unter der Last des Schnees abgebrochen.
3. ‹tr.; hat› **a)** *niederreißen:* sie hatten das Haus abgebrochen. **b)** *(etwas Aufgebautes) abbauen:* sie haben das alte Haus, die Tribüne abgebrochen. **Syn.:** demontieren.
4. ‹tr.; hat› *unvermittelt beenden, mit etwas aufhören:* diplomatische Beziehungen, eine Diskussion, Unterhaltung, ein Experiment, Gespräch, Training, Verhandlungen abbrechen; er hat das Studium abgebrochen. **Syn.:** aufgeben, aufkündigen, aufstecken (ugs.), aussteigen aus (ugs.), begraben, bleiben lassen, einstellen.
5. ‹itr.; hat› *(in einer Tätigkeit, mit etwas) plötzlich aufhören:* er hatte mitten im Satz abgebrochen. **Syn.:** aussetzen, stehen bleiben.

Ab|bruch [ˈapbrʊx], der; -[e]s, Abbrüche [ˈapbrʏçə]:
1. a) *das Abbrechen* (3 a), *das Abreißen, Niederreißen:* der Abbruch des Hauses steht unmittelbar bevor. **Syn.:** Abbau. **b)** *das Zerlegen in einzelne Teile:* der Abbruch der Tribüne. **Syn.:** Abbau.
2. *plötzliche, unerwartete oder vorzeitige Beendigung:* der Abbruch der Probe irritierte alle; den Abbruch seines Studiums hat er später bitter bereut. **Zus.:** Schwangerschaftsabbruch.
3. * keinen Abbruch tun: *nicht beeinträchtigen, nicht schaden:* das Regenwetter tat der Superstimmung keinen Abbruch.

ABC-Waf|fen [abeˈt͜se:vafn̩], die ‹Plural›:
atomare, biologische u. chemische Waffen.

ab|dan|ken [ˈapdaŋkn̩], dankte ab, abgedankt ‹itr.; hat›:
von einem Amt, Posten zurücktreten: die Ministerin dankte ab; nach vielen Jahren hatte der Vorsitzende des Gesangsvereins plötzlich abgedankt. **Syn.:** abgehen, abtreten, aufhören, aus-

scheiden, aussteigen (ugs.), gehen, kündigen.

Ab|dan|kung ['apdaŋkʊŋ], die; -, -en:
Rücktritt; Niederlegung eines Amts: der König erklärte seine Abdankung.

ab|drän|gen ['apdrɛŋən], drängte ab, abgedrängt ⟨tr.; hat⟩:
von einer Stelle weg [und woandershin] drängen: die Polizei drängte die Demonstrierenden [in eine andere Straße] ab. **Syn.:** verdrängen.

ab|dre|hen ['apdre:ən], drehte ab, abgedreht:
1. ⟨tr.; hat⟩ /Ggs. andrehen/: **a)** *(durch Drehen an einem Knopf, Schalter o. Ä.) erreichen, dass etwas nicht mehr fließt, hervortritt:* er hat das Wasser, Licht, Gas abgedreht. **b)** *(durch Drehen an einem Knopf, Schalter o. Ä.) erreichen, dass die Funktion unterbunden ist:* sie hat den Wasserhahn, das Radio abgedreht. **Syn.:** abschalten, abstellen, ausdrehen, ausknipsen (ugs.), ausmachen, ausschalten.
2. ⟨tr.; hat⟩ *durch Drehen (von etwas) trennen:* vor Nervosität hat er den Knopf [von seiner Jacke] abgedreht. **Syn.:** ablösen, abmachen, abreißen, abtrennen, entfernen.
3. ⟨tr.; hat⟩ *(in Bezug auf einen Kinofilm) zu Ende drehen:* wir haben den Film abgedreht. **Syn.:** fertigstellen.
4. ⟨itr.; hat/ist⟩ *(von einem in Bewegung befindlichen Flugzeug, Schiff) eine andere Richtung einschlagen:* das Flugzeug hat/ist abgedreht. **Syn.:** abbiegen, abschwenken, biegen um, den Kurs ändern, die Richtung ändern, einbiegen, einen Bogen machen, schwenken.

¹Ab|druck ['apdrʊk], der; -[e]s:
das Abdrucken, das Abgedrucktwerden: der Abdruck des Romans beginnt in der nächsten Ausgabe. **Zus.:** Faksimileabdruck, Sonderabdruck, Textabdruck, Wiederabdruck.

²Ab|druck ['apdrʊk], der; -[e]s, Abdrücke ['apdrʏkə]:
1. ⟨ohne Plural⟩ *das Abdrücken* (5): beim Zahnarzt wird zuerst ein Abdruck in Wachs erzeugt. **Zus.:** Wachsabdruck.
2. *durch Eindrücken oder Berühren auf etwas oder in etwas hinterlassene Spur:* wir hinterließen beim Gehen schöne Abdrücke im Sand. **Zus.:** Daumenabdruck, Fingerabdruck.

ab|dru|cken ['apdrʊkn̩], druckte ab, abgedruckt ⟨tr.; hat⟩:
in einer Zeitung o. Ä. gedruckt erscheinen lassen: einen Roman [in Fortsetzungen], einen Vortrag, eine Rede [in einer Zeitschrift] abdrucken. **Syn.:** bekannt machen, bringen, herausbringen, herausgeben, publizieren, unter die Leute bringen (ugs.), veröffentlichen.

ab|drü|cken, ['apdrʏkn̩], drückte ab, abgedrückt:
1. ⟨tr.; hat⟩ *durch Drücken oder Zudrücken im Zustrom hemmen:* die Erregung drückte ihr die Luft ab.
2. ⟨itr.; hat⟩ *drückend von etwas entfernen; wegdrücken:* die Schwimmerinnen drücken sich am Startblock ab. **Syn.:** abstoßen.
3. a) ⟨tr.; hat⟩ *einen Schuss (an einer Handfeuerwaffe) auslösen:* er drückte [das Gewehr, den Revolver] ab; ⟨auch itr.⟩ auf jmdn. abdrücken. **Syn.:** abschießen, feuern, schießen. **b)** *den Auslöser am Fotoapparat betätigen:* bei dieser Kamera brauchst du einfach nur abzudrücken. **Syn.:** auslösen.
4. ⟨tr.; hat⟩ *[heftig] liebkosen, an sich drücken und küssen:* die Mutter schloss das gerettete Kind in ihre Arme und drückte es ab.
5. ⟨tr.; hat⟩ *durch Eindrücken in eine weiche Masse nachbilden:* für die Zahnprothese wurde das Gebiss zuerst in Kunststoff abgedrückt.
6. ⟨tr.; hat⟩ (ugs.) *(eine Geldsumme) bezahlen:* für dieses Abo musst du viel Geld abdrücken.

ab|eb|ben ['aplɛbn̩], ebbte ab, abgeebbt ⟨itr.; ist⟩:
allmählich in der Intensität geringer werden und schließlich ganz aufhören /Ggs. anschwellen/: die Erregung, Begeisterung, Unruhe, der Aufruhr, Lärm ist abgeebbt. **Syn.:** abflauen, abklingen, sich legen, nachlassen, schwinden (geh.), zurückgehen.

-a|bel [a:bl̩] ⟨adjektivisches Suffix; als Basiswort in der Regel ein Verb auf -»ieren«⟩:
kennzeichnet eine Eignung, Fähigkeit, Verwendungsmöglichkeit:
1. ⟨passivisch⟩ *so geartet, dass es ... werden kann; -bar, -fähig:* justiziabel; kritikabel; reparabel; transportabel.
2. ⟨aktivisch⟩ *-fähig, neigend zu:* blamabel; funktionabel.

Abend ['a:bn̩t], der; -s, -e:
1. *Tageszeit zwischen Nachmittag und Nacht* /Ggs. Morgen/: der heutige Abend; eines Abends *(an einem nicht näher bestimmten Abend);* heute, gestern, morgen Abend; guten Abend! /Grußformel/; zu Abend essen *(die Abendmahlzeit einnehmen).* **Zus.:** Dienstagabend, Sommerabend, Weihnachtsabend; * **der Heilige Abend:** *der Abend oder der Tag vor dem ersten Weihnachtstag; der 24. Dezember.*
2. *gesellschaftliche Veranstaltung am Abend:* ein anregender Abend; ein literarischer Abend. **Zus.:** Abschiedsabend, Elternabend, Tanzabend, Theaterabend, Vortragsabend.

Abend|brot ['a:bn̩tbro:t], das; -[e]s (bes. nordd.):
[einfachere] Mahlzeit, meist mit Brot, die man abends isst: zum Abendbrot gab es Vollkornbrot und Käse. **Syn.:** Abendessen, Essen.

Abend|es|sen ['a:bn̩tlɛsn̩], das; -s, -:
Mahlzeit, die man am Abend isst: bleibst du zum Abendessen? **Syn.:** Abendbrot, Essen.

Abend|gym|na|si|um ['a:bn̩tgʏmna:zi̯ʊm], das; -s, Abendgymnasien ['a:bn̩tgʏmna:zi̯ən]:
Schule, in der berufstätige Erwachsene das Abitur ablegen können: sie hat ihr Abitur auf dem Abendgymnasium abgelegt.

Abend|kas|se ['a:bn̩tkasə], die; -, -n:
abends vor der Vorstellung (z. B. beim Theater) geöffnete Kasse: die Karten wurden für Sie an der Abendkasse hinterlegt.

Abend|kleid ['a:bn̩tklai̯t], das; -[e]s, -er:
festliches Kleid, das man am Abend trägt: für den Ball würde ich mir gern ein Abendkleid kaufen.

Abend|land ['a:bn̩tlant], das; -[e]s:
kulturelle Einheit der europäi-

schen Völker; die westliche Welt: das Abendland nennt man auch Okzident.

Abend|mahl ['a:bn̩tma:l], das; -[e]s:
Sakrament, bei dem zur Erinnerung an das letzte Mahl Christi mit seinen Jüngern Brot und Wein geweiht und ausgeteilt werden: das Abendmahl empfangen, nehmen. **Syn.:** Kommunion, Konfirmation.

Abend|rot ['a:bn̩tro:t], das; -s:
rote Färbung des Himmels bei Sonnenuntergang: die Urlauber am Meer fotografieren das Abendrot und den Sonnenuntergang.

abends ['a:bn̩ts] ⟨Adverb⟩:
jeden Abend, am Abend /Ggs. morgens/: abends [um] 8 Uhr; von morgens bis abends.

Aben|teu|er ['a:bn̩tɔy̯ɐ], das; -s, -:
1. *nicht alltägliches, spannendes [nicht ganz gefahrloses] Unternehmen, Erleben, Geschehen [dessen Ausgang zuerst noch nicht abzusehen ist]:* ein gefährliches Abenteuer; das Abenteuer lockt; ein Abenteuer suchen, erleben, bestehen; sich in ein Abenteuer einlassen, stürzen. **Zus.:** Reiseabenteuer.
2. *kurze [romantische] Liebesbeziehung:* ein amouröses Abenteuer; sie ist sich zu schade für ein bloßes Abenteuer. **Syn.:** Affäre. **Zus.:** Liebesabenteuer.

aben|teu|er|lich ['a:bn̩tɔy̯ɐlɪç] ⟨Adj.⟩:
einem Abenteuer ähnlich: eine abenteuerliche Reise; das klingt höchst abenteuerlich. **Syn.:** ausgefallen, außergewöhnlich, außerordentlich, einmalig, einzigartig, erstaunlich, gefährlich, gewagt, interessant, riskant, unwahrscheinlich.

Aben|teu|er|spiel|platz ['a:bn̩tɔy̯ɐʃpi:lplats], der; -es, Abenteuerspielplätze ['a:bn̩tɔy̯ɐʃpi:lplɛtsə]:
Spielplatz, auf dem die Kinder mit zur Verfügung gestelltem Material selbstständig bauen usw.: nächste Woche wird der neue Abenteuerspielplatz endlich eröffnet.

[1]aber ['a:bɐ] ⟨Konj.⟩:
dagegen; jedoch, doch, allerdings: er schlief, aber sie wachte/sie aber wachte; heute nicht, aber morgen; du kannst ja mitgehen, aber ich habe keine Lust; er ist streng, aber gerecht; das Unternehmen war schwierig, aber es glückte/es glückte aber; es ist aber so!; aber das stimmt doch gar nicht!; da es aber dunkel wurde, rasteten sie; im Winter reise ich nicht gern, wohl aber im Sommer; Zeit hätte ich schon, aber keine Lust; sie hat zwar Zeit zum Reisen, aber kein Geld. **Syn.:** allein (geh.), dabei, dennoch, doch, freilich, gleichwohl, immerhin, indes[sen] (geh.), schließlich, trotzdem.

[2]aber ['a:bɐ] ⟨Partikel⟩:
1. dient dazu, einer Äußerung, besonders einer Erwiderung, Nachdruck zu verleihen: aber ja!; aber gern!; aber natürlich!; aber dalli!
2. dient in Ausrufen dazu, Missbilligung [u. Entrüstung] auszudrücken: aber meine Damen!; aber Herr Balzer!; aber ich bitte Sie! *(das geht doch nicht!);* aber, aber! *(nicht doch!).*
3. dient besonders in Ausrufesätzen dazu, auszudrücken, dass man den genannten Sachverhalt besonders bemerkenswert findet: du hast aber viele Bücher!; der ist aber groß!; da hat er aber Glück gehabt!; hast du aber ein Glück!
4. dient mit folgendem »auch« dazu, Unverständnis, Unmut auszudrücken: du bist aber auch stur!; er ist aber auch immer zu leichtsinnig; wie kann man sich aber auch so blöde anstellen?

Aber|glau|be ['a:bɐglau̯bə], der; -ns:
als irrig angesehener Glaube, dass überirdische Kräfte in bestimmten Menschen und Dingen wirksam sind: es ist ein Aberglaube, dass die Dreizehn eine Unglückszahl ist.

aber|gläu|bisch ['a:bɐglɔy̯bɪʃ] ⟨Adj.⟩:
a) *im Aberglauben befangen:* er ist extrem abergläubisch. **b)** *aus Aberglauben entstanden:* besonders auf dem Land herrschen noch viele abergläubische Vorstellungen.

ab|er|ken|nen ['aplɛɐ̯kɛnən], erkannte ab, aberkannt ⟨tr.; hat⟩:
durch einen [Gerichts]beschluss absprechen: jmdm. die bürgerlichen Ehrenrechte aberkennen. **Syn.:** entziehen, sperren, verweigern, wegnehmen.

aber|mals ['a:bɐma:ls] ⟨Adverb⟩:
vorher, früher schon einmal und nun wieder, ein weiteres Mal: sie siegte, klopfte abermals; abermals überfiel ihn Angst; der Erlös kommt abermals bedürftigen Personen zugute.

ab|fah|ren ['apfa:rən], fährt ab, fuhr ab, abgefahren:
1. ⟨itr.; ist⟩ *einen Ort fahrend verlassen* /Ggs. ankommen/: er ist mit dem letzten Zug abgefahren. **Syn.:** abreisen.
2. ⟨itr.; ist⟩ *auf Skiern den Berg hinunterfahren:* sie ist glänzend abgefahren.
3. ⟨itr.; hat; oft in Verbindung mit »lassen«⟩ (ugs.) *abgewiesen werden:* er ist bei ihr ganz schön abgefahren; er hat sie abfahren lassen.
4. ⟨tr.; hat⟩ *mit einem Fahrzeug abtransportieren:* sie hatten Schutt, Müll abgefahren.
5. ⟨tr.; hat/ist⟩ *zur Kontrolle entlangfahren:* er hat/ist die ganze Strecke abgefahren.
6. ⟨tr.; hat/ist⟩ *mit dem Fahrzeug aufsuchen:* sie hatte/war einige Dörfer abgefahren.
7. ⟨tr.; hat⟩ *durch Überfahren abtrennen:* der Zug hatte ihm beide Beine abgefahren.
8. a) ⟨tr.; hat⟩ *durch Fahren abnutzen:* sie hat die Reifen schnell abgefahren. **b)** ⟨+ sich⟩ *durch Fahren abgenutzt werden:* die Hinterreifen haben sich schnell abgefahren.
9. ⟨tr.; hat⟩ (ugs.) *(den Anspruch, mit einem Verkehrsmittel o. Ä. befördert zu werden) ganz ausnutzen:* er hatte seinen Fahrschein abgefahren.
10. ⟨itr.; ist⟩ (ugs.) *auf jmdn., etwas (spontan) sehr ansprechen; von jmdm., einer Sache sehr angetan sein:* auf diese Musik bin ich früher voll abgefahren.

Ab|fahrt ['apfa:ɐ̯t], die; -, -en:
1. *Beginn der Fahrt* /Ggs. Ankunft/: die Abfahrt [des Zuges] erfolgt um 8.11 Uhr. **Syn.:** Abreise.
2. (Skisport) **a)** *Fahrt den Berg hinunter:* eine rasende Abfahrt. **b)** *Hang (zum Abfahren):* eine steile Abfahrt. **Syn.:** Piste.
3. *Ausfahrt von einer Autobahn:* bei Stau bitte die nächste Abfahrt benutzen.

Ab|fahrts|lauf ['apfa:ɐ̯tslau̯f], der; -[e]s, Abfahrtsläufe ['apfa:ɐ̯tslɔy̯fə] (Skisport):
Abfahrt (2 a) *als Disziplin im Skisport:* sie gewann den Abfahrtslauf souverän.

Ab|fall ['apfal], der; -s, Abfälle ['apfɛlə]:
1. *Reste, die bei der Zubereitung oder Herstellung von etwas übrig bleiben und nicht mehr weiter zu verwerten sind:* der Abfall vom Gemüse wird getrennt gesammelt; radioaktiver Abfall. **Syn.:** Müll, Unrat.
2. ⟨ohne Plural⟩ (bes. Religion, Politik) *das Sichlösen aus einem Bündnis o. Ä.:* ein Abfall vom Glauben.

Ab|fall|ei|mer ['apfal|ai̯mɐ], der; -s, -:
Eimer, in dem Abfall (1) *gesammelt wird:* den Abfalleimer säubern. **Syn.:** Mülleimer.

ab|fal|len ['apfalən], fällt ab, fiel ab, abgefallen ⟨itr.; ist⟩:
1. *sich lösen und herunterfallen:* Blüten, Früchte fallen ab.
2. *für jmdn. als Gewinn, Vorteil bei etwas übrig bleiben:* mancher gute Bissen fällt dabei ab.
3. *jmdm., einer Sache abtrünnig, untreu werden:* von Gott, vom Glauben abfallen. **Syn.:** sich lossagen.
4. *schräg nach unten verlaufen, sich neigen:* der Berg fällt steil, sanft ab.
5. a) *(im Vergleich zu jmdm., etwas) schlechter sein oder werden:* die Sängerin fiel [gegen die Sänger, neben den Sängern, am Ende des zweiten Aktes] stark ab. **b)** *an Kraft, Intensität abnehmen, nachlassen, weniger werden:* die [Strom]spannung, der Druck des Wassers fällt rasch ab.

ab|fäl|lig ['apfɛlɪç] ⟨Adj.⟩:
von Verächtlichkeit und Ablehnung zeugend: eine abfällige Kritik, Geste; sich abfällig [über jmdn., etwas] äußern. **Syn.:** abschätzig, despektierlich (geh.), geringschätzig, verächtlich.

ab|fan|gen ['apfaŋən], fängt ab, fing ab, abgefangen ⟨tr.; hat⟩:
1. a) *verhindern, dass etwas, jmd. ans Ziel gelangt:* einen Brief, einen Kurier abfangen. **b)** *verhindern, dass etwas, was sich auf etwas hinbewegt, weiterkommt oder an den Zielpunkt gelangt:* einen Stoß, Schlag, den Regen, die Gefahr abfangen; er fing die ausholende Hand ab. **Syn.:** auffangen. **c)** *unter Kontrolle bringen, in die Gewalt bekommen:* einen schleudernden Wagen abfangen.
2. *eine Person, die irgendwohin unterwegs ist und auf die man gewartet hat, aufhalten, weil man etwas von ihr will:* das Mädchen hatte den Briefträger auf der Treppe abgefangen.

ab|fer|ti|gen ['apfɛrtɪɡn̩], fertigte ab, abgefertigt ⟨tr.; hat⟩:
1. *bewirken, dass jmd., etwas nach den entsprechenden Formalitäten usw. weitergeleitet, -befördert werden kann, dass man weitergehen, weiterfahren kann:* Reisende [am Gepäckschalter], Pakete, Waren abfertigen. **Syn.:** bedienen, durchschleusen (ugs.), kontrollieren.
2. (ugs.) *sich mit jmdm. und dessen Anliegen in wenig freundlicher, wenig verbindlicher Weise beschäftigen und die Angelegenheit auch auf diese Weise erledigen:* einen Bettler kurz, schroff abfertigen; in dem Laden wurden wir regelrecht abgefertigt. **Syn.:** abtun, abweisen.

ab|fin|den ['apfɪndn̩], fand ab, abgefunden:
1. ⟨tr.; hat⟩ *durch eine einmalige Zahlung, Sachleistung für etwas entschädigen:* er bekam das Grundstück, und seine Schwester wurde abgefunden. **Syn.:** ausbezahlen, auszahlen, befriedigen.
2. ⟨+ sich⟩ *sich in etwas fügen:* sich mit den Gegebenheiten, Tatsachen, mit der Situation abfinden; du musst dich damit abfinden[, dass du kein Geld hast]. **Syn.:** sich anfreunden, sich anpassen, sich aussöhnen, sich gewöhnen an.

Ab|fin|dung ['apfɪndʊŋ], die; -, -en:
a) *das Abfinden* (1) *(z. B. mit Geld):* die Abfindung der Gläubiger. **b)** *die zur Abfindung* (1) *bestimmte Geldsumme:* er musste seiner Frau eine einmalige Abfindung zahlen. **Syn.:** Abstand, Entschädigung.

ab|flau|en ['apflau̯ən], flaute ab, abgeflaut ⟨itr.; ist⟩:
allmählich in der Intensität schwächer werden: der Wind, Lärm, die Spannung flaute ab. **Syn.:** abbauen, abebben, abklingen, sich legen, nachlassen, schwinden (geh.), zurückgehen.

ab|flie|gen ['apfli:ɡn̩], flog ab, abgeflogen:
1. ⟨itr.; ist⟩ **a)** *weg-, davonfliegen:* die Singvögel sind schon abgeflogen. **b)** *(in Bezug auf ein Flugzeug) den Ort verlassen* /Ggs. ankommen/: das Flugzeug ist um 9 Uhr abgeflogen. **Syn.:** abheben, starten.
2. ⟨tr.; hat/ist⟩ *zur Kontrolle überfliegen:* er hat/ist das Gelände abgeflogen.

ab|flie|ßen ['apfli:sn̩], floss ab, abgeflossen ⟨itr.; ist⟩:
a) *sich fließend entfernen, wegfließen:* das Wasser in der Badewanne fließt schlecht ab. **b)** *sich leeren (indem etwas daraus herausfließt):* die Badewanne fließt gut ab. **Syn.:** ablaufen.

Ab|flug ['apflu:k], der; -[e]s, Abflüge ['apfly:ɡə]:
Start des Flugzeugs, Beginn des Fluges /Ggs. Ankunft/: Abflug ist um 6.30 Uhr; der Abflug hat sich verzögert.

Ab|fluss ['apflʊs], der; -es, Abflüsse ['apflʏsə]:
1. ⟨ohne Plural⟩ *das Ab-, Wegfließen:* für Abfluss sorgen.
2. *Stelle (Öffnung, Rohr), wo etwas abfließt:* der Abfluss [der Badewanne] ist verstopft. **Syn.:** Ausfluss, Ausguss.

ab|fra|gen ['apfra:ɡn̩], fragte ab, abgefragt ⟨tr.; hat⟩:
jmds. Kenntnisse durch Einzelfragen überprüfen: der Lehrer fragte [die Kinder/den Kindern] die Vokabeln ab; die Schülerinnen abfragen. **Syn.:** abhören.

ab|füh|ren ['apfy:rən], führte ab, abgeführt:
1. ⟨tr.; hat⟩ *eine Person, die man ergriffen, festgenommen hat, wegführen, in polizeilichen Gewahrsam bringen:* er wurde gefesselt abgeführt. **Syn.:** verhaften.
2. ⟨tr.; hat⟩ *vom Geld, das man eingenommen hat, besitzt, einen Teil an jmdn./eine Institution zahlen:* Steuern [ans Finanzamt] abführen. **Syn.:** abliefern.
3. ⟨itr.; hat⟩ *für Stuhlgang sorgen:* Rhabarber führt ab.

Ab|ga|be ['apɡa:bə], die; -, -n:
1. *das Abgeben* (1): gegen Abgabe des Bons erhalten Sie an der Kinokasse eine Tüte Chips.

2. *das Abgeben* (4): Abgabe von Angeboten bitte bis übermorgen. **Zus.:** Angebotsabgabe.
3. *das Abgeben* (6): er verzögerte immer wieder die Abgabe des Balls. **Zus.:** Ballabgabe.
4. *das Abgeben* (7): nach der Abgabe des Schusses geriet sie in Panik. **Zus.:** Schussabgabe.
5. *einmalige oder laufende Geldleistung an ein Gemeinwesen:* die Abgaben sind sehr hoch. **Syn.:** Gebühr, [1]Steuer. **Zus.:** Energieabgabe, Ergänzungsabgabe, Fehlbelegungsabgabe, Sonderabgabe, Umweltabgabe, Vermögensabgabe.

Ab|gang ['apgaŋ], der; -[e]s, Abgänge ['apgɛŋə]:
1. ⟨ohne Plural⟩ *das Verlassen eines Wirkungskreises, Schauplatzes:* seit seinem Abgang von der Schule ist er arbeitslos.
2. *Person, die aus einem Lebens-, Tätigkeitsbereich ausscheidet:* im Krankenhaus gab es heute 20 Zugänge und 11 Abgänge.
3. (Med.) *Fehlgeburt:* nach dem Unfall hatte sie einen Abgang.
4. *Nachgeschmack, besonders am Gaumen:* der Abgang des Weins ist aromatisch, lang anhaltend.

Ab|gas ['apga:s], das; -es, -e:
bei bestimmten Prozessen, besonders bei Verbrennungen, entstehendes, meist nicht mehr nutzbares Gas: viele antike Bauwerke werden von Abgasen zerfressen. **Zus.:** Autoabgas, Industrieabgas.

ab|ge|ar|bei|tet ['apgəlarbai̯tət] ⟨Adj.⟩:
a) *durch vieles Arbeiten erschöpft:* ein hagerer, abgearbeiteter Mann; sie kam abgearbeitet nach Hause. **b)** *starke, von körperlicher Arbeit herrührende Spuren aufweisend:* abgearbeitete Hände; ein derbes, abgearbeitetes Gesicht.

ab|ge|ben ['apge:bn̩], gibt ab, gab ab, abgegeben:
1. ⟨tr.; hat⟩ *dem zuständigen Empfänger [oder jmdm., der es an den Empfänger weiterleitet] geben:* einen Brief bei der Sekretärin abgeben. **Syn.:** abliefern.
2. ⟨tr.; hat⟩ *zur Aufbewahrung geben:* den Mantel an der Garderobe abgeben.
3. ⟨tr.; hat⟩ **a)** *jmdm. von einer Sache einen Teil abtreten:* er brauchte von dem verdienten Geld zu Hause nichts abzugeben; sie hat mir etwas [von ihrem Gewinn] abgegeben. **Syn.:** ablassen, darbringen (geh.), darreichen (geh.), geben, schenken, übereignen, überlassen, zur Verfügung stellen, zuteilwerden lassen, zuwenden. **b)** *sich von etwas, jmdm. trennen, es nicht mehr weiter haben wollen, sollen:* den Vorsitz, die Leitung abgeben; sie musste ihre zweite Assistentin abgeben.
4. ⟨tr.; hat⟩ *(in Bezug auf eine persönliche Meinungsäußerung) verlauten lassen, von sich geben:* ein Versprechen, eine Erklärung, ein Urteil abgeben.
5. ⟨tr.; hat⟩ *etwas, was man nicht [mehr] für sich selbst braucht, einem anderen gegen Bezahlung geben, überlassen:* Brautkleid preiswert abzugeben; ein Zimmer abgeben. **Syn.:** veräußern, verkaufen.
6. ⟨tr.; hat⟩ *(den Ball o. Ä.) an einen Mitspieler geben:* der Verteidiger gab den Ball ab und stürmte vor; ⟨auch itr.⟩ du musst zuerst abgeben und dann ohne Ball nach vorne stürmen. **Syn.:** zuspielen.
7. ⟨tr.; hat⟩ *(einen Schuss) abfeuern:* einen Schuss abgeben. **Syn.:** abschießen.
8. ⟨tr.; hat⟩ *aus seiner Substanz freisetzen, nach draußen gelangen lassen:* der Ofen gibt nur mäßig Wärme ab; Kohlendioxid wird beim Ausatmen abgegeben. **Syn.:** absondern, ausscheiden.
9. ⟨tr.; hat⟩ *geeignet sein, jmd. oder etwas zu sein; darstellen:* sie gibt eine gute Rednerin ab; mangelnde Einnahmen gaben den Grund für die Einsparungen ab.
10. ⟨+ sich⟩ (meist abwertend) *Interesse für jmdn., etwas zeigen, Zeit dafür aufwenden und sich mit dem Betreffenden beschäftigen:* mit solchen Kleinigkeiten gibt er sich nicht ab; sie gibt sich mit merkwürdigen Leuten ab. **Syn.:** sich befassen, sich beschäftigen, sich einlassen, sich widmen.

ab|ge|brannt ['apgəbrant] ⟨Adj.⟩ (ugs.):
kein Geld mehr habend (weil man alles ausgegeben, verbraucht hat): ich bin total abgebrannt. **Syn.:** bankrott, blank (ugs.), pleite (ugs.).

ab|ge|brüht ['apgəbry:t] ⟨Adj.⟩ (ugs.):
seelisch unempfindlich: ein abgebrühter Bursche; auch nach vielen Jahren als Krankenschwester bin ich noch nicht abgebrüht.

ab|ge|dro|schen ['apgədrɔʃn̩] ⟨Adj.⟩ (ugs.):
(als Wort o. Ä.) so oft gebraucht, dass es inhaltlich leer ist, keine Aussagekraft mehr hat: das ist doch nur so eine abgedroschene Redensart; er warf mit lauter abgedroschenen Phrasen um sich. **Syn.:** abgenutzt, alt, banal, erstarrt, flach, formelhaft, gewöhnlich, leer, nichtssagend, stereotyp, trivial.

ab|ge|feimt ['apgəfai̯mt] ⟨Adj.⟩:
in allen Schlechtigkeiten erfahren; durchtrieben: ein abgefeimter Lügner; das war eine abgefeimte Bosheit.

ab|ge|hackt ['apgəhakt] ⟨Adj.⟩:
(vom Sprechen) stockend, nicht fließend: abgehackt sprechen.

ab|ge|hen ['apge:ən], ging ab, abgegangen:
1. ⟨itr.; ist⟩ *den bisherigen Wirkungsbereich (besonders die Schule) verlassen:* er ist [vom Gymnasium] abgegangen. **Syn.:** ausscheiden.
2. ⟨itr.; ist⟩ **a)** *einen Platz, Ort, eine Stelle [fahrplangemäß] verlassen (um irgendwohin zu gelangen):* das Schiff, der Zug ist vor einer Stunde abgegangen. **Syn.:** abfahren. **b)** *abgeschickt werden:* der Brief, die Ware ist gestern abgegangen.
3. ⟨itr.; ist⟩ *an etwas nicht mehr weiter festhalten:* sie ist von ihrer Gewohnheit, ihrem Grundsatz abgegangen.
4. ⟨tr.; hat/ist⟩ *an etwas, jmdm. zum Zwecke der Besichtigung, Kontrolle entlanggehen; bei einem Rundgang besichtigen:* die Offizierin hat/ist die Front abgegangen.
5. ⟨itr.; ist⟩ *(beim Turnen) ein Gerät mit einem Schwung, Sprung verlassen und damit die Übung beenden:* er ist mit einer Grätsche [vom Reck] abgegangen.
6. ⟨itr.; ist⟩ **a)** *von etwas ausgehen, abzweigen:* von dieser Straße ist früher eine Passage abgegangen. **Syn.:** abbiegen.

b) *in anderer als der bisherigen Richtung verlaufen:* der Weg ist nach links abgegangen. **Syn.:** abbiegen.
7. ⟨itr.; ist⟩ *sich loslösen:* hier ist die Farbe, der Putz, der Knopf abgegangen. **Syn.:** sich ablösen, sich lösen.
8. ⟨itr.; ist⟩ *abgezogen, abgerechnet werden:* von dem Gewicht ist noch die Verpackung abgegangen; bei Barzahlung gehen drei Prozent vom Preis ab.
9. ⟨itr.; ist⟩ *jmdm. fehlen, mangeln:* ihm ist Taktgefühl schon immer abgegangen; was ihr an Begabung abgeht, ersetzt sie durch Fleiß. **Syn.:** fehlen an, gebrechen an, hapern an, mangeln an (geh.).
10. ⟨itr.; ist⟩ *in einer bestimmten Weise ablaufen, vonstattengehen, ausgehen:* es ist noch einmal glimpflich abgegangen; ohne Geschrei geht es nie ab. **Syn.:** verlaufen.

ab|ge|klärt ['apgəklɛ:ɐ̯t] ⟨Adj.⟩: *aufgrund von Lebenserfahrungen ausgeglichen, besonnen:* ein abgeklärter Mensch; sie ist sehr abgeklärt. **Syn.:** ausgeglichen, bedacht, bedächtig, bedachtsam, beherrscht, besonnen, gelassen, gemessen, gesetzt, reif, [1]ruhig, sicher, [2]überlegen, umsichtig.

ab|ge|le|gen ['apgəle:gn̩] ⟨Adj.⟩: *recht weit vom Zentrum o. Ä. entfernt gelegen:* eine abgelegene Gegend; ein abgelegenes Haus; der Ort ist sehr abgelegen; sie wohnen sehr abgelegen. **Syn.:** einsam, entfernt, entlegen, gottverlassen, öde.

ab|ge|neigt ['apgənaikt]: in der Wendung **jmdm./einer Sache abgeneigt sein:** *jmdm., einer Sache gegenüber ablehnend eingestellt sein:* sie war einem Kompromiss nicht abgeneigt *(stand ihm positiv gegenüber);* er war nicht/zeigte sich nicht abgeneigt, ihr den Koffer zu tragen; ihre Erfahrungen hatten sie allem Neuen abgeneigt gemacht; sie waren ihm persönlich abgeneigt *(mochten ihn nicht).*

Ab|ge|ord|ne|te ['apgə|ɔrdnətə], die/eine Abgeordnete; der/einer Abgeordneten, die Abgeordneten/zwei Abgeordnete: *gewählte Volksvertreterin; weibliches Mitglied eines Parlaments:* die Abgeordnete stellt sich zur Wiederwahl. **Syn.:** Funktionärin, Parlamentarierin, Vertreterin. **Zus.:** Bundestagsabgeordnete, Europaabgeordnete, Kreistagsabgeordnete, Landtagsabgeordnete, Parlamentsabgeordnete.

Ab|ge|ord|ne|ter ['apgə|ɔrdnətɐ], der Abgeordnete/ein Abgeordneter; des/eines Abgeordneten, die Abgeordneten/zwei Abgeordnete: *gewählter Volksvertreter; Mitglied eines Parlaments:* die Abgeordneten stimmen über das Gesetz ab. **Syn.:** Funktionär, Parlamentarier, Vertreter. **Zus.:** Bundestagsabgeordneter, Europaabgeordneter, Kreistagsabgeordneter, Landtagsabgeordneter, Parlamentsabgeordneter.

ab|ge|ris|sen ['apgərɪsn̩] ⟨Adj.⟩:
1. *(in Bezug auf Kleidung) durch vieles Tragen zum Teil zerrissen und daher schäbig-ungepflegt aussehend:* abgerissene Kleidung; er läuft sehr abgerissen herum.
2. *unzusammenhängend:* seit sie krank ist, produziert sie nur noch abgerissene Sätze.

Ab|ge|sand|te ['apgəzantə], die/eine Abgesandte; der/einer Abgesandten, die Abgesandten/zwei Abgesandte: *weibliche Person, die mit einem bestimmten Auftrag, mit einer [offiziellen] Botschaft zu jmdm. geschickt wird:* sie ist eine Abgesandte der amerikanischen Regierung. **Syn.:** Bevollmächtigte, Botin, Botschafterin, Kurierin, Vertreterin.

Ab|ge|sand|ter ['apgəzantɐ], der Abgesandte/ein Abgesandter; des/eines Abgesandten, die Abgesandten/zwei Abgesandte: *Person, die mit einem bestimmten Auftrag, mit einer [offiziellen] Botschaft zu jmdm. geschickt wird:* sie sind Abgesandte des Königs. **Syn.:** Bevollmächtigter, Bote, Botschafter, Kurier, Vertreter.

ab|ge|schlos|sen ['apgəʃlɔsn̩] ⟨Adj.⟩:
1. *von der Welt getrennt; isoliert:* ein abgeschlossenes Leben führen; wir leben sehr abgeschlossen.
2. *in sich geschlossen (und deshalb nicht ohne Weiteres zugänglich):* eine abgeschlossene Wohnung.
3. *durchgestaltet, vollendet:* ein abgeschlossenes Werk.

ab|ge|spannt ['apgəʃpant] ⟨Adj.⟩: *nach größerer Anstrengung müde, erschöpft:* einen abgespannten Eindruck machen; abgespannt aussehen, sein.

ab|ge|wöh|nen ['apgəvø:nən], gewöhnte ab, abgewöhnt ⟨tr.; hat⟩: *(jmdn., sich) dazu bringen, eine [schlechte] Gewohnheit abzulegen:* es dauerte lange, dem Kind diese Unart abzugewöhnen; sie will sich endlich das Rauchen abgewöhnen.

ab|gra|sen ['apgra:zn̩], graste ab, abgegrast ⟨tr.; hat⟩ (ugs.): *in einem bestimmten Bereich an allen dafür infrage kommenden Stellen etwas oder jmd. Bestimmtes systematisch suchen, sich dort erkundigen, nachfragen:* ich habe die ganze Gegend nach einer neuen Stelle abgegrast; sie hat alle Buchläden abgegrast, aber diese alte Ausgabe nicht gefunden. **Syn.:** abklappern (ugs.), ablaufen.

Ab|grund ['apgrʊnt], der; -[e]s, Abgründe ['apgrʏndə]: *große [gefährliche] Tiefe (z. B. einer Schlucht):* in den Abgrund stürzen. **Syn.:** [1]Kluft, Krater, Spalte.

ab|grün|dig ['apgrʏndɪç] ⟨Adj.⟩ (geh.):
1. a) *von rätselhafter, geheimnisvoller Unergründlichkeit:* ein abgründiges Lächeln.
b) *(in unergründlicher Weise) unermesslich tief, groß:* abgründige Verachtung, Hinterhältigkeit.
2. ⟨verstärkend bei Adjektiven⟩ *sehr:* abgründig hässlich, tief, gemein.

ab|ha|ken ['apha:kn̩], hakte ab, abgehakt ⟨tr.; hat⟩: *mit einem Haken versehen, um zu markieren, dass etwas erledigt ist:* die Namen auf der Liste abhaken; damit war das Thema abgehakt *(es wurde nicht länger diskutiert).*

ab|hal|ten ['aphaltn̩], hält ab, hielt ab, abgehalten ⟨tr.; hat⟩:
1. *nicht durchdringen, herankommen lassen:* die Wände halten den Lärm ab. **Syn.:** abblocken,

abwehren, aufhalten, fernhalten.
2. *(von etwas) zurückhalten; (jmdn.) daran hindern, etwas zu tun:* sie hielt ihn von der Arbeit ab; von dieser unüberlegten Handlung müssen wir ihn abhalten.
3. *eine Veranstaltung, Zusammenkunft stattfinden lassen, durchführen:* die Versammlung wurde am Mittwoch abgehalten. **Syn.:** arrangieren, aufziehen, ausrichten, austragen, durchführen, geben, halten, organisieren, unternehmen, veranstalten.
4. *(ein Kind) so halten, dass es seine Notdurft verrichten kann:* der Vater hielt die Kleine ab.

ab|han|den|kom|men [ap'handn̩kɔmən], kam abhanden, abhandengekommen ‹itr.; ist›: *verloren gehen:* mir ist meine Brieftasche abhandengekommen; die abhandengekommene Brieftasche.

Ab|hand|lung ['aphandlʊŋ], die; -, -en: *schriftliche [wissenschaftliche] Darlegung, längerer Aufsatz:* eine umfangreiche Abhandlung; eine Abhandlung über den Existenzialismus. **Syn.:** Arbeit, Beitrag, Schrift.

Ab|hang ['aphaŋ], der; -[e]s, Abhänge ['aphɛŋə]: *schräge Fläche im Gelände:* ein bewaldeter Abhang; das Haus stand am südlichen Abhang; sie ist mit ihren neuen Skiern den Abhang hinuntergefahren. **Syn.:** Anhöhe, Berg, Böschung, Buckel, Erhebung, Hang, Hügel, Neigung.

[1]ab|hän|gen ['aphɛŋən], hing ab, abgehangen ‹itr.; hat›:
1. a) *(durch jmdn., etwas) bedingt sein:* das hängt letztlich von ihr, vom Wetter ab; für mich hängt viel davon ab *(für mich ist es sehr wichtig).* **Syn.:** abhängig sein von. **b)** *(von jmdm., etwas) abhängig sein:* viele Studierende hängen finanziell von ihren Eltern ab.
2. *durch längeres Hängen mürbe werden:* das Fleisch muss noch abhängen; ‹häufig im 2. Partizip› gut abgehangenes Fleisch.

[2]ab|hän|gen ['aphɛŋən], hängte ab, abgehängt ‹tr.; hat›:
1. *von einem Haken, Nagel an der Wand ab-, herunternehmen:* nach der Scheidung hängte sie das Hochzeitsbild ab.
2. *von der Kupplung trennen* /Ggs. anhängen/: einen Eisenbahnwagen abhängen.
3. (ugs.) *hinter sich lassen:* beim Wettlauf hängt sie ihren kleinen Bruder locker ab.

ab|hän|gig ['aphɛŋɪç] ‹Adj.›:
a) *durch jmdn., etwas (als Möglichkeit erst) zustande gekommen, bedingt:* der Ausflug ist vom Wetter abhängig; das Urlaubsziel ist vom Geldbeutel abhängig. **Zus.:** saisonabhängig, temperaturabhängig, wetterabhängig. **b)** *auf jmdn., etwas angewiesen:* er ist finanziell von den Eltern abhängig; sie ist seit Jahren [von Kokain] abhängig. **Zus.:** alkoholabhängig, drogenabhängig, medikamentenabhängig, tablettenabhängig;
*** etwas von etwas abhängig machen:** *etwas zur Bedingung von etwas machen:* sie machte ihre Zustimmung von einer Entscheidung ihres Freundes abhängig.

-ab|hän|gig [aphɛŋɪç] ‹adjektivisches Suffixoid›:
1. *durch das im substantivischen Basiswort Genannte bedingt, darauf beruhend, darauf zurückzuführen:* fallabhängig; leistungsabhängig; temperaturabhängig; verbrauchsabhängig; wetterabhängig; zeitabhängig.
2. *von dem im substantivischen Basiswort Genannten psychisch abhängend, davon im Verhalten bestimmt, geprägt:* alkoholabhängig; drogenabhängig; rauschgiftabhängig; tablettenabhängig.

Ab|hän|gig|keit ['aphɛŋɪçkai̯t], die; -, -en:
a) *das Abhängigsein* (a): die Abhängigkeit der Arbeitsplätze von der Konjunktur. **Zus.:** Exportabhängigkeit, Importabhängigkeit, Temperaturabhängigkeit. **b)** *das Abhängigsein* (b): finanzielle Abhängigkeit; Abhängigkeit von Alkohol und Drogen. **Zus.:** Alkoholabhängigkeit, Drogenabhängigkeit.

ab|här|ten ['aphɛrtn̩], härtete ab, abgehärtet ‹tr.; hat›: *gegen Infekte o. Ä. widerstandsfähig machen:* er härtete seinen Körper, sich frühzeitig ab; ‹auch itr.› kalte Duschen härten ab. **Syn.:** stählen.

ab|hau|en ['aphau̯ən], haute ab, abgehauen:
1. ‹tr.; hat› *durch Schlagen entfernen, trennen von etwas:* einer giftigen Schlange den Kopf abhauen; er hat einen Ast vom Baum abgehauen; ‹Prät. veraltend auch: hieb ab› auf ihr Geheiß hieb man ihm den Kopf ab. **Syn.:** ablösen, abmachen, abtrennen.
2. ‹itr.; ist› (ugs.) *sich entfernen:* sie haute heimlich ab; seine Frau ist ihm abgehauen; er ist in die Schweiz, nach Frankreich, zur Fremdenlegion, mit der Vereinskasse abgehauen. **Syn.:** abschwirren (ugs.), sich absetzen, das Weite suchen, sich davonmachen (ugs.), die Flatter machen (salopp), die Fliege machen, die Flucht ergreifen, sich dünnmachen (ugs.), durchbrennen (ugs.), sich empfehlen, enteilen, fliehen, Reißaus nehmen, sein Heil in der Flucht suchen, sich auf Französisch empfehlen (ugs.), sich aus dem Staub[e] machen, stiften gehen (ugs.), sich verdrücken (ugs.), sich verflüchtigen, sich verfügen (Papierdt., auch scherzh.), sich verziehen (ugs.), von der Bildfläche verschwinden (ugs.), weggehen.

ab|he|ben ['aphe:bn̩], hob ab, abgehoben:
1. ‹tr.; hat› *anheben und abnehmen:* den Deckel, den Hörer des Telefons abheben.
2. ‹itr.; ist› *(besonders von Flugzeugen) sich in die Luft erheben, sich von dem Ausgangspunkt lösen und in Bewegung setzen:* die Maschine hebt schnell, vom Boden, nach Berlin ab; von der Startrampe abheben. **Syn.:** abfliegen, starten.
3. ‹tr.; hat› *sich (Geld vom Konto) auszahlen lassen* /Ggs. einzahlen/: an immer mehr Automaten kann man kostenlos Geld abheben.
4. ‹+ sich› **a)** *sich abzeichnen; in den Umrissen o. Ä. im Kontrast zum Hintergrund, Untergrund erkennbar sein:* die Türme hoben sich vom/gegen den Himmel ab. **Syn.:** abstechen, kontrastieren. **b)** *sich von anderen durch etwas deutlich unter-*

scheiden: sie hob sich von anderen durch ihre ruhige Art ab; er hob sich von seinen Freunden ab, weil er unrasiert war.
5. ⟨itr.; hat⟩ (geh.) *etwas zum Zielpunkt einer Erörterung machen, auf etwas (als etwas Bemerkenswertes) hinweisen:* sie hob auf die Notwendigkeit einer kritischen Distanz ab; er hob darauf ab, dass die Probleme nicht gelöst seien.

ab|hei|len [ˈaphai̯lən], heilte ab, abgeheilt ⟨itr.; ist⟩:
allmählich [ver]heilen [und verschwinden]: der Ausschlag ist ganz abgeheilt. **Syn.:** abklingen, heilen, zurückgehen.

ab|het|zen [ˈaphɛt͡sn̩], hetzte ab, abgehetzt ⟨+ sich⟩:
sich hastig (bis zum Erschöpftsein) um die Erledigung von etwas bemühen: ich habe mich abgehetzt, um pünktlich fertig zu sein; hetz dich nicht ab, lass dir Zeit! **Syn.:** sich beeilen, sich dranhalten (ugs.), einen Schritt zulegen, einen Zahn zulegen (ugs.), fix machen (ugs.), sich hetzen, keine Zeit verlieren, keinen Augenblick verlieren, rasch machen, schnell machen, sich sputen (veraltend, noch landsch.), Tempo machen, sich überstürzen.

ab|ho|len [ˈapho:lən], holte ab, abgeholt ⟨tr.; hat⟩:
1. *an eine bestimmte Stelle gehen und etwas, was dort bereitliegt, in Empfang nehmen, sich geben lassen:* ein Paket [von der Post] abholen; sie können die Theaterkarten an der Kasse abholen. **Syn.:** holen.
2. *an einen [vereinbarten] Ort, wo sich die betreffende Person befindet, gehen und mit dieser weggehen:* jmdn. zum Spazierengehen, am Bahnhof, von zu Hause abholen.
3. (ugs. verhüllend) *verhaften:* man hatte ihn nachts abgeholt.

ab|hö|ren [ˈaphø:rən], hörte ab, abgehört ⟨tr.; hat⟩:
1. *etwas Gelerntes ohne Vorlage aufsagen lassen, um festzustellen, ob der Betreffende es beherrscht:* die Mutter hörte [ihn/ihm] die Vokabeln ab; die Schülerin abhören. **Syn.:** abfragen.
2. *untersuchen, indem man die Körpergeräusche mit dem Gehör oder Hörrohr prüft:* das Herz, die Patientin abhören.
3. *heimlich überwachen, mit anhören:* Telefone, ein Gespräch abhören. **Syn.:** anzapfen, auskundschaften, lauschen, zuhören.
4. *(etwas Gesprochenes usw.) [zur Überprüfung, Information oder zum Vergnügen] sich anhören:* die Audiodateien abhören.

Abi|tur [abiˈtu:ɐ̯], das; -s, -e:
Abschlussprüfung an einer höheren Schule; Reifeprüfung: das Abitur machen; unsere Tochter macht gerade Abitur. **Syn.:** Prüfung. **Zus.:** Einserabitur, Fachabitur.

Abi|tu|ri|ent [abituˈri̯ɛnt], der; -en, -en, **Abi|tu|ri|en|tin** [abituˈri̯ɛntɪn], die; -, -nen:
a) *Schüler bzw. Schülerin nach Ablegung der Reifeprüfung:* nach der letzten Prüfung feiern die Abiturienten ausgelassen.
b) *Schüler bzw. Schülerin der letzten Klasse an einer höheren Schule:* die Abiturienten in Latein unterrichten.

ab|kap|seln [ˈapkapsl̩n], kapselte ab, abgekapselt ⟨+ sich⟩:
sich isolieren und den Kontakt mit anderen meiden: sich wirtschaftlich abkapseln; du solltest dich nicht abkapseln; sie haben sich von allen anderen, gegen alles Neue abgekapselt. **Syn.:** sich absondern, sich verkriechen.

ab|kau|fen [ˈapkau̯fn̩], kaufte ab, abgekauft ⟨tr.; hat⟩:
von jmdm. etwas [was er angeboten hat] kaufen: sie kaufte dem kleinen Mädchen einen Strauß ab; diese Geschichte kauft dir niemand ab (ugs.; *diese Geschichte glaubt dir niemand*). **Syn.:** erstehen.

Ab|kehr [ˈapke:ɐ̯], die; -:
Abwendung von etwas oder jmdm: die Abkehr vom Wegwerfprinzip; eine innere Abkehr vom Katholizismus.

ab|klap|pern [ˈapklapɐn], klapperte ab, abgeklappert ⟨tr.; hat⟩ (ugs.):
auf der Suche nach etwas, jmdm. nacheinander dafür infrage kommende Stellen aufsuchen und sich dort danach erkundigen, danach fragen: wir haben alle Hotels, Adressen, die ganze Umgebung abgeklappert; sie klapperten alle Straßen nach ihm ab; er klapperte die ganze Gegend nach Rucola ab.

ab|klin|gen [ˈapklɪŋən], klang ab, abgeklungen ⟨itr.; ist⟩:
a) *(in der Lautstärke) abnehmen, immer leiser werden:* der Lärm klingt ab. **b)** *(in der Intensität) nachlassen, schwächer werden:* der Sturm, die Krankheit, die Begeisterung ist abgeklungen.

ab|klop|fen [ˈapklɔpfn̩], klopfte ab, abgeklopft:
1. a) ⟨tr.; hat⟩ *durch Klopfen entfernen:* Staub [von der Jacke] abklopfen. **b)** ⟨tr.; hat⟩ *durch Klopfen säubern:* das Kind, sich, die Jacke abklopfen. **Syn.:** abputzen, abstauben, befreien von, reinigen, sauber machen.
2. ⟨tr.; hat⟩ *durch Klopfen untersuchen, prüfen:* die Wand, den Boden abklopfen; der Kranke wurde abgeklopft.
3. ⟨tr.; hat⟩ *durch Klopfen mit dem Taktstock unterbrechen:* der Dirigent klopfte das Konzert ab; ⟨auch itr.⟩ während der Probe wurde häufig abgeklopft.

ab|knal|len [ˈapknalən], knallte ab, abgeknallt ⟨tr.; hat⟩ (ugs.):
1. *ohne Skrupel durch Schießen töten:* sie haben die Feinde wie Hasen abgeknallt. **Syn.:** abschießen, beseitigen (verhüllend), ermorden, erschießen, kaltmachen (salopp), killen (salopp), liquidieren, meucheln (veraltend), morden, über die Klinge springen lassen (ugs.), um die Ecke bringen (ugs.), umbringen, umlegen (ugs.), ums Leben bringen, unter die Erde bringen (ugs.), vernichten.
2. *durch Schießen die Bewegungs- und Funktionsfähigkeit von etwas zerstören:* Panzer abknallen. **Syn.:** abschießen.

ab|kni|cken [ˈapknɪkn̩], knickte ab, abgeknickt:
1. ⟨tr.; hat⟩ **a)** *durch Knicken entfernen:* ich habe die Spitze abgeknickt. **Syn.:** ablösen, abmachen, abtrennen. **b)** *nach unten, abwärts knicken:* die Blumen waren nur abgeknickt.
2. ⟨itr.; ist⟩ *einen Knick bilden:* sie ist in der Hüfte abgeknickt.

ab|knöp|fen [ˈapknœpfn̩], knöpfte ab, abgeknöpft ⟨tr.; hat⟩:
1. *Angeknöpftes abnehmen* /Ggs. anknöpfen/: die Kapuze [vom Mantel] abknöpfen.

2. (ugs.) *eine Person dazu bringen, dass sie etwas zahlt, hergibt (ohne dass sie sich richtig dagegen wehren kann):* er hat mir beim Spielen fünf Euro abgeknöpft; jmdm. Geld für einen guten Zweck abknöpfen. **Syn.:** abluchsen (ugs.), abnehmen, abschwatzen (ugs.).

ab|ko|chen ['apkɔxn̩], kochte ab, abgekocht:
1. ⟨tr.; hat⟩ **a)** *durch Kochen keimfrei machen:* das Trinkwasser abkochen. **b)** *durch Kochen einen Extrakt (aus etwas) gewinnen:* [Heil]kräuter abkochen. **c)** (selten) *bis zum Garsein kochen:* Eier, Kartoffeln abkochen.
2. ⟨itr.; hat⟩ *im Freien kochen:* hier haben die Pfadfinder abgekocht. **Syn.:** Essen bereiten, Essen machen, Essen zubereiten.

ab|kom|man|die|ren ['apkɔmandi:rən], kommandierte ab, abkommandiert ⟨tr.; hat⟩: *dienstlich (besonders beim Militär zur Erfüllung einer bestimmten Aufgabe) entsenden:* der Hauptmann hat den Gefreiten zur Kampfgruppe X abkommandiert. **Syn.:** abordnen, delegieren, schicken.

ab|kom|men ['apkɔmən], kam ab, abgekommen ⟨itr.; ist⟩:
a) *sich ungewollt (von einer eingeschlagenen Richtung) entfernen:* vom Weg, Kurs abkommen. **Syn.:** abweichen. **b)** *etwas, was man früher, ursprünglich als Ziel, Aufgabe gehabt hat, nicht mehr tun, wollen, anstreben:* davon, von diesem Plan bin ich wieder abgekommen. **Syn.:** ablassen, sich abschminken (salopp), abschreiben (ugs.), absehen von, aufgeben, aufstecken (ugs.), entsagen (geh.), fallen lassen, lassen, sich lossagen, preisgeben, verzichten, zurücktreten.

Ab|kom|men ['apkɔmən], das; -s, -: *Vereinbarung (besonders zwischen Institutionen):* ein geheimes Abkommen. **Syn.:** Abmachung, Vertrag. **Zus.:** Geheimabkommen, Handelsabkommen, Kulturabkommen, Militärabkommen, Wirtschaftsabkommen.

ab|kömm|lich ['apkœmlɪç] ⟨Adj.⟩: *(an seinem Platz) nicht unbedingt gebraucht werdend und daher frei für anderes:* sie ist [im Moment] nicht abkömmlich. **Syn.:** entbehrlich, überflüssig, überzählig, übrig.

ab|krat|zen ['apkratsn̩], kratzte ab, abgekratzt:
1. ⟨tr.; hat⟩ **a)** *durch Kratzen entfernen:* die alte Farbe mit einem Spachtel [von der Wand] abkratzen. **Syn.:** abmachen. **b)** *durch Kratzen reinigen:* kratz dir bitte die Schuhe ab. **Syn.:** säubern.
2. ⟨itr.; ist⟩ (derb) *sterben:* er sieht so aus, als ob er bald abkratzen würde.

ab|krie|gen ['apkri:gn̩], kriegte ab, abgekriegt ⟨tr.; hat⟩ (ugs.): *abbekommen:* ich habe [von dem Kuchen] nichts abgekriegt.

ab|küh|len ['apky:lən], kühlte ab, abgekühlt:
1. ⟨tr.; hat⟩ *kühl[er] machen:* das Gewitter hat die Luft [etwas] abgekühlt; er sprang in den Pool, um sich abzukühlen.
2. ⟨itr.; ist⟩ *kühl[er] werden:* lass den Tee erst mal etwas abkühlen; ⟨auch + sich⟩ das Wasser hat sich abgekühlt; ⟨auch unpers.; hat⟩ es hat abgekühlt *(die Lufttemperatur ist gesunken, es ist kühler geworden).*

Ab|kunft ['apkʊnft], die; -: *gesellschaftliche Herkunft:* sie ist von bürgerlicher Abkunft. **Syn.:** Abstammung.

ab|kür|zen ['apkʏrtsn̩], kürzte ab, abgekürzt ⟨tr.; hat⟩:
a) *kürzer machen:* den Weg abkürzen. **b)** *in seiner Zeitdauer beschränken; vorzeitig beenden:* sie hatte ihren Besuch abgekürzt. **c)** *(in Sprache und Schrift) kürzer ausdrücken:* einen Namen, ein Wort abkürzen; »zum Beispiel« kürzt man [mit] »z. B.« ab.

Ab|kür|zung ['apkʏrtsʊŋ], die; -, -en:
1. *das Abkürzen:* eine Abkürzung des Verfahrens ist leider nicht möglich.
2. *Weg, auf dem man einen anderen, längeren Weg abkürzen kann:* eine Abkürzung kennen, nehmen, fahren.
3. *abgekürztes Wort, abgekürzte Folge von Wörtern:* »usw.« ist die Abkürzung für, von »und so weiter«.

ab|la|den ['apla:dn̩], lädt ab, lud ab, abgeladen ⟨tr.; hat⟩:
a) *von einem Transportmittel herunternehmen* /Ggs. aufladen/: Holz, Steine abladen; wo soll ich dich abladen? (scherzh.; *wo soll ich dich aussteigen lassen?*). **Syn.:** ausladen. **b)** *durch Herunternehmen der Ladung leer machen:* den Lkw abladen; ⟨auch itr.⟩ ich muss noch abladen. **c)** *etwas (eine Last o. Ä.) loswerden, abwälzen, sich von etwas befreien und es einer anderen Person übertragen:* Arbeit auf jmdn. abladen; er ging zu ihr, in die Kneipe, um seinen Kummer abzuladen.

Ab|la|ge ['apla:gə], die; -, -n:
1. ⟨ohne Plural⟩ *das Ablegen:* er war mit der Ablage der erledigten Post beschäftigt.
2. *Raum, Vorrichtung, wo etwas abgelegt wird:* die Kleiderbürste liegt auf der Ablage in der Garderobe; Akten in die Ablage bringen. **Zus.:** Hutablage.

ab|la|gern ['apla:gɐn], lagerte ab, abgelagert:
1. a) ⟨tr.; hat⟩ *sich absetzen, ansammeln lassen, anschwemmen:* der Fluss lagert Schlamm ab. **b)** ⟨+ sich⟩ *sich absetzen, ansammeln:* der Kalkstein lagert sich [an den Wänden] ab.
2. ⟨itr.; hat⟩ *durch Lagern reifen:* der Wein muss noch ablagern; gut abgelagertes Holz.
3. *an einen bestimmten Ort bringen und dort liegen lassen:* der Restmüll wird in einer Deponie abgelagert.

ab|las|sen ['aplasn̩], lässt ab, ließ ab, abgelassen:
1. ⟨tr.; hat⟩ **a)** *herauslaufen, ausströmen lassen:* das Wasser aus der Badewanne, Gas ablassen. **b)** *durch Herauslaufenlassen der Flüssigkeit leer machen:* den Tank ablassen.
2. ⟨tr.; hat⟩ *aus Gefälligkeit [preiswert] verkaufen, abgeben:* ich würde Ihnen das Buch für acht Euro ablassen; sie ließ ihm die Hälfte ihrer Portion ab. **Syn.:** abtreten, geben, hergeben, übereignen, überlassen, zur Verfügung stellen, zuteilwerden lassen.
3. ⟨tr.; hat⟩ *einen Rabatt gewähren:* der Verlag lässt [der Agentur] 15 % ab. **Syn.:** nachlassen.
4. ⟨itr.; hat⟩ **a)** *(von etwas) Abstand nehmen, (etwas) aufgeben, nicht weiter verfolgen:* von einem Plan, der Verfolgung

Ablauf/Verlauf

Da sowohl **Ablauf** als auch **Verlauf** einen zeitlichen Prozess bezeichnen, können beide Wörter oft gegeneinander ausgetauscht werden:

- Die Polizei sorgte für einen reibungslosen Ablauf/Verlauf der Demonstration.

Vorzugsweise **Ablauf** wird verwendet, wenn ein konkreter, oft auch geregelter und organisierter Prozess beschrieben wird:

- Aus aktuellem Anlass ändern wir den Ablauf des heutigen Programms.
- Bitte stören Sie auf der Tagung nicht den geplanten Ablauf!

Dagegen wählt man bevorzugt **Verlauf,** wenn der Blick mehr auf das Ergebnis als auf die Abfolge gerichtet ist:

- Mit diesem Verlauf des Spiels hatte keiner gerechnet.
- Die Entwicklung nahm einen ganz anderen Verlauf als erwartet.

Für das *Ende eines Prozesses/einer Frist* selbst kann jedoch nur **Ablauf** stehen:

- Nach Ablauf dieser Frist können keine Änderungen mehr vorgenommen werden.
- Die Kosten erhöhen sich nach Ablauf von drei Monaten.

ablassen; sie ließen nicht ab *(sie hörten nicht auf)* zu feuern. **Syn.:** abkommen, sich abschminken (salopp), abschreiben (ugs.), absehen, entsagen (geh.), verzichten. **b)** *jmdn. nicht mehr bedrängen, verfolgen:* sie schlugen auf ihn ein und ließen erst von ihm ab, als er reglos am Boden lag.

Ab|lauf [ˈaplau̯f], der; -s, Abläufe [ˈaplɔy̯fə]:
1. *[vom Anfang bis zum Ende geregelter, organisierter] Verlauf:* für einen reibungslosen Ablauf [der Arbeiten] sorgen; die technischen, politischen Abläufe. **Syn.:** Reihenfolge. **Zus.:** Arbeitsablauf, Handlungsablauf, Programmablauf, Tagesablauf.
2. *das Ablaufen* (7): nach Ablauf des Quartals; vor Ablauf der gesetzten Frist; das Medikament darf man nach Ablauf der Haltbarkeitsdauer nicht mehr verwenden.

Ablauf / Verlauf:
s. Kasten.

ab|lau|fen [ˈaplau̯fn̩], läuft ab, lief ab, abgelaufen:
1. ⟨itr.; ist⟩ *abfließen* (a): das Badewasser ablaufen lassen.
2. ⟨itr.; ist⟩ **a)** *herunterfließen:* der Regen läuft von dem Cape ab; die Teller ins Trockengestell stellen, damit das Wasser ablaufen kann. **b)** *durch Abfließen anhaftenden Wassers trocken werden:* die Teller ablaufen lassen.
3. ⟨tr.; ist/hat⟩ **a)** *zur Kontrolle entlanglaufen, besichtigen:* eine Strecke ablaufen. **b)** *der Reihe nach, einen nach dem andern aufsuchen:* statt zig Läden abzulaufen, bestelle ich doch lieber online. **Syn.:** abgrasen (ugs.), abklappern (ugs.).
4. ⟨tr.; hat⟩ *durch vieles Gehen abnutzen:* du hast die Absätze schon wieder ganz abgelaufen.
5. ⟨itr.; ist⟩ *zu Ende laufen und dann stehen bleiben:* die Uhr ist abgelaufen.
6. ⟨itr.; ist⟩ *in bestimmter Weise vonstatten-, vor sich gehen:* die Diskussion lief glatt ab; das ist noch einmal gut abgelaufen. **Syn.:** über die Bühne gehen (ugs.), verlaufen.
7. ⟨itr; ist⟩ *zu Ende gehen; zu bestehen, zu gelten aufhören:* die Frist, seine Amtszeit ist abgelaufen; der Pass ist abgelaufen. **Syn.:** auslaufen, verfallen.

Ab|le|ben [ˈapleːbn̩], das; -s (geh.): *Tod:* seit dem Ableben seiner Frau lebt er allein.

ab|le|gen [ˈapleːgn̩], legte ab, abgelegt:
1. ⟨tr.; hat⟩ **a)** *fort-, niederlegen, irgendwohin legen:* den Hörer ablegen; eine Last ablegen. **b)** *etwas (wie Post o. Ä.) nach der Bearbeitung, Erledigung zur Aufbewahrung weglegen:* Briefe ablegen.
2. ⟨tr.; hat⟩ *(ein Kleidungsstück o. Ä.) ausziehen:* die Jacke ablegen; ⟨auch itr.⟩ legen Sie bitte ab!
3. ⟨tr.; hat⟩ **a)** *nicht mehr tragen:* die Trauerkleidung ablegen; seinen Namen ablegen *(nicht länger führen);* ⟨häufig im 2. Partizip⟩ sie trägt abgelegte Schuhe *(Schuhe, die eine andere Person getragen hat, aber nicht mehr weiter tragen will).* **b)** *sich von etwas frei machen:* eine Gewohnheit, seine Scheu ablegen.
4. ⟨tr.; hat⟩ als Funktionsverb: eine Prüfung ablegen *(sich prüfen lassen);* einen Eid ablegen *(schwören);* ein Geständnis ablegen *(etwas gestehen);* ein Bekenntnis ablegen *(etwas bekennen).* **Syn.:** absolvieren.
5. ⟨itr.; hat⟩ *(von Schiffen oder Personen an Bord eines Schiffes) von der Anlegestelle wegfahren* /Ggs. anlegen/: die Fähre hatte gerade abgelegt, als wir eintrafen; gleich legen wir ab.

ab|leh|nen [ˈapleːnən], lehnte ab, abgelehnt ⟨tr.; hat⟩:
a) *(etwas Angebotenes) nicht annehmen, nicht entgegennehmen* /Ggs. annehmen/: ein Angebot, einen Vorschlag, eine Einladung, ein Geschenk ablehnen. **Syn.:** ausschlagen, verschmähen, zurückweisen.
b) *einer Forderung o. Ä. nicht nachgeben, nicht genehmigen* /Ggs. annehmen/: eine Forderung, einen Antrag ablehnen. **Syn.:** abschlagen, abweisen, versagen (geh.). **c)** *nicht mögen, nicht gut, richtig, schön finden:* er lehnt Popmusik ab; sie lehnen jede Gewalt gegen Menschen ab; so etwas lehne ich [ganz entschieden] ab; jmdn. ablehnen; ⟨häufig im 1. Partizip⟩ jmdm., einer Sache ablehnend gegenüberstehen; ablehnend reagieren. **Syn.:** abweisen, missbilligen, scheißen auf (derb). **d)** *von sich weisen; nicht anerkennen:* er lehnt jede Verantwortung für das Unglück ab; einen Richter als parteiisch ablehnen. **Syn.:** abweisen, negieren. **e)** *sich weigern, etwas zu tun:* ich lehne die Zahlung des Bußgeldes ab; sie lehnte es ab, an der Vorberei-

tung der Veranstaltung mitzuwirken. **Syn.:** versagen (geh.), verweigern.

ab|lei|ten [ˈaplai̯tn̩], leitete ab, abgeleitet:
1. ⟨tr.; hat⟩ *in eine andere Richtung leiten:* den Fluss ableiten. **Syn.:** ablenken.
2. a) ⟨tr.; hat⟩ *herleiten, entwickeln:* eine Formel aus Versuchen ableiten. **b)** ⟨+ sich⟩ *sich ergeben, folgen:* das eine leitet sich aus dem anderen ab.
3. a) ⟨tr.; hat⟩ *auf seinen Ursprung zurückführen:* seine Herkunft von den Arabern ableiten. **Syn.:** herleiten.
b) ⟨+ sich⟩ *aus etwas stammen:* das Wort leitet sich aus dem Niederländischen ab. **Syn.:** abstammen, entstammen, sich herleiten.

Ab|lei|tung [ˈaplai̯tʊŋ], die; -, -en:
1. *das Ableiten:* die Ableitung der Formel war dann einfach.
2. (Sprachwiss.) *von einem anderen Wort abgeleitetes Wort:* »Heiterkeit« ist eine Ableitung (von »heiter«).

ab|len|ken [ˈaplɛŋkn̩], lenkte ab, abgelenkt:
1. ⟨tr.; hat⟩ *in eine andere Richtung bringen, lenken:* den Ball [zur Ecke] ablenken; die Lichtstrahlen werden abgelenkt; jmds. Aufmerksamkeit ablenken *(jmdn. ablenken).* **Syn.:** ableiten.
2. a) ⟨tr.; hat⟩ *auf andere Gedanken bringen; zerstreuen:* jmdn., sich durch Musik ein wenig ablenken. **b)** ⟨tr.; hat⟩ *dazu bringen, sich mit etwas anderem zu beschäftigen:* jmdn. [von der Arbeit] ablenken. **c)** ⟨itr.; hat⟩ *das Gesprächsthema wechseln:* er will nur [vom Thema] ablenken.

ab|le|sen [ˈapleːzn̩], liest ab, las ab, abgelesen ⟨tr.; hat⟩:
1. *nach einer schriftlichen Vorlage sprechen:* sie hat ihre Rede abgelesen; der Sprecher liest die Nachrichten vom Teleprompter ab.
2. *(den Stand eines Messinstruments o. Ä.) feststellen:* den Zählerstand, Kilometerstand ablesen; das Thermometer *(auf dem Thermometer die Temperatur)* ablesen; den Strom *(den Stand des Stromzählers)* ablesen.
3. a) *durch genaue Beobachtung erkennen:* er liest ihr jeden Wunsch von, an den Augen ab. **b)** *(aus etwas) erschließen:* die große Bedeutung dieser Ereignisse kann man daraus/daran ablesen, dass ...

ab|leug|nen [ˈaplɔy̯gnən], leugnete ab, abgeleugnet ⟨tr.; hat⟩:
mit Nachdruck leugnen, nicht zugeben: die Mitschuld, ein Verbrechen ableugnen. **Syn.:** abstreiten, bestreiten, dementieren, in Abrede stellen (Papierdt.), negieren, nicht wahrhaben wollen, sich verwahren gegen (geh.), verneinen, zurückweisen.

ab|lie|fern [ˈapliːfɐn], lieferte ab, abgeliefert ⟨tr.; hat⟩:
nach Vorschrift übergeben, aushändigen: er hat die Tasche beim Fundbüro abgeliefert; den Rest des Geldes lieferte sie der Mutter ab. **Syn.:** abgeben, überbringen, überreichen, vorlegen.

ab|lö|sen [ˈaplø:zn̩], löste ab, abgelöst:
1. a) ⟨tr.; hat⟩ *vorsichtig von seinem Untergrund lösen, entfernen:* die Briefmarken [von dem Papier] ablösen. **Syn.:** abmachen, abnehmen, abtrennen.
b) ⟨+ sich⟩ *sich (von etwas) loslösen:* die Farbe, Haut löst sich ab. **Syn.:** abblättern, abgehen, abreißen, sich lösen.
2. ⟨tr.; hat⟩ *die Tätigkeit, die Arbeit (von jmdm.) übernehmen, an jmds. Stelle treten:* eine Kollegin ablösen; sie soll den derzeitigen Vorsitzenden ablösen *(soll seinen Posten übernehmen);* der Frühling löst den Winter ab *(folgt auf den Winter).*

ab|luch|sen [ˈaplʊksn̩], luchste ab, abgeluchst ⟨tr.; hat ⟩ (ugs.):
mit List und Schlauheit abnehmen: er hat mir viel Geld abgeluchst. **Syn.:** abknöpfen (ugs.), abschwatzen (ugs.).

ab|ma|chen [ˈapmaxn̩], machte ab, abgemacht ⟨tr.; hat⟩:
1. *loslösen und entfernen* /Ggs. anmachen/: einen Aufkleber, ein Schild von der Tür abmachen.
2. a) *vereinbaren:* wir hatten das so abgemacht; abgemacht! *(einverstanden!).* **Syn.:** absprechen, ausmachen, festlegen, verabreden. **b)** *erledigen:* die Sache war schnell abgemacht. **Syn.:** abwickeln, ausführen, durchführen, machen, tun, verrichten.

Ab|ma|chung [ˈapmaxʊŋ], die; -, -en:
Vereinbarung: eine bindende Abmachung; eine Abmachung treffen *(etwas vereinbaren).*

ab|ma|gern [ˈapmaːgɐn], magerte ab, abgemagert ⟨itr.; ist⟩:
mager werden: er ist in letzter Zeit stark abgemagert. **Syn.:** abnehmen, schlank werden, vom Fleische fallen (ugs.).

ab|ma|len [ˈapmaːlən], malte ab, abgemalt ⟨tr.; hat⟩:
nach einer Vorlage malen: Pflanzen, Tiere abmalen. **Syn.:** abzeichnen.

Ab|marsch [ˈapmarʃ], der; -[e]s:
das Abmarschieren: Vorbereitungen für den Abmarsch treffen. **Syn.:** Abzug.

ab|mar|schie|ren [ˈapmarʃiːrən], marschierte ab, abmarschiert ⟨itr.; ist⟩:
sich marschierend auf den Weg machen: die Soldaten sind heute aus Neustadt abmarschiert. **Syn.:** abrücken, abziehen, weggehen.

ab|mel|den [ˈapmɛldn̩], meldete ab, abgemeldet ⟨tr.; hat⟩:
einer offiziellen Stelle den Ab-, Weggang, das Ausscheiden o. Ä. mitteilen /Ggs. anmelden/: ein Kind in der Schule, sich polizeilich abmelden; das Radio abmelden *(mitteilen, dass man es nicht mehr benutzt).*

ab|mes|sen [ˈapmɛsn̩], misst ab, maß ab, abgemessen ⟨tr.; hat⟩:
1. *nach einem Maß bestimmen:* sie hat die Strecke abgemessen. **Syn.:** ermitteln, feststellen, messen.
2. *(einen Teil von etwas) messen [und vom Ganzen abschneiden]:* einen Meter Stoff [vom Ballen] abmessen.

Ab|mes|sung [ˈapmɛsʊŋ], die; -, -en:
Maß (2): der Herd hat die vorgeschriebenen Abmessungen. **Syn.:** Ausmaß, Größe.

ab|mü|hen [ˈapmyːən], mühte ab, abgemüht ⟨+ sich⟩:
sich sehr, bis zur Erschöpfung anstrengen, sich große Mühe geben: vergeblich mühte er sich damit ab, sein Auto zu reparieren. **Syn.:** sich abplagen, sich abquälen, sich abrackern (ugs.), sich abschinden (ugs.), sich

anstrengen, sich aufreiben, sich bemühen, das Menschenmögliche tun, sich herumschlagen, nichts unversucht lassen, sich plagen, sich quälen, rackern (ugs.), sich schinden (ugs.), sein Bestes tun, sein Möglichstes tun, sich etwas abverlangen, sich strapazieren.

ab|murk|sen [ˈapmʊrksn̩], murkste ab, abgemurkst ⟨tr.; hat⟩ (ugs.): *brutal töten:* der Kerl wollte mich abmurksen.

Ab|nah|me [ˈapnaːmə], die; -, -n: *das Abnehmen:* die Abnahme des neuen Schiffs.

ab|neh|men [ˈapneːmən], nimmt ab, nahm ab, abgenommen:
1. ⟨tr.; hat⟩ **a)** *von einer Stelle weg-, herunternehmen:* das Tischtuch, den Hut abnehmen; den Hörer, das Telefon abnehmen; ich habe mir den Bart abgenommen *(habe mir den Bart abrasiert);* ⟨auch itr.⟩ sie nimmt nicht ab *(geht nicht ans Telefon).* **Syn.:** abmachen, entfernen. **b)** *amputieren:* das Bein musste [ihm] abgenommen werden.
2. ⟨tr.; hat⟩ **a)** *jmdm. aus der Hand nehmen und selbst tragen:* einer alten Frau den Koffer abnehmen. **b)** *(eine Mühe o. Ä.) an jmds. Stelle übernehmen:* jmdm. eine Arbeit, einen Weg abnehmen. **Syn.:** aushelfen, beispringen, beistehen, entlasten, helfen, unterstützen.
3. ⟨tr.; hat⟩ *entgegennehmen:* da sie nicht zu Hause war, hat ihre Nachbarin das Paket abgenommen.
4. ⟨tr.; hat⟩ *nach Fertigstellung prüfend begutachten:* die neue Autobahnbrücke abnehmen. **Syn.:** einer Revision unterziehen, inspizieren, kontrollieren, nachprüfen, prüfen, überprüfen, überwachen.
5. ⟨tr.; hat⟩ *wegnehmen:* sie haben ihn zusammengeschlagen und ihm die Brieftasche abgenommen; die Polizei hat ihr den Führerschein abgenommen. **Syn.:** abknöpfen (ugs.).
6. ⟨tr.; hat⟩ (ugs.) *[abverlangen und] (von jmdm.) nehmen:* sie hat mir dafür 10 Euro abgenommen; der Arzt hat ihm Blut abgenommen.
7. ⟨tr.; hat⟩ *abkaufen:* jmdm. eine Ware abnehmen.
8. ⟨tr.; hat⟩ (ugs.) *für wahr halten, glauben:* diese Geschichte nimmt uns niemand ab. **Syn.:** abkaufen (ugs.), für bare Münze nehmen, für wahr halten.
9. ⟨tr.; hat⟩ *von einem Original übertragen, nachbilden:* die Fingerabdrücke, die Totenmaske abnehmen.
10. ⟨itr.; hat⟩ /Ggs. zunehmen/ **a)** *an Gewicht verlieren:* er hat [stark, sehr viel, drei Pfund] abgenommen. **Syn.:** abmagern, schlank werden, vom Fleische fallen (ugs.). **b)** *an Größe, Substanz, Stärke o. Ä. verlieren; kleiner, geringer werden:* ihre Kräfte nehmen ab; die Geschwindigkeit nimmt ab; die Tage nehmen ab *(werden kürzer).* **Syn.:** sich abschwächen, absterben, ausgehen, fallen, nachgeben, nachlassen, sich neigen (geh.), sich reduzieren, schrumpfen, schwinden (geh.), sinken, sich verkleinern, sich vermindern, sich verringern, weniger werden, zur Neige gehen (geh.), zusammenschrumpfen.
11. ⟨tr.; hat⟩ *(Maschen) beim Stricken in ihrer Zahl verringern* /Ggs. zunehmen/: du musst am Kragen noch ein paar Maschen abnehmen; ⟨auch itr.⟩ jetzt muss ich abnehmen.

Ab|nei|gung [ˈapnai̯gʊŋ], die; -, -en:
bewusste Empfindung, jmdn., etwas nicht zu mögen /Ggs. Zuneigung/: eine große Abneigung gegen jmdn., etwas haben. **Syn.:** Abscheu, Antipathie (bildungsspr.), Aversion (geh.), Ekel, Feindschaft, Feindseligkeit, Gräuel, Hass, Widerwille.

ab|norm [apˈnɔrm] ⟨Adj.⟩:
von der Norm abweichend, das normale Maß übersteigend; nicht normal: ein abnormes Verhalten; ein abnorm kalter Winter. **Syn.:** abartig (emotional abwertend), abnormal (bes. österr. u. schweiz.), anormal, außergewöhnlich, krankhaft, pervers, unnatürlich.

ab|nor|mal [ˈapnɔrmaːl] ⟨Adj.⟩ (bes. österr., schweiz.):
nicht normal: sie hat ein abnormales Kind zur Welt gebracht; sich abnormal verhalten. **Syn.:** anormal.

ab|nut|zen [ˈapnʊt͜sn̩], nutzte ab, abgenutzt (bes. nordd.):
a) ⟨tr.; hat⟩ *durch längeren Gebrauch in Wert und Brauchbarkeit mindern:* die Möbel sind schon sehr abgenutzt. **Syn.:** abnützen, verbrauchen.
b) ⟨+ sich⟩ *durch längeren Gebrauch an Wert und Brauchbarkeit verlieren:* die Messer haben sich im Laufe der Zeit abgenutzt.

ab|nüt|zen [ˈapnʏt͜sn̩], nützte ab, abgenützt ⟨tr.; hat; + sich⟩ (bes. südd.):
abnutzen.

Abon|ne|ment [abɔnəˈmãː], das; -s, -s:
für längere Zeit vereinbarter [und daher verbilligter] Bezug von Zeitschriften, Büchern, Eintrittskarten, Mittagessen o. Ä.: etwas im Abonnement beziehen; das Abonnement verlängern. **Zus.:** Jahresabonnement, Konzertabonnement, Theaterabonnement, Zeitschriftenabonnement, Zeitungsabonnement.

Abon|nent [abɔˈnɛnt], der; -en, -en, **Abon|nen|tin** [abɔˈnɛntɪn], die; -, -nen:
Person, die etwas abonniert hat: unsere Abonnenten und Abonnentinnen.

abon|nie|ren [abɔˈniːrən] ⟨tr.; hat⟩:
zum fortlaufenden Bezug bestellen: eine Zeitung abonnieren, abonniert haben. **Syn.:** beziehen.

ab|ord|nen [ˈap|ɔrdnən], ordnete ab, abgeordnet ⟨tr.; hat⟩:
dienstlich entsenden: jmdn. zu einer Versammlung abordnen. **Syn.:** abkommandieren, delegieren, kommandieren, schicken.

Ab|ord|nung [ˈap|ɔrdnʊŋ], die; -, -en:
1. *dienstliche Entsendung:* seine Abordnung erfolgt zum 1. Juni.
2. *Gruppe von abgeordneten Personen:* eine Abordnung schicken. **Syn.:** Delegation, Deputation.

Ab|ort [aˈbɔrt], auch [ˈabɔrt], der; -[e]s, -e (veraltend):
Toilette.

ab|pa|cken [ˈappakn̩], packte ab, abgepackt ⟨tr.; hat⟩:
für den Verkauf in bestimmte kleinere Mengen aufteilen und verpacken: Zucker in Tüten abpacken; abgepackter Käse, Schinken. **Syn.:** einpacken, packen.

ab|pfei|fen ['appfaifn̩], pfiff ab, abgepfiffen ⟨tr.; hat⟩: *durch Pfeifen unterbrechen oder beenden* /Ggs. anpfeifen/: der Schiedsrichter pfiff das Spiel ab; ⟨auch itr.⟩ sie müsste langsam abpfeifen.

ab|pla|gen ['appla:gn̩], plagte ab, abgeplagt ⟨+ sich⟩: *sich abmühen:* ich habe mich mein ganzes Leben lang abgeplagt.

ab|pral|len ['appralən], prallte ab, abgeprallt ⟨itr.; ist⟩: *federnd zurückspringen:* die Kugel prallte von/an der Wand ab.

ab|put|zen ['appʊtsn̩], putzte ab, abgeputzt ⟨tr.; hat⟩: **a)** *putzend entfernen:* den Schmutz [von der Wand] abputzen. **b)** *putzend säubern:* sich die Schuhe abputzen.

ab|quä|len ['apkvɛ:lən], quälte ab, abgequält ⟨+ sich⟩: *sich abmühen:* er quälte sich vergeblich damit ab, den Motor in Gang zu bringen.

ab|qua|li|fi|zie|ren ['apkvalifitsi:rən], qualifizierte ab, abqualifiziert ⟨tr.; hat⟩: *in der Qualität, im Ansehen o. Ä. abwertend beurteilen:* einen Film [als billiges Machwerk] abqualifizieren; jmdn. [als Stümper] abqualifizieren. **Syn.:** diffamieren, diskriminieren (bildungsspr.), herabsetzen, heruntermachen (ugs.), herziehen über (ugs.), in den Schmutz ziehen, in ein schlechtes Licht setzen, madigmachen (ugs.), miesmachen (ugs. abwertend), mit Schmutz bewerfen, schlechtmachen, verleumden, verteufeln (abwertend).

ab|ra|ckern ['aprakɐn], rackerte ab, abgerackert ⟨+ sich⟩ (ugs.): *sich abmühen.*

ab|ra|ten ['apra:tn̩], rät ab, riet ab, abgeraten ⟨itr.; hat⟩: *empfehlen, etwas nicht zu tun* /Ggs. zuraten/: ich habe ihr [von der Reise] dringend abgeraten. **Syn.:** ausreden, warnen vor.

ab|räu|men ['aprɔymən], räumte ab, abgeräumt ⟨tr.; hat⟩: **a)** *(von einer Oberfläche) wegnehmen:* die Teller abräumen. **Syn.:** abservieren, abtragen, beiseiteräumen. **b)** *durch Wegnehmen von etwas leer, frei machen:* den Tisch abräumen; ⟨auch itr.⟩ sie können abräumen.

ab|re|a|gie|ren ['apreagi:rən], reagierte ab, abreagiert: **1.** ⟨tr.; hat⟩ *(eine seelische Spannung) durch eine ableitende Reaktion vermindern oder zum Verschwinden bringen:* seine Wut, seinen Frust, seine Aggressionen [an jmdm.] abreagieren. **Syn.:** auslassen. **2.** ⟨+ sich⟩ *durch eine ableitende Reaktion ruhiger, ausgeglichener, gelassener werden:* beim Fußballspielen können sie sich abreagieren. **Syn.:** sich beruhigen, sich besänftigen, sich erholen, sich fassen, sich trösten, zur Ruhe kommen.

ab|rech|nen ['aprɛçnən], rechnete ab, abgerechnet: **1.** ⟨tr.; hat⟩ *abziehen:* die Unkosten vom Gewinn abrechnen. **2.** ⟨itr.; hat⟩ **a)** *die Schlussrechnung aufstellen:* er schloss den Laden und rechnete ab. **b)** *Rechenschaft über die Ausgaben ablegen; Schulden und Forderungen verrechnen:* ich muss nachher noch mit dir abrechnen. **3.** ⟨itr.; hat⟩ *(jmdn.) zur Rechenschaft ziehen, sich (an jmdm.) rächen, es (jmdm.) heimzahlen:* mit seinen [politischen] Gegnern abrechnen.

Ab|rech|nung ['aprɛçnʊŋ], die; -, -en: **1.** *das Abrechnen, Abzug:* nach Abrechnung der Unkosten. **2. a)** *Rechenschaft über Einnahmen u. Ausgaben, Schlussrechnung:* er macht jeden Abend die Abrechnung. **b)** *Blatt mit einer Abrechnung* (2 a): die Abrechnung abzeichnen. **3.** *Vergeltung, Rache:* der Tag der Abrechnung kommt bestimmt.

ab|rei|ben ['apraibn̩], rieb ab, abgerieben ⟨tr.; hat⟩: **1. a)** *durch Reiben entfernen:* einen Fleck abreiben. **Syn.:** abputzen. **b)** *durch Reiben reinigen, trocknen:* sich die schmutzigen Hände mit einem Tuch abreiben; sie rieb das Kind mit einem Handtuch ab. **Syn.:** abputzen, abtrocknen, abtupfen, abwischen, rein machen, sauber machen. **2.** *mit einer Reibe (von etwas) die äußerste Schicht entfernen:* eine Zitrone abreiben.

Ab|rei|se ['apraizə], die; -, -n: *das Abreisen:* ich habe seit seiner [überstürzten] Abreise nach Paris nichts mehr von ihm gehört. **Syn.:** Abfahrt.

ab|rei|sen ['apraizn̩], reiste ab, abgereist ⟨itr.; ist⟩: *eine Reise antreten:* er ist gestern nach Paris abgereist; die französische Delegation reiste aus Protest [vorzeitig] ab; unser Besuch reist morgen [wieder] ab. **Syn.:** abfahren, fortfahren.

ab|rei|ßen ['apraisn̩], riss ab, abgerissen: **1.** ⟨tr.; hat⟩ *durch Reißen abtrennen, lösen:* ein Kalenderblatt abreißen; reiß doch die schönen Blumen nicht ab! **Syn.:** abmachen, entfernen. **2.** ⟨tr.; hat⟩ *niederreißen:* das Haus, die Brücke wird abgerissen. **Syn.:** abbrechen. **3.** ⟨itr.; ist⟩ *durch [ruckartiges] Ziehen abgerissen werden:* mir ist ein Knopf abgerissen. **Syn.:** abgehen, sich ablösen, abtrennen, sich lösen. **4.** ⟨itr.; ist⟩ *plötzlich unterbrochen werden, aufhören:* den Kontakt nicht abreißen lassen; die Funkverbindung riss plötzlich ab; der Flüchtlingsstrom wollte nicht abreißen.

ab|rich|ten ['aprɪçtn̩], richtete ab, abgerichtet ⟨tr.; hat⟩: *(ein Tier) bestimmte Fertigkeiten lehren:* einen Hund [als Blindenhund] abrichten. **Syn.:** ausbilden, disziplinieren, dressieren, erziehen, schulen, trainieren.

ab|rie|geln ['apri:gl̩n], riegelte ab, abgeriegelt ⟨tr.; hat⟩: **1.** *mithilfe eines Riegels verschließen:* das Zimmer, die Tür abriegeln. **Syn.:** abschließen, absperren (bes. österr., südd.), schließen, versperren (bes. österr., südd.), zumachen, zuschließen, zusperren (bes. österr., südd.). **2.** *absperren, durch eine Sperre unzugänglich machen:* die Polizei riegelte den Tatort [hermetisch] ab. **Syn.:** blockieren, sperren.

Ab|riss ['aprɪs], der; -es, -e: **1.** *das Abreißen eines Bauwerks:* der Abriss dauerte einen Monat. **2.** *knappe Übersicht, Darstellung:* ein Abriss der deutschen Grammatik. **Syn.:** Fazit, Grundriss, Resümee, Zusammenfassung.

ab|rü|cken ['aprʏkn̩], rückte ab, abgerückt:
1. ⟨tr.; hat⟩ *von seinem Platz rücken:* den Schrank [von der Wand] abrücken. **Syn.:** abschieben.
2. ⟨itr.; ist⟩ *sich von seinem Platz rückend ein wenig entfernen:* ich rückte [ein wenig] von ihm ab.
3. ⟨itr.; ist⟩ *sich distanzieren:* wir können doch jetzt nicht von den Positionen abrücken, mit denen wir die Wahl gewonnen haben. **Syn.:** aufheben, brechen, widerrufen, sich zurückziehen.
4. ⟨itr.; ist⟩ *in einer Gruppe oder [militärischen] Formation sich entfernen, abfahren, abmarschieren:* er ließ die Kompanie [in die Kaserne] abrücken.

ab|ru|fen ['apru:fn̩], rief ab, abgerufen ⟨tr.; hat⟩:
1. *veranlassen, auffordern, von einem Ort, einer Stelle wegzugehen (und sich woandershin zu begeben):* jmdn. aus einer Sitzung, von der Arbeit abrufen.
2. *(Bereitstehendes, für einen bestimmten Zweck Vorbereitetes o. Ä.) anfordern, sich geben, liefern lassen:* den Rest einer Ware abrufen.

ab|run|den ['aprʊndn̩], rundete ab, abgerundet ⟨tr.; hat⟩:
1. *(etwas Spitzes, Scharfes, Scharfkantiges) rund machen:* das Brett mit Schleifpapier an den Kanten abrunden; ein Würfel mit abgerundeten Ecken und Kanten; Zahnbürsten mit abgerundeten Borsten.
2. *(eine Zahl) durch Abziehen oder Hinzufügen in die nächstkleinere oder -größere runde Zahl verwandeln:* 85 auf 80 oder 90 abrunden; ich habe die Summe nach unten, nach oben abgerundet.
3. a) *(einer Sache) eine ausgewogene, ausgefeilte Form geben:* einen Bericht mit etwas abrunden; ein abgerundetes Programm. **b)** *(eine Speise, ein Getränk) abschmecken:* eine Soße mit Sahne abrunden.

ab|rupt [ap'rʊpt] ⟨Adj.⟩:
ohne Übergang, Zusammenhang, ohne dass damit zu rechnen war, eintretend, erfolgend: ein abruptes Ende; sie brach das Gespräch abrupt ab. **Syn.:** jäh, Knall auf Fall (ugs.), Knall und Fall (ugs.), plötzlich, schlagartig, schroff, überraschend, unerwartet, unverhofft, unvermittelt, unvermutet, unversehens, unvorhergesehen.

ab|rüs|ten ['aprʏstn̩], rüstete ab, abgerüstet ⟨itr.; hat⟩:
Waffen abschaffen, die militärische Stärke verringern /Ggs. aufrüsten/: die Großmächte sollten noch weiter abrüsten. **Syn.:** entmilitarisieren.

Ab|rüs|tung ['aprʏstʊŋ], die; -:
das Abrüsten: Verhandlungen über eine weitere [atomare] Abrüstung.

ab|rut|schen ['aprʊt͡ʃn̩], rutschte ab, abgeruscht ⟨itr.; ist⟩:
1. *unabsichtlich, versehentlich abwärts- oder seitwärtsrutschen:* ich rutschte von dem Stamm ab; das Messer ist mir abgerutscht.
2. (ugs.) *nachlassen und immer schlechter werden:* er rutscht [in Mathematik] immer mehr ab; ihre Leistungen rutschten stark ab. **Syn.:** auf Abwege geraten, auf Abwege kommen, auf den Hund kommen (ugs.), auf die schiefe Bahn kommen, auf die schiefe Ebene kommen, in der Gosse enden (abwertend), in der Gosse landen (abwertend), unter die Räder kommen (ugs.), verfallen, verkommen, vom rechten Weg abkommen, vor die Hunde gehen (ugs.).

ab|sä|beln ['apzɛ:bl̩n], säbelte ab, abgesäbelt ⟨tr.; hat⟩ (ugs.):
[ohne besondere Sorgfalt] abschneiden: jeder kann sich so viel von der Wurst absäbeln, wie er will. **Syn.:** abmachen, abtrennen.

ab|sa|cken ['apzakn̩], sackte ab, abgesackt ⟨itr.; ist⟩ (ugs.):
a) *im Wasser versinken:* das Boot ist plötzlich abgesackt. **Syn.:** sinken, untergehen. **b)** *an Höhe verlieren:* das Flugzeug sackte ab. **Syn.:** sinken.

Ab|sa|ge ['apza:gə], die; -, -n:
1. *ablehnender Bescheid* /Ggs. Zusage/: er bekam eine Absage auf seine Bewerbung.
2. *völliges Ablehnen, Zurückweisen:* eine Absage an totalitäre Politik.

ab|sa|gen ['apza:gn̩], sagte ab, abgesagt ⟨tr.; hat⟩:
1. *nicht stattfinden lassen:* ein Fest absagen. **Syn.:** absetzen.
2. *(eine Zusage, etwas Vereinbartes) rückgängig machen* /Ggs. zusagen/: sie sagte ihren Besuch ab; ⟨auch itr.⟩ ich musste [ihr] leider absagen. **Syn.:** abschreiben, widerrufen, zurücknehmen, zurückziehen.

ab|sah|nen ['apza:nən], sahnte ab, abgesahnt ⟨tr.; hat⟩ (ugs.):
(etwas Wertvolles) [zum Schaden anderer] sich aneignen: die Spekulanten sahnten einen großen Gewinn ab; ⟨auch itr.⟩ bei jmdm. absahnen. **Syn.:** sich bemächtigen (geh.), erbeuten, erobern, greifen, nehmen, schnappen (ugs.), sich unter den Nagel reißen (salopp), wegnehmen, zusammenraffen (abwertend).

Ab|satz ['apzat͜s], der; -es, Absätze ['apzɛt͜sə]:
1. *unter der Ferse befindlicher Teil des Schuhs:* hohe Absätze. **Zus.:** Gummiabsatz, Lederabsatz, Stiefelabsatz.
2. *kleinere waagerechte Fläche, von der eine Treppe unterbrochen wird:* auf dem Absatz haltmachen. **Zus.:** Treppenabsatz.
3. a) *mit einer neuen Zeile beginnende Unterbrechung in einem fortlaufenden Text:* einen Absatz machen. **b)** *einer von mehreren Abschnitten eines Textes:* er las den vorletzten Absatz. **Syn.:** Passage, Stück, Teil.
4. ⟨ohne Plural⟩ *das Verkauft-, Abgesetztwerden:* der Absatz der Waren stockte; reißenden Absatz finden *(sehr gut verkauft werden).* **Syn.:** Verkauf, Vertrieb.

ab|sau|gen ['apzau̯gn̩], saugte ab, abgesaugt ⟨tr.; hat⟩:
a) *durch Saugen entfernen:* den Staub absaugen; das Blut absaugen. **b)** *durch Saugen reinigen:* den Teppich absaugen.

ab|schaf|fen ['apʃafn̩], schaffte ab, abgeschafft ⟨tr.; hat⟩:
a) *(etwas bisher Bestehendes, Übliches) aufheben, außer Kraft setzen, beseitigen, nicht mehr stattfinden lassen:* die Todesstrafe, einen Feiertag abschaffen. **Syn.:** für null und nichtig erklären, für ungültig erklären.
b) *(etwas, was man besitzt) weggeben, beseitigen:* sein Auto, seinen Fernseher abschaffen.

ab|schal|ten ['apʃaltn̩], schaltete ab, abgeschaltet:
1. ⟨tr.; hat⟩ **a)** *durch Betätigung eines Schalters unterbrechen:* der Strom wurde [drei Stunden lang] abgeschaltet. **b)** *ausschal-*

ten: den Motor, den Fernsehapparat abschalten. **Syn.:** abdrehen, abstellen, ausdrehen, ausmachen.
2. ⟨itr.; hat⟩ (ugs.) **a)** *den Vorgängen um sich herum nicht folgen; der Umgebung keine Aufmerksamkeit mehr schenken, sie kaum noch wahrnehmen:* einige Zuhörer hatten bereits abgeschaltet. **b)** *sich ganz entspannen und Abstand gewinnen:* im Urlaub einmal richtig abschalten. **Syn.:** ausspannen, sich erholen, relaxen (ugs.), ruhen.

ab|schät|zig [ˈapʃɛt͜sɪç] ⟨Adj.⟩: *von Geringschätzung, Abwertung, Ablehnung zeugend:* abschätzige Bemerkungen; abschätzig von jmdm. sprechen. **Syn.:** abfällig, despektierlich (geh.), geringschätzig, verächtlich.

Ab|schaum [ˈapʃau̯m], der; -[e]s (abwertend): *als minderwertig betrachteter Teil von einer Gesamtheit (gewöhnlich von Menschen):* der Abschaum der Menschheit, der menschlichen Gesellschaft. **Syn.:** Brut (salopp abwertend), Gesindel (abwertend), ²Pack (salopp abwertend), Pöbel (abwertend).

Ab|scheu [ˈapʃɔy̯], der; -s, seltener: die; -: **a)** *physisches Angeekeltsein:* Abscheu vor Knoblauch, vor Spinnen haben. **Syn.:** Ekel, Widerwille. **b)** *mit Empörung, Unwillen o. Ä. verbundene starke Abneigung, Ablehnung:* [vor jmdm., gegen jmdn., gegen jmds. Tat] Abscheu empfinden; bei/in jmdm. Abscheu erregen. **Syn.:** Antipathie, Aversion (geh.), Ekel, Feindschaft, Feindseligkeit, Hass, Widerwille.

ab|scheu|lich [apˈʃɔy̯lɪç] ⟨Adj.⟩: **1. a)** *ekelhaft:* ein abscheuliches Tier; ein abscheulicher Geruch. **b)** *wegen seiner Niederträchtigkeit, Schändlichkeit o. Ä. empörung-, abscheuerregend:* eine abscheuliche Tat. **Syn.:** arg (geh., veraltet), böse, elend (emotional), erbärmlich, garstig, gemein, hässlich, niedrig, perfid[e] (bildungsspr.), schäbig (abwertend), schandbar, schändlich, schmählich (geh.), schmutzig, schnöde (geh. abwertend), übel, verächtlich, verwerflich.
2. (ugs.) **a)** *sehr unangenehm, widerwärtig:* ein abscheuliches Wetter; die Kälte ist abscheulich. **b)** ⟨verstärkend bei Adjektiven und Verben⟩ *sehr, überaus:* es ist abscheulich kalt; abscheulich wehtun.

ab|schi|cken [ˈapʃɪkn̩], schickte ab, abgeschickt ⟨tr.; hat⟩: **a)** *zur Beförderung, zum Übersenden an einen Empfänger abgeben:* einen Brief, das Geld abschicken. **Syn.:** absenden, schicken, übermitteln, überweisen, zuleiten. **b)** *veranlassen, sich mit einem bestimmten Auftrag irgendwohin zu begeben:* einen Boten abschicken. **Syn.:** abkommandieren, abordnen, absenden, delegieren, entsenden, schicken.

ab|schie|ben [ˈapʃiːbn̩], schob ab, abgeschoben: **1.** ⟨tr.; hat⟩ **a)** *von seinem Platz, seiner Stelle schiebend entfernen:* sie hat die Couch [von der Wand] abgeschoben. **Syn.:** abrücken. **b)** *einem anderen zuschieben:* er hat die Arbeit, die Verantwortung, die Schuld schon immer gern [auf andere] abgeschoben. **Syn.:** abwälzen, sich vom Halse schaffen (ugs.).
2. ⟨tr.; hat⟩ **a)** *gerichtlich des Landes verweisen:* man hat ihn als unerwünschten Ausländer [in sein Heimatland, über die Grenze] abgeschoben. **Syn.:** ausbürgern, aussiedeln, ausweisen, verbannen, vertreiben. **b)** *seines Wirkungsbereichs, seines Einflusses berauben [und woanders einsetzen]:* sie hat ihn auf einen untergeordneten Posten abgeschoben. **Syn.:** abschießen (ugs.), abservieren (ugs.), absetzen, ausbooten (ugs.), entfernen, entmachten, in die Wüste schicken (ugs.), kaltstellen (ugs.), seines Amtes entheben (geh.), seines Amtes entkleiden (geh.).
3. ⟨itr.; ist⟩ (ugs.) *weggehen:* er schob enttäuscht ab. **Syn.:** abhauen (ugs.), sich absetzen (ugs.), abziehen, das Weite suchen, sich davonmachen (ugs.), seines Weges gehen (geh.), sich trollen (ugs.), sich verdrücken (ugs.), sich verziehen (ugs.), von dannen gehen (veraltet).

Ab|schie|bung [ˈapʃiːbʊŋ], die; -, -en: *das Abschieben:* den Flüchtlingen droht die Abschiebung [in ihr Heimatland].

Ab|schied [ˈapʃiːt], der; -[e]s, -e: *das Sichtrennen [und Sichverabschieden] von jmdm., etwas:* ein tränenreicher Abschied; der Abschied von den Eltern, von zu Hause fiel ihm schwer;
* **Abschied nehmen:** *sich verabschieden:* schweren Herzens müssen sie Abschied voneinander nehmen.

ab|schie|ßen [ˈapʃiːsn̩], schoss ab, abgeschossen ⟨tr.; hat⟩: **1. a)** *schießend, durch einen Schuss in schnelle Bewegung versetzen:* eine Rakete, einen Torpedo, eine Leuchtkugel abschießen. **b)** *(eine Schusswaffe) auslösen, betätigen:* eine Pistole abschießen. **Syn.:** abdrücken, feuern, schießen.
2. a) *[ohne Skrupel] durch Schießen töten, erledigen:* Vögel, Wild abschießen; jmdn. aus dem Hinterhalt abschießen. **Syn.:** abknallen (ugs.), erschießen, schießen. **b)** *durch Schießen zum Absturz bringen, zerstören:* einen Panzer, ein Flugzeug abschießen. **Syn.:** abknallen (ugs.).
3. *mit einem Schuss wegreißen:* im Krieg wurden ihm beide Beine abgeschossen.
4. (ugs.) *(durch Intrigen o. Ä.) aus seiner Stellung entfernen, um seine Stellung bringen:* den Vorsitzenden abschießen. **Syn.:** abschieben, abservieren (ugs.), absetzen, auf die Straße setzen (ugs.), auf die Straße werfen (ugs.), ausbooten (ugs.), entlassen, feuern (ugs.), in die Wüste schicken (ugs.), kaltstellen (ugs.), kündigen, seines Amtes entheben (geh.), seines Amtes entkleiden (geh.), stürzen, über die Klinge springen lassen (ugs.).

ab|schin|den [ˈapʃɪndn̩], schindete ab, abgeschunden ⟨+ sich⟩ (ugs.): *sich längere Zeit und bis zum Erschöpftsein schinden:* du hast dich für die Kinder abgeschunden. **Syn.:** sich abmühen, sich abplagen, sich abquälen, sich abrackern (ugs.), sich aufreiben, sich plagen, sich quälen, rackern (ugs.), sich strapazieren.

ab|schir|men ['apʃɪrmən], schirmte ab, abgeschirmt ⟨tr.; hat⟩: *durch schützende, sichernde o. ä. Maßnahmen vor jmdm., etwas bewahren:* die Sicherheitsbeamten schirmten den Politiker gegen Übergriffe, vor Demonstranten, von der Außenwelt ab. **Syn.:** beschützen, decken, schützen.

ab|schlach|ten ['apʃlaxtn̩], schlachtete ab, abgeschlachtet ⟨tr.; hat⟩: **a)** *[vorzeitig, notgedrungen] schlachten:* ein Schwein abschlachten. **b)** (emotional) *grausam umbringen:* bei den Unruhen wurden Hunderte von Menschen abgeschlachtet. **Syn.:** abmurksen (ugs.), beseitigen (verhüllend), ermorden, kaltmachen (salopp), liquidieren, meucheln (veraltend), morden, töten.

Ab|schlag ['apʃla:k], der; -[e]s, Abschläge ['apʃlɛ:gə]:
1. *Minderung eines Preises um einen bestimmten Betrag:* [einem Käufer] einen Abschlag gewähren. **Syn.:** Ermäßigung, Nachlass, Prozente ⟨Plural⟩ (ugs.), Rabatt.
2. *Teil einer zu leistenden Zahlung:* jmdm. einen Abschlag [auf sein Gehalt] zahlen.
3. (Fußball) *das Schlagen des Balls aus dem Strafraum ins Spielfeld, bei dem der Torwart den Ball aus der Hand fallen lässt und ihn dann mit dem Fuß tritt:* seine Abschläge sind zu kurz.

ab|schla|gen ['apʃla:gn̩], schlägt ab, schlug ab, abgeschlagen:
1. ⟨tr.; hat⟩ *durch Schlagen von etwas trennen, lösen:* den Ast abschlagen. **Syn.:** abhauen, abspalten, abtrennen.
2. ⟨tr.; hat⟩ *nicht gewähren, verweigern:* eine Bitte abschlagen. **Syn.:** ablehnen, abweisen, versagen (geh.).
3. ⟨tr.; hat⟩ *abwehren:* einen Angriff, den Feind abschlagen. **Syn.:** sich erwehren (geh.), [1]parieren, sich wehren gegen.
4. ⟨tr.; hat⟩ (Fußball) *(den Ball) mit einem Abschlag* (3) *ins Spiel bringen:* er schlug den Ball weit und genau ab; ⟨auch itr.⟩ der Torwart schlug ab.

ab|schlä|gig ['apʃlɛ:gɪç] ⟨Adj.⟩: *(einer Bitte, einem Gesuch) eine Absage erteilend, (etwas, worum gebeten wurde) ablehnend:* ein abschlägiger Bescheid; sein Antrag wurde abschlägig beschieden *(abgelehnt).* **Syn.:** abweisend, negativ.

Ab|schlepp|dienst ['apʃlɛpdi:nst], der; -[e]s, -e: *Unternehmen zum Abschleppen, Abtransportieren beschädigter, nicht mehr fahrbereiter Autos:* den Abschleppdienst rufen.

ab|schlep|pen ['apʃlɛpn̩], schleppte ab, abgeschleppt:
1. ⟨tr.; hat⟩ *ziehend fortbewegen:* ein falsch geparktes Auto abschleppen lassen. **Syn.:** wegziehen.
2. ⟨+ sich⟩ (ugs.) *sich mit dem Schleppen von etwas Schwerem abmühen:* sie hat sich mit dem Koffer abgeschleppt. **Syn.:** sich abplagen, sich abrackern (ugs.).
3. ⟨tr.; hat⟩ (ugs.) *jmdn. [wider dessen Willen] irgendwohin bringen:* einen Betrunkenen abschleppen; er wollte sie [in seine Wohnung] abschleppen.

ab|schlie|ßen ['apʃli:sn̩], schloss ab, abgeschlossen:
1. ⟨tr.; hat⟩ *(einen Raum o. Ä.) mit einem Schlüssel zuschließen:* das Zimmer, den Koffer abschließen. **Syn.:** abriegeln, absperren, schließen, verschließen, versperren (bes. österr., südd.), zumachen, zusperren.
2. a) ⟨tr.; hat⟩ *von anderen streng trennen, fernhalten:* die Kranken von den Gesunden abschließen. **Syn.:** abschneiden, absondern, isolieren, scheiden (geh.). **b)** ⟨+ sich⟩ *sich absondern:* sich von der Umwelt abschließen. **Syn.:** sich isolieren.
3. ⟨tr.; hat⟩ *zum Abschluss bringen, zu Ende führen:* eine Untersuchung abschließen; ⟨häufig im 1. und 2. Partizip⟩ abschließend möchte ich noch bemerken, dass …; ein abgeschlossenes Studium. **Syn.:** beenden, fertig machen, fertigstellen.
4. ⟨itr.; hat⟩ *(mit etwas) seinen Abschluss, sein Ende finden, aufhören:* das Fest schloss mit einem Feuerwerk ab. **Syn.:** ausklingen, enden, schließen.
5. ⟨tr.; hat⟩ *[vertraglich] vereinbaren:* ein Geschäft, Bündnis abschließen. **Syn.:** abmachen, aushandeln, ausmachen, verabreden.

Ab|schluss ['apʃlʊs], der; -es, Abschlüsse ['apʃlʏsə]:
1. ⟨ohne Plural⟩ *Beendigung, das Abschließen:* ein schneller Abschluss; nach Abschluss der Verhandlungen. **Syn.:** Ausgang, Ausklang (geh.), Ende, Schluss; *** etwas zum Abschluss bringen:** *etwas beenden:* die Entwicklungsarbeiten zum Abschluss bringen. **Syn.:** etwas abschließen, etwas ad acta legen (bildungsspr.), etwas einstellen, etwas fertig machen, etwas fertigstellen, etwas schließen, etwas über die Bühne bringen (ugs.), etwas unter Dach und Fach bringen.
2. *abschließender, oft verzierender Teil an etwas:* der obere Abschluss des Kleides, der Tapete. **Syn.:** Besatz, Borte.
3. a) *das Abschließen* (5): zum Abschluss eines Vertrages ist es noch nicht gekommen. **Syn.:** Abmachung, Absprache, Arrangement, Übereinkunft, Verabredung. **b)** *geschäftliche Vereinbarung, abgeschlossenes Geschäft:* einen Abschluss tätigen, feiern. **Syn.:** Abkommen, Abmachung, Absprache, Arrangement, Übereinkunft, Verabredung, Vertrag.

ab|schme|cken ['apʃmɛkn̩], schmeckte ab, abgeschmeckt ⟨tr.; hat⟩: *den Geschmack einer zubereiteten Speise prüfen und danach würzen:* die Soße abschmecken; der Tee ist mit Rum abgeschmeckt. **Syn.:** [1]kosten, probieren, versuchen.

ab|schmie|ren ['apʃmi:rən], schmierte ab, abgeschmiert ⟨tr.; hat⟩: *[an den dafür vorgesehenen Stellen] mit Fett versehen, einreiben:* die Achsen, den Wagen abschmieren lassen. **Syn.:** fetten, ölen, schmieren.

ab|schnei|den ['apʃnaidn̩], schnitt ab, abgeschnitten:
1. ⟨tr.; hat⟩ **a)** *durch Schneiden von etwas trennen, lösen:* einen Zweig [von einem Strauch] abschneiden; schneid dir doch noch eine Scheibe Wurst ab. **Syn.:** abmachen, abspalten, abtrennen. **b)** *(bis zum Ansatzpunkt o. Ä.) durch Schneiden entfernen, beseitigen:* sich die Haare, den Bart abschneiden lassen. **Syn.:** beschneiden, kür-

zen, schneiden, ²stutzen (scherzh.).
2. ⟨tr.; hat⟩ *abkürzen:* den Weg abschneiden; *** jmdm. den Weg abschneiden:** *jmdm., den man verfolgt, stellen, indem man eine Abkürzung nimmt:* der Polizist schnitt ihm den Weg ab.
3. ⟨tr.; hat⟩ *völlig von jmdm., etwas trennen:* das Dorf war durch die Überschwemmung tagelang von der Außenwelt abgeschnitten. **Syn.:** abschließen, absondern, isolieren.
4. ⟨itr.; hat⟩ (ugs.) *zu einem bestimmten Erfolg kommen:* sie hat bei der Prüfung gut, schlecht abgeschnitten.

Ab|schnitt [ˈapʃnɪt], der; -[e]s, -e:
1. *[durch Absätze kenntlich gemachter] Teil von etwas Geschriebenem oder Gedrucktem:* der erste Abschnitt des Textes. **Syn.:** Absatz, Ausschnitt, Paragraf, Passage, Stück.
2. *in sich abgegrenzter Teil einer zeitlichen Erstreckung:* ein Abschnitt der Geschichte; ein entscheidender Abschnitt im Leben. **Syn.:** Ära (geh.), Epoche, Etappe, Periode, Phase, Zeitraum. **Zus.:** Lebensabschnitt, Zeitabschnitt.
3. *abtrennbarer Teil eines Formulars, einer Eintrittskarte o. Ä.:* der Abschnitt der Eintrittskarte, Paketkarte. **Zus.:** Kontrollabschnitt.

ab|schnü|ren [ˈapʃny:rən], schnürte ab, abgeschnürt ⟨tr.; hat⟩:
durch festes Zusammenziehen einer Schlinge o. Ä. zusammendrücken und so undurchlässig machen: eine Schlagader abschnüren; jmdm. die Luft abschnüren *(jmdm. keine Möglichkeit mehr zum Atmen lassen).* **Syn.:** zusammenpressen, zusammenziehen.

ab|schre|cken [ˈapʃrɛkn̩], schreckte ab, abgeschreckt:
1. ⟨tr.; hat⟩ *durch bestimmte negative Umstände, Eigenschaften, durch drohende, Angst einflößende Verhaltensweisen o. Ä. von etwas abhalten:* der weite Weg schreckte ihn ab; ⟨auch itr.⟩ die hohe Strafe soll abschrecken; ⟨häufig im 1. Partizip⟩ ein abschreckendes Beispiel. **Syn.:** hindern, lähmen, zurückhalten.
2. ⟨tr.; hat⟩ *sofort nach dem Kochen mit kaltem Wasser rasch abkühlen:* gekochte Eier abschrecken.

ab|schrei|ben [ˈapʃrai̯bn̩], schrieb ab, abgeschrieben:
1. ⟨tr.; hat⟩ **a)** *(etwas, was bereits schriftlich oder gedruckt vorliegt) noch einmal schreiben:* eine Stelle aus einem Buch abschreiben. **Syn.:** abtippen (ugs.), kopieren. **b)** *(einen Text, einen Teil eines Textes) von jmd. anderem übernehmen und für eigene Zwecke verwenden, ohne auf die Urheberschaft hinzuweisen:* das hat er bestimmt irgendwo abgeschrieben; ⟨auch itr.⟩ die Schülerin hat von/bei ihrem Nachbarn abgeschrieben.
2. ⟨itr.; hat⟩ *schriftlich absagen:* hast du ihr schon abgeschrieben? **Syn.:** absagen.
3. ⟨tr.; hat⟩ *(einen Betrag) streichen, abziehen:* 5 000 Euro für die Abnutzung der Maschine abschreiben. **Syn.:** absetzen.
4. ⟨tr.; hat⟩ (ugs.) *für verloren halten, (mit jmdm., etwas) nicht mehr rechnen:* sie hatten ihn, das Geld schon abgeschrieben. **Syn.:** aufgeben, entsagen (geh.), fahren lassen, preisgeben, sich aus dem Kopf schlagen, verloren geben.

Ab|schrift [ˈapʃrɪft], die; -, -en:
etwas Abgeschriebenes, abgeschriebener Text: eine beglaubigte Abschrift des Zeugnisses liegt bei; [von etwas] eine Abschrift anfertigen, machen. **Syn.:** Doppel, Duplikat, Kopie, Zweitschrift.

Ab|schuss [ˈapʃʊs], der; -es, Abschüsse [ˈapʃʏsə]:
1. *das Abschießen* (1 a): beim Abschuss eines Torpedos.
2. *das Abschießen* (2 a): der Abschuss eines Rehbocks.
3. *das Abschießen* (2 b): der Abschuss der Maschine geht auf das Konto der Separatisten.

ab|schüs|sig [ˈapʃʏsɪç] ⟨Adj.⟩:
ein [starkes] Gefälle aufweisend: eine abschüssige Straße; der Weg ist abschüssig. **Syn.:** jäh, schroff, steil.

ab|schüt|teln [ˈapʃʏtl̩n], schüttelte ab, abgeschüttelt ⟨tr.; hat⟩:
a) *durch Schütteln entfernen:* ich schüttelte den Schnee [vom Mantel] ab. **b)** *durch Schütteln von etwas befreien:* die Zeltbahn abschütteln.

ab|schwä|chen [ˈapʃvɛçn̩], schwächte ab, abgeschwächt:
1. ⟨tr.; hat⟩ *schwächer machen:* den Einfluss, einen Eindruck abschwächen. **Syn.:** begrenzen, beschneiden (geh.), dämmen, dämpfen, eindämmen, lindern, mäßigen, mildern, mindern, reduzieren, schmälern, verkleinern, vermindern, verringern.
2. ⟨+ sich⟩ *schwächer werden:* das Hoch über Russland schwächt sich ab. **Syn.:** abnehmen, nachlassen, schwinden (geh.), sich verkleinern, sich vermindern, sich verringern.

ab|schwat|zen [ˈapʃvatsn̩], schwatzte ab, abgeschwatzt ⟨tr.; hat⟩ (ugs.):
durch Überredung bewirken, dass man von jmdm. etwas Bestimmtes erhält: er hat ihr 100 Euro abgeschwatzt.

ab|schwei|fen [ˈapʃvai̯fn̩], schweifte ab, abgeschweift ⟨itr.; ist⟩:
vorübergehend [vom eigentlichen Ziel] abweichen: der Redner schweifte vom Thema ab. **Syn.:** abkommen.

ab|schwen|ken [ˈapʃvɛŋkn̩], schwenkte ab, abgeschwenkt ⟨itr.; ist⟩:
mit einer leichten Drehung, Schwenkung die zunächst eingeschlagene Richtung verlassen: die Kolonne ist [nach] links abgeschwenkt. **Syn.:** abbiegen, abdrehen, schwenken.

ab|schwir|ren [ˈapʃvɪrən], schwirrte ab, abgeschwirrt ⟨itr.; ist⟩:
1. *[schwirrend] wegfliegen:* die Stare schwirrten plötzlich ab. **Syn.:** abfliegen, abziehen.
2. (ugs.) *sich [schnell, beschwingt] entfernen:* sie ist eben abgeschwirrt. **Syn.:** abhauen (ugs.), sich absetzen (ugs.), das Weite suchen, sich davonmachen (ugs.), die Kurve kratzen (salopp), sich dünnmachen (ugs.), sich auf die Socken machen (ugs.), sich aus dem Staub[e] machen (ugs.), stiften gehen (ugs.), sich trollen (ugs.), verschwinden, sich verziehen (ugs.).

ab|schwö|ren [ˈapʃvø:rən], schwor ab, abgeschworen ⟨itr.; hat⟩:
sich [mit einem Schwur] (von

jmdm., etwas) lossagen: dem Teufel, dem Alkohol, einem Laster abschwören. **Syn.:** entsagen (geh.).

ab|seg|nen ['apze:gnən], segnete ab, abgesegnet ⟨tr. V.; hat⟩ (ugs.): *billigen, genehmigen:* das Projekt muss noch vom Chef abgesegnet werden. **Syn.:** gutheißen.

ab|se|hen ['apze:ən], sieht ab, sah ab, abgesehen:
1. ⟨tr.; hat⟩ *durch genaues Beobachten lernen:* sie hat ihm diesen Trick abgesehen.
2. ⟨tr.; hat⟩ *voraussehen:* ich kann im Moment noch nicht absehen, wie lange es dauern wird; das Ende ist abzusehen.
3. ⟨itr.; hat⟩ *(auf etwas) verzichten; (etwas, was man eigentlich vorhat) doch nicht tun:* von einem Besuch, einer Strafe absehen. **Syn.:** abkommen, ablassen, Abstand nehmen.
4. ⟨itr.; hat⟩ *(etwas) außer Betracht lassen:* wenn man von der Entfernung absieht; ⟨häufig im 2. Partizip⟩ abgesehen von der Entfernung. **Syn.:** ausklammern, ausnehmen.
5. * es auf jmdn., etwas abgesehen haben: *jmdn., etwas gern für sich haben wollen:* die Frau hat es auf ihn, [nur] auf sein Geld abgesehen. **Syn.:** auf jmdn., etwas abzielen.

ab|sei|tig ['apzaitɪç] ⟨Adj.⟩:
a) *dem allgemein Üblichen nicht entsprechend:* abseitige Interessen; diese Idee halte ich für abseitig. **Syn.:** ausgefallen, exotisch, ungewöhnlich. **b)** *in den Bereich der Perversion gehörend:* abseitige Neigungen haben. **Syn.:** abartig (emotional abwertend), anormal, pervers.

¹ab|seits ['apzaits] ⟨Präp. mit Gen.⟩: *(ein wenig) entfernt von:* abseits des Weges steht ein Haus.

²ab|seits ['apzaits] ⟨Adverb⟩: *beiseite, außerhalb:* der Hof liegt abseits vom Dorf.

ab|sen|den ['apzɛndn̩], sandte/sendete ab, abgesandt/abgesendet ⟨tr.; hat⟩:
abschicken: ich muss den Brief heute noch absenden. **Syn.:** ¹senden, schicken.

Ab|sen|der ['apzɛndɐ], der; -s, -:
1. *männliche Person, die etwas abschickt:* er ist der Absender des Briefes.
2. *Name und Adresse des Absenders:* Absender nicht vergessen!

Ab|sen|de|rin ['apzɛndərɪn], die; -, -nen:
weibliche Form zu ↑Absender (1).

ab|ser|vie|ren ['apzɛrvi:rən], servierte ab, abserviert ⟨tr.; hat⟩:
1. a) *vom Tisch abräumen:* würden Sie bitte das Geschirr abservieren; ⟨auch itr.⟩ sie serviert gerade ab. **Syn.:** abtragen. **b)** *von Geschirr frei machen:* ich muss noch den Tisch abservieren.
2. (ugs.) *eine Person, die als unbequem o. Ä. empfunden wird, von ihrem Posten entfernen:* die Abteilungsleiterin wurde abserviert. **Syn.:** abschieben, abschießen (ugs.), absetzen, ausbooten (ugs.), entlassen, in die Wüste schicken (ugs.), kaltstellen (ugs.), über die Klinge springen lassen (ugs.).

ab|set|zen ['apzɛtsn̩], setzte ab, abgesetzt:
1. ⟨tr.; hat⟩ *(etwas auf dem Kopf oder der Nase Getragenes) herunternehmen:* die Brille absetzen. **Syn.:** ablegen, abnehmen, abziehen, ausziehen.
2. ⟨tr.; hat⟩ *etwas [Schweres] auf den Boden an eine Stelle setzen:* das Gepäck absetzen. **Syn.:** abstellen, hinstellen.
3. ⟨tr.; hat⟩ *(jmdn.) bis an eine bestimmte Stelle fahren und dann aussteigen lassen:* ich setze Sie am Bahnhof ab.
4. ⟨tr.; hat⟩ *von einer Stelle wegnehmen und dadurch eine Tätigkeit beenden:* den Geigenbogen absetzen; er trank, ohne das Glas vom Mund abzusetzen; ⟨auch itr.⟩ sie trank, ohne abzusetzen.
5. a) ⟨tr.; hat⟩ *[langsam] sinken lassen und sich lagern, niederschlagen lassen:* der Fluss setzt Sand ab. **Syn.:** ablagern.
b) ⟨+ sich⟩ *[langsam] sinken und sich lagern, sich niederschlagen:* Schlamm setzt sich ab. **Syn.:** sich ablagern.
6. ⟨tr.; hat⟩ *verfügen, beschließen, dass jmd., der für die Leitung, Führung von etwas zuständig ist, dieses Amt aufgeben, verlassen muss:* die Präsidentin absetzen. **Syn.:** abschießen (ugs.), abservieren (ugs.), ausbooten (ugs.), entmachten, kaltstellen (ugs.), seines Amtes entheben (geh.), seines Amtes entkleiden (geh.), stürzen.
7. ⟨tr.; hat⟩ *[eine größere Anzahl von etwas] verkaufen:* dieses Sonderangebot wurde glänzend abgesetzt. **Syn.:** an den Mann bringen (ugs.).
8. ⟨tr.; hat⟩ **a)** *(etwas Angekündigtes o. Ä.) absagen, nicht stattfinden lassen:* einen Punkt von der Tagesordnung absetzen; das Theaterstück ist abgesetzt worden. **b)** *nicht weiterführen:* eine Therapie, Behandlung absetzen. **Syn.:** abbrechen, beenden.
c) *nicht weiter einnehmen:* ein Medikament, die Pille absetzen.
9. ⟨tr.; hat⟩ *für die Berechnung als Minderung einer Summe geltend machen:* die Kosten für etwas (von der Steuer) absetzen. **Syn.:** abschreiben.
10. ⟨+ sich⟩ (ugs.) *sich [heimlich, unauffällig] woandershin begeben, entfernen:* er hat sich rechtzeitig ins Ausland abgesetzt. **Syn.:** abhauen (ugs.), abschwirren (ugs.), ausreißen (ugs.), das Weite suchen, sich davonmachen (ugs.), sich dünnmachen (ugs.), durchbrennen (ugs.), sich empfehlen, sich auf die Socken machen (ugs.), sich auf Französisch empfehlen (ugs.), sich aus dem Staub[e] machen (ugs.), sich stehlen, stiften gehen (ugs.), sich verdrücken (ugs.), sich verflüchtigen, sich verfügen (Papierdt., auch scherzh.), sich verziehen (ugs.).

Ab|sicht ['apzɪçt], die; -, -en:
fest beabsichtigtes Wollen: sie hat die Absicht, zu kommen; das hat sie mit [voller] Absicht *(absichtlich, vorsätzlich, willentlich)* getan. **Syn.:** Bestreben, Bestrebungen ⟨Plural⟩, Plan, Vorhaben, Vorsatz, Ziel.

ab|sicht|lich ['apzɪçtlɪç] ⟨Adj.⟩:
mit Absicht, mit Willen, vorsätzlich: eine absichtliche Täuschung; du hast mich absichtlich falsch informiert. **Syn.:** beabsichtigt, bewusst, geflissentlich, gewollt.

ab|sit|zen ['apzɪtsn̩], saß ab, abgesessen:
1. ⟨itr.; ist⟩ *vom Pferd steigen* /Ggs. aufsitzen/: sie ist im Hof abgesessen. **Syn.:** absteigen.
2. ⟨tr.; hat⟩ (ugs.) **a)** *(eine Zeit als Strafe) im Gefängnis verbringen:* er hat drei Monate abgesessen.

Syn.: sitzen (ugs.), verbüßen. **b)** *widerwillig, nur durch Anwesendsein (eine bestimmte Zeit) hinter sich bringen:* sie hat acht Stunden im Büro abgesessen.

¹ab|so|lut [apzo'lu:t] ⟨Adj.⟩:
1. *in höchster Weise ideal, ohne Trübung, Einschränkung; uneingeschränkt, ungestört:* absolute Glaubensfreiheit; eine Stimmung von absolutem Frieden. **Syn.:** vollkommen.
2. *nicht mehr steigerbar, nicht mehr zu überbieten:* eine absolute Grenze erreichen; der absolute Rekord dieses Tages.
3. *allein herrschend, souverän:* ein absoluter Monarch. **Syn.:** uneingeschränkt.

²ab|so|lut [apzo'lu:t] ⟨Adverb⟩: *ganz und gar:* absolut keine Ahnung haben; er macht absolut alles; das ist absolut unmöglich. **Syn.:** ganz, ganz und gar, gänzlich (emotional), hundertprozentig (ugs.), komplett, restlos (ugs.), total, völlig, vollkommen, vollständig, zur Gänze.

Ab|so|lu|ti|on [apzolu'tsi̯o:n], die; -, -en:
Freisprechung von Sünden: jmdm. [die] Absolution erteilen.

Ab|so|lu|tis|mus [apzolu'tɪsmʊs], der; -:
Form der Regierung, bei der die ganze Macht in der Hand des Monarchen liegt: die Hochzeit des Absolutismus war die frühe Neuzeit.

Ab|sol|vent [apzɔl'vɛnt], der; -en, -en, **Ab|sol|ven|tin** [apzɔl'vɛntɪn], die; -, -nen:
Person, die die Ausbildung an einer Schule, Hochschule o. Ä. erfolgreich abgeschlossen hat: sie ist Absolventin des Goethe-Gymnasiums, der Humboldt-Universität. **Zus.:** Hochschulabsolvent, Hochschulabsolventin.

ab|sol|vie|ren [apzɔl'vi:rən] ⟨tr.; hat⟩:
a) *bis zum Abschluss durchlaufen, erfolgreich beenden:* einen Lehrgang absolvieren. **Syn.:** durchmachen, hinter sich bringen (ugs.). **b)** *verrichten, ableisten:* ein Training absolvieren. **Syn.:** ausführen, durchführen. **c)** *bestehen:* das Examen absolvieren. **Syn.:** ablegen.

ab|son|dern ['apzɔndɐn], sonderte ab, abgesondert:
1. a) ⟨tr.; hat⟩ *von andern fernhalten:* die kranken Tiere von den gesunden absondern. **Syn.:** abschließen, abschneiden, abtrennen, isolieren, scheiden (geh.), trennen. **b)** ⟨+ sich⟩ *für sich bleiben; den Kontakt mit andern meiden:* sich von den andern absondern. **Syn.:** sich abkapseln, sich abschließen, sich ausschließen, sich fernhalten, sich isolieren, sich verkriechen.
2. ⟨tr.; hat⟩ *ausscheiden:* die Pflanze sondert einen dunklen Saft ab; Schweiß absondern *(schwitzen, transpirieren).* **Syn.:** abgeben.

ab|sor|bie|ren [apzɔr'bi:rən] ⟨tr.; hat⟩:
1. *aufsaugen:* der Filter absorbiert die Strahlung. **Syn.:** annehmen, aufnehmen.
2. (geh.) *stark in Anspruch nehmen:* das Spiel absorbierte völlig meine Aufmerksamkeit. **Syn.:** beanspruchen, in Beschlag nehmen, mit Beschlag belegen, strapazieren.

ab|spal|ten ['apʃpaltn̩], spaltete ab, abgespaltet/abgespalten:
1. ⟨tr.; hat⟩ *durch Spalten trennen:* er hat die Späne mit dem Messer abgespaltet.
2. ⟨+ sich⟩ *sich von etwas [durch Spaltung] lösen:* eine radikale Gruppe hat sich von der Partei abgespaltet/abgespalten. **Syn.:** sich trennen.

ab|spa|ren ['apʃpa:rən], sparte ab, abgespart ⟨tr.; hat⟩:
in der Wendung **sich** (Dativ) **etwas [vom Mund] absparen:** *durch längeres Sparen mühsam erlangen:* ich hatte mir diese Reise buchstäblich vom Mund abgespart.

ab|spei|sen ['apʃpai̯zn̩], speiste ab, abgespeist ⟨tr.; hat⟩:
mit weniger als erhofft oder erwartet abfertigen; kurz abweisen: jmdn. mit allgemeinen Redensarten abspeisen. **Syn.:** vertrösten.

ab|spens|tig ['apʃpɛnstɪç]:
in der Wendung **jmdm. jmdn., etw. abspenstig machen:** *jmdn. einem anderen wegnehmen und für sich gewinnen:* jmdm. den Freund, die Kunden abspenstig machen. **Syn.:** jmdm. jmdn. abwerben, jmdm. jmdn. ausspannen (ugs.).

ab|sper|ren ['apʃpɛrən], sperrte ab, abgesperrt ⟨tr.; hat⟩:
1. *durch eine Sperre unzugänglich machen:* die Straße absperren. **Syn.:** abriegeln, blockieren, sperren.
2. (bes. österr., südd.) *abschließen:* das Haus, die Schublade absperren. **Syn.:** abriegeln, schließen, verschließen, versperren (bes. österr., südd.), zumachen, zuschließen, zusperren.

Ab|spra|che ['apʃpra:xə], die; -, -n:
Vereinbarung: eine geheime Absprache treffen. **Syn.:** Abkommen, Abmachung, Arrangement, Pakt, Übereinkunft, Verabredung. **Zus.:** Geheimabsprache, Wahlabsprache.

ab|spre|chen ['apʃprɛçn̩], spricht ab, sprach ab, abgesprochen ⟨tr.; hat⟩:
1. *sich über etwas einigen und gemeinsam beschließen:* ein Zusammentreffen absprechen; sie haben ihre Aussagen miteinander abgesprochen.
2. *erklären, dass jmd. etwas nicht hat, dass jmdm. etwas fehlt:* jmdm. alles Talent absprechen. **Syn.:** bestreiten, verneinen.

Ab|sprung ['apʃprʊŋ], der; -[e]s, Absprünge ['apʃprʏŋə]:
1. *das Springen von, aus etwas:* der Absprung vom Barren, aus dem Flugzeug. **Zus.:** Fallschirmabsprung.
2. *Loslösung von etwas:* der Absprung ist ihr nicht leichtgefallen; den Absprung wagen.

ab|spu|len ['apʃpu:lən], spulte ab, abgespult ⟨tr.; hat⟩:
von einer Spule [ab]wickeln: sie spulte den Faden ab.

ab|spü|len ['apʃpy:lən], spülte ab, abgespült ⟨tr.; hat⟩:
a) *durch Spülen reinigen:* das Geschirr abspülen. **Syn.:** abwaschen, spülen. **b)** *durch Spülen entfernen:* den Schmutz, die Seife abspülen. **Syn.:** abwaschen.

ab|stam|men ['apʃtamən], stammte ab ⟨itr.; ohne Perfekt⟩:
Nachfahre, Nachfahrin einer Person, eines Lebewesens sein: der Mensch soll vom Affen abstammen. **Syn.:** entstammen, sich herleiten, stammen.

Ab|stam|mung ['apʃtamʊŋ], die; -, -en:

Herkunft, Abkunft: von vornehmer Abstammung.

Ab|stand ['apʃtant], der; -[e]s, Abstände ['apʃtɛndə]:
1. a) *räumliche Entfernung zwischen zwei Punkten:* die Autos hielten weiten Abstand. **Syn.:** Distanz, Zwischenraum. **Zus.:** Sicherheitsabstand, Zeilenabstand. **b)** *Spanne zwischen zwei Zeitpunkten:* sie starteten in einem Abstand von zwei Stunden. **Zus.:** Altersabstand, Zeitabstand.
2. ⟨ohne Plural⟩ *Abfindung:* für die übernommenen Möbel hatte sie damals einen Abstand von 5 000 Euro gezahlt. **Syn.:** Ausgleich, Entschädigung.

ab|stat|ten ['apʃtatn̩], stattete ab, abgestattet ⟨tr.; hat⟩:
in den Wendungen **jmdm. seinen Dank abstatten:** *jmdm. [förmlich] danken:* er stattete ihr seinen Dank ab. **Syn.:** jmdm. Dank sagen, jmdm. seinen Dank aussprechen, jmdm. seinen Dank bekunden (geh.), sich bei jmdm. bedanken; **jmdm. einen Besuch abstatten:** *jmdn. besuchen:* ich muss meiner alten Tante noch einen Besuch abstatten. **Syn.:** einen Besuch bei jmdm. machen, jmdn. aufsuchen, zu jmdm. zu Besuch kommen.

ab|stau|ben ['apʃtau̯bn̩], staubte ab, abgestaubt ⟨tr.; hat⟩:
1. *vom Staub befreien:* ein Bild abstauben. **Syn.:** abwischen.
2. (ugs.) *sich so nebenher, beiläufig in den Besitz von etwas bringen:* er wollte bei seiner Mutter ein paar Euro fürs Kino abstauben. **Syn.:** abnehmen, sich unter den Nagel reißen (salopp), wegnehmen.

ab|ste|chen ['apʃtɛçn̩], sticht ab, stach ab, abgestochen:
1. ⟨itr.; hat⟩ *einen Kontrast bilden:* durch ihr Äußeres stach sie von den anderen ab; die beiden Farben stechen sehr voneinander ab. **Syn.:** sich abheben, abweichen, kontrastieren mit, sich unterscheiden.
2. ⟨tr.; hat⟩ *durch Durchstechen der Halsschlagader töten:* ein Schwein abstechen. **Syn.:** abschlachten, erstechen.

Ab|ste|cher ['apʃtɛçɐ], der; -s, -: *kleinerer Ausflug zu einem abseits der Reiseroute liegenden Ziel:* auf unserer Fahrt nach Österreich machen wir noch einen Abstecher nach München. **Syn.:** Trip (ugs.).

ab|ste|cken ['apʃtɛkn̩], steckte ab, abgesteckt ⟨tr.; hat⟩:
mit in den Boden gesteckten Pfählen, Pflöcken abgrenzen: ein Spielfeld abstecken.

ab|ste|hen ['apʃte:ən], stand ab, abgestanden ⟨itr.; hat; südd., österr., schweiz.: ist⟩:
1. *in einem bestimmten Abstand von etwas stehen:* der Schrank steht zu weit von der Wand ab.
2. *vom Ansatzpunkt wegstehen, nicht anliegen:* die Zöpfe stehen steif ab; ⟨häufig im 1. Partizip⟩ abstehende Ohren.

ab|stei|gen ['apʃtai̯gn̩], stieg ab, abgestiegen ⟨itr.; ist⟩:
1. *(von etwas) heruntersteigen; nach unten steigen* /Ggs. aufsteigen/: vom Fahrrad, Pferd absteigen. **Syn.:** absitzen.
2. *sich vorübergehend einquartieren:* in einem Hotel absteigen. **Syn.:** nächtigen (geh.), Quartier nehmen (geh.), sein Lager aufschlagen, Wohnung nehmen (geh. veraltend).
3. *in eine niedrigere Klasse eingestuft werden* /Ggs. aufsteigen/: die Mannschaft wird absteigen.

ab|stel|len ['apʃtɛlən], stellte ab, abgestellt ⟨tr.; hat⟩:
1. a) *(etwas, was man trägt) für kürzere Zeit irgendwo hinstellen:* eine Tasche, das Tablett auf dem Regal abstellen. **Syn.:** absetzen. **b)** *vorübergehend an einen geeigneten Platz stellen:* das Fahrrad im Hof, das Moped unter der Brücke abstellen. **Syn.:** parken. **c)** *(etwas, was man nicht [mehr] benutzt) in einen entsprechenden Raum stellen:* alte Möbel, Kisten im Keller abstellen. **Syn.:** aufbewahren, deponieren, lagern, [1]unterstellen, verwahren.
2. *ausschalten* /Ggs. anstellen/: den Motor, das Radio, die Heizung abstellen. **Syn.:** abdrehen, abschalten, ausdrehen, ausknipsen (ugs.), ausmachen.
3. *(Störendes) unterbinden, beheben:* einen Missbrauch abstellen; das Übel abstellen. **Syn.:** abschaffen, aufheben, aufräumen mit, ausräumen, beseitigen.

ab|stem|peln ['apʃtɛmpl̩n], stempelte ab, abgestempelt ⟨tr.; hat⟩:
1. *mit einem Stempel versehen:* den Ausweis, die Briefmarke abstempeln. **Syn.:** stempeln.
2. *zu etwas Negativem erklären:* jmdn. zum/als Außenseiter abstempeln; sie wurde als zickig abgestempelt. **Syn.:** charakterisieren als, darstellen als, hinstellen als.

ab|ster|ben ['apʃtɛrbn̩], stirbt ab, starb ab, abgestorben ⟨itr.; ist⟩:
1. *allmählich aufhören zu leben (von Teilen eines Organismus):* das Gewebe stirbt ab; abgestorbene Äste.
2. *durch Einwirkung von Kälte o. Ä. gefühllos werden:* meine Füße sind [vor Kälte] abgestorben. **Syn.:** einschlafen, taub werden.

Ab|stieg ['apʃti:k], der; -[e]s, -e /Ggs. Aufstieg/:
a) *das Abwärtssteigen:* den Abstieg vom Berg beginnen.
b) *abwärts führender Weg:* ein steiler Abstieg.

ab|stim|men ['apʃtɪmən], stimmte ab, abgestimmt:
1. ⟨itr.; hat⟩ *durch Abgeben der Stimmen eine Entscheidung herbeiführen:* die Abgeordneten stimmten über das neue Gesetz ab. **Syn.:** wählen.
2. ⟨tr.; hat⟩ *in Einklang bringen:* verschiedene Interessen aufeinander abstimmen. **Syn.:** angleichen an, anpassen an, koordinieren mit.

Ab|stim|mung ['apʃtɪmʊŋ], die; -, -en:
1. *das Abstimmen* (1): zur Abstimmung gehen. **Syn.:** Wahl. **Zus.:** Volksabstimmung.
2. *das Abstimmen* (2): die Abstimmung der Farben ist gelungen. **Zus.:** Farbabstimmung.

abs|ti|nent [apsti'nɛnt] ⟨Adj.⟩: *auf bestimmte Genüsse völlig verzichtend:* sie lebt abstinent. **Syn.:** enthaltsam.

ab|stop|pen ['apʃtɔpn̩], stoppte ab, abgestoppt:
1. ⟨tr.; hat⟩ **a)** *jemanden, etwas zum Stoppen veranlassen:* die Polizei stoppte das Auto, den Motorradfahrer ab. **Syn.:** anhalten, stoppen. **b)** *eine Bewegung [bis zum völligen Stillstand] verringern :* die Geschwindigkeit, den Vormarsch des Feindes abstoppen. **Syn.:** aufhalten, stoppen. **c)** *(vom Fahrer) ein*

Fahrzeug anhalten: er stoppte den Wagen ab. **Syn.:** bremsen, stoppen, zum Halten bringen, zum Stehen bringen, zum Stillstand bringen.
2. ⟨tr.; hat⟩ *mit der Stoppuhr messen:* die Zeit, den Läufer abstoppen. **Syn.:** stoppen.
3. ⟨itr.; hat⟩ *halten:* der Fahrer, der Wagen stoppte plötzlich ab. **Syn.:** anhalten, bremsen, haltmachen, stehen bleiben, stoppen, zum Halten kommen, zum Stehen kommen, zum Stillstand kommen.

ab|sto|ßen [ˈapʃtoːsn̩], stößt ab, stieß ab, abgestoßen ⟨tr.; hat⟩:
1. a) *mit einem kräftigen Stoß wegbewegen:* sie hat das Boot vom Ufer abgestoßen. **b)** *eine bestimmte Kraft, Wirkung ausüben und dadurch etwas von sich wegbewegen, fernhalten* /Ggs. anziehen/: der Stoff stößt Wasser ab.
2. *nicht mehr behalten wollen, können und daher verkaufen:* sie haben alle Aktien, Waren abgestoßen. **Syn.:** abgeben, veräußern.
3. *(jmdm.) unsympathisch, widerwärtig sein:* dieser Mensch, sein Verhalten stößt mich ab. **Syn.:** anekeln, anwidern, ekeln.

ab|stot|tern [ˈapʃtɔtɐn], stotterte ab, abgestottert ⟨tr.; hat⟩ (ugs.): *in kleineren Beträgen abzahlen:* die Möbel abstottern; sie hat von ihren Schulden 1 000 Euro abgestottert. **Syn.:** abzahlen, in Raten zahlen.

abs|tra|hie|ren [apstraˈhiːrən]:
1. ⟨tr.; hat⟩ (geh.) *(aus dem Besonderen das Allgemeine) entnehmen:* sie versuchte aus den zahllosen Einzelfällen Normen zu abstrahieren. **Syn.:** verallgemeinern.
2. ⟨itr.; hat⟩ *(von etwas) absehen, (auf etwas) verzichten:* ihre Theorie abstrahiert völlig von den realen Bedingungen.

ab|strah|len [ˈapʃtraːlən], strahlte ab, abgestrahlt ⟨tr.; hat⟩: *(Strahlen, Wellen) aussenden:* die Sonne strahlt Wärme ab. **Syn.:** ausstrahlen.

abs|trakt [apˈstrakt] ⟨Adj.⟩: *nicht greifbar; nur gedacht:* abstraktes Denken; abstrakte *(gegenstandslose)* Malerei.

ab|strei|ten [ˈapʃtrai̯tn̩], stritt ab, abgestritten ⟨tr.; hat⟩: *etwas, was einem vorgeworfen, zur Last gelegt wird, in Abrede stellen:* eine Tat, die Schuld abstreiten. **Syn.:** ableugnen, bestreiten, nicht wahrhaben wollen, sich verwahren gegen (geh.), zurückweisen.

Ab|strich [ˈapʃtrɪç], der; -[e]s, -e:
1. *Maßnahme, durch die etwas (geplante Ausgaben o. Ä.) gestrichen, gekürzt wird:* man nahm Abstriche am Haushaltsplan vor.
2. *Entnahme von Sekreten:* die Ärztin ließ einen Abstrich von den Mandeln machen.

abs|trus [apˈstruːs] ⟨Adj.⟩: *unklar, verworren:* abstruse Ideen; reichlich abstrus wirken. **Syn.:** konfus, kraus, wirr.

ab|stu|fen [ˈapʃtuːfn̩], stufte ab, abgestuft ⟨tr.; hat⟩: *stufenförmig gestalten:* der Hang ist in verschiedenen Terrassen abgestuft.

ab|stump|fen [ˈapʃtʊmpfn̩], stumpfte ab, abgestumpft:
1. ⟨tr.; hat⟩ *stumpf machen:* sie hat die Kanten abgestumpft.
2. a) ⟨tr.; hat⟩ *gefühllos, teilnahmslos, gleichgültig machen:* die Not hat sie abgestumpft; ⟨auch itr.⟩ diese Arbeit stumpft ab. **b)** ⟨itr.; ist⟩ *gefühllos, teilnahmslos, gleichgültig werden:* er ist durch Gewöhnung abgestumpft.

Ab|sturz [ˈapʃtʊrts], der; -es, Abstürze [ˈapʃtʏrtsə]: *Sturz aus großer Höhe:* beim Absturz des Flugzeugs kamen 200 Menschen ums Leben. **Syn.:** Fall. **Zus.:** Flugzeugabsturz.

ab|stür|zen [ˈapʃtʏrtsn̩], stürzte ab, abgestürzt ⟨itr.; ist⟩: *aus großer Höhe herunterstürzen:* das Flugzeug stürzte ab.

ab|stüt|zen [ˈapʃtʏtsn̩], stützte ab, abgestützt:
a) ⟨tr.; hat⟩ *gegen Einsturz stützen, durch eine Stütze Halt geben:* einen Stollen mit Balken abstützen. **Syn.:** versteifen. **b)** ⟨+ sich⟩ *sich auf einer festen Grundlage Halt verschaffen:* ich stützte mich ein wenig ab.

ab|surd [apˈzʊrt] ⟨Adj.⟩: *der Vernunft widersprechend:* ein absurder Gedanke. **Syn.:** sinnlos, unsinnig, widersinnig.

Abs|zess [apsˈtsɛs], der, österr. auch: das; -es, -e: *eitriges Geschwür:* der Arzt öffnet einen Abszess.

Abt [apt], der; -[e]s, Äbte [ˈɛptə]: *Vorsteher eines Mönchsklosters:* die Mönche wählen einen neuen Abt.

ab|tau|en [ˈaptau̯ən], taute ab, abgetaut:
a) ⟨tr.; hat⟩ *von Eis befreien:* sie hat den Kühlschrank abgetaut. **Syn.:** auftauen. **b)** ⟨itr.; ist⟩ *von Eis frei werden:* die Fenster sind abgetaut. **Syn.:** auftauen, tauen.

Ab|teil [apˈtai̯l], das; -s, -e: *abgeteilter Raum im Wagen eines Zuges:* ein Abteil für Raucher. **Zus.:** Eisenbahnabteil, Schlafwagenabteil.

Ab|tei|lung [apˈtai̯lʊŋ], die; -, -en:
1. *relativ selbstständiger Teil einer größeren Organisationseinheit (Unternehmen, Warenhaus, Bank, Behörde, Krankenhaus, Museum u. a.):* die chirurgische Abteilung; Abteilung für Haushaltswaren. **Syn.:** Bereich, Sachgebiet, Sektion, Sektor, Sparte, Zweig. **Zus.:** Kreditabteilung, Möbelabteilung.
2. (Militär) *geschlossene Gruppe von Soldaten o. Ä.:* marschierende Abteilungen. **Syn.:** Einheit, Kolonne, Trupp, Zug. **Zus.:** Panzerabteilung, Vorausabteilung.

ab|tip|pen [ˈaptɪpn̩], tippte ab, abgetippt ⟨tr.; hat⟩ (ugs.): *auf der Schreibmaschine abschreiben:* ein Manuskript abtippen.

Äb|tis|sin [ɛpˈtɪsɪn], die; -, -nen: *Vorsteherin eines Nonnenklosters:* die Äbtissinnen treffen sich zu ihrer Besprechung.

ab|tö|ten [ˈaptøːtn̩], tötete ab, abgetötet ⟨tr.; hat⟩: *(sehr kleine Lebewesen, Zellen o. Ä.) gänzlich vernichten:* Bakterien abtöten. **Syn.:** ausmerzen.

ab|tra|gen [ˈaptraːgn̩], trägt ab, trug ab, abgetragen ⟨tr.; hat⟩:
1. *vom Esstisch wegtragen* /Ggs. auftragen/: die Speisen, Teller abtragen. **Syn.:** abräumen, abservieren.
2. *etwas [nach und nach] beseitigen; dafür sorgen, dass es nicht mehr da ist:* einen Hügel, Ruinen abtragen; eine Schuld abtragen.
3. *(ein Kleidungsstück) so lange*

tragen, bis es unansehnlich, nicht mehr brauchbar ist: sie muss die Kleider ihrer älteren Schwester abtragen; abgetragene Schuhe. **Syn.:** auftragen.

ab|träg|lich ['aptrɛ:klɪç] ⟨Adj.⟩: *nachteilig, schädlich* /Ggs. zuträglich/: diese Äußerung war ihrem Ansehen abträglich; das der Haut abträgliche Sonnenlicht. **Syn.:** negativ, schlecht, schlimm, übel, ungünstig, ungut.

ab|trans|por|tie|ren ['aptranspɔrti:rən], transportierte ab, abtransportiert ⟨tr.; hat⟩: *mit einem Fahrzeug wegbringen:* einen Kranken [im Auto] abtransportieren; Möbel abtransportieren.

ab|trei|ben ['aptra̯ibn̩], trieb ab, abgetrieben:
1. a) ⟨tr.; hat⟩ *in eine andere, nicht gewünschte Richtung bringen; von der Bahn abbringen:* die Strömung hat das Schiff abgetrieben. **b)** ⟨itr.; ist⟩ *in eine andere, nicht gewünschte Richtung geraten; von der Bahn abkommen:* der Ballon ist langsam abgetrieben.
2. ⟨itr.; hat⟩ *die Schwangerschaft abbrechen lassen:* sie hat abgetrieben; ⟨auch tr.⟩ den Embryo abtreiben.

Ab|trei|bung ['aptra̯ibʊŋ], die; -, -en: *das Abbrechen einer Schwangerschaft:* eine Abtreibung vornehmen.

ab|tren|nen ['aptrɛnən], trennte ab, abgetrennt ⟨tr.; hat⟩: *durch Trennen von etwas entfernen [und es selbstständig für sich bestehen lassen]:* einen Knopf, Zettel abtrennen. **Syn.:** ablösen, abmachen, abnehmen.

ab|tre|ten ['aptre:tn̩], tritt ab, trat ab, abgetreten:
1. ⟨itr.; ist⟩ *die Stelle, wo man steht, verlassen:* die Schauspielerin ist [von der Bühne] abgetreten. **Syn.:** abgehen, weggehen.
2. ⟨itr.; hat⟩ *durch festes Auftreten (mit dem Fuß) beseitigen:* sie hat den Schnee von den Schuhen abgetreten.
3. ⟨tr.; hat⟩ *(auf jmdn.) übertragen:* sie hat ihre Rechte an uns abgetreten. **Syn.:** abgeben, geben, übereignen, überlassen, überschreiben.

Ab|tre|ter ['aptre:tɐ], der; -s, -: *Matte oder Rost zum Entfernen des Schmutzes von den Schuhsohlen:* den Abtreter benutzen. **Syn.:** [1]Rost. **Zus.:** Fußabtreter.

ab|trock|nen ['aptrɔknən], trocknete ab, abgetrocknet:
1. a) ⟨tr.; hat⟩ *trocken machen:* der Vater hat dem Kind, hat sich das Gesicht abgetrocknet. **Syn.:** abreiben, abtupfen, frottieren, trocknen. **b)** ⟨itr.; hat⟩ *mit dem Handtuch das Wasser von gespültem Geschirr entfernen:* könntest du heute abtrocknen?; ⟨auch tr.⟩ er hat das Geschirr abgetrocknet.
2. ⟨itr.; ist⟩ *(in Bezug auf eine flächenhafte Ausdehnung) nachdem etwas nass geworden war, wieder trocken werden:* die Fahrbahn ist abgetrocknet. **Syn.:** trocknen.

ab|trün|nig ['aptrʏnɪç] ⟨Adj.⟩ (geh.): *(von jmdm., etwas) abgefallen* (3): ein abtrünniger Verwandter; jmdm. abtrünnig werden *(von jmdm. abfallen).* **Syn.:** untreu.

ab|tun ['aptu:n], tat ab, abgetan ⟨tr.; hat⟩: *einer Sache keinerlei Bedeutung beimessen, sie als unwichtig ansehen und beiseiteschieben:* einen Einwand mit einer Handbewegung abtun; sie hat unseren Protest als unbegründet abgetan. **Syn.:** abfertigen (ugs.), abweisen, abwinken, erledigen, verwerfen.

ab|tup|fen ['aptʊp͡fn̩], tupfte ab, abgetupft ⟨tr.; hat⟩:
a) *durch Tupfen entfernen:* das Blut abtupfen. **Syn.:** abwischen. **b)** *durch Tupfen reinigen, trocknen:* [sich, dem Kind] die nasse Stirn abtupfen. **Syn.:** abreiben, abtrocknen, abwischen.

ab|ver|lan|gen ['apfɛɐ̯laŋən], verlangte ab, abverlangt ⟨tr.; hat⟩: *(von einer Person) verlangen, fordern, dass sie etwas [her]gibt:* jmdm. Geld für etwas abverlangen; die Strecke verlangt den Läufern nicht allzu viel ab.

ab|wä|gen ['apvɛ:gn̩], wog, auch: wägte ab, abgewogen, auch: abgewägt ⟨tr.; hat⟩: *vergleichend und prüfend genau bedenken:* das Pro und Kontra einer Sache abwägen. **Syn.:** brüten über (ugs.), [2]durchdenken, grübeln über, nachdenken über, sich durch den Kopf gehen lassen, überdenken, [1]überlegen.

abwägen/erwägen

Abwägen bedeutet, dass man bei einer Überlegung Vor- und Nachteile einander gegenüberstellt und miteinander vergleicht:

- Wir müssen Vor- und Nachteile genau abwägen.
- Der Arzt musste bei dieser Operation zwischen Risiko und Aussicht auf Erfolg abwägen.

Im Unterschied dazu gebraucht man **erwägen** im Sinne von *genau überlegen.* Wer eine Sache erwägt, denkt gründlich nach und zieht alle Aspekte dieser Angelegenheit in Betracht:

- Sie erwägt ernsthaft, nächstes Jahr ins Ausland zu gehen.
- Die Familie erwägt nun sogar, den früheren Freund zu verklagen.

ab|wäh|len ['apvɛ:lən], wählte ab, abgewählt ⟨tr.; hat⟩:
1. *durch Abstimmung aus dem Amt entfernen:* die Vorsitzende einer Partei abwählen.
2. *(durch die Entscheidung für ein bestimmtes Fach ein anderes) nicht mehr als Unterrichtsfach haben:* ich habe Musik abgewählt.

ab|wäl|zen ['apvɛlt͡sn̩], wälzte ab, abgewälzt ⟨tr.; hat⟩: *(etwas Lästiges, Unangenehmes) von sich schieben und einen anderen Menschen damit belasten:* seine Pflichten, die Verantwortung für etwas auf einen andern abwälzen. **Syn.:** abschieben.

ab|wan|deln ['apvandl̩n], wandelte ab, abgewandelt ⟨tr.; hat⟩: *(teilweise) anders machen:* das alte Thema in immer neuen Variationen abwandeln. **Syn.:** ändern, modifizieren (bildungsspr.), umändern, umbilden, umformen, variieren, verändern, verwandeln.

ab|wan|dern ['apvandɐn], wanderte ab, abgewandert:
1. ⟨tr.; hat/ist⟩ *wandernd abgehen* (4): sie wanderten den ganzen Schwarzwald ab. **Syn.:** [2]durchlaufen, durchstreifen.
2. ⟨itr.; ist⟩ *in einen anderen Lebens- oder Berufsbereich über-*

wechseln: die jungen Leute wandern in die Stadt ab. **Syn.:** wechseln, weggehen, wegziehen.
3. ‹itr.; ist› *seinen Verein wechseln:* der Nationalspieler will abwandern. **Syn.:** weggehen.

Ab|wart ['apvart], der; -s, -e (schweiz.):
Hausmeister: er ist Abwart an einer Schule.

ab|war|ten ['apvartn̩], wartete ab, abgewartet ‹tr.; hat›:
a) *(auf das Eintreffen, Eintreten von jmdm., etwas) warten:* sie hat das Ende des Spiels nicht mehr abgewartet und ist gegangen; ‹auch itr.› warte doch ab!; ‹häufig im 1. Partizip› eine abwartende Haltung. **Syn.:** ausharren, durchhalten, sich gedulden, harren auf (geh.). **b)** *auf das Ende (von etwas) warten:* den Regen abwarten. **Syn.:** entgegensehen.

Ab|war|tin ['apvartɪn], die; -, -nen: weibliche Form zu ↑Abwart.

ab|wärts ['apvɛrts] ‹Adverb›:
nach unten /Ggs. aufwärts/: der Weg abwärts. **Syn.:** bergab, herunter, hinunter. **Zus.:** bergabwärts, flussabwärts, stromabwärts.

ab|wärts|ge|hen ['apvɛrtsge:ən], ging abwärts, abwärtsgegangen ‹itr.; ist› (ugs.):
schlechter werden /Ggs. aufwärtsgehen/: es geht abwärts mit ihr, ihrer Gesundheit. **Syn.:** bergab gehen.

ab|wa|schen ['apvaʃn̩], wäscht ab, wusch ab, abgewaschen ‹tr.; hat›:
a) *mithilfe von Wasser säubern:* wir müssen noch [das] Geschirr abwaschen; ‹auch itr.› heute wasche ich nicht mehr ab. **Syn.:** abspülen, ausspülen, sauber machen, spülen. **b)** *mithilfe von Wasser [und Seife] beseitigen:* Schmutz [vom Auto] abwaschen. **Syn.:** abspülen, abwischen, entfernen, wischen.

Ab|was|ser ['apvasɐ], das; -s, Abwässer ['apvɛsɐ]:
durch Gebrauch verschmutztes abfließendes Wasser: die Abwässer der Stadt fließen in den See. **Zus.:** Industrieabwasser.

ab|wech|seln ['apvɛksl̩n], wechselte ab, abgewechselt ‹+ sich›:
eine Tätigkeit im gegenseitigen Wechsel ausführen: sie wechselten sich bei der Arbeit ab; ‹auch itr.› die Farben der Beleuchtung wechselten ständig ab. **Syn.:** wechseln.

Ab|wechs|lung ['apvɛkslʊŋ], die; -, -en:
unterhaltsame, angenehme Unterbrechung (im sonst gleichförmigen Ablauf): der Theaterbesuch war eine schöne Abwechslung; ich brauche Abwechslung.

ab|wechs|lungs|reich ['apvɛkslʊŋsrai̯ç] ‹Adj.›:
reich an Abwechslung, nicht eintönig: ein abwechslungsreiches Programm. **Syn.:** bunt, kunterbunt (emotional), vielfältig.

ab|we|gig ['apve:gɪç] ‹Adj.›:
sich von der eigentlich zur Diskussion stehenden Sache entfernt befindend, gar nicht mehr dazu passend, gehörend: ein abwegiger Gedanke; ich finde diesen Plan abwegig. **Syn.:** abstrus, ausgefallen, falsch, irrig, unsinnig.

Ab|wehr ['apve:ɐ̯], die; -:
1. *Verteidigung gegen einen Angriff oder Widerstand:* sich auf [die] Abwehr des Gegners beschränken. **Syn.:** Gegenwehr, Verteidigung, Widerstand. **Zus.:** Fliegerabwehr, Raketenabwehr, Spionageabwehr.
2. a) *ablehnende Haltung, innerer Widerstand:* sie spürte seine stumme Abwehr; auf Abwehr stoßen. **Syn.:** Abneigung. **b)** *das Abwehren von etwas; Zurückweisung:* die Abwehr staatlicher Eingriffe.
3. *Gesamtheit der zur Verteidigung eingesetzten Spieler bzw. Spielerinnen einer Mannschaft:* die Abwehr hat heute versagt.
4. *Organisation zur Verteidigung gegen feindliche Spionage:* die deutsche Abwehr kam den beiden Agenten auf die Spur.

ab|weh|ren ['apve:rən], wehrte ab, abgewehrt:
1. ‹tr.; hat› *sich mit Erfolg gegen etwas wehren, sodass die Gefahr o. Ä. nicht mehr besteht, vorhanden ist, den Betreffenden nicht erreicht:* einen Verdacht, Vorwurf, eine Gefahr, einen Angriff, das Schlimmste, Fliegen abwehren. **Syn.:** abbiegen (ugs.), abblocken, abschlagen, aufhalten, sich erwehren (geh.), fernhalten, verscheuchen, zurückschlagen.
2. ‹itr.; hat› *ablehnend reagieren:* erschrocken wehrte sie ab, als man ihr diese Aufgabe übertragen wollte. **Syn.:** ablehnen, abweisen, abwinken, ausschlagen, zurückweisen.

ab|wei|chen ['apvai̯çn̩], wich ab, abgewichen ‹itr.; hat›:
a) *sich (von seinem Weg, seiner Richtung) entfernen:* vom Weg, vom Kurs abweichen; sie wich von ihren Gewohnheiten nicht ab *(hielt an ihnen fest).* **Syn.:** abbiegen, abkommen, ablassen, aufgeben, fallen lassen. **b)** *sich in bestimmten Punkten (voneinander) unterscheiden:* unsere Ansichten weichen voneinander ab. **Syn.:** kontrastieren mit, variieren.

ab|wei|sen ['apvai̯zn̩], wies ab, abgewiesen ‹tr.; hat›:
a) *nicht zu sich lassen, nicht vorlassen; zurückweisen:* einen Bettler abweisen. **Syn.:** abblitzen lassen (ugs.), abfahren lassen, abfertigen (ugs.), abwehren, abwimmeln (ugs.), fernhalten.
b) *ablehnen:* jmds. Angebot, einen Antrag abweisen. **Syn.:** ausschlagen, verschmähen, zurückweisen.

ab|wen|den ['apvɛndn̩] ‹tr.; hat›:
1. ‹wandte/wendete ab, abgewandt/abgewendet›: *von etwas, jmdm. weg-, nach der Seite wenden:* den Blick, die Augen von jmdm. abwenden; ‹auch + sich› bei diesem Anblick wandte sie sich schnell ab. **Syn.:** sich umdrehen, wenden.
2. ‹wendete ab, abgewendet› *(etwas Schlimmes von jmdm.) fernhalten, verhindern:* ein Unglück, eine Niederlage abwenden; er wendete die Gefahr von uns ab. **Syn.:** abbiegen, abwehren, vereiteln, verhüten.

ab|wer|ben ['apvɛrbn̩], wirbt ab, warb ab, abgeworben ‹tr.; hat›:
durch entsprechende Angebote o. Ä. jmdn. dazu bringen, seine Stelle bei einer Firma, in einer Mannschaft zu verlassen, um zu der überzuwechseln, die das Angebot gemacht hat: Arbeitskräfte abwerben. **Syn.:** ausspannen (ugs.).

ab|wer|fen ['apvɛrfn̩], wirft ab, warf ab, abgeworfen:
1. ‹tr.; hat› *aus größerer Höhe herabfallen lassen:* die Flugzeuge

warfen Bomben [auf die Stadt] ab. **Syn.:** werfen.
2. ⟨tr.; hat⟩ *(etwas, was als lästig empfunden wird) von sich werfen:* das Pferd warf den Reiter ab. **Syn.:** sich befreien von.
3. ⟨itr.; hat⟩ (ugs.) *Gewinn bringen:* das Geschäft wirft nicht viel ab. **Syn.:** bringen, einbringen, eintragen, erbringen.

ab|wer|ten ['apveːɐ̯tn̩], wertete ab, abgewertet ⟨tr.; hat⟩:
1. *eine Währung im Wert herabsetzen* /Ggs. aufwerten/: den Dollar abwerten. **Syn.:** entwerten.
2. *in seinem Wert, in seiner Bedeutung herabsetzen:* er wertet alles ab; eine abwertende Kritik.

ab|we|send ['apveːzn̩t] ⟨Adj.⟩:
1. *nicht an dem erwarteten Ort befindlich; nicht zugegen, vorhanden* /Ggs. anwesend/: der abwesende Vorsitzende wurde wieder gewählt; sie ist schon länger von zu Hause abwesend. **Syn.:** ausgeflogen (ugs.), fehlend, fort, nicht greifbar, weg.
2. *geistig nicht bei der Sache; in Gedanken mit etwas anderem beschäftigt:* er war ganz abwesend. **Syn.:** abgelenkt, geistesabwesend, unaufmerksam, zerfahren, zerstreut.

Ab|we|sen|heit ['apveːzn̩hai̯t], die; -:
das Abwesendsein /Ggs. Anwesenheit/: das wurde in seiner Abwesenheit besprochen.

ab|wi|ckeln ['apvɪkl̩n], wickelte ab, abgewickelt ⟨tr.; hat⟩:
1. *von etwas wickeln* /Ggs. aufwickeln/: er hat den Draht [von der Rolle] abgewickelt. **Syn.:** abspulen.
2. *in einer von der Sache her gegebenen Abfolge erledigen:* Aufträge, Geschäfte [rasch, ordnungsgemäß] abwickeln. **Syn.:** arrangieren, ausführen, durchführen, [1]durchziehen, ins Werk setzen (geh.), verrichten.
3. *liquidieren* (1): ihre Firma in Jena wurde abgewickelt. **Syn.:** auflösen, schließen, zumachen.

ab|wie|geln ['apviːgl̩n], wiegelte ab, abgewiegelt ⟨itr.; hat⟩:
bestimmte Annahmen, Erwartungen dämpfen, als nicht so schlimm, groß, bedeutungsvoll o. Ä. hinstellen: »Diese Inszenierung wird gar nicht sehr viel kosten«, wiegelte die Intendantin ab. **Syn.:** beschwichtigen.

ab|wie|gen ['apviːgn̩], wog ab, abgewogen ⟨tr.; hat⟩:
so viel von einer größeren Menge wiegen, bis die gewünschte Menge erreicht ist: das Mehl für den Kuchen abwiegen.

ab|wim|meln ['apvɪml̩n], wimmelte ab, abgewimmelt ⟨tr.; hat⟩ (ugs.):
(etwas Lästiges oder jmdn., der einem lästig ist) mit Beredsamkeit, durch Vorwände, Ausreden o. Ä. abweisen: einen Auftrag abwimmeln; der Vertreter wurde an der Haustür abgewimmelt. **Syn.:** abblitzen lassen (ugs.), abfahren lassen, abfertigen (ugs.), zurückweisen.

ab|win|ken ['apvɪŋkn̩], winkte ab, abgewinkt ⟨itr.; hat⟩:
[mit einer Handbewegung] seine Ablehnung zu verstehen geben: als man sie aufs Podium holen wollte, winkte sie ab. **Syn.:** ablehnen, abwehren.

ab|wi|schen ['apvɪʃn̩], wischte ab, abgewischt ⟨tr.; hat⟩:
a) *durch Wischen entfernen:* ich wischte den Staub [von der Lampe] ab. **Syn.:** abwaschen, wischen. **b)** *durch Wischen reinigen:* den Tisch abwischen. **Syn.:** abputzen, abwaschen, auswischen, sauber machen, säubern.

ab|wür|gen ['apvʏrgn̩], würgte ab, abgewürgt ⟨tr.; hat⟩ (ugs.):
im Entstehen unterdrücken: Kritik abwürgen; den Motor abwürgen *(durch ungeschicktes, falsches Bedienen zum Stillstand bringen).*

ab|zah|len ['aptsa:lən], zahlte ab, abgezahlt ⟨tr.; hat⟩:
a) *in Raten zurückzahlen, bis es bezahlt ist:* ein Darlehen abzahlen. **Syn.:** abstottern (ugs.).
b) *die Raten für etwas zahlen:* das Auto abzahlen.

ab|zäh|len ['aptsɛːlən], zählte ab, abgezählt ⟨tr.; hat⟩:
durch Zählen die Anzahl (von etwas) bestimmen: er zählte ab, wie viel Personen gekommen waren; das Fahrgeld abgezählt *(passend)* in der Hand halten. **Syn.:** zählen.

Ab|zei|chen ['aptsai̯çn̩], das; -s, -:
etwas, was als Kennzeichen für die Zugehörigkeit zu einer Partei oder einem Verein, für eine Leistung o. Ä. (an der Kleidung) angesteckt werden kann: ein Abzeichen tragen. **Syn.:** Plakette. **Zus.:** Parteiabzeichen.

ab|zeich|nen ['aptsai̯çnən], zeichnete ab, abgezeichnet:
1. ⟨tr.; hat⟩ *zeichnend genau wiedergeben, genau nach einer Vorlage zeichnen:* ein Bild abzeichnen. **Syn.:** abmalen.
2. ⟨tr.; hat⟩ *mit dem [abgekürzten] Namen versehen; als gesehen kennzeichnen:* ein Protokoll abzeichnen.
3. ⟨+ sich⟩ **a)** *in den Umrissen [deutlich] erkennbar sein:* in der Ferne zeichnet sich der Gipfel des Berges ab. **Syn.:** sich abheben, abstechen, kontrastieren. **b)** *sichtbar, spürbar, erkennbar werden:* eine bestimmte Tendenz zeichnet sich schon jetzt ab. **Syn.:** sich andeuten, anklingen, sich ankündigen.

ab|zie|hen ['aptsiːən], zog ab, abgezogen:
1. ⟨tr.; hat⟩ **a)** *weg-, herunterziehen und so entfernen:* die Bettwäsche abziehen; sie hat den Ring vom Finger abgezogen. **Syn.:** abnehmen. **b)** *durch Weg-, Herunterziehen von einer Hülle o. Ä. befreien:* Tomaten abziehen; einen Hasen abziehen *(sein Fell entfernen);* die Betten abziehen *(die Bezüge von den Betten entfernen).*
2. a) ⟨itr.; ist⟩ *sich wieder entfernen:* die Truppen ziehen ab; das Gewitter ist abgezogen. **Syn.:** abmarschieren, abrücken, enteilen (geh.), sich verziehen, von dannen gehen (veraltend), wegziehen, weichen. **b)** ⟨tr.; hat⟩ *zurückziehen:* die Truppen wurden aus der Stadt abgezogen. **Syn.:** abkommandieren.
3. ⟨tr.; hat⟩ *aus etwas ziehend entfernen:* den Zündschlüssel abziehen.
4. ⟨tr.; hat⟩ *(einen Teil von einer Summe oder einem Betrag) in einem rechnerischen Vorgang wegnehmen:* sie hat mir [davon] fünf Euro abgezogen. **Syn.:** subtrahieren.

ab|zie|len ['aptsiːlən], zielte ab, abgezielt ⟨itr.; hat⟩:
etwas zum Ziel haben, anstreben; auf etwas hinzielen, gerichtet sein: auf das Mitgefühl der Zuschauer abzielen; diese Maßnahmen zielen auf die Steige-

rung der Produktion ab. **Syn.:** ausgehen, bezwecken, zielen.

Ab|zug ['aptsu:k], der; -[e]s, Abzüge ['aptsy:gə]:
1. ⟨ohne Plural⟩ *das Abziehen* (2): der Abzug der Truppen aus dem besetzten Land. **Syn.:** Abmarsch. **Zus.:** Truppenabzug.
2. *Öffnung, durch die etwas abziehen, entweichen kann:* ein Abzug über dem Herd. **Zus.:** Rauchabzug.
3. *das Abziehen* (4): der Abzug von Steuern. **Zus.:** Gehaltsabzug, Lohnabzug.
4. ⟨Plural⟩ *etwas, was von Einnahmen, vom Gehalt usw. [z. B. als Steuer] abgezogen wird:* monatliche, einmalige Abzüge.
5. *Hebel zum Auslösen eines Schusses:* den Finger am Abzug halten.
6. *Bild von einem entwickelten Film:* weitere Abzüge machen lassen.

ab|züg|lich ['aptsy:klɪç] ⟨Präp. mit Gen.⟩:
nach Abzug, abgerechnet /Ggs. zuzüglich/: abzüglich der Zinsen, aller unserer Unkosten; ⟨aber: starke Substantive im Singular bleiben ungebeugt, wenn sie ohne Artikel und ohne adjektivisches Attribut stehen; im Plural stehen sie dann im Dativ⟩ abzüglich Rabatt; abzüglich Beträgen für Transporte. **Syn.:** minus, [1]ohne.

ab|zwei|gen ['aptsvaign̩], zweigte ab, abgezweigt:
1. ⟨itr.; ist⟩ *von einer bestimmten Stelle an seitlich abgehen, nach der Seite hin weiterverlaufen:* der Weg zweigt dann 100 Meter weiter nach rechts ab. **Syn.:** abbiegen.
2. ⟨tr.; hat⟩ *von einer zur Verfügung stehenden Menge einen Teil wegnehmen:* Waren aus dem Lager für sich abzweigen; sie hat von ihrem Gehalt jeden Monat 200 Euro für das Auto abgezweigt.

[1]ach [ax] ⟨Interjektion⟩:
1. dient dazu, Schmerz, Betroffenheit, Mitleid, Bedauern, Verwunderung, Erstaunen, Freude, Unmut auszudrücken: ach je!; ach, die Armen!; ach, wie schade!; ach, das ist mir neu!; ach, ist das schön!; ach, dieser alte Miesepeter!; * **ach so:** dient (im Gespräch) dazu, auszudrücken, dass man plötzlich versteht: »Das Konzert fällt doch aus. « – »Ach so! [Das wusste ich nicht.]«; ach so, das ist natürlich was anderes!
2. dient in Wunschsätzen dazu, das darin ausgedrückte Verlangen zu unterstreichen: ach, hätte ich ihm nur geglaubt!; ach, wäre ich doch schon bei ihr!

[2]ach [ax] ⟨Partikel⟩:
dient in Verbindung mit folgendem »so« dazu, auszudrücken, dass die im folgenden Wort enthaltene Bewertung auf einem bekannten, aber nicht zutreffenden Vorurteil beruht: aber darauf wollte seine ach so bescheidene Schwester natürlich auch nicht verzichten.

Ach|se ['aksə], die; -, -n:
1. *Teil einer Maschine, eines Wagens o. Ä., an dessen Enden Räder sitzen:* die Achse ist gebrochen; der Wagen hat zwei Achsen. **Zus.:** Radachse.
2. *[gedachte] Linie in der Mitte von etwas:* die Erde dreht sich um ihre Achse. **Zus.:** Erdachse, Symmetrieachse.

Ach|sel ['aksl̩], die; -, -n:
1. *Schulter:* ratlos zuckte er mit den Achseln.
2. *Stelle unterhalb des Schultergelenks, wo Oberarm und Oberkörper eine Art Grube bilden:* das Fieber in/unter der Achsel messen.

acht [axt] ⟨Kardinalzahl⟩ (als Ziffer: 8):
acht Personen.

Acht [axt]:
in den Wendungen **etwas außer Acht lassen:** *etwas nicht beachten:* sie hat die Sicherheitsbestimmungen außer Acht gelassen. **Syn.:** etwas ignorieren, etwas links liegen lassen (ugs.), etwas missachten, etwas vernachlässigen; **sich in Acht nehmen:** *vorsichtig sein, sich vorsehen:* vor ihm musst du dich in Acht nehmen. **Syn.:** achtgeben, auf der Hut sein, aufpassen, sich hüten, sich vorsehen.

acht... [axt...] ⟨Ordinalzahl⟩ (als Ziffer: 8.):
der achte Mann.

ach|ten ['axtn̩], achtete, geachtet:
1. ⟨tr.; hat⟩ *jmdm. gegenüber Achtung empfinden:* ich achte sie sehr wegen ihrer Toleranz. **Syn.:** anerkennen, respektieren, schätzen.
2. ⟨tr.; hat⟩ *Rücksicht auf etwas nehmen:* jmds. Gefühle achten.
3. ⟨tr.; hat⟩ *sich nach etwas, was befolgt werden soll, richten:* die Gesetze achten.
4. ⟨itr.; hat⟩ **a)** *einer Sache Beachtung, Aufmerksamkeit schenken:* er achtete nicht auf ihre Worte. **Syn.:** achtgeben, berücksichtigen, hören. **b)** *aufpassen:* auf das Kind achten. **Syn.:** beaufsichtigen, hüten, sehen nach, sich kümmern um. **c)** *auf etwas Wert, Gewicht legen; zu halten, einzuhalten streben:* auf Sauberkeit achten. **Syn.:** bedacht sein, halten.

äch|ten ['ɛçtn̩], ächtete, geächtet ⟨tr.; hat⟩:
a) *aus einer Gemeinschaft ausstoßen:* die anderen Häftlinge ächteten ihn. **Syn.:** ausschließen, bannen (Geschichte), boykottieren, verstoßen. **b)** *verdammen:* Atomwaffen ächten; eine Meinung als Verrat ächten. **Syn.:** anprangern, brandmarken, verurteilen.

Ach|ter|bahn ['axtɐba:n], die; -, -en:
Berg-und-Tal-Bahn (mit Schleifen in Form der Ziffer Acht): Achterbahn fahren.

acht|ge|ben ['axtge:bn̩], gibt acht, gab acht, achtgegeben ⟨tr.; hat⟩, **Acht ge|ben:**
vorsichtig sein, aufpassen: auf die Kinder achtgeben; sie hat auf die Tasche gut achtgegeben. **Syn.:** achten, beaufsichtigen, ein Auge haben, hüten, Obacht geben (südd.), sein Augenmerk richten, überwachen.

acht|los ['axtlo:s] ⟨Adj.⟩:
ohne jmdm., einer Sache Beachtung zu schenken: sie ließ die Blumen achtlos liegen. **Syn.:** gedankenlos, unachtsam.

Ach|tung ['axtʊŋ], die; -:
1. *hohe Meinung, die man von jmdm., etwas hat:* mit Achtung von jmdm. sprechen. **Syn.:** Anerkennung, Bewunderung, Hochachtung, Respekt. **Zus.:** Nichtachtung, Selbstachtung.
2. Warnruf, warnende Aufschrift: Achtung, Stufen! **Syn.:** Vorsicht.

acht|zig ['axtsɪç] ⟨Kardinalzahl⟩ (in Ziffern: 80):
achtzig Personen.

äch|zen ['ɛçt̮sn̩] ⟨itr.; hat⟩:
(bei Schmerz, Anstrengung) ausatmend einen kehlig-gepressten, wie »ach« klingenden Laut von sich geben: sie ächzte, als sie die Treppe hinaufging. **Syn.:** seufzen, stöhnen.

Acker ['akɐ], der; -s, Äcker ['ɛkɐ]:
mit dem Pflug bearbeitetes, für den Anbau bestimmter Nutzpflanzen genutztes Stück Land: ein fruchtbarer, ertragreicher Acker; die Äcker liegen brach; zehn Acker Land. **Syn.:** Boden, Feld, Land. **Zus.:** Kartoffelacker, Rübenacker.

Adams|ap|fel ['a:damslapf̮l], der; -s, Adamsäpfel ['a:damslɛpf̮l]:
[stark] hervortretender Knorpel am Hals (besonders bei Männern): sein Adamsapfel hüpfte.

Adams|kos|tüm ['a:damskɔsty:m]:
in der Wendung **im Adamskostüm** (ugs. scherzh.): *nackt:* im Adamskostüm herumlaufen. **Syn.:** ausgezogen, barfuß bis zum Hals (ugs. scherzh.), entblößt, entkleidet, im Evaskostüm, wie Gott jmdn. schuf/geschaffen hat.

adä|quat [adɛ'kva:t] ⟨Adj.⟩ (bildungsspr.):
angemessen, entsprechend: ein adäquater Ausdruck; etwas ist jmdm., einer Sache nicht adäquat. **Syn.:** gebührend, geziemend (geh.), passend.

ad|die|ren [a'di:rən] ⟨tr.; hat⟩:
zusammenzählen, hinzufügen /Ggs. subtrahieren/: Zahlen addieren.

Ad|di|ti|on [adi'tsi̯o:n], die; -, -en:
das Addieren, Zusammenzählen /Ggs. Subtraktion/: eine Addition durchführen, ausführen.

-a|de [a:də]: ↑-iade.

Adel ['a:dl̩], der; -s:
1. *(früher aufgrund der Geburt oder durch Verleihung) mit besonderen Rechten ausgestatteter Stand der Gesellschaft:* bei dieser Hochzeit war der ganze Adel des Landes anwesend; dem Adel angehören. **Syn.:** Aristokratie.
2. *vornehme Würde:* der Adel des Herzens. **Syn.:** Hoheit, Majestät.

ade|lig ['a:dəlɪç]: ↑adlig.

adeln ['a:dl̩n] ⟨tr.; hat⟩:
1. (früher) *in den Adelsstand erheben:* die Königin adelte den bürgerlichen Dichter.
2. (geh.) *mit Adel (2) ausstatten:* diese Gesinnung adelt ihn.

Ader ['a:dɐ], die; -, -n:
Röhre, die den Körper oder ein Organ durchzieht und in der das Blut weiterbefördert wird: die Adern schwellen an.

Ad|ler ['a:dlɐ], der; -s, -:
großer Greifvogel mit kräftigem Hakenschnabel und starken Krallen: Adler sind beliebte Wappentiere. **Syn.:** König der Lüfte (dichter.).

Ad|ler|na|se ['a:dlɐna:zə], die; -, -n:
große, gebogene Nase: er hat eine Adlernase.

ad|lig ['a:dlɪç], (geh.:) **adelig** ['a:dəlɪç] ⟨Adj.⟩:
dem Adel angehörend: eine ad[e]lige Dame. **Syn.:** von Adel, von hoher Abkunft (geh.).

Ad|mi|ral [atmi'ra:l], der; -s, -e, auch: Admiräle [atmi'rɛlə]:
Offizier der Marine im Rang eines Generals: dem Admiral unterstellt sein.

Ado|nis [a'do:nɪs], der; -, -se (bildungsspr.):
schöner junger Mann: er ist ein Adonis.

adop|tie|ren [adɔp'ti:rən] ⟨tr.; hat⟩:
als eigenes Kind, an Kindes statt annehmen: sie haben das Mädchen vor zwei Jahren adoptiert.

Ad|res|sat [adrɛ'sa:t], der; -en, -en, **Ad|res|sa|tin** [adrɛ'sa:tɪn], die; -, -nen:
Person, an die etwas gerichtet, für die etwas bestimmt ist (z. B. Post): der Adressat ist hier unbekannt. **Syn.:** Empfänger, Empfängerin.

Ad|res|se [a'drɛsə], die; -, -n:
1. *Anschrift:* die Adresse ist, lautet ...; jmds. Adresse notieren, ausfindig machen. **Zus.:** Geschäftsadresse, Heimatadresse, Internetadresse, Privatadresse.
2. (bildungsspr.) *Schreiben einer Gruppe an hochgestellte Persönlichkeiten, politische Institutionen o. Ä., das ein politisches Ziel, einen Glückwunsch, Dank o. Ä. zum Inhalt hat:* eine Adresse an die Regierung richten. **Syn.:** Anfrage, Antrag, Bittschrift (veraltend), Eingabe, Ersuchen, Gesuch. **Zus.:** Glückwunschadresse, Grußadresse, Solidaritätsadresse.

ad|res|sie|ren [adrɛ'si:rən] ⟨tr.; hat⟩:
1. *mit einer Adresse (1) versehen:* einen Brief falsch adressieren. **Syn.:** beschriften.
2. *an jmds. Adresse (1) richten:* der Brief ist an dich adressiert.

adrett [a'drɛt] ⟨Adj.⟩:
durch ordentliche, sorgfältige, gepflegte Kleidung und entsprechende Haltung äußerlich ansprechend: ein adrettes Mädchen; sie ist immer adrett gekleidet. **Syn.:** gefällig, geschmackvoll, proper (ugs.).

Ad|vent [at'vɛnt], der; -[e]s, -e:
a) *die vier Sonntage einschließende Zeit vor Weihnachten:* vor, nach [dem] Advent; im Advent.
b) *einer der vier Sonntage in der Zeit vor Weihnachten:* erster, zweiter Advent.

Af|fä|re [a'fɛ:rə], die; -, -n:
1. *unangenehme Angelegenheit; peinlicher, skandalöser [Vor-, Zwischen]fall:* eine dunkle, peinliche Affäre; die Affäre um den Vorsitzenden; jmdn. in eine Affäre hineinziehen, verwickeln. **Syn.:** Vorkommnis. **Zus.:** Bestechungsaffäre, Korruptionsaffäre, Parteispendenaffäre, Staatsaffäre.
2. *Liebesbeziehung:* hattest du mit ihm eine Affäre? **Syn.:** Abenteuer, Flirt, Liaison (bildungsspr. veraltend), Liebelei (abwertend), Techtelmechtel (ugs.), Verhältnis. **Zus.:** Liebesaffäre.

Af|fe ['afə], der; -n, -n:
a) *menschenähnliches Säugetier, das in den Tropen vorwiegend auf Bäumen lebt:* die Umwelt der Affen ist immer mehr bedroht.
b) (derb) *dummer, blöder Kerl* (oft als Schimpfwort): blöder Affe!

Af|fekt [a'fɛkt], der; -[e]s, -e:
als Reaktion auf etwas entstandener Zustand außerordentlicher seelischer Erregung, die Kritikfähigkeit, Urteilskraft und Selbstbeherrschung mindert oder ganz ausschaltet: im Affekt handeln. **Syn.:** Erregung.

af|fek|tiert [afɛk'ti:ɐ̯t] ⟨Adj.⟩ (bildungsspr.):
(in Bezug auf die Art der Äußerungsform) geziert, gekünstelt: ein affektiertes Lachen; sich affektiert benehmen. **Syn.:** affig (ugs.), theatralisch.

af|fen-, Af|fen- ['afn̩] ⟨Präfixoid, auch das Basiswort wird betont⟩ (ugs. emotional verstärkend):

betont den hohen Grad des im Basiswort Genannten: **a)** ⟨substantivisch⟩ Affengeschwindigkeit; Affenhitze; Affenkälte; Affenliebe; Affenspektakel; Affentanz *(heftige Auseinandersetzung);* Affentempo; Affentheater *(übertriebenes Tun, Reagieren in Bezug auf etwas, jmdn.);* Affenzahn *(sehr hohe Geschwindigkeit).* **Syn.:** Bomben- (ugs. emotional verstärkend), Heiden- (ugs. emotional verstärkend), Höllen- (ugs. emotional verstärkend), Mords- (ugs. emotional verstärkend), Riesen- (ugs. emotional verstärkend). **b)** ⟨adjektivisch⟩ affengeil *(besonders großartig);* affenstark. **Syn.:** sehr, überaus.

Af|fen|schan|de [ˈafn̩ʃandə]: in der Wendung **eine Affenschande sein** (ugs.): *unerhört, empörend, unglaublich sein:* das ist ja eine Affenschande! **Syn.:** haarsträubend sein (emotional), kriminell sein (ugs.), skandalös sein, ungeheuerlich sein.

af|fig [ˈafɪç] ⟨Adj.⟩ (ugs. abwertend): *[eitel und] geziert:* ein affiger Typ. **Syn.:** affektiert (bildungsspr.), theatralisch.

Af|front [aˈfrõː], der; -s, -s (geh.): *[schwere] Beleidigung:* darin sehe ich einen Affront gegen mich; etwas als einen Affront betrachten. **Syn.:** Kränkung, üble Nachrede.

Af|ter [ˈaftɐ], der; -s, -: *Ende, Ausgang des Darms:* einen Abszess am After haben.

Agent [aˈgɛnt], der; -en, -en, **Agen|tin** [aˈgɛntɪn], die; -, -nen:
1. *Person, die im geheimen Auftrag einer Regierung, einer militärischen oder politischen Organisation bestimmte, meist illegale Aufträge ausführen soll:* sie ist Agentin im Dienst des BND. **Syn.:** Spion, Spionin, Spitzel. **Zus.:** Geheimagent, Geheimagentin.
2. a) (Wirtsch. veraltend) *Person, die Geschäfte vermittelt und abschließt; [Handels]vertreter, [Handels]vertreterin:* der Agent hat das Geschäft eingefädelt. **b)** *Person, die berufsmäßig Künstlern Engagements vermittelt:* wenn Sie die Künstlerin interviewen wollen, wenden Sie sich an ihren Agenten! **Syn.:** Manager, Managerin.

Agen|tur [agɛnˈtuːɐ̯], die; -, -en: **a)** (bes. Wirtsch.) *Institution, die jmdn., etwas vertritt, jmdn., etwas vermittelt:* sie hat eine Agentur für Öffentlichkeitsarbeit. **Zus.:** Reiseagentur, Versicherungsagentur. **b)** *Geschäftsstelle, Büro eines Agenten, einer Agentin:* die Agentur hat heute geschlossen. **Syn.:** Filiale, Niederlassung, Zweigstelle.

Ag|gres|si|on [agrɛˈsi̯oːn], die; -, -en:
1. *feindselige, ablehnende Einstellung, Haltung:* jmd. ist voller Aggressionen; jmdm. gegenüber Aggressionen haben, entwickeln.
2. ⟨Plural⟩ *rechtswidriger militärischer Angriff auf ein fremdes Staatsgebiet:* feindliche, militärische Aggressionen gegen Nachbarstaaten. **Syn.:** Attacke, Feindseligkeiten ⟨Plural⟩, Offensive, Überfall.

Aggression/Aggressivität

Mit **Aggressivität** wird eine feste [Charakter]eigenschaft bezeichnet, die einen Menschen, ein Tier oder eine bestimmte Sache (z. B. ein Spiel) auszeichnet:

- Kampfhunde zeichnen sich durch gesteigerte Aggressivität aus.
- Das Fußballspiel war von einem hohen Maß an Aggressivität geprägt.

Im Unterschied dazu wird **Aggression** meist verwendet, um eine vorübergehende, stärker spontane feindselige Haltung auszudrücken. In vielen Fällen lässt sich für Aggression(en) *Zorn* oder *Wut* einsetzen:

- Seine Stimmung kann schnell in Aggression umschlagen.
- Dieses Thema löst in mir immer Aggressionen aus.
- Sie entwickelte ihr gegenüber starke Aggressionen.

ag|gres|siv [agrɛˈsiːf] ⟨Adj.⟩: *geneigt, bereit, andere anzugreifen, seine Absichten direkt und ohne Rücksicht auf andere zu verfolgen; gegen andere gerichtet:* ein aggressiver Mensch; seine Frau war sehr aggressiv; aggressiv reagieren. **Syn.:** giftig (ugs.), grimmig, heftig, rabiat, streitbar (geh.).

Ag|gres|si|vi|tät [agrɛsiviˈtɛːt], die; -, -en: **a)** ⟨ohne Plural⟩ *aggressive Haltung:* seine Aggressivität beim Sport ausleben. **b)** *aggressive Handlung:* die Aggressivitäten nehmen kein Ende.

Aggressivität / Aggression: *s.* Kasten Aggression/Aggressivität.

agie|ren [aˈgiːrən] ⟨itr.; hat⟩: *handeln, tätig sein, wirken:* selbstständig agieren; auf der politischen Bühne, gegen jmdn., mit unlauteren Mitteln agieren. **Syn.:** vorgehen.

agil [aˈgiːl] ⟨Adj.⟩ (bildungsspr.): *von großer Beweglichkeit zeugend; regsam und wendig:* ein agiler Geschäftsmann; sie ist trotz ihres Alters körperlich und geistig noch sehr agil. **Syn.:** beweglich, geschickt, gewandt.

Agi|ta|ti|on [agitaˈt͜si̯oːn], die; -, -en: *Tätigkeit, bei der andere über etwas aufgeklärt und gleichzeitig für etwas gewonnen oder beeinflusst werden sollen:* politische Agitation; Agitation betreiben. **Syn.:** Hetze (abwertend), Propaganda.

agi|tie|ren [agiˈtiːrən]: **a)** ⟨itr.; hat⟩ (abwertend) *Agitation betreiben:* für eine Partei, eine Idee agitieren; gegen jmdn. agitieren. **Syn.:** aufbringen, aufputschen, aufstacheln, aufwiegeln, sich einsetzen, propagieren, Reklame machen, werben, Werbung machen. **b)** ⟨tr.; hat⟩ *auf jmdn. durch Agitation einwirken:* die werktätigen Massen agitieren.

Ahn [aːn], der; -[e]s und -en, -en: *Vorfahr:* meine Ahnen lebten in der Schweiz.

ahn|den [ˈaːndn̩], ahndete, geahndet ⟨tr.; hat⟩ (geh.): *(begangenes Unrecht) bestrafen:* ein Vergehen [streng] ahnden; etwas mit einer Geldbuße ahnden. **Syn.:** bestrafen, vergelten.

Ah|ne [ˈaːnə], die; -, -n: weibliche Form zu ↑Ahn.

äh|neln [ˈɛːnl̩n] ⟨itr.; hat⟩: *Ähnlichkeit mit jmdm., etwas* *haben:* er ähnelt seinem Bruder; die beiden Kinder ähneln sich/einander sehr. **Syn.:** ähnlich sein, anklingen an, aussehen wie, erinnern an, geraten nach, gleichen, grenzen an, nachschlagen.

ah|nen ['a:nən] ⟨tr.; hat⟩: *gefühlsmäßig mit etwas rechnen, etwas erwarten, was geschehen, eintreten wird:* ein Unglück, nicht das Mindeste ahnen; ich konnte ja nicht ahnen, dass es so schnell gehen würde. **Syn.:** annehmen, fühlen, schätzen (ugs.), schwanen (ugs.), spüren, ²tippen (ugs.), vermuten, wähnen (geh.).

Ah|nin ['a:nɪn], die; -, -nen: weibliche Form zu ↑Ahn.

¹ähn|lich ['ɛ:nlɪç] ⟨Adj.⟩: *in bestimmten Merkmalen übereinstimmend:* ähnliche Interessen, Gedanken; auf ähnliche Weise; sie sieht ihrer Schwester täuschend, zum Verwechseln ähnlich; es erging mir ähnlich wie damals. **Syn.:** analog, entsprechend, verwandt.

²ähn|lich ['ɛ:nlɪç] ⟨in Funktion einer Präp. mit dem Dativ⟩: *dem nachfolgend Genannten vergleichbar:* ähnlich dem Vorbild Thomas Mann; ähnlich einer Stilistik/einer Stilistik ähnlich, gibt dieses Buch gute sprachliche Tipps. **Syn.:** wie.

Ähn|lich|keit ['ɛ:nlɪçkai̯t], die; -, -en: *ähnliches Aussehen, ähnlicher Zug:* eine große, verblüffende, auffallende Ähnlichkeit; er hat [in seinem Wesen] viel Ähnlichkeit mit ihm; zwischen ihnen besteht keine Ähnlichkeit. **Syn.:** Analogie, Gemeinsamkeit, Verwandtschaft.

Ah|nung ['a:nʊŋ], die; -, -en: *gefühlsmäßige Erwartung (in Bezug auf etwas, was geschehen, eintreten wird):* eine Ahnung des kommenden Unheils; meine Ahnung hat mich nicht getrogen. **Syn.:** Annahme, Gefühl, innere Stimme, sechster Sinn. **Zus.:** Todesahnung; * **keine Ahnung haben** (ugs.): *nicht wissen:* ich habe keine Ahnung, wo sie ist.

ah|nungs|los ['a:nʊŋslo:s] ⟨Adj.⟩: *nichts [Böses] ahnend:* der ahnungslose Betrachter; sie ist völlig ahnungslos. **Syn.:** unwissend.

Ahorn ['a:hɔrn], der; -s, -e: *Laubbaum mit meist gelappten Blättern und zweigeteilten geflügelten Früchten:* der Ahorn blüht zeitig im Frühjahr.

Äh|re ['ɛ:rə], die; -, -n: *Teil des Getreidehalms, der die Samen trägt:* die reifen Ähren bewegen sich im Wind. **Zus.:** Kornähre, Roggenähre, Weizenähre.

Aids [eɪts], das; - ⟨meist ohne Artikel⟩ (Med.): *Erkrankung, die zu schweren Störungen im Abwehrsystem des Körpers führt und meist tödlich verläuft:* er hat, leidet an Aids.

Aka|de|mie [akade'mi:], die; -, Akademien [akade'mi:ən]: *zentrale Einrichtung für Forschung, Bildung:* die Akademie der Wissenschaften, Künste. **Syn.:** Hochschule, Institut. **Zus.:** Kunstakademie, Militärakademie.

Aka|de|mi|ker [aka'de:mikɐ], der; -s, -, **Aka|de|mi|ke|rin** [aka'de:mikərɪn], die; -, -nen: *Person, die ein Studium an einer Universität absolviert [und mit einem Examen abgeschlossen] hat:* die Zahl der Akademiker steigt zu langsam.

aka|de|misch [aka'de:mɪʃ] ⟨Adj.⟩:
1. *auf die Universität, Hochschule zurückgehend, bezogen:* akademische Bildung; akademischer Grad.
2. *unlebendig-abstrakt:* der Vortrag war sehr akademisch. **Syn.:** abstrakt, theoretisch, trocken.

Aka|zie [a'ka:tsi̯ə], die; -, -n: *Baum oder Strauch mit gefiederten Blättern:* die Akazie blüht schon.

ak|kli|ma|ti|sie|ren [aklimati'zi:rən] ⟨+ sich⟩ (bildungsspr.): *sich (an eine neue Umwelt) gewöhnen, anpassen:* ich hatte mich nach einigen Tagen [in der fremden Umgebung] bereits akklimatisiert. **Syn.:** sich assimilieren, sich einfügen, sich eingewöhnen, sich einleben, sich einordnen.

Ak|kord [a'kɔrt], der; -[e]s, -e:
1. *Zusammenklang von mindestens drei verschiedenen Tönen:* einen Akkord auf dem Klavier anschlagen.
2. *Arbeitsverhältnis, in dem jmd. nach Stückzahlen entlohnt wird; Leistungslohn (im Unterschied zum Zeitlohn):* im Akkord arbeiten.

Ak|kor|de|on [a'kɔrdeɔn], das; -s, -s: *Musikinstrument, bei dem die Töne durch Betätigung von Tasten und Knöpfen bei gleichzeitigem Auseinanderziehen und Zusammendrücken eines Balges entstehen:* Akkordeon spielen.

¹ak|ku|rat [aku'ra:t] ⟨Adj.⟩: *auf ordentliches Aussehen von etwas bedacht und daher besonders sorgfältig, genau:* ein akkurater Mensch; sie ist immer sehr akkurat gekleidet. **Syn.:** ¹genau, gewissenhaft, gründlich, pedantisch (abwertend), peinlich genau, penibel, sorgfältig.

²ak|ku|rat [aku'ra:t] ⟨Adverb⟩ (landsch.): dient der Bekräftigung; *ganz genau:* akkurat das habe ich gemeint; es ist akkurat zwölf Uhr.

Akro|bat [akro'ba:t], der; -en, -en, **Akro|ba|tin** [akro'ba:tɪn], die; -, -nen: *Person, die (z. B. in Zirkus oder Varieté) turnerische, gymnastische, tänzerische Übungen ausführt, die besonders körperliche Beweglichkeit und Gewandtheit erfordern:* die Akrobaten kamen aus China.

Akt [akt], der; -[e]s, -e:
1. *durch bestimmte Umstände gekennzeichnete, hervorgehobene Handlung:* ihr Selbstmord war ein Akt der Verzweiflung. **Syn.:** Aktion, Tat.
2. *größerer Abschnitt eines Schauspiels, einer Oper o. Ä.:* ein Schauspiel in fünf Akten; Pause nach dem zweiten Akt. **Syn.:** Aufzug.
3. *künstlerische Darstellung eines nackten menschlichen Körpers:* der Maler arbeitete an einem weiblichen Akt.

Ak|te ['aktə], die; -, -n:
[Sammlung von] Unterlagen zu einem geschäftlichen oder gerichtlichen Vorgang: eine Akte anlegen, einsehen, bearbeiten. **Syn.:** Dokument, Schriftstück, Unterlagen ‹Plural›, Urkunde. **Zus.:** Geheimakte, Personalakte, Prozessakte.

Ak|ten|ta|sche ['aktn̩taʃə], die; -, -n:
größere Tasche mit Griff zum Tragen: er kauft sich eine neue Aktentasche.

Ak|teur [ak'tøːɐ̯], der; -s, -e, **Ak|teu|rin** [ak'tøːrɪn], die; -, -nen:
Person, die an einem Geschehen aktiv und unmittelbar beteiligt ist: die an dem Coup beteiligten Akteure und Akteurinnen. **Syn.:** Beteiligte, Beteiligter, Teilnehmer, Teilnehmerin.

Ak|tie ['akt͜si̯ə], die; -, -n:
Urkunde über den Anteil am Kapital eines Unternehmens, das an der Börse geführt wird: die Aktien steigen, fallen, werden in Frankfurt notiert, wurden mit 15 Dollar bewertet; sein Vermögen in Aktien anlegen.

Ak|ti|on [ak't͜si̯oːn], die; -, -en:
häufig unter Beteiligung mehrerer Personen nach Plan durchgeführte Unternehmung: eine gemeinsame Aktion zur Unterstützung der Arbeitslosen starten; zu gewaltfreien Aktionen aufrufen. **Syn.:** Coup, Feldzug, Kampagne, Tat, Unterfangen, Unternehmen, Versuch, Vorhaben. **Zus.:** Hilfsaktion, Rettungsaktion.

Ak|ti|o|när [akt͜si̯o'nɛːɐ̯], der; -s, -e, **Ak|ti|o|nä|rin** [akt͜si̯o'nɛːrɪn], die; -, -nen:
Person, die eine oder mehrere Aktien besitzt: die Aktionäre treffen sich zu ihrer Hauptversammlung. **Zus.:** Mehrheitsaktionär, Mehrheitsaktionärin.

ak|tiv [ak'tiːf] ‹Adj.›:
1. *sich (für etwas Bestimmtes) tatkräftig einsetzend, rege dafür tätig:* ein aktiver Teilnehmer; sie ist [politisch] sehr aktiv. **Syn.:** betriebsam, eifrig, emsig (geh., oft iron.), geschäftig, rührig, tatkräftig.
2. *selbst ausführend und nicht nur geschehen lassend* /Ggs. passiv/: er war an diesem Verbrechen aktiv beteiligt.
3. *(in Bezug auf einen Verein o. Ä.) an den Aktivitäten teilnehmend, nicht nur nominell dazugehörend* /Ggs. passiv/: ein aktives Mitglied des Sportvereins.

-ak|tiv [akti:f] ‹adjektivisches Suffixoid›:
1. ‹mit verbalem und substantivischem Basiswort› (Werbespr.) verweist auf die hohe Qualität des im Basiswort Genannten; *gut …:* atmungsaktiver Stoff *(ein Stoff, der gut »atmet«, also luftdurchlässig ist);* waschaktive Seife *(eine Seife, die gut wäscht);* stoffwechselaktiv *(gut für den Stoffwechsel).* **Syn.:** -freudig, -intensiv, -stark.
2. drückt aus, dass etwas, jmd. zu/in dem im Basiswort genannten Zeitpunkt oder Bereich tätig oder wirksam ist: dämmerungsaktive, nachtaktive Tiere; ‹mit fremdsprachigem Wortstamm›: ein bioaktives *(auf biologischer Basis wirksames)* Waschmittel; radioaktive *(Radioaktivität aufweisende)* Elemente.

ak|ti|vie|ren [akti'viːrən] ‹tr.; hat›:
zu einer [verstärkten] Tätigkeit bewegen: die Jugend politisch aktivieren. **Syn.:** ankurbeln, anregen, beleben, in Schwung bringen (ugs.), mobilisieren.

Ak|ti|vi|tät [aktivi'tɛːt], die; -, -en:
das Aktivsein, aktives Verhalten, rege Tätigkeit: politische Aktivität entfalten; seine Aktivität verstärken. **Syn.:** Energie, Tatendrang, Tatkraft.

ak|tu|a|li|sie|ren [aktu̯ali'ziːrən] ‹tr.; hat› (bildungsspr.):
a) *auf die Gegenwart beziehen, in die gegenwärtige Wirklichkeit überführen:* einen alten Film wieder aktualisieren.
b) *auf den neuesten Stand bringen:* ein Lehrbuch, Daten aktualisieren. **Syn.:** erneuern, in Ordnung bringen, modernisieren.

Ak|tu|a|li|tät [aktu̯ali'tɛːt], die; -:
aktuelle Bedeutung für die Gegenwart: das Thema, der Film ist von außerordentlicher, brennender Aktualität; etwas verliert an Aktualität.

ak|tu|ell [ak'tu̯ɛl] ‹Adj.›:
der gegenwärtigen Situation o. Ä. entsprechend, sie widerspiegelnd: ein aktuelles Problem, Thema, Theaterstück; das ist heute nicht mehr aktuell. **Syn.:** augenblicklich, gegenwärtig, heutig, [2]modern, momentan, zeitgemäß.

aktuell/akut

Was der gegenwärtigen Situation, dem neuesten Kenntnisstand und den augenblicklichen Interessen entspricht, nennt man **aktuell:**

- Weil das Buch ein aktuelles Thema behandelte, verkaufte es sich sehr gut.
- Im Internet können Sie aktuelle Informationen über unsere Firma abrufen.

Das Adjektiv **akut** wird häufig in Bezug auf Gefahren, Probleme oder Fragen verwendet. Es drückt aus, dass man sich mit diesen sofort beschäftigen muss, dass deren Lösung im Vordergrund steht:

- Trinkwassermangel ist ein akutes Problem in vielen Ländern der Dritten Welt.
- 300 Arbeitsplätze sind akut gefährdet.

Akus|tik [a'kʊstɪk], die; -:
1. *Lehre vom Schall:* in ihrem Physikstudium hat sie sich auf Akustik spezialisiert.
2. *klangliche Verhältnisse, Wirkung des Klangs, Schalls (innerhalb eines [geschlossenen] Raumes):* das Theater hat eine gute Akustik.

akus|tisch [a'kʊstɪʃ] ‹Adj.›:
den Ton, Klang, die Akustik betreffend: akustische Signale; die akustischen Verhältnisse dieses Saales sind gut.

akut [a'kuːt] ‹Adj.›:
1. *im Augenblick herrschend, unmittelbar anstehend:* eine akute Gefahr bekämpfen; diese Fragen, Probleme werden jetzt akut. **Syn.:** dringend, dringlich, eilig, keinen Aufschub duldend, vordringlich.
2. (Med.) *unvermittelt [auftretend], schnell und heftig [verlaufend]:* eine akute Erkrankung; akut auftreten.

akut / aktuell:
s. Kasten aktuell/akut.

Ak|zent [ak'tsɛnt], der; -[e]s, -e:
1. a) *Betonung einer Silbe, eines Wortes, eines Satzes:* der Akzent liegt auf der zweiten Silbe; die zweite Silbe trägt den Akzent. **Syn.:** ²Ton; *** den Akzent auf etwas** (Akk.) **legen:** *etwas besonders betonen:* sie legt den Akzent besonders auf die Weinauswahl. **b)** *Zeichen über einem Buchstaben, das Aussprache oder Betonung angibt:* den [französischen] Akzent richtig setzen; *** [neue] Akzente setzen:** *zeigen, worauf das Gewicht gelegt werden muss; richtungweisend für die Zukunft sein:* mit ihrer Doktorarbeit setzt sie neue Akzente bei der Erforschung dieses Themas.
2. *bestimmte Art des Artikulierens, Betonens o. Ä.:* mit amerikanischem Akzent sprechen.

ak|zep|ta|bel [aktsɛp'ta:bl̩] ⟨Adj.⟩:
annehmbar: ein akzeptables Angebot; akzeptable Preise. **Syn.:** leidlich, passabel.

ak|zep|tie|ren [aktsɛp'ti:rən] ⟨tr.; hat⟩:
a) *mit etwas so, wie es vorgeschlagen, angeboten o. Ä. wird, einverstanden sein:* ein Angebot, einen Preis, eine Entscheidung, eine Strafe akzeptieren; der Vorschlag wurde von allen akzeptiert. **Syn.:** absegnen (ugs.), annehmen, bejahen, billigen, einwilligen, für richtig halten, gutheißen, legitimieren, respektieren, richtig finden, tolerieren, zugestehen. **b)** *jmdn. in seiner persönlich geprägten Art gelten lassen, anerkennen:* die Klassensprecherin wurde von allen akzeptiert; jmdn. als Vorgesetzten akzeptieren; auch Behinderte wollen von der Gesellschaft akzeptiert werden; ich akzeptiere, dass ...

¹-al [a:l]**/-ell** [ɛl] ⟨adjektivische Suffixe; meist substantivisches Basiswort⟩:
kennzeichnen die Beziehung, Zugehörigkeit zu dem im Basiswort Genannten oder charakterisieren, kennzeichnen die Art:
1. a) Beziehung, Zugehörigkeit; *was ... betrifft, hinsichtlich:* bronchial; dialektal; embryonal; gymnasial; ödipal; orchestral; präsidial; prozedural; saisonal; suizidal. **b)** *in der Art von, wie:* genial; kollegial; kolossal; optimal; pastoral; phänomenal.
2. a) Beziehung, Zugehörigkeit: akzidentiell; experimentell; konfessionell; konversationell; ministeriell; proportionell; sequenziell; situationell; textuell. **b)** charakterisierend: informell; oppositionell.

²-al [a:l]**/-ell** [ɛl] ⟨adjektivische Suffixe; meist substantivisches Basiswort⟩:
1. als konkurrierende Formen oft ohne inhaltlichen Unterschied: emotional/emotionell; funktional/funktionell; kontextual/kontextuell; struktural/strukturell; universal/universell.
2. als konkurrierende Formen mit inhaltlichem Unterschied; -»al« drückt in der Regel die Zugehörigkeit zu dem im Basiswort Genannten aus, während -»ell« eine Eigenschaft bezeichnet, charakterisiert: existenzial/existenziell; formal/formell; original/originell; personal/personell; rational/rationell; real/reell; traditional/traditionell; -»al« kann aber auch eine Eigenschaft und -»ell« die Zugehörigkeit ausdrücken, z. B. bei ideal/ideell: ein ideales (ideal = Eigenschaft) Ehepaar; die ideellen *(die Ideen betreffenden)* Grundlagen; in Zusammensetzungen treten nur die die Zugehörigkeit kennzeichnenden -»al«-Adjektive als Bestimmungswort auf: Generalanweisung (aber: generelle Anweisung); Idealvorstellung; Konventionalstrafe; Kriminalroman, Realeinkommen; Spezialverfahren. **Syn.:** -artig, -haft, -ig, -lich.

à la carte [a la 'kart]:
so, wie es auf der Speisekarte steht: à la carte essen.

Alarm [a'larm], der; -[e]s, -e:
1. *[akustisches] Zeichen, das eine Gefahr signalisiert:* der Alarm kam zu spät. **Zus.:** Feueralarm, Fliegeralarm, Probealarm; *** blinder Alarm:** *[versehentlich ausgelöste] grundlose Aufregung, Beunruhigung:* zum Glück war das blinder Alarm!; *** Alarm schlagen:** *auf eine Gefahr aufmerksam machen:* wegen der vielen neuen Infektionen schlägt das Gesundheitsamt Alarm.
2. *Zeit der Gefahr, vom Signal bis zur Entwarnung:* der Alarm hat nur zehn Minuten gedauert.

alar|mie|ren [alar'mi:rən] ⟨tr.; hat⟩:
1. *zum Einsatz, zu Hilfe rufen:* die Polizei, die Feuerwehr alarmieren.
2. *in große Unruhe, Sorge versetzen und warnend wirken:* der Vorfall hatte uns alarmiert; alarmierende Nachrichten. **Syn.:** ²aufschrecken, aufhorchen lassen, beunruhigen, warnen.

¹al|bern ['albɐn] ⟨itr.; hat⟩:
sich albern benehmen: ich albere ein bisschen; er kann nichts als albern. **Syn.:** scherzen (geh.), Späße machen, spaßen.

²al|bern ['albɐn] ⟨Adj.⟩:
von unernst-einfältiger, oft kindisch wirkender Art: ein albernes Benehmen; du bist heute albern. **Syn.:** dümmlich, infantil (abwertend), kindisch (abwertend), läppisch (abwertend), töricht (abwertend).

Alb|traum ['alptraum], der; -[e]s, Albträume ['alptrɔymə], **Alptraum:**
mit einem bedrückenden Gefühl der Angst verbundener Traum: Albträume haben; von Albträumen geplagt werden.

Al|bum ['albʊm], das; -s, Alben ['albən]:
einem Buch ähnlicher Gegenstand mit leeren Blättern zum Einkleben, Einlegen o. Ä. von Briefmarken, Fotografien o. Ä.: Bilder in ein Album kleben. **Zus.:** Briefmarkenalbum, Fotoalbum.

Al|ge ['algə], die; -, -n:
(in vielen Arten vorkommende) meist im Wasser lebende niedere Pflanze ohne Blüten: die Mole war schwarzgrün von Algen.

Al|ge|bra ['algebra], die; -:
Teilgebiet der Mathematik, das sich besonders mit Gleichungen und mit den Verknüpfungen mathematischer Strukturen befasst: eine Eins in Algebra haben.

ali|as ['a:li̯as] ⟨Adverb⟩:
mit anderem Namen, auch ... genannt: die Affäre Dr. Heyde alias Sawade. **Syn.:** anders auch, auch ... geheißen, oder.

Ali|bi ['a:libi], das; -s, -s:
1. *[Nachweis der] Abwesenheit vom Tatort zur Tatzeit:* ein lückenloses Alibi für etwas

haben; für die Tatzeit besitzt er kein Alibi; das Alibi überprüfen. **2.** *Ausrede, Entschuldigung, Rechtfertigung:* sie suchten nach einem Alibi für ihr Vorgehen. **Syn.:** Vorwand.

Ali|bi- [ˈa:libi] ⟨Präfixoid⟩:
a) drückt aus, dass das im Basiswort Genannte in vordergründiger Weise als Alibi für etwas, jmdn. dienen soll oder kann, um eventuelle Kritik zu entkräften: Alibidezernat; Alibifrau.
b) besagt, dass das im Basiswort Genannte in vordergründiger Weise im Hinblick auf etwas ein Alibi darstellen soll: Alibicharakter; Alibifunktion.

Al|ko|hol [ˈalkoho:l], der; -s:
1. *brennbarer, flüssiger, farbloser Stoff, der wesentlicher Bestandteil bestimmter Getränke ist, die einen Rausch verursachen können:* der Schnaps enthält 40 Prozent Alkohol. **Syn.:** Spiritus.
2. *alkoholische Getränke:* er trinkt keinen, zu viel Alkohol. **Syn.:** geistige Getränke ⟨Plural⟩.

al|ko|hol|frei [ˈalkoho:lfrai̯] ⟨Adj.⟩:
a) *(von Getränken) ohne Alkoholgehalt:* alkoholfreies Bier. **b)** *ohne Ausschank von Alkohol:* ein alkoholfreies Gasthaus; ein alkoholfreies Fest feiern.

Al|ko|ho|li|ker [alkoˈho:likɐ], der; -s, -, **Al|ko|ho|li|ke|rin** [alkoˈho:likərɪn], die; -, -nen:
Person, die gewohnheitsmäßig trinkt, alkoholabhängig ist: die Alkoholikerin macht eine Entziehungskur. **Syn.:** Säufer (derb abwertend), Säuferin (derb abwertend), Trinker, Trinkerin.

al|ko|ho|lisch [alkoˈho:lɪʃ] ⟨Adj.⟩:
Alkohol enthaltend: alkoholische Getränke. **Syn.:** geistig.

all [al] ⟨Indefinitpronomen und unbestimmtes Zahlwort⟩:
1. aller, alle, alles; ⟨unflektiert⟩ all ⟨Singular⟩ bezeichnet eine Gesamtheit, etwas in seinem ganzen Umfang: aller erwiesene Respekt; alles Fremde; alles Glück dieser Erde; die Überwindung alles Trennenden; trotz alles/allen guten Willens; trotz allem Schönen; trotz allem guten Willen; in aller Öffentlichkeit; mit allem Nachdruck; alles, was; all[e] seine Habe; all die Zeit; alles in Ordnung; alles in mir sträubt sich dagegen; nach allem, was man hört; was soll das alles? **Syn.:** sämtlich; *** vor allem:** *hauptsächlich, besonders:* vor allem musst du wieder gesund werden; *** alles in allem:** *im Ganzen gesehen:* alles in allem gefällt ihr die neue Arbeit.
2. a) alle; ⟨unflektiert⟩ all ⟨Plural⟩ bezieht sich auf eine Gesamtheit von einzelnen Gliedern, auf die einzelnen Glieder einer Gesamtheit: alle schönen Mädchen; all[e] seine Hoffnungen; alle beide; sie alle; alle miteinander; alle Polizeibeamten sind bemüht zu helfen; alle in den Süden reisenden/(seltener:) reisende Urlauber; ein Kampf aller gegen alle; die Beteiligung aller interessierten/(seltener:) interessierter Personen; für alle Magenkranken/(seltener:) Magenkranke; alle waren da, bloß du nicht; sind alle gekommen, die eingeladen waren?; wir gehen jetzt alle nach Hause. **Syn.:** jeder, jedermann, sämtliche. **b)** ⟨alle + Zeit- oder Maßangabe⟩ bezeichnet eine bestimmte regelmäßige Wiederholung: alle fünf Minuten *(jede fünfte Minute)* fährt ein Bus; alle vier Schritte steht ein Pfahl.
3. ⟨Neutrum Singular⟩ alles (ugs.) *alle [Anwesenden]:* alles aussteigen!; alles hört auf mein Kommando!

All [al], das; -s:
Weltall: das weite, unermessliche All; das All erforschen. **Syn.:** Kosmos, Raum, Universum, Weltraum.

al|le [ˈalə] ⟨Adverb⟩ (ugs.):
aufgebraucht, zu Ende [gegangen, gebraucht]: die Milch ist, wird alle; du kannst die Suppe alle machen *(ganz aufessen)*. **Syn.:** aufgegessen, ausgetrunken, verbraucht.

Al|lee [aˈle:], die; -, Alleen [aˈle:ən]:
breite Straße, breiter Weg mit Bäumen zu beiden Seiten: Kastanienbäume säumen die Allee.

Al|le|go|rie [alegoˈri:], die; -, Allegorien [alegoˈri:ən]:
bildliche Darstellung eines abstrakten Begriffs (besonders in Dichtung und bildender Kunst): die Gestalt auf diesem Bild ist eine Allegorie der Gerechtigkeit. **Syn.:** Sinnbild.

al|le|go|risch [aleˈgo:rɪʃ] ⟨Adj.⟩:
die Allegorie betreffend, in der Art einer Allegorie: allegorische Figuren, Szenen; etwas allegorisch darstellen. **Syn.:** bildlich, symbolisch.

[1]al|lein [aˈlai̯n] ⟨Adj.⟩:
a) *ohne die Anwesenheit eines anderen, ohne Gesellschaft:* allein sein; jmdn. allein lassen; die Kinder sind allein zu Hause; allein leben, wohnen, reisen, ins Kino gehen. **Syn.:** einzeln, für sich, solo. **b)** *einsam:* sie ist sehr allein; in der Großstadt kann man sich sehr allein fühlen.
c) *ohne Hilfe, ohne fremdes Zutun:* kannst du das allein?; das habe ich ganz allein gemacht; sie will [ganz] allein damit fertigwerden; das Kind kann schon allein stehen; ein allein stehendes Haus. **Syn.:** selbstständig.

[2]al|lein [aˈlai̯n] ⟨Adverb⟩:
kein anderer, keine andere, nichts anderes als; nur: allein er, dieser Umstand ist schuld daran. **Syn.:** ausschließlich, bloß.

[3]al|lein [aˈlai̯n] ⟨Partikel⟩:
dient dazu, etwas Bestimmtes hervorzuheben und auszudrücken, dass dessen Qualität ausreicht, um die gemachte Aussage als gerechtfertigt, als nicht übertrieben erscheinen zu lassen: der Gedanke allein ist schrecklich; [schon] allein der Turm des Schlosses ist sehenswert. **Syn.:** bereits, schon.

[4]al|lein ⟨Konj.⟩ (geh.):
aber, jedoch, indes: sie rief um Hilfe, allein es war zu spät. **Syn.:** doch, indes (geh.), indessen (geh.).

al|lei|nig [aˈlai̯nɪç] ⟨Adj.⟩:
allein vorhanden, berechtigt, geltend o. Ä.: die alleinige Erbin; der alleinige Vertreter; das alleinige Recht. **Syn.:** ausschließlich.

al|lein|ste|hend [aˈlai̯nʃte:ənt] ⟨Adjektiv⟩:
allein lebend, nicht verheiratet: er ist alleinstehend. **Syn.:** ledig, unverheiratet.

al|le|mal [ˈaləˈma:l] ⟨Adverb⟩:
(ugs.) *auf jeden Fall:* das Geld reicht allemal; bis morgen schaffen wir das noch allemal/allemal noch. **Syn.:** [2]bestimmt, gewiss, mit Sicherheit, ohne Frage, ohne Zweifel, sicher,

sicherlich, zweifellos, zweifelsohne.

al|len|falls [ˈalənˈfals] ⟨Adverb⟩:
a) *im besten Fall; höchstens:* das reicht allenfalls für zwei Personen; es dauert allenfalls noch zwei Stunden. **Syn.:** wenn es hoch kommt. **b)** *gegebenenfalls:* wir müssen warten, was allenfalls noch zu tun ist. **Syn.:** eventuell, unter Umständen, vielleicht, womöglich.

al|ler- [alɐ] ⟨adjektivisches Präfix mit einem Superlativ als Basiswort⟩:
drückt eine Verstärkung des Superlativs aus: am allerschönsten; am allerliebsten; das Allerbeste.

al|ler|dings [ˈalɐˈdɪŋs] ⟨Adverb⟩:
1. *freilich, jedoch* (drückt eine Einschränkung aus): ich muss allerdings zugeben, dass ...; sie hat es versucht, allerdings ohne Erfolg. **Syn.:** aber, [1]immerhin, indes[sen] (geh.).
2. *aber gewiss, natürlich* (als nachdrückliche Bejahung einer Frage): »Hast du das gewusst?« – »Allerdings!«. **Syn.:** gewiss, ja, jawohl, sicher, sicherlich.

Al|ler|gie [alɛrˈgiː], die; -, Allergien [alɛrˈgiːən]:
überempfindliche Reaktion des Organismus auf bestimmte Stoffe (z. B. Blütenpollen, Nahrungsmittel): eine Allergie gegen Katzenhaare; das Eiweiß von Fischen ruft bei ihr eine Allergie hervor; an einer Allergie leiden.

al|ler|gisch [aˈlɛrgɪʃ] ⟨Adj.⟩:
an einer Allergie leidend, auf ihr beruhend, von ihr herrührend: allergische Krankheiten; sie reagiert allergisch auf Erdbeeren.

al|ler|hand [ˈalɐˈhant]:
1. ⟨unbestimmtes Zahlwort⟩: *ziemlich viel:* er weiß allerhand [Neues]; allerhand Bücher lagen auf dem Tisch; 100 Euro ist/sind allerhand Geld. **Syn.:** allerlei, eine Menge, mancherlei, vielerlei.
2. *** das ist allerhand!** (ugs.): *das ist unerhört!:* das ist allerhand, was er sich da geleistet hat.

al|ler|lei [ˈalɐˈlai̯] ⟨unbestimmtes Zahlwort⟩:
[von] ziemlich verschiedener Art, mancherlei, so manches, so manche: allerlei Ausgaben, Pflanzen; allerlei Gutes; man munkelt so allerlei. **Syn.:** vielerlei.

Al|ler|welts- [alɐˈvɛlt͜s] ⟨Präfixoid⟩ (ugs.):
1. drückt aus, dass das im Basiswort Genannte nichts Außergewöhnliches, sondern nur das Übliche ist: Allerweltsgeschmack; Allerweltsgesicht; Allerweltsname. **Syn.:** Feld-Wald-und-Wiesen- (ugs.), Nullachtfünfzehn- (ugs.).
2. drückt aus, dass der, die oder das im Basiswort Genannte bewundert, anerkennend genannt wird: Allerweltskerl; Allerweltsmaterial.

Al|ler|wer|tes|te [ˈalɐˈveːɐ̯təstə], der; -n, -n (ugs. scherzh.):
Gesäß: jmdm. seinen blanken Allerwertesten zeigen. **Syn.:** Arsch (derb), Hintern (ugs.), Po (ugs.), Popo (fam.), vier Buchstaben (ugs. scherzh.).

all|ge|mein [ˈalgəˈmai̯n] ⟨Adj.⟩:
1. a) *allen gemeinsam, überall verbreitet:* die allgemeine Meinung; auf allgemeinen Wunsch; im allgemeinen Sprachgebrauch. **Syn.:** generell. **b)** *bei allen, von allen:* allgemein beliebt, geachtet sein; so wird allgemein erzählt. **Syn.:** durchweg, generell, überall.
2. a) *alle angehend; für alle geltend:* das allgemeine Wohl; die allgemeine Wehrpflicht. **Syn.:** generell. **b)** *von allen ausgehend:* der allgemeine Aufbruch. **Syn.:** gemeinsam, gemeinschaftlich.
3. a) *nicht speziell; nicht auf Einzelheiten eingehend und daher oft zu unbestimmt, unverbindlich:* allgemeine Redensarten; wenige, ganz allgemeine Grundsätze; etwas ganz allgemein schildern. **Syn.:** pauschal; *** im Allgemeinen:** *ohne Beachtung kleinerer Unterschiede, im Großen und Ganzen, für gewöhnlich, generell:* im Allgemeinen kommt sie gut mit ihren neuen Aufgaben klar. **b)** *[alles] umfassend:* ihre allgemeine Bildung ist erstaunlich. **Syn.:** global.

All|ge|mein|heit [ˈalgəˈmai̯nhai̯t], die; -, -en:
1. ⟨ohne Plural⟩ *die anderen (die auch an etwas teilhaben, davon Nutzen haben sollen):* damit diente er der Allgemeinheit am besten; etwas für die Allgemeinheit tun. **Syn.:** Gemeinschaft, Gesamtheit, Leute ⟨Plural⟩, Menschen ⟨Plural⟩, Öffentlichkeit.
2. ⟨ohne Plural⟩ *das Unbestimmt-, Ungenau-, Unverbindlichsein:* Erklärungen von [zu] großer Allgemeinheit.
3. ⟨Plural⟩ *allgemeine, oberflächliche Redensarten, Bemerkungen:* sich in Allgemeinheiten ergehen; seine Rede erschöpfte sich in Allgemeinheiten. **Syn.:** Binsenwahrheit, Binsenweisheit, Gemeinplatz, Klischee.

Al|li|anz [aˈli̯ant͜s], die; -, -en:
Bündnis, besonders zwischen zwei oder mehreren Staaten: eine Allianz zwischen zwei Staaten; eine Allianz bilden. **Syn.:** Block, [1]Bund, Koalition, Verband, Vereinigung.

all|mäch|tig [alˈmɛçtɪç] ⟨Adj.⟩:
höchste Macht, Macht über alles besitzend: der allmächtige Gott.

all|mäh|lich [alˈmɛːlɪç] ⟨Adj.⟩:
1. *langsam erfolgend, sich vollziehend:* das allmähliche Nachlassen der Kräfte; der allmähliche Übergang. **Syn.:** kaum merklich, langsam, nach und nach, Schritt für Schritt, schrittweise.
2. *[erst] nach einer gewissen Zeit:* jetzt begreift sie allmählich, was es heißt, allein zu sein; sich allmählich beruhigen. **Syn.:** im Lauf[e] der Zeit, mit der Zeit.

All|tag [ˈaltaːk], der; -[e]s, -e:
1. *Werktag:* die Feier fand an einem Alltag statt.
2. ⟨ohne Plural⟩ *gleichförmiges tägliches Einerlei:* der graue Alltag; nach den Ferien in den Alltag zurückkehren.

all|täg|lich [ˈalˈtɛːklɪç] ⟨Adj.⟩:
1. *nichts Besonderes aufweisend, ohne Besonderheiten:* alltägliche Ereignisse; ein alltäglicher Mensch; ihre Gesichter waren sehr alltäglich. **Syn.:** banal (bildungsspr.), durchschnittlich, gewöhnlich, normal, profan (bildungsspr.), üblich, vertraut.
2. *jeden Tag [wiederkehrend]:* ihr alltäglicher Spaziergang.

Al|lü|ren [aˈlyːrən], die ⟨Plural⟩ (bildungsspr., oft abwertend):
aus dem Rahmen fallende Umgangsformen; auffallendes Benehmen, Gehabe: die Allüren einer Diva haben, annehmen; er ist ein Mensch ohne Allüren. **Syn.:** Gehabe (abwertend).

all|wis|send ['alˈvɪsn̩t] ⟨Adj.⟩: *alles wissend:* der allwissende Gott; ich bin auch nicht allwissend.

all|zu ['altsu:] ⟨Adverb⟩ (emotional verstärkend): ⟨vor Adjektiven und Adverbien⟩ *zu:* der allzu frühe Tod des Dichters; ein allzu gewagtes Unternehmen; das weiß er nur allzu gut; sie war allzu geschäftig. **Syn.:** übermäßig, übertrieben.

Alm [alm], die; -, -en: *Wiese, Weideplatz im Hoch- oder Mittelgebirge:* eine Alm bewirtschaften; die Kühe auf die Alm treiben. **Syn.:** Weide.

Al|mo|sen ['almo:zn̩], das; -s, -: **1.** *(Bedürftigen gewährte) kleinere Gabe:* einer Bettlerin ein Almosen geben; um ein Almosen bitten. **2.** (abwertend) *etwas, was jmdm. (z. B. als Geschenk) gegeben wird, was aber nur wenig ist:* in meinen Augen ist das keine gerechte Entlohnung, sondern ein Almosen; für ein Almosen arbeiten.

Al|pha|bet [alfaˈbe:t], das; -[e]s, -e: *in einer festgelegten Reihenfolge angeordnete Buchstaben einer Schrift:* das deutsche Alphabet hat 26 Buchstaben; Namen nach dem Alphabet ordnen.

al|pha|be|tisch [alfaˈbe:tɪʃ] ⟨Adj.⟩: *nach dem Alphabet [aufgeführt]:* in alphabetischer Reihenfolge; eine Kartei alphabetisch ordnen.

al|pha|be|ti|sie|ren [alfabetiˈzi:rən] ⟨tr.⟩: **1.** *nach dem Alphabet ordnen:* Karteikarten, Namen für eine Liste alphabetisieren. **2.** *(Analphabeten) lesen u. schreiben lehren:* sie sind nicht zu alt, um alphabetisiert zu werden.

al|pin [alˈpi:n] ⟨Adj.⟩: *die Alpen, das Gebirge betreffend, dafür charakteristisch, dort stattfindend, verbreitet:* alpine Skigebiete; alpine Pflanzen; die Landschaft ist fast alpin.

Alp|traum ['alptraum]: ↑ Albtraum.

[1]**als** [als] ⟨Konj.; temporal, in Gliedsätzen⟩: drückt die Vor-, Gleich- oder Nachzeitigkeit aus: als *(nachdem)* die Polizei ihn eingekreist hatte, erschoss er sich selbst; als *(während)* sie telefonierte, klopfte es an die Tür; als sie eintraf, [da] hatten die anderen bereits einen Entschluss gefasst; in Verbindung mit einer näher erläuternden Zeitangabe: damals, als sie noch klein war; zu der Zeit, als seine Eltern noch lebten. **Syn.:** da, nachdem, während.

[2]**als** [als] ⟨Konj.; modal in Satzteilen und Gliedsätzen⟩: **1.** drückt Ungleichheit aus: **a)** nach einem Komparativ: mehr rechts als links; lieber heute als morgen; sie ist geschickter als ihr Bruder; das ist mehr als traurig. **b)** nach *ander[s], nichts, kein* o. Ä.: das ist nichts als Unsinn *(nur Unsinn);* das ist alles andere als schön *(es ist nicht schön);* entgegengesetzt, als ich [es] erwartet hatte. **2.** drückt Gleichheit aus, in Vergleichssätzen: sie tat, als habe sie nichts gehört; er tat, als ob/wenn er hier bleiben wollte. **3.** schließt eine nähere Erläuterung an: er fühlt sich als Held; ich rate dir als guter Freund dazu; sie war als Schriftstellerin erfolgreich; ihr als leitender Ärztin; das Wirken dieses Herrn als Führer der Opposition, als des eigentlichen Führers der Opposition; etwas als angenehm empfinden. **4.** in bestimmten Verbindungen oder Korrelationen: so schnell als *(wie)* möglich; so viel als *(wie)* ein Eid; doppelt so groß als *(wie);* sowohl ... als [auch]; der Gedanke ist zu schwierig, als dass man ihn in einem Satz ausdrücken könnte; diese Reise nach China ist für sie insofern problematisch, als sie die Sprache nicht beherrscht; sie akzeptierte diese Antwort insoweit, als sie die Aufrichtigkeit des Sprechers bewies; dieser Tag war umso geeigneter für den Ausflug, als das Wetter gut war. **5.** (geh.) dient der Einleitung einer Aufzählung: ihre Werke, als [da sind] Gedichte, Erzählungen, Romane.

[1]**al|so** ['alzo] ⟨Adverb⟩: dient dazu, eine Aussage als Folgerung zu kennzeichnen: ihr habt keine Fragen mehr, also habt ihr alles verstanden; ich komme, wenn ich fertig bin, also bald/bald also. **Syn.:** danach, demnach, deshalb, deswegen, folglich, infolgedessen.

[2]**al|so** ['alzo] ⟨Partikel⟩: **1.** dient dazu, auszudrücken, dass man an etwas früher Gesagtes anknüpft: also, ich habe mir das noch einmal überlegt; also, kommst du nun mit oder nicht?; du kannst dich also nicht daran erinnern?; wann meldest du dich also bei mir?; also dann bis morgen!; bis dann also!; also, dann lass uns jetzt gehen!; also los! **2.** dient dazu auszudrücken, dass man ein Thema als erledigt ansieht und es gern abschließen möchte: also gut!; also schön!; also von mir aus!; also bitte!; also, ich kann dazu jedenfalls nichts weiter sagen.

alt [alt], älter, älteste ⟨Adj.⟩: **1. a)** *in vorgerücktem Alter, bejahrt* /Ggs. jung/: ein altes Mütterchen; ein alter Baum; ein älterer *(nicht mehr junger)* Herr; *** Alt und Jung:** *jedermann:* beim Volksfest trifft sich Alt und Jung. **b)** *Merkmale des Alters aufweisend:* ihre alten, zittrigen Hände. **Syn.:** ältlich, bejahrt (geh.), betagt (geh.), greis (geh. veraltend), in die Jahre gekommen (verhüllend). **2. a)** *ein bestimmtes Alter habend:* wie alt ist sie?; ein drei Wochen altes Kind. **b)** *eine bestimmte Zeit vorhanden:* ein drei Jahre altes Auto. **3.** *nicht mehr neu, schon längere Zeit benutzt o. Ä.* /Ggs. neu/: alte Kleider, Schuhe; alte Häuser; sie hat das Auto alt *(gebraucht)* gekauft. **Syn.:** gebraucht, getragen, schäbig (abwertend). **4. a)** *seit längerer Zeit vorhanden; vor längerer Zeit hergestellt o. Ä. und daher nicht mehr frisch* /Ggs. frisch/: altes *(altbackenes)* Brot; alte und frische Spuren im Schnee; der Fisch ist schon alt, schmeckt alt. **b)** *vom letzten Jahr stammend* /Ggs. neu/: die alte Ernte; die alten Kartoffeln. **5. a)** *seit Langem vorhanden, bekannt:* eine alte Tradition, Erfahrung; ein alter *(langjähriger, bewährter, erfahrener)* Mitarbeiter. **b)** *schon lange überall bekannt und daher langweilig, überholt:* ein alter Witz; ein altes Thema. **Syn.:** abgedroschen (ugs.).

6. a) *einer früheren Zeit angehörend; eine vergangene Zeit betreffend:* eine alte Chronik; alte Meister; die alten Griechen *(die Griechen der Antike).* **b)** *durch Alter wertvoll geworden:* alte Münzen, Drucke, Bücher. **Syn.:** antik, antiquarisch.
7. a) *unverändert, schon [von früher] bekannt, vertraut [und daher lieb geworden]:* es bot sich ihnen das alte Bild; es geht alles seinen alten Gang. **b)** *schon früher in der gleichen Eigenschaft, Funktion o. Ä. für jmdn. vorhanden:* die alten Plätze wieder einnehmen; seine alten Kollegen besuchen. **Syn.:** ehemalig, einstig, früher.
8. a) (fam.) in vertraulicher Anrede: na, alter Junge, wie gehts? **b)** (ugs.) verstärkend bei abwertenden Personenbezeichnungen: ein alter Schwätzer; der alte Geizkragen.

Alt [alt], der; -s, -e:
1. *tiefe Singstimme (einer Frau, eines Knaben):* sie singt Alt; sie hat einen weichen Alt.
2. *Person, die Alt* (1) *singt:* das Lied wurde von einem Alt gesungen.

Al|tar [al'taːɐ̯], der; -[e]s, Altäre [al'tɛːrə]:
erhöhter, einem Tisch ähnlicher Aufbau für gottesdienstliche Handlungen: an den, vor den Altar treten. **Syn.:** Tisch des Herrn (geh.).

alt|ba|cken ['altbakn̩] ⟨Adj.⟩:
(von Backwaren) nicht [mehr] frisch: altbackene Brötchen.

Al|ten|heim ['altn̩haim], das; -[e]s, -e:
Heim (2) *für alte Menschen:* sie wohnt in einem/im Altenheim. **Syn.:** Seniorenheim.

Al|ter ['altɐ], das; -s:
1. a) *Zustand des Altseins; letzter Abschnitt des Lebens* /Ggs. Jugend/: das Alter macht sich bemerkbar; viele Dinge begreift man erst im Alter *(wenn man alt ist).* **b)** *lange Dauer des Bestehens, Vorhandenseins:* man sieht diesem Mantel sein Alter nicht an *(er sieht noch recht neu aus).*
2. a) *bestimmter Abschnitt des Lebens:* im kindlichen, im mittleren Alter sein. **b)** *Zeit, Anzahl der Jahre des Lebens, des Bestehens, Vorhandenseins:* im Alter von 60 Jahren; das Alter einer Münze, eines Gemäldes schätzen.
3. *alte Leute* /Ggs. Jugend/: Ehrfurcht vor dem Alter haben.

al|ter|na|tiv [altɛrna'tiːf] ⟨Adj.⟩:
1. *eine Alternative [zum allgemein Üblichen] darstellend:* eine alternative Lösung; alternative Energien, Verlage.
2. *wahlweise; zwischen zwei Möglichkeiten die Wahl lassend:* die CD-ROM gibt es als Ergänzung oder alternativ zum Buch.

Al|ter|na|ti|ve [altɛrna'tiːvə], die; -, -n:
1. *andere Möglichkeit:* das ist eine echte Alternative; zu dieser Lösung, Politik gibt es keine Alternative.
2. *Wahl zwischen zwei Möglichkeiten:* er wurde vor eine Alternative gestellt. **Syn.:** Entscheidung.

Al|ters|heim ['altɐshaim], das; -[e]s, -e:
Altenheim: sie zieht ins Altersheim.

Al|ter|tum ['altɐtuːm], das; -s:
älteste historische Zeit eines Volkes, besonders der Griechen und Römer: das klassische Altertum. **Syn.:** Antike.

Al|ter|tü|mer ['altɐtyːmɐ], die ⟨Plural⟩:
[Kunst]gegenstände, Denkmäler aus dem Altertum: Altertümer sammeln. **Syn.:** Antiquitäten ⟨Plural⟩.

al|ter|tüm|lich ['altɐtyːmlɪç] ⟨Adj.⟩:
aus früherer Zeit stammend (was sich in Art und Aussehen ausdrückt): eine altertümliche Festung; eine altertümliche Lampe; ein altertümliches Maß. **Syn.:** alt, altmodisch, rückständig.

Äl|tes|te ['ɛltəstə], die/eine Älteste; der/einer Ältesten, die Ältesten/zwei Älteste:
1. *ältestes weibliches Mitglied einer Gemeinschaft [als Oberhaupt o. Ä.]:* sie ist Älteste in unserer Kirchengemeinde.
2. *älteste Tochter:* Claudia ist unsere Älteste.

Äl|tes|ter ['ɛltəstɐ], der Älteste/ein Ältester; des/eines Ältesten, die Ältesten/zwei Älteste:
1. *ältestes Mitglied einer Gemeinschaft; Vorsteher, Oberhaupt einer [Kirchen]gemeinde; Presbyter:* der Rat der Ältesten.
2. *ältester Sohn:* der Älteste hat jetzt geheiratet.

alt|klug ['altkluːk] ⟨Adj.⟩:
(als Kind, Jugendlicher in seinen Äußerungen) sich erfahren gebend, klug tuend: er ist gut erzogen, aber sehr altklug; »Es ist leichter wegzufahren als zurückzubleiben«, sagte die Kleine altklug. **Syn.:** frühreif, vorlaut.

ält|lich ['ɛltlɪç] ⟨Adj.⟩:
schon etwas alt aussehend: eine ältliche Dame; ein ältlicher Herr. **Syn.:** alt, bejahrt (geh.), betagt (geh.), in die Jahre gekommen (verhüllend).

alt|mo|disch ['altmoːdɪʃ] ⟨Adj.⟩:
nicht mehr der herrschenden Mode, dem augenblicklichen Geschmack entsprechend; einer früheren Zeit zugehörend, damals zeitgemäß /Ggs. modern/: ein altmodisches Kleid; ihre Ansichten sind altmodisch. **Syn.:** altertümlich, altväterlich, antiquiert, konservativ, rückständig, überholt, unmodern.

Alt|pa|pier ['altpapiːɐ̯], das; -[e]s:
[zum Recycling vorgesehenes] gebrauchtes Papier: das Altpapier zur Tonne bringen.

Alt|stadt ['altʃtat], die; -, Altstädte ['altʃtɛːtə]:
älterer, ältester Teil einer Stadt: die Sanierung der Altstädte; sie wohnt in der [Heidelberger] Altstadt.

alt|vä|ter|lich ['altfɛːtɐlɪç] ⟨Adj.⟩:
[ehr]würdig, altertümlich, großväterlich: eine altväterliche Schrift. **Syn.:** altmodisch, antiquiert, konservativ, rückständig, überholt, unmodern, veraltet.

Alt|wei|ber|som|mer [alt'vaibɐzɔmɐ], der; -s, -:
1. *schöne, warme Tage im frühen Herbst:* den Altweibersommer an der Ostsee genießen.
2. ⟨ohne Plural⟩ (veraltet) *im frühen Herbst in der Luft schwebende Spinnweben.*

am [am] ⟨Verschmelzung von »an« + »dem«⟩:
1. a) ⟨die Verschmelzung kann aufgelöst werden⟩ die am Projekt beteiligten Personen. **b)** ⟨die Verschmelzung kann nicht aufgelöst werden⟩ eine Stadt am Meer, am Rhein; am ersten Mai; am Abend; am Ziel sein; eine Verletzung am Knie; mit seinen Kräften am Ende sein; ich zweifle nicht am Gelingen.

2. ‹die Verschmelzung kann nicht aufgelöst werden› dient dazu, den Superlativ des undeklinierten Adjektivs zu bilden: er ist am schnellsten; sie fährt am besten.
3. ‹die Verschmelzung kann nicht aufgelöst werden› (ugs.) dient in Verbindung mit einem substantivierten Infinitiv und »sein« zur Bildung der Verlaufsform: am Telefonieren sein *(dabei sein zu telefonieren).*

Ama|teur [ama'tø:ɐ̯], der; -s, -e:
a) *Sportler, der seinen Sport regelmäßig, aber nicht gegen Entgelt betreibt* /Ggs. Profi/: er spielt Basketball als Amateur. **b)** *männliche Person, die sich mit etwas Bestimmtem aus Liebhaberei beschäftigt:* der Fotograf ist ein Amateur; dieses Bild wurde von einem Amateur gemalt. **Syn.:** Laie, Liebhaber.

Ama|teur- [amatø:ɐ̯] ‹Präfixoid›: drückt aus, dass die im Basiswort durch eine bestimmte Tätigkeit gekennzeichnete Person diese Tätigkeit nicht berufsmäßig betreibt: Amateurdetektiv; Amateurentdeckerin; Amateurfilmer; Amateurforscherin; Amateurfotograf; Amateurfunkerin; Amateurhistoriker; Amateurköchin; Amateurmusiker; Amateurpianistin; Amateursportler. **Syn.:** Hobby-, Laien-.

Ama|teu|rin [ama'tø:rɪn], die; -, -nen:
weibliche Form zu ↑ Amateur.

Ama|zo|ne [ama'ts̮o:nə], die; -, -n:
1. *Angehörige eines sagenhaften Volkes kriegerischer Frauen:* angeblich hatten Amazonen nur eine Brust.
2. *sportliche Frau von knabenhaft[-maskulin]er Erscheinung:* einige Marathonläuferinnen sind wahre Amazonen.
3. *Reiterin, besonders als Teilnehmerin an einem Reitturnier.*

Am|bi|ti|on [ambi'ts̮i̯o:n], die; -, -en (geh.):
auf ein bestimmtes Ziel gerichtetes Streben: künstlerische, berufliche Ambitionen; in der Außenpolitik hat er keine Ambitionen. **Syn.:** Ehrgeiz.

Am|boss ['ambɔs], der; -es, -e:
eiserner Block, auf dem das Eisen geschmiedet wird: Amboss und Hammer.

am|bu|lant [ambu'lant] ‹Adj.›:
1. *nicht an einen festen Ort gebunden; umherziehend, wandernd:* ambulanter Handel; ein Gewerbe ambulant betreiben.
2. *nicht stationär* (2): einen Verletzten, Kranken ambulant behandeln.

Amei|se ['a:mai̯zə], die; -, -n:
kleineres, rotbraunes bis schwärzliches, meist in Nadelwäldern vorkommendes Insekt, das in Staaten lebt und dessen Bau oft die Form eines Haufens hat: die Ameisen krabbeln über den Waldboden; sie ist fleißig wie eine Ameise.

amen ['a:mɛn] ‹Interjektion›:
dient dazu, ein christliches Gebet, einen Segen, eine Predigt o. Ä. abzuschließen und das darin Gesagte zu bekräftigen: in Ewigkeit, amen.

Amen ['a:mən], das; -s, -:
dient als Bekräftigung besonders eines christlichen Gebets, eines Segens, einer Predigt. * **zu allem Ja und Amen sagen** (ugs.): *sich allem fügen, sich mit allem abfinden:* sie hat keine eigene Meinung, sie sagt zu allem Ja und Amen. **Syn.:** allem zustimmen, alles akzeptieren, alles hinnehmen, mit allem einverstanden sein, zu allem Ja sagen.

Am|mann ['aman], der; -[e]s, Ammänner (schweiz.):
Vorsteher einer Gemeinde, Regierungschef eines Kantons. **Zus.:** Gemeindeammann, Landammann, Stadtammann.

Am|ne|sie [amne'zi:], die; -, Amnesien [amne'zi:ən] (Med.):
(auf einen bestimmten Zeitraum begrenzter) Ausfall des Erinnerungsvermögens: eine partielle Amnesie; an einer Amnesie leiden.

Am|nes|tie [amnɛs'ti:], die; -, Amnestien [amnɛs'ti:ən]:
Erlass oder Milderung der Strafe (besonders für politische Vergehen): eine Amnestie fordern, erlassen, gewähren; unter die Amnestie fallen.

am|nes|tie|ren [amnɛs'ti:rən] ‹tr.; hat›:
durch Gesetz begnadigen, in den Genuss einer Amnestie kommen lassen: zahlreiche politische Häftlinge wurden amnestiert.

Amok ['a:mɔk]:
in den Wendungen **Amok laufen:** *in einem Anfall krankhafter Verwirrung [mit einer Waffe] umherlaufen und töten:* er ist Amok gelaufen; **Amok fahren:** *in einem Anfall krankhafter Verwirrung wild umherfahren und Zerstörungen anrichten:* er fuhr Amok. **Syn.:** rasen, toben, wüten.

Amok- ['a:mɔk] ‹Präfixoid›:
kennzeichnet eine Person, die das im Basiswort genannte Tun in einem Affekt- und Verwirrtheitszustand mit aggressiver Zerstörungswut und Mordlust ausführt; *blindwütig-aggressiver …:* Amokfahrer; Amokläufer; Amokschützin.

Am|pel ['ampl̩], die; -, -n:
1. *Verkehrsampel:* an der roten Ampel halten.
2. *[schalenförmige, kleinere] Hängelampe:* die Ampel gibt schönes Licht.

Am|phi|bie [am'fi:bi̯ə], die; -, -n, **Am|phi|bi|um** [am'fi:bi̯ʊm], das; -s, Amphibien [am'fi:bi̯ən]:
Kriechtier, das sowohl auf dem Land als auch im Wasser lebt: viele Amphibien sind gefährdet.

Am|phi|the|a|ter [am'fi:tea:tɐ], das; -s, -:
in meist elliptischer Form angelegtes [antikes] Theater mit stufenweise ansteigenden Sitzen: das römische Amphitheater besichtigen.

Am|pul|le [am'pʊlə], die; -, -n:
kolbenartiges Röhrchen aus Glas für flüssige Arzneien, sterile Lösungen oder kosmetische Produkte : die Ampullen in den Schrank schließen.

Am|pu|ta|ti|on [amputa'ts̮i̯o:n], die; -, -en:
Abtrennung eines Körperteils (besonders einer Gliedmaße) durch eine Operation: eine Amputation vornehmen müssen.

am|pu|tie|ren [ampu'ti:rən] ‹tr.; hat›:
durch eine Operation vom Körper trennen: nach dem Unfall musste ihr ein Bein amputiert werden.

Am|sel ['amzl̩], die; -, -n:
größerer Singvogel (mit beim Männchen schwarzem Gefieder und gelbem Schnabel und beim Weibchen dunkelbraunem Gefieder und braunem Schnabel): die Amsel singt wunderschön.

Amt [amt], das; -[e]s, Ämter [ˈɛmtɐ]:
1. a) *offizielle Stellung (in Staat, Gemeinde, Kirche o. Ä.):* ein hohes, weltliches Amt bekleiden; das Amt des Bürgermeisters übernehmen. **Syn.:** Position, Posten, Stelle. **Zus.:** Ehrenamt, Lehramt, Staatsamt.
b) *Tätigkeit, zu der jmd. verpflichtet ist, zu der sich jmd. verpflichtet hat:* in dieser Woche war es sein Amt, Kaffee für alle zu kochen. **Syn.:** Aufgabe, Auftrag, Funktion, Geschäft, Obliegenheit (geh.), Pflicht.
2. *offizielle amtliche Stelle:* Amt für Statistik; Auswärtiges Amt *(Ministerium für auswärtige Politik).* **Syn.:** Behörde, Ministerium, Organ, Verwaltung. **Zus.:** Arbeitsamt, Einwohnermeldeamt, Finanzamt, Forstamt, Gesundheitsamt, Postamt, Rechtsamt.

am|tie|ren [amˈti:rən] ⟨itr.; hat⟩:
a) *vorübergehend, stellvertretend jmds. Amt versehen:* der amtierende Bürgermeister.
b) *im Amt sein:* der Minister amtiert seit Gründung der Republik.

amt|lich [ˈamtlɪç] ⟨Adj.⟩:
von einem Amt, einer Behörde stammend [und daher zuverlässig, glaubwürdig]: ein amtlicher Bericht; eine amtliche Genehmigung; in amtlichem Auftrag handeln; die Untersuchung stützt sich auf amtliche Unterlagen; ist das amtlich? *(offiziell?).* **Syn.:** dienstlich, offiziell.

Amu|lett [amuˈlɛt], das; -[e]s, -e:
kleiner, oft als Anhänger getragener Gegenstand, der Unheil abwenden und Glück bringen soll: ein Amulett soll magische Kräfte haben. **Syn.:** Maskottchen, Talisman.

amü|sant [amyˈzant] ⟨Adj.⟩:
belustigend-heiter, Vergnügen bereitend: ein amüsanter Abend; amüsante Geschichten erzählen; amüsante Unterhaltung; jmdn. amüsant finden; er hat sehr amüsant erzählt. **Syn.:** lustig, spaßig, unterhaltsam.

Amü|se|ment [amyzəˈmã:], das; -s, -s (bildungsspr.):
unterhaltsam-belustigendes Vergnügen, vergnüglicher Zeitvertreib: für Amüsement sorgen; zu jmds. Amüsement beitragen. **Syn.:** Abwechslung, Unterhaltung, Zerstreuung.

amü|sie|ren [amyˈzi:rən]:
1. ⟨+ sich⟩ *sich auf angenehme, unterhaltsame Weise die Zeit vertreiben:* das Publikum hat sich dabei großartig amüsiert. **Syn.:** sich gut unterhalten, sich vergnügen, sich zerstreuen.
2. a) ⟨tr.; hat⟩ *vergnügt machen, heiter stimmen, angenehm unterhalten:* seine Neugier amüsierte uns; sie hörte amüsiert zu. **Syn.:** belustigen, erheitern, zerstreuen. **b)** ⟨+ sich⟩ *belustigt sein:* sie amüsierten sich über die Antwort des Kindes.

[1]an [an] ⟨Präp.⟩:
1. a) ⟨mit Dativ; Frage: wo?⟩ dient dazu, auszudrücken, dass etwas ganz in der Nähe von etwas ist, etwas berührt: die Leiter lehnt an der Wand; Trier liegt an der Mosel; sie standen Schulter an Schulter *([in großer Zahl] dicht nebeneinander);* sie wohnen Tür an Tür *(unmittelbar nebeneinander);* ⟨in der Verbindung »an ... vorbei«⟩ er hat sich an dem Portier vorbei hineingeschlichen. **b)** ⟨mit Akk.; Frage: wohin?⟩ dient dazu, eine Bewegung auf etwas zu, in eine bestimmte Richtung zu kennzeichnen: die Leiter an die Wand stellen; sie trat an die Brüstung.
2. ⟨mit Dativ; Frage: wann?⟩ dient dazu, einen Zeitpunkt zu bezeichnen: an Ostern; an einem Sonntag.
3. ⟨mit Dativ und Akk.; in Abhängigkeit von bestimmten Wörtern⟩ an jmdn., etwas denken; an Krebs sterben; ich habe keinen Zweifel an seiner Aufrichtigkeit; reich an Mineralien; du hast versucht, es an dich zu bringen; ich konnte nicht an mich halten; (ugs.) ich mag die Tapete nicht, aber ich werde mich schon an sie *(daran)* gewöhnen; (ugs.) weißt du, an was *(woran)* mich das erinnert?; *** an [und für] sich:** *eigentlich; im Grunde genommen; gewissermaßen:* an [und für] sich ist er ein netter Junge, aber manchmal nervt er uns auch.

[2]an [an] ⟨Adverb⟩:
1. *nahezu, annähernd, nicht ganz:* sie hat an [die] 20 Euro verloren. **Syn.:** beinah[e], fast, gegen.
2. *in Betrieb, eingeschaltet:* das Licht, der Ofen, die Maschine, der Motor ist an; ⟨elliptisch als Teil eines Verbs⟩ Licht an! *(andrehen!, anschalten!).*
3. ⟨elliptisch als Teil eines Verbs⟩ rasch den Mantel an *(anziehen)* und weg von hier; ohne etwas an (ugs.; *ohne etwas anzuhaben; unbekleidet*).

[1]an- [ˈan] ⟨trennbares, betontes verbales Präfix⟩:
1. drückt Annäherung aus; *auf das Objekt hin/zu:* **a)** *auf/gegen jmdn., etwas gerichtet sein* (vom Sprecher, von der Sprecherin weg): anbellen; anbrüllen; anfauchen; angrinsen; anlügen; ansehen. **b)** *einen Zielpunkt durch eine bestimmte Art der Fortbewegung zu erreichen suchen:* eine Stadt anfahren, anfliegen, ansteuern. **c)** *durch ein Tun Widerstand gegen jmdn., etwas leisten:* ankämpfen; ansingen; anstürmen. **d)** *die Oberfläche von jmdn., etwas berühren:* anfühlen; antippen. **e)** *auf jmdn., etwas auftreffen:* ein Kind anfahren; anprallen. **f)** drückt eine Intensivierung aus: anhäufen; ansammeln.
2. drückt Annäherung aus; *an jmdn., etwas heran* (zum Sprecher, zur Sprecherin hin)
a) anbranden; anbrausen; ankommen; anmarschieren; anrollen; anrücken. **b)** anekeln; ankotzen; annerven; anwidern. **c)** anfordern; anheuern; anwerben. **d)** *durch das im Basiswort genannte Tun das als Bezugswort Genannte bekommen:* andressieren; anfressen; (sich jmdn.) anlachen; (sich etwas) anlesen, antrainieren. **e)** *durch das im Basiswort genannte Tun etwas jmdm. zuschreiben, zuordnen:* andichten.
3. drückt aus, dass Kontakt, eine feste Verbindung hergestellt wird: **a)** anbauen; anbinden; anhäkeln; ankleben; anknöpfen; ankoppeln. **b)** anquirlen; anrühren.
4. a) *jmdn. in einen bestimmten Zustand versetzen:* jmdn. anmachen; anstecken; antörnen.
b) *mit etwas versehen:* anfeuchten; ankreuzen.
5. drückt einen Beginn aus:

a) *mit einer bestimmten Tätigkeit beginnen:* anfahren; anstimmen; anziehen. **b)** *durch ein bestimmtes Tun etwas in Gang setzen:* anblasen; andrehen; anfachen; anmachen. **c)** *durch das im Basiswort genannte Tun etwas beginnen lassen:* das Spiel anpfeifen. **d)** *die im Basiswort genannte Sportart erstmals in der Saison ausüben* /Ggs. ab-/: anrudern; ansurfen. **e)** *durch ein Tun jmds. Willen zu etwas steigern:* anfeuern; anspornen; antreiben.
6. *nur ein wenig:* anbeißen; anbraten; andenken; andiskutieren; anknabbern; anlesen; anrösten; ansägen.
7. *über eine gewisse Zeit hin:* anbehalten; andauern; anhören; ansehen.
8. *in die Höhe:* anheben; ansteigen.

²an- [ˈan]:
⟨in Verbindung mit Formen des 2. Partizips⟩ *ein wenig:* angegammelt; angegraut; angejazzt; angeschimmelt; angeschrägt; angestaubt; angetaut; antailliert.

¹ana|log [anaˈloːk] ⟨Adj.⟩:
1. *sich (mit etwas Entsprechendem) vergleichen lassend; in gleicher, ähnlicher Art vor sich gehend:* analoges Handeln; analoge Veränderungen; eine analoge Erscheinung; das Wort »Hausmann« ist analog zu »Hausfrau« gebildet. **Syn.:** ähnlich, entsprechend, gleichartig.
2. *(im Unterschied zum digitalen System) einen kontinuierlichen Vorgang, Ablauf von etwas auch auf kontinuierliche Weise darstellend, z. B. die Temperatur durch die Ausdehnung der Quecksilbersäule; Geschwindigkeit, Gewicht z. B. durch Zeiger:* Messinstrumente mit analoger Anzeige; digital und analog arbeitende Geräte.

²ana|log [anaˈloːk] ⟨Präp. mit Dativ⟩:
in Entsprechung zu, entsprechend: analog diesem Fall. **Syn.:** gemäß, nach.

Ana|lo|gie [analoˈgiː], die; -, Analogien [analoˈgiːən]:
das Sichentsprechen, Sich-ähnlich-, Sich-gleich-Sein in bestimmten Verhältnissen: es besteht eine Analogie zwischen beiden Fällen; eine Analogie aufweisen; dieses Wort ist in Analogie zu einem anderen gebildet worden. **Syn.:** Ähnlichkeit.

An|al|pha|bet [an|alfaˈbeːt], der; -en, -en, **An|al|pha|be|tin** [an|alfaˈbeːtɪn], die; -, -nen:
Person, die nicht lesen und schreiben kann: in Deutschland leben rund 4 Millionen funktionale Analphabeten.

Ana|ly|se [anaˈlyːzə], die; -, -n:
systematisches Untersuchen, Prüfen von etwas hinsichtlich der einzelnen bestimmenden Komponenten und Faktoren: eine Wasserprobe zur Analyse ins Labor geben; eine gründliche Analyse des Stils vornehmen. **Syn.:** Prüfung, Untersuchung. **Zus.:** Bodenanalyse, Satzanalyse, Stilanalyse, Textanalyse.

ana|ly|sie|ren [analyˈziːrən] ⟨tr.; hat⟩:
sehr genau, auf seine Merkmale hin betrachten und so in seiner Beschaffenheit, seiner Zusammensetzung, seinem Aufbau o. Ä. zu erkennen suchen: eine Bodenprobe, die politische Lage, einen Text, einen Satz analysieren. **Syn.:** prüfen, untersuchen, zerlegen.

Ana|nas [ˈananas], die; -, - und -se:
große, zapfenförmige, gelbe bis orangefarbene Frucht einer tropischen Pflanze mit saftigem, süßsäuerlich schmeckendem, hellgelbem Fruchtfleisch: eine Ananas schälen.

Anar|chie [anarˈçiː], die; -, Anarchien [anarˈçiːən]:
1. ⟨ohne Plural⟩ *gesellschaftlicher Zustand, in dem eine minimale Gewaltausübung durch Institutionen und maximale Selbstverantwortung des Einzelnen vorherrscht:* Anarchie heißt nicht Unordnung, sondern Ordnung ohne Zwang.
2. *Zustand der Gesetzlosigkeit, politische Wirren:* es herrschte Anarchie; einen Staat, die Wirtschaft an den Rand der Anarchie bringen. **Syn.:** Chaos, Gesetzlosigkeit.

anar|chisch [aˈnarçɪʃ] ⟨Adj.⟩:
1. *herrschaftsfrei, der Anarchie* (1) *entsprechend:* ein anarchisches Gemeinwesen.
2. *gesetzlos, ohne gesetzliche Ordnung, einem Chaos ähnlich:* anarchische Zustände, Verhältnisse. **Syn.:** chaotisch.

Anar|chist [anarˈçɪst], der; -en, -en, **Anar|chis|tin** [anarˈçɪstɪn], die; -, -nen:
Person, die der Anarchie (1) *anhängt:* er war zeitlebens ein Anarchist.

Ana|to|mie [anatoˈmiː], die; -:
a) *Lehre, Wissenschaft von Form und Aufbau des Körpers:* Anatomie studieren. **b)** *Aufbau, Struktur des Körpers:* die Anatomie des menschlichen Körpers.

an|bah|nen [ˈanbaːnən], bahnte an, angebahnt:
1. ⟨+ sich⟩ *sich zu entwickeln beginnen:* zwischen den beiden bahnte sich eine Freundschaft an. **Syn.:** aufkommen, sich ausbilden, sich ausprägen, sich bilden, sich entfalten, sich entspinnen (geh.), entstehen, sich entwickeln, erwachen, sich regen.
2. ⟨tr.; hat⟩ *vorbereiten und in die Wege leiten:* Handelsbeziehungen, eine Verständigung anbahnen. **Syn.:** anknüpfen, einleiten.

an|bän|deln [ˈanbɛndl̩n], bändelte an, angebändelt ⟨itr.; hat⟩ (ugs.):
a) *(mit jmdm.) Kontakt aufnehmen, eine [nicht ernsthafte] Liebesbeziehung anknüpfen:* er versuchte an der Haltestelle mit ihr anzubändeln. **Syn.:** flirten, schäkern. **b)** *(mit jmdm.) Streit anfangen:* mit ihm würde ich lieber nicht anbändeln. **Syn.:** aneinandergeraten, sich anlegen.

An|bau [ˈanbau̯], der; -s, -ten:
1. ⟨ohne Plural⟩ *das Anbauen:* der Anbau eines Stalles war nötig geworden.
2. *Gebäude, das an ein größeres angebaut ist:* im Anbau wohnen.

an|bau|en [ˈanbau̯ən], baute an, angebaut:
1. ⟨tr.; hat⟩ *unmittelbar an etwas bauen:* eine Garage [ans Haus] anbauen; ⟨auch itr.⟩ wir müssen anbauen.
2. ⟨tr.; hat⟩ *systematisch, auf großen Flächen anpflanzen:* Gemüse, Wein anbauen. **Syn.:** pflanzen, ziehen, züchten.

an|be|hal|ten [ˈanbəhaltn̩], behält an, behielt an, anbehalten ⟨tr.; hat⟩ (ugs.):
(etwas, was man anhat) nicht

ablegen, nicht ausziehen: ich behalte die Jacke lieber an. **Syn.:** anlassen.

an|bei [an'bai̯] ⟨Adverb⟩ (Amtsspr.):
(einer Briefsendung) beigelegt, beigefügt: anbei [schicken wir Ihnen] das gewünschte Foto; Porto anbei; anbei ein Antragsformular. **Syn.:** als Anlage, anliegend, beiliegend, in der Anlage.

an|bei|ßen ['anbai̯sn̩], biss an, angebissen:
1. ⟨tr.; hat⟩ *(in etwas) beißen [und das erste Stück davon abbeißen]:* einen Apfel anbeißen; (ugs.) die Kleine sieht heute wieder zum Anbeißen (ugs.; *besonders anziehend*) aus.
2. ⟨itr.; hat⟩ *den an der Angel befestigten Köder schnappen [und auf diese Weise gefangen werden]; dem Angler an die Angel gehen:* heute beißt kein Fisch an.

an|be|rau|men ['anbəˌrau̯mən], beraumte an, anberaumt ⟨tr.; hat⟩ (Amtsspr.):
(für etwas) einen Termin, Ort bestimmen: eine Versammlung für 16 Uhr anberaumen. **Syn.:** ansetzen, auf das Programm setzen, einberufen.

an|be|ten ['anbe:tn̩], betete an, angebetet ⟨tr.; hat⟩:
a) *betend verehren:* die Götter anbeten. **Syn.:** beten zu. **b)** *übertrieben verehren:* sie betet den Star an. **Syn.:** anhimmeln (ugs.), schwärmen für.

An|be|tracht ['anbətraxt]:
in der Wendung **in Anbetracht einer Sache** (Gen.): *angesichts* (b) *einer Sache:* in Anbetracht der neuen Situation werden wir den Plan fallen lassen. **Syn.:** bei etwas, im Hinblick auf etwas, mit Rücksicht auf etwas, wegen etwas.

an|bet|teln ['anbɛtl̩n], bettelte an, angebettelt ⟨tr.; hat⟩:
bettelnd ansprechen: jmdn. [um etwas] anbetteln.

an|bie|dern ['anbi:dɐn], biederte an, angebiedert ⟨+ sich⟩ (abwertend):
sich [durch devotes o. ä. Verhalten] (bei jmdm.) einschmeicheln: sie versuchte sich [mit kleinen Geschenken] bei ihm anzubiedern. **Syn.:** sich lieb Kind machen (ugs.).

an|bie|ten ['anbi:tn̩], bot an, angeboten:
1. a) ⟨tr.; hat⟩ *zur Verfügung stellen:* jmdm. einen Platz, [seine] Hilfe anbieten; jmdm. eine Tasse Tee anbieten; jmdm. eine Zigarette anbieten *(zum Zugreifen reichen).* **Syn.:** aufdrängen, aufnötigen, bereitstellen, bieten, darbieten (geh.). **b)** ⟨+ sich⟩ *sich zu etwas bereit erklären:* sie bot sich an, die Summe zu bezahlen. **Syn.:** sich anheischig machen (geh.).
2. ⟨tr.; hat⟩ **a)** *als Möglichkeit, Anregung, Angebot unterbreiten:* jmdm. eine Lösung, neue Verhandlungen anbieten; jmdm. einen Job, ein Engagement, einen Vertrag, den Posten eines Ministers anbieten. **Syn.:** bieten, vorschlagen. **b)** *zum Kauf, Tausch vorschlagen, vorlegen:* eine neue Kollektion Mäntel anbieten. **Syn.:** anpreisen, auf den Markt bringen.
3. ⟨+ sich⟩ *besonders naheliegend, besonders geeignet sein:* das bietet sich [als Lösung] an; der Ort bietet sich dafür geradezu an. **Syn.:** sich bieten, sich darbieten (geh.), naheliegen.

an|bin|den ['anbɪndn̩], band an, angebunden ⟨tr.; hat⟩:
(an etwas) binden, um auf diese Weise zu verhindern, dass sich jmd., etwas von der Stelle wegbewegt: den Hund anbinden; das Boot am Ufer anbinden; ich lasse mich nicht anbinden *(lasse mir meine Freiheit nicht nehmen).* **Syn.:** festbinden, festmachen.

An|blick ['anblɪk], der; -[e]s, -e:
etwas, was sich dem Auge darbietet: ein erfreulicher Anblick; der Anblick der Landschaft begeisterte sie; sie erschrak beim Anblick der Schlange. **Syn.:** Ausblick, Aussicht, Bild, Blick, Eindruck, Panorama.

an|bre|chen ['anbrɛçn̩], bricht an, brach an, angebrochen:
1. ⟨tr.; hat⟩ *zum Verbrauch öffnen; zu verbrauchen, zu verwenden beginnen:* eine neue Schachtel Zigaretten anbrechen. **Syn.:** angreifen, anreißen (ugs.), anschneiden, antasten.
2. ⟨itr.; ist⟩ (geh.) *(von einem Zeitabschnitt) seinen Anfang nehmen:* eine neue Epoche ist angebrochen. **Syn.:** anfangen, angehen (ugs.), anlaufen, ausbrechen, beginnen, einsetzen, kommen, starten.

an|bren|nen ['anbrɛnən], brannte an, angebrannt:
1. a) ⟨tr.; hat⟩ *anzünden:* eine Kerze, ein Streichholz anbrennen. **b)** ⟨itr.; ist⟩ *anfangen zu brennen:* das nasse Holz wollte nicht anbrennen.
2. ⟨itr.; hat⟩ *sich beim Kochen oder Braten im Topf ansetzen und zu dunkel werden, schwarz werden:* etwas anbrennen lassen; Milch brennt sehr leicht an; die Suppe ist angebrannt.

an|brin|gen ['anbrɪŋən], brachte an, angebracht ⟨tr.; hat⟩:
1. (ugs.) *an einen bestimmten Ort bringen:* die Katze haben die Kinder gestern angebracht; was bringst du denn da schon wieder an? **Syn.:** beibringen, mitbringen.
2. *an einer bestimmten Stelle festmachen:* eine Lampe an der Wand anbringen. **Syn.:** anmachen (ugs.), befestigen, installieren, montieren.
3. *(etwas, was man gern sagen will) bei sich bietender Gelegenheit sagen, erzählen:* eine Beschwerde bei jmdm. anbringen; einen Witz, sein Wissen anbringen. **Syn.:** anführen, äußern, fallen lassen, mitteilen, vorbringen.

An|bruch ['anbrʊx], der; -[e]s (geh.):
(von einem Zeitabschnitt) das Anbrechen: der Anbruch einer neuen Zeit; bei/mit, vor Anbruch des Tages, der Dunkelheit. **Syn.:** Anfang, Beginn.

an|brül|len ['anbrʏlən], brüllte an, angebrüllt ⟨tr.; hat⟩:
anschreien: der Trainer brüllte die Spieler an; brüll mich nicht so an!

-and [ant], der; -en, -en ⟨Suffix⟩:
⟨passivische Bedeutung; Basiswort meist ein Verb auf -»ieren«⟩ drückt aus, dass die im Basiswort genannte Tätigkeit an der so bezeichneten männlichen Person vollzogen wird /Ggs. -ant/: Diplomand; Konfirmand; Informand *(der zu Informierende; jmd., der über etwas informiert wird);* Maturand *(jmd., der die Matura ablegt; Abiturient),* Proband. **Syn.:** -(at)or, -end,

ändern/verändern

Beide Verben, **ändern** und **verändern,** geben an, dass etwas anders gemacht wird, dass etwas eine andere Form, ein anderes Aussehen erhält. In vielen Kontexten lassen sich beide Wörter gegeneinander austauschen.
Wenn der Wandel jedoch ohne Absicht, ohne Willen und Ziel geschieht, darf nur **verändern** verwendet werden:

- Die Blätter haben sich verändert *(ein anderes Aussehen erhalten).*
- Die Geburt unseres Sohnes hat unser Leben verändert.

Ändern bedeutet *etwas anders machen, als es geplant oder bereits gemacht wurde,* es ist also mit einer bestimmten Absicht verbunden, schließt Willen und Ziel mit ein:

- Hör auf zu schimpfen! Ich kann es doch auch nicht ändern!
- Der Doktor änderte seinen Plan.
- Die Flotte hat ihren Kurs geändert.
- Die Hose ist zu lang! Geh zum Schneider und lass sie ändern!

-er, -eur, -ier, -ling (ironisch oder abschätzig).

An|dacht ['andaxt], die; -, -en:
1. ⟨ohne Plural⟩ *Zustand, in dem sich jmd. befindet, wenn er sich in etwas versenkt, in einen Anblick o. Ä. versunken ist:* sie betrachtete das Gemälde voller Andacht; in tiefer Andacht standen sie vor dem Altar. **Syn.:** Aufmerksamkeit, Konzentration, Sammlung.
2. *kurzer Gottesdienst:* die Andacht beginnt um fünf Uhr. **Syn.:** Gottesdienst. **Zus.:** Abendandacht, Morgenandacht.

an|däch|tig ['andɛçtɪç] ⟨Adj.⟩: *überaus aufmerksam und konzentriert:* andächtig lauschen, zusehen. **Syn.:** aufmerksam, gesammelt, konzentriert.

an|dau|ern ['andau̯ɐn], dauerte an, angedauert ⟨itr.; hat⟩: *noch nicht aufgehört haben:* die Stille, das schöne Wetter dauert an. **Syn.:** anhalten, [1]dauern, sich hinausziehen, von Dauer sein, weiter bestehen, sich ziehen.

an|dau|ernd ['andau̯ɐnt] ⟨Adj.⟩: *ohne Unterbrechung, ständig wiederkehrend, immer wieder:* die andauernden Störungen ärgerten sie; andauernd fragt er dasselbe. **Syn.:** beständig, dauernd, ewig, fortgesetzt, fortwährend, laufend, permanent, ständig, unablässig, unaufhörlich, unausgesetzt (veraltend), unentwegt, ununterbrochen.

An|den|ken ['andɛŋkn̩], das; -s, -:
1. ⟨ohne Plural⟩ *Gedanken des Sicherinnerns an jmdn., etwas:* jmdn. in freundlichem Andenken behalten. **Syn.:** Erinnerung, Gedenken.
2. *Gegenstand, Geschenk zur Erinnerung:* die Brosche ist ein Andenken an ihre verstorbene Mutter; sie brachte von der Reise ein Andenken mit. **Syn.:** Souvenir. **Zus.:** Reiseandenken.

an|der... ['andər...] ⟨Indefinitpronomen und unbestimmtes Zahlwort⟩:
1. a) *der Zweite, Weitere; nicht diese Person oder Sache, sondern eine davon verschiedene:* der eine kommt, der and[e]re geht; alles and[e]re *(Übrige)* später.
b) *der nächste, folgende:* von einem Tag zum ander[e]n.
2. *nicht gleich:* er hat in der Schule eine andere Fremdsprache gelernt als ich; sie war anderer Meinung [als ich].
3. *(vom Bestehenden, Üblichen, Gewohnten) sich grundlegend, wesentlich unterscheidend:* die Fundamentalisten wollen eine andere Republik.

an|de|ren|falls ['andərənfals], **an|dern|falls** ['andɐnfals] ⟨Adverb⟩: *wenn dies nicht der Fall ist:* ich ließ ihr den Vortritt, weil sie anderenfalls zu spät gekommen wäre; die Anweisungen müssen befolgt werden, anderenfalls können Schwierigkeiten auftreten. **Syn.:** ansonsten (ugs.), im anderen Fall[e], sonst, wenn nicht.

an|de|rer|seits ['andərɐzai̯ts], **and|rer|seits** ['andrɐzai̯ts] ⟨Adverb⟩: *von der anderen Seite aus gesehen, gleichzeitig aber auch:* es kränkte sie, andererseits machte es sie hochmütig; ⟨oft in Verbindung mit »einerseits«⟩ einerseits machte es Freude, andererseits Angst. **Syn.:** auf der anderen Seite.

an|der|mal ['andɐma:l]: in der Wendung **ein andermal:** *bei einer anderen Gelegenheit; nicht jetzt, sondern später:* diese Arbeit machen wir lieber ein andermal.

än|dern ['ɛndɐn]:
1. ⟨tr.; hat⟩ **a)** *anders machen, verändern, modifizieren:* ich muss den Text doch noch mal ändern; den Mantel ändern lassen; sie sah sich gezwungen, ihren Plan zu ändern; das ändert nichts an der Tatsache, dass ...; das ändert die Sache; daran ist nichts/das ist nicht zu ändern; alte Menschen kann man nicht mehr ändern *(von ihren Gewohnheiten abbringen).* **Syn.:** abwandeln, modifizieren (bildungsspr.), überarbeiten, umändern, umarbeiten, umbilden, umformen, umfunktionieren, umkrempeln (ugs.), [1]umschreiben, variieren.
b) *durch etwas anderes Gleichartiges ersetzen; wechseln:* den Kurs, die Richtung, den Ton, seine Pläne, seine Meinung, seine Einstellung ändern. **Syn.:** wechseln.
2. ⟨+ sich⟩ *anders werden:* das Wetter ändert sich; sie hat sich im Laufe der letzten paar Jahre sehr geändert. **Syn.:** umschlagen, umspringen, sich verwandeln, sich wandeln (geh.).

ändern / verändern: *s.* Kasten.

an|dern|falls ['andɐnfals]: ↑anderenfalls.

an|ders ['andɐs] ⟨Adverb⟩:
1. *(im Vergleich zu jmd., etwas anderem) nicht so, sondern abweichend (in Aussehen, Gestalt usw.):* er sieht anders aus als sein Vater; in der neuen Umgebung war alles anders *(fremd, ungewohnt);* hier muss vieles anders werden *(muss sich vieles ändern);* gut gewürzt schmeckt

die Suppe gleich ganz anders *(viel besser).*
2. *sonst:* wer anders als sie könnte das getan haben?; hier und nirgendwo anders.

an|ders|ar|tig [ˈandɐsǀa:ɐ̯tɪç] ⟨Adj.⟩:
von anderer Art: sie hat jetzt eine ganz andersartige Beschäftigung.

an|dert|halb [ˈandɐtˈhalp] ⟨Zahlwort⟩:
eineinhalb: anderthalb Stunden; anderthalb Liter Milch.

an|der|wei|tig [ˈandɐvai̯tɪç] ⟨Adj.⟩:
anders, ander..., sonstig: anderweitige Verpflichtungen; mit anderweitigen Dingen beschäftigt sein; etwas anderweitig *(für einen anderen Zweck)* verwenden; sich anderweitig *(an anderer Stelle, aus einer anderen Quelle)* mit etwas versorgen.

an|deu|ten [ˈandɔy̯tn̩], deutete an, angedeutet:
1. ⟨tr.; hat⟩ **a)** *in wenigen Grundzügen darstellen, nicht ausführen; nur flüchtig kennzeichnen:* mit ein paar Strichen eine Figur andeuten; sie deutete mit ein paar Worten an, worum es ging. **b)** *durch einen Hinweis, vorsichtig zu verstehen geben:* sie deutete ihm an, er könne gehen. **Syn.:** bedeuten (geh.).
2. ⟨+ sich⟩ *sichtbar, spürbar, erkennbar werden:* eine Wendung zum Besseren deutete sich an. **Syn.:** sich abzeichnen, anklingen, sich ankündigen, erscheinen, in Sicht kommen, in Sicht sein, sich bemerkbar machen, sich zeigen.

An|deu|tung [ˈandɔy̯tʊŋ], die; -, -en:
Bemerkung, durch die etwas angedeutet (1 b) *werden soll:* [geheimnisvolle, dunkle] Andeutungen über etwas machen.

An|drang [ˈandraŋ], der; -[e]s:
Gedränge an einer bestimmten Stelle, das durch eine Menge von Menschen entsteht: es war, herrschte großer Andrang an der Kasse des Theaters. **Syn.:** Ansturm, Run, Sturm, Zulauf. **Zus.:** Besucherandrang, Massenandrang.

an|dre|hen [ˈandre:ən], drehte an, angedreht ⟨tr.; hat⟩:
1. /Ggs. abdrehen/: **a)** *(durch Drehen an einem Knopf, Schalter o. Ä.) zum Fließen, Hervortreten bringen:* das Licht, Gas andrehen; die Nachrichten im Radio andrehen. **b)** *(durch Drehen an einem Knopf, Schalter o. Ä.) in Betrieb, in Gang setzen:* den Wasserhahn, die Lampe, das Radio andrehen. **Syn.:** anknipsen, anmachen, anschalten, anstellen, aufdrehen, einschalten, einstellen.
2. (ugs.) *jmdn. (durch Überredung oder Täuschung) dazu bringen, etwas Minderwertiges, für ihn Überflüssiges o. Ä. zu kaufen, zu akzeptieren:* jmdm. Falschgeld, eine Fälschung andrehen; sie hat ihm ein mieses Zimmer in der Altstadt angedreht; was hast du dir denn da für einen Schund, Schrott andrehen lassen?; im Basar wollte man ihr einen Teppich andrehen. **Syn.:** [1]anhängen (ugs.), aufschwatzen.

and|rer|seits [ˈandrɐzai̯ts]: ↑ andererseits.

an|dro|hen [ˈandro:ən], drohte an, angedroht ⟨tr.; hat⟩:
(als Strafe, Gegenmaßnahme) drohend ankündigen: jmdm. Schläge androhen; sie drohte ihm an, ihn zu entlassen. **Syn.:** drohen mit.

An|dro|hung [ˈandro:ʊŋ], die; -, -en:
das Androhen: auch durch die Androhung einer Strafe war er nicht dazu zu bewegen, das Verbot zu respektieren; jmdn. unter Androhung von Gewalt zu etwas zwingen.

an|ecken [ˈanǀɛkn̩], eckte an, angeeckt ⟨itr.; ist⟩ (ugs.):
Missfallen, Anstoß erregen: mit seinem Benehmen eckte er überall, bei vielen an; sie machte das nicht aus Überzeugung, sondern um nicht anzuecken. **Syn.:** ins Fettnäpfchen treten (ugs. scherzh.).

an|eig|nen [ˈanǀai̯gnən], eignete an, angeeignet ⟨+ sich⟩:
1. *zu eigen machen:* du musst dir erst einmal die wichtigsten Grundkenntnisse aneignen. **Syn.:** sich erarbeiten, erlernen, erwerben, lernen.
2. *unrechtmäßig in Besitz nehmen:* du hast dir das Buch einfach angeeignet. **Syn.:** absahnen (ugs.), sich bemächtigen, sich einverleiben, erbeuten, nehmen, wegnehmen.

an|ei|n|an|der [anǀai̯ˈnandɐ] ⟨Adverb⟩:
a) *einer an den andern:* aneinander denken. **b)** *einer am andern:* aneinander vorbeigehen.

an|ei|n|an|der|ge|ra|ten [anǀai̯ˈnandɐgəra:tn̩] ⟨itr.; ist⟩:
in Streit geraten: mit jmdm. aneinandergeraten; sie sind wegen des Erbes aneinandergeraten; die beiden Kolleginnen sind heftig aneinandergeraten. **Syn.:** anbändeln (ugs.), sich anlegen, Krach kriegen (ugs.), sich in die Haare kriegen (ugs.), sich in die Wolle kriegen (ugs.), Streit kriegen, zusammenstoßen.

Anek|do|te [anɛkˈdo:tə], die; -, -n:
kurze, oft witzige Geschichte, die eine Persönlichkeit, eine Epoche o. Ä. charakterisiert: über die Sängerin werden viele Anekdoten erzählt. **Syn.:** Erzählung, Schwank, Story (ugs.).

an|ekeln [ˈanǀe:kl̩n], ekelte an, angeekelt ⟨tr.; hat⟩:
in jmdm. Ekel hervorrufen: das, er ekelt mich an; angeekelt das Gesicht verziehen. **Syn.:** anwidern, ekeln, entsetzen.

an|er|kannt [ˈanǀɛɐ̯kant] ⟨Adj.⟩:
(in seiner Rolle, Position, Autorität, Kompetenz usw.) nicht infrage gestellt: ein [staatlich] anerkannter Sachverständiger; eine anerkannte Wissenschaftlerin. **Syn.:** angesehen, berühmt, geachtet, geehrt, geschätzt, namhaft, renommiert.

an|er|ken|nen [ˈanǀɛɐ̯kɛnən], erkannte an, auch: anerkannte, anerkannt ⟨tr.; hat⟩:
1. *für rechtmäßig, gültig erklären:* eine neue Regierung, die Vaterschaft, einen Anspruch anerkennen. **Syn.:** bestätigen.
2. *lobend bestätigen, hervorheben:* sie erkannte seinen Fleiß an; ich erkenne dankbar an, dass ihr mir immer geholfen habt; sie musste anerkennen, dass sich ihre Mitarbeiter immer große Mühe gaben. **Syn.:** achten, ehren, loben, respektieren, schätzen, würdigen.

An|er|ken|nung [ˈanǀɛɐ̯kɛnʊŋ], die; -, -en:
1. *das Anerkennen* (1): einem Staat die [völkerrechtliche] Anerkennung verweigern.
2. *das Anerkennen* (2): keine

Anerkennung finden; mit Anerkennung von jmdm. sprechen.

an|fah|ren ['anfa:rən], fährt an, fuhr an, angefahren:
1. ⟨itr.; ist⟩ *zu fahren beginnen:* das Auto fuhr langsam an. **Syn.:** anrollen, anziehen, starten.
2. * **angefahren kommen** (ugs.): *mit einem Fahrzeug heran-, ankommen:* sie kam mit ihrem Moped angefahren.
3. ⟨tr.; hat⟩ *mit einem Fahrzeug heranbringen:* das Baumaterial wurde mit Lastwagen angefahren.
4. ⟨tr.; hat⟩ *beim Fahren auf jmdn., etwas auftreffen:* sie hat das Kind angefahren. **Syn.:** über den Haufen fahren (ugs.), [1]umfahren, zusammenfahren (ugs.).
5. ⟨tr.; hat⟩ *als Ziel einer Fahrt haben und erreichen:* die S-Bahn fährt den Ort nur noch viermal täglich an.
6. ⟨tr.; hat⟩ *in heftigem Ton zurechtweisen:* sie hat ihn grob angefahren. **Syn.:** anbrüllen, anherrschen, anscheißen (salopp), anschnauzen (ugs.), anschreien, heruntermachen (ugs.), in den Senkel stellen (ugs.), rüffeln (ugs.), schelten (geh., landsch.), zur Sau machen (derb), zur Schnecke machen (ugs.).

An|fahrt ['anfa:ɐ̯t], die; -, -en:
1. *das Heranfahren, Herankommen mit einem Fahrzeug:* die Anfahrt dauerte lange. **Syn.:** Anreise.
2. *kürzeres Stück einer Straße, eines Weges, auf dem man mit einem Fahrzeug zu einem Gebäude gelangt:* die Anfahrt zum Haus war versperrt.

An|fall ['anfal], der; -[e]s, Anfälle ['anfɛlə]:
plötzliches, heftiges Auftreten einer Krankheit o. Ä.: einen schweren Anfall bekommen; ein Anfall von Fieber. **Syn.:** Attacke (Med.), Kolik (Med.), Kollaps (Med.). **Zus.:** Herzanfall, Schlaganfall, Wutanfall.

an|fal|len ['anfalən], fällt an, fiel an, angefallen:
1. ⟨tr.; hat⟩ *plötzlich, in einem Überfall gewaltsam vorgehen (gegen jmdn.):* sie wurde plötzlich von einem Mann, Hund angefallen. **Syn.:** angehen, angreifen, anspringen, attackieren, herfallen über, sich stürzen auf, überfallen.
2. ⟨itr.; ist⟩ *entstehen:* in letzter Zeit ist hier viel Arbeit angefallen; der in den Haushalten anfallende Sondermüll; die im letzten Jahr angefallenen Kosten, Zinsen, Verluste. **Syn.:** aufkommen, auftauchen, auftreten, sich einstellen, entstehen, sich [1]ergeben, erscheinen, fällig werden, sich herausstellen, sich zeigen.

an|fäl|lig ['anfɛlɪç] ⟨Adj.⟩:
zum Krankwerden neigend, in Bezug auf Krankheiten nicht widerstandsfähig: sie ist sehr anfällig [für Erkältungen]. **Syn.:** empfindlich, labil, schwach.

-an|fäl|lig [anfɛlɪç] ⟨adjektivisches Suffixoid⟩:
a) *leicht von dem im Basiswort Genannten beeinträchtigt, davon ergriffen:* bakterienanfällig; frostanfällig; krisenanfällig; stressanfällig. **b)** *in nachteiliger Weise zu dem im Basiswort Genannten neigend:* fehleranfällig; korruptionsanfällig; stör[ungs]anfällig; reparaturanfällig.

An|fang ['anfaŋ], der; -[e]s, Anfänge ['anfɛŋə]:
das Erste, der erste Teil, das erste Stadium von etwas /Ggs. Ende/: ein neuer Anfang; der Anfang des Romans; am/zu Anfang *(anfangs);* Anfang Februar *(in den ersten Tagen des Monats Februar);* der Anfang *(Ursprung)* der Welt; sie kam über die Anfänge *(ersten Versuche)* nicht hinaus. **Syn.:** Anbruch (geh.), Auftakt, Ausbruch, Beginn, Start.

an|fan|gen ['anfaŋən], fängt an, fing an, angefangen:
1. a) ⟨tr.; hat⟩ *mit einer Handlung, einem Vorgang einsetzen* /Ggs. beenden/: eine Arbeit, ein Gespräch, [einen] Streit anfangen; eine Affäre mit jmdm. anfangen; einen Brief anfangen *(zu schreiben anfangen);* ein Buch anfangen *(zu lesen anfangen);* ⟨auch itr.⟩ mit der Arbeit anfangen; bei einer Firma anfangen *(eine Stelle antreten);* jetzt fang nicht wieder davon an *(fang nicht wieder an, davon zu reden);* sie fing an zu singen/zu singen an. **Syn.:** angehen, aufnehmen, beginnen, einsteigen in (ugs.), eintreten in, eröffnen, herangehen an, in Angriff nehmen. **b)** ⟨itr.; hat⟩ *seinen Anfang nehmen:* der Winter fängt am 21. Dezember an; morgen fängt die Schule, das neue Schuljahr an; hier fängt die Toskana an *(hier ist die Grenze zur Toskana).* **Syn.:** anbrechen (geh.), angehen (ugs.), sich anlassen (ugs.), anlaufen, ausbrechen, beginnen, einbrechen, einsetzen, in Gang kommen, ins Rollen kommen (ugs.), starten.
2. a) ⟨tr.; hat⟩ *[in bestimmter Weise] in Angriff nehmen, machen, handhaben:* wie sollen wir das anfangen?; eine Sache richtig anfangen. **Syn.:** anfassen, angehen, machen. **b)** ⟨itr.; hat⟩ *zu etwas gebrauchen:* mit sich, seiner Freizeit etwas, nicht viel anzufangen wissen; ich kann mit dem Buch, dem Bild, dem Film, der Musik nichts anfangen *(es, er, sie sagt mir nichts, spricht mich nicht an).*

An|fän|ger ['anfɛŋɐ], der; -s, -, **An|fän|ge|rin** ['anfɛŋərɪn], die, -, -nen:
Person, die am Beginn einer Ausbildung oder Tätigkeit steht: Anfänger und Fortgeschrittene; er ist kein Anfänger mehr; sie ist noch eine blutige Anfängerin *(hat noch überhaupt keine Erfahrung).* **Syn.:** Neuling. **Zus.:** Berufsanfänger, Berufsanfängerin, Schulanfänger, Schulanfängerin, Studienanfänger, Studienanfängerin.

an|fäng|lich ['anfɛŋlɪç] ⟨Adj.⟩:
zu Beginn noch vorhanden: nach anfänglichem Zögern; ihr anfänglicher Erfolg.

an|fangs ['anfaŋs] ⟨Adverb⟩:
am Anfang: ich glaubte es anfangs nicht. **Syn.:** anfänglich, erst, zu Anfang, zuerst, zunächst.

an|fas|sen ['anfasn̩], fasste an, angefasst:
1. ⟨tr.; hat⟩ **a)** *mit den Fingern, mit der Hand jmdn., etwas berühren, etwas ergreifen:* er lässt sich nicht gerne anfassen; sie fasste das Tuch mit spitzen Fingern an. **Syn.:** anfühlen, angreifen, anrühren, fassen, greifen, in die Hand nehmen.
b) *bei der Hand nehmen:* die Mutter fasste das Kind an und ging mit ihm über die Straße.

2. a) ⟨itr.; hat⟩ *bei etwas zupackend helfen:* der Korb ist schwer, fass doch mal [mit] an. **b)** ⟨tr.; hat⟩ *[in bestimmter Weise] in Angriff nehmen, handhaben:* eine Arbeit, ein Problem klug, geschickt anfassen. **Syn.:** anfangen, angehen, machen.
3. ⟨tr.; hat⟩ *auf bestimmte Art und Weise behandeln:* jmdn. verständnisvoll, zart, grob anfassen. **Syn.:** [1]umgehen mit, umspringen mit (ugs. abwertend).

an|fech|ten ['anfɛçtn̩], ficht an, focht an, hat angefochten ⟨tr.; hat⟩:
1. *die Richtigkeit, Rechtmäßigkeit von etwas nicht anerkennen:* ein Urteil, ein Testament, einen Vertrag anfechten. **Syn.:** angehen gegen.
2. (geh.) *beunruhigen, mit Sorge erfüllen:* Verdächtigungen fochten ihn nicht an; ich lasse es mich nicht anfechten; was ficht dich an *(was ist mit dir?)*. **Syn.:** bedrücken, bekümmern, betrüben, quälen.

an|fer|ti|gen ['anfɛrtɪgn̩], fertigte an, angefertigt ⟨tr.; hat⟩:
etwas mit Sorgfalt machen, herstellen: ein Protokoll, eine Zeichnung, einen Ring anfertigen; sich ein Kleid, einen Anzug anfertigen lassen. **Syn.:** arbeiten, basteln, bauen, bereiten, erschaffen, fabrizieren, fertigen, formen, gestalten, hervorbringen, machen, meißeln, produzieren, schaffen, zubereiten.

an|feu|ern ['anfɔy̯ɐn], feuerte an, angefeuert ⟨tr.; hat⟩:
antreiben, anspornen: die Kämpfer, jmds. Mut anfeuern; jmdn. zu immer größeren Leistungen anfeuern; die Zuschauer feuerten die Spieler durch Zurufe an; wir feuerten sie an, ihr Bestes zu geben; von dem/durch den Erfolg angefeuert, versuchte er ... **Syn.:** anreizen, anstacheln.

an|fle|hen ['anfle:ən], flehte an, angefleht ⟨tr.; hat ⟩:
sich flehend an jmdn. wenden: sie flehte ihn [weinend] um Hilfe an. **Syn.:** anrufen, bedrängen, beschwören, bestürmen, bitten, drängen, ersuchen.

an|flie|gen ['anfli:gn̩], flog an, angeflogen:
1. * **angeflogen kommen:** *fliegend herankommen; heranfliegen:* ein Flugzeug, ein Vogel, ein Ball kam angeflogen.
2. ⟨tr.; hat⟩ *in Richtung (auf ein bestimmtes Ziel) fliegen:* das Flugzeug hat den nächsten Flughafen angeflogen; Berlin wird von vielen Fluggesellschaften angeflogen.

An|flug ['anflu:k], der; -[e]s, Anflüge ['anfly:gə]:
1. a) *Annäherung im Flug, das Heranfliegen:* beim ersten Anflug glückte die Landung. **Zus.:** Landeanflug. **b)** *Weg, der beim Heranfliegen an ein Ziel zurückgelegt werden muss:* ein weiter Anflug.
2. ⟨ohne Plural⟩ *nur leicht sichtbares, spürbares Vorhandensein von etwas:* ein Anflug von Ironie, Feierlichkeit; auf ihrem Gesicht zeigte sich ein Anflug von Röte. **Syn.:** Hauch, Schimmer, Spur.

an|for|dern ['anfɔrdɐn], forderte an, angefordert ⟨tr.; hat⟩:
dringend verlangen, bestellen, erbitten: Bewerbungsunterlagen, einen Katalog, ein Gutachten, Unterlagen, Zeugnisse anfordern; zusätzliche Arbeitskräfte anfordern. **Syn.:** bitten um, kommen lassen.

An|for|de|rung ['anfɔrdərʊŋ], die; -, -en:
1. *das Anfordern:* die Anforderung von Prospekten. **Syn.:** Bestellung.
2. *das, was man von jmdm., etwas als [Arbeits]leistung erwartet, von ihm verlangt:* den Anforderungen entsprechen, gerecht werden, nicht genügen; die Anforderungen, die an das Unternehmen gestellt wurden, waren zu hoch; sie hält solch eine dauernde Anforderung an ihre Widerstandskraft nicht aus. **Syn.:** Anspruch, Forderung.

An|fra|ge ['anfra:gə], die; -, -n:
Bitte um Auskunft oder Aufklärung: eine telefonische, schriftliche Anfrage an jmdn. richten. **Syn.:** Frage, Nachfrage.

an|fra|gen ['anfra:gn̩], fragte an, angefragt ⟨itr.; hat⟩:
um Auskunft bitten: sie hat brieflich, telefonisch, höflich bei ihr angefragt, ob sie kommen könne; er hatte vorher beim Rathaus angefragt, ob er tatsächlich die Gebühr zahlen müsse. **Syn.:** sich erkundigen, fragen, nachfragen.

an|freun|den ['anfrɔy̯ndn̩], freundete an, angefreundet ⟨+ sich⟩:
1. *eine Freundschaft beginnen:* sich leicht, schwer mit jmdm. anfreunden. **Syn.:** sich befreunden, Freundschaft schließen.
2. *sich allmählich mit etwas, was für die Zukunft wahrscheinlich als Faktum gegeben ist, vertraut machen:* sich mit einem Gedanken, einer Idee anfreunden; er konnte sich mit der Vorstellung, in Zukunft Weihnachten ohne Geschenke zu feiern, nicht so recht anfreunden. **Syn.:** sich gewöhnen.

an|füh|len ['anfy:lən], fühlte an, angefühlt:
1. ⟨tr.; hat⟩ *prüfend betasten, anfassen:* einen Stoff anfühlen. **Syn.:** anfassen, angreifen, berühren.
2. ⟨+ sich⟩ *beim Berühren ein bestimmtes Gefühl vermitteln:* du fühlst dich, deine Hand fühlt sich heiß an; das Zeug fühlt sich wie Leder an.

an|füh|ren ['anfy:rən], führte an, angeführt ⟨tr.; hat⟩:
1. a) *einer Gruppe o. Ä. führend vorangehen, sie leiten:* einen Festzug, eine Mannschaft anführen. **Syn.:** führen, herrschen über, lenken, regieren. **b)** *auf Platz eins einer Liste, Tabelle o. Ä. stehen:* das Buch führt seit Monaten die Bestsellerlisten an; der Verein führt die Tabelle an.
2. a) *wörtlich wiedergeben:* eine Stelle aus einem Buch anführen. **Syn.:** zitieren. **b)** *nennen, angeben:* etwas als Argument, Beispiel, Grund anführen für etwas; etwas zu seiner Entschuldigung anführen; hier ließen sich noch viele weitere Beispiele anführen. **Syn.:** anbringen, aufführen, aufzählen, erwähnen, ins Feld führen, vorbringen. **c)** *jmdn. benennen, der eine Tatsache, eine Aussage o. Ä. bestätigt:* jmdn. als Zeugen anführen; jmdn. als Gutachter anführen.
3. (ugs.) *[zum Scherz] irreführen:* sie haben ihn schön angeführt. **Syn.:** an der Nase herumführen, foppen, zum Besten halten, zum Narren halten.

An|füh|rer ['anfy:rɐ], der; -s, -, **An-**

füh|re|rin ['anfy:rərɪn], die; -, -nen (oft abwertend):
1. *Person, die eine Gruppe oder eine Unternehmung anführt* (1): wer ist denn der Anführer dieser Gruppe?; die Anführer des Aufstandes.
2. *Person, die andere zu etwas anstiftet:* der mutmaßliche Anführer der Rebellen; die Anführerin dieser Räuberbande. **Syn.:** Boss (ugs.), Chef, Chefin, Führer, Führerin, Haupt (geh.), Rädelsführer (abwertend), Rädelsführerin (abwertend).

An|ga|be ['anga:bə], die; -, -n:
1. *Mitteilung über einen bestimmten Sachverhalt:* falsche, genaue, unvollständige, wichtige Angaben zu/über etwas machen; wir werden Ihre Angaben überprüfen; ich richte mich nach seinen Angaben. **Syn.:** Auskunft, Aussage, Info (ugs.), Information, Mitteilung.
2. ⟨ohne Plural⟩ *das Angeben* (3): diese Geschichte ist reine Angabe. **Syn.:** Übertreibung.

an|ge|ben ['ange:bn̩], gibt an, gab an, angegeben:
1. ⟨tr.; hat⟩ **a)** *Auskunft über etwas geben; nennen* (2): seine Adresse, seinen Namen angeben; etwas als Grund angeben; den Preis für eine Ware angeben. **Syn.:** anführen, ansagen, bekannt geben, erwähnen, melden, mitteilen, preisgeben, sagen, verraten. **b)** *bestimmen:* das Tempo, den Takt, die Richtung angeben. **Syn.:** diktieren, festlegen, festsetzen, verordnen, vorschreiben.
2. ⟨tr.; hat⟩ *Mitteilung über unerlaubte Handlungen anderer machen:* seinen Mitschüler beim Direktor angeben. **Syn.:** denunzieren, verraten.
3. ⟨itr.; hat⟩ (ugs.) *sich durch entsprechendes Verhalten (Reden, Tun) den Anschein von Bedeutsamkeit, Wichtigkeit zu geben versuchen:* wer seiner selbst sicher ist, braucht nicht anzugeben; er gab mit dem an, was er miterlebt hatte; sie gaben an, um den Mädchen zu imponieren; sie hatte vor ihnen damit angegeben, dass ihr Vater Beziehungen zum Minister habe; gib doch nicht so an!; der gibt aber an mit seinem neuen Auto! **Syn.:** sich aufblasen (ugs.), sich aufplustern (ugs.), aufschneiden, sich aufspielen, sich brüsten, große Reden schwingen (ugs.), große Töne spucken (ugs. abwertend), großtun, prahlen, protzen, prunken, renommieren (bildungsspr.), sich in Szene setzen, sich rühmen; eine Schau abziehen (ugs.), sich wichtigmachen (ugs., oft abwertend), Wind machen (ugs.).

An|ge|ber ['ange:bɐ], der; -s, -, **An|ge|be|rin** ['ange:bərɪn], die; -, -nen:
Person, die angibt: du bist ein alter Angeber!; sie hielten sie für eine Angeberin. **Syn.:** Aufschneider (ugs. abwertend), Aufschneiderin (ugs. abwertend), Maulheld (ugs. abwertend), Maulheldin (ugs. abwertend).

an|geb|lich ['ange:plɪç] ⟨Adj.⟩:
a) *wie behauptet wird (doch bestehen daran Zweifel):* ein angeblicher Augenzeuge; sie schrieb das Buch angeblich in nur drei Monaten. **b)** *vermeintlich, nur behauptet (aber nicht wirklich):* der angebliche Täter; sie war angeblich krank.

an|ge|bo|ren ['angəbo:rən] ⟨Adj.⟩:
von Geburt an vorhanden: angeborene Eigenschaften; die Krankheit ist angeboren.

An|ge|bot ['angəbo:t], das; -[e]s, -e:
1. a) *das Anbieten* (2) *von etwas, Vorschlag:* ein Angebot annehmen, ablehnen, ausschlagen; er machte mir das Angebot, während der Ferien in seinem Landhaus zu wohnen. **Zus.:** Friedensangebot, Kulturangebot. **b)** *Kaufangebot, Offerte:* jmdm. ein günstiges, unverbindliches Angebot machen; ein Angebot erhalten, ablehnen. **Zus.:** Kaufangebot, Stellenangebot, Verhandlungsangebot.
2. ⟨ohne Plural⟩ *angebotene Ware, Auswahl an Waren:* ein großes Angebot an Kleidern, an Obst; den Kaffee haben wir heute im Angebot *(Sonderangebot);* Angebot und Nachfrage. **Syn.:** Auswahl, Kollektion, Sortiment. **Zus.:** Billigangebot, Warenangebot.

an|ge|bracht ['angəbraxt] ⟨Adj.⟩:
für einen bestimmten Fall passend: eine nicht angebrachte Bemerkung; das ist, halte ich für angebracht; bei diesem Vorschlag ist Vorsicht durchaus angebracht. **Syn.:** angemessen, sinnvoll, vernünftig, zweckdienlich, zweckmäßig.

an|ge|gos|sen ['angəgɔsn̩]:
in der Wendung **sitzen, passen wie angegossen** (ugs.): *sehr gut sitzen, passen:* der Rock passt [dir], sitzt wie angegossen.

an|ge|grif|fen ['angəgrɪfn̩] ⟨Adj.⟩:
geschwächt: sie wirkte angegriffen; ihre Gesundheit ist etwas angegriffen. **Syn.:** abgespannt, erschöpft.

an|ge|hei|ra|tet ['angəha̯ira:tət] ⟨Adj.⟩:
durch Heirat Mitglied einer Familie geworden: eine angeheiratete Tante von mir.

an|ge|hei|tert ['angəha̯itɐt] ⟨Adj.⟩:
durch Genuss von Alkohol beschwingt, in gehobene Stimmung versetzt: in angeheitertem Zustand. **Syn.:** angetrunken, beschwipst (ugs.), besoffen (salopp), betrunken, blau.

an|ge|hen ['ange:ən], ging an, angegangen:
1. ⟨tr.; hat⟩ *sich mit einer Bitte an jmdn. wenden:* jmdn. um seinen Rat angehen; sie wird von den Mitarbeitern oft um Hilfe angegangen; er hat seinen Vater um Geld angegangen. **Syn.:** bitten.
2. ⟨tr.; hat⟩ *gegen jmdn. vorgehen, sich ihm in feindlicher Absicht nähern:* der Bär hat den Jäger angegangen. **Syn.:** anfallen, angreifen, anspringen, attackieren, herfallen über, sich stürzen auf, überfallen.
3. ⟨itr.; ist⟩ *Maßnahmen gegen etwas ergreifen:* sie ist gegen das Urteil, gegen seinen Willen angegangen. **Syn.:** ankämpfen, anrennen, Front machen, protestieren, zu Felde ziehen (geh.).
4. ⟨tr.; hat⟩ *in Angriff nehmen, zu bewältigen suchen:* er hat die Schwierigkeiten zielstrebig angegangen. **Syn.:** anfangen, aufnehmen, beginnen, einsteigen in (ugs.), eröffnen, herangehen an, sich machen an.
5. ⟨itr.; ist⟩ *sich auf jmdn., etwas beziehen, jmds. Sache sein:* diese Frage ist uns alle angegangen; das geht dich nichts an. **Syn.:** berühren, betreffen, sich drehen um, sich handeln um, tangieren, zusammenhängen mit.

6. ⟨itr.; ist⟩ (ugs.) **a)** *beginnen:* die Schule geht morgen wieder an; das Kino war bereits um 8 Uhr angegangen. **Syn.:** anfangen, anlaufen, ausbrechen, einsetzen, starten. **b)** *zu brennen, zu leuchten beginnen* /Ggs. ausgehen/: die Lampe, das Feuer war angegangen.
7. ⟨itr.; ist⟩ (ugs.) *in anderer Erde Wurzeln schlagen und zu wachsen beginnen:* die Ableger, Pflanzen sind alle angegangen. **Syn.:** anwachsen.
8. ⟨itr.; ist⟩ *zulässig, vertretbar, erträglich o. Ä. sein:* das mag noch angehen; die Hitze ist gerade noch angegangen.

an|ge|hend ['ange:ənt] ⟨Adj.⟩: *(in Bezug auf eine sich entwickelnde, noch in der Ausbildung befindliche oder bald in eine bestimmte Position gelangende Person) künftig:* ein angehender Arzt; eine angehende Schauspielerin; meine angehende Schwiegertochter. **Syn.:** zukünftig.

an|ge|hö|ren ['angəhø:rən], gehörte an, angehört ⟨itr.; hat⟩: *als Glied, Bestandteil zu etwas (einer Gruppe o. Ä.) gehören:* der Regierung, einem Verein angehören; solche Methoden werden bald der Vergangenheit angehören *(wird es bald nicht mehr geben).* **Syn.:** zählen zu.

An|ge|hö|ri|ge ['angəhø:rɪgə], die/eine Angehörige; der/einer Angehörigen, die Angehörigen/zwei Angehörige:
1. *weibliche Person, die dem engsten Kreis der Familie angehört; nächste Verwandte:* sie ist seine nächste Angehörige. **Syn.:** Verwandte. **Zus.:** Familienangehörige.
2. *weibliche Person, die einer bestimmten Gruppe angehört; Mitglied:* die Angehörige einer Firma, einer Nation. **Syn.:** Mitarbeiterin, Mitglied. **Zus.:** Firmenangehörige, Staatsangehörige.

An|ge|hö|ri|ger ['angəhø:rɪgɐ], der Angehörige/ein Angehöriger; des/eines Angehörigen, die Angehörigen, zwei Angehörige:
1. *Person, die dem engsten Kreis der Familie angehört; nächster Verwandter:* ein naher Angehöriger; die nächsten Angehörigen des Verstorbenen; seine Angehörigen besuchen. **Syn.:** Verwandter. **Zus.:** Familienangehöriger.
2. *Person, die einer bestimmten Gruppe angehört; Mitglied:* er ist Angehöriger der Berufsfeuerwehr. **Syn.:** Mitarbeiter. **Zus.:** Firmenangehöriger, Staatsangehöriger.

An|ge|klag|te ['angəkla:ktə], die/eine Angeklagte; der/einer Angeklagten, die Angeklagten/zwei Angeklagte:
weibliche Person, die vor Gericht angeklagt ist: die Angeklagte wurde freigesprochen, zu zehn Jahren Gefängnis verurteilt; die Angeklagte bekam, erhielt acht Monate Haft auf Bewährung; als Angeklagte vor Gericht stehen. **Syn.:** Beschuldigte.

An|ge|klag|ter ['angəkla:ktɐ], der Angeklagte/ein Angeklagter; des/eines Angeklagten, die Angeklagten/zwei Angeklagte:
Person, die vor Gericht angeklagt ist: der Angeklagte hat ein umfassendes Geständnis abgelegt; einen Angeklagten vernehmen. **Syn.:** Beschuldigter.

An|gel ['aŋl̩], die; -, -n:
1. *Gerät zum Fangen von Fischen, das aus einem langen, biegsamen Stock besteht, an dem eine Schnur mit einem Haken befestigt ist:* die Angel auswerfen; mit der Angel Fische fangen; einen dicken Fisch an der Angel haben; ihr war ein großer Fisch an die Angel gegangen.
2. *Zapfen, an dem eine Tür, ein Fenster o. Ä. beweglich aufgehängt ist:* die Tür hängt schief in den Angeln.

An|ge|le|gen|heit ['angəle:gn̩hai̯t], die; -, -en:
etwas, womit sich jmd. befasst, befassen muss: eine wichtige Angelegenheit; sich in jmds. Angelegenheiten mischen. **Syn.:** Affäre, Fall, Geschichte (ugs.), Sache.

an|geln ['aŋl̩n] ⟨tr.; hat⟩:
a) *mit der Angel fangen, zu fangen suchen:* Forellen angeln; ⟨auch itr.⟩ am Sonntag gehen wir angeln. **Syn.:** fischen.
b) (ugs.) *als (Heirats)partner, Mitarbeiter o. Ä. gewinnen:* er will sich eine reiche Witwe angeln; die Firmen versuchen, sich die besten Absolventen zu angeln.

An|gel|punkt ['aŋl̩pʊŋkt], der; -[e]s, -e:
das, was die Hauptsache, den Kern von etwas bildet, ausmacht: Berlin als Angelpunkt weltpolitischer Interessen; er war der Dreh- und Angelpunkt des Spieles; dieses Ereignis hat der Schriftsteller zum Angelpunkt seiner Geschichte gemacht.

an|ge|mes|sen ['angəmɛsn̩] ⟨Adj.⟩: *den gegebenen Umständen entsprechend:* eine [der Tätigkeit] angemessene Bezahlung; sich der Situation angemessen verhalten. **Syn.:** adäquat (bildungsspr.), gebührend, passend, [1]richtig, vernünftig, zweckmäßig.

an|ge|nehm ['angəne:m] ⟨Adj.⟩: *eine positive Empfindung auslösend:* ein angenehmer Geruch; eine angenehme Nachricht; eine angenehme Überraschung; ein angenehmer Mensch; dieses Parfüm riecht angenehm. **Syn.:** behaglich, bequem, erfreulich, günstig, gut, lauschig, nett, schön, wohlig, wohltuend.

an|ge|regt ['angəre:kt] ⟨Adj.⟩: *(besonders von Gesprächen o. Ä.) lebhaft:* eine angeregte Diskussion; sich angeregt unterhalten. **Syn.:** lebendig, munter.

an|ge|se|hen ['angəze:ən] ⟨Adj.⟩: *Ansehen genießend:* sie ist eine angesehene Politikerin, stammt aus einer angesehenen Familie; er ist im Dorf sehr angesehen. **Syn.:** anerkannt, bewundert, geachtet, geehrt, geschätzt, renommiert, respektiert.

an|ge|sichts ['angəzɪçts] ⟨Präp. mit Gen.⟩ (geh.):
a) *beim, im Anblick:* angesichts des Todes; angesichts der Bergwelt geraten wir immer ins Schwärmen. **b)** *bei Betrachtung, Berücksichtigung von:* angesichts dieser Situation. **Syn.:** bei, bezüglich, hinsichtlich, in Anbetracht, wegen.

an|ge|spannt ['angəʃpant] ⟨Adj.⟩:
a) *angestrengt* /Ggs. entspannt/: sie wirkte müde und angespannt; er war gereizt und angespannt. **Syn.:** aufgerieben, strapaziert. **b)** *konzentriert:* die Zuhörer folgten angespannt dem Vortrag des Redners. **Syn.:** aufmerksam. **c)** *kritisch, schwierig:* die Lage, die Situation ist

angespannt. **Syn.:** bedrohlich, ernst, gefährlich.

An|ge|stell|te ['angəʃtɛltə], die/eine Angestellte; der/einer Angestellten; die Angestellten/zwei Angestellte: *weibliche Person, die in einem Betrieb, bei einer Behörde angestellt ist und Gehalt bezieht:* eine höhere, leitende, kaufmännische, kleine Angestellte. **Zus.:** Bankangestellte, Büroangestellte.

An|ge|stell|ter ['angəʃtɛltɐ], der Angestellte/ein Angestellter; des/eines Angestellten, die Angestellten/zwei Angestellte: *Person, die in einem Betrieb, bei einer Behörde angestellt ist und Gehalt bezieht:* Arbeiter und Angestellte. **Zus.:** Bankangestellter, Büroangestellter.

an|ge|trun|ken ['angətrʊŋkn̩] ⟨Adj.⟩: *leicht betrunken:* nach drei Gläsern Schnaps waren sie alle angetrunken. **Syn.:** angeheitert, beschwipst (ugs.).

an|ge|wie|sen ['angəvi:zn̩]: in der Wendung **auf jmdn., etwas angewiesen sein:** *nicht selbstständig, unabhängig, sondern an andere gebunden sein; jmdn., jmds. Hilfe, Unterstützung o. Ä. brauchen:* er ist auf dich, deine Hilfe angewiesen; viele Kinder sind auf Schulbusse angewiesen. **Syn.:** von jmdm., etwas abhängen; von jmdm., etwas abhängig sein.

an|ge|wöh|nen ['angəvø:nən], gewöhnte an, angewöhnt:
a) ⟨+ sich⟩ *bestimmte Fähigkeiten, Verhaltensweisen, Gewohnheiten (durch selbstständiges Lernen oder Nachahmen) erwerben, sich zu eigen machen:* sich Pünktlichkeit, schlechte Manieren angewöhnen; ich habe mir im Urlaub das Rauchen angewöhnt. **Syn.:** sich aneignen.
b) ⟨tr.; hat⟩ *bei jmdm. durch entsprechende Einflussnahme bewirken, dass er sich eine bestimmte Verhaltensweise zu seiner Gewohnheit macht:* er hat seinen Kindern früh Selbstständigkeit angewöhnt/früh angewöhnt, selbstständig zu sein. **Syn.:** anhalten zu, beibringen, erziehen zu.

An|ge|wohn|heit ['angəvo:nhai̯t], die; -, -en: *komische, lächerliche oder anstoßerregende Art, die man erworben hat; (schlechte) Gewohnheit:* eine dumme, grässliche, gute, scheußliche, schlechte, schreckliche Angewohnheit; eine Angewohnheit annehmen; sie hatte die Angewohnheit, alles musikalisch zu umrahmen, die Briefe von anderen zu lesen, sich auf dem Kopf zu kratzen. **Syn.:** Brauch, Eigenart, Eigenheit, Gepflogenheit, Marotte, Spleen, Unart.

An|gi|na [aŋ'gi:na], die; -, Anginen [aŋ'gi:nən]: *Infektion des Rachens und der Schleimhaut des Gaumens:* sie hat ständig Anginen.

an|glei|chen ['anglai̯çn̩], glich an, angeglichen:
a) ⟨tr.; hat⟩ *etwas einer Sache gleichmachen, anpassen:* den Wert des Goldes dem Marktpreis/an den Marktpreis angleichen. **Syn.:** gleichmachen.
b) ⟨+ sich⟩ *einander ähnlich werden:* die Einkommen in Ost und West werden sich angleichen; die Gesetze sollen sich angleichen.

Ang|ler ['aŋlɐ], der; -s, -, **Ang|le|rin** ['aŋlərɪn], die; -, nen: *Person, die angelt:* der Angler wirft seine Angel aus; die Angler benötigen einen Fischereischein.

an|grei|fen ['angrai̯fn̩], griff an, angegriffen ⟨tr.; hat⟩:
1. a) *in feindlicher Absicht vorgehen (gegen jmdn., etwas):* den Feind angreifen; ⟨auch itr.⟩ die feindlichen Truppen griffen plötzlich an. **Syn.:** anfallen, angehen, anrennen gegen, attackieren, herfallen über, sich hermachen über (ugs.), sich stürzen auf, überfallen. **b)** *im sportlichen Wettkampf die Initiative ergreifen gegenüber dem Gegner:* erst auf den letzten dreihundert Metern griff die favorisierte Läuferin ihre Konkurrentin an; die Läuferin versucht, den Weltrekord anzugreifen *(den Weltrekord zu brechen);* ⟨auch itr.⟩ in der Rückrunde will der Fußballklub angreifen. **c)** (Wirtsch.) *jmdm., einer Sache Konkurrenz machen:* das Unternehmen will im Bereich Multimedia den bisherigen Marktführer angreifen. **d)** *zu widerlegen suchen, heftig kritisieren:* jmdn. öffentlich angreifen. **Syn.:** anschießen (ugs.), attackieren.
2. *mit dem Verbrauch von etwas, was man bis jetzt nicht angerührt, sondern als Reserve o. Ä. angesehen hat, beginnen:* ich musste schon meine Vorräte angreifen.
3. a) *schädlich auf jmdn. wirken:* diese Arbeit wird ihre Gesundheit sehr angreifen. **Syn.:** schädigen, schwächen, zehren an. **b)** *durch Zersetzung o. Ä. beschädigen:* die Säure greift den Stoff, die Haut an. **Syn.:** böse zurichten, in Mitleidenschaft ziehen, lädieren, ramponieren, übel zurichten.
4. *berühren:* sie greift mich immer an. **Syn.:** anfassen, anfühlen, anrühren, antippen, fassen an, fummeln an (ugs.), greifen an, nesteln an.

An|grei|fer ['angrai̯fɐ], der; -s, -, **An|grei|fe|rin** ['angrai̯fərɪn], die; -, -nen:
a) *Person, die jmdn. in feindlicher Absicht angreift:* ein bewaffneter, gefährlicher, unbekannter Angreifer; die Angreiferin entkam. **b)** (Sport) *Person, die im sportlichen Wettkampf (besonders im Ballsport) gegenüber dem Gegner die Initiative ergreift:* die eingewechselte, flinke Angreiferin; der Trainer schickte nach der Halbzeit den neuen Angreifer aufs Spielfeld. **Syn.:** Stürmer, Stürmerin.

An|griff ['angrɪf], der; -[e]s, -e:
1. a) *das Angreifen* /Ggs. Verteidigung/: einen Angriff abwehren. **Syn.:** Aggression, Anschlag, Attacke, Offensive, Sturm, Überfall. **b)** *das Ergreifen der Initiative im sportlichen Wettkampf, um dem Gegner Vorteile abzugewinnen:* einen Angriff starten.
2. *heftige, aggressive Kritik:* persönliche Angriffe gegen jmdn. richten. **Syn.:** Anpfiff (ugs.), Anschiss (salopp), Feindseligkeit, Rüffel (ugs.), Rüge, Tadel, Verweis, Vorwurf.
3. * etwas in Angriff nehmen: *mit etwas beginnen:* eine Arbeit in Angriff nehmen. **Syn.:** an etwas herangehen, etwas anfassen, etwas angehen, etwas aufnehmen.

angst [aŋst]: in der Wendung **jmdm. ist,**

wird [es] angst [und bange]: *jemand hat, bekommt Angst:* wenn ich an die morgige Prüfung denke, wird mir angst und bange.

Angst [aŋst], die; -, Ängste [ˈɛŋstə]:
beklemmendes, banges Gefühl, bedroht zu sein: wachsende, große, bodenlose Angst quält jmdn; das Kind hat Angst vor dem Hund; lass dir doch durch ihre Drohungen keine Angst einjagen!; mit großer Angst erwartete sie seine Rückkehr; in Angst um jmdn. sein. **Syn.:** Ängstlichkeit, Beklemmung, Furcht, Panik. **Zus.:** Berührungsangst, Todesangst;
*** jmdm. Angst [und Bange] machen:** *jmdn. in Angst versetzen:* eine unsichere Zukunft macht vielen Menschen Angst;
*** es mit der Angst [zu tun] bekommen/kriegen:** *plötzlich ängstlich werden, in Panik geraten:* als er in die Tiefe schaute, bekam er es plötzlich mit der Angst zu tun.

Angst|ha|se [ˈaŋstha:zə], der; -n, -n (ugs.; häufig als Schimpfwort):
ängstlicher Mensch, Feigling: du alter Angsthase!; ich bin ein großer Angsthase, sobald es gefährlich wird, renne ich weg. **Syn.:** Drückeberger (ugs. abwertend), Feigling (abwertend), Memme (veraltend abwertend).

ängs|ti|gen [ˈɛŋstɪgn̩]:
1. ⟨tr.; hat⟩ *in Angst, Sorge, Unruhe versetzen; jmdm. Angst einjagen:* ein unheimlicher Traum ängstigte ihn. **Syn.:** ²erschrecken.
2. ⟨+ sich⟩ *Angst haben, sich Sorgen machen:* ich ängstige mich zu Tode!; die Mutter ängstigte sich um ihren kranken Sohn; das Kind ängstigt sich vor der Dunkelheit. **Syn.:** Angst haben, Bammel haben (salopp), Blut und Wasser schwitzen (ugs.), die Hosen voll haben (salopp), sich fürchten.

ängst|lich [ˈɛŋstlɪç] ⟨Adj.⟩:
a) *leicht Angst empfindend:* ein ängstliches Kind; sie machte auf mich einen ängstlichen Eindruck. **Syn.:** furchtsam, scheu, verängstigt. **b)** *von einem Gefühl der Angst, Unsicherheit, Besorgnis erfüllt:* ein ängstliches Gesicht machen; er blickte sich ängstlich in dem dunklen Raum um. **Syn.:** bang[e], beklommen, besorgt, eingeschüchtert, furchtsam, mutlos, scheu, verängstigt, zaghaft. **c)** *übertrieben genau, gewissenhaft:* sie war ängstlich darauf bedacht, keinen Fehler zu machen. **Syn.:** gründlich, sorgsam.

Ängst|lich|keit [ˈɛŋstlɪçkai̯t], die; -, -en:
a) ⟨ohne Plural⟩ *ängstliche Wesensart:* er neigte schon seit seiner frühesten Kindheit zu großer, übertriebener Ängstlichkeit. **Syn.:** Angst, Beklemmung, Furcht, Panik. **b)** *ängstliches Verhalten:* ihre Ängstlichkeit gegenüber Hunden nahm immer mehr zu; während des ganzen Prozesses war bei dem Angeklagten kein Zeichen von Ängstlichkeit oder Reue zu sehen.

an|gu|cken [ˈangʊkn̩], guckte an, angeguckt ⟨tr.; hat⟩ (ugs.):
ansehen (1): jmdn. von der Seite angucken; ich habe mir das neue Bild angeguckt. **Syn.:** anschauen (bes. südd., österr., schweiz.), betrachten, blicken auf, mustern.

an|gur|ten [ˈangʊrtn̩], gurtete an, angegurtet:
mit einem Sicherheitsgurt am Sitz eines Autos, Flugzeugs festschnallen: das Kind angurten; er wurde schwer verletzt, weil er sich nicht angegurtet hatte, weil er nicht angegurtet war; beim Autofahren angegurtet sein. **Syn.:** anschnallen.

an|ha|ben [ˈanha:bn̩], hat an, hatte an, angehabt:
1. ⟨itr.; hat⟩ (ugs.) *(ein Kleidungsstück) auf dem Körper tragen, angezogen haben:* einen Mantel, ein Kleid anhaben; es war ihm unangenehm, weil er nichts anhatte. **Syn.:** auf dem Leib[e] tragen, aufhaben (ugs.).
2. *** jmdm., einer Sache nichts anhaben können:** *gegen jmdn., etwas nichts machen können, was ihm schaden oder Schaden zufügen kann:* sie hat keine Beweise und kann dir nichts anhaben.

an|haf|ten [ˈanhaftn̩], haftete an, angehaftet ⟨itr.; hat⟩:
(als Unangenehmes, Negatives, Belastendes) an jmdm., einer Sache haften: ein Nachteil haftet dieser Sache an; ihr haftet kein guter Ruf an. **Syn.:** ¹anhängen, innewohnen (geh.).

an|hal|ten [ˈanhaltn̩], hält an, hielt an, angehalten:
1. a) ⟨tr.; hat⟩ *zum Stehen, Stillstand bringen:* ein Auto anhalten; den Atem anhalten *(zurückhalten).* **b)** ⟨itr.; hat⟩ *stehen bleiben, zum Stillstand kommen:* das Auto hielt an der Ecke an. **Syn.:** abstoppen, bremsen, halten, stoppen, zum Halten kommen, zum Stehen kommen.
2. ⟨itr.; hat⟩ *andauern:* der Winter hielt noch lange an. **Syn.:** ¹dauern, sich hinausziehen, von Dauer sein, weiter bestehen, sich ziehen.
3. ⟨tr.; hat⟩ *jmdn. wiederholt auf etwas hinweisen und dadurch bewirken, dass er sich in einer bestimmten Weise verhält; jmdn. ermahnen:* jmdn. zur Ordnung, Arbeit anhalten. **Syn.:** anleiten, drängen, mahnen, nötigen.
4. (veraltet) *die Eltern eines Mädchens bitten, ihre Tochter heiraten zu dürfen:* um die Hand der Tochter anhalten.

An|hal|ter [ˈanhaltɐ], der; -s, -:
1. *Person, die am Straßenrand (durch Handzeichen) Autos anhält, um mit ihnen mitzufahren; Tramper:* sie nimmt grundsätzlich keine Anhalter mit.
2. *** per Anhalter:** *als Anhalter, Anhalterin:* sie reisten per Anhalter durch Süddeutschland.

An|hal|te|rin [ˈanhaltərɪn], die; -, -nen:
weibliche Form zu ↑Anhalter.

An|halts|punkt [ˈanhalt͜spʊŋkt], der; -[e]s, -e:
etwas, worauf man sich zur Begründung einer Vermutung, einer Ansicht stützen kann: ein erster, grober, sicherer Anhaltspunkt für diese Vermutung; bisher keinen, nicht einen einzigen Anhaltspunkt haben, besitzen; die Zeugenaussage gibt, liefert uns einen wichtigen Anhaltspunkt dafür, dass sie die Täterin war. **Syn.:** Anzeichen, Hinweis, Indiz (bes. Rechtsspr.).

¹an|hand [anˈhant] ⟨Präp. mit Gen.⟩:
mithilfe: anhand eines Buches lernen; Materialien, anhand deren sich erkennen lässt,

was ... **Syn.:** durch, mittels (Papierdt.).

²an|hand [anˈhant] ⟨Adverb in Verbindung mit »von«⟩: *mithilfe:* anhand von Beweisen wurde er rasch überführt.

An|hang [ˈanhaŋ], der; -[e]s, Anhänge [ˈanhɛŋə]:
1. *etwas, was ergänzend an ein Buch, an ein Schriftstück o. Ä. angefügt ist:* der Anhang zu einem Vertrag; das Buch gliedert sich in einen Hauptteil und einen Anhang; die Anmerkungen stehen im Anhang. **Syn.:** Anlage, Beilage, Nachtrag, Nachwort, Zusatz.
2. ⟨ohne Plural⟩ **a)** *Anhängerschaft, Freundes-, Bekanntenkreis:* diese Mannschaft hat keinen großen Anhang; mit etwas Anhang gewinnen. **b)** *Verwandtschaft, Angehörige:* ohne Anhang sein. **Syn.:** Clan, Familie, Sippe (meist scherzh. oder abwertend), Sippschaft (meist abwertend). **Zus.:** Familienanhang.

¹an|hän|gen [ˈanhɛŋən], hängte an, angehängt ⟨tr.; hat⟩:
1. *an etwas hängen:* einen Zettel [an ein Paket] anhängen. **Syn.:** anbringen, anmachen (ugs.), befestigen.
2. a) *ein Fahrzeug an ein anderes hängen* /Ggs. abhängen/: einen Anhänger, einen Eisenbahnwagen anhängen. **b)** ⟨+ sich⟩ (ugs.) *sich jmdm. beim Laufen, Fahren usw. unmittelbar anschließen:* sich an den Vordermann anhängen.
3. *am Schluss, Ende anfügen:* ein Kapitel, ein Nachwort anhängen. **Syn.:** anschließen.
4. ⟨tr.; hat⟩ (ugs.) *(jmdm. Übles) nachsagen, zuschreiben:* sie hat ihrem Nachbarn allerlei Schlechtes angehängt.
5. ⟨tr.; hat⟩ (ugs.) *andrehen* (2): jmdm. schlechte Ware anhängen. **Syn.:** andrehen (ugs.), aufschwatzen.

²an|hän|gen [ˈanhɛŋən], hing an, angehangen ⟨itr.; hat⟩:
1. *ergeben sein, Anhänger sein (von jmdm., etwas):* sie hing ihm treu an; einer Lehre anhängen.
2. *mit jmdm., einer Sache verknüpft sein; jmdm., einer Sache anhaften:* seine Vergangenheit hängt ihm an. **Syn.:** belasten.

An|hän|ger [ˈanhɛŋɐ], der; -s, -:
1. *Wagen, der an ein Fahrzeug angehängt wird, das ihn mitzieht:* Straßenbahn, Lastkraftwagen mit Anhänger. **Zus.:** Fahrradanhänger, Wohnwagenanhänger.
2. *Schmuckstück, das an einer Kette, einem Band getragen wird:* sie trug ein Kettchen um den Hals mit einem Anhänger aus Bernstein.
3. *mit Namen oder Nummer versehenes Schild, das an einem Gepäckstück befestigt wird:* den Anhänger am Koffer festmachen. **Zus.:** Gepäckanhänger.
4. *männliche Person, die jmdm. ergeben ist, einer Lehre oder Anschauung folgt:* ein treuer, überzeugter, fanatischer, aufgebrachter Anhänger; die Anhänger der Partei, Regierung; viele Anhänger finden, um sich scharen. **Syn.:** Fan, Freak, Jünger.

An|hän|ge|rin [ˈanhɛŋərɪn], die; -, -nen:
weibliche Form zu ↑Anhänger (4).

an|häng|lich [ˈanhɛŋlɪç] ⟨Adj.⟩:
ein enges Verhältnis suchend: Hunde sind anhängliche Tiere; sie ist treu, zuverlässig und anhänglich. **Syn.:** ²ergeben, loyal (bildungsspr.), treu.

An|häng|lich|keit [ˈanhɛŋlɪçkai̯t], die; -:
anhängliche Art, Haltung: das Kind entwickelte eine starke Anhänglichkeit an seine Großeltern. **Syn.:** Treue.

an|häu|fen [ˈanhɔy̯fn̩], häufte an, angehäuft:
a) ⟨tr.; hat⟩ *in Mengen zusammentragen, sammeln und aufbewahren:* Vorräte, Geld, Reichtum, Verlust anhäufen. **Syn.:** auftürmen (geh.), hamstern, häufen, horten, speichern, stapeln. **b)** ⟨+ sich⟩ *immer mehr werden, sich ansammeln:* die Vorräte häufen sich im Lager an. **Syn.:** auflaufen, zusammenkommen.

an|he|ben [ˈanhe:bn̩], hob an, angehoben:
1. ⟨tr.; hat⟩ *(etwas) ein wenig in die Höhe heben:* sie mussten den Schrank anheben, um den Teppich darunterschieben zu können. **Syn.:** stemmen.
2. ⟨tr.; hat⟩ *(etwas, was zahlenmäßig ausgedrückt werden kann) erhöhen:* Steuern, Gehälter, das Grundkapital, Abgaben, die Produktion um 5 % anheben; die Zinsen allmählich, langsam, erheblich, deutlich, drastisch, weiter anheben. **Syn.:** aufbessern, steigern.
3. ⟨itr.; hat; Prät. veraltet: hub an⟩ (geh.) *[mit einer Tätigkeit o. Ä.] anfangen:* zu sprechen anheben; der Gesang hebt an. **Syn.:** beginnen, einsetzen.

an|hei|meln [ˈanhai̯mln̩], heimelte an, angeheimelt ⟨tr.; hat⟩:
(jmdm.) vertraut, gemütlich vorkommen: die Atmosphäre heimelte mich an.

an|heim|stel|len [anˈhai̯mʃtɛlən], stellte anheim, anheimgestellt ⟨tr.; hat⟩ (geh.):
überlassen: er stellte ihr die Entscheidung anheim; sie hat es dem Ermessen des Experten anheimgestellt, die Gefährlichkeit des Stoffes zu beurteilen; seine Zukunft dem Zufall anheimstellen. **Syn.:** freistellen.

an|hei|schig [ˈanhai̯ʃɪç]:
in der Wendung **sich anheischig machen** (geh.): *sich erbieten, etwas, was von andern für schwierig gehalten wird, zu tun:* sie machte sich anheischig, die Beweise zu liefern. **Syn.:** sich anbieten.

an|hei|zen [ˈanhai̯tsn̩], heizte an, angeheizt ⟨tr.; hat⟩:
1. *ein Feuer entfachen, zu heizen beginnen:* den Ofen anheizen.
2. (ugs.) *durch entsprechendes Tun weiter steigern, verstärken, zu einem Höhepunkt treiben:* die Diskussion, Inflation, einen Kampf gegen etwas (weiter) anheizen; die Jazzkapelle heizte die Stimmung im Saal rasch an. **Syn.:** anfeuern, ankurbeln, anregen, anstacheln, beleben, in Gang bringen, in Schwung bringen (ugs.).

an|herr|schen [ˈanhɛrʃn̩], herrschte an, angeherrscht ⟨tr.; hat⟩:
in herrischem, heftigem Ton zurechtweisen: sie herrschte ihn wütend an, weil er zu spät gekommen war. **Syn.:** anfahren, anscheißen (salopp), anschnauzen (ugs.), donnern, in den Senkel stellen (ugs.), poltern, zur Sau machen (derb), zusammenstauchen (ugs.).

an|heu|ern [ˈanhɔy̯ɐn], heuerte an, angeheuert:
1. (Seemannssprache) **a)** ⟨itr.;

anhören/zuhören

Sowohl **anhören** als auch **zuhören** bedeutet *darauf achten, was jemand sagt, aufmerksam verfolgen, was gesagt, gesungen oder gespielt wird:*	Nur **sich anhören,** nicht aber **zuhören** wird verwendet für **a)** *[von der Stimme oder von der Art der Äußerungen her] in einer bestimmten Weise klingen:*
– Ich möchte (mir) ein Konzert (Akk.) im Radio anhören./Ich möchte einem Konzert (Dativ) im Radio zuhören.	– Du hörst dich traurig an. – Sie hörte sich erkältet an. **b)** *einen bestimmten Eindruck vermitteln:* – Das hört sich wirklich gut an. – Das hört sich sehr vielversprechend an.

hat› *(auf einem Schiff) Dienst annehmen:* ich hatte auf einem Fischdampfer angeheuert. **Syn.:** sich verpflichten. **b)** ‹tr.; hat› *für den Dienst auf einem Schiff anwerben:* der Kapitän heuerte einen neuen Matrosen an; der 20-Jährige lässt sich als Matrose anheuern. **Syn.:** anstellen, einstellen, heuern.
2. ‹tr.; hat› (ugs.) *einen neuen Mitarbeiter, Mitspieler o. Ä. suchen, anwerben:* der Chef will neue Mitarbeiter anheuern; sie lässt sich als Privatdetektivin anheuern; der Trainer will den Fußballprofi sofort anheuern. **Syn.:** anstellen, [1]berufen, beschäftigen, einstellen, engagieren, in Lohn und Brot nehmen (veraltend), verpflichten.

An|hieb [ˈanhiːp]:
in der Wendung **auf Anhieb:** *gleich zu Beginn, beim ersten Versuch:* etwas glückt auf Anhieb. **Syn.:** direkt, gleich, sofort.

an|him|meln [ˈanhɪml̩n], himmelte an, angehimmelt ‹tr.; hat› (ugs.):
a) *mit schwärmerischem, verehrendem Blick ansehen:* der junge Mann himmelte den Künstler an, als er vor ihm stand.
b) *schwärmerisch verehren:* sie wurde von Millionen jungen Menschen angehimmelt. **Syn.:** anbeten, schwärmen für.

An|hö|he [ˈanhøːə], die; -, -n: *landschaftliche Erhebung:* eine kleine, felsige, steile Anhöhe; die Anhöhe hinaufsteigen; auf einer Anhöhe stehen. **Syn.:** Höhe, Hügel.

an|hö|ren [ˈanhøːrən], hörte an, angehört:
1. ‹tr.; hat› **a)** *aufmerksam zuhören:* wir hörten zusammen das Konzert an. **Syn.:** hören.
b) *bereitwillig, aufmerksam dem zuhören, was jmd. als Anliegen o. Ä. vorträgt:* ich hörte mir die Pläne meines Freundes geduldig an; der Ausschuss hörte zu dieser Frage Befürworter und Gegner des Projekts an. **Syn.:** hören. **c)** *zufällig, unfreiwillig [mit]hören:* sie hat das Gespräch der beiden Männer mit angehört; er musste sich harsche Kritik anhören; ich kann das nicht mehr mit anhören *(es regt mich auf, wird mir lästig o. Ä.).* **Syn.:** hören.
2. ‹+ sich› *bei einem Hörer einen bestimmten Eindruck hervorrufen:* dein Vorschlag hört sich gut an. **Syn.:** anmuten, erscheinen, klingen, scheinen, wirken.
3. ‹tr.; hat› *jmdm. an der Stimme, an den Äußerungen oder deren Art etwas anmerken:* man hörte ihr die Verzweiflung an.

anhören / zuhören:
s. Kasten.

Anis [aˈniːs], der; -es, -e:
1. a) *Heil- und Gewürzpflanze:* die Blüten des Anises. **b)** ‹ohne Plural› *aus den Samen der gleichnamigen Pflanze bereitetes Gewürz:* nach Anis schmecken.
2. *auf der Grundlage von Anis* (1) *hergestellter Branntwein:* einen Anis trinken.

an|kämp|fen [ˈankɛmpf̩n], kämpfte an, angekämpft ‹itr.; hat›: *(einer Sache) Widerstand entgegensetzen:* gegen Wind und Regen ankämpfen; sie kämpfte vergeblich gegen den Schlaf an. **Syn.:** angehen, begegnen (geh.), bekämpfen, entgegentreten, Front machen, torpedieren.

An|kauf [ˈankau̯f], der; -[e]s, Ankäufe [ˈankɔy̯fə]: *das Ankaufen:* der Ankauf eines kleinen Gutes; Ankauf von Aktien. **Syn.:** Anschaffung, Erwerb, Kauf.

an|kau|fen [ˈankau̯fn̩], kaufte an, angekauft ‹tr.; hat›: *meist ein größeres Objekt oder eine größere Menge gleicher oder verschiedener, aber zusammengehörender Dinge durch Kaufen in seinen Besitz bringen oder mit in den bereits vorhandenen Besitz ziehen:* 10 Gemälde ankaufen; wilde Tiere für den Zoo, 26 Folgen einer Fernsehserie ankaufen; ein Grundstück ankaufen. **Syn.:** anschaffen, erstehen, erwerben, käuflich erwerben, sich zulegen (ugs.).

An|ker [ˈaŋkɐ], der; -s, -: *schweres eisernes Gerät, das vom Schiff an einer Kette oder einem Tau auf den Grund eines Gewässers hinabgelassen wird und das Schiff an seinem Platz festhält:* den Anker auswerfen, einholen; den Anker lichten; * **vor Anker liegen:** *mit dem Anker am Grund festgemacht haben:* das Schiff liegt im Hafen vor Anker; * **vor Anker gehen:** *den Anker auswerfen:* wir gehen vor Gibraltar vor Anker.

An|kla|ge [ˈanklaːgə], die; -, -n:
1. a) *Beschuldigung eines Tatverdächtigen (durch die Staatsanwaltschaft) bei Gericht:* die Anklage lautet auf Mord; eine Anklage wegen Betrug; unter Anklage stehen; gegen jmdn. Anklage erheben *(jmdn. anklagen).* **Syn.:** Klage. **Zus.:** Mordanklage. **b)** *Vertretung der Anklage vor Gericht:* das Plädoyer der Anklage.
2. *anklagende Äußerung, schwerer öffentlicher Vorwurf:* eine leidenschaftliche Anklage gegen den Krieg; das Buch erhebt Anklage gegen Gewalt und Terror. **Syn.:** Kritik, Protest. **Zus.:** Selbstanklage.

an|kla|gen [ˈanklaːgn̩], klagte an, angeklagt ‹tr.; hat›:
1. *vor Gericht zur Verantwortung*

ziehen, beschuldigen: jmdn. des Diebstahls, wegen Diebstahl anklagen; der Staatsanwalt klagte sie wegen Totschlag an.
2. *wegen etwas beschuldigen, für etwas verantwortlich machen:* er klagte sich als der Schuldige/ (seltener:) den Schuldigen an; soziale Missstände anklagen *(öffentlich als unverantwortlich herausstellen, anprangern).* **Syn.:** anprangern, attackieren, kritisieren.

An|klä|ger ['anklɛ:gɐ], der; -s, -, **An|klä|ge|rin** ['anklɛ:gərɪn], die; -, -nen:
Person, die vor Gericht Anklage erhebt: der Ankläger ruft die Zeugen auf. **Syn.:** Kläger, Klägerin, Staatsanwalt, Staatsanwältin.

an|klam|mern ['anklamɐn], klammerte an, angeklammert:
1. ⟨+ sich⟩ *sich mit klammerndem Griff festhalten:* ängstlich klammerte er sich [an die Mutter] an. **Syn.:** sich klammern an.
2. ⟨tr.; hat⟩ *mit Klammern festmachen:* die Wäsche an der Leine anklammern. **Syn.:** anbringen, befestigen.

An|klang ['anklaŋ], der; -[e]s, Anklänge ['anklɛŋə]:
1. *gewisse Ähnlichkeit (die an Vergleichbares erinnert):* der Anklang an Bilder von Kandinsky ist ganz deutlich.
2. * **Anklang finden:** *mit Zustimmung, Beifall aufgenommen werden:* der Vorschlag fand bei den Zuhörern großen Anklang. **Syn.:** ankommen (ugs.), ansprechen, behagen, Beifall finden, gefallen, zusagen, Zustimmung finden.

an|kle|ben ['ankle:bn̩], klebte an, angeklebt:
1. ⟨tr.; hat⟩ *mit Klebstoff (an etwas) befestigen:* sie hat die Plakate an die Wand/an der Wand angeklebt; er hat sich, dem Jungen einen falschen Bart angeklebt. **Syn.:** anbringen, anmachen (ugs.), aufkleben.
2. ⟨itr.; ist⟩ *an etwas festkleben, haften:* der Teig ist an der Schüssel angeklebt. **Syn.:** festsitzen, [1]haften, kleben.

an|klin|geln ['anklɪŋl̩n], klingelte an, angeklingelt ⟨tr.; hat⟩ (ugs.): *(jmdn./bei jmdm.) anrufen:* ich werde dich morgen anklingeln.

an|klin|gen ['anklɪŋən], klang an, angeklungen ⟨itr.; ist/hat⟩:
1. *andeutungsweise zum Ausdruck kommen, hörbar, sichtbar, spürbar sein:* das Motiv, der Gedanke der Freiheit klingt immer wieder an; in den Diskussionen war öfter dieser Vorwurf angeklungen; in seiner Rede hat der Gedanke angeklungen, das begangene Unrecht zu vergessen. **Syn.:** sich abzeichnen, sich andeuten, erscheinen, sich bemerkbar machen, sich zeigen.
2. *Anklänge an etwas aufweisen, Erinnerungen an etwas wecken:* der Stil klingt an [den von] Fontane an. **Syn.:** ähneln, erinnern an, gleichen.

an|klop|fen ['anklɔpfn̩], klopfte an, angeklopft ⟨itr.; hat⟩:
an die Tür klopfen (damit jmd. öffnet): sie klopfte laut [an die/an der Tür] an.

an|knip|sen ['anknɪpsn̩], knipste an, angeknipst ⟨tr.; hat⟩ (ugs.):
durch Knipsen, Drücken des Schalters an-, einschalten /Ggs. ausknipsen/: das Licht anknipsen. **Syn.:** anmachen (ugs.), anstellen.

an|knöp|fen ['anknœpfn̩], knöpfte an, angeknöpft ⟨tr.; hat⟩:
an etwas knöpfen /Ggs. abknöpfen/: die Kapuze [an den Mantel] anknöpfen. **Syn.:** anbringen, anmachen (ugs.), befestigen, festmachen.

an|knüp|fen ['anknʏpfn̩], knüpfte an, hat angeknüpft:
1. ⟨itr.; hat⟩ *an etwas anschließen (und es dann fortführen):* sie knüpfte in ihrer Rede an die Worte ihrer Kollegin an; an die Tradition, an die Erfolge, die guten Leistungen des Vorjahres anknüpfen. **Syn.:** aufgreifen, aufnehmen.
2. ⟨tr.; hat⟩ *(Kontakt zu jmdm.) aufnehmen, herstellen:* geschäftliche Beziehungen anknüpfen. **Syn.:** anbahnen, einfädeln, einleiten.

an|kom|men ['ankɔmən], kam an, angekommen ⟨itr.; ist⟩:
1. *einen Ort erreichen:* sie kamen gegen 14 Uhr [in Berlin] an; mit der Bahn, mit dem Flugzeug ankommen; das Päckchen kam gestern mit der Post an. **Syn.:** anlangen, eintreffen, kommen.
2. a) *sich fahrend, laufend nähern:* das Auto kam in/mit großem Tempo an. **Syn.:** auftauchen, erscheinen, kommen. **b)** (ugs.) *sich [wiederholt, in lästiger Weise] mit etwas an jmdn. wenden:* er kam immer wieder mit seinen Fragen bei mir an; in der Mittagspause kam sie an und wollte etwas von mir wissen. **Syn.:** behelligen.
3. (ugs.) *eine Stellung, einen Arbeitsplatz o. Ä. finden:* sie kam [als Redakteurin] bei einem Verlag an.
4. (ugs.) *Erfolg haben, Anklang, Widerhall finden:* die Schauspielerin kam [mit dem ersten Film] gut beim Publikum an; mit seiner Bitte kam er bei ihr nicht an. **Syn.:** Beifall finden, gefallen, Zustimmung finden.
5. *sich (gegen jmdn., etwas) durchsetzen [können], jmdm., einer Sache beikommen:* sie kam gegen die Vorurteile, gegen ihn nicht an. **Syn.:** ankönnen gegen (ugs.), fertigwerden mit.
6. (geh.) *von etwas innerlich ergriffen, davon erfüllt werden:* Angst, Furcht, Lust, Wissbegierde kam ihn an; etwas kommt jmdn. hart an *(fällt jmdm. schwer).* **Syn.:** befallen, beschleichen, erfassen, ergreifen, überkommen.
7. a) *jmd., etwas ist wichtig, von Bedeutung:* es kommt [ihr] auf die gute Behandlung an. **b)** *es hängt von jmdm., etwas ab:* es kommt aufs Wetter an, ob wir morgen abreisen können; auf ein paar Euro kommt es nicht an; es kommt allein auf dich an.
8. * **es auf etwas** (Akk.) **ankommen lassen:** *es riskieren, nicht davor zurückschrecken, dass es zu etwas kommt:* er lässt es auf einen Prozess ankommen. **Syn.:** etwas wagen.

an|kön|nen ['ankœnən], konnte an, angekonnt ⟨itr.; hat⟩ (ugs.):
sich (gegen jmdn., etwas) durchsetzen können, etwas (gegen jmdn.) ausrichten können: ⟨meist verneint⟩ er kann gegen mich nicht an. **Syn.:** ankommen gegen, beikommen, fertig werden mit.

an|krei|den ['ankraidn̩], kreidete an, angekreidet ⟨tr.; hat⟩ (ugs.):
(jmdm. etwas) übel nehmen und als nachteilig anrechnen, (jmdm.

etwas) zur Last legen: jmdm. ein Versäumnis ankreiden. **Syn.:** anlasten, krumm nehmen (ugs.), nachtragen, verübeln, vorhalten, vorwerfen.

an|kreu|zen ['ankrɔy̯tsn̩], kreuzte an, angekreuzt ⟨tr.; hat⟩:
(in einem Text o. Ä.) durch ein Kreuz hervorheben: einen Namen in einer Liste, eine Stelle in einem Buch ankreuzen. **Syn.:** anstreichen, kennzeichnen, markieren.

an|kün|di|gen ['ankʏndɪgn̩], kündigte an, angekündigt:
a) ⟨tr.; hat⟩ *das Kommen, Stattfinden, Erscheinen o. Ä. (von etwas) im Voraus mitteilen:* eine Veranstaltung, ein neues Buch ankündigen; jmdm. seinen Besuch ankündigen. **Syn.:** anmelden, ansagen, ausrufen, bekannt machen. **b)** ⟨+ sich⟩ *(als Sache) durch bestimmte Anzeichen das Herannahen erkennen lassen:* ein Verhängnis, Unheil kündigt sich an. **Syn.:** sich abzeichnen, sich anbahnen, sich andeuten, in Sicht sein, seine Schatten vorauswerfen.

An|kün|di|gung ['ankʏndɪgʊŋ], die; -, -en:
mündliche oder schriftliche Äußerung, mit der etwas angekündigt wird: eine überraschende, offizielle Ankündigung; eine Ankündigung begrüßen, wahrmachen; auf eine Ankündigung reagieren. **Syn.:** Meldung, Mitteilung, Nachricht.

An|kunft ['ankʊnft], die; -, Ankünfte ['ankʏnftə]:
a) *das Eintreffen, Ankommen eines Fahrzeugs bzw. mit einem Fahrzeug am Ziel* /Ggs. Abfahrt/: die Ankunft des Zuges erwarten; die Gäste waren nach ihrer Ankunft im Hotel völlig erschöpft. **Syn.:** Einfahrt. **b)** *das Eintreffen, Ankommen eines Flugzeugs bzw. mit einem Flugzeug am Ziel* /Ggs. Abflug/: die Ankunft der Maschine aus Madrid verzögert sich um eine halbe Stunde. **Syn.:** Landung.

an|kur|beln ['ankʊrbl̩n], kurbelte an, angekurbelt ⟨tr.; hat⟩:
(etwas) in seinem Ablauf beleben; in Schwung bringen: den Absatz, die Industrie, den Konsum, die Produktion, die Wirtschaft ankurbeln. **Syn.:** anheizen (ugs.), anleiern (ugs.), anregen, beschleunigen, forcieren, fördern, in Gang bringen, nachhelfen.

an|la|chen ['anlaxn̩], lachte an, angelacht:
1. ⟨tr.; hat⟩ *lachend ansehen:* sie lachte ihn an; der Schokoladenkuchen hat mich so angelacht *(hat auf mich so appetitlich gewirkt),* dass ich ihn gleich gegessen habe.
2. ⟨+ sich⟩ (ugs.) *mit jmdm. ein Liebesverhältnis beginnen:* hast du dir eine Freundin angelacht? **Syn.:** anbändeln mit (ugs.), angeln (ugs.).

An|la|ge ['anla:gə], die; -, -n:
1. a) ⟨ohne Plural⟩ *das Anlegen, das Schaffen und Gestalten:* die Anlage des Sportplatzes dauerte längere Zeit. **b)** *Gelegenheit, Geld anzulegen; Form des Anlegens von Geld:* eine sichere, steuerbegünstigte Anlage. **Syn.:** Investition. **Zus.:** Geldanlage, Kapitalanlage, Vermögensanlage.
2. a) *öffentliche Grünfläche mit Blumen, Sträuchern o. Ä.:* städtische Anlagen; die Anlagen am Ufer des Sees. **Syn.:** Park. **Zus.:** Gartenanlage, Kuranlage, Parkanlage. **b)** *nach einem Plan für einen bestimmten Zweck angelegte Flächen, Bauten o. Ä.:* militärische Anlagen; die Anlagen der Fabrik; eine Anlage bauen, einweihen, errichten, betreiben, stilllegen. **Syn.:** Bau, Bauwerk. **Zus.:** Fabrikanlage, Gleisanlage, Hafenanlage, Industrieanlage, Sportanlage. **c)** *Vorrichtung, Einrichtung:* eine komplizierte Anlage bauen, bedienen. **Syn.:** Apparatur. **Zus.:** Alarmanlage, Bewässerungsanlage, Entlüftungsanlage, Heizungsanlage, Kläranlage, Versuchsanlage, Waschanlage.
3. ⟨ohne Plural⟩ *Plan, Aufbau:* die Anlage eines Romans. **Syn.:** Entwurf, Gliederung, Struktur.
4. *Veranlagung, Begabung:* das Kind hat gute Anlagen; er hat eine Anlage zu dieser Krankheit. **Syn.:** Disposition, Fähigkeit, Hang, Neigung, Tendenz.
5. *Beilage zu einem Schreiben:* die Anlage umfasst drei Tabellen. **Syn.:** Anhang, Nachtrag, Zusatz; *** in der Anlage/als Anlage:** *anbei:* in der Anlage/als Anlage übersenden wir Ihnen die gewünschten Unterlagen. **Syn.:** anliegend, beigefügt, beiliegend.

an|lan|gen ['anlaŋən], langte an, angelangt:
1. ⟨itr.; ist⟩ *an einem Ziel ankommen:* wir sind glücklich am Ziel angelangt. **Syn.:** eintreffen.
2. * was jmdn., etwas anlangt: *was jmdn., etwas betrifft, anbelangt.:* was Ihren Urlaub anlangt, müssen wir uns noch einmal verständigen.

An|lass ['anlas], der; -es, Anlässe ['anlɛsə]:
1. *etwas, wodurch eine Handlung ausgelöst wird; äußerer Beweggrund:* der Anlass des Streites, für seine Beschwerde blieb unklar; es besteht kein Anlass zur Besorgnis. **Syn.:** Grund, Ursache, Veranlassung.
2. *Gelegenheit, Ereignis:* ein besonderer, festlicher, willkommener Anlass; *** aus Anlass:** *anlässlich:* aus Anlass ihres Geburtstages gab sie eine Runde aus.

an|las|sen ['anlasn̩], lässt an, ließ an, angelassen:
1. ⟨tr.; hat⟩ *(einen Motor) in Gang setzen:* den Motor, Wagen, die Triebwerke anlassen. **Syn.:** anstellen, anwerfen, in Betrieb setzen, in Bewegung setzen, in Schwung setzen, starten.
2. ⟨+ sich⟩ (ugs.) *sich gleich zu Beginn in bestimmter Weise entwickeln, erweisen:* das Geschäft lässt sich gut an. **Syn.:** anfangen, in Gang kommen, in Schwung kommen (ugs.), ins Rollen kommen (ugs.).
3. ⟨tr.; hat⟩ (ugs.) *anbehalten, nicht ausziehen:* seinen Mantel anlassen; du kannst die Schuhe ruhig anlassen.
4. ⟨tr.; hat⟩ (ugs.) *eingeschaltet, brennen lassen:* das Radio, Licht anlassen; die Scheinwerfer, die Lampe anlassen.

An|las|ser ['anlasɐ], der; -s, -:
Vorrichtung zum Anlassen eines Motors: heute werden Anlasser auch Starter genannt.

an|läss|lich ['anlɛslɪç] ⟨Präp. mit Gen.⟩:
aus Anlass: anlässlich des Geburtstages fand eine Feier statt. **Syn.:** aufgrund, wegen.

an|las|ten ['anlastn̩], lastete an, angelastet ⟨tr.; hat⟩:
die Schuld an etwas zuschreiben: dieses Versäumnis darf der

Autorin nur zum Teil angelastet werden. **Syn.:** ankreiden (ugs.), krumm nehmen (ugs.), nachtragen, übel nehmen, verübeln, vorhalten, vorwerfen, zur Last legen.

An|lauf ['anlau̯f], der; -[e]s, Anläufe ['anlɔy̯fə]:
1. *das Anlaufen; Lauf, der einen Sprung einleitet:* beim Anlauf ist sie noch zu langsam.
2. * einen [neuen] Anlauf nehmen/machen: *einen Anfang, neuen Versuch machen:* sie ist durch die Fahrprüfung gefallen und kann erst in sechs Wochen einen neuen Anlauf nehmen/machen. **Syn.:** ansetzen zu, starten, unternehmen.

an|lau|fen ['anlau̯fn̩], läuft an, lief an, angelaufen:
1. ⟨itr.; ist⟩ **a)** *durch Laufen einen Sprung einleiten:* ihr Trainer erinnerte sie noch einmal daran, beim Sprung richtig anzulaufen; er war bereits angelaufen, als seine Verletzung wieder auftrat. **b)** *in Gang kommen, zu laufen beginnen:* der Motor, die Maschine ist angelaufen. **Syn.:** anspringen. **c)** *seinen Anfang nehmen, abzulaufen beginnen; einsetzen:* die Fahndung ist bereits angelaufen. **Syn.:** anfangen, beginnen, einsetzen, in Gang kommen, ins Rollen kommen (ugs.).
2. ⟨tr.; hat⟩ *(von Schiffen) ansteuern und einfahren (in etwas):* das Schiff hat den Hafen angelaufen.
3. ⟨itr.; ist⟩ **a)** *(z. B. von Fensterscheiben) sich mit einer dünnen Schicht überziehen:* die Fenster sind angelaufen; wenn es draußen kalt ist, laufen meine Brillengläser immer an. **b)** *eine bestimmte (vorübergehende) Färbung annehmen:* das Silber ist angelaufen; er ist vor Wut rot angelaufen *(rot geworden).*
4. ⟨itr.; ist⟩ *zunehmen, sich steigern:* die Kosten sind beträchtlich angelaufen. **Syn.:** anwachsen, sich vermehren.
5. * angelaufen kommen: *herbeilaufen:* als er rief, dass es Schokolade gebe, kamen die Kinder alle angelaufen.

an|le|gen ['anle:gn̩], legte an, angelegt:
1. a) ⟨tr.; hat⟩ *an etwas legen:* sie legte das Lineal sauber an; das Pferd legt die Ohren an *(legt die Ohren an den Kopf).* **Syn.:** ansetzen. **b)** ⟨itr.; hat⟩ *das Gewehr in Anschlag bringen; mit dem Gewehr auf jmdn. zielen:* sie legte professionell an und schoss; er legte auf den Flüchtenden an.
2. ⟨itr.; hat⟩ *festmachen, landen* /Ggs. ablegen/: das Schiff legte am Kai an.
3. ⟨tr.; hat⟩ **a)** *(etwas) um den Körper, um einen Körperteil legen (sodass es anliegt):* jmdm. einen Verband, Fesseln anlegen. **b)** (geh.) *anziehen; sich (mit etwas) schmücken:* eine Uniform, ein festliches Gewand anlegen; Schmuck anlegen.
4. ⟨tr.; hat⟩ *planvoll erstellen, gestalten:* einen Spielplatz anlegen; hinter ihrem Haus haben sie einen wunderbaren Garten angelegt; ein Verzeichnis anlegen. **Syn.:** einrichten, schaffen.
5. ⟨tr.; hat⟩ **a)** *von vorhandenem Kapital, Vermögen bestimmte Werte erwerben, die als sicher vor Wertverlust oder als gewinnbringend gelten:* sein Geld in Aktien, Schmuck anlegen; immer mehr Leute legen ihr Geld an der Börse an. **Syn.:** investieren. **b)** *(weil es als angebracht oder lohnend angesehen wird, einen größeren Betrag für etwas) bezahlen:* für solch eine Reise muss man schon 4 000 Euro anlegen. **Syn.:** aufbringen, aufwenden, ausgeben, blechen (ugs.), investieren, lockermachen (ugs.), zahlen.
6. *ein bestimmtes Ziel verfolgen:* er hat es regelrecht darauf angelegt, dich zu täuschen; das Inserat war darauf angelegt, die Neugierde des Lesers zu wecken. **Syn.:** abzielen, aus sein, ausgehen, es auf etwas abgesehen haben.
7. ⟨+ sich⟩ *sich auf einen Streit mit jmdm. einlassen:* ich habe mich mit meinem Kollegen angelegt. **Syn.:** mit jmdm. aneinandergeraten, mit jmdm. zusammenstoßen.

an|leh|nen ['anle:nən], lehnte an, angelehnt:
1. ⟨tr.; hat⟩ *lehnen (an etwas, jmdn.):* er lehnte das Fahrrad [an die Wand] an; das Kind lehnte sich an sie an. **Syn.:** anschmiegen, anstellen, lehnen an/gegen, stellen an/gegen.
2. ⟨+ sich⟩ *zum Vorbild nehmen; sich beziehen (auf etwas):* sie lehnte sich in ihrer Rede eng an den Aufsatz der Kollegin an. **Syn.:** folgen, sich halten, sich richten nach.
3. ⟨tr.; hat⟩ *nicht ganz schließen, einen Spalt offen lassen:* er hatte die Tür nur angelehnt, sodass sie alles mit anhören konnte.

an|lei|ern ['anlai̯ɐn], leierte an, angeleiert ⟨tr.; hat⟩ (ugs.): *in Gang setzen:* die regelmäßigen Treffen hat sie angeleiert. **Syn.:** ankurbeln, in Gang bringen.

An|lei|he ['anlai̯ə], die; -, -n:
a) *größere langfristige Geldaufnahme besonders durch Gemeinden, Länder o. Ä., aber auch durch Banken und Unternehmen:* öffentliche Anleihen; eine siebenprozentige Anleihe. **Syn.:** Darlehen, Kredit. **b) * bei jmdm. eine Anleihe machen:** *jmds. geistiges Eigentum verwenden:* in seiner Rede machte er eine Anleihe bei dem bekannten Philosophen. **Syn.:** etwas von jmdm. übernehmen.

an|lei|nen ['anlai̯nən], leinte an, angeleint ⟨tr.; hat⟩: *(einen Hund) an die Leine nehmen:* hast du den Hund angeleint?; größere Hunde müssen stets angeleint werden. **Syn.:** anbinden.

an|lei|ten ['anlai̯tn̩], leitete an, angeleitet ⟨tr.; hat⟩:
a) *in eine Arbeit einführen; unterweisen:* zu ihren Aufgaben gehört es, die Auszubildenden [bei der Arbeit] anzuleiten. **Syn.:** anlernen, anweisen, einarbeiten, einweisen in, lehren, schulen, unterweisen in (geh.), vertraut machen mit. **b)** *(zu etwas) anhalten:* Kinder sollten zur Selbstständigkeit angeleitet werden. **Syn.:** anhalten zu, ermahnen zu, mahnen zu, veranlassen.

An|lei|tung ['anlai̯tʊŋ], die; -, -en:
1. *Anweisung, Unterweisung:* etwas unter [der] Anleitung eines anderen tun.
2. *der Anleitung dienendes Schriftstück:* bitte lesen Sie zuerst die beiliegende Anleitung. **Syn.:** Gebrauchsanweisung. **Zus.:** Arbeitsanleitung, Bedienungsanleitung,

Gebrauchsanleitung, Kochanleitung, Waschanleitung.

an|ler|nen ['anlɛrnən], lernte an, angelernt ⟨tr.; hat⟩:
1. *für eine bestimmte berufliche Tätigkeit ausbilden:* Auszubildende anlernen. **Syn.:** anleiten, ausbilden, einarbeiten, einweisen in, schulen.
2. ⟨+ sich⟩ (ugs.) *sich (etwas) durch Übung aneignen:* diese Gesangstechnik habe ich mir mühsam angelernt. **Syn.:** sich erarbeiten, erlernen.

an|lie|gen ['anli:gn̩], lag an, angelegen ⟨itr.; hat⟩:
dicht am Körper liegen: das Trikot lag eng [am Körper] an. **Syn.:** sich anschmiegen.

An|lie|gen ['anli:gn̩], das; -s, -:
Angelegenheit, die jmdm. am Herzen liegt: ihr Anliegen war, die Anwesenden von seiner Unschuld zu überzeugen; ein Anliegen vortragen; sich mit einem Anliegen an jmdn. wenden. **Syn.:** Bitte, Wunsch. **Zus.:** Hauptanliegen.

an|lie|gend ['anli:gn̩t] ⟨Adj.⟩:
1. *angrenzend, benachbart:* die anliegenden Grundstücke waren auch betroffen.
2. *beigefügt, beiliegend:* Rechnung anliegend. **Syn.:** als Anlage, anbei (Amtsspr.), in der Anlage.

An|lie|ger ['anli:gɐ], der; -s, -, **An|lie|ge|rin** ['anli:gərɪn], die; -, -nen (bes. Fachspr.):
Person, die in unmittelbarer Nähe von etwas wohnt: die Straße darf nur von den Anliegern benutzt werden; als Anliegerin darf ich in dieser Straße parken. **Syn.:** Anrainer, Anrainerin, Anwohner, Anwohnerin.

an|lo|cken ['anlɔkn̩], lockte an, angelockt ⟨tr.; hat⟩:
(aufgrund seiner reizvollen Beschaffenheit) an einen bestimmten Ort locken, ziehen, anziehende Wirkung auf jmdn. ausüben: das farbenprächtige Schauspiel lockte viele Fremde an. **Syn.:** anziehen.

an|ma|chen ['anmaxn̩], machte an, angemacht ⟨tr.; hat⟩:
1. (ugs.) *an etwas befestigen, anbringen* /Ggs. abmachen/: Gardinen anmachen. **Syn.:** festmachen.
2. (ugs.) *anschalten* /Ggs. ausmachen/: das Licht, den Computer anmachen; jeden Abend um acht wird bei uns der Fernseher angemacht. **Syn.:** andrehen, anknipsen (ugs.), anstellen, anwerfen, einschalten, in Betrieb setzen, starten.
3. *mischend bereiten, anrühren:* Gips, Mörtel anmachen; den Salat mit Essig und Öl anmachen. **Syn.:** ansetzen, mischen.
4. (ugs.) **a)** *ansprechen und unmissverständlich zeigen, dass man [sexuelles] Interesse an jmdm. hat:* er ging nur in die Disco, um Frauen anzumachen. **Syn.:** aufreißen (salopp). **b)** *zu etwas animieren, mitreißen:* diese Musik macht mich ja total an. **Syn.:** anregen, reizen. **c)** *sich jmdm. gegenüber aggressiv benehmen [und Streit mit ihm anfangen]:* die Mitglieder des Vereins haben den Vorsitzenden angemacht, weil er zu lasch war; mach mich nicht an, Alter! **Syn.:** anpöbeln (ugs. abwertend), auf die Palme bringen (ugs.), bedrängen, behelligen, belästigen, beleidigen, beschimpfen, herausfordern, in Rage bringen (ugs.), provozieren, reizen, wütend machen, zusetzen.

an|mah|nen ['anma:nən], mahnte an, angemahnt ⟨tr.; hat⟩:
daran erinnern, dass man etwas zu bekommen hat, was man nun haben möchte: eine Ratenzahlung, ein ausgeliehenes Buch anmahnen; bitte zahlen Sie umgehend den angemahnten Betrag. **Syn.:** auffordern zu, erinnern an, mahnen.

an|ma|len ['anma:lən], malte an, angemalt ⟨tr.; hat⟩:
a) (ugs.) *(eine Fläche) mit Farbe versehen:* die Kiste müsste man noch anmalen; sie hat sich mal wieder total angemalt *(stark geschminkt).* **Syn.:** anstreichen, bemalen, lackieren, pinseln (ugs.), streichen, tünchen.
b) *(etwas) auf etwas malen:* sie hat ein Zeichen (an die Tafel) angemalt.

an|ma|ßen ['anma:sn̩], maßte an, angemaßt ⟨+ sich⟩:
ohne Berechtigung für sich in Anspruch nehmen: sich Kritik anmaßen; darüber solltest ausgerechnet du dir kein Urteil anmaßen. **Syn.:** sich erdreisten (geh.), sich erlauben, sich herausnehmen, sich unterstehen, sich [1]vermessen (geh.).

an|ma|ßend ['anma:sn̩t] ⟨Adj.⟩:
auf herausfordernde und verletzende Weise [vermeintliche] Überlegenheit zum Ausdruck bringend: er ist sehr anmaßend; sie tritt meistens ziemlich anmaßend auf. **Syn.:** arrogant, aufgeblasen (ugs.), blasiert, eingebildet, herablassend, hochmütig, hochnäsig, überheblich.

an|mel|den ['anmɛldn̩], meldete an, angemeldet ⟨tr.; hat⟩:
1. a) *jmds. Kommen ankündigen:* sich beim Arzt, zur Untersuchung anmelden. **Syn.:** ansagen. **b)** *bei einer zuständigen Stelle melden, registrieren lassen* /Ggs. abmelden/: Radio und Fernsehen müssen bei der GEZ angemeldet werden; Konkurs anmelden; sich polizeilich anmelden. **c)** *die Teilnahme an etwas, den Eintritt in etwas vormerken lassen:* das Kind in der Schule anmelden; sich zu einem Kurs in der Volkshochschule anmelden. **Syn.:** einschreiben, immatrikulieren.
2. *vorbringen; geltend machen:* seine Ansprüche anmelden; am Schluss der Besprechung meldete sie starke Bedenken an. **Syn.:** anbringen, bekunden, darlegen, mitteilen, unterbreiten.

An|mel|dung ['anmɛldʊŋ], die; -, -en:
1. a) *das Anmelden* (1 a): seit der Anmeldung bei der Ärztin geht es ihr schon viel besser. **Syn.:** Ankündigung. **b)** *das Anmelden* (1 b): die Anmeldung des Fernsehers. **c)** *das Anmelden* (1 c): Anmeldung spätestens 14 Tage vor Beginn.
2. *das Anmelden* (2): Anmeldung von Regressansprüchen.
3. *Raum, Schalter zum Anmelden:* bitte gehen Sie zuerst zur Anmeldung.

an|mer|ken ['anmɛrkn̩], merkte an, angemerkt ⟨tr.; hat⟩:
1. *(etwas) an jmdm., einer Sache feststellen, spüren:* jmdm. die Anstrengung anmerken; langsam merkt man der Oma das Alter an; sie ließ sich ihren Ärger nicht anmerken *(zeigte ihn nicht).* **Syn.:** ansehen, bemerken, erkennen, merken, wahrnehmen.
2. *(etwas) zu einer Sache äußern:*

dazu möchte ich Folgendes anmerken. **Syn.:** bemerken, darlegen, erklären, feststellen, mitteilen, sagen, vorbringen, zum Ausdruck bringen.

An|mer|kung ['anmɛrkʊŋ], die; -, -en:
erläuternde, ergänzende Bemerkung [zu einem Text]: ich möchte ein paar Anmerkungen machen; einen Text mit Anmerkungen versehen. **Syn.:** Kommentar.

An|mut ['anmu:t], die; -:
zarte natürliche Schönheit der Gestalt, Bewegung, Haltung: sie bewegte sich mit natürlicher Anmut. **Syn.:** Grazie.

an|mu|ten ['anmu:tn̩], mutete an, angemutet ⟨itr.; hat⟩:
auf jmdn. einen bestimmten Eindruck machen, in bestimmter Weise wirken: sein Verhalten mutete [mich] höchst merkwürdig an. **Syn.:** dünken (geh. veraltend), erscheinen, scheinen, vorkommen.

an|mu|tig ['anmu:tɪç] ⟨Adj.⟩:
Anmut zeigend, voll Anmut: eine anmutige Erscheinung; sie lächelte anmutig. **Syn.:** graziös.

an|nä|hen ['annɛ:ən], nähte an, angenäht ⟨tr.; hat⟩:
durch Nähen [wieder] befestigen: er musste noch schnell einen Knopf annähen.

An|nah|me ['anna:mə], die; -, -n:
1. ⟨ohne Plural⟩ **a)** *Entgegennahme:* sie hat die Annahme des Pakets verweigert. **Syn.:** Empfang. **Zus.:** Reparaturannahme, Warenannahme. **b)** *Schalter, an dem etwas angenommen wird:* ein Paket an der Annahme abgeben. **Zus.:** Gepäckannahme, Paketannahme.
2. *Billigung:* die Annahme eines Vorschlags von etwas abhängig machen. **Syn.:** Einverständnis, Zustimmung.
3. *Vermutung:* die Annahme, dass sie bereits abgereist sei, war falsch.

an|neh|men ['anne:mən], nimmt an, nahm an, angenommen:
1. ⟨tr.; hat⟩ **a)** *in Empfang nehmen:* ein Paket, ein Geschenk annehmen. **b)** *auf etwas (z. B. ein Angebot) eingehen, davon Gebrauch machen* /Ggs. ablehnen/: einen Vorschlag annehmen; sie nimmt nicht gern Hilfe an; Ihre Einladung nehmen wir gern an. **c)** *seine Zustimmung geben, billigen* /Ggs. ablehnen/: der Antrag wurde einstimmig angenommen. **Syn.:** absegnen (ugs.), akzeptieren, bewilligen, billigen, einwilligen in, zustimmen.
2. ⟨tr.; hat⟩ **a)** *für möglich, wahrscheinlich halten:* ich nahm an, dass ihr mitkommen wolltet. **Syn.:** denken, erwarten, meinen, rechnen mit, schätzen (ugs.), vermuten, wähnen (geh.). **b)** *voraussetzen:* wir nehmen an, dass seine Angaben stimmen. **Syn.:** ausgehen von.
3. ⟨tr.; hat⟩ *(jmdn.) in einen bestimmten Bereich, Kreis, in den er aufgenommen werden wollte, nehmen:* sie wurde am Gymnasium angenommen; sie haben ihn bei der Firma angenommen; ein Kind annehmen *(adoptieren);* die Mutter hat ihr Junges nach der Geburt nicht angenommen; einen anderen Namen annehmen *(den alten Namen ablegen und nun einen neuen haben).*
4. ⟨+ sich; mit Gen.⟩ *sich um jmdn., etwas kümmern:* sie nahm sich der kranken Kinder an. **Syn.:** sorgen für.
5. ⟨tr.; hat⟩ *(als Sache) in sich aufnehmen, eindringen lassen:* das Material nimmt die Farbe gut an; das Papier nimmt keine Tinte, kein Wasser an. **Syn.:** absorbieren, aufsaugen.

An|nehm|lich|keit ['anne:mlɪçkai̯t], die; -, -en:
angenehme Gegebenheit; Vorteil: das Leben in der Stadt hat viele Annehmlichkeiten. **Syn.:** Bequemlichkeit, Komfort, Wohltat.

An|non|ce [a'nõ:sə], die; -, -n:
Anzeige in einer Zeitung oder Zeitschrift: eine Annonce aufgeben; meine Annonce erscheint morgen in der Zeitung. **Syn.:** Inserat. **Zus.:** Heiratsannonce, Zeitungsannonce.

an|non|cie|ren [anõ'si:rən]:
a) ⟨itr.; hat⟩ *eine Annonce aufgeben:* in der Zeitung annoncieren. **Syn.:** inserieren. **b)** ⟨tr.; hat⟩ *durch eine Annonce bekannt machen [und anbieten]:* ein Zimmer annoncieren. **Syn.:** ankündigen, anzeigen, bekannt geben, inserieren, mitteilen.

an|nul|lie|ren [anʊ'li:rən] ⟨tr.; hat⟩:
amtlich für ungültig erklären: einen Vertrag, ein Gerichtsurteil annullieren; seine Ehe mit der minderjährigen Frau wurde annulliert. **Syn.:** aufheben, außer Kraft setzen.

an|öden ['an|ø:dn̩], ödete an, angeödet ⟨tr.; hat⟩ (ugs.):
langweilen: die immer gleiche Landschaft ödete uns schließlich an; sein Gerede ödet mich an.

ano|nym [ano'ny:m] ⟨Adj.⟩:
ohne Nennung des Namens: ein anonymer Brief *(Brief, dessen Verfasser seinen Namen nicht nennt);* das Buch ist anonym erschienen; die Spenderin möchte anonym bleiben. **Syn.:** ungenannt.

Ano|ny|mi|tät [anonymi'tɛ:t], die; -:
das Anonymsein: die Anonymität wahren; schließlich musste sie ihre Anonymität aufgeben.

Ano|rak ['anorak], der; -s, -s:
Windjacke mit Kapuze: zieh den Anorak über, es soll regnen. **Syn.:** Jacke, Parka.

an|ord|nen ['an|ɔrdnən], ordnete an, angeordnet ⟨tr.; hat⟩:
1. *bestimmen, dass etwas durchgeführt, gemacht werden soll:* eine Untersuchung anordnen; der Chef ordnete Überstunden an. **Syn.:** anweisen, auferlegen, befehlen, diktieren, erlassen, gebieten (geh.), veranlassen, verfügen, verhängen, verordnen, vorschreiben.
2. *in eine bestimmte Folge bringen; nach einem bestimmten Plan zusammenstellen:* die Bücher neu anordnen; auf dem Tisch war alles sehr hübsch angeordnet. **Syn.:** aufstellen, einteilen, gliedern, gruppieren, hinstellen, legen, ordnen, platzieren, postieren, stellen.

An|ord|nung ['an|ɔrdnʊŋ], die; -, -en:
1. *Äußerung, mit der etwas angeordnet, verfügt wird:* es erging eine dienstliche Anordnung. **Syn.:** Auftrag, Befehl, Bestimmung, Direktive (geh.), Gebot, Weisung. **Zus.:** Haftanordnung.
2. *das Anordnen* (2): die Anordnung der Kapitel ist nicht sinnvoll. **Syn.:** Arrangement, Aufbau, Gliederung, Komposition. **Zus.:** Versuchsanordnung.

anor|mal ['anɔrma:l] ⟨Adj.⟩:
von einer Norm abweichend

/Ggs. normal/: ich finde dein Verhalten anormal; anormal reagieren. **Syn.:** abnorm, abnormal (bes. österr. u. schweiz.), ausgefallen, krankhaft, unnatürlich.

an|pas|sen ['anpasn̩], passte an, angepasst:
1. ⟨+ sich⟩ *sich angleichen; sich (nach jmdm., etwas) richten:* sich der Zeit, den Umständen anpassen; er ist sehr angepasst *(vermeidet eigenes abweichendes Verhalten, um den allgemeinen Erwartungen zu entsprechen).* **Syn.:** sich akklimatisieren (bildungsspr.), sich assimilieren, sich einfügen in, sich einordnen in, sich einstellen auf.
2. ⟨tr.; hat⟩ *(etwas) den Umständen, Gegebenheiten entsprechend wählen, darauf abstimmen:* die Kleidung der Jahreszeit anpassen. **Syn.:** abstimmen auf, angleichen.

an|pfei|fen ['anpfai̯fn̩], pfiff an, angepfiffen:
1. ⟨tr.; hat⟩ *durch einen Pfiff das Zeichen zum Beginn des Spiels oder Spielabschnitts geben* /Ggs. abpfeifen/: der Schiedsrichter pfiff das Spiel an; ⟨auch itr.⟩ nach längerer Diskussion konnte die Schiedsrichterin endlich anpfeifen.
2. ⟨tr.; hat⟩ (ugs.) *scharf zurechtweisen:* die Chefin hat ihn mächtig angepfiffen. **Syn.:** anfahren, anherrschen, anscheißen (salopp), anschnauzen (ugs.), in den Senkel stellen (ugs.), rüffeln (ugs.), zusammenstauchen (ugs.).

An|pfiff ['anpfɪf], der; -[e]s, -e:
1. *Pfiff als Zeichen für den Beginn des Spiels oder Spielabschnitts:* nach dem Anpfiff des spanischen Schiedsrichters. **Zus.:** Wiederanpfiff.
2. (ugs.) *scharfe Zurechtweisung:* wegen dieser Sache hat sie einen Anpfiff vom Chef bekommen. **Syn.:** Anschiss (salopp), Rüffel (ugs.).

an|pö|beln ['anpø:bl̩n], pöbelte an, angepöbelt ⟨tr.; hat⟩ (ugs. abwertend):
durch beleidigende, unflätige o. ä. Äußerungen oder entsprechende Handlungen belästigen: er pöbelte sie auf der Straße an. **Syn.:** anmachen (ugs.), beleidigen, beschimpfen.

an|pran|gern ['anpraŋɐn], prangerte an, angeprangert ⟨tr.; hat⟩: *auf jmdn., auf jmds. Verhalten oder auf etwas, was als Unrecht o. Ä. angesehen wird, öffentlich in scharfen Worten hinweisen:* die Unterbringung von Legehennen in engsten Käfigen anprangern; jmdn. als Verräter anprangern. **Syn.:** ächten, an den Pranger stellen, anklagen, brandmarken, verdammen, verurteilen.

an|prei|sen ['anprai̯zn̩], pries an, angepriesen ⟨tr.; hat⟩:
mit beredten Worten als gut, nützlich usw. hinstellen und [zum Kauf] empfehlen: ein Lokal, eine Sehenswürdigkeit anpreisen; der Händler preist lautstark seine Waren an; oft wird den Käufern Schund angepriesen.

An|pro|be ['anpro:bə], die; -, -n:
das Anprobieren eines [in Arbeit befindlichen] Kleidungsstückes: sie hatte einen Termin zur Anprobe bei ihrer Schneiderin; man sollte nie ein Kleidungsstück ohne vorherige Anprobe kaufen.

an|pro|bie|ren ['anprobi:rən], probierte an, anprobiert ⟨tr.; hat⟩: *(ein Kleidungsstück o. Ä.) anziehen, um zu sehen, ob es passt:* die Schuhe, den Mantel anprobieren.

an|pum|pen ['anpʊmpn̩], pumpte an, angepumpt ⟨tr.; hat⟩ (ugs.): *sich (von jmdm.) Geld leihen:* wenn er kein Geld mehr hat, pumpt er seine Freunde an.

An|rai|ner ['anrai̯nɐ], der; -s, -, **An|rai|ne|rin** ['anrai̯nərɪn], die; -, -nen:
Person, deren Grundstück an das einer anderen Person grenzt: die Anrainerinnen und Anrainer mussten sich an den Straßenbaukosten beteiligen. **Syn.:** Anlieger (bes. Fachspr.), Anliegerin (bes. Fachspr.), Anwohner, Anwohnerin.

an|rech|nen ['anrɛçnən], rechnete an, angerechnet ⟨tr.; hat⟩:
[bei einem zu bezahlenden Betrag] mit berücksichtigen: diesen Calvados rechne ich nicht an *(er braucht nicht bezahlt zu werden);* die Auslagen für die Fahrt muss ich aber anrechnen *(sie müssen bezahlt werden);* die alte Kamera rechne ich [mit 25 Euro] an *(25 Euro werden vom Kaufpreis für die neue Kamera abgezogen);* die Untersuchungshaft wurde [auf die Strafe] angerechnet. **Syn.:** berechnen, berücksichtigen, gutschreiben, in Rechnung stellen; *** jmdm. etwas hoch anrechnen:** *jmds. Verhalten besonders anerkennen, würdigen:* ich rechne dir hoch an, dass du mich damals nicht verraten hast.

An|recht ['anrɛçt], das; -[e]s, -e: *Recht, Anspruch auf etwas (was einem zusteht):* sie hat ein Anrecht auf Unterstützung. **Syn.:** Anwartschaft, Berechtigung.

An|re|de ['anre:də], die; -, -n: *Bezeichnung, mit der jmd. angeredet wird:* die Anrede »Fräulein« ist nicht mehr gebräuchlich.

an|re|den ['anre:dn̩], redete an, angeredet ⟨tr.; hat⟩:
a) *sich mit Worten (an jmdn.) wenden; das Wort (an jmdn.) richten:* die Nachbarin redete mich an; sie wollte sich nicht länger dumm anreden lassen und ging. **Syn.:** ansprechen. **b)** *in einer bestimmten Form, mit einer bestimmten Bezeichnung ansprechen:* an der Uni ist es üblich, sich ohne Titel anzureden; es dauerte lange, bis sie ihre Schwiegereltern mit Du anreden durfte.

an|re|gen ['anre:gn̩], regte an, angeregt ⟨tr.; hat⟩:
1. a) *jmdn. zu etwas veranlassen, inspirieren:* aggressives Verhalten regt leider viele zur Nachahmung an; diese Eindrücke haben sie zu einem neuen Roman angeregt. **Syn.:** anreizen, anspornen, ermutigen, inspirieren, motivieren, veranlassen. **b)** *den Anstoß (zu etwas) geben:* eine Arbeit anregen; er hat angeregt, jedes Jahr dieses Fest zu feiern. **Syn.:** vorschlagen.
2. *(als Sache) bewirken, dass eine organische o. ä. Funktion stärker in Tätigkeit gesetzt wird:* Aperitifs regen den Appetit an; ⟨auch itr.⟩ Kaffee regt an; ⟨im 1. Partizip⟩ der Vortrag war anregend. **Syn.:** aktivieren, ankurbeln, bele-

ben, in Schwung bringen (ugs.).

An|re|gung [ˈanreːgʊŋ], die; -, -en:
1. a) ⟨ohne Plural⟩ *das Anregen (1), Angeregtwerden:* die Anregung von Diskussionen; die Anregung zu dem neuen Werk holte sie sich bei einem Besuch der Messe. **b)** *Impuls, Denkanstoß:* eine Anregung befolgen, aufgreifen; sich wertvolle Anregungen für ein neues Projekt holen. **Syn.:** Hinweis, Idee, Impuls.
2. ⟨ohne Plural⟩ *das Beleben, Anregen:* ein Mittel zur Anregung des Appetits.

an|rei|chern [ˈanrai̯çɐn], reicherte an, angereichert ⟨tr.; hat⟩:
gehaltvoll[er] machen: Lebensmittel mit Vitaminen anreichern; angereichertes Uran. **Syn.:** bereichern.

An|rei|se [ˈanrai̯zə], die; -, -n:
a) *Hinfahrt zu einem bestimmten Ziel:* die Anreise dauert 10 Stunden. **Syn.:** Anfahrt, Fahrt, Reise. **b)** *Ankunft, [erwartetes] Eintreffen:* wir erwarten die Anreise einer größeren Reisegesellschaft.

an|rei|sen [ˈanrai̯zn̩], reiste an, angereist ⟨itr.; ist⟩:
von weit her (mit einem Verkehrsmittel) ankommen, eintreffen: die Teilnehmer reisten aus allen Himmelsrichtungen an; morgen reist das Orchester an.

an|rei|ßen [ˈanrai̯sn̩], riss an, angerissen ⟨tr.; hat⟩:
1. (ugs.) *zu verbrauchen beginnen (nachdem man die Verpackung aufgerissen hat):* ich riss meine letzte Schachtel Zigaretten an. **Syn.:** anbrechen, angreifen, antasten.
2. *gesprächsweise berühren:* soziale Probleme anreißen; das Thema wurde leider nur angerissen. **Syn.:** andeuten, anschneiden, antippen (ugs.), erwähnen.

An|reiz [ˈanrai̯ts], der; -es, -e:
etwas, was jmds. Interesse erregt, ihn motiviert, etwas zu tun: einen Anreiz zum Kauf bieten. **Syn.:** Reiz. **Zus.:** Kaufanreiz, Leistungsanreiz.

an|rei|zen [ˈanrai̯tsn̩], reizte an, angereizt ⟨tr.; hat⟩:
den Anreiz zu etwas geben: die bunte Reklame reizte viele zum Kauf an. **Syn.:** locken, reizen, verführen, verleiten, verlocken (geh.).

an|rem|peln [ˈanrɛmpl̩n], rempelte an, angerempelt ⟨tr.; hat⟩ (ugs.):
im Vorübergehen [mit Absicht] heftig anstoßen: die Passanten anrempeln. **Syn.:** rempeln (ugs.), stoßen.

an|ren|nen [ˈanrɛnən], rannte an, angerannt ⟨itr.; ist⟩:
1. (ugs.) *ohne Absicht (an, gegen etwas) rennen:* ich bin an den Pfosten angerannt. **Syn.:** prallen.
2. *sich rennend (gegen jmdn., etwas) wenden:* der Feind rennt gegen unsere Stellungen an.
3. * angerannt kommen:
1) *rennend, laufend herankommen:* da kommen die beiden ja schon angerannt! **2)** (ugs.) *zu jmdm., der darüber ärgerlich ist, kommen:* alle zwei Minuten kommt sie angerannt und fragt mich was.

An|rich|te [ˈanrɪçtə], die; -, -n:
Tisch oder Schrank mit entsprechender Fläche zum Anrichten und zum Bereitstellen von Speisen: die Teller aus der Anrichte nehmen; sie hat die alte Anrichte von ihrer Oma geerbt. **Syn.:** Büfett, Buffet (bes. schweiz. u. österr.).

an|rich|ten [ˈanrɪçtn̩], richtete an, angerichtet ⟨tr.; hat⟩:
1. *zum Essen fertig machen:* das Mittagessen [hübsch] anrichten. **Syn.:** zubereiten.
2. *(etwas Übles) [ohne Absicht] verursachen:* Unheil anrichten; das Gewitter hat große Schäden angerichtet; was hast du denn nun schon wieder angerichtet! **Syn.:** anstellen, ausfressen (ugs.), auslösen, heraufbeschwören, herbeiführen, machen, [1]tun.

an|rol|len [ˈanrɔlən], rollte an, angerollt ⟨itr.; ist⟩:
1. a) *zu fahren beginnen:* der Zug rollte an. **Syn.:** anfahren. **b)** *seinen Anfang nehmen, abzurollen beginnen, anlaufen, einsetzen:* die Suchaktion ist angerollt. **Syn.:** anheben (geh.), beginnen, in Gang kommen, ins Rollen kommen (ugs.).
2. a) *auf jmdn., etwas zufahren, zukommen:* das Flugzeug rollte zur Startbahn an. **b)** *sich rollend, auf Rollen nähern:* Bierfässer rollen an.

an|rü|chig [ˈanrʏçɪç] ⟨Adj.⟩:
in schlechtem Ruf stehend, von sehr zweifelhaftem Ruf: ein anrüchiges Lokal; eine ziemlich anrüchige Person. **Syn.:** dubios, fragwürdig, nicht ganz astrein (ugs.), nicht ganz hasenrein (ugs.), obskur (bildungsspr.), übel beleumdet, verrufen, zweifelhaft.

an|rü|cken [ˈanrʏkn̩], rückte an, angerückt ⟨itr.; ist⟩:
in einer Gruppe oder [militärischen] Formation näher rücken, herankommen, anmarschieren: Pioniere rückten an und sprengten die Brücke; am Wochenende rückt die Familie an (ugs.; *kommt die Familie zu Besuch*). **Syn.:** kommen, nahen (geh.), sich nähern.

An|ruf [ˈanruːf], der; -[e]s, -e:
1. *Telefongespräch:* einen Anruf erwarten; durch einen Anruf bei der Firma klärte sich der Fall. **Zus.:** Telefonanruf.
2. *Zuruf:* er blieb auf den Anruf der Wache nicht stehen.

An|ruf|be|ant|wor|ter [ˈanruːfbəǀantvɔrtɐ], der; -s, -:
Gerät, das es Anrufenden ermöglicht, telefonisch eine Nachricht zu hinterlassen: den Anrufbeantworter anstellen; jmdm. etwas auf den Anrufbeantworter sprechen.

an|ru|fen [ˈanruːfn̩], rief an, angerufen:
1. ⟨tr.; hat⟩ *mit jmdm. telefonisch Verbindung aufnehmen:* einen Freund anrufen; ⟨auch itr.⟩ ich muss noch anrufen; ruf doch mal an! **Syn.:** telefonieren.
2. ⟨tr.; hat⟩ *jmdn. bitten, vermittelnd, helfend einzugreifen:* sie rief ihren Gott an; ein höheres Gericht anrufen. **Syn.:** angehen, bemühen (geh.), sich wenden an.

an|rüh|ren [ˈanryːrən], rührte an, angerührt ⟨tr.; hat⟩:
1. a) *leicht berühren, anfassen:* du darfst hier nichts anrühren; sie haben das Essen nicht angerührt *(sie haben nichts davon gegessen)*. **Syn.:** angreifen. **b)** *rührend auf jmdn. wirken, Rührung bei jmdm. bewirken:* sein Weinen rührte sie an.

Syn.: berühren, [1]bewegen, erschüttern.
2. *(verschiedene Bestandteile) durch Rühren, Verrühren zu etwas Bestimmtem machen:* Farben anrühren; einen Hefeteig anrühren. **Syn.:** anmachen, ansetzen, mischen, rühren.

ans [ans] ⟨Verschmelzung von »an« + »das«⟩:
a) ⟨die Verschmelzung kann aufgelöst werden⟩ sie stellte ihr Fahrrad ans Haus. **b)** ⟨die Verschmelzung kann nicht aufgelöst werden⟩ jmdm. etwas ans Herz legen.

An|sa|ge [ˈanza:gə], die; -, -n:
a) *das Ansagen* (a): auf die Ansage der Ergebnisse des Länderkampfes warten. **Syn.:** Meldung, Mitteilung. **Zus.:** Telefonansage, Zeitansage.
b) *am Anfang einer Sendung erfolgende Bemerkungen eines Sprechers, einer Sprecherin* /Ggs. Absage/: die Ansage einer Sendung.

an|sa|gen [ˈanza:gn̩], sagte an, angesagt ⟨tr.; hat⟩:
a) *(etwas, was als Ergebnis vorliegt oder als Darbietung o. Ä. in Kürze zu erwarten ist) mitteilen:* den Punktestand, das Programm ansagen. **Syn.:** ankündigen, bekannt geben, verkünden (geh.), verkündigen (geh.). **b)** *(einen Besuch) ankündigen:* seinen Besuch bei jmdm. ansagen; ⟨auch + sich⟩ sie sagte sich bei ihr [zu Besuch, für morgen] an. **Syn.:** anmelden.

An|sa|ger [ˈanza:gɐ], der; -s, -, **An|sa|ge|rin** [ˈanza:gərɪn], die; -, -nen:
Person, die beim Rundfunk oder im Fernsehen die Sendungen ansagt: die Ansagerin hat sich heute zweimal versprochen. **Zus.:** Fernsehansager, Fernsehansagerin, Rundfunkansager, Rundfunkansagerin.

an|sam|meln [ˈanzam l̩n], sammelte an, angesammelt ⟨+ sich⟩:
a) *(als Sache) immer mehr werden, in großen Mengen zusammenkommen und sich anhäufen:* im Lager haben sich die Vorräte angesammelt. **Syn.:** auflaufen, zusammenkommen.
b) *nach und nach an einer bestimmten Stelle zusammenkommen:* viele Neugierige sammelten sich an der Unglücksstelle an.

An|samm|lung [ˈanzamlʊŋ], die; -, -en:
a) *etwas, was sich angesammelt hat:* eine Ansammlung von Gerümpel. **Syn.:** Haufen, Sammlung, Stapel, Stoß. **Zus.:** Flüssigkeitsansammlung, Wasseransammlung. **b)** *größere Anzahl von Menschen, die sich an einer Stelle angesammelt hat:* die Ansammlung auflösen. **Syn.:** Auflauf, Gewühl, Menge, Pulk, Volk (ugs.). **Zus.:** Massenansammlung, Menschenansammlung.

an|säs|sig [ˈanzɛsɪç] ⟨Adj.⟩:
an einem bestimmten Ort dauernd wohnend, den [Wohn]sitz habend: die ansässige Industrie; in München ansässig sein. **Syn.:** beheimatet, eingesessen, einheimisch, heimisch. **Zus.:** ortsansässig.

An|satz [ˈanzats], der; -es, Ansätze [ˈanzɛtsə]:
1. *etwas, was andeutungsweise zu bemerken, sichtbar ist; erstes Zeichen (von etwas):* sie hat einen leichten Ansatz eines Doppelkinns; an den Bäumen zeigten sich Ansätze von zartem Grün. **Zus.:** Bauchansatz, Fettansatz.
2. *Stelle, an der ein Körperteil o. Ä. ansetzt:* der Ansatz des Halses. **Zus.:** Haaransatz.
3. *zugrunde gelegter Gedanke, angesetzte Formel als Ausgangspunkt für weitere Überlegungen, Rechnungen o. Ä.:* der ganze Ansatz ist falsch. **Syn.:** These (bildungsspr.). **Zus.:** Denkansatz, Lösungsansatz.

an|schaf|fen [ˈanʃafn̩], schaffte an, angeschafft ⟨tr.; hat⟩:
(für längere Dauer) käuflich erwerben: ich werde [mir] eine Spülmaschine anschaffen. **Syn.:** erstehen, kaufen, sich leisten (ugs.), sich zulegen.

An|schaf|fung [ˈanʃafʊŋ], die; -, -en:
a) *das Anschaffen:* die Anschaffung eines Autos. **Syn.:** Erwerb, Kauf. **Zus.:** Neuanschaffung, Wiederanschaffung. **b)** *etwas, was angeschafft worden ist:* dieses Tafelsilber ist eine Anschaffung fürs Leben. **Syn.:** Errungenschaft.

an|schal|ten [ˈanʃaltn̩], schaltete an, angeschaltet ⟨tr.; hat⟩:
(Licht, Radio, eine Maschine o. Ä.) durch Betätigen eines Hebels, Schalters in Betrieb setzen: das Radio, das Licht anschalten; schalten Sie jetzt den Computer an. **Syn.:** andrehen, anknipsen (ugs.), anmachen, anstellen, anwerfen, einschalten, starten.

an|schau|en [ˈanʃau̯ən], schaute an, angeschaut ⟨tr.; hat⟩ (bes. südd., österr., schweiz.):
a) *(jmdn. ausdrucksvoll) ansehen:* jmdn. nachdenklich anschauen; das Kind hat mich mit großen fragenden Augen angeschaut. **Syn.:** angucken (ugs.), betrachten, mustern.
b) *aufmerksam, interessiert, beurteilend betrachten:* willst du dir noch das Schloss anschauen? **Syn.:** angucken (ugs.), ansehen, besichtigen, betrachten, in Augenschein nehmen.

an|schau|lich [ˈanʃau̯lɪç] ⟨Adj.⟩:
so beschaffen, dass man sich eine Vorstellung von dem Genannten machen kann: eine anschauliche Darstellung; sie kann sehr anschaulich erzählen; die Vergangenheit durch Bilder anschaulich machen. **Syn.:** bildlich, drastisch, plastisch.

An|schau|ung [ˈanʃau̯ʊŋ], die; -, -en:
1. *subjektive Ansicht, Meinung:* zu einer bestimmten Anschauung gelangen; ich kenne seine politischen Anschauungen nicht. **Syn.:** Auffassung, Einstellung, Standpunkt, Urteil, Vorstellung. **Zus.:** Grundanschauung, Weltanschauung.
2. ⟨ohne Plural⟩ *das Anschauen:* aus eigener Anschauung urteilen.

An|schein [ˈanʃai̯n], der; -[e]s:
Art und Weise, wie etwas aussieht oder zu sein scheint: mit einem Anschein von Ernst; allem Anschein nach ist sie verreist; es hat den Anschein, als wollte es regnen; er erweckt den Anschein *(den Eindruck)*, als wäre ihm die Sache gleichgültig. **Syn.:** Schein.

an|schei|nend [ˈanʃai̯nənt] ⟨Adverb⟩:
wie es scheint: sie hat sich

anscheinend verspätet. **Syn.:** allem Anschein nach, offenbar, offensichtlich, wohl.

anscheinend/scheinbar

Mit **anscheinend** wird die Vermutung zum Ausdruck gebracht, dass etwas so ist, wie es erscheint.

- Herr Maier ist anscheinend krank.

Dies bedeutet also: Es sieht so aus/hat den Anschein, als ob Herr Maier krank wäre; vermutlich ist er es tatsächlich.
Das Adjektiv **scheinbar** besagt, dass etwas nur dem Schein nach, nicht aber in Wirklichkeit so ist, wie es sich darstellt. Dieses Wort steht im Gegensatz zu »wirklich«, »wahr«, »tatsächlich«:

- Die meisten Abstürze passieren in scheinbar harmlosem Gelände.
- Er ist scheinbar krank.

an|schei|ßen [ˈanʃai̯sn̩], schiss an, angeschissen ⟨tr.; hat⟩ (derb):
1. *grob zurechtweisen, beschimpfen:* der Chef hat mich angeschissen. **Syn.:** anfahren, anherrschen, anpfeifen (ugs.), anschnauzen (ugs.), heruntermachen (ugs.), in den Senkel stellen (ugs.), rüffeln (ugs.), zusammenstauchen (ugs.).
2. *betrügen:* die Marktfrau hat mich bestimmt angeschissen. **Syn.:** anschmieren (ugs.), aufs Glatteis führen, aufs Kreuz legen (salopp), hereinlegen (ugs.), hinters Licht führen, leimen (ugs.), linken (ugs.), über den Löffel balbieren (ugs.), überlisten, übers Ohr hauen (ugs.), übertölpeln.
3. *** angeschissen kommen:** *(zu jmdm., der darüber ärgerlich ist) kommen:* alle fünf Minuten kam er angeschissen und fragte, was er machen solle. **Syn.:** angelaufen kommen, angerannt kommen, ankommen.

an|schi|cken [ˈanʃɪkn̩], schickte an, angeschickt ⟨+ sich⟩ (geh.): *anfangen, im Begriff sein (etwas Bestimmtes zu tun, entsprechende Vorbereitungen dafür treffen):* sie schickte sich an wegzugehen. **Syn.:** ansetzen, Anstalten machen, Miene machen, sich rüsten (geh.).

an|schie|ßen [ˈanʃiːsn̩], schoss an, angeschossen ⟨tr.; hat⟩:
1. *durch einen Schuss verletzen:* ein Tier anschießen.
2. (ugs.) *heftig kritisieren:* man hat in der Versammlung den Bürgermeister angeschossen. **Syn.:** angreifen, attackieren, rüffeln (ugs.), rügen, schelten (geh.), schimpfen auf/über, wettern gegen/über.

An|schiss [ˈanʃɪs], der; -es, -e (derb):
Tadel, Zurechtweisung: jmdm. einen Anschiss verpassen. **Syn.:** Anpfiff (ugs.), Rüffel (ugs.), Rüge, Verweis, Vorwurf.

An|schlag [ˈanʃlaːk], der; -[e]s, Anschläge [ˈanʃlɛːgə]:
1. a) ⟨ohne Plural⟩ *das Anschlagen:* der weiche Anschlag der Pianistin; im Schwimmverein üben wir den Anschlag am Beckenrand. **b)** *das einzelne Anschlagen, Niederdrücken einer Taste (auf dem Computer oder der Schreib- oder Rechenmaschine):* sie schreibt 300 Anschläge in der Minute.
2. *gewalttätiger Angriff (auf jmdn., etwas):* auf die Botschafterin wurde ein Anschlag verübt; der Anschlag ist gelungen, missglückt. **Syn.:** Attentat, Überfall. **Zus.:** Bombenanschlag, Brandanschlag, Giftgasanschlag, Mordanschlag, Sprengstoffanschlag, Terroranschlag.
3. *Bekanntmachung, die irgendwo öffentlich angeschlagen, ausgehängt ist:* ich möchte noch die Anschläge an der Litfaßsäule lesen; etwas durch [einen] Anschlag am Schwarzen Brett bekannt geben. **Syn.:** Aushang.
4. ⟨ohne Plural⟩ *Stelle, bis zu der ein Teil einer Maschine o. Ä. bewegt werden kann:* einen Hebel bis zum Anschlag niederdrücken.

an|schla|gen [ˈanʃlaːgn̩], schlägt an, schlug an, angeschlagen:
1. a) ⟨itr.; ist⟩ *gegen etwas stoßen [und sich dabei verletzen]:* ich bin mit dem Kopf [an die Wand] angeschlagen. **Syn.:** anstoßen, bumsen (ugs.), krachen (ugs.), prallen, schlagen. **b)** ⟨tr.; hat⟩ *mit einem Körperteil an etwas stoßen [und sich dabei verletzen]:* ich habe mir das Knie angeschlagen. **Syn.:** sich stoßen.
2. ⟨tr.; hat⟩ *durch Anstoßen beschädigen:* beim Geschirrspülen einen Teller anschlagen; angeschlagene Tassen. **Syn.:** ramponieren (ugs.).
3. ⟨tr.; hat⟩ **a)** *(die Tasten eines Computers o. Ä.) durch Druck nach unten betätigen:* bei dieser alten Schreibmaschine müssen die Tasten kräftig angeschlagen werden. **b)** *durch Tastendruck auf einem Klavier, Cembalo o. Ä. erklingen lassen:* einen Akkord [auf dem Klavier] anschlagen. **c)** *(ein Verhalten insbesondere bei der Fortbewegung) in bestimmter, veränderter Weise gestalten, fortsetzen:* eine schnellere Gangart anschlagen.
4. ⟨tr.; hat⟩ *(als Bekanntmachung, Ankündigung, Inserat o. Ä.) zur allgemeinen Kenntnisnahme irgendwo anbringen, aushängen:* sie hat eine Bekanntmachung, ein Plakat angeschlagen. **Syn.:** befestigen.
5. ⟨itr.; hat⟩ *einen bestimmten Erfolg haben, eine Wirkung zeigen:* das Medikament hat bisher bei Krebspatientinnen gut angeschlagen; das Essen schlug bei ihm an *(machte ihn dick).* **Syn.:** sich auswirken, fruchten, wirken.

an|schlie|ßen [ˈanʃliːsn̩], schloss an, angeschlossen:
1. ⟨tr.; hat⟩ *an etwas anbringen und dadurch eine Verbindung herstellen:* einen Schlauch [an die/der Leitung] anschließen. **Syn.:** befestigen, installieren, montieren.
2. a) ⟨tr.; hat⟩ *folgen lassen:* sie schloss [an ihre Rede] einige Worte des Dankes an. **Syn.:** [1]anhängen, hinzufügen. **b)** ⟨+ sich⟩ *(auf etwas) unmittelbar folgen:* an die Fahrt schloss sich ein Besuch im Museum an. **Syn.:** nachfolgen.
3. ⟨itr.; hat⟩ *unmittelbar danebenliegen:* die Terrasse schließt an die Veranda an. **Syn.:** grenzen.
4. ⟨+ sich⟩ **a)** *(zu jmdm.) in engere Beziehung treten:* sie hat sich in letzter Zeit wieder mehr ihren alten Freunden, an ihre alten Freunde angeschlossen;

sich leicht anschließen *(leicht Kontakt zu anderen Menschen finden).* **Syn.:** sich anfreunden mit, sich verbinden mit. **b)** *einer Meinung o. Ä. zustimmen:* willst du dich nicht seinem Vorschlag anschließen? **c)** *sich (an einem Unternehmen) beteiligen; (mit jmdm.) mitgehen:* sich einem Streik anschließen; darf ich mich Ihnen anschließen?; sich einer Partei anschließen *(Mitglied einer Partei werden).*

an|schlie|ßend [ˈanʃliːsn̩t] ⟨Adverb⟩:
(in Bezug auf eine zeitliche Abfolge) danach: wir waren im Theater und gingen anschließend essen. **Syn.:** dann, darauf, hinterher, im Anschluss daran, nachher, später.

An|schluss [ˈanʃlʊs], der; -es, Anschlüsse [ˈanʃlʏsə]:
1. *Verbindung (mit etwas), besonders in Bezug auf Strom, Gas, Wasser, Telefon:* das Dorf hatte noch keinen Anschluss an Strom und Wasser; einen Anschluss für den Telefonapparat legen lassen; sie wollte gestern bei ihm anrufen, bekam aber keinen Anschluss *(keine telefonische Verbindung).* **Zus.:** Gasanschluss, Gleisanschluss, Hauptanschluss, Internetanschluss, Kabelanschluss, Nebenanschluss, Netzanschluss, Telefonanschluss, Wasseranschluss.
2. *Möglichkeit, in ein Verkehrsmittel umzusteigen, mit dem man seine Reise fortsetzen kann:* in Köln musste sie eine Stunde auf den Anschluss warten.
3. a) ⟨ohne Plural⟩ *Kontakt (mit etwas), Beziehung, Verbindung (zu etwas/jmdm.):* den Anschluss an das tägliche Leben finden; in der neuen Umgebung fand sie sofort Anschluss. **Syn.:** Fühlung. **Zus.:** Familienanschluss. **b)** *** im Anschluss an etwas** (Akk.): *unmittelbar nach etwas:* im Anschluss an den Vortrag findet eine Diskussion statt. **Syn.:** anschließend an etwas.

an|schmie|gen [ˈanʃmiːgn̩], schmiegte an, angeschmiegt:
a) ⟨itr.; hat⟩ *(an jmdn., etwas) schmiegen:* das Tier schmiegte den Kopf an mich an; das Kind schmiegte sich an die Mutter an. **Syn.:** anlehnen, sich kuscheln (fam.), lehnen an/gegen. **b)** ⟨+ sich⟩ *dicht am Körper liegen:* das Kleid schmiegt sich den Formen des Körpers an, schmiegt sich eng an den Körper an. **Syn.:** anliegen.

an|schmie|ren [ˈanʃmiːrən], schmierte an, angeschmiert (ugs.):
1. ⟨+ sich⟩ *(an der Haut, Kleidung) mit Farbe oder Schmutz versehentlich in Berührung kommen:* du hast dich am linken Ärmel angeschmiert. **Syn.:** beschmutzen, verschmutzen, verunreinigen (geh.).
2. ⟨tr.; hat⟩ *übervorteilen, täuschen:* mit diesem angeblich echten Pelz hat man dich angeschmiert. **Syn.:** aufs Kreuz legen (salopp), betrügen, hereinlegen (ugs.), hinters Licht führen, leimen (ugs.), linken (ugs.), prellen, über den Löffel balbieren (ugs.), überlisten, übers Ohr hauen (ugs.), übertölpeln.

an|schnal|len [ˈanʃnalən], schnallte an, angeschnallt ⟨tr.; hat⟩:
mit Riemen, Gurten o. Ä. festmachen: die Skier anschnallen; im Flugzeug muss man sich anschnallen. **Syn.:** angurten.

an|schnau|zen [ˈanʃnaʊ̯tsn̩], schnauzte an, angeschnauzt ⟨tr.; hat⟩ (ugs.):
laut und grob tadeln: der Chef hat mich angeschnauzt. **Syn.:** anfahren, anherrschen, anscheißen (derb), anschreien.

an|schnei|den [ˈanʃnaɪ̯dn̩], schnitt an, angeschnitten ⟨tr.; hat⟩:
1. *zu verbrauchen beginnen, indem man das erste Stück abschneidet:* das Brot, die Torte anschneiden.
2. *(über etwas) zu sprechen beginnen; zur Sprache bringen:* eine Frage anschneiden; das Problem wurde leider nur kurz angeschnitten. **Syn.:** anreißen, ansprechen, antippen (ugs.), aufwerfen, berühren, erwähnen.

an|schrei|ben [ˈanʃraɪ̯bn̩], schrieb an, angeschrieben ⟨tr.; hat⟩:
1. *für alle sichtbar auf eine senkrechte Fläche schreiben:* welcher Schüler schreibt den Satz [an die Tafel] an? **Syn.:** schreiben.
2. *(eine Geldsumme, die jmd. schuldig bleibt) für die spätere Bezahlung notieren:* schreiben Sie den Betrag bitte an!
3. *sich schriftlich (an jmdn., etwas) wenden:* sie hat verschiedene Hotels angeschrieben, aber noch keine Antwort bekommen. **Syn.:** schreiben an.
4. *** bei jmdm. gut/schlecht angeschrieben sein** (ugs.): *von jmdm. sehr/nicht geschätzt werden:* seit ihrer etwas abfälligen Bemerkung ist sie beim Chef schlecht angeschrieben.

an|schrei|en [ˈanʃraɪ̯ən], schrie an, angeschrien ⟨tr.; hat⟩:
(jmdn.) wütend und mit lauter Stimme beschimpfen: der Chef hat die ganze Mannschaft angeschrien; die beiden schreien sich gegenseitig an. **Syn.:** anbrüllen, anfahren, anherrschen, anschnauzen (ugs.).

An|schrift [ˈanʃrɪft], die; -, -en:
Angabe [des Namens und] der Wohnung einer Person: die Anschrift notieren. **Syn.:** Adresse. **Zus.:** Geschäftsanschrift, Heimatanschrift, Privatanschrift, Urlaubsanschrift.

an|schul|di|gen [ˈanʃʊldɪgn̩], schuldigte an, angeschuldigt ⟨tr.; hat⟩:
(jmdm., einer Sache) Schuld geben: er wird angeschuldigt, die Frau ermordet zu haben. **Syn.:** beschuldigen, bezichtigen, verdächtigen.

An|schul|di|gung [ˈanʃʊldɪgʊŋ], die; -, -en:
Äußerung, durch die jmd. angeschuldigt wird: eine schwere, falsche Anschuldigung; die Anschuldigungen zurückweisen.

an|schwär|zen [ˈanʃvɛrtsn̩], schwärzte an, angeschwärzt ⟨tr.; hat⟩ (ugs.):
über jmdn. hinter dessen Rücken bei einer [maßgebenden, einflussreichen] Person Schlechtes sagen: man schwärzte sie bei ihrem Vorgesetzten an. **Syn.:** denunzieren, madigmachen (ugs.), schlechtmachen (ugs.).

an|schwel|len [ˈanʃvɛlən], schwillt an, schwoll an, angeschwollen ⟨itr.; ist⟩:
1. *(als Folge eines nicht normalen organischen Prozesses) dick werden:* der Fuß ist nach dem Unfall stark angeschwollen. **Syn.:** sich aufblähen, aufquellen, sich ausdehnen.
2. *in der Intensität o. Ä. stärker werden* /Ggs. abebben/: der Lärm schwoll immer mehr an.

Syn.: ansteigen, anwachsen, sich ausweiten, eskalieren, steigen, sich vergrößern, sich vermehren, sich verstärken, zunehmen.

an|schwin|deln ['anʃvɪndl̩n], schwindelte an, angeschwindelt ⟨tr.; hat⟩ (ugs.): *(jmdm.) die Unwahrheit sagen; beschwindeln:* sie hat ihn oft angeschwindelt. **Syn.:** belügen.

an|se|hen ['anze:ən], sieht an, sah an, angesehen ⟨tr.; hat⟩:
1. a) *(auf jmdn./etwas) den Blick richten:* sie sah ihn an und lächelte. **Syn.:** angucken, anschauen (bes. südd., österr., schweiz.), anstarren, betrachten, blicken auf, fixieren, mit Blicken durchbohren, mit Blicken messen (geh.), mit den Augen verschlingen (ugs.), mustern. **b)** *aufmerksam, interessiert, beurteilend betrachten:* ich muss [mir] den Patienten, die Wunde erst mal genau ansehen; willst du [dir] in Köln auch den Dom ansehen? **c)** *als Besucher, Zuschauer etwas sehen:* den Film, die Aufführung musst du dir unbedingt ansehen. **Syn.:** angucken, anschauen (bes. südd., österr., schweiz.), gucken (ugs.). **d)** *vom Gesicht ablesen können; an der äußeren Erscheinung erkennen:* man sieht dir an, dass du lügst; man sieht ihr den Kummer an. **Syn.:** anmerken.
2. *für etwas Bestimmtes halten* (16 a): jmdn. als seinen Freund ansehen; etwas als Pflicht ansehen. **Syn.:** auffassen, betrachten, beurteilen, einschätzen, erachten für (geh.).
3. *beurteilen:* sie sieht den Fall ganz anders an als er. **Syn.:** bewerten, einschätzen, werten.

An|se|hen ['anze:ən], das; -s:
1. *hohe Meinung, die man von jmdm./etwas hat:* ihr Ansehen in der Bevölkerung ist groß; das Ansehen der Partei ist gesunken. **Syn.:** Achtung, Autorität, Bedeutung, Ehre, Einfluss, Geltung, Gewicht, Größe, guter Name, Image, Leumund, Name, Prestige (bildungsspr.), Profil (bildungsspr.), Rang, Respekt, Ruf, Ruhm, Stellung, Würde.
2. * jmdn. nur vom Ansehen kennen: *jmdn. nur vom Sehen, nicht persönlich bzw. mit Namen kennen.*

an|sehn|lich ['anze:nlɪç] ⟨Adj.⟩: *einen starken Eindruck machend, gut aussehend, durch gutes Aussehen oder Größe auffallend:* von ansehnlicher Größe sein; eine ansehnliche Zahl von Abbildungen; Marburg ist eine ansehnliche Stadt; sie hat ein ansehnliches Vermögen; ein ganz ansehnlicher Haufen *(viel)* Papier lag vor der Tür. **Syn.:** außerordentlich, beachtlich, bedeutend, bemerkenswert, besonder..., beträchtlich, enorm, erheblich, erstaunlich, gewaltig (emotional), [1]groß, imposant, namhaft, nennenswert, stattlich.

an|set|zen ['anzɛt͜sn̩], setzte an, angesetzt:
1. ⟨tr.; hat⟩ *an etwas anbringen:* einen Streifen Stoff an einen Rock ansetzen; wir müssen hier noch ein Stück Rohr ansetzen.
2. ⟨tr.; hat⟩ *zu einem bestimmten Zweck an eine bestimmte Stelle bringen:* du musst den Hebel genau an diesem Punkt ansetzen; sie setzte das Glas an *(führte es an den Mund)* und trank es aus. **Syn.:** anlegen, anstellen.
3. ⟨tr.; hat⟩ *mit etwas beauftragen:* jmdn. als Bearbeiter auf ein neues Projekt ansetzen. **Syn.:** betrauen mit.
4. ⟨itr.; hat⟩ *sich anschicken, etwas zu tun:* zum Sprung ansetzen; die Rednerin setzte noch einmal [zum Sprechen] an. **Syn.:** sich rüsten (geh.).
5. ⟨tr.; hat⟩ **a)** *(für eine bestimmte Zeit) anordnen, (auf eine bestimmte Zeit) festsetzen:* eine Verhandlung [auf neun Uhr] ansetzen. **Syn.:** anberaumen (Amtsspr.), auf das Programm setzen, planen für, vorsehen. **b)** *veranschlagen:* wir haben die Kosten zu niedrig, mit 500 Euro angesetzt; für diese Arbeit muss man drei Tage ansetzen. **Syn.:** berechnen, beziffern, schätzen, überschlagen.
6. ⟨tr.; hat⟩ *hervorzubringen, zu bilden beginnen:* die Pflanzen setzen Knospen an; Fett ansetzen *(dick werden);* ⟨auch itr.⟩ die Bäume setzen schon an *(bekommen Knospen).* **Syn.:** bilden, entwickeln, hervorbringen, zeigen.
7. a) ⟨itr.; hat⟩ *(eine Schicht, die sich allmählich bildet) bekommen:* Rost, Grünspan, [eine] Patina ansetzen. **Syn.:** bilden, entwickeln, zeigen. **b)** ⟨+ sich⟩ *als Schicht an etwas entstehen:* an den Wänden des Gefäßes hat sich Kalk angesetzt. **Syn.:** sich bilden, sich entwickeln, sich zeigen.
8. ⟨tr.; hat⟩ *(bei der Zubereitung von etwas) bestimmte Zutaten vorbereitend mischen:* eine Bowle, den Teig ansetzen. **Syn.:** anmachen (ugs.), anrühren, mischen, rühren, vorbereiten, zubereiten.

An|sicht ['anzɪçt], die; -, -en:
1. *persönliche Meinung:* sie hat ihre Ansicht über ihn geändert; nach meiner Ansicht/meiner Ansicht nach hat er recht. **Syn.:** Anschauung, Auffassung, Einstellung, Standpunkt, Urteil, Vorstellung.
2. *Bild, Abbildung (einer Stadt, eines Gebäudes, einer Landschaft):* sie zeigte mir einige Ansichten von Berlin. **Syn.:** Darstellung, Zeichnung. **Zus.:** Schlossansicht, Stadtansicht.
3. *Bild, das etwas von einer bestimmten Seite aus bietet; sichtbarer Teil:* die hintere Ansicht des Schlosses. **Zus.:** Gesamtansicht, Hinteransicht, Seitenansicht, Vorderansicht.
4. * zur Ansicht: *vorerst nur zum Ansehen, ohne dass man es kaufen muss:* einige Muster zur Ansicht bestellen.

An|sichts|kar|te ['anzɪçt͜skartə], die; -, -n: *Postkarte mit der Ansicht einer Stadt, Landschaft o. Ä.:* sie sammelt historische Ansichtskarten. **Syn.:** Karte.

an|sie|deln ['anzi:dl̩n], siedelte an, angesiedelt:
1. ⟨+ sich⟩ *an einem Ort ansässig werden, sich an einem Ort niederlassen, um dort zu wohnen:* sich in München ansiedeln. **Syn.:** seine Zelte aufschlagen (meist scherzh.), seinen Wohnsitz nehmen, sesshaft werden, zuziehen.
2. ⟨tr.; hat⟩ *an einem Ort ansässig machen:* man versuchte, diese Tiere in Europa anzusiedeln.

An|sin|nen ['anzɪnən], das; -s, - (geh.): *Forderung, etwas Bestimmtes zu tun [was als Zumutung empfun-*

den, als unvereinbar mit der Person des Ausführenden angesehen wird]: sie wies das Ansinnen, die Wohnung zu räumen, entrüstet zurück. **Syn.:** Vorschlag.

an|sons|ten [anˈzɔnstn̩] ⟨Adverb⟩ (ugs.):
a) *sonst, im Übrigen:* sie hat einen Schnupfen, aber ansonsten geht es ihr gut. **Syn.:** daneben. **b)** *anderenfalls:* die Anweisung muss befolgt werden, ansonsten gibt es Ärger.

an|spie|len [ˈanʃpiːlən], spielte an, angespielt:
1. ⟨tr.; hat⟩ *(jmdm.) den Ball, die Scheibe zuspielen:* einen Stürmer anspielen.
2. ⟨itr.; hat⟩ *auf etwas einen versteckten, verhüllten Hinweis geben:* sie spielte mit der Bemerkung auf sein Alter, auf den Vorfall von gestern an.

An|spie|lung [ˈanʃpiːlʊŋ], die; -, -en:
versteckter, verhüllter Hinweis: eine zweideutige, freche Anspielung machen, überhören.

an|spit|zen [ˈanʃpɪtsn̩], spitzte an, angespitzt ⟨tr.; hat⟩:
1. *vorn spitz machen:* einen Bleistift anspitzen.
2. (ugs.) *dazu bringen, antreiben, etwas Bestimmtes [was für den Erfolg einer Sache nötig ist] zu tun:* du musst ihn mal anspitzen, dass er sich darum kümmert; wenn ich sie nicht angespitzt hätte, wäre die Arbeit nicht pünktlich fertig geworden. **Syn.:** anfeuern, anregen, anspornen, anstacheln, anstiften, antreiben.

An|sporn [ˈanʃpɔrn], der; -[e]s:
etwas, was jmdn. (zu etwas Bestimmtem) anspornt: die Belohnung sollte ein Ansporn für die weitere Arbeit sein. **Syn.:** Anregung, Anreiz, Antrieb.

an|spor|nen [ˈanʃpɔrnən], spornte an, angespornt ⟨tr.; hat⟩:
Antrieb, Anreiz geben: ihr Lob spornte ihn zu noch größeren Leistungen an. **Syn.:** anfeuern, anregen, anreizen, anstacheln, antreiben, beflügeln (geh.), befruchten (geh.), begeistern, beseelen (geh.), ermutigen, motivieren, veranlassen.

An|spra|che [ˈanʃpraːxə], die; -, -n:
meist kürzere Rede: sie hielt aus Anlass des Jubiläums eine Ansprache vor den Gästen. **Syn.:** Referat, Toast, Vortrag. **Zus.:** Begrüßungsansprache, Festansprache.

an|sprech|bar [ˈanʃprɛçbaːɐ̯] ⟨Adj.⟩:
bereit und in der Lage, auf Äußerungen, Fragen anderer zu reagieren, darauf einzugehen: der Patient ist noch nicht wieder ansprechbar; ich bin jetzt nicht ansprechbar, ich muss mich zu sehr konzentrieren.

an|spre|chen [ˈanʃprɛçn̩], spricht an, sprach an, angesprochen:
1. ⟨tr.; hat⟩ **a)** *das Wort an jmdn. richten:* jmdn. auf der Straße ansprechen und ihn nach dem Weg fragen. **Syn.:** anreden. **b)** *in bestimmter Weise, mit einer bestimmten Anrede das Wort an jmdn. richten:* jmdn. in der dritten Person, mit seinem Namen ansprechen. **Syn.:** anreden.
2. ⟨tr.; hat⟩ *sich mit einer Frage in einer bestimmten Angelegenheit an jmdn. wenden:* jmdn. um Hilfe ansprechen; sie sprach ihn auf den Vorfall von gestern an. **Syn.:** angehen, anrufen, bemühen (geh.), bitten, ersuchen.
3. ⟨tr.; hat⟩ *zur Sprache bringen, behandeln:* ein Thema, Problem ansprechen. **Syn.:** andeuten, anführen, anreißen, anschneiden, antippen (ugs.), aufrühren, aufwärmen (ugs.), aufwerfen, berühren, erwähnen, nennen.
4. ⟨tr.; hat⟩ *von jmdm./etwas als einer Person oder Sache sprechen, die einer bestimmten Vorstellung entspricht, einen bestimmten Anspruch erfüllt:* jmdn. als seinen Freund ansprechen; diese Bilder kann man nicht als Kunstwerke ansprechen. **Syn.:** ansehen, auffassen, betrachten, beurteilen, bezeichnen, einschätzen, erachten für (geh.), halten für, hinstellen.
5. ⟨itr.; hat⟩ *eine bestimmte Wirkung, Reaktion zeigen:* die Patientin sprach auf das Medikament nicht an. **Syn.:** reagieren.
6. ⟨tr.; hat⟩ *(vor allem von künstlerischen Gegenständen) (auf jmdn.) in besonders positiver Weise wirken:* das Bild sprach ihn nicht besonders an. **Syn.:** behagen, gefallen.

an|sprin|gen [ˈanʃprɪŋən], sprang an, angesprungen:
1. ⟨itr.; ist⟩ *in Gang kommen:* der Motor sprang nicht an. **Syn.:** anlaufen.
2. *** angesprungen kommen:** *[springend] herbeieilen:* als es Eis gab, kamen die Kinder alle angesprungen. **Syn.:** anrücken, kommen.
3. ⟨tr.; hat⟩ **a)** *an jmdm. hochspringen:* der Hund sprang sie vor Freude an. **b)** *sich mit einem Sprung (auf jmdn./etwas) stürzen:* der Tiger hat den Dompteur angesprungen. **Syn.:** anfallen, angreifen, attackieren, herfallen über, sich hermachen über.

An|spruch [ˈanʃprʊx], der; -[e]s, Ansprüche [ˈanʃprʏçə]:
1. *etwas, was jmd. [für sich] beansprucht, fordert:* berechtigte, bescheidene, persönliche Ansprüche; seine Ansprüche anmelden; große Ansprüche an das Leben stellen. **Syn.:** Anforderung, Forderung, Wunsch; *** Anspruch auf etwas erheben/machen:** *etwas verlangen, fordern, beanspruchen:* sie erhob keinen Anspruch auf Schadenersatz; *** etwas in Anspruch nehmen:** *von etwas Gebrauch machen, etwas benutzen; etwas erfordern, brauchen:* jmds. Hilfe in Anspruch nehmen; diese Arbeit nimmt viel Zeit, alle ihre Kräfte in Anspruch.
2. *Anrecht:* sie hat den Anspruch auf das Haus verloren. **Zus.:** Besitzanspruch, Rechtsanspruch.

an|spruchs|los [ˈanʃprʊxsloːs] ⟨Adj.⟩:
a) *keine großen Ansprüche stellend:* ein anspruchsloser Mensch; sie ist sehr anspruchslos. **Syn.:** bedürfnislos, bescheiden, einfach, genügsam.
b) *schlichten, nur geringen Ansprüchen genügend:* anspruchslose Lektüre. **Syn.:** bescheiden, einfach, karg, niveaulos, schlicht.

an|spruchs|voll [ˈanʃprʊxsfɔl] ⟨Adj.⟩:
große Ansprüche stellend: sie ist eine sehr anspruchsvolle Frau; ein anspruchsvolles *(kritisches)* Publikum. **Syn.:** hochtrabend (emotional), wählerisch.

an|sta|cheln [ˈanʃtaxl̩n], stachelte an, angestachelt ⟨tr.; hat⟩:
zur Steigerung, zu einer höheren Leistung treiben, zu treiben

suchen: das hat sie zu neuen Anstrengungen angestachelt; jmds. Eifer, Ehrgeiz durch Lob anstacheln. **Syn.:** ²bewegen, anfeuern, anregen, anreizen, anspitzen (ugs.), anspornen, anstiften, antreiben, aufwiegeln, beflügeln (geh.), befruchten (geh.), ermutigen, motivieren, reizen, treiben, veranlassen.

An|stalt ['anʃtalt], die; -, -en (veraltend):
1. *öffentliche Einrichtung, Institution o. Ä., die der Ausbildung, Erziehung, Heilung o. Ä. dient:* sie kam in eine Anstalt für schwer erziehbare Kinder; der Trinker wurde in eine Anstalt gebracht. **Syn.:** Heim, Institut, Stätte. **Zus.:** Badeanstalt, Heilanstalt, Justizvollzugsanstalt, Lehranstalt, Strafvollzugsanstalt, Tierkörperbeseitigungsanstalt, Versuchsanstalt, Vollzugsanstalt.
2. * **[keine] Anstalten machen:** *sich [nicht] zu etwas vorbereiten, anschicken; etwas [nicht] tun wollen:* sie machten keine Anstalten zu gehen.

An|stand ['anʃtant], der; -[e]s:
gutes Benehmen, gute Sitten: sie hat keinen Anstand, kein Gefühl für Anstand. **Syn.:** Erziehung, Höflichkeit, Kinderstube, Kultur, Schliff, Takt, Taktgefühl, Zartgefühl.

an|stän|dig ['anʃtɛndɪç] ⟨Adj.⟩:
1. *dem Anstand, der Sitte, einem guten und fairen Verhalten entsprechend:* sie ist ein anständiger Mensch; sich anständig benehmen; das war sehr anständig *(anerkennenswert)* von dir. **Syn.:** ehrlich, fair, korrekt, loyal (bildungsspr.), moralisch, rechtschaffen (veraltend), reell, sittlich, sittsam (veraltend).
2. (ugs.) *durchaus genügend:* sie spricht ein anständiges Englisch. **Syn.:** ordentlich (ugs.), tüchtig, zufriedenstellend.
3. (ugs.) *ziemlich groß, viel:* sie haben eine ganz anständige Summe verdient; sie muss anständig draufzahlen; ich werde jetzt erst mal anständig essen *(mich richtig satt essen).* **Syn.:** ausgiebig, ausreichend, beachtlich, beträchtlich, gebührend, gehörig, gewaltig (emotional), in Massen, in rauen Mengen, massenhaft (oft emotional), nicht zu knapp, ordentlich (ugs.), reichlich, schön (ugs.), tüchtig (ugs.), viel.

an|stands|hal|ber ['anʃtantshalbɐ] ⟨Adverb⟩:
um die Form zu wahren; nur aus Höflichkeit: du musst sie anstandshalber fragen, ob sie mitgehen will. **Syn.:** aus Anstand, der Form halber.

an|stands|los ['anʃtantslo:s] ⟨Adverb⟩:
ohne Schwierigkeiten zu machen, ohne zu zögern: sie haben mir das Kleid anstandslos umgetauscht. **Syn.:** bereitwillig, gern, ohne Weiteres, unbesehen, widerspruchslos.

an|star|ren ['anʃtarən], starrte an, angestarrt ⟨tr.; hat⟩:
starrend ansehen: jmdn. [unverwandt] anstarren; die Wände anstarren; sie starren sich [gegenseitig]/(geh.:) einander an.

an|statt [an'ʃtat]:
¹statt.

an|ste|cken ['anʃtɛkn̩], steckte an, angesteckt:
1. ⟨tr.; hat⟩ **a)** *mit einer Nadel o. Ä. an etwas stecken:* sie steckte ihm eine Blume an. **Syn.:** anbringen, fixieren. **b)** *an den Finger stecken:* er steckte ihr einen Ring an.
2. ⟨tr.; hat⟩ *anzünden:* eine Kerze anstecken; du steckst dir eine Zigarette nach der anderen an.
3. a) ⟨tr.; hat⟩ *eine Krankheit (auf jmdn.) übertragen:* sie hat mich [mit ihrem Schnupfen] angesteckt. **Syn.:** infizieren. **b)** ⟨+ sich⟩ *durch Kontakt (mit einem Kranken selbst) krank werden:* er hat sich bei ihr, in der Schule angesteckt. **Syn.:** sich infizieren, sich etwas holen (ugs.), sich etwas zuziehen. **c)** ⟨itr.; hat⟩ *sich auf andere Organismen übertragen:* diese Krankheit steckt nicht an; ⟨häufig im 1. Partizip⟩ ansteckende Krankheiten.

An|ste|ckung ['anʃtɛkʊŋ], die; -, -en:
Übertragung einer Krankheit auf einen anderen Organismus: Ansteckung durch Berührung; sich vor Ansteckung [mit Geschlechtskrankheiten] schützen.

an|ste|hen ['anʃte:ən], stand an, angestanden ⟨itr.; hat; südd., österr., schweiz.: ist⟩:
1. *in einer Schlange warten, bis man an die Reihe kommt:* an der Kasse, nach Eintrittskarten anstehen. **Syn.:** Schlange stehen, warten.
2. (geh.) *angemessen sein; zu einer Person oder Sache in bestimmter Weise passen:* Bescheidenheit stünde ihm gut an.
3. * **nicht anstehen, etwas zu tun** (geh.): *etwas ohne Weiteres, ohne Bedenken tun; nicht zögern, etwas zu tun:* ich stehe nicht an, das zu tun.
4. *auf Erledigung warten:* diese Arbeit steht noch an.

an|stei|gen ['anʃtaign̩], stieg an, angestiegen ⟨itr.; ist⟩:
1. *aufwärtsführen:* die Straße, das Gelände steigt an.
2. a) *höher werden:* das Wasser steigt an; ansteigende Temperaturen, Preise. **Syn.:** anziehen (Börsenw., Kaufmannsspr.), aufschlagen, sich verteuern. **b)** *immer größer, umfangreicher werden:* der Umsatz, Verkehr stieg rapide, sprunghaft an; die Zahl der Besucher ist im letzten Jahr stark angestiegen. **Syn.:** anlaufen, anschwellen, anwachsen, sich aufblähen, sich ausdehnen, sich ausweiten, explodieren, steigen, sich vergrößern, sich vermehren, sich verstärken, sich vervielfachen, zunehmen.

¹an|stel|le [an'ʃtɛlə] ⟨Präp. mit Gen.⟩, **an Stelle:**
stellvertretend für; statt: sie fuhr anstelle ihrer Schwester mit.

²an|stel|le [an'ʃtɛlə] ⟨Adverb in Verbindung mit »von«⟩, **an Stelle:**
²statt: anstelle von *(statt)* Worten werden Taten erwartet. **Syn.:** anstatt.

an|stel|len ['anʃtɛlən], stellte an, angestellt:
1. ⟨tr.; hat⟩ *an etwas stellen:* eine Leiter [an die Wand] anstellen. **Syn.:** ansetzen, lehnen.
2. ⟨+ sich⟩ *sich einer wartenden Reihe von Personen anschließen:* sich an der Kasse des Theaters anstellen.
3. ⟨tr.; hat⟩ /Ggs. abstellen/:
a) *zum Fließen, Strömen bringen:* das Gas, Wasser anstellen.
b) *durch Schalten in Betrieb setzen:* die Maschine, das Radio anstellen. **Syn.:** andrehen, anknipsen (ugs.), anlassen,

anmachen, anschalten, anwerfen, aufdrehen (ugs.), einschalten, in Gang setzen.
4. ⟨tr.; hat⟩ **a)** *durch einen Vertrag in ein Arbeitsverhältnis aufnehmen; als Arbeitskraft verpflichten:* jmdn. als Verkäufer anstellen; sie ist bei einer Behörde angestellt. **Syn.:** anheuern (ugs.), beschäftigen, einstellen, engagieren. **b)** (ugs.) *mit einer Arbeit beauftragen:* jmdn. zum Schuheputzen anstellen.
5. ⟨tr.; hat⟩ **a)** *tun, machen, unternehmen:* sie hat schon alles Mögliche angestellt, aber nichts hat gegen diese Krankheit geholfen. **b)** *anrichten:* was hast du da wieder angestellt? **Syn.:** ausfressen (ugs.), machen, [1]tun, verursachen. **c)** *in bestimmter Weise machen, einrichten:* wie soll ich das anstellen?; das hat er wieder geschickt angestellt. **Syn.:** bewerkstelligen (Papierdt.).
6. ⟨+ sich⟩ *sich bei etwas in bestimmter Weise verhalten:* sich bei einer Arbeit dumm, geschickt anstellen.
7. ⟨tr.; hat⟩ als Funktionsverb: Überlegungen anstellen *(überlegen);* Beobachtungen anstellen *(etwas beobachten);* mit jmdm. ein Verhör anstellen *(jmdn. verhören).*

An|stel|lung [ˈanʃtɛlʊŋ], die; -, -en: **a)** *das Aufnehmen in ein Arbeitsverhältnis; das Anstellen:* die Anstellung weiterer Mitarbeiterinnen. **b)** *Arbeitsplatz* (2): eine feste Anstellung haben, suchen. **Syn.:** Arbeit, Job (ugs.), Position, Posten, Stelle, Stellung, Tätigkeit.

An|stieg [ˈanʃtiːk], der; -[e]s, -e:
1. *das Ansteigen, Aufwärtsführen:* der Anstieg der Straße.
2. *das Größer-, Umfangreicher-, Höherwerden:* der Anstieg der Temperaturen; ein Anstieg der Kosten. **Syn.:** Ausweitung, Eskalation, Explosion, Wachstum, Zunahme, Zuwachs. **Zus.:** Druckanstieg, Kursanstieg, Preisanstieg, Temperaturanstieg.
3. *das Hinaufsteigen:* ein beschwerlicher Anstieg. **Syn.:** Aufstieg.

an|stif|ten [ˈanʃtɪftn̩], stiftete an, angestiftet ⟨tr.; hat⟩:
1. *(etwas Übles) veranlassen, ins Werk setzen:* Unfug, Intrigen anstiften.
2. *verleiten; (zu etwas Üblem) überreden:* jmdn. zu einem Verbrechen anstiften. **Syn.:** anfeuern, anregen, anreizen, anspitzen (ugs.), anstacheln, antreiben, aufputschen, aufstacheln, aufwiegeln, treiben, veranlassen.

an|stim|men [ˈanʃtɪmən], stimmte an, angestimmt ⟨tr.; hat⟩: *zu singen beginnen:* ein Lied, einen Choral anstimmen.

An|stoß [ˈanʃtoːs], der; -es, Anstöße [ˈanʃtøːsə]:
1. *erstes Spielen des Balls beim Beginn eines Fußballspiels oder nach einer Unterbrechung:* den Anstoß haben, ausführen.
2. *auslösende Wirkung:* sie hat den Anstoß zu dieser Sammlung gegeben. **Syn.:** Anregung, Anreiz, Antrieb, Hinweis, Idee, Impuls, Vorschlag, Wink. **Zus.:** Denkanstoß.
3. *** Anstoß erregen:** *Ärger, jmds. Unwillen hervorrufen:* mit dieser Bemerkung hat er Anstoß [bei ihr] erregt; *** an etwas Anstoß nehmen:** *etwas missbilligen; Ärger, Unwillen über etwas empfinden:* er nahm Anstoß an ihrem Benehmen.

an|sto|ßen [ˈanʃtoːsn̩], stößt an, stieß an, angestoßen:
1. a) ⟨tr.; hat⟩ *einen kleinen Stoß geben:* er hat mich beim Schreiben versehentlich angestoßen; jmdn. freundschaftlich anstoßen. **Syn.:** anrempeln (ugs.), rempeln (ugs.). **b)** ⟨itr.; ist⟩ *in der Bewegung gegen, an etwas stoßen:* das Kind ist mit dem Kopf an den Tisch angestoßen. **Syn.:** anschlagen, bumsen (ugs.), krachen (ugs.), prallen, schlagen. **c)** ⟨itr.; hat⟩ *(bei einem Fußballspiel) den Anstoß ausführen:* welche Mannschaft stößt an?
2. ⟨itr.; hat⟩ *lispeln:* er stößt etwas [mit der Zunge] an.
3. ⟨itr.; hat⟩ *die Gläser aneinanderstoßen, um auf etwas zu trinken:* sie stießen auf ihre Gesundheit, auf den Erfolg des Buches an.
4. ⟨itr.; ist⟩ *(jmds.) Unwillen hervorrufen; Anstoß erregen:* er ist bei seinem Chef angestoßen. **Syn.:** anecken (ugs.), beleidigen, brüskieren, ins Fettnäpfchen treten (ugs.), kränken.

an|stö|ßig [ˈanʃtøːsɪç] ⟨Adj.⟩: *anstoßerregend:* sie sangen anstößige Lieder. **Syn.:** anrüchig, derb, doppeldeutig, nicht salonfähig, nicht stubenrein (scherzh.), obszön, schamlos, schlüpfrig (abwertend), schmutzig, schweinisch (ugs. abwertend), unanständig, unflätig, ungebührlich (geh.), ungehörig, verrufen, wüst, zweifelhaft.

an|strei|chen [ˈanʃtrai̯çn̩], strich an, angestrichen ⟨tr.; hat⟩:
1. *Farbe streichend an eine Fläche bringen:* ein Haus anstreichen. **Syn.:** anmalen, bemalen, lackieren, pinseln (ugs.), streichen, tönen, tünchen.
2. *durch einen Strich [am Rand] hervorheben, kenntlich machen:* eine Stelle in einem Buch anstreichen; die Fehler rot anstreichen. **Syn.:** abhaken, ankreuzen, anzeichnen, kennzeichnen, markieren.

an|stren|gen [ˈanʃtrɛŋən], strengte an, angestrengt:
1. a) ⟨+ sich⟩ *seine Kräfte mehr als gewöhnlich einsetzen; sich große Mühe geben:* du musst dich in der Schule mehr anstrengen. **Syn.:** sich abmühen, sich abplagen, sich abquälen, sich abrackern (ugs.), sich abschinden (ugs.), sich aufreiben, sich bemühen, das Menschenmögliche tun, nichts unversucht lassen, sich plagen, sich quälen, rackern (ugs.), sich schinden (ugs.), sein Bestes tun, sein Möglichstes tun, sich etwas abverlangen, sich strapazieren. **b)** ⟨tr.; hat⟩ *zu besonderer Leistung steigern:* seinen Verstand, seine Stimme anstrengen.
2. ⟨tr.; hat⟩ *übermäßig beanspruchen; eine Belastung, Strapaze sein:* das viele Sprechen strengte die Kranke sehr an; ⟨auch itr.⟩ Turnen, Laufen strengt an. **Syn.:** angreifen, aufreibend sein, beschwerlich sein, mühselig sein, schlauchen (ugs.), strapazieren, strapaziös sein.
3. ⟨tr.; hat⟩ *(ein gerichtliches Verfahren) veranlassen:* einen Prozess, eine Klage [gegen jmdn.] anstrengen.

an|stren|gend [ˈanʃtrɛŋənt] ⟨Adj.⟩: *mit Anstrengung verbunden, die Kräfte stark beanspruchend:* eine anstrengende Arbeit; der Tag war sehr anstrengend [für sie].

An|stren|gung ['anʃtrɛŋʊŋ], die; -, -en:
1. *das Sichbemühen, Sicheinsetzen für ein Ziel:* vergebliche Anstrengungen; seine Anstrengungen verstärken; mit letzter Anstrengung. **Syn.:** Aktivität, Arbeit, Bemühung, Mühe.
2. *starke, übermäßige Beanspruchung der Kräfte:* sich von den Anstrengungen einer Arbeit, Reise erholen. **Syn.:** Bürde (geh.), Mühsal (geh.), Plage, Strapaze, Stress. **Zus.:** Kraftanstrengung, Überanstrengung.

An|strich ['anʃtrɪç], der; -[e]s, -e:
1. *das Anstreichen mit Farbe:* mit dem Anstrich beginnen.
2. *angestrichene Farbe:* das Haus kriegt einen neuen Anstrich. **Zus.:** Außenanstrich, Grundanstrich, Innenanstrich, Rostschutzanstrich, Schutzanstrich, Tarnanstrich.

An|sturm ['anʃtʊrm], der; -[e]s, Anstürme ['anʃtʏrmə]:
a) *das Heranstürmen:* dem Ansturm des Feindes, Gegners nicht gewachsen sein. **b)** *großer Andrang:* es begann ein großer Ansturm auf die Kasse des Theaters, nach Karten. **Syn.:** Run, Zulauf. **Zus.:** Massenansturm.

-ant [ant], der; -en, -en ⟨Suffix⟩: besagt, dass das im Basiswort Genannte von der so bezeichneten männlichen Person ausgeführt, ausgeübt wird: ⟨aktivische Bedeutung; Basiswort ist meist ein Verb auf -»ieren«⟩ /Ggs. -and/: **a)** ⟨verbale Basis⟩ Diskutant *(jmd., der diskutiert);* Informant *(der Informierende);* Sympathisant. **b)** ⟨substantivische Basis⟩ Arrestant *(jmd., der einen Arrest verbüßt);* Asylant *(jmd., der um Asyl nachsucht).* **Syn.:** -(at)or, -end, -er, -eur, -ier, -ling (meist ugs. abwertend).

an|tas|ten ['antastn̩], tastete an, angetastet ⟨tr.; hat⟩:
1. *beeinträchtigen, beschädigen, schmälern:* mit dieser Äußerung hat er meine Ehre angetastet; ihre Unabhängigkeit ist nie angetastet worden. **Syn.:** einschränken, in Mitleidenschaft ziehen, missachten, ramponieren, untergraben, verletzen.
2. *zu verbrauchen beginnen:* das gesparte Geld nicht antasten.

An|teil ['antai̯l], der; -[e]s, -e:
Teil eines Ganzen, der jmdm. gehört oder zukommt: seinen Anteil fordern; sie verzichtete auf ihren Anteil [an der Erbschaft]. **Syn.:** Bestandteil, Hälfte, Portion, Ration, Stück, Zulage. **Zus.:** Arbeitgeberanteil, Arbeitnehmeranteil, Eigenanteil, Kapitalanteil, Löwenanteil, Marktanteil.

An|teil|nah|me ['antai̯lna:mə], die; -:
inneres, gefühlsmäßiges Beteiligtsein: menschliche Anteilnahme; ein Ereignis mit lebhafter Anteilnahme verfolgen; jmdm. seine Anteilnahme aussprechen. **Syn.:** Beileid, Interesse, Mitgefühl, Teilnahme.

An|ten|ne [an'tɛnə], die; -, -n:
[an einem erhöhten Punkt angebrachte, hoch aufragende] Vorrichtung zum Ausstrahlen oder Empfangen von Sendungen des Rundfunks, Fernsehens o. Ä.: eine Antenne auf dem Dach anbringen. **Zus.:** Außenantenne, Autoantenne, Dachantenne, Empfangsantenne, Fernsehantenne, Funkantenne, Gemeinschaftsantenne, Hausantenne, Parabolantenne, Richtantenne, Sendeantenne, Stabantenne, Teleskopantenne, UKW-Antenne, Zimmerantenne.

[1]**an|ti-, An|ti-** [anti] ⟨adjektivisches und substantivisches Präfix⟩: *gegen, wider:*
1. drückt einen ausschließenden Gegensatz, eine gegnerische Einstellung zu dem im Basiswort Genannten aus: **a)** ⟨adjektivisch⟩ antiamerikanisch; antiautoritär; antibürgerlich; antidemokratisch; antiklerikal; antikommunistisch. **b)** ⟨substantivisch⟩ Antialkoholiker; Antifaschist; Antimilitarismus; Antisemit.
2. drückt aus, dass dem im Basiswort Genannten entgegengewirkt wird, dass es verhindert wird: **a)** ⟨adjektivisch⟩ antiallergisch; antibakteriell. **b)** ⟨substantivisch; oft dreigliedrig, wobei das dritte Glied in Verbindung mit »Anti-« das als zweites Glied Genannte verhindern o. Ä. soll⟩ Anti-Ausländer-Parole; Antibabypille; Anti-Hitler-Koalition; Antikriegsfilm.
3. bildet einen komplementären, ergänzenden Gegensatz, stellt den Widerpart des im Basiswort Genannten, etwas Entgegengesetztes dar: Antikathode; Antimaterie; Antitheater.

[2]**an|ti-, An|ti-** [anti] ⟨adjektivisches und substantivisches Präfix⟩: drückt aus, dass jmd./etwas alles andere oder ganz anders ist als das, was man mit dem Basiswort üblicherweise inhaltlich verbindet: Antifußball (es war ein schlechtes Spiel); Antiheld; Antikünstler; Antistar. **Syn.:** a-, in-, nicht-, pseudo-, un-.

An|ti|ba|by|pil|le [anti'be:bipɪlə], die; -, -n:
empfängnisverhütende Pille, Tablette: sich die Antibabypille verschreiben lassen. **Syn.:** Pille (ugs.).

an|tik [an'ti:k] ⟨Adj.⟩:
1. *die Antike betreffend, aus ihr stammend:* das antike Rom; ein berühmtes antikes Bauwerk. **Syn.:** alt, klassisch.
2. *im Stil vergangener Epochen hergestellt, sie nachahmend:* ein antiker Leuchter; antik *(mit Möbeln einer früheren Stilperiode)* eingerichtet sein. **Syn.:** alt.

antik / antiquarisch / antiquiert:
s. Kasten Seite 109.

An|ti|ke [an'ti:kə], die; -:
das klassische, griechisch-römische Altertum und seine Kultur: die Welt der Antike; in der Antike.

An|ti|pa|thie [antipa'ti:], die; -, Antipathien [antipa'ti:ən] (bildungsspr.):
dem Gefühl entspringende Abneigung gegen jmdn., etwas /Ggs. Sympathie/: er hat eine Antipathie gegen alles, was mit Militär zusammenhängt. **Syn.:** Abscheu, Aversion (geh.), Ekel, Widerwille.

an|tip|pen ['antɪpn̩], tippte an, angetippt ⟨tr.; hat⟩:
1. *leicht und kurz berühren:* er tippte seine Nachbarin an und flüsterte ihr etwas ins Ohr; ein heikles Thema antippen (ugs.; *nur andeuten*). **Syn.:** anfassen, angreifen, anrühren, streifen.
2. (ugs.) *vorsichtig anfragen:* ich werde bei ihm einmal [deswegen] antippen. **Syn.:** ansprechen, befragen, sich erkundigen, fragen, sich informieren, konsultieren.

An|ti|qua|ri|at [antikva'ri̯a:t], das; -[e]s, -e:

antik/antiquarisch/antiquiert

Antik wird in zwei Bedeutungen gebraucht:
a) *das klassische griechisch-römische Altertum (die Antike) betreffend und zu seiner Kultur gehörend:*

- antike Statuen
- antike Mythologie, Philosophie

b) (in Bezug auf Möbel) *aus einer vergangenen Epoche stammend bzw. in deren Stil gemacht:*

- Die Wohnung ist voll von antiken Möbeln, die wohl mindestens hundert Jahre alt sind.
- Sie hatte sich antik eingerichtet.

Antiquarisch wird meist in Bezug auf ältere (unter Umständen schon gebrauchte) Bücher verwendet, die nicht mehr im normalen Buchhandel, sondern nur noch im Antiquariat gekauft werden können:

- Das Museum hat eine antiquarische Bibel aus dem 16. Jahrhundert erworben.
- Ich habe diesen Duden von 1907 antiquarisch gekauft.

Antiquiert wird genannt, was nicht mehr unserer heutigen Anschauung enspricht und deshalb als *nicht mehr zeitgemäß, altmodisch, veraltet* empfunden wird:

- Dieser Film wirkt hoffnungslos antiquiert.
- Der Fortschrittsglaube der 1960er- und 1970er-Jahre wirkt heute antiquiert.

Geschäft, Laden, in dem [wertvolle] gebrauchte Bücher o. Ä. verkauft werden: immer mehr Antiquariate müssen schließen. **Syn.:** Buchhandlung.

an|ti|qua|risch [anti'kva:rɪʃ] ⟨Adj.⟩: *(von Büchern o. Ä.) gebraucht, alt [und wertvoll]:* neue und antiquarische Bücher; das Buch habe ich antiquarisch gekauft.

antiquarisch / antik / antiquiert: s. Kasten antik/antiquarisch/antiquiert.

an|ti|quiert [anti'kvi:ɐ̯t] ⟨Adj.⟩: *nicht mehr den zeitgemäßen, modernen Vorstellungen, Gegebenheiten entsprechend, veraltet [und daher nicht mehr ernst zu nehmen]:* eine antiquierte Ausdrucksweise. **Syn.:** altertümlich, altmodisch, konservativ, rückständig, überholt, unmodern.

antiquiert / antik / antiquarisch: s. Kasten antik/antiquarisch/antiquiert.

An|ti|qui|tät [antikvi'tɛ:t], die; -, -en: *altertümlicher Gegenstand aus dem Kunsthandwerk:* englische, wertvolle Antiquitäten; Antiquitäten sammeln.

An|ti|se|mit [antize'mi:t], der; -en, -en, **An|ti|se|mi|tin** [antize'mi:tɪn], die; -, -nen: *antisemitisch eingestellte Person:* man kennt ihn schon lange als Antisemiten.

an|ti|se|mi|tisch [antize'mi:tɪʃ] ⟨Adj.⟩: *feindlich gegenüber den Juden [eingestellt], gegen das Judentum gerichtet:* antisemitische Propaganda; antisemitische Äußerungen, Gewalttaten; antisemitisch eingestellt sein.

Ant|litz ['antlɪt͜s], das; -es, -e (geh.): *Gesicht:* das Antlitz des Toten. **Syn.:** Fratze, Visage (derb abwertend).

An|trag ['antra:k], der; -[e]s, Anträge ['antrɛ:gə]:
1. *an eine Behörde gerichtete schriftliche Bitte:* einen Antrag auf Gewährung eines Zuschusses stellen; ihr Antrag wurde abgelehnt. **Syn.:** Anfrage, Bittschrift (veraltend), Eingabe, Ersuchen, Gesuch. **Zus.:** Asylantrag, Kreditantrag.
2. *zur Abstimmung eingereichter Entwurf:* gegen einen Antrag stimmen. **Syn.:** Empfehlung, Vorschlag. **Zus.:** Strafantrag.

an|tref|fen ['antrɛfn̩], trifft an, traf an, angetroffen ⟨tr.; hat⟩: *an einem bestimmten Ort, in einem bestimmten Zustand treffen, finden:* ich habe sie nicht zu Hause angetroffen; er war froh, sie gesund anzutreffen. **Syn.:** begegnen, entdecken, erreichen, vorfinden.

an|trei|ben ['antrai̯bn̩], trieb an, angetrieben:
1. ⟨tr.; hat⟩ *zu rascherer Fortbewegung veranlassen:* er trieb die Pferde [mit der Peitsche] an. **Syn.:** vorwärtstreiben.
2. ⟨tr.; hat⟩ *zu höherer Leistung drängen, treiben:* sie hat ihn zur Eile angetrieben; der Ehrgeiz hat ihn [dazu] angetrieben. **Syn.:** ²bewegen, anfeuern, anregen, anreizen, anspitzen (ugs.), anspornen, anstacheln, anstiften, beflügeln (geh.), befruchten (geh.), ermutigen, motivieren, reizen, treiben, veranlassen.
3. ⟨tr.; hat⟩ *(eine Maschine o. Ä.) in Gang setzen und in Bewegung halten:* früher wurde die Mühle vom Wind angetrieben. **Syn.:** betreiben.
4. a) ⟨tr.; hat⟩ *ans Ufer treiben:* die Wellen haben das Boot [an den Strand] angetrieben; die Leiche wurde [an der Südspitze der Insel] angetrieben. **Syn.:** an Land spülen, ans Ufer spülen. **b)** ⟨itr.; ist⟩ *ans Ufer getrieben werden:* das Boot ist erst nach Wochen an der/an die Küste angetrieben.

an|tre|ten ['antre:tn̩], tritt an, trat an, angetreten:
1. ⟨tr.; hat⟩ *festtreten:* die Erde um die Pflanzen herum antreten.
2. ⟨itr.; ist⟩ *sich in einer bestimmten Ordnung hinstellen:* die Schüler waren der Größe nach angetreten. **Syn.:** sich aufbauen (ugs.), sich aufstellen, aufziehen, sich gruppieren, sich postieren.
3. ⟨itr.; ist⟩ **a)** *sich zum Wettkampf stellen:* sie will gegen die Weltmeisterin antreten. **b)** *sich zu etwas an einem bestimmten Ort einfinden:* pünktlich zum Dienst antreten. **Syn.:** ankommen, sich einstellen, eintreffen, erscheinen, kommen.
4. ⟨tr.; hat⟩ *mit etwas (z. B. einer Reise, dienstlichen Tätigkeit) beginnen:* eine Reise, ein Amt, den Dienst antreten.

An|trieb ['antri:p], der; -[e]s, -e:
1. *innere Kraft, die jmdn. zu einem bestimmten Verhalten treibt:* Ehrgeiz und Egoismus waren die Antriebe seines Handelns. **Syn.:** Anlass, Anregung, Anreiz, Ansporn, Anstoß, Beweggrund, Grund, Impuls, Motiv, Ursache, Veranlassung.
2. *Kraft, die eine Maschine o. Ä.*

in Gang bringt und in Bewegung hält: ein Fahrzeug mit elektrischem Antrieb. **Zus.:** Allradantrieb, Atomantrieb, Dampfantrieb, Dieselantrieb, Düsenantrieb, Frontantrieb, Heckantrieb, Hinterradantrieb, Raketenantrieb, Riemenantrieb, Turbinenantrieb, Vierradantrieb, Vorderradantrieb.

an|trin|ken [ˈantrɪŋkn̩], trank an, angetrunken ⟨itr.; hat⟩: *durch Trinken von Alkohol erlangen:* trink dir bloß keinen [Rausch] an!; sich Mut antrinken.

An|tritt [ˈantrɪt], der; -[e]s, -e ⟨Pl. selten⟩: *das Antreten, Beginn:* vor Antritt der Reise; nach Antritt *(Übernahme)* des Amtes.

an|tun [ˈantu:n], tat an, angetan ⟨tr.; hat⟩: **a)** *zuteilwerden lassen:* jmdm. etwas Gutes, eine Ehre antun. **Syn.:** erweisen. **b)** *(etwas Nachteiliges, Unangenehmes) zufügen:* jmdm. Unrecht, Schande, etwas Böses, Gewalt antun. **Syn.:** beibringen; *** sich etwas antun:** *sich umbringen.*

Ant|wort [ˈantvɔrt], die; -, -en: *Äußerung, die auf die Frage oder die Äußerung eines andern folgt:* sie bekam [auf ihre Frage] nur eine kurze Antwort; die Mutter rief, aber die Kinder gaben keine Antwort *(antworteten nicht).* **Syn.:** Auskunft.

ant|wor|ten [ˈantvɔrtn̩], antwortete, geantwortet ⟨itr.; hat⟩: *sich auf eine Frage hin äußern; eine Antwort, Auskunft geben:* sie antwortete [mir] höflich auf meine Frage; ⟨auch tr.⟩ er wusste nicht, was er darauf antworten sollte. **Syn.:** einwenden, einwerfen, entgegnen, erwidern, kontern, Kontra geben (ugs.), versetzen, zur Antwort geben.

an|ver|trau|en [ˈanfɛɐ̯trau̯ən], vertraute an, anvertraut: **1.** ⟨tr.; hat⟩ *vertrauensvoll in die Obhut, Fürsorge eines anderen geben:* während seiner Reise vertraute er die Kinder seiner Schwester an; jmdm. ein Amt, eine Geldsumme anvertrauen; wir haben uns seiner Fürsorge anvertraut. **Syn.:** überantworten (geh.), übergeben, überlassen, übertragen. **2. a)** ⟨tr.; hat⟩ *jmdn. im Vertrauen wissen lassen:* jmdm. seine Pläne, ein Geheimnis anvertrauen. **Syn.:** erzählen, hinterbringen, mitteilen, nennen, preisgeben, verraten, zutragen. **b)** ⟨+ sich⟩ *sich im Vertrauen an jmdn. wenden und ihm Persönliches mitteilen:* ich habe mich nur meiner Freundin anvertraut. **Syn.:** sich offenbaren.

an|wach|sen [ˈanvaksn̩], wächst an, wuchs an, angewachsen ⟨itr.; ist⟩: **1.** *stetig zunehmen:* seine Schulden wachsen immer mehr an; der Tumult wuchs an. **Syn.:** anschwellen, ansteigen, sich ausdehnen, sich ausweiten, sich breitmachen, explodieren, steigen, sich vergrößern, sich vermehren, sich verstärken, sich vervielfachen, zunehmen. **2.** *sich wachsend (mit etwas) fest[er] verbinden:* die Sträucher sind gut angewachsen; die transplantierte Haut wächst langsam an. **Syn.:** angehen (ugs.).

An|walt [ˈanvalt], der; -[e]s, Anwälte [ˈanvɛltə], **An|wäl|tin** [ˈanvɛltɪn], die; -, -nen: **1.** *Person, die jmdn. in rechtlichen Angelegenheiten berät oder (z. B. bei Prozessen) vertritt:* sie will Anwältin werden; sich einen Anwalt nehmen. **Syn.:** Bevollmächtigte, Bevollmächtigter, Jurist, Juristin, Vertreter, Vertreterin. **Zus.:** Patentanwalt, Patentanwältin, Rechtsanwalt, Rechtsanwältin, Scheidungsanwalt, Scheidungsanwältin, Staatsanwalt, Staatsanwältin, Staranwalt, Staranwältin. **2.** *Person, die etwas verficht, für jmdn., etwas eintritt:* als Anwalt einer guten Sache auftreten. **Syn.:** Fürsprecher, Fürsprecherin.

an|wan|deln [ˈanvandl̩n], wandelte an, angewandelt ⟨tr.; hat⟩ (geh.): *erfassen, befallen, überkommen:* eine Stimmung, Laune hat sie angewandelt. **Syn.:** beschleichen, erfüllen, ergreifen, überfallen, übermannen, überwältigen.

An|wand|lung [ˈanvandlʊŋ], die; -, -en: *plötzlich auftretende Stimmung:* sie folgte einer [plötzlichen] Anwandlung und reiste ab; eine Anwandlung von Heimweh befiel ihn. **Syn.:** Einfall, Grille, Laune.

an|wär|men [ˈanvɛrmən], wärmte an, angewärmt ⟨tr.; hat⟩: *ein wenig wärmen:* das Bett, die Suppe anwärmen. **Syn.:** aufwärmen, erwärmen, wärmen.

An|wär|ter [ˈanvɛrtɐ], der; -s, -, **Anwär|te|rin** [ˈanvɛrtərɪn], die; -, -nen: *Person, die einen Anspruch, die Aussicht auf etwas hat:* sie ist einer der Anwärter / eine der Anwärterinnen auf dieses Amt. **Syn.:** Aspirant, Aspirantin, Kandidat, Kandidatin. **Zus.:** Amtsanwärter, Amtsanwärterin, Beamtenanwärter, Beamtenanwärterin, Lehramtsanwärter, Lehramtsanwärterin, Offiziersanwärter, Offiziersanwärterin, Thronanwärter, Thronanwärterin, Titelanwärter, Titelanwärterin.

An|wart|schaft [ˈanvartʃaft], die; -: *Recht, Aussicht auf einen künftigen Besitz o. Ä.:* sie hatte, besaß eine Anwartschaft auf dieses Amt, diesen Titel. **Syn.:** Anrecht, Berechtigung.

an|wei|sen [ˈanvai̯zn̩], wies an, angewiesen ⟨tr.; hat⟩: **1.** *für jmdn. aussuchen, bestimmen, festlegen und ihm zeigen:* jmdm. einen Platz, ein Zimmer, eine Arbeit anweisen. **Syn.:** zuteilen, zuweisen. **2.** *(jmdm.) einen bestimmten Auftrag erteilen, (jmdm.) etwas befehlen:* ich habe ihn angewiesen, sofort die Chefin zu benachrichtigen; sie war angewiesen, nicht darüber zu sprechen. **Syn.:** auferlegen, auftragen, beauftragen, gebieten (geh.), veranlassen. **3.** *anleiten* (a): einen Auszubildenden [bei der Arbeit] anweisen. **4.** *aufs Konto überweisen:* den Angestellten das Gehalt anweisen. **Syn.:** schicken, zugehen lassen, zuleiten.

An|wei|sung [ˈanvai̯zʊŋ], die; -, -en: **1.** *das Anweisen:* die Anweisung für die Woche erfolgt immer montags. **2. a)** *Anordnung, Befehl:* eine Anweisung befolgen; Anweisung haben, etwas zu tun. **b)** *[gedruckte] Anleitung:* bitte lesen Sie diese Anweisung vor

Inbetriebnahme des Geräts genau durch.

an|wen|den ['anvɛndn̩], wandte/wendete an, angewandt/angewendet ⟨tr.; hat⟩:
1. *zu einem bestimmten Zweck verwenden, gebrauchen:* bei einer Arbeit ein bestimmtes Verfahren, eine bestimmte Technik anwenden; sie musste eine List anwenden. **Syn.:** ausnutzen (bes. nordd.), ausnützen (bes. südd.), sich bedienen, benutzen (bes. nordd.), benützen (bes. südd.), brauchen, einsetzen, in Benutzung haben, in Benutzung nehmen, nutzen, nützen (bes. südd.).
2. *(eine Regel o. Ä.) auf etwas Bestimmtes beziehen und im Umgang damit verwenden:* einen Paragrafen auf einen Fall anwenden.

An|wen|dung ['anvɛndʊŋ], die; -, -en:
1. *das Anwenden:* die Anwendung der neuen Richtlinien. **Syn.:** Einsatz, Gebrauch, Nutzung. **Zus.:** Gewaltanwendung, Nutzanwendung.
2. *therapeutische medizinische Maßnahme besonders bei einer Kur:* mehrere Anwendungen verschreiben.

an|wer|ben ['anvɛrbn̩], wirbt an, warb an, angeworben ⟨tr., hat⟩:
für eine bestimmte Arbeit, für einen Dienst werben: Arbeitskräfte, Fachleute, Beamte, Rekruten, Söldner, Truppen anwerben; jmdn. als Lehrer anwerben. **Syn.:** anheuern (ugs.), anstellen, [1]berufen, beschäftigen, einstellen, engagieren, heuern, in Lohn und Brot nehmen (veraltend), verpflichten.

an|wer|fen ['anvɛrfn̩], wirft an, warf an, angeworfen ⟨tr.; hat⟩:
(einen Motor o. Ä.) in Gang setzen: den Motor, den Wagen, den Rasenmäher anwerfen. **Syn.:** ankurbeln, anlassen, anstellen, in Betrieb setzen, starten.

An|we|sen ['anve:zn̩], das; -s, - (geh.):
[größeres] Grundstück mit Haus, Gebäude: sie haben ein großes Anwesen auf dem Land erworben. **Syn.:** Bauernhof, Farm, Gehöft, Gut, Hof.

an|we|send ['anve:zn̩t] ⟨Adj.⟩:
an einem bestimmten Ort befindlich, zugegen, vorhanden /Ggs. abwesend/: alle anwesenden Personen waren einverstanden; als dies beschlossen wurde, war er nicht anwesend. **Syn.:** dabei, gegenwärtig.

An|we|sen|heit ['anve:zn̩hai̯t], die; -:
das Anwesendsein /Ggs. Abwesenheit/: man sollte in ihrer Anwesenheit nicht davon sprechen. **Syn.:** Gegenwart.

an|wi|dern ['anvi:dɐn], widerte an, angewidert ⟨tr.; hat⟩:
(bei jmdm.) Ekel hervorrufen: dieser Mensch, sein Benehmen widert mich an; er fühlte sich von dem Gestank angewidert. **Syn.:** anekeln, ekeln.

An|woh|ner ['anvo:nɐ], der; -s, -, **An|woh|ne|rin** ['anvo:nərɪn], die; -, -nen:
Person, die an einer bestimmten Straße wohnt: die Anwohner der Straße, des Seeufers; als Anwohnerin darf sie hier parken. **Syn.:** Anlieger, Anliegerin, Anrainer, Anrainerin, Nachbar, Nachbarin.

An|zahl ['ants͜a:l], die; -, -en:
Zahl von (vorhandenen) Personen oder Sachen: das hängt von der Anzahl der Teilnehmer ab; eine ganze Anzahl Kinder/von Kindern kam/(seltener:) kamen uns entgegen. **Syn.:** Menge, Reihe.

Anzahl / Zahl:
s. Kasten Seite 1109.

an|zah|len ['ants͜a:lən], zahlte an, angezahlt ⟨tr.; hat⟩:
beim Kauf als ersten Teil des ganzen Betrags zahlen: zahlen Sie bitte 300 Euro an, und zahlen Sie den Rest der Summe bei Lieferung der Ware.

An|zah|lung ['ants͜a:lʊŋ], die; -, -en:
1. *das Anzahlen:* der Auftrag wird nach Anzahlung von 100 Euro sofort ausgeführt.
2. *angezahlter Betrag:* die Anzahlung wird später mit dem Kaufpreis verrechnet.

an|zap|fen ['ants͜apfn̩], zapfte an, angezapft ⟨tr.; hat⟩:
1. *zur Entnahme des (flüssigen) Inhalts öffnen und teilweise entleeren:* ein Fass, einen Tank, eine Pipeline anzapfen; eine Stromleitung anzapfen *(an einer Stromleitung Strom entnehmen);* ⟨auch itr.⟩ der Wirt hat noch gar nicht angezapft.
2. *sich die Möglichkeit zum heimlichen Abhören einer Telefonleitung o. Ä. verschaffen:* jmds. Telefon, Telefonleitung anzapfen. **Syn.:** abhören.

An|zei|chen ['ants͜ai̯çn̩], das; -s, -:
Zeichen, Merkmal, das etwas Vorhandenes oder Kommendes anzeigt, erkennen lässt: sie waren nach dem langen Marsch ohne jedes Anzeichen von Erschöpfung; die Anzeichen eines drohenden Krieges. **Syn.:** Anhaltspunkt, Hinweis, Indiz (bes. Rechtsspr.), Symptom (bildungsspr.), Vorzeichen.

an|zeich|nen ['ants͜ai̯çnən], zeichnete an, angezeichnet ⟨tr.; hat⟩:
1. *an eine Wandtafel zeichnen:* ein Quadrat anzeichnen.
2. *durch ein Zeichen bezeichnen, kenntlich machen:* der Korrektor hat alle Fehler gefunden und angezeichnet; ich habe die Bäume, die gefällt werden müssen, angezeichnet. **Syn.:** ankreuzen, anstreichen, kennzeichnen, markieren, zeichnen.

An|zei|ge ['ants͜ai̯gə], die; -, -n:
1. a) *private, geschäftliche, amtliche Mitteilung in einer Zeitung, Zeitschrift:* eine Anzeige aufgeben, schalten; auf die Anzeige hin meldeten sich fünf Bewerberinnen. **Syn.:** Annonce, Inserat. **Zus.:** Kleinanzeige, Kontaktanzeige, Suchanzeige, Tauschanzeige, Todesanzeige, Traueranzeige, Verlustanzeige, Vermisstenanzeige, Werbeanzeige, Zeitungsanzeige.
b) *gedruckte Bekanntgabe eines privaten Ereignisses:* wir haben die Anzeige ihrer Vermählung erhalten. **Zus.:** Geburtsanzeige, Heiratsanzeige, Verlobungsanzeige.
2. *offizielle Meldung besonders einer strafbaren Handlung an die Polizei oder an eine entsprechende Behörde:* jmdm. mit einer Anzeige drohen; gegen jmdn. [bei der Polizei, der Staatsanwaltschaft] Anzeige erstatten *(jmdn. anzeigen).* **Zus.:** Selbstanzeige, Strafanzeige.
3. *Vorrichtung, Teil eines Geräts o. Ä. zum Anzeigen von Daten:* ich brauche einen Taschenrechner mit einer großen Anzeige. **Zus.:** Analoganzeige, Digitalanzeige, Flüssigkristallanzeige, Kraftstoffanzeige, LED-Anzeige.

an|zei|gen ['antsaign], zeigte an, angezeigt ⟨tr.; hat⟩:
1. *dem Betrachter den Stand von etwas angeben:* das Barometer zeigt schönes Wetter an; der Zähler zeigt den Stromverbrauch an. **Syn.:** zeigen.
2. *[durch eine Anzeige] bekannt geben, wissen lassen, mitteilen, ankündigen o. Ä.:* die Geburt eines Kindes in der Zeitung anzeigen; der Trainer zeigte der Mannschaft die restliche Spielzeit an. **Syn.:** anmelden, annoncieren, ansagen, inserieren.
3. *der Polizei oder einer entsprechenden Behörde melden:* jmdn. wegen Betrugs, eines Diebstahls anzeigen. **Syn.:** denunzieren.

an|zet|teln ['antsɛtl̩n], zettelte an, angezettelt ⟨tr.; hat⟩ (abwertend):
(etwas Negatives) [heimlich] vorbereiten und in die Wege leiten: einen Aufstand, Streik, einen Krieg, Intrigen, Krawalle anzetteln. **Syn.:** anstiften.

an|zie|hen ['antsi:ən], zog an, angezogen:
1. ⟨tr.; hat⟩ /Ggs. ausziehen/:
a) *den Körper mit etwas bekleiden:* die Mutter zog sich, die Kinder rasch an; eine gut angezogene Frau. **b)** *(ein Kleidungsstück) überziehen, überstreifen:* einen Mantel, Handschuhe anziehen. **Syn.:** anlegen (geh.), umlegen.
2. ⟨tr.; hat⟩ **a)** *Anziehungskraft (auf etwas) ausüben und an sich heranziehen* /Ggs. abstoßen/: der Magnet zieht Eisen an.
b) *viel Anziehungskraft haben und zum Kommen veranlassen; in seinen Bann ziehen:* die Ausstellung zog viele Besucher an; er fühlte sich von dem Fremden angezogen. **Syn.:** anlocken.
c) *aus der Luft der Umgebung aufnehmen:* Salz zieht Feuchtigkeit an.
3. ⟨tr.; hat⟩ *an den Körper ziehen:* ein Bein anziehen.
4. ⟨tr.; hat⟩ *straffer spannen; durch Ziehen, Drehen fester machen:* das Seil, die Schraube anziehen.
5. ⟨itr.; hat⟩ (Börsenw., Kaufmannsspr.) *[im Preis] höher werden, steigen:* die Aktien ziehen an; Baumwolle hat angezogen. **Syn.:** ansteigen, aufschlagen, sich verteuern.
6. ⟨itr.; hat⟩ *[das Tempo vom Stand an] in bestimmter Weise beschleunigen:* der Wagen zieht gut an.

an|zie|hend ['antsi:ənt] ⟨Adj.⟩:
durch sein reizvolles, attraktives Äußeres, sein angenehmes Wesen für sich einnehmend: ein anziehendes Äußeres; sie wirkte sehr anziehend auf ihn. **Syn.:** ansprechend, attraktiv, einnehmend.

An|zie|hungs|kraft ['antsi:ʊŋskraft], die; -, Anziehungskräfte:
1. *magnetische Kraft:* die Anziehungskraft eines Magnets; die Anziehungskraft der Erde.
2. ⟨ohne Plural⟩ *für sich einnehmende, in seinen Bann ziehende Wirkung:* eine unwiderstehliche Anziehungskraft besitzen; sie übt eine große Anziehungskraft auf ihn aus.

An|zug ['antsu:k], der; -[e]s, Anzüge ['antsy:gə]:
1. *aus Jacke und Hose [sowie Weste] bestehende Kleidung:* ein eleganter, sportlicher, zweireihiger Anzug; der neue Anzug sitzt gut; er trug einen dunklen Anzug. **Zus.:** Abendanzug, Arbeitsanzug, Flanellanzug, Hausanzug, Konfirmandenanzug, Nadelstreifenanzug, Sommeranzug, Trainingsanzug.
2. * **im Anzug sein:** *herankommen, bevorstehen, sich nähern:* ein Gewitter ist im Anzug. **Syn.:** aufkommen, aufziehen, drohen, kommen, nahen (geh.), sich nähern, sich zusammenbrauen.

an|züg|lich ['antsy:klɪç] ⟨Adj.⟩:
1. *auf etwas Unangenehmes anspielend:* anzügliche Fragen stellen; er lächelte anzüglich.
2. *anstößig, zweideutig:* anzügliche Witze erzählen. **Syn.:** doppeldeutig, nicht salonfähig, nicht stubenrein (scherzh.), obszön, schamlos, schlüpfrig (abwertend), schmutzig (abwertend), schweinisch (ugs. abwertend), unanständig, unflätig, ungebührlich (geh.), ungehörig, unmoralisch.

an|zün|den ['antsʏndn̩], zündete an, angezündet ⟨tr.; hat⟩:
zum Brennen bringen: eine Kerze, ein Streichholz anzünden; darf ich dir die Zigarette anzünden? **Syn.:** anbrennen, anstecken.

an|zwei|feln ['antsvaifl̩n], zweifelte an, angezweifelt ⟨tr.; hat⟩:
Zweifel (an etwas) äußern, zweifelnd infrage stellen: die Glaubwürdigkeit des Zeugen, die Echtheit eines Bildes anzweifeln. **Syn.:** bezweifeln, in Zweifel ziehen, zweifeln an.

apart [a'part] ⟨Adj.⟩:
durch seine Besonderheit angenehm auffallend; ungewöhnlich, nicht alltäglich und dadurch reizvoll: ein apartes Kleid, Aussehen, Gesicht; dieser Hut ist besonders apart. **Syn.:** ästhetisch, gefällig, geschmackvoll, smart.

Apart|ment [a'partmənt], das; -s, -s:
(oft nur aus einem Zimmer bestehende) komfortable Kleinwohnung: ein Apartment mieten. **Syn.:** Wohnung.

Apartment / Appartement:
s. Kasten Seite 113.

Ap|fel ['apfl̩], der; -s, Äpfel ['ɛpfl̩]:
rundliche, aromatische Frucht mit hellem, festem Fleisch und einem Kerngehäuse: einen grünen, rotbäckigen, sauren, saftigen Apfel essen; Äpfel pflücken, [vom Baum] schütteln, schälen. **Zus.:** Bratapfel, Frühapfel, Winterapfel.

Ap|fel|si|ne [apfl̩'zi:nə], die; -, -n:
rötlich gelbe, runde Zitrusfrucht mit saftigem, wohlschmeckendem Fruchtfleisch und dicker Schale: süße, saftige Apfelsinen; Apfelsinen schälen, auspressen. **Syn.:** Orange, Südfrucht.

Apos|tel [a'pɔstl̩], der; -s, -:
1. *Jünger Jesu:* die zwölf Apostel.
2. (bildungsspr.; oft iron.) *Person, die [in einer auf andere etwas penetrant wirkenden Weise] eine [Art] Lehre vertritt, einer Lehre anhängt:* die Apostel des Liberalismus; ein Apostel der Gewaltlosigkeit, Enthaltsamkeit. **Syn.:** Anhänger, Anhängerin, Eiferer, Eiferin, Jünger, Jüngerin. **Zus.:** Freiheitsapostel, Friedensapostel, Gesundheitsapostel, Moralapostel, Naturapostel.

Apo|the|ke [apo'te:kə], die; -, -n:
Geschäft, in dem Medikamente verkauft, zum Teil auch hergestellt werden: ich muss noch schnell in die Apotheke gehen.

Apo|the|ker [apo'te:kɐ], der; -s, -, **Apo|the|ke|rin** [apo'te:kərɪn], die; -, -nen:
Person, die die Berechtigung zur

Apartment/Appartement

Die beiden Wörter unterscheiden sich nicht nur in der Schreibung, sondern auch in der Aussprache und in der Bedeutung.
Das aus dem Englischen entlehnte **Apartment** wird [aˈpartmənt, engl.: əˈpɑːtmənt] ausgesprochen und bedeutet *kleinere Wohnung (in einem komfortablen Mietshaus).*

Dagegen stammt **Appartement** aus dem Französischen, wird [apartəˈmãː, schweiz. auch: ...ˈmɛnt] ausgesprochen und bedeutet *Zimmerflucht in einem größeren Hotel.*

Leitung einer Apotheke erworben hat: die Apothekerin hat mich gut beraten.

Ap|pa|rat [apaˈraːt], der; -[e]s, -e: **1.** *technisches Gerät, das aus mehreren Teilen zusammengesetzt ist und bestimmte Funktionen erfüllt:* ein kleiner, komplizierter Apparat; du wirst am Apparat (ugs.; *am Telefon*) verlangt; stell doch bitte den Apparat (ugs.; *Fernseh-, Radioapparat o. Ä.*) ab; sie musste den Apparat auseinandernehmen, weil er nicht mehr funktionierte. **Syn.:** Anlage, Apparatur, Maschine, Vorrichtung. **Zus.:** Fernsehapparat, Fernsprechapparat, Filmapparat, Fotoapparat, Radioapparat, Rasierapparat. **2.** *Gesamtheit der Personen und Hilfsmittel, die für eine bestimmte größere Aufgabe benötigt werden:* ein technischer, militärischer Apparat; der schwerfällige Apparat der Verwaltung. **Zus.:** Beamtenapparat, Behördenapparat, Parteiapparat, Polizeiapparat, Regierungsapparat, Staatsapparat, Verwaltungsapparat.

Ap|pa|ra|tur [aparaˈtuːɐ̯], die; -, -en: *gesamte Anlage von Apparaten und Instrumenten, die einer bestimmten Aufgabe dient:* eine komplizierte, automatische Apparatur. **Syn.:** Maschine, Vorrichtung.

Ap|par|te|ment [apartəˈmãː], das; -s, -s: *zusammenhängende Reihe von Zimmern in einem größeren, meist luxuriösen Hotel:* für den Urlaub haben wir ein Appartement gebucht.

Appartement / Apartment: s. Kasten Apartment / Appartement.

Ap|pell [aˈpɛl], der; -[e]s, -e: **1.** *dringliche Aufforderung, beschwörender Aufruf:* einen Appell an die Öffentlichkeit richten; mit einem Appell zur Toleranz seine Rede beschließen. **Syn.:** Mahnung. **2.** (Militär) *Aufstellung, Antreten zur Überprüfung, Entgegennahme einer Nachricht, eines Befehls o. Ä.:* zum Appell antreten.

ap|pel|lie|ren [apɛˈliːrən] ⟨itr.; hat⟩: *sich nachdrücklich mit einer Aufforderung oder Mahnung (an jmdn.) wenden:* er appellierte an die Bewohner, Ruhe zu bewahren; an jmds. Einsicht appellieren. **Syn.:** auffordern, aufrufen, mahnen.

Ap|pe|tit [apeˈtiːt], der; -[e]s: *Lust, Verlangen [etwas Bestimmtes] zu essen:* der Appetit ist mir vergangen; einen guten, unbändigen Appetit haben; sie bekam auf einmal großen Appetit auf Fisch. **Syn.:** Hunger, Kohldampf (ugs.); *** guten Appetit!:** Wunschformel vor dem Essen.

ap|pe|tit|lich [apeˈtiːtlɪç] ⟨Adj.⟩: **a)** *(durch die Art der Zubereitung, durch das Aussehen) den Appetit anregend:* appetitlich angerichtete Speisen; die Brötchen sehen sehr appetitlich aus. **Syn.:** delikat, köstlich, lecker. **b)** *hygienisch einwandfrei und dadurch ansprechend:* etwas ist appetitlich verpackt.

ap|plau|die|ren [aplau̯ˈdiːrən] ⟨itr.; hat⟩: *Beifall spenden und so sein Gefallen an etwas kundtun:* nach ihrer Rede applaudierten die Zuhörer lebhaft. **Syn.:** Applaus spenden, Beifall klatschen, klatschen.

Ap|plaus [aˈplau̯s], der; -es: *Beifall, der sich durch Klatschen, Zurufe o. Ä. äußert:* nach dem Konzert setzte stürmischer Applaus ein; es gab viel Applaus für die Künstler. **Syn.:** Jubel, Ovation.

Apri|ko|se [apriˈkoːzə], die; -, -n: *rundliche, samtig behaarte, gelbe bis orangefarbene, oft rotwangige Frucht mit [saftigem] wohlschmeckendem Fruchtfleisch und glattem, scharfkantigem Stein:* ein Kilo Aprikosen kaufen; Aprikosen entkernen.

April [aˈprɪl], der; -[s], -e: *vierter Monat des Jahres:* der diesjährige April war zu kalt.

Aqua|rell [akvaˈrɛl], das; -s, -e: *mit Wasserfarben gemaltes Bild:* zarte, leuchtende Aquarelle.

Aqua|ri|um [aˈkvaːri̯ʊm], das; -s, Aquarien [aˈkvaːri̯ən]: *Behälter aus Glas zur Pflege und Züchtung von kleinen Tieren, besonders Fischen, und Pflanzen, die im Wasser leben:* ein Aquarium anlegen; Goldfische im Aquarium halten.

Äqua|tor [ɛˈkvaːtoːɐ̯], der; -s: *größter Breitenkreis auf der Erde, der die Erdkugel in die nördliche und die südliche Halbkugel teilt:* das Schiff überquert, passiert den Äquator.

Ära [ˈɛːra], die; -, Ären [ˈɛːrən] (geh.): *unter einem bestimmten Aspekt gesehener zeitlicher Abschnitt; durch eine Person oder Sache geprägte, gekennzeichnete Epoche:* eine neue Ära einleiten; die Ära der Raumfahrt; die Ära de Gaulle *(die Amtszeit de Gaulles).* **Syn.:** Periode, Phase, Zeit, Zeitalter, Zeitraum.

Ar|beit [ˈarbai̯t], die; -, -en: **1.** *körperliches oder geistiges Tätigsein mit einzelnen Verrichtungen; Ausführung eines Auftrags:* eine leichte, anstrengende, mühsame, zeitraubende, langweilige Arbeit; eine neue, interessante Arbeit beginnen; er hat als Lehrling jeden Tag bestimmte Arbeiten zu verrichten; eine Arbeit übernehmen, ausführen, erledigen. **Syn.:** Beschäftigung, Dienst, Erwerb, Geschäft, Tätigkeit. **Zus.:** Büroarbeit, Frauenarbeit, Gartenarbeit, Gemeinschaftsarbeit, Halbtagsarbeit, Instandhaltungsarbeit, Kinderarbeit, Küchenarbeit, Männerarbeit,

Nachtarbeit, Pionierarbeit, Räumungsarbeit, Straßenarbeit, Teilzeitarbeit.
2. ⟨ohne Plural⟩ **a)** *das Beschäftigtsein mit etwas:* du störst mich bei der Arbeit; an die Arbeit gehen; sich an die Arbeit machen; sie hat viel Arbeit *(hat viel zu tun);* *** in Arbeit sein:** *gerade hergestellt werden:* das Präparat ist gerade in Arbeit.
b) *anstrengendes, beschwerliches, mühevolles Tätigsein:* es war eine ziemliche Arbeit, die Bücher neu zu ordnen; du hast dir viel Arbeit gemacht mit der Vorbereitung des Festes. **Syn.:** Anstrengung, Bürde (geh.), Mühe, Mühsal (geh.), Plage, Strapaze, Stress. **c)** *berufliche Tätigkeit, Ausübung des Berufs:* sie sucht eine neue Arbeit; er hat zurzeit keine Arbeit *(ist arbeitslos);* einer [geregelten] Arbeit nachgehen *(berufstätig sein);* von der Arbeit kommen; zur Arbeit gehen, fahren. **Syn.:** Beruf, Gewerbe, Job, Metier, Tätigkeit.
3. a) *als Ergebnis einer Betätigung entstandenes Erzeugnis, Produkt:* sorgfältige, grundlegende, handgefertigte Arbeiten; die Künstler stellten ihre Arbeiten aus; eine wissenschaftliche Arbeit *(Abhandlung)* veröffentlichen; der Lehrer sammelte die Arbeiten *(schriftlichen Aufgaben)* ein. **Syn.:** Denkmal, Schöpfung, Werk. **Zus.:** Bastelarbeit, Flechtarbeit, Goldschmiedearbeit, Häkelarbeit, Lederarbeit, Metallarbeit, Silberarbeit, Stickarbeit, Webarbeit. **b)** *Gestaltung, Art der Ausführung:* eine tadellose Arbeit; dieser Schrank ist eine alte, solide Arbeit; eine Arbeit aus Silber, in Marmor.
c) *Klassenarbeit:* die Lateinlehrerin ließ eine Arbeit schreiben; er hat die Arbeit in Deutsch nicht mitgeschrieben.
4. ⟨ohne Plural⟩ (Sport) *körperliche Vorbereitung auf bestimmte Leistungen:* die Arbeit mit der Hantel, am Sandsack. **Syn.:** Training.

ar|bei|ten [ˈarbai̯tn̩], arbeitete, gearbeitet:
1. a) ⟨itr.; hat⟩ *Arbeit leisten, verrichten; tätig sein:* körperlich, geistig, gewissenhaft, fleißig, am Schreibtisch arbeiten; sie arbeitet an einem Roman, über den Expressionismus; sie arbeitet für den Frieden *(setzt sich dafür ein);* für, gegen Geld *(gegen Bezahlung)* arbeiten; im Akkord, unter schlechten Bedingungen arbeiten. **Syn.:** sich befassen, sich beschäftigen, beschäftigt sein, sich betätigen, schaffen (bes. südd.), werken, wirken.
b) ⟨itr.; hat⟩ *beruflich tätig, beschäftigt sein:* halbtags arbeiten; auf dem Bau, bei der Bahn, in einer Fabrik arbeiten; er arbeitet als Monteur, fürs Fernsehen. **Syn.:** in Lohn und Brot stehen (veraltend), schaffen (bes. südd.). **c)** ⟨+ sich⟩ *durch Arbeit in einen bestimmten Zustand gelangen:* sich müde, krank arbeiten.
2. ⟨itr.; hat⟩ *in Tätigkeit, in Betrieb, in Funktion sein:* die Maschine arbeitet Tag und Nacht; sein Herz arbeitet wieder normal. **Syn.:** an sein (ugs.), angestellt sein, funktionieren, gehen, in Gang sein, laufen.
3. ⟨tr.; hat⟩ *in einer bestimmten Art oder Gestaltung, Ausführung anfertigen:* ein Kostüm auf Taille, eine Vase in Ton arbeiten; wer hat diesen Anzug gearbeitet? **Syn.:** bilden, erschaffen, fertigen, gestalten, hervorbringen, machen.
4. ⟨+ sich⟩ *einen Weg [zu einem Ziel] mühevoll zurücklegen:* es dauerte einige Zeit, bis er sich durch den Schnee gearbeitet hatte. **Syn.:** sich fortbewegen, sich schleppen.
5. ⟨itr.; hat⟩ (Sport) *sich körperlich auf bestimmte Leistungen vorbereiten:* mit den Hanteln, am Sandsack arbeiten. **Syn.:** trainieren.

Ar|bei|ter [ˈarbai̯tɐ], der; -s, -, **Ar|bei|te|rin** [ˈarbai̯tərɪn], die; -, -nen:
a) *Person, die arbeitet, [geistig oder] körperlich tätig ist:* er ist ein gewissenhafter Arbeiter; sie ist eine schnelle Arbeiterin.
Syn.: Arbeitskraft, Kraft. **b)** *Person, die gegen Lohn körperliche Arbeit verrichtet:* er ist ein gelernter Arbeiter; sie ist eine ungelernte Arbeiterin. **Syn.:** Arbeitnehmer, Arbeitnehmerin.
Zus.: Akkordarbeiter, Akkordarbeiterin, Bauarbeiter, Bauarbeiterin, Bühnenarbeiter, Bühnenarbeiterin, Hafenarbeiter, Hafenarbeiterin, Saisonarbeiter, Saisonarbeiterin, Straßenarbeiter, Straßenarbeiterin.

Ar|beit|ge|ber [ˈarbai̯tɡeːbɐ], der; -s, -, **Ar|beit|ge|be|rin** [ˈarbai̯tɡeːbərɪn], die; -, -nen:
Firma o. Ä., Person, die andere gegen regelmäßige Bezahlung beschäftigt: sie hat einen verständnisvollen Arbeitgeber; die Firma als größte Arbeitgeberin in der Region. **Syn.:** Unternehmer, Unternehmerin.

Ar|beit|neh|mer [ˈarbai̯tneːmɐ], der; -s, -, **Ar|beit|neh|me|rin** [ˈarbai̯tneːmərɪn], die; -, -nen:
Person, die von einem Arbeitgeber, einer Arbeitgeberin beschäftigt wird: die Arbeitnehmer haben viele Zugeständnisse gemacht, um die Arbeitsplätze zu erhalten.

ar|beit|sam [ˈarbai̯tzaːm] ⟨Adj.⟩ (veraltend):
stets bemüht, seine Arbeit gut und schnell zu verrichten: ein arbeitsamer Mensch; die neue Kollegin ist sehr arbeitsam.
Syn.: beflissen (geh.), betriebsam, eifrig, emsig (geh., oft iron.), fleißig, tüchtig.

Ar|beits|kraft [ˈarbai̯tskraft], die; -, Arbeitskräfte [ˈarbai̯tskrɛftə]:
1. ⟨ohne Plural⟩ *Fähigkeit, etwas zu leisten, zu arbeiten:* die menschliche Arbeitskraft durch Maschinen ersetzen.
2. *Mensch, der Arbeit leistet:* der Betrieb hat neue Arbeitskräfte eingestellt. **Syn.:** Kraft.

ar|beits|los [ˈarbai̯tsloːs] ⟨Adj.⟩:
trotz Arbeitsfähigkeit ohne berufliche Beschäftigung; keinen Arbeitsplatz habend: sie ist schon seit einem halben Jahr arbeitslos. **Syn.:** erwerbslos.

Ar|beits|lo|se [ˈarbai̯tsloːzə], die/eine Arbeitslose; der/einer Arbeitslosen, die Arbeitslosen/zwei Arbeitslose:
weibliche Person, die arbeitslos ist: die Arbeitslose hat finanzielle Unterstützung beantragt.

Ar|beits|lo|ser [ˈarbai̯tsloːzɐ], der Arbeitslose/ein Arbeitsloser; des/eines Arbeitslosen, die Arbeitslosen/zwei Arbeitslose:
Person, die arbeitslos ist: die Zahl der Arbeitslosen ist im Juni leicht gesunken.

Ar|beits|lo|sig|keit ['arbai̯tslo:zɪçkai̯t], die; -:
1. *das Arbeitslossein; Zustand, arbeitslos zu sein:* seine Arbeitslosigkeit dauert schon ein Jahr.
2. *das Vorhandensein von Arbeitslosen:* es gab kaum, keine Arbeitslosigkeit.

Ar|beits|platz ['arbai̯tsplats], der; -es, Arbeitsplätze ['arbai̯tsplɛtsə]:
1. *Platz, an dem jmd. seine berufliche Arbeit verrichtet:* sie hat einen schönen, sonnigen Arbeitsplatz.
2. *berufliche Tätigkeit, Beschäftigung:* ein gut bezahlter Arbeitsplatz; den Arbeitsplatz wechseln, verlieren. **Syn.:** Anstellung, Beruf, Job, Posten, Stelle, Stellung.

Ar|beits|stel|le ['arbai̯tsʃtɛlə], die; -, -n:
berufliche Tätigkeit, Arbeitsplatz: sie hat die Arbeitsstelle gewechselt.

Ar|beits|ver|trag ['arbai̯tsfɛɐ̯tra:k], der; -[e]s, Arbeitsverträge ['arbai̯tsfɛɐ̯trɛ:gə]:
Vertrag, der zwischen einem Arbeitgeber und einem Arbeitnehmer/einer Arbeitnehmerin abgeschlossen wird und der das Arbeitsverhältnis begründet: den neuen Arbeitsvertrag aushandeln, unterschreiben.

Ar|beits|zeit ['arbai̯tstsai̯t], die; -, -en:
1. *für die Arbeit vorgesehene oder festgelegte Zeitspanne:* die Arbeitszeit[en] in der Textilindustrie wurden verkürzt.
2. *Zeit, die für eine bestimmte Arbeit benötigt wird:* ich lasse mir die Arbeitszeit bezahlen.

Ar|chi|tekt [arçi'tɛkt], der; -en, -en, **Ar|chi|tek|tin** [arçi'tɛktɪn], die; -, -nen:
Person, die auf dem Gebiet der Baukunst ausgebildet ist, die Bauwerke entwirft und gestaltet, Baupläne ausarbeitet und deren Ausführung einleitet und überwacht: der Entwurf des Herrn Architekten Schulze; mit Architekt Schulze/mit dem Architekten Schulze; sie wollte Architektin werden. **Syn.:** Baumeister, Baumeisterin.

ar|chi|tek|to|nisch [arçitɛk'to:nɪʃ] ⟨Adj.⟩:
die Architektur, die Gesetze der Baukunst betreffend: der Bau ist ein architektonisches Meisterwerk.

Ar|chi|tek|tur [arçitɛk'tu:ɐ̯], die; -:
1. *Kunst des Bauens, Errichtens von Bauwerken; sachgerechtes, künstlerisches Bauen [einer Epoche, eines Volks]:* Architektur studieren; Zeugnisse der maurischen Architektur.
2. *Gestaltung, Stil eines Bauwerkes:* die Architektur einer Schlossruine betrachten. **Zus.:** Innenarchitektur.

Ar|chiv [ar'çi:f], das; -s, -e [ar'çi:və]:
1. *Sammlung von Dokumenten, Urkunden o. Ä.:* ein Archiv anlegen.
2. *Ort für die Aufbewahrung von Dokumenten, Urkunden o. Ä.:* die alten Urkunden liegen im Archiv. **Zus.:** Bildarchiv, Filmarchiv, Geheimarchiv, Staatsarchiv.

Are|al [are'a:l], das; -s, -e:
1. *Bodenfläche:* der Park bedeckt ein Areal von mehreren Quadratkilometern. **Syn.:** Gebiet.
2. *abgegrenztes Gebiet, Gelände, Stück Land, Grundstück:* das Areal [des Sportplatzes] ist von Wald umschlossen.

Are|na [a're:na], die; -, Arenen [a're:nən]:
Sportplatz, Wettkampfstätte mit ringsum steigend angeordneten Zuschauersitzen: die Stierkämpfer ziehen in die Arena ein.

arg [ark], ärger, ärgste ⟨Adj.⟩:
1. a) (geh.; veraltet) *von niederträchtiger, böser Gesinnung [erfüllt]:* die arge Welt; arge Gedanken; arg denken, handeln. **Syn.:** abscheulich, böse, elend (emotional), erbärmlich, garstig, gemein, hässlich, niedrig, perfid[e] (bildungsspr.), schäbig (abwertend), schändlich, schmutzig, schnöde (geh. abwertend), übel, verwerflich. **b)** (landsch.) *schlimm:* es war eine arge Zeit; ein arges Schicksal; ihr treibt es zu arg; man hat ihr arg mitgespielt. **Syn.:** übel, unangenehm, unerfreulich.
2. (landsch.) **a)** *sehr groß, heftig, stark:* arge Schmerzen; eine arge Enttäuschung. **Syn.:** fürchterlich (ugs.), schlimm, schrecklich, unerträglich. **b)** ⟨verstärkend bei Adjektiven und Verben⟩ *sehr:* der Koffer ist arg schwer; er hat arg gespottet. **Syn.:** entsetzlich, furchtbar (ugs.), fürchterlich (ugs.), kolossal (ugs. emotional), schrecklich (ugs.), ungeheuer, ungemein, unglaublich (ugs.), unheimlich (ugs.), unwahrscheinlich (ugs.), wahnsinnig (ugs.).

Är|ger ['ɛrgɐ], der; -s:
1. *durch Missfallen an etwas, durch Unzufriedenheit, Enttäuschung o. Ä. hervorgerufenes Gefühl des Unwillens:* etwas erregt jmds. Ärger; ihr Ärger verflog; sie konnte ihren Ärger über das Missgeschick nicht verbergen; seinen Ärger an jmdm., etwas auslassen. **Syn.:** Empörung, Groll, Unmut, Unwille, Verdruss, Verstimmung, Wut, Zorn.
2. *etwas, worüber man sich ärgert:* viel Ärger [mit jmdm., etwas, wegen einer Sache] haben; heute gab es im Büro wieder Ärger. **Syn.:** Ärgernis, Unannehmlichkeiten ⟨Plural⟩.

är|ger|lich ['ɛrgɐlɪç] ⟨Adj.⟩:
1. *voll Ärger, Verdruss:* etwas in ärgerlichem Ton sagen; sie ist ärgerlich auf/über mich; er war sehr ärgerlich über die Störung. **Syn.:** böse, empört, entrüstet, erbittert, erbost, erzürnt (geh.), gereizt, grimmig, missmutig, rabiat, sauer (ugs.), ungehalten, unwillig, unwirsch, verärgert, wütend, zornig.
2. *Ärger, Verdruss verursachend:* eine ärgerliche Angelegenheit; er fand es sehr ärgerlich, so lange warten zu müssen. **Syn.:** blöd[e], dumm (ugs.), fatal, unangenehm, unerfreulich, unerquicklich (geh.), unersprießlich (geh.).

är|gern ['ɛrgɐn]:
1. ⟨tr.; hat⟩ **a)** *(jmdm.) Ärger, Verdruss bereiten:* er hat sie mit seiner Bemerkung geärgert; es ärgerte sie, dass er alles falsch gemacht hatte. **Syn.:** auf die Palme bringen (ugs.), aufbringen, aufregen, empören, erbosen, erzürnen, in Wut bringen, verärgern, verstimmen, wütend machen. **b)** *aufziehen* (6): er hat es darauf abgesehen, sie zu ärgern. **Syn.:** auf den Arm nehmen (ugs.), auf die Schippe nehmen (ugs.), durch den Kakao ziehen (ugs.), foppen, frotzeln (ugs.), hänseln, necken, sticheln gegen, verulken, witzeln über.

2. ⟨+ sich⟩ *Ärger, Verdruss empfinden; ärgerlich, erregt sein:* ich ärgere mich darüber, dass sie nicht die Wahrheit gesagt hat; hast du dich über ihn geärgert? **Syn.:** sich aufregen, böse sein, sich empören, sich erregen, sich erzürnen, geladen sein (salopp), grollen, in Fahrt sein (ugs.), sauer sein (salopp).

Är|ger|nis [ˈɛrɡɐnɪs], das; -ses, -se: *etwas, worüber sich jmd. ärgert, woran jmd. Anstoß nimmt, was für jmdn. ärgerlich, unangenehm, anstößig, skandalös ist:* seine häufige Abwesenheit war ein Ärgernis für die Chefin. **Syn.:** Ärger, Unannehmlichkeit, Verdruss.

arg|los [ˈarkloːs] ⟨Adj.⟩: **a)** *nichts Böses vorhabend, ohne böse Absicht:* eine arglose Bemerkung. **Syn.:** harmlos, unschuldig. **b)** *nichts Böses ahnend, ohne Argwohn:* ein argloses Kind; er ging völlig arglos darauf ein. **Syn.:** blauäugig, einfältig, gutgläubig, leichtgläubig, naiv, sorglos, unbekümmert, unbeschwert, unbesorgt, vertrauensselig.

Ar|gu|ment [arɡuˈmɛnt], das; -[e]s, -e: *etwas, was zur Rechtfertigung, Begründung oder als Beweis vorgebracht wird:* ein stichhaltiges, schlagendes Argument; dieses Argument überzeugt mich; Argumente für, gegen etwas anführen, vorbringen, vortragen. **Zus.:** Gegenargument, Hauptargument.

Ar|gu|men|ta|ti|on [arɡumɛntaˈt͜si̯oːn], die; -, -en: *Darlegung der Argumente, Gründe für etwas; Ausführungen, die dazu dienen, etwas zu begründen:* ihre Argumentation für, gegen den Plan stützt sich auf Erfahrung.

ar|gu|men|tie|ren [arɡumɛnˈtiːrən] ⟨itr.; hat⟩: *Argumente vorbringen:* er hat ganz anders, unsinnig argumentiert; sachlich, schlagend [für, gegen etwas] argumentieren; sie argumentierte, dass dies keinen Einfluss mehr auf die Entwicklung habe.

Arg|wohn [ˈarkvoːn], der; -[e]s: *das Zweifeln an der redlichen Absicht, der Vertrauenswürdigkeit eines andern; Neigung, hinter dem Tun, Verhalten anderer feindselige, unredliche Absichten zu vermuten:* Argwohn [gegen jmdn., etwas] hegen, schöpfen; etwas mit Argwohn, voller Argwohn betrachten. **Syn.:** Misstrauen, Skepsis, Verdacht.

arg|wöh|nen [ˈarkvøːnən] ⟨tr.; hat⟩: *(jmdm. gegenüber) misstrauisch sein und befürchten, vermuten:* er argwöhnte eine Falle; sie argwöhnte, dass er sie belog. **Syn.:** fürchten, misstrauen.

arg|wöh|nisch [ˈarkvøːnɪʃ] ⟨Adj.⟩: *voll Argwohn, Misstrauen:* ein argwöhnischer Mensch; jmdn. argwöhnisch beobachten. **Syn.:** misstrauisch, skeptisch, zweifelnd.

Arie [ˈaːri̯ə], die; -, -n: *Sologesangsstück mit Instrumentalbegleitung [in Oper oder Oratorium]:* eine Arie singen. **Zus.:** Konzertarie, Opernarie.

Aris|to|krat [arɪstoˈkraːt], der; -en, -en: **1.** *Angehöriger des adligen Standes.* **2.** *Mensch von vornehmer Gesinnung und kultivierter Lebensart:* er ist ein ausgesprochener Aristokrat.

Aris|to|kra|tie [arɪstokraˈtiː], die; -, Aristokratien [arɪstokraˈtiːən]: **1. a)** ⟨ohne Plural⟩ *Staatsform, bei der die Herrschaft im Besitz des Adels ist:* die Aristokratie in diesem Land abschaffen. **b)** *Staat, Gemeinwesen, in dem der Adel herrscht.* **2.** *adlige Oberschicht, Gesamtheit der Adligen:* zur Aristokratie gehören. **Syn.:** Adel. **3.** ⟨ohne Plural⟩ *vornehme Gesinnung, edle Würde:* die Aristokratie seiner Gesinnung, seines Wesens. **Syn.:** Adel, Hoheit, Majestät.

Aris|to|kra|tin [arɪstoˈkraːtɪn], die; -, -nen: weibliche Form zu ↑Aristokrat.

arm [arm], ärmer, ärmste ⟨Adj.⟩: **1.** *nur sehr wenig Geld zum Leben habend* /Ggs. reich/: eine arme Familie; ihre Eltern waren arm und konnten sie nicht studieren lassen. **Syn.:** ärmlich, bedürftig, mittellos, Not leidend, unbemittelt; * **Arm und Reich** (veraltet): *jedermann:* Arm und Reich spendete für die Opfer. **2.** * **arm an etwas sein:** *nur wenig von etwas haben:* diese Frucht ist arm an Vitaminen. **3.** *mitleiderregend:* der arme Mann hat nur ein Bein. **Syn.:** bedauernswert, herzzerreißend, jämmerlich (emotional).

Arm [arm], der; -[e]s, -e: **1.** *der Teil des menschlichen Körpers, der von der Schulter bis zur Hand reicht:* kräftige Arme; die Arme aufstützen; jmdn. im Arm, in den Armen halten; den Mantel über den Arm nehmen; er nahm, packte ihn am/beim Arm; ein Kind auf den Arm nehmen. **Syn.:** Gliedmaße. **Zus.:** Oberarm, Unterarm. **2.** *armartiger abzweigender Teil:* die beiden Arme einer Waage; ein Kronleuchter mit acht Armen; der Fluss teilt sich an der Mündung in drei Arme. **Zus.:** Flussarm, Hebelarm, Meeresarm, Wasserarm. **3.** (Fachspr.) *Ärmel:* ein Kleid mit kurzem Arm.

-arm [arm] ⟨adjektivisches Suffixoid⟩: **1.** *kaum etwas, wenig von dem im substantivischen Basiswort Genannten habend:* fettarm; gefühlsarm; ideenarm; kalkarm; kalorienarm; verkehrsarm. **2.** *kaum etwas, wenig von dem im substantivischen Basiswort Genannten entwickelnd, verursachend:* abgasarm; geräuscharm; störungsarm; wartungsarm. **3.** *kaum, nur wenig das im verbalen Basiswort Genannte tun:* **a)** ⟨aktivisch⟩ knitterarm; rauscharm. **b)** ⟨passivisch⟩ bügelarm *(braucht kaum, nur wenig gebügelt zu werden).*

Arm|band [ˈarmbant], das; -[e]s, Armbänder [ˈarmbɛndɐ]: *am Arm über dem Handgelenk zu tragendes [kettenähnliches, schmückendes]* [1]*Band* (a): sie trägt gerne Armbänder; ein Armband geschenkt bekommen.

Ar|mee [arˈmeː], die; -, Armeen [arˈmeːən]: **1. a)** *Gesamtheit der Soldaten oder Truppen eines Staates:* eine Armee aufstellen; in der Armee dienen. **Syn.:** Heer, Militär. **b)** *Abteilung eines Heeres:* die zweite Armee. **2.** *sehr große Anzahl:* eine Armee von Arbeitslosen; eine Armee eifriger/(selten) eifrige Helfer stand/standen bereit. **Syn.:** Heer, Masse, Menge.

Är|mel [ˈɛrml̩], der; -s, -:

Teil eines Kleidungsstückes, der den Arm bedeckt: die Ärmel hochkrempeln; ein Kleid mit langen, kurzen Ärmeln, ohne Ärmel. **Syn.:** Arm.

ärm|lich ['ɛrmlɪç] ⟨Adj.⟩: *[im Äußeren] von Armut zeugend:* eine ärmliche Wohnung; die Verhältnisse, in denen sie lebte, waren sehr ärmlich; ärmlich gekleidet sein. **Syn.:** arm, armselig, dürftig, elend, jämmerlich (emotional), kärglich, kümmerlich.

arm|se|lig ['armze:lɪç] ⟨Adj.⟩: **a)** (emotional) *sehr, in mitleiderregender Weise arm:* armselige Kleider, Wohnungen; er war armselig angezogen. **Syn.:** ärmlich, dürftig, elend, kärglich, kümmerlich, mittellos. **b)** *als zu wenig, als wertlos, unzulänglich o. Ä. empfunden:* ein armseliger Stümper; eine armselige Spende. **Syn.:** erbärmlich, jämmerlich (emotional), kläglich.

Ar|mut ['armu:t], die; -: **a)** *das Armsein, materielle Not:* in dieser Familie herrschte bitterste Armut; in Armut leben, geraten. **Syn.:** Elend, Mangel. **b)** *Dürftigkeit, Kümmerlichkeit, Kargheit:* innere Armut; diese Schrift verrät Armut des Ausdrucks; die Armut *(der Mangel)* eines Landes an Bodenschätzen. **Syn.:** Leere, Mangel.

Aro|ma [a'ro:ma], das; -s, -s und Aromen [a'ro:mən]: **1.** *angenehmer, stärker ausgeprägter Geschmack und/oder würziger Duft; kräftiger, intensiver [Wohl]geruch:* ein starkes, [un]angenehmes Aroma haben; die Zigarette hat ein volles Aroma. **Syn.:** Würze. **2.** *aromatisches Mittel, aromatische Essenz für Lebensmittel, Speisen:* ein Fläschchen Aroma; natürliche, künstliche Aromen. **Syn.:** Gewürz. **Zus.:** Backaroma.

Ar|ran|ge|ment [arãʒə'mã:], das; -s, -s: **1. a)** *vorbereitende Gestaltung, organisierendes Vorbereiten:* das Arrangement [einer Veranstaltung] übernehmen. **b)** *etwas geschmackvoll Zusammengestelltes, künstlerisch Angeordnetes:* jmdm. ein Arrangement [aus Blumen] überreichen. **Syn.:** Anordnung, Komposition. **Zus.:** Blumenarrangement. **c)** *von einem Hotel oder einem Reiseveranstalter zusammengestellter Vorschlag für einen Aufenthalt:* ein Arrangement in dem neuen Hotel buchen. **2.** *Bearbeitung eines Musikstücks für andere Instrumente:* ein Arrangement für Klavier. **3.** *das Übereinkommen, Sicharrangieren:* ein Arrangement mit seinen Gläubigern treffen; ein Arrangement zwischen zwei Staaten. **Syn.:** Abkommen, Abmachung, Abschluss, Absprache, Kompromiss, Kontrakt, Pakt, Übereinkunft, Verabredung, Vereinbarung, Vertrag.

ar|ran|gie|ren [arã'ʒi:rən]: **1.** ⟨tr.; hat⟩ **a)** *für das Zustandekommen, die Gestaltung, Durchführung, den Ablauf von etwas sorgen:* ein Fest, eine Reise arrangieren; etwas geschickt arrangieren. **Syn.:** abhalten, abwickeln, auf die Beine stellen, aufziehen, austragen, bewerkstelligen (Papierdt.), deichseln (ugs.), durchführen, [1]durchziehen (ugs.), fertigbringen (ugs.), geben, halten, hinbringen (ugs.), hinkriegen (ugs.), inszenieren, organisieren, realisieren, unternehmen, veranstalten, verwirklichen, zustande bringen, zuwege bringen. **b)** *(ein Musikstück) für andere Instrumente bearbeiten:* einen Schlager neu arrangieren. **2.** ⟨+ sich⟩ *sich [mit jmdm.] verständigen und eine Lösung für etwas finden:* du musst dich [mit ihr] arrangieren. **Syn.:** abmachen, absprechen, aushandeln, ausmachen (ugs.), ein Übereinkommen treffen, eine Einigung erzielen, eine Übereinkunft treffen, sich einigen, übereinkommen, verabreden, vereinbaren.

Ar|rest [a'rɛst], der; -[e]s, -e: *Haft, leichter Freiheitsentzug (besonders als Strafe innerhalb bestimmter Gemeinschaften):* der Gefreite musste drei Tage strengen Arrest absitzen; die Schülerin bekam zwei Stunden Arrest *(musste zwei Stunden nachsitzen).* **Syn.:** Freiheitsstrafe, Gefangenschaft, Gewahrsam, Knast (ugs.).

ar|ro|gant [aro'gant] ⟨Adj.⟩: *in einer Weise, die als anmaßend, herausfordernd und überheblich empfunden wird:* ein arroganter Mensch; er benahm sich sehr arrogant. **Syn.:** anmaßend, aufgeblasen (ugs.), blasiert, dünkelhaft (geh. abwertend), eingebildet, herablassend, hochfahrend, hochmütig, hochnäsig, selbstgefällig (abwertend), überheblich.

Ar|ro|ganz [aro'gants], die; -: *arrogante Art, arrogantes Wesen:* er ist von unglaublicher Arroganz. **Syn.:** Dünkel (geh. abwertend), Hochmut, Überheblichkeit.

Arsch [arʃ], der; -[e]s, Ärsche ['ɛrʃə] (derb): **1.** *Gesäß:* auf den Arsch fallen; jmdm. in den Arsch treten. **2.** *Trottel, Dummkopf* (Schimpfwort): dieser Arsch hat mir alles verdorben!

Art [a:ɐ̯t], die; -, -en: **1.** ⟨ohne Plural⟩ *angeborene, jmdm. innewohnende Eigenart, Beschaffenheit:* ihre frische Art gefiel allen; es war nicht ihre Art, voreilig Schlüsse zu ziehen; das entspricht nicht seiner Art. **Syn.:** Charakter, Individualität, Natur, Naturell, Temperament, Typ, Veranlagung, Wesen. **Zus.:** Gemütsart, Sinnesart, Wesensart. **2.** *Weise des Sichverhaltens, Gewohnheit im Handeln:* er hat eine unangenehme Art zu fragen; es gibt verschiedene Arten, darauf zu reagieren; auf diese Art kommst du nie ans Ziel; sie tat dies in ihrer gewohnten Art. **Syn.:** Benehmen, Form, Gehabe (abwertend), Haltung, Manier. **Zus.:** Lebensart. **3. a)** *durch bestimmte Merkmale, Eigenschaften gekennzeichnete Qualität, Beschaffenheit, durch die sich jmd./etwas von anderen gleicher Sorte unterscheidet:* jede Art von Gewalt ablehnen; alle Arten von Blumen; er ist ein Verbrecher übelster Art; Antiquitäten aller Art. **Syn.:** Gattung, Genre, Kaliber (ugs.), Kategorie, Spezies (geh.; ironisch), Zweig. **Zus.:** Machart, Sportart, Wortart, Zubereitungsart. **b)** (Biol.) *Einheit im System der Tiere und Pflanzen, in der Individuen zusammengefasst sind, die in allen wesentlichen Merkmalen übereinstimmen und untereinander fruchtbare Nachkommen hervorbringen können:* diese Art ist ausgestorben. **Syn.:**

Spezies. **Zus.:** Getreideart, Pflanzenart, Tierart.

Ar|te|rie [ar'te:ri̯ə], die; -, -n: *Schlagader:* die Arterie ist verschlossen. **Syn.:** Ader.

ar|tig ['a:ɐ̯tɪç] ⟨Adj.⟩:
1. *sich so gut benehmend, verhaltend, wie es Erwachsene von einem Kind erwarten:* ein artiges Kind; die Mutter ermahnt die Kinder, artig zu sein; sich artig verhalten. **Syn.:** brav, folgsam, fügsam, gehorsam, lieb.
2. (veraltend) *höflich:* mit einer artigen Verbeugung; er fragte sie artig nach ihrem Befinden. **Syn.:** aufmerksam, galant (veraltend).

-ar|tig [a:ɐ̯tɪç] ⟨adjektivisches Suffix⟩:
in der Art (z. B. Aussehen, Beschaffenheit) wie das im Basiswort Genannte, damit vergleichbar; so wie das im Basiswort Genannte: blitzartig; breiartig; explosionsartig; fluchtartig; gummiartig; lawinenartig; panikartig; ruckartig; schlagartig; sintflutartig; überfallartig, wolkenbruchartig. **Syn.:** -ähnlich, -al/-ell, -esk, -haft, -ig.

Ar|ti|kel [ar'ti:kl̩], der; -s, -:
1. *schriftlicher Beitrag, Aufsatz in einer Zeitung o. Ä.:* einen Artikel über etwas schreiben. **Syn.:** Abhandlung, Arbeit. **Zus.:** Zeitungsartikel.
2. *in sich abgeschlossener Abschnitt innerhalb eines Textes:* das steht im Artikel 3 der Verfassung. **Syn.:** Absatz, Ausschnitt, Kapitel, Paragraph, Passage, Stück, Teil. **Zus.:** Gesetzesartikel.
3. *als Ware gehandelter Gegenstand:* dieser Artikel ist im Augenblick nicht am Lager. **Syn.:** Erzeugnis, Fabrikat, Konsumgut, Produkt, Ware. **Zus.:** Büroartikel, Exportartikel, Geschenkartikel, Haushaltsartikel, Sportartikel.
4. *Wortart, die besonders der Kennzeichnung des grammatischen Geschlechts eines Substantivs dient:* der bestimmte, unbestimmte Artikel.

ar|ti|ku|lie|ren [artiku'li:rən]:
1. ⟨tr.; hat⟩ *aussprechen:* die Worte, Silben deutlich, klar, schlecht artikulieren.
2. a) ⟨tr.; hat⟩ *in Worte fassen, zum Ausdruck bringen:* seinen Willen artikulieren. **Syn.:** ausdrücken, aussagen, äußern, aussprechen, behaupten, bekunden, darlegen, dokumentieren, formulieren, in Worte fassen, in Worte kleiden, mitteilen, offenbaren, preisgeben, sagen, verkünden (geh.), verkündigen (geh.). **b)** ⟨+ sich⟩ *zum Ausdruck kommen, deutlich erkennbar werden:* der Meinungsumschwung artikuliert sich im Wahlergebnis. **Syn.:** sich zeigen.

Ar|til|le|rie ['artɪləri:], die; -, Artillerien ['artɪləri:ən]:
mit Geschützen ausgerüstete Truppe: die Artillerie rückt auf die Stadt zu.

Ar|tist [ar'tɪst], der; -en, -en, **Ar|tis|tin** [ar'tɪstɪn], die; -, -nen:
Künstler, Künstlerin im Zirkus oder im Varieté: sie wollte schon als Kind Artistin werden.

ar|tis|tisch [ar'tɪstɪʃ] ⟨Adj.⟩:
1. *die Kunst der Artisten betreffend, zu ihr gehörend:* im Varieté wurden mehrere artistische Vorführungen gezeigt.
2. a) *äußerst geschickt, gewandt:* das mutet geradewegs artistisch an. **b)** *in der technischen oder künstlerischen Durchführung vollendet, perfekt:* ein Instrument artistisch beherrschen.

Arz|nei [a:ɐ̯ts̮'nai̯], die; -, -en (veraltend):
Heilmittel: eine Arznei verordnen, verschreiben. **Syn.:** Medikament, Medizin, Mittel, Präparat.

Arz|nei|mit|tel [a:ɐ̯ts̮'nai̯mɪtl̩], das; -s, -:
Medikament: ein wirksames Arzneimittel; neue Arzneimittel entwickeln.

Arzt [a:ɐ̯ts̮t], der; -es, Ärzte ['ɛ:ɐ̯ts̮tə], **Ärz|tin** ['ɛ:ɐ̯ts̮tɪn], die; -, -nen:
Person, die Medizin studiert hat und die staatliche Erlaubnis hat, Kranke zu behandeln: der behandelnde Arzt; den Arzt aufsuchen, holen, rufen lassen, konsultieren; zum Arzt gehen; ich muss noch meine Ärztin anrufen. **Syn.:** Doktor (ugs.), Doktorin (ugs.). **Zus.:** Augenarzt, Augenärztin, Frauenarzt, Frauenärztin, Hals-Nasen-Ohren-Arzt, Hals-Nasen-Ohren-Ärztin, Hautarzt, Hautärztin, Kinderarzt, Kinderärztin, Nervenarzt, Nervenärztin, Tierarzt, Tierärztin, Zahnarzt, Zahnärztin.

ärzt|lich ['ɛ:ɐ̯ts̮tlɪç] ⟨Adj.⟩:
a) *zum Arzt gehörend:* die ärztliche Praxis. **b)** *vom Arzt [ausgehend]:* eine ärztliche Untersuchung; ein ärztliches Attest; unter ärztlicher Aufsicht; sich ärztlich behandeln lassen.

Arzt|pra|xis ['a:ɐ̯ts̮tpraksɪs], die; -, Arztpraxen ['a:ɐ̯ts̮tpraksn̩]:
Räume, in denen ein Arzt arbeitet: die Arztpraxis war im dritten Stockwerk. **Syn.:** Praxis.

Asche ['aʃə], die; -, -n:
das, was von verbranntem Material in Form von Pulver übrig bleibt: heiße, kalte, glühende Asche; die Asche [von der Zigarre] abstreifen, abklopfen. **Zus.:** Zigarettenasche.

Aschen|be|cher ['aʃn̩bɛçɐ], der; -s, -:
schalenförmiger Gegenstand für die Asche von Zigaretten o. Ä.: den Aschenbecher leeren.

Ascher|mitt|woch [aʃɐ'mɪtvɔx], der; -[e]s, -e:
Mittwoch nach Fastnacht (an dem die Fastenzeit beginnt): am Aschermittwoch Buße tun.

äsen ['ɛ:zn̩] ⟨itr.; hat⟩:
(von bestimmtem Wild) Nahrung aufnehmen: Hirsche, Rehe äsen. **Syn.:** fressen.

As|ket [as'ke:t], der; -en, -en, **As|ke|tin** [as'ke:tɪn], die; -, -nen:
enthaltsam lebende Person: wie ein Asket leben.

aso|zi|al ['azots̮i̯a:l] ⟨Adj.⟩:
unfähig zum Leben in der Gemeinschaft, sich nicht in die Gemeinschaft einfügend: eine asoziale Lebensweise; ein asozialer Charakter; asozial sein.

As|pekt [as'pɛkt], der; -[e]s, -e:
Art der Betrachtung oder Beurteilung von etwas: die verschiedenen Aspekte eines Problems; etwas unter einem bestimmten Aspekt sehen, betrachten. **Syn.:** Gesichtspunkt.

As|phalt [as'falt], der; -[e]s; -e:
teerähnliche, zähflüssige Masse, die zur Beschichtung von Straßen verwendet wird: den Asphalt erneuern.

As|pi|rant [aspi'rant], der; -en, -en, **As|pi|ran|tin** [aspi'rantɪn], die; -, -nen:
Anwärter, Anwärterin: ein Aspirant, eine Aspirantin für/auf einen Posten.

Ass [as], das; -es, -e:
1. *Spielkarte mit dem höchsten*

Wert: kein Ass, alle vier Asse in der Hand haben. **Zus.:** Herzass, Karoass, Kreuzass, Pikass, Trumpfass.
2. *Person, die auf ihrem, einem bestimmten Gebiet hervorragend ist:* sie ist ein Ass in Mathematik; diese beiden Spielerinnen sind die großen Asse ihrer Mannschaft. **Syn.:** Größe, Kanone (ugs.), Könner, Könnerin, Meister, Meisterin, Phänomen.

As|ses|sor [a'sɛso:ɐ̯], der; -s, Assessoren [asɛ'so:rən], **As|ses|so|rin** [asɛ'so:rɪn], die, -, -nen:
1. *Person, die die zweite juristische Staatsprüfung bestanden und die Befähigung zum Richteramt erworben hat.*
2. (früher) *Anwärter, Anwärterin der höheren Beamtenlaufbahn.*

as|si|mi|lie|ren [asimi'li:rən] ⟨+ sich⟩ (bildungsspr.):
sich den vorhandenen, vorgefundenen Verhältnissen o. Ä. angleichen: ich habe mich rasch assimiliert. **Syn.:** sich akklimatisieren (bildungsspr.), sich anpassen, sich einfügen, sich eingewöhnen, sich eingliedern, sich einleben, sich gewöhnen an.

As|sis|tent [asɪs'tɛnt], der; -en, -en, **As|sis|ten|tin** [asɪs'tɛntɪn], die; -, -nen:
Person, die die Aufgabe hat, eine andere (z. B. einen Professor) bei deren Arbeit zu unterstützen, ihr bestimmte Arbeiten abzunehmen: sie hat drei [wissenschaftliche] Assistenten. **Syn.:** Gehilfe (geh.), Gehilfin (geh.), Helfer, Helferin. **Zus.:** Regieassistent, Regieassistentin.

as|sis|tie|ren [asɪs'ti:rən] ⟨itr.; hat⟩:
jmdm. [nach dessen Anweisungen] bei einer Arbeit o. Ä. behilflich sein, zur Hand gehen: die junge Ärztin assistierte der Professorin bei der Operation. **Syn.:** helfen, unterstützen.

Ast [ast], der; -[e]s, Äste ['ɛstə]:
stärkerer Zweig eines Baumes: ein dicker Ast; das Eichhörnchen hüpft von Ast zu Ast.

-ast [ast], der; -en, -en ⟨Suffix, das sich mit fremdsprachigen, nur gebunden vorkommenden Substantiven verbindet⟩:
kennzeichnet eine männliche Person in Bezug auf Beruf, Tätigkeit, Überzeugung, Haltung durch das im Basiswort Genannte: Cineast (*Filmschaffender, begeisterter Kinogänger;* zu Kino); Dynast (*Machthaber;* zu Dynastie); Enthusiast; Fantast; Gymnasiast. **Syn.:** -er, -eur, -iker, -ist.

As|ter ['astɐ], die; -, -n:
(von Sommer bis Herbst) in verschiedenen Farben blühende Pflanze, deren [gefüllte] Blüte strahlenförmig angeordnete, schmale, längliche Blätter aufweist: einen Strauß bunte[r] Astern kaufen. **Zus.:** Herbstaster, Sommeraster, Winteraster.

Äs|thet [ɛs'te:t], der; -en, -en, **Äs|the|tin** [ɛs'te:tɪn], die; -, -nen:
Person, die einen stark ausgeprägten Sinn für Schönheit, kultivierte Gepflegtheit, für Künstlerisches besitzt: als Ästhet hat er sein Büro sehr geschmackvoll eingerichtet.

äs|the|tisch [ɛs'te:tɪʃ] ⟨Adj.⟩:
a) *die Gesetze der Schönheit und der Kunst betreffend:* etwas vom ästhetischen Standpunkt aus betrachten. **b)** *durch seine Schönheit, Kultiviertheit, seinen Stil angenehm [wirkend], ansprechend:* ein ästhetischer Anblick. **Syn.:** apart, geschmackvoll, schön.

As|t|ro|lo|gie [astrolo'gi:], die; -:
Lehre, die um eine Beurteilung irdischer Gegebenheiten, besonders eine Deutung des menschlichen Schicksals aus bestimmten Gestirnstellungen bemüht ist.

Astrologie/Astronomie

Die **Astrologie** befasst sich mit dem angeblichen Einfluss der Sterne auf das menschliche Schicksal. Aus der Konstellation der Sterne werden spekulative Aussagen über die Zukunft abgeleitet.
Die **Astronomie** gehört zu den Naturwissenschaften und befasst sich mit der exakten wissenschaftlichen Erforschung der Himmelskörper und des Weltalls.

As|t|ro|naut [astro'naut], der; -en, -en, **As|t|ro|nau|tin** [astro'nautɪn], die; -, -nen:
Person, die an einem Flug in den Weltraum teilnimmt: die Raumfahrtbehörde sucht neue Astronauten. **Syn.:** Kosmonaut, Kosmonautin.

As|t|ro|no|mie [astrono'mi:], die; -:
Wissenschaft von den Himmelskörpern: er hat Astronomie studiert.

Astronomie / Astrologie:
s. Kasten Astrologie/Astronomie.

as|t|ro|no|misch [astro'no:mɪʃ] ⟨Adj.⟩:
1. *die Astronomie betreffend, zu ihr gehörend, mit ihren Mitteln erfolgend:* eine astronomische Uhr.
2. *die Vorstellung von der Größe einer Menge, die Höhe eines Betrages o. Ä. übersteigend; überaus groß:* astronomische Summen, Preise. **Syn.:** außergewöhnlich, außerordentlich, beträchtlich, enorm, gewaltig (emotional), immens, riesig, ungeheuer, unvorstellbar.

Asyl [a'zy:l], das; -s, -e:
1. *Heim, Unterkunft für obdachlose Menschen:* in einem Asyl übernachten. **Zus.:** Obdachlosenasyl.
2. *Aufnahme und Schutz (besonders für politisch Verfolgte in einem anderen Land):* um politisches Asyl bitten; jmdm. Asyl zusichern, bieten, gewähren. **Syn.:** Zuflucht.

Asy|lant [azy'lant], der; -en, -en, **Asy|lan|tin** [azy'lantɪn], die; -, -nen:
Person, die sich um politisches Asyl bemüht oder dieses bereits erhalten hat (wird gelegentlich als diskriminierend empfunden): der Asylant sollte abgeschoben werden. **Syn.:** Asylbewerber, Asylbewerberin.

Asyl|be|wer|ber [a'zy:lbəvɛrbɐ], der; -s, -, **Asyl|be|wer|be|rin** [a'zy:lbəvɛrbərɪn], die; -, -nen:
Person, die [politisches] Asyl beantragt: der Asylbewerber lebt in einem Heim.

Ate|li|er [ate'li̯e:], das; -s, -s:
Raum für künstlerische o. ä. Arbeiten: ein Atelier [an]mieten. **Syn.:** Studio. **Zus.:** Filmatelier.

Atem ['a:təm], der; -s:
1. *das Atmen:* der Atem setzte aus.
2. *Luft, die ein- oder ausgeatmet wird:* Atem holen; sie ist außer Atem; nach Atem ringen. **Syn.:** Puste (ugs.).

atem|los ['a:təmlo:s] ⟨Adj.⟩:
1. *außer Atem, keuchend:* sie kamen atemlos am Bahnhof an. **Syn.:** schnaufend.
2. *schnell, ununterbrochen:* ein atemloses Tempo; in atemloser Folge. **Syn.:** rasant.
3. *voller Spannung, Erregung:* atemlose Stille; atemlos lauschen. **Syn.:** gespannt.

Atem|pau|se ['a:təmpauzə], die; -, -n:
kurze Pause der Ruhe, Erholung: eine kleine Atempause einlegen. **Syn.:** Unterbrechung.

Athe|ist [ate'ɪst], der; -en, -en, **Athe|is|tin** [ate'ɪstɪn], die; -, -nen:
Person, die die Existenz Gottes verneint: er ist überzeugter Atheist.

Äther ['ɛ:tɐ], der; -s:
1. (geh.) *Weite, Raum des Himmels:* das tiefe Blau des Äthers. **Syn.:** Firmament (geh.).
2. *den Weltraum durchdringendes feines Medium, durch dessen Schwingung sich die elektrischen Wellen ausbreiten:* eine Nachricht durch den Äther schicken.
3. *chemisches Mittel besonders zur Betäubung:* einen Wattebausch mit Äther tränken.

äthe|risch [ɛ'te:rɪʃ] ⟨Adj.⟩:
1. a) *ätherhaltig:* ätherisches Öl. **b)** *ätherartig [daher flüchtig] und angenehm riechend:* ein ätherischer Duft.
2. (geh.) *wie vom irdischen Körper gelöst, zart, rein und geistig:* eine ätherische Erscheinung; sie ist ein ätherisches Wesen. **Syn.:** fein, grazil, zerbrechlich.

Ath|let [at'le:t], der; -en, -en:
1. *muskulöser, kräftiger Mann:* durch das viele Laufen ist er ein Athlet geworden.
2. *männliche Person, die an einem sportlichen Wettkampf teilnimmt:* die Athleten sind schon im Stadion. **Syn.:** Sportler.

Ath|le|tin [at'le:tɪn], die; -, -nen:
weibliche Form zu ↑Athlet (2).

ath|le|tisch [at'le:tɪʃ] ⟨Adj.⟩:
wie ein Athlet gebaut, sehr muskulös und stark: ein athletischer Körper, Typ. **Syn.:** kräftig, sportlich.

-a|ti|on [atsi̯o:n], **/-ie|rung** [i:rʊŋ], die; -, -en:
oftmals konkurrierende Suffixe an Substantiven, die von Verben auf -»ieren« abgeleitet sind. Häufig stehen beide Bildungen ohne Bedeutungsunterschied nebeneinander, doch zeichnen sich insofern Bedeutungsnuancen ab, als die Wörter auf -»ation« stärker das Ergebnis einer Handlung bezeichnen, während die Parallelbildung auf -»ierung« mehr das Geschehen, die Handlung betont: Explikation/Explizierung; Isolation/Isolierung; Kodifikation/Kodifizierung; Kombination/Kombinierung; Kompensation/Kompensierung; Konfrontation/Konfrontierung. **Syn.:** -heit.

At|las ['atlas], der; - und -ses, Atlanten [at'lantn̩] und -se:
zu einer Art Buch zusammengefasste geografische, historische o. ä. Karten: er sammelt alte Atlanten/Atlasse.

at|men ['a:tmən], atmete, geatmet:
1. ⟨itr.; hat⟩ *Luft einziehen [und ausstoßen]:* durch die Nase atmen; tief atmen. **Zus.:** durchatmen.
2. ⟨tr.; hat⟩ *einatmen:* frische Luft atmen.

At|mo|sphä|re [atmo'sfɛ:rə], die; -:
1. *Luft, die die Erde als Hülle umgibt:* der Satellit verglüht beim Eintritt in die Atmosphäre. **Zus.:** Erdatmosphäre.
2. a) *von bestimmten Gefühlen, Emotionen, bestimmten Umständen, Gegebenheiten geprägte Art und Weise des Zusammenseins, Zusammenlebens von Menschen:* es herrschte eine gespannte Atmosphäre; eine Atmosphäre von Behaglichkeit schaffen. **Syn.:** Klima, Stimmung. **b)** *in einer bestimmten Umgebung, durch die gegebenen Umstände bestimmtes, durch bestimmte Faktoren beeinflusstes eigenes Gepräge :* eine fremde, die gewohnte Atmosphäre; die Atmosphäre einer Wohnung, einer Stadt. **Syn.:** Flair, Fluidum (geh.), Milieu, Umgebung, Umwelt.

Atom [a'to:m], das; -s, -e:
kleinstes, mit chemischen Mitteln nicht weiter zerlegbares Teilchen eines chemischen Grundstoffes: Atome sind elektrisch neutral. **Zus.:** Wasserstoffatom.

ato|mar [ato'ma:ɐ̯] ⟨Adj.⟩:
1. *das Atom betreffend, sich darauf beziehend:* auf atomaren Vorgängen beruhen.
2. *auf der Energie des Atoms beruhend, durch Kernenergie:* ein atomarer Antrieb; atomar angetrieben werden.
3. *die Ausrüstung mit Kernwaffen betreffend, mit Kernwaffen durchgeführt:* der atomare Holocaust; ein Schiff atomar bewaffnen.

Atom|bom|be [a'to:mbɔmbə], die; -, -n:
mit einem atomaren oder thermonuklearen Sprengsatz ausgerüstete, höchste Vernichtung bewirkende Bombe: Atombomben bauen, abwerfen.

-(a|t)or [(a:t)o:ɐ̯], der; -s, -en ⟨Suffix, das sich mit fremdsprachigen Verben (meist auf -»ieren«) oder Substantiven verbindet, die meist gebunden vorkommen⟩:
1. bezeichnet eine männliche Person, die das im Basiswort Genannte beruflich, gewohnheitsmäßig oder nur zeitweilig tut: Auktionator; Editor; Illustrator; Korrektor; Reformator; Repetitor; Restaurator; Senator; Zensor. **Syn.:** -and, -ant, -ar/-är, -ast, -ent, -er, -eur, -ier, -ist, -ler, -ling (meist ugs. abwertend), -ner.
2. bezeichnet ein Gerät, einen Stoff oder eine Maschine, die einem bestimmten Zweck dient: Emulgator; Generator; Katalysator; Oszillator; Reaktor. **Syn.:** -apparat, -er, -gerät.

At|ta|cke [a'takə], die; -, -n:
direkt gegen jmdn., etwas gerichteter Angriff, Feldzug: eine heftige Attacke gegen die Regierung, gegen die Konvention; zur Attacke übergehen. **Syn.:** Anschlag, Offensive, Übergriff.

at|ta|ckie|ren [ata'ki:rən] ⟨tr.; hat⟩:
[mit Worten] heftig angreifen, tadeln: er hat mich zu Unrecht attackiert; sie attackierte immer wieder diese Zustände. **Syn.:** anschießen (ugs.), kritisieren.

At|ten|tat ['atn̩ta:t], das; -[e]s, -e:
Versuch, eine im öffentlichen Leben stehende Person zu töten: das Attentat auf den Präsidenten missglückte. **Syn.:** Anschlag, Überfall. **Zus.:** Bombenattentat, Sprengstoffattentat.

At|ten|tä|ter ['atn̩tɛ:tɐ], der; -s, -, **At|ten|tä|te|rin** ['atn̩tɛ:tərɪn], die; -, -nen:
Person, die ein Attentat begeht, begangen hat: der Attentäter sprengte sich selbst in die Luft.

Syn.: Täter, Täterin, Verbrecher, Verbrecherin.

At|test [aˈtɛst], das; -[e]s, -e: *ärztliche Bescheinigung (besonders über jmds. Gesundheitszustand):* jmdm. ein Attest ausstellen; ein Attest beibringen, vorlegen. **Zus.:** Gesundheitsattest.

At|trak|ti|on [atrakˈt͜si̯o:n], die; -, -en:
1. *etwas, was große Anziehungskraft ausübt, gespanntes Interesse auf sich zieht:* auf dem Fest gab es einige Attraktionen; der Fernsehturm ist eine besondere Attraktion. **Syn.:** Clou (ugs.), Hit (ugs.), Knüller (ugs.), Sehenswürdigkeit, Sensation. **Zus.:** Hauptattraktion, Touristenattraktion.
2. *Anziehung, Anziehungskraft:* von jmdm., etwas geht eine Attraktion aus.

at|trak|tiv [atrakˈti:f] ⟨Adj.⟩:
a) *anziehend durch besondere Vorteile oder Gegebenheiten; einen Anreiz bietend:* der Dienst in der Verwaltung ist noch immer attraktiv. **Syn.:** begehrt, gefragt, zugkräftig. **b)** *anziehend aufgrund eines ansprechenden Äußeren; hübsch und voller Reiz:* eine attraktive Frau, Erscheinung. **Syn.:** anmutig, aufregend, fesselnd, gut aussehend, schön, sexy (ugs.), verführerisch.

At|tri|but [atriˈbu:t], das; -[e]s, -e:
a) *Gegenstand o. Ä., der zu jmdm., etwas (zufälliger- oder charakteristischerweise) gehört:* die Attribute der Heiligen. **Syn.:** Charakteristikum, Kennzeichen, Merkmal. **b)** *charakteristische Eigenschaft, charakteristisches Wesensmerkmal:* dem Papst wird das Attribut der Unfehlbarkeit zugeschrieben.

¹-(a|t)ur [(a:t)u:ɐ̯], die; -, -en ⟨Suffix; verbales Basiswort, meist auf -»ieren«⟩:
bildet Verbalsubstantive, die oft ein Ergebnis, eine Einrichtung bezeichnen; häufig zur Sach- oder Gegenstandsbezeichnung weiterentwickelt: Abbreviatur; Judikatur; Justifikatur; Koloratur; Makulatur; Quadratur; Registratur; Stuckatur.

²-(a|t)ur [(a:t)u:ɐ̯], die; -, -en ⟨Suffix; substantivisches Basiswort⟩:
1. bildet Kollektiva: Klaviatur; Lineatur; Muskulatur; Tabulatur; Titulatur.
2. bildet Bezeichnungen für Ämter, Dienststellen, Büros: Agentur; Kommandantur; Nuntiatur; Prälatur.

ät|zen [ˈɛt͜sn̩] ⟨tr.; hat⟩:
1. a) *mit einer scharfen Flüssigkeit behandeln:* die Wunde ätzen. **b)** *(von einer scharfen Flüssigkeit) zerstörend auf etwas einwirken:* diese Lösung ätzt die Haut. **Syn.:** zerfressen, zersetzen, zerstören. **Zus.:** wegätzen.
2. *mittels Säuren auf der Oberfläche von etwas erzeugen:* ein Bild auf eine Kupferplatte ätzen.

¹auch [au̯x] ⟨Adverb⟩:
1. dient dazu, auszudrücken, dass sich etwas in gleicher Weise verhält, dass Gleiches Geltung hat: alle schwiegen, auch ich war still; ja, das war dumm von mir, aber du hast auch einen Fehler gemacht; das gilt nicht nur für ihn, sondern auch für euch. **Syn.:** ebenfalls, ebenso, genauso, gleichermaßen, gleichfalls.
2. dient dazu, auszudrücken, dass zusätzlich noch etwas der Fall ist, zu etwas Genanntem etwas Weiteres hinzutritt: ich kann nicht, und ich will auch nicht; nun muss ich auch noch die Kosten tragen. **Syn.:** außerdem, darüber hinaus, im Übrigen, obendrein, überdies, überhaupt.

²auch [au̯x] ⟨Partikel⟩:
1. dient dazu, auszudrücken, dass ein bestimmter Sachverhalt in Einklang mit einer bestimmten Erwartung oder Annahme steht: ich dachte, sie sei verreist, und sie war es [tatsächlich] auch; ich habe auch nichts anderes erwartet; was man verspricht, muss man auch tun; »Das klingt nach Mozart.« - »Ist es auch.«.
2. dient dazu, Unmut oder Ärger auszudrücken: der ist auch überall dabei; warum kommst du auch so spät!
3. dient in Fragen dazu, Zweifel, Unsicherheit o. Ä. auszudrücken: darf sie das auch?; hast du dir das auch gut überlegt?
4. dient dazu, etwas Bestimmtes hervorzuheben und auszudrücken, dass das Hervorgehobene überraschenderweise zu den Dingen bzw. Menschen gehört, für die die gemachte Aussage zutrifft: auch die kleinste Gabe hilft den Armen; das war auch mir zu viel; auf diese Weise wirst du auch nicht *(nicht einmal)* einen Euro sparen. **Syn.:** selbst, sogar.
5. dient in Verbindung besonders mit Relativpronomina dazu, Beliebigkeit auszudrücken: wer es auch getan hat ... *(gleichgültig, wer es getan hat ...);* was auch [immer] geschieht ... *(gleichgültig, was geschieht ...);* wie dem auch sei *(es ist gleichgültig, wie es sich verhält);* es meldete sich niemand, sooft ich auch anrief.

¹auf [au̯f] ⟨Präp. mit Dativ oder Akkusativ⟩:
1. ⟨räumlich; mit Dativ; Frage: wo?⟩ **a)** kennzeichnet die Berührung von oben: das Buch liegt auf dem Tisch. **b)** gibt den Aufenthalt in einem Raum, [öffentlichen] Gebäude usw. oder einen Seins-, Geschehens-, Tätigkeitsbereich an: auf dem Gymnasium sein; er ist auf *(in)* seinem Zimmer; er arbeitet auf *(in, bei)* der Post; auf dem Bau arbeiten. **c)** gibt die Teilnahme an etwas, das Sichaufhalten bei einer Tätigkeit an: auf dem Parteitag sein; auf einer Hochzeit sein.
2. ⟨räumlich; mit Akkusativ; Frage: wohin?⟩ **a)** bezieht sich auf eine Stelle, Oberfläche, auf einen Erstreckungsbereich, einen Zielpunkt: er geht schon auf die achtzig zu *(wird bald achtzig);* sie legte das Buch auf den Tisch. **b)** bezeichnet den Gang zu einem/in einen Raum, zu einem/in ein [öffentliches] Gebäude, gibt die Richtung in einem Seins-, Geschehens-, Tätigkeitsbereich an: er geht auf sein Zimmer; sie schickte den Jungen auf die Post; sie geht auf die Universität *(sie studiert);* auf einen Ball gehen.
3. ⟨zeitlich; mit Akkusativ⟩ **a)** zur Angabe der Zeitspanne: auf zwei Jahre ins Ausland gehen; auf eine Tasse Tee zu jmdm. kommen. **b)** drückt ein zeitliches Nacheinander aus: auf Regen folgt Sonnenschein. **c)** ⟨in Verbindung mit zwei gleichen Substantiven; zur Angabe der Wiederholung, der direkten Aufeinanderfolge⟩ Welle auf Welle; Schlag auf Schlag.

4. ⟨Art und Weise; mit Akkusativ⟩ auf elegante Art; sich auf Deutsch unterhalten.
5. ⟨vor dem Superlativ; mit Akkusativ⟩ jmdn. auf das/aufs Herzlichste begrüßen.
6. ⟨in Abhängigkeit von bestimmten Wörtern⟩ auf etwas jagen; auf etwas trinken; eine Hoffnung auf etwas hegen; auf Veranlassung von Herrn Schmidt.

[2]**auf** [au̯f] ⟨Adverb⟩:
1. a) ⟨elliptisch als Teil eines Verbs⟩ *empor, in die Höhe:* auf Leute, erhebt euch! **b)** ⟨elliptisch als Teil eines Verbs⟩ *los, vorwärts!:* auf zur Stadt! **c)** ⟨elliptisch als Teil eines Verbs⟩ *geöffnet:* die Tür ist auf; Fenster auf!; Augen auf im Straßenverkehr! **d)** *geöffnet haben:* hat der Laden schon auf?
2. *nicht mehr, noch nicht im Bett:* früh auf sein; bist du noch auf? **Syn.:** auf den Beinen, wach.
3. ⟨in Wortpaaren⟩ auf und ab/nieder *(nach oben und nach unten).*
4. ⟨in Verbindung mit »von« in bestimmten Wendungen⟩: von klein auf; von Grund auf.

auf/offen

Während **auf** in Verbindung mit Verben den Vorgang des Auseinandergehens, Sichöffnens oder die Tätigkeit des Öffnens ausdrückt (»aufgehen«, »aufplatzen«, »aufbrechen«, »aufdrehen«), bedeutet **offen** *geöffnet, nicht geschlossen oder verschlossen;* es drückt das Ergebnis des Öffnens aus und steht dementsprechend bei Zustandsverben (»offen stehen«, »offen bleiben«, »offen lassen«, »offen sein«).
In der Umgangssprache ist diese Unterscheidung allerdings weitgehend aufgegeben worden. Neben »aufgehen« und »aufmachen« werden auch »aufstehen«, »aufbleiben«, »auflassen«, »auf sein« usw. gebraucht, in denen »auf« wie »offen« den bleibenden Zustand bezeichnet.

auf- [au̯f] ⟨trennbares, betontes verbales Präfix⟩:
1. kennzeichnet die Richtung; *nach oben, in die Höhe:* **a)** *sich von unten in die Höhe bewegen:* aufbocken; aufhelfen; aufrichten; Rauch steigt auf. **b)** *sich nach oben ausdehnen:* aufstapeln; auftürmen. **c)** *vom Boden weg:* aufpicken; aufsammeln. **d)** *in eine bestimmte Höhe bringen und dort festmachen:* aufhängen; aufknüpfen. **e)** *auf etwas höher Gelegenes:* auf das Pferd aufsitzen; aufsteigen. **f)** besagt, dass eine Person, die sich in einer Ruhelage o. Ä. befunden hat, aus dieser durch etwas herausgebracht wird: durch einen Schreck auffahren; aufhetzen; aufrütteln; aufschrecken; aufstacheln. **g)** besagt, dass etwas, jmd. aus der Verborgenheit herausgeholt wird: aufspüren; aufstöbern. **h)** in Bezug auf die körperliche Entwicklung: aufpäppeln; aufziehen.
2. *nach allen Seiten umfangreicher werden [lassen]:* aufblähen; aufblasen; aufpumpen; aufquellen.
3. kennzeichnet das unvermittelte Einsetzen: aufblitzen; aufglühen; aufkreischen; aufschreien.
4. kennzeichnet die Richtung auf einen Gegenstand, eine Person hin und die Erreichung des Ziels, den Kontakt: aufkleben; aufprallen; aufstampfen; auftreffen.
5. kennzeichnet den Zustand des Unveränderten: aufbehalten; aufbleiben; auflassen.
6. besagt, dass etwas durch ein Tun o. Ä. nicht mehr geschlossen ist: aufbrechen; auffalten; aufgehen; aufklappen; aufknacken; aufreißen; aufscheuern; aufschnüren; auftrennen.
7. *an einer Stelle zusammenbringen:* auffangen; aufkaufen; auflisten; aufmarschieren; aufreihen.
8. drückt aus, dass etwas durch das im Basiswort Genannte nicht mehr vorhanden ist: aufbrauchen; aufessen; aufrauchen.
9. drückt aus, dass jmd., etwas zu dem im Basiswort Genannten wird: aufheitern; aufhellen; aufklären; aufmuntern.
10. drückt aus, dass etwas durch das im Basiswort Genannte wieder in einen frischeren o. ä. Zustand gebracht wird: aufbacken; aufbügeln; aufforsten; auffrischen; aufpolieren.

auf|ar|bei|ten [ˈau̯f|arbai̯tn̩], arbeitete auf, aufgearbeitet ⟨tr.; hat⟩:
1. *(etwas, was schon einige Zeit auf Bearbeitung wartet) erledigen:* die liegen gebliebene Post aufarbeiten. **Syn.:** aufholen, nachholen.
2. *erneuern, (einem Gegenstand) ein neues Aussehen geben:* den alten Tisch aufarbeiten. **Syn.:** aufmöbeln (ugs.).

auf|at|men [ˈau̯f|a:tmən], atmete auf, aufgeatmet ⟨itr.; hat⟩: *erleichtert sein, sich befreit fühlen:* als er hörte, dass sie das Unglück gesund überstanden hatte, atmete er auf.

auf|bah|ren [ˈau̯fba:rən], bahrte auf, aufgebahrt ⟨tr.; hat⟩: *(einen Verstorbenen, den Sarg mit dem Verstorbenen) auf eine Bahre, ein Gestell legen, stellen:* einen Toten aufbahren.

Auf|bau [ˈau̯fbau̯], der; -s, -ten:
1. ⟨ohne Plural⟩ *das Aufbauen; Errichtung:* der Aufbau der Tribünen. **Zus.:** Neuaufbau, Wiederaufbau.
2. ⟨ohne Plural⟩ *das Schaffen, Organisieren, Zustandebringen von etwas:* der Aufbau des Sozialismus; das Geschäft ist noch im Aufbau. **Syn.:** Organisation, Schaffung.
3. ⟨ohne Plural⟩ *Art der Anlage, des Gegliedertseins, der Anordnung:* der Aufbau des Dramas; den Aufbau einer Zelle darstellen. **Syn.:** Form, Gefüge, Gliederung, Struktur, Zusammensetzung.
4. *(auf einen Untergrund, auf andere vorhandene Teile) aufgebautes, aufgesetztes Teil:* ein bühnenartiger Aufbau; der Aufbau auf einem Haus; der Aufbau *(die Karosserie)* eines Autos.

auf|bau|en [ˈau̯fbau̯ən], baute auf, aufgebaut:
1. ⟨tr.; hat⟩ *zu einem Ganzen zusammenfügen und aufrichten* /Ggs. abbauen/: ein Haus wieder aufbauen; ein Zelt aufbauen. **Syn.:** aufrichten, aufschlagen, bauen, erbauen, errichten.
2. ⟨tr.; hat⟩ *organisierend gestalten, nach und nach schaffen:* eine Partei zentralistisch aufbauen; ich habe mir eine neue Existenz aufgebaut. **Syn.:** gründen.
3. ⟨tr.; hat⟩ *planmäßig auf eine Aufgabe vorbereiten:* eine Sänge-

rin, einen Politiker aufbauen. **Syn.:** fördern, herausbringen, managen, protegieren, sich einsetzen für.
4. ⟨tr.; hat⟩ *mit einer bestimmten Struktur, Gliederung versehen; in bestimmter Weise anordnend, gliedernd gestalten:* seinen Vortrag gut aufbauen; das Musikstück ist kunstvoll aufgebaut. **Syn.:** gliedern.
5. ⟨itr.; hat⟩ *etwas zur Grundlage nehmen:* auf den neuesten Erkenntnissen aufbauen.
6. ⟨+ sich⟩ (ugs.) *sich an einer bestimmten Stelle hinstellen:* er baute sich vor ihm, an der Mauer auf. **Syn.:** sich aufstellen, sich postieren.

auf|bäu|men [ˈaufbɔymən], bäumte auf, aufgebäumt ⟨+ sich⟩:
1. *sich auf die hinteren Beine stellen und aufrichten:* das Pferd bäumte sich auf. **Syn.:** sich aufrichten, sich erheben.
2. *entschieden, empört Widerstand leisten:* sich gegen die Ungerechtigkeit aufbäumen. **Syn.:** ankämpfen, aufbegehren (geh.), sich auflehnen, aufmucken (ugs.), sich entgegenstellen, meutern (ugs.), mucksen (ugs.), opponieren, protestieren, rebellieren, revoltieren, sich widersetzen.

auf|bau|schen [ˈaufbauʃn̩], bauschte auf, aufgebauscht:
1. a) ⟨tr.; hat⟩ *aufblähen* (1 a): der Wind bauscht die Segel auf. **b)** ⟨+ sich⟩ *aufblähen* (1 b): der Rock bauschte sich auf.
2. ⟨tr.; hat⟩ *etwas übertrieben oder schlimmer darstellen, als es in Wirklichkeit ist:* einen Vorfall aufbauschen. **Syn.:** hochspielen, übertreiben.

auf|be|geh|ren [ˈaufbəge:rən], begehrte auf, aufbegehrt ⟨itr.; hat⟩ (geh.):
heftigen Widerspruch erheben, sich empört wehren: keiner wagte aufzubegehren; gegen sein Schicksal aufbegehren. **Syn.:** ankämpfen, sich auflehnen, aufmucken (ugs.), sich entgegenstellen, meutern (ugs.), mucksen (ugs.), opponieren, protestieren, rebellieren, revoltieren, sich widersetzen.

auf|be|rei|ten [ˈaufbəraitn̩], bereitete auf, aufbereitet ⟨tr.; hat⟩:
zur weiteren Verwendung vorbereiten, geeignet machen: Mineralien, Trinkwasser aufbereiten. **Syn.:** bearbeiten, behandeln.

auf|bes|sern [ˈaufbɛsɐn], besserte auf, aufgebessert ⟨tr.; hat⟩:
in der Qualität oder Quantität steigern, erhöhen: die Verpflegung, die alten Möbel, das Gehalt aufbessern. **Syn.:** anheben, ausbauen, bessern, erneuern, restaurieren, sanieren, verbessern, verfeinern.

auf|be|wah|ren [ˈaufbəva:rən], bewahrte auf, aufbewahrt ⟨tr.; hat⟩:
in Verwahrung nehmen: jmds. Schmuck sorgfältig aufbewahren; Fotos als/zum Andenken aufbewahren. **Syn.:** aufheben, behalten, bewahren (geh.), verwahren.

auf|bie|ten [ˈaufbi:tn̩], bot auf, aufgeboten ⟨tr.; hat⟩:
1. a) *zur Erledigung einer Aufgabe einsetzen:* die Polizei gegen Ausschreitungen aufbieten. **b)** *aufwenden, einsetzen:* seinen ganzen Einfluss aufbieten. **Syn.:** aufwenden, einsetzen, verwenden.
2. *eine beabsichtigte Heirat amtlich bekannt geben:* sie sind aufgeboten worden.

auf|blä|hen [ˈaufblɛ:ən], blähte auf, aufgebläht:
1. a) ⟨tr.; hat⟩ *durch Wind, Gas o. Ä. rund, prall machen, anschwellen lassen:* der Wind blähte die Hemden auf der Leine auf. **Syn.:** aufbauschen, aufplustern, aufschwemmen, auftreiben, bauschen, blähen, [2]schwellen (geh.). **b)** ⟨+ sich⟩ *durch Wind, Gas o. Ä. rund, prall werden:* die bunten Röcke blähten sich auf. **Syn.:** anschwellen, sich aufbauschen, sich aufplustern, sich bauschen, sich blähen.
2. ⟨+ sich⟩ (abwertend) *sich wichtigmachen:* bläh dich nicht so auf! **Syn.:** angeben, sich aufblasen (ugs.), sich aufplustern (ugs.), aufschneiden, sich aufspielen, sich brüsten, das große Wort führen, den Mund vollnehmen (ugs.), dick auftragen (ugs.), große Reden schwingen (ugs.), große Töne spucken (ugs.), großtun, prahlen, protzen, prunken, renommieren (bildungsspr.), sich in den Vordergrund stellen, sich in Szene setzen, sich spreizen, sich wichtigmachen (ugs., oft abwertend), sich wichtigtun (ugs., oft abwertend).

auf|bla|sen [ˈaufbla:zn̩], bläst auf, blies auf, aufgeblasen:
1. ⟨tr.; hat⟩ *durch Blasen prall werden lassen:* einen Ballon aufblasen. **Syn.:** aufpumpen.
2. ⟨+ sich⟩ (ugs.) *sich wichtigmachen:* blas dich nicht so auf! **Syn.:** angeben, sich aufblähen (abwertend), sich aufplustern (ugs.), aufschneiden, sich aufspielen, sich brüsten, das große Wort führen, den Mund voll nehmen (ugs.), dick auftragen (ugs.), große Reden schwingen (ugs.), große Töne spucken (ugs.), großtun, prahlen, protzen, prunken, renommieren (bildungsspr.), sich in den Vordergrund stellen, sich in Szene setzen, sich spreizen, sich wichtigtun (ugs., oft abwertend).

auf|blei|ben [ˈaufblaibn̩], blieb auf, aufgeblieben ⟨itr.; ist⟩:
1. *nicht ins Bett gehen, sich nicht schlafen legen:* die ganze Nacht, bis 24 Uhr aufbleiben. **Syn.:** auf sein, wach bleiben, wach sein, wachen.
2. *geöffnet bleiben, nicht geschlossen werden:* die Tür soll aufbleiben.

auf|bli|cken [ˈaufblɪkn̩], blickte auf, aufgeblickt ⟨itr.; hat⟩:
1. *den Blick nach oben, in die Höhe richten:* kurz von seiner Arbeit aufblicken.
2. *jmdn. bewundernd verehren:* ein Mensch, zu dem man aufblicken kann. **Syn.:** achten, anhimmeln (ugs.), bewundern.

auf|blü|hen [ˈaufbly:ən], blühte auf, aufgeblüht ⟨itr.; ist⟩:
1. *sich blühend entfalten, zu blühen beginnen:* die Rosen sind aufgeblüht. **Syn.:** aufbrechen, aufgehen, aufspringen, erblühen (geh.).
2. *sich entfalten, Aufschwung nehmen:* Wissenschaft und Handel blühten auf. **Syn.:** sich entfalten, gedeihen, reifen, wachsen.
3. *aufleben* (a): seitdem sie den Arbeitsplatz gewechselt hat, blüht sie auf.

auf|bo|cken [ˈaufbɔkn̩], bockte auf, aufgebockt ⟨tr.; hat⟩:
auf ein Gestell setzen: ein Auto zur Reparatur aufbocken.

auf|brau|chen [ˈaufbrauxn̩],

brauchte auf, aufgebraucht ⟨tr.; hat⟩:
völlig, bis auf den letzten Rest verbrauchen: seine Ersparnisse aufbrauchen. **Syn.:** auf den Kopf hauen (ugs.), durchbringen (ugs.), konsumieren, verjubeln (ugs.).

auf|brau|sen ['au̯fbrau̯zn̩], brauste auf, aufgebraust ⟨itr.; ist⟩:
1. *schäumend, brausend nach oben steigen, zu wallen beginnen:* das kochende Wasser braust auf. **Syn.:** blubbern, brodeln, sprudeln.
2. *zornig hochfahren, schnell zornig werden und seinen Zorn erregt äußern:* als sie das hörte, brauste sie gleich auf. **Syn.:** sich ärgern, auffahren, sich aufregen, außer sich geraten, sich erregen, explodieren, in Rage geraten (ugs.), rasen, toben, wüten.

auf|bre|chen ['au̯fbrɛçn̩], bricht auf, brach auf, aufgebrochen:
1. ⟨tr.; hat⟩ *gewaltsam öffnen:* den Tresor aufbrechen. **Syn.:** knacken (ugs.).
2. ⟨itr.; ist⟩ *sich [platzend] öffnen:* die Knospe ist aufgebrochen; die Eisdecke brach auf. **Syn.:** aufgehen, aufplatzen, aufreißen, platzen.
3. ⟨itr.; ist⟩ *beginnen, den Ort, an dem man sich befindet, zu verlassen; sich auf den Weg machen:* die Klasse bricht gerade zu einer Wanderung auf; wir müssen langsam aufbrechen. **Syn.:** sich aufmachen, sich empfehlen, sich auf die Socken machen (ugs.).

auf|brin|gen ['au̯fbrɪŋən], brachte auf, aufgebracht ⟨tr.; hat⟩:
1. *durch gewisse Anstrengungen oder Bemühungen (eine bestimmte Menge von etwas) zur Verfügung haben:* sie konnte das Geld für die Reise nicht aufbringen; das nötige Verständnis für die Jugend aufbringen *(haben).* **Syn.:** aufbieten, auftreiben (ugs.), aufwenden, [1]beschaffen, besorgen, zusammenbringen, zusammenkratzen.
2. (ugs.) *nur mit Mühe öffnen [können]:* die Tür kaum aufbringen.
3. *Urheber (von etwas) sein:* ein neues Schlagwort aufbringen; wer hat denn dieses Gerücht aufgebracht? **Syn.:** einführen, in die Welt setzen (ugs.).
4. a) *zornig machen, in Wut bringen:* diese Bemerkung brachte sie auf; sie war sehr aufgebracht. **Syn.:** ärgern, aufregen, erregen, erzürnen (geh.), in Fahrt bringen (ugs.), in Rage versetzen. **b)** *aufwiegeln:* er versuchte, die Mitarbeiter gegen sie aufzubringen. **Syn.:** agitieren, anstacheln, anstiften, aufputschen, aufstacheln.
5. *(ein Schiff) zwingen, in einen bestimmten Hafen einzulaufen:* ein Schiff aufbringen.

Auf|bruch ['au̯fbrʊx], der; -[e]s:
das Aufbrechen, Weggehen: es sah nach einem übereilten Aufbruch aus; zum Aufbruch drängen, treiben.

auf|brü|hen ['au̯fbry:ən], brühte auf, aufgebrüht ⟨tr.; hat⟩:
(Kaffee oder Tee) durch Übergießen mit kochendem Wasser zubereiten: ich brühe dir neuen Tee auf.

auf|bür|den ['au̯fbʏrdn̩], bürdete auf, aufgebürdet ⟨tr.; hat⟩:
als Last auf jmdn. übertragen: er hat ihr die ganze Arbeit, die Verantwortung aufgebürdet. **Syn.:** abschieben, abwälzen, auferlegen, aufhalsen (ugs.), überlassen, zuschieben.

auf|de|cken ['au̯fdɛkn̩], deckte auf, aufgedeckt:
1. ⟨tr.; hat⟩ **a)** *die Decke (von jmdm., etwas) wegnehmen:* das Kind, die Betten aufdecken. **b)** *(von Spielkarten) mit der Seite des Bildes nach oben hinlegen:* du kannst die letzte Karte jetzt auch noch aufdecken. **Syn.:** umdrehen, wenden.
2. ⟨tr.; hat⟩ *(etwas Verborgenes) andern zur Kenntnis bringen, ans Licht bringen:* ein Verbrechen, Widersprüche aufdecken. **Syn.:** dahinterkommen (ugs.), enthüllen, entlarven, enträtseln, entschlüsseln, recherchieren, zutage bringen.
3. a) ⟨tr.; hat⟩ *(als Decke) auf den Tisch legen:* ein Tischtuch aufdecken. **Syn.:** auflegen. **b)** ⟨itr.; hat⟩ *den Tisch decken:* kann ich schon aufdecken?

auf|don|nern ['au̯fdɔnɐn], donnerte auf, aufgedonnert ⟨+ sich⟩ (ugs.):
sich stark und recht auffallend zurechtmachen: du hast dich wieder furchtbar aufgedonnert. **Syn.:** sich aufmachen, sich schmücken, sich in Schale werfen (ugs.).

auf|drän|gen ['au̯fdrɛŋən], drängte auf, aufgedrängt:
1. ⟨tr.; hat⟩ *(jmdn.) dazu bringen, etwas zu nehmen oder zu übernehmen, was er anfänglich nicht annehmen wollte:* jmdm. eine Ware, ein Amt aufdrängen. **Syn.:** andrehen (ugs.), aufnötigen, aufschwatzen (ugs.), überreden zu.
2. ⟨+ sich⟩ *jmdm. seine Hilfe o. Ä. in aufdringlicher Weise, unaufgefordert anbieten:* ich will mich nicht aufdrängen. **Syn.:** sich anbiedern (abwertend), bedrängen, belästigen.
3. ⟨+ sich⟩ *sich unwillkürlich in jmds. Bewusstsein einstellen, sich zwangsläufig ergeben:* es drängt sich die Frage auf, ob dies nötig war; ein Gedanke drängt sich mir auf. **Syn.:** sich [1]ergeben.

auf|dre|hen ['au̯fdre:ən], drehte auf, aufgedreht:
1. ⟨tr.; hat⟩ **a)** *durch Drehen öffnen:* den Hahn aufdrehen. **b)** *durch Öffnen eines Ventils o. Ä. die Zufuhr von etwas ermöglichen:* das Gas, das Wasser aufdrehen. **Syn.:** andrehen, anmachen, anschalten, anstellen, einschalten. **c)** *durch Drehen lockern:* eine Schraube aufdrehen. **d)** *durch Betätigen eines Knopfes o. Ä. laut[er] werden lassen:* das Radio aufdrehen.
2. ⟨itr.; hat⟩ (ugs.) *Gas geben, die Geschwindigkeit beschleunigen:* auf der Autobahn mächtig aufdrehen. **Syn.:** auf die Tube drücken (ugs.), beschleunigen, einen Zahn zulegen (ugs.).

auf|dring|lich ['au̯fdrɪŋlɪç] ⟨Adj.⟩:
sich ohne Hemmung [mit einem Anliegen] an einen anderen wendend und ihm lästig werdend: ein aufdringlicher Vertreter; sehr aufdringlich sein. **Syn.:** penetrant, zudringlich.

auf|ei|n|an|der [au̯f|ai̯'nandɐ] ⟨Adverb⟩:
1. *einer auf dem andern, einer auf den andern:* aufeinander auffahren.
2. *auf sich gegenseitig, einer auf den andern:* aufeinander warten; aufeinander angewiesen sein.

Auf|ent|halt ['au̯f|ɛnthalt], der; -[e]s, -e:
1. *das Verweilen, Bleiben an*

einem Ort (für eine bestimmte Zeit): sie verlängerte ihren Aufenthalt in der Stadt; der Zug hat nur fünf Minuten Aufenthalt. **Syn.:** Halt, Unterbrechung. **Zus.:** Erholungsaufenthalt, Kuraufenthalt.
2. *Ort, an dem sich jmd. aufhält:* die Insel ist ein angenehmer Aufenthalt. **Syn.:** Domizil, Stätte.

Auf|ent|halts|er|laub|nis ['auf-|ɛnthalts|ɛɐ̯laupnɪs], die; -: *offizielle Erlaubnis für Ausländerinnen und Ausländer, sich in einem Land aufzuhalten:* eine Aufenthaltserlaubnis beantragen; die Verwaltung hat ihr die Aufenthaltserlaubnis erteilt.

auf|er|le|gen ['auf|ɛɐ̯le:gn̩], erlegte auf, auferlegt ⟨tr.; hat⟩: *als Pflicht (von jmdm.) verlangen, als Verpflichtung auftragen:* mit diesem Amt wurde ihr eine große Verantwortung auferlegt. **Syn.:** aufbürden, aufhalsen (ugs.), überlassen, übertragen, zumuten, zuschieben.

auf|er|ste|hen ['auf|ɛɐ̯ʃte:ən], erstand auf, auferstanden ⟨itr.; ist⟩: *wieder zum Leben erwachen:* Christus ist von den Toten auferstanden.

Auf|er|ste|hung ['auf|ɛɐ̯ʃte:ʊŋ], die; -, -en: *das Auferstehen:* die Auferstehung der Toten. **Zus.:** Wiederauferstehung.

auf|es|sen ['auf|ɛsn̩], isst auf, aß auf, aufgegessen ⟨tr.; hat⟩: *essen, ohne etwas übrig zu lassen; alles, was vorhanden oder auf dem Teller ist, essen:* sie haben das ganze Brot aufgegessen. **Syn.:** auffressen (derb), verdrücken (ugs.), vertilgen (ugs.), verzehren (geh.).

auf|fah|ren ['auffa:rən], fährt auf, fuhr auf, aufgefahren:
1. ⟨itr.; ist⟩ *während der Fahrt gegen bzw. auf ein Auto fahren, das vor einem fährt:* auf einen Lastwagen auffahren. **Syn.:** anfahren, aufprallen, prallen an/gegen, rammen, stoßen.
2. ⟨itr.; ist⟩ *an jmdn., der vor einem fährt, nahe heranfahren:* sie war ganz dicht aufgefahren.
3. ⟨tr.; hat⟩ (ugs.) *sehr reichlich und gut zu essen vorsetzen:* als wir bei ihnen zu Gast waren, ist viel aufgefahren worden. **Syn.:** auftischen, auftragen, reichen, servieren.
4. ⟨itr.; ist⟩ *sich erschrocken schnell in die Höhe richten:* aus dem Schlaf auffahren. **Syn.:** [1]aufschrecken, aufspringen, in die Höhe fahren.
5. ⟨itr.; ist⟩ *(auf etwas) zornig reagieren:* bei dieser Bemerkung ist sie gleich aufgefahren. **Syn.:** aufbrausen, sich aufregen, außer sich geraten, durchdrehen, sich ereifern, sich erregen, explodieren, in Rage geraten (ugs.).

auf|fal|len ['auffalən], fällt auf, fiel auf, aufgefallen ⟨itr.; ist⟩:
a) *durch besondere Art, Größe o. Ä. Aufmerksamkeit erregen:* er fiel wegen seiner Größe auf; ihre Höflichkeit fiel angenehm auf; eine auffallende Ähnlichkeit. **Syn.:** Aufsehen erregen, die Blicke auf sich ziehen, hervorstechen, in die Augen fallen, in die Augen springen, ins Auge fallen, ins Auge springen. **b)** *von jmdm. bemerkt werden:* ist dir nichts aufgefallen an ihm?; das ist mir gleich aufgefallen. **Syn.:** aufstoßen (ugs.).

auf|fäl|lig ['auffɛlɪç] ⟨Adj.⟩: *die Aufmerksamkeit auf sich ziehend:* ein auffälliges Kleid, Benehmen; es war sehr auffällig *(verdächtig),* dass er schwieg. **Syn.:** auffallend, markant, unübersehbar.

auf|fan|gen ['auffaŋən], fängt auf, fing auf, aufgefangen ⟨tr.; hat⟩:
1. *in einer Bewegung, im Fallen fassen:* einen Ball auffangen. **Syn.:** erwischen (ugs.), fangen.
2. a) *am Weiterbewegen hindern und in einen Behälter o. Ä. leiten:* das Wasser [mit Eimern] auffangen. **b)** *an einem Ort zusammenfassen und vorläufig unterbringen:* die Flüchtenden in Lagern auffangen.
3. a) *in seiner Bewegung, Wucht abstoppen:* einen Stoß, Schlag auffangen. **Syn.:** abfangen. **b)** *aufhalten und zum Stehen bringen:* einen Vorstoß auffangen.
4. *(in seinen negativen Auswirkungen) mildern, ausgleichen:* die Preissteigerungen durch Steuererleichterungen auffangen. **Syn.:** abschwächen, lindern, mindern, schmälern, verkleinern, vermindern, verringern.
5. *etwas, was nur flüchtig, kurz wahrzunehmen ist, wahrnehmen:* eine Bemerkung, einen bösen Seitenblick auffangen. **Syn.:** aufschnappen (ugs.), mitbekommen, registrieren.

auf|fas|sen ['auffasn̩], fasst auf, fasste auf, aufgefasst ⟨tr.; hat⟩:
1. *in einer bestimmten Weise deuten, verstehen:* er hatte ihre Bemerkung als Kritik aufgefasst; sie hatte seine Frage falsch aufgefasst. **Syn.:** ansehen, auslegen, betrachten, beurteilen, deuten, einschätzen, erachten für (geh.), halten für, interpretieren.
2. *mit dem Verstand aufnehmen, geistig erfassen:* die Zusammenhänge schnell auffassen; ⟨auch itr.⟩ das Kind fasst leicht auf. **Syn.:** begreifen, durchblicken (ugs.), sich durchfinden, [2]durchschauen, erkennen, fassen, kapieren (ugs.), mitbekommen, realisieren, verstehen.

Auf|fas|sung ['auffasʊŋ], die; -, -en:
1. *Anschauung von etwas:* unterschiedliche Auffassungen haben. **Syn.:** Ansicht, Einstellung, Meinung, Standpunkt, Urteil, Vorstellung. **Zus.:** Arbeitsauffassung, Dienstauffassung, Lebensauffassung.
2. *Fähigkeit zu begreifen:* eine gute Auffassung haben. **Syn.:** Verstand.

auf|fin|den ['auffɪndn̩], fand auf, aufgefunden ⟨tr.; hat⟩: *(jmdn., etwas, was gesucht oder vermisst wird) [zufällig] entdecken:* jmdn. erfroren auffinden; meine Brille war nirgends mehr aufzufinden *(blieb unauffindbar).* **Syn.:** auflesen, aufspüren, aufstöbern, auftreiben, auftun (ugs.), ausfindig machen, ausmachen, finden, vorfinden.

auf|fla|ckern ['aufflakɐn], flackerte auf, aufgeflackert ⟨itr.; ist⟩:
a) *[von Neuem oder von Zeit zu Zeit] schwach aufleuchten:* Lichter flackerten auf. **Syn.:** auflodern, sich entzünden, flackern, glimmen, glühen, leuchten, lodern, scheinen, schwelen, strahlen. **b)** *sich zu regen beginnen:* Hoffnungen flackerten auf; die Kämpfe waren wieder aufgeflackert. **Syn.:** sich anbahnen, aufkommen, ausbrechen, entstehen.

auf|flie|gen ['aufli:gn̩], flog auf, aufgeflogen ⟨itr.; ist⟩:
1. *nach oben, in die Höhe fliegen:* als wir vorbeigingen, flog der Vogel auf. **Syn.:** aufsteigen, sich erheben, steigen.
2. *sich plötzlich durch einen Druck öffnen:* der Deckel flog auf. **Syn.:** aufgehen, aufspringen, sich auftun.
3. (ugs.) *[entdeckt werden und] ein jähes Ende nehmen:* eine Konferenz auffliegen lassen; der Schmuggel ist aufgeflogen. **Syn.:** danebengehen (ugs.), fehlschlagen, missglücken, missraten, platzen (ugs.), scheitern, schiefgehen (ugs.), sich zerschlagen.

auf|for|dern ['auffɔrdɐn], forderte auf, aufgefordert ⟨tr.; hat⟩:
[nachdrücklich] bitten oder verlangen, etwas Bestimmtes zu tun: jmdn. zur Mitarbeit auffordern; sie wurde aufgefordert, ihren Ausweis zu zeigen; der junge Mann forderte sie [zum Tanz] auf *(bat sie, mit ihm zu tanzen).* **Syn.:** anflehen, angehen, appellieren, aufmuntern, bedrängen, beschwören, betteln, drängeln, drängen, erbitten (geh.), ermuntern, ersuchen, flehen (geh.), zuraten, zureden.

Auf|for|de|rung ['auffɔrdərʊŋ], die; -, -en:
mit Nachdruck vorgebrachte Bitte: eine freundliche Aufforderung erhalten; wir können Ihrer Aufforderung leider nicht nachkommen. **Syn.:** Appell, Ersuchen, Forderung, Verlangen. **Zus.:** Zahlungsaufforderung.

auf|fres|sen ['auffrɛsn̩], frisst auf, fraß auf, aufgefressen ⟨tr.; hat⟩:
1. *ganz und gar fressen:* die Ziege fraß die Blätter auf; (derb von Menschen) du hast den ganzen Kuchen aufgefressen. **Syn.:** aufessen, verdrücken (ugs.), vertilgen (ugs.), verzehren (geh.).
2. (ugs.) *völlig, bis zur Erschöpfung in Anspruch nehmen:* die Arbeit frisst mich noch auf. **Syn.:** beanspruchen, belasten, einnehmen, in Beschlag halten, in Beschlag nehmen, mit Beschlag belegen, strapazieren.

auf|fri|schen ['auffrɪʃn̩], frischte auf, aufgefrischt:
1. ⟨tr.; hat⟩ *wieder frisch machen:* die Möbel müssten aufgefrischt werden. **Syn.:** aktualisieren, aufmöbeln (ugs.), aufpolieren, renovieren, reparieren, restaurieren, sanieren.
2. ⟨itr.; hat⟩ *stärker wehen:* der Wind frischte auf; ⟨auch unpers.⟩ es hat aufgefrischt.

auf|füh|ren ['auffy:rən], führte auf, aufgeführt:
1. ⟨tr.; hat⟩ *einem Publikum darbieten:* ein Schauspiel aufführen. **Syn.:** auf die Bühne bringen, darbieten (geh.), geben, herausbringen, spielen, vorführen, zeigen, zur Aufführung bringen.
2. ⟨+ sich⟩ *sich in bestimmter (meist schlechter) Weise benehmen:* sich anständig aufführen; sie führten sich wie die Herren auf. **Syn.:** auftreten, sich benehmen, sich geben, sich zeigen.
3. ⟨tr.; hat⟩ *(in einem Text o. Ä.) nennen:* sie war namentlich in dem Buch aufgeführt. **Syn.:** anbringen, anführen, angeben, aufzählen, erwähnen, ins Feld führen, vorbringen, zitieren.

Auf|füh|rung ['auffy:rʊŋ], die; -, -en:
1. *das Aufführen eines Stückes; Vorführung, Vorstellung:* eine rundweg gelungene Aufführung der »Meistersinger«. **Zus.:** Erstaufführung, Theateraufführung.
2. *Betragen, Verhalten.*
3. *Nennung:* die Aufführung der Ausgaben.

Auf|ga|be ['aufga:bə], die; -, -n:
1. ⟨ohne Plural⟩ *das Aufgeben, das Aufhören (mit etwas):* die Aufgabe des Widerstandes, seiner Pläne; dies bedeutete die Aufgabe all ihrer Ehrenämter; sie entschloss sich zur Aufgabe des Geschäftes. **Syn.:** Abbruch, Auflösung, Verzicht. **Zus.:** Geschäftsaufgabe.
2. a) *etwas, was jmdm. zu tun aufgegeben ist:* eine unangenehme Aufgabe übernehmen, bewältigen. **Syn.:** Amt, Arbeit, Auftrag, Berufung, Bestimmung, Mission, Obliegenheit (geh.), Pflicht, Rolle, Sendung (geh.), Soll. **b)** *dem Denken aufgegebenes Problem:* eine verwickelte Aufgabe; Aufgaben *(Rechenaufgaben)* lösen. **Syn.:** Frage, Rätsel. **Zus.:** Abituraufgabe, Rechenaufgabe, Textaufgabe, Übungsaufgabe. **c)** *Hausaufgabe:* statt ihre Aufgaben zu machen, sah Lena fern. **Syn.:** Schularbeit.

Auf|gang ['aufgaŋ], der; -[e]s, Aufgänge ['aufgɛŋə]:
1. *das Aufgehen, Erscheinen über dem Horizont:* beim Aufgang der Sonne. **Zus.:** Sonnenaufgang.
2. a) *Treppe, die nach oben führt:* dieses Haus hat zwei Aufgänge. **Zus.:** Bühnenaufgang, Hinteraufgang, Vorderaufgang. **b)** *Weg, der nach oben führt:* der Aufgang zur Burg.

auf|ge|ben ['aufge:bn̩], gibt auf, gab auf, aufgegeben:
1. ⟨tr.; hat⟩ *als Aufgabe übertragen:* jmdm. ein Rätsel aufgeben; der Lehrer hat den Schülern ein Gedicht zu lernen aufgegeben. **Syn.:** auferlegen, auftragen, beauftragen, betrauen, verhängen, verordnen.
2. a) ⟨tr.; hat⟩ *auf etwas verzichten, von etwas Abstand nehmen, mit etwas aufhören:* seinen Widerstand aufgeben; seinen Beruf, seine Pläne aufgeben. **Syn.:** abkommen von, ablassen von, abschreiben (ugs.), abschwören von, absehen von, aufstecken (ugs.), entsagen (geh.), fallen lassen, kapitulieren vor, lassen, preisgeben, sich aus dem Kopf schlagen, sich lossagen von, verzichten auf, zu Grabe tragen (geh.), zurücktreten von. **b)** ⟨itr.; hat⟩ *nicht weitermachen:* sie gibt nicht so leicht auf; nach zehn Runden gab der Boxer auf. **Syn.:** aufhören, aufstecken (ugs.), resignieren, schlappmachen (ugs.), zurückstecken.
3. ⟨tr.; hat⟩ *(in Bezug auf jmdn.) keine Hoffnung mehr haben:* die Ärzte hatten ihn schon aufgegeben; du darfst dich nicht aufgeben.
4. ⟨tr.; hat⟩ *zur Beförderung oder weiteren Bearbeitung übergeben:* den Koffer bei der Bahn, einen Brief auf/bei der Post aufgeben.

Auf|ge|bot ['aufgəbo:t], das; -[e]s, -e:
1. *amtliche Bekanntgabe einer beabsichtigten Heirat:* das Aufgebot aushängen. **Syn.:** Ankündigung, Aushang, Meldung, Mitteilung, Nachricht.
2. ⟨ohne Plural⟩ *etwas, was aufgeboten, für etwas eingesetzt worden ist:* ein starkes Aufgebot an/von Menschen und Material. **Syn.:** Aufwand, Einsatz.

auf|ge|dreht ['aufgədre:t] ⟨Adj.⟩ (ugs.):
übertrieben lustig und gesprächig: du bist heute ja ganz auf-

gedreht. **Syn.:** aufgekratzt (ugs.), ausgelassen, fidel (ugs.), fröhlich, heiter, locker, lustig, munter, vergnügt.

auf|ge|dun|sen ['au̯fgədʊnzn̩] ⟨Adj.⟩: *in ungesunder Weise aufgequollen:* ein aufgedunsenes Gesicht. **Syn.:** dick, schwammig.

auf|ge|hen ['au̯fge:ən], ging auf, aufgegangen ⟨itr.; ist⟩:
1. *am Horizont erscheinen* /Ggs. untergehen/: die Sonne geht auf.
2. *sprießend hervorkommen:* die Saat geht auf. **Syn.:** ausschlagen, austreiben, sich entwickeln, keimen, sprießen.
3. a) *sich öffnen:* das Fenster ist durch den Wind aufgegangen. **Syn.:** aufspringen, sich auftun (geh.), sich öffnen. **b)** *sich öffnen lassen:* die Tür geht nur schwer auf. **c)** *nicht ordnungsgemäß zubleiben:* der Knoten, Reißverschluss geht immer wieder auf. **d)** *aufplatzen:* sie drückte das Geschwür, bis es aufging. **Syn.:** aufbrechen, aufreißen, aufspringen, sich öffnen, platzen. **e)** *sich entfalten:* die Knospen gehen auf. **Syn.:** aufblühen, aufbrechen, aufspringen, erblühen (geh.).
4. *quellend in die Höhe gehen:* der Hefeteig geht auf. **Syn.:** aufquellen.
5. (ugs.) *(jmdm.) zum Bewusstsein kommen, deutlich werden:* erst später ging mir auf, dass ihre Bemerkung eine Frechheit war. **Syn.:** wie Schuppen von den Augen fallen.
6. *ohne Rest verteilt oder geteilt werden können; keinen Rest lassen [und in sich stimmen]:* die Karten gehen auf; diese Aufgabe ging nicht auf *(ließ sich nicht lösen).* **Syn.:** stimmen.
7. *mit etwas eins werden, darin verschwinden, sich auflösen; in etwas übergehen:* viele Betriebe gingen in den Konzernen auf; sie wollte nicht in der Masse aufgehen. **Syn.:** verschmelzen mit.
8. *sich ganz einer Sache hingeben und darin seine Erfüllung finden:* er geht in seinem Beruf auf. **Syn.:** sich einsetzen für, sich widmen.

auf|ge|kratzt ['au̯fgəkrat͜st] ⟨Adj.⟩ (ugs.): *gut gelaunt und lustig:* du bist heute so aufgekratzt. **Syn.:** aufgedreht (ugs.), ausgelassen, fidel (ugs.), fröhlich, heiter, locker, munter, vergnügt.

auf|ge|legt ['au̯fgəle:kt] ⟨Adj.⟩: *(in bestimmter Weise) gelaunt, sich (in einer bestimmten Stimmung) befindend:* ein glänzend aufgelegter Star; schlecht, gut aufgelegt sein. **Syn.:** gelaunt; *** zu etwas aufgelegt sein:** *in der Stimmung sein, etwas zu tun:* ich bin zum Tanzen aufgelegt.

auf|ge|schlos|sen ['au̯fgəʃlɔsn̩] ⟨Adj.⟩: *(Vorschlägen, Anregungen o. Ä.) zugänglich, nicht abgeneigt; am geistigen Leben interessiert:* er ist sehr aufgeschlossen [für neue Ideen]; sie ist Neuerungen gegenüber stets aufgeschlossen. **Syn.:** tolerant, verständnisvoll.

auf|ge|weckt ['au̯fgəvɛkt] ⟨Adj.⟩: *(von einem Kind) für sein Alter von erstaunlich rascher Auffassungsgabe und geistiger Regheit:* ein aufgewecktes Kind. **Syn.:** begabt, clever, gescheit, intelligent, klug, schlau, verständig, wach.

auf|grei|fen ['au̯fgrai̯fn̩], griff auf, aufgegriffen ⟨tr.; hat⟩:
1. *(einen Verdächtigen o. Ä.) festnehmen:* die Polizei hatte einen Mann aufgegriffen, der keinen Ausweis bei sich hatte. **Syn.:** auffliegen lassen, ausheben, beim Wickel kriegen (ugs.), ergreifen, ertappen, erwischen (ugs.), fangen, fassen, festsetzen, hochgehen lassen (ugs.), kriegen (ugs.), schnappen (ugs.), verhaften.
2. *als Anregung nehmen und darauf eingehen:* einen Vorschlag, Gedanken aufgreifen. **Syn.:** anknüpfen an, anschließen an, aufnehmen, ausgehen von, sich beziehen auf.

[1]**auf|grund** [au̯f'grʊnt] ⟨Präp. mit Gen.⟩, **auf Grund:** *begründet, veranlasst durch:* aufgrund der Berichte; Beweise, aufgrund deren er verurteilt wurde.

[2]**auf|grund** [au̯f'grʊnt] ⟨Adverb in Verbindung mit »von«⟩, **auf Grund:** *begründet, veranlasst von:* aufgrund von Berichten.

Auf|guss ['au̯fgʊs], der; -es, Aufgüsse ['au̯fgʏsə]: *durch Aufgießen, Aufbrühen bereitete Flüssigkeit:* ich werde von dem Tee noch einen zweiten Aufguss machen.

auf|ha|ben ['au̯fha:bn̩], hat auf, hatte auf, aufgehabt ⟨itr.; hat⟩ (ugs.):
1. *aufgesetzt haben:* die Mütze aufhaben; eine Brille aufhaben. **Syn.:** anhaben.
2. *als Hausaufgabe machen müssen, aufgetragen bekommen haben:* in Deutsch haben wir heute nichts auf.
3. a) *geöffnet haben:* am Sonntag hat der Bäcker, der Laden nicht auf. **b)** *offen stehen haben:* sie hatten die Tür auf.

auf|hal|sen ['au̯fhalzn̩], halste auf, aufgehalst ⟨tr.; hat⟩ (ugs.): *aufbürden:* da hast du mir ja eine schöne Aufgabe aufgehalst! **Syn.:** abschieben, abwälzen, auferlegen, überlassen, zuschieben.

auf|hal|ten ['au̯fhaltn̩], hält auf, hielt auf, aufgehalten:
1. ⟨tr.; hat⟩ **a)** *[für eine Weile] daran hindern, seinen Weg fortzusetzen, weiterzukommen:* einen Fliehenden, scheuende Pferde, den Vormarsch aufhalten. **Syn.:** abstoppen, anhalten, bremsen, stoppen. **b)** *von einer anderen Tätigkeit abhalten, nicht zum Arbeiten o. Ä. kommen lassen:* er hat mich eine Stunde aufgehalten. **Syn.:** behindern, dazwischenfunken (ugs.), stören, unterbrechen.
2. ⟨tr.; hat⟩ *daran hindern, in seiner Entwicklung fortzuschreiten, sich zu entwickeln:* eine Katastrophe aufhalten. **Syn.:** abbiegen (ugs.), abblocken, abstellen, abwehren, abwenden, begegnen (geh.), blockieren, [2]durchkreuzen, sich entgegenstellen, entgegentreten, hindern, im Keim ersticken, sabotieren, unmöglich machen, unterbinden, vereiteln, verhindern, verhüten.
3. ⟨+ sich⟩ *sich mit jmdm., etwas sehr ausführlich befassen, sodass Zeit für anderes verloren geht:* ich habe mich bei/mit diesen Fragen zu lange aufgehalten. **Syn.:** sich abgeben, sich auseinandersetzen, behandeln, sich beschäftigen, eingehen auf, sich einlassen auf, sich widmen.
4. ⟨tr.; hat⟩ *(für jmdn.) geöffnet halten:* sie hielt [ihm] die Tür

auf; die Hand aufhalten *(mit der Innenfläche nach oben halten [um etwas hineingelegt zu bekommen])*.
5. ⟨+ sich⟩ *irgendwo vorübergehend leben:* sich im Ausland aufhalten. **Syn.:** sich befinden, [1]sein, sitzen, weilen (geh.), wohnen.

auf|hän|gen [ˈau̯fhɛŋən], hängte auf, aufgehängt:
1. ⟨tr.; hat⟩ *auf etwas hängen:* die Wäsche [zum Trocknen], das Bild [an einem Nagel] aufhängen.
2. (emotional) **a)** ⟨tr.; hat⟩ *durch Hängen töten:* sie hatten den Verräter an einer Laterne aufgehängt. **b)** ⟨+ sich⟩ *sich erhängen:* er wollte sich aufhängen.

Auf|hän|ger [ˈau̯fhɛŋɐ], der; -s, -:
1. *kleines Band o. Ä. an der Innenseite des Kragens von Jacken, Mänteln o. Ä., an dem diese aufgehängt werden:* der Aufhänger ist gerissen.
2. *besonderer aktueller Umstand, der als Anlass für eine allgemeine Darstellung, für die [journalistische] Behandlung eines Themas dient:* der Skandal erwies sich als geeigneter Aufhänger für weitere Kritik an der Regierung. **Syn.:** Anlass, Anreiz, Impuls.

auf|he|ben [ˈau̯fheːbn̩], hob auf, aufgehoben ⟨tr.; hat⟩:
1. *(jmdn., etwas, was liegt) in die Höhe heben:* das Papier [vom Boden] aufheben. **Syn.:** auflesen, aufnehmen, aufraffen, aufsammeln.
2. *rückgängig machen, wieder abschaffen:* eine Verordnung, ein Urteil aufheben. **Syn.:** annullieren, auflösen, ausräumen, außer Kraft setzen, beseitigen, entfernen, für nichtig erklären, für null und nichtig erklären, für ungültig erklären.
3. *(etwas) offiziell beenden:* sie hob die Sitzung auf; sie hob die Tafel auf *(beendete [feierlich] die Mahlzeit)*.
4. *aufbewahren:* alte Briefe aufheben *(nicht wegwerfen)*; sie hatte mir ein Stück Kuchen aufgehoben *(für mich zurückgelegt)*. **Syn.:** aufsparen, behalten, bewahren (geh.), in Gewahrsam haben, in Gewahrsam halten, verwahren (geh.), zurücklegen.
5. *in gleicher Größe oder Höhe o. Ä. wie etwas Entgegengesetztes vorhanden sein und es dadurch ausgleichen:* der Verlust hebt den Gewinn wieder auf; ⟨auch + sich⟩ + 2 und − 2 heben sich auf. **Syn.:** aufholen, aufwiegen, gleichmachen, gleichziehen, wettmachen.

Auf|he|ben [ˈau̯fheːbn̩]:
in den Wendungen **viel Aufheben[s] von jmdm., etwas machen:** *jmdn., etwas übertrieben wichtig nehmen und zu viel über ihn, darüber sprechen:* er macht viel Aufheben[s] um sein neues Auto. **Syn.:** etwas aufbauschen, etwas hochspielen, etwas übertreiben; **kein Aufheben[s] von jmdm., etwas machen:** *einer Person oder Sache keine große Bedeutung beimessen:* sie ist sehr bescheiden und macht kein Aufheben[s] von ihren guten Leistungen.

auf|hei|tern [ˈau̯fhai̯tɐn], heiterte auf, aufgeheitert:
1. ⟨tr.; hat⟩ *eine Person, die traurig ist, in heitere Stimmung versetzen:* ich hatte große Mühe, ihn nach der Niederlage aufzuheitern. **Syn.:** auf andere Gedanken bringen, aufmuntern, aufrichten, erbauen, erheitern, stärken, trösten, zerstreuen.
2. ⟨+ sich⟩ *heiter, freundlich werden:* ihre Miene, ihr Gesicht heiterte sich bei dieser freudigen Nachricht auf; das Wetter heitert sich auf *(wird schön und sonnig)*. **Syn.:** aufklaren.

auf|ho|len [ˈau̯fhoːlən], holte auf, aufgeholt:
1. ⟨tr.; hat⟩ *durch besondere Anstrengungen (einen Rückstand) [wieder] ausgleichen:* die Mannschaft holte den Vorsprung des Gegners nicht mehr auf; der Zug konnte die Verspätung nicht aufholen. **Syn.:** einholen, gleichziehen, wettmachen.
2. ⟨tr.; hat⟩ *den Vorsprung eines anderen [um ein bestimmtes Maß] durch eigene Leistung vermindern:* die Läuferin hat fünf Meter aufgeholt; ⟨auch itr.⟩ noch sind wir im Rückstand, aber wir holen mächtig auf. **Syn.:** Boden gutmachen.

auf|hor|chen [ˈau̯fhɔrçn̩], horchte auf, aufgehorcht ⟨itr.; hat⟩:
plötzlich interessiert hinzuhören beginnen: ich horchte auf, als ich den Namen vernahm; ein Geräusch ließ sie aufhorchen. **Syn.:** aufmerksam werden, hellhörig werden, stutzig werden.

auf|hö|ren [ˈau̯fhøːrən], hörte auf, aufgehört ⟨itr.; hat⟩:
1. *nicht länger dauern; zu Ende gehen:* der Regen hörte endlich auf. **Syn.:** abbrechen, ausgehen, ausklingen, auslaufen, aussetzen, ein Ende haben, ein Ende nehmen, enden, sich legen, sich neigen (geh.), schließen, vergehen, zu Ende gehen, zum Erliegen kommen.
2. *mit etwas nicht fortfahren; etwas nicht weiterführen, nicht mehr tun:* mit der Arbeit aufhören; sie hörte nicht auf zu pfeifen. **Syn.:** abbrechen, abschließen, aufgeben, aufkündigen, aufstecken (ugs.), aussteigen (ugs.), beenden, einstellen, entsagen (geh.), fallen lassen, fertig machen, fertigstellen, schließen, stilllegen, unterbrechen.

auf|kau|fen [ˈau̯fkau̯fn̩], kaufte auf, aufgekauft ⟨tr.; hat⟩:
den gesamten Bestand, noch vorhandene Bestände [von einer bestimmten Sache] kaufen: sie kaufte alle Aktien auf. **Syn.:** ergattern (ugs.), erstehen, erwerben, käuflich erwerben, sich zulegen.

auf|klap|pen [ˈau̯fklapn̩], klappte auf, aufgeklappt ⟨tr.; hat⟩:
a) *(etwas, was auf etwas liegt und nur an einer Seite befestigt ist) in die Höhe heben, nach oben klappen:* den Deckel einer Kiste aufklappen. **Syn.:** aufbrechen, aufreißen, aufziehen, öffnen.
b) *(etwas) durch Bewegen, Anheben, Hochklappen eines dafür vorgesehenen Teiles öffnen:* den Koffer aufklappen; das Messer blitzschnell aufklappen.

auf|kla|ren [ˈau̯fklaːrən], klarte auf, aufgeklart ⟨itr.; hat⟩:
klar, schön werden (vom Wetter o. Ä.): das Wetter, der Himmel klarte auf; ⟨auch unpers.⟩ es klart auf. **Syn.:** aufheitern.

auf|klä|ren [ˈau̯fklɛːrən], klärte auf, aufgeklärt:
1. a) ⟨tr.; hat⟩ *Klarheit in etwas bringen:* einen Mord aufklären. **Syn.:** dahinterkommen (ugs.), enthüllen, entlarven, enträtseln, entschlüsseln, recherchieren, zutage bringen. **b)** ⟨+ sich⟩ *sich auflösen und nicht mehr rätsel-*

haft o. ä. sein, sich völlig klären: die Sache hat sich aufgeklärt.
2. ⟨tr.; hat⟩ *jmdn. über etwas, von der er/sie bisher nur unzureichende Kenntnisse besaß, umfassend informieren (besonders in Bezug auf sexuelle Fragen):* sie klärte ihn über den wahren Sachverhalt auf; die Eltern hatten die Kinder nicht aufgeklärt. **Syn.:** in Kenntnis setzen, informieren, mitteilen, unterrichten.
3. ⟨+ sich⟩ *klar, sonnig werden:* das Wetter klärt sich auf. **Syn.:** aufheitern, aufklaren.

Auf|klä|rung [ˈau̯fklɛːrʊŋ], die; -, -en:
1. *das Aufklären* (1 a): die Aufklärung des Verbrechens. **Syn.:** Auflösung, Enthüllung, Lösung.
2. *Darlegung bestimmter Zusammenhänge, Belehrung, Information über etwas:* die gewünschte Aufklärung liefern; ich gebe keine Aufklärung über meine Gefühle. **Syn.:** Aufschluss, Auskunft, Einblick, Erläuterung, Information.
3. ⟨ohne Plural⟩ *geistige Strömung, die sich gegen Aberglauben, Vorurteile und Autoritätsdenken richtet:* ein Dichter der Aufklärung.
4. *Erkundung der militärischen Situation des Feindes:* die Aufklärung verstärken.

auf|kle|ben [ˈau̯fkleːbn̩], klebte auf, aufgeklebt ⟨tr.; hat⟩:
(auf etwas) kleben: er klebte die Adresse [auf das Paket] auf; eine aufgeklebte Briefmarke. **Syn.:** anbringen, ankleben, anmachen (ugs.), aufsetzen, befestigen, festmachen, fixieren.

Auf|kle|ber [ˈau̯fkleːbɐ], der; -s, -:
aufklebbarer, aufgeklebter Zettel: was steht auf dem Aufkleber? **Syn.:** Etikett, Schild.

auf|kna|cken [ˈau̯fknakn̩], knackte auf, aufgeknackt ⟨tr.; hat⟩:
durch Knacken öffnen: die Nüsse mit den Zähnen aufknacken. **Syn.:** aufbrechen, aufmachen, knacken.

auf|knöp|fen [ˈau̯fknœpf̩n̩], knöpfte auf, aufgeknöpft ⟨tr.; hat⟩:
(etwas, was durch Knöpfe geschlossen worden ist) wieder öffnen: den Kissenbezug aufknöpfen; ich knöpfte [mir] den Mantel auf. **Syn.:** aufmachen.

auf|ko|chen [ˈau̯fkɔxn̩], kochte auf, aufgekocht:
a) ⟨itr.; hat⟩ *zum Kochen kommen und kurz aufwallen:* die Suppe, das Wasser aufkochen lassen; die aufkochende Milch. **Syn.:** aufquellen, blubbern, brodeln, kochen, sieden, sprudeln, wallen. **b)** ⟨tr.; hat⟩ *kurz zum Kochen bringen:* Essig und Wasser aufkochen. **Syn.:** kochen.

auf|kom|men [ˈau̯fkɔmən], kam auf, aufgekommen ⟨itr.; ist⟩:
1. a) *[unerwartet] entstehen und spürbar werden:* ein Wind, Gewitter kam auf; Unruhe, Misstrauen kam auf. **Syn.:** auftreten, sich ausbilden, sich bilden, sich einstellen, sich entwickeln, erwachen. **b)** *erstmals auftreten, zu beobachten sein:* dieser Tanz kam Mitte der Siebzigerjahre auf. **Syn.:** auftauchen, sich ausbilden, sich bilden, sich einstellen, entstehen, sich entwickeln, erscheinen, erwachen, hervorgerufen werden, in Gebrauch kommen, üblich werden, sich zeigen, zum Vorschein kommen.
2. ⟨meist verneint⟩ *jmdm. gewachsen sein, etwas gegen jmdn., etwas tun können:* gegen diesen Konkurrenten kam er nicht auf. **Syn.:** ankommen, ankönnen, sich behaupten (geh.), bestehen, die Oberhand behalten, die Oberhand gewinnen, sich [1]durchsetzen, seinen Willen durchsetzen.
3. a) *die entstehenden Kosten tragen, übernehmen:* für die Kinder, die Ausbildung der Kinder aufkommen; er musste für die Schulden seines Sohnes aufkommen. **Syn.:** begleichen (geh.), bestreiten, bezahlen, blechen (ugs.), bluten (ugs.), finanzieren, zahlen. **b)** *für etwas tätige Verantwortung tragen:* für die Sicherheit der Bevölkerung aufkommen. **Syn.:** bürgen, die Bürgschaft übernehmen, die Garantie übernehmen, die Hand ins Feuer legen (ugs.), einstehen, eintreten, garantieren, gewährleisten, [2]haften, sich verbürgen.
4. a) *wieder aufstehen, sich erheben können:* er kam nur mit Mühe vom Boden auf. **b)** *[wieder] gesund werden:* ich glaube nicht, dass er wieder aufkommt. **Syn.:** auf dem Weg[e] der Besserung sein, sich aufrappeln (ugs.), genesen, gesunden, sich auf dem Weg[e] der Besserung befinden, wieder auf den Damm kommen, wieder auf die Beine kommen.
5. *(besonders nach einem Sprung) auf den Boden auftreffen:* sie kam ein Stück neben der Matte, mit dem linken Fuß auf. **Syn.:** aufprallen, aufschlagen.

-auf|kom|men [au̯fkɔmən], das; -s, - ⟨Suffixoid⟩:
bezieht sich auf die [statistisch festgestellte] Menge, Anzahl hinsichtlich des im Basiswort Genannten: Fahrgastaufkommen; Verkehrsaufkommen; Zuschaueraufkommen.

auf|krem|peln [ˈau̯fkrɛmpl̩n], krempelte auf, aufgekrempelt ⟨tr.; hat⟩:
mehrmals umschlagen und so kürzer machen: kremple dir doch die Ärmel auf. **Syn.:** aufrollen, umkrempeln.

auf|kün|di|gen [ˈau̯fkʏndɪgn̩], kündigte auf, aufgekündigt ⟨tr.; hat⟩:
(eine Beziehung, o. Ä.) für beendet erklären: jmdm. die Freundschaft, die Gefolgschaft, den Gehorsam aufkündigen. **Syn.:** aufgeben, auflösen, beenden, einstellen, entsagen (geh.).

auf|la|den [ˈau̯flaːdn̩], lädt auf, lud auf, aufgeladen ⟨tr.; hat⟩:
1. *zum Tragen oder zum Transport auf etwas laden* /Ggs. abladen/: die Möbel [auf den Lastwagen] aufladen. **Syn.:** beladen, [1]einladen, einschiffen, [1]laden, verladen.
2. *elektrisch laden:* die Batterie, die Akkus aufladen.

Auf|la|ge [ˈau̯flaːgə], die; -, -n:
1. *Gesamtzahl der Exemplare eines Buches o. Ä., die nach einer unveränderten Satzvorlage gedruckt worden sind:* die Zeitschrift hat eine Auflage von 5 000 [Exemplaren]; etwas in kleiner, hoher Auflage drucken. **Syn.:** [1]Abdruck, Ausgabe. **Zus.:** Erstauflage, Gesamtauflage, Millionenauflage, Neuauflage, Startauflage.
2. *das Aufgelegte, auf etwas aufgebrachte, aufgelegte Schicht:* das Besteck hat eine Auflage aus Silber. **Syn.:** Belag. **Zus.:** Goldauflage, Gummiauflage, Silberauflage.

3. *auferlegte Verpflichtung:* er bekam die Auflage, sich jeden Tag bei der Polizei zu melden. **Syn.:** Bedingung, Klausel.

auf|las|sen ['au̯flasn̩], lässt auf, ließ auf, aufgelassen ⟨tr.; hat⟩:
1. *geöffnet lassen:* die Tür, die Kiste, die Flasche auflassen.
2. (ugs.) *auf dem Kopf behalten:* die Mütze auflassen.
3. (ugs.) *aufbleiben lassen:* sie ließ die Kinder am Geburtstag eine Stunde länger auf.

auf|lau|ern ['au̯flau̯ɐn], lauerte auf, aufgelauert ⟨itr.; hat⟩:
in böser Absicht (auf jmdn.) lauern, warten: er hatte seinem Opfer im Dunkeln aufgelauert. **Syn.:** abfangen.

Auf|lauf ['au̯flau̯f], der; -s, Aufläufe ['au̯flɔy̯fə]:
1. *Menge von Menschen, die erregt zusammengelaufen ist:* es gab einen großen Auflauf vor dem Restaurant. **Syn.:** Ansammlung, Pulk.
2. *Speise aus Kartoffeln, Gemüse, Nudeln, Mehl o. Ä., die in einer feuerfesten Form im Backofen überbacken wird:* wenn Gäste kommen, mache ich gern einen Auflauf.

auf|lau|fen ['au̯flau̯fn̩], läuft auf, lief auf, aufgelaufen ⟨itr.; ist⟩:
1. a) *(von Schiffen) mit dem Rumpf auftreffen:* der Tanker lief auf ein Riff auf. **Syn.:** prallen auf/gegen, rammen, stranden.
b) *während des Wettlaufs an jmdn. Anschluss gewinnen, nach vorn gelangen:* sie ist zur Spitze aufgelaufen. **Syn.:** aufrücken, aufschließen, nachrücken. **c)** *in führende Position bei etwas gelangen:* zu ganz großer Form auflaufen.
2. *sich ansammeln, zusammenkommen, sich summieren:* im Laufe des Jahres sind auf meinem Sparkonto 175 Euro Zinsen aufgelaufen. **Syn.:** sich ansammeln, zusammenkommen.

auf|le|ben ['au̯fle:bn̩], lebte auf, aufgelebt ⟨itr.; ist⟩:
a) *neue Lebenskraft bekommen, [wieder] fröhlich o. ä. werden:* nach langer Zeit der Trauer lebt er nun wieder auf. **Syn.:** aufblühen. **b)** *von Neuem beginnen, zu neuem Leben erwachen:* der alte Streit, das Gespräch lebte wieder auf. **Syn.:** auftreten, sich ausbilden, sich einstellen, entstehen, sich entwickeln, erwachen.

auf|le|gen ['au̯fle:gn̩], legte auf, aufgelegt:
1. ⟨tr.; hat⟩ **a)** *auf etwas legen:* eine neue Decke auflegen. **Syn.:** aufdecken. **b)** *durch Auflegen des Hörers ein Telefongespräch beenden:* das Telefon, den Hörer auflegen; ⟨auch itr.⟩ sie hat einfach aufgelegt. **Syn.:** einhängen.
2. ⟨tr.; hat⟩ *(ein Buch o. Ä.) in einer bestimmten Anzahl von Exemplaren in den Handel bringen:* das Buch wird nicht wieder aufgelegt. **Syn.:** drucken, herausbringen, herausgeben, publizieren, [1]verlegen.
3. ⟨itr.; hat⟩ *als DJ arbeiten, auftreten:* heute Abend legt mein Lieblings-DJ auf; sie hat früher im Klub nebenan aufgelegt.

auf|leh|nen ['au̯fle:nən], lehnte auf, aufgelehnt ⟨+ sich⟩:
jmds. Willen, Anschauung o. Ä. nicht für sich anerkennen und dagegen Widerstand leisten: sich gegen Unterdrückung, gegen einen Diktator auflehnen. **Syn.:** ankämpfen, aufbegehren (geh.), aufmucken (ugs.), sich entgegenstellen, meutern (ugs.), mucksen (ugs.), opponieren, protestieren, rebellieren, revoltieren, sich widersetzen.

auf|le|sen ['au̯fle:zn̩], liest auf, las auf, aufgelesen ⟨tr.; hat⟩:
sammelnd vom Erdboden aufheben: sie kniete auf dem Boden und las alle Perlen auf. **Syn.:** aufheben, aufnehmen, aufraffen, aufsammeln.

auf|lie|gen ['au̯fli:gn̩], lag auf, aufgelegen:
1. ⟨itr.; hat; südd., österr., schweiz.: ist⟩ *auf etwas liegen:* der Balken liegt auf der Mauer auf.
2. ⟨itr.; hat; südd., österr., schweiz.: ist⟩ *offen zur Einsicht oder Ansicht irgendwo liegen, ausgelegt sein:* die neuesten Zeitschriften liegen in der Bibliothek auf. **Syn.:** ausliegen.
3. ⟨itr.; hat⟩ *durch Liegen wund machen:* ich habe mir den Rücken aufgelegen; ich habe mich aufgelegen.

auf|lo|ckern ['au̯flɔkɐn], lockerte auf, aufgelockert:
a) ⟨tr.; hat⟩ *locker machen:* er lockerte den Boden auf, damit der Regen gut eindringen konnte. **b)** ⟨tr.; hat⟩ *zwangloser oder freundlicher gestalten:* der Unterricht muss aufgelockert werden; er war in aufgelockerter *(ungezwungener und vergnügter)* Stimmung. **Syn.:** entspannen, lockern, lösen. **c)** ⟨itr.; hat⟩ *locker werden:* die Bewölkung lockert im Laufe des Tages auf; ⟨auch + sich⟩ die Bewölkung lockerte sich auf; ⟨häufig im 1. und 2. Partizip⟩ auflockernde, aufgelockerte Bewölkung. **Syn.:** sich auflösen, aufreißen.

Auf|lo|cke|rung ['au̯flɔkərʊŋ], die; -, -en:
a) *das Auflockern* (a): die Auflockerung des harten Bodens.
b) *das Auflockern* (b): zur Auflockerung des Unterrichts erzählte er eine Anekdote. **c)** *das Sichauflockern der Bewölkung:* abgesehen von kurzen Auflockerungen bleibt es stark bewölkt.

auf|lo|dern ['au̯flo:dɐn], loderte auf, aufgelodert ⟨itr.; ist⟩:
in die Höhe lodern, aufflammen: das Holz loderte, die Flammen loderten auf.

auf|lö|sen ['au̯flø:zn̩], löste auf, aufgelöst:
1. a) ⟨tr.; hat⟩ *(in einer Flüssigkeit) zerfallen oder zergehen lassen:* eine Tablette in Wasser auflösen.
b) ⟨+ sich⟩ *[in einer Flüssigkeit] seine feste Beschaffenheit verlieren:* die Tablette löst sich in Wasser auf. **Syn.:** sich lösen, schmelzen, sich verlaufen, sich verteilen, zerfallen, zergehen, zerrinnen, sich zersetzen, sich zerstreuen.
2. ⟨tr.; hat⟩ *nicht länger bestehen lassen:* einen Verein auflösen; das Parlament löste sich [selbst] auf. **Syn.:** abschaffen, aufgeben, aufheben, aufräumen mit, außer Kraft setzen, für nichtig erklären, für null und nichtig erklären, für ungültig erklären.

Auf|lö|sung ['au̯flø:zʊŋ], die; -, -en:
1. *das Auflösen, Aufgelöstwerden, Sichauflösen:* die Auflösung des Rätsels war leicht.
2. *Wert, der angibt, aus wie vielen Bildpunkten ein digitales Foto besteht:* ich suche eine Kamera mit einer möglichst hohen Auflösung.

auf|ma|chen ['au̯fmaxn̩], machte auf, aufgemacht:
1. /Ggs. zumachen/: **a)** ⟨tr.; hat⟩

öffnen: ein Fenster aufmachen. **Syn.:** aufreißen. **b)** ⟨itr.; hat⟩ *zum Verkauf von Waren geöffnet werden:* die Geschäfte machen morgens um 8 Uhr auf. **Syn.:** aufschließen, aufsperren (bes. österr., südd.), einlassen, öffnen.
2. ⟨tr.; hat⟩ *eröffnen* /Ggs. zumachen/: einen Laden, eine Kneipe, eine Praxis aufmachen. **Syn.:** begründen, einrichten, gründen.
3. ⟨+ sich⟩ *sich schminken, sich zurechtmachen:* sie macht sich immer sehr auf. **Syn.:** sich aufdonnern (ugs.), sich schmücken, sich in Schale werfen (ugs.), Toilette machen.
4. ⟨+ sich⟩ *sich zu etwas begeben; weggehen, um zu einem bestimmten Ziel zu gelangen:* er machte sich gleich auf, um rechtzeitig zu Hause zu sein. **Syn.:** aufbrechen.
5. ⟨tr.; hat⟩ *aufstellen, zusammenstellen:* jmdm. eine Rechnung aufmachen. **Syn.:** aufschreiben, präsentieren.

Auf|ma|chung [ˈau̯fmaxʊŋ], die; -, -en:
äußere Ausstattung, Äußeres: in dieser Aufmachung willst du auf die Straße gehen? **Syn.:** Aufzug, Dress, Garderobe, Kleidung, Kluft (ugs.).

Auf|marsch [ˈau̯fmarʃ], der; -[e]s, Aufmärsche [ˈau̯fmɛrʃə]:
das Aufmarschieren: Gegendemonstranten versuchten, den Aufmarsch der Neonazis zu verhindern.

auf|mar|schie|ren [ˈau̯fmarʃiːrən], marschierte auf, aufmarschiert ⟨itr.; ist⟩:
(besonders von Truppen) sich marschierend irgendwohin begeben und sich dort aufstellen: in drei Kolonnen [auf dem Platz] aufmarschieren.

auf|merk|sam [ˈau̯fmɛrkzaːm] ⟨Adj.⟩:
1. *darum bemüht, sich nichts entgehen zu lassen:* ein aufmerksamer Beobachter, Leser, Zuschauer; aufmerksam zuhören. **Syn.:** andächtig, angestrengt, gespannt, konzentriert, wachsam.
2. *höflich und zuvorkommend:* das ist sehr aufmerksam von Ihnen. **Syn.:** ritterlich.

Auf|merk|sam|keit [ˈau̯fmɛrkzaːmkai̯t], die; -, -en:
1. ⟨ohne Plural⟩ *das Aufmerksamsein:* ihre Aufmerksamkeit galt vor allem den Kostümen; jmds. Aufmerksamkeit erregen; das Manöver erfordert die ganze Aufmerksamkeit des Piloten; darf ich einen Moment um Ihre Aufmerksamkeit bitten? **Syn.:** Konzentration, Sammlung.
2. *Gefälligkeit, höfliche und freundliche Handlung:* er versuchte, sie durch allerlei Aufmerksamkeiten für sich einzunehmen. **Syn.:** Gefälligkeit.
3. *kleines Geschenk:* jmdm. eine kleine Aufmerksamkeit mitbringen. **Syn.:** Gabe, Mitbringsel (fam.), Präsent (bildungsspr.).

auf|mö|beln [ˈau̯fmøːbl̩n], möbelte auf, aufgemöbelt ⟨tr.; hat⟩ (ugs.):
1. *[wieder] in einen ansehnlicheren, besseren Zustand bringen:* einen alten Kahn aufmöbeln; sein Image aufmöbeln *(verbessern).* **Syn.:** anheben, ausbauen, ausbessern, bessern, verbessern.
2. *beleben, munter machen:* trink eine Tasse Bouillon, Kaffee, das wird dich aufmöbeln! **Syn.:** aktivieren, ankurbeln, anregen.

auf|mu|cken [ˈau̯fmʊkn̩], muckte auf, aufgemuckt ⟨itr.; hat⟩ (ugs.):
gegen jmdn., von dem man abhängig ist, aufbegehren, sich ihm widersetzen, gegen die Behandlung, die man durch ihn erfährt, protestieren: gegen den Vater, gegen jmds. Anordnungen aufmucken; niemand wagte aufzumucken. **Syn.:** ankämpfen, auf die Barrikaden gehen (ugs.), sich aufbäumen, aufbegehren (geh.), meckern (ugs. abwertend), meutern (ugs.), mucksen (ugs.), murren, opponieren, protestieren, sich widersetzen.

auf|mun|tern [ˈau̯fmʊntɐn], munterte auf, aufgemuntert ⟨tr.; hat⟩:
heiter stimmen: jmdn. durch eine Unterhaltung aufmuntern. **Syn.:** amüsieren, anregen, aufheitern, erheitern, zerstreuen.

auf|müp|fig [au̯fmʏpfɪç] ⟨Adj.⟩ (ugs.):
sich (als Abhängiger) gegen Forderungen, Anordnungen o. Ä. auflehnend, dagegen protestierend, aufbegehrend: eine aufmüpfige Jugend. **Syn.:** aufrührerisch, aufsässig, meuternd, rebellierend, rebellisch, renitent, revoltierend.

Auf|nah|me [ˈau̯fnaːmə], die; -, -n:
1. *das Aufnehmen:* die Aufnahme ins Krankenhaus; Diplomaten aus fünf Staaten waren zur Aufnahme der Verhandlungen zusammengetroffen.
2. *Fotografie:* eine eindrucksvolle, gelungene Aufnahme; ein Film für 36 Aufnahmen; digitale Aufnahmen nachbearbeiten. **Syn.:** Bild, Dia, Diapositiv, [1]Foto, Lichtbild (Amtsspr.). **Zus.:** Blitzlichtaufnahme, Farbaufnahme, Luftaufnahme, Nachtaufnahme, Nahaufnahme, Schwarzweißaufnahme, Unterwasseraufnahme.
3. *Raum, in dem jmd. für die Unterbringung registriert wird:* der Patient musste sich in der Aufnahme melden. **Syn.:** Empfang.

auf|neh|men [ˈau̯fneːmən], nimmt auf, nahm auf, aufgenommen ⟨tr.; hat⟩:
1. a) *[vom Boden] aufheben:* die Tasche aufnehmen. **Syn.:** auflesen, aufsammeln, heben. **b)** *(eine Laufmasche, eine verlorene Masche) heraufholen:* Laufmaschen aufnehmen.
2. a) *(jmdm.) eine Unterkunft bieten:* jmdn. bei sich aufnehmen; das Hotel kann keine Gäste mehr aufnehmen. **Syn.:** beherbergen, unterbringen. **b)** *in einem bestimmten Kreis zulassen:* jmdn. in eine Gemeinschaft, in eine Schule, in einen Verein aufnehmen. **Syn.:** annehmen.
3. *fassen, Platz bieten (für jmdn., etw.):* der Tank nimmt 60 Liter auf; das Flugzeug kann zweihundert Personen aufnehmen.
4. *(in etwas) mit hineinnehmen, mit einbeziehen:* ein Wort in ein Wörterbuch aufnehmen; etwas in eine Sammlung aufnehmen. **Syn.:** berücksichtigen, einbeziehen, einschließen.
5. *(zu etwas, was man gerade erfahren hat) eine bestimmte Haltung einnehmen [und durch eine bestimmte Art der Reaktion erkennen lassen]:* eine Nachricht gelassen aufnehmen.
6. *in sein Bewusstsein hineinnehmen; erfassen; auf sich wirken lassen und geistig verarbeiten:* auf der Reise habe ich viele neue Eindrücke aufgenommen. **Syn.:** erkennen, wahrnehmen.
7. a) *(Nahrung) zu sich nehmen:* der Kranke nimmt wieder Nahrung auf. **Syn.:** essen. **b)** *in sich*

eindringen lassen: der Stoff hat die Farbe nicht gleichmäßig aufgenommen. **Syn.:** absorbieren, annehmen, aufsaugen.
8. a) *(mit einer Tätigkeit, einem Unternehmen) beginnen:* die Arbeit [wieder] aufnehmen. **Syn.:** anfangen, angehen, einsteigen in (ugs.), herangehen an, in Angriff nehmen, sich machen an. **b)** *sich (mit etwas) befassen:* der Prozess wurde wieder aufgenommen. **Syn.:** fortsetzen.
c) *beginnen; anknüpfen:* mit einem Staat Verhandlungen aufnehmen. **Syn.:** anfangen, einsteigen in (ugs.), herangehen an, in Angriff nehmen, sich machen an. **d)** *** **es mit jmdm., etwas aufnehmen [können]:** *stark genug für einen Kampf mit jmdm. sein; mit jmdm., etwas konkurrieren [können]:* mit ihm kann er es schon aufnehmen; dieses Theater kann es mit den besten Bühnen der Welt aufnehmen. **Syn.:** jmdm., einer Sache gewachsen sein; mit jmdm., etwas fertigwerden; sich mit jmdm., etwas messen können.
9. a) *fotografieren:* jmdn. im Profil aufnehmen; ein Bild aufnehmen. **Syn.:** knipsen (ugs.). **b)** *filmen* (1): eine Szene aufnehmen. **Syn.:** drehen. **c)** *auf einem Speichermedium festhalten, aufzeichnen:* eine Radiosendung, eine Fernsehsendung aufnehmen; eine Oper aufnehmen. **d)** *schriftlich festhalten, aufzeichnen:* die Polizei kam, um den Unfall aufzunehmen. **Syn.:** aufschreiben, erfassen, niederschreiben, notieren, registrieren, schriftlich festhalten, verzeichnen, zu Papier bringen.
10. *(Geld) zum Zweck der Investition leihen:* ein Darlehen, einen Kredit, Geld aufnehmen; Kapital [für den Bau eines Krankenhauses] aufnehmen. **Syn.:** ausborgen (landsch.), ausleihen, borgen.

auf|nö|ti|gen [ˈau̯fnøːtɪɡn̩], nötigte auf, aufgenötigt ⟨tr.; hat⟩: *(jmdn.) drängen, (etwas) anzunehmen:* jmdm. bei Tisch etwas aufnötigen. **Syn.:** aufdrängen, nötigen zu.

auf|op|fern [ˈau̯f|ɔpfɐn], opferte auf, aufgeopfert ⟨+ sich⟩: *sich ohne Rücksicht auf die eigene Person einsetzen:* die Eltern opfern sich für ihre Kinder auf. **Syn.:** sich aufreiben, sich opfern.

auf|päp|peln [ˈau̯fpɛpl̩n], päppelte auf, aufgepäppelt ⟨tr.; hat⟩ (ugs.): *(jmdn., der klein und schwach ist oder krank war) so pflegen, dass er allmählich zu Kräften kommt:* das Kind muss jetzt erst mal wieder aufgepäppelt werden.

auf|pas|sen [ˈau̯fpasn̩], passte auf, aufgepasst ⟨itr.; hat⟩:
a) *aufmerksam sein, um etwas plötzlich Eintretendes rechtzeitig zu bemerken:* wenn ihr über die Straße geht, müsst ihr [auf die Autos] aufpassen; pass auf, da kommt ein Auto!; pass mal auf *(hör mir mal zu).* **Syn.:** achten, achtgeben, beachten, ein Auge haben, Obacht geben (südd.).
b) *(einer Sache) mit Interesse [und Verständnis] folgen:* im Unterricht, in der Schule [gut] aufpassen; er passt auf alles auf, was ich tue. **c)** *(auf jmdn., etwas) achten, damit die betreffende Person oder Sache keinen Schaden erleidet oder anrichtet:* auf ein Kind aufpassen. **Syn.:** achtgeben, beaufsichtigen, ein Auge haben, Obacht geben (südd.), überwachen.

auf|peit|schen [ˈau̯fpai̯tʃn̩], peitschte auf, aufgepeitscht ⟨tr.; hat⟩:
1. *(das Meer o. Ä.) in Aufruhr bringen, aufwühlen:* der Orkan peitschte die Wellen auf.
2. a) *durch starke Reize oder Eindrücke in heftige Erregung versetzen:* der heiße Rhythmus peitschte die Sinne auf. **Syn.:** aktivieren, ankurbeln, anregen, aufpulvern (ugs.), aufputschen, erregen. **b)** *(seine Leistungsfähigkeit durch bestimmte Mittel) gewaltsam steigern:* sich, seine Nerven mit Kaffee aufpeitschen. **Syn.:** aktivieren, anheizen (ugs.), ankurbeln, anleiern (ugs.), anregen, in Gang bringen, in Gang setzen, in Schwung bringen (ugs.).

auf|plat|zen [ˈau̯fplatsn̩], platzte auf, aufgeplatzt ⟨itr.; ist⟩: *sich platzend öffnen, aufspringen:* die Haut, die Wunde ist aufgeplatzt. **Syn.:** aufbrechen, aufgehen, aufreißen.

auf|plus|tern [ˈau̯fpluːstɐn], plusterte auf, aufgeplustert:
1. ⟨tr.; hat⟩ *(von Vögeln) durch Plustern der Federn größer, fülliger machen:* das Gefieder, sich aufplustern. **Syn.:** aufbauschen, aufblähen, bauschen, blähen, ²schwellen (geh.).
2. ⟨+ sich⟩ (ugs.) *sich wichtigmachen, sich großtun:* plustere dich nicht so auf! **Syn.:** sich aufblasen (ugs.), sich aufspielen, das große Wort führen, sich in Szene setzen, wichtigtun (ugs., oft abwertend).

auf|po|lie|ren [ˈau̯fpoliːrən], polierte auf, aufpoliert ⟨tr.; hat⟩: *durch Polieren wieder glänzend machen, neu polieren:* er polierte das Büfett auf. **Syn.:** aufmöbeln (ugs.), ausbessern.

Auf|prall [ˈau̯fpral], der; -[e]s, -e: *das Aufprallen:* mit einem harten Aufprall auf der Erde landen. **Syn.:** Aufschlag.

auf|pral|len [ˈau̯fpralən], prallte auf, aufgeprallt ⟨itr.; ist⟩: *heftig auftreffen:* das abstürzende Flugzeug prallte auf dem Wasser auf; ihr Wagen war auf einen anderen aufgeprallt. **Syn.:** aufschlagen, prallen an/gegen.

Auf|preis [ˈau̯fprai̯s], der; -es, -e: *Aufschlag auf den regulären Preis:* der Wagen wird gegen einen Aufpreis auch mit Automatik geliefert. **Syn.:** Aufschlag.

auf|pro|bie|ren [ˈau̯fprobiːrən], probierte auf, aufprobiert ⟨tr.; hat⟩: *probeweise aufsetzen:* einen Hut, eine Mütze, eine Brille aufprobieren. **Syn.:** anprobieren.

auf|pul|vern [ˈau̯fpʊlfɐn], pulverte auf, aufgepulvert ⟨tr.; hat⟩ (ugs.): *aufputschen* (2 a): der Kaffee wird dich aufpulvern.

auf|pum|pen [ˈau̯fpʊmpn̩], pumpte auf, aufgepumpt ⟨tr.; hat⟩: *durch Pumpen mit Luft füllen:* die Reifen eines Autos aufpumpen. **Syn.:** aufblasen.

auf|put|schen [ˈau̯fpʊtʃn̩], putschte auf, aufgeputscht ⟨tr.; hat⟩:
1. *gegen jmdn. aufbringen:* die Bevölkerung aufputschen. **Syn.:** agitieren, anstacheln, anstiften, aufstacheln, aufwiegeln.
2. a) *in starke Erregung versetzen, aufreizen:* das Publikum war durch das Spiel aufgeputscht worden. **Syn.:** anregen, aufpeitschen, aufpulvern (ugs.), aufregen, beleben, erregen, reizen.

b) *eine anregende, die Leistungsfähigkeit steigernde Wirkung (auf jmdn.) haben:* der schwarze Kaffee putschte ihn auf. **Syn.:** aktivieren, anheizen (ugs.), anregen, in Schwung bringen (ugs.).
c) *einem anregenden, die Leistungsfähigkeit steigernden Einfluss aussetzen:* jmdn., sich mit Tabletten, Kaffee aufputschen. **Syn.:** aktivieren, anheizen (ugs.), ankurbeln, anregen, in Schwung bringen (ugs.).

auf|quel|len ['aufkvɛlən], quillt auf, quoll auf, aufgequollen ⟨itr.; ist⟩:
quellen und dadurch umfangreicher, fülliger werden: die Leichen waren aufgequollen. **Syn.:** anschwellen, sich aufblähen, [1]schwellen.

auf|raf|fen ['aufrafn̩], raffte auf, aufgerafft:
1. ⟨tr.; hat⟩ *schnell sammeln und aufnehmen:* sie raffte die aus dem Portemonnaie gefallenen Scheine auf. **Syn.:** aufheben, auflesen, aufsammeln.
2. ⟨+ sich⟩ **a)** *mühsam aufstehen:* er stürzte, raffte sich aber wieder auf. **Syn.:** sich aufrichten, aufspringen, sich erheben.
b) *sich mühsam (zu etwas) entschließen:* er raffte sich endlich [dazu] auf, einen Brief zu schreiben. **Syn.:** sich aufrappeln (ugs.), sich einen Ruck geben (ugs.), sich überwinden, sich zwingen.

auf|rap|peln ['aufrapl̩n], rappelte auf, aufgerappelt ⟨+ sich⟩ (ugs.): *sich aufraffen.* **Syn.:** sich einen Ruck geben (ugs.), sich überwinden, sich zwingen.

auf|rau|en ['aufrauən], raute auf, aufgeraut ⟨tr.; hat⟩:
[durch Kratzen, Schaben] rau machen: ich raute das Holz mit Sandpapier auf; aufgeraute Stoffe.

auf|räu|men ['aufrɔymən], räumte auf, aufgeräumt:
1. ⟨tr.; hat⟩ *in einen ordentlichen Zustand bringen:* die Wohnung, den Schreibtisch aufräumen; ⟨auch itr.⟩ ich muss hier erst mal ein bisschen aufräumen. **Syn.:** ausmisten (ugs.), in Ordnung bringen, Ordnung machen, richten.
2. ⟨itr.; hat⟩ (ugs.) *(etwas, jmdn.) beseitigen; rücksichtslos Schluss machen (mit etwas):* mit überholten Vorstellungen aufräumen; der Staat soll endlich mit diesen Missständen aufräumen. **Syn.:** abschaffen, abstellen, aufheben, auflösen, ausräumen, ausschließen, durchgreifen, eingreifen, einschreiten, unterbinden.

auf|recht ['aufrɛçt] ⟨Adj.⟩:
1. *aufgerichtet, gerade:* er hat einen aufrechten Gang.
2. *in seinem Wesen echt [und für seine Überzeugung einstehend]; ehrlich, redlich:* ein aufrechter Mann. **Syn.:** standhaft, unbeugsam, unerschütterlich.

auf|recht|er|hal|ten ['aufrɛçt|ɛɐ̯haltn̩], erhält aufrecht, erhielt aufrecht, aufrechterhalten ⟨tr.; hat⟩:
weiterhin durchsetzen; beibehalten: die Disziplin aufrechterhalten; gegen dieses Argument konnte er seine Behauptung nicht aufrechterhalten; sie hat auch später die Verbindung mit ihr aufrechterhalten. **Syn.:** behalten, behaupten, bewahren, bleiben bei, erhalten, festhalten an, fortsetzen, halten.

auf|re|gen ['aufre:gn̩], regte auf, aufgeregt:
1. ⟨tr.; hat⟩ *in Erregung versetzen:* man darf Kranke nicht aufregen; der Lärm, der Kerl regt mich auf; das braucht dich nicht weiter aufzuregen *(zu beunruhigen).* **Syn.:** ärgern, aufbringen, aus dem Häuschen bringen (ugs.), beunruhigen, erregen, erzürnen (geh.), in Rage bringen.
2. ⟨+ sich⟩ **a)** *in Erregung geraten:* du darfst dich jetzt nicht aufregen. **Syn.:** sich ärgern, aus dem Häuschen geraten (ugs.), aus dem Häuschen sein (ugs.), außer sich geraten, außer sich sein, sich beunruhigen, durchdrehen (ugs.), sich ereifern, in Fahrt geraten (ugs.), in Fahrt kommen (ugs.), in Fahrt sein (ugs.), in Rage geraten (ugs.), in Rage kommen (ugs.), in Rage sein (ugs.), sich vergessen. **b)** (ugs.) *sich empören, entrüsten (über jmdn., etwas):* das ganze Dorf regte sich über sie, ihren Lebenswandel auf. **Syn.:** sich ereifern, sich erregen.

auf|re|gend ['aufre:gn̩t] ⟨Adj.⟩:
1. *dazu geeignet, einen Menschen aufzuregen, für Aufregung sorgend:* ein aufregendes Erlebnis; das war der aufregendste Moment der ganzen Aktion; die letzten Tage waren ziemlich aufregend. **Syn.:** [1]bewegend, dramatisch, ergreifend, mitreißend, packend, spannend.
2. *interessant, in angenehmer Weise erregend, stimulierend:* eine der aufregendsten Städte der Welt; eine aufregende Frau; ihr neuer Roman ist nicht sehr, nicht besonders aufregend. **Syn.:** faszinierend, fesselnd.

Auf|re|gung ['aufre:gʊŋ], die; -, -en:
heftige Gefühlsbewegung: es herrscht große Aufregung. **Syn.:** Affekt, Empörung, Erregung.

auf|rei|ben ['aufraibn̩], rieb auf, aufgerieben:
a) ⟨+ sich⟩ *seine Kräfte im Einsatz (für etwas) völlig verbrauchen:* er reibt sich in seinem Beruf auf; du reibst dich mit deiner Sorge für die Kinder völlig auf. **Syn.:** sich abmühen, sich abplagen, sich abquälen, sich abrackern (ugs.), sich abschinden (ugs.), sich plagen, sich quälen, rackern (ugs.), sich schinden (ugs.), sich strapazieren.
b) ⟨tr.; hat⟩ *strapazieren, angreifen, schädigen:* die ständige Sorge reibt seine Gesundheit auf. **Syn.:** anstrengen, schlauchen (ugs.), schwächen, verbrauchen, zehren an, zusetzen.

auf|rei|ßen ['aufraisn̩], riss auf, aufgerissen:
1. ⟨tr.; hat⟩ **a)** *mit heftiger Bewegung öffnen:* das Fenster, die Schubladen aufreißen. **Syn.:** aufbrechen. **b)** *gewaltsam, durch Reißen öffnen:* eine Verpackung, einen Brief aufreißen; die Straße musste wegen eines Rohrbruchs aufgerissen werden. **Syn.:** aufbrechen.
2. ⟨itr.; hat⟩ *durch heftige Bewegung verletzen:* ich habe mir an dem Nagel den Finger aufgerissen; bei dem Unfall wurde die linke Seite des Wagens aufgerissen. **Syn.:** ritzen.
3. ⟨itr.; ist⟩ **a)** *(von Wolken) sich zerteilen, größere Lücken bekommen:* die Wolkendecke, Bewölkung riss plötzlich auf. **Syn.:** sich auflösen. **b)** *sich durch heftige Bewegung öffnen:* die Wunde, die Naht ist aufgerissen. **Syn.:** aufbrechen, aufgehen, aufplatzen, platzen, reißen, zerreißen.

4. ⟨tr.; hat⟩ (salopp) *kennenlernen und als Sexualpartner oder -partnerin gewinnen:* er geht in die Disko, um Mädchen aufzureißen. **Syn.:** anmachen (ugs.).

auf|rich|ten [ˈau̯frɪçtn̩], richtete auf, aufgerichtet:
1. a) ⟨tr.; hat⟩ *in eine aufrechte Lage bringen, in die Höhe richten:* der umgestürzte Lastwagen wurde mit einem Kran wieder aufgerichtet; sie richteten den verletzt am Boden liegenden Mann auf. **Syn.:** aufbauen, aufschlagen, aufsetzen, aufstellen, errichten. **b)** ⟨+ sich⟩ *aufstehen, eine aufrechte Haltung annehmen:* sich im Bett aufrichten; sich aus seiner gebückten Haltung aufrichten. **Syn.:** sich aufraffen, aufstehen, sich erheben.
2. ⟨tr.; hat⟩ *[durch Anteilnahme und Zuspruch] neuen Mut zum Leben geben:* er hat sie in ihrer Verzweiflung wieder aufgerichtet. **Syn.:** aufheitern, erbauen.

auf|rich|tig [ˈau̯frɪçtɪç] ⟨Adj.⟩:
dem innersten Gefühl entsprechend, der eigenen Überzeugung ohne Verstellung Ausdruck gebend: aufrichtige Reue, Teilnahme; aufrichtiges Mitgefühl, Bemühen; er ist nicht immer ganz aufrichtig; etwas aufrichtig bedauern; es tut mir aufrichtig leid. **Syn.:** echt, ehrlich, [1]richtig, wahr.

Auf|rich|tig|keit [ˈau̯frɪçtɪçkai̯t], die; -:
aufrichtige Art, Wesensart: ihre Aufrichtigkeit ehrt sie. **Syn.:** Ehrlichkeit, Offenheit.

auf|rol|len [ˈau̯frɔlən], rollte auf, aufgerollt ⟨tr.; hat⟩:
1. *zu einer Rolle wickeln:* er rollte das Kabel, die Leine, den Teppich auf. **Syn.:** aufwickeln.
2. *(etwas Aufgerolltes) auseinanderrollen:* eine Landkarte, ein Plakat aufrollen. **Syn.:** aufwickeln, ausrollen, entrollen.
3. *zur Sprache bringen:* eine Frage, ein Problem aufrollen. **Syn.:** ausbreiten, behandeln, beleuchten, betrachten, erörtern, schildern.
4. *[von der Seite her] angreifen u. einen Durchbruch erzielen:* die feindlichen Stellungen wurden aufgerollt.

auf|rü|cken [ˈau̯frʏkn̩], rückte auf, aufgerückt ⟨itr.; ist⟩:
1. *sich rückend weiter-, fortbewegen:* immer wenn eine Zapfsäule frei wird, rücken alle folgenden Wagen [ein Stück] auf; wenn ihr ein Stück aufrückt, passen wir auch noch auf die Bank; »Bitte [nach hinten] aufrücken!«, rief der Busfahrer. **Syn.:** aufschließen, nachrücken.
2. *befördert werden, [im Rang] aufsteigen:* sie ist in eine leitende Stellung aufgerückt; zum Vorarbeiter aufrücken. **Syn.:** nachrücken.

Auf|ruf [ˈau̯fru:f], der; -[e]s, -e:
öffentliche Aufforderung: es erging ein Aufruf an die Bevölkerung, Vorräte anzulegen. **Syn.:** Appell, Mahnung.

auf|ru|fen [ˈau̯fru:fn̩], rief auf, aufgerufen ⟨tr.; hat⟩:
1. *mit lauter Stimme, rufend [beim Namen] nennen:* einen Schüler aufrufen; nehmen Sie bitte im Wartezimmer Platz, bis Sie aufgerufen werden; du musst warten, bis deine Nummer aufgerufen wird.
2. *[durch einen öffentlichen Appell] zu einem bestimmten Handeln oder Verhalten auffordern:* die Bevölkerung wurde zu Spenden aufgerufen. **Syn.:** mahnen.

Auf|ruhr [ˈau̯fru:ɐ̯], der; -s:
Auflehnung einer empörten Menge gegen den Staat oder eine Führung: einen Aufruhr unterdrücken. **Syn.:** Aufstand, Erhebung, Meuterei, Rebellion, Revolte, Unruhen ⟨Plural⟩.

auf|rüh|ren [ˈau̯fry:rən], rührte auf, aufgerührt ⟨tr.; hat⟩:
1. a) *(in jmdm.) wecken, hervorrufen:* die Leidenschaft in jmdm. aufrühren. **Syn.:** auslösen, entfesseln (geh.), erzeugen, heraufbeschwören, herbeiführen, wachrufen, zeitigen (geh.). **b)** *(etwas Unangenehmes) erneut erwähnen:* eine alte Geschichte aufrühren. **Syn.:** aufwärmen (ugs.).
2. *in heftige Erregung versetzen, innerlich aufwühlen:* er hat sie mit seinem Bericht im Innersten aufgerührt. **Syn.:** aufregen, aus dem Häuschen bringen (ugs.), beunruhigen, erregen.

Auf|rüh|rer [ˈau̯fry:rɐ], der; -s, -, **Auf|rüh|re|rin** [ˈau̯fry:rərɪn], die; -, -nen:
Person, die Aufruhr stiftet: die Aufrührer wurden zum Tode verurteilt; man wird sie als Aufrührerin vor Gericht stellen. **Syn.:** Rebell, Rebellin.

auf|rüh|re|risch [ˈau̯fry:rərɪʃ] ⟨Adj.⟩:
a) *zum Aufruhr antreibend:* aufrührerische Ideen. **Syn.:** aufmüpfig (ugs.), aufsässig, rebellisch. **b)** *im Aufruhr begriffen:* aufrührerische Volksmassen. **Syn.:** aufständisch, meuternd, rebellierend, rebellisch, revoltierend.

auf|run|den [ˈau̯frʊndn̩], rundete auf, aufgerundet ⟨tr.; hat⟩:
(eine Zahl, Summe) durch Hinzufügen in die nächstgrößere runde Zahl verwandeln: 99,50 Euro auf 100 Euro aufrunden.

auf|rüs|ten [ˈau̯frʏstn̩], rüstete auf, aufgerüstet ⟨itr.; hat⟩:
die Rüstung verstärken /Ggs. abrüsten/: heimlich aufrüsten. **Syn.:** nachrüsten, rüsten.

auf|rüt|teln [ˈau̯frʏtl̩n], rüttelte auf, aufgerüttelt ⟨tr.; hat⟩:
(jmdn.) dazu bringen, sich über bestimmte Probleme, Missstände o. Ä. Gedanken zu machen und sich zu engagieren: mit dem Buch will der Autor die Menschen [aus ihrer Lethargie] aufrütteln. **Syn.:** aufrühren, zur Besinnung bringen, zur Vernunft bringen.

aufs [au̯fs] ⟨Verschmelzung von »auf« + »das«⟩:
a) ⟨die Verschmelzung kann aufgelöst werden⟩ aufs neue Jahr anstoßen. **b)** ⟨die Verschmelzung kann nicht aufgelöst werden⟩ jmdn. aufs Korn nehmen.

auf|sa|gen [ˈau̯fza:gn̩], sagte auf, aufgesagt ⟨tr.; hat⟩:
auswendig vortragen: der Schüler sagt ein Gedicht auf. **Syn.:** deklamieren, rezitieren, vorsprechen, zu Gehör bringen (geh.), zum Besten geben.

auf|sam|meln [ˈau̯fzaml̩n], sammelte auf, aufgesammelt ⟨tr.; hat⟩:
einzeln aufheben und sammeln: er sammelte die Münzen auf, die ihm aus dem Portemonnaie gefallen waren. **Syn.:** auflesen, aufnehmen, aufraffen.

auf|säs|sig [ˈau̯fzɛsɪç] ⟨Adj.⟩:
trotzig und widerspenstig: ein aufsässiger Schüler. **Syn.:** aufmüpfig (ugs.), bockbeinig (ugs.), bockig, rebellisch, renitent (geh.), störrisch, stur (ugs.

abwertend), ungehorsam, widerborstig (abwertend), widersetzlich.

Auf|satz [ˈau̯fzat͜s], der; -es, Aufsätze [ˈau̯fzɛt͜sə]:
a) *kürzere schriftliche Arbeit über ein Thema, das der Lehrer den Schülern stellt:* einen Aufsatz schreiben; Aufsätze korrigieren. **Zus.:** Klassenaufsatz, Schulaufsatz. **b)** *[wissenschaftliche] Abhandlung über ein selbst gewähltes Thema:* einen Aufsatz in einer Zeitschrift veröffentlichen. **Syn.:** Arbeit, Artikel, Beitrag.

auf|sau|gen [ˈau̯fzau̯gn̩], sog auf, auch: saugte auf, aufgesogen, auch: aufgesaugt ⟨tr.; hat⟩:
1. *saugend in sich aufnehmen:* der Schwamm saugt das Wasser auf. **Syn.:** absorbieren, annehmen.
2. *sich einverleiben, in sich aufgehen lassen:* die kleinen Betriebe werden von den großen aufgesogen.

auf|scheu|chen [ˈau̯fʃɔyçn̩], scheuchte auf, aufgescheucht ⟨tr.; hat⟩:
(ein Tier) aufschrecken, hochjagen: einen Vogel, ein Reh aufscheuchen. **Syn.:** verscheuchen.

auf|schich|ten [ˈau̯fʃɪçtn̩], schichtete auf, aufgeschichtet ⟨tr.; hat⟩:
nach einer bestimmten Ordnung übereinanderlegen: Bücher, Brennholz aufschichten. **Syn.:** aufstapeln, auftürmen (geh.), häufen, stapeln.

auf|schie|ben [ˈau̯fʃiːbn̩], schob auf, aufgeschoben ⟨tr.; hat⟩:
1. *schiebend öffnen:* ein Fenster, eine Tür aufschieben.
2. *auf einen [unbestimmten] späteren Zeitpunkt verschieben:* die Beantwortung einer Frage, dringende Reparaturen, die Abreise [immer wieder] aufschieben. **Syn.:** auf die lange Bank schieben (ugs.), auf Eis legen (ugs.), hinausziehen, verschleppen, vertagen, verzögern.

Auf|schlag [ˈau̯fʃlaːk], der; -[e]s, Aufschläge [ˈau̯fʃlɛːgə]:
1. *das Aufschlagen; heftiges, hartes Auftreffen im Fall:* als der Baum stürzte, hörte man einen dumpfen Aufschlag. **Syn.:** Aufprall.
2. *auf- oder umgeschlagener Teil an Kleidungsstücken:* eine Hose mit Aufschlägen. **Syn.:** Manschette, Umschlag. **Zus.:** Ärmelaufschlag, Hosenaufschlag, Jackenaufschlag, Mantelaufschlag.
3. *Erhöhung eines Preises um einen bestimmten Betrag:* für das Frühstück ist ein Aufschlag von 6 Euro zu zahlen. **Syn.:** Aufpreis.

auf|schla|gen [ˈau̯fʃlaːgn̩], schlägt auf, schlug auf, aufgeschlagen:
1. ⟨itr.; ist⟩ *im Fall hart auftreffen:* die Rakete schlug auf das/auf dem Wasser auf. **Syn.:** aufprallen, auftreffen.
2. ⟨tr.; hat⟩ *an das Innere von etwas gelangen, indem man das, was es umgibt, zerschlägt:* ein Ei, eine Nuss aufschlagen. **Syn.:** aufbrechen, knacken (salopp), öffnen.
3. ⟨itr.; hat⟩ *beim Aufprallen, Auftreffen verletzen:* ich habe mir das Bein aufgeschlagen. **Syn.:** aufstoßen, verletzen.
4. ⟨tr.; hat⟩ *(eine bestimmte Stelle eines Buches o. Ä.) offen hinlegen, damit sie gelesen oder angesehen werden kann:* schlagt bitte Seite 17 im Lesebuch auf. **Syn.:** aufklappen, öffnen.
5. ⟨tr.; hat⟩ *(etwas, was aus einzelnen Teilen besteht) zusammenfügen und aufstellen:* ein Zelt, einen Schrank aufschlagen. **Syn.:** aufbauen, aufrichten, bauen, errichten.
6. ⟨itr.; hat⟩ **a)** *seine Preise erhöhen:* der Bäcker hat schon wieder aufgeschlagen. **b)** *teurer werden:* die Milch hat aufgeschlagen. **Syn.:** anziehen (Börsenw., Kaufmannsspr.), sich verteuern.
7. ⟨itr.; ist⟩ (ugs.) *ankommen:* er ist gestern Abend bei ihr aufgeschlagen.

auf|schlie|ßen [ˈau̯fʃliːsn̩], schloss auf, aufgeschlossen:
1. ⟨tr.; hat⟩ *mit einem Schlüssel öffnen* /Ggs. zuschließen/: die Tür aufschließen. **Syn.:** aufmachen, aufsperren.
2. ⟨itr.; hat⟩ *den Abstand besonders zwischen Autos oder Marschierenden so verringern, dass sie sich direkt hintereinander befinden:* ihr müsst mehr aufschließen. **Syn.:** aufrücken, nachrücken.

auf|schlit|zen [ˈau̯fʃlɪt͜sn̩], schlitzte auf, aufgeschlitzt ⟨tr.; hat⟩:
durch Schlitzen öffnen: er schlitzte den Brief, den Sack auf, ihm den Bauch auf. **Syn.:** aufmachen, aufschneiden.

Auf|schluss [ˈau̯fʃlʊs], der; -es, Aufschlüsse [ˈau̯fʃlʏsə]:
etwas, was etwas (Unklares, Ungeklärtes o. Ä.) klar und deutlich werden lässt: er suchte endgültigen Aufschluss über den Sinn des Lebens; ihr Tagebuch gibt Aufschluss über ihre Leiden. **Syn.:** Aufklärung, Auskunft, Einblick.

auf|schlüs|seln [ˈau̯fʃlʏsl̩n], schlüsselte auf, aufgeschlüsselt ⟨tr.; hat⟩:
nach einem Schlüssel, System aufteilen: in der Rechnung müssen die Reparaturkosten genau aufgeschlüsselt sein. **Syn.:** einteilen, klassifizieren, ordnen.

auf|schluss|reich [ˈau̯fʃlʊsrai̯ç] ⟨Adj.⟩:
Aufschlüsse gebend; informativ: seine Bemerkung war sehr aufschlussreich. **Syn.:** interessant.

auf|schnap|pen [ˈau̯fʃnapn̩], schnappte auf, aufgeschnappt ⟨tr.; hat⟩ (ugs.):
zufällig hören und sich merken: ein Wort, eine Information, ein Gerücht aufschnappen; Fremdwörter, die er irgendwo aufgeschnappt hat, aber gar nicht versteht; wo hast du das denn aufgeschnappt? **Syn.:** [1]erfahren, mitbekommen.

auf|schnei|den [ˈau̯fʃnai̯dn̩], schnitt auf, aufgeschnitten:
1. ⟨tr.; hat⟩ *durch Schneiden öffnen:* den Karton, die Tüte aufschneiden; im Krankenhaus haben sie ihr gleich den Bauch aufgeschnitten und den Blinddarm rausgenommen. **Syn.:** aufschlitzen.
2. ⟨tr.; hat⟩ *durch Schneiden zerteilen, zerlegen, in Scheiben, in Stücke schneiden:* den Braten, den Schinken, das Brot, die Wurst, den Käse aufschneiden. **Syn.:** schnipseln, zerkleinern.
3. ⟨itr.; hat⟩ *beim Erzählen übertreiben, um den Zuhörern zu imponieren:* wenn er von seinen Reisen berichtet, schneidet er immer fürchterlich auf. **Syn.:** angeben, sich aufblähen (abwertend), sich aufblasen (ugs.), sich aufplustern (ugs.), sich aufspielen, auftrumpfen, sich brüsten, eine Schau abziehen (ugs.), große Reden schwingen (ugs.),

große Töne spucken (ugs. abwertend), großtun, renommieren (bildungsspr.), Schaum schlagen (abwertend), sich in den Vordergrund stellen, sich in Szene setzen, sich wichtigmachen (ugs., oft abwertend), sich wichtigtun (ugs., oft abwertend), Wind machen (ugs.).

Auf|schnei|der ['aufʃnaidɐ], der; -s, -, **Auf|schnei|de|rin** ['aufʃnaidərɪn], die; -, -nen (ugs. abwertend):
Person, die aufschneidet (3): solche Aufschneider kann ich nicht leiden. **Syn.:** Angeber, Angeberin, Maulheld (ugs. abwertend), Maulheldin (ugs. abwertend).

Auf|schnitt ['aufʃnɪt], der; -[e]s:
Scheiben von Wurst, Braten, Schinken oder Käse, die aufs Brot gelegt werden: ich hätte gern 100 Gramm Aufschnitt. **Syn.:** Belag. **Zus.:** Käseaufschnitt, Wurstaufschnitt.

[1]**auf|schre|cken** ['aufʃrɛkn̩], schreckt/(veraltend:) schrickt auf, schreckte/schrak auf, aufgeschreckt ⟨itr.; ist⟩:
sich vor Schreck plötzlich aufrichten, wegen eines Schrecks in die Höhe fahren: nachts schreckte sie manchmal aus einem bösen Traum auf. **Syn.:** auffahren, aufspringen.

[2]**auf|schre|cken** ['aufʃrɛkn̩], schreckte auf, aufgeschreckt ⟨tr.; hat⟩:
durch Erschrecken zu einer plötzlichen unwillkürlichen körperlichen Reaktion bringen: der Lärm hatte sie aufgeschreckt. **Syn.:** aufscheuchen.

Auf|schrei ['aufʃrai], der; -[e]s, -e:
1. *plötzlicher kurzer Schrei:* er hörte einen erschreckten Aufschrei; ein Aufschrei der Freude. **Syn.:** Ausruf, Ruf.
2. *Ausdruck großer Empörung, empörter Protest:* wenn die Regierung diese Subventionen streichen würde, gäbe es [in der Bauernschaft] einen Aufschrei.

auf|schrei|ben ['aufʃraibn̩], schrieb auf, aufgeschrieben ⟨tr.; hat⟩:
1. *schriftlich festhalten, niederschreiben:* seine Erlebnisse aufschreiben. **Syn.:** aufzeichnen, festhalten, niederlegen, notieren, schriftlich niederlegen (geh.), skizzieren, zu Papier bringen, zusammenstellen.
2. *wegen eines Verstoßes o. Ä. (jmds. Namen und Adresse) notieren:* er wurde von einem Polizisten aufgeschrieben, weil er bei Rot über die Straße gegangen war.

Auf|schrift ['aufʃrɪft], die; -, -en:
etwas, was oben auf etwas geschrieben steht; kurzer Text auf etwas: die Aufschrift [auf dem Deckel] war mit roter Tinte geschrieben. **Syn.:** Inschrift, Schrift.

Auf|schub ['aufʃu:p], der; -[e]s:
das Aufschieben auf eine spätere Zeit: diese Angelegenheit duldet keinen Aufschub; einem Schuldner Aufschub gewähren. **Zus.:** Strafaufschub, Vollstreckungsaufschub, Zahlungsaufschub.

auf|schwat|zen ['aufʃvatsn̩], schwatzte auf, aufgeschwatzt ⟨tr.; hat⟩:
(jmdn.) zum Kauf von etwas überreden: er hat mir dieses Buch aufgeschwatzt; lass dir von ihr bloß nichts aufschwatzen. **Syn.:** andrehen (ugs.), [1]anhängen (ugs.).

auf|schwem|men ['aufʃvɛmən], schwemmte auf, aufgeschwemmt ⟨tr.; hat⟩:
[ungesund] dick machen: das viele Bier hat ihn, seinen Körper aufgeschwemmt; ⟨auch itr.⟩ Bier schwemmt auf. **Syn.:** aufblähen, auftreiben.

Auf|schwung ['aufʃvʊŋ], der; -[e]s, Aufschwünge ['aufʃvʏŋə]:
1. *Schwung nach oben an einem Turngerät:* den Aufschwung üben.
2. *gute wirtschaftliche Entwicklung:* auf den Aufschwung warten. **Syn.:** Blüte, Boom. **Zus.:** Wirtschaftsaufschwung.

Auf|se|hen ['aufze:ən], das; -s:
allgemeine Beachtung, die jmd./etwas durch andere findet: er scheute das Aufsehen; er wollte [jedes] Aufsehen vermeiden. **Syn.:** Anteilnahme, Aufmerksamkeit, Interesse.

Auf|se|her ['aufze:ɐ], der; -s, -, **Auf|se|he|rin** ['aufze:ərɪn], die; -, -nen:
Person, die zur Aufsicht über etwas oder jmds. Tun eingesetzt ist: er war Aufseher in einem Museum; eine Aufseherin überwachte den Fortgang der Arbeiten. **Syn.:** Aufsicht, Posten, Wache, Wächter, Wächterin, Wärter, Wärterin. **Zus.:** Gefängnisaufseher, Gefängnisaufseherin, Lageraufseher, Lageraufseherin, Museumsaufseher, Museumsaufseherin.

auf|set|zen ['aufzɛtsn̩], setzte auf, aufgesetzt:
1. ⟨tr.; hat⟩ *auf etwas setzen:* einen Hut, eine Brille aufsetzen. **Syn.:** aufprobieren.
2. ⟨tr.; hat⟩ *(einen Text) schriftlich entwerfen:* ein Gesuch, einen Brief, einen Vertrag aufsetzen. **Syn.:** schreiben, skizzieren, verfassen.
3. ⟨+ sich⟩ *sich sitzend aufrichten:* der Kranke setzte sich im Bett auf.
4. ⟨itr.; hat⟩ *(besonders von Flugzeugen) auf den Boden gelangen, landen:* das Flugzeug setzte [auf der Landebahn] auf; die Sonde setzte weich [auf dem Mond] auf.
5. ⟨tr.; hat⟩ *auf etwas nähen:* einen Flicken [auf die Hose] aufsetzen. **Syn.:** anbringen, annähen, befestigen.

Auf|sicht ['aufzɪçt], die; -:
1. *das Beaufsichtigen:* sie hatte die Aufsicht über die Kinder; die Aufsicht führen. **Syn.:** Überwachung. **Zus.:** Bauaufsicht, Börsenaufsicht, Gewerbeaufsicht, Pausenaufsicht, Polizeiaufsicht, Schulaufsicht.
2. *Person, die die Kontrolle über etwas hat oder die Aufgabe hat, etwas zu überwachen:* gefundene Gegenstände bei der Aufsicht abgeben. **Syn.:** Aufseher, Aufseherin, Wächter, Wächterin, Wärter, Wärterin.

Auf|sichts|rat ['aufzɪçtsra:t], der; -[e]s, Aufsichtsräte ['aufzɪçtsrɛ:tə]:
1. *Gremium, das die Geschäftsführung eines Unternehmens überwacht:* der Aufsichtsrat tagt mehrmals im Jahr.
2. *männliches Mitglied eines Aufsichtsrats* (1): er ist der neue Aufsichtsrat.

Auf|sichts|rä|tin ['aufzɪçtsrɛ:tɪn], die; -, -nen:
weibliche Form zu ↑ Aufsichtsrat (2): es gibt nur wenige Aufsichtsrätinnen.

auf|sit|zen ['aufzɪtsn̩], saß auf, aufgesessen:
1. ⟨itr.; hat; südd., österr., schweiz.: ist⟩ *aufrecht sitzen:* der Kranke kann nur für kurze Zeit aufsitzen.

2. ⟨itr.; ist⟩ *aufs Pferd steigen* /Ggs. absitzen/: er befahl seinen Leuten, aufzusitzen. **Syn.:** aufsteigen, sich aufs Pferd setzen, sich in den Sattel schwingen.
3. ⟨itr.; ist⟩ *(auf jmdn., etwas) hereinfallen:* ich bin einem Betrüger, einem Irrtum aufgesessen.

auf|spal|ten ['aufʃpaltn̩], spaltete auf, aufgespaltet/aufgespalten:
a) ⟨tr.; hat⟩ *in zwei oder mehr Teile spalten:* er hat das Brett der Länge nach aufgespaltet/aufgespalten. **b)** ⟨+ sich⟩ *sich trennen:* die Partei hat sich aufgespalten. **Syn.:** auseinandergehen, sich spalten, sich teilen.

auf|span|nen ['aufʃpanən], spannte auf, aufgespannt ⟨tr.; hat⟩:
1. *spannend ausbreiten, entfalten:* er spannte die Leine, das Segel auf; den Schirm aufspannen.
2. *(auf etwas) spannen:* ein neues Blatt Papier [auf das Reißbrett] aufspannen. **Syn.:** aufziehen.

auf|spa|ren ['aufʃpa:rən], sparte auf, aufgespart ⟨tr.; hat⟩:
(für einen späteren Zeitpunkt) aufheben: ich spare [mir] das Eis für später auf; die Besichtigung habe ich mir für morgen aufgespart. **Syn.:** aufbewahren, behalten, bewahren, reservieren, zurücklegen.

auf|sper|ren ['aufʃpɛrən], sperrte auf, aufgesperrt ⟨tr.; hat⟩:
1. *weit öffnen:* die jungen Vögel sperrten ihre Schnäbel auf; das Fenster [weit] aufsperren. **Syn.:** aufmachen, aufreißen.
2. (bes. österr., südd.) *aufschließen:* ich sperrte die Tür auf. **Syn.:** aufmachen.

auf|spie|len ['aufʃpi:lən], spielte auf, aufgespielt:
1. ⟨+ sich⟩ *sich wichtigtun:* er spielt sich vor andern immer sehr auf. **Syn.:** angeben, sich aufblähen (abwertend), sich aufblasen (ugs.), sich aufplustern (ugs.), aufschneiden, das große Wort führen, den Mund vollnehmen (ugs.), eine Schau abziehen (ugs.), große Reden schwingen (ugs.), große Töne spucken (ugs.), großtun, prahlen, sich in Szene setzen, sich wichtigmachen, Wind machen.
2. ⟨itr.; hat⟩ *zum Tanz oder zur Unterhaltung Musik machen:* später spielte eine Kapelle [zum Tanz] auf. **Syn.:** musizieren, spielen.

auf|spie|ßen ['aufʃpi:sn̩], spießte auf, aufgespießt ⟨tr.; hat⟩:
(mit einem spitzen Gegenstand) aufnehmen: er spießte das Stück Fleisch mit der Gabel auf.

auf|split|tern ['aufʃplɪtɐn], splitterte auf, aufgesplittert:
1. ⟨tr.; hat⟩ *in einzelne Teile auflösen:* der Konflikt hat die Partei aufgesplittert. **Syn.:** aufspalten, spalten.
2. ⟨+ sich⟩ *sich in einzelne Teile auflösen, seine Einheit verlieren:* das Reich splitterte sich in viele kleine Territorien auf. **Syn.:** sich aufspalten, sich spalten.

auf|spren|gen ['aufʃprɛŋən], sprengte auf, aufgesprengt ⟨tr.; hat⟩:
durch Sprengen öffnen: eine Tür aufsprengen. **Syn.:** sprengen.

auf|sprin|gen ['aufʃprɪŋən], sprang auf, aufgesprungen ⟨itr.; ist⟩:
1. *sich plötzlich von seinem Platz erheben:* er sprang empört vom Stuhl auf. **Syn.:** auffahren, [1]aufschrecken, aufstehen, in die Höhe fahren.
2. *auf ein sich bewegendes Fahrzeug springen:* sie ist auf die Straßenbahn aufgesprungen.
3. *sich springend öffnen:* das Schloss des Koffers sprang auf. **Syn.:** aufgehen.

auf|spü|ren ['aufʃpy:rən], spürte auf, aufgespürt ⟨tr.; hat⟩:
nach intensivem Suchen ausfindig machen: die Hunde spürten einen Hasen auf; die Polizei hat den flüchtigen Verbrecher in Frankfurt aufgespürt. **Syn.:** auffinden, aufstöbern, entdecken, finden.

auf|sta|cheln ['aufʃtaxl̩n], stachelte auf, aufgestachelt ⟨tr.; hat⟩:
durch Reden bewirken, dass jmd. in bestimmter Weise handelt: die Redner stachelten die Zuhörer zum Widerstand auf. **Syn.:** anstacheln, anstiften, aufpeitschen, aufputschen, aufwiegeln.

auf|stamp|fen ['aufʃtampfn̩], stampfte auf, aufgestampft ⟨itr.; hat⟩:
stampfend auftreten: sie stampfte zornig [mit dem Fuß] auf; ich stampfte mit den Füßen auf, um den Schnee von den Stiefeln zu schütteln.

Auf|stand ['aufʃtant], der; -[e]s, Aufstände ['aufʃtɛndə]:
Erhebung gegen eine bestehende Ordnung: der Aufstand gegen die Regierung wurde niedergeschlagen. **Syn.:** Aufruhr, Meuterei, Rebellion, Revolte, Unruhen ⟨Plural⟩. **Zus.:** Arbeiteraufstand, Bauernaufstand, Sklavenaufstand, Volksaufstand.

auf|stän|disch ['aufʃtɛndɪʃ] ⟨Adj.⟩:
an einem Aufstand beteiligt, im Aufstand befindlich: die aufständischen Bauern. **Syn.:** aufrührerisch, meuternd, rebellierend, revoltierend.

auf|sta|peln ['aufʃta:pl̩n], stapelte auf, aufgestapelt ⟨tr.; hat⟩:
zu einem Stapel übereinanderlegen, -stellen: Bücher, Bretter, Kisten aufstapeln. **Syn.:** aufschichten, auftürmen (geh.), stapeln.

auf|stau|en ['aufʃtauən], staute auf, aufgestaut:
a) ⟨tr.; hat⟩ *(Wasser) durch Stauen sammeln:* das Wasser des Flusses wurde zu einem großen See aufgestaut. **Syn.:** stauen.
b) ⟨+ sich⟩ *sich anstauen, ansammeln:* das Wasser staut sich an der Brücke.

auf|ste|chen ['aufʃtɛçn̩], sticht auf, stach auf, aufgestochen ⟨tr.; hat⟩:
durch Stechen öffnen: eine Blase aufstechen. **Syn.:** aufschneiden.

auf|ste|cken ['aufʃtɛkn̩], steckte auf, aufgesteckt ⟨tr.; hat⟩:
1. *nach oben, in die Höhe stecken:* sie steckte ihr blondes Haar flach um ihren Kopf herum auf.
2. *(auf etwas) stecken:* Kerzen [auf den Leuchter] aufstecken.
3. (ugs.) *(auf etwas) verzichten:* ich glaube, du wirst deinen Plan aufstecken müssen; ⟨auch itr.⟩ er steckt nie auf *(verliert nie den Mut).* **Syn.:** aufgeben.

auf|ste|hen ['aufʃte:ən], stand auf, aufgestanden:
1. ⟨itr.; ist⟩ **a)** *sich aus sitzender Stellung erheben:* bei der Begrüßung stand er auf. **Syn.:** aufspringen, sich erheben. **b)** *sich aus liegender Stellung erheben; das Bett verlassen:* sie ist früh aufgestanden, um den Zug zu erreichen. **Syn.:** aus dem Bett kommen, aus den Federn kommen (ugs.), aus den Federn kriechen (ugs.).
2. ⟨itr.; hat⟩ (ugs.) *offen stehen:* das Fenster stand den ganzen Tag auf. **Syn.:** geöffnet sein.

3. ⟨itr.; ist⟩ (geh.) *sich gegen jmdn. erheben:* das Volk ist gegen seine Unterdrücker aufgestanden. **Syn.:** aufbegehren (geh.), aufmucken (ugs.), rebellieren, revoltieren, sich widersetzen, Widerstand leisten.

auf|stei|gen [ˈaufʃtaign̩], stieg auf, aufgestiegen ⟨itr.; ist⟩:
1. *auf etwas steigen* /Ggs. absteigen/: auf das Fahrrad, das Pferd aufsteigen. **Syn.:** aufsitzen, aufspringen, sich in den Sattel schwingen.
2. a) *in die Höhe steigen:* Rauch stieg [aus dem Schornstein] auf. **Syn.:** sich erheben. **b)** *(als Zweifel o. Ä. in jmdm.) entstehen, lebendig werden:* Angst stieg in mir auf; ein Verdacht stieg in ihnen auf. **Syn.:** aufkommen, auftauchen, auftreten, sich bilden, sich einstellen, erscheinen, erwachen.
3. a) *in eine bestimmte höhere [berufliche] Stellung gelangen:* sie stieg zur Ministerin auf *(wurde Ministerin).* **Syn.:** aufrücken, befördert werden, die Treppe rauffallen (ugs.), emporkommen, hochkommen. **b)** *(besonders im Sport) in eine höhere Klasse eingestuft werden* /Ggs. absteigen/: die Mannschaft stieg auf. **Syn.:** aufrücken.

auf|stel|len [ˈaufʃtɛlən], stellte auf, aufgestellt:
1. a) ⟨tr.; hat⟩ *an eine Stelle, einen Ort stellen:* Stühle in einem Saal aufstellen. **Syn.:** aufbauen, aufrichten, aufschlagen, errichten, hinstellen, platzieren. **b)** ⟨+ sich⟩ *sich hinstellen:* er stellte sich drohend vor ihm auf. **Syn.:** sich aufbauen (ugs.), sich postieren.
2. ⟨tr.; hat⟩ *(für eine Wahl, einen Wettkampf) nennen, vorschlagen:* eine Kandidatin aufstellen. **Syn.:** [1]berufen, bestellen, bestimmen, ernennen, nominieren.
3. ⟨tr.; hat⟩ *(Personen zur Ausführung von etwas) zusammenstellen, vereinigen:* Truppen aufstellen. **Syn.:** auf die Beine bringen (ugs.), auf die Beine stellen (ugs.).
4. ⟨tr.; hat⟩ *im Einzelnen schriftlich festhalten, formulieren:* ein Programm aufstellen; eine Liste der vorhandenen Gegenstände aufstellen *(machen).* **Syn.:** aufschreiben, ausarbeiten, entwerfen, erstellen, machen, zusammenstellen.
5. ⟨tr.; hat⟩ *(unter Voraussetzung der wahrscheinlichen Richtigkeit, Angemessenheit) aussprechen:* eine Behauptung, eine Forderung aufstellen.

Auf|stel|lung [ˈaufʃtɛlʊŋ], die; -, -en:
1. *das Aufstellen:* die Aufstellung der Mannschaft war schwierig, weil viele Spieler verletzt sind.
2. *Liste:* gib mir bitte die Aufstellung der Waren. **Syn.:** Katalog, Register, Tabelle, Verzeichnis.

Auf|stieg [ˈaufʃti:k], der; -[e]s, -e:
1. /Ggs. Abstieg/: **a)** *das Aufwärtssteigen:* sie wagte den Aufstieg auf den steilen Berg. **b)** *Aufwärtsentwicklung:* der wirtschaftliche Aufstieg. **Syn.:** Aufschwung, Auftrieb, Blüte, Boom.
2. *Weg, der nach oben führt* /Ggs. Abstieg/: der Aufstieg auf den Berg beginnt in der Stadt.

auf|stö|bern [ˈaufʃtø:bɐn], stöberte auf, aufgestöbert ⟨tr.; hat⟩:
in seinem Versteck finden: Wildschweine, Hasen aufstöbern; die Polizei stöberte den Flüchtigen in seinem Schlupfwinkel auf. **Syn.:** aufspüren, ausfindig machen, entdecken.

auf|sto|cken [ˈaufʃtɔkn̩], stockte auf, aufgestockt ⟨tr.; hat⟩:
1. *(ein Haus) um ein Stockwerk erhöhen:* wir müssen das Einfamilienhaus aufstocken, um Platz zu gewinnen; ⟨auch itr.⟩ die Deutsche Bibliothek stockt auf.
2. *(ein Kapital durch eine weitere Geldsumme) vergrößern:* einen Kredit um eine halbe Million Euro aufstocken. **Syn.:** erweitern, vergrößern, vermehren.

auf|sto|ßen [ˈaufʃto:sn̩], stößt auf, stieß auf, aufgestoßen:
1. ⟨tr.; hat⟩ *durch Stoßen öffnen* /Ggs. zustoßen/: die Tür mit dem Fuß aufstoßen. **Syn.:** aufmachen, aufschieben.
2. ⟨itr.; hat⟩ *durch Stoßen verletzen:* ich habe mir das Knie aufgestoßen.
3. ⟨itr.; hat⟩ *Luft aus dem Magen hörbar durch den Mund ausstoßen:* das Baby muss noch aufstoßen. **Syn.:** Bäuerchen machen (fam.), rülpsen (ugs.).

auf|stre|ben [ˈaufʃtre:bn̩], strebte auf, aufgestrebt ⟨itr.; hat⟩ (geh.):
a) *in die Höhe ragen:* riesige Tannen strebten vor mir auf.
b) ⟨häufig im 1. Partizip⟩ *nach einer höheren, einflussreicheren Stellung streben:* das aufstrebende Bürgertum; aufstrebende Kräfte müssen gefördert werden. **Syn.:** nach oben streben, nach oben wollen.

Auf|strich [ˈaufʃtrɪç], der; -[e]s, -e:
etwas, was auf das Brot gestrichen wird (z. B. Butter): gesunder Aufstrich aus dem Bioladen.
Syn.: Belag. **Zus.:** Brotaufstrich.

auf|stüt|zen [ˈaufʃtʏtsn̩], stützte auf, aufgestützt ⟨tr.; hat⟩:
auf etwas stützen: den Arm aufstützen; ⟨auch + sich⟩ ich habe mich mit der Hand aufgestützt.

auf|su|chen [ˈaufzu:xn̩], suchte auf, aufgesucht ⟨tr.; hat⟩:
1. *(zu jmdm. oder etwas) aus einem bestimmten Grund hingehen:* Freunde in ihrer Wohnung aufsuchen; den Arzt aufsuchen. **Syn.:** besuchen, gehen zu, vorsprechen bei.
2. *(an einer bestimmten Stelle) suchen:* eine Stadt auf der Landkarte aufsuchen. **Syn.:** nachschlagen, nachsehen.

Auf|takt [ˈauftakt], der; -[e]s, -e:
etwas, womit etwas eingeleitet wird oder was den Anfang von etwas darstellt: den Auftakt der Veranstaltung bildete die Rede des Bürgermeisters. **Syn.:** Anfang, Beginn, Start.

auf|tan|ken [ˈauftaŋkn̩], tankte auf, aufgetankt ⟨tr.; hat⟩:
mit Treibstoff versehen: ein Flugzeug auftanken; ich tankte gerade meinen Wagen auf.

auf|tau|chen [ˈauftauxn̩], tauchte auf, aufgetaucht ⟨itr.; ist⟩:
1. *(aus dem Wasser o. Ä.) tauchen, wieder hervorkommen, zu sehen sein:* ab und zu tauchte der Kopf der Frau aus den Wellen auf.
2. a) *erscheinen, sich zeigen:* du bist ja schon lange nicht mehr bei uns aufgetaucht. **Syn.:** kommen. **b)** *aufkommen, entstehen:* es taucht der Verdacht auf, dass hier etwas nicht stimmt. **Syn.:** aufsteigen, auftreten, sich bilden, sich einstellen, erscheinen, erwachen, zutage treten/kommen.

auf|tau|en [ˈauftauən], taute auf, aufgetaut:
1. ⟨tr.; hat⟩ **a)** *zum Tauen,*

Schmelzen bringen: die Sonne hat das Eis aufgetaut. **Syn.:** abtauen, schmelzen, tauen. **b)** *von Eis befreien:* er hat das Rohr aufgetaut.
2. ⟨itr.; ist⟩ **a)** *sich tauend auflösen, schmelzen:* das Eis taut auf. **Syn.:** abtauen, tauen. **b)** *von Eis frei werden:* der Fluss ist aufgetaut.
3. ⟨itr.; ist⟩ *die Hemmungen verlieren und gesprächig werden:* erst war die neue Schülerin sehr still, doch bald taute sie auf. **Syn.:** aus sich herausgehen, die Scheu verlieren, warm werden mit (ugs.).

auf|tei|len ['auftailən], teilte auf, aufgeteilt ⟨tr.; hat⟩: *(ein Ganzes) in Stücke o. Ä. teilen, völlig verteilen:* den Kuchen aufteilen; die Schüler in Klassen aufteilen *(einteilen).* **Syn.:** einteilen, gliedern, unterteilen.

auf|ti|schen ['auftɪʃn̩], tischte auf, aufgetischt ⟨tr.; hat⟩: **a)** *(zum Essen und Trinken) auf den Tisch bringen:* man hat uns viele leckere Gerichte aufgetischt. **Syn.:** auffahren (ugs.), auftragen, reichen (geh.), servieren. **b)** (ugs.) *(etwas) vorlügen:* sie tischte mir ein Märchen auf.

Auf|trag ['auftra:k], der; -[e]s, Aufträge ['auftrɛ:gə]:
1. *Bestellung einer auszuführenden Arbeit, einer zu liefernden Ware:* die Firma hat viele Aufträge bekommen. **Syn.:** Bestellung. **Zus.:** Rüstungsauftrag.
2. *Anweisung (eine Arbeit auszuführen):* er bekam den Auftrag, einen Bericht über die Studienfahrt zu schreiben. **Syn.:** Aufgabe, Befehl, Weisung. **Zus.:** Geheimauftrag.

auf|tra|gen ['auftra:gn̩], trägt auf, trug auf, aufgetragen:
1. ⟨tr.; hat⟩ (geh.) *auf den Tisch bringen, servieren* /Ggs. abtragen/: das Essen auftragen. **Syn.:** auffahren (ugs.), auftischen, reichen (geh.).
2. ⟨tr.; hat⟩ *(etwas) auf etwas streichen:* Farbe auftragen. **Syn.:** aufbringen.
3. ⟨tr.; hat⟩ (geh.) *den Auftrag geben, etwas zu tun oder eine Nachricht zu übermitteln:* sie hat mir aufgetragen, ihre kranke Mutter zu besuchen. **Syn.:** auferlegen, befehlen.
4. ⟨tr.; hat⟩ *so lange tragen oder anziehen, bis es völlig abgenutzt ist:* die Kinder wachsen so schnell, dass sie ihre Kleidung gar nicht auftragen können. **Syn.:** abnutzen (bes. nordd.), abnützen (bes. südd.), abtragen, austreten, verbrauchen.
5. ⟨itr.; hat⟩ *dicker erscheinen lassen, dick machen:* dieser Pullover trägt auf.

Auf|trag|ge|ber ['auftra:kge:bɐ], der; -s, -, **Auf|trag|ge|be|rin** ['auftra:kge:bərɪn], die; -, -nen: *Person, die einen Auftrag erteilt:* mein Auftraggeber möchte das nicht; ein Treffen mit meiner Auftraggeberin. **Syn.:** Klient, Klientin, Kunde, Kundin, Mandant, Mandantin.

auf|tref|fen ['auftrɛfn̩], trifft auf, traf auf, aufgetroffen ⟨itr.; ist⟩: *auf etwas treffen, aufprallen:* die Sonde traf auf die / auf der Oberfläche des Mondes auf. **Syn.:** anstoßen, aufschlagen, aufstoßen.

auf|trei|ben ['auftraibn̩], trieb auf, aufgetrieben ⟨tr.; hat⟩:
1. (ugs.) *nach längerem Suchen finden, sich beschaffen:* sie konnten in der ganzen Stadt keinen Dolmetscher auftreiben; er versuchte, etwas Geld aufzutreiben. **Syn.:** auftun (ugs.), beibringen, besorgen, entdecken, finden, zusammenbringen, zusammenkratzen (ugs.).
2. *von innen her dick machen, schwellen lassen:* das Wasser hat den Leib der Toten aufgetrieben. **Syn.:** aufschwemmen.

auf|tren|nen ['auftrɛnən], trennte auf, aufgetrennt ⟨tr.; hat⟩: **a)** *(etwas Genähtes) durch Auflösen der Nähte in seine Bestandteile zerlegen:* einen Rock auftrennen; die Naht mit dem Messer auftrennen *(die Fäden zwischen Zusammengenähtem entfernen).* **Syn.:** auseinandertrennen, trennen. **b)** *(bei etwas Gestricktem, Gehäkeltem) die Verbindung der Fäden völlig lösen:* einen Pullover auftrennen.

auf|tre|ten ['auftre:tn̩], tritt auf, trat auf, aufgetreten ⟨itr.; ist⟩:
1. *den Fuß auf den Boden setzen:* er hatte sich am Fuß verletzt und konnte nicht auftreten.
2. a) *sich in bestimmter Weise zeigen, benehmen:* sie trat bei den Verhandlungen sehr energisch auf. **Syn.:** sich aufführen, sich gebärden, sich geben, [1]sein, sich verhalten. **b)** *(in bestimmter Absicht) tätig sein:* als Zeuge, als Rednerin auftreten; sie ist als Märtyrerin aufgetreten. **Syn.:** sich darstellen, erscheinen, mimen (ugs. abwertend), [1]sein. **c)** *auf der Bühne spielen:* der Schauspieler tritt nicht mehr auf.
3. *sich (bei Gebrauch oder im Laufe der Zeit) herausstellen, ergeben:* Fehler, Probleme, Komplikationen, Schwierigkeiten, Erkrankungen, Gesundheitsschäden traten auf. **Syn.:** auftauchen, sich einstellen, entstehen, erscheinen, vorkommen, sich zeigen.

Auf|tre|ten ['auftre:tn̩], das; -s: *jmds. Benehmen vor anderen:* der Vertreter hat ein sicheres Auftreten. **Syn.:** Art, Betragen, Gebaren, Gehabe (abwertend), Haltung, Manieren ⟨Plural⟩, Verhalten.

Auf|trieb ['auftri:p], der; -[e]s, -e: *aus einem Impuls heraus entstehender Schwung:* diese Nachricht gab ihr Auftrieb. **Syn.:** Elan.

Auf|tritt ['auftrɪt], der; -[e]s, -e:
1. *das Auftreten (eines Schauspielers, einer Schauspielerin auf der Bühne):* die Schauspielerin wartete auf ihren Auftritt. **Syn.:** Vorstellung.
2. *Teil eines Aufzugs:* im zweiten Auftritt der ersten Szene spricht der Held einen Monolog. **Syn.:** Szene.
3. *heftige Auseinandersetzung [bei der einem anderen Vorhaltungen gemacht werden]:* ein peinlicher Auftritt. **Syn.:** Krach (ugs.), Meinungsverschiedenheit, Streit, Szene.

auf|trump|fen ['auftrʊmpfn̩], trumpfte auf, aufgetrumpft ⟨itr.; hat⟩:
1. *seine Überlegenheit deutlich zeigen, unter Beweis stellen:* mit seinem Können auftrumpfen. **Syn.:** angeben, prahlen.
2. *seine Meinung, seinen Willen oder eine Forderung (aufgrund seiner Überlegenheit) durchzusetzen versuchen:* sie versuchte, bei ihren Eltern aufzutrumpfen.

auf|tun ['auftu:n], tat auf, aufgetan:
1. ⟨tr.; hat⟩ (ugs.) *auf den Teller*

tun: das Essen auftun. **Syn.:** auflegen, vorlegen.
2. a) ⟨tr.; hat⟩ *(Augen, Mund o. Ä.) öffnen:* die Augen auftun. **Syn.:** aufmachen. **b)** ⟨+ sich⟩ (geh.) *sich öffnen:* die Tür tat sich auf. **Syn.:** aufgehen. **c)** ⟨+ sich⟩ (geh.) *plötzlich deutlich erkennbar oder vor jmdm. sichtbar werden:* auf der Reise tat sich ihr eine ganz neue Welt auf. **Syn.:** sich darbieten, sich enthüllen, sich eröffnen, sich erschließen, sich offenbaren, sich zeigen.
3. ⟨tr.; hat⟩ (ugs.) *durch Zufall entdecken, ausfindig machen:* ich habe einen Laden aufgetan, der hervorragende Schokolade verkauft. **Syn.:** ausfindig machen.

auf|tür|men [ˈau̯ftʏrmən], türmte auf, aufgetürmt (geh.):
1. ⟨tr.; hat⟩ *in großen Mengen übereinanderlegen, aufhäufen:* Steine [zu einem Berg] auftürmen. **Syn.:** aufschichten, aufstapeln, häufen, stapeln.
2. ⟨+ sich⟩ *zu einem großen Berg anwachsen; wuchtig, massig in die Höhe ragen:* riesige Felsen türmten sich vor mir auf. **Syn.:** sich stapeln, sich türmen.

auf|wa|chen [ˈau̯fvaxn̩], wachte auf, aufgewacht ⟨itr.; ist⟩:
wach werden /Ggs. einschlafen/: durch den Lärm aufwachen; aus der Narkose aufwachen *(wieder zu Bewusstsein kommen).* **Syn.:** erwachen.

auf|wach|sen [ˈau̯fvaksn̩], wächst auf, wuchs auf, aufgewachsen ⟨itr.; ist⟩:
(in bestimmter Umgebung) seine Kindheit verbringen und dort groß werden: sie sind bei den Großeltern, auf dem Land, in der Stadt aufgewachsen.

Auf|wand [ˈau̯fvant], der; -[e]s:
1. a) *das Aufwenden; Einsatz:* ein großer Aufwand an Energie, Kraft. **Zus.:** Arbeitsaufwand, Energieaufwand, Kraftaufwand, Zeitaufwand. **b)** *aufgewendete Mittel, Kosten:* der ganze Aufwand hat sich nicht gelohnt. **Syn.:** Aufwendungen ⟨Plural⟩, Ausgaben ⟨Plural⟩, Auslagen ⟨Plural⟩, Kosten ⟨Plural⟩, Unkosten ⟨Plural⟩. **Zus.:** Kostenaufwand.
2. *Luxus, übertriebene Pracht:* sich einen gewissen Aufwand leisten. **Syn.:** Pomp, Prunk.

auf|wän|dig [ˈau̯fvɛndɪç]: ↑aufwendig.

auf|wär|men [ˈau̯fvɛrmən], wärmte auf, aufgewärmt:
1. ⟨tr.; hat⟩ **a)** *(Speisen) wieder warm machen:* das Essen aufwärmen. **Syn.:** heiß machen, wärmen. **b)** (ugs.) *(etwas [Unerfreuliches], was vergessen oder erledigt war) wieder in Erinnerung bringen, darüber sprechen:* warum musst du immer wieder die alten Geschichten aufwärmen? **Syn.:** aufrühren.
2. ⟨+ sich⟩ *sich wärmen, weil einem kalt ist, weil man friert:* sich am Ofen aufwärmen.
3. ⟨+ sich⟩ *durch leichte Übungen die Muskulatur lockern, den Körper warm werden lassen:* du kannst noch nicht mitrennen, du musst dich erst aufwärmen.

auf|wärts [ˈau̯fvɛrts] ⟨Adverb⟩:
nach oben /Ggs. abwärts/: aufwärts ging es langsamer als abwärts. **Syn.:** bergauf, empor, herauf, hinauf, hoch. **Zus.:** bergaufwärts, flussaufwärts, stromaufwärts.

auf|wärts|ge|hen [ˈau̯fvɛrtsɡeːən], ging aufwärts, aufwärtsgegangen ⟨itr.; ist⟩:
nach oben gehen, hinaufgehen: wir sind zwei Stunden nur aufwärtsgegangen; *** mit jmdm., etwas geht es aufwärts:** *jmdm. geht es besser; etwas wird besser:* nach der Operation ist es mit ihrer Gesundheit rasch wieder aufwärtsgegangen; mit der Weltwirtschaft geht es jetzt wieder aufwärts.

auf|we|cken [ˈau̯fvɛkn̩], weckte auf, aufgeweckt ⟨tr.; hat⟩:
wach machen: der Lärm hat sie aufgeweckt. **Syn.:** aus dem Schlaf reißen, aus dem Schlaf rütteln, wecken.

auf|wei|chen [ˈau̯fvai̯çn̩], weichte auf, aufgeweicht:
1. ⟨itr.; hat⟩ *[durch Eintauchen in eine Flüssigkeit] allmählich weich machen:* ich hatte den Zwieback in der Milch aufgeweicht.
2. ⟨itr.; ist⟩ *allmählich weich werden:* der Asphalt ist durch die Hitze aufgeweicht; aufgeweichte Wege.

auf|wei|sen [ˈau̯fvai̯zn̩], wies auf, aufgewiesen ⟨itr.; hat⟩:
(durch etwas) gekennzeichnet sein und dies zeigen oder erkennen lassen: dieser Apparat weist einige Mängel auf. **Syn.:** enthalten, haben, in sich bergen, in sich tragen, sich auszeichnen durch, zeigen.

auf|wen|den [ˈau̯fvɛndn̩], wandte/wendete auf, aufgewandt/aufgewendet ⟨tr.; hat⟩:
(für einen bestimmten Zweck, für ein Ziel) aufbringen, einsetzen: viel Geld, Kraft [für etwas] aufwenden. **Syn.:** aufbieten, ausgeben, bezahlen, blechen (ugs.), entrichten, investieren, lockermachen (ugs.), verwenden, zahlen.

auf|wen|dig [ˈau̯fvɛndɪç], **aufwändig** ⟨Adj.⟩:
über das übliche, notwendige Maß an Aufwand hinausgehend: eine reichlich aufwendige Restaurierung; ein aufwendiger Umbau, Lebensstil; die Kostüme sind zu aufwendig; sie leben sehr aufwendig. **Syn.:** kostspielig, luxuriös, prächtig, prachtvoll, prunkvoll, teuer. **Zus.:** kostenaufwendig, personalaufwendig, zeitaufwendig.

Auf|wen|dung [ˈau̯fvɛndʊŋ], die; -, -en:
1. ⟨ohne Plural⟩ *das Aufwenden:* unter Aufwendung ihrer ganzen Überredungskunst. **Syn.:** Benutzung, Einsatz, Gebrauch.
2. ⟨Plural⟩ *aufgewendete Kosten:* wir haben hohe Aufwendungen. **Syn.:** Aufwand ⟨Singular⟩, Ausgaben, Auslagen, Kosten, Unkosten.

auf|wer|fen [ˈau̯fvɛrfn̩], wirft auf, warf auf, aufgeworfen:
1. a) ⟨tr.; hat⟩ *(Erde) von unten lockern und nach oben bringen:* der Pflug wirft die Erde auf. **b)** *aufschütten:* Erde aufwerfen. **Syn.:** auftürmen. **c)** ⟨tr.; hat⟩ *durch Aufhäufen von etwas bilden:* einen Wall, einen Damm aufwerfen.
2. ⟨tr.; hat⟩ *zur Sprache bringen, zur Diskussion stellen:* in der Diskussion wurden heikle Fragen aufgeworfen. **Syn.:** anreißen, anschneiden, ansprechen, antippen, berühren, erwähnen, nennen, zitieren.
3. ⟨+ sich⟩ *sich (als jmd.) aufspielen:* hast du das Recht, dich in dieser Angelegenheit zum Richter aufzuwerfen?

auf|wer|ten [ˈau̯fveːɐ̯tn̩], wertete auf, aufgewertet ⟨tr.; hat⟩:

a) *eine Währung im Wert erhöhen* /Ggs. abwerten/: wenn der Euro aufgewertet wird, gehen die Exporte zurück. **b)** *den ursprünglichen Wert abgewerteter geldlicher Forderungen zum Teil wiederherstellen:* nach dem Krieg wurden die alten Konten mit 10 % aufgewertet.

Auf|wer|tung ['aufve:ɐ̯tʊŋ], die; -, -en:
das Aufwerten: die Aufwertung des Dollars.

auf|wi|ckeln ['aufvɪkl̩n], wickelte auf, aufgewickelt ⟨tr.; hat⟩:
1. *auf etwas wickeln* /Ggs. abwickeln/: Wolle aufwickeln. **Syn.:** aufrollen.
2. *die Hülle (von etwas) entfernen; auseinanderwickeln:* ein Päckchen vorsichtig aufwickeln. **Syn.:** ausrollen, entrollen.

auf|wie|geln ['aufvi:gl̩n], wiegelte auf, aufgewiegelt ⟨tr.; hat⟩:
durch Reden, Worte auf eine Gruppe von Menschen in der Weise einwirken, dass sie sich gegen Vorgesetzte o. Ä. auflehnt: das Volk zum Widerstand aufwiegeln; er hat die Arbeiter gegen die Regierung aufgewiegelt. **Syn.:** anstacheln, anstiften, aufbringen, aufputschen, aufstacheln.

auf|wie|gen ['aufvi:gn̩], wog auf, aufgewogen ⟨tr.; hat⟩:
denselben Wert wie etwas anderes haben; einen Ausgleich (für etwas) darstellen: der Erfolg hat den Einsatz aufgewogen; der Verlust des Ringes konnte mit Geld nicht aufgewogen werden. **Syn.:** aufheben, ausgleichen, wettmachen.

Auf|wind ['aufvɪnt], der; -[e]s, -e:
a) *vom Boden aufsteigende Luftbewegung:* Aufwind haben.
b) *Auftrieb:* durch etwas Aufwind bekommen; nach einigen verlustreichen Jahren befindet sich/ist das Unternehmen wieder im Aufwind *(auf Erfolgskurs).*

auf|wir|beln ['aufvɪrbl̩n], wirbelte auf, aufgewirbelt:
1. ⟨tr.; hat⟩ *in die Höhe wirbeln, wirbelnd in die Höhe treiben:* der Wind wirbelt den Staub auf. **Syn.:** aufrühren.
2. ⟨itr.; ist⟩ *in die Höhe wirbeln, wirbelnd auffliegen:* der Staub wirbelt auf.

auf|wi|schen ['aufvɪʃn̩], wischte auf, aufgewischt:
⟨tr.; hat⟩ **a)** *mit einem Lappen durch Wischen [vom Boden] entfernen:* ich wischte die verschüttete Milch auf. **Syn.:** abwischen.
b) *durch Wischen reinigen:* hast du den Fußboden aufgewischt?; ⟨auch itr.⟩ ich muss noch aufwischen. **Syn.:** putzen, sauber machen, wischen.

auf|wüh|len ['aufvy:lən], wühlte auf, aufgewühlt ⟨tr.; hat⟩:
1. *wühlend (in etwas) eindringen, es durcheinanderbringen [und dabei Unteres nach oben befördern]:* der Bagger wühlte die Erde auf.
2. *in innere Bewegung versetzen, erschüttern:* die Musik wühlte mich auf. **Syn.:** [1]bewegen, aufrühren, berühren, erregen.

auf|zäh|len ['auftsɛ:lən], zählte auf, aufgezählt ⟨tr.; hat⟩:
einzeln und nacheinander nennen: jmds. Verdienste aufzählen. **Syn.:** anführen, angeben.

auf|zäu|men ['auftsɔymən], zäumte auf, aufgezäumt ⟨tr.; hat⟩:
1. *(einem Zug- oder Reittier) den Zaum anlegen:* ein Pferd aufzäumen.
2. (ugs.) *in bestimmter Weise handhaben, behandeln:* ein Problem falsch, von hinten [her] aufzäumen. **Syn.:** angehen.

auf|zeich|nen ['auftsaiçnən], zeichnete auf, aufgezeichnet ⟨tr.; hat⟩:
1. *auf etwas zeichnen; erklärend hinzeichnen:* einen Grundriss genau aufzeichnen. **Syn.:** skizzieren.
2. *schriftlich oder in Bild, Ton festhalten:* seine Beobachtungen aufzeichnen; Geräusche, eine Sendung aufzeichnen. **Syn.:** aufnehmen, aufschreiben, niederschreiben, notieren, skizzieren, zu Papier bringen, zusammenstellen, [schriftlich] niederlegen (geh.).

Auf|zeich|nung ['auftsaiçnʊŋ], die; -, -en:
1. *das Aufzeichnen:* eine genaue Aufzeichnung des Entwurfs anfertigen. **Syn.:** Aufnahme, Niederschrift.
2. *etwas Aufgezeichnetes:* die Dichterin berichtet darüber in ihren Aufzeichnungen. **Syn.:** Manuskript, Niederschrift, Notiz, Protokoll. **Zus.:** Tagebuchaufzeichnung, Tonaufzeichnung.

auf|zei|gen ['auftsaign̩], zeigte auf, aufgezeigt ⟨tr.; hat⟩:
deutlich (auf etwas) hinweisen, vor Augen führen: Probleme, Lösungsmöglichkeiten aufzeigen. **Syn.:** hindeuten auf, zeigen.

auf|zie|hen ['auftsi:ən], zog auf, aufgezogen:
1. ⟨tr.; hat⟩ *in die Höhe ziehen:* den Rollladen, die Fahne aufziehen. **Syn.:** hissen, nach oben ziehen.
2. ⟨tr.; hat⟩ *durch Ziehen öffnen* /Ggs. zuziehen/: den Vorhang, die Schublade aufziehen. **Syn.:** aufmachen.
3. ⟨tr.; hat⟩ *(auf etwas) straff befestigen:* ein Bild auf Pappe aufziehen. **Syn.:** aufspannen.
4. ⟨tr.; hat⟩ *großziehen:* die Großeltern haben das Kind aufgezogen; ein Tier mit der Flasche aufziehen.
5. ⟨tr.; hat⟩ **a)** *(eine Uhr o. Ä.) durch Straffen einer Feder zum Funktionieren bringen:* den Wecker aufziehen. **b)** *die Planung, Ausgestaltung einer Veranstaltung übernehmen und diese vorbereiten:* sie zieht ein großes Fest auf. **Syn.:** abhalten, arrangieren, ausrichten, austragen, durchführen, geben, halten, inszenieren, organisieren, veranstalten.
6. ⟨tr.; hat⟩ *Scherz, Spott treiben (mit jmdm.):* seine Kameraden zogen ihn wegen seines Namens auf. **Syn.:** ärgern, auf den Arm nehmen (ugs.), auf die Schippe nehmen (ugs.), durch den Kakao ziehen (ugs.), foppen, frotzeln (ugs.), hänseln, necken, spötteln über, spotten über, sticheln gegen, verspotten, verulken (ugs.), witzeln über.
7. ⟨itr.; ist⟩ **a)** *herankommen, sich nähern:* ein Gewitter zog auf. **Syn.:** aufkommen, drohen, im Anzug sein, kommen, nahen (geh.), sich zusammenbrauen.
b) *sich (an einer bestimmten Stelle) aufstellen:* die Wache war vor dem Schloss aufgezogen.

Auf|zucht ['auftsʊxt], die; -:
das Aufziehen (4) *(besonders von [Haus]tieren):* die Aufzucht von Schweinen, Geflügel. **Syn.:** Zucht. **Zus.:** Geflügelaufzucht, Pferdeaufzucht, Rinderaufzucht, Viehaufzucht.

Auf|zug ['a̯uftsu:k], der; -[e]s, Aufzüge ['a̯uftsy:gə]:
1. a) *Anlage zum Befördern von Personen oder Sachen nach oben oder unten:* mit dem Aufzug in den 7. Stock fahren. **Syn.:** Fahrstuhl, Lift. **Zus.:** Lastenaufzug, Personenaufzug, Speisenaufzug, Warenaufzug. **b)** *Vorrichtung zum Hochziehen von Lasten:* die Möbel mit dem Aufzug hochziehen. **Syn.:** Winde.
2. *(unangenehm) auffallende, ungewöhnliche Kleidung:* ein trachtenähnlicher Aufzug; es war mir unangenehm, sie in diesem Aufzug begrüßen zu müssen; in dem Aufzug kann man sich mit dir nicht auf die Straße trauen. **Syn.:** Aufmachung, Dress, Garderobe, Klamotten ⟨Plural⟩ (salopp), Kleider ⟨Plural⟩, ²Kluft (ugs.), Sachen ⟨Plural⟩ (ugs.), Zeug (ugs.).
3. *Akt eines Dramas:* er stirbt im zweiten Aufzug.

Au|ge ['a̯ugə], das; -s, -n:
Organ zum Sehen: blaue, strahlende Augen; er hatte Tränen in den Augen; mach die Augen zu und träum was Schönes! **Zus.:** Froschauge, Glasauge, Luchsauge.

Au|gen|blick ['a̯ugn̩blɪk], der; -[e]s, -e:
a) *sehr kurzer Zeitraum:* warte noch einen Augenblick! **Syn.:** ²Moment, Sekunde (ugs.).
b) *bestimmter Zeitpunkt:* das war ein günstiger, wichtiger Augenblick. **Syn.:** ²Moment.

au|gen|blick|lich ['a̯ugn̩blɪklɪç] ⟨Adj.⟩:
1. *ohne jede Verzögerung [geschehend, erfolgend o. Ä.]:* augenblickliche Hilfe erwarten; du hast augenblicklich zu kommen. **Syn.:** auf der Stelle, ²gleich, ohne Verzug, prompt, schnurstracks (ugs.), sofort, sogleich, unverzüglich.
2. *zum gerade herrschenden Zeitpunkt [vorhanden, gegeben o. Ä.]:* die augenblickliche Lage ist ernst; die Ware ist augenblicklich knapp. **Syn.:** gegenwärtig, heutig, im Augenblick, im Moment, jetzt, momentan, zur Stunde, zurzeit.
3. *nur kurz andauernd:* eine augenblickliche Übelkeit, Verstimmung. **Syn.:** flüchtig, kurz, kurzfristig, momentan, temporär, vorübergehend, zeitweilig.

Au|gen|maß ['a̯ugn̩ma:s], das; -es:
a) *Messung, Schätzung nur mit dem Auge:* rein nach Augenmaß beträgt der Abstand etwa sieben Meter. **b)** *Fähigkeit, in angemessener Weise zu handeln; Besonnenheit, Umsicht:* Politik mit Augenmaß.

Au|gen|schein ['a̯ugn̩ʃa̯in], der; -[e]s:
unmittelbare Wahrnehmung durch das Auge: wie der Augenschein zeigt; *** jmdn., etwas in Augenschein nehmen:** *genau und kritisch betrachten:* der Vermieter nahm die Wohnung in Augenschein.

au|gen|schein|lich ['a̯ugn̩ʃa̯inlɪç] ⟨Adj.⟩:
deutlich zutage tretend, offensichtlich: ein augenscheinlicher Mangel; das ist augenscheinlich in Vergessenheit geraten. **Syn.:** deutlich, offenbar, offenkundig, sichtlich.

Au|gen|zeu|ge ['a̯ugn̩tsɔ̯ygə], der; -n, -n, **Au|gen|zeu|gin** ['a̯ugn̩tsɔ̯ygɪn], die; -, -nen:
Person, die einen Vorfall o. Ä. mit angesehen hat [und den Hergang schildern kann]: er wurde Augenzeuge dieses Unfalls; es gibt eine Augenzeugin für die Tat. **Syn.:** Zeuge, Zeugin, Zuschauer, Zuschauerin.

Au|gust [a̯u'gʊst], der; -[s], -e:
achter Monat des Jahres: wir sind den ganzen August über im Urlaub.

Au|la ['a̯ula], die; -, Aulen ['a̯ulən] und -s:
großer Raum für Veranstaltungen oder Versammlungen in Schulen und Universitäten: die Preisverleihung findet in der Aula statt.

¹aus [a̯us] ⟨Präp. mit Dativ⟩:
1. a) gibt die Richtung, die Bewegung von innen nach außen an: aus dem Zimmer gehen. **b)** gibt die räumliche oder zeitliche Herkunft, den Ursprung, den ursprünglichen Bereich an: ein Werk aus dem vorigen Jahrhundert; aus der Nähe; aus drei Meter Entfernung; aus Berlin stammen.
2. a) in Verbindung mit Stoffbezeichnungen zur Angabe des Materials, aus dem etwas besteht, hergestellt wird, entsteht: eine Bank aus Holz; ein Kleid aus Seide. **b)** zur Angabe eines früheren Stadiums der Entwicklung: aus den Raupen werden Schmetterlinge.
3. zur Angabe des Grundes, der Ursache: etwas aus Eifersucht tun; (verstärkt durch »heraus«:) sie handelte aus einer Notlage heraus. **Syn.:** aufgrund, infolge, wegen.

²aus [a̯us] ⟨Adverb⟩:
1. ⟨oft imperativisch und elliptisch anstelle bestimmter Verben⟩ **a)** *vorbei, Schluss, zu Ende:* die Vorstellung ist aus; alles ist aus *(verloren);* aus der Traum vom Sieg; aus, wir gehen jetzt! **Syn.:** vorüber. **b)** *erloschen, nicht mehr brennend, ausgeschaltet:* das Licht ist schon aus; sieh nach, ob das Feuer aus ist; Licht aus! Motor aus!
3. *ausgegangen, weggegangen:* sonntags ist sie immer mit Max aus.
4. * auf etwas aus sein: *etwas sehr gern haben wollen, sich um etwas bemühen:* sie ist auf Abenteuer, auf eine Belohnung aus; er ist darauf aus, möglichst schnell wieder freigelassen zu werden. **Syn.:** auf etwas begierig sein, auf etwas erpicht sein, auf etwas geil sein (oft abwertend), auf etwas scharf sein (ugs.).
5. ⟨in der Verbindung »von … aus«⟩: vom Fenster aus *(her);* von hier aus *(ausgehend);* von Hamburg aus *(an)* war er im Zug.

Aus [a̯us], das; -:
1. *Raum außerhalb der Spielfeldgrenzen:* der Ball rollte ins Aus.
2. *das Ausscheiden; Ende, das Scheitern:* die Niederlage bedeutete das Aus für die Mannschaft; das Aus sämtlicher Reformen befürchten.

aus- [a̯us] ⟨trennbares, betontes verbales Präfix⟩:
1. drückt das Entfernen oder Sichentfernen aus: **a)** *von innen nach außen:* ausatmen; aus dem Gefängnis ausbrechen; ausreisen; ausstrahlen; ausströmen. **b)** *überallhin, in alle Richtungen:* auslaufen; ausplaudern; ausstreuen. **c)** *sichtbar nach draußen:* Plakate aushängen; Prospekte auslegen.
2. drückt das Entfernen oder Sichentfernen aus: **a)** *aus etwas*

heraus: den Motor ausbauen; den Staub ausbürsten; den Schatz ausgraben; das Wasser auskippen; den Saft auspressen; das Haar ausreißen, ausrupfen. **b)** bewirken, dass etwas durch das im Basiswort genannte Tun von etwas frei ist: die Hose ausbürsten; das Zimmer ausfegen; den Fisch ausgräten; den Eimer auskippen; den Stall ausmisten; die Zitrone auspressen. **c)** *von der geraden Richtung weg:* ausrutschen; ausweichen.
d) bezeichnet eine Erweiterung, Ausdehnung: den Hafen ausbauen; die Schuhe ausweiten.
e) *aus einer Menge heraus:* auserwählen; ausgrenzen; auslosen; ausmustern; ausschließen; aussuchen; auswählen.
3. a) *bis zum Ende, bis die Kräfte o. Ä. aufgebraucht sind, ganz und gar:* ausdiskutieren; ausgehen; ausheilen; ausheulen; ausklingen; auskurieren; auslesen; auslöffeln; ausnüchtern; ausreden; aussterben; austrocknen; ⟨in Verbindung mit Formen des 2. Partizips⟩: *zu Ende:* ausgebucht.
b) bewirken, dass etwas nicht mehr in Betrieb, Funktion ist: das Gas ausdrehen; das Radio ausmachen; den Computer ausschalten; das Feuer austreten.
4. *mit etwas versehen:* Waren auspreisen; Wände auskleiden; Räume ausleuchten; ausschmücken.
5. verstärkend: ausbuhen; ausdifferenzieren; ausschimpfen; sich ausschweigen.

aus|ar|bei|ten [ˈaus|arbaitn̩], arbeitete aus, ausgearbeitet ⟨tr.; hat⟩: **a)** *erarbeiten, erstellen:* einen Plan, ein Konzept ausarbeiten. **b)** *(etwas, was im Entwurf vorliegt) bis ins Einzelne, vollständig ausführen:* einen Vortrag ausarbeiten.

aus|ar|ten [ˈaus|a:ɐ̯tn̩], artete aus, ausgeartet ⟨itr.; ist⟩: *sich über das normale Maß hinaus (zu etwas meist Schlechtem) entwickeln:* wir brauchen mehr Bewegung, es muss ja nicht gleich in Sport ausarten; dieses Gespräch artete in ein Verhör aus; ihre politische Gegnerschaft ist in eine persönliche Feindschaft ausgeartet. **Syn.:** ausufern, sich auswachsen zu.

aus|at|men [ˈaus|a:tmən], atmete aus, ausgeatmet ⟨tr.; hat⟩: *(den Atem aus der Lunge) entweichen lassen, ausstoßen* /Ggs. einatmen/: Luft durch die Nase ausatmen; ⟨auch itr.⟩ bitte kräftig ausatmen!

aus|ba|den [ˈausba:dn̩], badete aus, ausgebadet ⟨tr.; hat⟩ (ugs.): *(für etwas, was man selbst oder ein anderer verschuldet hat) die Folgen tragen, auf sich nehmen müssen:* seine Frechheiten hatten wir auszubaden. **Syn.:** aufkommen für, bezahlen für, büßen für, den Buckel hinhalten für (ugs.), den Kopf hinhalten für (ugs.), einstehen für, geradestehen für (ugs.), ²haften für.

aus|bau|en [ˈausbauən], baute aus, ausgebaut ⟨tr.; hat⟩:
1. a) *durch Bauen vergrößern:* ein Haus, das Straßennetz ausbauen; einen Vorsprung ausbauen *(vergrößern)*. **b)** *durch entsprechende Arbeiten zu etwas Größerem, Besserem, Schönerem machen:* das Dachgeschoss zu einer Wohnung ausbauen.
2. *(etwas, was bereits in etwas eingebaut war) wieder herausnehmen:* den Motor [aus dem Auto] ausbauen.
3. *weiterentwickeln; verbessern, vermehren:* das Unternehmen konnte seine Position auf dem Markt ausbauen.

aus|be|din|gen [ˈausbədɪŋən], bedang aus, hat ausbedungen ⟨+ sich⟩ (geh.): *zur Bedingung machen:* du musst dir ein gutes Honorar ausbedingen; ich habe mir ein bestimmtes Recht ausbedungen. **Syn.:** sich ausbitten, beanspruchen, bestehen auf, verlangen.

aus|bes|sern [ˈausbɛsɐn], besserte aus, ausgebessert ⟨tr.; hat⟩: **a)** *(etwas schadhaft Gewordenes) wieder in guten Zustand versetzen:* Wäsche, das Dach eines Hauses ausbessern. **Syn.:** flicken, in Ordnung bringen, instand setzen, reparieren, richten, stopfen, überholen, wieder ganz machen (ugs.). **b)** *(eine schadhaft gewordene Stelle an etwas) durch Reparatur beseitigen:* einen Schaden [an der Tapete] ausbessern. **Syn.:** beheben, reparieren.

aus|beu|len [ˈausbɔylən], beulte aus, ausgebeult:
1. a) ⟨tr.; hat⟩ *(ein Kleidungsstück) durch Tragen an einer Stelle so dehnen, dass sich diese nach außen wölbt:* die Ärmel einer Jacke, eine Hose ausbeulen. **Syn.:** ausdehnen, ausleiern (ugs.), austreten, ausweiten.
b) ⟨+ sich⟩ *durch Tragen an einer Stelle so gedehnt werden, dass sich diese nach außen wölbt:* der Rock, die Hose hat sich schnell ausgebeult.
2. ⟨tr.; hat⟩ *eine eingedrückte Stelle, Beulen (bei etwas) beseitigen:* den Kotflügel, einen zerbeulten Hut ausbeulen.

Aus|beu|te [ˈausbɔytə], die; -, -n: *aus einer bestimmten Arbeit, Tätigkeit erwachsener Ertrag:* eine große Ausbeute an Mineralien; die wissenschaftliche Ausbeute der Reise war gering. **Syn.:** Gewinn, Nutzen, Profit.

aus|beu|ten [ˈausbɔytn̩], beutete aus, ausgebeutet ⟨tr.; hat⟩:
1. (emotional) **a)** *[skrupellos] zum eigenen Vorteil ausnutzen:* jmds. Arbeitskraft ausbeuten; die Arbeiter wurden ausgebeutet. **Syn.:** ausnehmen (ugs.), ausnutzen (bes. nordd.), ausnützen (bes. südd.). **b)** *sich skrupellos zunutze machen:* jmds. Unkenntnis, Gutmütigkeit ausbeuten. **Syn.:** ausnutzen (bes. nordd.), ausnützen (bes. südd.), ausschlachten (ugs.), missbrauchen.
2. *zum Nutzen gebrauchen, Nutzen ziehen (aus etwas):* den guten Boden, eine Grube ausbeuten; alle historischen Quellen ausbeuten *(systematisch nutzen)*. **Syn.:** auswerten, nutzen (bes. nordd.), nützen (bes. südd.), sich zunutze machen, verwerten.

aus|be|zah|len [ˈausbətsa:lən], bezahlte aus, ausbezahlt ⟨tr.; hat⟩:
a) *aus einer entsprechenden Kasse an jmdn. [der darauf einen Anspruch hat] zahlen:* der Lohn wurde ihr noch ausbezahlt; eine Summe [in] bar ausbezahlt bekommen. **Syn.:** auszahlen, bezahlen. **b)** *(jmdn.) mit Bargeld (als Teil eines Vermögens, der dem Empfänger zusteht, gehört) abfinden:* die Erben, den Teilhaber ausbezahlen. **Syn.:** auszahlen, entschädigen.

aus|bil|den ['au̯sbɪldn̩], bildete aus, ausgebildet:
1. ⟨tr.; hat⟩ **a)** *längere Zeit in etwas unterweisen, um auf eine [berufliche] Tätigkeit vorzubereiten:* Lehrlinge ausbilden; das Pferd wurde eingeritten und ausgebildet. **Syn.:** dressieren, drillen, schulen. **b)** *durch Schulung zur Entfaltung bringen, fördern:* seine Fähigkeiten ausbilden.
2. a) ⟨tr.; hat⟩ *aus sich hervorbringen:* bestimmte Eigenschaften ausbilden; die Pflanzen bilden Blätter aus. **Syn.:** bekommen, bilden. **b)** ⟨a. + sich⟩ *sich in bestimmter Weise entwickeln:* die Blüten bilden sich nur langsam aus; an der Wunde können sich Keime ausbilden. **Syn.:** sich ausprägen, sich bilden, sich entfalten, entstehen.

Aus|bil|der ['au̯sbɪldɐ], der; -s, -, **Aus|bil|de|rin** ['au̯sbɪldərɪn], die; -, -nen:
Person, die jmdn. längere Zeit für eine [berufliche, besonders militärische] Tätigkeit ausbildet: der Ausbilder erklärt die technische Zeichnung. **Syn.:** Lehrer, Lehrerin, Meister, Meisterin.

Aus|bil|dung ['au̯sbɪldʊŋ]:
1. a) *das Ausbilden* (1 a); *das Ausgebildetwerden:* die Ausbildung von Lehrlingen; eine Ausbildung als/zur Rechtsanwaltsgehilfin absolvieren. **Syn.:** Schulung, Unterricht. **b)** *Ergebnis einer Ausbildung* (1 a): keine, eine abgeschlossene Ausbildung haben; ohne Ausbildung keine Chancen auf dem Arbeitsmarkt haben. **Zus.:** Zusatzausbildung.
2. *das Ausbilden* (1 a); *das Ausgebildetwerden:* die Ausbildung seiner Fähigkeiten. **Syn.:** Entwicklung (1 a).
3. *das Ausbilden* (2 a), *Sichausbilden:* die Ausbildung von Knospen. **Syn.:** Bildung, Entstehung, Entwicklung (2 a).

aus|bit|ten ['au̯sbɪtn̩], bat aus, hat ausgebeten ⟨+ sich⟩:
a) *nachdrücklich fordern; verlangen:* ich bitte mir Ruhe aus! **Syn.:** bitten um. **b)** (geh.) *sich etwas erbitten, jmdn. um etwas bitten:* ich bat mir Bedenkzeit aus. **Syn.:** ersuchen um (geh.).

aus|bla|sen ['au̯sbla:zn̩], bläst aus, blies aus, ausgeblasen ⟨tr.; hat⟩: *(etwas mit offener Flamme Brennendes) durch Blasen (mit dem Mund) löschen:* sie hat die Kerze ausgeblasen.

aus|blei|ben ['au̯sblai̯bn̩], blieb aus, ausgeblieben ⟨itr.; ist⟩:
a) *(als Sache) nicht eintreten, obgleich es erwartet, obgleich damit gerechnet wird:* der Erfolg blieb aus; es konnte ja nicht ausbleiben *(es musste ja so kommen)*, dass er sich bei dem Wetter erkältete. **b)** *nicht [mehr] kommen, fernbleiben:* die Kunden, Gäste blieben aus.

aus|blen|den ['au̯sblɛndn̩], blendete aus, ausgeblendet:
a) ⟨tr.; hat⟩ *aus einer Rundfunk-, Fernsehsendung, einem Film durch Ausschalten o. Ä. herausnehmen:* während einer Livesendung den Ton ausblenden.
b) ⟨+ sich⟩ *(von einem Sender o. Ä.) sich aus einer Sendung ausschalten:* der Landessender wollte sich ausblenden.

Aus|blick ['au̯sblɪk], der; -[e]s, -e: *Blick in die Ferne:* wir genossen den herrlichen Ausblick auf die Dünen und das Meer. **Syn.:** Aussicht, Sicht.

aus|boo|ten ['au̯sbo:tn̩], bootete aus, ausgebootet ⟨tr.; hat⟩ (ugs.): *(jmdn.) zum eigenen Vorteil von einem Posten, aus einer beruflichen Stellung entfernen, verdrängen:* die Konkurrenten ausbooten. **Syn.:** abservieren (ugs.), absetzen, entmachten, kaltstellen (ugs.), stürzen, verdrängen.

aus|bor|gen ['au̯sbɔrgn̩], borgte aus, ausgeborgt ⟨tr./itr.; hat⟩ (österr., sonst landsch.): *ausleihen:* ich habe mir von ihm einen Regenschirm ausgeborgt.

aus|bre|chen ['au̯sbrɛçn̩], bricht aus, brach aus, ausgebrochen:
1. a) ⟨tr.; hat⟩ *durch Brechen (aus etwas) entfernen:* er hat einen Stein [aus einer Mauer] ausgebrochen. **b)** ⟨itr.; ist⟩ *sich aus seiner Verankerung, aus etwas lösen:* der Haken ist [aus der Wand] ausgebrochen.
2. ⟨itr.; ist⟩ **a)** *aus einem Gefängnis o. Ä. entkommen:* drei Gefangene sind ausgebrochen. **Syn.:** abhauen (ugs.), ausreißen (ugs.), entfliehen, entlaufen, entweichen, entwischen (ugs.), fliehen, flüchten, [1]türmen (ugs.). **b)** *sich aus einer Bindung lösen, eine Gemeinschaft verlassen:* aus der bürgerlichen Gesellschaft ausbrechen; sie ist aus der Ehe ausgebrochen.
3. ⟨itr.; ist⟩ **a)** *sich plötzlich seitwärts aus der vorgesehenen Richtung wegbewegen:* das Pferd brach vor dem Hindernis aus.
b) *die eingeschlagene Richtung, Bahn unerwartet verlassen:* beim Bremsen war der Wagen seitlich ausgebrochen. **Syn.:** aus der Kurve getragen werden, ins Rutschen kommen, ins Schleudern geraten.
4. ⟨itr.; ist⟩ **a)** *mit Heftigkeit einsetzen, plötzlich und sehr rasch entstehen:* Jubel, Streit, eine Panik, ein Feuer brach aus.
b) *zum Ausbruch kommen, mit Heftigkeit auftreten:* eine Epidemie, Krankheit ist ausgebrochen. **c)** *(vom Schweiß) plötzlich hervordringen:* ihr bricht schon der Schweiß aus.
5. ⟨itr.; ist⟩ *(von einem Vulkan) in Tätigkeit treten:* der Ätna ist ausgebrochen.
6. ⟨itr.; ist⟩ *(in Bezug auf Gefühlsäußerungen) plötzlich und heftig mit etwas beginnen, in etwas verfallen:* in Weinen, Zorn ausbrechen; die Menge brach in Jubel, Gelächter aus.
7. ⟨tr.; hat⟩ *(etwas Gegessenes) wieder von sich geben:* die Kranke hat alles [wieder] ausgebrochen. **Syn.:** ausspucken (ugs.), erbrechen.

aus|brei|ten ['au̯sbrai̯tn̩], breitete aus, ausgebreitet:
1. ⟨tr.; hat⟩ **a)** *in seiner ganzen Größe oder Breite hinlegen, zeigen:* die Zeitung vor sich ausbreiten; eine Decke über den/(auch:) dem Käfig ausbreiten.
b) *(zusammengehörige Gegenstände) nebeneinander hinlegen:* sie breitete die Geschenke auf dem Tisch aus.
2. ⟨tr.; hat⟩ *nach den Seiten hin ausstrecken:* die Flügel, die Arme ausbreiten; die Bäume breiten ihre Äste aus.
3. ⟨+ sich⟩ **a)** *Raum, Boden gewinnen; sich nach allen Richtungen ausdehnen:* das Feuer hat sich schnell weiter ausgebreitet; das Unkraut breitet sich auf dem Beet aus. **Syn.:** um sich greifen, sich verbreiten. **b)** *sich über eine bestimmte Fläche aus-*

gedehnt darbieten: Wiesen und Felder breiteten sich vor ihren Augen [bis zum Horizont hin] aus. **Syn.:** sich ausdehnen, sich erstrecken.
4. ⟨+ sich⟩ *weitschweifig, detailliert erörtern:* er konnte sich stundenlang über dieses Thema ausbreiten. **Syn.:** sich auslassen, sich ergehen, reden, sprechen, sich verbreiten.
5. ⟨+ sich⟩ (ugs.) *es sich an einem Platz bequem machen [und dabei viel Raum für sich beanspruchen]:* sie hat sich auf dem Sofa ausgebreitet. **Syn.:** sich breitmachen.

aus|brem|sen ['au̯sbrɛmzn̩], bremste aus, ausgebremst:
1. ⟨tr.; hat⟩ **a)** (Rennsport) *(einen Fahrer, ein Fahrzeug) beim Einfahren* (1) *in die Kurve durch absichtlich spätes Bremsen überholen:* er bremste seinen Konkurrenten in einer gefährlichen Kurve aus. **b)** *sich vor jmdn. setzen und durch Bremsen behindern:* kurz vor der Ausfahrt wurde sie plötzlich überholt und ausgebremst.
2. ⟨tr.; hat⟩ (ugs.) *(jmdn.) überlisten, geschickt als Konkurrenten o. Ä. ausschalten* (2): die Konkurrenz ausbremsen.

aus|bren|nen ['au̯sbrɛnən], brannte aus, ausgebrannt:
1. ⟨tr.; hat⟩ **a)** *durch Ätzen, Brennen beseitigen:* er hat die Warze ausgebrannt. **b)** *durch Ätzen, Brennen reinigen:* die Ärztin hat die Wunde ausgebrannt.
2. ⟨tr.; hat⟩ *völlig ausdörren:* die Sonne hat die Erde ausgebrannt; meine Kehle war [wie] ausgebrannt. **Syn.:** austrocknen.
3. ⟨itr.; ist⟩ **a)** *zu Ende brennen, aufhören zu brennen:* das Feuer, die Kerze brennt aus; ein ausgebrannter *(erloschener)* Vulkan. **b)** *im Inneren gänzlich verbrennen, durch Feuer völlig zerstört werden:* der Wagen ist bei dem Unglück völlig ausgebrannt.

Aus|bruch ['au̯sbrʊx], der; -[e]s, Ausbrüche ['au̯sbrʏçə]:
1. a) *das gewaltsame Ausbrechen aus einem Gewahrsam; Flucht:* der Ausbruch der Gefangenen. **b)** *das Sichlösen aus einer Bindung; das Verlassen einer Gemeinschaft:* der Ausbruch aus der bürgerlichen Gesellschaft. **Syn.:** Ausstieg.
2. a) *plötzliches, heftiges Einsetzen von etwas:* der Ausbruch von Streit, Jubel. **b)** *plötzlicher Beginn:* der Ausbruch einer Epidemie, Krankheit. **Zus.:** Kriegsausbruch. **c)** *plötzliches Ausbrechen* (4 c) *von Schweiß:* der Ausbruch kam plötzlich. **Zus.:** Schweißausbruch.
3. *(von einem Vulkan) mit Heftigkeit einsetzende Tätigkeit:* der Ausbruch des Ätnas. **Zus.:** Vulkanausbruch.
4. *plötzliches Einsetzen von Gefühlsäußerungen:* sich vor jmds. unbeherrschten Ausbrüchen fürchten. **Zus.:** Freudenausbruch, Wutausbruch.

aus|brü|ten ['au̯sbry:tn̩], brütete aus, ausgebrütet ⟨tr.; hat⟩:
1. a) *(junge Vögel) durch Brüten zum Ausschlüpfen bringen:* Küken [künstlich] ausbrüten. **b)** *(Eier) bis zum Ausschlüpfen der Jungen bebrüten:* die Henne brütet die Eier aus.
2. (ugs. scherzh.) **a)** *im Begriff sein, zu bekommen:* du brütest wohl einen Schnupfen aus? **b)** *sich (mühsam) ausdenken:* sie brüten einen Plan aus. **Syn.:** aushecken (ugs.), ausklügeln.

aus|bü|geln ['au̯sby:gl̩n], bügelte aus, ausgebügelt ⟨tr.; hat⟩:
1. *durch Bügeln glätten:* die Nähte müssen noch ausgebügelt werden.
2. *durch Bügeln entfernen:* die Falten im Rock ausbügeln.
3. (ugs.) *bereinigen, wieder in Ordnung bringen:* sie bügelte die Affäre, den Fehler, die Einbußen schnell wieder aus. **Syn.:** aus der Welt schaffen, bereinigen, ins Reine bringen.

aus|bu|hen ['au̯sbu:ən], buhte aus, ausgebuht ⟨tr.; hat⟩ (ugs.): *durch Ausrufe des Missfallens seine Unzufriedenheit an jmdm., etwas bekunden:* die Theateraufführung, der Künstler wurde ausgebuht.

Aus|bund ['au̯sbʊnt]:
in der Wendung **ein Ausbund an/von etwas** (oft abwertend oder ironisch): *ein Muster[beispiel], der Inbegriff, die Verkörperung von etwas:* er ist ein Ausbund an Verlogenheit, aller Schlechtigkeit; ein Ausbund von Klugheit.

aus|bür|gern ['au̯sbʏrgɐn], bürgerte aus, ausgebürgert ⟨tr.; hat⟩:
jmdm. [gegen seinen Willen] die Staatsangehörigkeit aberkennen, entziehen /Ggs. einbürgern/: er wurde aus seinem Land ausgebürgert.

aus|bürs|ten ['au̯sbʏrstn̩], bürstete aus, ausgebürstet ⟨tr.; hat⟩:
a) *mit einer Bürste aus etwas entfernen:* Staub [aus dem Mantel] ausbürsten. **b)** *mit einer Bürste reinigen:* die Hose ausbürsten. **c)** *(Haare) kräftig bürsten:* das Haar ausbürsten.

Aus|dau|er ['au̯sdau̯ɐ], die; -:
Beharrlichkeit (bei einer Arbeit, Tätigkeit): er hatte keine Ausdauer bei der Arbeit; es fehlt ihr beim Schwimmen noch die Ausdauer. **Syn.:** Beständigkeit.

aus|dau|ernd ['au̯sdau̯ɐnt] ⟨Adj.⟩:
beharrlich; unermüdlich; von großer Ausdauer: eine ausdauernde Läuferin; der Journalist erhält einen Preis für seine ausdauernde Berichterstattung. **Syn.:** fest, hartnäckig, unbeirrt, unverdrossen, verbissen.

aus|deh|nen ['au̯sde:nən], dehnte aus, ausgedehnt:
1. a) ⟨tr.; hat⟩ *über einen bestimmten Bereich hinaus erweitern:* die Grenzen eines Staates ausdehnen. **b)** ⟨+ sich⟩ *räumliche Erstreckung gewinnen, sich auf ein weiteres Gebiet erstrecken:* der Handel dehnt sich immer weiter aus. **Syn.:** sich ausweiten.
2. a) ⟨tr.; hat⟩ *den Umfang, das Volumen von etwas vergrößern:* die Hitze dehnt die Schienen aus; das Gummiband ganz ausdehnen. **Syn.:** ausweiten, dehnen. **b)** ⟨+ sich⟩ *an Umfang, Volumen zunehmen:* Gas, Wasser, Metall dehnt sich bei Erwärmung aus. **Syn.:** anschwellen, sich dehnen.
3. a) ⟨tr.; hat⟩ *zeitlich in die Länge ziehen:* seinen Besuch bis zum nächsten Tag ausdehnen; ein ausgedehnter *(langer)* Spaziergang. **Syn.:** hinausziehen, verlängern. **b)** ⟨+ sich⟩ *sich in die Länge ziehen, lange Zeit andauern:* die Feier dehnte sich über den ganzen Abend aus. **Syn.:** andauern, [1]dauern, sich hinziehen, sich ziehen.
4. ⟨tr.; hat⟩ *jmdn., etwas in etwas einbeziehen:* sie hat die

Nachforschungen auf die ganze Stadt ausgedehnt; seinen Einfluss auf andere ausdehnen. **Syn.:** ausweiten, erweitern.
5. ⟨+ sich⟩ *sich über einen größeren Raum erstrecken, einen größeren Bereich umfassen:* weites Land dehnt sich vor ihm aus; ausgedehnte *(große)* Ländereien. **Syn.:** sich ausbreiten, sich erstrecken.

Aus|deh|nung ['au̯sde:nʊŋ], die; -, -en:
das Ausdehnen; das Sichausdehnen: die Ausdehnung des Materials bei Wärme.

aus|den|ken ['au̯sdɛŋkn̩], dachte aus, ausgedacht ⟨+ sich⟩:
sich in Gedanken, in seiner Vorstellung zurechtlegen: sich eine Überraschung, etwas Lustiges ausdenken; ich hatte mir einen Trick ausgedacht; es ist nicht auszudenken *(es ist unvorstellbar),* was ohne ihre Hilfe passiert wäre. **Syn.:** ausklügeln, ausknobeln (ugs.), sich ausmalen, austüfteln, sich vorstellen.

aus|dre|hen ['au̯sdre:ən], drehte aus, ausgedreht ⟨tr.; hat⟩:
a) *durch Drehen eines Schalters o. Ä. die Zufuhr von etwas unterbinden:* das Gas ausdrehen. **Syn.:** abdrehen, abschalten, abstellen, ausmachen, ausschalten. **b)** *ausschalten, abstellen* (2): das Radio, das Licht ausdrehen. **Syn.:** abdrehen, abschalten, ausknipsen (ugs.), ausmachen.

¹Aus|druck ['au̯sdrʊk], der; -[e]s, Ausdrücke ['au̯sdrʏkə]:
1. *aus einem oder mehreren Wörtern bestehende sprachliche Einheit; Bezeichnung, Terminus; Wendung:* ein gewählter, umgangssprachlicher, ordinärer Ausdruck; Ausdrücke aus einer Fachsprache gebrauchen; diesen Ausdruck habe ich noch nie gehört. **Syn.:** Begriff, Vokabel, Wort. **Zus.:** Fachausdruck, Modeausdruck.
2. ⟨ohne Plural⟩ *Stil oder Art und Weise des Formulierens, der künstlerischen Gestaltung:* sein Ausdruck ist schwerfällig; Gewandtheit im Ausdruck; ihr Gesang ist ohne Ausdruck. **Syn.:** Ausdrucksweise, Diktion, Stil.
3. ⟨ohne Plural⟩ *äußeres, sichtbares Zeichen, in dem sich eine innere Betroffenheit, eine seelische Verfassung widerspiegelt:* ein Ausdruck von Trauer zeigt sich auf ihrem Gesicht; er schrieb das Gedicht als Ausdruck seiner Liebe; etwas zum Ausdruck bringen *(erkennen lassen, ausdrücken);* in ihren Worten kam ihre Verbitterung zum Ausdruck *(drückte sich darin aus).* **Zus.:** Gesichtsausdruck.

²Aus|druck ['au̯sdrʊk], der; -[e]s, -e:
ausgedruckter Text von im Computer gespeicherten Daten: ein Ausdruck mit den Zahlungseingängen der letzten drei Monate. **Zus.:** Computerausdruck.

aus|drü|cken ['au̯sdrʏkn̩], drückte aus, ausgedrückt:
1. ⟨tr.; hat⟩ **a)** *(Flüssigkeit) aus etwas pressen:* den Saft [aus der Zitrone] ausdrücken. **Syn.:** auspressen. **b)** *durch Drücken, Pressen die enthaltene Flüssigkeit aus etwas austreten* (5) *lassen:* eine Zitrone, den Schwamm ausdrücken. **Syn.:** auspressen, ausquetschen.
2. ⟨tr.; hat⟩ *(Brennendes, Glimmendes) durch Zerdrücken zum Erlöschen bringen:* eine Zigarette, die Glut ausdrücken.
3. a) ⟨tr.; hat⟩ *in bestimmter Weise formulieren:* seine Gedanken klar, präzise ausdrücken. **Syn.:** darlegen, darstellen, in Worte fassen, zum Ausdruck bringen. **b)** ⟨+ sich⟩ *in bestimmter Weise sprechen, sich äußern:* sich gewählt, verständlich ausdrücken; er kann sich nicht gut ausdrücken. **Syn.:** formulieren, reden.
4. ⟨tr.; hat⟩ **a)** *mit Worten zum Ausdruck bringen, aussprechen:* sein Mitgefühl, Bedauern, seinen Dank ausdrücken. **Syn.:** äußern, mitteilen, zu erkennen geben. **b)** *erkennbar machen:* ihre Haltung drückt Trauer aus. **Syn.:** erkennen lassen, offenbaren, verraten, zeigen.

aus|drück|lich ['au̯sdrʏklɪç] ⟨Adj.⟩:
deutlich, unmissverständlich [vorgebracht]; extra [für diesen Fall erwähnt]: ein ausdrückliches Verbot; ich habe ausdrücklich gesagt, dass er sofort bezahlen muss. **Syn.:** besonders, eigens.

ausdrücklich/nachdrücklich

Ausdrücklich bedeutet *explizit, unmissverständlich, klar und deutlich:*

- Leibniz hat seine Lehre ausdrücklich als Hypothese bezeichnet.
- Es war sein ausdrücklicher Wunsch, allein ins Kino zu gehen.
- Ich hatte ausdrücklich Pommes frites mit Ketchup bestellt und nicht mit Mayonnaise.
- Lassen Sie mich dies ausdrücklich betonen.

Nachdrücklich bedeutet dagegen so viel wie *mit Nachdruck, energisch:*

- Der Lehrer sagte den Schülern bei dem Projekt seine nachdrückliche Unterstützung zu.
- Die Bürger setzten sich nachdrücklich für den Bau einer Schnellstraße ein.

aus|drucks|voll ['au̯sdrʊksfɔl] ⟨Adj.⟩:
a) *die psychische Verfassung, eine Gemütsbewegung, Einstellung [eines Menschen] deutlich widerspiegelnd:* ein ausdrucksvolles Profil. **b)** *mit viel ¹Ausdruck* (2), *Gefühl vorgetragen, gestaltet:* er singt ausdrucksvoll; das Kind erzählt ausdrucksvoll.

Aus|drucks|wei|se ['au̯sdrʊksvai̯zə], die; -, -n:
Art und Weise, wie sich jmd. mündlich oder schriftlich ausdrückt: eine gewählte Ausdrucksweise. **Syn.:** Diktion, Sprache, Stil.

aus|düns|ten ['au̯sdʏnstn̩], dünstete aus, ausgedünstet ⟨tr.; hat⟩:
(Feuchtigkeit, Geruch) von sich geben: die Pferde dünsteten einen scharfen Geruch aus.

Aus|düns|tung ['au̯sdʏnstʊŋ], die; -, -en:
1. *das Ausdünsten:* die Ausdünstung von Gasen, Schweiß. **Zus.:** Hautausdünstung.
2. *unangenehmer Geruch, der von jmdm., etwas ausgeschieden wird:* seine Ausdünstungen stießen sie ab.

aus|ei|n|an|der [au̯s|ai̯'nandɐ] ⟨Adverb⟩:

1. *an voneinander entfernten Orten [befindlich]; räumlich oder zeitlich voneinander getrennt:* die beiden Köpfe waren zu weit auseinander, um auf ein Bild zu passen.
2. *eines aus dem andern heraus:* etwas auseinander entwickeln; Formeln auseinander ableiten.

aus|ei|n|an|der|ge|hen [aus̯|ai̯'nandɐge:ən], ging auseinander, auseinandergegangen ⟨itr.; ist⟩:
1. a) *eine Gemeinschaft, Partnerschaft auflösen, aufgeben:* sie sind im besten Einvernehmen auseinandergegangen. **Syn.:** sich scheiden lassen, sich trennen. **b)** (ugs.) *sich wieder auflösen, nicht länger bestehen:* ihre Verlobung, die Ehe ist auseinandergegangen.
2. *von einer bestimmten Stelle an nach verschiedenen Seiten verlaufen:* die Straßen gehen hier auseinander. **Syn.:** sich gabeln, sich teilen, sich verzweigen.
3. (ugs.) *in mehrere Teile zerfallen:* das Spielzeug ist auseinandergegangen. **Syn.:** aus dem Leim gehen (ugs.), auseinanderbrechen, entzweigehen, kaputtgehen, sich in seine Bestandteile auflösen, zerbrechen.
4. *nicht übereinstimmen, verschieden sein:* in diesem Punkt gehen unsere Ansichten auseinander. **Syn.:** sich scheiden, sich unterscheiden.
5. (ugs.) *dick[er] werden:* er ist ziemlich auseinandergegangen. **Syn.:** zulegen, zunehmen.

aus|ei|n|an|der|set|zen [aus̯|ai̯'nandɐzɛtsn̩], setzte auseinander, auseinandergesetzt:
1. ⟨tr.; hat⟩ *bis ins Einzelne erklären, darlegen:* jmdm. seine Gründe für ein Verhalten auseinandersetzen. **Syn.:** erzählen, klarmachen, schildern.
2. ⟨+ sich⟩ *sich eingehend (mit jmdm., etwas) beschäftigen:* sie hatte sich mit ihrer Konkurrentin, mit diesem Problem auseinanderzusetzen. **Syn.:** sich befassen.
3. ⟨tr.; hat⟩ *voneinander wegsetzen:* die Schüler auseinandersetzen.

Aus|ei|n|an|der|set|zung [aus̯|ai̯'nandɐzɛtsʊŋ], die; -, -en:
1. *eingehende kritische Beschäftigung (mit etwas):* eine Auseinandersetzung mit diesem Problem ist notwendig.
2. a) *Diskussion, Debatte:* scharfe, erbitterte Auseinandersetzungen. **Syn.:** Aussprache, Dialog, Disput (bildungsspr.), Gespräch. **b)** *[mit Worten ausgetragener] heftiger Streit, Kontroverse:* sie hatte mit ihrem Chef eine Auseinandersetzung. **Syn.:** Konflikt, Krach, Zank, Zusammenstoß.
3. *mit militärischen Mitteln ausgetragener Streit, Kampf:* kriegerische, bewaffnete Auseinandersetzungen. **Syn.:** bewaffneter Konflikt, Konflikt, Krieg.

aus|er|se|hen ['aus̯|ɛɐ̯ze:ən], ersieht aus, ersah aus, ausersehen ⟨tr.; hat⟩ (geh.):
zu jmdm. oder etwas bestimmen, auswählen, für etwas vorsehen: jmdn. als Leiter der Delegation ausersehen; zu Großem ausersehen sein. **Syn.:** ²auslesen, aussuchen.

aus|fah|ren ['aus̯fa:rən], fährt aus, fuhr aus, ausgefahren:
1. a) ⟨itr.; ist⟩ *zu einem in einem äußeren Bereich liegenden Ziel fahren:* die Boote sind am frühen Morgen [zum Fischfang] ausgefahren. **b)** ⟨itr.; ist⟩ *fahrend einen Ort verlassen:* aus einem Grundstück ausfahren; das Schiff ist aus dem Hafen ausgefahren. **c)** ⟨itr.; ist⟩ (veraltend) *eine Spazierfahrt machen:* sie sind heute Abend ausgefahren. **Syn.:** spazieren fahren. **d)** ⟨tr.; hat⟩ *(besonders ein Kind) in einem Wagen im Freien umherfahren:* der Vater hat das Baby ausgefahren. **Syn.:** spazieren fahren. **e)** ⟨tr.; hat⟩ *mit einem Fahrzeug (an jmdn.) liefern:* die Post hat das Paket noch nicht ausgefahren. **Syn.:** ausliefern, zustellen.
2. ⟨tr.; hat⟩ *(aus etwas) herausgleiten lassen:* die Antenne ausfahren; die Pilotin hat das Fahrgestell des Flugzeuges ausgefahren.
3. ⟨tr.; hat⟩ *(ein Fahrzeug) so fahren, dass die höchste Leistungsfähigkeit erreicht ist:* er hat seinen Wagen niemals voll ausgefahren.
4. ⟨tr.; hat⟩ *(eine Kurve) auf der äußeren Seite der Fahrbahn durchfahren:* sie hat die Kurve, alle Ecken ausgefahren.
5. ⟨tr.; hat⟩ *durch Befahren stark beschädigen:* die Panzer haben die Wege völlig ausgefahren; die Piste ist sehr ausgefahren; ausgefahrene Feldwege.
6. ⟨itr.; ist⟩ *eine heftige, auch fahrige Bewegung machen:* sein Arm fuhr aus, war ausgefahren; ausfahrende *(heftige, fahrige)* Bewegungen machen.

Aus|fahrt ['aus̯fa:ɐ̯t], die; -, -en:
1. *das Ausfahren* (1a, b, c).
2. *Stelle, an der ein Fahrzeug aus einem bestimmten Bereich herausfährt* /Ggs. Einfahrt/: die Ausfahrt des Hofes, des Hafens; bitte die Ausfahrt frei halten. **Zus.:** Hafenausfahrt, Hofausfahrt.

Aus|fall ['aus̯fal], der; -[e]s, Ausfälle ['aus̯fɛlə]:
1. *das Ausfallen* (1): der Ausfall der Zähne, der Haare. **Syn.:** Verlust. **Zus.:** Haarausfall.
2. a) *das Ausfallen* (2 a); *Einbuße:* ein Ausfall des Verdienstes, der Einnahmen; der Streik verursachte einen großen Ausfall in der Produktion. **Zus.:** Verdienstausfall. **b)** *das Ausfallen* (2 b), *Nichtstattfinden:* derAusfall des Unterrichts. **Zus.:** Arbeitsausfall, Unterrichtsausfall. **c)** *das Fehlen:* es gab Ausfälle durch Krankheit. **d)** *das Ausfallen* (2 d), *das Nicht-mehr-Funktionieren:* der Ausfall der Maschine, des Triebwerks.

aus|fal|len ['aus̯falən], fällt aus, fiel aus, ausgefallen ⟨itr.; ist⟩:
1. *sich aus einem organischen Zusammenhalt lösen; herausfallen, ausgehen* (10): ihm fallen schon die Haare aus; die Federn, Zähne sind ausgefallen.
2. a) *[entgegen den Erwartungen] ausbleiben, wegfallen:* wegen ihrer Erkrankung fielen die Einnahmen aus. **Syn.:** aussetzen. **b)** *wegen eines widrigen Umstandes nicht stattfinden:* das Konzert fiel aus. **Syn.:** flachfallen (ugs.), ins Wasser fallen (ugs.). **c)** *fehlen, nicht anwesend, nicht verfügbar sein:* drei Mitarbeiterinnen fielen wegen Krankheit aus. **d)** *plötzlich nicht mehr funktionieren, aussetzen:* die Maschine, der Strom fällt aus. **Syn.:** aussetzen, streiken.
3. *in bestimmter Weise geartet, beschaffen sein, ein bestimmtes Ergebnis haben:* das Zeugnis ist gut ausgefallen; die Niederlage

fiel sehr deutlich aus. **Syn.:** geraten, [1]werden.

aus|fal|lend ['ausfalənt] ⟨Adj.⟩: *in grober Weise beleidigend, unverschämt:* eine ausfallende Bemerkung; er wird leicht ausfallend. **Syn.:** ausfällig, frech, pampig (ugs. abwertend), patzig.

aus|fäl|lig ['ausfɛlɪç] ⟨Adj.⟩: *ausfallend:* eine ausfällige Bemerkung, Äußerung. **Syn.:** frech, pampig (ugs. abwertend), patzig, unverschämt.

aus|fer|ti|gen ['ausfɛrtɪgn̩], fertigte aus, ausgefertigt ⟨tr.; hat⟩: *schriftlich festlegen; [in amtlicher Funktion] in schriftlicher Form ausarbeiten:* einen Vertrag ausfertigen; einen Pass, ein Zeugnis ausfertigen. **Syn.:** ausschreiben, ausstellen.

aus|fin|dig ['ausfɪndɪç]: in der Wendung **jmdn., etwas ausfindig machen:** *jmdn., etwas nach längerem Suchen finden:* ich habe ein Geschäft ausfindig gemacht, in dem man preiswert einkaufen kann; kannst du mal seine Adresse ausfindig machen? **Syn.:** jmdn., etwas auffinden; jmdn., etwas aufspüren; jmdn., etwas aufstöbern; jmdn., etwas auftreiben (ugs.); jmdn., etwas auftun (ugs.); jmdn., etwas entdecken.

aus|flie|gen ['ausfli:gn̩], flog aus, ausgeflogen:
1. ⟨itr.; ist⟩ *das Nest o. Ä. verlassen, hinausfliegen:* die jungen Vögel sind [aus dem Nest] ausgeflogen. **Syn.:** ausschwärmen.
2. ⟨itr.; ist⟩ (ugs.) *nicht zu Hause sein:* die ganze Familie ist ausgeflogen.
3. a) ⟨itr.; ist⟩ *einen bestimmten [gefährdeten] Bereich mit dem Flugzeug o. Ä. verlassen:* aus einer Gefahrenzone ausfliegen; die unbekannten Flugzeuge sind wieder ausgeflogen. **b)** ⟨tr.; hat⟩ *mit dem Flugzeug o. Ä. aus einem [gefährdeten] Ort transportieren:* man hatte vor allem Verwundete und Kranke [aus dem Kessel] ausgeflogen. **Syn.:** abtransportieren, evakuieren, hinausfliegen.

aus|flie|ßen ['ausfli:sn̩], floss aus, ausgeflossen ⟨itr.; ist⟩:
a) *(aus etwas) fließen, auslaufen:* das Wasser ist [aus dem Gefäß] ausgeflossen; das Öl ist durch ein Leck ausgeflossen. **Syn.:** abfließen, entströmen, laufen, strömen. **b)** *[durch ein Leck, eine undichte Stelle] Flüssigkeit austreten lassen:* das Fass ist ausgeflossen. **Syn.:** auslaufen.

aus|flip|pen ['ausflɪpn̩], flippte aus, ausgeflippt ⟨itr.; ist⟩ (ugs.):
1. *vor Freude, Begeisterung ganz außer sich sein:* über ihren Erfolg war sie total ausgeflippt. **Syn.:** aus dem Häuschen geraten (ugs.), aus dem Häuschen sein (ugs.), sich freuen.
2. *die Nerven verlieren:* er flippt bei jeder Kleinigkeit aus. **Syn.:** ausrasten (Jargon), durchdrehen (ugs.).
3. (veraltend) *sich bewusst außerhalb der gesellschaftlichen Norm stellen:* viele halten ihn für ausgeflippt.

Aus|flucht ['ausflʊxt], die; -, Ausflüchte ['ausflʏçtə]: *nicht wirklich zutreffender Grund, der als Entschuldigung vorgebracht wird:* seine Erklärungen klingen wie Ausflüchte; Ausflüchte machen *(Ausreden vorbringen).* **Syn.:** Ausrede, Vorwand.

Aus|flug ['ausflu:k], der; -[e]s, Ausflüge ['ausfly:gə]: *Wanderung oder Fahrt in die Umgebung, die zur Erholung oder zum Vergnügen stattfindet:* am Sonntag machen wir einen Ausflug. **Syn.:** Abstecher, Exkursion, Expedition, Reise, Spaziergang, Tour, Trip (ugs.). **Zus.:** Betriebsausflug, Familienausflug, Klassenausflug, Schulausflug, Tagesausflug, Wochenendausflug.

Aus|fluss ['ausflʊs], der; -es, Ausflüsse ['ausflʏsə]:
1. a) *das Ausfließen* (a): den Ausfluss von Öl einzudämmen suchen. **b)** *Stelle, an der etwas ausfließen, austreten kann:* der Ausfluss des Beckens, der Wanne ist verstopft. **Syn.:** Abfluss.
2. *von einem Organismus abgesonderte, ausgeschiedene flüssige Substanz:* ein übel riechender Ausfluss von Eiter. **Syn.:** Ausscheidung.
3. (geh.) *das Sichauswirken von etwas; Ergebnis, Folge:* es war ein Ausfluss seiner schlechten Laune. **Syn.:** Auswirkung, Konsequenz, Wirkung.

aus|fra|gen ['ausfra:gn̩], fragte aus, ausgefragt ⟨tr.; hat⟩: *durch gezieltes Fragen von jmdm. zu erfahren suchen:* lass dich nicht von ihr ausfragen!; er hat ihn über seinen Chef ausgefragt. **Syn.:** ausforschen, aushorchen (ugs.).

aus|fres|sen ['ausfrɛsn̩], frisst aus, fraß aus, ausgefressen ⟨tr.; hat⟩:
1. *(ein Gefäß, eine Frucht u. Ä.) leer fressen:* der Hund hat seinen Napf ausgefressen.
2. (ugs.) *etwas Unrechtes, Strafbares tun:* was hat er denn wieder ausgefressen? **Syn.:** anrichten, anstellen, machen.

Aus|fuhr ['ausfu:ɐ̯], die; -, -en: *Verkauf von Waren ins Ausland* /Ggs. Einfuhr/: die Ausfuhr von Weizen; die Ausfuhr fördern, drosseln. **Syn.:** Außenhandel, Export. **Zus.:** Warenausfuhr.

aus|füh|ren ['ausfy:rən], führte aus, ausgeführt ⟨tr.; hat⟩:
1. a) *einem Auftrag gemäß tun, in die Tat umsetzen:* ein Vorhaben, einen Plan ausführen; einen Befehl ausführen. **Syn.:** abwickeln, durchführen, erfüllen, erledigen, realisieren, verwirklichen. **b)** *(eine bestimmte Arbeit) machen, erledigen:* Arbeiten, Reparaturen ausführen. **Syn.:** verrichten.
2. *Waren ins Ausland verkaufen* /Ggs. einführen/: Getreide, Südfrüchte ausführen. **Syn.:** exportieren.
3. a) *(jmdn.) ins Freie führen, spazieren führen:* einen Kranken ausführen; sie führt morgens und abends ihren Hund aus. **b)** *(ein Mädchen, eine Frau) zum Ausgehen (ins Theater, in ein Restaurant o. Ä.) einladen:* sich gerne ausführen lassen; der Vater hat seine Tochter ausgeführt.
4. a) *in Einzelheiten ausarbeiten und vollenden:* den Schluss des Stückes hat die Dichterin nicht ausgeführt. **b)** *in bestimmter Weise herstellen, gestalten, machen:* ein Bild in Öl, in Wasserfarben ausführen; die Tanzschritte ganz exakt ausführen.
5. *mündlich oder schriftlich [eingehend] darlegen, erklären:* etwas umständlich, an zahlreichen Beispielen ausführen; wie ich vorhin ausgeführt habe, sind

die Untersuchungen noch nicht abgeschlossen. **Syn.:** zeigen.

aus|führ|lich ['au̯sfy:ɐ̯lɪç] ⟨Adj.⟩: *bis ins Einzelne gehend; eingehend:* eine ausführliche Darstellung; sie gab einen ausführlichen Bericht über ihre letzte Reise. **Syn.:** breit, gründlich, umfassend, weitläufig, weitschweifig.

Aus|füh|rung ['au̯sfy:rʊŋ], die; -, -en:
1. a) *das Ausführen* (1 a), *Verwirklichen:* Schwierigkeiten bei der Ausführung des ersten Planes; die Ausführung eines Befehls, eines Auftrags. **b)** *das Ausführen* (1 b) *einer Arbeit o. Ä.:* die Ausführung der Reparatur nimmt mehrere Wochen in Anspruch.
2. a) *das Ausarbeiten, Vollenden:* die Ausführung der Skizzen vornehmen. **b)** *das Ausführen* (4 b), *Herstellen in einer bestimmten Weise:* eine einfache, elegante Ausführung; Ledertaschen in verschiedenen Ausführungen. **Syn.:** Modell, Version. **Zus.:** Sonderausführung, Standardausführung.
3. ⟨Plural⟩ *darlegende, erklärende, argumentierende Worte:* seine Ausführungen waren langweilig; sie konnte den Ausführungen des Redners nicht folgen. **Syn.:** Darstellung, Überlegung.

aus|fül|len ['au̯sfʏlən], füllte aus, ausgefüllt ⟨tr.; hat⟩:
1. a) *(etwas Hohles) [vollständig] füllen:* einen Graben [mit Sand] ausfüllen. **b)** *(einen bestimmten begrenzten Raum) völlig beanspruchen, einnehmen:* der Schrank füllt die ganze Ecke des Zimmers aus.
2. *(eine bestimmte begrenzte Zeit) mit etwas zubringen, überbrücken:* eine Pause, seine freie Zeit mit etwas ausfüllen.
3. *(von einer Tätigkeit, Aufgabe o. Ä.) ganz in Anspruch nehmen, innerlich befriedigen:* die Arbeit im Büro füllte sie nicht mehr aus. **Syn.:** auslasten, erfüllen, zufriedenstellen.
4. *(ein Formular o. Ä.) mit allen erforderlichen Eintragungen versehen:* einen Scheck, einen Fragebogen ausfüllen.
5. *(ein Amt o. Ä.) in bestimmter Weise versehen:* er füllt seinen Posten nur sehr unzureichend aus. **Syn.:** erfüllen.

Aus|ga|be ['au̯sga:bə], die; -, -n:
1. a) ⟨ohne Plural⟩ *das Ausgeben* (2), *Aushändigen von etwas:* die Ausgabe der Teilnehmerausweise, von Büchern; die Ausgabe neuer Banknoten. **Zus.:** Materialausgabe, Warenausgabe. **b)** *Stelle, Ort, wo etwas ausgegeben, ausgehändigt wird:* die Ausgabe ist heute geschlossen. **Syn.:** Schalter. **Zus.:** Materialausgabe, Warenausgabe.
2. ⟨Plural⟩ *finanzielle Aufwendungen, aufzuwendende Geldsumme:* wegen des Umzugs hatte sie große Ausgaben. **Syn.:** Auslagen, Kosten, Unkosten. **Zus.:** Betriebsausgaben, Geldausgaben, Personalausgaben.
3. *Veröffentlichung eines Werkes in einer bestimmten Form oder unter einem bestimmten Datum; Druck (eines Buches o. Ä.):* eine gebundene, kommentierte Ausgabe; die neueste Ausgabe dieser Zeitschrift; eine neue Ausgabe eines Buches vorbereiten. **Syn.:** Auflage, Fassung. **Zus.:** Abendausgabe, Bibelausgabe, Gesamtausgabe, Originalausgabe.

Aus|gang ['au̯sgaŋ], der; -[e]s, Ausgänge ['au̯sgɛŋə]:
1. a) *Tür, Stelle oder Öffnung, die nach draußen, aus einem Bereich hinausführt* /Ggs. Eingang/: den Ausgang suchen; der Saal hat zwei Ausgänge. **Syn.:** Ausstieg. **Zus.:** Hinterausgang, Notausgang, Theaterausgang. **b)** *Stelle, an der man aus einem Gebiet o. Ä. hinausgehen kann:* am Ausgang des Dorfes. **Zus.:** Ortsausgang, Talausgang.
2. *Ergebnis, Ende eines Vorgangs:* der Ausgang des Krieges, des Prozesses; der Ausgang des Spiels war überraschend; ein Unfall mit tödlichem Ausgang. **Syn.:** Abschluss, Schluss. **Zus.:** Wahlausgang.
3. ⟨ohne Plural⟩ *Erlaubnis zum Ausgehen, zum Verlassen des Hauses:* die Soldaten bekamen keinen Ausgang.
4. *zum Ab-, Verschicken vorbereitete Post, Waren* /Ggs. Eingang/: die Ausgänge fertig machen, sortieren.

Aus|gangs|punkt ['au̯sgaŋspʊŋkt], der; -[e]s, -e: *Stelle o. Ä., an der etwas anfängt, von der etwas ausgeht, auf der etwas aufbaut:* der Ausgangspunkt einer Reise; wir nehmen diesen Vorfall zum Ausgangspunkt für die Diskussion; wieder zum Ausgangspunkt zurückkehren. **Syn.:** Anfang, Basis, Beginn, Grundlage, Quelle, Start, Ursprung.

aus|ge|ben ['au̯sge:bn̩], gibt aus, gab aus, ausgegeben ⟨tr.; hat⟩:
1. a) *(Geld) für etwas geben, verbrauchen, aufwenden:* auf der Reise hat sie viel [Geld] ausgegeben; wie viel hast du dafür ausgegeben? *(bezahlen müssen?)* **Syn.:** anlegen, bezahlen, investieren, lockermachen (ugs.), verschwenden, zahlen. **b)** *für jmdn. bezahlen, kaufen:* [für die Kollegen] eine Runde ausgeben; ich gebe dir, euch einen aus; am Geburtstag gibt sie immer einen aus. **Syn.:** die Spendierhosen anhaben, [2]einladen, freihalten, spendieren, springen lassen (ugs.).
2. *als zuständige Person, Stelle, in offizieller Funktion austeilen, aushändigen, zum Kauf anbieten, in Umlauf bringen o. Ä.:* neue Bücher wurden an die Schüler ausgegeben; neue Aktien, neue Banknoten ausgeben. **Syn.:** abgeben, abliefern, aushändigen.
3. *fälschlich als jmdn., etwas bezeichnen; behaupten, jmd. oder etwas Bestimmtes zu sein:* er gab das Mädchen als seine Schwester und sich als Arzt aus; etwas als Tatsache ausgeben. **Syn.:** vortäuschen.

aus|ge|bucht ['au̯sgəbu:xt] ⟨Adj.⟩: **a)** *bis zum letzten Platz belegt:* ausgebuchte Busse, Fähren; das Flugzeug ist ausgebucht. **Syn.:** überfüllt, [3]überlaufen. **b)** *keinen Termin mehr frei habend:* die Künstlerin ist schon seit Tagen ausgebucht.

aus|ge|fal|len ['au̯sgəfalən] ⟨Adj.⟩: *vom Üblichen, Gewöhnlichen in stark auffallender Weise abweichend, nicht alltäglich:* ein ausgefallener Wunsch; ein ausgefallenes Muster; ihr Geschmack war schon immer etwas ausgefallen. **Syn.:** abseitig, außergewöhnlich, einmalig (emotional), einzigartig, exotisch, extravagant, exzentrisch, irre (salopp), überspannt, ungewöhnlich, unnachahmlich, unvergleichlich.

aus|ge|gli|chen ['ausgəglɪçn̩] ⟨Adj.⟩:
1. *harmonisch, in sich ruhend, gelassen:* ein ausgeglichener Mensch; sie hat ein ausgeglichenes Wesen; er ist immer sehr ausgeglichen. **Syn.:** abgeklärt, bedacht, bedächtig, bedachtsam, beherrscht, besonnen, gefasst, gleichmütig, [1]ruhig, umsichtig.
2. *gleichmäßig, frei von Schwankungen:* in dieser Gegend herrscht ein sehr ausgeglichenes Klima; die Mannschaft ist ein ausgeglichenes *(auf allen Positionen gleich gut besetztes)* Team. **Syn.:** ebenmäßig, gemäßigt, harmonisch, regelmäßig.

aus|ge|hen ['ausge:ən], ging aus, ausgegangen ⟨itr.; ist⟩:
1. a) *(zu einem bestimmten Zweck, mit einer bestimmten Absicht) die Wohnung, das Haus verlassen:* sie war ausgegangen, um Einkäufe zu machen. **b)** *zu einem Vergnügen, zum Tanz o. Ä. gehen:* wir gehen heute Abend aus.
2. *von einer bestimmten Stelle seinen Ausgang nehmen:* von diesem Knotenpunkt gehen mehrere Fernstraßen aus. **Syn.:** abbiegen, abgehen, abzweigen, sich gabeln, sich teilen, sich verzweigen.
3. *(von Postsendungen) abgeschickt werden:* die aus- und eingehende Post.
4. a) *(von jmdm.) vorgetragen, vorgeschlagen werden, (auf jmdn.) zurückgehen:* dieser Vorschlag geht von ihr aus. **Syn.:** basieren auf, beruhen auf, fußen auf, sich herleiten, seinen Ursprung haben in, sich ergeben aus, stammen, zurückzuführen sein auf. **b)** *(von jmdm.) hervorgebracht, ausgestrahlt werden:* große Wirkung ging von ihm aus.
5. *als Ausgangspunkt nehmen; etwas zugrunde legen:* du gehst von falschen Voraussetzungen aus. **Syn.:** anknüpfen an, annehmen, anschließen an, aufgreifen, aufnehmen, sich beziehen auf, voraussetzen.
6. *etwas als Ziel haben, es auf etwas absehen:* er geht darauf aus, einen hohen Gewinn zu erzielen. **Syn.:** abzielen auf, bezwecken, es auf etwas anlegen, gerichtet sein auf, sich richten auf.
7. *in bestimmter Weise sein Ende finden:* die Angelegenheit wird nicht gut ausgehen. **Syn.:** aufhören, ausklingen, auslaufen, enden.
8. *aufhören zu brennen oder zu leuchten* /Ggs. angehen/: das Licht, die Lampe ist ausgegangen. **Syn.:** erlöschen.
9. *(von etwas, was in bestimmten Mengen vorhanden ist) sich erschöpfen, zu Ende gehen, schwinden:* die Vorräte sind ausgegangen; allmählich geht mir die Geduld aus. **Syn.:** abnehmen, sich abschwächen, alle werden (ugs.), nachlassen, sich vermindern, sich verringern, zur Neige gehen (geh.).
10. *sich aus einem organischen Zusammenhalt lösen, ausfallen:* die Zähne, Federn gehen aus; ihm gehen die Haare aus.

aus|ge|hun|gert ['ausgəhʊŋɐt] ⟨Adj.⟩:
sehr hungrig, großen Hunger leidend: sich wie ausgehungerte Wölfe auf das Essen stürzen.

aus|ge|kocht ['ausgəkɔxt] ⟨Adj.⟩ (ugs. abwertend):
raffiniert, durchtrieben: ein ausgekochter Bursche. **Syn.:** clever, findig, gerissen (ugs.), gewandt, gewieft, gewitzt, klug, listig, pfiffig, schlau, verschlagen (abwertend).

aus|ge|las|sen ['ausgəlasn̩] ⟨Adj.⟩:
in übermütiger, unbeschwerter Weise fröhlich: die Kinder sind heute sehr ausgelassen. **Syn.:** angeregt, aufgedreht (ugs.), aufgekratzt (ugs.), außer Rand und Band, heiter, lebhaft, lustig, munter, temperamentvoll, übermütig, unbekümmert, unbeschwert, vergnügt, vital, wild.

aus|ge|mer|gelt ['ausgəmɛrgl̩t] ⟨Adj.⟩:
abgemagert [und ohne Kraft]: ein ausgemergeltes Gesicht; sein Körper ist ganz ausgemergelt.

aus|ge|nom|men ['ausgənɔmən] ⟨Konj.⟩:
außer [wenn], mit Ausnahme (von jmdm., etwas): ich bin täglich zu Hause, ausgenommen am Sonntag; alle waren gekommen, ausgenommen seine Schwester, seine Schwester ausgenommen; wir werden kommen, ausgenommen *(nur nicht, wenn)* es regnet; er widerspricht allen, ausgenommen dem Vater. **Syn.:** abgesehen von, außer, bis auf, nicht inbegriffen.

aus|ge|rech|net ['ausgərɛçnət] ⟨Partikel⟩:
dient dazu, etwas Bestimmtes hervorzuheben und Ärger, Unwillen o. Ä. darüber auszudrücken, dass die gemachte Aussage nicht für etwas anderes als das Hervorgehobene zutrifft: ausgerechnet ihm musste dieser Fehler passieren; ausgerechnet gestern, als wir eine Wanderung machen wollten, regnete es. **Syn.:** [3]gerade, just (veraltend, noch scherzh.).

aus|ge|schlos|sen ['ausgəʃlɔsn̩]:
in den Wendungen **etwas ist ausgeschlossen:** *etwas ist nicht möglich, kann nicht [vorgekommen] sein:* ein Irrtum ist ausgeschlossen; **etwas für ausgeschlossen halten:** *etwas für nicht möglich, undenkbar halten, an die Richtigkeit einer Nachricht o. Ä. nicht glauben:* dass er dieses Unglück verschuldet hat, halte ich für ausgeschlossen. **Syn.:** etwas ausschließen.

aus|ge|schnit|ten ['ausgəʃnɪtn̩] ⟨Adj.⟩:
(von einem Kleid, einer Bluse o. Ä.) mit einem größeren Ausschnitt am Hals versehen: ein weit, tief ausgeschnittenes Kleid.

aus|ge|spro|chen ['ausgəʃprɔxn̩] ⟨Adj.⟩:
a) *ausgeprägt:* eine ausgesprochene Vorliebe für etwas haben; sie ist eine ausgesprochene Schönheit. **Syn.:** echt, typisch, unverkennbar, unverwechselbar. **b)** ⟨intensivierend bei Adjektiven⟩ *sehr, besonders:* er mag sie ausgesprochen gern; ein ausgesprochen heißer Sommer. **Syn.:** arg (landsch.), ausnehmend, außergewöhnlich, außerordentlich, äußerst, bemerkenswert, denkbar, enorm, erstaunlich, furchtbar (ugs.), fürchterlich (ugs.), ganz, gehörig, gewaltig (emotional), hochgradig, höchst, irre (emotional), kolossal (ugs. emotional), mächtig, riesig (ugs.), schrecklich (ugs.), selten, total (ugs.), überaus, überdi-

mensional, übermäßig, unbeschreiblich, unendlich, [1]unerhört, ungeheuer, ungemein, ungewöhnlich, unglaublich (ugs.), unheimlich (ugs.), unsagbar, unvergleichlich, unwahrscheinlich (ugs.), wahnsinnig (ugs.), zutiefst.

aus|ge|wach|sen [ˈa͜usgəvaksn̩] ⟨Adj.⟩:
a) *zu voller Größe gewachsen:* nach sechs Monaten sind die Zwergkaninchen ausgewachsen. **b)** *als solches voll entwickelt, ganz beachtlich [groß, stark]:* ein ausgewachsener Landregen war das; das ist ein ausgewachsener Unsinn. **Syn.:** arg (landsch.), ausnehmend, außergewöhnlich, außerordentlich, äußerst, bemerkenswert, besonder..., enorm, erstaunlich, furchtbar (ugs.), fürchterlich (ugs.), gehörig, gewaltig (emotional), hochgradig, höchst, kolossal (ugs. emotional), mächtig, riesig (ugs.), schrecklich (ugs.), total (ugs.), überdimensional, übermäßig, unbeschreiblich, unendlich, [1]unerhört, ungeheuer, ungemein, ungewöhnlich, unglaublich (ugs.), unheimlich (ugs.), unsagbar, unvergleichlich, unwahrscheinlich (ugs.), wahnsinnig (ugs.).

aus|ge|zeich|net [ˈa͜usgət͜sa͜içnət] ⟨Adj.⟩:
sehr gut, hervorragend: ausgezeichnete Zeugnisse; sie ist eine ausgezeichnete Reiterin; er spielt ausgezeichnet Geige. **Syn.:** bestens, exzellent, famos (ugs.), fein, gut, herrlich (emotional), klasse, köstlich, prima (ugs.), schön, spitze (ugs.), stark (ugs.), super (ugs.), toll (ugs.), unübertrefflich, vortrefflich.

aus|gie|big [ˈa͜usgi:bɪç] ⟨Adj.⟩:
reichlich: ein ausgiebiges Frühstück; ausgiebiger Regen; sich ausgiebig unterhalten; ausgiebig schlafen. **Syn.:** genug, sattsam (emotional), zur Genüge.

aus|gie|ßen [ˈa͜usgi:sn̩], goss aus, ausgegossen ⟨tr.; hat⟩:
a) *aus einem Gefäß gießen:* das Wasser [aus der Schüssel] ausgießen. **Syn.:** ausschütten, schütten. **b)** *ein Gefäß durch Weggießen der Flüssigkeit leeren:* eine Flasche ausgießen. **Syn.:** ausleeren, ausschütten.

Aus|gleich [ˈa͜usgla͜iç], der; -[e]s:
a) *Herstellung eines Zustandes, in dem Ungleichheiten, Gegensätzlichkeiten, Verschiedenheiten o. Ä. ausgeglichen sind, ein Gleichgewicht herrscht:* auf [einen] Ausgleich bedacht sein; der Streit endete mit einem Ausgleich. **Syn.:** Vergleich (Rechtsspr.). **b)** *etwas, was ein Gleichgewicht wiederherstellt:* einen Ausgleich zahlen müssen, für einen Schaden erhalten; als, zum Ausgleich treibt sie Sport. **Syn.:** Abfindung, Abstand, Entschädigung, Ersatz. **Zus.:** Finanzausgleich, Inflationsausgleich, Lohnausgleich.

aus|glei|chen [ˈa͜usgla͜içn̩], glich aus, ausgeglichen ⟨tr.; hat⟩:
a) *(Unterschiede, Gegensätze, Verschiedenheiten o. Ä.) durch einen anderen, dagegenwirkenden Faktor verschwinden lassen, beseitigen, aufheben:* Höhenunterschiede, Differenzen, Konflikte, einen Mangel ausgleichen; eine schlechte Note in Latein durch eine Eins in Mathematik ausgleichen. **Syn.:** aufholen, aufwiegen, gleichmachen, gleichziehen, ins Gleichgewicht bringen, wettmachen. **b)** ⟨+ sich⟩ *(von Gegensätzlichkeiten, Verschiedenheiten o. Ä.) sich gegenseitig aufheben, zu einem Ausgleich kommen:* Einnahmen und Ausgaben gleichen sich aus; die Unterschiede zwischen beiden Gruppen gleichen sich allmählich aus.

aus|glei|ten [ˈa͜usgla͜itn̩], glitt aus, ausgeglitten ⟨itr.; ist⟩ (geh.):
1. *ausrutschen* (1): ich bin auf dem Eis ausgeglitten.
2. *ausrutschen* (2): das Messer war ihm ausgeglitten.

aus|gra|ben [ˈa͜usgra:bn̩], gräbt aus, grub aus, ausgegraben ⟨tr.; hat⟩:
1. a) *durch Graben aus der Erde holen:* die Toten wurden ausgegraben und an anderer Stelle bestattet; Urnen ausgraben. **b)** *durch Graben sichtbar hervortreten lassen:* einen Tempel ausgraben.
2. *etwas, was in Vergessenheit geraten war, wieder zum Vorschein bringen, wieder aufleben lassen:* ein altes Gesetz, ein altes Theaterstück ausgraben. **Syn.:** wieder beleben.

Aus|guss [ˈa͜usgʊs], der; -es, Ausgüsse [ˈa͜usgʏsə]:
1. *Becken mit Abfluss zum Ausgießen von Flüssigkeiten besonders in der Küche:* den Kaffee in den Ausguss schütten.
2. *Abfluss eines Ausgusses:* der Ausguss ist verstopft. **Syn.:** Ausfluss.

aus|hal|ten [ˈa͜ushaltn̩], hält aus, hielt aus, ausgehalten:
1. ⟨tr.; hat⟩ **a)** *(Unangenehmem, bestimmten Belastungen) ausgesetzt sein:* sie hatten Hunger, Schmerzen, Strapazen auszuhalten; Entbehrungen aushalten; dass es im Winter kalt ist, muss man einfach aushalten. **Syn.:** auf sich nehmen, ausstehen, bestehen, dulden, durchmachen, durchstehen, einstecken (ugs.), erdulden, erleiden, ertragen, fertigwerden mit, hinnehmen, leiden, mitmachen (ugs.), schlucken (ugs.), sich bieten lassen müssen, sich [1]ergeben in, sich fügen in, sich schicken in, tragen, über sich ergehen lassen, überdauern, überleben, überstehen, überwinden, verkraften, verschmerzen, vertragen. **b)** *einer Sache standhalten, nicht ausweichen:* jmds. Blick aushalten.
2. ⟨itr.; hat⟩ *(irgendwo unter bestimmten Umständen) bleiben:* er hat [es] in dem Betrieb nur ein Jahr ausgehalten. **Syn.:** ausharren, durchhalten, nicht aufgeben, nicht nachgeben, nicht schlappmachen (ugs.).
3. ⟨tr.; hat⟩ *(einen Ton o. Ä.) längere Zeit erklingen lassen:* die Sängerin hielt den hohen Ton lange aus. **Syn.:** halten.
4. ⟨tr.; hat⟩ (ugs. abwertend) *für jmdn. bezahlen, jmds. Unterhalt bestreiten und ihn so von sich abhängig machen:* er hält sie aus; immer mehr Männer lassen sich von ihren Partnerinnen aushalten. **Syn.:** aufkommen für, ernähren, sorgen für, Unterhalt bezahlen, unterhalten.

aus|han|deln [ˈa͜ushandl̩n], handelte aus, ausgehandelt ⟨tr.; hat⟩:
durch Verhandlungen vereinbaren: eine Regelung, einen Kompromiss aushandeln. **Syn.:** abmachen, absprechen, sich verständigen auf/über, sich vergleichen (Rechtsspr.).

aus|hän|di|gen ['au̯shɛndɪgn̩], händigte aus, ausgehändigt ⟨tr.; hat⟩:
(jmdm., der zu dem Empfang berechtigt ist) etwas übergeben, in die Hand geben: jmdm. ein Dokument, eine Urkunde, ein Paket aushändigen. **Syn.:** abgeben, abliefern, ausgeben, austeilen, einreichen, überbringen, überreichen, vorlegen.

Aus|hang ['au̯shaŋ], der; -[e]s, Aushänge ['au̯shɛŋə]:
öffentlich ausgehängte Bekanntmachung: einen Aushang machen; sie las auf dem Aushang, dass er eine Wohnung suchte. **Syn.:** Anschlag.

[1]**aus|hän|gen** ['au̯shɛŋən], hing aus, ausgehangen ⟨itr.; hat⟩:
(als Aushang) zur allgemeinen Kenntnisnahme öffentlich, an dafür vorgesehener Stelle hängen, angebracht sein: ein Anschlag hängt aus; die Liste der Kandidaten hing zwei Wochen aus. **Syn.:** angeschlagen sein, [1]hängen.

[2]**aus|hän|gen** ['au̯shɛŋən], hängte aus, ausgehängt:
1. ⟨tr.; hat⟩ *zur allgemeinen Kenntnisnahme, an dafür vorgesehener Stelle aufhängen, öffentlich anschlagen* (4): eine Bekanntmachung aushängen; man hat den neuen Fahrplan noch nicht ausgehängt. **Syn.:** anbringen.
2. a) ⟨tr.; hat⟩ *aus der Haltevorrichtung heben:* eine Tür, einen Fensterflügel aushängen. **Syn.:** ausheben. **b)** ⟨+ sich⟩ *sich aus der Haltevorrichtung lösen:* der Fensterladen, die Kette hat sich ausgehängt. **Syn.:** auseinanderbrechen, auseinandergehen, entzweigehen, kaputtgehen.
3. ⟨+ sich⟩ *(von Kleidungsstücken u. Ä.) durch Hängen wieder glatt werden:* das Kleid hat sich ausgehängt.

aus|har|ren ['au̯sharən], harrte aus, ausgeharrt ⟨itr.; hat⟩:
an einem bestimmten Ort [trotz unangenehmer Umstände] bleiben, geduldig weiter, bis zum Ende warten: auf seinem Posten, im Versteck ausharren; sie harrte bis zu seinem Tode bei ihm aus. **Syn.:** aushalten, durchhalten, sich gedulden, nicht aufgeben, nicht schlappmachen (ugs.).

aus|he|ben ['au̯she:bn̩], hob aus, ausgehoben ⟨tr.; hat⟩:
1. a) *(Erde o. Ä.) schaufelnd herausholen:* für das Fundament musste viel Erde, Sand ausgehoben werden. **b)** *(ein Loch o. Ä.) durch Herausschaufeln herstellen:* einen Graben ausheben. **Syn.:** ausschachten, auswerfen.
2. *aus seiner Haltevorrichtung aushängen:* einen Fensterflügel ausheben.
3. *eine Gruppe von Personen, die gesucht werden, in ihrem Versteck auffinden und verhaften:* die Verschwörer wurden [in ihrem Versteck] ausgehoben. **Syn.:** auffliegen lassen, aufgreifen, beim Wickel kriegen (ugs.), ergreifen, ertappen, erwischen (ugs.), fangen, fassen, festsetzen, hochgehen lassen (ugs.), kriegen (ugs.), schnappen (ugs.).

aus|he|cken ['au̯shɛkn̩], heckte aus, ausgeheckt ⟨tr.; hat⟩ (ugs.):
sich mit List ausdenken: er hat wieder einige Streiche ausgeheckt. **Syn.:** ausklügeln, sich ausmalen, austüfteln (ugs.).

aus|hel|fen ['au̯shɛlfn̩], hilft aus, half aus, ausgeholfen ⟨itr.; hat⟩:
a) *jmdm. aus einer Verlegenheit, vorübergehenden Notlage (mit Geld o. Ä.) helfen:* weil ich kein Geld mehr hatte, half sie mir [mit 100 Euro] aus. **Syn.:** beispringen, Beistand leisten, entlasten, fördern, unterstützen.
b) *vorübergehend helfen, Beistand leisten; für jmdn. einspringen:* sie hat für vier Wochen im Geschäft ausgeholfen, weil eine Verkäuferin krank geworden ist. **Syn.:** die Vertretung übernehmen, in die Bresche springen, vertreten.

aus|höh|len ['au̯shø:lən], höhlte aus, ausgehöhlt ⟨tr.; hat⟩:
a) *inwendig hohl, leer machen:* einen Kürbis aushöhlen; ein ausgehöhlter Baumstamm.
b) *stark erschöpfen, schwächen:* das demokratische System aushöhlen. **Syn.:** beanspruchen, belasten, erschüttern, strapazieren, untergraben, unterminieren, zersetzen.

aus|ho|len ['au̯sho:lən], holte aus, ausgeholt:
1. ⟨itr.; hat⟩ *(den Arm, sich) nach hinten bewegen, um Schwung zu einer heftigen Bewegung nach vorn zu bekommen:* mit dem Arm, mit der Axt [zum Schlag] ausholen.
2. ⟨itr.; hat⟩ *beim Erzählen auf weit Zurückliegendes zurückgreifen; umständlich erzählen:* er holt immer sehr weit aus bei seinen Berichten. **Syn.:** sich ausbreiten, sich auslassen, sich äußern, sich verbreiten.

aus|hor|chen ['au̯shɔrçn̩], horchte aus, ausgehorcht ⟨tr.; hat⟩ (ugs.):
unauffällig ausfragen: sie versuchte, das Kind auszuhorchen. **Syn.:** ausquetschen (ugs.), befragen.

aus|ken|nen ['au̯skɛnən], kannte aus, ausgekannt ⟨+ sich⟩:
mit etwas vertraut sein, umzugehen wissen; etwas gut kennen, in einem bestimmten Bereich genau Bescheid wissen: ich kenne mich in Berlin gut aus; auf dem Gebiet kennt sie sich nicht aus. **Syn.:** verstehen, zu Hause sein.

aus|kip|pen ['au̯skɪpn̩], kippte aus, ausgekippt ⟨tr.; hat⟩:
a) *(aus einem Gefäß o. Ä.) durch Kippen ausschütten:* Zigarettenasche auskippen. **b)** *(ein Gefäß o. Ä.) durch Kippen leeren:* einen Eimer, Papierkorb auskippen. **Syn.:** ausleeren, ausschütten.

aus|klam|mern ['au̯sklamɐn], klammerte aus, ausgeklammert ⟨tr.; hat⟩:
in einem bestimmten Zusammenhang nicht berücksichtigen: dieses Thema wollen wir bei dem Gespräch ausklammern. **Syn.:** ausnehmen, ausschließen, außer Betracht lassen, außer [aller] Acht lassen, nicht in Betracht ziehen, nicht mitzählen, verschweigen.

Aus|klang ['au̯sklaŋ], der; -[e]s, Ausklänge ['au̯sklɛŋə] (geh.):
Ende, Abschluss von etwas: sie ließ einen Tisch im Restaurant für den netten Ausklang dieser Tagung reservieren; als Ausklang des schönen Festes gönnten sie sich ein Glas Champagner.

aus|klei|den ['au̯sklai̯dn̩], kleidete aus, ausgekleidet ⟨tr.; hat⟩:
1. (geh.) *ausziehen, entkleiden:* einen Kranken auskleiden; sie kleidete sich aus.
2. *die Innenflächen von etwas, mit etwas überziehen, bedecken:* einen Raum mit einer Vertäfe-

lung, einer Seidentapete auskleiden. **Syn.:** ausschlagen, [2]füttern, verblenden, verkleiden.

aus|klin|gen ['au̯sklɪŋən], klang aus, ausgeklungen (geh.):
1. ⟨itr.; ist⟩ *in bestimmter Weise enden; zu Ende gehen:* die Feier ist harmonisch, mit einem Lied ausgeklungen. **Syn.:** aufhören, ausgehen, zum Erliegen kommen.
2. ⟨itr.; hat⟩ *aufhören zu klingen:* die Glocken haben ausgeklungen. **Syn.:** enden.

aus|klin|ken ['au̯sklɪŋkn̩], klinkte aus, ausgeklinkt:
1. ⟨tr.; hat⟩ *durch Betätigen eines Hebels o. Ä. aus einer Haltevorrichtung lösen:* Bomben ausklinken.
2. ⟨+ sich⟩ (ugs.) *sich aus etwas, besonders aus einer Gemeinschaft, zurückziehen:* wenn es mir zu viel wird, klinke ich mich aus dem Gespräch aus; nach der Mittagspause klinkte sie sich aus. **Syn.:** sich absondern.

aus|klop|fen ['au̯sklɔp͡fn̩], klopfte aus, ausgeklopft ⟨tr.; hat⟩:
a) *durch Klopfen säubern:* den Teppich ausklopfen. **Syn.:** abklopfen. **b)** *durch Klopfen entfernen:* den Staub aus dem Teppich ausklopfen.

aus|klü|geln ['au̯skly:gl̩n], klügelte aus, ausgeklügelt ⟨tr.; hat⟩:
mit Scharfsinn ausdenken, ersinnen: sie hat eine bessere Methode ausgeklügelt; ein raffiniert ausgeklügeltes System. **Syn.:** aushecken (ugs.), ausknobeln (ugs.), sich ausmalen, austüfteln (ugs.).

aus|knip|sen ['au̯sknɪpsn̩], knipste aus, ausgeknipst ⟨tr.; hat⟩ (ugs.):
ausschalten (1) /Ggs. anknipsen/: die Lampe ausknipsen. **Syn.:** abdrehen, abschalten, abstellen, ausdrehen, ausmachen.

aus|kno|beln ['au̯skno:bl̩n], knobelte aus, ausgeknobelt ⟨tr.; hat⟩:
1. *durch Knobeln entscheiden, bestimmen:* sie knobelten aus, wer von ihnen den ersten Versuch wagen sollte.
2. (ugs.) *durch intensives Nachdenken ersinnen; ausklügeln:* einen Test, ein Verfahren ausknobeln. **Syn.:** sich ausdenken, aushecken (ugs.), sich ausmalen, austüfteln (ugs.).

aus|ko|chen ['au̯skɔxn̩], kochte aus, ausgekocht ⟨tr.; hat⟩:
1. *längere Zeit kochen lassen, um etwas daraus zu gewinnen:* Knochen, ein Stück Rindfleisch auskochen.
2. *in kochendem Wasser steril, keimfrei machen:* Instrumente, Windeln auskochen. **Syn.:** desinfizieren, sterilisieren.

aus|kom|men ['au̯skɔmən], kam aus, ausgekommen ⟨itr.; ist⟩:
1. a) *von etwas so viel zur Verfügung haben oder etwas so einteilen, dass es für einen bestimmten Zweck reicht:* sie kommt mit ihrem Geld gut aus. **Syn.:** hinkommen (ugs.), sein Auskommen haben. **b)** *in einer gegebenen Situation, Lage ohne eine bestimmte Person oder Sache zurechtkommen:* er kommt ohne seine Frau, ohne Uhr nicht aus.
2. *sich mit jmdm. vertragen, verstehen:* sie kommt mit den Nachbarn gut aus.

Aus|kom|men ['au̯skɔmən], das; -s:
ausreichender Lebensunterhalt; für jmds. Lebensunterhalt ausreichendes Einkommen: ein, sein [gutes, bescheidenes] Auskommen haben, finden; er hat ein gesichertes Auskommen. **Syn.:** Bezüge ⟨Plural⟩, Einkünfte ⟨Plural⟩, Vermögen.

aus|kos|ten ['au̯skɔstn̩], kostete aus, ausgekostet ⟨tr.; hat⟩:
ausgiebig bis zum Ende genießen, ganz ausschöpfen: die Freuden des Lebens ausgekostet haben; er kostete seinen Triumph aus. **Syn.:** zu schätzen wissen.

aus|ku|geln ['au̯sku:gl̩n], kugelte aus, ausgekugelt ⟨+ sich⟩ (ugs.):
ausrenken: bei dem Sturz hat sie sich den Arm ausgekugelt.

aus|kund|schaf|ten ['au̯skʊntʃaftn̩], kundschaftete aus, ausgekundschaftet ⟨tr.; hat⟩:
[heimlich] durch geschicktes Nachforschen erfahren, in Erfahrung bringen: ein Versteck auskundschaften; jmds. Vermögensverhältnisse auskundschaften; er hatte bald ausgekundschaftet, wo sie wohnte. **Syn.:** ausfindig machen, ausmachen, ausspionieren, erkunden, ermitteln, finden, nachforschen, sondieren, spionieren, vorfühlen.

Aus|kunft ['au̯skʊnft], die; -, Auskünfte ['au̯skʏnftə]:
1. *auf eine Frage hin gegebene Information, aufklärende Mitteilung über jmdn. oder etwas:* jmdn. um eine Auskunft bitten; mit detaillierten Auskünften dienen können. **Syn.:** Angabe, Antwort, Aufklärung, Bescheid, Info (ugs.), Information, Nachricht. **Zus.:** Rechtsauskunft.
2. ⟨ohne Plural⟩ *Stelle, die bestimmte Auskünfte erteilt, Informationen gibt:* die Auskunft [wegen einer bestimmten Telefonnummer] anrufen; sie hat bei der Auskunft [am Bahnhof] nach dem Zug gefragt. **Syn.:** Information. **Zus.:** Bahnauskunft, Telefonauskunft.

aus|ku|rie|ren ['au̯skuri:rən], kurierte aus, auskuriert ⟨tr.; hat⟩:
a) *völlig heilen* (1 a): du solltest dich erst mal auskurieren; ich gehe ins Sanatorium und lasse mich auskurieren. **b)** *völlig heilen* (1 b): ich muss meine Lungenentzündung auskurieren.

aus|la|chen ['au̯slaxn̩], lachte aus, ausgelacht:
1. ⟨tr.; hat⟩ *über jmdn. spottend lachen, sich lustig machen:* sie lachten ihn wegen seiner komischen Mütze aus. **Syn.:** aufziehen, sich amüsieren über, spotten über, verhöhnen, verspotten.
2. ⟨+ sich⟩ *so lange lachen, bis man sich wieder beruhigt hat:* er soll sich erst auslachen und dann weitersprechen.

[1]**aus|la|den** ['au̯sla:dn̩], lädt aus, lud aus, ausgeladen ⟨tr.; hat⟩:
a) *(aus einem Wagen o. Ä.) herausnehmen* /Ggs. einladen/: eine Fracht, die Kartoffeln [aus dem Waggon] ausladen. **Syn.:** ausräumen. **b)** *durch Herausnehmen der Ladung leer machen:* den Lastwagen ausladen. **Syn.:** abladen, ausleeren, ausräumen, entladen, entleeren, leeren.

[2]**aus|la|den** ['au̯sla:dn̩], lädt aus, lud aus, ausgeladen ⟨tr.; hat⟩ (ugs.):
(jmdn., den man eingeladen hat) wissen lassen, dass man die Einladung wieder rückgängig macht /Ggs. einladen/: du kannst die Gäste doch jetzt nicht mehr ausladen!

aus|la|dend ['au̯sla:dn̩t] ⟨Adj.⟩:
a) *deutlich herausragend; vorstehend:* ein ausladender Balkon. **b)** *nach außen gewölbt:* ein ausladendes Gefäß. **Syn.:** bauchig. **c)** *mit großen Bewegungen [aus-*

geführt]: der Redner machte weit ausladende Gesten. **Syn.:** ausholend.

Aus|la|ge ['auslaːgə], die; -, -n:
1. *zur Ansicht ins Schaufenster o. Ä. gelegte Ware:* die Auslagen eines Geschäfts betrachten.
2. ⟨Plural⟩ *Geldbetrag, der ausgelegt wurde:* die Auslagen für Verpflegung und Hotel werden ersetzt. **Syn.:** Aufwand ⟨Singular⟩, finanzielle Vorleistungen, Kosten, Unkosten.

Aus|land ['auslant], das; -[e]s: *Gesamtheit aller Gebiete, die nicht zum eigenen Staatsgebiet gehören* /Ggs. Inland/: er arbeitet im Ausland; das Ergebnis der Wahlen wurde vom Ausland *(von den Regierungen, der Presse o. Ä. der ausländischen Staaten)* ausführlich kommentiert. **Syn.:** ²Fremde.

Aus|län|der ['auslɛndɐ], der; -s, -, **Aus|län|de|rin** ['auslɛndərɪn], die; -, -nen:
Person, die einem ausländischen Staat angehört: sie half einem Ausländer, eine Fahrkarte zu kaufen. **Syn.:** ¹Fremde, Fremder.

aus|län|disch ['auslɛndɪʃ] ⟨Adj.⟩: *zum Ausland gehörend; aus dem Ausland kommend, stammend:* ausländische Besucher, Zeitungen. **Syn.:** fremd.

aus|las|sen ['auslasn̩], lässt aus, ließ aus, ausgelassen:
1. ⟨tr.; hat⟩ *herausfließen, entweichen lassen:* das Wasser aus der Badewanne auslassen.
2. ⟨tr.; hat⟩ **a)** *wegfallen lassen, nicht berücksichtigen:* beim Abschreiben [versehentlich] einen Satz auslassen. **Syn.:** aussparen, ²übergehen. **b)** *in der Reihenfolge nicht berücksichtigen, darüber hinweggehen:* bei der Verteilung hat der Nikolaus ein Kind ausgelassen; wir lassen den nächsten Zug aus und nehmen den übernächsten. **Syn.:** ²übergehen, überschlagen, ²überspringen. **c)** *sich etwas entgehen lassen:* eine gute Chance auslassen; er lässt kein gutes Geschäft aus. **Syn.:** kommen um, nicht [mehr] kriegen (ugs.), sich durch die Lappen gehen lassen (ugs.), verpassen, versäumen, ¹verschlafen (ugs.).
3. ⟨tr.; hat⟩ *(seine Wut, seinen Ärger o. Ä.) andere ungehemmt fühlen lassen:* er ließ seinen Zorn an seinen Mitarbeitern aus. **Syn.:** abreagieren an.
4. ⟨+ sich⟩ *sich in bestimmter Weise, urteilend über jmdn., etwas äußern; etwas erörtern:* sie ließ sich in ihrem Vortrag lang und breit über Afrika aus; er hat sich sehr negativ darüber ausgelassen. **Syn.:** sich ausbreiten, sich verbreiten.
5. ⟨tr.; hat⟩ *durch Erhitzen zum Schmelzen bringen und dabei den reinen Anteil an Fett herauslösen:* Speck in der Pfanne auslassen.
6. ⟨tr.; hat⟩ *durch Auftrennen einer Naht länger, weiter machen:* die Ärmel etwas auslassen.
7. ⟨tr.; hat⟩ *ausgezogen lassen; nicht anziehen:* den Mantel kannst du heute ruhig auslassen.
8. ⟨tr.; hat⟩ **a)** *ausgeschaltet lassen:* die Lampe, das Radio auslassen. **b)** *im Zustand des Nicht-angezündet-Seins lassen:* den Ofen noch auslassen.

Aus|las|sung ['auslasʊŋ], die; -, -en:
1. *das Auslassen:* ich habe das Buch unter Auslassung einiger weniger interessanter Kapitel noch einmal gelesen; der Text ist durch zahlreiche Auslassungen und Einschübe stark verfälscht.
2. ⟨Plural⟩ *Äußerungen:* öffentliche, mündliche, schriftliche, politische Auslassungen; ihre Auslassungen über dich waren nicht sehr freundlich. **Syn.:** Ausführungen ⟨Plural⟩, Behauptung, Bemerkung.

aus|las|ten ['auslastn̩], lastete aus, ausgelastet ⟨tr.; hat⟩:
a) *voll belasten, bis zur Grenze der Leistungsfähigkeit ausnutzen:* die Maschinen, die Kapazität eines Betriebes auslasten. **Syn.:** ausbeuten. **b)** *(von einer Arbeit, Tätigkeit) jmdn. ausfüllen, befriedigen; jmds. Kräfte voll beanspruchen:* die Hausarbeit lastet mich nicht aus.

Aus|lauf ['auslauf], der; -[e]s: *Möglichkeit, sich im Freien zu bewegen:* der Hund braucht viel Auslauf; in der Stadt haben die Kinder zu wenig Auslauf.

aus|lau|fen ['auslaufn̩], läuft aus, lief aus, ausgelaufen ⟨itr.; ist⟩:
1. a) *aus etwas herausfließen:* die Milch ist ausgelaufen. **Syn.:** ausfließen, austreten. **b)** *durch Herausfließen leer werden:* die Flasche läuft aus. **Syn.:** ausfließen.
2. *den Hafen verlassen:* die »Bremen« läuft morgen [nach New York] aus; auslaufende Schiffe.
3. a) *nicht weiterführen, ein Ende haben:* der Weg läuft im Wald aus. **Syn.:** aufhören, enden. **b)** *in etwas einmünden, übergehen:* das Tal läuft in eine weite Ebene aus.
4. *nicht fortgesetzt, weitergeführt werden:* eine Serie, ein Modell läuft aus.
5. *aufhören zu bestehen, Gültigkeit, Wirkung zu haben:* der Vertrag, die Amtszeit läuft aus. **Syn.:** ablaufen, verfallen, vergehen, verjähren, zu Ende gehen.
6. *einen bestimmten Ausgang nehmen:* der Streit, die Sache wird böse für ihn auslaufen. **Syn.:** aufhören, ausgehen, enden, zu Ende gehen.
7. *(von der Färbung, Musterung o. Ä.) sich verwischen:* die Farben sind beim Waschen ausgelaufen.

Aus|läu|fer ['auslɔyfɐ], der; -s, -: *äußerster Teil, in dem etwas ausläuft, endet:* die westlichen Ausläufer des Gebirges; der Ausläufer eines kräftigen Hochs.

aus|le|cken ['auslɛkn̩], leckte aus, ausgeleckt ⟨tr.; hat⟩:
a) *durch Lecken leer machen:* die Schüssel auslecken. **b)** *durch Lecken entfernen, aus etwas lecken:* den Pudding [aus der Schüssel] auslecken.

aus|lee|ren ['ausleːrən], leerte aus, ausgeleert ⟨tr.; hat⟩:
(ein Gefäß, Behältnis) durch Wegschütten, Entfernen des Inhalts leer machen: seine Taschen, eine Dose, Flasche ausleeren. **Syn.:** ausgießen, ausräumen, ausschütten, austrinken, leeren.

aus|le|gen ['ausleːgn̩], legte aus, ausgelegt ⟨tr.; hat⟩:
1. a) *zur Ansicht, zum Betrachten hinlegen:* die Bücher im Schaufenster auslegen. **Syn.:** ausstellen. **b)** *(als Köder, durch einen Köder getarnt o. Ä.) [versteckt] hinlegen:* Rattengift auslegen; einen Köder auslegen.
2. *zur Verzierung, als Schutz o. Ä. bedecken, mit etwas versehen:*

den Boden mit Teppichen auslegen; das Badezimmer mit Fliesen auslegen. **Syn.:** auskleiden, ausschlagen, verblenden, verkleiden.
3. *vorläufig für jmd. anders bezahlen:* kannst du mir zwei Euro für den Automaten auslegen? **Syn.:** aufwenden, vorlegen, zahlen.
4. *erläuternd, erklärend zu deuten suchen, mit einem Sinn versehen:* eine Vorschrift, ein Gesetz auslegen; du hast meine Äußerungen falsch ausgelegt. **Syn.:** auffassen, definieren, deuteln, deuten, erklären, erläutern, interpretieren, kommentieren.

aus|lei|ern ['au̯slai̯ɐn], leierte aus, ausgeleiert ⟨tr.; hat⟩ (ugs.): *durch häufigen Gebrauch so lockern, dass es nicht mehr straff ist, fest sitzt:* der Pulli, der Gurt ist schon ganz ausgeleiert.

Aus|lei|he ['au̯slai̯ə], die; -, -n:
1. ⟨ohne Plural⟩ *das Ausleihen (besonders von Büchern):* die Ausleihe einer DVD kostet 1 Euro.
2. a) *Raum in einer Bibliothek, in dem Bücher ausgeliehen werden:* wo ist denn hier die Ausleihe? **b)** *Abteilung einer Bibliothek, deren Aufgabe die Ausgabe und Rücknahme von Medien ist:* Öffnungszeiten der Ausleihe: Montag bis Freitag von 10 bis 17 Uhr; die Ausleihe hat geschlossen.

aus|lei|hen ['au̯slai̯ən], lieh aus, ausgeliehen:
a) ⟨tr.; hat⟩ *(einen Gegenstand aus seinem Besitz) einem anderen leihweise überlassen:* er hat ihm, an ihn ein Buch ausgeliehen. **Syn.:** ausborgen (österr., sonst landsch.), borgen, leihen, pumpen (ugs.), verleihen. **b)** ⟨itr.; hat⟩ *sich (von jmdm.) leihen:* sie lieh [sich] bei, von ihrer Freundin ein Fahrrad aus. **Syn.:** ausborgen (österr., sonst landsch.), borgen, entleihen, pumpen (ugs.).

aus|ler|nen ['au̯slɛrnən], lernte aus, ausgelernt ⟨itr.; hat⟩: *die Lehrzeit beenden:* sie hat ausgelernt; man lernt nie aus (ugs.; *man kann immer noch etwas dazulernen*).

Aus|le|se ['au̯sle:zə], die; -, -n:
1. *das ²Auslesen:* unter den Bewerbern wurde eine strenge Auslese vorgenommen. **Syn.:** Auswahl.
2. *die besten aus einer Anzahl von Personen oder Dingen:* am Wettkampf nimmt eine Auslese der Sportler teil. **Syn.:** Auswahl, das Beste [vom Besten], Elite, Kader, Stamm.

¹aus|le|sen ['au̯sle:zn̩], liest aus, las aus, ausgelesen ⟨tr.; hat⟩: *zu Ende lesen:* hast du das Buch, die Zeitung schon ausgelesen? **Syn.:** fertig lesen (ugs.).

²aus|le|sen ['au̯sle:zn̩], liest aus, las aus, ausgelesen ⟨tr.; hat⟩: *aufgrund einer bestimmten Eigenschaft oder Beschaffenheit auswählen:* die besten Früchte, Sportler auslesen. **Syn.:** ausersehen (geh.), ausscheiden, aussondern, aussortieren, aussuchen, lesen, sich entscheiden für, verlesen, wählen.

aus|lie|fern ['au̯sli:fɐn], lieferte aus, ausgeliefert ⟨tr.; hat⟩:
1. a) *einer anderen Instanz überlassen, in die Gewalt einer anderen Macht geben:* der Verbrecher wird an die Polizei seines Heimatlandes ausgeliefert. **Syn.:** preisgeben, überantworten (geh.), übergeben. **b)** *jmds. Herrschaft, Macht bedingungslos unterworfen sein:* Prostituierte sind ihrem Zuhälter oft schutzlos ausgeliefert.
2. *an den Handel zum Verkauf geben:* die neuen Bücher werden im Herbst ausgeliefert. **Syn.:** bringen, liefern, übergeben, zustellen.

aus|lie|gen ['au̯sli:gn̩], lag aus, ausgelegen ⟨itr.; hat; südd., österr., schweiz.: ist⟩: *zur Ansicht, zum Betrachten hingelegt, ausgebreitet sein:* die neuen Zeitschriften liegen in der Bibliothek aus. **Syn.:** aufliegen.

aus|löf|feln ['au̯slœfl̩n], löffelte aus, ausgelöffelt ⟨tr.; hat⟩:
a) *mit dem Löffel (aus etwas) herausnehmen und essen:* die Suppe auslöffeln. **Syn.:** aufessen, auffressen (derb), verdrücken (ugs.), vertilgen (ugs.), verzehren (geh.). **b)** *mit dem Löffel leer essen:* den Teller auslöffeln.

aus|lö|schen ['au̯slœʃn̩], löschte aus, ausgelöscht ⟨tr.; hat⟩:
1. *zum Erlöschen bringen:* das Feuer, die Kerze auslöschen. **Syn.:** ausblasen, austreten, ersticken.
2. *löschen:* er schrieb etwas an die Tafel, löschte es aber gleich wieder aus. **Syn.:** auswischen, ¹löschen.
3. (geh.) *vernichten, zerstören:* jmdn., eine ganze Familie, ein Volk, eine Spezies, eine Kultur auslöschen; ein Menschenleben auslöschen *(einen Menschen töten)*. **Syn.:** ausrotten, töten.

aus|lo|sen ['au̯slo:zn̩], loste aus, ausgelost ⟨tr.; hat⟩: *durch das Los bestimmen, ermitteln:* die Reihenfolge auslosen. **Syn.:** losen.

aus|lö|sen ['au̯slø:zn̩], löste aus, ausgelöst ⟨tr.; hat⟩:
1. a) *in Funktion setzen, in Gang setzen:* die Anlage wird durch einen Druck auf den Knopf ausgelöst. **b)** ⟨+ sich⟩ *in Gang kommen, zu funktionieren beginnen:* die Alarmanlage hat sich versehentlich selbst ausgelöst, löst sich automatisch aus.
2. *als Wirkung, Reaktion hervorrufen:* Überraschung, Freude auslösen; der Sänger löste große Begeisterung aus. **Syn.:** anrichten, bedingen, bewirken, entfesseln, erzeugen, heraufbeschwören, herbeiführen, in Gang setzen, ins Rollen bringen, machen, provozieren, stiften, veranlassen, verursachen, wecken, zeitigen (geh.), zur Folge haben.

auslosen / verlosen:
s. Kasten Seite 156.

Aus|lö|ser ['au̯slø:zɐ], der; -s, -:
1. *etwas, was etwas auslöst:* dieser Vorwurf war [der] Auslöser des Streits.
2. *Knopf oder Taste am Fotoapparat, den man drückt, um ein Foto zu machen:* den, auf den Auslöser drücken.

aus|ma|chen ['au̯smaxn̩], machte aus, ausgemacht:
1. ⟨tr.; hat⟩ *vereinbaren, verabreden:* einen Termin, einen Treffpunkt, ein Erkennungszeichen ausmachen; [mit jmdm.] etwas ausmachen *(sich [mit jmdm.] zu einer gemeinsamen Unternehmung, einem Treffen o. Ä. verabreden)*. **Syn.:** abmachen, absprechen, aushandeln, sich verständigen auf/über.
2. ⟨tr.; hat⟩ *nicht weiter in Funktion lassen, nicht länger brennen*

auslosen/verlosen

Beide Verben bedeuten *durch das Los einen Gewinner ermitteln.*
Auslosen bezieht sich dabei eher abstrakt auf den Vorgang des Losens:
- Bei der Tombola gibt es attraktive Preise zu gewinnen – ausgelost wird ab 22 Uhr.

Dazu gehört das Substantiv »Auslosung«:
- Alle Einsendungen nehmen an der Auslosung teil.

Zu **verlosen** treten konkrete Objekte, die durch »Verlosung« auf die Gewinner verteilt werden:
- Wir verlosen jetzt den 1. Preis.
- Als Hauptpreis wird ein Auto verlost.

Die Bedeutung *durch Los eine Reihenfolge ermitteln und festlegen* wird dagegen nur durch **auslosen** abgedeckt:
- Wir losen aus, wer das Buch zuerst lesen darf.
- In Zürich wird die nächste Runde des UEFA-Cups ausgelost.

o. Ä. lassen /Ggs. anmachen/: das Radio, das Licht ausmachen. **Syn.:** abdrehen, abschalten, abstellen, ausdrehen, ausknipsen (ugs.), ausschalten, ¹löschen.
3. ⟨itr.; hat⟩ *als Preis, Menge o. Ä. ergeben:* der Unterschied macht 50 Meter aus. **Syn.:** angegeben werden mit, betragen, sich belaufen auf, sich beziffern auf.
4. ⟨itr.; hat⟩ **a)** *(jmdm., einer Sache) wesentlich sein:* ihm fehlt das Wissen, das einen großen Arzt ausmacht; die Farben machen den Reiz des Bildes aus. **Syn.:** bedeuten, von Bedeutung sein für, von Belang sein für. **b)** *sich in bestimmter Weise positiv oder negativ auswirken, in bestimmter Weise ins Gewicht fallen:* die neue Tapete macht doch viel aus; ein Prozent macht nicht viel aus.
5. ⟨itr.; hat⟩ *Mühe, Unbequemlichkeiten o. Ä. bereiten:* macht es dir etwas aus, den Platz zu tauschen? **Syn.:** beeinträchtigen, behindern, hemmen, stören.
6. ⟨tr.; hat⟩ *in der Ferne nach längerem Suchen [mit einem Fernrohr o. Ä.] erkennen:* er hat das Schiff am Horizont ausgemacht. **Syn.:** auffinden, aufspüren, aufstöbern, ausfindig machen, bemerken, entdecken, finden, sehen.
7. ⟨tr.; hat⟩ (landsch.) *[bei der Ernte] aus der Erde herausholen:* einen Baumstumpf, Kartoffeln ausmachen. **Syn.:** ausgraben.

aus|ma|len ['au̯sma:lən], malte aus, ausgemalt:
1. ⟨tr.; hat⟩ *(die Innenflächen eines Raumes) mit Malereien schmücken:* der Künstler malte die Kapelle mit Fresken aus.
2. ⟨tr.; hat⟩ *(vorgezeichnete Flächen) mit Farbe ausfüllen:* die Kinder malten die Zeichnungen aus.
3. a) ⟨tr.; hat⟩ *(jmdm.) deutlich vor Augen stellen, anschaulich darstellen:* ich malte ihr das Leben auf dem Lande [in den schönsten Farben] aus. **Syn.:** ausführen, beschreiben, darlegen, schildern. **b)** ⟨+ sich⟩ *sich lebhaft, in allen Einzelheiten vorstellen:* ich malte mir aus, wie sie sich über meine Rückkehr freuen würde. **Syn.:** an seinem geistigen Auge vorüberziehen lassen, sich ausdenken, sich denken, sich eine Vorstellung machen, sich vor Augen führen, sich vergegenwärtigen.

Aus|maß ['au̯sma:s], das; -es, -e:
1. *räumliche Verhältnisse, Abmessungen:* die Ausmaße eines Gebäudes; ein Berg von gewaltigen Ausmaßen. **Syn.:** Ausdehnung, Dimension, Größe.
2. *(im Bereich des Abstrakten) Umfang, Größe:* das Ausmaß der Schäden, der Katastrophe; die Zerstörung der Regenwälder nimmt immer bedrohlichere Ausmaße an. **Syn.:** Dichte, Fülle, Grad, Intensität, Maß, Stärke, Tiefe.

aus|mer|zen ['au̯smɛrtsn̩], merzte aus, ausgemerzt ⟨tr.; hat⟩: *als schädlich, untauglich, falsch o. Ä. aussondern, tilgen:* kranke Tiere [aus der Herde] ausmerzen; schlechte Angewohnheiten auszumerzen suchen; solche Fehler musst du ausmerzen; Ungeziefer ausmerzen. **Syn.:** ausräumen, ausrotten, beseitigen, entfernen, vernichten, vertreiben, zum Verschwinden bringen.

aus|mes|sen ['au̯smɛsn̩], misst aus, maß aus, ausgemessen ⟨tr.; hat⟩: *(eine Fläche, einen Raum) nach einem Maß bestimmen:* er hat das Zimmer ausgemessen. **Syn.:** messen.

aus|mis|ten ['au̯smɪstn̩], mistete aus, ausgemistet ⟨tr.; hat⟩:
1. *(einen Stall) vom Mist reinigen:* der Bauer mistete den Stall aus. **Syn.:** misten.
2. (ugs.) *von nicht mehr gebrauchten, überflüssigen, unnötig Platz wegnehmenden Dingen befreien:* den Keller, den Schreibtisch, den Kleiderschrank ausmisten. **Syn.:** aufräumen, in Ordnung bringen.

Aus|nah|me ['au̯sna:mə], die; -, -n: *etwas, was anders ist als das Übliche; Abweichung von einer geltenden Norm:* eine Ausnahme machen; mit Ausnahme von Peter waren alle anwesend.

aus|nahms|los ['au̯sna:mslo:s] ⟨Adverb⟩: *ohne Ausnahme:* die Versammelten stimmten ausnahmslos für den Antrag. **Syn.:** alle, durch die Bank (ugs.), durchgehend, generell, sämtlich.

aus|nahms|wei|se ['au̯sna:msvai̯zə] ⟨Adverb⟩: *als Ausnahme:* er darf ausnahmsweise früher weggehen.

aus|neh|men ['au̯sne:mən], nimmt aus, nahm aus, ausgenommen:
1. ⟨tr.; hat⟩ **a)** *herausnehmen:* die Eingeweide [aus dem Huhn] ausnehmen; die Eier [aus dem Nest] ausnehmen. **b)** *durch Herausnehmen leer machen:* eine Gans ausnehmen *(vor der Zubereitung von den Eingeweiden befreien);* ein Nest ausnehmen *(die darin liegenden Eier herausnehmen).*
2. ⟨tr.; hat⟩ *nicht mitzählen, als Ausnahme behandeln:* alle haben Schuld, ich nehme keinen aus. **Syn.:** ausklammern, ausschließen, außer Betracht lassen,

außer [aller] Acht lassen, nicht berücksichtigen, nicht in Betracht ziehen, nicht mitrechnen.
3. ⟨+ sich⟩ *(in bestimmter Weise) wirken, aussehen:* das farbige Bild nimmt sich gut zu den hellen Gardinen aus. **Syn.:** einen Anblick bieten.
4. ⟨tr.; hat⟩ (ugs. abwertend) *(jmdm.) durch listiges, geschicktes Vorgehen [beim Spiel] möglichst viel Geld abnehmen:* sie haben ihn gestern beim Skat tüchtig ausgenommen. **Syn.:** ausbeuten (emotional), ausnutzen (bes. nordd.), ausnützen (bes. südd.), ausrauben, berauben, bestehlen, schröpfen (ugs.), zur Ader lassen (ugs. scherzh.).

aus|neh|mend ['au̯sne:mənt] ⟨Adverb⟩:
besonders, in besonderem Maße, ungewöhnlich: das Kleid gefällt mir ausnehmend gut; sie ist ausnehmend hübsch. **Syn.:** ausgesprochen, außerordentlich, äußerst, sehr, selten, überaus, ungemein, unglaublich (ugs.), unvergleichlich.

aus|nut|zen ['au̯snʊtsn̩], nutzte aus, ausgenutzt ⟨tr.; hat⟩ (bes. nordd.):
1. a) *[im höchstmöglichen Maße] für sich nutzen, sich zunutze machen:* eine Situation, einen Vorteil ausnutzen; er nutzte ihre Schwächen, ihre Notlage, ihre Unerfahrenheit, ihre Naivität rücksichtslos aus. **Syn.:** sich bedienen; benutzen (bes. nordd.); benützen (bes. südd.); gebrauchen; nutzen (bes. nordd.); nützen (bes. südd.); seinen Nutzen, seinen Vorteil ziehen aus. **b)** *ziemlich viel benutzen:* eine Jahreskarte lohnt sich natürlich nur, wenn man sie auch ausnutzt.
2. *für seine eigenen egoistischen Zwecke benutzen, ausbeuten:* er nutzte seine Untergebenen rücksichtslos aus; du darfst dich von ihm nicht so ausnutzen lassen. **Syn.:** ausnehmen, ausschlachten (ugs.).

aus|nüt|zen ['au̯snʏtsn̩], nützte aus, ausgenützt ⟨tr.; hat⟩ (bes. südd.):
ausnutzen.

aus|pa|cken ['au̯spakn̩], packte aus, ausgepackt:
1. ⟨tr.; hat⟩ **a)** *aus der Verpackung herausnehmen, von der Verpackung befreien* /Ggs. einpacken/: ein Geschenk auspacken. **Syn.:** enthüllen, herausnehmen. **b)** *(etwas, worin etwas verpackt ist) leeren:* das Paket, den Koffer auspacken. **Syn.:** ausräumen.
2. ⟨itr.; hat⟩ (ugs.) *bestimmte Informationen, die man bisher [um sich oder andere zu schützen] bewusst verschwiegen hat, preisgeben:* der Verbrecher packte aus. **Syn.:** aussagen, die Karten offen auf den Tisch legen, die Katze aus dem Sack lassen, ein Geständnis ablegen, eine Beichte ablegen, gestehen, mit der Sprache herausrücken, sein Gewissen erleichtern.

aus|plau|dern ['au̯splau̯dɐn], plauderte aus, ausgeplaudert ⟨tr.; hat⟩:
(etwas, was geheim bleiben sollte) weitersagen, verraten: Geheimnisse ausplaudern. **Syn.:** auspacken (ugs.), ausposaunen (ugs.), aussagen, preisgeben.

aus|po|sau|nen ['au̯spozau̯nən], posaunte aus, ausposaunt ⟨tr.; hat⟩ (ugs.):
(eine Neuigkeit o. Ä., die nicht jeder erfahren soll) allen möglichen Leuten erzählen: er hat die Neuigkeit gleich überall ausposaunt. **Syn.:** auspacken (ugs.), ausplaudern, bekannt geben, bekannt machen, mitteilen, preisgeben, verbreiten, verraten.

aus|prä|gen ['au̯sprɛ:gn̩], prägte aus, ausgeprägt:
1. ⟨+ sich⟩ **a)** *sich deutlich (in, an etwas) zeigen, offenbar werden:* der Kummer hat sich in ihren Zügen ausgeprägt. **b)** *sich herausbilden, zum Vorschein kommen:* diese Bestrebungen, Tendenzen sind besonders stark ausgeprägt. **Syn.:** aufkommen, sich ausbilden, sich ausdrücken, sich äußern, sich bilden, sich entfalten, entstehen, sich entwickeln, erscheinen, [1]erwachsen, herauskommen, werden, sich zeigen, zum Ausdruck kommen.
2. ⟨tr.; hat⟩ *deutlich formen, gestalten:* eine Gesellschaft, in der jeder seinen individuellen Lebensstil ausprägen kann. **Syn.:** bilden, formen.

aus|pres|sen ['au̯sprɛsn̩], presste aus, ausgepresst ⟨tr.; hat⟩:
a) *aus etwas durch Pressen die darin enthaltene Flüssigkeit austreten lassen:* zwei Zitronen auspressen. **Syn.:** ausdrücken, ausquetschen. **b)** *durch Auspressen* (a) *von etwas, was Flüssigkeit enthält, gewinnen:* Saft [aus einer Zitrone] auspressen. **Syn.:** ausdrücken, ausquetschen.

aus|pro|bie|ren ['au̯sprobi:rən], probierte aus, ausprobiert ⟨tr.; hat⟩:
zur Prüfung der Eignung, der Brauchbarkeit, der Funktionstüchtigkeit benutzen, einsetzen, anwenden: hast du die neue Waschmaschine schon ausprobiert?; ich probierte eine andere Methode aus. **Syn.:** einer Prüfung unterziehen, erproben, probieren, prüfen, testen, versuchen.

Aus|puff ['au̯spʊf], der; -[e]s, -e:
Rohr, durch das die Abgase (eines Verbrennungsmotors) abgeleitet werden: aus dem Auspuff qualmt es.

aus|pum|pen ['au̯spʊmpn̩], pumpte aus, ausgepumpt ⟨tr.; hat⟩:
a) *durch Pumpen herausholen:* das Wasser [aus dem Keller] auspumpen. **Syn.:** absaugen, beseitigen, entfernen. **b)** *durch Pumpen leer machen:* den Keller auspumpen; jmdm. den Magen auspumpen. **Syn.:** entleeren, leer pumpen, leeren.

aus|quar|tie|ren ['au̯skvarti:rən], quartierte aus, ausquartiert ⟨tr.; hat⟩:
aus seinem [gewohnten] Quartier herausnehmen und woanders unterbringen: wir bekommen Besuch, ich muss dich ausquartieren.

aus|quet|schen ['au̯skvɛtʃn̩], quetschte aus, ausgequetscht ⟨tr.; hat⟩ (ugs.):
1. a) *auspressen* (a): eine Zitrone ausquetschen. **Syn.:** ausdrücken. **b)** *auspressen* (b): etwas aus etwas ausquetschen; ein bisschen Zitronensaft ausquetschen. **Syn.:** ausdrücken.
2. *(um bestimmter Informationen willen) intensiv befragen:* sie haben mich nach meinen Kontakten zur Konkurrenz ausgequetscht; man sollte ihn mal wegen dieser Angelegenheit ausquetschen. **Syn.:** bohren bei (ugs.), fragen, interviewen, konsultieren (bildungsspr.), verhören.

aus|ra|die|ren [ˈau̯sradi:rən], radierte aus, ausradiert ⟨tr.; hat⟩:
durch Radieren tilgen: er hat das Datum ausradiert. **Syn.:** ausstreichen, streichen.

aus|ran|gie|ren [ˈau̯srãʒi:rən], rangierte aus, ausrangiert ⟨tr.; hat⟩:
(etwas, was alt, nicht mehr brauchbar ist) aussondern: die alten, geflickten Hemden ausrangieren; ein ausrangierter Plattenspieler. **Syn.:** ausscheiden, aussortieren.

aus|ra|sie|ren [ˈau̯srazi:rən], rasierte aus, ausrasiert ⟨tr.; hat⟩:
a) *(Haare) an einer bestimmten Stelle durch Rasieren entfernen:* die Haare im Nacken ausrasieren. **Syn.:** rasieren. **b)** *(eine bestimmte begrenzte Stelle) durch Rasieren von Haaren befreien:* [jmdm., sich] den Nacken, die Achselhöhle ausrasieren. **Syn.:** rasieren.

aus|ras|ten [ˈau̯srastn̩], rastete aus, ausgerastet ⟨itr.; ist⟩:
1. *sich aus einer ineinandergreifenden Befestigung lösen, herausspringen:* aus der Halterung ausrasten.
2. (Jargon) *die Nerven verlieren:* als ich sah, wie sie mein Kind schlug, bin ich ausgerastet. **Syn.:** ausflippen (ugs.), durchdrehen (ugs.).

aus|rau|ben [ˈau̯srau̯bn̩], raubte aus, ausgeraubt ⟨tr.; hat⟩:
a) *durch Raub um den gesamten mitgeführten Besitz bringen:* er ist nachts von zwei Maskierten ausgeraubt worden. **Syn.:** berauben, bestehlen. **b)** *(aus einem Raum o. Ä.) die im Innern befindlichen Gegenstände von Wert rauben:* Diebe haben die Wohnung vollständig ausgeraubt. **Syn.:** ausräumen (ugs.), plündern.

aus|räu|chern [ˈau̯srɔy̯çɐn], räucherte aus, ausgeräuchert ⟨tr.; hat⟩:
a) *mit Rauch, giftigem Gas o. Ä. vertreiben oder vernichten:* Ratten, Schaben ausräuchern. **Syn.:** beseitigen, verjagen, verscheuchen. **b)** *giftigem Gas, Rauch o. Ä. aussetzen (sodass die anwesenden Lebewesen vertrieben oder vernichtet werden):* ein Wespennest, die Brutstätten der Schaben ausräuchern. **Syn.:** vernichten.

aus|räu|men [ˈau̯srɔy̯mən], räumte aus, ausgeräumt ⟨tr.; hat⟩:
1. a) *aus etwas herausnehmen* /Ggs. einräumen/: die Bücher [aus dem Regal] ausräumen. **Syn.:** entfernen, wegnehmen. **b)** *durch Herausnehmen leer machen:* die Wohnung, den Schreibtisch ausräumen. **Syn.:** leeren. **c)** *(störende, hinderliche Umstände o. Ä.) beseitigen, aus dem Weg räumen:* Vorurteile, Bedenken ausräumen. **Syn.:** abschaffen, abstellen, aufheben, auflösen, aufräumen mit, entfernen, zum Verschwinden bringen.
2. (ugs.) *plündern:* die Diebe räumten das ganze Geschäft aus; ihr ist auf dem Hotelparkplatz das Auto ausgeräumt worden. **Syn.:** ausrauben.

aus|rech|nen [ˈau̯srɛçnən], rechnete aus, ausgerechnet:
1. ⟨tr.; hat⟩ *durch Rechnen ermitteln:* die Kosten, die Zinsen ausrechnen; ich habe mir ausgerechnet, dass die Vorräte etwa drei Wochen reichen müssten. **Syn.:** berechnen, errechnen, kalkulieren, rechnen.
2. ⟨+ sich⟩ *vorhersehen, absehen:* du kannst dir ja ausrechnen, wie lange das gut geht; ich rechne mir keine großen Chancen aus. **Syn.:** ahnen, denken, schätzen (ugs.), spekulieren, ²tippen (ugs.), vermuten, sich zusammenreimen (ugs.).

Aus|re|de [ˈau̯sre:də], die; -, -n:
etwas, was als Entschuldigung für etwas genannt wird, aber nur vorgeschoben, nicht der wirkliche Grund ist: eine billige, faule Ausrede; eine Ausrede suchen, finden; sich ⟨Dativ⟩ eine Ausrede einfallen lassen; immer eine Ausrede wissen; nie um eine Ausrede verlegen sein; für sein Zuspätkommen gebrauchte er die Ausrede, dass die Straßenbahn so langsam gefahren sei. **Syn.:** Ausflucht, Entschuldigung, Vorwand.

aus|re|den [ˈau̯sre:dn̩], redete aus, ausgeredet:
1. ⟨itr.; hat⟩ *zu Ende sprechen:* lass sie doch ausreden.
2. ⟨tr.; hat⟩ *(jmdn.) durch Überreden (von etwas) abbringen:* er versuchte, den Kindern den Plan auszureden. **Syn.:** abraten von.

aus|rei|chen [ˈau̯srai̯çn̩], reichte aus, ausgereicht ⟨itr.; hat⟩:
genügen: das Geld reicht für den Bau des Hauses nicht aus. **Syn.:** hinkommen (ugs.), langen (ugs.), reichen.

aus|rei|chend [ˈau̯srai̯çn̩t] ⟨Adj.⟩:
a) *den Erfordernissen entsprechend, genügend:* sie hatte keine ausreichenden Rücklagen; etwas ist in ausreichender Menge, in ausreichendem Maße vorhanden. **b)** *der drittschlechtesten der sechs Schulnoten entsprechend:* seine Leistungen in Mathematik sind leider nur ausreichend; er hat die Prüfung mit [der Note] »ausreichend«, also mit einer 4, bestanden.

Aus|rei|se [ˈau̯srai̯zə], die; -, -n:
das Ausreisen /Ggs. Einreise/: bei der Ausreise wird der Pass kontrolliert; jmdm. die Ausreise verweigern.

aus|rei|sen [ˈau̯srai̯zn̩], reiste aus, ausgereist ⟨itr.; ist⟩:
über die Grenze ins Ausland reisen /Ggs. einreisen/: er ist bei Basel in die Schweiz ausgereist.

aus|rei|ßen [ˈau̯srai̯sn̩], riss aus, ausgerissen:
1. ⟨tr.; hat⟩ *durch gewaltsames Herausziehen entfernen:* das Unkraut ausreißen. **Syn.:** rupfen, zupfen.
2. ⟨itr.; ist⟩ *sich [infolge zu großer Belastung] lösen:* der Griff am Koffer ist ausgerissen.
3. ⟨itr.; ist⟩ (ugs.) *weglaufen, um sich einer unangenehmen Situation zu entziehen:* der Junge ist [seinen Eltern, von zu Hause, aus dem Heim] ausgerissen. **Syn.:** abhauen (ugs.), ausbrechen, sich davonmachen (ugs.), die Flatter machen (salopp), die Fliege machen (ugs.), die Kurve kratzen (ugs.), sich dünnmachen (ugs.), durchbrennen (ugs.), entfliehen, entkommen, entlaufen, entwischen (ugs.), fliehen, flüchten, stiften gehen (ugs.), türmen (ugs.), sich verdrücken (ugs.), weggehen.

Aus|rei|ßer [ˈau̯srai̯sɐ], der; -s, -, **Aus|rei|ße|rin** [ˈau̯srai̯sərɪn], die; -, -nen (ugs.):
Person, die ausgerissen ist: der Ausreißer wurde von der Polizei nach Hause gebracht. **Syn.:** Flüchtling.

aus|ren|ken [ˈau̯srɛŋkn̩], renkte aus, ausgerenkt:

(ein Körperglied) so unglücklich bewegen, dass es aus dem Gelenk springt: ich habe mir beim Turnen den Arm ausgerenkt. **Syn.:** auskugeln.

aus|rich|ten [ˈausrɪçtn̩], richtete aus, ausgerichtet:
1. ⟨tr.; hat⟩ *(jmdm. etwas) mitteilen, wozu man von jmd. anders gebeten worden ist:* jmdm. Grüße ausrichten; richte ihm bitte aus, dass ich erst später kommen kann. **Syn.:** ankündigen, bedeuten (geh.), bekannt geben, benachrichtigen, bestellen, erklären, hinterbringen, unterrichten über, verkünden (geh.), zutragen.
2. ⟨tr.; hat⟩ *durch seine Bemühungen erreichen:* ich glaube nicht, dass er viel ausrichten wird; sie konnte bei den Verhandlungen nichts, wenig, kaum etwas ausrichten. **Syn.:** durchboxen (ugs.), durchbringen (ugs.), durchdrücken (ugs.), durchpeitschen (ugs. emotional), durchsetzen, erreichen, erwirken, erzielen, erzwingen, herausholen (ugs.), herausschlagen (ugs.).
3. ⟨+ sich⟩ *sich in einer bestimmten Ordnung aufstellen:* sich exakt ausrichten; die Sportler standen in einer Linie ausgerichtet.

aus|rol|len [ˈausrɔlən], rollte aus, ausgerollt:
1. ⟨tr.; hat⟩ **a)** *(etwas Zusammengerolltes) ausbreiten:* den Teppich ausrollen. **Syn.:** auseinanderrollen, entrollen. **b)** *mit einer Rolle bearbeiten und in eine flache Form bringen:* den Teig [möglichst dünn] ausrollen.
2. ⟨itr.; ist⟩ *langsam zu rollen aufhören:* den Wagen ohne zu bremsen ausrollen lassen; die Maschine ist vor dem Flughafengebäude ausgerollt.

aus|rot|ten [ˈausrɔtn̩], rottete aus, ausgerottet ⟨tr.; hat⟩:
völlig und für immer vernichten: der Wolf ist hierzulande seit Langem ausgerottet; ein ganzes Volk wurde ausgerottet. **Syn.:** ausmerzen, tilgen.

Aus|ruf [ˈausru:f], der; -[e]s, -e:
kurze, laute Äußerung als spontaner Ausdruck eines Gefühls: ein freudiger Ausruf; ein Ausruf des Erschreckens. **Syn.:** Aufschrei, Ruf, Schrei.

aus|ru|fen [ˈausru:fn̩], rief aus, ausgerufen ⟨tr.; hat⟩:
1. *spontan, in einem Ausruf äußern:* »Herrlich!«, rief sie aus.
2. *[laut rufend] nennen, mitteilen, bekannt geben:* früher rief ein Schaffner jede Station aus. **Syn.:** angeben, ankündigen, ansagen, informieren über, verkünden (geh.), verkündigen (geh.).
3. *öffentlich verkünden:* den Notstand, einen Streik ausrufen; nach der Revolution wurde die Republik ausgerufen. **Syn.:** proklamieren.

aus|ru|hen [ˈausru:ən], ruhte aus, ausgeruht ⟨+ sich⟩:
ruhen, um sich zu erholen: ich muss mich ein wenig ausruhen; ⟨auch itr.; hat⟩ lass uns ein wenig ausruhen. **Syn.:** der Ruhe pflegen (geh.), sich entspannen, relaxen (ugs.), sich Ruhe gönnen, verschnaufen.

aus|rüs|ten [ˈausrʏstn̩], rüstete aus, ausgerüstet ⟨tr.; hat⟩:
mit allem versehen, was benötigt wird: ein Schiff ausrüsten; das Krankenhaus wurde mit den modernsten Instrumenten ausgerüstet. **Syn.:** ausstatten mit, versorgen mit.

Aus|rüs|tung [ˈausrʏstʊŋ], die; -, -en:
1. *alle Geräte, die man zu einem bestimmten Zweck braucht:* eine vollständige Ausrüstung zum Skilaufen, Fotografieren. **Syn.:** Ausstattung, Handwerkszeug, Rüstzeug. **Zus.:** Bergsteigerausrüstung, Campingausrüstung, Fotoausrüstung, Jagdausrüstung, Skiausrüstung, Taucherausrüstung, Tropenausrüstung, Winterausrüstung.
2. ⟨ohne Plural⟩ *das Ausrüsten:* die Ausrüstung einer Expedition erfordert große finanzielle Mittel.

aus|rut|schen [ˈausrʊtʃn̩], rutschte aus, ausgerutscht ⟨itr.; ist⟩:
1. *durch Rutschen der Füße den Halt verlieren und fallen:* ich bin auf dem Eis ausgerutscht. **Syn.:** ausgleiten, rutschen.
2. *aus der beabsichtigten Richtung gleiten:* pass auf, dass dir das Messer nicht ausrutscht!

Aus|rut|scher [ˈausrʊtʃɐ], der; -s, - (ugs.):
1. *Fall, Sturz durch Rutschen:* der Ausrutscher auf der Bananenschale hatte fatale Folgen.
2. *Verstoß gegen gesellschaftliche o. ä. Normen, Umgangsformen:* sich einige peinliche Ausrutscher leisten. **Syn.:** Fauxpas (bildungsspr.), Fehler, Fehlgriff, Irrtum, Missverständnis, Panne, Schnitzer (ugs.), Versehen.

Aus|saat [ˈausza:t], die; -, -en:
1. ⟨ohne Plural⟩ *das Aussäen:* vor der Aussaat wird der Acker gepflügt. **Syn.:** Saat.
2. *Samen, der ausgesät wird:* die Aussaat geht bald auf. **Syn.:** Saat.

aus|sä|en [ˈauszɛ:ən], säte aus, ausgesät ⟨tr.; hat⟩:
auf einer größeren Fläche säen: der Bauer sät im Herbst den Weizen aus.

Aus|sa|ge [ˈausza:gə], die; -, -n:
1. *Angabe, Mitteilung, die man auf eine Aufforderung hin vor einer Behörde macht:* vor Gericht eine Aussage machen; die Zeugin verweigerte die Aussage [über den Unfall]. **Syn.:** Ausführungen ⟨Plural⟩, Auskunft, Darstellung, Erklärung, Info (ugs.), Information. **Zus.:** Falschaussage, Zeugenaussage.
2. *geistiger Inhalt, Gehalt, der durch ein Kunstwerk o. Ä. ausgedrückt wird:* die Sehnsucht nach Freiheit ist die wichtigste Aussage seines Werkes. **Syn.:** Bedeutung, Essenz (bildungsspr.), [1]Gehalt, Idee, Sinn, Substanz, [2]Tenor.
3. *Äußerung einer Meinung:* die Aussagen dieser Partei über Staat und Politik sind wissenschaftlich nicht fundiert. **Syn.:** Ausführungen ⟨Plural⟩, Ausspruch, Behauptung, Bemerkung, Mitteilung, Stellungnahme.

aus|sa|gen [ˈausza:gn̩], sagte aus, ausgesagt:
1. ⟨itr.; hat⟩ *[vor Gericht] mitteilen, was man (über etwas) weiß:* vor Gericht, als Zeuge/Zeugin aussagen. **Syn.:** auspacken (ugs.), eine Aussage machen.
2. ⟨tr.; hat⟩ *(etwas) deutlich zum Ausdruck bringen, erkennen lassen:* Rinde und Astform sagen einiges über die Gesundheit der Bäume aus; diese Zahlen sagen doch noch gar nichts aus! **Syn.:** dokumentieren, offenbaren, sagen, verkünden (geh.), zeigen, zu erkennen geben.

Aus|satz [ˈauszats], der; -es:

stark ansteckende Krankheit, bei der sich Geschwüre in der Haut bilden: viele Bewohner der Insel waren vom Aussatz befallen.

aus|scha|ben ['aus̯ʃa:bn̩], schabte aus, ausgeschabt ⟨tr.; hat⟩:
a) *durch Schaben herausholen:* das Fruchtfleisch mit einem Löffel [aus der Melone] ausschaben. **b)** *durch Schaben leer machen:* die Melone ausschaben; (Med.) die Gebärmutter ausschaben.

aus|schach|ten ['aus̯ʃaxtn̩], schachtete aus, ausgeschachtet ⟨tr.; hat⟩:
a) *durch Herausholen von Erde herstellen:* eine Baugrube, eine Grube, Gräben ausschachten. **Syn.:** ausheben, auswerfen.
b) *durch Herausholen von Erde Raum (für etwas) schaffen:* den Keller, das Fundament ausschachten. **c)** *(Erde) herausholen:* der Boden muss bis zu zwei Meter Tiefe ausgeschachtet werden.

aus|schal|ten ['aus̯ʃaltn̩], schaltete aus, ausgeschaltet ⟨tr.; hat⟩:
1. *durch Betätigen eines Hebels, eines Schalters außer Betrieb setzen* /Ggs. einschalten/: den Motor, das Licht ausschalten. **Syn.:** abdrehen, abschalten, abstellen, ausdrehen, ausknipsen (ugs.), ausmachen.
2. a) *beseitigen, unschädlich machen:* eine Fehlerquelle, ein Risiko, eine Gefahr ausschalten. **Syn.:** abbiegen (ugs.), abblocken, abstellen, abwenden, im Keim ersticken, unmöglich machen, vereiteln, verhindern, verhüten. **b)** *an einer weiteren Einflussnahme hindern, von einer weiteren Teilnahme ausschließen:* die Konkurrenz, seine Rivalen ausschalten. **Syn.:** aus dem Weg räumen, ausstoßen, disqualifizieren, entfernen, sabotieren, verbannen, verstoßen, verweisen.

Aus|schank ['aus̯ʃaŋk], der; -[e]s, Ausschänke ['aus̯ʃɛŋkə]:
1. ⟨ohne Plural⟩ *das Ausschenken:* den Ausschank alkoholischer Getränke untersagen. **Zus.:** Alkoholausschank, Bierausschank, Weinausschank.
2. a) (veraltend) *Raum, in dem [alkoholische] Getränke ausgeschenkt werden:* den Ausschank betreten. **Syn.:** Bar, Beisel (bayr. ugs.; österr.), Gasthaus, Gasthof, Gaststätte, Gastwirtschaft, Kneipe (ugs.), Lokal, Nachtlokal, Spelunke (abwertend), Wirtschaft, Wirtshaus. **b)** *Schanktisch:* sie arbeitet jeden Abend hinter dem Ausschank. **Syn.:** Theke, Tresen.

Aus|schau ['aus̯ʃau̯]:
in der Wendung **nach jmdm., etwas Ausschau halten:** *sich nach jmdm., etwas umsehen, jmdn., etwas zu erblicken, zu finden suchen:* nach einem Wegweiser, dem Mond, einem Job, einer Wohnung Ausschau halten; er ging vors Haus, um nach den Kindern Ausschau zu halten.

aus|schau|en ['aus̯ʃau̯ən] ⟨itr.; hat⟩ (südd., österr.):
a) *aussehen* (a): sie schaut krank aus. **b)** *aussehen* (b): wie die Beziehungen zwischen den beiden Staaten in Zukunft ausschauen werden, weiß man noch nicht. **c)** ⟨unpers.⟩ *aussehen* (c): mit ihr schaut es schlecht aus.

aus|schei|den ['aus̯ʃai̯dn̩], schied aus, ausgeschieden:
1. ⟨itr.; ist⟩ *eine Gemeinschaft, Gruppe verlassen und sich nicht mehr darin betätigen, eine Tätigkeit aufgeben:* er ist [aus dem Dienst, aus der Firma, aus dem Verein] ausgeschieden. **Syn.:** abdanken, abgehen, sich abmelden, abtreten, aufhören, aussteigen (ugs.), austreten, gehen, kündigen, weggehen, zurücktreten.
2. ⟨itr.; ist⟩ *die Beteiligung an einem Wettkampf aufgeben:* nach dem Sturz musste er [aus dem Wettkampf] ausscheiden. **Syn.:** aufstecken (ugs.).
3. ⟨itr.; ist⟩ *nicht infrage, nicht in Betracht kommen:* diese Möglichkeit scheidet aus. **Syn.:** entfallen, fortfallen, wegfallen.
4. ⟨tr.; hat⟩ *von sich geben, absondern:* der Körper hat die giftigen Stoffe ausgeschieden. **Syn.:** abgeben, absondern, ausschwitzen, auswerfen.
5. ⟨tr.; hat⟩ (österr., schweiz.) *aussondern, entfernen:* in der Bibliothek wurden alte und unbrauchbar gewordene Bücher ausgeschieden. **Syn.:** aussortieren.

Aus|schei|dung ['aus̯ʃai̯dʊŋ], die; -, -en:
1. *Absonderung:* die Ausscheidungen des menschlichen Körpers; menschliche Ausscheidungen. **Syn.:** Exkrement.
2. *sportlicher Wettkampf, bei dem die Teilnehmer an weiteren Kämpfen ermittelt werden:* die zehn besten Mannschaften kamen in die Ausscheidung.

aus|schel|ten ['aus̯ʃɛltn̩], schilt aus, schalt aus, ausgescholten ⟨tr.; hat⟩ (geh., landsch.):
ausschimpfen: sie schalt das Kind [wegen seines Zuspätkommens] aus. **Syn.:** anbrüllen, anfahren, anherrschen, anpfeifen (ugs.), anscheißen (salopp), anschnauzen (ugs.), anschreien, attackieren, beschimpfen, fertigmachen (ugs.), heruntermachen (ugs.), ins Gebet nehmen (ugs.), rüffeln (ugs.), rügen, schelten (geh.), schimpfen, tadeln, zur Minna machen (ugs.), zur Sau machen (ugs.), zur Schnecke machen (ugs.), zusammenstauchen (ugs.).

aus|schen|ken ['aus̯ʃɛŋkn̩], schenkte aus, ausgeschenkt ⟨tr.; hat⟩:
(Getränke) ausgeben oder verkaufen: Alkohol darf an Kinder nicht ausgeschenkt werden. **Syn.:** ausgießen, einschenken.

aus|sche|ren ['aus̯ʃe:rən], scherte aus, ausgeschert ⟨itr.; ist⟩:
eine Kolonne, eine Formation o. Ä. durch einen Richtungswechsel zur Seite hin verlassen: der Wagen scherte plötzlich [aus der Kolonne] aus; ein Flugzeug scherte nach links aus.

aus|schil|dern ['aus̯ʃɪldɐn], schilderte aus, ausgeschildert ⟨tr.; hat⟩:
mit Verkehrsschildern versehen: die Strecke, der Weg zum Messegelände ist gut, nicht genügend ausgeschildert.

aus|schimp|fen ['aus̯ʃɪmpfn̩], schimpfte aus, ausgeschimpft ⟨tr.; hat⟩:
schimpfend zurechtweisen: sie hat das Kind [wegen seines schlechten Benehmens] ausgeschimpft. **Syn.:** anbrüllen, anfahren, anherrschen, anpfeifen (ugs.), anscheißen (salopp), anschnauzen (ugs.), anschreien, attackieren, ausschelten, beschimpfen, fertigmachen (ugs.), heruntermachen (ugs.), ins Gebet nehmen (ugs.), rüffeln

(ugs.), rügen, schelten (geh.), schimpfen, tadeln, zur Minna machen (ugs.), zur Sau machen (ugs.), zur Schnecke machen (ugs.), zusammenstauchen (ugs.).

aus|schlach|ten ['au̯sʃlaxtn̩], schlachtete aus, ausgeschlachtet ⟨tr.; hat⟩:
1. *(ein geschlachtetes Tier) von den Eingeweiden befreien:* ein Schwein ausschlachten.
2. *zur Gewinnung von noch brauchbaren Teilen zerlegen:* einen Unfallwagen, eine alte Waschmaschine vor der Verschrottung ausschlachten.
3. *bedenkenlos, skrupellos für seine Zwecke ausnutzen:* etwas journalistisch, propagandistisch, kommerziell ausschlachten; sie versuchten, die Interessengegensätze der anderen für sich auszuschlachten. **Syn.:** ausnutzen (bes. nordd.), ausnützen (bes. südd.), sich bedienen, benutzen (bes. nordd.), benützen (bes. südd.), seinen Nutzen ziehen aus, seinen Vorteil ziehen aus.

aus|schla|fen ['au̯sʃla:fn̩], schläft aus, schlief aus, ausgeschlafen:
1. ⟨itr.; hat⟩ *so lange schlafen, bis man genug geschlafen hat:* am Sonntag können wir mal wieder ausschlafen; hast du immer noch nicht ausgeschlafen?; ⟨auch + sich⟩ du solltest dich erst mal richtig ausschlafen.
2. ⟨tr.; hat⟩ *während des Schlafens, durch Schlafen vergehen lassen:* seinen Rausch ausschlafen.

Aus|schlag ['au̯sʃla:k], der; -[e]s, Ausschläge ['au̯sʃlɛ:gə]:
1. *auf der Haut auftretende krankhafte Veränderung:* sein Ausschlag ist schlimmer geworden. **Syn.:** Ekzem. **Zus.:** Hautausschlag.
2. *das Ausschlagen eines Pendels o. Ä. vom Ausgangspunkt:* der Ausschlag der Kompassnadel.

aus|schla|gen ['au̯sʃla:gn̩], schlägt aus, schlug aus, ausgeschlagen:
1. ⟨itr.; hat⟩ *(besonders von Pferden) mit einem Bein stoßen:* das Pferd hat ausgeschlagen. **Syn.:** treten.
2. ⟨tr.; hat⟩ *durch Schlagen gewaltsam entfernen:* jmdm. die Zähne, einen Zahn ausschlagen.
3. ⟨tr.; hat⟩ *(die Wände eines Raumes, einer Kiste o. Ä.) verkleiden:* ein Zimmer mit Stoff ausschlagen. **Syn.:** auskleiden, auslegen, verblenden.
4. ⟨tr.; hat⟩ *ablehnen, zurückweisen:* er hat das Angebot [mitzufahren] ausgeschlagen. **Syn.:** verschmähen.
5. ⟨itr.; hat/(seltener:) ist⟩ *(als Zeiger oder Pendel) sich vom Ausgangspunkt wegbewegen:* der Zeiger schlug aus.
6. ⟨itr.; hat⟩ *anfangen, grün zu werden:* die Bäume schlagen aus. **Syn.:** austreiben, grünen.

aus|schlie|ßen ['au̯sʃli:sn̩], schloss aus, ausgeschlossen:
1. ⟨tr.; hat⟩ **a)** *nicht teilnehmen lassen (an etwas):* er wurde vom Spiel ausgeschlossen. **Syn.:** disqualifizieren, verweisen, vom Platz stellen. **b)** *(aus etwas) entfernen:* er wurde aus der Partei ausgeschlossen. **Syn.:** abwählen, ausschalten, aussperren, ausstoßen, entlassen, verbannen, verstoßen, verweisen.
2. ⟨+ sich⟩ *sich fernhalten, absondern, nicht mitmachen:* du schließt dich immer [von allem] aus. **Syn.:** sich abkapseln, sich isolieren, sich verkriechen.
3. ⟨tr.; hat⟩ *unmöglich machen, verhindern, nicht entstehen lassen:* das Misstrauen schließt jede Zusammenarbeit aus. **Syn.:** abwenden, ausschalten, durchkreuzen, hindern, im Keim ersticken, sabotieren, vereiteln, verhindern, verhüten.
4. ⟨tr.; hat⟩ *durch das Verschließen des Zugangs am Eintreten hindern:* sie hatte mich, sich [versehentlich] ausgeschlossen. **Syn.:** aussperren.

[1]aus|schließ|lich ['au̯sʃli:slɪç] ⟨Adj.⟩: *alleinig, uneingeschränkt:* der Wagen steht zu ihrer ausschließlichen Verfügung.

[2]aus|schließ|lich ['au̯sʃli:slɪç] ⟨Adverb⟩: *nur, allein:* er interessiert sich ausschließlich für Sport. **Syn.:** [2]bloß, einzig, lediglich.

[3]aus|schließ|lich ['au̯sʃli:slɪç] ⟨Präp. mit Gen.⟩: *ohne, außer, ausgenommen* /Ggs. einschließlich/: die Kosten ausschließlich des Portos; ⟨aber: starke Substantive im Singular bleiben ungebeugt, wenn sie ohne Artikel und ohne adjektivisches Attribut stehen; im Plural stehen sie dann im Dativ⟩ ausschließlich Porto; ausschließlich Getränken. **Syn.:** abgesehen von, bis auf, nicht inbegriffen.

aus|schlüp|fen ['au̯sʃlʏpfn̩], schlüpfte aus, ausgeschlüpft ⟨itr.; ist⟩: *(von bestimmten Tieren) aus dem Ei, der Puppe o. Ä. schlüpfen:* der Schmetterling schlüpft [aus der Puppe] aus; das Küken ist [aus dem Ei] ausgeschlüpft.

Aus|schluss ['au̯sʃlʊs], der; -es, Ausschlüsse ['au̯sʃlʏsə]: *das Ausschließen:* die Partei drohte mir mit dem Ausschluss; das Verfahren fand unter, mit Ausschluss der Öffentlichkeit statt. **Syn.:** Bann (Geschichte), Disqualifikation, Entfernung. **Zus.:** Parteiausschluss.

aus|schmü|cken ['au̯sʃmʏkn̩], schmückte aus, ausgeschmückt ⟨tr.; hat⟩: *(einen Raum) schmücken, mit Schmuck versehen, dekorieren:* einen Saal ausschmücken. **Syn.:** verzieren, zieren.

aus|schnei|den ['au̯sʃnai̯dn̩], schnitt aus, ausgeschnitten ⟨tr.; hat⟩: *(aus etwas) herausschneiden:* ein Bild, einen Artikel aus der Zeitung ausschneiden.

Aus|schnitt ['au̯sʃnɪt], der; -[e]s, -e:
1. a) *durch Herausschneiden hergestellte Öffnung:* die herzförmigen Ausschnitte der Fensterläden. **b)** *Öffnung für den Hals an Kleidungsstücken:* dieses Kleid hat einen tiefen Ausschnitt. **Zus.:** Halsausschnitt, Rückenausschnitt, V-Ausschnitt.
2. a) *das Ausgeschnittene:* er hat viele Ausschnitte aus Zeitungen gesammelt. **Zus.:** Zeitungsausschnitt. **b)** *Teil (aus einem Ganzen), Abschnitt:* Ausschnitte aus einem Film zeigen. **Syn.:** Auszug, Detail, Passage, Stelle, Stück. **Zus.:** Bildausschnitt, Filmausschnitt, Programmausschnitt.

aus|schöp|fen ['au̯sʃœpfn̩], schöpfte aus, ausgeschöpft ⟨tr.; hat⟩:
1. a) *durch Schöpfen herausholen:* Wasser [aus dem Kahn] ausschöpfen. **b)** *durch Schöpfen leer machen:* den Kahn ausschöpfen.
2. *völlig nutzen, auswerten:* wir haben noch nicht alle Möglich-

keiten für eine Verständigung ausgeschöpft. **Syn.:** ausbeuten, ausnutzen (bes. nordd.), ausnützen (bes. südd.), ausschlachten (ugs.), auswerten, nutzbar machen, nutzen (bes. nordd.), nützen (bes. südd.), sich zunutze machen, verwerten.

aus|schrei|ben ['au̯sʃrai̯bn̩], schrieb aus, ausgeschrieben ⟨tr.; hat⟩:
1. *in der ganzen Länge, mit allen Buchstaben schreiben (und nicht abkürzen):* seinen Namen ausschreiben.
2. *bekannt geben und dadurch zur Beteiligung, Bewerbung o. Ä. auffordern:* die Wahlen für September ausschreiben; einen Wettbewerb für Architekten ausschreiben. **Syn.:** anberaumen (Amtsspr.), ansetzen, einberufen.
3. *ausstellen, als schriftliche Unterlage erstellen:* eine Rechnung ausschreiben. **Syn.:** ausfertigen.

Aus|schrei|tun|gen ['au̯sʃrai̯tʊŋən], die ⟨Plural⟩:
Gewalttätigkeiten, zu denen es im Verlauf einer Demonstration o. Ä. kommt: bei den Ausschreitungen gab es zwei Verletzte. **Syn.:** Aufruhr ⟨Singular⟩, Krawall ⟨Singular⟩, Tumult ⟨Singular⟩, Übergriffe, Unruhen.

Aus|schuss ['au̯sʃʊs], der; -es, Ausschüsse ['au̯sʃʏsə]:
1. *aus einer größeren Versammlung o. Ä. ausgewählte Gruppe von Personen, die eine besondere Aufgabe zu erfüllen hat:* sie wurde für ihre Partei in den Ausschuss für Kultur und Medien gewählt. **Syn.:** Gremium, Komitee, Kommission, Kreis, Rat, Zirkel.
2. ⟨ohne Plural⟩ *minderwertige Ware:* das ist alles nur Ausschuss. **Syn.:** Plunder (ugs.), Ramsch (ugs. abwertend).

aus|schüt|teln ['au̯sʃʏtl̩n], schüttelte aus, ausgeschüttelt ⟨tr.; hat⟩:
a) *durch Schütteln entfernen:* den Sand [aus dem Handtuch] ausschütteln. **b)** *durch Schütteln von lose anhaftendem Schmutz o. Ä. befreien:* das Federbett, das Tischtuch ausschütteln.

aus|schüt|ten ['au̯sʃʏtn̩], schüttete aus, ausgeschüttet ⟨tr.; hat⟩:
1. a) *(aus einem Gefäß, Behälter) schütten:* die Kartoffeln [aus dem Sack] ausschütten. **Syn.:** ausgießen, ausleeren, ausschenken, gießen. **b)** *(ein Gefäß, einen Behälter) leer machen, indem man das, was sich darin befindet, heraus- oder wegschüttet:* einen Korb ausschütten; den Mülleimer ausschütten; jmdm. sein Herz ausschütten *(jmdm. von seinem Kummer erzählen).* **Syn.:** ausgießen, leeren.
2. (Wirtsch.) *auszahlen, verteilen:* eine Dividende von 5 Euro pro Aktie ausschütten. **Syn.:** ausbezahlen.

aus|schwär|men ['au̯sʃvɛrmən], schwärmte aus, ist ausgeschwärmt ⟨itr.; ist⟩:
a) *(besonders von Bienen) im Schwarm ausfliegen:* die Bienen schwärmten aus. **Syn.:** schwärmen. **b)** *(besonders von Menschen) von einer bestimmten Stelle aus sich in alle Richtungen verteilen:* die Schulkinder schwärmten in die Sommerferien aus. **Syn.:** sich auseinanderziehen, schwärmen.

aus|schwei|fend ['au̯sʃvai̯fn̩t] ⟨Adj.⟩:
ein als vernünftig oder einer Norm entsprechend angesehenes Maß überschreitend: sie hat eine ausschweifende Fantasie; die Geschichte ist mir zu ausschweifend; ein ausschweifendes *(zügelloses, sittenloses)* Leben führen. **Syn.:** extrem, heftig, hemmungslos, maßlos, unersättlich, ungehemmt, wild, zügellos.

Aus|schwei|fung ['au̯sʃvai̯fʊŋ], die; -, -en:
als zügellos angesehene Hingabe an bestimmte Genüsse: nächtliche, sexuelle Ausschweifungen; das sind Ausschweifungen einer zu regen Fantasie. **Syn.:** Exzess, Orgie.

aus|schwit|zen ['au̯sʃvɪtsn̩], schwitzte aus, ausgeschwitzt ⟨tr.; hat⟩:
1. *durch Schwitzen absondern:* beim Sport Wasser ausschwitzen. **Syn.:** abgeben, absondern.
2. *austreten lassen, absondern:* die Wände haben Feuchtigkeit ausgeschwitzt. **Syn.:** abgeben, ausscheiden.

aus|se|hen ['au̯sze:ən], sieht aus, sah aus, ausgesehen ⟨itr.; hat⟩:
a) *ein bestimmtes Aussehen haben, einen bestimmten Eindruck machen:* er sieht sehr sportlich aus; sie sieht aus wie ein Filmstar; in der Küche sieht es schlimm aus; das Kleid sieht nach nichts aus! (ugs.; *sieht langweilig aus, macht keinen Eindruck*); es sieht nach Regen aus *(es scheint Regen zu geben).* **Syn.:** ähneln, anzusehen sein, sich ausnehmen, den Anschein haben, den/einen Anschein erwecken, den/einen Eindruck erwecken, einen Anblick bieten, einen Anschein erwecken, einen Eindruck machen, wirken. **b)** *(in bestimmter Weise) beschaffen sein:* wie die Zukunft aussehen wird, weiß niemand; die Reformen könnten auch ganz anders aussehen. **Syn.:** sich gestalten, werden. **c)** ⟨unpers.⟩ *(in bestimmter Weise) um jmdn., etwas bestellt sein:* mit den Vorräten sieht es schlecht aus; mit ihm sieht es schlimm aus. **Syn.:** stehen um.

Aus|se|hen ['au̯sze:ən], das; -s:
Äußeres eines Menschen oder eines Gegenstandes in seiner Wirkung auf den Betrachter, die Betrachterin: ein gesundes, gutes Aussehen; die neue Frisur hat sein Aussehen sehr verändert. **Syn.:** Anblick, Ansehen, Anstrich, Bild, Erscheinung, Look, Typ.

au|ßen ['au̯sn̩] ⟨Adverb⟩:
an der äußeren Seite /Ggs. innen/: die Tasse ist außen schmutzig; von außen sieht es gut aus; um Hilfe von außen *(aus dem Ausland)* bitten. **Syn.:** an/auf der Außenseite, außerhalb. **Zus.:** Linksaußen, Rechtsaußen.

Au|ßen|dienst ['au̯sn̩di:nst], der; -[e]s, -e:
Arbeit außerhalb der Firma o. Ä. /Ggs. Innendienst/: im Außendienst arbeiten; als Vertreterin im Außendienst besuchen Sie unsere Kundinnen und Kunden vor Ort.

Au|ßen|han|del ['au̯sn̩handl̩], der; -s:
Handel mit dem Ausland: der Außenhandel nimmt zu, wächst, floriert, stagniert, sinkt; den Außenhandel steigern. **Syn.:** Ausfuhr, Export.

Au|ßen|mi|nis|ter ['au̯sn̩mɪnɪstɐ], der; -s, -, **Au|ßen|mi|nis|te|rin** ['au̯sn̩mɪnɪstərɪn], die; -, -nen:

Minister, Ministerin für auswärtige Angelegenheiten: die französische Außenministerin ist gestern zurückgetreten.

Au|ßen|po|li|tik ['au̯sn̩politi:k], die; -:
Gesamtheit der politischen Handlungen eines Staates im Verkehr mit anderen Staaten /Ggs. Innenpolitik/: eine realistische Außenpolitik betreiben.

Au|ßen|sei|ter ['au̯sn̩zai̯tɐ], der; -s, -, **Au|ßen|sei|te|rin** ['au̯sn̩zai̯tərɪn], die; -, -nen:
Person, die abseits einer Gruppe, der Gesellschaft steht, nicht in sie integriert ist: sie war schon als Kind eine Außenseiterin; jmdn. zum Außenseiter (ab)stempeln. **Syn.:** Eigenbrötler (oft abwertend), Eigenbrötlerin (oft abwertend), Einzelgänger, Einzelgängerin, Individualist, Individualistin, Kauz (ugs.), Sonderling.

Au|ßen|stän|de ['au̯sn̩ʃtɛndə], die ⟨Plural⟩:
ausstehende finanzielle Forderungen: (bei seinen Schuldnern) Außenstände eintreiben. **Syn.:** Anspruch ⟨Singular⟩, Forderung ⟨Singular⟩.

Au|ßen|ste|hen|de ['au̯sn̩ʃte:əndə], die/eine Außenstehende; der/einer Außenstehenden, die Außenstehenden/zwei Außenstehende:
weibliche Person, die außerhalb einer Gruppe, Gemeinschaft steht, unbeteiligt, nicht eingeweiht ist, keinen Einblick hat: für eine Außenstehende ist das unerklärlich.

Au|ßen|ste|hen|der ['au̯sn̩ʃte:əndɐ], der Außenstehende/ein Außenstehender; des/eines Außenstehenden, die Außenstehenden/zwei Außenstehende:
Person, die außerhalb einer Gruppe, Gemeinschaft steht, unbeteiligt, nicht eingeweiht ist, keinen Einblick hat: für einen Außenstehenden ist das unerklärlich.

[1]**au|ßer** ['au̯sɐ] ⟨Präp. mit Dativ⟩:
1. *abgesehen (von jmdm./etwas), ausgenommen, nicht mitgerechnet:* alle außer ihm.
2. * außer sich (Dativ) **sein:** *besonders starke Gefühle haben:* sie war außer sich vor Freude, vor Glück, vor Zorn. **Syn.:** sich aufregen, aus dem Häuschen sein (ugs.), durchdrehen (ugs.), sich erregen, rasen, sich nicht mehr einkriegen (ugs.), toben.

[2]**au|ßer** ['au̯sɐ] ⟨Konj.⟩:
ausgenommen, mit Ausnahme [von ...]: ich bin täglich zu Hause, außer diesen Sonntag; wir werden kommen, außer [wenn] es regnet. **Syn.:** abgesehen von, nicht inbegriffen.

au|ßer- ['au̯sɐ] ⟨adjektivisches Präfixoid⟩:
außerhalb des Bereichs liegend, sich vollziehend, der mit dem im Basiswort Genannten angesprochen ist: außeratmosphärisch; außerberuflich; außerbewusst; außerdienstlich; außerehelich; außereuropäisch; außerfahrplanmäßig; außerfamiliär; außergerichtlich; außerirdisch; außerkantonal; außerparlamentarisch; außerparteilich; außerplanmäßig; außerschulisch; außertariflich; außerunterrichtlich. **Syn.:** -extern, extra-, neben-, nicht-, [2]über-, un-.

äu|ßer... ['ɔy̯sər...] ⟨Adj.⟩:
a) *sich außen befindend, außen vorhanden* /Ggs. inner.../: die äußere Schicht. **Syn.:** ober...
b) *von außen wahrnehmbar:* der äußere Anblick. **Syn.:** äußerlich, oberflächlich. **c)** *von außen, nicht aus dem Innern des Menschen kommend:* ein äußerer Anlass. **Syn.:** äußerlich. **d)** *auf das Ausland gerichtet:* äußere Politik.

au|ßer|dem ['au̯sɐde:m] ⟨Adverb⟩:
überdies, darüber hinaus: er ist groß, außerdem sieht er gut aus; sie ist außerdem noch sehr klug. **Syn.:** ansonsten, auch, auch noch, daneben, dann, dazu, des Weiteren, ferner, im Übrigen, nebenbei bemerkt, obendrein, sodann, sogar, sonst, übrigens, weiter, weiterhin, zudem, zusätzlich.

Äu|ße|res ['ɔy̯sərəs], das Äußere/ein Äußeres; des/eines Äußeren:
äußere Erscheinung, Aussehen: auf sein Äußeres achten. **Syn.:** Bild, Oberfläche.

au|ßer|ge|wöhn|lich ['au̯sɐgə'vø:nlɪç] ⟨Adj.⟩:
vom Üblichen oder Gewohnten abweichend, über das übliche Maß hinaus: eine außergewöhnliche Begabung; sie ist außergewöhnlich hübsch; er arbeitet außergewöhnlich viel. **Syn.:** auffallend, ausgefallen, außerordentlich, beachtlich, bemerkenswert, besonders, einmalig (emotional), enorm, erstaunlich, imposant, ungewöhnlich, unglaublich (ugs.), unsagbar, unvergleichlich, unwahrscheinlich (ugs.).

[1]**au|ßer|halb** ['au̯sɐhalp] ⟨Präp. mit Gen.⟩:
/Ggs. innerhalb/: **a)** *außen:* außerhalb des Zimmers; außerhalb der Stadt; außerhalb der Landesgrenzen. **b)** *nicht in einem bestimmten Zeitraum:* außerhalb der Arbeitszeit.

[2]**au|ßer|halb** ['au̯sɐhalp] ⟨Adverb⟩:
in der weiteren Umgebung, draußen, nicht in der Stadt: er wohnt außerhalb [von Berlin]; wir liefern auch nach außerhalb *(auch in die weitere Umgebung).* **Syn.:** außen, auswärts.

äu|ßer|lich ['ɔy̯sɐlɪç] ⟨Adj.⟩:
nach außen, dem Äußeren nach: äußerlich machte er einen gefassten Eindruck. **Syn.:** oberflächlich [betrachtet].

Äu|ßer|lich|keit ['ɔy̯sɐlɪçkai̯t], die; -, -en:
a) *(gepflegte) äußere Form des Umgangs, Auftretens:* Äußerlichkeiten waren ihr schon lange nicht mehr wichtig. **b)** *unwesentlicher, äußerer, unbedeutender Bestandteil:* an nichtssagenden Äußerlichkeiten hängen; sich über Äußerlichkeiten aufregen.

äu|ßern ['ɔy̯sɐn]:
1. ⟨tr.; hat⟩ *zu erkennen geben:* seine Kritik durch Zischen äußern; Zweifel [an etwas] äußern; seine Meinung [zu etwas] äußern. **Syn.:** anbringen, anführen, anmelden, artikulieren, ausdrücken, aussagen, bekannt geben, bekannt machen, bekunden, darlegen, darstellen, erklären, mitteilen, offenbaren, vorbringen, vortragen.
2. ⟨+ sich⟩ *seine Meinung sagen:* sie hat sich [zu seinem Vorschlag] nicht geäußert. **Syn.:** sich ausbreiten, sich auslassen, sich aussprechen, sich ergehen, etwas sagen, etwas von sich geben, reden, seine Meinung kundtun, sprechen, Stellung nehmen, sich verbreiten.
3. ⟨+ sich⟩ *sich zeigen, in bestimmter Weise sichtbar werden:* seine Unruhe äußerte sich

in seiner Unaufmerksamkeit. **Syn.:** sich ausdrücken, sich ausprägen, zum Ausdruck kommen.

au|ßer|or|dent|lich ['au̯sɐ|'ɔrdn̩tlɪç] ⟨Adj.⟩:
1. *außerhalb der gewöhnlichen Ordnung stehend, stattfindend:* eine außerordentliche Versammlung.
2. a) *sehr groß:* ein außerordentlicher Erfolg. **Syn.:** außergewöhnlich, besonder..., enorm, gewaltig (emotional), imposant, riesig. **b)** ⟨verstärkend bei Adjektiven und Verben⟩ (ugs.) *ganz besonders:* eine außerordentlich schwierige Frage; er ist außerordentlich erfolgreich; das freut mich außerordentlich. **Syn.:** außergewöhnlich, äußerst, bemerkenswert, hochgradig, höchst, höllisch, irre (salopp), irrsinnig (emotional), kolossal (ugs. emotional), mächtig (ugs.), maßlos, reichlich, sehr, total (ugs.), überaus, unbändig, unbeschreiblich, unendlich (emotional), [1]unerhört, ungeheuer, ungemein, ungewöhnlich, unglaublich (ugs.), unheimlich (ugs.), unmäßig, unsagbar, unwahrscheinlich (ugs.), verflucht (ugs.), verteufelt (ugs. emotional), wahnsinnig (ugs.).

äu|ßerst ['ɔy̯sɐst] ⟨Adj.⟩:
a) *größt..., stärkst...:* ein Moment äußerster Spannung. **b)** ⟨verstärkend bei Adjektiven⟩ *in höchstem Maße:* er lebt äußerst bescheiden. **Syn.:** ausgesprochen, ausnehmend, außerordentlich, enorm, ganz, höchst, in höchstem Grade, sehr, total (ugs.), über alle Maßen, über die Maßen, überaus, [1]unerhört, ungeheuer, ungemein, unglaublich (ugs.), unheimlich (ugs.).

au|ßer|stan|de [au̯sɐ'ʃtandə], **außer Stande:**
in der Wendung **außerstande sein:** *nicht fähig, nicht in der Lage sein* /Ggs. imstande sein/: ich war außerstande, angemessen zu reagieren.

Äu|ße|rung ['ɔy̯sərʊŋ], die; -, -en:
1. *das (von Redenden, Sprechenden) Geäußerte, Ausgesprochene:* eine lobende, kritische, unvorsichtige, missbilligende, geschmacklose Äußerung; eine politische, sprachliche Äußerung; sich zu einer Äußerung hinreißen lassen; eine Äußerung zurücknehmen. **Syn.:** Ausführungen ⟨Plural⟩, Aussage, Ausspruch, Behauptung, Bemerkung, Mitteilung. **Zus.:** Meinungsäußerung, Willensäußerung.
2. *sichtbares Zeichen (für etwas):* sein Benehmen war eine Äußerung seiner Unabhängigkeit. **Syn.:** [1]Ausdruck, Demonstration. **Zus.:** Gefühlsäußerung, Lebensäußerung.

aus|set|zen ['au̯szɛt͜sn̩], setzte aus, ausgesetzt:
1. ⟨itr.; hat⟩ *mitten in einer Tätigkeit o. Ä. [für eine gewisse Zeit] aufhören:* die Atmung, das Herz, der Motor setzte plötzlich aus. **Syn.:** abbrechen, ausfallen, stehen bleiben, stillstehen, streiken (ugs.).
2. a) ⟨tr.; hat⟩ *vorübergehend unterbrechen:* den Kampf aussetzen; die Strafe zur Bewährung aussetzen. **Syn.:** ruhen lassen. **b)** ⟨itr.; hat⟩ *eine Pause einlegen:* sie hat ein Semester (lang) ausgesetzt; ich muss für eine Weile (wegen Krankheit) aussetzen. **Syn.:** Pause machen, pausieren.
3. ⟨tr.; hat⟩ *an einen bestimmten Ort bringen und dort sich selbst überlassen:* ein Kind aussetzen; jmdn. auf einer einsamen Insel aussetzen.
4. ⟨tr.; hat⟩ *sich so verhalten, dass jmd., etwas oder man selbst durch etwas gefährdet ist oder ohne Schutz vor etwas ist; jmdn. einer (schwierigen) Situation ausliefern:* jmdn. dem Verdacht, dem Vorwurf, der Gefahr, dem Risiko aussetzen; sich der Sonne, der Hitze aussetzen. **Syn.:** preisgeben.
5. ⟨tr.; hat⟩ *(eine Summe als Belohnung) versprechen:* für die Ergreifung des Täters wurden 500 Euro als Belohnung ausgesetzt. **Syn.:** ausschreiben, bieten, in Aussicht stellen, zusagen, zusichern.
6. *** an jmdm., etwas etwas auszusetzen haben:** *mit jmdm., etwas nicht ganz zufrieden sein und sagen, was einem nicht gefällt, ihn bzw. es kritisieren:* immer hast du etwas an mir auszusetzen!; ich habe daran nichts auszusetzen. **Syn.:** an jmdm., etwas etwas zu beanstanden haben; an jmdm., etwas etwas zu bemängeln haben; an jmdm., etwas etwas zu kritisieren haben; an jmdm., etwas etwas zu mäkeln haben (ugs.); an jmdm., etwas etwas zu meckern haben (ugs. abwertend); an jmdm., etwas etwas zu nörgeln haben (abwertend).

Aus|set|zer ['au̯szɛt͜sɐ], der; -s, -:
plötzlicher, vorübergehender Ausfall des Leistungsvermögens o. Ä.: in der Prüfung hatte ich einen Aussetzer und machte deshalb einen schweren Fehler. **Syn.:** Blackout.

Aus|sicht ['au̯szɪçt], die; -, -en:
1. ⟨ohne Plural⟩ *Blick ins Freie, in die Ferne:* von dem Fenster hat man eine schöne Aussicht [auf den Park]; die schöne Aussicht genießen. **Syn.:** Ausblick, Fernsicht, Panorama, Sicht.
2. *bestimmte Erwartung, Hoffnung, Chance; sich für die Zukunft zeigende positive Möglichkeit:* seine Aussichten, die Prüfung zu bestehen, sind gering; es besteht keine Aussicht auf Erfolg. **Syn.:** Gelegenheit, Perspektive. **Zus.:** Berufsaussicht, Erfolgsaussicht, Zukunftsaussichten; *** in Aussicht nehmen** (Papierdt.): *vorsehen:* für dieses Projekt habe ich vier Mitarbeiter in Aussicht genommen; *** in Aussicht stellen:** *versprechen:* eine hohe Belohnung ist in Aussicht gestellt worden; *** [keine] Aussicht auf etwas haben:** *mit etwas Gutem o. Ä. [nicht] rechnen können:* er hat Aussicht auf den ersten Preis im Schwimmen.

aus|sichts|los ['au̯szɪçt͜slo:s] ⟨Adj.⟩:
ohne jede Aussicht auf Erfolg: sich in einer fast, nahezu, scheinbar, ziemlich aussichtslosen Lage, Situation befinden; etwas ist, erscheint aussichtslos; sie hielten diesen Versuch für aussichtslos. **Syn.:** ausweglos, hoffnungslos, [2]verfahren.

aus|sie|deln ['au̯szi:dl̩n], siedelte aus, ausgesiedelt:
1. ⟨tr.; hat⟩ *durch amtliche Aufforderung zum Verlassen des ursprünglichen Wohngebietes und zum Ansiedeln in einem anderen Gebiet veranlassen:* Bauern aussiedeln; die Chinesen wollen 5000 Tibeter aussiedeln. **Syn.:** vertreiben.

2. ⟨itr.; hat⟩ *emigrieren; das Land oder ein Gebiet verlassen (müssen):* nach dem Zweiten Weltkrieg siedelten viele Deutsche aus dem Osten nach Deutschland aus. **Syn.:** ausgesiedelt werden, seine Heimat verlassen, sich aussiedeln lassen, übersiedeln, vertrieben werden, wegziehen.

Aus|sied|ler [ˈau̯sziːdlɐ], der; -s, -, **Aus|sied|le|rin** [ˈau̯sziːdlərɪn], die; -, -nen (Amtsspr.): *Person, die die deutsche Staatsangehörigkeit hat und der erlaubt wird, aus einem Staat Osteuropas in die Bundesrepublik überzusiedeln:* deutschstämmige Aussiedlerinnen und Aussiedler aus Polen.

aus|sit|zen [ˈau̯szɪtsn̩], saß aus, ausgesessen ⟨tr.; hat⟩: *(in einer schwierigen Situation) untätig sein, sich nicht rühren, sondern warten, bis sich im Laufe der Zeit alles von selbst erledigt hat:* Probleme werden oft einfach ausgesessen.

aus|söh|nen [ˈau̯szøːnən], söhnte aus, ausgesöhnt:
1. ⟨tr.; hat⟩ *(zwei miteinander im Streit liegende Personen, Parteien) veranlassen, sich wieder zu versöhnen:* der Vater hatte die beiden zerstrittenen Brüder wieder miteinander ausgesöhnt.
2. ⟨+ sich⟩ *sich (nach einer längeren Zeit) wieder ganz mit jmdm., etwas versöhnen:* er hat sich mit seinem Bruder ausgesöhnt; sie muss sich mit ihrer neuen Umgebung, ihrem Schicksal, ihrer Vergangenheit erst noch aussöhnen.

aus|son|dern [ˈau̯szɔndɐn], sonderte aus, ausgesondert ⟨tr.; hat⟩: *aus einer Anzahl auswählen [und entfernen]:* die schlechten Waren wurden ausgesondert. **Syn.:** ²auslesen, ausscheiden, aussortieren.

aus|sor|tie|ren [ˈau̯szɔrtiːrən], sortierte aus, aussortiert ⟨tr.; hat⟩: *(nach entsprechenden Gesichtspunkten durchsehen und) herausnehmen:* die infrage kommenden Akten aussortieren; wir haben die faulen Äpfel von Hand aussortiert; automatisch aussortierte Metallteile. **Syn.:** ²auslesen, ausscheiden, aussondern, aussortieren.

aus|span|nen [ˈau̯sʃpanən], spannte aus, ausgespannt:
1. ⟨itr.; hat⟩ *für einige Zeit mit einer anstrengenden Tätigkeit aufhören, um sich zu erholen:* er musste [vier Wochen] ausspannen; im Urlaub konnte sie dann einmal richtig ausspannen. **Syn.:** abschalten, sich ausruhen, relaxen, ruhen, Urlaub machen, verschnaufen, sich verschnaufen, [eine] Pause machen.
2. ⟨tr.; hat⟩ (ugs.) **a)** *nach langem Bitten (von jmdm.) bekommen und behalten dürfen:* der Sohn hatte dem Vater das Auto ausgespannt. **b)** *(jmdm. einen Freund, eine Freundin) wegnehmen, abspenstig machen:* er hat seinem besten Freund die Freundin ausgespannt.
3. ⟨tr.; hat⟩ *breit spannen:* die Netze zum Trocknen ausspannen.
4. ⟨tr.; hat⟩ *(ein Pferd o. Ä.) vom Wagen losmachen:* der Bauer spannt die Pferde aus.

aus|spa|ren [ˈau̯sʃpaːrən], sparte aus, ausgespart ⟨tr.; hat⟩:
a) *(einen Raum) frei lassen:* in dem Zimmer ist eine Ecke für die Kommode ausgespart.
b) *ausnehmen, (für später) aufheben:* ein heikles Thema für später aussparen; bei der Lohnerhöhung die oberen Einkommensgruppen aussparen. **Syn.:** nicht berücksichtigen, ²übergehen, ²überspringen.

aus|sper|ren [ˈau̯sʃpɛrən], sperrte aus, ausgesperrt ⟨tr.; hat⟩:
1. (ugs.) *(eine Wohnung o. Ä. verschließen und dadurch jmdm.) den Zutritt unmöglich machen:* man hatte ihn ausgesperrt; sie hat den Schlüssel innen stecken lassen und sich dadurch selbst ausgesperrt. **Syn.:** ausschließen.
2. *im Rahmen eines Arbeitskampfes [streikende] Arbeitnehmerinnen u. Arbeitnehmer von der Arbeit ausschließen:* die Leitung des Konzerns sperrte Tausende von Arbeitern aus.

aus|spie|len [ˈau̯sʃpiːlən], spielte aus, ausgespielt ⟨tr.; hat⟩:
1. a) *(beim Kartenspiel) zu spielen beginnen, indem man die erste Karte hinlegt:* Wetten, dass du das Ass ausspielst?; ⟨auch itr.⟩ wer spielt aus? **b)** *einsetzen, zur Geltung bringen:* seine Stärken, seine Vorteile, seine Überlegenheit, seine Autorität ausspielen, um etwas zu erreichen. **Syn.:** in die Waagschale werfen.
2. *[wechselseitig] eine Person gegen eine andere (zum eigenen Vorteil) misstrauisch machen, aufwiegeln:* den Freund gegen den Bruder ausspielen; das Kind hat die Eltern gegeneinander ausgespielt.
3. *** [seine Rolle] ausgespielt haben:** *nichts mehr zu sagen haben, seinen Einfluss, seine Bedeutung eingebüßt haben:* bei mir hat er endgültig ausgespielt!

aus|spi|o|nie|ren [ˈau̯sʃpi̯oniːrən], spionierte aus, hat ausspioniert ⟨tr.; hat⟩:
a) *durch Spionieren entdecken, herausbekommen:* jmds. Versteck ausspionieren. **Syn.:** auskundschaften. **b)** *(etwas) heimlich erforschen:* eine Firma, einen Computer, ein Land ausspionieren. **c)** *(etwas von jmdm.) durch Spionieren zu erfahren suchen:* er soll ausspioniert worden sein.

Aus|spra|che [ˈau̯sʃpraːxə], die; -, -n:
1. a) ⟨ohne Plural⟩ *Art, wie etwas gesprochen wird:* die Aussprache eines Wortes in Lautschrift angeben. **Zus.:** Bühnenaussprache. **b)** *Art, wie jmd. spricht:* eine gute, schlechte, deutliche, klare Aussprache haben; jmds. Herkunft an seiner Aussprache erkennen. **Syn.:** Akzent, Sprache.
2. *klärendes Gespräch:* eine interne, offene, geheime, klärende, mehrstündige Aussprache haben, fordern, wünschen. **Syn.:** Auseinandersetzung, Dialog, Diskussion, Unterredung.

aus|spre|chen [ˈau̯sʃprɛçn̩], spricht aus, sprach aus, ausgesprochen:
1. ⟨tr.; hat⟩ *(in einer bestimmten Weise) sprechen:* ein Wort richtig aussprechen. **Syn.:** artikulieren.
2. ⟨tr.; hat⟩ *zum Ausdruck bringen, äußern, mit Worten ausdrücken:* eine Bitte, eine Empfehlung, einen Wunsch, eine Drohung aussprechen; jmdm. sein Beileid, seinen Dank, seine Anerkennung aussprechen. **Syn.:** anbringen, ausdrücken, bekunden, erklären, formulieren, in Worte fassen, in Worte kleiden, mitteilen, sagen, ver-

künden (geh.), verkündigen (geh.), vorbringen, vortragen, zu erkennen geben.
3. ⟨+ sich⟩ **a)** *seine Meinung (über jmdn., etwas in bestimmter Weise) äußern:* sie hat sich lobend, missbilligend, tadelnd über ihn ausgesprochen. **Syn.:** sich ausbreiten, sich auslassen, polemisieren, reden, sprechen, sich verbreiten. **b)** *Stellung nehmen (für/gegen jmdn., etwas):* sich für einen Bewerber, für Reformen aussprechen; sie spricht sich dafür aus, es noch mal zu versuchen; sich gegen eine Maßnahme aussprechen; er hat sich dagegen ausgesprochen. **Syn.:** sich äußern, polemisieren, reden, sprechen.
4. ⟨+ sich⟩ *jmdm. sagen, was einen bedrückt, innerlich beschäftigt oder bewegt:* er hatte das Bedürfnis, sich auszusprechen. **Syn.:** sich anvertrauen, sich erleichtern, sich offenbaren, sein Gewissen erleichtern, sein Herz ausschütten, sein Herz erleichtern.
5. ⟨tr.; hat⟩ *(eine rechtliche Entscheidung) bekannt machen:* eine Begnadigung, eine Kündigung aussprechen. **Syn.:** bekannt geben, erklären, mitteilen, verkünden (geh.), verkündigen (geh.).

Aus|spruch [ˈausʃprʊx], der; -[e]s, Aussprüche [ˈausʃprʏçə]: *Satz [einer bedeutenden Persönlichkeit], in dem eine Ansicht o. Ä. prägnant ausgesprochen ist:* ein berühmter, witziger Ausspruch; sich an einen Ausspruch erinnern; einen Ausspruch zitieren; dieser Ausspruch stammt von Goethe. **Syn.:** Äußerung, Bonmot, geflügeltes Wort, Parole, Sentenz (bildungsspr.), Sinnspruch, Spruch, Wort, Zitat.

aus|spu|cken [ˈausʃpʊkn̩]:
a) ⟨itr.; hat⟩ *Speichel aus dem Mund ausstoßen:* der Gefangene spuckte verächtlich vor dem Wärter aus. **b)** ⟨tr.; hat⟩ *spuckend von sich geben:* er spuckte die Kirschkerne aus; (ugs.) der Geldautomat spuckt die Scheine aus; der Computer spuckt die Daten aus. **Syn.:** auswerfen. **c)** ⟨tr.; hat⟩ (ugs.) *erbrechen:* sie hat das ganze Essen wieder ausgespuckt. **Syn.:** ausbrechen, wieder von sich geben.

aus|spü|len [ˈausʃpy:lən], spülte aus, ausgespült ⟨tr.; hat⟩:
a) *durch Spülen innen reinigen:* den Krug ausspülen; ich habe mir den Mund mit Wasser ausgespült. **Syn.:** spülen. **b)** *durch Spülen entfernen:* den Eiter ausspülen. **Syn.:** auswaschen.

Aus|stand [ˈausʃtant], der; -[e]s, Ausstände [ˈausʃtɛndə]: *(als Form des Arbeitskampfes) vorübergehende kollektive Arbeitsniederlegung durch die Arbeitnehmer[innen] zur Durchsetzung von bestimmten Forderungen:* im Ausstand stehen; sich im Ausstand befinden; in den Ausstand treten. **Syn.:** Streik.

aus|stat|ten [ˈausʃtatn̩], stattete aus, ausgestattet ⟨tr.; hat⟩: *mit etwas versehen:* ein Zimmer mit Möbeln ausstatten; jmdn. mit dem nötigen Kapital, mit Vollmachten ausstatten. **Syn.:** ausrüsten, dotieren, einrichten.

Aus|stat|tung [ˈausʃtatʊŋ], die; -, -en:
1. ⟨ohne Plural⟩ *das Ausstatten:* die Ausstattung der Räume mit Mobiliar.
2. ⟨ohne Plural⟩ *äußere Gestaltung und Aufmachung:* auf gediegene Ausstattung der Bücher legen wir großen Wert. **Syn.:** Aufzug. **Zus.:** Buchausstattung, Bühnenausstattung.
3. a) *Möbel, Geräte o. Ä. (mit denen ein Raum ausgestattet ist):* die Ausstattung des Krankenhauses ist modernisiert worden. **Syn.:** Einrichtung, Inventar, Möbel ⟨Plural⟩, Mobiliar. **Zus.:** Innenausstattung, Wohnungsausstattung. **b)** (Rechtsspr.) *alles, was einem Kind zur Berufsausbildung, Geschäftsgründung oder Heirat mitgegeben wird:* die Ausstattung der Tochter noch ergänzen müssen. **Zus.:** Babyausstattung, Brautausstattung.

aus|ste|chen [ˈausʃtɛçn̩], sticht aus, stach aus, ausgestochen ⟨tr.; hat⟩:
1. *durch Stechen zerstören:* er hat ihm ein Auge ausgestochen.
2. a) *durch Stechen (aus etwas) herausholen:* Rasen ausstechen. **b)** *durch Stechen entfernen:* Unkraut ausstechen. **c)** *durch Stechen herstellen:* Plätzchen [aus dem Teig] ausstechen.
3. *in jmds. Gunst o. Ä. ablösen, übertreffen, verdrängen:* er wollte mich bei ihr ausstechen; sie hat alle anderen Bewerber, Konkurrenten ausgestochen. **Syn.:** aus dem Feld schlagen (geh.), ausbooten (ugs.), besiegen, hinter sich lassen, in den Schatten stellen, in die Tasche stecken (ugs.), überbieten, überflügeln, überholen, überrunden, übertrumpfen.

aus|ste|hen [ˈausʃte:ən], stand aus, ausgestanden ⟨itr.; hat⟩:
1. *erwartet werden, noch nicht eingetroffen sein:* die Antwort auf mein Schreiben steht noch aus; die größten Herausforderungen stehen noch aus; die Lohnzahlungen für die letzten beiden Monate stehen noch immer aus. **Syn.:** auf sich warten lassen, fehlen.
2. *ertragen, erdulden:* er hatte viel Angst ausgestanden. **Syn.:** dulden, durchmachen, durchstehen, erleiden, über sich ergehen lassen; *** jmdn., etwas nicht ausstehen können:** *jmdn., etwas nicht leiden können:* ich kann diesen Kerl nicht ausstehen; die beiden können sich auf den Tod nicht ausstehen. **Syn.:** für jmdn., etwas nichts übrighaben; jmdn. nicht riechen können (ugs.); jmdn., etwas gefressen haben (ugs.); jmdn., etwas hassen; jmdn., etwas nicht mögen; jmdn., etwas unsympathisch finden; jmdn., etwas verabscheuen; mit jmdm., etwas nichts zu tun haben wollen.

aus|stei|gen [ˈausʃtaign̩], stieg aus, ausgestiegen ⟨itr.; ist⟩ /Ggs. einsteigen/:
a) *ein Fahrzeug verlassen, aus etwas steigen:* aus dem Bus, der Straßenbahn, dem Zug aussteigen; weil sich der Betrunkene in der Bahn schlecht benahm, wurde er aufgefordert, auszusteigen. **b)** (ugs.) *sich bei etwas nicht mehr beteiligen:* aus einem Vertrag, einem Geschäft aussteigen. **Syn.:** austreten.

Aus|stei|ger [ˈausʃtaigɐ], der; -s, -, **Aus|stei|ge|rin** [ˈausʃtaigərɪn], die; -, -nen (Jargon): *Person, die ihren Beruf, ihre gesellschaftlichen Bindungen o. Ä. aufgibt, um von allen Zwängen frei zu sein:* heute gibt es nicht mehr so viele Aussteiger.

aus|stel|len [ˈausʃtɛlən], stellte aus, ausgestellt ⟨tr; hat⟩:

1. *zur Ansicht, zum Verkauf hinstellen:* Waren (im Schaufenster) ausstellen; der Künstler stellt in seinem Atelier seine Werke aus. **Syn.:** auslegen, zeigen, zur Schau stellen.
2. *ein Formular o. Ä. ausfüllen und jmdm. geben:* jmdm. ein Attest, einen Pass, ein Zeugnis, eine Bestätigung, eine Bescheinigung ausstellen; ich habe mir eine Quittung für den Kauf ausstellen lassen. **Syn.:** ausfertigen, ausschreiben.

Aus|stel|lung ['au̯sʃtɛlʊŋ], die; -, -en:
1. ⟨ohne Plural⟩ *das Ausstellen* (2): für die Ausstellung des Passes musste er 10 Euro bezahlen.
2. *Sammlung von Gegenständen, die öffentlich gezeigt wird:* eine geplante, ständige, laufende, historische, sehenswerte Ausstellung; eine Ausstellung moderner Kunst; eine Ausstellung planen, eröffnen, zeigen, besuchen; in eine Ausstellung gehen; sich eine Ausstellung ansehen. **Syn.:** ²Messe, Schau. **Zus.:** Dauerausstellung, Gemäldeausstellung, Sonderausstellung.

aus|ster|ben ['au̯sʃtɛrbn̩], stirbt aus, starb aus, ausgestorben ⟨itr.; ist⟩:
sich nicht mehr fortpflanzen und dadurch aufhören, auf der Erde zu existieren: das Geschlecht, dieses Tier, diese Pflanze ist schon vor langer Zeit ausgestorben; ⟨häufig im 2. Partizip⟩ das Dorf lag ausgestorben *(menschenleer)* da. **Syn.:** untergehen, vergehen, verschwinden, von der Erde verschwinden.

Aus|stieg ['au̯sʃti:k], der; -[e]s, -e:
1. a) *das Heraussteigen aus etwas* /Ggs. Einstieg/: den Ein- und Ausstieg aus dem Auto erleichtern. **b)** *Öffnung, Stelle zum Aussteigen:* der Ausstieg ist hinten; im Bus neben dem Ausstieg sitzen. **Syn.:** Ausgang, Tür. **Zus.:** Notausstieg.
2. *das Aussteigen* (2 a): der Ausstieg aus der Atomenergie; ein schneller, sofortiger, vorzeitiger, geplanter Ausstieg; den Ausstieg ankündigen, bekannt geben, beschließen; mit dem Ausstieg drohen. **Zus.:** Atomausstieg.

aus|stop|fen ['au̯sʃtɔpf̩n], stopfte aus, ausgestopft ⟨tr.; hat⟩:
stopfend füllen: ich stopfte die nassen Schuhe mit Papier aus; ein Tier ausstopfen *(das Fell eines toten Tieres füllen, sodass es wie natürlich aussieht).* **Syn.:** präparieren.

aus|sto|ßen ['au̯sʃto:sn̩], stößt aus, stieß aus, ausgestoßen ⟨tr.; hat⟩:
1. *durch Druck nach außen pressen:* den Atem ausstoßen; Schadstoffe ausstoßen.
2. *als Äußerung des Schreckens o. Ä. heftig hervorbringen:* einen Schrei, einen Seufzer ausstoßen. **Syn.:** anstimmen, hören lassen, vernehmen lassen (geh.).
3. *(aus einer Gemeinschaft) ausschließen:* er wurde aus der Partei, aus der Gemeinschaft ausgestoßen; sich ausgestoßen fühlen. **Syn.:** verbannen, verstoßen, verweisen.

aus|strah|len ['au̯sʃtra:lən], strahlte aus, ausgestrahlt:
1. a) ⟨tr.; hat⟩ *in alle Richtungen strahlen:* der Ofen strahlt Hitze, Wärme aus; die Schmerzen strahlen bis in die Beine aus.
b) ⟨itr.; hat⟩ *(meist positive Wirkung) verbreiten:* ein Mann, der Energie und Optimismus ausstrahlt; das Auto strahlt für viele Freiheit und Souveränität aus; der Raum strahlt Behaglichkeit aus.
2. ⟨tr.; hat⟩ *eine Rundfunk- bzw. Fernsehsendung über einen Sender verbreiten:* die Reportage wird erst nach Mitternacht ausgestrahlt. **Syn.:** ²senden, bringen, übertragen.

aus|stre|cken ['au̯sʃtrɛkn̩], streckte aus, ausgestreckt:
1. ⟨tr.; hat⟩ *(ein Glied des Körpers) von sich strecken:* er streckte seine Arme (nach dem Kind) aus; sie ergriff die ausgestreckte rechte Hand. **Syn.:** in die Höhe recken, recken.
2. ⟨+ sich⟩ *sich der Länge nach strecken:* ich streckte mich [auf dem Bett] aus. **Syn.:** sich rekeln.

aus|strei|chen ['au̯sʃtrai̯çn̩], strich aus, ausgestrichen ⟨tr.; hat⟩:
1. *auf den Innenflächen ganz mit etwas bestreichen:* die Backform (mit Butter) ausstreichen.
2. *(etwas Geschriebenes o. Ä.) durch Striche tilgen:* warum hast du den Satz ausgestrichen? **Syn.:** ¹durchkreuzen, durchstreichen, streichen.

aus|streu|en ['au̯sʃtrɔyən], streute aus, ausgestreut ⟨tr.; hat⟩:
durch Streuen (auf einer bestimmten Fläche) verbreiten: Stroh [auf dem Boden] ausstreuen; ein Gerücht ausstreuen. **Syn.:** verstreuen, verteilen.

aus|su|chen ['au̯szu:xn̩], suchte aus, ausgesucht ⟨tr.; hat⟩:
aus mehreren Dingen oder Personen (das Entsprechende) heraussuchen oder wählen: er suchte für seinen Freund ein gutes Buch aus; ich durfte mir ein Geschenk aussuchen; dass du dir gerade diesen Mann aussuchen musstest! **Syn.:** ausersehen (geh.), ²auslesen, auswählen, sich entscheiden für.

Aus|tausch ['au̯stau̯ʃ], der; -[e]s:
1. *das Austauschen* (1): etwas im Austausch (gegen etwas anderes) erhalten; ein Austausch von Erfahrungen, Erinnerungen. **Syn.:** Tausch. **Zus.:** Erfahrungsaustausch, Gedankenaustausch, Gefangenenaustausch, Kulturaustausch, Schüleraustausch, Warenaustausch.
2. *das Austauschen* (2): der Austausch der Ventile war unbedingt nötig geworden.

aus|tau|schen ['au̯stau̯ʃn̩], tauschte aus, ausgetauscht ⟨tr.; hat⟩:
1. *wechselseitig (Gleichartiges) geben und nehmen:* Gefangene austauschen; sie tauschen Gedanken aus *(teilen sie sich mit und sprechen darüber);* sie tauschten Erfahrungen aus *(teilten sie sich mit).* **Syn.:** tauschen, wechseln.
2. *auswechseln, durch Entsprechendes ersetzen:* einen Motor austauschen. **Syn.:** erneuern, tauschen, wechseln.

aus|tei|len ['au̯stai̯lən], teilte aus, ausgeteilt ⟨tr.; hat⟩:
a) *(die Teile, Stücke o. Ä. einer vorhandenen Menge) einzeln an dafür vorgesehene Personen geben; verteilen:* der Lehrer teilt die Hefte aus und lässt einen Aufsatz schreiben; die Suppe, das Essen den Kranken / an die Kranken austeilen; den Segen austeilen; Prügel, Hiebe, Schläge, Ohrfeigen austeilen. **Syn.:** ausgeben. **b)** ⟨itr.⟩ *(scharf) kritisieren* /Ggs. einstecken (3)/: sie kann gut austeilen, aber nicht einstecken.

Aus|ter ['au̯stɐ], die; -, -n:
im Meer lebende essbare Muschel: frische, essbare, verschlossene Austern; Austern schlürfen.

aus|to|ben ['au̯sto:bn̩], tobte aus, ausgetobt ⟨+ sich⟩:
1. *sehr toben, wüten:* der Sturm hat sich ausgetobt und einige Häuser zerstört.
2. a) *seinem Gefühl, seiner Stimmung freien Lauf lassen, sich nicht zügeln:* sich auf dem Klavier austoben. **b)** *wild und vergnügt sein:* die Kinder konnten sich im Garten richtig austoben. **Syn.:** toben, tollen.
3. *[erschöpft] aufhören, zu toben; mit einer wilden oder ausgelassenen Betätigung aufhören:* morgens hatte sich der Sturm endlich ausgetobt; habt ihr euch nun ausgetobt?; ⟨auch itr.⟩ habt ihr endlich ausgetobt?

aus|tra|gen ['au̯stra:gn̩], trägt aus, trug aus, ausgetragen ⟨tr.; hat⟩:
1. *(Post o. Ä.) dem Empfänger ins Haus zu bringen:* Zeitungen, die Post austragen. **Syn.:** ausliefern, liefern, verteilen, zustellen.
2. a) *bis zur Entscheidung führen, klärend abschließen:* einen Konflikt, einen Streit austragen. **b)** *bei einem sportlichen Vergleich eine Entscheidung herbeiführen oder feststellen, wer der Bessere oder Stärkere ist:* einen Wettkampf, Meisterschaften austragen. **Syn.:** abhalten, durchführen, veranstalten.
3. *(ein Kind bis zu seiner völligen Reife) im Mutterleib tragen, behalten:* die Schwangerschaft war zwar nicht geplant, aber sie wollte das Baby dennoch austragen.
4. *aus einer Liste, einem Verzeichnis löschen, entfernen* /Ggs. eintragen/: Adressen, Daten, Zahlen austragen; sich aus der Anwesenheitsliste austragen. **Syn.:** streichen, tilgen.

aus|trei|ben ['au̯strai̯bn̩], trieb aus, ausgetrieben ⟨tr.; hat⟩:
1. *(von Pflanzen) neue Triebe hervorbringen:* der Baum treibt jedes Frühjahr neu aus. **Syn.:** ausschlagen.
2. *durch geeignete drastische Maßnahmen jmdn. dazu bringen, von etwas abzulassen:* ich werde dir deine Frechheit, deine Faulheit, deine Flausen schon austreiben! **Syn.:** abgewöhnen.
3. *durch Beschwörung verbannen:* Dämonen, Geister, den Teufel austreiben. **Syn.:** bannen.

aus|tre|ten ['au̯stre:tn̩], tritt aus, trat aus, ausgetreten:
1. ⟨tr.; hat⟩ *durch Darauftreten bewirken, dass etwas nicht mehr glüht oder brennt:* er hat die Glut, die brennende Zigarette ausgetreten.
2. ⟨tr.; hat⟩ **a)** *durch häufiges Darauftreten abnutzen, sodass eine Vertiefung entsteht:* die Bewohner haben die Stufen, Dielen sehr ausgetreten. **Syn.:** abnutzen (bes. nordd.), abnützen (bes. südd.). **b)** *durch Tragen ausweiten:* die Schuhe sind schon völlig ausgetreten; ausgetretene Stiefel. **Syn.:** ausleiern.
3. ⟨itr.; ist⟩ *(aus einer Gemeinschaft) auf eigenen Wunsch ausscheiden* /Ggs. eintreten/: er ist aus der Kirche, dem Verein, der Partei ausgetreten.
4. ⟨nur im Infinitiv⟩ *die Toilette aufsuchen, um seine Notdurft zu verrichten:* ich muss [mal] austreten [gehen]. **Syn.:** auf die Toilette gehen, aufs Klo gehen (fam.), müssen, sich die Nase pudern (verhüllend), verschwinden (verhüllend).
5. ⟨itr.; sein⟩ *(als Sache) nach außen gelangen:* Gas, Radioaktivität ist ausgetreten; aus dem Tanker tritt Öl aus. **Syn.:** auslaufen, herauskommen, in die Umwelt gelangen.

aus|trick|sen ['au̯strɪksn̩], trickste aus, ausgetrickst ⟨tr.; hat⟩:
durch einen Trick überlisten: einen Gegner, Konkurrenten austricksen. **Syn.:** ausspielen, hereinlegen (ugs.).

aus|trin|ken ['au̯strɪŋkn̩], trank aus, ausgetrunken ⟨tr.; hat⟩:
a) *trinken, bis nichts mehr übrig ist:* das Bier austrinken. **b)** *leer trinken:* ein Glas austrinken. **Syn.:** leeren.

Aus|tritt ['au̯strɪt], der; -[e]s, -e:
1. *das Ausscheiden aus einer Gemeinschaft o. Ä., der man als Mitglied angehört* /Ggs. Eintritt/: seinen Austritt [aus der Kirche, der Partei, dem Verband, dem Verein] ankündigen, bekannt geben, erklären. **Zus.:** Kirchenaustritt.
2. *das Austreten* (5): den Austritt von Öl verhindern. **Syn.:** Auslaufen. **Zus.:** Gasaustritt.

aus|trock|nen ['au̯strɔknən], trocknete aus, ausgetrocknet:
a) ⟨tr.; hat⟩ *alle Feuchtigkeit aus etwas herausziehen:* die Sonne, die Hitze hat den Boden ausgetrocknet. **Syn.:** verdorren lassen, vertrocknen lassen. **b)** ⟨itr.; ist⟩ *(die üblicherweise dazugehörende, vorhandene) Feuchtigkeit, Flüssigkeit verlieren, entzogen bekommen und völlig trocken werden:* der See, Boden, das Flussbett, das Holz, die Haut, Kehle ist ausgetrocknet. **Syn.:** dorren (geh.), verdorren, vertrocknen.

austrocknen / trocknen:
s. Kasten trocknen/austrocknen.

aus|tüf|teln ['au̯stʏftl̩n], tüftelte aus, ausgetüftelt ⟨tr.; hat⟩:
sich durch Überlegen, Ausprobieren o. Ä. ausdenken: ich habe [mir] einen Plan ausgetüftelt. **Syn.:** aushecken (ugs.), ausklügeln.

aus|üben ['au̯s|y:bn̩], übte aus, ausgeübt ⟨tr.; hat⟩:
1. *regelmäßig oder längere Zeit ausführen:* eine Beschäftigung ausüben; er übt keinen Beruf aus *(ist nicht beruflich tätig).* **Syn.:** treiben.
2. a) *innehaben und anwenden:* die Macht, die Herrschaft [über jmdn.] ausüben. **b)** *in besonderer Weise auf jmdn., etwas wirken lassen:* Druck [auf jmdn.] ausüben; Einfluss auf jmdn. ausüben.

aus|ufern ['au̯s|u:fɐn], uferte aus, ausgeufert ⟨itr.; ist⟩:
die Grenzen des Sinnvollen, Nützlichen, Erträglichen überschreiten: die Bürokratie, die Diskussion, der Konflikt ufert [weiter] aus; ausufernde Kosten, Ausgaben; dieses Schauspiel ufert in Längen aus. **Syn.:** ausarten, ins Uferlose gehen, uferlos werden.

Aus|ver|kauf ['au̯sfɛɐ̯kau̯f], der; -[e]s, Ausverkäufe ['au̯sfɛɐ̯kɔy̯fə]:
a) *verbilligter Verkauf von Waren bei Schließung eines Geschäftes, am Ende einer Saison o. Ä.:* die Schuhe habe ich im Ausverkauf gekauft. **b)** *Verrat, Aufgabe, Preisgabe:* es findet ein Ausverkauf unserer Interessen statt.

aus|ver|kau|fen ['au̯sfɛɐ̯kau̯fn̩], verkaufte aus, ausverkauft ⟨tr.; hat⟩:
restlos verkaufen: alle Waren

ausverkaufen; die Eintrittskarten sind ausverkauft; die Vorstellung ist ausverkauft.

aus|wach|sen ['au̯svaksn̩], wächst aus, wuchs aus, ausgewachsen:
1. ⟨+ sich⟩ *anwachsen, sich vergrößern:* der Ort hat sich bereits zur Großstadt ausgewachsen; etwas wächst sich zu einer Katastrophe, einer Krise, einem Nachteil, einem Risiko aus; die Streitigkeiten wuchsen sich aus *(wurden immer lästiger, unangenehmer).* **Syn.:** sich entwickeln, sich mausern (ugs.).
2. ⟨+ sich⟩ *(von Krankheiten u. Ä.) mit zunehmendem Alter von alleine vergehen, sich legen:* keine Sorge, das Asthma wächst sich oft aus.
3. ⟨itr.; ist⟩ *(in nicht gewünschter Weise) zu keimen beginnen:* das Korn ist ausgewachsen; die im Keller ausgewachsenen Kartoffeln entkeimen.
4. ⟨itr.; ist⟩ (ugs.) *(weil etwas zu lange dauert) die Geduld verlieren:* ich könnte auswachsen, wenn ich so einen Unsinn höre!; *** das/es ist zum Auswachsen:** *das/es ist zum Verzweifeln.*

Aus|wahl ['au̯svaːl], die; -:
1. *das Auswählen:* die Auswahl unter den vielen Stoffen fällt schwer; die Auswahl ist schwer [zu treffen]. **Syn.:** Auslese, Entscheidung, Wahl. **Zus.:** Vorauswahl.
2. *Menge von Waren o. Ä., aus der ausgewählt werden kann:* die Auswahl an Möbeln ist nicht sehr groß; wenig Auswahl bieten; in reicher Auswahl vorhanden sein. **Syn.:** Angebot, Kollektion, Sortiment. **Zus.:** Warenauswahl.
3. *Zusammenstellung ausgewählter Dinge:* eine Auswahl exotischer Früchte; eine Auswahl aus Goethes Werken. **Syn.:** Auslese, Kollektion.

aus|wäh|len ['au̯svɛːlən], wählte aus, ausgewählt ⟨tr.; hat⟩:
(aus einer Anzahl) prüfend heraussuchen [und zusammenstellen]: Kleidung, Geschenke auswählen; sie wählte unter den Bewerbern zwei aus; ausgewählte *(in Auswahl zusammengestellte)* Werke. **Syn.:** ausersehen (geh.), ²auslesen, aussuchen, sich entscheiden für, wählen.

Aus|wan|de|rer ['au̯svandərɐ], der; -s, -, **Aus|wan|de|rin** ['au̯svandərɪn], die; -, -nen:
Person, die auswandert, ausgewandert ist: viele deutsche Auswanderer kehren jetzt in ihre Heimat zurück. **Syn.:** Aussiedler, Aussiedlerin, Emigrant, Emigrantin.

aus|wan|dern ['au̯svandɐn], wanderte aus, ausgewandert ⟨itr.; ist⟩:
seine Heimat verlassen, um in einem anderen Land eine neue Heimat zu finden /Ggs. einwandern/: im 18. Jahrhundert wanderten viele arme Menschen aus Deutschland nach Amerika aus. **Syn.:** emigrieren, ins Ausland gehen, ins Exil gehen.

aus|wär|tig ['au̯svɛrtɪç] ⟨Adj.⟩:
1. *fremde Länder, das Ausland betreffend:* die auswärtigen Mächte; die auswärtige Politik. **Syn.:** ausländisch, fremd.
2. *außerhalb des eigenen ständigen Aufenthaltsortes oder Sitzes gelegen, befindlich:* unsere auswärtigen Unternehmen, Kunden.
3. *von auswärts kommend, stammend:* auswärtige Gäste.

aus|wärts ['au̯svɛrts] ⟨Adverb⟩:
1. *nach außen (gerichtet, gebogen o. Ä.)* /Ggs. einwärts/: die Stäbe sind stark nach auswärts gebogen. **Syn.:** außen.
2. a) *außerhalb des Hauses; nicht zu Hause:* auswärts essen.
b) *außerhalb des Ortes; nicht am Ort:* auswärts studieren; von auswärts kommen. **Syn.:** außerhalb.

aus|wa|schen ['au̯svaʃn̩], wäscht aus, wusch aus, ausgewaschen ⟨tr.; hat⟩:
a) *durch Waschen entfernen:* die Flecken [aus einem Kleid] auswaschen. **b)** *mit der Hand [kurz] waschen:* Socken, Unterwäsche auswaschen; mit Öl verschmutzte Kleidung am besten gleich auswaschen. **c)** *durch Ausspülen von Schmutz oder Farbe befreien:* den Pinsel, Gläser auswaschen; du darfst die Wunde nicht auswaschen. **Syn.:** ausspülen, spülen. **d)** *durch Wassereinwirkung abtragen, aushöhlen:* das Wasser hat den Fels ausgewaschen.

aus|wech|seln ['au̯svɛksl̩n], wechselte aus, ausgewechselt ⟨tr.; hat⟩:
durch einen anderen, etwas anderes ersetzen: den Motor auswechseln; den Torhüter auswechseln. **Syn.:** austauschen, erneuern, tauschen, wechseln.

Aus|weg ['au̯sveːk], der; -[e]s, -e:
rettende Lösung in einer schwierigen Situation; Möglichkeit, sich aus einer unangenehmen oder schwierigen Lage zu befreien: das könnte ein Ausweg sein; nach einem Ausweg suchen; keinen Ausweg finden, sehen; es gibt nur einen einzigen Ausweg [aus diesem Dilemma].

aus|weg|los ['au̯sveːkloːs] ⟨Adj.⟩:
keinen Ausweg bietend, keine Möglichkeit der Rettung oder Hilfe aus einer Not erkennen lassend: er befindet sich in einer ausweglosen Lage; die Situation scheint ausweglos. **Syn.:** aussichtslos, hoffnungslos, ²verfahren.

aus|wei|chen ['au̯svai̯çn̩], wich aus, ausgewichen ⟨itr.; ist⟩:
1. *aus dem Weg gehen, Platz machen, (vor jmdm., etwas) zur Seite weichen:* einem Betrunkenen ausweichen; einem Schlag blitzschnell ausweichen; er konnte weder ausweichen noch bremsen. **Syn.:** zur Seite gehen/fahren.
2. *(etwas) vermeiden; (einer Sache) zu entgehen suchen:* einem Kampf ausweichen; einer Frage, jmds. Blicken ausweichen. **Syn.:** sich entziehen, sich drücken vor (ugs.), sich fernhalten von, sich herumdrücken um (ugs.).
3. *[gezwungenermaßen] zu etwas anderem übergehen, etwas anderes wählen:* auf eine andere Möglichkeit ausweichen.

Aus|weis ['au̯svai̯s], der; -es, -e:
Dokument, das als Bestätigung oder Legitimation [amtlich] ausgestellt worden ist und Angaben zur betreffenden Person enthält: ein gültiger, gefälschter, gestohlener Ausweis; einen Ausweis ausstellen, beantragen, vorzeigen; den Ausweis kontrollieren. **Syn.:** Pass. **Zus.:** Fahrausweis, Personalausweis, Studentenausweis.

aus|wei|sen ['au̯svai̯zn̩], wies aus, ausgewiesen:

1. ⟨tr.; hat⟩ *zum Verlassen des Landes zwingen:* einen Ausländer [aus Deutschland] ausweisen. **Syn.:** abschieben, ausbürgern, aussiedeln, des Landes verweisen, verbannen, vertreiben.
2. a) ⟨+ sich⟩ *durch Dokumente seine Identität, seine Berechtigung zu etwas nachweisen:* können Sie sich ausweisen?; er konnte sich als Besitzer des Koffers ausweisen. **Syn.:** sich legitimieren. **b)** ⟨tr.; hat⟩ *bestätigen, dass etwas, jmd. etwas Bestimmtes ist oder eine bestimmte Eigenschaft hat:* der Pass wies ihn als gebürtigen Berliner aus.
3. ⟨tr.; hat⟩ *rechnerisch nachweisen:* die Statistik weist ein Wachstum von fünf Prozent aus; die Bank weist dieses Jahr hohe Verluste aus; ausgewiesene Überschüsse. **Syn.:** zeigen.

aus|wei|ten [ˈau̯svai̯tn̩], weitete aus, ausgeweitet:
1. a) ⟨tr.; hat⟩ *durch längeren Gebrauch weiter machen, dehnen:* die Schuhe ausweiten. **Syn.:** ausbeulen, ausdehnen, ausleiern, austreten. **b)** ⟨+ sich⟩ *durch längeren Gebrauch weiter werden, sich zu sehr dehnen:* das Gummiband, der Pullover hat sich ausgeweitet. **Syn.:** sich ausdehnen, sich ausleiern.
2. a) ⟨tr.; hat⟩ *in seiner Wirkung, seinem Umfang o. Ä. verstärken, größer machen:* den Handel mit dem Ausland ausweiten; die Kapazitäten, den Umfang, die Gewinne ausweiten. **Syn.:** ausbauen, erweitern. **b)** ⟨+ sich⟩ *in seiner Wirkung, seinem Umfang größer, stärker werden:* der Brand hat sich ausgeweitet; der Konflikt weitete sich schnell aus. **Syn.:** sich ausdehnen, sich auswachsen.

Aus|wei|tung [ˈau̯svai̯tʊŋ], die; -, -en:
a) *das Ausweiten* (2 a): die geplante Ausweitung des Handels. **b)** *das Sichausweiten* (*ausweiten* 2 b): die rasche Ausweitung des Konflikts.

aus|wen|dig [ˈau̯svɛndɪç] ⟨Adj.⟩: *ohne Vorlage, aus dem Gedächtnis:* ein Gedicht auswendig vortragen, hersagen; ein Lied auswendig lernen *(so lernen, dass es aus dem Gedächtnis, ohne auf die Vorlage zu schauen, wiedergegeben werden kann).*

aus|wer|fen [ˈau̯svɛrfn̩], wirft aus, warf aus, ausgeworfen ⟨tr.; hat⟩:
1. a) *grabend hinauswerfen:* Erde, Sand [aus der Grube] auswerfen. **b)** *mit Wucht herausschleudern:* der Vulkan wirft Asche aus. **c)** *(als Kranker) ausspucken:* Blut, Schleim auswerfen. **Syn.:** ausscheiden. **d)** *durch Graben, Hinauswerfen von Erde o. Ä. herstellen:* eine Grube auswerfen. **Syn.:** ausheben, ausschachten, graben.
2. *zu einem bestimmten Zweck an einen bestimmten Ort werfen:* die Taue, Netze, den Anker, Rettungsringe auswerfen.
3. *in einem bestimmten Zeitraum herstellen, fertigen:* wie viel Tabletten wirft die Maschine täglich aus? **Syn.:** ausstoßen, erzeugen, produzieren.
4. *(in Tabellen, Texten) ausrücken, gesondert aufführen:* die Summe aller Zahlen rechts auswerfen; ein bestimmtes Wort als Stichwort auswerfen.
5. *(als Zahlung) festsetzen, bestimmen; zur Verfügung stellen:* hohe Prämien auswerfen.

aus|wer|ten [ˈau̯sveːɐ̯tn̩], wertete aus, ausgewertet ⟨tr.; hat⟩: *(etwas) im Hinblick auf Wichtigkeit und Bedeutung prüfen, um es für etwas nutzbar zu machen:* die Polizei wertete die Berichte aus; eine Statistik auswerten; sie wollen die Daten sammeln, erfassen und kritisch auswerten. **Syn.:** ausbeuten, ausnutzen (bes. nordd.), ausnützen (bes. südd.), ausschlachten (ugs.), benutzen (bes. nordd.), benützen (bes. südd.), erschließen, nutzen (bes. nordd.), nützen (bes. südd.), sich zunutze machen, verwerten.

aus|wir|ken [ˈau̯svɪrkn̩], wirkte aus, ausgewirkt ⟨+ sich⟩: *bestimmte Folgen haben; in bestimmter Weise (auf etwas) wirken:* dieses Ereignis wirkte sich ungünstig auf die Wirtschaft aus. **Syn.:** Auswirkungen haben, eine Wirkung haben, einen Effekt haben.

Aus|wir|kung [ˈau̯svɪrkʊŋ], die; -, -en: *das Sichauswirken:* welche Auswirkungen diese Entdeckung auf die Zukunft hat, lässt sich noch nicht absehen. **Syn.:** Effekt, Wirkung.

aus|wi|schen [ˈau̯svɪʃn̩], wischte aus, ausgewischt ⟨tr.; hat⟩:
1. a) *durch Wischen aus etwas entfernen:* den Staub [aus dem Glas] auswischen. **b)** *durch Wischen (innen) reinigen:* das Glas, das Zimmer auswischen; sich die Augen [mit einem Tuch] auswischen.
2. *[durch Wischen] beseitigen, löschen:* die Zahlen an der Tafel auswischen. **Syn.:** auslöschen, [1]löschen.
3. *** jmdm. eins auswischen** (ugs.): *jmdm. absichtlich eine Bosheit antun:* die Schüler freuten sich, dem strengen Lehrer eins ausgewischt zu haben; sie hat ihrer Rivalin kräftig eins ausgewischt.

Aus|wuchs [ˈau̯svuːks], der; -es, Auswüchse [ˈau̯svyːksə]: *Entwicklung, die als schädlich oder übertrieben empfunden wird; Übersteigerung:* gegen die Auswüchse in der Verwaltung ankämpfen; gegen die Auswüchse des organisierten Verbrechens vorgehen. **Syn.:** Eskalation, Exzess, Übertreibung.

aus|wuch|ten [ˈau̯svʊxtn̩], wuchtete aus, ausgewuchtet ⟨tr.; hat⟩ (Technik): *(sich drehende Teile von Maschinen, Fahrzeugen) durch Anbringen ausgleichender Gewichte so ausbalancieren, dass sie nicht mehr vibrieren, sich einwandfrei um ihre Achse drehen:* die Werkstatt hat alle vier Räder ausgewuchtet.

aus|zah|len [ˈau̯st͜saːlən], zahlte aus, ausgezahlt:
1. ⟨tr.; hat⟩ **a)** *jmdm. einen Geldbetrag aushändigen, der ihm zusteht:* Prämien, die Gehälter auszahlen; er bekam einen hohen Kredit ausgezahlt. **Syn.:** ausbezahlen, bezahlen, zahlen. **b)** *jmdn. mit Bargeld abfinden:* seine Schwester zahlte ihn aus. **Syn.:** ausbezahlen, entschädigen.
2. ⟨+ sich⟩ *(als Ertrag von etwas) lohnend, von Nutzen sein:* jetzt zahlt sich seine Mühe aus; Verbrechen zahlen sich nicht aus. **Syn.:** einträglich sein, etwas einbringen, sich lohnen, sich rentieren.

aus|zäh|len [ˈau̯st͜sɛːlən], zählte aus, ausgezählt ⟨tr.; hat⟩:
1. *durch Zählen die genaue Anzahl oder Menge (von etwas)*

Autobiografie/Biografie/Bibliografie

Wenn ein (meist prominenter) Mensch *persönlich* seine Lebenserinnerungen niederschreibt, spricht man von einer **Autobiografie.**

– Die Kanzlerin schreibt an ihrer Autobiografie.

Mit **Biografie** wird dagegen zum einen ganz allgemein die Lebensgeschichte bezeichnet:

– Seine Angst vor Hunden liegt in seiner Biografie begründet – als Kind ist er zweimal von einem Hund gebissen worden.

Zum anderen bezeichnet man mit Biografie auch die Beschreibung, die Niederschrift einer Lebensgeschichte. Im Gegensatz zur Autobiografie erzählt der Autor, die Autorin einer Biografie jedoch die Lebensgeschichte einer anderen Person und nicht die eigene:

– Sie schreibt an einer Biografie über Franz Schubert.

Eine **Bibliografie** dagegen ist ein *Literatur-, Bücherverzeichnis:*

– Die Bibliografie am Schluss der Arbeit enthält über 700 Titel und ist alphabetisch nach Autorinnen und Autoren geordnet.

feststellen: nach der Wahl die Stimmen auszählen.
2. *(einen kampfunfähigen Boxer) nach Zählen von 1 bis 10 zum Verlierer erklären:* der Titelverteidiger wurde ausgezählt.

aus|zeich|nen ['au̯stsai̯çnən], zeichnete aus, ausgezeichnet:
1. ⟨tr.; hat⟩ **a)** *auf besondere Weise (besonders durch einen Orden, Preis o. Ä.) ehren:* die Schulklasse wurde wegen guter Leistungen [mit einem Preis] ausgezeichnet; der auf dem Festival ausgezeichnete Film. **Syn.:** dekorieren, prämieren. **b)** *durch etwas bevorzugt behandeln:* jmdn. durch sein/mit seinem Vertrauen auszeichnen.
2. a) ⟨+ sich⟩ *sich (durch etwas) hervortun, (wegen guter Eigenschaften) auffallen:* er zeichnet sich durch Fleiß aus. **b)** ⟨itr.; hat⟩ *(durch etwas Besonderes) von anderen deutlich unterscheiden, positiv aus einer Menge herausheben:* Klugheit, Fleiß, große Geduld zeichnete sie aus. **Syn.:** kennzeichnen.
3. ⟨tr.; hat⟩ *mit einem Preisschild versehen:* Waren auszeichnen.

Aus|zeich|nung ['au̯stsai̯çnʊŋ], die; -, -en:
1. *das Auszeichnen* (1): die Auszeichnung der Schülerinnen und Schüler erfolgte auf einer kleinen Feier.
2. *etwas (besonders eine Urkunde, ein Orden, eine Medaille), womit jmd. ausgezeichnet wird:* er erhielt eine Auszeichnung für seine Verdienste. **Syn.:** Abzeichen, Pokal, Preis.

aus|zie|hen ['au̯stsi:ən], zog aus, ist ausgezogen:
1. ⟨tr.; hat⟩ /Ggs. anziehen/: **a)** *jmdm., sich die Kleidungsstücke vom Körper nehmen; jmdn. entkleiden:* die Mutter hat das Kind ausgezogen; ich habe mich [nackt] ausgezogen. **Syn.:** auskleiden (geh.), entblößen, entkleiden (geh.). **b)** *(ein Kleidungsstück) ablegen:* ich habe meine Schuhe und Strümpfe ausgezogen; [sich] das Hemd ausziehen.
2. ⟨tr.; hat⟩ *aus etwas herausziehen:* er hat Unkraut ausgezogen.
3. ⟨tr.; hat⟩ *(etwas, was zusammengeschoben ist) durch Auseinanderziehen länger machen:* den Tisch, die Antenne ausziehen.
4. ⟨itr.; ist⟩ *(eine Wohnung o. Ä.) aufgeben und verlassen:* wir sind vor Weihnachten [aus dem Haus] ausgezogen; mit 18 Jahren ist sie von zu Hause ausgezogen. **Syn.:** seine Zelte abbrechen (meist scherzh.), wegziehen.

Aus|zu|bil|den|de ['au̯stsubɪldn̩də], die/eine Auszubildende; der/einer Auszubildenden, die Auszubildenden/zwei Auszubildende: *weibliche Person, die ausgebildet wird, eine Lehre macht, eine Berufsausbildung absolviert:* die Auszubildende wird vom Betrieb übernommen; die Firma sucht dieses Jahr weibliche Auszubildende.

Aus|zu|bil|den|der ['au̯stsubɪldn̩dɐ], der Auszubildende/ein Auszubildender; des/eines Auszubildenden, die Auszubildenden/zwei Auszubildende: *Person, die ausgebildet wird, eine Lehre macht, eine Berufsausbildung absolviert:* die Auszubildenden unternehmen auch nach der Schule viel zusammen. **Syn.:** Lehrling.

Aus|zug ['au̯stsu:k], der; -[e]s, Auszüge ['au̯stsy:gə]:
1. *das Ausziehen* (4) /Ggs. Einzug/: die Mieterin wurde zum Auszug aus der Wohnung gezwungen. **Syn.:** Umzug.
2. *[wichtiger] Bestandteil, der aus etwas ausgewählt, herausgeschrieben, zitiert, herausgenommen worden ist:* Auszüge aus einer Rede, aus einem wissenschaftlichen Werk. **Syn.:** Abschnitt, Ausschnitt, Passage, Stelle, Zitat. **Zus.:** Aktenauszug, Klavierauszug, Kontoauszug, Rechnungsauszug.

aus|zugs|wei|se ['au̯stsu:ksvai̯zə] ⟨Adverb⟩: *im Auszug, in Ausschnitten:* etwas auszugsweise veröffentlichen. **Syn.:** teilweise.

au|then|tisch [au̯'tɛntɪʃ] ⟨Adj.⟩: *im Wortlaut verbürgt; den Tatsachen entsprechend und daher glaubwürdig:* eine authentische Darstellung des Geschehens; dieser Text ist, erscheint, wirkt authentisch; etwas authentisch darstellen, schildern. **Syn.:** [1]echt, nicht gefälscht, unverfälscht, wahr.

Au|to ['au̯to], das; -s, -s: *von einem Motor angetriebenes Fahrzeug mit offener oder geschlossener Karosserie (das zum Befördern von Personen oder Gütern auf Straßen dient):* ein altes, neues Auto haben, fahren; gebrauchte Autos verkaufen; mit dem Auto unterwegs sein. **Syn.:** Elektroauto, fahrbarer Untersatz (ugs. scherzh.), Mühle (ugs., oft abwertend), Pkw, Vehikel (oft abwertend), Wagen. **Zus.:** Fluchtauto, Hybridauto, Polizeiauto, Postauto, Rennauto.

Au|to|bahn [ˈa̯utobaːn], die; -, -en: *für Kraftfahrzeuge gebaute Straße mit mehreren Fahrbahnen:* eine vierspurige Autobahn; auf der Autobahn A 5 in Richtung Basel fahren. **Syn.:** Schnellstraße. **Zus.:** Bundesautobahn, Stadtautobahn.

Au|to|bio|gra|fie [a̯utobiograˈfiː], die; -, Autobiografien [a̯utobiograˈfiːən], **Autobiographie:** *Beschreibung des eigenen Lebens:* ihre Autobiografie ist gerade verfilmt worden. **Syn.:** Erinnerungen ⟨Plural⟩, Memoiren ⟨Plural⟩.

Autobiografie / Biografie / Bibliografie:
s. Kasten Seite 171.

Au|to|bus [ˈa̯utobʊs], der; -ses, -se: *Omnibus:* mit dem Autobus fahren. **Syn.:** Bus.

Au|to|di|dakt [a̯utodiˈdakt], der; -en, -en, **Au|to|di|dak|tin** [a̯utodiˈdaktɪn], die; -, -nen: *Person, die sich ihr Wissen ohne Hilfe einer Lehrkraft oder Teilnahme an einem Unterricht selbst aneignet oder angeeignet hat:* auf dem Gebiet der Astronomie ist er Autodidakt.

Au|to|fah|rer [ˈa̯utofaːrɐ], der; -s, -, **Au|to|fah|re|rin** [ˈa̯utofaːrərɪn], die; -; -nen: *Person, die ein Auto fährt:* viele Autofahrer steigen im Sommer auf das Rad um.

Au|to|gramm [a̯utoˈgram], das; -s, -e: *mit eigener Hand geschriebener Name einer bekannten oder berühmten Persönlichkeit:* Autogramme von Schauspielern sammeln; einem Fan ein Autogramm geben; um ein Autogramm bitten. **Syn.:** Signatur, Unterschrift.

Au|to|mat [a̯utoˈmaːt], der; -en, -en:
1. *Apparat, der nach Einwerfen einer Münze Waren ausgibt oder bestimmte Leistungen erbringt:* lösen Sie den Fahrschein bitte am Automaten!; Zigaretten am Automaten ziehen. **Zus.:** Briefmarkenautomat, Fahrkartenautomat, Zigarettenautomat.
2. *Maschine, Vorrichtung, die technische Abläufe nach Programm selbsttätig steuert:* die Flaschen werden von Automaten abgefüllt. **Syn.:** Roboter. **Zus.:** Flaschenautomat, Zigarettenautomat.

au|to|ma|tisch [a̯utoˈmaːtɪʃ] ⟨Adj.⟩: **a)** *mithilfe eines Automaten funktionierend; von selbst erfolgend:* ein automatischer Temperaturregler; automatische Herstellung. **Syn.:** maschinell, mechanisch, selbsttätig. **b)** *ohne eigenes Zutun, als Folge (von etwas) eintretend:* weil er Kunde ist, bekommt er die Prospekte automatisch zugeschickt; sie hob automatisch das Knie. **Syn.:** instinktiv, mechanisch, schematisch, unwillkürlich, zwangsläufig.

Au|tor [ˈa̯utoːɐ̯], der; -s, Autoren [a̯uˈtoːrən], **Au|to|rin** [a̯uˈtoːrɪn], die; -, -nen: *Person, die einen Text geschrieben hat, die schriftstellerisch tätig ist:* der Autor eines Buches, Romans, eines Lexikonartikels; er ist ein bekannter, viel gelesener Autor; sie ist die Autorin des berühmten Buches. **Syn.:** Dichter, Dichterin, Publizist, Publizistin, Schriftsteller, Schriftstellerin, Verfasser, Verfasserin. **Zus.:** Drehbuchautor, Drehbuchautorin, Kinderbuchautor, Kinderbuchautorin, Krimiautor, Krimiautorin.

au|to|ri|tär [a̯utoriˈtɛːɐ̯] ⟨Adj.⟩: **a)** *totalitär:* ein autoritäres Regime; ein Land autoritär regieren. **b)** *unbedingten Gehorsam fordernd, voraussetzend:* eine autoritäre Erziehung; sein Vater ist sehr streng und autoritär; etwas autoritär entscheiden. **Syn.:** streng.

Au|to|ri|tät [a̯utoriˈtɛːt], die; -, -en:
1. ⟨ohne Plural⟩ *auf Tradition, Macht, Können beruhender Einfluss und dadurch erworbenes Ansehen:* die Autorität des Vaters, des Staates; sich Autorität verschaffen. **Syn.:** Achtung, Ansehen, Einfluss, Geltung, Respekt.
2. *Person, die sich auf einem bestimmten Gebiet Ansehen erworben hat, maßgeblichen Einfluss besitzt:* er ist eine, gilt als Autorität auf seinem Gebiet; sie ist eine Autorität im Fach Genetik. **Syn.:** Größe, Kapazität.

Aver|si|on [avɛrˈzi̯oːn], die; -, -en (geh.): *Abneigung:* ich empfinde, habe eine starke Aversion gegen einen solchen übertriebenen Kult. **Syn.:** Abscheu, Antipathie, Ekel, Hass, Widerwille.

Axt [akst], die; -, Äxte [ˈɛkstə]: *Werkzeug mit schmaler Schneide und längerem Stiel, besonders zum Fällen von Bäumen:* die Axt schwingen. **Zus.:** Streitaxt, Zimmermannsaxt.

B*b*

Ba|by [ˈbeːbi], das; -s, -s: *Kind im ersten Lebensjahr:* ein Baby haben, kriegen; ein Baby erwarten *(schwanger sein).* **Syn.:** Säugling.

Ba|by|sit|ter [ˈbeːbizɪtɐ], der; -s, -, **Ba|by|sit|te|rin** [ˈbeːbizɪtərɪn], die; -, -nen: *Person, die kleine Kinder bei Abwesenheit der Eltern [gegen Entgelt] beaufsichtigt:* wir suchen einen Babysitter für unsere beiden Kinder.

Bach [bax], der; -[e]s, Bäche [ˈbɛçə]: *kleiner natürlicher Wasserlauf von geringer Breite und Tiefe:* der Bach rauscht.

Back|bord [ˈbakbɔrt], das; -[e]s, -e: *linke Seite eines Schiffes, Flugzeugs (in Fahrt- bzw. Flugrichtung gesehen)* /Ggs. Steuerbord/: er legt das Ruder nach Backbord.

Ba|cke [ˈbakə], die; -, -n (ugs.): *Teil des menschlichen Gesichts zwischen Auge, Nase und Ohr; Wange:* rote, runde Backen haben; er kaut mit vollen Backen.

ba|cken [ˈbakn̩], bäckt/backt, backte, gebacken:
1. ⟨tr.; hat⟩ **a)** *(aus Teig Geformtes, Hergestelltes) bei trockener Hitze in einem dafür geeigneten Ofen garen:* wie lange, bei welcher Temperatur backst du die Pizza? **b)** *durch Backen* (1 a) *herstellen:* Brot, einen Kuchen backen; ⟨auch itr.:⟩ morgen will ich backen; er bäckt gern.
2. ⟨itr.; hat⟩ *unter Einwirkung von*

Hitze im Backofen gar, mürbe werden: wie lange muss der Kuchen noch backen?
3. ⟨tr.; hat⟩ (landsch.) *braten* (a): Pfannkuchen, Spiegeleier backen. **Syn.:** brutzeln (ugs.).

Ba|cken|zahn ['bakn̩tsa:n], der; -[e]s, Backenzähne ['bakn̩tsɛ:nə]: *(bei Säugetieren und beim Menschen) einer der hinteren, zum Zermahlen der Nahrung dienenden Zähne:* er hat ein großes Loch im Backenzahn.

Bä|cker ['bɛkɐ], der; -s, -: *männliche Person, deren Beruf das Herstellen von Brot, Brötchen u. a. ist:* er soll Bäcker werden; ich kaufe die Brötchen immer beim Bäcker *(in der Bäckerei).* **Syn.:** Konditor.

Bä|cke|rei [bɛkə'rai̯], die; -, -en:
1. *Betrieb [mit Laden], in dem Brot, Brötchen u. a. für den Verkauf hergestellt werden:* die Bäckerei in der Bahnhofstraße hat das beste Brot. **Syn.:** Konditorei.
2. ⟨ohne Plural⟩ **a)** *das Backen von Brot, Brötchen u. a.* **b)** *Handwerk des Bäckers:* die Bäckerei erlernen.

Bä|cke|rin ['bɛkərɪn], die; -, -nen: weibliche Form zu ↑Bäcker.

Back|ofen ['bak|o:fn̩], der; -s, Backöfen ['bak|ø:fn̩]:
1. *Ofen des Bäckers zum Backen von Brot, Kuchen usw.*
2. *im Haushalt verwendeter, meist einen Teil des Herds darstellender Ofen zum Backen und Braten:* den Backofen vorheizen; den Braten in den Backofen schieben.

Back|stein ['bakʃtai̯n], der; -[e]s, -e: *Ziegel* (a): ein Haus aus rotem Backstein bauen.

Bad [ba:t], das; -[e]s, Bäder ['bɛ:dɐ]:
1. a) *Wasser in einer Wanne zum Baden, zu Heilzwecken:* das Bad ist zu heiß. **b)** *das Baden in einer Wanne o. Ä.:* der Arzt hat ihr medizinische Bäder verordnet. **Zus.:** Schaumbad, Sitzbad, Wannenbad. **c)** *das Baden, Schwimmen im Meer, in einem See, Schwimmbad o. Ä.:* ein erfrischendes Bad im Meer; sich nach dem Bad in die Sonne legen.
2. a) *Badezimmer:* sich im Bad einschließen. **b)** *ein Gebäude, eine Anlage mit einem oder mehreren großen Becken oder eine Anlage am Ufer eines Flusses oder Sees zum Schwimmen, Baden:* die Bäder sind noch nicht geöffnet. **Zus.:** Hallenbad, Schwimmbad, Strandbad.
3. *Ort mit Heilquellen:* in ein Bad reisen. **Zus.:** Kurbad, Seebad.

Ba|de|an|zug ['ba:də|antsu:k], der; -[e]s, Badeanzüge ['ba:də|antsy:gə]: *beim öffentlichen Schwimmen, Baden meist von Frauen getragenes Kleidungsstück:* manchmal trug sie einen Badeanzug, manchmal einen Bikini.

Ba|de|ho|se ['ba:dəho:zə], die; -, -n: *beim öffentlichen Schwimmen, Baden von Männern getragene kurze, leichte Hose:* hast du deine Badehose eingepackt?

Ba|de|man|tel ['ba:dəmantl̩], der; -s, Bademäntel ['ba:dəmɛntl̩]: *eine Art Mantel zum Abtrocknen und Aufwärmen nach dem Baden:* über dem Schlafanzug trug sie einen Bademantel.

ba|den ['ba:dn̩], badete, hat gebadet:
1. ⟨tr.; hat⟩ *durch ein Bad säubern, erfrischen:* sich, das Baby baden.
2. ⟨itr.; hat⟩ **a)** *sich in der Badewanne säubern, erfrischen:* täglich, gern, heiß, warm, kalt baden. **b)** *in einem Schwimmbad, Gewässer schwimmen, sich erfrischen:* im Meer, in einem See, in einem Fluss baden; baden gehen. **Syn.:** planschen.

Ba|de|wan|ne ['ba:dəvanə], die; -, -n: *Wanne zum Baden:* Wasser in die Badewanne einlaufen lassen.

Ba|de|zim|mer ['ba:dətsɪmɐ], das; -s, -: *zum Baden eingerichteter Raum in der Wohnung mit Badewanne, Dusche, Waschbecken u. a.:* hol mir doch bitte mein Handtuch aus dem Badezimmer. **Syn.:** Bad.

Ba|ga|tel|le [baga'tɛlə], die; -, -n: *Kleinigkeit* (2): wie kann man sich wegen so einer Bagatelle derartig aufregen?

ba|ga|tel|li|sie|ren [bagatɛli'zi:rən] ⟨tr.; hat⟩: *als nicht wichtig, als unbedeutend, geringfügig ansehen, darstellen:* er bagatellisiert diese Gefahr. **Syn.:** auf die leichte Schulter nehmen, beschönigen, nicht ernst nehmen, unterschätzen, verkleinern.

Bag|ger ['bagɐ], der; -s, -: *besonders beim Bauen verwendete, meist fahrbare große Maschine zum Laden, Transportieren, Abräumen von Erde o. Ä.:* der Bagger hob eine tiefe Grube aus.

Ba|guette [ba'gɛt], das; -s, -s, auch: die; -, -s: *stangenförmiges französisches Weißbrot:* ein Baguette kaufen.

bah [ba:], **bäh** [bɛ:] ⟨Interjektion⟩: Ausruf des Ekels, der Verachtung: bah, da vergeht mir der Appetit!; bäh, dieser widerliche Kerl!

Bahn [ba:n], die; -, -en:
1. a) *Eisenbahn:* mit der Bahn reisen. **Syn.:** Zug. **b)** *Straßenbahn, U-Bahn, S-Bahn o. Ä.:* die nächste Bahn kommt in zehn Minuten. **Zus.:** Schnellbahn, Straßenbahn, Untergrundbahn. **c)** *an eine bestimmte Trasse gebundenes, auf Schienen laufendes oder an einem Stahlseil oder einer Schiene hängendes Beförderungsmittel:* wir sind mit der Bahn auf den Gipfel gefahren. **Zus.:** Bergbahn, Gondelbahn.
2. a) *gangbarer, ebener Weg:* sich eine Bahn durch das Dickicht, den Schnee machen; das Wasser hat sich eine neue Bahn gebrochen. **Syn.:** Pfad, Route, Weg. **b)** *Strecke, Linie, die ein Körper im Raum durchläuft:* die Bahn der Erde um die Sonne; eine kreisförmige Bahn beschreiben. **Zus.:** Erdumlaufbahn, Flugbahn, Mondbahn, Satellitenbahn, Umlaufbahn.
3. a) *Spur* (3): die Straße hat [für jede Richtung] drei Bahnen. **b)** *genau abgesteckte, abgeteilte Strecke für sportliche Wettkämpfe:* er läuft auf Bahn 3; der Bob wurde aus der Bahn geschleudert. **Zus.:** Bobbahn, Radrennbahn, Wettkampfbahn. **c)** *Kegelbahn:* eine Anlage mit zwölf Bahnen.
4. *breiter Streifen, zugeschnittenes Stück aus einem bestimmten Material:* die Bahnen eines Rocks; die einzelnen Bahnen der Tapete. **Zus.:** Stoffbahn, Zeltbahn.

bah|nen ['ba:nən] ⟨tr.; hat⟩: *(einen Weg, freie Bahn) schaffen:* [jmdm., sich] einen Weg [durch das Gebüsch] bahnen.

Bahn|hof ['ba:nho:f], der; -[e]s, Bahnhöfe ['ba:nhø:fə]: *Gesamtkomplex einer Bahnstation mit Gleisanlagen u. zugehörigen Gebäuden:* jmdn. zum Bahnhof bringen; im Bahnhof auf jmdn. warten. **Syn.:** Station. **Zus.:** Zielbahnhof.

Bahn|steig ['ba:nʃtai̯k], der; -[e]s, -e: *neben den Schienen liegende, erhöhte Plattform auf dem Gelände des Bahnhofs, wo die Züge halten:* der ICE nach Hannover fährt von Bahnsteig 7.

Bah|re ['ba:rə], die; -, -n: *einem leichten, schmalen Bett ähnliches Gestell, auf dem Kranke, Verletzte oder Tote transportiert werden können:* sie legten den Verletzten auf eine Bahre. **Syn.:** Tragbahre, Trage.

Ba|jo|nett [bajo'nɛt], das; -s, -e: *Hieb-, Stoß-, Stichwaffe mit einer spitzen Klinge, die auf das Gewehr gesteckt wird:* mit aufgepflanztem Bajonett auf den Feind losgehen.

Bak|te|rie [bak'te:ri̯ə], die; -, -n: *aus nur einer Zelle bestehender, kleinster Organismus, der Fäulnis, Krankheit, Gärung hervorrufen kann:* durch Bakterien hervorgerufene Krankheiten werden häufig mit Antibiotika bekämpft. **Syn.:** Bazille, Keim. **Zus.:** Darmbakterie, Fäulnisbakterie, Milchsäurebakterie.

Ba|lan|ce [balã:s(ə)], die; -, -n: *Gleichgewicht:* die Balance verlieren und stürzen.

ba|lan|cie|ren [balã'si:rən]:
a) ⟨itr.; ist⟩ *das Gleichgewicht haltend gehen:* über ein Seil, einen Balken balancieren. **b)** ⟨tr.; hat⟩ *im Gleichgewicht halten:* ein volles Tablett balancieren.

bald [balt] ⟨Adverb⟩:
1. a) *nach kurzer Zeit:* er wird bald kommen; so bald als/wie möglich; er hatte es sehr bald *(schnell, rasch)* begriffen. **Syn.:** beizeiten, demnächst, in Bälde (Papierdt.), in Kürze. **b)** (ugs.) *beinahe:* wir warten schon bald drei Stunden. **Syn.:** annähernd, fast, nahezu.
2. * bald ..., bald: bezeichnet den Wechsel von zwei Situationen: bald regnet es, bald schneit es. **Syn.:** einmal ..., einmal; mal ..., mal.

bal|dig ['baldɪç] ⟨Adj.⟩: *in kurzer Zeit erfolgend, kurz bevorstehend:* er wünschte eine baldige Veröffentlichung der Ergebnisse.

[1]Balg [balk], der; -[e]s, Bälge ['bɛlgə]:
1. *Fell, Haut von Tieren:* einem Tier den Balg abziehen. **Syn.:** Pelz.
2. *ausgestopfter Rumpf einer Puppe:* ein mit Sägemehl gefüllter Balg.
3. *in Falten liegendes, eine Verbindung herstellendes Teil, das sich ausziehen und zusammenpressen lässt [und dabei einen Luftstrom erzeugt]:* der Balg des Akkordeons; die Bälge zwischen den Eisenbahnwagen.

[2]Balg [balk], das, auch: der; -[e]s, Bälge ['bɛlgə], auch: Bälger ['bɛlgɐ] (emotional, meist abwertend): *kleines Kind:* dieses Balg schreit ja schon wieder; ein frecher Balg; was für ein süßes Balg!

bal|gen ['balgn̩] ⟨+ sich⟩: *sich raufen und miteinander ringen [und sich dabei auf dem Boden herumwälzen]:* die Jungen balgten sich auf der Straße. **Syn.:** handgemein werden (veraltend), sich hauen, sich prügeln, sich schlagen.

Bal|ken ['balkn̩], der; -s, -: *vierkantig bearbeiteter Stamm eines Baumes, der beim Bauen verwendet wird:* die Decke wird von Balken getragen. **Syn.:** Bohle, Brett, Diele, Latte, Träger. **Zus.:** Querbalken, Stützbalken.

Bal|kon [bal'kõ:], der; -s, -s; (bes. südd.:) [bal'ko:n], -s, -e:
1. *von einem Geländer o. Ä. umgebener, vorspringender Teil an einem Gebäude, den man vom Inneren des Hauses aus betreten kann:* eine Wohnung mit Balkon. **Syn.:** Loggia.
2. *(im Theater oder Kino) etwa in der Höhe eines Stockwerks in den Zuschauerraum hineinragender Vorbau mit Sitzplätzen:* er saß Balkon, erste Reihe.

[1]Ball [bal], der; -[e]s, Bälle ['bɛlə]:
a) *[mit Luft gefüllter] Gegenstand zum Spielen, Sporttreiben in Form einer Kugel aus elastischem Material:* den Ball werfen, fangen; Ball spielen *(ein Spiel mit dem Ball machen).* **Zus.:** Golfball, Gummiball, Lederball, Tennisball, Tischtennisball.
b) *etwas, was in seiner Form einem [1]Ball* (a) *ähnelt:* er knüllte das Papier zu einem Ball. **Syn.:** Kugel. **Zus.:** Schneeball, Sonnenball.

[2]Ball [bal], der; -[e]s, Bälle ['bɛlə]: *festliche Veranstaltung, bei der getanzt wird:* einen Ball geben, veranstalten; auf einen/zu einem Ball gehen. **Syn.:** Fest, Tanz. **Zus.:** Abiturientenball, Abschlussball, Faschingsball, Fastnachtsball, Hausball, Maskenball, Presseball, Silvesterball, Sommerball.

Bal|la|de [ba'la:də], die; -, -n: *längeres Gedicht mit einer dramatischen, oft tragisch endenden Handlung:* Goethes Ballade »Der Erlkönig« lesen.

Bal|last ['balast], der; -[e]s:
1. *Last, die [als Fracht von geringem Wert] zum Beschweren eines Fahrzeugs mitgenommen wird:* der Ballast muss im Schiff richtig verteilt sein.
2. *etwas, was als unnütze Last, überflüssige Bürde empfunden wird:* für sie ist vieles von dem, was sie gelernt hat, nur Ballast.

bal|len ['balən]:
1. ⟨tr.; hat⟩ **a)** *zu einer meist runden, klumpigen Form zusammendrücken, -pressen, -schieben:* Schnee in der Hand ballen. **b)** *(die Hand, Faust) fest schließen [und zusammenpressen]:* die Hand zur Faust ballen; die Fäuste ballen.
2. ⟨+ sich⟩ *sich zusammendrängen, -schieben, -pressen, sodass rundliche, klumpige Gebilde entstehen:* der Schnee ballt sich [zu Klumpen]; die Wolken ballten sich am Himmel.

Bal|len ['balən], der; -s, -:
1. *fest zusammengeschnürtes größeres Bündel, rundlicher Packen:* ein Ballen Leder, Stroh; drei Ballen *(auf-, zusammengerollte Bahnen)* Stoff. **Syn.:** [2]Bund, Garbe, [1]Pack, Päckchen, Paket. **Zus.:** Stoffballen, Strohballen.
2. *Polster von Muskeln an der Innenseite der Hand und unter dem vorderen Teil des Fußes:* auf den Ballen gehen.

Bal|le|ri|na [balə'ri:na], die; -, Ballerinen [balə'ri:nən]:

Tänzerin, meist Solistin beim Ballett: die Ballerina tanzte ein Solo.

bal|lern ['balɐn] ‹itr.; hat› (ugs.):
1. *(ohne genau zu zielen) mehrmals schnell hintereinander schießen:* er ballerte durch die Fensterscheibe; der Junge ballert mit seiner Pistole. **Syn.:** abdrücken, feuern.
2. *mit Wucht gegen etwas schlagen, klopfen, sodass laute Geräusche entstehen:* an die Tür ballern. **Syn.:** bumsen (ugs.), hämmern, hauen, pochen, trommeln.

Bal|lett [ba'lɛt], das; -s, -e:
1. a) ‹ohne Plural› *künstlerischer Tanz einer Gruppe von Tänzern und Tänzerinnen auf der Bühne:* klassisches und modernes Ballett tanzen. **b)** *einzelnes Werk des Balletts* (1 a): ein Ballett aufführen, tanzen.
2. *Gruppe von Tänzern einer Bühne:* eine Vorführung des Stuttgarter Balletts sehen.

Bal|lon [ba'lõː], der; -s, -s; (bes. südd.:) [ba'loːn], -s, -e:
1. *Luftballon:* das Zimmer mit vielen bunten Ballons schmücken.
2. *mit Gas gefüllter, schwebender, zum Fliegen geeigneter Körper von der Gestalt einer Kugel, der als Luftfahrzeug o. Ä. verwendet wird:* ein Ballon steigt auf; Ballon fahren; (ugs.) Ballon fliegen. **Zus.:** Heißluftballon, Versuchsballon.

Ball|spiel ['balʃpiːl], das; -[e]s, -e: *[im Sport als Wettkampf zwischen Mannschaften ausgetragenes] Spiel mit einem Ball:* von allen Ballspielen mag ich Basketball am liebsten.

Bal|sam ['balzaːm], der; -s:
1. *etwas (Saft, Öl), was eine wohltuende, lindernde Wirkung hat:* den Balsam auf die wunden Stellen auftragen. **Syn.:** Creme, Paste, Salbe.
2. *Linderung, Wohltat:* deine tröstenden Worte sind Balsam für meine Seele.

ba|nal [ba'naːl] ‹Adj.›:
ohne gedanklichen Gehalt, nicht bedeutungsvoll; keine Besonderheit, nichts Auffälliges aufweisend: banale Worte, Reden; die Sache ist ganz banal. **Syn.:** abgedroschen (ugs.), alltäglich, flach, geistlos, gewöhnlich, leer, nichtssagend, oberflächlich, ohne Tiefgang, schal, trivial.

Ba|na|ne [ba'naːnə], die; -, -n:
wohlschmeckende längliche, leicht gebogene tropische Frucht mit dicker, in reifem Zustand leicht abziehbarer gelber Schale: als Nachtisch haben wir Äpfel und Bananen.

Ba|nau|se [ba'nau̯zə], der; -n, -n, **Ba|nau|sin** [ba'nau̯zɪn], die; -, -nen:
Person, der jegliches Interesse, Gefühl, Verständnis für geistige oder künstlerische Dinge fehlt, die nicht die Fähigkeit hat, in angemessener Weise mit Dingen umzugehen, die von Kennern geschätzt werden: er ist ein Banause; diese Banausin hat doch keine Ahnung von Wein. **Syn.:** Barbar, Barbarin.

[1]**Band** [bant], das; -[e]s, Bänder ['bɛndɐ]:
a) *schmaler Streifen aus Stoff o. Ä.:* ein buntes Band; ein Band im Haar tragen. **Syn.:** Gurt. **Zus.:** Gummiband, Halsband, Samtband, Stirnband. **b)** *Tonband:* Musik auf Band aufnehmen. **c)** *Fließband:* das Band anhalten.

[2]**Band** [bɛnt], die; -, -s:
Gruppe von Musikern, die besonders Rock, Beat, Jazz spielt: er spielt Schlagzeug in einer Band. **Syn.:** Ensemble, Kapelle, Orchester.

[3]**Band** [bant], der; -[e]s, Bände ['bɛndə]:
gebundenes Buch [das zu einer Reihe gehört]: ein dicker Band; ein Band Gedichte; das Lexikon besteht aus zwölf Bänden. **Syn.:** Schinken (ugs.), Schmöker (ugs.), Schwarte (ugs., oft abwertend). **Zus.:** Bildband, Ergänzungsband, Gedichtband.

Ban|da|ge [ban'daːʒə], die; -, -n:
fester Verband o. Ä., der etwas stützen, schützen soll: dem Pferd eine Bandage anlegen. **Syn.:** Binde; *** mit harten Bandagen kämpfen:** *hart, erbittert, rücksichtslos kämpfen:* im Wahlkampf wird mit harten Bandagen gekämpft.

ban|da|gie|ren [banda'ʒiːrən] ‹tr.; hat›:
(einem Körperteil) eine Bandage anlegen: den geschwollenen Knöchel bandagieren. **Syn.:** verbinden.

Ban|de ['bandə], die; -, -n:
1. *organisierte Gruppe von Menschen, die gemeinsam Straftaten begehen:* eine bewaffnete Bande; eine Bande von Dieben. **Zus.:** Diebesbande, Gangsterbande, Mörderbande, Räuberbande, Schlägerbande, Schmugglerbande, Verbrecherbande.
2. (emotional) *gemeinsam etwas unternehmende, ausgelassene o. ä. Kinder, Jugendliche:* eine muntere, fröhliche Bande. **Syn.:** Haufen (ugs.), Horde (emotional abwertend), Meute (ugs. abwertend), Schar.

bän|di|gen ['bɛndɪgn̩] ‹tr.; hat›:
unter seinen Willen zwingen, zum Gehorsam bringen: ein Tier bändigen; die lebhaften Kinder waren kaum zu bändigen. **Syn.:** beherrschen, beruhigen, bezähmen, im Zaum halten, in Schranken halten, mäßigen, zähmen, zügeln, zurückhalten.

Ban|dit [ban'diːt], der; -en, -en, **Ban|di|tin** [ban'diːtɪn], die; -, -nen:
Verbrecher, [Straßen]räuber: einen Western mit Cowboys und Banditen sehen; diese Banditinnen! **Syn.:** Gangster, Ganove (ugs. abwertend), Ganovin (ugs. abwertend), Verbrecher, Verbrecherin.

bang [baŋ], **ban|ge** ['baŋə], banger, auch: bänger, bangste, auch: bängste ‹Adj.›:
von ängstlicher Beklommenheit erfüllt; voll Angst, Furcht, Sorge: bange Minuten; eine bange Ahnung; bang[e] lauschen. **Syn.:** ängstlich, beklommen, besorgt, verängstigt.

ban|gen ['baŋən] ‹itr.; hat› (geh.):
in großer Angst, Sorge (um jmdn.) sein: er bangte um seinen kranken Vater, um sein Leben. **Syn.:** besorgt sein, sich beunruhigen, fürchten, sich Sorgen machen, sich sorgen.

[1]**Bank** [baŋk], die; -, Bänke ['bɛŋkə]:
lange und schmale, meist aus Holz hergestellte Sitzgelegenheit für mehrere Personen: sich auf eine Bank im Park setzen. **Syn.:** Sitzbank. **Zus.:** Eckbank, Gartenbank, Kirchenbank, Parkbank, Sitzbank.

[2]**Bank** [baŋk], die; -, -en:
Unternehmen, das mit Geld han-

delt, Geld verleiht u. a.: Geld von der Bank holen, zur Bank bringen. **Syn.:** Sparkasse. **Zus.:** Großbank, Hypothekenbank, Kreditbank, Nationalbank, Staatsbank.

-bank [baŋk], die; -, -en ⟨Grundwort⟩:
zentrale Stelle, Einrichtung, bei der das im Bestimmungswort Genannte vorhanden ist, aufbewahrt wird, was bei Bedarf entnommen oder abgerufen werden kann: Blutbank; Datenbank; Organbank; Samenbank.

Ban|ki|er [baŋ'ki̯e:], der; -s, -s:
Inhaber, Mitglied des Vorstandes einer ²Bank.

Bank|no|te ['baŋkno:tə], die; -, -n:
Geldschein: gefälschte Banknoten. **Syn.:** ²Schein.

bank|rott [baŋ'krɔt] ⟨Adj.⟩:
nicht mehr in der Lage, seinen finanziellen Verpflichtungen nachzukommen; finanziell ruiniert: ein bankrotter Geschäftsmann; bankrott sein. **Syn.:** abgebrannt (ugs.), blank (ugs.), pleite (ugs.).

Bank|rott [baŋ'krɔt], der; -[e]s, -e:
Unfähigkeit, Zahlungen zu leisten; finanzieller Ruin: die Firma steht vor dem Bankrott. **Syn.:** Konkurs, Pleite.

bankrottgehen [baŋ'krɔtge:ən], ging bankrott, bankrottgegangen ⟨itr.; ist⟩ (ugs.):
zahlungsunfähig werden: die Firma ging bankrott. **Syn.:** pleitegehen.

Bann [ban], der; -[e]s:
1. (Geschichte) *Ausschluss aus der [kirchlichen] Gemeinschaft:* er wurde mit dem Bann belegt; den Bann lösen, aufheben. **Zus.:** Kirchenbann.
2. (geh.) *beherrschender Einfluss; magische Kraft, Wirkung, der man sich kaum entziehen kann; Zauber:* der Film hat viele Zuschauer in seinen Bann gezogen *(gefesselt);* im Bann[e] der Musik, des Geschehens.

ban|nen ['banən] ⟨tr.; hat⟩:
1. (Geschichte) *aus der [kirchlichen] Gemeinschaft ausschließen:* der Papst bannte den Kaiser. **Syn.:** ächten, verstoßen.
2. (geh.) **a)** *[an einer Stelle oder in einem Zustand] durch eine zwingende Gewalt festhalten, binden, fesseln:* ihre Worte haben ihn gebannt; gebannt lauschte er dem Klang der Musik. **Syn.:** gefangen nehmen, in seinen Bann ziehen. **b)** *durch eine zwingende Gewalt vertreiben:* die Geister bannen. **Syn.:** beschwören. **c)** *abwenden:* die Gefahr ist gebannt.

Ban|ner ['banɐ], das; -s, -:
Fahne, die an einer mit der Fahnenstange verbundenen Querleiste hängt: die Demonstranten hielten Banner hoch. **Syn.:** Flagge, Standarte, Wimpel. **Zus.:** Siegesbanner, Sternenbanner.

bar [ba:ɐ̯] ⟨Adj.⟩:
1. *in Geldscheinen oder Münzen [vorhanden]:* bares Geld; etwas [in] bar bezahlen.
2. (geh.) *ganz eindeutig und unverkennbar, in die Augen springend:* barer Unsinn; bares Entsetzen, bare Angst. **Syn.:** ¹rein, blank, pur.
3. (geh.) *nicht bekleidet, nicht bedeckt:* mit barem Haupt, Busen. **Syn.:** blank, bloß, entblößt, frei, nackt; *** einer Sache bar sein** (geh.): *etwas nicht haben:* bar aller Vernunft, jeglichen Gefühls sein.

Bar [ba:ɐ̯], die; -, -s:
1. *erhöhter Schanktisch:* er saß, stand an der Bar und trank Whisky. **Syn.:** Theke, Tresen. **Zus.:** Hausbar.
2. *kleineres, intimes [Nacht]lokal:* in eine Bar gehen. **Zus.:** Hotelbar, Nachtbar, Tanzbar.

-bar [ba:ɐ̯] ⟨adjektivisches Suffix⟩:
1. ⟨als Ableitung von transitiven Verben⟩; *so geartet, dass es ... werden kann:* **a)** ⟨als Ableitung von Verben, die nur ein Akkusativobjekt haben⟩ bebaubar; beeinflussbar; einsehbar; erpressbar; erwartbar; heizbar; korrumpierbar; verallgemeinerbar; vernachlässigbar; vorhersehbar; wiederverwendbar; ⟨auch als Teil einer Zusammensetzung⟩ maschinenlesbar (Personalausweis); ausfahrbar. **Syn.:** -fähig. **b)** ⟨als Ableitung von Verben mit Akkusativ- und Dativobjekt⟩ vorstellbar; zumutbar (jmdm. etwas zumuten); zuordenbar. **c)** ⟨als Ableitung von Verben mit Akkusativ- und Präpositionalobjekt⟩ anwendbar (etwas auf etwas, jmdn. anwenden); herleitbar (etwas aus etwas herleiten); vergleichbar (etwas mit etwas vergleichen); zurückführbar (etwas auf etwas zurückführen).
2. ⟨als Ableitung von intransitiven Verben⟩ **a)** brennbar (etwas brennt); ⟨verneint⟩ unfehlbar; unverwesbar. **b)** ⟨mit Dativobjekt; oft verneint⟩ unentrinnbar (jmdm. entrinnen); unkündbar. **c)** ⟨mit Präpositionalobjekt⟩ haftbar (haften für); verfügbar (verfügen über); verhandelbar (verhandeln über); ⟨meist verneint⟩ unverzichtbar.
3. ⟨als Ableitung von reflexiven Verben⟩ **a)** haltbar; wandelbar. **b)** ⟨mit Präpositionalobjekt⟩ anpassbar (sich an etwas anpassen); einfühlbar (sich in etwas einfühlen).
4. ⟨sowohl als Ableitung von transitivem wie auch von intransitivem/reflexivem Gebrauch möglich⟩ dehnbar (Gummi: kann gedehnt werden/dehnt sich); nicht wiederholbar (Experimente: können nicht wiederholt werden/lassen sich nicht wiederholen).
5. ⟨in Verbindung mit einem zugrunde liegenden substantivierten Infinitiv⟩ drückt in Bildungen mit Verben (Verbstämmen) aus, dass die beschriebene Sache zu etw. geeignet ist: flößbar *(zum Flößen geeignet);* tanzbar *(zum Tanzen geeignet);* wanderbar.
6. ⟨als Teil einer Zusammenbildung⟩ fernbedienbar.

-bar/-lich: ↑-lich/-bar.

Bär [bɛ:ɐ̯], der; -en, -en:
1. *großes Raubtier mit dickem braunem Fell, gedrungenem Körper und kurzem Schwanz:* er ist stark wie ein Bär. **Zus.:** Braunbär, Graubär.
2. *** jmdm. einen Bären aufbinden** (ugs.): *jmdn. etwas Unwahres glauben machen:* mit dieser Geschichte hat er dir aber einen ganz schönen Bären aufgebunden. **Syn.:** jmdn. anführen (ugs.), jmdn. foppen, jmdn. in den April schicken, jmdn. zum Besten haben/halten, jmdn. zum Narren haben.

Ba|ra|cke [ba'rakə], die; -, -n:
leichter, flacher, meist zerlegbarer [Holz]bau für eine behelfsmäßige Unterbringung: in einer schäbigen Baracke wohnen, hausen. **Syn.:** Bude, Hütte. **Zus.:** Holzbaracke, Wellblechbaracke, Wohnbaracke.

Bar|bar [barˈbaːɐ̯], der; -en, -en, **Bar|ba|rin** [barˈbaːrɪn], die; -, -nen (emotional):
1. *Person, die sich unzivilisiert verhält und in Bezug auf die Wertvorstellungen oder Gefühle anderer Menschen rücksichtslos vorgeht:* eine kulturlose Barbarin; die faschistischen Barbaren; wir erlauben ihr das, wir sind ja schließlich keine Barbaren. **Syn.:** Unmensch.
2. *[auf einem bestimmten Gebiet] völlig ungebildeter Mensch:* was versteht dieser Barbar von Musik! **Syn.:** Banause, Banausin.

bar|ba|risch [barˈbaːrɪʃ] ⟨Adj.⟩:
1. *keine menschlichen Empfindungen, Regungen zeigend, erkennen lassend, von einer gefühllosen, grausamen Haltung zeugend:* barbarische Maßnahmen; jmdn. barbarisch behandeln. **Syn.:** brutal, gefühllos, gewalttätig, grausam, grob, hart, hartherzig, herzlos, inhuman, kalt, kaltblütig, rabiat, roh, rücksichtslos, unmenschlich.
2. *von Ungesittetheit, Unzivilisiertheit, Unhöflichkeit zeugend:* barbarische Sitten. **Syn.:** derb, grob, rau.
3. a) (emotional) *über das übliche Maß hinausgehend, sehr groß:* eine barbarische Kälte, Hitze. **b)** ⟨intensivierend bei Adjektiven und Verben⟩ (ugs.) *in einem höchst unangenehmen Maße:* barbarisch frieren; hier ist es barbarisch kalt. **Syn.:** abscheulich (ugs.), arg (landsch.), ekelhaft (ugs.), eklig (ugs.), entsetzlich (ugs.), erbärmlich (ugs.), furchtbar (ugs.), fürchterlich (ugs.), grässlich (ugs.), grauenhaft (emotional), grausam (ugs.), grausig (ugs.), höllisch (emotional), irrsinnig (emotional), jämmerlich (emotional), mörderisch (ugs.), scheußlich, schrecklich (ugs.), unmenschlich.

bär|bei|ßig [ˈbɛːɐ̯baisɪç] ⟨Adj.⟩:
in mürrischer Weise unfreundlich: ein bärbeißiger Alter. **Syn.:** brummig, griesgrämig, missmutig, mürrisch.

Bä|ren|dienst [ˈbɛːrəndiːnst]:
in der Wendung **jmdm. einen Bärendienst erweisen/leisten** (ugs.): *jmdm. in der Absicht, ihm zu helfen, stattdessen Schaden zufügen.* **Syn.:** jmdm. einen schlechten Dienst erweisen, jmdm. mehr schaden als nützen, jmdm. nur schaden.

Bä|ren|hun|ger [ˈbɛːrənˈhʊŋɐ], der; -s (ugs.):
großer Hunger: ich hab einen Bärenhunger!

Ba|rett [baˈrɛt], das; -s, -e:
an den Seiten versteifte, flache Kopfbedeckung ohne Rand (auch als Teil der Amtstracht von Professoren, Richtern u. a.): die Soldaten trugen keinen Helm, sondern ein Barett.

bar|fuß [ˈbaːɐ̯fuːs] ⟨Adj.; nicht flektierbar⟩:
⟨in Verbindung mit bestimmten Verben⟩ *mit bloßen Füßen, ohne Schuhe und Strümpfe:* barfuß laufen, gehen, sein. **Syn.:** mit nackten Füßen.

Bar|geld [ˈbaːɐ̯gɛlt], das; -[e]s:
Geld in Form von Scheinen und Münzen: so viel Bargeld habe ich nicht bei mir.

Ba|ri|ton [ˈbaːritɔn], der; -s, -e:
1. *Stimme in der mittleren Lage zwischen Bass und Tenor:* er hat einen wohlklingenden, weichen Bariton.
2. *Sänger mit einer Stimme in der mittleren Lage:* er war ein berühmter Bariton.

barm|her|zig [barmˈhɛrtsɪç] ⟨Adj.⟩ (geh.):
aus Mitleid und Mitgefühl helfend, Armut, Leiden zu lindern suchend: eine barmherzige Tat; er ist, handelt barmherzig. **Syn.:** gnädig, gütig, mild[e].

ba|rock [baˈrɔk] ⟨Adj.⟩:
1. a) *im Stil des Barocks gestaltet, aus der Zeit des Barocks stammend:* ein barockes Gemälde. **b)** *von verschwenderischer Fülle und dabei oft sehr verschnörkelt:* barocke Schriftzüge; eine barocke Rede.
2. *sonderbar, seltsam und oft verschroben, nicht ohne Weiteres nachzuvollziehen:* seine Einfälle sind immer etwas barock. **Syn.:** ausgefallen, bizarr, eigenartig, eigentümlich, extravagant, exzentrisch, kauzig, kurios, merkwürdig, schrullig (ugs.), skurril (bildungsspr.), verrückt (ugs.).

Ba|rock [baˈrɔk], das und der; -[s]:
Stil in der europäischen Kunst, Dichtung und Musik des 17. und 18. Jahrhunderts, der durch verschwenderische Formen und pathetischen Ausdruck gekennzeichnet ist: das Zeitalter des Barock[s].

Ba|ro|me|ter [baroˈmeːtɐ], das; -s, -:
Instrument zum Messen des Luftdrucks: das Barometer steigt, fällt.

Bar|ren [ˈbarən], der; -s, -:
1. *für den Handel übliches Stück aus nicht bearbeitetem Edelmetall in der Form eines Quaders, Zylinders o. Ä.:* ein Barren Gold. **Zus.:** Goldbarren, Metallbarren, Silberbarren.
2. (Sport) *Turngerät mit zwei durch senkrechte Stützen gehaltenen, parallel verlaufenden waagerechten Holmen:* eine Übung am Barren machen.

Bar|ri|e|re [baˈri̯eːrə], die; -, -n:
Absperrung, Sperre, die jmdn., etwas von etwas fernhält: Barrieren errichten, aufstellen, niederreißen, beseitigen. **Syn.:** Barrikade, Hindernis, Hürde, Schranke.

Bar|ri|ka|de [bariˈkaːdə], die; -, -n:
zur Verteidigung besonders bei Kämpfen auf der Straße errichtetes Hindernis: Barrikaden errichten, bauen, durchbrechen, niederreißen. **Syn.:** Barriere, Hürde, Schranke, Sperre.

barsch [barʃ] ⟨Adj.⟩:
mit heftiger, unfreundlicher Stimme kurz und knapp geäußert: barsche Worte; in barschem Ton sprechen; der Chef fuhr seinen Mitarbeiter barsch an. **Syn.:** brüsk, rau, rüde, ruppig (abwertend), schroff, unfreundlich, ungehobelt (abwertend).

Barsch [baːɐ̯ʃ], der; -[e]s, -e:
im Süßwasser lebender räuberischer Fisch mit großem Kopf, stacheligen Kiemendeckeln und tief gespaltener Mundöffnung.

Bart [baːɐ̯t], der; -[e]s, Bärte [ˈbɛːɐ̯tə]:
1. a) *(bei Männern) dicht wachsende Haare um die Lippen, auf Wangen und Kinn:* ich lasse mir einen Bart wachsen; sich den Bart abnehmen *(abrasieren)* lassen. **Syn.:** Stoppeln ⟨Plural⟩. **Zus.:** Backenbart, Kinnbart, Spitzbart, Stoppelbart. **b)** *Haare an der Schnauze bestimmter Säugetiere:* der Bart der Katze.
2. *Teil des Schlüssels, der im*

Schloss den Riegel bewegt: der Bart ist abgebrochen.
bär|tig [ˈbɛːɐ̯tɪç] ⟨Adj.⟩:
einen [dichten, langen] Bart habend: bärtige Gesichter, Männer. **Syn.:** stoppelig.
Bar|zah|lung [ˈbaːɐ̯t͜saːlʊŋ], die; -, -en:
Zahlung in bar: bei Barzahlung gewähren wir 3 % Rabatt.
Ba|sar [baˈzaːɐ̯], der; -s, -e, **Bazar:**
1. *offene Kaufhalle, Markt für verschiedenerlei Waren [im Orient].*
2. *Verkauf von Waren zu einem wohltätigen Zweck:* einen Basar veranstalten. **Zus.:** Weihnachtsbasar, Wohltätigkeitsbasar.
Base|ball [ˈbeːsboːl], der; -s:
amerikanisches Schlagballspiel.
ba|sie|ren [baˈziːrən] ⟨itr.; hat⟩ (geh.):
etwas zur Grundlage haben; in etwas seinen Grund, seine Ursache haben: die Erzählung basiert auf einer wahren Begebenheit. **Syn.:** aufbauen, beruhen, fußen, sich gründen, sich herleiten von, zurückgehen.
Ba|sis [ˈbaːzɪs], die; -:
etwas, worauf sich etwas gründet, stützt, was den festen Grund für etwas bildet, worauf jmd. aufbauen kann: Forschungen auf breiter Basis betreiben; etwas ist, bildet die Basis für etwas. **Syn.:** Ausgangspunkt, Fundament, Grundlage, Grundstock, Plattform. **Zus.:** Existenzbasis, Gesprächsbasis, Rechtsbasis, Vertrauensbasis.
Bas|ket|ball [ˈbaːskətbal], der; -[e]s, Basketbälle [ˈbaːskətbɛlə]:
1. ⟨ohne Plural⟩ *Korbballspiel:* spielst du mit uns Basketball?
2. *im Basketball* (1) *verwendeter Ball:* den Basketball in den Korb werfen, legen.
Bass [bas], der; -es, Bässe [ˈbɛsə]:
1. *Männerstimme in der tiefen Lage:* er hat einen tiefen, rauen, sonoren Bass.
2. *Sänger mit einer tiefen Stimme.* **Syn.:** Bassist.
3. *tiefste Stimme eines Musikstücks.*
4. *sehr tief klingendes größtes Streichinstrument; Kontrabass:* Konzert für Bass und Orchester. **Syn.:** Bassgeige.
5. *Bassgitarre, elektrischer Bass:* er spielt Bass in einer Band.
Bass|gei|ge [ˈbasgai̯gə], die; -, -n:
Kontrabass.
Bass|gi|tar|re [ˈbasgitarə], die; -, -n:
viersaitige, besonders tief klingende Gitarre.
Bas|sin [baˈsɛ̃ː], das; -s, -s:
künstliches, ausgemauertes Wasserbecken: Fische aus dem Bassin holen; im Bassin baden. **Syn.:** Becken. **Zus.:** Schwimmbassin, Wasserbassin.
Bas|sist [baˈsɪst], der; -en, -en:
1. *ausgebildeter Sänger, der Bass singt.* **Syn.:** Bass.
2. *Musiker, der Kontrabass spielt.*
3. *Musiker, der Bassgitarre spielt.*
Bas|sis|tin [baˈsɪstɪn], die; -, -nen:
weibliche Form zu ↑ Bassist (2, 3).
Bast [bast], der; -[e]s, -e:
pflanzliche Faser, die zum Binden und Flechten verwendet wird: aus Bast eine Tasche anfertigen.
bas|ta [ˈbasta] ⟨Interjektion⟩ (ugs.):
Schluss damit!, genug jetzt!: nun weißt du es, und damit basta!
Bas|tard [ˈbastart], der; -s, -e:
Mischling: die Hündin, der Hund ist ein Bastard.
bas|teln [ˈbastl̩n]:
a) ⟨itr.; hat⟩ *sich in der Freizeit, aus Liebhaberei, als Hobby mit kleineren handwerklichen Arbeiten beschäftigen:* er bastelt gern; an einem Lampenschirm basteln. **b)** ⟨tr.; hat⟩ *(meist kleinere handwerkliche Arbeiten) in der Freizeit aus Liebhaberei [nach eigenen Ideen] herstellen:* ein Spielzeug basteln; selbst gebastelte Regale. **Syn.:** fabrizieren, machen.
Ba|tail|lon [batalˈjoːn], das; -s, -e:
(aus Kompanien oder Batterien bestehende) kleinste militärische Abteilung.
Bat|te|rie [batəˈriː], die; -, Batterien [batəˈriːən]:
1. *kleinste militärische Einheit bei der Artillerie.*
2. a) *Zusammenschaltung mehrerer gleichartiger technischer Geräte (z. B. Stromquellen).*
b) *Stromquelle, die aus mehreren elektrochemischen Elementen besteht (z. B. bei der Taschenlampe):* der Wecker, die Taschenlampe braucht neue Batterien; die Batterie aufladen; die Batterien sind leer.
3. (ugs.) *große Anzahl gleichartiger Dinge:* eine Batterie leerer Flaschen stand in der Ecke.
Bau [bau̯], der; -[e]s, -e oder -ten:
1. ⟨ohne Plural⟩ *das Bauen:* den Bau eines Hauses planen, leiten; das Schiff ist im/in Bau *(es wird daran gebaut).* **Zus.:** Geigenbau, Hausbau, Schiffsbau.
2. ⟨ohne Plural⟩ *Art, in der etwas gebaut, aus seinen Teilen zusammengesetzt ist:* der Bau eines Satzes, des menschlichen Körpers. **Syn.:** Aufbau, Gefüge, Konstruktion, Organisation, Struktur. **Zus.:** Körperbau, Satzbau, Schädelbau, Versbau.
3. a) ⟨Plural: Bauten⟩ *etwas (von meist größeren Dimensionen), was gebaut, errichtet ist:* die neue Bank ist ein solider, zweckmäßiger und gewaltiger Bau. **Syn.:** Bauwerk, Gebäude, Haus. **Zus.:** Backsteinbau, Barockbau, Behelfsbau, Erweiterungsbau, Flachbau, Holzbau, Klinkerbau, Prachtbau, Querbau, Seitenbau, Steinbau, Vorbau. **b)** ⟨nur in bestimmten Fügungen⟩ *Baustelle:* er arbeitet auf dem Bau. **c)** ⟨Plural: Baue⟩ *von bestimmten Säugetieren als Behausung in die Erde gebauter Unterschlupf:* der Bau des Fuchses, Dachses. **Syn.:** Höhle, Loch. **Zus.:** Dachsbau, Fuchsbau, Kaninchenbau.
Bauch [bau̯x], der; -[e]s, Bäuche [ˈbɔy̯çə]:
a) *unterer Teil des Rumpfes zwischen Zwerchfell und Becken:* den Bauch einziehen; auf dem Bauch liegen; einen leeren Bauch haben (ugs.; *nichts gegessen haben*). **Syn.:** Leib, Ranzen (ugs.), Unterleib. **b)** *deutlich hervortretende Wölbung am unteren Teil des Rumpfes:* einen Bauch bekommen, ansetzen, haben.
bau|chig [ˈbau̯xɪç] ⟨Adj.⟩:
eine Wölbung aufweisend: eine bauchige Vase. **Syn.:** ausladend, rund.
Bauch|schmerz [ˈbau̯xʃmɛrt͜s], der; -es, -en:
Schmerz im Bauch: Bauchschmerzen haben; über Bauchschmerzen klagen.
bau|en [ˈbau̯ən]:
1. a) ⟨tr.; hat⟩ *nach einem bestimmten Plan ausführen, errichten [lassen]:* ein Haus, ein Schiff, eine Straße, eine Brücke, einen Tunnel bauen; der Vogel

baut sich (Dativ) ein Nest; ⟨auch itr.⟩ die Firma baut solide; an dieser Kirche wird schon lange gebaut. **Syn.:** aufbauen, erbauen, erstellen. **b)** ⟨itr.; hat⟩ *für sich ein Haus, einen Wohnbau errichten, ausführen [lassen]:* er will nächstes Jahr bauen. **c)** ⟨tr.; hat⟩ *Form und Bau eines meist technischen Objekts durch Ausarbeitung des Entwurfs gestalten und entsprechend ausführen:* eine Maschine, einen Rennwagen, ein neues Modell, eine Gitarre bauen. **Syn.:** entwickeln, konstruieren. **d)** ⟨tr.; hat⟩ (ugs.) *machen:* sein Bett bauen; einen Unfall, einen Sturz, sein Examen bauen; der hat (ugs. abwertend:) Mist/(derb abwertend:) Scheiße gebaut *(etwas schlecht, falsch gemacht).*
2. ⟨itr.; hat⟩ *sich (auf jmdn., etwas) verlassen, (auf jmdn., etwas) fest vertrauen:* auf ihn, seine Erfahrung kannst du bauen. **Syn.:** zählen.

¹Bau|er [ˈbau̯ɐ], der; -n, -n:
1. *männliche Person, die Landwirtschaft betreibt:* der Bauer arbeitet auf dem Feld. **Syn.:** Farmer, Landwirt. **Zus.:** Bergbauer.
2. *niedrigste Figur im Schachspiel:* der Bauer kann nur schräg schlagen.
3. *Bube:* den Bauern ausspielen.

²Bau|er [ˈbau̯ɐ], das, auch: der; -s, -: *Käfig für Vögel:* den Vogel in den Bauer sperren. **Zus.:** Drahtbauer, Vogelbauer.

Bäu|e|rin [ˈbɔy̯ərɪn], die; -, -nen: **a)** weibliche Form zu ↑¹Bauer (1). **Syn.:** Bauersfrau, Landwirtin. **b)** *Frau eines Bauern.*

bäu|er|lich [ˈbɔy̯ɐlɪç] ⟨Adj.⟩: *den Bauern[hof] betreffend, zum Bauern[hof] gehörend, vom Bauern[hof] stammend:* bäuerliche Erzeugnisse; die bäuerliche Bevölkerung. **Syn.:** ländlich, rustikal.

Bau|ern|hof [ˈbau̯ɐnho:f], der; -[e]s, Bauernhöfe [ˈbau̯ɐnhø:fə]: *landwirtschaftlicher Betrieb eines Bauern (mit allen Gebäuden und dem Grundbesitz):* Ferien auf dem Bauernhof; sie führen einen großen Bauernhof. **Syn.:** Farm, Gehöft, Gut, Hof, Landwirtschaft.

Bau|ers|frau [ˈbau̯ɐsfrau̯], die; -, -en: *Bäuerin* (a).

bau|fäl|lig [ˈbau̯fɛlɪç] ⟨Adj.⟩: *vom Einsturz bedroht; nicht mehr stabil, in schlechtem baulichem Zustand befindlich:* eine baufällige Hütte; die Brücke ist baufällig. **Syn.:** morsch.

Bau|herr [ˈbau̯hɛr], der; -n, -[e]n, **Bau|her|rin** [ˈbau̯hɛrɪn], die, -, -nen: *Person, Instanz, die einen Bau errichten lässt:* als Bauherr fungieren; Bauherrin dieses Heims ist die Stadt. **Syn.:** Auftraggeber, Auftraggeberin.

Bau|kas|ten [ˈbau̯kastn̩], der; -s, Baukästen [ˈbau̯kɛstn̩]: *Spielzeug mit kleinen Einzelteilen zum Bauen.* **Zus.:** Elektronikbaukasten, Modellbaukasten.

Baum [bau̯m], der; -[e]s, Bäume [ˈbɔy̯mə]: *großes Gewächs mit einem Stamm aus Holz, aus dem Äste wachsen, die sich in Zweige (mit Laub oder Nadeln) teilen:* die Bäume schlagen aus, blühen, lassen ihre Blätter fallen; einen Baum fällen, pflanzen. **Zus.:** Apfelbaum, Kastanienbaum, Kirschbaum, Nussbaum.

Bau|meis|ter [ˈbau̯mai̯stɐ], der; -s, -, **Bau|meis|te|rin** [ˈbau̯mai̯stərɪn], die; -, -nen: **a)** (früher, noch österr. u. schweiz.) *selbstständiger Bauunternehmer; Bauhandwerker oder Bautechniker mit Meisterprüfung.* **b)** *(im Altertum und im Mittelalter) Architekt; Erbauer [eines berühmten Bauwerks]:* die großen Baumeister der Antike.

bau|meln [ˈbau̯mln̩] ⟨itr.; hat⟩ (ugs.): *lose hängend hin und her schwingen, schaukeln:* an dem Ast baumelte ein Schild; die Füße baumeln lassen. **Syn.:** ¹hängen, pendeln.

Baum|schu|le [ˈbau̯mʃu:lə], die; -, -n: *gärtnerische Anlage, in der Bäume und Sträucher gezogen werden:* in dieser Baumschule werden alte Obstsorten gezüchtet.

Baum|wol|le [ˈbau̯mvɔlə], die; -: *aus den Samenfäden einer meist strauchartigen Pflanze gleichen Namens gewonnenes Garn, Gewebe:* ein Kleid aus [reiner, hundert Prozent] Baumwolle.

bäu|risch [ˈbɔy̯rɪʃ] ⟨Adj.⟩: *nicht fein, sondern grob und schwerfällig:* sein bäurisches Benehmen fiel unangenehm auf. **Syn.:** deftig, grobschlächtig, plump, schwerfällig, ungehobelt (abwertend), vierschrötig.

bau|schen [ˈbau̯ʃn̩]:
1. ⟨tr.; hat⟩ *schwellend auseinanderfalten, stark hervortreten lassen, prall machen:* der Wind bauscht die Segel. **Syn.:** ²schwellen (geh.), aufbauschen, aufblähen, aufplustern, blähen.
2. ⟨+ sich⟩ *schwellend hervortreten; füllig, prall, gebläht werden:* die Vorhänge bauschen sich im Wind. **Syn.:** sich aufbauschen, sich aufblähen, sich aufplustern, sich blähen.

Bau|stel|le [ˈbau̯ʃtɛlə], die; -, -n: *Platz, Gelände, auf dem gebaut wird:* der Verkehr staute sich wegen einer Baustelle; auf der Baustelle arbeiten. **Syn.:** Bau.

Bau|werk [ˈbau̯vɛrk], das; -[e]s, -e: *größeres, meist eindrucksvolles Gebäude:* ein mächtiges, historisches Bauwerk. **Syn.:** Bau, Haus.

Ba|zar [baˈza:ɐ̯]: ↑Basar.

Ba|zil|le [baˈt͡sɪlə], die; -, -n (ugs.): *[als Krankheitserreger wirkende] stäbchenförmige Bakterie:* gefährliche Viren und Bazillen. **Syn.:** Keim.

be- [bə] ⟨verbales Präfix⟩:
1. ⟨verbales Basiswort⟩
a) ⟨intransitiv gebrauchtes Basiswort wird transitiv⟩ *auf das Bezugswort durch das im Basiswort genannte Tun zielen, richten:* beackern; befummeln; bekotzen; bekritzeln; belabern; bereisen; besteigen; bestrahlen; beweinen; bewerben; bewerten.
b) ⟨transitiv gebrauchtes Basiswort⟩ *das Bezugswort durch das im Basiswort genannte Tun erfassen o. Ä.:* bebauen; beladen; bemalen; beschlagen; beschleifen; bestreuen. **c)** ⟨verstärkend⟩: bedrängen; beschimpfen; bespritzen.
2. ⟨substantivisches Basiswort⟩ *das Bezugswort mit dem im substantivischen Basiswort Genannten versehen, rüsten o. Ä.:* **a)** beblumen; begittern; begrünen; besaiten; beschriften; betexten; bevorraten; bezuschussen. **b)** ⟨in Verbindung mit Formen des 2. Partizips⟩ bebartet; bebrillt; bebuttert; befrackt; behaubt; behost;

berankt; beschlipst; bestrumpft; bewaldet; bezopft; gummibereift.

be|ab|sich|ti|gen [bəˈlapzıçtıgn̩] ⟨tr.; hat⟩: *(tun, ausführen) wollen; die Absicht haben:* er beabsichtigt, in nächster Zeit den Wohnort zu wechseln; das war nicht beabsichtigt. **Syn.:** denken, gedenken, im Schilde führen, im Sinn haben, planen, sich in den Kopf gesetzt haben, sich vorgenommen haben, vorhaben.

be|ach|ten [bəˈlaxtn̩] ⟨tr.; hat⟩: *(auf jmdn., etwas) achten; (jmdm., einer Sache) Aufmerksamkeit schenken:* er beachtete sie, ihre Ratschläge überhaupt nicht; eine Vorschrift, die Spielregeln beachten *(einhalten).* **Syn.:** achtgeben auf, aufpassen auf, bedenken, befolgen, beherzigen, berücksichtigen, denken an, einhalten, handeln nach, hören auf, sich halten an.

be|acht|lich [bəˈlaxtlıç] ⟨Adj.⟩: **a)** *ziemlich wichtig, bedeutsam, groß; Achtung, Anerkennung verdienend:* beachtliche Fortschritte; die Anlage verschlang beachtliche Summen. **Syn.:** ansehnlich, anständig, bedeutend, bemerkenswert, besonder..., beträchtlich, enorm, erheblich, gehörig, gewaltig (emotional), imposant, nennenswert, ordentlich (ugs.), stattlich. **b)** ⟨verstärkend bei Adjektiven und Verben⟩ *sehr, ziemlich:* der Baum ist beachtlich groß; ihr Guthaben auf der Bank ist im vergangenen Jahr beachtlich angewachsen. **Syn.:** außerordentlich, bemerkenswert, enorm (ugs.), erstaunlich, unbeschreiblich, ungeheuer, ungemein, unglaublich (ugs.), unübersehbar, unwahrscheinlich (ugs.).

Be|ach|tung [bəˈlaxtʊŋ], die; -: *das Beachten:* die Beachtung der Verkehrszeichen; jmdm., einer Sache Beachtung schenken *(jmdn., etwas beachten);* etwas verdient Beachtung *(etwas ist so interessant oder wichtig, dass man sich damit beschäftigen o. Ä. sollte).*

Be|am|ter [bəˈlamtɐ], der Beamte/ein Beamter; des/eines Beamten, die Beamten/zwei Beamte, **Be|am|tin** [bəˈlamtın], die; -, -nen: *Person, die im öffentlichen Dienst (bei Bund, Land, Gemeinde u. Ä.) oder im Dienst einer Körperschaft des öffentlichen Rechts steht und ein bestimmtes Rechtsverhältnis ihrem Dienstherrn gegenüber hat:* die höheren Beamten; ihm als Beamten/(seltener) Beamtem; die Meinung anderer Beamter/der anderen Beamten. **Zus.:** Finanzbeamter, Finanzbeamtin, Polizeibeamter, Polizeibeamtin.

be|ängs|ti|gend [bəˈlɛŋstıgn̩t] ⟨Adj.⟩: *Angst hervorrufend, einflößend:* ein beängstigender Anblick; der Zustand des Kranken ist beängstigend. **Syn.:** bedenklich, bedrohlich.

be|an|spru|chen [bəˈlanʃprʊxn̩] ⟨tr.; hat⟩: **a)** *Anspruch erheben (auf etwas):* das gleiche Recht beanspruchen; sie will seine Hilfe nicht weiter beanspruchen *(in Anspruch nehmen).* **Syn.:** sich ausbedingen (geh.), sich ausbitten, bestehen auf, fordern, geltend machen, pochen auf, reklamieren, verlangen, sich vorbehalten, wollen. **b)** *[jmds. Kräfte] erfordern, nötig haben, großen Anforderungen aussetzen:* die Arbeit beansprucht ihn ganz; die Maschine wurde zu stark beansprucht *(belastet);* viel Raum, Zeit beanspruchen *(brauchen, benötigen).* **Syn.:** absorbieren, belasten, benötigen, brauchen, einnehmen, in Beschlag halten, in Beschlag nehmen, mit Beschlag belegen, strapazieren.

be|an|stan|den [bəˈlanʃtandn̩] ⟨tr.; hat⟩: *als mangelhaft, als nicht annehmbar bezeichnen [und zurückweisen, nicht akzeptieren]:* an jmds. Arbeit nichts zu beanstanden haben; eine Rechnung beanstanden; er beanstandete die Qualität der gelieferten Ware. **Syn.:** bemängeln, klagen über, kritisieren, meckern über (ugs. abwertend), missbilligen, monieren, motzen über (ugs.), nörgeln an (abwertend), reklamieren, rügen, sich beklagen über, sich beschweren über, tadeln.

be|an|tra|gen [bəˈlantra:gn̩] ⟨tr.; hat⟩: *[durch Antrag] die Gewährung von etwas, die [Beschließung und] Durchführung von etwas verlangen:* ein Stipendium beantragen; die Staatsanwältin beantragte die Bestrafung des Schuldigen. **Syn.:** anfordern, bitten um, erbitten (geh.), ersuchen um, fordern.

be|ant|wor|ten [bəˈlantvɔrtn̩] ⟨tr.; hat⟩: **a)** *(auf etwas) eine mündliche, schriftliche Antwort geben:* eine Frage, einen Brief ausführlich, kurz beantworten; sie beantwortet täglich zahlreiche Anfragen, die per E-Mail eingehen. **Syn.:** antworten auf, erledigen, reagieren auf. **b)** *auf etwas in einer bestimmten Weise reagieren:* er beantwortete die Ohrfeige mit einem Kinnhaken.

be|ar|bei|ten [bəˈlarbai̯tn̩] ⟨tr.; hat⟩: **1. a)** *unter bestimmten Gesichtspunkten [neu] gestalten, in bestimmter Weise behandeln; an etwas arbeiten:* die Erde [mit dem Pflug] bearbeiten; der Stein wurde [mit Hammer und Meißel] bearbeitet; ein Thema bearbeiten; er hat das Hörspiel für die Bühne bearbeitet. **Syn.:** aufbereiten, verarbeiten. **b)** *sich als entsprechende Instanz mit etwas prüfend, erforschend beschäftigen [und darüber befinden]:* einen Antrag bearbeiten; sie bearbeitet wohl gerade einen Kriminalfall. **2.** (ugs.) *eindringlich auf jmdn. einreden, auf jmdn. einwirken, um ihn zu überzeugen, um ihn für etwas zu gewinnen:* die Bevölkerung wurde ständig von Rundfunk und Presse in dieser Richtung bearbeitet; man bearbeitete ihn so lange, bis er die Information preisgab. **Syn.:** beeinflussen, drängen, nötigen.

be|auf|sich|ti|gen [bəˈlau̯fzıçtıgn̩] ⟨tr.; hat⟩: *Aufsicht führen (über jmdn., etwas):* die Kinder, eine Klasse beaufsichtigen; der Chef beaufsichtigte argwöhnisch die Arbeit seiner Angestellten. **Syn.:** achten auf, achtgeben auf, aufpassen auf, bewachen, hüten, sehen nach, sich kümmern um, überwachen.

be|auf|tra|gen [bəˈlau̯ftra:gn̩] ⟨tr.; hat⟩: *(jmdm.) einen Auftrag geben; (jmdm.) auftragen, etwas zu tun:* jmdn. [dienstlich] mit einer Arbeit beauftragen; man hat sie beauftragt, die Konferenz vorzubereiten. **Syn.:** anhalten, anweisen, befassen, ermächtigen, heißen, veranlassen.

be|bau|en [bəˈbau̯ən] ⟨tr.; hat⟩:
1. *Gebäude, Häuser (auf einem Gelände) bauen:* Grundstücke, ein Gebiet [neu] bebauen.
2. *(Land) bearbeiten und für den Anbau nutzen:* die Felder, Äcker bebauen. **Syn.:** bestellen, kultivieren.

be|ben [ˈbe:bn̩] ⟨itr.; hat⟩:
1. *erschüttert werden:* die Erde, das Haus bebte. **Syn.:** vibrieren, zittern.
2. (geh.) *zittern:* sie bebte vor Angst, Kälte. **Syn.:** vibrieren, zucken.

be|bil|dern [bəˈbɪldɐn] ⟨tr.; hat⟩: *mit Bildern versehen:* ein Kinderbuch bebildern; bunt bebilderte Zeitschriften. **Syn.:** illustrieren.

Be|cher [ˈbɛçɐ], der; -s, -: *höheres, etwa zylinderförmiges [Trink]gefäß:* Flüssigkeit in einen Becher gießen; einen Becher Milch trinken. **Zus.:** Joghurtbecher, Milchbecher, Pappbecher, Trinkbecher, Zahnputzbecher.

be|chern [ˈbɛçɐn] ⟨itr.; hat⟩ (ugs. scherzh.): *ausgiebig alkoholische Getränke trinken:* sie becherten bis in den frühen Morgen. **Syn.:** einen heben (ugs.), einen zwitschern (ugs.), saufen (derb), zechen.

Be|cken [ˈbɛkn̩], das; -s, -:
1. a) *[großes] flaches, schüsselförmiges Gefäß:* ich muss noch das Becken *(das Waschbecken)* sauber machen. **Zus.:** Toilettenbecken, Waschbecken, Weihwasserbecken. **b)** *(z. B. gemauerte) Anlage für Wasser usw.:* das Becken des Springbrunnens; das Schwimmbad hat mehrere Becken. **Syn.:** Bassin. **Zus.:** Auffangbecken, Schwimmbecken, Speicherbecken, Staubecken.
2. *aus Knochen gebildeter Ring, der den unteren Teil des Rumpfes mit den Beinen verbindet:* ein breites, schmales, gebärfreudiges Becken haben; mit dem Becken kreisen.
3. *aus zwei tellerförmigen Scheiben aus Metall bestehendes, meist zum Schlagzeug gehörendes Musikinstrument:* die Becken schlagen.

be|dacht [bəˈdaxt]: in der Wendung **auf etwas** (Akk.) **bedacht sein:** *sorgfältig auf etwas achten, an etwas denken:* sie war stets auf ihr Äußeres, ihren guten Ruf bedacht. **Syn.:** auf etwas achtgeben, auf etwas aufpassen, auf etwas halten, etwas beachten, etwas bedenken, etwas berücksichtigen, für etwas sorgen, sich etwas angelegen sein lassen (geh.), sich um etwas bemühen, sich um etwas kümmern, um etwas bemüht sein, um etwas besorgt sein.

Be|dacht [bəˈdaxt]: in der Wendung **mit Bedacht:** *mit, aufgrund einer bestimmten Überlegung:* sie hat dieses Geschenk mit Bedacht ausgewählt. **Syn.:** besonnen, bewusst, überlegt.

be|däch|tig [bəˈdɛçtɪç] ⟨Adj.⟩: *langsam, ohne jede Hast und dabei meist besonnen, vorsichtig und sorgfältig:* bedächtig prüfte er die Papiere; sie beruhigte das Kind mit bedächtigen Worten und Bewegungen. **Syn.:** mit Besonnenheit, mit Ruhe, mit Überlegung, ruhig, seelenruhig, überlegt, umsichtig.

be|dan|ken [bəˈdaŋkn̩] ⟨+ sich⟩: *(jmdm.) seinen Dank aussprechen:* sich herzlich bei jmdm. bedanken; er bedankte sich für die Einladung. **Syn.:** Dank sagen, Danke sagen, danken, seine Dankbarkeit zum Ausdruck bringen.

Be|darf [bəˈdarf], der; -[e]s, (Fachspr.:) -e: *das in einer bestimmten Lage Benötigte, Gewünschte; Nachfrage nach etwas:* es besteht Bedarf an Lebensmitteln; bei Bedarf kommt sie sofort; wir erhalten ein Taschengeld für den persönlichen Bedarf; mein Bedarf ist gedeckt *(ich habe genug)*. **Syn.:** Bedürfnis. **Zus.:** Energiebedarf.

be|dau|er|lich [bəˈdau̯ɐlɪç] ⟨Adj.⟩: *zu bedauern:* ein bedauerlicher Vorfall, Irrtum; das ist sehr bedauerlich. **Syn.:** betrüblich, ein Jammer (ugs.), schade, traurig.

be|dau|ern [bəˈdau̯ɐn] ⟨tr.; hat⟩: **a)** *(mit jmdm.) Mitgefühl empfinden; (jmdm. gegenüber) sein Mitgefühl äußern:* er bedauerte sie wegen ihres Misserfolgs; diese armen Menschen sind zu bedauern. **Syn.:** bemitleiden, mitfühlen mit. **b)** *ausdrücken, dass einem etwas leidtut:* er bedauerte den Vorfall sehr, aufrichtig, von Herzen; ich bedauere, dass ich euch nicht mehr gesehen habe. **Syn.:** beklagen, bereuen.

Be|dau|ern [bəˈdau̯ɐn], das; -s:
1. *mitfühlende Anteilnahme; Mitgefühl:* ich spreche Ihnen mein Bedauern aus.
2. *Traurigkeit:* zu meinem großen Bedauern kann ich heute nicht kommen.

be|dau|erns|wert [bəˈdau̯ɐnsve:ɐ̯t] ⟨Adj.⟩: *wert, bedauert* (a) *zu werden:* bedauernswerte Menschen; in ihrem Unglück sind sie wirklich bedauernswert.

be|de|cken [bəˈdɛkn̩] ⟨tr.; hat⟩: *etwas über jmdn., etwas decken:* sie bedeckte das Kind mit ihrem Mantel. **Syn.:** verdecken, zudecken.

be|deckt [bəˈdɛkt] ⟨Adj.⟩: *von Wolken überzogen:* der Himmel ist bedeckt. **Syn.:** bewölkt, dicht bewölkt.

be|den|ken [bəˈdɛŋkn̩], bedachte, bedacht:
1. a) ⟨tr.; hat⟩ *etwas im Hinblick auf ein Tun in seine Überlegungen einbeziehen:* das hatte er nicht bedacht; sie gab uns zu bedenken, dass die Zeit knapp wird. **Syn.:** berücksichtigen, sich durch den Kopf gehen lassen, [1]überlegen. **b)** ⟨+ sich⟩ (veraltend) *[vor einer Entscheidung] mit sich zurate gehen, sich kurz besinnen:* er bedachte sich nicht lange und nahm ein Stück Kuchen. **Syn.:** nachdenken, sich Gedanken machen, sinnieren, [1]überlegen.
2. ⟨tr.; hat⟩ (geh.) *(jmdm. etwas) schenken:* zu Weihnachten werden wir immer mit einem Buch bedacht. **Syn.:** beschenken.

Be|den|ken [bəˈdɛŋkn̩], das; -s, -: *(als Folge von Überlegungen) Vorbehalt, Zweifel, Befürchtung hinsichtlich eines Tuns:* seine Bedenken äußern; ein Bedenken gegen etwas vorbringen.

be|den|ken|los [bəˈdɛŋkn̩lo:s] ⟨Adj.⟩:
a) *ohne Hemmungen, ohne Skrupel:* die bedenkenlose Ausbeutung der Energieressourcen; er gibt sein Geld bedenkenlos aus. **Syn.:** gewissenlos, hemmungslos, rücksichtslos, skrupellos (abwertend), ungeniert. **b)** *ohne Bedenken haben zu müssen:* den Vertrag kannst du bedenkenlos unterschreiben.

be|denk|lich [bəˈdɛŋklɪç] ⟨Adj.⟩:
1. *Bedenken hervorrufend, besorgniserregend:* in einer bedenklichen Lage sein; das Feuer kam bedenklich nah heran. **Syn.:** beängstigend, bedrohlich, fragwürdig, gefährlich, kritisch, problematisch, zweifelhaft.
2. *Besorgnis ausdrückend:* er wiegte, schüttelte bedenklich den Kopf.

be|deu|ten [bəˈdɔy̯tn̩], bedeutete, bedeutet:
1. ⟨itr.; hat⟩ *eine bestimmte Bedeutung haben:* ich weiß nicht, was dieses Wort bedeuten soll. **Syn.:** ausdrücken, aussagen, besagen, heißen, repräsentieren, sagen.
2. ⟨itr.; hat⟩ *wichtig sein, einen bestimmten Wert haben (für jmdn.):* meine Kinder bedeuten mir viel; materielle Dinge bedeuteten ihm nichts. **Syn.:** ausmachen.
3. ⟨tr.; hat⟩ (geh.) *zu verstehen geben:* er bedeutete ihr zu schweigen; man bedeutete ihm, er könne jetzt hereinkommen. **Syn.:** andeuten, signalisieren.

be|deu|tend [bəˈdɔy̯tn̩t] ⟨Adj.⟩:
a) *in seiner Art herausragend (über Gleichartiges) und Beachtung, Anerkennung verdienend:* ein bedeutendes Werk, Ereignis; sie besitzt ein bedeutendes Vermögen; der Mann ist nicht sehr bedeutend. **Syn.:** beachtlich, bemerkenswert, gewichtig, [1]groß, relevant, schwerwiegend, wesentlich, wichtig, zentral.
b) ⟨verstärkend bei Verben und vor dem Komparativ⟩ *sehr, viel:* seine Schmerzen haben bedeutend zugenommen; der neue Turm ist bedeutend höher als der alte. **Syn.:** beträchtlich, erheblich, in erheblichem Maße, um einiges, weit, wesentlich.

bedeutend/bedeutsam

Das Adjektiv **bedeutend** drückt aus, dass jemand oder etwas *besonders beachtenswert, wichtig* ist. Im Unterschied zu »bedeutsam« wird in Bezug auf »bedeutend« meist nicht gesagt, in welcher Hinsicht die so bezeichnete Person oder Sache als besonders beachtenswert gilt:

- Der Speyrer Dom ist ein bedeutendes Bauwerk der romanischen Kunst.
- Die Frage nach Schuld und Unschuld spielt in diesem Roman eine bedeutende Rolle.

Adverbial wird **bedeutend** in verstärkender Funktion verwendet; es lässt sich meist durch »viel« oder »sehr« ersetzen:

- Diesen Hut finde ich schon bedeutend besser.
- Er hat sich in der letzten Zeit bedeutend verbessert.

Mit dem Adjektiv **bedeutsam** werden dagegen Vorgänge oder Ereignisse näher bezeichnet, die für etwas (meist im Kontext Genanntes) von besonderer Bedeutung sind, die auf etwas oder jemanden eine besondere Wirkung haben:

- Wie bedeutsam die Liebe zu seiner Schwester für sein literarisches Werk war, zeigen seine Tagebücher.

be|deut|sam [bəˈdɔy̯tza:m] ⟨Adj.⟩:
a) *wichtig für etwas, besondere Bedeutung für etwas habend:* eine bedeutsame Entdeckung. **Syn.:** bedeutungsvoll, von Bedeutung, wichtig. **b)** *vielsagend; wissend:* sie lächelte ihm bedeutsam zu. **Syn.:** bedeutungsvoll.

bedeutsam/bedeutend:
s. Kasten bedeutend/bedeutsam.

Be|deu|tung [bəˈdɔy̯tʊŋ], die; -, -en:
1. *Inhalt, Sinn eines Zeichens, eines Wortes:* das Wort hat mehrere Bedeutungen; die eigentliche Bedeutung der Geschichte hatten sie nicht verstanden. **Syn.:** [1]Gehalt. **Zus.:** Wortbedeutung.
2. ⟨ohne Plural⟩ *Wichtigkeit, Wert in einem bestimmten Zusammenhang, für eine bestimmte Angelegenheit:* etwas hat große, besondere, politische, keine Bedeutung; das ist nicht von Bedeutung *(nicht wichtig);* die Bedeutung herunterspielen. **Syn.:** Belang, Gewicht.

be|deu|tungs|los [bəˈdɔy̯tʊŋslo:s] ⟨Adj.⟩:
nicht wichtig; ohne besondere Bedeutung: eine bedeutungslose Minderheit. **Syn.:** unwesentlich, unwichtig.

be|deu|tungs|voll [bəˈdɔy̯tʊŋsfɔl] ⟨Adj.⟩:
a) *voll Bedeutung; wichtig:* ein bedeutungsvoller Tag. **Syn.:** bedeutend, bedeutsam, denkwürdig, [1]groß. **b)** *vielsagend; bedeutsam* (b): er warf ihr einen bedeutungsvollen Blick zu; jmdn. bedeutungsvoll ansehen.

be|die|nen [bəˈdi:nən]:
1. a) ⟨tr.; hat⟩ *sich (bes. als Verkäufer, Servicemitarbeiter o. Ä.) jmds. annehmen, ihm behilflich sein:* seine Gäste, die Kunden bedienen; ⟨auch itr.⟩ welcher Kellner bedient *(serviert)* hier?; sie bedient im Café Beyer; ich bin bedient! (ugs.; *ich habe genug, mir reicht es!*). **Syn.:** abfertigen, servieren, sorgen für, versorgen. **b)** ⟨+ sich⟩ *sich etwas von etwas Angebotenem nehmen:* bitte, bedienen Sie sich *(höfliche Aufforderung).* **Syn.:** zugreifen.
2. ⟨tr.; hat⟩ *darauf achten und bewirken, dass etwas (eine technische Anlage o. Ä.) richtig funktioniert, in Gang ist und bleibt:* eine Maschine bedienen; er hat früher den Fahrstuhl in der Firma bedient. **Syn.:** betätigen, führen, handhaben, steuern.
3. ⟨+ sich; mit Gen.⟩ (geh.) *etwas (als Mittel) für etwas (was man bezweckt, beabsichtigt) verwenden:* er bediente sich eines Vergleichs. **Syn.:** anwenden, benutzen (bes. nordd.), benützen (bes. südd.), einsetzen, gebrauchen, nutzen (bes. nordd.), nützen (bes. südd.).
4. ⟨tr.; hat⟩ *(beim Kartenspiel) eine Karte der bereits ausgespielten Farbe spielen:* du musst Herz

bedienen; ⟨auch itr.⟩ er hat nicht bedient.

Be|diens|te|te [bəˈdiːnstətə], die/eine Bedienstete; der/einer Bediensteten, die Bediensteten/zwei Bedienstete (Amtsspr.): *weibliche Person, die im öffentlichen Dienst beschäftigt ist:* sie ist eine Bedienstete der Mannheimer Justizvollzugsanstalt.

Be|diens|te|ter [bəˈdiːnstətɐ], der Bedienstete/ein Bediensteter; des/eines Bediensteten, die Bediensteten/zwei Bedienstete (Amtsspr.): *Person, die im öffentlichen Dienst angestellt ist:* er ist Bediensteter der Stadtverwaltung.

Be|die|nung [bəˈdiːnʊŋ], die; -, -en: **1. a)** ⟨ohne Plural⟩ *das Bedienen* (1 a): die Bedienung erfolgte prompt; ein Restaurant mit Bedienung. **Syn.:** Dienst, Kundendienst, [2]Service. **Zus.:** Selbstbedienung. **b)** *das Bedienen* (2) *(eines Geräts, einer Maschine):* die Bedienung dieser Maschine ist nicht schwer. **Syn.:** Führung, Steuerung. **Zus.:** Fernbedienung.
2. *Person, die bedient:* die Bedienung ließ lange auf sich warten. **Syn.:** Kellner, Kellnerin, Ober, Servierer, Serviererin.

be|din|gen [bəˈdɪŋən]:
1. ⟨tr.; hat⟩ *die Ursache (für etwas) sein; zur Folge haben:* das eine bedingt das andere; ⟨häufig im 2. Partizip⟩ die schlechte Ernte ist durch das ungünstige Wetter bedingt *(wurde durch das ungünstige Wetter hervorgerufen).* **Syn.:** auslösen, bewirken, erzeugen, heraufbeschwören, herbeiführen, machen, nach sich ziehen, provozieren, verursachen, zeitigen (geh.).
2. ⟨itr.; hat⟩ (selten) *voraussetzen:* die Aufgabe bedingt Fleiß und Können. **Syn.:** beanspruchen, bedürfen (geh.), erfordern, [2]kosten, verlangen.

be|dingt [bəˈdɪŋt] ⟨Adj.⟩: *nur unter bestimmten Voraussetzungen geltend:* eine bedingte Anerkennung, Zusage; die Aussage war nur bedingt richtig. **Syn.:** beschränkt, eingeschränkt, mit Einschränkung, mit Vorbehalt, relativ.

-be|dingt [bədɪŋt] ⟨adjektivisches Suffixoid⟩: *durch das im Basiswort Genannte verursacht, davon herrührend, darin begründet:* altersbedingt; angstbedingt; berufsbedingt; gefühlsbedingt; krankheitsbedingt; saisonbedingt; teuerungsbedingt; umweltbedingt; verletzungsbedingt; witterungsbedingt; zeitbedingt; zufallsbedingt.

Be|din|gung [bəˈdɪŋʊŋ], die; -, -en: **1.** *etwas, was gefordert wird und von dessen Erfüllung etwas anderes abhängig gemacht wird:* der Vertrag enthält einige ungünstige Bedingungen; eine Bedingung stellen; ich komme nur unter der Bedingung, dass du mich später nach Hause bringst. **Syn.:** Auflage, Kondition, Voraussetzung, Vorbehalt. **Zus.:** Aufnahmebedingung, Lieferbedingung, Teilnahmebedingung, Zahlungsbedingung, Zulassungsbedingung.
2. ⟨Plural⟩ *gegebene Umstände:* die klimatischen Bedingungen. **Syn.:** Gegebenheiten, Verhältnisse, Voraussetzungen. **Zus.:** Anbaubedingungen, Arbeitsbedingungen, Entwicklungsbedingungen, Existenzbedingungen, Lebensbedingungen, Umweltbedingungen, Wachstumsbedingungen, Wettkampfbedingungen, Witterungsbedingungen.

be|din|gungs|los [bəˈdɪŋʊŋsloːs] ⟨Adj.⟩: *ohne Einschränkung:* bedingungsloses Vertrauen; der Soldat gehorchte bedingungslos. **Syn.:** auf Gedeih und Verderb, ohne Vorbedingung, ohne Vorbehalt, rückhaltlos, [1]unbedingt, uneingeschränkt.

be|drän|gen [bəˈdrɛŋən] ⟨tr.; hat⟩: **a)** *hartnäckig (zu einem bestimmten Handeln) zu bewegen suchen:* jmdn. mit Forderungen, Fragen bedrängen. **Syn.:** behelligen, belästigen, nerven (ugs.), peinigen (geh.), piesacken (ugs.), plagen, zusetzen. **b)** *in quälender Weise belasten:* Gedanken, Sorgen bedrängen ihn; sie wurde von Albträumen bedrängt. **Syn.:** bedrücken, nicht in Ruhe lassen, peinigen (geh.), plagen, verfolgen, zusetzen.

be|dro|hen [bəˈdroːən] ⟨tr.; hat⟩: **a)** *(jmdm.) mit Anwendung von Gewalt drohen:* er bedrohte sie mit dem Messer. **Syn.:** terrorisieren, unter Druck setzen. **b)** *gefährlich sein (für etwas):* eine Seuche, das Hochwasser bedroht die Stadt. **Syn.:** gefährden.

be|droh|lich [bəˈdroːlɪç] ⟨Adj.⟩: *Unheil, Gefahr befürchten lassend:* eine bedrohliche Situation; die Wolken sehen bedrohlich aus; das Auto kam bedrohlich nah. **Syn.:** bedenklich, brenzlig, ernst, fatal, gefährlich, kritisch, ominös, schlimm, tückisch, übel, unheilvoll.

Be|dro|hung [bəˈdroːʊŋ], die; -, -en:
1. *das Bedrohen:* eine Bedrohung mit dem Messer.
2. *Gefährdung:* eine Bedrohung des Friedens/für den Frieden; die Bedrohung der Demokratie durch Gewalt von rechts; Aids stellt eine massive Bedrohung dar. **Syn.:** Gefahr, Risiko.

be|drü|cken [bəˈdrʏkn̩] ⟨tr.; hat⟩: *seelisch belasten, traurig machen:* sie wirkte ernst und bedrückt. **Syn.:** bekümmern, betrüben, beunruhigen, drücken, zusetzen.

be|drü|ckend [bəˈdrʏkn̩t] ⟨Adj.⟩: *ein Gefühl der Bedrückung hervorrufend:* eine bedrückende Stille. **Syn.:** belastend, betrüblich, demoralisierend, deprimierend, entmutigend, lähmend, schwer.

be|drückt [bəˈdrʏkt] ⟨Adj.⟩: *traurig, deprimiert:* er saß bedrückt in einer Ecke. **Syn.:** beklommen, bekümmert, besorgt, gedrückt, niedergeschlagen, unglücklich.

be|dür|fen [bəˈdʏrfn̩], bedarf, bedurfte, bedurft ⟨itr.; hat; mit Gen.⟩ (geh.): *(etwas) nötig haben, brauchen:* sie bedurfte seines Rates nicht; das bedarf einer näheren Erklärung.

Be|dürf|nis [bəˈdʏrfnɪs], das; -ses, -se:
1. *Gefühl, jmds., einer Sache zu bedürfen:* ein großes, dringendes Bedürfnis nach Ruhe haben. **Syn.:** Begier (geh.), Begierde, Sehnsucht, Verlangen, Wunsch. **Zus.:** Geltungsbedürfnis, Mitteilungsbedürfnis, Ruhebedürfnis, Schlafbedürfnis, Schutzbedürfnis.
2. ⟨Plural⟩ *das, was man zum Leben braucht:* materielle, luxuriöse, geistige Bedürfnisse; das

beeiden/beeidigen/vereidigen

Die Verben **beeiden** und (gehoben:) **beeidigen** werden ohne Bedeutungsunterschied im Sinne von *unter Eid aussagen, eine Aussage, einen Tatbestand oder die Richtigkeit einer Behauptung durch Eid* (vor Gericht, bei der Polizei) *bekräftigen* gebraucht.

- Der Zeuge sagte, er habe den Mann noch kurz vor dessen Tod gesehen und er wäre bereit, diese Aussage zu beeidigen/beeiden.

Das Partizip Perfekt »beeidigt« wird darüber hinaus (vor allem in Verbindung mit bestimmten Berufsbezeichnungen) auch in der Bedeutung von *vereidigen* verwendet:

- öffentlich beeidigter Übersetzer und Dolmetscher für die polnische Sprache

Vereidigen (mit Akkusativ der Person!) bedeutet hingegen *eine Person durch Eid verpflichten, an bestimmte Verpflichtungen, Aufgaben binden.* Beamte und Rekruten werden z. B. vereidigt:

- Die Bundestagspräsidentin vereidigte den Bundeskanzler.
- Die Rekruten wurden gestern in der Kaserne vereidigt.

Haus war auf die Bedürfnisse von Menschen mit Behinderung eingerichtet.

be|dürf|nis|los [bəˈdʏrfnɪsloːs] ⟨Adj.⟩:
ohne besondere Bedürfnisse oder Ansprüche: bedürfnislos sein, leben. **Syn.:** anspruchslos, bescheiden, einfach, genügsam, schlicht.

be|dürf|tig [bəˈdʏrftɪç] ⟨Adj.⟩:
1. *[materielle] Hilfe nötig habend:* einer bedürftigen Familie helfen; er ist nicht bedürftig. **Syn.:** arm, mittellos, Not leidend, unbemittelt.
2. * jmds., einer Sache bedürftig sein (geh.): *jmdn., etwas brauchen:* sie ist der Ruhe, des Schutzes bedürftig.

-be|dürf|tig [bəˈdʏrftɪç] ⟨adjektivisches Suffixoid⟩:
das im Basiswort Genannte nötig habend, brauchend: behandlungsbedürftig; erholungsbedürftig; harmoniebedürftig; hilfsbedürftig; kritikbedürftig; liebebedürftig; pflegebedürftig; reformbedürftig; reparaturbedürftig; ruhebedürftig; schutzbedürftig; trostbedürftig; verbesserungsbedürftig; wärmebedürftig.

Beef|steak [ˈbiːfsteːk], das; -s, -s:
1. *Steak vom Rind:* ein Beefsteak in der Pfanne braten.
2. * [deutsches] Beefsteak: *Frikadelle.*

be|ei|den [bəˈl̯aidn̩] ⟨tr.; hat⟩:
durch einen Eid bekräftigen, beschwören: eine Aussage vor Gericht beeiden. **Syn.:** beeidigen (geh.).

beeiden / beeidigen / vereidigen: s. Kasten.

be|ei|di|gen [bəˈl̯aidɪgn̩] ⟨tr.; hat⟩ (geh.):
durch einen Eid bekräftigen; beschwören: sie mussten ihre Aussage vor Gericht beeidigen; beeidigte Zeugenaussagen. **Syn.:** beeiden.

be|ei|len [bəˈl̯ailən] ⟨+ sich⟩:
1. *schnell machen:* er muss sich [mit seiner Arbeit] sehr beeilen; bitte beeil dich, der Zug fährt gleich ab. **Syn.:** sich abhetzen, dalli machen (ugs.), sich dranhalten (ugs.), fix machen (ugs.), hetzen, keine Zeit verlieren, rasch machen (ugs.), sich sputen (veraltend, noch landsch.), Tempo machen (ugs.).
2. *bestrebt sein, mit etwas (z. B. einer Zustimmung) nicht zu zögern:* sie beeilte sich, zu versichern, dass sie nichts dagegen habe.

be|ein|dru|cken [bəˈl̯aindrʊkn̩] ⟨tr.; hat⟩:
starken Eindruck machen, nachhaltige Wirkung haben (auf jmdn.): das Gemälde, die Aufführung beeindruckte alle; ihr selbstbewusstes Auftreten hatte ihn sehr beeindruckt. **Syn.:** bestechen, imponieren.

be|ein|flus|sen [bəˈl̯ainflʊsn̩] ⟨tr.; hat⟩:
(auf jmdn.) Einfluss ausüben: jmdn. [in seinem Denken] stark, maßgeblich beeinflussen; die neuesten Entwicklungen hatten die Entscheidung stark beeinflusst. **Syn.:** abfärben auf, anstecken, bekehren, einwirken auf, infizieren, zureden.

be|ein|träch|ti|gen [bəˈl̯aintrɛçtɪgn̩] ⟨tr.; hat⟩:
(auf jmdn., etwas) behindernd, hemmend einwirken: jmdn. in seiner Freiheit sehr beeinträchtigen; die Allergien beeinträchtigten ihr Wohlbefinden ganz erheblich. **Syn.:** behindern, beschneiden (geh.), beschränken, einschränken, mindern, reduzieren, schmälern, stören, trüben.

be|en|den [bəˈl̯ɛndn̩], beendete, beendet ⟨tr.; hat⟩:
enden lassen, zum Abschluss bringen /Ggs. anfangen/: ein Gespräch, eine Beziehung, die Arbeit beenden. **Syn.:** abbrechen, abschließen, beschließen, einstellen, entsagen (geh.), fallen lassen, niederschlagen, schließen, über die Bühne bringen (ugs.), unter Dach und Fach bringen.

be|er|di|gen [bəˈl̯eːɐ̯dɪgn̩] ⟨tr.; hat⟩:
ins Grab legen; begraben: den Toten, Verstorbenen beerdigen. **Syn.:** beisetzen (geh.), bestatten, ins Grab legen (geh.), zu Grabe tragen (geh.), zur letzten Ruhe betten (geh. verhüllend).

Be|er|di|gung [bəˈl̯eːɐ̯dɪgʊŋ], die; -, -en:
Begräbnis: zur Beerdigung gehen; an der Beerdigung nahmen viele Leute teil. **Syn.:** Beisetzung (geh.), Bestattung.

Bee|re [ˈbeːrə], die; -, -n:
kleine, runde oder längliche Frucht mit mehreren Samenkernen: Beeren pflücken, sammeln.

Beet [beːt], das; -[e]s, -e:
kleineres abgegrenztes [bepflanztes] Stück Land in einem Garten, einer Anlage o. Ä.: Beete anlegen; ein Beet umgraben, jäten. **Syn.:** Rabatte, Rondell.

be|fä|hi|gen [bəˈfɛːɪgn̩] ⟨tr.; hat⟩:

die Voraussetzung, Grundlage (zu etwas) schaffen; in die Lage versetzen (etwas zu tun): Fleiß und Verstand befähigen Menschen zu großen Leistungen. **Syn.:** fähig machen, in den Stand versetzen.

Be|fä|hi|gung [bəˈfɛːɪɡʊŋ], die; -, -en:
das Befähigtsein: sie hat eine besondere, die beste Befähigung zu diesem Beruf. **Syn.:** Anlage, Begabung, Fähigkeit, Gabe, Talent, Veranlagung.

be|fah|ren [bəˈfaːrən], befährt, befuhr, befahren ⟨tr.; hat⟩:
fahren (auf etwas); als Fahrweg benutzen: einen Fluss mit dem Schiff befahren; die Meere befahren; eine viel befahrene Autobahn. **Syn.:** bereisen, [2]durchfahren, durchqueren, durchstreifen.

Be|fall [bəˈfal], der; -[e]s:
das Befallenwerden, Befallensein von Krankheiten oder Schädlingen (besonders bei Pflanzen): etwas gegen den Befall von Bohnen mit Blattläusen unternehmen. **Zus.:** Blattlausbefall, Pilzbefall, Schädlingsbefall, Virenbefall.

be|fal|len [bəˈfalən], befällt, befiel, befallen ⟨tr.; hat⟩:
a) *plötzlich erfassen, ergreifen:* Angst, Traurigkeit befiel mich. **Syn.:** ankommen (geh.), anwandeln (geh.), beschleichen, erfüllen, überfallen, überkommen, übermannen, überwältigen.
b) *(als Krankheit, Plage o. Ä.) überkommen:* eine furchtbare Krankheit befiel ihn; Läuse haben den Strauch befallen; ein von Pilzen befallener Baum.

be|fan|gen [bəˈfaŋən] ⟨Adj.⟩:
1. *in Verlegenheit, Verwirrung gebracht und daher gehemmt:* in Gesellschaft ist er immer sehr befangen. **Syn.:** ängstlich, beklommen, [2]betreten, eingeschüchtert, scheu, schüchtern, unsicher, verängstigt, [2]verlegen.
2. (bes. Rechtsspr.) *parteiisch; nicht objektiv:* einen Richter für befangen erklären.
3. * **in etwas** (Dat.) **befangen sein** (geh.): *von etwas stark bestimmt, gefangen sein:* sie ist in einem fürchterlichen Irrtum befangen.

Be|fan|gen|heit [bəˈfaŋənhait], die; -:
1. *das Befangensein; Gehemmtsein; Verlegenheit:* wegen seiner Befangenheit begann er eine Verhaltenstherapie. **Syn.:** Ängstlichkeit, Scheu, Verlegenheit.
2. (bes. Rechtsspr.) *das Parteiischsein; fehlende Objektivität:* die Richterin wurde wegen Befangenheit abgelehnt.

be|fas|sen [bəˈfasn̩]:
1. ⟨+ sich⟩ *sich (mit jmdm., etwas) auseinandersetzen, beschäftigen:* sie befasst sich intensiv mit ihren Schülerinnen und Schülern; mit diesem Problem, mit dieser Frage befasst er sich schon drei Jahre. **Syn.:** sich abgeben (ugs.), arbeiten an, sich aufhalten, behandeln, beschäftigt sein, eingehen auf, sich hingeben, sich einlassen auf, sich hineinknien in (ugs.), sich widmen.
2. ⟨tr.⟩ *(jmdn.) veranlassen, sich (mit einer Sache) auseinanderzusetzen, zu beschäftigen:* eine Sonderkommission mit einer besonderen Aufgabe befassen. **Syn.:** ansetzen auf, beauftragen, betrauen.

be|feh|den [bəˈfeːdn̩], befehdete, befehdet ⟨tr.; hat⟩ (geh.):
bekämpfen: sie, ihre Pläne wurden heftig befehdet; sich, einander befehden. **Syn.:** angehen gegen, ankämpfen gegen, anrennen gegen, anstürmen gegen, bekriegen, entgegentreten, kämpfen gegen, torpedieren.

Be|fehl [bəˈfeːl], der; -[e]s, -e:
a) *Anordnung, Aufforderung (eines Vorgesetzten), dass etwas Bestimmtes ausgeführt werden soll:* einen Befehl geben; Befehle müssen befolgt werden. **Syn.:** Anweisung, Auftrag, Direktive (geh.), Gebot, Kommando, Weisung. **Zus.:** Dienstbefehl, Einberufungsbefehl, Marschbefehl, Schießbefehl, Zahlungsbefehl.
b) (EDV) *Anweisung an den Computer:* Befehle müssen mit der Entertaste bestätigt werden.

be|feh|len [bəˈfeːlən], befiehlt, befahl, befohlen ⟨tr.; hat⟩:
1. *(jmdm.) einen Befehl geben:* er befahl mir, mit ihm zu kommen; sie hat den Kindern befohlen, die Katze in Ruhe zu lassen. **Syn.:** anordnen, anweisen, auferlegen, auffordern, aufgeben, auftragen, diktieren, erlassen, gebieten (geh.), verfügen, verhängen, verordnen, vorschreiben.
2. *(an einen bestimmten Ort) kommen lassen, beordern:* er wurde zu seinem Vorgesetzten befohlen. **Syn.:** bestellen, bitten, einberufen, kommen lassen, zitieren.

Be|fehls|ha|ber [bəˈfeːlshaːbɐ], der; -s, -:
Führer einer größeren militärischen Truppe. **Syn.:** Anführer, Chef, Kommandant, Kommandeur.

be|fes|ti|gen [bəˈfɛstɪɡn̩] ⟨tr.; hat⟩:
1. *(an etwas) festmachen:* ein Schild an der Tür befestigen. **Syn.:** anbringen, anmachen (ugs.), fixieren, montieren.
2. *etwas so herrichten, dass es gegenüber einem Angriff, einer Beanspruchung standhalten kann:* eine Straße, den Deich, die Stadt, Grenze befestigen.

Be|fes|ti|gung [bəˈfɛstɪɡʊŋ], die; -, -en:
1. a) *das Befestigen, Festmachen, Anbringen von etw.:* die Befestigung des Regals an der Wand. **b)** *das Ausbauen, Errichten militärischer Verteidigungsanlagen:* die Befestigung der Stadt anordnen.
2. *der Befestigung dienende [Verteidigungs]anlage:* eine mittelalterliche Befestigung. **Syn.:** Bollwerk. **Zus.:** Grenzbefestigung, Uferbefestigung.

be|fin|den [bəˈfɪndn̩], befand, befunden:
1. ⟨+ sich⟩ **a)** *(an einem bestimmten Ort) sein, sich aufhalten:* sich in einem Raum, auf der Straße befinden. **Syn.:** leben, [1]sein, verweilen (geh.), weilen (geh.), wohnen. **b)** (geh.) *in einem bestimmten Zustand, in einer bestimmten Lage sein:* sich in einer unangenehmen Lage, in schlechtem Zustand befinden; Sie befinden sich im Irrtum; wie befindet *(fühlt)* sich der Patient? **Syn.:** sich fühlen, [1]sein.
2. (geh.) **a)** ⟨tr.; hat⟩ *halten, erachten (für etwas):* etwas für richtig, als gut befinden. **Syn.:** ansehen als, beurteilen als, bewerten als, bezeichnen als, einschätzen als, werten als.
b) ⟨itr.⟩ *bestimmen, was (in Bezug auf jmdn. oder etwas) geschehen soll:* über die Flüchtlinge, über

ihr Schicksal befindet jetzt ein anderer. **Syn.:** entscheiden, verfügen.

Be|fin|den [bə'fɪndn̩], das; -s: *gesundheitlicher Zustand:* wie ist Ihr Befinden heute?; sich nach jmds. Befinden erkundigen. **Syn.:** Gesundheit, Stimmung, Verfassung, Zustand. **Zus.:** Allgemeinbefinden.

befinden / finden:
s. Kasten Seite 379.

be|find|lich [bə'fɪntlɪç] ⟨Adj.⟩: *sich befindend:* die im Keller befindliche Pumpe.

Be|find|lich|keit [bə'fɪntlɪçkai̯t], die; -, -en: *seelisch-geistige Verfassung, in der sich jemand, eine Gruppe befindet:* der Film zeigt auf humoristische Weise die deutsche Befindlichkeit in den 1990er-Jahren. **Syn.:** Befinden, Verfassung.

be|flei|ßi|gen [bə'flai̯sɪgn̩] ⟨+ sich; mit Gen.⟩ (geh.): *sich eifrig (um etwas) bemühen:* sich eines höflichen Benehmens, sich großer Zurückhaltung befleißigen.

be|flis|sen [bə'flɪsn̩] ⟨Adj.⟩ (geh.): *sehr eifrig (mit dem Wunsch, anderen alles recht zu machen) um etwas bemüht:* sie saß inmitten von beflissenen Schülern; er nahm dem Chef beflissen die Akten ab; er zeigte sich beflissen, ihre Gefühle nicht zu verletzen. **Syn.:** diensteifrig, eifrig. **Zus.:** bildungsbeflissen.

be|flü|geln [bə'fly:gl̩n] ⟨tr.; hat⟩ (geh.): *beschwingt machen; Antrieb zu etwas geben:* die Freude beflügelt seine Schritte; das Lob beflügelt ihn. **Syn.:** anregen, anreizen, anspornen, begeistern, ermutigen, motivieren.

be|fol|gen [bə'fɔlgn̩] ⟨tr.; hat⟩: *handeln, sich richten (nach etwas):* einen Befehl, eine Vorschrift befolgen; wenn du klug bist, befolgst du meinen Rat. **Syn.:** beachten, beherzigen, einhalten, folgen, sich fügen, gehorchen, hören auf, nachkommen, sich halten an, sich unterwerfen.

be|för|dern [bə'fœrdɐn] ⟨tr.; hat⟩: **1.** *von einem Ort an einen andern bringen:* Reisende in Bussen befördern; immer mehr Güter sollen mit der Bahn befördert werden. **Syn.:** fahren, schaffen, schleppen, tragen, transportieren, [1]überführen. **2.** *in eine höhere Stellung aufrücken lassen:* sie wurde [zur Abteilungsleiterin] befördert. **Syn.:** erheben.

Be|för|de|rung [bə'fœrdərʊŋ], die; -, -en: **1.** *das Befördern* (1): die Beförderung von Gütern mit dem / per Schiff. **Syn.:** Transport, Überführung. **Zus.:** Briefbeförderung, Gepäckbeförderung, Personenbeförderung. **2.** *das Aufrücken in eine höhere Stellung:* die Beförderung zum Abteilungsleiter. **Syn.:** Aufstieg.

be|fra|gen [bə'fra:gn̩] ⟨tr.; hat⟩: *Fragen richten (an jmdn.):* der Staatsanwalt hatte die Zeugin eingehend befragt. **Syn.:** ausfragen, ausquetschen (ugs.), fragen, interviewen, konsultieren, sich erkundigen bei, sich informieren bei, sich unterrichten bei, verhören.

be|frei|en [bə'frai̯ən] ⟨tr.; hat⟩: **a)** *frei machen, die Freiheit geben:* Gefangene befreien; sie hat sich [selbst] aus der Unterdrückung befreit. **Syn.:** bergen, erretten, herausholen, retten. **b)** *erreichen, bewirken, dass jmd., etwas frei von einem Übel o. Ä. ist:* er hat sie von ihrer Krankheit befreit. **Syn.:** entbinden, entledigen (geh.), freisprechen. **c)** *(von etwas) freistellen:* die Schülerinnen und Schüler wurden vom Unterricht befreit. **Syn.:** beurlauben, entbinden, entheben, entledigen (geh.), zurückstellen.

be|frem|den [bə'frɛmdn̩], befremdete, befremdet ⟨tr.; hat⟩: *eigenartig und in gewisser Weise unangenehm anmuten:* sein Verhalten befremdete mich. **Syn.:** unangenehm berühren, verwundern, wundern.

be|freun|den [bə'frɔyndn̩], befreundete, befreundet ⟨+ sich⟩: *eine Freundschaft beginnen:* die Kinder befreundeten sich schnell. **Syn.:** sich anfreunden, Freunde werden.

be|frie|di|gen [bə'fri:dɪgn̩] ⟨tr.; hat⟩: *(jmds. Verlangen, Erwartung) erfüllen:* jmds. Wünsche, Forderungen befriedigen; das Hausfrauendasein befriedigte sie nicht. **Syn.:** entsprechen, stillen (2), zufriedenstellen.

be|frie|di|gend [bə'fri:dɪgn̩t] ⟨Adj.⟩: **a)** *den Erwartungen weitgehend entsprechend:* wir fanden schnell eine [für alle] befriedigende Lösung. **Syn.:** akzeptabel, passabel, zufriedenstellend. **b)** *der mittleren Schulnote entsprechend:* sie hatte im Test nur die Note 3 – befriedigend.

be|fruch|ten [bə'frʊxtn̩], befruchtete, befruchtet ⟨tr.; hat⟩: **1.** *die Befruchtung vollziehen:* Insekten befruchteten die Blüten; immer mehr Frauen lassen sich künstlich befruchten. **2.** (geh.) *wertvolle, wesentliche Anregungen geben:* seine Ideen befruchteten die gesamte Forschung. **Syn.:** anregen, inspirieren.

Be|fruch|tung [bə'frʊxtʊŋ], die; -, -en: *Vereinigung von männlicher und weiblicher Keimzelle:* künstliche Befruchtung. **Syn.:** Empfängnis.

Be|fug|nis [bə'fu:knɪs], die; -, -se: *Berechtigung* (1): er hatte dazu keine Befugnis. **Syn.:** Erlaubnis, Genehmigung, Lizenz, Recht, Vollmacht.

be|fugt [bə'fu:kt]: in der Wendung **zu etwas befugt sein:** *zu etwas berechtigt sein:* er ist [nicht] befugt, dies zu tun. **Syn.:** autorisiert sein zu, das Recht haben zu, die Erlaubnis haben zu, die Genehmigung haben zu, die Vollmacht haben zu, dürfen.

Be|fund [bə'fʊnt], der; -[e]s, -e: *nach Untersuchung festgestelltes Ergebnis:* ein ärztlicher Befund. **Syn.:** Diagnose. **Zus.:** Laborbefund, Obduktionsbefund.

be|fürch|ten [bə'fʏrçtn̩], befürchtete, befürchtet ⟨tr.; hat⟩: *(Unangenehmes) fürchten:* es muss das Schlimmste befürchtet werden. **Syn.:** ahnen, argwöhnen, kommen sehen.

be|für|wor|ten [bə'fy:ɐ̯vɔrtn̩], befürwortete, befürwortet ⟨tr.; hat⟩: *durch Empfehlung unterstützen, sich einsetzen (für etwas):* einen Antrag befürworten; ich befürworte die Schaffung von Arbeitsplätzen. **Syn.:** eintreten für, sich verwenden für.

be|gabt [bə'ga:pt] ⟨Adj.⟩: *mit besonderen Anlagen, Fähig-*

keiten ausgestattet: ein [vielseitig, mäßig] begabter Schüler; sie ist künstlerisch begabt. **Syn.:** aufgeweckt, begnadet, fähig, genial, gescheit, intelligent, klug, patent (ugs.), scharfsinnig, schlau, talentiert, tüchtig, wach. **Zus.:** sprachbegabt.

Be|ga|bung [bəˈga:bʊŋ], die; -, -en: *natürliche Anlage, angeborene Befähigung zu bestimmten Leistungen:* eine künstlerische, bemerkenswerte, große Begabung; sie hat eine besondere Begabung für den Umgang mit Menschen. **Syn.:** Fähigkeit, Gabe, Genialität, Genie, Intelligenz, Klugheit, Scharfsinn, Talent, Veranlagung. **Zus.:** Sprachbegabung.

be|gat|ten [bəˈgatn̩], begattete, begattet:
a) ⟨+ sich⟩ *(meist von Tieren) sich geschlechtlich vereinigen:* im Hof begatten sich zwei Katzen. **Syn.:** Geschlechtsverkehr haben, koitieren, sich paaren. **b)** ⟨tr.; hat⟩ *(von männlichen Tieren, gelegentlich auch Menschen) die Paarung mit einem weiblichen Lebewesen der gleichen Art vollziehen [und es dabei befruchten]:* der Vogel begattete das Weibchen. **Syn.:** befruchten, decken, koitieren.

be|ge|ben [bəˈge:bn̩], begibt, begab, begeben ⟨+ sich⟩ (geh.):
1. *gehen:* sich an seinen Platz, nach Hause begeben; sie hatte sich auf eine längere Reise begeben; ich werde mich wegen dieses Leidens in ärztliche Behandlung begeben *(mich ärztlich behandeln lassen).* **Syn.:** sich [1]bewegen, eilen, fahren, wandern, ziehen.
2. *sich ereignen, sich zutragen:* er erzählte, was sich begeben hatte. **Syn.:** ablaufen, eintreten, erfolgen, geschehen, kommen, passieren, stattfinden, vonstattengehen, vor sich gehen, vorfallen, vorgehen, vorkommen.
3. ⟨mit Gen.⟩ *auf etwas verzichten, sich um etwas bringen:* sich eines Anspruchs, eines Vorteils begeben. **Syn.:** aufgeben, einbüßen, entsagen (geh.), fallen lassen, kommen um, preisgeben, sich bringen um, verlieren, verlustig gehen, verzichten auf.

Be|ge|ben|heit [bəˈge:bn̩hai̯t], die; -, -en (geh.): *Ereignis:* eine seltsame, heitere, wahre Begebenheit erzählen. **Syn.:** Episode, Geschehen, Vorfall, Vorgang, Vorkommnis, Zwischenfall.

be|geg|nen [bəˈge:gnən], begegnete, begegnet ⟨itr.; ist⟩:
1. a) *zufällig (mit jmdm.) zusammentreffen:* ich bin ihm auf der Straße begegnet; im Supermarkt sind sie sich/einander zum ersten Mal begegnet. **Syn.:** in die Arme laufen (ugs.), sehen, treffen, über den Weg laufen. **b)** *stoßen (auf etwas), antreffen:* dieser Meinung kann man gelegentlich begegnen. **Syn.:** entdecken, finden, stoßen auf, treffen auf, vorfinden.
2. (geh.) *auf bestimmte Weise von jmdm. erlebt, erfahren werden:* hoffentlich begegnet ihnen nichts Schlimmes, Böses. **Syn.:** geschehen, passieren, unterlaufen, vorkommen, zustoßen, zuteilwerden.
3. (geh.) *entgegentreten, Maßnahmen treffen (gegen etwas):* den Schwierigkeiten, einer Gefahr, einem Angriff [mit Klugheit, Umsicht] begegnen. **Syn.:** abwehren, angehen gegen, ankämpfen gegen, bekämpfen, kämpfen gegen, reagieren auf, torpedieren.

begegnen/treffen

Bei der Verwendung von **begegnen** und **treffen** ist Folgendes zu beachten:
Mit **begegnen** wird immer ein zufälliges Zusammentreffen bezeichnet:
- Wir begegneten uns auf der Straße.
- Ich bin ihm erst kürzlich begegnet.

Das Verb **treffen** kann dagegen sowohl eine zufällige als auch eine beabsichtigte Begegnung bezeichnen:
- Ich habe im Urlaub einen alten Bekannten getroffen.
- Wo kann ich dich morgen treffen?
- Sie trafen sich zu einer Besprechung.

Be|geg|nung [bəˈge:gnʊŋ], die; -, -en: *das Sichbegegnen, Zusammentreffen:* Ferienkurse sind eine Stätte internationaler Begegnungen. **Syn.:** Treff (ugs.), Treffen, Wiedersehen, Zusammenkunft.

be|ge|hen [bəˈge:ən], beging, begangen ⟨tr.; hat⟩:
1. (geh.) *festlich gestalten; feiern:* ein Fest begehen; heute begehen wir den neunzigsten Geburtstag des Familienoberhaupts.
2. *tun (was nicht gut, richtig ist):* ein Verbrechen begehen. **Syn.:** verüben.
3. *gehen (auf etwas):* den neuen Weg kann man schon begehen. **Syn.:** [1]betreten.

be|geh|ren [bəˈge:rən] ⟨tr.; hat⟩:
a) *großes Verlangen (nach jmdm.) haben:* er begehrte sie mit allen Sinnen; tanzwillige Männer werden sehr begehrt; hier finden Sie alles, was das Herz begehrt; eine begehrte Tänzerin *(eine [gute] Tänzerin, mit der man gern tanzt).* **Syn.:** ersehnen, sich erträumen, [1]hängen an, lieben, schmachten nach (geh.), sich sehnen, sich verzehren nach (geh.), verlangen nach (geh.), wünschen. **b)** *bittend fordern:* er begehrte, sie zu sprechen; sie begehrte Einlass. **Syn.:** sich ausbedingen (geh.), sich ausbitten, beanspruchen, bestehen auf, bitten, pochen auf, verlangen, wollen, wünschen.

be|gehr|lich [bəˈge:ɐ̯lɪç] ⟨Adj.⟩: *starkes Verlangen zeigend:* begehrlich schaute sie auf die Schokolade. **Syn.:** begierig, brünstig, geil (oft abwertend), gierig, interessiert, lüstern, scharf (ugs.).

be|geis|tern [bəˈgai̯stɐn]:
1. ⟨tr.; hat⟩ *jmdn. in freudige Erregung versetzen, bei jmdm. Begeisterung für etwas wecken:* er, seine Rede begeisterte alle; jmdn. für eine Sache, zu einer Tat begeistern; sie waren alle von ihr, von ihrem Charme begeistert; die Zuhörenden signalisierten begeisterte Zustimmung. **Syn.:** anmachen (ugs.), anregen, anspitzen (ugs.), anstacheln, aufpeitschen, aufputschen, bannen (geh.), beflügeln (geh.), beglücken, berauschen, bezaubern, entzücken, erfreuen, fesseln, gefangen nehmen, hinreißen, in Begeisterung versetzen, in seinen Bann ziehen, mit

Begeisterung erfüllen, mit sich reißen, mitreißen, motivieren, trunken machen (geh.), zünden. **2.** ⟨+ sich⟩ *(durch etwas) in freudige Erregung geraten; ganz erfüllt sein (von etwas):* sie begeisterten sich an der Schönheit der Landschaft. **Syn.:** angetan sein von, Begeisterung empfinden, Feuer und Flamme sein (ugs.), in Begeisterung geraten, schwärmen für, sich erwärmen für.

Be|geis|te|rung [bəˈɡai̯stərʊŋ], die; -:
Zustand freudiger Erregung, leidenschaftlichen Eifers: große, jugendliche Begeisterung; das Kind bastelt mit Begeisterung Strohsterne. **Syn.:** Ekstase, Elan, Enthusiasmus, Idealismus, Inbrunst (geh.), Leidenschaft, Liebe, Lust, Schwung, Tatkraft, Taumel, Temperament, Überschwang. **Zus.:** Kunstbegeisterung, Naturbegeisterung, Sportbegeisterung.

Be|gier [bəˈɡiːɐ̯], die; - (geh.), **Be|gier|de** [bəˈɡiːɐ̯də], die; -, -n:
auf Genuss, Befriedigung, Besitz gerichtetes leidenschaftliches Verlangen: ihn prägt eine große Begierde nach Macht; wilde, ungezügelte Begierden. **Syn.:** Gier, Leidenschaft, Lust. **Zus.:** Wissbegierde.

be|gie|rig [bəˈɡiːrɪç] ⟨Adj.⟩:
von großem Verlangen erfüllt: etwas mit begierigen Blicken ansehen; sie war begierig, alle Neuigkeiten zu erfahren. **Syn.:** begehrlich, erpicht, geil (oft abwertend), gespannt, gierig, interessiert, lüstern, scharf (ugs.), ungeduldig. **Zus.:** lernbegierig, ruhmbegierig, wissbegierig.

-(be)|gie|rig [(bə)ɡiːrɪç] ⟨adjektivisches Suffixoid⟩:
1. das substantivische Basiswort bezeichnet einen meist ideellen Besitz: machtgierig; profitgierig; rachgierig; ehrbegierig; ruhmbegierig.
2. das verbale Basiswort bezeichnet ein heftig gewünschtes Tun: fressgierig (Tier); herrsch(be)gierig; lernbegierig; wissbegierig. **Syn.:** -durstig, -freudig, -geil (ugs.), -hungrig, -süchtig, -wütig.

be|gie|ßen [bəˈɡiːsn̩], begoss, begossen ⟨tr.; hat⟩:
a) *Flüssigkeit (auf etwas) gießen:* wir begossen die Gans mit flüssigem Fett; die Blumen begießen. **b)** (ugs.) *ein Ereignis mit alkoholischen Getränken feiern:* das Wiedersehen müssen wir begießen.

Be|ginn [bəˈɡɪn], der; -s:
Anfang: bei, nach, vor Beginn der Vorstellung. **Zus.:** Arbeitsbeginn, Dienstbeginn, Jahresbeginn, Schulbeginn, Semesterbeginn, Unterrichtsbeginn.

be|gin|nen [bəˈɡɪnən], begann, begonnen:
1. ⟨tr.; hat⟩ *anfangen:* eine Arbeit, ein Gespräch beginnen; nach dem Signal begann sie sofort zu sprechen.
2. ⟨itr.; hat⟩ *seinen (zeitlichen oder räumlichen) Anfang nehmen; anfangen:* ein neues Jahrtausend hat begonnen; der Wald beginnt hinter dem Haus; als der Krieg begann, war er zehn. **Syn.:** anbrechen, angehen (ugs.), anlaufen, ausbrechen, einsetzen, kommen, starten.

be|glau|bi|gen [bəˈɡlau̯bɪɡn̩] ⟨tr.; hat⟩:
amtlich als echt, richtig, wahr bestätigen: die Abschrift eines Zeugnisses beglaubigen [lassen]. **Syn.:** anerkennen, bekräftigen, bescheinigen, bezeugen, quittieren, unterschreiben, versichern.

be|glei|chen [bəˈɡlai̯çn̩], beglich, beglichen ⟨tr.; hat⟩ (geh.):
einen noch nicht bezahlten Betrag bezahlen: eine Rechnung begleichen.

be|glei|ten [bəˈɡlai̯tn̩], begleitete, begleitet ⟨tr.; hat⟩:
1. *(mit jmdm.) mitgehen; (jmdn. an einen bestimmten Ort) bringen:* jmdn. nach Hause begleiten. **Syn.:** sich anschließen, flankieren, führen, gehen mit, geleiten (geh.), leiten, schleusen.
2. *zu einem Solo auf einem oder mehreren Instrumenten spielen:* einen Sänger auf dem Klavier begleiten.

Be|glei|ter [bəˈɡlai̯tɐ], der; -s, -, **Be|glei|te|rin** [bəˈɡlai̯tərɪn], die; -, -nen:
1. *Person, die jmdn., etwas begleitet; begleitende Person:* mit einem seiner Begleiter kommen; mit seiner Begleiterin sprechen. **Syn.:** Begleitung, Führer, Führerin. **Zus.:** Flugbegleiter, Flugbegleiterin, Reisebegleiter, Reisebegleiterin, Transportbegleiter, Transportbegleiterin, Zugbegleiter, Zugbegleiterin.
2. *Person, die einen Solisten, eine Solistin auf einem Instrument begleitet.*

Be|glei|tung [bəˈɡlai̯tʊŋ], die; -:
1. *das Begleiten* (1): er bot mir seine Begleitung an; in Begleitung von ... **Syn.:** Gefolge, Geleit (geh.). **Zus.:** Damenbegleitung, Herrenbegleitung.
2. *das Begleiten* (2) *auf einem Musikinstrument:* Herr Finger kann die Begleitung der Sangerin übernehmen. **Zus.:** Instrumentalbegleitung, Klavierbegleitung, Orchesterbegleitung.
3. *begleitende Person[en]:* sie gehörte zur Begleitung des Ministers. **Syn.:** Begleiter, Begleiterin.

be|glü|cken [bəˈɡlʏkn̩] ⟨tr.; hat⟩:
jmdm. eine große Freude machen, bei jmdm. große Freude mit etwas hervorrufen: jmdn. mit einem Geschenk, mit seiner Gegenwart beglücken. **Syn.:** begeistern, entzücken, erfreuen, freudig stimmen, froh machen, glücklich machen.

be|glück|wün|schen [bəˈɡlʏkvʏnʃn̩] ⟨tr.; hat⟩:
jmdm. seine Anerkennung aussprechen: jmdn. [zu seinem Erfolg] beglückwünschen. **Syn.:** gratulieren.

be|gna|det [bəˈɡnaːdət] ⟨Adj.⟩:
reich mit Können und künstlerischer Begabung bedacht: ein begnadeter Künstler; eine begnadete Schriftstellerin. **Syn.:** begabt, genial, talentiert.

be|gna|di|gen [bəˈɡnaːdɪɡn̩] ⟨tr.; hat⟩:
(jmdm.) die Strafe vermindern oder erlassen: einen Gefangenen begnadigen. **Syn.:** amnestieren, befreien, entbinden, freisprechen, schonen, vergeben, verschonen, verzeihen.

be|gnü|gen [bəˈɡnyːɡn̩] ⟨+ sich⟩:
(mit etwas) zufrieden sein, nicht nach mehr verlangen: er begnügt sich mit dem [wenigen], was er hat. **Syn.:** sich behelfen, sich beschränken, sich zufriedengeben.

be|gra|ben [bəˈɡraːbn̩], begräbt, begrub, begraben ⟨tr.; hat⟩:

begreiflich/begrifflich

Das Adjektiv **begreiflich** ist von dem Verb »begreifen« abgeleitet. Wenn etwas »begreiflich« ist, lässt es sich begreifen, verstehen, nachvollziehen. Synonym zu »begreiflich« ist *verständlich:*

- Wenn ich bedenke, wie schlecht man sie behandelt hat, finde ich ihre Wut sehr begreiflich.
- Er hat den begreiflichen Wunsch, einen guten Eindruck zu machen.
- Der plötzliche Tod dieses jungen Mädchens ist für uns alle ein nur schwer begreifliches Erlebnis.

Das Adjektiv **begrifflich** ist dagegen vom Substantiv »Begriff« abgeleitet und lässt sich umschreiben mit *den Begriff betreffend:*

- Mit meinem Vortrag will ich begriffliche Klarheit schaffen *(klarstellen, worüber wir reden).*
- Man unterscheidet begrifflich zwischen »Programmablauf« und »Programmablaufplan«.

a) *ins Grab legen, in die Erde bringen:* einen Toten [in aller Stille] begraben. **Syn.:** beerdigen, beisetzen, bestatten, zu Grabe tragen (geh.), zur letzten Ruhe betten (geh. verhüllend), zur letzten Ruhe geleiten (geh. verhüllend). **b)** *(etwas) endgültig aufgeben:* seine Hoffnungen begraben. **Syn.:** beenden.

Be|gräb|nis [bəˈgrɛ:pnɪs], das; -ses, -se:
das feierliche Begraben eines Toten: an einem Begräbnis teilnehmen. **Syn.:** Beerdigung, Beisetzung (geh.), Bestattung (geh.), Feuerbestattung (geh.). **Zus.:** Staatsbegräbnis.

be|grei|fen [bəˈgraifn̩], begriff, begriffen:
a) ⟨tr.; hat⟩ *geistig erfassen, in seinen Zusammenhängen erkennen:* eine Aufgabe, den Sinn einer Sache begreifen. **Syn.:** ²durchschauen, fassen, kapieren (ugs.), mitbekommen, realisieren, verstehen. **b)** ⟨itr.; hat⟩ *eine bestimmte Auffassungsgabe haben:* sie begreift leicht, schlecht. **c)** ⟨itr.; hat⟩ *Verständnis haben (für jmdn., etwas):* ich begreife nicht, wie man so etwas tun kann. **Syn.:** kapieren (ugs.), verstehen.

be|greif|lich [bəˈgraiflɪç] ⟨Adj.⟩:
sich begreifen (c) *lassend, verständlich:* ein begreiflicher Wunsch; es ist nicht recht begreiflich, wie er das tun konnte. **Syn.:** eingängig, einleuchtend, einsichtig, erklärlich, ersichtlich, klar.

begreiflich / begrifflich:
s. Kasten.

be|gren|zen [bəˈgrɛntsn̩] ⟨tr.; hat⟩:
1. *die Grenze (von etwas) bilden:* eine Hecke begrenzt den Garten. **Syn.:** abstecken.
2. *(einer Sache) eine Grenze setzen; einengend festlegen:* die Geschwindigkeit [in der Stadt] begrenzen; unser Wissen ist begrenzt. **Syn.:** beschneiden (geh.), beschränken, drosseln, drücken, einengen, einschränken, herabsetzen, kürzen, limitieren, mindern, reduzieren, verkleinern, verkürzen, vermindern, verringern.

Be|griff [bəˈgrɪf], der; -[e]s, -e:
1. *etwas Bestimmtes, was sich z. B. mit einem Wort, einem Namen an Vorstellungen und Inhalten verbindet; geistiger, abstrakter Gehalt von etwas:* ein schillernder, dehnbarer Begriff; ist »Moral« ist ein sinnentleerter, nebulöser Begriff?; Paris ist für mich ein Begriff; dieser Name ist mir kein Begriff *(ist mir nicht bekannt, sagt mir nichts);* du machst dir keinen Begriff *(kannst dir nicht vorstellen),* wie schwer das ist. **Syn.:** ¹Ausdruck, Bedeutung, Bezeichnung, Terminus, Vokabel, Wort.
2. a) *** im Begriff sein/stehen:** *gerade etwas anfangen, tun wollen:* er war im Begriff, fortzugehen. **Syn.:** sich anschicken, Anstalten machen, Miene machen. **b)** *** schwer/langsam von Begriff sein** (ugs.): *nur langsam begreifen, verstehen:* sei doch nicht so schwer von Begriff! **Syn.:** begriffsstutzig sein.

be|griff|lich [bəˈgrɪflɪç] ⟨Adj.⟩:
sich in Begriffen (1), *abstrakt ausdrückend:* begriffliches Denken; etwas begrifflich darlegen. **Syn.:** abstrakt, theoretisch.

begrifflich / begreiflich:
s. Kasten begreiflich/begrifflich.

be|griffs|stut|zig [bəˈgrɪfsʃtʊtsɪç] ⟨Adj.⟩:
nicht gleich begreifend, was oder wie etwas gemeint ist: Mensch, bist du aber begriffsstutzig! **Syn.:** beschränkt, blöd[e] (ugs.), dämlich (ugs.), doof (ugs.), dumm, duss[e]lig (ugs.), schwer/langsam von Begriff, töricht (abwertend).

be|grün|den [bəˈgrʏndn̩], begründete, begründet ⟨tr.; hat⟩:
1. *eine Grundlage schaffen (für etwas), den Grund legen (zu etwas):* jmds. Glück begründen; eine Richtung, Schule begründen. **Syn.:** gründen, schaffen.
2. *Argumente vorbringen, Gründe anführen (für etwas):* seine Ansichten, Meinungen begründen; begründete *(berechtigte)* Zweifel hegen. **Syn.:** argumentieren, verdeutlichen.

begründen / gründen:
s. Kasten Seite 460.

be|grü|ßen [bəˈgry:sn̩] ⟨tr.; hat⟩:
1. *[freundlich] persönliche Worte an jmdn. richten, den man gerade getroffen hat, mit dem man gerade zusammengetroffen ist:* er begrüßte mich mit den Worten: »Dich habe ich ja ewig nicht gesehen.«; seine Gäste herzlich begrüßen. **Syn.:** empfangen, grüßen.
2. *zustimmend aufnehmen:* einen Vorschlag, jmds. Entschluss begrüßen. **Syn.:** anerkennen, annehmen, beipflichten, bejahen, billigen, einwilligen, für richtig halten, gutheißen, respektieren, richtig finden.

Be|grü|ßung [bəˈgry:sʊŋ], die; -, -en:
das Begrüßen [in Form eines Empfangs]: ihre Begrüßung war herzlich; die Begrüßung der Tagungsteilnehmer fand im Rathaus statt.

be|gut|ach|ten [bəˈgu:t|axtn̩], begutachtete, begutachtet ⟨tr.; hat⟩:
a) *fachmännisch beurteilen; ein Gutachten abgeben (über etwas):* ein Manuskript, ein Bild begutachten. **Syn.:** bewerten, einschätzen, kontrollieren, urteilen

über, werten. **b)** *genau, prüfend betrachten:* vom Fenster aus begutachteten sie die Vorgänge auf der Straße. **Syn.:** angucken (ugs.), anschauen (bes. südd., österr., schweiz.), ansehen.

be|gü|tert [bəˈgyːtɐt] ⟨Adj.⟩:
recht wohlhabend: eine begüterte Frau heiraten. **Syn.:** betucht (ugs.), gut situiert, potent, reich, vermögend.

be|haart [bəˈhaːɐ̯t] ⟨Adj.⟩:
mit Haaren versehen: behaarte Beine. **Syn.:** haarig.

be|hä|big [bəˈhɛːbɪç] ⟨Adj.⟩:
a) *beleibt und phlegmatisch, schwerfällig:* ein behäbiger Mann. **Syn.:** dick. **b)** *sich schwerfällig und bedächtig bewegend:* mit behäbigen Schritten; behäbig näher kommen. **Syn.:** bedächtig, [1]langsam, schwerfällig, träge.

be|haf|tet [bəˈhaftət]:
in der Wendung **mit etwas behaftet sein** (geh.): *etwas (Negatives) an sich habend:* die Sache ist mit einem Makel, Mangel behaftet.

be|ha|gen [bəˈhaːgn̩] ⟨itr.; hat⟩:
[in Behagen bereitender Weise] zusagen: diese Art des Vorgehens behagt mir nicht. **Syn.:** ansprechen, bei jmdm. ankommen (ugs.), bei jmdm. gut ankommen (ugs.), erfreuen, gefallen, liegen, mögen, passen.

Be|ha|gen [bəˈhaːgn̩], das; -s (geh.):
wohltuendes Gefühl der Zufriedenheit: etwas mit großem, sichtlichem Behagen genießen. **Zus.:** Wohlbehagen.

be|hag|lich [bəˈhaːklɪç] ⟨Adj.⟩:
a) *Behagen ausstrahlend, Wohlbehagen verbreitend, gemütlich, bequem:* ein behaglicher Raum, Sessel; sie macht es sich behaglich. **Syn.:** komfortabel, lauschig, wohnlich. **b)** *voller Behagen, genießerischer Freude, mit Behagen:* sich behaglich ausstrecken. **Syn.:** wohlig.

be|hal|ten [bəˈhaltn̩], behält, behielt, behalten:
1. ⟨itr.; hat⟩: **a)** *dort lassen, belassen, wo es ist; an dem Ort, in seinem Besitz, seiner Obhut lassen:* die Mütze auf dem Kopf behalten; den Gewinn behalten; sie durfte den Rest des Geldes behalten; jmdn. als Gast [bei sich] behalten; ein Geheimnis für sich/bei sich behalten *(nicht weitererzählen).* **Syn.:** aufbewahren, aufheben, zurückhalten. **b)** *nach wie vor in gleicher Weise haben, nicht verlieren:* seine gute Laune behalten; ein Haus behält seinen Wert. **Syn.:** beibehalten.
2. ⟨tr.; hat⟩ *im Gedächtnis bewahren und nicht vergessen:* eine Adresse, eine Melodie behalten; das kann ich nicht behalten; etwas im Gedächtnis, im Kopf behalten. **Syn.:** sich merken.

Be|häl|ter [bəˈhɛltɐ], der; -s, -:
etwas, was zum Aufbewahren, Transportieren dient: einen Behälter mit Benzin füllen; ein Behälter für giftige Flüssigkeiten. **Syn.:** Behältnis, Gefäß.

Be|hält|nis [bəˈhɛltnɪs], das; -ses, -se:
Behälter, Gefäß, in dem etwas aufbewahrt wird: im Lager stehen viele verschiedene Behältnisse.

be|händ [bəˈhɛnt], **be|hän|de** [bəˈhɛndə] ⟨Adj.⟩:
gewandt, flink und geschickt: behände Bewegungen; ein behänder Junge; behänd[e] auf einen Baum klettern. **Syn.:** fix (ugs.), geschwind, [1]schnell.

be|han|deln [bəˈhandl̩n] ⟨tr.; hat⟩:
1. *in einer bestimmten Weise verfahren (mit jmdm./etwas):* jmdn. unfreundlich, mit Nachsicht behandeln; eine Angelegenheit diskret behandeln. **Syn.:** anfassen, umgehen mit, verfahren mit.
2. *künstlerisch, wissenschaftlich o. ä. gestaltend, bearbeitend, analysierend ausführen, darstellen:* bestimmte Probleme in einem Roman, Film, einer Arbeit behandeln; der Film behandelt das Thema anders als das Buch. **Syn.:** aufrollen, ausbreiten, beleuchten, besprechen, betrachten, darlegen, durchleuchten, durchnehmen, durchsprechen, entfalten, entrollen, entwickeln, erklären, erörtern, reden über, schildern, sich auseinandersetzen mit, skizzieren, sprechen über, vorbringen, vortragen, zur Sprache bringen.
3. *durch ein bestimmtes Verfahren zu heilen suchen:* eine Krankheit, eine Wunde, einen Kranken, einen Patienten behandeln; jmdn. ambulant, stationär, homöopathisch, mit Antibiotika behandeln. **Syn.:** einer Therapie unterziehen, verarzten.
4. *(mit einer Substanz, die eine bestimmte Wirkung hat) in Berührung, Verbindung bringen, auf etwas einwirken:* den Boden mit Wachs, ein Material mit Säure behandeln. **Syn.:** bearbeiten.

be|har|ren [bəˈharən] ⟨itr.; hat⟩:
(an etwas) festhalten, nicht nachgeben, sich nicht (von etwas) abbringen lassen: auf seiner Meinung, auf seinem Entschluss beharren. **Syn.:** bestehen auf, bleiben bei, festhalten an, nicht ablassen von, sich nicht abbringen lassen von, sich versteifen auf.

be|harr|lich [bəˈharlɪç] ⟨Adj.⟩:
mit Festigkeit, Ausdauer bei etwas bleibend, an etwas festhaltend: ein beharrlicher Vertreter; mit beharrlichem Fleiß; beharrlich schweigen. **Syn.:** andauernd, ausdauernd, beständig, entschlossen, geduldig, hartnäckig, ständig, stetig, unablässig, unaufhörlich, unbeirrt, unendlich, unentwegt, ungebrochen, unverdrossen, zielstrebig.

Be|harr|lich|keit [bəˈharlɪçkai̯t], die; -:
das Beharrlichsein: mit Geduld und zäher Beharrlichkeit gelang es ihm schließlich, die Schädlichkeit des Stoffes zu beweisen. **Syn.:** Ausdauer, Beständigkeit.

be|haup|ten [bəˈhau̯ptn̩], behauptete, behauptet:
1. ⟨tr.; hat⟩ *mit Bestimmtheit aussprechen, als sicher hinstellen:* etwas hartnäckig, steif und fest behaupten; sie behauptete, nichts davon gewusst zu haben. **Syn.:** eine Behauptung aufstellen.
2. (geh.) **a)** ⟨tr.; hat⟩ *erfolgreich verteidigen:* seine Stellung behaupten. **Syn.:** aufrechterhalten, behalten, beibehalten, bewahren, erhalten, halten, nicht aufgeben. **b)** ⟨+ sich⟩ *sich gegen alle möglichen Widerstände halten:* er, die Firma konnte sich nicht behaupten. **Syn.:** sich [1]durchsetzen, standhalten.

Be|haup|tung [bəˈhau̯ptʊŋ], die; -, -en:
Äußerung, mit der etwas behaup-

tet, als Tatsache hingestellt wird: eine bloße, kühne Behauptung; eine Behauptung aufstellen. **Syn.:** Annahme, Hypothese (bildungsspr.). **Zus.:** Schutzbehauptung.

Be|hau|sung [bəˈhau̯zʊŋ], die; -, -en (geh.):
a) *vor den Unbilden des Wetters und den Gefahren der Umwelt schützende Unterkunft, Wohnstätte:* sie befanden sich fern von jeglicher Behausung.
b) *schlechte, notdürftige [und als Provisorium gedachte] Unterkunft, Wohnung:* er wohnte in einer kleinen, schäbigen Behausung; fern von allen menschlichen Behausungen. **Syn.:** Wohnsitz.

be|he|ben [bəˈheːbn̩], behob, behoben ⟨tr.; hat⟩:
wieder in Ordnung bringen, beseitigen: einen Schaden beheben. **Syn.:** reparieren.

be|hei|ma|tet [bəˈhai̯maːtət] ⟨Adj.⟩:
seinen festen Wohnsitz, seine Heimat habend: sie ist in einer kleinen Stadt beheimatet.

be|hei|zen [bəˈhai̯tsn̩] ⟨tr.; hat⟩:
durch Heizen warm machen: ein Haus beheizen. **Syn.:** heizen.

be|hel|fen [bəˈhɛlfn̩], behilft, behalf, beholfen ⟨+ sich⟩:
sich mit Unzureichendem, mit einem Ersatz helfen; auch ohne jmdn., etwas zurechtkommen, fertigwerden: heute müssen wir uns mit dem kleinen Tisch, ohne Auto behelfen. **Syn.:** sich begnügen.

be|helfs|mä|ßig [bəˈhɛlfsmɛːsɪç] ⟨Adj.⟩:
als Notbehelf dienend; provisorisch: eine behelfsmäßige Unterkunft; sich behelfsmäßig einrichten. **Syn.:** notdürftig, vorläufig.

be|hel|li|gen [bəˈhɛlɪgn̩] ⟨tr.; hat⟩:
in störender Weise bedrängen, belästigen: jmdn. mit Fragen, Forderungen behelligen; es tut mir leid, Sie an Ihrem Geburtstag damit behelligen zu müssen. **Syn.:** ankommen (ugs.), bedrängen, zusetzen.

be|her|ber|gen [bəˈhɛrbɛrgn̩] ⟨tr.; hat⟩:
als Gast bei sich aufnehmen; (jmdm.) bei sich Unterkunft bieten: jmdn. für eine Nacht beherbergen. **Syn.:** unterbringen.

be|herr|schen [bəˈhɛrʃn̩] ⟨tr.; hat⟩:
1. a) *über jmdn., etwas Macht ausüben/haben; als Herrscher regieren:* jmdn., ein Land, ein Volk beherrschen. **Syn.:** dominieren, Herr sein über, herrschen über, Herrscher sein über, regieren. **b)** *deutlich im Vordergrund stehen, alles andere überragen:* seit ein paar Jahren beherrscht dieses Produkt den Markt; der Berg beherrscht die ganze Landschaft; diese Vorstellung beherrscht ihr ganzes Denken. **Syn.:** bestimmen, dominieren. **c)** *[souverän] zu handhaben verstehen; in der Gewalt haben, unter Kontrolle halten:* die Technik beherrschen; sie weiß sich, ihre Gefühle, ihren Ärger stets zu beherrschen; er konnte sich nicht beherrschen; mit beherrschter *(ruhiger, gefestigter)* Stimme sprechen; sie ist stets beherrscht *(ruhig, diszipliniert)*. **Syn.:** bändigen, bezähmen, im Zaum halten, mäßigen, zügeln, zurückhalten.
2. *sehr gut können, zu handhaben, auszuüben verstehen:* sein Handwerk, ein Musikinstrument, die lateinische Grammatik, mehrere Sprachen beherrschen.

Be|herr|schung [bəˈhɛrʃʊŋ], die; -:
1. a) *das Beherrschen* (1 a): die Beherrschung der Bevölkerung in den eroberten Gebieten.
b) *das Beherrschen* (1 c): die Beherrschung der Technik ist Voraussetzung für diese Arbeit; ihre Beherrschung in dieser Situation war erstaunlich; * **seine/die Beherrschung verlieren:** *ungeduldig, laut, zornig werden:* in der Besprechung hat er die Beherrschung verloren.
2. *das Beherrschen* (2): die Beherrschung der Orthografie.

be|her|zi|gen [bəˈhɛrtsɪgn̩] ⟨tr.; hat⟩:
(einen Rat o. Ä.) in sich aufnehmen, verinnerlichen und danach handeln: einen Rat, jmds. Worte beherzigen. **Syn.:** befolgen.

be|herzt [bəˈhɛrtst] ⟨Adj.⟩:
mutig und entschlossen: beherzte Frauen; beherzt vorgehen.

be|hilf|lich [bəˈhɪlflɪç]:
in der Wendung **jmdm. behilflich sein:** *jmdm. helfen:* er war mir bei der Arbeit, bei den Einkäufen behilflich.

be|hin|dern [bəˈhɪndɐn] ⟨tr.; hat⟩:
jmdm./einer Sache hinderlich, im Wege sein: der Nebel behindert die Sicht; jmdn. bei der Arbeit behindern. **Syn.:** aufhalten, beeinträchtigen, dazwischenfunken (ugs.), dazwischenkommen, erschweren, hemmen, hindern, lähmen, querschießen (ugs.), stören, trüben, unterbrechen, verzögern.

behindern / hindern / verhindern:
s. Kasten Seite 495.

be|hin|dert [bəˈhɪndɐt] ⟨Adj.⟩:
infolge einer körperlichen, geistigen oder seelischen Schädigung beeinträchtigt: ein behindertes Kind haben; das Baby kam behindert auf die Welt.

Be|hin|der|te [bəˈhɪndɐtə], die/eine Behinderte; der/einer Behinderten, die Behinderten/zwei Behinderte:
weibliche Person, die infolge einer körperlichen, geistigen oder seelischen Schädigung beeinträchtigt ist: ein Sportfest für Behinderte. **Syn.:** Invalidin. **Zus.:** Gehbehinderte, Körperbehinderte, Schwerbehinderte.

Be|hin|der|ter [bəˈhɪndɐtɐ], der Behinderte/ein Behinderter; des/eines Behinderten, die Behinderten/zwei Behinderte:
Person, die infolge einer körperlichen, geistigen oder seelischen Schädigung beeinträchtigt ist: er half dem Behinderten beim Einsteigen in den Zug. **Syn.:** ²Invalide. **Zus.:** Gehbehinderter, Körperbehinderter, Schwerbehinderter.

Be|hör|de [bəˈhøːɐ̯də], die; -, -n:
staatliche, kirchliche oder kommunale Stelle, Verwaltung. **Syn.:** Amt, Ministerium, Organ, Verwaltung. **Zus.:** Aufsichtsbehörde, Einwanderungsbehörde, Finanzbehörde, Gesundheitsbehörde, Justizbehörde, Schulbehörde.

be|hü|ten [bəˈhyːtn̩], behütete, behütet ⟨tr.; hat⟩:
sorgsam wachen (über jmdn., etwas): jmdn. [vor Gefahr, Schaden] behüten; der Hund behütet das Haus. **Syn.:** abschirmen, beschützen, bewahren, decken, schützen, verteidigen.

be|hut|sam [bəˈhuːtzaːm] ⟨Adj.⟩:
mit Vorsicht, Sorgsamkeit, Rücksicht handelnd; vorsichtig-zart: mit behutsamen Händen; behutsam vorgehen, anfassen.

Syn.: mild[e], pfleglich, sacht, sanft, schonend, sorgfältig, sorgsam, vorsichtig.

bei [bai̯] ⟨Präp. mit Dativ⟩:
1. ⟨räumlich⟩ **a)** zur Angabe der direkten Berührung: sie nahm das Kind bei der Hand. **b)** *in der Nähe von:* Offenbach bei Frankfurt; er stand, saß bei ihm; sie war auch bei *(unter)* den Demonstranten; sie trägt den Pass bei sich. **c)** *dient zur Angabe der Zugehörigkeit zu einem Bereich (z. B. zu einer Familie, einer Gruppe, einem Unternehmen):* bei uns ist das so üblich; sie arbeitet bei einer Bank; er wohnt bei seinen Eltern. **d)** dient zur Angabe der Teilnahme: er war bei einer Hochzeit. **e)** *in jmds. geistigem Bereich:* die Schuld liegt bei dir; ein Geheimnis bei sich behalten; bei ihm muss man vorsichtig sein.
2. ⟨zeitlich⟩ *zur Angabe eines Zeitpunktes, einer Zeitspanne, eines Geschehens o. Ä.:* bei Ende der Vorstellung; bei Tag; Vorsicht bei Abfahrt des Zuges!; Paris bei Nacht.
3. dient zur Angabe von Begleitumständen, die sich ergeben aus der Art und Weise eines Zustandes, Vorgangs, aus einer gegebenen Bedingung, einem Grund, Zweck o. Ä.: bei einer Schlägerei wurde er verletzt; bei guter Gesundheit, bei Kräften sein; selbst bei größter Sparsamkeit reichte das Geld nicht; bei passender Gelegenheit; er tut es nur bei entsprechender Bezahlung; bei der hohen Miete kann er sich kein Auto leisten.
4. in Formeln der Beteuerung: bei Gott/bei meiner Ehre, das habe ich nicht getan.

bei-, Bei- [bai̯] ⟨trennbares, betontes Präfix⟩:
1. ⟨mit verbalem Basiswort kaum mehr produktiv⟩: **a)** *hinzufügen:* beigeben; beimengen; beimischen. **b)** *unterstützen, zu Hilfe kommen:* beispringen; beistehen. **c)** *anwesend sein:* beisitzen; beiwohnen.
2. ⟨mit substantivischem Basiswort⟩: **a)** bezeichnet eine temporale oder lokale Zuordnung: Beiblatt; Beiboot; Beifutter; Beigabe; Beiheft; Beiwagen.
b) bezeichnet eine Unter-, Nebenordnung: Beifilm; Beikoch; Beikost; Beiprogramm; Beiwerk. **c)** bezeichnet unerwünscht nebensächlich Vorhandenes: Beigeschmack; Beiklang.

bei|be|hal|ten [ˈbai̯bəhaltn̩], behält bei, behielt bei, beibehalten ⟨tr.; hat⟩:
weiterhin bei etwas, was bisher üblich gewesen ist, bleiben: eine alte Sitte beibehalten; den politischen Kurs beibehalten. **Syn.:** aufrechterhalten, behalten, behaupten, bewahren, bleiben bei, erhalten, festhalten an, halten, nicht aufgeben.

bei|brin|gen [ˈbai̯brɪŋən], brachte bei, beigebracht ⟨tr.; hat⟩:
1. *erklären, zeigen, wie etwas gemacht wird, sodass der Betreffende es dann kann:* jmdm. das Lesen, einen Tanz beibringen; er bringt den Kindern allerlei Unsinn bei. **Syn.:** lehren, nahebringen, unterrichten, unterweisen in, vermitteln, zeigen.
2. (ugs.) *(Unangenehmes) vorsichtig übermitteln, davon in Kenntnis setzen:* man muss ihr diese Nachricht schonend beibringen. **Syn.:** mitteilen.
3. *(etwas Schlechtes) zufügen, zuleide tun:* jmdm. eine Wunde beibringen. **Syn.:** schaden.
4. *(als Beweis, Bestätigung für etwas [z. B. eine Aussage]) jmdm. vorlegen, ihm vorführen:* ein Attest, Zeugen für den Unfall beibringen. **Syn.:** [1]beschaffen.

Beich|te [ˈbai̯çtə], die; -, -n:
a) *Bekenntnis der Sünden in der christlichen Kirche:* zur Beichte gehen. **Zus.:** Ohrenbeichte.
b) *Bekenntnis* (1): ich hörte mir die Beichte meines Freundes an. **Syn.:** Geständnis.

beich|ten [ˈbai̯çtn̩], beichtete, gebeichtet ⟨tr.; hat⟩:
a) *eine Beichte* (a) *seiner Sünden ablegen:* dem Priester alle seine Sünden beichten; ⟨auch itr.⟩ in die Kirche gehen, um zu beichten. **b)** *gestehen:* ich muss dir etwas beichten. **Syn.:** gestehen.

bei|de [ˈbai̯də] ⟨Pronomen und Zahlwort⟩:
a) ⟨mit Artikel oder Pronomen⟩ bezieht sich auf zwei Personen, Dinge, Vorgänge, die in bestimmter Hinsicht zusammengefasst werden; *zwei:* diese beiden Bücher hat er mir geliehen; einer der beiden Männer; wir beide/(seltener:) beiden werden das tun; ihr beide[n] könnt jetzt gehen; wir, ihr beiden Armen; mit unser beider Hilfe; für uns, euch beide; die beiden sind gerade weggegangen. **b)** ⟨ohne Artikel oder Pronomen⟩ meist betont; sagt aus, dass von zwei unter einem bestimmten Aspekt [als zusammengehörend] betrachteten Personen oder gleichartigen Dingen das Gleiche gilt; *alle zwei; der/die/das eine wie der/die/das andere:* in beiden Fällen hatte er recht; beide jungen/(seltener:) junge Mädchen; ich habe beide gefragt; sie konnten beide nichts finden; keins von beiden; die Produktion beider großen/(selten:) großer Betriebe. **c)** ⟨allein stehend gebraucht als Singular in den Formen »beides« und »beidem«⟩ bezieht sich auf zwei verschiedenartige Dinge, Eigenschaften oder Vorgänge, die als Einheit gesehen werden: sie liebt beides, die Musik und den Tanz; er hat sich in beidem geirrt, hat von beidem gegessen.

bei|ei|n|an|der [bai̯|ai̯ˈnandɐ] ⟨Adverb⟩:
einer beim andern: sie saßen damals lange beieinander. **Syn.:** beisammen, zusammen.

Bei|fah|rer [ˈbai̯faːrɐ], der; -s, -, **Bei|fah|re|rin** [ˈbai̯faːrərɪn], die; -, -nen:
Person, die in einem Kraftfahrzeug [neben Fahrer oder Fahrerin sitzend] mitfährt: die Beifahrerin wurde bei dem schweren Unfall getötet. **Syn.:** Begleiter, Begleiterin.

Bei|fall [ˈbai̯fal], der; -[e]s:
1. *Äußerung des Gefallens, der Begeisterung durch Klatschen, Zurufe o. Ä.:* rauschender, herzlicher Beifall; die Schauspielerin bekam viel, starken Beifall. **Syn.:** Applaus, Jubel, Ovation.
2. *zustimmende, beifällige Bejahung:* etwas findet allgemeinen Beifall. **Syn.:** Anklang, Resonanz.

bei|fäl|lig [ˈbai̯fɛlɪç] ⟨Adj.⟩:
Zustimmung, Anerkennung, Wohlgefallen ausdrückend: eine beifällige Äußerung; beifällig nicken. **Syn.:** anerkennend, lobend, positiv, zustimmend.

bei|fü|gen [ˈbai̯fyːɡn̩], fügte bei, beigefügt ⟨tr.; hat⟩:

dazulegen, mitschicken: einer Sendung die Rechnung beifügen. **Syn.:** [1]anhängen, beilegen.

beige [beːʃ] ⟨Adj.⟩:
(in der Färbung) wie heller Sand [aussehend]: ein beige/beiges [ˈbeːʒəs] Kleid; die Tasche ist beige.

Bei|ge|schmack [ˈbai̯gəʃmak], der; -[e]s:
zusätzlicher Geschmack, der den eigentlichen Geschmack von Essbarem meist beeinträchtigt: die Butter, der Wein hat einen [merkwürdigen, unangenehmen] Beigeschmack.

Bei|hil|fe [ˈbai̯hɪlfə], die; -, -n:
1. *[Geld]unterstützung, materielle Hilfe:* monatlich eine kleine Beihilfe bekommen. **Syn.:** Beitrag, Zuschuss. **Zus.:** Erziehungsbeihilfe, Unterhaltsbeihilfe.
2. *Hilfe, die jmdm. bei einer Straftat wissentlich geleistet wird:* jmdn. wegen Beihilfe zum Mord anklagen.

bei|kom|men [ˈbai̯kɔmən], kam bei, beigekommen ⟨itr.; ist⟩:
a) *mit jmdm. fertigwerden, jmdm. gewachsen sein und sich ihm gegenüber durchsetzen:* diesem schlauen Burschen ist nicht, nur schwer beizukommen. **Syn.:** ankönnen gegen (ugs.). **b)** *etwas, ein Problem bewältigen, lösen:* sie versuchte dem Problem beizukommen.

Beil [bai̯l], das; -[e]s, -e:
einer Axt ähnliches Werkzeug mit breiter Schneide und kurzem Stiel: ein scharfes Beil.

Bei|la|ge [ˈbai̯laːgə], die; -, -n:
1. *etwas, was einer Zeitschrift, Zeitung o. Ä. beigelegt ist:* am Wochenende hat die Zeitung immer viele Beilagen. **Syn.:** Anhang, Anlage. **Zus.:** Literaturbeilage, Sonntagsbeilage.
2. *Gemüse, Salat, Kartoffeln o. Ä., die bei einem Gericht zum Fleisch serviert werden:* als Beilage können Sie Kartoffeln, Reis oder Nudeln sowie verschiedene Gemüse wählen. **Zus.:** Gemüsebeilage.

bei|läu|fig [ˈbai̯lɔyfɪç] ⟨Adj.⟩:
nebenbei und wie zufällig [geäußert]: beiläufige Fragen; etwas beiläufig sagen, feststellen, erwähnen. **Syn.:** am Rande, en passant.

bei|le|gen [ˈbai̯leːgn̩], legte bei, beigelegt ⟨tr.; hat⟩:
1. *(zu etwas Vorhandenem) legen:* einem Brief Geld beilegen. **Syn.:** beifügen.
2. *aus der Welt schaffen, vermitteln und beenden:* einen Streit beilegen. **Syn.:** ausbügeln (ugs.), bereinigen, einrenken (ugs.), geradebiegen (ugs.), schlichten.
3. a) *(einen bestimmten Sinn) zuschreiben, geben:* einer Angelegenheit, Äußerung zu viel Gewicht beilegen. **Syn.:** beimessen. **b)** *eine bestimmte [zusätzliche] Bezeichnung geben:* sich einen Künstlernamen beilegen. **Syn.:** verleihen, zulegen.

Bei|leid [ˈbai̯lai̯t], das; -[e]s:
(jmdm. gegenüber bekundetes) Mitgefühl bei einem Todesfall: [mein] aufrichtiges, herzliches Beileid!; jmdm. sein [herzliches, aufrichtiges] Beileid aussprechen, ausdrücken. **Syn.:** Anteilnahme.

bei|lie|gen [ˈbai̯liːgn̩], lag bei, beigelegen ⟨itr.; hat⟩:
beigefügt, beigelegt sein: der Sendung liegt die Rechnung bei; beiliegend finden Sie die gewünschten Unterlagen.

beim [bai̯m] ⟨Verschmelzung von »bei« + »dem«⟩:
1. a) ⟨die Verschmelzung kann aufgelöst werden⟩ der Baum steht beim Haus. **b)** ⟨die Verschmelzung kann nicht aufgelöst werden⟩ jmdn. beim Wort nehmen.
2. ⟨die Verschmelzung kann nicht aufgelöst werden⟩ dient in Verbindung mit einem substantivierten Infinitiv und »sein« zur Bildung der Verlaufsform: beim Frühstücken sein *(dabei sein, zu frühstücken).*

bei|mes|sen [ˈbai̯mɛsn̩], misst bei, maß bei, beigemessen ⟨tr.; hat⟩:
(einen bestimmten Sinn) zuerkennen, zuschreiben: einer Affäre übertriebene Bedeutung beimessen.

Bein [bai̯n], das; -[e]s, -e:
1. *Gliedmaße zum Stehen und Sichfortbewegen bei Menschen und Tieren:* das rechte, linke Bein; gerade, krumme, schlanke, dicke Beine; die Beine ausstrecken. **Syn.:** Hachse (ugs.).
2. ⟨mit Attribut⟩ *Teil eines Möbelstücks, Geräts o. Ä., mit dem es auf dem Boden steht:* die Beine eines Stativs; ein Tisch mit drei Beinen. **Zus.:** Stuhlbein, Tischbein.

bei|nah [ˈbai̯naː], **bei|na|he** [ˈbai̯naːə] ⟨Adverb⟩:
kaum noch von einem bestimmten Zustand, Ausmaß, Ergebnis, einer Anzahl, Größe o. Ä. entfernt: er wartete beinah[e] drei Stunden; beinah[e] hätte ich es vergessen. **Syn.:** bald (ugs.), fast, nahezu, praktisch (ugs.), so gut wie, um ein Haar (ugs.), ziemlich.

be|in|hal|ten [bəˈlɪnhaltn̩], beinhaltete, beinhaltet ⟨itr.; hat⟩:
zum Inhalt haben: das Schreiben beinhaltet einige wichtige Fragen. **Syn.:** berücksichtigen, einbeziehen, einschließen, enthalten, umfassen.

bei|pflich|ten [ˈbai̯pflɪçtn̩], pflichtete bei, beigepflichtet ⟨itr.; hat⟩:
nachdrücklich beistimmen, recht geben: viele pflichteten ihm, seiner Beurteilung der Lage bei. **Syn.:** sich anschließen, bejahen, einverstanden sein mit, gutheißen, übereinstimmen, zustimmen.

bei|sam|men [bai̯ˈzamən] ⟨Adverb⟩:
beieinander: nach langer Zeit waren sie endlich wieder einmal ein paar Tage beisammen. **Syn.:** beieinander.

Bei|schlaf [ˈbai̯ʃlaːf], der; -[e]s (geh., Rechtsspr.):
Koitus; Geschlechtsakt, Geschlechtsverkehr: den Beischlaf vollziehen, ausüben.

Bei|sein [ˈbai̯zai̯n]:
in der Wendung **in jmds. Beisein / im Beisein von jmdm.:** *während jmds. Anwesenheit, in Anwesenheit von:* im Beisein der Eltern; im Beisein von Frau Maier.

bei|sei|te [bai̯ˈzai̯tə] ⟨Adverb⟩:
auf der Seite; seitlich in gewisser Entfernung: sie stellte den Korb beiseite ab; Spaß beiseite!

bei|sei|te|le|gen [bai̯ˈzai̯təleːgn̩], legte beiseite, beiseitegelegt ⟨tr.; hat⟩:
a) *[für einen bestimmten Fall] Geld sparen:* er hat jahrelang etwas beiseitegelegt. **b)** *etwas Angefangenes weglegen; nicht mehr daran arbeiten:* sie hat das Buch beiseitegelegt.

Bei|sel [ˈbai̯zl̩], das; -s, -n (bayr. ugs., österr.):

einfaches Gasthaus: am Abend gingen sie noch in das Beisel an der Ecke. **Syn.:** Kneipe (ugs.).

bei|set|zen ['baizɛtsn̩], setzte bei, beigesetzt ⟨tr.; hat⟩ (geh.): *bestatten:* den Toten, die Urne beisetzen. **Syn.:** beerdigen, begraben, vergraben, zu Grabe tragen (geh.), zur letzten Ruhe betten (geh. verhüllend), zur letzten Ruhe geleiten (geh. verhüllend).

Bei|set|zung ['baizɛtsʊŋ], die; -, -en (geh.): *Begräbnis:* sie gehen heute zu einer Beisetzung. **Syn.:** Beerdigung, Bestattung (geh.).

Bei|spiel ['baiʃpi:l], das; -[e]s, -e: **a)** *einzelner Fall, der etwas kennzeichnet, erklärt, beweist, anschaulich macht:* ein gutes, anschauliches Beispiel nennen, anführen; er ist ein erfreuliches, abschreckendes Beispiel für ihn. **Zus.:** Musterbeispiel, Paradebeispiel, Schulbeispiel. **b)** * **sich an jmdm., etwas ein Beispiel nehmen:** *jmdn., etwas als Vorbild wählen:* nimm dir ein Beispiel an deinem Bruder!; * **ohne Beispiel sein:** *nicht seinesgleichen haben, noch nicht da gewesen sein:* seine Tat, Leistung, diese Frechheit ist ohne Beispiel; * **[wie] zum Beispiel:** *um ein Beispiel zu geben, zu nennen; etwa* (Abkürzung: z. B.): einige Farben mag sie nicht, zum Beispiel Grau; ich zum Beispiel wäre nicht hingegangen.

bei|spiel|haft ['baiʃpi:lhaft] ⟨Adj.⟩: *vorbildlich:* eine beispielhafte Ordnung; sich beispielhaft verhalten. **Syn.:** einwandfrei, vorbildlich.

bei|spiel|los ['baiʃpi:llo:s] ⟨Adj.⟩: *in seiner Art ohne vergleichbares Vorbild:* beispiellose Erfolge, Triumphe; seine Frechheit ist beispiellos. **Syn.:** außergewöhnlich, einmalig, einzig, einzigartig, noch nie da gewesen, ohne Beispiel, ohnegleichen, [1]unerhört, unvergleichlich, vorbildlich.

bei|spiels|wei|se ['baiʃpi:lsvaizə] ⟨Adverb⟩: *zum Beispiel:* es gibt etliche Möglichkeiten, das Problem zu lösen. Eine Möglichkeit ist beispielsweise der Erlass von Schulden.

bei|sprin|gen ['baiʃprɪŋən], sprang bei, beigesprungen ⟨itr.; ist⟩ (geh.): *[eilig] zu Hilfe kommen:* einem Verletzten beispringen; jmdm. finanziell beispringen. **Syn.:** helfen.

bei|ßen ['baisn̩], biss, gebissen: **1. a)** ⟨itr.; hat⟩ *mit den Zähnen (in etwas) eindringen:* in den Apfel beißen; ich habe mir/mich aus Versehen auf die Zunge gebissen. **b)** ⟨itr.; hat⟩ *mit den Zähnen auf etwas treffen:* auf Pfeffer beißen. **c)** ⟨tr.; hat⟩ *mit den Zähnen zerkleinern:* er kann die Kruste nicht mehr beißen. **Syn.:** kauen, knabbern.
2. a) ⟨tr.; hat⟩ *mit den Zähnen fassen und verletzen:* eine Schlange hat ihn gebissen; der Hund hat ihn ins Bein gebissen; ⟨auch itr.⟩ der Hund hat ihm ins Bein gebissen. **b)** ⟨itr.; hat⟩ *mit den Zähnen zu packen suchen:* der Hund hat nach mir, nach meinem Bein gebissen; der Hund beißt [wild] um sich.
c) ⟨itr.; hat⟩ *bissig sein:* Vorsicht, das Pferd, der Hund beißt!
3. ⟨tr.; hat⟩ *(von Insekten) stechen [und Blut aussaugen]:* ein Floh, eine Wanze hat ihn gebissen. **Syn.:** stechen.
4. ⟨+ sich⟩ (ugs.) *(farblich) nicht zueinander passen, nicht harmonieren:* Grün und Blau beißen sich.
5. ⟨itr.; hat⟩ *scharf sein, eine stechende, ätzende Wirkung haben:* Pfeffer beißt auf der Zunge; der Rauch beißt in den/in die Augen; beißende *(scharfe)* Kälte. **Syn.:** stechen.

Bei|stand ['baiʃtant], der; -[e]s: *Hilfe:* jmds. Beistand benötigen; jmdm. [ärztlichen] Beistand leisten. **Syn.:** Rückhalt, Stütze.

bei|ste|hen ['baiʃte:ən], stand bei, beigestanden ⟨itr.; hat⟩: *helfen:* jmdm. mit Rat und Tat beistehen. **Syn.:** unterstützen.

bei|steu|ern ['baiʃtɔyɐn], steuerte bei, beigesteuert ⟨tr.; hat⟩: *einen finanziellen, künstlerischen o. ä. Beitrag (zu etwas) geben:* zu einer Sammlung eine Summe, seinen Teil beisteuern. **Syn.:** beitragen, zugeben, zusteuern (ugs.).

Bei|trag ['baitra:k], der; -[e]s, Beiträge ['baitrɛ:gə]: **1.** *Anteil, mit dem sich jmd. an etwas beteiligt:* einen wichtigen, bedeutenden Beitrag zur Entwicklung eines Landes, zur Lösung eines Problems leisten, liefern. **Zus.:** Diskussionsbeitrag, Verteidigungsbeitrag.
2. *Betrag, der regelmäßig an eine Organisation zu zahlen ist:* die Beiträge für einen Verein, eine Partei kassieren. **Zus.:** Gewerkschaftsbeitrag, Krankenkassenbeitrag, Mitgliedsbeitrag, Monatsbeitrag, Unkostenbeitrag.
3. *schriftliche Arbeit, Aufsatz, Bericht für eine Zeitung, Zeitschrift o. Ä.:* das Buch enthält mehrere Beiträge bekannter Autoren. **Syn.:** Abhandlung, Artikel, Schrift, Studie.

bei|tra|gen ['baitra:gn̩], trägt bei, trug bei, beigetragen ⟨itr.; hat⟩: *seinen Beitrag leisten (zu etwas), mithelfen (bei etwas):* jeder wollte zum Gelingen des Festes beitragen; ⟨auch tr.⟩ etwas, seinen Teil dazu beitragen, dass … **Syn.:** beisteuern, sich beteiligen, helfen, zugeben, zusteuern (ugs.).

bei|tre|ten ['baitre:tn̩], tritt bei, trat bei, beigetreten ⟨itr.; ist⟩: *Mitglied werden (in einem Verein o. Ä.):* einer Partei beitreten. **Syn.:** sich anschließen, eintreten.

Bei|tritt ['baitrɪt], der; -[e]s: *das Beitreten:* seinen Beitritt [zu einer Partei] erklären. **Syn.:** Eintritt.

Bei|werk ['baivɛrk], das; -[e]s: *etwas, was ergänzend, schmückend zu etwas hinzukommt:* alles überflüssige, störende Beiwerk weglassen. **Syn.:** Zugabe, Zutat.

Bei|ze ['baitsə], die; -, -n: **a)** *[chemisches] Mittel zur Behandlung von Holz, Häuten, Metall, Textilien und Saatgut:* das Holz in die Beize eintauchen. **b)** *Marinade, saure Soße zum Einlegen von Fisch oder Fleisch:* das Fleisch wird über Nacht in einer Beize eingelegt.

bei|zei|ten [bai'tsaitn̩] ⟨Adverb⟩: *früh genug (im Hinblick auf etwas in Aussicht Stehendes):* morgen müssen wir beizeiten aufstehen; beizeiten vorsorgen. **Syn.:** früh, frühzeitig, rechtzeitig.

bei|zen ['baitsn̩] ⟨tr.; hat⟩: *mit Beize behandeln:* das Holz beizen.

be|ja|hen [bə'ja:ən] ⟨tr.; hat⟩:
a) *(eine Frage) mit Ja beantworten:* sie bejahte meine Frage; eine bejahende Anwort. **b)** *seiner eigenen Anschauung entsprechend finden und es gutheißen, damit einverstanden sein:* das Leben, einen Staat bejahen. **Syn.:** akzeptieren, annehmen, billigen, einwilligen, für richtig halten, richtig finden, übereinstimmen, zustimmen.

be|jahrt [bə'ja:ɐ̯t] ⟨Adj.⟩ (geh.): *ziemlich alt; in vorgerücktem Alter:* ein bejahrter Herr. **Syn.:** alt, betagt (geh.).

be|ju|beln [bə'ju:bl̩n] ⟨tr.; hat⟩: *jubelnd begrüßen, feiern; auf etwas mit Jubel reagieren:* die ganze Stadt bejubelte ihre Fußballmannschaft.

be|kämp|fen [bə'kɛmpf̩n] ⟨tr.; hat⟩:
a) *gegen jmdn. kämpfen [und ihn zu vernichten suchen]:* einen Gegner, die Feinde bekämpfen. **Syn.:** angehen gegen, ankämpfen gegen, begegnen (geh.), entgegentreten. **b)** *etwas einzudämmen, zu verhindern oder zu überwinden suchen, indem man energische Maßnahmen [dagegen] ergreift:* eine Seuche, die Grippe bekämpfen; die Regierung bekämpft die Arbeitslosigkeit. **Syn.:** angehen gegen, ankämpfen gegen, begegnen (geh.), entgegentreten, kämpfen gegen.

be|kannt [bə'kant] ⟨Adj.⟩:
1. a) *von vielen gekannt, gewusst:* eine bekannte Melodie; die Geschichte ist [allgemein] bekannt; dieses Geschäft ist für seine gute Ware bekannt *(hat sich damit einen Namen gemacht, ist dadurch aufgefallen).* **Zus.:** allbekannt, altbekannt, stadtbekannt, weitbekannt, weltbekannt. **b)** *berühmt, weithin angesehen:* eine bekannte Künstlerin, Ärztin. **Syn.:** anerkannt, namhaft, prominent, von Weltrang. **Zus.:** weitbekannt, wohlbekannt.
2. * jmdm. bekannt sein: **a)** *jmdm. nicht fremd sein:* sie ist mir gut bekannt. **b)** *(von etwas) Kenntnis haben:* sein Fall ist mir bekannt; davon ist mir nichts bekannt *(davon weiß ich nichts);* *** jmdm. bekannt vorkommen:** *jmdm. nicht fremd erscheinen:* er, diese Gegend kommt mir bekannt vor; *** bekannt sein mit jmdm., etwas:** *jmdn., etwas näher kennen; vertraut sein mit jmdm., etwas:* ich bin mit ihr, mit ihren Problemen [seit Langem] bekannt; *** etwas bekannt machen:** *von behördlicher Seite öffentlich mitteilen:* ein neues Gesetz, eine Verordnung bekannt machen; etwas in der Zeitung, über die Medien bekannt machen. **Syn.:** ankündigen, bekannt geben, publizieren, verbreiten, veröffentlichen; *** jmdn. mit jmdm. bekannt machen:** *jmdn. jmdm. vorstellen:* ich werde dich mit ihr bekannt machen; *** jmdn., sich mit etwas bekannt machen:** *jmdn., sich mit etwas vertraut machen:* jmdn. mit einer Maßnahme bekannt machen; sich mit der neuen Arbeit bekannt machen; *** bekannt werden:** *in die Öffentlichkeit dringen:* der Wortlaut darf nicht bekannt werden; wenn dies bekannt wird, ist sie verloren; es ist nichts Nachteiliges über ihn bekannt geworden; *** mit jmdm., etwas bekannt werden:** *mit jmdm., etwas vertraut werden:* sie sind gestern miteinander bekannt geworden.

Be|kann|te [bə'kantə], die/eine Bekannte; der/einer Bekannten, die Bekannten/zwei Bekannte: *weibliche Person, mit der jmd. bekannt ist:* heute Abend kommt eine Bekannte zu Besuch; gute, alte Bekannte. **Syn.:** Freundin, Kameradin, Kumpanin (ugs.).

Be|kann|ter [bə'kantɐ], der Bekannte/ein Bekannter; des/eines Bekannten, die Bekannten/zwei Bekannte: *männliche Person, mit der jmd. bekannt ist:* gute, alte Bekannte. **Syn.:** Freund, Kamerad, Kumpan (ugs.), Kumpel (ugs.).

be|kannt|lich [bə'kantlɪç] ⟨Adverb⟩: *wie allgemein bekannt, wie man weiß:* in den Bergen regnet es bekanntlich viel.

Be|kannt|schaft [bə'kantʃaft], die; -, -en:
1. *Kreis von Menschen, die jmd. kennt:* in seiner Bekanntschaft war niemand, der ihm helfen konnte.
2. *das Bekanntsein, persönliche Beziehung:* eine Bekanntschaft [mit jmdm.] anknüpfen; in der ersten Zeit unserer Bekanntschaft; *** jmds. Bekanntschaft machen:** *jmdn. kennenlernen:* ich machte letztes Jahr ihre Bekanntschaft; *** mit etwas Bekanntschaft machen** (ugs.): *mit etwas Unangenehmem in Berührung kommen:* mit dem Stock, mit der Polizei Bekanntschaft machen.

be|keh|ren [bə'ke:rən]:
a) ⟨tr.⟩ *(bei jmdm.) eine innere Wandlung bewirken:* jmdn. zum christlichen Glauben bekehren. **Syn.:** überreden, überzeugen. **b)** ⟨+ sich⟩ *eine innere Wandlung durchmachen:* sich zum Christentum, zu einer anderen Auffassung bekehren. **Syn.:** [1]übertreten.

be|ken|nen [bə'kɛnən], bekannte, bekannt:
1. ⟨tr.; hat⟩ *offen aussprechen, zugeben:* seine Schuld bekennen; er bekannte, dass er es gewusst habe. **Syn.:** gestehen.
2. ⟨+ sich⟩ *zu jmdm., etwas stehen, überzeugt ja sagen:* sich zu seinem Freund, zu seinen Taten bekennen. **Syn.:** eintreten für.

Be|kennt|nis [bə'kɛntnɪs], das; -ses, -se:
1. *das Bekennen, Zugeben:* das Bekenntnis seiner Schuld. **Syn.:** Beichte, Eingeständnis, Geständnis. **Zus.:** Schuldbekenntnis, Sündenbekenntnis.
2. *das Sichbekennen zu etwas, das Eintreten für etwas:* ein Bekenntnis zur demokratischen Rechtsordnung.
3. *Konfession:* welchem Bekenntnis gehört er an? **Zus.:** Glaubensbekenntnis, Religionsbekenntnis.

be|kla|gen [bə'kla:gn̩]:
1. ⟨tr.; hat⟩ (geh.) *als traurig empfinden, schmerzlich bedauern; Empfinden des Schmerzes, des Bedauerns äußern:* jmds. Los, einen Verlust, den Tod des Freundes beklagen. **Syn.:** bedauern, betrauern.
2. ⟨+ sich⟩ *jmdm. gegenüber seine Unzufriedenheit über ein Unrecht o. Ä. äußern, darüber Klage führen:* sich über einen andern, über den Lärm beklagen. **Syn.:** beanstanden.

be|klei|den [bə'klaidn̩], bekleidete, bekleidet:
1. * bekleidet sein: *mit Kleidung versehen, angezogen sein:* er war

nur leicht, nur mit einer Hose bekleidet. **Syn.:** anhaben, anziehen, kleiden.
2. ⟨tr.; hat⟩ (geh.) *(mit einem Amt) versehen sein:* einen hohen Posten bekleiden. **Syn.:** ausüben, innehaben, versehen.

Be|klei|dung [bə'klaidʊŋ], die; -, -en:
Kleidung (im Hinblick auf das Anziehen): in spärlicher Bekleidung öffnete sie; er wurde ohne Bekleidung auf der Treppe angetroffen; warme Bekleidung für Herbst und Winter. **Zus.:** Berufsbekleidung, Damenbekleidung, Fertigbekleidung, Kinderbekleidung, Sportbekleidung, Winterbekleidung.

Bekleidung / Kleidung:
s. Kasten Seite 552.

be|klem|mend [bə'klɛmənt] ⟨Adj.⟩:
in beängstigender Weise bedrückend, beengend: ein beklemmendes Gefühl; die Situation war beklemmend. **Syn.:** unheimlich.

Be|klem|mung [bə'klɛmʊŋ], die; -, -en:
Gefühl der Enge; Angst: unsere Beklemmungen wurden immer größer. **Syn.:** Furcht. **Zus.:** Atembeklemmung, Herzbeklemmung.

be|klom|men [bə'klɔmən] ⟨Adj.⟩:
von einem Gefühl der Angst, Unsicherheit erfüllt; bedrückt und gehemmt, zaghaft: mit beklommener Stimme antworten; ihr war beklommen zumute. **Syn.:** ängstlich, bang, furchtsam, verängstigt.

[1]**be|kom|men** [bə'kɔmən], bekam, bekommen ⟨itr.; hat⟩:
1. a) *in den Besitz von etwas (was jmdm. als Geschenk, Belohnung, Bezahlung, Äquivalent für etwas, Zustellung o. Ä. zuteilwird) kommen:* ein Buch, Blumen zum Geburtstag, einen Orden, Preis, Finderlohn bekommen; Verpflegung, Urlaub, Lohn bekommen; einen Brief, eine Nachricht bekommen; etwas zu essen bekommen; sie bekommt nur eine kleine Rente. **Syn.:** beziehen, erhalten, erlangen, kriegen (ugs.). **b)** in verblasster Bedeutung: dient dazu, auszudrücken, dass jmdm. etwas zuteilwird, dass jmd. etwas (Unerwünschtes, Negatives) hinnehmen muss, dass jmd., etwas von etwas befallen, in einen bestimmten Zustand gebracht wird, etwas erleiden muss o. Ä.; lässt sich meist passivisch mit »werden« umschreiben: einen Kuss, ein Lob, einen Tadel, eine Strafe bekommen *(geküsst, gelobt, getadelt, bestraft werden);* vom Arzt eine Spritze bekommen; eine Ohrfeige bekommen; Wut, Angst, Heimweh, allmählich Hunger bekommen; Falten, eine Glatze bekommen; Fieber, Schnupfen, die Grippe bekommen; das Holz hat Risse bekommen; wir bekommen anderes Wetter; du wirst nichts als Ärger bekommen; er hat den Befehl bekommen, sofort abzureisen. **Syn.:** erhalten, kriegen (ugs.).
2. a) *durch eigene Bemühungen zu etwas kommen, sich etwas verschaffen, etwas für sich gewinnen:* keine Arbeit, eine neue Stellung, kein Personal bekommen; eine Antwort von jmdm., die gewünschte Verbindung bekommen; das Buch ist nicht mehr zu bekommen; ich habe die Sachen billig bekommen; habt ihr den Zug noch bekommen *(erreicht)?;* sie bekommt ein Kind *(ist schwanger).* **Syn.:** erhalten, kriegen (ugs.). **b)** *jmdn. zu einem bestimmten Verhalten bewegen, jmdn., etwas in einen bestimmten Zustand versetzen, etwas an eine bestimmte Stelle bringen:* ich habe ihn nicht aus dem Bett, zum Reden bekommen; dieses Fleisch ist fast nicht gar, weich zu bekommen; sie haben das Klavier nicht durch die Tür bekommen. **Syn.:** kriegen (ugs.).
3. ⟨in Verbindung mit einem Infinitiv mit »zu«⟩ **a)** *die Möglichkeit haben, in die Lage versetzt sein, etwas Bestimmtes zu tun, zu erreichen:* bis 22 Uhr bekommt man in diesem Restaurant etwas zu essen. **Syn.:** erhalten, kriegen (ugs.). **b)** *in die Lage versetzt sein, etwas Bestimmtes ertragen, über sich ergehen lassen zu müssen:* sie bekam seinen Hass zu spüren; er hat manches böse Wort zu hören bekommen. **Syn.:** kriegen (ugs.).
4. ⟨in Verbindung mit einem zweiten Partizip⟩ dient der Umschreibung des Passivs: etwas geschickt, gesagt bekommen. **Syn.:** kriegen (ugs.).

[2]**be|kom|men** [bə'kɔmən], bekam, bekommen ⟨itr.; ist⟩:
(für jmdn.) zuträglich, förderlich, bekömmlich sein: die Kur ist ihr [gut] bekommen; das fette Essen bekommt mir nicht.

be|kömm|lich [bə'kœmlɪç] ⟨Adj.⟩:
leicht verträglich, gut verdaulich [und daher gesund]: eine bekömmliche Speise; das Essen dort ist sehr bekömmlich. **Syn.:** gesund, labend, leicht, verträglich, zuträglich.

be|kräf|ti|gen [bə'krɛftɪgn̩] ⟨tr.; hat⟩:
mit Nachdruck bestätigen: ein Versprechen, eine Aussage bekräftigen.

be|kreu|zi|gen [bə'krɔyʦɪgn̩] ⟨+ sich⟩:
mit einer Bewegung der Hand vor Kopf und Brust das Zeichen des Kreuzes andeuten: beim Eintreten in die Kirche bekreuzigten sie sich. **Syn.:** das/ein Kreuz schlagen, das/ein Kreuzzeichen machen.

be|krie|gen [bə'kri:gn̩] ⟨tr.; hat⟩:
(gegen jmdn., ein Land) Krieg führen: ein feindliches Land bekriegen; Völker, die einander, sich [gegenseitig] bekriegen. **Syn.:** befehden (geh.), bekämpfen.

be|küm|mern [bə'kʏmɐn] ⟨tr.; hat⟩:
(jmdm.) Kummer, Sorge bereiten: sein Zustand bekümmerte sie sehr. **Syn.:** anfechten (geh.), bedrücken, betrüben, beunruhigen, drücken, quälen.

be|küm|mert [bə'kʏmɐt] ⟨Adj.⟩:
voll Sorge, Kummer, Schwermut: mit bekümmertem Blick; er war tief bekümmert. **Syn.:** bedrückt, betrübt, ernst, gedrückt, melancholisch, niedergeschlagen, schwermütig, traurig, trübe, trübsinnig, unglücklich, wehmütig.

be|kun|den [bə'kʊndn̩], bekundete, bekundet ⟨tr.; hat⟩:
deutlich zum Ausdruck bringen, erkennen lassen: sein Interesse bekunden. **Syn.:** ausdrücken, dokumentieren, offenbaren, verraten, zeigen.

be|la|den [bə'la:dn̩], belädt, belud, beladen ⟨tr.; hat⟩:
mit einer Ladung, Fracht versehen: einen Wagen, ein Schiff [mit Kisten] beladen.

Be|lag [bə'la:k], der; -[e]s, Beläge [bə'lɛ:gə]:
1. *dünne Schicht, mit der etwas bedeckt, belegt, überzogen ist, die sich auf etwas gebildet hat:* der Belag des Fußbodens, der Straße; die Bremsen brauchen neue Beläge; seine Zunge hatte einen weißen Belag. **Syn.:** Auflage, Überzug. **Zus.:** Bodenbelag, Bremsbelag, Fahrbahnbelag, Gummibelag, Kupplungsbelag, Straßenbelag, Zahnbelag.
2. *etwas (z. B. Wurstscheiben, Käse), womit ein [Butter]brot, eine Pizza o. Ä. belegt ist:* den Belag vom Brot nehmen. **Zus.:** Brotbelag, Pizzabelag.

be|la|gern [bə'la:gɐn] ⟨tr.; hat⟩:
1. *(eine Stadt, Burg o. Ä.) zum Zwecke der Eroberung einschließen und umzingelt halten:* Leningrad war lange belagert. **Syn.:** blockieren, einkesseln, umzingeln.
2. (ugs.) *(jmdn., etwas) in Erwartung von etwas in großer Zahl umringen:* Reporter belagerten die Diva, das Hotel des Kanzlers.

be|läm|mert [bə'lɛmɐt] ⟨Adj.⟩ (ugs.):
a) *(von Personen) niedergedrückt, betreten:* ein belämmertes Gesicht machen; er sah ganz belämmert aus. **b)** *(von Sachen) scheußlich, eklig, zum Verzweifeln:* ein belämmertes Wetter; mir geht es belämmert.

Be|lang [bə'laŋ], der; -[e]s, -e:
1. * von/ohne Belang sein: *von Bedeutung, Wichtigkeit / ohne Bedeutung, Wichtigkeit sein:* diese Tatsache ist für mich ohne Belang.
2. ⟨Plural⟩ *bestimmte Personen, bestimmte Bereiche betreffende Angelegenheiten:* jmds. Belange vertreten; die kulturellen Belange der Stadt; die sozialen Belange berücksichtigen. **Syn.:** Interessen ⟨Plural⟩.

be|lan|gen [bə'laŋən] ⟨tr.; hat⟩:
zur Rechenschaft, Verantwortung ziehen, verklagen: jmdn. wegen eines Vergehens [gerichtlich] belangen. **Syn.:** bestrafen, mit einer Strafe belegen.

be|lang|los [bə'laŋlo:s] ⟨Adj.⟩:
ohne große Bedeutung, nicht weiter wichtig: belanglose Dinge; das ist doch völlig belanglos. **Syn.:** bedeutungslos, gleichgültig, nebensächlich, nichtig (geh.), sekundär, unbedeutend, unerheblich, unwesentlich, unwichtig.

be|las|sen [bə'lasn̩], belässt, beließ, belassen ⟨tr.; hat⟩:
im gegenwärtigen Zustand, unverändert lassen: einen Text in seiner jetzigen Form belassen; dabei wollen wir es belassen!

be|las|ten [bə'lastn̩], belastete, belastet ⟨tr.; hat⟩:
1. a) *mit einer Last versehen:* einen Wagen zu stark belasten. **Syn.:** beschweren. **b)** *in seiner Existenz, Wirkung, seinem Wert beeinträchtigen:* schädliche Stoffe belasten Boden, Wasser und Luft.
2. *stark in Anspruch nehmen; schwer zu schaffen machen:* die Arbeit, die große Verantwortung belastet ihn sehr; belaste dich, dein Gedächtnis nicht mit solchen Nebensächlichkeiten; fette Speisen belasten den Magen. **Syn.:** beanspruchen, strapazieren.
3. *schuldig erscheinen lassen* /Ggs. entlasten/: um ihn nicht zu belasten verweigerte sie die Aussage; ihre Aussage belastete ihn schwer. **Syn.:** beschuldigen, verdächtigen.
4. *(jmdm., einer Sache) eine finanzielle Schuld auferlegen:* die Bevölkerung durch neue Steuern belasten; ein Konto mit einem Betrag belasten.

be|läs|ti|gen [bə'lɛstɪgn̩] ⟨tr.; hat⟩:
(jmdm.) unbequem, lästig werden: jmdn. mit Fragen belästigen; er fühlte sich durch ihre dauernden Anrufe belästigt; er belästigte sie auf der Straße *(wurde zudringlich).* **Syn.:** anmachen (ugs.), anpöbeln (ugs. abwertend), bedrängen, behelligen, zusetzen.

Be|las|tung [bə'lastʊŋ], die; -, -en:
das Belastetsein: der Kauf eines Hauses ist mit einer hohen finanziellen Belastung verbunden; die Trennung der Eltern war eine große seelische Belastung für die Kinder.

be|lau|fen [bə'laufn̩], beläuft, belief, belaufen ⟨+ sich⟩:
(einen bestimmten Betrag) ausmachen, (eine bestimmte Endsumme, ein bestimmtes Endergebnis) ergeben: die Verpflichtungen belaufen sich auf eine beträchtliche Summe. **Syn.:** betragen, sich beziffern auf.

be|lau|schen [bə'lauʃn̩] ⟨tr.; hat⟩:
aufmerksam jmds. Äußerungen verfolgen, versteckt mithören: jmdn., ein Gespräch belauschen.

be|le|ben [bə'le:bn̩]:
1. ⟨tr.; hat⟩ **a)** *lebhafter machen, mit Leben erfüllen:* das Getränk belebte ihn. **b)** *lebendig gestalten:* den Unterricht mit Spielen und Rätseln beleben; die Wirtschaft beleben. **Syn.:** aktivieren, anheizen (ugs.), ankurbeln, anregen, in Gang bringen, in Schwung bringen (ugs.).
2. ⟨+ sich⟩ **a)** *lebhaft, lebendig werden:* die Unterhaltung belebte sich. **b)** *sich mit Leben füllen:* langsam belebten sich die Straßen. **Syn.:** sich bevölkern.

Be|leg [bə'le:k], der; -[e]s, -e:
etwas (besonders ein Schriftstück, Dokument), was als Beweis, Nachweis dient: eine Quittung als Beleg vorlegen. **Syn.:** Bescheinigung, Quittung, Schein. **Zus.:** Einzahlungsbeleg, Kaufbeleg.

be|le|gen [bə'le:gn̩] ⟨tr.; hat⟩:
1. *mit einem Belag* (2) *versehen:* ein Brot mit Salami belegen; belegte Brötchen.
2. *für jmdn., für sich selbst sichern, in Anspruch nehmen:* einen Platz im Zug belegen; die Betten sind belegt; die Hotels waren alle belegt *(es waren keine Zimmer mehr frei).* **Syn.:** besetzen, reservieren.
3. *jmdm., einer Sache auferlegen:* jmdn. mit einer Strafe, die Waren mit Zoll belegen.
4. *(durch ein Dokument o. Ä.) beweisen, nachweisen:* einen Kauf mit einer Quittung belegen.

Be|leg|schaft [bə'le:kʃaft], die; -, -en:
Gesamtheit der Beschäftigten in einem Betrieb: die Belegschaft versammelt sich im Haupthaus zu einer Informationsveranstaltung. **Syn.:** Personal.

be|leh|ren [bə'le:rən] ⟨tr.; hat⟩:
(jmdm.) sagen, wie etwas wirklich ist, wie sich etwas verhält: sie ließ sich nicht belehren; Sie brauchen mich nicht [über meine Pflichten] zu belehren.

be|leibt [bə'laipt] ⟨Adj.⟩:

wohlgenährt und von rundlicher Gestalt: ein sehr beleibter Herr. **Syn.:** breit, dick, drall, feist, füllig, korpulent, kugelrund (scherzh.), mollig, pummelig, rund, rundlich, stark (verhüllend), untersetzt, üppig (ugs.), vollschlank.

be|lei|di|gen [bəˈlaidɪgn̩] ⟨tr.; hat⟩: *(durch eine Äußerung, Handlung) in seiner Ehre angreifen, verletzen:* mit diesen Worten hat er ihn tief, sehr beleidigt. **Syn.:** brüskieren, ins Herz treffen (ugs.), kränken, schmähen, treffen, vor den Kopf stoßen (ugs.).

Be|lei|di|gung [bəˈlaidɪgʊŋ], die; -, -en:
1. *das Beleidigen:* wegen Beleidigung eines Polizeibeamten eine Strafanzeige erhalten. **Zus.:** Beamtenbeleidigung, Majestätsbeleidigung.
2. *beleidigende Äußerung:* etwas als Beleidigung auffassen.

be|le|sen [bəˈleːzn̩] ⟨Adj.⟩: *durch vieles Lesen reich an [literarischen] Kenntnissen:* ein sehr belesener Mensch. **Syn.:** gebildet, geistreich, gelehrt.

be|leuch|ten [bəˈlɔyçtn̩], beleuchtete, beleuchtet ⟨tr.; hat⟩: *Licht richten (auf etwas):* die Bühne, die Straße beleuchten. **Syn.:** bestrahlen, erhellen.

be|lich|ten [bəˈlɪçtn̩], belichtete, belichtet ⟨tr.; hat⟩: *(beim Fotografieren, Filmen) durch Öffnen des Verschlusses dem durch das Objektiv einfallenden Licht aussetzen:* für den Streifen wurden über 10 km Filmmaterial belichtet; ⟨auch itr.:⟩ du hättest etwas länger belichten sollen. **Zus.:** überbelichten, unterbelichten.

Be|lie|ben [bəˈliːbn̩]: in der Wendung **nach Belieben:** *nach eigenem Wunsch, Gutdünken, Ermessen, Geschmack; wie man will:* etwas ganz nach Belieben ändern.

be|lie|big [bəˈliːbɪç] ⟨Adj.⟩:
a) *nach Belieben herausgegriffen, angenommen usw.:* einen beliebigen Namen auswählen; ein Stoff von beliebiger Farbe.
b) *nach Belieben:* etwas beliebig ändern.

be|liebt [bəˈliːpt] ⟨Adj.⟩:
a) *allgemein gern gesehen; von vielen geschätzt:* ein beliebter Lehrer; sie ist sehr beliebt; er will sich damit nur [bei seinen Mitschülern] beliebt machen. **Syn.:** angesehen, geliebt, umschwärmt. **b)** *häufig, gerne angewandt, benutzt, gewählt:* ein besonders bei Kindern sehr beliebtes Essen; ein beliebtes Thema; eine beliebte Ausrede.

be|lie|fern [bəˈliːfɐn] ⟨tr.; hat⟩: *(mit einer Lieferung* (2), *mit Lieferungen) versehen, versorgen:* jmdn. mit etwas beliefern; das Hotel wird regelmäßig von einem benachbarten Weingut beliefert. **Syn.:** liefern.

bel|len [ˈbɛlən] ⟨itr.; hat⟩: *(von Hunden und Füchsen) kurze, kräftige Laute von sich geben:* in der Ferne hörte man einen Hund bellen. **Syn.:** kläffen.

be|loh|nen [bəˈloːnən] ⟨tr.; hat⟩:
a) *zum Dank, als Anerkennung beschenken:* jmdn. für seine Bemühungen belohnen. **b)** *durch eine Belohnung* (2) *vergelten:* eine gute Tat belohnen; das muss belohnt werden. **Syn.:** danken, entschädigen, honorieren, lohnen, vergelten.

Be|loh|nung [bəˈloːnʊŋ], die; -, -en: *etwas, womit jmd. für etwas belohnt wird:* eine Belohnung für etwas aussetzen. **Syn.:** Auszeichnung, Dank, Gewinn, Preis.

be|lü|gen [bəˈlyːgn̩], belog, belogen ⟨tr.; hat⟩: *(jmdm.) die Unwahrheit sagen:* sie hat ihn belogen. **Syn.:** anschwindeln (ugs.), beschwindeln (ugs.), flunkern, lügen, schwindeln (ugs.), spintisieren (abwertend).

be|lus|ti|gen [bəˈlʊstɪgn̩]:
a) ⟨tr.; hat⟩ *(bei jmdm.) eine mit leichter Ironie gemischte Heiterkeit hervorrufen:* sein seltsamer Aufzug belustigte alle; ein belustigender Vorfall; sich belustigt über etwas äußern. **Syn.:** amüsieren, erheitern.
b) ⟨+ sich⟩ *sich (über jmdn., etwas) lustig machen:* wir belustigten uns über sein selbstgefälliges Verhalten.

be|mäch|ti|gen [bəˈmɛçtɪgn̩] ⟨+ sich⟩ (geh.): *sich (etwas) mit Gewalt nehmen:* der Entführer bemächtigte sich des Autos. **Syn.:** sich aneignen, sich einverleiben, erbeuten, erobern, nehmen, schnappen (ugs.), wegnehmen.

be|ma|len [bəˈmaːlən] ⟨tr.; hat⟩: *mit Farbe anstreichen; durch Malen (mit bunten Bildern o. Ä.) versehen:* die Wände bemalen. **Syn.:** anmalen, bestreichen, streichen, tünchen.

be|män|geln [bəˈmɛŋl̩n] ⟨tr.; hat⟩: *als Fehler oder Mangel kritisieren, jmdm. vorhalten:* jmds. Unpünktlichkeit bemängeln; sie bemängelte, dass sie immer zu spät kamen; er hat immer an allem etwas zu bemängeln. **Syn.:** beanstanden, klagen über, meckern über (ugs. abwertend), missbilligen, monieren, motzen über (ugs.), nörgeln an (abwertend), rügen, sich beklagen über, sich beschweren über, tadeln.

be|män|teln [bəˈmɛntl̩n] ⟨tr.; hat⟩ (geh.): *verharmlosend, beschönigend darstellen, [hinter anderem] verbergen:* einen Fehler, ein Versagen bemänteln. **Syn.:** beschönigen, den Schleier des Vergessens über etwas breiten (geh.), mit dem Mantel der christlichen Nächstenliebe/der Barmherzigkeit bedecken/zudecken, verbrämen, vertuschen.

be|merk|bar [bəˈmɛrkbaːɐ̯] ⟨Adj.⟩:
1. *sich erkennen, wahrnehmen lassend:* ein kaum bemerkbarer Unterschied.
2. * sich bemerkbar machen:
a) *auf sich aufmerksam machen:* die Eingeschlossenen versuchten sich durch Klopfen bemerkbar zu machen. **b)** *spürbar werden und eine bestimmte Wirkung ausüben:* die Müdigkeit macht sich bemerkbar. **Syn.:** sich abzeichnen, sich andeuten, anklingen, sich ankündigen, sich zeigen.

be|mer|ken [bəˈmɛrkn̩] ⟨tr.; hat⟩:
1. *aufmerksam werden (auf jmdn., etwas); (etwas, was nicht ohne Weiteres erkennbar ist) durch Gefühl, Eingebung, Wahrnehmung der Sinne erkennen:* er bemerkte die Fehler, ihr Erstaunen nicht; sie wurde in der Menge nicht bemerkt. **Syn.:** entdecken, erkennen, feststellen, konstatieren (bildungsspr.), merken, mitbekommen, registrieren, sehen, spüren, verspüren, wahrnehmen.
2. *(als Bemerkung o. Ä.) einfließen lassen, einwerfen:* »Sie haben noch eine Stunde Zeit«, bemerkte der Vorsitzende; sie

hatte noch etwas Wichtiges zu bemerken; das gefällt mir, am Rande bemerkt, gar nicht; etwas nebenbei bemerken. **Syn.:** anmerken, äußern, sagen.

be|mer|kens|wert [bəˈmɛrkn̩sveːɐ̯t] ⟨Adj.⟩:
a) *wegen seiner Größe, Qualität, Leistung o. Ä. Aufmerksamkeit, Beachtung verdienend:* eine bemerkenswerte Arbeit, Leistung, Sammlung. **Syn.:** ansehnlich, außergewöhnlich, beachtlich, bedeutend, bedeutsam, besonder…, beträchtlich, enorm, erheblich, gehörig, gewaltig (emotional), groß, imposant, interessant, nennenswert, ordentlich (ugs.), stattlich. **b)** ⟨verstärkend bei Adjektiven⟩ *sehr, beachtlich:* eine bemerkenswert schöne Kollektion; er hat sich bemerkenswert gut geschlagen, erholt.

Be|mer|kung [bəˈmɛrkʊŋ], die; -, -en:
kurze mündliche oder schriftliche Äußerung: eine treffende, abfällige, kritische Bemerkung machen, fallen lassen. **Syn.:** Anmerkung, Einwurf, Glosse, Kommentar. **Zus.:** Nebenbemerkung, Randbemerkung, Zwischenbemerkung.

be|mes|sen [bəˈmɛsn̩], bemisst, bemaß, bemessen ⟨tr.; hat⟩:
aufgrund von Berechnungen oder genauen Überlegungen in Bezug auf Größe, Menge, Dauer o. Ä. festlegen, einteilen: er hat den Vorrat zu knapp bemessen; eine zu kurz bemessene Zeit. **Syn.:** berechnen.

be|mit|lei|den [bəˈmɪtlai̯dn̩] ⟨tr.; hat⟩:
(für jmdn.) Mitleid empfinden: er will nur bemitleidet werden; sich selbst bemitleiden.

be|mü|hen [bəˈmyːən]:
1. ⟨+ sich⟩ **a)** *sich Mühe geben, etwas Bestimmtes zu bewältigen:* er bemühte sich sehr, das Ziel zu erreichen; ich bemühe mich, alles richtig zu machen. **Syn.:** sich abmühen, sich abplagen, sich abquälen, sich abrackern (ugs.), sich abschinden (ugs.), sich anstrengen, das Menschenmögliche tun, sich etwas abverlangen, sich fordern, nichts unversucht lassen, sich plagen, sich quälen, rackern (ugs.), sich schinden (ugs.), sein Bestes tun, sein Möglichstes tun. **b)** *sich (mit jmdm., einer Sache) Mühe machen, sich (um jmdn., eine Sache) kümmern:* sie bemühten sich alle um den Kranken; sich um eine gute Zusammenarbeit bemühen. **Syn.:** bedacht sein auf, sich beschäftigen mit. **c)** *Anstrengungen machen, um jmdn., etwas für sich zu gewinnen; für sich zu bekommen suchen:* sich um eine Stellung bemühen; mehrere Bühnen bemühten sich um den Regisseur. **Syn.:** sich bewerben um, sich interessieren für. **d)** *sich die Mühe machen, einen Ort aufzusuchen; sich (irgendwohin) begeben:* du musst dich schon selbst in die Stadt bemühen. **Zus.:** heraufbemühen, herbemühen, hineinbemühen.
2. ⟨tr.; hat⟩ (geh.) *zu Hilfe holen, in Anspruch nehmen:* darf ich Sie noch einmal bemühen? **Syn.:** bitten.

Be|mü|hung [bəˈmyːʊŋ], die; -, -en:
das Sichbemühen; Anstrengung: trotz aller Bemühungen konnte der Verunglückte nicht gerettet werden.

be|mut|tern [bəˈmʊtɐn] ⟨tr.; hat⟩:
wie eine Mutter umsorgen: du darfst den Jungen nicht zu sehr bemuttern; er lässt sich gerne ein bisschen [von ihr] bemuttern.

be|nach|rich|ti|gen [bəˈnaːxrɪçtɪɡn̩] ⟨tr.; hat⟩:
informieren, unterrichten, in Kenntnis setzen: die Polizei, die Feuerwehr benachrichtigen; wir müssen sofort seine Eltern [davon] benachrichtigen. **Syn.:** mitteilen, verständigen.

be|nach|tei|li|gen [bəˈnaːxtai̯lɪɡn̩] ⟨tr.; hat⟩:
in seinen Rechten hinter andere zurücksetzen; (jmdm.) nicht die gleichen Rechte zugestehen wie anderen: er hat den ältesten Sohn immer benachteiligt; ein wirtschaftlich, klimatisch benachteiligtes Gebiet. **Syn.:** diskriminieren, ungerecht behandeln.

Be|nach|tei|li|gung [bəˈnaːxtai̯lɪɡʊŋ], die; -, -en:
das Benachteiligen, Benachteiligtwerden: eine Benachteiligung aufgrund der Hautfarbe, des Geschlechts, des Alters ist nicht zulässig.

be|neh|men [bəˈneːmən], benimmt, benahm, benommen ⟨+ sich⟩:
sich [hinsichtlich bestimmter Normen oder Erwartungen] in einer bestimmten Weise verhalten: er benahm sich sehr merkwürdig; sie hat sich ihm gegenüber anständig, höflich, schlecht, gemein benommen; er kann sich einfach nicht benehmen; benimm dich! **Syn.:** sich aufführen, auftreten, sich betragen, sich [1]bewegen, sich gebärden, sich geben, handeln, [1]sein, sich zeigen.

Be|neh|men [bəˈneːmən], das; -s:
Art, wie sich jmd. benimmt: ein gutes, schlechtes Benehmen an den Tag legen; sie hat kein Benehmen *(hat keine Manieren)*; diesem Kind müsste man einmal Benehmen *(Manieren)* beibringen! **Syn.:** Art, Auftreten, Betragen, Haltung, Sitten ⟨Plural⟩, Verhalten.

be|nei|den [bəˈnai̯dn̩], beneidete, beneidet ⟨tr.; hat⟩:
(auf jmdn.) neidisch sein: ich beneide ihn um diese Sammlung, wegen seiner Fähigkeiten; sie ist nicht zu beneiden *(sie kann einem leidtun)*.

be|net|zen [bəˈnɛt͡sn̩] ⟨tr.; hat⟩ (geh.):
leicht befeuchten: Tränen benetzten ihre Wangen; er benetzte sich die Stirn. **Syn.:** besprengen, bespritzen, besprühen, bewässern.

be|nom|men [bəˈnɔmən] ⟨Adj.⟩:
leicht betäubt und in seiner Reaktionsfähigkeit eingeschränkt: sie war von dem Sturz ganz benommen. **Syn.:** dumpf, schwindlig.

be|nö|ti|gen [bəˈnøːtɪɡn̩] ⟨tr.; hat⟩:
für einen bestimmten Zweck brauchen, nötig haben: er benötigte noch etwas Geld, ein Visum. **Syn.:** bedürfen (geh.).

be|nut|zen [bəˈnʊt͡sn̩] ⟨tr.; hat⟩ (bes. nordd.):
a) *Gebrauch machen (von etwas), sich (einer Sache ihrem Zweck entsprechend) bedienen:* ein Taschentuch benutzen; dafür sollte man einen Schraubenschlüssel benutzen; die Bahn, den Fahrstuhl, den vorderen Eingang benutzen; unser DVD-Player wird wenig, selten, kaum benutzt; das benutzte Geschirr in die Spülmaschine stellen.

Syn.: anwenden, sich bedienen, benützen, einsetzen, gebrauchen, in Benutzung haben, in Benutzung nehmen, nutzen, nützen, verwenden. **b)** *jmdn., etwas für einen bestimmten Zweck einsetzen, verwenden:* den Raum als Gästezimmer benutzen; jmdn. als Geisel benutzen; du hast sie als Alibi benutzt. **c)** *verwenden, nutzen:* er benutzte die Zeit des Wartens zum Lesen; sie benutzt jede Gelegenheit, die sich bietet, zu einem Spaziergang.

benutzen / nutzen: s. Kasten Seite 687.

be|nüt|zen [bəˈnʏt͜sn̩] ⟨tr.; hat⟩ (bes. südd.): *benutzen.*

Be|nut|zung [bəˈnʊt͜sʊŋ], die; - (bes. nordd.): *das Benutzen, das Benutztwerden:* für die Benutzung der Garderobe, Toilette, Autobahn wird eine Gebühr erhoben; etwas in Benutzung haben *(etwas benutzen);* in Benutzung sein *(benutzt werden);* etwas in Benutzung nehmen *(etwas zu benutzen beginnen).*

Be|nüt|zung [bəˈnʏt͜sʊŋ], die; - (bes. südd.): *Benutzung.*

Ben|zin [bɛnˈt͜siːn], das; -s, -e: *(in verschiedenen Arten hergestelltes) vor allem als Kraftstoff für Verbrennungsmotoren und als Reinigungsmittel dienendes Erdölprodukt:* bleifreies, verbleites Benzin; er konnte nicht weiterfahren, weil ihm das Benzin ausgegangen war; die Tankstellen bieten verschiedene Benzine an. **Zus.:** Bleibenzin, Feuerzeugbenzin, Flugbenzin, Normalbenzin, Reinigungsbenzin, Superbenzin, Waschbenzin, Wundbenzin.

be|ob|ach|ten [bəˈ|oːbaxtn̩] ⟨tr.; hat⟩:
1. a) *aufmerksam, genau betrachten, mit den Augen verfolgen:* jmdn. lange, heimlich beobachten; die Natur, seltene Tiere, Sterne beobachten; sich beobachtet fühlen. **Syn.:** angucken (ugs.), anschauen (bes. südd., österr., schweiz.), ansehen, anstarren, blicken auf, fixieren, in Augenschein nehmen, mustern, sehen auf. **b)** *zu einem bestimmten Zweck kontrollierend auf jmdn., etwas achten:* einen Patienten beobachten; sie beobachtet sich dauernd selbst; jmdn., alle seine Handlungen beobachten lassen. **Syn.:** aufpassen auf, bewachen, im Auge behalten, nicht aus den Augen lassen, überwachen, unter Aufsicht stellen, verfolgen.
2. *bemerken* (1), *feststellen:* eine Veränderung, nichts Besonderes [an jmdm.] beobachten; das habe ich an seinem Verhalten beobachten können. **Syn.:** entdecken, erkennen, konstatieren, registrieren, sehen, spüren, wahrnehmen.

Be|ob|ach|tung [bəˈ|oːbaxtʊŋ], die; -, -en:
1. *das Beobachten* (1), *das Beobachtetwerden:* das hat man durch genaue Beobachtung der Tiere herausgefunden; Beobachtungen [an etwas] anstellen; sie ist zur Beobachtung im Krankenhaus. **Zus.:** Naturbeobachtung, Selbstbeobachtung, Wetterbeobachtung.
2. *durch Beobachten Festgestelltes:* ich habe eine interessante Beobachtung gemacht. **Zus.:** Zufallsbeobachtung.

be|quem [bəˈkveːm] ⟨Adj.⟩:
1. *angenehm, keinerlei Beschwerden, Missbehagen, Anstrengung verursachend:* ein bequemer Sessel; ein bequemer Weg; bequeme Schuhe; ein bequemes *(faules, nicht arbeitsreiches)* Leben führen; man kann den Ort bequem *(ohne Mühe)* erreichen. **Syn.:** behaglich, gemütlich, komfortabel, mühelos.
2. *jeder Anstrengung, Mühe abgeneigt:* zum Radfahren ist er viel zu bequem. **Syn.:** faul (emotional), träge.

be|que|men [bəˈkveːmən] ⟨+ sich⟩: *sich endlich zu etwas entschließen:* es dauerte einige Zeit, bis er sich zu einer Antwort bequemte. **Syn.:** sich aufraffen, sich durchringen.

Be|quem|lich|keit [bəˈkveːmlɪç-kai̯t], die; -, -en:
1. *etwas, was das Leben erleichtert, etwas Angenehmes; bequeme Einrichtung:* auf die gewohnten Bequemlichkeiten nicht verzichten wollen; in diesem Hotel fehlt jede Bequemlichkeit. **Syn.:** Annehmlichkeit, Gemütlichkeit, Komfort.
2. ⟨ohne Plural⟩ *das Träge-, Faulsein:* aus lauter Bequemlichkeit ist er zu Hause geblieben. **Syn.:** Faulheit.

be|ra|ten [bəˈraːtn̩], berät, beriet, beraten:
1. ⟨tr.; hat⟩ *(jmdm.) einen Rat geben, mit Rat beistehen:* sich von einem Anwalt beraten lassen; sie hat ihn bei seinem Kauf beraten.
2. a) ⟨tr.; hat⟩ *gemeinsam überlegen und besprechen:* einen Plan beraten; ⟨auch itr.⟩ sie haben lange [darüber] beraten. **b)** ⟨+ sich⟩ *sich mit jmdm. [über etwas] besprechen [und sich dabei einen Rat holen]:* ich muss mich zuerst mit meiner Anwältin [darüber] beraten; die beiden berieten sich lange. **Syn.:** absprechen, debattieren, diskutieren, durchkauen (ugs.), durchnehmen, durchsprechen, erörtern, klären, reden über, sich unterhalten über, sprechen über, übereinkommen.

be|rau|ben [bəˈrau̯bn̩] ⟨tr.; hat⟩: *unter Anwendung oder Androhung von Gewalt bestehlen:* die Männer schlugen ihn nieder und beraubten ihn; sie wurde überfallen und beraubt; jmdn. einer Sache (Gen.) berauben (geh.; *jmdn. um etwas bringen, jmdm. etwas wegnehmen*). **Syn.:** ausrauben.

be|rau|schen [bəˈrau̯ʃn̩]:
1. ⟨tr.; hat⟩ **a)** *betrunken machen:* vom starken Wein berauscht werden. **b)** *trunken machen:* die Siege berauschten ihn; ein berauschendes Glücksgefühl.
2. ⟨+ sich⟩ **a)** *sich betrinken:* sie berauschten sich an dem starken Wein. **b)** *sich an etwas begeistern:* sich an den neuen Ideen berauschen.

be|re|chen|bar [bəˈrɛçn̩baːɐ̯] ⟨Adj.⟩: *(besonders von Menschen in Bezug auf ihr Verhalten) mit Sicherheit bestimmten bekannten Regeln folgend:* eine dauerhafte politische Partnerschaft setzt verlässliche und berechenbare Partner voraus.

be|rech|nen [bəˈrɛçnən], berechnete, berechnet ⟨tr.; hat⟩:
a) *durch Rechnen feststellen, ermitteln:* den Preis, die Entfernung berechnen. **Syn.:** ausrechnen, errechnen, rechnen. **b)** *in eine Rechnung einbeziehen, in Rechnung stellen:* die Verpa-

ckung hat er [mir] nicht berechnet; das berechne ich [Ihnen] nur mit 10 Euro. **Syn.:** anrechnen, berücksichtigen. **c)** *[aufgrund rechnerischer Ermittlung] veranschlagen, vorsehen:* die Bauzeit ist auf sechs Monate berechnet. **Syn.:** ermitteln, errechnen, kalkulieren.

be|rech|nend [bəˈrɛçnənt] ⟨Adj.⟩: *stets auf Gewinn, eigenen Vorteil bedacht:* sie ist sehr berechnend. **Syn.:** egoistisch, eigennützig.

Be|rech|nung [bəˈrɛçnʊŋ], die; -, -en:
1. *das Berechnen:* Berechnung der Kosten, des Umfangs. **Syn.:** Kalkulation.
2. a) *auf eigenen Vorteil zielende Überlegung, Absicht:* aus reiner, kalter Berechnung handeln. **Syn.:** Egoismus, Eigennutz. **b)** *sachliche Überlegung, Voraussicht:* mit kühler, kluger Berechnung vorgehen.

be|rech|ti|gen [bəˈrɛçtɪgn̩] ⟨itr.; hat⟩: *das Recht, die Genehmigung geben:* die Karte berechtigt [dich] zum Eintritt; er war nicht [dazu] berechtigt *(hatte nicht das Recht, war nicht befugt),* diesen Titel zu tragen.

be|rech|tigt [bəˈrɛçtɪçt] ⟨Adj.⟩: *zu Recht bestehend, begründet:* berechtigte Klagen, Gründe; sein Vorwurf war nicht berechtigt.

Be|rech|ti|gung [bəˈrɛçtɪgʊŋ], die; -, -en:
1. *das Berechtigt-, Befugtsein:* die Berechtigung zum Lehren erwerben. **Syn.:** Anrecht, Befugnis, Recht. **Zus.:** Aufenthaltsberechtigung, Daseinsberechtigung, Existenzberechtigung, Lehrberechtigung, Pensionsberechtigung, Stimmberechtigung, Wahlberechtigung.
2. *das Rechtmäßig-, Richtigsein:* die Berechtigung seines Einspruchs wurde anerkannt.

be|red|sam [bəˈreːtzaːm] ⟨Adj.⟩: *beredt:* ein sehr beredsamer Verkäufer; sehr beredsam Argumente vorbringen.

be|redt [bəˈreːt] ⟨Adj.⟩: *gewandt (im Reden); mit vielen [überzeugenden] Worten, Argumenten:* ein beredter Verteidiger seiner Ideen; mit beredten Worten; sie hat sich beredt verteidigt. **Syn.:** beredsam.

Be|reich [bəˈrai̯ç], der; -[e]s, -e:
1. *Raum, Fläche, Gebiet von bestimmter Abgrenzung, Größe:* im Bereich der Stadt. **Syn.:** Areal, Bezirk, Gegend, Region, Territorium. **Zus.:** Herrschaftsbereich.
2. *thematisch begrenztes, unter bestimmten Gesichtspunkten in sich geschlossenes Gebiet:* das fällt in den Bereich der Kunst, der Technik. **Syn.:** Abteilung, Branche, Disziplin, Fach, Feld, Komplex, Reich, Revier, Sachgebiet, Sektion, Sektor, Sparte, Sphäre, Zweig. **Zus.:** Anwendungsbereich, Arbeitsbereich, Aufgabenbereich, Geltungsbereich, Wirkungsbereich.

be|rei|chern [bəˈrai̯çɐn]:
1. ⟨tr.; hat⟩ *reicher, reichhaltiger machen, vergrößern:* seine Sammlung um einige wertvolle Stücke bereichern; die Reise hat uns [sehr] bereichert *(innerlich reicher gemacht).*
2. ⟨+ sich⟩ *sich (auf Kosten anderer) einen Gewinn, Vorteile verschaffen:* sich auf unrechte Art bereichern; er hat sich im Krieg am Eigentum anderer bereichert; sie hat ihr Amt dazu missbraucht, sich persönlich zu bereichern. **Syn.:** sich aneignen.

Be|rei|fung [bəˈrai̯fʊŋ], die; -, -en: *zu einem Fahrzeug gehörende Reifen:* die Bereifung [des Autos] erneuern.

be|rei|ni|gen [bəˈrai̯nɪgn̩] ⟨tr.; hat⟩: *(etwas, was eine Störung darstellt, was zu einer Verstimmung geführt hat o. Ä.) in Ordnung bringen:* die Angelegenheit muss möglichst schnell bereinigt werden. **Syn.:** aus der Welt schaffen, ausbügeln (ugs.), beilegen, berichtigen, einrenken (ugs.), geradebiegen (ugs.), ins Lot bringen, ins Reine bringen, korrigieren, verbessern.

be|rei|sen [bəˈrai̯zn̩] ⟨tr.⟩: *(in einem Gebiet, Land) reisen; reisend besuchen:* ein Land bereisen. **Syn.:** durchreisen, reisen durch.

be|reit [bəˈrai̯t] ⟨Adj.⟩: in den Wendungen **bereit sein:** *fertig sein, gerüstet sein:* ich bin bereit, wir können gehen; seid ihr bereit?; **zu etwas bereit sein/bereit sein, etwas zu tun:** *den Willen zu etwas haben, zu etwas entschlossen sein:* sie ist zu allem bereit; ich bin [nicht] bereit, das zu unterstützen. **Syn.:** geneigt sein, etwas zu tun; gesonnen sein, etwas zu tun; gewillt sein, etwas zu tun; willig sein, etwas zu tun.

-be|reit [bərai̯t] ⟨adjektivisches Suffixoid⟩:
a) *für das im Basiswort Genannte bereit, gerüstet:* abfahrbereit; abfahrtbereit; abwehrbereit; aufbruchbereit; aufnahmebereit; fahrbereit; funktionsbereit; kampfbereit; reisebereit; sprungbereit; startbereit. **b)** *so beschaffen, dass das im Basiswort Genannte damit sofort getan werden kann:* abrufbereit; betriebsbereit; einsatzbereit; griffbereit. **c)** *zu dem im Basiswort Genannten bereit, den Willen dazu habend:* dialogbereit; diskussionsbereit; einsatzbereit; gesprächsbereit; hilfsbereit; kompromissbereit; konzessionsbereit; opferbereit; verhandlungsbereit; verständigungsbereit.

be|rei|ten [bəˈrai̯tn̩], bereitete, bereitet ⟨tr.; hat⟩:
1. *bewirken, dass etwas zum Benutzen, zum Gebrauch o. Ä. für jmdn. bereit ist:* jmdm. das Essen, ein Bad bereiten. **Syn.:** machen, zubereiten.
2. *mit dem, was man tut, bei einem anderen eine bestimmte Empfindung o. Ä. hervorrufen:* jmdm. eine Freude, Kummer, einen schönen Empfang bereiten.

be|reit|hal|ten [bəˈrai̯thaltn̩], hält bereit, hielt bereit, bereitgehalten ⟨tr.; hat⟩: *zur Verfügung halten; so vorbereiten, dass es gleich zur Verfügung steht:* das Geld [abgezählt] bereithalten.

[1]be|reits [bəˈrai̯ts] ⟨Adverb⟩: *schon:* sie wusste es bereits; es ist bereits sechs Uhr; er ist bereits fertig.

[2]be|reits [bəˈrai̯ts] ⟨Adverb⟩: *[3]allein:* bereits der Gedanke daran ist furchtbar. **Syn.:** schon.

Be|reit|schaft [bəˈrai̯tʃaft], die; -: *das Bereitsein:* er erklärte seine Bereitschaft zur Hilfe, uns zu helfen. **Zus.:** Aufnahmebereitschaft, Einsatzbereitschaft, Hilfsbereitschaft, Opferbereitschaft, Verhandlungsbereitschaft.

be|reit|ste|hen [bəˈrai̯tʃteːən], stand bereit, bereitgestanden ⟨itr.; hat⟩:
für den Gebrauch zur Verfügung stehen: das Auto steht bereit.

be|reit|stel|len [bəˈrai̯tʃtɛlən], stellte bereit, bereitgestellt ⟨tr.; hat⟩:
zur Verfügung stellen: eine größere Summe Geld, Waren für bestimmte Zwecke bereitstellen. **Syn.:** anbieten, bieten, darbieten (geh.), darbringen (geh.), geben, spenden, überlassen.

be|reit|wil|lig [bəˈrai̯tvɪlɪç] ⟨Adj.⟩:
ohne zu zögern, gleich bereit (das Gewünschte zu tun): bereitwillig gab er ihr Auskunft. **Syn.:** anstandslos, gern, gerne, ohne Bedenken, ohne Weiteres, unbesehen.

bereitwillig/freiwillig

Wer **bereitwillig** etwas macht, macht es *gern, ohne sich zu sträuben:*

- Sie gab bereitwillig Auskunft.
- Er fand schnell bereitwillige Helfer, die alles machten, was er ihnen sagte.

Freiwillig betont den eigenen, freien Willen, aus dem heraus etwas getan wird, also die Abwesenheit von Zwang:

- Es war mein freiwilliger Entschluss, den Job zu wechseln.
- Er ist freiwillig mitgekommen.
- Ich habe mich freiwillig zu dieser Arbeit gemeldet.
- Man hoffte auf einen freiwilligen Verzicht auf höheren Lohn.

be|reu|en [bəˈrɔy̯ən] ⟨tr.; hat⟩:
(über etwas) Reue empfinden, (etwas) sehr bedauern: sie bereute diese Tat, ihre Worte; er bereute es, diesen Mann empfohlen zu haben; du wirst es noch bereuen, dass du nicht mitgekommen bist.

Berg [bɛrk], der; -[e]s, -e:
1. a) *größere Erhebung im Gelände:* ein hoher, steiler Berg; auf einen Berg steigen, klettern. **Syn.:** Anhöhe. **b)** * **ein Berg [von] …, Berge von …:** *viel[e], zahlreiche:* ein Berg [von] Akten liegt auf dem Tisch.
2. ⟨Plural⟩ *Gebirge:* in die Berge fahren.

-berg [bɛrk], der; -[e]s, -e:
1. ⟨Suffixoid⟩ (emotional verstärkend) drückt aus, dass das im Basiswort Genannte [in besorgniserregender Weise] in zu großer Zahl vorhanden ist: Bettenberg; Butterberg. **Syn.:** -lawine (emotional verstärkend), -schwemme (emotional verstärkend).
2. ⟨Grundwort⟩: *ein Berg [von] …, viel …:* Bücherberg; Kuchenberg; Schuldenberg; Wäscheberg.

berg|ab [bɛrkˈ|ap] ⟨Adverb⟩:
den Berg hinunter: bergab laufen; die Straße geht bergab. **Syn.:** abwärts.

berg|auf [bɛrkˈ|au̯f] ⟨Adverb⟩:
den Berg hinauf: bergauf muss er das Fahrrad schieben; langsam bergauf gehen. **Syn.:** aufwärts, den Berg rauf, herauf, hinauf, hoch.

Berg|bau [ˈbɛrkbau̯], der; -[e]s:
industrielle Gewinnung nutzbarer Bodenschätze: es gibt immer weniger Arbeitsplätze im Bergbau.

ber|gen [ˈbɛrgn̩], birgt, barg, geborgen ⟨tr.; hat⟩:
in Sicherheit bringen: eine Schiffsladung bergen; die Verschütteten konnten nur noch tot geborgen werden. **Syn.:** retten.

ber|gig [ˈbɛrgɪç] ⟨Adj.⟩:
viele Berge aufweisend, reich an Bergen: eine bergige Gegend, Landschaft. **Syn.:** hügelig.

Berg|stei|ger [ˈbɛrkʃtai̯gɐ], der; -s, -, **Berg|stei|ge|rin** [ˈbɛrkʃtai̯gərɪn], die; -, -nen:
Person, die das Besteigen von Bergen als Sport, Hobby o. Ä. betreibt: sie ist eine erfahrene Bergsteigerin.

Berg|werk [ˈbɛrkvɛrk], das; -[e]s, -e:
aus der Grube und den dazugehörenden technischen Einrichtungen bestehende Anlage für den Bergbau: im Bergwerk arbeiten. **Syn.:** Mine, Zeche.

Be|richt [bəˈrɪçt], der; -[e]s, -e:
sachliche Wiedergabe, Mitteilung, Darstellung eines Geschehens, Sachverhalts: ein mündlicher, schriftlicher, langer, knapper Bericht; einen Bericht von/über etwas anfordern, geben. **Syn.:** Info (ugs.), Information, Meldung, Report.

be|rich|ten [bəˈrɪçtn̩], berichtete, berichtet ⟨tr.; hat⟩:
(einen Sachverhalt, ein Geschehen) darstellen: er hat seinem Vorgesetzten alles genau berichtet; ⟨auch itr.:⟩ sie berichtete über ihre Erlebnisse, von ihrer Reise. **Syn.:** bekannt geben, bekannt machen, Bericht erstatten, darlegen, erzählen, informieren, mitteilen, Mitteilung machen, referieren, sagen, schreiben, unterrichten, zutragen.

be|rich|ti|gen [bəˈrɪçtɪgn̩] ⟨tr.; hat⟩:
a) *(etwas Fehlerhaftes, Falsches) zu etwas Richtigem machen:* einen Fehler berichtigen. **Syn.:** korrigieren, verbessern.
b) *(jmdn., der etwas gesagt hat, was in der Weise nicht zutrifft) verbessern; (etwas) richtigstellen:* ich muss mich, dich berichtigen. **Syn.:** eines Besseren belehren, korrigieren.

be|rit|ten [bəˈrɪtn̩] ⟨Adj.⟩:
auf einem Pferd, auf Pferden reitend; mit Pferden ausgestattet: berittene Polizei.

bers|ten [ˈbɛrstn̩], birst, barst, geborsten ⟨itr.; ist⟩ (geh.):
plötzlich und mit großer Gewalt auseinanderbrechen, aufbrechen: das Eis, die Mauer, die Erde barst. **Syn.:** aufplatzen, aufreißen, aufspringen, in Stücke springen, krachen (ugs.), platzen, reißen, springen, zerbrechen.

be|rüch|tigt [bəˈrʏçtɪçt] ⟨Adj.⟩:
durch schlechte Eigenschaften, üble Taten bekannt; in einem schlechten Ruf stehend: ein berüchtigter Betrüger; das Lokal ist berüchtigt. **Syn.:** anrüchig, gefürchtet, verrufen.

be|rü|ckend [bəˈrʏkn̩t] ⟨Adj.⟩ (geh.):
faszinierend wirkend; von hinreißender, betörender Wirkung: eine berückende Schönheit; sie lächelte berückend. **Syn.:** bezaubernd, charmant, entzückend, faszinierend, verführerisch, zauberhaft.

be|rück|sich|ti|gen [bəˈrʏkzɪçtɪgn̩] ⟨tr.; hat⟩:
in seine Überlegungen einbeziehen, bei seinem Handeln beachten, nicht übergehen: die Verhältnisse, das Wetter berücksichtigen; man muss sein Alter, seine schwierige Lage berücksichtigen; wir konnten Sie, Ihren Antrag leider nicht berücksich-

tigen *(konnten Ihren Wünschen, Vorstellungen nicht entsprechen).* **Syn.:** achten auf, bedenken, einschließen, heranziehen, in Betracht ziehen, in Rechnung stellen.

Be|rück|sich|ti|gung [bəˈrʏkzɪçtɪgʊŋ], die; -: *das Berücksichtigen, das Berücksichtigtwerden:* unter Berücksichtigung seines hohen Alters.

Be|ruf [bəˈruːf], der; -[e]s, -e: *[erlernte] Arbeit, Tätigkeit, mit der jmd. sein Geld verdient:* einen Beruf ergreifen, ausüben; seinem Beruf nachgehen; sie ist von Beruf Lehrerin. **Syn.:** Gewerbe, Handwerk, Job (ugs.), Metier.

¹be|ru|fen [bəˈruːfn̩], berief, berufen:
1. ⟨tr.; hat⟩ *(jmdm. ein Amt) anbieten; in ein Amt einsetzen:* er wurde ins Ministerium, zum Vorsitzenden berufen. **Syn.:** anheuern (ugs.), anstellen, bestellen, einstellen, engagieren, ernennen, heranziehen, holen, rufen, verpflichten.
2. ⟨+ sich⟩ *sich zur Rechtfertigung, zum Beweis o. Ä. auf jmdn., etwas beziehen:* Sie können sich immer auf mich, auf diesen Befehl berufen. **Syn.:** sich stützen.

²be|ru|fen [bəˈruːfn̩] ⟨Adj.⟩: *für etwas besonders befähigt [und dafür vorbestimmt]:* ein berufener Vertreter seines Fachs; sie ist, fühlt sich berufen, Großes zu leisten. **Syn.:** geeignet.

be|ruf|lich [bəˈruːflɪç] ⟨Adj.⟩: *den Beruf betreffend:* ihre berufliche Zukunft; er hat berufliche Schwierigkeiten; sie ist beruflich und privat viel auf Reisen; sich beruflich weiterbilden, verändern. **Zus.:** freiberuflich, hauptberuflich, nebenberuflich.

be|rufs|tä|tig [bəˈruːfstɛːtɪç] ⟨Adj.⟩: *einen Beruf ausübend:* berufstätige Mütter; er ist nicht mehr berufstätig. **Syn.:** arbeitend, werktätig.

Be|ru|fung [bəˈruːfʊŋ], die; -, -en:
1. *Angebot für ein wissenschaftliches, künstlerisches o. ä. Amt:* eine Berufung als Professorin annehmen. **Syn.:** Bestellung, Ernennung, Ruf.
2. ⟨ohne Plural⟩ *das Sichberufen, das Sichstützen (auf jmdn., etwas):* die Berufung auf einen Zeugen, auf eine Aussage.
3. ⟨ohne Plural⟩ *besondere Befähigung, die jmd. als Auftrag in sich fühlt:* die innere Berufung zu etwas in sich fühlen. **Syn.:** Sendung (geh.).
4. *Einspruch gegen ein Urteil:* Berufung einlegen; in [die] Berufung gehen. **Syn.:** Beschwerde, Widerspruch.

be|ru|hen [bəˈruːən]:
1. ⟨itr.; hat⟩ *(in etwas) seinen Grund, seine Ursache haben:* seine Aussagen beruhten auf einem Irrtum. **Syn.:** basieren (geh.), fußen, sich gründen, stammen von, sich stützen.
2. * etwas auf sich beruhen lassen: *etwas nicht weiter untersuchen; etwas so lassen, wie es ist:* diesen Fall können wir auf sich beruhen lassen.

be|ru|hi|gen [bəˈruːɪgn̩]:
1. ⟨tr.; hat⟩ *ruhig machen, allmählich wieder zur Ruhe bringen:* das weinende Kind beruhigen. **Syn.:** bändigen, besänftigen, beschwichtigen.
2. ⟨+ sich⟩ *zur Ruhe kommen, ruhig werden:* er konnte sich nur langsam beruhigen; das Meer, der Sturm beruhigte sich allmählich. **Syn.:** sich fassen, sich von dem Schrecken erholen, sich von der Aufregung erholen.

be|rühmt [bəˈryːmt] ⟨Adj.⟩: *durch besondere Leistung, Qualität weithin bekannt:* ein berühmter Künstler; ein berühmter Roman; sie wird eines Tages berühmt werden; dieses Buch hat sie berühmt gemacht. **Syn.:** groß, legendär, namhaft, prominent. **Zus.:** hochberühmt, weltberühmt.

be|rüh|ren [bəˈryːrən] ⟨tr.; hat⟩:
1. *(zu jmdm., etwas) [mit der Hand] eine Verbindung, einen Kontakt herstellen, ohne fest zuzufassen:* jmdn., etwas leicht, zufällig berühren; [die Ware] bitte nicht berühren!; ihre Hände berührten sich. **Syn.:** anfassen, anrühren, antippen (ugs.), fassen an, fummeln an (ugs.), greifen an, nesteln an, streifen.
2. *kurz erwähnen:* eine Frage, eine Angelegenheit im Gespräch berühren. **Syn.:** anreißen, anschneiden, ansprechen, aufwerfen.
3. *auf bestimmte Weise auf jmdn. wirken; ein bestimmtes Gefühl in jmdm. wecken:* das hat ihn seltsam, schmerzlich, peinlich, unangenehm berührt; die Nachricht berührte sie tief, im Innersten. **Syn.:** ¹bewegen, anrühren, betreffen, betroffen machen, erschüttern, tangieren.

Be|rüh|rung [bəˈryːrʊŋ], die; -, -en:
1. *das Berühren* (1): jede noch so leichte Berührung der Wunde kann zu einer Infektion führen.
2. *das Berühren* (2): er wollte eine Berührung dieses Themas möglichst vermeiden.

be|sa|gen [bəˈzaːgn̩] ⟨itr.; hat⟩: *bedeuten* (1): das Schild besagt, dass man hier nicht halten darf; das will nichts besagen. **Syn.:** heißen, sagen.

be|sagt [bəˈzaːkt] ⟨Adj.⟩: *bereits genannt, erwähnt:* das ist das besagte Buch. **Syn.:** bewusst, fraglich, in Rede stehend, oben erwähnt, oben genannt, obig.

be|sänf|ti|gen [bəˈzɛnftɪgn̩] ⟨tr.; hat⟩: *beruhigen* (1): er versuchte ihn, seinen Zorn zu besänftigen. **Syn.:** bändigen, beschwichtigen.

Be|satz [bəˈzat͜s], der; -es, Besätze [bəˈzɛt͜sə]: *Verzierung auf einem Kleidungsstück, die aufgenäht oder eingesetzt ist:* das Kleid hat um den Ausschnitt einen roten Besatz. **Zus.:** Pelzbesatz.

Be|sat|zer [bəˈzat͜sɐ], der; -s, -, **Be|sat|ze|rin** [bəˈzat͜sərɪn], die; -, -nen: *Person, die zur Besatzung* (2) *eines Landes gehört:* die letzten Besatzer verließen das Land.

Be|sat|zung [bəˈzat͜sʊŋ], die; -, -en:
1. *Mannschaft eines Schiffs, eines Flugzeugs o. Ä.:* die Besatzung geht an Bord. **Syn.:** Crew. **Zus.:** Flugzeugbesatzung, Schiffsbesatzung.
2. *Truppen, die ein fremdes Land besetzt halten:* die Besatzung zog ab.

be|sau|fen [bəˈza͜ufn̩], besäuft, besoff, besoffen ⟨+ sich⟩ (derb): *sich betrinken:* sich mit Bier und Schnaps besaufen. **Syn.:** sich berauschen, einen über den Durst trinken (ugs. scherzh.), sich einen ansaufen (salopp), sich einen antrinken, sich voll-laufen lassen (salopp), sich vollsaufen (salopp abwertend), zu tief ins Glas gucken (scherzh. verhüllend).

be|schä|di|gen [bəˈʃɛːdɪgn̩] ⟨tr.; hat⟩:
Schaden (an etwas) verursachen, (etwas) schadhaft machen: das Haus wurde durch Bomben [schwer] beschädigt. **Syn.:** anschlagen, in Mitleidenschaft ziehen, lädieren, ramponieren (ugs.).

Be|schä|di|gung [bəˈʃɛːdɪgʊŋ], die; -, -en:
1. *das Beschädigen:* sie wollten eine Beschädigung des antiken Möbels verhindern. **Zus.:** Sachbeschädigung.
2. *beschädigte Stelle:* das Türschloss wies schwere Beschädigungen auf. **Syn.:** Defekt, Schaden.

[1]be|schaf|fen [bəˈʃafn̩] ⟨tr.; hat⟩:
[unter Überwindung von Schwierigkeiten] dafür sorgen, dass etwas, was gebraucht, benötigt wird, zur Verfügung steht: jmdm., sich Geld, Arbeit beschaffen. **Syn.:** auftreiben (ugs.), beibringen, besorgen, holen, organisieren (ugs.), verschaffen, zusammenbringen.

[2]be|schaf|fen [bəˈʃafn̩]:
in der Wendung **beschaffen sein:** *in bestimmter Weise geartet sein:* das Material ist so beschaffen, dass es Wasser abstößt.

be|schäf|ti|gen [bəˈʃɛftɪgn̩]:
1. a) ⟨+ sich⟩ *zum Gegenstand seiner Tätigkeit, seines Denkens machen:* sich mit einem Problem, einer Frage beschäftigen; ich beschäftige mich viel mit den Kindern; die Polizei musste sich mit diesem Fall beschäftigen; sie war damit beschäftigt *(war dabei)*, das Essen zuzubereiten. **Syn.:** sich abgeben, arbeiten an, sich aufhalten, sich auseinandersetzen, sich befassen, behandeln, beschäftigt sein, sich hingeben, schaffen an (bes. südd.), sich hineinknien in, sich widmen. **b)** ⟨tr.; hat⟩ *innerlich in Anspruch nehmen:* dieses Problem beschäftigte ihn. **Syn.:** [1]bewegen, nachgehen.
2. ⟨tr.; hat⟩ **a)** *(jmdm.) Arbeit geben; angestellt haben:* er beschäftigt in seiner Firma hundert Leute. **Syn.:** angeheuert haben (ugs.), engagiert haben, verpflichtet haben. **b)** *(jmdm. etwas) zu tun geben:* die Kinder [mit einem Spiel] beschäftigen.

be|schäf|tigt [bəˈʃɛftɪçt] ⟨Adj.⟩:
1. *zu tun habend, Arbeit habend:* er ist ein viel beschäftigter Mann; sie ist sehr beschäftigt.
2. *(bei einem Arbeitgeber, einer Arbeitgeberin) als Arbeitnehmer[in] in einem Arbeitsverhältnis stehend:* die in dem Krankenhaus, bei der Firma, im öffentlichen Dienst beschäftigten Personen; sie ist bei der Stadt beschäftigt. **Syn.:** angestellt, arbeitend, tätig.

Be|schäf|ti|gung [bəˈʃɛftɪgʊŋ], die; -, -en:
1. *das Sichbeschäftigen (mit etwas):* durch jahrelange Beschäftigung mit diesem Thema kennt sie sich damit wirklich gut aus. **Zus.:** Freizeitbeschäftigung, Lieblingsbeschäftigung.
2. a) *Tätigkeit:* den Kindern eine sinnvolle Beschäftigung geben. **b)** *Arbeitsplatz, Anstellung:* eine Beschäftigung suchen; ohne Beschäftigung sein. **Syn.:** Arbeit, Job (ugs.), Stelle, Stellung, Tätigkeit. **Zus.:** Dauerbeschäftigung, Ferienbeschäftigung, Ganztagsbeschäftigung, Halbtagsbeschäftigung, Hauptbeschäftigung, Nebenbeschäftigung, Teilzeitbeschäftigung, Vollzeitbeschäftigung.

be|schä|men [bəˈʃɛːmən] ⟨tr.; hat⟩:
[durch übermäßig großzügiges, großmütiges Verhalten] in Verlegenheit bringen, mit einem Gefühl der Scham erfüllen: er beschämte uns alle, indem er [zu unseren Gunsten] verzichtete; ihre Güte beschämte ihn.

be|schä|mend [bəˈʃɛːmənt] ⟨Adj.⟩:
a) *von schlechtem, würdelosem Verhalten [jmdm. gegenüber] zeugend:* ein beschämender Auftritt; eine beschämende Arbeitsauffassung; es ist beschämend, ich finde es beschämend, dass du der alten Frau nicht geholfen hast. **b)** ⟨verstärkend bei Adjektiven⟩ *in als kläglich, schändlich empfundener Weise; sehr:* die Gehälter sind beschämend niedrig; beschämend wenige sind gekommen.

be|schat|ten [bəˈʃatn̩], beschattete, beschattet ⟨tr.; hat⟩:
[einem Auftrag gemäß] heimlich überwachen, beobachten: die Polizei beschattete ihn einige Zeit; einen Verdächtigen beschatten lassen. **Syn.:** bespitzeln, bewachen, im Auge behalten, nicht aus den Augen lassen, observieren, verfolgen.

be|schau|lich [bəˈʃau̯lɪç] ⟨Adj.⟩:
in Behaglichkeit, Wohlgefühl vermittelnder Weise geruhsam: ein beschauliches Leben führen. **Syn.:** besinnlich, erbaulich, friedlich, gemütlich, idyllisch.

Be|scheid [bəˈʃai̯t], der; -[e]s:
[amtliche, verbindliche] Auskunft bestimmten Inhalts über jmdn., etwas: Bescheid [über etwas] erwarten, geben, hinterlassen; haben Sie schon einen Bescheid bekommen? **Syn.:** Info (ugs.), Information, Mitteilung, Nachricht. **Zus.:** Einstellungsbescheid, Entlassungsbescheid, Rentenbescheid, Steuerbescheid, Zwischenbescheid; *** [jmdm.] Bescheid sagen:** *jmdn. mündlich benachrichtigen:* sag [mir] bitte gleich Bescheid, wenn du fertig bist; *** Bescheid wissen:** *informiert sein:* weiß sie [darüber] Bescheid?

be|schei|den [bəˈʃai̯dn̩] ⟨Adj.⟩:
1. *sich nicht in den Vordergrund stellend; in seinen Ansprüchen maßvoll:* ein bescheidener Mensch; du solltest etwas bescheidener sein; sie lebt sehr bescheiden. **Syn.:** anspruchslos, bedürfnislos, einfach, genügsam, immer zufrieden.
2. *in seiner Einfachheit, Schlichtheit, Kargheit gehobeneren Ansprüchen nicht genügend:* ein bescheidenes Zimmer, Einkommen. **Syn.:** ärmlich, armselig, dürftig, karg, kärglich, kläglich, knapp, kümmerlich, mickrig (ugs. abwertend), popelig (ugs. abwertend), primitiv, schlicht, spärlich.

be|schei|ni|gen [bəˈʃai̯nɪgn̩] ⟨tr.; hat⟩:
schriftlich bestätigen: den Empfang des Geldes bescheinigen. **Syn.:** beglaubigen, quittieren.

Be|schei|ni|gung [bəˈʃai̯nɪgʊŋ], die; -, -en:
1. *das Bescheinigen:* die Bescheinigung erfolgt schriftlich.
2. *Schriftstück, mit dem etwas bescheinigt wird:* er braucht eine Bescheinigung über seinen Aufenthalt im Krankenhaus. **Syn.:**

Beleg, Schein, Zeugnis. **Zus.:** Empfangsbescheinigung, Gehaltsbescheinigung, Lohnbescheinigung, Verdienstbescheinigung.

be|schen|ken [bəˈʃɛŋkn̩] ⟨tr.; hat⟩: *(jmdm.) etwas schenken; mit Gaben, Geschenken bedenken:* jmdn. reich beschenken; zu Weihnachten beschenken sie sich [gegenseitig]. **Syn.:** bedenken (geh.), schenken.

be|sche|ren [bəˈʃeːrən] ⟨tr.; hat⟩:
1. *zu Weihnachten beschenken:* die Kinder bescheren; ⟨auch itr.:⟩ wir bescheren immer schon vor dem Abendessen.
2. *jmdn. mit einer Situation, mit der er nicht gerechnet hat, konfrontieren, überraschen:* das Schicksal hat ihm viel Gutes beschert; der gestrige Tag bescherte uns eine böse Überraschung.

be|schie|ßen [bəˈʃiːsn̩], beschoss, beschossen ⟨tr.; hat⟩: *längere Zeit hindurch (auf jmdn., etwas) schießen:* das Dorf war [mit schwerer Artillerie] beschossen worden. **Syn.:** feuern auf, unter Beschuss nehmen, unter Feuer nehmen.

be|schimp|fen [bəˈʃɪmpfn̩] ⟨tr.; hat⟩: *mit groben Worten beleidigen:* er hat sie auf übelste Weise beschimpft. **Syn.:** heruntermachen (ugs.), schmähen.

Be|schlag [bəˈʃlaːk]: in der Wendung **in Beschlag nehmen, mit Beschlag belegen:** *ganz für sich in Anspruch nehmen:* die Kinder nahmen den Onkel die ganze Zeit über in Beschlag; diese Arbeit nimmt mich völlig in Beschlag! **Syn.:** absorbieren (geh.), beschlagnahmen (scherzh.), für sich beanspruchen.

¹be|schla|gen [bəˈʃlaːgn̩], beschlägt, beschlug, beschlagen:
1. ⟨tr.; hat⟩ *mit etwas versehen, was durch Nägel gehalten wird:* ein Fass mit Reifen beschlagen; der Schmied hat das Pferd beschlagen.
2. ⟨itr.; ist⟩ *sich mit einer dünnen Schicht (besonders aus Wassertröpfchen) überziehen:* das Fenster beschlägt schnell, ist beschlagen. **Syn.:** anlaufen.

²be|schla|gen [bəˈʃlaːgn̩] ⟨Adj.⟩: *(auf einem Gebiet) gut Bescheid wissend, sich auskennend:* eine ungewöhnlich beschlagene Fachfrau; jeder halbwegs beschlagene Fachmann weiß das; er ist auf seinem Gebiet sehr beschlagen. **Syn.:** bewandert, ²erfahren, firm, geübt, kundig, professionell, qualifiziert, routiniert, sachkundig, sattelfest, sicher.

be|schlag|nah|men [bəˈʃlaːknaːmən] ⟨tr.; hat⟩:
1. *in amtlichem Auftrag wegnehmen:* die Polizei beschlagnahmte alle Akten, das Diebesgut. **Syn.:** einziehen, sicherstellen.
2. (scherzh.) *für sich in Anspruch nehmen, mit Beschlag belegen:* du beschlagnahmst mich schon den ganzen Tag mit deinen Fragen! **Syn.:** absorbieren (geh.), für sich beanspruchen, in Beschlag nehmen.

be|schlei|chen [bəˈʃlai̯çn̩], beschlich, beschlichen ⟨tr.; hat⟩: *(jmdn. als Gefühl, Gemütsbewegung o. Ä.) langsam und unbemerkt ergreifen, überkommen:* ein Gefühl der Niedergeschlagenheit beschlich ihn. **Syn.:** anwandeln (geh.), befallen, erfassen, erfüllen, überfallen, übermannen, überwältigen.

be|schleu|ni|gen [bəˈʃlɔy̯nɪgn̩]:
1. a) ⟨itr.; hat⟩ *schneller werden lassen:* seine Schritte beschleunigen; das Tempo beschleunigen. **b)** ⟨itr.⟩ *eine bestimmte Fähigkeit haben, schneller zu werden:* das Auto beschleunigt gut. **c)** ⟨+ sich⟩ *schneller werden:* sein Puls beschleunigte sich; das Wirtschaftswachstum beschleunigte sich im letzten Jahr.
2. ⟨tr.; hat⟩ *früher, schneller geschehen, vonstattengehen lassen:* seine Abreise, die Arbeit beschleunigen. **Syn.:** forcieren.

be|schlie|ßen [bəˈʃliːsn̩], beschloss, beschlossen ⟨tr.; hat⟩:
1. *einen bestimmten Entschluss fassen:* sie beschlossen, doch schon früher abzureisen; die Vergrößerung des Betriebs beschließen; der Bundestag beschließt ein neues Gesetz; über die Steuergesetzgebung beschließen. **Syn.:** den Beschluss fassen, sich entscheiden für, sich entschließen zu, sich vornehmen.
2. *auf bestimmte Weise zu Ende führen; enden lassen:* eine Feier [mit einem Lied] beschließen. **Syn.:** abschließen, beenden.

Be|schluss [bəˈʃlʊs], der; -es, Beschlüsse [bəˈʃlʏsə]: *[gemeinsam] festgelegte Entscheidung; Ergebnis einer Beratung:* einen Beschluss verwirklichen; einen Beschluss fassen *(etwas beschließen);* auf, laut Beschluss der Direktion. **Syn.:** Entschluss. **Zus.:** Gerichtsbeschluss, Grundsatzbeschluss, Mehrheitsbeschluss, Regierungsbeschluss.

be|schmut|zen [bəˈʃmʊt͜sn̩] ⟨tr.; hat⟩:
1. *schmutzig machen:* den Teppich beschmutzen; du hast dich beschmutzt. **Syn.:** verschmutzen, verunreinigen.
2. *schädigen:* das Andenken der Verstorbenen beschmutzen; den Namen, den Ruf der Familie beschmutzen. **Syn.:** diffamieren, herabsetzen, heruntermachen (ugs.), herziehen über (ugs.), miesmachen (ugs. abwertend), schlechtmachen (ugs.).

be|schnei|den [bəˈʃnai̯dn̩], beschnitt, hat beschnitten ⟨tr.; hat⟩:
1. *durch Schneiden kürzen, in die richtige Form bringen:* die Äste der knorrigen Bäume beschneiden; Papier, Bretter beschneiden. **Syn.:** ¹scheren, schneiden, ²stutzen.
2. (geh.) *geringer, eingeschränkter, begrenzter werden lassen:* jmdm. seine Freiheit, seine Hoffnung beschneiden; jmdn. in seinen Rechten beschneiden; jmds. Rechte beschneiden. **Syn.:** beschränken, einengen, herabsetzen, kürzen, mindern, reduzieren, schmälern, verkleinern, vermindern, verringern.
3. *(aus rituellen oder medizinischen Gründen) einem Mann die Vorhaut, (aus rituellen Gründen) der Frau die Klitoris bzw. die kleinen Schamlippen entfernen:* den Jungen beschneiden; sie wurde beschnitten.

be|schö|ni|gen [bəˈʃøːnɪgn̩] ⟨tr.; hat⟩: *(Negatives) positiver darstellen, vorteilhafter erscheinen lassen:* jmds. Fehler, Handlungen beschönigen; ein paar beschönigende Worte sagen. **Syn.:** bagatellisieren, bemänteln (geh.), frisieren, verbrämen.

be|schrän|ken [bəˈʃrɛŋkn̩]:
a) ⟨tr.; hat⟩ *geringer, eingeengter, begrenzter werden lassen:* jmds. Rechte, Freiheit beschränken; die Zahl der Plätze ist beschränkt; in beschränkten *(ärmlichen)* Verhältnissen leben. **Syn.:** beschneiden, drosseln, einschränken, herabsetzen, kürzen, limitieren, mindern, reduzieren, schmälern, streichen, verkleinern, verkürzen, vermindern, verringern. **b)** ⟨+ sich⟩ *es mit einer begrenzten Anzahl, Größe, einem begrenzten Umfang o. Ä. von etwas genug sein lassen; etwas nicht unnötig ausweiten:* bei seiner Rede beschränkte er sich auf das Notwendigste; sie weiß sich zu beschränken. **Syn.:** sich begnügen, sich zufriedengeben.

be|schrankt [bəˈʃraŋkt] ⟨Adj.⟩:
mit Schranken versehen: der Bahnübergang ist nicht beschrankt.

be|schränkt [bəˈʃrɛŋkt] ⟨Adj.⟩:
1. (abwertend) *von geringer Intelligenz:* eine beschränkte Person; er ist etwas beschränkt. **Syn.:** begriffsstutzig, blöd[e] (ugs.), borniert, dämlich (ugs.), doof (ugs.), dumm, dümmlich, duss[e]lig (ugs.), einfältig, idiotisch, stumpfsinnig, töricht (abwertend), unbedarft, unverständig.
2. *kleinlich [denkend]; nicht sehr weitblickend:* einen beschränkten Horizont haben. **Syn.:** engstirnig.

be|schrei|ben [bəˈʃrai̯bn̩], beschrieb, beschrieben:
1. ⟨tr.; hat⟩ *(eine Fläche) mit Geschriebenem, Schriftzeichen versehen:* ein Blatt Papier beschreiben. **Syn.:** vollkritzeln (ugs.), vollschreiben.
2. ⟨tr.; hat⟩ *mit Worten in Einzelheiten darstellen, wiedergeben:* seine Eindrücke beschreiben; einen Vorgang, einen Gegenstand [genau, ausführlich] beschreiben; es ist nicht zu beschreiben, wie schön es war. **Syn.:** ausmalen, darlegen, erzählen, in Worte kleiden, schildern, veranschaulichen.
3. ⟨itr.; hat⟩ *sich in einer bestimmten Bahn bewegen:* eine Kurve beschreiben; der Fluss beschreibt einen Bogen; er beschrieb *(zeichnete)* einen Kreis mit dem Zirkel.

Be|schrei|bung [bəˈʃrai̯bʊŋ], die; -, -en:
a) *das Beschreiben, das Darstellen:* die Beschreibung der örtlichen Verhältnisse nahm viel Zeit in Anspruch. **Syn.:** Darstellung, Schilderung, Wiedergabe; *** jeder Beschreibung spotten:** *so schlimm sein, dass man es mit Worten nicht wiedergeben kann:* deine Frechheit spottet jeder Beschreibung. **b)** *[schriftlich niedergelegte] Darstellung, Schilderung, die Besonderheiten, Kennzeichen o. Ä. genau angibt:* eine Beschreibung für den Gebrauch; die Beschreibung des Täters; die einzelnen Beschreibungen dieses Vorfalls sind sehr verschieden.

be|schrif|ten [bəˈʃrɪftn̩], beschriftete, beschriftet ⟨tr.; hat⟩:
mit einer Aufschrift, Nummer, Namens-, Inhaltsangabe o. Ä. versehen: ein Schild, einen Umschlag mit Name und Adresse beschriften. **Syn.:** beschreiben.

be|schul|di|gen [bəˈʃʊldɪɡn̩] ⟨tr.; hat⟩:
(jmdm. etwas) zur Last legen; (jmdm.) die Schuld (an etwas) geben: man beschuldigte sie des Mordes; man beschuldigte ihn, einen Diebstahl begangen zu haben. **Syn.:** anklagen, anschuldigen, bezichtigen, verantwortlich machen, verdächtigen.

Be|schuss [bəˈʃʊs], der; -es:
a) *das Beschießen:* durch den Beschuss der Stadt wurden viele Häuser zerstört; unter Beschuss geraten; unter schwerem Beschuss liegen. **Syn.:** Bombardement, Feuer. **Zus.:** Artilleriebeschuss. **b)** *scharfe Kritik in der Öffentlichkeit:* der Abgeordnete ist wegen Verdachts auf Korruption unter Beschuss geraten; unter Beschuss stehen.

be|schüt|zen [bəˈʃʏt͡sn̩] ⟨tr.; hat⟩:
darauf bedacht sein, dass jmdm. nichts geschieht; in seine Obhut, in seinen Schutz nehmen: er beschützte seinen kleinen Bruder. **Syn.:** behüten, bewahren, decken, in Schutz nehmen, schützen.

Be|schwer|de [bəˈʃveːɐ̯də], die; -, -n:
1. *Klage, mit der sich jmd. über jmdn., über etwas beschwert, seine Unzufriedenheit ausdrückt:* die Beschwerde hatte nichts genutzt; sie richtete eine Beschwerde an die zuständige Stelle.
2. ⟨Plural⟩ *körperliche Leiden:* die Beschwerden des Alters. **Syn.:** Gebrechen ⟨Singular⟩ (geh.), Leiden ⟨Singular⟩, Siechtum ⟨Singular⟩ (geh.). **Zus.:** Altersbeschwerden, Herzbeschwerden, Magenbeschwerden, Schluckbeschwerden, Verdauungsbeschwerden.

be|schwe|ren [bəˈʃveːrən]:
1. ⟨+ sich⟩ *bei einer zuständigen Stelle Klage führen, Beschwerden vorbringen:* du hast dich bei ihr über diesen Vorfall/wegen dieses Vorfalls beschwert. **Syn.:** Anstoß nehmen an, sich beklagen, Beschwerde führen, Einspruch erheben gegen, etwas auszusetzen haben an, Klage führen über, Kritik üben an, meckern (ugs. abwertend), motzen (ugs.), nörgeln.
2. ⟨tr.; hat⟩ *etwas Schweres auf etwas legen [und es so an seinem Platz festhalten]:* Briefe mit einem Stein beschweren. **Syn.:** belasten.

be|schwer|lich [bəˈʃveːɐ̯lɪç] ⟨Adj.⟩:
mit Anstrengung verbunden: eine beschwerliche Arbeit; der Weg war lang und beschwerlich. **Syn.:** anstrengend, ermüdend, hart, mühsam, mühselig, sauer, schwer, strapaziös.

be|schwich|ti|gen [bəˈʃvɪçtɪɡn̩] ⟨tr.; hat⟩:
beruhigend auf jmdn., etwas einwirken: er versuchte, seinen zornigen Freund zu beschwichtigen. **Syn.:** beruhigen, besänftigen.

be|schwin|deln [bəˈʃvɪndl̩n] ⟨tr.; hat⟩ (ugs.):
(jmdm. gegenüber) nicht ganz ehrlich und aufrichtig sein; eine Frage nicht der Wahrheit entsprechend beantworten: sie hat dich gestern ganz schön beschwindelt. **Syn.:** anschwindeln, belügen.

be|schwingt [bəˈʃvɪŋt] ⟨Adj.⟩:
heiter und voller Schwung: er kam mit beschwingten Schritten; beschwingte Melodien. **Syn.:** beflügelt, dynamisch, flott, forsch, lebhaft, schmissig (ugs.), schneidig, schnittig,

schwungvoll, temperamentvoll, zackig.

be|schwipst [bəˈʃvɪpst] ⟨Adj.⟩ (ugs.): *leicht betrunken [und ausgelassen]:* bei dem Fest waren alle schon etwas beschwipst. **Syn.:** angeheitert, angetrunken, berauscht, trunken (geh.).

be|schwö|ren [bəˈʃvøːrən], beschwor, beschworen ⟨tr.; hat⟩: **1.** *durch Eid bestätigen:* seine Aussagen [vor Gericht] beschwören; kannst du das beschwören? **Syn.:** auf seinen Eid nehmen, beeidigen, beteuern, geloben (geh.), schwören. **2.** *eindringlich bitten:* er beschwor sie, nicht zu reisen. **Syn.:** anflehen, bedrängen, bestürmen, drängen, ersuchen. **3.** *durch Zauber (über jmdn., etwas) Gewalt erlangen:* einen Geist, Tote beschwören; jemanden mit beschwörenden Blicken ansehen. **Syn.:** bannen.

be|seel|len [bəˈzeːlən] ⟨tr.; hat⟩ (geh.): *innerlich erfüllen:* ein heißes Verlangen, das ihn beseelte; von einem starken Willen beseelt sein.

be|sei|ti|gen [bəˈzaitɪɡn̩] ⟨tr.; hat⟩: **1.** *bewirken, dass etwas nicht mehr vorhanden ist:* den Schmutz, einen Fleck, Schaden beseitigen; alle Schwierigkeiten, die Ursache des Übels beseitigen. **Syn.:** abschaffen, abstellen, aufheben, auflösen, aufräumen mit, aus dem Weg[e] räumen, ausräumen, außer Kraft setzen, entfernen, entsorgen, für nichtig erklären, für null und nichtig erklären, für ungültig erklären, zum Verschwinden bringen. **2.** (verhüll.) *ermorden, umbringen:* er hat seinen Konkurrenten beseitigt; sie haben alle Zeugen der Anklage brutal beseitigen lassen. **Syn.:** kaltmachen (salopp), killen (salopp), über die Klinge springen lassen (ugs.), um die Ecke bringen (ugs.), umlegen (ugs.).

Be|sei|ti|gung [bəˈzaitɪɡʊŋ], die; -: **1.** *das Beseitigen* (1): die Beseitigung des Mülls; die Beseitigung noch bestehender Schwierigkeiten. **Syn.:** Auflösung, Entfernung, Entsorgung. **Zus.:** Abfallbeseitigung, Müllbeseitigung, Schadensbeseitigung. **2.** (verhüll.) *Ermordung, Tötung:* die Beseitigung der wichtigsten Zeugin; die Beseitigung des Rivalen. **Syn.:** Mord.

Be|sen [ˈbeːzn̩], der; -s, -: *Gegenstand zum Kehren, Fegen:* er holte einen Besen und kehrte die Scherben zusammen. **Zus.:** Kehrbesen, Reisigbesen, Strohbesen.

be|ses|sen [bəˈzɛsn̩]: in der Verbindung * **von etwas besessen sein:** *von etwas heftig ergriffen, ganz erfüllt sein:* von einem Gedanken, einer Idee besessen sein. **Syn.:** von etwas begeistert sein, von etwas beherrscht sein, von etwas berauscht sein, von etwas beseelt sein, von etwas hingerissen sein.

be|set|zen [bəˈzɛt͜sn̩] ⟨tr.; hat⟩: **1. a)** *in etwas eindringen und in Besitz nehmen:* ein Land besetzen; ein Haus besetzen. **Syn.:** einnehmen, okkupieren. **b)** *belegen, reservieren, für sich in Anspruch nehmen:* einen Fensterplatz im Abteil besetzen. **c)** *sich widerrechtlich als Zeichen des Protestes in ein Gebäude, auf ein Gebiet begeben und dort bleiben:* eine Kirche besetzen; das von Atomkraftgegnern besetzte Gelände wurde von der Polizei geräumt; die Streikenden besetzten den Betrieb. **2.** *an jmdn. vergeben:* einen Posten, eine Rolle beim Theater besetzen. **Zus.:** fehlbesetzen. **3.** *zur Verzierung (mit etwas) versehen:* einen Mantel mit Pelz besetzen. **Syn.:** dekorieren, schmücken, verzieren, zieren.

besetzt [bəˈzɛt͜st] ⟨Adj.⟩: *nicht frei:* die Toilette ist besetzt; dieser Platz ist leider [schon] besetzt *(reserviert);* alle Tische waren [voll] besetzt *(an keinem der Tische war mehr ein Platz frei);* die Leitung ist besetzt.

Be|set|zung [bəˈzɛt͜sʊŋ], die; -, -en: **a)** *das Besetzen* (1): die Besetzung eines Landes durch feindliche Truppen. **b)** *das Vergeben an jmdn.:* die Besetzung des Postens erwies sich als notwendig. **c)** *Gesamtheit der Künstlerinnen und Künstler, die bei der Aufführung eines Theaterstückes o. Ä. mitwirken:* die Oper wurde in einer hervorragenden Besetzung aufgeführt. **Zus.:** Fehlbesetzung. **d)** (Sport) *Mannschaftsaufstellung:* der Trainer lässt sein Team immer in der gleichen Besetzung spielen.

be|sich|ti|gen [bəˈzɪçtɪɡn̩] ⟨tr.; hat⟩: *aufsuchen und betrachten:* eine Kirche, eine neue Wohnung besichtigen. **Syn.:** angucken (ugs.), anschauen (bes. südd., österr., schweiz.), ansehen, begutachten, in Augenschein nehmen, mustern.

be|sie|deln [bəˈziːdl̩n] ⟨tr.; hat⟩: *neue Siedlungen (in einem Land) errichten:* dieses Land wurde erst spät besiedelt; ein dicht besiedeltes Gebiet. **Syn.:** bevölkern, sich ansiedeln auf/in, sich niederlassen auf/in, siedeln auf/in.

be|sie|gen [bəˈziːɡn̩] ⟨tr.; hat⟩: **a)** *den Sieg (über jmdn.) erringen, (gegen jmdn.) gewinnen:* den Gegner [im Kampf] besiegen. **Syn.:** aus dem Felde schlagen, außer Gefecht setzen, ausstechen, bezwingen, fertigmachen (ugs.), gewinnen gegen, in die Knie zwingen (geh.), in die Pfanne hauen (salopp), schlagen, sich [1]durchsetzen gegen, siegen über, triumphieren über, übertreffen, übertrumpfen. **b)** *überwinden, einer Sache Herr werden:* jmds. Zweifel besiegen; sie hat die schwere Krankheit besiegt.

be|sin|nen [bəˈzɪnən], besann, besonnen ⟨+ sich⟩: **1.** *überlegen:* er besann sich eine Weile, ehe er antwortete. **Syn.:** sich bedenken, grübeln, nachdenken, reflektieren (geh.), sich Gedanken machen, sinnen (geh.), sinnieren. **2. a)** *sich (an etwas) erinnern:* sich auf Einzelheiten besinnen können. **Syn.:** sich entsinnen. **b)** *sich bewusst werden:* sie besann sich auf sich selbst; (geh.) besinne dich deiner Verantwortung!

be|sinn|lich [bəˈzɪnlɪç] ⟨Adj.⟩: *der Besinnung dienend:* eine besinnliche Stunde im Advent.

Be|sin|nung [bəˈzɪnʊŋ], die; -: **1.** *ruhiges Nachdenken:* nach einer Weile der Besinnung war er ruhiger geworden; vor lauter Lärm nicht zur Besinnung kommen. **Syn.:** Betrachtung, Reflexion, Überlegung. **Zus.:** Rückbesinnung, Selbstbesinnung.

2. *Bewusstsein, die Herrschaft über die Sinne:* die Besinnung verlieren; ohne Besinnung sein.

be|sin|nungs|los [bəˈzɪnʊŋsloːs] ⟨Adj.⟩:
1. *ohne Besinnung* (2): sie ist besinnungslos geworden; nach dem Schlag auf den Kopf brach er besinnungslos zusammen. **Syn.:** bewusstlos, ohne Bewusstsein, ohnmächtig.
2. *(vor Angst, Wut o. Ä.) außer sich, nicht zu überlegtem Handeln fähig:* in besinnungsloser Angst rannte er weg; sie schlugen besinnungslos vor Wut auf das Opfer ein. **Syn.:** blind, extrem, maßlos.

Be|sitz [bəˈzɪts], der; -es:
1. *etwas, was jmdm. gehört; Eigentum:* das Haus ist sein einziger Besitz. **Syn.:** Geld und Gut (geh.), Hab und Gut (geh.), Habe, Habseligkeiten ⟨Plural⟩, Vermögen. **Zus.:** Familienbesitz, Gemeinbesitz, Grundbesitz, Privatbesitz.
2. *das Besitzen:* der Besitz eines Autos. **Zus.:** Alleinbesitz, Kapitalbesitz, Kunstbesitz, Mitbesitz, Vollbesitz, Waffenbesitz.

be|sit|zen [bəˈzɪtsn̩], besaß, besessen ⟨itr.; hat⟩:
a) *sein Eigen nennen, (als Eigentum) haben:* sie besitzt ein Haus.
b) *haben:* er besaß die Frechheit, das zu behaupten. **Syn.:** in Besitz haben, sein Eigen nennen (geh.), verfügen über, zur Verfügung haben.

Be|sit|zer [bəˈzɪtsɐ], der; -s, -, **Be|sit|ze|rin** [bəˈzɪtsərɪn], die; -, -nen:
Person, die etwas Bestimmtes besitzt: sie ist die Besitzerin dieses Hauses; das Lokal hat den Besitzer gewechselt. **Syn.:** Eigentümer, Eigentümerin, Inhaber, Inhaberin. **Zus.:** Autobesitzer, Autobesitzerin, Fabrikbesitzer, Fabrikbesitzerin, Hausbesitzer, Hausbesitzerin, Hotelbesitzer, Hotelbesitzerin, Mitbesitzer, Mitbesitzerin, Vorbesitzer, Vorbesitzerin.

be|sitz|er|grei|fend [bəˈzɪts|ɛɐ̯ɡraifn̩t] ⟨Adj.⟩ (oft abwertend):
jmdn., (seltener) etwas besitzen wollend, über jmdn., (seltener) etwas Macht haben wollend: sie hat ein sehr besitzergreifendes Wesen; er war eifersüchtig, besitzergreifend und herrschsüchtig.

Be|sit|zung [bəˈzɪtsʊŋ], die; -, -en:
größerer Besitz an Grund und Gebäuden: er hat alle seine Besitzungen verloren. **Syn.:** Anwesen, Ländereien ⟨Plural⟩.

be|sof|fen [bəˈzɔfn̩] ⟨Adj.⟩ (salopp):
betrunken: ein besoffener Autofahrer; sie war total besoffen. **Syn.:** berauscht, blau (ugs.), sternhagelvoll (ugs.), trunken (geh.), voll (ugs.).

be|soh|len [bəˈzoːlən] ⟨tr.; hat⟩:
mit neuen Sohlen versehen: ein Paar Schuhe [neu] besohlen lassen; neu besohlte Schuhe.

be|sol|den [bəˈzɔldn̩], besoldete, besoldet ⟨tr.; hat⟩:
(einem Soldaten, einer Soldatin) den Sold, (einem Beamten, einer Beamtin) das Gehalt zahlen: der Staat besoldet die Beamten.

be|son|der... [bəˈzɔndər...] ⟨Adj.⟩:
anders als sonst üblich, sich vom sonst Üblichen abhebend: jmdm. eine besondere Freude machen; er zählte zu den besonderen Gratulanten. **Syn.:** auffallend, außergewöhnlich, außerordentlich, beachtlich, bemerkenswert, exklusiv, speziell, ungewöhnlich.

Be|son|der|heit [bəˈzɔndɐhait], die; -, -en:
besonderes Merkmal: die Besonderheit dieser Tierart ist, dass sie sich auf Bäumen fortpflanzt; eine Besonderheit aufweisen. **Syn.:** besondere Eigenschaft, besonderer Zug, Eigenart, Eigenheit, Kennzeichen, Spezialität.

be|son|ders [bəˈzɔndɐs] ⟨Adverb⟩:
a) *für sich:* diese Frage müssen wir besonders behandeln. **Syn.:** getrennt, separat. **b)** *vor allem:* das möchte ich besonders betonen. **Syn.:** hauptsächlich, in der Hauptsache, in erster Linie, insbesondere, namentlich, vor allen Dingen. **c)** *in besonderem Maße:* dieses Bild ist besonders schön, groß; in der Arbeit sind besonders viele Fehler. **Syn.:** arg (ugs.), ausgesprochen, ausnehmend, außergewöhnlich, außerordentlich, äußerst, bemerkenswert, denkbar, enorm, höchst, sehr, selten, sonderlich, überaus, ungemein, ungewöhnlich.
d) * **nicht besonders:** *mittelmäßig, in enttäuschender Weise schlecht:* der Film war nicht besonders.

be|son|nen [bəˈzɔnən] ⟨Adj.⟩:
ruhig und umsichtig: ein besonnener Mensch; besonnen handeln; besonnen reagieren. **Syn.:** bedächtig, beherrscht, cool (Jargon), gefasst, gelassen, gesetzt, kaltblütig, mit Bedacht, mit Besonnenheit, mit Ruhe, mit Vorsicht, überlegt, vernünftig, vorsichtig.

be|sor|gen [bəˈzɔrɡn̩] ⟨tr.; hat⟩:
1. *etwas beschaffen, kaufen:* etwas zum Essen, Geschenke besorgen; ich muss mir noch ein Buch besorgen. **Syn.:** [1]beschaffen, auftreiben (ugs.), beibringen, holen, verschaffen, zusammenbringen.
2. *sich (um jmdn., etwas) kümmern, (jmdn., etwas) versorgen:* den Haushalt besorgen. **Syn.:** betreuen.

Be|sorg|nis [bəˈzɔrknɪs], die; -, -se:
das Besorgtsein: seine Besorgnis um den kranken Jungen war sehr groß. **Syn.:** Angst, Sorge.

besorgt [bəˈzɔrkt] ⟨Adj.⟩:
a) *von Sorge erfüllt:* ein besorgter Vater; ich bin wegen deines Hustens sehr besorgt; sie zeigte sich über diese Entwicklung sehr besorgt. **Syn.:** in Sorge.
b) * **besorgt sein um jmdn., etwas:** *bedacht sein auf etwas; Sorge haben um jmdn.:* sie war um seine Gesundheit besorgt; er war stets um das Wohl seiner Gäste besorgt.

be|spit|zeln [bəˈʃpɪtsl̩n] ⟨tr.; hat⟩:
durch einen Spitzel heimlich beobachten und aushorchen: der Politiker wurde von seinem Gegner bespitzelt. **Syn.:** aushorchen (ugs.), ausspionieren, beschatten, bewachen, kontrollieren, nicht aus den Augen lassen, observieren, überwachen.

be|spre|chen [bəˈʃprɛçn̩], bespricht, besprach, besprochen:
1. ⟨tr.; hat⟩ *gemeinsam ausführlich (über etwas) sprechen; (etwas) im Gespräch klären:* die neuesten Ereignisse besprechen. **Syn.:** absprechen, behandeln, beleuchten, beraten, debattieren, diskutieren, durchkauen (ugs.), durchsprechen, erörtern,

reden über, sich beraten über, sich unterhalten über, verhandeln.
2. ⟨+ sich⟩ *eine Besprechung mit jmdm. haben:* wir müssen uns noch darüber besprechen; er besprach sich mit ihr über diesen Fall.
3. ⟨tr.; hat⟩ *eine Kritik (über etwas) schreiben:* ein Buch/einen Film besprechen. **Syn.:** kritisieren, rezensieren, würdigen.

Be|spre|chung [bəˈʃprɛçʊŋ], die; -, -en:
1. *ausführliches Gespräch über eine bestimmte Sache, Angelegenheit:* eine Besprechung der Lage; eine Besprechung [über etwas] abhalten; sie ist in einer wichtigen Besprechung; er hat eine Besprechung mit seinem Chef. **Syn.:** Aussprache, Debatte, Dialog, Diskussion, Erörterung, Unterhaltung, Unterredung. **Zus.:** Arbeitsbesprechung, Lagebesprechung, Redaktionsbesprechung, Vorbesprechung.
2. *Rezension:* das Buch hatte eine lobende, ablehnende Besprechung; in einer in der Lokalpresse erschienenen Besprechung wurde der Film zerrissen. **Syn.:** Kritik. **Zus.:** Buchbesprechung, Filmbesprechung.

be|spren|gen [bəˈʃprɛŋən] ⟨tr.; hat⟩:
durch Spritzen leicht befeuchten: vor dem Bügeln die Wäsche mit Wasser besprengen; sich mit Parfüm besprengen. **Syn.:** benetzen, bespritzen, besprühen.

be|sprit|zen [bəˈʃprɪtsn̩] ⟨tr.; hat⟩:
1. *durch Spritzen nass machen:* er hat sie [mit Wasser] bespritzt. **Syn.:** besprengen, besprühen, nass spritzen.
2. *durch Spritzen schmutzig machen:* das vorbeifahrende Auto hat mich, meinen Mantel ganz bespritzt; er hat seinen Mitschüler mit Tinte bespritzt.

be|sprü|hen [bəˈʃpryːən] ⟨tr.; hat⟩:
durch Sprühen leicht befeuchten: Pflanzen mit einem Mittel gegen Blattläuse besprühen. **Syn.:** besprengen, bespritzen, sprengen, spritzen.

[1]bes|ser [ˈbɛsɐ] ⟨Adj.⟩:
1. Komparativ von »gut«: die bessere Schülerin; dieses Mittel ist besser; in den neuen Schuhen kann er besser gehen; *** sich eines Besseren besinnen:** *seinen Entschluss ändern:* sie wollte schon anfangen, besann sich aber dann eines Besseren.
2. *einer höheren Schicht der Gesellschaft angehörend:* ein besserer Herr; bessere Leute.

[2]bes|ser [ˈbɛsɐ] ⟨Adverb⟩:
lieber: lass das besser bleiben; das solltest du besser nicht tun; geh besser zum Arzt; du hättest besser geschwiegen, schweigen sollen.

bes|sern [ˈbɛsɐn]:
1. ⟨+ sich⟩ *besser werden:* das Wetter, seine Laune hat sich gebessert; sie versprach sich zu bessern. **Syn.:** ein besserer Mensch werden, sich läutern (geh.), sich verbessern.
2. ⟨tr.; hat⟩ *besser machen:* damit besserst du auch nichts; die Strafe hat ihn nicht gebessert. **Syn.:** läutern (geh.), verbessern.

Bes|se|rung [ˈbɛsərʊŋ], die; -:
das Besserwerden: eine Besserung der Lage ist nicht in Sicht; der Kranke befindet sich auf dem Weg der Besserung; sie wünschte dem Patienten gute Besserung; wir gelobten feierlich Besserung *(versprachen, uns zu bessern).* **Syn.:** Verbesserung. **Zus.:** Wetterbesserung.

Bes|ser|wis|ser [ˈbɛsɐvɪsɐ], der; -s, -, **Bes|ser|wis|se|rin** [ˈbɛsɐvɪsərɪn], die; -, -nen:
Person, die alles besser zu wissen glaubt: ein arroganter Besserwisser; sie ist eine altkluge Besserwisserin.

best... [ˈbɛst...] ⟨Adj.⟩:
Superlativ von »gut«: das beste Restaurant der Stadt; unser bester Honig; aus bester Baumwolle; meine beste Freundin; es wird das Beste sein, nach Hause zu gehen. **Syn.:** ausgezeichnet, erst..., exzellent, hervorragend, oberst..., optimal, prima, sehr gut, vortrefflich, vorzüglich.

Be|stand [bəˈʃtant], der; -[e]s, Bestände [bəˈʃtɛndə]:
1. ⟨ohne Plural⟩ *das Bestehen:* den Bestand der Firma sichern; die Freundschaft war nicht von Bestand *(hielt nicht lange).* **Syn.:** Dauer, Kontinuität. **Zus.:** Tatbestand.
2. *vorhandene Menge (von etwas); Vorrat:* den Bestand der Waren ergänzen. **Syn.:** Inventar, Vorrat. **Zus.:** Baumbestand, Buchbestand, Viehbestand, Waldbestand, Warenbestand, Wildbestand.

be|stan|den [bəˈʃtandn̩] ⟨Adj.⟩:
bewachsen: ein mit alten Bäumen bestandener Garten.

be|stän|dig [bəˈʃtɛndɪç] ⟨Adj.⟩:
a) *dauernd, ständig:* in beständiger Sorge leben; ihre Leistungen werden langsam, aber beständig besser. **Syn.:** am laufenden Band (ugs.), andauernd, endlos, ewig (ugs.), fortgesetzt, fortwährend, immerzu, in einem fort, in einer Tour (ugs.), kontinuierlich, laufend, ohne Ende, ohne Pause, ohne Unterbrechung, ohne Unterlass, permanent, stetig, stets, Tag und Nacht, unablässig, unaufhörlich, unausgesetzt (veraltend), unentwegt, ununterbrochen. **b)** *gleichbleibend:* das Wetter ist beständig. **Syn.:** bleibend, dauerhaft, dauernd, unveränderlich, von Bestand, von Dauer. **Zus.:** wertbeständig.
c) *widerstandsfähig, dauerhaft:* dieses Material ist beständig gegen/gegenüber Hitze. **Syn.:** fest, haltbar, langlebig, robust, stabil, unverwüstlich.

-be|stän|dig [bəʃtɛndɪç] ⟨adjektivisches Suffixoid⟩ /vor allem in der Fach- und Werbesprache/:
1. *widerstandsfähig, unempfindlich gegenüber, geschützt vor dem im Basiswort Genannten:* bakterienbeständig; feuerbeständig; frostbeständig; hitzebeständig; kältebeständig; korrosionsbeständig; lichtbeständig; salzwasserbeständig; säurebeständig; sonnenbeständig; wärmebeständig; wasserbeständig; wetterbeständig; witterungsbeständig. **Syn.:** [1]-fest.
2. drückt aus, dass das im Basiswort Genannte mit dem Bezugswort ohne Schaden gemacht werden kann: bügelbeständig; gefrierbeständig; kochbeständig (Wäsche); reinigungsbeständig (Stoff). **Syn.:** -echt, -sicher.
3. drückt aus, dass das im Basiswort Genannte nicht zu befürchten ist: knitterbeständig (Material).

Be|stän|dig|keit [bəˈʃtɛndɪçkai̯t], die; -:

das Beständigsein: die Beständigkeit dieses Kunststoffes ist wirklich erstaunlich. **Syn.:** Ausdauer, Beharrlichkeit, Bestand, Dauer, Festigkeit, Härte, Kontinuität, Stabilität. **Zus.:** Formbeständigkeit, Frostbeständigkeit, Kältebeständigkeit.

Be|stand|teil [bəˈʃtanttai̯l], der; -[e]s, -e:
einzelner Teil eines Ganzen: Fett ist ein notwendiger Bestandteil unserer Nahrung; etwas in seine Bestandteile zerlegen. **Syn.:** Element. **Zus.:** Grundbestandteil, Hauptbestandteil.

be|stär|ken [bəˈʃtɛrkn̩] ⟨tr.; hat⟩:
a) *durch Zureden o. Ä. unterstützen, sicher machen:* jmdn. in seinem Vorsatz bestärken. **Syn.:** ermuntern, ermutigen, zuraten, zureden. **b)** *verstärken:* dieses Erlebnis bestärkt meine Zweifel. **Syn.:** anheizen (ugs.), ankurbeln, beschleunigen, forcieren, fördern, nachhelfen, steigern, vermehren, vertiefen.

be|stä|ti|gen [bəˈʃtɛːtɪgn̩]:
a) ⟨tr.; hat⟩ *(etwas) für richtig, zutreffend erklären:* er bestätigte ihre Worte. **Syn.:** bezeugen.
b) ⟨tr.; hat⟩ *mitteilen, dass man etwas erhalten hat:* den Empfang eines Briefs, einer Sendung bestätigen. **c)** ⟨tr.; hat⟩ *als richtig erweisen:* das bestätigt meinen Verdacht. **Syn.:** bekräftigen, bestärken, erhärten, stärken, unterstützen, vertiefen.
d) ⟨+ sich⟩ *sich als wahr, richtig erweisen:* die Nachricht hat sich bestätigt, seine Befürchtungen haben sich bestätigt. **Syn.:** sich bewahrheiten, sich als richtig herausstellen, sich als wahr herausstellen, sich als zutreffend erweisen, sich als zutreffend herausstellen.

be|stat|ten [bəˈʃtatn̩], bestattete, bestattet ⟨tr.; hat⟩:
feierlich begraben: einen Toten bestatten. **Syn.:** beerdigen, beisetzen (geh.), zu Grabe tragen (geh.), zur letzten Ruhe betten (geh. verhüllend), zur letzten Ruhe geleiten (geh. verhüllend).

Be|stat|tung [bəˈʃtatʊŋ], die; -, -en (geh.):
feierliches Begräbnis. **Syn.:** Beerdigung, Beisetzung (geh.). **Zus.:** Erdbestattung, Feuerbestattung, Leichenbestattung (geh.), Totenbestattung (geh.).

be|stau|nen [bəˈʃtau̯nən] ⟨tr.; hat⟩:
a) *staunend ansehen, betrachten:* sie bestaunten das neue Auto. **Syn.:** bewundern, staunen über.
b) *über jmdn., etwas staunen; jmdn., etwas bewundernd anerkennen:* er bestaunte ihre großen Kenntnisse; die viel bestaunten Rekorde der letzten Jahre.

be|ste|chen [bəˈʃtɛçn̩], besticht, bestach, bestochen:
1. ⟨tr.; hat⟩ *durch Geschenke in nicht erlaubter Weise für seine Zwecke gewinnen:* einen Beamten [mit Geld] bestechen. **Syn.:** korrumpieren (abwertend), schmieren (ugs. abwertend).
2. ⟨tr.; hat⟩ *für sich einnehmen:* sein sicheres Auftreten hat alle bestochen; ⟨auch itr.⟩ sie bestach durch ihre Schönheit; eine bestechende *(hervorragende)* Idee. **Syn.:** ankommen bei, ansprechen, beeindrucken, gefallen, imponieren, zusagen.

be|stech|lich [bəˈʃtɛçlɪç] ⟨Adj.⟩:
sich leicht bestechen lassend: ein bestechlicher Polizist; der Beamte ist bestechlich. **Syn.:** käuflich, korrupt (abwertend).

Be|ste|chung [bəˈʃtɛçʊŋ], die; -, -en:
das Bestechen: er wurde wegen Bestechung bestraft. **Syn.:** Korruption (abwertend). **Zus.:** Beamtenbestechung.

Be|steck [bəˈʃtɛk], das; -[e]s, -e:
zusammengehörende Gegenstände (für eine Person), mit denen man die Speisen zu sich nimmt (Messer, Gabel und Löffel): Besteck polieren, auflegen; neues Besteck kaufen. **Zus.:** Essbesteck, Fischbesteck, Kinderbesteck, Obstbesteck, Salatbesteck, Silberbesteck.

be|ste|hen [bəˈʃteːən], bestand, bestanden:
1. ⟨itr.; hat⟩ *vorhanden sein:* zwischen den beiden Sorten besteht kein Unterschied; das Geschäft besteht noch nicht lange. **Syn.:** [1]sein, da sein, existieren, walten (geh.).
2. ⟨itr.; hat⟩ **a)** *sich zusammensetzen (aus etwas), gebildet sein (aus etwas):* ihre Nahrung bestand aus Wasser und Brot. **Syn.:** [1]sein, gebildet werden von, gemacht sein, sich rekrutieren, sich zusammensetzen. **b)** *(etwas) als Inhalt haben:* seine Aufgabe besteht in der Erledigung der Korrespondenz; der Unterschied besteht nur im Preis. **Syn.:** beinhalten, einschließen, enthalten, in sich begreifen, umfassen, zum Inhalt haben.
3. ⟨tr.; hat⟩ *den Anforderungen (einer Prüfung o. Ä.) entsprechen, gewachsen sein:* eine Prüfung mit Auszeichnung bestehen; ein Abenteuer, einen Kampf bestehen; ⟨auch itr.⟩ sie konnte vor ihm/vor seinen Augen nicht bestehen *(konnte bei ihm keine Anerkennung finden).* **Syn.:** aushalten, ausstehen, bewältigen, durchmachen, durchstehen, überdauern, überleben, überstehen.
4. ⟨itr.; hat⟩ *(etwas) mit Nachdruck fordern und nicht nachgeben:* auf seinem Recht bestehen. **Syn.:** beanspruchen, beharren, bleiben bei, dringen, pochen, reklamieren, verlangen, sich versteifen.

be|steh|len [bəˈʃteːlən], bestiehlt, bestahl, bestohlen ⟨tr.; hat⟩:
von jmdm. etwas stehlen: er bestahl seine eigenen Eltern. **Syn.:** ausnehmen, ausrauben, berauben, erleichtern (ugs. scherzh.).

be|stei|gen [bəˈʃtai̯gn̩], bestieg, bestiegen ⟨tr.; hat⟩:
a) *(auf etwas) hinaufsteigen:* einen Berg, ein Pferd, ein Fahrrad besteigen. **Syn.:** aufsteigen auf, bezwingen, klettern auf, steigen auf. **b)** *durch Hinaufsteigen betreten:* den Zug, die Straßenbahn, das Schiff, das Flugzeug besteigen. **Syn.:** einsteigen in, steigen in.

be|stel|len [bəˈʃtɛlən] ⟨tr.; hat⟩:
1. a) *die Lieferung (von etwas) veranlassen:* Waren bestellen; sie bestellten beim Kellner eine Flasche Wein *(ließen sie sich bringen);* er hat sich ein Schnitzel bestellt; dastehen wie bestellt und nicht abgeholt (ugs. scherzh.: *verloren und ein wenig ratlos dastehen*). **Syn.:** anfordern, beziehen, in Auftrag geben, kommen lassen, sich bringen lassen, sich schicken lassen. **b)** *reservieren lassen:* ein Zimmer, Karten für ein Konzert bestellen. **c)** *(irgendwohin) kommen lassen:* jmdn. für den Abend zu sich/in ein Café bestellen. **Syn.:** bitten, zitieren.

2. *(Worte von einem anderen als dessen Auftrag jmdm.) übermitteln:* jmdm. Grüße, eine Botschaft (von jmdm.) bestellen. **Syn.:** ausrichten, mitteilen, sagen, überbringen.
3. *bestimmen (zu etwas):* jmdn. zu seinem Nachfolger bestellen. **Syn.:** [1]berufen, einsetzen, ernennen, nominieren.
4. *(den Boden) bebauen, bearbeiten:* Felder, Äcker bestellen. **Syn.:** kultivieren.
5. * um jmdn., etwas ist es gut/schlecht bestellt: *jmd., etwas ist in einem guten/schlechten Zustand:* um seine Gesundheit ist es schlecht bestellt.

Be|stel|lung [bəˈʃtɛlʊŋ], die; -, -en:
1. a) *Auftrag zur Lieferung von etwas:* eine Bestellung auf/über 20 Exemplare; die Bestellung von Büchern; Bestellungen aufgeben, ausführen; etwas auf Bestellung anfertigen, liefern; eine Bestellung entgegennehmen. **Syn.:** Anforderung. **Zus.:** Sammelbestellung, Kartenbestellung; Zimmerbestellung.
b) *bestellte Ware:* Ihre Bestellung ist eingetroffen.
2. *Botschaft:* eine Bestellung ausrichten. **Syn.:** Kunde, Meldung, Mitteilung, Nachricht, Neuigkeit.
3. *das Bestellen* (3): die Bestellung eines Gutachters, Vormundes. **Syn.:** Berufung, Ernennung.
4. *das Bestellen* (4): die Bestellung der Felder. **Zus.:** Bodenbestellung.

bes|tens [ˈbɛstn̩s] ⟨Adverb⟩: *aufs Beste, ausgezeichnet, sehr gut:* die Sache hat sich bei uns bestens bewährt. **Syn.:** blendend, exzellent, glänzend, hervorragend, klasse (ugs.), prächtig, prachtvoll, prima, spitze (ugs.), super (ugs.), toll (ugs.), vortrefflich, vorzüglich.

be|steu|ern [bəˈʃtɔyɐn] ⟨tr.; hat⟩: *mit Steuern belegen:* das besteuerte Einkommen; der Staat besteuert Einkommen und Besitz, seine Bürgerinnen und Bürger.

Bes|tie [ˈbɛsti̯ə], die; -, -n:
1. *wildes Tier, vor dem man sich fürchtet:* die Bestie hat ihn zerrissen. **Syn.:** Biest (emotional).
2. (abwertend) *Unmensch:* diese Bestie hat Tausende von Menschen ermordet. **Syn.:** Barbar (emotional), Barbarin (emotional), Unmensch (abwertend).

be|stim|men [bəˈʃtɪmən] ⟨tr.; hat⟩:
1. a) *festlegen (was oder wann, wie etwas zu geschehen hat):* einen Termin, den Preis bestimmen. **Syn.:** anordnen, befinden über (geh.), diktieren, erlassen, festmachen, festsetzen, fixieren, verfügen, verhängen, verordnen, vorschreiben. **b)** *vorsehen (als etwas, für jmdn., etwas):* das Geld ist für dich bestimmt; der Vater hatte ihn zu seinem Nachfolger bestimmt; sie waren [vom Schicksal] füreinander bestimmt. **Syn.:** ausersehen (geh.), bestellen.
2. *(mithilfe von wissenschaftlichen Untersuchungen, Überlegungen) ermitteln:* den Standort von etwas bestimmen. **Syn.:** eruieren (bildungsspr.), feststellen.
3. *prägen, entscheidend beeinflussen:* diese Erlebnisse haben sein Denken bestimmt; das Christentum hat das mittelalterliche Weltbild bestimmt; sich von seinen Gefühlen bestimmen lassen; ein bestimmender Faktor in jmds. Leben sein.

[1]be|stimmt [bəˈʃtɪmt] ⟨Adj.⟩:
1. *genau festgelegt; feststehend:* einen bestimmten Zweck verfolgen.
2. *entschieden, fest:* etwas sehr bestimmt ablehnen; seine Worte sind höflich, aber bestimmt. **Syn.:** deutlich, eisern, energisch, erbittert, hart, kategorisch, konsequent, nachdrücklich, resolut, rigoros.

[2]be|stimmt [bəˈʃtɪmt] ⟨Adverb⟩: *ganz sicher:* er wird bestimmt kommen. **Syn.:** allemal (ugs.), fürwahr (geh. veraltend), gewiss, ja, mit Gewissheit, mit Sicherheit, ohne Frage, ohne Zweifel, sicherlich, unstreitig, unweigerlich, zweifellos, zweifelsohne.

Be|stimmt|heit [bəˈʃtɪmthai̯t], die; -:
1. *Entschiedenheit, Festigkeit:* die Bestimmtheit ihrer Äußerung; etwas mit großer, freundlicher Bestimmtheit behaupten.
2. *Gewissheit, Sicherheit:* etwas mit Bestimmtheit wissen; es lässt sich nicht mit letzter Bestimmtheit sagen, wie die Entscheidung ausfallen wird.

Be|stim|mung [bəˈʃtɪmʊŋ], die; -, -en:
1. *das Festlegen, Festsetzen:* die Bestimmung eines Termins, des Preises.
2. *Anordnung, Vorschrift:* die neuen Bestimmungen für den Verkehr in der Innenstadt müssen beachtet werden. **Syn.:** Befehl, Direktive (geh.), Erlass, Gebot, Gesetz, Kommando, Weisung. **Zus.:** Ausführungsbestimmung, Durchführungsbestimmung, Einfuhrbestimmung, Gesetzesbestimmung.
3. a) ⟨ohne Plural⟩ *das Bestimmtsein; Zweck, für den etwas verwendet werden soll:* der Minister wird heute das neue Krankenhaus seiner Bestimmung übergeben. **Syn.:** Aufgabe, Funktion, Rolle. **b)** *die Berufung, das Bestimmtsein:* eine höhere, göttliche Bestimmung; er glaubt an seine Bestimmung als Musiker.
4. *das Bestimmen* (2): die Bestimmung eines Begriffs, einer Größe. **Syn.:** Definition, Erklärung, Erläuterung, Interpretation. **Zus.:** Begriffsbestimmung, Blutgruppenbestimmung, Gewichtsbestimmung, Standortbestimmung.

be|stra|fen [bəˈʃtra:fn̩] ⟨tr.; hat⟩:
1. *(jmdm.) für etwas eine Strafe geben:* er wird dafür hart bestraft werden. **Syn.:** belangen, maßregeln, mit einer Strafe belegen, sich revanchieren bei, strafen.
2. *durch eine Strafe ahnden:* nur schwere Delikte sollten mit Gefängnis bestraft werden. **Syn.:** ahnden (geh.), sanktionieren, vergelten.

be|strah|len [bəˈʃtra:lən] ⟨tr.; hat⟩:
a) *(mit Strahlen) hell erleuchten:* die Sonne bestrahlt die Felder.
b) (Med.) *mit Strahlen behandeln:* eine Entzündung, eine Geschwulst bestrahlen.

Be|stre|ben [bəˈʃtre:bn̩], das; -s: *das Bemühen:* es war sein Bestreben, ihnen zu helfen. **Syn.:** Absicht, Bestrebungen ⟨Plural⟩, Plan, Vorhaben, Vorsatz.

be|strebt [bəˈʃtre:pt]: in der Wendung **bestrebt sein:** *bemüht sein:* sie war immer bestrebt, ihnen zu helfen. **Syn.:** sich bemühen, darauf aus sein, es darauf abgesehen haben.

Be|stre|bun|gen [bəˈʃtreːbʊŋən], die ⟨Plural⟩:
Bemühung: alle seine Bestrebungen waren vergebens; es sind Bestrebungen im Gange, die das verhindern sollen. **Syn.:** Absicht, Bestreben, Plan, Vorhaben, Vorsatz. **Zus.:** Autonomiebestrebungen, Einigungsbestrebungen, Reformbestrebungen.

be|strei|chen [bəˈʃtrai̯çn̩], bestrich, bestrichen ⟨tr.; hat⟩:
streichend mit etwas versehen: ein Brot mit Butter bestreichen; die Wand mit Farbe bestreichen. **Syn.:** anstreichen, auftragen, schmieren, streichen.

be|strei|ken [bəˈʃtrai̯kn̩] ⟨tr.; hat⟩:
das Mittel des Streiks (gegen ein Unternehmen) einsetzen: einen Betrieb bestreiken.

be|strei|ten [bəˈʃtrai̯tn̩], bestritt, bestritten ⟨tr.; hat⟩:
1. *für nicht zutreffend erklären:* jmds. Worte, Behauptungen energisch, entschieden bestreiten; es lässt sich nicht bestreiten, dass die Qualität nachgelassen hat. **Syn.:** ableugnen, abstreiten, anfechten, angehen gegen, in Abrede stellen (Papierdt.), leugnen, verneinen, zurückweisen.
2. *für etwas (das Genannte) das dafür Nötige aufbringen, machen:* er muss die Kosten der Reise selbst bestreiten; sie hat die Unterhaltung allein bestritten. **Syn.:** aufkommen für, bezahlen, blechen für (ugs.), finanzieren, übernehmen, zahlen für.

be|streu|en [bəˈʃtrɔyən] ⟨tr.; hat⟩:
streuend mit etwas versehen: den Kuchen mit Zucker bestreuen; der mit Sand bestreute Weg.

Best|sel|ler [ˈbɛstzɛlɐ], der; -s, -:
Buch, das überdurchschnittlich gut verkauft wird: das Buch wurde schnell zum Bestseller; einen Bestseller schreiben. **Syn.:** Hit (ugs.), Knüller (ugs.), Renner (Jargon), Schlager. **Zus.:** Weltbestseller.

be|stür|men [bəˈʃtʏrmən] ⟨tr.; hat⟩:
heftig bedrängen: die Kinder bestürmten die Mutter mit Bitten; von Zweifeln bestürmt werden; die Mannschaft bestürmte das gegnerische Tor. **Syn.:** angehen, beschwören, drängen, herfallen über, überfallen, zusetzen.

be|stürzt [bəˈʃtʏrt͜st] ⟨Adj.⟩:
(aufgrund von etwas Unangenehmem, was ganz außerhalb der Erwartung, Gewohnheit liegt) erschrocken: ein bestürztes Gesicht machen; die Krankheit bestürzt sie; er knallte die Tür zu – bestürzt blickte man ihm nach; »Ich soll tanzen?«, fragte sie bestürzt; sich über etwas bestürzt zeigen. **Syn.:** ²betreten, betroffen, entgeistert, entsetzt, fassungslos, verlegen, verstört.

Be|such [bəˈzuːx], der; -[e]s, -e.
1. *das Besuchen:* den Besuch eines Freundes erwarten. **Syn.:** Visite. **Zus.:** Abschiedsbesuch, Arbeitsbesuch, Arztbesuch, Kinobesuch, Krankenbesuch, Kundenbesuch, Theaterbesuch.
2. ⟨ohne Plural⟩ *Person bzw. Personengruppe, die jmdn. besucht:* Besuch erwarten; den Besuch zur Bahn bringen. **Syn.:** Besucher, Besucher ⟨Plural⟩, Besucherin, Besucherinnen ⟨Plural⟩, Besucherinnen und Besucher, Gast, Gäste ⟨Plural⟩.

be|su|chen [bəˈzuːxn̩] ⟨tr.; hat⟩:
a) *sich zu jmdm. [den man gern sehen möchte] begeben und dort einige Zeit verweilen:* eine Freundin, einen Kranken besuchen; er besucht seine Kundschaft jede Woche. **Syn.:** aufsuchen, gehen zu, hingehen zu, mit einem Besuch beehren, vorsprechen bei. **b)** *sich irgendwohin begeben, um etwas zu besichtigen, an etwas teilzunehmen:* eine Ausstellung, ein Konzert, die Schule, die Universität besuchen. **Syn.:** gehen in/nach/zu, hingehen zu.

Be|su|cher [bəˈzuːxɐ], der; -s, -, **Be|su|che|rin** [bəˈzuːxərɪn], die; -, -nen:
a) *Person, die eine andere Person [außerhalb des privaten Bereichs] besucht:* die Besucher müssen jetzt das Krankenhaus verlassen; die Besucherin war plötzlich abgereist. **Syn.:** Besuch, Gast. **b)** *Person, die eine Veranstaltung besucht:* die Besucher des Konzerts. **Syn.:** Teilnehmer, Teilnehmerin, Zuhörer, Zuhörerin, Zuschauer, Zuschauerin. **Zus.:** Kinobesucher, Kinobesucherin, Konzertbesucher, Konzertbesucherin, Theaterbesucher, Theaterbesucherin.

be|tagt [bəˈtaːkt] ⟨Adj.⟩ (geh.):
schon ein gewisses Alter habend, schon älter: ein betagter Herr. **Syn.:** alt, ältlich, bejahrt (geh.), greis (geh.), in die Jahre gekommen (verhüllend). **Zus.:** hochbetagt.

be|tä|ti|gen [bəˈtɛːtɪgn̩]:
1. ⟨+ sich⟩ *in bestimmter Weise tätig sein:* sich künstlerisch, politisch betätigen. **Syn.:** arbeiten, sich beschäftigen, etwas tun, fleißig sein, malochen (salopp), schaffen (bes. südd.), schuften (ugs.), werken, wirken.
2. ⟨tr.; hat⟩ *eine mechanische Vorrichtung bedienen:* einen Hebel, die Bremse betätigen. **Syn.:** handhaben.

be|täu|ben [bəˈtɔybn̩] ⟨tr.; hat⟩:
1. a) *schmerzunempfindlich machen:* einen Nerv örtlich betäuben. **b)** *in einen schlafähnlichen Zustand versetzen, bewusstlos machen:* jmdn. vor einer Operation [durch eine, mit einer Narkose] betäuben.
2. *jmdn. leicht benommen machen:* der Lärm betäubte ihn; ein betäubender Lärm.

be|tei|li|gen [bəˈtai̯lɪgn̩]:
1. ⟨+ sich⟩ *aktiv teilnehmen (an etwas), mitwirken:* sich an einem Gespräch, an einem Preisausschreiben, bei einem Wettbewerb beteiligen; sich rege, lebhaft an einer Diskussion beteiligen. **Syn.:** Anteil haben, einen Beitrag leisten, etwas beisteuern zu, etwas beitragen zu, etwas zusteuern zu (ugs.).
2. * an etwas (Dativ) **beteiligt sein:** *an etwas teilhaben:* er ist an dem Unternehmen, Vorhaben beteiligt *(ist Teilhaber des Unternehmens).* **Syn.:** an/bei etwas mitarbeiten, bei etwas die Finger im Spiel haben (ugs.), bei etwas die Hand im Spiel haben, bei etwas mit von der Partie sein (ugs.), bei etwas mitmachen.
3. ⟨tr.; hat⟩ *teilhaben lassen:* er beteiligte seine Brüder am Gewinn.

Be|tei|lig|te [bəˈtai̯lɪçtə], die/eine Beteiligte; der/einer Beteiligten, die Beteiligten/zwei Beteiligte:
weibliche Person, die an etwas beteiligt ist: sie ist eine nur am Rande Beteiligte; eine Lösung,

die für alle Beteiligten befriedigend ist. **Syn.:** Betroffene, Teilnehmerin. **Zus.:** Unfallbeteiligte.

Be|tei|lig|ter [bəˈtailɪçtɐ], der Beteiligte/ein Beteiligter; des/eines Beteiligten, die Beteiligten/zwei Beteiligte:
Person, die an etwas beteiligt ist: er war einer der Beteiligten; alle an der Tat Beteiligten wurden festgenommen. **Syn.:** Betroffener, Teilnehmer. **Zus.:** Unfallbeteiligter.

be|ten [ˈbeːtn̩], betete, gebetet ⟨itr.; hat⟩:
a) *ein Gebet sprechen:* still, laut (zu Gott) beten; ⟨auch tr.⟩ ein Vaterunser, einen Rosenkranz beten. **Syn.:** Gott anrufen.
b) *Gott um Hilfe bitten, anflehen:* sie betete für ihr krankes Kind; er betete um Rettung aus der Not.

be|teu|ern [bəˈtɔyɐn] ⟨tr.; hat⟩:
beschwörend, nachdrücklich versichern: seine Unschuld, seine Liebe beteuern. **Syn.:** beschwören.

Be|ton [beˈtõː], der; -s:
am Bau verwendete Mischung aus Zement, Wasser, Sand o. Ä., die im trockenen Zustand sehr hart und fest ist: eine Mauer aus Beton; Beton mischen. **Zus.:** Eisenbeton, Gussbeton, Spritzbeton, Stahlbeton.

be|to|nen [bəˈtoːnən] ⟨tr.; hat⟩:
1. *durch stärkeren Ton hervorheben:* ein Wort, eine Silbe, eine Note betonen.
2. *hervorheben, mit Nachdruck sagen:* seinen Standpunkt, seine Erfahrungen betonen; dies möchte ich noch einmal besonders betonen. **Syn.:** herausstellen, hinweisen auf, unterstreichen.

-be|tont [bətoːnt] ⟨adjektivisches Suffixoid⟩:
(in Bezug auf das im substantivischen Basiswort Genannte) ausgeprägt vorhanden; in einer Weise betont, die das im Basiswort Genannte bewusst, besonders hervorhebt: körperbetont; leistungsbetont; traditionsbetont. **Syn.:** -bewusst, -bezogen, -nah, -orientiert.

Be|to|nung [bəˈtoːnʊŋ], die; -, -en:
1. *das Betonen* (1): die Betonung der ersten Silbe.
2. *das Betonen* (2), *nachdrückliche Hervorhebung:* die Betonung des eigenen Standpunktes.

be|tö|ren [bəˈtøːrən] ⟨tr.; hat⟩:
aufreizend-verführerisch auf jmdn. wirken und für sich einnehmen [sodass ein sachliches Urteil nicht mehr möglich ist]: seine Augen betörten sie; sie lächelte ihm betörend zu. **Syn.:** begeistern, bezaubern, blenden, faszinieren, verzaubern.

Be|tracht [bəˈtraxt]:
in den Wendungen **in Betracht kommen:** *als möglich betrachtet werden:* das kommt nicht in Betracht. **Syn.:** infrage kommen; **etwas in Betracht ziehen:** *etwas erwägen:* mehrere Möglichkeiten in Betracht ziehen. **Syn.:** etwas bedenken, etwas in Erwägung ziehen, etwas in seine Überlegungen einbeziehen; **etwas außer Betracht lassen:** *etwas nicht berücksichtigen, von etwas absehen:* diese Frage lassen wir hier außer Betracht. **Syn.:** jmdn., etwas ausklammern.

be|trach|ten [bəˈtraxtn̩], betrachtete, betrachtet ⟨tr.; hat⟩:
1. *den Blick längere Zeit (auf jmdn., etwas) richten:* jmdn., etwas neugierig betrachten; ein Bild betrachten. **Syn.:** angucken (ugs.), anschauen (bes. südd., österr., schweiz.), ansehen, anstarren, begutachten, beobachten, besichtigen, blicken auf, fixieren, in Augenschein nehmen, mit den Augen verschlingen, mustern, sehen auf.
2. *für etwas halten; eine bestimmte Meinung, Vorstellung haben (von jmdm., etwas):* jmdn. als seinen Freund betrachten; er betrachtete es als seine Pflicht. **Syn.:** ansehen, auffassen, beurteilen, einschätzen, erachten für (geh.), nehmen, verstehen, werten.
3. *in einer bestimmten Weise beurteilen:* einen Fall einseitig, objektiv, von zwei Seiten betrachten; ein Ereignis unter einem anderen Aspekt betrachten.

be|trächt|lich [bəˈtrɛçtlɪç] ⟨Adj.⟩:
a) *ziemlich groß:* eine beträchtliche Summe. **Syn.:** ansehnlich, anständig (ugs.), beachtlich, bedeutend, bemerkenswert, erheblich, gehörig, imposant, ordentlich (ugs.), schön (ugs.), stattlich, tüchtig (ugs.). **b)** ⟨verstärkend bei Adjektiven im Komparativ und Verben⟩ *sehr, viel:* er ist in letzter Zeit beträchtlich gewachsen; er war beträchtlich schneller als du. **Syn.:** bedeutend, ein gutes Stück, enorm, erheblich, kolossal (ugs. emotional), kräftig, mächtig, ordentlich (ugs.), reichlich, stark, tüchtig, um ein Beträchtliches, um einiges, weit, weitaus, wesentlich.

Be|trach|tung [bəˈtraxtʊŋ], die; -, -en:
1. *das Betrachten* (1): die Betrachtung eines Bildes, eines Schaufensters. **Syn.:** Besichtigung (1).
2. *[schriftlich formulierte] Gedanken über ein bestimmtes Thema:* eine politische, wissenschaftliche Betrachtung. **Syn.:** Gedanken ⟨Plural⟩, Reflexion, Überlegung. **Zus.:** Kunstbetrachtung, Literaturbetrachtung.

Be|trag [bəˈtraːk], der; -[e]s, Beträge [bəˈtrɛːgə]:
eine bestimmte Summe (an Geld): ein Betrag von tausend Euro; einen großen Betrag ausgeben, investieren, auf jmds. Konto überweisen. **Syn.:** Posten. **Zus.:** Fehlbetrag, Geldbetrag.

be|tra|gen [bəˈtraːgn̩], beträgt, betrug, betragen:
1. ⟨itr.; hat⟩ *die Summe, Größe erreichen, (von einer bestimmten Höhe) sein:* der Gewinn betrug 500 Euro; die Entfernung beträgt mehrere Meter. **Syn.:** ausmachen, sich belaufen auf, sich beziffern auf.
2. ⟨+ sich⟩ *sich benehmen:* er hat sich gut, schlecht betragen. **Syn.:** [1]sein, sich aufführen, auftreten, sich gebärden, handeln, sich [1]bewegen, sich verhalten, sich zeigen.

Be|tra|gen [bəˈtraːgn̩], das; -s:
das Benehmen: sein gutes, schlechtes Betragen fiel auf; dein Betragen ist unmöglich!; sie hatte in der Schule in Betragen immer eine Eins. **Syn.:** Art, Auftreten, Haltung, Verhalten.

be|trau|en [bəˈtrauən] ⟨tr.; hat⟩:
(mit etwas Wichtigem) beauftragen: die Chefin hat ihn mit der Führung des Geschäfts betraut. **Syn.:** befassen.

be|trau|ern [bəˈtrauɐn] ⟨tr.; hat⟩:
(über jmdn., etwas) trauern: wir

alle betrauern den Tod dieses Mannes. **Syn.:** bedauern, beklagen, trauern über.

Be|treff [bəˈtrɛf], der; -[e]s, -e (Amtsspr.):
Gegenstand, auf den man sich [im nachfolgenden Brieftext] bezieht: der Betreff steht vor der Anrede. **Syn.:** Bezug, Thema.

be|tref|fen [bəˈtrɛfn̩], betrifft, betraf, betroffen ⟨tr.; hat⟩:
sich (auf jmdn., etwas) beziehen: das betrifft uns alle; was dies betrifft, brauchst du dir keine Sorgen zu machen; die betreffende *(genannte, infrage kommende)* Regel noch einmal lesen. **Syn.:** angehen, berühren, sich drehen um, sich handeln um, tangieren, zusammenhängen mit.

be|trei|ben [bəˈtrai̯bn̩], betrieb, betrieben ⟨tr.; hat⟩:
1. a) *sich bemühen, darauf hinarbeiten, etwas aus-, durchzuführen:* sein Studium, seine Abreise mit Eifer betreiben. **b)** *als Beruf ausüben:* ein Handwerk, einen Handel betreiben. **Syn.:** nachgehen.
2. *(einen Betrieb o. Ä.) unterhalten und leiten:* eine Pension, Fabrik betreiben. **Syn.:** führen, haben, lenken, verwalten, vorstehen.
3. *in Gang, in Bewegung, in Betrieb halten:* eine Maschine mit elektrischem Strom betreiben. **Syn.:** antreiben.

Be|trei|ber [bəˈtrai̯bɐ], der; -s, -, **Be|trei|be|rin** [bəˈtrai̯bərɪn], die; -, -nen:
1. *Person, die einen Betrieb o. Ä. leitet:* der Betreiber mehrerer Geschäfte, eines Antiquitätenhandels, eines Einkaufsmarktes. **Syn.:** Inhaber, Inhaberin.
2. *Firma, die technische Anlagen, Kommunikationsmittel oder wirtschaftliche Unternehmen (vor allem im sozialen Sektor) betreibt:* der Betreiber/die Betreiberin des Kraftwerks; der Betreiber/die Betreiberin des Mobilfunknetzes; die privaten Betreiber von Kurkliniken und Sanatorien. **Zus.:** Deponiebetreiber, Kraftwerksbetreiber.

¹be|tre|ten [bəˈtreːtn̩], betritt, betrat, betreten ⟨tr.; hat⟩:
a) *(auf etwas) treten, seinen Fuß (auf etwas) setzen:* den Rasen nicht betreten. **b)** *(in einen Raum) hineingehen:* ein Zimmer betreten. **Syn.:** eintreten in, gehen auf/in, steigen auf/in, treten auf/in.

²be|tre|ten [bəˈtreːtn̩] ⟨Adj.⟩:
in Verlegenheit, Verwirrung gebracht; unangenehm, peinlich berührt: es herrschte betretenes Schweigen; ein betretenes Gesicht machen; betreten den Blick senken. **Syn.:** ²verlegen, beschämt.

be|treu|en [bəˈtrɔy̯ən] ⟨tr.; hat⟩:
a) *sich um jmdn. kümmern, dafür sorgen, dass er das Nötige für sein Wohlergehen hat:* einen Kranken, die Kinder betreuen. **Syn.:** bemuttern, schauen nach (bes. südd.), sehen nach, umsorgen. **b)** *(für ein bestimmtes Gebiet o. Ä. und dessen geregelte, gedeihliche Entwicklung) sorgen:* eine Abteilung, ein Arbeitsgebiet betreuen; sie betreut in seiner Abwesenheit das Geschäft. **Syn.:** führen, leiten, sich kümmern um.

Be|treu|er [bəˈtrɔy̯ɐ], der; -s, -, **Betreu|e|rin** [bəˈtrɔy̯ərɪn], die; -, -nen:
Person, die jmdn., etwas betreut: die Betreuer einer Fußballmannschaft; tagsüber kümmert sich eine Betreuerin um die Kinder.

Be|trieb [bəˈtriːp], der; -[e]s, -e:
1. *Einrichtung, die gewerblichen, kaufmännischen, industriellen o. ä. Zwecken dient, in bestimmter Weise organisiert ist, eine räumliche, technische o. ä. Einheit bildet und eine größere Anzahl von Menschen beschäftigt:* ein landwirtschaftlicher, privater, staatlicher Betrieb; einen Betrieb leiten. **Syn.:** Firma, Geschäft, Unternehmen, Werk. **Zus.:** Chemiebetrieb, Dienstleistungsbetrieb, Familienbetrieb, Gewerbebetrieb, Großbetrieb, Handwerksbetrieb, Industriebetrieb, Privatbetrieb.
2. ⟨ohne Plural⟩ *reges Leben, Treiben; große Geschäftigkeit, Bewegung:* auf den Straßen, auf dem Bahnhof, in den Geschäften ist viel Betrieb; herrscht großer Betrieb. **Syn.:** Eile, Hast, Hektik, Hetze, Trubel, Wirbel. **Zus.:** Geschäftsbetrieb, Hochbetrieb, Massenbetrieb.
3. ⟨ohne Plural⟩ *das Arbeiten, In-Funktion-Sein:* den Betrieb aufnehmen, stören, unterbrechen; das Werk hat den Betrieb eingestellt; außer, in Betrieb sein; in Betrieb gehen; etwas außer, in Betrieb setzen; etwas in Betrieb nehmen. **Zus.:** Automatikbetrieb, Batteriebetrieb, Handbetrieb, Netzbetrieb.

be|trieb|sam [bəˈtriːpzaːm] ⟨Adj.⟩:
mit [allzu] großem Eifer tätig: er ist ein betriebsamer Mensch. **Syn.:** aktiv, arbeitsam (veraltend), beflissen (geh.), eifrig, emsig (geh., oft iron.), fleißig, geschäftig, rastlos, rührig, tatkräftig, unermüdlich.

Be|triebs|aus|flug [bəˈtriːps|au̯sfluːk], der; -[e]s, Betriebsausflüge [bəˈtriːps|au̯sflyːɡə]:
für die Belegschaft eines Betriebs veranstalteter [eintägiger] Ausflug: einen Betriebsausflug machen, organisieren, unternehmen.

Be|triebs|rat [bəˈtriːpsraːt], der; -[e]s, Betriebsräte [bəˈtriːpsrɛːtə]:
1. *von der Belegschaft eines Betriebs gewähltes Gremium zur Vertretung der Interessen der Beschäftigten gegenüber der Geschäftsleitung:* in den Betriebsrat gewählt werden.
2. *männliches Mitglied eines Betriebsrats* (1): er ist langjähriger Betriebsrat.

Be|triebs|rä|tin [bəˈtriːpsrɛːtɪn], die; -, -nen:
weibliche Form zu ↑Betriebsrat (2).

be|trin|ken [bəˈtrɪŋkn̩], betrank, betrunken ⟨+ sich⟩:
trinken, bis man einen Rausch hat: sich [aus Kummer] betrinken. **Syn.:** sich berauschen, sich besaufen (derb), einen über den Durst trinken (ugs. scherzh.), sich einen ansaufen (salopp), sich einen antrinken, sich volllaufen lassen (salopp), sich vollsaufen (salopp abwertend), zu tief ins Glas gucken (scherzh. verhüllend).

be|trof|fen [bəˈtrɔfn̩] ⟨Adj.⟩:
1. *durch etwas [Negatives, Trauriges] verwirrt, innerlich bewegt, berührt:* betroffen schweigen; ernstlich betroffen sein; dieser Vorwurf macht mich betroffen; er war betroffen, dass davon gar nicht die Rede war. **Syn.:** besorgt, bestürzt, ²betreten,

entgeistert, entsetzt, erschrocken, fassungslos, verstört.
2. * von etwas betroffen sein: *die Auswirkungen von etwas (Unangenehmem) an sich erfahren, davon in Mitleidenschaft gezogen sein:* die Arbeiter sind von der Aussperrung betroffen; die vom Streik betroffenen Betriebe.

Be|trof|fen|heit [bəˈtrɔfn̩hai̯t], die; -:
das Betroffensein: man sah ihm seine Betroffenheit an; seine Betroffenheit bekunden.

be|trü|ben [bəˈtry:bn̩] ⟨tr.; hat⟩:
traurig machen: seine Worte betrübten sie sehr. **Syn.:** anfechten (geh.), bedrücken, drücken, quälen.

be|trüb|lich [bəˈtry:plɪç] ⟨Adj.⟩:
Bedauern, Traurigkeit hervorrufend: eine betrübliche Nachricht. **Syn.:** bedauerlich, ein Jammer, schade, traurig.

be|trübt [bəˈtry:pt] ⟨Adj.⟩:
traurig; bekümmert: ein betrübtes Gesicht machen; über etwas [tief, zu Tode] betrübt sein.

Be|trug [bəˈtru:k], der; -[e]s:
das Täuschen, Irreführen, Hintergehen eines andern: der Betrug wurde aufgedeckt; er wurde wegen Betrug verurteilt. **Syn.:** betrügerische Machenschaften ⟨Plural⟩ (abwertend), List, Schwindel (ugs.), Trick. **Zus.:** Scheckbetrug, Selbstbetrug, Trickbetrug, Versicherungsbetrug, Wahlbetrug.

be|trü|gen [bəˈtry:gn̩], betrog, betrogen ⟨tr.; hat⟩:
a) *bewusst täuschen, irreführen, hintergehen:* bei diesem Geschäft hat er mich betrogen; sie ist betrogen worden; ⟨auch itr.⟩ er betrügt öfter. **Syn.:** anscheißen (salopp), anschmieren (ugs.), aufs Glatteis führen, aufs Kreuz legen (salopp), bluffen, einwickeln (ugs.), hereinlegen (ugs.), hinters Licht führen, leimen (ugs.), linken (ugs.), neppen (ugs. abwertend), prellen, über den Löffel balbieren (ugs.), überfahren (ugs.), überlisten, übers Ohr hauen (ugs.), übertölpeln, übervorteilen, verraten. **b)** *durch Betrug um etwas bringen:* sie hat ihn um hundert Euro betrogen. **c)** *ohne Wissen des [Ehe]partners mit einem anderen sexuell verkehren:* er hat seine Frau [mit einer anderen] betrogen.

Be|trü|ger [bəˈtry:gɐ], der; -s, -, **Be|trü|ge|rin** [bəˈtry:gərɪn], die; -, -nen:
Person, die betrügt: ein dreister Betrüger hat sie um ihre gesamten Ersparnisse gebracht. **Syn.:** Gauner (abwertend), Gaunerin (abwertend), Hochstapler, Hochstaplerin, Scharlatan (abwertend), Scharlatanin (abwertend), Spitzbube (veraltend abwertend), Spitzbübin (veraltend abwertend). **Zus.:** Trickbetrüger, Trickbetrügerin.

be|trü|ge|risch [bəˈtry:gərɪʃ] ⟨Adj.⟩:
Betrug bezweckend, auf Betrug abzielend: ein betrügerischer Kassierer; betrügerische Machenschaften; in betrügerischer Absicht. **Syn.:** link (ugs).

be|trun|ken [bəˈtrʊŋkn̩] ⟨Adj.⟩:
von Alkohol berauscht /Ggs. nüchtern/: ein betrunkener Gast; sie war total betrunken; betrunken Auto fahren. **Syn.:** angeheitert, angetrunken, beschwipst (ugs.), besoffen (salopp), blau (ugs.), sternhagelvoll (ugs.), trunken (geh.), voll (ugs.).

Bett [bɛt], das; -[e]s, -en:
Gestell mit Matratze, Kissen und Decke, das zum Schlafen, Ausruhen o. Ä. dient: die Betten machen; sie liegt noch im Bett; sich ins Bett legen; ins/zu Bett gehen. **Zus.:** Doppelbett, Doppelstockbett, Ehebett, Einzelbett, Etagenbett, Feldbett, Gästebett, Gitterbett, Hotelbett, Kinderbett, Klappbett, Prunkbett, Stockbett, Wasserbett.

bet|teln [ˈbɛtl̩n] ⟨itr.; hat⟩:
a) *bei fremden Menschen um eine Gabe bitten:* auf der Straße betteln; um ein Stück Brot betteln; betteln gehen. **Syn.:** Klinken putzen (ugs. abwertend), schnorren (ugs.), um Almosen bitten. **b)** *immer wieder, flehentlich bitten:* die Kinder bettelten, man solle sie doch mitnehmen. **Syn.:** bohren (ugs.), drängeln, flehen (geh.).

bet|ten [ˈbɛtn̩], bettete, gebettet ⟨tr.; hat⟩:
[behutsam] hinlegen, zur Ruhe legen: sie betteten den Kranken auf das Sofa; das Kind in die Kissen betten.

bett|lä|ge|rig [ˈbɛtlɛ:gərɪç] ⟨Adj.⟩:
durch Krankheit gezwungen, im Bett zu liegen: sie ist schon seit Wochen bettlägerig. **Syn.:** ans Bett gefesselt.

Bett|ler [ˈbɛtlɐ], der; -s, -, **Bett|le|rin** [ˈbɛtlərɪn], die; -, -nen:
Person, die bettelt, vom Betteln lebt: eine Bettlerin abweisen; einem Bettler ein Geldstück, Kleider geben.

Bett|wä|sche [ˈbɛtvɛʃə], die; -:
Betttücher und Bezüge für Kissen und Deckbett: frische Bettwäsche.

Bett|zeug [ˈbɛtts̮ɔy̮k], das; -[e]s (ugs.):
Bettwäsche, Kissen und Decken: das Bettzeug für den Gast holen.

be|tucht [bəˈtu:xt] ⟨Adj.⟩ (ugs.):
wohlhabend, vermögend: sie war die Tochter betuchter Eltern; gut betucht sein. **Syn.:** reich.

be|tu|lich [bəˈtu:lɪç] ⟨Adj.⟩:
mit umständlich wirkender Sorgfalt vorgehend: seine betuliche Erzählweise ging mir auf die Nerven; das betuliche Ritual des Bierzapfens.

beu|gen [ˈbɔy̮gn̩]:
1. a) ⟨tr.; hat⟩ *krumm machen, [nach unten] biegen:* den Nacken beugen; den Kopf über etwas beugen; den Arm, die Knie beugen. **Syn.:** krümmen. **b)** ⟨+ sich⟩ *sich [über etwas hinweg] nach vorn, unten neigen:* sich aus dem Fenster, nach vorn, über das Geländer beugen. **Syn.:** sich biegen, sich bücken, sich ducken, sich krümmen, sich lehnen. **Zus.:** herabbeugen, hinausbeugen, hinüberbeugen, vorbeugen.
2. a) ⟨tr.; hat⟩ *zwingen nachzugeben, sich zu fügen:* jmdn., jmds. Starrsinn beugen. **b)** ⟨+ sich⟩ *nicht länger aufbegehren, keinen Widerstand mehr leisten:* er hat sich ihr, seinem Willen gebeugt. **Syn.:** aufgeben, den Widerstand aufgeben, die Segel streichen (geh.), die Waffen strecken (geh.), einlenken, sich fügen, in die Knie gehen (ugs.), kapitulieren, kuschen, nachgeben, resignieren, sich [1]ergeben in, sich unterordnen, sich unterwerfen, [1]weichen.

3. ⟨tr.; hat⟩ *flektieren:* ein Wort beugen.

Beu|le [ˈbɔylə], die; -, -n:
a) *durch Stoß oder Schlag entstandene deutliche Anschwellung der Haut:* eine Beule am Kopf haben. **Syn.:** Schwellung.
b) *durch Stoß oder Schlag entstandene Vertiefung oder Wölbung in einem festen Material:* das Auto hatte mehrere Beulen. **Syn.:** Delle.

be|un|ru|hi|gen [bəˈlʊnruːɪgn̩]:
a) ⟨tr.; hat⟩ *in Unruhe, Sorge versetzen:* die Nachricht beunruhigte sie. **Syn.:** ²aufschrecken, alarmieren, aufbringen, aufregen, aufrühren, bekümmern, erregen, unruhig machen.
b) ⟨+ sich⟩ *in Unruhe, Sorge versetzt werden:* du brauchst dich wegen ihrer Krankheit nicht zu beunruhigen. **Syn.:** sich aufregen, bangen (geh.), bekümmert sein, besorgt sein, durchdrehen (ugs.), sich erregen, sich fürchten, in tausend Ängsten schweben, sich Gedanken machen, sich Kopfschmerzen machen (ugs.), sich Sorgen machen, sich sorgen.

be|ur|lau|ben [bəˈluːɐ̯laubn̩] ⟨tr.; hat⟩:
(jmdn. vorläufig, bis zur Klärung eines Vorfalls) seine dienstlichen Pflichten nicht mehr ausüben lassen: bis zum Abschluss der Untersuchungen wurde der Beamte beurlaubt. **Syn.:** freistellen, vom Dienst befreien, vom Dienst entbinden.

be|ur|tei|len [bəˈlʊrtai̯lən] ⟨tr.; hat⟩:
ein Urteil (über jmdn., etwas) abgeben: jmdn. nach seinem Äußeren beurteilen; jmds. Arbeit, Leistung beurteilen. **Syn.:** befinden (geh.), begutachten, bewerten, einschätzen, urteilen über.

Beu|te [ˈbɔytə], die; -:
etwas, was jmd. einem andern gewaltsam weggenommen hat: den Dieben ihre Beute wieder abnehmen. **Syn.:** Raub. **Zus.:** Diebesbeute, Jagdbeute, Kriegsbeute, Siegesbeute.

Beu|tel [ˈbɔytl̩], der; -s, -:
Behältnis aus weichem Material von der Form eines kleineren Sacks: einen Beutel für den Einkauf mitnehmen. **Syn.:** Tasche, Tüte. **Zus.:** Brustbeutel, Eisbeutel, Farbbeutel, Klammerbeutel, Kochbeutel, Müllbeutel, Staubbeutel, Tabaksbeutel, Teebeutel.

be|völ|kern [bəˈfœlkɐn] ⟨tr.; hat⟩:
a) *in großer Zahl ein bestimmtes Gebiet einnehmen:* viele Menschen bevölkerten die Straßen. **Syn.:** beleben. **b)** ⟨+ sich⟩ *sich mit [vielen] Menschen füllen:* der Strand, das Stadion bevölkerte sich rasch. **Syn.:** sich beleben.

Be|völ|ke|rung [bəˈfœlkərʊŋ], die; -, -en:
alle Bewohner, Einwohner eines bestimmten Gebietes: die gesamte Bevölkerung des Landes. **Syn.:** Allgemeinheit, Bewohner und Bewohnerinnen, Bürger und Bürgerinnen, Einwohner und Einwohnerinnen, Gesellschaft, Leute ⟨Plural⟩, Menschen ⟨Plural⟩, Nation, Öffentlichkeit, Volk. **Zus.:** Erdbevölkerung, Landbevölkerung, Zivilbevölkerung.

be|voll|mäch|ti|gen [bəˈfɔlmɛçtɪgn̩] ⟨tr.; hat⟩:
jmdm. eine bestimmte Vollmacht geben: der Chef hatte ihn bevollmächtigt, die Briefe zu unterschreiben. **Syn.:** erlauben, ermächtigen, mit einer Vollmacht ausstatten.

Be|voll|mäch|tig|te [bəˈfɔlmɛçtɪçtə], die/eine Bevollmächtigte; der/einer Bevollmächtigten, die Bevollmächtigten/zwei Bevollmächtigte:
weibliche Person, die zu etwas Bestimmtem bevollmächtigt ist: die Bevollmächtigte des Firmeninhabers; die Firma hat eine Bevollmächtigte geschickt. **Syn.:** Abgesandte, Anwältin, Vertreterin.

Be|voll|mäch|tig|ter [bəˈfɔlmɛçtɪçtɐ], der Bevollmächtigte/ein Bevollmächtigter; des/eines Bevollmächtigten, die Bevollmächtigten/zwei Bevollmächtigte:
Person, die zu etwas bevollmächtigt ist: der Bevollmächtigte der Regierung; die Firma hat einen Bevollmächtigten geschickt. **Syn.:** Abgesandter, Anwalt, Vertreter.

be|vor [bəˈfoːɐ̯] ⟨Konj.⟩:
dient dazu, einen temporalen Gliedsatz einzuleiten und die Nachzeitigkeit des darin genannten Geschehens auszudrücken: bevor wir verreisen, müssen wir noch vieles erledigen; es geschah, kurz bevor er starb; ⟨in verneintem Satz (mit ebenfalls verneintem übergeordnetem Satz) konditional⟩ keiner geht nach Hause, bevor *(solange)* die Arbeit nicht beendet ist. **Syn.:** ehe.

be|vor|mun|den [bəˈfoːɐ̯mʊndn̩], bevormundete, bevormundet ⟨tr.; hat⟩:
einem andern vorschreiben, was er tun soll, wie er sich verhalten soll: ich lasse mich nicht länger von dir bevormunden. **Syn.:** gängeln (abwertend).

be|vor|ste|hen [bəˈfoːɐ̯ʃteːən], stand bevor, bevorgestanden ⟨itr.; hat⟩:
bald geschehen, zu erwarten sein: seine Abreise, das Fest stand [unmittelbar, nahe] bevor. **Syn.:** drohen, im Anzug sein, in der Luft liegen, ins Haus stehen, seine Schatten vorauswerfen, vor der Tür stehen.

be|vor|zu|gen [bəˈfoːɐ̯tsuːgn̩] ⟨tr.; hat⟩:
(jmdm., einer Sache) den Vorzug, Vorrang geben; lieber mögen: er bevorzugt diese Sorte Kaffee. **Syn.:** vorziehen.

be|wa|chen [bəˈvaxn̩] ⟨tr.; hat⟩:
(auf jmdn., etwas) genau aufpassen, um jede eventuell auftretende Gefahr sogleich abwehren zu können: das Haus des Präsidenten wird Tag und Nacht bewacht; die Gefangenen wurden streng, scharf bewacht; ein Lager bewachen; ein bewachter Parkplatz. **Syn.:** achten auf, achtgeben auf, beaufsichtigen, beobachten, beschatten, bespitzeln, hüten, im Auge behalten, nicht aus den Augen lassen, observieren, sehen nach, sich kümmern um, überwachen, unter Aufsicht stellen.

be|wach|sen [bəˈvaksn̩] ⟨Adj.⟩:
mit Pflanzen bedeckt: eine [mit Efeu] bewachsene Mauer; die Felsen sind mit Moos bewachsen. **Syn.:** bestanden, übersät.

be|waff|nen [bəˈvafnən], bewaffnete, bewaffnet ⟨tr.; hat⟩:
mit Waffen versehen: die Rebellen bewaffnen; er bewaffnete sich mit einem Messer; bewaffnete Bankräuber.

be|wah|ren [bəˈvaːrən] ⟨tr.; hat⟩:
1. *(vor Schaden, vor einer unerwünschten Erfahrung) schützen,*

behüten: jmdn. vor einem Verlust, vor dem Schlimmsten, vor Enttäuschungen bewahren; den Verbraucher durch gründliche Aufklärung vor Fehlkäufen bewahren. **Syn.:** abschirmen, beschützen, verteidigen.
2. (geh.) *aufbewahren:* sie bewahrte die Bilder in einem Kästchen.
3. (geh.) *weiterhin erhalten:* Traditionen, die es wert sind, bewahrt zu werden; ich habe mir meine Freiheit bewahrt. **Syn.:** aufrechterhalten, behalten, behaupten (geh.), beibehalten, bleiben bei, festhalten an, halten, nicht aufgeben.

be|wäh|ren [bəˈvɛːrən] ⟨+ sich⟩: *sich als brauchbar, zuverlässig, geeignet erweisen:* er muss sich in der neuen Stellung erst bewähren; der Mantel hat sich bei dieser Kälte bewährt; ein bewährtes Mittel.

be|wahr|hei|ten [bəˈvaːɐ̯haitn̩], bewahrheitete, bewahrheitet ⟨+ sich⟩: *sich als wahr, richtig erweisen:* deine Vermutung, das Gerücht hat sich bewahrheitet. **Syn.:** sich bestätigen, sich als richtig herausstellen, sich als wahr herausstellen, sich als zutreffend erweisen, sich als zutreffend herausstellen.

Be|wäh|rung [bəˈvɛːrʊŋ], die; -: *das Sichbewähren:* eine Freiheitsstrafe zur Bewährung aussetzen *(nicht vollstrecken, solange die verurteilte Person bestimmte Auflagen erfüllt).*

be|wäl|ti|gen [bəˈvɛltɪɡn̩] ⟨tr.; hat⟩: *(mit etwas Schwierigem) fertigwerden:* eine schwere Aufgabe allein, nur mit Mühe bewältigen. **Syn.:** bewerkstelligen (Papierdt.), durchkommen (ugs.), hinter sich bringen, lösen, meistern, schaffen, schmeißen (ugs.), überwinden.

be|wan|dert [bəˈvandɐt] ⟨Adj.⟩: *(auf einem bestimmten Gebiet) besonders erfahren, viel wissend:* eine in der Kunstgeschichte sehr bewanderte Frau; er ist auch in der französischen Literatur einigermaßen bewandert. **Syn.:** ²beschlagen, firm, kundig.

Be|wandt|nis [bəˈvantnɪs]: in der Wendung **mit jmdm., etwas hat es seine eigene/besondere Bewandtnis:** *für jmdn., etwas sind besondere Umstände maßgebend, mit jmdm., etwas hat es etwas Besonderes auf sich:* mit diesem Brunnen hat es seine besondere Bewandtnis.

be|wäs|sern [bəˈvɛsɐn] ⟨tr.; hat⟩: *[künstlich] mit Wasser versorgen:* die Felder, trockene Gebiete, einen Tennisplatz bewässern. **Syn.:** besprengen, sprengen, wässern.

¹be|we|gen [bəˈveːɡn̩]:
1. a) ⟨tr.; hat⟩ *die Lage, Stellung (von etwas) verändern; nicht ruhig halten:* die Beine, den Arm bewegen; er konnte die Kiste nicht bewegen; der Wind bewegte die Blätter; die See war leicht, stark bewegt. **Zus.:** fortbewegen, herabbewegen, hinaufbewegen, umherbewegen. **b)** ⟨+ sich⟩ *seine Lage, Stellung verändern, nicht in einer bestimmten Position, an einer bestimmten Stelle verharren:* die Blätter bewegen sich im Wind; er stand da und bewegte sich nicht. **Syn.:** sich regen, sich rühren. **c)** ⟨+ sich⟩ *sich an einen anderen Ort begeben, den Ort wechseln:* der Zug bewegte sich zur Festhalle; sich im Kreis bewegen. **Syn.:** sich fortbewegen. **d)** ⟨+ sich⟩ *sich Bewegung verschaffen:* du musst dich mehr bewegen. **e)** ⟨+ sich⟩ *sich verhalten, sich benehmen, sich betragen:* sie weiß sich auf diplomatischem Parkett [sicher, ungezwungen] zu bewegen; er durfte sich dort frei bewegen. **f)** ⟨tr.; hat⟩ *dazu bringen, sich zu bewegen* (1 d): die Pferde müssen jeden Tag bewegt werden.
2. ⟨tr.; hat⟩ **a)** *innerlich in Anspruch nehmen, in jmdm. wirksam sein:* der Plan, Wunsch bewegte sie lange Zeit. **Syn.:** beschäftigen, nachgehen. **b)** *ein Gefühl des Ergriffenseins (in jmdm.) wecken; emotional stark beteiligt sein lassen:* die Nachricht bewegte alle [tief, schmerzlich]; er nahm sichtlich bewegt *(gerührt, ergriffen)* Abschied. **Syn.:** anrühren, berühren, beseelen, betroffen machen, erschüttern.
3. ⟨+ sich⟩ *von seinem ursprünglichen Standpunkt, seinen ursprünglichen Forderungen abrücken und Kompromissbereitschaft zeigen:* die Verhandlungspartner müssten sich allmählich bewegen.

²be|we|gen [bəˈveːɡn̩], bewog, bewogen ⟨tr.; hat⟩: *(durch Gründe, Motive o. Ä.) zu einem bestimmten Entschluss, zum Handeln bringen:* sie versuchten, ihn zum Bleiben zu bewegen; niemand wusste, was sie zu dieser Tat bewogen hatte; er ließ sich nicht bewegen, noch länger zu warten; sie war durch nichts dazu zu bewegen, es zuzugeben. **Syn.:** treiben, veranlassen.

Be|weg|grund [bəˈveːkɡrʊnt], der; -[e]s, Beweggründe [bəˈveːkɡrʏndə]: *[innere] Veranlassung, jmdn. zu etwas veranlassender Grund:* etwas aus niedrigen Beweggründen tun. **Syn.:** Motiv.

be|weg|lich [bəˈveːklɪç] ⟨Adj.⟩:
1. *so beschaffen, dass es sich [leicht] bewegen lässt:* eine Puppe mit beweglichen Armen und Beinen; bewegliche *(transportierbare)* Güter. **Syn.:** biegsam, variabel.
2. *schnell [und lebhaft] reagierend* /Ggs. unbeweglich/: ihr beweglicher Geist, Verstand; er ist [geistig] sehr beweglich. **Syn.:** agil, geschickt, gewandt, rege, wendig.

-be|wegt [bəveːkt] ⟨adjektivisches Suffixoid⟩: *aktiv für das im Basiswort Genannte als Inhalt einer geistigen, politischen, weltanschaulichen Bewegung, Richtung tätig, davon erfüllt:* basisbewegt *(basisdemokratiebewegt);* frauenbewegt *(die Frauenbewegung unterstützend, ihr angehörend);* friedensbewegt; jugendbewegt.

Be|we|gung [bəˈveːɡʊŋ], die; -, -en:
1. *das Bewegen, Sichbewegen; Veränderung der Lage, Stellung:* er machte eine rasche, abwehrende Bewegung [mit der Hand]; seine Bewegungen waren geschmeidig, flink. **Zus.:** Abwärtsbewegung, Armbewegung, Beinbewegung, Drehbewegung, Kopfbewegung, Reflexbewegung, Rückwärtsbewegung.
2. ⟨ohne Plural⟩ *inneres Ergriffensein, Erregtsein:* sie versuchte, ihre Bewegung zu verbergen. **Syn.:** Betroffenheit, Ergriffenheit, Erschütterung, Rührung.

3. *gemeinsames geistiges, politisches, weltanschauliches o. ä. Bestreben einer Gruppe und diese Gruppe selbst:* sich einer politischen Bewegung anschließen. **Syn.:** Initiative. **Zus.:** Arbeiterbewegung, Frauenbewegung, Freiheitsbewegung, Friedensbewegung, Gewerkschaftsbewegung, Jugendbewegung, Massenbewegung, Ökologiebewegung, Protestbewegung, Reformbewegung, Studentenbewegung, Widerstandsbewegung.

Be|weis [bəˈvai̯s], der; -es, -e:
a) *etwas, was den Nachweis enthält, dass etwas zu Recht behauptet, angenommen wird:* für seine Aussagen hatte er keine Beweise; etwas als/zum Beweis vorlegen. **Zus.:** Gegenbeweis, Gottesbeweis, Wahrheitsbeweis. **b)** *sichtbarer Ausdruck von etwas; Zeichen, das etwas offenbar macht:* die Äußerung ist ein Beweis seiner Schwäche; das Geschenk war ein Beweis ihrer Dankbarkeit. **Zus.:** Freundschaftsbeweis, Liebesbeweis, Vertrauensbeweis.

be|wei|sen [bəˈvai̯zn̩], bewies, bewiesen ⟨tr.; hat⟩:
a) *einen Beweis (für etwas) liefern, führen:* seine Unschuld, die Richtigkeit einer Behauptung beweisen; dieser Brief beweist gar nichts. **Syn.:** belegen, nachweisen, zeigen. **b)** *erkennen, sichtbar, offenbar werden lassen:* Mut beweisen; ihre Kleidung beweist, dass sie Geschmack hat. **Syn.:** zeigen, [2]zeugen von.

be|wen|den [bəˈvɛndn̩]:
in der Wendung **es bei etwas bewenden lassen:** *es mit etwas genug sein lassen; sich mit etwas begnügen:* wir wollen es diesmal noch bei einer leichten Strafe bewenden lassen.

be|wer|ben [bəˈvɛrbn̩], bewirbt, bewarb, beworben ⟨+ sich⟩:
etwas, besonders eine bestimmte Stellung o. Ä., zu bekommen suchen, sich darum bemühen: sich um ein Amt, ein Stipendium bewerben; sich bei einer Firma [um eine Stelle] bewerben; bitte bewerben Sie sich schriftlich mit Lebenslauf und Foto.

Be|wer|bung [bəˈvɛrbʊŋ], die; -, -en:
1. *das Sichbewerben:* die Bewerbung muss schriftlich erfolgen.
2. *Schreiben, mit dem sich jmd. um etwas bewirbt:* eine Bewerbung schreiben, abschicken.

be|werk|stel|li|gen [bəˈvɛrkʃtɛlɪgn̩] ⟨tr.; hat⟩:
(etwas Schwieriges) mit Geschick erreichen, zustande bringen: er wird es, den Verkauf schon [irgendwie] bewerkstelligen; ich weiß nicht, wie ich es bewerkstelligen soll, dass er freiwillig mitmacht. **Syn.:** anstellen, arrangieren, bewältigen, bewirken, deichseln (ugs.), drehen (ugs.), fertigbringen (ugs.), hinbringen (ugs.), hinkriegen (ugs.).

be|wer|ten [bəˈveːɐ̯tn̩], bewertete, bewertet ⟨tr.; hat⟩:
dem Wert, der Wichtigkeit o. Ä. nach einschätzen: jmds. Leistungen, einen Aufsatz bewerten; das Haus wurde zu hoch bewertet. **Syn.:** begutachten, beurteilen, urteilen über, werten.

be|wil|li|gen [bəˈvɪlɪgn̩] ⟨tr.; hat⟩:
besonders offiziell, amtlich, auf einen Antrag hin genehmigen, zugestehen: man hat ihm den Kredit nicht bewilligt; die Regierung hat die Subventionen gebilligt. **Syn.:** billigen, einräumen, gewähren.

be|wir|ken [bəˈvɪrkn̩] ⟨tr.; hat⟩:
zur Folge haben; als Wirkung hervorbringen, hervorrufen: sein Protest bewirkte, dass eine Besserung eintrat; eine Änderung bewirken. **Syn.:** verursachen.

be|wir|ten [bəˈvɪrtn̩], bewirtete, bewirtet ⟨tr.; hat⟩:
(einem Gast) zu essen und zu trinken geben: Geschäftsfreunde, Besucher bewirten; sie wurden bei ihr gut, mit Tee und Gebäck bewirtet.

be|woh|nen [bəˈvoːnən] ⟨tr.; hat⟩:
als Wohnung, als Wohnort haben, benutzen: sie bewohnt eine kleine Dachwohnung; eine nur von ein paar Fischern bewohnte Insel; die Burg ist nicht mehr bewohnt. **Syn.:** besiedeln, wohnen auf/in.

Be|woh|ner [bəˈvoːnɐ], der; -s, -, **Be|woh|ne|rin** [bəˈvoːnərɪn], die; -, -nen:
Person, die etwas bewohnt: die Bewohner des ersten Stocks, des Hauses, der Insel, des Planeten. **Syn.:** Einwohner, Einwohnerin. **Zus.:** Dorfbewohner, Dorfbewohnerin, Hausbewohner, Hausbewohnerin, Höhlenbewohner, Höhlenbewohnerin, Inselbewohner, Inselbewohnerin.

be|wöl|ken [bəˈvœlkn̩] ⟨+ sich⟩:
sich mit Wolken bedecken: der Himmel bewölkte sich rasch. **Syn.:** sich beziehen.

Be|wöl|kung [bəˈvœlkʊŋ], die; -:
1. *das Sichbewölken:* eine zunehmende Bewölkung des Himmels.
2. *Gesamtheit der den Himmel bedeckenden Wolken:* am Nachmittag leichte bis wechselnde Bewölkung. **Syn.:** Wolken ⟨Plural⟩.

be|wun|dern [bəˈvʊndɐn] ⟨tr.; hat⟩:
eine Person oder Sache als außergewöhnlich betrachten und staunend anerkennende Hochachtung für sie empfinden, sie imponierend finden: jmdn. [wegen seiner Leistungen] bewundern; jmds. Geduld bewundern; er bewunderte im Stillen ihren Mut; ein Gemälde bewundern. **Syn.:** anerkennen, bestaunen.

Be|wun|de|rung [bəˈvʊndərʊŋ], die; -, -en:
das Bewundern; große Anerkennung, Hochachtung: jmdm. Bewunderung abnötigen; jmdn., etwas voller Bewunderung betrachten.

be|wusst [bəˈvʊst] ⟨Adj.⟩:
1. a) *mit voller Absicht [handelnd]:* eine bewusste Lüge, Irreführung; das hat er ganz bewusst getan. **Syn.:** absichtlich, vorsätzlich. **b)** *die Wirklichkeit erkennend, um die Realitäten wissend:* ein bewusster Mensch; er hat den Krieg noch nicht bewusst erlebt; bewusst leben *(sich viele Gedanken über sein eigenes Verhalten, über seine Lebensweise machen);* jmdm. seine Situation bewusst machen *(sie ihn erkennen lassen);* ich bin mir der Gefahr durchaus bewusst *(bin mir darüber im Klaren).* **Zus.:** selbstbewusst.
2. *bereits erwähnt, bekannt:* wir treffen uns in dem bewussten Haus, zu der bewussten Stunde. **Syn.:** besagt.

-be|wusst [bəvʊst] ⟨adjektivisches Suffixoid⟩:
a) *auf das im Basiswort Genannte sorgsam achtend, negative Auswirkungen in dieser Richtung zu*

vermeiden suchend und entsprechend handelnd: energiebewusst; figurbewusst; gesundheitsbewusst; kalorienbewusst; konjunkturbewusst; kostenbewusst; leistungsbewusst; preisbewusst; umweltbewusst. **b)** *auf das im Basiswort Genannte gerichtet, darauf bedacht, es als Ziel habend:* emanzipationsbewusst; europabewusst; methodenbewusst; modebewusst; pflichtbewusst; problembewusst; siegesbewusst; traditionsbewusst; zielbewusst. **c)** *auf das im Basiswort Genannte stolz, es betonend:* geschlechtsbewusst; klassenbewusst; machtbewusst; nationalbewusst; staatsbewusst. **Syn.:** -betont, -orientiert.

be|wusst|los [bəˈvʊstloːs] ⟨Adj.⟩: *ohne Bewusstsein:* er brach bewusstlos zusammen; nach dem Unfall war sie mehrere Minuten lang bewusstlos. **Syn.:** besinnungslos, ohne Besinnung, ohnmächtig.

Be|wusst|sein [bəˈvʊstzai̯n], das; -s:
1. *Zustand geistiger Klarheit; volle Herrschaft über seine Sinne:* bei dem schrecklichen Anblick verlor sie das Bewusstsein; sie ist wieder bei Bewusstsein *(ist wieder zu sich gekommen, in klarer geistiger Verfassung).* **Syn.:** Besinnung.
2. *Zustand, in dem man sich einer Sache, der Dinge, Vorgänge bewusst ist; das Wissen um etwas:* das Bewusstsein ihrer Macht erfüllte sie mit Stolz; er hat das Bewusstsein, seine Pflicht getan zu haben; kein Bewusstsein für Menschenrechtsverletzungen haben; etwas ins allgemeine Bewusstsein bringen *(etwas allgemein bewusst machen, in Erinnerung bringen).* **Syn.:** Gewissheit, Überzeugung. **Zus.:** Geschichtsbewusstsein, Machtbewusstsein, Pflichtbewusstsein, Schuldbewusstsein, Selbstbewusstsein.
3. *Gesamtheit der Überzeugungen eines Menschen, die von ihm bewusst vertreten werden:* das politische Bewusstsein eines Menschen. **Zus.:** Klassenbewusstsein.

be|zah|len [bəˈt͜saːlən] ⟨tr.; hat⟩:
1. a) *für etwas den Gegenwert in Geld zahlen:* eine Ware, das Zimmer, seine Schulden bezahlen; ⟨auch itr.:⟩ Herr Ober, ich möchte bitte bezahlen! **Syn.:** aufkommen für, begleichen (geh.), finanzieren. **b)** *(jmdm.) für etwas Geleistetes Geld geben:* einen Arbeiter, den Schneider bezahlen; jmdn. für seine Arbeit bezahlen. **Syn.:** entlohnen, honorieren, vergüten (Amtsspr.).
2. *(Geld) als Gegenleistung geben:* sie musste viel [Geld] bezahlen; wie viel, was hast du dafür bezahlt? **Syn.:** aufwenden, ausgeben, blechen (ugs.), investieren, lockermachen (ugs.).
3. *einen Geldbetrag jmdm. geben, der ihn fordert, dem er zusteht:* die Gebühren, Gehälter, Steuern bezahlen. **Syn.:** auszahlen, entrichten, zahlen.

Be|zah|lung [bəˈt͜saːlʊŋ], die; -, -en:
1. *das Bezahlen, Bezahltwerden:* sie besteht auf sofortiger Bezahlung.
2. *Geldsumme, die jmdm. für etwas bezahlt wird:* keine Bezahlung annehmen; ohne Bezahlung, nur gegen Bezahlung arbeiten. **Syn.:** Entgelt, Honorar, Lohn.

be|zäh|men [bəˈt͜sɛːmən] ⟨tr.; hat⟩: *in Schranken halten, im Zaum halten, zurückhalten:* er konnte sich, seinen Hunger, seine Neugier nicht länger bezähmen. **Syn.:** bändigen, beherrschen, zähmen, zügeln.

be|zau|bern [bəˈt͜sau̯bɐn] ⟨tr.; hat⟩: *durch Anmut beeindrucken; (bei jmdm.) Entzücken hervorrufen:* sie, ihre Erscheinung bezauberte alle. **Syn.:** betören, entzücken, faszinieren, in seinen Bann ziehen, verzaubern.

be|zau|bernd [bəˈt͜sau̯bɐnt] ⟨Adj.⟩: *besonders reizvoll, durch Anmut beeindruckend:* ein bezauberndes junges Mädchen; bezaubernd lächeln. **Syn.:** berückend (geh.), charmant, entzückend, hinreißend, zauberhaft.

be|zeich|nen [bəˈt͜sai̯çnən], bezeichnete, bezeichnet ⟨tr.; hat⟩:
1. a) *[durch ein Zeichen] kenntlich machen:* die Kisten mit Buchstaben bezeichnen. **Syn.:** kennzeichnen, markieren. **b)** *genau angeben, näher beschreiben:* er bezeichnete ihm noch einmal den Ort, wo sie sich treffen wollten.
2. a) *mit einem Namen, einer Benennung, einer Beurteilung versehen:* er bezeichnete das Haus als einfache Hütte; sie bezeichneten ihn als einen Verräter; er bezeichnete sich als der Retter der Kinder/(seltener) als den Retter der Kinder; sie bezeichnet sich als Architektin. **Syn.:** betrachten, halten für, hinstellen als, nennen. **b)** *ein Name, eine Benennung für jmdn., etwas sein:* das Wort bezeichnet verschiedene Dinge.

be|zeich|nend [bəˈt͜sai̯çnənt] ⟨Adj.⟩: *(für jmdn.) charakteristisch und bestimmte Rückschlüsse nahelegend:* das war eine sehr bezeichnende Bemerkung; dieses Verhalten ist bezeichnend [für ihn].

Be|zeich|nung [bəˈt͜sai̯çnʊŋ], die; -, -en:
1. *zur Benennung von etwas dienender Ausdruck:* für diesen Gegenstand, Begriff gibt es mehrere Bezeichnungen. **Syn.:** Wort. **Zus.:** Berufsbezeichnung.
2. *das Kenntlichmachen, Markieren:* die genaue Bezeichnung der einzelnen Kisten ist erforderlich. **Syn.:** Markierung. **Zus.:** Qualitätsbezeichnung, Warenbezeichnung.

be|zeu|gen [bəˈt͜sɔy̯gn̩] ⟨tr.; hat⟩: *als Zeuge erklären, durch eine entsprechende Aussage bestätigen:* ich kann den Hergang, Tatbestand bezeugen.

be|zich|ti|gen [bəˈt͜sɪçtɪgn̩] ⟨tr.; hat⟩: *jmdm. in anklagender Weise die Schuld für etwas geben, etwas zur Last legen:* jmdn. eines Diebstahls, eines Vergehens bezichtigen; man bezichtigte ihn, gestohlen zu haben. **Syn.:** verdächtigen.

be|zie|hen [bəˈt͜siːən], bezog, bezogen:
1. a) ⟨tr.; hat⟩ *Stoff o. Ä. (über etwas) spannen, ziehen:* einen Schirm, einen Sessel neu beziehen; die Betten frisch beziehen *(mit frischer Bettwäsche versehen).* **Syn.:** [1]überziehen.
b) ⟨+ sich⟩ *sich bewölken:* der Himmel hat sich bezogen.
2. ⟨tr.; hat⟩ *[regelmäßig] erhalten, geliefert bekommen:* eine Zei-

Beziehung/Bezug

Die beiden Substantive sind auch in der Bedeutung *wechselseitiges Verhältnis, Zusammenhang* nur bedingt austauschbar. **Beziehung** meint im Allgemeinen die vorhandene oder andauernde Beziehung als solche, **Bezug** dagegen drückt stärker den Vorgang des Sichbeziehens, also die Herstellung der Beziehung aus. Man sagt demnach:	Ebenso nur:
– die Beziehung (nicht: der Bezug) zwischen Angebot und Nachfrage. – Er hat keine Beziehung (nicht: keinen Bezug) zur Kunst.	– In dieser Beziehung *(was dies betrifft)* hat sie recht.
	Dagegen heißt es:
	– auf etwas Bezug (nicht: Beziehung) nehmen – mit Bezug (nicht: Beziehung) auf Ihr Schreiben.
	Auch in der Bedeutung *das Beziehen, das regelmäßige Empfangen* ist nur »Bezug« zulässig:
	– der Bezug von Zeitungen und Zeitschriften durch die Post.

tung durch die Post beziehen; er bezieht eine Rente. **Syn.:** [1]bekommen, kriegen (ugs.).
3. ⟨tr.; hat⟩ *(in eine Wohnung) einziehen:* ein Haus, ein Zimmer beziehen.
4. ⟨tr.; hat⟩ *einnehmen:* eine günstige Stellung beziehen; einen klaren Standpunkt beziehen.
5. a) ⟨+ sich⟩ *sich (auf etwas) stützen, berufen, etwas als Anknüpfungspunkt nehmen:* ich beziehe mich auf unser Gespräch von letzter Woche. **Syn.:** anknüpfen an. **b)** ⟨+ sich⟩ *(mit jmdm., etwas) in Zusammenhang oder in Verbindung stehen:* der Vorwurf bezieht sich nicht auf dich, auf deine Arbeit. **Syn.:** betreffen. **c)** ⟨tr.; hat⟩ *(mit jmdm., etwas) in Zusammenhang oder in Verbindung bringen, gedanklich verknüpfen:* er bezieht alles auf sich; man kann den Paragrafen nicht auf diesen Fall beziehen. **Syn.:** anwenden, übertragen.

Be|zie|hung [bəˈt͜siːʊŋ], die; -, -en:
1. a) *Verbindung zu jmdm., etwas:* die Beziehungen zu seinen Freunden pflegen; er hat überall Beziehungen. **Zus.:** Auslandsbeziehung, Geschäftsbeziehung.
b) *Liebesbeziehung:* das Kind ist aus einer früheren Beziehung; mit jmdm. eine Beziehung haben; unsere Beziehung ist gescheitert. **Syn.:** Partnerschaft. **Zus.:** Liebesbeziehung, Zweierbeziehung.
2. *wechselseitiges Verhältnis, innerer Zusammenhang:* eine Beziehung zwischen zwei Vorfällen feststellen; ihre Abreise steht in keiner Beziehung zu seinem Rücktritt; man muss die beiden Taten zueinander in Beziehung setzen. **Syn.:** Bezug, Verbindung.

Beziehung / Bezug:
s. Kasten.

be|zie|hungs|wei|se [bəˈt͜siːʊŋsva͜izə] ⟨Konj.⟩:
a) *oder; [oder] vielmehr, besser gesagt:* er war mit ihm bekannt beziehungsweise befreundet.
b) *und im andern Fall:* die Fünf- und Zweipfennigstücke waren aus Nickel beziehungsweise [aus] Kupfer.

be|zif|fern [bəˈt͜sɪfɐn]:
1. ⟨tr.; hat⟩ *mit Ziffern versehen:* die einzelnen Seiten beziffern. **Syn.:** nummerieren.
2. a) ⟨tr.; hat⟩ *angeben (mit einer Zahl, einem Betrag):* man bezifferte den Schaden auf eine halbe Million Euro. **Syn.:** ansetzen, schätzen, taxieren, veranschlagen. **b)** ⟨+ sich⟩ *sich belaufen:* der Verlust bezifferte sich auf eine Million Euro. **Syn.:** betragen.

Be|zirk [bəˈt͜sɪrk], der; -[e]s, -e:
Bereich, Gebiet von bestimmter Abgrenzung: er wohnt in einem anderen Bezirk [der Stadt]. **Syn.:** Areal, Raum, Region, Stadtteil. **Zus.:** Stadtbezirk, Verwaltungsbezirk.

-be|zo|gen [bət͜soːgn̩] ⟨adjektivisches Suffixoid⟩:
drückt aus, dass etwas auf das im Basiswort Genannte abgestimmt ist, entsprechend gestaltet o. ä. ist: anwendungsbezogen; aufgabenbezogen; beitragsbezogen; einkommensbezogen; fachbezogen; familienbezogen; gegenwartsbezogen; ichbezogen; körperbezogen; länderbezogen; leistungsbezogen; objektbezogen; personenbezogen; praxisbezogen; produktbezogen; zukunftsbezogen. **Syn.:** -nah.

Be|zug [bəˈt͜suːk], der; -[e]s, Bezüge [bəˈt͜syːgə]:
1. *etwas, womit etwas bezogen oder überzogen wird:* der Bezug des Kissens. **Syn.:** Überzug. **Zus.:** Bettbezug, Kissenbezug, Schonbezug.
2. ⟨ohne Plural⟩ *das Beziehen, das regelmäßige Bekommen:* der Bezug von Waren, Zeitungen. **Syn.:** Kauf.
3. ⟨Plural⟩ *Einkommen:* die Bezüge eines Beamten. **Syn.:** [2]Gehalt, Einkünfte.
4. *sachliche Verknüpftheit; Zusammenhang, Verbindung:* einen Bezug zu etwas herstellen; das Wort »Bezug« oder »Betreff« wird in der Betreffzeile eines Briefes nicht mehr verwendet. **Syn.:** Betreff (Amtsspr.). **Zus.:** Gegenwartsbezug; * **in Bezug auf:** *was jemanden betrifft, angeht, bezüglich, hinsichtlich:* in Bezug auf die neuen Mitarbeiter hat sie nichts in Erfahrung bringen können.

Bezug / Beziehung:
s. Kasten Beziehung/Bezug.

be|züg|lich [bəˈt͜syːklɪç] ⟨Präp. mit Gen.⟩:
in Bezug (auf etwas), hinsichtlich: bezüglich dieses Problems; bezüglich seiner Pläne hat er sich nicht geäußert. **Syn.:** in Hinsicht auf.

be|zwe|cken [bəˈt͜svɛkn̩] ⟨tr.; hat⟩:
einen Zweck verfolgen; zu erreichen suchen: niemand wusste, was er damit bezweckte. **Syn.:** abzielen auf, ausgehen auf, vorhaben, zielen auf.

be|zwei|feln [bəˈt͜sva͜ifl̩n] ⟨tr.; hat⟩:
zweifelnd infrage stellen: ich bezweifle seine Eignung für den Posten; ich bezweifle, dass das richtig ist. **Syn.:** anzweifeln, in Zweifel ziehen, zweifeln an.

bezweifeln / zweifeln:
s. Kasten Seite 1148.

be|zwin|gen [bəˈt͜svɪŋən], bezwang, bezwungen ⟨tr.; hat⟩: *(über etwas, jmdn.) Herr werden:* einen Gegner im [sportlichen] Kampf bezwingen; seinen Ärger, sich selbst bezwingen. **Syn.:** besiegen, gewinnen gegen, schlagen, siegen über, triumphieren über, überwinden.

BH [beːˈhaː], der; -[s], -[s]: *Büstenhalter:* einen BH tragen.

bi-, Bi- [bi] ⟨Präfix⟩: kennzeichnet eine bestehende Doppelheit in Bezug auf das im Basiswort Genannte: bilabial *(mit beiden Lippen gebildet);* bilateral *(zweiseitig);* bipolar; Bisexualität *(Sexualität, die sowohl auf das andere als auch auf das eigene Geschlecht gerichtet ist).*

Bi|bel [ˈbiːbl̩], die; -, -n: **a)** ⟨ohne Plural⟩ *Schrift, auf die sich das Christentum stützt; Heilige Schrift:* die Bibel auslegen; das steht in der Bibel. **Zus.:** Lutherbibel. **b)** *Buch, in dem die gleichnamige Schrift abgedruckt ist:* auf dem Nachttisch lag eine Bibel. **Zus.:** Taschenbibel.

Bi|blio|gra|fie [bibliograˈfiː], die; -, Bibliografien [bibliograˈfiːən], **Bibliographie:** *umfassendes Verzeichnis von Büchern über ein bestimmtes Gebiet oder einen bestimmten Autor:* eine umfangreiche Bibliografie ergänzte den Artikel über Kafka.

Bibliografie / Autobiografie / Biografie:
s. Kasten Seite 171.

Bi|blio|thek [biblioˈteːk], die; -, -en: **1.** *[größere] Sammlung von Büchern:* er besitzt eine schöne, große, beachtliche Bibliothek. **Zus.:** Handbibliothek, Präsenzbibliothek. **2.** *Räume, in denen, Gebäude, in dem sich eine große, der Öffentlichkeit zugängliche Sammlung von Büchern befindet:* sich ein Buch in/von der Bibliothek leihen; in der Bibliothek arbeiten. **Syn.:** Bücherei. **Zus.:** Fachbibliothek, Kinderbibliothek, Leihbibliothek, Staatsbibliothek, Stadtbibliothek, Universitätsbibliothek, Werksbibliothek.

Bi|blio|the|kar [biblioteˈkaːɐ̯], der; -s, -e, **Bi|blio|the|ka|rin** [biblioteˈkaːrɪn], die; -, -nen: *Angestellter bzw. Angestellte in einer Bibliothek mit [wissenschaftlicher] Ausbildung:* sie arbeitet als Bibliothekarin. **Zus.:** Diplombibliothekar, Diplombibliothekarin.

bi|blisch [ˈbiːblɪʃ] ⟨Adj.⟩: *aus der Bibel stammend, sich auf die Bibel beziehend:* biblische Gestalten; die biblischen Geschichten; sie erreichte ein biblisches *(sehr hohes)* Alter.

bie|der [ˈbiːdɐ] ⟨Adj.⟩: *rechtschaffen, brav, verlässlich, dabei aber kleinbürgerlich, ohne größere geistige oder ideelle Ansprüche:* ein biederer Beamter; den jungen Leuten ist er einfach zu bieder und zu langweilig.

bie|gen [ˈbiːgn̩], bog, gebogen: **1. a)** ⟨tr.; hat⟩ *krumm machen; durch Druck o. Ä. in eine gekrümmte Form bringen:* er hat den Draht, das Blech [krumm] gebogen. **Syn.:** beugen, krümmen. **b)** ⟨+ sich⟩ *krumm werden; durch Druck o. Ä. eine gekrümmte Form annehmen:* die Zweige haben sich unter der Last des Schnees gebogen. **Syn.:** sich beugen, sich krümmen, sich neigen. **2.** ⟨itr.; ist⟩ *in seiner Bewegung einen Bogen beschreiben:* sie sind um die Ecke, in eine andere Straße gebogen. **Syn.:** abbiegen.

bieg|sam [ˈbiːkzaːm] ⟨Adj.⟩: *sich leicht biegen lassend:* biegsames Material; ein biegsamer Körper. **Syn.:** beweglich, elastisch, flexibel, gelenkig, geschmeidig.

Bie|gung [ˈbiːgʊŋ], die; -, -en: *Stelle, an der sich die Richtung in Form eines Bogens ändert:* die Biegung des Flusses, der Straße. **Syn.:** Knick, Kurve. **Zus.:** Straßenbiegung, Wegbiegung.

Bie|ne [ˈbiːnə], die; -, -n: *Honig lieferndes, gelbschwarzes, fliegendes Insekt:* Bienen züchten, halten; sie ist von einer Biene gestochen worden. **Zus.:** Honigbiene, Wildbiene.

Bier [biːɐ̯], das; -[e]s, -e: *alkoholisches Getränk, das aus (meist aus Gerste hergestelltem) Malz und Hopfen hergestellt wird:* Bier vom Fass; ein [Glas] helles, dunkles Bier trinken; in- und ausländische Biere *(Biersorten);* Herr Ober, noch zwei Bier *(Gläser Bier),* bitte! **Zus.:** Bockbier, Dosenbier, Exportbier, Fassbier, Flaschenbier, Freibier, Malzbier, Starkbier, Weißbier, Weizenbier.

bier|ernst [ˈbiːɐ̯ˈ|ɛrnst] ⟨Adj.⟩ (ugs.): *übermäßig, unangemessen ernst:* diese bierernste Reaktion auf diesen witzigen Einfall hatte man nicht erwartet; ein bierernster Problemfilm über die Anfechtungen eines Künstlers; er fand den Scherz gar nicht witzig und dementierte bierernst. **Syn.:** humorlos.

Bier|gar|ten [ˈbiːɐ̯gartn̩], der; -s, Biergärten [ˈbiːɐ̯gɛrtn̩]: *Lokal im Freien:* bei gutem Wetter ist der Biergarten immer voll.

Biest [biːst], das; -[e]s, -er (emotional): *jmd., etwas, was man aufgrund seines Verhaltens, seines Aussehens o. Ä. ablehnt, was man unsympathisch, beängstigend findet:* mit Hornissen ist nicht zu spaßen, die Biester können ganz übel stechen; du bist ein freches, abgebrühtes, verlogenes Biest; die Ziege, dieses Biest, bleibt immer stehen; verdammtes Biest!; die Waschmaschine, dieses Biest, funktioniert nicht mehr!

bie|ten [ˈbiːtn̩], bot, geboten: **1. a)** ⟨tr.; hat⟩ *zur Verfügung, in Aussicht stellen:* jmdm. eine Summe, Ersatz für etwas bieten; jmdm. eine Chance bieten *(die Möglichkeit zu etwas geben).* **Syn.:** anbieten, geben, zusagen, zusichern. **b)** ⟨+ sich⟩ *für jmdn. [als Möglichkeit] bestehen:* es bot sich ihr/ihm eine Chance, eine Gelegenheit, eine neue Möglichkeit, den Streit zu beenden. **Syn.:** sich anbieten, sich auftun (geh.), entstehen, sich [1]ergeben, sich eröffnen, geben, sich zeigen. **2. a)** ⟨tr.; hat⟩ *sichtbar werden lassen, zeigen:* die Unfallstelle bot ein schreckliches Bild, ein Bild des Grauens. **Syn.:** offenbar werden lassen, zeigen. **b)** ⟨+ sich⟩ *sichtbar werden:* ein herrlicher Anblick, ein Bild des Jammers bot sich ihnen, ihren Blicken. **Syn.:** sich enthüllen, sich zeigen.

Bi|ki|ni [biˈkiːni], der; -s, -s:

aus zwei Teilen bestehender, knapper Badeanzug für Frauen: sie trägt lieber einen Bikini als einen Badeanzug.

Bi|lanz [bi'lants], die; -, -en:
1. (Wirtsch.) *abschließende Gegenüberstellung von Einnahmen und Ausgaben, Vermögen und Schulden:* eine positive, negative, ausgeglichene Bilanz; seine Bilanz offenlegen. **Syn.:** Abrechnung. **Zus.:** Außenhandelsbilanz, Handelsbilanz, Jahresbilanz, Schlussbilanz, Zwischenbilanz.
2. *Ergebnis, Fazit; abschließender Überblick:* die erfreuliche Bilanz der deutschen Außenpolitik; zehn Verkehrstote und zahlreiche Verletzte sind die traurige, erschütternde Bilanz des Wochenendes; Bilanz ziehen *(das Ergebnis feststellen).* **Syn.:** Resultat.

Bild [bɪlt], das; -[e]s, -er:
1. *[mit künstlerischen Mitteln] auf einer Fläche Dargestelltes, Wiedergegebenes:* ein Bild malen, betrachten, aufhängen; ein Buch mit vielen bunten Bildern. **Syn.:** Abbildung, Bildnis (geh.), Darstellung. **Zus.:** Ahnenbild, Erinnerungsbild, Farbbild, Fernsehbild, Gruppenbild, Heiligenbild, Hochzeitsbild, Kinderbild, Landschaftsbild, Luftbild, Madonnenbild, Marienbild, Phantombild, Röntgenbild, Schwarz-Weiß-Bild, Tierbild.
2. *Anblick:* die Straße bot ein friedliches Bild; ein Bild des Jammers, Grauens *(ein jammervoller, grauenvoller Anblick);* ein Bild von einer Frau, einem Mann *(eine bildschöne Frau, ein bildschöner Mann).* **Syn.:** Ansicht. **Zus.:** Jammerbild, Schreckensbild, Stadtbild, Straßenbild.
3. *Vorstellung, Eindruck:* jmdm. ein richtiges, falsches Bild von etwas geben, vermitteln; sie konnten sich von dieser Zeit, von den Vorgängen kein rechtes Bild machen; unser Bild des frühen Mittelalters. **Zus.:** Menschenbild, Traumbild, Trugbild, Wahnbild, Weltbild, Wunschbild, Zerrbild.

bil|den ['bɪldn̩], bildete, gebildet:
1. a) ⟨tr.; hat⟩ *in bestimmter Weise formen, gestalten:* Sätze bilden; einen Kreis bilden; eine Regierung bilden; sich (Dativ) eine Meinung bilden. **b)** ⟨tr.; hat⟩ *aus sich heraus hervorbringen:* Wurzeln bilden; die Früchte bilden den Saft. **Syn.:** ansetzen, entwickeln. **c)** ⟨+ sich⟩ *entstehen, sich entwickeln:* auf der gekochten Milch hat sich eine Haut gebildet; am Zaun bildete sich Rost. **Syn.:** sich ansetzen.
2. ⟨tr.; hat⟩ *sein, darstellen, ausmachen:* der Fluss bildet die Grenze; die Darbietung der Sängerin bildete den Höhepunkt des Abends.
3. a) ⟨tr.; hat⟩ *gebildet[er] machen:* die Jugend [politisch] bilden; die Lektüre hat ihn, seinen Geist gebildet; ⟨auch itr.⟩ Reisen, Lesen bildet. **Syn.:** schulen. **b)** ⟨+ sich⟩ *seine Kenntnisse, sein Wissen vergrößern:* er versuchte, sich durch Reisen zu bilden. **Syn.:** fortbilden.

Bil|der|buch ['bɪldɐbu:x], das; -[e]s, Bilderbücher ['bɪldɐby:çɐ]:
Buch [für kleine Kinder], das hauptsächlich mit Bildern und nur mit wenig Text ausgestattet ist: ein Bilderbuch anschauen.

Bil|der|buch- [bɪldɐbu:x] ⟨Präfixoid⟩:
1. drückt aus, dass das im Basiswort Genannte so ist, erfolgt, verläuft, wie man es sich [idealerweise] vorstellt, wie es vorgesehen ist, so, wie es in einem Bilderbuch als Anschauungsbeispiel zu finden sein könnte: Bilderbuchehe; Bilderbuchehefrau; Bilderbuchehemann; Bilderbuchfamilie; Bilderbuchheld; Bilderbuchinsel; Bilderbuchkarriere; Bilderbuchlandung; Bilderbuchstart; Bilderbuchwetter. **Syn.:** Traum-.
2. drückt aus, dass es das im Basiswort Genannte nur im Bilderbuch gibt, aber nicht in der Realität; *solch eine Art von ..., wie sie sich so nur in einer naiven, kindlichen Einbildung darstellt:* Bilderbuchethik; Bilderbuchvorstellung.

Bild|hau|er ['bɪlthau̯ɐ], der; -s, -, **Bild|hau|e|rin** ['bɪlthau̯ərɪn], die; -, -nen:
Person, die aus Stein, Holz o. Ä. Plastiken herstellt. **Syn.:** Künstler, Künstlerin.

bild|lich ['bɪltlɪç] ⟨Adj.⟩:
als Bild [gebraucht]: bildliche Ausdrücke; er war, bildlich gesprochen, der Motor des Ganzen. **Syn.:** allegorisch, anschaulich, plastisch, symbolisch.

Bild|nis ['bɪltnɪs], das; -ses, -se (geh.):
Darstellung (eines Menschen) in der Art eines Bildes: ein alter Stempel mit dem Bildnis des Kaisers. **Syn.:** Bild, Porträt. **Zus.:** Jugendbildnis, Selbstbildnis.

Bild|schirm ['bɪltʃɪrm], der; -[e]s, -e:
Teil des Fernsehapparats, auf dem das Bild erscheint, Teil eines Computers, auf dem Daten angezeigt werden können: sie saßen den ganzen Abend vor dem Bildschirm; der Bildschirm flimmert stark. **Syn.:** Monitor.

Bil|dung ['bɪldʊŋ], die; -, -en:
1. a) *das Bilden, Sichbilden:* die Bildung von Schaum, Rauch; die Bildung einer neuen Partei. **Syn.:** Entstehung. **Zus.:** Kapitalbildung, Meinungsbildung, Regierungsbildung, Vermögensbildung, Willensbildung, Wortbildung. **b)** *etwas in bestimmter Weise Gebildetes:* die eigenartigen Bildungen der Wolken. **Syn.:** Gebilde. **Zus.:** Wolkenbildung, Wortbildung.
2. ⟨ohne Plural⟩ *auf erworbenes Wissen und Erziehung gründendes persönliches Geprägtsein:* er hat eine gründliche, gediegene Bildung erhalten; das gehört zur allgemeinen Bildung; die Literatur ist dem Boden der europäischen Kultur und Bildung erwachsen. **Syn.:** Ausbildung, Erziehung, Gelehrsamkeit, Kenntnisse ⟨Plural⟩, Kultur, Wissen.

Bil|lard ['bɪljart], das; -s:
Spiel mit Kugeln auf einem mit Tuch bespannten Tisch: Billard spielen.

Bil|lett [bɪl'jɛt], das; -[e]s, -s u. -e (schweiz., sonst veraltet):
a) *Fahrkarte:* am Schalter ein Billett lösen. **Syn.:** Fahrschein, Ticket. **b)** *Eintrittskarte:* ein Billett fürs Theater kaufen. **Syn.:** Karte.

bil|lig ['bɪlɪç] ⟨Adj.⟩:
1. *niedrig im Preis* /Ggs. teuer/: billige Waren; etwas billig kriegen; billig einkaufen. **Syn.:** erschwinglich, günstig, herabgesetzt, im Preis gesenkt, preiswert, zu zivilen Preisen, [halb] geschenkt (ugs.).

2. (abwertend) *vordergründig, einfallslos und nichtssagend:* eine billige Ausrede; ein billiger Trost. **Syn.:** schlecht, unbefriedigend, unzulänglich (geh.).

bil|li|gen ['bɪlɪgn̩] ⟨tr.; hat⟩: *(einer Sache) zustimmen; (etwas) gutheißen:* jmds. Pläne, Vorschläge billigen; ich kann dein Verhalten nicht billigen; das Parlament billigte die Pläne der Regierung. **Syn.:** absegnen (ugs.), akzeptieren, anerkennen, annehmen, sich anschließen, begrüßen, bejahen, bewilligen, dulden, einverstanden sein mit, einwilligen in, erlauben, für richtig halten, genehmigen, geschehen lassen, gestatten, hinnehmen, in Kauf nehmen, legitimieren (bildungsspr.), nicht falsch finden, nicht für falsch halten, respektieren, richtig finden, sanktionieren, tolerieren, zulassen.

Bil|li|gung ['bɪlɪgʊŋ], die; -, -en: *das Billigen, Gebilligtwerden:* das findet meine [volle] Billigung; die geplanten Reformen bedürfen noch der Billigung durch das Parlament. **Syn.:** Anerkennung, Erlaubnis, Genehmigung, Zustimmung.

Bil|li|on [bɪ'li̯o:n], die; -, -en: *eine Million Millionen.*

bim|meln ['bɪml̩n] ⟨itr.; hat⟩ (ugs.): *in hellen Tönen läuten:* die Glöckchen am Schlitten bimmelten während der ganzen Fahrt. **Syn.:** klingen.

bim|sen ['bɪmzn̩], bimste, gebimst ⟨tr.; hat⟩ (ugs.): *äußerst angestrengt lernen:* Latein bimsen; ⟨auch itr.⟩ er hat den ganzen Nachmittag [für die Arbeit] gebimst. **Syn.:** büffeln (ugs.), ochsen (ugs.), pauken (ugs.).

Bims|stein ['bɪmsʃta̯in], der; -s, -e: *meist heller, poröser Stein, mit dem man hartnäckigen Schmutz an den Händen entfernen kann:* sich die Hände mit einem Bimsstein abreiben.

Bin|de ['bɪndə], die; -, -n: **1. a)** *langer Streifen aus Gaze oder anderem Stoff zum Verbinden von Wunden usw.:* eine elastische Binde. **Syn.:** Verband. **Zus.:** Mullbinde. **b)** *Tuch, mit dem man jmdm. die Augen verbindet oder aus dem man eine Schlinge zum Stützen eines verletzten Arms knotet:* jmdm. die Binde von den Augen abnehmen; er trägt den rechten Arm in einer Binde. **Zus.:** Armbinde, Augenbinde. **2.** *(zur Kennzeichnung einer bestimmten Personengruppe dienender) um den Arm getragener Streifen aus Stoff:* der Blinde trug eine Binde, gelb mit drei schwarzen Punkten; die bei der Versammlung eingesetzten Ordner waren leicht an ihren orangefarbenen Binden zu erkennen. **Zus.:** Blindenbinde. **3.** *Streifen aus Gaze mit einer dicken Lage Zellstoff, die das bei der Menstruation austretende Blut aufsaugen soll:* eine Binde in den Slip einlegen. **Zus.:** Damenbinde, Monatsbinde. **4.** * **[sich ⟨Dativ⟩] einen hinter die Binde gießen** (ugs.): *etwas Alkoholisches trinken:* musst du dir jeden Freitag einen hinter die Binde gießen? **Syn.:** sich besaufen, sich betrinken, einen heben.

bin|den ['bɪndn̩], band, gebunden: **1.** ⟨tr.; hat⟩ *[mithilfe eines Fadens, einer Schnur o. Ä.] mit einem oder mehreren Knoten befestigen, zusammenfügen:* das Pferd an einen Baum binden; sich ein Tuch um den Hals binden; Blumen [zu einem Strauß] binden; sich die Krawatte binden *(sie sich mit einem besonderen Knoten um den Hals binden);* jmdm. die Schuhe binden *(sie mithilfe der Schnürsenkel schließen);* Kränze binden *(durch Zusammenbinden von Zweigen o. Ä. herstellen).* **Syn.:** anbinden, festbinden, festmachen, zusammenbinden. **2. a)** ⟨tr.; hat⟩ *zu etwas verpflichten:* das Versprechen bindet dich; ich fühle mich dadurch nicht gebunden; eine bindende Zusage machen. **Syn.:** festlegen; * **an etwas gebunden sein:** *sich an etwas halten müssen:* er ist an Vorschriften gebunden. **b)** ⟨+ sich⟩ *sich zu etwas verpflichten:* sich durch ein Versprechen binden; sie wollte sich noch nicht binden *(sie wollte noch nicht heiraten).* **Syn.:** sich festlegen. **3.** ⟨tr.; hat⟩ *fesseln:* die Gefangenen wurden an Händen und Füßen gebunden. **4.** ⟨tr.; hat⟩ **a)** *festhalten, in sich aufnehmen:* der Regen bindet den Staub. **b)** *sämig machen:* eine Soße [mit Mehl] binden. **5.** ⟨tr.; hat⟩ *mit einem Einband versehen:* ein Buch [neu, in Leinen, in Leder] binden; das Buch gibt es auch in einer gebundenen Ausgabe.

Bin|der ['bɪndɐ], der; -s, -: *Krawatte.* **Syn.:** Schlips (ugs.).

Bind|fa|den ['bɪntfa:dn̩], der; -s, Bindfäden ['bɪntfɛ:dn̩]: *[dünne] Schnur zum Binden, Schnüren:* eine Rolle Bindfaden. **Syn.:** Faden; * **es regnet Bindfäden** (ugs.): *es regnet anhaltend und stark:* seit drei Tagen regnet es Bindfäden – das Gartenfest fällt daher leider aus!

Bin|dung ['bɪndʊŋ], die; -, -en: **1. a)** *innere Verbundenheit:* ihre Bindung an ihn, an die Heimat. **Zus.:** Mutterbindung, Sozialbindung, Vaterbindung. **b)** *bindende Beziehung; Verbindung:* die Bindung zu jmdm. lösen. **Syn.:** Beziehung, Verbindung. **2.** *Vorrichtung, mit der der Ski am Schuh befestigt wird:* die Bindung richtig einstellen. **Zus.:** Sicherheitsbindung, Skibindung.

bin|nen ['bɪnən] ⟨Präp. mit Dativ, seltener Gen.⟩: *im Verlauf von:* binnen drei Jahren; binnen einem Monat/eines Monats muss die Arbeit fertig sein. **Syn.:** im Laufe von, [1]in, in der Zeit von, innerhalb, [1]während.

Bin|sen|wahr|heit ['bɪnzn̩va:ɐ̯ha̯it], die; -, -en: *allgemein bekannte Tatsache; etwas, was jeder weiß:* das ist [doch] eine Binsenwahrheit! **Syn.:** Binsenweisheit, Gemeinplatz.

Bin|sen|weis|heit ['bɪnzn̩va̯isha̯it], die; -, -en: *Binsenwahrheit.* **Syn.:** Gemeinplatz.

Bio- [bio] ⟨Präfix⟩: **1.** kennzeichnet Natur, Naturgemäßes, ohne Verwendung synthetischer Zusätze Erzeugtes; im Gegensatz zu Chemie: Bioalkoholbenzin; Biogarten; Biogas; Biogemüse; Bioladen; Biowolle. **2.** bezieht sich auf Forschungen in Zusammenhang mit allem Lebenden: Biochemie; Biochemiker; Biolabor; Biotechnologie.

Bio|graf [bio'gra:f], der; -en, -en, **Biograph:**
Verfasser einer Biografie.

Bio|gra|fie [biogra'fi:], die; -, Biografien [biogra'fi:ən], **Biographie:**
1. *Beschreibung des Lebens einer bekannten Person:* die Biografie eines Dichters. **Syn.:** Autobiografie, Erinnerungen ‹Plural›, Memoiren ‹Plural›.
2. *das Leben eines Menschen als Abfolge von Entwicklungen, Erlebnissen usw.:* die Biografie dieses Menschen ist abenteuerlich. **Syn.:** Lebenslauf, Vergangenheit.

Biografie / Autobiografie / Bibliografie:
s. Kasten Seite 171.

Bio|gra|fin [bio'gra:fɪn], die; -, -nen, **Biographin:**
weibliche Form zu ↑Biograf.

Bio|graph [bio'gra:f]: ↑Biograf.

Bio|lo|ge [bio'lo:gə], der; -n, -n:
männliche Person, die Biologie studiert [hat].

Bio|lo|gie [biolo'gi:], die; -:
1. *Wissenschaft von der belebten Natur, den Gesetzmäßigkeiten im Ablauf des Lebens von Pflanze, Tier und Mensch:* Biologie studieren, unterrichten. **Zus.:** Meeresbiologie, Mikrobiologie.
2. *biologische* (1) *Beschaffenheit (eines Lebewesens):* die Biologie der niederen Tiere, des Menschen.

Bio|lo|gin [bio'lo:gɪn], -, -nen:
weibliche Form zu ↑Biologe.

bio|lo|gisch [bio'lo:gɪʃ] ‹Adj.›:
1. a) *auf die Biologie bezüglich, mit den Mitteln der Biologie [erfolgend]:* eine biologische Untersuchung; der biologische Vater. **b)** *die Lebensvorgänge betreffend:* die biologische Wirkung der radioaktiven Strahlen; das Altern stellt einen biologischen Prozess dar; biologische *(durch die Verbreitung schädlicher Mikroorganismen wirksame)* Waffen.
2. *aus pflanzlichen oder tierischen Stoffen bestehend, hergestellt:* ein biologisches Präparat; biologische Zahnpasta; biologischer Dünger.

Bio|ton|ne ['bi:otɔnə], die; -, -n:
Mülltonne für Biomüll: die Biotonne wird montags geleert.

Bir|ke ['bɪrkə], die; -, -n:
Laubbaum mit weißer Rinde und kleinen, herzförmigen, hellgrünen Blättern: die Birke verliert ihre Blätter. **Syn.:** Baum.

Bir|ne ['bɪrnə], die; -, -n:
1. *meist ovale, zum Stiel hin sich verjüngende grüngelbe oder bräunliche Frucht des Birnbaums mit saftigem Fruchtfleisch:* Birnen schälen. **Zus.:** Tafelbirne.
2. *Glühbirne:* die Birne ist durchgebrannt. **Zus.:** Glühbirne.
3. (ugs.) *Kopf (eines Menschen):* nimm deine Birne weg! **Syn.:** Kürbis (ugs.), Rübe (ugs.).

[1]bis [bɪs] ‹Präp. mit Akk.›:
dient dazu, das Ende eines Zeitraums anzugeben: die Konferenz dauert bis morgen, bis nächsten Sonntag; von 16 bis 18 Uhr; er bleibt, ist bis 17 Uhr hier; sie wollte bis 17 Uhr *(spätestens um 17 Uhr)* kommen, hier sein.

[2]bis [bɪs] ‹Adverb›:
1. dient dazu, das Ende einer Strecke o. Ä. anzugeben: wir fahren bis Köln, bis Alte Brücke, bis dorthin; von unten bis oben.
2. ‹in Verbindung mit bestimmten Präpositionen› bis an/in das Haus; bis zur Mauer; bis in den Morgen [hinein]; bis zum Abend.
3. * bis auf (+ Akk.): **1)** *einschließlich:* der Saal war bis auf den letzten Platz besetzt. **2)** *mit Ausnahme von:* alle waren einverstanden, bis auf einen. **Syn.:** abgesehen von, ausgenommen, außer.
4. * bis zu: *von höchstens:* Kinder bis zu 6 Jahren haben freien Eintritt.

[3]bis [bɪs] ‹Konj.›:
1. dient dazu, einen temporalen Gliedsatz einzuleiten, durch den der Zeitpunkt bezeichnet wird, zu dem das im übergeordneten Satz genannte Geschehen endet: ihr dürft noch draußen spielen, bis es dunkel wird; wir warten, bis du kommst; du musst bleiben, bis die Arbeit getan ist; ‹in verneintem Satz (mit ebenfalls verneintem übergeordnetem Satz) konditional› ich lasse dich nicht gehen, bis du nicht fertig bist.
2. dient dazu, zwei Maß- oder Mengenangaben o. Ä., von denen die erste eine Untergrenze und die zweite eine Obergrenze bezeichnet, miteinander zu verbinden: es dauerte drei bis vier Wochen; eine Strecke von 8 bis 10 Metern; in 3 bis 4 Stunden.

Bi|schof ['bɪʃɔf], der; -s, Bischöfe ['bɪʃœfə]:
a) *hoher Würdenträger in der katholischen Kirche, dem ein größerer Bereich untersteht:* der Bischof von Worms. **Syn.:** Geistlicher. **Zus.:** Erzbischof, Landesbischof. **b)** *hoher Würdenträger in der evangelischen Kirche, dem ein größerer Bereich untersteht:* der Bischof von Berlin-Brandenburg. **Syn.:** Geistlicher. **Zus.:** Landesbischof.

Bi|schö|fin ['bɪʃœfɪn], die; -, -nen:
weibliche Form zu ↑Bischof(b). **Zus.:** Landesbischöfin.

bis|her [bɪs'he:ɐ̯] ‹Adverb›:
bis jetzt: bisher war alles in Ordnung. **Syn.:** bis heute, bis zum heutigen Tage, bis zur Stunde, bislang.

bis|he|rig [bɪs'he:rɪç] ‹Adj.›:
bis zu diesem Zeitpunkt: der bisherige Minister; er gibt seine bisherigen Forderungen auf; die bisherigen Gespräche blieben ohne Ergebnis. **Syn.:** früher.

bis|lang [bɪs'laŋ] ‹Adverb›:
bisher: bislang gibt es keine neuen Erkenntnisse in diesem Fall. **Syn.:** bis jetzt.

Biss [bɪs], der; -es, -e:
1. *das Beißen:* der Biss dieser Schlange ist gefährlich.
2. *durch Beißen entstandene Verletzung:* der Biss des Hundes war deutlich zu sehen. **Zus.:** Flohbiss, Hundebiss, Schlangenbiss, Zeckenbiss.
3. (Jargon) *Fähigkeit und Entschlossenheit, sich durchzusetzen:* die Mannschaft besaß keinen Biss, spielte ohne Biss. **Syn.:** Ehrgeiz, Eifer, Einsatz, Temperament.
4. *bissige, aggressive Beschaffenheit, Schärfe:* sein Witz hat Biss; der rechte Biss fehlte.

biss|chen ['bɪsçən]:
in der Wendung **ein bisschen:** *ein wenig; etwas:* du musst mir ein bisschen mehr Zeit lassen; dazu braucht man ein bisschen Mut. **Syn.:** ein klein wenig.

Bis|sen ['bɪsn̩], der; -s, -:
kleine Menge einer Speise, die man auf einmal in den Mund stecken kann: er schob den letzten

Bissen in den Mund. **Syn.:** Brocken, Happen (ugs.), Stück. **Zus.:** Leckerbissen.

bis|sig ['bɪsɪç] ⟨Adj.⟩:
1. *zum Beißen neigend:* ein bissiger Hund.
2. *durch scharfe Worte verletzend:* eine bissige Bemerkung; er kann sehr bissig sein; bissig antworten. **Syn.:** boshaft, höhnisch, ironisch, sarkastisch, scharf, schnippisch (abwertend), spitz, spöttisch, zynisch.

bis|wei|len [bɪs'vai̯lən] ⟨Adverb⟩:
manchmal: bisweilen kommt sie zu spät. **Syn.:** ab und an (bes. nordd.), ab und zu, gelegentlich, hin und wieder, mitunter, von Zeit zu Zeit, zuweilen (geh.).

Bit [bɪt], das; -[s], -[s]:
kleinste Einheit der Informationseinheit beim Computer: ein Byte besteht aus acht Bit; ein Bit steht entweder auf 0 oder auf 1.

bit|te ['bɪtə] ⟨Partikel⟩:
a) dient dazu, eine Bitte, einen Wunsch, eine Aufforderung (auch in Form einer Frage) freundlich oder höflich klingen zu lassen: bitte setzen Sie sich!; würden Sie bitte das Fenster schließen?; wie spät ist es, bitte?; bitte überweisen Sie den Betrag umgehend auf unser Konto; [die Ware] bitte nicht berühren; ja, bitte! *(treten Sie ein/* bes. am Telefon: *sprechen Sie);* ja, bitte? *(was wünschen Sie?).* **b)** dient als Frage, oft in Verbindung mit »wie«, dazu, einen Gesprächspartner um die Wiederholung einer Äußerung zu bitten, die man nicht [richtig] verstanden hat: [wie] bitte? **Syn.:** ich habe [Sie] nicht verstanden, was haben Sie gesagt?; was meinen Sie?; was?; wie war das? **c)** dient (in mündlicher Kommunikation) dazu, jmdm. zu antworten, der sich bedankt oder entschuldigt: »Vielen Dank!« – »Bitte [sehr]!«; »Oh, Verzeihung!« – »Bitte!«. **d)** dient (in mündlicher Kommunikation) dazu, jmdm. zu signalisieren, dass man dabei oder im Begriff ist, ihm etwas Bestimmtes zu übergeben oder zu überlassen: bitte [sehr], [hier ist] Ihr Pils; bitte [schön], da kannst du schlafen. **e)** dient (in mündlicher Kommunikation) dazu, auf höfliche Weise auszudrücken, dass man ein Angebot annehmen möchte: »Nehmen Sie noch etwas Tee?« – »Ja bitte/Bitte [ja]!«; »Soll ich das Fenster öffnen?« – »Oh, ja bitte!«. **f)** dient dazu, die Dringlichkeit einer Bitte zu unterstreichen: bitte, [bitte,] verzeih mir doch!

Bit|te ['bɪtə], die; -, -n:
Wunsch, den man jmdm. gegenüber äußert: eine höfliche, große Bitte; eine Bitte aussprechen, äußern; jmdm. eine Bitte erfüllen; ich habe eine Bitte [an dich]. **Syn.:** Anliegen, Ersuchen, Gesuch, Verlangen.

bit|ten ['bɪtn̩], bat, gebeten ⟨tr.; hat⟩:
a) *sich mit einer Bitte (an jmdn.) wenden:* jmdn. um Auskunft, Hilfe bitten; sie bat mich, ihm zu helfen; ⟨auch itr.⟩ so sehr er auch bat, man erfüllte ihm seine Bitte nicht; er bat um Ruhe. **Syn.:** anflehen, angehen, auffordern, sich ausbitten (geh.), bedrängen, bemühen (geh.), beschwören, bestürmen, betteln, bohren (ugs.), drängeln, drängen, erbitten (geh.), ersuchen, flehen (geh.), sich wenden an, wünschen. **b)** *jmdm. sagen, dass er sich (bei dem Betreffenden) einfinden möchte:* jmdn. zum Essen/zu sich bitten. **Syn.:** einladen, zu sich rufen.

bit|ter ['bɪtɐ] ⟨Adj.⟩:
1. *im Geschmack unangenehm streng, scharf:* eine bittere Medizin; der Tee schmeckt sehr bitter. **Zus.:** galle[n]bitter, halbbitter.
2. ⟨verstärkend bei bestimmten Verben⟩ *sehr:* er hat sich bitter beklagt, gerächt. **Syn.:** bitterlich, furchtbar (ugs.), fürchterlich (ugs.), schrecklich (ugs.), unbeschreiblich.

bit|ter- [bɪtɐ] ⟨adjektivisches Präfixoid; auch das Basiswort wird betont⟩ (emotional verstärkend):
drückt in Bildungen mit Adjektiven, die etwas Unangenehmes oder Nachteilhaftes bezeichnen, eine Verstärkung aus; *sehr:* bitterböse; bitterernst; bitterkalt; bitterschwer; bitterwenig. **Syn.:** sau- (derb verstärkend).

bit|ter|lich ['bɪtɐlɪç] ⟨Adverb; in Verbindung mit bestimmten Verben⟩:
sehr heftig: bitterlich weinen, schluchzen; wir haben bitterlich gefroren. **Syn.:** arg (landsch.), bitter, entsetzlich (ugs.), erbärmlich (ugs.), furchtbar (ugs.), mächtig (ugs.), ordentlich (ugs.), schrecklich, sehr, unheimlich (ugs.), unsagbar, wahnsinnig (ugs.).

Bitt|schrift ['bɪtʃrɪft], die; -, -en (veraltend):
Gesuch: eine Bittschrift an das Ministerium richten; dem Gerichtshof eine Bittschrift übergeben, überreichen; sich mit einer Bittschrift an den König wenden. **Syn.:** Eingabe.

Bitt|stel|ler ['bɪtʃtɛlɐ], der; -s, -, **Bitt|stel|le|rin** ['bɪtʃtɛlərɪn], die; -, -nen:
Person, die mündlich oder schriftlich eine Bitte vorbringt.

Bi|wak ['bi:vak], das; -s, -s und -e:
(besonders beim Militär und bei Bergsteigern) *Lager im Freien, das behelfsmäßig errichtet wird.*

bi|wa|kie|ren [biva'ki:rən] ⟨itr.; hat⟩:
in einem Biwak lagern, übernachten: die Bergsteiger biwakierten einige Hundert Meter unter dem Gipfel. **Syn.:** campen, zelten.

bi|zarr [bi'tsar] ⟨Adj.⟩:
absonderlich [in Form und Gestalt]; ungewöhnlich, eigenwillig, seltsam geformt oder aussehend: bizarre Felsen, Formen. **Syn.:** eigenartig, sonderbar.

Bi|zeps ['bi:tsɛps], der; -es, -e:
Muskel im Oberarm, der den Unterarm beugt.

Bla|bla [bla'bla:], das; - (ugs. abwertend):
nichtssagendes Gerede: was er gesagt hat, war nur Blabla. **Syn.:** Geschwätz (ugs. abwertend).

Black|out ['blɛkl̮au̯t], das, auch: der; -[s], -s:
plötzlicher totaler Ausfall (insbesondere des Stromnetzes, Funkkontaktes, Erinnerungsvermögens): gestern Abend gab es ein[en] Blackout.

blä|hen ['blɛ:ən]:
1. ⟨tr.; hat⟩ *mit Luft füllen und dadurch prall machen:* der Wind blähte die Segel. **Syn.:** aufbauschen, aufblähen, bauschen, [2]schwellen (geh.).
2. ⟨+ sich⟩ *sich mit Luft füllen und dadurch prall werden:* der Vorhang, die Wäsche blähte

sich. **Syn.:** sich aufbauschen, sich aufblähen, sich bauschen.
3. ⟨itr.; hat⟩ *Blähungen verursachen:* zu frisches Brot bläht.

Blä|hung [ˈblɛːʊŋ], die; -, -en: *übermäßige Ansammlung von Gas in Magen und Darm:* Blähungen haben.

bla|ma|bel [blaˈmaːbl̩] ⟨Adj.⟩: *für jmdn. eine Blamage bedeutend; beschämend:* eine blamable Niederlage; diese neuerliche Panne war für die Polizei ziemlich blamabel. **Syn.:** peinlich.

Bla|ma|ge [blaˈmaːʒə], die; -, -n: *etwas sehr Peinliches, Beschämendes:* diese Niederlage war eine große Blamage für den Verein. **Syn.:** Pleite (ugs.), Reinfall (ugs.), Schande, Schmach (geh. emotional).

bla|mie|ren [blaˈmiːrən]:
1. ⟨tr.; hat⟩ *(jmdm.) eine Blamage bereiten; bloßstellen* (a): er hat uns durch sein schlechtes Benehmen vor allen Leuten blamiert. **Syn.:** kompromittieren, lächerlich machen, zum Gespött machen.
2. ⟨+ sich⟩ *sich durch ein Versagen, ein blamables Verhalten o. Ä. bloßstellen* (b): bei dem Elfmeter hat er sich schwer blamiert. **Syn.:** sich kompromittieren, sich lächerlich machen, sich zum Gespött machen.

blank [blaŋk] ⟨Adj.⟩:
1. *sehr glatt und glänzend:* blankes Metall; blanke, blank geputzte Stiefel.
2. *nicht bedeckt; bloß:* die blanke Haut; sie setzten sich auf die blanke Erde, den blanken Boden. **Syn.:** nackt.
3. *** blank sein** (ugs.): *kein Geld mehr haben:* ich bin total blank – kannst du mir 10 Euro leihen? **Syn.:** abgebrannt (ugs.), bankrott, pleite (ugs.).

Bla|se [ˈblaːzə], die; -, -n:
1. *kleinerer, mit Luft gefüllter, hohler Raum von rundlicher Form in einem festen oder flüssigen Stoff:* Blasen im Glas, Metall, Teig; im Wasser steigen Blasen auf. **Syn.:** Schaum. **Zus.:** Gasblase, Luftblase, Seifenblase.
2. *durch Reibung, Verbrennung o. Ä. hervorgerufene, mit Flüssigkeit gefüllte Wölbung der Haut:* nach der Wanderung hatte er eine Blase am Fuß. **Syn.:** Ausschlag. **Zus.:** Blutblase, Brandblase.
3. a) *inneres Organ bei Menschen und bestimmten Tieren, in dem sich der Harn sammelt:* die Blase entleeren. **Zus.:** Harnblase, Schweinsblase. **b)** *häutiges Hohlorgan.* **Zus.:** Fischblase, Fruchtblase, Gallenblase, Schwimmblase.

bla|sen [ˈblaːzn̩], bläst, blies, geblasen ⟨tr.; hat⟩:
1. *Luft aus dem Mund ausstoßen:* er blies ihm den Rauch ins Gesicht; ⟨auch itr.⟩ durch ein Rohr blasen. **Syn.:** atmen, hauchen.
2. a) *(ein Blasinstrument) spielen:* die Flöte, Trompete blasen. **b)** *auf einem Blasinstrument spielen:* eine Melodie, ein Signal [auf der Trompete] blasen.

Blä|ser [ˈblɛːzɐ], der; -s, -, **Blä|se|rin** [ˈblɛːzərɪn], die; -, -nen: *Person, die in einem Orchester ein Blasinstrument spielt:* der Einsatz der Bläser.

bla|siert [blaˈziːɐ̯t] ⟨Adj.⟩: *gelangweilt-überheblich, dünkelhaft-herablassend:* ein blasierter junger Mann; sie hörte blasiert lächelnd zu. **Syn.:** dünkelhaft (geh. abwertend), selbstgefällig (abwertend).

Blas|in|s|tru|ment [ˈblaːs-ǀɪnstrumɛnt], das; -[e]s, -e: *Musikinstrument, bei dem die Töne durch das Hineinblasen der Luft erzeugt werden.* **Zus.:** Blechblasinstrument, Holzblasinstrument.

blass [blas] ⟨Adj.⟩:
a) *ohne die natürliche, frische Farbe des Gesichts; ein wenig bleich:* ein blasses junges Mädchen; blass sein, werden. **Syn.:** fahl, grau, käsig (ugs.), wächsern (geh.), weiß. **Zus.:** leichenblass.
b) *in der Färbung nicht kräftig:* ein blasses Blau; die Schrift war nur noch ganz blass. **Syn.:** fahl, hell, matt, schwach.

Bläs|se [ˈblɛsə], die; -: *das Blasssein:* die Blässe ihres Gesichts war auffallend.

Blatt [blat], das; -[e]s, Blätter [ˈblɛtɐ]:
1. *an einem Stiel wachsender, flächiger, meist grüner Teil einer Pflanze (der der Assimilation, Atmung und Wasserverdunstung dient):* grüne, welke Blätter. **Zus.:** Ahornblatt, Blütenblatt, Efeublatt, Eichenblatt, Feigenblatt, Kleeblatt, Laubblatt, Lindenblatt, Lorbeerblatt, Salatblatt, Tabakblatt, Teeblatt.
2. *rechteckiges Stück Papier:* ein leeres Blatt [Papier]; (als Mengenangabe) hundert Blatt Papier. **Syn.:** Bogen, Seite. **Zus.:** Deckblatt, Faltblatt, Flugblatt, Kalenderblatt, Linienblatt, Merkblatt, Notenblatt, Titelblatt.
3. *Zeitung:* ein bekanntes, von vielen gelesenes Blatt; ich lese dieses Blatt nicht. **Syn.:** Illustrierte, Journal, Magazin, Organ, Zeitschrift. **Zus.:** Abendblatt, Extrablatt, Fachblatt, Parteiblatt, Propagandablatt, Provinzblatt, Sensationsblatt, Sonntagsblatt, Wochenblatt.

blät|tern [ˈblɛtɐn] ⟨itr.; hat⟩: *die Seiten eines Hefts, eines Buchs, einer Zeitung o. Ä. umwenden:* er blätterte hastig in den Akten.

Blät|ter|teig [ˈblɛtɐtai̯k], der; -[e]s: *Teig, der nach dem Backen aus einzelnen dünnen Schichten besteht, die wie Blätter übereinanderliegen:* Blätterteig mit Spinat füllen.

Blatt|gold [ˈblatɡɔlt], das; -[e]s: *dünn ausgewalztes Gold:* die Statue mit Blattgold überziehen.

blau [blau̯] ⟨Adj.⟩:
1. *in der Färbung dem wolkenlosen Himmel ähnlich:* blaue Blüten. **Syn.:** bläulich. **Zus.:** dunkelblau, graublau, hellblau, himmelblau, kornblumenblau, marineblau, nachtblau, saphirblau, schwarzblau, stahlblau, taubenblau, tiefblau, türkisblau, veilchenblau, wasserblau.
2. *** blau sein** (ugs.): *betrunken sein:* nach 5 Bier und 4 Schnäpsen war er total blau. **Syn.:** besoffen sein (salopp), sternhagelvoll sein (ugs.), voll sein (ugs.).

blau|äu|gig [ˈblau̯ǀɔyɡɪç] ⟨Adj.⟩:
1. *blaue Augen habend:* ein blauäugiges Kind.
2. *in kindlicher, weltfremder Weise vertrauensvoll, alles ohne Weiteres glaubend:* eine blauäugige Darstellung; die wahren Absichten sind so deutlich, dass man nicht mehr blauäugig an friedliche Ziele glauben kann. **Syn.:** arglos, gutgläubig, naiv, vertrauensselig.

Blau|bee|re ['blau̯beːrə], die; -, -n:
Heidelbeere: Blaubeeren sammeln.

bläu|lich ['blɔy̯lɪç] ⟨Adj.⟩:
leicht blau getönt: ein bläulicher Schimmer. **Syn.:** blau.

Blau|licht ['blau̯lɪçt], das; -[e]s, -er:
(besonders an den Fahrzeugen der Polizei, der Feuerwehr und an Notarzt- und Krankenwagen) blinkendes blaues Licht, das im Straßenverkehr zur Vorfahrt berechtigt: der Polizeiwagen fuhr mit Sirene und Blaulicht.

blau|ma|chen ['blau̯maxn̩], machte blau, blaugemacht ⟨itr.; hat⟩ (ugs.):
ohne dazu berechtigt zu sein der Arbeit fernbleiben: er macht heute blau. **Syn.:** krankmachen.

Bla|zer ['bleːzɐ], der; -s, -:
sportlich-elegantes [Herren]jackett mit aufgesetzten Taschen: Hose und Blazer tragen. **Syn.:** Jacke, [1]Rock (landsch.), Sakko.

Blech [blɛç], das; -[e]s, -e:
1. *Metall in Form einer dünnen Platte:* dünnes Blech. **Zus.:** Alublech, Aluminiumblech, Eisenblech, Feinblech, Kupferblech, Stahlblech, Weißblech, Wellblech, Zinkblech.
2. *[für einen bestimmten Zweck zugeschnittenes] Stück Blech, Teil aus Blech, aus Blech hergestellter Gegenstand:* zwei miteinander verschweißte Bleche; die Bleche des Trafos; ein Blech *(Backblech)* voll Zwetschgenkuchen. **Zus.:** Backblech, Karosserieblech, Kuchenblech, Schutzblech, Trafoblech.
3. ⟨ohne Plural⟩ (ugs. abwertend) *Unsinn, unsinniges Gerede:* rede doch kein Blech!; das ist doch alles Blech! **Syn.:** Blödsinn (ugs. abwertend), dummes Zeug, Mist (ugs. abwertend), Quatsch (ugs.), Stuss (ugs. abwertend).

Blech|blas|in|stru|ment ['blɛçblaːs-|ɪnstrumɛnt], das; -[e]s, -e:
aus Metall bestehendes Blasinstrument.

Blech|do|se ['blɛçdoːzə], die; -, -n:
Dose aus Blech: eine verrostete Blechdose. **Syn.:** Büchse.

ble|chen ['blɛçn̩] ⟨tr.; hat⟩ (ugs.):
zahlen, bezahlen: ich soll dafür hundert Euro blechen; ⟨auch itr.⟩ die Versicherung musste ganz schön blechen; der Steuerzahler kann wieder blechen. **Syn.:** aufwenden, ausgeben, lockermachen (ugs.).

ble|chern ['blɛçɐn] ⟨Adj.⟩:
a) *aus Blech hergestellt:* ein blecherner Topf. **Syn.:** metallen.
b) *so klingend, als ob man an Blech schlägt:* eine blecherne Stimme; diese Musik klingt blechern. **Syn.:** dünn, metallen.

ble|cken ['blɛkn̩] ⟨tr.; hat⟩:
in der Wendung **die Zähne blecken:** *die Lippen breit öffnen und dabei die Zähne sehen lassen:* der Hund bleckte die Zähne. **Syn.:** (die Zähne) fletschen/zeigen.

[1]Blei [blai̯], das; -[e]s, (Sorten:) -e:
weiches schweres Metall: die Leitungsrohre sind aus Blei; mit Blei versetztes Benzin; es liegt mir wie Blei in den Gliedern *(die Glieder sind schwer und müde).*

[2]Blei [blai̯], der oder das; -[e]s, -e:
Bleistift: schreib mit Kuli, nicht mit Blei! **Syn.:** Stift.

Blei|be ['blai̯bə], die; -:
Ort, Raum, in dem man [vorübergehend] bleiben, unterkommen, wohnen kann: keine Bleibe haben. **Syn.:** Heim, Obdach, Quartier, Unterkunft, Unterschlupf.

blei|ben ['blai̯bn̩], blieb, geblieben ⟨itr.; ist⟩:
1. *nicht weggehen:* zu Hause bleiben; er blieb in Berlin. **Syn.:** sich aufhalten, verweilen (geh.), weilen (geh.). **Zus.:** fernbleiben.
2. *seinen Zustand nicht ändern:* die Tür bleibt geschlossen; gleich, offen bleiben; liegen, sitzen, stehen, hängen, kleben, haften, stecken bleiben.
3. *übrig sein:* jetzt bleibt nur noch eins [zu tun]; das ist alles, was ihr [von ihrem einstigen Besitz] geblieben ist. **Syn.:** übrig bleiben, zurückbleiben.
4. *etwas nicht ändern, nicht aufgeben:* bei seinem Entschluss bleiben; es bleibt dabei! *(es wird nichts geändert);* bei dieser Zigarettenmarke bleibe ich. **Syn.:** beharren auf, behaupten, beibehalten, bestehen auf, festhalten an, nicht ablassen von, pochen auf, sich nicht abbringen lassen von.

blei|bend ['blai̯bn̩t] ⟨Adj.⟩:
im Laufe der Zeit nicht verschwindend, sich nicht verlierend: eine bleibende Erinnerung; bleibende Schäden; ein Geschenk von bleibendem Wert. **Syn.:** dauerhaft, langfristig.

bleich [blai̯ç] ⟨Adj.⟩:
(besonders in Bezug auf die Haut) [sehr] blass und ohne die normale natürliche Farbe: bleiche Wangen; ein bleiches Gesicht; die bleiche Sichel des Mondes; sie wurde bleich vor Schreck, vor Wut. **Syn.:** fahl, leichenblass, wächsern (geh.), weiß. **Zus.:** kreidebleich, schreckensbleich, totenbleich, wachsbleich.

[1]blei|chen ['blai̯çn̩] ⟨tr.; hat⟩:
bleich, heller machen: die Wäsche, sich die Haare bleichen. **Syn.:** färben, tönen.

[2]blei|chen ['blai̯çn̩], bleichte/(veraltet:) blich, gebleicht/(veraltet:) geblichen ⟨itr.; ist⟩:
bleich, heller werden: der blaue Stoff bleicht in der Sonne. **Syn.:** verblassen.

blei|ern ['blai̯ɐn] ⟨Adj.⟩:
1. *aus [1]Blei hergestellt:* bleierne Rohre.
2. *mit einem Gefühl großer Schwere verbunden:* bleierne Müdigkeit; er erwachte aus einem bleiernen Schlaf. **Syn.:** schwer.

Blei|stift ['blai̯ʃtɪft], der; -[e]s, -e:
zum Schreiben und Zeichnen verwendeter Stift: den Bleistift [an]spitzen. **Syn.:** [1]Stift, [2]Blei.

blen|den ['blɛndn̩], blendete, geblendet ⟨tr.; hat⟩:
1. *durch sehr helles Licht am Sehen hindern:* die Sonne blendete mich; der Fahrer wurde durch entgegenkommende Autos geblendet. **Syn.:** blind machen.
2. *durch äußerliche Vorzüge beeindrucken:* ihr geschicktes Auftreten blendet die Kunden. **Syn.:** in seinen Bann ziehen.

blen|dend ['blɛndn̩t] ⟨Adj.⟩:
sehr gut, ausgezeichnet, hervorragend: er hielt eine blendende Rede; sie sieht blendend aus; wir haben uns blendend unterhalten. **Syn.:** prächtig, prachtvoll, vortrefflich.

Blick [blɪk], der; -[e]s, -e:
1. *das Blicken:* ein [kurzer] Blick auf die Uhr, in den Kalender; ein freundlicher Blick; ihre Blicke trafen sich; jmdm. einen Blick zuwerfen; jmds. Blick ausweichen; den Blick senken; das sieht man doch mit einem Blick;

auf den ersten Blick schien alles in Ordnung zu sein. **Zus.:** Einblick, Seitenblick.
2. ⟨ohne Plural⟩ *Ausdruck der Augen:* ein offener, sanfter Blick. **Zus.:** Kennerblick, Unschuldsblick.
3. *Möglichkeit, ins Freie, in die Ferne, auf eine Landschaft o. Ä. zu sehen:* das Zimmer hat einen herrlichen Blick [auf den See]; ein weiter Blick ins Land. **Syn.:** Ausblick, Aussicht, Panorama, Sicht. **Zus.:** Ausblick, Fernblick, Meeresblick, Panoramablick, Rundblick, Seeblick.

bli|cken [ˈblɪkn̩] ⟨itr.; hat⟩:
1. a) *die Augen auf ein Ziel richten:* auf die Tür, aus dem Fenster, in die Ferne, in die Runde, zur Seite, nach links blicken; jmdm. in die Augen, über die Schulter blicken. **Syn.:** angucken (ugs.), anschauen (bes. südd., österr., schweiz.), betrachten, schauen (bes. südd.), sehen. **b)** *in bestimmter Weise dreinschauen:* freundlich, kühl, streng blicken. **Syn.:** gucken (ugs.), schauen (bes. südd.).
2. * **sich blicken lassen:** *erscheinen, auftauchen, ankommen:* lass dich doch mal wieder [bei uns] blicken; der soll sich hier ja nicht mehr blicken lassen! **Syn.:** sich sehen lassen, sich zeigen.

Blick|fang [ˈblɪkfaŋ], der; -[e]s, Blickfänge [ˈblɪkfɛŋə]:
etwas, was durch auffallende Form, Farbe o. Ä. den Blick auf sich lenkt: ein buntes Plakat ist ein wirkungsvoller Blickfang.

Blick|feld [ˈblɪkfɛlt], das; -[e]s:
Bereich, der von einem bestimmten Standpunkt aus übersehen werden kann: das lag außerhalb seines Blickfeldes. **Syn.:** Gesichtskreis.

Blick|punkt [ˈblɪkpʊŋkt], der; -[e]s, -e:
Zentrum der Aufmerksamkeit, des Interesses: im Blickpunkt [der Öffentlichkeit] stehen.

blind [blɪnt] ⟨Adj.⟩:
1. *nicht sehen könnend:* ein blindes Kind; von Geburt blind sein; blind werden. **Syn.:** sehbehindert. **Zus.:** farbenblind, halbblind, nachtblind, schneeblind.
2. *keiner Kontrolle durch den Verstand unterworfen:* blinder Hass; blindes Vertrauen. **Syn.:** extrem, maßlos.
3. *nicht mehr durchsichtig, spiegelnd; trübe, angelaufen:* ein blinder Spiegel; blinde Fensterscheiben; blinde Metallbeschläge. **Syn.:** glanzlos, matt.

-blind [blɪnt] ⟨adjektivisches Suffixoid⟩:
ohne kritisch-selbstständiges Nachdenken; blind, kritiklos gegenüber dem im Basiswort Genannten, es nicht bemerkend, nicht sehend oder nicht sehen wollend (obgleich es nötig wäre): betriebsblind *(Fehler und Mängel im eigenen Betrieb nicht sehend);* gefahrenblind; geschichtsblind.

Blin|de [ˈblɪndə], die/eine Blinde; der/einer Blinden, die Blinden/zwei Blinde:
weibliche Person, die nicht sehen kann: er half der Blinden über die Straße.

Blin|der [ˈblɪndɐ], der Blinde/ein Blinder; des/eines Blinden, die Blinden/zwei Blinde:
Person, die nicht sehen kann: einen Blinden über die Straße führen.

Blind|flug [ˈblɪntfluːk], der; -[e]s, Blindflüge [ˈblɪntflyːɡə]:
Flug (im Nebel o. Ä.), bei dem der Pilot keine Sicht hat und sich auf seine Instrumente verlassen muss: Die Piloten hatten im Blindflug eine Notlandung versucht.

Blind|gän|ger [ˈblɪntɡɛŋɐ], der; -s, -:
abgeworfene Bombe o. Ä., die nicht detoniert ist: der Blindgänger musste von Spezialisten entschärft werden.

Blind|heit [ˈblɪnthai̯t], die; -:
das Blindsein: die Krankheit kann zu Blindheit führen.

blind|lings [ˈblɪntlɪŋs] ⟨Adverb⟩:
ohne Vorsicht und Überlegung: sie hatte sich blindlings auf ihn verlassen; er rannte blindlings in sein Verderben. **Syn.:** bedenkenlos, ohne Bedenken.

blind|schrei|ben [ˈblɪntʃrai̯bn̩]:
mit zehn Fingern auf dem Computer oder der Schreibmaschine schreiben, ohne dabei auf die Tasten zu sehen: er schreibt alles blind; eine Sekretärin muss blindschreiben können.

blin|ken [ˈblɪŋkn̩] ⟨itr.; hat⟩:
a) *blitzend, funkelnd leuchten, glänzen:* die Sterne blinken; der Spiegel blinkt in der Sonne. **Syn.:** funkeln, glitzern, strahlen. **b)** *durch Aufleuchtenlassen eines Lichtes Signale geben:* mit einer Lampe blinken; ⟨auch tr.⟩ Signale, SOS blinken. **Syn.:** leuchten.

Blin|ker [ˈblɪŋkɐ], der; -s, -:
a) *Leuchte an Kraftfahrzeugen, deren blinkendes Licht dazu dient, eine Änderung der Fahrtrichtung anzuzeigen:* den Blinker setzen. **Syn.:** Blinklicht. **b)** *blinkender Köder aus Metall, der beim Angeln verwendet wird.*

Blink|licht [ˈblɪŋklɪçt], das; -[e]s, -er:
a) *[als Signal dienendes] blinkendes Licht:* nachts wird die Ampel auf gelbes Blinklicht geschaltet. **b)** *Blinker:* du musst das rechte Blinklicht reparieren lassen.

blin|zeln [ˈblɪnt͜sl̩n] ⟨itr.; hat⟩:
die Augen zu einem schmalen Spalt verengen und die Augenlider schnell auf und ab bewegen: er blinzelte in der hellen Sonne. **Syn.:** zwinkern.

Blitz [blɪt͜s], der; -es, -e:
[im Zickzack] kurz und grell aufleuchtendes Licht, das bei Gewitter entsteht: der Blitz hat in einen Baum eingeschlagen; vom Blitz erschlagen werden. **Zus.:** Elektronenblitz, Kugelblitz; * **wie der Blitz** (ugs.): *sehr schnell;* * **wie ein Blitz aus heiterem Himmel:** *(in Bezug auf etwas Unerfreuliches) völlig unerwartet, ohne dass man darauf vorbereitet gewesen wäre:* die Nachricht von seinem Unfall traf uns wie ein Blitz aus heiterem Himmel.

blitz-, Blitz- [blɪt͜s] ⟨Präfixoid⟩ (emotional verstärkend):
1. ⟨adjektivisch; auch das Basiswort wird betont⟩ *sehr, überaus:* blitzblank; blitzblau; blitzdumm; blitzgescheit; blitzrasch; blitzsauber; blitzschnell.
2. ⟨substantivisch⟩ **a)** *prächtig:* Blitzjunge; Blitzkerl; Blitzmädel. **b)** *überraschend [schnell], überaus schnell; unerwartet, plötzlich erfolgend:* Blitzaktion; Blitzangriff; Blitzbesuch; Blitzinterview; Blitzkarriere: Blitzmerker *(Person, die schnell etwas merkt);* Blitzoffensive; Blitzreise; Blitzsieg; Blitzstart; Blitztempo; Blitztransfer; Blitzumfrage.

Blitz|ab|lei|ter ['blɪts|aplai̯tɐ], der; -s, -: *auf einem Gebäude angebrachte eiserne Stange, von der der einschlagende Blitz in den Boden abgeleitet wird:* den Blitzableiter erneuern.

blit|zen ['blɪtsn̩] ⟨itr.; hat⟩:
a) *(als Blitz) aufleuchten:* bei dem Gewitter hat es oft geblitzt.
b) *[plötzlich] funkelnd, glänzend leuchten, aufleuchten, im Licht glänzen:* ihre Zähne blitzten; der Ring blitzt am Finger; mit blitzenden Augen. **Syn.:** funkeln, glitzern.

Blitz|licht ['blɪtslɪçt], das; -[e]s, -er: *[beim Auslösen eines Fotoapparats] grell aufblitzendes Licht, das zum Fotografieren, besonders in Räumen, verwendet wird:* ohne Blitzlicht fotografieren.

Block [blɔk], der; -[e]s, -s und Blöcke ['blœkə]:
1. ⟨Plural: Blöcke⟩ *festes, großes Stück aus einheitlichem Material:* ein Block aus Beton. **Syn.:** Brocken, Klotz, Klumpen. **Zus.:** Betonblock, Eisblock, Felsblock, Granitblock, Holzblock, Marmorblock, Metallblock.
2. ⟨Plural: Blocks oder Blöcke⟩ *von vier Straßen begrenzte rechteckige mit Häusern bebaute Fläche innerhalb eines Stadtgebietes:* einmal um den Block spazieren. **Zus.:** Häuserblock, Wohnblock.
3. ⟨Plural: Blocks oder Blöcke⟩ *an einer Kante zusammengeheftete Blätter, die einzeln abgerissen werden können:* ein Block Briefpapier. **Zus.:** Abreißblock, Briefblock, Formularblock, Kassenblock, Notizblock, Quittungsblock, Rezeptblock, Schreibblock, Skizzenblock, Stenoblock, Stenogrammblock, Zeichenblock.
4. ⟨Plural: Blöcke, seltener Blocks⟩ *in sich geschlossene Gruppe von politischen oder wirtschaftlichen Kräften, von Staaten, die sich unter bestimmten wirtschaftlichen, strategischen o. ä. Aspekten zusammengeschlossen haben:* die politischen Parteien bildeten einen Block. **Syn.:** Allianz, [1]Bund, Bündnis, Koalition, Verband, Vereinigung. **Zus.:** Machtblock, Militärblock, Wirtschaftsblock.

Blo|cka|de [blɔ'ka:də], die; -, -n:
1. *(als [politisches] Druckmittel eingesetzte) völlige Absperrung der Zufahrtswege einer Stadt oder eines Landes durch militärische Maßnahmen (besonders auf dem Seewege):* über ein Land die Blockade verhängen. **Syn.:** Sperre. **Zus.:** Seeblockade, Wirtschaftsblockade.
2. *Blockierung, Sperrung eines Zugangs, Durchgangs o. Ä.:* die Demonstranten drohen mit einer Blockade des Flughafens. **Zus.:** Sitzblockade.
3. *Widerstand, Gegenmaßnahmen o. Ä., um etwas zu verhindern, aufzuhalten:* Vertreter aller Parteien warnten vor einer Blockade der laufenden Verhandlungen.
4. (bes. Med., Psychol.) *vorübergehender Ausfall bestimmter (geistiger) Fähigkeiten:* eine Blockade im Kniegelenk kann sehr schmerzhaft sein; psychische, seelische Blockaden. **Zus.:** Denkblockade, Schreibblockade.
5. (Druckw.) *im Satz durch ▮ gekennzeichnete Stelle:* die Blockade auflösen.

Block|flö|te ['blɔkflø:tə], die; -, -n: *einfache hölzerne Flöte:* Blockflöte spielen.

block|frei ['blɔkfrai̯] ⟨Adj.⟩: *keinem Block (4) angehörend:* die blockfreien Staaten. **Syn.:** neutral.

Block|haus ['blɔkhau̯s], das; -es, Blockhäuser ['blɔkhɔy̯zɐ]: *kleineres, einfaches Haus, dessen Wände aus waagerecht aufeinandergeschichteten Stämmen, Balken bestehen:* mitten im Wald stand ein kleines Blockhaus.

blo|ckie|ren [blɔ'ki:rən]:
1. ⟨tr.; hat⟩ *durch eine Blockade o. Ä. einschließen, von der Außenwelt abschließen:* ein Land, einen Hafen blockieren. **Syn.:** abriegeln, absperren, belagern, sperren.
2. ⟨tr.; hat⟩ *den Zugang, die Durchfahrt, das Fließen, die Zufuhr von etwas unterbinden, unmöglich machen:* den Verkehr blockieren; parkende Autos blockierten die Straße; Streikende blockieren die Tore. **Syn.:** abriegeln, absperren, besetzen, sperren, verstellen.
3. a) ⟨tr.; hat⟩ *(für eine bestimmte Zeit) außer Funktion setzen, in seiner Bewegung hemmen, anhalten:* den Hebel blockieren; die Bremse blockiert die Räder.
b) ⟨itr.; hat⟩ *in seiner Bewegung gehemmt werden, sich nicht mehr drehen, nicht mehr arbeiten:* das Rad, der Motor blockiert.
4. ⟨tr.; hat⟩ *durch Widerstand, Gegenmaßnahmen ins Stocken bringen, aufhalten:* Verhandlungen, ein Gesetz blockieren. **Syn.:** abblocken, behindern, sich entgegenstellen, sabotieren, vereiteln, verhindern.

blöd [blø:t], **blö|de** ['blø:də] ⟨Adj.⟩ (ugs.):
1. *durch seine als töricht, kindisch, lächerlich empfundene Art, Verhaltensweise jmdn. störend:* ein blöder Kerl; so eine blöde Frage!; sich blöd[e] anstellen, benehmen. **Syn.:** [2]albern, dämlich (ugs.), doof (ugs.), dumm, idiotisch (ugs. abwertend), töricht (abwertend), unsinnig.
2. *Ärger, Verdruss verursachend, sich unangenehm auswirkend:* in einer ganz blöden Situation sein; zu blöd[e], dass ich das vergessen habe! **Syn.:** ärgerlich, blamabel, dumm (ugs.), fatal, misslich, unerfreulich.

Blöd|sinn ['blø:tzɪn], der; -[e]s (ugs. abwertend): *Unsinn, sinnloses, törichtes Reden oder Handeln:* so ein Blödsinn!; Blödsinn reden; alles, was er sagte, war Blödsinn. **Syn.:** Blech (ugs. abwertend), dummes Zeug, kalter Kaffee (salopp), Kohl (ugs. abwertend), Mist (ugs. abwertend), Quatsch (ugs.), Schwachsinn (ugs. abwertend), Stuss (ugs. abwertend).

Blog [blɔg], das, auch: der; -s, -s: *tagebuchartig geführte, öffentlich zugängliche Webseite, die ständig um Kommentare oder Notizen zu einem bestimmten Thema ergänzt wird:* sein eigenes/seinen eigenen Blog führen; in einem Blog über die Erlebnisse berichten.

blö|ken ['blø:kn̩] ⟨itr.; hat⟩: *(von Rindern und Schafen) mit langem Ton schreien:* das Kalb blökt.

blond [blɔnt] ⟨Adj.⟩:
a) *(vom Haar) gelblich; golden schimmernd:* blonde Locken; das Haar blond färben. **b)** *blonde Haare habend:* ein blondes Mädchen; er ist ganz blond. **Syn.:**

golden. **Zus.:** aschblond, dunkelblond, goldblond, hellblond, mittelblond, rotblond, strohblond.

Blon|di|ne [blɔnˈdi:nə], die; -, -n: *Frau mit blonden Haaren:* sie ist eine echte Blondine.

¹bloß [blo:s] ⟨Adj.⟩:
1. *nicht bedeckt, nicht bekleidet:* bloße Füße; mit bloßem Oberkörper; auf der bloßen Haut. **Syn.:** blank, entkleidet, nackt.
2. *nichts anderes als:* das ist doch bloßes Gerede; nach dem bloßen Augenschein; die bloße Nennung des Namens genügt nicht. **Syn.:** ¹rein (ugs.).

²bloß [blo:s] ⟨Adverb⟩ (ugs.): *nur:* er ist nicht dumm, er ist bloß faul; das war bloß ein Versehen; ich habe bloß noch fünf Euro; da kann man bloß staunen; sie denkt bloß an sich, niemals auch an andere. **Syn.:** ²allein, ausschließlich, einzig und allein, lediglich.

³bloß [blo:s] ⟨Partikel⟩:
1. dient dazu, einer Aufforderung o. Ä. besonderen Nachdruck zu verleihen: geh mir bloß aus dem Wege!; lass mich bloß in Ruhe damit!; bloß nichts überstürzen!; lasst euch bloß nicht erwischen!; sie soll bloß nicht auf die Idee kommen, hier anzurufen!
2. dient (meist in Fragen, auf die man nicht wirklich eine Antwort erwartet) dazu, auszudrücken, dass die Frage einen beschäftigt und einem keine Ruhe lässt: wo steckt sie bloß?; was hat er bloß?; warum tut er das bloß?; wenn ich bloß wüsste, was sie vorhat!; wie macht sie das bloß?
3. dient dazu, einem Wunsch besonderen Nachdruck zu verleihen: wenn ich bloß wüsste, was er vorhat!; wäre ich bloß zu Hause geblieben!; wenn ich bloß erst dort wäre! **Syn.:** nur.

Blö|ße [ˈblø:sə]: in der Wendung **sich eine Blöße geben:** *eine Schwäche zeigen:* der Politiker gab sich eine Blöße. **Syn.:** sich blamieren, sich bloßstellen, sich kompromittieren, sich etwas vergeben, sich lächerlich machen, sich zum Gespött machen.

bloß|stel|len [ˈblo:sʃtɛlən], stellte bloß, bloßgestellt:
a) ⟨tr.; hat⟩ *besonders durch Rügen, Verspotten einer blamablen Handlung vor den Ohren anderer in eine peinliche Lage bringen:* sie hat den Beamten [in aller Öffentlichkeit] bloßgestellt. **Syn.:** blamieren, kompromittieren, lächerlich machen, zum Gespött machen.
b) ⟨+ sich⟩ *durch eine blamable Handlung, Äußerung o. Ä. in eine peinliche Lage geraten:* damit hast du dich ziemlich bloßgestellt. **Syn.:** sich blamieren, seinem Namen keine Ehre machen, sich eine Blöße geben, sich etwas vergeben, sich lächerlich machen, zum Gespött werden.

blub|bern [ˈblʊbɐn] ⟨itr.; hat⟩:
a) *(von einem flüssigen Stoff) dumpf platzende Blasen werfen:* der Brei blubbert. **b)** *[ärgerlich und] undeutlich reden:* er blubbert etwas in seinen Bart; kaum hatte er sie erblickt, da blubberte er auch schon los. **Syn.:** schimpfen.

Bluff [blʊf], der; -s, -s: *dreiste, bewusste Irreführung; Täuschung[smanöver]:* das ist ein Bluff; ich habe diesen Bluff sofort durchschaut. **Syn.:** Finte, List, Lüge, Schwindel, Täuschung, Trick.

bluf|fen [ˈblʊfn̩] ⟨itr.; hat⟩: *bewusst irreführen, täuschen:* sie blufft nur; ⟨auch tr.⟩ ich lasse mich doch nicht bluffen. **Syn.:** aufs Glatteis führen, betrügen, hereinlegen (ugs.), hinters Licht führen, leimen (ugs.), übers Ohr hauen (ugs.), übertölpeln.

blü|hen [ˈbly:ən] ⟨itr.; hat⟩:
1. *Blüten hervorgebracht haben, aufgeblüht sein, in Blüte stehen:* die Rosen blühen; überall grünt und blüht es.
2. *sich unter günstigen Bedingungen in seiner Art voll entfalten, gedeihen:* der Handel blüht; Künste und Wissenschaften blühen. **Syn.:** boomen, brummen (ugs.), einen Aufschwung erleben, einen Boom erleben, florieren.

Blu|me [ˈblu:mə], die; -, -n:
1. a) *Pflanze, die größere, ins Auge fallende Blüten hervorbringt:* die Tulpe, die Rose ist eine Blume; die Blumen blühen; Blumen pflanzen, umtopfen.
b) *einzelne Blüte einer Blume (1 a) mit Stiel und Blättern:* frische, verwelkte Blumen; Blumen pflücken. **Zus.:** Feldblume, Frühlingsblume, Gartenblume, Glockenblume, Schlüsselblume, Sonnenblume, Wiesenblume.
2. a) *Duft des Weines:* dieser Wein hat eine köstliche Blume. **Syn.:** Aroma, Bukett, Geruch.
b) *Schaum auf dem gefüllten Bierglas:* die Blume abtrinken.

Blu|men|kohl [ˈblu:mənko:l], der; -[e]s: *Kohl, dessen knolliger, dichter weißlicher Blütenstand als Gemüse verwendet wird:* gebackener Blumenkohl.

Blu|men|stock [ˈblu:mənʃtɔk], der; -[e]s, Blumenstöcke [ˈblu:mənʃtœkə]: *Pflanze, die in einem Blumentopf wächst:* sie hat viele blühende Blumenstöcke an den Fenstern.

Blu|men|strauß [ˈblu:mənʃtraus], der; -es, Blumensträuße [ˈblu:mənʃtrɔysə]: *Strauß aus Schnittblumen, Zweigen o. Ä.:* jmdm. zum Geburtstag einen Blumenstrauß schenken. **Syn.:** Bukett.

Blu|men|topf [ˈblu:məntɔpf], der; -[e]s, Blumentöpfe [ˈblu:məntœpfə]: *Topf aus Ton, Porzellan, Kunststoff o. Ä. zum Einpflanzen von Blumen:* für diese Blattpflanze ist der Blumentopf schon zu klein.

Blu|men|va|se [ˈblu:mənva:zə], die; -, -n: *(aus Glas, Porzellan o. Ä.) oft kunstvoll gearbeitetes offenes Gefäß, in das besonders Schnittblumen gestellt werden:* eine hohe, bauchige Blumenvase; den Strauß in eine Blumenvase stellen. **Syn.:** Vase.

blu|mig [ˈblu:mɪç] ⟨Adj.⟩:
1. *(vom Stil) reichlich mit schön klingenden Wörtern und mit schönen Bildern versehen:* eine blumige Ausdrucksweise, Sprache; sein Stil ist mir viel zu blumig. **Syn.:** schwülstig.
2. *wie Blumen duftend:* ein blumiges Parfum.
3. *mit Blume (2 a); duftig, würzig:* blumige Weine.

Blu|se [ˈblu:zə], die; -, -n: *(besonders von Frauen) zu Rock oder Hose getragenes Kleidungsstück, das den Oberkörper bedeckt:* eine Bluse aus Seide.

Zus.: Hemdbluse, Seidenbluse, Wickelbluse.

Blut [blu:t], das; -[e]s: *dem Stoffwechsel dienende, im Körper des Menschen und vieler Tiere zirkulierende rote Flüssigkeit:* Blut spenden, übertragen; jmdm. Blut abnehmen; Alkohol im Blut haben. **Zus.:** Spenderblut.

blut- [blu:t] ⟨adjektivisches Präfixoid⟩ (emotional verstärkend; auch das Basiswort wird betont): *äußerst, überaus ...:* blutarm; blutjung; blutnötig.

Blut|bad [ˈblu:tba:t], das; -[e]s, Blutbäder [ˈblu:tbɛ:dɐ] (emotional): *blutige Auseinandersetzung zwischen feindlichen Gruppen, bei der eine größere Anzahl von [unschuldigen oder wehrlosen] Menschen getötet wird; grausiges Morden:* ein Blutbad anrichten. **Syn.:** Gemetzel (emotional), Gräuel ⟨Plural⟩, Massaker.

Blü|te [ˈbly:tə], die; -, -n:
1. *in unterschiedlichsten Formen und meist leuchtenden Farben sich herausbildender Teil einer Pflanze, der Frucht und Samen hervorbringt:* eine duftende, verwelkte Blüte; ein Baum voller Blüten. **Syn.:** Blume. **Zus.:** Holunderblüte, Lindenblüte, Rosenblüte.
2. ⟨ohne Plural⟩ *das Blühen:* in der Zeit der Blüte; die Bäume stehen in [voller] Blüte. **Zus.:** Apfelblüte, Baumblüte, Kirschblüte, Obstblüte, Pfirsichblüte.
3. ⟨ohne Plural⟩ *hoher Entwicklungsstand:* eine Zeit der geistigen, wirtschaftlichen Blüte. **Syn.:** Aufschwung.
4. (ugs.) *gefälschte Banknote:* Blüten drucken, in Umlauf bringen.

blu|ten [ˈblu:tn̩], blutete, geblutet ⟨itr.; hat⟩:
1. *Blut verlieren:* stark, fürchterlich bluten; er, seine Nase blutete; die Wunde blutete *(es trat Blut daraus hervor).*
2. (ugs.) *(für etwas, in einer bestimmten Lage) viel Geld aufbringen müssen:* sie hat ganz schön bluten müssen. **Syn.:** bezahlen, blechen, zahlen.

Blut|er|guss [ˈblu:tlɛɐ̯gʊs], der; -es, Blutergüsse [ˈblu:tlɛɐ̯gʏsə]: *Stelle am Körper, an der sich unter der Haut nach einer Verletzung Blut gesammelt hat:* bei dem Sturz zog er sich einen Bluterguss zu.

Blü|te|zeit [ˈbly:tət͜sai̯t], die; -, -en:
1. *Zeit, in der bestimmte Pflanzen blühen:* die Blütezeit der Obstbäume.
2. *Zeit der Blüte* (3): die Blütezeit der barocken Malerei. **Syn.:** Blüte.

Blut|grup|pe [ˈblu:tgrʊpə], die; -, -n (Med.): *einer der vier, durch zeitlebens unveränderliche und erbliche Merkmale des Blutes charakterisierten Grundtypen des Blutes:* die Blutgruppe A haben; jmds. Blutgruppe bestimmen.

blu|tig [ˈblu:tɪç] ⟨Adj.⟩:
1. a) *mit Blut bedeckt:* blutige Hände; jmdn. blutig schlagen. **b)** *mit Blutvergießen verbunden:* blutige Kämpfe; blutige Rache nehmen.
2. ⟨intensivierend⟩: das ist blutiger *(bitterer)* Ernst; er ist ein blutiger *(völliger, absoluter)* Anfänger. **Syn.:** absolut, völlig.

bluts|ver|wandt [ˈblu:t͜sfɛɐ̯vant] ⟨Adj.⟩: *durch gleiche Abstammung miteinander verwandt:* Geschwister sind blutsverwandt.

Blu|tung [ˈblu:tʊŋ], die; -, -en:
a) *das Austreten von Blut aus einer Wunde o. Ä.:* innere, äußere Blutungen; eine Blutung zum Stehen bringen. **Zus.:** Hirnblutung, Magenblutung. **b)** *Regelblutung, Menstruation:* eine regelmäßige Blutung; ihre Blutung war ausgeblieben. **Syn.:** Periode. **Zus.:** Regelblutung, Zwischenblutung.

blut|un|ter|lau|fen [ˈblu:t-|ʊntɐlau̯fn̩] ⟨Adj.⟩: *durch das Austreten von Blut ins Gewebe bläulich gefärbt:* blutunterlaufene Augen; die Haut war an dieser Stelle blutunterlaufen.

Blut|ver|gif|tung [ˈblu:tfɛɐ̯gɪftʊŋ], die; -, -en: *von einem Herd ausgehende Verbreitung von Bakterien auf dem Weg über die Blutgefäße:* sie ist an einer Blutvergiftung gestorben.

Blut|wurst [ˈblu:tvʊrst], die; -, Blutwürste [ˈblu:tvʏrstə]: *Wurst aus Blut, Speckstückchen und Schweinefleisch:* Kartoffelauflauf mit frischer Blutwurst.

Bö [bø:], die; -, Böen [ˈbø:ən]: *plötzlicher, heftiger Windstoß:* eine Bö erfasste die Segel. **Zus.:** Regenbö, Sturmbö, Windbö.

Bob [bɔp], der; -s, -s: *Schlitten für zwei oder vier Personen mit beweglichen Kufen, Steuerung und Bremsen für sportliche Wettkämpfe auf dafür vorgesehenen Bahnen:* Abfahrten mit dem Bob sind rasanter und gefährlicher als mit dem Schlitten.

Bock [bɔk], der; -[e]s, Böcke [ˈbœkə]:
1. *männliches Tier (bestimmter Säugetiere, z. B. Ziege).* **Zus.:** Gamsbock, Rehbock, Schafbock, Ziegenbock.
2. * [keinen, null] Bock auf etwas haben (ugs.): *[keine] Lust auf etwas, zu etwas haben.*
3. a) *Gestell, auf dem etwas aufgebockt wird:* das Auto auf einen Bock schieben. **b)** *in der Höhe verstellbares Turngerät für Übungen zum Springen:* Übungen am Bock; [über den] Bock springen.

bock|bei|nig [ˈbɔkbai̯nɪç] ⟨Adj.⟩ (ugs.): *trotzig, störrisch, widerspenstig:* sei doch nicht so bockbeinig! **Syn.:** aufmüpfig, aufsässig, bockig, eigensinnig, halsstarrig, renitent (geh.), starrsinnig, ungehorsam, unnachgiebig, verstockt (emotional), widerborstig (abwertend), widersetzlich.

Bock|bier [ˈbɔkbi:ɐ̯], das; -[e]s, -e: *besonders starkes* (3) *Bier:* in Deutschland gibt es viele Bockbiere *(Biersorten);* Herr Ober, noch zwei Bockbier *(Gläser Bockbier),* bitte!

bo|cken [ˈbɔkn̩] ⟨itr.; hat⟩:
1. *(von Esel und Pferden) nicht weitergehen, störrisch stehen bleiben:* das Pferd bockt. **Syn.:** keinen Schritt [mehr] machen, nicht [mehr] weitergehen, sich nicht [mehr] von der Stelle bewegen.
2. (ugs.) *[gekränkt und] trotzig, widerspenstig sein:* der Junge bockte. **Syn.:** bockbeinig sein (ugs.), bockig sein, renitent sein (geh.), sich bockbeinig anstellen (ugs.), sich bockig anstellen, störrisch sein, widerborstig sein (abwertend).

bo|ckig [ˈbɔkɪç] ⟨Adj.⟩: *aufsässig, trotzig, störrisch, widerspenstig:* ein bockiges

Kind; sei nicht so bockig! **Syn.:** aufmüpfig, bockbeinig (ugs.), eigensinnig, halsstarrig, renitent (geh.), starrsinnig, stur (ugs. abwertend), ungehorsam, unnachgiebig, verstockt (emotional), widerborstig (abwertend), widersetzlich.

Bock|wurst ['bɔkvʊrst], die; -, Bockwürste ['bɔkvʏrstə]: *Wurst aus einem Gemisch von magerem Fleisch, die vor dem Verzehr kurz warm gemacht wird:* einmal Bockwurst mit Brötchen und Senf, bitte! **Syn.:** Würstchen.

Bo|den ['bo:dn̩], der; -s, Böden ['bø:dn̩]:
1. *[nutzbare] obere Schicht der Erde (besonders als Grundlage des Wachstums von Pflanzen):* sandiger, schwerer, fruchtbarer Boden; der Boden ist hart gefroren. **Syn.:** Erde, Grund, Krume, Land. **Zus.:** Ackerboden, Lehmboden, Sandboden, Waldboden.
2. *Grundfläche im Freien oder in einem Innenraum:* ein betonierter, mit Teppichen belegter Boden; der Boden bebte unter seinen Füßen; der Boden ist sauber, gewachst; das Buch ist auf den Boden gefallen. **Syn.:** Fußboden. **Zus.:** Bretterboden, Fußboden, Parkettboden.
3. *untere Fläche von etwas:* der Boden einer Kiste, einer Schachtel; der Boden des Meeres. **Zus.:** Meeresboden.
4. (landsch.) *Dachboden:* den Boden entrümpeln; Koffer auf dem Boden abstellen. **Syn.:** Speicher (landsch.). **Zus.:** Heuboden, Trockenboden.

bo|den|los ['bo:dn̩lo:s] ⟨Adj.⟩:
a) *sehr tief:* in einen bodenlosen Abgrund fallen. **b)** (ugs.) *(in seiner Art) empörend; unglaublich:* so eine bodenlose Gemeinheit!; bodenloser Leichtsinn; der Junge ist bodenlos frech. **Syn.:** beispiellos, haarsträubend (emotional), skandalös, [1]unerhört, ungeheuerlich.

Bo|den|schät|ze ['bo:dn̩ʃɛt͜sə], die ⟨Plural⟩:
für die Industrie wichtige Vorräte an Rohstoffen, die aus dem Boden gewonnen werden: ein an Bodenschätzen reiches Land.

bo|den|stän|dig ['bo:dn̩ʃtɛndɪç] ⟨Adj.⟩:
lange ansässig; fest zu einer Landschaft gehörend: eine bodenständige Familie; ein bodenständiges Handwerk. **Syn.:** eingesessen, einheimisch, heimisch.

Bo|dy|buil|ding ['bɔdibɪldɪŋ], das; -[s]:
gezieltes Training bestimmter Muskeln an besonderen Geräten: regelmäßig Bodybuilding treiben.

Bo|gen ['bo:gn̩], der; -s, -, bes. südd., österr. und schweiz. auch: Bögen ['bø:gn̩]:
1. *gekrümmte, gebogene Linie:* der Fluss fließt im Bogen um die Stadt. **Syn.:** Biegung, Knick, Kurve. **Zus.:** Halbbogen, Regenbogen.
2. *gewölbter Teil eines Bauwerks, der eine Öffnung überspannt.* **Zus.:** Brückenbogen, Rundbogen, Torbogen.
3. *alte Schusswaffe; Sportgerät zum Abschießen von Pfeilen:* Pfeil und Bogen; den Bogen spannen.
4. *mit Rosshaaren bespannter Stab aus elastischem Holz, mit dem die Saiten eines Streichinstruments gestrichen und dadurch zum Tönen gebracht werden:* den Bogen ansetzen, absetzen. **Zus.:** Cellobogen, Geigenbogen.
5. *größeres, rechteckiges Blatt Papier:* ein Bogen Packpapier; einen Bogen falten. **Zus.:** Briefbogen, Schnittmusterbogen.

Boh|le ['bo:lə], die; -, -n:
sehr dickes Brett: schwere, morsche Bohlen; die Brücke ist mit Bohlen belegt. **Syn.:** Balken, Diele, Latte, Planke. **Zus.:** Holzbohle.

Boh|ne ['bo:nə], die; -, -n:
a) *[kletternde] in Gärten gezogene, buschig wachsende Pflanze, deren nierenförmige Samen zu mehreren in länglichen, fleischigen Hülsen sitzen:* die Bohnen ranken an Stangen; Bohnen ziehen, anbauen. **Zus.:** Buschbohne, Feuerbohne, Sojabohne, Stangenbohne. **b)** *als Gemüse o. Ä. verwendete Frucht der Bohne* (a): heute gibt es [grüne] Bohnen. **Zus.:** Brechbohne, Schnittbohne. **c)** *als Gemüse, in Suppen verwendeter Samen der Bohne* (a): weiße, dicke Bohnen.

Boh|nen|stan|ge ['bo:nənʃtaŋə], die; -, -n:
a) *in den Boden gesteckte Stange, an der die Bohne* (a) *in die Höhe ranken kann:* Bohnenstangen stecken. **b)** (ugs. scherzh.) *Person, die sehr groß und mager ist:* sie ist eine [richtige] Bohnenstange.

boh|nern ['bo:nɐn] ⟨tr.; hat⟩:
(eine gewachste Fläche) mithilfe eines entsprechenden Gerätes blank machen: den Fußboden bohnern. **Syn.:** blank reiben, polieren.

boh|ren ['bo:rən]:
1. a) ⟨itr.; hat⟩ *durch [drehende] Bewegung eines Werkzeugs in etwas eindringen, an etwas arbeiten:* an einem Balken, in einem Zahn bohren. **b)** ⟨tr.; hat⟩ *durch drehende Bewegung eines Werkzeugs herstellen, hervorbringen:* ein Loch [in die Wand, durch das Brett] bohren; einen Brunnen bohren. **c)** ⟨tr.; hat⟩ *durch stoßende [und drehende] Bewegung in etwas drücken:* eine Stange in die Erde, jmdm. ein Messer in den Leib bohren. **d)** ⟨+ sich⟩ *unter stoßenden und drehenden Bewegungen an eine bestimmte Stelle vordringen:* der Meißel bohrte sich in den Asphalt; der Nagel bohrte sich durch die Sohle. **e)** ⟨itr.; hat⟩ *mithilfe eines entsprechenden Geräts nach etwas suchen:* nach Erdöl, Wasser bohren.
2. ⟨itr.; hat⟩ *eine quälende, peinigende Wirkung haben:* der Schmerz bohrt [in seinem Zahn]; Zweifel bohrten in ihm.
3. ⟨itr.; hat⟩ (ugs.) *drängend bitten, fragen; hartnäckig forschen:* die Kinder bohrten so lange, bis der Opa nachgab. **Syn.:** betteln, drängeln, drängen, flehen (geh.), keine Ruhe geben (ugs.), quengeln (ugs.).

bö|ig [bø:ɪç] ⟨Adj.⟩:
in Böen [wehend], reich an Böen: böiges Wetter; böig auffrischende Winde.

Boi|ler ['bɔy̯lɐ], der; -s, -:
Gerät zur [Bereitung und] Speicherung von heißem Wasser: den Boiler anspringen lassen.

Bo|je ['bo:jə], die; -, -n:
verankerter, schwimmender Körper, der den Schiffen als Signal gilt: seichte Stellen sind durch

Bojen gekennzeichnet. **Zus.:** Heulboje, Rettungsboje.

-bold [bɔlt], der; -[e]s, -e ⟨Suffix⟩: bezeichnet eine männliche Person, die in Bezug auf das im Basiswort Genannte dauernd, allzu sehr, gern aktiv ist, damit besonders, und zwar oft in negativer oder spöttisch-kritisierter Weise auffällt: Lügenbold; Raufbold; Saufbold; Scherzbold; Streitbold; Trunkenbold; Tugendbold *(männliche Person, die wegen ihres untadeligen, in allzu enger Weise korrekten Verhaltens auf diese Weise spöttisch charakterisiert wird);* Witzbold. **Syn.:** -er, -fritze (ugs. abwertend).

Boll|werk [ˈbɔlvɛrk], das; -[e]s, -e:
1. *Befestigung des Ufers, wo Schiffe anlegen und beladen werden können; Kai:* die Schiffe liegen am Bollwerk. **Syn.:** Kai, Mole.
2. (früher) *Anlage, die zur Befestigung und Verteidigung dient; Festung:* ein Bollwerk errichten; die Stadt wurde bis zum letzten Bollwerk eingenommen. **Syn.:** Befestigung.

Bol|zen [ˈbɔltsn̩], der; -s, -: *kurzer, runder Stift aus Metall oder Holz:* ein Rad mit einem Bolzen befestigen. **Syn.:** Dübel, [2]Niete, Schraube, Zapfen.

-bol|zen [bɔltsn̩], der; -s, - ⟨Suffixoid⟩ (ugs.): bezeichnet eine Person, die das im Basiswort Genannte als herausragenden Wesenszug hat, es auch deutlich hervorkehrt: Charmebolzen; Gefühlsbolzen; Heiterkeitsbolzen; Temperamentsbolzen. **Syn.:** -nudel (ugs.).

Bom|bar|de|ment [bɔmbardəˈmãː], das; -s, -s: *Abwurf von Bomben auf ein Ziel:* das Bombardement dauerte die ganze Nacht. **Syn.:** Beschuss, Feuer.

bom|bar|die|ren [bɔmbarˈdiːrən] ⟨tr.; hat⟩:
1. *Bomben (auf ein Ziel) abwerfen:* eine Stadt, feindliche Stellungen bombardieren. **Syn.:** beschießen, feuern auf, schießen auf, torpedieren, unter Beschuss nehmen, unter Feuer nehmen.
2. (ugs.) *jmdn. (mit belästigenden Äußerungen) überschütten, überhäufen:* die Vorsitzende wurde mit Fragen bombardiert.

bom|bas|tisch [bɔmˈbastɪʃ] ⟨Adj.⟩: *übertrieben viel Aufwand aufweisend, schwülstig; pompös:* eine bombastische Rede; etwas bombastisch ankündigen. **Syn.:** hochtrabend (emotional), pathetisch, überladen.

Bom|be [ˈbɔmbə], die; -, -n: *mit einem Zünder versehener [länglich geformter] Sprengkörper, der (von Flugzeugen abgeworfen oder in bestimmten Objekten versteckt) bei der Explosion schwere Zerstörungen verursacht:* eine Bombe legen, werfen; die Bombe musste entschärft werden; die Nachricht schlug ein wie eine Bombe *(erregte großes Aufsehen).* **Syn.:** Granate, Mine. **Zus.:** Atombombe, Autobombe, Fliegerbombe, Neutronenbombe, Wasserstoffbombe, Zeitbombe.

bom|ben-, Bom|ben- [bɔmbn̩] ⟨Präfixoid, auch das Basiswort wird betont⟩ (ugs. verstärkend): kennzeichnet eine anerkennende Einschätzung des im Basiswort Genannten:
1. ⟨adjektivisch⟩ *in anzuerkennender, positiv überraschender Weise, sehr:* bombenfest; bombensicher; bombenvoll.
2. ⟨substantivisch⟩ *großartig, hervorragend, ausgezeichnet, bombig [viel, groß]:* Bombenbesetzung; Bombenerfolg; Bombenfigur; Bombengehalt; Bombengeschäft; Bombenjob; Bombenkondition; Bombenparty; Bombenprogramm; Bombenrolle; Bombenstimmung; Bombenurlaub; Bombenzeit. **Syn.:** affen-, Affen- (ugs. emotional verstärkend); Heiden- (ugs. emotional verstärkend); Höllen- (ugs. emotional verstärkend); mords-, Mords- (ugs. emotional verstärkend); top-, Top- (ugs. emotional verstärkend).

Bon [bɔŋ], der; -s, -s: *als Gutschein oder Quittung dienender Zettel:* auf/für diesen Bon bekommst du ein Mittagessen; für den Umtausch ist der Bon aufzubewahren. **Syn.:** Kassenzettel, Marke. **Zus.:** Essenbon, Getränkebon, Kassenbon.

Bon|bon [bɔŋˈbɔŋ], der und das; -s, -s: *zum Lutschen bestimmte Süßigkeit:* süße, saure Bonbons; ein Bonbon gegen Husten, Heiserkeit. **Zus.:** Fruchtbonbon, Hustenbonbon.

bon|gen [ˈbɔŋən] ⟨tr.; hat⟩ (ugs.):
1. *an der Kasse den zu zahlenden Betrag für etwas auf einen Bon tippen:* ein Glas Bier bongen.
2. * **ist gebongt:** *etwas ist abgemacht, wird so erledigt, wie es besprochen worden ist:* Silvester ist gebongt.

Bon|mot [bõˈmoː], das; -s, -s: *zur Situation passende witzige, geistreiche Äußerung:* ihre Bonmots sind überall bekannt. **Syn.:** Ausspruch, geistreiche Sentenz (bildungsspr.), geistreicher Ausspruch, geistreiches Wort, Sentenz (bildungsspr.), witzige Sentenz (bildungsspr.), witziger Ausspruch.

Bon|sai [ˈbɔnzai̯], der; -[s], -s: *japanischer Zwergbaum:* echte Bonsais können mehrere Hundert Jahre alt werden.

Bo|nus [ˈboːnʊs], der; - und -ses, - und -se:
1. *zusätzlicher Gewinnanteil, Sondervergütung (z. B. bei Aktien):* einen Bonus ausschütten. **Syn.:** Prämie.
2. *etwas, was jmdm. als Vorteil, Vorsprung vor anderen angerechnet wird:* seine Auslandserfahrung verschaffte ihm einen Bonus bei der Bewerbung auf diesen Posten. **Syn.:** Plus, Vorzug. **Zus.:** Kanzlerbonus.

Bon|ze [ˈbɔntsə], der; -n, -n: *Person, die [als Funktionär] die Vorteile ihrer Stellung genießt [und sich nicht um die Belange anderer kümmert]:* diese Bonzen lassen uns für sich schuften. **Syn.:** Funktionär. **Zus.:** Parteibonze.

Boom [buːm], der; -s, -s: *plötzliches, gesteigertes Interesse an etwas, was dadurch sehr gefragt ist; besonders starke Nachfrage:* im Technologiebereich ist ein neuer Boom zu verzeichnen; ein Boom bei Handys. **Syn.:** Aufschwung.

boo|men [ˈbuːmən] ⟨itr.; hat⟩: *einen Boom erleben:* die Computerbranche boomt wie nie zuvor. **Syn.:** brummen (ugs.), einen Aufschwung erleben.

Boot [boːt], das; -[e]s, -e: *kleines, meist offenes Schiff:* die Boote liegen am Ufer; mit dem

Boot hinausfahren. **Syn.:** Kahn, Kutter. **Zus.:** Faltboot, Motorboot, Paddelboot, Ruderboot, Schlauchboot, Segelboot, Tretboot.

[1]Bord [bɔrt], das; -[e]s, -e:
(als Ablage dienendes) an der Wand befestigtes Brett: Bücher auf ein Bord stellen. **Zus.:** Blumenbord, Bücherbord, Gläserbord, Wandbord.

[2]Bord [bɔrt], der; -[e]s, -e:
a) *oberer Rand eines Schiffes [an den sich das Deck anschließt]:* der Bord des sinkenden Schiffes war bereits von den Wellen überspült; *** etwas über Bord werfen:** *etwas endgültig aufgeben, fallen lassen:* alle Vorsicht über Bord werfen. **b)** *das Innere, der Innenraum [eines Schiffes, Autos, Flugzeugs, Raumschiffes]:* an Bord eines Tankers; Fracht, Passagiere an Bord nehmen; über Bord gehen *(vom Schiff ins Wasser fallen);* die Fluggäste gingen von Bord *(verließen das Flugzeug).* **Zus.:** Backbord, Steuerbord.

Bor|dell [bɔrˈdɛl], das; -s, -e:
Haus, in dem Prostitution ausgeübt wird: ein Bordell besuchen, aufsuchen; in ein Bordell gehen. **Syn.:** [2]Puff (salopp).

bor|gen [ˈbɔrgn̩]:
1. ⟨tr.; hat⟩ *leihen* (2): er muss mir Geld borgen. **Syn.:** ausborgen (landsch.), auslegen, ausleihen, pumpen (ugs.), verleihen, vorlegen.
2. ⟨itr.; hat⟩ *leihen* (1): ich habe mir bei/von ihr Geld geborgt; er hat den Frack nur geborgt. **Syn.:** ausborgen (landsch.), ausleihen, entleihen, pumpen (ugs.).

Bor|ke [ˈbɔrkə], die; -, -n:
[raue] Rinde des Baumes: die Borke der alten Kiefer.

bor|niert [bɔrˈniːɐ̯t] ⟨Adj.⟩ (abwertend):
engstirnig, auf seinen Vorstellungen beharrend und zugleich in ärgerlicher Weise eingebildet: ein bornierter Mensch; bornierte Ansichten.

Bör|se [ˈbœrzə], die; -, -n:
1. *regelmäßig stattfindender Markt (in einem entsprechenden Gebäude) für Wertpapiere, Devisen o. Ä., für die nach bestimmten festen Bräuchen Preise ausgehandelt werden:* die Frankfurter Börse. **Zus.:** Aktienbörse.
2. (österr., sonst geh. veraltend) *Portemonnaie:* eine lederne, leere, volle Börse; seine Börse verlieren. **Syn.:** Geldbeutel, Geldbörse (geh.). **Zus.:** Geldbörse.

Bör|sen|kurs [ˈbœrzn̩kʊrs], der; -es, -e:
an der Börse (1) *ermittelter Kurs eines Wertpapiers:* der Börsenkurs stürzte in den Keller.

Bors|te [ˈbɔrstə], die; -, -n:
sehr festes, dickes, steif stehendes Haar: die Borsten des Schweins; die Borsten der Bürste. **Zus.:** Naturborste, Schweineborste.

bors|tig [ˈbɔrstɪç] ⟨Adj.⟩:
1. a) *Borsten aufweisend:* ein borstiges Tier. **b)** *struppig, rau:* ein borstiger Bart.
2. *unfreundlich, grob:* sie war heute sehr borstig; er hat eine borstige Art. **Syn.:** bärbeißig, barsch, brüsk, derb, flegelhaft (abwertend), rau, rüde, rüpelhaft, ruppig (abwertend), ungehobelt (abwertend).

Bor|te [ˈbɔrtə], die; -, -n:
gewebtes, gemustertes Band, das als Verzierung auf Kleider, Gardinen o. Ä. genäht wird: ein Kleid mit einer bunten Borte besetzen. **Syn.:** Besatz, Rüsche. **Zus.:** Goldborte, Seidenborte, Spitzenborte.

bös [bøːs]: ↑böse.

bös|ar|tig [ˈbøːs|aːɐ̯tɪç] ⟨Adj.⟩:
1. *auf versteckte, heimtückische Weise böse:* ein bösartiger Hund; bösartige Bemerkungen. **Syn.:** boshaft, böswillig, garstig, gehässig, gemein, giftig, schlimm, übel, übel gesinnt, übelwollend.
2. *(von Krankheiten) auf lebensbedrohende Weise gefährlich:* eine bösartige Geschwulst. **Syn.:** bedrohlich, schlimm.

Bö|schung [ˈbœʃʊŋ], die; -, -en:
schräg abfallende seitliche Fläche (besonders bei Straßen und [Bahn]dämmen): die Böschung des Ufers. **Syn.:** Abhang, Hang. **Zus.:** Deichböschung, Uferböschung.

bö|se [ˈbøːzə], bös ⟨Adj.⟩:
1. a) *moralisch schlecht; verwerflich:* ein böser Mensch; eine böse Tat; etwas aus böser Absicht tun. **Syn.:** arg (geh., veraltet), bösartig, boshaft, böswillig, garstig, gehässig, gemein, giftig, niedrig, perfid[e] (bildungsspr.), schlimm, übel, übel gesinnt, übelwollend. **b)** *auf gefährliche Weise übel, unangenehm, schlimm:* eine böse Geschichte; jdm. bös[e] mitspielen; eine böse Krankheit. **Syn.:** bedrohlich, bösartig, gefährlich.
2. a) (fam.) *ungezogen, unartig:* der kleine Junge war sehr böse. **Syn.:** frech. **b)** (ugs.) *ärgerlich, zornig, wütend:* bös[e] sein, werden; auf jmdn. bös[e] sein *(sich über jmdn. ärgern).*
3. (ugs.) *(von bestimmten Körperteilen) entzündet:* einen bösen Finger, ein böses Auge haben. **Syn.:** offen, schlimm (fam.).
4. ⟨verstärkend bei Adjektiven und Verben⟩ *sehr, überaus:* sich bös[e] irren, blamieren; es war bös[e] kalt.

bos|haft [ˈboːshaft] ⟨Adj.⟩:
1. *böse* (1 a); *voller Neigung, anderen zu schaden:* er ist ein boshafter Mensch; ein boshafter Streich. **Syn.:** bösartig, böswillig, garstig, gehässig, gemein, giftig, niedrig, perfid[e] (bildungsspr.), schlimm, übel, übel gesinnt, übelwollend, verwerflich.
2. *voll von beißendem Spott; sarkastisch:* eine boshafte Antwort; boshaft grinsen. **Syn.:** beißend (ugs.), bissig, scharf, zynisch.

Bos|heit [ˈboːshai̯t], die; -, -en:
a) ⟨ohne Plural⟩ *böse Absicht, üble Gesinnung:* er tat es aus reiner Bosheit. **Syn.:** Gemeinheit, Niedertracht (geh.), Schikane, Schlechtigkeit, Unverschämtheit. **b)** *boshafte Handlung, Bemerkung:* jmdm. Bosheiten sagen; ihre Bosheiten ärgern mich nicht mehr. **Syn.:** Gemeinheit, Niedertracht (geh.), Schikane, Schlechtigkeit, Unverschämtheit.

Boss [bɔs], der; -es, -e:
Person an der Spitze eines Unternehmens, einer Gruppe o. Ä.; Vorgesetzte[r], Chef[in]: die Bosse der Gewerkschaften; unser Boss ist eine Frau. **Syn.:** Anführer (oft abwertend), Anführerin (oft abwertend), Chef, Chefin, Führer, Führerin, Haupt (geh.), [1]Leiter, Leiterin, Manager, Managerin, Vorgesetzte, Vorgesetzter.

bös|wil|lig [ˈbøːsvɪlɪç] ⟨Adj.⟩:
in böser Absicht; absichtlich böse: eine böswillige Verleumdung. **Syn.:** boshaft.

Bo|ta|nik [bo'ta:nɪk], die; -:
1. *Lehre und Wissenschaft von den Pflanzen:* sie studierte Botanik in Heidelberg.
2. (scherzh.) *Pflanzen, die das Grün, die Natur bilden:* sieh dir mal unsere Botanik auf dem Balkon an!

Bo|te ['bo:tə], der; -n, -n, **Bo|tin** ['bo:tɪn], die; -, -nen:
a) *Person, die etwas im Auftrag einer anderen überbringt:* ein zuverlässiger Bote; eine Botin schicken. **Syn.:** Abgesandte, Abgesandter, Kurier, Kurierin. **Zus.:** Briefbote, Briefbotin, Eilbote, Eilbotin, Gerichtsbote, Gerichtsbotin, Postbote, Postbotin. **b)** *Person, die zur Ausführung eines Auftrags zu jmdm. geschickt wird:* als Bote arbeiten; der Bote holt die Post.

Bot|schaft ['bo:tʃaft], die; -, -en:
1. *wichtige Nachricht, Mitteilung [die durch jmdn. überbracht wird]:* eine willkommene, traurige Botschaft; jmdm. eine Botschaft senden, schicken. **Syn.:** Bescheid, Kunde, Meldung, Neuigkeit. **Zus.:** Freudenbotschaft, Friedensbotschaft, Hiobsbotschaft, Schreckensbotschaft, Unglücksbotschaft.
2. *von einem Botschafter, einer Botschafterin geleitete diplomatische Vertretung eines Staates im Ausland:* die deutschen Botschaften in Ostasien; eine Botschaft einrichten, schließen.

Bot|schaf|ter ['bo:tʃaftɐ], der; -s, -, **Bot|schaf|te|rin** ['bo:tʃaftərɪn], die; -, -nen:
höchster diplomatischer Vertreter bzw. höchste diplomatische Vertreterin eines Staates im Ausland: die französische Botschafterin; jmdn. zum Botschafter ernennen. **Syn.:** Abgesandte, Abgesandter, Diplomat, Diplomatin, Gesandte, Gesandter.

Bot|tich ['bɔtɪç], der; -[e]s, -e:
großes, wannenartiges Gefäß aus Holz: Regenwasser in einem Bottich sammeln. **Syn.:** Kübel, Trog, Wanne.

Bouil|lon [bʊl'jõ:], die; -, -s:
(durch Auskochen von Fleisch, Knochen, Suppengemüse gewonnene) Brühe: eine Tasse Bouillon; Bouillon mit Ei. **Syn.:** Suppe. **Zus.:** Hühnerbouillon, Kalbsbouillon, Rindsbouillon.

bour|geois [bʊr'ʒoa] ⟨Adj.⟩ (veraltet):
die Bourgeoisie betreffend, zur Bourgeoisie gehörend: bourgeoise Prinzipien, Konventionen. **Syn.:** bürgerlich.

Bour|geoi|sie [bʊrʒoa'zi:], die; - (veraltet):
wohlhabendes Bürgertum: der Bourgeoisie angehören. **Syn.:** Mittelschicht.

Bou|tique [bu'ti:k], die; -, -n:
kleiner Laden, in dem modische Artikel, besonders Kleidungsstücke o. Ä., verkauft werden: sie arbeitet halbtags in einer Boutique. **Syn.:** Geschäft. **Zus.:** Herrenboutique, Kinderboutique.

Bow|le ['bo:lə], die; -, -n:
Getränk aus Wein, Schaumwein, Zucker und Früchten oder würzenden Stoffen: eine Bowle ansetzen. **Zus.:** Erdbeerbowle, Pfirsichbowle, Waldmeisterbowle.

Box [bɔks], die; -, -en:
1. *kleinerer, abgeteilter Raum (der mit anderen gleichartigen Teil einer größeren Anlage o. Ä. ist):* das Gepäck in der Bahnhofshalle in eine Box einschließen; das Pferd in seine Box bringen.
2. *einfache Kamera.*
3. *meist quaderförmiges Gehäuse mit einem oder mehreren darin eingebauten Lautsprechern* (z. B. als Teil einer Stereoanlage): die Boxen der neuen Stereoanlage sind riesig. **Syn.:** Lautsprecher. **Zus.:** Lautsprecherbox, Musikbox, Stereobox.
4. *kastenförmiger Behälter:* Brot in der Box mitnehmen. **Syn.:** Dose, Karton, Kasten, Kiste, Schachtel.

bo|xen ['bɔksn̩]:
1. ⟨itr.; hat⟩ *[nach bestimmten Regeln] mit den Fäusten kämpfen:* taktisch klug boxen; um die Meisterschaft boxen; gegen jmdn. boxen.
2. a) ⟨tr.; hat⟩ *mit der Faust schlagen, [leicht] stoßen:* er boxte ihn; ⟨auch itr.⟩ sie boxte ihm freundschaftlich in die Seite.
b) ⟨+ sich⟩ (ugs.) *sich prügeln:* die Schüler boxten sich im Schulhof. **Syn.:** sich balgen, sich hauen, raufen, sich raufen, sich schlagen.

Bo|xer ['bɔksɐ], der; -s, -:
1. *Sportler, der Boxkämpfe austrägt:* er konnte kaum die beiden Boxer trennen. **Zus.:** Amateurboxer, Berufsboxer, Profiboxer.
2. *mittelgroßer Hund mit kräftigem Körper, kurzem Haar und gedrungen wirkendem Kopf.*

Bo|xe|rin ['bɔksərɪn], die; -, -nen:
weibliche Form zu ↑Boxer (1).

Boy [bɔy̆], der; -s, -s:
livrierter [Hotel]diener: der Boy brachte ihn im Lift nach oben. **Syn.:** Diener, dienstbarer Geist. **Zus.:** Hotelboy, Liftboy.

Boy|kott [bɔy̆'kɔt], der; -[e]s, -s:
politische, wirtschaftliche oder soziale Maßnahme, um eine Person, Institution o. Ä. zu ächten oder zu isolieren: den Boykott über jmdn., etwas verhängen; zum Boykott gegen jmdn., etwas aufrufen; durch den Boykott wurde die Wirtschaft des Landes geschwächt.

boy|kot|tie|ren [bɔy̆kɔ'ti:rən] ⟨tr.; hat⟩:
mit einem Boykott belegen: den Handel mit einem Land boykottieren; ein Land, einen Staat boykottieren; einen Plan, eine Arbeit boykottieren; einen Kollegen, ein Geschäft boykottieren. **Syn.:** ächten, ausschließen.

brach ['bra:x] ⟨Adj.⟩:
nicht bebaut: ein Acker, der brach liegt.

brach|lie|gen ['bra:xli:gn̩], lag brach, brachgelegen ⟨itr.; hat⟩:
nicht genutzt werden: brachliegende Fähigkeiten, Kenntnisse; seine Fremdsprachenkenntnisse haben jahrelang brachgelegen.

Bran|che ['brã:ʃə], die; -, -n:
einzelnes Fachgebiet; Zweig in der Wirtschaft, im geschäftlichen Leben: in der gleichen Branche tätig sein. **Syn.:** Abteilung, Bereich, Fach, Feld, Gebiet, Sachgebiet, Sektion, Sektor, Sparte. **Zus.:** Baubranche, Filmbranche, Hotelbranche, Lebensmittelbranche, Modebranche, Schlagerbranche, Textilbranche.

Brand [brant], der; -[e]s, Brände ['brɛndə]:
1. *starkes Brennen; großes, vernichtendes Feuer:* ein Brand brach aus; die Feuerwehr löschte den Brand. **Syn.:** Flammen ⟨Plural⟩; *** etwas in Brand stecken/setzen:** *etwas in zerstörerischer Absicht anzünden:*

unbekannte Täter hatten mehrere Autos in Brand gesetzt. **2.** (ugs.) *starker Durst:* einen tüchtigen Brand haben; seinen Brand mit Bier löschen.

brand- [brant] ⟨adjektivisches Präfixoid; auch das Basiswort wird betont⟩ (emotional verstärkend):
äußerst, sehr, ganz …: brandaktuell; brandeilig; brandgefährlich; brandheiß *(ganz neu, wichtig);* brandneu.

bran|den ['brandn̩], brandete, gebrandet ⟨itr.; ist⟩ (geh.):
tosend aufprallen und schäumend wieder zurückfluten: das Meer brandet gegen die Felsen.

brand|mar|ken ['brantmarkn̩] ⟨tr.; hat⟩:
öffentlich in scharfem Ton tadeln, scharf kritisieren: sie brandmarkte die sozialen Missstände; er war für immer [als Verbrecher] gebrandmarkt. **Syn.:** ächten, an den Pranger stellen, anklagen, anprangern, verdammen, verurteilen.

Brand|stif|ter ['brantʃtɪftɐ], der; -s, -, **Brand|stif|te|rin** ['brantʃtɪftərɪn], die; -, -nen:
Person, die vorsätzlich oder fahrlässig einen Brand verursacht: gegen die Brandstifter Haftbefehl erwirken.

Bran|dung ['brandʊŋ], die; -, -en:
am Strand, an der Küste sich brechende Wellen: die tobende, tosende Brandung; sie stürzte sich in die Brandung. **Zus.:** Meeresbrandung.

Brannt|wein ['brantvai̯n], der; -[e]s, -e:
alkoholisches Getränk, das durch Destillation von gegorenen Flüssigkeiten hergestellt wird. **Syn.:** Fusel (ugs. abwertend), Schnaps (ugs.), Spirituosen ⟨Plural⟩, Sprit (ugs.).

bra|ten ['bra:tn̩], brät, briet, gebraten:
a) ⟨tr.; hat⟩ *durch Erhitzen in Fett gar und an der Oberfläche braun werden lassen:* etwas in Öl braten; er briet ihr ein Schnitzel; eine Gans knusprig braten. **Syn.:** backen (landsch.), brutzeln (ugs.), grillen, rösten, schmoren. **b)** ⟨itr.; hat⟩ *in Fett unter Hitze weich, gar und braun werden:* das Fleisch brät schon eine Stunde. **Syn.:** backen (landsch.), brutzeln, rösten, schmoren.

Bra|ten ['bra:tn̩], der; -s, -:
größeres gebratenes, zum Braten bestimmtes Stück Fleisch: ein saftiger, knuspriger Braten. **Zus.:** Gänsebraten, Kalbsbraten, Rollbraten.

Brat|kar|tof|feln ['bra:tkartɔfl̩n], die ⟨Plural⟩:
Gericht aus gebratenen, in Scheibchen oder Würfel geschnittenen Kartoffeln: heute gibt es Bratkartoffeln mit Spiegelei. **Syn.:** geröstete Kartoffeln.

Brat|pfan|ne ['bra:tp͜fanə], die; -, -n:
zum Braten verwendete Pfanne: eine gusseiserne Bratpfanne.

Brat|sche ['bra:t͜ʃə], die; -, -n:
der Geige ähnliches, aber etwas größeres Streichinstrument: er übte den ganzen Nachmittag Bratsche. **Syn.:** Viola.

Brat|schist [bra't͜ʃɪst], der; -en, -en, **Brat|schis|tin** [bra't͜ʃɪstɪn], die; -, -nen:
Person, die [von Berufs wegen] Bratsche spielt.

Brat|wurst ['bra:tvʊrst], die; -, Bratwürste ['bra:tvʏrstə]:
gebratene oder zum Braten bestimmte Wurst: einmal Bratwurst mit Senf bitte!

Brauch [brau̯x], der; -[e]s, Bräuche ['brɔy̯çə]:
[aus früherer Zeit] überkommene, innerhalb einer Gemeinschaft fest gewordene und in bestimmten Formen ausgebildete Gewohnheit: ein schöner, überlieferter Brauch; die ländlichen Bräuche bewahren. **Syn.:** Angewohnheit, Brauchtum, Gepflogenheit, Sitte, Tradition, Usus. **Zus.:** Fastnachtsbrauch, Hochzeitsbrauch, Osterbrauch, Seemannsbrauch.

brauch|bar ['brau̯xba:ɐ̯] ⟨Adj.⟩:
[für etwas] geeignet, verwendbar: brauchbare Vorschläge; das Material ist noch brauchbar. **Syn.:** nützlich, passabel, praktikabel, praktisch, tauglich, zu gebrauchen, zweckdienlich, zweckmäßig.

brau|chen ['brau̯xn̩], brauchte, gebraucht:
1. a) ⟨itr.; hat⟩ *nötig haben, benötigen:* die Kranke braucht Ruhe; sie haben alles, was sie brauchen; der Zug braucht zwei Stunden bis Stuttgart; wenn er die neue Stellung bekommt, brauchte/auch: bräuchte er dringend ein Auto; das wird aber noch gebraucht *(darf nicht weggeworfen werden).* **Syn.:** bedürfen (geh.), nicht entbehren können, nicht missen können. **b)** ⟨tr.; hat⟩ *gebrauchen:* etwas häufig, selten brauchen; seinen Verstand brauchen. **c)** ⟨tr.; hat⟩ *verbrauchen:* das Gerät braucht wenig Strom; sie haben bereits das gesamte Material gebraucht.
2. ⟨mit Infinitiv mit »zu«; verneint oder eingeschränkt⟩ *müssen:* sie braucht heute nicht zu arbeiten/(ugs. auch ohne »zu«:) braucht heute nicht arbeiten; er braucht nicht zu laufen; du brauchst bloß/nur zu sagen, dass du nicht willst.

brauchen / gebrauchen:
s. Kasten Seite 237.

Brauch|tum ['brau̯xtu:m], das; -s, Brauchtümer ['brau̯xty:mɐ]:
Gesamtheit der im Laufe der Zeit entstandenen und überlieferten Bräuche: das Brauchtum pflegen, wieder beleben. **Syn.:** Bräuche ⟨Plural⟩, Gebräuche ⟨Plural⟩, Gepflogenheiten ⟨Plural⟩, Sitten ⟨Plural⟩, Sitten und Gebräuche ⟨Plural⟩, Traditionen ⟨Plural⟩.

Braue ['brau̯ə], die; -, -n:
Haare über dem Auge in Form eines Bogens: die Brauen runzeln. **Zus.:** Augenbraue.

brau|en ['brau̯ən] ⟨tr.; hat⟩:
a) *Bier herstellen:* Bier brauen. **b)** (ugs.) *ein Getränk zubereiten:* Kaffee, einen Punsch brauen.

Brau|e|rei [brau̯ə'rai̯], die; -, -en:
a) *das Brauen:* etwas von der Brauerei verstehen. **b)** *Betrieb, in dem Bier hergestellt wird:* wir konnten eine alte tschechische Brauerei besichtigen.

braun [brau̯n] ⟨Adj.⟩:
a) *von der Farbe feuchter Erde:* braunes Haar haben; das Kleid ist braun. **Syn.:** bräunlich. **Zus.:** dunkelbraun, hellbraun, nussbraun, rotbraun. **b)** *von der Sonne gebräunt:* im Urlaub ganz braun werden; braun gebrannt kam sie von der Nordsee zurück. **Syn.:** braun gebrannt.

Bräu|ne ['brɔy̯nə], die; -:
braune Farbe der Haut, die durch Sonne oder durch dem Sonnenlicht entsprechende Strahlen entsteht: nach dem Urlaub verblasst

brauchen/gebrauchen

Brauchen bedeutet
1. *etwas oder jemanden nötig haben, benötigen, einer Sache oder eines Menschen bedürfen:*

- Ich brauche einen neuen Mantel.
- Man braucht eine Genehmigung, um seinen Aufenthaltsort zu wechseln.

2. (in Verbindung mit einem Infinitiv und ausschließenden oder eingrenzenden Adverbien wie »nicht«, »nur« oder »bloß«) *müssen:*

- Du brauchst dich nicht zu schämen, das kann jedem passieren!

Gebrauchen hat dagegen vorwiegend die Bedeutung *benutzen, verwenden:*

- Beim Fleischanbraten gebrauche ich immer meine große Pfanne.

Je nachdem, ob man **brauchen** oder **gebrauchen** verwendet, hat der folgende Satz also verschiedene Bedeutungen:

- Bei dieser Arbeit brauche ich einen Hammer *(möchte ich einen Hammer haben, fehlt mir noch ein Hammer).*
- Bei dieser Arbeit gebrauche *(benutze)* ich einen Hammer.

Beinahe unterschiedslos lassen sich **brauchen** und **gebrauchen** hingegen in Verbindung mit »können« verwenden:

- Wir haben draußen genug zu essen. Ihr könnt es hier besser brauchen.

die Bräune langsam wieder. **Zus.:** Sommerbräune, Sonnenbräune.

bräu|nen ['brɔy̯nən], bräunte, gebräunt:
1. a) ⟨tr.; hat⟩ *(jmdm.) ein braunes, gebräuntes Aussehen geben, braun werden lassen:* die Sonne hat ihn gebräunt. **b)** ⟨itr.; ist⟩ *ein braunes, gebräuntes Aussehen bekommen, braun werden:* meine Haut ist sehr schnell in der Sonne gebräunt.
2. a) ⟨tr.; hat⟩ *unter Einwirkung von Hitze braun [und knusprig] werden lassen:* Mehl bräunen; Zwiebeln in Öl bräunen; gebräunte Butter. **b)** ⟨itr.; ist⟩ *unter Einwirkung von Hitze braun [und knusprig] werden:* der Braten ist sehr schön gleichmäßig gebräunt.

bräun|lich ['brɔy̯nlɪç] ⟨Adj.⟩:
ein wenig braun getönt: ein bräunlicher Stoff. **Syn.:** braun.

Brau|se ['brau̯zə], die; -, -n:
1. (veraltend) *Dusche:* die Brause aufdrehen, abstellen.
2. *siebartig durchlöcherter Aufsatz an Gießkannen (zum Verteilen des Wassers):* die Brause [auf die Gießkanne] aufstecken.
3. (ugs. veraltend) *Limonade:* eine Brause trinken.

brau|sen ['brau̯zn̩], brauste, gebraust:
1. ⟨tr.; hat⟩ (veraltend) *duschen:* jmdn., sich [heiß, kalt] brausen; ⟨auch itr.⟩ ich brause jeden Morgen.
2. ⟨itr.; hat⟩ *(besonders von Wind und Wellen) ein gleichmäßiges ununterbrochenes Rauschen hervorbringen:* der Wind, das Meer hat die ganze Nacht gebraust. **Syn.:** rauschen, sausen, tosen.
3. ⟨itr.; ist⟩ (ugs.) *sich [geräuschvoll] mit großer Geschwindigkeit bewegen:* sie ist um die Ecke, über die Autobahn gebraust. **Syn.:** donnern, flitzen (ugs.), jagen, kacheln (ugs.), preschen, rasen, sausen, schießen.

Braut [brau̯t], die; -, Bräute ['brɔy̯tə]:
1. a) *Verlobte:* eine heimliche Braut haben; sie ist seine Braut. **Syn.:** Zukünftige. **b)** *Frau an ihrem Hochzeitstag:* die Braut war, ging in Weiß; die Braut zum Altar führen.
2. (Jargon) *junges Mädchen, Freundin:* die Neue in unserer Klasse ist eine tolle Braut.

Bräu|ti|gam ['brɔy̯tɪgam], der; -s, -e:
a) *Verlobter:* sie stellte ihn uns als ihren Bräutigam vor. **Syn.:** Zukünftiger. **b)** *Mann an seinem Hochzeitstag:* der Bräutigam führte seine Braut selbst zum Altar.

Braut|kleid ['brau̯tklai̯t], das; -[e]s, -er:
[weißes] Kleid, das die Braut (1) *zur Hochzeit trägt:* ein Brautkleid aus Spitze.

Braut|paar ['brau̯tpaːɐ̯], das; -[e]s, -e:
Braut und Bräutigam zusammen am Tag der Hochzeit: das Brautpaar ließ sich vor dem Standesamt fotografieren.

brav [braːf] ⟨Adj.⟩:
1. *(von Kindern) sich so verhaltend, wie es die Erwachsenen wünschen oder erwarten; gehorsam, artig:* ein braves Kind; sei brav!; brav sitzen bleiben. **Syn.:** folgsam, lieb, manierlich.
2. (veraltend) *von rechtschaffener, biederer Art:* er ist ein braver Kerl; das Kleid ist für den Ball zu brav.

bra|vo ['braːvo] ⟨Interjektion⟩:
sehr gut!; ausgezeichnet!: bravo, das hast du gut gemacht!

Bra|vour [bra'vuːɐ̯], die; -; **Bravur:**
vollendete Meisterschaft; meisterhafte Technik: sie sang die schwierige Arie mit Bravour. **Syn.:** Perfektion.

bra|vou|rös [bravu'røːs], **bravurös** ⟨Adj.⟩:
mit Bravour: er hat eine bravouröse Leistung vollbracht; sie hat beim Spiel eine bravouröse Technik. **Syn.:** blendend, famos (ugs.), hervorragend, meisterhaft, perfekt, vollendet, vollkommen.

Bra|vur [bra'vuːɐ̯]: ↑Bravour.

bra|vu|rös [bravu'røːs]: ↑bravourös.

bre|chen ['brɛçn̩], bricht, brach, gebrochen:
1. ⟨itr.; ist⟩ *durch Druck, Anwendung von Gewalt in Stücke gehen:* das Eis auf dem See brach; der Tisch ist unter der Last der Bücher gebrochen. **Syn.:** aufplatzen, bersten (geh.), durchbrechen, entzweigehen, in die Brüche gehen, krachen (ugs.), reißen, zerbrechen, zu Bruch gehen.
2. ⟨tr.; hat⟩ **a)** *durch Druck, Gewalt in Teile zerlegen, in Stü-*

cke teilen, von etwas abtrennen: sie hat einen Zweig vom Baum gebrochen; einen Stock [in Stücke] brechen. **Syn.:** [1]durchbrechen, knicken, zerschlagen, zerstören. **b)** *sich bei einem Sturz, durch Hinfallen o. Ä. den Knochen eines Körperteils so beschädigen, dass er durchbricht:* sich den Arm, den Knöchel brechen; ein gebrochener Fuß.
3. ⟨tr.; hat⟩ *nicht mehr einhalten; sich nicht an eine Verpflichtung halten:* er hat den Vertrag, die Ehe, den Eid gebrochen.
4. ⟨tr.; hat⟩ *etwas, was sich als Barriere darstellt, überwinden:* jmds. Widerstand, eine Blockade, einen Rekord brechen; sie hat ihr Schweigen gebrochen *(beendet).*
5. ⟨itr.; ist⟩ *plötzlich aus etwas hervorkommen:* eine Quelle bricht aus dem Felsen; die Sonne ist durch die Wolken gebrochen.
6. ⟨+ sich⟩ *auf etwas auftreffen und dadurch die ursprüngliche Richtung ändern:* das Licht hat sich im Wasser gebrochen; der Schall bricht sich am Gewölbe.
7. ⟨itr.; hat⟩ *die bisherige Verbindung, Beziehung o. Ä. aufgeben, abbrechen:* mit der Partei, mit einer Gewohnheit brechen; sie hat mit ihm endgültig gebrochen. **Syn.:** Schluss machen.
8. a) ⟨itr.; hat⟩ *erbrechen:* er hat nach dem Essen gebrochen. **Syn.:** die Fische füttern (scherzh.), sich übergeben. **b)** ⟨tr.; hat⟩ *durch Erbrechen von sich geben:* das ganze Essen brechen; sie musste Blut, Galle brechen. **Syn.:** erbrechen, wieder von sich geben.

Brei [brai̯], der; -[e]s, -e: *dickflüssige Speise:* das Baby bekommt einen Brei; einen Brei kochen. **Syn.:** Mus, Müsli, Püree, Schleim. **Zus.:** Grießbrei, Haferbrei, Kartoffelbrei, Milchbrei, Reisbrei.

breit [brai̯t] ⟨Adj.⟩:
1. a) *von größerer Ausdehnung in seitlicher Richtung* /Ggs. schmal/: eine breite Straße, Hand. **Syn.:** [1]groß, weit. **b)** ⟨in Verbindung mit Angaben von Maßen⟩ *eine bestimmte Breite habend:* ein 3 cm breiter Saum; der Stoff ist 2 Meter breit.
2. *größere Teile des Volkes, der Öffentlichkeit betreffend:* die breite Masse; die Aktion fand ein breites *(großes)* Interesse.

Brei|te ['brai̯tə], die; -, -n:
1. ⟨ohne Plural⟩ *seitliche Ausdehnung:* die Straße hat eine Breite von fünf Metern. **Zus.:** Bandbreite, Daumenbreite, Fingerbreite, Schrankbreite, Zimmerbreite.
2. *Abstand eines Ortes vom Äquator:* Berlin liegt unter 52 Grad nördlicher Breite.

breit|ma|chen ['brai̯tmaxn̩] ⟨+ sich⟩ (ugs.):
a) *sich in ärgerlicher Weise mit seinen Sachen, seinem Körper über eine größere Fläche ausdehnen, eine größere Fläche für sich in Anspruch nehmen:* er hat sich auf der Couch, bei uns breitgemacht. **Syn.:** sich ausbreiten, sich einnisten (meist abwertend), sich einquartieren, sich festsetzen, seine Zelte aufschlagen, Wurzeln schlagen. **b)** *in ärgerlicher Weise immer mehr Bereiche, Personen erfassen, immer weiter um sich greifen:* Unsitten, die sich jetzt überall breitmachen. **Syn.:** sich ausweiten, sich einbürgern, einreißen, sich einschleichen, sich häufen, überhandnehmen, zunehmen.

Brem|se ['brɛmzə], die; -, -n: *Vorrichtung, mit der in Bewegung befindliche Fahrzeuge o. Ä. verlangsamt oder zum Stillstand gebracht werden können:* er trat auf die Bremse *(auf das Pedal der Bremse);* die Bremsen quietschten, versagten; der Lokführer löst die Bremsen. **Zus.:** Backenbremse, Fußbremse, Handbremse, Notbremse, Rücktrittbremse.

brem|sen ['brɛmzn̩]:
a) ⟨itr.; hat⟩ *die Bremse betätigen:* er hat zu spät gebremst. **b)** ⟨tr.; hat⟩ *die Geschwindigkeit von etwas [bis zum Stillstand] verringern:* das Auto bremsen; der Fahrer konnte die Straßenbahn nicht mehr rechtzeitig bremsen. **Syn.:** abstoppen, anhalten, stoppen, zum Halten bringen, zum Stehen bringen, zum Stillstand bringen. **c)** ⟨tr.; hat⟩ *einschränken:* die Ausgaben müssen gebremst werden.

bren|nen ['brɛnən], brannte, gebrannt:
1. a) ⟨itr.; hat⟩ *in Flammen stehen:* das Haus, die Scheune brennt. **Syn.:** auflodern, flackern, glimmen, glühen, lodern, schmoren, schwelen, sich entzündet haben. **b)** ⟨itr.; hat⟩ *beim Brennen* (1 a) *bestimmte Eigenschaften zeigen:* das trockene Holz brennt gut, schnell, leicht. **c)** ⟨tr.; hat⟩ *als Heizmaterial verwenden:* Koks, Öl, Holz brennen.
2. ⟨itr.; hat⟩ *eingeschaltet, angezündet sein und leuchten:* das Licht, die Lampe brennt.
3. ⟨tr.; hat⟩ *durch Hitze, Sengen o. Ä. in etwas entstehen lassen:* ein Zeichen in Holz, auf das Fell eines Tieres brennen; ich habe mir mit der Zigarette ein Loch in den Anzug gebrannt.
4. ⟨tr.; hat⟩ *durch Hitze für den Gebrauch zubereiten:* Kaffee, Zucker brennen.
5. ⟨tr.; hat⟩ **a)** *unter großer Hitzeeinwirkung härten lassen:* Ziegel, Porzellan brennen. **b)** *zum Zwecke einer chemischen Veränderung großer Hitze aussetzen:* Kalk brennen. **c)** *durch Destillation herstellen:* Schnaps brennen. **Syn.:** destillieren.
6. ⟨+ sich⟩ *sich durch Hitze oder Feuer verletzen:* ich habe mich [am Ofen] gebrannt. **Syn.:** sich verbrennen.
7. ⟨itr.; hat⟩ *ein beißendes, wundes Gefühl, einen beißenden Reiz verursachen:* die Wunde brennt; mir brennen die Augen [vor Müdigkeit, vom vielen Lesen]. **Syn.:** ätzen, beißen, jucken, kratzen, stechen.
8. ⟨itr.; hat⟩ **a)** *heftig nach etwas trachten, streben, auf etwas sehr begierig sein:* auf Rache brennen; er brennt darauf, sie zu sprechen. **Syn.:** dürsten nach (geh.), lechzen nach (geh.), trachten nach (geh.). **b)** *leidenschaftlich erregt sein; sich kaum bezähmen können:* sie brennt vor Neugier, Ungeduld.
9. ⟨tr.; hat⟩ (EDV) *eine CD mit Daten versehen:* die Band kann in ihrem Studio eigene CDs brennen.

Brenn|nes|sel ['brɛnnɛsl̩], die; -, -n: *Pflanze mit gezackten Blättern und unscheinbaren gelblichen Blüten, die bei Berührung auf der Haut brennende Bläschen hervorruft.*

Brenn|stoff ['brɛnʃtɔf], der; -[e]s, -e:

leicht brennbarer Stoff, der zur Erzeugung von Wärme verwendet wird: Kohle, Erdöl und Erdgas sind natürliche Brennstoffe.

brenz|lig ['brɛnt͜slɪç] ⟨Adj.⟩ (ugs.): *mit einem gewissen Risiko in Bezug auf die persönliche Sicherheit o. Ä. verbunden:* eine brenzlige Situation; die Sache ist, wird [mir] zu brenzlig. **Syn.:** bedenklich, bedrohlich, ernst, gefährlich, kritisch, riskant.

Bre|sche ['brɛʃə]: in den Wendungen **für jmdn., etwas eine Bresche schlagen:** *für jmdn., etwas durch das Beseitigen von Widerständen den Weg frei machen, sich für jmdn., etwas erfolgreich einsetzen;* **für jmdn. in die Bresche springen:** *für jmdn. eintreten, helfend einspringen.*

Brett [brɛt], das; -[e]s, -er:
1. *flaches, langes, aus einem Baumstamm geschnittenes Stück Holz:* ein dünnes, dickes, schweres Brett; Bretter schneiden, sägen; eine Wand aus Brettern. **Syn.:** Balken, Bohle, Diele, Latte, Leiste, Planke. **Zus.:** Blumenbrett, Bücherbrett, Hackbrett, Nudelbrett; * **Schwarzes Brett:** *Tafel für Mitteilungen, Anschläge:* den Stundenplan ans Schwarze Brett hängen.
2. ⟨Plural⟩ *Ski:* die Bretter wachsen; noch unsicher auf den Brettern stehen.

Bre|zel ['bre:t͜sl̩], die; -, -n: *salziges, in Lauge getauchtes oder süßes Gebäckstück:* eine Brezel essen. **Zus.:** Laugenbrezel, Salzbrezel, Zuckerbrezel.

Brief [bri:f], der; -[e]s, -e: *schriftliche Mitteilung, die an jmdn. in einem Umschlag geschickt wird:* ein langer, privater, anonymer Brief; einen Brief schreiben, öffnen, erhalten; sie beantwortete seine Briefe nicht. **Syn.:** Botschaft, Nachricht, Post, Schreiben, Schriftstück, Zeilen ⟨Plural⟩. **Zus.:** Abschiedsbrief, Bekennerbrief, Bittbrief, Dankesbrief, Drohbrief, Eilbrief, Frachtbrief, Hirtenbrief, Leserbrief, Liebesbrief, Musterbrief.

Brief|kas|ten ['bri:fkastn̩], der; -s, Briefkästen ['bri:fkɛstn̩]: **a)** *von der Post angebrachter oder aufgestellter Behälter für kleinere Sendungen, besonders Briefe und Karten, der regelmäßig geleert wird:* einen Brief in den Briefkasten werfen. **b)** *am Eingang eines Hauses, einer Wohnung angebrachter Behälter für die dem Empfänger zugestellten Postsendungen:* es war wieder keine Nachricht von ihrem Sohn im Briefkasten.

Brief|kopf ['bri:fkɔp͜f], der; -[e]s, Briefköpfe ['bri:fkœp͜fə]: *oberer Teil eines Briefbogens [mit der Adresse des Absenders, der Absenderin].*

Brief|mar|ke ['bri:fmarkə], die; -, -n: *von der Post herausgegebene Marke von bestimmtem Wert, die zum Freimachen einer Sendung auf diese aufgeklebt wird:* sammelst du Briefmarken?

Brief|ta|sche ['bri:ftaʃə], die; -, -n: *eine Art kleine Mappe [mit verschiedenen Fächern], in der jmd. Ausweise, Geld usw. bei sich tragen kann:* eine wohlgefüllte Brieftasche; die Brieftasche zücken *(Anstalten machen zu zahlen, für etwas Geld zu geben).*

Brief|trä|ger ['bri:ftrɛ:gɐ], der; -s, -, **Brief|trä|ge|rin** ['bri:ftrɛ:gərɪn], die; -, -nen: *Person, die die Post zustellt:* war der Briefträger schon da? **Syn.:** Postbote, Postbotin, Zusteller, Zustellerin.

Brief|um|schlag ['bri:f|ʊmʃla:k], der; -[e]s, Briefumschläge ['bri:f|ʊmʃlɛ:gə]: *Hülle aus Papier zum Verschicken von Briefen, die zugeklebt werden kann:* einen Briefumschlag öffnen, zukleben. **Syn.:** Kuvert, Umschlag.

Brief|wech|sel ['bri:fvɛksl̩], der; -s: *Austausch von Briefen (zwischen zwei Personen):* der Briefwechsel zwischen ihnen ist sehr rege; mit jmdm. einen Briefwechsel führen; mit jmdm. in Briefwechsel stehen. **Syn.:** Korrespondenz.

Bri|kett [bri'kɛt], das; -s, -s: *in eine bestimmte Form gepresste Kohle:* den Ofen mit Briketts heizen.

bril|lant [brɪl'jant] ⟨Adj.⟩: *in Qualität, Leistung, Begabung o. Ä. in besonderer Weise herausragend:* ein brillanter Einfall; eine brillante Rede; die Aufführung war einfach brillant. **Syn.:** ausgezeichnet, blendend, genial, glänzend, hervorragend, vortrefflich.

Bril|le ['brɪlə], die; -, -n: *vor den Augen getragenes Gestell mit Bügeln und zwei geschliffenen oder gefärbten Gläsern, die dem besseren Sehen oder dem Schutz der Augen dienen:* eine schärfere, stärkere Brille brauchen; die Brille aufsetzen, absetzen, abnehmen, putzen; eine Brille tragen. **Zus.:** Designerbrille, Fernbrille, Goldbrille, Hornbrille, Lesebrille, Nickelbrille, Schutzbrille, Skibrille, Sonnenbrille, Taucherbrille.

bril|lie|ren [brɪl'ji:rən] ⟨itr.; hat⟩: *sich (durch besondere Leistung) hervortun:* er brillierte mit seiner Rede. **Syn.:** Bewunderung hervorrufen, Eindruck machen, imponieren.

Brim|bo|ri|um [brɪm'bo:ri̯ʊm], das; -s (ugs. abwertend): *etwas, was als unnützes Drumherum empfunden wird:* [nicht so viel] Brimborium [um etwas] machen; auf das ganze Brimborium darum herum kann ich verzichten. **Syn.:** Gehabe (abwertend), Getue (ugs. abwertend), Mache (ugs.), Rummel (ugs.), [1]Spektakel, Theater (ugs. abwertend), Umstände ⟨Plural⟩, Wirbel.

brin|gen ['brɪŋən], brachte, gebracht:
1. ⟨tr.; hat⟩ *an einen Ort tragen, befördern, bewegen [und jmdm. übergeben]:* jmdm. etwas bringen; der Briefträger bringt die Post; er brachte den Koffer zum Bahnhof. **Syn.:** liefern, transportieren.
2. ⟨tr.; hat⟩ *zur Begleitung, als Hilfe, zum Schutz o. Ä. mit jmdm. an einen bestimmten Ort mitgehen:* jmdn. nach Hause, zum Zug, ins Krankenhaus bringen; den Betrunkenen auf die Polizei bringen. **Syn.:** begleiten, gehen mit, geleiten (geh.).
3. ⟨tr.; hat⟩ **a)** *dafür sorgen, dass jmd., etwas an einen*

B
brin

bestimmten Ort kommt, gerät: jmdn. ins Gefängnis, vor Gericht bringen; den Satelliten in eine Umlaufbahn bringen. **b)** in verblasster Bedeutung: das Gespräch auf ein anderes Thema bringen *(lenken);* sich, jmdn. in Gefahr bringen *(gefährden);* etwas zum Einsatz bringen *(einsetzen);* jmdn. aus der Fassung bringen *(jmdn. verwirren);* sich nicht aus der Ruhe bringen *(sich nicht nervös machen)* lassen; etwas auf den Markt bringen *(produzieren und anbieten).*
4. ⟨itr.; hat; in Verbindung mit »es«⟩ **a)** *aufgrund seiner Arbeit, seiner Leistungen ein bestimmtes [berufliches] Ziel erreichen:* er hat es [im Leben, auf diesem Gebiet] zu hohem Ansehen, zu nichts gebracht; er hat es bis zum Direktor gebracht; es weit bringen. **b)** (ugs.) *eine bestimmte altersmäßige, leistungsmäßige o. ä. Grenze erreichen, schaffen:* der Wagen hat es auf 100 000 Kilometer gebracht; sie hat es auf 90 Jahre gebracht *(ist 90 Jahre alt geworden).*
5. ⟨itr.; hat⟩ *für jmdn. zu einem bestimmten Ergebnis führen:* das Geschäft brachte ihm viel Geld, hohen Gewinn, große Verluste; das bringt doch nichts (ugs.; *lohnt sich doch nicht, dabei kommt nichts heraus*). **Syn.:** abwerfen, einbringen, eintragen, erbringen.
6. ⟨itr.; hat⟩ *erreichen, verursachen, dass jmd. Schaden erleidet, etwas verliert, einbüßt:* jmdn. um seine Stellung, seinen guten Ruf bringen; der Lärm brachte sie um den Schlaf.
7. ⟨tr.; hat⟩ *in einer Veröffentlichung, Aufführung, Sendung o. Ä. darbieten:* das Programm bringt nichts Neues; die Zeitung brachte nur einen kurzen Artikel über den Unfall. **Syn.:** bekannt machen, herausbringen, herausgeben, publizieren, unter die Leute bringen (ugs.), veröffentlichen.
8. ⟨tr.; hat⟩ (ugs.) *die Erwartungen, Hoffnungen, die mit jmds. Leistung verbunden werden, auch erfüllen, ihnen entsprechen:* er bringt das jederzeit; etwas gut, nicht bringen; der bringt es voll! **Syn.:** bewältigen, schaffen.

bringen/erbringen

Zwischen den beiden Verben besteht ein feiner Unterschied. **Erbringen** drückt stärker als **bringen** die Erzielung eines Ergebnisses aus und wird immer sachlich feststellend gebraucht:
- Die Förderung von Öl und Gas erbrachte *(brachte als Ergebnis)* eine Steigerung des Betriebsgewinns um 2,5 Prozent.
- Die Untersuchung erbrachte den Nachweis *(wies nach),* dass der Mann nicht der Täter gewesen sein konnte.

bri|sant [bri'zant] ⟨Adj.⟩: (bildungsspr.) *viel Zündstoff für eine Diskussion, Auseinandersetzung o. Ä. enthaltend:* eine brisante Rede halten; das Thema des Buches ist äußerst brisant. **Syn.:** gefährlich, heikel.
Bri|se ['bri:zə], die; -, -n: *leichter Wind [von der See]:* eine leichte, sanfte, frische, kühle Brise.
brö|cke|lig ['brœkəlɪç] ⟨Adj.⟩: **a)** *aus vielen kleinen Bröckchen bestehend:* bröckelige Kohle; die Erde ist von der Hitze ganz bröckelig geworden. **b)** *leicht in viele kleine Bröckchen zerfallend:* ein bröckeliges Brot; das Mauerwerk ist bröckelig. **Syn.:** brüchig, morsch.
brö|ckeln ['brœkl̩n]: **a)** ⟨itr.; hat⟩ *in kleine Stücke, Brocken zerfallen:* das Brot hat sehr gebröckelt. **Syn.:** sich auflösen, bröseln, sich zersetzen. **b)** ⟨itr.; ist⟩ *sich in kleinen Brocken ablösen:* der Putz ist von den Wänden gebröckelt.
Bro|cken ['brɔkn̩], der; -s, -: *größeres, unregelmäßig geformtes, oft von etwas abgebrochenes Stück:* ein schwerer Brocken Lehm, Kohle; ein fetter Brocken Fleisch. **Syn.:** Bissen, Block, Happen, Klotz, Klumpen. **Zus.:** Felsbrocken, Fleischbrocken, Gesteinsbrocken, Käsebrocken.
bro|deln ['bro:dl̩n] ⟨itr.; hat⟩: *[beim Kochen] Blasen bilden und in starker Bewegung sein:* das kochende Wasser brodelt im Topf. **Syn.:** aufbrausen, aufkochen, blubbern, kochen, sieden, sprudeln, wallen.
Brom|bee|re ['brɔmbe:rə], die; -, -n: **a)** *in Ranken oder als Strauch wachsende, Stacheln tragende Pflanze mit weißen oder rosa Blüten und schwarzen, aus vielen kleinen Früchtchen zusammengesetzten, essbaren Beeren:* jetzt blühen gerade die Brombeeren. **b)** *Frucht der Brombeere* (a): zwei Kilo Brombeeren.
Bron|ze ['brõ:sə], die; -, -n: **1.** ⟨ohne Plural⟩ *Legierung aus Kupfer und Zinn von gelblich brauner Farbe:* eine Halskette aus Bronze. **2.** *Kunstgegenstand aus Bronze* (1): die Bronzen des Künstlers sind in der ersten Halle ausgestellt.
Bro|sche ['brɔʃə], die; -, -n: *Schmuckstück, das mit einer Nadel angesteckt wird:* sich eine Brosche anstecken; eine Brosche tragen. **Syn.:** Spange.
bro|schiert [brɔ'ʃi:ɐ̯t] ⟨Adj.⟩: *mit einem Umschlag aus Karton o. Ä. leicht und einfach gebunden:* eine broschierte Ausgabe.
Bro|schü|re [brɔ'ʃy:rə], die; -, -n: *Druckschrift von geringem Umfang und meist aktuellem Inhalt, die nur geheftet und mit einem Umschlag aus Pappe versehen ist:* eine Broschüre über die Grundlagen der Grammatik. **Syn.:** [1]Heft, Prospekt. **Zus.:** Aufklärungsbroschüre, Werbebroschüre.
Brö|sel ['brø:zl̩], der, österr.: das; -s, -: *ganz kleines, von Brot o. Ä. abgebröckeltes Stück:* die Brösel vom Tischtuch schütteln. **Syn.:** Krume, Krümel. **Zus.:** Brotbrösel, Semmelbrösel.
Brot [bro:t], das; -[e]s, -e: **a)** *(aus Mehl, Wasser, Salz und Sauerteig oder Hefe hergestelltes) zu einem Laib geformtes und gebackenes Nahrungsmittel:* gern frisches Brot essen; ein Laib, ein Stück Brot; Brot backen. **Zus.:** Fladenbrot, Früchtebrot, Kümmelbrot, Mischbrot, Roggen-

brot, Schrotbrot, Vollkornbrot, Weißbrot, Weizenbrot. **b)** *einzelner Laib Brot* (a): zwei Brote kaufen. **c)** *abgeschnittene Scheibe von einem Laib Brot* (a) *[mit einem Belag]*: ein [mit Wurst] belegtes Brot; Brote machen; Butter aufs Brot streichen. **Syn.:** Sandwich, Schnitte. **Zus.:** Butterbrot, Frühstücksbrot, Honigbrot, Käsebrot, Lachsbrot, Marmeladenbrot, Schinkenbrot, Schmalzbrot, Wurstbrot.

Brot- [bro:t] ⟨Präfixoid⟩: bezeichnet das im Basiswort Genannte als etwas, für das nicht persönliche Neigung, sondern existenzielle Notwendigkeit den Ausschlag gibt bzw. gegeben hat; *[nur] der Existenz, dem Lebensunterhalt dienend ...*: Brotarbeit; Brotberuf; Brotkunst; Brotstudium.

Bröt|chen [ˈbrø:tçən], das; -s, -: *(in vielen unterschiedlichen Formen vom Bäcker hergestellte runde oder längliche) Backware aus Weizenmehl, Hefe und Milch oder Wasser:* frische, trockene, belegte Brötchen; ein Brötchen mit Wurst. **Syn.:** Semmel. **Zus.:** Kümmelbrötchen, Mohnbrötchen, Roggenbrötchen, Rosinenbrötchen, Sesambrötchen.

Bruch [brʊx], der; -[e]s, Brüche [ˈbrʏçə]:
1. a) *das Brechen, Auseinanderbrechen, Zerbrechen von etwas (besonders durch Einwirkung von Druck oder Stoß):* der Bruch eines Rades, einer Achse. **Zus.:** Achsenbruch, Dammbruch, Deichbruch, Rohrbruch. **b)** * **in die Brüche/zu Bruch gehen:** *zerbrechen.* **Syn.:** brechen, entzweigehen, kaputtgehen (ugs.), krachen (ugs.).
2. (Med.) **a)** *das Brechen* (1 a), *Gebrochensein eines Knochens* (a): ein einfacher, komplizierter Bruch; der Bruch ist gut verheilt; einen Bruch einrichten, schienen. **Syn.:** Fraktur (Med.). **Zus.:** Armbruch, Beinbruch, Knochenbruch, Oberschenkelhalsbruch, Schädelbruch. **b)** *das Heraustreten von Eingeweiden durch eine Lücke in der Bauchwand:* einen Bruch haben; er hat sich einen Bruch gehoben; einen Bruch operieren. **Zus.:** Eingeweidebruch, Nabelbruch.
3. a) *das Nichteinhalten einer Abmachung o. Ä.:* der Bruch eines Vertrages, des Waffenstillstandes. **Syn.:** Verletzung. **Zus.:** Friedensbruch, Vertragsbruch. **b)** *das Abbrechen einer Verbindung, Beziehung:* der Bruch mit der Tradition, mit dem Elternhaus; es kam zum [offenen] Bruch zwischen ihnen *(sie brachen nach einem Streit o. Ä. ihre Beziehungen ab).*
4. *Einheit aus Zahlen, die mit einem Quer- oder Schrägstrich untereinandergeschrieben, ein bestimmtes Verhältnis ausdrücken:* echte, unechte Brüche; einen Bruch erweitern, kürzen.
5. (Kaufmannsspr.) *zerbrochene, minderwertige Ware, Gegenstände:* Bruch [von Schokolade] kaufen; etwas als Bruch verkaufen.
6. (Jargon) *Einbruch:* einen Bruch machen.

brü|chig [ˈbrʏçɪç] ⟨Adj.⟩: *so beschaffen, dass es leicht bricht, zerfällt:* brüchiges Gestein; alte Seide ist brüchig. **Syn.:** baufällig, bröckelig, morsch, mürbe.

Bruch|stück [ˈbrʊxʃtʏk], das -[e]s, -e: *[übrig gebliebenes] Teil (von einem zusammenhängenden Ganzen); von einer Gesamtheit ein kleiner Teil (der das Ganze als Gesamtes nur ahnen lässt):* er hörte nur Bruchstücke der Unterhaltung.

Bruch|teil [ˈbrʊxtai̯l], der; -[e]s, -e: *kleiner, ganz geringer Teil von etwas:* einen Bruchteil der Kosten decken; ein Bruchteil einer Sekunde *(ein winziger Augenblick).*

Brü|cke [ˈbrʏkə], die; -, -n: *Bauwerk, das einen Verkehrsweg über ein natürliches oder künstliches Hindernis führt:* die Brücke führt, spannt sich über den Fluss, die Schlucht; eine Brücke über eine Eisenbahnlinie, eine Autobahn bauen. **Syn.:** Steg, Überführung, Übergang. **Zus.:** Autobahnbrücke, Drehbrücke, Eisenbahnbrücke, Hängebrücke, Holzbrücke.

Bru|der [ˈbru:dɐ], der; -s, Brüder [ˈbry:dɐ]: *männliche Person im Verhältnis zu einer anderen, die von denselben Eltern abstammt* /Ggs. Schwester/: mein älterer, kleiner, großer (fam.; *älterer*) Bruder; die beiden sind Brüder. **Zus.:** Adoptivbruder, Zwillingsbruder.

Brüder/Gebrüder

Während **Brüder** lediglich die Mehrzahl bezeichnet, bezieht sich **Gebrüder** auf die Gesamtheit der Brüder einer Familie (dieser Sprachgebrauch ist allerdings veraltet) beziehungsweise auf Brüder, die gemeinsam ein Unternehmen leiten.
Es heißt im Übrigen richtig »die Brüder (nicht: Gebrüder) Grimm«, denn Jacob und Wilhelm Grimm waren die beiden ältesten von fünf Brüdern und nannten sich selbst nur Brüder Grimm.

brü|der|lich [ˈbry:dɐlɪç] ⟨Adj.⟩: *wie bei guten Brüdern üblich; im Geiste von Brüdern:* etwas brüderlich teilen. **Syn.:** freundschaftlich, kollegial.

Brü|der|lich|keit [ˈbry:dɐlɪçkai̯t], die; -: *brüderliche Gesinnung, Haltung.*

Brü|he [ˈbry:ə], die; -, -n: **a)** *durch Kochen von Fleisch oder Knochen gewonnene Flüssigkeit:* eine heiße, klare, kräftige Brühe; eine Tasse Brühe. **Syn.:** Bouillon, Suppe. **Zus.:** Fleischbrühe, Gemüsebrühe, Hühnerbrühe, Kloßbrühe, Kraftbrühe. **b)** (ugs. abwertend) *dünner Kaffee, Tee o. Ä.:* diese Brühe kann man nicht trinken. **Syn.:** Gesöff (abwertend). **c)** *verschmutztes Wasser, schmutzige Flüssigkeit:* in dieser Brühe soll ich baden?

brü|hen [ˈbry:ən] ⟨tr.; hat⟩: *(über etwas) kochendes Wasser gießen; (auf etwas) kochendes Wasser einwirken lassen:* Tomaten soll man vor dem Schälen kurz brühen.

brül|len [ˈbrʏlən]:
1. ⟨itr.; hat⟩ *(von bestimmten Tieren) einen dumpfen, durchdringenden Laut ausstoßen:* das Vieh brüllte auf der Weide. **Syn.:** blöken.
2. a) ⟨itr.; hat⟩ *[aus Erregung oder Wut] sehr laut sprechen:* er brüllte so laut, dass man ihn im Nebenzimmer hörte. **Syn.:** schreien. **b)** ⟨tr.; hat⟩ *sehr laut rufen, mit sehr lauter Stimme*

äußern: er brüllte ihm etwas ins Ohr; ‹auch itr.› bei dem Lärm musste sie brüllen, um sich zu verständigen. **Syn.:** kreischen, schreien.
3. ‹itr.; hat› **a)** *laut schreien:* er brüllte vor Schmerzen. **Syn.:** kreischen. **b)** (ugs.) *sehr laut und heftig weinen:* das Kind brüllte die ganze Nacht. **Syn.:** plärren (abwertend).

brum|men ['brʊmən]:
1. ‹itr.; hat› *längere tiefe Töne von sich geben:* der Bär brummt; ein brummender Motor.
2. a) ‹itr.; hat› *sich mürrisch, unzufrieden äußern:* vor sich hin brummen; er brummt schon den ganzen Tag. **Syn.:** knurren (ugs.), maulen (ugs.), murren. **b)** ‹tr.; hat› *unverständlich [in mürrischer Weise] sagen:* eine Antwort brummen; er brummte etwas ins Telefon.
3. ‹itr.; hat› (ugs.) *boomen:* das Geschäft, die Wirtschaft brummt. **Syn.:** einen Aufschwung erleben, einen Boom erleben.

Brum|mi ['brʊmi], der; -s, -s (ugs. scherzh.):
[großer, schwerer] Lastkraftwagen: die Zöllner fertigen die Brummis samstags nur bis 14 Uhr ab. **Syn.:** [2]Laster (ugs.), Camion (schweiz.), Lastwagen, Lkw.

brum|mig ['brʊmɪç] ‹Adj.›:
(aus Ärger oder schlechter Laune) unfreundlich: ein brummiger Mann; sie ist heute sehr brummig. **Syn.:** bärbeißig, gereizt, griesgrämig, grimmig, missmutig, mürrisch, ungehalten, unwirsch.

brü|nett [bry'nɛt] ‹Adj.›:
braune Haare [und bräunliche Haut] besitzend: ein brünetter Typ; sie, ihr Haar ist brünett.

Brun|nen ['brʊnən], der; -s, -:
mit einer Einfassung, Ummauerung, einem Becken o. Ä. versehene Stelle, an der Wasser entnommen werden kann: einen Brunnen bohren. **Zus.:** Dorfbrunnen, Marktbrunnen.

Brunst [brʊnst], die; -:
Zeit, in der bei bestimmten Tieren die Paarung vollzogen wird, in der sie geschlechtlich erregt sind: der Hirsch tritt in die Brunst, ist in der Brunst. **Zus.:** Hirschbrunst.

brüns|tig ['brʏnstɪç] ‹Adj.›:
sich in der Brunst befindend: die Kuh ist brünstig.

brüsk [brʏsk] ‹Adj.›:
in unerwartet unhöflicher Weise barsch, schroff: ein brüsker Ton; einen Vorschlag brüsk ablehnen. **Syn.:** rau, rüde, ruppig (abwertend), unfreundlich, unhöflich.

brüs|kie|ren [brʏs'ki:rən] ‹tr.; hat›:
in unhöflicher, verletzender Weise schroff behandeln, vor den Kopf stoßen: mit dieser Äußerung brüskierte der Minister die verbündeten Staaten. **Syn.:** düpieren.

Brust [brʊst], die; -, Brüste ['brʏstə]:
a) ‹ohne Plural› *vordere Hälfte des Rumpfes:* eine breite, behaarte Brust; jmdn. an seine Brust drücken. **b)** *aus zwei Halbkugeln bestehendes Organ an der Vorderseite des weiblichen Oberkörpers, das Milch bilden kann:* eine kleine, spitze, straffe, volle, schlaffe Brust; üppige, hängende Brüste; dem Kind die Brust geben *(es stillen);* sie legte den Säugling an die Brust. **Syn.:** Busen, Büste. **Zus.:** Mutterbrust.

brüs|ten ['brʏstn̩], brüstete, gebrüstet ‹+ sich›:
sich (einer Sache) prahlend rühmen: sie brüstete sich mit ihren Erfolgen. **Syn.:** angeben, aufschneiden, großtun, prahlen, protzen, renommieren (bildungsspr.).

brust|schwim|men ['brʊstʃvɪmən] ‹itr.; meist nur im Infinitiv›:
schwimmen, indem man die Arme nach vorn und dann auseinanderführt (und gleichzeitig die Beine anzieht und ausstreckt): er kann gut brustschwimmen.

Brüs|tung ['brʏstʊŋ], die; -, -en:
starkes Geländer oder Mauer in Brusthöhe (zum Schutz gegen Absturz): an die Brüstung treten; er beugte sich über die Brüstung. **Zus.:** Balkonbrüstung, Fensterbrüstung.

Brut [bru:t], die; -, -en:
1. a) *das Brüten:* bei den Vögeln findet die Brut im Frühling statt. **b)** *(bei bestimmten Tierarten) aus den Eiern eines Tieres geschlüpfte junge Tiere:* die Brut der Bienen, Fische; der Vogel füttert seine hungrige Brut. **Zus.:** Bienenbrut, Vogelbrut.
2. ‹ohne Plural› (salopp abwertend) *Gruppe von Personen, deren Verhalten als empörend, gemein empfunden wird:* wir müssen gegen diese Brut etwas unternehmen. **Syn.:** Abschaum (abwertend), Gesindel (abwertend), [2]Pack (salopp abwertend).

bru|tal [bru'ta:l] ‹Adj.›:
1. *grausam-roh und gewalttätig:* ein brutaler Mensch; jmdn. brutal misshandeln. **Syn.:** aggressiv, barbarisch, rabiat, rücksichtslos, schonungslos, wüst (abwertend).
2. *rücksichtslos und hemmungslos; ohne Rücksicht (auf die Gefühle, Empfindungen des anderen):* ich frage Sie ganz brutal: »Wie alt sind Sie?«; das war Fußball brutal. **Syn.:** [1]direkt, drastisch, grausam (ugs.), hart, schonungslos, ungerührt, unverblümt.

Bru|ta|li|tät [brutali'tɛ:t], die; -, -en:
a) ‹ohne Plural› *rohes, gewalttätiges, rücksichtsloses Verhalten:* die Söldner gingen mit großer Brutalität vor. **Syn.:** Härte, Rohheit. **b)** *brutale Handlung:* die Bande ist berüchtigt wegen ihrer Brutalitäten.

Bru|ta|lo [bru'ta:lo], der; -s, -s (ugs. abwertend):
1. *gewalttätig-draufgängerischer Mann:* pass auf, dieser Brutalo schlägt sofort zu!
2. *Film voller Grausamkeiten und Gewalttätigkeiten:* dieser Film ist nicht jugendfrei, das ist ein echter Brutalo.

brü|ten ['bry:tn̩], brütete, gebrütet ‹itr.; hat›:
1. *(von Vögeln) auf den Eiern sitzen und sie erwärmen (sodass sich die Jungen entwickeln und schließlich ausschlüpfen können):* die Amsel, Glucke brütet.
2. (ugs.) *lange, intensiv über etwas nachdenken:* der Schüler brütete über diesem Aufsatzthema. **Syn.:** sich bedenken, sich besinnen, denken, grübeln, meditieren, reflektieren, sich das Hirn zermartern (ugs.), sich den Kopf zerbrechen (ugs.), sich Gedanken machen, sinnieren.

brut|to ['brʊto] ‹Adverb› (Kaufmannsspr.):
das Gewicht der Verpackung, verschiedene Abgaben (Steuern

o. Ä.) [noch] nicht abgezogen /Ggs. netto/: die Ware wiegt brutto 5 kg; er verdient monatlich 2 500 Euro brutto.

Brut|to|ge|wicht [ˈbrʊtoɡəvɪçt], das; -[e]s, -e:
Gewicht einer Ware einschließlich der Verpackung /Ggs. Nettogewicht/: auf dem Warenetikett ist das Bruttogewicht angegeben.

brut|zeln [ˈbrʊtsl̩n]:
1. ⟨itr.; hat⟩ *in heißem, spritzendem Fett gar werden, braten:* das Steak brutzelt in der Pfanne. **Syn.:** backen (landsch.).
2. ⟨tr.; hat⟩ (ugs.) *in heißem, spritzendem Fett gar werden lassen, bratend zubereiten:* ich habe [dir] etwas in der Küche gebrutzelt. **Syn.:** backen (landsch.).

Bub [bu:p], der; -en, -en (südd., österr., schweiz.):
Junge: er ist ein frecher Bub. **Syn.:** Knabe. **Zus.:** Schulbub.

Bu|be [ˈbu:bə], der; -n, -n:
in der Rangfolge von oben an vierter Stelle stehende Spielkarte: den Buben ausspielen.

Buch [bu:x], das; -[e]s, Bücher [ˈby:çɐ]:
a) *größeres, gebundenes Druckwerk zum Lesen oder Betrachten:* ein handliches, dickes, zerlesenes Buch; ein Buch von 500 Seiten; Bücher binden, einstampfen. **Syn.:** [3]Band, Broschüre, Schinken (ugs.), Schmöker (ugs.), Schwarte (ugs., oft abwertend). **Zus.:** Gebetbuch, Gesangbuch, Gesetzbuch, Jugendbuch, Kinderbuch, Kochbuch, Liederbuch, Märchenbuch. **b)** *in Form eines gebundenen Druckwerks veröffentlichter literarischer, wissenschaftlicher o. ä. Text:* ein spannendes, hochaktuelles Buch; er hat ein Buch über dieses Thema geschrieben. **Syn.:** Schrift, Werk.

Bu|che [ˈbu:xə], die; -, -n:
Laubbaum mit glatter, grauer Rinde, meist hohem, schlankem Stamm und kleinen, dreikantigen, ölhaltigen Früchten: eine Buche pflanzen, fällen.

Buch|ecker [ˈbu:x|ɛkɐ], die; -, -n:
Frucht der Buche: Bucheckern sammeln.

bu|chen [ˈbu:xn̩] ⟨tr.; hat⟩:
1. *in ein Buch für geschäftliche Angelegenheiten oder in eine Liste eintragen:* er hat Einnahmen und Ausgaben gebucht. **Syn.:** aufschreiben, aufzeichnen, dokumentieren, einschreiben, erfassen, festhalten, notieren, registrieren, verzeichnen.
2. *(einen Platz für eine Reise) im Voraus bestellen, reservieren lassen:* einen Flug, eine Reise buchen; ⟨auch itr.⟩ habt ihr schon gebucht?

Bü|che|rei [by:çəˈrai̯], die; -, -en:
kleinere Bibliothek: die Schule hat eine eigene Bücherei. **Zus.:** Schulbücherei, Stadtbücherei.

Buch|füh|rung [ˈbu:xfy:rʊŋ], die; -, -en:
genaue und systematische Aufzeichnung aller Einnahmen und Ausgaben (in einem Geschäft, Betrieb o. Ä.): eine gewissenhafte Buchführung.

Buch|hal|ter [ˈbu:xhaltɐ], der; -s, -, **Buch|hal|te|rin** [ˈbu:xhaltərɪn], die; -, -nen:
Person in einem Geschäft, Betrieb, die für die Buchführung zuständig ist: sie arbeitet als Buchhalterin in einer kleinen Firma.

Buch|hal|tung [ˈbu:xhaltʊŋ], die; -, -en:
a) *Buchführung:* die Buchhaltung lernen. **b)** *Abteilung eines Betriebes, die für die Buchführung verantwortlich ist:* in der Buchhaltung arbeiten. **Zus.:** Finanzbuchhaltung, Lohnbuchhaltung.

Buch|hand|lung [ˈbu:xhandlʊŋ], die; -, -en:
Geschäft, in dem Bücher verkauft werden: in der Buchhandlung ein Buch kaufen, bestellen. **Zus.:** Bahnhofsbuchhandlung.

Buch|se [ˈbʊksə], die; -, -n:
a) *runde Öffnung, in die ein Stecker gesteckt werden kann.* **Syn.:** Steckdose. **b)** *Hülse als Lager von Achsen und Wellen in Form eines Zylinders, der an beiden Enden offen ist.*

Büch|se [ˈbʏksə], die; -, -n:
kleineres Gefäß, Behälter mit Deckel, oft als Behältnis für Konserven o. Ä.: eine Büchse für Gebäck; eine Büchse Milch; eine Büchse mit Wurst. **Syn.:** Blechdose, Box, Dose. **Zus.:** Blechbüchse, Konservenbüchse, Sammelbüchse.

Buch|sta|be [ˈbu:xʃta:bə], der; -ns, -n:
Zeichen einer Schrift, das einem Laut entspricht: große, kleine Buchstaben. **Zus.:** Anfangsbuchstabe, Goldbuchstabe, Großbuchstabe, Leuchtbuchstabe.

buch|sta|bie|ren [bu:xʃtaˈbi:rən] ⟨tr.; hat⟩:
die Buchstaben eines Wortes nacheinander nennen: ein Wort, seinen Namen buchstabieren.

buch|stäb|lich [ˈbu:xʃtɛ:plɪç] ⟨Adverb⟩:
in der Tat, im wahrsten Sinne des Wortes: mir wurden bei dem Andrang buchstäblich die Eintrittskarten aus der Hand gerissen. **Syn.:** [2]direkt, förmlich, geradezu, regelrecht, rein, [1]richtig.

Bucht [bʊxt], die; -, -en:
in das Festland ragender Teil eines Meeres oder Sees: die Küste hat zahlreiche Buchten; in einer Bucht ankern. **Syn.:** [1]Golf. **Zus.:** Meeresbucht.

Bu|ckel [ˈbʊkl̩], der; -s, -:
1. (ugs.) *Rücken:* sich den Buckel kratzen; er nahm den Rucksack auf den Buckel.
2. *höckerartige Verkrümmung der Wirbelsäule zwischen den Schulterblättern:* die alte Hexe hat einen Buckel.

bu|ckeln [ˈbʊkl̩n] ⟨itr.; hat⟩ (abwertend):
sich unterwürfig verhalten: es ist nicht seine Art, ständig zu kriechen und zu buckeln; vor jmdm. buckeln.

bü|cken [ˈbʏkn̩] ⟨+ sich⟩:
den Oberkörper nach vorn beugen: er bückte sich nach dem heruntergefallenen Bleistift. **Syn.:** sich biegen.

[1]Bück|ling [ˈbʏklɪŋ], der; -s, -e (ugs. scherzh.):
Verbeugung: einen Bückling machen; er verabschiedete sich mit einem tiefen Bückling. **Syn.:** Diener.

[2]Bück|ling [ˈbʏklɪŋ], der; -s, -e:
geräucherter Hering: frische Bücklinge kaufen.

bud|deln [ˈbʊdl̩n]:
a) ⟨itr.; hat⟩ *(besonders von Kindern) im Sand graben:* der Kleine sitzt am Strand und buddelt. **Syn.:** scharren. **b)** ⟨tr.; hat⟩ (ugs.) *durch Buddeln* (a) *herstellen:* die Arbeiter haben vor dem Haus ein großes Loch gebuddelt.

Bud|dhis|mus [bʊˈdɪsmʊs], der; -:
in Indien entstandene, heute vor allem in China, der Mongolei,

Japan und einigen Ländern Südostasiens verbreitete Religion: sich zum Buddhismus bekennen.

Bu|de ['bu:də], die; -, -n:
1. *eine Art Häuschen, das meist aus Brettern [für kürzere Zeit] aufgebaut ist (z. B. für das Verkaufen von Waren):* Buden aufschlagen; dort an der Bude bekommst du heiße Würstchen. **Syn.:** Baracke, Hütte, Kiosk, Laube, Pavillon, Schuppen. **Zus.:** Bretterbude, Holzbude, Jahrmarktsbude, Marktbude, Würstchenbude.
2. (ugs.) *Räumlichkeit, in der jemand wohnt, sich aufhält:* sie ging mit ihm auf die Bude; gestern hatten wir die Bude voll mit Gästen. **Syn.:** Apartment, Appartement, Kammer, Klause, Mansarde, Raum, Stube (veraltend, noch landsch.), Wohnung, Zelle, Zimmer. **Zus.:** Studentenbude.

Bud|get [by'd͡ʒe:], das; -s, -s:
a) *Plan, Voranschlag für die öffentlichen Einnahmen und Ausgaben:* das Budget aufstellen, bewilligen. **Syn.:** Etat, Haushalt. **Zus.:** Finanzbudget, Haushaltsbudget, Staatsbudget. **b)** (ugs. scherzh.) *jmdm. für bestimmte Ausgaben zur Verfügung stehende Geldmittel:* mein Budget ist erschöpft; Ausgaben, die das Budget sehr belasten.

Bü|fett [by'fɛt], das; -[e]s, -s und -e, auch: Buffet, das; -s, -s:
1. *Schrank für Geschirr:* ein Büfett aus Eiche; die Gläser aus dem Büfett holen, ins Büfett stellen. **Syn.:** Anrichte, Küchenschrank.
2. *Verkaufs-, Schanktisch in Gaststätten, Cafés o. Ä.:* sich ein Glas Wein am Büfett holen; Kuchen müssen Sie am Büfett aussuchen. **Syn.:** Ausschank, Theke, Tresen.
3. * **kaltes Büfett:** *bei festlichen Anlässen auf einem langen Tisch zur Selbstbedienung angerichtete kalte Speisen:* ein kaltes Büfett bestellen.

Büf|fel ['bʏfl̩], der; -s, -:
(in Afrika und Asien) wild lebendes Rind mit massigem Körper und großen, ausladenden Hörnern.

büf|feln ['bʏfl̩n] ⟨tr.; hat⟩ (ugs.):
(im Hinblick auf eine bevorstehende Prüfung) angestrengt lernen: Mathematik büffeln; ⟨auch itr.⟩ für die Prüfung büffeln. **Syn.:** exerzieren (ugs.), pauken (ugs.).

Buf|fet [bʏ'fe:]: ↑Büfett.

Bug [bu:k], der; -[e]s, -e:
vorderer Teil eines Schiffs oder Flugzeugs: das Wasser schäumte um den Bug. **Zus.:** Schiffsbug.

Bü|gel ['by:gl̩], der; -s, -:
1. *Kleiderbügel:* das Hemd auf einen Bügel hängen.
2. *am Ende gebogener Teil des Brillengestells, mit dem die Brille hinter den Ohren festgehalten wird.*
3. *Griff oder Einfassung aus festem Material am oberen Rand von Handtaschen, Geldbeuteln o. Ä.*

Bü|gel|ei|sen ['by:gl̩|ai̯zn̩], das; -s, -:
[elektrisch geheiztes] Gerät zum Glätten von Wäsche o. Ä.: sei vorsichtig, sonst verbrennst du dir die Finger an dem heißen Bügeleisen.

bü|geln ['by:gl̩n] ⟨tr.; hat⟩:
mit einem Bügeleisen glätten: Wäsche [feucht] bügeln; ⟨auch itr.⟩ sie hat den ganzen Morgen gebügelt. **Syn.:** plätten (landsch.).

Buh|ne ['bu:nə], die; -, -n:
quer in einen Fluss oder ins Meer gebauter Damm, der das Ufer schützen soll: die Buhnen müssen erneuert werden.

Büh|ne ['by:nə], die; -, -n:
a) *vom Zuschauerraum abgegrenzte, meist erhöhte Fläche im Theater, auf der gespielt wird:* eine drehbare Bühne; er betrat die Bühne; er steht jeden Abend als Faust auf der Bühne *(spielt den Faust).* **Zus.:** Drehbühne, Theaterbühne. **b)** *Theater:* das Stück hat die Bühnen des Landes erobert; an/bei der Bühne sein *(als Schauspieler, Schauspielerin bei einem Theater engagiert sein);* sie will zur Bühne *(sie will Schauspielerin, Sängerin werden).* **Syn.:** die Bretter, die die Welt bedeuten. **Zus.:** Opernbühne, Sprechbühne, Waldbühne.

Bu|kett [bu'kɛt], das; -[e]s, -e:
1. *größerer, in besonderer Weise gebundener Strauß von Blumen für besondere Anlässe:* jmdm. ein Bukett [Rosen] überreichen. **Syn.:** ²Strauß, Blumenstrauß. **Zus.:** Blumenbukett, Brautbukett, Rosenbukett.
2. *Duft des Weines:* der Wein hat ein wunderbares Bukett. **Syn.:** Aroma, Blume, Geruch.

Bu|let|te [bu'lɛtə], die; -, -n:
Frikadelle: er bestellte Buletten und Salat. **Syn.:** deutsches Beefsteak, Klops.

Bull|au|ge ['bʊl|au̯gə], das; -s, -n:
rundes, dicht abschließendes Fenster am Rumpf eines Schiffes: die Kabine hatte nur ein winziges Bullauge. **Syn.:** Luke.

Bull|dog|ge ['bʊldɔgə], die; -, -n:
kurzhaariger Hund mit gedrungenem Körper, großem, eckigem Kopf und kurzer Schnauze.

Bull|do|zer ['bʊldo:zɐ], der; -s, -:
schweres Fahrzeug zum Ebnen des Geländes oder zum Bewegen größerer Erdmassen. **Syn.:** Bagger.

Bul|le ['bʊlə], der; -n, -n:
1. *geschlechtsreifes männliches Rind.* **Syn.:** Ochse, Stier.
2. (ugs., oft abwertend) *Polizist:* Achtung, die Bullen kommen! **Syn.:** Auge des Gesetzes (scherzh.), Polyp (salopp), Schutzmann (ugs.).
3. (salopp, meist abwertend) *Mann von auffallend kräftigem, plumpem Körperbau:* ihr neuer Freund ist ein richtiger Bulle.

-bul|le [bʊlə], der; -n, -n ⟨Suffixoid⟩:
bezeichnet [beim Militär] einen Mann, der einen selbstständigen Posten innehat, bei dem er für andere bestimmte Dinge zu verwalten oder zu verteilen hat: Kammerbulle *(beim Militär derjenige, der die Kammer, also die [Räume für] Bekleidung, Ausrüstungsgegenstände usw. verwaltet);* Kantinenbulle; Küchenbulle; Sanitätsbulle; Schreibstubenbulle.

bul|len-, Bul|len- [bʊlən] ⟨Präfixoid⟩ (ugs. emotional verstärkend):
in Bezug auf den Grad, die Intensität: *sehr [groß]* ... **a)** ⟨substantivisch⟩ Bullenhitze. **b)** ⟨adjektivisch⟩ bullenstark.

Bul|le|tin [bʏl'tɛ̃:], das; -s, -s:
offizieller Bericht über ein besonderes Ereignis oder über den gesundheitlichen Zustand einer hohen Persönlichkeit: laut ärztlichem Bulletin ist beim Präsi-

denten eine leichte Besserung eingetreten. **Syn.:** Meldung, Mitteilung, Report.

Bu|me|rang ['bu:məraŋ], der; -s, -s oder -e:
gekrümmtes Wurfholz, das bei einem genauen Wurf zum Werfer zurückkehrt: einen Bumerang werfen.

Bum|mel ['bʊml̩], der; -s, - (ugs.):
kleiner Spaziergang innerhalb einer Stadt: mit jmdm. einen Bummel durch die City machen. **Syn.:** Gang. **Zus.:** Einkaufsbummel, Schaufensterbummel, Stadtbummel, Weihnachtsbummel.

bum|meln ['bʊml̩n], bummelte, gebummelt:
1. ⟨itr.; ist⟩ (ugs.) *zum Vergnügen, schlendernd, ohne bestimmtes Ziel durch die Straßen gehen:* er ist durch die Innenstadt gebummelt. **Syn.:** ein paar Schritte gehen (ugs.), einen Bummel machen (ugs.), einen Spaziergang machen, flanieren, promenieren (geh.), spazieren, spazieren gehen.
2. ⟨itr.; hat⟩ (ugs. abwertend)
a) *trödeln:* hättest du nicht so gebummelt, dann wärst du längst fertig. **Syn.:** schlendern, trödeln (ugs., oft abwertend).
b) *faulenzen:* er hat ein Semester lang gebummelt. **Syn.:** auf der faulen Haut liegen (ugs.), ausruhen, keinen Strich tun (ugs.).

Bum|mel|streik ['bʊml̩ʃtrai̯k], der; -[e]s, -s:
Art des Streiks, bei dem zwar vorschriftsmäßig, aber bewusst langsam gearbeitet wird. **Syn.:** Dienst nach Vorschrift.

bum|sen ['bʊmzn̩]:
1. (ugs.) **a)** ⟨itr.; hat⟩ *dumpf dröhnen:* es hat ordentlich gebumst, als der Wagen gegen die Mauer fuhr. **Syn.:** donnern, poltern, rumpeln. **b)** ⟨itr.; hat⟩ *heftig gegen etwas schlagen, klopfen, sodass es dumpf dröhnt:* er hat mit der Faust an/gegen die Tür gebumst. **Syn.:** ballern (ugs.), hämmern, pochen. **c)** ⟨itr.; ist⟩ *heftig gegen etwas stoßen, auf etwas prallen:* er ist mit dem Kopf an die Wand gebumst. **Syn.:** anstoßen, aufprallen, aufschlagen, krachen (ugs.).
2. ⟨itr.; hat⟩ (salopp) *Geschlechtsverkehr ausüben:* mit jmdm. bumsen; ⟨auch tr.⟩ er hat sie gebumst. **Syn.:** es treiben (ugs.), ficken (derb), Geschlechtsverkehr haben, ins Bett gehen (ugs.), ins Bett steigen (ugs.), pennen (ugs.), schlafen, Sex haben.

[1]**Bund** [bʊnt], der; -[e]s, Bünde ['byndə]:
1. *Zusammenschluss zu gemeinsamem Handeln:* ein Bund zwischen drei Staaten; einen Bund schließen, lösen. **Syn.:** Allianz, Block, Bündnis, Koalition, Ring, Union, Verband, Vereinigung. **Zus.:** Geheimbund, Sängerbund, Sportbund, Staatenbund.
2. *oberer, auf der Innenseite eingefasster Rand bei Hosen und Röcken:* der Bund der Hose ist ihm zu eng; den Bund [der Hose] weiter machen. **Zus.:** Hosenbund, Rockbund.

[2]**Bund** [bʊnt], das; -[e]s, -e:
Vielzahl gleichartiger Dinge, die [geordnet] zusammengebunden sind: ein Bund Radieschen; fünf Bunde Stroh. **Syn.:** Bündel, Büschel, Garbe. **Zus.:** Schlüsselbund, Strohbund.

Bün|del ['bʏndl̩], das; -s, -:
mehrere gleichartige, Vielzahl gleichartiger Dinge, die zu einem Ganzen zusammengebunden sind: ein Bündel Akten, Briefe; ein Bündel schmutziger Wäsche; ein Bündel trockenes Stroh/(geh.) trockenen Strohs. **Syn.:** [1]Pack, [2]Bund, Ballen, Büschel, Garbe, Packen, Paket. **Zus.:** Aktenbündel, Banknotenbündel, Heubündel, Kleiderbündel, Papierbündel, Reisigbündel, Strohbündel, Wäschebündel.

bün|deln ['bʏndl̩n] ⟨tr.; hat⟩:
zu einem Bündel zusammenschnüren: alte Zeitungen bündeln. **Syn.:** zusammenbinden.

Bun|des|kanz|ler ['bʊndəskant͜slɐ], der; -s, -, **Bun|des|kanz|le|rin** ['bʊndəskant͜slərɪn], die; -, -nen:
1. *Leiter, Leiterin der Bundesregierung in der Bundesrepublik Deutschland oder in Österreich:* die Bundeskanzlerin gab eine Regierungserklärung ab.
2. *Vorsteher, Vorsteherin der dem Bundespräsidenten unterstellten Kanzlei des Bundesrates* (2) *und der Bundesversammlung* (2) *in der Schweiz.*

Bun|des|land ['bʊndəslant], das; -[e]s, Bundesländer ['bʊndəslɛndɐ]:
einzelner Staat eines Bundesstaates (1): die neuen Bundesländer *(die deutschen Bundesländer auf dem Gebiet der ehemaligen DDR);* die alten Bundesländer *(die deutschen Bundesländer auf dem Gebiet der Bundesrepublik von vor 1990).*

Bun|des|mi|nis|ter ['bʊndəsmɪnɪstɐ], der; -s, -, **Bun|des|mi|nis|te|rin** ['bʊndəsmɪnɪstərɪn], die; -, -nen:
Person, die ein Bundesministerium in der Bundesrepublik Deutschland oder in Österreich leitet.

Bun|des|mi|nis|te|ri|um ['bʊndəsmɪnɪste:ri̯ʊm], das; -s, Bundesministerien ['bʊndəsmɪnɪste:ri̯ən]:
oberste, für einen bestimmten Geschäftsbereich des Bundesstaates (1) *zuständige Verwaltungsbehörde in der Bundesrepublik Deutschland und in Österreich.*

Bun|des|prä|si|dent ['bʊndəsprɛzidɛnt], der; -en, -en, **Bun|des|prä|si|den|tin** ['bʊndəsprɛzidɛntɪn], die; -, -nen:
1. *Staatsoberhaupt in der Bundesrepublik Deutschland oder in Österreich:* der Bundespräsident hielt eine aufrüttelnde Rede.
2. *Vorsitzender, Vorsitzende des Bundesrates in der Schweiz.*

Bun|des|rat ['bʊndəsra:t], der; -[e]s, Bundesräte ['bʊndəsrɛ:tə]:
1. ⟨ohne Plural⟩ *aus Vertretern der Bundesländer gebildetes Verfassungsorgan in der Bundesrepublik Deutschland oder in Österreich.*
2. ⟨ohne Plural⟩ *zentrale Regierung in der Schweiz.*
3. *Mitglied des Bundesrates in Österreich oder in der Schweiz.*

Bun|des|re|gie|rung ['bʊndəsregi:rʊŋ], die; -, -en:
Regierung eines Bundesstaates (1): die Bundesregierung berät über ein neues Gesetz.

Bun|des|re|pu|blik ['bʊndəsrepubli:k], die; -:
Republik, die aus mehreren Bundesländern besteht: die Schweiz ist eine Bundesrepublik; Bundesrepublik Deutschland *(1949 gegründeter Staat auf dem Gebiet der ehemaligen amerikanischen, britischen und französischen Besatzungs-*

zone Deutschlands und seit 1990 auch auf dem Gebiet der ehemaligen DDR).

Bun|des|staat ['bʊndəsʃta:t], -[e]s, -en:
1. *Staat, in dem mehrere Länder vereinigt sind.*
2. *einzelnes Land eines Bundesstaates* (1).

Bun|des|stra|ße ['bʊndəsʃtra:sə], die; -, -n:
für den weiträumigen Verkehr bestimmte Straße in der Bundesrepublik Deutschland und in Österreich (Abkürzung: B): auf der Bundesstraße 38 herrscht dichter Verkehr.

Bun|des|tag ['bʊndəsta:k], der; -[e]s:
aus Wahlen hervorgegangene Volksvertretung, Parlament der Bundesrepublik Deutschland.

Bun|des|tags|prä|si|dent ['bʊndəsta:ksprɛzidɛnt], der; -en, -en, **Bun|des|tags|prä|si|den|tin** ['bʊndəsta:ksprɛzidɛntɪn], die; -, -nen:
Präsident, Präsidentin des Deutschen Bundestags.

Bun|des|ver|samm|lung ['bʊndəsfɛɐ̯zamlʊŋ], die; -:
1. *Versammlung, die den Präsidenten der Bundesrepublik Deutschland wählt.*
2. *Parlament des Schweizer Bundes.*

Bun|des|wehr ['bʊndəsve:ɐ̯], die; -:
Streitkräfte der Bundesrepublik Deutschland: er hatte zwei Jahre bei der Bundeswehr gedient.

Bünd|nis ['bʏntnɪs], das; -ses, -se:
Zusammenschluss aus gemeinsamen Interessen: ein militärisches, wirtschaftliches Bündnis zwischen den Großmächten; ein Bündnis schließen, lösen, erneuern; einem Bündnis beitreten. **Syn.:** [1]Bund, Allianz, Block, Gemeinschaft, Koalition, Organisation, Partei, Ring, Union, Verband, Vereinigung. **Zus.:** Freundschaftsbündnis, Militärbündnis, Regierungsbündnis, Staatenbündnis, Verteidigungsbündnis.

Bun|ga|low ['bʊŋgalo], der; -s, -s:
eingeschossiges Haus mit flachem Dach: einen Bungalow bauen.

Bun|ker ['bʊŋkɐ], der; -s, -:
1. *meist unterirdische Anlage zum Schutz gegen militärische Angriffe:* Zuflucht im Bunker suchen. **Syn.:** Unterstand. **Zus.:** Atombunker.
2. *großer Raum oder Behälter zum Sammeln und Lagern bestimmter Stoffe, z. B. Kohle.* **Syn.:** Container, Kessel, Silo. **Zus.:** Erzbunker, Kohlenbunker.

bunt [bʊnt] ⟨Adj.⟩:
1. *mehrere, oft leuchtende Farben, Farbtöne besitzend:* bunte Ostereier; der Stoff ist sehr bunt. **Syn.:** farbenprächtig, farbig, kunterbunt (emotional), scheckig.
2. *aus vielerlei Dingen bestehend, zusammengesetzt:* ein buntes Programm; ein bunter Abend; es ging dort recht bunt zu. **Syn.:** abwechslungsreich, kunterbunt (emotional), reichhaltig, vielfältig, wirr.

Bunt|stift ['bʊntʃtɪft], der; -[e]s, -e:
Stift mit farbiger Mine, der meist zum Zeichnen verwendet wird: etwas mit einem Buntstift rot anmalen.

Bür|de ['bʏrdə], die; -, -n (geh.):
seelische o. ä. schwer zu tragende Last, Belastung: die Bürde des Alters. **Syn.:** Kreuz. **Zus.:** Amtsbürde.

Burg [bʊrk], die; -, -en:
in mittelalterlicher Zeit häufig auf Bergen errichtete, stark befestigte (oft durch Graben und Mauer vor Feinden geschützte) bauliche Anlage mit Wohnbau, Stallungen u. Ä.: eine Burg aus dem 13. Jh; eine Burg verteidigen; die Burg wurde belagert, erstürmt, zerstört. **Syn.:** Bollwerk, Festung, Palast. **Zus.:** Ritterburg, Wasserburg.

Bür|ge ['bʏrgə], der; -n, -n:
Person, die für eine andere Sicherheit leistet: für dieses Darlehen brauche ich zwei Bürgen. **Syn.:** Garant.

bür|gen ['bʏrgn̩] ⟨itr.; hat⟩:
Sicherheit leisten: er hat für ihn gebürgt; ich bürge dafür, dass alles pünktlich bezahlt wird. **Syn.:** Bürgschaft leisten, Bürgschaft stellen, die Bürgschaft übernehmen, die Garantie übernehmen, einstehen, garantieren, [2]haften, sich verbürgen.

Bür|ger ['bʏrgɐ], der; -s, -, **Bür|ge|rin** ['bʏrgərɪn], die; -, -nen:
Angehöriger, Angehörige einer Gemeinde oder eines Staates. **Syn.:** Bewohner, Bewohnerin, Einwohner, Einwohnerin. **Zus.:** Mitbürger, Mitbürgerin, Staatsbürger, Staatsbürgerin.

Bür|ger|ini|ti|a|ti|ve ['bʏrgɐ|initsi̯ati:və], die; -, -n:
Zusammenschluss von Bürgern und Bürgerinnen mit dem Ziel, bestimmte Vorhaben, die die Gemeinde oder der Staat nicht im Sinne der Bürger löst, durch Widerstand zu Fall zu bringen: eine Bürgerinitiative ins Leben rufen, gründen.

bür|ger|lich ['bʏrgɐlɪç] ⟨Adj.⟩:
1. *den Staatsbürger betreffend, ihm zustehend:* die bürgerlichen Rechte und Pflichten.
2. a) *zum Stand der Bürger gehörig:* aus bürgerlichem Hause stammen; seine Herkunft ist bürgerlich. **Syn.:** bourgeois (veraltet). **b)** *dem Bürgertum entsprechend, wie ein Bürger:* ein bürgerliches Leben führen; bürgerlich leben. **Syn.:** etabliert, konservativ.

Bür|ger|meis|ter ['bʏrgɐmai̯stɐ], der; -s, -, **Bür|ger|meis|te|rin** ['bʏrgɐmai̯stərɪn], die; -, -nen:
Leiter, Leiterin der Verwaltung einer Gemeinde: er wurde zum Bürgermeister gewählt. **Syn.:** Älteste, Ältester.

Bür|ger|steig ['bʏrgɐʃtai̯k], der; -[e]s, -e:
von der Fahrbahn abgeteilter, erhöhter Weg für Fußgänger: wegen Bauarbeiten bitte den gegenüberliegenden Bürgersteig benutzen!

Bür|ger|tum ['bʏrgɐtu:m], das; -s:
Gesellschaftsschicht, Stand der Bürger: er gehört zum Bürgertum. **Syn.:** Bourgeoisie (veraltet), bürgerliche Gesellschaft, Mittelschicht.

Bür|gin ['bʏrgɪn], die; -, -nen:
weibliche Form zu ↑Bürge.

Bürg|schaft ['bʏrkʃaft], die; -, -en:
das Bürgen, das Haften für jmdn.: eine Bürgschaft übernehmen.

bur|lesk [bʊr'lɛsk] ⟨Adj.⟩:
von derber Komik [gezeichnet]: ein burleskes Theaterstück.

Bü|ro [by'ro:], das; -s, -s:
Arbeitsraum, in dem schriftliche, die Verwaltung betreffende

o. ä. Arbeiten eines Betriebes, einer Organisation o. Ä. erledigt werden: sie arbeitet in einem Büro; ins Büro gehen. **Zus.:** Anwaltsbüro, Auskunftsbüro, Baubüro, Lohnbüro, Wettbüro.

Bü|ro|krat [byroˈkraːt], der; -en, -en, **Bü|ro|kra|tin** [byroˈkraːtɪn], die; -, -nen (abwertend): *Angehöriger, Angehörige der Verwaltung o. Ä., dessen bzw. deren Handlungs- und Entscheidungsweise als kleinlich, engherzig, pedantisch empfunden wird:* sie ist eine furchtbare Bürokratin. **Syn.:** Pedant, Pedantin.

bü|ro|kra|tisch [byroˈkraːtɪʃ] ⟨Adj.⟩ (abwertend): *in der Art eines Bürokraten:* ein bürokratischer Mensch; er denkt bürokratisch. **Syn.:** engherzig, engstirnig (abwertend), intolerant, kleinkariert (ugs. abwertend), kleinlich (abwertend), pedantisch (abwertend).

Bur|sche [ˈbʊrʃə], der; -n, -n: *[jüngerer] Mann:* ein freundlicher junger Bursche; die Burschen und Mädchen des Dorfes. **Syn.:** Junge, junger Mann, Kerl, Typ. **Zus.:** Handwerksbursche, Stallbursche, Wanderbursche.

bur|schi|kos [bʊrʃiˈkoːs] ⟨Adj.⟩: **a)** *(besonders von weiblichen Personen) betont ungezwungen, ungeniert in den Äußerungen, im Verhalten:* sie hat eine burschikose Art; sie ist, wirkt, benimmt sich sehr burschikos. **Syn.:** lässig, leger, locker, unbefangen. **b)** *salopp, formlos (besonders von jmds. Redeweise):* er machte einige burschikose Bemerkungen. **Syn.:** lässig, leger, locker.

Bürs|te [ˈbʏrstə], die; -, -n: *Gegenstand mit Borsten (mit dem man z. B. Staub, Schmutz entfernen, Haare glätten kann):* den Staub mit einer Bürste von den Schuhen entfernen; das Haar mit einer Bürste glätten. **Zus.:** Haarbürste, Kleiderbürste, Schuhbürste, Spülbürste, Zahnbürste.

bürs|ten [ˈbʏrstn̩], bürstete, gebürstet ⟨tr.; hat⟩: **a)** *mit der Bürste entfernen:* den Staub von den Schuhen bürsten. **b)** *mit der Bürste [in bestimmter Weise] bearbeiten, behandeln:* du musst dir die Haare bürsten; [sich] die Zähne bürsten; den Körper trocken bürsten; Samt gegen den Strich bürsten; ⟨auch itr.⟩ du musst kräftig bürsten. **Syn.:** ausbürsten, schrubben (ugs.).

Bus [bʊs], der; -ses, -se: *Omnibus:* ein doppelstöckiger Bus; der Bus fällt aus, verkehrt nicht mehr; den Bus nehmen, verpassen; in den Bus steigen; mit dem Bus fahren. **Syn.:** Autobus. **Zus.:** Kleinbus, Reisebus, Schulbus, Werkbus.

Busch [bʊʃ], der; -[e]s, Büsche [ˈbʏʃə]:
1. *dicht gewachsener Strauch:* ein blühender, dichter Busch; sich hinter einem Busch verstecken. **Zus.:** Dornbusch, Holunderbusch.
2. ⟨ohne Plural⟩ *unwegsames, unkultiviertes Gelände, Dickicht aus Sträuchern in tropischen Ländern, besonders in Afrika:* diese Tiere leben im afrikanischen Busch. **Syn.:** Dschungel, Urwald.

Bü|schel [ˈbʏʃl̩], das; -s, -: *Bündel vieler lang gewachsener [zusammengeraffter] gleichartiger Dinge:* ein Büschel Gras, Stroh, Haare. **Syn.:** ²Bund, Garbe. **Zus.:** Grasbüschel, Haarbüschel, Heubüschel.

bu|schig [ˈbʊʃɪç] ⟨Adj.⟩:
1. *mit Büschen bewachsen:* ein buschiges Gelände.
2. *dicht mit Haaren bewachsen:* buschige Augenbrauen; der Fuchs hat einen buschigen Schwanz. **Syn.:** dicht behaart.

Bu|sen [ˈbuːzn̩], der; -s, -: *weibliche Brust in ihrer plastischen Erscheinung, besonders im Hinblick auf ihren erotischen Reiz:* ein voller, üppiger, kleiner, straffer Busen; die neue Mode zeigt viel Busen. **Syn.:** Brust, Brüste ⟨Plural⟩, Büste.

Bus|sard [ˈbʊsart], der; -s, -e: *großer Vogel mit breiten, zum segelnden, kreisenden Flug geeigneten Flügeln und kurzen Zehen mit scharfen Krallen, der sich vorwiegend von kleinen Säugetieren und Vögeln ernährt.*

Bu|ße [ˈbuːsə], die; -, -n:
1. *Reue mit dem Willen zur Besserung:* Buße tun.
2. *Geldstrafe für ein geringes Rechtsvergehen:* er musste eine Buße zahlen, weil er die Verkehrsregel nicht beachtet hatte. **Syn.:** Strafe. **Zus.:** Geldbuße.

bü|ßen [ˈbyːsn̩] ⟨itr.; hat⟩: *die aus einem Vergehen, Versäumnis sich ergebenden Folgen als eine Art Strafe erleiden:* er musste seinen Leichtsinn, seine Herzlosigkeit büßen; die Kinder müssen für die Sünden ihrer Eltern büßen. **Syn.:** ausbaden (ugs.), sühnen (geh.).

Büs|te [ˈbʏstə], die; -, -n:
1. *meist auf einem Sockel stehende, plastische Darstellung eines menschlichen Kopfes einschließlich des oberen Teiles der Brust:* die Büste eines römischen Kaisers. **Zus.:** Gipsbüste, Marmorbüste.
2. *weibliche Brust:* eine gut entwickelte Büste. **Syn.:** Brüste ⟨Plural⟩, Busen.
3. (Schneiderei) *auf einem Ständer angebrachte Nachbildung des menschlichen Rumpfes zum Anprobieren von Kleidungsstücken.*

Büs|ten|hal|ter [ˈbʏstn̩haltɐ], der; -s, -: *Teil der Unterwäsche, der der weiblichen Brust Halt [und Form] gibt* (Abkürzung: BH).

But|ter [ˈbʊtɐ], die; -: *aus Milch gewonnenes Fett (das besonders als Brotaufstrich verwendet wird):* ein Stück Butter; die Butter ist ranzig; Butter zergehen lassen, aufs Brot streichen. **Zus.:** Knoblauchbutter, Kräuterbutter, Rahmbutter.

But|ter|brot [ˈbʊtɐbroːt], das; -[e]s, -e: *mit Butter bestrichene Scheibe Brot.* **Syn.:** belegtes Brot, Brot, Sandwich, Schnitte.

But|ton [ˈbatn̩], der; -s, -s: *meist runde Plakette, die die politische, religiöse o. ä. Einstellung des Trägers zu erkennen gibt oder oft nur eine scherzhafte Parole o. Ä. wiedergibt:* einen Button anstecken. **Syn.:** Abzeichen.

Byte [bai̯t], das; -[s], -[s]: *zusammengehörige Folge von acht Bits:* ein Megabyte umfasst 1 048 576 Bytes. **Zus.:** Gigabyte, Megabyte.

Cc

Ca|brio ['ka:brio], das; -s, -s, **Kabrio:**
Auto mit aufklappbarem oder versenkbarem Dach: im Sommer macht es besonderen Spaß, Cabrio zu fahren.

Ca|bri|o|let [kabrio'le:], **Kabriolett,** das; -s, -s: ↑Cabrio.

Ca|fé [ka'fe:], das; -s, -s:
Lokal, in dem man vorwiegend Kaffee und Kuchen verzehrt: ein gemütliches, schön gelegenes Café; ins Café gehen. **Zus.:** Ausflugscafé, Eiscafé, Frauencafé, Internetcafé, Stehcafé, Strandcafé, Straßencafé, Tanzcafé.

Café/Kaffee

Mit dem Wort **das Café** wird eine Gaststätte bezeichnet, die in erster Linie Kaffee und Kuchen anbietet (die Schreibung »das Kaffee« ist in diesem Zusammenhang nicht mehr üblich).
Demgegenüber bezieht sich **der Kaffee** (mit Betonung auf der ersten oder zweiten Silbe) auf die Kaffeepflanze bzw. deren bohnenförmigen Samen und das daraus gewonnene Getränk und auch auf die Kaffeemahlzeit am Morgen und am Nachmittag.

Ca|fe|te|ria [kafetə'ri:a], die; -, -s und Cafeterien [kafetə'ri:ən]:
Restaurant mit Selbstbedienung: die meisten Studierenden essen in der Mensa oder in der Cafeteria der Uni.

Call|cen|ter ['ko:lsɛntɐ], das; -s, -:
zentrale Stelle, an der eingehende Anrufe entgegengenommen und bearbeitet oder weitergeleitet werden: das Callcenter einer Bank, des Tourismuszentrums.

Ca|mem|bert ['kaməmbe:ɐ̯], der; -s, -s:
ein französischer Weichkäse mit weißem Schimmelbelag: ein Brot mit Camembert; wir aßen gebackenen Camembert mit Preiselbeeren.

Ca|mi|on [ka'mi̯õ:], der; -s, -s (schweiz.):
Lastkraftwagen: die Möbel mit dem Camion transportieren. **Syn.:** Brummi (ugs. scherzh.), ²Laster (ugs.), Lastwagen, Lkw.

cam|pen ['kɛmpn̩] ⟨itr.; hat⟩:
(am Wochenende oder im Urlaub) im Zelt oder im Wohnwagen leben: wir haben im Urlaub am Meer gecampt. **Syn.:** biwakieren, Camping machen, zelten.

Cam|ping ['kɛmpɪŋ], das; -s:
das Campen: zum Camping fahren.

Cam|ping|platz ['kɛmpɪŋplat͜s], der; -es, Campingplätze ['kɛmpɪŋplɛt͜sə]:
für das Camping bestimmter Platz: einen Stellplatz für das Zelt auf dem Campingplatz an der Ostsee buchen.

Cape [ke:p], das; -s, -s:
einem Mantel ähnliches Kleidungsstück [mit Kapuze], das keine Ärmel hat und um die Schultern gelegt wird: ein weites Cape; Capes sind in diesem Winter wieder modern. **Syn.:** Überwurf, Umhang. **Zus.:** Pelzcape, Regencape.

Cap|puc|ci|no [kapʊ't͜ʃi:no], der; -[s], -[s]:
heißes Kaffeegetränk mit aufgeschäumter Milch oder geschlagener Sahne: drei [Tassen] Cappuccino, bitte!

CD [t͜se:'de:], die; -, -s:
1. *kleine, durch Laserstrahl abtastbare Speicherplatte mit hoher Tonqualität:* soll ich ihm eine CD von Bach kaufen?; eine CD hören. **Zus.:** Klassik-CD, Pop-CD.
2. *CD-ROM:* zuerst die CD ins Laufwerk legen.

CD-ROM [t͜se:de:'rɔm], die; -, -s:
kleine Speicherplatte, deren Inhalt abgerufen, aber nicht verändert werden kann: Dudenwerke gibt es als Buch, als CD-ROM oder im Downloadshop. **Syn.:** CD.

Cel|list [t͜ʃɛ'lɪst], der; -en, -en, **Cel|lis|tin** [t͜ʃɛ'lɪstɪn], die; -, -nen:
Person, die [berufsmäßig] Cello spielt: die junge Cellistin gewann das Vorspiel und bekam die Stelle.

Cel|lo ['t͜ʃɛlo], das; -s, -s und Celli ['t͜ʃɛli]:
der Geige ähnliches, aber erheblich größeres Musikinstrument, das beim Spielen (auf einen Stachel gestützt) zwischen den Knien gehalten wird: eine Sonate für Cello und Klavier spielen; auf dem Cello spielen. **Syn.:** Violoncello.

Cem|ba|lo ['t͜ʃɛmbalo], das; -s, -s und Cembali ['t͜ʃɛmbali]:
bis zum 18. Jahrhundert verwendetes, einem kleinen Flügel ähnliches Musikinstrument, bei dem die Saiten beim Drücken der Tasten nicht angeschlagen, sondern angerissen werden: ein altes Cembalo erwerben.

Cent [sɛnt], der; -s, -s:
Untereinheit der Währungseinheiten verschiedener Länder und des Euros: die Zeitung kostet 80 Cent; ich möchte Cents in Scheine umtauschen. **Zus.:** Eurocent.

Cha|let [ʃa'le:], das; -s, -s:
Haus in ländlichem Stil: das Chalet möblieren.

Cham|pa|gner [ʃam'panjɐ], der; -s:
(in Frankreich, besonders in der Champagne erzeugter) weißer oder roter Schaumwein: 3 Flaschen Champagner kaufen. **Syn.:** Schaumwein, Sekt. **Zus.:** Jahrgangschampagner.

Cham|pi|gnon ['ʃampɪnjõ], der; -s, -s:
(auch gärtnerisch angebauter, essbarer) kleinerer, weißlicher Pilz mit weißlichen bis dunkelbraunen Lamellen: die Pizza war mit Tomaten und frischen Champignons belegt. **Zus.:** Feldchampignon, Gartenchampignon, Waldchampignon, Wiesenchampignon.

Cham|pi|on ['t͜ʃɛmpi̯ən], der; -s, -s:
Meister[in] einer sportlichen Disziplin: im Tennisklub ist sie der Champion. **Syn.:** Gewinner, Gewinnerin, Sieger, Siegerin.

Chan|ce ['ʃã:sə], die; -, -n:
a) *günstige Gelegenheit, etwas Bestimmtes zu erreichen:* eine [große] Chance erhalten, nützen; ich hatte eine riesige Chance, aber ich habe sie vergeben. **Syn.:** Möglichkeit. **b)** *Aussicht auf Erfolg:* er hat die beste, keine Chance [auf den Sieg]; ihre Chancen, den Job zu erhalten, stehen gut. **Syn.:** Möglichkeit, Perspektive. **Zus.:** Aufstiegschance, Berufschance, Erfolgschance, Gewinnchance, Torchance, Überlebenschance.

Chan|son [ʃãˈsõ:], das; -s, -s: *ironisch-witziges, oft auch kritisches, manchmal freches, leicht sentimentales und melancholisches Lied:* ein französisches Chanson. **Syn.:** Schlager.

Cha|os [ˈka:ɔs], das; -: *völliges Durcheinander:* in meiner Küche herrscht mal wieder ein unbeschreibliches Chaos. **Syn.:** Kuddelmuddel (ugs.), Unordnung, Wirrwarr, Wirtschaft (ugs.). **Zus.:** Verkehrschaos.

cha|o|tisch [kaˈo:tɪʃ] ⟨Adj.⟩: *völlig verworren, nicht geordnet; nicht fähig, Ordnung zu halten:* nach der Katastrophe herrschten in jener Gegend chaotische Zustände; er ist sehr lieb, aber ein furchtbar chaotischer Typ. **Syn.:** wüst.

Cha|rak|ter [kaˈraktɐ], der; -s, Charaktere [karakˈte:rə]:
1. *Gesamtheit der geistig-seelischen Eigenschaften, individuelles Gepräge eines Menschen:* er hat einen guten Charakter; sie hat eben Charakter *(hat einen guten Charakter).* **Syn.:** Art, Eigenart, Natur, Wesen.
2. ⟨ohne Plural⟩ *charakteristische Eigenart einer Person, einer Gruppe oder einer Sache:* der unverwechselbare Charakter einer Landschaft, eines französischen Chansons; eine Stadt mit ländlichem Charakter. **Syn.:** Art, Gepräge, Wesen. **Zus.:** Gebirgscharakter, Landschaftscharakter, Nationalcharakter, Stadtcharakter.

cha|rak|te|ri|sie|ren [karakteriˈzi:rən] ⟨tr.; hat⟩:
1. *den Charakter, die typische Eigenart einer Person oder Sache beschreiben, treffend schildern:* er hat sie treffend [als völlig unkonventionell] charakterisiert; eine Situation genau charakterisieren. **Syn.:** darstellen, skizzieren.
2. *für jmdn., etwas kennzeichnend sein:* kurze Sätze charakterisieren die Werbesprache; sein Stil ist durch weitschweifige Belanglosigkeiten charakterisiert.

Cha|rak|te|ris|tik [karakteˈrɪstɪk], die; -, -en: *treffende Schilderung der kennzeichnenden Merkmale einer Person oder Sache:* er gab eine kurze Charakteristik der Persönlichkeit der bislang unbekannten Forscherin. **Syn.:** Beschreibung.

Cha|rak|te|ris|ti|kum [karakteˈrɪstikʊm], das; -s, Charakteristika [karakteˈrɪstika]: *bezeichnende, ausgeprägte Eigenschaft; hervorstechendes Merkmal:* ein auffälliges Charakteristikum dieser Partei. **Syn.:** Attribut, Besonderheit, Kennzeichen, Zug.

cha|rak|te|ris|tisch [karakteˈrɪstɪʃ] ⟨Adj.⟩: *die besondere Art, das Typische einer Person oder Sache erkennen lassend:* eine charakteristische Kleidung; die grellen Farben sind für seine Bilder charakteristisch. **Syn.:** bezeichnend, eigen, eigentümlich, kennzeichnend, spezifisch, typisch.

cha|rak|ter|los [kaˈraktɐlo:s] ⟨Adj.⟩: *keinen guten Charakter zeigend:* er ist ein charakterloser Mensch; sie hat charakterlos gehandelt.

char|mant [ʃarˈmant] ⟨Adj.⟩: *Charme besitzend, durch Liebenswürdigkeit gefallend:* ein charmanter Herr; sie ist überaus charmant. **Syn.:** bezaubernd, einnehmend, entzückend, gewinnend, liebenswürdig, reizend.

Charme [ʃarm], der; -s: *Anziehungskraft, die von jmds. gewinnendem Wesen ausgeht:* weiblicher, unwiderstehlicher Charme; sie musste ihren ganzen Charme aufbieten, um doch noch hereingelassen zu werden; mit seinem natürlichen männlichen Charme gewann er alle für sich. **Syn.:** Zauber.

char|tern [ˈtʃartɐn] ⟨tr.; hat⟩: *ein Schiff oder Flugzeug mieten:* sie ist nicht mit einer Linienmaschine gekommen, sondern hat eine Privatmaschine gechartert. **Syn.:** heuern, mieten.

Chauf|feur [ʃɔˈfø:ɐ̯], der; -s, -e, **Chauf|feu|rin** [ʃɔˈfø:rɪn], die; -, -nen: *Person, die berufsmäßig andere in einem Auto fährt:* die Ministerin hat einen Chauffeur. **Syn.:** Fahrer, Fahrerin. **Zus.:** Taxichauffeur, Taxichauffeurin.

Chaus|see [ʃɔˈse:], die; -, Chausseen [ʃɔˈse:ən]: *Landstraße:* eine lange, staubige Chaussee. **Syn.:** Straße.

Chau|vi [ˈʃo:vi], der; -s, -s (ugs.): *Mann, der Frauen allein aufgrund ihres Geschlechts gering achtet:* dieser alte, verdammte Chauvi. **Syn.:** Macho.

Chau|vi|nis|mus [ʃoviˈnɪsmʊs], der; -:
1. *aggressiv übersteigerter Nationalismus und sich daraus ergebender Hass auf Angehörige anderer Nationalitäten:* der Chauvinismus gegenüber dem Nachbarland.
2. *Grundhaltung von Männern, nach der Frauen allein aufgrund ihres Geschlechts gering geachtet werden:* männlicher Chauvinismus. **Syn.:** Sexismus.

chau|vi|nis|tisch [ʃoviˈnɪstɪʃ] ⟨Adj.⟩:
1. *von Chauvinismus* (1) *erfüllt, ihn vertretend:* eine chauvinistische Hetzschrift. **Syn.:** national, nationalistisch.
2. *von Chauvinismus* (2) *erfüllt:* spar dir deine chauvinistischen Bemerkungen!

Chef [ʃɛf], der; -s, -s, **Che|fin** [ˈʃɛfɪn], die; -, -nen: *Person, die anderen Personen vorgesetzt ist; Leiter[in] einer Gruppe von Personen, einer Abteilung, Firma usw.:* ich möchte den Chef sprechen; sie wird Chefin der neuen Bankfiliale. **Syn.:** Boss (ugs.), Direktor, Direktorin, Führer, Führerin, Haupt (geh.), [1]Leiter, Leiterin, Vorgesetzte, Vorgesetzter. **Zus.:** Empfangschef, Empfangschefin, Firmenchef, Firmenchefin, Fraktionschef, Fraktionschefin, Küchenchef, Küchenchefin, Personalchef, Personalchefin, Polizeichef, Polizeichefin, Regierungschef, Regierungschefin, Seniorchef, Seniorchefin, Teamchef, Teamchefin.

Chef- [ʃɛf] ⟨Präfixoid⟩:
a) *Person, die die erste Stelle einnimmt, die Leitung hat:* Chefarchitekt; Chefärztin; Chefberater; Chefchirurg; Chefchoreograf; Chefcoach; Chefdelegierter; Chefdirigent; Chefdolmetscherin; Chefdramaturgin; Chefingenieur; Chefkellner; Chefköchin; Cheflektor; Chefpilot; Chefredakteurin; Chefsteward; Cheftrainer. **b)** *Person, die sehr aktiv ist, eine herausragende Position einnimmt, tonangebend, maßgebend und richtungsweisend auf ihrem Gebiet ist:* Chef-

agent; Chefanklägerin; Chefattentäter; Chefdenker; Chefideologin; Chefinquisitor; Cheforganisatorin; Chefpädagoge; Chefsoziologin; Cheftalentsucher; Chefterrorist; Cheftheoretiker. **Syn.:** General-, Haupt-, Meister-, [1]Ober- (ugs. emotional verstärkend), Spitzen- (emotional verstärkend), Top- (ugs. emotional verstärkend).

Che|mie [çeˈmiː], die; -:
1. *Naturwissenschaft, die die Eigenschaften, die Zusammensetzung und die Umwandlung der Stoffe und ihrer Verbindungen erforscht:* sie studiert Chemie. **Zus.:** Agrarchemie, Biochemie, Elektrochemie, Lebensmittelchemie, Petrochemie, Textilchemie.
2. (ugs.) *(als schädlich, ungesund o. ä. abgelehnte) Chemikalien (die sich in etwas befinden):* wir wollen wissen, was wir an Chemie in unserem Essen, in unserem Wasser und in unserer Luft haben; das ist kein Gewässer mehr, das ist fließende Chemie.

Che|mi|ka|lie [çemiˈkaːli̯ə], die; -, -n:
industriell hergestellter chemischer Stoff: den meisten Lebensmitteln sind Chemikalien zugesetzt.

che|misch [ˈçeːmɪʃ] ⟨Adj.⟩:
die Chemie betreffend, zu ihr gehörend, von ihr herrührend: die chemische Industrie; eine bestimmte chemische Verbindung; etwas chemisch reinigen lassen.

[1]**-chen** [çən] ⟨Suffix; das; -s, -; selten bei Substantiven, die auf -»ch«, -»g«, -»ng« enden, dort ↑-»lein«; nicht üblich bei bereits mit einem anderen Suffix (z. B. -»ling« -»schaft«) versehenen Wörtern; bewirkt oft Umlaut⟩:
1. a) dient der Verkleinerung mit der Nebenvorstellung des Niedlich-Kleinen, Zarten: Ärmchen; Fensterchen; Fläschchen; Häuschen; Stimmchen; /erweitert/ Blümelchen; Jüngelchen; Sächelchen. **b)** ⟨angehängt an Pluralformen auf -»er«⟩ Dächerchen; Häuserchen; Kinderchen; Mütterchen.
2. a) bildet eine Koseform, die ausdrückt, dass man die betreffende Person, Sache gern hat, mag: Bierchen; Blondchen; Brunhildchen; Dickerchen; Frauchen; Fresschen; Katerchen; Kindchen; Kläuschen; Muttchen; Persönchen; Vaterchen; Väterchen. **b)** emotional-anerkennend: Maschinchen; Städtchen; Weinchen. **c)** drückt gutmütig-nachsichtiges Wohlwollen aus: Filmchen; Hintertürchen; Jährchen.
3. ironisch-abschätzig mit der Nebenvorstellung des Unbedeutend-Kleinen, des Belanglosen: Dämchen; Filmchen; Meisterstückchen; Postchen; Problemchen; Skandälchen.
4. ⟨fest in bestimmten Verbindungen und Bedeutungen⟩: Brötchen; Grübchen; Hausmütterchen; Liebchen; Ständchen; Wehwehchen; Würstchen; sich ins Fäustchen lachen; Händchen halten; sein Mütchen an jmdm. kühlen; wie am Schnürchen; Spielerchen machen; Trinkerchen machen; ein Schläfchen machen.

[2]**-chen** [çən] ⟨Suffix⟩:
⟨bildet mit Wörtern unterschiedlicher Wortart eine Interjektion⟩ (freundschaftlich-familiär) hallöchen; nanuchen; prösterchen; sosochen; tachchen; tschüschen.

chic [ʃɪk] ⟨Adj.; bei attributivem Gebrauch: schick⟩:
1. a) *(in Bezug auf Kleidung o. Ä.) modisch und geschmackvoll:* der Mantel ist chic. **Syn.:** elegant, flott, schick, smart, vornehm. **b)** *hübsch [und flott]:* du bist heute sehr chic. **Syn.:** gut angezogen.
2. *dem Modetrend entsprechend und darum als besonders erstrebenswert o. ä. angesehen:* es ist/gilt als chic, dort Urlaub zu machen. **Syn.:** cool (ugs.), im Schwange, [2]in (ugs.), [2]modern, schick.

chif|frie|ren [ʃɪˈfriːrən] ⟨tr.; hat⟩:
einen Text so umformen, dass er nicht gelesen werden kann, wenn man den entsprechenden Schlüssel nicht kennt /Ggs. dechiffrieren/: einen Text chiffrieren; chiffrierte Meldungen. **Syn.:** verschlüsseln.

-chi|ne|sisch [çiːneːzɪʃ], das; -[s] ⟨Suffixoid⟩:
bezeichnet in Bildungen mit Substantiven eine Sprache, die ein bestimmter Personenkreis verwendet, die aber für Laien unverständlich erscheint: Befehlschinesisch; Behördenchinesisch; Fachchinesisch; Krankenkassenchinesisch; Parteichinesisch; Soziologenchinesisch.

Chip [tʃɪp], der; -s, -s:
1. *einen bestimmten Geldwert repräsentierende Marke bei Glücksspielen:* der Spieler kaufte für sein ganzes Geld Chips. **Syn.:** Bon.
2. *in Fett gebackene dünne Scheiben von rohen Kartoffeln:* beim Fernsehen tranken wir Bier und knabberten Chips.
3. *(in der Mikroelektronik) nur wenige Quadratmillimeter großes, dünnes Plättchen als Bauelement (besonders für Schaltungen), auf dem Informationen gespeichert werden:* viele Geräte im Haushalt werden heute von Chips gesteuert.

Chi|rurg [çiˈrʊrk], der; -en, -en, **Chi|rur|gin** [çiˈrʊrgɪn], die; -, -nen:
auf dem Gebiet der Chirurgie tätiger Arzt, tätige Ärztin: im Gespräch mit Chirurg Franke/mit dem Chirurgen Franke; sie ist Chirurgin, arbeitet als Chirurgin im Kinderkrankenhaus.

Chi|rur|gie [çirʊrˈgiː], die; -:
[Lehre von der] Behandlung der Krankheiten durch Operation: sie ist Fachärztin für Chirurgie; er spezialisiert sich auf Chirurgie. **Zus.:** Gefäßchirurgie, Gehirnchirurgie, Herzchirurgie, Kieferchirurgie, Knochenchirurgie, Laserchirurgie, Neurochirurgie, Schönheitschirurgie, Transplantationschirurgie, Unfallchirurgie.

Cho|le|ri|ker [koˈleːrikɐ], der; -s, -, **Cho|le|ri|ke|rin** [koˈleːrikərɪn], die; -, -nen:
Person, die leicht reizbar und jähzornig ist: sein Chef ist ein Choleriker. **Syn.:** Hitzkopf.

cho|le|risch [koˈleːrɪʃ] ⟨Adj.⟩:
leicht reizbar und oft jähzornig, aufbrausend: ein cholerischer Mensch; ihr Verhalten zeigt cholerische Züge. **Syn.:** heftig, hitzig, unbeherrscht.

Chor [koːɐ̯], der; -[e]s, Chöre [ˈkøːrə]:
1. *Gruppe gemeinsam singender Personen:* ein mehrstimmiger Chor; ein gemischter Chor *(ein*

Chor mit Frauen- und Männerstimmen). **Zus.:** Frauenchor, Kirchenchor, Knabenchor, Männerchor, Schulchor, Theaterchor.
2. *meist nach Osten ausgerichteter, im Inneren abgesetzter Teil einer Kirche mit dem Altar:* ein gotischer Chor; den Chor besichtigen.

Cho|ral [koˈraːl], der; -s, Choräle [koˈrɛːlə]:
Lied für den Gottesdienst: im Advent werden manchmal vierstimmige Choräle gesungen. **Syn.:** geistliches Lied, Gesang, Kantate. **Zus.:** Orgelchoral, Schlusschoral, Weihnachtschoral.

Cho|reo|graf [koreoˈgraːf], der; -en, -en:
männliche Person, die [am Theater] Tänze künstlerisch gestaltet und einstudiert; Regisseur eines Balletts: manche Tänzer werden später Choreografen.

Cho|reo|gra|fie [koreograˈfiː], die; -, Choreografien [koreograˈfiːən]:
Entwurf und Gestaltung, Einstudierung des künstlerischen Tanzes: eine gelungene Choreografie; eine Choreografie schreiben. **Syn.:** Leitung, Regie.

Cho|reo|gra|fin [koreoˈgrafɪn], die; -, -nen:
weibliche Form zu ↑Choreograf.

Christ [krɪst], der; -en, -en:
männliche Person, die sich als Getaufte zum Christentum bekennt; Anhänger des Christentums: evangelische, katholische Christen; er hat als Christ gehandelt.

Christ|baum [ˈkrɪstbau̯m], der; -[e]s, Christbäume [ˈkrɪstbɔy̯mə]:
Weihnachtsbaum: den Christbaum schmücken.

Chris|ten|tum [ˈkrɪstn̩tuːm], das; -s:
die auf Jesus Christus, sein Leben und seine Lehre gegründete Religion: sie bekennt sich zum Christentum.

Chris|tin [ˈkrɪstɪn], die; -, -nen:
weibliche Form zu ↑Christ.

Christ|kind [ˈkrɪstkɪnt], das; -[e]s:
a) *Jesus Christus als neugeborenes Kind (besonders in bildlicher Darstellung):* das Christkind in der Krippe. **b)** *gedachte (am Jesuskind orientierte) Gestalt, die den Kindern zu Weihnachten Geschenke überbringt:* wir warten aufs Christkind; er glaubt nicht mehr ans Christkind.

christ|lich [ˈkrɪstlɪç] ⟨Adj.⟩:
auf Christus und seine Lehre zurückgehend; zum Christentum gehörend; im Geiste des Christentums: christliche Lehre, Kunst, Moral; wir sind im Geist der christlichen Nächstenliebe erzogen worden.

Chrom [kroːm], das; -s:
silber-weiß glänzendes, sehr hartes und sprödes Metall: ein schönes, neues Auto mit viel glänzendem Chrom.

Chro|nik [ˈkroːnɪk], die; -, -en:
Aufzeichnung geschichtlicher Ereignisse nach ihrem zeitlichen Ablauf: dieses Ereignis wird in allen anderen Chroniken verschwiegen. **Zus.:** Dorfchronik, Familienchronik, Landeschronik, Schulchronik, Stadtchronik.

chro|nisch [ˈkroːnɪʃ] ⟨Adj.⟩:
1. *sich langsam entwickelnd, langsam verlaufend, lange dauernd* /Ggs. akut/: eine chronische Gastritis.
2. (ugs.) *gar nicht mehr aufhörend, nicht mehr zu beheben:* ein chronisches Übel; der Geldmangel ist bei ihm schon chronisch [geworden]. **Syn.:** ewig (ugs.), immer, permanent, ständig.

Chro|nist [kroˈnɪst], der; -en, -en, **Chro|nis|tin** [kroˈnɪstɪn], die; -, -nen:
Verfasser[in] einer Chronik: er gilt als Chronist des Jahrhunderts.

chro|no|lo|gisch [kronoˈloːgɪʃ] ⟨Adj.⟩:
in richtiger Reihenfolge zeitlich geordnet: eine chronologische Aufreihung von Daten; wir müssen chronologisch vorgehen.

cir|ca [ˈt͜sɪrka] ⟨Adverb⟩, **zirka:**
ungefähr, etwa (Abkürzung: ca.): es kostet circa 300 Euro; in circa drei Wochen.

Ci|ty [ˈsɪti], die; -, -s:
Zentrum [mit den großen Geschäften] einer Stadt: die großen Warenhäuser in der City haben längere Öffnungszeiten; große Teile der City wurden zur Fußgängerzone umgestaltet. **Syn.:** Innenstadt.

Clan [klaːn], der; -s, -e:
durch gemeinsame Interessen, besonders auch verwandtschaftliche Beziehungen verbundene Gruppe: unser Clan hält fest zusammen. **Syn.:** Bande, Clique, Familie, Klüngel (abwertend), Sippe (meist scherzh. oder abwertend), Sippschaft (meist abwertend). **Zus.:** Familienclan.

cle|ver [ˈklɛvɐ] ⟨Adj.⟩:
wendig und taktisch geschickt alle Möglichkeiten nutzend: ein cleverer Geschäftsmann; er ist clever; sie hat ganz schön clever reagiert. **Syn.:** auf Draht (ugs.), auf Zack (ugs.), ausgekocht (ugs. abwertend), durchtrieben, findig, gerissen (ugs.), gewieft (ugs.), gewitzt, pfiffig, raffiniert, schlau, smart.

Clinch [klɪnt͜ʃ], der; -[e]s:
1. *gegenseitige Umklammerung (der Boxer im Nahkampf):* die Boxer gingen ständig in den Clinch.
2. *das Streiten, Ringen mit jmdm. um etwas:* mit jmdm. in den Clinch gehen, geraten; ich liege, bin ständig mit dem Wohnungsamt im Clinch; sich in den juristischen Clinch begeben. **Syn.:** Auseinandersetzung, Streit.

Cli|que [ˈklɪkə], die; -, -n:
1. (abwertend) *kleinere Gruppe von Menschen, die sich gegenseitig Vorteile verschaffen:* eine verbrecherische Clique; eine Clique von Zuhältern. **Syn.:** Bande, Clan, Klüngel (abwertend), Sippe (meist scherzh. oder abwertend), Sippschaft (meist abwertend).
2. *Gruppe, Kreis von Freunden, Bekannten [die gemeinsam etwas unternehmen]:* er gehört auch zu unserer Clique. **Syn.:** Bande (emotional), Haufen (ugs.).

Clou [kluː], der; -s, -s (ugs.):
Höhepunkt, wichtigstes Ereignis: der Auftritt des Dompteurs war der Clou des ganzen Abends. **Syn.:** Attraktion, Hit (ugs.), Knüller (ugs.).

Clown [klau̯n], der; -s, -s, **Clow|nin** [ˈklau̯nɪn], die; -, -nen:
Person, die im Zirkus oder im Varieté mit allerlei lustigen Vorführungen zum Lachen reizt: die Clownin brachte die Kinder zum Lachen. **Syn.:** Komiker, Komikerin, Narr, Närrin. **Zus.:** Zirkusclown, Zirkusclownin.

Club [klʊp]: ↑Klub.

co-, Co- [koː]: ↑ko-, Ko-.

Cock|pit [ˈkɔkpɪt], das; -s, -s:
Stelle, Raum zum Sitzen (z. B. für

den Piloten, für den Fahrer eines Rennwagens): immer häufiger findet man Frauen im Cockpit. **Syn.:** Kanzel.

Cock|tail ['kɔkte:l], der; -s, -s: *Getränk, das aus verschiedenen Spirituosen, Früchten, Säften usw. gemixt ist:* sommerliche Cocktails mixen. **Zus.:** Champagnercocktail.

Coif|feur [ko̯a'fø:ɐ̯], der; -s, -e (bes. schweiz.), **Coif|feu|rin** [ko̯a'fø:rɪn], die; -, -nen (seltener), **Coif|feu|se** [ko̯a'fø:zə], die; -, -n (bes. schweiz.): *Friseur[in].*

Co|la ['ko:la], das; -s, -s und die; -, -s: *koffeinhaltiges Erfrischungsgetränk:* vier Cola *(vier Gläser bzw. Flaschen Cola),* bitte!

Col|la|ge [kɔ'la:ʒə], die; -, -n: *etwas, was aus ganz Verschiedenartigem, aus vorgegebenen Dingen verschiedenen Ursprungs, Stils zusammengesetzt, zusammengestellt ist (z. B. ein Klebebild aus Papier, Gewebe, Fotos):* eine Collage anfertigen.

Colt [kɔlt], der; -s, -s: *amerikanischer Revolver:* den Colt ziehen. **Syn.:** Kanone (salopp scherzh.), Pistole.

Come|back [kam'bɛk], das; -[s], -s: *erfolgreiches Wiederauftreten einer bekannten Person aus dem Bereich Kunst, Politik, Sport nach längerer Pause als Neubeginn oder Fortsetzung der früheren Karriere:* sie feiert gerade ein glänzendes Comeback.

Co|mic ['kɔmɪk], **Co|mic|strip** ['kɔmɪkstrɪp], der; -s, -s: *in einer Reihe von Bildern mit wenig Text dargestellte Geschichte meist abenteuerlichen oder komischen Inhalts:* einen neuen Comic kaufen.

Com|pu|ter [kɔm'pju:tɐ], der; -s, -: *elektronische Rechenanlage:* der Computer ist abgestürzt; am Computer arbeiten. **Syn.:** PC, Personal Computer, Rechner. **Zus.:** Bordcomputer, Mikrocomputer, Schachcomputer.

Con|tai|ner [kɔn'te:nɐ], der; -s, -: *genormter größerer Behälter zur Beförderung von Gütern:* ein fahrbarer Container. **Zus.:** Rollcontainer.

cool [ku:l] ⟨Adj.⟩ (ugs.):
1. *kühl-gelassen und ohne Emotionen zu zeigen; sich unbeeindruckt und distanziert gebend:* ein cooler Typ; immer schön cool bleiben. **Syn.:** gelassen, kühl, [1]ruhig.
2. *sehr gut, sehr schön, hervorragend:* ein cooles Café; eine coole CD. **Syn.:** famos (ugs.), fett (Jugendspr.), geil, heiß (emotional), klasse (ugs.), scharf (ugs.), spitze (ugs.), stark (ugs.), super (ugs.), toll (ugs.).

Cord [kɔrt], der; -s, **Kord:** *strapazierfähiges, geripptes [Baumwoll]gewebe:* eine Jacke, Hose aus Cord.

Couch [kau̯tʃ], die; -, -es und -en: *flaches, gepolstertes Möbelstück zum Liegen und Sitzen mit niedriger Rückenlehne und Seitenlehnen:* sich auf die Couch legen und Zeitung lesen. **Syn.:** Bett, Liege, Sofa. **Zus.:** Ausziehcouch, Bettcouch, Doppelbettcouch, Ledercouch, Schlafcouch.

Count|down ['kau̯nt'dau̯n], der und das; -[s], -s:
a) *(beim Abschuss einer Rakete) bis zum Zeitpunkt null zurückgehende Ansage der Zeit als Einleitung eines Kommandos zum Start:* der Countdown läuft. **b)** *Gesamtheit der vor dem Start auszuführenden Kontrollen:* der Countdown verlief planmäßig.

Coup [ku:], der; -s, -s: *kühn angelegtes, erfolgreiches Unternehmen:* der spektakuläre Einbruch in das Museum war ihr letzter Coup. **Syn.:** Aktion, Tat. **Zus.:** Überraschungscoup.

Cou|pé [ku'pe:], das; -s, -s: *sportlicher Personenkraftwagen mit (zwei Sitzen und) einer Tür auf jeder Seite:* sie fährt ein schnelles Coupé. **Syn.:** Auto.

Cou|ra|ge [ku'ra:ʒə], die; -: *Mut, Unerschrockenheit, Beherztheit:* er zeigte in dieser schwierigen Situation viel Courage; zu diesem Verhalten gehört Courage. **Syn.:** Schneid.

cou|ra|giert [kura'ʒi:ɐ̯t] ⟨Adj.⟩: *beherzt, energisch und zielstrebig, ohne Furcht vorgehend:* die couragierte Dame setzte den Dieb mit ihrem Schirm kurzerhand außer Gefecht. **Syn.:** furchtlos, heldenhaft, kühn, mutig, tapfer, unerschrocken.

Cou|sin [ku'zɛ̃:], der; -s, -s: *Sohn eines Onkels oder einer Tante:* am Wochenende will ich meinen Cousin besuchen. **Syn.:** Vetter.

Cou|si|ne [ku'zi:nə], die; -, -n, **Kusine:** *Tochter eines Onkels oder einer Tante:* meine Cousine wohnt in Greifswald.

Cow|boy ['kau̯bɔy], der; -s, -s: *berittener amerikanischer Rinderhirt (der als Verkörperung von Draufgängertum und sogenanntem männlichem Lebensstil gilt).*

Cow|girl ['kau̯gə:l], das; -s, -s: weibliche Form zu ↑Cowboy.

Creme [kre:m], die; -, -s, **Krem:**
1. *salbenartige Masse zur Pflege der Haut:* die Creme zieht schnell ein. **Syn.:** Balsam, Lotion, Paste, Salbe. **Zus.:** Fettcreme, Gesichtscreme, Hautcreme, Kindercreme, Nachtcreme, Reinigungscreme, Sonnenschutzcreme, Tagescreme.
2. *dickflüssige, oft schaumige, lockere Süßspeise, auch als Füllung für Torten o. Ä.:* Creme rühren, steif schlagen, zubereiten, aufkochen lassen, erkalten lassen, mit Butter anrühren; die Creme mit Früchten garnieren. **Zus.:** Buttercreme, Eiscreme, Sahnecreme, Schokoladencreme, Vanillecreme, Weincreme, Zitronencreme.

Crew [kru:], die; -, -s: *Gruppe von Personen, die zusammen eine bestimmte Aufgabe erfüllen (z. B. auf Schiffen, in Flugzeugen, im Sport):* die Crew geht immer zuletzt von Bord. **Syn.:** Besatzung, Kollektiv, Mannschaft, Riege, Team, Truppe.

Crois|sant [kro̯a'sã:], das; -s, -s: *hörnchenförmiges Gebäckstück aus Plunderteig:* zum Frühstück esse ich am liebsten ein Croissant mit Butter und Honig. **Syn.:** Hörnchen. **Zus.:** Buttercroissant, Laugencroissant.

Cup [kap], der; -s, -s:
a) *Pokal als Preis für den Sieger eines sportlichen Wettkampfs:* nach dem Gewinn der Meisterschaft küssten alle den gewonnenen Cup. **b)** *sportlicher Wett-*

kampf, Wettbewerb mit einem Pokal als Preis für den Sieger: der Cup für Basketballmannschaften aus Europa.

Cur|sor ['kø:ɐ̯zɐ], der; -s, -[s]: *meist blinkendes Zeichen auf dem Bildschirm, das anzeigt, wo die nächste Eingabe erscheint:* den Cursor zum oberen Bildschirmrand bewegen.

D d

[1]da [da:] ⟨Adverb⟩:
1. ⟨lokal⟩ **a)** *an einer bestimmten Stelle:* da hinten; der Mann da; da steht sie; es muss noch Brot da sein *(vorhanden);* er war nur noch für sie da *(lebte nur für sie);* von den alten Leuten, die er gekannt hatte, waren nicht mehr viele da *(waren nicht mehr viele am Leben).* **Syn.:** dort, vor Ort. **b)** *hier:* da sind wir; da hast du den Schlüssel; es ist niemand da *(anwesend);* ich bin gleich wieder da *(komme gleich zurück).*
2. ⟨temporal⟩ *zu einem bestimmten Zeitpunkt, in diesem Augenblick:* von da an war sie wie verwandelt; da lachte er; da werde ich hoffentlich Zeit haben; endlich war der Augenblick da, auf den sie gewartet hatte. **Syn.:** damals, dann, in der Zeit, in jener Zeit, zu der Zeit, zu jener Zeit.
3. ⟨konditional⟩ **a)** *unter diesen Umständen, unter dieser Bedingung:* wenn ich schon gehen muss, da gehe ich lieber gleich. **b)** *in dieser Hinsicht:* da bin ich ganz Ihrer Meinung.

[2]da [da:] ⟨Konj.⟩:
⟨kausal⟩ *weil:* da wir verreist waren, konnten wir nicht kommen.

da|bei [da'bai̯] ⟨Pronominaladverb⟩:
1. *in der Nähe, bei etwas, nahe bei einer Sache:* ich habe das Paket ausgepackt, die Rechnung war nicht dabei; sie hat schon viele Männer kennengelernt, aber der Richtige war nicht dabei. **Syn.:** anwesend, darin, darunter, dazwischen, gegenwärtig, greifbar, zur Stelle.
2. *während dieser Zeit:* sie hatte sich einer längeren Kur zu unterziehen und musste dabei viel liegen. **Syn.:** im Verlaufe von.
3. *obwohl:* er hat seine Arbeit noch immer nicht abgeschlossen, dabei beschäftigt er sich schon jahrelang damit. **Syn.:** aber, freilich, jedoch, obgleich, obschon (geh.).
4. *hinsichtlich des eben Gesagten, bei dieser Sache, Angelegenheit; bei alledem:* sie spricht vom Tod, ohne sich etwas dabei zu denken; ich fühlte mich gar nicht wohl dabei; er bleibt dabei *(ändert seine Meinung nicht);* es ist doch nichts dabei *(ist nicht schlimm, schadet nichts, ist nicht schwierig),* mal einen Tag zu fehlen.

da|bei|blei|ben [da'bai̯blai̯bn̩], blieb dabei, dabeigeblieben ⟨itr.; ist⟩:
bei einer Sache, Tätigkeit bleiben, nicht damit aufhören: wenn man sich für so einen Kurs anmeldet, sollte man möglichst auch [bis zum Ende] dabeibleiben.

da|bei|ha|ben [da'bai̯ha:bn̩], hatte dabei, dabeigehabt ⟨tr.; hat⟩:
1. *bei sich haben:* einen Rucksack, einen Schirm dabeihaben.
2. *an etwas teilnehmen lassen:* die anderen wollten ihn nicht dabeihaben.

Dach [dax], das; -[e]s, Dächer ['dɛçɐ]:
Überdeckung, oberer Abschluss eines Gebäudes, eines Zeltes, eines Fahrzeugs: ein flaches, niedriges Dach; das Dach mit Ziegeln, Stroh decken; das Dach des Wagens ist beschädigt. **Zus.:** Flachdach, Hausdach, Kirchendach, Regendach, Scheunendach, Schiebedach, Schieferdach, Schindeldach, Schutzdach, Strohdach, Vordach, Wagendach.

Dach|bo|den ['daxbo:dn̩], der; -s, Dachböden ['daxbø:dn̩]:
Raum zwischen dem Dach und dem obersten Geschoss eines Hauses: die alten Fotos habe ich auf den Dachboden verbannt. **Syn.:** Boden (landsch.), Speicher (landsch.).

Dach|gar|ten ['daxgartn̩], der; -s, Dachgärten ['daxgɛrtn̩]:
wie ein Garten angelegte Fläche auf einem Dach: sich auf dem Dachgarten sonnen.

Dach|pfan|ne ['daxp͡fanə], die; -, -n:
Dachziegel für Dächer mit geringer Neigung. **Syn.:** Schindel, Ziegel.

Dach|rin|ne ['daxrɪnə], die; -, -n:
Rinne am Rand eines Daches für das Auffangen des Regenwassers: die Dachrinne ist verstopft.

Dachs [daks], der; -es, -e:
silber- bis bräunlich graues Tier mit schwarz-weiß gezeichnetem Kopf, langer Schnauze, gedrungenem Körper und kurzen Beinen mit langen, starken Krallen, das sich einen Bau gräbt und Winterschlaf hält: der Dachs gräbt sich seinen Bau.

Dach|stuhl ['daxʃtu:l], der; -[e]s, Dachstühle ['daxʃty:lə]:
alle Balken, die das Dach tragen: der Dachstuhl hat gebrannt.

Dach|zie|gel ['daxt͡si:gl̩], der; -s, -:
Stein aus gebranntem Ton zum Decken des Daches: sie haben sich blaue Dachziegel für ihr Haus ausgesucht. **Syn.:** Dachpfanne, Schindel, Ziegel.

Da|ckel ['dakl̩], der; -s, -:
kurzbeiniger, meist brauner oder schwarzer Haus- und Jagdhund mit lang gestrecktem Kopf und krummen Vorderbeinen: der Dackel wackelt mit dem Schwanz. **Zus.:** Kurzhaardackel, Langhaardackel, Rauhaardackel, Zwergdackel.

da|durch [da'dʊrç] ⟨Pronominaladverb⟩:
1. *durch etwas hindurch:* es gibt nur eine Tür, dadurch müssen alle gehen.
2. *durch dieses Mittel, aufgrund dieser Sache:* dadurch wirst du wieder gesund; er hat uns dadurch sehr geholfen, dass er uns vorübergehend sein Auto zur Verfügung stellte. **Syn.:** damit, davon, deshalb, hiermit, indem, insofern, weil.

da|für [da'fy:ɐ̯] ⟨Pronominaladverb⟩:
1. *für dieses, für diese Sache:* das ist kein Werkzeug dafür; Voraussetzung dafür ist, dass wir uns mögen. **Syn.:** stattdessen, zu diesem Zweck.

2. *im Hinblick auf diese Sache:* dafür habe ich kein Verständnis; dafür dass sie noch nie in Frankreich war, spricht sie hervorragend Französisch.
3. *zugunsten dieser Sache:* die Mehrheit ist dafür; alles spricht dafür, die blaue Farbe zu nehmen.
4. *als Gegenleistung; als Ausgleich, Entschädigung:* sie hat dafür 20 Euro bezahlt; ich möchte mich dafür bedanken; er arbeitet langsam, aber dafür gründlich; heute habe ich keine Zeit, kann ich dafür morgen kommen? **Syn.:** anstelle dessen, stattdessen.
5. *für etwas Bestimmtes, Genanntes:* der Ring ist nicht echt, aber man könnte ihn dafür halten.
6. (ugs.) *dagegen, als Gegenmittel:* Hast du Schnupfen? Die Tropfen sind gut dafür.

da|ge|gen [da'ge:gn̩] ⟨Pronominaladverb⟩:
1. *gegen dieses, diese Stelle, diese Sache, in Richtung auf diese Sache:* er trug die Leiter zur Hauswand und richtete sie dagegen auf.
2. *(als Angriff) gegen diese Sache, diese Angelegenheit:* sich dagegen sträuben, auflehnen; dagegen sind wir machtlos; es gibt kein Mittel dagegen. **Syn.:** dafür (ugs.).
3. *im Vergleich, im Gegensatz dazu:* die Aufsätze der anderen waren glänzend, seiner ist nichts dagegen.
4. *als Ersatz für diese Sache:* sie hat den Computer zurückgegeben und einen neuen dagegen eingetauscht. **Syn.:** dafür.
5. *jedoch:* die meisten Gäste gingen vor Mitternacht, einige dagegen blieben bis zum Morgen. **Syn.:** aber, allerdings, freilich, indes[sen] (geh.), schließlich.

da|heim [da'haim] ⟨Adverb⟩:
zu Hause: er bleibt am liebsten daheim; bei uns daheim. **Syn.:** am häuslichen Herd, im Schoß der Familie, im trauten Heim, in der Heimat, in seinen vier Wänden.

da|her [da'he:ɐ̯] ⟨Adverb⟩:
1. *von dort:* »Fahren Sie nach Hamburg?« – »Daher komme ich gerade.«.
2. *aus dieser Quelle; dadurch verursacht, darin begründet:* daher also seine Aufregung; sie wusste nicht, ob es daher kam, weil er keine Arbeit hatte.
3. *aus diesem Grund; deshalb:* wir sind zurzeit in Urlaub und können Sie daher leider erst in drei Wochen besuchen. **Syn.:** darum, deswegen.

da|hin [da'hın] ⟨Adverb⟩:
1. *an diesem Ort, dorthin:* es ist nicht mehr weit bis dahin.
2. *in dem Sinne:* sie haben sich dahin geäußert, dass ...
3. * bis dahin: *bis zu dem Zeitpunkt:* bis dahin muss ich mit der Arbeit fertig sein.

da|hin|ten [da'hıntn̩] ⟨Adverb⟩:
an jenem entfernten Ort: dahinten ziehen sich dunkle Wolken zusammen.

da|hin|ter [da'hıntɐ] ⟨Pronominaladverb⟩ /Ggs. davor/:
a) *hinter einem Gegenstand, einer Sache o. Ä.:* ein tolles Haus mit einem großen Garten dahinter.
b) *hinter einen Gegenstand, eine Sache o. Ä.:* sie gingen zur Fahne und stellten sich dahinter auf.

da|hin|ter|kom|men [da'hıntɐkɔmən], kam dahinter, dahintergekommen (ugs.):
etwas, was man gern wissen möchte, herausfinden: ich komme einfach nicht dahinter, was sie meint; wir kommen schon dahinter, was ihr vorhabt. **Syn.:** aufdecken, bemerken, enträtseln, entschlüsseln, erkennen, gewahr werden (geh.), identifizieren, klären, lösen, merken.

da|hin|ter|ste|cken [da'hıntɐʃtɛkn̩], steckte dahinter, dahintergesteckt (ugs.):
der (nicht recht erkennbare) Grund, die Ursache für etwas sein: überraschend wurde er versetzt, ich möchte wissen, was dahintersteckt. **Syn.:** sich dahinter verbergen, sich dahinter verstecken.

Dah|lie ['da:li̯ə], die; -, -n:
im Spätsommer und Herbst blühende Pflanze mit großen [gefüllten] Blüten in verschiedenen Formen und Farben: gefüllte, ungefüllte Dahlien; einen Strauß Dahlien kaufen.

dal|li ['dali] ⟨Adverb der Aufforderung⟩ (ugs.):
[nun aber ganz] schnell!: gib her, aber [bisschen] dalli!; macht, dass ihr rauskommt, und zwar dalli, (verstärkend:) dalli, dalli! **Syn.:** fix! (ugs.), flink!, geschwind! (veraltend, noch landsch.), los!, rasch!, zügig!; *** dalli machen:** *sich beeilen:* jetzt mach mal ein bisschen dalli!

da|mals ['da:ma:ls] ⟨Adverb⟩:
zu einem weiter zurückliegenden Zeitpunkt: seit damals hat sich viel geändert; damals, bei unserem letzten Besuch, ging es ihm noch besser. **Syn.:** anno dazumal (veraltend, noch scherzh.), anno Tobak (ugs. scherzh.), [1]da, dereinst (geh.), ehemals, eher, einmal, einst, einstig, einstmals (geh.), früher, gestern, in der Zeit, in jenen Tagen, in jener Zeit, seinerzeit, vor Zeiten, zu der Zeit, zu jener Zeit.

Da|me ['da:mə], die; -, -n:
1. *gebildete, gepflegte Frau* /Ggs. Herr/: sie benahm sich wie eine Dame; (als höfliche Anrede): meine Damen!; sehr geehrte Damen und Herren! **Syn.:** gnädige Frau.
2. *Brettspiel, bei dem die Spielenden versuchen, möglichst alle Spielsteine des Gegners zu schlagen oder durch Einschließen zugunfähig zu machen:* eine Partie Dame spielen.
3. *für den Angriff stärkste Figur im Schachspiel:* niemals würde ich freiwillig meine Dame opfern.
4. *in der Rangfolge an dritter Stelle stehende Spielkarte:* die Dame ausspielen, ziehen.

Da|men|wahl ['da:mənva:l], die; -:
(beim Tanz) Aufforderung der Herren durch die Damen: jetzt ist Damenwahl!

[1]da|mit [da'mıt] ⟨Pronominaladverb⟩:
mit der betreffenden Sache: er hatte die Münzen genommen und war damit hinter dem Haus verschwunden; sie ist damit einverstanden; damit habe ich nichts zu tun; unser Gespräch endet jedes Mal damit, dass wir in Streit geraten; damit *(so)* schließt das Buch. **Syn.:** hiermit.

[2]da|mit [da'mıt] ⟨Konj.⟩:
zu dem Zweck, dass: schreib es dir auf, damit du es nicht wieder vergisst. **Syn.:** auf dass (geh.).

däm|lich ['dɛ:mlıç] ⟨Adj.⟩:
(ugs.) *[in ärgerlicher Weise]*

dumm: dämliche Fragen stellen; wenn ich diese dämliche Visage schon sehe!; guck nicht so dämlich!; ich bin doch nicht dämlich, das mache ich nicht; der ist viel zu dämlich, um das zu begreifen. **Syn.:** beschränkt, blöd[e] (ugs.), borniert, doof (ugs.), dümmlich, duss[e]lig (ugs.), einfältig, töricht (abwertend), unbedarft, unbegabt, unverständig.

Damm [dam], der; -[e]s, Dämme [ˈdɛmə]:
1. *langer Wall aus Erde und Steinen:* einen Damm bauen; nach den ausgiebigen Regenfällen war der Damm *(Deich)* gebrochen. **Syn.:** Deich. **Zus.:** Hafendamm, Schutzdamm, Staudamm.
2. * **wieder/nicht auf dem Damm sein** (ugs.): *wieder/nicht gesund sein:* sie ist noch nicht wieder richtig auf dem Damm.

däm|men [ˈdɛmən] ⟨tr.; hat⟩:
1. (geh.) *([wie] durch einen Damm) auf-, zurückhalten:* das Wasser, den Fluss dämmen.
2. *durch eine Isolierung o. Ä. abschwächen:* dieses Material dämmt den Schall; Außenjalousien dämmen am stärksten die Wärmestrahlen. **Syn.:** dämpfen, eindämmen, mäßigen, mildern, mindern, reduzieren, vermindern, verringern.

däm|mern [ˈdɛmɐn]:
a) ⟨unpers.; hat⟩ *Morgen, Abend werden:* es dämmert schon. **Syn.:** dunkel werden, ²grauen (geh.), hell werden, Nacht werden, Tag werden. **b)** ⟨itr.; hat⟩ *als Tagesbeginn oder Tagesende beginnen, anbrechen:* der Morgen, der Abend dämmerte. **Syn.:** ²grauen (geh.).

Däm|me|rung [ˈdɛmərʊŋ], die; -:
Übergang von der Helle des Tages zum Dunkel der Nacht [und umgekehrt]: die Dämmerung bricht herein. **Syn.:** Zwielicht. **Zus.:** Abenddämmerung, Morgendämmerung.

dämm|rig [ˈdɛmrɪç] ⟨Adj.⟩:
(in Bezug auf das Tageslicht) zwischen hell und dunkel: dämmriges Licht; ein dämmriger Raum; in der Kirche war es schon dämmrig.

Dä|mon [ˈdɛːmɔn], der; -s, Dämonen [dɛˈmoːnən]:
geisterhaftes, suggestive und unheimliche Macht über jmdn. besitzendes Wesen: er ist von einem Dämon besessen; wie von ihrem Dämon getrieben, arbeitete sie trotz Krankheit an ihrem Werk weiter.

dä|mo|nisch [dɛˈmoːnɪʃ] ⟨Adj.⟩:
eine suggestive und unheimliche Macht ausübend: ein dämonischer Blick; ihr Klavierspiel war geradezu dämonisch. **Syn.:** beklemmend, gespenstisch, teuflisch, unheimlich.

Dampf [dampf], der; -[e]s, Dämpfe [ˈdɛmpfə]:
sichtbarer feuchter Dunst, der beim Erhitzen von Flüssigkeit entsteht: die Küche war voller Dampf. **Syn.:** Nebel.

Dampf- [dampf] ⟨Präfixoid⟩ (spöttisch):
bezeichnet das im Basiswort Genannte als in seiner Art unmodern, altmodisch, von der technischen, wissenschaftlichen Entwicklung schon überholt: Dampfauto; Dampfkartei; Dampfradio; Dampftelefon.

damp|fen [ˈdampfn̩] ⟨itr.; hat⟩:
Dampf von sich geben: die Kartoffeln dampfen in der Schüssel.

dämp|fen [ˈdɛmpfn̩] ⟨tr.; hat⟩:
1. *in Dampf kochen, dünsten:* Kartoffeln, Gemüse dämpfen.
2. *Dampf (auf etwas) einwirken lassen:* das Kleid wird nicht gebügelt, sondern gedämpft.
3. *die Stärke von etwas reduzieren:* die Stimme dämpfen; der Teppich dämpft den Schall. **Syn.:** abschwächen, dämmen, eindämmen, mäßigen, mildern, mindern, vermindern, verringern.

Damp|fer [ˈdampfɐ], der; -s, -:
mit Dampf- oder anderer Maschinenkraft angetriebenes Schiff: mit einem Dampfer fahren. **Zus.:** Ausflugsdampfer, Fischdampfer, Flussdampfer, Frachtdampfer, Küstendampfer, Luxusdampfer, Ozeandampfer, Passagierdampfer, Raddampfer.

Dämp|fer [ˈdɛmpfɐ], der; -s, -:
Vorrichtung bei Musikinstrumenten, die den Ton dämpft (3): auf der Geige mit dem Dämpfer spielen; den Dämpfer aufsetzen.

Dampf|ma|schi|ne [ˈdampfmaʃiːnə], die; -, -n:
Maschine, die die Energie des Dampfdruckes in Bewegungsenergie umsetzt: der Kolben der Dampfmaschine ist kaputt.

da|nach [daˈnaːx] ⟨Pronominaladverb⟩:
1. *zeitlich nach etwas; hinterher, später:* erst wurde gegessen, danach getanzt.
2. *in der Reihenfolge nach der betreffenden Person, Sache:* voran gingen die Eltern, danach kamen die Kinder. **Syn.:** anschließend, dann, daran anschließend, darauf, daraufhin, hinterher, im Anschluss daran, nachher, später.
3. *nach etwas (im Hinblick auf ein Ziel):* sie hielt den Ball in der Hand, das Kind griff sofort danach; er hatte sich immer danach gesehnt, wieder nach Italien zurückzukehren.
4. *entsprechend:* ihr kennt die Regeln, nun handelt danach; die Ware ist billig, aber sie ist auch danach *(entsprechend schlecht).* **Syn.:** also.

da|ne|ben [daˈneːbn̩] ⟨Pronominaladverb⟩:
1. a) *neben einer Sache:* auf dem Tisch steht eine Lampe, daneben liegt ein Buch. **b)** *neben eine Sache:* ich würde den Stuhl daneben stellen, nicht davor.
2. sie ist beruflich sehr erfolgreich, daneben hat sie noch ihren Haushalt zu besorgen. **Syn.:** auch, auch noch, außerdem, darüber hinaus, dazu, des Weiteren, ferner, im Übrigen, nebenbei, nebenbei bemerkt, obendrein, überdies, weiter, weiterhin, zudem, zusätzlich.

da|ne|ben|be|neh|men [daˈneːbn̩bəneːmən], benimmt daneben, benahm daneben, danebenbenommen ⟨+ sich⟩ (ugs.):
sich ungehörig, unpassend benehmen: leider hat er sich auf der Party mal wieder gründlich danebenbenommen. **Syn.:** aus der Rolle fallen, einen Fauxpas begehen (bildungsspr.), entgleisen, sich benehmen wie die Axt im Walde.

da|ne|ben|ge|hen [daˈneːbn̩geːən], ging daneben, danebengegangen ⟨itr.; ist⟩ (ugs.):
das Ziel verfehlen; misslingen: der Schuss ging daneben; der Versuch ist danebengegangen. **Syn.:** fehlschlagen, missglücken, missraten, scheitern, schiefgehen (ugs.).

D
dane

dank [daŋk] ‹Präp. mit Gen., seltener mit Dativ, im Plural meist im Genitiv›:
bewirkt durch: dank des Vereins/dem Verein; dank unseres Einsatzes blühten die Geschäfte; dank ihr kam es zu einer Lösung; ‹aber: starke Substantive bleiben im Singular ungebeugt, wenn sie ohne Artikel und ohne adjektivisches Attribut stehen; im Plural stehen sie dann im Dativ› dank Albert Schweitzer; dank EDV; dank Beschluss der Regierung, dank der Veröffentlichungen/den Veröffentlichungen; dank wiederholter Veröffentlichungen; dank Haushaltsgeräten; dank derer, die sich erfolgreich darum bemühten. **Syn.:** durch, infolge, wegen.

Dank [daŋk], der; -[e]s:
[in Worten geäußertes] Gefühl der Verpflichtung gegenüber jmdm., von dem man etwas Gutes erfahren hat: jmdm. Dank sagen, schulden; von Dank erfüllt; als, zum Dank schenkte er mir ein Buch; herzlichen Dank! **Syn.:** Anerkennung, Belohnung, Danksagung. **Zus.:** Erntedank, Weidmannsdank.

dank|bar [ˈdaŋkbaːɐ̯] ‹Adj.›:
1. *vom Gefühl des Dankes erfüllt:* ein dankbares Kind; jmdm. dankbar sein; die Oma ist dankbar für jeden Besuch, den sie bekommt; er blickte sie dankbar an. **Syn.:** erkenntlich, zu Dank verpflichtet.
2. *lohnend:* eine dankbare Arbeit, Aufgabe; diese Pflanze ist sehr dankbar *(gedeiht, blüht, ohne viel Arbeit zu machen).*

dan|ke [ˈdaŋkə], /Höflichkeitsformel/:
a) zur Unterstreichung einer höflichen Ablehnung oder Annahme eines Angebots o. Ä.: ja danke!; nein danke!; »Wollen Sie mitfahren?« – »Danke [nein]!«; »Soll ich Ihnen helfen?« – »Danke, es geht schon!«; danke schön!; danke sehr!; jmdm. für etwas Danke sagen; kannst du nicht Danke schön sagen? *(dich bedanken?).* **b)** als kurze Form der Dankesbezeigung: danke, das war sehr freundlich von Ihnen. **Syn.:** aufrichtigen Dank, besten Dank, danke schön, danke sehr, danke vielmals, hab/habt Dank, haben Sie Dank, herzlichen Dank, ich bedanke mich, ich bin Ihnen sehr verbunden, ich danke Ihnen, ich danke [auch] schön, innigsten Dank, man dankt, schönen Dank, tausend Dank, vergelts Gott, vielen Dank.

dan|ken [ˈdaŋkn̩] ‹itr.; hat›:
seine Dankbarkeit (jmdm. gegenüber) äußern, ausdrücken: ich möchte Ihnen sehr für Ihre Hilfe danken; er dankte ihr mit einer Widmung; ich danke Ihnen. **Syn.:** sich bedanken, Dank abstatten, Dank ausdrücken, Dank aussprechen, Dank bekunden, Dank bezeigen (geh.), Dank bezeugen, Dank sagen, dankbar sein, honorieren, seine Dankbarkeit zeigen/zum Ausdruck bringen, sich dankbar erweisen, verbunden sein, verpflichtet sein.

Dank|sa|gung [ˈdaŋkzaːgʊŋ], die; -, -en:
[schriftlich ausgesprochener] feierlicher Dank, besonders für die Anteilnahme an jmds. Tod: Danksagungen schreiben, drucken lassen, verschicken.

dann [dan] ‹Adverb›:
1. *zeitlich, in der Reihenfolge unmittelbar danach:* erst badeten sie, dann sonnten sie sich. **Syn.:** anschließend, daran anschließend, darauf, daraufhin, hinterher, im Anschluss daran, nachher, später.
2. *zu einem bestimmten späteren Zeitpunkt:* bald habe ich Urlaub, dann besuche ich euch. **Syn.:** da.
3. *in dem Fall:* wenn sie sich etwas vorgenommen hat, dann führt sie es auch aus. **Syn.:** [1]so.
4. *außerdem, ferner, dazu:* und dann vergiss bitte nicht, zur Post zu gehen. **Syn.:** außerdem, darüber hinaus, dazu, des Weiteren, ferner, im Übrigen, nebenbei bemerkt, obendrein, überdies, übrigens, zudem.

da|ran [daˈran] ‹Pronominaladverb›:
1. a) *an einer bestimmten Stelle, einem bestimmten Gegenstand o. Ä.:* vergiss nicht, den Brief in den Kasten zu werfen, wenn du daran vorbeikommst. **Syn.:** hieran. **b)** *an eine bestimmte Stelle, einen bestimmten Gegenstand o. Ä.:* sie suchten sich einen Tisch und setzten sich daran.
2. a) *an einer bestimmten Sache, Angelegenheit o. Ä.:* wir arbeiten schon lange daran; kein Wort ist daran wahr; mir liegt viel daran; du wirst deine Freude daran haben. **b)** *an eine bestimmte Sache, Angelegenheit o. Ä.:* ich kann mich kaum daran erinnern; das Beste ist, du denkst gar nicht mehr daran; sie klammert sich daran.
3. *in dieser Hinsicht, in Bezug auf eine bestimmte Sache:* er hatte Krebs und ist daran gestorben.

da|r|auf [daˈrau̯f] ‹Pronominaladverb›:
1. a) *auf einer bestimmten Sache:* er bekam eine Geige geschenkt und kann auch schon darauf spielen. **b)** *auf eine bestimmte Sache:* sie zog einen Hocker heran und stellte die Tasche darauf ab.
2. *danach, im Anschluss daran:* ein Jahr darauf starb sie. **Syn.:** anschließend, dann, daran anschließend, daraufhin, hinterher, nachher, später.
3. man hatte ihn auf frischer Tat ertappt, darauf war er verhaftet worden. **Syn.:** also, dadurch, daher, daraufhin, darum, deshalb, deswegen.
4. *im Hinblick auf etwas, in Bezug auf eine bestimmte Sache:* »Magst du Schokolade?« – »Ja, ich bin ganz versessen darauf!«.

da|rauf|hin [darau̯fˈhɪn] ‹Adverb›:
1. *deshalb, im Anschluss daran:* es kam zu einer so heftigen Auseinandersetzung, dass daraufhin das Gespräch abgebrochen wurde. **Syn.:** also, anschließend, dadurch, daher, danach, dann, daran anschließend, darauf, darum, deswegen, hinterher, nachher, später.
2. *in Bezug auf etwas, unter einem bestimmten Aspekt:* er prüfte seine Bekannten in Gedanken daraufhin, von wem er noch Geld leihen könnte.

da|raus [daˈrau̯s] ‹Pronominaladverb›:
aus der betreffenden Sache: sie öffnete ihren Koffer und holte daraus ein Kissen hervor; sie kaufte ein paar Reste, um daraus etwas für die Kinder zu nähen; daraus kannst du viel lernen.

dar|ben ['darbn̩] ⟨itr.⟩ (geh.):
Mangel [an Nahrung] leiden: im Krieg hatten sie darben müssen. **Syn.:** am Hungertuch nagen, hungern, nichts zu essen haben, schmachten (geh.).

dar|bie|ten ['da:ɐ̯bi:tn̩], bot dar, dargeboten (geh.):
1. ⟨tr.; hat⟩ *zum Entgegennehmen hinhalten, reichen:* sie bot ihm ihre Hand dar. **Syn.:** anbieten, bieten, geben, reichen (geh.).
2. ⟨tr.; hat⟩ *(künstlerische oder unterhaltende Werke) aufführen, vortragen:* in dem Kurort wurden täglich Konzerte dargeboten. **Syn.:** darstellen, geben, spielen, vorführen, zeigen.
3. ⟨+ sich⟩ *sich dem Blick zeigen, sichtbar werden:* als sie auf dem Berg standen, bot sich ihnen eine schöne Aussicht dar. **Syn.:** sich auftun (geh.), sich bieten, sich enthüllen, entstehen, sich eröffnen, sich erschließen, sich [1]ergeben, sich zeigen.

Dar|bie|tung ['da:ɐ̯bi:tʊŋ], die; -, -en:
etwas, was innerhalb einer Veranstaltung aufgeführt, vorgetragen wird: die musikalischen Darbietungen waren besonders schön. **Syn.:** Darstellung, Nummer, Schau, Show, Spiel, Vorstellung, Wiedergabe.

dar|brin|gen ['da:ɐ̯brɪŋən], brachte dar, dargebracht ⟨tr.; hat⟩ (geh.):
1. *schenken, opfern:* ein Opfer darbringen. **Syn.:** darbieten (geh.), darreichen (geh.).
2. *entgegenbringen, zuteilwerden lassen:* Glückwünsche, ein Ständchen darbringen. **Syn.:** darbieten (geh.), darreichen (geh.), verehren, vermachen, verschenken, zuteilwerden lassen (geh.).

da|rein [da'rain] ⟨Adverb⟩ (veraltend):
in die betreffende Sache: ich besitze das Buch schon lange, hatte aber noch keine Zeit, mich darein zu vertiefen; sie nahm die Zeitung und vertiefte sich darein (üblich: *in sie*). **Syn.:** hinein.

da|rin [da'rɪn] ⟨Pronominaladverb⟩:
in der betreffenden Sache: sie mieteten ein Haus, um darin die Ferien zu verbringen; darin ist er dir weit überlegen. **Syn.:** hierin.

dar|le|gen ['da:ɐ̯le:gn̩], legte dar, dargelegt ⟨tr.; hat⟩:
ausführlich erläutern: jmdm. seine Ansicht, seine Gründe darlegen. **Syn.:** aufrollen, ausbreiten, ausdrücken, auseinandersetzen, aussagen, behandeln, bekunden, besprechen, betrachten, charakterisieren, darstellen, debattieren, diskutieren, dokumentieren, durchkauen (ugs.), durchleuchten, durchnehmen, durchsprechen, entfalten, entrollen, entwickeln, erklären, erörtern, erzählen, feststellen, klarmachen (ugs.), kommentieren, mitteilen, reden über, schildern, skizzieren, sprechen über, vorbringen, vortragen, zum Ausdruck bringen, zur Sprache bringen, zusammenstellen.

Dar|le|hen ['da:ɐ̯le:ən], das; -s, -:
[gegen Zinsen] geliehene größere Geldsumme: ein Darlehen aufnehmen; jmdm. ein [zinsloses] Darlehen gewähren. **Syn.:** Anleihe, Kredit.

Darm [darm], der; -[e]s, Därme ['dɛrmə]:
Verdauungskanal zwischen Magen und After: sie hat sich eine Erkrankung des Darms zugezogen. **Syn.:** Eingeweide ⟨Plural⟩. **Zus.:** Blinddarm, Dickdarm, Dünndarm, Enddarm, Mastdarm, Zwölffingerdarm.

dar|rei|chen ['da:ɐ̯raiçn̩], reichte dar, dargereicht ⟨tr.; hat⟩ (geh.):
zum Entgegennehmen hinhalten, reichen: er reichte ihr ein kostbares Geschenk dar. **Syn.:** bieten, darbieten (geh.), darbringen (geh.), geben, schenken, spenden, übergeben, überreichen, zuteilwerden lassen.

dar|stel|len ['da:ɐ̯ʃtɛlən], stellte dar, dargestellt:
1. ⟨tr.; hat⟩ *in einem Bild zeigen, abbilden:* das Gemälde stellt ein junges Mädchen dar. **Syn.:** nachbilden, wiedergeben.
2. ⟨tr.; hat⟩ *als Schauspieler eine bestimmte Rolle spielen:* er hatte den Othello schon an mehreren Bühnen dargestellt. **Syn.:** auftreten als, darbieten (geh.), erscheinen als, [1]sein, verkörpern.
3. ⟨tr.; hat⟩ *schildern; beschreiben:* einen Sachverhalt ausführlich, falsch darstellen. **Syn.:** aussagen, behandeln, besprechen, charakterisieren, darlegen, diskutieren, durchsprechen, erörtern, klarmachen (ugs.), mitteilen, reden über, sprechen über, vorbringen, vortragen.
4. ⟨itr.; hat⟩ *[1]sein:* das Ereignis stellte einen Wendepunkt in seinem Leben dar. **Syn.:** ausdrücken, ausmachen, bedeuten, repräsentieren, von Bedeutung sein für.
5. ⟨+ sich⟩ *einen bestimmten Eindruck machen; sich herausstellen, erweisen (als etwas):* die Sache stellt sich schwieriger dar als erwartet. **Syn.:** deutlich werden, klar werden, sich präsentieren, sich erweisen als, sich zeigen.

Dar|stel|ler ['da:ɐ̯ʃtɛlɐ], der; -s, -, **Dar|stel|le|rin** ['da:ɐ̯ʃtɛlərɪn], die; -, -nen:
Person, die eine Rolle auf der Bühne o. Ä. spielt: der Darsteller des Hamlet; eine großartige Darstellerin. **Syn.:** Künstler, Künstlerin, Schauspieler, Schauspielerin.

Dar|stel|lung ['da:ɐ̯ʃtɛlʊŋ], die; -, -en:
a) *Wiedergabe im Bild:* sie betrachteten eine moderne Darstellung der Kreuzigung. **Syn.:** Abbildung, Ansicht, Bild, Bildnis (geh.). **b)** *Wiedergabe auf der Bühne:* die Darstellung des Mephisto war sehr beeindruckend. **Syn.:** Darbietung, Vorstellung. **c)** *Wiedergabe durch Worte:* eine ausführliche Darstellung des Sachverhalts; das Buch enthält eine realistische Darstellung des Krieges. **Syn.:** Beschreibung, Schilderung. **Zus.:** Einzeldarstellung, Gesamtdarstellung, Kurzdarstellung.

da|r|ü|ber [da'ry:bɐ] ⟨Pronominaladverb⟩:
1. a) *über der betreffenden Sache:* das Sofa steht an der Wand, darüber hängt ein Spiegel; sie trug ein Kleid und darüber einen Mantel. **Syn.:** oben, oberhalb. **b)** *über die betreffende Sache:* er packte Schuhe und Wäsche in den Koffer, darüber legte er die Anzüge; ihm war dieses Thema unangenehm, deshalb ging er mit ein paar Sätzen darüber hinweg. **c)** * **darüber hinaus:** *außerdem:* darüber

hinaus gibt es noch viele weitere Angebote. **Syn.:** ansonsten, auch, auch noch, daneben, dann, dazu, des Weiteren, ferner, im Übrigen, nebenbei, nebenbei bemerkt, obendrein, sodann, sogar, sonst, überdies, übrigens, weiter, weiterhin, zudem, zusätzlich.
2. *über das betreffende Maß, die betreffende Grenze hinaus:* das Alter der Abiturienten ist heute im Durchschnitt achtzehn Jahre und darüber. **Syn.:** mehr.
3. *währenddessen, dabei:* er hatte gewartet und war darüber eingeschlafen; darüber habe ich völlig vergessen, dass ... **Syn.:** inzwischen.
4. *in Bezug auf die betreffende Sache:* lass uns darüber reden; du brauchst dir keine Sorgen darüber zu machen; wir wollen uns nicht darüber streiten. **Syn.:** davon, dazu, hierüber.

da|rü|ber|ste|hen [daˈryːbɐʃteːən], stand darüber, darübergestanden ⟨itr.; hat⟩:
(über etwas) erhaben sein: dass man ihn kritisierte, störte ihn nicht, er stand darüber.

da|rum [daˈrʊm] ⟨Pronominaladverb⟩:
1. *um die betreffende Sache:* den Blumenstrauß hatten sie in die Mitte gestellt und darum herum die Geschenke aufgebaut.
2. *im Hinblick auf etwas, in Bezug auf die betreffende Sache:* darum brauchst du dir keine Sorgen zu machen, das erledige ich schon. **Syn.:** was das anbelangt, was das betrifft.
3. *aus diesem Grund:* darum ist er auch so schlecht gelaunt; wir wollen uns Möbel anschaffen, darum müssen wir uns jetzt für einige Zeit sehr einschränken und eisern sparen. **Syn.:** also, daraufhin, deshalb, deswegen, insofern, zu diesem Zweck.

da|run|ter [daˈrʊntɐ] ⟨Pronominaladverb⟩:
1. a) *unter der betreffenden Sache:* im Stockwerk darunter wohnen die Großeltern. **Syn.:** unten, unterhalb. **b)** *unter die betreffende Sache:* sie hoben die Platte an und stellten die Klötze darunter auf.
2. *unter, zwischen den betreffenden Personen:* er hatte eine große Anzahl Schülerinnen, einige darunter waren sehr begabt. **Syn.:** dabei, darin, davon, dazwischen.
3. *unter dem betreffenden Maß, unter der betreffenden Grenze:* zwei Euro das Kilo, darunter kann ich die Ware nicht verkaufen.
4. *in Bezug auf die betreffende Sache:* darunter kann ich mir nichts vorstellen. **Syn.:** hierunter.

¹das [das] ⟨bestimmter Artikel der Neutra⟩:
a) individualisierend: das Kind ist krank. **b)** generalisierend: das Eichhörnchen ist ein Nagetier.

²das [das] ⟨Demonstrativpronomen⟩:
die können das doch gar nicht. **Syn.:** dies[es], jenes.

³das [das] ⟨Relativpronomen⟩:
das Haus, das an der Ecke steht. **Syn.:** welches.

Da|sein [ˈdaːzai̯n], das; -s:
das menschliche Leben [in einer bestimmten Weise]; Existenz: der Kampf ums Dasein; ein bescheidenes Dasein führen. **Zus.:** Erdendasein, Junggesellendasein, Schattendasein, Sklavendasein.

das|je|ni|ge [ˈdasjeːnɪɡə]: ↑derjenige.

dass [das] ⟨Konjunktion⟩:
1. ⟨in Inhaltssätzen⟩ **a)** leitet einen Subjekt-, Objekt-, Gleichsetzungssatz ein: dass du mir geschrieben hast, hat mich sehr gefreut; er weiß, dass du ihn nicht leiden kannst; die Hauptsache ist, dass du glücklich bist. **b)** leitet einen Attributsatz ein: gesetzt den Fall, dass ...; die Tatsache, dass sie hier war, zeigt ihr Interesse.
2. ⟨in Adverbialsätzen⟩ **a)** leitet einen Kausalsatz ein: das liegt daran, dass du nicht aufgepasst hast. **b)** leitet einen Konsekutivsatz ein: er schlug zu, dass es [nur so] krachte; die Sonne blendete sie so, dass sie nichts erkennen konnte. **c)** leitet einen Instrumentalsatz ein: er verdient seinen Unterhalt damit, dass er Zeitungen austrägt. **d)** leitet einen Finalsatz ein: hilf ihm doch, dass er endlich fertig wird. **Syn.:** auf dass (geh.), damit.
3. ⟨in Verbindung mit bestimmten Konjunktionen, Adverbien, Präpositionen⟩: das Projekt ist zu kostspielig, als dass es verwirklicht werden könnte; [an]statt dass sie selbst kam, schickte sie ihren Vertreter; kaum dass er hier war, begann die Auseinandersetzung; man erfuhr nichts, außer/nur dass sie überraschend abgereist sei; er kaufte den Wagen, ohne dass wir es wussten.
4. leitet Hauptsätze mit der Wortstellung von Gliedsätzen ein, die meist einen Wunsch, eine Drohung, ein Bedauern o. Ä. ausdrücken: dass ihn doch der Teufel hole!; dass mir keine Klagen kommen!; dass es so weit kommen musste!

das|sel|be [dasˈzɛlbə]: ↑derselbe.

da|ste|hen [ˈdaːʃteːən], stand da, dagestanden ⟨itr.; hat⟩:
1. *(ruhig) an einem Ort stehen:* steif, aufrecht dastehen.
2. *unter bestimmten Verhältnissen leben [müssen]:* ohne Geld dastehen; allein dastehen *(keine Angehörigen mehr haben).* **Syn.:** sein Dasein fristen.

Da|tei [daˈtai̯], die; -, -en:
nach bestimmten Kriterien geordnete Sammlung von Belegen und Dokumenten, besonders in der Datenverarbeitung: eine [elektronische] Datei anlegen, erstellen; die Kunden der Firma sind in einer Datei gespeichert. **Syn.:** Akte. **Zus.:** Grafikdatei, Kundendatei, Textdatei.

Da|ten [ˈdaːtn̩], die ⟨Plural⟩:
(durch Beobachtungen, Messungen, statistische Erhebungen usw. gewonnene) [Zahlen]werte; [technische] Größen, Angaben, Befunde: exakte Daten bekannt geben. **Syn.:** Werte. **Zus.:** Personaldaten, Prüfdaten.

Da|ten|bank [ˈdaːtn̩baŋk], die; -, -en:
System zur Beschreibung, Speicherung und zum Abrufen von großen Datenmengen: eine neue Datenbank anlegen. **Syn.:** elektronische Kartei.

Da|ten|ver|ar|bei|tung [ˈdaːtn̩fɛɐ̯|arbai̯tʊŋ], die; -, -en:
Prozess, bei dem Daten mithilfe technischer Anlagen gespeichert, bearbeitet und ausgewertet werden: die elektronische Datenverarbeitung.

da|tie|ren [daˈtiːrən]:
1. ⟨tr.; hat⟩ **a)** *mit einem Datum*

versehen: eine Urkunde datieren; der Brief ist vom 5. Februar datiert. **b)** *die Entstehungszeit (von etwas) bestimmen:* eine alte Handschrift, ein Gemälde datieren.
2. ⟨itr.; hat⟩ *seine Herkunft in einem bestimmten zeitlichen Bereich haben:* diese Einrichtung datiert aus alter Zeit. **Syn.:** stammen.

Dat|tel [ˈdatl̩], die; -, -n: *dunkelbraune, längliche, sehr süße Frucht der Dattelpalme:* sie isst sehr gern getrocknete Datteln.

Da|tum [ˈdaːtʊm], das; -s, Daten [ˈdaːtn̩]:
1. *Zeitpunkt, Tagesangabe nach dem Kalender:* der Brief ist ohne Datum; die wichtigsten Daten der Weltgeschichte. **Zus.:** Abfülldatum, Ausstellungsdatum, Bestelldatum, Eingangsdatum, Geburtsdatum, Sterbedatum, Verfallsdatum.
2. ⟨Plural⟩ ↑ Daten.

Dau|er [ˈdau̯ɐ], die; -: *bestimmte ununterbrochene Zeit:* die Dauer seines Aufenthaltes; für die Dauer von einem Jahr. **Syn.:** Frist, Länge, Spanne, Weile. **Zus.:** Amtsdauer, Aufenthaltsdauer, Ausbildungsdauer, Gültigkeitsdauer, Krankheitsdauer; * **auf die Dauer:** *wenn es noch lange dauert:* auf die Dauer macht mir die Arbeit keinen Spaß; * **auf Dauer:** *für unbegrenzte Zeit, immer:* auf Dauer möchte ich nicht im Ausland leben.

dau|er|haft [ˈdau̯ɐhaft] ⟨Adj.⟩: *einen langen Zeitraum überdauernd:* eine dauerhafte Beziehung; der Friede war nicht dauerhaft. **Syn.:** beständig, bleibend, dauernd, endlos, ewig, fest, kontinuierlich, laufend, ohne Ende, ohne Pause, ohne Unterbrechung, ohne Unterlass (geh.), stetig, treu, unaufhörlich, ununterbrochen, unveränderlich, von Bestand, von Dauer.

[1]**dau|ern** [ˈdau̯ɐn] ⟨itr.; hat⟩:
1. *sich über eine bestimmte Zeit erstrecken:* die Verhandlung dauerte einige Stunden. **Syn.:** andauern, sich hinausziehen, von einiger Dauer sein, sich ziehen.
2. (geh.) *Bestand haben:* sie glaubten, eine solche Freundschaft müsse dauern. **Syn.:** andauern, anhalten, von Dauer sein.

[2]**dau|ern** [ˈdau̯ɐn] ⟨itr.; hat⟩ (geh.): *jmds. Mitleid erregen, jmdm. leidtun:* das alte Pferd dauerte ihn; die Zeit, das Geld dauert mich *(es ist schade um die Zeit, das Geld).*

dau|ernd [ˈdau̯ɐnt] ⟨Adj.⟩ (emotional):
a) *für längere Zeit in gleichbleibender Weise vorhanden:* dieser Lärm von der Straße ist dauernd zu hören. **Syn.:** andauernd, beharrlich, beständig, bleibend, dauerhaft, endlos, ewig (ugs.), fortgesetzt, fortwährend, immer, immerzu, jederzeit, konstant, kontinuierlich, laufend, nach wie vor, ohne Ende, ohne Pause, ohne Unterbrechung, ohne Unterlass (geh.), permanent, ständig, stetig, unablässig, unaufhörlich, unentwegt, ununterbrochen, unveränderlich, wie eh und je. **b)** *(in ärgerlicher Weise) immer wieder, häufig:* er kommt dauernd zu spät; du unterbrichst mich ja dauernd. **Syn.:** am laufenden Band (ugs.), fortwährend, in einem fort, ständig.

Dau|er|re|gen [ˈdau̯ɐreːgn̩], der; -s, -: *lange anhaltender Regen:* im Urlaub hatten wir leider Dauerregen.

Dau|er|wel|le [ˈdau̯ɐvɛlə], die; -, -n: *(durch Behandlung mit chemischen Mitteln) künstlich erzeugte Locken oder Wellen im Haar, die über einen längeren Zeitraum so bleiben:* ich muss mir wieder bei meinem Friseur eine Dauerwelle/Dauerwellen machen lassen.

Dau|men [ˈdau̯mən], der; -s, -:
1. *aus zwei Gliedern bestehender erster Finger der Hand:* das Kind lutscht am Daumen.
2. * **jmdm. die Daumen drücken/halten:** *jmdm. in einer schwierigen Sache Erfolg, gutes Gelingen wünschen:* ich drücke dir die Daumen für dein Vorstellungsgespräch.

Dau|ne [ˈdau̯nə], die; -, -n: *kleine, zarte Feder:* mit Daunen gefüllte Kissen. **Syn.:** Flaum.

da|von [daˈfɔn] ⟨Pronominaladverb⟩: *von der betreffenden Sache:* nicht weit davon [entfernt] befindet sich das Museum; der Schmuck ist von meiner Oma, ich kann mich nur schwer davon trennen; du hast zu laut gesprochen, davon ist sie wach geworden; davon fehlen mir noch einige Exemplare; davon hat er sich inzwischen erholt; davon weiß ich nichts; davon werde ich mir ein neues Kleid nähen; davon lässt sich durchaus leben. **Syn.:** dadurch, darüber, dazu, hierüber, hiervon.

da|von|kom|men [daˈfɔnkɔmən], kam davon, davongekommen ⟨itr.; ist⟩: *einer drohenden Gefahr entgehen:* da bist du noch einmal davongekommen; sie ist mit dem [bloßen] Schrecken davongekommen *(außer einem Schrecken hat sie keinen Schaden erlitten);* er ist mit dem Leben davongekommen *(hat sein Leben retten können).* **Syn.:** durchkommen, entkommen, entrinnen (geh.), noch einmal Glück haben, sich retten können, wegkommen (ugs.).

da|von|ma|chen [daˈfɔnmaxn̩], machte davon, davongemacht ⟨+ sich⟩ (ugs.): *sich [heimlich] entfernen:* als die Polizei kam, hatte er sich längst davongemacht. **Syn.:** abhauen (ugs.), abrücken, abschieben (ugs.), abschwirren (ugs.), sich absetzen (ugs.), abtreten, abziehen, sich aufmachen, ausreißen (ugs.), das Weite suchen, die Kurve kratzen (salopp), sich dünnmachen (ugs.), durchbrennen (ugs.), sich empfehlen, enteilen (geh.), entkommen, fliehen, sich fortbewegen, hinausgehen, Leine ziehen (ugs.), sich auf die Socken machen (ugs.), sich aus dem Staub[e] machen (ugs.), sich in die Büsche schlagen (ugs.), stiften gehen (ugs.), sich trollen (ugs.), sich verdrücken (ugs.), sich verziehen (ugs.), von der Bildfläche verschwinden (ugs.), weggehen, weichen.

da|vor [daˈfoːɐ̯] ⟨Pronominaladverb⟩:
1. /Ggs. dahinter/: **a)** *vor der betreffenden Sache:* ein Haus mit einem Garten davor. **b)** *vor die betreffende Sache:* du sollst den Stuhl davor stellen, nicht daneben.

2. *vor der betreffenden Zeit:* nach der Pause fiel das entscheidende Tor, davor stand das Spiel 2 : 2. **Syn.:** bis dahin, vorher, zuvor.
3. *im Hinblick auf die betreffende Sache:* er fürchtet sich davor, die Verantwortung allein zu tragen.

da|zu [daˈt͜suː] ⟨Pronominaladverb⟩:
1. *zu der betreffenden Sache:* ich lasse mich von niemandem dazu zwingen. **Syn.:** hierzu.
2. *im Hinblick auf etwas, in Bezug auf die betreffende Sache:* er wollte sich nicht näher dazu äußern. **Syn.:** diesbezüglich, hierzu.
3. *zu der betreffenden Art:* er ist von Natur kein verschlossener Mensch, seine Erfahrungen haben ihn erst dazu gemacht.
4. *zu diesem Zweck:* dazu ist er gewählt worden.
5. *außerdem, darüber hinaus:* gibt es auch Fleisch dazu? **Syn.:** ansonsten, auch, auch noch, daneben, des Weiteren, ferner, nebenbei, obendrein, überdies, übrigens, weiter, weiterhin, zudem, zusätzlich.

da|zu|ge|hö|ren [daˈt͜suːɡəhøːrən], gehörte dazu, dazugehört ⟨itr.; hat⟩:
zu der betreffenden Sache, zu den betreffenden Personen gehören: alles, was dazugehört, fehlt mir noch; in ihrem Kreis weiß man erst nach einiger Zeit, ob man wirklich dazugehört. **Syn.:** beteiligt sein, dabei sein, mit von der Partie sein (ugs.).

da|zwi|schen [daˈt͜svɪʃn̩] ⟨Pronominaladverb⟩:
1. *zwischen den betreffenden Sachen, Personen:* wir reisen nach Florenz und Rom, werden dazwischen aber mehrmals Station machen. **Syn.:** mitten darin.
2. *zwischen den betreffenden Ereignissen:* am Nachmittag gibt es Reportagen und dazwischen Musik. **Syn.:** inzwischen, zwischendurch.
3. *darunter, dabei:* wir haben alle Briefe durchsucht, aber ihren Antrag nicht dazwischen gefunden.

da|zwi|schen|fah|ren [daˈt͜svɪʃn̩faːrən], fährt dazwischen, fuhr dazwischen, dazwischengefahren ⟨itr., ist⟩:
1. *eingreifen, um Lärm oder Streit zu beenden:* sie machen einen furchtbaren Krach, da müsste mal jemand dazwischenfahren. **Syn.:** dazwischenfunken (ugs.), dazwischentreten, durchgreifen, ein Machtwort sprechen, sich einmischen, sich einschalten, einschreiten, Ordnung schaffen, schlichten, vermitteln.
2. *jmdn. in seiner Rede durch einen Einwand o. Ä. mit Heftigkeit unterbrechen:* erbost fuhr sie ihm dazwischen.

da|zwi|schen|fun|ken [daˈt͜svɪʃn̩fʊŋkn̩], funkte dazwischen, dazwischengefunkt ⟨itr.; hat⟩ (ugs.):
sich in etwas einschalten und dadurch den Ablauf [absichtlich] stören oder einen Plan durchkreuzen: immer wenn alles so schön läuft, muss er dazwischenfunken. **Syn.:** behindern, erschweren, hemmen, hindern, querschießen (ugs.), stören, unterbrechen.

da|zwi|schen|kom|men [daˈt͜svɪʃn̩kɔmən], kam dazwischen, dazwischengekommen ⟨itr.; ist⟩:
sich unvorhergesehen ereignen und dadurch etwas unmöglich machen oder verzögern: wenn nichts dazwischenkommt, werden wir euch noch in diesem Jahr besuchen.

da|zwi|schen|tre|ten [daˈt͜svɪʃn̩treːtn̩], tritt dazwischen, trat dazwischen, dazwischengetreten ⟨itr.; ist⟩:
sich einschalten, um einen Streit zu schlichten: als die Schüler nicht aufhörten, sich zu streiten, musste die Lehrerin dazwischentreten. **Syn.:** dazwischenfunken (ugs.), durchgreifen, ein Machtwort sprechen, eingreifen, sich einmischen, einschreiten, Ordnung schaffen, schlichten, vermitteln.

de-, De- [de] ⟨vor Vokal auch ↑»des«-, »Des«-; Präfix; fremdsprachliches Basiswort, das auch das Gegenwort bildet⟩:
1. ⟨verbal⟩ besagt, dass das im Basiswort Genannte aufgehoben, rückgängig gemacht, beseitigt wird: /das Basiswort bildet das Gegenwort/: dechiffrieren; decodieren; demaskieren; demontieren; desensibilisieren; destabilisieren; dezentralisieren; /selten vor Vokal/ deaktivieren. **Syn.:** ab-, ent-, weg-.
2. ⟨substantivisch⟩ *Vorgang oder dessen Ergebnis:* Dekolonisation; Dekolonisierung; Dekompression; Dekomprimierung; Dekontamination; Dekontaminierung; Demoralisierung; Denuklearisierung; Desozialisierung; /selten vor Vokal/ Deeskalation. **Syn.:** Ab-, Ent-, Weg-.
3. ⟨adjektivisch⟩ *weg von dem im Basiswort Genannten:* deadjektivisch *(vom Adjektiv abgeleitet);* desubstantivisch *(vom Substantiv abgeleitet),* deverbal *(vom Verb abgeleitet);* dezentral *(vom Zentrum weg gelegen).*

Dea|ler [ˈdiːlɐ], der; -s, -, **Dea|le|rin** [ˈdiːlərɪn], die; -, -nen:
Person, die mit Drogen handelt: die Polizei nahm mehrere Dealer fest. **Zus.:** Drogendealer, Drogendealerin.

De|ba|kel [deˈbaːkl̩], das; -s, -:
Niederlage; unheilvoller, unglücklicher Ausgang: ein Debakel erleiden; schuld an dem Debakel war die Regierung. **Syn.:** Fehlschlag, Flop (ugs.), Reinfall (ugs.), Schlappe (ugs.). **Zus.:** Wahldebakel.

De|bat|te [deˈbatə], die; -, -n:
lebhafte Erörterung, Aussprache [im Parlament]: die Debatte eröffnen; in die Debatte eingreifen; das steht hier nicht zur Debatte. **Syn.:** Auseinandersetzung, Besprechung, Diskussion, Gespräch, Unterhaltung, Unterredung, Verhandlung. **Zus.:** Bundestagsdebatte, Grundsatzdebatte, Parlamentsdebatte.

de|bat|tie|ren [debaˈtiːrən] ⟨tr.; hat⟩:
(etwas) lebhaft erörtern, besprechen: einen Plan debattieren; ⟨auch itr.⟩ sie debattierten gestern mehrere Stunden. **Syn.:** behandeln, diskutieren, disputieren, durchkauen (ugs.), durchsprechen, reden über, sich auseinandersetzen mit, sprechen über.

De|büt [deˈbyː], das; -s, -s:
erstes öffentliches Auftreten: er gab gestern sein Debüt als Talkmaster. **Syn.:** Auftritt.

De|bü|tant [debyˈtant], der; -en, -en, **De|bü|tan|tin** [debyˈtantɪn], die; -, -nen:
Person, die im Theater, Konzertsaal o. Ä. ihr Debüt gibt: als Debütantin sang sie an der Sem-

peroper in Dresden. **Syn.:** Anfänger, Anfängerin, Neuling.

de|chif|frie|ren [deʃɪˈfriːrən] ⟨tr.; hat⟩:
aus einem verschlüsselten einen entschlüsselten, verständlichen Text herstellen /Ggs. chiffrieren/: eine geheime Nachricht dechiffrieren. **Syn.:** aufdecken, auflösen, dahinterkommen (ugs.), enträtseln, entschlüsseln, entziffern, erkennen, klären, lösen.

Deck [dɛk], das; -[e]s, -s:
a) *oberstes Stockwerk eines Schiffes:* alle Mann an Deck! **b)** *unter dem oberen Abschluss des Schiffsrumpfes liegendes Stockwerk:* das Kino befindet sich im unteren Deck. **Zus.:** Promenadendeck, Sonnendeck, Zwischendeck.

De|cke [ˈdɛkə], die; -, -n:
1. *Gegenstand aus Stoff, mit dem man jmdn., etwas bedeckt:* eine warme Decke. **Syn.:** Federbett, Steppdecke. **Zus.:** Damastdecke, Daunendecke, Häkeldecke, Spitzendecke, Steppdecke, Wachstuchdecke, Wolldecke.
2. *obere, äußerste Schicht, Umhüllung:* die Straße ist voller Löcher, die Decke muss an mehreren Stellen repariert werden. **Zus.:** Bauchdecke, Eisdecke, Grasdecke, Rasendecke, Schädeldecke, Schneedecke.
3. *oberer Abschluss eines Raumes:* das Zimmer hat eine niedrige, hohe Decke. **Zus.:** Holzdecke, Stuckdecke.

De|ckel [ˈdɛkl̩], der; -s, -:
1. *abnehmbarer oder aufklappbarer Teil eines Gefäßes, der die Öffnung verdeckt:* den Deckel des Topfes abnehmen. **Syn.:** Verschluss. **Zus.:** Sargdeckel, Topfdeckel.
2. *vorderer oder hinterer Teil des steifen Umschlags, in den ein Buch gebunden ist:* den Deckel aufschlagen. **Syn.:** Decke, Einband. **Zus.:** Aktendeckel.
3. (ugs.; scherzh.) *Hut, Kopfbedeckung:* musst du immer diesen alten Deckel aufsetzen?;
*** jmdm. eins auf den Deckel geben** (ugs.): *jmdn. zurechtweisen:* sie hat ihm ganz schön eins auf den Deckel gegeben; *** eins auf den Deckel kriegen** (ugs.): *zurechtgewiesen werden:* nach der verpatzten Arbeit hat er von seinen Eltern eins auf den Deckel gekriegt.

de|cken [ˈdɛkn̩]:
1. a) ⟨tr.; hat⟩ *(etwas) auf etwas legen:* das Dach [mit Ziegeln] decken; [den Tisch] für drei Personen decken *(Tischtuch und Bestecke auf den Tisch legen).* **Syn.:** bedecken, zudecken. **b)** ⟨itr.; hat⟩ *(als Farbe) nichts mehr durchscheinen lassen:* diese Farbe deckt gut.
2. ⟨tr.; hat⟩ **a)** *vor Entdeckung (und Bestrafung) bewahren:* und solches schäbige Verhalten wird auch noch vom Chef gedeckt! **Syn.:** abschirmen, behüten, beschützen, schützen. **b)** *sich (vor etwas oder jmdn., der rechtswidrig gehandelt hat) schützend stellen:* seinen Komplizen, ein Verbrechen decken. **c)** *ständig in der Nähe des gegnerischen Spielers sein und ihm keine Möglichkeit zum Spielen lassen:* die Verteidigung deckte den gegnerischen Mittelstürmer nicht konsequent. **Syn.:** aufpassen auf, beaufsichtigen, bewachen, überwachen.
3. ⟨tr.; hat⟩ **a)** *eine Sicherheit, Geldmittel bereithalten (für etwas):* das Darlehen wurde durch eine Hypothek gedeckt; ⟨häufig im 2. Partizip⟩ er wollte wissen, ob der Scheck gedeckt sei. **b)** *die notwendigen Mittel bereitstellen, jmdn. versorgen:* die Nachfrage, den Bedarf decken; mein Bedarf ist gedeckt. **Syn.:** befriedigen, entsprechen, erfüllen, stillen, zufriedenstellen.
4. ⟨tr.; hat⟩ *begatten:* die Stute wurde gedeckt. **Syn.:** befruchten.
5. ⟨+ sich⟩ *einander gleich sein:* die beiden Dreiecke decken sich. **Syn.:** deckungsgleich sein, gleichen.

de|fekt [deˈfɛkt] ⟨Adj.⟩:
einen Mangel, Schaden o. Ä. aufweisend; nicht in Ordnung: der Motor ist defekt. **Syn.:** aus dem Leim gegangen (ugs.), beschädigt, entzwei, hin (ugs.), im Eimer (ugs.), kaputt (ugs.), lädiert, ramponiert (ugs.).

De|fekt [deˈfɛkt], der; -[e]s, -e:
Schaden, Fehler: einen Defekt an einer Maschine beheben. **Syn.:** Beschädigung, Mangel. **Zus.:** Maschinendefekt, Motordefekt.

de|fen|siv [defɛnˈziːf] ⟨Adj.⟩:
verteidigend, abwehrend /Ggs. offensiv/: der Gegner verhielt sich defensiv.

de|fi|nie|ren [defiˈniːrən]:
1. ⟨tr.; hat⟩ *[den Inhalt eines Begriffes] bestimmen, erklären:* einen Begriff definieren; die Farbe des Kleides ist schwer zu definieren. **Syn.:** auslegen, deuten, interpretieren.
2. ⟨+ sich⟩ *seine Stellung bestimmen; sein Selbstverständnis haben:* eine Zweierbeziehung, die sich nicht vorrangig über den Sex definiert.

De|fi|ni|ti|on [definiˈt͡si̯oːn], die; -, -en:
Bestimmung, Erklärung eines Begriffes: eine Definition geben. **Syn.:** Erläuterung, Interpretation.

de|fi|ni|tiv [definiˈtiːf] ⟨Adj.⟩:
endgültig, abschließend: eine definitive Entscheidung; ich weiß definitiv, dass das nicht stimmt. **Syn.:** ein für alle Mal, unabänderlich, unumstößlich, unwiderruflich, verbindlich.

De|fi|zit [ˈdeːfit͡sɪt], das; -[e]s, -e:
1. *Fehlbetrag:* ein Defizit von 1 000 Euro haben. **Syn.:** Differenz, Einbuße, Minus, Schulden ⟨Plural⟩, Soll. **Zus.:** Außenhandelsdefizit, Haushaltsdefizit.
2. *etwas, was als Mangel festgestellt wird:* ein Defizit an Geborgenheit. **Syn.:** Ausfall, Manko, Verlust. **Zus.:** Informationsdefizit.

def|tig [ˈdɛftɪç] ⟨Adj.⟩:
(in recht natürlicher, ursprünglicher Weise) derb-kräftig: ein deftiges Mittagessen. **Syn.:** gehaltvoll, handfest, kräftig, nahrhaft, sättigend.

De|gen [ˈdeːgn̩], der; -s, -:
Hieb- und Stichwaffe [zum Fechten]: den Degen ziehen. **Zus.:** Ehrendegen, Fechtdegen, Offiziersdegen, Stoßdegen.

de|gra|die|ren [degraˈdiːrən] ⟨tr.; hat⟩:
herabwürdigen; erniedrigen: sie wurde zur Küchenhilfe degradiert.

deh|nen [ˈdeːnən]:
1. ⟨tr.; hat⟩ *durch Auseinanderziehen, Spannen länger, breiter machen:* dieses Gewebe kann man nicht dehnen. **Syn.:** ausdehnen, ausweiten, in die Länge ziehen, recken, spannen, strecken, weiten.

D
dehn

2. ⟨+ sich⟩ *breiter, länger, größer werden:* der Pullover dehnt sich am Körper. **Syn.:** sich ausdehnen, ausleiern, sich ausweiten, sich recken, sich strecken, sich ziehen.

Deich [daiç], der; -[e]s, -e:
Damm an der Küste, am Flussufer zum Schutz gegen Überschwemmung: einen Deich bauen; der Deich ist gebrochen. **Zus.:** Außendeich, Binnendeich, Schutzdeich.

deich|seln [ˈdaiksl̩n] ⟨tr.; hat⟩ (ugs.):
durch Geschicklichkeit (etwas Schwieriges) zustande bringen, meistern: mach dir keine Sorgen, ich werde die Sache schon deichseln. **Syn.:** anstellen, arrangieren, bewältigen, bewerkstelligen (Papierdt.), bewirken, drehen (ugs.), fertigbringen (ugs.), hinbringen (ugs.), hinkriegen (ugs.), regeln.

dein [dain] ⟨Possessivpronomen⟩:
bezeichnet ein Besitz- oder Zugehörigkeitsverhältnis einer mit »du« angeredeten Person: dein Buch; deine Freunde; das Leben deiner Kinder.

dei|ner [ˈdainɐ] ⟨Personalpronomen; Gen. von »du«⟩:
wir werden deiner gedenken.

de|ka|dent [dekaˈdɛnt] ⟨Adj.⟩:
Zeichen der Dekadenz zeigend: eine dekadente Kultur; Trüffel mit Blattgold zu essen ist ganz schön dekadent.

De|ka|denz [dekaˈdɛnts], die; - (bildungsspr.):
[kultureller] Zustand, der als durch Überfeinerung in Lebensgewohnheiten und Ansprüchen entstandener Verfall angesehen wird: die Dekadenz des Bürgertums. **Syn.:** Niedergang.

De|ka|gramm [ˈdɛkagram], das; -s, -e (österr.):
Einheit der Masse (Abkürzung: dag); *10 Gramm:* ich hätte gern 20 Dekagramm *(200 Gramm)* Pralinen.

de|kla|mie|ren [deklaˈmiːrən] ⟨tr.; hat⟩:
ausdrucksvoll, pathetisch vortragen: Verse deklamieren. **Syn.:** ablesen, aufsagen, lesen, rezitieren, verlesen, vorlesen, vorsprechen, zu Gehör bringen (geh.), zum Besten geben.

de|kli|nie|ren [dekliˈniːrən] ⟨tr.; hat⟩:
(ein Substantiv, Adjektiv, Pronomen oder Zahlwort) flektieren: Adjektive kann man stark und schwach deklinieren.

De|ko|ra|teur [dekoraˈtøːɐ̯], der; -s, -e, **De|ko|ra|teu|rin** [dekoraˈtøːrɪn], die; -, -nen:
Person, die Schaufenster oder Räume künstlerisch ausgestaltet: der Dekorateur misst den Raum aus. **Zus.:** Schaufensterdekorateur, Schaufensterdekorateurin.

De|ko|ra|ti|on [dekoraˈtsi̯oːn], die; -, -en:
a) ⟨ohne Plural⟩ *schmückendes, künstlerisches Ausgestalten (eines Raumes, eines Gegenstandes):* die Dekoration der Schaufenster, der Tische nahm lange Zeit in Anspruch. **b)** *Dinge, mit denen etwas ausgeschmückt, künstlerisch ausgestaltet wird, ist:* die Dekorationen zu »Figaros Hochzeit«; die festliche Dekoration auf dem Podium wurde von allen bewundert. **Syn.:** Schmuck. **Zus.:** Festdekoration, Innendekoration, Saaldekoration, Stoffdekoration, Tischdekoration, Wanddekoration, Zimmerdekoration.

de|ko|rie|ren [dekoˈriːrən] ⟨tr.; hat⟩:
1. *mit einer Dekoration* (b) *versehen:* die Schaufenster, den Saal dekorieren. **Syn.:** ausschmücken, schmücken, verzieren, zieren.
2. *durch die Verleihung eines Ordens o. Ä. ehren:* der Präsident ist auf seiner Reise mehrfach dekoriert worden. **Syn.:** auszeichnen, prämieren.

De|le|ga|ti|on [delegaˈtsi̯oːn], die; -, -en:
Abordnung: eine Delegation entsenden. **Syn.:** Deputation. **Zus.:** Handelsdelegation, Regierungsdelegation.

de|le|gie|ren [deleˈgiːrən] ⟨tr.; hat⟩:
1. *abordnen:* jmdn. zu einem Kongress delegieren.
2. *(jmdm.) eine Aufgabe, Befugnis übertragen:* der Manager delegiert einen Teil seiner Arbeit an andere; ⟨auch itr.⟩ sie kann gut delegieren. **Syn.:** abgeben, anvertrauen, beauftragen, betrauen, ermächtigen, vergeben.

De|le|gier|te [deleˈgiːɐ̯tə], die/eine Delegierte; der/einer Delegierten, die Delegierten/zwei Delegierte:
weibliches Mitglied einer Delegation, Abgesandte: die Delegierte hält eine mitreißende Rede. **Syn.:** Abgeordnete, Funktionärin, Vertreterin. **Zus.:** Parteidelegierte.

De|le|gier|ter [deleˈgiːɐ̯tɐ], der Delegierte/ein Delegierter; des/eines Delegierten, die Delegierten/zwei Delegierte:
Mitglied einer Delegation, Abgesandter: als Delegierter zu einem Parteitag entsandt werden. **Syn.:** Abgeordneter, Funktionär, Vertreter. **Zus.:** Parteidelegierter.

¹Del|fin [dɛlˈfiːn], der; -s, -e, **Delphin:**
(zu den Zahnwalen gehörendes) im Wasser, meist in Herden lebendes Säugetier mit schnabelartig verlängertem Maul: mit einem Delfin schwimmen. **Syn.:** Wal.

²Del|fin [dɛlˈfiːn], das; -s ⟨meist ohne Art.⟩, **Delphin:**
Schwimmen in einem bestimmten Stil, bei dem beide Arme gleichzeitig über dem Wasser nach vorn geworfen und unter Wasser nach hinten geführt werden, während die geschlossenen Beine auf und ab bewegt werden: 100 m Delfin.

de|li|kat [deliˈkaːt] ⟨Adj.⟩:
1. *besonders fein, wohlschmeckend:* das Gemüse ist, schmeckt delikat. **Syn.:** appetitlich, köstlich, lecker, schmackhaft.
2. a) *heikel:* eine delikate Angelegenheit. **Syn.:** anrüchig, bedenklich, dubios, fragwürdig, gewagt, ominös, pikant, problematisch, schwierig, zweifelhaft, zweischneidig. **b)** *taktvoll, mit Feingefühl:* die Sache will delikat behandelt sein.

De|li|ka|tes|se [delikaˈtɛsə], die; -, -n:
Leckerbissen, besonders feine Speise: Lachs ist eine Delikatesse.

De|likt [deˈlɪkt], das; -[e]s, -e:
Vergehen, Straftat: ein Delikt begehen. **Syn.:** Unrecht, Verbrechen, Verfehlung, Verstoß. **Zus.:** Eigentumsdelikt, Verkehrsdelikt, Wirtschaftsdelikt.

Del|le [ˈdɛlə], die; -, -n (landsch.):

eingedrückte Stelle; durch einen Schlag, Stoß, Zusammenprall entstandene leichte Vertiefung: eine Delle im Kotflügel des Autos. **Syn.:** Beule.

Del|phin [dɛlˈfiːn]: ↑ [1]Delfin, [2]Delfin.

Del|ta [ˈdɛlta], das; -s, -s:
Gebiet an der Mündung eines Flusses, das durch die verschiedenen Arme dieses Flusses wie ein Dreieck geformt ist: das Delta des Nils. **Syn.:** Mündung.

dem [deːm]:
Dativ Singular von: ↑ der, ↑ das.

De|ma|go|ge [demaˈgoːgə], der; -n, -n, **De|ma|go|gin** [demaˈgoːgɪn], die; -, -nen:
Person, die andere durch leidenschaftliche Reden politisch aufhetzt, aufwiegelt: junge Menschen werden von skrupellosen neonazistischen Demagogen aufgehetzt; sie redete wie eine Demagogin auf ihn ein.

De|men|ti [deˈmɛnti], das; -s, -s:
offizielle Berichtigung oder Widerruf einer Behauptung: ein Dementi veröffentlichen. **Syn.:** Korrektur.

de|men|tie|ren [demɛnˈtiːrən] ⟨tr.; hat⟩:
(eine Nachricht, Behauptung anderer) öffentlich für unwahr erklären: eine Meldung dementieren. **Syn.:** ableugnen, abstreiten, berichtigen, bestreiten, in Abrede stellen, leugnen, negieren, sich verwahren gegen (geh.), verneinen, widerrufen.

dem|nach [ˈdeːmˈnaːx] ⟨Adverb⟩:
nach dem gerade Gesagten; also, folglich: es gibt demnach keine andere Möglichkeit. **Syn.:** deshalb, deswegen, infolgedessen, somit.

dem|nächst [ˈdeːmˈnɛːçst] ⟨Adverb⟩:
in nächster Zeit: demnächst erscheint die zweite Auflage des Buches. **Syn.:** bald, in absehbarer Zeit, in Bälde (Papierdt.), nächstens, später.

De|mo [ˈdeːmo], die; -, -s (Jargon): ↑ Demonstration.

De|mo|kra|tie [demokraˈtiː], die; -, Demokratien [demokraˈtiːən]:
Staatsform, in der in freien Wahlen die Volksvertreter[innen] (Abgeordnete) für das Parlament gewählt werden, die die unterschiedlichen Interessen von Parteien durchzusetzen versuchen: die Demokratie stärken, verteidigen. **Zus.:** Basisdemokratie, Volksdemokratie.

de|mo|kra|tisch [demoˈkraːtɪʃ] ⟨Adj.⟩:
den Grundsätzen der Demokratie entsprechend: eine demokratische Partei. **Zus.:** basisdemokratisch.

de|mo|lie|ren [demoˈliːrən] ⟨tr.; hat⟩:
mutwillig stark beschädigen [und dadurch unbrauchbar machen]: die Betrunkenen demolierten die Möbel. **Syn.:** kaputt machen (ugs.), zerstören.

De|mons|t|rant [demɔnˈstrant], der; -en, -en, **De|mons|t|ran|tin** [demɔnˈstrantɪn], die; -, -nen:
Person, die an einer Demonstration (1) *teilnimmt:* mehrere Demonstranten wurden verhaftet.

De|mons|t|ra|ti|on [demɔnstraˈt̮si̯oːn], die; -, -en:
1. *Massenkundgebung:* eine Demonstration veranstalten. **Syn.:** Demo (Jargon), Kundgebung, Umzug. **Zus.:** Antikriegsdemonstration, Friedensdemonstration, Massendemonstration, Protestdemonstration.
2. *anschauliche Beweisführung:* ein Unterricht mit Demonstrationen.
3. *sichtbarer Ausdruck einer bestimmten Absicht:* die Olympischen Spiele sind eine Demonstration der Völkerfreundschaft. **Syn.:** Äußerung, Beweis, Zeichen. **Zus.:** Machtdemonstration.

de|mons|tra|tiv [demɔnstraˈtiːf] ⟨Adj.⟩:
betont auffällig: daraufhin erklärte er demonstrativ seinen Rücktritt. **Syn.:** ausdrücklich, bedeutungsvoll, beschwörend, betont, deutlich, eindringlich, gewichtig, nachdrücklich, provozierend, unmissverständlich, wirkungsvoll.

de|mons|t|rie|ren [demɔnˈstriːrən]:
1. ⟨itr.; hat⟩ *seine Einstellung für oder gegen etwas öffentlich mit anderen zusammen kundtun:* für den Frieden, gegen den Krieg demonstrieren; die Arbeiter demonstrierten gemeinsam mit den Studenten. **Syn.:** auf die Barrikaden gehen (ugs.), auf die Straße gehen, aufbegehren (geh.), aufmarschieren, sich entgegenstellen, sich erheben, protestieren, rebellieren, sich stemmen gegen, sich widersetzen.
2. ⟨tr.; hat⟩ *in anschaulicher Form zeigen:* er hat damit seine Entschlossenheit demonstriert; er demonstrierte, wie sich der Unfall ereignet hatte.

de|mon|tie|ren [demɔnˈtiːrən] ⟨tr.; hat⟩:
(Teil für Teil) von etwas entfernen [und auf diese Weise in seine Bestandteile zerlegen]: eine Maschine, Fabrik demontieren. **Syn.:** abbauen, abbrechen, auflösen.

de|mo|ra|li|sie|ren [demoraliˈziːrən] ⟨tr.; hat⟩:
(jmdm.) den moralischen Halt nehmen: ständige Kritik demoralisiert Ihre Mitarbeiterinnen und Mitarbeiter. **Syn.:** Angst machen, einschüchtern, entmutigen, fertigmachen (ugs.), zermürben.

De|mo|sko|pie [demoskoˈpiː], die; -:
Erforschung der Einstellungen und Meinungen der Bevölkerung oder von Bevölkerungsteilen zu aktuellen Themen, Fragen usw. durch Umfrage, Interview: ein Institut für Demoskopie.

De|mut [ˈdeːmuːt], die; -:
in der Einsicht in die Notwendigkeit und im Willen zum Hinnehmen der Gegebenheiten begründete Ergebenheit: etwas in/mit Demut [er]tragen; christliche Demut. **Syn.:** Hingabe.

de|mü|tig [ˈdeːmyːtɪç] ⟨Adj.⟩:
voller Demut: demütig bitten. **Syn.:** devot, ehrfürchtig, [2]ergeben, folgsam, fügsam, unterwürfig.

de|mü|ti|gen [ˈdeːmyːtɪgn̩] ⟨tr.; hat⟩:
(jmdn.) erniedrigen, in seinem Ehrgefühl und Stolz verletzen: es macht ihm Freude, andere zu demütigen. **Syn.:** beschämen, diskriminieren (bildungsspr.), herabsetzen, schlechtmachen (ugs.).

den [deːn]:
a) Akk. Singular von: ↑ der.
b) Dativ Plural von: ↑ der, ↑ die, ↑ das.

Denk|art [ˈdɛŋk|aːɐ̯t], die; -:
Art und Weise zu denken: seine Denkart entspricht nicht der

D
Denk

meinen. **Syn.:** Denkweise, Einstellung, Geist, Gesinnung, Ideologie, Mentalität, Weltanschauung.

denk|bar ['dɛŋkba:ɐ̯] ⟨Adj.⟩:
a) *möglich [gedacht zu werden]:* ohne Luft und Licht ist kein Leben denkbar. **b)** ⟨verstärkend bei Adjektiven⟩ *äußerst:* dieser Termin ist denkbar ungünstig; zwischen uns besteht das denkbar beste *(allerbeste)* Verhältnis. **Syn.:** ausgesprochen, außerordentlich, besonders, enorm, hochgradig, höchst, sehr, total (ugs.), überaus.

den|ken ['dɛŋkn̩], dachte, gedacht:
1. a) ⟨itr.; hat⟩ *die menschliche Fähigkeit des Erkennens und Urteilens (auf etwas) anwenden:* logisch denken; bei dieser Arbeit muss man denken. **Syn.:** den Verstand gebrauchen, nachdenken, seinen Geist anstrengen, [1]überlegen. **b)** ⟨tr.; hat⟩ *einen bestimmten Gedanken haben:* jeder denkt im Geheimen dasselbe; er dachte bei sich, ob es nicht besser wäre, wenn …
2. ⟨itr.; hat⟩ **a)** *gesinnt sein:* rechtlich denken; sie denkt in den Kategorien von Haben und Sein. **Syn.:** eingestellt sein. **b)** *(über jmdn., etwas) eine bestimmte [vorgefasste] Meinung haben:* die Leute denken nicht gut von dir; ich weiß nicht, was ich davon denken *(halten)* soll. **Syn.:** beurteilen, bewerten, einschätzen, halten von, urteilen über, werten.
3. ⟨itr.; hat⟩ **a)** *der Meinung sein:* ich dachte, ich hätte dir das Buch schon gegeben. **Syn.:** annehmen, glauben, meinen. **b)** *aufgrund bestimmter Anzeichen vermuten:* du hättest dir doch denken können, dass ich später komme. **Syn.:** ahnen, sich ausrechnen (ugs.), wähnen (geh.), sich zusammenreimen (ugs.). **c)** *sich (jmdn., etwas) in einer bestimmten Weise vorstellen:* ich denke mir das Leben auf dem Lande sehr erholsam. **Syn.:** sich vorstellen.
4. ⟨itr.; hat⟩ *die Absicht haben:* eigentlich denke ich, morgen abzureisen. **Syn.:** beabsichtigen, erwägen, gedenken, im Sinn haben, ins Auge fassen, vorhaben.
5. ⟨itr.; hat⟩ **a)** *in Gedanken (bei jmdm., etwas) sein:* er denkt oft an seine verstorbenen Eltern. **Syn.:** sich erinnern, gedenken. **b)** *auf jmds. Wohl bedacht sein, (für etwas) Vorsorge treffen:* sie denkt immer zuerst an die Kinder; ans Alter denken. **Syn.:** bedenken, berücksichtigen, nachdenken, reflektieren.
c) *(jmdn.) für eine Aufgabe o. Ä. vorgesehen haben:* wir hatten bei dem Projekt an Sie gedacht. **Syn.:** in Aussicht nehmen, ins Auge fassen, vorsehen.

-den|ken [dɛŋkn̩], das; -s ⟨Grundwort⟩:
eine von dem im Bestimmungswort Genannten geprägte Einstellung: /enthält einen Vorwurf/: Anspruchsdenken; Autoritätsdenken; Gruppendenken; Konkurrenzdenken; Konsumdenken; Parteidenken; Profitdenken; Wunschdenken; Zuständigkeitsdenken.

Denk|mal ['dɛŋkma:l], das; -[e]s, Denkmäler ['dɛŋkmɛ:lɐ]:
1. *zum Gedächtnis an eine Person, ein Ereignis errichtete größere plastische Darstellung:* das Denkmal Schillers und Goethes. **Syn.:** Monument. **Zus.:** Arbeiterdenkmal, Gefallenendenkmal, Grabdenkmal, Kriegerdenkmal.
2. ⟨mit Attribut⟩ *erhaltenswertes Werk, das für eine frühere Kultur Zeugnis ablegt:* diese Handschrift gehört zu den Denkmälern des Mittelalters. **Syn.:** Arbeit, Schöpfung. **Zus.:** Baudenkmal, Industriedenkmal, Kulturdenkmal, Literaturdenkmal.

Denk|mal|schutz ['dɛŋkma:lʃʊt͜s], der; -es:
durch Gesetze gesicherter Schutz von Boden-, Bau-, und Kulturdenkmälern: etwas unter Denkmalschutz stellen; dieses Haus steht unter Denkmalschutz.

Denk|schrift ['dɛŋkʃrɪft], die; -, -en:
an eine offizielle Stelle gerichtete Schrift über eine wichtige [öffentliche] Angelegenheit: eine Denkschrift an die Regierung richten. **Syn.:** Adresse (bildungsspr.), Bittschrift, Eingabe, Gesuch.

Denk|wei|se ['dɛŋkvai̯zə], die; -:
Art und Weise zu denken: seine Denkweise unterschied sich von der seiner Freundin. **Syn.:** Denkart, Einstellung, Geist, Gesinnung, Ideologie, Mentalität, Weltanschauung.

denk|wür|dig ['dɛŋkvʏrdɪç] ⟨Adj.⟩:
von solch einer bedeutungsvollen Art, dass man immer wieder daran denken, sich daran erinnern sollte: ein denkwürdiges Ergebnis, Ereignis. **Syn.:** bedeutend, bedeutsam, bedeutungsvoll, groß, unvergessen, unvergesslich, wichtig.

Denk|zet|tel ['dɛŋkt͜sɛtl̩], der; -s, -:
Lehre, die man aus einer unangenehmen Erfahrung oder Strafe zieht und an die man bei seinem weiteren Verhalten denken wird: er soll einen Denkzettel bekommen, und andere sollen durch dieses Urteil abgeschreckt werden; jmdm. einen Denkzettel geben, verpassen.

[1]denn [dɛn] ⟨Konj.⟩:
1. dient dazu, einen begründenden Hauptsatz anzuschließen: wir gingen wieder ins Haus, denn auf der Terrasse war es zu kühl geworden. **Syn.:** bekanntlich, du musst wissen, ihr müsst wissen, nämlich, Sie müssen wissen, und zwar, wie bekannt ist, wie man weiß.
2. *als:* ⟨in Verbindung mit »je« nach Komparativ⟩ mehr, besser denn je; ⟨neben »als« zur Vermeidung von doppeltem »als«⟩ er ist bedeutender als Gelehrter denn als Künstler.

[2]denn [dɛn] ⟨Partikel⟩:
1. dient in Entscheidungsfragen dazu, auszudrücken, dass man aufgrund des Kontextes/Gesprächszusammenhangs zwar eine bestimmte Antwort erwartet, über die darin enthaltene Information aber dennoch überrascht ist: hat sie es denn nicht gewusst?; hast du denn so viel Geld?
2. dient in Entscheidungsfragen dazu, auszudrücken, dass die Frage rhetorisch und als Vorwurf gemeint ist: hast du denn keine Augen im Kopf?!; bist du denn taub?
3. dient in Ergänzungsfragen dazu, auszudrücken, dass man eine Information zu dem Zweck erbittet, auf das Thema oder den Gesprächspartner besser eingehen zu können: wie lange hast du diese Schmerzen denn

schon?; wie hat er es denn begründet?
4. dient in Ergänzungsfragen dazu, auszudrücken, dass durch die (oft rhetorische) Frage eine Erklärung, Rechtfertigung o. Ä. eingefordert werden soll: was ist das denn hier für ein Durcheinander?; was bildet sie sich denn ein?; was soll das denn?; was habt ihr euch denn dabei gedacht?; warum bist du denn nicht gekommen?
5. dient in Ausrufen in Frageform dazu, auszudrücken, dass man von einem Sachverhalt überrascht ist und von der angesprochenen Person dasselbe erwartet: ist das denn die Möglichkeit?!
6. dient in Ergänzungsfragen dazu, auszudrücken, dass man nur deshalb fragt, weil man von einer bestimmten früheren Annahme inzwischen erfahren hat, dass sie nicht zutrifft: okay, du warst es also nicht. Aber wer [war es] denn?
7. dient in Aussagesätzen dazu, auszudrücken, dass der festgestellte Sachverhalt etwas ganz Natürliches, Naheliegendes, keineswegs Überraschendes darstellt: meine Sorge erwies sich denn auch als berechtigt; und so war es denn auch; und so ließen sie die Sache denn auf sich beruhen.
8. dient dazu, einer Aufforderung, Ermunterung o. Ä. Nachdruck zu verleihen: wohlan denn!

den|noch [ˈdɛnɔx] ⟨Adverb⟩:
ungeachtet dessen, trotz dieses Umstands, trotzdem: er war krank, dennoch wollte er seine Reise nicht verschieben. **Syn.:** aber, allein (geh.), allerdings, dessen ungeachtet, [2]doch, gleichwohl, indes[sen] (geh.), jedenfalls, jedoch, trotz allem.

De|nun|zi|ant [denʊnˈtsi̯ant], der; -en, -en, **De|nun|zi|an|tin** [denʊnˈtsi̯antɪn], die; -, -nen:
Person, die eine andere Person denunziert: er ist ein mieser Denunziant. **Syn.:** Verräter, Verräterin.

de|nun|zie|ren [denʊnˈtsi:rən] ⟨tr.; hat⟩:
1. *[aus nicht akzeptablen, niederen Beweggründen] anzeigen:* er hat sie [bei der Polizei] denunziert. **Syn.:** anschwärzen (ugs.), preisgeben, verraten.
2. *als negativ hinstellen, öffentlich verurteilen, brandmarken:* ein Verhalten, eine Meinung [als reaktionär] denunzieren. **Syn.:** anklagen.

Deo [ˈde:o], das; -s, -s:
Deodorant: ich fürchte, mein Deo hat heute versagt.

De|o|do|rant [deˌodoˈrant], das; -s, -s, auch: -e:
Mittel gegen Körpergeruch: ein neues Deodorant testen.

De|po|nie [depoˈni:], die; -, Deponien [depoˈni:ən]:
Platz, große Anlage für Haushalts-, Industriemüll o. Ä.: die Müllwagen fahren zur Deponie. **Zus.:** Mülldeponie, Sondermülldeponie.

de|po|nie|ren [depoˈni:rən] ⟨tr.; hat⟩:
1. *(zur [vorübergehenden] Aufbewahrung) an einen bestimmten Platz bringen und dort lassen:* kann ich hier irgendwo meinen Koffer deponieren?; ich werde den Schlüssel unter der Fußmatte deponieren. **Syn.:** ablegen, absetzen, abstellen, hinstellen.
2. *zur Entsorgung auf eine Deponie bringen:* was nicht recycelt werden kann, muss deponiert werden.

de|por|tie|ren [depɔrˈti:rən] ⟨tr.; hat⟩:
zwangsweise weg-, an einen anderen Ort bringen, verschleppen: während der Naziherrschaft waren sie in ein Konzentrationslager deportiert worden.

De|pot [deˈpo:], das; -s, -s:
1. *Lager für Vorräte:* Uniformen, Waffen aus dem Depot holen. **Syn.:** Magazin, Silo, Speicher. **Zus.:** Getreidedepot, Lebensmitteldepot, Materialdepot, Munitionsdepot, Verpflegungsdepot, Waffendepot.
2. *Ort, an dem in einer Bank Wertpapiere und wertvolle Gegenstände aufbewahrt werden:* Geld, Schmuck in das Depot einschließen. **Syn.:** Safe, Tresor.
3. *Ort, an dem Straßenbahnen, Omnibusse o. Ä. stehen, wenn sie nicht im Einsatz sind:* die Straßenbahn ins Depot fahren. **Zus.:** Fahrzeugdepot, Straßenbahndepot.

Depp [dɛp], der; -en, -en (bes. südd., österr., schweiz. abwertend):
dummer, einfältiger Mensch: er ist wirklich ein Depp. **Syn.:** doofe Nuss (ugs. abwertend), Dummkopf, Dussel (ugs.), Hammel (salopp abwertend), Idiot (ugs. abwertend), Idiotin (ugs. abwertend), Ignorant (abwertend), Ignorantin (abwertend), Kamel (salopp abwertend), Kindskopf (ugs.), Narr, Närrin, Spinner (ugs.), Spinnerin (ugs.), Tölpel (abwertend), [2]Tor (geh. veraltend), Törin (geh. veraltend), Tropf (oft abwertend), Trottel (ugs. abwertend).

De|pres|si|on [deprɛˈsi̯o:n], die; -, -en:
gedrückte, schwermütige Stimmung (als seelische Erkrankung): an Depressionen leiden. **Syn.:** Schwermut.

de|pres|siv [deprɛˈsi:f] ⟨Adj.⟩:
traurig, seelisch gedrückt, niedergeschlagen: eine depressive Stimmung; sie ist, wurde depressiv; depressiv gestimmt sein.

de|pri|mie|ren [depriˈmi:rən] ⟨tr.; hat⟩:
bedrücken, in eine gedrückte, schwermütige Stimmung versetzen: dieser Vorfall hat mich sehr deprimiert; ⟨häufig im 2. Partizip⟩ nach seiner Niederlage war er völlig deprimiert; ⟨häufig im 1. Partizip⟩ eine deprimierende Situation, Prognose. **Syn.:** bekümmern, belasten, betrüben, drücken (geh.), verzagen lassen (geh.), verzweifeln lassen.

De|pu|tat [depuˈta:t], das; -[e]s, -e:
1. *aus Naturalien bestehender Anteil des Lohns oder Gehalts:* ein Deputat an Zucker erhalten.
2. *Anzahl der Unterrichtsstunden, die eine Lehrkraft zu geben hat:* das Deputat für Gymnasiallehrer ist erhöht worden. **Syn.:** Soll. **Zus.:** Lehrdeputat, Lehrerdeputat, Stundendeputat.

De|pu|ta|ti|on [deputaˈtsi̯o:n], die; -, -en:
Abordnung, die einer politischen Versammlung Wünsche und Forderungen überbringt: einer Deputation angehören.

De|pu|tier|te [depuˈti:ɐ̯tə], die/eine Deputierte; der/einer Deputier-

D
Depu

der gleiche/derselbe

Das Demonstrativpronomen **derselbe, dieselbe, dasselbe** kennzeichnet ebenso wie **der/die/das gleiche** eine Übereinstimmung, eine Gleichheit, die Identität. Es gibt aber nicht nur eine Identität des Wesens oder Dings (»sie besucht dieselbe/die gleiche Schule wie ich«), sondern auch eine Identität der Art oder Gattung:

- Ich möchte denselben/den gleichen Wein wie der Herr am Fenster.
- Er hat denselben/den gleichen Vornamen wie sein Vater.
- Sie trafen sich heute um dieselbe/die gleiche Uhrzeit wie gestern.

Im Allgemeinen ergibt sich aus dem Zusammenhang, welche Identität gemeint ist, sodass eine strenge Unterscheidung zwischen »derselbe« und »der gleiche« in diesen Fällen unnötig ist. Sobald aber Missverständnisse möglich sind, sollte man den Unterschied berücksichtigen und für die Identität der Gattung »der gleiche«, für die Identität der Einzelperson und des Einzelgegenstands »derselbe« sagen:

- Die beiden Monteure der Firma fahren denselben Wagen

bedeutet, dass beide den einen Firmenwagen abwechselnd benutzen.

- Die beiden Monteure der Firma fahren den gleichen Wagen

sagt aus, dass beide einen Wagen desselben Fabrikats benutzen.

ten, die Deputierten/zwei Deputierte:
weibliche Person, die einer Deputation angehört: die Deputierte sprach vor der Vollversammlung. **Syn.:** Abgeordnete, Funktionärin, Vertreterin.

Deputierter [depu'tiːɐ̯tɐ], der Deputierte/ein Deputierter; des/eines Deputierten, die Deputierten/zwei Deputierte:
Person, die einer Deputation angehört: die Deputierten werden von der Regierung empfangen.

[1]**der** [deːɐ̯] ⟨bestimmter Artikel der Maskulina⟩:
a) ⟨individualisierend⟩ der König hatte einen Sohn. **b)** ⟨generalisierend⟩ der Mensch ist sterblich.

[2]**der** [deːɐ̯] ⟨Demonstrativpronomen⟩ (gilt, auf namentlich oder auf andere Weise genannte Personen bezogen, oft als unhöflich):
gestern kam Herr Krause. Der blieb aber nicht lange; das hat mein Vater gesagt, der weiß ja immer alles besser; ausgerechnet der muss mir das sagen. **Syn.:** dieser, jener.

[3]**der** [deːɐ̯] ⟨Relativpronomen⟩:
der Mann, der das gesagt hat… **Syn.:** welcher.

der|art ['deːɐ̯'|aːɐ̯t] ⟨Adverb⟩:
so, in solchem Maße, in solcher Weise: es hat lange nicht mehr derart geregnet; man hat ihn derart [schlecht] behandelt, dass … **Syn.:** dermaßen.

der|ar|tig ['deːɐ̯'|aːɐ̯tɪç] ⟨Adj.⟩:
solch, so [geartet]: sie schrie derartig, dass …; eine derartige Kälte hat es seit Langem nicht mehr gegeben.

derb [dɛrp] ⟨Adj.⟩:
1. *urwüchsig-robust, grob, ohne Feinheit:* ein derber Bursche, Menschenschlag; derbe Witze, Scherze, Schimpfwörter; derbe *(einfache kräftige)* Kost; seine Ausdrucksweise ist derb *(ungeschliffen).* **Syn.:** barsch, bäurisch, deftig, drastisch, flegelhaft (abwertend), gewöhnlich, grobschlächtig, hart, kräftig, nicht salonfähig, nicht stubenrein (scherzh.), obszön, plump, rau, rüde, rüpelhaft, ruppig (abwertend), schamlos (meist abwertend), unanständig, unfreundlich, ungehobelt (abwertend), unhöflich, vulgär, wie die Axt im Walde.
2. *fest, stabil, widerstandsfähig beschaffen:* derbes Leder, Schuhwerk; derber Stoff. **Syn.:** grob, grobschlächtig, hart, kräftig, plump, rau.

Der|by ['dɛrbi], das; -s, -s:
jährlich stattfindendes Rennen dreijähriger Pferde aus besonderer Zucht: das Derby gewinnen.

der|einst [deːɐ̯'|ai̯nst] ⟨Adverb⟩ (geh.):
1. *später einmal, in ferner Zukunft:* jetzt geht es ihnen gut, aber wie wird es ihnen dereinst ergehen? **Syn.:** einmal, in Zukunft, zukünftig.
2. *früher einmal, in der Vergangenheit:* ich hatte dereinst um ihre Hand angehalten. **Syn.:** anno dazumal (veraltend, noch scherzh.), anno Tobak (ugs. scherzh.), da, damals, ehemals, eher, einmal, einst (geh.), einstig, einstmals (geh.), in der Zeit, in jenen Tagen, in jener Zeit, vor Zeiten, zu der Zeit, zu jener Zeit.

[1]**de|ren** ['deːrən] ⟨Gen. Singular von ↑die⟩:
1. ⟨demonstrativ⟩ **a)** ⟨attributiv⟩ vor den Toren der Stadt betrachtete er deren zahlreiche Bauten. **b)** ⟨allein stehend⟩ ich hatte eine Anfahrtsskizze, und anhand deren habe ich den Weg ohne Schwierigkeiten gefunden.
2. ⟨relativisch⟩ **a)** ⟨attributiv⟩ die Künstlerin, deren Spiel uns begeisterte. **b)** ⟨allein stehend⟩ die Popularität, deren sie sich erfreut; eine Mitteilung, aufgrund deren es zu Unruhen kam; die Straßen, oberhalb deren die Weinberge lagen.

[2]**de|ren** ['deːrən] ⟨Gen. Plural von: ↑der, ↑die, ↑das⟩:
1. ⟨demonstrativ⟩ **a)** ⟨attributiv⟩ er begrüßte ihre Freunde und deren Kinder. **b)** ⟨allein stehend⟩ vor den Toren der Stadt betrachtete er deren zahlreiche Bauten; das waren weniger wichtige Erlebnisse, und deren erinnert sie sich heute kaum mehr.
2. ⟨relativisch⟩ **a)** ⟨attributiv⟩ Nachrichten, deren Bedeutung er nicht verstand. **b)** ⟨allein stehend⟩ die Straßen, oberhalb deren die Weinberge lagen; Erlebnisse, deren sich die Eltern erinnern.

de|rer ['deːrɐ] ⟨Demonstrativpronomen⟩:
⟨Gen. Plural von ↑der, ↑die⟩ wir

erinnern uns derer, die früher bei uns waren; das Schicksal derer, die im Kriege ausgebombt wurden.

der gleiche/derselbe:
s. Kasten Seite 266.

der|glei|chen ['de:ɐ̯'glaiçn̩] ⟨Demonstrativpronomen; indeklinabel⟩:
so etwas, solches, Derartiges: dergleichen geschieht immer wieder; nichts dergleichen geschah; und dergleichen mehr (Abk.: u. dgl. m.).

der|je|ni|ge ['de:ɐ̯je:nɪgə], diejenige, dasjenige ⟨Demonstrativpronomen⟩:
dient dazu, auf eine Person oder Sache nachdrücklich hinzuweisen, die in einem nachfolgenden Relativsatz näher bestimmt wird: ⟨attributiv⟩ der Antiquar verkaufte diejenigen Bücher, die beschädigt waren, für den halben Preis; ⟨allein stehend⟩ diejenige, die es getan hat, soll sich freiwillig melden.

der|sel|be [de:ɐ̯'zɛlbə], dieselbe, dasselbe ⟨Demonstrativpronomen⟩:
dient dazu, eine Person oder Sache als identisch (mit sich selbst), als sie selbst (und keine andere) zu kennzeichnen: bist du ganz sicher, dass es [in beiden Fällen] derselbe Mann war?; es handelt sich um [ein und] dieselbe Person; er ist noch in derselben Nacht abgereist; sie fährt dasselbe Modell wie ich, nur in einer anderen Farbe; sie hat denselben Vornamen [wie ich]; er nimmt immer denselben Wein *(Wein derselben Sorte);* sie hat dieselben Probleme *(Probleme derselben Art)* [wie du]; das ist nicht ganz dasselbe *(es gibt einen Unterschied);* er hat sich genau denselben Tisch (ugs.; *einen genau gleichen Tisch, genau so einen Tisch*) bauen lassen wie ich. **Syn.:** auch so einer/eine/eins; der, die, das Nämliche (geh.); ebenso einer/eine/eins; genauso einer/eine/eins; gleich; identisch; nämlich (geh.); übereinstimmend.

derselbe / der gleiche:
s. Kasten Seite 266.

der|zeit ['de:ɐ̯'tsait] ⟨Adverb⟩:
zurzeit, momentan: dieses Modell ist derzeit nicht lieferbar.

des [dɛs]:
Gen. Singular von: ↑der, ↑das.

des-, Des- [dɛs] ⟨vor Vokalen, sonst ↑»de«-, »De«-; Präfix; fremdsprachliches Basiswort⟩:
1. ⟨verbal⟩ besagt, dass das im Basiswort Genannte aufgehoben, rückgängig gemacht, beseitigt wird: /das Basiswort bildet das Gegenwort/: desaktivieren; desinformieren; desinfizieren; desintegrieren; desinteressiert; desorganisieren; desorientieren; desoxidieren. **Syn.:** ent-.
2. ⟨substantivisch⟩ *Vorgang oder dessen Ergebnis:* Desidentifikation; Desillusion; Desillusionierung; Desinformation; Desintegration; Desinteresse; Desinteressiertheit. **Syn.:** Ab-, Ent-, Weg-.

De|ser|teur [dezɛr'tø:ɐ̯], der; -s, -e, **De|ser|teu|rin** [dezɛr'tø:rɪn], die; -, -nen:
Person, die desertiert: er war [ein] Deserteur. **Syn.:** Überläufer, Überläuferin.

de|ser|tie|ren [dezɛr'ti:rən] ⟨itr.; ist⟩:
als Soldat[in] die Truppe, Dienststelle verlassen, um sich dem Krieg zu entziehen: er ist [aus der Armee] desertiert. **Syn.:** fahnenflüchtig werden, [1]überlaufen.

des|halb ['dɛs'halp] ⟨Adverb⟩:
wegen dieser Sache, aus diesem Grund: sie ist verreist, deshalb kann sie nicht teilnehmen; er ist krank und fehlt deshalb. **Syn.:** also, dadurch, daher, danach, daraufhin, darum, demnach, deswegen, folglich, infolgedessen, insofern, somit.

De|sign [di'zain], das; -s, -s:
formgerechte und funktionale Gestaltgebung sowie die so erzielte Form eines Gebrauchsgegenstandes: das Design des Fernsehers gefällt mir nicht; das Gerät hat ein modernes, ein total überholtes Design; Designs für Möbel entwerfen. **Syn.:** Aussehen, Entwurf, Muster.

De|si|gner [di'zainɐ], der; -s, -, **De|si|gne|rin** [di'zainərɪn], die; -, -nen:
Person, die Designs entwirft: sie möchte Designerin werden.

des|il|lu|si|o|nie|ren [dɛs|ɪluzi̯o'ni:rən] ⟨tr.; hat⟩:
(jmdm.) eine Illusion nehmen: der Aufenthalt in den USA hat ihn desillusioniert; diese Erlebnisse waren sehr desillusionierend.

Des|in|fek|ti|on [dɛs|ɪnfɛk'tsi̯o:n], die; -, -en:
das Desinfizieren: die Desinfektion der Kleidung, der Wunde.

des|in|fi|zie|ren [dɛs|ɪnfi'tsi:rən] ⟨tr.; hat⟩:
[mit chemischen Mitteln] keimfrei machen: eine Wunde, eine Spritze, die Kleidung, einen Raum desinfizieren. **Syn.:** sterilisieren.

Des|in|te|res|se ['dɛs|ɪntərɛsə], das; -s:
fehlendes Interesse: sein Desinteresse an der Schule ärgert die Eltern.

des|pek|tier|lich [despɛk'ti:ɐ̯lɪç] ⟨Adj.⟩ (geh.):
(den nötigen) Respekt vermissen lassend: die Kabarettisten gehen zuweilen despektierlich mit der Regierung um; sie nannte den Gesangsunterricht ihrer Schwester despektierlich »Singstunde«. **Syn.:** abschätzig, geringschätzig, verächtlich.

Des|pot [dɛs'po:t], der; -en, -en, **Des|po|tin** [dɛs'po:tɪn], die; -, -nen:
Person, die despotisch herrscht: sie ist eine wahre Despotin. **Syn.:** Diktator, Diktatorin, Tyrann, Tyrannin.

des|po|tisch [dɛs'po:tɪʃ] ⟨Adj.⟩:
durch Zwang und Willkür gekennzeichnet: ein despotischer Alleinherrscher; despotische Befehle; despotisch herrschen, regieren. **Syn.:** diktatorisch, eigenmächtig, herrisch, herrschsüchtig, totalitär, tyrannisch, willkürlich.

des|sen ['dɛsn̩]:
Gen. Singular von: ↑der, ↑das.

Des|sert [dɛ'se:ɐ̯], das; -s, -s:
feiner Nachtisch: als/zum Dessert gibt es Vanilleschaum mit frischen Himbeeren. **Syn.:** Nachspeise.

des|til|lie|ren [dɛstɪ'li:rən] ⟨tr.; hat⟩:
(zur Reinigung oder zur Gewinnung eines bestimmten Bestandteils oder zur Erhöhung der Konzentration eines bestimmten Bestandteils) verdampfen und danach wieder flüssig werden

lassen: die Maische wird vergoren und destilliert; Schnaps destillieren *(durch Destillieren herstellen);* destilliertes *(durch Destillieren von gelösten Stoffen befreites, gereinigtes)* Wasser. **Syn.:** brennen.

des|to: ↑ ³je (1).

de|struk|tiv [destrʊk'ti:f] ⟨Adj.⟩: *zerstörerisch:* ein destruktives Verhalten, Potenzial; das war eine rein destruktive (Ggs. konstruktive) Kritik.

des|we|gen ['dɛs've:gn̩] ⟨Adverb⟩: *deshalb:* »Ich bin plötzlich krank geworden.« – »Ach so, deswegen hast du nicht angerufen!«. **Syn.:** also, aus diesem Grund, dadurch, daher, danach, daraufhin, darum, demnach, folglich, infolgedessen, insofern, somit.

De|tail [de'tai̯], das; -s, -s: *Einzelheit; einzelner Umstand eines größeren Ganzen:* einen Vorgang bis ins kleinste Detail schildern; sie hat beim Erzählen nicht ein einziges Detail ausgelassen.

de|tail|liert [deta'ji:ɐ̯t] ⟨Adj.⟩: *ins Detail gehend:* eine detaillierte Aufstellung der Kosten; auf Fragen detailliert antworten. **Syn.:** bis ins Detail, ¹genau.

De|tek|tiv [detɛk'ti:f], der; -s, -e, **De|tek|ti|vin** [detɛk'ti:vɪn], die; -, -nen: *Person, deren Beruf es ist, jmdn. zu beobachten und unauffällig Ermittlungen über dessen Tun und Verhalten anzustellen:* einen Detektiv auf jmdn. ansetzen; jmdn. von einer Detektivin beobachten lassen. **Zus.:** Hausdetektiv, Hausdetektivin, Hoteldetektiv, Hoteldetektivin, Kaufhausdetektiv, Kaufhausdetektivin, Meisterdetektiv, Meisterdetektivin, Privatdetektiv, Privatdetektivin.

de|to|nie|ren [deto'ni:rən] ⟨itr.; ist⟩: *heftig explodieren:* eine Granate, eine Mine, ein Torpedo, eine Autobombe detonierte. **Syn.:** in die Luft fliegen.

deu|teln ['dɔy̯tl̩n] ⟨itr.; hat⟩: *durch Haarspaltereien verschieden deuten, spitzfindig auslegen:* seine Antwort ist so klar, dass es daran nichts zu deuteln gibt. **Syn.:** erklären, erläutern, interpretieren, klarmachen (ugs.).

deu|ten ['dɔy̯tn̩], deutete, gedeutet:
1. ⟨itr.; hat⟩ *(mit etwas) irgendwohin zeigen:* sie deutete [mit dem Finger] nach Norden, auf ihn, in diese Richtung. **Syn.:** hindeuten, hinweisen, weisen auf.
2. ⟨tr.; hat⟩ *(einer Sache) einen bestimmten Sinn beilegen:* Träume, Zeichen deuten; etwas als böses Omen deuten; jmdm. die Zukunft deuten *(vorhersagen).* **Syn.:** auslegen, deuteln, erklären, erläutern, interpretieren, klarmachen (ugs.).

deut|lich ['dɔy̯tlɪç] ⟨Adj.⟩: *klar, sich klar erkennen lassend:* eine deutliche Stimme, Schrift; sich deutlich [an etwas] erinnern. **Syn.:** anschaulich, artikuliert, bildlich, lebendig, lebhaft, plastisch, verständlich.

deutsch [dɔy̯tʃ] ⟨Adj.⟩:
a) *die Deutschen, Deutschland betreffend:* das deutsche Volk; die deutsche Sprache, Nationalhymne; die deutsche Staatsangehörigkeit besitzen; das ist typisch deutsch *(für die Deutschen charakteristisch).* **b)** *in der Sprache der Bevölkerung besonders Deutschlands, Österreichs und in Teilen der Schweiz:* die deutsche Übersetzung eines Romans; die deutsche Schweiz *(Teil der Schweiz, in dem deutsch gesprochen wird);* deutsch sprechen.

Deutsch [dɔy̯tʃ], das; -[s]:
a) *die deutsche Sprache [eines Einzelnen oder einer Gruppe]; die näher gekennzeichnete deutsche Sprache:* gutes, gepflegtes, fehlerfreies Deutsch; Deutsch lernen, verstehen; fließend Deutsch sprechen; etwas auf Deutsch sagen; der Brief ist in Deutsch geschrieben, abgefasst. **b)** ⟨ohne Artikel⟩ *die deutsche Sprache und Literatur als Unterrichtsfach:* sie lehrt, gibt Deutsch; wir haben in der zweiten Stunde Deutsch; in Deutsch eine Zwei haben.

¹Deut|sche ['dɔy̯tʃə], die/eine Deutsche; der/einer Deutschen, die Deutschen/zwei Deutsche: Angehörige des deutschen Volkes, aus Deutschland stammende weibliche Person: eine typische Deutsche; sie ist Deutsche.

²Deut|sche ['dɔy̯tʃə], das; -n ⟨nur mit bestimmtem Artikel⟩: *die deutsche Sprache im Allgemeinen:* das Deutsche ist eine indogermanische Sprache; etwas aus dem Deutschen/vom Deutschen ins Französische übersetzen; der Konjunktiv im Deutschen.

Deutscher ['dɔy̯tʃɐ], der Deutsche/ein Deutscher; des/eines Deutschen, die Deutschen/zwei Deutsche: *Angehöriger des deutschen Volkes, aus Deutschland stammende Person:* ein typischer Deutscher; er ist Deutscher; die Deutschen haben *(die deutsche Mannschaft hat)* gewonnen.

Deutsch|land ['dɔy̯tʃlant], -s: Staat in Mitteleuropa: die Bundesrepublik Deutschland.

deutsch|spra|chig ['dɔy̯tʃʃpra:xɪç] ⟨Adj.⟩:
1. *die deutsche Sprache sprechend, als Muttersprache habend:* die deutschsprachigen Schweizerinnen und Schweizer.
2. *in deutscher Sprache abgefasst:* deutschsprachige Literatur.

deutsch|sprach|lich ['dɔy̯tʃʃpra:xlɪç] ⟨Adj.⟩: *die deutsche Sprache betreffend:* in dieser französischen Schule wird auch der deutschsprachliche Unterricht auf Französisch gehalten.

De|vi|se [de'vi:zə], die; -, -n:
1. ⟨Plural⟩ *Zahlungsmittel in ausländischer Währung:* keine Devisen haben. **Syn.:** ausländisches Geld.
2. *Spruch o. Ä., nach dem jmd. seine Handlungs- und Lebensweise einrichtet:* seine Devise ist: leben und leben lassen; mehr Freizeit lautet heute die Devise. **Syn.:** Ausspruch, Bonmot, Losung, Motto, Parole, Satz, Sentenz (bildungsspr.), Sinnspruch.

de|vot [de'vo:t] ⟨Adj.⟩: *unterwürfig, ein übertriebenes Maß an Ergebenheit zeigend:* eine devote Haltung; er verneigte sich devot. **Syn.:** demütig, ehrfürchtig, ²ergeben, kriecherisch (abwertend), sklavisch.

De|zem|ber [de'tsɛmbɐ], der; -[s], -: *zwölfter Monat im Jahr:* im

Dezember sind die Nächte am längsten.

de|zent [deˈtsɛnt] ‹Adj.›: *zurückhaltend, unaufdringlich, nicht [unangenehm] auffallend:* ein dezentes Parfüm; eine dezente Beleuchtung; dezent auf einen Fehler hinweisen. **Syn.:** bescheiden, diskret, taktvoll, verschwiegen.

De|zi|li|ter [ˈdeːtsiliːtɐ], der, auch: das; -s, -: Einheit für Flüssigkeiten (Abkürzung: dl); *100 Milliliter:* für die Soße brauche ich zwei Deziliter *(200 Milliliter)* Sahne.

Dia [ˈdiːa], das; -s, -s: *Diapositiv:* Dias vom Urlaub zeigen. **Syn.:** Aufnahme. **Zus.:** Farbdia, Urlaubsdia.

Di|a|g|no|se [diaˈgnoːzə], die; -, -n: *Bestimmung einer Krankheit:* eine richtige, falsche Diagnose. **Syn.:** Befund. **Zus.:** Fehldiagnose, Frühdiagnose, Ultraschalldiagnose, Krebsdiagnose, Röntgendiagnose.

dia|go|nal [diagoˈnaːl] ‹Adj.›: *zwei nicht benachbarte Ecken besonders eines Vierecks geradlinig verbindend:* eine diagonale Linie; diagonal über den Platz gehen; die Linien verlaufen diagonal. **Syn.:** schräg.

Di|a|lekt [diaˈlɛkt], der; -[e]s, -e: *Mundart:* der oberdeutsche, sächsische Dialekt; er spricht Dialekt. **Zus.:** Heimatdialekt, Stadtdialekt.

Di|a|lek|tik [diaˈlɛktɪk], die; -: *philosophische Methode, die die Position, von der sie ausgeht, durch gegensätzliche Behauptungen infrage stellt und in der Synthese beider Positionen eine Erkenntnis höherer Art zu gewinnen sucht:* die Dialektik anwenden.

Di|a|log [diaˈloːk], der; -[e]s, -e: **a)** *Gespräch zwischen zwei oder mehr Personen* /Ggs. Monolog/: **Syn.:** Besprechung, Debatte, Diskussion, Erörterung, Konversation, Unterhaltung, Unterredung. **b)** *Gespräche, die zwischen zwei Interessengruppen geführt werden, um die gegenseitigen Standpunkte kennenzulernen:* der Dialog zwischen den Kirchen.

Di|a|mant [diaˈmant], der; -en, -en: *extrem harter, kostbarer Edelstein:* der Diamant strahlt, funkelt; den Ring zieren zwei Diamanten. **Syn.:** Stein. **Zus.:** Industriediamant, Rohdiamant.

Dia|po|si|tiv [ˈdiːapozitiːf], das; -s, -e: *durchsichtiges fotografisches Bild* (zum Projizieren auf eine weiße Fläche): die Diapositive nach Alter sortieren. **Syn.:** Aufnahme.

Di|ät [diˈɛːt], die; -, -en: *auf die Bedürfnisse eines Kranken, Übergewichtigen o. Ä. abgestimmte Ernährungsweise:* er musste wegen seiner Galle eine strenge Diät einhalten; der Arzt hat sie auf Diät gesetzt *(hat ihr eine Diät verordnet);* Diät kochen, essen, leben *(sich beim Kochen, bei der Ernährung nach den Vorschriften einer Diät richten).* **Zus.:** Nulldiät, Schlankheitsdiät.

Di|ä|ten [diˈɛːtn̩] ‹Plural›: *Aufwandsentschädigung (für Abgeordnete):* die Diäten der Abgeordneten sollen erhöht werden. **Zus.:** Abgeordnetendiäten.

dich [dɪç] ‹Personalpronomen; Akk. von »du«›: **a)** ich liebe dich. **b)** ‹reflexivisch› beeil dich!

dicht [dɪçt] ‹Adj.›: **1.** *nur mit wenig Zwischenraum:* ein dichtes Gebüsch; dichter Nebel; die Pflanzen stehen zu dicht. **Syn.:** Kopf an Kopf, Mann an Mann, Schulter an Schulter, undurchdringlich. **2.** *aufgrund seiner Beschaffenheit nichts durchlassend:* die Stiefel sind nicht mehr dicht. **3.** ‹in Verbindung mit einer Präp.› *in unmittelbarer Nähe (von etwas):* dicht am Ufer; der Ort liegt ganz dicht bei Kiel; dicht vor mir machte er Halt. **Syn.:** [1]direkt, eng, haarscharf (emotional), unmittelbar.

-dicht [dɪçt] ‹adjektivisches Suffixoid›: *das im Basiswort Genannte nicht durchlassend, in Bezug auf … undurchlässig, geschützt, gesichert gegen …:* gasdicht; luftdicht; regendicht; schalldicht; wasserdicht; winddicht.

Dich|te [ˈdɪçtə], die; -: **1.** *dichtes Nebeneinander (von gleichartigen Wesen oder Dingen auf einem bestimmten Raum):* die Dichte der Bevölkerung, des Straßenverkehrs. **Zus.:** Bevölkerungsdichte, Fahrzeugdichte, Flugdichte, Verkehrsdichte. **2.** *Verhältnis der Masse eines Körpers zu dem von ihm eingenommenen Raum:* der Stoff hat eine sehr hohe Dichte. **Zus.:** Dampfdichte, Gasdichte, Luftdichte.

D
Dich

[1]dich|ten [ˈdɪçtn̩] ‹itr.; hat›: *ein sprachliches Kunstwerk hervorbringen:* in meiner Jugend habe ich auch gedichtet; ‹auch tr.› ein Gedicht, ein Lied dichten. **Syn.:** Gedichte schreiben, Reime schmieden, reimen, schreiben, Verse machen, Verse schmieden.

[2]dich|ten [ˈdɪçtn̩]: **a)** ‹tr.; hat› *abdichten, undurchlässig machen:* das Fenster, das Dach, den Wasserhahn dichten. **Syn.:** isolieren, verstopfen. **b)** ‹itr.; hat› *als Mittel zum Abdichten geeignet sein:* der Kitt dichtet gut, nicht mehr.

Dich|ter [ˈdɪçtɐ], der; -s, -, **Dich|te|rin** [ˈdɪçtərɪn], die; -, -nen: *Person, die dichtet; Schöpfer[in] eines oder mehrerer sprachlicher Kunstwerke:* dieser Dichter wird in seinem Land hoch verehrt. **Syn.:** Autor, Autorin, Erzähler, Erzählerin, Schriftsteller, Schriftstellerin. **Zus.:** Arbeiterdichter, Arbeiterdichterin, Balladendichter, Balladendichterin, Bühnendichter, Bühnendichterin, Heimatdichter, Heimatdichterin, Laiendichter, Laiendichterin, Mundartdichter, Mundartdichterin.

dicht|hal|ten [ˈdɪçthaltn̩], hält dicht, hielt dicht, dichtgehalten ‹itr.; hat› (ugs.): *sich durch nichts verleiten lassen, über etwas, was verschwiegen werden, geheim bleiben soll, zu reden:* er hat bei allen Verhören dichtgehalten. **Syn.:** den Mund halten (ugs.), die Klappe halten (salopp), kein Sterbenswort sagen, kein Sterbenswörtchen sagen, nicht antworten, nicht reden, nichts verraten, schweigen, still sein, stillhalten, stumm sein, verschwiegen sein.

[1]Dich|tung [ˈdɪçtʊŋ], die; -, -en: **1.** *dichterisches Schaffen, Gesamtheit der sprachlichen Kunstwerke:* die Dichtung des Mittelalters. **Syn.:** Literatur, Schrifttum. **Zus.:** Arbeiterdich-

tung, Heldendichtung, Volksdichtung.
2. *sprachliches Kunstwerk:* eine epische, antike Dichtung.

²Dich|tung [ˈdɪçtʊŋ], die; -, -en: *Schicht aus einem geeigneten Material, die zwischen zwei Teile eines Geräts o. Ä. zur Abdichtung gelegt wird:* die Dichtung am Wasserhahn muss erneuert werden. **Zus.:** Filzdichtung, Gummidichtung, Kolbendichtung, Rohrdichtung, Zylinderkopfdichtung.

dick [dɪk] ⟨Adjektiv⟩:
1. a) *eine beträchtliche Dicke, einen beträchtlichen Umfang habend* /Ggs. dünn/: ein dicker Mann, Ast; ein dickes Brett, Buch; eine dicke Schicht; sie ist in den letzten Jahren dicker geworden; das Brot dick mit Butter bestreichen. **Syn.:** beleibt, breit, drall, feist, fett (emotional), fleischig, füllig, kompakt (ugs.), korpulent, kugelrund (scherzh.), rund, rundlich, stämmig, stark (verhüllend), untersetzt, üppig, vollschlank. **b)** *(als Folge einer Krankheit oder äußeren Einwirkung) angeschwollen:* eine dicke Backe, Lippe haben; der Fuß ist ganz dick geworden.
2. ⟨in Verbindung mit Maßangaben; nachgestellt⟩ *eine bestimmte Dicke habend:* das Brett ist 1 cm dick. **Syn.:** stark.
3. *sämig, nicht flüssig, schon eher fest (in seiner Beschaffenheit):* ein dicker Brei; Milch dick werden lassen. **Syn.:** steif, zäh, zähflüssig.
4. *dicht* (1): dicker Nebel. **Syn.:** undurchdringlich.
5. (ugs.) *besonders stark, intensiv:* eine dicke Freundschaft; ein dickes Lob. **Syn.:** außergewöhnlich, außerordentlich, bemerkenswert, besonder…, fest, stabil.

-dick [dɪk] ⟨Grundwort⟩: *eine Dicke (als Maß) aufweisend wie das im Basiswort Genannte:* armdick; bleistiftdick; daumendick; fingerdick.

dick|fel|lig [ˈdɪkfɛlɪç] ⟨Adj.⟩ (ugs. abwertend): *gleichgültig gegenüber Vorwürfen, Aufforderungen o. Ä.:* er erwies sich als äußerst dickfellig. **Syn.:** abgebrüht (ugs.), abgestumpft, lethargisch, phlegmatisch, teilnahmslos, unempfindlich.

Di|ckicht [ˈdɪkɪçt], das; -s, -e: *dichtes Gebüsch, dichter junger Wald:* das Reh hat sich im Dickicht versteckt. **Syn.:** Gestrüpp, Unterholz. **Zus.:** Tannendickicht.

Dick|kopf [ˈdɪkkɔpf], der; -[e]s, Dickköpfe [ˈdɪkkœpfə] (ugs.): *Person, die in eigensinniger Weise auf ihrem Willen beharrt:* unsere kleine Tochter ist ein richtiger Dickkopf; du bist vielleicht ein Dickkopf! **Syn.:** sturer Bock (abwertend).

Di|dak|tik [diˈdaktɪk], die; -: *Lehre vom Unterrichten:* er versteht nichts von Didaktik.

di|dak|tisch [diˈdaktɪʃ] ⟨Adj.⟩:
1. *die Didaktik betreffend:* eine didaktisch zweckmäßige Unterweisung der Schüler. **Syn.:** methodisch, pädagogisch.
2. *belehrend, Wissen vermittelnd:* ein didaktisches Gedicht.

¹die [di:] ⟨bestimmter Artikel der Feminina⟩:
a) individualisierend: die Witwe hatte zwei Töchter. **b)** generalisierend: die Geduld ist eine Tugend.

²die [di:] ⟨Demonstrativpronomen⟩ (gilt, auf namentlich oder auf andere Weise genannte Personen bezogen, oft als unhöflich): »Wann kommt denn Petra, deine Tante?« – »Die hat abgesagt.«; ausgerechnet die muss mir das sagen; die können das doch gar nicht.

³die [di:] ⟨Relativpronomen⟩: die Frau, die das gesagt hat, ist bereits gegangen. **Syn.:** welche.

Dieb [di:p], der; -[e]s, -e, **Die|bin** [ˈdi:bɪn], die; -, -nen: *Person, die stiehlt:* einen Dieb auf frischer Tat ertappen; sie ist im Kaufhaus als Diebin erwischt worden. **Syn.:** Langfinger (ugs.), Räuber, Räuberin, Spitzbube (veraltend abwertend), Spitzbübin (veraltend abwertend). **Zus.:** Autodieb, Autodiebin, Fahrraddieb, Fahrraddiebin, Hoteldieb, Hoteldiebin, Ladendieb, Ladendiebin, Pferdedieb, Pferdediebin, Taschendieb, Taschendiebin, Trickdieb, Trickdiebin.

die|bisch [ˈdi:bɪʃ] ⟨Adj.⟩: *heimliche Freude verratend; nur verstohlen seine Belustigung ausdrückend:* wir haben uns diebisch gefreut.

Dieb|stahl [ˈdi:pʃta:l], der; -[e]s, Diebstähle [ˈdi:pʃtɛ:lə]: *das Stehlen; rechtswidrige Aneignung fremden Eigentums:* einen Diebstahl begehen, aufdecken; er wurde beim Diebstahl ertappt. **Syn.:** Raub. **Zus.:** Autodiebstahl, Fahrraddiebstahl, Hoteldiebstahl, Juwelendiebstahl, Ladendiebstahl, Taschendiebstahl, Trickdiebstahl.

die|je|ni|ge [ˈdi:je:nɪgə]: ↑derjenige.

Die|le [ˈdi:lə], die; -, -n:
1. *Brett für den Fußboden:* eine knarrende Diele. **Syn.:** Balken, Bohle, Latte, Leiste, Planke. **Zus.:** Eichendiele, Holzdiele.
2. *[geräumiger] Flur:* in der Diele warten. **Syn.:** Gang, Hausflur.

die|nen [ˈdi:nən] ⟨itr.; hat⟩:
1. a) *für eine Institution, in einem bestimmten Bereich tätig sein:* er hat fast sein ganzes Leben dem Staat, der Wissenschaft gedient. **Syn.:** arbeiten bei, arbeiten für, Dienst tun, im Dienst stehen. **b)** *dem Militärdienst nachkommen:* bei der Luftwaffe dienen.
2. *nützlich sein (für jmdn., etwas):* ihre Forschungen dienten friedlichen Zwecken, der ganzen Menschheit. **Syn.:** nutzen (bes. nordd.), nützen (bes. südd.).
3. *in bestimmter Weise verwendet werden, einen bestimmten Zweck erfüllen:* das Schloss dient heute als Museum; der Graben dient dazu, das Wasser abzuleiten.

Die|ner [ˈdi:nɐ], der; -s, -:
1. a) *männliche Person, die in abhängiger Stellung in einem Haushalt tätig ist und dafür Lohn empfängt:* er war ein treuer Diener seines Herrn. **Syn.:** Bedienung, Boy, dienstbarer Geist (ugs.), Lakai (früher), Mädchen für alles (ugs.). **b)** *männliche Person, die sich (für bestimmte Personen oder Dinge) einsetzt und sie fördert:* ein Diener der Mächtigen, der Wahrheit; er ist ein treuer Diener des Evangeliums.
2. *Neigung des Kopfes und des Oberkörpers als Zeichen der Höflichkeit, Untergebenheit; Verbeugung besonders bei Kindern:* einen tiefen Diener machen. **Syn.:** ¹Bückling (ugs. scherzh.), Verbeugung.

Die|ne|rin ['di:nərɪn], die; -, -nen: weibliche Form zu ↑Diener (1).

dien|lich ['di:nlɪç] ⟨Adj.⟩: *nützlich, zuträglich:* ein dienlicher Hinweis; er trank mehr, als ihm dienlich war. **Syn.:** förderlich, hilfreich, konstruktiv (bildungsspr.), lohnend. **Zus.:** sachdienlich, zweckdienlich.

Dienst [di:nst], der; -[e]s, -e: *bestimmte Pflichten umfassende berufliche Arbeit [in einer staatlichen, kirchlichen Institution]:* ein anstrengender Dienst; der militärische Dienst. **Syn.:** Beschäftigung, Dienstleistung (Wirtsch.), Geschäft, Job (ugs.), Tätigkeit. **Zus.:** Arbeitsdienst, Außendienst, Bereitschaftsdienst, Botendienst, Innendienst, Küchendienst, Nachtdienst, Polizeidienst, Rettungsdienst, Schichtdienst, Schuldienst, Sonntagsdienst, Spätdienst, Staatsdienst, Streifendienst, Stubendienst, Telefondienst, Wehrdienst, Zivildienst.

Diens|tag ['di:nsta:k], der; -[e]s, -e: *zweiter Tag der mit Montag beginnenden Woche.* **Zus.:** Fastnachtsdienstag.

dienst|be|reit ['di:nstbərai̯t] ⟨Adj.⟩: *außerhalb der gewöhnlichen Arbeitszeit zum Dienst bereit:* die Apotheke war dienstbereit.

dienst|eif|rig ['di:nstlai̯frɪç] ⟨Adj.⟩: *äußerst eifrig um jmdn. bemüht:* jmdm. diensteifrig die Tür aufmachen. **Syn.:** beflissen (geh.), dienstbereit, entgegenkommend, gefällig, hilfsbereit.

Dienst|grad ['di:nstgra:t], der; -[e]s, -e: *militärische Rangstufe:* er hat den Dienstgrad eines Leutnants. **Syn.:** Grad, Stufe.

Dienst|leis|tung ['di:nstlai̯stʊŋ], die; -, -en (Wirtsch.): *nicht [unmittelbar] der Produktion dienende Leistung, Arbeit:* eine Diensleistung in Anspruch nehmen, anbieten.

dienst|lich ['di:nstlɪç] ⟨Adj.⟩:
a) *die Ausübung des Amts, des Berufs betreffend; hinsichtlich des Dienstes:* eine dienstliche Angelegenheit; ich bin dienstlich *(wegen meines Dienstes)* verhindert. **b)** *amtlich, offiziell:* das ist ein dienstlicher Befehl; plötzlich wurde der Chef ganz dienstlich *(unpersönlich, formell, frostig).* **Syn.:** geschäftlich.

dies [di:s]: ↑dieser.

dies|be|züg|lich ['di:sbətsy:klɪç] ⟨Adj.⟩: *auf diese Angelegenheit bezüglich:* es ist verboten, die Straße nach 20 Uhr zu betreten. Eine diesbezügliche Vorschrift ist schon vor einigen Tagen erlassen worden. **Syn.:** dazu, hierauf Bezug nehmend (Amtsspr., Kaufmannsspr.), hierzu, in Bezug darauf, in diesem Punkt, in dieser Beziehung, mit Bezug darauf (Amtsspr., Kaufmannsspr.), zu diesem Punkt.

die|se ['di:zə]: ↑dieser.

Die|sel ['di:zl̩], der; -s, -:
1. *Dieselmotor:* den Diesel reparieren.
2. *mit einem Dieselmotor angetriebenes Fahrzeug:* wir fahren einen Diesel.
3. *als Kraftstoff für Dieselmotoren dienendes Öl:* Diesel tanken.

die|sel|be [di:'zɛlbə]: ↑derselbe.

Die|sel|mo|tor ['di:zl̩mo:to:ɐ̯], der; -s, -en: *Verbrennungsmotor, bei dem sich der Kraftstoff aufgrund der hohen Temperatur im Verbrennungsraum von selbst entzündet.*

die|ser ['di:zɐ], **die|se** ['di:zə], **die|s[es]** ['di:(zə)s] ⟨Demonstrativpronomen⟩: dient dazu, auf eine Person oder Sache nachdrücklich hinzuweisen: dieser Mann ist es; diese Frau kenne ich auch; dieses Abends erinnere ich mich noch sehr gut; Ostern dieses Jahres; all dies[es] war mir bekannt. **Syn.:** das, das da, der, der da, die, die da, jene, jener, jenes.

die|sig ['di:zɪç] ⟨Adj.⟩: *dunstig, nicht klar:* diesiges Wetter; es ist heute sehr diesig.

dies|mal ['di:sma:l] ⟨Adverb⟩: *dieses Mal:* diesmal muss es aber gelingen.

[1]**dies|seits** ['di:szai̯ts] ⟨Präp. mit Gen.⟩: *auf dieser Seite* /Ggs. jenseits/: diesseits des Flusses.

[2]**dies|seits** ['di:szai̯ts] ⟨Adverb⟩: *auf dieser Seite* /Ggs. jenseits/: diesseits vom Neckar.

Diet|rich ['di:trɪç], der; -s, -e: *zu einem Haken gebogener Draht, der zum Öffnen einfacher Schlösser dient:* die Tür mit einem Dietrich öffnen.

dif|fa|mie|ren [dɪfa'mi:rən] ⟨tr.; hat⟩: *verleumden, in einen schlechten Ruf bringen:* jmdn. diffamieren; er wurde als Erfüllungsgehilfe, als Kollaborateur diffamiert; man hat sie politisch diffamiert; diffamierende Äußerungen; eine diffamierte Personengruppe. **Syn.:** abqualifizieren, anschwärzen (ugs.), diskriminieren (bildungsspr.), herabsetzen, heruntermachen (ugs.), in den Schmutz ziehen, in ein schlechtes Licht setzen, madigmachen (ugs.), miesmachen (ugs. abwertend), mit Schmutz bewerfen, schlechtmachen (ugs.), verteufeln (abwertend).

Dif|fe|renz [dɪfə'rɛnts], die; -, -en:
1. *Unterschied zwischen zwei Zahlen, Größen:* die Differenz zwischen Einnahme und Ausgabe; die Differenz zwischen 25 und 17 ist 8. **Syn.:** Diskrepanz, Kontrast. **Zus.:** Gewichtsdifferenz, Höhendifferenz, Preisdifferenz, Temperaturdifferenz, Tordifferenz, Zeitdifferenz.
2. ⟨Plural⟩ *Meinungsverschiedenheiten:* er hatte ständig Differenzen mit ihm. **Syn.:** Dissonanz ⟨Singular⟩, Meinungsverschiedenheit ⟨Singular⟩, Unstimmigkeit ⟨Singular⟩.

dif|fus [dɪ'fu:s] ⟨Adj.⟩: *nicht klar umrissen; verschwommen; vage:* diffuse Andeutungen, Vorstellungen; seine Pläne sind ziemlich diffus; das ist mir zu diffus formuliert. **Syn.:** dunkel, unbestimmt, undeutlich, unklar.

diffus/konfus:
s. Kasten Seite 272.

di|gi|tal [digi'ta:l] ⟨Adj.⟩: *(im Unterschied zum analogen System) Daten und Informationen in Ziffern darstellend; in Ziffern dargestellt:* digital und analog arbeitende Geräte; die Uhrzeit wird digital angezeigt; digitale Uhrzeit- und Frequenzanzeige.

Dik|tat [dɪk'ta:t], das; -[e]s, -e:
1. a) *Ansage eines Textes, der wörtlich niedergeschrieben werden soll:* nach Diktat schreiben; die Sekretärin wurde zum Diktat gerufen. **b)** *nach einer Ansage wörtlich niedergeschriebener Text:* ein Diktat aufnehmen, übertragen; wir schreiben in der

diffus/konfus

Das Adjektiv **diffus** wird zum einen in den Fachsprachen (Technik, Chemie, Physik) gebraucht und bedeutet *zerstreut, ohne bestimmte Grenzen:*

- Diffuses Licht erleuchtete den Raum.

Zum anderen wird es auch übertragen im Sinne von *verschwommen, getrübt, nicht klar umrissen* verwendet:

- Er machte einige diffuse Andeutungen, die ich aber nicht recht deuten konnte.
- Können Sie den Schmerz beschreiben? Ist er pochend, stechend oder eher diffus?

Was als **konfus** bezeichnet wird, ist *ungeordnet, unklar, verworren.* Wenn ein Mensch konfus ist, ist er nicht in der Lage, klar zu denken; er ist *verwirrt:*

- Die Situation bleibt trotzdem unerfreulich und konfus.
- Die Liebe macht manche Menschen scharfsinnig und manche konfus.

Im Unterschied zu »konfus« wird »diffus« nicht auf Personen bezogen. Man kann also einen Menschen »konfus«, aber nicht »diffus« nennen.

Schule ein Diktat *(eine Übung zur Rechtschreibung).*
2. *etwas, was jmdm. [von außen] aufgezwungen wird:* sie wollte sich dem Diktat der patriarchalischen Gesellschaft nicht fügen; das Diktat der Mode. **Syn.:** Anordnung, Befehl, Bestimmung, [1]Druck, Gebot, Sanktionen ⟨Plural⟩, Vorschrift, Weisung, Zwang. **Zus.:** Friedensdiktat, Modediktat.

Dik|ta|tor [dɪkˈtaːtoːɐ̯], der; -s, Diktatoren [dɪktaˈtoːrən], **Dik|ta|to|rin** [dɪktaˈtoːrɪn], die; -, -nen:
Person, die ihre Herrschaft mit Gewalt und Zwang ausübt: einen Diktator stürzen. **Syn.:** Despot, Despotin, Tyrann, Tyrannin.

dik|ta|to|risch [dɪktaˈtoːrɪʃ] ⟨Adj.⟩:
wie ein Diktator, eine Diktatorin: er bestimmte diktatorisch, was zu tun sei. **Syn.:** despotisch, herrisch, herrschsüchtig, tyrannisch.

Dik|ta|tur [dɪktaˈtuːɐ̯], die; -, -en:
1. ⟨ohne Plural⟩ *unumschränkte, andere gesellschaftliche Kräfte mit Gewalt unterdrückende Ausübung der Herrschaft durch eine bestimmte Person, gesellschaftliche Gruppierung, Partei o. Ä.:* nach dem Bürgerkrieg wurde eine Diktatur errichtet.
2. *Staat, in dem Diktatur* (1) *herrscht:* in einer Diktatur leben müssen. **Syn.:** totalitärer Staat. **Zus.:** Militärdiktatur.

dik|tie|ren [dɪkˈtiːrən] ⟨tr.; hat⟩:
1. *zum wörtlichen Niederschreiben ansagen:* jmdm. einen Brief diktieren.
2. *vorschreiben, aufzwingen:* ich lasse mir nicht von anderen diktieren, was ich zu tun habe; die Konzerne diktieren die Preise. **Syn.:** angeben, anordnen, Anweisung geben, Befehl geben, befehlen, bestimmen, festlegen, festsetzen, gebieten (geh.), tun heißen (geh.), tun lassen, verfügen, verhängen, verordnen.

Dik|ti|on [dɪkˈt͜si̯oːn], die; -, -en:
Art der Ausdrucksweise, z. B. im Wortschatz, in der Syntax: die knappe Diktion eines Vortrags. **Syn.:** Sprache, Stil.

Di|lem|ma [diˈlɛma], das; -s:
Situation, in der man gezwungen ist, sich zwischen zwei gleichermaßen [unangenehmen] Dingen zu entscheiden: in einem Dilemma sein; in ein Dilemma geraten; er wusste nicht, wie er aus dem Dilemma herauskommen sollte. **Syn.:** Kalamität, Klemme (ugs.), Misere, Not, peinliche Lage, Schwierigkeit, unangenehme Lage, Zwickmühle.

Di|let|tant [dilɛˈtant], der; -en, -en, **Di|let|tan|tin** [dilɛˈtantɪn], die; -, -nen:
1. (bildungsspr.) *Person, die sich auf einem bestimmten Gebiet nur als Laie, Laiin betätigt:* sie ist auf dem Gebiet der Musik eine echte Dilettantin. **Syn.:** Amateur, Amateurin.
2. (abwertend) *Stümper[in].*

di|let|tan|tisch [dilɛˈtantɪʃ] ⟨Adj.⟩:
1. (bildungsspr.) *laienhaft, nicht fachmännisch:* ein dilettantisches Urteil abgeben.
2. (abwertend) *stümperhaft, unzulänglich:* die Fälschung war äußerst dilettantisch gemacht. **Syn.:** flüchtig, nachlässig, nicht fachmännisch.

Di|let|tan|tis|mus [dilɛtanˈtɪsmʊs], der; -:
1. (bildungsspr.) *laienhafte, nicht fachmännische Betätigung.*
2. (abwertend) *Stümperhaftigkeit:* der Auftritt zeugte von schlimmstem Dilettantismus.

Dill [dɪl], der; -s:
(als Küchengewürz verwendete) krautige Pflanze mit fein gefiederten Blättern und gelblichen Blüten in großen Dolden: den Dill mit der Butter verrühren.

Di|men|si|on [dimɛnˈzi̯oːn], die; -, -en:
1. *Ausdehnung in die Länge, Höhe oder Breite:* jeder Körper hat drei Dimensionen. **Zus.:** Breitendimension, Höhendimension, Längendimension, Tiefendimension.
2. *Ausmaß, Umfang:* die Katastrophe nahm ungeheure Dimensionen an. **Syn.:** Ausmaß, Grad, Intensität, Stärke.

Di|ner [diˈneː], das; -s, -s:
festliche Mahlzeit, die aus mehreren aufeinander abgestimmten Gerichten besteht: an einem offiziellen Diner teilnehmen. **Syn.:** Essen, Mahl (geh.), Menü, Souper (geh.). **Zus.:** Galadiner.

Ding [dɪŋ], das; -[e]s, -e und (ugs.) -er:
1. ⟨Plural: Dinge⟩ *bestimmtes Etwas, nicht näher bezeichneter Gegenstand:* ein wertloses Ding; Dinge zum Verschenken. **Syn.:** Körper, Objekt, Sache. **Zus.:** Einzelding.
2. ⟨Plural: Dinge⟩ **a)** *Tatsachen, Gegebenheiten:* die Dinge nicht ändern können; nach Lage der Dinge. **b)** *Angelegenheiten:* persönliche und geschäftliche Dinge. **Syn.:** Sache ⟨Singular⟩. **Zus.:** Alltagsdinge, Gefühlsdinge, Glaubensdinge, Haushaltsdinge, Liebesdinge, Privatdinge, Staatsdinge; * **unverrichteter Dinge:** *ohne das erreicht zu haben, was man wollte oder*

was man sich vorgenommen hatte: die Tür war verschlossen, und sie mussten unverrichteter Dinge wieder umkehren.
3. ⟨Plural: Dinger⟩ (ugs.) *Mädchen* (1): ein liebes, kleines albernes Ding; es waren alles junge Dinger. **Syn.:** junge Frau.
4. ⟨Plural: Dinger⟩ (ugs.)
a) *etwas, was [absichtlich] nicht mit seinem Namen benannt wird:* ein riesiges Ding; die alten Dinger solltest du endlich wegwerfen. **Zus.:** Scheißding (derb abwertend). **b)** *Sache, Affäre:* das ist ein [tolles] Ding!

di|nie|ren [diˈniːrən] ⟨itr.; hat⟩ (geh.):
ein Diner einnehmen: sie haben beim Minister diniert. **Syn.:** speisen (geh.), tafeln (geh.).

Diph|the|rie [dɪfteˈriː], die; -:
eine durch Infektion hervorgerufene Krankheit des Rachens: an Diphtherie erkranken.

Di|p|lom [diˈploːm], das; -[e]s, -e:
1. *amtliches Zeugnis über eine an einer Universität oder Fachschule bestandene Prüfung bestimmter Art:* das Diplom erwerben. **Syn.:** Dokument, Urkunde. **Zus.:** Doktordiplom, Ingenieurdiplom, Meisterdiplom.
2. *von einer offiziellen Stelle verliehene Urkunde, durch die jmd. ausgezeichnet wird:* für dieses Erzeugnis bekam der Hersteller ein Diplom. **Zus.:** Ehrendiplom.

Di|p|lo|mat [diploˈmaːt], der; -en, -en:
Beamter im auswärtigen Dienst, der bei einem fremden Staat akkreditiert ist und dort die Interessen seines Landes vertritt: als Diplomat im Ausland arbeiten. **Syn.:** Abgesandter, Bevollmächtigter, Botschafter, Gesandter. **Zus.:** Berufsdiplomat.

Di|plo|ma|tie [diplomaˈtiː], die; -:
Kunst des Verhandelns: sich in Diplomatie üben. **Syn.:** Gewandtheit. **Zus.:** Geheimdiplomatie, Konferenzdiplomatie.

Di|plo|ma|tin [diploˈmaːtɪn], die; -, -nen:
weibliche Form zu ↑Diplomat.

dir [diːɐ̯] ⟨Personalpronomen; Dativ von »du«⟩:
a) das hat er dir längst verziehen. **b)** ⟨reflexivisch⟩ wünsch dir was!

[1]**di|rekt** [diˈrɛkt] ⟨Adj.⟩:
1. *auf ein Ziel zulaufend:* der direkte Weg; eine direkte Zugverbindung *(Zugverbindung, die kein Umsteigen erfordert).*
2. *unverzüglich, unmittelbar, ohne einen Zwischenraum, eine Verzögerung oder eine Mittelsperson:* wir kaufen das Gemüse direkt vom Bauern; sie kommt direkt nach Dienstschluss hierher; das Haus steht direkt am Bahnhof; das Spiel wird direkt *(live)* übertragen. **Syn.:** dicht, geradewegs, [2]gleich, ohne Umweg, postwendend, schnurstracks (ugs.), sofort, sogleich, umgehend (bes. Papierdt.).
3. *sich unmittelbar auf jmdn., etwas beziehend, nicht vermittelt* /Ggs. indirekt/: eine direkte Einflussnahme; ein direktes Interesse. **Syn.:** persönlich.
4. (ugs.) *unmissverständlich, eindeutig:* sie ist immer sehr direkt in ihren Äußerungen. **Syn.:** geradeheraus (ugs.), ohne Umschweife, rundheraus (ugs.), unumwunden, unverblümt, unverhohlen (emotional).

[2]**di|rekt** [diˈrɛkt] ⟨Adverb⟩ (ugs.):
geradezu, in ganz besonderer Weise: mit dem Wetter habt ihr direkt Glück gehabt. **Syn.:** buchstäblich, ganz und gar, regelrecht, [1]richtig.

Di|rek|ti|on [dirɛkˈt͡si̯oːn], die; -, -en:
1. *Leitung eines Unternehmens o. Ä.:* die Direktion übernehmen, übertragen bekommen.
2. a) *leitende Personen eines Unternehmens:* die neue Direktion führte einige Änderungen durch; an die Direktion schreiben. **Syn.:** Direktorium, Führung, Leitung, Management, Präsidium, Vorstand. **Zus.:** Eisenbahndirektion, Theaterdirektion. **b)** *Büroräume der Direktion* (1): den Antrag in die Direktion bringen.

Di|rek|ti|ve [dirɛkˈtiːvə], die, -, -n (geh.):
von übergeordneter Stelle gegebene Weisung, Regel für das Verhalten: ich muss mich an die Direktiven meines Chefs halten. **Syn.:** Anordnung, Befehl, Bestimmung, Vorschrift.

Di|rek|tor [diˈrɛktoːɐ̯], der; -s, Direktoren [dirɛkˈtoːrən]:
männliche Person, die eine Institution, eine Behörde, ein Unternehmen leitet: der Direktor der Schule, der Bank. **Syn.:** Boss (ugs.), Chef, [1]Leiter. **Zus.:** Bankdirektor, Fabrikdirektor, Generalmusikdirektor, Schauspieldirektor, Theaterdirektor, Zirkusdirektor, Zoodirektor.

Di|rek|to|rat [dirɛktoˈraːt], das; -[e]s, -e:
1. *Amt eines Direktors, einer Direktorin, besonders an einer Schule:* das Direktorat des Instituts übernehmen.
2. *Dienststelle, -zimmer eines Direktors, einer Direktorin:* auf das Direktorat bestellt werden.

Di|rek|to|rin [dirɛkˈtoːrɪn], die; -, -nen:
weibliche Form zu ↑Direktor.

Di|rek|to|ri|um [dirɛkˈtoːri̯ʊm], das; -s, Direktorien [dirɛkˈtoːri̯ən]:
leitendes Gremium an der Spitze eines Unternehmens o. Ä., leitende Behörde: das vierköpfige Direktorium der Bank. **Syn.:** Direktion, Führung, Leitung, Management, Präsidium, Vorstand.

Di|rekt|über|tra|gung [diˈrɛktǀyːbɐtraːɡʊŋ], die; -, -en:
Sendung des Rundfunks, Fernsehens, die ein Geschehen unmittelbar vom Ort der Aufnahme aus übermittelt: wir senden das Endspiel in einer/als Direktübertragung aus Madrid. **Syn.:** Livesendung.

Di|ri|gent [diriˈɡɛnt], der; -en, -en,
Di|ri|gen|tin [diriˈɡɛntɪn], die; -, -nen:
Person, die ein Orchester, einen Chor leitet: die Dirigentin hebt den Stab. **Zus.:** Chordirigent, Chordirigentin, Gastdirigent, Gastdirigentin, Orchesterdirigent, Orchesterdirigentin.

di|ri|gie|ren [diriˈɡiːrən] ⟨tr.; hat⟩:
1. *(die Aufführung eines musikalischen Werkes, ein Orchester o. Ä.) durch bestimmte den Takt, die Phrasierung, das Tempo o. Ä. angebende Bewegungen der Arme und Hände leiten:* eine Oper, ein Orchester dirigieren; ⟨auch itr.⟩ er dirigierte ohne Taktstock. **Syn.:** den Takt schlagen, [1]taktieren.
2. a) *in eine bestimmte Richtung lenken; an einen bestimmten Platz, Ort leiten, bringen:* die Fahrzeugkolonne durch die Stadt dirigieren; man dirigierte den Betrunkenen in sein Zim-

D
diri

mer. **b)** *durch Anweisungen leiten, lenken:* ein Unternehmen dirigieren; den Verkehr dirigieren.

dis-, Dis- [dɪs] ⟨Präfix; fremdsprachliches Basiswort, das auch das Gegenwort bildet⟩: drückt eine Verneinung, eine Verkehrung ins Gegenteil aus: **a)** ⟨verbal⟩ *nicht:* disharmonieren; disqualifizieren. **b)** ⟨substantivisch⟩ Disharmonie; Diskontinuität; Disproportion; Disqualifikation. **c)** ⟨adjektivisch⟩ *nicht; un...:* disharmonisch; diskontinuierlich; disproportional; disproportioniert. **Syn.:** a-, in-.

Disc|jo|ckey [ˈdɪskd͡ʒɔki], der; -s, -s, **Diskjockey:** *Person, die in Rundfunk und Fernsehen und besonders in Diskotheken Schallplatten präsentiert:* sie ist unser neuer Discjockey.

Dis|co [ˈdɪsko], die; -, -s, **Disko:** **1.** *Diskothek* (2): eine neue Disco eröffnen. **2.** *Tanz-, Unterhaltungsveranstaltung mit Musik von CDs, Schallplatten oder aus dem Internet:* die Schüler veranstalten eine Disco.

Dis|ket|te [dɪsˈkɛtə], die; -, -n: *in einer Schutzhülle befindliche kleine Platte, auf der Daten elektronisch gespeichert werden können:* die alten Disketten entsorgen.

Disk|jo|ckey [ˈdɪskd͡ʒɔki]: ↑Discjockey.

Dis|ko [ˈdɪsko]: ↑Disco.

Dis|ko|thek [dɪskoˈteːk], die; -, -en: **1.** *Sammlung, Archiv von Schallplatten:* sie hat eine große Diskothek zu Hause. **2.** *Tanzlokal besonders für Jugendliche mit Musik von CDs, Schallplatten:* in der Diskothek herrschte Hochstimmung. **Syn.:** Disco.

Dis|kre|panz [dɪskreˈpant͡s], die; -, -en: *Missverhältnis zwischen zwei miteinander in Beziehung stehenden Dingen:* eine Diskrepanz zwischen Theorie und Praxis, zwischen Reden und Handeln. **Syn.:** Unstimmigkeit, Widerspruch.

dis|kret [dɪsˈkreːt] ⟨Adj.⟩: **a)** *taktvoll zurückhaltend, voller Rücksichtnahme* /Ggs. indiskret/: ein diskretes Benehmen; sich diskret abwenden; etwas diskret übergehen; diskret schweigen. **Syn.:** dezent. **b)** *so unauffällig, dass andere nichts bemerken:* ein diskreter Hinweis; eine diskrete *(sehr persönliche)* Frage; eine heikle Angelegenheit diskret *(vertraulich)* behandeln. **Syn.:** in aller Stille, ohne viel Aufheben, ohne viel Aufhebens, still und leise, unbemerkt. **c)** *sich nicht aufdrängend, nicht aufdringlich, nicht auffällig, voller Zurückhaltung:* ein diskretes Parfüm; diskrete Farben. **Syn.:** dezent, zurückhaltend.

Dis|kre|ti|on [dɪskreˈt͡si̯oːn], die; -: **a)** *taktvolle Zurückhaltung:* ein heikles Problem mit Diskretion lösen. **Syn.:** Takt. **b)** *vertrauliche Behandlung (einer Sache):* sie haben mich in dieser Angelegenheit um äußerste Diskretion gebeten.

dis|kri|mi|nie|ren [dɪskrimiˈniːrən] ⟨tr.; hat⟩ (bildungsspr.): **a)** *durch als negativ, abträglich empfundene Äußerungen jmdn., etwas in Misskredit bringen, dem Ansehen schaden:* jmds. Leistungen in der Öffentlichkeit diskriminieren. **Syn.:** abqualifizieren, demütigen, diffamieren, herabsetzen, heruntermachen (ugs.), in den Schmutz ziehen, in ein schlechtes Licht setzen, miesmachen (ugs. abwertend), mit Schmutz bewerfen, schlechtmachen (ugs.), verleumden. **b)** *durch unterschiedliche Behandlung zurücksetzen:* in einigen Ländern werden die Schwarzen immer noch diskriminiert. **Syn.:** benachteiligen, ungerecht behandeln.

Dis|kus [ˈdɪskʊs], der; -, -se und Disken [ˈdɪskn̩]: *(in der Leichtathletik verwendeter) Gegenstand in Form einer Scheibe (aus Holz und Metall) zum Werfen:* den Diskus weit schleudern.

Dis|kus|si|on [dɪskʊˈsi̯oːn], die; -, -en: **1.** *[lebhaftes, wissenschaftliches] Gespräch über ein bestimmtes Thema, Problem:* eine lange, politische Diskussion; eine Diskussion führen, eröffnen; sich auf keine Diskussion mit jmdm. einlassen. **Syn.:** Debatte, Dialog, Erörterung. **Zus.:** Fernsehdiskussion, Podiumsdiskussion. **2.** *in der Öffentlichkeit stattfindende Erörterung einer die Allgemeinheit oder bestimmte Gruppen betreffenden Frage:* die allgemeine Diskussion um den Einsatz der Bundeswehr im Ausland.

dis|ku|ta|bel [dɪskuˈtaːbl̩] ⟨Adj.⟩: *der Erwägung, Überlegung wert* /Ggs. indiskutabel/: ein diskutables Angebot; den Vorschlag halte ich für diskutabel. **Syn.:** eine Überlegung wert.

dis|ku|tie|ren [dɪskuˈtiːrən] ⟨tr.; hat⟩: *[in einer lebhaften Auseinandersetzung] seine Meinung über ein bestimmtes Thema austauschen:* eine Frage, einen Punkt ausführlich diskutieren; ⟨auch itr.⟩ sie diskutierten mit Freunden über Fragen der Kindererziehung. **Syn.:** behandeln, besprechen, debattieren, disputieren, erörtern, reden über, sprechen über, zur Sprache bringen.

dis|po|nie|ren [dɪspoˈniːrən] ⟨itr.; hat⟩ (bildungsspr.): **a)** *in bestimmter Weise verfügen:* über sein Vermögen, seine Zeit disponieren [können]. **b)** *etwas richtig einteilen, im Voraus planen:* gut, schlecht disponieren. **Syn.:** gliedern.

dis|po|niert [dɪspoˈniːɐ̯t]: in der Wendung **disponiert sein:** *in einer bestimmten körperlich-seelischen Verfassung sein; für etwas empfänglich sein, zu etwas neigen:* die Tänzerin ist schlecht disponiert; er ist zu/für Asthma besonders disponiert.

Dis|po|si|ti|on [dɪspoziˈt͡si̯oːn], die; -, -en: **1.** *freie Verfügung; das Verfügenkönnen:* es steht ihr im Augenblick nur ein Teil des Geldes zur Disposition. **2. a)** *das Sicheinrichten auf etwas, das Planen von etwas:* Dispositionen treffen, umwerfen. **Syn.:** Anordnung, Arrangement, Aufbau, Aufstellung, Gliederung, Gruppierung. **b)** *Entwurf:* zu einem Aufsatz, einer Rede eine Disposition machen. **Syn.:** Modell, Plan. **3.** *bestimmte Veranlagung, Empfänglichkeit für etwas, besonders Krankheiten:* eine Disposition zu/für Asthma haben. **Syn.:** Hang, Neigung, Tendenz.

Dis|put [dɪsˈpu:t], der; -[e]s, -e (bildungsspr.): *kontrovers geführtes Gespräch, Wortwechsel, Streitgespräch [zwischen zwei Personen] über einen bestimmten Gegenstand:* mit jmdm. einen Disput haben, führen. **Syn.:** Auseinandersetzung, Kontroverse, Meinungsverschiedenheit, Streit, Streitigkeit, Unstimmigkeit.

dis|pu|tie|ren [dɪspuˈti:rən] ⟨itr.; hat⟩: *(gelehrte) Streitgespräche führen, seine Meinung anderen gegenüber vertreten:* über ein Problem heftig disputieren. **Syn.:** debattieren, diskutieren, erörtern.

Dis|qua|li|fi|ka|ti|on [dɪskvalifikaˈt͜si̯o:n], die; -, -en: *das Disqualifizieren; Ausschluss von einem Wettkampf:* der Boxer verlor durch Disqualifikation wegen Tiefschlag. **Syn.:** Sperre.

dis|qua|li|fi|zie|ren [dɪskvalifiˈt͜si:rən]:
1. ⟨tr.; hat⟩ *[wegen grober Verletzung der sportlichen Regeln] von der weiteren Teilnahme an einem Wettkampf ausschließen:* er wurde wegen Doping disqualifiziert. **Syn.:** verweisen, vom Platz stellen.
2. ⟨+ sich⟩ *sein Untauglichsein für etwas erkennen lassen:* für eine solche Stellung hat er sich damit disqualifiziert.

Dis|so|nanz [dɪsoˈnant͜s], die; -, -en:
1. *Missklang:* ein Musikstück voller unerträglicher Dissonanzen.
2. *Differenzen, Unstimmigkeiten:* zwischen den beiden gibt es häufiger Dissonanzen. **Syn.:** Differenzen ⟨Plural⟩, Meinungsverschiedenheit.

Dis|tanz [dɪsˈtant͜s], die; -, -en:
1. *räumlicher, zeitlicher oder innerer Abstand:* die Distanz zwischen beiden Läufern betrug nur wenige Meter, Sekunden; kein Gefühl für Distanz haben; sehr auf Distanz bedacht sein; alles aus der Distanz sehen. **Syn.:** Entfernung, Zwischenraum.
2. *bei einem sportlichen Rennen zurückzulegende Strecke:* die Siegerin über die Distanz von 200 Metern.

dis|tan|zie|ren [dɪstanˈt͜si:rən]:
1. ⟨+ sich⟩ *(mit jmdm., etwas) nichts zu tun haben wollen; jmdn., etwas zurückweisen:* sich von einem Parteifreund, einem Plan, einer Zeitungsmeldung distanzieren. **Syn.:** sich absondern, sich ausklinken (ugs.), sich zurückziehen.
2. ⟨tr.; hat⟩ *im Wettkampf hinter sich lassen:* auf den Langstrecken distanzierte sie ihre Gegnerinnen.

Dis|tel [ˈdɪstl̩], die; -, -n: *krautige Pflanze mit stacheligen Blättern und Stängeln und unterschiedlich großen weißen oder lila Blüten:* Öl aus Disteln gewinnen.

Dis|zi|plin [dɪst͜siˈpli:n], die; -, -en:
1. ⟨ohne Plural⟩ *das bewusste Einhalten von bestimmten Vorschriften, Verhaltensregeln; das Sichunterwerfen unter eine bestimmte Ordnung:* in der Klasse herrscht keine Disziplin; Disziplin halten, üben. **Syn.:** Ordnung, Zucht. **Zus.:** Parteidisziplin, Selbstdisziplin, Verkehrsdisziplin.
2. a) *wissenschaftliche Fachrichtung:* die mathematische Disziplin. **Syn.:** Bereich, Fach, Feld, Gebiet, Komplex, Sachgebiet, Sektion, Sparte, Zweig. **Zus.:** Wissenschaftsdisziplin. **b)** *Unterabteilung des Sports:* in mehreren Disziplinen starten. **Syn.:** Sportart. **Zus.:** Wettkampfdisziplin.

dis|zi|pli|na|risch [dɪst͜sipliˈna:rɪʃ] ⟨Adj.⟩: *die dienstliche Zucht, Ordnung betreffend:* gegen ihn wurde ein disziplinarisches Verfahren eingeleitet; man hat sie disziplinarisch *(sehr streng, mit der gebotenen Härte)* bestraft. **Syn.:** energisch, entschieden, hart, rigoros, straff, streng, strikt.

dis|zi|pli|nie|ren [dɪst͜sipliˈni:rən] ⟨tr.; hat⟩:
1. *an Disziplin gewöhnen, dazu erziehen:* eine Klasse, seine Gefühle disziplinieren; die Genossen, die Partei disziplinieren. **Syn.:** an die Kandare nehmen, den Daumen draufhalten (ugs.), drillen, erziehen, mundtot machen, schulen.
2. *maßregeln, mit einer [Ordnungs]strafe belegen:* sie besaß nicht die Befugnis, ihr unterstellte Beamte zu disziplinieren.

dis|zi|pli|niert [dɪst͜sipliˈni:ɐ̯t] ⟨Adj.⟩: *an Zucht und Ordnung gewöhnt; Disziplin habend, zeigend; beherrscht:* die Klasse ist sehr diszipliniert; diszipliniert auftreten. **Syn.:** gesittet, ordentlich.

Di|va [ˈdi:va], die; -, -s und Diven [ˈdi:vn̩]: *gefeierte Sängerin, [Film]schauspielerin, die besonders durch ihre exzentrischen Allüren von sich reden macht:* echte Diven gibt es nur noch selten. **Syn.:** ²Star. **Zus.:** Filmdiva, Operndiva.

di|vers... [diˈvɛrz...] ⟨Adj.⟩: *mehrere [verschiedene]:* diverse Gelegenheiten; diverse Weinsorten. **Syn.:** ein paar, eine Anzahl, eine Reihe, einig..., einzeln..., etlich..., manch..., mehrer..., verschieden...

Di|vi|den|de [diviˈdɛndə], die; -, -n: *jährlich auf eine Aktie entfallender Anteil vom Reingewinn:* eine Dividende festsetzen, ausschütten.

di|vi|die|ren [diviˈdi:rən] ⟨tr.; hat⟩: *(eine Zahl durch eine andere) teilen* /Ggs. multiplizieren/: zwanzig dividiert durch fünf ist vier.

Di|vi|si|on [diviˈzi̯o:n], die; -, -en:
1. *Rechnung, bei der eine Zahl, Größe dividiert wird* /Ggs. Multiplikation/: eine komplizierte, einfache Division.
2. *großer militärischer Verband:* eine Division ist im Einsatz. **Zus.:** Infanteriedivision, Panzerdivision.

¹doch [dɔx] ⟨Konj.⟩: *¹aber:* ich habe mehrmals angerufen, doch er war nicht zu Hause; sie sind arm, doch nicht unglücklich.

²doch [dɔx] ⟨Adverb⟩:
1. *dennoch:* er fühlte sich nicht gesund, und doch machte er die Reise mit; sie sagte es höflich und doch bestimmt.
2. ⟨mit Inversion der vorangehenden Verbform⟩ dient dazu, einen Satz von der Form einer Entscheidungsfrage als begründenden Aussagesatz zu kennzeichnen: sie gab auf, hatte sie doch die Sinnlosigkeit ihrer Bemühungen erkennen müssen.

³doch [dɔx] ⟨Partikel⟩:
1. dient in Aufforderungssätzen dazu, auszudrücken, dass man das geforderte Verhalten für so

naheliegend oder selbstverständlich hält, dass sich die Aufforderung eigentlich erübrigen sollte [und man ungehalten darüber ist, dass man sich dennoch gezwungen sieht, sie zu äußern]: pass doch auf!; lass mich doch in Ruhe!; dann frag doch auch nicht so dumm!; nehmen Sie doch Platz!
2. dient dazu, auszudrücken, dass man die Bekanntheit des genannten Sachverhalts unterstellt und nur an ihn erinnern möchte: das konnte sie doch nicht wissen; darauf hatten wir uns doch schon geeinigt.
3. dient in Ergänzungsfragen dazu, auszudrücken, dass einem das Erfragte zwar eigentlich bekannt ist, aber im Augenblick nicht einfallen will: wie war das doch [noch]?; wie hieß er doch [gleich]?
4. dient in Entscheidungsfragen dazu, auszudrücken, dass man eine zustimmende Antwort erwartet oder erhofft: das ist doch [hoffentlich] nicht dein Ernst?; ich kann mich doch darauf verlassen?
5. dient in Ausrufen dazu, auszudrücken, dass man von der angesprochenen Person erwartet, dass sie die eigene Begeisterung, Verwunderung, Empörung usw. teilt: was ist sie doch für ein Genie!; wie ungerecht er doch behandelt wird!; das ist doch eine Frechheit!; das ist doch zu dumm!; du musst doch immer zu spät kommen!; jetzt habe ich doch tatsächlich meine Schlüssel verloren!
6. dient dazu, bestimmte, meist im Konjunktiv II stehende Sätze als Wunschsätze zu kennzeichnen: hättest du doch auf sie gehört!; wenn er doch hier wäre!
7. dient als Erwiderung auf eine negativ formulierte Entscheidungsfrage oder Aussage dazu, auszudrücken, dass man nicht zustimmt: »Hast du keine Lust mehr?« – »Doch.«; »Hat sie etwa nicht angerufen?« – »Doch [das schon, nur leider zu spät].«; »Das geht dich überhaupt nichts an.« – »[Oh] doch!«; »Geht es dir nicht gut?« – »Doch [es geht mir gut].«; »Komm bitte nicht so spät nach Hause!« – »Doch, es wird spät werden.«; »War es nicht schön?« – »Doch, es war [sehr] schön.«.
8. dient dazu, auszudrücken, dass es sich um einen nicht [mehr] für wahrscheinlich gehaltenen Sachverhalt handelt [durch den aber eine frühere Vermutung bestätigt wird]: er ist also dọch der Täter; sie blieb dann dọch zu Hause.

Docht [dɔxt], der; -[e]s, -e:
Faden in einer Kerze oder Petroleumlampe o. Ä., der der Flamme den Brennstoff zuführt: den Docht kürzen. **Zus.:** Kerzendocht, Lampendocht.

Dock [dɔk], das; -s, -s:
Anlage zum Ausbessern von Schiffen: das Schiff liegt im Dock.

Dog|ge [ˈdɔɡə], die -, -n:
großer, kräftiger Hund mit kurzem, glattem, meist einfarbig gelblichem Fell, gedrungenem Körper und breitem Kopf, der besonders als Wachhund gehalten wird: die Dänische, Deutsche Dogge.

Dok|tor [ˈdɔktoːɐ̯], der; -s, Doktoren [dɔkˈtoːrən]:
1. ⟨ohne Plural⟩ *höchster akademischer Grad, der aufgrund einer schriftlichen Arbeit und einer mündlichen Prüfung durch eine Fakultät verliehen wird:* jmdn. zum Doktor promovieren; (ugs.) seinen, den Doktor machen *(promovieren).* **Zus.:** Ehrendoktor.
2. *Person, die den Grad des Doktors besitzt:* sie ist Doktor der Philosophie.
3. (ugs.) *Arzt:* den Doktor holen, rufen. **Syn.:** Kurpfuscher (ugs; abwertend).

Dok|to|rin [dɔkˈtoːrɪn], die; -, -nen (ugs.):
weibliche Form zu ↑Doktor (3).

Do|ku|ment [dokuˈmɛnt], das; -[e]s, -e:
1. *amtliches Schriftstück:* Dokumente einsehen, einreichen; ein wichtiges Dokument für den Prozess. **Syn.:** Akte, Unterlagen ⟨Plural⟩. **Zus.:** Geheimdokument, Originaldokument.
2. ⟨mit Attribut⟩ *etwas, was für etwas Zeugnis ablegt, was etwas deutlich zeigt, ausdrückt, dokumentiert:* der Film ist ein erschütterndes Dokument des Krieges. **Zus.:** Kulturdokument, Zeitdokument.

do|ku|men|ta|risch [dokumɛnˈtaːrɪʃ] ⟨Adj.⟩ (bildungsspr.):
1. *aus Urkunden, zeitgenössischen Berichten usw. bestehend, durch Urkunden belegt:* eine dokumentarische Arbeit über die jüngste Geschichte; eine Aussage dokumentarisch erhärten.
2. *etwas deutlich ausdrückend, beweisend, veranschaulichend:* ein Buch, Fotos von größtem dokumentarischem Wert. **Syn.:** anschaulich, hieb- und stichfest, schlagkräftig, schlüssig, stichhaltig, überzeugend.

Do|ku|men|ta|ti|on [dokumɛntaˈtsi̯oːn], die; -, -en:
1. *Zusammenstellung von Urkunden und Dokumenten:* eine Dokumentation über die Entstehung der liberalen Bewegung vorlegen.
2. ⟨mit Attribut⟩ *anschauliches, deutliches, beweiskräftiges Zeugnis, Ausdruck für etwas Bestimmtes:* die Verhandlungen sind eine Dokumentation der Bereitschaft beider Völker, sich zu verständigen.

do|ku|men|tie|ren [dokumɛnˈtiːrən]:
1. ⟨tr.; hat⟩ *durch Urkunden, Dokumente, Beweisstücke o. Ä. belegen:* eine Sendung durch Aktenauszüge, Fotos dokumentieren; etwas filmisch dokumentieren; ein ausgezeichnet dokumentierter Bericht. **Syn.:** aufzeigen, beweisen, erfassen, festhalten, nachweisen, registrieren, schriftlich festhalten, untermauern.
2. a) ⟨tr.; hat⟩ *deutlich zeigen, veranschaulichen, zum Ausdruck bringen:* den Willen zum Frieden durch Unterzeichnung eines Vertrages dokumentieren. **Syn.:** ausdrücken, bekunden, offenbaren, verraten. **b)** ⟨+ sich⟩ *zum Ausdruck kommen; deutlich, offenbar werden:* in dieser Inszenierung dokumentiert sich die Freude am Experiment. **Syn.:** ans Licht kommen, sich enthüllen, sich herausstellen, sich zeigen.

Dolch [dɔlç], der; -[e]s, -e:
kurze Stichwaffe mit spitzer, meist zweischneidiger Klinge: den Dolch ziehen, zücken. **Syn.:** Stilett, Waffe.

Dol|de [ˈdɔldə], die; -, -n:

büschelartiger oder einem kleinen Schirm ähnlicher Teil einer Pflanze, der die Blüten trägt. **Zus.:** Blütendolde.

dol|met|schen [ˈdɔlmɛtʃn̩] ⟨itr.; hat⟩:
ein Gespräch zwischen Personen, die verschiedene Sprachen sprechen, wechselweise übersetzen: sie musste auf dem Kongress dolmetschen; ⟨auch tr.⟩ ein Gespräch, eine Rede dolmetschen. **Syn.:** übertragen.

Dol|met|scher [ˈdɔlmɛtʃɐ], der; -s, -, **Dol|met|sche|rin** [ˈdɔlmɛtʃərɪn], die; -, -nen:
Person, die berufsmäßig Äußerungen in einer fremden Sprache übersetzt: in dem Prozess als Dolmetscher eingesetzt sein. **Syn.:** Übersetzer, Übersetzerin. **Zus.:** Konferenzdolmetscher, Konferenzdolmetscherin, Simultandolmetscher, Simultandolmetscherin.

Dom [doːm], der; -[e]s, -e:
große, meist künstlerisch ausgestaltete Kirche [eines Bischofs] mit ausgedehntem Chor: der Kölner Dom; den Dom besichtigen, restaurieren. **Syn.:** Kathedrale, Münster.

Do|mä|ne [doˈmɛːnə], die; -, -n:
1. *Teil des dem Staat gehörenden landwirtschaftlich genutzten Bodens:* eine Domäne pachten. **Zus.:** Staatsdomäne.
2. *Gebiet, auf dem jmd. Bescheid weiß, sich besonders betätigt o. Ä.:* Kindererziehung ist immer noch eine Domäne der Frauen; römisches Recht ist seine ureigenste Domäne. **Syn.:** Spezialgebiet, Spezialität.

do|mi|nant [domiˈnant] ⟨Adj.⟩:
dominierend: sie ist sehr dominant in der Beziehung. **Syn.:** beherrschend, vorherrschend.

do|mi|nie|ren [domiˈniːrən]:
a) ⟨itr.; hat⟩ *vorherrschen, stärker als jmd., etwas hervortreten:* in den meisten Ländern dominiert Englisch als Fremdsprache; er ist in diesem Spiel die dominierende Figur gewesen. **Syn.:** das Feld beherrschen, stärker sein, überwiegen. **b)** ⟨tr.; hat⟩ *jmdn., etwas beherrschen; jmdn., etwas in seinem Verhalten, Handeln bestimmen:* die Mutter dominiert die Tochter; es ist uns nicht gelungen, das Spiel zu dominieren; der Markt wird zunehmend von einem Kartell dominiert.

Do|mi|no [ˈdoːmino], das; -s, -s:
Spiel, bei dem rechteckige, mit Punkten versehene Steine nach einem bestimmten System aneinandergelegt werden: Domino spielen.

Do|mi|zil [domiˈtsiːl], das; -s, -e:
Ort, Stelle, Stätte, wo jmd. wohnt: sein Domizil im Raum Frankfurt haben; sie traf ihn in der Nähe seines neuen Domizils; sie wollen ihr Domizil auf einer Pazifikinsel aufschlagen *(sie wollen sich dort häuslich niederlassen).* **Syn.:** Aufenthalt, Behausung (geh.), Heim, Wohnsitz, Zuhause. **Zus.:** Feriendomizil, Wochenenddomizil.

Domp|teur [dɔmpˈtøːɐ̯], der; -s, -e, **Domp|teu|rin** [dɔmpˈtøːrɪn], die; -, -nen, **Domp|teu|se** [dɔmpˈtøːzə], die; -, -n:
Person, die wilde Tiere für Vorführungen dressiert: die Dompteurin wurde von dem Bären verletzt. **Zus.:** Raubtierdompteur, Raubtierdompteurin, Raubtierdompteuse.

Don|ner [ˈdɔnɐ], der; -s, -:
dumpf rollendes, dröhnendes Geräusch, das dem Blitz folgt: der Donner rollt, grollt.

don|nern [ˈdɔnɐn]:
1. ⟨itr.; hat⟩ **a)** ⟨unpers.⟩ *(bei einem Gewitter) als Donner hörbar werden:* es blitzt und donnert. **b)** *ein krachendes, polterndes, dem Donner ähnliches Geräusch ertönen lassen:* die Kanonen donnerten. **Syn.:** knallen, knattern, krachen, poltern.
2. ⟨itr.; ist⟩ *sich mit polterndem, dem Donner ähnlichem Geräusch fort-, irgendwohin bewegen:* der Zug ist über die Brücke gedonnert.
3. (ugs.) **a)** ⟨tr.; hat⟩ *mit Wucht irgendwohin schleudern o. Ä.:* er hat die Mappe in die Ecke, den Ball an die Latte gedonnert. **b)** ⟨itr.; hat⟩ *mit Wucht gegen etwas schlagen, klopfen und dabei ein lautes Geräusch verursachen:* sie hat an die Tür, gegen die Scheiben gedonnert. **c)** ⟨itr.; ist⟩ *mit Wucht gegen etwas prallen:* [mit dem Wagen] gegen eine Mauer donnern.
4. ⟨itr.; hat⟩ *mit lauter, dröhnender Stimme sprechen:* er hat furchtbar gedonnert, weil wir zu spät gekommen waren. **Syn.:** geifern (geh. abwertend), keifen, poltern, schelten, schimpfen, wettern, zetern (emotional abwertend).

Don|ners|tag [ˈdɔnɐstaːk], der; -[e]s, -e:
vierter Tag der Woche.

Don|ner|wet|ter [ˈdɔnɐvɛtɐ], das; -s, - (ugs.):
1. *lautes, heftiges Schimpfen:* mach dich zu Hause auf ein Donnerwetter gefasst! **Syn.:** Anpfiff (ugs.), Anschiss (salopp), Krach (ugs.), Rüge, Stunk (ugs. abwertend), Tadel.
2. a) Ausruf des bewundernden Erstaunens: Donnerwetter, das hätte ich ihm nicht zugetraut! **b)** Ausruf der Verwünschung, des Unwillens: [zum] Donnerwetter, hör endlich auf zu heulen!

doof [doːf] ⟨Adj.⟩ (ugs.):
a) *[in ärgerlicher Weise] einfältig und beschränkt:* ein doofer Kerl; ich war ja doof, dass ich zugestimmt habe; sie ist zu doof, um das zu kapieren. **Syn.:** begriffsstutzig, beschränkt (abwertend), dämlich (ugs.), dumm, duss[e]lig (ugs.), idiotisch (ugs. abwertend). **b)** *nicht den eigenen Vorstellungen entsprechend, jmdm. uninteressant, langweilig erscheinend, ihm Ärger bereitend:* das war gestern ein doofer Abend; die doofe Tür bleibt nicht zu.

do|pen [ˈdoːpn̩] ⟨tr.; hat⟩:
durch unerlaubte Mittel zur Steigerung der Leistung, zu einer (vorübergehenden) sportlichen Höchstleistung zu bringen suchen: ein Pferd, einen Läufer dopen; die Siegerin im Kugelstoßen hatte sich gedopt; der Schwimmer war gedopt. **Syn.:** aufputschen.

Do|ping [ˈdoːpɪŋ], das; -s, -s:
Anwendung von unerlaubten Mitteln zur Steigerung der sportlichen Leistung: einen Läufer wegen Doping disqualifizieren.

Dop|pel [ˈdɔpl̩], das; -s, -:
1. *zweite Ausfertigung:* das Doppel eines Zeugnisses einreichen. **Syn.:** Kopie.
2. a) *Spiel zweier Spieler, Spielerinnen gegen zwei andere:* ein Doppel austragen. **Zus.:** Damendoppel, Herrendoppel. **b)** *aus zwei Spielern, Spielerinnen beste-*

hende Mannschaft: im Doppel mit Peter spielen.

Dop|pel|bett ['dɔpl̩bɛt], das; -s, -en:
breites Bett für zwei Personen: in dem Zimmer stand nichts außer einem Doppelbett.

dop|pel|deu|tig ['dɔpl̩dɔy̯tɪç] ⟨Adj.⟩:
1. *auf doppelte Weise zu deuten:* die Aussage war doppeldeutig. **Syn.:** missverständlich.
2. *bewusst zweideutig, anzüglich formuliert:* ein doppeldeutiger Witz. **Syn.:** anstößig, unanständig.

Dop|pel|gän|ger ['dɔpl̩gɛŋɐ], der; -s, -, **Dop|pel|gän|ge|rin** ['dɔpl̩gɛŋərɪn], die; -, -nen:
Person, die einem anderen Menschen zum Verwechseln ähnlich sieht: einen Doppelgänger haben. **Syn.:** Double.

Dop|pel|kinn ['dɔpl̩kɪn], das; -[e]s, -e:
unter dem Kinn entstandener Wulst aus Fett: ein gewaltiges Doppelkinn.

dop|pelt ['dɔpl̩t] ⟨Adj.⟩:
1. *zweimal der-, die-, dasselbe; ein zweites Mal [gegeben, vorhanden]:* die doppelte Länge, Menge; doppelt verglaste Fenster; ein Exemplar doppelt haben; ich bin doppelt so alt wie du.
2. *besonders groß, stark; ganz besonders:* etwas mit doppelter Anstrengung noch einmal versuchen; wir müssen uns jetzt doppelt vorsehen.

Dop|pel|zim|mer ['dɔpl̩tsɪmɐ], das; -s, -:
Zimmer mit zwei [zusammenstehenden] Betten (in Hotels, Gasthäusern o. Ä.): ein Doppelzimmer bestellen, reservieren.

dop|pel|zün|gig ['dɔpl̩tsʏŋɪç] ⟨Adj.⟩ (abwertend):
sich über bestimmte Dinge verschiedenen Personen gegenüber in unaufrichtiger Weise verschieden äußernd: eine doppelzüngige Politik; sie ist doppelzüngig. **Syn.:** falsch (abwertend), unaufrichtig, verlogen (abwertend).

Dorf [dɔrf], das, -[e]s, Dörfer ['dœrfɐ]:
a) *ländliche Siedlung mit oft bäuerlichem Charakter:* auf dem Dorf, in einem Dorf wohnen; vom Dorf stammen. **Syn.:** Kaff (ugs. abwertend), Ort, Ortschaft. **Zus.:** Bauerndorf, Bergdorf, Fischerdorf. **b)** *Gesamtheit der Bewohner eines Dorfes* (a): das ganze Dorf lief zusammen.

Dorn [dɔrn], der; -[e]s, -en:
spitzes, hartes Gebilde als Teil einer Pflanze, besonders am Stiel der Pflanze: diese Kakteen haben keine Dornen. **Syn.:** Stachel.

dor|nig ['dɔrnɪç] ⟨Adj.⟩:
1. *mit vielen Dornen versehen:* ein dorniger Strauch.
2. *schwierig, voller Schwierigkeiten:* der Weg zur Erkenntnis ist dornig.

dor|ren ['dɔrən], dorrte, gedorrt ⟨itr.; ist⟩ (geh.):
trocken, dürr werden: die Pflanzen dorrten in der Gluthitze. **Syn.:** verdorren, vertrocknen.

dör|ren ['dœrən]:
a) ⟨tr.; hat⟩ *trocken, dürr machen:* sie dörrte die Pflaumen im Backofen. **b)** ⟨itr.; ist⟩ *dorren.*

dort [dɔrt] ⟨Adverb⟩:
an jenem Platz, Ort; nicht hier: dort oben, drüben; von dort aus ist die Stadt leicht zu erreichen. **Syn.:** an diesem Ort, bei ihnen, [1]da, in jenem Land.

dort|her ['dɔrt'he:ɐ̯] ⟨Adverb⟩:
von jenem Ort [her], von dort: ich komme gerade dorther.

dort|hin ['dɔrt'hɪn] ⟨Adverb⟩:
nach jenem Ort [hin], nach dort: stell dich dorthin; wie sind die Verbindungen dorthin? **Syn.:** dahin, hin, nach dort.

dor|tig ['dɔrtɪç] ⟨Adj.⟩:
dort befindlich: die dortigen Verhältnisse, Vorgänge.

Do|se ['do:zə], die; -, -n:
a) *kleiner Behälter mit Deckel:* eine Dose mit Pralinen füllen. **Syn.:** Behältnis, Büchse. **Zus.:** Blechdose, Puderdose, Tabaksdose. **b)** *Büchse für Konserven:* eine Dose [Erbsen] mit dem Öffner aufmachen; Wurst in Dosen. **Zus.:** Bierdose, Konservendose, Spraydose.

dö|sen ['dø:zn̩] ⟨itr.; hat⟩ (ugs.):
1. *nicht fest schlafen:* die Augen schließen und ein bisschen dösen. **Syn.:** ein Nickerchen machen (fam.), ruhen, schlummern (geh.).
2. *wachend träumen; unaufmerksam, gedankenlos sein, vor sich hin blicken:* im Unterricht dösten sie [vor sich hin].

do|sie|ren [do'zi:rən] ⟨tr.; hat⟩:
die richtige Dosis abmessen, jmdm. zumessen: ein Medikament dosieren; eine genau dosierte Menge. **Syn.:** einteilen.

Do|sis ['do:zɪs], die; -, Dosen ['do:zn̩]:
abgemessene, jmdm. zugemessene Menge von etwas, besonders von einem Medikament o. Ä.: eine starke Dosis Morphium geben; die Wahrheit wurde ihnen in kleinen Dosen verabreicht *(wurde ihnen schonend nach und nach beigebracht).* **Syn.:** Portion, Quantum. **Zus.:** Überdosis.

do|tie|ren [do'ti:rən] ⟨tr.; hat⟩:
1. *in bestimmter Weise bezahlen:* eine Position mit 2 500 Euro dotieren; eine gut dotierte Stellung.
2. *mit einer bestimmten Geldsumme ausgestalten:* einen Preis mit 5 000 Euro dotieren; eine reich dotierte Stiftung.

Dot|ter ['dɔtɐ], der, auch das; -s, -:
vom Eiweiß umgebene, gelbe, kugelige Masse im Inneren des Vogeleis, besonders des Hühnereis: den Dotter mit dem Zucker verrühren. **Syn.:** Eigelb. **Zus.:** Eidotter.

dou|beln ['du:bl̩n] ⟨tr.; hat⟩:
als Double jmds. Rolle übernehmen, spielen: er hat den Star bei gefährlichen Szenen gedoubelt; diese Szene ist gedoubelt *(in dieser Szene spielt jmd. als Double die Rolle eines anderen);* ⟨auch itr.⟩ sie hat öfter gedoubelt *(als Double gearbeitet).* **Syn.:** auftreten als, darstellen, spielen, verkörpern.

Dou|ble ['du:bl̩], das; -s, -s:
Person, die für den eigentlichen Darsteller, die eigentliche Darstellerin einzelne, insbesondere gefährliche Partien übernimmt: sich in verschiedenen Szenen von einem Double vertreten lassen; sie arbeitet als Double für mehrere Schauspielerinnen.

Do|zent [do'tsɛnt], der; -en, -en, **Do|zen|tin** [do'tsɛntɪn], die; -, -nen:
Person, die an einer Hochschule, Universität, Fach-, Volkshochschule unterrichtet: melden Sie sich bitte bei Dozent Balzer/beim Dozenten Balzer an; sie ist Dozentin an der Abendakademie.

do|zie|ren [do'tsi:rən] ⟨itr.; hat⟩: *in lehrhaftem Ton reden:* er begann gleich wieder zu dozieren; sie trug ihre Thesen in dozierendem Ton vor.

Dra|che ['draxə], der; -n, -n: *(in Sage und Märchen auftretendes) großes, furchterregendes, meist geflügeltes, Feuer speiendes Tier:* mit dem Drachen kämpfen. **Syn.:** Ungeheuer.

Dra|chen ['draxn̩], der; -s, -: **1.** *an einer langen Schnur gehaltenes, mit Papier o. Ä. bespanntes Gestell, das vom Wind nach oben getragen wird und sich in der Luft hält:* einen Drachen steigen lassen. **Zus.:** Papierdrachen. **2.** (ugs. emotional abwertend) *Frau, die als böse, streitsüchtig angesehen wird:* mit diesem Drachen im Vorzimmer habe ich immer Ärger. **Syn.:** Furie (abwertend).

Dra|chen|flie|ger ['draxn̩fli:gɐ], der; -s, -, **Dra|chen|flie|ge|rin** ['draxn̩fli:gərɪn], die; -, -nen: *Person, die die Flugsportart des Drachenfliegens betreibt, bei der man mit einem entsprechenden Fluggerät von Bergkanten oder Abhängen startet und nach unten gleitet.*

Dra|gee [dra'ʒe:], das; -s, -s, **Dragée:** **1.** *mit einer Masse aus Zucker oder Schokolade überzogene Süßigkeit mit fester oder flüssiger Füllung:* das Dragee lutschen. **Syn.:** Bonbon. **2.** *mit einem den Geschmack verbessernden Überzug versehene Arznei in Form einer linsenförmigen Pille:* Dragees einnehmen. **Syn.:** Arznei (veraltend), Medikament, Pille.

Draht [dra:t], der; -[e]s, Drähte ['drɛ:tə]: *in die Form eines Fadens oder einer Schnur ausgezogenes Metall:* ein Stück Draht; Drähte spannen; etwas mit Draht umwickeln. **Zus.:** Kupferdraht, Silberdraht.

drah|tig ['dra:tɪç] ⟨Adj.⟩: *schlank und gut trainiert; durchtrainiert, sehnig:* eine drahtige Gestalt. **Syn.:** athletisch, gut gebaut, muskulös, sportlich.

Draht|zie|her ['dra:ttsi:ɐ], der; -s, -, **Draht|zie|he|rin** ['dra:ttsi:ərɪn], die; -, -nen: *Person, die im Verborgenen Aktionen gegen jmdn., etwas plant und lenkt:* er war der Drahtzieher des Attentats. **Syn.:** graue Eminenz, Hintermann.

dra|ko|nisch [dra'ko:nɪʃ] ⟨Adj.⟩: *sehr streng, hart (in Bezug auf Strafen, Vorschriften):* drakonische Maßnahmen ergreifen; auf diese Vergehen standen drakonische Strafen. **Syn.:** drastisch, rigoros, strikt, unbarmherzig.

drall [dral] ⟨Adj.⟩: *(von weiblichen Personen) sehr kräftig, mit straffen, runden Formen:* eine dralle Kellnerin. **Syn.:** beleibt, dick, füllig, kompakt (ugs.), korpulent, kugelrund (scherzh.), rund, rundlich, stämmig, stark (verhüllend), vollschlank.

Drall [dral], der; -[e]s: *(von außen bewirkte) Rotation, Drehung eines Körpers um die eigene Achse:* der Drall eines Balles. **Zus.:** Linksdrall, Rechtsdrall.

Dra|ma ['dra:ma], das; -s, Dramen ['dra:mən]: **1. a)** ⟨ohne Plural⟩ *(Lustspiel und Trauerspiel umfassende) literarische Gattung, bei der eine Handlung durch die beteiligten Personen auf der Bühne dargestellt wird:* das moderne, englische Drama. **b)** *Schauspiel, in dem ein tragischer Konflikt dargestellt wird:* ein Drama in fünf Akten. **Zus.:** Musikdrama, Versdrama. **2.** *aufregendes, erschütterndes, trauriges Geschehen:* das Drama ihrer Befreiung; ihre Ehe war ein einziges Drama. **Zus.:** Familiendrama, Geiseldrama.

Dra|ma|tik [dra'ma:tɪk], die; -: **1.** *dramatische Dichtung:* die klassische Dramatik. **2.** *erregende Spannung, bewegter Ablauf:* das Fußballspiel verlief ohne jede Dramatik; eine Szene voller Dramatik. **Syn.:** Aufregung, Erregung.

Dra|ma|ti|ker [dra'ma:tikɐ], der; -s, -, **Dra|ma|ti|ke|rin** [dra'ma:tikərɪn], die; -, -nen: *Verfasser, Verfasserin von Dramen.* **Syn.:** Dichter, Dichterin.

dra|ma|tisch [dra'ma:tɪʃ] ⟨Adj.⟩: **1.** *das Drama, die Gattung des Dramas betreffend:* die dramatische Dichtung des 18. Jahrhunderts. **2.** *aufregend und voller Spannung:* ein dramatischer Zwischenfall, Augenblick; die Rettungsaktion verlief äußerst dramatisch; die Lage hat sich dramatisch zugespitzt.

dra|ma|ti|sie|ren [dramati'zi:rən] ⟨tr.; hat⟩: **1.** *zu einem Drama verarbeiten, umarbeiten:* einen Roman dramatisieren. **2.** *aufregender darstellen, als es in Wirklichkeit ist:* sie muss immer alles dramatisieren. **Syn.:** aufbauschen, hochspielen, übertreiben.

dran [dran] ⟨Adverb⟩ (ugs.): *daran:* ich gehe dran vorbei; ich bin als nächstes dran; am Auto ist etwas dran *(ist etwas nicht in Ordnung);* er weiß nicht, wie er mit ihr dran ist *(was er von ihr, ihrem Verhältnis zu ihm halten soll);* an dem Gerücht ist sicher etwas dran *(es hat sicher einen wahren Hintergrund);* *** dran sein:** *an der Reihe sein; zur Verantwortung gezogen werden; sterben müssen.*

Drang [draŋ], der; -[e]s: *starker innerer Antrieb, Bedürfnis, etwas zu tun oder zu verwirklichen:* der Drang nach Freiheit; ich verspürte keinen Drang mitzumachen. **Syn.:** Hang, Impuls, Neigung, Sehnsucht, Verlangen. **Zus.:** Bewegungsdrang, Freiheitsdrang, Tatendrang.

drän|geln ['drɛŋl̩n] ⟨itr.; hat⟩: **1.** *in einer Menge andere zur Seite schieben, um möglichst schnell irgendwohin zu gelangen oder an die Reihe zu kommen:* jetzt drängle doch nicht so. **Syn.:** drängen, drücken. **2.** *jmdn. ungeduldig und immer wieder zu etwas zu bewegen suchen:* die Kinder drängelten so lange, bis wir nachgaben und nach Hause gingen. **Syn.:** bedrängen, beschwören, bestürmen, betteln, nicht in Ruhe lassen (ugs.).

drän|gen ['drɛŋən]: **1. a)** ⟨tr.; hat⟩ *irgendwohin, in eine bestimmte Richtung, beiseitedrücken, schieben:* jmdn. an die Seite drängen. **Syn.:** drücken. **b)** ⟨itr.; hat⟩ *sich ungeduldig schiebend und drückend irgendwohin bewegen:* die Menschen drängten an die Kasse, zu den Ausgängen; ⟨auch + sich⟩

alles drängte sich nach vorn, zum Ausgang; sie drängte sich durch die Menge.
2. a) ‹itr.; hat› *(von einer Menschenmenge) heftig, ungeduldig schieben, drücken mit dem Bestreben, rascher irgendwohin zu kommen:* bitte nicht drängen! **Syn.:** drängeln. **b)** ‹+ sich› *(von einer Menschenmenge) sich gegenseitig auf engem Raum schieben und drücken:* die Scharen drängten sich in der Halle.
3. ‹tr.; hat› *jmdn. ungeduldig (zu einem bestimmten Handeln) zu bewegen suchen:* sie hat den Freund zu dieser Tat gedrängt; sich zu etwas gedrängt fühlen; ‹auch itr.› die Kinder drängten zum Aufbruch. **Syn.:** bearbeiten, bedrängen, bestürmen, ersuchen, nicht in Ruhe lassen (ugs.), nötigen, überreden.
4. ‹itr.; hat› *rasches Handeln verlangen:* die Zeit drängt; drängende Fragen, Probleme.

dran|hal|ten [ˈdranhaltn̩], hält dran, hielt dran, drangehalten ‹+ sich› (ugs.):
sich anstrengen, etwas, was man erreichen, machen wollte, zu leisten: ich habe mich dranhalten müssen, um rechtzeitig fertig zu werden; wenn du mit ihr sprechen willst, musst du dich dranhalten. **Syn.:** sich beeilen, sich eilen.

dran|set|zen [ˈdranzɛt͜sn̩], setzte dran, drangesetzt ‹tr.; hat›:
für etwas einsetzen: seine ganze Kraft, sein Vermögen dransetzen, um sein Ziel zu erreichen. **Syn.:** aufbieten.

dra|pie|ren [draˈpiːrən] ‹tr.; hat›:
1. *(einen Stoff) in kunstvolle Falten legen:* einen Vorhang [geschickt] drapieren.
2. *mit kunstvoll gefaltetem Stoff behängen:* eine Wand drapieren. **Syn.:** ausschmücken, dekorieren, schmücken, verzieren.

dras|tisch [ˈdrastɪʃ] ‹Adj.›:
a) *anschaulich und direkt:* eine drastische Ausdrucksweise; etwas drastisch schildern. **Syn.:** anschaulich, bildlich, plastisch.
b) *deutlich in seiner oft negativen Wirkung spürbar:* drastische Maßnahmen; eine drastische Änderung; die Preise drastisch senken. **Syn.:** drakonisch, einschneidend, gravierend (bildungsspr.), hart, massiv, nachhaltig, rigoros, scharf, streng, strikt, tief greifend.

drauf [drau̯f] ‹Adverb› (ugs.):
darauf: ein Stück Kuchen mit Sahne drauf; *** gut** o. ä. **drauf sein:** *gut o. ä. gelaunt sein, in guter o. ä. Stimmung sein:* er ist heute aber besonders gut drauf; *** drauf und dran sein, etwas zu tun:** *fast so weit sein, etwas [Negatives] zu tun:* sie war drauf und dran, zu kündigen.

Drauf|gän|ger [ˈdrau̯fɡɛŋɐ], der; -s, -, **Drauf|gän|ge|rin** [ˈdrau̯f ɡɛŋərɪn], die; -, -nen (emotional):
Person, die sich, ohne zu zögern und auf Gefahren zu achten, mit Elan für etwas einsetzt, die auf verwegene Weise ihr Ziel zu erreichen sucht: ein richtiger, rechter Draufgänger.

drauf|ge|hen [ˈdrau̯fɡeːən], ging drauf, draufgegangen ‹itr.; ist› (ugs.):
1. *bei etwas umkommen, zugrunde gehen:* bei dem Unfall sind beide draufgegangen. **Syn.:** abberufen werden (geh. verhüllend), abkratzen (derb), das Zeitliche segnen (veraltet verhüllend), den Löffel abgeben (salopp), dran glauben müssen (salopp), eingehen, in die ewigen Jagdgründe eingehen (verhüllend ironisch), in die Ewigkeit abberufen werden (geh. verhüllend), ins Gras beißen (salopp), krepieren (ugs.), sterben, ums Leben kommen.
2. a) *bei oder durch etwas verdorben, zerstört werden:* alle Vorräte sind draufgegangen. **b)** *durch oder für etwas verbraucht werden:* mein ganzes Geld ging für den Urlaub drauf.

drauf|los [drau̯fˈloːs] ‹Adverb›:
ohne lange Überlegung, ohne zu zögern: immer fest[e] drauflos!

drauf|los|ge|hen [drau̯fˈloːsɡeːən], ging drauflos, drauflosgegangen ‹itr.; ist› (ugs.):
ohne zu zögern, entschlossen auf ein bestimmtes Ziel zugehen, sich irgendwohin begeben: er muss immer gleich drauflosgehen.

drau|ßen [ˈdrau̯sn̩] ‹Adverb›:
a) *außerhalb [eines Raumes]; im Freien* /Ggs. drinnen/: sie sitzt draußen und wartet; bei dem Wetter könnt ihr nicht draußen spielen. **b)** *irgendwo weit entfernt:* das Boot ist draußen [auf dem Meer]; draußen in der Welt.

drech|seln [ˈdrɛksl̩n] ‹tr.; hat›:
1. *(Holz o. Ä.) durch schnelle Drehung auf einem dazu bestimmten Gerät rund formen:* eine Schale drechseln.
2. *kunstvoll formulieren:* Sätze drechseln; fein gedrechselte Verse. **Syn.:** formulieren, verfassen.

Dreck [drɛk], der; -[e]s (ugs.):
1. *Schmutz:* den Dreck [von den Schuhen] abkratzen. **Syn.:** Unrat (geh.). **Zus.:** Hundedreck, Katzendreck, Vogeldreck.
2. (emotional abwertend) *etwas, was als minderwertig, wertlos angesehen wird:* nun hast du wieder so einen Dreck gekauft, den keiner gebrauchen kann; was redest du da für einen Dreck!; sich um jeden Dreck *(um jede Kleinigkeit)* selbst kümmern müssen. **Syn.:** Ausschuss, Plunder (ugs.), Ramsch (ugs. abwertend).

dre|ckig [ˈdrɛkɪç] ‹Adj.› (ugs.):
1. *schmutzig:* dreckige Schuhe; ich habe mich dreckig gemacht. **Syn.:** schmuddelig (ugs.), verschmutzt.
2. (ugs. abwertend) **a)** *unanständig:* dreckige Witze. **Syn.:** anstößig, obszön, schlüpfrig (abwertend), schweinisch (ugs. abwertend). **b)** *frech, unverschämt:* eine dreckige Bemerkung; lach nicht so dreckig! **Syn.:** impertinent (bildungsspr.).

Drecks- [drɛks] ‹Präfixoid› (emotional derb abwertend):
kennzeichnet eine im Basiswort genannte Sache oder Person als ärgerlich, widerwärtig, unangenehm: Drecksarbeit; Drecksbulle; Drecksding; Drecksgeld; Drecksgesindel; Dreckshund; Dreckskerl; Drecksleben; Dreckspack; Drecksstadt; Dreckszeug. **Syn.:** Sau- (derb verstärkend), Scheiß- (derb verstärkend).

Dreck|spatz [ˈdrɛkʃpat͜s], der; -en und -es, -en:
(fam.) *Kind, das sich schmutzig gemacht hat:* du Dreckspatz kommst gleich in die Badewanne. **Syn.:** Schmutzfink (ugs.).

Dreh [dreː], der; -[e]s, -s (ugs.):
zur Lösung einer alltäglichen

Aufgabe nötiger Kunstgriff: den richtigen Dreh finden, heraushaben; wie bist du auf diesen Dreh gekommen? **Syn.:** Kniff (ugs.), Kunststück, Masche (ugs.), Methode, Praktik, Raffinesse, Trick.

dre|hen ['dre:ən]:
1. a) ⟨tr.; hat⟩ *im Kreise [teilweise] um seine Achse bewegen oder mit einer ähnlichen Bewegung in eine andere bestimmte Richtung bringen:* den Schlüssel im Schloss drehen; den Kopf leicht zur Seite drehen; den Schalter am Radio [nach links] drehen; sich um sich selbst, seine eigene Achse, auf den Rücken drehen. **b)** ⟨itr.; hat⟩ *mit etwas eine Bewegung im Kreis o. Ä. ausführen:* wer hat an dem Schalter gedreht?; du sollst nicht daran drehen. **Syn.:** kurbeln. **c)** ⟨tr.; hat⟩ *(einen Apparat) durch eine Bewegung eines Schalters o. Ä. im Kreis in bestimmter Weise einstellen:* den Herd klein, auf klein, die Heizung höher drehen. **d)** ⟨+ sich⟩ *sich im Kreis [teilweise] um seine Achse bewegen:* die Räder drehen sich; das Karussell dreht sich im Kreise. **Syn.:** kreisen, rotieren. **e)** ⟨itr.; hat⟩ *seine Richtung durch eine Bewegung im Kreis o. Ä. ändern:* das Schiff dreht [nach Norden]; das Auto drehte und kam zurück. **Syn.:** kehrtmachen, umkehren, wenden.
2. ⟨tr.; hat⟩ *durch eine dem Zweck entsprechende rollende o. ä. Bewegung [maschinell] formen, herstellen:* Zigaretten drehen; Pillen, Schrauben drehen.
3. ⟨tr.; hat⟩ *Aufnahmen machen und so herstellen:* einen Film drehen; ⟨auch itr.⟩ sie drehen in Mexiko. **Syn.:** filmen.
4. ⟨+ sich⟩ *etwas Bestimmtes zum Gegenstand haben:* das Gespräch dreht sich um Politik. **Syn.:** angehen, betreffen, sich beziehen auf, sich handeln um.
5. ⟨tr.; hat⟩ (ugs.) *in bestimmter Weise in seinem Sinn beeinflussen, arrangieren, einrichten o. Ä.:* das hat sie wieder schlau gedreht. **Syn.:** anstellen, bewerkstelligen (Papierdt.), bewirken, deichseln (ugs.), hinbringen (ugs.), hinkriegen (ugs.).

drei [drai̯] ⟨Kardinalzahl⟩ (als Ziffer: 3): drei Personen; bis drei zählen.

drei|di|men|si|o|nal ['drai̯dimɛnzi̯o-na:l] ⟨Adj.⟩:
in drei Dimensionen angelegt oder wiedergegeben, räumlich erscheinend: ein dreidimensionaler Körper; etwas dreidimensional darstellen. **Syn.:** plastisch.

Drei|eck ['drai̯|ɛk], das; -[e]s, -e:
von drei Linien begrenzte Fläche: ein spitzwinkliges, gleichschenkliges, ungleichseitiges Dreieck; ein Dreieck zeichnen, konstruieren.

drei|ßig ['drai̯sɪç] ⟨Kardinalzahl⟩ (in Ziffern: 30):
dreißig Personen.

dreist [drai̯st] ⟨Adj.⟩ (emotional):
sich ungeniert, oft unverschämt und ohne Hemmungen benehmend; auf unverfrorene Weise zudringlich, impertinent o. ä. wirkend: ein dreister Bursche; eine dreiste Behauptung. **Syn.:** frech, schamlos, unverfroren (emotional), unverschämt.

drei|zehn ['drai̯tse:n] ⟨Kardinalzahl⟩ (in Ziffern: 13):
dreizehn Personen.

dre|schen ['drɛʃn̩], drischt, drosch, gedroschen:
1. ⟨tr.; hat⟩ *[mit einer Maschine] die Körner aus den Ähren des Getreides herausbringen:* Korn, Weizen dreschen; ⟨auch itr.⟩ auf dem Feld dreschen.
2. (ugs.) **a)** ⟨tr.; hat⟩ *prügeln:* er hat den Jungen grün und blau gedroschen. **Syn.:** schlagen. **b)** ⟨+ sich⟩ *sich prügeln:* sie droschen sich, dass die Fetzen flogen. **Syn.:** sich raufen.
3. (ugs.) **a)** ⟨itr.; hat⟩ *mit Wucht irgendwohin schlagen:* auf die Tasten dreschen; mit der Faust auf den Tisch dreschen. **Syn.:** hauen (ugs.). **b)** ⟨tr.; hat⟩ *mit Wucht irgendwohin schießen:* er drosch den Ball ins Tor.

Dress [drɛs], der; - und -es, -e:
[sportliche] Kleidung für einen besonderen Anlass: der Dress der Reiter, einer Mannschaft. **Zus.:** Lederdress, Sportdress, Tennisdress.

dres|sie|ren [drɛ'si:rən] ⟨tr.; hat⟩:
(einem Tier) bestimmte Fertigkeiten, Kunststücke beibringen: einen Hund, Pferde, Tiger dressieren. **Syn.:** abrichten, ausbilden.

Dres|sur [drɛ'su:ɐ̯], die; -, -en:
1. ⟨ohne Plural⟩ *das Dressieren:* die Dressur eines Hundes.
2. *eingeübte Fertigkeit, Kunststück dressierter Tiere:* schwierige Dressuren vorführen.

drib|beln ['drɪbl̩n] ⟨itr.; hat⟩:
den Fußball durch kurze Stöße vorwärtstreiben: er dribbelte in den Strafraum, statt abzuspielen.

dril|len ['drɪlən] ⟨tr.; hat⟩:
immer wieder ein bestimmtes Verhalten, bestimmte Bewegungen o. Ä. von jmdm. ausführen, üben lassen, damit er es in einer entsprechenden Situation genauso tut: Soldaten drillen; gut gedrillte Untertanen. **Syn.:** [1]schleifen (ugs.); *** auf etwas** (Akk.) **gedrillt sein:** *durch ständige Schulung auf etwas gut vorbereitet sein und entsprechend reagieren:* auf solche Fragen waren die Schüler gedrillt; die Mannschaft ist ganz auf Kampf gedrillt.

drin [drɪn] ⟨Adverb⟩ (ugs.):
1. *darin, als Inhalt enthalten:* in der Flasche ist nichts mehr drin.
2. *drinnen:* drin im Zimmer.

drin|gen ['drɪŋən], drang, gedrungen:
1. ⟨itr.; ist⟩ *durch etwas, ein Hindernis hindurch an eine bestimmte Stelle gelangen:* Wasser ist in den Keller gedrungen.
2. ⟨itr.; hat⟩ *streng fordern, darauf sehen, dass (etwas) durchgeführt wird:* er hat auf die Einführung von Änderungen gedrungen. **Syn.:** beharren, bestehen, fordern, pochen auf, verlangen, sich versteifen.
3. ⟨itr.; ist⟩ *(auf jmdn. durch Reden in einer bestimmten Absicht) einzuwirken versuchen:* die Mutter ist [mit Bitten] in ihr Kind gedrungen, ihr alles zu gestehen.

drin|gend ['drɪŋənt] ⟨Adj.⟩:
unbedingt Erledigung verlangend: eine dringende Angelegenheit; das sind die dringendsten Probleme; etwas dringend benötigen. **Syn.:** dringlich, eilig, händeringend.

dring|lich ['drɪŋlɪç] ⟨Adj.⟩:
a) *als besonders nötig und wichtig empfunden:* eine dringliche Aufgabe; die Schmerztherapie wird als Lehrfach immer dringlicher. **Syn.:** dringend. **b)** *nach-*

drücklich-eindringlich: sie empfahl ihr dringlichst, davon Abstand zu nehmen; die Stimme klang dringlich.

Drink [drɪŋk], der; -s, -s:
meist alkoholisches Getränk: einen Drink mixen, reichen. **Syn.:** Trank (geh.), Trunk (geh.).

drin|nen [ˈdrɪnən] ⟨Adverb⟩:
innerhalb [eines Raumes] /Ggs. draußen/: ich sitze schon drinnen und warte auf dich; bei dem Wetter sollte man lieber drinnen bleiben.

dritt... [ˈdrɪt...] ⟨Ordinalzahl⟩ (als Ziffer: 3.):
an dritter Stelle stehen.

Drit|tel [ˈdrɪtl̩], das; -s, -:
dritter Teil eines Ganzen: das erste Drittel unserer Reise haben wir schon hinter uns.

drit|teln [ˈdrɪtl̩n] ⟨tr.; hat⟩:
in drei Teile teilen: eine Menge dritteln.

Dro|ge [ˈdroːɡə], die; -, -n:
1. *Rauschgift (besonders im Hinblick auf eine Person, die davon abhängig ist):* er nimmt harte Drogen; unter dem Einfluss von Drogen. **Syn.:** Stoff (Jargon). **Zus.:** Einstiegsdroge, Modedroge.
2. *als Heilmittel verwendete pflanzliche oder tierische Substanz:* starke Schmerzen lindernde Drogen.

dro|gen|süch|tig [ˈdroːɡn̩zʏçtɪç] ⟨Adj.⟩:
an einer krankhaften Sucht nach Drogen leidend: der drogensüchtige Angeklagte bedauerte seine Tat.

Dro|ge|rie [droɡəˈriː], die; -, Drogerien [droɡəˈriːən]:
Geschäft für den Verkauf von Heilmitteln, Chemikalien und kosmetischen Artikeln: Biolebensmittel kann man häufig auch in Drogerien kaufen.

Dro|gist [droˈɡɪst], der; -en, -en, **Dro|gis|tin** [droˈɡɪstɪn], die; -, -nen:
Inhaber oder Angestellter bzw. Inhaberin oder Angestellte einer Drogerie mit spezieller Ausbildung: der Drogist berät den Kunden ausführlich.

dro|hen [ˈdroːən] ⟨itr.; hat⟩:
1. a) *(jmdn.) mit Worten oder Gesten einzuschüchtern versuchen:* [jmdm.] mit dem Finger, einem Stock drohen. **Syn.:** bedrohen, unter Druck setzen. **b)** *(jmdn.) darauf hinweisen, dass man etwas für ihn Unangenehmes veranlassen wird, falls er sich nicht den Forderungen entsprechend verhält:* [jmdm.] mit einer Klage drohen; er drohte, mich verhaften zu lassen.
2. *als etwas Gefährliches, Unangenehmes möglicherweise eintreffen:* ein Gewitter, Regen droht; drohende Gefahren. **Syn.:** aufkommen, aufziehen, bevorstehen, im Anzug sein, in der Luft liegen, ins Haus stehen (ugs.), kommen, nahen (geh.), sich nähern, sich zusammenbrauen.
3. ⟨drohen + zu + Infinitiv⟩ *in Gefahr sein (etwas zu tun):* das Haus drohte einzustürzen.

dröh|nen [ˈdrøːnən] ⟨itr.; hat⟩:
a) *mit durchdringendem lautem Schall tönen:* der Lärm der Motoren dröhnt mir in den Ohren. **Syn.:** gellen, hallen, schallen, schrillen. **b)** *von lautem vibrierendem Schall erfüllt sein:* die Fabrik dröhnt vom Lärm der Maschinen; mir dröhnt der Kopf.

Dro|hung [ˈdroːʊŋ], die; -, -en:
das Drohen; drohende Äußerung: eine offene, versteckte Drohung; seine Drohung wahr machen. **Zus.:** Bombendrohung, Morddrohung.

drol|lig [ˈdrɔlɪç] ⟨Adj.⟩:
[durch seine Possierlichkeit, Niedlichkeit] belustigend wirkend: ein drolliges Kind; eine drollige Geschichte; sie führten ganz drollig etwas vor. **Syn.:** komisch, lustig, neckisch, putzig, spaßig, witzig.

Drops [drɔps], der; -, -:
säuerlich schmeckender, flacher, runder Bonbon: einen Drops lutschen; eine Rolle saure[r] Drops.

Dros|sel [ˈdrɔsl̩], die; -, -n:
meist ziemlich großer Singvogel mit spitzem schlankem Schnabel und langen dünnen Beinen: Amseln und Nachtigallen gehören zu den Drosseln.

dros|seln [ˈdrɔsl̩n] ⟨tr.; hat⟩:
a) *die Zufuhr (von etwas) verringern, behindern:* den Dampf drosseln. **b)** *in der Leistung herabsetzen, kleiner stellen:* den Motor drosseln. **c)** *auf ein geringeres Maß herabsetzen, (bei etwas) eine Einschränkung vornehmen:* die Ausgaben, die Einfuhr drosseln. **Syn.:** begrenzen, beschneiden (geh.), beschränken, drücken, einschränken, herabsetzen, kürzen, mindern, reduzieren, schmälern, streichen, verkleinern, verkürzen, vermindern, verringern.

drü|ben [ˈdryːbn̩] ⟨Adverb⟩:
auf der anderen, gegenüberliegenden Seite: drüben am Ufer; da, dort drüben; von drüben *(von jenseits des Ozeans, der Grenze)* kommen. **Syn.:** jenseits.

drü|ber [ˈdryːbɐ] ⟨Adverb⟩ (ugs.):
darüber: lass uns nochmal in Ruhe drüber reden.

¹Druck [drʊk], der; -[e]s, Drücke [ˈdrykə]:
1. *senkrecht auf eine Fläche wirkende Kraft:* den Druck messen; etwas steht unter hohem Druck.
2. ⟨ohne Plural⟩ *das Drücken:* der kräftige Druck seiner Hand. **Syn.:** Gewalt, Wucht. **Zus.:** Händedruck.
3. ⟨ohne Plural⟩ *gewaltsame, zwanghafte, jmdn. bedrängende Einwirkung von außen:* Druck auf jmdn. ausüben; den ständigen politischen Druck nicht aushalten können; jmdn. unter Druck setzen *(ihn sehr bedrängen).* **Syn.:** Druckmittel, Sanktionen ⟨Plural⟩, Terror, Zwang.

²Druck [drʊk], der; -[e]s, -e:
1. ⟨ohne Plural⟩ *Vorgang, bei dem Typen durch Maschinen auf Papier oder Stoff gepresst und übertragen werden:* den Druck überwachen; die Kosten für den Druck der Broschüre berechnen; etwas in Druck geben *(es drucken lassen).* **Syn.:** ¹Abdruck. **Zus.:** Buchdruck.
2. *Art, Qualität, in der etwas gedruckt ist:* ein klarer, kleiner Druck. **Zus.:** Buntdruck, Kursivdruck, Vierfarbendruck.
3. *gedrucktes Werk, Bild:* Drucke von berühmten Gemälden. **Zus.:** Kunstdruck, Linoldruck.

Drü|cke|ber|ger [ˈdrʏkəbɛrɡɐ], der; -s, - (ugs. abwertend), **Drü|cke|ber|ge|rin** [ˈdrʏkəbɛrɡərɪn], die; -, -nen (ugs.):
Person, die sich einer unangenehmen Verpflichtung aus Feigheit, Bequemlichkeit entzieht: Faulpelze und Drückeberger sind nicht gern gesehen.

dru|cken [ˈdrʊkn̩] ⟨tr.; hat⟩:
a) *durch ²Druck (1) herstellen:* Bücher, Zeitungen drucken. **Syn.:** auflegen, herausgeben,

machen, publizieren, [1]verlegen. **b)** *durch [2]Druck (1) auf etwas übertragen und vervielfältigen:* einen Text drucken; ein Muster in verschiedenen Farben drucken.

drü|cken ['drʏkn̩]:
1. a) ⟨itr.; hat⟩ *einen [1]Druck auf etwas ausüben, (etwas) durch Druck betätigen:* auf den Knopf drücken; an einem Geschwür drücken. **b)** ⟨tr.; hat⟩ *pressend [1]Druck (auf etwas) ausüben:* den Knopf drücken; jmdm. die Hand drücken. **Syn.:** pressen. **c)** ⟨tr.; hat⟩ *[unter Anwendung von Kraft] bewirken, dass jmd./etwas irgendwohin gelangt:* jmdm. Geld in die Hand drücken; jmdn. auf einen Stuhl drücken; das Gesicht in die Kissen drücken. **d)** ⟨tr.; hat⟩ *durch Zusammenpressen herauslösen:* Wasser aus dem Schwamm drücken.
2. ⟨itr.; hat⟩ *das Gefühl unangenehmen Druckes an einer Körperstelle hervorrufen:* die Schuhe drücken [mich]; der Rucksack drückt.
3. ⟨itr.; hat⟩ *lastend (auf jmdm.) liegen; schwer auf jmdm. lasten:* die Sorgen drücken [ihn]; drückende Schulden. **Syn.:** bedrücken, bekümmern, betrüben, beunruhigen, lasten auf, quälen.
4. ⟨itr.; hat⟩ *sich in einer Menge ungeduldig stoßend, schiebend o. ä. bewegen, um möglichst schnell an ein Ziel zu kommen:* wer drückt denn hier so? **Syn.:** drängeln, drängen.
5. ⟨tr.; hat⟩ *bewirken, dass etwas niedriger wird:* das große Angebot drückt die Preise; das Niveau drücken. **Syn.:** abschwächen, beschneiden (geh.), beschränken, drosseln, einschränken, herabsetzen, kürzen, mindern, reduzieren, schmälern, vermindern, verringern.
6. ⟨+ sich⟩ (ugs.) *sich [unauffällig] einer Arbeit, Verpflichtung entziehen:* sich gern [vor/von der Arbeit] drücken. **Syn.:** ausweichen, sich entziehen (geh.), sich fernhalten, sich herumdrücken (ugs.), kneifen (ugs. abwertend), meiden, [2]umgehen.

drü|ckend ['drʏkn̩t] ⟨Adj.⟩: *schwül, lastend:* eine drückende Hitze; es ist heute drückend.

Dru|cker ['drʊkɐ], der; -s, -: *Person, die das Handwerk des Druckens ausübt.* **Zus.:** Buchdrucker.

Dru|cke|rei [drʊkə'rai̯], die; -, -en: *Betrieb, in dem gedruckte Erzeugnisse gewerbsmäßig hergestellt werden:* der Verlag sucht eine neue Druckerei. **Zus.:** Buchdruckerei.

Dru|cke|rin ['drʊkərɪn], die; -, -nen: weibliche Form zu ↑Drucker.

Druck|feh|ler ['drʊkfe:lɐ], der; -s, -: *Fehler im gedruckten Text:* »ein Weg von 3 cm« war natürlich ein Druckfehler, es muss »3 km« heißen.

Druck|knopf ['drʊkknɔp͡f], der; -[e]s, Druckknöpfe ['drʊkknœp͡fə]: *aus zwei Plättchen bestehender Knopf, der sich durch Aneinanderdrücken der beiden Teile schließen lässt:* einen Druckknopf annähen.

Druck|mit|tel ['drʊkmɪtl̩], das; -s, -: *etwas, was ausgenutzt werden kann, um Druck auf jmdn. auszuüben:* er benutzt seine Krankheit regelrecht als Druckmittel. **Syn.:** Zwang.

drun|ter ['drʊntɐ] ⟨Adverb⟩ (ugs.): *darunter:* er wohnt ein Stockwerk drunter.

Drü|se ['dry:zə], die; -, -n: *Organ, das ein Sekret produziert und dieses an den Körper oder nach außen abgibt:* eine Entzündung an der Drüse haben. **Zus.:** Milchdrüse, Schweißdrüse, Speicheldrüse, Tränendrüse.

Dschun|gel ['d͡ʒʊŋl̩], der; -s, -:
1. *undurchdringlicher, sumpfiger Wald in den Tropen:* ein dichter Dschungel; in den Dschungel eindringen. **Syn.:** Busch, Urwald, Wildnis.
2. *wirres Durcheinander, Undurchdringlichkeit, Undurchschaubarkeit:* im Dschungel der Großstadt; sich im Dschungel der Paragrafen verfangen; einen Dschungel von Vorschriften und Verordnungen erlassen; in diesem Dschungel finden sich selbst die Experten kaum noch zurecht.

du [du:] ⟨Personalpronomen; 2. Person Singular⟩: bezeichnet eine angeredete vertraute Person: du kannst mir das Buch morgen bringen; jmdn. mit Du anreden.

Dü|bel ['dy:bl̩], der; -s, -: *Zapfen, Pflock zur Befestigung von Schrauben o. Ä. in einer Wand oder Decke:* zuerst einen Dübel in das Loch stecken, dann die Schraube eindrehen.

du|bi|os [du'bi̯o:s] ⟨Adj.⟩: *zweifelhaft, fragwürdig:* eine dubiose Firma; dubiose Machenschaften; ihr Vorleben ist recht dubios. **Syn.:** fraglich, obskur.

Du|blet|te [du'blɛtə], die; -, -n: *zweites von doppelt vorhandenen Stücken:* die Dubletten der Bibliothek verkaufen.

du|cken ['dʊkn̩] ⟨+ sich⟩: *[vor irgendeiner Gefahr] den Kopf einziehen und dabei den Rücken etwas gekrümmt halten:* sich vor einem Schlag ducken. **Syn.:** sich beugen, sich krümmen, sich neigen.

Du|del|sack ['du:dl̩zak], der; -[e]s, Dudelsäcke ['du:dl̩zɛkə]: *Blasinstrument mit mehreren Pfeifen, die über einen vom Spieler durch ein Mundstück mit Luft gefüllten ledernen Sack mit Luft versorgt und zum Klingen gebracht werden:* Dudelsack spielen.

Du|ell [du'ɛl], das; -s, -e: *Zweikampf:* jmdn. zum Duell fordern.

Du|ett [du'ɛt], das; -[e]s, -e: **a)** *Komposition für zwei Singstimmen mit instrumentaler Begleitung:* ein Duett singen. **b)** *zweistimmiger musikalischer Vortrag:* ihre Stimmen erklangen im Duett.

Duft [dʊft], der; -[e]s, Düfte ['dʏftə]: *angenehmer, feiner Geruch:* der Duft einer Blume, eines Parfüms. **Syn.:** Aroma, Blume, Bukett. **Zus.:** Blumenduft, Bratenduft, Rosenduft.

duf|ten ['dʊftn̩], duftete, geduftet ⟨itr.; hat⟩: *[einen bestimmten oder für etwas charakteristischen] angenehmen Geruch ausströmen:* die Rosen duften stark, zart; es duftet nach Veilchen. **Syn.:** riechen.

duf|tig ['dʊftɪç] ⟨Adj.⟩: *fein und leicht wie ein Hauch:* duftige Spitzen, Kleider. **Syn.:** hauchdünn, zart.

dul|den ['dʊldn̩], duldete, geduldet:
1. ⟨itr.; hat⟩ *[Schweres, Schreckliches] über sich ergehen lassen,*

mit Gelassenheit ertragen: standhaft, still dulden; dulden, ohne zu klagen; Not und Verfolgung dulden. **Syn.:** aushalten, durchmachen, durchstehen, erdulden, mitmachen (ugs.).
2. ⟨tr.; hat⟩ **a)** *[aus Nachsicht] fortbestehen, gelten lassen, ohne ernsthaften Widerspruch einzulegen oder Maßnahmen dagegen zu ergreifen:* keinen Widerspruch dulden; Ausnahmen werden geduldet; ich dulde nicht, dass du weggehst. **Syn.:** absegnen (ugs.), akzeptieren, bewilligen, billigen, erlauben, genehmigen, geschehen lassen, gestatten, tolerieren, zulassen.
b) *(jmdn.) an einem bestimmten Ort leben, sich aufhalten lassen:* sie duldeten ihn nicht in ihrer Mitte; wir sind hier nur geduldet.

duld|sam [ˈdʊltzaːm] ⟨Adj.⟩:
Geduld, Nachsicht gegenüber seinen Mitmenschen zeigend: ein duldsamer Mensch. **Syn.:** nachsichtig, tolerant, verständnisvoll, weitherzig.

Dul|dung [ˈdʊldʊŋ], die; -, -en:
das Dulden (2), *Zulassen von etwas:* die Duldung dieser Verhältnisse ist ein Skandal; unter stillschweigender Duldung der Regierung.

dumm [dʊm] ⟨Adj.⟩:
1. a) *mangelnde Begabung auf intellektuellem Gebiet aufweisend; von schwacher, nicht zureichender Intelligenz:* ein dummer Mensch; er ist zu dumm, das zu begreifen; sich dumm stellen. **Syn.:** begriffsstutzig, beschränkt (abwertend), blöd[e], borniert (abwertend), dämlich, doof (ugs.), dümmlich, duss[e]lig (ugs.), einfältig, töricht (abwertend), unbedarft, unbegabt, unverständig.
b) *unklug, ungeschickt in seinem Tun:* das war aber dumm von dir, ihr das jetzt zu sagen. **Syn.:** dämlich (ugs.), doof, duss[e]lig (ugs.), idiotisch (ugs. abwertend), töricht (abwertend).
2. (ugs.) *in ärgerlicher Weise unangenehm:* das ist eine dumme Geschichte; das hätte dumm ausgehen können. **Syn.:** ärgerlich, blöd[e] (ugs.), böse, lästig (ugs.), leidig, misslich, unerfreulich, unerquicklich (geh.), unersprießlich (geh.), unliebsam, verdrießlich (geh. veraltend).

Dumm|heit [ˈdʊmhai̯t], die; -, -en:
1. ⟨ohne Plural⟩ *mangelnde Begabung auf intellektuellem Gebiet; Unwissenheit, schwache, nicht zureichende Intelligenz.*
2. *unkluge Handlung:* eine Dummheit begehen. **Syn.:** Blödsinn (ugs. abwertend), Firlefanz (ugs. abwertend), Idiotie (ugs. abwertend), Irrsinn (emotional), Mätzchen ⟨Plural⟩ (ugs.), Mist (ugs. abwertend), Quatsch (ugs.), Scheiße (derb abwertend), Schwachsinn (ugs. abwertend), Torheit, Unsinn, Wahnsinn (ugs.).

Dumm|kopf [ˈdʊmkɔpf], der; -[e]s, Dummköpfe [ˈdʊmkœpfə] (abwertend):
dumme, einfältige Person: mit diesem Dummkopf will ich nicht arbeiten; sei kein Dummkopf! **Syn.:** Depp (bes. südd., österr., schweiz. abwertend), doofe Nuss, Dussel (ugs.), Hammel (salopp abwertend), Idiot (ugs. abwertend), Idiotin (ugs. abwertend), Ignorant (abwertend), Ignorantin (abwertend), Kamel (salopp abwertend), Kindskopf (ugs.), Narr, Närrin, Spinner (ugs.), Spinnerin (ugs.), Tölpel (abwertend), ²Tor (geh. veraltend), Törin (geh. veraltend), Tropf (oft abwertend), Trottel (ugs. abwertend).

dümm|lich [ˈdʏmlɪç] ⟨Adj.⟩:
ein wenig dumm, einfältig, leicht beschränkt [wirkend]; durch sein Aussehen, seine Miene o. Ä. einen wenig intelligenten Eindruck machend: ein dümmlicher Gesichtsausdruck; dümmlich grinsen. **Syn.:** begriffsstutzig, beschränkt, blöd[e] (ugs.), dämlich (ugs.), doof (ugs.), duss[e]lig (ugs.), töricht (abwertend), unbedarft.

dumpf [dʊmpf] ⟨Adj.⟩:
1. *gedämpft und dunkel klingend:* der Sack fiel mit dumpfem Aufprall zu Boden.
2. *feucht, von Feuchtigkeit verdorben o. Ä. und im Geruch davon zeugend:* dumpfe Kellerluft; eine dumpfe Schwüle. **Syn.:** muffig, stickig.
3. *(als Schmerz, Gefühl o. Ä.) nicht ausgeprägt hervortretend:* ein dumpfes Gefühl im Kopf; eine dumpfe Ahnung. **Syn.:** diffus, dunkel, nebelhaft, unbestimmt, vage, verschwommen.
4. *geistig unbeweglich, untätig und ohne Anteilnahme am äußeren Geschehen:* die dumpfe Atmosphäre einer Kleinstadt; in dumpfer Gleichgültigkeit dasitzen; dumpf vor sich hin brüten.

Dü|ne [ˈdyːnə], die; -, -n:
durch den Wind entstandene, hügelartige Ablagerung von Sand: Dünen nur an den gekennzeichneten Übergängen betreten!; nach den Herbststürmen müssen die Dünen ausgebessert werden. **Zus.:** Sanddüne.

Dung [dʊŋ], der; -[e]s:
als Dünger verwendeter Mist: den Dung auf die Felder bringen. **Syn.:** Mist. **Zus.:** Kuhdung, Stalldung.

dün|gen [ˈdʏŋən] ⟨tr.; hat⟩:
(dem Boden) Dünger zuführen: das Feld, den Kohl düngen.

Dün|ger [ˈdʏŋɐ], der; -s, -:
Stoff, durch dessen Zufuhr der Ertrag des Bodens erhöht wird: künstlicher Dünger. **Syn.:** Dung, Mist. **Zus.:** Blumendünger, Rasendünger.

dun|kel [ˈdʊŋkl̩] ⟨Adj.⟩:
1. a) *nicht hell, nicht oder nur unzulänglich erhellt:* dunkle Straßen; es wird schon früh dunkel. **Syn.:** dämmrig, düster, finster. **b)** *nicht hell, sondern sich in der Farbe eher dem Schwarz nähernd:* ein dunkler Anzug; ein dunkles Grün; die Brille ist dunkel getönt.
2. *(von Klängen, Tönen) nicht hell, sondern tief, gedämpft [wirkend]:* eine dunkle Stimme; dunkel klingen.
3. *nicht bestimmt, nicht deutlich, sondern unklar, verschwommen und dabei oft geheimnisvoll, schwer deutbar:* ein dunkler Verdacht; dunkle Vorstellungen von etwas haben; dunkle Andeutungen; in dunkler Vorzeit. **Syn.:** diffus, dumpf, mehrdeutig, mysteriös, nebelhaft, rätselhaft, unbestimmt, unerklärlich, vage, verworren.
4. *von zweifelhafter, verdächtig wirkender Beschaffenheit, nicht recht durchschaubar:* dunkle Geschäfte machen; eine dunkle Vergangenheit, Existenz. **Syn.:** dubios, faul, fragwürdig, nicht ganz astrein (ugs.), nicht ganz hasenrein (ugs.), obskur.

Dün|kel ['dʏŋkl̩], der; -s (geh. abwertend):
von anderen als unangenehm empfundenes, sich in jmds. Verhalten deutlich ausdrückendes Bewusstsein einer vermeintlichen (gesellschaftlichen, geistigen) Überlegenheit: akademischer Dünkel; ich habe keinen Dünkel. **Syn.:** Arroganz, Einbildung, Eitelkeit (abwertend), Hochmut, Überheblichkeit.

dün|kel|haft ['dʏŋkl̩haft] ⟨Adj.⟩ (geh. abwertend):
voller Dünkel oder davon zeugend: eine dünkelhafte Gesellschaft; sich dünkelhaft benehmen. **Syn.:** anmaßend, arrogant, aufgeblasen (ugs.), blasiert, eingebildet, eitel (abwertend), hochmütig, hochnäsig, selbstgefällig (abwertend), selbstgerecht (abwertend), stolz, süffisant (geh. abwertend), überheblich.

Dun|kel|heit ['dʊŋkl̩hai̯t], die; -:
[fast] lichtloser Zustand, Zustand des Dunkelseins: bei Einbruch der Dunkelheit. **Syn.:** Dämmerung, Finsternis, Schatten, Zwielicht.

Dun|kel|zif|fer ['dʊŋkl̩tsɪfɐ], die; -, -n:
unbekannte Anzahl von bestimmten Vorkommnissen, Erscheinungen: die Dunkelziffer der Schwarzarbeit; die Dunkelziffer bei den illegalen Einwanderungen dürfte höher liegen, als bisher angenommen.

dün|ken ['dʏŋkn̩], (geh. veraltend):
1. ⟨itr.; hat⟩ *(jmdm. in einer bestimmten Weise) erscheinen, vorkommen:* die Sache dünkt mich/(seltener:) mir zweifelhaft; mich/(seltener:) mir dünkt, wir haben verloren. **Syn.:** anmuten, scheinen.
2. ⟨+ sich⟩ *sich aus Überheblichkeit zu Unrecht (für etwas) halten:* du dünkst dich/(seltener:) dir etwas Besseres.

dünn [dʏn] ⟨Adj.⟩:
1. *von [zu] geringem Umfang, Durchmesser* /Ggs. dick/: ein dünner Ast; sie ist sehr dünn. **Syn.:** dürr (emotional), fein, grazil, hager, knochig, mager, schlaksig, schlank, schlank wie eine Tanne, schmächtig, schmal, schwach, zart, zierlich. **Zus.:** fadendünn, haardünn.
2. a) *beinahe durchsichtig:* ein dünner Schleier. **Syn.:** durchscheinend, transparent. **b)** *spärlich:* dünnes Haar; das Land ist dünn bevölkert. **Syn.:** dürftig, gelichtet, karg, kaum, licht, schütter, schwach, wenig.
3. *wenig gehaltvoll, wässrig:* dünner Kaffee.

dünn|ma|chen ['dʏnmaxn̩], machte dünn, dünngemacht ⟨+ sich⟩ (ugs.):
sich unauffällig, heimlich entfernen: ehe man sie fassen konnte, hatten sie sich dünngemacht. **Syn.:** abhauen (ugs.), sich absetzen (ugs.), sich davonmachen (ugs.), die Kurve kratzen (salopp), durchbrennen (ugs.), entkommen, fliehen, Leine ziehen (ugs.), sich aus dem Staub[e] machen (ugs.), sich in die Büsche schlagen (ugs.), sich seitwärts in die Büsche schlagen (ugs.), stiften gehen (ugs.), sich verdrücken (ugs.), sich verziehen (ugs.).

Dunst [dʊnst], der; -[e]s, Dünste ['dʏnstə]:
1. ⟨ohne Plural⟩ *leichte Trübung der Atmosphäre:* die Berge sind in Dunst gehüllt. **Syn.:** Dampf, Nebel, Smog.
2. *von starkem Geruch [und Dampf] erfüllte Luft:* bläulicher Dunst von Abgasen; der warme Dunst *(die warme Ausdünstung)* der Pferde; aufsteigende, schädliche Dünste. **Zus.:** Benzindunst, Bierdunst, Kochdunst, Schweißdunst, Stalldunst, Tabakdunst, Zigarettendunst, Zigarrendunst.

düns|ten ['dʏnstn̩], dünstete, gedünstet ⟨tr.; hat⟩:
(Nahrungsmittel) in verschlossenem Topf in [Fett und] Wasserdampf weich, gar werden lassen: Gemüse dünsten; gedünsteter Fisch. **Syn.:** dämpfen, kochen, schmoren, sieden.

duns|tig ['dʊnstɪç] ⟨Adj.⟩:
durch Dampf oder Nebel trübe: über dem Bodensee ist es dunstig. **Syn.:** diesig, neblig.

Dü|nung ['dy:nʊŋ], die; -:
Seegang nach einem Sturm mit gleichmäßig langen Wellen: die schwache Dünung schaukelte uns hin und her. **Syn.:** Wellen ⟨Plural⟩, Wogen ⟨Plural⟩.

Duo ['du:o], das; -s, -s:
a) *Musikstück für zwei Stimmen oder zwei Instrumente:* ein Duo komponieren. **b)** *Gruppe von zwei Personen, die gemeinsam in Erscheinung treten, gemeinsam etwas machen:* ein Duo machte Musik; dem Duo werden zwei Banküberfälle angelastet.

dü|pie|ren [dy'pi:rən] ⟨tr.; hat⟩ (geh.):
1. *täuschen, überlisten:* der angebliche Vertreter hat mehrere Geschäftsleute düpiert. **Syn.:** anscheißen (salopp), anschmieren (ugs.), aufs Glatteis führen, aufs Kreuz legen (salopp), bluffen, einwickeln (ugs.), hereinlegen (ugs.), hintergehen, hinters Licht führen, irreführen, leimen (ugs.), linken (ugs.), über den Löffel balbieren (ugs.), überfahren (ugs.), übers Ohr hauen (ugs.), übertölpeln, übervorteilen, verraten.
2. *jmdn. vor den Kopf stoßen, brüskieren:* durch ihre offen gezeigte Ablehnung hatten sie sie in aller Öffentlichkeit düpiert.

Du|pli|kat [dupli'ka:t], das; -[e]s, -e:
zweite Ausfertigung eines Schriftstücks: das Duplikat eines Vertrages. **Syn.:** Abschrift, Doppel, Kopie, Zweitschrift.

Du|pli|zi|tät [duplitsi'tɛ:t], die; -, -en:
doppeltes Auftreten; zufälliges Zusammentreffen zweier gleicher Ereignisse: die Duplizität der Ereignisse.

durch [dʊrç] ⟨Präp. mit Akk.⟩:
1. kennzeichnet eine Bewegung, die auf der einen Seite in etwas hinein- und auf der anderen Seite wieder hinausführt: durch die Tür, den Wald gehen.
2. kennzeichnet die vermittelnde, bewirkende Person, das Mittel, die Ursache: etwas durch das Los entscheiden; die Stadt wurde durch ein Erdbeben zerstört. **Syn.:** anhand, aufgrund, aus, dank, infolge, kraft, [1]mit, mithilfe, mittels (Papierdt.), per, vermöge (geh.), wegen.
3. *während eines bestimmten Zeitraums, über einen bestimmten Zeitraum hin:* die ganze Nacht durch hatte es geregnet.

durch- [dʊrç] ⟨verbales Präfix; wenn betont, dann trennbar, wenn unbetont, dann untrennbar; oft bestehen beide Möglichkeiten nebeneinander, wobei die trennbaren Verben stärker die

Tätigkeit o. Ä. der Person hervorheben, während die untrennbaren stärker die Tätigkeit am Objekt, das Ergebnis betonen, z. B. ich bohre das Brett durch (= ich bin bohrend tätig), ich durchbohre das Brett (= das Brett erhält durch mein Bohren ein Loch). Die untrennbaren Verben werden oft übertragen gebraucht: er hat mich mit Blicken durchbohrt.⟩:
1. *hindurch:* **a)** /als Bewegung/: durchfahren (sie fuhr durch die Stadt durch); durchfahren (er durchfuhr kreuz und quer das Land); durchkriechen (sie kriecht unter dem Zaun durch); durchkriechen (er durchkriecht das ganze Gelände); durchmarschieren. **b)** durchbrechen (sie brach den Stock durch); durchbrechen (er durchbrach die Absperrung); durchbrennen; durchlöchern; durchsägen (sie hat das Brett durchgesägt); durchsägen (der Gefangene hat die Gitterstäbe durchsägt); durchstechen (er hat das Bild durchstochen); einen Faden durchziehen. **c)** als Abnutzung: durchscheuern. **d)** gut durchblutet; ein durchseuchtes Gebiet.
2. *von Anfang bis Ende:* **a)** /zeitlich/: durcharbeiten (sie hat die Nacht durchgearbeitet); durchtanzen (er hat die Nacht durchgetanzt) *(er hat die ganze Nacht getanzt);* durchtanzen (er hat die Nacht durchtanzt) *(er hat die Nacht mit Tanzen, tanzend verbracht).* **b)** /räumlich/: durchblättern; sich durchfragen; sich durchfressen (sie hat sich durch die viele Arbeit durchgefressen); durchmustern; durchnummerieren. **c)** /verstärkend/ durchatmen; durchfrieren (er ist durchgefroren); durchkonstruieren; jmdn. durchprügeln.
3. *nach unten:* sich durchliegen; durchhängen.

durch|ar|bei|ten [ˈdʊrçlarbai̯tn̩], arbeitete durch, durchgearbeitet:
1. ⟨tr.; hat⟩ *genau durchlesen und sich mit dem Inhalt auseinandersetzen:* ein Buch gründlich durcharbeiten. **Syn.:** bearbeiten, durchnehmen, studieren.
2. ⟨itr.; hat⟩ *ohne Pause arbeiten:* sie arbeiten mittags durch. **Syn.:** durchmachen (ugs.).

durch|aus [dʊrçˈlau̯s] ⟨Adverb⟩:
a) *unter allen Umständen:* er will durchaus dabei sein. **Syn.:** ²absolut; auf Biegen oder Brechen (ugs.); auf jeden Fall; auf Teufel komm raus (ugs.); koste es, was es wolle; mit aller Gewalt; um jeden Preis; unbedingt. **b)** *völlig, ganz:* was sie sagt, ist durchaus richtig. **Syn.:** ²absolut, ganz und gar, gänzlich (emotional), hundertprozentig (ugs.), in jeder Beziehung, komplett, total, vollkommen, vollständig, von A bis Z (ugs.).

durch|bei|ßen [ˈdʊrçbai̯sn̩], biss durch, durchgebissen:
1. ⟨tr.; hat⟩ *ganz durch etwas beißen und es in zwei Stücke zerteilen:* einen Faden durchbeißen.
2. ⟨+ sich⟩ (ugs.) *verbissen und zäh alle Schwierigkeiten überwinden:* mach dir nur keine Sorgen, ich werde mich schon durchbeißen. **Syn.:** sich durchboxen (ugs.), sich durchbringen, sich ¹durchschlagen, sich ¹durchsetzen, sich durch die Welt schlagen, sich durchs Leben schlagen.

Durch|blick [ˈdʊrçblɪk], der; -[e]s, -e (ugs.):
das Verstehen von Zusammenhängen; Überblick über etwas: sich den nötigen Durchblick verschaffen; keinen Durchblick haben. **Syn.:** Einblick, Einsicht, Übersicht.

durch|bli|cken [ˈdʊrçblɪkn̩], blickte durch, durchgeblickt ⟨itr.; hat⟩:
1. *(durch etwas) blicken:* ich nahm mein Fernglas und blickte durch.
2. (ugs.) *die Zusammenhänge (von etwas) verstehen:* da blicke ich nicht mehr durch. **Syn.:** sich auskennen.

durch|blu|tet [dʊrçˈbluːtət] ⟨Adj.⟩:
mit Blut versorgt: gut durchblutete Haut.

¹durch|boh|ren [ˈdʊrçboːrən], bohrte durch, durchgebohrt ⟨tr.; hat⟩:
(in etwas) durch Bohren eine Öffnung herstellen: sie hat ein Loch [durch die Wand] durchgebohrt.

²durchbohren [dʊrçˈboːrən], durchbohrte, durchbohrt ⟨tr.; hat⟩:
bohrend (durch etwas) dringen: ein Brett durchbohren; das Geschoss durchbohrte die Tür des Autos. **Syn.:** durchlöchern.

durch|bo|xen [ˈdʊrçbɔksn̩], boxte durch, durchgeboxt (ugs.):
1. ⟨tr; hat⟩ *mit Energie durchsetzen:* ein Gesetz durchboxen; sie boxte durch, dass sie eine Gehaltserhöhung bekam; er hat sich durchgeboxt *(auf seinem Weg zum Erfolg alle Hindernisse energisch überwunden).* **Syn.:** durchbringen (ugs.), durchdrücken (ugs.), durchpeitschen (ugs. emotional), durchsetzen, erwirken, erzielen, erzwingen, herausholen (ugs.), herausschlagen (ugs.).
2. ⟨+ sich⟩ *sich seinen Weg bahnen:* ich musste mich allein durchboxen. **Syn.:** sich durchbeißen (ugs.), sich durchbringen, sich ¹durchschlagen, sich durchsetzen, sich durch die Welt schlagen, sich durchs Leben schlagen.

¹durch|bre|chen [ˈdʊrçbrɛçn̩], bricht durch, brach durch, durchgebrochen:
1. a) ⟨tr.; hat⟩ *in zwei Teile zerbrechen:* ich brach den Stock durch. **Syn.:** brechen, knicken. **b)** ⟨itr.; ist⟩ *durch Brechen entzweigehen:* der Stuhl ist durchgebrochen. **Syn.:** brechen, in die Brüche gehen, krachen (ugs.), zerbrechen, zu Bruch gehen.
2. ⟨tr.; hat⟩ *(eine Öffnung) in eine Wand brechen:* wir haben eine Tür [durch die Wand] durchgebrochen.
3. ⟨itr.; ist⟩ *unter Überwindung von Hindernissen durch etwas dringen oder an die Oberfläche gelangen:* bei unserer Tochter ist der erste Zahn durchgebrochen. **Syn.:** ¹durchdringen, durchkommen.

²durch|bre|chen [dʊrçˈbrɛçn̩], durchbricht, durchbrach, durchbrochen ⟨tr.; hat⟩:
mit Gewalt durch eine Absperrung dringen: die Fluten durchbrachen den Deich.

durch|bren|nen [ˈdʊrçbrɛnən], brannte durch, durchgebrannt ⟨itr.; ist⟩:
1. *durch langes Brennen, starke Belastung mit Strom entzweigehen:* die Sicherung ist durchgebrannt.
2. *bis zum Glühen brennen:* die Holzkohle ist noch nicht durchgebrannt.
3. (ugs.) *sich heimlich und überraschend davonmachen:* mit der

Kasse durchbrennen; sie brannten durch, um zu heiraten. **Syn.:** abhauen (ugs.), sich absetzen (ugs.), ausreißen (ugs.), sich davonmachen (ugs.), die Flatter machen (salopp), die Fliege machen (salopp), die Kurve kratzen (salopp), sich dünnmachen (ugs.), entkommen, fliehen, flüchten, sich aus dem Staub[e] machen (ugs.), stiften gehen (ugs.), ²türmen (ugs.), sich verdrücken (ugs.), sich verziehen (ugs.).

durch|brin|gen [ˈdʊrçbrɪŋən], brachte durch, durchgebracht ⟨tr.; hat⟩ (ugs.):
1. a) *durch ärztliche Kunst erreichen, dass jmd. eine Krise übersteht und gesund wird:* die Ärzte haben die Patientin durchgebracht. **Syn.:** gesund machen, heilen, helfen, kurieren, retten, wieder auf die Beine bringen, wiederherstellen. **b)** *mit gewisser Anstrengung dafür sorgen, dass das Nötigste zum Leben (für jmdn., für die eigene Person) vorhanden ist:* sich, seine Kinder ehrlich durchbringen. **Syn.:** ernähren, sorgen für, unterhalten. **c)** *gegen eine mögliche Opposition durchsetzen:* einen Kandidaten durchbringen. **Syn.:** durchboxen (ugs.), durchdrücken (ugs.), durchpeitschen (ugs. emotional), erzwingen.
2. ⟨tr.; hat⟩ *(Geld, Besitz) in kurzer Zeit bedenkenlos verschwenden:* sein Vermögen, Erbe durchbringen. **Syn.:** auf den Kopf hauen (ugs.), aufbrauchen, um die Ecke bringen (salopp), verbrauchen, vergeuden, verjubeln (ugs.), vertun (ugs.), zum Fenster hinauswerfen.

Durch|bruch [ˈdʊrçbrʊx], der; -[e]s, Durchbrüche [ˈdʊrçbrʏçə]:
1. a) *das Durchbrechen; [deutliches Hervortreten nach] Überwindung von Hindernissen:* ein Durchbruch durch die Stellung des Feindes. **b)** *Erfolg:* mit diesem Film gelang ihr der internationale Durchbruch; einer Sache zum Durchbruch verhelfen.
2. *Öffnung in etwas:* den Durchbruch im Deich schließen. **Zus.:** Mauerdurchbruch.

¹durch|den|ken [ˈdʊrçdɛŋkn̩], dachte durch, durchgedacht ⟨tr.; hat⟩:
bis zu Ende denken: ich habe die Sache noch einmal durchgedacht. **Syn.:** abwägen, bedenken, ²durchdenken, nachdenken über, überdenken, sich überlegen, überlegen.

²durch|den|ken [dʊrçˈdɛŋkn̩], durchdachte, durchdacht ⟨tr.; hat⟩:
hinsichtlich der Möglichkeiten und Konsequenzen bedenken: etwas gründlich durchdenken; ein in allen Einzelheiten durchdachter Plan. **Syn.:** abwägen, ¹durchdenken, nachdenken über, überdenken, ¹überlegen.

durch|dre|hen [ˈdʊrçdreːən], drehte durch, durchgedreht:
1. ⟨tr.; hat⟩ *durch eine Maschine drehen:* wer hat das Fleisch durchgedreht?
2. ⟨itr.; hat, auch: ist⟩ (ugs.) *kopflos werden, die Nerven verlieren:* kurz vor dem Examen völlig durchdrehen; ich drehe noch durch. **Syn.:** ausflippen (ugs.), ausrasten (Jargon), außer sich geraten, den Kopf verlieren, die Beherrschung verlieren, die Fassung verlieren, einen Rappel kriegen (ugs.), sich vergessen, verrückt werden.

¹durch|drin|gen [ˈdʊrçdrɪŋən], drang durch, durchgedrungen ⟨itr.; ist⟩:
Hindernisse überwinden, gegen etwas ankommen: bei dem Lärm konnte sie [mit ihrer Stimme] nicht durchdringen; er drang mit seinem Vorschlag nicht durch *(setzte ihn nicht durch).* **Syn.:** durchkommen, sich durchsetzen.

²durch|drin|gen [dʊrçˈdrɪŋən], durchdrang, durchdrungen ⟨tr.; hat⟩:
1. *trotz Behinderung (durch etwas) dringen und wahrnehmbar sein:* einzelne Strahlen durchdringen die Wolken.
2. *innerlich ganz erfüllen:* ein Gefühl der Begeisterung durchdrang alle.

durch|drü|cken [ˈdʊrçdrʏkn̩], drückte durch, durchgedrückt ⟨tr.; hat⟩ (ugs.):
gegenüber starken Widerständen durchsetzen: seinen Willen, Vorschlag durchdrücken. **Syn.:** durchboxen (ugs.), durchbringen (ugs.), durchpeitschen (ugs. emotional), erwirken, erzielen, erzwingen.

durch|ei|n|an|der [dʊrçlai̯ˈnandɐ] ⟨Adverb⟩:
1. *ungeordnet:* hier ist ja alles durcheinander; die Waren waren ganz durcheinander in Kisten verpackt.
2. *verwirrt:* ich bin heute völlig durcheinander.

Durch|ei|n|an|der [dʊrçlai̯ˈnandɐ], das; -s:
Unordnung, allgemeine Verwirrung: in deinem Zimmer herrscht ein großes Durcheinander. **Syn.:** Chaos, Gewirr, Kuddelmuddel (ugs.), Wirrwarr.

durch|ei|n|an|der|brin|gen [dʊrçlai̯ˈnandɐbrɪŋn̩]:
1. *in Unordnung bringen:* meine Bücher waren alle durcheinandergebracht worden.
2. *miteinander verwechseln:* zwei verschiedene Begriffe durcheinanderbringen.
3. *in Verwirrung bringen:* die Nachricht hat mich ganz durcheinandergebracht. **Syn.:** aus dem Konzept bringen, irritieren, verunsichern, verwirren.

durch|ei|n|an|der|ge|hen [dʊrçlai̯ˈnandɐgeːən] (ugs.):
sich in völliger Unordnung, in Wirrwarr befinden: wenn du so etwas organisierst, geht immer alles durcheinander.

durch|ei|n|an|der|re|den [dʊrçlai̯ˈnandɐreːdn̩] (ugs.):
1. *gleichzeitig reden:* jedes Kind wollte antworten, und so redeten alle durcheinander.
2. *wirr, nicht zusammenhängend reden:* in der Narkose redete sie [alles Mögliche] durcheinander.

¹durch|fah|ren [ˈdʊrçfaːrən], fährt durch, fuhr durch, durchgefahren ⟨itr.; ist⟩:
ohne Halt durch einen Ort, ein Gebiet fahren: wir konnten [durch Köln] problemlos durchfahren. **Syn.:** durchreisen.

²durch|fah|ren [dʊrçˈfaːrən], durchfährt, durchfuhr, durchfahren:
1. ⟨tr.; hat⟩ **a)** *(einen bestimmten Weg) zurücklegen:* eine Strecke durchfahren. **b)** *[nach allen Richtungen] durch einen Ort, ein Gebiet fahren:* eine Stadt, ein Land durchfahren. **Syn.:** bereisen, durchqueren, ²durchreisen, ¹durchreisen durch, fahren durch, passieren, reisen durch.
2. ⟨itr.; hat⟩ *plötzlich in jmds. Bewusstsein dringen und eine heftige Empfindung auslösen:* ein

D
durc

Schreck, ein Gedanke durchfuhr mich.

Durch|fahrt ['dʊrçfa:ɐ̯t], die; -, -en:
1. *das Durchfahren durch etwas:* auf der Durchfahrt von Berlin nach Hamburg sein. **Syn.:** Durchreise.
2. *Öffnung, Tor zum Durchfahren:* vor der Durchfahrt parken. **Syn.:** Durchgang, Durchlass.

Durch|fall ['dʊrçfal], der; -[e]s, Durchfälle ['dʊrçfɛlə]:
[durch Infektion hervorgerufene] häufige Ausscheidung von dünnem, flüssigem Stuhl: Durchfall bekommen, haben.

durch|fal|len ['dʊrçfalən], fällt durch, fiel durch, durchgefallen ⟨itr.; ist⟩:
a) *eine Prüfung nicht bestehen:* im Examen durchfallen. **Syn.:** es nicht schaffen, versagen. **b)** *keinen Erfolg beim Publikum haben:* das neue Stück des Autors ist durchgefallen. **Syn.:** ein Flop sein (ugs.), ein Misserfolg sein.

durch|fin|den ['dʊrçfɪndn̩], fand durch, durchgefunden (ugs.):
1. ⟨itr.; hat⟩ *dorthin finden, wohin man will; die Orientierung nicht verlieren; sich zurechtfinden:* ich kannte die Stelle zwar nicht, doch fand ich leicht durch.
2. ⟨+ sich⟩ *(etwas) verstehen; die Übersicht (über etwas) haben:* mir ist das alles zu schwierig, ich finde mich da nicht mehr durch. **Syn.:** sich auskennen, begreifen, durchblicken (ugs.), ²durchschauen, kapieren (ugs.), verstehen.

¹durch|flie|ßen ['dʊrçfli:sn̩], floss durch, durchgeflossen ⟨itr.; ist⟩:
(durch eine Öffnung) fließen: sie nahm den Filter von der Kanne, weil das Wasser durchgeflossen war.

²durch|flie|ßen [dʊrç'fli:sn̩], durchfloss, durchflossen ⟨tr.; hat⟩:
(durch ein Gebiet o. Ä.) fließen: der Bach durchfließt eine Wiese. **Syn.:** ¹durchfließen durch, fließen durch.

durch|frie|ren ['dʊrçfri:rən], fror durch, durchgefroren ⟨itr.; ist⟩:
(von Personen) langsam durch und durch kalt werden: ich musste lange draußen warten und fror dabei ganz schön durch; ⟨häufig im 2. Partizip⟩ er kam völlig durchgefroren nach Hause.

durch|füh|ren ['dʊrçfy:rən], führte durch, durchgeführt ⟨tr.; hat⟩:
a) *(wie geplant) in allen Einzelheiten verwirklichen:* ein Vorhaben durchführen. **b)** *in der für das angestrebte Ergebnis erforderlichen Weise vornehmen, damit beschäftigt sein:* eine Untersuchung durchführen. **Syn.:** ausführen. **c)** *stattfinden lassen:* eine Abstimmung durchführen. **Syn.:** abhalten, arrangieren, aufziehen, austragen, geben, halten, inszenieren, machen, organisieren, veranstalten.

Durch|gang ['dʊrçgaŋ], der; -[e]s, Durchgänge ['dʊrçgɛŋə]:
1. ⟨ohne Plural⟩ *das Durchgehen durch etwas:* Durchgang verboten.
2. *Stelle zum Durchgehen:* kein öffentlicher Durchgang. **Syn.:** Durchfahrt, Durchlass, Gasse, Passage, Schlupfloch.
3. *eine von mehreren [gleichartigen] Phasen eines Geschehens, eines Gesamtablaufs:* der erste Durchgang einer Versuchsreihe; ein Wettbewerb mit drei Durchgängen.

durch|ge|hen ['dʊrçge:ən], ging durch, durchgegangen:
1. ⟨itr.; ist⟩ *durch etwas gehen:* ich ließ ihn vor mir [durch die Tür] durchgehen. **Syn.:** ¹durchlaufen.
2. ⟨itr.; ist⟩ *plötzlich nicht mehr den Zügeln gehorchen und davonlaufen:* die Pferde sind [dem Bauern] durchgegangen. **Syn.:** scheuen, wild werden.
3. ⟨itr.; ist⟩ **a)** *durch etwas hindurchkommen:* der dicke Faden geht nur schwer [durch das Öhr] durch. **b)** *ohne Beanstandung angenommen werden:* der Antrag ging durch. **Syn.:** bewilligt werden, durchkommen, genehmigt werden. **c)** * **[jmdm.] etwas durchgehen lassen:** *mit Nachsicht behandeln, nicht beanstanden:* sie ließ [ihm] alle Unarten durchgehen. **Syn.:** nachsehen, vergeben, verzeihen.
4. ⟨tr.; ist⟩ *[etwas Geschriebenes] genau durchlesen und auf eventuell enthaltene Fehler überprüfen :* eine Rechnung noch einmal durchgehen. **Syn.:** durchsehen, einer Inspektion unterziehen, einer Revision unterziehen, inspizieren, kontrollieren, mustern, nachprüfen, nachsehen, sichten.

durch|ge|hend ['dʊrçge:ənt] ⟨Adj.⟩:
1. *direkt bis ans eigentliche Ziel einer Reise fahrend:* ein durchgehender Zug.
2. *ohne Pause oder Unterbrechung:* die Geschäfte sind durchgehend geöffnet.

durch|grei|fen ['dʊrçgrai̯fn̩], griff durch, durchgegriffen ⟨itr.; hat⟩:
mit drastischen Maßnahmen gegen Missstände o. Ä. vorgehen: die Polizei hat rücksichtslos durchgegriffen. **Syn.:** aufräumen, dazwischenfahren, dazwischenfunken (ugs.), dazwischentreten, eingreifen, einschreiten.

durch|hal|ten ['dʊrçhaltn̩], hält durch, hielt durch, durchgehalten:
a) ⟨itr.; hat⟩ *ausharren, nicht aufgeben:* bis zum Schluss durchhalten. **Syn.:** aushalten, nicht nachgeben, nicht schlappmachen (ugs.). **b)** ⟨tr.; hat⟩ *aushalten, durchstehen:* einen Kampf durchhalten; die Strapazen halte ich [gesundheitlich] nicht durch. **Syn.:** bestehen, überleben, überstehen.

durch|hel|fen ['dʊrçhɛlfn̩], hilft durch, half durch, durchgeholfen ⟨itr.; hat⟩ (ugs.):
helfen, eine schwierige Situation zu bestehen: als sie arbeitslos wurde, versuchte ihr Bruder, ihr durchzuhelfen; ich half mir schließlich selbst durch. **Syn.:** Beistand leisten, beistehen, unterstützen.

¹durch|käm|men ['dʊrçkɛmən], kämmte durch, durchgekämmt ⟨tr.; hat⟩:
gründlich und sorgfältig kämmen: das vom Wind zerzauste Haar durchkämmen.

²durch|käm|men [dʊrç'kɛmən], durchkämmte, durchkämmt ⟨tr.; hat⟩:
in einem größeren Einsatz (ein Gebiet) gründlich und systematisch durchsuchen: die Polizisten durchkämmten den Wald nach dem entflohenen Verbrecher.

durch|kau|en ['dʊrçkau̯ən], kaute durch, durchgekaut ⟨tr.; hat⟩ (ugs.):
bis zum Überdruss behandeln, besprechen: eine Lektüre im Unterricht noch einmal durchkauen. **Syn.:** durchnehmen,

durchsprechen, erörtern, reden über, sich auseinandersetzen mit, sprechen über.

durch|kom|men ['dʊrçkɔmən], kam durch, durchgekommen ⟨itr.; ist⟩:
1. *an einer Stelle vorbeikommen:* der Zug kommt hier durch. **Syn.:** [1]durchziehen.
2. *trotz räumlicher Behinderung durch etwas an sein Ziel gelangen:* durch die Menge war kaum durchzukommen. **Syn.:** [1]durchdringen.
3. (ugs.) **a)** *sein Ziel erreichen:* er wird nicht überall mit seiner Faulheit durchkommen; mit Englisch kommt man überall durch *(kann man sich überall verständigen).* **b)** *eine Prüfung bestehen:* alle Schüler sind durchgekommen. **c)** *die Krise überstehen, gesund werden:* die Patientin ist durchgekommen. **Syn.:** am Leben bleiben, davonkommen, dem Tode entrinnen, es überstehen. **d)** *(eine Arbeit) bewältigen können:* ich komme [mit der Arbeit] nicht durch. **Syn.:** es schaffen.
4. (ugs.) *eine telefonische Verbindung bekommen:* ich kam [mit meinem Anruf nach Ghana] nicht durch.

[1]durch|kreu|zen ['dʊrçkrɔy̯tsn̩], kreuzte durch, durchgekreuzt ⟨tr.; hat⟩:
mit einem Kreuz durchstreichen: eine Zahl durchkreuzen. **Syn.:** ausstreichen, streichen, tilgen.

[2]durch|kreu|zen [dʊrç'krɔy̯tsn̩], durchkreuzte, durchkreuzt ⟨tr.; hat⟩:
durch Gegenmaßnahmen behindern, vereiteln: jmds. Absichten, Pläne durchkreuzen. **Syn.:** blockieren, boykottieren, unterbinden, verhüten.

Durch|lass ['dʊrçlas], der; -es, Durchlässe ['dʊrçlɛsə]:
1. ⟨ohne Plural⟩ *das Durchlassen:* Polizisten sorgten für einen geregelten Durchlass.
2. *Stelle, an der man durch ein Hindernis hindurch kann; Durchgang, der durch eine Mauer o. Ä. hindurchführt:* der Durchlass war für ein Auto zu schmal. **Syn.:** Durchbruch, Durchfahrt, Gasse, Passage.

durch|las|sen ['dʊrçlasn̩], lässt durch, ließ durch, durchgelassen:
a) ⟨tr.; hat⟩ *(in Bezug auf eine Absperrung, Grenze o. Ä.) durchgehen, vorbeigehen lassen:* ohne Ausweis wird niemand durchgelassen. **b)** ⟨itr.; hat⟩ *(für etwas) durchlässig sein, (etwas) durch-, eindringen lassen:* die Schuhe lassen Wasser durch.

durch|läs|sig ['dʊrçlɛsɪç] ⟨Adj.⟩:
nicht dicht; (Luft, Wasser o. Ä.) durchlassend: durchlässige Gefäße, Zellen. **Syn.:** durchlöchert, leck, porös, undicht. **Zus.:** lichtdurchlässig, luftdurchlässig, wasserdurchlässig.

[1]durch|lau|fen ['dʊrçlau̯fn̩], läuft durch, lief durch, durchgelaufen ⟨itr.; ist⟩:
durch eine Öffnung laufen: durch ein Tor, eine Absperrung durchlaufen. **Syn.:** durchgehen.

[2]durch|lau|fen [dʊrç'lau̯fn̩], durchläuft, durchlief, durchlaufen ⟨tr.; hat⟩:
1. *(einen Weg, eine Strecke) laufend zurücklegen:* den Wald durchlaufen.
2. *(etwas, was der Ausbildung, dem Fortkommen dient) bis zum Ende besuchen:* sie hat ohne Schwierigkeiten das Gymnasium durchlaufen. **Syn.:** absolvieren, durchmachen, hinter sich bringen (ugs.), mitmachen.

durch|le|ben [dʊrç'le:bn̩] ⟨tr.; hat⟩:
a) *(eine bestimmte Zeit) verbringen:* schreckliche Tage durchleben. **Syn.:** verleben. **b)** *(ein Gefühl) in allen Nuancen kennenlernen:* Krisen, Qualen durchleben. **Syn.:** durchmachen, erleben, mitmachen (ugs.).

durch|le|sen ['dʊrçle:zn̩], liest durch, las durch, durchgelesen ⟨tr.; hat⟩:
von Anfang bis Ende lesen: ein Buch durchlesen; lies [dir] mal diese Passage durch!

durch|leuch|ten [dʊrç'lɔy̯çtn̩], durchleuchtete, durchleuchtet ⟨tr.; hat⟩:
1. *mit Licht, Röntgenstrahlen durchdringen, um das Innere sichtbar zu machen:* sich vom Arzt durchleuchten lassen. **Syn.:** röntgen.
2. *aufklären, kritisch untersuchen:* jmds. Vergangenheit durchleuchten; das Treiben dieser Gruppe muss gründlich durchleuchtet werden. **Syn.:** prüfen.

durch|lö|chern [dʊrç'lœçɐn] ⟨tr.; hat⟩:
1. *mit Löchern versehen; (in jmdn., etwas) Löcher bohren, schlagen, schießen:* die Zielscheibe war von Kugeln durchlöchert. **Syn.:** [2]durchbohren, [2]durchschlagen, [2]durchstoßen, lochen.
2. *so auf etwas einwirken, dass es nicht mehr fest in sich gefügt, nicht mehr stabil ist:* das System durchlöchern; das Prinzip ist bereits durchlöchert. **Syn.:** schwächen.

durch|ma|chen ['dʊrçmaxn̩], machte durch, durchgemacht ⟨tr.; hat⟩:
1. *eine Zeit lang einer schweren körperlichen, seelischen oder wirtschaftlichen Belastung ausgesetzt sein:* viel durchmachen müssen; sie hat Schreckliches, eine schlimme Krankheit durchgemacht. **Syn.:** dulden, durchstehen, einstecken (ugs.), erdulden, erleiden, ertragen, hinnehmen, leiden, mitmachen (ugs.), über sich ergehen lassen.
2. *(einen Lehrgang bis zum Ende) besuchen:* er hat nach dem Studium noch eine praktische Ausbildung durchgemacht. **Syn.:** absolvieren, [2]durchlaufen, hinter sich bringen.
3. (ugs.) *in einer bestimmten Tätigkeit keine Pause machen, bis zum Schluss weitermachen:* ich werde mit der Arbeit nicht fertig und muss die Nacht durchmachen; lasst uns die Nacht durchmachen *(nicht schlafen gehen).* **Syn.:** durcharbeiten.

Durch|mes|ser ['dʊrçmɛsɐ], der; -s, -:
gerade Linie, die durch den Mittelpunkt einer ebenen oder räumlichen Figur geht: den Durchmesser eines Kreises, einer Kugel berechnen; etwas misst 3 Meter im Durchmesser. **Zus.:** Kreisdurchmesser.

durch|neh|men ['dʊrçne:mən], nimmt durch, nahm durch, durchgenommen ⟨tr.; hat⟩:
im Unterricht behandeln: der Lehrer nahm den schwierigen Stoff noch einmal durch. **Syn.:** bearbeiten, besprechen, durcharbeiten, durchkauen (ugs.), durchsprechen, erörtern, reden über, sich auseinandersetzen

mit, sich beschäftigen mit, sprechen über.

durch|peit|schen ['dʊrçpai̯tʃn̩], peitschte durch, durchgepeitscht ⟨tr.; hat⟩ (ugs. emotional): *dafür sorgen, dass etwas in aller Eile noch behandelt und schnell erledigt wird:* Beschlüsse rücksichtslos durchpeitschen; ein Gesetz im Parlament durchpeitschen. **Syn.:** durchboxen (ugs.), durchbringen (ugs.), durchdrücken (ugs.), [1]durchsetzen.

durch|que|ren [dʊrç'kveːrən] ⟨tr., hat⟩: *sich gehend, fahrend quer von einer Seite auf die andere bewegen:* den Saal durchqueren; Schiffe durchquerten die See. **Syn.:** [2]durchfahren, [1]durchfahren durch, [2]durchreisen, [1]durchreisen durch, durchstreifen, [1]durchziehen durch, fahren durch, gehen durch, laufen durch, passieren, reisen durch.

durch|reg|nen ['dʊrçreːgnən], regnete durch, durchgeregnet ⟨itr.; hat; unpers.⟩: *durch etwas durchdringen (vom Regen):* es hatte an mehreren Stellen der Decke durchgeregnet.

Durch|rei|se ['dʊrçrai̯zə], die; -, -n: *Reise durch einen Ort, ein Land:* sich auf der Durchreise befinden; die Stadt nur von der Durchreise kennen. **Syn.:** Durchfahrt.

[1]durch|rei|sen ['dʊrçrai̯zn̩], reiste durch, durchgereist ⟨itr.; ist⟩: **a)** *ohne längere Unterbrechung (durch einen Ort, ein Land) reisen:* nein, ich kenne die Stadt nicht, ich bin nur durchgereist. **Syn.:** [1]durchfahren. **b)** *ohne längere Unterbrechung (während einer bestimmten Zeit) reisen:* sie wird leider die ganze Nacht durchreisen müssen.

[2]durch|rei|sen [dʊrç'rai̯zn̩] ⟨tr.; hat⟩: *reisend durchqueren:* ein Gebiet mehrere Wochen lang durchreisen. **Syn.:** [1]durchreisen durch, durchstreifen, [2]durchziehen, fahren durch, passieren, reisen durch.

durch|rei|ßen ['dʊrçrai̯sn̩], riss durch, durchgerissen: **a)** ⟨tr.; hat⟩ *in zwei Teile zerreißen:* sie hat das Heft durchgerissen. **b)** ⟨itr.; ist⟩ *in zwei Teile reißen:* der Faden war durchgerissen.

durch|rin|gen ['dʊrçrɪŋən], rang durch, durchgerungen ⟨+ sich⟩: *sich nach inneren Kämpfen entschließen:* sich zu einem Entschluss, zum Handeln durchringen. **Syn.:** sich aufraffen, sich bequemen, sich entscheiden, sich vornehmen.

durchs [dʊrçs] ⟨Verschmelzung von »durch« + »das«⟩: **a)** ⟨die Verschmelzung kann aufgelöst werden⟩ durchs Gebirge; durchs Examen fallen. **b)** ⟨die Verschmelzung kann nicht aufgelöst werden⟩ jmdm. durchs Netz gehen; für jmdn. durchs Feuer gehen.

Durch|sa|ge ['dʊrçzaːgə], die; -, -n: *über Rundfunk, Fernsehen oder fernmündlich durchgegebene Mitteilung:* eine Durchsage der Kriminalpolizei. **Syn.:** Ansage, Info (ugs.), Information.

[1]durch|schau|en ['dʊrçʃau̯ən], schaute durch, durchgeschaut ⟨itr.; hat⟩ (bes. südd.): *durch etwas sehen:* durch das Mikroskop durchschauen. **Syn.:** durchsehen.

[2]durch|schau|en [dʊrç'ʃau̯ən], durchschaute, durchschaut ⟨tr.; hat⟩: *(über Hintergründe und Zusammenhänge in Bezug auf jmdn., etwas) Klarheit gewinnen; erkennen:* jmdn., jmds. Motive nicht sogleich durchschauen. **Syn.:** begreifen, durchblicken durch (ugs.), einsehen, erfassen, ermessen, kapieren (ugs.), sich durchfinden durch, sich klar werden über, überschauen, verstehen.

durch|schei|nen ['dʊrçʃai̯nən], schien durch, durchgeschienen ⟨itr.; hat⟩: *(durch etwas) scheinen, zu sehen sein:* die Vorhänge sind so dick, dass kein Licht durchscheint; die Sonne schien [durch die Wolken] durch; durchscheinend *(Licht durchlassend)* wie Pergament.

Durch|schlag ['dʊrçʃlaːk], der; -[e]s, Durchschläge ['dʊrçʃlɛːgə]: *durch untergelegtes Kohlepapier hergestellte Kopie eines maschinegeschriebenen Schriftstücks:* etwas mit zwei Durchschlägen auf der Schreibmaschine schreiben. **Syn.:** Abschrift, Doppel, Duplikat, Zweitschrift.

[1]durch|schla|gen ['dʊrçʃlaːgn̩], schlägt durch, schlug durch, durchgeschlagen:
1. a) ⟨tr.; hat⟩ *mit einem Schlag durchtrennen, in zwei Teile schlagen:* einen Ziegelstein mit einem Hammer durchschlagen. **b)** ⟨itr.; ist⟩ *in jmds. äußerer Erscheinung, jmds. Wesen sichtbar, spürbar werden:* im Enkel ist der Großvater durchgeschlagen.
2. ⟨+ sich⟩ *mühsam seine Existenz behaupten:* nach dem Krieg haben sie sich kümmerlich durchgeschlagen. **Syn.:** sich durchbeißen (ugs.), sich durchboxen (ugs.), sich durchbringen, sich [1]durchsetzen, sich ernähren, sich durch die Welt schlagen, sich durchs Leben schlagen.

[2]durch|schla|gen [dʊrç'ʃlaːgn̩], durchschlägt, durchschlug, durchschlagen ⟨tr.; hat⟩: *mit einem Schlag durchdringen:* das Geschoss durchschlug den Kotflügel.

durch|schleu|sen ['dʊrçʃlɔy̯zn̩], schleuste durch, durchgeschleust ⟨tr.; hat⟩:
1. a) *(ein Schiff) durch eine Schleuse leiten:* nachdem wir lange gewartet hatten, wurde das Schiff gegen Abend doch noch durchgeschleust. **b)** *(Fahrzeuge) durch eine enge Stelle o. Ä. leiten:* die Straßen waren so eng, dass die Polizisten Mühe hatten, die vielen Autos durchzuschleusen.
2. (ugs.) *(Personen) bei der Abfertigung, z. B. an einem Grenzübergang, durch einen engen Durchgang leiten:* die Reisenden, die sich vor der Kontrollstelle drängten, wurden langsam durchgeschleust. **Syn.:** abfertigen, bedienen.

[1]durch|schnei|den ['dʊrçʃnai̯dn̩], schnitt durch, durchgeschnitten ⟨tr.; hat⟩: *in zwei Teile schneiden:* er schnitt die Leine durch; sie schneidet das Brot in der Mitte durch; jmdm. die Kehle durchschneiden. **Syn.:** halbieren, kappen, teilen.

[2]durch|schnei|den [dʊrç'ʃnai̯dn̩], durchschnitt, durchschnitten ⟨tr.; hat⟩: *schneidend (durch etwas) drin-*

gen: die Säge durchschnitt das Brett.

Durch|schnitt ['dʊrçʃnɪt], der; -[e]s, -e:
mittleres Ergebnis zwischen zwei Extremen der Qualität oder Quantität: ihre Leistungen liegen über dem Durchschnitt. **Syn.:** Mittel, Norm, Schnitt. **Zus.:** Jahresdurchschnitt, Leistungsdurchschnitt, Notendurchschnitt.

durch|schnitt|lich ['dʊrçʃnɪtlɪç] ⟨Adj.⟩:
1. *dem Durchschnitt entsprechend; im Allgemeinen:* ein durchschnittliches Einkommen von 5 000 Euro; sie sind durchschnittlich nicht älter als 15 Jahre. **Syn.:** im Durchschnitt, im Schnitt.
2. *von mittlerer Qualität, mittelmäßig:* eine durchschnittliche Bildung, Intelligenz. **Syn.:** alltäglich, gewöhnlich, mäßig, mittler..., normal, soso (ugs.).

Durch|schnitts- [dʊrçʃnɪts] ⟨Präfixoid⟩:
kennzeichnet das im Basiswort Genannte als eine Person oder Sache, die dem üblichen Mittelmaß, Durchschnitt entspricht, die nicht außergewöhnlich oder irgendwie auffällig herausragend ist, die ohne [positiv] hervorstechende Merkmale ist: Durchschnittsbürger; Durchschnittsdenken; Durchschnittsehe; Durchschnittsgeschmack; Durchschnittsmensch; Durchschnittspatient; Durchschnittspublikum; Durchschnittsschülerin. **Syn.:** Allerwelts- (ugs.), Feld-Wald-und-Wiesen- (ugs.), Nullachtfünfzehn- (ugs.).

durch|se|hen ['dʊrçze:ən], sieht durch, sah durch, durchgesehen:
1. ⟨itr.; hat⟩ *durch etwas sehen:* lass mich auch mal [durch das Fernrohr] durchsehen!
2. ⟨tr.; hat⟩ *auf etwas hin untersuchen, durchlesen:* die Arbeiten der Schüler [auf Fehler] durchsehen. **Syn.:** durchgehen, einer Inspektion unterziehen, einer Revision unterziehen, inspizieren, kontrollieren, mustern, nachprüfen, nachsehen, prüfen, revidieren, sichten, überprüfen.

[1]**durch|set|zen** ['dʊrçzɛtsn̩], setzte durch, durchgesetzt ⟨tr.; hat⟩:
a) *gegen Widerstände verwirklichen:* Reformen durchsetzen. **Syn.:** ausrichten, durchboxen (ugs.), durchbringen (ugs.), durchdrücken (ugs.), durchpeitschen (ugs. emotional), erreichen, erwirken, erzielen, erzwingen, herausholen (ugs.), herausschlagen (ugs.).
b) ⟨+ sich⟩ *Widerstände überwinden und sich Geltung verschaffen:* sich gegen einen Rivalen, Konkurrenten durchsetzen; du wirst dich schon durchsetzen; die neue Technik wird sich durchsetzen *(sie wird vielfach genutzt werden).* **Syn.:** ankommen, ankönnen (ugs.), aufkommen, auftrumpfen, sich behaupten (geh.), bestehen, die Oberhand behalten, die Oberhand gewinnen, sich durchbeißen (ugs.), sich durchboxen (ugs.), [1]durchdringen, sich durchschlagen, gewinnen, siegen, triumphieren.

[2]**durch|set|zen** [dʊrç'zɛtsn̩], durchsetzte, durchsetzt ⟨tr.; hat⟩:
(in etwas) in größerer Anzahl einstreuen, verteilen: einen Prosatext mit Versen durchsetzen; ⟨meist im 2. Partizip⟩ der Betrieb war mit Spitzeln durchsetzt.

Durch|sicht ['dʊrçzɪçt], die; -:
das Durchsehen, Durchlesen, Überprüfen: nach Durchsicht des gesamten Materials kam er zu folgendem Ergebnis. **Syn.:** Inspektion, Kontrolle, Prüfung, Revision.

durch|sich|tig ['dʊrçzɪçtɪç] ⟨Adj.⟩:
1. *[als Materie] so beschaffen, dass man hindurchsehen kann:* eine durchsichtige Folie, Bluse. **Syn.:** durchscheinend, gläsern, transparent.
2. *leicht zu durchschauen:* seine Absichten waren sehr durchsichtig. **Syn.:** fadenscheinig (abwertend), transparent, vordergründig.

durch|spre|chen ['dʊrçʃprɛçn̩], spricht durch, sprach durch, durchgesprochen ⟨tr.; hat⟩:
ausführlich (über etwas) sprechen: einen Plan durchsprechen. **Syn.:** besprechen, debattieren, diskutieren, disputieren, durchkauen (ugs.), durchnehmen, erörtern, reden über.

durch|ste|hen ['dʊrçʃte:ən], stand durch, durchgestanden ⟨tr.; hat⟩:
sich (in einer schwierigen Lage) behaupten und sie bis zu Ende ertragen: wir wissen selbst nicht, wie wir das alles, diese Krise durchstehen sollen. **Syn.:** aushalten, ausstehen, bestehen, dulden, durchmachen, erdulden, erleiden, fertig werden mit, leiden, mitmachen (ugs.), tragen, über sich ergehen lassen, überdauern, überleben, überstehen, überwinden, verkraften, vertragen.

[1]**durch|sto|ßen** ['dʊrçʃto:sn̩], stößt durch, stieß durch, durchgestoßen:
1. ⟨tr.; hat⟩ **a)** *(durch etwas) stoßen:* er stieß den Stock [durch die Spalte] durch. **b)** *durch Stoßen öffnen, aufbrechen:* er stieß die Tür durch. **c)** *durch Stoßen (in etwas eine Öffnung) herstellen:* ein Loch [durch die dünne Eisdecke] durchstoßen. **Syn.:** durchlöchern.
2. ⟨tr.; ist⟩ *sich unter Anwendung von Gewalt einen Weg bahnen:* der Feind ist bereits an mehreren Punkten [durch unsere Linien] durchgestoßen.

[2]**durch|sto|ßen** [dʊrç'ʃto:sn̩], durchstößt, durchstieß, durchstoßen ⟨tr.; hat⟩:
mit Gewalt (durch ein Hindernis) stoßen: das Regiment durchstieß die feindliche Front. **Syn.:** [2]durchbrechen.

durch|strei|chen ['dʊrçʃtrai̯çn̩], strich durch, durchgestrichen ⟨tr.; hat⟩:
(etwas Geschriebenes o. Ä.) durch einen (die betreffende Sache kreuzenden) Strich als ungültig kennzeichnen: eine Zeile, ein Wort durchstreichen. **Syn.:** ausstreichen, [1]durchkreuzen, streichen, tilgen.

durch|strei|fen [dʊrç'ʃtrai̯fn̩], durchstreifte, durchstreift ⟨tr.; hat⟩:
(durch ein Gebiet) kreuz und quer streifen: den Wald durchstreifen. **Syn.:** durchqueren, [1]durchziehen durch, ziehen durch.

durch|su|chen [dʊrç'zu:xn̩], durchsuchte, hat durchsucht ⟨tr.; hat⟩:
(an einer Stelle, in etwas) gründlich suchen: eine Wohnung [nach Waffen] durchsuchen. **Syn.:** [2]durchkämmen, durchsehen, filzen (ugs.).

Durch|su|chung [dʊrç'zu:xʊŋ], die; -, -en:
das Durchsuchen: der Richter ordnete die Durchsuchung der Wohnung an. **Syn.:** Haussu-

chung, Razzia. **Zus.:** Hausdurchsuchung, Wohnungsdurchsuchung.

durch|trie|ben [dʊrçˈtriːbn̩] ⟨Adj.⟩: *es verstehend und erfahren darin, sich durch List, mit Kniffen und Tricks gegen andere durchzusetzen, seine Ziele zu erreichen:* ein durchtriebener Bursche; dieses Mädchen ist ganz schön durchtrieben. **Syn.:** ausgekocht (ugs. abwertend), clever, findig, gerissen (ugs.), geschäftstüchtig, gewieft (geh.), gewitzt, listig, pfiffig, raffiniert, schlau, ²verschlagen (abwertend), verschmitzt.

durch|wach|sen [dʊrçˈvaksn̩] ⟨Adj.⟩:
1. *aus mageren und fetten Schichten bestehend:* durchwachsener Speck.
2. (ugs.) *teils gut, teils weniger gut:* das Wetter war durchwachsen; »Wie geht es dir?« – »Na, so durchwachsen«. **Syn.:** soso (ugs.); teils, teils.

Durch|wahl [ˈdʊrçvaːl], die; -, -en:
1. *das Durchwählen:* die Durchwahl klappt nicht.
2. *Telefonnummer zum Durchwählen:* ich gebe dir meine Durchwahl.

durch|wäh|len [ˈdʊrçvɛːlən], wählte durch, durchgewählt ⟨itr.; hat⟩: *ohne Vermittlung eines Amtes selbst eine telefonische Verbindung herstellen:* ich brauche das Gespräch nach Afrika nicht anzumelden, ich kann durchwählen.

durch|weg [ˈdʊrçvɛk] ⟨Adverb⟩: *gänzlich, ausnahmslos:* außer in Sport hat er im Zeugnis durchweg Einsen; das Wetter war [fast] durchweg gut. **Syn.:** allgemein, durch die Bank, durchgehend, generell, ohne Ausnahme.

¹durch|zie|hen [ˈdʊrçt͡siːən], zog durch, durchgezogen:
1. ⟨itr.; ist⟩ *durch eine Gegend ziehen:* die Vögel ziehen hier [auf ihrem Weg in den Süden] jedes Jahr durch. **Syn.:** durchkommen.
2. ⟨tr.; hat⟩ *durch etwas ziehen:* die Schnur [durch eine Schlaufe] durchziehen; ein Gummiband durch den ausgeleierten Hosenbund durchziehen.
3. ⟨tr.; hat⟩ (ugs.) *[trotz Hindernissen] ablaufen lassen, durchführen, zu Ende führen:* wir haben das Projekt, wie geplant, in zwei Monaten durchgezogen.

²durch|zie|hen [dʊrçˈt͡siːən], durchzog, durchzogen ⟨tr.; hat⟩: *sich in einer Linie, in Linien in einem Gebiet ausdehnen:* viele Flüsse durchziehen das Land; das Blatt ist von feinen Adern durchzogen.

Durch|zug [ˈdʊrçt͡suːk], der; -[e]s: *durch zwei einander gegenüberliegende Öffnungen entstehender Luftzug:* die Luft im Zimmer ist verbraucht, ich werde mal für Durchzug sorgen. **Syn.:** Zug, Zugluft.

dür|fen [ˈdʏrfn̩], darf, durfte, gedurft/dürfen:
1. ⟨Modalverb; hat; 2. Partizip: dürfen⟩ **a)** *die Erlaubnis haben, berechtigt, autorisiert sein, etwas zu tun:* »Darf ich heute Nachmittag schwimmen gehen?« – »Du darfst [schwimmen gehen].«; ich habe nicht kommen dürfen; (in höflicher Ausdrucksweise:) darf ich Sie bitten, das Formular auszufüllen?; darf ich bitten? **Syn.:** befugt sein zu, bevollmächtigt sein zu, das Recht haben zu, die Einwilligung haben zu, die Erlaubnis haben zu, die Genehmigung haben zu, die Vollmacht haben zu, ermächtigt sein zu, können. **b)** drückt einen Wunsch, eine Aufforderung aus (oft verneint): du darfst jetzt nicht aufgeben!; ihm darf nichts geschehen; das darf doch nicht wahr sein! (ugs.; *das ist doch nicht zu fassen, nicht zu verstehen!*). **c)** *die moralische Berechtigung, das Recht haben, etwas zu tun:* darf der Mensch künstliches Leben schaffen?; die Frage ist nicht, ob es machbar ist, sondern ob man es tun darf; du darfst Tiere nicht quälen!; das hätte er nicht tun dürfen! **Syn.:** sollen. **d)** *Veranlassung zu etwas haben, geben:* wir durften annehmen, dass der Film ein voller Erfolg werden würde. **Syn.:** können. **e)** ⟨im 2. Konjunktiv⟩ *es ist wahrscheinlich, dass …:* diese Zeitung dürfte die größte Leserzahl haben; es dürfte nicht schwer sein, das zu zeigen; es dürfte ein Gewitter geben.
2. ⟨itr; hat; 2. Partizip: gedurft⟩ *(etwas Bestimmtes) tun dürfen, sich (an einen bestimmten Ort) begeben dürfen:* darfst du das?; um diese Zeit dürfen die Kinder nicht mehr [zum Spielen] nach draußen; ich durfte nicht nach Hause; er hat nicht gedurft *(es ist ihm nicht erlaubt worden).*

dürf|tig [ˈdʏrftɪç] ⟨Adj.⟩:
1. *den Erfordernissen, den Erwartungen nicht entsprechend, unzureichend:* eine dürftige Leistung; die Beweise sind dürftig. **Syn.:** kümmerlich, spärlich, unergiebig.
2. *von Armut zeugend:* dürftige Verhältnisse; dürftig leben. **Syn.:** ärmlich, armselig, bescheiden, beschränkt, karg, kärglich, kläglich, kümmerlich, pop[e]lig (ugs. abwertend), spärlich.

dürr [dʏr] ⟨Adj.⟩:
1. *vertrocknet, verdorrt:* dürres Gras, Reisig; ein dürrer Ast, Zweig. **Syn.:** trocken, verwelkt, welk.
2. *ausgetrocknet und deshalb unfruchtbar:* dürrer Boden. **Syn.:** karg, trocken.
3. (emotional) *sehr mager und schmal:* ein dürrer Mensch. **Syn.:** dünn, hager, schlaksig, schlank, schmächtig.

Dür|re [ˈdʏrə], die; -, -n:
1. *längere Periode sehr trockener Witterung:* das Land wurde von einer Dürre heimgesucht. **Syn.:** Trockenheit.
2. ⟨ohne Plural⟩ *das Ausgetrocknetsein, Verdorrtsein:* die Dürre des Laubes, des Bodens.

Durst [dʊrst], der; -[e]s: *Bedürfnis zu trinken:* großen Durst haben; seinen Durst löschen, stillen. **Syn.:** Brand (ugs.). **Zus.:** Bierdurst, Kaffeedurst.

durs|ten [ˈdʊrstn̩], durstete, gedurstet ⟨itr.; hat⟩ (geh.): *Durst leiden:* er musste dursten. **Syn.:** Durst haben, durstig sein, eine trockene Kehle haben.

dürs|ten [ˈdʏrstn̩], dürstete, gedürstet ⟨itr.; hat⟩ (geh.):
1. ⟨unpers.⟩ (geh.) *dursten:* mich dürstet/es dürstet mich.
2. *Verlangen (nach etwas) haben:* er dürstet/⟨unpers.⟩ ihn dürstet es nach Ruhm. **Syn.:** gelüsten (geh.), verlangen (geh.).

durs|tig [ˈdʊrstɪç] ⟨Adj.⟩: *Durst habend:* hungrig und durstig kamen wir zu Hause an.

-durs|tig [dʊrstɪç] ⟨adjektivisches Suffixoid⟩:
nach dem im Basiswort Genannten dürstend, heftiges Verlangen habend: abenteuerdurstig; freiheitsdurstig; rachedurstig; tatendurstig; wissensdurstig. **Syn.:** -freudig, -geil (ugs.), -süchtig.

Du|sche [ˈdʊʃə], die; -, -n:
1. *Vorrichtung zum intensiven Besprühen/Bespritzen des Körpers mit Wasser:* unter die Dusche gehen. **Syn.:** Brause. **Zus.:** Mundddusche.
2. *das Duschen:* eine kalte, warme Dusche nehmen.

du|schen [ˈdʊʃn̩]:
1. ⟨itr.; hat⟩ *sich unter einer Dusche erfrischen, reinigen:* kalt, warm, ausgiebig duschen; ⟨auch + sich⟩ willst du dich noch schnell duschen? **Syn.:** brausen (veraltend).
2. ⟨tr.; hat⟩ *mit der Dusche bespritzen, besprühen:* [jmdm., sich] den Rücken duschen.

Dü|se [ˈdyːzə], die; -, -n:
sich verengender Teil eines Rohrs, der die Umsetzung von Druck in Geschwindigkeit ermöglicht, auch zum Zerstäuben von Flüssigkeiten dient oder als Messinstrument gebraucht wird. **Zus.:** Gasdüse, Kraftstoffdüse, Öldüse, Spritzdüse, Strahldüse, Vergaserdüse, Zerstäuberdüse.

dü|sen [ˈdyːzn̩] ⟨itr.; ist⟩ (ugs.):
a) *mit einem Düsenflugzeug fliegen:* die Abgeordneten düsten nach Südamerika. **Syn.:** fliegen. **b)** *schnell fahren:* über die Autobahn düsen; er setzte sich ins Auto und düste nach Köln. **Syn.:** brausen (ugs.), donnern, flitzen (ugs.), jagen, kacheln (ugs.), preschen, rasen (ugs.), sausen (ugs.), schießen.

Dus|sel [ˈdʊsl̩], der; -s, - (ugs.):
Person, die dazu neigt, sich [weil sie unaufmerksam ist] in ärgerlicher Weise dumm, unvernünftig zu verhalten: du Dussel!; und ich Dussel frage auch noch, ob das erlaubt ist! **Syn.:** Depp (bes. südd., österr., schweiz. abwertend), doofe Nuss, Dummkopf, Hammel (salopp abwertend), Idiot (ugs. abwertend), Idiotin (ugs. abwertend), Ignorant (abwertend), Ignorantin (abwertend), Kamel (salopp abwertend), Kindskopf (ugs.), Narr, Närrin, Spinner (ugs.), Spinnerin (ugs.), Tölpel (abwertend), [2]Tor (geh. veraltend), Törin (geh. veraltend), Tropf (oft abwertend), Trottel (ugs. abwertend).

dus|se|lig [ˈdʊsəlɪç], **duss|lig** [ˈdʊslɪç] (ugs.) ⟨Adj.⟩:
dazu neigend, [aus Unaufmerksamkeit] dumme, unsinnige, unvernünftige Dinge zu tun: so ein dusseliger Kerl!; so was Dusseliges! **Syn.:** dämlich (ugs.), doof (ugs.), dümmlich, idiotisch (ugs. abwertend), töricht (abwertend), ungeschickt, unklug.

düs|ter [ˈdyːstɐ] ⟨Adj.⟩:
1. *ziemlich dunkel, nicht genügend hell:* ein düsterer Gang. **Syn.:** dämmrig, finster.
2. *unheimlich und bedrohlich oder bedrückend wirkend:* eine düstere Landschaft; ein düsterer Blick; ein düsteres Bild von etwas zeichnen; eine düstere Prognose stellen.

Dut|zend [ˈdʊt͡sn̩t], das; -s, -e:
1. *Menge von zwölf Stück:* ein Dutzend Eier kostet, kosten zwei Euro.
2. *eine große Anzahl, viele:* Dutzende/dutzende von Beispielen. **Syn.:** ein Haufen, eine ganze Menge, eine ganze Reihe, etliche, viele, zahlreiche.

du|zen [ˈduːt͡sn̩] ⟨tr.; hat⟩:
mit Du anreden /Ggs. siezen/: er duzte ihn; sie duzen sich. **Syn.:** Du sagen [zu], per Du sein [mit].

Dy|na|mik [dyˈnaːmɪk], die; -:
auf Veränderung, Entwicklung gerichtete Kraft (in etwas): die Dynamik der wirtschaftlichen Entwicklung. **Syn.:** Elan, Schmiss (ugs.), Schwung.

dy|na|misch [dyˈnaːmɪʃ] ⟨Adj.⟩:
voller Dynamik: eine dynamische Politik. **Syn.:** feurig, flott, forsch, kraftvoll, lebhaft, schmissig (ugs.), schneidig, schnittig, schwungvoll, temperamentvoll, vital, wild, zackig.

Dy|na|mit [dynaˈmiːt], das; -s:
bestimmter Sprengstoff: eine Brücke mit Dynamit in die Luft sprengen.

Dy|na|mo [dyˈnaːmo], der; -s, -s:
Maschine zur Erzeugung elektrischen Stroms: den Dynamo [am Fahrrad] einschalten.

D-Zug [ˈdeːt͡suːk], der; -[e]s, D-Züge [ˈdeːt͡syːgə] (früher):
auf längeren Strecken verkehrender, schnell fahrender Zug, der nur an wichtigen Stationen hält: die Deutsche Bahn hat kaum noch D-Züge. **Syn.:** Schnellzug (früher).

E e

Eb|be [ˈɛbə], die; -, -n:
1. *regelmäßig wiederkehrendes Fallen des Meeresspiegels, das durch den Rückgang des Meeres sichtbar wird* /Ggs. Flut/: es ist Ebbe; bei Ebbe, bei Eintritt der Ebbe.
2. *Mangel an etwas (besonders an Geld):* am Monatsende herrscht in meinem Portemonnaie immer Ebbe.

[1]eben [ˈeːbn̩] ⟨Adj.⟩:
a) *flach, ohne Erhebungen:* ebenes Land. **b)** *glatt, ohne Hindernis:* ein ebener Weg.

[2]eben ⟨Adverb⟩:
1. ⟨temporal⟩ **a)** *gerade jetzt, in diesem Augenblick:* eben tritt er ein. **Syn.:** gerade, im Augenblick, im Moment, just (veraltend, noch scherzh.), soeben. **b)** *gerade vorhin:* sie war eben noch hier. **Syn.:** [2]gerade, just (veraltend, noch scherzhaft).
2. ⟨modal⟩ *gerade noch; mit Mühe und Not:* mit dem Geld komme ich eben aus.
3. (landsch.) *für [ganz] kurze Zeit:* kommst du eben [mal] mit?; gib mir bitte mal eben die Schere; ich gehe nur eben telefonieren. **Syn.:** kurz, schnell.

[3]eben [ˈeːbn̩] ⟨Partikel⟩:
1. dient dazu, auszudrücken, dass es sich bei der gemachten Aussage um die Feststellung einer unumstößlichen Tatsache handelt, die zu hinterfragen oder erklären zu wollen keinen Sinn hätte: so ist sie eben; das ist eben so; man kann sich eben auf ihn verlassen. **Syn.:** halt (südd., österr., schweiz.).

2. dient in Aufforderungen dazu, auszudrücken, dass die angesprochene Person der Aufforderung deshalb Folge leisten sollte, weil es unter den gegebenen Umständen keine andere oder keine bessere Möglichkeit gibt: dann entschuldige dich eben bei ihr!; wenn du es nicht lassen kannst, dann tu es eben. **Syn.:** halt (südd., österr., schweiz.).
3. dient dazu, zu betonen, dass auf etwas ganz Bestimmtes, nicht Beliebiges Bezug genommen wird: eben das wollte ich ja damit sagen; eben dieser Brief war plötzlich verschwunden; eben dort sollten sie sich später noch einmal begegnen. **Syn.:** genau, gerade, just (veraltend, noch scherzh.).
4. dient als Erwiderung dazu, auszudrücken, dass man einer vom Gegenüber gemachten Aussage uneingeschränkt zustimmt und sie als gutes Argument für einen eigenen (vom Gegenüber geteilten oder aber nicht geteilten) Standpunkt ansieht: »Er hat es schließlich selbst so gewollt.« – »[Ja,] eben«; »Meines Erachtens kann er das nicht objektiv beurteilen.« – »Er kennt das Problem aber aus eigener Erfahrung.« – »Eben [drum].«.

Eben|bild ['e:bn̩bɪlt], das; -[e]s, -er: *genaues Abbild (eines anderen Menschen):* der Sohn war das Ebenbild seines Vaters.

eben|bür|tig ['e:bn̩bʏrtɪç] ⟨Adj.⟩: *mit vergleichbaren oder gleichen Fähigkeiten, Gaben ausgestattet:* ein ebenbürtiger Gegner; er ist ihm geistig ebenbürtig. **Syn.:** angemessen, gleichwertig.

Ebe|ne ['e:bənə], die; -, -n: *flaches Land:* eine weite, fruchtbare Ebene.

-ebe|ne [e:bənə] ⟨Grundwort⟩: in der Wendung **auf ...ebene:** *in dem im Bestimmungswort genannten Bereich, auf der betreffenden Stufe:* Betriebsebene; Gemeindeebene; Gewerkschaftsebene; Kantonsebene; Landesebene; Ministerebene; Regierungsebene.

eben|er|dig ['e:bn̩|e:ɐ̯dɪç] ⟨Adj.⟩: *zu ebener Erde, im Erdgeschoss gelegen:* die Wohnung lag ebenerdig.

eben|falls ['e:bn̩fals] ⟨Adverb⟩: *gleichfalls, ebenso, auch:* er war ebenfalls verhindert zu kommen; danke, ebenfalls! *(das wünsche ich Ihnen auch!).* **Syn.:** genauso, gleichermaßen.

Eben|maß ['e:bn̩ma:s], das; -es: *harmonische Regelmäßigkeit (der Bildung, Form):* ein Gesicht, eine Gestalt von klassischem Ebenmaß. **Syn.:** Gleichmaß, Harmonie.

eben|mä|ßig ['e:bn̩mɛ:sɪç] ⟨Adj.⟩: *Ebenmaß besitzend:* ein schönes, ebenmäßiges Gesicht. **Syn.:** gleichmäßig, harmonisch, regelmäßig, wohl proportioniert.

eben|so ['e:bn̩zo:] ⟨Adverb⟩: *in dem gleichen Maße, in der gleichen Weise:* das Kleid kostet ebenso viel [wie dieses]; du hättest ebenso gut mit der Bahn fahren können; die Schwierigkeiten sind ebenso groß wie vorher. **Syn.:** genauso.

Eber ['e:bɐ], der; -s, -: *männliches Schwein:* Eber züchten.

eb|nen ['e:bnən] ⟨tr.; hat⟩: *eben machen, von störenden Unebenheiten befreien:* den Boden ebnen; einer Sache den Weg ebnen/den Weg für, zu etwas ebnen *(für etwas die Voraussetzungen schaffen, etwas möglich machen);* jmdm. den Weg ebnen *(es jmdm. ermöglichen, sein Ziel zu erreichen).*

Echo ['ɛço], das; -s, -s:
1. *Laut, Ton, der auf einen Felsen, eine Wand trifft und von dort hallend zurückgeworfen wird:* ein Echo erschallt. **Syn.:** Widerhall.
2. *Resonanz* (2), *Reaktion:* der Vorschlag fand ein sehr positives, unterschiedliches Echo; ich hatte mit einem so großen Echo [auf den Artikel] überhaupt nicht gerechnet. **Syn.:** Beifall, Zustimmung.

[1]**echt** [ɛçt] ⟨Adj.⟩:
1. *nicht künstlich hergestellt, nicht imitiert, nicht gefälscht:* ein echter Pelz; der Ring ist echt Gold *(ist aus echtem Gold);* echte Blumen; ein echter Picasso. **Syn.:** natürlich, original, pur, [1]rein, unverfälscht.
2. *wahr, wirklich, wie es die Bezeichnung ausdrückt:* ein echtes Problem; echte Freude, Trauer, Freundschaft. **Syn.:** richtig.
3. *in der Farbe beständig:* echte Farben; das Blau ist echt.

[2]**echt** [ɛçt] ⟨Adverb⟩ (ugs.): *tatsächlich, in der Tat:* ich bin echt frustriert; du hast mich damit echt überrascht; das finde ich echt gut.

-echt [ɛçt] ⟨adjektivisches Suffixoid⟩:
a) *in Bezug auf das im Basiswort Genannte beständig, haltbar trotz äußerer Einwirkungen; geschützt, widerstandsfähig, so gut wie unempfindlich gegen ...:* farbecht; kussecht; lichtecht; mottenecht; säureecht; wasserecht. **b)** *kann ohne Schaden ... werden:* bügelecht; kochecht; waschecht *(kann gewaschen werden).* **Syn.:** -beständig, [1]-fest, -sicher.

Echt|heit ['ɛçthai̯t], die; -: *echte* (1) *Beschaffenheit, das Echtsein:* an der Echtheit des Gemäldes bestehen keine Zweifel; wir können die Echtheit der Reliquien nicht beweisen. **Syn.:** Originalität.

Eck- [ɛk] ⟨Präfixoid⟩: kennzeichnet das im Basiswort Genannte als etwas, was als Richtschnur, als Orientierung dienen soll, kann: Eckdaten *(Daten, nach denen man sich bei einer Planung o. Ä. richten soll);* Ecklohn *(tariflicher Normallohn als Richtwert);* Eckwert.

Ecke ['ɛkə], die; -, -n:
a) *Stelle, an der zwei Seiten einer Fläche oder drei Kanten eines Körpers aufeinanderstoßen:* die obere Ecke des Dreiecks; eine scharfe, vorspringende Ecke; Möbel mit abgerundeten Ecken und Kanten; ich habe mich an der Ecke des Tischs gestoßen. **Syn.:** Spitze.
b) *Winkel, der durch das Aufeinanderstoßen von zwei Seiten einer Fläche oder eines Raumes entsteht:* das Datum steht in der rechten oberen Ecke [des Briefbogens]; er zog seine Schuhe aus und warf sie in eine Ecke des Zimmers, in die Ecke. **Syn.:** Winkel. **Zus.:** Kochecke, Spielecke, Zimmerecke. **c)** *Stelle, an der zwei Reihen von Häusern, zwei Straßen aufeinanderstoßen:* an der Ecke stehen; um die Ecke biegen. **Syn.:** Kreuzung. **Zus.:** Hausecke, Straßenecke.

effektiv/effizient

Effektiv wird vorwiegend in zwei Bedeutungen gebraucht:

a) *tatsächlich, real:*

- Wer heute bei uns einen Kredit aufnimmt, zahlt effektiv *(tatsächlich, d. h. unter Berücksichtigung aller preisbestimmenden Faktoren)* nur 4,5 Prozent Zinsen.

b) *wirksam, erfolgreich:*

- Eine Untersuchung soll klären, wie effektiv die Therapie wirklich ist.
- Die Unternehmen erkennen, wie effektiv Werbung im Internet tatsächlich ist.

In der Bedeutung b) *wirksam, erfolgreich* überschneiden sich **effektiv** und **effizient.** Eine Unterscheidung ist jedoch insofern möglich, als bei der Verwendung von »effektiv« das Hauptaugenmerk auf dem Ergebnis liegt, bei »effizient« hingegen bei der Methode. **Effizient** arbeiten heißt *wirkungsvoll* arbeiten, ohne unnötige Kosten zu verursachen, Ressourcen oder Zeit zu verbrauchen:

- Die Sekretärin ist gut organisiert, sie arbeitet schnell und effizient.
- Das Kraftwerk wandelt sehr effizient Wasser in Strom um.

eckig [ˈɛkɪç] ⟨Adj.⟩:
1. *Ecken, Kanten aufweisend* /Ggs. rund/: ein eckiger Tisch. **2.** *in steifer, verkrampfter Weise unbeholfen:* ihre Bewegungen waren eckig; ein eckig und steif wirkender Junggeselle. **Syn.:** hölzern, linkisch, steif, ungelenk.

edel [ˈeːdl̩] ⟨Adj.⟩:
a) *von hoher Qualität; besonders wertvoll:* ein edles Holz, ein edles Tier. **Syn.:** erlesen, exquisit, fein, kostbar, teuer. **b)** (geh.) *menschlich vornehm und selbstlos:* ein edler Mensch; edel handeln, denken. **Syn.:** gut, gütig, selbstlos. **c)** (geh.) *schön und harmonisch gebildet, geformt:* er bewunderte die edlen Züge dieses Gesichts. **Syn.:** ästhetisch, ausgeglichen, ebenmäßig, gleichmäßig, harmonisch, hübsch, proportioniert, regelmäßig, schön, symmetrisch.

Edel- [eːdl̩] ⟨Präfixoid⟩:
bezeichnet scherzhaft oder ironisch das im Basiswort Genannte als etwas Besseres, als etwas, was in seiner Qualität etwas Besonderes, Hochwertigeres darstellt, die veredelte Form von etwas, hervorragend ist: Edelbordell; Edelganove; Edelgeschäft; Edelgetränk; Edelkitsch; Edelkrimi; Edellikör; Edellimousine; Edelnutte; Edelschmiede; Edelschnulze.

Edel|me|tall [ˈeːdl̩metal], das; -s, -e:
seltenes, kostbares Metall, das gegen chemische Einflüsse sehr widerstandsfähig ist: Gold, Silber und andere Edelmetalle.

Edel|stein [ˈeːdl̩ʃtai̯n], der; -[e]s, -e:
selten vorkommender, kostbarer Stein, der wegen seiner Farbe und seines Glanzes als Schmuck verwendet wird: der Armreif war mit Edelsteinen besetzt. **Syn.:** Stein. **Zus.:** Halbedelstein.

Edel|weiß [ˈeːdl̩vai̯s], das; -[es], -e:
Pflanze (des Hochgebirges) mit grauweißen, sternförmigen Blüten: Edelweiß steht unter Naturschutz.

EDV [eːdeːˈfau̯], die; -:
elektronische Datenverarbeitung.

Efeu [ˈeːfɔy̯], der; -s:
Kletterpflanze mit glänzenden dunkelgrünen Blättern: den Efeu [be]schneiden.

Ef|fekt [ɛˈfɛkt], der; -[e]s, -e:
[außerordentliche] Wirkung, die etwas hat: einen großen Effekt mit etwas erzielen; der Effekt seiner Anstrengungen war gleich null; etwas macht, hat [wenig] Effekt. **Syn.:** Erfolg, Ergebnis, Wirkung. **Zus.:** Farbeffekt, Klangeffekt, Lichteffekt, Nebeneffekt, Nutzeffekt, Stereoeffekt, Überraschungseffekt.

ef|fek|tiv [ɛfɛkˈtiːf] ⟨Adj.⟩:
a) *sich tatsächlich feststellen lassend:* der effektive Wert eines Hauses. **Syn.:** real, tatsächlich, wirklich. **b)** *Wirkung zeigend, erzielend; mit Erfolg wirkend:* Reformen sind effektiver als Verbote. **Syn.:** lohnend, wirksam, wirkungsvoll.

effektiv / effizient:
s. Kasten.

ef|fekt|voll [ɛˈfɛktfɔl] ⟨Adj.⟩:
von besonderem Effekt, durch Effekte beeindruckend: diese Farben und Muster sind sehr effektvoll. **Syn.:** wirkungsvoll.

ef|fi|zi|ent [ɛfiˈtsi̯ɛnt] ⟨Adj.⟩:
eine (am Aufwand gemessen) hohe Wirksamkeit habend, mit verhältnismäßig geringem Aufwand viel bewirkend, erreichend: eine möglichst effiziente Methode; die Behörde ist nicht besonders effizient; sie arbeitet sehr effizient. **Syn.:** ökonomisch, rationell, sinnvoll, sparsam, wirtschaftlich, zweckmäßig.

effizient / effektiv:
s. Kasten effektiv / effizient.

egal [eˈgaːl] ⟨Adj.; nicht flektierbar⟩:
1. *gleich, gleichartig:* die Kleider sind alle egal gearbeitet. **Syn.:** identisch. **2.** *einerlei:* das ist [mir] doch egal. **Syn.:** gleichgültig, nebensächlich, unbedeutend, unerheblich, unwesentlich, unwichtig.

Eg|ge [ˈɛgə], die; -, -n:
landwirtschaftliches Gerät mit mehreren Reihen von Zinken, das besonders der Lockerung des Bodens dient: den Boden mit der Egge bearbeiten.

Ego|is|mus [egoˈɪsmʊs], der; -, Egoismen [egoˈɪsmən]:
nur auf den eigenen Vorteil gerichtete Art des Denkens und Handelns: sein Egoismus kennt keine Grenzen; zu viele persönliche, lokale, regionale, nationale Egoismen stehen einer Einigung im Wege. **Syn.:** Eigennutz, Selbstsucht.

Ego|ist [egoˈɪst], der; -en, -en, **Ego|is|tin** [egoˈɪstɪn], die; -, -nen:
Person, die egoistisch ist: ein rücksichtsloser Egoist.

ego|is|tisch [egoˈɪstɪʃ] ⟨Adj.⟩:
nur an sich denkend: ein egoistischer Mensch; er ist sehr egoistisch. **Syn.:** berechnend, eigennützig, selbstsüchtig.

ehe [ˈeːə] ⟨Konj.⟩:
bevor: es vergingen drei Stun-

den, ehe das Flugzeug landen konnte; ‹in verneintem Satz (mit ebenfalls verneintem übergeordnetem Satz) konditional› ehe *(solange)* ihr nicht still seid, werde ich die Geschichte nicht vorlesen.

Ehe ['e:ə], die; -, -n:
gesetzlich anerkannte Lebensgemeinschaft von Mann und Frau: eine glückliche, harmonische, zerrüttete Ehe führen; die Ehe blieb kinderlos, wurde nach 5 Jahren geschieden; er hat einen Sohn aus erster Ehe; Ehe ohne Trauschein, auf Probe *(Zusammenleben von Mann und Frau ohne standesamtliche Trauung).* **Syn.:** Verbindung. **Zus.:** Liebesehe, Scheinehe, Vernunftehe.

Ehe|bruch ['e:əbrʊx], der; -[e]s, Ehebrüche ['e:əbrʏçə]:
Verletzung der ehelichen Treue durch außerehelichen Geschlechtsverkehr: Ehebruch begehen. **Syn.:** Abenteuer, Affäre, Seitensprung.

Ehe|frau ['e:əfrau̯], die; -, -en:
Partnerin in der Ehe: er liebt seine Ehefrau abgöttisch. **Syn.:** bessere Hälfte (ugs. scherzh.), Ehepartnerin, Frau, Gattin (geh.), Gemahlin (geh.), Lebensgefährtin, schönere Hälfte (ugs. scherzh.).

Ehe|leu|te ['e:əlɔy̯tə], die ‹Plural›:
Ehemann und Ehefrau: die Eheleute kamen gemeinsam zu der Feier. **Syn.:** Ehepaar ‹Singular›.

ehe|lich ['e:əlɪç] ‹Adj.›:
1. *auf die Ehe bezogen:* die ehelichen Rechte und Pflichten.
2. *aus gesetzlicher Ehe stammend* /Ggs. nicht ehelich/: sie hat drei eheliche Kinder; das Kind ist ehelich [geboren].

ehe|ma|lig ['e:əma:lɪç] ‹Adj.›:
einstig, früher: ein ehemaliger Offizier; meine ehemalige Wohnung.

ehe|mals ['e:əma:ls] ‹Adverb›:
vor längerer Zeit: er war ehemals Beamter. **Syn.:** anno dazumal (scherzh. altertümelnd), damals, dereinst (geh.), einmal, einst, einstmals (geh.), früher, in jener Zeit, seinerzeit, vor Zeiten, zu der Zeit, zu jener Zeit.

Ehe|mann ['e:əman], der; -[e]s, Ehemänner:
Partner in der Ehe: sie hat drei Ehemänner überlebt. **Syn.:** bessere Hälfte (ugs. scherzh.), Ehepartner, Gatte (geh.), Gemahl (geh.), Lebensgefährte (geh.), Mann, schönere Hälfte (ugs. scherzh.).

Ehe|paar ['e:əpa:ɐ̯], das; -[e]s, -e:
verheiratetes Paar: das Ehepaar feiert [seine] silberne Hochzeit. **Syn.:** Eheleute, Gespann (ugs.), Mann und Frau, Paar.

Ehe|part|ner ['e:əpartnɐ], der; -s, -, **Ehe|part|ne|rin** ['e:əpartnərɪn], die; -, -nen:
Partner[in] in der Ehe: die Ehepartner sind ebenfalls herzlich eingeladen. **Syn.:** bessere Hälfte (ugs. scherzh.), Ehefrau, Ehemann, Frau, Gatte (geh.), Gattin (geh.), Gemahl (geh.), Gemahlin (geh.), Lebensgefährte (geh.), Lebensgefährtin (geh.), Mann.

eher ['e:ɐ] ‹Adverb›:
a) *zu einem [noch] früheren Zeitpunkt:* ich konnte nicht eher kommen. **Syn.:** früher, zeitiger. **b)** *wahrscheinlicher; mit ziemlich großer Sicherheit:* er wird es umso eher tun, als es für ihn ja von Vorteil ist; darauf würde ich mich schon eher einlassen; das wird er eher nicht tun. **Syn.:** leichter, [2]lieber, [2]mehr. **c)** *aufs Ganze gesehen, mehr:* so etwas kommt eher selten vor; ich halte das für eher unwahrscheinlich; das ist eher eine Frage des Geschmacks. **Syn.:** [2]mehr, vielmehr.

Ehe|schlie|ßung ['e:əʃli:sʊŋ], die; -, -en:
das Eingehen der Ehe vor einer staatlichen Instanz: rechtlich bindend für eine Eheschließung ist allein die standesamtliche Heirat. **Syn.:** Heirat, Hochzeit.

Eh|re ['e:rə], die; -, -n:
1. ‹ohne Plural› *persönliche Würde, äußeres Ansehen:* die Ehre eines Menschen, einer Familie; seine Ehre wahren, verlieren; jmds., seine Ehre retten; jmdn. in seiner Ehre kränken; sich in seiner Ehre verletzt fühlen; jmdm. Ehre machen *(Anlass geben, jmdn. besonders zu achten).* **Syn.:** Ansehen, Würde. **Zus.:** Berufsehre, Familienehre, Soldatenehre, Standesehre.
2. *Zeichen oder Bezeigung der Achtung, Wertschätzung:* jmdn. mit Ehren überhäufen. **Syn.:** Achtung, Auszeichnung, Gunst, Lob, Ruhm.

eh|ren ['e:rən]:
1. ‹tr.; hat› *(jmdm.) Ehre erweisen:* jmdn. mit einem Orden ehren; du sollst Vater und Mutter ehren; der Mann wurde für sein Lebenswerk geehrt. **Syn.:** achten, auszeichnen, schätzen, würdigen.
2. ‹itr.; hat› *(jmdm.) Ehre machen:* seine Großmut ehrt ihn.

eh|ren|amt|lich ['e:rən|amtlɪç] ‹Adj.›:
ohne Bezahlung ausgeübt: eine ehrenamtliche Tätigkeit. **Syn.:** unentgeltlich.

eh|ren|rüh|rig ['e:rənry:rɪç] ‹Adj.›:
die Ehre verletzend: ein ehrenrühriges Verhalten, Wort. **Syn.:** beleidigend, kränkend.

Eh|ren|wort ['e:rənvɔrt], das; -[e]s:
jmds. feierliche [sich auf seine Ehre stützende] Versicherung, die mit dem Ziel abgegeben wird, eine Aussage oder ein Versprechen zu bekräftigen: der Strafgefangene gab sein Ehrenwort, wieder zurückzukehren; sein Ehrenwort brechen. **Syn.:** Schwur, Versprechen.

Ehr|furcht ['e:ɐ̯fʊrçt], die; -:
Hochachtung, Respekt vor der Würde, Erhabenheit einer Person, eines Wesens oder einer Sache: Ehrfurcht vor jmdm., dem Leben haben. **Syn.:** Achtung, Scheu.

ehr|fürch|tig ['e:ɐ̯fʏrçtɪç] ‹Adj.›:
von Ehrfurcht erfüllt: wir verharrten in ehrfürchtigem Schweigen; ehrfürchtig zuhören.

Ehr|geiz ['e:ɐ̯gai̯ts], der; -es:
stark ausgeprägtes Streben nach Erfolg, Geltung, Anerkennung: politischer Ehrgeiz; sie ist von Ehrgeiz besessen; ihn packte der Ehrgeiz; ihr Ehrgeiz treibt sie zu höchster Leistung. **Syn.:** Ambition (geh.), Eifer.

ehr|gei|zig ['e:ɐ̯gai̯tsɪç] ‹Adj.›:
voll Ehrgeiz: ein ehrgeiziger Politiker; er ist sehr ehrgeizig. **Syn.:** strebsam.

ehr|lich ['e:ɐ̯lɪç] ‹Adj.›:
a) *ohne Lüge, Verstellung:* ein ehrliches Kind; sei ehrlich! **Syn.:** anständig, aufrecht, aufrichtig, [1]lauter. **b)** *in geldlichen Angelegenheiten zuverlässig, kein Geld o. Ä. unterschlagend:* ein ehrlicher Kassierer; ehrlich abrechnen; ein ehrlicher Finder *(jmd.,*

der gefundene Wertsachen nicht behält, sondern abliefert). **Syn.:** anständig, rechtschaffen (veraltend), redlich, vertrauenswürdig, zuverlässig.

Ehr|lich|keit ['e:ɐ̯lɪçkai̯t], die; -: *ehrliches Wesen:* ich schätze seine Ehrlichkeit. **Syn.:** Aufrichtigkeit, Offenheit.

Eh|rung ['e:rʊŋ], die; -, -en: *das Ehren, das Erweisen von Ehre:* die Ehrung der Siegerin; dem Jubilar wurden zahlreiche Ehrungen zuteil. **Syn.:** Anerkennung, Auszeichnung, Lob, Preis.

ehr|wür|dig ['e:ɐ̯vʏrdɪç] ⟨Adj.⟩: *aufgrund seines Ranges, Alters o. Ä. Ehrfurcht, Achtung gebietend:* eine ehrwürdige alte Dame; ein Dokument von ehrwürdigem Alter; eine ehrwürdige Gedenkstätte. **Syn.:** erhaben, hehr (geh.), würdig.

Ei [ai̯], das; -[e]s, -er:
1. a) *kleines, meist ovales, von einer Schale umschlossenes Gebilde, das von weiblichen Vögeln, Reptilien, Fischen (u. a.) hervorgebracht wird und in dem ein neues Tier heranwächst:* Eier legen, ausbrüten. **Zus.:** Ameisenei, Fischei, Gänseei, Hühnerei, Schlangenei, Vogelei. **b)** *(meist von einem Huhn gelegtes) Ei als Nahrungsmittel:* ein frisches Ei; ein Ei kochen; diese Nudeln enthalten viel Ei. **Zus.:** Frühstücksei, Spiegelei.
2. *befruchtete oder nicht befruchtete tierische oder menschliche weibliche Keimzelle:* das reife Ei wird befruchtet.

-ei: ↑-[er]ei.

Ei|be ['ai̯bə], die; -, -n: *Nadelbaum mit weichen, dunkelgrünen Nadeln und roten, beerenähnlichen Samen:* Nadeln und Samen der Eibe sind sehr giftig.

Ei|che ['ai̯çə], die; -, -n: *Laubbaum mit Eicheln als Früchten:* eine alte, mächtige, knorrige Eiche.

Ei|chel ['ai̯çl̩], die; -, -n: *länglich runde Frucht der Eiche:* im Wald Eicheln sammeln gehen.

Eich|hörn|chen ['ai̯çhœrnçən], das; -s, -: *kletterndes, meist rotbraunes Nagetier mit langem, buschigem Schwanz, das sich von Samen, Nüssen, Eicheln usw. ernährt und davon einen Vorrat anlegt:* das Eichhörnchen springt von Ast zu Ast. **Syn.:** Nagetier.

Eid [ai̯t], der; -[e]s, -e: *in feierlicher Form [vor Gericht] abgegebene Versicherung, dass eine Aussage der Wahrheit entspricht oder ein Versprechen gehalten werden wird:* einen Eid [auf die Verfassung] ablegen, schwören, leisten. **Syn.:** Gelöbnis, Gelübde, Schwur. **Zus.:** Amtseid, Diensteid, Fahneneid, Meineid.

Ei|dech|se ['ai̯dɛksə], die; -, -n: *sehr flinkes, kleines, Eier legendes Kriechtier mit schuppiger, meist grün bis braun gefärbter Haut und langem Schwanz:* eine Eidechse huscht über den Fels.

ei|des|statt|lich ['ai̯dəsʃtatlɪç] ⟨Adj.⟩: *für einen Eid stehend, an Eides statt:* eine eidesstattliche Erklärung abgeben; etwas eidesstattlich versichern.

Ei|fer ['ai̯fɐ], der; -s: *unablässiges, ständiges Streben, Bemühen:* sich mit unermüdlichem, fieberhaftem Eifer ans Werk machen; die Schwierigkeiten bremsten seinen Eifer nicht. **Syn.:** Einsatz, Fleiß, Hingabe, Tatendrang.

Ei|fe|rer ['ai̯fərɐ], der; -s, -, **Ei|fe|rin** ['ai̯fərɪn], die; -, -nen: *von Fanatismus gekennzeichnete Person:* religiöse, politische Eiferer. **Syn.:** Apostel (bildungsspr.; oft ironisch), Fanatiker, Fanatikerin, Kämpfer, Kämpferin.

ei|fern ['ai̯fɐn] ⟨itr.; hat⟩:
1. (oft abwertend) *leidenschaftlich (für oder gegen jmdn., etwas) sprechen, Stellung nehmen:* er eiferte heftig gegen diese Missstände; sie eifert für Gerechtigkeit. **Syn.:** eine Lanze brechen, eintreten für, sich einsetzen für, sich engagieren für, sich stark machen, wettern gegen.
2. (geh.) *mit leidenschaftlichem Eifer nach etwas streben:* nach Ruhm eifern.

Ei|fer|sucht ['ai̯fɐzʊxt], die; -: **a)** *starke, übersteigerte Furcht, jmds. Liebe, Zuneigung mit einem oder mehreren anderen teilen zu müssen, an andere zu verlieren:* rasende, blinde Eifersucht; ihre Eifersucht auf seine Sekretärin ist fast schon krankhaft; er wird von Eifersucht geplagt, getrieben; von Eifersucht jmdm. gegenüber erfüllt sein. **Syn.:** Neid. **b)** *[übersteigerte] Furcht davor, Erfolge, Vorteile o. Ä. mit einem anderen teilen zu müssen:* voller Eifersucht wachte er darüber, dass keiner der jungen Kollegen Einblick in seine Arbeit erhielt. **Syn.:** Argwohn, Misstrauen, Neid.

ei|fer|süch|tig ['ai̯fɐzʏçtɪç] ⟨Adj.⟩: **a)** *voll Eifersucht* (a): ein eifersüchtiger Mensch, Blick; eifersüchtig auf jmdn. sein; jmdn. eifersüchtig beobachten. **Syn.:** neidisch. **b)** *von Eifersucht* (b), *Konkurrenzdenken bestimmt:* eifersüchtig auf jmds. Erfolge sein. **Syn.:** argwöhnisch, misstrauisch, neidisch, scheel (ugs.).

eif|rig ['ai̯frɪç] ⟨Adj.⟩: *voll Eifer [tätig]:* ein eifriger Verfechter einer Idee; er war eifrig um sie bemüht; ein eifriger Schüler. **Syn.:** aktiv, arbeitsam (veraltend), beflissen (geh.), betriebsam, diensteifrig, emsig (geh., oft iron.), fleißig, geschäftig, rührig, strebsam, tüchtig, unermüdlich.

Ei|gelb ['ai̯gɛlp], das; -s, -e, (in Mengenangaben meist:) -: *Dotter:* das Eigelb mit dem Teig verrühren; drei Eigelb.

ei|gen ['ai̯gn̩] ⟨Adj.⟩:
1. a) *jmdm. selbst gehörend:* ein eigenes Haus, Auto; sie hat keine eigenen Kinder; der eigene, sein eigener Vater hat ihn angezeigt; (emotional verstärkend) ich habe es mit [meinen] eigenen Augen *(selbst)* gesehen; * **sich** (Dativ) **etwas zu eigen machen:** *sich etwas aneignen, etwas von jmd. anderem übernehmen:* sich eine, jmds. Auffassung zu eigen machen. **b)** *allein dem Betreffenden zur Benutzung zur Verfügung stehend:* er hat ein eigenes Zimmer. **Syn.:** privat, separat. **c)** *nicht von jmd., etwas anderem abhängig, bestimmt:* eine eigene Meinung, einen eigenen Willen haben. **Syn.:** eigenständig, selbstständig, unabhängig.
2. *für jmdn., etwas bezeichnend, typisch; jmdn., etwas kennzeichnend:* ein ihm eigener Zug; sie tat es mit der ihr eigenen Sorgfalt; ihm war ein Hang zum Grübeln eigen. **Syn.:** bezeichnend, charakteristisch, eigen-

tümlich, individuell, kennzeichnend, spezifisch, typisch.
3. *in fast übertriebener Weise auf Genauigkeit, Sorgfalt achtend:* sie ist [in diesen Dingen] sehr eigen. **Syn.:** eigensinnig, kleinkariert (ugs. abwertend), kleinlich (abwertend), merkwürdig, pingelig (ugs.).

-ei|gen [ai̯gn̩] ‹adjektivisches Suffixoid›:
1. *dem im Basiswort Genannten – in der Regel einer Institution o. Ä. – (als Besitz) gehörend:* bundeseigen, firmeneigen; gewerkschaftseigen; landeseigen; universitätseigen; volkseigen; werkseigen. **Syn.:** -lich.
2. *zu dem im Basiswort Genannten (als Charakteristikum) gehörend, in seiner Art dem im Basiswort Genannten entsprechend:* körpereigen; wesenseigen; zeiteigen.

Ei|gen|art [ˈai̯gn̩|aːɐ̯t], die; -, -en: *etwas, was für jmdn., etwas typisch ist:* es war eine Eigenart von ihm, seine Vorträge mit langen Zitaten zu versehen. **Syn.:** Angewohnheit, Brauch, Gewohnheit, Marotte, Schrulle, Spleen, Unart.

ei|gen|ar|tig [ˈai̯gn̩|aːɐ̯tɪç] ‹Adj.›: *[auffallend] fremd anmutend:* ein eigenartiges Gefühl; sie ist wirklich etwas eigenartig; hier riecht es aber eigenartig. **Syn.:** eigentümlich, komisch, merkwürdig, seltsam, sonderbar.

Ei|gen|bröt|ler [ˈai̯gn̩brøːtlɐ], der; -s, -, **Ei|gen|bröt|le|rin** [ˈai̯gn̩brøːtlərɪn], die; -, -nen (oft abwertend):
Person, die sich absondert und anderen in ihrem Verhalten merkwürdig erscheint: er war immer schon ein Eigenbrötler. **Syn.:** Einzelgänger, Einzelgängerin, Sonderling.

ei|gen|hän|dig [ˈai̯gn̩hɛndɪç] ‹Adj.›: *von der eigenen Hand ausgeführt:* ein Bild mit eigenhändiger Unterschrift des Schauspielers; eine Urkunde eigenhändig überreichen. **Syn.:** persönlich, [1]selbst.

Ei|gen|heit [ˈai̯gn̩hai̯t], die; -, -en: *Eigenart:* das ist eine typisch deutsche Eigenheit. **Syn.:** Angewohnheit, Brauch, Eigenschaft, Gepflogenheit, Gewohnheit, Marotte, Schrulle, Spleen, Unart.

ei|gen|mäch|tig [ˈai̯gn̩mɛçtɪç] ‹Adj.›:
ohne Auftrag oder Befugnis, ohne vorher um Erlaubnis gefragt zu haben [ausgeführt]: eine eigenmächtige Handlung; eigenmächtig verfahren, handeln. **Syn.:** auf eigene Faust, nach eigenem Ermessen, nach Gutdünken, selbstherrlich.

Ei|gen|nutz [ˈai̯gn̩nʊts], der; -es: *Streben nach dem eigenen Vorteil:* aus Eigennutz handeln. **Syn.:** Egoismus, Selbstsucht.

ei|gen|nüt|zig [ˈai̯gn̩nʏtsɪç] ‹Adj.›: *auf eigenen Vorteil, Nutzen bedacht, bezogen:* ein eigennütziges Verhalten; eigennützig denken. **Syn.:** berechnend, egoistisch, selbstsüchtig.

ei|gens [ˈai̯gn̩s] ‹Adverb›: *speziell:* der Tisch war eigens für ihn gedeckt worden. **Syn.:** [1]allein, exklusiv, extra, in erster Linie, nur, vor allem.

Ei|gen|schaft [ˈai̯gn̩ʃaft], die; -, -en: *zum Wesen einer Person oder Sache gehörendes Merkmal:* gute, schlechte Eigenschaften haben; die Eigenschaften von Mineralien, Tieren. **Syn.:** Attribut, Besonderheit, Charakteristikum, Eigenheit, Form, Kennzeichen, Merkmal, Note, Qualität, Tugend.

Ei|gen|sinn [ˈai̯gn̩zɪn], der; -[e]s: *als starrsinnig empfundenes beharrliches Festhalten an seiner Meinung:* sein Eigensinn verärgerte die anderen. **Syn.:** Trotz, Ungehorsam.

ei|gen|sin|nig [ˈai̯gn̩zɪnɪç] ‹Adj.›: *von Eigensinn bestimmt; stur:* ein eigensinniger Mensch; eigensinnig seine Ansicht vertreten. **Syn.:** halsstarrig, starrsinnig, störrisch, trotzig, unbelehrbar, unnachgiebig.

ei|gen|stän|dig [ˈai̯gn̩ʃtɛndɪç] ‹Adj.›:
nach eigenen Gesetzen gewachsen, auf eigener Grundlage fußend: eine eigenständige Kultur, Dichtung. **Syn.:** eigen, für sich allein, selbstständig, souverän.

ei|gen|süch|tig [ˈai̯gn̩zʏçtɪç] ‹Adj.›: *selbstsüchtig, egoistisch:* ein eigensüchtiger Mensch; eigensüchtige Motive; eigensüchtig sein, handeln, denken.

[1]**ei|gent|lich** [ˈai̯gn̩tlɪç] ‹Adj.›: *wirklich, tatsächlich:* der eigentliche Zweck, Sinn, Grund; die eigentliche Ursache; ihr eigentlicher Name ist Cordula; die eigentliche *(nicht übertragene)* Bedeutung des Wortes.

[2]**ei|gent|lich** [ˈai̯gn̩tlɪç] ‹Adverb›:
1. *in Wirklichkeit:* sie heißt eigentlich Friederike, aber alle nennen sie Fritzi.
2. *im Grunde, bei genauer Betrachtung:* ich musste zugeben, dass er eigentlich recht hatte; eigentlich geht das nicht; dafür müsste man ihn eigentlich bestrafen. **Syn.:** an und für sich, im Prinzip, streng genommen.

[3]**ei|gent|lich** [ˈai̯gn̩tlɪç] ‹Partikel›:
1. dient in Fragesätzen dazu, auszudrücken, dass man sich einer gewissen Unvermitteltheit der Frage durchaus bewusst ist oder dass man aus einer gewissen freundlichen Anteilnahme heraus fragt: wie ist die Sache damals eigentlich ausgegangen?; wo wohnt ihr eigentlich?; wie geht es ihm eigentlich?; bist du eigentlich verheiratet?; ist das eigentlich erwiesen?
2. dient in vorwurfsvollen Fragen dazu, Empörung oder Entrüstung auszudrücken: was denkst du dir eigentlich [dabei]?; wer sind Sie eigentlich?

Ei|gen|tum [ˈai̯gn̩tuːm], das; -s, -e: *etwas, was jmdm. gehört:* persönliches Eigentum; das Grundstück ist sein Eigentum. **Syn.:** Besitz, Geld und Gut (geh.), Hab und Gut (geh.), Habe, Haus und Hof, Vermögen. **Zus.:** Privateigentum, Staatseigentum.

Ei|gen|tü|mer [ˈai̯gn̩tyːmɐ], der; -s, -, **Ei|gen|tü|me|rin** [ˈai̯gn̩tyːmərɪn], die; -, -nen:
Person, der etwas als Eigentum gehört: der Eigentümer eines Geschäftes, Hauses, Autos. **Syn.:** Besitzer, Besitzerin, Halter, Halterin, Herr, Herrin, Inhaber, Inhaberin. **Zus.:** Alleineigentümer, Alleineigentümerin, Hauseigentümer, Hauseigentümerin, Miteigentümer, Miteigentümerin.

ei|gen|tüm|lich [ˈai̯gn̩tyːmlɪç] ‹Adj.›:
1. *von sonderbarer Art:* eine eigentümliche Person, Sprechweise; eigentümlich klingen. **Syn.:** ausgefallen, eigenartig,

kauzig, komisch, kurios, merkwürdig, schrullig, seltsam, sonderbar, verschroben, verwunderlich.
2. *als typisch zu jmdm. gehörend:* mit dem ihm eigentümlichen Stolz lehnte er jede Hilfe ab. **Syn.:** bezeichnend, charakteristisch, eigen, kennzeichnend, spezifisch, typisch.

ei|gen|wil|lig [ˈai̯gn̩vɪlɪç] ⟨Adj.⟩: *seine eigene Art deutlich und nachdrücklich zur Geltung, zum Ausdruck bringend:* einen eigenwilligen Stil entwickeln; das kleine Mädchen ist sehr eigenwillig. **Syn.:** eigensinnig, kapriziös.

eig|nen [ˈai̯gnən], eignete, geeignet ⟨+ sich⟩:
a) *die Befähigung (zu etwas) haben:* er eignet sich für diese Beschäftigung; ich eigne mich nicht zum Lehrer. **Syn.:** befähigt sein, fähig sein, geeignet sein, tauglich sein. **b)** *sich gut (für/als etwas) verwenden lassen:* dieser Teppich eignet sich nicht für diesen Zweck, fürs Büro; das Buch eignet sich auch sehr gut als Schullektüre. **Syn.:** in Betracht kommen, infrage kommen, passen, taugen, zu gebrauchen sein.

Eig|nung [ˈai̯gnʊŋ], die; -:
a) *Befähigung, Qualifikation:* ich zweifle an seiner Eignung für den Posten. **b)** *geeignete Beschaffenheit:* wir werden das Material auf seine Eignung [für den Zweck] prüfen.

Ei|le [ˈai̯lə], die; -:
Bestreben, ein bestimmtes Ziel rasch zu erreichen: in großer Eile handeln; er ist immer in Eile. **Syn.:** Hast, Hektik, Hetze.

ei|len [ˈai̯lən]:
1. ⟨itr.; ist⟩: *sich schnell (irgendwohin) begeben:* nach Hause, zum Bahnhof, jmdm. zu Hilfe eilen. **Syn.:** brausen (ugs.), düsen (ugs.), flitzen (ugs.), hasten, jagen, kacheln (ugs.), laufen, preschen, rasen (ugs.), rennen, sausen (ugs.), schießen, sprinten (ugs.), spurten (ugs.), stieben (geh.), streben, stürmen, stürzen.
2. ⟨itr.; hat⟩: *schnell erledigt werden müssen:* dieses Schreiben eilt sehr; ⟨auch unpers.⟩ es eilt mir nicht damit. **Syn.:** drängen, dringend sein, Eile haben, eilig sein, keinen Aufschub dulden, pressieren (bes. südd., österr., schweiz.).
3. ⟨+ sich⟩ *sich beeilen:* sich eilen, nach Hause zu kommen. **Syn.:** sich hetzen, sich sputen (veraltend, noch landsch.).

ei|lig [ˈai̯lɪç] ⟨Adj.⟩:
1. *in Eile:* eilige Schritte; eilig davonlaufen; es eilig haben *(in Eile sein).* **Syn.:** auf schnellstem Wege, geschwind (veraltend, noch landsch.), Hals über Kopf (ugs.), hastig, hurtig (veraltend, noch landsch.), in null Komma nichts (ugs.), mit einem Affenzahn/-tempo (ugs.), rasch, [1]schnell, übereilt, überstürzt, wie der Blitz (ugs.), wie die Feuerwehr (ugs.), wie ein geölter Blitz (ugs.).
2. *keinen Aufschub zulassend:* ein eiliger Auftrag; die Sache ist eilig. **Syn.:** dringend, dringlich.

Ei|mer [ˈai̯mɐ], der; -s, -:
(oben offenes) Gefäß mit Henkel, in dem man etwas transportiert oder aufbewahrt: einen Eimer mit Wasser, Kohlen füllen. **Syn.:** Kübel. **Zus.:** Abfalleimer, Kohleneimer, Marmeladeneimer, Mülleimer, Plastikeimer, Putzeimer, Treteimer, Wassereimer.

[1]ein [ai̯n] ⟨unbestimmter Artikel⟩:
1. ⟨individualisierend⟩: sie kauft sich einen Computer; er wollte ihr eine Freude machen; sie hat ein schönes Haus.
2. ⟨generalisierend⟩: ein Wal ist kein Fisch; das kann eine Frau nicht verstehen; ein Molekül besteht aus mehreren Atomen.

[2]ein ⟨Kardinalzahl⟩:
ein Dollar; ein Euro fünfzig; es kostet ein Pfund und zehn Pence; genau ein Jahr später; er hat nicht einen Tag gefehlt.

ein- [ai̯n] ⟨trennbares, betontes verbales Präfix⟩:
1. *(von außen) in etwas hinein:* einatmen; einbauen; einbiegen; einbringen; eingießen; einkleben; einmarschieren; einparken; einprägen; einritzen.
2. drückt aus, dass etwas vollständig mit etwas umgeben, bedeckt wird: einbalsamieren; einbetonieren; einhüllen; einkesseln; einkreisen; einpacken; einschneien; einwickeln; einzäunen.
3. *zu sich heran:* einfordern; einholen; einkaufen; einziehen.
4. drückt einen (allmählichen) Beginn aus: sich einarbeiten; eindeutschen; einebnen; sich einleben; einnicken; einschlafen; einschläfern.
5. a) drückt aus, dass etwas durch Krafteinwirkung von außen beschädigt wird: eindellen; einreißen; einschlagen. **b)** drückt aus, dass etwas (als Folge des Verfalls) in sich zusammenfällt: einfallen; eingehen.
6. drückt aus, dass etwas an Umfang verliert, kleiner wird: eindampfen; eindicken; einkochen; einlaufen; einschrumpfen.
7. drückt aus, dass etwas wiederholt getan wird: (auf jmdn.) einreden; (jmdm. die Bude) einrennen.

ei|n|an|der [ai̯ˈnandɐ] ⟨Pronomen⟩ (geh.):
sich, euch, uns gegenseitig: sie frisierten einander; wenn ihr einander küsst; wir wärmten einander.

ein|ar|bei|ten [ˈai̯n|arbai̯tn̩], arbeitete ein, eingearbeitet ⟨tr.; hat⟩:
1. *mit der neuen Arbeit vertraut machen:* er ist gründlich eingearbeitet worden; ich muss mich, die neue Kollegin noch einarbeiten. **Syn.:** anleiten, anlernen, beibringen, einführen, einweisen, lehren, unterrichten, unterweisen, vermitteln, zeigen.
2. *einem vorhandenen Ganzen hinzufügen, nachträglich beifügen:* Nachträge in einen Aufsatz einarbeiten. **Syn.:** einbauen, einbetten, einfügen, eingliedern, einlegen, einordnen, einreihen, ergänzen, fügen, hinzufügen, integrieren, nachtragen.

ein|äschern [ˈai̯n|ɛʃɐn], äscherte ein, eingeäschert ⟨tr.; hat⟩:
1. *(einen Leichnam) verbrennen:* der Tote, die Verstorbene wurde eingeäschert.
2. *niederbrennen, durch Brand zerstören:* ein Haus einäschern. **Syn.:** verbrennen.

ein|at|men [ˈai̯n|aːtmən], atmete ein, eingeatmet ⟨tr.; hat⟩:
(den Atem in die Lunge) einziehen /Ggs. ausatmen/: die frische Luft einatmen; ⟨auch itr.⟩ bitte einatmen und die Luft anhalten. **Syn.:** Atem holen, atmen, Luft holen.

Ein|bahn|stra|ße [ˈai̯nbaːnʃtraːsə], die; -, -n:

E
Einb

Straße, die nur in einer Richtung befahren werden darf: er fuhr die Einbahnstraße aus Versehen entgegen die Fahrtrichtung.

Ein|band ['ai̯nbant], der; -[e]s, Einbände ['ai̯nbɛndə]: *aus den beiden Deckeln und dem Rücken bestehender Teil eines Buches o. Ä., der die zusammengehefteten Seiten zusammenhält und schützt:* das Buch hat einen Einband aus Leinen. **Syn.:** Deckel, Umschlag. **Zus.:** Bucheinband.

E
Einb

ein|bau|en ['ai̯nbau̯ən], baute ein, eingebaut ⟨tr.; hat⟩:
1. *in etwas [nachträglich, zusätzlich] bauen, einsetzen, montieren:* einen Schrank einbauen; eine Kamera mit eingebautem Belichtungsmesser. **Syn.:** einbetten, einfügen, einsetzen, installieren, integrieren.
2. *[als gute Ergänzung] einem einheitlichen Ganzen, einem Ablauf o. Ä. einfügen:* eine kurze Szene in das Schauspiel einbauen. **Syn.:** einarbeiten, einbetten, einblenden, einfügen, eingliedern, einordnen, einreihen, ergänzen, hinzufügen, integrieren, nachtragen.

ein|be|grif|fen ['ai̯nbəgrɪfn̩] ⟨Adj.⟩: *mit erfasst, mit berücksichtigt:* im Preis sind Unterkunft und Verpflegung einbegriffen. **Syn.:** inbegriffen, inklusive.

ein|be|hal|ten ['ai̯nbəhaltn̩], behält ein, behielt ein, einbehalten ⟨tr.; hat⟩: *etwas behalten und aus bestimmten Gründen nicht dem [zurück]geben, der es hätte haben, [wieder]bekommen sollen:* die Firma hat sein Gehalt einbehalten; nach der Blutprobe behielt die Polizei seinen Führerschein ein. **Syn.:** zurückhalten.

ein|be|ru|fen ['ai̯nbəru:fn̩], berief ein, einberufen ⟨tr.; hat⟩:
a) *zu einer Versammlung zusammenrufen; (Mitglieder, Abgeordnete o. Ä.) auffordern, sich zu versammeln:* eine Sitzung, Tagung, Versammlung einberufen; das Parlament einberufen. **Syn.:** anberaumen, ansetzen. **b)** *jmdn. amtlich auffordern, seinen Wehrdienst anzutreten:* mein Freund wurde [zu einer Wehrübung] einberufen. **Syn.:** einziehen.

ein|bet|ten ['ai̯nbɛtn̩], bettete ein, eingebettet ⟨tr.; hat⟩:
1. *in etwas schützend oder passend Umgebendes, Umschließendes legen:* ein Kabel in die Erde einbetten; eingebettet in sattes Grün/im satten Grün liegen die Häuser. **Syn.:** einarbeiten, einbauen, einfügen, einlegen, integrieren.
2. *[zweckmäßig] einfügen, integrieren:* ein Ereignis in den historischen Zusammenhang einbetten; Werbung in eine Show einbetten. **Syn.:** eingliedern, einordnen, einreihen.

ein|be|zie|hen ['ai̯nbətsi:ən], bezog ein, einbezogen ⟨tr.; hat⟩:
a) *(jmdn., etwas) zu jmdm., etwas in eine bestimmte Beziehung bringen und so mit einschließen:* ein Ergebnis in seine Arbeit [mit] einbeziehen; einen Gast in eine Unterhaltung [mit] einbeziehen. **Syn.:** beachten, bedenken, berücksichtigen, einschließen, erwägen, heranziehen, in Betracht ziehen, integrieren. **b)** *als dazugehörend betrachten; dazu-, mitrechnen:* in diese Kritik beziehe ich mich [mit] ein. **Syn.:** einschließen.

ein|bie|gen ['ai̯nbi:gn̩], bog ein, eingebogen ⟨itr.; ist⟩: *um die Ecke biegen und in eine andere Straße hineingehen, -fahren:* das Auto bog in eine Seitenstraße, nach links ein; ich bog in einen dunklen Seitengang ein. **Syn.:** abbiegen.

ein|bil|den ['ai̯nbɪldn̩], bildete ein, eingebildet ⟨+ sich⟩:
1. a) *sich (besonders in Bezug auf die eigene Person) etwas vorstellen, was nicht der Wirklichkeit entspricht:* du bildest dir ein, krank zu sein. **Syn.:** denken, glauben, meinen, vermuten, sich vormachen, wähnen (geh.). **b)** *etwas vage vermuten:* ich bilde mir ein, ihn schon mal irgendwo gesehen zu haben. **Syn.:** denken, glauben, meinen, schätzen.
2. *besonders stolz auf sich, seine Leistung o. Ä. sein und sich besonders herausgehoben fühlen:* er bildet sich viel auf sein Wissen ein. **Syn.:** sich anmaßen, sich schmeicheln.

Ein|bil|dung ['ai̯nbɪldʊŋ], die; -, -en:
1. a) *[bloße] Fantasie* (1): die Reise fand nur in seiner Einbildung statt. **Syn.:** Utopie, Vorstellung, Wahn. **b)** *trügerische, falsche Vorstellung:* seine Krankheit ist reine Einbildung; an Einbildungen leiden. **Syn.:** Erfindung, Halluzination, Hirngespinst, Illusion, Täuschung, Vision, Vorstellung, Wahn.
2. ⟨ohne Plural⟩ *Dünkel, Hochmut, Überheblichkeit (im Umgang mit anderen):* seine Einbildung ist unerträglich. **Syn.:** Arroganz, Dünkel (geh. abwertend), Eitelkeit (abwertend).

ein|bläu|en ['ai̯nblɔyən], bläute ein, eingebläut ⟨tr.; hat⟩ (ugs.): *durch ständige, eindringliche Wiederholung beibringen:* sie hat den Kindern eingebläut, nicht mit Fremden mitzugehen. **Syn.:** einimpfen (ugs.), einprägen, einschärfen.

ein|blen|den ['ai̯nblɛndn̩], blendete ein, eingeblendet:
a) ⟨tr.; hat⟩ *in eine Sendung oder einen Film einschalten, einfügen:* eine Reportage einblenden; am Ende der Sendung eine Telefonnummer einblenden. **Syn.:** integrieren, zeigen. **b)** ⟨+ sich⟩ *sich mit einer laufenden Sendung in eine andere laufende Sendung einschalten:* wir blenden uns in die Direktübertragung von Radio Bremen ein.

Ein|blick ['ai̯nblɪk], der; -[e]s, -e:
1. a) *Blick in etwas hinein:* er hatte Einblick in düstere Hinterhöfe. **b)** *(einem Außenstehenden ermöglichte) Einsicht; das [Hin]einsehen:* Einblick in die Unterlagen nehmen, bekommen; jmdm. Einblick in die Akten gewähren.
2. *Zugang zu einigen typischen Fakten eines größeren Zusammenhangs und dadurch vermittelte Kenntnis, Einsicht:* einen Einblick, Einblicke in eine Methode gewinnen. **Syn.:** Aufschluss, Eindruck, Überblick, Vorstellung.

ein|bre|chen ['ai̯nbrɛçn̩], bricht ein, eingebrochen:
1. a) ⟨itr; ist⟩ *gewaltsam in einen Raum, ein Gebäude eindringen, besonders um zu stehlen:* die Diebe sind in die Werkstatt eingebrochen. **Syn.:** einsteigen. **b)** ⟨itr.; hat⟩ *einen Einbruch verüben, unternehmen:* Diebe haben in der Werkstatt eingebrochen. **Syn.:** eindringen, einen Ein-

bruch begehen, einen Einbruch verüben, sich einschleichen, einsteigen.
2. ⟨itr.; ist⟩ **a)** *durch die Oberfläche brechen:* der Junge war auf dem zugefrorenen See eingebrochen. **b)** *[im mittleren Teil zuerst] in sich zusammenstürzen, nach unten [durch]brechen:* die Decke, das Gewölbe war eingebrochen. **Syn.:** einfallen, einstürzen, zusammenfallen.
3. ⟨itr.; ist⟩ (ugs.) *mit etwas keinen Erfolg haben, scheitern; eine [unerwartet] schwere Niederlage erleiden:* die Konservativen sind bei den Wahlen [schwer] eingebrochen; die Konjunktur ist im letzten Quartal eingebrochen.

Ein|bre|cher [ˈa̯inbrɛçɐ], der; -s, -, **Ein|bre|che|rin** [ˈa̯inbrɛçərɪn], die; -, -nen:
Person, die einbricht (1): den Einbrecher auf frischer Tat ertappen. **Syn.:** Dieb, Diebin, Langfinger (ugs.), Räuber, Räuberin.

ein|brin|gen [ˈa̯inbrɪŋən], brachte ein, eingebracht:
1. ⟨tr.; hat⟩ *in etwas hineinschaffen, -bringen:* die Ernte, das Heu einbringen. **Syn.:** einfahren.
2. ⟨tr.; hat⟩ *zum Beschluss vorlegen:* ein Gesetz einbringen. **Syn.:** anregen, vorlegen, vorschlagen.
3. ⟨itr.; hat⟩ *Gewinn, Ertrag bringen:* die Arbeit bringt [mir] viel, nichts ein; das bringt nichts ein. **Syn.:** abwerfen [für] (ugs.), eintragen, sich lohnen [für], sich rentieren [für].
4. a) ⟨tr.; hat⟩ *etwas von sich beisteuern, in eine Gruppe oder Beziehung mit hineinbringen und damit zur Bereicherung usw. beitragen:* sie konnte ihr Wissen, ihre Erfahrung in die Gruppe einbringen. **Syn.:** beisteuern. **b)** ⟨+ sich⟩ *sich selbst als Persönlichkeit einsetzen, zur Geltung bringen:* wer Interesse hat, kann sich voll einbringen.

ein|bro|cken [ˈa̯inbrɔkn̩], brockte ein, eingebrockt ⟨tr.; hat⟩ (ugs.): *jmdn., sich durch ein Versehen oder ungeschicktes Verhalten in eine unangenehme Situation bringen:* diese Sache hast du dir selbst eingebrockt. **Syn.:** verschulden, verstricken in (geh.), verursachen, verwickeln in.

Ein|bruch [ˈa̯inbrʊx], der; -[e]s, Einbrüche [ˈa̯inbrʏçə]:
1. *gewaltsames, unbefugtes Eindringen in ein Gebäude, besonders um zu stehlen:* an dem Einbruch waren drei Männer beteiligt. **Syn.:** Bruch (Jargon), Diebstahl, Raub. **Zus.:** Bankeinbruch.
2. ⟨ohne Plural⟩ *plötzlicher Beginn:* sie wollten vor Einbruch der Nacht zurückkehren. **Syn.:** Anbruch, Eintritt. **Zus.:** Kälteeinbruch, Wintereinbruch.
3. (ugs.) *das Scheitern; [unerwartet] schwere Niederlage:* die Partei erlebte bei den Wahlen einen schweren Einbruch.

ein|bür|gern [ˈa̯inbʏrgɐn], bürgerte ein, eingebürgert:
1. ⟨tr.; hat⟩ *die Staatsangehörigkeit verleihen* /Ggs. ausbürgern/: er wird bald eingebürgert werden; sie ist in die/der Schweiz eingebürgert worden.
2. ⟨+ sich⟩ *heimisch, üblich werden:* diese Sitte, das Wort hat sich allmählich bei uns eingebürgert. **Syn.:** sich ausbreiten, sich [1]durchsetzen, einreißen, gang und gäbe werden (ugs.), um sich greifen, zur Gewohnheit werden.

Ein|bu|ße [ˈa̯inbu:sə], die; -, -n: *[Schädigung durch] Verlust; Beeinträchtigung besonders durch Schwinden, Minderung, Vernichtung, Entzug von etwas:* eine empfindliche Einbuße an Prestige; die Firma hat schwere finanzielle Einbußen erlitten, hinnehmen müssen. **Syn.:** Abnahme, Ausfall, Minus. **Zus.:** Lohneinbuße, Werteinbuße.

ein|bü|ßen [ˈa̯inby:sn̩], büßte ein, eingebüßt ⟨itr.; hat⟩: *den Verlust einer Person, einer Sache erleiden:* er hat sein ganzes Vermögen, seine Freiheit eingebüßt; bei diesem Kommando haben wir zwei unserer besten Leute eingebüßt. **Syn.:** kommen um, loswerden (ugs.), verlieren.

ein|che|cken [ˈa̯intʃɛkn̩], checkte ein, eingecheckt ⟨itr.; hat⟩: *auf dem Flughafen vor dem Abflug alles Notwendige erledigen:* die meisten Passagiere hatten schon früh eingecheckt; ich habe den Koffer schon gestern eingecheckt.

ein|cre|men [ˈa̯inkre:mən], cremte ein, eingecremt ⟨tr.; hat⟩, **einkremen:**
mit Creme oder Lotion einreiben: jmdm. den Rücken eincremen; ich creme mir das Gesicht ein. **Syn.:** einreiben.

ein|däm|men [ˈa̯indɛmən], dämmte ein, eingedämmt ⟨tr.; hat⟩:
an weiterer Ausbreitung hindern: das Hochwasser, einen Waldbrand, eine Seuche, die Inflation, die Korruption eindämmen. **Syn.:** begrenzen, dämmen, einschränken, mindern, reduzieren, schmälern, verkleinern, vermindern, verringern.

ein|de|cken [ˈa̯indɛkn̩], deckte ein, eingedeckt:
a) ⟨+ sich⟩ *sich mit Vorräten versorgen:* sich [für den Winter] mit Kartoffeln, Öl eindecken. **Syn.:** anhäufen, hamstern, häufen, horten, sich versorgen. **b)** ⟨tr.; hat⟩ (ugs.) *im Übermaß geben, zuteilwerden lassen:* ich bin mit Arbeit eingedeckt [worden]. **Syn.:** überhäufen, überschütten.

ein|deu|tig [ˈa̯indɔytɪç] ⟨Adj.⟩: *keine zweite Deutung zulassend, keinen Zweifel entstehen lassend:* eine eindeutige Anordnung; er bekam eine eindeutige Abfuhr. **Syn.:** deutlich, einwandfrei, [1]genau, klar, präzis[e], unzweideutig.

ein|drin|gen [ˈa̯indrɪŋən], drang ein, eingedrungen ⟨itr.; ist⟩:
1. a) *[durch etwas hindurch] sich einen Weg bahnend in etwas dringen:* Wasser drang in den Keller ein; der Splitter ist tief ins Bein eingedrungen. **b)** *durch intensives Bemühen nach und nach immer besser kennenlernen, erkennen:* in die Geheimnisse der Natur eindringen. **Syn.:** erforschen, forschen, sich auseinandersetzen mit, sich befassen mit, sich beschäftigen mit, untersuchen, sich vertiefen.
2. a) *sich gewaltsam Zutritt verschaffen:* Diebe drangen in das Geschäft ein. **Syn.:** einbrechen, einsteigen. **b)** *einmarschieren:* feindliche Truppen drangen in das Land ein. **Syn.:** angreifen, einfallen.

ein|dring|lich [ˈa̯indrɪŋlɪç] ⟨Adj.⟩: *durch Nachdrücklichkeit, Überzeugungskraft nachhaltig wirkend, ins Bewusstsein dringend:* eindringlich auf etwas hinweisen; mit eindringlichen Worten sprach er auf sie ein. **Syn.:** beschwörend, entschieden, händeringend, innig, mahnend, nachdrücklich.

Ein|dring|ling ['a̯indrɪŋlɪŋ], der; -s, -e: *Person, die in etwas eindringt, sich mit Gewalt Zutritt verschafft:* den Eindringling niederschlagen. **Syn.:** Einbrecher, Einbrecherin.

Ein|druck ['a̯indrʊk], der; -[e]s, Eindrücke ['a̯indrʏkə]: *Vorstellung, die durch Einwirkung von außen in jmdm. entsteht; im Bewusstsein haftende Wirkung, die jmd., etwas auf jmdn. ausübt:* ein positiver, bleibender Eindruck; flüchtige Eindrücke; einen falschen Eindruck bekommen; erwecken. **Syn.:** Bild, Empfindung, Impression, Vorstellung. **Zus.:** Gesamteindruck, Sinneseindruck.

ein|drü|cken ['a̯indrʏkn̩], drückte ein, eingedrückt ⟨tr.; hat⟩:
a) *nach innen drücken und dadurch beschädigen, verbiegen, zerbrechen, um einen Zugang zu etwas zu bekommen:* die Einbrecher haben die Tür, das Fenster eingedrückt. **Syn.:** aufbrechen, einschlagen. **b)** *durch einen Aufprall, Aufschlag, durch Druck, Stoß beschädigen, eine Vertiefung hervorrufen:* der Kotflügel war eingedrückt.

ei|ne ['a̯inə]: ↑einer.

ein|en|gen ['a̯inlɛŋən], engte ein, eingeengt ⟨tr.; hat⟩: *in der Bewegungsfreiheit, Entfaltung einschränken, behindern:* er fühlte sich durch diese Vorschrift eingeengt; den Spielraum für Beschlüsse einengen. **Syn.:** beeinträchtigen, begrenzen, beschneiden (geh.), beschränken, hemmen, schmälern, vermindern, verringern.

ei|ner ['a̯inɐ], **eine** ⟨Indefinitpronomen⟩:
1. (ugs.) *jemand:* da badet ja eine, einer!; einer, eine von euch, uns, ihnen; ich kenne einen, der schon dort war; er ist mit einer aus dem Kosovo verheiratet. **Syn.:** irgendeine, irgendeiner, irgendjemand, jemand.
2. *man:* man sollte nichts essen, was einem nicht bekommt, was einen krank macht; ⟨seltener im Nom.⟩ da muss einer doch verrückt werden!

ei|ner|lei ['a̯inɐ'la̯i] ⟨Adj.; nicht flektierbar⟩:
a) *ohne jede Bedeutung; kein Interesse erweckend:* das ist [mir] alles einerlei. **Syn.:** egal, gleichgültig, unbedeutend, unerheblich, unwesentlich, unwichtig.
b) *gleichviel:* denke immer daran, einerlei, was du tust. **Syn.:** egal.

ei|ner|seits ['a̯inɐza̯its] ⟨Adverb⟩: in der Wendung **einerseits ... and[e]rerseits ...:** nennt zwei zu ein und derselben Sache gehörende [gegensätzliche] Gesichtspunkte; *auf der einen Seite ... auf der anderen Seite ...:* einerseits machte es Freude, andererseits erforderte es besondere Anstrengung.

[1]ein|fach ['a̯infax] ⟨Adj.⟩:
1. *(besonders in Bezug auf die Lebenshaltung) ganz schlicht, ohne besonderen Aufwand:* in einfachen Verhältnissen leben; seine Eltern waren einfache Leute; ein einfaches Essen; sie kleidet sich, gibt sich betont einfach. **Syn.:** anspruchslos, ärmlich, bescheiden, karg.
2. *ohne Mühe lösbar; leicht durchführbar:* eine einfache Aufgabe; das ist gar nicht so einfach; du hast es dir zu einfach *(leicht)* gemacht. **Syn.:** leicht, simpel.
3. *einmal, nicht mehrfach vorhanden:* ein einfacher Knoten, Konsonant, Salto; die einfache Fahrt *(Fahrt zum Zielort ohne Rückfahrt)* kostet dreißig Euro.

[2]ein|fach ['a̯infax] ⟨Partikel⟩:
1. dient dazu, auszudrücken, dass es sich erübrigt, zu dem genannten Sachverhalt noch mehr zu sagen oder ihn infrage zu stellen: ich kann es mir einfach nicht vorstellen; das muss man einfach zugeben; dazu fehlt mir einfach die Zeit; es ist einfach so. **Syn.:** [3]eben, [1]halt (südd., österr., schweiz.), nun einmal.
2. dient in Aufforderungen (auch solchen in Frageform) dazu, auszudrücken, dass es doch sehr naheliegend sei, der Aufforderung Folge zu leisten: komm doch einfach mit!; frag ihn doch einfach mal!; warum fragst du ihn nicht einfach?
3. dient dazu, Unverständnis für ein bestimmtes Verhalten auszudrücken: sie lief einfach weg; er hat einfach nicht bezahlt; er gibt es einfach nicht zu.
4. (ugs.) dient dazu, Ausrufen eine deutlichere emotionale Färbung zu geben: das Essen war einfach spitze!; das wäre einfach toll!; das ist einfach unmöglich!; sie ist einfach unverwüstlich!

ein|fä|deln ['a̯infɛ:dl̩n], fädelte ein, eingefädelt:
1. ⟨tr.; hat⟩ **a)** *durch ein Nadelöhr stecken und durchziehen:* einen Faden einfädeln. **b)** *bewirken, machen, dass ein Faden in etwas eingezogen ist:* eine Nadel einfädeln.
2. ⟨tr.; hat⟩ *in geschickter Weise bewerkstelligen, ins Werk setzen:* eine Intrige, eine Verbindung klug, fein einfädeln. **Syn.:** anstellen, arrangieren, bewirken, deichseln (ugs.), drehen (ugs.), fertigbringen (ugs.), hinbringen (ugs.), hinkriegen (ugs.), in die Wege leiten, vorbereiten.
3. ⟨+ sich⟩ *sich im fließenden Verkehr in eine Fahrspur, eine Wagenkolonne einreihen:* du hast dich nicht rechtzeitig eingefädelt. **Syn.:** sich einordnen.

ein|fah|ren ['a̯infa:rən], fährt ein, fuhr ein, eingefahren:
1. ⟨itr.; ist⟩ *fahrend (in etwas) kommen; hineinfahren (in etwas):* der Zug ist soeben in den Bahnhof eingefahren. **Syn.:** ankommen, einlaufen, eintreffen.
2. ⟨tr.; hat⟩ **a)** *(als Ernte) in die Scheune bringen, fahren:* der Bauer hat die Ernte eingefahren. **Syn.:** einbringen. **b)** (ugs.) *erzielen, erwirtschaften:* Gewinne einfahren.
3. ⟨tr.; hat⟩ *durch entsprechende Fahrweise allmählich zu voller Leistungsfähigkeit bringen:* er hat das neue Auto eingefahren.
4. ⟨+ sich⟩ (ugs.) *zur Gewohnheit werden:* Verhaltensmuster, die sich erst einmal eingefahren haben, lassen sich nur schwer ändern; ⟨meist im 2. Partizip⟩ eingefahrene Strukturen, Verhaltensweisen, Gewohnheiten. **Syn.:** sich [1]durchsetzen, sich einbürgern, einreißen, gang und gäbe werden (ugs.), üblich werden.

Ein|fahrt ['a̯infa:ɐ̯t], die; -, -en:
1. *das Hineinfahren:* die Einfahrt in das enge Tor war schwierig;

der Zug hat noch keine Einfahrt *(darf noch nicht in den Bahnhof einfahren).*
2. *Stelle, an der ein Fahrzeug in einen bestimmten Bereich hineinfährt* /Ggs. Ausfahrt/: die Einfahrt in den Hafen; das Haus hat eine breite Einfahrt; die Einfahrt muss frei gehalten werden. **Syn.:** [1]Tor, Tür. **Zus.:** Hafeneinfahrt, Werk[s]einfahrt.

Ein|fall ['ai̯nfal], der; -[e]s, Einfälle ['ai̯nfɛlə]:
1. *Gedanke, der jmdm. plötzlich in den Sinn kommt:* ein guter Einfall; einen Einfall haben; ihm kam der Einfall/er kam auf den Einfall, dass ...; es mangelt ihm nicht an Einfällen. **Syn.:** Eingebung, Gedanke, Idee.
2. *gewaltsames, feindliches Eindringen:* der Einfall der Hunnen in Europa. **Syn.:** Angriff, Invasion, Offensive, Überfall.

ein|fal|len ['ai̯nfalən], fällt ein, fiel ein, eingefallen ‹itr.; ist›:
1. *in sich zusammenfallen:* die Mauer ist eingefallen. **Syn.:** einbrechen, einstürzen.
2. *gewaltsam, überfallartig (in ein Land) eindringen:* der Feind fiel in unser Land ein. **Syn.:** angreifen, einmarschieren, überfallen.
3. *(jmdm.) [unerwartet] in den Sinn, ins Gedächtnis kommen:* mir fällt sein Name nicht ein. **Syn.:** auf den Gedanken kommen, sich entsinnen, präsent haben, sich erinnern an.

Ein|falt ['ai̯nfalt], die; -:
1. *naive Art, die auf einer gewissen Beschränktheit, auf mangelndem Urteilsvermögen beruht:* in seiner Einfalt durchschaute er die Vorgänge nicht. **Syn.:** Naivität.
2. *schlichte, lautere Gesinnung:* kindliche Einfalt; die Einfalt des Herzens. **Syn.:** Aufrichtigkeit.

ein|fäl|tig ['ai̯nfɛltɪç] ‹Adj.›:
a) *geistig etwas beschränkt und daher nicht von rascher Auffassungsgabe:* ein einfältiger Mensch. **Syn.:** begriffsstutzig, beschränkt (abwertend), blöd[e] (ugs.), unbedarft. **b)** *arglos, ohne Argwohn:* er fragte ziemlich einfältig; einfältig lächeln. **Syn.:** ahnungslos, blauäugig, leichtgläubig, naiv, unbedarft, vertrauensselig. **c)** *von einfacher Machart, wenig geistreich [und deshalb etwas langweilig]:* seine Poesie wirkt schlicht, oft sogar einfältig.

ein|far|big ['ai̯nfarbɪç] ‹Adj.›:
nur eine Farbe aufweisend, in nur einer Farbe gehalten: ein einfarbiger Stoff; ein einfarbiges Kleid.

ein|fas|sen ['ai̯nfasn̩], fasste ein, eingefasst ‹tr.; hat›:
mit einem Rahmen, Rand, einer Borte umgeben: einen Edelstein in Gold einfassen; einen Garten mit einer Hecke einfassen. **Syn.:** begrenzen, einschließen, fassen, rahmen, [1]säumen, umgeben, umrahmen, umranden.

ein|fin|den ['ai̯nfɪndn̩], fand ein, eingefunden ‹+ sich›:
an einem festgelegten Ort, zu einem festgelegten Zeitpunkt erscheinen: sich in der Hotelhalle um 18 Uhr einfinden; eine große Menschenmenge hatte sich auf dem Platz eingefunden. **Syn.:** kommen.

ein|flech|ten ['ai̯nflɛçtn̩], flicht ein, flocht ein, eingeflochten ‹tr.; hat›:
während eines Gesprächs, einer Unterhaltung o. Ä. beiläufig erwähnen: er flocht gerne ein paar Zitate in seine Reden ein. **Syn.:** einfließen lassen.

ein|flö|ßen ['ai̯nflø:sn̩], flößte ein, eingeflößt ‹tr.; hat›:
1. *in kleinsten Mengen vorsichtig zu trinken geben:* einem Kranken Medizin einflößen. **Syn.:** eingeben, geben, reichen, verabreichen.
2. *(in jmdm. ein bestimmtes Gefühl) hervorrufen:* seine Worte flößten [mir] Angst ein. **Syn.:** auslösen bei, bewirken bei, verursachen bei, wachrufen in, wecken bei.

Ein|fluss ['ai̯nflʊs], der; -es, Einflüsse ['ai̯nflʏsə]:
a) *Wirkung auf das Verhalten einer Person oder Sache:* sie übte keinen guten Einfluss auf ihn aus; der Einfluss der französischen Literatur auf die deutsche; er stand lange unter dem Einfluss seines Freundes; ich hatte auf diese Entscheidung keinen Einfluss. **Syn.:** Macht, Wirkung. **b)** *Ansehen, Geltung:* Einfluss besitzen; seinen ganzen Einfluss einsetzen; Personen mit Einfluss/von großem Einfluss. **Syn.:** Autorität, Bedeutung, Gewicht, Macht, Prestige.

ein|för|mig ['ai̯nfœrmɪç] ‹Adj.›:
immer in gleicher Weise verlaufend, wenig Abwechslung bietend: eine ziemlich einförmige Landschaft; ihr Leben verlief recht einförmig. **Syn.:** eintönig, ermüdend, fade, glanzlos, gleichförmig, grau, langweilig, monoton, öde, trist, trostlos.

ein|frie|ren ['ai̯nfri:rən], fror ein, eingefroren:
1. ‹itr.; ist› *durch Frosteinwirkung unbenutzbar, unbrauchbar werden:* die Wasserleitungen sind eingefroren.
2. ‹tr.; hat› *durch Kälteeinwirkung haltbar machen:* wir haben das Fleisch eingefroren. **Syn.:** gefrieren.
3. ‹itr.; ist› *von Eis umgeben sein und dadurch festgehalten werden:* das Schiff ist eingefroren. **Syn.:** festsitzen.
4. ‹tr.; hat› *auf dem gegenwärtigen Stand ruhen lassen, nicht weiterführen:* die Löhne, Gehälter einfrieren; sie haben das Projekt, die diplomatischen Beziehungen eingefroren; die Staatsanwaltschaft ließ das Konto des Betrügers einfrieren *(sperren).* **Syn.:** abbrechen, auf Eis legen (ugs.), ruhen lassen.

ein|fü|gen ['ai̯nfy:gn̩], fügte ein, eingefügt:
1. ‹tr.; hat› *in etwas fügen, machen, dass etwas in etwas bereits Vorhandenes hineinkommt:* neue Steine in das Mauerwerk einfügen; ein Zitat in einen Text einfügen. **Syn.:** einarbeiten, einbauen, einbetten, einblenden, eingliedern, einlegen, einordnen, einreihen, einspielen, fügen, installieren, integrieren.
2. ‹+ sich› *sich in eine vorhandene Ordnung, Umgebung einordnen:* sie hat sich rasch in unser Team eingefügt; er muss sich [in die Gemeinschaft] einfügen. **Syn.:** sich akklimatisieren (bildungsspr.), sich anpassen, sich assimilieren (bildungsspr.), sich einleben, sich einordnen, sich einstellen auf.

ein|füh|len ['ai̯nfy:lən], fühlte ein, eingefühlt ‹+ sich›:
sich (in die Situation eines anderen) versetzen: er konnte sich nur schwer in die Stimmung sei-

E
einf

Eingabe/Eingebung

Mit **Eingabe** bezeichnet man
1. *eine schriftlich abgefasste Bitte, Beschwerde o. Ä. an eine Behörde:*
- Der Verbraucherschutzbund möchte eine Eingabe an das Ministerium machen.
- Das Gericht hat die Eingabe weitergeleitet.

2. *das Eingeben* (1, 2):
- Die Eingabe der Daten am Computer nimmt viel Zeit in Anspruch.
- Die Spritze dient dazu, die Eingabe der Tabletten bei Ihrer Katze zu erleichtern.

Eine **Eingebung** ist *ein [plötzlich auftauchender] Gedanke, eine Idee:*
- Er wartete verzweifelt auf eine göttliche Eingebung.
- Einer plötzlichen Eingebung folgend, schaute sie nach, ob es dem Baby noch gut ginge.

nes Freundes einfühlen. **Syn.:** sich hineindenken, sich hinein versetzen, nachempfinden.

ein|fühl|sam ['ainfy:lza:m] ⟨Adj.⟩: *die Fähigkeit besitzend, sich in jmdn., etwas einzufühlen, von dieser Fähigkeit zeugend:* einfühlsame Worte; er ist nicht sehr einfühlsam. **Syn.:** feinfühlig, rücksichtsvoll, sensibel, zartfühlend.

Ein|fuhr ['ainfu:ɐ̯], die; -, -en: *das Einführen von Waren* /Ggs. Ausfuhr/: die Einfuhr von Spirituosen wurde beschränkt. **Syn.:** Import. **Zus.:** Wareneinfuhr.

ein|füh|ren ['ainfy:rən], führte ein, eingeführt ⟨tr.; hat⟩:
1. *Waren aus dem Ausland in das eigene Land hereinbringen* /Ggs. ausführen/: Erdöl, Getreide [aus Übersee] einführen. **Syn.:** importieren.
2. *jmdn. in einen Personenkreis bringen, der ihn noch nicht kennt, und ihn dort bekannt machen:* er hat sie bei seinen Eltern eingeführt. **Syn.:** präsentieren, vorstellen, [vor]zeigen.
3. *einarbeiten:* in den ersten drei Monaten wurde er [in seine Arbeit] eingeführt. **Syn.:** einweisen, unterweisen.
4. *etwas Neues in eine Institution, in den Handel o. Ä. bringen:* neue Lehrbücher, Artikel einführen; eine neue Währung einführen. **Syn.:** auf den Markt bringen, in Umlauf bringen, verbreiten.
5. *durch eine Öffnung (in etwas), in eine Öffnung hineinschieben, -stecken:* eine Sonde in den Magen einführen. **Syn.:** bringen in, stecken in.

Ein|ga|be ['ainga:bə], die; -, -n:
1. *an eine Behörde gerichtete schriftliche Bitte oder Beschwerde:* eine Eingabe aufsetzen, an das Landratsamt richten; eine Eingabe machen, bearbeiten. **Syn.:** Antrag, Bitte, Bittschrift, Ersuchen, Gesuch, Wunsch.
2. ⟨ohne Plural⟩ *das Eingeben* (1): nach der Eingabe des Beruhigungsmittels schlief der Patient sofort ein.
3. *das Eingeben* (2): die Eingabe von Daten in die Datenbank. **Zus.:** Dateneingabe.

Eingabe / Eingebung: *s.* Kasten.

Ein|gang ['aingaŋ], der; -[e]s, Eingänge ['aingɛŋə]:
1. a) *Stelle, an der man durch etwas in ein Haus o. Ä. hineingehen kann* /Ggs. Ausgang/: das Haus hat zwei Eingänge. **Syn.:** Pforte, Portal, [1]Tor, Tür, Zugang. **Zus.:** Bühneneingang, Hauseingang. **b)** *Stelle, an der ein Weg, eine Straße o. Ä. in einen Ort (oder in ein anderes, von der Umgebung sich deutlich abgrenzendes Gebiet) führt; Beginn:* am Eingang des Dorfes befindet sich eine Tankstelle. **Zus.:** Ortseingang.
2. *eingetroffene, eingegangene Post, Ware* /Ggs. Ausgang/: die Eingänge sortieren. **Zus.:** Wareneingang.

ein|gän|gig ['aingɛŋɪç] ⟨Adj.⟩:
a) *in der Art, dass es ohne Mühe verstanden wird:* das Argument finde ich nicht eingängig; er besitzt die Gabe, schwierige Sachverhalte eingängig darzustellen. **Syn.:** begreiflich, einfach, einleuchtend, leicht, plausibel, verständlich. **b)** *sich leicht einprägend; gefällig, unkompliziert:* eingängige Melodien, Lieder. **Syn.:** einprägsam, ins Ohr gehend.

ein|ge|ben ['ainge:bn̩], gibt ein, gab ein, eingegeben ⟨tr.; hat⟩:
1. *(eine Arznei) einflößen:* dem Säugling nach jeder Mahlzeit die Tropfen eingeben. **Syn.:** geben, verabreichen (Papierdt.).
2. *(Daten) in einen Computer [hinein]geben, übertragen:* sein Passwort, Text, Zahlen [in einen Computer, Rechner] eingeben.
3. (geh.) *jmdn. zu etwas veranlassen, in jmdm. einen Gedanken, Wunsch o. Ä. aufkommen lassen:* diese Idee hat ihm ein guter Geist eingegeben. **Syn.:** bei jmdm. bewirken, suggerieren, veranlassen.

ein|ge|bil|det ['aingəbɪldət] ⟨Adj.⟩: *von sich, seinen Fähigkeiten allzu sehr überzeugt:* ein eingebildeter Mensch; sie ist eingebildet. **Syn.:** anmaßend, arrogant, aufgeblasen (ugs.), blasiert, dünkelhaft (geh. abwertend), eitel (abwertend), hochmütig, hochnäsig, selbstgefällig (abwertend), selbstgerecht (abwertend), stolz, überheblich.

Ein|ge|bung ['ainge:bʊŋ], die; -, -en: *plötzlich auftauchender Gedanke, der den Betroffenen in einer bestimmten Angelegenheit sinnvoll handeln lässt:* eine Eingebung haben; einer plötzlichen Eingebung folgend, änderte er seinen Plan. **Syn.:** Anwandlung, Einfall, Gedanke, Geistesblitz (ugs.), Idee, Inspiration, Intuition.

Eingebung / Eingabe: *s.* Kasten Eingabe/Eingebung.

ein|ge|fleischt ['aingəflaiʃt] ⟨Adj.⟩: *eine bestimmte Einstellung, Lebensweise o. Ä. ganz und gar, durch und durch verkörpernd (sodass sie als dauerhaft, unveränderbar betrachtet wird):* eine eingefleischte Demokratin; ein eingefleischter Junggeselle, Fußballfan. **Syn.:** absolut, hoffnungslos, überzeugt, unbelehrbar, unverbesserlich.

ein|ge|hen ['ai̯nge:ən], ging ein, eingegangen:
1. ⟨itr.; ist⟩ *an der entsprechenden Stelle eintreffen:* es geht täglich viel Post ein; der Betrag ist noch nicht auf unserem Konto eingegangen. **Syn.:** ankommen, einlaufen, übermittelt werden, zugestellt werden.
2. ⟨itr.; ist⟩ *(von Pflanzen, Tieren) aufhören, zu existieren:* das Pferd ist eingegangen; der Baum ist eingegangen; die kleinen Läden gehen alle ein (ugs.; *müssen wegen Unrentabilität o. Ä. geschlossen werden*). **Syn.:** kaputtgehen (ugs.), sterben, verdorren, verenden, verkümmern, vertrocknen.
3. ⟨itr.; ist⟩ *sich (auf etwas) einlassen und sich daran gebunden fühlen:* einen Handel eingehen; ein Bündnis [mit jmdm.] eingehen; eine Wette eingehen *(mit jmdm. wetten);* eine Ehe eingehen *(heiraten);* ein Risiko eingehen *(etwas riskieren).* **Syn.:** abschließen, sich einlassen auf, vereinbaren.
4. ⟨itr.; ist⟩ **a)** *sich mit jmdm., etwas auseinandersetzen; zu etwas Stellung nehmen:* auf eine Frage, einen Gedanken, ein Problem eingehen. **Syn.:** sich abgeben mit (ugs.), sich befassen mit, sich beschäftigen mit, sich einlassen auf. **b)** *etwas, was ein anderer vorgeschlagen hat, annehmen:* auf einen Plan, Vorschlag eingehen. **Syn.:** akzeptieren, anerkennen, sich anschließen, aufgreifen, aufnehmen, begrüßen, bejahen, billigen, einwilligen in, gutheißen, zustimmen.
5. ⟨itr.; ist⟩ *einlaufen* (4): die neuen Jeans sind beim Waschen eingegangen. **Syn.:** enger werden, kleiner werden, kürzer werden, schrumpfen, zusammenlaufen (ugs.).

ein|ge|hend ['ai̯nge:ənt] ⟨Adj.⟩: *sorgfältig und bis ins Einzelne gehend:* eine eingehende Beschreibung; sich mit jmdm., etwas eingehend befassen. **Syn.:** ausführlich, breit, gründlich, intensiv, langatmig, umfassend, weitläufig, weitschweifig.

Ein|ge|mach|tes ['ai̯ngəmaxtəs], das Eingemachte/ein Eingemachtes; des/eines Eingemachten:
Lebensmittel (besonders Obst), die durch Kochen oder auf andere entsprechende Weise haltbar gemacht worden sind und sich für einen späteren Verbrauch in Dosen, Gläsern o. Ä. befinden: im Keller steht noch Eingemachtes vom letzten Jahr; *** ans Eingemachte gehen** (ugs.): *an die Substanz gehen:* die Fertigstellung dieses Projekts geht mir wirklich ans Eingemachte.

ein|ge|schrie|ben ['ai̯ngəʃri:bn̩] ⟨Adj.⟩ (österr.):
als Einschreiben: ich habe den Brief eingeschrieben verschickt.

ein|ge|ses|sen ['ai̯ngəzɛsn̩] ⟨Adj.⟩: *seit Langem an einem Ort ansässig:* eine eingesessene Familie. **Syn.:** einheimisch, heimisch.

Ein|ge|ständ|nis ['ai̯ngəʃtɛntnɪs], das; -ses, -se:
das Zugeben eines Fehlers, einer Schuld o. Ä.: das Eingeständnis seiner Niederlage, seines Scheiterns, seiner Schuld fiel ihm äußerst schwer. **Syn.:** Bekenntnis.

Ein|ge|wei|de ['ai̯ngəvai̯də], die ⟨Plural⟩:
alle Organe im Innern des Leibes: mit einem stumpfen Messer die Eingeweide des Hähnchens entfernen.

Ein|ge|weih|te ['ai̯ngəvai̯tə], die/eine Eingeweihte; der/einer Eingeweihten, die Eingeweihten/zwei Eingeweihte:
weibliche Person, die in etwas eingeweiht (2) *ist:* sie ist die einzige Eingeweihte.

Ein|ge|weih|ter ['ai̯ngəvai̯tɐ], der Eingeweihte/ein Eingeweihter; des/eines Eingeweihten, die Eingeweihten/zwei Eingeweihte:
jmd., der in etwas eingeweiht (2) *ist:* nur den Eingeweihten war ihr Aufenthaltsort bekannt.

ein|ge|wöh|nen ['ai̯ngəvø:nən] ⟨+ sich⟩:
allmählich in einer anfangs fremden Umgebung heimisch, mit ihr vertraut werden: sie hat sich inzwischen bei uns eingewöhnt. **Syn.:** sich akklimatisieren (bildungsspr.), sich einleben, sich gewöhnen an.

ein|glei|sig ['ai̯nglai̯zɪç] ⟨Adj.⟩:
a) *mit nur einem Gleis [ausgestattet]:* eine eingleisige Strecke. **Syn.:** einspurig. **b)** *nur in eine Richtung gehend, alternative Möglichkeiten nicht einbeziehend:* hier sollte man nicht zu eingleisig denken. **c)** (Sport) *einteilig, nicht in regionale Gruppen aufgeteilt:* eine eingleisige Bundesliga.

ein|glie|dern ['ai̯ngli:dɐn], gliederte ein, eingegliedert ⟨tr.; hat⟩: *sinnvoll in ein größeres Ganzes einfügen, einordnen:* das Dorf wird der Gemeinde/in die Gemeinde eingegliedert; jmdn. in einen Arbeitsprozess eingliedern; du kannst dich nicht in die Gemeinschaft eingliedern. **Syn.:** integrieren, [sich] assimilieren, [sich] einfügen.

E
Einh

ein|gra|ben ['ai̯ngra:bn̩], gräbt ein, grub ein, eingegraben ⟨tr.; hat⟩:
1. *durch Graben ganz oder teilweise in die Erde bringen:* der Hund grub den Knochen ein. **Syn.:** vergraben.
2. ⟨+ sich⟩ *sich eine Vertiefung schaffend in etwas eindringen:* der Fluss hat sich in den Felsen eingegraben.

ein|grei|fen ['ai̯ngrai̯fn̩], griff ein, eingegriffen ⟨itr.; hat⟩:
sich in etwas einschalten, was nicht in gewünschter Weise verläuft, um es zu stoppen oder es in eine andere Richtung zu lenken: in die Diskussion eingreifen; die Polizei musste bei der Schlägerei eingreifen; ⟨subst.⟩ das beherzte Eingreifen der Passantin rettete dem Jungen das Leben. **Syn.:** dazwischenfahren, dazwischenfunken (ugs.), dazwischentreten, sich einmischen, einschreiten.

Ein|griff ['ai̯ngrɪf], der; -[e]s, -e:
1. *Operation, besonders an inneren Organen [die an jmdm. vorgenommen werden muss]:* einen kleinen Eingriff an jmdm., am Herzen vornehmen; der Arzt musste einen Eingriff machen; sich einem leichteren, harmlosen Eingriff unterziehen.
2. *ungebührliches oder unberechtigtes Eingreifen in den Bereich eines andern:* ein Eingriff in die private Sphäre, in die Rechte eines anderen. **Syn.:** Übergriff.

Ein|halt ['ai̯nhalt]:
in der Wendung **jmdm., einer Sache Einhalt gebieten:** *einem Handeln, das als schädlich oder störend empfunden wird, durch energisches Entgegentreten, Ein-*

schreiten ein Ende setzen, es unterbinden: einem Übel, einer Seuche Einhalt gebieten. **Syn.:** einer Sache begegnen (geh.); einer Sache einen Riegel vorschieben; etwas unterbinden; etwas vereiteln; etwas verhindern; etwas verhüten; jmdn., etwas abblocken; jmdn., etwas aufhalten (geh.).

ein|hal|ten ['ai̯nhaltn̩], hält ein, hielt ein, eingehalten:
1. ⟨tr.; hat⟩ *sich an etwas, was als verbindlich gilt, [weiterhin] halten, sich danach richten:* eine Bestimmung einhalten; einen Termin, sein Versprechen einhalten. **Syn.:** befolgen, nachkommen, sich halten an.
2. ⟨tr.; hat⟩ *nicht von etwas abweichen:* die vorgeschriebene Geschwindigkeit, den Abstand einhalten; einen Kurs einhalten.
3. ⟨itr.; hat⟩ *(mit seinem Tun) plötzlich für kürzere Zeit innehalten:* im Lesen, in der Arbeit einhalten. **Syn.:** unterbrechen.

ein|hän|gen ['ai̯nhɛŋən], hängte ein, eingehängt:
⟨tr.; hat⟩ *in eine Haltevorrichtung, einen Haken, eine Öse o. Ä. hängen und dadurch daran befestigen:* eine Tür in ihre Scharniere einhängen.

ein|hei|misch ['ai̯nhai̯mɪʃ] ⟨Adj.⟩:
a) *an einem Ort, in einem Land seine Heimat habend und mit den Verhältnissen dort vertraut:* einheimische Geschäftsleute, Firmen; die einheimische Bevölkerung. **Syn.:** ansässig, eingesessen. **b)** *aus dem eigenen Land stammend, dort vorkommend, wachsend, entstanden, üblich:* einheimische Pflanzen; einheimische Produkte.

ein|hei|ra|ten ['ai̯nhai̯ra:tn̩], heiratete ein, eingeheiratet ⟨itr.; hat⟩:
durch Heirat an einem Unternehmen o. Ä. beteiligt werden oder in eine [reiche] Familie gelangen: er heiratete in eine vornehme Familie ein; sie hat in eine Brauerei eingeheiratet.

Ein|heit ['ai̯nhai̯t], die; -, -en:
1. *als Ganzes wirkende Geschlossenheit, innere Zusammengehörigkeit:* die nationale, wirtschaftliche Einheit eines Volkes; die einzelnen Teile des Werkes bilden zusammen eine Einheit.
2. *bei der Bestimmung eines Maßes zugrunde gelegte Größe:* die Einheit der Längenmaße ist der Meter. **Syn.:** Maß.
3. *zahlenmäßig nicht festgelegte militärische Formation:* eine motorisierte Einheit; zu einer anderen Einheit versetzt werden. **Syn.:** Abteilung.

ein|heit|lich ['ai̯nhai̯tlɪç] ⟨Adj.⟩:
a) *eine Einheit (1) erkennen lassend, zum Ausdruck bringend:* ein einheitliches System; die Struktur ist einheitlich; das muss einheitlicher gestaltet werden. **b)** *für alle in gleicher Weise beschaffen, geltend:* eine einheitliche Kleidung; das muss einheitlich geregelt werden.

ein|hel|lig ['ai̯nhɛlɪç] ⟨Adj.⟩:
von allen ausnahmslos vertreten; in allen Punkten übereinstimmend: nach der einhelligen Meinung der Experten war dieses zu wenig; auf einhellige Zustimmung, Ablehnung stoßen. **Syn.:** einmütig, einstimmig.

ein|ho|len ['ai̯nho:lən], holte ein, eingeholt ⟨tr.; hat⟩:
1. a) *an jmdn., der einen Vorsprung hat, [schließlich] herankommen:* er konnte sie noch einholen. **b)** *(einen [Leistungs]rückstand) aufarbeiten, wettmachen:* die verlorene Zeit, das Versäumte rasch wieder einholen; in Englisch hatte sie ihre Mitschüler bald eingeholt. **Syn.:** aufholen, gleichziehen mit.
2. *sich [bei jmdm.] holen, sich geben lassen:* jmds. Rat, Erlaubnis einholen; eine Genehmigung, ein Gutachten einholen; Auskünfte über jmdn. einholen. **Syn.:** sich [1]beschaffen.
3. (landsch.) *einkaufen:* Brot, Wurst einholen; sie ist noch rasch einholen gegangen. **Syn.:** kaufen.

ei|nig ['ai̯nɪç] ⟨Adj.⟩:
a) *in seiner Meinung, seiner Gesinnung zu einer Übereinstimmung gekommen; einer Meinung, eines Sinnes:* sie sind jetzt wieder einig; ich bin mir jetzt über den Preis mit ihr einig; wir sind uns mit ihm darin einig, dass er die Reparaturkosten übernimmt. **b)** *in Einheit verbunden, zusammenstehend:* eine einige Nation. **Syn.:** vereinigt, vereint (geh.).

ei|nig... ['ai̯nɪg...] ⟨Indefinitpronomen und unbestimmtes Zahlwort⟩:
1. einiger, einige, einiges ⟨Singular⟩: *eine unbestimmte kleine Menge; nicht allzu viel:* mit einigem guten Willen hätte man dieses Problem lösen können; er wusste wenigstens einiges. **Syn.:** ein bisschen, etwas, wenig.
2. einige ⟨Plural⟩: *mehr als zwei bis drei, aber nicht allzu viele:* er war einige Wochen verreist; in dem Ort gibt es einige Friseure; es gibt einige Fehler zu verbessern. **Syn.:** divers..., ein paar, eine Anzahl, eine Reihe, etlich..., mehrer..., verschieden...
3. *ziemlich groß, nicht gerade wenig, ziemlich viel:* das wird noch einigen Ärger bringen; die Reparatur wird sicher einiges kosten. **Syn.:** anständig (ugs.), beträchtlich, etlich, gehörig, ordentlich (ugs.), reichlich, tüchtig (ugs.).

ei|ni|gen ['ai̯nɪgn̩] ⟨+ sich⟩:
(mit jmdm.) zu einer Übereinstimmung kommen: sie können sich nicht [gütlich] einigen; ich habe mich mit ihr auf einen Kompromiss geeinigt; sie haben sich über den Preis geeinigt. **Syn.:** sich arrangieren, aushandeln, ausmachen (ugs.), handelseinig werden, sich einig werden, übereinkommen, verabreden, vereinbaren, sich vergleichen (Rechtsspr.), sich verständigen.

ei|ni|ger|ma|ßen ['ai̯nɪgɐ'ma:sn̩] ⟨Adverb⟩:
in erträglichem [Aus]maß; bis zu einem gewissen Grade: auf diesem Gebiet weiß er einigermaßen Bescheid; sie hat sich wieder einigermaßen erholt; sie ist aus der katastrophalen Lage einigermaßen glimpflich herausgekommen. **Syn.:** halbwegs (ugs.), hinlänglich, hinreichend, leidlich, mittelmäßig, passabel, schlecht und recht, zufriedenstellend.

ein|imp|fen ['ai̯n|ɪmpfn̩], impfte ein, eingeimpft ⟨tr.; hat⟩ (ugs.):
so eindringlich sagen, dass es im Gedächtnis haften bleibt, dass es nicht vergessen wird: die Mutter hatte ihren Kindern eingeimpft, mit keinem Fremden mitzugehen. **Syn.:** einbläuen (ugs.), einschärfen.

Ein|kauf ['ai̯nkau̯f], der; -[e]s, Einkäufe ['ai̯nkɔy̯fə]:

a) *das Einkaufen:* sie erledigten ihre Einkäufe und fuhren nach Hause; beim Einkauf von Lebensmitteln auf den Preis achten. **Syn.:** Anschaffung, Erwerb, Kauf. **b)** *eingekaufte Ware:* sie verstaute die Einkäufe im Kofferraum.

ein|kau|fen ['ai̯nkau̯fn̩], kaufte ein, eingekauft ⟨tr.; hat⟩:
etwas, was der Vorratshaltung dient, zum Verbrauch oder Weiterverkauf benötigt wird, durch Kauf erwerben: Lebensmittel, Material einkaufen; etwas billig einkaufen; ⟨auch itr.⟩ er kauft gern auf dem Markt ein; sie ist einkaufen gegangen; ⟨subst.:⟩ zum Einkaufen einen Korb mitnehmen. **Syn.:** kaufen.

Ein|kaufs|zen|trum ['ai̯nkau̯fst͜sɛntrʊm], das; -s, Einkaufszentren ['ai̯nkau̯fst͜sɛntrən]:
größerer Gebäudekomplex mit verschiedenen Einzelhandelsgeschäften, Gaststätten u. a.: außerhalb der Stadt wurde ein großes Einkaufszentrum gebaut.

ein|keh|ren ['ai̯nke:rən], kehrte ein, eingekehrt ⟨itr.; ist⟩:
unterwegs (besonders auf einer Wanderung) in eine Gaststätte o. Ä. gehen: sie sind auf ihrer Wanderung zweimal [in einem Lokal] eingekehrt. **Syn.:** Rast machen.

ein|kel|lern ['ai̯nkɛlɐn], kellerte ein, eingekellert ⟨tr.; hat⟩:
für den Bedarf während des Winters im Keller als Vorrat anlegen: im Herbst kellerten wir Kartoffeln ein.

ein|kes|seln ['ai̯nkɛsl̩n], kesselte ein, eingekesselt ⟨tr.; hat⟩:
(Truppen, Soldaten) von allen Seiten, völlig einschließen: die Armee wurde vom Gegner eingekesselt. **Syn.:** umringen, [2]umstellen, umzingeln.

ein|klam|mern ['ai̯nklamɐn], klammerte ein, eingeklammert ⟨tr.; hat⟩:
(Geschriebenes) in einem Text durch Klammern einschließen: die Erklärung des Wortes wurde eingeklammert.

Ein|klang ['ai̯nklaŋ]:
in den Wendungen **mit etwas in Einklang stehen/sein:** *mit etwas übereinstimmen:* seine Worte und seine Taten stehen nicht miteinander in Einklang; **etwas [mit etwas] in Einklang bringen:** *etwas [auf etwas] abstimmen:* versuche, die eigenen Wünsche mit den Wünschen deines Partners in Einklang zu bringen.

ein|klei|den ['ai̯nklai̯dn̩], kleidete ein, eingekleidet ⟨tr.; hat⟩:
mit [neuer] Kleidung ausstatten: seine Kinder neu einkleiden; die Rekruten wurden eingekleidet.

ein|ko|chen ['ai̯nkɔxn̩], kochte ein, eingekocht ⟨tr.; hat⟩:
durch längeres Kochen [und gleichzeitiges luftdichtes Verschließen] haltbar machen: Kirschen, Gemüse einkochen.

Ein|kom|men ['ai̯nkɔmən], das; -s, -:
Summe der [regelmäßigen] Einnahmen in einem bestimmten Zeitraum: ein hohes monatliches Einkommen haben. **Syn.:** Bezüge ⟨Plural⟩, Einkünfte ⟨Plural⟩, Einnahmen ⟨Plural⟩, [2]Gehalt ⟨Singular⟩, [1]Verdienst ⟨Singular⟩.

ein|kre|men ['ai̯nkre:mən]: ↑ eincremen.

Ein|künf|te ['ai̯nkʏnftə], die ⟨Plural⟩:
Summe der [in einem bestimmten Zeitraum] eingehenden Gelder: feste, regelmäßige Einkünfte; Einkünfte aus Grundbesitz haben. **Syn.:** Bezüge, Einkommen ⟨Singular⟩, Einnahmen, [2]Gehalt ⟨Singular⟩, [1]Verdienst ⟨Singular⟩.

[1]ein|la|den ['ai̯nla:dn̩], lädt ein, lud ein, eingeladen ⟨tr.; hat⟩:
in ein Fahrzeug zum Transport bringen, hineinschaffen /Ggs. [1]ausladen/: Pakete, Kisten [in den Kofferraum] einladen. **Syn.:** [1]laden, verladen.

[2]ein|la|den ['ai̯nla:dn̩], lädt ein, lud ein, eingeladen ⟨tr.; hat⟩:
a) *als Gast zu sich bitten* /Ggs. [2]ausladen/: jmdn. zu sich, zum Geburtstag einladen. **Syn.:** [2]laden (geh.). **b)** *(jmdn.) zur kostenlosen Teilnahme an etwas auffordern:* jmdn. ins Theater, zum Essen einladen.

Ein|la|dung ['ai̯nla:dʊŋ], die; -, -en:
1. *das Einladen; Äußerung, mit der man jmdn. einlädt:* eine Einladung aussprechen, annehmen, ablehnen; eine schriftliche Einladung [zu einer Feier] bekommen.
2. *Karte, Schreiben o. Ä., mit dem man jmdn. einlädt:* Einladungen schreiben, drucken lassen, verschicken.

Ein|la|ge ['ai̯nla:gə], die; -, -n:
1. *etwas, was in etwas hineingelegt, hineingearbeitet wird:* eine Suppe mit Einlage; eine Einlage im Kragen (zur Versteifung); der Zahnarzt machte eine Einlage.
2. *stützende Unterlage für den Fuß, die in den Schuh eingelegt wird:* in den Sandalen kann er keine Einlagen tragen.
3. *Darbietung, die als Unterbrechung in ein Programm eingeschoben wird:* die Tanzgruppe brachte, bot, gab eine mitreißende Einlage.
4. (Finanzw.) **a)** *auf ein Bankkonto eingezahltes Geld:* ein Sparkonto mit 500 Euro Einlage. **Zus.:** Spareinlage. **b)** *Geld oder Sachwerte, die in ein Unternehmen eingebracht wurden:* der Investor hat sich mit einer Einlage von 100 000 Euro am Unternehmen beteiligt.

Ein|lass ['ai̯nlas]:
in den Wendungen **Einlass begehren/um Einlass bitten:** *wünschen, eingelassen zu werden;* **Einlass erhalten/finden:** *eingelassen werden;* **sich** (Dativ) **Einlass verschaffen:** *erreichen, dass man eingelassen wird.*

ein|las|sen ['ai̯nlasn̩], lässt ein, ließ ein, eingelassen:
1. ⟨tr.; hat⟩ *jmdm. Zutritt gewähren:* er wollte niemanden einlassen.
2. ⟨tr.; hat⟩ *(in einen Behälter o. Ä.) einlaufen lassen:* Wasser in die Wanne einlassen.
3. ⟨+ sich⟩ **a)** *Kontakt aufnehmen mit jmdm., den man eigentlich meiden sollte, der aus gesellschaftlichen, moralischen o. ä. Gründen nicht als guter Umgang angesehen wird:* wie konnte er sich nur mit diesem gemeinen Kerl einlassen. **Syn.:** sich abgeben, verkehren. **b)** *bereit sein, bei etwas mitzumachen, auf eine Sache einzugehen, die eigentlich als [moralisch] zweifelhaft, nicht sicher o. Ä. angesehen, empfunden wird:* sich auf ein Abenteuer einlassen; sich nicht in ein Gespräch mit jmdm. einlassen.

ein|lau|fen ['ai̯nlau̯fn̩], läuft ein, lief ein, eingelaufen:
1. ⟨itr.; ist⟩ *(in einen Behälter*

o. Ä.) hineinfließen: das Wasser ist in die Wanne eingelaufen.
2. ⟨itr.; ist⟩ *in einen Bahnhof, einen Hafen hineinfahren:* der Zug läuft gerade ein; einlaufende Schiffe. **Syn.:** ankommen, einfahren, eintreffen.
3. ⟨itr.; ist⟩ *an der entsprechenden Stelle eintreffen:* es sind viele Spenden, Beschwerden eingelaufen. **Syn.:** eingehen.
4. ⟨itr.; ist⟩ *(von textilen Geweben) beim Nasswerden, besonders beim Waschen, sich zusammenziehen, enger werden:* das Kleid ist beim Waschen eingelaufen. **Syn.:** eingehen, schrumpfen, zusammenlaufen (ugs.).
5. ⟨tr.; hat⟩ *(neue Schuhe) durch Tragen ausweiten und so bequemer machen:* sie muss die neuen Wanderschuhe erst noch einlaufen.

ein|le|ben [ˈai̯nleːbn̩], lebte ein, eingelebt ⟨+ sich⟩:
allmählich in neuer Umgebung heimisch werden: sich in einer anderen Stadt einleben; er hat sich gut bei uns eingelebt. **Syn.:** sich akklimatisieren (bildungsspr.).

ein|le|gen [ˈai̯nleːgn̩], legte ein, eingelegt ⟨tr.; hat⟩:
1. *(in etwas) hineinlegen:* einen neuen Film in den Fotoapparat einlegen; Geld, Bilder in einen Brief einlegen; Sohlen in die Schuhe einlegen.
2. *in eine in bestimmter Weise zubereitete Flüssigkeit legen [und dadurch haltbar machen]:* Gurken einlegen; eingelegte Heringe.
3. *als Verzierung einfügen:* in die Tischplatte war ein Muster eingelegt.
4. *zusätzlich dazwischen-, einschieben:* zwischen die Szenen wurden Tänze eingelegt; eine Pause einlegen. **Syn.:** einbauen, einfügen.
5. als Funktionsverb: ein gutes Wort für jmdn. einlegen *(sich bei jmdm. für jmdn. verwenden; jmdm. durch eine positive Aussage helfen);* Protest einlegen *(protestieren);* Beschwerde einlegen *(sich beschweren).*

ein|lei|ten [ˈai̯nlai̯tn̩], leitete ein, eingeleitet ⟨tr.; hat⟩:
1. *etwas [zur Einführung, Einstimmung o. Ä.] an den Anfang stellen und damit eröffnen:* eine Feier mit Musik einleiten; er sprach einige einleitende *(einführende)* Worte. **Syn.:** anfangen, beginnen.
2. *(die Ausführung, den Vollzug von etwas) vorbereiten und in Gang setzen:* eine Untersuchung, Maßnahmen einleiten; einen Prozess, ein Verfahren gegen jmdn. einleiten. **Syn.:** anbahnen, in Angriff nehmen, vorbereiten.

Ein|lei|tung [ˈai̯nlai̯tʊŋ], die; -, -en:
Teil, mit dem eine Veranstaltung beginnt; einen Aufsatz, ein Buch o. Ä. einleitendes Kapitel: eine kurze Einleitung; die Einleitung eines Buches; in der Einleitung auf etwas hinweisen. **Syn.:** Vorbemerkung, Vorspann.

ein|len|ken [ˈai̯nlɛŋkn̩], lenkte ein, eingelenkt ⟨itr.; hat⟩:
von seiner starren ablehnenden Haltung abgehen und sich nachgiebiger zeigen, zu gewissen Kompromissen bereit sein: als die Verhandlungen zu scheitern drohten, lenkte er schließlich ein; ⟨subst.⟩ die Regierung zum Einlenken bewegen. **Syn.:** sich beugen, den Schwanz einziehen (salopp), die Segel streichen (geh.), einen Rückzieher machen (ugs.), kapitulieren, nachgeben, sich erweichen lassen, weich werden (ugs.), zurückstecken.

ein|leuch|ten [ˈai̯nlɔy̆çtn̩], leuchtete ein, eingeleuchtet ⟨itr.; hat⟩:
(jmdm.) verständlich, begreiflich sein, auf jmdn. überzeugend wirken: ihre Argumente leuchteten ihm sofort ein. **Syn.:** überzeugen.

ein|leuch|tend [ˈai̯nlɔy̆çtn̩t] ⟨Adj.⟩:
so, dass es leicht zu verstehen, ohne Mühe gedanklich nachzuvollziehen ist: eine einleuchtende Erklärung; einen Sachverhalt einleuchtend darstellen. **Syn.:** begreiflich, eingängig, einsichtig, erklärlich, klar, plausibel, verständlich.

ein|lie|fern [ˈai̯nliːfɐn], lieferte ein, eingeliefert ⟨tr.; hat⟩:
einer entsprechenden Stelle zur besonderen Behandlung, zur Beaufsichtigung übergeben: die Verletzten wurden ins Krankenhaus eingeliefert; jmdn. ins Gefängnis einliefern. **Syn.:** bringen lassen, einweisen.

ein|lö|sen [ˈai̯nløːzn̩], löste ein, eingelöst ⟨tr.; hat⟩:
1. a) *vorlegen und so die Auszahlung des entsprechenden Geldbetrages erwirken:* einen Scheck einlösen. **b)** *(einen verpfändeten Gegenstand) gegen Zahlung des entsprechenden Betrages zurückkaufen:* ein Pfand, ein Schmuckstück [im Pfandhaus] einlösen.
2. *eine Verpflichtung erfüllen, ihr nachkommen:* sie löste ihr Versprechen bald ein.

ein|ma|chen [ˈai̯nmaxn̩], machte ein, eingemacht ⟨tr.; hat⟩:
(in Einmachgläsern o. Ä.) einkochen, haltbar machen: Bohnen, Kirschen einmachen. **Syn.:** einlegen.

¹ein|mal [ˈai̯nmaːl] ⟨Adverb⟩:
1. *ein einziges Mal, nicht mehrmals:* er war [schon, erst, nur, genau, mindestens] einmal da; ich versuche es noch einmal *(wiederhole den Versuch);* *** auf einmal: a)** *gleichzeitig:* sie kamen alle auf einmal. **b)** *plötzlich:* auf einmal stand sie auf und ging.
2. a) *eines Tages, später:* er wird sein Verhalten [noch] einmal bereuen. **b)** *einst, früher:* es ging ihm einmal besser als heute; (formelhafter Anfang im Märchen) es war einmal … **Syn.:** einstmals, mal (ugs.).

²ein|mal [ˈai̯nˈmaːl] ⟨Partikel⟩:
1. dient dazu, auszudrücken, dass ein bestimmter Sachverhalt nur festgestellt wird und dass daran nichts zu ändern ist: so liegen die Dinge [nun] einmal.
2. a) dient in Aufforderungen und Bitten dazu, auszudrücken, dass es sich bei dem, was man verlangt, nur um einen kleinen Gefallen handelt und man nicht mit einer abschlägigen Antwort rechnet: darf ich dich einmal etwas fragen?; komm [doch bitte] einmal her! **b)** *** erst, zunächst einmal:** *als Erstes, vor allem anderen:* wir sollten erst einmal etwas essen; ich möchte mich zunächst einmal bei allen bedanken, die mitgeholfen haben; *** nicht einmal:** *sogar … nicht:* er kann nicht einmal lesen.

ein|ma|lig [ˈai̯nmaːlɪç] ⟨Adj.⟩:
a) *nur ein einziges Mal vorkommend:* eine einmalige Zahlung, Gelegenheit. **b)** (emotional)

kaum noch einmal in der vorhandenen Güte, in solcher Qualität o. Ä. vorkommend: dieser Film ist einmalig. **Syn.:** außergewöhnlich, außerordentlich, besonder..., besonders, ungewöhnlich, unglaublich (ugs.).

ein|mar|schie|ren ['ainmarʃi:rən], marschierte ein, einmarschiert ⟨itr.; ist⟩:
sich marschierend in ein Gebiet o. Ä. begeben: die Truppen sind gestern in die Stadt einmarschiert. **Syn.:** besetzen, eindringen, einfallen, einnehmen, einziehen, erobern, okkupieren, stürmen.

ein|mi|schen ['ainmɪʃn̩], mischte ein, eingemischt ⟨+ sich⟩:
sich redend oder handelnd an etwas beteiligen, womit man eigentlich nichts zu tun hat: die Erziehung der Kinder ist eure Sache, ich will mich da nicht einmischen. **Syn.:** dazwischenfahren, dazwischenfunken (ugs.), dazwischentreten, eingreifen, einschreiten.

ein|mot|ten ['ainmɔtn̩], mottete ein, eingemottet ⟨tr.; hat⟩:
a) *(Kleidung) mit einem Mittel gegen Motten schützen und irgendwo unterbringen, verstauen:* Pullover, Mäntel, Pelze einmotten. **b)** *etwas, was man für längere Zeit nicht benutzen möchte, so präparieren, dass es die Lagerzeit gut übersteht:* das Motorrad einmotten.

ein|mü|tig ['ainmy:tɪç] ⟨Adj.⟩:
völlig übereinstimmend; einer Meinung, eines Sinnes: die Abgeordneten stimmten einmütig dem Vorschlag zu. **Syn.:** einhellig, einstimmig, einträchtig, im Einvernehmen, in gegenseitigem Einverständnis.

ein|nä|hen ['ainnɛ:ən], nähte ein, eingenäht ⟨tr.; hat⟩:
1. *durch Nähen (in etwas) befestigen:* das Futter in den Rock einnähen. **Syn.:** annähen.
2. *durch Nähen enger machen:* das Kleid an der Hüfte etwas einnähen.

Ein|nah|me ['ainna:mə], die; -, -n:
1. ⟨Plural⟩ *eingenommenes Geld:* seine monatlichen Einnahmen schwanken; hohe Einnahmen verzeichnen; seine Einnahmen decken nicht seine Ausgaben. **Syn.:** Einkünfte ⟨Plural⟩.
2. ⟨ohne Plural⟩ *das Einnehmen* (2 b): die Einnahme von Tabletten einschränken.
3. ⟨ohne Plural⟩ *das Erobern, Besetzen:* bei der Einnahme der Stadt wurde kein Widerstand geleistet.

ein|neh|men ['ainne:mən], nimmt ein, nahm ein, eingenommen ⟨tr.; hat⟩:
1. *(Geld) in Empfang nehmen, als Einkommen o. Ä. erhalten:* wir haben heute viel eingenommen; er gibt mehr aus, als er einnimmt. **Syn.:** absahnen (ugs.), [1]bekommen, beziehen, erhalten, erlösen, kriegen, scheffeln (ugs., oft abwertend), verdienen.
2. a) *(Ess- und Trinkbares) zu sich nehmen:* einen Imbiss einnehmen; das Frühstück wird in der Halle eingenommen. **Syn.:** essen, nehmen (geh.). **b)** *(Arzneimittel) zu sich nehmen:* Pillen, seine Tropfen einnehmen. **Syn.:** schlucken.
3. *als Raum, Platz beanspruchen:* der Schrank nimmt viel Platz ein; das Bild nimmt die halbe Seite ein. **Syn.:** ausfüllen, benötigen, brauchen, wegnehmen.
4. *kämpfend in Besitz nehmen:* die Stadt, Festung konnte eingenommen werden. **Syn.:** besetzen, einmarschieren in, erobern, nehmen (Militär), okkupieren, stürmen.
5. *auf jmdn. einen günstigen Eindruck machen und dadurch seine Sympathie gewinnen:* durch seine Liebenswürdigkeit nahm er alle Gäste für sich ein.
6. *sich auf eine [vorgesehene] Stelle niederlassen, stellen:* die Besucher werden gebeten, ihre Plätze einzunehmen.
7. ⟨in Verbindung mit bestimmten Substantiven⟩ *innehaben, besitzen:* er nimmt einen wichtigen Posten ein; er hat in dieser Frage keinen festen Standpunkt eingenommen; sie hat eine abwartende Haltung eingenommen.

ein|ni|cken ['ainnɪkn̩], nickte ein, eingenickt ⟨itr.; ist⟩ (ugs.):
[über einer Tätigkeit] für kurze Zeit einschlafen: er ist beim Lesen eingenickt.

ein|nis|ten ['ainnɪstn̩], nistete ein, eingenistet ⟨+ sich⟩ (meist abwertend):
sich an einem Ort, bei jmdm. niederlassen und unerwünscht längere Zeit dort bleiben: ich nistete mich bei Verwandten ein. **Syn.:** sich ausbreiten, sich breitmachen (ugs.), sich einquartieren, sich festsetzen, seine Zelte aufschlagen (meist scherzh.), Wurzeln schlagen.

Ein|öde ['ain|ø:də], die; -:
einsame, meist öde und eintönig wirkende Gegend: eine sandige, baum- und strauchlose Einöde; eine kulturelle Einöde. **Syn.:** Wüste.

ein|ord|nen ['ain|ɔrdnən], ordnete ein, eingeordnet:
1. ⟨tr.; hat⟩ *in eine bestehende Ordnung einfügen:* die Briefe nach Datum sortiert in die Fächer einordnen. **Syn.:** einbauen, einräumen, einreihen, einrichten, einstellen.
2. ⟨+ sich⟩ **a)** *sich in eine vorhandene Ordnung, Umgebung einfügen:* sich in eine Gemeinschaft einordnen. **Syn.:** sich anpassen, sich assimilieren (bildungsspr.), sich eingliedern, sich integrieren, sich unterordnen. **b)** *auf eine bestimmte Fahrbahn überwechseln:* der Fahrer muss sich rechtzeitig vor dem Abbiegen links einordnen. **Syn.:** sich einfädeln.

ein|pa|cken ['ainpakn̩], packte ein, eingepackt ⟨tr.; hat⟩:
1. *zum Transport in einen dafür vorgesehenen Gegenstand legen* /Ggs. auspacken/: ich habe schon alles für die Reise eingepackt. **Syn.:** packen, verpacken, verstauen.
2. *mit einer Hülle aus Papier o. Ä. umwickeln [und zu einem Paket machen]:* Geschenke einpacken. **Syn.:** einschlagen, einwickeln, verpacken.

ein|par|ken ['ainparkn̩], parkte ein, eingeparkt ⟨itr.; hat⟩:
in eine Parklücke hineinfahren: ich kann nicht gut einparken; in eine enge Lücke einparken.

ein|prä|gen ['ainprɛ:gn̩], prägte ein, eingeprägt:
a) ⟨tr.; hat⟩ *so eindringlich ins Bewusstsein bringen, dass es nicht vergessen wird, im Gedächtnis haften bleibt:* du musst dir diese Vorschrift genau einprägen; er hat den Kindern eingeprägt, nicht mit Fremden mitzugehen. **Syn.:** beibringen, einbläuen (ugs.), einimpfen (ugs.), einschärfen,

E
einp

lernen, sich merken.
b) ⟨+ sich⟩ *im Gedächtnis bleiben:* der Text prägt sich leicht ein.

ein|präg|sam ['ai̯npre:kza:m] ⟨Adj.⟩:
leicht im Gedächtnis haften bleibend; sich leicht merken lassend: eine einprägsame Melodie; sie hat einen sehr einprägsamen Namen. **Syn.:** eingängig, markant.

ein|quar|tie|ren ['ai̯nkvarti:rən], quartierte ein, einquartiert:
a) ⟨tr.; hat⟩ *(jmdm.) eine Unterkunft geben:* die Flüchtlinge wurden bei einem Bauern einquartiert. **Syn.:** unterbringen. **b)** ⟨+ sich⟩ *sich ein Quartier verschaffen:* sich bei Freunden, im Nachbarort einquartieren. **Syn.:** absteigen, eine Unterkunft finden, einziehen, Quartier nehmen (geh.), sein Lager aufschlagen, seine Zelte aufschlagen (meist scherzh.), übernachten.

ein|ram|men ['ai̯nramən], rammte ein, eingerammt ⟨tr.; hat⟩:
mit Wucht in etwas stoßen, rammen: Pfähle in die Erde einrammen. **Syn.:** einschlagen.

ein|ras|ten ['ai̯nrastn̩], rastete ein, eingerastet ⟨itr.; ist⟩:
in eine Haltevorrichtung hineingleiten und sich dort festhaken: das Lenkradschloss war nicht eingerastet. **Syn.:** einschnappen.

ein|räu|men ['ai̯nrɔy̯mən], räumte ein, eingeräumt ⟨tr.; hat⟩:
1. a) *[in einer bestimmten Anordnung] hineinstellen oder -legen* /Ggs. ausräumen/: die Möbel [ins Zimmer] einräumen; das Geschirr [in den Schrank] einräumen. **Syn.:** einordnen, einstellen, räumen. **b)** *mit Gegenständen, die (in einen Schrank, Raum usw.) hineingehören, versehen, ausstatten:* das Zimmer, den Schrank einräumen.
2. *(jmdm.) zugestehen, gewähren:* jmdm. ein Recht, eine gewisse Freiheit einräumen. **Syn.:** bewilligen, geben, zubilligen, zugeben, zuteilwerden lassen.

ein|re|den ['ai̯nre:dn̩], redet ein, redete ein, eingeredet ⟨tr.; hat⟩:
1. *durch eindringliches Reden bewirken, dass jmd., man selbst etwas tut od. glaubt:* wer hat dir denn diesen Unsinn eingeredet?; ich lasse mir doch nicht einreden, dass ich zu dick bin. **Syn.:** glauben machen, weismachen.
2. *ständig u. eindringlich zu jmdm. sprechen:* er redete heftig, stundenlang auf mich ein.

ein|rei|ben ['ai̯nrai̯bn̩], rieb ein, eingerieben ⟨tr.; hat⟩:
a) *durch Reiben (in etwas) eindringen lassen, reibend (auf etwas) auftragen:* Salbe in die Haut einreiben. **b)** *(auf etwas) reibend auftragen:* die Schuhe mit Fett einreiben; ich rieb [mir] mein Gesicht mit Creme ein; ⟨auch + sich⟩ du musst dich vor dem Sonnenbad gut einreiben. **Syn.:** eincremen, salben (geh.).

ein|rei|chen ['ai̯nrai̯çn̩], reichte ein, eingereicht ⟨tr.; hat⟩:
der dafür zuständigen Instanz o. Ä. zur Prüfung oder Bearbeitung übergeben: ein Gesuch, eine Rechnung, Examensarbeit einreichen; Beschwerden sind bei der Hausverwaltung einzureichen. **Syn.:** abgeben, abliefern.

ein|rei|hen ['ai̯nrai̯ən], reihte ein, eingereiht ⟨+ sich⟩:
sich innerhalb einer geordneten Gruppe an einen bestimmten Platz stellen: ich reihte mich in den Zug der Demonstranten ein. **Syn.:** sich einfügen, sich eingliedern, sich einordnen, sich integrieren.

Ein|rei|se ['ai̯nrai̯zə], die; -, -n:
das Einreisen /Ggs. Ausreise/: die Einreise in ein Land beantragen; bei der Einreise in die Schweiz, nach Frankreich.

ein|rei|sen ['ai̯nrai̯zn̩], reiste ein, eingereist ⟨itr.; ist⟩:
(vom Ausland her) in ein Land reisen, indem man die Grenze überschreitet /Ggs. ausreisen/: sie ist bei Basel [illegal] in die Schweiz, nach Deutschland eingereist.

ein|rei|ßen ['ai̯nrai̯sn̩], riss ein, eingerissen:
1. a) ⟨itr.; ist⟩ *vom Rand her einen Riss bekommen:* die Zeitung ist eingerissen. **Syn.:** reißen. **b)** ⟨tr.; hat⟩ *vom Rand her einen Riss in etwas machen:* sie hat die Seite an der Ecke eingerissen.
2. ⟨tr.; hat⟩ *machen, dass etwas in sich zusammenfällt:* ein Haus, eine Fassade, eine Wand einreißen. **Syn.:** abreißen, niederreißen.
3. ⟨itr.; ist⟩ *(in Bezug auf schlechte Gewohn- oder Gepflogenheiten) sich ausbreiten, zur Regel werden:* die Unsitte, grußlos den Raum zu betreten, reißt auch bei uns immer mehr ein; wir wollen das gar nicht erst einreißen lassen. **Syn.:** sich einbürgern, um sich greifen, zur Gewohnheit werden.

ein|ren|ken ['ai̯nrɛŋkn̩], renkte ein, eingerenkt:
1. ⟨tr.; hat⟩ *(ein ausgerenktes Glied) wieder ins Gelenk drehen und in die richtige Lage bringen:* einen Arm, ein Bein einrenken. **Syn.:** richten.
2. (ugs.) **a)** ⟨tr.; hat⟩ *(etwas, was zu einer Verstimmung geführt hat) in Ordnung bringen:* ich weiß nicht, ob ich das wieder einrenken kann, was ihr angestellt habt. **b)** ⟨+ sich⟩ *[wieder] in Ordnung kommen:* zum Glück hat sich alles wieder eingerenkt.

ein|ren|nen ['ai̯nrɛnən], rannte ein, eingerannt (ugs.):
1. ⟨tr.; hat⟩ *aus einer Bewegung heraus gegen etwas stoßen und es beschädigen, gewaltsam öffnen:* mit der Leiter die Glasscheibe einrennen. **Syn.:** einschlagen.
2. ⟨+ sich⟩ *aus einer Bewegung heraus unabsichtlich gegen etwas stoßen und sich dabei (einen Körperteil) verletzen:* ich habe mir den Kopf an der Tür eingerannt.

ein|rich|ten ['ai̯nrɪçtn̩], richtete ein, eingerichtet:
1. ⟨tr.; hat⟩ *mit Möbeln, Geräten ausstatten:* sie haben ihre Wohnung neu eingerichtet; modern eingerichtet sein. **Syn.:** ausrüsten.
2. ⟨tr.; hat⟩ *nach einem bestimmten Plan, in bestimmter Weise vorgehen:* wir müssen es so einrichten, dass wir uns um 17 Uhr am Bahnhof treffen. **Syn.:** arrangieren.

3. ⟨tr.; hat⟩ *etwas [zum Nutzen der Allgemeinheit] neu oder zusätzlich schaffen, gründen:* eine Telefonhotline, einen Sicherheitsbereich, eine Selbsthilfegruppe, ein Bankkonto einrichten; im Bürgerhaus wurde eine Beratungsstelle eingerichtet. **Syn.:** errichten, ins Leben rufen.
4. ⟨+ sich⟩ (ugs.) *sich (auf etwas) einstellen, vorbereiten:* sie hatte sich nicht auf einen längeren Aufenthalt eingerichtet. **Syn.:** sich rüsten für.

Ein|rich|tung ['ai̯nrɪçtʊŋ], die; -, -en:
1. *Möbel, mit denen ein Raum eingerichtet ist:* eine geschmackvolle Einrichtung. **Syn.:** Ausstattung, Inventar, Möbel ⟨Plural⟩, Mobiliar. **Zus.:** Wohnungseinrichtung.
2. *etwas, was von einer Institution zum Nutzen der Allgemeinheit geschaffen worden ist:* soziale, kommunale, öffentliche Einrichtungen; Kinderhorte sind eine wichtige öffentliche Einrichtung.

ein|ros|ten ['ai̯nrɔstn̩], rostete ein, eingerostet ⟨itr.; ist⟩: *sich allmählich mit Rost überziehen und sich dadurch nicht mehr bewegen o. Ä. lassen:* das Türschloss war eingerostet.

eins [ai̯ns] ⟨Kardinalzahl⟩ (als Ziffer: 1): eins und eins ist/macht/gibt zwei.

ein|sam ['ai̯nza:m] ⟨Adj.⟩:
a) *völlig allein [und verlassen]; ohne Kontakte zur Umwelt:* eine einsame, alte Frau; er ist, lebt sehr einsam. **Syn.:** zurückgezogen. **b)** *wenig von Menschen besucht; wenig bewohnt:* eine einsame Gegend; der Bauernhof liegt sehr einsam. **Syn.:** abgelegen, entlegen, gottverlassen (ugs.).

ein|sam|meln ['ai̯nzamln̩], sammelte ein, eingesammelt ⟨tr.; hat⟩: *von jedem Einzelnen einer Gruppe entgegennehmen, sich aushändigen lassen:* Ausweise, Schulhefte, Geld einsammeln. **Syn.:** einziehen, kassieren (ugs.).

Ein|satz ['ai̯nzats], der; -es, Einsätze ['ai̯nzɛtsə]:
1. a) *das Verwenden, Einsetzen* (2 b) *einer Person oder einer Sache zur Erfüllung einer bestimmten Aufgabe:* der Einsatz von Flugzeugen, Soldaten im Krieg; der Einsatz des verletzten Spielers ist fraglich; mit dem Einsatz von Schmerzmitteln sollte man vorsichtig sein. **Zus.:** Ernteeinsatz. **b)** ⟨ohne Plural⟩ *das Sicheinsetzen* (5 b), *Engagement:* dieser Beruf verlangt den vollen Einsatz [der Person].
2. *zusätzliches Teil eines Behälters, Gerätes o. Ä., das bei Bedarf darin eingesetzt werden kann:* zu dem Topf gehört ein Einsatz.
3. *bei einer Wette, beim [Glücks]spiel eingesetzter Betrag:* sie spielte mit einem niedrigen, hohen Einsatz.
4. *das Beginnen, Einsetzen einer Stimme oder eines Instruments in einem musikalischen Werk:* der Dirigent gab den Einsatz.

ein|schal|ten ['ai̯nʃaltn̩], schaltete ein, eingeschaltet:
1. ⟨tr.; hat⟩ *durch Betätigen eines Schalters o. Ä. in Gang setzen* /Ggs. ausschalten/: den Computer, den Fernseher einschalten. **Syn.:** andrehen, anknipsen (ugs.), anlassen, anmachen, anschalten, anstellen, anwerfen (ugs. scherzh.), in Betrieb setzen, starten.
2. a) ⟨+ sich⟩ *(in eine Angelegenheit) eingreifen:* er schaltete sich in die Verhandlungen ein. **b)** ⟨tr.; hat⟩ *jmdn. [zur Unterstützung] hinzuziehen, zum Eingreifen (in eine laufende Angelegenheit) veranlassen:* die Polizei zur Aufklärung eines Verbrechens einschalten.

Ein|schalt|quo|te ['ai̯nʃaltkvo:tə], die; -, -n: *Prozentsatz der Personen, die eine Sendung eingeschaltet haben, gemessen an der Gesamtzahl der Rundfunk- oder Fernsehteilnehmer:* die Einschaltquote lag bei 30 Prozent.

ein|schär|fen ['ai̯nʃɛrfn̩], schärfte ein, eingeschärft ⟨tr.; hat⟩: *(jmdn.) eindringlich (zu einem bestimmten Verhalten, zur Befolgung einer Vorschrift) anhalten; dringend (zu etwas) ermahnen:* jmdm. eine Verhaltensregel einschärfen. **Syn.:** beibringen, einbläuen (ugs.), einimpfen (ugs.), einprägen.

ein|schät|zen ['ai̯nʃɛtsn̩], schätzte ein, eingeschätzt ⟨tr.; hat⟩: *(etwas, eine Situation o. Ä.) auf eine bestimmte Eigenschaft hin beurteilen, bewerten:* er hatte die Lage völlig falsch eingeschätzt. **Syn.:** betrachten, denken über, sehen, urteilen über, werten.

ein|schen|ken ['ai̯nʃɛŋkn̩], schenkte ein, eingeschenkt ⟨tr.; hat⟩: *(ein Getränk) eingießen:* [jmdm.] Kaffee einschenken.

ein|schi|cken ['ai̯nʃɪkn̩], schickte ein, eingeschickt ⟨tr.; hat⟩: *[zur Bearbeitung, Prüfung] (an eine Stelle) schicken:* er hat das Handy [zur Reparatur] eingeschickt. **Syn.:** [1]senden, einsenden, zugehen lassen.

ein|schif|fen ['ai̯nʃɪfn̩], schiffte ein, eingeschifft:
a) ⟨tr.; hat⟩ *vom Land auf ein Schiff bringen:* die Flüchtlinge, die Container wurden nach Marokko eingeschifft. **Syn.:** [1]einladen, an [2]Bord bringen, an [2]Bord schaffen, verladen.
b) ⟨+ sich⟩ *sich zu einer Reise an [2]Bord eines Schiffes begeben:* er schiffte sich in Genua, nach Amerika ein.

ein|schla|fen ['ai̯nʃla:fn̩], schläft ein, schlief ein, eingeschlafen ⟨itr.; ist⟩:
1. *in Schlaf sinken, fallen* /Ggs. aufwachen/: sofort, beim Lesen einschlafen. **Syn.:** einnicken, vom Schlaf übermannt werden.
2. *(von einem Körperteil) vorübergehend das Gefühl verlieren:* mein Bein ist [mir] beim Sitzen eingeschlafen. **Syn.:** taub werden.
3. (verhüll.) *[ruhig, ohne große Qualen] sterben:* sie ist friedlich eingeschlafen. **Syn.:** entschlafen, sterben.
4. *allmählich aufhören; nicht weitergeführt werden:* der Briefwechsel zwischen uns ist eingeschlafen; die Sache schläft mit der Zeit ein *(gerät in Vergessenheit)*. **Syn.:** auslaufen, ein Ende haben, ein Ende

E
eins

nehmen, enden, zu Ende gehen.

ein|schlä|fern ['ai̯nʃlɛ:fn̩], schläferte ein, eingeschläfert ⟨tr.; hat⟩:
1. a) *in Schlaf versetzen:* diese Musik schläfert mich ein.
b) *(besonders ein krankes Tier) schmerzlos töten:* der Hund musste eingeschläfert werden.
2. *in [falscher] Sicherheit wiegen; sorglos und unaufmerksam machen:* diese Rede sollte nur die Gegner einschläfern. **Syn.:** beruhigen, beschwichtigen.

ein|schla|gen ['ai̯nʃla:gn̩], schlägt ein, schlug ein, eingeschlagen:
1. ⟨tr.; hat⟩ *mithilfe z. B. eines Hammers in etwas hineintreiben:* einen Nagel in die Wand einschlagen. **Syn.:** hauen, klopfen, schlagen.
2. ⟨tr., hat⟩ *durch Schläge (mit einem harten Gegenstand) zertrümmern [um Zugang zu etwas zu bekommen]:* eine Tür, die Fenster einschlagen; ich habe mir zwei Zähne eingeschlagen.
3. ⟨itr.; hat⟩ *(von Blitz, Geschoss o. Ä.) aus größerer Entfernung mit großer Gewalt in etwas treffen, in etwas fahren:* der Blitz, die Bombe hat [in das Haus] eingeschlagen.
4. ⟨itr.; hat⟩ *[unbeherrscht] jmdn., ein Tier wiederholt schlagen:* mit einem Stock, mit einer Peitsche auf ein Tier einschlagen. **Syn.:** hauen, prügeln, verprügeln.
5. ⟨tr.; hat⟩ *(in Papier o. Ä.) locker einwickeln:* die Verkäuferin schlug den Salat in Zeitungspapier ein. **Syn.:** einpacken, verpacken.
6. ⟨itr.; hat⟩ *jmds. entgegengestreckte Hand zum Zeichen der Zustimmung ergreifen:* er bot mir die Hand, und ich schlug ein.
7. ⟨itr.; hat⟩ **a)** *(einen bestimmten Weg, in eine bestimmte Richtung) gehen:* sie schlugen den Weg nach Süden ein.
b) *(als Berufsrichtung) wählen:* welche Laufbahn will sie denn einschlagen?
8. ⟨itr.; hat⟩ *Anklang finden:* das neue Produkt schlägt ein.
9. ⟨tr.; hat⟩ *am unteren Ende nach innen umlegen [und dadurch kürzer machen]:* die Ärmel einschlagen.

ein|schlä|gig ['ai̯nʃlɛ:gɪç] ⟨Adj.⟩: *zu einem bestimmten Gebiet oder Fach gehörend; für etwas Bestimmtes zutreffend:* sie kennt die einschlägige Literatur zu diesem Problem; diese Ware kann man in allen einschlägigen Geschäften erhalten; er ist einschlägig *(wegen eines ähnlichen Deliktes)* vorbestraft. **Syn.:** betreffend, dazugehörend, entsprechend, in Betracht kommend, infrage kommend.

ein|schlei|chen ['ai̯nʃlai̯çn̩], schlich ein, eingeschlichen ⟨+ sich⟩:
a) *heimlich, unbemerkt eindringen, sich Zugang verschaffen:* die Diebe hatten sich in das Haus eingeschlichen. **Syn.:** einbrechen. **b)** *unbemerkt in etwas hineinkommen:* einige Fehler haben sich in die Arbeit eingeschlichen.

ein|schlep|pen ['ai̯nʃlɛpn̩], schleppte ein, eingeschleppt ⟨tr.; hat⟩:
eine Krankheit o. Ä. [von einem anderen Ort] mitbringen und auf andere übertragen: die Krankheit wurde durch Reisende aus Indien eingeschleppt.

ein|schleu|sen ['ai̯nʃlɔyzn̩], schleuste ein, eingeschleust ⟨tr.; hat⟩:
a) *unbemerkt (durch eine Kontrolle hindurch) an einen bestimmten Ort bringen, schaffen:* Agenten, Falschgeld einschleusen. **Syn.:** einschmuggeln. **b)** (Med.) *in eine Zelle einspritzen, injizieren:* fremdes Erbgut in eine Zelle einschleusen.

ein|schlie|ßen ['ai̯nʃli:sn̩], schloss ein, eingeschlossen:
1. a) ⟨tr.; hat⟩ *(jmdn.) durch Abschließen der Tür daran hindern, einen Raum zu verlassen:* sie haben die Kinder [in der Wohnung] eingeschlossen.
b) ⟨+ sich⟩ *durch Abschließen der Tür hinter sich anderen den Zugang, Zutritt verwehren:* sie hat sich [in ihrem Zimmer] eingeschlossen. **c)** ⟨tr.; hat⟩ *zur sicheren Aufbewahrung in einen Behälter, Raum bringen, den man abschließt:* er hatte sein Geld, den Schmuck [in die/in der Schublade] eingeschlossen.
2. ⟨tr.; hat⟩ *in etwas mit einbeziehen:* ich habe dich in mein Gebet mit eingeschlossen; die Fahrtkosten sind, die Bedienung ist im Preis eingeschlossen *(darin enthalten).*

[1]ein|schließ|lich ['ai̯nʃli:slɪç] ⟨Präp. mit Gen.⟩:
wird verwendet, um kenntlich zu machen, dass etwas bereits in etwas anderem enthalten ist; *mitsamt:* die Kosten einschließlich des Portos, der Gebühren; ⟨aber: starke Substantive bleiben im Singular ungebeugt, wenn sie ohne Artikel und ohne adjektivisches Attribut stehen; im Plural dann mit Dativ⟩ einschließlich Porto; einschließlich Getränken.

[2]ein|schließ|lich ['ai̯nʃli:slɪç] ⟨Adverb⟩:
das Genannte einbegriffen: bis zum 20. März, bis Seite 345 einschließlich; bis einschließlich 2010. **Syn.:** inbegriffen, [2]inklusive.

einschließlich/zuzüglich

Diese zwei Wörter stehen sich insofern nahe, als beide etwas anschließen, was nicht als selbstverständliches Zubehör empfunden wird.
Das Beispiel

– Ein Betrag von 10 Euro zuzüglich [der] Portokosten

zeigt aber, dass bei bestimmten, festgelegten Beträgen oder Leistungen ein wesentlicher Unterschied zu beachten ist.
Denn **einschließlich** würde hier bedeuten, dass die Portokosten in dem Betrag von 10 Euro enthalten sind, während sie bei **zuzüglich** noch hinzugerechnet werden müssen.
Immerhin sind Sätze denkbar, in denen beide Wörter denselben Sinn haben und gegeneinander ausgetauscht werden können:

– Sie beansprucht den Ersatz ihrer Aufwendungen einschließlich/zuzüglich der Fahrtkosten.

ein|schmei|cheln ['ai̯nʃmai̯çl̩n], schmeichelte ein, eingeschmeichelt ⟨+ sich⟩:

sich durch entsprechendes Benehmen (indem man Angenehmes, Schmeichelhaftes sagt, kleine Geschenke macht o. Ä.) bei jmdm. beliebt machen: er hat sich bei ihr [durch kleine Aufmerksamkeiten] eingeschmeichelt. **Syn.:** sich anbiedern (abwertend), sich lieb Kind machen (ugs.).

ein|schmei|chelnd ['ai̯nʃmai̯çl̩nt] ⟨Adj.⟩:
angenehm, sanft klingend: eine einschmeichelnde Stimme, Musik.

ein|schmug|geln ['ai̯nʃmʊɡl̩n], schmuggelte ein, eingeschmuggelt ⟨tr.; hat⟩:
[Verbotenes] heimlich in ein Land, in einen Raum hineinbringen: Zigaretten, Drogen [in ein Land] einschmuggeln. **Syn.:** einschleusen.

ein|schnap|pen ['ai̯nʃnapn̩], schnappte ein, eingeschnappt ⟨itr.; ist⟩:
1. *(von einem Schloss) sich fest schließen:* das Schloss ist nicht sofort eingeschnappt; die Tür ist eingeschnappt *(ist ins Schloss gefallen).* **Syn.:** zufallen, zuschlagen.
2. (ugs.) *auf etwas (meist bei einem geringfügigen Anlass) beleidigt, gekränkt reagieren:* ⟨meist im 2. Partizip⟩ jetzt ist sie eingeschnappt, weil wir sie nicht mitnehmen. **Syn.:** beleidigt sein, schmollen.

ein|schnei|den ['ai̯nʃnai̯dn̩], schnitt ein, eingeschnitten:
1. ⟨itr.; hat⟩ *zu fest oder stramm sitzen und sich dadurch in die Haut hineindrücken:* der Riemen, das Gummiband schnitt [in den Arm] ein.
2. ⟨tr.; hat⟩ *einen Schnitt in etwas machen:* das Papier an den Ecken einschneiden; die Stiele der Rosen einschneiden.

ein|schnei|dend ['ai̯nʃnai̯dn̩t] ⟨Adj.⟩:
einen tiefen Eingriff darstellend; sich stark auswirkend: einschneidende Änderungen, Maßnahmen. **Syn.:** drastisch, empfindlich, entscheidend, gravierend (bildungsspr.), merklich, nachhaltig, tief greifend.

Ein|schnitt ['ai̯nʃnɪt], der; -[e]s, -e:
Ereignis, das die darauffolgende Entwicklung stark beeinflusst: der Tod des Vaters war ein Einschnitt in ihrem Leben. **Syn.:** Bruch, Schnitt, Zäsur (bildungsspr.).

ein|schrän|ken ['ai̯nʃrɛŋkn̩], schränkte ein, eingeschränkt:
1. ⟨tr.; hat⟩ *auf ein geringeres Maß herabsetzen:* seine Ausgaben einschränken. **Syn.:** abschwächen, begrenzen, beschneiden (geh.), beschränken, drosseln, drücken, einengen, kürzen, limitieren (bes. Fachspr.), mindern, reduzieren, schmälern, verkleinern, vermindern, verringern.
2. ⟨+ sich⟩ *(aus einer Zwangslage heraus) seine Bedürfnisse reduzieren:* sie müssen sich sehr einschränken; sie leben sehr eingeschränkt. **Syn.:** das Geld zusammenhalten, den Gürtel enger schnallen (ugs.), haushalten.

ein|schrei|ben ['ai̯nʃrai̯bn̩], schrieb ein, eingeschrieben ⟨tr.; hat⟩:
etwas an dafür vorgesehenem Ort eintragen: eine Postsendung einschreiben; Einnahmen und Ausgaben in ein Heft einschreiben; ich habe mich *(meinen Namen)* in die Liste der Teilnehmer eingeschrieben; sie hat sich an einer Hochschule eingeschrieben. **Syn.:** anmelden, erfassen, immatrikulieren, melden, registrieren.

Ein|schrei|ben ['ai̯nʃrai̯bn̩], das; -s, -:
Postsendung, die eine besondere Gebühr kostet und die bei der Einlieferung von der Post quittiert und dem Empfänger persönlich oder seinem Vertreter gegen eine Empfangsbescheinigung zugestellt wird: einen Brief als Einschreiben schicken.

ein|schrei|ten ['ai̯nʃrai̯tn̩], schritt ein, eingeschritten ⟨itr.; ist⟩:
(als Autorität) gegen jmdn., etwas vorgehen, eingreifen, um etwas einzudämmen: die Polizei musste gegen die Randalierer einschreiten. **Syn.:** durchgreifen.

ein|schüch|tern ['ai̯nʃʏçtɐn], schüchterte ein, eingeschüchtert ⟨tr.; hat⟩:
jmdm. (mit Drohungen o. Ä.) Angst machen, um ihn an bestimmten Handlungen zu hindern: wir ließen uns durch nichts einschüchtern; ganz eingeschüchtert sein. **Syn.:** demoralisieren, entmutigen, schrecken.

ein|schu|len ['ai̯nʃuːlən], schulte ein, eingeschult ⟨tr.; hat⟩:
(ein schulpflichtig gewordenes Kind) in einer Schule zum Unterricht anmelden, es in eine Schule aufnehmen: sie wurde mit sechs Jahren eingeschult.

Ein|schuss ['ai̯nʃʊs], der; -es, Einschüsse:
Stelle, an der ein Geschoss (in einen Körper, Gegenstand) eingedrungen ist: das Auto wies an der Seite fast ein Dutzend Einschüsse auf.

ein|seg|nen ['ai̯nzeːɡnən], segnete ein, eingesegnet ⟨tr.; hat⟩:
a) *konfirmieren:* er wurde am Sonntag vor Ostern eingesegnet. **b)** *über jmdn., etwas einen Segen sprechen:* den Toten einsegnen; die neue Kirche einsegnen.

ein|se|hen ['ai̯nzeːən], sieht ein, sah ein, eingesehen ⟨tr.; hat⟩:
1. a) *zu der Erkenntnis, Einsicht kommen, dass etwas, was man nicht wahrhaben wollte, doch zutrifft:* seinen Irrtum, ein Unrecht, einen Fehler einsehen. **Syn.:** begreifen, erfassen, erkennen, kapieren (ugs.), realisieren, sehen, sich klar werden, verstehen. **b)** *(nach anfänglichem Zögern) die Richtigkeit der Handlungsweise o. Ä. eines anderen anerkennen:* ich sehe ein, dass du unter diesen Umständen nicht kommen kannst. **Syn.:** verstehen, zugeben.
2. *(in der Absicht, sich eine Information o. Ä. zu verschaffen) in etwas (Schriftliches) Einblick nehmen, darin lesen:* Akten, Unterlagen einsehen.

Ein|se|hen ['ai̯nzeːən]:
in der Wendung **[k]ein Einsehen haben:** *für jmdn., etwas [kein] Verständnis haben und sich deshalb [un]nachgiebig zeigen:* die Chefin hatte ein Einsehen und gab uns frei.

ein|sei|tig ['ai̯nzai̯tɪç] ⟨Adj.⟩:
1. a) *nur eine [Körper]seite betreffend; nur auf einer [Körper]seite bestehend:* er ist einseitig gelähmt; das Papier ist nur einseitig bedruckt. **b)** *nur von einer Seite, einer Person oder Partei, nicht auch von der Gegenseite ausgehend:* eine einseitige Zuneigung; ein einseitiger Beschluss. **c)** *nur auf ein*

bestimmtes Gebiet beschränkt und nicht vielseitig: eine einseitige Begabung.
2. *[in subjektiver oder parteiischer Weise] nur eine Seite einer Sache, nur einen Gesichtspunkt berücksichtigend, hervorhebend:* eine einseitige Beurteilung. **Syn.:** befangen (bes. Rechtsspr.), parteiisch, subjektiv, tendenziös (abwertend), unsachlich, voreingenommen.

ein|sen|den ['ai̯nzɛndn̩], sandte/(seltener:) sendete ein, eingesandt/(seltener:) eingesendet ⟨tr.; hat⟩:
[zur Verwertung, Prüfung] an eine zuständige Stelle senden: Unterlagen, Manuskripte einsenden. **Syn.:** einschicken, schicken, senden.

ein|set|zen ['ai̯nzɛtsn̩], setzte ein, eingesetzt:
1. ⟨tr.; hat⟩ *(zur Ergänzung, Vervollständigung o. Ä.) in etwas einfügen, einbauen:* eine Fensterscheibe einsetzen; einen Flicken [in die Hose] einsetzen; einen Stein in den Ring einsetzen.
2. ⟨tr.; hat⟩ **a)** *ernennen, (für ein Amt, eine Aufgabe) bestimmen:* eine Kommissarin, einen Ausschuss einsetzen; er wurde als Verwalter eingesetzt. **Syn.:** anheuern (ugs.), anstellen, anwerben, [1]berufen, einstellen, engagieren, verpflichten.
b) *(jmdn., etwas) planmäßig für eine bestimmte Aufgabe verwenden, in Aktion treten lassen:* jmdn. in einer neuen Abteilung einsetzen; Polizei, Truppen, Flugzeuge einsetzen. **c)** *zusätzlich fahren, verkehren lassen:* zur Entlastung des Verkehrs weitere Busse, Züge einsetzen.
3. ⟨tr.; hat⟩ **a)** *beim Spiel als Einsatz geben:* er hat fünf Euro eingesetzt. **b)** *aufs Spiel setzen; riskieren:* sein Leben einsetzen.
4. ⟨itr.; hat⟩ *(zu einem bestimmten Zeitpunkt) beginnen:* bald setzte starke Kälte ein. **Syn.:** anbrechen (geh.), anfangen, angehen (ugs.), anheben (geh.), anlaufen, ausbrechen, einbrechen, starten.
5. a) ⟨+ sich⟩ *sich bemühen, etwas, jmdn. in etwas zu unterstützen:* er hat sich stets für dieses Projekt, für diesen Mann eingesetzt. **Syn.:** eintreten, sich starkmachen (ugs.). **b)** ⟨tr.; hat⟩ *voll und ganz [für etwas, jmdn.] tätig sein:* sie setzte ihre ganze Kraft für die Verwirklichung dieses Planes ein. **Syn.:** anwenden, aufwenden, gebrauchen, verwenden.

Ein|sicht ['ai̯nzɪçt], die; -, -en:
1. *durch Überlegungen gewonnene Erkenntnis:* sie hat neue Einsichten gewonnen; er kam zu der Einsicht, dass seine Bemühungen erfolglos geblieben waren. **Syn.:** Bewusstsein, Gewissheit, Überzeugung, Wissen.
2. * **in etwas Einsicht nehmen:** *[ein Schriftstück] in bestimmter Absicht einsehen:* der Anwalt bat darum, Einsicht in die Akten nehmen zu dürfen.

ein|sich|tig ['ai̯nzɪçtɪç] ⟨Adj.⟩:
1. *Einsicht habend, zeigend:* er war einsichtig und versprach, sich zu bessern. **Syn.:** vernünftig, verständnisvoll.
2. *leicht einzusehen, zu verstehen:* ein einsichtiger Grund; es ist nicht einsichtig, warum sie die Prüfung nicht gemacht hat. **Syn.:** begreiflich, eingängig, einleuchtend, erklärlich, ersichtlich, klar, plausibel, vernünftig, verständlich.

ein|sil|big ['ai̯nzɪlbɪç] ⟨Adj.⟩:
1. *nur aus einer Silbe bestehend:* »Baum« ist ein einsilbiges Wort.
2. *nur wenig zum Reden geneigt:* er war, antwortete sehr einsilbig. **Syn.:** lakonisch, maulfaul, schweigsam, wortkarg, zugeknöpft (ugs.).

ein|sin|ken ['ai̯nzɪŋkn̩], sank ein, eingesunken ⟨itr.; ist⟩:
mit den Füßen, mit den Rädern o. Ä. in weichen Untergrund hineinsinken [sodass die Fortbewegung erschwert wird]: ich sank tief, bis zu den Knöcheln in den/dem Morast ein. **Syn.:** versinken.

ein|spa|ren ['ai̯nʃpa:rən], sparte ein, eingespart ⟨tr.; hat⟩:
(durch bestimmte [Spar]maßnahmen) zurückbehalten: die Firma will eine Million Euro, Arbeitskräfte, Energiekosten einsparen. **Syn.:** sparen.

ein|sper|ren ['ai̯nʃpɛrən], sperrte ein, eingesperrt ⟨tr.; hat⟩:
a) *in einen Raum bringen und dort einschließen:* den Hund in die/der Wohnung einsperren.
b) (ugs.) *ins Gefängnis bringen, gefangen setzen:* einen Verbrecher einsperren. **Syn.:** festsetzen, gefangen nehmen, hinter Schloss und Riegel bringen (ugs.), in Arrest nehmen, in Gewahrsam nehmen, in Haft nehmen, ins Gefängnis stecken (ugs.), ins Loch stecken (ugs.), verhaften.

ein|spie|len ['ai̯nʃpi:lən], spielte ein, eingespielt:
1. ⟨+ sich⟩ *(von einer Tätigkeit) auf einen Stand reibungslosen Funktionierens gelangen:* die neue Regelung hat sich gut eingespielt; * **aufeinander eingespielt sein:** *gut zusammenarbeiten:* sie sind ideal aufeinander eingespielt.
2. ⟨+ sich⟩ *sich durch kürzeres, übendes Spielen auf ein unmittelbar folgendes Spiel vorbereiten:* die Mannschaft spielt sich erst ein.
3. ⟨tr.; hat⟩ *[die für Film- oder Tonaufnahmen entstandenen Produktionskosten wieder] einbringen:* der Film hat die Unkosten, 2 Millionen Dollar eingespielt.

ein|sprin|gen ['ai̯nʃprɪŋən], sprang ein, eingesprungen ⟨itr.; ist⟩:
kurzfristig an jmds. Stelle treten, jmdn. (der verhindert ist, der ausfällt) vertreten: als er krank wurde, ist ein Sänger aus Frankfurt für ihn eingesprungen. **Syn.:** aushelfen, in die Bresche springen, vertreten.

Ein|spruch ['ai̯nʃprʊx]:
in der Wendung **Einspruch erheben:** *etwas nicht hinnehmen wollen, (gegen etwas) protestieren:* gegen ein Urteil Einspruch erheben.

ein|spu|rig ['ai̯nʃpu:rɪç] ⟨Adj.⟩:
a) *nur eine Fahrspur aufweisend:* eine einspurige Straße; dort wird die Straße einspurig; der Verkehr wird einspurig an der Unfallstelle vorbeigeführt. **b)** *eingleisig:* eine einspurige Strecke.

einst [ai̯nst] ⟨Adverb⟩ (geh.):
a) *vor langer Zeit:* einst stand hier eine Burg. **Syn.:** einmal, einstmals, früher. **b)** *in ferner Zukunft:* du wirst es einst bereuen. **Syn.:** dereinst (geh.), eines Tages, einmal, einstmals (geh.), noch, später.

Ein|stand ['ai̯nʃtant], der; -[e]s, Einstände ['ai̯nʃtɛndə]:
1. a) *Beginn eines [neuen]*

Arbeitsverhältnisses; Dienstantritt: seinen Einstand feiern. **b)** *kleine Feier, Umtrunk zum Dienstantritt:* sie hat ihren Einstand noch nicht gegeben.
2. (Sport) *erstes Spiel eines Trainers, einer Mannschaft; erstes Auftreten eines Sportlers:* der neue Trainer gab einen glänzenden Einstand.
3. ⟨ohne Plural⟩ (Tennis) *Gleichstand in einem Spiel, wenn beide Spieler drei oder mehr Punkte erreicht haben.*

ein|ste|cken [ˈai̯nʃtɛkn̩], steckte ein, eingesteckt ⟨tr.; hat⟩:
1. *(in eine dafür vorgesehene Vorrichtung o. Ä.) hineinstecken:* den Stecker einstecken.
2. a) *einwerfen:* er hat den Brief eingesteckt. **b)** *etwas in die Tasche stecken, um es bei sich zu haben:* den Schlüssel einstecken; steck [dir] etwas Geld ein; hast du genügend Geld eingesteckt? *(bei dir; in der Tasche?).*
3. (ugs.) *(etwas Negatives) widerstandslos, stumm, ohne Aufbegehren hinnehmen:* Demütigungen, Kritik einstecken; die Mannschaft musste eine schwere Niederlage einstecken. **Syn.:** dulden, erdulden, erleiden, ertragen, schlucken (ugs.), sich bieten lassen, sich gefallen lassen, über sich ergehen lassen, verschmerzen.

ein|ste|hen [ˈai̯nʃteːən], stand ein, eingestanden ⟨itr.; hat/ist⟩:
a) *sich für die Richtigkeit o. Ä. von etwas verbürgen:* ich habe/bin dafür eingestanden, dass sie ihre Sache gut macht. **Syn.:** bürgen, die Hand ins Feuer legen, eintreten, garantieren, gewährleisten, [2]haften. **b)** *(für einen Schaden o. Ä., den man selbst oder ein anderer verursacht hat) die Kosten tragen:* die Eltern haben/sind für den Schaden eingestanden, den ihre Kinder verursacht haben. **Syn.:** aufkommen, geradestehen, [2]haften, Schadenersatz leisten, [wieder]gutmachen.

ein|stei|gen [ˈai̯nʃtai̯gn̩], stieg ein, eingestiegen ⟨itr.; ist⟩:
1. a) *in ein Fahrzeug steigen* /Ggs. aussteigen/: in eine Straßenbahn, ein Auto einsteigen. **b)** (ugs.) *(in ein Unternehmen) als Teilhaber eintreten* /Ggs. aussteigen/: sie ist mit einer hohen Summe in das Projekt eingestiegen. **c)** *beginnen, sich in einem bestimmten Bereich zu betätigen:* in die große Politik einsteigen. **Syn.:** aktiv werden, sich betätigen, sich beteiligen, sich engagieren, mitmachen.
2. *sich durch Hineinklettern [unrechtmäßig] Zugang verschaffen:* ein Unbekannter ist während der Nacht in das Geschäft eingestiegen. **Syn.:** einbrechen, eindringen.

ein|stel|len [ˈai̯nʃtɛlən], stellte ein, eingestellt:
1. ⟨tr.; hat⟩ *in etwas (als den dafür bestimmten Platz) stellen:* Bücher [ins Regal] einstellen. **Syn.:** einordnen, einräumen, einreihen.
2. ⟨tr.; hat⟩ *(jmdm. in seinem Unternehmen) Arbeit, eine Stelle geben:* neue Mitarbeiter einstellen. **Syn.:** anheuern (ugs.), anstellen, anwerben, [1]berufen, beschäftigen, engagieren, in Lohn und Brot nehmen (veraltend), verpflichten.
3. ⟨tr.; hat⟩ *(eine Tätigkeit o. Ä.) [vorübergehend] nicht fortsetzen:* die Produktion, die Arbeit einstellen; das Rauchen einstellen. **Syn.:** abbrechen, abschließen, aufgeben, aufstecken (ugs.), beenden, beschließen, entsagen (geh.), fallen lassen, niederschlagen, unterbrechen.
4. ⟨tr.; hat⟩ *(ein technisches Gerät) so richten, dass es nach Wunsch funktioniert:* das Radio leise einstellen; den Fotoapparat auf eine bestimmte Entfernung einstellen; sie stellte einen anderen Sender ein.
5. ⟨+ sich⟩ *zu einem festgelegten Zeitpunkt kommen, sich einfinden:* er will sich um 8 Uhr [bei uns] einstellen. **Syn.:** ankommen, anreisen, anrücken (ugs.), antreten, auftauchen, einlaufen, eintreffen, erscheinen.
6. ⟨+ sich⟩ **a)** *sich innerlich (auf etwas) vorbereiten:* sie hatten sich auf großen Besuch eingestellt. **Syn.:** sich einrichten, sich rüsten für (geh.), sich wappnen für. **b)** *sich (jmdm.) anpassen, sich (nach jmdm.) richten:* man muss sich auf sein Publikum einstellen.

Ein|stel|lung [ˈai̯nʃtɛlʊŋ], die; -, -en:
inneres Verhältnis, das jmd. zu einer bestimmten Sache oder Person hat: wie ist deine Einstellung zu diesen politischen Ereignissen? **Syn.:** Anschauung, Ansicht, Auffassung, Denkart, Denkweise, Gesinnung, Meinung, Mentalität, Standpunkt, Urteil, Vorstellung, Weltanschauung.

Ein|stieg [ˈai̯nʃtiːk], der; -[e]s, -e:
1. *Stelle (an einem Fahrzeug), an der man einsteigen kann* /Ggs. Ausstieg/: bei dieser Straßenbahn ist der Einstieg hinten. **Syn.:** Eingang, Tür, Zugang.
2. (ugs.) *Beginn einer Teilnahme [an etwas, das sich in einer Entwicklung befindet]:* der Einstieg ins Berufsleben; den Einstieg ins Russlandgeschäft wagen.

eins|tig [ˈai̯nstɪç] ⟨Adj.⟩:
in einer zurückliegenden Zeit, zu einem früheren Zeitpunkt: die einstigen Kolonialmächte. **Syn.:** alt, ehemalig, früher, von damals.

ein|stim|mig [ˈai̯nʃtɪmɪç] ⟨Adj.⟩:
(bei einer Wahl o. Ä.) mit allen abgegebenen Stimmen: ein einstimmiger Beschluss; die Präsidentin wurde einstimmig gewählt. **Syn.:** einhellig, einmütig.

einst|mals [ˈai̯nstmaːls] ⟨Adverb⟩ (geh.):
vor langer Zeit: in diesem Wald lebte einstmals ein Riese. **Syn.:** anno dazumal (veraltend, oft scherzh.), anno Tobak (ugs. scherzh.), damals, dereinst (geh.), ehemals, [1]einmal, einst, [2]früher, seinerzeit, vor Zeiten.

ein|strei|chen [ˈai̯nʃtrai̯çn̩], strich ein, eingestrichen ⟨tr.; hat⟩ (ugs.):
für sich vereinnahmen, nehmen: den ganzen Profit, hohe Gewinne einstreichen. **Syn.:** einnehmen, einsammeln, einstecken, eintreiben, erheben, kassieren.

ein|stu|die|ren [ˈai̯nʃtudiːrən], studierte ein, einstudiert ⟨tr.; hat⟩:
a) *sich etwas (was man vor einem Publikum vortragen möchte) durch intensives Üben, Auswendiglernen aneignen:* eine Rolle, ein Lied einstudieren. **Syn.:** einüben, sich erarbeiten, lernen, proben, probieren. **b)** *(ein Bühnenwerk o. Ä.) in längerer Probenarbeit für eine Aufführung vorbereiten:*

E eins

eine Oper, ein Ballett einstudieren.

ein|stu|fen ['ai̯nʃtu:fn̩], stufte ein, eingestuft ⟨tr.; hat⟩:
jmdn., etwas in eine Kategorie [die Teil einer Hierarchie ist] einordnen: jmdn. in eine höhere Steuerklasse einstufen; jmdn. als harmlos, gefährlich, gewaltbereit einstufen; einen Film als jugendgefährdend einstufen.

Ein|sturz ['ai̯nʃtʊrt͡s], der; -es, Einstürze ['ai̯nʃtʏrt͡sə]:
das Einstürzen: beim Einsturz des Hauses wurden zwei Menschen verletzt.

ein|stür|zen ['ai̯nʃtʏrt͡sn̩], stürzte ein, eingestürzt ⟨itr.; ist⟩:
mit großer Gewalt, plötzlich in sich zusammenbrechen, in Trümmer fallen: das alte Gemäuer stürzte ein. **Syn.:** einbrechen, einfallen, zusammenfallen.

einst|wei|len ['ai̯nst'vai̯lən] ⟨Adverb⟩ (geh.):
a) *fürs Erste, zunächst einmal:* einstweilen bleibt uns nichts übrig, als abzuwarten. **Syn.:** als Erstes, bis auf Weiteres, erst einmal, erst mal, vorerst, vorläufig, zuerst, zunächst. **b)** *in der Zwischenzeit (während gleichzeitig etwas anderes geschieht):* ich muss noch den Salat machen, du kannst einstweilen schon den Tisch decken. **Syn.:** indes[sen] (geh.), inzwischen, unterdessen.

Ein|tags|flie|ge ['ai̯nta:ksfli:gə], die; - (ugs.):
etwas, was nur kurze Zeit Bedeutung hat oder besteht, was ohne Dauer ist: nun muss die Sportlerin beweisen, dass ihre gute Leistung keine Eintagsfliege war.

ein|tau|chen ['ai̯ntau̯xn̩], tauchte ein, eingetaucht:
1. ⟨tr.; hat⟩ *(in eine Flüssigkeit) hineintauchen:* sie hat die Feder in die Tinte eingetaucht. **Syn.:** senken, tauchen, tunken, versenken.
2. ⟨itr.; ist⟩ *unter Wasser gehen:* das Unterseeboot taucht ein.

ein|tau|schen ['ai̯ntau̯ʃn̩], tauschte ein, eingetauscht ⟨tr.; hat⟩:
hingeben und dafür etwas von gleichem Wert erhalten, (gegen etwas) tauschen: Briefmarken gegen/für/in andere eintauschen. **Syn.:** umtauschen, wechseln.

ein|tei|len ['ai̯ntai̯lən], teilte ein, eingeteilt ⟨tr.; hat⟩:
1. *in Teile, Teilbereiche untergliedern:* Pflanzen in/nach Arten einteilen; ein Buch in Kapitel einteilen. **Syn.:** aufteilen, gliedern, gruppieren, klassifizieren, ordnen, sortieren, staffeln, teilen, unterteilen.
2. *planvoll, überlegt aufteilen:* du musst dir deine Zeit, dein Geld gut einteilen; ich habe mir die Arbeit genau eingeteilt. **Syn.:** abmessen, disponieren (bildungsspr.), dosieren, haushalten mit, planen, rationieren.

ein|tö|nig ['ai̯ntø:nɪç] ⟨Adj.⟩:
aufgrund von Gleichförmigkeit [als] langweilig, ohne Reiz [empfunden]: ein eintöniges Leben; eine eintönige Gegend; diese Arbeit ist zu eintönig. **Syn.:** einförmig, gleichförmig, monoton, trist.

Ein|tracht ['ai̯ntraxt], die; -:
Zustand der Einmütigkeit, der Harmonie mit anderen: in [Frieden und] Eintracht miteinander leben. **Syn.:** Harmonie.

ein|träch|tig ['ai̯ntrɛçtɪç] ⟨Adj.⟩:
in Harmonie mit anderen [lebend]: einträchtig beieinandersitzen. **Syn.:** brüderlich, einig, einmütig, friedlich, harmonisch.

ein|tra|gen ['ai̯ntra:gn̩], trägt ein, trug ein, eingetragen:
1. a) ⟨tr.; hat⟩ *in etwas dafür Vorgesehenes schreiben* /Ggs. austragen/: seinen Namen in eine/(seltener:) einer Liste eintragen; einen Vermerk ins Klassenbuch eintragen. **Syn.:** aufschreiben, festhalten, notieren. **b)** ⟨+ sich⟩ *seinen Namen in etwas hineinschreiben:* ich habe mich in das Goldene Buch der Stadt eingetragen.
2. ⟨itr.; hat⟩ *(jmdm. Gewinn, Erfolg o. Ä.) verschaffen, bringen:* das Geschäft trägt wenig ein; ihr Fleiß trug ihr Anerkennung ein. **Syn.:** abwerfen, bringen, einbringen.

ein|träg|lich ['ai̯ntrɛ:klɪç] ⟨Adj.⟩:
gewinn- oder Vorteil bringend; so geartet, dass es lohnt: ein einträgliches Geschäft; diese Tätigkeit war für uns sehr einträglich. **Syn.:** lukrativ (bildungsspr.), rentabel.

ein|tref|fen ['ai̯ntrɛfn̩], trifft ein, traf ein, eingetroffen ⟨itr.; ist⟩:
1. *am Zielort ankommen:* die Reisenden werden um fünf Uhr eintreffen; die Pakete sind noch nicht eingetroffen. **Syn.:** anlangen, anreisen, anrücken (ugs.), auftauchen, sich einfinden, einlaufen, sich einstellen, erscheinen, kommen.
2. *sich entsprechend einer Voraussage oder Ahnung erfüllen:* alles ist eingetroffen, wie man es ihnen prophezeit hatte. **Syn.:** in Erfüllung gehen, sich verwirklichen, wahr werden.

ein|trei|ben ['ai̯ntrai̯bn̩], trieb ein, eingetrieben ⟨tr.; hat⟩:
(Außenstände, eine geschuldete Geldsumme) durch nachdrückliche Zahlungsaufforderung oder durch Zwangsmaßnahmen einziehen: Schulden, Steuern eintreiben. **Syn.:** einsammeln, kassieren.

ein|tre|ten ['ai̯ntre:tn̩], tritt ein, eingetreten:
1. ⟨itr.; ist⟩ *in einen Raum hineingehen oder hereinkommen:* ich bin in das Zimmer eingetreten; bitte treten Sie ein! **Syn.:** [1]betreten.
2. ⟨itr.; ist⟩ **a)** *mit etwas beginnen; etwas eröffnen, anfangen lassen:* in ein Gespräch, in den Krieg, in Verhandlungen eintreten; die Verhandlungen sind in eine neue Phase eingetreten *(sind in ein neues Stadium gelangt, gekommen)*. **Syn.:** aufnehmen, sich machen an. **b)** *sich ereignen; Wirklichkeit werden:* der Tod war unerwartet eingetreten; was wir befürchteten, ist nicht eingetreten; eine Stille war eingetreten *(es war still geworden)*; eine Besserung ist eingetreten *(es ist besser geworden)*. **Syn.:** sich begeben (geh.), erfolgen, geschehen, kommen, passieren, stattfinden, sich vollziehen, vorfallen.
3. ⟨itr.; ist⟩ *Mitglied werden* /Ggs. austreten/: ich trete in die Partei, in den Verein ein. **Syn.:** sich anschließen, beitreten.
4. ⟨tr.; hat⟩ *durch heftiges Dagegentreten zertrümmern (um sich Zugang zu verschaffen):* als niemand öffnete, trat er die Tür ein. **Syn.:** demolieren, kaputt machen (ugs.), zerschmettern, zerstören, zu Kleinholz machen (ugs.).
5. ⟨itr.; ist⟩ *für jmdn., etwas*

öffentlich, mit Entschiedenheit Partei ergreifen, sich zu jmdm., einer Sache bekennen: sie ist mutig für mich, für ihren Glauben eingetreten. **Syn.:** eine Lanze brechen, einstehen, sich engagieren, kämpfen, sich identifizieren mit, verfechten, verteidigen, sich verwenden (geh.).

Ein|tritt ['ai̯ntrɪt], der; -[e]s, -e:
1. ⟨ohne Plural⟩ *das Eintreten:* Eintritt verboten!
2. *[mit der Entrichtung einer Gebühr verbundener] Zugang zu etwas:* der Eintritt kostet fünf Euro; Kinder haben freien Eintritt.
3. *Übergang in eine neue, bedeutende Veränderungen mit sich bringende Phase:* nach Eintritt ins Berufsleben, in den Ruhestand.

Ein|tritts|kar|te ['ai̯ntrɪt͜skartə], die; -, -n:
Karte, die zum Besuch von etwas berechtigt: eine Eintrittskarte lösen, kaufen; die Eintrittskarte am Eingang vorzeigen. **Syn.:** Billett (schweiz., sonst veraltet), Ticket.

ein|üben ['ai̯nǀy:bn̩], übte ein, eingeübt ⟨tr.; hat⟩:
1. *einstudieren:* ein Lied, einen Volkstanz einüben. **Syn.:** sich aneignen, sich erarbeiten, erlernen, lernen, studieren.
2. *sich ein Verhalten o. Ä. bewusst zu eigen machen:* Toleranz einüben.

ein|ver|lei|ben ['ai̯nfɛɐ̯lai̯bn̩], verleibte ein, einverleibt:
1. a) ⟨tr.; hat⟩ *etwas in etwas Bestehendes mit hineinnehmen, darin aufgehen lassen:* das wertvolle Stück seiner Sammlung einverleiben. **b)** *(ein Land, ein Unternehmen) [gegen dessen Willen] in seinen Besitz bringen:* der Marktführer hat sich einen weiteren Konkurrenten einverleibt; das Land will sich die abtrünnigen Regionen zur Not mit Gewalt einverleiben.
2. ⟨+ sich⟩ (oft scherzh.) *eine größere Menge von etwas zu sich nehmen:* ich habe mir drei Stücke Kuchen einverleibt. **Syn.:** essen, verzehren (geh.).

ein|ver|stan|den ['ai̯nfɛɐ̯ʃtandn̩]:
in der Wendung **mit jmdm., etwas einverstanden sein:** *keine Einwände gegen jmdn., etwas haben, einer Sache zustimmen:* ich war mit dem Vorschlag einverstanden. **Syn.:** etwas absegnen (ugs.); etwas für richtig halten; etwas gutheißen; etwas legitimieren; etwas richtig finden; etwas sanktionieren (bildungsspr.); etwas zugestehen; in etwas einwilligen; jmdn., etwas akzeptieren; jmdn., etwas annehmen; jmdn., etwas bejahen; jmdn., etwas billigen; jmdn., etwas tolerieren; mit jmdm., etwas übereinstimmen.

Ein|ver|ständ|nis ['ai̯nfɛɐ̯ʃtɛntnɪs], das; -ses:
Billigung, Zustimmung: sein Einverständnis zu etwas geben, erklären; im Einverständnis mit seinem Partner handeln. **Syn.:** Erlaubnis, Genehmigung, Lizenz.

Ein|wand ['ai̯nvant], der; -[e]s, Einwände ['ai̯nvɛndə]:
(gegen etwas vorgebrachte) abweichende Auffassung: sein Einwand gegen diesen Vorschlag ist berechtigt; einen Einwand vorbringen, haben, übergehen, zurückweisen.

Ein|wan|de|rer ['ai̯nvandərɐ], der; -s, -, **Ein|wan|de|rin** ['ai̯nvandərɪn], die; -, -nen:
Person, die in ein Land einwandert oder eingewandert ist: die Einwanderer müssen besser integriert werden. **Syn.:** Immigrant, Immigrantin.

ein|wan|dern ['ai̯nvandɐn], wanderte ein, eingewandert ⟨itr.; ist⟩:
sich in ein fremdes Land begeben, um dort eine neue Heimat zu finden /Ggs. auswandern/: sie sind 1848 nach Amerika eingewandert.

ein|wand|frei ['ai̯nvantfrai̯] ⟨Adj.⟩:
a) *zu keiner Beanstandung Anlass gebend, ohne Fehler oder Mängel:* eine einwandfreie Ware; einwandfrei funktionieren. **Syn.:** fehlerlos, in Ordnung, makellos, perfekt, tadellos, untadelig, vollendet, vollkommen, vollwertig. **b)** *eindeutig, zu keinem Zweifel Anlass gebend:* einwandfreie Beweise; das ist einwandfrei erwiesen. **Syn.:** eindeutig, klar, ohne Zweifel, unstreitig, unzweideutig, wirklich, zweifellos, zweifelsohne.

ein|wärts ['ai̯nvɛrt͜s] ⟨Adverb⟩:
nach innen (gerichtet, gebogen o. Ä.) /Ggs. auswärts/: die Füße einwärts aufsetzen.

ein|wech|seln ['ai̯nvɛksl̩n], wechselte ein, eingewechselt ⟨tr.; hat⟩:
1. *(Geld in eine andere Währung) eintauschen:* Dollar in/(seltener:) gegen Euro einwechseln. **Syn.:** tauschen, wechseln.
2. *einen Spieler, eine Spielerin gegen einen anderen, eine andere austauschen:* er wurde erst im letzten Drittel eingewechselt.

Ein|weg- [ai̯nve:k] ⟨Bestimmungswort⟩:
nach dem Gebrauch wegzuwerfen; nicht für eine wiederholte Verwendung vorgesehen: Einwegflasche; Einwegspritze. **Syn.:** Wegwerf-.

ein|wei|chen ['ai̯nvai̯çn̩], weichte ein, eingeweicht ⟨tr.; hat⟩:
a) *(Wäsche) vor dem Waschen in eine bestimmte Lauge legen, damit sich der Schmutz löst:* Wäsche einweichen. **b)** *in Wasser o. Ä. legen, damit es weich wird:* Erbsen einweichen; Brötchen in Milch einweichen. **Syn.:** [1]weichen.

ein|wei|hen ['ai̯nvai̯ən], weihte ein, eingeweiht ⟨tr.; hat⟩:
1. a) *(ein Bauwerk nach seiner Fertigstellung) in einem Festakt seiner Bestimmung übergeben:* ein Theater, eine Kirche einweihen. **b)** (ugs. scherzh.) *zum ersten Mal tragen, verwenden; in Gebrauch nehmen:* gestern hat sie ihr neues Kleid eingeweiht.
2. *jmdn. mit etwas, was er noch nicht weiß oder kennt, was nicht allgemein bekannt ist, was als vertraulich behandelt werden soll, vertraut machen:* sie weihte ihn in ihre Pläne ein; er ist nicht eingeweiht. **Syn.:** informieren, ins Bild setzen.

ein|wei|sen ['ai̯nvai̯zn̩], wies ein, eingewiesen ⟨tr.; hat⟩:
1. *(in amtlicher Funktion) veranlassen, dass jmd. an einem bestimmten Ort aufgenommen, untergebracht wird:* jmdn. ins Krankenhaus, in ein Heim einweisen. **Syn.:** bringen lassen, einquartieren, unterbringen.
2. *(jmdm. an seinem [neuen] Arbeitsplatz) die nötigen Instruktionen und Weisungen zu seiner Arbeit geben:* der Chef hat sie [in ihre neue

Arbeit] eingewiesen. **Syn.:** anleiten, anlernen, anweisen, ausbilden, einarbeiten, einführen, unterweisen (geh.), vertraut machen mit.
3. *(einen Autofahrer, eine Autofahrerin) durch Handzeichen an eine bestimmte Stelle o. Ä. dirigieren:* sie wies ihn in die Parklücke ein. **Syn.:** lotsen, manövrieren.

ein|wen|den ['ai̯nvɛndn̩], wandte/wendete ein, eingewandt/eingewendet ⟨tr.; hat⟩:
einen Einwand gegen jmdn., etwas vorbringen: gegen diesen Vorschlag habe ich nichts einzuwenden. **Syn.:** entgegenhalten, entgegnen, erwidern, kontern.

ein|wer|fen ['ai̯nvɛrfn̩], wirft ein, warf ein, eingeworfen:
1. ⟨tr.; hat⟩ *(durch eine Öffnung, einen Schlitz) in einen Behälter o. Ä. hineinschieben, -fallen lassen:* eine Münze in den Automaten einwerfen; eine Postkarte [in den Briefkasten] einwerfen.
2. ⟨tr.; hat⟩ *durch einen Wurf zertrümmern:* eine Fensterscheibe einwerfen. **Syn.:** demolieren, kaputt machen (ugs.).
3. ⟨tr.; hat⟩ *[den Ball] ins Spielfeld werfen:* wer wirft den Ball ein?; ⟨auch itr.⟩ er wirft immer sehr weit ein.
4. ⟨tr.; hat⟩ *in einem Gespräch eine [kritische] Zwischenbemerkung machen:* eine kritische Bemerkung einwerfen; sie warf ein, dass der letzte Punkt nicht schriftlich festgehalten worden sei. **Syn.:** anbringen, anführen, äußern.

ein|wi|ckeln ['ai̯nvɪkl̩n], wickelte ein, eingewickelt ⟨tr.; hat⟩:
1. *(zum Schutz o. Ä.) in etwas wickeln, hüllen:* ein Geschenk in buntes Papier einwickeln; einen Kranken in warme Decken einwickeln. **Syn.:** einpacken, einschlagen, verpacken.
2. (ugs.) *durch geschickte Reden, Schmeicheleien o. Ä. für sich gewinnen:* sie hat ihn vollkommen eingewickelt. **Syn.:** betören, blenden, um den Finger wickeln (ugs.).

ein|wil|li|gen ['ai̯nvɪlɪgn̩], willigte ein, eingewilligt ⟨itr.; hat⟩:
(einer Sache) zustimmen, (mit etwas) einverstanden sein: ich willigte [in den Vorschlag] ein. **Syn.:** akzeptieren, annehmen, bejahen, billigen, seine Einwilligung geben.

Ein|wil|li|gung ['ai̯nvɪlɪgʊŋ], die; -, -en:
das Einwilligen; die Zustimmung, das Einverständnis: die Einwilligung der Eltern ist nötig; seine Einwilligung zu etwas geben. **Syn.:** Billigung.

ein|wir|ken ['ai̯nvɪrkn̩], wirkte ein, eingewirkt ⟨itr.; hat⟩:
1. *jmdn., etwas gezielt beeinflussen; Einfluss nehmen:* die Mutter wirkte beruhigend auf ihr Kind ein.
2. *eine bestimmte Wirkung entfalten:* die Salbe über Nacht einwirken lassen. **Syn.:** sich auswirken, beeinflussen, wirken.

Ein|woh|ner ['ai̯nvo:nɐ], der; -s, -, **Ein|woh|ne|rin** ['ai̯nvo:nərɪn], die; -, -nen:
Person, die innerhalb von etwas, in etwas (Gebiet, Raum) wohnt: die Stadt hat zwei Millionen Einwohner; als Einwohnerin von München missfällt mir hier auch manches. **Syn.:** Bewohner, Bewohnerin.

Ein|wurf ['ai̯nvʊrf], der; -[e]s, Einwürfe ['ai̯nvʏrfə]:
1. *das Einwerfen des Balls:* ein missglückter Einwurf.
2. *kurze, meist kritische Zwischenbemerkung, die jmd. (in einer Diskussion o. Ä.) macht:* einen berechtigten Einwurf machen. **Syn.:** Anmerkung, Äußerung, Bemerkung, Kommentar.

ein|zah|len ['ai̯nt͜sa:lən], zahlte ein, eingezahlt ⟨tr.; hat⟩:
a) *(eine Geldschuld auf das Konto des Empfängers) überweisen:* sie zahlte ihre Miete auf das Konto des Vermieters ein. **b)** *(einen Geldbetrag) als Einlage auf sein Sparkonto buchen lassen* /Ggs. abheben/: monatlich 200 Euro auf sein Sparkonto einzahlen. **Syn.:** zahlen.

ein|zäu|nen ['ai̯nt͜sɔy̯nən], zäunte ein, eingezäunt ⟨tr.; hat⟩:
mit einem Zaun umgeben: ein Grundstück einzäunen.

Ein|zel|gän|ger ['ai̯nt͜sl̩gɛŋɐ], der; -s, -, **Ein|zel|gän|ge|rin** ['ai̯nt͜sl̩gɛŋərɪn], die; -, -nen:
Person, die sich nicht an andere anschließt, die lieber für sich ist: sie war schon als Kind eine Einzelgängerin. **Syn.:** Außenseiter, Außenseiterin, Eigenbrötler (oft abwertend), Eigenbrötlerin (oft abwertend), Individualist, Individualistin, Kauz (ugs.), Sonderling.

Ein|zel|heit ['ai̯nt͜sl̩hai̯t], die; -, -en:
einzelner Teil, Umstand eines größeren Ganzen: er berichtete den Vorfall in allen Einzelheiten; auf Einzelheiten kann ich jetzt nicht weiter eingehen. **Syn.:** Detail.

ein|zeln ['ai̯nt͜sl̩n] ⟨Adj.⟩:
1. *für sich allein; nicht mit anderen zusammen; gesondert:* wie soll das eine einzelne Person schaffen können?; die Gäste kamen einzeln; bitte einzeln eintreten!; jeder Einzelne; darauf kann ich im Einzelnen *(genauer)* nicht eingehen. **Syn.:** [1]allein, extra, für sich, isoliert, separat, solo (ugs.).
2. *manche[s], einige[s] aus einer größeren Anzahl oder Menge:* einzelne Schauer; einzelne gute Bilder; Einzelnes hat mir gefallen; es sind nur Einzelne, die dies behaupten. **Syn.:** ein paar, einig..., einige wenige, manch, wenig.

Ein|zel|zim|mer ['ai̯nt͜sl̩t͜sɪmɐ], das; -s, -:
Zimmer (im Hotel) mit einem Bett, für eine Person: haben Sie noch ein Einzelzimmer für die Nacht von Mittwoch auf/zu Donnerstag?

ein|zie|hen ['ai̯nt͜si:ən], zog ein, eingezogen:
1. ⟨tr.; hat⟩ **a)** *(ein Körperteil) in Richtung Körpermittelpunkt bewegen:* den Kopf, den Bauch einziehen. **b)** *zu sich hin ziehen:* die Netze, die Segel, die Fahne einziehen. **Syn.:** bergen, einholen.
2. ⟨tr.; hat⟩ **a)** *(privaten Besitz) beschlagnahmen:* der Staat zog ihren Besitz ein. **Syn.:** enteignen, pfänden, sicherstellen.
b) *(Beträge, zu deren Zahlung man [gesetzlich] verpflichtet ist) kassieren:* die Bank zog

den Betrag ein. **Syn.:** einsammeln, eintreiben.
3. ⟨tr.; hat⟩ *zum [Militär]dienst einberufen:* ein weiterer Jahrgang wurde eingezogen. **Syn.:** rekrutieren.
4. ⟨itr.; ist⟩ *(in einem [feierlichen] Zug) gemeinsam, in einer Kolonne hineinmarschieren:* die Mannschaften ziehen in das Stadion ein. **Syn.:** [1]betreten, einmarschieren, eintreten, gehen.
5. ⟨itr.; ist⟩ *(mit seiner Habe) in eine Wohnung, ein Haus, ein Zimmer ziehen:* wir zogen am nächsten Tag [in das Haus] ein. **Syn.:** beziehen.
6. ⟨itr.; ist⟩ *eindringen:* die Salbe zieht schnell [in die Haut] ein.

[1]ein|zig [ˈai̯ntsɪç] ⟨Adj.⟩:
a) *nicht mehrfach vorkommend, sondern alleinig:* sie verlor ihre einzige Tochter; wir waren die einzigen Gäste, die Einzigen; das ist der einzige Weg ins Dorf; mit einem einzigen Schlag zerschlug er den Ziegelstein; die einzige Sitzung, an der ich nicht teilnehmen konnte; ich hatte als Einzige Bedenken; das war das Einzige, was sich erreichen ließ. **b)** *nicht häufig vorkommend; unvergleichlich in seiner Art:* er, das ist einzig in seiner Art; diese Leistung steht einzig da; sie ist einzig schön. **Syn.:** außergewöhnlich, außerordentlich, beispiellos, einmalig (emotional), einzigartig, ohne Beispiel.

[2]ein|zig [ˈai̯ntsɪç] ⟨Adverb⟩:
allein, nur: einzig [und allein] er ist schuld; das ist einzig [und allein] deine Schuld; der einzig gangbare Weg; das einzig Richtige.

ein|zig|ar|tig [ˈai̯ntsɪçlaːɐ̯tɪç] ⟨Adj.⟩:
unvergleichlich in seiner Art, Qualität o. Ä.: eine einzigartige Leistung; der Ausblick ist einzigartig. **Syn.:** außergewöhnlich, außerordentlich, beispiellos, einmalig (emotional), unnachahmlich, unverwechselbar.

Ein|zug [ˈai̯ntsuːk], der; -[e]s, Einzüge [ˈai̯ntsyːgə]:
1. *das Einziehen* (5), *Umziehen* /Ggs. Auszug/: der Einzug in eine neue Wohnung. **Syn.:** Umzug.
2. *[feierliches] Einmarschieren, Einziehen* (4) *in etwas (z. B. in eine Stadt):* der Einzug der Athleten in das Stadion.

Eis [ai̯s], das; -es:
a) *hart-spröde Masse, die durch gefrierendes Wasser entsteht:* das Eis auf dem See schmilzt, bricht, trägt noch nicht; zu Eis werden. **Zus.:** Gletschereis, Polareis.
b) *gefrorene Süßspeise, die aus Milch, Sahne oder Saft und verschiedenen Geschmacksstoffen zubereitet wird:* [ein] Eis essen, lecken, schlecken; Eis am Stiel. **Zus.:** Erdbeereis, Schokoladeneis, Vanilleeis, Zitroneneis.

Eis|ca|fé [ˈai̯skafeː], das; -s, -s:
kleineres Lokal, in dem es vorwiegend Eisspezialitäten gibt: ins Eiscafé gehen.

Eis|die|le [ˈai̯sdiːlə], -, -n:
Eiscafé: die Eisdiele hat/ist im Sommer geschlossen.

Ei|sen [ˈai̯zn̩], das; -s:
weißlich graues, schweres Metall, das leicht rostet: das Tor ist aus Eisen.

Ei|sen|bahn [ˈai̯zn̩baːn], die; -, -en (veraltend):
auf Schienen fahrendes Verkehrsmittel, das [weiter voneinander entfernt liegende] Orte miteinander verbindet: damals fuhr man mit der Eisenbahn. **Syn.:** Bahn, Zug. **Zus.:** Spielzeugeisenbahn.

ei|sern [ˈai̯zɐn] ⟨Adj.⟩:
1. *aus Eisen bestehend:* ein eisernes Geländer. **Syn.:** metallen.
2. a) *unerschütterlich, standhaft:* ein eiserner Wille; eine eiserne Gesundheit; eisern schweigen, sparen. **Syn.:** fest, konsequent, unbeugsam.
b) *unerbittlich hart, streng (an etwas festhaltend):* mit eiserner Strenge.

Eis|ho|ckey [ˈai̯shɔke], das; -s:
Mannschaftsspiel, das dem Hockey ähnelt, aber mit Schlittschuhen auf einer Eisfläche gespielt wird: er spielt Eishockey; ⟨subst.⟩ beim Eishockeyspielen hat er den Puck an den Kopf bekommen.

ei|sig [ˈai̯zɪç] ⟨Adj.⟩:
1. *sehr kalt:* ein eisiger Wind; die Luft war eisig. **Syn.:** eiskalt.
2. *abweisend und ablehnend:* ein eisiger Empfang; eisiges Schweigen. **Syn.:** kalt, reserviert, spröde, unnahbar, unzugänglich, verschlossen, zugeknöpft (ugs.).

eis|kalt [ˈai̯sˈkalt] ⟨Adj.⟩:
1. *[als] sehr kalt, eisig [empfunden]:* ein eiskalter Raum; ein Getränk eiskalt servieren. **Syn.:** kalt.
2. *sehr nüchtern, von keinerlei Gefühlsregungen beeinflusst:* ein eiskalter Killer; etwas eiskalt mit einkalkulieren. **Syn.:** kalt, kaltblütig.

Eis|kunst|lauf [ˈai̯skʊnstlau̯f], der; -[e]s:
zur Musik dargebotene, künstlerische Form des Eislaufens mit zahlreichen [beim Wettkampf vorgeschriebenen] Figuren und Sprüngen: sie ist Europameisterin im Eiskunstlauf.

eis|lau|fen [ˈai̯slau̯fn̩], läuft eis, lief eis, eisgelaufen ⟨itr.; ist⟩:
sich mit Schlittschuhen auf dem Eis bewegen: wir sind früher gern eisgelaufen.

Eis|zeit [ˈai̯stsai̯t], die; -, -en:
Zeitalter in der Geschichte der Erde, in dem große Gebiete ihrer Oberfläche mit Eis bedeckt waren: die letzte Eiszeit endete vor circa 11 000 Jahren.

ei|tel [ˈai̯tl̩] ⟨Adj.⟩ (abwertend):
auf sein Äußeres (z. B. Kleidung) besonderen Wert legend und dabei selbstgefällig wirkend: er ist zu eitel, einen Fahrradhelm zu tragen; eitel drehte sie sich vor dem Spiegel hin und her. **Syn.:** affig (ugs. abwertend), kokett.

Ei|tel|keit [ˈai̯tl̩kai̯t], die; -, -en (abwertend):
das Eitelsein: seine Eitelkeit macht ihn so unbeliebt.

Ei|ter [ˈai̯tɐ], der; -s:
gelbliche, dickflüssige Absonderung, die sich bei einer Entzündung bildet: in der Wunde hat sich Eiter gebildet.

ei|tern [ˈai̯tɐn] ⟨itr.; hat⟩:
Eiter absondern: die Wunde eitert.

eit|rig [ˈai̯trɪç] ⟨Adj.⟩:
Eiter absondernd: eine eitrige Wunde.

Ei|weiß [ˈai̯vai̯s], das; -es, -e:

1. ‹ohne Plural› *den Dotter umgebender farbloser Bestandteil des Hühner-, Vogeleis:* Eiweiß und Dotter trennen; (in Maßangaben) drei Eiweiß zu Schnee schlagen.
2. *Substanz, die einen wichtigen Baustoff von pflanzlichen und tierischen Körpern darstellt:* Kartoffeln, Hülsenfrüchte und Nüsse liefern viel pflanzliches Eiweiß.

Ekel ['e:kl̩], der; -s:
heftiger Widerwille (der häufig durch Geruch, Geschmack oder Aussehen ausgelöst wird): einen Ekel vor fettem Fleisch haben; sich voll Ekel von jmdm. abwenden. **Syn.:** Abneigung, Abscheu, Antipathie (bildungsspr.), Aversion (geh.), Gräuel, Widerwille.

ekel|haft ['e:kl̩haft] ‹Adj.›:
1. *Abscheu, Widerwillen erregend, Ekel hervorrufend:* ein ekelhaftes Tier; eine ekelhafte Tat; ekelhaft riechen, schmecken, aussehen. **Syn.:** abscheulich, abstoßend, eklig, fies (ugs.), garstig, grässlich (ugs.), gräulich (emotional), hässlich, scheußlich, unappetitlich, widerlich (abwertend), widerwärtig.
2. ‹verstärkend bei Adjektiven und Verben› (ugs.) *in einem unangenehm hohen Maße:* es ist ekelhaft kalt draußen. **Syn.:** bitter, entsetzlich, furchtbar, fürchterlich, grauenhaft, höllisch (emotional), irrsinnig, scheußlich, schrecklich.

ekeln ['e:kl̩n]:
a) ‹+ sich› *Ekel empfinden:* ich ekele mich vor Ratten. **Syn.:** zuwider sein. **b)** ‹unpers.; hat› *in jmdm. ein Gefühl des Ekels entstehen lassen:* es ekelt mich/mir vor ihr. **c)** ‹itr.; hat› *bei jmdm. Ekel hervorrufen:* der Anblick ekelt mich. **Syn.:** abstoßen, anekeln, anwidern, entsetzen.

Eklat [e'kla:], der; -s, -s:
großes Aufsehen erregender Vorfall: einen Eklat verursachen; es kam zum Eklat. **Syn.:** Skandal.

ek|lig ['e:klɪç] ‹Adj.›:
1. *so beschaffen, dass es jmdm. Ekel einflößt:* eine eklige Kröte. **Syn.:** abscheulich, abstoßend, ekelhaft, fies (ugs.), garstig, grässlich, gräulich (emotional), hässlich, scheußlich, unappetitlich, widerlich (abwertend), widerwärtig.
2. ‹verstärkend bei Adjektiven und Verben› (ugs.) *(in Bezug auf etwas Unangenehmes) in empfindlichem Maße, sehr:* ich habe mir eklig wehgetan; draußen ist es eklig kalt. **Syn.:** bitter, entsetzlich, furchtbar, fürchterlich (ugs.), höllisch (emotional), scheußlich (ugs. emotional), schrecklich.

Eks|ta|se [ɛk'sta:zə], die; -, -n:
rauschhafter, tranceartiger Zustand: in wilder Ekstase tanzen.

Ek|zem [ɛk'tse:m], das; -s, -e:
juckende, entzündliche Erkrankung der Haut: ein Ekzem in der Ellenbeuge haben. **Syn.:** Ausschlag, Entzündung.

Elan [e'la:n], der; -s:
innerer Schwung: mit viel Elan an eine Aufgabe herangehen. **Syn.:** Begeisterung, Dynamik, Schmiss, Schwung, Temperament.

elas|tisch [e'lastɪʃ] ‹Adj.›:
sich auseinanderziehen, dehnen lassend: ein elastisches Band. **Syn.:** beweglich, biegsam, flexibel, geschmeidig.

Ele|fant [ele'fant], der; -en, -en:
großes, massiges (Säuge)tier von grauer Hautfarbe mit sehr großen Ohren, einem Rüssel und Stoßzähnen: der Elefant trompetet.

ele|gant [ele'gant] ‹Adj.›:
1. *geschmackvoll und vornehm wirkend:* eine elegante Dame; er, sie ist immer sehr elegant gekleidet. **Syn.:** exklusiv, fein, flott, nobel (geh.), schick, smart.
2. *in gewandt und harmonisch wirkender Weise ausgeführt:* eine elegante Verbeugung.

Ele|ganz [ele'gants], die; -:
a) *Vornehmheit, elegantes Äußeres:* sie trug Kleidung von auffallender Eleganz. **b)** *(die Form, den Ausdruck betreffende) Gewandtheit, Kultiviertheit:* der Aufsatz besticht durch die Eleganz des Stils.

elek|trisch [e'lɛktrɪʃ] ‹Adj.›:
1. *durch Elektrizität bewirkt:* elektrische Energie.
2. *durch Elektrizität angetrieben:* ein elektrisches Gerät.

> **elektrisch/elektronisch**
>
> **Elektrisch** ist hervorgegangen aus neulateinisch »electricus« *(durch elektrische Ladung) magnetisch.* Es bedeutet heute *durch Elektrizität bewirkt, durch Elektrizität angetrieben:*
>
> – elektrisches Licht
> – elektrische Geräte.
>
> **Elektronisch** ist dagegen von »Elektronik« abgeleitet und bedeutet *auf der Elektronik* (das ist das Teilgebiet der Elektrotechnik, das sich mit der Entwicklung und Anwendung von Geräten mit Elektronenröhren, Fotozellen, Halbleitern u. Ä. befasst) *beruhend.*
>
> – Es wurde ein elektronischer Fragebogen eingerichtet, um die Antworten später automatisch verarbeiten zu können.
> – Über diesen Katalog können sowohl Bücher als auch elektronische Medien (CD-ROMs) bestellt werden.

Elek|tri|zi|tät [elɛktritsi'tɛ:t], die; -:
(Form der) Energie, mit deren Hilfe Licht, Wärme, Bewegung u. a. erzeugt wird: eine Stadt mit Elektrizität versorgen; Elektrizität in Licht umwandeln. **Syn.:** elektrischer Strom, Strom. **Zus.:** Reibungselektrizität.

elek|tro-, Elek|tro- [e'lɛktro] ‹erster Wortbestandteil›:
elektrisch, Elektrizitäts-, auf Elektrizität beruhend, mit ihrer Hilfe, mit ihr angetrieben o. Ä.: Elektroauto; Elektroboot; Elektrogitarre; Elektroherd; Elektrorasierer; Elektrotechnik; elektrotechnisch.

Elek|tro|nik [elɛk'tro:nɪk], die; -:
Gebiet der Elektrotechnik, auf dem man sich mit der Entwicklung und Verwendung von Geräten mit Elektronenröhren, Fotozellen, Halbleitern u. Ä. befasst: Elektronik studieren.

elek|tro|nisch [elɛk'tro:nɪʃ] ‹Adj.›:
die Elektronik betreffend: elektronische Geräte; eine elektronisch gesteuerte Anlage.

elektronisch / elektrisch:
s. Kasten elektrisch/elektronisch.

Ele|ment [ele'mɛnt], das; -[e]s, -e:
1. *Stoff, der [als Baustein für andere, zusammengesetzte Stoffe] in der Natur vorkommt:* Sauerstoff ist ein chemisches Element.
2. *Erscheinung der Natur von gewaltiger, schwer zu bändigender Kraft (z. B. Feuer, Wasser):* der Kampf mit den Elementen.
3. a) *einzelner Bestandteil, Grundbaustein von etwas:* die Elemente eines Satzes; ein wesentliches Element muss noch berücksichtigt werden. **Syn.:** Teil. **b)** *typisches Merkmal, typischer Wesenszug (von etwas):* die Elemente eines Baustils, des Jazz.
4. *Bereich, in dem jmd. gern und gut in Bezug auf sein Können und seine Interessen tätig ist:* das Tanzen war ihr Element; hier fühle ich mich in meinem Element.
5. ⟨meist Plural⟩ (abwertend) *Mensch als Bestandteil einer nicht geachteten Gruppe:* kriminelle, asoziale Elemente. **Syn.:** Abschaum ⟨Singular⟩ (abwertend), Gesindel ⟨Singular⟩ (abwertend), ²Pack ⟨Singular⟩ (salopp abwertend), Pöbel ⟨Singular⟩ (abwertend).

elend ['e:lɛnt] ⟨Adj.⟩:
a) *von großem Leid bestimmt, großes Leid mit sich bringend:* ein elendes Leben fristen; eine elende Plackerei; er ist elend krepiert. **Syn.:** bedauernswert, jämmerlich (emotional), kläglich, kümmerlich. **b)** *von Armut und Not zeugend:* in einer elenden Behausung wohnen; unter elenden Bedingungen leben. **Syn.:** arm, ärmlich, armselig, dürftig, kärglich, kümmerlich.
c) *in einem sehr schlechten, geschwächten körperlichen Zustand:* in einem elenden Zustand sein; sich elend fühlen; ihm war elend zumute. **Syn.:** abgespannt, erledigt (ugs.), ermattet (geh.), erschöpft, fertig (ugs.), groggy (ugs.), hinfällig, k. o. (ugs.), kaputt (ugs.).
d) (emotional) *niederträchtig (in seinem Denken und Handeln):* das sind doch nichts als elende Lügen; du elender Verräter! **Syn.:** abscheulich, arg (geh., veraltet), erbärmlich, gemein, niedrig, perfid[e] (bildungsspr.), schäbig (abwertend), schandbar (geh.), schändlich, schmählich (geh.), schmutzig, schnöde (geh. abwertend), übel, verächtlich, verwerflich.

Elend ['e:lɛnt], das; -[e]s:
große Armut und Not: das Elend der Bevölkerung; die Krise stürzte viele Familien ins Elend. **Syn.:** Mangel. **Zus.:** Flüchtlingselend.

elf [ɛlf] ⟨Kardinalzahl⟩ (in Ziffern: 11):
elf Personen; elf und eins ist/macht/gibt zwölf.

El|fen|bein ['ɛlfn̩bai̯n], das; -[e]s:
Substanz der Stoßzähne des Elefanten: eine Kette aus Elfenbein.

elf|te ['ɛlftə] ⟨Ordinalzahl⟩ (in Ziffern: 11.):
der elfte Oktober.

Eli|te [e'li:tə], die; -, -n:
a) *Gruppe der Fähigsten, Tüchtigsten (einer Gemeinschaft):* eine Schule für die Heranbildung einer Elite. **Syn.:** Auslese, Auswahl, Kader. **Zus.:** Radsportelite, Schauspielerelite, Unternehmerelite. **b)** *Personengruppe, die eine führende Stellung einnimmt:* die kulturelle, administrative, meinungsbildende Elite.

-ell: ↑ ¹-al/-ell, ²-al/-ell.

Ell|bo|gen ['ɛlbo:gn̩], der; -s, -:
Stelle des Arms, an der Ober- und Unterarm zusammentreffen: ich stieß sie heimlich mit dem Ellbogen an.

El|le ['ɛlə], die; -, -n:
Knochen an der Außenseite des unteren Arms: er hat sich die Elle gebrochen.

El|len|bo|gen ['ɛlənbo:gn̩], der; -s, -:
Ellbogen.

El|lip|se [ɛ'lɪpsə], die; -, -n:
geschlossene Kurve (als geometrische Figur), die die Form eines gestauchten Kreises hat: eine Ellipse zeichnen.

-(e)ln [l̩n] ⟨verbales Suffix⟩:
1. dient zur Abschwächung oder Verminderung von Handlungen und Vorgängen, die häufig »wiederholt« ausgeführt werden oder stattfinden; *ein wenig, etwas:* **a)** ⟨mit verbalem Basiswort⟩ köcheln; werkeln; zischeln. **b)** ⟨mit substantivischem Basiswort⟩ herbsteln; sporteln; witzeln; (das Basiswort ist eine Personenbezeichnung) schwäbeln; sächseln *(in der Art eines Sachsen sprechen).*
c) ⟨mit adjektivischem Basiswort⟩ blödeln; frömmeln *(sich stets [und daher übertrieben] fromm gebärden);* klügeln.
2. ⟨mit substantivischem Basiswort⟩ *etwas in eine bestimmte Form bringen:* häufeln; stückeln.

Els|ter ['ɛlstɐ], die; -, -n:
(zu den Raben gehörender) größerer Vogel mit schwarz-weißem Gefieder: die Elster steht in dem Ruf, diebisch zu sein.

E
Emig

El|tern ['ɛltɐn], die ⟨Plural⟩:
Vater und Mutter: die Eltern spielten mit ihren Kindern. **Syn.:** Erziehungsberechtigte. **Zus.:** Adoptiveltern, Brauteltern, Pflegeeltern.

Email [e'mai̯], das; -s, -s, **Email|le** [e'maljə], die; -, -n:
glasartiger, glänzender Überzug auf Gegenständen aus Metall o. Ä.: hier und da war Email[le] von der Badewanne abgesprungen.

E-Mail ['i:me:l], die, bes. südd., österr. und schweiz.: das; -s, -s:
elektronisch am Computer übermittelte Nachricht: hast du meine E-Mail bekommen?; jemandem ein[e] E-Mail schicken, schreiben, senden; seine E-Mails abrufen.

Eman|zi|pa|ti|on [emants̮ipa'ts̮i̯o:n], die; -, -en:
rechtliche und gesellschaftliche Gleichstellung [besonders der Frauen mit den Männern]: für die Emanzipation der Frau kämpfen. **Syn.:** Gleichberechtigung, Gleichheit.

eman|zi|pie|ren [emants̮i'pi:rən] ⟨+ sich⟩:
sich aus einem Zustand der Abhängigkeit befreien: in einigen Ländern haben sich die Frauen auch heute noch nicht emanzipiert.

Em|bryo ['ɛmbryo], der, österr. auch: das; -s, Embryonen [ɛmbry'o:nən] und -s:
noch ganz im Anfangsstadium der Entwicklung befindlicher Organismus im Mutterleib: in der 7. Schwangerschaftswoche ist der menschliche Embryo 5 bis 8 mm groß.

Emi|grant [emi'grant], der; -en, -en, **Emi|gran|tin** [emi'grantɪn], die; -, -nen:
Person, die ihr Land verlassen hat [um der Verfolgung aufgrund

ihrer Religion, ihrer politischen Überzeugung, ihrer ethnischen Zugehörigkeit o. Ä. zu entgehen]: er sprach mit dem polnischen Emigranten; sie kam 1954 als sowjetische Emigrantin nach Israel. **Syn.:** Auswanderer, Auswanderin.

Emi|gra|ti|on [emigra'tsi̯o:n], die; -, -en:
1. *Auswanderung (besonders aus politischen, wirtschaftlichen od. religiösen Gründen):* die Familie entschied sich zur Emigration.
2. *fremdes Land als Zufluchtsgebiet von Emigranten:* in die Emigration gehen.

emi|grie|ren [emi'gri:rən], emigrierte, emigriert ⟨itr.; ist⟩: *(aus politischen, religiösen o. ä. Gründen) in ein anderes Land auswandern:* sie emigrierten in die Schweiz, nach Frankreich. **Syn.:** ins Ausland gehen, ins Exil gehen.

emo|ti|o|nal [emotsi̯o'na:l] ⟨Adj.⟩: *vom Gefühl bestimmt:* ein emotionales, nicht objektives Urteil; ein sehr emotionaler Mensch; sei nicht so emotional.

Emp|fang [ɛm'pfaŋ], der; -[e]s, Empfänge [ɛm'pfɛŋə]:
1. ⟨ohne Plural⟩ **a)** *das Entgegennehmen (von etwas, was jmdm. gebracht, geschickt wird):* den Empfang einer Ware bestätigen. **Syn.:** Annahme. **b)** *das Hören bzw. Sehen einer Sendung (in Rundfunk oder Fernsehen):* ein gestörter, guter Empfang im Radio. **Zus.:** Fernsehempfang, Rundfunkempfang, Satellitenempfang.
2. ⟨ohne Plural⟩ *[offizielle] Begrüßung, das Willkommenheißen:* ein freundlicher, kühler, herzlicher Empfang. **Syn.:** Begrüßung.
3. *festliche Veranstaltung von kürzerer Dauer [bei einer Person des öffentlichen Lebens]:* der Empfang beim Botschafter; einen Empfang geben. **Zus.:** Neujahrsempfang, Presseempfang.

emp|fan|gen [ɛm'pfaŋən], empfängt, empfing, empfangen ⟨tr.; hat⟩:
1. *etwas, was einem zugedacht, an einen gerichtet ist, entgegennehmen:* Geschenke, einen Brief, ein[e] E-Mail empfangen.
2. *(eine Sendung) im Radio, Fernsehen hören bzw. sehen können:* dieser Sender ist nicht gut zu empfangen.
3. *(einen Gast) bei sich begrüßen:* jmdn. freundlich, kühl empfangen. **Syn.:** willkommen heißen.

Emp|fän|ger [ɛm'pfɛŋɐ], der; -s, -:
1. ⟨mit Attribut⟩ *jmd., der etwas empfängt, entgegennimmt, dem etwas zuteilwird:* der Empfänger des Briefes war verzogen; Empfänger von Kindergeld. **Zus.:** Hartz-IV-Empfänger, Organempfänger.
2. *Gerät, das ausgestrahlte [elektronische] Signale empfängt:* Sender und Empfänger müssen richtig eingestellt sein. **Zus.:** Radioempfänger.

Emp|fän|ge|rin [ɛm'pfɛŋərɪn], die; -, -nen: weibliche Form zu ↑Empfänger (1).

emp|fäng|lich [ɛm'pfɛŋlɪç]: in der Wendung **für etwas empfänglich sein:** *für bestimmte Eindrücke, Einflüsse zugänglich sein:* für die Schönheit der Natur, für Schmeicheleien sehr empfänglich sein. **Syn.:** an etwas interessiert sein, für etwas aufgeschlossen sein, für etwas Interesse haben, für etwas zu haben sein.

Emp|fäng|nis [ɛm'pfɛŋnɪs], die; -: *das Schwangerwerden; Befruchtung des Eis:* das Verhütungsmittel verhindert die Empfängnis. **Syn.:** Befruchtung.

emp|feh|len [ɛm'pfe:lən], empfiehlt, empfahl, empfohlen:
a) ⟨tr.; hat⟩ *(zu etwas) raten; (jmdm. etwas) als besonders vorteilhaft nennen, vorschlagen:* sie empfahl mir eine Kur in einem Moorbad; er empfahl mir, meinen Urlaub im Süden zu verbringen; dieses Fabrikat ist sehr zu empfehlen. **b)** ⟨+ sich; unpers.⟩ *ratsam sein:* es empfiehlt sich, einen Regenschirm mitzunehmen. **c)** ⟨+ sich⟩ (geh.) *sich [förmlich] verabschieden u. weggehen:* ich bin jetzt müde und empfehle mich; sie empfahlen sich erst, als Mitternacht vorbei war. **Syn.:** abhauen (ugs.), abschieben (ugs.), abschwirren (ugs.), sich absetzen (ugs.), abziehen, aufbrechen, sich aufmachen, sich davonmachen (ugs.), die Kurve kratzen (salopp), sich dünnmachen (ugs.), sich entfernen, gehen, Leine ziehen (ugs.), seines Weges/seiner Wege gehen (geh.), sich auf die Socken machen (ugs.), sich verabschieden, sich verdrücken (ugs.), sich verziehen (ugs.), von dannen gehen (veraltend), weggehen.

emp|feh|lens|wert [ɛm'pfe:lənsve:ɐ̯t] ⟨Adj.⟩: *geeignet; wert, empfohlen zu werden:* empfehlenswerte Bücher; dieses billige Gerät ist weniger empfehlenswert.

Emp|feh|lung [ɛm'pfe:lʊŋ], die; -, -en:
1. a) *etwas, was man jmdm. in einer bestimmten Situation empfiehlt:* dieses Hotel war eine Empfehlung unserer Freunde; eine Empfehlung aussprechen, abgeben. **Syn.:** Angebot, Anregung, Rat, Ratschlag, Tipp, Vorschlag. **b)** *lobende Beurteilung, Fürsprache:* mein Chef hat mir eine Empfehlung geschrieben. **Syn.:** Förderung, Protektion.
2. (geh.) *höflicher, respektvoller Gruß:* bitte eine freundliche Empfehlung an Ihre Eltern!

emp|fin|den [ɛm'pfɪndn̩], empfand, empfunden ⟨tr.; hat⟩:
a) *(als einen über die Sinne vermittelten Reiz) verspüren:* Durst, Kälte, einen Schmerz empfinden. **Syn.:** fühlen, hegen (geh.), merken, spüren, wahrnehmen. **b)** *von etwas im Innern ergriffen werden:* Ekel, Reue empfinden; Liebe für jmdn. empfinden. **Syn.:** fühlen, haben. **c)** *in bestimmter Weise auffassen:* diese Bemerkung empfand sie als kränkend, als [eine] Wohltat; man empfindet ihn oft als Störenfried.

emp|find|lich [ɛm'pfɪntlɪç] ⟨Adj.⟩:
1. a) *leicht auf bestimmte, von außen kommende Reize reagierend:* eine empfindliche Haut. **Zus.:** überempfindlich. **b)** *(durch körperliche Schwäche) anfällig für gesundheitliche Störungen:* ein empfindliches Kind; ich bin sehr empfindlich gegen Halsschmerzen. **Syn.:** labil, schwach, schwächlich, zart.
2. *sehr sensibel, seelisch leicht verletzbar:* die empfindliche Natur eines Künstlers; sie ist sehr empfindlich *(ist leicht beleidigt).* **Syn.:** empfindsam, fein-

fühlig, reizbar, sensibel, sensitiv (bildungsspr.), verletzlich.
3. a) *(von Instrumenten o. Ä.) feinste Veränderungen anzeigend, auf sie reagierend:* das Barometer ist ein empfindliches Gerät. **b)** *leicht schmutzig werdend:* eine empfindliche Tapete; diese Farbe ist nicht so empfindlich.
4. *in unangenehmer Weise recht deutlich spürbar (und keineswegs unbedeutend):* eine empfindliche Strafe; das bedeutet einen empfindlichen Verlust; es ist empfindlich kalt. **Syn.:** drastisch, einschneidend, entscheidend, erheblich, gravierend (bildungsspr.), merklich, nachhaltig, schwer, tief greifend.

emp|find|sam [ɛmˈpfɪntza:m] ⟨Adj.⟩:
feinfühlig und sich einfühlend, sich in jmdn., etwas hineinversetzen könnend: ein empfindsamer Mensch; ein empfindsames Gemüt. **Syn.:** sensibel, sensitiv (bildungsspr.).

Emp|fin|dung [ɛmˈpfɪndʊŋ], die; -, -en:
a) *Wahrnehmung eines körperlichen Reflexes (durch ein Sinnesorgan):* eine Empfindung von Schmerz, Druck, Wärme; das gelähmte Glied war ohne Empfindung. **Zus.:** Schmerzempfindung, Sinnesempfindung. **b)** *seelische Regung, bestimmte Gemütsbewegung:* eine echte Empfindung; mich bewegten die widersprüchlichsten Empfindungen. **Syn.:** Gefühl, Stimmung.

em|por [ɛmˈpo:ɐ̯] ⟨Adverb⟩ (geh.):
in die Höhe, hinauf: empor zu den Sternen, zum Licht. **Syn.:** aufwärts, bergauf, herauf, hoch, nach oben.

em|por- [ɛmpo:ɐ̯] ⟨trennbares verbales Präfix⟩ (geh.):
[von unten] nach oben …: emporfliegen; emporheben; emporklettern; emporlodern; emporragen; emporspringen; emportragen. **Syn.:** aufwärts-, ²hoch-.

em|por|ar|bei|ten [ɛmˈpo:ɐ̯|arbai̯tn̩], arbeitete empor, hat emporgearbeitet ⟨+ sich⟩ (geh.):
sich hocharbeiten: er hat sich vom Lehrling zum Direktor emporgearbeitet; sie arbeitete sich mühselig empor.

em|pö|ren [ɛmˈpø:rən]:
a) ⟨+ sich⟩ *sich heftig, mit aufgeregten Äußerungen über jmdn., etwas entrüsten:* ich empörte mich über diese Ungerechtigkeit; er war über dein Verhalten empört. **Syn.:** sich ärgern, sich aufregen, außer sich geraten, außer sich sein, sich ereifern, sich erregen, sich erzürnen (geh.), in Rage geraten (ugs.), in Rage kommen (ugs.), in Rage sein (ugs.), sauer sein (salopp).
b) ⟨itr.; hat⟩ *(in jmdm.) Ärger, Entrüstung hervorrufen:* diese Behauptung empörte ihn; ihr Benehmen war empörend. **Syn.:** ärgern, aufbringen, auf die Palme bringen (ugs.), aufregen, entrüsten, erbosen, erzürnen (geh.), in Rage bringen (ugs.), rasend machen, wütend machen.

em|por|kom|men [ɛmˈpo:ɐ̯kɔmən], kam empor, emporgekommen ⟨itr.; ist⟩ (geh.):
in Beruf u. Gesellschaft ein höheres Ansehen gewinnen, einen höheren Rang einnehmen, aufsteigen: rasch in einer Firma emporkommen. **Syn.:** aufrücken, es zu etwas bringen, etwas werden, Karriere machen.

Em|por|kömm|ling [ɛmˈpo:ɐ̯kœmlɪŋ], der; -s, -e (abwertend):
Person, die in kurzer Zeit zu Macht, Reichtum gelangt ist: ein Emporkömmling regiert.

Em|pö|rung [ɛmˈpø:rʊŋ], die; -, -en:
Ärger über jmdn., etwas, der von heftiger Erregung begleitet wird: das Urteil sorgte im ganzen Land für helle Empörung. **Syn.:** Erregung, Rage (ugs.), Unmut, Unwille, Verdruss, Wut, Zorn.

em|sig [ˈɛmzɪç] ⟨Adj.⟩ (geh., oft iron.):
(bei der Arbeit) unermüdlich und mit großem Fleiß und Eifer am Werk: eine emsige Sammlerin; emsig arbeiten. **Syn.:** beflissen, eifrig, fleißig.

End- [ɛnt] ⟨Präfixoid⟩:
kennzeichnet das im Basiswort Genannte als den endgültigen Schlusspunkt nach mehreren Zwischenstationen oder -ergebnissen oder auch als letzten und somit eigentlichen oder ausschlaggebenden Abschnitt: Endabrechnung; Endbenotung; Endeffekt; Endergebnis; Endfassung; Endfertigung; Endkontrolle; Endlagerung; Endphase; Endrunde; Endverbraucher; Endwertung; Endziel; Endzweck.

En|de [ˈɛndə], das; -s, -n:
1. /Ggs. Anfang/: **a)** *Stelle, wo etwas aufhört:* das Ende des Zuges, der Straße. **Syn.:** Schluss. **Zus.:** Tabellenende, Tischende, Zeilenende. **b)** ⟨ohne Plural⟩ *Zeitpunkt, an dem etwas aufhört:* das Ende der Veranstaltung; Ende Oktober *(die letzten Tage im Oktober);* die Ferien sind zu Ende *(vorüber);* der Urlaub geht zu Ende *(neigt sich dem Ende zu).* **Syn.:** Abschluss, Ausgang, Ausklang (geh.), Schluss. **Zus.:** Ferienende, Jahresende, Kriegsende, Monatsende.
2. (ugs.) **a)** *kleines [abgetrenntes oder übrig gebliebenes] Stück von etwas:* ein Ende Draht. **Syn.:** Zipfel. **b)** ⟨ohne Plural⟩ *Teilstück (eines Weges o. Ä.):* das letzte Ende des Weges musste sie laufen. **Syn.:** Abschnitt, Etappe.

en|den [ˈɛndn̩], endete, geendet ⟨itr.; hat⟩:
a) *(an einer bestimmten Stelle) ein Ende haben, nicht weiterführen:* der Weg endet hier. **Syn.:** aufhören, auslaufen.
b) *(zu einem bestimmten Zeitpunkt) nicht länger andauern, sondern aufhören, zu einem Abschluss kommen:* der Vortrag endete pünktlich. **Syn.:** ausklingen, ein Ende haben, ein Ende nehmen, schließen, zu Ende gehen.

end|gül|tig [ˈɛntgʏltɪç] ⟨Adj.⟩:
(in seiner jetzigen, vorliegenden Form) festgelegt, entschieden: das ist noch keine endgültige Lösung; wir haben uns jetzt endgültig entschlossen umzuziehen. **Syn.:** definitiv, ein für alle Mal, unabänderlich, unumstößlich, unwiderruflich, verbindlich.

End|la|ge|rung [ˈɛntla:gərʊŋ], die; -, -en:
(meist von radioaktiven Abfallprodukten) endgültige Lagerung: einen neuen Ort für die Endlagerung suchen.

end|lich [ˈɛntlɪç] ⟨Adverb⟩:
a) (meist emotional) bezeichnet das Ende einer als lang empfundenen Wartezeit: endlich wurde das Wetter etwas freundlicher.
b) *schließlich, zuletzt, am Ende:*

nach langem Suchen haben wir ihn endlich doch gefunden.

end|los [ˈɛntloːs] ⟨Adj.⟩: *sich (räumlich oder zeitlich) sehr in die Länge ziehend:* eine endlose Straße; ein endloser Streit; etwas dauert endlos lange. **Syn.:** ewig, unaufhörlich, unendlich.

End|spiel [ˈɛntʃpiːl], das; -[e]s, -e: *abschließendes Spiel, in dem der Sieger eines Wettbewerbs ermittelt wird:* im Endspiel standen sich Italien und Belgien gegenüber. **Syn.:** Finale.

End|sta|ti|on [ˈɛntʃtaˌtsi̯oːn], die; -, -en:
1. *letzte Station, letzte Haltestelle:* an der Endstation müssen alle aussteigen.
2. *Ende, Schluss einer Entwicklung, eines Vorgangs:* nach der 10. Klasse war für mich auf dem Gymnasium Endstation.

Ener|gie [enɛrˈgiː], die; -, Energien [enɛrˈgiːən]:
1. *körperliche und geistige Spannkraft, das Vermögen, tätig zu sein:* große Energie besitzen; nicht die nötige Energie haben. **Syn.:** Tatkraft.
2. *physikalische Kraft (die zur Ausführung von Arbeit nötig ist):* elektrische Energie; Energien nutzen; Energie [ein]sparen, verbrauchen. **Zus.:** Atomenergie, Sonnenenergie, Windenergie.

ener|gisch [eˈnɛrgɪʃ] ⟨Adj.⟩:
a) *voller Energie und Tatkraft:* ein energischer Mann; sie griff energisch durch. **Syn.:** forsch, resolut, tatkräftig, zupackend. **b)** *mit Nachdruck (ausgeführt):* energische Maßnahmen; ich habe mir diesen Ton energisch verbeten. **Syn.:** [1]bestimmt, entschieden, entschlossen, nachdrücklich, streng.

eng [ɛŋ] ⟨Adj.⟩:
1. a) *von geringer Ausdehnung nach den Seiten:* enge Straßen; der Durchgang ist eng. **Syn.:** schmal. **b)** *dicht gedrängt, sodass nur noch wenig Zwischenraum da ist:* die Bäume stehen zu eng [nebeneinander]; eng beschriebene Seiten. **Syn.:** dicht. **c)** *(von Kleidungsstücken) dem Körper fest anliegend* /Ggs. weit/: ein enges Kleid; der Rock ist mir zu eng. **Syn.:** knapp, stramm.
2. *wenig Spielraum lassend:* die Zeit ist zu eng bemessen; das darf man nicht so eng sehen *(das muss man tolerieren).* **Syn.:** engstirnig (abwertend).
3. a) *sehr vertraut; auf Vertrautheit beruhend:* eine enge Freundschaft; jmdm. eng verbunden sein. **Syn.:** innig, intim, nahe. **b)** *von hoher Intensität geprägt:* eng zusammenarbeiten; eine enge Verflechtung, Verzahnung.

En|gage|ment [ãgaʒ(ə)ˈmãː], das; -s, -s:
1. (bildungsspr.) *persönlicher Einsatz [aus dem Gefühl des Verpflichtetseins zu etwas]:* sein Engagement für Gerechtigkeit.
2. *berufliche Verpflichtung, Anstellung eines Künstlers o. Ä.:* sie hat ihr Engagement am Potsdamer Theater verlängert.

en|ga|gie|ren [ãgaˈʒiːrən]:
1. ⟨+ sich⟩ *sich zu etwas bekennen und sich dafür einsetzen:* sich für die Ziele einer Partei, sich im Verein engagieren; sie sind sozial sehr engagiert. **Syn.:** eintreten für.
2. ⟨tr.; hat⟩ *zur Erfüllung bestimmter künstlerischer oder anderer beruflicher Aufgaben verpflichten:* die Schauspielerin wurde nach ihrem Erfolg an ein größeres Theater engagiert; sie engagierten ihn als Trainer. **Syn.:** unter Vertrag nehmen.

En|ge [ˈɛŋə], die; -:
1. *Mangel an Raum oder an Möglichkeit, sich zu bewegen:* die Enge einer kleinen Wohnung.
2. * **jmdn. in die Enge treiben:** *jmdn. durch Fragen, Drohungen o. Ä. in Bedrängnis bringen:* der Staatsanwalt trieb den Angeklagten in die Enge.

En|gel [ˈɛŋl̩], der; -s, -:
a) *(nach christlicher Vorstellung) mit Flügeln ausgestattetes, überirdisches Wesen von menschlicher Gestalt (als Bote Gottes):* der Engel der Verkündigung. **Zus.:** Racheengel, Rauschgoldengel, Schutzengel, Todesengel, Weihnachtsengel. **b)** *als Helfer oder Retter wirkender Mensch:* sie ist mein guter Engel; er kam als rettender Engel; Sie sind ein Engel! Ohne Sie hätte ich das nicht geschafft.

eng|her|zig [ˈɛŋhɛrtsɪç] ⟨Adj.⟩: *in seinem Handeln durch Ängstlichkeit und kleinliche Bedenken bestimmt:* ein engherziger Mensch; engherzig urteilen. **Syn.:** engstirnig (abwertend), intolerant, kleinkariert (ugs. abwertend), kleinlich (abwertend), pedantisch (abwertend).

eng|stir|nig [ˈɛŋʃtɪrnɪç] ⟨Adj.⟩ (abwertend): *nur so weit Verständnis zeigend, wie es sich mit den eigenen Interessen, der eigenen Haltung verbinden lässt:* eine engstirnige Haltung einnehmen; das ist sehr engstirnig gedacht. **Syn.:** beschränkt, borniert (abwertend), kurzsichtig.

En|kel [ˈɛŋkl̩], der; -s, -, **En|ke|lin** [ˈɛŋkəlɪn], die; -, -nen: *Kind des Sohnes oder der Tochter:* die Großmutter liest dem Enkel ein Märchen vor; der Großvater geht mit seiner Enkelin spazieren.

enorm [eˈnɔrm] ⟨Adj.⟩:
a) *in beeindruckender Weise (in Größe, Ausmaß, Kraft o. Ä.) über das Gewohnte oder Erwartete hinausgehend:* ein enormer Aufwand; diese Leistung ist enorm. **Syn.:** außergewöhnlich, außerordentlich, beachtlich, gewaltig (emotional), imposant, kolossal (ugs. emotional), ungeheuer, unglaublich (ugs.), unsagbar, unwahrscheinlich (ugs.). **b)** ⟨verstärkend bei Adjektiven und Verben⟩ (ugs.) *in ungewöhnlichem Maß:* das neue Gerät ist enorm praktisch; die Preise sind enorm gestiegen. **Syn.:** äußerst, entsetzlich (ugs.), furchtbar (ugs.), fürchterlich (ugs.), gewaltig (emotional), irre (salopp), irrsinnig (emotional), kolossal (ugs. emotional), mächtig (ugs.), schrecklich (ugs.), schwer (ugs.), sehr, stark, über alle Maßen (geh.), über die Maßen (geh.), überaus, ungeheuer, ungemein, unheimlich (ugs.), unwahrscheinlich (ugs.), wahnsinnig (ugs.).

En|sem|ble [ãˈsãːbl̩], das; -s, -s: *Gruppe von Künstlern, Künstlerinnen, die gemeinsam auftreten:* einem Ensemble angehören. **Zus.:** Opernensemble, Tanzensemble, Theaterensemble.

ent- [ɛnt] ⟨verbales Präfix⟩:
1. drückt aus, dass etwas wieder rückgängig gemacht, in den Ausgangszustand zurückgeführt wird: **a)** /Ggs. ver-/: sich entloben; entkorken; entkrampfen; entschlüsseln; entsiegeln;

entzaubern; entzerren. **b)** /Ggs. be-/: entkleiden; entladen; entvölkern; entwaffnen. **Syn.:** ab-, aus-. **c)** /Ggs. das betreffende Grundwort/: entdiskriminieren; entflechten; entknoten; entsichern; entsperren; enttarnen; entwarnen. **d)** entgiften; entgräten; entkernen; entschärfen; entschwefeln; entstören; entwässern. **e)** ⟨oft in Verbindung mit einem fremdsprachlichen Basiswort, an dessen Stamm meist -»isieren« angehängt wird, z. B. entpolitisieren (aus: ent-polit[isch]-isieren)⟩: *bewirken, dass das Objekt nicht mehr von dem im Basiswort Genannten bestimmt, beherrscht wird, nicht mehr so ist:* entbürokratisieren; entdemokratisieren; entdramatisieren; entideologisieren; entmystifizieren; entnazifizieren; entstalinisieren; enttabuisieren.
2. ⟨verstärkend⟩ drückt in Bildungen mit Adjektiven und einer Endung aus, dass eine Person oder Sache so wird, wie es das Adjektiv besagt: entblößen; entleeren.
3. drückt aus, dass ein Vorgang, eine Handlung beginnt, einsetzt: entbrennen; entfachen; sich entspinnen; entflammen.
4. a) drückt aus, dass sich jmd., etwas von etwas entfernt: enteilen; entfliehen; entgleiten; enthüpfen; entlaufen; entschweben; entweichen. **b)** kennzeichnet, dass etwas aus etwas heraus und zu einer anderen Stelle gelangt: entleihen. **c)** drückt aus, dass etwas aus etwas herausgelangt: entnehmen; entreißen; entsteigen.

ent|beh|ren [ɛntˈbeːrən]:
a) ⟨tr.; hat⟩ *auf jmdn., etwas unfreiwillig verzichten müssen, (jmdn., etwas) nicht haben, nicht bekommen:* wir haben diese Freiheit schmerzlich entbehrt; er kann ihn, seinen Rat nicht entbehren; sie hat in ihrer Kindheit viel entbehren müssen. **b)** ⟨itr.; hat; mit Gen.⟩ (geh.) *einer Sache ermangeln, sie nicht haben:* diese Behauptung entbehrt jeder Grundlage; seine übertriebene Angst entbehrt nicht einer gewissen Komik *(ist recht komisch).*

ent|behr|lich [ɛntˈbeːɐ̯lɪç] ⟨Adj.⟩:
nicht unbedingt nötig; so, dass man darauf verzichten kann: ein entbehrlicher Luxus. **Syn.:** abkömmlich, überflüssig.

Ent|beh|rung [ɛntˈbeːrʊŋ], die; -, -en:
schmerzlich empfundener Mangel an Notwendigem: sie mussten viele Entbehrungen auf sich nehmen, leiden. **Syn.:** Mangel, Not.

ent|bin|den [ɛntˈbɪndn̩], entband, entbunden:
1. ⟨tr.; hat⟩ *von einer Verpflichtung lösen, befreien:* jmdn. von einer Aufgabe, seinem Versprechen entbinden. **Syn.:** entheben (geh.), entledigen (geh.), freistellen.
2. a) ⟨itr.; hat⟩ *ein Kind gebären, zur Welt bringen:* sie hat heute entbunden. **b)** ⟨tr.; hat⟩ *einer Frau Geburtshilfe leisten:* eine Frau entbinden; sie ist heute von einem Jungen entbunden worden *(hat einen Jungen zur Welt gebracht).*

Ent|bin|dung [ɛntˈbɪndʊŋ], die; -, -en:
1. *Befreiung, Loslösung:* die Entbindung von einem Amt, von der Schweigepflicht.
2. *das Gebären eines Kindes:* Mutter und Kind haben die Klinik schon am Tag nach der Entbindung verlassen.

ent|blö|ßen [ɛntˈbløːsn̩] ⟨tr.; hat⟩:
(von einem Körperteil) die Bekleidung entfernen, wegnehmen: den Oberkörper entblößen; mit entblößtem Kopf *(mit abgenommener Kopfbedeckung).* **Syn.:** auskleiden (geh.), ausziehen, entkleiden (geh.), frei machen.

ent|de|cken [ɛntˈdɛkn̩] ⟨tr.; hat⟩:
1. *(etwas bisher Unbekanntes) als Erster sehen, bemerken, finden:* eine Insel, einen Kontinent, einen Bazillus, einen Stern entdecken. **Syn.:** ausfindig machen, stoßen auf, treffen auf.
2. *[überraschend, an unvermuteter Stelle] bemerken, erkennen, finden:* einen Fehler entdecken; er hat ihn in der Menge entdeckt; je genauer er hinsah, umso mehr Einzelheiten entdeckte er. **Syn.:** auffinden, aufspüren, aufstöbern, ausmachen.

Ent|de|cker [ɛntˈdɛkɐ], der; -s, -, **Ent|de|cke|rin** [ɛntˈdɛkərɪn], die; -, -nen:
Person, die etwas entdeckt (1): der Entdecker Amerikas; die Pflanze wurde nach ihrer Entdeckerin benannt.

Ent|de|ckung [ɛntˈdɛkʊŋ], die; -, -en:
das Entdecken, Finden von etwas bisher Unbekanntem: die Entdeckung eines neuen Planeten; das Zeitalter der Entdeckungen.

[1]En|te [ˈɛntə], die; -, -n:
Schwimmvogel mit breitem Schnabel und Schwimmfüßen, der am und auf dem Wasser lebt: die Enten auf dem Teich mit Brot füttern. **Zus.:** Mastente.

[2]En|te [ˈɛntə], die; -, -n (Jargon):
falsche Meldung (besonders in der Presse): die Nachricht von einem geheimen Treffen der Minister erwies sich als eine Ente. **Zus.:** Zeitungsente.

ent|eig|nen [ɛntˈ|ai̯gnən], enteignete, enteignet ⟨tr.; hat⟩:
a) *durch Anordnung oder Gesetz dem Eigentümer wegnehmen:* den Grundeigentümer, Fabrikanten enteignen. **Syn.:** beschlagnahmen, einziehen, verstaatlichen. **b)** *(von Privateigentum) durch Anordnung oder Gesetz in staatliches Eigentum überführen:* die Fabriken wurden enteignet.

ent|ei|len [ɛntˈ|ai̯lən] ⟨itr.; ist⟩ (geh.):
eilig weglaufen, sich entfernen: der Marathonläufer enteilte gleich am Anfang der Konkurrenz. **Syn.:** abhauen (ugs.), abschwirren (ugs.), sich davonmachen (ugs.), sich aus dem Staub[e] machen (ugs.).

ent|er|ben [ɛntˈ|ɛrbn̩] ⟨tr.; hat⟩:
von einem versprochenen oder dem gesetzlichen Erbe ausschließen: er hat sie enterbt.

en|tern [ˈɛntɐn] ⟨tr.; hat⟩:
ein Schiff (von einem anderen aus) besteigen, um es gewaltsam in seinen Besitz zu bringen: die Piraten enterten das Schiff auf hoher See.

ent|fah|ren [ɛntˈfaːrən], entfährt, entfuhr, entfahren ⟨itr.; ist⟩:
(von Lauten, Worten o. Ä.) unbeabsichtigt aus jmds. Mund kommen: vor Ärger entfuhr ihm ein derber Fluch. **Syn.:** herausrutschen (ugs.).

ent|fal|len [ɛntˈfalən], entfällt, entfiel, entfallen ⟨itr.; ist⟩:
1. *(jmdm.) plötzlich aus dem*

Gedächtnis kommen: der Name ist mir entfallen.
2. *(jmdm.) bei einer Teilung als Anteil zugesprochen werden:* vom Gewinn entfallen 250 Euro auf ihn. **Syn.:** zufallen.
3. *sich erübrigen, ausfallen:* dieser Punkt des Antrags entfällt; die für morgen anberaumte Versammlung kann angesichts der neuen Lage entfallen. **Syn.:** flachfallen (ugs.), ins Wasser fallen (ugs.), wegfallen.
4. (geh.) *aus der Hand fallen:* die Tasse war ihr entfallen. **Syn.:** entgleiten (geh.).

ent|fal|ten [ɛntˈfaltn̩], entfaltete, entfaltet:
1. a) ⟨tr.; hat⟩ *(etwas Gefaltetes) ausbreiten, auseinanderfalten:* die Pflanze entfaltet ihre Blätter. **b)** ⟨+ sich⟩ *sich auseinanderfalten, sich öffnen:* die Blüte, der Fallschirm entfaltete sich.
2. a) ⟨tr.; hat⟩ *[voll] entwickeln:* sein Können, viel Fantasie entfalten; das Mittel entfaltet sofort seine Wirkung. **b)** ⟨+ sich⟩ *sich [voll] entwickeln:* sich beruflich nicht voll entfalten können; seine Begabung soll sich frei entfalten.
3. ⟨tr.; hat⟩ *(mit etwas) beginnen:* eine literarische Tätigkeit entfalten.

ent|fer|nen [ɛntˈfɛrnən]:
1. ⟨tr.; hat⟩ *zum Verschwinden bringen, beseitigen:* Flecke entfernen; ein Schild entfernen; jmdn. aus seinem Amt entfernen. **Syn.:** abbekommen, ablösen, abmachen, abnehmen, abtrennen, aus dem Weg räumen, aus der Welt schaffen, ausmerzen, beiseiteschaffen, wegnehmen.
2. ⟨+ sich⟩ *einen Ort verlassen:* er hat sich heimlich entfernt. **Syn.:** abhauen, abschieben (ugs.), abschwirren (ugs.), sich absetzen (ugs.), sich davonmachen (ugs.), die Kurve kratzen (salopp), sich dünnmachen (ugs.), sich empfehlen, enteilen (geh.), Leine ziehen (ugs.), sich aus dem Staub[e] machen (ugs.), sich verdrücken (ugs.), sich verziehen (ugs.), von der Bildfläche verschwinden (ugs.), weggehen.

ent|fernt [ɛntˈfɛrnt] ⟨Adj.⟩:
1. *weit fort von jmdm., etwas:* bis in die entferntesten Teile des Landes; der Ort liegt weit entfernt von der nächsten Stadt. **Syn.:** abgelegen, entlegen, [1]fern.
2. a) *weitläufig:* entfernte Verwandte; sie ist entfernt mit mir verwandt. **b)** *gering, schwach, undeutlich:* eine entfernte Ähnlichkeit haben; ich kann mich ganz entfernt daran erinnern.

Ent|fer|nung [ɛntˈfɛrnʊŋ], die; -, -en:
1. *Abstand zwischen zwei Punkten:* die Entfernung beträgt 100 Meter. **Syn.:** Distanz, Zwischenraum.
2. *das Entfernen, Beseitigen:* die Entfernung der Trümmer; die Entfernung aus dem Amt. **Syn.:** Beseitigung.

ent|fes|seln [ɛntˈfɛsl̩n] ⟨tr.; hat⟩ (geh.):
zu einem heftigen Ausbruch kommen lassen: einen Aufruhr entfesseln; entfesselte Naturgewalten. **Syn.:** auslösen, erzeugen, herbeiführen.

ent|flie|hen [ɛntˈfli:ən], entfloh, entflohen ⟨itr.; ist⟩:
die Flucht ergreifen, sich fliehend entfernen: der Häftling entfloh aus dem Gefängnis; ein entflohener Sträfling. **Syn.:** abhauen (ugs.), sich absetzen (ugs.), sich davonmachen (ugs.), entkommen, entlaufen, entwischen (ugs.), fliehen, flüchten.

ent|frem|den [ɛntˈfrɛmdn̩], entfremdete, entfremdet ⟨tr.; hat⟩:
1. *jmdm. fremd werden lassen, von jmdm. sich innerlich entfernen:* die Arbeit hat ihn mir entfremdet.
2. ⟨+ sich⟩ wir entfremden uns mehr und mehr [von] unserer Umwelt.

ent|füh|ren [ɛntˈfy:rən] ⟨tr.; hat⟩:
gewaltsam fortschaffen: jmdn., ein Kind, ein Flugzeug entführen. **Syn.:** kidnappen, verschleppen.

Ent|füh|rer [ɛntˈfy:rɐ], der; -s, -, **Ent|füh|re|rin** [ɛntˈfy:rərɪn], die; -, -nen:
Person, die jmdn. entführt: es gelang der Polizei, die Entführer bald zu verhaften; die Entführerin konnte bisher nicht gefasst werden. **Syn.:** Kidnapper, Kidnapperin.

Ent|füh|rung [ɛntˈfy:rʊŋ], die; -, -en:
das Entführen: die gewaltsame Entführung der beiden Kinder. **Zus.:** Flugzeugentführung, Kindesentführung.

[1]**ent|ge|gen** [ɛntˈge:gn̩] ⟨Präp. mit Dativ⟩:
im Widerspruch, Gegensatz zu etwas: entgegen anderslautenden Meldungen hat der Sänger seine Tournee nicht abgesagt; entgegen dem Antrag wurde die Bestimmung nicht geändert. **Syn.:** gegen, wider (geh.).

[2]**ent|ge|gen** [ɛntˈge:gn̩] ⟨Adverb⟩:
[in Richtung] auf jmdn., etwas hin/zu: der Sonne entgegen!

ent|ge|gen- [ɛntge:gn̩] ⟨trennbares verbales Präfix⟩:
besagt, dass das im Basiswort genannte Tun, Geschehen o. Ä. auf jmdn., etwas hin oder zu jmdm., etwas hin erfolgt: entgegenblicken; entgegendrängen; entgegeneilen; entgegenfahren; entgegenstemmen; entgegenwerfen. **Syn.:** zu-.

ent|ge|gen|brin|gen [ɛntˈge:gn̩brɪŋən], brachte entgegen, entgegengebracht ⟨tr.; hat⟩:
(jmdm., einer Sache) mit einer bestimmten Haltung o. Ä. begegnen: jmdm. Zuneigung, Vertrauen entgegenbringen; einer Sache Interesse entgegenbringen. **Syn.:** angedeihen lassen (geh. oder ironisch), erweisen, zuteilwerden lassen.

ent|ge|gen|ge|hen [ɛntˈge:gn̩ge:ən], ging entgegen, entgegengegangen ⟨itr.; ist⟩:
sich (jmdm., der auf einen zukommt) von vorne nähern: sie ging ihm [ein Stück] entgegen.

ent|ge|gen|ge|setzt [ɛntˈge:gn̩gəzɛtst] ⟨Adj.⟩:
a) *in völlig anderer Richtung liegend:* sie wohnt am entgegengesetzten Ende der Stadt. **b)** *umgekehrt:* sie liefen in entgegengesetzter Richtung. **c)** *gegenteilig, völlig verschieden:* er war entgegengesetzter Meinung; ihre Auffassung ist meiner genau entgegengesetzt. **Syn.:** gegensätzlich, konträr.

ent|ge|gen|hal|ten [ɛntˈge:gn̩haltn̩], hält entgegen, hielt entgegen, entgegengehalten ⟨tr.; hat⟩:
als Gegenargument o. Ä. gegen jmdn., etwas vorbringen, einwenden: sie hatte diesen Beweisen nichts entgegenzuhalten; er

hatte kein Argument, das er dem hätte entgegenhalten können.

ent|ge|gen|kom|men [ɛntˈgeːgn̩kɔmən], kam entgegen, entgegengekommen ⟨itr.; ist⟩:
1. *sich (jmdm., der auf einen zukommt) von vorne kommend nähern:* sie kam mir auf der Treppe entgegen; das entgegenkommende Auto blendete ihn.
2. *(um eine Einigung zu ermöglichen) Zugeständnisse machen:* wir wollen Ihnen entgegenkommen, indem wir Ihnen die Hälfte des Betrages zurückzahlen; der Chef war sehr entgegenkommend.

Ent|ge|gen|kom|men [ɛntˈgeːgn̩kɔmən], das; -s:
freundliche, gefällige, konziliante Haltung (die auf die Lösung eines Konflikts abzielt): die andere Seite zeigte großes, keinerlei Entgegenkommen.

ent|ge|gen|neh|men [ɛntˈgeːgn̩neːmən], nimmt entgegen, nahm entgegen, entgegengenommen ⟨tr.; hat⟩:
(etwas, was einem überbracht wird) annehmen, in Empfang nehmen: ein Geschenk, ein Paket entgegennehmen; Glückwünsche entgegennehmen *(sich beglückwünschen lassen);* eine Bestellung entgegennehmen *(zur Kenntnis nehmen und registrieren).* **Syn.:** abnehmen.

ent|ge|gen|se|hen [ɛntˈgeːgn̩zeːən], sieht entgegen, sah entgegen, entgegengesehen ⟨itr.; hat⟩:
(etwas) mit bestimmten Gefühlen erwarten, auf sich zukommen lassen: einer Entscheidung gespannt, mit Skepsis entgegensehen; sie sah der Gefahr, dem Examen gelassen entgegen.

ent|ge|gen|set|zen [ɛntˈgeːgn̩zɛtsn̩], setzte entgegen, entgegengesetzt ⟨tr.; hat⟩:
(einer Herausforderung, einem Vorwurf o. Ä.) mit adäquaten abwehrenden Maßnahmen oder Antworten begegnen: wir müssen dem neuen Produkt des Konkurrenten etwas Gleichwertiges entgegensetzen; diesem Argument kann man kaum etwas entgegensetzen; der körperlichen Überlegenheit des Gegners hatte er nur seinen Mut entgegenzusetzen.

ent|ge|gen|ste|hen [ɛntˈgeːgn̩ʃteːən], stand entgegen, entgegengestanden ⟨itr.; hat; südd., österr., schweiz.: ist⟩:
ein Widerspruch (zu etwas), ein Hindernis (für etwas) sein: seinen Behauptungen stehen schwerwiegende Beweise entgegen; einer Beförderung steht seine mangelhafte Ausbildung entgegen. **Syn.:** widersprechen.

ent|ge|gen|stel|len [ɛntˈgeːgn̩ʃtɛlən], stellte entgegen, entgegengestellt:
1. ⟨tr.; hat⟩ *(als anderes, Besseres) gegenüberstellen:* ihren Argumenten stellte er seine entgegen.
2. ⟨+ sich⟩ *jmdn. oder dessen Tun usw. behindern, aufzuhalten versuchen:* er hat sich den Angreifern mutig entgegengestellt. **Syn.:** entgegentreten, hindern.

ent|ge|gen|tre|ten [ɛntˈgeːgn̩treːtn̩], tritt entgegen, trat entgegen, entgegengetreten ⟨itr.; ist⟩:
gegen jmdn., etwas [in bestimmter Weise] angehen, sich zur Wehr setzen: Gerüchten, Vorurteilen, Spekulationen entgegentreten. **Syn.:** ankämpfen gegen, begegnen (geh.), sich entgegenstellen.

ent|geg|nen [ɛntˈgeːgnən], entgegnete, entgegnet ⟨tr.; hat⟩:
auf eine Frage, ein Argument usw. als Antwort äußern: dieser Meinung begegnet man immer wieder, und man kann darauf nichts Rechtes entgegnen; darauf wusste er nichs zu entgegnen; er entgegnete [ihr], dass er es nicht gewusst habe. **Syn.:** antworten, erwidern.

ent|ge|hen [ɛntˈgeːən], entging, entgangen ⟨itr.; ist⟩:
a) *durch einen glücklichen Umstand von etwas nicht betroffen werden:* einer Gefahr, dem Tod knapp entgehen. **Syn.:** entkommen, entrinnen (geh.).
b) * sich (Dativ) **etwas entgehen lassen:** *(die Gelegenheit, etwas Wichtiges, Interessantes wahrzunehmen) ungenutzt vorübergehen lassen:* diesen Film solltest du dir nicht entgehen lassen; diesen Vorteil wollte ich mir nicht entgehen lassen. **Syn.:** verpassen, versäumen, [1]verschlafen. **c)** *(von jmdm.) nicht bemerkt werden:* das ist mir nicht, ganz entgangen. **Syn.:** [2]übersehen.

ent|geis|tert [ɛntˈgaistɐt] ⟨Adj.⟩:
völlig verstört, sprachlos (vor Erstaunen, Überraschung, Entsetzen): entgeisterte Blicke; er starrte mich entgeistert an. **Syn.:** [2]betreten, betroffen, fassungslos, verwirrt.

Ent|gelt [ɛntˈgɛlt], das; -[e]s, -e:
für eine Arbeit oder aufgewandte Mühe gezahlte Entschädigung: er musste gegen ein geringes Entgelt, ohne Entgelt arbeiten. **Syn.:** [2]Gehalt, Lohn.

ent|glei|sen [ɛntˈglaizn̩], entgleiste, entgleist ⟨itr.; ist⟩:
1. *aus dem Gleis springen:* der Zug ist entgleist.
2. *einen Plan, ein Vorhaben umstoßen, zunichtemachen:* die geäußerte Kritik könnte die Verhandlungen entgleisen lassen; ihre Gesichtszüge entgleisten *(sie geriet aus der Fassung).*

ent|glei|ten [ɛntˈglaitn̩], entglitt, entglitten (geh.) ⟨itr.; ist⟩:
aus der Hand gleiten: das Messer entglitt ihr, ihrer Hand. **Syn.:** entfallen (geh.).

ent|hal|ten [ɛntˈhaltn̩], enthält, enthielt, enthalten:
1. ⟨itr.; hat⟩ *als, zum Inhalt haben:* die Flasche enthält Alkohol; das Buch enthält alle wichtigen Vorschriften. **Syn.:** einbeziehen, einschließen.
2. ⟨+ sich⟩ (geh.) *darauf verzichten, sich in einer bestimmten Form zu äußern:* ich enthalte mich eines Urteils; ich konnte mich nicht enthalten, laut zu lachen; sich der Stimme enthalten *(darauf verzichten, seine Stimme abzugeben).* **Syn.:** unterlassen.

ent|halt|sam [ɛntˈhaltzaːm] ⟨Adj.⟩:
auf Genüsse usw. weitgehend verzichtend: er ist im Essen, in Bezug auf Alkohol sehr enthaltsam; [sexuell] enthaltsam sein, leben. **Syn.:** abstinent, bescheiden, gemäßigt, genügsam, mäßig, maßvoll.

Ent|halt|sam|keit [ɛntˈhaltzaːmkait], die; -:
das Enthaltsamsein: Enthaltsamkeit predigen. **Syn.:** Verzicht.

ent|haup|ten [ɛntˈhauptn̩], enthauptete, enthauptet ⟨tr.; hat⟩:
(jmdm.) den Kopf vom Rumpf trennen: der Verbrecher wurde

mit einem Beil enthauptet. **Syn.:** hinrichten, köpfen, töten.

ent|he|ben [ɛnt'he:bn̩], enthob, enthoben ⟨tr.; hat; mit Gen.⟩ (geh.):
(jmdm. sein Amt, seinen Posten o. Ä.) nehmen, (von seinem Amt, Posten o. Ä.) entbinden: sie ist sämtlicher Ämter enthoben worden.

ent|hem|men [ɛnt'hɛmən] ⟨tr.; hat⟩:
(jmdm.) alle Hemmungen nehmen: der Alkohol hat ihn völlig enthemmt.

ent|hül|len [ɛnt'hʏlən] ⟨tr.; hat⟩:
1. *in einer Zeremonie von einer Hülle befreien und so der Öffentlichkeit übergeben:* das Denkmal feierlich enthüllen.
2. (geh.) *vor jmdm. nicht länger geheim halten, sondern ihm [im Vertrauen] mitteilen:* jmdm. ein Geheimnis, einen Plan enthüllen. **Syn.:** sagen, verraten.
3. ⟨+ sich⟩ *offenbar werden:* jetzt hat sich [mir] sein wahrer Charakter enthüllt. **Syn.:** ans Licht kommen, sich zeigen, zum Vorschein kommen, zutage treten.

Ent|hül|lung [ɛnt'hʏlʊŋ], die; -, -en:
1. *das Enthüllen:* die Enthüllung der Gedenktafel.
2. *Veröffentlichung bisher nicht bekannter [sensationeller, skandalöser] Tatsachen:* die Zeitung kündigte weitere Enthüllungen in der Korruptionsaffäre an.

En|thu|si|as|mus [ɛntu'zi̯asmʊs], der; -:
überschwängliche [schwärmerische] Begeisterung: der Enthusiasmus des Publikums kannte keine Grenzen; mit jugendlichem Enthusiasmus traten sie für die neue Idee ein. **Syn.:** Eifer, Elan, Inbrunst (geh.), Leidenschaft, Lust, Schwung, Tatkraft, Überschwang.

en|thu|si|as|tisch [ɛntu'zi̯astɪʃ] ⟨Adj.⟩:
überschwänglich begeistert: enthusiastischer Beifall; enthusiastisch setzte er sich für den Bau einer Schule ein.

ent|jung|fern [ɛnt'jʊŋfɐn] ⟨tr.; hat⟩:
das Jungfernhäutchen beim ersten Geschlechtsverkehr zerstören: ein Mädchen entjungfern.

ent|kal|ken [ɛnt'kalkn̩] ⟨tr.; hat⟩:
von Kalk, Kalkablagerungen befreien: die Kaffeemaschine, den Wasserkocher entkalken.

ent|klei|den [ɛnt'klai̯dn̩], entkleidete, entkleidet:
1. ⟨tr.; hat⟩ (geh.) *die Kleider ausziehen:* einen Kranken, ein Kind, sich entkleiden. **Syn.:** auskleiden (geh.), entblößen, enthüllen.
2. ⟨tr.; hat; mit Gen.⟩ (geh.) *jmdm., einer Sache etwas nehmen:* jmdn. seiner Macht, seines Amtes entkleiden. **Syn.:** berauben, entheben.

ent|kom|men [ɛnt'kɔmən], entkam, entkommen ⟨itr.; ist⟩:
sich glücklich (einer Gefahr o. Ä.) entziehen; fliehen können: seinen Verfolgern entkommen; ins Ausland entkommen; sie darf auf keinen Fall entkommen; er ist aus dem Gefängnis entkommen. **Syn.:** abhauen (ugs.), sich absetzen (ugs.), ausbrechen, ausreißen, sich davonmachen (ugs.), sich dünnmachen (ugs.), durch die Lappen gehen (ugs.), durchbrennen (ugs.), entfliehen, entlaufen, entrinnen, entweichen, entwischen (ugs.), fliehen, flüchten, stiften gehen (ugs.), untertauchen, sich verdrücken (ugs.), sich verziehen (ugs.).

ent|kräf|ten [ɛnt'krɛftn̩], entkräftete, entkräftet ⟨tr.; hat⟩:
1. *der Kräfte berauben, kraftlos machen:* die Überanstrengung hat ihn völlig entkräftet. **Syn.:** angreifen, anstrengen, aufreiben, Kräfte kosten, schlauchen (ugs.), schwächen, strapazieren, zehren an, zusetzen.
2. *widerlegen:* Beweise, einen Verdacht entkräften.

ent|la|den [ɛnt'la:dn̩], entlädt, entlud, entladen:
1. ⟨tr.; hat⟩ *eine Ladung (von etwas) herunternehmen:* einen Wagen entladen. **Syn.:** abladen, [1]ausladen, ausleeren, ausräumen, entleeren, leer machen, leeren.
2. a) ⟨+ sich⟩ *losbrechen, heftig zum Ausbruch kommen:* ein Unwetter entlud sich; sein Zorn entlud sich auf mich. **b)** ⟨tr.; hat⟩ *von seiner elektrischen Ladung befreien:* eine Batterie, einen Akku entladen.

[1]ent|lang [ɛnt'laŋ] ⟨Präp. mit Gen., seltener Dativ⟩:
dient dazu, den Bereich seitlich von etwas Langgestrecktem anzugeben: entlang dem Fluss; ⟨bei Nachstellung mit Akk., selten Dativ⟩ die Straße, den Wald entlang.

[2]ent|lang [ɛnt'laŋ] ⟨Adverb⟩:
an etw. in der ganzen Länge hin: sich an der Mauer entlang aufstellen; sie stellten sich am Ufer entlang auf. **Syn.:** längs etwas (Gen. oder Dativ), neben etwas (Dativ).

ent|lang|ge|hen [ɛnt'laŋge:ən], geht entlang, ging entlang, entlanggegangen ⟨itr., ist⟩:
einen bestimmten Weg in einer bestimmten Richtung gehen: am Ufer entlanggehen.

ent|lar|ven [ɛnt'larfn̩] ⟨tr.; hat⟩:
den wahren Charakter einer Person, Sache, jmds. verborgene [üble] Absichten aufdecken: jmds. Pläne entlarven; jmdn. als Betrüger entlarven; damit hat er sich selbst entlarvt. **Syn.:** enthüllen.

ent|las|sen [ɛnt'lasn̩], entlässt, entließ, entlassen ⟨tr.; hat⟩:
1. *(jmdm.) erlauben, etwas zu verlassen:* einen Gefangenen entlassen. **Syn.:** auf freien Fuß setzen, freilassen, laufen lassen, loslassen.
2. *nicht weiter beschäftigen:* einen Angestellten fristlos entlassen; jmdn. aus seinem Amt entlassen *(entfernen)*. **Syn.:** ablösen, abschießen (ugs.), abservieren (ugs.), absetzen, auf die Straße setzen (ugs.), auf die Straße werfen (ugs.), aus dem Amt entfernen, ausbooten (ugs.), entmachten, feuern (ugs.), in die Wüste schicken (ugs.), kaltstellen (ugs.), kündigen, seines Amtes entheben (geh.), seines Amtes entkleiden (geh.), stürzen, verabschieden.

Ent|las|sung [ɛnt'lasʊŋ], die; -, -en:
1. *das Entlassen:* die Entlassung aus dem Gefängnis. **Zus.:** Haftentlassung.
2. *Lösung eines Arbeitsvertrags, Kündigung:* nach ihrer Entlassung machte sie zunächst eine Weiterbildung; die Firma droht mit Entlassungen. **Syn.:** Massenentlassung.

ent|las|ten [ɛnt'lastn̩], entlastete, entlastet ⟨tr.; hat⟩:
1. a) *jmdm. etwas von seiner Arbeit abnehmen:* den Chef, einen Kollegen [bei der Arbeit] entlasten. **Syn.:** assistieren, aus-

helfen, beistehen, helfen, unterstützen. **b)** *die Beanspruchung von etwas mindern, verringern:* die Straße [vom Durchgangsverkehr] entlasten; das Herz entlasten. **c)** *von seelischer Belastung frei machen:* sie vertraute sich mir an, um ihr Gewissen zu entlasten. **Syn.:** erleichtern.
2. *durch seine Aussage teilweise von einer Schuld freisprechen* /Ggs. belasten/: die Zeugin hat den Angeklagten entlastet.

ent|lau|fen [ɛntˈlau̯fn̩], entläuft, entlief, entlaufen ⟨itr.; ist⟩: *(besonders in Bezug auf Tiere und Kinder) von zu Hause, aus einem Heim, einer Anstalt o. Ä. entfliehen, weglaufen:* ein dem Heim entlaufenes Kind; der Hund war seiner Besitzerin entlaufen. **Syn.:** abhauen (ugs.), sich absetzen (ugs.), ausbrechen, ausreißen, sich davonmachen (ugs.), die Flatter machen (salopp), die Fliege machen (salopp), die Flucht ergreifen, sich dünnmachen (ugs.), durchbrennen (ugs.), entweichen, fliehen, flüchten, Reißaus nehmen (ugs.), sich aus dem Staub[e] machen (ugs.), stiften gehen (ugs.), untertauchen, sich verdrücken (ugs.).

ent|le|di|gen [ɛntˈleːdɪɡn̩] (geh.):
1. ⟨tr.; hat; mit Gen.⟩ *(von etwas) befreien:* jmdn. seiner Schulden entledigen.
2. ⟨+ sich; mit Gen.⟩ *sich (von etwas) befreien:* sich seiner Feinde, seiner Sorgen entledigen; sich seines Mantels entledigen *(seinen Mantel ausziehen);* sich eines Auftrags entledigen *(einen Auftrag ausführen).* **Syn.:** freikommen von, loskommen von, loswerden.

ent|lee|ren [ɛntˈleːrən] ⟨tr.; hat⟩:
1. *leer machen:* einen Behälter entleeren; den Darm entleeren. **Syn.:** ausleeren, leeren.
2. *seines eigentlichen Inhalts berauben:* allzu häufige Verwendung hat dieses Wort mit der Zeit [seines Sinns] entleert.

ent|le|gen [ɛntˈleːɡn̩] ⟨Adj.⟩: *weit entfernt und nur schwer zu erreichen:* ein entlegenes Dorf in den Bergen. **Syn.:** abgelegen, einsam, gottverlassen (ugs.), verschwiegen.

ent|leh|nen [ɛntˈleːnən] ⟨tr.; hat⟩: *(aus einem anderen geistigen, besonders sprachlichen Bereich) übernehmen:* das Wort »Keller« ist aus dem Lateinischen entlehnt.

ent|lei|hen [ɛntˈlai̯ən], entlieh, entliehen ⟨tr.; hat⟩: *(von einer Bibliothek, einer öffentlichen Einrichtung) zur vorübergehenden Nutzung leihen:* ein entliehenes Buch zurückbringen. **Syn.:** ausborgen (landsch.), ausleihen, borgen.

ent|lo|cken [ɛntˈlɔkn̩] ⟨tr.; hat⟩: *(jmdn.) zu einer Äußerung veranlassen:* jmdm. ein Geständnis entlocken; sie entlockte ihm ein Lächeln.

ent|loh|nen [ɛntˈloːnən] ⟨tr.; hat⟩: *(jmdm. für eine geleistete Arbeit) den Lohn zahlen:* die Manager wurden bisher stets fürstlich entlohnt. **Syn.:** bezahlen.

ent|mach|ten [ɛntˈmaxtn̩], entmachtete, entmachtet ⟨tr.; hat⟩: *seiner Macht berauben:* die Regierung, einen Konzern entmachten. **Syn.:** ablösen, abschieben, abschießen (ugs.), abservieren (ugs.), absetzen, aus dem Amt entfernen, ausbooten (ugs.), entlassen, feuern (ugs.), in die Wüste schicken (ugs.), kaltstellen (ugs.), seines Amtes entheben (geh.), seines Amtes entkleiden (geh.), stürzen.

ent|mi|li|ta|ri|sie|ren [ɛntmilitariˈziːrən] ⟨tr.; hat⟩: *aus einem Gebiet die Truppen abziehen u. die militärischen Anlagen abbauen:* nach dem Krieg wurde das Land entmilitarisiert; eine entmilitarisierte Zone.

ent|mün|di|gen [ɛntˈmʏndɪɡn̩] ⟨tr.; hat⟩: *(jmdm.) das Recht entziehen, bestimmte juristische Handlungen auszuführen:* man hat den Kranken entmündigt. **Syn.:** für unzurechnungsfähig erklären, unter Aufsicht stellen, unter Kuratel stellen (veraltend).

ent|mu|ti|gen [ɛntˈmuːtɪɡn̩] ⟨tr.; hat⟩: *(jmdm.) den Mut, das Selbstvertrauen nehmen:* der Misserfolg hat ihn entmutigt; sie ließ sich durch nichts entmutigen. **Syn.:** demoralisieren, einschüchtern, schrecken.

Ent|nah|me [ɛntˈnaːmə], die; -, -n: *das Entnehmen* (1), *Herausnehmen:* er hatte der Entnahme von Organen im Falle seines Todes zugestimmt. **Zus.:** Blutentnahme, Organentnahme, Wasserentnahme.

ent|neh|men [ɛntˈneːmən], entnimmt, entnahm, entnommen ⟨tr.; hat⟩:
1. *(aus etwas) herausnehmen:* [aus] der Kasse Geld entnehmen; das Zitat hat er der Bibel entnommen. **Syn.:** herausholen aus, holen aus, nehmen aus, nehmen von, wegnehmen aus.
2. *(aus etwas) erkennen:* wie ich [aus] Ihrem Schreiben entnehme, wollen Sie Ihr Geschäft aufgeben.

ent|pup|pen [ɛntˈpʊpn̩] ⟨+ sich⟩: *sich überraschend (als etwas) erweisen:* er entpuppte sich als große musikalische Begabung; die Sache hat sich als Schwindel entpuppt. **Syn.:** sich herausstellen.

ent|rät|seln [ɛntˈrɛːt͜sl̩n] ⟨tr.; hat⟩: *(etwas Rätselhaftes) verstehen, durchschauen:* der Forscherin war es gelungen, die alte Schrift zu enträtseln. **Syn.:** aufdecken, entschlüsseln, entziffern, klären.

ent|rei|ßen [ɛntˈrai̯sn̩], entriss, entrissen ⟨tr.; hat⟩: *gewaltsam mit einer heftigen Bewegung wegnehmen:* er entriss ihr die Tasche. **Syn.:** entwenden (geh.), klauen, rauben, stehlen.

ent|rich|ten [ɛntˈrɪçtn̩], entrichtete, entrichtet ⟨tr.; hat⟩: *(eine festgelegte Summe) [be]zahlen:* Steuern, eine Gebühr entrichten. **Syn.:** abführen.

ent|rin|nen [ɛntˈrɪnən], entrann, entronnen ⟨itr.; ist⟩ (geh.): *entkommen, entfliehen:* er ist der Gefahr, dem Tod, den Verfolgern nur knapp entronnen. **Syn.:** entgehen, entlaufen, entweichen, entwischen (ugs.).

ent|rol|len [ɛntˈrɔlən] ⟨tr.; hat⟩: *(etwas Zusammengerolltes) ausbreiten, entfalten, öffnen:* eine Fahne entrollen. **Syn.:** aufrollen, ausrollen.

ent|rüm|peln [ɛntˈrʏmpl̩n] ⟨tr.; hat⟩: *von Gerümpel befreien:* den Keller, das Haus, die Garage entrümpeln.

ent|rüs|ten [ɛntˈrʏstn̩], entrüstete, entrüstet:
a) ⟨+ sich⟩ *seiner Empörung über etwas Ausdruck geben:* er hat

sich über diese Zustände entrüstet. **Syn.:** sich aufregen, sich empören, sich ereifern, sich erregen. **b)** ⟨itr.; hat⟩ *zornig machen:* deine Beschuldigung entrüstete sie sehr; ich war entrüstet über diese Ungerechtigkeit. **Syn.:** empören, schockieren.

ent|sa|gen [ɛnt'za:gn̩] ⟨itr.; hat⟩ (geh.):
auf etwas schweren Herzens aus einer bestimmten Einsicht heraus freiwillig verzichten: der Macht, dem Alkohol entsagen. **Syn.:** ablassen von, abschwören, absehen von, aufstecken (ugs.), sich enthalten (geh.), fallen lassen, lassen, sich lossagen von, verzichten auf.

ent|schä|di|gen [ɛnt'ʃɛ:dɪgn̩] ⟨tr.; hat⟩:
(jmdm. für einen Schaden) einen angemessenen Ausgleich zukommen lassen, einen Ersatz geben: jmdn. für einen Verlust entschädigen. **Syn.:** abfinden, ausbezahlen, auszahlen.

Ent|schä|di|gung [ɛnt'ʃɛ:dɪgʊŋ], die; -, -en:
1. *das Entschädigen:* er setzte sich für die Entschädigung der Opfer ein.
2. *Geldbetrag, durch dessen Zahlung jmd. entschädigt wird:* jmdm. eine [angemessene, hohe] Entschädigung zahlen; eine Entschädigung bekommen. **Syn.:** Abfindung, Abstand, Ausgleich, Ersatz. **Zus.:** Aufwandsentschädigung, Haftentschädigung.

ent|schär|fen [ɛnt'ʃɛrfn̩] ⟨tr.; hat⟩:
1. *die Vorrichtung zum Zünden (von Sprengkörpern) entfernen:* die Bombe wurde von einem Spezialisten entschärft.
2. *einer Auseinandersetzung o. Ä. die Schärfe nehmen:* einen Konflikt, eine Situation entschärfen. **Syn.:** mildern.

ent|schei|den [ɛnt'ʃai̯dn̩], entschied, entschieden:
1. a) ⟨tr.; hat⟩ *(in einer Sache) ein Urteil fällen; zu einem abschließenden Urteil kommen:* das Gericht wird den Streit, den Fall entscheiden; etwas von Fall zu Fall entscheiden. **b)** ⟨itr.; hat⟩ *bestimmen:* der Arzt entscheidet über die Anwendung dieses Medikaments; ⟨auch tr.⟩ wer soll das entscheiden?; sie soll entscheiden, was zu tun ist. **Syn.:** befinden über (geh.). **c)** ⟨tr.; hat⟩ *in einer bestimmten Richtung festlegen, den Ausschlag (für etwas) geben:* der erneute Angriff hat die Schlacht entschieden; ⟨auch itr.⟩ das Los entscheidet; ⟨im 1. Partizip⟩ ein entscheidendes Ereignis; für mich ist entscheidend, dass er in gutem Glauben gehandelt hat.
2. ⟨+ sich⟩ *zwischen mehreren Möglichkeiten wählen, eine Entscheidung treffen:* hast du dich entschieden, welches Angebot du akzeptieren willst, ob du zusagen wirst?; ich kann mich nicht entscheiden; sie hat sich entschieden, zu kündigen; ich habe mich für ihn, für dieses Angebot entschieden; du musst dich so oder so entscheiden. **Syn.:** eine Entscheidung fällen, eine Entscheidung treffen, einen Beschluss fassen, einen Entschluss fassen, sich entschließen, sich schlüssig werden, wählen, zu einem Entschluss kommen.
3. ⟨+ sich⟩ *sich endgültig herausstellen, zeigen:* morgen wird es sich entscheiden, wer recht behält. **Syn.:** sich erweisen.

Ent|schei|dung [ɛnt'ʃai̯dʊŋ], die; -, -en:
a) *Lösung eines Problems, Klärung einer offenen Frage (durch eine hierfür zuständige Person oder Instanz):* eine Entscheidung treffen, fällen; eine klare, gerichtliche, schwierige Entscheidung. **Syn.:** Spruch, Urteil. **Zus.:** Fehlentscheidung, Gerichtsentscheidung, Grundsatzentscheidung, Kabinettsentscheidung, Kaufentscheidung, Mehrheitsentscheidung, Vorentscheidung. **b)** *das Sichentscheiden für eine von mehreren Möglichkeiten:* einer Entscheidung ausweichen; die Entscheidung ist ihm schwergefallen. **Syn.:** Entschluss, Wahl.

ent|schie|den [ɛnt'ʃi:dn̩] ⟨Adj.⟩:
1. *eine eindeutige Meinung vertretend, fest entschlossen [seine Ansicht vertretend]:* er war ein entschiedener Gegner dieser Richtung; entschiedenen Widerstand leisten; etwas entschieden ablehnen. **Syn.:** bestimmt, deutlich, eisern, energisch, erbittert, fest, hart, kategorisch, konsequent, nachdrücklich, resolut, rigoros.
2. *eindeutig, klar ersichtlich:* das geht entschieden zu weit. **Syn.:** ganz klar (ugs.).

ent|schla|fen [ɛnt'ʃla:fn̩], entschläft, entschlief, entschlafen ⟨itr.; ist⟩ (geh. verhüllend):
sanft sterben: nach kurzem, schwerem Leiden ist er gestern sanft [im Herrn] entschlafen. **Syn.:** die Augen [für immer] schließen, zumachen (verhüllend); einschlafen (verhüllend); sterben.

ent|schlie|ßen [ɛnt'ʃli:sn̩], entschloss, entschlossen ⟨+ sich⟩:
(nach einigem Überlegen) beschließen, etwas Bestimmtes zu tun: sich zur Kapitulation entschließen; zu einer Entschuldigung konnte sie sich nicht entschließen; sich rasch entschließen; ich habe mich [dazu] entschlossen, mit dir zu kommen; er ist entschlossen, nicht nachzugeben. **Syn.:** sich aufraffen, sich bequemen, sich durchringen, eine Entscheidung fällen, eine Entscheidung treffen, einen Beschluss fassen, einen Entschluss fassen, sich entscheiden, sich schlüssig werden, sich vornehmen, zu einem Entschluss kommen.

Ent|schlie|ßung [ɛnt'ʃli:sʊŋ], die; -, -en:
(besonders von Behörden, Parlamenten) gemeinsamer Beschluss: eine Entschließung einbringen, annehmen. **Syn.:** Entschluss.

Entschließung/Entschluss

Die **Entschließung** ist *ein förmlicher Beschluss zu einem Thema, der von einem politischen Gremium, z. B. von einem Parlament, verabschiedet wird:*
- Die Außenminister verabschiedeten eine Entschließung, in der sie den Angriff scharf kritisierten.

Ein **Entschluss** ist *eine [nach mehr oder weniger langem Überlegen] gewonnene Absicht, etwas zu tun.*
- Mein Entschluss steht fest: Ich werde diese Frau nicht heiraten.
- Sie fasste den Entschluss, morgen abzureisen.

ent|schlos|sen [ɛnt'ʃlɔsn̩] ⟨Adj.⟩: *eine ganz bestimmte Absicht habend und diese energisch und ohne Zögern verfolgend* /Ggs. unentschlossen/: ein entschlossener Mensch, Charakter; sie zeigte sich kühn und entschlossen; hier heißt es, entschlossen zu handeln, für etwas zu kämpfen. **Syn.:** bestimmt, konsequent, nachdrücklich, resolut, tatkräftig, unbeirrt, willensstark, zielstrebig, zupackend.

Ent|schlos|sen|heit [ɛnt'ʃlɔsn̩hai̯t], die; -: *fester Wille, etwas Bestimmtes zu tun, entschlossene Haltung:* dazu fehlt es ihm an Entschlossenheit. **Syn.:** Festigkeit, Härte, Tatkraft.

Ent|schluss [ɛnt'ʃlʊs], der; -es, Entschlüsse [ɛnt'ʃlʏsə]: *durch Überlegung gewonnene Absicht, etwas Bestimmtes zu tun:* ein weiser, spontaner, überraschender Entschluss; einen Entschluss fassen, bereuen. **Syn.:** Beschluss, Entschließung.

Entschluss / Entschließung: s. Kasten Seite 330.

ent|schlüs|seln [ɛnt'ʃlʏsl̩n] ⟨tr.; hat⟩: *in einen verständlichen Text umwandeln* /Ggs. verschlüsseln/: einen Geheimcode, die DNA, die empfangenen Daten entschlüsseln. **Syn.:** dechiffrieren.

ent|schul|di|gen [ɛnt'ʃʊldɪgn̩]:
1. a) ⟨+ sich⟩ *(für etwas) um Nachsicht, Verständnis, Verzeihung bitten:* sich für eine Bemerkung, seine Vergesslichkeit entschuldigen. **Syn.:** bedauern, um Entschuldigung bitten, um Verzeihung bitten. **b)** ⟨tr.; hat⟩ *jmds. Fehlen mitteilen und begründen:* sie hat ihr Kind beim Lehrer entschuldigt; er hat sich wegen eines dringenden Termins entschuldigen lassen.
2. ⟨tr.; hat⟩ *Nachsicht zeigen (für etwas):* ich kann dieses Verhalten nicht entschuldigen; entschuldigen Sie bitte die Störung; ⟨auch itr.⟩ entschuldigen Sie bitte. **Syn.:** verzeihen.
3. ⟨tr.; hat⟩ **a)** *verständlich, entschuldbar erscheinen lassen:* ihre Krankheit entschuldigt ihren Missmut. **Syn.:** rechtfertigen. **b)** *begründen und rechtfertigen:* er entschuldigte sein Verhalten mit Nervosität.

Ent|schul|di|gung [ɛnt'ʃʊldɪgʊŋ], die; -, -en:
1. *Begründung und Rechtfertigung:* keine Entschuldigung gelten lassen. **Syn.:** Alibi, Ausflucht, Ausrede, Vorwand.
2. *schriftliche Mitteilung über den Grund eines Fehlens in der Schule:* sie schrieb ihrem Sohn eine Entschuldigung.
3. * [ich bitte um] Entschuldigung: *entschuldigen Sie bitte:* [ich bitte um] Entschuldigung, das wollte ich nicht. **Syn.:** verzeihen Sie bitte, [ich bitte um] Verzeihung.

ent|schwin|den [ɛnt'ʃvɪndn̩], entschwand, entschwunden ⟨itr.; ist⟩:
1. a) (geh., oft scherzh. od. iron.) *sich (jmds. Blicken) entziehen, weggehen:* schon nach 15 Minuten entschwand sie wieder. **Syn.:** das Weite suchen, enteilen (geh.), gehen, verschwinden. **b)** (geh.) *sich jmds. Gedächtnis entziehen:* sein Name ist mir entschwunden. **Syn.:** entfallen.
2. (geh.) *zu jmds. Bedauern vergehen:* die Zeit entschwand. **Syn.:** hingehen, ins Land gehen, ins Land ziehen, verfliegen (geh.), verfließen (geh.), verstreichen.

ent|sen|den [ɛnt'zɛndn̩], entsandte/entsendete, entsandt/entsendet ⟨tr.; hat⟩ (geh.): *mit einem bestimmten Auftrag o. Ä. an einen Ort schicken:* der Staat entsandte eine Delegation zu dem Kongress. **Syn.:** abordnen, delegieren.

ent|set|zen [ɛnt'zɛt͜sn̩]:
a) ⟨+ sich⟩ (geh.) *in Schrecken, außer Fassung geraten:* alle entsetzten sich bei diesem Anblick. **Syn.:** das große Grausen kriegen (ugs.), das kalte Grausen kriegen (ugs.), eine Gänsehaut bekommen, entsetzt sein, schaudern, schauern, sich schütteln. **b)** ⟨tr.; hat⟩ *in Schrecken versetzen, aus der Fassung bringen:* dieser Anblick hat mich entsetzt; ich war darüber entsetzt. **Syn.:** betroffen machen, [2]erschrecken, schockieren.

Ent|set|zen [ɛnt'zɛt͜sn̩], das; -s: *mit Grauen, Angst verbundener heftiger Schrecken:* ein lähmendes, furchtbares Entsetzen befiel, packte sie; die Nachricht löste großes Entsetzen aus, rief großes Entsetzen hervor. **Syn.:** Angst, Grauen, Horror, Schauder (geh.), Schauer, Schock, Schreck, Schrecken.

ent|setz|lich [ɛnt'zɛt͜slɪç] ⟨Adj.⟩:
1. *schrecken- und entsetzenerregend:* ein entsetzliches Unglück; der Anblick war entsetzlich. **Syn.:** [2]erschreckend, furchtbar, fürchterlich, grässlich, grauenhaft, grauenvoll (emotional), grausig, heillos, schauderhaft (ugs. abwertend), schauerlich, schaurig, scheußlich, schlimm, schrecklich.
2. (ugs.) *sehr [groß], stark:* entsetzliche Schmerzen haben; er war entsetzlich müde; sie hat sich entsetzlich geärgert. **Syn.:** arg (ugs.), ekelhaft (ugs.), eklig (ugs.), furchtbar (ugs.), fürchterlich, grauenhaft (emotional), heillos, höllisch (emotional), irre (emotional), irrsinnig (emotional), schaurig, scheußlich, schrecklich (ugs.), ungeheuer, unheimlich (ugs.), verflucht (salopp), verteufelt (ugs. emotional), wahnsinnig.

ent|si|chern [ɛnt'zɪçɐn] ⟨tr.; hat⟩: *(eine Waffe) durch Lösen der Sicherung zum Schießen bereit machen:* eine Pistole, ein Gewehr entsichern.

ent|sin|nen [ɛnt'zɪnən], entsann, entsonnen ⟨+ sich⟩ (geh.): *sich (einer Person, einer Sache) erinnern:* ich kann mich [dessen] nicht mehr entsinnen; ich entsinne mich gern an diesen Tag. **Syn.:** gedenken (geh.), präsent haben, sich besinnen auf, zurückdenken.

ent|sor|gen [ɛnt'zɔrgn̩] ⟨tr.; hat⟩: *(Abfall, Müll) beseitigen:* den Müll von der Stadtreinigung entsorgen lassen; alte Batterien bitte nicht über den Restmüll entsorgen!

Ent|sor|gung [ɛnt'zɔrgʊŋ], die; -, -en: *die Beseitigung (von Müll, Abfall):* die Entsorgung von Atommüll ist problematisch.

ent|span|nen [ɛnt'ʃpanən]:
a) ⟨tr.; hat⟩ *lockern, von einer Anspannung befreien:* den Körper, die Muskeln entspannen. **Syn.:** auflockern. **b)** ⟨+ sich⟩ *sich körperlich und seelisch für kurze Zeit von seiner anstrengenden*

Tätigkeit ganz frei machen und auf diese Weise neue Kraft schöpfen: sich im Urlaub, auf einem Spaziergang entspannen; sie war völlig entspannt. **Syn.:** sich ausruhen, der Ruhe pflegen (geh.), sich erholen, rasten, relaxen (ugs.), ruhen, sich Ruhe gönnen, verschnaufen.
c) ⟨+ sich⟩ *sich beruhigen, friedlicher werden:* die Lage, die Stimmung hat sich entspannt.

Ent|span|nung [ɛntˈʃpanʊŋ], die; -, -en:
1. *das [Sich]entspannen:* bei seinem Hobby Entspannung finden.
2. *Abbau politischer und militärischer Spannungen:* eine weltweite [Politik der] Entspannung; zur Entspannung [der Atmosphäre] beitragen.

ent|spin|nen [ɛntˈʃpɪnən], entspann, entsponnen ⟨+ sich⟩ (geh.):
zwischen jmdm. u. einem andern allmählich entstehen, sich entwickeln: nach dem Essen entspann sich eine Debatte, ein Streit, ein lebhaftes Gespräch. **Syn.:** aufkommen, sich ausbilden, sich bilden, [1]erwachsen, [1]werden.

ent|spre|chen [ɛntˈʃprɛçn̩], entspricht, entsprach, entsprochen ⟨itr.; hat⟩:
a) *in einer bestimmten Hinsicht gleichen, gleichkommen, gleichwertig sein, vergleichbar sein, (gedanklich) zuzuordnen sein:* ein Zentimeter auf der Landkarte entspricht zehn Kilometern in der Natur; dem Landeshauptmann in Österreich entspricht in Deutschland der Ministerpräsident; eine Umdrehung des großen Zeigers entspricht einer Stunde; eine Meile entspricht etwa 1 600 Metern; das entspricht [nicht] der Wahrheit, den Tatsachen, seinen Fähigkeiten, den Anforderungen, meinen Erwartungen.
b) *(mit etwas) in Übereinstimmung sein:* den gesetzlichen Bestimmungen, den Vorgaben entsprechen; das Gerät entspricht den einschlägigen Normen, Sicherheitsvorschriften; seine Darstellung entspricht [nicht] der Wahrheit, den Tatsachen; ihre Leistung entspricht unseren Erwartungen, den Anforderungen [nicht]. **Syn.:** übereinstimmen mit.
c) (Amtsspr.) *in der gewünschten Weise (auf etwas) reagieren:* einem Wunsch, einer Aufforderung, einem Antrag, einer Bitte entsprechen. **Syn.:** befriedigen, erfüllen.

[1]**ent|spre|chend** [ɛntˈʃprɛçn̩t] ⟨Adj.⟩:
a) *angemessen; [zu etwas] passend:* eine [dem Verlust] entsprechende Entschädigung erhalten. **Syn.:** ähnlich, analog, gebührend. **Zus.:** zweckentsprechend. **b)** *zuständig, kompetent:* bei der entsprechenden Behörde anfragen. **Syn.:** betreffend, dazugehörend, einschlägig, in Betracht kommend, infrage kommend.

[2]**ent|spre|chend** [ɛntˈʃprɛçn̩t] ⟨Präp. mit Dativ⟩:
gemäß, zufolge, nach: entsprechend seinem Vorschlag handeln; seinem Vorschlag entsprechend vorgehen. **Syn.:** in Übereinstimmung mit, [2]laut.

ent|sprin|gen [ɛntˈʃprɪŋən], entsprang, entsprungen ⟨itr.; ist⟩:
1. *als Quelle aus dem Boden kommen:* der Rhein entspringt in den Alpen.
2. *sich ergeben, resultieren:* aus dieser Haltung entspringt seine Fürsorge für andere. **Syn.:** herkommen von, hervorgehen, kommen von, rühren von (geh.).

ent|stam|men [ɛntˈʃtamən] ⟨itr.; ohne Perfekt⟩:
aus einem bestimmten Bereich stammen: einer vornehmen Familie entstammen; dieser Gedanke entstammt der Antike.

ent|ste|hen [ɛntˈʃteːən], entstand, entstanden ⟨itr.; ist⟩:
ins Dasein treten, seinen Anfang nehmen; sich bilden, entwickeln: aus dem Samen entsteht eine neue Pflanze; auf dem Grundstück soll ein Schwimmbad entstehen *(gebaut, angelegt werden);* aus Vorurteilen können Kriege entstehen; immer größere Pausen entstanden; es entstehen Ihnen dadurch keine Kosten *(es ist für Sie kostenlos).* **Syn.:** sich anbahnen, aufkommen, auftauchen, auftreten, sich ausbilden, sich ausprägen, sich bilden, sich entfalten, sich entspinnen (geh.), [1]erwachsen, [1]werden, sich zeigen, zum Vorschein kommen.

Ent|ste|hung [ɛntˈʃteːʊŋ], die; -, -en:
das Entstehen: die Entstehung des Sonnensystems, des Buches; wir fragen uns, was zur Entstehung dieser Krankheit führt. **Syn.:** Bildung, Entwicklung.

ent|stel|len [ɛntˈʃtɛlən] ⟨tr.; hat⟩:
1. *jmds. Aussehen so zu seinen Ungunsten verändern, dass er kaum noch zu erkennen ist:* diese Verletzung entstellte ihn; nach dem Unfall war ihr Gesicht regelrecht entstellt. **Syn.:** beschädigen, verschandeln, verstümmeln, verunstalten, verunzieren, verzerren.
2. *verändern, sodass etwas einen falschen Sinn erhält:* einen Text entstellen; die Verfilmung entstellt den Sinn des Buches. **Syn.:** auf den Kopf stellen (ugs.), ins Gegenteil verkehren, verdrehen, verfälschen, vergewaltigen, verzeichnen, verzerren.

Ent|stel|lung [ɛntˈʃtɛlʊŋ], die; -, -en:
1. *(bis zur Unkenntlichkeit gehende) Veränderung des Äußeren:* die Operation minderte die unfallbedingte Entstellung des Gesichts.
2. *das sinnentstellende Wiedergeben von Texten u. Ä.:* die Entstellung von Nachrichten, Texten.

ent|strö|men [ɛntˈʃtrøːmən], entströmte, entströmt ⟨itr.; ist⟩ (geh.):
(von Gasen, Flüssigkeiten) strömend (aus etwas) austreten: eine große Menge Gas ist dem Behälter entströmt; der Blüte entströmte ein zarter Duft. **Syn.:** ausfließen aus, auslaufen aus, fließen aus, laufen aus, strömen aus.

ent|täu|schen [ɛntˈtɔyʃn̩] ⟨tr.; hat⟩:
jmds. Hoffnungen oder Erwartungen nicht erfüllen und ihn dadurch betrüben: er hat mich sehr enttäuscht; ich will ihr Vertrauen nicht enttäuschen; das Ergebnis war enttäuschend; ich bin enttäuscht. **Syn.:** frustrieren.

Ent|täu|schung [ɛntˈtɔyʃʊŋ], die; -, -en:
a) *Hoffnung oder Erwartung, die nicht erfüllt wurde:* eine bittere, schmerzliche Enttäuschung; sie hat schon viele Enttäuschungen erleben müssen. **Syn.:** Frustration. **b)** ⟨ohne Plural⟩ *das Ent-*

täuschtsein: sie konnte ihre große Enttäuschung nicht verbergen; zu unserer Enttäuschung hat er sich anders entschieden.

ent|völ|kern [ɛntˈfœlkɐn]:
a) ⟨tr.; hat⟩ *[zum größten Teil] menschenleer machen:* die Seuche hatte das Land entvölkert.
b) ⟨+ sich⟩ *in der Bevölkerungszahl zurückgehen; menschenleer werden:* ländliche Regionen entvölkern sich immer mehr.

ent|waff|nen [ɛntˈvafnən] ⟨tr.; hat⟩:
1. *(jmdm.) die Waffe[n] wegnehmen:* nach Kriegsende hat die Schutztruppe alle Soldaten entwaffnet.
2. *durch entgegenkommendes Verhalten bewirken, dass jmd. seine negative Haltung aufgibt:* mit entwaffnender Offenheit gestand er den Seitensprung; ihr Lachen und ihr Charme sind einfach entwaffnend.

ent|we|der [ˈɛntveːdɐ]:
in der Wendung **entweder ... oder** ⟨Konj.⟩: /betont nachdrücklich, dass von zwei oder mehreren Möglichkeiten nur die eine oder die andere besteht/: entweder kommt mein Vater oder mein Bruder; entweder kommt sie heute oder erst nächste Woche; entweder Klaas oder Tim muss abwaschen; entweder ich oder du sprichst mit ihr; entweder ich spreche mit ihr oder du.

ent|wei|chen [ɛntˈvai̯çn̩], entwich, entwichen ⟨itr.; ist⟩:
a) *(von gasförmigen Stoffen) aus etwas ausströmen:* Dampf, Gas entweicht [aus dem Behälter]. **Syn.:** austreten [aus], entströmen, laufen aus, strömen aus.
b) (geh., dichter.) *sich unbemerkt entfernen:* aus dem Spital entweichen.

ent|wen|den [ɛntˈvɛndn̩], entwendete, entwendet ⟨tr.; hat⟩ (geh.): *(bei sich bietender Gelegenheit) wegnehmen und sich unbemerkt aneignen; stehlen:* Geld aus der Kasse, jmdm. ein Buch entwenden. **Syn.:** abnehmen, sich aneignen, beiseiteschaffen, erbeuten, klauen (ugs.), mitgehen lassen (ugs.), stibitzen (ugs.), veruntreuen (bes. Rechtsspr.), wegnehmen.

ent|wer|fen [ɛntˈvɛrfn̩], entwirft, entwarf, entworfen ⟨tr.; hat⟩:
a) *einen Entwurf*(a) *machen von etwas, das gestaltet werden soll:* ein neues Modell, Möbel, Plakate entwerfen. **Syn.:** entwickeln, erarbeiten, konstruieren.
b) *etwas skizzierend, in großen Zügen in schriftliche Form bringen (um es später auszuarbeiten):* einen Vortrag, einen Brief entwerfen; sie entwirft gerade eine Folie für die Präsentation. **Syn.:** skizzieren, [2]umreißen.

ent|wer|ten [ɛntˈveːɐ̯tn̩], entwertete, entwertet ⟨tr.; hat⟩:
a) *ungültig machen und so verhindern, dass etwas noch einmal benutzt werden kann:* Fahrkarten müssen am Automaten entwertet werden. **Syn.:** knipsen (ugs.). **b)** *den Wert, die Qualität o. Ä. (von etwas) mindern:* das Geld wurde entwertet; durch den Preisverfall sehen die Landwirte ihre Arbeit entwertet.

ent|wi|ckeln [ɛntˈvɪkl̩n]:
1. ⟨+ sich⟩ *allmählich entstehen, sich herausbilden:* aus der Raupe entwickelt sich der Schmetterling; aus der harmlosen Erkältung entwickelte sich eine schlimme Lungenentzündung; das Werk hat sich aus bescheidenen Anfängen entwickelt. **Syn.:** sich auswachsen, gedeihen, sich mausern (ugs.), reifen, sprießen, wachsen.
2. ⟨+ sich⟩ *Fortschritte machen:* die Diskussion hat sich schnell entwickelt; die Verhandlungen entwickeln sich ausgezeichnet. **Syn.:** sich anlassen, in Gang kommen, in Schwung kommen (ugs.), ins Rollen kommen (ugs.). **Zus.:** fortentwickeln, weiterentwickeln.
3. ⟨+ sich⟩ *(zu etwas Neuem) werden, (in etwas anderes) übergehen:* das Dorf entwickelt sich zur Stadt; sich zu einer Persönlichkeit entwickeln.
4. ⟨tr.; hat⟩ *aus sich entstehen lassen:* das Feuer entwickelt Hitze; der Samen entwickelt den Keim. **Syn.:** erzeugen, hervorbringen, produzieren.
5. ⟨tr.; hat⟩ *(eine neue Art, einen neuen Typ von etwas) konstruieren, erfinden:* ein schnelleres Flugzeug entwickeln; für diesen Vorgang wurde ein neues Verfahren entwickelt. **Syn.:** sich ausdenken, aushecken (ugs.), ausklügeln, ausknobeln (ugs.), austüfteln.
6. ⟨tr.; hat⟩ *in Einzelheiten darlegen, erklären:* einen Plan entwickeln; sie hat ihre Gedanken sehr schön zu einem Thema entwickelt. **Syn.:** ausbreiten, entfalten.
7. ⟨tr.; hat⟩ *(eine bestimmte Eigenschaft, Fähigkeit o. Ä.) aus sich hervorbringen:* Geschmack, einen eigenen Stil entwickeln; er entwickelt ein tänzerisches Talent. **Syn.:** an den Tag legen, entfalten, erkennen lassen, hervorbringen, zeigen.
8. ⟨tr.; hat⟩ *(einen belichteten Film) mit Chemikalien behandeln, sodass das Aufgenommene sichtbar wird:* einen Film entwickeln lassen.

Ent|wick|lung [ɛntˈvɪklʊŋ], die, -, -en:
1. a) *[körperliche und seelische] Reifung:* Krankheiten können die Entwicklung des Kindes stören. **Syn.:** Wachstum. **b)** *Verlauf, Fortgang:* die wirtschaftliche, demografische, technische Entwicklung; die Entwicklung des Umsatzes verfolgen, beobachten.
2. *das Entwickeln, Erfinden, Konstruieren von etwas Neuem:* die Entwicklung dieses Medikaments hat Millionen gekostet; im Sektor Forschung und Entwicklung arbeiten.

Ent|wick|lungs|land [ɛntˈvɪklʊŋslant], das; -[e]s, Entwicklungsländer [ɛntˈvɪklʊŋslɛndɐ]: *wirtschaftlich deutlich weniger entwickeltes Land (im Vergleich zu industrialisierten Ländern):* Angola ist ein Entwicklungsland.

ent|wi|schen [ɛntˈvɪʃn̩], entwischte, entwischt ⟨itr.; ist⟩ (ugs.):
sich (durch heimliches Weglaufen) einer Bedrohung, Ergreifung oder Bewachung entziehen: noch einmal wird er ihnen nicht entwischen; die Verdächtige war durch die Hintertür entwischt. **Syn.:** abhauen (ugs.), sich absetzen (ugs.), ausreißen (ugs.), sich davonmachen (ugs.), sich dünnmachen (ugs.), durch die Lappen gehen (ugs.), durchbrennen (ugs.), entfliehen, entkommen, entlaufen, entrinnen, entweichen, fliehen, flüchten, stiften

E
entw

gehen (ugs.), untertauchen, sich verdrücken (ugs.), sich verziehen (ugs.).

ent|wöh|nen [ɛntˈvøːnən] ⟨tr.; hat⟩: *(einen Säugling) allmählich von der Ernährung mit Muttermilch auf andere Nahrung umstellen:* den Säugling langsam [von der Brust] entwöhnen.

ent|wür|di|gend [ɛntˈvʏrdɪgn̩t] ⟨Adj.⟩: *(durch die Unzumutbarkeit der Umstände) die Menschenwürde verletzend:* in dem Lager herrschen entwürdigende Zustände. **Syn.:** beschämend, demütigend.

Ent|wurf [ɛntˈvʊrf], der; -[e]s, Entwürfe [ɛntˈvʏrfə]: **a)** *ausgearbeiteter Plan, Muster für etwas zu Gestaltendes:* den Entwurf eines Hauses vorlegen. **Syn.:** Modell, Plan. **Zus.:** Einbandentwurf, Umschlagentwurf. **b)** *schriftliche Fixierung von etwas in seinen Hauptpunkten:* der Entwurf eines Vertrages, Vortrages, eines Briefes; der Entwurf zu einem Brief; das ist nur der Entwurf zu einem neuen Bühnenstück; etwas im Entwurf lesen. **Syn.:** Disposition, Konzept, Plan, Skizze. **Zus.:** Gesetzentwurf, Haushaltsentwurf, Vertragsentwurf.

ent|wur|zeln [ɛntˈvʊrt͜sl̩n] ⟨tr.⟩: **1.** *mit den Wurzeln aus der Erde reißen:* der Sturm hat viele Bäume entwurzelt. **2.** *jmdm. [die vertraute Umgebung und damit] den sozialen, seelischen Halt nehmen:* die Vertreibung aus der Heimat hat sie entwurzelt.

ent|wur|zelt [ɛntˈvʊrt͜sl̩t] ⟨Adj.⟩: *[heimatlos und] bindungslos geworden; ohne sozialen und seelischen Halt:* ein entwurzelter Mensch; nach seinem Umzug fühlte er sich entwurzelt.

ent|zie|hen [ɛntˈt͜siːən], entzog, entzogen: **1.** ⟨tr.; hat⟩ **a)** *nicht länger gewähren, geben oder zuteilwerden lassen:* jmdm. die Unterstützung entziehen; nach dieser Sache hatte sie mir das Vertrauen entzogen; jmdm. den Alkohol entziehen *(Alkoholgenuss untersagen);* jmdm. die Nahrung entziehen *(jmdn. hungern lassen).* **Syn.:** aus der Hand nehmen, verweigern, wegnehmen. **b)** *nicht länger überlassen, nicht mehr in jmds. Besitz, Verfügungsgewalt o. Ä. lassen:* jmdm. den Führerschein entziehen; ihm wurde das Sorgerecht für sein Kind entzogen; jmdm. das Wort entziehen. **Syn.:** abnehmen, entreißen, wegnehmen. **c)** (geh.) *(vor jmdm., etwas) bewahren, schützen:* etwas jmds. Zugriff entziehen; jmdn. den Blicken der Öffentlichkeit entziehen. **Syn.:** abschirmen gegen/vor, behüten vor, beschützen vor, verteidigen gegen. **2.** ⟨+ sich⟩ **a)** (geh.) *sich zurückziehen, sich (von etwas, jmdm.) fernhalten:* sie entzog sich ihrer Umgebung. **Syn.:** sich absondern von. **b)** *(einer Sache) aus dem Wege gehen; (eine Aufgabe) nicht erfüllen:* er entzog sich seinen Pflichten. **Syn.:** ausweichen, fliehen vor, kneifen vor (ugs. abwertend), meiden, sich drücken vor (ugs.), sich fernhalten von, umgehen, vermeiden. **c)** (geh.) *durch rechtzeitige eigene Anstrengung entgehen, entkommen:* sich einer Verhaftung durch Flucht entziehen. **d)** *sich von etwas frei machen; sich von etwas nicht anrühren lassen:* sich jmds. Reiz, einer Stimmung [nicht] entziehen können; diesem Zauber konnten sich selbst abgebrühte Kerle nicht entziehen.

Ent|zie|hungs|kur [ɛntˈt͜siːʊŋskuːɐ̯], die; -, -en: *Behandlung, Therapie, durch die Alkoholiker od. Drogensüchtige in einer Spezialklinik durch Absetzung od. langsame Reduzierung der Suchtmittel von ihrer Sucht geheilt werden sollen:* eine Entziehungskur machen. **Syn.:** Entzug.

ent|zif|fern [ɛntˈt͜sɪfɐn] ⟨tr.; hat⟩: **a)** *(etwas schwer Lesbares) mühsam lesen:* diesen alten Text kann man kaum entziffern; seine Schrift kann ich nicht entziffern. **b)** *entschlüsseln, dechiffrieren:* Profis können diese Geheimschrift leicht entziffern; einen Funkspruch entziffern. **Syn.:** herausbekommen (ugs.).

ent|zü|cken [ɛntˈt͜sʏkn̩] ⟨tr.⟩: *einen Zustand höchster Begeisterung bei jmdm. hervorrufen:* der Anblick der köstlichen Speisen entzückte ihn; diese Musik entzückt meine Ohren. **Syn.:** anmachen (ugs.), begeistern, beglücken, berauschen, bezaubern, erfreuen, hinreißen, in Begeisterung versetzen, in seinen Bann ziehen, mit Begeisterung erfüllen.

ent|zü|ckend [ɛntˈt͜sʏkn̩t] ⟨Adj.⟩: *reizvoll und höchstes Gefallen erregend:* ein entzückendes Kind; das neue Kleid ist ja ganz entzückend!; du siehst entzückend aus. **Syn.:** anziehend, attraktiv, berückend (geh.), bezaubernd, bildschön, charmant, einnehmend, gewinnend, goldig, herzig, hübsch, liebenswert, liebenswürdig, lieblich, nett, niedlich, reizend, schön, süß (emotional), toll (ugs.), wunderschön, zauberhaft.

Ent|zug [ɛntˈt͜suːk], der; -[e]s, Entzüge [ɛntˈt͜syːgə]: **1.** ⟨ohne Plural⟩ *das Entziehen, Wegnehmen, Vorenthalten:* der Entzug von Drogen, einer Lizenz, der Lehrerlaubnis; jmdm. mit dem Entzug des Führerscheins drohen. **Zus.:** Freiheitsentzug, Führerscheinentzug, Liebesentzug, Schlafentzug. **2.** (ugs.) *Behandlung, durch die Alkoholkranke oder Drogenabhängige von ihrer Sucht befreit werden sollen:* nach jedem Entzug ist sie rückfällig geworden; er ist schon wieder auf Entzug.

ent|zün|den [ɛntˈt͜sʏndn̩], entzündete, entzündet ⟨+ sich⟩: **1.** *in Brand geraten, zu brennen beginnen:* das Heu hat sich von selbst entzündet. **Syn.:** Feuer fangen, zu brennen anfangen. **2.** *sich auf einen schädigenden Reiz hin schmerzend röten und anschwellen:* der Hals, die Wunde hat sich entzündet; sie hat entzündete Augen. **3.** *durch etwas hervorgerufen werden, aufbrechen:* der Streit entzündete sich an der Frage der Bezahlung.

Ent|zün|dung [ɛntˈt͜sʏndʊŋ], die; -, -en: *das Sichentzünden einer bestimmten Körperstelle (als Reaktion auf einen schädigenden Reiz):* sie hat eine akute Entzündung der Nebenhöhlen; die Entzündung ist chronisch geworden. **Zus.:** Bindehautentzündung, Blasenentzündung, Blinddarmentzündung, Lungenentzündung, Mandelentzündung, Mittelohrentzündung, Nebenhöhlenentzündung, Zahnfleischentzündung.

ent|zwei [ɛntˈtsvai̯] ⟨Adj.; nicht flektierbar⟩:
in Stücke zerbrochen, in einzelne Teile auseinandergefallen: das Glas, der Teller ist entzwei. **Syn.:** hin (ugs.), im Eimer (ugs.), kaputt (ugs.), lädiert, ramponiert (ugs.).

ent|zwei|ge|hen [ɛntˈtsvai̯geːən], ging entzwei, entzweigegangen ⟨itr.; ist⟩:
in Stücke zerbrechen, in einzelne Teile auseinanderfallen: das Schaufenster, meine Brille ist entzweigegangen. **Syn.:** auseinanderbrechen, auseinandergehen, draufgehen (ugs.), in die Binsen gehen (ugs.), kaputtgehen (ugs.), sich in seine Bestandteile auflösen.

En|zi|an [ˈɛntsi̯aːn], der; -s, -e:
1. *Gebirgspflanze mit blauen oder gelben, glockenförmigen Blüten [auf kurzem Stängel]:* auf der Wiese blüht der Enzian.
2. *klarer Branntwein, der aus den Wurzeln des gelben Enzians hergestellt wird:* drei Enzian *(drei Gläser Enzian),* bitte!

Epi|de|mie [epideˈmiː], die; -, Epidemien [epideˈmiːən]:
das Auftreten einer ansteckenden Krankheit in einem bestimmten begrenzten Verbreitungsgebiet (wobei eine große Zahl von Menschen gleichzeitig von der Krankheit befallen wird): eine Epidemie ist ausgebrochen. **Syn.:** Seuche. **Zus.:** Grippeepidemie, Typhusepidemie.

Epik [ˈeːpɪk], die; -:
erzählende Vers- und Prosadichtung: die Epik des Mittelalters. **Syn.:** [1]Dichtung, Prosa.

Epi|so|de [epiˈzoːdə], die; -, -n:
Begebenheit, flüchtiges Ereignis von kürzerer Dauer innerhalb eines größeren Zeitabschnitts: eine kurze, traurige Episode; ihre Ehe war nur eine Episode in ihrem bewegten Leben. **Syn.:** Ereignis, Zwischenspiel.

Epo|che [eˈpɔxə], die; -, -n:
durch eine Persönlichkeit oder ein Ereignis geprägter großer geschichtlicher Zeitabschnitt: der Beginn, das Ende einer Epoche; der Baustil dieser Epoche; wir stehen am Beginn einer neuen Epoche; eine Epoche des Aufschwungs begann. **Syn.:** Abschnitt, Ära (geh.), Periode, Phase, Zeitalter, Zeitraum. **Zus.:** Geschichtsepoche, Literaturepoche, Stilepoche.

er [eːɐ̯] ⟨Personalpronomen; 3. Person Singular Maskulinum⟩:
vertritt ein männliches Substantiv im Singular: er ist krank; wenn er dir nicht schmeckt, brauchst du den Nachtisch nicht zu essen.

er- [ɛɐ̯] ⟨verbales Präfix⟩:
besagt, dass etwas erfolgreich abgeschlossen wird, zum [gewünschten] Erfolg führt, dass durch die im intransitiven Basiswort genannte Tätigkeit ein bestimmtes Ergebnis erzielt wird: **a)** *durch ... zu ... kommen, durch das im Basiswort Genannte das angestrebte Objekt erlangen:* (den Europatitel) erboxen; (den ersten Preis) ersingen; (drei Goldmedaillen) erspurten; (den Lichtschalter) ertasten; (zwei Prozent Rendite) erwirtschaften. **b)** ⟨+ sich⟩ *durch ... bewirken, dass man das als Akkusativobjekt Genannte hat, bekommt, erreicht:* sich (Zugaben) erklatschen; sich (Olympiagold) erlaufen; sich (Millionen) ersingen; sich (gute Kritiken) erspielen.

-er [ɐ], der; -s, - ⟨Suffix⟩:
1. ⟨Basis: Verb, verbale Verbindung oder Substantiv⟩ (gelegentlich ugs.) kennzeichnet eine [männliche] Person, die etwas berufsmäßig, gewohnheitsmäßig oder nur im Augenblick tut: Aufsteiger; Aussteiger; Bauzeichner; Fußballer; Handballer; Handwerker; Kiffer; Lehrer; Macher; Maler; Schlagzeuger; Schornsteinfeger; Schüler; Skateboarder; Sprinter; Wegbereiter.
2. (gelegentlich ugs.) kennzeichnet eine [männliche] Person, die zu etw. (einer Vereinigung o. Ä.) gehört: Gewerkschafter; Metaller *(jmd., der Mitglied der IG Metall ist);* Straßenbahner.
3. ⟨Basiswort: Verb oder verbale Verbindung⟩ *Gerät, das bzw. Maschine, die einem bestimmten Zweck dient; Werkzeug:* Anrufbeantworter; Entsafter; Geschirrspüler; Löscher; Türöffner.
4. ⟨Basiswort: Verb⟩ kennzeichnet einen Gegenstand, mit dem etwas gemacht wird: Aufkleber; Kognakschwenker; Filzschreiber; Füller; Vorleger.
5. ⟨Basiswort: geografischer Name⟩ *Einwohner:* Münch[e]ner; Pfälzer; Schweizer; Schweriner.
6. ⟨Basiswort: Verb⟩ bezeichnet eine Tätigkeit, einen Vorgang oder dessen Ergebnis: Ausrutscher; Seufzer.
7. *Bezeichnung von jmdm., etwas mithilfe eines für ihn bzw. es charakteristischen Merkmals:*
a) ⟨Basis besteht aus Attribut + Substantiv⟩ Dickhäuter; Dreimaster; Fünfakter; Oldtimer; Sechssitzer. **b)** ⟨Basis besteht aus einem Zahlwort⟩ Dreitausender; Fünfziger. **c)** ⟨Basis besteht aus einem Substantiv⟩ Benziner.

er|ach|ten [ɛɐ̯ˈlaxtn̩], erachtete, erachtet ⟨tr.; hat⟩ (geh.):
aufgrund von Überlegungen eine bestimmte Meinung von etwas haben und es für etwas halten: ich erachte dies für eine übertriebene Forderung; jmdn. einer Ehrung für würdig erachten. **Syn.:** ansehen als, auffassen als, betrachten als, halten, werten als.

Er|ach|ten [ɛɐ̯ˈlaxtn̩]:
in der Wendung **meinem Erachten nach/nach meinem Erachten/meines Erachtens:** *meiner Meinung nach, meiner Ansicht nach.* **Syn.:** nach meinem Dafürhalten (geh.).

er|ar|bei|ten [ɛɐ̯ˈlarbai̯tn̩], erarbeitete, erarbeitet ⟨tr.; hat⟩:
1. *sich durch eigene Anstrengung, Arbeit erwerben, schaffen:* seine Chefposition hat er sich hart erarbeitet; mit viel Mühe habe ich [mir] ein kleines Vermögen erarbeitet.
2. *sich durch intensives Studium geistig aneignen:* du hast dir ein umfassendes Wissen erarbeitet. **Syn.:** erlernen, lernen, sich einarbeiten in.
3. *in Einzelheiten ausarbeiten:* bis nächste Woche wird ein detaillierter Plan erarbeitet; ein Ausschuss soll die Richtlinien erarbeiten. **Syn.:** entwerfen, entwickeln, erstellen.

er|bar|men [ɛɐ̯ˈbarmən] ⟨+ sich; mit Gen.⟩ (geh.):
jmdm. aus Mitleid helfen: du

erbarmtest dich meiner. **Syn.:** helfen.

Er|bar|men [ɛɐ̯ˈbarmən], das; -s: *Mitgefühl und Milde gegenüber einem in Not geratenen und dem Gegenüber unterlegenen Menschen oder Tier:* sie hatte [kein] Erbarmen mit ihren Feinden; er kennt kein Erbarmen, wenn es um seinen Vorteil geht. **Syn.:** Mitleid.

er|bärm|lich [ɛɐ̯ˈbɛrmlɪç] ⟨Adj.⟩:
1. a) *heruntergekommen und armselig [sodass man lebhaftes Mitgefühl hat]:* gerade ältere Frauen leben oft in erbärmlichen Verhältnissen; das Gebäude befindet sich in einem erbärmlichen Zustand. **Syn.:** jämmerlich (emotional), kläglich. **b)** *in seiner Qualität in ärgerlicher, verachtenswerter Weise sehr schlecht:* eine erbärmliche Leistung, Arbeit; das erbärmliche Licht einer einzigen Glühbirne. **Syn.:** dürftig, kläglich, kümmerlich, lausig (ugs.), mickrig (ugs. abwertend), mies (abwertend), minder…, minderwertig, miserabel (emotional), saumäßig (salopp abwertend), schäbig (abwertend), schlecht, schwach, unter aller Kanone (ugs.). **c)** *(in Bezug auf eine Person oder deren Handlungsweise) in verabscheuungswürdiger Weise [charakterlich] schlecht:* ich finde ihn erbärmlich; das ist eine erbärmliche Tat. **Syn.:** abscheulich, bösartig, böse, fies (ugs.), garstig, gemein, hässlich, niedrig, perfid[e] (bildungsspr.), sauber (ugs. ironisch), schäbig (abwertend), schändlich, schmählich (geh.), schmutzig, schnöde (geh. abwertend), übel, unter aller Kritik (ugs.), unter aller Sau (derb abwertend), verächtlich, verwerflich.
2. (ugs.) **a)** *unangenehm groß, stark:* ich hatte erbärmlichen Hunger. **b)** ⟨verstärkend vor Adjektiven und Verben⟩ *in höchst unangenehmer Weise, sehr:* es ist erbärmlich kalt in dem Zimmer; ich habe erbärmlich gefroren. **Syn.:** arg (ugs.), bitter, entsetzlich (ugs.), furchtbar (ugs.), fürchterlich (ugs.), grauenhaft (emotional), höllisch (emotional), irre (emotional), irrsinnig (emotional), jämmerlich (emotional), mörderisch (ugs.), schaurig, scheußlich, schrecklich (ugs.), sehr, verflucht (salopp), verteufelt (ugs. emotional), wahnsinnig (ugs.).

er|bau|en [ɛɐ̯ˈbau̯ən]:
1. ⟨tr.; hat⟩ *(ein Gebäude) errichten [lassen]:* die Kirche wurde in fünf Jahren erbaut; diese Burg erbauten die Staufer. **Syn.:** bauen.
2. (geh.) **a)** ⟨tr.; hat⟩ *(das Gemüt) erheben, innerlich stärken, positiv stimmen:* das Lesen der Bibel erbaute mich. **Syn.:** aufheitern, aufrichten, stärken, trösten.
b) ⟨+ sich⟩ *sich von etwas innerlich erheben lassen:* sich an den Klassikern erbauen.

Er|bau|er [ɛɐ̯ˈbau̯ɐ], der; -s, -, **Er|bau|e|rin** [ɛɐ̯ˈbau̯ərɪn], die; -, -nen:
Person, die etwas erbaut [hat]: der Erbauer der Kirche; sie ist die Erbauerin der schönen neuen Wohnanlage. **Syn.:** Architekt, Architektin, Baumeister, Baumeisterin.

er|bau|lich [ɛɐ̯ˈbau̯lɪç] ⟨Adj.⟩:
(das Gemüt) erbauend, erhebend: eine erbauliche Predigt; was er zu sagen hatte, war wenig erbaulich *(sehr unerfreulich).*

er|baut [ɛɐ̯ˈbau̯t]:
in der Wendung **von etwas, über etwas nicht erbaut sein:** *von etwas nicht begeistert sein, über etwas nicht glücklich sein:* von dieser/über diese Nachricht wird sie nicht erbaut sein.

¹Er|be [ˈɛrbə], das; -s:
1. *Vermögen, das eine Person bei ihrem Tode hinterlässt und das jmdm. als Erbschaft zufällt:* sein Erbe antreten; auf sein Erbe [nicht] verzichten. **Syn.:** Erbschaft, Nachlass.
2. *etwas nicht Materielles; geistiges, kulturelles Vermächtnis:* das Erbe der Menschheit; ein Erbe der Antike. **Zus.:** Kulturerbe, Welterbe.

²Er|be [ˈɛrbə], der; -n, -n:
jmd., der etwas erbt oder erben wird: der Ehemann ist der alleinige Erbe; jmdn. als Erben einsetzen. **Zus.:** Alleinerbe, Haupterbe, Miterbe, Thronerbe.

er|ben [ˈɛrbn̩] ⟨tr.; hat⟩:
1. *als ¹Erbe, als Erbteil erhalten:* der Sohn hat das Geld geerbt und die Tochter die Häuser. **Syn.:** vererbt bekommen.
2. *als Veranlagung von den Vorfahren mitbekommen:* ihre sportliche Begabung hat sie vom Vater geerbt.

er|beu|ten [ɛɐ̯ˈbɔytn̩], erbeutete, erbeutet ⟨tr.; hat⟩:
(durch Raub, Plünderung, Einbruch) in seinen Besitz bringen: Waffen, Pelze erbeuten; Hehler verkaufen erbeutetes Diebesgut. **Syn.:** sich aneignen, beiseiteschaffen, sich bemächtigen (geh.), klauen (ugs.), sich unter den Nagel reißen (salopp), stehlen, stibitzen (ugs.), wegnehmen.

Er|bin [ˈɛrbɪn], die; -, -nen:
weibliche Form zu ↑²Erbe.

er|bit|ten [ɛɐ̯ˈbɪtn̩], erbat, erbeten ⟨tr.; hat⟩ (geh.):
förmlich, höflich um etwas für sich selbst bitten: sie erbat sich höflich den Rat der Vertriebschefin; ich habe mir eine längere Bedenkzeit erbeten. **Syn.:** sich ausbitten (geh.), wünschen.

er|bit|tert [ɛɐ̯ˈbɪtɐt] ⟨Adj.⟩:
sehr heftig, mit äußerstem Einsatz (ausgeführt): erbitterten Widerstand leisten; erbittert um etwas kämpfen. **Syn.:** hart, heftig.

erb|lich [ˈɛrplɪç] ⟨Adj.⟩:
durch Vererbung auf jmdn. kommend: ein erblicher Adelstitel; eine erbliche Krankheit; erblich *(durch Vererbung)* belastet sein.

er|bli|cken [ɛɐ̯ˈblɪkn̩] ⟨tr.; hat⟩ (geh.):
1. *(mit den Augen) [plötzlich, unvermutet] wahrnehmen:* am Horizont erblickten sie die Berge; sie erblickte sich im Spiegel. **Syn.:** ansichtig werden (geh.), bemerken, entdecken, erkennen, gewahr werden (geh.), sehen, sichten, zu Gesicht bekommen.
2. *(in jmdm., etwas) zu erkennen glauben; als jmdn., etwas betrachten:* hierin erblicken Sie den eigentlichen Fortschritt; er erblickte in ihr seine Retterin. **Syn.:** halten für, sehen.

er|blin|den [ɛɐ̯ˈblɪndn̩], erblindete, erblindet ⟨itr.; ist⟩:
blind werden: er war nach dem Unfall erblindet; sie ist auf einem Auge erblindet. **Syn.:** das Augenlicht verlieren.

er|blü|hen [ɛɐ̯ˈbly:ən], erblühte, erblüht ⟨itr.; ist⟩ (geh.):
a) *voll aufblühen, zur Blüte kom-*

men: über Nacht waren die Kirschbäume im Garten erblüht. **Syn.:** aufblühen, aufbrechen, aufgehen. **b)** *sich positiv entwickeln, sich voll entfalten:* sie war zu wahrer Schönheit erblüht; durch diese Maßnahme ist die Gemeinschaft zu wahrem Leben erblüht. **Syn.:** aufblühen, gedeihen, reifen, wachsen.

er|bo|sen [ɛɐ̯'bo:zn̩]:
1. ⟨itr.; hat⟩ *zornig, böse machen:* dieser Gedanke hat sie und mich sehr erbost. **Syn.:** ärgern, auf die Palme bringen (ugs.), aufbringen, aufregen, empören, erzürnen, in Rage bringen (ugs.), rasend machen, verärgern, verstimmen, wütend machen.
2. ⟨+ sich⟩ *zornig, böse werden:* ich habe mich über dein empörendes Benehmen erbost. **Syn.:** sich ärgern, sich aufregen, außer sich geraten, sich empören, sich erregen, sich erzürnen, sauer werden (salopp), toben.

er|bre|chen [ɛɐ̯'brɛçn̩], erbricht, erbrach, erbrochen ⟨tr.; hat⟩: *(bei einem Zustand von Übelkeit) den Mageninhalt durch den Mund wieder von sich geben:* er hat das ganze Essen erbrochen; ⟨auch itr. oder + sich⟩ sie hat [sich] heute schon dreimal erbrochen. **Syn.:** brechen, kotzen (ugs.), sich übergeben.

er|brin|gen [ɛɐ̯'brɪŋən], erbrachte, erbracht ⟨tr.; hat⟩:
a) *als Ergebnis bringen:* die Versteigerung erbrachte einen großen Gewinn. **Syn.:** abwerfen, bringen, einbringen, eintragen, [1]ergeben, führen zu, hervorbringen, liefern, nach sich ziehen, zeitigen. **b)** *(Gefordertes) herbeischaffen, vorlegen:* wir haben den geforderten Betrag erbracht. **c)** als Funktionsverb: für diese Behauptung muss erst der Beweis/Nachweis erbracht werden *(diese Behauptung muss erst bewiesen/nachgewiesen werden).*

Erb|schaft ['ɛrpʃaft], die, -, -en: *etwas, was jmd. erbt:* eine Erbschaft antreten; zu unserem großen Erstaunen hat sie die Erbschaft ausgeschlagen. **Syn.:** [1]Erbe, Nachlass.

Erb|se ['ɛrpsə], die; -, -n:
a) *Pflanze mit grünen, in Hülsen sitzenden, kugeligen Samen und Blättern, die in Ranken auslaufen:* nächstes Jahr bauen wir Erbsen an; die Erbsen hochbinden. **b)** *Frucht der Erbse* (a): Erbsen pflücken. **Zus.:** Zuckererbse. **c)** *als Gemüse gegessener Samen der Erbse* (a): grüne, getrocknete Erbsen; Erbsen einweichen, kochen.

Erd|ap|fel ['e:ɐ̯t|apfl̩], der; -s, Erdäpfel ['e:ɐ̯t|ɛpfl̩] (landsch.): *Kartoffel:* geröstete Erdäpfel; Sie können auch Erdäpfel als Beilage bekommen.

Erd|be|ben ['e:ɐ̯tbe:bn̩], das; -s, -: *starkes Beben der Erde:* durch das Erdbeben sind mehrere Häuser eingestürzt; ein Erdbeben der Stärke 6 auf der Richterskala.

Erd|bee|re ['e:ɐ̯tbe:rə], die; -, -n:
a) *wild und im Garten wachsende, niedrige Pflanze, deren Blätter in Rosetten stehen und die Erdbeeren* (b) *als Früchte hervorbringt:* Erdbeeren anbauen. **Zus.:** Gartenerdbeere, Walderdbeere. **b)** *rote, fleischige, aromatische Frucht der Erdbeere* (a): frische Erdbeeren auf dem Markt kaufen; Erdbeeren mit Schlagsahne essen.

Er|de ['e:ɐ̯də], die; -:
1. *Gemisch aus verwittertem Gestein und organischen Stoffen von unterschiedlich brauner Farbe:* fruchtbare, humusreiche, lockere Erde; Erde in einen Blumentopf füllen. **Zus.:** Blumenerde, Gartenerde, Heilerde, Tonerde, Torferde.
2. *fester Boden, Grund, auf dem man steht:* etwas von der Erde aufheben; weil kein Bett frei war, musste er auf der Erde schlafen. **Syn.:** Fußboden.
3. *der von Menschen bewohnte Planet:* die Bevölkerung der Erde; die Erde dreht sich um die Sonne. **Syn.:** Der Blaue Planet, Globus, Mutter Erde, Welt.

er|denk|lich [ɛɐ̯'dɛŋklɪç] ⟨Adj.⟩: *sich nur denken lassend, überhaupt denkbar, möglich seiend:* ich gab mir alle erdenkliche Mühe, sie zufriedenzustellen; wir wünschen Ihnen alles erdenklich Gute. **Syn.:** denkbar.

Erd|gas ['e:ɐ̯tga:s], das; -es, -e: *aus der Erde gefördertes Gas:* wir heizen jetzt nicht mehr mit Öl, sondern mit Erdgas.

Erd|ge|schoss ['e:ɐ̯tgəʃɔs], **Erdgeschoß** ['e:ɐ̯tgəʃo:s] (österr.), das; -es, -e: *zu ebener Erde gelegene Etage; Parterre:* wir wohnen im Erdgeschoss.

Erd|kun|de ['e:ɐ̯tkʊndə], die; -: *Geografie, besonders als Schulfach:* wir haben heute zwei Stunden Erdkunde *(Unterricht in Geografie).*

Erd|nuss ['e:ɐ̯tnʊs], die; -, Erdnüsse ['e:ɐ̯tnʏsə]:
a) *(in den Tropen und Subtropen wachsende) Pflanze, deren längliche Hülsenfrüchte meist zwei ölhaltige essbare Samen enthalten:* der Anbau von Erdnüssen. **b)** *Samenkern der Erdnuss* (a): geröstete und gesalzene Erdnüsse.

Erd|öl ['e:ɐ̯t|ø:l], das, -s, -e: *aus der Erde gefördertes Öl, aus dem Benzin und Heizöl gemacht werden:* Erdöl fördern; die Erdöl exportierenden Länder.

er|dol|chen [ɛɐ̯'dɔlçn̩] ⟨tr.; hat⟩ (geh.): *mit einem Dolch töten:* bei dem Attentat wurde der Minister erdolcht. **Syn.:** erstechen, umbringen.

er|dreis|ten [ɛɐ̯'draistn̩], erdreistete, erdreistet ⟨+ sich⟩ (geh.): *so dreist sein, etwas Bestimmtes zu tun:* er hat sich erdreistet, die ältere Dame zu duzen. **Syn.:** sich erlauben, sich nicht entblöden (geh. abwertend), sich unterstehen, sich [1]vermessen (geh.), wagen.

er|dros|seln [ɛɐ̯'drɔsl̩n] ⟨tr.; hat⟩: *durch Zuschnüren oder Zudrücken der Kehle töten:* der Täter hat die Frau mit einem Strick erdrosselt; ⟨auch + sich⟩ der Häftling versuchte sich in seiner Zelle zu erdrosseln. **Syn.:** erwürgen.

er|drü|cken [ɛɐ̯'drʏkn̩] ⟨tr.; hat⟩:
1. *(durch sein Gewicht, durch Druck o. Ä.) zu Tode drücken:* zehn Menschen wurden von einer Lawine erdrückt; die Boa hat ihre Beute erdrückt.
2. *(jmdn.) im Übermaß belasten und in seiner Existenz bedrohen:* seine Sorgen erdrückten ihn; die hohe Schuldenlast drohte sie zu erdrücken.

Erd|teil ['e:ɐ̯ttail], der; -s, -e: *eines der großen zusammenhängenden Gebiete der Erde:* Europa und Asien sind nicht durch ein

Meer getrennte Erdteile. **Syn.:** Kontinent.

er|dul|den [ɛɐ̯ˈdʊldn̩], erduldete, erduldet ⟨tr.; hat⟩: *[mit Geduld und Tapferkeit] auf sich nehmen, ertragen müssen:* Leid, Schmerzen erdulden; sie hatte ihr Leben lang viele Demütigungen zu erdulden. **Syn.:** auf sich nehmen, aushalten, ausstehen, dulden, durchmachen, einstecken (ugs.), erleiden, hinnehmen, leiden, mitmachen (ugs.), schlucken (ugs.), sich bieten lassen müssen, tragen, über sich ergehen lassen.

-[er]ei [(ər)ai̯], die; -, -en ⟨Suffix⟩:
1. a) ⟨Basis ist ein Verb; bei Verben auf -»eln«/-»ern« nur -»ei«, sonst meist -»erei«⟩ dient dazu, einen Ort zu bezeichnen, an dem die im Basiswort genannte Tätigkeit gewerbsmäßig ausgeübt wird: Bäckerei; Metzgerei; Schreinerei. **b)** ⟨Basis ist ein – meist intransitives – Verb oder eine verbale Verbindung; bei Verben auf -»eln«/-»ern« nur -»ei«, sonst meist -»erei«⟩ (oft abwertend) drückt aus, dass etwas als unangenehm oder lästig Empfundenes andauert oder sich ständig wiederholt: Anmacherei; Ausbeuterei; Fahrerei; Faulenzerei; Fragerei; Herumsteherei; Kocherei; Lauferei; Schreierei; Stehlerei; Tanzerei; Warterei. **Syn.:** Ge-[e] (oft abwertend), -itis (oft ugs. abwertend).
2. ⟨Basiswort Substantiv⟩ (oft abwertend) nennt jmds. Verhalten, Tun, das dem im Basiswort Genannten entspricht, ähnelt: Gaunerei; Lumperei; Fantasterei; Schweinerei; Zuhälterei.

er|ei|fern [ɛɐ̯ˈlai̯fɐn] ⟨+ sich⟩: *sich aufgebracht oder erregt über jmdn., etwas äußern, zu etwas Stellung nehmen:* sich über jmds. Verhalten ereifern; er hat sich bei dem Gespräch über völlig nebensächliche Dinge ereifert. **Syn.:** sich aufregen, sich empören, sich entrüsten, sich erregen.

er|eig|nen [ɛɐ̯ˈlai̯gnən], ereignete, ereignet ⟨+ sich⟩: *(als bemerkenswertes Ereignis) geschehen:* wo und wann hat sich der Unfall ereignet?; es hat sich nichts Besonderes ereignet. **Syn.:** ablaufen, sich begeben (geh.), eintreten, passieren, [1]sein, stattfinden, sich vollziehen, vonstattengehen, vor sich gehen, vorfallen, vorgehen, sich zutragen.

Er|eig|nis [ɛɐ̯ˈlai̯gnɪs], das; -ses, -se: *Geschehen (das den normalen alltäglichen Ablauf als etwas Bemerkenswertes unterbricht):* ein wichtiges, trauriges, seltenes Ereignis; das Ereignis hatte sich lange angekündigt; die Ereignisse überstürzen sich; ein freudiges Ereignis *(die Geburt eines Kindes).* **Syn.:** Begebenheit (geh.), Episode, Erlebnis, Geschehnis (geh.), Phänomen, Vorfall, Vorgang, Vorkommnis, Zwischenfall. **Zus.:** Kriegsereignis, Naturereignis.

er|ei|len [ɛɐ̯ˈlai̯lən] ⟨tr.; hat⟩ (geh.): *(von etwas Unangenehmem, Traurigem) überraschend treffen:* die Nachricht vom Tod seiner Mutter ereilte ihn kurz vor der Abfahrt; der Tod hat sie ereilt *(sie ist unerwartet gestorben).*

[1]er|fah|ren [ɛɐ̯ˈfa:rən], erfährt, erfuhr, erfahren:
1. ⟨itr.; hat⟩ *(von etwas) Kenntnis bekommen; von anderen mitgeteilt, erzählt bekommen:* etwas, von etwas erfahren; ich habe nur durch Zufall davon erfahren; sie hatte durch ihre Freundin von der leer stehenden Wohnung erfahren. **Syn.:** aufschnappen (ugs.), hören, in Erfahrung bringen, mitbekommen (ugs.).
2. ⟨itr.; hat⟩ (geh.) *an sich, in seinem Dasein erleben, zu spüren bekommen:* sie hat viel Leid, aber auch viel Gutes erfahren. **Syn.:** am eigenen Leibe erfahren, durchleben, durchmachen, kennenlernen, mitmachen.
3. als Funktionsverb: das Buch soll eine Überarbeitung erfahren *(soll überarbeitet werden);* der Verlag wird eine beträchtliche Verkleinerung erfahren *(wird beträchtlich verkleinert werden).*

[2]er|fah|ren [ɛɐ̯ˈfa:rən] ⟨Adj.⟩: *(auf einem bestimmten Gebiet) Erfahrung, Routine habend:* eine erfahrene Ärztin; er ist auf seinem Gebiet sehr erfahren. **Syn.:** bewandert, geübt, routiniert.

Er|fah|rung [ɛɐ̯ˈfa:rʊŋ], die; -, -en:
1. *bei der praktischen Arbeit (auf einem bestimmten Gebiet) erworbene Routine:* er hat viel Erfahrung auf diesem Gebiet; sie verfügt über eine reiche, langjährige Erfahrung. **Syn.:** Praxis, Übung. **Zus.:** Berufserfahrung, Branchenerfahrung.
2. *[wiederholtes] Erleben von gleicher oder ähnlicher Art (aus dem man Lehren zieht):* Erfahrungen sammeln; die Erfahrung hat gezeigt, dass Schweigen nicht hilft; das weiß ich aus eigener Erfahrung; ich habe mit ihm schlechte Erfahrungen gemacht; es ist wichtig, Erfahrungen auszutauschen. **Syn.:** Erkenntnis. **Zus.:** Lebenserfahrung, Selbsterfahrung.

er|fas|sen [ɛɐ̯ˈfasn̩] ⟨tr.; hat⟩:
1. a) *(besonders von Fahrzeugen) im Vorbeifahren zu Boden reißen oder mitreißen:* der Radfahrer wurde von der Straßenbahn erfasst und zur Seite geschleudert. **b)** *(als heftige Empfindung von jmdm.) Besitz ergreifen:* Angst, Furcht erfasste sie; von Ekel erfasst, schlich er davon. **Syn.:** ankommen (geh.), anrühren, anwandeln (geh.), befallen, beschleichen, erfüllen, ergreifen, packen, überfallen, überkommen, [2]überlaufen, übermannen, überwältigen.
2. *mit dem Verstand oder Gefühl aufnehmen und begreifen:* er erfasst den Zusammenhang nicht; sie hatte die Bedeutung dieser Aussage sofort erfasst. **Syn.:** begreifen, [2]durchschauen, erkennen, kapieren (ugs.), mitbekommen, realisieren, sehen, verstehen.
3. *(in einem Verzeichnis) aufführen, registrieren:* die Statistik soll alle Personen über 65 Jahre erfassen. **Syn.:** aufnehmen, buchen, dokumentieren, festhalten, schriftlich festhalten, verzeichnen.
4. *(Daten) in einen Computer eingeben:* Texte erfassen; diese Liste muss noch erfasst werden.

er|fin|den [ɛɐ̯ˈfɪndn̩], erfand, erfunden ⟨tr.; hat⟩:
1. *durch Forschen und Experimentieren (etwas Neues, besonders auf technischem Gebiet) hervorbringen:* er hat ein neues Verfahren zur Krebserkennung erfunden. **Syn.:** sich ausdenken, aushecken (ugs.), ausklügeln, ausknobeln (ugs.), austüfteln, entdecken, entwickeln.

2. *mithilfe der Fantasie hervorbringen:* diese Ausrede hast du doch erfunden!; die Handlung des Romans ist frei erfunden. **Syn.:** sich ausdenken.

Er|fin|der [ɛɐ̯'fɪndɐ], der; -s, -, **Er|fin|de|rin** [ɛɐ̯'fɪndərɪn], die; -, -nen:
Person, die etwas erfunden, eine Erfindung gemacht hat: Gutenberg gilt als Erfinder des Buchdrucks; die Erfinderin hat ihre Erfindung zum Patent angemeldet. **Syn.:** Entdecker, Entdeckerin.

er|fin|de|risch [ɛɐ̯'fɪndərɪʃ] ‹Adj.›:
mit Einfallsreichtum begabt: ein erfinderischer Geist; er ist erfinderisch [veranlagt]; Not macht erfinderisch. **Syn.:** fantasievoll, kreativ, originell, schöpferisch.

Er|fin|dung [ɛɐ̯'fɪndʊŋ], die; -, -en:
1. *das Erfinden von etwas:* die Erfindung dieser Maschine bedeutet einen großen Fortschritt. **Syn.:** Entdeckung, Entwicklung.
2. *etwas, was erfunden, neu entwickelt wurde:* der neue Motor ist eine bahnbrechende Erfindung; der Geschirrspüler ist wirklich eine praktische Erfindung.
3. *etwas, was sich jmd. ausgedacht hat und was nicht auf Wahrheit beruht:* diese Behauptung ist eine reine Erfindung. **Syn.:** Ausflucht, Ausrede, Hirngespinst, Legende, Lüge, Story.

Er|folg [ɛɐ̯'fɔlk], der; -[e]s, -e:
positives Ergebnis einer Bemühung /Ggs. Misserfolg/: das Experiment führte zum Erfolg; die Aufführung war ein großer Erfolg. **Zus.:** Fahndungserfolg, Heiterkeitserfolg, Lernerfolg, Riesenerfolg, Teilerfolg.

er|fol|gen [ɛɐ̯'fɔlgn̩], erfolgte, erfolgt ‹itr.; ist›:
(als Folge von etwas) geschehen, eintreten: der Tod erfolgte wenige Stunden nach dem Unfall; die Preisverleihung erfolgt im Rahmen einer Feierstunde; es erfolgt keine weitere Benachrichtigung *(es wird keine weitere Benachrichtigung geben).* **Syn.:** sich begeben (geh.), sich ereignen, passieren, [1]sein, stattfinden, über die Bühne gehen (ugs.), sich vollziehen, vonstattengehen.

er|folg|reich [ɛɐ̯'fɔlkraɪ̯ç] ‹Adj.›:
a) *viel Erfolg besitzend:* ein erfolgreicher Forscher.
b) *Erfolg[e] zeigend, bringend:* eine erfolgreiche Zusammenarbeit; die Therapie war erfolgreich; er konnte seinen Titel erfolgreich *(mit Erfolg)* verteidigen.

er|for|der|lich [ɛɐ̯'fɔrdɐlɪç] ‹Adj.›:
für einen bestimmten Zweck notwendig; unerlässlich: die erforderlichen Mittel bereitstellen; für diese Fortbildung ist ein Hochschulabschluss erforderlich; für den Grenzübertritt ist ein Reisepass erforderlich. **Syn.:** geboten, nötig, obligatorisch, unausweichlich, unentbehrlich, unumgänglich, unvermeidlich.

er|for|dern [ɛɐ̯'fɔrdɐn] ‹tr.; hat›:
(zu seiner Verwirklichung) notwendig machen, verlangen: das Projekt erfordert viel Geld; diese Arbeit erfordert Geduld, Erfahrung. **Syn.:** beanspruchen, bedingen, bedürfen (geh.), brauchen, [2]kosten, voraussetzen.

erfordern / fordern:
s. Kasten Seite 387.

Er|for|der|nis [ɛɐ̯'fɔrdɐnɪs], das; -ses, -se:
etwas, was eine Notwendigkeit, eine Voraussetzung für etwas darstellt: eine gewisse Reife ist ein wichtiges Erfordernis für diese Tätigkeit; er konnte den Erfordernissen leider nicht entsprechen. **Syn.:** Anforderung.

er|for|schen [ɛɐ̯'fɔrʃn̩] ‹tr.; hat›:
(bisher nicht oder nicht genügend Bekanntes) wissenschaftlich untersuchen: den Weltraum erforschen; die historischen Zusammenhänge müssen gründlich erforscht werden. **Syn.:** auskundschaften, eindringen in, ermitteln, eruieren (bildungsspr.), forschen über, studieren.

er|fra|gen [ɛɐ̯'fra:gn̩] ‹tr.; hat›:
durch Fragen erfahren: ich erfragte ihre Adresse. **Syn.:** fragen nach, in Erfahrung bringen.

er|freu|en [ɛɐ̯'frɔy̯ən]:
1. a) ‹tr.; hat› *(jmdm.) Freude bereiten, machen:* jmdn. mit einem Geschenk erfreuen; ihr Besuch hat ihn sehr erfreut. **Syn.:** begeistern, beglücken, entzücken, freudig stimmen, freuen, froh machen, glücklich machen. **b)** ‹+ sich› (geh.) *bei oder über etwas Freude empfinden, sich freuen:* sie erfreute sich am Anblick der Blumen. **Syn.:** voller Freude sein über, sich weiden (geh.).
2. ‹+ sich; mit Gen.› (geh.) *im glücklichen Besitz (von etwas) sein:* er erfreut sich großen Ansehens; sie erfreute sich bester Gesundheit *(gesundheitlich ging es ihr sehr gut).* **Syn.:** aufweisen, haben, sich auszeichnen durch.

er|freu|lich [ɛɐ̯'frɔy̯lɪç] ‹Adj.›:
so geartet, dass man sich darüber freuen kann: eine erfreuliche Entwicklung, Mitteilung, Bilanz; dieser Anblick ist nicht gerade erfreulich. **Syn.:** angenehm, günstig, gut, positiv, rosig, schön, vorteilhaft, willkommen, wohltuend.

er|frie|ren [ɛɐ̯'fri:rən], erfror, erfroren ‹itr.; ist›:
a) *durch Kälteeinwirkung zu Tode kommen:* er wurde erfroren aufgefunden; viele Pflanzen sind erfroren *(durch Frosteinwirkung eingegangen).* **b)** *(von Körperteilen) durch Kälteeinwirkung absterben:* der Bergsteigerin sind beide Füße erfroren.

er|fri|schen [ɛɐ̯'frɪʃn̩]:
1. ‹+ sich› *mithilfe von etwas Kühlem oder Belebendem bewirken, dass man sich frischer fühlt:* sich mit einem Bad im See erfrischen; sie erfrischte sich mit einem kühlen Getränk.
2. ‹tr.; hat› *(auf jmdn.) belebend wirken:* dieses Getränk wird dich erfrischen; ‹auch itr.› warmer Tee erfrischt besonders gut; ein erfrischendes Bad nehmen. **Syn.:** aufmöbeln (ugs.), beleben, munter machen.

Er|fri|schung [ɛɐ̯'frɪʃʊŋ], die; -, -en:
1. *das Erfrischen:* die Erfrischung des Körpers durch ein Duschbad.
2. a) *etwas, wodurch man sich erfrischt:* das Duschbad war eine wunderbare Erfrischung.
b) *etwas, was erfrischt, wenn man es zu sich nimmt:* an Erfrischungen reichte man Saft, Limonade und Eis.

Er|fri|schungs|ge|tränk [ɛɐ̯'frɪʃʊŋsgətrɛŋk], das; -s, -e:
alkoholfreies, kühles Getränk aus Säften, Mineralwasser o. Ä.: neben Bier wurden auch Erfri-

schungsgetränke angeboten; Cola ist das beliebteste Erfrischungsgetränk.

er|fül|len [ɛɐ̯ˈfʏlən]:
1. ⟨tr.; hat⟩ *sich ausbreitend einen Raum allmählich ganz ausfüllen, einnehmen:* der Rauch, ein übler Geruch erfüllte das Haus; die Straßen waren erfüllt von Lärm. **Syn.:** [2]durchdringen.
2. ⟨tr.; hat⟩ *(einer Bitte, Forderung) entsprechen:* eine Bitte erfüllen; sie hat ihre Aufgabe zur Zufriedenheit erfüllt; er hat dem Kind jeden Wunsch erfüllt. **Syn.:** befriedigen, nachkommen.
3. ⟨tr.; hat⟩ **a)** *innerlich ganz in Anspruch nehmen, ausfüllen:* seine Aufgabe erfüllt ihn ganz; sie war von dem Wunsch erfüllt, die erste Raumfahrerin zu werden. **Syn.:** beschäftigen, beseelen (geh.), [1]bewegen. **b)** (geh.) *jmds. Gedanken völlig beherrschen:* die Krankheit des Kindes erfüllte die Eltern mit Sorge; etwas erfüllt jmdn. mit Abscheu, mit Stolz.
4. ⟨+ sich⟩ *Wirklichkeit werden:* mein Wunsch, ihre Prophezeiung hat sich erfüllt. **Syn.:** eintreffen, in Erfüllung gehen, sich verwirklichen, wahr werden.

er|gän|zen [ɛɐ̯ˈgɛnt͜sn̩]:
1. ⟨tr.; hat⟩ *durch Hinzufügen von etwas erweitern oder vervollständigen:* eine Liste, eine Sammlung ergänzen; die Einrichtung wurde um einige neue Möbel ergänzt; das Arbeitsbuch wird durch ein Lösungsheft ergänzt. **Syn.:** komplett machen, vervollkommnen.
2. ⟨+ sich⟩ *einander in seinen Fähigkeiten, Eigenschaften ausgleichen:* die beiden ergänzen sich/einander aufs Beste; wir ergänzen uns/einander in unseren Fähigkeiten.

er|gat|tern [ɛɐ̯ˈgatɐn] ⟨tr.; hat⟩ (ugs.):
sich etwas Seltenes oder knapp Gewordenes (mit List, Ausdauer, Geschick) verschaffen: er hat noch einen Platz, eine Eintrittskarte ergattert. **Syn.:** an Land ziehen (ugs.), bekommen, [1]beschaffen, besorgen, kriegen (ugs.), organisieren (ugs.).

er|gau|nern [ɛɐ̯ˈgau̯nɐn] ⟨tr.; hat⟩:
sich durch Betrug, Schwindel verschaffen: dieses Geld hat er [sich] ergaunert. **Syn.:** erschwindeln.

[1]**er|ge|ben** [ɛɐ̯ˈge:bn̩], ergibt, ergab, ergeben:
1. a) ⟨itr.; hat⟩ *(als Ergebnis) liefern, hervorbringen:* die Untersuchung ergab keinen Beweis seiner Schuld; zwei mal vier ergibt *(ist gleich)* acht. **Syn.:** bringen, erbringen, führen zu, hervorbringen, liefern, zeitigen (geh.). **b)** ⟨+ sich⟩ *als Folge von etwas entstehen, zustande kommen:* eins ergibt sich aus dem anderen; aus der veränderten Lage ergeben sich ganz neue Probleme. **Syn.:** auftauchen, auftreten, sich auftun (geh.), sich einstellen, entstehen, sich eröffnen, erscheinen, folgen, sich herausstellen, sich zeigen.
2. ⟨+ sich⟩ *sich (nach inneren Kämpfen) widerstandslos in etwas fügen:* sich in sein Schicksal ergeben. **Syn.:** hinnehmen, sich schicken.
3. ⟨+ sich⟩ *(von Soldaten in einem Krieg) keinen Widerstand mehr leisten; kapitulieren:* die Truppen mussten sich ergeben. **Syn.:** die Waffen strecken (geh.), kapitulieren, sich unterwerfen.

[2]**er|ge|ben** [ɛɐ̯ˈge:bn̩] ⟨Adj.⟩:
a) *(jmdm.) in einer als untertänig empfundenen Weise anhängend:* er ist ihr bedingungslos, blind ergeben; ein der Familie treu ergebener Diener. **Zus.:** gottergeben, schicksalsergeben.
b) *untertänig, devot:* wir verneigten uns ergeben.

Er|geb|nis [ɛɐ̯ˈge:pnɪs], das; -ses, -se:
a) *das, was sich als Folge aus etwas ergibt; Ertrag einer Bemühung:* das Ergebnis war, dass er davonlief; ein gutes, negatives Ergebnis erzielen; die Verhandlungen führten zu keinem Ergebnis. **Syn.:** Ausfluss (geh.), Auswirkung, Erfolg, Folge, Konsequenz, Resultat, Wirkung. **Zus.:** Untersuchungsergebnis, Verhandlungsergebnis. **b)** *das, was durch Rechnen, Zählen, Messen o. Ä. ermittelt wird:* das Ergebnis einer Mathematikaufgabe; das Ergebnis der Auszählung steht jetzt fest. **Syn.:** Lösung, Resultat. **Zus.:** Endergebnis, Gesamtergebnis, Umfrageergebnis, Wahlergebnis, Zwischenergebnis.

er|ge|hen [ɛɐ̯ˈge:ən], erging, ergangen:
1. ⟨itr.; ist⟩ (geh.) *(von amtlicher Stelle) erlassen, verfügt, verordnet werden:* eine Anweisung ist ergangen; ein [gerichtliches] Urteil ergehen lassen.
2. * etwas über sich ergehen lassen: *etwas geduldig mit sich geschehen lassen:* sie musste eine schmerzhafte Untersuchung über sich ergehen lassen.
3. ⟨itr.; ist⟩ *(jmdm.) als eine bestimmte Erfahrung zuteilwerden:* es wird uns dort nicht besser ergehen als den anderen.
4. ⟨+ sich⟩ *sich in einer als langatmig empfundenen Weise über etwas verbreiten:* er hat sich in langen Reden über diese Sache ergangen. **Syn.:** sich ausbreiten, sich auslassen, sich äußern, reden, seine Meinung kundtun, sprechen.

er|gie|big [ɛɐ̯ˈgi:bɪç] ⟨Adj.⟩:
a) *reiche Erträge, Ausbeute versprechend, bringend:* ein ergiebiges Erdölvorkommen; es wurden ergiebige Regenfälle gemeldet; die Ernten hier sind ergiebig. **Syn.:** lohnend, reich. **b)** *(als Ausgangsstoff o. Ä.) viel ergebend:* das Waschmittel ist sehr ergiebig.

er|gie|ßen [ɛɐ̯ˈgi:sn̩], ergoss, ergossen ⟨+ sich⟩:
in großer Menge an/über eine bestimmte Stelle fließen: der Inhalt der Flasche hat sich auf den Fußboden, über den Tisch ergossen; der Strom ergießt sich ins Meer. **Syn.:** fließen, schießen, strömen.

er|grei|fen [ɛɐ̯ˈgrai̯fn̩], ergriff, ergriffen ⟨tr.; hat⟩:
1. a) *mit der Hand, den Händen fassen und festhalten:* ein Glas, ein Messer, den Bleistift ergreifen; ganz altmodisch ergriff er ihre Hand; das Kind an/bei der Hand ergreifen. **Syn.:** greifen, nehmen. **b)** *eine Person, nach der gesucht, gefahndet wurde, festnehmen:* der Täter wurde bei einer Polizeikontrolle ergriffen. **Syn.:** aufgreifen, einsperren (ugs.), erwischen (ugs.), fangen, fassen, festsetzen, gefangen nehmen, hinter Schloss und Riegel bringen (ugs.), in Gewahrsam nehmen, in Haft nehmen, kriegen (ugs.), schnappen (ugs.), verhaften.

2. *als [plötzliche] Empfindung (in jmds. Bewusstsein) dringen und (ihn) ganz erfüllen:* eine böse Ahnung, Angst, Begeisterung ergriff sie. **Syn.:** ankommen (geh.), anwandeln (geh.), befallen, beschleichen, erfassen, erfüllen, überfallen, überkommen, übermannen.
3. *(jmds. Gemüt) im Innersten bewegen:* sein Schicksal hat alle tief ergriffen; eine ergreifende Szene; die Zuhörer waren tief ergriffen. **Syn.:** anrühren, aufwühlen, berühren, erschüttern, rühren, schocken, schockieren, treffen.
4. als Funktionsverb: einen Beruf ergreifen *(wählen);* die Flucht ergreifen *(fliehen);* die Initiative ergreifen *(zu handeln beginnen).*

Er|grei|fung [ɛɐ̯ˈgraifʊŋ], die; -, -en: *Festnahme:* für seine Ergreifung hat die Staatsanwaltschaft eine Belohnung von 3 000 Euro ausgesetzt.

Er|grif|fen|heit [ɛɐ̯ˈgrɪfn̩hait], die; -: *tiefe Gemütsbewegung (unter dem Eindruck eines bewegenden Ereignisses, Vorganges):* vor Ergriffenheit konnten wir nicht sprechen; echte und tiefe Ergriffenheit war zu spüren. **Syn.:** Betroffenheit, Bewegung, Erschütterung, Rührung.

er|ha|ben [ɛɐ̯ˈha:bn̩] ⟨Adj.⟩:
1. *von Würde und Feierlichkeit bestimmt:* ein erhabener Augenblick; uns überkam ein erhabenes Gefühl. **Syn.:** ehrwürdig, feierlich, festlich, hehr (geh.), würdevoll, würdig.
2. *von etwas innerlich nicht [mehr] berührt oder irritiert:* über solche kleinliche Kritik muss man erhaben sein; sie ist über jeden Verdacht erhaben.
3. (bes. Fachspr.) *aus der Oberfläche reliefartig hervortretend:* die Vase hat ein erhabenes Muster; beim Druck erscheinen nur die erhabenen Stellen der Platte. **Syn.:** konvex.

er|hal|ten [ɛɐ̯ˈhaltn̩], erhält, erhielt, erhalten:
1. ⟨itr.; hat⟩ **a)** *mit etwas bedacht werden:* er hat einen Orden erhalten; dieses Buch habe ich als/zum Geschenk erhalten. **Syn.:** bekommen, kriegen (ugs.). **Zus.:** wiedererhalten, zurückerhalten. **b)** *jmdm. (als Äquivalent, als Bezahlung o. Ä.) zuteilwerden:* für seine Mithilfe ein Geschenk erhalten; für den Auftritt hat sie ein angemessenes Honorar erhalten. **Syn.:** bekommen, kriegen (ugs.). **c)** *jmdm. zugestellt, übermittelt o. Ä. werden:* einen Brief, eine Nachricht erhalten. **Syn.:** bekommen, kriegen (ugs.). **d)** *(als Strafe o. Ä.) hinnehmen müssen:* früher erhielt man in der Schule einen Tadel für unaufgefordertes Reden; er hat drei Jahre Gefängnis erhalten. **Syn.:** bekommen, kriegen (ugs.). **e)** *jmdm. gegeben, erteilt werden:* einen Auftrag erhalten; wir haben die Erlaubnis für den Umbau erhalten; das Projekt erhielt den Namen »Felix«. **Syn.:** bekommen, kriegen (ugs.).
2. ⟨tr.; hat⟩ *in seinem Bestand, Zustand bewahren:* das alte Gebäude soll erhalten werden; etwas frisch, in gutem Zustand erhalten; den Frieden erhalten; die Möbel sind gut erhalten; er möchte sich seine Gesundheit erhalten. **Syn.:** aufrechterhalten, behaupten, halten, konservieren, retten, wahren.
3. ⟨in Verbindung mit einem 2. Partizip⟩ dient der Umschreibung des Passivs: etwas bestätigt, zugesprochen erhalten *(etwas wird bestätigt, zugesprochen).* **Syn.:** [1]bekommen, kriegen (ugs.).

er|hält|lich [ɛɐ̯ˈhɛltlɪç] ⟨Adj.⟩: *im Handel zu haben, zu erhalten, zu kaufen:* eine nicht mehr erhältliche Zutat; der neue Artikel ist noch nicht in allen Geschäften erhältlich. **Syn.:** zu bekommen, zu kriegen (ugs.).

er|hän|gen [ɛɐ̯ˈhɛŋən]:
1. ⟨+ sich⟩ *sich das Leben nehmen, indem man sich mit einem um den Hals gelegten Strick o. Ä. an etwas aufhängt:* der Gefangene erhängte sich in seiner Zelle. **Syn.:** sich aufhängen.
2. ⟨tr.; hat⟩ *jmdn. mit einem um den Hals gelegten Strick o. Ä. an etwas aufhängen und dadurch töten:* er ließ die Deserteure erhängen; jmdn. zum Tod durch Erhängen verurteilen. **Syn.:** [2]hängen.

er|här|ten [ɛɐ̯ˈhɛrtn̩], erhärtete, erhärtet:
1. ⟨tr.; hat⟩ *durch Beweise, Indizien untermauern:* eine Vermutung, eine These, eine Theorie erhärten; der Verdacht, der Vorwurf ließ sich durch die Ermittlungen nicht erhärten. **Syn.:** bestärken, bestätigen, festigen, unterstützen.
2. ⟨+ sich⟩ *untermauert werden:* der Verdacht erhärtete sich [immer mehr]. **Syn.:** sich bestätigen, sich festigen, gestützt werden, unterstützt werden.

er|he|ben [ɛɐ̯ˈhe:bn̩], erhob, erhoben:
1. ⟨tr.; hat⟩ *in die Höhe heben:* die Hand zum Schwur erheben; sie erhoben ihr Glas, um auf die Gesundheit des Jubilars zu trinken. **Syn.:** anheben, aufheben, aufnehmen, heben.
2. ⟨+ sich⟩ **a)** *(vom Sitzen oder Liegen) aufstehen:* das Publikum erhob sich von den Plätzen; der Betrunkene war nicht mehr in der Lage, sich zu erheben. **Syn.:** sich aufrichten. **b)** *in die Höhe ragen:* in der Ferne erhebt sich ein Gebirge.
3. ⟨+ sich⟩ *einen Aufstand durchführen; gegen etwas rebellierend aufstehen:* das Volk erhob sich [gegen den Diktator]. **Syn.:** sich aufbäumen, aufbegehren (geh.), aufmucken (ugs.), aufstehen, sich entgegenstellen, meutern (ugs.), murren, opponieren, protestieren, rebellieren, revoltieren, sich widersetzen.
4. ⟨tr.; hat⟩ *(einer Sache) einen höheren Rang verleihen:* der Ort wurde zur Stadt erhoben; jmdn. in den Adelsstand erheben. **Syn.:** aufrücken lassen, befördern.
5. ⟨tr.; hat⟩ *(einen bestimmten Betrag für etwas) verlangen:* eine Gebühr, eine Steuer erheben; der Verein erhebt einen monatlichen Beitrag von 15 Euro. **Syn.:** kassieren, nehmen.
6. ⟨tr.; hat⟩ als Funktionsverb: Anspruch auf etwas (Akk.) erheben *(etwas beanspruchen);* Einspruch erheben *(widersprechen, protestieren);* Klage erheben *(klagen).*

er|heb|lich [ɛɐ̯ˈhe:plɪç] ⟨Adj.⟩: *von/in großem Ausmaß:* ein erheblicher Schaden, Unterschied; erheblich besser, billiger; die Preise wurden erheblich erhöht. **Syn.:** anständig (ugs.), arg (ugs.), beachtlich, beträchtlich, enorm, gehörig, gewaltig, ordentlich (ugs.), sehr, stattlich, tüchtig (ugs.), ungeheuer, ungemein, unglaublich (ugs.), unheimlich (ugs.), unwahrscheinlich (ugs.), viel, wahnsinnig (ugs.), wesentlich.

Er|he|bung [ɛɐ̯'he:bʊŋ], die; -, -en:
1. *[aus der Ebene sich erhebender] Berg, Hügel, Höhenzug o. Ä.:* der Kutschenberg gilt mit ca. 200 Metern als höchste Erhebung Brandenburgs. **Syn.:** Anhöhe, Höhe. **Zus.:** Bodenerhebung.
2. *das Sicherheben in einem Aufstand:* die Erhebung des Volkes gegen den Diktator. **Syn.:** Aufruhr, Aufstand, Rebellion, Revolte.
3. *das Fordern, Einziehen (bestimmter Geldbeträge):* die Erhebung von Steuern, Gebühren, Abgaben.
4. *auf Befragungen o. Ä. basierende Ermittlung von etwas:* statistische, amtliche Erhebungen; Erhebungen durchführen; die jüngsten Erhebungen zeigen, ergeben, dass ...; die Erhebungen beruhen auf einer schriftlichen Umfrage.
5. *Verleihung eines höheren Ranges:* seine Erhebung in den Adelsstand. **Syn.:** Aufstieg, Beförderung.

er|hei|tern [ɛɐ̯'haitɐn] ⟨tr.; hat⟩: *heiter stimmen, zum Lachen bringen:* seine Späße erheiterten das Publikum; eine erheiternde Episode. **Syn.:** amüsieren, aufheitern.

er|hel|len [ɛɐ̯'hɛlən]:
1. ⟨tr.; hat⟩ *hell machen:* die Lampe erhellte den Raum nur spärlich. **Syn.:** beleuchten, erleuchten.
2. ⟨tr.; hat⟩ *deutlich machen, klären:* dieser Vergleich erhellt das ganze Problem. **Syn.:** deutlich werden lassen.
3. ⟨+ sich⟩ *einen freundlichen, fröhlichen Ausdruck bekommen:* sein Gesicht erhellte sich bei dieser guten Nachricht. **Syn.:** fröhlich werden.

er|hit|zen [ɛɐ̯'hɪtsn̩] ⟨tr.; hat⟩:
1. *heiß machen, stark erwärmen:* das Öl in der Pfanne erhitzen. **Syn.:** aufwärmen, warm machen, wärmen.
2. ⟨+ sich⟩ *heiß werden:* das Kühlwasser hatte sich stark erhitzt und war verdampft.
3. a) *erregen, innerlich stark bewegen:* der Streit erhitzte die Gemüter. **b)** ⟨+ sich⟩ *über etwas in Erregung, in Streit geraten:* die Gemüter erhitzten sich an der Frage, was Werbung zeigen dürfe.

er|hof|fen [ɛɐ̯'hɔfn̩] ⟨itr.; hat⟩: *(auf etwas) hoffen:* der Kranke erhoffte Genesung von seinem Leiden; bei, von diesem Geschäft erhoffe ich mir einen hohen Gewinn. **Syn.:** erträumen, sich sehnen nach, spekulieren auf, träumen von, sich wünschen.

er|hö|hen [ɛɐ̯'hø:ən]:
1. ⟨tr.; hat⟩ *höher machen:* einen Damm, Deich [um einen Meter] erhöhen.
2. ⟨tr.; hat⟩ *(in seinem Grad, Ausmaß o. Ä.) steigern, vermehren:* der starke Erfolg bei den Wahlen erhöhte das Ansehen der Partei. **Syn.:** anheben, anheizen (ugs.), heben, in die Höhe treiben.
3. ⟨+ sich⟩ *(von Preisen, Ausgaben o. Ä.) höher werden:* Steuern, Mieten, Kosten erhöhen sich; die Preise haben sich um zehn Prozent erhöht. **Syn.:** steigen.

er|ho|len [ɛɐ̯'ho:lən] ⟨+ sich⟩:
a) *(durch eine Krankheit oder anstrengende Tätigkeit) verlorene Kräfte wiedererlangen:* sich von den Strapazen der Reise, von einer Krankheit erholen; sich im Urlaub gut erholen; er sieht sehr erholt aus. **Syn.:** abschalten, ausruhen, ausspannen, sich entspannen, rasten, relaxen (ugs.), ruhen, verschnaufen, wieder zu Kräften kommen. **b)** *(nach einer seelischen Erschütterung o. Ä.) seine innere Fassung wiedererlangen:* ich musste mich von dem Schreck erst mal erholen. **c)** (Wirtsch.) *wieder erstarken, sich im Aufschwung befinden:* die Konjunktur, der Aktienmarkt erholt sich nur langsam.

er|hol|sam [ɛɐ̯'ho:lza:m] ⟨Adj.⟩: *der Erholung dienend, Erholung bewirkend:* ein erholsamer Urlaub; die Feiertage waren wenig/sehr erholsam.

Er|ho|lung [ɛɐ̯'ho:lʊŋ], die; -:
a) *Erneuerung der körperlichen und psychischen Kräfte; das Sicherholen:* Erholung suchen, nötig haben; sich eine kleine Erholung gönnen; der Urlaub dient der Erholung; zur Erholung [an die See, in die Berge] fahren. **Syn.:** Atempause, Entspannung, Pause, Rast, Ruhe. **b)** (Wirtsch.) *Aufschwung, Aufwärtsentwicklung:* der Arbeitsmarkt befindet sich in einer Phase der Erholung.

er|in|nern [ɛɐ̯'ɪnɐn]:
1. ⟨+ sich⟩ *Zurückliegendes im Gedächtnis bewahrt haben, noch wissen, sich ins Bewusstsein zurückrufen:* ich erinnere mich noch an ihn, an diesen Vorfall; er erinnert sich in seinem Buch lange vergangener Tage; ⟨bes nordd. auch ohne »sich« und mit Akk.⟩ ich erinnere sie, den Vorfall nicht mehr. **Syn.:** sich besinnen, denken, sich entsinnen (geh.), präsent haben, Rückschau halten, sich ins Gedächtnis zurückrufen, zurückblicken, zurückdenken, sich zurückversetzen.
2. ⟨tr.; hat⟩ *veranlassen, an jmdn., etwas zu denken, jmdn., etwas nicht zu vergessen:* jmdn. an einen Termin, an sein Versprechen erinnern. **Syn.:** mahnen.
3. ⟨tr.; hat⟩ *durch seine Ähnlichkeit an eine bestimmte andere Person oder Sache denken lassen:* sie erinnert mich an meine Tante; ⟨auch itr.⟩ die Form erinnert an einen Fisch. **Syn.:** ähneln, anklingen, aussehen wie, gleichen.

Er|in|ne|rung [ɛɐ̯'ɪnərʊŋ], die; -, -en:
1. ⟨ohne Plural⟩ *Fähigkeit, sich an etwas zu erinnern:* meine Erinnerung setzt hier aus. **Syn.:** Gedächtnis.
2. ⟨ohne Plural⟩ *Gesamtheit der Eindrücke, die man in sich aufgenommen hat:* jmdn., etwas in Erinnerung behalten/in der Erinnerung bewahren. **Syn.:** Gedächtnis.
3. *Eindruck, an den man sich erinnert:* bei dem Gedanken an seine Flucht wurden schreckliche Erinnerungen in ihm wach. **Zus.:** Jugenderinnerung, Kindheitserinnerung, Reiseerinnerung.
4. ⟨ohne Plural⟩ *Andenken:* ein Denkmal zur Erinnerung an die Opfer des Krieges. **Syn.:** Gedenken.
5. *Lebenserinnerungen,*

Memoiren: seine Erinnerungen aufschreiben.

er|käl|ten [ɛɐ̯ˈkɛltn̩], erkältete, erkältet ⟨+ sich⟩:
eine Erkältung bekommen: pass auf, dass du dich mit deinen nassen Haaren nicht erkältest. **Syn.:** einen Schnupfen bekommen, einen Schnupfen kriegen (ugs.), sich eine Erkältung holen, sich eine Erkältung zuziehen, sich verkühlen (österr.).

er|käl|tet [ɛɐ̯ˈkɛltət] ⟨Adj.⟩:
an einer Erkältung erkrankt: meine Kollegin ist ziemlich stark erkältet.

Er|käl|tung [ɛɐ̯ˈkɛltʊŋ], die; -, -en:
mit Schnupfen [und Husten] verbundene Erkrankung der Atmungsorgane: eine leichte, schwere Erkältung; ich habe mir eine Erkältung zugezogen, geholt. **Syn.:** Grippe (ugs.), Husten, Schnupfen.

er|kämp|fen [ɛɐ̯ˈkɛmpfn̩] ⟨tr.; hat⟩:
einen Sieg, einen Vorteil o. Ä. erringen, indem man sich entschieden für ihn einsetzt, für ihn kämpft: die Demokratie, einen Sieg erkämpfen; er hat sich einen dritten Platz, eine Medaille erkämpft.

er|kau|fen [ɛɐ̯ˈkaufn̩] ⟨tr.; hat⟩:
unter Opfern für sich erlangen: die Flüchtlinge hatten ihre Freiheit teuer, mit dem Verlust all ihrer Habe erkauft.

er|ken|nen [ɛɐ̯ˈkɛnən], erkannte, erkannt:
1. ⟨tr.; hat⟩ *(mit Augen oder Ohren) deutlich wahrnehmen:* etwas ohne Brille nicht erkennen können; jmds. Stimme am Telefon erkennen; in der Dämmerung konnte man die einzelnen Personen, die Farben nicht erkennen. **Syn.:** bemerken, identifizieren, wahrnehmen. **Zus.:** wiedererkennen.
2. ⟨tr.; hat⟩ **a)** *(aufgrund bestimmter Merkmale) ausmachen:* der Täter wurde an seiner Kleidung erkannt; der Arzt hat die Krankheit sofort [richtig] erkannt. **Syn.:** feststellen, identifizieren. **b)** *Klarheit (über jmdn., etwas) gewinnen:* einen Freund erkennt man oft erst, wenn man in Not gerät; die Bedeutung dieses Buches wurde zunächst kaum erkannt. **Syn.:** ausmachen, begreifen, bemerken, [2]durchschauen, einsehen, entdecken, erblicken, erfassen, ermessen, fassen, kapieren (ugs.), mitbekommen, realisieren, sehen, sich klar werden über, überschauen, verstehen.
3. ⟨itr.; hat⟩ *ein bestimmtes Urteil fällen [und das Maß der Strafe festlegen]:* das Gericht erkannte auf Freispruch, auf drei Jahre Gefängnis. **Zus.:** aberkennen, anerkennen, zuerkennen.

er|kennt|lich [ɛɐ̯ˈkɛntlɪç]:
in der Wendung **sich erkenntlich zeigen:** *seinen Dank (für eine Gefälligkeit) durch eine Gabe o. Ä. zum Ausdruck bringen:* mit ihrem Geschenk wollte sie sich [für unsere Hilfe] erkenntlich zeigen.

Er|kennt|nis [ɛɐ̯ˈkɛntnɪs], die; -, -se:
1. *Einsicht, die durch die Verarbeitung von Eindrücken und Erfahrungen gewonnen wird:* zu einer wichtigen Erkenntnis gelangen; die Forschung gewann auf diese Weise neue Erkenntnisse; er kam zu der Erkenntnis, dass es besser sei, nachzugeben. **Zus.:** Selbsterkenntnis.
2. ⟨ohne Plural⟩ *das Erkennen, Fähigkeit des Erkennens (auf dem Weg philosophischen Fragens):* bei diesen Fragen stößt man an die Grenzen der menschlichen Erkenntnis. **Syn.:** Geist, Intellekt, Klugheit, Scharfsinn, Vernunft, Verstand, Weisheit.

Er|ker [ˈɛrkɐ], der; -s, -:
(mit Fenstern versehener) Vorbau an der Front oder an einer Ecke eines Gebäudes: eine Jugendstilvilla mit einem runden Erker und zwei Balkonen.

er|klä|ren [ɛɐ̯ˈklɛ:rən]:
1. a) ⟨tr.; hat⟩ *(jmdm. etwas [was er nicht versteht]) in allen Einzelheiten erläutern:* einen Text, Zusammenhänge erklären; kannst du mir diesen Satz erklären? **Syn.:** ausbreiten, auseinandersetzen, darlegen, klarmachen (ugs.), skizzieren. **b)** ⟨tr.; hat⟩ *(einen Vorgang, eine Handlung) deuten, zu deuten suchen:* ich wusste nicht, wie ich mir sein plötzliches Verschwinden erklären sollte; er versuchte, ihr ungewöhnliches Verhalten psychologisch zu erklären. **Syn.:** auslegen, interpretieren. **c)** ⟨+ sich⟩ *seine Begründung (in etwas) finden:* der hohe Preis des Buches erklärt sich aus der kleinen Auflage. **Syn.:** sich [1]ergeben.
2. ⟨tr.; hat⟩ *[offiziell] mitteilen:* der Minister erklärte, er werde zu Verhandlungen nach Amerika fliegen; ⟨in bestimmten Fügungen⟩ seine Unabhängigkeit erklären *(durch eine entsprechende Bekanntmachung seine Unabhängigkeit erlangen);* seinen Rücktritt erklären *(durch eine entsprechende Mitteilung zurücktreten);* jmdm. den Krieg erklären *(durch eine entsprechende Mitteilung mit jmdm. einen Krieg beginnen);* sich einverstanden erklären *(mitteilen, dass man einverstanden ist);* sich bereit erklären *(mitteilen, dass man bereit ist).* **Syn.:** ankündigen, anmelden, ausdrücken, aussagen, äußern, aussprechen, bekannt geben, bekannt machen, bekunden, darlegen, darstellen, klarmachen (ugs.), klarstellen, offenbaren, sagen, schreiben, verkünden (geh.), verkündigen (geh.), vorbringen, vortragen, zu erkennen geben.
3. ⟨tr.; hat⟩ *[amtlich] bezeichnen als:* jmdn. für tot erklären; die alten Ausweise wurden für ungültig erklärt; der Beamte erklärte sich für nicht zuständig.

er|klär|lich [ɛɐ̯ˈklɛ:ɐ̯lɪç] ⟨Adj.⟩:
sich aus etwas erklären lassend: eine ganz leicht erklärliche Reaktion; ihr Verhalten ist durchaus erklärlich, wenn man ihre Situation bedenkt. **Syn.:** begreiflich, eingängig, einleuchtend, einsichtig, verständlich.

Er|klä|rung [ɛɐ̯ˈklɛ:rʊŋ], die; -, -en:
1. *das Erklären, das Deuten, das Begründen von etwas; etwas, wodurch etwas erklärt wird:* diese Stelle im Text bedarf keiner weiteren Erklärung; ich habe keine Erklärung für sein Verhalten. **Syn.:** Aufklärung, Bestimmung, Definition, Erläuterung, Interpretation. **Zus.:** Worterklärung, Zeichenerklärung.
2. *offizielle Äußerung, Mitteilung:* eine eidesstattliche Erklärung abgeben; die Erklärung der Ministerin. **Syn.:** Aussage, Äußerung, Kommentar, Meldung, Mitteilung, Stellung-

nahme. **Zus.:** Beitrittserklärung, Kriegserklärung, Liebeserklärung, Presseerklärung, Regierungserklärung, Sympathieerklärung, Verzicht[s]erklärung.

er|kran|ken [ɛɐ̯ˈkraŋkn̩] ⟨itr.; ist⟩: *(von einer Krankheit) befallen werden:* sie ist schwer an Grippe erkrankt; er hatte einen erkrankten Kollegen zu vertreten. **Syn.:** sich infizieren, krank werden, sich etwas zuziehen, sich was fangen (ugs.), sich was holen (ugs.).

Er|kran|kung [ɛɐ̯ˈkraŋkʊŋ], die; -, -en:
Krankheit; Zustand des Krankseins: an einer Erkrankung der Atemwege leiden; eine lebensbedrohliche Erkrankung.

er|kun|den [ɛɐ̯ˈkʊndn̩], erkundete, erkundet ⟨tr.; hat⟩:
sich eine genaue Kenntnis von etwas [bisher Unbekanntem] verschaffen; etwas auskundschaften: die neue Umgebung mit dem Fahrrad erkunden. **Syn.:** ausfindig machen, ausmachen, ausspionieren, entdecken, ermitteln, finden, in Erfahrung bringen.

er|kun|di|gen [ɛɐ̯ˈkʊndɪgn̩] ⟨+ sich⟩:
nach etwas, jmdm. fragen, Auskünfte einholen: sich nach dem Preis erkundigen; sich nach jmdm./jmds. Befinden erkundigen; hast du dich erkundigt, wie viel die Fahrt kostet? **Syn.:** anfragen, nachfragen.

er|lah|men [ɛɐ̯ˈla:mən] ⟨itr.; ist⟩: *den Schwung verlieren und schwächer werden, in seiner Intensität nachlassen:* sein Eifer war bald erlahmt; das Interesse des Publikums erlahmte. **Syn.:** abnehmen, ins Stocken geraten, nachlassen, stagnieren.

er|lan|gen [ɛɐ̯ˈlaŋən] ⟨tr.; hat⟩: *durch Bemühung, nach einer Zeit des Wartens bekommen, zu etwas Bestimmtem kommen:* Berühmtheit, Weltruhm, Bekanntheit erlangen; womöglich werden bald alle Geiseln die Freiheit erlangen. **Syn.:** [1]bekommen, erhalten, kriegen (ugs.). **Zus.:** wiedererlangen, zurückerlangen.

Er|lass [ɛɐ̯ˈlas], der; -es, -e:
1. *von einer Behörde ausgehende Anordnung:* ein Erlass des Ministeriums; ein Erlass des Ministers; einen Erlass herausgeben, unterzeichnen, wieder aufheben. **Syn.:** Befehl, Gebot, Weisung.
2. *Befreiung von einer Verpflichtung:* sie setzen sich für den Erlass der Schulden ein.

er|las|sen [ɛɐ̯ˈlasn̩], erlässt, erließ, erlassen ⟨tr.; hat⟩:
1. *amtlich verfügen:* ein Verbot, eine Richtlinie, ein Gesetz, eine Verordnung erlassen. **Syn.:** anordnen, aussprechen, befehlen, festlegen, festsetzen, verhängen, verordnen, vorschreiben.
2. *jmdn. von einer Verpflichtung entbinden, von einer Strafe freistellen:* ihr wurde die Steuer, der Rest der Strafe erlassen. **Syn.:** befreien von.

er|lau|ben [ɛɐ̯ˈlau̯bn̩]:
1. ⟨tr.; hat⟩ *die Zustimmung zu etwas geben; gestatten; jmdm. die Möglichkeit, die Freiheit, das Recht geben, etwas, was er gern tun möchte, zu tun:* meine Eltern haben es erlaubt; ich habe ihm erlaubt mitzugehen. **Syn.:** absegnen (ugs.), bewilligen, einräumen, einwilligen in, genehmigen, gewähren, legitimieren (bildungsspr.), sanktionieren, tolerieren, zugestehen, zulassen, zustimmen.
2. ⟨itr.; hat⟩ *(jmdn.) in die Lage setzen, (jmdm.) ermöglichen (etwas Bestimmtes zu tun):* seine Mittel erlauben es ihm [nicht], sich einen guten Anwalt zu nehmen. **Syn.:** gestatten.
3. ⟨+ sich⟩ **a)** *sich die Freiheit nehmen, etwas [Unerlaubtes, Ungewöhnliches] zu tun:* solche Frechheiten, Scherze darfst du dir nicht erlauben; ich darf [es] mir nicht noch mal erlauben, zu spät zu kommen; was erlauben Sie sich?! **Syn.:** sich anmaßen, die Frechheit besitzen, die Frechheit haben, die Stirn haben, sich herausnehmen, sich leisten, sich nicht entblöden (geh. abwertend), so dreist sein. **b)** *sich (in finanzieller Hinsicht) leisten:* ich kann mir diese teure Anschaffung nicht erlauben; heute erlaube ich mir mal einen riesigen Eisbecher. **Syn.:** sich genehmigen, sich gönnen.

Er|laub|nis [ɛɐ̯ˈlau̯pnɪs], die; -:
das Erlauben, das Zustimmen: jmdm. die Erlaubnis zu etwas erteilen, verweigern, geben; etwas mit, ohne Erlaubnis tun. **Syn.:** Billigung, Einverständnis, Genehmigung, Zustimmung. **Zus.:** Arbeitserlaubnis, Aufenthaltserlaubnis, Einreiseerlaubnis, Fahrerlaubnis, Landeerlaubnis, Starterlaubnis.

er|läu|tern [ɛɐ̯ˈlɔy̯tɐn] ⟨tr.; hat⟩: *(einen komplizierten oder komplexen Sachverhalt) ausführlich, detailreich erklären oder veranschaulichen:* er hat mir sein Konzept im Detail erläutert; würden Sie mir bitte Ihre Theorie an einem Beispiel erläutern?; erläuternde Zusätze, Anmerkungen. **Syn.:** auseinandersetzen, darlegen, darstellen, klarmachen, kommentieren, reden über, schildern, skizzieren, sprechen über.

Er|läu|te|rung [ɛɐ̯ˈlɔy̯tərʊŋ], die; -, -en:
erläuternde Worte, Ausführungen: fachliche, etymologische Erläuterungen; eine Schulausgabe mit Erläuterungen.

Er|le [ˈɛrlə], die; -, -n:
Kätzchen tragender Baum, der besonders in Wassernähe wächst, mit rundlichen Blättern und kleinen, eiförmigen, verholzenden Zapfen: die Erle ist ein Frühblüher.

er|le|ben [ɛɐ̯ˈle:bn̩] ⟨itr.; hat⟩:
1. a) *erfahren müssen oder können; von etwas betroffen und beeindruckt werden:* er hat Schreckliches erlebt; eine Überraschung, Enttäuschungen erleben. **Syn.:** am eigenen Leibe erfahren, durchleben, durchmachen, kennenlernen, mitmachen. **b)** *(an einem Geschehen) teilnehmen, (bei einem Ereignis) dabei sein:* das Publikum erlebte eine außergewöhnliche Aufführung.
2. *an sich erfahren:* der Künstler erlebt derzeit ein Comeback; die Wirtschaft erlebt einen Aufschwung *(ist in einer Phase des Aufschwungs);* das Buch erlebte die zehnte Auflage *(wurde zum zehnten Mal aufgelegt).*
3. *(zu einer bestimmten Zeit) [noch] leben, etwas als Zeitgenosse miterleben:* sie hat die Geburt ihres Enkelkindes nicht mehr erlebt.

Er|leb|nis [ɛɐ̯ˈle:pnɪs], das; -ses, -se:

Geschehen, an dem jmd. beteiligt war und durch das er (in bestimmter Weise) beeindruckt wurde: die Ferien auf dem Land waren ein schönes Erlebnis für die Kinder; auf ihrer Reise hatten sie einige aufregende Erlebnisse. **Syn.:** Abenteuer. **Zus.:** Ferienerlebnis, Kindheitserlebnis, Kriegserlebnis, Naturerlebnis, Reiseerlebnis.

er|le|di|gen [ɛɐ̯'le:dɪgn̩] ⟨tr.; hat⟩: *(etwas, was zur Ausführung ansteht, was getan werden muss) ausführen, zu Ende führen:* er wollte erst seine Arbeit erledigen; die Bestellung wurde sofort erledigt. **Syn.:** abwickeln, besorgen, durchführen, ins Werk setzen (geh.), machen, tun, verrichten.

er|le|digt [ɛɐ̯'le:dɪçt] ⟨Adj.⟩ (ugs.): *(nach einer großen Anstrengung) völlig erschöpft:* ich bin [völlig] erledigt; sie kam ganz erledigt nach Hause. **Syn.:** abgespannt, ermattet (geh.), erschöpft, fertig, groggy (ugs.), k. o. (ugs.), kaputt, müde.

er|leich|tern [ɛɐ̯'lai̯çtɐn]:
1. ⟨tr.; hat⟩ *leichter, einfacher, weniger anstrengend machen:* ein neues Verfahren erleichtert ihnen die Arbeit; du musst versuchen, dir das Leben ein bisschen zu erleichtern.
2. ⟨tr.; hat⟩ *von einer [seelischen] Last, einem Druck befreien:* er wollte mit ihr sprechen, um sein Gewissen, sein Herz, sich zu erleichtern.
3. ⟨tr.; hat⟩ (ugs. scherzh.) *[auf unlautere Weise] um etwas bringen:* sie haben ihn beim Pokerspiel [um über fünfhundert Euro] erleichtert; der Betrunkene war um den Inhalt seiner Brieftasche erleichtert worden. **Syn.:** ausnehmen, schröpfen (ugs.).

er|leich|tert [ɛɐ̯'lai̯çtɐt] ⟨Adj.⟩: *von einer Sorge oder Angst befreit:* sie war erleichtert, dass ihm nichts passiert war; er atmete erleichtert auf. **Syn.:** beruhigt, froh, glücklich, heilfroh (ugs.).

Er|leich|te|rung [ɛɐ̯'lai̯çtərʊŋ], die; -: *Gefühl des Erleichtertseins; inneres Befreitsein:* Erleichterung empfinden; ein Seufzer der Erleichterung; mit, voller Erleichterung feststellen, dass nichts gestohlen wurde.

er|lei|den [ɛɐ̯'lai̯dn̩], erlitt, erlitten ⟨tr.; hat⟩:
1. (geh.) *Leiden körperlicher oder seelischer Art ausgesetzt sein, die einem von anderen bewusst zugefügt werden:* Schmerzen erleiden; es ist kaum zu fassen, was sie alles in diesem Hause erleiden musste. **Syn.:** aushalten, ausstehen, durchmachen, durchstehen, erdulden, ertragen, hinnehmen, leiden, mitmachen (ugs.), schlucken (ugs.), sich bieten lassen müssen, sich gefallen lassen müssen, tragen, verkraften, verschmerzen.
2. *zugefügt bekommen:* eine Niederlage, Demütigungen, Spott erleiden. **Syn.:** einstecken.

er|ler|nen [ɛɐ̯'lɛrnən] ⟨tr.; hat⟩: *sich (eine bestimmte Fertigkeit, Kenntnisse auf einem bestimmten Gebiet o. Ä.) durch Lernen aneignen, erwerben:* einen Beruf, ein Handwerk, eine Fremdsprache erlernen; sie wollte das Reiten erlernen. **Syn.:** sich anlernen (ugs.), lernen.

er|le|sen [ɛɐ̯'le:zn̩] ⟨Adj.⟩: *von auserlesener Art, Qualität:* einen erlesenen Geschmack haben; erlesene Speisen. **Syn.:** ausgesucht, ausgewählt, edel, exquisit, fein, kostbar, teuer.

er|leuch|ten [ɛɐ̯'lɔyçtn̩], erleuchtete, erleuchtet ⟨tr.; hat⟩: *hell machen, mit Licht erfüllen:* ein Blitz erleuchtete das Dunkel; die Fenster waren hell erleuchtet. **Syn.:** beleuchten, erhellen.

er|lie|gen [ɛɐ̯'li:gn̩], erlag, erlegen ⟨itr.; ist⟩:
a) *von jmdm. besiegt werden, jmdm. unterliegen; von etwas (einem Gefühl, einer Leidenschaft o. Ä.) überwältigt werden:* der Übermacht erliegen; schlechten Einflüssen erliegen; einer Täuschung erliegen *(sich täuschen);* einer Verlockung erliegen *(sich verlocken lassen);* *** zum Erliegen kommen:** *zusammenbrechen; zum Stillstand kommen:* durch den Nebel ist der Verkehr fast vollständig zum Erliegen gekommen. **b)** *an etwas sterben:* er ist seinen Verletzungen erlegen.

Er|lös [ɛɐ̯'lø:s], der; -es, -e: *bei einem Verkauf eingenommener Geldbetrag:* der Erlös aus der Tombola, aus der Versteigerung kam behinderten Menschen zugute; er lebte vom Erlös seiner Bilder. **Syn.:** Einkünfte ⟨Plural⟩, Einnahmen ⟨Plural⟩. **Zus.:** Nettoerlös, Reinerlös, Verkaufserlös.

er|lö|schen [ɛɐ̯'lœʃn̩], erlischt, erlosch, erloschen ⟨itr.; ist⟩: *zu brennen, zu leuchten aufhören:* das Feuer, Licht ist erloschen. **Syn.:** ausgehen.

er|lö|sen [ɛɐ̯'lø:zn̩] ⟨tr.; hat⟩: *(von Not, Schmerzen, Bedrängnis o. Ä.) befreien:* der Tod hatte ihn von seinen Qualen erlöst; ein Anruf erlöste sie von ihrer Sorge; ⟨im 1. Partizip⟩ das erlösende Wort sprechen. **Syn.:** erretten, retten.

er|mäch|ti|gen [ɛɐ̯'mɛçtɪgn̩] ⟨tr.; hat⟩: *mit der Befugnis zu etwas Bestimmtem ausstatten:* die Regierung ermächtigte den Botschafter, offizielle Verhandlungen zu führen; dazu war er nicht ermächtigt. **Syn.:** beauftragen, bevollmächtigen, mit einer Vollmacht ausstatten.

er|mah|nen [ɛɐ̯'ma:nən] ⟨tr.; hat⟩: *mit eindringlichen Worten dazu drängen, etwas Bestimmtes [bisher Versäumtes] zu tun, etwas Bestimmtes nicht zu vernachlässigen:* jmdn. zur Pünktlichkeit, zur Vorsicht ermahnen; sie musste die Kinder immer wieder ermahnen, ruhig zu sein. **Syn.:** anhalten, beschwören, bitten, ersuchen, mahnen, zureden.

er|man|geln [ɛɐ̯'maŋl̩n] ⟨itr.; hat; mit Gen.⟩ (geh.): *etwas (eigentlich zu Erwartendes, Wünschenswertes) nicht haben, nicht aufweisen:* ich ermangele dieses Vorteils; ⟨auch unpers.⟩ es ermangelte ihm jeglichen Charmes. **Syn.:** entbehren, nicht haben, vermissen lassen.

er|mä|ßi|gen [ɛɐ̯'mɛ:sɪgn̩] ⟨tr.; hat⟩: *(Kosten o. Ä.) senken:* für Familienmitglieder wurden die Beiträge ermäßigt; ein Angebot zu stark ermäßigten Preisen. **Syn.:** herabsetzen, kürzen, mindern, reduzieren, vermindern, verringern.

Er|mä|ßi|gung [ɛɐ̯'mɛ:sɪgʊŋ], die; -, -en:
1. *das Ermäßigen:* eine Ermäßi-

gung der Preise, Gebühren befürworten.
2. *Summe, um die etwas ermäßigt wird; Nachlass (auf einen Preis o. Ä.):* eine Ermäßigung von 10 % auf alle Preise bekommen, erhalten, geben, gewähren. **Syn.:** Abschlag, Abzug, Prozente ⟨Plural⟩ (ugs.), Rabatt. **Zus.:** Beitragsermäßigung, Fahrpreisermäßigung, Kinderermäßigung, Steuerermäßigung.

er|mat|ten [ɛɐ̯ˈmatn̩], ermattete, ermattet (geh.):
1. ⟨itr.; ist⟩ *matt, schwach werden:* ermattet in den Sessel fallen. **Syn.:** ermüden.
2. ⟨tr.; hat⟩ *sehr müde und schwach machen:* die großen Anstrengungen haben ihn ermattet. **Syn.:** ermüden.

er|mes|sen [ɛɐ̯ˈmɛsn̩], ermisst, ermaß, ermessen ⟨tr.; hat⟩:
in seinem ganzen Ausmaß bzw. in seiner Bedeutung erfassen: das Ausmaß der Schäden ist noch gar nicht zu ermessen; du kannst daran ermessen, wie wertvoll mir diese Kritik ist. **Syn.:** einschätzen, erkennen, überblicken, ²übersehen.

er|mit|teln [ɛɐ̯ˈmɪtl̩n] ⟨tr.; hat⟩:
durch geschicktes Nachforschen feststellen, herausfinden: den Täter ermitteln; die genaue Tatzeit lässt sich nicht mehr ermitteln; das spezifische Gewicht eines Körpers ermitteln; es lässt sich nicht ermitteln, ob und wann sie angekommen sind; ⟨auch itr.⟩ gegen sie ermittelt die Staatsanwaltschaft. **Syn.:** ausfindig machen, ausmachen, bestimmen, entdecken, eruieren (bildungsspr.), herausbekommen, recherchieren.

Er|mitt|lung [ɛɐ̯ˈmɪtlʊŋ], die; -, -en:
1. ⟨ohne Plural⟩ *das Ermitteln:* die Ermittlung der genauen Tatzeit war nicht mehr möglich.
2. *polizeiliche Nachforschung, Untersuchung, die der Aufklärung einer Straftat oder eines Unglücks dient:* Ermittlungen aufnehmen; der Untersuchungsausschuss, die Staatsanwaltschaft hat die Ermittlungen eingestellt.

er|mög|li|chen [ɛɐ̯ˈmøːklɪçn̩] ⟨tr.; hat⟩:
möglich machen: sein Onkel hat ihm das Studium ermöglicht; die veränderte politische Situation ermöglichte die Aufnahme diplomatischer Beziehungen. **Syn.:** erlauben, gestatten.

er|mor|den [ɛɐ̯ˈmɔrdn̩], ermordete, ermordet ⟨tr.; hat⟩:
(einen Menschen) vorsätzlich töten: aus Eifersucht hat er seine Frau ermordet; sie wurde heimtückisch ermordet. **Syn.:** abmurksen (ugs.), abschlachten (emotional), fertigmachen (ugs.), kaltmachen (salopp), killen (salopp), liquidieren, meucheln (veraltend), morden, töten, über die Klinge springen lassen (ugs.), um die Ecke bringen (ugs.), umbringen, umlegen (ugs.).

er|mü|den [ɛɐ̯ˈmyːdn̩], ermüdete, ermüdet:
1. ⟨itr.; ist⟩ *müde, schläfrig, unaufmerksam werden:* die Kinder ermüden nicht so schnell; ⟨im 2. Partizip⟩ ganz ermüdet kamen wir abends an.
2. ⟨tr.; hat⟩ *müde, schläfrig, unaufmerksam machen:* das Fahren auf den endlosen schnurgeraden Pisten ermüdet mich; ⟨im 1. Partizip⟩ der Vortrag war ermüdend. **Syn.:** ermatten.

er|mun|tern [ɛɐ̯ˈmʊntɐn] ⟨tr.; hat⟩:
(jmdm.) durch Worte, ein Beispiel o. Ä. Mut oder Lust (zu etwas) machen: jmdn. zu einer Arbeit, zu einem Spaziergang ermuntern; jmdn. ermuntern, etwas zu tun. **Syn.:** anfeuern, anregen, anreizen, anspornen, anstacheln, beflügeln (geh.), ermutigen, motivieren, zuraten, zureden.

er|mu|ti|gen [ɛɐ̯ˈmuːtɪɡn̩] ⟨tr.; hat⟩:
(jmdm. zu etwas Bestimmtem) Mut machen, ihn in seinem Vorhaben bestärken: die Professorin hat ihn zur Bearbeitung dieses Themas ermutigt; ⟨im 1. Partizip⟩ seine Erfahrungen waren nicht sehr ermutigend. **Syn.:** anfeuern, anregen, anreizen, anspornen, anstacheln, beflügeln (geh.), ermuntern, motivieren, zuraten, zureden.

er|näh|ren [ɛɐ̯ˈnɛːrən]:
1. a) ⟨tr.; hat⟩ *[regelmäßig] mit Nahrung versorgen:* der Kranke wurde offensichtlich nicht ausreichend ernährt; er sieht gut ernährt aus. **Syn.:** ¹füttern, nähren. **b)** ⟨+ sich⟩ *sich in bestimmter Weise mit Nahrung versorgen:* sie ernähren sich von Früchten und Wurzeln; sich vegetarisch ernähren. **Syn.:** leben.
2. ⟨tr.; hat⟩ *für jmds. Lebensunterhalt sorgen:* sie hat eine große Familie zu ernähren; von dieser Tätigkeit, diesem Einkommen kann er die Familie, sich kaum ernähren. **Syn.:** aufkommen für, nähren, sorgen für, unterhalten.

Er|näh|rung [ɛɐ̯ˈnɛːrʊŋ], die; -:
1. a) *Versorgung mit Nahrung:* die für die Ernährung [der Bevölkerung] dringend benötigten Ressourcen; die für die menschliche Ernährung nicht geeigneten Teile der Pflanze werden an die Tiere verfüttert; künstliche Ernährung. **Zus.:** Fehlernährung, Säuglingsernährung, Überernährung, Unterernährung, Zwangsernährung. **b)** *Nahrung:* hauptsächlich von pflanzlicher Ernährung leben. **Zus.:** Vollwerternährung.
2. *Lebensunterhalt:* für die Ernährung der Familie sorgen.

er|nen|nen [ɛɐ̯ˈnɛnən], ernannte, ernannt ⟨tr.; hat⟩:
(durch die Übertragung eines Amtes, einer bestimmten Aufgabe) zu etwas machen: jmdn. zum Nachfolger, Botschafter, eine Frau zur Ministerin ernennen. **Syn.:** aufstellen, ¹berufen, bestellen, bestimmen, einsetzen, nominieren.

Er|nen|nung [ɛɐ̯ˈnɛnʊŋ], die; -, -en:
das Ernennen: seit ihrer Ernennung zur Ministerin wohnt sie in Berlin.

er|neu|ern [ɛɐ̯ˈnɔy̯ɐn] ⟨tr.; hat⟩:
1. *durch Neues ersetzen, gegen Neues auswechseln:* den Fußboden, die Reifen des Autos erneuern. **Syn.:** aktualisieren, austauschen, wechseln.
2. *ein weiteres Mal für gültig, für weiterhin gültig erklären, von Neuem genehmigen:* ein Stipendium, einen Vertrag erneuern.

er|neut [ɛɐ̯ˈnɔy̯t] ⟨Adj.⟩:
von Neuem, ein weiteres Mal (ausgeführt, geschehend): ein erneuter Versuch; es kam zu erneuten Zusammenstößen zwischen beiden Parteien; er will erneut kandidieren. **Syn.:** abermals, aufs Neue, einmal mehr, neu, neuerlich, noch einmal, nochmals, weiter..., wieder.

ernst [ɛrnst] ⟨Adj.⟩:
1. *von Ernst, Nachdenklichkeit*

bestimmt, erfüllt: ein ernstes Gesicht machen; ein sehr ernster Mensch. **Syn.:** besorgt, ernsthaft, nachdenklich. **Zus.:** tiefernst, unernst.
2. *eindringlich und von einem bestimmten Gewicht, nicht leicht zu nehmend:* ernste Ermahnungen; ernste Bedenken sprachen gegen seine Entscheidung. **Syn.:** bedeutungsvoll, ernsthaft, gewichtig, schwerwiegend. **Zus.:** bitterernst, todernst.
3. *wirklich so gemeint, nicht nur zum Schein [vorgebracht]:* es ist seine ernste Absicht; es ist ihr ernst mit dem Vorhaben, mit ihrer Drohung; er nimmt die Sache nicht ernst. **Syn.:** aufrichtig, ernst gemeint, ernsthaft, seriös.
4. *bedrohlich und zur Besorgnis Anlass gebend:* eine ernste Situation; der Zustand der Kranken, Verletzten ist ernst. **Syn.:** bedenklich, bedrohlich, brenzlig (ugs.), gefährlich, kritisch, schlimm.

Ernst [ɛrnst], der; -es:
1. *durch Nachdenklichkeit, Überlegtheit [und Schwerblütigkeit] gekennzeichneter Wesenszug eines Menschen:* in seinem Gesicht spiegeln sich großer Ernst und innere Sammlung; sie geht mit großem Ernst an ihre schwierige Aufgabe.
2. *Bedrohlichkeit, Gefährlichkeit einer Situation:* jetzt erkannte er den Ernst der Lage.
3. *Bedeutung, Gewichtigkeit einer Sache:* den Ernst der Stunde erkennen; der Ernst ihrer Rede übertrug sich auf die Hörer. **Syn.:** Gewicht.

Ernst|fall [ˈɛrnstfal], der; -[e]s, Ernstfälle [ˈɛrnstfɛlə]:
das tatsächliche Eintreten eines gefürchteten, gefährlichen Ereignisses: für den Ernstfall proben; im Ernstfall; der Ernstfall ist eingetreten.

ernst|haft [ˈɛrnsthaft] ⟨Adj.⟩:
1. *von Ernst zeugend, von Ernst, Sachlichkeit bestimmt:* ernsthaft mit jmdm. sprechen. **Syn.:** ernst, ernstlich, seriös.
2. *gewichtig und nicht leicht zu nehmend:* ernsthafte Zweifel an etwas haben; ernsthafte Mängel. **Syn.:** erheblich, ernst, gewaltig (emotional), groß, massiv, schwerwiegend, stark.
3. *wirklich so gemeint, wie es vorgebracht wird:* ein ernsthaftes Angebot.
4. *in besorgniserregender Weise [vorhanden]:* eine ernsthafte Verletzung; er ist ernsthaft erkrankt. **Syn.:** erheblich, ernst, schlimm, schwer, schwerwiegend.

ernst|lich [ˈɛrnstlɪç] ⟨Adj.⟩:
1. *schwerwiegend und ernst zu nehmend:* ernstliche Bedenken hielten ihn davon ab.
2. *wirklich so gemeint:* sie hatte die ernstliche Absicht zu kommen.
3. *in ernst zu nehmender, bedenklicher Weise:* eine ernstliche Erkrankung, Gefährdung; sie ist ernstlich krank. **Syn.:** bedenklich, schlimm, schwer.

Ern|te [ˈɛrntə], die; -, -n:
1. *das Ernten:* die Ernte hat begonnen; bei der Ernte helfen. **Syn.:** Schnitt. **Zus.:** Gemüseernte, Getreideernte, Kaffee-Ernte.
2. *Gesamtheit der [geernteten] reifen Früchte:* es gab reiche Ernten an Getreide und Obst; das Unwetter vernichtete die Ernte. **Zus.:** Gemüseernte, Getreideernte, Kaffee-Ernte, Missernte, Rekordernte.

ern|ten [ˈɛrntn̩], erntete, geerntet ⟨tr.; hat⟩:
(die reifen Früchte des Feldes oder Gartens) einbringen: Weizen, Obst, Kartoffeln ernten. **Syn.:** einfahren, pflücken.

er|obern [ɛɐ̯ˈ|oːbɐn] ⟨tr.; hat⟩:
1. *(fremdes Gebiet) durch eine militärische Aktion in Besitz nehmen:* der Feind konnte zwei wichtige Städte erobern. **Syn.:** besetzen, einnehmen, nehmen, okkupieren, stürmen. **Zus.:** zurückerobern.
2. *durch eigene Anstrengung, Bemühung für sich gewinnen:* die Macht, den Weltmeistertitel erobern; die Sängerin eroberte sich (Dativ) die Sympathien des Publikums. **Syn.:** erlangen, gewinnen.

er|öff|nen [ɛɐ̯ˈ|œfnən], eröffnete, eröffnet:
1. ⟨tr.; hat⟩ **a)** *der Öffentlichkeit, dem Publikum zugänglich machen:* eine Ausstellung, ein Museum, eine neue Brücke eröffnen. **Syn.:** aus der Taufe heben, der Öffentlichkeit übergeben, einweihen, in Betrieb nehmen, seiner Bestimmung übergeben. **b)** *ein Geschäft, eine Praxis o. Ä. gründen:* gestern wurde ein neues Schuhgeschäft eröffnet. **Syn.:** aufmachen, begründen, einrichten.
2. ⟨tr.; hat⟩ *offiziell beginnen lassen:* einen Kongress, eine Diskussion eröffnen.
3. (Börsenw.) *in bestimmter Weise in den Handel starten:* die Frankfurter Börse hat schwach eröffnet.
4. ⟨tr.; hat⟩ *(etwas Unerwartetes) mitteilen:* er eröffnete seinen Eltern seine Absicht, zu heiraten, das Studium abzubrechen. **Syn.:** gestehen, offenbaren, sagen.
5. ⟨+ sich⟩ *neu entstehen, sich ergeben:* durch diese Veränderung der Lage eröffnen sich [für uns] ganz neue Perspektiven; nach dieser Prüfung eröffnen sich ihm bessere Aussichten in seinem Beruf. **Syn.:** sich anbieten, sich auftun (geh.), sich bieten, entstehen, sich [1]ergeben, sich zeigen.

eröffnen / öffnen:
s. Kasten Seite 692.

Er|öff|nung [ɛɐ̯ˈ|œfnʊŋ], die; -, -en:
1. a) *erste Öffnung für das Publikum:* zur Eröffnung des neuen Theaters wurde ein Stück von Schiller aufgeführt; die Eröffnung des Tunnels ist für April geplant. **b)** *Gründung, Einrichtung:* die Eröffnung der neuen Filiale wurde um einen Monat verschoben.
2. (Börsenw.) *Start in den Handel:* die positiven Vorgaben der Wall Street sorgten in Frankfurt für eine starke Eröffnung.

er|ör|tern [ɛɐ̯ˈ|œrtɐn] ⟨tr.; hat⟩:
etwas ausführlich [und in allen Einzelheiten] besprechen: eine Frage, einen Fall [mit jmdm.] erörtern; das Für und Wider erörtern. **Syn.:** aufrollen, ausbreiten, behandeln, beleuchten, beraten, besprechen, debattieren, diskutieren, disputieren, durchkauen (ugs.), durchleuchten, durchnehmen, durchsprechen, handeln über, klären, reden über, sich auseinandersetzen über, sich beraten über, sich unterhalten über, sprechen über, verhandeln, zur Sprache bringen.

Er|ör|te|rung [ɛɐ̯ˈlœrtərʊŋ], die; -, -en:
1. *das Erörtern:* für die Erörterung dieser wichtigen Frage sollten wir uns ausreichend Zeit nehmen.
2. *Gespräch, bei dem etwas erörtert wird, Diskussion:* nach ausführlichen Erörterungen haben wir uns schließlich auf eine Lösung geeinigt. **Syn.:** Auseinandersetzung, Aussprache, Besprechung, Debatte, Dialog, Unterhaltung, Unterredung, Verhandlung.

Ero|tik [eˈroːtɪk], die; -:
den geistig-seelischen Bereich einbeziehende sinnliche Liebe: in unserer Beziehung spielt die Erotik eine ganz wesentliche Rolle; die Erotik in der Literatur, Kunst.

ero|tisch [eˈroːtɪʃ] ⟨Adj.⟩:
die sinnliche Liebe betreffend: erotische Beziehungen; erotische Literatur; erotische Anziehungskraft besitzen.

er|picht [ɛɐ̯ˈpɪçt]:
in der Wendung **auf etwas erpicht sein:** *nach etwas begierig, versessen sein:* der Reporter war immer auf Sensationen erpicht. **Syn.:** an etwas interessiert sein, auf etwas geil sein (oft abwertend), auf etwas scharf sein (ugs.).

er|pres|sen [ɛɐ̯ˈprɛsn̩] ⟨tr.; hat⟩:
1. *durch Drohungen, durch Androhung von Gewalt zu etwas zwingen:* sie benutzt das Foto, den Brief dazu, ihn zu erpressen; ich lasse mich nicht erpressen. **Syn.:** bedrohen, drohen, nötigen, unter Druck setzen.
2. *durch Drohungen, durch Androhung von Gewalt von jmdm. erhalten:* [von jmdm.] Geld, ein Lösegeld, eine Unterschrift erpressen; ein erpresstes Geständnis.

Er|pres|ser [ɛɐ̯ˈprɛsɐ], der; -s, -, **Er|pres|se|rin** [ɛɐ̯ˈprɛsərɪn], die; -, -nen:
Person, die jmdn. erpresst: der Erpresser konnte ermittelt und überführt werden.

Er|pres|sung [ɛɐ̯ˈprɛsʊŋ], die; -, -en:
das Erpressen: jmdn. wegen versuchter Erpressung vor Gericht stellen; die Erpressung von Lösegeld; das ist Erpressung!

er|pro|ben [ɛɐ̯ˈproːbn̩] ⟨tr.; hat⟩:
über längere Zeit immer wieder auf Tauglichkeit, Zuverlässigkeit, Qualität usw. prüfen: eine Methode, die Wirksamkeit eines Mittels erproben; die Techniker hatten das Auto in harten Tests erprobt; seine eigenen Kräfte erproben; ein erprobtes Präparat. **Syn.:** ausprobieren, einer Prüfung unterziehen, probieren, testen.

er|ra|ten [ɛɐ̯ˈraːtn̩], errät, erriet, erraten ⟨tr.; hat⟩:
mithilfe seiner Einfühlungsfähigkeit bzw. Vorstellungskraft erkennen, herausfinden: du hast meinen Wunsch, meine Absichten erraten; es ist nicht schwer zu erraten, wo sie gewesen ist; du hast es erraten! **Syn.:** sich denken, raten.

er|rech|nen [ɛɐ̯ˈrɛçnən], errechnete, errechnet ⟨tr.; hat⟩:
durch Rechnen, rechnerische Prozesse ermitteln: die Differenz errechnen; der Computer errechnet die Flugbahn des Satelliten. **Syn.:** ausrechnen, berechnen.

er|re|gen [ɛɐ̯ˈreːgn̩]:
1. a) ⟨tr.; hat⟩ *in einen Zustand heftiger Gemütsbewegung (besonders heftigen Zornes, Unmuts o. Ä.) versetzen:* ihn erregt jede Kleinigkeit; eine erregte Diskussion. **Syn.:** ärgern, aufbringen, aufregen, aufrühren, [2]aufschrecken, aufwühlen, aus dem Häuschen bringen (ugs.), beunruhigen, erzürnen (geh.), in Fahrt bringen (ugs.), in Rage bringen, in Rage versetzen. **b)** ⟨+ sich⟩ *in einen Zustand heftiger Gemütsbewegung (besonders heftigen Zornes, Unmuts) geraten:* sie hat sich über den Vorwurf furchtbar erregt. **Syn.:** sich ärgern, aufbrausen, auffahren, sich aufregen, aus dem Häuschen geraten (ugs.), außer sich geraten, sich empören, sich ereifern, in Fahrt kommen (ugs.), in Rage kommen (ugs.). **c)** *in einen Zustand sexuellen Verlangens versetzen:* der Anblick ihrer Brüste erregte ihn.
2. *auslösen, bewirken, hervorrufen:* Furcht, Besorgnis, Missfallen, Staunen, Heiterkeit, jmds. Neugier erregen; ich wollte keinen Verdacht erregen; Aufsehen erregen. **Syn.:** erzeugen, verursachen.

Er|re|ger [ɛɐ̯ˈreːgɐ], der; -s, -:
ein Organismus oder Stoff, der eine Krankheit auslöst: der Erreger der Krankheit ist ein Virus; die im Blut nachweisbaren Erreger. **Syn.:** Keim.

Er|re|gung [ɛɐ̯ˈreːgʊŋ], die; -, -en:
1. ⟨ohne Plural⟩ *das Erregen, Hervorrufen von etwas:* die Erregung öffentlichen Ärgernisses.
2. a) *Zustand des Erregt-, Aufgeregtseins:* seine Erregung nicht verbergen können; in Erregung geraten; er zitterte vor Erregung. **Syn.:** Ärger, Aufregung, Empörung, Groll, Rage (ugs.), Unmut, Unwille, Verdruss, Verstimmung, Wut, Zorn.
b) *Zustand sexuellen Erregtseins:* in Erregung geraten.

er|rei|chen [ɛɐ̯ˈrai̯çn̩] ⟨tr.; hat⟩:
1. *(mit dem ausgestreckten Arm, mit einem Gegenstand) an etwas reichen [und es ergreifen können]:* sie erreichte das oberste Regal, ohne auf die Leiter steigen zu müssen. **Syn.:** kommen an, zu fassen kriegen.
2. *(mit jmdm.) in [telefonische] Verbindung treten:* unter welcher Nummer kann ich Sie erreichen?; du warst gestern nirgends zu erreichen.
3. *(zu jmdm., an ein Ziel) gelangen:* mein letzter Brief hat ihn nicht mehr vor seiner Abfahrt erreicht; der kleine Ort ist nur mit dem Auto zu erreichen; sie mussten sich beeilen, um den Zug zu erreichen.
4. *durchsetzen, gegen Widerstände verwirklichen:* er hat seine Ziele, hat alles erreicht, was er wollte; bei ihr wirst du [damit] nichts erreichen. **Syn.:** ausrichten, durchboxen (ugs.), durchbringen (ugs.), durchdrücken (ugs.), durchpeitschen (ugs. emotional), [1]durchsetzen, erwirken, erzielen, erzwingen, herausholen (ugs.), herausschlagen (ugs.).

er|ret|ten [ɛɐ̯ˈrɛtn̩], errettete, errettet ⟨tr.; hat⟩:
(jmdn.) aus einer bedrohlichen Situation, aus einer Notlage retten; rettend von etwas befreien: jmdn. vom, vor dem Tod erretten; nur Gottes Hilfe kann sie erretten; er hoffte auf das Glück,

das ihn aus dem Elend erretten würde.

er|rich|ten [ɛɐ̯ˈrɪçtn̩], errichtete, errichtet ⟨tr.; hat⟩:
a) *aus Teilen zusammenbauen, aufstellen:* eine Tribüne, Barrikaden errichten. **b)** *(ein Gebäude) bauen:* ein Gebäude, Wohnblocks errichten. **Syn.:** aufbauen, aufrichten, erbauen.

er|rin|gen [ɛɐ̯ˈrɪŋən], errang, errungen ⟨tr.; hat⟩:
(in einem Wettbewerb o. Ä.) durch Einsatz, Anstrengung erlangen: er errang den Sieg, den ersten Preis; die Partei konnte weitere Sitze im Parlament erringen. **Syn.:** erkämpfen, erobern.

er|rö|ten [ɛɐ̯ˈrø:tn̩], errötete, errötet ⟨itr.; ist⟩:
(durch eine bestimmte seelische Regung) plötzlich im Gesicht rot werden: vor Scham, Verlegenheit erröten.

Er|run|gen|schaft [ɛɐ̯ˈrʊŋənʃaft], die; -, -en:
1. *etwas, was durch große Anstrengung erreicht wurde und einen Fortschritt bedeutet:* etwas als eine Errungenschaft feiern, preisen, darstellen; die Einführung des 8-Stunden-Tages gilt als große soziale Errungenschaft.
2. (ugs. scherzh.) *etwas neu Erworbenes, auf das man sehr stolz ist:* meine neueste Errungenschaft ist ein Riesling aus dem Jahre 2005.

Er|satz [ɛɐ̯ˈzats], der; -es:
Person oder Sache, die an die Stelle einer nicht mehr vorhandenen Sache oder nicht mehr verfügbaren Person tritt: für den erkrankten Sänger musste ein Ersatz gefunden werden; er bot ihr als Ersatz für das von ihm beschädigte Buch ein neues an. **Syn.:** Abfindung, Ausgleich, Double, Entschädigung, Stellvertreter, Stellvertreterin, Vertreter, Vertreterin. **Zus.:** Haarersatz, Kaffee-Ersatz, Zahnersatz.

Er|satz|teil [ɛɐ̯ˈzatstail], das; -[e]s, -e:
Teil, das ein unbrauchbar gewordenes oder verloren gegangenes Teil eines Ganzen ersetzen kann: ein Ersatzteil für die Waschmaschine.

er|schaf|fen [ɛɐ̯ˈʃafn̩], erschuf, erschaffen ⟨tr.; hat⟩:
(in einem schöpferischen Akt) entstehen lassen: Gott hat Himmel und Erde und alle Tiere und Pflanzen erschaffen. **Syn.:** hervorbringen, ins Leben rufen, kreieren, schaffen.

Er|schaf|fung [ɛɐ̯ˈʃafʊŋ], die; -:
das Erschaffen: die Erschaffung der Welt.

er|schei|nen [ɛɐ̯ˈʃainən], erschien, erschienen ⟨itr.; ist⟩:
1. a) *sich an einem Ort, an dem man erwartet wird, einfinden:* er ist heute nicht zum Dienst erschienen. **Syn.:** ankommen, anreisen, anrücken (ugs.), antreten, auftauchen, auftreten, einlaufen, sich einstellen, eintreffen, kommen, sich zeigen.
b) *sichtbar werden, auftauchen:* die Küste erscheint am Horizont; der Vater erschien in der Tür und bat die Kinder um Ruhe. **Syn.:** in Sicht kommen, sichtbar werden, sich zeigen, zum Vorschein kommen, zutage treten.
2. *(als Buch, Zeitung o. Ä.) herausgebracht werden und in den Handel kommen:* ihr neuer Roman erscheint im Herbst; die Zeitschrift erscheint einmal im Monat. **Syn.:** auf den Markt kommen, herauskommen.
3. *einen bestimmten Eindruck auf jmdn. machen:* seine Darstellung erscheint [mir] glaubwürdig, widersprüchlich. **Syn.:** sich anhören, anmuten, aussehen, dünken (geh., veraltet), scheinen, vorkommen, wirken, zu sein scheinen.

Er|schei|nung [ɛɐ̯ˈʃainʊŋ], die; -, -en:
1. *etwas Beobachtbares:* eine totale Sonnenfinsternis ist eine seltene Erscheinung; physikalische, astronomische, meteorologische, sprachliche Erscheinungen. **Syn.:** Ereignis, Phänomen, Vorgang. **Zus.:** Alterserscheinung, Begleiterscheinung, Ermüdungserscheinung, Himmelserscheinung, Naturerscheinung, Verschleißerscheinung.
2. *durch ihr Äußeres, ihr Erscheinungsbild in bestimmter Weise wirkende Persönlichkeit:* sie ist eine anmutige, er ist eine stattliche Erscheinung. **Syn.:** Figur, Geschöpf, Gestalt, Mensch, Person, Wesen.
3. *Vision, Traumbild:* nachts hat sie manchmal Erscheinungen.

er|schie|ßen [ɛɐ̯ˈʃi:sn̩], erschoss, erschossen ⟨tr.; hat⟩:
mit einer Schusswaffe töten: einige Aufständische wurden erschossen; sie hat sich [mit ihrer Dienstwaffe] erschossen. **Syn.:** abknallen (ugs.), abschießen.

Er|schie|ßung [ɛɐ̯ˈʃi:sʊŋ], die; -, -en:
das Erschießen: er befahl die Erschießung der Deserteure; der einzige Zeuge dieser Erschießungen ist inzwischen verstorben.

E
Ersc

er|schlaf|fen [ɛɐ̯ˈʃlafn̩] ⟨itr.; ist⟩:
a) *schlaff, kraftlos werden:* die Arme, seine Muskeln erschlafften. **b)** *welk werden, die Spannung verlieren:* die Haut ist erschlafft.

er|schla|gen [ɛɐ̯ˈʃla:gn̩], erschlägt, erschlug, erschlagen ⟨tr.; hat⟩:
a) *durch einen oder mehrere Schläge mit einem harten Gegenstand töten:* er erschlug sein Opfer mit einem Hammer, einer Brechstange. **b)** *durch Herabstürzen töten:* ein herabfallender Ast erschlug einen Passanten; der Bauer wurde vom Blitz erschlagen *(durch Blitzschlag getötet).*

er|schlie|ßen [ɛɐ̯ˈʃli:sn̩], erschloss, erschlossen ⟨tr.; hat⟩:
a) *zugänglich machen:* einzelne Gebiete Afrikas sind noch nicht erschlossen; für ein Produkt neue Absatzmärkte erschließen.
b) *für einen bestimmten Zweck nutzbar machen:* Bodenschätze, Ölvorkommen erschließen; ein Gebiet als Bauland erschließen. **Syn.:** ausbeuten, ausnutzen (bes. nordd.), ausnützen (bes. südd.), ausschlachten (ugs.), auswerten, nutzen (bes. nordd.), nützen (bes. südd.), sich zunutze machen, verwerten.

er|schöpft [ɛɐ̯ˈʃœpft] ⟨Adj.⟩:
1. *aufgrund größerer Anstrengung kraftlos und matt:* erschöpft sanken sie ins Bett. **Syn.:** abgespannt, erledigt (ugs.), ermattet (geh.), fertig (ugs.), groggy (ugs.), k. o. (ugs.), kaputt (ugs.), müde, schlapp.
2. *bis zum Letzten aufgebraucht, zu Ende:* unsere Geduld ist erschöpft; unsere räumlichen Kapazitäten sind erschöpft.

Er|schöp|fung [ɛɐ̯ˈʃœpfʊŋ], die; -, -en:
durch größere Anstrengung her-

vorgerufener Zustand der Mattigkeit, Kraftlosigkeit: sie arbeiteten bis zur völligen Erschöpfung; sie fiel vor Erschöpfung um.

[1]**er|schre|cken** [ɛɐ̯ˈʃrɛkn̩], erschrickt, erschrak, erschrocken ⟨itr.; ist⟩:
in Schrecken geraten, einen Schrecken bekommen: er erschrak, als er den Knall hörte; ich bin bei der Nachricht furchtbar erschrocken; erschrocken sprang sie auf. **Syn.:** auffahren, [1]aufschrecken, einen Schreck bekommen, einen Schreck kriegen, einen Schrecken bekommen (ugs.), einen Schrecken kriegen (ugs.), vor Schreck erstarren, zusammenfahren, zusammenzucken.

[2]**er|schre|cken** [ɛɐ̯ˈʃrɛkn̩], erschreckte, erschreckt ⟨tr.; hat⟩:
(jmdn.) in Angst versetzen: die Explosion erschreckte die Bevölkerung; diese Nachricht hat uns furchtbar erschreckt; die Seuche nimmt erschreckende *(beängstigende)* Ausmaße an. **Syn.:** alarmieren, ängstigen, aufscheuchen, [2]aufschrecken, entsetzen.

er|schüt|tern [ɛɐ̯ˈʃʏtɐn] ⟨tr.; hat⟩:
1. *in zitternde, wankende Bewegung bringen:* die Explosion erschütterte alle Häuser im Umkreis; die Luft wurde von einer Detonation erschüttert.
2. *im Innersten bewegen, ergreifen:* der Tod der Kollegin hat uns tief erschüttert; ihn kann so leicht nichts erschüttern; erschütternde Szenen spielten sich ab. **Syn.:** anrühren, aufregen, aufrühren, aufwühlen, berühren, betroffen machen, [1]bewegen, erregen, schocken (ugs.), schockieren, treffen.

Er|schüt|te|rung [ɛɐ̯ˈʃʏtərʊŋ], die; -, -en:
1. *heftig rüttelnde Bewegung:* die Explosion verursachte eine heftige Erschütterung. **Syn.:** Stoß. **Zus.:** Gehirnerschütterung.
2. *tiefe Ergriffenheit:* eine schwere seelische Erschütterung; seine Erschütterung kaum verbergen können; die Bilder lösten in der Bevölkerung eine große Erschütterung aus. **Syn.:** Betroffenheit, Rührung.

er|schwe|ren [ɛɐ̯ˈʃveːrən] ⟨tr.; hat⟩:
(ein Tun oder Vorhaben) durch Widerstand oder Hindernisse schwierig und mühevoll machen: ihre unnachgiebige Haltung erschwert die Verhandlungen; durch Glatteis wird das Fahren sehr erschwert. **Syn.:** beeinträchtigen, behindern, hemmen, lähmen, stören, trüben, verzögern.

er|schwin|deln [ɛɐ̯ˈʃvɪndl̩n] ⟨tr.; hat⟩:
durch Schwindeln, Betrug o. Ä. erlangen: du hast [dir] eine Menge Geld von gutgläubigen Leuten erschwindelt. **Syn.:** ergaunern.

er|schwing|lich [ɛɐ̯ˈʃvɪŋlɪç] ⟨Adj.⟩:
eine Summe erfordernd, die man noch bezahlen kann: kaum erschwingliche Preise; die Kosten für einen Urlaub sind dort noch erschwinglich. **Syn.:** billig, günstig, preiswert.

er|set|zen [ɛɐ̯ˈzɛtsn̩] ⟨tr.; hat⟩:
1. a) *für jmdn., etwas Ersatz schaffen; jmdn., etwas an die Stelle von jmdn., etwas setzen:* in der zweiten Halbzeit wurde in beiden Mannschaften je eine Spielerin ersetzt. **Syn.:** austauschen, auswechseln, erneuern, tauschen, wechseln. **b)** *für jmdn., etwas ein Ersatz sein; an die Stelle von jmdn., etwas treten:* sein Onkel musste ihm jetzt den Vater ersetzen; die Verstorbene wird niemand leicht ersetzen können.
2. *erstatten, wiedergeben, für etwas Ersatz leisten:* die Fahrkosten werden ersetzt. **Syn.:** erstatten, vergüten.

er|sicht|lich [ɛɐ̯ˈzɪçtlɪç] ⟨Adj.⟩:
(aus dem Zusammenhang) erkennbar: aus dem Schreiben ist ihre Auffassung klar ersichtlich; ohne ersichtlichen Grund begann er zu weinen. **Syn.:** deutlich, erkennbar, klar.

er|spa|ren [ɛɐ̯ˈʃpaːrən] ⟨tr.; hat⟩:
(Unangenehmes, eine Mühe o. Ä.) von jmdm. fernhalten: ich möchte ihr die Aufregungen ersparen; diesen Ärger hätte ich mir gerne erspart; ihm ist nichts *(keine Mühe, kein Unglück)* erspart geblieben. **Syn.:** bewahren vor, schützen vor.

Er|spar|nis [ɛɐ̯ˈʃpaːɐ̯nɪs], die; -, -se:
a) *Verringerung (der Kosten, des Verbrauchs o. Ä.):* der neue Entwurf bringt eine Ersparnis von mehreren Tausend Euro. **Zus.:** Arbeitsersparnis, Platzersparnis, Zeitersparnis. **b)** ⟨Plural⟩ *ersparte Summe:* sie hat alle ihre Ersparnisse verloren. **Syn.:** Erspartes ⟨Singular⟩, Notgroschen ⟨Singular⟩.

[1]**erst** [eːɐ̯st] ⟨Adverb⟩:
1. a) *an erster Stelle, als Erstes (bevor etwas anderes geschieht):* erst kommt sie an die Reihe, danach die andern; du musst ihn erst näher kennenlernen, um ihn zu beurteilen; das muss sich erst noch zeigen *(das ist noch nicht sicher).* **Syn.:** zuerst, zunächst. **b)** *zu Beginn:* erst ging alles gut, aber dann ... **Syn.:** am Anfang, anfänglich, anfangs, zu Anfang, zuerst, zunächst.
2. a) *nicht eher als:* er will erst morgen abreisen; ich schreibe ihr erst nach Weihnachten wieder; das Kino fängt erst um acht Uhr an. **b)** *nicht mehr als:* ich habe erst dreißig Seiten in dem Buch gelesen; er ist erst zehn Jahre alt. **c)** *vor gar nicht langer Zeit, nämlich ...:* ich habe ihn erst gestern noch, erst vor Kurzem gesehen.

[2]**erst** [eːɐ̯st] ⟨Partikel⟩:
1. dient in Wunschsätzen, die sich auf Zukünftiges beziehen, dazu, auszudrücken, dass man das Gewünschte kaum erwarten kann: wenn ich es [bloß, nur] erst hinter mir hätte!; wären wir erst zu Hause!
2. dient dazu, auszudrücken, dass durch den genannten Sachverhalt ein bestimmter anderer Sachverhalt noch erheblich übertroffen wird: sie ist sowieso schon unfreundlich, aber erst, wenn sie schlechte Laune hat!; »Ich hab vielleicht eine Wut auf ihn!« – »Und ich erst!«; * **erst recht:** *in besonderem Maße, umso mehr:* wenn er es darf, darf ich es erst recht.

erst... [eːɐ̯st...] ⟨Ordinalzahl⟩ (als Ziffer: 1.):
a) *in einer Reihe oder Folge den Anfang bildend:* die erste Etage; den ersten Schritt zur Versöhnung tun; am ersten Juli; die Miete wird immer am Ersten [des Monats] von meinem Konto abgebucht; das erste Grün *(die ersten Blätter im Frühjahr);* * **fürs Erste:** *zunächst, vorläufig.* **b)** *nach Rang oder Qualität an der Spitze stehend:*

sie ist eine erste Kraft; das erste *(beste)* Hotel am Ort; er war der Erste *(der beste Schüler)* der Klasse.

er|star|ren [ɛɐ̯ˈʃtarən] ⟨itr.; ist⟩:
1. *starr, fest, hart werden:* zu Stein, Eis, zu einer Salzsäule erstarren; erstarrte Lava; rasch erstarrendes Harz; der Anblick ließ ihm das Blut in den Adern erstarren *(entsetzte ihn sehr).*
2. *vor Kälte steif, unbeweglich werden:* meine Finger sind ganz erstarrt; erstarrte Glieder.
3. *plötzlich eine starre unbewegte Haltung annehmen und darin verharren:* vor Entsetzen, Schreck erstarren; das Lächeln erstarrte *(wurde starr)* auf ihren Lippen.

er|stat|ten [ɛɐ̯ˈʃtatn̩], erstattete, erstattet ⟨tr.; hat⟩:
1. *(Unkosten o. Ä.) zurückzahlen, ersetzen:* man hat ihr die Fahrtkosten erstattet; Unkosten, Auslagen werden erstattet. **Syn.:** ausbezahlen, auszahlen, ersetzen, gutmachen, vergüten, zahlen. **Zus.:** rückerstatten, zurückerstatten.
2. drückt als Funktionsverb aus, dass etwas in bestimmter, meist offizieller Form an entsprechender Stelle vorgebracht wird: gegen jmdn. Anzeige erstatten *(jmdn. anzeigen);* jmdm. Bericht über etwas erstatten *(jmdm. etwas sachlich berichten);* Meldung erstatten *(etwas offiziell melden).*

er|stau|nen [ɛɐ̯ˈʃtau̯nən] ⟨itr.; hat⟩:
jmds. Vorstellungen, Erwartungen übertreffen oder ihnen nicht entsprechen und dadurch Bewunderung oder Befremden auslösen: ihre Reaktion hat uns sehr erstaunt; seine Unfreundlichkeit erstaunte mich nicht weiter. **Syn.:** befremden, frappieren, überraschen, verblüffen, verwundern, wundern.

er|staun|lich [ɛɐ̯ˈʃtau̯nlɪç] ⟨Adj.⟩:
1. *Erstaunen [und Bewunderung] erregen:* eine erstaunliche Leistung; es ist erstaunlich, wie sie das alles schafft; die Wirtschaft hat sich erstaunlich schnell wieder erholt; sie läuft erstaunlich schnell. **Syn.:** frappierend, überraschend, verblüffend.
2. *sehr groß:* ein Mensch mit erstaunlichen Fähigkeiten; das Gelände hat erstaunliche Ausmaße. **Syn.:** beachtlich, besonder…, beträchtlich, enorm, erheblich, gehörig, gewaltig (emotional), imposant, ordentlich (ugs.), stattlich.

er|staunt [ɛɐ̯ˈʃtau̯nt] ⟨Adj.⟩:
Verwunderung, Staunen ausdrückend, auslösend o. Ä.: ein erstaunter Blick traf sie; sie waren über die Ergebnisse sehr erstaunt. **Syn.:** sprachlos, überrascht, verblüfft, verdutzt (ugs.), verwundert.

er|ste|chen [ɛɐ̯ˈʃtɛçn̩], ersticht, erstach, erstochen ⟨tr.; hat⟩:
durch einen oder mehrere Stiche töten: er hat ihn mit einem Messer erstochen. **Syn.:** erdolchen (geh.).

er|ste|hen [ɛɐ̯ˈʃteːən], erstand, erstanden ⟨tr.; hat⟩:
[mit Glück od. Mühe] käuflich erwerben: sie hat noch drei Eintrittskarten erstanden; etwas zu günstigen Bedingungen erstehen; für den Rest des Geldes erstand sie noch einen Füllfederhalter; diese Bilder hatte er in Hamburg erstanden. **Syn.:** kaufen, käuflich erwerben, sich eindecken mit, sich zulegen, [sich] anschaffen.

er|stei|gern [ɛɐ̯ˈʃtai̯gɐn] ⟨tr.; hat⟩:
bei einer Versteigerung erwerben: sie hat das Bild für zwei Millionen ersteigert.

er|stel|len [ɛɐ̯ˈʃtɛlən] ⟨tr.; hat⟩:
(vollständig, in Einzelheiten) anfertigen, ausarbeiten: ein Gutachten, einen Plan erstellen. **Syn.:** aufstellen, entwerfen, schreiben, skizzieren, [2]umreißen, verfassen.

er|sti|cken [ɛɐ̯ˈʃtɪkn̩], erstickte, erstickt:
1. a) ⟨itr.; ist⟩ *durch Mangel an Luft, an Sauerstoff sterben:* sie wäre fast an dem Bissen erstickt. **b)** *durch etwas, das im Übermaß vorhanden ist, in seinem Bewegungs-, Handlungsspielraum behindert werden, eingeengt sein:* wir drohen in Arbeit, im Verkehr, in einem Wust von Verordnungen zu ersticken. **Syn.:** untergehen.
2. a) ⟨tr.⟩ *durch Entzug der zum Atmen benötigten Luft töten:* er hätte das Kind beinahe mit einem Kissen erstickt; hier ist es erstickend heiß. **b)** ⟨tr.⟩ *[1]löschen:* mit einer Decke konnten sie das Feuer ersticken. **c)** *etwas an seiner Entfaltung, Ausbreitung hindern; unterdrücken:* Unruhen, Diskussionen im Keim ersticken.

erst|mals [ˈeːɐ̯stmaːls] ⟨Adverb⟩:
zum ersten Mal: der Versuch ist uns erstmals gelungen. **Syn.:** das erste Mal.

er|stre|ben [ɛɐ̯ˈʃtreːbn̩] ⟨tr.; hat⟩ (geh.):
zu erreichen suchen; nach etwas streben: sie erstrebt einen leitenden Posten; sie erstrebten Freiheit und Wohlstand für alle; sie haben das erstrebte Ziel leider nicht erreicht. **Syn.:** trachten nach.

er|stre|cken [ɛɐ̯ˈʃtrɛkn̩] ⟨+ sich⟩:
1. a) *eine bestimmte räumliche Ausdehnung haben:* der Wald erstreckt sich bis zur Stadt. **Syn.:** sich ausdehnen, gehen, langen, reichen, verlaufen.
b) *eine bestimmte Dauer haben:* ihre Forschungen erstreckten sich über zehn Jahre. **Syn.:** andauern, anhalten, [1]dauern, sich hinausziehen.
2. *einen bestimmten Bereich umfassen:* seine Aufgabe erstreckt sich nur auf die Planung. **Syn.:** einschließen, in sich schließen.

er|su|chen [ɛɐ̯ˈzuːxn̩] ⟨tr.; hat⟩ (geh.):
höflich, in förmlicher Weise um etwas bitten, zu etwas auffordern: jmdn. um eine Aussprache ersuchen; wir ersuchen Sie, den Betrag sofort zu überweisen. **Syn.:** auffordern.

Er|su|chen [ɛɐ̯ˈzuːxn̩], das; -s, - (geh.):
höfliche, förmliche Bitte, Aufforderung: ein Ersuchen an jmdn. richten; einem Ersuchen stattgeben, entsprechen; auf ihr Ersuchen [hin] wurde sie versetzt. **Syn.:** Bitte.

er|tap|pen [ɛɐ̯ˈtapn̩] ⟨tr.; hat⟩:
bei heimlichem oder verbotenem Tun überraschen: die Lehrerin hat den Schüler beim Abschreiben ertappt; der Dieb wurde auf frischer Tat, in flagranti ertappt. **Syn.:** erwischen (ugs.), schnappen (ugs.).

er|tei|len [ɛɐ̯ˈtai̯lən]:
aufgrund einer Funktion oder einer Berechtigung geben, zuteilwerden lassen, zukommen lassen: jmdm. einen Rat, einen Befehl, eine Vollmacht, eine Auskunft

erteilen; sie erteilte ihm eine Abfuhr, eine Lektion.

er|tö|nen [ɛɐ̯ˈtøːnən], ertönte, ertönt ⟨itr.; ist⟩:
laut, hörbar werden: vor dem Essen ertönte ein Gong; der Dampfer ließ seine Sirene ertönen. **Syn.:** tönen.

Er|trag [ɛɐ̯ˈtraːk], der; -[e]s, Erträge [ɛɐ̯ˈtrɛːɡə]:
a) *bestimmte Menge [in der Landwirtschaft] erzeugter Produkte:* der Acker erbringt gute Erträge; der Ertrag eines Ackers; durch Düngung höhere Erträge erzielen. **Syn.:** Ausbeute, Ernte. **Zus.:** Bodenertrag, Ernteertrag, Getreideertrag. **b)** *finanzieller Nutzen; Gewinn, den etwas einträgt:* seine Wertpapiere brachten einen guten Ertrag; sie verfügt über Erträge aus Beteiligungen und Vermietungen. **Syn.:** Einkünfte ⟨Plural⟩, Einnahmen ⟨Plural⟩, Erlös, Profit, Rendite, Überschuss. **Zus.:** Gesamtertrag, Nettoertrag, Reinertrag.

er|tra|gen [ɛɐ̯ˈtraːɡn̩], erträgt, ertrug, ertragen ⟨tr.; hat⟩:
(etwas Unangenehmes, Quälendes, Lästiges) hinnehmen und aushalten: sie musste furchtbare Schmerzen ertragen; ich weiß nicht, wie ich diese Ungewissheit ertragen soll; sein Geschwätz ist schwer/nicht zu ertragen. **Syn.:** auf sich nehmen, ausstehen, dulden, durchmachen, durchstehen, einstecken (ugs.), erdulden, erleiden, leiden, mitmachen (ugs.), schlucken (ugs.), sich [1]ergeben in, sich fügen in, sich schicken in, tragen, über sich ergehen lassen, überdauern, überleben, überstehen, überwinden, verkraften, verschmerzen, vertragen.

er|träg|lich [ɛɐ̯ˈtrɛːklɪç] ⟨Adj.⟩:
a) *sich ertragen lassend:* die Schmerzen sind gerade noch erträglich; die augenblickliche Hitze ist kaum noch erträglich. **b)** (ugs.) *nicht besonders schlecht; leidlich:* er hat ein erträgliches Auskommen. **Syn.:** akzeptabel, passabel.

er|trag|reich [ɛɐ̯ˈtraːkrai̯ç] ⟨Adj.⟩:
reichen Ertrag oder Gewinn bringend: eine ertragreiche Ernte; das Geschäft war sehr ertragreich. **Syn.:** einträglich, lukrativ.

er|träu|men [ɛɐ̯ˈtrɔy̯mən] ⟨+ sich⟩:
sich in seinen Träumen, seiner Vorstellung ausdenken, wünschen: alles war noch schöner, als ich es mir erträumt hatte. **Syn.:** ausmalen, erhoffen.

er|trin|ken [ɛɐ̯ˈtrɪŋkn̩], ertrank, ertrunken ⟨itr.; ist⟩:
durch Versinken im Wasser ums Leben kommen: der Junge ist beim Baden ertrunken; jmdn. vor dem Tod des Ertrinkens retten. **Syn.:** sein Grab in den Wellen finden (geh.), untergehen.

er|tüch|ti|gen [ɛɐ̯ˈtʏçtɪɡn̩] ⟨tr.; hat⟩:
durch Übungen [körperlich] kräftigen, leistungsfähig machen: sich durch täglichen Frühsport ertüchtigen. **Syn.:** fit machen, stählen, trainieren.

er|üb|ri|gen [ɛɐ̯ˈlyːbrɪɡn̩]:
1. ⟨tr.; hat⟩ *durch Sparsamkeit gewinnen, einsparen, übrig behalten:* ich habe diesmal einen größeren Betrag erübrigt; für etwas [keine] Zeit erübrigen können *([keine] Zeit haben).* **Syn.:** sich vom Munde absparen, überhaben (ugs.), übrig haben.
2. ⟨+ sich⟩ *überflüssig sein:* weitere Nachforschungen erübrigen sich.

eru|ie|ren [eruˈiːrən] ⟨tr.; hat⟩ (bildungsspr.):
etwas durch gründliche Untersuchungen, Nachforschungen herausfinden, feststellen: die Wahrheit, der Name des Täters konnte noch nicht eruiert werden; versuch doch mal zu eruieren, wer dahintersteckt. **Syn.:** ermitteln, herausbekommen, in Erfahrung bringen.

er|wa|chen [ɛɐ̯ˈvaxn̩], erwachte, erwacht ⟨itr.; ist⟩:
a) *(aus dem Schlaf, aus einem Zustand des Träumens, aus einer Bewusstlosigkeit) aufwachen, wach werden:* als er erwachte, war es schon Tag; sie erwachte erst nach mehreren Tagen aus der Bewusstlosigkeit. **b)** *(von einer bestimmten Regung) in jmds. Bewusstsein treten und jmdn. innerlich bewegen:* sein Interesse für Philosophie war schon in jungen Jahren erwacht. **Syn.:** aufkommen, auftauchen, auftreten, sich ausbilden, entstehen, sich entwickeln, erscheinen, [1]erwachsen, geweckt werden, hervorgerufen werden, sich zeigen, zum Vorschein kommen.

[1]**er|wach|sen** [ɛɐ̯ˈvaksn̩], erwächst, erwuchs, erwachsen ⟨itr.; ist⟩:
(aus etwas) allmählich hervorgehen, sich bilden, entstehen, sich entwickeln; sich ergeben: daraus kann ihr nur Schaden erwachsen; aus dieser Erkenntnis erwuchs die Forderung nach härteren Maßnahmen.

[2]**er|wach|sen** [ɛɐ̯ˈvaksn̩] ⟨Adj.⟩:
dem jugendlichen Alter entwachsen, volljährig: sie haben drei erwachsene Töchter; er wirkt schon sehr erwachsen *(wie ein Erwachsener).* **Syn.:** [1]groß.

Er|wach|se|ne [ɛɐ̯ˈvaksənə], die/eine Erwachsene; der/einer Erwachsenen, die Erwachsenen/zwei Erwachsene:
erwachsene weibliche Person: ich bezahle für eine Erwachsene und zwei Kinder. **Syn.:** Große (ugs.).

Er|wach|se|nen|bil|dung [ɛɐ̯ˈvaksənənbɪldʊŋ], die; - ⟨ohne Plural⟩:
Einrichtungen und Maßnahmen zur Weiterbildung von Erwachsenen: er arbeitet als Dozent in der Erwachsenenbildung; am Institut für Erwachsenenbildung wird ein PC-Kurs für Ältere angeboten.

Er|wach|se|ner [ɛɐ̯ˈvaksənɐ], der Erwachsene/ein Erwachsener; des/eines Erwachsenen, die Erwachsenen/zwei Erwachsene:
erwachsene Person: der Film ist nur für Erwachsene; die Erwachsenen haben oft wenig Verständnis für die Ängste der Kinder. **Syn.:** Großer.

er|wä|gen [ɛɐ̯ˈvɛːɡn̩], erwog, erwogen ⟨tr.; hat⟩:
ins Auge fassen; prüfend, abwägend überlegen; durchdenken: eine Möglichkeit, einen Plan ernstlich erwägen; das Für und Wider einer Sache erwägen; sie erwog, den Vertrag zu kündigen. **Syn.:** bedenken, in Betracht ziehen, in Erwägung ziehen, prüfen, sich durch den Kopf gehen lassen, überdenken, überschlafen.

erwägen / abwägen:
s. Kasten Seite 67.

er|wäh|nen [ɛɐ̯ˈvɛːnən] ⟨tr.; hat⟩:
1. *beiläufig nennen, kurz von etwas sprechen:* er hat die letzten Ereignisse mit keinem Satz erwähnt; sie hat dich [in ihrem

Brief] lobend erwähnt. **Syn.:** anbringen, andeuten, anführen, angeben, anreißen, anschneiden, ansprechen, antippen (ugs.), aufwerfen, berühren, zitieren.
2. *(urkundlich) nennen, anführen:* die Stadt wurde um 1000 erstmals erwähnt.

er|wär|men [ɛɐ̯ˈvɛrmən]:
1. ⟨tr.; hat⟩ *(langsam, allmählich) warm werden lassen, auf eine bestimmte Wärme bringen:* die Sonne erwärmt die Erde; Wasser auf 50° erwärmen. **Syn.:** aufwärmen, erhitzen, wärmen.
2. ⟨+ sich⟩ *warm werden:* die Luft, das Wasser hat sich im Laufe des Tages erwärmt.
3. ⟨+ sich⟩ *an jmdm., etwas Gefallen finden, jmdn., etwas sympathisch finden:* ich konnte mich für seine Ideen nicht erwärmen. **Syn.:** sich begeistern.

er|war|ten [ɛɐ̯ˈvartn̩], erwartete, erwartet ⟨tr.; hat⟩:
1. *(zu einer bestimmten, verabredeten Zeit) auf jmdn., etwas [mit einer gewissen Spannung] warten, jmds. Kommen, dem Eintreffen von etwas entgegensehen:* ich erwarte Sie um 9 Uhr am Flugplatz; Besuch, ein Paket erwarten.
2. a) *für wahrscheinlich halten, mit etwas rechnen:* etwas Ähnliches hatte ich erwartet; dass es so kam, hatte niemand erwartet. **Syn.:** ahnen, annehmen, sich ausrechnen, denken, erhoffen, tippen, vermuten. **b)** *erhoffen, sich versprechen:* ich erwarte [mir] viel von ihr, von diesem Konzept.

erwarten / warten:
s. Kasten Seite 1075.

er|weh|ren [ɛɐ̯ˈveːrən] ⟨+ sich; mit Gen.⟩ (geh.):
1. *jmdn., etwas mit Mühe abwehren, fernhalten:* sie konnten sich der Angriffe aus den eigenen Reihen kaum erwehren.
2. *eine Regung, ein Gefühl unterdrücken:* ⟨oft verneint⟩ sie konnte sich eines Lächelns nicht erwehren; ich kann mich des Eindrucks nicht erwehren *(ich habe den Eindruck),* dass hier falschgespielt wird. **Syn.:** sich wehren gegen, verbergen.

er|wei|sen [ɛɐ̯ˈvai̯zn̩], erwies, erwiesen:
1. a) ⟨+ sich⟩ *sich in bestimmter Weise zeigen, sich (als jmd., etwas) herausstellen:* er erwies sich als Betrüger; ihre Behauptung erwies sich als wahr. **Syn.:** sich entpuppen. **b)** ⟨tr.; hat⟩ *nachweisen, beweisen:* damit konnte endgültig die Wirksamkeit dieses Mittels erwiesen werden; es ist noch nicht erwiesen, ob sie wirklich recht hat. **Syn.:** bestätigen, sich bewahrheiten.
2. *zuteilwerden lassen, bezeigen:* jmdm. Achtung, einen Gefallen erweisen; du hast mir damit einen schlechten Dienst erwiesen; für die erwiesene Teilnahme danken. **Syn.:** angedeihen lassen (geh. oder ironisch), entgegenbringen.

er|wei|tern [ɛɐ̯ˈvai̯tɐn] ⟨tr.; hat⟩:
1. *in seiner Ausdehnung, in seinem Umfang vergrößern:* das Warenangebot, die Produktion erweitern; das Areal wurde um einige Hektar erweitert. **Syn.:** aufstocken, ausbauen, ausdehnen, ausweiten, bereichern, erhöhen, verbreitern.
2. ⟨+ sich⟩ *weiter, größer werden:* die Pupillen, die Gefäße erweitern sich. **Syn.:** ausdehnen, ausweiten, verbreitern, vergrößern.

Er|werb [ɛɐ̯ˈvɛrp], der; -[e]s:
a) *bezahlte Tätigkeit, berufliche Arbeit:* du musst dir einen neuen Erwerb suchen; einem Erwerb nachgehen. **Syn.:** Beschäftigung. **b)** *[mit Mühe verbundene] Aneignung von etwas, das nicht [allein] mit Geld bezahlt werden kann:* der Erwerb von Wissen, der Hochschulreife, der deutschen Staatsbürgerschaft. **c)** *das Kaufen; Kauf:* der Erwerb eines Grundstücks. **Syn.:** Anschaffung.

er|wer|ben [ɛɐ̯ˈvɛrbn̩], erwirbt, erwarb, erworben ⟨tr.; hat⟩:
a) *durch Arbeit erlangen, in seinen Besitz bringen:* er hat als Unternehmer ein beträchtliches Vermögen erworben. **Syn.:** bekommen, einnehmen, erhalten, kriegen (ugs.), scheffeln (ugs., oft abwertend), verdienen. **b)** *sich [durch Lernen] etwas aneignen, erwerben:* Kenntnisse, Fertigkeiten, Qualifikationen erwerben; sie erwarb die Hochschulreife auf dem 2. Bildungsweg. **Syn.:** erarbeiten. **c)** *durch Kauf, Verhandlungen erlangen:* ein Grundstück käuflich erwerben; die Rechte für die Verfilmung eines Buches erwerben; das Museum hat drei wertvolle Gemälde erworben. **Syn.:** anschaffen, ergattern (ugs.), erstehen, kaufen, sich leisten, sich versorgen mit, sich zulegen.

er|werbs|los [ɛɐ̯ˈvɛrpsloːs] ⟨Adj.⟩: *ohne Erwerb* (a); *arbeitslos:* Jugendliche ohne Schulabschluss sind häufig erwerbslos.

er|wi|dern [ɛɐ̯ˈviːdɐn]:
1. ⟨itr.; hat⟩ *antworten, entgegnen:* er wusste nichts zu erwidern; sie erwiderte, dass sie das nicht glauben könne. **Syn.:** kontern, versetzen, zur Antwort geben.
2. ⟨tr.; hat⟩ *auf etwas in gleicher oder entsprechender Weise reagieren:* jmds. Gefühle erwidern; er hat ihren Besuch erwidert; sie erwiderte seinen Gruß mit einem Kopfnicken.

er|wir|ken [ɛɐ̯ˈvɪrkn̩] ⟨tr.; hat⟩: (bes. Rechtsspr.) *durch Bemühungen erreichen, durchsetzen:* jmds. Entlassung, Freispruch erwirken; das Unternehmen will eine einstweilige Verfügung erwirken. **Syn.:** durchboxen (ugs.), durchbringen (ugs.), durchdrücken (ugs.), durchpeitschen (ugs. emotional), erzielen, erzwingen, herausholen (ugs.), herausschlagen (ugs.).

er|wi|schen [ɛɐ̯ˈvɪʃn̩] ⟨tr.; hat⟩ (ugs.):
1. a) *gerade noch ergreifen können, zu fassen bekommen:* ich konnte sie gerade noch am Rockzipfel erwischen. **b)** *bei einem Vergehen o. Ä. ertappen, überraschen:* sie wurde beim Stehlen erwischt; man hat den Falschen erwischt. **Syn.:** beim Wickel kriegen, fangen, fassen, hochgehen lassen (ugs.), kriegen (ugs.), schnappen. **c)** *gerade noch bekommen, erreichen:* für das Konzert hatte er keine Karte mehr erwischt; ich habe den Zug noch erwischt. **Syn.:** kriegen.
2. a) *jmd. ist krank geworden, hat sich verletzt:* vorige Woche hatte ich die Grippe, jetzt hat es ihn erwischt. **b)** *jmd. ist verunglückt, gestorben:* bei dem Flugzeugabsturz hat es viele erwischt. **c)** (scherzh.) *jmd. hat sich heftig*

verliebt: dich, euch, die beiden scheint es ja ganz schwer erwischt zu haben.

er|wünscht [ɛɐ̯ˈvʏnʃt] ⟨Adj.⟩:
a) *jmds. Wünschen, Vorstellungen entsprechend:* die ärztliche Behandlung hatte die erwünschte Wirkung. **b)** *(an einem bestimmten Ort) gern gesehen:* du bist hier nicht erwünscht; Fremdsprachenkenntnisse sind erwünscht. **Syn.:** willkommen.

er|wür|gen [ɛɐ̯ˈvʏrgn̩] ⟨tr.; hat⟩:
durch Zudrücken der Kehle töten: er war mit einer Krawatte erwürgt worden. **Syn.:** abmurksen (ugs.), ermorden, kaltmachen (salopp), killen (salopp), meucheln (veraltend), morden, um die Ecke bringen (ugs.), umbringen, umlegen (ugs.), ums Leben bringen, unter die Erde bringen (ugs.).

Erz [eːɐ̯ts], das; -es, -e:
Mineral, das ein Metall enthält: wertvolle Erze; Erz gewinnen, abbauen, schmelzen.

erz-, Erz- [ɛrts] ⟨adjektivisches und substantivisches Präfix; auch das Basiswort wird betont⟩ (emotional verstärkend, meist in negativer Bedeutung):
a) ⟨adjektivisch⟩ *durch und durch, sehr, überaus, extrem:* erzböse; erzdumm; erzkatholisch; erzkonservativ; erzprotestantisch; erzreaktionär; erzsolide.
b) ⟨substantivisch⟩ drückt aus, dass jemand etwas ganz und gar verkörpert, etwas von Grund auf ist: Erzbösewicht; Erzfaschist; Erzfeind; Erzkapitalist; Erzlügner; Erzrivale.

er|zäh|len [ɛɐ̯ˈtsɛːlən] ⟨tr.; hat⟩:
a) *schriftlich oder mündlich auf anschauliche Weise darstellen, schildern:* eine Geschichte erzählen; sie weiß immer viel zu erzählen. **Syn.:** darlegen, vorbringen, vortragen. **b)** *(etwas von sich oder anderen) mitteilen, es einem anderen sagen; berichten:* sie erzählt nie etwas von sich selbst; er hat mir erzählt, dass er in Scheidung lebt. **Syn.:** anvertrauen, äußern.

Er|zäh|ler [ɛɐ̯ˈtsɛːlɐ], der; -s, -, **Er|zäh|le|rin** [ɛɐ̯ˈtsɛːlərɪn], die; -, -nen:
1. *Person, die etwas erzählt* (a): sie ist eine wunderbare Erzählerin, der ich stundenlang zuhören könnte. **Zus.:** Anekdotenerzähler, Anekdotenerzählerin, Geschichtenerzähler, Geschichtenerzählerin, Märchenerzähler, Märchenerzählerin.
2. *Verfasser bzw. Verfasserin erzählender Dichtung:* eine zeitgenössische Erzählerin; er gehört zu den großen Erzählern des 19. Jahrhunderts. **Syn.:** Autor, Autorin, Schriftsteller, Schriftstellerin.

Er|zäh|lung [ɛɐ̯ˈtsɛːlʊŋ], die; -, -en:
1. ⟨ohne Plural⟩ *das Erzählen:* sie hörte aufmerksam seiner Erzählung zu.
2. *kürzeres Werk der erzählenden Dichtung:* eine spannende, kurze, historische Erzählung; er schrieb mehrere Erzählungen. **Syn.:** Geschichte.

er|zeu|gen [ɛɐ̯ˈtsɔygn̩] ⟨tr.; hat⟩:
1. *entstehen lassen, bewirken:* Reibung erzeugt Wärme; sie versteht es, Spannung zu erzeugen. **Syn.:** auslösen, entfesseln, herbeiführen, machen, stiften, verursachen.
2. *produzieren, herstellen:* Strom, landwirtschaftliche Waren erzeugen; der Boden erzeugt alles, was wir brauchen. **Syn.:** anfertigen.

Er|zeug|nis [ɛɐ̯ˈtsɔyknɪs], das; -ses, -se:
etwas, was als Ware o. Ä. hergestellt, erzeugt worden ist: landwirtschaftliche, industrielle Erzeugnisse; diese Vase ist ein deutsches Erzeugnis; seine Erzeugnisse ausstellen, vertreiben, ins Ausland liefern. **Syn.:** Artikel, Fabrikat, Produkt, Ware. **Zus.:** Druck-Erzeugnis, Exporterzeugnis, Fabrikerzeugnis, Industrieerzeugnis, Kunsterzeugnis, Naturerzeugnis, Spitzenerzeugnis.

er|zie|hen [ɛɐ̯ˈtsiːən], erzog, erzogen ⟨tr.; hat⟩:
jmds. (besonders eines Kindes) Charakter bilden, seine Fähigkeiten entwickeln und seine Entwicklung fördern: ein Kind erziehen; er wurde in einem Internat erzogen; jmdn. zur Sparsamkeit erziehen; ein gut erzogenes Kind.

Er|zie|her [ɛɐ̯ˈtsiːɐ], der; -s, -, **Er|zie|he|rin** [ɛɐ̯ˈtsiːərɪn], die; -, -nen:
1. *Person, die Kinder und Jugendliche erzieht:* er ist der geborene Erzieher; nicht alle Eltern nehmen ihre Aufgabe als Erzieher ernst.
2. *Person, die dazu ausgebildet wurde, (bes. in öffentlichen Einrichtungen wie Kindergärten, Heimen etc.) Kinder und Jugendliche zu erziehen:* sie arbeitet als Erzieherin in einem Kindergarten. **Syn.:** Pädagoge, Pädagogin.

Er|zie|hung [ɛɐ̯ˈtsiːʊŋ], die; -:
1. *das Erziehen:* eine freie, autoritäre Erziehung; er hat eine gute Erziehung genossen *(er ist gut erzogen worden).* **Zus.:** Kindererziehung, Kunsterziehung.
2. *in der Kindheit anerzogenes Benehmen, anerzogene gute Manieren:* ihm fehlt jegliche Erziehung. **Syn.:** Anstand, Betragen, Kinderstube, Kultur, Schliff, Sitten ⟨Plural⟩.

Er|zie|hungs|be|rech|tig|te [ɛɐ̯ˈtsiːʊŋsbərɛçtɪçtə], die/eine Erziehungsberechtigte; der/einer Erziehungsberechtigten, die Erziehungsberechtigten/zwei Erziehungsberechtigte:
weibliche Person, die die Rechte und Pflichten der elterlichen Sorge ausübt: als Erziehungsberechtigte hat sie die Aufsichtspflicht über ihre Kinder.

Erziehungsberechtigter [ɛɐ̯ˈtsiːʊŋsbərɛçtɪçtɐ], der Erziehungsberechtigte/ein Erziehungsberechtigter; des/eines Erziehungsberechtigten, die Erziehungsberechtigten/zwei Erziehungsberechtigte:
Person, die die Rechte und Pflichten der elterlichen Sorge ausübt: bei einer Waise ist der Vormund der Erziehungsberechtigte.

er|zie|len [ɛɐ̯ˈtsiːlən] ⟨tr.; hat⟩:
(ein bestimmtes Ziel, etwas Angestrebtes) erreichen: keine Einigung, einen Fortschritt, einen Gewinn erzielen; das Produkt konnte einen guten Preis erzielen; der Stürmer erzielte in der letzten Minute einen Treffer, ein Tor.

er|zür|nen [ɛɐ̯ˈtsʏrnən] ⟨tr.; hat⟩ (geh.):
zornig machen: ihr freches Benehmen hat ihn sehr erzürnt; sie war sehr erzürnt, als sie das hörte. **Syn.:** ärgern, aufregen, empören, erregen.

er|zwin|gen [ɛɐ̯ˈtsvɪŋən], erzwang, erzwungen ⟨tr.; hat⟩:
durch Zwang, trotzige Beharrlichkeit erreichen, erhalten, her-

beiführen: eine Entscheidung, Genehmigung erzwingen; Liebe lässt sich nicht erzwingen; das Geständnis war erzwungen worden. **Syn.:** durchsetzen, erwirken.

es [ɛs] ⟨Personalpronomen; 3. Person Singular Neutrum, Nom. und Akk.⟩:
1. vertritt ein sächliches Substantiv im Singular oder bezieht sich auf den Gesamtinhalt eines Satzes: das Kind weint, weil es krank ist; das kleine Mädchen weint, tröste es doch mal; du musst es unbedingt lesen; ich habe es gewusst; ich habe es getan, weil er mich darum gebeten hat; es ist schön, dass du gekommen bist.
2. steht als Subjekt unpersönlicher oder unpersönlich gebrauchter Verben oder bei passivischer oder reflexiver Konstruktion: es regnet; es klopft; es wurde viel gelacht; hier wohnt es sich schön.
3. steht als formales Objekt bei bestimmten verbalen Verbindungen: er hat es gut; du bekommst es mit mir zu tun.

Esche [ˈɛʃə], die; -, -n:
1. *Laubbaum mit gefiederten Blättern, unscheinbaren, in Rispen oder Trauben wachsenden Blüten und glatter, grauer Rinde:* eine Esche pflanzen.
2. ⟨ohne Plural⟩ *Holz der Esche:* ein Wohnzimmer in Esche.

Esel [ˈeːzl̩], der; -s, -:
dem Pferd verwandtes, aber kleineres Tier mit grauem bis braunem Fell, kurzer Mähne und langen Ohren: ein störrischer Esel. **Zus.:** Maulesel.

-esk [ɛsk] ⟨adjektivisches Suffix; Basis ist ein [fremdsprachliches] Substantiv oder ein Name⟩ (bildungsspr.):
drückt aus, dass die beschriebene Person oder Sache vergleichbar mit jmdm., etwas oder dem ähnlich ist; *in der Art von jmdm., etwas:* balladesk; chaplinesk; clownesk; dantesk; kafkaesk; karnevalesk. **Syn.:** -ähnlich, -artig, -haft, -isch, -oid.

Es|ka|la|ti|on [ɛskalaˈt͜si̯oːn], die; -, -en:
[der jeweiligen Notwendigkeit angepasste] allmähliche Steigerung, Verschärfung, insbesondere beim Einsatz militärischer oder politischer Mittel: eine Eskalation der Gewalt, des Konflikts; eine weitere Eskalation vermeiden, verhindern wollen.

es|ka|lie|ren [ɛskaˈliːrən]:
1. ⟨tr.; hat⟩: *durch Eskalation steigern, verschärfen:* die Gegner haben den Konflikt eskaliert; den Widerstand [bis] zum Terror eskalieren. **Syn.:** anheizen (ugs.), erhöhen.
2. ⟨itr.; ist⟩ *sich [allmählich] steigern, verschärfen, ausweiten:* der Disput eskalierte zum handfesten Streit.

Es|pe [ˈɛspə], die; -, -n:
1. *Pappel mit runden Blättern, die im Wind sehr leicht in Bewegung geraten; Zitterpappel:* die Blätter der Espe raschelten im Wind.
2. ⟨ohne Plural⟩ *Holz der Espe:* eine Holzbank aus Espe.

Es|pres|so [ɛsˈprɛso], der; -[s], -s und Espressi [ɛsˈprɛsi]:
starker Kaffee aus dunkel gerösteten Bohnen, der in einer speziellen Maschine zubereitet wird: einen Espresso trinken; ich mache [uns] noch einen Espresso.

Es|prit [ɛsˈpriː], der; -s (bildungsspr.):
geistvoll-brilliante, vor Geist und Witz sprühende Art [zu reden]: Esprit haben, zeigen; die Dialoge des Films sind mit viel Esprit zusammengestellt. **Syn.:** Scharfsinn.

ess|bar [ˈɛsbaːɐ̯] ⟨Adj.⟩:
als Nahrung für Menschen, zum Essen geeignet: essbare Pilze.

es|sen [ˈɛsn̩], isst, aß, gegessen:
a) ⟨itr.⟩ *[feste] Nahrung zu sich nehmen:* hastig essen und trinken; im Restaurant, bei Kerzenlicht essen; ich habe noch nicht zu Mittag gegessen; heute Abend werde ich warm *(warme Speisen)* essen; sich satt essen *(essen, bis man satt ist);* an einer Gans drei Tage essen. **Syn.:** das Essen einnehmen, dinieren, fressen (derb), futtern (ugs.), mampfen (ugs.), schlemmen, schmausen, schwelgen (geh.), sich den Bauch vollschlagen (ugs.), sich den Wanst vollschlagen (salopp abwertend), soupieren (geh.), speisen (geh.), sich stärken, tafeln (geh.), sich vollfressen (salopp). **b)** ⟨tr.; hat⟩ *als Nahrung zu sich nehmen, verzehren:* einen Apfel essen; sie isst kein Fleisch; was gibt es heute zu essen? **Syn.:** fressen (derb), futtern (ugs.), genießen (geh.), mampfen (ugs.), nehmen (geh.), sich den Bauch vollschlagen mit (ugs.), sich den Wanst vollschlagen mit (salopp abwertend), speisen (geh.).

Es|sen [ˈɛsn̩], das; -s, -:
1. *Speise, die für eine Mahlzeit zubereitet ist:* das Essen kochen; das Essen schmeckte uns nicht; warmes, kaltes Essen; sie nahm das Essen auf dem Zimmer ein; ich werde dir das Essen warm stellen. **Syn.:** Fraß (derb), [2]Gericht, Imbiss, Mahl (geh.), Mahlzeit, Menü, Nahrung. **Zus.:** Abendessen, Festessen, Lieblingsessen, Mittagessen.
2. a) *Einnahme von Speisen:* sie saßen beim Essen; ich lud ihn zum Essen ein; die Mutter ruft die Kinder zum Essen; mit dem Essen pünktlich beginnen. **Syn.:** Gelage, Mahlzeit, Schmaus (veraltend, noch scherzh.). **b)** *größere Mahlzeit mit offiziellem oder festlichem Charakter:* ein Essen geben; an einem Essen teilnehmen; nach dem Empfang findet ein Essen statt. **Syn.:** Diner. **Zus.:** Abschiedsessen, Arbeitsessen, Festessen, Galaessen.

Es|senz [ɛˈsɛnt͜s], die; -, -en:
1. *konzentrierte [alkoholische] Lösung meist pflanzlicher Stoffe, besonders ätherischer Öle:* in der Flasche befand sich eine stark duftende Essenz. **Syn.:** Extrakt. **Zus.:** Essigessenz.
2. ⟨ohne Plural⟩ (bildungsspr.) *das Wesentlich[st]e, wichtigster Punkt von etwas; Kern:* die Essenz des Romans ist bedrückend. **Syn.:** Angelpunkt, Bedeutung, das A und O, der springende Punkt, [1]Gehalt, Hauptsache, Substanz, Zentrum. **Zus.:** Quintessenz.

Es|sig [ˈɛsɪç], der; -s:
saure Flüssigkeit zum Würzen und Konservieren: milder, starker, scharfer Essig; Gurken, Zwiebeln in Essig einlegen. **Zus.:** Gewürzessig, Kräuteressig, Obstessig, Salatessig, Weinessig.

Ess|löf|fel [ˈɛslœfl̩], der; -s, -:
größerer Löffel, besonders zum Essen von Suppe, Eintopf o. Ä.: zwei Esslöffel Zucker; einen

Esslöffel [voll] Essig in die Suppe geben; mit 3 Esslöffel[n] Milch. **Syn.:** Löffel.

Ess|tisch [ˈɛstɪʃ], der; -s, -e: *Tisch, an dem gegessen wird:* an dem Esstisch können maximal 6 Personen sitzen.

eta|bliert [etaˈbliːɐ̯t] ‹Adj.›: *einen sicheren Platz innerhalb einer bürgerlichen Ordnung, Gesellschaft innehabend, sich irgendwo festgesetzt, breitgemacht habend:* etablierte Gruppen, Parteien. **Syn.:** bürgerlich.

Eta|ge [eˈtaːʒə], die; -, -n: *Geschoss, [2]Stock:* 5 000 m^2 Verkaufsfläche auf vier Etagen; wir wohnen in der ersten Etage. **Syn.:** Stockwerk.

Etap|pe [eˈtapə], die; -, -n:
1. *zu bewältigender (räumlicher oder zeitlicher) Abschnitt:* eine Strecke in Etappen zurücklegen; eine neue Etappe in der technischen Entwicklung. **Syn.:** Teilstück. **Zus.:** Hauptetappe, Schlussetappe.
2. (Militär) *(im Krieg) Versorgungsgebiet hinter der Front:* in der Etappe liegen; in die Etappe kommen.

Etat [eˈtaː], der; -s, -s:
a) *Geld, das jmdm. [in einem begrenzten Zeitraum] zur Verfügung steht:* das übersteigt, überschreitet meinen Etat. **b)** *Haushaltsplan eines Staates:* der Etat ist ausgeglichen *(es müssen keine Schulden aufgenommen werden);* den Etat für das nächste Jahr aufstellen; das Parlament berät heute über den Etat. **Syn.:** Budget, Finanzen ‹Plural›, Haushalt. **Zus.:** Haushaltsetat, Jahresetat, Kulturetat, Werbeetat.

etc. [ɛt ˈtseːtera]: et cetera; *und so weiter:* Ballspiele wie Fußball, Basketball etc.

et ce|te|ra [ɛt ˈtseːtera]: *und so weiter* (Abkürzung: etc.).

Ether [ˈeːtɐ]: ↑Äther.

ethe|risch [eˈteːrɪʃ]: ↑ätherisch.

Ethik [ˈeːtɪk], die; -, -en: *alle sittlichen Normen und Werte einer Gesellschaft:* die Ethik des 19. Jahrhunderts; die Ethik der Mediziner.

ethisch [ˈeːtɪʃ] ‹Adj.›: *von sittlichen Gesichtspunkten bestimmt, darauf beruhend:* ethische Werte, Motive; ein ethisch denkender Mensch. **Syn.:** sittlich.

eth|nisch [ˈɛtnɪʃ] ‹Adj.›: *die Kultur- u. Lebensgemeinschaft einer Volksgruppe betreffend, auf sie bezogen:* ethnische Konflikte zwischen Türken und Kurden haben eine lange Tradition.

Eti|kett [etiˈkɛt], das; -[e]s, -e[n] und -s: *[mit einer Aufschrift versehenes] Schildchen zum Aufkleben, Anhängen:* ein Etikett ankleben, einnähen; der Preis steht auf dem Etikett; Flaschen mit Etiketten versehen. **Syn.:** Aufkleber, [1]Schild. **Zus.:** Flaschenetikett, Preisetikett, Warenetikett.

Eti|ket|te [etiˈkɛtə], die; -, -n: *Gesamtheit der herkömmlichen Regeln, die gesellschaftliche Umgangsformen vorschreiben:* die Etikette wahren, einhalten, verletzen; gegen die Etikette verstoßen.

et|lich... [ˈɛtlɪç...] ‹Indefinitpronomen und unbestimmtes Zahlwort›: *einig...* (2, 3).

Etui [ɛtˈviː], das; -s, -s: *kleiner, flacher Behälter, meist aus festerem Material, zum Mitführen, Aufbewahren von etwas:* ein Etui für die Brille; Zigarren in ein Etui stecken. **Syn.:** Futteral, Hülle. **Zus.:** Brillenetui, Lederetui, Zigarettenetui.

[1]et|wa [ˈɛtva] ‹Adverb›:
1. *[1]ungefähr:* in etwa einer halben Stunde; er dürfte etwa dreißig Jahre alt sein.
2. *zum Beispiel:* wenn man Europa etwa mit Australien vergleicht; einige wichtige Städte wie etwa München, Köln, Hamburg, Leipzig und Dresden.

[2]et|wa [ˈɛtva] ‹Partikel›:
1. a) dient in Entscheidungsfragen (auch solchen in der Form von negierten Aussagesätzen) dazu, auszudrücken, dass man sich eine verneinende Antwort erhofft [und über eine bejahende bestürzt wäre]: ist er etwa krank?; hast du sie etwa belogen?; hat sie es etwa nicht gewusst?; du hast es doch nicht etwa vergessen? **b)** dient in Entscheidungsfragen dazu, der Äußerung einen vorwurfsvollen Unterton zu verleihen und auszudrücken, dass man unbedingt eine negative Antwort erwartet: ist das etwa in Ordnung?; ist es etwa nicht seine Schuld?
2. dient in Konditionalsätzen dazu, auszudrücken, dass man ein Eintreffen des genannten Falles kaum erwartet: wenn er etwa doch noch kommt, dann sag es ihm bitte. **Syn.:** eventuell, gar, vielleicht, womöglich.
3. dient in negierten Aussagesätzen dazu, auszudrücken, dass es sich keineswegs so verhält, wie es zunächst den Anschein haben könnte: er hat es aber nicht etwa mit Absicht getan; keine Sorge, ich habe es nicht etwa vergessen.

et|was [ˈɛtvas] ‹Indefinitpronomen›:
1. bezeichnet eine kleine, nicht näher bestimmte Menge, einen Anteil o. Ä., das geringe Maß von etwas: sie nahm etwas Salz; kann ich etwas davon haben?; jetzt ist er etwas ruhiger; etwas höher; etwas darüber. **Syn.:** ein bisschen, ein [klein] wenig, eine Kleinigkeit, eine Spur, eine Winzigkeit.
2. bezeichnet eine nicht näher bestimmte Sache, ein Ding, Wesen o. Ä.: sie wird ihm schon etwas schenken; er kauft etwas, was ihr Freude macht; etwas Schönes; es muss etwas geschehen; aus ihr wird einmal etwas.

EU [eːˈluː], die; -: Europäische Union: der EU beitreten; dieses Land gehört nicht zur EU.

euch [ɔyç] ‹Personalpronomen; Dativ und Akk. von »ihr«›:
a) das glaube ich euch nicht; ich habe euch gesehen. **b)** ‹reflexivisch› macht euch keine Sorgen!; ihr irrt euch. **c)** ‹reziprok› ihr müsst euch [gegenseitig] vertrauen; ihr belügt euch [gegenseitig].

[1]eu|er [ˈɔyɐ] ‹Possessivpronomen›: bezeichnet ein Besitz- oder Zugehörigkeitsverhältnis von mit »ihr« angeredeten Personen: euer Haus ist zu klein; das ist nicht unser Verdienst, sondern eu[e]res.

[2]eu|er [ˈɔyɐ] ‹Personalpronomen; Gen. von »ihr«›: wir werden euer gedenken.

Eu|le [ˈɔylə], die; -, -n: *in Wäldern lebender, nachts aktiver, größerer Vogel mit großen,* *runden Augen und kurzem, krummem Schnabel:* von ferne hörte man den Ruf einer Eule. **Zus.:** Schleiereule.

-eur [øːɐ̯], der; -s, -e ⟨Suffix⟩: *männliche Person, die das im [fremdsprachlichen] Basiswort Genannte tut, damit in irgendeiner Weise umgeht:* Arrangeur; Boykotteur; Friseur; Hypnotiseur; Konspirateur; Kontrolleur; Masseur; Souffleur. **Syn.:** -(at)or, -ant, -ent, -er, -ier.

Eu|ro [ˈɔyro], der; -[s], -s ⟨aber: 10 Euro⟩: *Währungseinheit der Europäischen Währungsunion* (1 Euro = 100 Cent; Zeichen: €) das Buch kostet circa 7 Euro; kann man bei Ihnen britische Pfund in Euro wechseln?

Eu|ro|pa [ɔyˈroːpa], -s: als Erdteil angesehener westlicher Teil Eurasiens: Spanien, Frankreich und Griechenland liegen in Europa; das nördliche Europa.

Eu|ro|pä|er [ɔyroˈpɛːɐ], der; -s, -, **Eu|ro|pä|e|rin** [ɔyroˈpɛːərɪn], -, -nen: *Einwohner, Einwohnerin von Europa:* im 19. Jahrhundert wanderten viele Europäer nach Amerika aus.

eu|ro|pä|isch [ɔyroˈpɛːɪʃ] ⟨Adj.⟩: *zu Europa gehörend:* die europäischen Nachbarn.

-eu|se [øːzə], die; -, -n ⟨Suffix⟩ (meist scherzh.): *weibliche Person, die etwas tut, die mit etwas in irgendeiner Weise zu tun hat:* Friseuse; Masseuse; Chauffeuse; Kommandeuse; Kontrolleuse; Regisseuse. **Syn.:** -esse, -ice, -in, -ine.

Eu|ter [ˈɔytɐ], das, außerhalb der Fachspr. auch: der; -s, -: *in der Leistengegend bei bestimmten weiblichen Säugetieren (z. B. Kühen, Ziegen, Schafen, Kamelen) sack- oder beutelartig herabhängendes Organ mit zwei oder mehr Zitzen, in dem sich die Milchdrüsen befinden:* das Fohlen saugt am Euter. **Zus.:** Kuheuter.

eva|ku|ie|ren [evakuˈiːrən] ⟨tr.; hat⟩: **a)** *(die Bevölkerung) aus einem [bedrohten] Gebiet wegbringen:* wegen der Überschwemmung musste die Bevölkerung evakuiert werden. **b)** *(ein [bedrohtes] Gebiet) von Menschen räumen:* eine Stadt, einen Ort evakuieren.

evan|ge|lisch [evaŋˈgeːlɪʃ] ⟨Adj.⟩: *zu den auf die Reformation zurückgehenden Kirchen gehörend:* die evangelische Konfession; sie ist evangelisch. **Syn.:** protestantisch, reformiert.

¹even|tu|ell [evɛnˈtu̯ɛl] ⟨Adj.⟩: *möglicherweise eintretend, unter Umständen möglich:* eventuelle Beschwerden sind an die Direktion zu richten.

²even|tu|ell [evɛnˈtu̯ɛl] ⟨Adverb⟩: *unter Umständen; vielleicht:* eventuell komme ich früher. **Syn.:** womöglich.

ewig [ˈeːvɪç] ⟨Adj.⟩:
1. a) *zeitlich ohne Ende, unvergänglich:* die ewigen Naturgesetze; das ewige Leben. **Syn.:** bleibend, endlos, unendlich, unveränderlich, zeitlos. **b)** *die Zeiten, den Wechsel überdauernd, immer bestehend:* sie gelobten sich ewige Treue; ewiger Schnee *(Schnee auf hohen Bergen);* zum ewigen Andenken!
2. (ugs.) *sich immer wiederholend; endlos, nicht endend:* ich habe das ewige Einerlei satt; der ewige Zweite; soll das ewig so weitergehen? **Syn.:** andauernd, beständig, dauernd, fortgesetzt, fortwährend, konstant, kontinuierlich, laufend, ständig, stetig, unablässig (emotional), unaufhörlich, unausgesetzt, unendlich, unentwegt, ununterbrochen.

Ewig|keit [ˈeːvɪçkai̯t], die; -, -en:
1. a) ⟨ohne Plural⟩ *ewige Dauer, Unvergänglichkeit:* die Ewigkeit Gottes, der Naturgesetze; so sei es in Ewigkeit. **b)** (Rel.) *das jenseits der Zeit Liegende:* nach dem Tode erwartet uns die Ewigkeit.
2. (ugs.) *sehr lange Dauer, übermäßig lange Zeit, endlos scheinende Zeit:* das ist schon Ewigkeiten her; das dauert ja wieder eine [halbe] Ewigkeit [lang].

Ex- [ɛks] ⟨Präfix; mit einer Personenbezeichnung als Basiswort⟩: *Person, die das im Basiswort Genannte früher, vorher [vor jmdm.] gewesen ist:* Exbauunternehmer; Exbeatle; Exberliner; Exchefin; Exehefrau; Exfreund; Exgeneral; Exhäftling; Exlover; Exmann; Expräsident; Expremier; Exstudentin; Exverlobte; Exweltmeisterin. **Syn.:** Alt-.

ex|akt [ɛˈksakt] ⟨Adj.⟩: *in sachgerechter Weise genau, präzise:* eine exakte Definition, Beschreibung; ein exakter Mensch; sie arbeitet immer sehr exakt. **Syn.:** prägnant, präzis[e].

Ex|akt|heit [ɛˈksakthai̯t], die; -: *sachgerechte Genauigkeit, Sorgfalt:* mit größter Exaktheit arbeiten. **Syn.:** Präzision, Sorgfalt.

Ex|a|men [ɛˈksaːmən], das; -s, - und Examina [ɛˈksaːmina]: *Prüfung (besonders als Studienabschluss):* das mündliche, schriftliche Examen machen; sie hat das Examen mit der Note »gut« bestanden; (ugs.) durchs Examen fallen. **Syn.:** Prüfung. **Zus.:** Abschlussexamen, Staatsexamen, Vorexamen.

Ex|em|p|lar [ɛksɛmˈplaːɐ̯], das; -s, -e: *Einzelstück, einzelnes Individuum (besonders Ding oder Tier) aus einer Menge gleichartiger Stücke, Individuen:* ein seltenes, schönes Exemplar; die ersten tausend Exemplare des Buches waren schon verkauft; der Schmetterling war ein besonders schönes Exemplar seiner Art. **Syn.:** Stück. **Zus.:** Einzelexemplar, Musterexemplar, Prachtexemplar.

exer|zie|ren [ɛksɛrˈtsiːrən] ⟨itr.; hat⟩:
1. *militärische Übungen machen:* die Truppe hat den ganzen Tag exerziert.
2. a) (ugs.) *wiederholt üben:* die Berechnung von Kreisumfängen exerzieren. **Syn.:** pauken (ugs.), üben. **b)** *anwenden, praktizieren:* diese Methode hat schon ihre Vorgängerin exerziert.

Exil [ɛˈksiːl], das; -s, -e: *langfristiger Aufenthalt außerhalb des Heimatlandes, das aufgrund von Verbannung, Ausbürgerung, Verfolgung durch den Staat o. Ä. verlassen wurde:* die Jahre seines Exils; ins Exil gehen; im Exil leben.

exis|tent [ɛksɪsˈtɛnt] ⟨Adj.⟩: *existierend, vorhanden:* eine existente Größe; für ihn waren irgendwelche Vorschriften anscheinend nicht existent. **Syn.:** real, wirklich.

Exis|tenz [ɛksɪsˈtɛnts], die, -, -en:
1. ⟨ohne Plural⟩ **a)** *das Existieren, Vorhandensein, Bestehen:* sie wusste nichts von der Existenz dieses Briefes; die Existenz eines Staates. **b)** *(menschliches) Dasein, Leben:* die menschliche Existenz; eine armselige Existenz fristen; die nackte Existenz retten. **Zus.:** Koexistenz.
2. ⟨in Verbindung mit einem abwertenden Attribut⟩ *Mensch:* eine verkrachte, zweifelhafte Existenz; es gibt dort seltsame Existenzen. **Syn.:** Individuum, Person, Type, Wesen.
3. ⟨ohne Plural⟩ *materielle Grundlage für den Lebensunterhalt:* eine Existenz haben; um seine Existenz ringen, bangen; ich baue mir eine neue Existenz auf.

exis|tie|ren [ɛksɪsˈti:rən] ⟨itr.; hat⟩:
1. *vorhanden sein, da sein, bestehen:* diese Person existiert nur in deiner Fantasie; das alte Haus, dieser Verein existiert noch. **Syn.:** geben, leben, vorkommen.
2. *von einem [geringen] Geldbetrag leben; sein Auskommen haben:* von zweihundert Euro im Monat kann man kaum existieren; sie hat wenigstens das Notwendigste, um existieren zu können.

ex|klu|siv [ɛkskluˈzi:f] ⟨Adj.⟩:
als vornehm, vorzüglich, anspruchsvoll o. ä. geltend; höchsten Ansprüchen genügend und dabei meist bestimmten Zwecken, Dingen vorbehalten, auf bestimmte Personen beschränkt, nur wenigen zugänglich: ein exklusiver Zirkel; ein exklusives Modell, Restaurant; exklusiv leben; einer Zeitung exklusiv *(aufgrund einer Vereinbarung nur ihr allein)* über etwas berichten. **Syn.:** fein, gehoben, gewählt, nobel (geh.), vornehm.

Ex|kre|ment [ɛkskreˈmɛnt], das; -[e]s, -e (bildungsspr.):
menschliche oder tierische Ausscheidung, besonders Kot: tierische, menschliche Exkremente; die Exkremente der Vögel mussten beseitigt werden. **Syn.:** Kacke (derb), Scheiße (derb), Stuhl (bes. Med.).

Ex|kur|si|on [ɛkskʊrˈzi̯o:n], die; -, -en:
Gruppenausflug zu wissenschaftlichen o. ä. Zwecken: eine botanische, geografische Exkursion [in die/den Alpen] unternehmen; zu einer Exkursion in die Antarktis aufbrechen. **Syn.:** Expedition, Fahrt, Reise.

exo|tisch [ɛˈkso:tɪʃ] ⟨Adj.⟩:
a) *aus einem fremden Land stammend; fremdartig wirkend und dabei einen gewissen Zauber ausstrahlend:* exotische Tiere, Pflanzen, Menschen; exotische Musik. **Syn.:** anders geartet, andersartig, fremd, ungewöhnlich. **b)** *ausgefallen, ungewöhnlich:* in seinem Bekanntenkreis galt seine Rolle als Hausmann als exotisch; exotisch hohe Renditen. **Syn.:** außergewöhnlich, extravagant.

Ex|pan|si|on [ɛkspanˈzi̯o:n], die; -, -en:
Erweiterung, Vergrößerung besonders des Macht-, Leistungs-, Einflussbereiches: eine politische, wirtschaftliche Expansion betreiben.

Ex|pe|di|ti|on [ɛkspediˈtsi̯o:n], die; -, -en:
1. *Reise, die von einer Gruppe von Menschen zur Erforschung eines unbekannten Gebietes unternommen wird:* eine Expedition zum Nordpol unternehmen, machen; an einer Expedition teilnehmen. **Syn.:** Exkursion, Fahrt, Reise.
2. (veraltend) *Abteilung einer Firma, die für die Abfertigung und den Versand von Waren zuständig ist.*

Ex|pe|ri|ment [ɛksperiˈmɛnt], das; -[e]s, -e:
a) *wissenschaftlicher Versuch:* ein Experiment durchführen; das Experiment ist gelungen. **Syn.:** Probe, Test. **b)** *gewagter Versuch, mit einem Risiko verbundenes Unternehmen:* das ist ein Experiment; wir wollen keine Experimente machen *(uns auf kein Risiko einlassen).*

ex|pe|ri|men|tell [ɛksperimɛnˈtɛl] ⟨Adj.⟩:
auf Experimenten beruhend, mithilfe von Experimenten [erfolgend]: der Wissenschaftler bemühte sich um eine experimentelle Bestätigung seiner Theorie.

ex|pe|ri|men|tie|ren [ɛksperimɛnˈti:rən] ⟨itr.; hat⟩:
Experimente machen, Versuche anstellen: mit verschiedenen Chemikalien experimentieren.

Ex|per|te [ɛksˈpɛrtə], der; -n, -n, **Ex|per|tin** [ɛksˈpɛrtɪn], die, -, -nen:
Person, die sich auf einem bestimmten Gebiet gut auskennt: in dieser schwierigen Frage sind sich selbst die Experten nicht einig; sie ist Expertin auf diesem Gebiet. **Syn.:** Ass, Autorität, Fachfrau, Fachmann, Größe, Kapazität, Kenner, Kennerin, Könner, Könnerin, Spezialist, Spezialistin. **Zus.:** Finanzexperte, Finanzexpertin, Steuerexperte, Steuerexpertin, Wirtschaftsexperte, Wirtschaftsexpertin.

ex|plo|die|ren [ɛksploˈdi:rən], explodierte, explodiert ⟨itr.; ist⟩:
1. *durch übermäßigen Druck (z. B. von Dampf oder chemischen Gasen) von innen plötzlich unter lautem Geräusch zerspringen:* die Bombe, der Sprengsatz, der Kessel, der Blindgänger explodierte. **Syn.:** aufbrechen, aufplatzen, bersten (geh.), detonieren, hochgehen (ugs.), in die Luft fliegen (ugs.), krepieren, platzen.
2. *rapide ansteigen, wachsen, sich ausbreiten (und deshalb zu einem Problem werden):* die Kosten, die Preise explodieren. **Syn.:** anschwellen, ansteigen, anwachsen, sich ausweiten, sich vergrößern, [1]wachsen, zunehmen.
3. *plötzlich in Zorn, Wut o. Ä. ausbrechen:* ich explodierte, weil ich mich ungerecht behandelt fühlte. **Syn.:** aufbrausen, auffahren, sich aufregen, aus dem Häuschen geraten (ugs.), außer sich geraten, durchdrehen (ugs.), in Fahrt geraten (ugs.), in Fahrt kommen (ugs.), in Rage geraten (ugs.), in Rage kommen (ugs.), rasen, schäumen (geh.), toben, sich vergessen, wüten.

Ex|plo|si|on [ɛksploˈzi̯o:n], die; -, -en:
1. *heftiges, lautes Zerplatzen durch übermäßigen Druck von innen:* die Explosion in dem Wohnhaus kostete vier Menschen das Leben. **Zus.:** Gasexplosion.
2. *rapides Ansteigen, Anwachsen:* eine Explosion der Kosten, der Bevölkerungszahlen. **Syn.:**

Wachstum, Zunahme, Zuwachs. **Zus.:** Kostenexplosion, Preisexplosion.

ex|plo|siv [ɛksploˈzi:f] ⟨Adj.⟩:
1. *leicht explodierend:* Dynamit ist ein explosiver Stoff.
2. *zu Gefühlsausbrüchen neigend:* ein explosiver Charakter. **Syn.:** heftig, stürmisch, wild.

Ex|port [ɛksˈpɔrt], der; -[e]s, -e: *Ausfuhr* /Ggs. Import/: den Export fördern; für den Export bestimmte Waren. **Syn.:** Außenhandel. **Zus.:** Waffenexport, Warenexport.

ex|por|tie|ren [ɛkspɔrˈti:rən] ⟨tr.; hat⟩: *(Waren) ausführen* /Ggs. importieren/: dieses Land exportiert landwirtschaftliche Produkte.

ex|qui|sit [ɛkskviˈzi:t] ⟨Adj.⟩: *von vorzüglicher, erlesener Qualität, Art; in hervorragender, geschmackvollster Weise gestaltet:* exquisite Genüsse, Speisen; etwas ist von exquisiter Eleganz; der Wein ist exquisit; ein exquisit eingerichteter Laden. **Syn.:** ausgesucht, ausgewählt, edel, erlesen, fein, kostbar.

ex|tern [ɛksˈtɛrn] ⟨Adj.⟩: *draußen befindlich, außerhalb, äußer...* /Ggs. intern/: externe Mitarbeiter; diese Arbeit lassen wir extern machen.

ex|tra [ˈɛkstra] ⟨Adverb⟩:
1. *nicht mit anderen zusammen, sondern davon getrennt, für sich:* etwas extra einpacken; meine Ansicht darüber schreibe ich dir noch extra. **Syn.:** einzeln, separat.
2. *über das Übliche hinaus:* es kostet noch etwas extra. **Syn.:** außerdem, darüber hinaus, zusätzlich.
3. *ausschließlich zu einem bestimmten Zweck:* extra deinetwegen habe ich es getan. **Syn.:** allein, besonders, eigens, in erster Linie, nur, speziell, vor allem.

Ex|tra [ˈɛkstra], das; -s, -s: *zusätzliches Zubehör[teil], das über die übliche serienmäßige Ausstattung hinausgeht:* der Wagen hat viele modische Extras.

ex|tra- [ɛkstra]:
1. ⟨adjektivisches Präfix mit meist fremdsprachlichem Basiswort⟩ drückt aus, dass das Bezugswort außerhalb des Bereichs liegt, der mit dem Basiswort angedeutet wird: extrafunktional; extrakorporal *(außerhalb des Körpers [erfolgend]);* extralingual *(außersprachlich; nicht zur Sprache gehörend);* extrazellulär *(außerhalb der Zellen).* **Syn.:** außer-.
2. ⟨adjektivisches Präfixoid⟩ *besonders ..., außerordentlich ...:* extrafein; extraflach; extragroß; extragut: extralang; extrastark. **Syn.:** hyper- (emotional verstärkend), super- (emotional verstärkend), ²über-, ultra- (verstärkend).

Ex|tra- [ɛkstra] ⟨Präfixoid⟩: kennzeichnet das im Basiswort Genannte als etwas Zusätzliches, Besonderes; *Sonder-; außer der Reihe:* Extraausgabe; Extrablatt; Extrabonus; Extrabudget; Extradividende; Extraeinladung; Extrafahrt; Extraportion; Extratour (keine Extratouren!); Extraurlaub; Extravorstellung; Extrawurst (jmdm. eine Extrawurst braten); Extrazulage. **Syn.:** Meister-, Sonder-, Spezial-, Spitzen- (emotional), Super- (emotional verstärkend).

Ex|trakt [ɛksˈtrakt], der; -[e]s, -e: *Auszug aus pflanzlichen, tierischen Stoffen:* ein Extrakt aus Kräutern, Rindfleisch. **Syn.:** Essenz. **Zus.:** Fleischextrakt, Fruchtextrakt, Kaffee-Extrakt, Pflanzenextrakt.

ex|tra|va|gant [ɛkstravaˈgant] ⟨Adj.⟩: *in seiner äußeren Erscheinung, in seinen Gewohnheiten und Ansichten in außergewöhnlicher, überspannter, übertriebener o. ä. Weise bewusst abweichend und dadurch auffallend:* eine extravagante Aufmachung; sie ist immer extravagant gekleidet; ihr Lebensstil ist mir zu extravagant. **Syn.:** ausgefallen, exzentrisch, überspannt, verrückt (ugs.).

ex|trem [ɛksˈtre:m] ⟨Adj.⟩: *bis an die äußerste Grenze gehend:* extreme Temperaturen; extreme *(krasse)* Fälle, Beispiele, Gegensätze; sie ist mir zu extrem *(radikal)* in ihren Ansichten; das war extrem *(äußerst)* unsportlich. **Syn.:** auffällig, ausgeprägt, krass, maßlos.

ex|zel|lent [ɛkstsɛˈlɛnt] ⟨Adj.⟩: *sich in ganz besonderer Weise durch Qualität, Qualifikation o. Ä. auszeichnend:* ein exzellenter Kenner der Verhältnisse; das Essen war exzellent; sie hat exzellent gespielt. **Syn.:** ausgezeichnet, famos (ugs.), hervorragend, klasse (ugs.), prima, sehr gut, spitze (ugs.), stark (ugs.), super (ugs.), toll (ugs.), unübertrefflich, vortrefflich.

ex|zen|trisch [ɛksˈtsɛntrɪʃ] ⟨Adj.⟩: *auf übertriebene, überspannte Weise ungewöhnlich, im Auftreten und Verhalten stark vom Üblichen abweichend:* ein exzentrischer Mensch; sie verhält sich meist ziemlich exzentrisch. **Syn.:** ausgefallen, extravagant, überspannt, verrückt (ugs.).

Ex|zess [ɛksˈtsɛs], der; -es, -e: *Ausschweifung:* alkoholische Exzesse; es kam zu wilden Exzessen; seit Neuestem joggt sie häufig bis zum Exzess *(bis zur Maßlosigkeit).*

F *f*

Fa|bel [ˈfa:bl̩], die; -, -n:
1. *[kurze] von Tieren handelnde Geschichte mit belehrendem Inhalt:* die Fabel vom Fuchs und dem Raben. **Zus.:** Tierfabel.
2. (Literaturwiss.) *Handlung* (2): die Fabel des Romans wiedergeben.

fa|bel|haft [ˈfa:bl̩haft] ⟨Adj.⟩ (emotional): *in Bewunderung hervorrufender Weise schön, überaus gut:* eine fabelhafte Leistung; mir geht es fabelhaft; du siehst fabelhaft aus. **Syn.:** außergewöhnlich, außerordentlich, beachtlich, bemerkenswert, blendend, exzellent, famos (ugs.), fantastisch, grandios, großartig (emotional), hervorragend, unvergleichlich.

Fa|brik [faˈbri:k], die; -, -en: *Betrieb der Industrie, in dem bestimmte Produkte in großer Stückzahl hergestellt werden:* eine Fabrik gründen, modernisieren. **Syn.:** Firma, Geschäft, Unternehmen, Werk. **Zus.:** Fischfabrik, Maschinenfabrik, Möbelfabrik, Papierfabrik, Zigarettenfabrik.

-fa|brik [fabri:k], die; -, -en ⟨Suffixoid⟩:
kennzeichnet etwas [negativ] als einen Ort, eine Einrichtung, wo wie in einer Fabrik fließbandmäßig gearbeitet, wo etwas serienmäßig in großen Mengen hergestellt wird [was eigentlich individuelle Gestaltung verlangt]. Bildungsfabrik; Buchfabrik; Denkfabrik; Gesundheitsfabrik; Ideenfabrik; Illusionsfabrik; Lehrfabrik; Lernfabrik; Lügenfabrik; Medienfabrik; Patientenfabrik *(große Klinik)*; Traumfabrik.

Fa|bri|kant [fabri'kant], der; -en, -en, **Fa|bri|kan|tin** [fabri'kantın], die; -, -nen:
Person, die eine Fabrik besitzt: er ist ein Fabrikant für Unterwäsche. **Syn.:** Unternehmer, Unternehmerin.

Fa|bri|kat [fabri'ka:t], das; -[e]s, -e:
[bestimmtes] Erzeugnis der Industrie: mein neuer Wagen ist ein japanisches Fabrikat. **Syn.:** Artikel, Produkt, Ware.

fa|bri|zie|ren [fabri'tsi:rən] ⟨tr.; hat⟩:
mit einfachen Mitteln, recht und schlecht herstellen, basteln: die Kinder fabrizieren ihr Spielzeug selbst; was hast du nun schon wieder fabriziert *(angerichtet)*. **Syn.:** anfertigen, arbeiten, bauen, bereiten, fertigen, formen, hervorbringen, machen, schaffen.

Fach [fax], das; -[e]s, Fächer ['fɛçɐ]:
1. *abgeteilter Raum (in einem Schrank, Behälter o. Ä.):* ein Fach im Schrank, in der Handtasche. **Syn.:** Kasten, Schublade. **Zus.:** Besteckfach, Bücherfach, Gefrierfach, Geheimfach, Wäschefach.
2. *Gebiet des Wissens, einer praktischen Tätigkeit:* das Fach Geschichte studieren; sie beherrscht ihr Fach. **Syn.:** Bereich, Branche, Disziplin, Feld, Komplex, Sachgebiet, Sektion. **Zus.:** Baufach, Hotelfach.

Fach|ar|bei|ter ['fax|arbaitɐ], der; -s, -, **Fach|ar|bei|te|rin** ['fax|arbaitərın], die; -, -nen:
Arbeiter, Arbeiterin mit einer abgeschlossenen Ausbildung in einem bestimmten Beruf: wir suchen dringend Facharbeiter, Facharbeiterinnen für die Metallverarbeitung. **Syn.:** Arbeitnehmer, Arbeitnehmerin.

Fach|arzt ['fax|a:ɐ̯tst], der; -es, Fachärzte ['fax|ɛ:ɐ̯tstə], **Fach|ärz|tin** ['fax|ɛ:ɐ̯tstın], die; -, -nen:
Arzt, Ärztin mit einer zusätzlichen Ausbildung auf einem speziellen medizinischen Gebiet: sie ist Fachärztin für Neurologie.

Fä|cher ['fɛçɐ], der; -s, -:
halbkreisförmiger [zusammenfaltbarer] Gegenstand aus Seide, Papier o. Ä., der dazu dient, sich kühlende Luft zuzuführen: sich mit dem Fächer Luft zufächeln.

Fach|frau ['faxfrau̯], die; -, -en:
weibliche Form zu ↑Fachmann.

Fach|hoch|schu|le ['faxho:xʃu:lə], die; -, -n:
Hochschule, an der ein Studium eines bestimmten [technischen, künstlerischen] Fachs absolviert werden kann: an der Fachhochschule Architektur studieren.

fach|lich ['faxlıç] ⟨Adj.⟩:
ein bestimmtes Fach betreffend, dazu gehörend: fachliche Kenntnisse, Voraussetzungen; ein großes fachliches Wissen haben.

Fach|mann ['faxman], der; -[e]s, Fachleute ['faxlɔy̯tə] und Fachmänner ['faxmɛnɐ]:
männliche Person, die in einem bestimmten Fach ausgebildet ist und entsprechende Kenntnisse hat /Ggs. Laie/: er ist ein ausgewiesener Fachmann auf diesem Gebiet. **Syn.:** Ass, Autorität, Experte, Größe, Kapazität, Kenner, Könner, Meister, Phänomen, Profi, Spezialist. **Zus.:** Börsenfachmann, Werbefachmann.

fach|män|nisch ['faxmɛnıʃ] ⟨Adj.⟩:
einem Fachmann, einer Fachfrau entsprechend: ein fachmännisches Urteil einholen; eine Maschine fachmännisch reparieren. **Syn.:** ²beschlagen, ²erfahren, gekonnt, kundig, professionell, qualifiziert, routiniert, sachkundig, sicher.

fach|sim|peln ['faxzımpl̩n], fachsimpelte, gefachsimpelt ⟨itr.; hat⟩:
sich lange, mit Ausdauer über rein fachliche, berufliche Angelegenheiten unterhalten: sie fachsimpelten den ganzen Abend miteinander.

Fach|werk ['faxvɛrk], das; -[e]s, -e:
a) ⟨ohne Plural⟩ *Bauweise, bei der die Wände von Häusern aus einem Gerippe von nach außen sichtbaren und farblich meist hervorgehobenen Balken hergestellt werden, deren Zwischenräume mit Mauerwerk ausgefüllt werden:* das Bild der Altstadt ist vom Fachwerk geprägt.
b) *Gerippe von Balken beim Fachwerk* (a): das Fachwerk war durch Holzschädlinge stark beschädigt.

Fa|ckel ['fakl̩], die; -, -n:
Stab [aus Holz] mit einer brennbaren Schicht am oberen Ende: die Fackel brennt; die Kinder machten eine Nachtwanderung mit Fackeln.

fa|de ['fa:də] ⟨Adj.⟩:
a) *ohne Geschmack, schlecht gewürzt:* die Suppe ist sehr fade. **Syn.:** geschmacklos, schal.
b) *ohne jeden Reiz und daher als langweilig empfunden:* ein fader Mensch; immer nur fades Zeug reden. **Syn.:** öde.

Fa|den ['fa:dn̩], der; -s, Fäden ['fɛ:dn̩]:
längeres, sehr dünnes, aus Fasern gedrehtes, aus Kunststoff o. Ä. hergestelltes Gebilde: ein langer, seidener Faden; den Faden abschneiden, einfädeln. **Syn.:** Garn, Zwirn. **Zus.:** Goldfaden, Seidenfaden, Spinnfaden, Wollfaden, Zwirnsfaden.

fa|den|schei|nig ['fa:dn̩ʃai̯nıç] ⟨Adj.⟩ (abwertend):
so beschaffen, dass hinter dem genannten Grund o. Ä. der eigentliche, aber nicht genannte leicht zu erkennen ist: ein fadenscheiniger Vorwand; die Ausrede klang recht fadenscheinig. **Syn.:** durchsichtig, vordergründig.

Fa|gott [fa'gɔt], das; -[e]s, -e:
Holzblasinstrument (in tiefer Lage) mit u-förmig gebogener Röhre, Grifflöchern und Klappen, dessen Ton in der Höhe leicht gepresst und näselnd klingt: er spielt Fagott; eine Sonate auf dem Fagott spielen.

fä|hig ['fɛ:ıç] ⟨Adj.⟩:
a) *aufgrund seiner Intelligenz, Tüchtigkeit, Geschicktheit in der Lage, gestellte Aufgaben zu bewältigen:* eine fähige Juristin.

Syn.: befähigt, begabt, qualifiziert, tüchtig. **b)** * **zu etwas / (geh.:) einer Sache** (Gen.) **fähig sein:** *zu etwas in der Lage, imstande sein:* er ist zu keinem Gedanken/(geh.:) keines Gedankens fähig; sie war nicht fähig, darüber zu sprechen.

-fä|hig [fɛːɪç] ⟨adjektivisches Suffixoid⟩:
1. ⟨aktivisch⟩ **a)** *(von Personen) zu etwas, was im Basiswort genannt wird, in der Lage:* ⟨mit Verben⟩ gebärfähig; gehfähig; leidensfähig; lernfähig; ⟨mit Substantiv⟩ anpassungsfähig; aufnahmefähig; diskussionsfähig; kritikfähig; verhandlungsfähig; wandlungsfähig. **b)** *(als Sache) über die im Basiswort angesprochene, angegebene Eigenschaft, Möglichkeit verfügend:* ⟨mit Verb⟩ hörfähig (Ohr); saugfähig (Papier); ⟨auch als Teil einer Zusammensetzung, die das Akkusativobjekt enthält⟩ wasserspeicherfähig *(kann Wasser speichern);* ⟨mit Substantiv⟩ explosionsfähig; flugfähig (Maschinen); funktionsfähig; leistungsfähig (Maschine); ⟨auch als Teil einer Zusammensetzung⟩ feuerwiderstandsfähig (Bauteile).
2. ⟨passivisch⟩ *von der Art, dass das im Basiswort Genannte gemacht, getan werden kann:* ⟨mit Verb⟩ dehnfähig *(kann gedehnt werden);* sendefähig (Film); strapazierfähig; streichfähig (Käse); streufähig (Kräuter); zitierfähig; ⟨mit Substantiv⟩ abzugsfähig (Ausgaben); diskussionsfähig (Antrag); durchsetzungsfähig; ersatzfähig; steigerungsfähig; transportfähig; verbesserungsfähig; verhandlungsfähig (Angebot); vernehmungsfähig (Angeklagte); vorladungsfähig; wiederverwendungsfähig (Verpackung); ⟨auch mit -»un« negiert⟩ er ist vernehmungsunfähig. **Syn.:** -bar.
3. a) *für das im Basiswort Genannte gut geeignet:* ⟨mit Substantiv⟩ bündnisfähig; kabarettfähig; kinofähig (Wirklichkeit). **b)** *für das im Basiswort Genannte die Voraussetzung habend:* ⟨mit Substantiv⟩ beihilfefähig; einigungsfähig (Angebot); endlagerfähig; friedensfähig (Politik); lexikonfähig; mehrheitsfähig (Kompromiss); politikfähig; recyclingfähig; steigerungsfähig; teamfähig *(in einem Team arbeiten könnend, sich gut darin einfügend);* urlaubsfähig; weltmarktfähig; ⟨mit Adjektiv⟩ nuklearfähig.

Fä|hig|keit [ˈfɛːɪçkai̯t], die; -, -en:
a) *zu etwas befähigende geistige, praktische Anlage; das Befähigtsein:* sie hat große schöpferische Fähigkeiten; Fähigkeiten erwerben, nutzen. **Syn.:** Befähigung, Begabung, Gabe, Können, Qualifikation, Talent, Veranlagung. **Zus.:** Denkfähigkeit, Wandlungsfähigkeit. **b)** *das Imstandesein, In-der-Lage-Sein zu etwas:* die Fähigkeit zur Anpassung; die Fähigkeit, jmdn. zu überzeugen; die Fähigkeit intensiven Erlebens. **Syn.:** Kraft, Macht, Potenz (bildungsspr.), Stärke, Vermögen (geh.). **Zus.:** Anpassungsfähigkeit, Begeisterungsfähigkeit, Transportfähigkeit.

fahl [faːl] ⟨Adj.⟩:
von blasser Farbe, fast ohne Farbe: ein fahles Gesicht; der Himmel war fahl. **Syn.:** blass, bleich, farblos, grau, käsig (ugs.), leichenblass, wächsern, weiß.

fahn|den [ˈfaːndn̩], fahndete, gefahndet ⟨itr.; hat⟩:
[zur Verhaftung, Beschlagnahme] polizeilich suchen: nach dem Täter fahnden.

Fahn|dung [ˈfaːndʊŋ], die; -, -en:
polizeiliche Suche: die Fahndung nach den Tätern läuft; eine Fahndung einleiten.

Fah|ne [ˈfaːnə], die; -, -n:
meist rechteckiges, an einer Seite an einer Stange befestigtes Tuch, das die Farben, das Zeichen eines Landes, Vereins o. Ä. zeigt: eine seidene, gestickte, die schwarz-rot-goldene Fahne; die Fahne hissen, einholen. **Syn.:** Banner, Flagge, Standarte, Wimpel. **Zus.:** Vereinsfahne.

Fahr|aus|weis [ˈfaːɐ̯lau̯svai̯s], der; -es, -e (Amtsspr.):
Fahrschein: er ist ohne gültigen Fahrausweis gefahren. **Syn.:** Fahrkarte, Fahrschein.

Fahr|bahn [ˈfaːɐ̯baːn], die; -, -en:
Teil der Straße, auf dem die Fahrzeuge fahren: eine zweispurige Fahrbahn; die Fahrbahn überqueren. **Syn.:** Spur, Straße.

Fäh|re [ˈfɛːrə], die; -, -n:
Schiff, mit dem Fahrzeuge und Personen über einen Fluss o. Ä. übergesetzt werden können: auf/mit der Fähre übersetzen. **Zus.:** Autofähre, Eisenbahnfähre.

fah|ren [ˈfaːrən], fährt, fuhr, gefahren:
1. a) ⟨itr.; ist⟩ *sich auf Rädern rollend, gleitend [mithilfe einer antreibenden Kraft] fortbewegen:* das Auto, der Zug, das Schiff war sehr schnell gefahren; die Bahn fährt zur Endstation. **b)** ⟨itr.; ist⟩ *sich mit einem Fahrzeug o. Ä. fortbewegen, ein Fahrzeug, Verkehrsmittel benutzen:* in einer Kolonne, mit großer Geschwindigkeit fahren; ihr fahrt, und wir laufen; sie ist mit der Bahn gefahren. **c)** ⟨itr.; ist⟩ *sich mit einem Fahrzeug, Verkehrsmittel an einen bestimmten Ort begeben, eine Reise machen:* in/auf Urlaub fahren; wir fahren nach Wien. **Syn.:** reisen. **d)** ⟨itr.; ist⟩ *ein Fahrzeug führen:* du fährst sehr sicher. **Syn.:** lenken, steuern. **e)** ⟨tr.; hat⟩ *(ein bestimmtes Fahrzeug) lenken, steuern, es besitzen:* ein schweres Motorrad fahren; er hat den Traktor [aufs Feld] gefahren; sie fährt einen Mercedes. **f)** ⟨tr.; ist⟩ *sich auf, mit etwas Beweglichem fortbewegen:* Karussell, Ski, Schlittschuh fahren; wir sind Schlitten gefahren. **g)** ⟨tr.; hat⟩ *mit einem Fahrzeug befördern, irgendwohin transportieren:* Sand, Mist fahren; sie hat ihn ins Krankenhaus gefahren. **Syn.:** bringen, überführen. **h)** ⟨tr.; hat⟩ (Jargon) *[nach Plan] ablaufen lassen, organisieren:* eine Sonderschicht im Betrieb fahren; um das volle Programm fahren zu können.
2. ⟨itr.; ist⟩ **a)** *sich rasch, hastig in eine bestimmte Richtung, an einen bestimmten Ort bewegen:* aus dem Bett, in die Kleider fahren; vor Schreck in die Höhe fahren. **b)** *mit der Hand eine Bewegung machen, über, durch etwas streichen, wischen:* dem Kind, sich mit der Hand durchs Haar fahren.

Fah|rer [ˈfaːrɐ], der; -s, -, **Fah|re|rin** [ˈfaːrərɪn], die; -, -nen:
Person, die ein Fahrzeug fährt: sie ist eine sichere Fahrerin; die Firma sucht noch einen Fahrer.

Syn.: Chauffeur, Chauffeurin, Lenker, Lenkerin. **Zus.:** Autofahrer, Autofahrerin, Busfahrer, Busfahrerin, Fahrradfahrer, Fahrradfahrerin, Radfahrer, Radfahrerin, Taxifahrer, Taxifahrerin.

Fah|rer|flucht ['fa:rɐflʊxt], die; -: *unerlaubtes Sichentfernen eines Verkehrsteilnehmers, einer Verkehrsteilnehmerin vom Unfallort nach einem von ihm, von ihr verschuldeten Verkehrsunfall:* Fahrerflucht begehen.

fah|rig ['fa:rɪç] ⟨Adj.⟩: *unkontrolliert, unausgeglichen und hastig (in seinen Bewegungen):* fahrige Bewegungen; sie griff fahrig nach dem Glas. **Syn.:** hektisch, nervös, ruhelos, unruhig, unstet.

Fahr|kar|te ['fa:ɐ̯kartə], die; -, -n: *kleine Karte, die (gegen Entrichtung eines bestimmten Geldbetrags) zum Fahren mit einem öffentlichen Verkehrsmittel berechtigt:* eine Fahrkarte am Schalter, am Automaten kaufen. **Syn.:** Billett (schweiz., sonst veraltet), Fahrausweis (Amtsspr.), Fahrschein, Karte, Ticket. **Zus.:** Rückfahrkarte, Schülerfahrkarte, Straßenbahnfahrkarte, Zugfahrkarte.

fahr|läs|sig ['fa:ɐ̯lɛsɪç] ⟨Adj.⟩: *die nötige Vorsicht, Aufmerksamkeit fehlen lassend [und dadurch Schaden verursachend]:* sehr fahrlässig handeln. **Syn.:** gedankenlos, leichtsinnig, planlos, unklug, unvorsichtig.

Fahr|plan ['fa:ɐ̯pla:n], der; -[e]s, Fahrpläne ['fa:ɐ̯plɛ:nə]: *Plan, der die Ankunfts- und Abfahrtszeiten von Zügen o. Ä. enthält:* auf dem, im Fahrplan nachsehen, wann der nächste Zug abfährt. **Zus.:** Sommerfahrplan, Winterfahrplan, Zugfahrplan.

Fahr|rad ['fa:ɐ̯ra:t], das; -[e]s, Fahrräder ['fa:ɐ̯rɛ:dɐ]: *zweirädriges Fahrzeug, dessen Räder hintereinander angeordnet sind und das durch Treten der Pedale angetrieben wird:* mit dem Fahrrad zur Arbeit fahren; wir machen mit dem Fahrrad einen Ausflug. **Syn.:** Rad. **Zus.:** Damenfahrrad, Herrenfahrrad, Kinderfahrrad.

Fahr|schein ['fa:ɐ̯ʃai̯n], der; -[e]s, -e: *Schein, der (gegen Entrichtung eines entsprechenden Geldbetrags) zum Fahren mit einem öffentlichen Verkehrsmittel berechtigt:* wer ohne Fahrschein fährt, muss Strafe zahlen. **Syn.:** Billett (schweiz., sonst veraltet), Fahrausweis (Amtsspr.), Fahrkarte, Karte, Ticket.

Fahr|schu|le ['fa:ɐ̯ʃu:lə], die; -, -n: *Unternehmen, in dem man das Fahren eines Kraftfahrzeugs lernen kann:* bei welcher Fahrschule hast du deinen Führerschein gemacht?

Fahr|stuhl ['fa:ɐ̯ʃtu:l], der; -[e]s, Fahrstühle ['fa:ɐ̯ʃty:lə]: *Vorrichtung, mit der Personen oder Lasten auf- oder abwärtsbewegt werden:* statt den Fahrstuhl zu benutzen, sollte man häufiger Treppen steigen. **Syn.:** Aufzug, Lift.

Fahrt [fa:ɐ̯t], die; -, -en:
1. *das Fahren:* während der Fahrt ist die Unterhaltung mit dem Fahrer verboten; der Zug verlangsamt die Fahrt *(die Geschwindigkeit des Fahrens).* **Zus.:** Autofahrt, Heimfahrt, Rückfahrt, Weiterfahrt.
2. *Reise:* eine anstrengende Fahrt; eine Fahrt nach München. **Zus.:** Autofahrt, Bahnfahrt, Busfahrt, Entdeckungsfahrt, Erholungsfahrt, Studienfahrt, Tagesfahrt, Vergnügungsfahrt, Wochenendfahrt.

Fähr|te ['fɛ:ɐ̯tə], die; -, -n: *Spur der Tritte bestimmter Tiere im Boden:* die Fährte des Fuchses verfolgen.

Fahr|zeug ['fa:ɐ̯tsɔyk], das; -[e]s, -e: *Apparat, Maschine, größere Vorrichtung, mit der man fahren und mit der man fahrend Menschen und Lasten befördern kann:* er hat mit seinem Fahrzeug einen Unfall gebaut; sein Fahrzeug am Straßenrand abstellen. **Syn.:** Gefährt (geh., auch scherzh.), Vehikel (oft abwertend), Verkehrsmittel. **Zus.:** Motorfahrzeug, Straßenfahrzeug.

fair [fɛ:ɐ̯] ⟨Adj.⟩: *anständig, gerecht in seinem Verhalten gegenüber anderen:* ein fairer Kampf; mir das vorzuwerfen ist nicht fair; jmdn. fair behandeln. **Syn.:** korrekt.

Fair|ness ['fɛ:ɐ̯nɛs], die; -: *das Fairsein; anständiges Verhalten:* große Fairness zeigen. **Syn.:** Anstand.

Fakt [fakt], der, auch: das; -[e]s, -en, auch: -s: *Tatsache, Faktum:* das ist der Fakt; Fakt war, dass wir kein Geld hatten. **Syn.:** Faktum (bildungsspr.), Sachlage, Sachverhalt, Tatsache, Umstand.

[1]**fak|tisch** ['faktɪʃ] ⟨Adj.⟩: *tatsächlich, in Wirklichkeit vorhanden, gegeben:* der faktische Nutzen einer Maßnahme. **Syn.:** de facto (bildungsspr.), wirklich.

[2]**fak|tisch** ['faktɪʃ] ⟨Adverb⟩: *in der Tat, im Grunde:* ich habe faktisch keine Chance; das ist faktisch unmöglich. **Syn.:** praktisch (ugs.), so gut wie.

Fak|tor ['fakto:ɐ̯], der; -s, Faktoren [fak'to:rən]:
1. *Zahl, Größe, mit der eine andere multipliziert wird:* eine Zahl in ihre Faktoren zerlegen.
2. *etwas, was in bestimmten Zusammenhängen bestimmte Auswirkungen hat:* dies ist ein wesentlicher Faktor; die Entscheidung hängt von mehreren Faktoren ab. **Syn.:** Bedingung, Tatsache, Umstand. **Zus.:** Kostenfaktor, Umweltfaktor, Unsicherheitsfaktor, Wirtschaftsfaktor, Zeitfaktor.

Fak|tum ['faktʊm], das; -s, Fakten ['faktn̩] (bildungsspr.): *etwas, was tatsächlich, nachweisbar vorhanden, geschehen ist:* ein unabänderliches Faktum; unsere Anklage stützt sich auf Fakten. **Syn.:** Fakt, Sachlage, Sachverhalt, Tatsache, Umstand.

fa|kul|ta|tiv [fakʊlta'ti:f] ⟨Adj.⟩: *der freien Wahl überlassen* /Ggs. obligatorisch/: die Vorlesung ist fakultativ. **Syn.:** freiwillig.

Fal|ke ['falkə], der; -n, -n: *Greifvogel mit graubraunem, an der Unterseite meist hellem Gefieder, mit langem Schwanz, einem hakenartig gebogenen Schnabel und kräftigen, gebogenen, spitzen Krallen, die dem Ergreifen und Töten der Beute dienen:* einen Falken zur/für die Jagd abrichten.

Fall [fal], der; -[e]s, Fälle ['fɛlə]:
1. ⟨ohne Plural⟩ *das Fallen:* der Fallschirm öffnet sich während des Falles; sie hat sich beim Fall schwer verletzt. **Syn.:** Absturz, Sturz.
2. *sich in bestimmter Weise darstellende Angelegenheit, Erscheinung [womit zu rechnen ist, die einkalkuliert o. Ä. werden muss]:* ein typischer, hoffnungsloser, schwieriger Fall; auf diesen Fall komme ich noch zurück; das gilt nur, wenn dieser Fall eintritt. **Syn.:** Affäre, Geschichte, Phänomen, Sache. **Zus.:** Ausnahmefall, Glücksfall, Notfall, Sonderfall, Störfall, Streitfall, Todesfall, Unglücksfall, Wiederholungsfall, Zweifelsfall.
3. *das Auftreten, Vorkommen von Krankheiten:* Fälle von schweren Erkrankungen, Vergiftungen.
4. *Form der Beugung (eines Substantivs, Adjektivs u. a.):* das Wort steht hier im 4. Fall *(im Akkusativ).*

Fal|le ['falə], die; -, -n:
Vorrichtung zum Fangen von Tieren: eine Falle aufstellen; ein Tier in, mit der Falle fangen. **Syn.:** Netz, Schlinge. **Zus.:** Mausefalle, Wildfalle; *** jmdn. in eine / in die Falle locken:** *jmdn. durch eine List überraschen, hereinlegen:* der Mann wurde gezielt in eine Falle gelockt.

fal|len ['falən], fällt, fiel, gefallen ⟨itr.; ist⟩:
1. a) *sich (durch sein Gewicht, seine Schwere) aus einer bestimmten Höhe rasch abwärtsbewegen:* Dachziegel sind vom Dach gefallen; der Baum fiel krachend zu Boden. **Syn.:** abstürzen, sinken. **Zus.:** herabfallen, herunterfallen, hinabfallen, hinunterfallen. **b)** *das Gleichgewicht, den festen Halt verlieren und mit dem Körper auf den Boden geraten:* nach hinten, auf die Nase, über einen Stein, in den Schmutz fallen; das Kind ist gefallen. **Syn.:** fliegen (ugs.), hinfallen, plumpsen (ugs.), purzeln (fam.), stürzen.
2. a) *niedriger werden, seine Höhe vermindern:* das Hochwasser, die Temperatur, das Barometer fällt. **Syn.:** abnehmen, sich abschwächen, nachgeben, nachlassen, niedriger werden, schwinden (geh.), sinken, sich verringern. **b)** *(im Wert) geringer werden:* die Preise sind gefallen. **Syn.:** nachgeben, nachlassen, niedriger werden, sinken.
3. *sich plötzlich mit einer bestimmten Heftigkeit irgendwohin bewegen:* auf die Knie, jmdm. um den Hals fallen.
4. *bei Kampfhandlungen in einem Krieg sterben:* er ist im Zweiten Weltkrieg gefallen. **Syn.:** sein Leben verlieren, ums Leben kommen.
5. *keine Geltung mehr haben:* das Tabu ist jetzt gefallen.
6. a) *zu einem bestimmten Zeitpunkt stattfinden:* der Heilige Abend fällt dieses Jahr auf einen Sonntag. **b)** *zu einem bestimmten Bereich gehören, von etwas erfasst werden:* in/unter dieselbe Kategorie fallen.
7. *(von einem Beschluss) ausgeführt, getroffen werden:* die Entscheidung, das Urteil ist gefallen.
8. *sich plötzlich ereignen:* Schüsse sind gefallen; endlich ist ein Tor gefallen!
9. *(plötzlich von einem Zustand in einen anderen) geraten:* in Ohnmacht, Schlaf fallen.
10. * etwas fallen lassen: **1)** *etwas aufgeben:* sie ließ den Plan fallen. **Syn.:** abkommen von, abweichen von, aufstecken (ugs.), sich aus dem Kopf schlagen. **2)** *etw. beiläufig bemerken:* einen Namen, eine Bemerkung fallen lassen. **Syn.:** äußern; *** jmdn. fallen lassen:** *sich von jmdm. abwenden, ihn nicht weiter unterstützen:* als der Sohn kriminell wurde, ließ der Vater ihn fallen. **Syn.:** aufgeben, sich lossagen von, sich trennen von, verbannen, verstoßen.

fäl|len ['fɛlən] ⟨tr.; hat⟩:
1. *einen Baum zum Fallen bringen:* er hat die Eiche mit der Axt gefällt. **Syn.:** umschlagen.
2. als Funktionsverb: ein Urteil, eine Entscheidung fällen *(urteilen, entscheiden).*

fäl|lig ['fɛlɪç] ⟨Adj.⟩:
a) *(zu einem bestimmten Zeitpunkt) zu zahlen:* der fällige Betrag; die Miete ist am ersten Tag des Monats fällig. **Syn.:** zahlbar. **b)** *seit längerer Zeit, zu einem bestimmten Zeitpunkt notwendig, zur Erledigung anstehend, zu erwarten:* den fälligen Dank abstatten; eine Renovierung der Wohnung ist fällig.

falls [fals] ⟨Konj.⟩:
für den Fall, unter der Voraussetzung, dass: falls du Lust hast, kannst du mitgehen. **Syn.:** sofern; unter der Bedingung, dass ...; vorausgesetzt, dass ...; wenn.

Fall|schirm ['falʃɪrm], der; -[e]s, -e:
die Fallgeschwindigkeit vermindernde schirmartige Vorrichtung, mit der Personen und Gegenstände von einem Luftfahrzeug aus unversehrt zur Erde gebracht werden können: mit dem Fallschirm aus dem Hubschrauber abspringen; der Fallschirm öffnet sich.

falsch [falʃ] ⟨Adj.⟩:
1. *nicht richtig; fehlerhaft; nicht so, wie es sein sollte, wie es den realen Gegebenheiten entsprechen würde:* unter falschem Namen reisen; ein falsches Wort gebrauchen; in den falschen Zug einsteigen; die Antwort ist falsch; falsch singen; das hast du falsch verstanden; die Uhr geht falsch; falsche *(nicht der Wahrheit entsprechende, irreführende)* Angaben, Versprechungen machen. **Syn.:** inkorrekt, irrig, missbräuchlich, nicht korrekt, nicht zutreffend, schief, unwahr, verkehrt.
2. *künstlich und meist täuschend ähnlich nachgebildet, nicht echt:* falsche Zähne; falsche Haare; falsches *(gefälschtes)* Geld. **Syn.:** gefälscht, imitiert, nachgemacht (ugs.), unecht.
3. (abwertend) *seine eigentlichen Absichten in heuchlerischer, hinterhältiger Weise verbergend:* ein falscher Mensch; sie ist falsch. **Syn.:** doppelzüngig (abwertend), hinterhältig, link (ugs.), unaufrichtig.

fäl|schen ['fɛlʃn̩] ⟨tr.; hat⟩:
in betrügerischer Absicht etwas nachbilden, um es als echt auszugeben: Geld, eine Unter-

fälschen/verfälschen	
Fälschen wird vor allem verwendet, wenn etwas Echtes durch etwas Falsches ersetzt wird bzw. etwas dem Echten Ähnliches nachgebildet wird: – Sein Personalausweis war gefälscht. – Die Unterschrift ist gefälscht. **Verfälschen,** seltener auch **fälschen** wird verwendet, wenn an etwas absichtlich Änderungen vorgenommen wurden, wenn etwas manipuliert wurde, um die Wahrheit zu verschleiern: – Die Machthaber versuchten, das Wahlergebnis zu fälschen/zu verfälschen.	Ergibt sich die Verfälschung der Tatsachen ohne Absicht, vielleicht sogar ohne einen direkten Urheber, verwendet man hingegen nur **verfälschen:** – Beobachtung und Erinnerung laufen Gefahr, die Wirklichkeit jeder Schilderung schon im Ansatz zu verfälschen. – Er forderte, Subventionen abzubauen, da sie den Wettbewerb verfälschten.

schrift fälschen; ein gefälschtes Gemälde.

fälschen/verfälschen:
s. Kasten.

fälsch|lich [ˈfɛlʃlɪç] ⟨Adj.⟩:
auf einem Irrtum, Versehen, Fehler beruhend: eine fälschliche Behauptung; ich wurde fälschlich beschuldigt.

Fäl|schung [ˈfɛlʃʊŋ], die; -, -en:
1. *das Fälschen:* die Fälschung einer Unterschrift. **Zus.:** Scheckfälschung, Urkundenfälschung.
2. *gefälschter Gegenstand, etwas Gefälschtes:* dieses Bild ist eine Fälschung. **Syn.:** Imitation.

Fal|te [ˈfaltə], die; -, -n:
1. a) *längliche, schmale Eindrückung oder Umbiegung (in Stoff o. Ä.):* als sie aufstand, war ihr Rock kreuz und quer voller Falten. **Syn.:** Knick, Kniff. **b)** *schmaler, lang gestreckter, wellenförmiger oder geknickter Teil in einem Stoff:* lose, aufspringende Falten. **Zus.:** Bügelfalte, Längsfalte, Plisseefalte, Querfalte, Rockfalte.
2. *tiefe, unregelmäßig geformte Linie in der Haut:* er hat schon viele Falten; Falten des Zorns zeigten sich auf ihrer Stirn. **Syn.:** Runzel. **Zus.:** Denkerfalte, Kummerfalte, Sorgenfalte, Unmutsfalte, Zornesfalte.

fal|ten [ˈfaltn̩], faltete, gefaltet ⟨tr.; hat⟩:
1. *sorgfältig zusammenlegen, sodass an der umgeschlagenen Stelle eine Falte, ein Knick entsteht:* einen Brief, eine Zeitung falten. **Syn.:** knicken.
2. *(von den Händen) zusammenlegen und (die Finger) ineinander verschränken:* die Hände [andächtig, vor der Brust, zum Gebet] falten.

Fal|ter [ˈfaltɐ], der; -s, -:
Schmetterling: der Falter flattert durch die Luft.

fal|tig [ˈfaltɪç] ⟨Adj.⟩:
von Falten, Runzeln durchzogen: ein faltiges Gesicht; ihre Hände waren faltig. **Syn.:** kraus, runzlig.

fa|mi|li|är [famiˈli̯ɛːɐ̯] ⟨Adj.⟩:
1. *die Familie betreffend:* familiäre Sorgen, Pflichten.
2. *in freundschaftlicher, Vertrautheit erkennen lassender Weise ungezwungen:* eine familiäre Atmosphäre; sie redeten in familiärem Ton miteinander; bei uns im Verein geht es sehr familiär zu. **Syn.:** intim, privat, vertraut.

Fa|mi|lie [faˈmiːli̯ə], die; -, -n:
a) *Gemeinschaft von Eltern und Kindern:* eine Familie mit vier Kindern; die Familie von nebenan ist verreist; eine Familie gründen; ich habe eine große Familie. **Zus.:** Nachbarsfamilie.
b) *Gruppe aller verwandtschaftlich zusammengehörenden Personen:* das Haus ist schon seit zweihundert Jahren im Besitz der Familie; aus guter Familie stammen; in eine Familie einheiraten. **Syn.:** Anhang, Clan, Geschlecht, Haus, Sippe (meist scherzh. oder abwertend), Sippschaft (meist abwertend), Verwandtschaft. **Zus.:** Adelsfamilie, Arbeiterfamilie.

Fa|mi|li|en|na|me [faˈmiːli̯ənnaːmə], der; -ns, -n:
zum Vornamen einer Person hinzutretender Name der Familie, der die Zugehörigkeit zu dieser ausdrückt: Vorname: Monika; Familienname: Müller. **Syn.:** Nachname, Zuname.

Fa|mi|li|en|stand [faˈmiːli̯ənʃtant], der; -[e]s:
Angabe, ob jemand ledig, verheiratet, geschieden oder verwitwet ist: bitte geben Sie Alter und Familienstand an.

fa|mos [faˈmoːs] ⟨Adj.⟩ (ugs.):
fabelhaft, ausgezeichnet, großartig: sie ist ein famoses Mädchen; das ist eine famose Idee; sie tanzen ganz famos. **Syn.:** bestens, exzellent, fantastisch, großartig (emotional), herrlich (emotional), hervorragend, klasse (ugs.), prima, scharf (ugs.), schön, sehr gut, spitze (ugs.), stark (ugs.), super (ugs.), toll (ugs.), unübertrefflich, vortrefflich, vorzüglich.

Fan [fɛn], der; -s, -s:
begeisterter Anhänger, begeisterte Anhängerin einer Person oder Sache: sie ist ein Fan der Punkmusik, von Borussia Dortmund; viele Fans kamen, um die Band zu hören. **Syn.:** Freak. **Zus.:** Filmfan, Fußballfan, Jazzfan, Sportfan.

Fa|na|ti|ker [faˈnaːtikɐ], der; -s, -, **Fa|na|ti|ke|rin** [faˈnaːtikərɪn], die; -, -nen:
Person, die einer Idee oder einer Sache mit Leidenschaft anhängt, sie mit [rücksichtslosem] Eifer vertritt: der Politiker wurde von einem religiösen Fanatiker erschossen. **Syn.:** Eiferer, Eiferin, Kämpfer, Kämpferin. **Zus.:** Fußballfanatiker, Fußballfanatikerin, Glaubensfanatiker, Glaubensfanatikerin, Wahrheitsfanatiker, Wahrheitsfanatikerin.

fa|na|tisch [faˈnaːtɪʃ] ⟨Adj.⟩:
sich leidenschaftlich und rücksichtslos für etwas einsetzend: ein fanatischer Anhänger; fanatisch für eine Idee kämpfen.

Fa|na|tis|mus [fanaˈtɪsmʊs], der; -, Fanatismen [fanaˈtɪsmən]:
unduldsamer, leidenschaftlicher Einsatz für etwas; fanatisches

Auftreten: sich von dem blinden Fanatismus nicht anstecken lassen; ideologische und religiöse Fanatismen bedrohen die Demokratie. **Syn.:** Begeisterung, Inbrunst (geh.), Leidenschaft, Überschwang.

Fan|fa|re [fanˈfa:rə], die; -, -n:
lange, einfache Trompete ohne Ventile: die Fanfare /auf der Fanfare blasen.

Fang [faŋ], der; -[e]s, Fänge [ˈfɛŋə]:
a) ⟨ohne Plural⟩ *das Fangen:* der Fang von Fischen. **Zus.:** Fischfang, Lachsfang, Vogelfang, Walfang. **b)** *beim Fangen gemachte Beute:* der Angler hat seinen Fang nach Hause getragen; einen guten, großen Fang machen.

fan|gen [ˈfaŋən], fängt, fing, gefangen:
1. a) ⟨tr.; hat⟩ *ein Tier [verfolgen und] zu fassen kriegen, als Beute bekommen:* Vögel, Fische fangen. **b)** *jmdn. [verfolgen und] zu fassen kriegen, in seine Gewalt bekommen:* einen Dieb fangen; er wurde nach dem Krieg noch vier Jahre gefangen gehalten; heute wurden drei feindliche Offiziere gefangen genommen; diese Musik hat mich ganz gefangen genommen *(hat mich stark beeindruckt).* **Syn.:** aufgreifen, beim Wickel kriegen (ugs.), ergreifen, festnehmen, festsetzen, schnappen, verhaften (ugs.).
2. ⟨tr.; hat⟩ *etwas, was geworfen o. Ä. wird, mit der Hand ergreifen und festhalten:* einen Ball fangen. **Syn.:** auffangen, greifen.
3. ⟨+ sich⟩ **a)** *wieder ins Gleichgewicht kommen; die Balance wiedergewinnen:* fast wäre ich gestürzt, aber ich fing mich im letzten Augenblick. **b)** *sein seelisches Gleichgewicht zurückgewinnen, in seinen ursprünglichen Zustand zurückgelangen:* nach dem Tod des Ehemannes hat sie sich jetzt endlich gefangen; sein Zeugnis in der 9. Klasse war katastrophal, aber er hat sich wieder gefangen.

Fan|ta|sie [fantaˈzi:], die; -, Fantasien [fantaˈzi:ən], **Phantasie:**
1. ⟨ohne Plural⟩ *Fähigkeit, sich etwas in Gedanken auszumalen, etwas zu erfinden, sich auszudenken:* etwas regt die Fantasie an; es mangelt ihm an Fantasie; etwas beschäftigt die Fantasie der Menschen. **Syn.:** Einbildung.
2. *nicht der Wirklichkeit entsprechende Vorstellung als Produkt der Fantasie* (1): das ist nur eine Fantasie, ist reine Fantasie; die Fantasien der Dichterinnen, der Träumer. **Zus.:** Traumfantasie.
3. (Med.) *Fieberträume.* **Zus.:** Fieberfantasie.

fan|ta|sie|ren [fantaˈzi:rən] ⟨itr.; hat⟩, **phantasieren:**
1. *von etwas träumen, sich etwas in seiner Fantasie vorstellen [und davon reden]:* du fantasierst doch!; er fantasiert immer von einem Auto.
2. *in einem Fieberzustand wirr reden:* die Kranke fantasierte die ganze Nacht.

fan|ta|sie|voll [fantaˈzi:fɔl] ⟨Adj.⟩, **phantasievoll:**
voll Fantasie und schöpferischer Einbildungskraft: fantasievoll erzählen. **Syn.:** erfinderisch, kreativ, künstlerisch, originell, schöpferisch.

fan|tas|tisch [fanˈtastɪʃ] ⟨Adj.⟩, **phantastisch:**
1. *begeisternd und großartig:* er ist ein fantastischer Mensch; das ist ein fantastischer Plan. **Syn.:** außerordentlich, toll (ugs.), wunderbar.
2. a) (ugs.) *unglaublich (in Art, Ausmaß o. Ä.):* das Auto hat eine fantastische Beschleunigung; die Preise sind fantastisch gestiegen. **Syn.:** enorm, erheblich, gewaltig (emotional), irrsinnig (emotional), kolossal (ugs. emotional), ungeheuer, unglaublich (ugs.), unsagbar, unwahrscheinlich (ugs.), wahnsinnig (ugs.). **b)** ⟨intensivierend bei Adjektiven⟩ *sehr; in großem, hohem Maße:* der Wagen fährt fantastisch gut. **Syn.:** ausgesprochen, ausnehmend, außergewöhnlich, außerordentlich, äußerst, enorm, irre (emotional), irrsinnig (emotional), kolossal (ugs. emotional), unbeschreiblich, unendlich, [1]unerhört, unermesslich, ungeheuer, ungemein, ungewöhnlich, unglaublich (ugs.), unheimlich (ugs.), unmäßig, unsagbar, unwahrscheinlich (ugs.), verflucht (salopp), verteufelt (ugs. emotional), wahnsinnig (ugs.).

Far|be [ˈfarbə], die; -, -n:
1. *vom Auge wahrgenommene Tönung von etwas:* die Farbe des Kleides ist Rot; die meisten Bilder sind in Farbe *(farbig, bunt).* **Syn.:** Nuance, [2]Ton. **Zus.:** Augenfarbe, Gesichtsfarbe, Haarfarbe, Hautfarbe, Lieblingsfarbe.
2. *färbendes Mittel, Substanz zum Färben, Anmalen:* schnell trocknende, deckende Farben; die Farben sind ineinandergelaufen. **Zus.:** Druckfarbe, Ölfarbe.

F
farb

fär|ben [ˈfɛrbn̩]:
a) ⟨tr.; hat⟩ *farbig, bunt machen; mit einer Farbe versehen:* zu Ostern Eier bunt färben; ich habe meine Haare, mir die Haare gefärbt. **Syn.:** anmalen. **b)** ⟨+ sich⟩ *eine bestimmte Farbe bekommen:* die Blätter der Bäume färben sich gelb.

far|ben|blind [ˈfarbn̩blɪnt] ⟨Adj.⟩:
unfähig, Farben richtig zu erkennen oder zu unterscheiden: sie ist farbenblind.

far|ben|präch|tig [ˈfarbn̩prɛçtɪç] ⟨Adj.⟩:
reich an leuchtenden Farben, sehr farbig: ein farbenprächtiges Gemälde; ihre Aufmachung war sehr farbenprächtig. **Syn.:** bunt, kunterbunt (emotional).

far|big [ˈfarbɪç] ⟨Adj.⟩:
1. *eine oder mehrere Farben aufweisend:* ein farbiger Druck. **Syn.:** bunt, farbenprächtig, kunterbunt (emotional). **Zus.:** dreifarbig, korallenfarbig, mehrfarbig, sandfarbig, verschiedenfarbig.
2. *eine Hautfarbe aufweisend, die nicht weiß ist:* ein farbiger Amerikaner; die Bevölkerung ist überwiegend farbig.

Far|bi|ge [ˈfarbɪgə], die/eine Farbige; der/einer Farbigen, die Farbigen/zwei Farbige:
weibliche Person, deren Hautfarbe nicht weiß ist. **Syn.:** Schwarze.

Far|bi|ger [ˈfarbɪgɐ], der Farbige/ein Farbiger; des/eines Farbigen, die Farbigen/zwei Farbige:
männliche Person, deren Hautfarbe nicht weiß ist: Farbige sind bei der Wohnungssuche oft im Nachteil. **Syn.:** Schwarzer.

farb|los [ˈfarplo:s] ⟨Adj.⟩:
1. *keine Farbe aufweisend, enthaltend; nicht gefärbt:* eine farb-

lose Flüssigkeit. **Syn.:** blass, bleich, fahl.
2. *durch keinerlei hervorstechende positive Eigenschaften, Merkmale auffallend:* ein farbloser Politiker; die Schilderung der Ereignisse geriet recht farblos. **Syn.:** bescheiden, einfach, nichtssagend, schlicht, unauffällig, unscheinbar.

Far|ce [ˈfarsə], die; -, -n:
1. *Angelegenheit, bei der das vorgegebene Ziel, die vorgegebene Absicht nicht mehr ernst zu nehmen, sondern eigentlich nur noch lächerlich ist:* die Verteidigung war eine einzige Farce.
2. *aus gehacktem Fleisch, Gemüse u. a. hergestellte Füllung* (a): die Farce in die Pastetenform füllen.

Farm [farm], die; -, -en:
1. *größerer landwirtschaftlicher Betrieb (in angelsächsischen Ländern):* sie leben auf einer abgelegenen Farm. **Syn.:** Bauernhof, Gehöft, Gut, Hof. **Zus.:** Großfarm, Rinderfarm.
2. *größerer Betrieb für die Zucht von Geflügel oder Pelztieren:* die Farm liefert die Felle ins Ausland. **Zus.:** Hühnerfarm, Nerzfarm, Schlangenfarm, Straußenfarm.

Far|mer [ˈfarmɐ], der; -s, -, **Far|me|rin** [ˈfarmərɪn], die; -, -nen: *Person, die eine Farm besitzt:* die Viehzucht hat der Farmer aufgegeben. **Syn.:** [1]Bauer, Bäuerin, Landwirt, Landwirtin.

Farn [farn], der; -[e]s, -e: *staudenartig wachsende Pflanze mit großen, meist gefiederten Blättern, die sich durch Sporen vermehrt:* der Boden im Wald war von Farnen bedeckt.

Fa|san [faˈzaːn], der; -[e]s, -e: *größerer, auf dem Boden (besonders in Gehölzen auf Feldern) lebender Vogel, bei dem die Henne unauffällig grau-braun und der Hahn meist sehr farbenprächtig gefiedert ist:* der Jäger hat einen Fasan erlegt.

Faschiertes [faˈʃiːɐ̯təs], das Faschierte/ein Faschiertes; des/eines Faschierten (österr.):
1. *Hackfleisch:* ein Kilo Faschiertes kaufen.
2. *Speise aus Hackfleisch:* heute gibt es zum Mittagessen Faschiertes.

Fa|sching [ˈfaʃɪŋ], der; -s: *der sogenannten Fastenzeit vorausgehende Zeit vieler [mit Kostümen und Masken] begangener Feste und Umzüge; Karneval:* Fasching feiern; im Fasching gelten eigene Regeln. **Syn.:** Fastnacht.

Fa|schis|mus [faˈʃɪsmʊs], der; -: *extrem nationalistische, nach dem Führerprinzip organisierte, antidemokratische und rechtsradikale Bewegung und Herrschaftsform:* sie gedachten der Opfer von Faschismus und Nationalsozialismus.

fa|seln [ˈfaːzl̩n] ⟨tr.; hat⟩ (ugs. abwertend): *in einer als unüberlegt, wirr empfundenen Weise meist weitschweifig und ohne genaue Sachkenntnis daherreden:* sie hat etwas von einem Roman gefaselt; was faselst du da?; ⟨auch itr.⟩ er faselte von unumgänglichen Maßnahmen. **Syn.:** labern (ugs. abwertend), plappern (ugs.), salbadern (ugs. abwertend), schwafeln (ugs.), sprechen.

Fa|ser [ˈfaːzɐ], die; -, -n: *feines, dünnes fadenähnliches Gebilde (das aus pflanzlichem oder tierischem Rohstoff besteht oder synthetisch erzeugt ist und als Ausgangsmaterial für Garn u. Ä. dient):* ein Gewebe aus künstlichen, pflanzlichen Fasern. **Syn.:** Faden, Fussel. **Zus.:** Baumwollfaser, Kunstfaser, Naturfaser, Pflanzenfaser.

fa|sern [ˈfaːzɐn] ⟨itr.; hat⟩: *sich in Fasern auflösen, Fasern verlieren:* dieser Stoff fasert sehr. **Syn.:** fusseln.

Fass [fas], das; -es, Fässer [ˈfɛsɐ]: *größeres, zylindrisches, oft bauchig geformtes Behältnis (aus Holz oder Metall, das der Aufnahme, Aufbewahrung meist flüssiger Substanzen, auch von Nahrungsmitteln und anderen Materialien dient):* drei Fässer aus Eichenholz; Bier vom Fass; (als Maßangabe) drei Fass Bier bestellen. **Syn.:** Behälter, Tonne. **Zus.:** Bierfass, Heringsfass, Regenfass, Salzfass, Weinfass.

Fas|sa|de [faˈsaːdə], die; -, -n: *vordere (gewöhnlich der Straße zugekehrte) Seite (eines Gebäudes):* das Haus hat eine schöne Fassade. **Zus.:** Barockfassade, Glasfassade, Hausfassade, Jugendstilfassade, Renaissancefassade.

fas|sen [ˈfasn̩]:
1. a) ⟨tr.; hat⟩: *ergreifen und festhalten:* jmdn. am Arm, an der Hand fassen; das Seil mit beiden Händen fassen. **Syn.:** greifen, packen. **b)** *aufgreifen, in seine Gewalt bekommen und festnehmen:* den Dieb fassen. **Syn.:** gefangen nehmen, verhaften. **c)** ⟨itr.; hat⟩ *mit der Hand an eine bestimmte Stelle greifen:* an den heißen Ofen, in den Schnee fassen. **Syn.:** anfassen, berühren.
2. ⟨itr.; hat⟩ *(als Inhalt) aufnehmen können:* der Tank fasst 80 Liter.
3. ⟨tr.; hat⟩ (Soldatenspr.) *als Zuteilung in Empfang nehmen:* Essen, Proviant, Munition fassen. **Syn.:** abnehmen, annehmen, entgegennehmen.
4. ⟨tr.; hat⟩ *mit einer Einfassung, Umrahmung versehen:* einen Edelstein [in echtes Gold] fassen; eine Quelle fassen. **Syn.:** abstecken, begrenzen, einfassen, rahmen, säumen, umgeben, umrahmen, umranden.
5. ⟨tr.; hat⟩ *geistig erfassen, in seinen Zusammenhängen, Auswirkungen begreifen:* den Sinn der Worte, die Vorgänge nicht fassen können; ich kann es immer noch nicht, noch gar nicht fassen; das ist doch nicht zu fassen! **Syn.:** durchblicken (ugs.), erkennen, kapieren (ugs.), mitbekommen, verstehen.
6. ⟨+ sich⟩ *sein inneres Gleichgewicht, seine Haltung wiederfinden:* sie erschrak, fasste sich aber schnell [wieder]. **Syn.:** sich beruhigen, sich besänftigen, sich erholen, ruhig werden, zur Ruhe kommen.
7. ⟨tr.; hat⟩ ⟨als Funktionsverb⟩: bei dem Lärm kann man keinen klaren Gedanken fassen *(kann man doch nicht klar denken);* einen Plan fassen *(sich etwas Bestimmtes vornehmen);* einen Entschluss fassen *(sich zu etwas Bestimmtem entschließen).*

Fas|sung [ˈfasʊŋ], die; -, -en:
1. *Vorrichtung zum Festschrauben oder Festklemmen elektrischer Birnen, Röhren o. Ä.:* eine Glühlampe in die Fassung schrauben. **Syn.:** Halter. **Zus.:**

Lampenfassung, Schraubfassung.
2. *der Befestigung von etwas dienende, oft kunstvoll ausgearbeitete Umrandung:* der Brillant hat sich aus der Fassung gelöst. **Zus.:** Bleifassung, Brillenfassung, Steinfassung.
3. ⟨ohne Plural⟩ *gelassene innere Haltung, Besonnenheit:* seine Fassung bewahren, verlieren; jmdn. aus der Fassung bringen.
4. *ausgearbeitete Gestalt und Form eines literarischen, künstlerischen o. ä. Werkes:* die zweite Fassung eines Romans. **Syn.:** Auflage, Ausgabe, Version. **Zus.:** Bühnenfassung, Endfassung, Fernsehfassung, Kurzfassung, Neufassung, Orchesterfassung, Originalfassung, Rohfassung, Textfassung, Urfassung.

fas|sungs|los ['fasʊŋslo:s] ⟨Adj.⟩:
erschüttert und völlig verwirrt: fassungslos sah sie ihn an. **Syn.:** bestürzt, betroffen, entgeistert, entsetzt, verstört.

Fas|sungs|ver|mö|gen ['fasʊŋsfɛɐ̯mø:gn̩], das; -s:
durch den vorhandenen Raum vorgegebene Möglichkeit zur Aufnahme einer bestimmten Menge, Anzahl: das Fassungsvermögen des Kessels beträgt 50 Liter. **Syn.:** Kapazität.

fast [fast] ⟨Adverb⟩:
beinahe: es kostet fast hundert Euro; sie ist fast so groß wie ihr Bruder; sie waren fast alle derselben Meinung; er ist mit seiner Arbeit fast fertig. **Syn.:** bald (ugs.), beinah[e], nahezu, praktisch (ugs.), um ein Haar (ugs.), ziemlich.

fas|ten ['fastn̩], fastete, gefastet ⟨itr.; hat⟩:
(für eine bestimmte Zeit) wenig oder nichts essen: weil sie zu dick ist, will sie eine Woche fasten.

Fast|nacht ['fastnaxt], die; -:
die letzten drei oder vier Tage, besonders der letzte Tag vor der beginnenden Fastenzeit, an dem der Karneval seinen Höhepunkt erreicht. **Syn.:** die drei tollen Tage, die närrische Zeit, Fasching.

Fas|zi|na|ti|on [fastsina'tsi̯o:n], die; -, -en:
fesselnde, anziehende Wirkung, bezaubernde Ausstrahlung: von dieser Musik geht eine ungeheure Faszination aus; das Fliegen hat für viele Menschen eine große Faszination; sie, das Bild strahlte, übte eine eigenartige Faszination [auf ihn] aus. **Syn.:** Anziehungskraft, Bann (geh.), Magie, Reiz, Zauber.

fas|zi|nie|ren [fastsi'ni:rən] ⟨tr.; hat⟩:
eine Faszination auf jmdn. ausüben: der Gedanke faszinierte ihn; ⟨häufig im 1. Partizip⟩ eine faszinierende Frau. **Syn.:** begeistern, betören, bezaubern, blenden, entzücken, in seinen Bann ziehen, verzaubern.

fa|tal [fa'ta:l] ⟨Adj.⟩:
sehr unangenehm und peinlich; Ärger und Unannehmlichkeiten verursachend, schlimme Folgen nach sich ziehend: eine fatale Lage; fatale Folgen; das wirkt sich fatal aus; seine Situation war sehr fatal. **Syn.:** bedrohlich, ernst, gefährlich, kritisch, schlimm, schrecklich, tödlich, übel, unheilvoll, verhängnisvoll.

fau|chen ['fau̯xn̩] ⟨itr.; hat⟩:
(besonders von Tieren) drohende, zischende Laute ausstoßen: die Katze fauchte wütend. **Syn.:** schnauben.

faul [fau̯l] ⟨Adj.⟩:
1. a) *zersetzt, in Gärung, Verwesung geraten [und dadurch verdorben, ungenießbar geworden]:* faules Holz; faule Äpfel, Eier; das Fleisch, der Fisch riecht faul. **Syn.:** schlecht. **b)** *als sehr zweifelhaft, bedenklich, als nicht in Ordnung, nicht einwandfrei empfunden:* ein fauler Kompromiss; eine faule Ausrede; an der Sache ist etwas faul. **Syn.:** anrüchig, anstößig, dubios, fragwürdig, nicht ganz astrein (ugs.), nicht ganz hasenrein (ugs.), obskur, zweifelhaft.
2. (emotional) *nicht gern tätig; abgeneigt zu arbeiten, sich zu bewegen, anzustrengen; nicht fleißig:* er ist ein fauler Schüler, Kerl, Mensch; ein faules Leben führen; sie ist zu faul, sich etwas zu essen zu machen; faul herumsitzen. **Syn.:** bequem, träge, untätig. **Zus.:** denkfaul, schaltfaul, schreibfaul.

fau|len ['fau̯lən] ⟨itr.; ist⟩:
faul werden, in Fäulnis übergehen; durch Fäulnis verderben, ungenießbar werden: die Pfirsiche fangen schon an zu faulen. **Syn.:** [1]modern, schlecht werden, umkommen, verfaulen, verkommen, verwesen, sich zersetzen.

fau|len|zen ['fau̯lɛntsn̩] ⟨itr.; hat⟩:
ohne etwas zu tun, die Zeit verbringen: bilde dir bloß nicht ein, dass du hier den ganzen Tag faulenzen kannst!; in diesen Ferien möchte ich einfach mal ein bisschen faulenzen. **Syn.:** auf der faulen Haut liegen (ugs.), bummeln (ugs. abwertend), Däumchen drehen (ugs.), Daumen drehen (ugs.), die Hände in den Schoß legen, die Zeit totschlagen (ugs. abwertend), keinen Strich tun (ugs.).

Fau|len|zer ['fau̯lɛntsɐ], der; -s, -, **Fau|len|ze|rin** ['fau̯lɛntsərɪn], die; -, -nen (abwertend):
Person, die (statt zu arbeiten) faulenzt: Faulenzer, Faulenzerinnen können wir hier nicht gebrauchen. **Syn.:** Faulpelz (ugs. abwertend).

Faul|heit ['fau̯lhai̯t], die; -:
das Faul-, Bequemsein: alle ärgern sich über seine Faulheit; er hat es aus reiner Faulheit nicht getan. **Syn.:** Bequemlichkeit. **Zus.:** Denkfaulheit, Schreibfaulheit.

Fäul|nis ['fɔy̯lnɪs], die; -:
das Faulen, Faulwerden: das Holz, das Fleisch geht schon in Fäulnis über; ein Teil des Obstes war durch Fäulnis zerstört.

Faul|pelz ['fau̯lpɛlts], der; -es, -e (ugs. abwertend):
faule Person: dieser Faulpelz hat wieder seine Vokabeln nicht gelernt; steh endlich auf, du Faulpelz!; sie ist ein richtiger Faulpelz. **Syn.:** Faulenzer (abwertend), Faulenzerin (abwertend).

Faust [fau̯st], die; -, Fäuste ['fɔy̯stə]:
fest geschlossene Hand: eine Faust machen; die Faust ballen; er schlug mit der Faust gegen die Tür, auf den Tisch.

Faust|re|gel ['fau̯stre:gl̩], die; -, -n:
einfache (auf Erfahrung gegründete) Regel: eine bewährte Faustregel anwenden. **Syn.:** Grundsatz, Prinzip, Richtlinie.

Fau|teuil [fo'tœj], der; -s, -s (österr., schweiz.):
Sessel: setz dich doch in den Fauteuil.

Faux|pas [fo'pa], der; - [fo'pa(s)], - [fo'pas] (bildungsspr.):

Verstoß gegen allgemein anerkannte gesellschaftliche Sitten und Gebräuche: einen groben Fauxpas begehen. **Syn.:** Ausrutscher (ugs.), Fehler, Fehlgriff, Panne, Schnitzer (ugs.), Versehen.

Fa|vo|rit [favo'ri:t], der; -en, -en, **Fa|vo|ri|tin** [favo'ri:tɪn], die; -, -nen:
1. *Person oder Sache, die bevorzugt, anderen vorgezogen wird:* Sauerbraten mit Rotkraut ist mein absoluter Favorit.
2. *Teilnehmer an einem Wettbewerb mit den größten Aussichten auf den Sieg:* als Favoritin geht eine Deutsche an den Start; der Titelverteidiger ist hoher, klarer Favorit.

Fax [faks], das, schweiz. meist: der; -, -e:
1. *Gerät zum Faxen:* unser Fax ist kaputt.
2. *gefaxtes Schriftstück:* hast du mein Fax bekommen?

fa|xen ['faksn̩] ⟨tr.; hat⟩:
(ein Schriftstück o. Ä.) mithilfe eines speziellen Geräts als Kopie über eine Telefonleitung übermitteln: ich faxe Ihnen gern ein Bestellformular; ich habe ihm gefaxt, dass wir den Termin verschieben möchten; etwas an jmdn. faxen; ⟨auch itr.⟩ rufen Sie uns an oder faxen Sie uns.

Fa|zit ['fa:tsɪt], das; -s:
zusammenfassend festgestelltes Ergebnis: das Fazit der Untersuchungen war in beiden Fällen gleich. **Syn.:** Resultat, Zusammenfassung.

Fe|ber ['fe:bɐ], der; -s, - (österr.):
Februar: sie hat im Feber Geburtstag.

Fe|bru|ar ['fe:brua:ɐ̯], der; -[s], -e:
zweiter Monat des Jahres: im Februar lag viel Schnee.

fech|ten ['fɛçtn̩], ficht, focht, gefochten ⟨itr.; hat⟩:
mit einem Degen, Säbel oder Florett in sportlichem Wettkampf mit jmdm., miteinander kämpfen: die beiden fechten mit Säbeln.

Fe|der ['fe:dɐ], die; -, -n:
1. *auf dem Körper von Vögeln (in großer Zahl) wachsendes, dem Fliegen und dem Schutz vor Kälte dienendes Gebilde:* der Vogel verliert während der Mauser seine Federn; ein mit Federn gefülltes Kissen. **Syn.:** Daune, Flaum, Gefieder. **Zus.:** Entenfeder, Gänsefeder, Hahnenfeder, Hühnerfeder, Hutfeder, Pfauenfeder, Schwanzfeder, Straußenfeder, Vogelfeder.
2. *spitzer Gegenstand aus Metall, der Teil eines Gerätes zum Schreiben oder Zeichnen ist:* mit einer breiten, spitzen Feder schreiben. **Zus.:** Goldfeder, Schreibfeder, Stahlfeder, Zeichenfeder.
3. *elastisches, spiraliges oder blattförmiges Teil aus Metall, mit dem eine Spannung erzeugt werden kann, das einen Zug oder Druck aushalten oder ausüben soll:* die Feder der Uhr ist gespannt, gebrochen. **Zus.:** Bettfeder, Spiralfeder, Uhrfeder.

Fe|der|bett ['fe:dɐbɛt], das; -[e]s, -en:
mit Federn gefülltes Deckbett: ich deckte mich mit dem Federbett zu. **Syn.:** Decke.

fe|dern ['fe:dɐn]:
1. ⟨itr.; hat⟩ *bei einer Belastung nachgeben und danach wieder in die alte Lage zurückkehren:* die Matratzen federn gut.
2. ⟨tr.; hat⟩ *mit Federn so ausstatten, dass Stöße aufgefangen und abgemildert werden:* ein Auto federn; der Wagen ist gut, schlecht, zu weich gefedert.

Fe|de|rung ['fe:dərʊŋ], die; -, -en:
Gesamtheit der Teile, die dazu dienen, ein Fahrzeug zu federn: der Wagen hat eine gute, sehr weiche, harte Federung.

Fee [fe:], die; -, Feen ['fe:ən]:
mit Zauberkraft ausgestattete, meist schöne weibliche Gestalt aus dem Märchen, die Gutes oder auch Böses bewirkt: die gute Fee hatte ihm drei Wünsche erfüllt. **Zus.:** Märchenfee.

Feed|back ['fi:tbɛk], das; -s, -s, **Feed-back:**
Reaktion, die jmdm. anzeigt, dass ein bestimmtes Verhalten, eine Äußerung o. Ä. vom Kommunikationspartner [in einer bestimmten Weise] verstanden worden ist; Rückmeldung: jmdm. ein [positives, negatives] Feedback geben.

fe|gen ['fe:gn̩] ⟨tr.; hat⟩:
a) (bes. nordd.) *mit einem Besen von Staub, Schmutz o. Ä. befreien:* die Straße, den Flur, den Hof, den Fußboden fegen; ⟨auch itr.⟩ hast du [nebenan] schon gefegt? **Syn.:** kehren (bes. südd.), reinigen, sauber machen, säubern. **b)** *mit dem Besen irgendwohin bewegen:* den Schnee [vom Fußweg] auf die Fahrbahn fegen; sie hat den Schmutz aus dem Zimmer gefegt. **Syn.:** kehren (bes. südd.).

fehl-, Fehl- [fe:l] ⟨Präfixoid⟩:
falsch ..., fehlerhaft ..., verfehlt ... [und folglich unangebracht, ungeeignet, unerwünscht, unbeabsichtigt, unpassend, erfolglos o. ä.] (in Bezug auf das im Basiswort [meistens ein Verbalsubstantiv] Genannte):
1. ⟨substantivisch⟩ Fehlangabe; Fehlbelegung; Fehlbildung, Fehldiagnose; Fehleinschätzung; Fehlentscheidung; Fehlentwicklung; Fehlernährung; Fehlinvestition *(unrentable und daher falsche Investition);* Fehlkalkulation; Fehlkonstruktion; Fehlpass (Fußball); Fehlplanung; Fehlprognose; Fehlstart; Fehltritt; Fehlurteil; Fehlverhalten. **Syn.:** Miss-.
2. ⟨verbal⟩ fehlbesetzen (Theaterrolle); fehldeuten; fehlernähren; fehlgeraten; fehlgreifen *(danebengreifen);* fehlleiten; fehltreten; ⟨mit 2. Partizip⟩: fehlangepasste Kinder. **Syn.:** miss-.

Fehl- [fe:l] ⟨substantivisches Präfixoid ⟩:
fehlend ...: Fehlbestand; Fehlbetrag; Fehlgewicht; Fehlzeit.

feh|len ['fe:lən] ⟨itr.; hat⟩:
1. a) *nicht anwesend, nicht vorhanden sein:* er fehlte unter den Gästen; sie hat wegen einer Grippe eine Woche [in der Schule] gefehlt; besondere Kennzeichen fehlen. **Syn.:** abwesend sein, ausbleiben, ausfallen, durch Abwesenheit glänzen (ironisch). **b)** *(von jmdm.) entbehrt, vermisst werden:* die Mutter fehlt ihnen sehr; das Auto fehlt mir gar nicht; mir fehlt nichts *(ich bin nicht krank, habe keinen Kummer o. Ä.).* **c)** *nicht mehr da, verschwunden, verloren gegangen sein:* in der Kasse fehlen drei Euro; an der Jacke fehlt ein Knopf. **d)** *zur Erreichung eines bestimmten Ziels noch erforderlich, aber nicht vorhanden sein:* zum Sieg fehlten [ihr] drei Punkte. **Syn.:** auf sich warten lassen, ausstehen.
2. ⟨unpers.⟩ *nicht in genügendem*

Maße vorhanden sein, nicht ausreichen, zu knapp sein: es fehlt ihm an Zeit, Geld; es fehlt uns am Nötigsten, an ausgebildeten Kräften; wo fehlt es denn *(was gibt es für Sorgen, Probleme?).* **Syn.:** abgehen, gebrechen (geh.), mangeln (geh.).

Fehl|ent|schei|dung ['fe:l|ɛntʃai̯dʊŋ], die; -, -en: *falsche Entscheidung:* eine Fehlentscheidung treffen.

Feh|ler ['fe:lɐ], der; -s, -: **1. a)** *etwas, was falsch ist, falsch gemacht worden ist, was von der richtigen Form abweicht:* er macht beim Schreiben viele Fehler; in dem Gewebe, dem Material sind einige Fehler *(fehlerhafte, schlechte Stellen).* **Zus.:** Druckfehler, Konstruktionsfehler, Schreibfehler. **b)** *irrtümliche Entscheidung, Maßnahme; falsches Verhalten:* einen Fehler begehen, machen; einen Fehler wiedergutmachen; es war ein Fehler *(es war falsch),* so schnell zu handeln. **Syn.:** Ausrutscher (ugs.), Fauxpas (bildungsspr.), Fehlgriff, Irrtum, Missverständnis, Schnitzer (ugs.), Versehen. **Zus.:** Bedienungsfehler, Denkfehler, Fahrfehler, Übersetzungsfehler, Webfehler. **2.** *schlechte Eigenschaft:* er hat viele Fehler und Eigenarten. **Syn.:** Defizit, Mangel, Nachteil, Schattenseite. **Zus.:** Charakterfehler.

feh|ler|frei ['fe:lɐfrai̯] ⟨Adj.⟩: *frei von Fehlern, ohne Fehler:* sie antwortete in nahezu fehlerfreiem Französisch; der Text ist absolut fehlerfrei; der Torwart spielte fehlerfrei. **Syn.:** einwandfrei, fehlerlos, makellos, tadellos.

feh|ler|haft ['fe:lɐhaft] ⟨Adj.⟩: *Fehler aufweisend und daher nicht einwandfrei:* fehlerhaftes Material. **Syn.:** falsch, inkorrekt, nicht korrekt, verkehrt, voller Fehler.

feh|ler|los ['fe:lɐlo:s] ⟨Adj.⟩: *keine Fehler aufweisend, ohne Fehler:* sie spricht ein fast fehlerloses Englisch; der Pianist spielte fehlerlos. **Syn.:** einwandfrei, fehlerfrei, makellos, tadellos.

Fehl|ge|burt ['fe:lgəbu:ɐ̯t], die; -, -en: *Abgang einer [noch] nicht lebensfähigen Leibesfrucht:* sie hatte eine Fehlgeburt.

Fehl|griff ['fe:lgrɪf], der; -[e]s, -e: *falsche Maßnahme:* die Einstellung der neuen Kassiererin war ein Fehlgriff; da, mit ihm hat sie einen Fehlgriff getan. **Syn.:** Ausrutscher (ugs.), Fehler, Irrtum, Schnitzer (ugs.), Versehen.

Fehl|schlag ['fe:lʃla:k], der; -[e]s, Fehlschläge ['fe:lʃlɛ:gə]: *Misserfolg:* nach zahlreichen Fehlschlägen hat er es schließlich doch geschafft; diese Maßnahme erwies sich als [ein] Fehlschlag. **Syn.:** Debakel, Flop (ugs.), Missgeschick, Niederlage, Pleite, Reinfall (ugs.), Schlag ins Wasser, Schlappe (ugs.).

fehl|schla|gen ['fe:lʃla:gn̩], schlägt fehl, schlug fehl, fehlgeschlagen ⟨itr.; ist⟩: *nicht zum Erfolg führen, misslingen:* alle Versuche zur Rettung des Verunglückten schlugen fehl. **Syn.:** danebengehen (ugs.), missglücken, platzen (ugs.), scheitern, schiefgehen (ugs.), verunglücken (scherzh.).

Fehl|ur|teil ['fe:l|ʊrtai̯l], das; -s, -e: **1.** *falsche richterliche Entscheidung:* er wurde aufgrund eines Fehlurteils hingerichtet. **2.** *als falsch eingeschätzte Meinung oder Entscheidung:* als der Rezensent sein Fehlurteil schließlich korrigierte, war der Schaden nicht mehr wiedergutzumachen.

Fei|er ['fai̯ɐ], die; -, -n: *Fest, festliche Veranstaltung anlässlich eines besonderen Ereignisses, eines Gedenktages:* zu seinem Jubiläum fand eine große Feier statt; jmdn. zu einer Feier einladen. **Syn.:** Fete (ugs.), Party. **Zus.:** Abiturfeier, Abschlussfeier, Beisetzungsfeier, Einweihungsfeier, Familienfeier, Geburtstagsfeier, Gedenkfeier, Hochzeitsfeier, Hundertjahrfeier, Jubiläumsfeier, Schulfeier, Siegesfeier, Tausendjahrfeier, Trauerfeier, Weihnachtsfeier.

Fei|er|abend ['fai̯ɐ|a:bn̩t], der; -s, -e: **a)** *Ende der Arbeitszeit:* früher war in diesem Betrieb für alle um fünf Uhr Feierabend; das macht er nach Feierabend und am Wochenende; Feierabend machen *(den Arbeitstag beenden).* **b)** *Zeit am Abend, Freizeit nach der Arbeit:* er verbringt seinen Feierabend mit Lesen; einen schönen Feierabend!

fei|er|lich ['fai̯ɐlɪç] ⟨Adj.⟩: *der Festlichkeit, dem Ernst, der Würde des Geschehens, eines Vorganges angemessen:* ein feierlicher Augenblick; es herrschte feierliche Stille; die Trauung war sehr feierlich. **Syn.:** erhaben, festlich, hehr (geh.), würdevoll, würdig.

fei|ern ['fai̯ɐn]: **1. a)** ⟨tr.; hat⟩ *würdig, festlich begehen:* einen Geburtstag, eine Verlobung, Weihnachten feiern. **b)** ⟨itr.; hat⟩ *fröhlich, lustig beisammen sein:* wir haben gestern noch bis nach Mitternacht gefeiert. **Syn.:** auf die Pauke hauen (ugs.), einen draufmachen (ugs.). **2.** ⟨tr.; hat⟩ *durch lebhaften Beifall, Jubel ehren:* der Sänger, die Siegerin, der Sportler wurde sehr gefeiert. **Syn.:** bejubeln.

Fei|er|tag ['fai̯ɐta:k], der; -[e]s, -e: *jährlich wiederkehrender, gesetzlich festgelegter Tag, an dem nicht gearbeitet wird:* der 1. Mai ist ein Feiertag; ein kirchlicher, gesetzlicher, hoher Feiertag.

fei|ge ['fai̯gə] ⟨Adj.⟩ (abwertend): *in einer als verachtenswert angesehenen Weise die Gefahr scheuend, vor jedem Risiko zurückschreckend; ohne Mut:* er ist ein feiger Kerl; dazu sind sie viel zu feige; sie hat sich feige versteckt; er hat uns feige im Stich gelassen. **Syn.:** ängstlich, furchtsam, mutlos, verängstigt.

Fei|ge ['fai̯gə], die; -, -n: *(von einem im tropischen und subtropischen Klima wachsenden Baum mit großen, fingerförmig gelappten Blättern stammende) grüne oder violette, birnenförmige, süße Frucht, die frisch oder getrocknet gegessen wird:* im Reformhaus getrocknete Feigen kaufen.

Feig|heit ['fai̯khai̯t], die; - (abwertend): *das Feigesein, feige Art:* jmdm. Feigheit vorwerfen; aus Feigheit schweigen; er schämte sich seiner Feigheit.

Feig|ling ['fai̯klɪŋ], der; -s, -e (abwertend): *Person, die feige ist:* sie, er ist ein großer Feigling. **Syn.:** Angsthase (ugs.), Drückeberger (ugs.

abwertend), Memme (veraltend abwertend), Schlappschwanz (salopp abwertend), Waschlappen (ugs. abwertend).

Fei|le [ˈfai̯lə], die; -, -n: *Werkzeug aus Stahl mit vielen kleinen Zähnen oder Rillen zum Bearbeiten, Glätten von Metall oder Holz:* eine grobe, feine Feile; die Kante mit einer Feile glätten. **Zus.:** Holzfeile, Nagelfeile.

fei|len [ˈfai̯lən] ⟨tr.; hat⟩: **a)** *mit einer Feile bearbeiten:* diese Kante muss noch ein wenig gefeilt werden; sie feilte ihre Fingernägel; etwas rund, glatt feilen *(durch Feilen rund, glatt machen);* ⟨auch itr.⟩ er hat an dem Schlüssel so lange gefeilt, bis er passte. **b)** *durch Feilen (in etwas) entstehen lassen, herstellen:* er feilte eine Kerbe in das Rohr.

feil|schen [ˈfai̯lʃn̩] ⟨itr.; hat⟩: *hartnäckig um einen niedrigeren Preis handeln:* er versucht beim Einkaufen auf dem Markt immer zu feilschen. **Syn.:** den Preis drücken, schachern (abwertend).

fein [fai̯n] ⟨Adj.⟩:
1. a) *von dünner, zarter, nicht grober Beschaffenheit:* feines Gewebe; ihre Haare sind sehr fein; du musst den Kaffee feiner mahlen. **Syn.:** duftig, hauchdünn. **b)** *von angenehm-zartem Äußeren:* ein feines Profil; feine Hände. **Syn.:** grazil, zart, zierlich.
2. *von ausgezeichneter, hoher Qualität:* eine sehr feine Seife; feines Gebäck; ein feines Essen; der Fisch schmeckt sehr fein. **Syn.:** ausgesucht, ausgewählt, edel, erlesen, exquisit, exzellent, famos (ugs.), hervorragend, kostbar, prima, sehr gut, unübertrefflich, vortrefflich, vorzüglich.
3. *große Genauigkeit, Empfindlichkeit, Schärfe besitzend, aufweisend; alle, viele Einzelheiten erkennend, wahrnehmend, berücksichtigend:* er hat ein feines Gehör; ein Instrument fein einstellen; die Unterschiede fein herausarbeiten. **Syn.:** empfindlich, exakt, [1]genau, klar, prägnant, präzis[e], scharf, sensibel.
4. *in seinem Denken, Handeln, Auftreten einwandfrei, anständig, vornehm; von Anständigkeit, Vornehmheit zeugend:* sie ist ein feiner Mensch; sein Benehmen war nicht fein. **Syn.:** edel, gehoben, geschmackvoll, gewählt, kultiviert, nobel (geh.).
5. *angenehm, erfreulich wirkend; Lob, Anerkennung verdienend:* das ist eine feine Sache; es ist fein, dass ihr gekommen seid; das hast du fein gemacht. **Syn.:** entzückend, gut, nett, schön.

Feind [fai̯nt], der; -es, -e:
1. *männliche Person, deren [persönliches] Verhältnis zu einer bestimmten anderen Person durch Feindschaft bestimmt ist:* er ist sein größter, schlimmster Feind; sie sind Feinde; viele, keine Feinde haben; sich durch etwas Feinde machen; sich jmdn. zum Feind machen. **Syn.:** Gegner, Kontrahent (bildungsspr.), Widersacher.
2. *gegnerische, feindliche Macht, Angehöriger einer gegnerischen Macht; gegnerische Truppen:* der Feind steht vor der Hauptstadt; sie waren im Krieg unsere Feinde.
3. ⟨mit Attribut⟩ *männliche Person, die etwas entschieden ablehnt [und bekämpft]:* er ist ein Feind von Gewalttätigkeiten; die Feinde der Demokratie. **Zus.:** Frauenfeind, Friedensfeind, Menschenfeind, Staatsfeind, Verfassungsfeind.

Fein|din [ˈfai̯ndɪn], die; -, -nen:
1. weibliche Form zu ↑Feind (1). **Syn.:** Gegnerin, Kontrahentin (bildungsspr.), Widersacherin.
2. weibliche Form zu ↑Feind (3). **Zus.:** Friedensfeindin, Menschenfeindin, Staatsfeindin, Verfassungsfeindin.

feind|lich [ˈfai̯ntlɪç] ⟨Adj.⟩:
1. *von Hass und Feindschaft geprägt:* eine feindliche Haltung einnehmen; eine feindliche Atmosphäre; feindliche Blicke; jmdm. feindlich gesinnt sein. **Syn.:** feindselig, gegnerisch.
2. *zum Feind* (2), *zum militärischen Gegner gehörend, von ihm ausgehend:* feindliche Stellungen, Truppen; ein feindlicher Angriff.
3. *von entschiedener Ablehnung, Gegnerschaft zeugend:* einer Sache feindlich gegenüberstehen. **Syn.:** ablehnend.

-feind|lich [fai̯ntlɪç] ⟨adjektivisches Suffixoid⟩:
1. *in seiner Art, Beschaffenheit für das im Basiswort Genannte ungünstig, es behindernd, ihm schadend, sich nachteilig auswirkend* /Ggs. -freundlich/: arbeitnehmerfeindlich; bildungsfeindlich; familienfeindlich; fortschrittsfeindlich; frauenfeindlich; lebensfeindlich; lustfeindlich, reformfeindlich; technikfeindlich; zivilisationsfeindlich.
2. *gegen das im Basiswort Genannte gerichtet, eingestellt, es ablehnend:* frauenfeindlich (eingestellt sein); regierungsfeindlich (Truppen). **Syn.:** anti-.

Feind|schaft [ˈfai̯ntʃaft], die; -, -en: *feindliche Einstellung, Haltung gegenüber anderen, die dadurch geprägte Beziehung:* sich jmds. Feindschaft zuziehen; sie lebten miteinander in Feindschaft. **Syn.:** Abneigung, Abscheu, Antipathie, Aversion (geh.), Feindseligkeit, Hass, Widerwille.

feind|se|lig [ˈfai̯ntze:lɪç] ⟨Adj.⟩: *voll Hass und Feindschaft:* sie sah ihn mit feindseligen Blicken an. **Syn.:** feindlich, gegnerisch.

Feind|se|lig|keit [ˈfai̯ntze:lɪçkai̯t], die; -, -en:
1. ⟨ohne Plural⟩ *feindselige Haltung, feindliche Gesinnung:* sein Benehmen mir gegenüber war voller Feindseligkeit. **Syn.:** Abneigung, Aggression, Antipathie, Aversion (geh.), Feindschaft, Hass, Widerwille.
2. ⟨Plural⟩ *kriegerische Handlungen:* die Truppen eröffneten noch in der Nacht die Feindseligkeiten. **Syn.:** Angriff ⟨Singular⟩, Attacke ⟨Singular⟩, Kampf ⟨Singular⟩, Offensive ⟨Singular⟩.

fein|füh|lig [ˈfai̯nfy:lɪç] ⟨Adj.⟩: *fein empfindend:* sie ist ein sehr feinfühliger Mensch. **Syn.:** anständig, empfindlich, empfindsam, rücksichtsvoll, sensibel, sensitiv (bildungsspr.), taktvoll, verletzlich, vornehm, zartfühlend.

Fein|kost [ˈfai̯nkɔst], die; -: *feine Lebens- und Genussmittel:* ein Geschäft, das sich auf Feinkost spezialisiert hat. **Syn.:** Delikatessen ⟨Plural⟩, Leckerbissen.

Fein|schme|cker [ˈfai̯nʃmɛkɐ], der; -s, -, **Fein|schme|cke|rin** [ˈfai̯nʃmɛkərɪn], die; -, -nen:

Person, die einen ausgeprägten Geschmack besonders in Bezug auf feine, ausgefallene Speisen hat: das ist ein Restaurant für Feinschmecker. **Syn.:** Gourmand, Gourmet.

feist [fai̯st] ⟨Adj.⟩:
[in unangenehmer Weise] dick, fett: ein feistes Gesicht; er hat einen Bierbauch und ist auch sonst richtig feist. **Syn.:** beleibt, füllig, kompakt (ugs.), korpulent, kugelrund (scherzh.), rund.

fei|xen [ˈfai̯ksn̩] ⟨itr.; hat⟩:
sich mit boshaftem, schadenfrohem Grinsen über jmdn. lustig machen: die Schüler feixten hinter dem Rücken des Lehrers.

Feld [fɛlt], das; -[e]s, -er:
1. *für den Anbau genutztes abgegrenztes Stück Land:* Felder und Wiesen; die Bauern arbeiten auf dem Feld. **Syn.:** Acker, Boden, [2]Flur (geh.), Grund, Land. **Zus.:** Baumwollfeld, Gerstenfeld, Getreidefeld, Haferfeld, Hanffeld, Kartoffelfeld, Kornfeld, Rapsfeld, Reisfeld, Roggenfeld, Rübenfeld, Spargelfeld, Stoppelfeld, Tulpenfeld, Weizenfeld.
2. a) *von einer zusammenhängenden Fläche abgeteiltes, abgetrenntes Stück:* die Felder des Schachbretts; die leeren Felder eines Formulars ausfüllen. **Zus.:** Wappenfeld. **b)** *Spielfeld, Platz:* der Schiedsrichter schickte ihn vom Feld. **Zus.:** Fußballfeld, Spielfeld.
3. *Bereich* (2): das Feld der Wissenschaften, der Wirtschaftspolitik, der Genforschung. **Syn.:** Gebiet. **Zus.:** Arbeitsfeld, Aufgabenfeld, Betätigungsfeld, Geschäftsfeld, Gesichtsfeld, Tätigkeitsfeld, Wirkungsfeld.

Feld-Wald-und-Wiesen- [fɛltvalt|ʊntvi:zn̩] ⟨Präfixoid⟩ (ugs.):
besagt, dass das im Basiswort Genannte (Berufs- oder Sachbezeichnung) geringschätzig als nichts Besonderes, nur als etwas Durchschnittliches, nur als das allgemein Übliche abqualifiziert wird: Feld-Wald-und-Wiesen-Dichter; Feld-Wald-und-Wiesen-Doktor; Feld-Wald-und-Wiesen-Philosophie. **Syn.:** Allerwelts- (ugs.), Durchschnitts-, Nullachtfünfzehn- (ugs.).

Feld|ste|cher [ˈfɛltʃtɛçɐ], der; -s, -:
Fernglas: mit dem Feldstecher den Horizont absuchen.

Feld|we|bel [ˈfɛltve:bl̩], der; -s, -:
Soldat[in] im Rang eines Unteroffiziers.

Feld|weg [ˈfɛltve:k], der; -[e]s, -e:
hauptsächlich landwirtschaftlichen Zwecken dienender [unbefestigter], zwischen Feldern und Wiesen verlaufender Weg: mit dem Fahrrad über einen Feldweg fahren.

Feld|zug [ˈfɛlttsu:k], der; -[e]s, Feldzüge [ˈfɛlttsy:gə]:
1. *größeres kriegerisches Unternehmen:* einen Feldzug gegen ein Nachbarland führen. **Syn.:** Kampf, Krieg.
2. *gemeinschaftliche Aktion für oder gegen jmdn., etwas:* einen Feldzug gegen den Alkoholismus starten; zum Feldzug gegen die Armut aufrufen. **Syn.:** Kampagne, Unternehmen, Unternehmung.

Fel|ge [ˈfɛlgə], die; -, -n:
Teil des Rades, auf dem der Reifen sitzt: einen Reifen auf die Felge ziehen.

Fell [fɛl], das; -[e]s, -e:
dicht behaarte Haut (bestimmter Tiere): ein dichtes, glänzendes, struppiges, weiches Fell; einem Hasen das Fell abziehen; dem Pferd das Fell striegeln. **Syn.:** [1]Balg, Pelz. **Zus.:** Bärenfell, Hasenfell, Kalbsfell, Kaninchenfell, Katzenfell, Lammfell, Leopardenfell, Robbenfell, Schaf[s]fell, Seehundsfell, Tigerfell, Wolfsfell, Zebrafell.

Fels [fɛls], der; -, -en:
1. ⟨ohne Plural⟩ *zusammenhängende Masse harten Gesteins:* beim Graben stießen sie auf Fels; das Haus steht auf dem gewachsenen Fels.
2. (geh.) *Felsen:* er stand da wie ein Fels [in der Brandung].

Fel|sen [ˈfɛlzn̩], der; -s, -:
großer Block, große aufragende Masse aus hartem Gestein: sie kletterten auf einen Felsen. **Syn.:** Fels (geh.).

Fels|wand [ˈfɛlsvant], die; -, Felswände [ˈfɛlsvɛndə]:
Seite eines steil aufragenden Felsens; aus Fels bestehender steiler Abhang: eine steile Felswand.

fe|mi|nin [femiˈni:n] ⟨Adj.⟩:
a) (Sprachwiss.) *weiblich:* feminine Substantive, Formen. **b)** *für das weibliche Geschlecht kennzeichnend, charakteristisch:* sie hat eine sehr feminine Figur; nicht alle Schwulen sind solche femininen Typen wie er; ihre Züge sind ausgesprochen feminin; seine Bewegungen wirken [irgendwie] feminin. **Syn.:** fraulich, weiblich.

Fe|mi|nis|mus [femiˈnɪsmʊs], der; -:
Frauenbewegung, die die Befreiung der Frau von gesellschaftlicher Diskriminierung und Unterdrückung durch Veränderung der gesellschaftlichen Verhältnisse und damit der geschlechtsspezifischen Rollen anstrebt: sie vertritt einen radikalen Feminismus.

Fe|mi|nist [femiˈnɪst], der; -en, -en, **Fe|mi|nis|tin** [femiˈnɪstɪn], die; -, -nen:
Person, die dem Feminismus anhängt, ihn vertritt: sie ist eine überzeugte Feministin.

Fens|ter [ˈfɛnstɐ], das; -s, -:
Öffnung in der Wand von Gebäuden, Fahrzeugen o. Ä., die durch Glasscheiben verschlossen ist: er schaut zum Fenster hinaus; die Fenster *(Fensterscheiben)* müssen geputzt werden. **Zus.:** Blumenfenster, Bogenfenster, Dachfenster, Eckfenster, Erkerfenster, Heckfenster, Kellerfenster, Kirchenfenster, Klappfenster, Klofenster, Küchenfenster, Rundfenster, Schiebefenster, Schlafzimmerfenster, Toilettenfenster, Turmfenster.

Fens|ter|la|den [ˈfɛnstɐla:dn̩], der; -s, Fensterläden [ˈfɛnstɐlɛ:dn̩]:
Laden (2): die Fensterläden schließen.

Fens|ter|schei|be [ˈfɛnstɐʃai̯bə], die; -, -n:
in den Rahmen eines Fensters eingesetzte Scheibe aus Glas: die Fensterscheiben putzen; eine Fensterscheibe [mit einem Stein] einwerfen.

Fe|ri|en [ˈfe:ri̯ən], die ⟨Plural⟩:
a) *der Erholung dienende, in bestimmten Abständen immer wiederkehrende Zeit von mehreren Tagen oder Wochen, in der Institutionen wie Parlament, Schule, Universität u. a. geschlossen sind, nicht arbeiten:* das Theater hat im Sommer Ferien; die Ferien beginnen bald. **Zus.:** Betriebsferien, Herbstferien, Osterferien, Parlamentsferien, Pfingstferien, Schulferien, Semesterferien, Sommerferien, Theaterferien, Weihnachtsferien, Werksferien, Winterferien.

b) *Zeit der Erholung:* Ferien an der See; gemeinsam Ferien machen; er braucht dringend Ferien. **Syn.:** Urlaub.

Fer|kel ['fɛrkl̩], das; -s, -:
junges Schwein: die Sau hat zehn Ferkel geboren. **Zus.:** Spanferkel.

[1]**fern** [fɛrn] ⟨Adj.⟩:
1. *weit entfernt, in großer Entfernung befindlich:* fernes Donnern; er erzählte von fernen Ländern; fern von jmdm. sein; von fern zuschauen. **Syn.:** abgelegen, entlegen, weit.
2. a) *weit zurückliegend, lange vergangen:* eine Geschichte aus fernen Tagen. **b)** *in weiter Zukunft liegend* /Ggs. nah[e]/: diese Pläne wird man erst in ferner Zukunft verwirklichen können; der Tag ist nicht mehr fern.

[2]**fern** [fɛrn] ⟨Präp. mit Dativ⟩:
weit entfernt von: fern der Heimat; fern allem Trubel leben.

-fern [fɛrn] ⟨adjektivisches Suffixoid⟩:
1. *in einer als negativ empfundenen Weise ohne Bezug zu dem im Basiswort Genannten, nicht darauf gerichtet, nicht daran orientiert* /Ggs. -nah/: gegenwartsfern; lebensfern (Ansicht); praxisfern (Wissenschaft); realitätsfern; wirklichkeitsfern; zivilisationsfern. **Syn.:** -fremd.
2. *in einem gewissen Abstand zu dem im Basiswort Genannten sich befindend:* halsfern (Kragen); körperfern.

Fern|be|die|nung ['fɛrnbədi:nʊŋ], die; -, -en:
⟨ohne Plural⟩ *(meist mit infraroten Strahlen arbeitendes) Gerät, mit dessen Hilfe man ein anderes Gerät aus einiger Entfernung bedienen kann:* weißt du, wo die Fernbedienung für den Fernseher ist?

Fer|ne ['fɛrnə], die; -, -n:
weit entfernter Bereich: in der Ferne donnerte es; in die Ferne blicken, ziehen; ein Gruß aus der Ferne *(aus einem fernen Land);* die Verwirklichung des Vorhabens ist durch diesen Rückschlag in weite Ferne gerückt.

fer|ner ['fɛrnɐ] ⟨Konj.⟩:
außerdem, des Weiteren: die Kinder brauchen neue Mäntel, ferner Kleider und Schuhe. **Syn.:** ansonsten, [1]auch, auch noch, daneben, dann, darüber hinaus, dazu, im Übrigen, obendrein, sogar, sonst, überdies, übrigens, weiter, weiterhin, zudem, zusätzlich.

Fern|fah|rer ['fɛrnfa:rɐ], der; -s, -, **Fern|fah|re|rin** ['fɛrnfa:rərɪn], die; -, -nen:
Person, die auf langen Strecken Lastwagen fährt: er arbeitet als Fernfahrer für eine Spedition.

Fern|glas ['fɛrngla:s], das; -es, Ferngläser ['fɛrnglɛ:zɐ]:
handliches optisches Gerät zum genaueren Erkennen weit entfernter Objekte: durch das Fernglas beobachtet er die Rehe. **Syn.:** Feldstecher, Fernrohr.

fern|hal|ten ['fɛrnhaltn̩], hält fern, hielt fern, ferngehalten ⟨tr.; hat⟩:
a) *nicht in die Nähe kommen lassen; verhindern, dass jmd., etwas mit jmdm., einer Sache in Berührung kommt:* sie hat den Kranken von den Kindern ferngehalten; das Mittel soll die Mücken fernhalten. **Syn.:** abwehren, abweisen. **b)** ⟨+ sich⟩ *jmdm., einer Sache bewusst ausweichen, aus dem Weg gehen:* sie hat sich lange Zeit von den anderen, von diesem Treiben ferngehalten. **Syn.:** sich entziehen (geh.), meiden.

fern|lie|gen ['fɛrnli:gn̩], lag fern, ferngelegen ⟨tr.; hat⟩:
a) *kaum in Betracht kommen; abwegig sein:* dieser Gedanke lag nicht fern. **b)** *jmdm. nicht in den Sinn kommen; keineswegs in jmds. Absicht liegen:* der Gedanke, sie zu schädigen, lag mir fern; es liegt mir fern, ihm unlautere Absichten zu unterstellen.

Fern|rohr ['fɛrnro:ɐ̯], das; -[e]s, -e:
meist fest montiertes, größeres optisches Gerät, mit dem weit entfernte Objekte erkannt werden können: vom Fernsehturm aus mit dem Fernrohr die Stadt anschauen; im Fernrohr erkannte er dunkle Wolkenbänder auf dem Jupiter. **Syn.:** Feldstecher, Fernglas.

Fern|seh|ap|pa|rat ['fɛrnze:-|apara:t], der; -[e]s, -e:
Gerät zum Empfang von Sendungen des Fernsehens: den Fernsehapparat einschalten. **Syn.:** Fernsehen (ugs.), Fernseher (ugs.), Glotze (ugs.), Mattscheibe (ugs.).

fern|se|hen ['fɛrnze:ən], sieht fern, sah fern, ferngesehen ⟨itr.; hat⟩:
Sendungen im Fernsehen ansehen, verfolgen: er sah den ganzen Abend fern; Kinder sollten nur wenig fernsehen.

Fern|se|hen ['fɛrnze:ən], das; -s:
technische Einrichtung, die Bild und Ton sendet: das Fernsehen *(bestimmte Anstalten des Fernsehens)* zeigt heute einen Kriminalfilm; im Fernsehen *(in einer Sendung des Fernsehens)* auftreten; das Fernsehen (ugs.; *den Fernsehapparat*) ausmachen. **Syn.:** Television. **Zus.:** Farbfernsehen, Kabelfernsehen, Regionalfernsehen, Satellitenfernsehen.

Fern|se|her ['fɛrnze:ɐ], der; -s, - (ugs.):
Fernsehapparat: vor dem Fernseher sitzen; den Fernseher einschalten, ausschalten, ausmachen. **Syn.:** Fernsehen (ugs.), Glotze (ugs.), Mattscheibe (ugs.).

Fern|sicht ['fɛrnzɪçt], die; -:
Möglichkeit, weit in die Ferne zu sehen: der Föhn sorgte für gute Fernsicht. **Syn.:** Ausblick, Aussicht, Blick, Panorama, Sicht.

Fern|spre|cher ['fɛrnʃprɛçɐ], der; -s, - (Amtsspr. veraltend):
Telefon.

Fern|weh ['fɛrnve:], das; -s:
Sehnsucht nach der Ferne: immer wieder wurde er vom Fernweh gepackt.

Fer|se ['fɛrzə], die; -, -n:
a) *hinterer Teil des Fußes:* Hornhaut an den Fersen haben.
b) *den hinteren Teil des Fußes bedeckender Teil des Strumpfes:* der Strumpf hat an der Ferse ein Loch.

fer|tig ['fɛrtɪç] ⟨Adj.⟩:
1. a) *im endgültigen Zustand befindlich, zu Ende geführt:* er lieferte die fertige Arbeit ab; das Haus ist fertig; ein fertiger *(vollkommener, ausgereifter)* Künstler. **Syn.:** abgeschlossen, beendet, erledigt, fix und fertig (ugs.), vollendet. **Zus.:** halbfertig. **b)** *so weit, dass nichts mehr zu tun übrig bleibt; zu Ende:* die Koffer noch fertig packen; willst du nicht erst fertig essen?; sie ist [mit der Arbeit] noch rechtzeitig fertig geworden; er muss die begonnene Arbeit fertig machen. **c)** *vollständig vorberei-*

tet; bereit: sie sind fertig zur Abreise; bist du endlich fertig, dass wir gehen können?; sich, die Kinder für den Spaziergang fertig machen.
2. (ugs.) *am Ende seiner Kräfte; sehr müde, erschöpft:* ich bin völlig fertig [mit den Nerven]; nach diesem anstrengenden Tag waren wir alle fertig. **Syn.:** abgespannt, erledigt (geh.), ermattet (geh.), fix und fertig (ugs.), groggy (ugs.), k. o. (ugs.), kaputt, kraftlos, matt, schlapp, überanstrengt, überlastet.

-fer|tig [fɛrtɪç] ⟨adjektivisches Suffixoid⟩:
1. ⟨passivisch⟩ *bereits so weit fertiggestellt o. Ä., dass das im Basiswort Genannte sofort, ohne weitere Vorbereitungen damit gemacht werden kann:* bezugsfertig (Wohnung); bratfertig; druckfertig; einbaufertig; gebrauchsfertig; trinkfertig; versandfertig; ⟨elliptisch⟩: betriebsfertig (betriebsfertige Anlage – *Anlage, die gleich in Betrieb genommen werden kann*); schlüsselfertig; schrankfertig (Wäsche); tassenfertig (Tee). **Syn.:** -bereit, -fähig.
2. ⟨aktivisch⟩ *bereit zu dem im Basiswort Genannten:* ausgehfertig; marschfertig; reisefertig.
3. *eine bestimmte Fertigkeit besitzend, die mit dem im Basiswort Genannten angedeutet ist:* kunstfertig; sprachfertig. **Syn.:** -gewandt.

fer|tig|brin|gen [ˈfɛrtɪçbrɪŋən], brachte fertig, fertiggebracht ⟨tr.; hat⟩ (ugs.):
zu etwas imstande sein, es erreichen, zustande bringen: sie hat es tatsächlich fertiggebracht, den Posten zu bekommen; er bringt es nicht fertig *(vermag es nicht),* die Nachbarin wegzuschicken; ich bringe die Arbeit heute nicht mehr fertig *(zum Abschluss).* **Syn.:** auf die Beine stellen, ausführen, bewerkstelligen (Papierdt.), bewirken, deichseln (ugs.), durchführen, [1]durchziehen (ugs.), einrichten, erledigen, hinbringen (ugs.), in die Tat umsetzen, organisieren, realisieren, wahr machen, zuwege bringen.

fer|ti|gen [ˈfɛrtɪgn̩] ⟨tr.; hat⟩:
[in Serie] herstellen: die Motoren für ihre Autos lassen sie im Ausland fertigen; in der Fabrik werden Fernsehgeräte gefertigt; die Messer werden von Hand gefertigt. **Syn.:** anfertigen, bauen, machen, produzieren.

Fer|tig|keit [ˈfɛrtɪçkai̯t], die; -, -en:
(durch Ausbildung, Übung erworbene) Fähigkeit, eine bestimmte Arbeit o. Ä. auszuführen: sie besitzt große sprachliche Fertigkeiten; in dem Job braucht man keine besonderen Fertigkeiten; die zur Ausübung dieses Handwerks erforderlichen Fertigkeiten vermitteln. **Syn.:** Erfahrung, [2]Geschick, Geschicklichkeit, Gewandtheit, Methode, Praxis, Routine, Technik. **Zus.:** Fingerfertigkeit, Handfertigkeit, Lesefertigkeit, Rechenfertigkeit, Redefertigkeit.

fer|tig|ma|chen [ˈfɛrtɪçmaxn̩], machte fertig, fertiggemacht ⟨tr.; hat⟩ (ugs.):
1. *jmds. Widerstandskraft brechen, ihn sehr ermüden, zur Verzweiflung bringen:* der Lärm, der Marsch hat mich ganz fertiggemacht. **Syn.:** demoralisieren, gefügig machen, kleinkriegen (ugs.), nachgiebig machen, zermürben.
2. *in herabsetzender Weise kritisieren:* er wurde wegen des Fehlers von seinem Chef fertiggemacht. **Syn.:** anbrüllen, anfahren, angreifen, anherrschen, anpfeifen (ugs.), anscheißen (salopp), anschnauzen (ugs.), anschreien, ausschelten (geh., landsch.), ausschimpfen, beschimpfen, heruntermachen (ugs.), in den Senkel stellen (ugs.), schelten (geh., landsch.), schikanieren, schimpfen, sich vorknöpfen (ugs.), sich vornehmen (ugs.), zur Minna machen (ugs.), zur Sau machen (derb), zur Schnecke machen (ugs.), zusammenstauchen (ugs.).
3. *[unter Anwendung von Gewalt, brutal] körperlich erledigen:* sie haben den Gefangenen total fertiggemacht. **Syn.:** außer Gefecht setzen, bezwingen, in die Knie zwingen (geh.), in die Pfanne hauen (salopp), schlagen, überwältigen, unterjochen, unterwerfen.

fer|tig|stel|len [ˈfɛrtɪçʃtɛlən], stellte fertig, fertiggestellt ⟨tr.; hat⟩:
die Herstellung (von etwas) abschließen: das Haus muss bis zum Ende des Monats fertiggestellt sein. **Syn.:** beenden, fertig machen, über die Bühne bringen (ugs.), unter Dach und Fach bringen, vollenden, zum Abschluss bringen.

fer|tig|wer|den, wurde fertig, fertiggeworden ⟨itr.; ist⟩:
umgehen können, zurechtkommen: die Eltern wissen nicht mehr, wie sie mit ihrem jüngsten Sohn fertigwerden sollen; er hat lange gebraucht, um mit dem Unfall fertigzuwerden. **Syn.:** bewältigen, zurande kommen.

[1]Fes|sel [ˈfɛsl̩], die; -, -n:
Kette, Strick o. Ä., womit jmd. [an etwas] gefesselt wird: der Gefangene hatte Fesseln an Händen und Füßen. **Zus.:** Fußfessel, Handfessel.

[2]Fes|sel [ˈfɛsl̩], die; -, -n:
Teil des Beins zwischen Fuß und Wade: sie hat schlanke Fesseln.

fes|seln [ˈfɛsl̩n] ⟨tr.; hat⟩:
1. *an den Händen [und Füßen] binden, an etwas festbinden und so seiner Bewegungsfreiheit berauben:* der Verbrecher wurde gefesselt und ins Gefängnis gebracht; sie fesselten den Gefangenen an einen Baum. **Syn.:** anbinden, binden, festbinden, festmachen.
2. *jmds. ganze Aufmerksamkeit auf sich lenken; Spannung wecken, in Bann halten:* der Vortrag fesselte die Zuhörer; ⟨häufig im 1. Partizip⟩ ein fesselndes Buch. **Syn.:** bannen (geh.), begeistern, berauschen, bezaubern, entzücken, gefangen nehmen, hinreißen, in Begeisterung versetzen, in seinen Bann ziehen, mit Begeisterung erfüllen, mit sich reißen, mitreißen, trunken machen (geh.).

fest [fɛst] ⟨Adj.⟩:
1. *nicht flüssig oder gasförmig, sondern von harter, kompakter Beschaffenheit:* Metall ist ein fester Stoff; das Wachs ist fest geworden. **Syn.:** steif. **Zus.:** bissfest, halbfest, schnittfest.
2. *stabil und solide [gearbeitet]:* feste Schuhe; das Material ist sehr fest. **Syn.:** beständig, gediegen, haltbar, langlebig, ordentlich, reell, robust, unverwüstlich, verlässlich, widerstandsfähig, zuverlässig. **Zus.:** bruchfest,

druckfest, feuerfest, frostfest, kochfest, kratzfest, reißfest, säurefest, spülmaschinenfest, waschmaschinenfest, wasserfest, wetterfest, winterfest. **3. a)** *nicht locker, sondern straff [sitzend]:* ein fester Verband; den Schuh fest binden. **Syn.:** gespannt, stramm. **b)** *nicht leicht, sondern stark, kräftig [ausgeführt]:* ein fester Händedruck; die Tür fest schließen. **c)** (ugs.) *tüchtig, ordentlich, gehörig:* du musst fest essen, mitfeiern. **d)** *nicht zu erschüttern, zu beirren, umzuwandeln, sondern in gleicher Weise [endgültig] so bleibend:* eine feste Zusage; sie leben in einer festen Beziehung; ein festes Einkommen, einen festen Wohnsitz haben; nach festen Grundsätzen handeln; dafür gibt es keine festen Regeln; sich etwas fest vornehmen; er ist fest *(unbefristet)* angestellt. **Syn.:** andauernd, ausdauernd, beharrlich, beständig, dauerhaft, dauernd, eisern, endlos, ewig, konsequent, kontinuierlich, ohne Ende, ohne Pause, ohne Unterbrechung, ohne Unterlass (geh.), standhaft, ständig, stetig, treu, unabänderlich, unablässig, unaufhörlich, unausgesetzt (veraltend), unendlich, unentwegt, unerschütterlich, ununterbrochen, unverdrossen, von Bestand, von Dauer, zielstrebig. **Zus.:** felsenfest, taktfest.

F
Fest

Fest [fɛst], das; -[e]s, -e:
1. *[größere] gesellschaftliche Veranstaltung:* nach dem Einzug in das neue Haus gaben sie ein großes Fest; ein Fest feiern, veranstalten, ausrichten; jmdn. zu einem Fest einladen. **Syn.:** ²Ball, bunter Abend, Feier, Fete (ugs.), Gesellschaft, Party, Runde, Vergnügen. **Zus.:** Betriebsfest, Erntefest, Familienfest, Faschingsfest, Frühlingsfest, Gartenfest, Geburtstagsfest, Grillfest, Hochzeitsfest, Kinderfest, Kostümfest, Schulfest, Schützenfest, Sommerfest, Sportfest, Stadtfest, Stadtteilfest, Tanzfest, Turnfest, Volksfest.
2. *religiöser, kirchlicher Feiertag:* die Kirche feiert mehrere Feste im Laufe des Jahres. **Zus.:** Dreieinigkeitsfest, Dreikönigsfest, Erntedankfest, Erscheinungsfest, Laubhüttenfest, Osterfest, Passahfest, Pfingstfest, Reformationsfest, Versöhnungsfest, Weihnachtsfest.

¹-fest [fɛst] ⟨adjektivisches Suffixoid mit substantivischem Basiswort⟩ (nur selten in Bezug auf Personen; besonders in der Fach- und Werbesprache):
1. *gesichert, geschützt, widerstandsfähig, resistent, unempfindlich gegenüber dem im Basiswort Genannten:* **a)** *das sich schädlich auf etwas auswirken könnte:* druckfest; dürrefest; feuerfest; frostfest; hitzefest; kältefest; krisenfest; kugelfest; stoßfest; wärmefest; wasserfest; wetterfest; winterfest; ⟨elliptisch⟩ spülmaschinenfest *(von einer solchen Beschaffenheit, dass die Beanspruchung durch die Spülmaschine nicht schadet);* waschmaschinenfest. **Syn.:** -beständig, -echt, -geeignet, -gerecht, -sicher, -stark. **b)** *das als Schaden o. Ä. hervorgerufen werden könnte:* abriebfest; bruchfest; korrosionsfest; verschleißfest. **Syn.:** -frei.
2. *beständig hinsichtlich des im Basiswort Genannten:* charakterfest; ortsfest; prinzipienfest.
3. *in dem im Basiswort Genannten gut Bescheid wissend:* bibelfest; satzungsfest.

²-fest [fɛst] ⟨adjektivisches Suffixoid mit verbalem Basiswort⟩ (nur selten in Bezug auf Personen; besonders in der Fach- und Werbesprache):
a) ⟨transitiv gebrauchtes Verb als Basis⟩ drückt aus, dass etwas so beschaffen ist, dass es durch die im Basiswort genannte Tätigkeit keinen Schaden nimmt: biegefest *(kann gebogen werden);* bügelfest; kochfest; kratzfest; scheuerfest; strapazierfest; waschfest. **Syn.:** -sicher. **b)** ⟨intransitiv gebrauchtes Verb als Basis⟩ drückt aus, dass der betreffende Gegenstand das im Basiswort Genannte nicht tut: knitter-, rutschfest. **c)** drückt aus, dass jemand standfest in Bezug auf das im Basiswort Genannte ist: trinkfest.

fest|bin|den [ˈfɛstbɪndn̩], band fest, festgebunden ⟨tr.; hat⟩: *durch Binden (an etwas) befestigen:* sie band das Pferd, das Boot an einem Baum fest.

fest|fah|ren [ˈfɛstfa:rən], fährt fest, fuhr fest, festgefahren ⟨+ sich⟩:
a) *beim Fahren in etwas stecken bleiben:* der Wagen hat sich, ist im Schlamm festgefahren.
b) *nicht weitergehen, blockiert werden:* die Verhandlungen haben sich, sind festgefahren. **Syn.:** ins Stocken geraten, stagnieren, stecken bleiben (ugs.), stocken.

fest|hal|ten [ˈfɛsthaltn̩], hält fest, hielt fest, festgehalten:
1. ⟨tr.; hat⟩ *nicht loslassen, mit der Hand halten und so daran hindern, sich zu entfernen:* sie hielt das Kind [am Arm] fest. **Syn.:** zurückhalten.
2. ⟨+ sich⟩ *sich an etwas halten (um nicht zu fallen):* sie hielten sich am Geländer fest; in der Straßenbahn musst du dich [gut] festhalten.
3. ⟨itr.; hat⟩ *jmdn., etwas nicht aufgeben; von jmdm., etwas nicht abgehen; (bei etwas) bleiben:* er hält an seinem Außenminister, an seiner Meinung, Überzeugung fest. **Syn.:** aufrechterhalten, behalten, behaupten, beibehalten, bewahren, bleiben bei, nicht aufgeben.
4. ⟨tr.; hat⟩ *in Bild, Ton, Schrift fixieren:* ein Ereignis im Film, auf Video festhalten; eine Person in Stein, Erz festhalten. **Syn.:** aufnehmen, aufschreiben, aufzeichnen, niederlegen, niederschreiben, notieren, schriftlich festhalten, schriftlich niederlegen, skizzieren, zu Papier bringen.

fes|ti|gen [ˈfɛstɪgn̩]:
a) ⟨tr.; hat⟩ *widerstandsfähiger, kräftiger, stärker, fester machen:* der Aufenthalt in den Bergen festigte ihre Gesundheit; er hat seine Stellung gefestigt. **Syn.:** befestigen, bekräftigen, bestärken, erhärten, stabilisieren, stärken, vertiefen. **b)** ⟨+ sich⟩ *widerstandsfähiger, fester, kräftiger, stärker werden:* durch den Erfolg festigte sich seine Position.

Fes|tig|keit [ˈfɛstɪçkai̯t], die; -:
1. *Widerstandsfähigkeit gegen Bruch durch Härte, Dichte, feste Beschaffenheit:* Beton besitzt eine hohe Festigkeit. **Syn.:** Stabilität.
2. a) *standhaftes, entschlossenes Verhalten:* mit Festigkeit auftreten; mit Geduld und Festigkeit

verhandeln. **Syn.:** Ausdauer, Beharrlichkeit, Bestand, Beständigkeit, Härte, Kontinuität. **b)** *Unerschütterlichkeit:* die Festigkeit seines Glaubens.

Fest|land ['fɛstlant], das; -[e]s, Festländer ['fɛstlɛndɐ]:
1. *zusammenhängende Fläche einer geografischen Einheit im Unterschied zu den dazugehörenden Inseln:* das europäische, griechische Festland. **Syn.:** Kontinent.
2. ⟨ohne Plural⟩ *aus festem Boden bestehender Teil der Erdoberfläche im Unterschied zum Meer:* nach zwei Wochen auf See betraten wir endlich wieder Festland. **Syn.:** Land.

fest|le|gen ['fɛstle:gn̩], legte fest, festgelegt ⟨tr.; hat⟩:
1. a) *aufgrund von Überlegungen, Gesprächen o. Ä. bestimmen, was oder wann etwas gemacht werden soll:* sie legten den Tag für ihre Reise fest; wir müssen noch den Preis festlegen. **Syn.:** angeben, anordnen, ansetzen, befinden über (geh.), diktieren, festmachen, festsetzen, fixieren, regeln, vereinbaren, verfügen, verhängen, verordnen, vorschreiben. **b)** *jmdn., sich in Bezug auf etwas binden:* den Hersteller auf einen frühen Liefertermin festlegen; du hast dich mit diesen Äußerungen festgelegt. **Syn.:** beim Wort nehmen, festnageln (ugs.), verpflichten.
2. *(einen Geldbetrag) langfristig anlegen:* ich habe einiges Geld [zu günstigen Bedingungen] festgelegt.

fest|lich ['fɛstlɪç] ⟨Adj.⟩:
a) *einem Fest angemessen, entsprechend:* ein festliches Kleid; die Feier wurde sehr festlich begangen; der Saal ist festlich geschmückt. **b)** *den Charakter eines Festes habend:* ein festlicher Opernabend; die Stimmung war sehr festlich. **Syn.:** feierlich.

fest|lie|gen ['fɛstli:gn̩], lag fest, festgelegen ⟨itr.; hat; südd., österr., schweiz. auch: ist⟩:
1. *sich [auf einem Untergrund] festgefahren haben und nicht mehr weiterkommen:* das Schiff liegt außerhalb der Fahrrinne fest. **Syn.:** auf Grund gelaufen sein, festsitzen.
2. *fest abgemacht, festgesetzt sein:* der Termin für die Konferenz liegt schon seit Monaten fest. **Syn.:** beschlossen sein, entschieden sein, feststehen.

fest|ma|chen ['fɛstmaxn̩], machte fest, festgemacht:
1. ⟨tr.; hat⟩ **a)** *fest anbringen, binden (an etwas):* das Boot am Ufer festmachen; sie machte den Hund an der Kette fest. **Syn.:** anbinden, anmachen (ugs.), befestigen, festbinden, festmachen, fixieren, montieren. **b)** *auf etwas zurückführen, beziehen:* diese Behauptung lässt sich an drei Beobachtungen festmachen; dieser Begriff lässt sich an bestimmten Eigenschaften festmachen.
2. ⟨tr.; hat⟩ *fest vereinbaren:* einen Termin festmachen. **Syn.:** ansetzen, bestimmen, festlegen, festsetzen.
3. ⟨itr.; hat⟩ *(von Schiffen) anlegen:* die Jacht hat im Hafen festgemacht. **Syn.:** ankommen, landen.

fest|na|geln ['fɛstna:gl̩n], nagelte fest, festgenagelt ⟨tr.; hat⟩:
1. *durch Annageln befestigen:* eine Leiste festnageln.
2. (ugs.) *jmdn. zwingen, bei einer eingenommenen Haltung zu bleiben:* man hat ihn auf sein Versprechen festgenagelt. **Syn.:** beim Wort nehmen, festlegen, verpflichten.

fest|neh|men ['fɛstne:mən], nimmt fest, nahm fest, festgenommen ⟨tr.; hat⟩:
in polizeilichen Gewahrsam nehmen: die Polizei nahm mehrere Verdächtige fest. **Syn.:** abführen, dingfest machen, einsperren (ugs.), ergreifen, fassen, festsetzen, gefangen nehmen, hinter Schloss und Riegel bringen (ugs.), in Arrest nehmen, in Haft nehmen, ins Loch stecken (ugs.), schnappen (ugs.), verhaften.

Fest|plat|te ['fɛstplatə], die; -, -n:
fest im Computer eingebaute Magnetplatte als Speichermedium: eine Datei auf der Festplatte speichern.

fest|schrei|ben ['fɛstʃrai̯bn̩], schrieb fest, festgeschrieben ⟨tr.; hat⟩:
als gültig, unveränderbar festlegen; sanktionieren: die Männer haben ihre Vormachtstellung festgeschrieben; die Kürzung der gesetzlichen Leistungen soll nicht festgeschrieben werden. **Syn.:** festsetzen.

fest|set|zen ['fɛstzɛt͜sn̩], setzte fest, festgesetzt:
1. ⟨tr.; hat⟩ *durch Absprache, Beschluss bestimmen, festlegen:* einen Termin, eine Strafe, eine Gebühr, einen Betrag festsetzen. **Syn.:** angeben, anordnen, ansetzen, befinden über (geh.), diktieren, regeln, vereinbaren, verfügen, verhängen, verordnen, vorschreiben.
2. ⟨+ sich⟩ *haften bleiben:* der Schnee setzt sich an den Skiern, der Schmutz an den Schuhen fest. **Syn.:** sich ansammeln, hängen bleiben, liegen bleiben.
3. ⟨tr.; hat⟩ *in Haft nehmen:* einige der Demonstrierenden wurden vorübergehend festgesetzt; sie wurde wegen Steuerhinterziehung festgesetzt. **Syn.:** abführen, dingfest machen, einsperren, ergreifen, fassen, festnehmen, gefangen nehmen, hinter Schloss und Riegel bringen (ugs.), in Arrest nehmen, in Gewahrsam nehmen, ins Loch stecken (ugs.), schnappen (ugs.), verhaften.

fest|sit|zen ['fɛstzɪt͜sn̩], saß fest, festgesessen ⟨itr.; hat; südd., österr., schweiz. auch: ist⟩:
1. *gut befestigt sein:* die Schrauben sitzen ziemlich fest im Holz. **Syn.:** fest sein.
2. *sich (auf, in etwas) festgefahren haben und nicht mehr weiterkommen:* wir sitzen mit einem Motorschaden auf der Autobahn fest; das Schiff saß [auf dem Grund] fest. **Syn.:** auf Grund gelaufen sein, festliegen.

fest|ste|hen ['fɛstʃte:ən], stand fest, festgestanden ⟨itr.; hat; südd., österr., schweiz auch: ist⟩:
fest abgemacht, sicher, gewiss sein: es steht fest, dass sie morgen kommt; der Termin steht noch nicht genau fest. **Syn.:** beschlossen sein, entschieden sein, festliegen.

fest|stel|len ['fɛstʃtɛlən], stellte fest, festgestellt:
1. ⟨tr.; hat⟩ *in Erfahrung bringen, ausfindig machen:* man hat seinen Geburtsort nicht feststellen können. **Syn.:** [1]erfahren, erforschen, erkunden, ermitteln, eruieren (bildungsspr.), finden,

F
fest

herausbekommen, herausbringen, lokalisieren, recherchieren.
2. ⟨tr.; hat⟩ *auf etwas aufmerksam werden:* er stellte plötzlich fest, dass sein Portemonnaie nicht mehr da war. **Syn.:** bemerken, beobachten, entdecken, merken, sehen.
3. ⟨itr.; hat⟩ *mit Entschiedenheit sagen, zum Ausdruck bringen:* ich möchte feststellen, dass diese Aussage nicht zutrifft. **Syn.:** äußern, behaupten, betonen, herausstellen, hervorheben, hinweisen auf, sagen, unterstreichen.
4. *durch Einstellen festmachen:* die Rückenlehne feststellen.

Fes|tung [ˈfɛstʊŋ], die; -, -en:
befestigte Anlage zur Verteidigung: bei der Eroberung war die Festung zerstört worden. **Syn.:** Bollwerk (früher), Burg.

Fe|te [ˈfeːtə], die; -, -n (ugs.):
Feier, Fest, Party: wir wollen eine Fete geben, machen; auf eine/zu einer Fete gehen.

fett [fɛt] ⟨Adj.⟩:
1. *viel Fett enthaltend:* fetter Käse; wir essen meistens zu fett *(Speisen, die zu viel Fett enthalten).* **Syn.:** gehaltvoll.
2. *Fett an, in sich habend; mit viel Fett[gewebe] ausgestattet, viel Fett angesetzt habend* /Ggs. mager/: fetter Speck; ein fettes Schwein.
3. (emotional) *[übermäßig] dick:* ein fetter Kerl; er ist in letzter Zeit richtig fett geworden. **Syn.:** aufgedunsen, beleibt, drall, feist, füllig, korpulent, kugelrund (scherzh.), rund, üppig (ugs.).
4. *aufgrund guten Nährbodens fruchtbar-üppig:* fettes Gras; eine fette Weide. **Syn.:** ergiebig, ertragreich, fruchtbar.
5. (Jugendspr.) *hervorragend; sehr gut, schön:* eine fette Party. **Syn.:** cool (ugs.), famos (ugs.), geil (salopp, bes. Jugendspr.), heiß (emotional), klasse (ugs.), scharf (ugs.), spitze (ugs.), stark (ugs.), super (ugs.), toll.

Fett [fɛt], das; -[e]s, -e:
a) *im Körper von Menschen und Tieren vorkommendes weiches Gewebe:* die Gans hat viel Fett. **Zus.:** Depotfett, Nierenfett, Organfett, Zellfett. **b)** *aus tierischen und pflanzlichen Zellen gewonnener oder synthetisch hergestellter Stoff, der als Nahrungsmittel oder als Schmierstoff dient:* pflanzliche, tierische Fette; Butter enthält überwiegend Fett; das Lager muss mit Fett geschmiert werden. **Syn.:** Öl, Schmalz, Speck, Talg. **Zus.:** Kokosfett, Pflanzenfett, Schweinefett, Speisefett.

fet|ten [ˈfɛtn̩], fettete, gefettet:
1. ⟨tr.; hat⟩ *mit Fett einschmieren:* das Lager einer Maschine fetten. **Syn.:** abschmieren, schmieren.
2. ⟨itr.; hat⟩ **a)** *Fett durchlassen:* das Papier, in das die Butter eingewickelt war, fettete. **b)** *(von Salben o. Ä.) viel Fett enthalten:* eine fettende Salbe; diese Creme fettet nicht.

fet|tig [ˈfɛtɪç] ⟨Adj.⟩:
a) *(in unerwünschter oder unangenehmer Weise) mit Fett durchsetzt; mit Fett bedeckt:* fettiges Papier; die Haare waren fettig geworden. **Syn.:** ölig, schmierig. **b)** *[viel] Fett enthaltend:* eine fettige Salbe.

Fet|zen [ˈfɛt͜sn̩], der; -s, -:
abgerissenes Stück (Stoff, Papier o. Ä.): Fetzen von Papier lagen auf dem Boden; die Tapeten hingen in Fetzen von der Wand.

fet|zig [ˈfɛt͜sɪç] ⟨Adj.⟩ (Jugendspr.):
besonders toll, mitreißend: fetzige Musik; ein fetzig gestaltetes Jugendmagazin. **Syn.:** schmissig (ugs.).

feucht [fɔy̯çt] ⟨Adj.⟩:
ein wenig nass; ein wenig mit Wasser o. Ä. durchzogen, bedeckt: die Wäsche ist noch feucht; feuchte Luft; das Gras war feucht von Tau; seine Augen schimmerten feucht. **Syn.:** klamm.

Feuch|tig|keit [ˈfɔy̯çtɪçkai̯t], die; -:
das Feuchtsein; leichte Nässe: die Feuchtigkeit der Luft, des Bodens war gering. **Syn.:** Dampf, Dunst, Nässe, Wasser. **Zus.:** Luftfeuchtigkeit.

feu|dal [fɔy̯ˈdaːl] ⟨Adj.⟩:
1. *den Feudalismus betreffend, auf ihn gegründet:* eine feudale Gesellschaftsordnung.
2. (ugs.) *vornehm; einen herrschaftlichen Eindruck erweckend:* ein feudales Restaurant; wir sind richtig feudal essen gegangen. **Syn.:** nobel (geh.).

Feu|da|lis|mus [fɔy̯daːˈlɪsmʊs], der; -:
auf dem Lehnsrecht aufgebaute Wirtschafts- u. Gesellschaftsform, in der die Herrschaft und Grundbesitz in den Händen der aristokratischen Oberschicht liegen: das Mittelalter war vom Feudalismus geprägt.

Feu|er [ˈfɔy̯ɐ], das; -s, -:
1. a) *sichtbarer Vorgang der Verbrennung, bei dem sich Flammen und Hitze entwickeln:* das Feuer im Ofen brennt gut; beim Johannesfest springen Verliebte über ein Feuer; bei dem Unfall hatte das Auto Feuer gefangen. **Syn.:** Feuer, Flamme, Flammen ⟨Plural⟩, Lohe (geh.), Lohen ⟨Plural⟩ (geh.). **Zus.:** Herdfeuer, Holzfeuer, Kaminfeuer, Kartoffelfeuer, Kohlenfeuer, Lagerfeuer.
b) *[sich ausbreitendes] Schaden anrichtendes, zerstörendes Feuer* (1 a): das Feuer vernichtete mehrere Häuser; moderne Kleidung fängt leicht Feuer. **Syn.:** Brand.
2. ⟨ohne Plural⟩ *das Schießen:* die Feinde haben das Feuer eröffnet *(zu schießen begonnen).* **Zus.:** Artilleriefeuer, Flakfeuer, Gegenfeuer, Kanonenfeuer.

Feu|er|be|stat|tung [ˈfɔy̯ɐbəʃtatʊŋ], die; -, -en:
Form der Bestattung, bei der die Leiche verbrannt und dann in einer Urne beerdigt wird: mein atheistischer Großvater hat die Feuerbestattung einer Erdbestattung vorgezogen.

feu|er|ge|fähr|lich [ˈfɔy̯ɐɡəfɛːɐ̯lɪç] ⟨Adj.⟩:
leicht zu entzünden: feuergefährliche Stoffe dürfen nicht in der Garage gelagert werden. **Syn.:** explosiv.

Feu|er|lö|scher [ˈfɔy̯ɐlœʃɐ], der; -s, -:
mit feuerlöschendem Pulver oder Schaum gefülltes, tragbares Gerät zur Bekämpfung von kleineren Bränden: auf jeder Etage hängt ein Feuerlöscher.

feu|ern [ˈfɔy̯ɐn]:
1. ⟨itr.; hat⟩ *einen Schuss, Schüsse abgeben:* die Soldaten feuerten ohne Unterbrechung.
2. ⟨tr.; hat⟩ (ugs.) *mit Wucht irgendwohin befördern:* die Kinder feuerten ihre Schultaschen in die Ecke. **Syn.:** donnern (ugs.), knallen (ugs.), pfeffern (ugs.), schmeißen (ugs.), werfen.
3. ⟨tr.; hat⟩ (ugs.) *aus einem Arbeitsverhältnis entlassen:* 150

Personen werden ohne ersichtlichen Grund gefeuert; er ist nach dem Skandal sofort gefeuert worden. **Syn.:** auf die Straße setzen (ugs.), vor die Tür setzen (ugs.).

Feu|er|wehr ['fɔyɐveːɐ̯], die; -, -en: *Mannschaft, die Brände bekämpft, Brandschäden abwehrt, betroffene Personen rettet und bei Katastrophen Hilfe leistet:* wir müssen die Feuerwehr alarmieren; die freiwillige *(nicht berufsmäßige)* Feuerwehr. **Zus.:** Betriebsfeuerwehr, Werk[s]feuerwehr.

Feu|er|werk ['fɔyɐvɛrk], das; -[e]s, -e: *durch das Abschießen von explosiven Produkten hervorgerufene akustische und optische Effekte (am dunklen nächtlichen Himmel):* ein Feuerwerk abbrennen, veranstalten; ein buntes, prächtiges Feuerwerk.

Feu|er|zeug ['fɔyɐtsɔyk], das; -[e]s, -e: *kleines, handliches, mit Gas gefülltes Gerät, mit dem man eine kleine Flamme entzünden kann:* die Zigarette, Kerzen mit dem Feuerzeug anzünden.

Feuil|le|ton [føjə'tõː], das; -s, -s: *unterhaltender, literarischer oder kultureller Teil einer Zeitung:* sie schreibt fürs Feuilleton; wir lesen am liebsten das Feuilleton.

feu|rig ['fɔyrɪç] ⟨Adj.⟩: *voller Temperament, voller Leidenschaft:* ein feuriges Pferd; er war ein feuriger Liebhaber; sie warfen sich feurige Blicke zu. **Syn.:** dynamisch, heftig, lebhaft, leidenschaftlich, rassig, stürmisch, temperamentvoll, vehement, vital, wild.

Fich|te ['fɪçtə], die; -, -n: **1.** *Nadelbaum mit meist gleichmäßig um den Zweig angeordneten kurzen, einzelnen Nadeln und länglichen, hängenden Zapfen:* die Fichte fällen. **2.** ⟨ohne Plural⟩ *Holz der Fichte:* ein Schrank aus Fichte, in Fichte.

fi|cken ['fɪkn̩] (derb): **a)** ⟨itr.; hat⟩ *Geschlechtsverkehr ausüben:* mit jmdm. ficken; die beiden ficken gerade; er ist total blöd, aber er kann gut ficken. **Syn.:** sich begatten, bumsen (salopp), es treiben (ugs.), Geschlechtsverkehr haben, ins Bett gehen (ugs.), ins Bett steigen (ugs.), intime Beziehungen haben, koitieren, sich lieben, sich paaren, Sex haben. **b)** ⟨tr.; hat⟩ *mit jmdm. Geschlechtsverkehr ausüben:* er fickt sie; sie hat ihn gefickt; er fickt ihn [in den Arsch]. **Syn.:** begatten, bumsen (salopp), koitieren, lieben, schlafen mit, verkehren mit.

fi|del [fi'deːl] ⟨Adj.⟩ (ugs.): *vergnügt, von unbeschwerter Fröhlichkeit:* dein Freund ist ein ganz fideler Bursche; sie ist munter und fidel. **Syn.:** aufgedreht (ugs.), aufgekratzt (ugs.), ausgelassen, freudig, froh, fröhlich, heiter, lustig, munter, spaßig, unbekümmert, unbeschwert.

Fie|ber ['fiːbɐ], das; -s: *(als Anzeichen einer Krankheit) auf über 38° C ansteigende Körpertemperatur:* ich muss Fieber messen; der Patient hat hohes Fieber. **Syn.:** [erhöhte] Temperatur.

fie|ber|haft ['fiːbɐhaft] ⟨Adj.⟩: *mit großer Hast bemüht (etwas Bestimmtes noch rechtzeitig zu schaffen):* eine fieberhafte Suche nach den Verschütteten setzte ein; sie überlegte fieberhaft, was sie anziehen sollte; er arbeitet fieberhaft an fünf neuen Songs. **Syn.:** aufgeregt, eilig, erregt, hastig, hektisch, kopflos, nervös.

fie|bern ['fiːbɐn], fieberte, gefiebert ⟨itr.; hat⟩: **1.** *Fieber haben:* die Kranke fiebert seit zwei Tagen. **Syn.:** fiebrig sein, [erhöhte] Temperatur haben. **2.** *(vor Erwartung) voll innerer Unruhe sein:* er fieberte danach, sie endlich kennenzulernen.

fieb|rig ['fiːbrɪç] ⟨Adj.⟩: *mit Fieber verbunden:* eine fiebrige Erkrankung; fiebrig glänzende Augen; das Kind sieht fiebrig aus.

fies [fiːs] ⟨Adj.⟩ (ugs.): *als widerwärtig, gemein, höchst unangenehm empfunden:* ein fieser Kerl; fieses Verhalten; das war ganz schön fies von dir; der sieht fies aus. **Syn.:** abscheulich, abstoßend, eklig, garstig, grässlich (ugs.), gräulich (emotional), hässlich, scheußlich, unappetitlich, unsympathisch, widerlich (abwertend).

Fi|gur [fi'guːɐ̯], die; -, -en: **1.** *Körperform, äußere Erscheinung eines Menschen im Hinblick auf ihre Proportioniertheit:* sie hat eine gute Figur; diese Übung erhält die Figur; ich muss etwas für meine Figur tun. **Syn.:** Gestalt, Konstitution, Körper, Leib (geh.), Statur, Wuchs. **Zus.:** Idealfigur. **2.** *[künstlerische] plastische Darstellung von einem Menschen oder Tier:* die Künstlerin schafft Figuren aus Holz und Stein. **Syn.:** Skulptur, Statue. **Zus.:** Heiligenfigur, Kühlerfigur, Porzellanfigur, Wachsfigur. **3.** *Gebilde aus Linien oder Flächen:* sie malte Figuren aufs Papier. **4. a)** *Person, Persönlichkeit (in ihrer Wirkung auf ihre Umgebung, auf die Gesellschaft):* sie war eine beherrschende Figur ihrer Zeit; sie ist eine unsympathische Figur. **Syn.:** Erscheinung, Gestalt, Mensch. **Zus.:** Identifikationsfigur, Integrationsfigur, Symbolfigur, Vaterfigur. **b)** *handelnde Person in einem Werk der Dichtung:* die Figuren des Dramas; eine Figur aus einem Märchen. **Syn.:** Gestalt, Rolle. **Zus.:** Märchenfigur, Romanfigur. **5.** *Spielstein besonders beim Schachspiel.* **Zus.:** Schachfigur, Spielfigur.

fik|tiv [fɪk'tiːf] ⟨Adj.⟩: *nur angenommen, erdacht, erdichtet:* der Roman schildert ein fiktives Geschehen; die Handlung ist fiktiv. **Syn.:** ausgedacht, erfunden, nicht real, nicht wirklich, vorgetäuscht.

Fi|li|a|le [fi'li̯aːlə], die; -, -n: *kleineres Geschäft, Unternehmen o. Ä., das zu einem größeren entsprechenden Geschäft oder Unternehmen gehört:* dieses Geschäft hat noch eine Filiale in einem anderen Stadtteil; drei Filialen wurden geschlossen. **Syn.:** Agentur, Geschäftsstelle, Niederlassung, Zweigstelle.

Film [fɪlm], der; -[e]s, -e: **1.** *[zu einer Rolle aufgewickelter] Streifen aus einem mit einer lichtempfindlichen Schicht überzogenen Material für fotografische Aufnahmen.* **Zus.:** Farbfilm, Mikrofilm, Schmalfilm, Schwarz-Weiß-Film.

2. *mit der Filmkamera aufgenommene Abfolge von bewegten Bildern, Szenen, Handlungsabläufen o. Ä., die zur Vorführung im Kino oder zur Ausstrahlung im Fernsehen bestimmt ist:* in diesem Film spielen nur unbekannte Schauspieler. **Syn.:** Streifen (ugs.). **Zus.:** Abenteuerfilm, Amateurfilm, Dokumentarfilm, Fernsehfilm, Gangsterfilm, Horrorfilm, Kinderfilm, Kulturfilm, Kurzfilm, Pornofilm, Tierfilm, Unterhaltungsfilm.
3. *dünne Schicht, die die Oberfläche von etwas bedeckt.* **Zus.:** Fettfilm, Gleitfilm, Ölfilm, Schmutzfilm.

fil|men ['fɪlmən]:
1. ⟨tr.; hat⟩ *(einen Vorgang, ein Geschehen) mit der Kamera aufnehmen:* sie filmt am liebsten ihre eigenen Kinder; ⟨auch itr.⟩ er filmt schon seit vielen Jahren mit dieser Kamera. **Syn.:** aufzeichnen, einen Film drehen über, einen Film machen über, Filmaufnahmen machen von.
2. ⟨itr.; hat⟩ *bei einem Film mitwirken:* dieser Schauspieler filmt häufig im Ausland. **Syn.:** drehen, einen Film drehen, einen Film machen.

Fil|ter ['fɪltɐ], der, fachspr. auch: das; -s, -:
a) *durchlässiges Material, das zum Filtern von flüssigen oder gasförmigen Stoffen verwendet wird:* in dieser Kläranlage dient Kies als Filter. **Syn.:** Sieb. **Zus.:** Luftfilter, Staubfilter. **b)** *Vorrichtung, mit deren Hilfe feste Stoffe von Flüssigkeiten oder Gasen getrennt werden:* eine Zigarette mit Filter; Filter für die Kaffeemaschine kaufen. **c)** *Vorrichtung, durch die bestimmte Strahlen von etwas ferngehalten werden:* bei Sonne und Schnee muss man mit einem Filter fotografieren. **Zus.:** Farbfilter, Strahlenfilter.

fil|tern ['fɪltɐn] ⟨tr.; hat⟩:
a) *Flüssigkeit durch einen Filter laufen lassen und so von festen Bestandteilen trennen:* Kaffee, Tee filtern. **Syn.:** seihen, [1]sieben. **b)** *(Licht) durch einen Filter gehen lassen und dadurch unerwünschte Bestandteile entfernen:* durch das Glas werden die Strahlen gefiltert. **Syn.:** absorbieren.

Filz [fɪlt͜s], der; -es, -e:
1. *dicker Stoff aus gepressten Fasern:* ein aus Filz hergestellter Hut. **Zus.:** Haarfilz.
2. (ugs.) *ineinander verflochtene Machtverhältnisse, die durch Begünstigung bei der Ämterverleihung o. Ä. zustande kommen:* die Opposition hat schon mehrmals den Filz im Rathaus angeprangert. **Zus.:** Ämterfilz, Parteienfilz.

fil|zen ['fɪlt͜sn̩], filzte, gefilzt:
1. ⟨itr.; hat/auch: ist⟩ *(von Stoffen) wie Filz werden; verfilzen:* die Wolle filzt leicht.
2. ⟨tr.; hat⟩ (ugs.) *gründlich durchsuchen und dabei kontrollieren:* der Aufseher hat die Gefangenen gefilzt; das Gepäck wurde gründlich gefilzt. **Syn.:** durchsehen, kontrollieren.

Fi|na|le [fi'na:lə], das; -s, -:
1. *letzter Satz eines größeren Instrumentalwerkes:* das Finale einer Sinfonie. **Syn.:** Schluss.
2. *abschließender Kampf bei einem sportlichen Wettbewerb, in dem der endgültige Gewinner, die endgültige Gewinnerin ermittelt wird:* die Mannschaft hat sich für das Finale qualifiziert. **Syn.:** Endspiel. **Zus.:** Achtelfinale, Cupfinale, Halbfinale, Pokalfinale, Viertelfinale.

Fi|nan|zen [fi'nant͜sn̩], die ⟨Plural⟩:
a) *Einkünfte des Staates oder einer Körperschaft:* die Finanzen der Gemeinde waren geordnet. **Zus.:** Bundesfinanzen, Staatsfinanzen. **b)** ⟨Plural⟩ (ugs.) *Geld, das jmd. zur Verfügung hat:* mit meinen Finanzen steht es schlecht. **Syn.:** Mittel ⟨Plural⟩, Vermögen.

fi|nan|zi|ell [finan't͜si̯ɛl] ⟨Adj.⟩:
das Geld, Vermögen betreffend: die finanzielle Situation des Vereins ist nicht erfreulich; er hat finanzielle Schwierigkeiten; die Bauern sollen einen finanziellen Ausgleich bekommen. **Syn.:** materiell, wirtschaftlich.

fi|nan|zie|ren [finan't͜si:rən] ⟨tr.; hat⟩:
a) *(für etwas) das erforderliche Geld zur Verfügung stellen:* dieses Projekt muss der Staat finanzieren; sie haben ihren Kindern das Studium finanziert. **Syn.:** aufkommen für, bezahlen. **b)** *mithilfe eines Kredits kaufen:* ein Auto finanzieren. **Syn.:** auf Kredit kaufen, auf Pump kaufen (ugs.), auf Raten kaufen.

fin|den ['fɪndn̩], fand, gefunden:
1. a) ⟨tr.; hat⟩ *zufällig oder durch Suchen entdecken:* ein Geldstück, den verlorenen Schlüssel finden. **Syn.:** auffinden, aufspüren, aufstöbern, auftun (ugs.), ausfindig machen, ausmachen, stoßen auf, treffen auf, vorfinden. **b)** ⟨+ sich⟩ *wieder entdeckt werden, zum Vorschein kommen:* das gesuchte Buch hat sich jetzt gefunden. **Syn.:** auftauchen, gefunden werden, wieder auftauchen. **c)** ⟨tr.; hat⟩ *durch Überlegen, Nachdenken auf etwas kommen:* einen Fehler finden; es muss ein neues Konzept gefunden werden; sie findet immer die richtigen Worte. **Syn.:** ausfindig machen, entdecken, ermitteln, eruieren (bildungsspr.), feststellen, herausbekommen, herausbringen, kommen auf, lokalisieren, recherchieren, stoßen auf, treffen auf.
2. ⟨itr.; hat⟩ *halten (für etwas), der Meinung sein:* er findet sich schön; ich finde, dass sie recht hat. **Syn.:** annehmen, denken, der Ansicht sein, der Auffassung sein, glauben, meinen.

finden / befinden:
s. Kasten Seite 379.

Fin|der|lohn ['fɪndɐlo:n], der; -[e]s:
Belohnung, die der Finder, die Finderin eines verlorenen Gegenstandes erhält: den Finderlohn erhalten; einen Finderlohn geben, zahlen.

fin|dig ['fɪndɪç] ⟨Adj.⟩:
in einer mit gewisser Bewunderung betrachteten Weise klug und gewitzt: er ist ein findiger Kopf. **Syn.:** clever, durchtrieben, gerissen (ugs.), gewieft (ugs.), listig, pfiffig, raffiniert, schlau.

Fin|ger ['fɪŋɐ], der; -s, -:
eines der fünf beweglichen Glieder der Hand des Menschen: die Hand hat fünf Finger; der kleine Finger; einen Ring an den Finger stecken; sie kann auf zwei Fingern pfeifen. **Zus.:** Mittelfinger, Ringfinger, Zeigefinger.

fin|ger|fer|tig ['fɪŋɐfɛrtɪç] ⟨Adj.⟩:
geschickt mit den Fingern (bei einer Tätigkeit, zu der man besonders die Finger gebraucht): sie ist eine fingerfertige Näherin; der Zauberer war sehr fin-

finden/befinden

Die beiden Verben kommen sich in der Bedeutung nahe, werden aber unterschiedlich gebraucht. Das Verb **finden** hat mehr den Sinn *eine bestimmte persönliche Ansicht über jemanden oder etwas haben:*	Das Verb **befinden** bedeutet *nach eingehender Prüfung zu einer Erkenntnis kommen* und wird mit »für« oder »als« verbunden:
– Ich finde das ganz in Ordnung. – Ich finde ihn langweilig.	– Der Verräter wurde für/als schuldig befunden. – Man befand mich für/als würdig, in die Gemeinschaft aufgenommen zu werden.

gerfertig. **Syn.:** beweglich, flink, gewandt.

Fin|ger|na|gel ['fɪŋɐna:gl̩], der; -s, Fingernägel ['fɪŋɐnɛ:gl̩]: *kleine, schildförmige Platte aus Horn auf der Oberseite des vordersten Fingergliedes:* sie lackierte sich die Fingernägel; sich die Fingernägel schneiden; er bohrte die Fingernägel in die Handflächen; viele Menschen kauen Fingernägel/an den Fingernägeln.

Fin|ger|spit|zen|ge|fühl ['fɪŋɐʃpɪts̮n̩gəfy:l], das; -s: *Einfühlungsvermögen im Umgang mit Menschen und Dingen:* für diese schwierige Aufgabe fehlt es ihm an Fingerspitzengefühl; sie besitzt das nötige Fingerspitzengefühl für personelle Entscheidungen. **Syn.:** Takt, Taktgefühl, Zartgefühl.

Fink [fɪŋk], der; -en, -en: *kleiner Singvogel mit buntem Gefieder und kegelförmigem Schnabel:* im Garten haben sich Finken ein Nest gebaut. **Zus.:** Bergfink, Buchfink, Distelfink, Schneefink.

fins|ter ['fɪnstɐ] ⟨Adj.⟩:
1. *als besonders dunkel empfunden; völlig ohne Licht:* draußen war finstere Nacht. **Syn.:** dämmrig, düster.
2. *(als optischer Eindruck) düster und bedrohlich:* man muss durch eine finstere Gasse gehen; sie macht ein finsteres Gesicht; ein finsterer Bursche; das Gebäude wirkt finster. **Syn.:** beklemmend, gespenstisch, gruselig, schauerlich, schaurig, unheimlich.

Fins|ter|nis ['fɪnstɐnɪs], die; -: *als besonders tief empfundene Dunkelheit:* bei der Finsternis im Treppenhaus konnte man nichts erkennen; sie gingen hinaus in die Finsternis der Nacht.

Fin|te ['fɪntə], die; -, -n: *Äußerung, Handlung o. Ä., die das Ziel hat, einen anderen über seine eigentliche Absicht, sein eigentliches Vorhaben zu täuschen, ihn irrezuführen; Vorwand; Täuschung:* das war nur eine Finte von ihr; er hat mich durch eine Finte getäuscht. **Syn.:** Bluff, Kniff (ugs.), List, Schwindel, Trick.

Fir|le|fanz ['fɪrləfants̮], der; -es (ugs. abwertend):
a) *etwas, was als überflüssiges Beiwerk, wertloses Zeug angesehen wird:* an den Buden auf dem Markt gab es kitschige Andenken und anderen Firlefanz zu kaufen. **Syn.:** Kram, Krimskrams (ugs.), Mist (ugs. abwertend), Plunder (ugs.), Ramsch (ugs. abwertend), Schnickschnack (ugs., meist abwertend), Zimt (ugs. abwertend). **b)** *Unsinn, dummes Zeug, dummes Gerede:* das ist doch alles Firlefanz, was du da redest. **Syn.:** Blech (ugs. abwertend), Blödsinn (ugs. abwertend), Flachs (ugs.), kalter Kaffee (salopp), Kohl (ugs. abwertend), Krampf (ugs.), Mist (ugs. abwertend), Quark (ugs.), Quatsch (ugs.), Scheiße (derb abwertend), Schnickschnack (ugs., meist abwertend), Schwachsinn (ugs. abwertend), Stuss (ugs. abwertend), Zimt (ugs. abwertend).

firm [fɪrm]: in der Wendung **in etwas** (Dativ) **firm sein** (veraltend): *in einem Fachgebiet sicher, geübt sein:* ich bin ziemlich firm in der Gestaltung von Websites; er ist noch nicht sehr firm im Autofahren. **Syn.:** in etwas [2]beschlagen sein, in etwas kundig sein, in etwas qualifiziert sein, in etwas routiniert sein, in etwas sachkundig sein, in etwas sattelfest sein.

Fir|ma ['fɪrma], die; -, Firmen ['fɪrmən]: *Unternehmen der Wirtschaft, Industrie* (Abkürzung: Fa.): eine Firma gründen; einer großen Firma angehören; für eine Firma arbeiten. **Syn.:** Betrieb, Geschäft. **Zus.:** Baufirma, Konkurrenzfirma, Lieferfirma, Zulieferfirma.

Fir|ma|ment [fɪrma'mɛnt], das; -[e]s (geh.): *Himmel, Himmelsgewölbe:* die Sterne am Firmament strahlten hell und klar. **Syn.:** Äther (geh.), Sternenhimmel.

Fisch [fɪʃ], der; -[e]s, -e:
1. *im Wasser lebendes, durch Kiemen atmendes Wirbeltier mit einem von Schuppen bedeckten Körper und Flossen, mit deren Hilfe es sich fortbewegt:* Fische fangen, braten, räuchern; die Fische schwimmen im Wasser. **Zus.:** Aquarienfisch, Flussfisch, Raubfisch, Seefisch, Speisefisch, Süßwasserfisch, Zierfisch.
2. *Gericht, Speise aus zubereitetem Fisch* (1): freitags essen wir immer Fisch. **Zus.:** Backfisch, Bratfisch, Kochfisch.

fi|schen ['fɪʃn̩] ⟨tr.; hat⟩: *Fische fangen:* sie fischen Heringe; ⟨auch itr.⟩ sie fischen mit Netzen. **Syn.:** angeln, Fischfang betreiben.

Fi|scher ['fɪʃɐ], der; -s, -: *Person, deren Beruf das Fangen von Fischen ist:* die Fischer fahren mit ihren Booten aufs Meer hinaus. **Syn.:** Angler. **Zus.:** Küstenfischer, Muschelfischer.

Fi|sche|rei [fɪʃə'rai̯], die; -: *das gewerbsmäßige Fangen von Fischen:* von der Fischerei leben. **Zus.:** Binnenfischerei, Flussfischerei, Hochseefischerei, Küstenfischerei.

Fi|sche|rin ['fɪʃərɪn], die; -, -nen: weibliche Form zu ↑Fischer.

Fisole [fi'zo:lə], die; -, -n (österr.): *grüne Bohne* (b): Fisolen pflücken, ernten; zu Mittag gab es Lammkeule mit Fisolen.

Fis|tel|stim|me ['fɪstl̩ʃtɪmə], die; -, -n: *unangenehm hohe Stimme (besonders bei Männern):* er sprach mit leiser Fistelstimme.

fit [fɪt] ⟨Adj.⟩:
in guter körperlicher, gesundheitlicher Verfassung: sie ist eine fitte Sportlerin; in seinem Beruf muss er immer fit sein; wir halten uns durch tägliches Joggen fit. **Syn.:** frisch, gesund, gesund und munter, gut drauf (ugs.), in Form, kräftig, munter, rüstig, trainiert.

Fit|ness [ˈfɪtnɛs], die; -:
gute körperliche Verfassung (aufgrund regelmäßigen Trainings): durch Joggen die Fitness verbessern. **Syn.:** gute Kondition.

fix [fɪks] ⟨Adj.⟩:
1. *auf eine feste Summe o. Ä. festgelegt:* fixe Kosten; diese Preise sind fix. **Syn.:** fest.
2. (ugs.) *in bewundernswerter, erfreulicher Weise schnell (in der Ausführung von etwas):* mach fix!; das geht fix von der Hand; er arbeitet sehr fix. **Syn.:** behänd[e], eilig, flink, forsch, geschwind (veraltend, noch landsch.), hastig, hurtig (veraltend, noch landsch.), mit affenartiger Geschwindigkeit (ugs.), mit einem Affentempo (ugs.), mit einem Affenzahn (ugs.), rapid[e], rasant, rasch, spritzig, stürmisch, wie der Blitz (ugs.), wie der Wind (ugs.), wie die Feuerwehr (ugs.), wie ein geölter Blitz (ugs.), zügig.
3. * **fix und fertig** (ugs.): **1.** *mit einer Arbeit o. Ä. ganz fertig:* nach zwei Stunden waren sie fix und fertig mit Packen. **2.** *völlig erschöpft:* der Umzug hat sie fix und fertig gemacht.

Fi|xer [ˈfɪksɐ], der; -s, -, **Fi|xe|rin** [ˈfɪksərɪn], die; -, -nen (ugs.):
Person, die von solchen Drogen abhängig ist, die eingespritzt werden: auf dem Bahnhofsklo hängen viele Fixerinnen und Fixer herum.

fi|xie|ren [fɪˈksiːrən] ⟨tr.⟩:
1. *schriftlich in verbindlicher Form formulieren:* das Ergebnis der Verhandlungen wurde im Protokoll fixiert. **Syn.:** aufschreiben, aufzeichnen, festhalten, niederlegen, niederschreiben, notieren, schriftlich festhalten, schriftlich niederlegen, skizzieren, zu Papier bringen, zur Niederschrift bringen, zusammenstellen.
2. a) *befestigen, festmachen:* das Gestell wurde mit Klammern fixiert. **b)** *(einen entwickelten Film) unempfindlich gegen den Einfluss von Licht machen:* sie fixierte den Film. **c)** *durch Besprühen mit einem schnell trocknenden Mittel haltbar, beständig machen:* der Maler fixierte das Bild; fixieren Sie die Frisur mit Haarlack.
3. *scharf und ohne seinen Blick abzuwenden ansehen, anstarren:* einen bestimmten Punkt in der Ferne aussuchen und fixieren; die Richterin setzte ihre Brille auf und fixierte den Angeklagten. **Syn.:** angucken (ugs.), anschauen (bes. südd., österr., schweiz.), ansehen, betrachten, blicken auf, sehen auf.

FKK [ɛfkaːˈkaː]:
Freikörperkultur; das Baden und Sichbewegen in der freien Natur mit nacktem Körper: am Strand machen wir gerne FKK.

flach [flax] ⟨Adj.⟩:
1. *ohne größere Erhebung oder Vertiefung; in der Breite ausgedehnt:* flaches Gelände; er musste sich flach hinlegen; ein Schlag mit der flachen *(geöffneten, ausgestreckten)* Hand. **Syn.:** [1]eben, glatt, platt, waagerecht.
2. *von geringer Höhe:* ein flacher Bau; sie trägt flache Absätze. **Syn.:** klein, nieder (landsch.), niedrig.
3. *nicht sehr tief:* ein flaches Gewässser; nimm einen flachen Teller. **Syn.:** nieder (landsch.), niedrig, seicht.
4. *ohne [gedankliche] Tiefe und daher nichtssagend, unwesentlich:* eine flache Unterhaltung; seine Ausführungen waren ziemlich flach. **Syn.:** abgedroschen (ugs.), alltäglich, geistlos, gewöhnlich, leer, niveaulos, oberflächlich, ohne Gehalt, ohne Tiefgang, schal, seicht (ugs.), trivial.

Flä|che [ˈflɛçə], die; -, -n:
1. *Gebiet mit einer Ausdehnung in Länge und Breite:* eine Fläche von 1 000 Quadratmetern. **Syn.:** Areal, Bereich, Bezirk, Feld, Gegend, Gelände, Raum, Region, Terrain, Territorium, Zone. **Zus.:** Ackerfläche, Anbaufläche, Gewerbefläche, Nutzfläche.
2. *[glatte] Seite, Oberfläche (eines Gegenstandes):* ein Würfel hat sechs Flächen.

flach|fal|len [ˈflaxfalən], fällt flach, fiel flach, flachgefallen ⟨itr.; ist⟩ (ugs.):
(von einem erwarteten oder erhofften Ereignis) nicht stattfinden: wegen des Regens fiel die Veranstaltung flach. **Syn.:** ausfallen, entfallen, ins Wasser fallen (ugs.), wegfallen.

Flachs [flaks], der; -es:
1. a) *blau oder weiß blühende Pflanze mit bastreichen Stängeln und ölhaltigen Samen:* der Anbau von Flachs ist selten geworden. **b)** *Faser der Flachspflanze, die zu Leinen verarbeitet wird:* Flachs spinnen.
2. (ugs.) *leichthin gemachte spaßige Äußerung [mit der man einen anderen neckt]:* Flachs machen; das war nur Flachs. **Syn.:** Jux (ugs.), Quatsch (ugs.), Scherz, Spaß, Ulk, Witz.

flach|sen [ˈflaksn̩] ⟨itr.; hat⟩ (ugs.):
scherzend Unsinn reden: was er sagte, war nicht ernst gemeint, er hat nur geflachst.

fla|ckern [ˈflakɐn] ⟨itr.; hat⟩:
a) *unruhig, mit zuckender Flamme brennen:* die Kerzen flackerten im Wind. **b)** *(vom elektrischen Licht) ungleichmäßig hell leuchten, in kurzen, unregelmäßigen Abständen an- und ausgehen:* die Neonröhre flackert.

Fla|geo|lett [flaʒoˈlɛt], das; -s, -e und -s:
besonders hohe Flöte.

Flag|ge [ˈflagə], die; -, -n:
an einer Leine befestigte Fahne als Hoheits-, Ehrenzeichen eines Staates, [im Seewesen] als Erkennungszeichen und Verständigungsmittel, die an einem Flaggenmast gehisst oder befestigt wird: die Flagge hissen; das Schiff fährt unter britischer, amerikanischer, neutraler Flagge. **Syn.:** Banner, Standarte, Wimpel. **Zus.:** Admiralsflagge, Europaflagge, Landesflagge, Schiffsflagge, Staatsflagge.

flag|gen [ˈflagn̩] ⟨itr.; hat⟩:
eine Fahne hissen: wegen des Feiertages hatten die öffentlichen Gebäude geflaggt. **Syn.:** die Fahne aufziehen, die Fahne raushängen (ugs.), die Flagge aufziehen, die Flagge raushängen (ugs.).

fla|grant [fla'grant] ⟨Adj.⟩ (bildungsspr.):
offenkundig, ins Auge fallend: ein besonders flagranter Verstoß gegen das internationale Abkommen. **Syn.:** augenscheinlich, deutlich, offenbar, offensichtlich.

Flair [flɛ:ɐ̯], das; -s:
die einen Menschen oder eine Sache umgebende, als angenehm empfundene Note (4), *Atmosphäre:* das Flair der Großstadt; sie umgab sich mit einem Flair von Extravaganz. **Syn.:** Fluidum (geh.).

Flam|me ['flamə], die; -, -n:
leuchtende, nach oben spitz auslaufende, zungenförmige, meist bläuliche oder gelbrote Erscheinung, die bei der Verbrennung von bestimmten brennbaren Stoffen entsteht: die Flamme der Kerze brennt ruhig; eine Flamme schießt empor. **Syn.:** Feuer, Lohe (geh.). **Zus.:** Gasflamme, Zündflamme.

fla|nie|ren [fla'ni:rən], flanierte, flaniert ⟨itr.; hat/ist⟩:
ohne ein bestimmtes Ziel langsam umherschlendern [um andere zu sehen und sich sehen zu lassen]: durch die belebten Geschäftsstraßen flanieren. **Syn.:** bummeln (ugs.), ein paar Schritte gehen (ugs.), einen Bummel machen (ugs.), einen Spaziergang machen, promenieren (geh.), spazieren, spazieren gehen, wandeln (geh.).

Flan|ke ['flaŋkə], die; -, -n:
1. *weicher seitlicher Teil des Rumpfes [von Tieren]:* das Pferd stand mit zitternden Flanken da. **Syn.:** Seite.
2. *rechte oder linke Seite einer marschierenden oder in Stellung gegangenen militärischen Einheit:* sie wurden an der linken Flanke von Panzern angegriffen. **Zus.:** Ostflanke, Westflanke.
3. a) *Stützsprung über ein Turngerät, bei dem eine gestreckte Körperseite dem Gerät zugewendet ist:* mit einer Flanke vom Barren abgehen. **b)** *das [halb]hohe Zuspielen des Balles vor das gegnerische Tor von der Seite her:* eine hohe Flanke schlagen.

flan|kie|ren [flaŋ'ki:rən] ⟨tr.; hat⟩:
zu beiden Seiten (von jmdm., etwas) stehen, gehen: ein Oberleutnant, flankiert von zwei Grenadieren, schritt hinter dem Sarg her; eine von Gummibäumen flankierte Ecke der Halle; flankierende *(unterstützende)* Maßnahmen. **Syn.:** begleiten, gehen mit, geleiten (geh.), mitgehen mit.

Fla|sche ['flaʃə], die; -, -n:
[verschließbares] Gefäß (aus Glas, Metall oder Kunststoff) mit enger Öffnung und Halsansatz, besonders für Flüssigkeiten: eine Flasche Wasser aus dem Keller holen; Bier aus der Flasche trinken. **Zus.:** Bierflasche, Champagnerflasche, Literflasche, Milchflasche, Parfumflasche, Pfandflasche, Sauerstoffflasche, Schnapsflasche, Wasserflasche, Weinflasche.

Fla|schen|zug ['flaʃn̩tsu:k], der; -[e]s, Flaschenzüge ['flaʃn̩tsy:gə]:
Vorrichtung zum Heben von Lasten, bei der ein Seil oder eine Kette über eine oder mehrere Rollen geführt wird: die Heuballen wurden mit dem Flaschenzug hochgezogen.

flat|ter|haft ['flatɐhaft] ⟨Adj.⟩ (abwertend):
unbeständig und oberflächlich, von unstetem Charakter: ein flatterhafter Mensch; er ist flatterhaft; sie wirkt sehr flatterhaft. **Syn.:** wankelmütig (geh. abwertend).

flat|tern ['flatɐn], flatterte, geflattert:
1. ⟨itr.; ist⟩ **a)** *mit schnellen Bewegungen der Flügel [aufgeregt hin und her] fliegen:* Schmetterlinge flattern in der Luft. **b)** *(von Blättern, Papierstücken o. Ä.) vom Wind oder einem Luftzug bewegt weitergetragen werden:* Blätter flattern durch die Luft; die Geldscheine sind auf die Erde geflattert.
2. ⟨itr.; hat⟩ *im Wind wehen; heftig hin und her bewegt werden:* die Wäsche flattert im Wind; eine Fahne flattert auf dem Dach.

flau [flau̯] ⟨Adj.⟩:
a) *matt, schwach:* sie hat ein flaues Gefühl im Magen; ihm ist, wird flau *(schlecht)*. **Syn.:** schlecht, übel. **b)** *(in Bezug auf Geschäftliches) nicht den Erwartungen entsprechend, schlecht:* die flaue Konjunktur ankurbeln; das Geschäft ist flau.

Flaum [flau̯m], der; -[e]s:
a) *die weichen, zarten Federn unter dem eigentlichen Gefieder der Vögel:* den Küken wächst sehr schnell ein dichter Flaum. **Syn.:** Daunen ⟨Plural⟩. **Zus.:** Entenflaum. **b)** *[erster] dünner zart-weicher Haarwuchs (z. B. in Bezug auf den Bart):* ein zarter Flaum zeigte sich auf seinem Kinn. **Syn.:** Bart, Haare ⟨Plural⟩. **Zus.:** Bartflaum.

Flausch [flau̯ʃ], der; -[e]s, -e:
weiches Gewebe aus Wolle: ein Mantel aus dickem Flausch.

flau|schig ['flau̯ʃɪç] ⟨Adj.⟩:
weich wie Flausch: sie hüllte sich in ihren flauschigen Bademantel.

Flau|sen ['flau̯zn̩], die ⟨Plural⟩ (ugs.):
dummer oder lustiger Einfall; Unsinn: sie wird ihm die Flausen schon austreiben; er hat nichts als Flausen im Kopf. **Syn.:** Blödsinn (ugs. abwertend), dummes Zeug, Dummheiten ⟨Plural⟩, Mätzchen ⟨Plural⟩ (ugs.), Quatsch (ugs.), Unfug.

Flau|te ['flau̯tə], die; -, -n:
1. *geringe Luftbewegung; Windstille:* wegen der Flaute können wir nicht segeln gehen.
2. *Zeit, in der keine Nachfrage nach bestimmten Waren herrscht:* es herrscht eine allgemeine Flaute. **Zus.:** Absatzflaute, Konjunkturflaute.
3. *vorübergehende lustlose Stimmung:* in der zweiten Halbzeit hatte die Mannschaft eine Flaute.

flä|zen ['flɛ:tsn̩] ⟨+ sich⟩ (ugs. abwertend):
sich ungeniert-zwanglos, mehr liegend als sitzend auf etwas niederlassen, befinden: er fläzte sich gähnend in die/in der Sofaecke; in den Nischen fläzen sich Menschen auf den Bänken. **Syn.:** sich aalen (ugs.), sich ausstrecken, sich lümmeln (ugs.), sich rekeln.

Flech|te ['flɛçtə], die; -, -n:
1. *Ausschlag der Haut in Form von Krusten oder Schuppen:* er hatte eine nasse Flechte am Hals. **Syn.:** Ekzem. **Zus.:** Bartflechte, Bläschenflechte, Eiterflechte, Hautflechte, Schuppenflechte.
2. *den Boden bewachsende Algen oder Pilze:* Rentiere ernähren

sich hauptsächlich von Flechten. **Zus.:** Laubflechte, Moosflechte, Pilzflechte.

flech|ten ['flɛçtn̩], flicht, flocht, geflochten ⟨tr.; hat⟩:
Haarsträhnen, Blumen, Weidenruten o. Ä. ineinanderschlingen und auf diese Weise etwas herstellen: einen Zopf, einen Kranz, einen Korb flechten. **Syn.:** binden.

Fleck [flɛk], der; -[e]s, -e, **Fle|cken** ['flɛkn̩], der; -s, -:
a) *unsaubere Stelle:* die Tischdecke hat einige Flecke[n]. **Syn.:** Klecks, Spritzer. **Zus.:** Blutfleck[en], Farbfleck[en], Fettfleck[en], Grasfleck[en], Rostfleck[en], Rotweinfleck[en], Schmutzfleck[en], Tintenfleck[en]. **b)** *andersfarbige Stelle:* das Pferd hat einen weißen Fleck[en] auf der Stirn; sie hatte vom Sturz blaue Flecke[n] am ganzen Körper. **Syn.:** blauer Fleck, Bluterguss. **Zus.:** Altersfleck, Knutschfleck, Pigmentfleck.

Fle|der|maus ['fle:dɐmaus], die; -, Fledermäuse ['fle:dɐmɔyzə]:
kleines, meist insektenfressendes, nachtaktives Säugetier mit Flughäuten zwischen den Gliedmaßen und kurzem Kopf mit großen Ohren.

Fle|gel ['fle:gl̩], der; -s, -:
(abwertend) *[junger] Mann, dessen Benehmen als schlecht, als ungehörig empfunden wird:* er benimmt sich wie ein Flegel. **Syn.:** Grobian (abwertend), Lümmel (abwertend), Rabauke (ugs.), Rowdy (abwertend), Rüpel (abwertend), Schnösel (ugs. abwertend), ungehobelter Klotz (salopp abwertend).

fle|gel|haft ['fle:gl̩haft] ⟨Adj.⟩ (abwertend):
wie ein Flegel: er ist ein flegelhafter Bursche; sein Benehmen war äußerst flegelhaft. **Syn.:** derb, grob (abwertend), plump, rau, rüde, rüpelhaft (abwertend), ruppig (abwertend), unfreundlich, ungehobelt (abwertend), unhöflich, wie die Axt im Walde (ugs.).

fle|hen ['fle:ən] ⟨itr.; hat⟩ (geh.):
inständig bitten: der Gefangene flehte um sein Leben; um Gnade flehen; ein flehender Blick. **Syn.:** betteln, bohren (ugs.), drängeln, drängen, winseln (abwertend).

Fleisch [flaiʃ], das; -[e]s:
1. *aus Muskeln bestehende weiche Teile des menschlichen und tierischen Körpers:* er hat sich mit dem Messer tief ins Fleisch geschnitten. **Zus.:** Muskelfleisch.
2. a) *essbare Teile des tierischen Körpers:* das Essen bestand aus Fleisch, Kartoffeln und Gemüse. **Zus.:** Hackfleisch, Hammelfleisch, Hühnerfleisch, Rindfleisch, Schaffleisch, Schweinefleisch, Suppenfleisch. **b)** *weiche, essbare Teile von Früchten:* das Fleisch der Pfirsiche ist sehr saftig. **Zus.:** Fruchtfleisch.

Flei|scher ['flaiʃɐ], der; -s, -:
männliche Person, die berufsmäßig Vieh schlachtet, das Fleisch verarbeitet und verkauft: er will Fleischer werden. **Syn.:** Metzger (besonders westd., südd.), Schlachter (nordd.), Schlächter (nordd.).

Flei|sche|rei [flaiʃə'rai], die; -, -en:
Betrieb, Laden eines Fleischers, einer Fleischerin: wir kauften in der Fleischerei Wurst und Speck. **Syn.:** Fleischhauerei (österr.), Metzgerei (besonders westd., südd.).

Flei|sche|rin ['flaiʃərɪn], die; -, -nen:
weibliche Form zu ↑Fleischer.

Fleisch|hau|e|rei [flaiʃhauə'rai], die; -, -en (österr.):
Fleischerei. **Syn.:** Metzgerei (besonders westd., südd.).

flei|schig ['flaiʃɪç] ⟨Adj.⟩:
a) *viel Fleisch* (1) *habend:* sie hat sehr fleischige Hände. **Syn.:** dick. **b)** *viel weiche Substanz habend:* diese Früchte sind sehr fleischig.

Fleisch|kä|se ['flaiʃkɛ:zə], der; -s:
Gericht aus fein gehacktem Fleisch mit Gewürzen und Eiern, das gebacken und in Scheiben geschnitten serviert wird: Fleischkäse mit Kartoffelpüree; zwei Scheiben Fleischkäse.

Fleiß [flais], der; -es:
strebsames Arbeiten; ernsthafte und beharrliche Beschäftigung mit einer Sache: sein Fleiß ist sehr groß; durch Fleiß hat sie ihr Ziel erreicht. **Syn.:** Aktivität, Eifer, Einsatz, Hingabe, Tatkraft. **Zus.:** Bienenfleiß, Sammlerfleiß, Trainingsfleiß.

flei|ßig ['flaisɪç] ⟨Adj.⟩:
unermüdlich und zielstrebig viel arbeitend: beide sind sehr fleißige Menschen; das ist eine fleißige *(großen Fleiß beweisende)* Arbeit. **Syn.:** aktiv, arbeitsam (veraltend), beflissen (geh.), betriebsam, diensteifrig, eifrig, emsig (geh., oft iron.), geschäftig, rührig, strebsam, tätig, tatkräftig. **Zus.:** bienenfleißig.

flek|tie|ren [flɛk'ti:rən] ⟨tr.⟩:
ein Wort in seinen grammatischen Formen abwandeln: ein Substantiv, Adjektiv, Verb flektieren; das Deutsche gehört zu den flektierenden Sprachen. **Syn.:** beugen, deklinieren, konjugieren.

flen|nen ['flɛnən] ⟨itr.; hat⟩ (ugs. abwertend):
heftig weinen: der Kleine fiel hin und flennte; hör auf zu flennen! **Syn.:** brüllen (ugs.), heulen (ugs.), plärren (abwertend), quäken, quengeln (ugs.), wimmern.

flet|schen ['flɛtʃn̩] ⟨tr./itr.; hat⟩:
in der Wendung **die Zähne/mit den Zähnen fletschen:** *drohend die Zähne zeigen:* der Hund, der Löwe fletschte die Zähne/mit den Zähnen. **Syn.:** die Zähne blecken.

fle|xi|bel [flɛ'ksi:bl̩] ⟨Adj.⟩:
1. *biegsam, elastisch:* wir verwenden hier einen flexiblen Bucheinband; das Material ist sehr flexibel. **Syn.:** geschmeidig.
2. *fähig, sich an veränderte Umstände anzupassen:* eine flexible Arbeitszeitgestaltung; bei meinen Terminen bin ich flexibel; darauf muss man flexibel reagieren können. **Syn.:** variabel.

Fle|xi|bi|li|tät [flɛksibili'tɛ:t], die; -:
1. *flexible* (1) *Beschaffenheit; Biegsamkeit, Elastizität:* die Flexibilität des Materials muss noch verbessert werden.
2. *Fähigkeit zu flexiblem* (2), *anpassungsfähigem Verhalten:* von unseren Mitarbeiterinnen und Mitarbeitern erwarten wir Leistungsbereitschaft und Flexibilität; in einer Partnerbeziehung ist Flexibilität besonders wichtig.

fli|cken ['flɪkn̩] ⟨tr.; hat⟩:
(etwas, was schadhaft geworden ist) ausbessern, reparieren: eine zerrissene Hose, Wäsche fli-

cken; sie flickte den Fahrradschlauch; wir haben das kaputte Dach notdürftig geflickt. **Syn.:** in Ordnung bringen, instand setzen, nähen, richten, stopfen, überholen, wieder ganz machen (ugs.).

Fli|cken ['flɪkn̩], der; -s, -: *kleines Stück Stoff, Leder o. Ä., das zum Ausbessern von etwas gebraucht wird:* ihre Hose hatte mehrere Flicken; einen Flicken einsetzen, aufsetzen.

Flie|der ['fli:dɐ], der; -s: **a)** *als Strauch wachsende Pflanze mit weißen oder lila, stark duftenden Blüten in großen Rispen:* der Flieder blüht; wir möchten Flieder in unserem Garten pflanzen. **b)** *blühende Zweige des Flieders:* ein Strauß Flieder; sie hat Flieder geschenkt bekommen.

Flie|ge ['fli:gə], die; -, -n:
1. *(in zahlreichen Arten vorkommendes) gedrungenes, kleines Insekt mit zwei Flügeln und kurzen Fühlern:* eine Fliege fangen, verjagen, totschlagen. **Zus.:** Aasfliege, Eintagsfliege, Fruchtfliege.
2. *quer gebundene, feste Schleife, die anstelle einer Krawatte getragen wird:* er bindet sich eine Fliege um; er trägt immer eine rote Fliege.

flie|gen ['fli:gn̩], flog, geflogen:
1. ⟨itr.; ist⟩ *sich (mit Flügeln oder durch die Kraft eines Motors) in der Luft fortbewegen:* die Vögel sind nach Süden geflogen; die Flugzeuge fliegen sehr hoch. **Syn.:** flattern, gaukeln, gleiten, schweben, schwirren, segeln.
2. ⟨itr.; ist⟩ *sich mit einem Luft-, Raumfahrzeug fortbewegen:* sie ist nach Amerika, in die USA, auf die Seychellen geflogen; die Astronauten fliegen zum Mond. **Syn.:** düsen (ugs.), reisen.
3. ⟨tr.; hat⟩ *(ein Flugzeug o. Ä.) steuern:* sie sucht den Piloten, der das Flugzeug geflogen hat.
4. ⟨itr.; ist⟩ *sich (durch einen Anstoß oder einen Luftzug) in der Luft fortbewegen:* Blätter, Steine sind durch die Luft geflogen. **Syn.:** flattern, gaukeln, geschleudert werden, geschossen werden, geworfen werden, gleiten, schweben, schwirren, segeln, stieben (geh.), wirbeln.
5. ⟨itr.; ist⟩ *sich flatternd hin und her bewegen:* die Fahnen fliegen im Wind.
6. ⟨itr.; ist⟩ (ugs.) *hinfallen, stürzen:* auf die Nase fliegen; pass auf, dass du nicht [von der Leiter] fliegst! **Syn.:** fallen, plumpsen (ugs.), purzeln.
7. ⟨itr.; ist⟩ (ugs.) *hinausgewiesen, entlassen werden:* nach diesem Skandal wird er [aus seinem Job] fliegen. **Syn.:** auf die Straße gesetzt werden (ugs.), den Hut nehmen müssen (ugs.), gefeuert werden (ugs.), in die Wüste geschickt werden (ugs.).
8. ⟨itr.; ist⟩ (ugs.) *von etwas stark angezogen werden:* sie fliegt auf diesen Typ Mann; er fliegt auf schnelle Wagen. **Syn.:** abfahren auf (ugs.), mögen.

Flie|ger ['fli:gɐ], der; -s, -:
1. *männliche Person, die ein Flugzeug fliegt:* die abgeschossenen Flieger konnten sich mit dem Fallschirm retten. **Syn.:** Pilot. **Zus.:** Heeresflieger.
2. (ugs.) *Flugzeug:* unser Flieger geht schon um halb fünf morgens; sie sitzen im Flieger nach Mallorca. **Syn.:** Maschine.

Flie|ge|rin ['fli:gərɪn], die; -, -nen: weibliche Form zu ↑Flieger (1).

flie|hen ['fli:ən], floh, geflohen ⟨itr.; ist⟩: *sich in großer Eile, Hast entfernen, um sich vor einer Gefahr in Sicherheit zu bringen:* sie flohen vor dem Unwetter; sie floh entsetzt aus dem Haus; der Gefangene konnte fliehen; der Verdächtige ist ins Ausland geflohen. **Syn.:** abhauen (ugs.), sich absetzen (ugs.), ausbrechen, ausreißen (ugs.), das Weite suchen, sich davonmachen (ugs.), die Fliege machen (salopp), die Flucht ergreifen, die Kurve kratzen (salopp), sich dünnmachen (ugs.), durchbrennen (ugs.), entfliehen, entkommen, entlaufen, entweichen, entwischen (ugs.), flüchten, Reißaus nehmen (ugs.), sein Heil in der Flucht suchen, sich aus dem Staub[e] machen (ugs.), stiften gehen (ugs.).

Flie|se ['fli:zə], die; -, -n: *kleine Platte zum Verkleiden von Wänden oder als Belag für Fußböden:* der Fußboden im Badezimmer war mit Fliesen aus gebranntem Ton ausgelegt. **Syn.:** Kachel. **Zus.:** Marmorfliese, Steinfliese, Wandfliese.

Fließ|band ['fli:sbant], das; -[e]s, Fließbänder ['fli:sbɛndɐ]: *mechanisch bewegtes Förderband in einer Fabrik, auf dem ein Gegenstand von einem Arbeitsplatz zum anderen befördert und in einzelnen Arbeitsgängen stufenweise hergestellt wird:* in diesem Betrieb wird am Fließband gearbeitet. **Syn.:** [1]Band.

flie|ßen ['fli:sn̩], floss, geflossen ⟨itr.; ist⟩: *(von flüssigen Stoffen, besonders von Wasser) sich gleichmäßig fortbewegen:* ein Bach fließt durch die Wiesen; Blut floss aus der Wunde; ein Zimmer mit fließendem Wasser *(mit Anschluss an die Wasserleitung);* der Champagner floss in Strömen *(es wurde sehr viel Champagner getrunken).* **Syn.:** sich ergießen, laufen, plätschern, [1]quellen, rinnen, sprudeln, strömen, tröpfeln, tropfen.

flie|ßend ['fli:sn̩t] ⟨Adj.⟩:
1. *ohne Stocken:* das Kind liest schon fließend; sie spricht fließend Englisch. **Syn.:** flüssig, ohne stecken zu bleiben, ohne zu stocken.
2. *ohne feste Abgrenzung:* fließende Übergänge; die Grenzen sind fließend.

flim|mern ['flɪmɐn] ⟨itr.⟩: *zitternd, unruhig glänzen:* die Sterne haben am nächtlichen Himmel geflimmert; über der Autobahn flimmert die Luft. **Syn.:** blinken, blitzen, funkeln, glitzern, leuchten, scheinen, schillern, schimmern, spiegeln, strahlen.

flink [flɪŋk] ⟨Adj.⟩: *rasch und geschickt:* sie arbeitet mit flinken Händen; sie bewegte sich flink und zielsicher. **Syn.:** behänd[e], fix (ugs.), geschwind (veraltend, noch landsch.), hurtig (veraltend, noch landsch.), rapid[e], rasant, schnell, spritzig, wie der Blitz (ugs.), wie der Wind (ugs.), zügig.

Flin|te ['flɪntə], die; -, -n: *Jagdgewehr zum Schießen mit Schrot:* der Jäger schoss auf alles, was ihm vor die Flinte kam. **Syn.:** Gewehr, Schusswaffe; *** die Flinte ins Korn werfen** (ugs.): *vorschnell aufgeben, ver-*

zagen: schon nach 3 Wochen hat er die Flinte ins Korn geworfen und gekündigt.

Flirt [flø:ɐ̯t], der; -s, -s:
a) *das Flirten:* ein harmloser Flirt. **b)** *kurze, unverbindliche Liebesbeziehung:* einen Flirt mit jmdm. haben/anfangen. **Syn.:** Abenteuer, Affäre, Liaison (bildungsspr. veraltend), Liebelei (abwertend), Techtelmechtel (ugs.), Verhältnis.

flir|ten [ˈflø:ɐ̯tn̩], flirtete, geflirtet ⟨itr.; hat⟩:
jmdm. durch ein bestimmtes Verhalten, durch Gesten, Blicke, scherzhafte Worte o. Ä. seine erotische Zuneigung bekunden und so eine erotische Beziehung anzubahnen suchen: er versuchte den ganzen Abend mit ihr zu flirten. **Syn.:** anbändeln (ugs.), kokettieren, schäkern.

Flitt|chen [ˈflɪtçən], das; -s, - (salopp abwertend):
[junge] Frau, die in anstößig-verwerflicher Weise schnell sexuelle Beziehungen zu Männern eingeht: er nannte sie ein Flittchen.

Flit|ter|wo|chen [ˈflɪtɐvɔxn̩], die ⟨Plural⟩:
a) *die ersten (meist als besonders unbeschwert und schön empfundenen) Wochen nach der Hochzeit.* **b)** *Hochzeitsreise:* ihre Flitterwochen verbrachten die jungen Eheleute im Gebirge; in die Flitterwochen fahren.

flit|zen [ˈflɪt͜sn̩], flitzte, geflitzt ⟨itr.; ist⟩ (ugs.):
sich sehr schnell [in einem Fahrzeug] bewegen: er flitzte über die Straße, um die Ecke; der Wagen flitzt über die Autobahn. **Syn.:** brausen (ugs.), eilen, hasten, huschen, jagen, laufen, preschen, rasen, rennen, sausen, schießen, sprinten (ugs.), spritzen (ugs.), spurten (ugs.), stürmen, stürzen.

Flo|cke [ˈflɔkə], die; -, -n:
1. *etwas, was aus leicht-lockerer Substanz besteht und bei geringem Lufthauch auffliegt oder in der Luft schwebt:* Flocken von Staub wirbelten auf; dicke Flocken (Schneeflocken) fielen vom Himmel. **Zus.:** Schneeflocke.
2. ⟨Plural⟩ *Getreidekörner, die durch Bearbeitung zu kleinen, dünnen Plättchen werden:* die Milch aufkochen lassen und dann die Flocken einrühren. **Zus.:** Haferflocken, Maisflocken.

Floh [flo:], der; -[e]s, Flöhe [ˈflø:ə]:
kleines Insekt, das sich hüpfend fortbewegt und blutsaugend auf Vögeln, Säugetieren und Menschen lebt: der Floh hüpft, springt; mich hat ein Floh gebissen; der Hund hat Flöhe; *** jmdm. einen Floh ins Ohr setzen** (ugs.): *jmdm. einen Gedanken eingeben/bei jmdm. einen Wunsch wecken, der diesen dann nicht mehr ruhen lässt:* mein Vater hat mir den Floh ins Ohr gesetzt, dass ich den Wettbewerb gewinnen könne.

Floh|markt [ˈflo:markt], der; -[e]s, Flohmärkte [ˈflo:mɛrktə]:
Markt, auf dem Trödel und gebrauchte Gegenstände verkauft werden: auf dem Flohmarkt seine alten Bücher und Schallplatten verkaufen; auf den Flohmarkt gehen.

Flop [flɔp], der; -s, -s (ugs.):
Misserfolg: ein großer, totaler, gigantischer, finanzieller Flop; das Buch war in den USA ein Flop, in Deutschland dagegen verkaufte es sich sehr gut; der Film erwies sich/entpuppte sich als ein großer Flop. **Syn.:** Fehlschlag, Pleite (ugs.), Reinfall (ugs.), Schlag ins Wasser (ugs.), Schuss in den Ofen (ugs.).

Flo|rett [floˈrɛt], das; -[e]s, -e:
Waffe zum Fechten mit biegsamer, vierkantiger Klinge und Handschutz: mit dem Florett fechten. **Syn.:** Stichwaffe.

flo|rie|ren [floˈri:rən] ⟨itr.⟩:
sich [geschäftlich] günstig entwickeln: nach dem Tode des Inhabers florierte das Geschäft nicht mehr; ein gut florierender Betrieb. **Syn.:** blühen, boomen, brummen (ugs.), gedeihen, gut gehen, in Schwung sein.

Flos|kel [ˈflɔskl̩], die; -, -n:
nichtssagende, formelhafte Redewendung: ihre Ansprache enthielt viele Floskeln; leere, abgedroschene Floskeln gebrauchen. **Syn.:** Allgemeinheit, Gemeinplatz, leere Redensart, Phrase.

Floß [flo:s], das; -es, Flöße [ˈflø:sə]:
Wasserfahrzeug aus zusammengebundenen Baumstämmen o. Ä.: als Kinder haben wir uns oft kleine Flöße gebaut; mit dem Floß den Fluss hinabfahren.

Flos|se [ˈflɔsə], die; -, -n:
1. *meist fächerförmiges Organ aus Haut und Knorpel, mit dem sich im Wasser lebende Tiere fortbewegen:* die Flosse des Haifischs ragte aus dem Wasser. **Zus.:** Brustflosse, Haifischflosse, Rückenflosse, Schwanzflosse.
2. *einer Flosse* (1) *nachgebildeter Schwimmschuh aus Gummi, den Schwimmer und Taucher anziehen, um im Wasser schneller vorwärtszukommen:* mit Flossen zu schwimmen macht viel mehr Spaß. **Zus.:** Schwimmflosse.
3. (ugs.) *Hand:* nimm deine Flossen da weg!

Flö|te [ˈflø:tə], die; -, -n:
rohrförmiges Blasinstrument aus Holz oder Metall, dessen Tonlöcher mit Klappen oder mit den Fingern geschlossen werden: [die] Flöte spielen; ein Lied auf der Flöte spielen. **Syn.:** Blockflöte.

flö|ten [ˈflø:tn̩], flötete, geflötet ⟨itr.; hat⟩:
1. *den Tönen einer Flöte ähnliche Laute erzeugen:* sie kann schön flöten; er flötete vor sich hin; ⟨auch tr.⟩ eine Melodie, ein Lied flöten.
2. *mit einschmeichelnder [hoher] Stimme sprechen:* »Ich komme gleich«, flötete sie. **Syn.:** sagen, säuseln.
3. *** flöten gehen** (ugs.): *verloren gehen, abhandenkommen:* durch den Streit ging ihre gute Laune flöten.

flott [flɔt] ⟨Adj.⟩:
1. *in einem angenehmen, erfreulichen Tempo [vor sich gehend, erfolgend], schnell, flink:* eine flotte Bedienung; er arbeitet sehr flott. **Syn.:** fix (ugs.), forsch, geschwind (veraltend, noch landsch.), hurtig (veraltend, noch landsch.), rasant, rasch, wie am Schnürchen (ugs.), wie der Blitz (ugs.), wie der Wind (ugs.), zügig.
2. a) *schick, lustig-locker [aussehend]:* ein flotter Hut. **b)** *(von Personen) hübsch, attraktiv [und unbekümmert]:* ein flottes Mädchen.
3. (Seemannssprache) *fahrbereit:* das Schiff ist wieder flott; nach der Reparatur ist das Auto nun wieder flott.

Flot|te ['flɔtə], die; -, -n:
a) *alle [Kriegs]schiffe, die einem Staat oder einem privaten Eigentümer gehören:* die englische Flotte; dieser Reeder hat eine große Flotte. **Syn.:** Marine. **Zus.:** Handelsflotte, Kriegsflotte.
b) *größere Anzahl von Schiffen, Booten o. Ä.:* eine Flotte von Fischerbooten verließ den Hafen. **Syn.:** Konvoi, Verband.

Fluch [flu:x], der; -[e]s, Flüche ['fly:çə]:
1. *im Zorn gesprochenes, böses Wort [mit dem man jmdn. oder etwas verwünscht]:* einen Fluch aussprechen, ausstoßen; mit einem kräftigen Fluch verließ er das Haus.
2. ⟨ohne Plural⟩ *Unheil, Verderben:* ein Fluch liegt über dieser Familie. **Syn.:** schlechter Stern, ungünstiger Stern, Verhängnis.

flu|chen ['flu:xn̩] ⟨itr.⟩:
mit heftigen oder derben Ausdrücken schimpfen: die Soldaten fluchten über das schlechte Essen, das man ihnen gab. **Syn.:** schelten.

Flucht [flʊxt], die; -:
1. a) *das Fliehen (vor einer Gefahr o. Ä.):* ihr gelang die Flucht vor den Verfolgern; sie wurden auf der Flucht erschossen; er rettete sich durch eine schnelle Flucht. **Syn.:** Rückzug; *** die Flucht ergreifen:** *[vor etwas, jmdm.] davonlaufen, fliehen:* der Dieb hat die Flucht ergriffen; *** jmdn. in die Flucht schlagen:** *jmdn. dazu bringen, zu fliehen, indem man sich selbst wehrt oder Gewalt androht:* mit einem Messer konnte sie den Einbrecher in die Flucht schlagen. **b)** *das unerlaubte und heimliche Verlassen eines Ortes oder Landes:* die Flucht aus dem Gefängnis; seine Flucht vorbereiten, organisieren.
2. *das Ausweichen aus einer [Lebens]situation, die als unangenehm oder nicht bewältigbar empfunden wird:* die Flucht in die Arbeit, in den Alkohol, in die Krankheit; die Flucht vor sich selbst.

flüch|ten ['flʏçtn̩], flüchtete, geflüchtet:
a) ⟨itr.; ist⟩ *(vor einer Gefahr) davonlaufen; sich in Sicherheit bringen:* als die fremden Soldaten kamen, flüchteten die Bewohner der Stadt; sie sind vor dem Gewitter in ein nahes Gebäude geflüchtet. **Syn.:** abhauen (ugs.), sich absetzen, das Weite suchen, sich davonmachen (ugs.), die Flucht ergreifen, die Kurve kratzen (salopp), sich dünnmachen (ugs.), fliehen, Reißaus nehmen (ugs.), sein Heil in der Flucht suchen, sich aus dem Staub[e] machen (ugs.), stiften gehen (ugs.), [2]türmen (ugs.), untertauchen, sich verdrücken (ugs.), sich verziehen (ugs.). **b)** ⟨+ sich⟩ *sich durch Flucht irgendwohin in Sicherheit bringen; vor etwas Unangenehmem irgendwohin davonlaufen:* sie flüchten sich vor dem Regen in einen Hauseingang; er flüchtete sich in den Alkohol, statt seine Probleme zu lösen; sie flüchten sich in eine Traumwelt.

flüch|tig ['flʏçtɪç] ⟨Adj.⟩:
1. *auf der Flucht* (1 b) *befindlich; geflüchtet:* der flüchtige Verbrecher wurde wieder gefangen; der Täter ist weiterhin flüchtig. **Syn.:** ausgebrochen, entflohen, entlaufen.
2. *von kurzer Dauer [und geringer Intensität]:* ein flüchtiger Blick; sie hat die Bilder nur flüchtig angesehen.
3. *oberflächlich, ungenau:* einen flüchtigen Eindruck von jmdm., einer Sache haben; ich kenne ihn nur flüchtig.
4. *schnell und daher ohne Sorgfalt:* er arbeitet sehr flüchtig. **Syn.:** lax, liederlich (abwertend), nachlässig, oberflächlich, schlampig (ugs.), schludrig (ugs. abwertend), ungenau.
5. *[leider] schnell vergehend:* flüchtige Augenblicke des Glücks. **Syn.:** kurz, kurzfristig, temporär, vorübergehend.

Flüch|tig|keits|feh|ler ['flʏçtɪçkai̯tsfe:lɐ], der; -s, -:
Fehler, der entsteht, wenn eine Arbeit flüchtig (3), *rasch und unaufmerksam ausgeführt wird:* ihr ist hier ein Flüchtigkeitsfehler unterlaufen; du hättest eine bessere Note schreiben können, wenn du nicht so viele Flüchtigkeitsfehler gemacht hättest.

Flücht|ling ['flʏçtlɪŋ], der; -s, -e:
Person, die vor jmdm. oder etwas flieht oder geflohen ist: ein politischer Flüchtling; sie kam als Flüchtling nach Deutschland; einen Flüchtling in einem Land aufnehmen, aus einem Land abschieben. **Syn.:** Asylant, Asylantin, Auswanderer, Auswanderin, Emigrant, Emigrantin.

Flug [flu:k], der; -[e]s, Flüge ['fly:gə]:
1. *das Fliegen; Fortbewegung in der Luft:* er beobachtete den Flug der Vögel, der Flugzeuge. **Zus.:** Blindflug, Gleitflug, Kunstflug, Segelflug.
2. *Reise im Flugzeug o. Ä.:* ein teurer, billiger Flug; ein Flug nach Amerika, in die USA; einen Flug buchen, stornieren, verpassen. **Syn.:** Reise. **Zus.:** Hinflug, Linienflug, Nachtflug, Nonstop-Flug, Rückflug.

Flug|blatt ['flu:kblat], das; -[e]s, Flugblätter ['flu:kblɛtɐ]:
Nachricht, Aufruf o. Ä. auf einem einzelnen Blatt, das in großen Mengen verteilt wird: sie verteilten vor dem Werkstor Flugblätter an die Arbeiter. **Syn.:** Pamphlet (bildungsspr. abwertend).

Flü|gel ['fly:gl̩], der; -s, -:
1. a) *paariger, am Rumpf sitzender Körperteil, mit dessen Hilfe Vögel und Insekten fliegen:* ein Schmetterling mit gelben Flügeln; der Vogel breitet seine Flügel aus. **Syn.:** Schwinge (geh.). **Zus.:** Insektenflügel, Schmetterlingsflügel. **b)** *** die Flügel hängen lassen:** *mutlos und bedrückt sein:* nur weil es diesmal nicht geklappt hat, musst du doch nicht gleich die Flügel hängen lassen!
2. *beweglicher Teil eines mehrgliedrigen [symmetrischen] Ganzen:* der rechte Flügel des Altars.
3. *seitlicher Teil eines Gebäudes:* sein Zimmer lag im linken Flügel des Krankenhauses. **Syn.:** Trakt. **Zus.:** Seitenflügel.
4. *Gruppierung innerhalb einer politischen oder weltanschaulichen Partei:* der linke, rechte Flügel der Partei; sie gehört dem linken Flügel der Partei an.
5. *größeres, dem Klavier ähnliches Musikinstrument auf drei Beinen, dessen Deckel hochgestellt werden kann (und in dem die Saiten waagerecht in Richtung der Tasten gespannt sind):* eine Sonate auf dem Flügel spielen; jmdn. am/auf dem Flügel begleiten. **Syn.:** Klavier.

flüg|ge ['flʏɡə] ⟨Adj.⟩:
(von jungen Vögeln) zum Fliegen fähig, so weit bereits entwickelt: nach einigen Wochen waren die jungen Vögel flügge und verließen das Nest.

Flug|ha|fen ['flu:kha:fn̩], der; -s, Flughäfen ['flu:khɛ:fn̩]:
größerer Flugplatz mit den dazugehörenden Gebäuden [für den Linienverkehr]: jmdn. zum Flughafen bringen, vom Flughafen abholen; einen Flughafen anfliegen.

Flug|platz ['flu:kplat͜s], der; -es, Flugplätze ['flu:kplɛt͜sə]:
Gelände mit [befestigten] Rollbahnen zum Starten und Landen von Luftfahrzeugen, mit Wartungseinrichtungen und technischen Anlagen zur Überwachung des Luftverkehrs [sowie Gebäuden zur Abfertigung von Passagieren und Frachtgut]: einen kleinen Flugplatz ansteuern. **Syn.:** Flughafen. **Zus.:** Militärflugplatz, Privatflugplatz.

Flug|zeug ['flu:kt͜sɔyk], das; -[e]s, -e:
Luftfahrzeug mit horizontal an den Seiten seines Rumpfes angebrachten Tragflächen: das Flugzeug startet, landet; das Flugzeug ist abgestürzt; er ist mit dem Flugzeug nach Berlin geflogen; das Flugzeug besteigen. **Syn.:** Flieger (ugs.), Maschine. **Zus.:** Begleitflugzeug, Kampfflugzeug, Passagierflugzeug, Rettungsflugzeug, Transportflugzeug, Überschallflugzeug, Wasserflugzeug.

Flu|i|dum ['flu:idʊm], das; -s (geh.):
Wirkung, die von einer Person oder Sache ausgeht und die eine bestimmte Atmosphäre schafft: diese Stadt hat ein besonderes Fluidum. **Syn.:** Atmosphäre, Flair.

Fluk|tu|a|ti|on [flʊktu̯a't͜si̯o:n], die; -, -en:
Wechsel [zwischen Mitarbeitern, die einen Betrieb verlassen, und jenen, die neu eintreten]: eine hohe, natürliche, normale, personelle Fluktuation; wegen der schlechten Arbeitsbedingungen herrscht in der Firma eine sehr hohe Fluktuation.

flun|kern ['flʊŋkɐn] ⟨itr.⟩:
(ugs.) *(beim Erzählen) nicht ganz bei der Wahrheit bleiben:* man kann nicht alles glauben, was er sagt, denn er flunkert gerne. **Syn.:** bluffen, die Unwahrheit sagen, es mit der Wahrheit nicht so genau nehmen, lügen, schwindeln (ugs.).

¹Flur [flu:ɐ̯], der; -[e]s, -e:
Gang, der die einzelnen Räume einer Wohnung oder eines Gebäudes miteinander verbindet: er wartete auf dem Flur, bis er ins Zimmer gerufen wurde. **Syn.:** Diele.

²Flur [flu:ɐ̯], die; -, -en (geh.):
offenes, unbebautes Kulturland: blühende Fluren; auf freier Flur. **Syn.:** Feld, Land.

Fluss [flʊs], der; -es, Flüsse ['flʏsə]:
1. *größeres fließendes Wasser:* sie badeten in einem Fluss. **Syn.:** Bach, fließendes Gewässer, Strom. **Zus.:** Nebenfluss, Quellfluss.
2. *stetige, fließende Bewegung, ununterbrochener Fortgang:* der Fluss der Rede, des Straßenverkehrs. **Zus.:** Gedankenfluss, Redefluss, Verkehrsfluss; *** im Fluss sein:** *in der Bewegung, in der Entwicklung sein, noch nicht endgültig abgeschlossen sein:* die Dinge sind noch im Fluss, alles kann sich noch ändern!

flüs|sig ['flʏsɪç] ⟨Adj.⟩:
1. *so beschaffen, dass es fließen kann:* flüssige Nahrung; die Butter ist durch die Wärme flüssig geworden. **Zus.:** dickflüssig, dünnflüssig, zähflüssig.
2. *ohne Stocken:* sie schreibt und spricht sehr flüssig.
3. *(von Geld, Kapital o. Ä.) verfügbar:* flüssige Gelder; ich bin im Moment nicht flüssig.

Flüs|sig|keit ['flʏsɪçkai̯t], die; -, -en:
ein Stoff in flüssigem Zustand: in der Flasche war eine helle Flüssigkeit.

flüs|tern ['flʏstɐn] ⟨tr.; hat⟩:
mit leiser Stimme sprechen: er flüsterte ihm schnell die Lösung der Aufgabe ins Ohr; ⟨auch itr.⟩ sie flüstert immer. **Syn.:** hauchen, murmeln, raunen, tuscheln, wispern, zischeln.

Flut [flu:t], die; -, -en:
1. ⟨ohne Plural⟩ *das Ansteigen des Meeres, das auf die Ebbe folgt* /Ggs. Ebbe/: die Flut kommt; sie badeten bei Flut; die Bewohner des Hafenviertels wurden von der Flut überrascht. **Syn.:** auflaufendes Wasser. **Zus.:** Springflut, Sturmflut.
2. ⟨Plural⟩ *[tiefes] strömendes Wasser:* viele Tiere waren in den Fluten umgekommen.
3. *** eine Flut von etwas:** *eine große Menge von etwas:* er bekam eine [wahre] Flut von Briefen.

Fö|de|ra|lis|mus [fødera'lɪsmʊs], der; -:
Organisation eines Bundesstaates, in der die Einzelstaaten relativ eigenständig sind: eine Reform des Föderalismus fordern.

Foh|len ['fo:lən], das; -s, -:
neugeborenes bzw. junges Tier von Pferd, Esel, Kamel und Zebra: die Stute hat ein Fohlen bekommen.

Föhn [fø:n], der; -[e]s, -e:
1. *warmer, trockener Wind von den Hängen der Alpen:* wir haben Föhn; bei Föhn bekommt sie immer Kopfschmerzen.
2. *elektrisches Gerät, das einen [heißen] Luftstrom erzeugt, der zum Trocknen der Haare dient:* sich mit dem Föhn die Haare trocknen.

Fol|ge ['fɔlɡə], die; -, -n:
1. *etwas, was aus einem bestimmten Handeln, Geschehen folgt:* fatale, schwere, unangenehme, verheerende Folgen befürchten; sein Leichtsinn hatte schlimme Folgen; die Folgen einer Entwicklung abschätzen, absehen, voraussehen können. **Syn.:** Ausfluss (geh.), Auswirkung, Effekt, Erfolg, Ergebnis, Konsequenz, Nachspiel, Nachwirkung, Resultat, Wirkung. **Zus.:** Todesfolge, Unfallfolge.
2. *Reihe von zeitlich aufeinanderfolgenden Dingen, Geschehnissen o. Ä.:* es kam zu einer ganzen Folge von Unfällen; in rascher Folge erschienen mehrere Romane dieses Autors. **Syn.:** Serie, Zyklus.

fol|gen ['fɔlɡn̩], folgte, gefolgt:
1. ⟨itr.; ist⟩ *hinter jmdm., einer Sache hergehen:* sie ist dem Vater ins Haus gefolgt; er folgte den Spuren im Schnee; er folgte ihnen mit den Augen. **Syn.:** nachfolgen, nachgehen, nachkommen, nachlaufen, verfolgen.
2. ⟨itr.; ist⟩ *verstehend nachvoll-*

ziehen: sie sind aufmerksam seinem Vortrag gefolgt; sie kann dem Unterricht nicht folgen. **Syn.:** verstehen.
3. ⟨itr.; ist⟩ *sich nach jmdm., etwas richten; etwas mitmachen:* sie sind dem Kurs der Regierung gefolgt.
4. ⟨itr.; ist⟩ *zeitlich nach jmdm., etwas kommen, sich anschließen:* dem kalten Winter folgte ein schönes Frühjahr; auf Kaiser Karl V. folgte Ferdinand I.; es folgen einige Kapitel über das Klima. **Syn.:** nachfolgen.
5. ⟨itr.; ist⟩ *aus etwas hervorgehen, sich mit logischer Konsequenz aus etwas ergeben:* aus dem, was du berichtest, folgt doch, dass wir dringend eingreifen müssen!
6. ⟨itr.; ist⟩ *sich von etwas leiten lassen:* sie ist immer ihrem Gefühl gefolgt.
7. ⟨itr.; hat⟩ *gehorchen:* das Kind will nicht folgen; der Hund folgt [ihr] aufs Wort. **Syn.:** hören auf (ugs.).

fol|gen|der|ma|ßen [ˈfɔlgn̩dɐˈmaːsn̩] ⟨Adverb⟩:
auf folgende Art und Weise: der Unfall hat sich folgendermaßen ereignet; das funktioniert folgendermaßen. **Syn.:** auf diese Art und Weise, auf diese Weise, in folgender Art und Weise, in folgender Weise, so.

fol|gern [ˈfɔlgɐn] ⟨tr.; hat⟩:
eine Schlussfolgerung aus etwas ziehen: aus seinen Worten folgerte man, dass er zufrieden sei mit der Arbeit; daraus lässt sich unschwer folgern, wer die Mörderin war. **Syn.:** ableiten, herleiten, schließen, schlussfolgern.

Fol|ge|rung [ˈfɔlgərʊŋ], die; -, -en:
Ergebnis einer Überlegung, [logischer] Schluss, den man aus einer Überlegung zieht: eine richtige, falsche, logische, zwingende Folgerung; eine Folgerung aus etwas ziehen. **Syn.:** Kombination, Schlussfolgerung.

folg|lich [ˈfɔlklɪç] ⟨Adverb⟩:
darum; aus diesem Grunde: es regnet, folglich müssen wir zu Hause bleiben. **Syn.:** also, demnach, deshalb, deswegen, infolgedessen, somit.

folg|sam [ˈfɔlkzaːm] ⟨Adj.⟩:
gehorsam, sich [als Kind] den Wünschen, Befehlen [der Erwachsenen] ohne Widerspruch fügend: ein folgsames Kind; mein Hund bellt nicht, beißt nicht und ist stets folgsam; die Spieler taten folgsam, was der Trainer ihnen befohlen hatte. **Syn.:** artig, brav, fügsam, lieb, willig.

Fo|lie [ˈfoːli̯ə], die; -, -n:
aus Metall oder einem Kunststoff in Bahnen hergestelltes, sehr dünnes Material zum Bekleben oder Verpacken: das Geschenk, die Blumen in Folie verpacken; sie deckte die Schüssel mit den restlichen Nudeln mit Folie ab. **Zus.:** Alufolie, Aluminiumfolie, Klarsichtfolie, Kunststofffolie, Plastikfolie, Silberfolie.

Fol|ter [ˈfɔltɐ], die; -, -n:
1. *das Foltern:* der Häftling starb bei/unter der Folter; ein Verbot der Folter fordern. **Syn.:** Marter, Tortur.
2. *Gerät oder Instrument, mit dem jmd. gefoltert wird:* jmdn. auf die Folter legen; *** jmdn. auf die Folter spannen:** *eine Person in Spannung versetzen, indem man ihr [bewusst] nicht das erzählt, worauf sie wartet:* spanne mich nicht länger auf die Folter und sage mir doch endlich, ob die Geschichte gut ausgeht!

fol|tern [ˈfɔltɐn] ⟨tr.⟩:
jmdm. große körperliche Qualen bereiten: die Gefangenen wurden gefoltert. **Syn.:** martern (geh.), misshandeln, peinigen (geh.), quälen.

Fön® [føːn], der; -s, -e:
(als eingetragenes Warenzeichen, sonst) ↑Föhn.

Fon|tä|ne [fɔnˈtɛːnə], die; -, -n:
a) *aufsteigender starker Wasserstrahl [eines Springbrunnens]:* aus dem Wasserbecken stieg eine hohe Fontäne auf. **b)** *Springbrunnen mit starkem Wasserstrahl:* im Schlossgarten stand eine barocke Fontäne.

fop|pen [ˈfɔpn̩] ⟨tr.; hat⟩:
im Scherz etwas sagen, was nicht stimmt, und einen anderen damit irreführen: er foppt gerne seinen besten Freund; ich lass mich von dir doch nicht foppen! **Syn.:** an der Nase herumführen (ugs.), anführen (ugs.), auf den Arm nehmen (ugs.), in den April schicken, zum Besten haben, zum Narren halten.

for|cie|ren [fɔrˈsiːrən] ⟨tr.; hat⟩:
mit größerer Energie betreiben: eine Entwicklung, einen Prozess forcieren; das Tempo der Arbeit musste forciert werden, damit sie rechtzeitig fertig wurden. **Syn.:** beschleunigen, fördern, verstärken.

för|der|lich [ˈfœrdɐlɪç] ⟨Adj.⟩:
der positiven Entwicklung einer Sache nützend; jmdm., einer Sache Vorteile bringend: eine für die Beinmuskulatur förderliche Sportart; jmdm., einer Sache kaum, wenig, sehr, besonders, äußerst förderlich sein; Sport wäre ihm, seiner Gesundheit förderlich. **Syn.:** dienlich, günstig, nützlich, zuträglich.

for|dern [ˈfɔrdɐn] ⟨tr., hat⟩:
1. *einen Anspruch erheben [und ihn mit Nachdruck kundtun]; verlangen:* er forderte die Bestrafung der Täter; sie fordert ihr Recht; er hat 100 Euro für seine Arbeit gefordert. **Syn.:** sich ausbedingen (geh.), sich ausbitten, beanspruchen, begehren (geh.), bestehen auf, pochen auf, reklamieren (bildungsspr.), wollen, wünschen.
2. *(von jmdm.) eine Leistung verlangen, die alle Kräfte beansprucht:* die Mannschaft wurde vom Gegner gefordert; ihr Beruf fordert sie sehr. **Syn.:** anstrengen, belasten, strapazieren.

fordern/erfordern

Das Verb **fordern** bedeutet *etwas verlangen, eine Forderung stellen:*

- Die Mitarbeiterin forderte eine Gehaltserhöhung.

Dagegen hat **erfordern** die Bedeutung *zu einer Verwirklichung bedürfen, notwendig machen:*

- Das Projekt erfordert viel Zeit.
- Leistungssport erfordert große Fitness.

för|dern [ˈfœrdɐn] ⟨tr.; hat⟩:
1. *(in seiner Entfaltung, bei seinem Vorankommen) unterstützen:* er hat viele junge Künstler gefördert; sie hatte die Karriere des jungen Mannes gefördert; den Handel, das Gewerbe, den Absatz fördern. **Syn.:** eintreten für, helfen, lancieren, protegieren, sich einsetzen für, sich verwenden für (geh.), sponsern.
2. (Bergbau) *(aus dem Innern der Erde) gewinnen:* in dieser

Gegend wird Kohle gefördert. **Syn.:** abbauen, schürfen.

For|de|rung ['fɔrdərʊŋ], die; -, -en:
1. *nachdrücklich zum Ausdruck gebrachter Wunsch, Anspruch:* eine berechtigte, maßlose, übertriebene, unverschämte Forderung; Forderungen [an jmdn.] stellen; Forderungen geltend machen, erfüllen, verwirklichen. **Syn.:** Anliegen, Ersuchen, Gesuch, Verlangen.
2. *aus einer Warenlieferung oder Leistung resultierender Anspruch:* Forderungen an jmdn. haben; die ausstehende Forderung beträgt 20 000 Euro. **Syn.:** Außenstände ⟨Plural⟩, [noch] offener Betrag. **Zus.:** Lohnforderung, Restforderung.

För|de|rung ['fœrdərʊŋ], die; -en:
1. *das Fördern* (1), *das Gefördertwerden:* eine staatliche, öffentliche, finanzielle, steuerliche, berufliche Förderung; die Förderung der Kinder, der wissenschaftlichen Forschung. **Syn.:** Hilfe, Protektion, Unterstützung. **Zus.:** Absatzförderung, Begabtenförderung, Exportförderung, Kulturförderung, Nachwuchsförderung, Technologieförderung.
2. ⟨ohne Plural⟩ *das Fördern* (2): die Förderung von Kohle einstellen. **Syn.:** Abbau. **Zus.:** Erdölförderung, Kohleförderung.
3. *geförderte Menge:* eine tägliche Förderung von 1 000 Tonnen.

Fo|rel|le [fo'rɛlə], die; -, -n: *(in Bächen lebender) räuberischer Lachsfisch (der wegen seines schmackhaften Fleisches gern gegessen wird):* Forellen angeln, züchten. **Zus.:** Bachforelle, Meerforelle.

Form [fɔrm], die; -, -en:
1. *(äußere plastische) Gestalt, in der etwas erscheint, sich darstellt:* die Vase hat eine schöne, elegante, plumpe Form, hat die Form einer Kugel; die Form dieses Gedichtes ist die Ballade. **Syn.:** Design, Format, Machart, Schnitt, Struktur. **Zus.:** Buchform, Gedichtform, Gesichtsform, Kopfform.
2. *vorgeschriebene Art des gesellschaftlichen Umgangs:* hier herrschen strenge Formen. **Syn.:** Anstand, Benehmen, Etikette, Manieren ⟨Plural⟩, Sitte; *** in aller Form:** *ausdrücklich und verbindlich, unter Beachtung aller Vorschriften:* ich habe mich in aller Form bei ihm entschuldigt.
3. *Gefäß, in das eine weiche Masse gegossen wird, damit sie darin die gewünschte feste Gestalt bekommt:* in der Gießerei wird das flüssige Metall in Formen gefüllt; sie hat den Kuchenteig in eine Form gefüllt. **Zus.:** Backform, Gussform, Kastenform, Kuchenform.
4. ⟨ohne Plural⟩ *leistungsfähige, körperliche Verfassung:* gut, nicht in Form sein; allmählich wieder in Form kommen, zu guter Form auflaufen. **Syn.:** Fitness, Kondition. **Zus.:** Bestform, Höchstform, Tagesform, Topform.
5. *Art und Weise, in der etwas vorhanden ist, erscheint, sich darstellt:* die Formen des menschlichen Zusammenlebens.

for|mal [fɔr'ma:l] ⟨Adj.⟩:
1. *die Form* (1, 2) *betreffend:* die formale Gliederung des Buches muss überarbeitet werden; ein formales Problem. **Syn.:** äußerlich, der Form nach.
2. *nicht wirklich, sondern nur der Form* (1, 2) *nach:* nur formal im Recht sein; über die tiefe Unzufriedenheit der Teilnehmer konnte auch ihre formale Zustimmung nicht hinwegtäuschen.

formal/formell

Das Adjektiv **formal** bedeutet *die Form betreffend:*

– Die Arbeit bereitet ihm formale Schwierigkeiten.

Dagegen bedeutet **formell** *den äußeren Formen gemäß, förmlich:*

– Er hat sich formell entschuldigt.
– Sie ist immer sehr formell.

Sowohl **formal** als auch **formell** kann stehen, wenn etwas *nur der Form nach, rein äußerlich* vorhanden ist, nicht aber in Wirklichkeit:

– Formal/formell ist sie im Recht.

For|ma|li|tät [fɔrmali'tɛ:t], die; -, -en:
a) *[behördliche] Vorschrift:* die notwendigen, üblichen, rechtlichen Formalitäten einhalten; vor seinem Aufenthalt im Ausland musste er viele Formalitäten erledigen. **b)** *etwas, was nur der Form wegen geschieht:* sie hielten sich nicht mit Formalitäten auf. **Syn.:** Äußerlichkeit.

For|mat [fɔr'ma:t], das; -[e]s, -e:
1. *[genormte] Größe, [festgelegtes] Größenverhältnis eines Gegenstandes nach Länge und Breite:* das Buch, Bild hat ein großes Format.
2. ⟨ohne Plural⟩ *stark ausgeprägtes Persönlichkeitsbild; außergewöhnlicher Rang aufgrund der Persönlichkeit, bedeutender Fähigkeiten usw.:* zu einem großen Staatsmann fehlt ihm das Format; er ist ein Künstler von Format; sie hat als Sportlerin internationales Format. **Syn.:** Bedeutung, Geltung, Größe, Klasse, Niveau, Profil (bildungsspr.), Qualität, Rang.

For|mel ['fɔrml̩], die; -, -n:
1. *fester sprachlicher Ausdruck, feste Formulierung für etwas Bestimmtes:* die Formel des Eides sprechen. **Zus.:** Eidesformel, Grußformel.
2. *Folge von Zeichen (Buchstaben, Zahlen), die etwas Bestimmtes bezeichnen:* chemische, physikalische, mathematische Formeln; die chemische Formel für Wasser ist H_2O.

for|mel|haft ['fɔrml̩haft] ⟨Adj.⟩: *in der Art einer Formel* (1); *zu einer Formel erstarrt:* eine formelhafte Darstellung; vieles, was er sagt, wirkt formelhaft und leer. **Syn.:** abgedroschen (ugs.), stereotyp.

for|mell [fɔr'mɛl] ⟨Adj.⟩:
1. *dem Gesetz oder der Vorschrift nach, offiziell:* es kam eine formelle Einigung zustande; die Wahl zur Präsidentin formell bestätigen.
2. *sich streng an die Formen* (2) *haltend:* eine formelle Begrüßung; sie ist immer sehr formell. **Syn.:** förmlich, offiziell, steif, unpersönlich.

formell / formal:
s. Kasten formal/formell.

for|men ['fɔrmən] ⟨tr.; hat⟩:
1. *(einer Sache) eine bestimmte Form geben:* sie formten Gefäße aus Ton. **Syn.:** bilden, gestalten, modellieren, prägen.
2. *in einer bestimmten Weise*

innerlich verändern und prägen: diese Ereignisse haben ihn, seinen Charakter geformt. **Syn.:** ausprägen, bilden, gestalten, prägen.

-för|mig [fœrmɪç] ⟨adjektivisches Suffix⟩:
in der Form, äußeren Gestalt wie das im Basiswort Genannte, damit vergleichbar; von Gestalt wie …; die Form des im Basiswort Genannten habend: eiförmig; ellipsenförmig; gasförmig; glockenförmig; hufeisenförmig; keilförmig; kreisförmig; kugelförmig; pilzförmig; quadratförmig; strahlenförmig; stromlinienförmig; treppenförmig. **Syn.:** -ig.

förm|lich [ˈfœrmlɪç] ⟨Adj.⟩:
1. *streng die gesellschaftlichen Formen beachtend:* das war eine förmliche Begrüßung; er verabschiedete sich sehr förmlich. **Syn.:** formell.
2. dient (vor allem in bildlicher Sprache) dazu, eine Verstärkung auszudrücken; *regelrecht, geradezu:* ich bin förmlich verzweifelt bei dieser nervtötenden Arbeit; der überschlägt sich förmlich vor Hilfsbereitschaft; der Posten wurde ihr förmlich aufgedrängt. **Syn.:** buchstäblich, [1]direkt, praktisch, rein, [1]richtig.

form|los [ˈfɔrmloːs] ⟨Adj.⟩:
1. *ohne feste Gestalt oder Form* (1): der Schneemann war zu einem formlosen Klumpen geschmolzen.
2. *ohne Form* (2), *ohne Formalitäten:* eine formlose Begrüßung; für die vorzeitige Einschulung des Kindes ist ein formloser Antrag zu stellen. **Syn.:** lässig, leger, locker, salopp, ungezwungen, zwanglos.

For|mu|lar [fɔrmuˈlaːɐ̯], das; -[e]s, -e:
[amtlicher] Vordruck zur Beantwortung bestimmter Fragen oder für bestimmte Angaben: ein Formular ausfüllen. **Syn.:** Fragebogen, Vordruck. **Zus.:** Anmeldeformular, Auftragsformular.

for|mu|lie|ren [fɔrmuˈliːrən] ⟨tr.⟩:
a) *in sprachliche Form bringen:* er hat seine Frage klar, präzise, deutlich formuliert. **Syn.:** artikulieren, ausdrücken, in Worte fassen, in Worte kleiden, sagen, schreiben, sprechen, zum Ausdruck bringen. **b)** *in Form eines Textes niederlegen:* ein politisches Programm, die Ziele für ein Programm formulieren. **Syn.:** aufschreiben, aufzeichnen, festhalten, niederlegen (geh.), niederschreiben, skizzieren, zu Papier bringen, zusammenstellen.

For|mu|lie|rung [fɔrmuˈliːrʊŋ], die; -, -en:
1. a) *das Formulieren* (a): es gab Schwierigkeiten bei der Formulierung des Textes. **b)** *das Formulieren* (b): wir arbeiten an der Formulierung der Ziele für das nächste Jahr.
2. *in einer bestimmten Weise formulierter Text o. Ä.:* eine gelungene, prägnante, missverständliche, ungenaue Formulierung; eine [bestimmte] Formulierung wählen, ändern, benutzen; nach einer Formulierung suchen.

forsch [fɔrʃ] ⟨Adj.⟩:
entschlossen und energisch auftretend, handelnd: ein forscher junger Mann; sie ist ziemlich forsch; er sprach allzu forsch über dieses heikle Thema. **Syn.:** dynamisch, flott, frisch, rasant, resolut, schneidig, [1]schnell, schwungvoll, spritzig, stürmisch, wacker, zackig (ugs.), zügig, zupackend.

for|schen [ˈfɔrʃn̩] ⟨itr.⟩:
a) *durch intensives Bemühen zu erkennen oder aufzufinden suchen:* er forschte nach den Ursachen des Unglücks; die Polizei forschte nach den Tätern; sie sah mit forschendem Blick in die Ferne. **Syn.:** auf den Grund gehen, auskundschaften, erkunden, ermitteln, Ermittlungen anstellen, eruieren (bildungsspr.), fahnden, nachforschen, nachgehen, recherchieren, sondieren, untersuchen.
b) *sich um wissenschaftliche Erkenntnis bemühen:* sie forscht auf dem Gebiet der Intensivmedizin. **Syn.:** erforschen, studieren.

For|scher [ˈfɔrʃɐ], der; -s, -, **For|sche|rin** [ˈfɔrʃərɪn], die; -, -nen:
Person, die auf einem bestimmten Gebiet [wissenschaftliche] Forschung betreibt: an vielen Universitäten untersuchen Forscher und Forscherinnen das menschliche Erbgut. **Syn.:** Gelehrte, Gelehrter, Wissenschaftler, Wissenschaftlerin. **Zus.:** Genforscher, Genforscherin, Heimatforscher, Heimatforscherin, Höhlenforscher, Höhlenforscherin.

For|schung [ˈfɔrʃʊŋ], die; -, -en:
a) *das Arbeiten an wissenschaftlichen Erkenntnissen:* ihre Forschungen beschäftigten sie viele Jahre; Forschungen belegen diese Vermutung. **Syn.:** Studium. **b)** ⟨ohne Plural⟩ *die forschende Wissenschaft:* in den letzten Jahren machte die Forschung große Fortschritte; er arbeitet in der Forschung; Forschung zum Thema Radioaktivität betreiben.

Forst [fɔrst], der; -[e]s, -e (auch: -en):
Wald, der wirtschaftlich genutzt wird: die Flammen vernichteten 25 Hektar Forst.

Förs|ter [ˈfœrstɐ], der; -s, -, **Förs|te|rin** [ˈfœrstərɪn], die; -, -nen:
Person, die mit der Pflege des Waldes und des darin lebenden Wildes beauftragt ist: der Förster führte die Schulklasse durch den Wald.

fort [fɔrt] ⟨Adverb⟩:
1. *[von einem Ort] weg:* die Kinder sind fort; wir müssen morgen fort von hier. **Syn.:** abwesend.
2. *ohne Unterbrechung, weiter:* nur immer so fort! **Syn.:** voran; *** in einem fort:** *ohne Unterbrechung, ohne nachzulassen:* sie brüllte in einem fort. **Syn.:** fortgesetzt, fortwährend, ständig, ununterbrochen.

fort- [fɔrt] ⟨trennbares verbales Präfix⟩:
1. *weg-:* forthuschen; fortlaufen; fortreisen.
2. *weiter-:* fortentwickeln; fortschreiten.

fort|be|we|gen [ˈfɔrtbəveːgn̩], bewegte fort, fortbewegt:
1. ⟨tr.; hat⟩ *von der Stelle bewegen:* er versuchte, den schweren Stein vom Höhleneingang fortzubewegen. **Syn.:** entfernen.
2. ⟨+ sich⟩ *sich in bestimmter Richtung vorwärtsbewegen:* nach seinem Unfall konnte er sich wochenlang nur mit Krücken fortbewegen. **Syn.:** sich [1]bewegen, fahren, gehen, laufen, streben, wandern, ziehen.

fort|bil|den [ˈfɔrtbɪldn̩], bildete fort, fortgebildet ⟨tr.; hat⟩:
jmds. oder seine eigene Bildung

weiterentwickeln, vervollkommnen: die Angestellten wurden in speziellen Kursen fortgebildet; sie hat sich durch den Besuch einer Abendschule zur Erzieherin fortgebildet. **Syn.:** schulen.

Fort|bil|dung ['fɔrtbɪldʊŋ], die; -, -en:
das Fortbilden: wir müssen etwas für die Fortbildung unserer Angestellten tun. **Syn.:** Weiterbildung.

fort|fah|ren ['fɔrtfa:rən], fährt fort, fuhr fort, fortgefahren:
1. ⟨itr.; ist⟩ *(mit einem Fahrzeug) einen Ort verlassen:* er ist gestern mit dem Auto fortgefahren. **Syn.:** abfahren, abreisen, verreisen.
2. ⟨itr.; hat/ist⟩ *(nach einer Unterbrechung) wieder beginnen:* nach einer kurzen Pause hat/ist er in seiner Erzählung fortgefahren; in/mit seiner Arbeit fortfahren. **Syn.:** fortsetzen.

fort|fal|len ['fɔrtfalən], fiel fort, fortgefallen ⟨tr., ist⟩:
wegfallen, verschwinden: bei dieser Firma werden im nächsten Jahr 100 Stellen fortfallen. **Syn.:** ausfallen, entfallen, sich erübrigen.

Fort|ge|schrit|te|ne ['fɔrtgəʃrɪtənə], die/eine Fortgeschrittene; der/einer Fortgeschrittenen, die Fortgeschrittenen/zwei Fortgeschrittene:
weibliche Person, die mit den Grundlagen eines Gebietes völlig vertraut ist, auf einem Gebiet Fortschritte gemacht hat: dieser Kurs ist nur für Fortgeschrittene geeignet, nicht für Anfängerinnen.

Fort|ge|schrit|te|ner ['fɔrtgəʃrɪtənɐ], der Fortgeschrittene/ein Fortgeschrittener; des/eines Fortgeschrittenen, die Fortgeschrittenen/zwei Fortgeschrittene:
Person, die mit den Grundlagen eines Gebietes völlig vertraut ist, auf einem Gebiet Fortschritte gemacht hat: Sind Sie Anfänger oder Fortgeschrittener?

fort|ge|setzt ['fɔrtgəzɛtst] ⟨Adj.⟩:
in als ärgerlich o. ä. empfundener Weise andauernd, ständig, immer wieder: er stört fortgesetzt den Unterricht; fortgesetzte schwere Bestechung; wegen fortgesetzter Beleidigung; der Alkoholismus nimmt fortgesetzt zu. **Syn.:** am laufenden Band (ugs.), andauernd, beständig, dauernd, fortwährend, in einem fort, in einer Tour (ugs.), ohne Ende, permanent, ständig, unablässig (emotional), unaufhörlich, unausgesetzt (veraltend), unentwegt, ununterbrochen.

fort|pflan|zen ['fɔrtpflantsn̩], pflanzte fort, fortgepflanzt ⟨+ sich⟩:
1. *Nachkommen hervorbringen:* manche Tiere pflanzen sich in der Gefangenschaft nicht fort. **Syn.:** gebären, sich vermehren.
2. *sich verbreiten:* das Licht, das Echo, der Ruf pflanzt sich schnell fort. **Syn.:** sich ausbreiten.

fort|schrei|ben ['fɔrtʃraibn̩], schrieb fort, fortgeschrieben ⟨tr.; hat⟩:
1. a) *den Inhalt eines Schriftstücks o. Ä. überarbeiten, an die veränderten Gegebenheiten anpassen:* ein Gesetz, einen Vertrag, eine Vereinbarung fortschreiben; die Liste ist im Internet abrufbar und wird täglich aktualisiert und fortgeschrieben. **Syn.:** aktualisieren. **b)** *[Zahlen, Daten, Statistiken o. Ä.] fortlaufend ergänzen:* die Bevölkerungsstatistik fortschreiben. **Syn.:** aktualisieren, fortsetzen. **c)** *eine [statistisch dokumentierte] vorangegangene Entwicklung in der gleichen Richtung fortsetzen:* die Firma konnte die Absatzsteigerung, die Einnahmen, die Zuwachsraten des 1. Halbjahres fortschreiben. **Syn.:** aufrechterhalten, beibehalten.
2. *aufrechterhalten, unverändert lassen:* die Belastung darf nicht unendlich fortgeschrieben werden; die Krise fortschreiben. **Syn.:** fortsetzen.

fort|schrei|ten ['fɔrtʃraitn̩], schritt fort, fortgeschritten ⟨itr.; ist⟩:
sich weiterentwickeln: die Zerstörung, die Krankheit, der Heilungsprozess schreitet fort; die Verhandlungen, die Vorbereitungen sind bereits weit fortgeschritten. **Syn.:** gedeihen.

Fort|schritt ['fɔrtʃrɪt], der; -[e]s, -e:
positiv bewertete Weiterentwicklung, Erreichung einer höheren Stufe der Entwicklung: der Fortschritt der Technik; diese Entdeckung bedeutete einen großen Fortschritt; aufsehenerregende Fortschritte erzielen; große Fortschritte auf einem Gebiet machen. **Syn.:** Erfolg, Errungenschaft.

fort|schritt|lich ['fɔrtʃrɪtlɪç] ⟨Adj.⟩:
für den Fortschritt eintretend, ihn repräsentierend: er ist ein fortschrittlicher Mensch; ihre Methoden sind äußerst fortschrittlich; er denkt sehr fortschrittlich. **Syn.:** modern, progressiv, revolutionär.

fort|set|zen ['fɔrtzɛtsn̩], setzte fort, fortgesetzt ⟨tr.; hat⟩:
(eine begonnene Tätigkeit) nach einer Unterbrechung wieder aufnehmen und weiterführen: nach einer kurzen Pause setzte er seine Arbeit fort; die Entwicklung setzt sich ungebrochen fort. **Syn.:** anknüpfen an, aufrechterhalten, fortfahren mit.

Fort|set|zung ['fɔrtzɛtsʊŋ], die; -, -en:
1. *das Fortsetzen:* man beschloss die Fortsetzung des Gesprächs.
2. *fortsetzender Teil eines in einzelnen Teilen hintereinander veröffentlichten Werkes:* der Roman erscheint in der Illustrierten in Fortsetzungen; Fortsetzung folgt.

fort|wäh|rend ['fɔrtvɛ:rənt] ⟨Adj.⟩:
[in als ärgerlich empfundener Weise] anhaltend, ständig: das fortwährende Dazwischengerede störte sie; es regnete fortwährend. **Syn.:** am laufenden Band (ugs.), andauernd, beständig, dauernd, fortgesetzt, in einem fort, in einer Tour (ugs.), ohne Ende, permanent, unablässig (emotional), unaufhörlich, unausgesetzt (veraltend), unentwegt, ununterbrochen.

[1]Fo|to ['fo:to], das; -s, -s:
Kurzform von Fotografie: ein vergilbtes, gerahmtes, erschütterndes, farbiges Foto; ein Foto von jmdm., etwas machen/schießen, bei sich haben; ein Foto knipsen; das Foto zeigt meine Eltern im Urlaub. **Zus.:** Aktfoto, Amateurfoto, Blitzlichtfoto, Erinnerungsfoto,

Familienfoto, Farbfoto, Kinderfoto, Klassenfoto, Passfoto, Satellitenfoto.

²Fo|to ['fo:to], der; -s, -s (ugs.): Kurzform von Fotoapparat: hast du einen Foto mitgenommen?

Fo|to|ap|pa|rat ['fo:to|apara:t], der; -[e]s, -e: *Apparat zum Fotografieren:* den Fotoapparat zücken (scherzh.; *zum Fotografieren bereit machen [und fotografieren]*). **Syn.:** ²Foto (ugs.), Kamera.

Fo|to|gra|fie [fotogra'fi:], die; -, Fotografien [fotogra'fi:ən]: **1.** *durch Fotografieren entstandenes Bild, fotografische Aufnahme:* eine alte, verblasste Fotografie; eine Fotografie von jmdm. machen; auf dieser Fotografie hätte ich dich fast nicht erkannt. **Syn.:** ¹Foto, Lichtbild (Amtsspr.). **2.** ⟨ohne Plural⟩ *[Verfahren zur] Herstellung dauerhafter, durch elektromagnetische Strahlen oder Licht erzeugter Abbildungen:* einen Kurs für experimentelle Fotografie belegen. **Zus.:** Röntgenfotografie.

fo|to|gra|fie|ren [fotogra'fi:rən]: **a)** ⟨itr.; hat⟩ *durch entsprechendes Einstellen eines Fotoapparates und Auslösen eines Verschlusses ein lichtempfindliches Material belichten [und dadurch eine Abbildung von jmdm., etwas machen]:* sie fotografiert gerne. **Syn.:** aufnehmen, ein Bild machen, ein Foto machen, ein Foto schießen, eine Aufnahme machen, einen Schnappschuss machen, knipsen (ugs.). **b)** ⟨tr., hat⟩ *durch Fotografieren* (a) *aufnehmen [und abbilden]:* bleibt stehen, ich will die ganze Hochzeitsgesellschaft fotografieren! **Syn.:** knipsen (ugs.).

Fo|to|ko|pie [fotoko'pi:], die; -, Fotokopien [fotoko'pi:ən]: *fotografisch hergestellte Kopie eines Schriftstücks, einer Druckseite o. Ä.:* wir haben unserem Brief eine Fotokopie der angemahnten Rechnung beigefügt; eine Fotokopie anfertigen. **Syn.:** Reproduktion.

Fracht [fraxt], die; -, -en: *zu befördernde Last, Ladung [eines Schiffes oder Flugzeuges]:* Fracht an Bord nehmen; eine gefährliche, kostbare, giftige, radioaktive, wertvolle Fracht; die Fracht befördern, ein-, ausladen, transportieren, umschlagen; das Schiff war mit einer gefährlichen Fracht beladen. **Zus.:** Eilfracht, Luftfracht.

Frach|ter ['fraxtɐ], der; -s, -: *Schiff, das zur Beförderung von Fracht bestimmt ist:* der Frachter ist mit Bananen beladen/hat Bananen geladen; den Frachter entladen.

Frack [frak], der; -[e]s, Fräcke ['frɛkə]: *vorne kurze, hinten mit langen, bis zu den Knien reichenden Rockschößen versehene, meist schwarze Jacke, die bei festlichen Anlässen oder von Kellnern und Musikern als Berufskleidung getragen wird:* der Redner trug einen dunklen Frack; die Musiker der Band traten in weißen Fräcken auf.

Fra|ge ['fra:gə], die; -, -n: **1.** *Äußerung, mit der man sich an jmdn. wendet und auf die man eine Antwort erwartet:* eine dumme, gute Frage; eine rhetorische Frage *(eine Frage als bloße rhetorische Figur, auf die man keine Antwort erwartet);* so eine Frage! *(das ist doch selbstverständlich!);* er konnte die Fragen des Lehrers nicht beantworten; die Minister stellten dem Kanzler die Frage/richteten an ihn die Frage, ob er diese Entscheidung verantworten könne; diese Mannschaft gehört ohne Frage *(zweifellos)* zum Kreis der Favoriten; die Frage muss erlaubt sein *(man muss daran zweifeln können),* ob wir so weitermachen können wie bisher. **Syn.:** Anfrage. **Zus.:** Entscheidungsfrage, Prüfungsfrage, Scherzfrage, Suggestivfrage. **2.** *Problem; Angelegenheit (die besprochen werden muss):* sie diskutierten über politische Fragen; das ist eine Frage des Geldes, des Taktes, des Überlebens. **Syn.:** Punkt, Sache, Thema. **Zus.:** Ermessensfrage, Existenzfrage, Geldfrage, Geschmacksfrage, Glaubensfrage, Schicksalsfrage; *** nur eine Frage der Zeit sein:** *mit Gewissheit früher oder später eintreten:* sie wusste, dass sie siegen würde, es war nur eine Frage der Zeit; *** außer Frage stehen:** *ganz gewiss, unbezweifelbar sein:* es steht außer Frage, dass hier etwas schiefgegangen ist; *** jmdn., etwas in Frage stellen:** ↑infrage; *** in Frage kommen:** ↑infrage.

-fra|ge [fra:gə], die; -, -n ⟨Grundwort⟩: *im Hinblick auf das im ersten Wortbestandteil Genannte zu erörterndes Thema, zu klärendes Problem:* Arbeiterfrage; Bürgerrechtsfrage; Disziplinfrage; Existenzfrage; Formfrage; Geldfrage; Geschmacksfrage; Kostenfrage; Lebensfrage; Machtfrage; Stilfrage, Umweltfrage; Verfahrensfrage.

Fra|ge|bo|gen ['fra:gəbo:gn̩], der; -s, -: *[amtlicher] Vordruck, der bestimmte Fragen enthält, die beantwortet werden sollen:* man gab ihm einen Fragebogen, den er ausfüllen sollte. **Syn.:** Formular.

fra|gen ['fra:gn̩]: **1.** ⟨tr.; hat⟩ *sich mit einer Frage* (1) *an jmdn. wenden:* er fragte den Lehrer, ob er nach Hause gehen dürfe; ⟨auch itr.⟩ ich muss erst fragen, wie das geht. **Syn.:** anfragen bei, befragen, sich erkundigen bei, sich informieren bei. **Zus.:** rückfragen. **2.** ⟨+ sich⟩ *sich etwas überlegen, sich die Frage stellen:* das habe ich mich auch schon gefragt; er fragte sich, wie er sein Ziel am schnellsten erreichen könne; ich frage mich, ob wir das tun können. **Syn.:** abwägen, bedenken, nachdenken, sich Gedanken machen. **3.** ⟨itr.; hat⟩ *sich um jmdn., etwas kümmern:* ⟨nur verneinend⟩: der Vater fragt überhaupt nicht nach seinen Kindern.

frag|lich ['fra:klɪç] ⟨Adj.⟩: **1.** *zweifelhaft, ungewiss:* das halte ich für eine fragliche Angelegenheit; fraglich ist/bleibt, ob sie das schaffen kann; es ist noch sehr fraglich, ob wir kommen können. **Syn.:** offen, strittig, umstritten, unentschieden, unsicher. **2.** *infrage kommend, betreffend:* zu der fraglichen Zeit war er nicht zu Hause. **Syn.:** besagt, in Rede stehend.

fraglich/fragwürdig

Zwar lässt sich in manchen Texten sowohl **fraglich** als auch **fragwürdig** einsetzen, doch verändert sich dadurch die Aussage.
Wenn es z. B. heißt, seine Reaktion ist **fraglich,** so bedeutet das, dass man noch nicht weiß, wie er reagieren wird. Der Blick ist also auf die Zukunft gerichtet, auf etwas, was noch nicht eingetreten ist.
Wenn es jedoch heißt, seine Reaktion ist **fragwürdig,** dann hat er bereits reagiert, doch betrachtet man seine Reaktion mit Skepsis und hat Vorbehalte.

Frag|ment [fra'gmɛnt], das; -[e]s, -e: *nicht vollendetes Kunstwerk; etwas Unvollendetes:* ihr letzter Roman ist Fragment geblieben. **Syn.:** Bruchstück. **Zus.:** Romanfragment, Säulenfragment.

frag|wür|dig ['fra:kvʏrdɪç] ⟨Adj.⟩: **a)** *zu Bedenken, Zweifeln, Misstrauen Anlass gebend:* an diesem Gesetz ist vieles fragwürdig. **Syn.:** dubios, obskur, zweifelhaft. **b)** (abwertend) *anrüchig, verdächtig, zwielichtig:* sie betraten ein fragwürdiges Lokal. **Syn.:** anstößig, dubios, nicht ganz astrein (ugs.), nicht ganz hasenrein (ugs.), zweifelhaft.

fragwürdig / fraglich: *s.* Kasten fraglich/fragwürdig.

Frak|ti|on [frak'tsi̯o:n], die; -, -en: **a)** *Gesamtheit der Abgeordneten einer Partei im Parlament:* die Fraktion stimmte geschlossen gegen diesen Antrag. **b)** *Zusammenschluss einer Sondergruppe innerhalb einer [größeren] Gemeinschaft:* in der Klasse bildeten sich zwei Fraktionen. **Syn.:** Gruppe.

Frak|tur [frak'tu:ɐ̯], die; -, -en: **1.** (Med.) *Knochenbruch:* eine Fraktur des Steißbeins. **Syn.:** Bruch (Med.). **2.** *(heute nicht mehr gebräuchliche) Druckschrift mit gebrochenen Linien; deutsche Schrift:* Fraktur schreiben; eine in Fraktur gesetzte Bibel.

Fran|ken ['fraŋkn̩], der; -s, -: *Währungseinheit in der Schweiz* (1 Franken = 100 Rappen; Abk.: Fr., sFr., im deutschen Bankwesen: sfr, Pl. sfrs): wir haben 100 Euro in Franken gewechselt.

fran|kie|ren [fraŋ'ki:rən] ⟨tr.⟩: *(einen Brief, ein Paket o. Ä., was man mit der Post verschicken will) mit Briefmarken versehen:* sie frankierte die Briefe und brachte sie zur Post. **Syn.:** freimachen.

frap|pie|ren [fra'pi:rən] ⟨tr.⟩: *bei jmdm. Verblüffung hervorrufen:* mich frappierte immer wieder, wie schnell er alle Fehler fand; diese Nachricht hat mich sehr frappiert; die Mannschaft errang einen frappierenden Sieg. **Syn.:** erstaunen, überraschen, verblüffen, verwundern.

Fraß [fra:s], der; -es: **1.** (derb) *Essen, das als in ärgerlicher Weise schlecht, eintönig o. ä. befunden wird:* es ist immer der gleiche Fraß; ein abscheulicher Fraß aus süßen Kartoffeln und verschimmeltem Brot. **Syn.:** Speise. **2.** *Nahrung (von Tieren):* den Löwen große Mengen Fleisch als/zum Fraß vorwerfen; *** jmdm. etwas zum Fraß hinwerfen, vorwerfen** (abwertend): *jmdm. etwas überlassen, preisgeben, was er für seine Zwecke benutzen kann:* dem Sieger wurde die fruchtbare Provinz zum Fraß hingeworfen.

Frat|ze ['fratsə], die; -, -n: **a)** *Abscheu hervorrufendes, hässliches Gesicht:* die scheußliche Fratze einer Maske; wenn man diese Fratze schon sieht, vergeht einem der Appetit. **Syn.:** Miene. **b)** (ugs.) *absichtlich verzerrtes, künstlich entstelltes Gesicht:* eine Fratze schneiden. **Syn.:** Grimasse.

Frau [frau̯], die; -, -en: **1.** *erwachsene weibliche Person* /Ggs. Mann/: eine junge, hübsche, ledige, verheiratete, berufstätige Frau; es waren Männer und Frauen, Jungen und Mädchen dabei; auf der Straße gingen drei Frauen; sie ist eine Frau von heute *(eine moderne Frau).* **Syn.:** Dame (als höfliche Anrede), Weib (noch abwertend als Schimpfwort, sonst veraltet). **Zus.:** Geschäftsfrau, Karrierefrau. **2.** *Ehefrau* /Ggs. Mann/: er brachte seiner Frau Blumen mit; Herr Balzer und Frau; Herr Balzer mit Frau Brigitte. **Syn.:** bessere Hälfte (ugs. scherzh.), Ehepartnerin, Gattin (geh.), Gemahlin (geh.), schönere Hälfte (ugs. scherzh.). **3.** in der Anrede /Ggs. Herr/: guten Tag, Frau Frings!; gnädige Frau; Frau Professorin, Ministerin.

Frau / Gattin / Gemahlin: *s.* Kasten Seite 393.

-frau [frau̯], die; -, -en ⟨Suffixoid⟩: **1.** als Wortbestandteil zur Bezeichnung der Ehefrau: Lehrersfrau; Pfarrersfrau. **2.** als Suffixoid zur Bezeichnung von Berufen oder Funktionen, wenn sie von Frauen ausgeübt werden: **a)** Amtfrau; Kamerafrau; Kauffrau. **b)** Schlagfrau; Steuerfrau; Torfrau. Vgl. hierzu ↑-mann, ↑-männer/-leute.

Frau|en|arzt ['frau̯ən|a:ɐ̯tst], der; -es, Frauenärzte ['frau̯ən|ɛ:ɐ̯tstə], **Frau|en|ärz|tin** ['frau̯ən|ɛ:ɐ̯tstɪn], die; -, -nen: *Arzt, Ärztin für die Krankheiten von Frauen:* sie geht regelmäßig zur Frauenärztin.

Frau|en|held ['frau̯ənhɛlt], der; -en, -en: *[junger] Mann, der viele Liebschaften, viel Erfolg bei Frauen hat:* er galt als Charmeur und Frauenheld.

Fräu|lein ['frɔy̯lai̯n], das; -s, -: **1.** (veraltend) *nicht verheiratete, kinderlose [junge] Frau:* in dieser Wohnung wohnt ein älteres Fräulein. **2.** (veraltend) in der Anrede für eine unverheiratete weibliche Person (heute allgemein durch »Frau« ersetzt): guten Tag, Fräulein Simon. **3.** (ugs. veraltet) Anrede für eine Verkäuferin, Kellnerin: Fräulein, bitte zahlen!

frau|lich ['frau̯lɪç] ⟨Adj.⟩: *der Art einer [reifen] Frau entsprechend:* ein sehr fraulicher Typ; sie kleidete sich betont fraulich; durch ihr elegantes Äußeres wirkte sie sehr fraulich. **Syn.:** feminin, weiblich.

Freak [fri:k], der; -s, -s: **1.** *Person, die sich in besonders starker Weise für etwas, jmdn. begeistert, der sich für eine bestimmte Sache (z. B. Motorrad, Musik, Umweltschutz) engagiert*

Frau/Gattin/Gemahlin

Wenn man von der eigenen Frau spricht, sagt man »meine **Frau**« (nicht: »meine Gattin« oder »meine Gemahlin«). Das Wort **Gattin** gehört der gehobenen Stilschicht an und wird nur auf die Ehefrau eines anderen angewandt und auch dann nur, wenn man sich besonders höflich ausdrücken will: »seine/Ihre Gattin«.

Im Unterschied zu »Gattin« wird das ebenfalls gehobene **[Frau] Gemahlin** im Allgemeinen nur von der Ehefrau des Gesprächspartners, nicht von der Ehefrau eines abwesenden Dritten gesagt, also:

»Grüßen Sie bitte Ihre Frau Gemahlin!«

zeigt: er verbrachte ganze Tage vor dem Computer, war ein echter Freak. **Syn.:** Anhänger, Fan, Jünger. **Zus.:** Computerfreak, Motorradfreak.
2. *Person, die sich nicht ins bürgerliche Leben einordnet:* Peter will nicht als Freak gelten, nur weil er lange Haare hat und einen Zopf trägt. **Syn.:** Aussteiger (Jargon), Sonderling.

frech [frɛç] ⟨Adj.⟩:
1. *in Empörung, Unwillen hervorrufender Weise ungehörig dreist, respektlos:* eine freche Antwort; er war sehr frech zu seiner Mutter; sie grinste frech. **Syn.:** dreist (abwertend), impertinent (bildungsspr.), pampig (ugs. abwertend), patzig, schnippisch (abwertend), schnoddrig (ugs. abwertend), unartig, ungezogen, unverfroren (emotional), unverschämt, vorlaut, vorwitzig.
2. *keck, [auf liebenswerte Weise] respektlos und draufgängerisch:* sie trug ein freches Hütchen; ein freches Chanson; dieser Journalist schreibt witzig, frech und sehr unterhaltsam. **Syn.:** kess.

Frech|heit [ˈfrɛçhai̯t], die; -, -en:
a) ⟨ohne Plural⟩ *freches* (1) *Benehmen, das Frechsein:* eine absolute, bodenlose, unglaubliche, ausgesprochene Frechheit; Frechheit muss bestraft werden; er besitzt/hat die Frechheit, alles abzustreiten. **Syn.:** Unverschämtheit. **b)** *freche* (1) *Handlung oder Äußerung:* solche Frechheiten darfst du dir nicht gefallen lassen; sie erlaubt sich ständig irgendwelche Frechheiten. **Syn.:** Unverschämtheit.

frei [frai̯] ⟨Adj.⟩:
1. *ohne etwas, was als bindend, hemmend, einschränkend, als Zwang empfunden wird; sich in einem Zustand befindend, in dem man nicht an etwas gebunden, nicht zu etwas verpflichtet ist, seine Entscheidungen nach eigenem Willen treffen kann:* freie Wahlen; sich frei entscheiden; ich bin ein freier Mensch: Ich kann tun und lassen, was ich will; sie arbeitet als freie *(nicht fest angestellte, gegen Einzelhonorar schreibende)* Mitarbeiterin der Lokalzeitung; hier herrscht ein recht freier *(ungezwungener, natürlicher)* Ton; er ist wieder auf freiem Fuß *(nicht mehr in Haft).* **Syn.:** sein eigener Herr, selbstständig, unabhängig, ungebunden.
2. * **frei [von] ...:** *ohne ...:* frei von Sorgen, aller Sorgen.
3. *ohne Hilfsmittel:* etwas frei *(ohne Lineal und Zirkel)* zeichnen; frei in der Luft schweben; sie hat frei *(ohne Manuskript)* gesprochen. **Syn.:** freihändig.
4. *so, dass darüber noch verfügt werden kann:* der Stuhl ist noch frei; zurzeit ist keine [Telefon]leitung frei, alle sind besetzt; die Wohnung ist lange frei *(leer, unvermietet)* gestanden; er hat nur wenig freie Zeit. **Syn.:** leer, vakant (bildungsspr.).
5. *so, dass es offen daliegt, durch nichts verdeckt ist:* von hier aus hat man einen freien Blick auf das Gebirge; mit freiem Oberkörper arbeiten; den Oberkörper frei machen; das Kleid lässt die Schultern frei.
6. *keine Bezahlung erfordernd:* Kinder bis zu 6 Jahren haben freien Eintritt. **Syn.:** gratis, kostenlos, umsonst, unentgeltlich.

-frei [frai̯] ⟨adjektivisches Suffixoid⟩:
1. a) *nicht zu dem im Basiswort Genannten gehörend, nicht daran beteiligt* /Ggs. -gebunden/: blockfrei; bündnisfrei; kreisfrei. **b)** (wird als positiv empfunden) *das im Basiswort Genannte nicht benötigend:* lizenzfrei; rezeptfrei; schienenfrei; waffenscheinfrei; zulassungsfrei.
2. (wird als positiv empfunden) *ohne das im Basiswort Genannte leisten zu müssen* /Ggs. -pflichtig/: abgabenfrei; beitragsfrei; gebührenfrei; kostenfrei; mietfrei; portofrei; steuerfrei; zollfrei; zuschlagfrei; ⟨elliptisch⟩ frachtfrei.
3. (wird als positiv empfunden) *ohne Verpflichtung zu dem im Basiswort Genannten:* arbeitsfrei; dienstfrei; schulfrei; sozialversicherungsfrei; unterrichtsfrei; vorlesungsfrei.
4. (wird als positiv empfunden) **a)** drückt aus, dass das im Basiswort Genannte (etwas Unerwünschtes) nicht [als Folge] eintritt: blendfrei; knautschfrei; knickfrei; knitterfrei; rostfrei (Stahl); schadstofffrei; splitterfrei; störfrei; störungsfrei; verschleißfrei. **b)** drückt aus, dass das im Basiswort Genannte nicht nötig ist: bügelfrei (Stoff); pflegefrei; wartungsfrei.
5. *ohne das im Basiswort Genannte:* **a)** zweckfrei *(nicht einem bestimmten Zweck dienend).* **b)** drückt aus, dass das im Basiswort Genannte [in etwas, in dem es normalerweise vorkommt] nicht vorhanden ist /Ggs. -haltig/: autofrei; keimfrei; alkoholfrei (Bier); koffeinfrei (Kaffee); nikotinfrei. **c)** (wird als positiv empfunden, da das im Basiswort Genannte [im Textzusammenhang] als negativ gilt; enthält im Unterschied zu konkurrierenden Bildungen mit -»los« keine emotionale Wertung) aggressionsfrei; akzentfrei; angstfrei; atomwaffenfrei; bleifrei (Benzin); eisfrei; emotionsfrei; faltenfrei; fehlerfrei; fieberfrei; gewaltfrei; herrschaftsfrei; ideologiefrei; kalorienfrei; konfliktfrei; problemfrei; risikofrei; schmerzfrei; tabufrei; täuschungsfrei; vorurteilsfrei; widerspruchsfrei. **Syn.:** -los.
6. *das im Basiswort Genannte (einen Körperteil) nicht bede-*

ckend: (Kleidungsstück als Bezugswort) halsfrei; kniefrei; knöchelfrei; rückenfrei; schulterfrei; wadenfrei.
7. a) *frei wegen:* hitzefrei. **b)** *frei, zugelassen, erlaubt für:* jugendfrei. **c)** *frei zu:* wahlfrei *(frei zu wählen).*

-frei/-los: ↑ -los/-frei.

frei|ge|big [ˈfrai̯ge:bɪç] ⟨Adj.⟩: *großzügig, gern schenkend, anderen von dem, was man hat, [ab]gebend:* ein freigebiger Mensch. **Syn.:** freizügig, nobel (geh.), spendabel, verschwenderisch, weitherzig.

frei|hal|ten [ˈfrai̯haltn̩], hält frei, hielt frei, freigehalten ⟨tr.; hat⟩: *in einem Lokal (für jmdn.) bezahlen:* ich werde euch heute Abend freihalten. **Syn.:** ²einladen.

frei|hän|dig [ˈfrai̯hɛndɪç] ⟨Adj.⟩:
1. *ohne [technische] Hilfsmittel erfolgend:* freihändiges Zeichnen. **Syn.:** aus der Hand, frei.
2. *ohne sich aufzustützen, ohne Zuhilfenahme der Hände:* freihändig Rad fahren.

Frei|heit [ˈfrai̯hai̯t], die; -, -en:
1. a) ⟨ohne Plural⟩ *Zustand, in dem jmd. frei von bestimmten persönlichen oder gesellschaftlichen, als Zwang oder Last empfundenen Bindungen oder Verpflichtungen, unabhängig ist und sich in seinen Entscheidungen o. Ä. nicht eingeschränkt fühlt:* die persönliche, politische Freiheit; die Freiheit des Geistes; die Freiheit von Forschung und Lehre. **Syn.:** Freiraum, Spielraum. **Zus.:** Gedankenfreiheit, Meinungsfreiheit, Pressefreiheit, Redefreiheit. **b)** *Recht, etwas zu tun; bestimmtes [Vor]recht, das jmdm. zusteht oder das er sich nimmt:* das ist dichterische Freiheit; zu Hause hatten sie verhältnismäßig viele Freiheiten. **Syn.:** Möglichkeit, Vorrecht.
2. ⟨ohne Plural⟩ *Möglichkeit, sich frei und ungehindert zu bewegen:* einem Gefangenen die Freiheit schenken; die Verdächtige ist wieder in Freiheit; ein Tier in Freiheit beobachten.

frei|heit|lich [ˈfrai̯hai̯tlɪç] ⟨Adj.⟩: *vom Willen zur Freiheit geprägt, bestimmt:* die freiheitliche demokratische Grundordnung; eine freiheitliche Gesinnung, Verfassung. **Syn.:** liberal, ohne Zwang, tolerant.

Frei|heits|stra|fe [ˈfrai̯hai̯ts̮ʃtra:fə], die; -, -n: *Strafe, bei der jmdm. seine persönliche Freiheit entzogen wird, indem er ins Gefängnis o. Ä. kommt:* hohe Freiheitsstrafen beantragen; zu einer Freiheitsstrafe von acht Wochen verurteilt werden. **Syn.:** Arrest, Gefängnis, Haft, Knast (ugs.).

frei|las|sen [ˈfrai̯lasn̩], lässt frei, ließ frei, freigelassen ⟨tr.; hat⟩: *jmdm., einem Tier die Freiheit geben; aus der Gefangenschaft o. Ä. entlassen:* die Gefangenen wurden freigelassen; sie hat den Vogel wieder freigelassen. **Syn.:** loslassen.

frei|lich [ˈfrai̯lɪç] ⟨Adverb⟩:
1. *jedoch, allerdings* (einschränkend): er ist ein guter Arbeiter, freilich nur auf seinem engen Fachgebiet. **Syn.:** aber, allein (geh.), doch, gleichwohl, indes (geh.), indessen (geh.).
2. (südd.) *gewiss doch, selbstverständlich* (als bekräftigende Antwort, Zustimmung): »Du kommst doch morgen?« »Freilich.«. **Syn.:** allerdings, gewiss, ja, jawohl, natürlich.

frei|ma|chen [ˈfrai̯maxn̩], machte frei, freigemacht:
1. ⟨tr.; hat⟩ *durch Aufkleben von Briefmarken die Gebühr (für Sendungen, die durch die Post befördert werden) im Voraus entrichten:* sie hat den Brief freigemacht. **Syn.:** frankieren.
2. a) ⟨+ sich⟩ (ugs.) *sich [freie] Zeit nehmen:* bei dem starken Andrang konnte ich mich nur kurze Zeit freimachen. **b)** ⟨itr.; hat⟩ *nicht arbeiten:* kannst du heute freimachen?

frei|mü|tig [ˈfrai̯my:tɪç] ⟨Adj.⟩: *sich im Hinblick auf Überraschung Auslösendes oder weniger Erfreuliches offen äußernd:* eine freimütige Aussprache; freimütig Fehler zugeben; sie gestand freimütig, dass sie Angst hatte. **Syn.:** frisch von der Leber weg (ugs.).

Frei|raum [ˈfrai̯rau̯m], der; -[e]s, Freiräume [ˈfrai̯rɔy̯mə]: *Möglichkeit zur Entfaltung eigener Kräfte und Ideen:* mir wurden gewisse Freiräume für Entscheidungen gegeben. **Syn.:** Spielraum.

frei|spre|chen [ˈfrai̯ʃprɛçn̩], spricht frei, sprach frei, freigesprochen ⟨tr.; hat⟩: *in einem gerichtlichen Urteil feststellen, dass eine Person, die angeklagt war, nicht schuldig ist oder dass ihre Schuld nicht bewiesen werden kann:* die Angeklagten wurden beide freigesprochen.

frei|ste|hen [ˈfrai̯ʃte:ən], stand frei, freigestanden ⟨itr.; hat; südd., österr., schweiz.: ist⟩: *jmds. Entscheidung überlassen sein:* es steht jedem frei/jedem steht frei, wie er seine Freizeit verbringt. **Syn.:** anheimgestellt sein (geh.), offenstehen, unbenommen sein.

frei|stel|len [ˈfrai̯ʃtɛlən], stellte frei, freigestellt ⟨tr.; hat⟩:
1. *jmdn. zwischen mehreren Möglichkeiten entscheiden lassen:* man stellte ihr frei, in München oder in Berlin zu studieren. **Syn.:** anheimstellen (geh.), überlassen.
2. *aus bestimmten Gründen, für bestimmte Zwecke vom Dienst befreien:* er ist vom Wehrdienst freigestellt worden. **Syn.:** befreien, beurlauben, entbinden.

Frei|tag [ˈfrai̯ta:k], der; -[e]s, -e: *fünfter Tag der Woche:* am Freitag machen viele Angestellte früher Feierabend.

Frei|tod [ˈfrai̯to:t], der; -[e]s, -e (verhüll.): *Tod, durch den man aus eigenem Entschluss sein Leben beendet:* den Freitod suchen, wählen. **Syn.:** Selbstmord, Suizid (bildungsspr.).

frei|wil|lig [ˈfrai̯vɪlɪç] ⟨Adj.⟩: *aus eigenem freiem Willen:* freiwillige Helfer; sie hat freiwillig auf einen Teil ihres Gewinns verzichtet. **Syn.:** aus eigenem Antrieb, aus freien Stücken, ohne Aufforderung, unaufgefordert, von allein, von sich aus.

freiwillig / bereitwillig:
s. Kasten Seite 202.

Frei|zeit [ˈfrai̯ts̮ai̯t], die; -, -en:
1. ⟨ohne Plural⟩ *Zeit, in der man nicht zu arbeiten braucht, über die man frei verfügen kann:* wenig Freizeit haben; in der Freizeit viel lesen. **Syn.:** freie Zeit, Muße.
2. *[mehrtägige] Zusammenkunft für Personen mit bestimmten*

gemeinsamen Interessen: das Jugendamt veranstaltet Freizeiten für Schüler und Schülerinnen; an einer Freizeit teilnehmen.

frei|zü|gig ['fraitsy:gɪç] ⟨Adj.⟩:
1. *frei in der Wahl des Wohnsitzes, des Aufenthalts:* der freizügig lebende Bürger. **Syn.:** nicht sesshaft, ungebunden.
2. *großzügig, nicht kleinlich:* freizügig im Geldausgeben sein. **Syn.:** freigebig, mildtätig, nobel (geh.), spendabel, weitherzig.
3. *nicht den bürgerlichen Moralvorschriften entsprechend:* ein sehr freizügiger Film; die Beziehungen zwischen den Geschlechtern sind freizügiger geworden. **Syn.:** frei.

fremd [frɛmt] ⟨Adj.⟩:
1. *nicht bekannt, nicht vertraut:* ein fremder Mann sprach sie an; ich bin immer noch fremd in dieser Stadt; du bist mir fremd geworden. **Syn.:** unbekannt.
2. *von anderer Herkunft:* fremde Völker; eine fremde Sprache. **Syn.:** ausländisch, auswärtig, exotisch, nicht einheimisch.
3. *einem anderen gehörend; einen anderen betreffend:* fremdes Eigentum; das ist nicht für fremde Ohren bestimmt.
4. *nicht zu der Vorstellung, die man von jmdm., etwas hat, passend:* das ist ein fremder Ton an ihm; mit der neuen Frisur sieht sie ganz fremd aus. **Syn.:** anders, ungewohnt.

-fremd [frɛmt] ⟨adjektivisches Suffixoid⟩:
a) *zu dem im Basiswort Genannten üblicherweise nicht gehörend:* artfremd; berufsfremd; betriebsfremd; branchenfremd; fachfremd; gewebsfremd; körperfremd; ortsfremd (Brauch); situationsfremd; studienfremd; wesensfremd. **b)** *auf dem im Basiswort genannten Gebiet o. Ä. nicht Bescheid wissend, ihm fernstehend:* lebensfremd; praxisfremd; weltfremd; wirklichkeitsfremd. **Syn.:** -fern. **c)** *in dem im Basiswort genannten Bereich o. Ä. fremd, ein Fremder:* ortsfremd (Person); revierfremd (Hund).

[1]Frem|de ['frɛmdə], die/eine Fremde; der/einer Fremden, die Fremden/zwei Fremde:
a) *weibliche Person, die an einem Ort fremd ist, die an diesem Ort nicht wohnt:* sie war eine Fremde in dieser Stadt. **Syn.:** Ausländerin. **b)** *weibliche Person, die jmdm. unbekannt ist:* die Kinder fürchteten sich vor der Fremden.

[2]Frem|de ['frɛmdə], die; -:
Land fern der Heimat; weit entferntes Ausland: sie lebte lange in der Fremde; er ist aus der Fremde heimgekehrt. **Syn.:** Ferne.

Frem|den|füh|rer ['frɛmdn̩fy:rɐ], der; -s, -, **Frem|den|füh|re|rin** ['frɛmdn̩fy:rərɪn], die; -, -nen:
Person, deren Aufgabe es ist, Touristen und Touristinnen die Sehenswürdigkeiten einer Stadt o. Ä. zu zeigen und zu erläutern.

Frem|der ['frɛmdɐ], der Fremde/ein Fremder; des/eines Fremden, die Fremden/zwei Fremde:
a) *Person, die an einem Ort fremd ist, die an diesem Ort nicht wohnt:* ein Fremder hat es hier schwer, heimisch zu werden. **Syn.:** Ausländer. **b)** *Person, die jmdm. unbekannt ist:* ein Fremder stand vor der Tür.

fremd|ge|hen ['frɛmtge:ən], ging fremd, fremdgegangen ⟨itr.; ist⟩ (ugs.):
außereheliche Beziehungen haben: während ihrer Schwangerschaft ist ihr Ehemann fremdgegangen. **Syn.:** betrügen, die Ehe brechen, Ehebruch begehen, untreu sein.

Fremd|spra|che ['frɛmtʃpra:xə], die; -, -n:
fremde Sprache, die sich jmd. nur durch bewusstes Lernen aneignet: Fremdsprachen beherrschen; als zweite Fremdsprache lernte sie Latein in der Schule.

Fremd|wort ['frɛmtvɔrt], das; -[e]s, Fremdwörter ['frɛmtvœrtɐ]:
aus einer fremden Sprache übernommenes oder mit Wörtern oder Wortteilen aus einer fremden Sprache gebildetes Wort: der übertriebene Gebrauch von Fremdwörtern; *** für jmdn. ein Fremdwort sein:** *jmdm. völlig fremd, unbekannt, unvertraut sein:* Rücksichtnahme ist für diese Leute ein Fremdwort.

fres|sen ['frɛsn̩], frisst, fraß, gefressen:
1. a) ⟨itr.; hat⟩ *(von Tieren) feste Nahrung zu sich nehmen:* die Tiere fressen gerade; das Reh fraß mir aus der Hand. **b)** ⟨tr.; hat⟩ *(von Tieren) als Nahrung zu sich nehmen:* Kühe fressen Gras.
2. a) ⟨itr.; hat⟩ (derb) *(von Menschen) recht viel [und in unkultivierter Weise] essen:* der isst ja nicht, der frisst; wir haben gefressen bis zum Gehtnichtmehr. **Syn.:** essen, schlingen.
b) ⟨tr.; hat⟩ (emotional) *essen:* damals im Krieg haben wir Rüben fressen müssen; ich hatte nichts zu fressen.
3. ⟨tr.; hat⟩ (ugs.) *verbrauchen:* der Motor frisst viel Benzin.
4. ⟨itr.; hat⟩ *angreifen und langsam zerstören:* Rost frisst am Metall. **Syn.:** zersetzen, zerstören.

Freu|de ['frɔydə], die; -, -n:
1. ⟨ohne Plural⟩ *Gefühl des Frohseins:* ihre Freude über den Besuch war groß; es ist eine Freude, ihr zuzusehen; er hat keine Freude an dieser Arbeit; es wird mir eine Freude sein *(ich werde es gern machen);* jmdm. die Freude verderben; seine helle Freude an etwas haben *(sich daran erfreuen);* jmdm. mit etwas eine Freude machen, bereiten *(jmdn. mit etwas erfreuen).* **Syn.:** Begeisterung, Glück, Jubel, Lust, Seligkeit, Spaß, Vergnügen, Wohlgefallen, Wonne. **Zus.:** Daseinsfreude, Lebensfreude, Wiedersehensfreude.
2. ⟨nur Plural; mit Attribut⟩ *alles Beglückende, Schöne, was jmdn. erfreut:* die Freuden der Liebe; die kleinen Freuden des Alltags; die Freuden des Lebens genießen.

freu|dig ['frɔydɪç] ⟨Adj.⟩:
a) *voll Freude:* die Kinder waren in freudiger Erwartung; freudig erregt, überrascht sein; ich wurde von allen freudig begrüßt. **Syn.:** froh, fröhlich.
b) *Freude bereitend:* eine freudige Nachricht bringen. **Syn.:** erfreulich, froh, willkommen.

-freu|dig [frɔydɪç] ⟨adjektivisches Suffixoid⟩:
1. a) *gern, oft das im verbalen Basiswort Genannte machend:* diskutierfreudig; erzählfreudig; essfreudig; experimentierfreudig; kauffreudig; lauffreudig; lesefreudig; spendierfreudig; reisefreudig; trinkfreudig. **Syn.:** -süchtig. **b)** *zu dem im substanti-*

F
-fre

vischen Basiswort Genannten schnell, gern, oft bereit: auskunftsfreudig; diskussionsfreudig; einsatzfreudig; entscheidungsfreudig; entschlussfreudig; fortschrittsfreudig; geburtenfreudig; importfreudig; innovationsfreudig; kommunikationsfreudig; konsumfreudig; kontaktfreudig; leistungsfreudig; opferfreudig; reaktionsfreudig; reformfreudig; risikofreudig; sangesfreudig; schaffensfreudig; sportfreudig; verantwortungsfreudig.

2. a) *Freude an dem im Basiswort Genannten habend, zeigend:* bergfreudig; campingfreudig; farbfreudig; kostümfreudig (Theaterszene). **b)** *besonders gut in Bezug auf das im Basiswort Genannte:* rieselfreudig (Salz); startfreudig (Motor).

freu|en [ˈfrɔyən]:
a) ⟨+ sich⟩ *Freude empfinden:* ich freue mich, dass Sie gekommen sind; sie hat sich über die Blumen gefreut; er freut sich an seinem Besitz; die Kinder freuen sich auf Weihnachten. **Syn.:** sich erfreuen (geh.), Gefallen finden, voller Freude sein. **b)** ⟨itr.; hat⟩ *(jmdm.) Freude bereiten:* die Anerkennung wird dich freuen. **Syn.:** begeistern, beglücken, entzücken, erfreuen, glücklich machen.

Freund [frɔynt], der; -[e]s, -e, **Freun|din** [ˈfrɔyndɪn], die; -, -nen:
1. *Person, die einer anderen nahesteht, ihr in Freundschaft verbunden ist:* ein guter Freund von mir; meine beste Freundin; mein Freund Klaus; meine Freundin Karen; viele Freundinnen haben; unter Freunden sein. **Syn.:** Gefährte (geh.), Gefährtin (geh.), Genosse (veraltend), Genossin (veraltend), Kamerad, Kameradin, Kumpan (ugs.), Kumpanin (ugs.), Kumpel (ugs.). **Zus.:** Geschäftsfreund, Geschäftsfreundin, Jugendfreund, Jugendfreundin, Parteifreund, Parteifreundin, Schulfreund, Schulfreundin.
2. *Person, die mit einer anderen eine partnerschaftliche bzw. sexuelle Beziehung hat:* er wohnt mit seiner Freundin zusammen; sie traf sich mit ihrem Freund; er hat eine neue Freundin; sie hat schon einen Freund. **Syn.:** Bekannte, Bekannter, Geliebte, Geliebter, Liebhaber, Liebhaberin, Partner, Partnerin, ständige Begleiterin (verhüllend), ständiger Begleiter (verhüllend).
3. ⟨mit Attribut⟩ *Person, die etwas besonders schätzt, die für etwas besonderes Interesse hat:* er ist ein Freund der Oper, der modernen Malerei; für alle Freunde der Literatur. **Syn.:** Anhänger, Anhängerin, Fan, Liebhaber, Liebhaberin. **Zus.:** Musikfreund, Musikfreundin, Tierfreund, Tierfreundin.

freund|lich [ˈfrɔyntlɪç] ⟨Adj.⟩:
a) *im Umgang mit anderen liebenswürdig und zuvorkommend:* ein freundlicher Empfang; ein freundliches Gesicht machen; wir danken für die freundliche Unterstützung; beide sind immer sehr freundlich zu mir; würden Sie so freundlich sein, mir zu helfen?; sie lächelten freundlich. **Syn.:** entgegenkommend, gefällig, gütig, [1]herzlich, jovial, konziliant (bildungsspr.), leutselig, lieb, nett, verbindlich, wohlwollend. **b)** *so, dass es als angenehm empfunden wird:* an der See herrschte freundliches Wetter; die Hotelzimmer sind hell und freundlich.

-freund|lich [frɔyntlɪç] ⟨adjektivisches Suffixoid⟩:
1. *in seiner Art, Beschaffenheit für das im Basiswort Genannte günstig, ihm helfend, entgegenkommend, es begünstigend, für es gut geeignet* /Ggs. -feindlich/: arbeiterfreundlich; behindertenfreundlich; benutzerfreundlich; familienfreundlich; fußgängerfreundlich; hautfreundlich; kinderfreundlich; kundenfreundlich; magenfreundlich; mieterfreundlich; mütterfreundlich; umweltfreundlich; verbraucherfreundlich; wartungsfreundlich; zuschauerfreundlich; ⟨elliptisch⟩ brieftaschenfreundlich (brieftaschenfreundliche Preise – *Preise, die die Brieftasche, d. h. das sich darin befindende Geld, schonen*).
2. *dem im Basiswort Genannten gegenüber wohlgesinnt; freundlich zu, gegenüber ...:* hundefreundlich; menschenfreundlich; pressefreundlich; regierungsfreundlich.

Freund|lich|keit [ˈfrɔyntlɪçkait], die; -, -en:
1. ⟨ohne Plural⟩ *freundliches* (a) *Wesen, Verhalten, freundliche Art:* wir wurden mit großer Freundlichkeit empfangen; hätten Sie die Freundlichkeit, uns zu begleiten *(würden Sie uns bitte begleiten)*. **Syn.:** Entgegenkommen, Güte, Nettigkeit.
2. *freundliche* (a) *Handlung, Äußerung:* jmdn. um eine Freundlichkeit bitten; deine Freundlichkeiten kannst du dir sparen. **Syn.:** Gefälligkeit, Gunst, Nettigkeit.

Freund|schaft [ˈfrɔyntʃaft], die; -, -en:
auf gegenseitiger Sympathie beruhendes Verhältnis von Menschen zueinander: ihre Freundschaft dauerte ein ganzes Leben lang; uns verbindet eine tiefe, innige Freundschaft; mit jmdm. in Freundschaft verbunden sein. **Syn.:** Beziehung, Bindung, Kameradschaft. **Zus.:** Jugendfreundschaft, Männerfreundschaft.

freund|schaft|lich [ˈfrɔyntʃaftlɪç] ⟨Adj.⟩:
auf Freundschaft gegründet, in Freundschaft: sie haben freundschaftliche Beziehungen; sie war ihm freundschaftlich verbunden, zugetan. **Syn.:** brüderlich, kollegial.

Fre|vel [ˈfreːfl̩], der; -s, - (geh.):
Verstoß gegen die göttliche oder menschliche Ordnung aus bewusster Missachtung, Auflehnung oder aus Übermut: einen Frevel an der Natur begehen; die Verspottung der Heiligen empfand er als Frevel. **Syn.:** Sünde, Verfehlung, Vergehen.

Frie|de [ˈfriːdə], der; -ns, -n, **Frie|den** [ˈfriːdn̩], der; -s, -:
1. a) ⟨ohne Plural⟩ *Zustand von Ruhe und Sicherheit; Zeit, in der kein Krieg herrscht:* der Friede[n] dauerte nur wenige Jahre; den Frieden sichern; für den Frieden kämpfen. **Zus.:** Weltfriede[n]. **b)** *Friedensschluss:* einen ehrenvollen Frieden aushandeln; die Frieden von Münster und Osnabrück beendeten den Dreißigjährigen Krieg.
2. ⟨ohne Plural⟩ *Zustand der Eintracht:* der häusliche Friede[n]; in dieser Familie herrscht kein Friede[n]; um des lieben Frie-

dens willen zustimmen. **Syn.:** Harmonie. **Zus.:** Familienfriede[n].

fried|fer|tig ['fri:tfɛrtɪç] ⟨Adj.⟩: *das friedliche Zusammenleben, die Eintracht liebend; nicht zum Streiten neigend:* ich bin ja ein friedfertiger Mensch. **Syn.:** friedliebend, versöhnlich, verträglich.

Fried|hof ['fri:tho:f], der; -[e]s, Friedhöfe ['fri:thø:fə]: *Ort, an dem die Toten beerdigt werden:* die Verstorbene wurde auf dem Friedhof ihrer Heimatgemeinde beerdigt. **Zus.:** Soldatenfriedhof, Waldfriedhof.

fried|lich ['fri:tlɪç] ⟨Adj.⟩:
1. a) *nicht für den Krieg bestimmt:* die friedliche Nutzung der Kernenergie. **b)** *ohne Gewalt und Krieg [bestehend], nicht kriegerisch:* die friedliche Koexistenz der Völker; friedlich zusammenleben. **Syn.:** einträchtig.
2. a) *friedfertig:* ein friedlicher Mensch; sei friedlich! *(fang nicht an zu streiten!).* **Syn.:** friedliebend, versöhnlich, verträglich. **b)** *wohltuend still, ruhig, von Ruhe erfüllt, zeugend:* ein friedlicher Anblick; friedlich einschlafen. **Syn.:** beschaulich, idyllisch.

fried|lie|bend ['fri:tli:bn̩t] ⟨Adj.⟩: *gern in Frieden lebend:* alle friedliebenden Völker sollten diesem Vertrag zustimmen. **Syn.:** friedfertig, friedlich, versöhnlich, verträglich.

frie|ren ['fri:rən], fror, gefroren:
1. ⟨itr.; hat⟩ **a)** *Kälte empfinden:* sie friert sehr leicht; ich habe ganz erbärmlich gefroren; er friert immer an den Füßen. **Syn.:** frösteln, schaudern, schauern. **b)** ⟨unpers.⟩ *das Gefühl der Kälte empfinden lassen:* es friert mich; ihn hat [es] ganz jämmerlich an den Ohren gefroren. **Syn.:** jmdm. ist [es] kalt.
2. a) ⟨itr.; hat; unpers.⟩ *(von der Temperatur) unter den Gefrierpunkt sinken:* heute Nacht wird es sicher frieren. **b)** ⟨itr.; ist⟩ *zu Eis werden:* das Wasser ist gefroren. **Syn.:** gefrieren.

Fri|ka|del|le [frika'dɛlə], die; -, -n: *[flacher] in der Pfanne gebratener Kloß aus Hackfleisch:* die Frikadelle in das aufgeschnittene Brötchen legen. **Syn.:** Bulette, Klops.

Fri|kas|see [frika'se:], das; -s, -s: *Gericht aus hellem, gekochtem, in Stücke geschnittenem Fleisch in einer hellen [leicht säuerlichen] Soße:* aus einem gekochten Huhn ein Frikassee [zu]bereiten. **Syn.:** Ragout. **Zus.:** Hühnerfrikassee, Kalbsfrikassee.

frisch [frɪʃ] ⟨Adj.⟩:
1. a) *erst vor kurzer Zeit entstanden, hergestellt o. Ä.* /Ggs. alt/: frisches Brot; eine frische Wunde; das Obst war nicht mehr frisch; Vorsicht, frisch gestrichen! **Zus.:** druckfrisch, fangfrisch. **b)** *unverbraucht:* frische Luft ins Zimmer lassen; sich mit frischen Kräften ans Werk machen; sich frisch und munter fühlen.
2. *gewaschen und danach noch nicht getragen; nicht benutzt, nicht gebraucht:* ein frisches Hemd anziehen; ein frisches Blatt Papier in den Drucker legen; die Handtücher sind frisch; wollt ihr euch erst frisch machen *(waschen und zurechtmachen)* im Bad?; frisch *(mit sauberer Wäsche)* bezogene Betten. **Syn.:** neu.
3. *in spürbarer Weise nicht warm:* es weht ein frischer Wind; heute ist es sehr frisch draußen. **Syn.:** kalt, kühl.
4. *sichtbar gesund [aussehend], lebhaft:* ein frisches Aussehen; eine frische Gesichtsfarbe; frische *(leuchtende)* Farben.

-frisch [frɪʃ] ⟨adjektivisches Suffixoid⟩ (vor allem in der Werbesprache):
a) *von dem im Basiswort (meist Ort) Genannten kommend und daher (in Bezug auf Nahrungs-, Genussmittel) qualitativ recht gut:* gartenfrisch (Gemüse); kutterfrisch (Krabben); ofenfrisch (Brot). **b)** *unmittelbar im Anschluss an das im Basiswort (Tätigkeit) Genannte und daher (in Bezug auf Nahrungs-, Genussmittel) qualitativ recht gut:* erntefrisch (Obst); fangfrisch (Fisch); röstfrisch (Kaffee); schlachtfrisch (Wurst).

Fri|sche ['frɪʃə], die; -:
1. *frische* (1 a) *Beschaffenheit:* die Frische knuspriger Brötchen.
2. *körperliche und geistige Leistungsfähigkeit, Regsamkeit:* in voller Frische feierte sie ihren 85. Geburtstag; bis morgen in alter Frische (ugs.; *so frisch und munter wie jetzt*).
3. *[Gefühl der] Sauberkeit:* diese Seife schenkt Frische für den ganzen Tag.
4. *erfrischende Kühle:* die belebende Frische der Waldluft.

Fri|seur [fri'zø:ɐ̯], **Frisör**, der; -s, -e, **Fri|seu|rin** [fri'zø:rɪn], **Frisörin**, die; -, -nen: *Person, die anderen die Haare wäscht, schneidet, frisiert o. Ä.:* zum Friseur gehen; einen Termin beim Friseur machen. **Syn.:** Coiffeur (bes. schweiz.), Coiffeurin (seltener), Coiffeuse (bes. schweiz.).

fri|sie|ren [fri'zi:rən] ⟨tr.; hat⟩:
1. *das Haar in bestimmter Weise ordnen, zu einer Frisur formen:* die Mutter hat ihre Tochter frisiert; du musst dich noch frisieren. **Syn.:** kämmen.
2. (ugs.) **a)** *verändern, um etwas vorteilhafter erscheinen zu lassen:* man hat die Bilanz, die Nachricht frisiert; einen Unfallwagen frisieren. **Syn.:** beschönigen. **b)** *die Leistung eines Motors durch nachträgliche Veränderungen steigern:* einen Motor frisieren. **Syn.:** aufmöbeln (ugs.).

Fri|sör [fri'zø:ɐ̯]: ↑ Friseur.

Fri|sö|rin [fri'zø:rɪn]: ↑ Friseurin.

Frist [frɪst], die; -, -en:
a) *Zeitraum (in dem oder nach dem etwas geschehen soll):* die Frist für Reklamationen ist verstrichen; sie gab ihm eine Frist von acht Tagen für seine Arbeit; nach einer Frist von einem Monat müssen wir zahlen. **Syn.:** Spanne. **Zus.:** Anmeldefrist, Annahmefrist, Berufungsfrist, Beschwerdefrist, Kündigungsfrist, Lieferfrist, Meldefrist, Räumungsfrist, Rücktrittsfrist, Zahlungsfrist. **b)** *begrenzter Aufschub:* der Schuldner erhielt eine weitere Frist, um das Geld aufzutreiben.

Fri|sur [fri'zu:ɐ̯], die; -, -en: *Art und Weise, in der jmds. Haar frisiert ist:* die neue Frisur steht dir gut. **Syn.:** Haarschnitt. **Zus.:** Kurzhaarfrisur, Lockenfrisur.

-frit|ze [frɪt͡sə], der; -n, -n ⟨Suffixoid⟩ (ugs. abwertend): kennzeichnet in Bildungen mit Substantiven eine männliche

Person, die durch die berufliche Beschäftigung mit etwas, den Verkauf von etwas charakterisiert ist: Autofritze; Filmfritze; Immobilienfritze. **Syn.:** -heini (ugs. abwertend), -mann.

froh [fro:] ⟨Adj.⟩:
1. *von einem Gefühl der Freude erfüllt; innere Freude widerspiegelnd:* frohe Menschen, Gesichter; sie ist froh, dass die Kinder gesund zurückgekehrt sind; froh gestimmt sein. **Syn.:** erleichtert, fidel (ugs.), freudig, fröhlich, glücklich, heilfroh (ugs.).
2. *Freude bringend, freudig stimmend:* eine frohe Kunde, Nachricht. **Syn.:** erfreulich.

fröh|lich ['frø:lɪç] ⟨Adj.⟩:
vergnügt, in froher Stimmung: fröhliche Gesichter; ein fröhliches Kind; sie saßen fröhlich beisammen; sie lachten fröhlich. **Syn.:** aufgedreht (ugs.), aufgekratzt (ugs.), ausgelassen, fidel (ugs.), froh, heiter, lustig.

Fröh|lich|keit ['frø:lɪçkai̯t], die; -:
das Fröhlichsein: lärmende Fröhlichkeit erfüllte den Saal. **Syn.:** Heiterkeit.

froh|lo|cken [fro'lɔkn̩] ⟨itr.; hat⟩ (geh.):
sich [heimlich] über den Schaden eines anderen freuen; schadenfroh sein: er frohlockte über die Niederlage seines Gegners. **Syn.:** triumphieren.

fromm [frɔm], frommer/frömmer, frommste/frömmste ⟨Adj.⟩:
vom Glauben an Gott erfüllt: ein frommer Christ, Mensch. **Syn.:** gläubig, gottesfürchtig, religiös.

Fröm|mig|keit ['frœmɪçkai̯t], die; -:
das Frommsein: von echter, tiefer Frömmigkeit erfüllt sein. **Syn.:** Glaube, Gläubigkeit, Religiosität.

frö|nen ['frø:nən] ⟨itr.; hat⟩ (geh.):
sich (einer Leidenschaft) ergeben, hingeben: einem Laster, einer Leidenschaft frönen. **Syn.:** sich widmen.

Front [frɔnt], die; -, -en:
1. a) *vordere Seite (eines Gebäudes):* die Front des Hauses ist 10 Meter lang. **Syn.:** Fassade. **Zus.:** Häuserfront, Hinterfront, Vorderfront. **b)** *vordere Linie einer Truppe, die angetreten ist:* die Front [der Ehrenkompanie] abschreiten. **Syn.:** Reihe.
2. *(im Unterschied zur Etappe) vorderste Linie (der kämpfenden Truppe):* an der Front kämpfen. **Zus.:** Ostfront, Westfront.

fron|tal [frɔn'ta:l] ⟨Adj.⟩:
mit/an der vorderen Seite; von vorn kommend: ein frontaler Angriff; die Autos stießen frontal zusammen.

Frosch [frɔʃ], der; -[e]s, Frösche ['frœʃə]:
im und am Wasser lebendes Tier mit gedrungenem Körper von grüner oder brauner Färbung, flachem Kopf mit breitem Maul, großen, oft stark hervortretenden Augen und langen, als Sprungbeine dienenden Hintergliedmaßen: die Frösche quaken. **Zus.:** Grasfrosch, Laubfrosch.

Frost [frɔst], der; -[e]s, Fröste ['frœstə]:
Temperatur unter dem Gefrierpunkt: draußen herrscht strenger Frost. **Zus.:** Dauerfrost, Nachtfrost.

frös|teln ['frœstl̩n] ⟨itr.; hat⟩:
a) *vor Kälte leicht zittern:* sie fröstelte in ihrem dünnen Kleid. **Syn.:** frieren, schaudern, schauern, schlottern. **b)** ⟨unpers.⟩ *jmdn. als unangenehmes Gefühl leichter Kälte überkommen:* mich fröstelt [es]; es fröstelte sie, als sie in die kühle Morgenluft hinaustrat.

frot|tie|ren [frɔ'ti:rən] ⟨tr.; hat⟩:
(jmdm.) mit einem Tuch den Körper [abtrocknen und] kräftig abreiben: sie hat das Kind mit dem Badetuch frottiert. **Syn.:** rubbeln (ugs.).

frot|zeln ['frɔt͜sl̩n] (ugs.):
a) ⟨tr.; hat⟩ *mit spöttischen Bemerkungen necken:* er wurde von seinen Kameraden häufig gefrotzelt; musst du deine kleine Schwester immer frotzeln? **Syn.:** aufziehen, hänseln. **b)** ⟨itr.; hat⟩ *spöttische oder anzügliche Bemerkungen machen:* ihre Kollegen frotzelten gern über sie; dass du aber auch immer frotzeln musst. **Syn.:** lästern, spotten, sticheln.

Frucht [frʊxt], die; -, Früchte ['frʏçtə]:
1. *(essbares) Produkt bestimmter Pflanzen, besonders von Bäumen und Sträuchern, das den Samen bis zur Reife umschließt:* im Herbst reifen die Früchte, fallen die Früchte ab; ein Korb voller Früchte. **Syn.:** Obst. **Zus.:** Baumfrucht.
2. ⟨mit Attribut⟩ *etwas, was Ergebnis, Ertrag bestimmter Bemühungen, Handlungen ist:* die Früchte seines Fleißes ernten; das Buch ist eine Frucht langjähriger Arbeit. **Syn.:** Erfolg, Ergebnis, Resultat.

frucht|bar ['frʊxtba:ɐ̯] ⟨Adj.⟩:
1. a) *fruchttragend; ertragreich:* das Land ist sehr fruchtbar; fruchtbarer Boden. **Syn.:** ergiebig. **b)** *zahlreiche Nachkommen hervorbringend:* ein fruchtbares Adelsgeschlecht; Mäuse und Kaninchen sind besonders fruchtbar. **Syn.:** potent.
2. *sich als nützlich erweisend, sich segensreich auswirkend:* fruchtbare Gespräche; eine fruchtbare Zusammenarbeit. **Syn.:** ergiebig, lohnend.

fruch|ten ['frʊxtn̩], fruchtete, gefruchtet ⟨itr.; hat⟩:
Erfolg haben: meine Ermahnungen fruchteten bei dir überhaupt nicht. **Syn.:** nutzen, von Erfolg sein, wirken.

fruch|tig ['frʊxtɪç] ⟨Adj.⟩:
wie frische Früchte duftend, schmeckend: ein Wein von fruchtigem Geschmack; das Parfüm riecht fruchtig; eine fruchtig schmeckende Limonade.

frucht|los ['frʊxtlo:s] ⟨Adj.⟩:
keinen Erfolg bringend: fruchtlose Bemühungen; die Bitten blieben fruchtlos, sie ließ sich nicht umstimmen.

[1]früh [fry:] ⟨Adj.⟩:
a) *am Beginn eines bestimmten Zeitraumes liegend:* am frühen Morgen, Nachmittag, Abend; in früher Jugend; es ist noch früh am Tag. **Syn.:** frühzeitig, zeitig. **b)** *vor einem bestimmten Zeitpunkt [liegend, eintretend o. Ä.]:* ein früher Winter; wir nehmen einen früheren Zug; du kamst früher als erwartet; sie traf drei Stunden früher ein; seine früh verstorbene Mutter. **Syn.:** vor der Zeit, vorzeitig.

[2]früh [fry:] ⟨Adverb⟩:
morgens; am Morgen: heute früh; um sechs Uhr früh. **Syn.:** in der Frühe.

Frü|he ['fry:ə], die; -:
Beginn des Tages; früher Morgen: in der Frühe des Tages brachen wir auf; die Handwerker kamen

in aller Frühe *(sehr früh am Morgen).*

[1]**frü|her** ['fry:ɐ] ⟨Adj.⟩:
a) *vergangen:* in früheren Zeiten. **Syn.:** zurückliegend. **b)** *einstig, ehemalig:* der frühere Eigentümer des Hauses; frühere Freundinnen.

[2]**frü|her** ['fry:ɐ] ⟨Adverb⟩:
einst, ehemals: alles sieht noch aus wie früher; früher ging es ihr besser. **Syn.:** dereinst (geh.), einstmals (geh.), in jenen Tagen (geh.), in jener Zeit, seinerzeit, vor Zeiten, zu jener Zeit.

frü|hes|tens ['fry:əstn̩s] ⟨Adverb⟩:
nicht vor (einem bestimmten Zeitpunkt) /Ggs. spätestens/: ich komme frühestens morgen; wir können frühestens um 12 Uhr zu Hause sein. **Syn.:** nicht früher als.

Früh|jahr ['fry:ja:ɐ̯], das; -[e]s, -e:
erster Abschnitt des Jahres bis zum Beginn des Sommers: im Frühjahr können die Nächte noch sehr kalt sein. **Syn.:** Frühling, Lenz (dichter.).

Früh|ling ['fry:lɪŋ], der; -s, -e:
Jahreszeit zwischen Winter und Sommer, besonders als die Zeit, in der die Natur wieder zu erwachen beginnt: es wird Frühling; der Frühling brachte die ersten Kräuter hervor; es riecht nach Frühling. **Syn.:** Frühjahr, Lenz (dichter.).

früh|reif ['fry:rai̯f] ⟨Adj.⟩:
(als Kind) körperlich, geistig über sein Alter hinaus entwickelt: ein frühreifes Kind. **Syn.:** altklug.

Früh|stück ['fry:ʃtʏk], das; -[e]s, -e:
a) *am [frühen] Vormittag eingenommene erste Mahlzeit am Tag:* ein reichliches Frühstück; zum Frühstück gibt es Kaffee und Brötchen; [das] Frühstück machen; beim Frühstück sitzen. **Syn.:** Kaffee. **b)** *kleinere Mahlzeit, die jmd. zum Essen am [frühen] Vormittag vorsieht, mitnimmt:* sein Frühstück auspacken, vergessen haben.

früh|stü|cken ['fry:ʃtʏkn̩]:
a) ⟨itr.; hat⟩ *das Frühstück einnehmen:* im Wohnzimmer frühstücken; wir wollen jetzt frühstücken; sie hat ausgiebig gefrühstückt. **Syn.:** Kaffee trinken. **b)** ⟨tr.; hat⟩ *zum Frühstück* (a) *einnehmen:* ein Schinkenbrot frühstücken.

früh|zei|tig ['fry:tsai̯tɪç] ⟨Adj.⟩:
zu einem frühen Zeitpunkt, schon recht früh: eine frühzeitige Bestellung der Karten; wir sind frühzeitig aufgestanden. **Syn.:** zeitig.

frühzeitig/rechtzeitig

Das Adjektiv **frühzeitig** besagt, dass etwas schon recht früh, früher als üblich oder nötig, geschieht oder geschehen ist. Wer frühzeitig etwas tut, für etwas sorgt, sich um etwas bemüht, tut es als einer der Ersten, vor einem üblichen oder vereinbarten Zeitpunkt.
Das Adjektiv **rechtzeitig** besagt, dass etwas zur rechten Zeit geschieht, dass es noch nicht zu spät ist.
Wer frühzeitig zu einer Party kommt, erscheint früher als die anderen und vor dem eigentlichen Beginn. Wer rechtzeitig kommt, trifft gerade so ein, dass er nichts von dem versäumt, was nach seinem Kommen beginnt.

Frust [frʊst], der; -[e]s (ugs.):
das Frustriertsein; Frustration: sie ließ ihren Frust an ihrer Familie ab. **Syn.:** Enttäuschung.

Frus|tra|ti|on [frʊstra'tsi̯o:n], die; -, -en:
Gefühl der Enttäuschung und der Machtlosigkeit (das eintritt, wenn ein erwartetes, geplantes oder erhofftes Geschehen, Ereignis o. Ä. ausbleibt oder völlig anders als vorgesehen verläuft): Frustrationen erleben. **Syn.:** Frust (ugs.).

frus|trie|ren [frʊs'tri:rən] ⟨tr.; hat⟩:
jmds. Erwartung enttäuschen, jmdm. die Befriedigung eines Bedürfnisses versagen: diese Kritiken frustrierten den Regisseur; das Ergebnis war frustrierend. **Syn.:** enttäuschen.

Fuchs [fʊks], der; -es, Füchse ['fʏksə]:
1. *kleineres Raubtier mit rötlich braunem Fell, spitzer Schnauze, großen, spitzen Ohren und buschigem Schwanz:* der Fuchs verschwand mit seiner Beute im Bau.
2. (ugs.) *durch Schläue und Gewitztheit gekennzeichnete Person:* du musst dich in Acht nehmen, sie ist ein schlauer Fuchs; ihr Anwalt ist ein Fuchs. **Syn.:** Schlauberger (ugs.; meist scherzh. oder ironisch).

fuch|teln ['fʊxtl̩n] ⟨itr.; hat⟩ (ugs.):
etwas (Arm, Gegenstand) heftig in der Luft hin und her bewegen (besonders als Ausdruck von Emotionen): aufgeregt fuchtelte der Polizist mit den Armen; sie fuchtelten mit Stöcken und Latten. **Syn.:** gestikulieren.

[1]**Fu|ge** ['fu:gə], die; -, -n:
schmaler Zwischenraum zwischen zwei [zusammengefügten] Teilen: Fugen in der Wand verschmieren. **Syn.:** Riss, Spalt; *** aus den Fugen gehen/geraten, sein:** *den [inneren] Zusammenhalt verlieren, verloren haben, in Unordnung geraten, geraten sein.*

[2]**Fu|ge** ['fu:gə], die; -, -n:
mehrstimmiges Musikstück mit festem Thema und streng gegliedertem Aufbau: eine Fuge von Bach spielen.

fü|gen ['fy:gn̩]:
1. ⟨+ sich⟩ **a)** *gehorchen, sich ein-, unterordnen:* nach anfänglichem Widerstand fügte ich mich; wir mussten uns seinen Anordnungen fügen. **Syn.:** befolgen, sich beugen, sich einfügen, folgen, nachgeben. **b)** *etwas gefasst auf sich nehmen, ertragen:* ich fügte mich in mein Schicksal; die Partei musste sich in das Unabänderliche fügen und die Wahlniederlage hinnehmen. **Syn.:** aushalten, erdulden, sich [1]ergeben.
2. ⟨tr.; hat⟩ *bewirken, dass etwas zu etwas anderem hinzukommt, daran angefügt, darin eingepasst wird:* einen Satz an den anderen fügen; einen Stein auf den anderen fügen. **Syn.:** einfügen in. **Zus.:** hinzufügen.

füg|sam ['fy:kza:m] ⟨Adj.⟩:
sich leicht, ohne Widerstand einer Autorität unterordnend: sie war nie ein fügsames Kind. **Syn.:** artig, brav, folgsam, gehorsam, willig.

Fü|gung ['fy:gʊŋ], die; -, -en:
schicksalhaftes Geschehen: eine Fügung des Schicksals, des Himmels; es war wie eine Fügung, dass er nicht mit dem abgestürzten Flugzeug geflogen war. **Syn.:** Bestimmung, Schicksal. **Zus.:** Schicksalsfügung.

füh|len ['fy:lən], fühlte, gefühlt/ (nach vorangehendem Infinitiv auch) fühlen:

1. ⟨tr.; hat⟩ *durch Betasten oder Berühren feststellen:* man konnte die Beule am Kopf fühlen. **Syn.:** tasten.
2. ⟨tr.; hat⟩ **a)** *mit den Nerven wahrnehmen, als Sinnesreiz (körperlich) bemerken:* Schmerzen im Bein fühlen; sie hat ihre Kräfte wachsen fühlen/gefühlt. **b)** *seelisch empfinden:* sie fühlten Abneigung, Mitleid; er fühlte sofort, dass er einen Fehler gemacht hatte. **Syn.:** empfinden, merken, spüren, verspüren.
3. ⟨+ sich⟩ **a)** *sich (in einem bestimmten inneren Zustand) befinden:* ich fühlte mich glücklich, krank. **b)** *sich halten für:* ich fühle mich schuldig, verantwortlich.

Füh|ler [ˈfyːlɐ], der; -s, -:
bei bestimmten niederen Tieren paarig am Kopf sitzendes Tast-, Geruchs- und Geschmackssinnesorgan: die Schnecke hat zwei Fühler.

Füh|lung [ˈfyːlʊŋ], die; -:
Verbindung, Beziehung: auch nach dem Abitur hielt sie mit ihrer Lehrerin Fühlung; mit jmdm. in Fühlung sein, kommen. **Syn.:** Kontakt.

Fuh|re [ˈfuːrə], die; -, -n:
Wagenladung: eine Fuhre Holz. **Syn.:** Ladung. **Zus.:** Holzfuhre, Mistfuhre.

füh|ren [ˈfyːrən]:
1. ⟨tr.; hat⟩ *jmdm. den Weg, eine Richtung zeigen, indem man mit ihm geht oder ihm vorangeht; einen Menschen, ein Tier in eine bestimmte Richtung in Bewegung setzen und zu einem Ziel bringen:* Fremde durch die Stadt führen; einen Blinden führen; er führte sie [nach dem Tanz] an ihren Tisch; Hunde sind im Stadtpark an der Leine zu führen. **Syn.:** begleiten, geleiten (geh.).
2. ⟨tr.; hat⟩ *die Leitung von etwas innehaben:* ein Geschäft, eine Firma führen. **Syn.:** betreiben, herrschen über, leiten, lenken, vorstehen.
3. ⟨itr.; hat⟩ *(in einem Wettbewerb o. Ä.) an erster Stelle sein:* nach Punkten führen; sie führte bei dem Rennen; diese Zeitung ist führend in Deutschland; eine führende *(wichtige)* Rolle spielen. **Syn.:** an der Spitze liegen, anführen, vorn liegen.
4. ⟨tr.; hat⟩ *steuern, lenken:* ein Fahrzeug, Flugzeug führen.
5. ⟨tr.; hat⟩ **a)** *an eine bestimmte Stelle hinbewegen:* das Glas an die Lippen, den Löffel zum Mund führen. **b)** *(mit etwas, was man in der Hand hält) sachgerecht, geschickt umgehen:* den Pinsel, Geigenbogen gekonnt führen. **Syn.:** gebrauchen, handhaben.
6. ⟨itr.; hat⟩ **a)** *in einer bestimmten Richtung verlaufen; eine bestimmte Richtung auf ein Ziel hin nehmen:* die Straße führt in die Stadt; die Brücke führt über den Fluss. **b)** *ein bestimmtes Ergebnis haben:* das führt zu nichts; der Hinweis führte zur Ergreifung der Täter.
7. ⟨tr.; hat⟩ *enthalten und transportieren:* der Zug führt einen Speisewagen; die Leitung führt keinen Strom.
8. ⟨tr.; hat⟩ **a)** *als offizielles Kennzeichen haben:* die Stadt führt einen Löwen in ihrem Wappen. **b)** *(einen bestimmten Titel) tragen:* sie führt den Doktortitel. **c)** *für einen bestimmten Zweck bei sich haben:* eine geladene Pistole bei sich führen; Gepäck mit sich führen.
9. ⟨itr.; hat⟩ *Anlass dafür sein, dass jmd. an einen bestimmten Ort gelangt, zu jmdm. kommt:* die Reise führte sie nach Afrika; was führt Sie zu mir?
10. ⟨tr.; hat⟩ *(eine bestimmte Ware) zum Verkauf vorrätig haben:* das Geschäft führt diese Ware nicht.
11. ⟨tr.; hat⟩ als Funktionsverb: Klage führen *(klagen);* einen Beweis führen *(beweisen);* Verhandlungen führen *(verhandeln);* die Aufsicht führen *(beaufsichtigen).*
12. ⟨+ sich⟩ *sich (in bestimmter Weise) betragen:* er hat sich während seiner Lehrzeit gut geführt.

Füh|rer [ˈfyːrɐ], der; -s, -:
1. *männliche Person, die eine Gruppe von Personen führt* (1), *die Sehenswürdigkeiten erklärt, bei Besichtigungen die notwendigen Erläuterungen gibt:* der Führer einer Gruppe von Wanderern, Touristen. **Syn.:** Begleiter, Fremdenführer. **Zus.:** Bergführer, Museumsführer.
2. *männliche Person, die eine Organisation, Bewegung o. Ä. leitet:* der [geistige] Führer einer Bewegung. **Syn.:** Anführer, Chef, Leiter, Lenker. **Zus.:** Fraktionsführer, Gewerkschaftsführer, Oppositionsführer, Parteiführer.
3. *Buch, das Informationen gibt, z. B. über eine Stadt, ein Museum o. Ä.:* sie kauften einen Führer durch Paris. **Zus.:** Hotelführer, Opernführer, Schauspielführer, Sprachführer, Stadtführer.

Füh|rer|aus|weis [ˈfyːrɐl̲a͜usva͜is], der; -es, -e (schweiz.):
Führerschein.

Füh|re|rin [ˈfyːrərɪn], die; -, -nen:
weibliche Form zu ↑Führer (1, 2).

Füh|rer|schein [ˈfyːrɐʃa͜in], der; -[e]s, -e:
behördliche Bescheinigung, die jmdn. berechtigt, ein Kraftfahrzeug zu führen: jmdm. den Führerschein entziehen; den Führerschein machen *(Fahrunterricht nehmen, um die Fahrerlaubnis zu erwerben).*

Füh|rung [ˈfyːrʊŋ], die; -, -en:
1. ⟨ohne Plural⟩ *das Führen* (2): der Sohn hat die Führung des Geschäftes übernommen. **Syn.:** Leitung, Regie.
2. ⟨ohne Plural⟩ *führende Position, das Führen* (3): dieser Läufer lag von Anfang an in Führung. **Syn.:** Spitze. **Zus.:** Tabellenführung.
3. *führende* (2) *Personengruppe:* die Führung des Konzerns, einer Partei. **Syn.:** Direktion, Leitung, Management, Präsidium, Vorstand. **Zus.:** Firmenführung, Geschäftsführung, Konzernführung, Parteiführung, Staatsführung.
4. *Besichtigung mit Erläuterungen:* die nächste Führung durch das Schloss findet um 15 Uhr statt.

Fül|le [ˈfʏlə], die; -:
große Menge, Vielfalt: es gibt eine Fülle von Waren im Kaufhaus; es gab Wein in großer Fülle. **Syn.:** Masse.

fül|len [ˈfʏlən]:
1. ⟨tr.; hat⟩ **a)** *durch Hineinfüllen, -schütten, -gießen vollmachen:* einen Sack mit Kartoffeln füllen; ein Glas bis zum Rand füllen. **Syn.:** vollgießen, vollschütten. **b)** *mit einer Füllung* (a) *versehen:* eine Gans fül-

len; gefüllte Tomaten; gefüllte *(eine cremeartige Füllung enthaltende)* Schokolade. **c)** *gießen, schütten (in ein Gefäß):* Milch in eine Flasche, Kohle in einen Sack füllen. **Syn.:** einschenken. **Zus.:** einfüllen, hineinfüllen.
2. ⟨tr.; hat⟩ *(Platz) einnehmen, beanspruchen:* die Bücher füllen zwei Schränke; der Aufsatz füllte viele Seiten. **Syn.:** in Anspruch nehmen. **Zus.:** ausfüllen.
3. ⟨+ sich⟩ *voll werden:* die Badewanne füllte sich langsam; das Theater füllte sich rasch bis auf den letzten Platz.

Fül|ler ['fʏlɐ], der; -s, - (ugs.): *Schreibgerät mit eingebautem, nachfüllbarem Tintenbehälter:* mit einem Füller schreiben.

fül|lig ['fʏlɪç] ⟨Adj.⟩: *rundliche Körperformen aufweisend:* eine füllige Dame; er ist etwas füllig geworden. **Syn.:** beleibt, dick, mollig, üppig (ugs.), vollschlank.

Fül|lung ['fʏlʊŋ], die; -, -en: **a)** *Masse, die (als besonderer Bestandteil) in bestimmte Speisen, Backwaren, Süßigkeiten o. Ä. hineingefüllt wird:* welche Füllung wünschen Sie bei Ihrem Crêpe? **Syn.:** Inhalt. **Zus.:** Tortenfüllung. **b)** *Masse, die den Hohlraum in einem defekten Zahn nach dem Ausbohren der schadhaften Stelle verschließt:* unter der Füllung schmerzt es. **Syn.:** Plombe. **Zus.:** Goldfüllung, Porzellanfüllung, Zahnfüllung. **c)** *das Füllen* (1 a): die Füllung des Behälters war schwierig.

fum|meln ['fʊml̩n] ⟨itr.; hat⟩ (ugs.):
1. *sich (an etwas) zu schaffen machen, mit den Händen (etwas) betasten:* er fummelt nervös an seiner Krawatte. **Syn.:** hantieren, nesteln.
2. *jmdn. berühren, streicheln (als Form des erotischen Kontakts):* mit Mädchen im Park fummeln; die beiden wurden beim Fummeln erwischt.

Fund [fʊnt], der; -[e]s, -e:
1. *das Finden von etwas:* einen seltsamen, grausigen Fund machen; du musst den Fund bei der Polizei melden. **Syn.:** Entdeckung.
2. *gefundener Gegenstand:* archäologische Funde; ein Fund aus alter Zeit. **Zus.:** Gräberfund, Münzfund.

Fun|da|ment [fʊnda'mɛnt], das; -[e]s, -e:
1. *[unter der Oberfläche des Bodens liegende] Mauern, die ein Gebäude tragen:* das Fundament des Hauses; ein Haus bis auf die Fundamente abreißen. **Syn.:** Sockel.
2. *[geistige] Grundlage, Basis:* die Fundamente der abendländischen Kultur; das Abitur bildet ein solides Fundament für die weitere Berufsausbildung; das Fundament zu etwas legen; etwas in seinen Fundamenten erschüttern.

Fund|bü|ro ['fʊntbyro:], das; -s, -s: *amtliche Stelle, auf der gefundene Sachen abgegeben und abgeholt werden können:* etwas im Fundbüro abgeben.

fün|dig ['fʏndɪç]: in der Wendung **fündig werden:** *nach längerem Suchen, Forschen etwas entdecken, auf etwas stoßen:* bei der Suche nach etwas fündig werden.

fünf [fʏnf] ⟨Kardinalzahl⟩ (als Ziffer: 5): fünf Personen.

fünft... ['fʏnft...] ⟨Ordinalzahl⟩ (als Ziffer: 5.): der fünfte Mann.

fünf|zig ['fʏnftsɪç] ⟨Kardinalzahl⟩ (in Ziffern: 50): fünfzig Personen.

Funk [fʊŋk], der, -s:
1. *Rundfunk:* die Beeinflussung der Bevölkerung durch Funk und Fernsehen. **Syn.:** Radio.
2. a) *Übermittlung von Nachrichten durch Ausstrahlen und Empfangen elektrisch erzeugter Wellen von hoher Frequenz:* die Streifenwagen wurden von der Zentrale über Funk verständigt. **Zus.:** Amateurfunk, Polizeifunk. **b)** *Einrichtung zur Übermittlung von Nachrichten durch elektrisch erzeugte Wellen von hoher Frequenz:* heute sind alle größeren Schiffe mit Funk ausgerüstet. **Zus.:** Bordfunk, Sprechfunk.

Fun|ke ['fʊŋkə], der; -ns, -n, seltener: **Fun|ken** ['fʊŋkn̩], der; -s, -: *glimmendes, glühendes Teilchen, das sich von einer brennenden Materie löst und durch die Luft fliegt:* bei dem Brand flogen Funken durch die Luft.

fun|keln ['fʊŋkl̩n] ⟨itr.; hat⟩: *glitzernd leuchten, einen strahlenden Glanz haben:* die Sterne, die Lichter der Stadt funkeln in der Nacht; ihre Brillanten, Brillengläser funkeln. **Syn.:** blinken, blitzen, glänzen, glitzern, strahlen.

Fun|ken ['fʊŋkn̩]: ↑ Funke.

Fun|ker ['fʊŋkɐ], der; -s, -, **Fun|ke|rin** ['fʊŋkərɪn], die; -, -nen: *Person, die für die drahtlose Nachrichtenübermittlung im militärischen oder zivilen Bereich (besonders in der Seeschifffahrt) ausgebildet ist:* dem Funker gelang es noch, einen Notruf abzusetzen.

Funk|ti|on [fʊŋk'tsi̯o:n], die; -, -en:
a) *Amt, Aufgabe [in einem größeren Ganzen]:* er hat die Funktion eines Kassierers; eine Funktion ausüben; sie erfüllt ihre Funktion gut. **Syn.:** Arbeit, Auftrag, Bestimmung, Job (ugs.), Mission, Obliegenheit (geh.), Position, Tätigkeit. **Zus.:** Doppelfunktion, Hilfsfunktion. **b)** *Tätigkeit; das Arbeiten:* die Funktion des Herzens, der inneren Organe war in Ordnung; die Telefonanlage ist außer Funktion.

Funk|ti|o|när [fʊŋktsi̯o'nɛ:ɐ̯], der; -s, -e, **Funk|ti|o|nä|rin** [fʊŋktsi̯o'nɛ:rɪn], die; -, -nen: *Person, die im Auftrag einer Partei, einer bestimmten Organisation arbeitet.* **Syn.:** Abgeordnete, Abgeordneter, Agent, Agentin, Bonze, Kommissar, Kommissarin, Parlamentarier, Parlamentarierin, Vertreter, Vertreterin. **Zus.:** Gewerkschaftsfunktionär, Gewerkschaftsfunktionärin, Parteifunktionär, Parteifunktionärin.

funk|ti|o|nie|ren [fʊŋktsi̯o'ni:rən] ⟨itr.; hat⟩: *(als Gerät o. Ä. [ordnungsgemäß]) arbeiten:* tadellos, störungsfrei funktionieren; wie funktioniert diese Maschine?; der Apparat funktioniert wieder. **Syn.:** an sein (ugs.), gehen, in Betrieb sein, in Funktion sein, in Gang sein, laufen.

Fun|zel ['fʊntsl̩], die; -, -n (ugs. abwertend): *schlecht brennende und wenig*

Licht gebende Lampe: bei dem Licht dieser Funzel verdirbt man sich ja die Augen. **Zus.:** Ölfunzel, Petroleumfunzel.

[1]für [fyːɐ̯] ⟨Präp. mit Akk.⟩:
a) bezeichnet den bestimmten Zweck: für höhere Löhne kämpfen; er arbeitet für sein Examen. **b)** bezeichnet den Empfänger, die Empfängerin oder die Bestimmung: das Buch ist für dich; eine Sendung für Kinder. **c)** drückt aus, dass jmd., etwas durch jmdn., etwas vertreten wird: sie springt für den kranken Kollegen ein. **Syn.:** anstatt, [2]statt. **d)** drückt ein Verhältnis aus: für den Preis ist der Stoff zu schlecht; für sein Alter ist das Kind sehr groß. **e)** bei der Nennung eines Preises, Wertes: sie hat ein Haus für viel Geld gekauft. **f)** bei der Nennung eines Grundes: für seine Frechheit bekam er eine Strafe. **g)** bei der Nennung einer Dauer: für einige Zeit verreisen; er geht für zwei Jahre nach Amerika.

[2]für [fyːɐ̯]:
in der Wendung **was für [ein]:** *welch:* was für ein Kleid möchten Sie kaufen?; aus was für Gründen auch immer.

Fur|che [ˈfʊrçə], die; -, -n:
[mit dem Pflug hervorgebrachte] Vertiefung im Boden: mit dem Pflug Furchen ziehen. **Zus.:** Ackerfurche.

Furcht [fʊrçt], die; -:
Angst angesichts einer Bedrohung oder Gefahr: große Furcht haben; seine Furcht überwinden; die Furcht vor Strafe. **Syn.:** Beklemmung, Panik. **Zus.:** Todesfurcht.

furcht|bar [ˈfʊrçtbaːɐ̯] ⟨Adj.⟩:
1. *durch seine Art, Gewalt o. Ä. sehr schlimm, bange Beklemmung erregend:* ein furchtbares Unglück, Verbrechen; die Schmerzen sind furchtbar; der Verletzte sah furchtbar aus. **Syn.:** beängstigend, entsetzlich, [2]erschreckend, fürchterlich, grässlich (emotional), grauenhaft (emotional), grauenvoll (emotional), grausig, schauderhaft (ugs. abwertend), schaurig, scheußlich, schrecklich.
2. (ugs.) **a)** *unangenehm stark, sehr groß:* eine furchtbare Hitze. **Syn.:** fürchterlich. **b)** ⟨verstärkend bei Adjektiven und Verben⟩ *sehr:* es war furchtbar nett, dass Sie mir geholfen haben; sich furchtbar blamieren. **Syn.:** arg (landsch.), ausnehmend, außerordentlich, äußerst, besonders, enorm, fürchterlich, grenzenlos, höchst, irre (emotional), irrsinnig (emotional), kolossal (ugs. emotional), mächtig (ugs.), riesig (ugs.), schrecklich (ugs.), total (ugs.), überaus, unsagbar, wahnsinnig (ugs.).

fürch|ten [ˈfʏrçtn̩], fürchtete, gefürchtet:
1. ⟨tr.; hat⟩ *vor jmdm., vor etwas Angst haben; Unangenehmes ahnen, befürchten:* Unannehmlichkeiten, das Schlimmste fürchten; sie fürchtet den Tod; er fürchtete, den Arbeitsplatz zu verlieren. **Syn.:** sich ängstigen, befürchten, sich gruseln, schaudern, schauern, zurückschrecken vor.
2. ⟨+ sich⟩ *Furcht empfinden, Angst haben:* er fürchtet sich vor dem Hund; sich im Dunkeln fürchten. **Syn.:** sich ängstigen, Bammel haben (salopp), Blut und Wasser schwitzen (ugs.), die Hosen voll haben (salopp).
3. ⟨itr.; hat⟩ *in Sorge sein (um jmdn., etwas):* für/um jmdn. fürchten; um seine Stellung, um seinen Arbeitsplatz fürchten; sie fürchtete für seine Gesundheit. **Syn.:** bangen (geh.), besorgt sein, sich Gedanken machen, sich Sorgen machen, sich sorgen.

fürch|ter|lich [ˈfʏrçtɐlɪç] ⟨Adj.⟩ (emotional):
1. a) *durch seine [unvorstellbar] furchtbare Beschaffenheit, Art o. Ä. Bestürzung hervorrufend:* eine fürchterliche Katastrophe. **Syn.:** beängstigend, entsetzlich, [2]erschreckend, furchtbar, grässlich (emotional), grauenhaft (emotional), grauenvoll (emotional), grausig, scheußlich, schlimm, schrecklich. **b)** (ugs.) *äußerst unangenehm, durch seine Art abstoßend:* ein fürchterlicher Kerl. **Syn.:** schrecklich (ugs. abwertend), unausstehlich, unerträglich.
2. (ugs.) **a)** *beängstigend stark, groß:* eine fürchterliche Hitze. **Syn.:** arg (landsch.), schlimm. **b)** ⟨verstärkend bei Adjektiven und Verben⟩ *sehr:* sie hat sich fürchterlich aufgeregt; es war fürchterlich kalt. **Syn.:** ausgesprochen, ausnehmend, außerordentlich, äußerst, besonders, enorm, entsetzlich (ugs.), furchtbar, gehörig, gewaltig (emotional), höllisch (emotional), irre (emotional), irrsinnig (emotional), mächtig (ugs.), maßlos, mörderisch (ugs.), ordentlich (ugs.), reichlich, schrecklich (ugs.), total (ugs.), überaus, ungeheuer, ungemein, verflucht (ugs.), wahnsinnig (ugs.).

furcht|los [ˈfʊrçtloːs] ⟨Adj.⟩:
ohne Furcht: ein furchtloser Mensch. **Syn.:** beherzt, couragiert, heldenhaft, kühn, mutig, tapfer, unerschrocken, verwegen (emotional).

furcht|sam [ˈfʊrçtzaːm] ⟨Adj.⟩:
voll Furcht: ein furchtsames Kind; er blickte sich furchtsam um. **Syn.:** ängstlich, scheu, verängstigt.

für|ei|n|an|der [fyːɐ̯laiˈnandɐ] ⟨Adverb⟩:
einer für den andern: keine Zeit füreinander haben; füreinander einspringen.

Fu|rie [ˈfuːri̯ə], die; -, -n:
1. *rasende, wütende, Furcht und Schrecken verbreitende Rachegöttin (in der römischen Mythologie):* wie von Furien gejagt, gehetzt sein.
2. (abwertend) *rasende, wütende Frau:* wenn sie etwas ärgert, wird sie zur Furie.

Fur|nier [fʊrˈniːɐ̯], das; -s, -e:
dünne Schicht aus Holz, die auf anderes, weniger wertvolles Holz aufgeleimt wird: die Möbel waren aus Furnier. **Zus.:** Eichenfurnier, Mahagonifurnier.

Fu|ro|re [fuˈroːrə], die; -, seltener: das; -s:
Aufsehen: die Erfindung sorgte für Furore; *** Furore machen:** *überall großes Aufsehen erregen; großen Anklang finden:* mit etwas Furore machen; damals hat der Minirock Furore gemacht. **Syn.:** auffallen, Aufmerksamkeit erregen, beeindrucken.

fürs [fyːɐ̯s] ⟨Verschmelzung von »für« + »das«⟩ (oft ugs.):

a) ⟨die Verschmelzung kann aufgelöst werden⟩ fürs Kind. **b)** ⟨die Verschmelzung kann nicht aufgelöst werden⟩ ein Partner, der Bund fürs Leben; *** fürs Erste:** *zunächst, vorläufig:* fürs Erste reichen unsere Vorräte.

Für|sor|ge [ˈfy:ɐ̯zɔrgə], die; -: **1.** *Pflege, Hilfe, die man jmdm. zuteilwerden lässt:* nur durch ihre Fürsorge ist der Kranke wieder gesund geworden. **Syn.:** Obhut (geh.), Sorge. **2.** (veraltend) *öffentliche, organisierte Hilfstätigkeit zur Unterstützung in Notsituationen od. besonderen Lebenslagen:* die Fürsorge zahlt ihr eine Unterstützung. **Zus.:** Jugendfürsorge.

für|sorg|lich [ˈfy:ɐ̯zɔrklɪç] ⟨Adj.⟩: *liebevoll um jmds. Wohl bemüht:* eine fürsorgliche Mutter; fürsorglich mit jmdm. umgehen. **Syn.:** besorgt, mütterlich.

Für|spra|che [ˈfy:ɐ̯ʃpra:xə], die; -: *das Sichverwenden einer Einfluss besitzenden Person bei jmdm. zu dem Zweck, dass die Interessen, Wünsche eines Dritten berücksichtigt werden:* auf Fürsprache seines Onkels bekam er den Posten; jmdn. um seine Fürsprache bitten. **Syn.:** Empfehlung, Protektion.

Für|spre|cher [ˈfy:ɐ̯ʃprɛçɐ], der; -s, -, **Für|spre|che|rin** [ˈfy:ɐ̯ʃprɛçərɪn], die; -, -nen: *Person, die für jmdn. Fürsprache einlegt:* der Geistliche fand in dem Politiker einen eifrigen Fürsprecher; sie hatte in der Vorsitzenden eine Fürsprecherin. **Syn.:** Anwalt, Anwältin, Vertreter, Vertreterin.

Fürst [fʏrst], der; -en, -en: **a)** *seit dem Mittelalter nach dem Kaiser oder König rangierender, an der Herrschaft über das Reich beteiligter Angehöriger des hohen Adels:* Heinrich Fürst [von] Sorden. **Syn.:** Herrscher, Regent. **b)** *Angehöriger des hohen Adels zwischen Graf und Herzog:* er sprach mit Fürst Bismarck/mit dem Fürsten Bismarck.

Fürs|tin [ˈfʏrstɪn], die; -, nen: **a)** *Frau eines Fürsten:* Amalie Fürstin [von] Sorden. **b)** weibliche Form zu ↑Fürst.

fürst|lich [ˈfʏrstlɪç] ⟨Adj.⟩: **1.** *einem Fürsten gehörend, ihn betreffend:* das fürstliche Schloss. **2.** *wie ein Fürst:* der Filmstar gab dem Kellner ein fürstliches Trinkgeld; das Essen war fürstlich. **Syn.:** feudal, großzügig, üppig.

Furt [fʊrt], die; -, -en: *seichte Stelle eines Flusses, die das Überqueren gestattet:* eine Furt durchqueren; durch die Furt gelangten wir ohne Mühe zum anderen Ufer.

Fu|run|kel [fuˈrʊŋkl̩], der, auch: das; -s, -: *eitriges Geschwür:* er hatte einen dicken Furunkel hinter dem Ohr. **Syn.:** Abszess.

für|wahr [fy:ɐ̯ˈva:ɐ̯] ⟨Adverb⟩ (geh. veraltend): *tatsächlich, wahrhaftig* (bekräftigt eine Aussage): das ist fürwahr eine lobenswerte Einstellung; fürwahr, ein Wein für Kenner! **Syn.:** bei Gott, gewiss, in der Tat, unstreitig, weiß Gott, wirklich.

Furz [fʊrts], der; -es, Fürze [ˈfʏrtsə] (derb): *abgehende Blähung:* einen Furz lassen.

fur|zen [ˈfʊrtsn̩] ⟨itr.⟩ (derb): *einen Furz lassen.* **Syn.:** einen fahren lassen (derb), einen fliegen lassen (derb), einen gehen lassen (derb), einen streichen lassen (derb), einen ziehen lassen (derb).

Fu|sel [ˈfu:zl̩], der; -s, - (ugs. abwertend): *schlechter Schnaps:* er hatte sich billigen Fusel gekauft und sich hemmungslos besoffen. **Syn.:** Branntwein, Schnaps (ugs.), Sprit (ugs.).

Fu|si|on [fuˈzi̯o:n], die; -, -en: *Verschmelzung [zweier oder mehrerer Unternehmen, Organisationen]:* die Fusion zweier Verlage, zwischen politischen Parteien. **Syn.:** Vereinigung.

Fuß [fu:s], der; -es, Füße [ˈfy:sə]: **1.** *unterster Teil des Beines:* ein schmaler, zierlicher Fuß; im Schnee bekam sie kalte Füße; er hat/ist mir mit voller Wucht auf den Fuß getreten. **2.** ⟨mit Attribut⟩ *Teil, auf dem ein Gegenstand steht:* die Füße des Schrankes. **Zus.:** Bettfuß, Lampenfuß, Säulenfuß. **3.** ⟨mit Attribut; ohne Plural⟩ *Stelle, an der ein Berg oder ein Gebirge sich aus dem Gelände erhebt:* eine Siedlung am Fuße des Berges.

Fuß|ball [ˈfu:sbal], der; -[e]s, Fußbälle [ˈfu:sbɛlə]: **1.** *im Fußballspiel verwendeter Ball:* der Fußball flog gegen den Torpfosten. **Syn.:** Leder (Jargon). **2.** ⟨ohne Plural⟩ *Fußballspiel als Sportart:* in der Pause spielen sie meistens Fußball.

Fuß|ball|spiel [ˈfu:sbalʃpi:l], das; -[e]s, -e: *Spiel von zwei Mannschaften mit je elf Spieler[inne]n, bei dem der Ball mit dem Fuß, Kopf oder Körper möglichst oft in das Tor des Gegners geschossen werden soll:* das Fußballspiel wurde live übertragen. **Syn.:** Fußball.

Fuß|bo|den [ˈfu:sbo:dn̩], der; -s, Fußböden [ˈfu:sbø:dn̩]: *untere, begehbare Fläche eines Raumes:* ein Fußboden aus Parkett, aus Stein; sie hocken immer auf dem Fußboden. **Syn.:** Boden, Erde. **Zus.:** Holzfußboden, Parkettfußboden, Steinfußboden.

Fus|sel [ˈfʊsl̩], die; -, -n und der; -s, -[n]: *kleiner Faden o. Ä., der sich irgendwo störend festgesetzt hat:* an deiner Jacke hängen viele Fusseln.

fus|seln [ˈfʊsl̩n] ⟨itr.; hat⟩: *so beschaffen sein, dass sich leicht Fäden o. Ä. davon lösen:* der Stoff fusselt sehr. **Syn.:** fasern.

fu|ßen [ˈfu:sn̩] ⟨itr.; hat⟩: *sich gründen, stützen (auf etwas):* diese Theorie fußt auf genauen Untersuchungen. **Syn.:** basieren (geh.), beruhen.

Fuß|gän|ger [ˈfu:sgɛŋɐ], der; -s, -, **Fuß|gän|ge|rin** [ˈfu:sgɛŋərɪn], die; -, -nen: *zu Fuß gehender Verkehrsteilnehmer, zu Fuß gehende Verkehrsteilnehmerin:* ein Übergang für Fußgänger; mehrere Fußgängerinnen standen an der Ampel. **Syn.:** Passant, Passantin.

Fuß|gän|ger|zo|ne [ˈfu:sgɛŋɐtso:nə], die; -, -n: *Bereich einer Stadt, der für den Autoverkehr gesperrt ist, sodass die Fußgänger sich dort ungehindert bewegen können:* wir

F
Fußg

schlenderten durch die Fußgängerzone.

Fuß|mat|te ['fu:smatə], die; -, -n: **a)** *Matte zum Abstreifen des Schmutzes von den Schuhen:* vor dem Eingang zur Wohnung lag eine Fußmatte. **Syn.:** Abtreter. **b)** *Matte als Belag für den Boden eines Autos:* bunte Fußmatten, passend zur Farbe des Polsters.

Fuß|no|te ['fu:sno:tə], die; -, -n: *Anmerkung, die unter dem Text einer gedruckten Seite steht:* der Text hat viele Fußnoten.

[1]Fut|ter ['fʊtɐ], das; -s: *Nahrung der Tiere:* den Hühnern Futter geben. **Zus.:** Fischfutter, Hühnerfutter, Pferdefutter, Schweinefutter, Viehfutter, Vogelfutter.

[2]Fut|ter ['fʊtɐ], das; -s, -: *Stoff auf der Innenseite von Kleidungsstücken, Schuhen, Lederwaren u. Ä.:* ein glänzendes Futter; das Futter in der Tasche ist zerrissen; das Futter einsetzen. **Zus.:** Ärmelfutter, Hutfutter, Mantelfutter, Rockfutter, Seidenfutter, Taschenfutter.

Fut|te|ral [fʊtə'ra:l], das; -s, -e: *aus einer Hülle bestehender Behälter für Gegenstände, die leicht beschädigt werden können:* ein gefüttertes, ledernes Futteral für die Brille. **Syn.:** Etui, Hülle. **Zus.:** Brillenfutteral, Flötenfutteral, Lederfutteral, Schirmfutteral.

fut|tern ['fʊtɐn] ⟨tr.; hat⟩: (ugs.) *(mit großem Appetit) essen:* die Kinder haben die ganze Schokolade gefuttert; ⟨auch itr.⟩ beim Familientreffen haben wir tüchtig gefuttert. **Syn.:** mampfen (ugs.), verschlingen.

[1]füt|tern ['fʏtɐn] ⟨tr.; hat⟩: **a)** *(einem Tier) [1]Futter geben:* er füttert die Vögel im Winter. **Syn.:** verpflegen. **b)** *(einem Kind, einem hilflosen Kranken) Nahrung geben:* das Baby, der Kranke muss gefüttert werden. **c)** *als [1]Futter, Nahrung geben:* sie füttern ihre Schweine mit Kartoffeln; das Baby wird mit Brei gefüttert.

[2]füt|tern ['fʏtɐn] ⟨tr.; hat⟩: *(ein Kleidungsstück) mit [2]Futter versehen:* der Schneider hat den Mantel gefüttert; der Rock ist gefüttert. **Syn.:** auskleiden.

Gg

Ga|be ['ga:bə], die; -, -n: **1. a)** *etwas, was man jmdm. als Geschenk, Aufmerksamkeit überreicht, gibt:* er verteilte die Gaben; die Gaben unter den Christbaum legen; jmdm. etwas als Gabe mitbringen. **Syn.:** Mitbringsel (fam.), Präsent (bildungsspr.). **Zus.:** Weihnachtsgabe. **b)** *etwas, was jmd. einem Bedürftigen gibt; Almosen:* eine milde Gabe; um eine kleine Gabe bitten. **2.** *jmds. [als Vorzug betrachtete, über das Übliche hinausgehende] Befähigung zu etwas:* er hat die Gabe des spannenden Erzählens, des Zuhörens. **Zus.:** Auffassungsgabe, Beobachtungsgabe, Kombinationsgabe, Rednergabe.

Ga|bel ['ga:bl̩], die; -, -n: *Gerät mit mehreren Zinken, das beim Essen zum Aufnehmen fester Speisen dient:* mit Messer und Gabel essen. **Zus.:** Kuchengabel.

ga|beln ['ga:bl̩n] ⟨+ sich⟩: *in mehrere Richtungen auseinandergehen:* der Weg gabelt sich hinter der Brücke. **Syn.:** abgehen, abzweigen, sich teilen, sich verzweigen.

Ga|bel|stap|ler ['ga:bl̩ʃta:plɐ], der; -s, -: *kleines, motorgetriebenes Fahrzeug, das an seiner Vorderseite mit einer Vorrichtung zum Aufnehmen und Verladen oder Stapeln von Stückgut ausgestattet ist:* mit dem Gabelstapler werden die Paletten in den Lkw eingeladen.

ga|ckern ['gakɐn] ⟨itr.; hat⟩: *(von Hühnern) mehrfach hintereinander einen hohen, kehligen, kurzen [und zwischendurch lang gezogenen] Laut von sich geben:* die Henne, das Huhn gackert.

gaf|fen ['gafn̩] ⟨itr.; hat⟩: **a)** (abwertend) *mit weit geöffneten Augen und offenem Mund auf jmdn., etwas blicken:* da gafften sie, als sie das hörten. **Syn.:** glotzen (ugs., auch abwertend), gucken (ugs.), starren. **b)** (emotional abwertend) *in als aufdringlich empfundener Weise auf jmdn., etwas blicken:* die Autofahrer fuhren langsam an der Unfallstelle vorbei und gafften; was gibt es denn hier zu gaffen? **Syn.:** glotzen (ugs., auch abwertend), gucken (ugs.), sehen, zuschauen (bes. südd., österr., schweiz.).

Gag [gɛk], der; -s, -s: *witziger Einfall in Theater, Film o. Ä.:* das Stück enthält einige Gags. **Syn.:** lustige Idee.

Ga|ge ['ga:ʒə], die; -, -n: *[2]Gehalt, Honorar eines Künstlers, einer Künstlerin:* eine hohe Gage; der Sänger ist ohne Gage aufgetreten. **Syn.:** Bezahlung, Einkünfte ⟨Plural⟩, Entgelt, Lohn, [1]Verdienst.

gäh|nen ['gɛ:nən] ⟨itr.; hat⟩: **1.** *vor Müdigkeit oder Langeweile den Mund weit öffnen und dabei tief atmen:* er gähnte laut, herzhaft; sie musste vor Müdigkeit gähnen. **2.** (geh.) *sich in eine große Tiefe o. Ä. hinein öffnen:* ein Abgrund gähnte vor ihnen. **Syn.:** klaffen, offen sein, offen stehen.

ga|lant [ga'lant] ⟨Adj.⟩ (veraltend): *einer Dame gegenüber sehr höflich:* er ist immer sehr galant; er bot ihr galant den Arm. **Syn.:** aufmerksam, ritterlich, zuvorkommend.

Ga|lee|re [ga'le:rə], die; -, -n (früher): *zweimastiges, besonders von Sträflingen, Gefangenen, Sklaven gerudertes Segelkriegsschiff des Mittelmeerraums:* eine / auf einer Galeere rudern. **Syn.:** Schiff.

Ga|le|rie [galə'ri:], die; -, Galerien [galə'ri:ən]: **1.** *oberster Rang in einem Theater:* die Galerie ist ganz besetzt. **Syn.:** Tribüne. **2. a)** *[öffentliche] Räumlichkeit, in der Gemälde ausgestellt werden:* die Stadt hat mehrere große Galerien; in der Städtischen Galerie ist eine Ausstellung von mittelalterlichen Gemälden. **Syn.:** Ausstellung, Museum. **Zus.:** Ahnengalerie, Bildergalerie, Gemäldegalerie. **b)** *Kunsthandlung, besonders für Bilder*

und Plastiken, die auch Ausstellungen veranstaltet: sie hat das Bild in einer Galerie gekauft.
3. *lang gestreckter, repräsentativer Raum in einem Schloss:* der Graf führte seine Gäste durch die Galerie.
4. *höher gelegener, nach einer Seite offener Gang an einem Gebäude, in einem großen Saal o. Ä., der nach außen durch Säulen oder ein Geländer abgegrenzt ist:* eine umlaufende Galerie auf der Innenhofseite des Schlosses. **Zus.:** Holzgalerie.

Gal|gen ['galgn̩], der; -s, -:
Gerüst, an dem man einen zum Tode Verurteilten erhängt: auf dem Marktplatz wurde ein Galgen errichtet; die Verräter wurden zum Tode am Galgen verurteilt.

Gal|gen|hu|mor ['galgn̩hʊmoːɐ̯], der; -s:
gespielter Humor, vorgetäuschte Heiterkeit, mit der jmd. versucht, einer unangenehmen oder verzweifelten Lage, in der er sich befindet, zu begegnen: seine Verurteilung nahm er mit Galgenhumor.

Gal|le ['galə], die; -, -n:
1. *von der Leber ausgeschiedenes Sekret:* die Kranke hat Galle gebrochen.
2. *mit der Leber verbundenes Organ, in dem Galle* (1) *gespeichert wird, die für die Verdauung nötig ist:* sie wurde an der Galle operiert.

Gal|lert ['galɐt], das; -[e]s, -e, **Gal|ler|te** [ga'lɛrtə], die; -, -n:
leicht durchsichtige, steife Masse, die aus dem abgekühlten Saft von gekochtem Fleisch, Knochen o. Ä. hergestellt ist und bei geringer Bewegung zittert. **Syn.:** Gelatine, Gelee.

Ga|lopp [ga'lɔp], der; -s, -s und -e:
springender Lauf des Pferdes: er ritt im Galopp davon; Galopp reiten.

ga|lop|pie|ren [galɔ'piːrən], galoppierte, galoppiert ⟨itr.; hat/ist⟩:
im Galopp reiten: der Reiter, das Pferd galoppierte; ein Reiter ist über das Feld galoppiert; das Pferd hatte/war galoppiert und wurde deshalb disqualifiziert. **Syn.:** Galopp reiten.

Ga|ma|sche [ga'maʃə], die; -, -n:
[seitlich geknöpfte] über Schuh und Strumpf getragene Bekleidung der Beine, die den Spann bedeckt und bis zum Knöchel oder bis zum Knie reicht: zum Wandern, bei der Ballettprobe Gamaschen tragen. **Zus.:** Ledergamasche, Stoffgamasche.

gam|meln ['gamln̩] ⟨itr.; hat⟩ (ugs.):
1. *(von Nahrungsmitteln) bei längerem Liegen nach und nach verderben, ungenießbar werden:* das Brot gammelt im Vorratsraum. **Syn.:** faulen, schlecht werden, verfaulen.
2. (oft abwertend) *ohne geregelte Arbeit seine Zeit verbringen; ziellos, ohne Tätigkeitsdrang und ohne äußere Ansprüche in den Tag hinein leben:* er genoss es, in den Ferien einfach vor sich hin zu gammeln.

Gäm|se ['gɛmzə], die; -, -n:
im Hochgebirge lebendes, der Ziege ähnliches Tier mit gelblich braunem bis rotbraunem Fell und nach hinten gekrümmten Hörnern, das gewandt klettern und springen kann: ein Rudel Gämsen.

Gang [gaŋ], der; -[e]s, Gänge ['gɛŋə]:
1. ⟨ohne Plural⟩ *Art des Gehens:* ein federnder, aufrechter Gang; sein Gang war schwerfällig; die Frau hatte einen schleppenden Gang; er beschleunigte seinen Gang; sie erkannte ihn an seinem Gang. **Syn.:** Schritt, Tritt.
2. *das jeweilige Gehen (zu einem bestimmten Ziel):* sie machten einen Gang *(Spaziergang)* durch den Park; ich habe noch einige Gänge *(Besorgungen)* zu machen; einen schweren, bitteren Gang tun, gehen [müssen] *(irgendwohin gehen [müssen], wo einen etwas Unangenehmes erwartet);* sie begegnete ihm auf seinem Gang zum Bahnhof. **Syn.:** Weg. **Zus.:** Erkundungsgang, Inspektionsgang, Kontrollgang, Patrouillengang.
3. ⟨ohne Plural⟩ *Bewegung der einzelnen Teile der Maschine:* der Motor hat einen ruhigen Gang. **Syn.:** Lauf.
4. ⟨ohne Plural⟩ *Ablauf; Verlauf, den etwas nimmt:* der Gang der Geschäfte, Verhandlungen ist ziemlich unbefriedigend; der Gang der Geschichte hat das ganz klar bewiesen; wir dürfen in den Gang der Untersuchung nicht eingreifen. **Syn.:** Entwicklung, Hergang, Lauf, Prozedur, Prozess. **Zus.:** Ausbildungsgang, Bildungsgang, Entwicklungsgang, Geschäftsgang.
5. a) *unterirdischer Weg, Stollen o. Ä.:* die Kumpel kennen jeden Gang im Berg. **b)** *Hausflur:* am Ende des Ganges befindet sich das Büro; zu seinem Zimmer kommt man durch einen langen Gang. **Syn.:** Diele, Flur. **Zus.:** Hausgang.
6. *jeweils besonders aufgetragenes Gericht, Speise eines größeren Mahles:* das Essen beim Botschafter hatte vier Gänge. **Zus.:** Fleischgang, Hauptgang.
7. *Stufe der Übersetzung eines Getriebes bei einem Kraftfahrzeug:* den ersten Gang einlegen; in den zweiten Gang schalten; er fährt auf der Autobahn im fünften Gang. **Zus.:** Rückwärtsgang.

gän|geln ['gɛŋl̩n] ⟨tr.; hat⟩ (abwertend):
jmdm. in unangenehmer Weise dauernd vorschreiben, wie er sich zu verhalten hat: der junge Mann wollte sich nicht länger von seiner Mutter gängeln lassen. **Syn.:** bevormunden, dirigieren, führen, kommandieren, lenken, regieren.

gän|gig ['gɛŋɪç] ⟨Adj.⟩:
1. *allgemein üblich, gebräuchlich, in Mode:* eine gängige Meinung; gängige Musik; folgende Verfahren sind heute gängig ... **Syn.:** alltäglich, gewohnt, herkömmlich, landläufig, nicht abwegig, verbreitet, weit verbreitet.
2. *oft gekauft; leicht zu verkaufen:* eine gängige Ware; Anzüge in gängigen Größen. **Syn.:** begehrt, gefragt, leicht verkäuflich.

Gangs|ter ['gɛŋstɐ], der; -s, -:
Verbrecher [der zu einer organisierten Bande gehört]: schwer bewaffnete Gangster; die Gangster wurden gefasst. **Syn.:** Bandit, Banditin, Ganove (ugs. abwertend), Gauner (abwertend), Gaunerin (abwertend).

Gang|way ['gɛŋveː], die; -, -s:
einem Steg oder einer Treppe ähnliche Vorrichtung, die an ein Schiff oder ein Flugzeug herangeschoben wird, damit die Passagiere ein- und aussteigen können: die Passagiere verließen das

Flugzeug über die Gangway. **Syn.:** Zugang.

Ga|no|ve [ga'no:və], der; -n, -n, **Ga|no|vin** [ga'no:vɪn], die; -, -nen (ugs. abwertend): *Person, die in betrügerischer Absicht heimlich andere zu täuschen, zu schädigen sucht:* einen Ganoven dingfest machen. **Syn.:** Betrüger, Betrügerin, Gauner (abwertend), Gaunerin (abwertend), Spitzbube (veraltend abwertend), Spitzbübin (veraltend abwertend), Verbrecher, Verbrecherin.

Gans [gans], die; -, Gänse ['gɛnzə]: **1. a)** *(besonders seines Fleisches wegen als Haustier gehaltenes) größeres, meist weiß gefiedertes Tier (Schwimmvogel) mit gedrungenem Körper, langem Hals und nach unten gebogenem Schnabel:* die Gänse schnattern; Gänse mästen; eine Gans rupfen, braten. **Syn.:** Geflügel. **b)** *gebratene Gans:* am Martinstag gibt es Gans. **Zus.:** Weihnachtsgans. **2.** (ugs. abwertend) *unerfahrene, junge weibliche Person:* die albernen Gänse kichern die ganze Zeit; (auch als Schimpfwort:) blöde, dumme Gans!

Gän|se|blüm|chen ['gɛnzəbly:mçən], das; -s, -: *fast das ganze Jahr hindurch blühende, kleine Pflanze, deren Blüte aus einem gelben Körbchen und strahlenförmig darum angeordneten schmalen, weißen, an der Spitze oft rosa gefärbten Blütenblättern besteht:* im März blühen die ersten Gänseblümchen.

Gän|se|rich ['gɛnzərɪç], der; -s, -e: *männliche Gans.*

ganz [gants] ⟨Adj.⟩: **1.** *gesamt:* er kennt ganz Europa; die Sonne hat den ganzen Tag geschienen; das ist nicht die ganze Wahrheit; etwas ganz aufessen. **Syn.:** [1]absolut, ganz und gar, gänzlich (emotional), hundertprozentig, komplett, mit Haut und Haar[en] (ugs.), restlos (ugs.), schlechterdings (veraltend), total, völlig, vollkommen, vollständig, von A bis Z (ugs.), von Anfang bis Ende, von Kopf bis Fuß, von oben bis unten, von vorn bis hinten, zur Gänze. **2.** (ugs.) *heil, unbeschädigt:* ist das Spielzeug noch ganz?; sie hat kein ganzes Paar Strümpfe mehr. **Syn.:** unversehrt. **3.** ⟨ganze + Kardinalzahl⟩ (ugs.) *nicht mehr als:* der Fotoapparat hat auf dem Flohmarkt ganze 7 Euro gekostet. **Syn.:** nur. **4.** *ziemlich, einigermaßen:* das Wetter war ganz schön; er hat ganz gut gesprochen. **Syn.:** recht. **5.** *sehr:* er ist ein ganz großer Künstler; sie war ganz glücklich; (ugs.) ganz viele Zuschauer waren gekommen.

gänz|lich ['gɛntslɪç] ⟨Adj.⟩ (emotional): *völlig, vollkommen:* er hat es gänzlich vergessen; zwei gänzlich verschiedene Meinungen. **Syn.:** ganz, ganz und gar, hundertprozentig (ugs.), komplett, restlos (ugs.), schlechterdings (veraltend), total, vollständig.

ganz|tags ['gantsta:ks] ⟨Adverb⟩: *den ganzen Tag über:* sie arbeitet ganztags *(sie geht einer Vollzeitbeschäftigung nach).*

[1]gar [ga:ɐ̯] ⟨Adj.⟩: *(von bestimmten Nahrungsmitteln) genügend gekocht, gebraten oder gebacken:* das gare Fleisch vom Knochen ablösen; die Kartoffeln sind gar; die Suppe auf kleiner Flamme gar kochen. **Syn.:** fertig.

[2]gar [ga:ɐ̯] ⟨Adverb⟩: **a)** *ja wirklich:* er tut gar, als ob ich ihn beleidigt hätte. **Syn.:** fürwahr (geh., veraltend), tatsächlich, wahrhaftig. **b)** ⟨in Verbindung mit »nicht« oder »kein«⟩ *absolut:* er hat gar kein Interesse; das ist gar nicht wahr. **Syn.:** überhaupt.

[3]gar [ga:ɐ̯] ⟨Partikel⟩: **1.** *etwa:* ist sie gar schon verlobt?; er wird es doch nicht gar gestohlen haben? **2.** *sogar:* das kann Wochen oder gar Monate dauern.

Ga|ra|ge [ga'ra:ʒə], die; -, -n: *Raum, in dem man ein Kraftfahrzeug einstellen kann:* das Auto aus der Garage holen, in die Garage fahren, stellen.

Ga|rant [ga'rant], der; -en, -en: *Person, Institution o. Ä., die die Gewähr für etwas bietet:* ein Garant für Frieden und Sicherheit. **Syn.:** Bürge.

Ga|ran|tie [garan'ti:], die; -, Garantien [garan'ti:ən]: **1. a)** *Gewähr, Sicherheit:* Konkurrenz ist, bietet keine Garantie für billige Preise; für die Richtigkeit der Angaben können wir keine Garantie übernehmen. **Syn.:** Gewissheit. **b)** (Kaufmannsspr.) *vom Hersteller schriftlich gegebene Zusicherung, Defekte, die innerhalb eines bestimmten, begrenzten Zeitraums an einem gekauften Gegenstand auftreten, kostenlos zu beheben:* die Garantie auf, für das Gerät ist abgelaufen; die Uhr hat ein Jahr Garantie; die Firma gibt auf den Kühlschrank ein Jahr Garantie. **2.** *einen bestimmten Sachverhalt betreffende verbindliche Zusage, [vertraglich festgelegte] Sicherheit:* Garantien gegen Freiheitsbeschränkungen.

ga|ran|tie|ren [garan'ti:rən]: **a)** ⟨tr.; hat⟩ *(durch Versprechen) fest zusichern, zusagen:* [jmdm.] ein festes Einkommen, geregelte Freizeit garantieren. **Syn.:** versprechen. **b)** ⟨tr.; hat⟩ *gewährleisten, sicherstellen, sichern:* die Verfassung garantiert die Rechte der Bürger. **Syn.:** schützen, wahren. **c)** ⟨itr.; hat⟩ *die Garantie (1) übernehmen, sich verbürgen:* wir garantieren [für] die gute Qualität der Ware; ich garantiere dafür, dass ... **Syn.:** die Hand ins Feuer legen für, einstehen für, eintreten für, [2]haften für, sich verbürgen für.

Ga|ran|tin [ga'rantɪn], die; -, -nen: weibliche Form zu ↑Garant.

Gar|be ['garbə], die; -, -n: *Bündel geschnittener und gleichmäßig zusammengelegter Halme von Getreide:* Garben binden. **Syn.:** [2]Bund, Büschel. **Zus.:** Getreidegarbe, Korngarbe.

Gar|de ['gardə], die; -, -n: **1.** *repräsentatives Regiment, besonders Leibwache eines Herrschers:* vor dem Schloss ist die königliche Garde aufgezogen; der König schreitet die Garde ab. **Syn.:** Leibwächter, Posten, Wache. **2.** *Gruppe von Menschen, die eine gemeinsame Aufgabe erfüllen, an der gleichen Sache arbeiten, beteiligt sind:* sie umgab sich mit einer Garde von Helfern; er gehört zur alten Garde in diesem Betrieb *(zur Gruppe der* *langjährigen, zuverlässigen Mitarbeiter).* **Syn.:** Haufen (ugs.), Schar.

Gar|de|ro|be [gardəˈro:bə], die; -, -n:
1. a) *Einrichtungsgegenstand zum Aufhängen, Ablegen von Mänteln, Hüten o. Ä.:* Hut und Mantel an die Garderobe hängen. **Syn.:** Haken. **Zus.:** Flurgarderobe. **b)** *abgeteilte Stelle im Foyer eines Theaters o. Ä., bei der man Mäntel o. Ä. ablegen kann:* die Theaterbesucher gaben ihre Mäntel an der Garderobe ab. **Zus.:** Theatergarderobe.
2. *Raum, in dem sich ein Künstler für eine Vorstellung umkleiden kann:* der Journalist wartete vor der Garderobe des Schauspielers.
3. ⟨ohne Plural⟩ *gesamte Kleidung, die jmd. besitzt oder gerade trägt:* für diesen Anlass fehlt ihr die passende Garderobe; sie beneidete die Freundin um ihre Garderobe; wir haften nicht für die Garderobe *(für Mäntel, Hüte u. Ä.)* der Gäste. **Syn.:** Klamotten ⟨Plural⟩ (salopp), Kleider ⟨Plural⟩, Kleidung. **Zus.:** Sommergarderobe, Wintergarderobe.

Gar|di|ne [garˈdi:nə], die; -, -n:
Vorhang aus leichtem Stoff für die Fenster: die Gardinen aufhängen, abnehmen, zuziehen; sie haben noch keine Gardinen vor den Fenstern. **Zus.:** Spitzengardine.

ga|ren [ˈga:rən] ⟨tr.; hat⟩:
gar werden lassen: den Fisch in der Pfanne langsam garen. **Syn.:** braten, brutzeln (ugs.), schmoren, sieden.

gä|ren [ˈgɛ:rən], gärte/gor, gegärt/gegoren:
a) ⟨itr.; hat/ist⟩ *sich in bestimmter Weise durch chemische Zersetzung verändern:* der Teig gärte/gor; der Wein hat/ist gegoren/(seltener) gegärt; der Wein ist zu Essig gegoren; gegorener *(durch Gären verdorbener)* Saft. **Syn.:** in Gärung übergehen, sauer werden. **b)** ⟨itr.; hat⟩ *in jmdm. Unruhe und Unzufriedenheit erzeugen:* der Hass gärte in ihm; ⟨auch unpers.⟩ vor dem Aufstand hatte es schon lange im Volk gegärt *(war man schon lange im Volk unzufrieden und unruhig).*

Garn [garn], das; -[e]s, -e:
Faden, der aus Fasern gesponnen ist: feines, dünnes, kräftiges Garn; Garn aufspulen, abspulen; sie kaufte eine Rolle Garn. **Syn.:** Zwirn. **Zus.:** Baumwollgarn, Häkelgarn, Nähgarn, Seidengarn, Stickgarn, Stopfgarn, Wollgarn.

Gar|ne|le [garˈne:lə], die; -, -n:
(im Meer lebender) Krebs mit langen Fühlern, schlankem, seitlich abgeflachtem, meist durchsichtigem Körper und langem, kräftigem Hinterleib: Garnelen fangen; einen Salat mit Garnelen essen. **Syn.:** Krabbe, Languste.

gar|nie|ren [garˈni:rən] ⟨tr.; hat⟩:
a) *etwas verzieren, schmücken:* einen Tisch mit Blumen garnieren; einen Hut mit einem Band, mit einer Schleife garnieren. **Syn.:** ausschmücken, dekorieren, drapieren, zieren. **b)** *mit schmückenden, verzierenden, würzenden, schmackhaft machenden Zutaten versehen:* eine Fleischplatte mit Petersilie, mit verschiedenen Gemüsen garnieren; eine Torte garnieren.

Gar|ni|tur [garniˈtu:ɐ̯], die; -, -en:
mehrere zusammengehörende und zusammenpassende Stücke, die einem bestimmten Zweck dienen: eine Garnitur Wäsche. **Syn.:** Satz, Serie, Set. **Zus.:** Möbelgarnitur, Wäschegarnitur.

gars|tig [ˈgarstɪç] ⟨Adj.⟩:
1. *sich jmdm. gegenüber äußerst unfreundlich, ungezogen verhaltend:* ein garstiges Kind; sei nicht so garstig zu deinen/(auch) gegen deine Eltern! **Syn.:** bösartig, böse, boshaft, ekelhaft, fies (ugs.), frech, gehässig, gemein, giftig, hässlich, scheußlich, unhöflich, widerlich (abwertend).
2. *den Widerwillen, den mit Entsetzen verbundenen Abscheu des Betrachters hervorrufend; abscheulich, hässlich und böse:* eine garstige Hexe. **Syn.:** abstoßend, eklig, grässlich (ugs.), scheußlich, widerlich (abwertend), widerwärtig.
3. *als unangenehm, störend, beeinträchtigend empfunden werdend:* ein garstiges Wetter; ein garstiger Geruch. **Syn.:** eklig, entsetzlich (ugs.), fürchterlich (ugs.), grauenhaft (emotional), höllisch (emotional), mörderisch, schaurig, scheußlich.

Gar|ten [ˈgartn̩], der; -s, Gärten [ˈgɛrtn̩]:
[kleines] Stück Land [am, um ein Haus], in dem Gemüse, Obst oder Blumen gepflanzt werden: ein gepflegter, verwilderter Garten; einen Garten anlegen, umgraben, bebauen; morgens arbeitete er gewöhnlich im Garten. **Zus.:** Blumengarten, Gemüsegarten, Klostergarten, Nutzgarten, Obstgarten, Rosengarten, Schlossgarten, Ziergarten.

Gar|ten|zaun [ˈgartn̩tsa͜un], der; -[e]s, Gartenzäune [ˈgartn̩tsɔ͜ynə]:
den Garten abgrenzender Zaun: sich mit seiner Nachbarin über den Gartenzaun hinweg unterhalten. **Syn.:** Gatter.

Gärt|ner [ˈgɛrtnɐ], der; -s, -, **Gärt|ne|rin** [ˈgɛrtnərɪn], die; -, -nen:
Person, die beruflich Pflanzen züchtet und pflegt: der Park wird von einem Gärtner gepflegt. **Zus.:** Friedhofsgärtner, Friedhofsgärtnerin.

Gärt|ne|rei [gɛrtnəˈra͜i], die; -, -en:
Betrieb eines Gärtners: in der Gärtnerei Blumen und Sträucher für den Garten kaufen. **Zus.:** Blumengärtnerei, Gemüsegärtnerei, Obstgärtnerei.

Gas [ga:s], das; -es, -e:
1. a) *unsichtbarer Stoff in der Form wie Luft:* giftiges, brennbares, explosives Gas; einen Ballon mit Gas füllen; zu Gas werden; in der Flüssigkeit sind mehrere Gase aufgelöst. **b)** *brennbares, zum Kochen und Heizen verwendetes Gas:* das Gas strömt aus; die Stadtwerke haben ihm das Gas gesperrt; das Gas *(Gas am Gasherd o. Ä.)* anzünden, abstellen; mit Gas kochen, heizen. **Syn.:** Brennstoff. **Zus.:** Heizgas.
2. * Gas geben: *die Geschwindigkeit [stark] erhöhen:* nun gib endlich Gas! **Syn.:** beschleunigen.

Gas|hei|zung [ˈga:sha͜itsʊŋ], die; -, -en:
mit Gas (1 b) *betriebene Heizung[sanlage]:* das Haus hat eine Gasheizung.

Gas|mas|ke [ˈga:smaskə], die; -, -n:
etwas, was man zum Schutz der Atmungsorgane und der Augen

gegen die Einwirkung von Gas, Rauch o. Ä. vor das Gesicht setzt: die Gasmaske anlegen.

Gas|se ['gasə], die; -, -n: *schmale Straße zwischen zwei Reihen von Häusern:* eine enge, winklige Gasse; Kinder spielten auf der Gasse; sie schlenderten durch die Gassen der Altstadt. **Syn.:** Durchgang.

Gast [gast], der; -[e]s, Gäste ['gɛstə]:
1. *Person, die von jmdm. eingeladen worden ist:* ein willkommener, gern gesehener Gast; sie ist mein liebster Gast; wir haben heute Abend Gäste; Gäste zum Essen einladen, erwarten. **Syn.:** Besuch, Besucher, Besucherin. **Zus.:** Festgast, Geburtstagsgast, Hochzeitsgast, Partygast.
2. a) *Person, die ein Lokal besucht:* die letzten Gäste verließen das Lokal kurz nach Mitternacht; der Ober bedient die Gäste sehr freundlich. **Zus.:** Wirtshausgast. **b)** *Person, die in einem Hotel o. Ä. wohnt:* im Hilton wohnen viele ausländische Gäste; die Gäste des Hotels Excelsior. **Zus.:** Hotelgast, Pensionsgast.
3. a) *Person, die sich [als Besucher, Besucherin] in einer anderen als ihrer eigenen Umgebung, besonders in einem Personenkreis, zu dem sie nicht gehört, vorübergehend aufhält:* sie war nur Gast, wir waren nur Gäste in dieser Stadt, in diesem Land; als Gast am Unterricht teilnehmen; als Gast [im Studio] begrüßen wir den Außenminister. **Zus.:** Studiogast. **b)** *Person, die als Künstler, Künstlerin an einem anderen Ort, besonders auf einer fremden Bühne auftritt:* berühmte Künstler und Ensembles sind in diesem Theater als Gäste aufgetreten; eine Aufführung mit prominenten Gästen. **c)** (Sport) *Sportler, Sportlerin oder Mannschaft beim Wettkampf auf dem [Wettkampf]platz des Gegners:* der Gast siegte schließlich mit 3 : 1.

G
Gass

Gast|ar|bei|ter ['gast|arbaitɐ], der; -s, -, **Gast|ar|bei|te|rin** ['gast|arbaitərɪn], die; -, -nen (veraltend): *Person, die für eine gewisse Zeit in einem für sie fremden Land arbeitet:* er kam vor mehr als vierzig Jahren als Gastarbeiter nach Deutschland. **Syn.:** ausländische Arbeitnehmerin, ausländischer Arbeitnehmer.

Gäs|te|zim|mer ['gɛstətsɪmɐ], das; -s, -:
1. *Zimmer zum Beherbergen eines oder mehrerer privater Gäste* (1): wenn meine Eltern zu Besuch sind, schlafen sie im Gästezimmer.
2. *Zimmer in einer Pension o. Ä., das an Reisende vermietet wird:* unsere Gästezimmer sind leider schon alle belegt.

gast|freund|lich ['gastfrɔyntlɪç] ⟨Adj.⟩: *gern bereit, Gäste zu empfangen und zu bewirten:* eine gastfreundliche Familie; sie wurde gastfreundlich aufgenommen. **Syn.:** gastlich.

Gast|freund|schaft ['gastfrɔyntʃaft], die; -: *entgegenkommendes Verhalten gegenüber einem Gast* (1, 3 a), *das in dessen freundlicher Aufnahme, Beherbergung [und der Gewährung von Schutz] zum Ausdruck kommt:* sie genoss seine Gastfreundschaft; jmds. Gastfreundschaft in Anspruch nehmen; jmdm. Gastfreundschaft gewähren.

Gast|ge|ber ['gastge:bɐ], der; -s, -, **Gast|ge|be|rin** ['gastge:bərɪn], die; -, -nen: *Person, die jmdn. als Gast* (1) *zu sich einlädt, bei sich zu Gast hat:* der Gastgeber erwartet seine Gäste an der Haustür; sie ist eine aufmerksame Gastgeberin. **Syn.:** Hausherr, Hausherrin, Wirt, Wirtin.

Gast|haus ['gasthaus], das; -es, Gasthäuser ['gasthɔyzɐ]: *Haus ohne größeren Komfort, in dem man gegen Bezahlung essen [und übernachten] kann:* ins Gasthaus gehen; nach der Wanderung kehrten wir in einem Gasthaus ein. **Syn.:** Beisel, Gasthof, Gaststätte, Gastwirtschaft, Kneipe (ugs.), Lokal, Restaurant, Schenke, Wirtschaft, Wirtshaus.

Gast|hof ['gastho:f], der; -[e]s, Gasthöfe ['gasthø:fə]: *größeres Gasthaus auf dem Lande:* in einem Gasthof essen. **Syn.:** Gaststätte, Gastwirtschaft, Restaurant.

gas|tie|ren [gas'ti:rən] ⟨itr.; hat⟩: *an einer fremden Bühne als Gast* (3 b) *auftreten:* sie gastierte [an der Deutschen Oper] in Berlin.

gast|lich ['gastlɪç] ⟨Adj.⟩: *behaglich, gemütlich für den Gast* (1): ein gastliches Haus; eine gastliche Atmosphäre schaffen; sie wurde gastlich empfangen, aufgenommen. **Syn.:** gastfreundlich.

Gas|t|ro|no|mie [gastrono'mi:], die; -: *Gewerbe, das sich mit der Betreuung und Verpflegung der Besucher von Gaststätten, Restaurants, Hotels o. Ä. befasst:* in der Gastronomie arbeiten. **Syn.:** Küche.

Gast|spiel ['gastʃpi:l], das; -[e]s, -e:
1. *Aufführung, die von einem Künstler, einer Künstlerin oder einem Ensemble an einer fremden Bühne geboten wird:* sie geben in allen größeren Städten des Landes ein Gastspiel. **Syn.:** Auftritt, Konzert. **Zus.:** Konzertgastspiel, Theatergastspiel.
2. (Sport) *auf dem gegnerischen Platz, in der gegnerischen Halle o. Ä. ausgetragenes Spiel:* die Mannschaft konnte das Gastspiel in Dresden für sich entscheiden.

Gast|stät|te ['gastʃtɛtə], die; -, -n: *Unternehmen, in dem man Essen und Getränke gegen Bezahlung erhalten kann:* in einer Gaststätte zu Abend essen. **Syn.:** Beisel (bayr. ugs.; österr.), Gasthaus, Gasthof, Gastwirtschaft, Kneipe (ugs.), Lokal, Pension, Restaurant, Schenke, Schuppen (ugs.), Spelunke (abwertend), Wirtschaft, Wirtshaus.

Gast|stu|be ['gastʃtu:bə], die; -, -n: *Raum in einem Gasthaus, in dem die Gäste bewirtet werden:* in einer gemütlichen Gaststube ein Glas Bier trinken.

Gast|wirt ['gastvɪrt], der; -[e]s, -e, **Gast|wir|tin** ['gastvɪrtɪn], die; -, -nen: *Person, die eine Gaststätte besitzt oder führt:* der Gastwirt hatte den Gast vor die Tür gesetzt. **Syn.:** Wirt, Wirtin.

Gast|wirt|schaft ['gastvɪrtʃaft], die; -, -en: *[einfache, ländliche] Gaststätte:* er bestellte in der Gastwirtschaft ein Schnitzel und ein

Gatte/Gemahl/Mann

Spricht man von dem eigenen Ehemann, heißt es **mein Mann,** nicht »mein Gatte« oder gar »mein Gemahl«. Das Wort **Gatte** gehört der gehobenen Stilschicht an und wird nur auf den Ehemann einer anderen Frau, nicht auf den eigenen angewandt, aber auch nur dann, wenn man sich höflich-distanziert ausdrücken will:

- Sie erschien ohne ihren Gatten.
- Grüßen Sie Ihren Gatten.

Das Wort **Gemahl** hat nahezu feierlichen Klang und ist im Wesentlichen Schriftwort. Es bekundet förmliche Ehrerbietung und Hochschätzung und klingt – auch im höflichen Umgangston, häufig mit vorangestelltem »Herr« – gespreizt. Im Unterschied zu »Gatte« wird »[Herr] Gemahl« im Allgemeinen nur auf den Ehemann einer Gesprächspartnerin, nicht auf den Ehemann einer abwesenden Dritten angewandt:

- Ist Ihr Herr Gemahl wohlauf?
- Grüßen Sie bitte Ihren Herrn Gemahl.

Bier. **Syn.:** Beisel (bayr. ugs.; österr.), Gasthaus, Gasthof, Kneipe (ugs.), Lokal, Schenke, Wirtschaft, Wirtshaus.

Gat|te ['gatə], der; -n, -n:
1. (geh.) *Ehemann* (wird auf den Ehemann einer anderen Frau bezogen): wie geht es Ihrem Gatten?; sie besuchte in Begleitung ihres Gatten das Konzert. **Syn.:** bessere Hälfte (ugs. scherzh.), Ehepartner, Gemahl (geh.), Lebensgefährte (geh.), Mann.
2. ⟨Plural⟩ (geh. veraltend) *Eheleute:* beide Gatten stammen aus München.

Gatte / Gemahl / Mann:
s. Kasten.

Gat|ter ['gatɐ], das; -s, -:
1. a) *Lattenzaun:* die Weide mit einem Gatter einzäunen. **b)** *Tür aus breiten Latten:* das Gatter schließen.
2. *Gehege:* jedes Tier hat ein Gatter für sich.

Gat|tin ['gatɪn], die; -, -nen (geh.): *Ehefrau* (wird auf die Ehefrau eines anderen Mannes bezogen): wie geht es Ihrer Gattin? **Syn.:** Ehepartnerin, Frau, Gemahlin (geh.), Lebensgefährtin (geh.), schönere Hälfte (ugs. scherzh.).

Gattin / Gemahlin / Frau:
s. Kasten Seite 393.

Gat|tung ['gatʊŋ], die; -, -en: *Gruppe von Dingen, Lebewesen, die wichtige Merkmale oder Eigenschaften gemeinsam haben:* eine Gattung in der Dichtung ist das Drama; die Kuh gehört zur Gattung der Säugetiere. **Syn.:** Art, Genre, Kategorie, Sorte, Zweig. **Zus.:** Kunstgattung, Literaturgattung, Pflanzengattung, Tiergattung, Warengattung.

Gau [ga̯u], der; -[e]s, -e (Geschichte): *in sich geschlossene Landschaft, großer landschaftlicher Bezirk:* der König belehnte den Grafen mit dem Gau Drente. **Syn.:** Areal, Gebiet, Revier, Territorium, Zone.

gau|keln ['ga̯uk l̩n], gaukelte, gegaukelt ⟨itr.; ist⟩ (geh.): *schwankend durch die Luft gleiten:* Schmetterlinge gaukeln von Blume zu Blume. **Syn.:** flattern, fliegen, gleiten, schweben, segeln.

Gaul [ga̯ul], der; -[e]s, Gäule ['gɔ̯ylə]: *[schlechtes] Pferd:* ein alter Gaul.

Gau|men ['ga̯umən], der; -s, -: *obere Wölbung im Innern des Mundes:* er hatte Durst, sein Gaumen war ganz trocken.

Gau|ner ['ga̯unɐ], der; -s, -, **Gau|ne|rin** ['ga̯unərɪn], die; -, -nen: (abwertend) *Person, deren Handlungsweise als in verachtenswerter Weise betrügerisch, hinterhältig o. Ä. angesehen wird:* diese Gaunerin wollte mich erpressen; du alter Gauner hast mich reinlegen wollen. **Syn.:** Betrüger, Betrügerin, Hochstapler, Hochstaplerin, Scharlatan (abwertend), Scharlatanin (abwertend), Spitzbube (veraltend abwertend), Spitzbübin (veraltend abwertend).

Ga|ze ['ga:zə], die; -, -n: *weicher, sehr locker gewebter, durchsichtiger Stoff:* eine Wunde mit Gaze verbinden.

Ge|bäck [gə'bɛk], das; -[e]s, -e: *feines, meist süßes, aus Teig [und anderen Zutaten] Gebackenes (besonders in geformten, etwas festeren Einzelstücken):* zum Tee aßen wir Gebäck. **Syn.:** Konfekt, Plätzchen. **Zus.:** Biskuitgebäck, Blätterteiggebäck, Buttergebäck, Feingebäck, Hefegebäck, Käsegebäck, Kleingebäck, Mandelgebäck, Nussgebäck, Teegebäck, Weihnachtsgebäck.

Ge|bälk [gə'bɛlk], das; -[e]s: *Gesamtheit der Balken (besonders eines Dachstuhls):* das alte Gebälk ächzte. **Zus.:** Dachgebälk, Deckengebälk, Eichengebälk.

Ge|bär|de [gə'bɛ:ɐ̯də], die; -, -n: *Bewegung der Arme oder des ganzen Körpers, die eine Empfindung o. Ä. ausdrückt:* er machte eine drohende Gebärde. **Syn.:** Geste, Handzeichen, Wink, Zeichen. **Zus.:** Drohgebärde, Schmerzgebärde.

ge|bär|den [gə'bɛ:ɐ̯dn̩], gebärdete, gebärdet ⟨+ sich⟩: *eine bestimmte auffällige [übertriebene und unkontrollierte] Verhaltensweise zeigen:* was gebärdest du dich plötzlich so kämpferisch?; er gebärdete sich wie wild; man sollte sich nicht päpstlicher als der Papst gebärden; ein liberal sich gebärdendes Provinzblatt. **Syn.:** sich aufführen, auftreten, sich benehmen, sich betragen, sich verhalten.

ge|bä|ren [gə'bɛ:rən], gebiert/gebärt, gebar, geboren ⟨tr.; hat⟩: *(ein Kind) zur Welt bringen:* sie hat zwei Kinder geboren; er wurde im Jahre 1950 als Sohn italienischer Eltern in München geboren; ⟨auch itr.⟩ sie gebiert/gebärt zum ersten Mal, hat noch nicht geboren; wo, wann bist du geboren? **Syn.:** ein Kind bekommen, einem Kind das Leben schenken, entbinden, in die Welt setzen, Mutter werden.

Ge|ba|ren [gə'ba:rən], das; -s: *auffälliges Benehmen:* er fiel durch sein sonderbares Gebaren auf. **Syn.:** Allüren ⟨Plural⟩ (bildungsspr.; oft abwertend), Art, Auftreten, Betragen, Gehabe (abwertend), Verhalten. **Zus.:** Geschäftsgebaren.

Ge|bär|mut|ter [gəˈbɛːɐ̯mʊtɐ], die; -, Gebärmütter [gəˈbɛːɐ̯mʏtɐ]: *hohles Organ des weiblichen Körpers, in dem sich das befruchtete Ei fortentwickelt:* die Eizelle hat sich in der Gebärmutter eingenistet.

Ge|bäu|de [gəˈbɔydə], das; -s, -: *größerer Bau, Bauwerk:* öffentliche Gebäude; das neue Gebäude des Theaters wird im nächsten Jahr fertiggestellt. **Syn.:** Haus. **Zus.:** Amtsgebäude, Bahnhofsgebäude, Bankgebäude, Bibliotheksgebäude, Eckgebäude, Fabrikgebäude, Hauptgebäude, Museumsgebäude, Nebengebäude, Parlamentsgebäude, Schulgebäude, Universitätsgebäude, Verwaltungsgebäude, Wohngebäude.

ge|baut [gəˈbau̯t] ⟨Adj.; mit Attribut⟩: *(in bestimmter Weise) gewachsen, einen bestimmten Körperbau habend:* eine athletisch gebaute, sportliche Frau; gut, zart gebaut sein.

Ge|bein [gəˈbai̯n], das; -[e]s, -e (geh.):
a) ⟨Plural⟩ *Knochen (eines Toten):* erst nach Jahren fand man die Gebeine des Vermissten. **Syn.:** Gerippe ⟨Singular⟩, Skelett ⟨Singular⟩. **b)** *sämtliche Glieder des Menschen:* ein jäher Schreck fuhr ihm durch das Gebein.

ge|ben [ˈgeːbn̩], gibt, gab, gegeben:
1. ⟨tr.; hat⟩ *(durch Übergeben, Überreichen, [Hin]reichen, Aushändigen) in jmds. Hände gelangen lassen:* gib mir mal bitte den Bleistift; der Lehrer gibt dem Schüler das Heft; lass dir eine Quittung geben; kannst du mir etwas Geld geben?; ⟨auch itr.⟩ jmdm. zu essen, zu trinken geben. **Syn.:** aushändigen, herausgeben, herausrücken (ugs.), hergeben, in die Hand drücken, langen (ugs.), lockermachen (ugs.), reichen (geh.), übergeben, überreichen, versehen mit, versorgen mit, zur Verfügung stellen, zuspielen, zustecken, zuteilwerden lassen (geh.). **2.** ⟨+ sich⟩ *sich in einer bestimmten Weise benehmen:* er gibt sich, wie er ist; er gibt sich gelassen. **Syn.:** sich aufführen, auftreten, sich betragen, sich gebärden. **3.** ⟨itr.; hat; unpers.⟩ *vorhanden sein, existieren, vorkommen:* es gibt noch die Möglichkeit …; dort soll es noch Kannibalen geben; Verbrechen hat es immer gegeben und wird es auch in Zukunft geben; es gibt heute weniger Bauern als vor zwanzig Jahren; der billigste Wein, den es gibt; beim Bäcker gab es um zehn Uhr schon keine Brötchen mehr; gibt es hier ein gutes Restaurant?; was gibts? (ugs.; *was ist los, was ist dein Anliegen?*). **Syn.:** bestehen, da sein, leben. **4.** ⟨tr.; hat⟩ in verblasster Bedeutung: einen Bericht über etwas geben *(über etwas berichten);* einen Befehl geben *(etwas befehlen);* [eine] Antwort geben *(antworten);* [eine] Auskunft geben *(etwas, wonach man gefragt wurde, mitteilen);* jmdm. einen Rat geben *(jmdm. raten);* jmdm. ein Versprechen geben *(etwas versprechen);* die Erlaubnis zu etwas geben *(etwas erlauben);* eine Garantie geben *(etwas garantieren);* jmdm. einen Stoß geben *(jmdn. stoßen);* jmdm. einen Kuss geben *(jmdn. küssen);* ein Fest, Konzert, eine Party geben *(ein Fest, Konzert, eine Party veranstalten);* die Räuber von Schiller geben *(die Räuber von Schiller aufführen);* *** es jmdm. geben** (ugs.): *jmdm. deutlich die Meinung sagen.*

Ge|bet [gəˈbeːt], das; -[e]s, -e: *[vom Falten der Hände, vom Niederknien o. Ä. begleitetes] Sprechen mit Gott:* er faltete die Hände und sprach ein Gebet. **Syn.:** Andacht. **Zus.:** Abendgebet, Bittgebet, Bußgebet, Dankgebet, Freitagsgebet, Morgengebet, Nachtgebet, Tischgebet.

Ge|biet [gəˈbiːt], das; -[e]s, -e:
1. *Fläche von bestimmter Ausdehnung:* ein fruchtbares, sehr trockenes, bewaldetes, dicht besiedeltes Gebiet; das Gebiet um München; weite Gebiete des Landes sind überschwemmt; ein Gebiet besetzen, annektieren, erobern; auf schweizerischem Gebiet. **Syn.:** Areal, Bereich, Bezirk, ²Flur (geh.), Gau (Geschichte), Gefilde ⟨Plural⟩ (geh.), Gegend, Gelände, Land, Landschaft, Landstrich, Raum, Region, Terrain, Territorium, Zone. **Zus.:** Absatzgebiet, Amazonasgebiet, Anbaugebiet, Erholungsgebiet, Feuchtgebiet, Gefahrengebiet, Grenzgebiet, Industriegebiet, Jagdgebiet, Katastrophengebiet, Kriegsgebiet, Krisengebiet, Landschaftsschutzgebiet, Naturschutzgebiet, Quellgebiet, Randgebiet, Schlechtwettergebiet, Schutzgebiet, Siedlungsgebiet, Skigebiet, Staatsgebiet, Stadtgebiet, Sumpfgebiet, Überschwemmungsgebiet, Verbreitungsgebiet, Vogelschutzgebiet, Waldgebiet, Weinbaugebiet, Wohngebiet. **2.** *Sach-, Fachbereich:* das ist nicht mein Gebiet; auf diesem Gebiet kennt sie sich aus, ist sie den andern überlegen; dieses Land ist auf wirtschaftlichem Gebiet führend. **Syn.:** Abteilung, Bereich, Branche, Disziplin, Fach, Feld, Komplex, Sachgebiet, Sektion, Sektor, Sparte, Sphäre, Zweig. **Zus.:** Anwendungsgebiet, Arbeitsgebiet, Aufgabengebiet, Fachgebiet, Forschungsgebiet, Grenzgebiet, Randgebiet, Sachgebiet, Spezialgebiet, Teilgebiet, Wissensgebiet.

ge|bie|ten [gəˈbiːtn̩], gebot, geboten ⟨itr.; hat⟩ (geh.): *als eine Art Befehl äußern, verlangen:* seine Hand gebot den anderen, stillzuschweigen; mach es, wie es der Augenblick gebietet; das gebot ihm sein Gerechtigkeitsgefühl; sie gebot herrisch: »Warten Sie draußen!«; das gebietet die Achtung, dass … **Syn.:** anordnen, befehlen, diktieren, veranlassen, verfügen, verordnen, vorschreiben.

Ge|bil|de [gəˈbɪldə], das; -s, -:
a) *etwas, was in nicht näher bestimmter Weise gestaltet, geformt ist:* ein eiförmiges, rundliches, längliches, schlauchartiges, netzartiges, haarähnliches, künstliches Gebilde; diese Wolken waren feine, luftige Gebilde. **Syn.:** Bildung, Form, Gefüge, Gestalt, Konstruktion. **b)** *nur in der Vorstellung o. Ä. existierendes Bild:* ein Gebilde deiner Fanta-

sie. **Zus.:** Fantasiegebilde, Traumgebilde, Wunschgebilde.

ge|bil|det [gəˈbɪldət] ⟨Adj.⟩: *Bildung habend* /Ggs. ungebildet/: diese Anspielungen versteht jeder [halbwegs, einigermaßen] gebildete Leser sofort; er war sicher einer der gebildetsten Männer seiner Zeit; sie ist sehr gebildet. **Syn.:** belesen, geistreich, gelehrt. **Zus.:** hochgebildet.

Ge|bir|ge [gəˈbɪrgə], das; -s, -: *zusammenhängende Gruppe von hohen Bergen:* die Alpen sind das höchste Gebirge Europas; in den Ferien fahren wir meist ins Gebirge. **Syn.:** Berge ⟨Plural⟩, Massiv. **Zus.:** Hochgebirge, Mittelgebirge.

Ge|biss [gəˈbɪs], das; -es, -e:
a) *Gesamtheit der in beiden Kiefern sitzenden Zähne:* ein gesundes, kräftiges, vollständiges Gebiss. **Syn.:** Zähne ⟨Plural⟩.
b) *herausnehmbarer künstlicher Ersatz für ein nicht mehr oder nur noch in Resten vorhandenes Gebiss* (1); *vollständiger Zahnersatz:* ein künstliches Gebiss; ein Gebiss tragen; sein Gebiss herausnehmen. **Syn.:** dritte Zähne, falsche Zähne, künstliche Zähne, Prothese.

ge|blümt [gəˈbly:mt] ⟨Adj.⟩: *mit Blümchen verziert, gemustert:* eine [rosa, bunt, groß, klein] geblümte Tapete, Bluse, Tischdecke, Tasse.

[1]**ge|bo|ren** [gəˈbo:rən]: ↑gebären.

[2]**ge|bo|ren** [gəˈbo:rən] ⟨Adj.⟩:
1. a) dient zur Angabe des Familiennamens, den eine Person bei ihrer Geburt hatte (Abkürzung: geb.): Frau Marie Berger, geborene Schröder; sie ist eine geborene Schröder. **b)** *(von Einwohnern einer bestimmten Stadt, eines bestimmten Landes usw.) dort auch zur Welt gekommen:* die heute in Berlin Lebenden sind bei Weitem nicht alle geborene Berliner.
2. *von Natur aus zu etwas Bestimmtem begabt:* sie ist eine geborene Schauspielerin; er ist nicht zum Lehrer geboren. **Syn.:** begnadet.

ge|bor|gen [gəˈbɔrgn̩] ⟨Adj.⟩: *gut aufgehoben, sicher, beschützt:* bei jmdm., an jmds. Seite, an einem Ort geborgen sein; sich geborgen wissen; bei ihm fühlt sie sich geborgen. **Syn.:** geschützt.

Ge|bor|gen|heit [gəˈbɔrgn̩hai̯t], die; -: *das Geborgensein:* sich nach Geborgenheit und Wärme sehnen.

Ge|bot [gəˈbo:t], das; -[e]s, -e: *von einer höheren Instanz ausgehende Willenskundgebung, die den Charakter eines Befehls, einer Anordnung hat:* die zehn Gebote; ein Gebot erlassen, befolgen, missachten, aufheben. **Syn.:** Auftrag, Direktive (geh.), Erlass, Gesetz, Kommando, Satzung, Statut, Vorschrift, Weisung. **Zus.:** Schweigegebot.

ge|bo|ten [gəˈbo:tn̩] ⟨Adj.⟩: *erforderlich, nötig:* mit der gebotenen Vorsicht; es ist Vorsicht, Zurückhaltung geboten; für das kranke Kind ist rasche Hilfe dringend geboten. **Syn.:** notwendig, unentbehrlich, unerlässlich.

Ge|brauch [gəˈbrau̯x], der; -[e]s, Gebräuche [gəˈbrɔy̯çə]:
1. ⟨ohne Plural⟩ *das Gebrauchen:* vor allzu häufigem Gebrauch des Medikamentes wird gewarnt. **Syn.:** Anwendung, Einsatz, Nutzung. **Zus.:** Eigengebrauch, Hausgebrauch, Privatgebrauch, Schulgebrauch, Schusswaffengebrauch.
2. ⟨Plural⟩ *Sitten, Bräuche:* in dem Dorf gibt es noch viele alte Gebräuche. **Syn.:** Brauch ⟨Singular⟩, Brauchtum ⟨Singular⟩, Gepflogenheit ⟨Singular⟩, Sitte ⟨Singular⟩.

ge|brau|chen [gəˈbrau̯xn̩] ⟨tr.; hat⟩: *als Gegenstand, Mittel für etwas benutzen, damit umgehen:* Werkzeuge richtig gebrauchen; seinen Verstand gebrauchen; das Wort wird fast nur im Präsens gebraucht; die Maschine ist gut, zu vielem zu gebrauchen; er gebraucht gern Beispiele, um etwas zu erklären. **Syn.:** anwenden, benutzen, benützen, einsetzen, in Benutzung haben, in Benutzung nehmen, nutzen (bes. nordd.), nützen (bes. südd.), verwenden; *** etwas gebrauchen können:** *für etwas Verwendung haben:* den Karton kann ich gut gebrauchen; jetzt könnte ich eine Schere gebrauchen; den ganzen Kram kann ich nicht mehr gebrauchen; Faulenzer können wir hier nicht gebrauchen.

gebrauchen / brauchen: s. Kasten Seite 237.

ge|bräuch|lich [gəˈbrɔy̯çlɪç] ⟨Adj.⟩: *allgemein verwendet:* ein gebräuchliches Sprichwort. **Syn.:** gängig, landläufig, üblich, verbreitet, weit verbreitet.

Ge|brauchs|an|lei|tung [gəˈbrau̯xs|anlai̯tʊŋ], die; -, -en (bes. österr., schweiz.): *Gebrauchsanweisung.*

Ge|brauchs|an|wei|sung [gəˈbrau̯xs|anvai̯zʊŋ], die; -, -en: *Anweisung, wie etwas zu gebrauchen ist:* vor der Benutzung des Gerätes die Gebrauchsanweisung lesen.

ge|braucht [gəˈbrau̯xt] ⟨Adj.⟩:
1. *nicht mehr frisch, nicht mehr unbenutzt* /Ggs. frisch/: das gebrauchte Geschirr in die Spülmaschine räumen; das Handtuch ist schon gebraucht.
2. *von einem früheren Besitzer übernommen, aus zweiter Hand stammend* /Ggs. neu/: ein gebrauchtes Auto kaufen; den Computer habe ich gebraucht gekauft.

Ge|braucht|wa|gen [gəˈbrau̯xtva:gn̩], der; -s, -: *gebrauchtes, gebraucht gekauftes Auto:* er handelt mit Neu- und Gebrauchtwagen.

ge|bre|chen [gəˈbrɛçn̩], gebricht, gebrach ⟨itr.; hat; unpers.⟩ (geh.): *mangeln, fehlen:* es gebrach ihm an Geld, Zeit, Ausdauer, Talent.

Ge|bre|chen [gəˈbrɛçn̩], das; -s, - (geh.): *dauernder gesundheitlicher Schaden:* die Gebrechen des Alters; an einem körperlichen Gebrechen leiden. **Syn.:** Beschwerden ⟨Plural⟩, Krankheit, Leiden.

ge|brech|lich [gəˈbrɛçlɪç] ⟨Adj.⟩: *durch Alter körperlich schwach:* eine gebrechliche alte Frau; er ist alt und gebrechlich. **Syn.:** hinfällig, klapprig (ugs.), schwächlich.

ge|bro|chen [gəˈbrɔxn̩] ⟨Adj.⟩:
a) *vollkommen mutlos; sehr niedergeschlagen:* er war ein gebrochener Mann; sie stand gebrochen am Grab ihres Mannes. **Syn.:** entmutigt, verzagt, verzweifelt. **b)** *holprig, nicht fließend [gesprochen]:* sich in gebro-

chenem Deutsch unterhalten; er spricht gebrochen Englisch. **Syn.:** fehlerhaft, nicht einwandfrei.

Ge|brü|der [gəˈbryːdɐ], die ⟨Plural⟩:
1. (veraltet) *Gesamtheit der Brüder einer Familie:* die Gebrüder hatten nach dem Tod der Eltern das Haus verkauft.
2. (Kaufmannsspr.) *Brüder, die ein Unternehmen leiten:* die Druckerei »Gebrüder Scholz«.

Gebrüder / Brüder:
s. Kasten Seite 241.

Ge|brüll [gəˈbrʏl], das; -[e]s:
[lang andauerndes] als unangenehm empfundenes Brüllen: das Gebrüll der begeisterten Menge. **Syn.:** Geschrei. **Zus.:** Freudengebrüll, Siegesgebrüll, Wutgebrüll.

Ge|bühr [gəˈbyːɐ̯], die; -, -en:
Betrag, der für [öffentliche] Leistungen zu bezahlen ist: die Gebühr für einen neuen Pass beträgt knapp 60 Euro; eine Gebühr erheben, entrichten; die Gebühren erhöhen; hier kann man gegen eine geringe Gebühr Fahrräder leihen. **Syn.:** Abgabe, Ausgaben ⟨Plural⟩, Kosten ⟨Plural⟩, Preis, ²Steuer, Taxe. **Zus.:** Abfertigungsgebühr, Anmeldegebühr, Anwaltsgebühr, Aufnahmegebühr, Bearbeitungsgebühr, Benutzungsgebühr, Fernsehgebühr, Hafengebühr, Immatrikulationsgebühr, Leihgebühr, Mahngebühr, Maklergebühr, Nachnahmegebühr, Nutzungsgebühr, Parkgebühr, Prüfungsgebühr, Rundfunkgebühr, Strafgebühr, Studiengebühr, Telefongebühr, Verwaltungsgebühr.

ge|büh|ren [gəˈbyːrən] ⟨itr.; hat⟩:
(jmdm. für etwas) [als entsprechende Anerkennung, Gegenleistung] zustehen: ihm gebührt unser Dank; Ehre, wem Ehre gebührt; eigentlich gebührt ihm der Titel, die Auszeichnung; ihm gebührt das Lob; er wurde mit der ihm gebührenden Achtung begrüßt.

ge|büh|rend [gəˈbyːrənt] ⟨Adj.⟩:
angemessen, geboten: der Gast wurde mit der gebührenden Achtung begrüßt; etwas in gebührender Weise würdigen; jmdn. gebührend empfangen. **Syn.:** adäquat (bildungsspr.), angebracht, entsprechend, gehörig, geziemend (geh.), passend.

ge|büh|ren|frei [gəˈbyːrənfrai̯] ⟨Adj.⟩:
kostenlos /Ggs. gebührenpflichtig/: die Auskunft ist gebührenfrei.

ge|büh|ren|pflich|tig [gəˈbyːrənpflɪçtɪç] ⟨Adj.⟩:
mit einer Gebühr verbunden /Ggs. gebührenfrei/: das Ausstellen eines Reisepasses ist gebührenpflichtig.

-ge|bun|den [gəbʊndn̩] ⟨adjektivisches Suffixoid⟩:
an das im Basiswort Genannte gebunden, nur im Zusammenhang damit zu sehen, existierend: fondsgebunden (Versicherung); ortsgebunden; personengebunden; schienengebunden; standortgebunden; termingebunden; zweckgebunden (Gelder).

Ge|burt [gəˈbuːɐ̯t], die; -, -en:
1. a) *das Heraustreten des Kindes aus dem Leib der Mutter:* die Frau hat die Geburt ihres Kindes gut überstanden; das Kind ist kurz nach der Geburt gestorben. **Syn.:** Entbindung, Niederkunft (geh. veraltend). **Zus.:** Erstgeburt, Frühgeburt, Hausgeburt, Klinikgeburt, Mehrlingsgeburt, Totgeburt, Zwillingsgeburt.
b) ⟨ohne Plural⟩ *das Geborenwerden, das Zur-Welt-Kommen:* wir freuen uns über die Geburt unseres Sohnes/unserer Tochter.
2. *Abstammung, Herkunft:* sie ist von niedriger, hoher Geburt.

Ge|bur|ten|kon|trol|le
[gəˈbuːɐ̯tn̩kɔntrɔlə], die; -, -n:
Planung und Beschränkung der Zahl der Geburten: eine staatliche, staatlich verordnete Geburtenkontrolle.

ge|bür|tig [gəˈbʏrtɪç] ⟨Adj.⟩:
der geografischen Herkunft nach, dem Geburtsort nach etwas Bestimmtes seiend: er lebt seit Jahrzehnten in Italien, ist aber gebürtiger Schweizer; sie ist aus Berlin gebürtig *(sie ist in Berlin geboren).* **Syn.:** geboren.

Ge|burts|da|tum [gəˈbuːɐ̯tsdaːtʊm], das; -s, Geburtsdaten [gəˈbuːɐ̯tsdaːtn̩]:
Datum der Geburt eines bestimmten Menschen: tragen Sie hier bitte Ihr Geburtsdatum ein.

Ge|burts|ort [gəˈbuːɐ̯tsǀɔrt], der; -[e]s, -e:
Ort, an dem ein bestimmter Mensch geboren wurde: ihr Geburtsort ist Bonn.

Ge|burts|tag [gəˈbuːɐ̯tstaːk], der; -[e]s, -e:
Jahrestag der Geburt: er feiert heute seinen 50. Geburtstag. **Zus.:** Kindergeburtstag.

Ge|burts|tags|ge|schenk [gəˈbuːɐ̯tstaːksgəʃɛŋk], das; -[e]s, -e:
Geschenk, das man jemandem anlässlich seines Geburtstags macht: ich brauche noch ein Geburtstagsgeschenk für meinen Bruder.

Ge|büsch [gəˈbʏʃ], das; -[e]s, -e:
mehrere, viele dicht beisammenstehende Büsche: ein dichtes Gebüsch; sich im Gebüsch verstecken. **Syn.:** Dickicht, Gestrüpp, Unterholz.

Geck [gɛk], der; -en, -en (abwertend):
männliche Person, die als eitel, sich übertrieben modisch kleidend angesehen wird: ein eitler Geck. **Syn.:** Snob. **Zus.:** Modegeck.

Ge|dächt|nis [gəˈdɛçtnɪs], das; -ses:
1. *Fähigkeit, sich an etwas zu erinnern:* er hat ein gutes Gedächtnis; sein Gedächtnis trainieren. **Zus.:** Kurzzeitgedächtnis, Langzeitgedächtnis, Namengedächtnis, Personengedächtnis, Zahlengedächtnis; *** ein Gedächtnis wie ein Sieb haben** (ugs.): *sehr vergesslich sein.*
2. *Erinnerung* (2): etwas im Gedächtnis behalten; die Erlebnisse seiner Jugend sind ihm deutlich im Gedächtnis geblieben. **Syn.:** Bewusstsein.

Ge|dan|ke [gəˈdaŋkə], der; -ns, -n:
etwas, was gedacht wird: das war ein kluger, guter Gedanke; dieser Gedanke liegt mir fern; einen Gedanken fassen, aufgreifen, fallen lassen, zu Ende denken; auf den Gedanken, ihn zu fragen, wäre ich nie gekommen, verfallen; auf dumme Gedanken kommen *(auf die Idee kommen, irgendwelche Dummheiten zu begehen);* sich über etwas Gedanken machen *(über etwas nachdenken);* ich war ganz in Gedanken *(konzentrierte mich ganz auf meine Gedanken).* **Syn.:** Einfall, Eingebung, Geistesblitz (ugs.), Idee, Inspiration, Vorstellung. **Zus.:** Freiheitsgedanke, Grundgedanke, Hauptgedanke,

Rachegedanke, Selbstmordgedanke; * **[jmds.] Gedanken lesen [können]:** *[jmds.] Gedanken erraten [können];* * **sich** (Dativ) **Gedanken [über jmdn., etwas/wegen jmds., etwas] machen:** *sich Sorgen [um jmdn., etwas] machen:* mach dir keine Gedanken über mich.

ge|dan|ken|los [gəˈdaŋkn̩loːs] ⟨Adj.⟩:
1. *die üblen, schlimmen Folgen seines Verhaltens nicht bedenkend:* ein schrecklich gedankenloser Mensch; so ein gedankenloses Benehmen!; es war sehr gedankenlos von dir, ihr dies in dieser Situation zu erzählen; wie kann man so gedankenlos sein! **Syn.:** fahrlässig, leichtsinnig, planlos, unvorsichtig.
2. *zerstreut, in Gedanken:* er ging ganz gedankenlos über die Straße. **Syn.:** achtlos, gleichgültig, sorglos, unachtsam, unbedacht.

Ge|dan|ken|lo|sig|keit [gəˈdaŋkn̩loːzɪçkai̯t], die; -, -en:
1. ⟨ohne Plural⟩ *gedankenlose Art und Weise:* etwas aus Gedankenlosigkeit sagen, tun.
2. *gedankenlose, unüberlegte Handlung, Äußerung:* mit solchen Gedankenlosigkeiten kannst du großes Unheil anrichten.

ge|dan|ken|voll [gəˈdaŋkn̩fɔl] ⟨Adj.⟩:
in Gedanken versunken: gedankenvoll dasitzen, nicken. **Syn.:** grüblerisch, in Gedanken, in Gedanken vertieft, nachdenklich, selbstvergessen (geh.), verträumt.

ge|dank|lich [gəˈdaŋklɪç] ⟨Adj.⟩:
das Denken betreffend: ein gedanklicher Zusammenhang; er hat das Buch gedanklich noch nicht verarbeitet. **Syn.:** begrifflich, gedacht, ideell, theoretisch, vorgestellt.

Ge|deck [gəˈdɛk], das; -[e]s, -e:
a) *Geräte, die eine Person zum Essen braucht; Teller und Besteck:* ein Gedeck für den Gast auflegen. **Zus.:** Frühstücksgedeck, Kaffeegedeck, Tafelgedeck. **b)** *auf der Speisekarte festgelegte Folge von Speisen:* ein Gedeck bestellen. **Syn.:** Essen, [2]Gericht, Menü.

Ge|deih [gəˈdai̯]:
in der Wendung **auf Gedeih und Verderb:** *bedingungslos, was auch immer an Gutem oder Schlimmem geschehen mag:* auf Gedeih und Verderb aufeinander angewiesen sein.

ge|dei|hen [gəˈdai̯ən], gedieh, gediehen ⟨itr.; ist⟩:
1. *[gut] wachsen, sich entwickeln:* diese Pflanze gedeiht nur bei viel Sonne; das Kind wächst und gedeiht. **Syn.:** sich entfalten.
2. *in einem bestimmten Entwicklungsprozess fortschreiten:* sein neues Werk gedeiht; die Verhandlungen sind/wir sind mit den Verhandlungen schon weit gediehen; das neue Haus ist schon weit gediehen *(der Bau des Hauses ist gut vorangekommen).*

ge|den|ken [gəˈdɛŋkn̩], gedachte, gedacht ⟨itr.; hat⟩:
1. ⟨mit Gen.⟩ *(an jmdn.) in ehrfürchtiger Weise denken:* er gedachte seines toten Vaters. **Syn.:** denken an, sich erinnern, sich besinnen auf.
2. *beabsichtigen:* was gedenkst du, jetzt zu tun? **Syn.:** erwägen, vorhaben.

Ge|den|ken [gəˈdɛŋkn̩], das; -s:
das Gedenken (1), *Andenken:* zum Gedenken an die Opfer des Nationalsozialismus; dem Firmengründer zum Gedenken.

Ge|denk|mün|ze [gəˈdɛŋkmʏnt͜sə], die; -, -n:
(nicht zum Zahlen verwendbare) Münze zur Erinnerung an ein Ereignis oder eine Persönlichkeit: nach dem Tod des Präsidenten wurde eine Gedenkmünze mit seinem Bild geprägt. **Syn.:** Medaille.

Ge|denk|stät|te [gəˈdɛŋkʃtɛtə], die; -, -n:
zur Erinnerung an ein Ereignis oder eine Person eingerichtete Stätte: eine Gedenkstätte für die Opfer des Krieges.

Ge|dicht [gəˈdɪçt], das; -[e]s, -e:
sprachliches Kunstwerk in Versen, Reimen oder in einem besonderen Rhythmus: Gedichte schreiben; sie liest gern Gedichte; ein Gedicht auswendig lernen, vortragen; der Dichter veröffentlichte einen Band Gedichte. **Syn.:** Verse ⟨Plural⟩. **Zus.:** Heldengedicht, Liebesgedicht, Spottgedicht.

ge|die|gen [gəˈdiːgn̩] ⟨Adj.⟩:
a) *auf einer guten und soliden Basis beruhend:* er hat eine gediegene Ausbildung; ein gediegener Charakter. **Syn.:** ordentlich, reell, verlässlich, zuverlässig. **b)** *sorgfältig hergestellt:* gediegener Schmuck; gediegene Möbel. **Syn.:** fest, solide.

ge|dient [gəˈdiːnt] ⟨Adj.⟩:
beim Militär gedient habend: ein gedienter Soldat.

Ge|drän|ge [gəˈdrɛŋə], das; -s:
dichte, drängelnde Menschenmenge: in der Straßenbahn war, herrschte ein großes Gedränge. **Syn.:** Ansammlung, Auflauf.

ge|drückt [gəˈdrʏkt] ⟨Adj.⟩:
niedergeschlagen, bedrückt: in gedrückter Stimmung sein.

ge|drun|gen [gəˈdrʊŋən] ⟨Adj.⟩:
nicht sehr groß und ziemlich breit gebaut: der Mann hat eine gedrungene Gestalt. **Syn.:** kompakt, stämmig, untersetzt.

Ge|duld [gəˈdʊlt], die; -:
ruhiges und beherrschtes Ertragen von etwas, was unangenehm ist oder sehr lange dauert /Ggs. Ungeduld/: der Lehrer hat sehr viel Geduld mit dem schlechten Schüler; er trug seine Krankheit mit viel, mit großer Geduld. **Syn.:** Ausdauer, Beharrlichkeit, Beständigkeit, Langmut (geh.), Sanftmut. **Zus.:** Engelsgeduld.

ge|dul|den [gəˈdʊldn̩], geduldete, geduldet ⟨+ sich⟩:
geduldig warten: du musst dich noch ein bisschen gedulden. **Syn.:** abwarten, aushalten, ausharren, durchhalten, Geduld haben, geduldig sein, sich mit Geduld wappnen.

ge|dul|dig [gəˈdʊldɪç] ⟨Adj.⟩:
Geduld habend, mit Geduld /Ggs. ungeduldig/: sie ist ein sehr geduldiger Mensch; geduldig warten; er hörte mir geduldig zu. **Syn.:** nachsichtig, unbeirrt, unverdrossen, voller Geduld.

Ge...[e] [gə...(ə)], auch: -ge...e; -s ⟨Präfix...Suffix; verbales Basiswort; ausgenommen sind solche Verben, die keine verbalen Formen mit ge- bilden können: Verben mit untrennbarer Vorsilbe, Verben mit einer trennbaren Vorsilbe vor einem fremdsprachlichen Verb und Verben, die aus zusammengesetzten Substantiven abgeleitet sind⟩ (ugs. abwertend):
drückt das sich wiederholende

[lästige o. ä.] Tun oder Geschehen aus: Gefeilsche; Gefrage; Gelabere; Geschrei[e]; Gezappel[e]; ⟨in Verbindung mit Verben mit trennbarer Vorsilbe⟩ das Großgetue; das Rumgerenne; ⟨im Unterschied zu -[er]ei auch in Verbindung mit Verben, deren Subjekt kein belebtes Wesen ist⟩ Gedonner[e]; Geratter[e]. **Syn.:** ↑-[er]ei (oft abwertend).

ge|eig|net [gəˈ|ai̯gnət] ⟨Adj.⟩: *einen bestimmten Zweck erfüllen könnend, zu einer bestimmten Aufgabe fähig:* mir fehlt ein geeignetes Werkzeug, ein geeignetes Reinigungsmittel; das [für den Zweck] geeignetste Material dürfte Stahl sein; sie ist für den Posten [nicht] geeignet. **Syn.:** adäquat (bildungssprachl.), angemessen, befähigt, brauchbar, ideal, passend, qualifiziert, recht, [1]richtig, tauglich, vernünftig, wie geschaffen für, zweckdienlich, zweckmäßig.

Ge|fahr [gəˈfaːɐ̯], die; -, -en: *Möglichkeit, dass jmdm. etwas zustößt, dass ein Schaden eintritt:* eine drohende, tödliche Gefahr; die Gefahr eines Krieges, einer Entfremdung; es besteht die Gefahr, dass ...; einer Gefahr entrinnen; das ist eine Gefahr für unsere Aktion; er liebt die Gefahr; in Gefahr sein, schweben; sich in [eine] Gefahr begeben; die Gefahr ist gebannt. **Syn.:** Bedrohung, Gefährdung. **Zus.:** Ansteckungsgefahr, Brandgefahr, Einsturzgefahr, Erstickungsgefahr, Explosionsgefahr, Hochwassergefahr, Infektionsgefahr, Kriegsgefahr, Lawinengefahr, Lebensgefahr, Schleudergefahr, Todesgefahr, Unfallgefahr, Vergiftungsgefahr, Verletzungsgefahr;
*** Gefahr laufen:** *in Gefahr sein, kommen, geraten:* die Partei läuft Gefahr, das Vertrauen der Wähler zu verlieren.

ge|fähr|den [gəˈfɛːɐ̯dn̩], gefährdete, gefährdet ⟨tr.; hat⟩: *in Gefahr bringen:* der Fahrer des Omnibusses gefährdete die Fahrgäste durch sein unvorsichtiges Fahren; Rauchen gefährdet die Gesundheit; der Ausstand der Arbeiter gefährdet das Projekt; es sind keine Arbeitsplätze gefährdet. **Syn.:** bedrohen.

Ge|fähr|dung [gəˈfɛːɐ̯dʊŋ], die; -: *das Gefährden; das Gefährdetsein:* die Gefährdung der öffentlichen Sicherheit. **Syn.:** Bedrohung. **Zus.:** Gesundheitsgefährdung, Staatsgefährdung, Umweltgefährdung, Verkehrsgefährdung.

ge|fähr|lich [gəˈfɛːɐ̯lɪç] ⟨Adj.⟩ /Ggs. ungefährlich/:
a) *eine Gefahr, eine Bedrohung darstellend:* eine gefährliche Kurve, Situation, Krankheit, Giftschlange; gefährliche Strömungen; ein gefährlicher Gewaltverbrecher. **Syn.:** bedrohlich, bösartig, böse, brenzlig (ugs.), tückisch, unheilvoll. **b)** *ein hohes Risiko mit sich bringend, gewagt, riskant:* ein gefährliches Abenteuer, Unternehmen, Spiel; da mache ich nicht mit, das ist mir zu gefährlich; in dem Job lebt man gefährlich. **Syn.:** abenteuerlich, bedenklich, bedrohlich, brenzlig (ugs.), halsbrecherisch, unsicher.

Ge|fähr|lich|keit [gəˈfɛːɐ̯lɪçkai̯t], die; -: *das Gefährlichsein; gefährliche Art:* die Gefährlichkeit dieses Virus wurde bisher unterschätzt; die Gefährlichkeit dieser Arbeit war bekannt.

Ge|fährt [gəˈfɛːɐ̯t], das; -[e]s, -e (geh., auch scherz.): *etwas, womit man fahren kann:* der Mopedfahrer stoppte und stellte sein Gefährt ab. **Syn.:** Fahrzeug, Vehikel (oft abwertend), Wagen.

Ge|fähr|te [gəˈfɛːɐ̯tə], der; -n, -n, **Ge|fähr|tin** [gəˈfɛːɐ̯tɪn], die; -, -nen (geh.): *Person, die mit einer bestimmten anderen Person durch Freundschaft oder gleiche Lebensumstände verbunden ist; [begleitender] Freund, Kamerad:* sie ist seine, ihre treue Gefährtin; die Gefährten meiner Jugend; die vertraute Gefährtin so vieler Jahre. **Syn.:** Begleiter, Begleiterin, Freund, Freundin, Genosse (veraltend), Genossin (veraltend), Kamerad, Kameradin, Kumpan (ugs.), Kumpanin (ugs.). **Zus.:** Lebensgefährte, Lebensgefährtin, Leidensgefährte, Leidensgefährtin, Reisegefährte, Reisegefährtin, Schicksalsgefährte, Schicksalsgefährtin, Spielgefährte, Spielgefährtin.

Ge|fäl|le [gəˈfɛlə], das; -s, -: *Grad der Neigung:* ein natürliches, leichtes, starkes, extremes Gefälle; der Hang, die Piste, die Straße, die Strecke hat ein Gefälle von 12 Prozent; die Wasserleitung muss ein ausreichendes Gefälle haben; das Gefälle zwischen dem Wasserspeicher auf dem Berg und dem Kraftwerk im Tal wird zur Stromerzeugung genutzt. **Syn.:** Neigung. **Zus.:** Preisgefälle, Temperaturgefälle.

ge|fal|len [gəˈfalən], gefällt, gefiel, gefallen ⟨itr.; hat⟩:
1. *in Aussehen, Eigenschaften o. Ä. für jmdn. angenehm sein:* dieses Bild gefällt mir; das Mädchen hat ihm sehr [gut] gefallen; es gefällt mir nicht, dass sie sich immer einmischt; er gefiel sich in der Rolle des Helden *(er genoss es, der Held zu sein).* **Syn.:** ankommen bei (ugs.), ansprechen, begeistern, behagen, erfreuen, es angetan haben, genehm sein, imponieren, liegen, passen, sympathisch sein, wohltun (geh.), zusagen.
2. * sich (Dativ) **etwas gefallen lassen:** *sich gegen etwas (was man eigentlich nicht wünscht) nicht wehren, sondern es hinnehmen, über sich ergehen lassen:* so eine Frechheit, so etwas, das würde ich mir [von ihm] nicht gefallen lassen; er lässt sich aber auch alles gefallen!; lass dir bloß nichts gefallen!; das lasse ich mir gefallen (scherzh.; *damit bin ich sehr einverstanden, das begrüße ich).*

[1]Ge|fal|len [gəˈfalən], der; -s, -: *etwas, wodurch man sich jmdm. gefällig erweist:* würdest du mir einen Gefallen tun?; ich möchte dich um einen großen Gefallen bitten; er hat mir den Gefallen getan/erwiesen, den Brief zur Post mitzunehmen. **Syn.:** Dienst, Gefälligkeit.

[2]Ge|fal|len [gəˈfalən], das; -s: *persönliche Freude an jmdm./etwas, was man als angenehm in seiner Wirkung auf sich empfindet:* sie hatte Gefallen an ihm gefunden; sein Gefallen an diesem Hobby dauerte nicht lange. **Syn.:** Interesse, Sympathie. **Zus.:** Wohlgefallen.

Ge|fal|le|ne [gəˈfalənə], die/eine Gefallene; der/einer Gefallenen, die Gefallenen/zwei Gefallene: *Soldatin, die im Krieg ihr Leben verloren hat:* die Gefallene wurde in ihr Heimatland überführt. **Syn.:** Tote, Verstorbene.

Ge|fal|le|ner [gəˈfalənɐ], der Gefallene/ein Gefallener; des/eines Gefallenen, die Gefallenen/zwei Gefallene:
Soldat, der im Krieg sein Leben verloren hat: die Gefallenen ehren; sie gedachten der Gefallenen zweier Weltkriege. **Syn.:** Toter, Verstorbener.

ge|fäl|lig [gəˈfɛlɪç] ⟨Adj.⟩:
a) *gern bereit, einen Gefallen zu tun:* er ist sehr gefällig und gibt immer Auskunft, wenn man ihn etwas fragt; sie ist mir immer gern gefällig. **Syn.:** beflissen (geh.), entgegenkommend, hilfsbereit. **b)** *²Gefallen erweckend:* sie hat ein gefälliges Äußeres, Benehmen, Wesen; gefällige Unterhaltungsmusik; sich gefällig kleiden. **Syn.:** ansehnlich, apart, attraktiv, entzückend, hübsch, schön. **Zus.:** gottgefällig, selbstgefällig, wohlgefällig.

Ge|fäl|lig|keit [gəˈfɛlɪçkai̯t], die; -, -en:
1. ⟨ohne Plural⟩ *das Gefälligsein; gefällige Art, gefälliges Wesen:* auf jmds. Gefälligkeit angewiesen sein.
2. *kleiner, aus Freundlichkeit erwiesener Dienst:* jmdm. eine Gefälligkeit erweisen; jmdn. um eine kleine Gefälligkeit bitten. **Syn.:** Entgegenkommen, Freundlichkeit, ¹Gefallen.

ge|fäl|ligst [gəˈfɛlɪçst] ⟨Partikel⟩: dient dazu, einer Aufforderung Nachdruck zu geben und gleichzeitig Unwillen auszudrücken: pass gefälligst auf!; sie soll sich gefälligst beeilen. **Syn.:** ²lieber.

Ge|fan|ge|ne [gəˈfaŋənə], die/eine Gefangene; der/einer Gefangenen, die Gefangenen/zwei Gefangene:
a) *weibliche Person, die im Krieg vom Feind gefangen genommen wurde:* die Gefangene kehrte heim. **Zus.:** Kriegsgefangene.
b) *weibliche Person, die festgenommen, inhaftiert wurde:* das Kind der Gefangenen kam im Gefängnis zur Welt. **Syn.:** Insassin.

Ge|fan|ge|ner [gəˈfaŋənɐ], der Gefangene/ein Gefangener; des/eines Gefangenen, die Gefangenen/zwei Gefangene:
a) *Person, die im Krieg vom Feind gefangen genommen wurde:* Gefangene machen *(Personen, besonders Soldaten, im Krieg gefangen nehmen).* **b)** *Person, die festgenommen, inhaftiert worden ist; Häftling:* der Gefangene wird vorzeitig aus dem Gefängnis entlassen. **Syn.:** Insasse.

Ge|fan|gen|schaft [gəˈfaŋənʃaft], die; -, -en:
das Festgehaltensein als Gefangene[r]: er ist in Gefangenschaft geraten; aus der Gefangenschaft entlassen werden, heimkehren, zurückkommen. **Syn.:** Arrest, Gewahrsam, Haft, Knast (ugs.).

Ge|fäng|nis [gəˈfɛŋnɪs], das; -ses, -se:
a) *Gebäude, in dem Häftlinge ihre Strafen abbüßen:* das Gefängnis wird bewacht; ins Gefängnis müssen, kommen, gebracht werden; im Gefängnis sitzen. **Syn.:** Kerker (früher), Kittchen (ugs.), Knast (ugs.). **Zus.:** Frauengefängnis, Gerichtsgefängnis, Jugendgefängnis, Militärgefängnis, Staatsgefängnis, Untersuchungsgefängnis. **b)** *Haftstrafe:* zu drei Jahren Gefängnis verurteilt werden. **Syn.:** Freiheitsstrafe, Haft, Knast.

Ge|fäng|nis|stra|fe [gəˈfɛŋnɪsʃtraːfə], die; -, -n:
im Gefängnis zu verbüßende Freiheitsstrafe: eine Gefängnisstrafe verbüßen, absitzen; er wurde zu einer Gefängnisstrafe von zwei Jahren verurteilt.

Ge|fäß [gəˈfɛːs], das; -es, -e:
kleinerer Behälter: ein Gefäß für Salz, Öl; wenn du ein geeignetes Gefäß hast, hole ich Wasser; etwas in ein Gefäß füllen. **Syn.:** Behältnis. **Zus.:** Glasgefäß, Metallgefäß, Porzellangefäß, Trinkgefäß, Wassergefäß.

ge|fasst [gəˈfast] ⟨Adj.⟩:
in einer schwierigen, schicksalhaften Situation nach außen hin ruhig, beherrscht: der Angeklagte hörte gefasst das Urteil des Gerichts; sie war ganz gefasst, als sie die Nachricht vom Tod ihres Mannes erhielt. **Syn.:** mit Fassung.

Ge|fecht [gəˈfɛçt], das; -[e]s, -e:
kleinerer militärischer Kampf: an der Grenze gab es blutige Gefechte. **Syn.:** Feindseligkeiten ⟨Plural⟩, kriegerische Handlungen ⟨Plural⟩. **Zus.:** Bodengefecht, Feuergefecht, Luftgefecht, Rückzugsgefecht, Seegefecht.

ge|feit [gəˈfai̯t]:
in der Wendung **gegen etwas gefeit sein** (geh.): *durch etwas nicht gefährdet, vor etwas sicher:* so sind wir gegen jedes Unwetter gefeit; durch die Impfung ist er gegen Masern gefeit. **Syn.:** gegen etwas immun sein (besonders Med., Biol.), gegen etwas resistent sein (Med., Biol.).

Ge|fie|der [gəˈfiːdɐ], das; -s, -:
Gesamtheit der Federn eines Vogels: das Gefieder sträubte sich; der Hahn hat ein buntes Gefieder. **Syn.:** Federn ⟨Plural⟩. **Zus.:** Brustgefieder, Schwanzgefieder.

ge|fie|dert [gəˈfiːdɐt] ⟨Adj.⟩:
ein Gefieder [von einer bestimmten Art] habend: bunt, prächtig gefiederte Vögel; ein gefiedertes Monster; seine gefiederten Freunde (scherzh.; *die Vögel, um die er sich kümmert*).

Ge|fil|de [gəˈfɪldə], die ⟨Plural⟩ (geh.):
Gegend (als Gesamtheit und in gewisser Ausdehnung): die vertrauten Gefilde verlassen. **Syn.:** Areal ⟨Singular⟩, Bezirk ⟨Singular⟩, Gebiet ⟨Singular⟩, Gegend ⟨Singular⟩, Gelände ⟨Singular⟩, Land ⟨Singular⟩, Landstrich ⟨Singular⟩, Raum ⟨Singular⟩, Region ⟨Singular⟩.

ge|flis|sent|lich [gəˈflɪsn̩tlɪç] ⟨Adj.⟩:
scheinbar unabsichtlich, in Wahrheit jedoch ganz bewusst, mit einer ganz bestimmten Absicht [erfolgend]: geflissentliche Missachtung; jmdn. geflissentlich übersehen; etwas geflissentlich übersehen, überhören, ignorieren. **Syn.:** absichtlich, gewollt, vorsätzlich.

Ge|flü|gel [gəˈflyːgl̩], das; -s:
vom Menschen zu seiner Ernährung gehaltene Vögel, wie Hühner, Enten, Gänse, Puten usw.: Geflügel halten, züchten; viel Geflügel *(Fleisch von Geflügel)* essen.

Ge|fol|ge [gəˈfɔlgə], das; -s:
alle Personen, die eine Person von hohem Rang begleiten: im Gefolge des Präsidenten waren

mehrere Minister; der König trat mit großem Gefolge auf. **Syn.:** Geleit (geh.). **Zus.:** Trauergefolge.

Ge|folg|schaft [gəˈfɔlkʃaft], die; -, -en:
alle Anhänger (einer Person): sie gehören zu seiner Gefolgschaft. **Syn.:** Anhang.

ge|fragt [gəˈfraːkt] ⟨Adj.⟩:
viel begehrt, gewünscht, verlangt: ein gefragter Schauspieler, Studiomusiker; Bier ist dort das bei Weitem gefragteste Getränk; Schnupftabak ist in unserem Laden wenig gefragt. **Syn.:** begehrt (geh.), gängig, gesucht.

G
Gefo

ge|frä|ßig [gəˈfrɛːsɪç] ⟨Adj.⟩:
(in als unangenehm empfundener Weise) übermäßig viel essend: Schmetterlingsraupen sind sehr gefräßig. **Syn.:** unersättlich.

Ge|frei|te [gəˈfraitə], die/eine Gefreite; der/einer Gefreiten, die Gefreiten/zwei Gefreite:
Soldatin des zweituntersten Dienstgrades: Gefreite Müller meldet sich. **Zus.:** Hauptgefreite, Obergefreite.

Ge|frei|ter [gəˈfraitɐ], der Gefreite/ein Gefreiter; des/eines Gefreiten, die Gefreiten/zwei Gefreite:
Soldat des zweituntersten Dienstgrades: Gefreiter Meier vortreten! **Zus.:** Hauptgefreiter, Obergefreiter.

ge|frie|ren [gəˈfriːrən], gefror, gefroren ⟨itr.; ist⟩:
infolge von Kälte erstarren: der Regen gefror augenblicklich [zu Eis]; der Boden ist gefroren; gefrorenes Wasser.

Ge|frier|fach [gəˈfriːɐ̯fax], das; -[e]s, Gefrierfächer [gəˈfriːɐ̯fɛçɐ]:
Fach in einem Kühlschrank, in dem die Temperatur unter den Gefrierpunkt sinkt: das Eis ist im Gefrierfach.

Ge|frier|schrank [gəˈfriːɐ̯ʃraŋk], der; -[e]s, Gefrierschränke [gəˈfriːɐ̯ʃrɛŋkə]:
schrankartiges Gerät, in dem man Lebensmittel und anderes einfrieren und Gefrorenes lagern kann: der Gefrierschrank muss abgetaut werden.

Ge|frier|tru|he [gəˈfriːɐ̯truːə], die; -, -n:
truhenartiges Gerät, in dem man Lebensmittel und anderes einfrieren und Gefrorenes lagern kann: haben wir nicht noch eine Hammelkeule in der Gefriertruhe?

Ge|fü|ge [gəˈfyːgə], das; -s, -:
innerer Aufbau: das komplexe Gefüge des Romans; das ökologische Gefüge des Regenwalds; das wirtschaftliche und soziale Gefüge des Staats. **Syn.:** Anlage, Bau, Gebilde, Struktur.

ge|fü|gig [gəˈfyːgɪç] ⟨Adj.⟩:
sich jmds. [autoritärem] Anspruch, Zwang fügend, unterordnend; widerstandslos gehorsam: er war ein gefügiges Werkzeug der Partei; sie ist ganz gefügig; ich weiß, wie ich ihn [mir] gefügig machen kann. **Syn.:** ²ergeben, folgsam, fügsam, unterwürfig.

Ge|fühl [gəˈfyːl], das; -[e]s, -e:
1. ⟨ohne Plural⟩ *Wahrnehmung durch die Sinne:* ein komisches, angenehmes, unangenehmes Gefühl; vor Kälte kein Gefühl in den Fingern haben. **Syn.:** Empfindung. **Zus.:** Durstgefühl, Hitzegefühl, Hungergefühl, Kältegefühl, Lustgefühl, Sättigungsgefühl, Schwindelgefühl, Völlegefühl.
2. *seelische Regung, Empfindung:* ein beglückendes, erhebendes, beängstigendes, tolles Gefühl; patriotische Gefühle; ein Gefühl der Freude; es ist ein herrliches Gefühl, im Meer zu schwimmen; er zeigte nie seine Gefühle; ein Gefühl der Zuneigung, der Liebe, der Erleichterung, der Furcht, der Scham, des Hasses empfinden; jmds. Gefühle *(jmds. Zuneigung)* erwidern; ich tue es mit gemischten *(mit teils angenehmen, teils unangenehmen)* Gefühlen. **Syn.:** Stimmung. **Zus.:** Angstgefühl, Gemeinschaftsgefühl, Glücksgefühl, Hassgefühl, Minderwertigkeitsgefühl, Mitgefühl, Neidgefühl, Pflichtgefühl, Rachegefühl, Schuldgefühl, Selbstwertgefühl, Überlegenheitsgefühl, Unlustgefühl, Verantwortungsgefühl, Zusammengehörigkeitsgefühl.
3. ⟨ohne Plural⟩ *Ahnung, undeutlicher Eindruck:* ich habe [immer mehr, allmählich] das Gefühl, dass es ihn gar nicht wirklich interessiert; ich habe das dumme Gefühl, dass ich etwas Wichtiges vergessen habe; sie hatte plötzlich das Gefühl, nicht allein im Zimmer zu sein. **Syn.:** Gespür, innere Stimme, Instinkt, sechster Sinn. **Zus.:** Vorgefühl.
4. ⟨ohne Plural⟩ *Fähigkeit, etwas gefühlsmäßig zu erfassen; Gespür:* er hat kein Gefühl für Rhythmus, für Recht und Unrecht; ein feines, sicheres Gefühl für etwas haben; sich auf sein Gefühl verlassen; das muss man mit Gefühl machen, im Gefühl haben; nach Gefühl salzen. **Zus.:** Feingefühl, Sprachgefühl, Stilgefühl, Taktgefühl, Zeitgefühl.

ge|fühl|los [gəˈfyːlloːs] ⟨Adj.⟩:
1. *mit dem Tastsinn nichts fühlen könnend:* seine Hand war vor Kälte steif und gefühllos. **Syn.:** abgestorben, eingeschlafen, taub.
2. *ohne Mitgefühl:* wie kannst du nur so gefühllos sein? **Syn.:** brutal, hartherzig, herzlos, kalt, lieblos, unbarmherzig.

Ge|fühls|aus|bruch [gəˈfyːlsausbrʊx], der; -[e]s, Gefühlsausbrüche [gəˈfyːlsausbrʏçə]:
plötzliche, starke und ungehemmte Gefühlsäußerung: diese Bemerkung löste bei ihr einen Gefühlsausbruch aus.

Ge|fühls|du|se|lei [gəˈfyːlsduːzəlai], die; -, -en:
als übertrieben und sentimental empfundenes Gefühl, Mitgefühl: bei meinem harten Job kann ich mir keine Gefühlsduseleien leisten; für ihn ist Naturschutz, Tierschutz nur Gefühlsduselei.

ge|ge|be|nen|falls [gəˈgeːbənənˈfals] ⟨Adverb⟩:
wenn der betreffende Fall eintritt: gegebenenfalls muss auch die Polizei eingesetzt werden; ich nenne dir einen Arzt, an den du dich gegebenenfalls wenden kannst. **Syn.:** eventuell, unter Umständen, vielleicht, womöglich.

Ge|ge|ben|heit [gəˈgeːbn̩hait], die; -, -en:
Tatsache, Zustand, dem jmd. Rechnung zu tragen hat: man muss beim Bau eines Hauses die natürlichen Gegebenheiten der Landschaft berücksichtigen; sich den historischen, sozialen, wirtschaftlichen, geografischen Gegebenheiten anpassen. **Syn.:** Bedingung, Lage, Sachlage, Tatbestand, Verhältnisse ⟨Plural⟩, Voraussetzung.

¹ge|gen ['ge:gn̩] ‹Präp. mit Akk.›:
1. dient dazu, einen Gegensatz, einen Widerstand, eine Abneigung zu bezeichnen: ein Medikament gegen Husten; er hat das gegen meinen Willen getan; gegen was (ugs.; *wogegen*) nimmst du die Tabletten?; sich gegen Feuer versichern *(eine Feuerversicherung abschließen).* **Syn.:** wider (geh.).
2. dient dazu, eine Beziehung zu jmdm., etwas zu bezeichnen; *gegenüber:* der Chef ist freundlich gegen seine Mitarbeiter; er war taub gegen meine Bitten. **Syn.:** zu.
3. dient dazu, etwas zu bezeichnen, mit dem etwas anderes verglichen wird; *im Verhältnis zu, verglichen mit:* gegen ihn ist er sehr klein; was bin ich gegen diesen berühmten Mann? **Syn.:** im Vergleich zu.
4. dient dazu, eine räumliche oder zeitliche Annäherung an ein Ziel oder einen Zeitpunkt zu bezeichnen: er wandte sich gegen das Haus *(dem Haus zu).*
5. in Abhängigkeit von bestimmten Wörtern: gegen jmdn. kämpfen; sich gegen etwas aussprechen; gegen etwas sein, stimmen, votieren; Widerstand gegen etwas leisten.

²ge|gen ['ge:gn̩] ‹Adverb›:
ungefähr: gegen 1 000 Menschen befanden sich im Saal; es war schon gegen *(nahezu)* Mitternacht, als er zu Bett ging. **Syn.:** an, etwa, in etwa, rund (ugs.), wohl.

Ge|gen- [ge:gn̩] ‹Präfixoid›:
1. drückt in Verbindung mit dem im Basiswort Genannten aus, dass es bewusst in Opposition zu der sonst üblichen, etablierten Form steht: Gegengesellschaft; Gegenideologie; Gegenkirche; Gegenkultur; Gegenöffentlichkeit *(das Bekanntmachen, das öffentliche Zur-Diskussion-Stellen von Dingen, die sonst in der offiziellen Öffentlichkeit nicht besprochen oder bekannt gegeben werden).*
2. a) drückt eine gleichgeartete Erwiderung aus: Gegenbesuch; Gegeneinladung; Gegengeschenk. **b)** dient der Bezeichnung einer entgegengesetzten Richtung oder Lage: Gegenecke; Gegenrichtung; Gegenverkehr.
3. drückt aus, dass etwas [Gleichartiges] zur Entkräftung, Bekämpfung entgegengestellt/entgegengesetzt wird: Gegenangebot; Gegenangriff; Gegenbeispiel; Gegendemonstration; Gegendruck; Gegenerklärung; Gegengift; Gegenkandidat; Gegenpapst; Gegenprogramm; Gegenreformation *(Bewegung, die gegen die Reformation gerichtet ist);* Gegenveranstaltung.
4. drückt eine Kontrolle aus: Gegenprobe, Gegenrechnung, Gegenzeichnung (eines Briefes).

Ge|gend ['ge:gn̩t], die; -, -en:
bestimmtes, aber nicht näher abgegrenztes Gebiet: eine schöne Gegend; er lebt jetzt in der Gegend von Hamburg; ein Haus in einer vornehmen Gegend von Paris. **Syn.:** Landschaft, Landstrich, Raum, Region, Umgebung.

ge|gen|ei|n|an|der [ge:gn̩|ai̯'nandɐ] ‹Adverb›:
einer gegen den andern: gegeneinander kämpfen.

ge|gen|ei|n|an|der|pral|len [ge:gn̩|ai̯'nandɐpralən], prallte gegeneinander, gegeneinandergeprallt ‹itr.; ist›:
einer gegen den anderen prallen: wir sind an der Ecke gegeneinandergeprallt.

Ge|gen|ge|wicht ['ge:gn̩gəvɪçt], das; -[e]s, -e:
etwas, was einer Sache in [beinahe] gleicher Stärke entgegenwirkt und dadurch ihre Wirkung abschwächt oder ausschaltet: ein [wirksames] Gegengewicht zum Parlament schaffen. **Syn.:** Kontrast.

Ge|gen|satz ['ge:gn̩zat͜s], der; -es, Gegensätze ['ge:gn̩zɛt͜sə]:
1. *Verhältnis der Verschiedenheit, der Unvereinbarkeit:* zwischen den beiden Parteien besteht ein tiefer Gegensatz; diese beiden Ansichten stehen in einem scharfen, diametralen Gegensatz zueinander; zwischen den beiden Seiten besteht ein tiefer, unversöhnlicher Gegensatz; im Gegensatz *(Unterschied)* zu ihr ist er katholisch. **Syn.:** Kontrast.
2. *etwas, was etwas anderem völlig entgegengesetzt ist:* der Gegensatz von »kalt« ist »warm«.

ge|gen|sätz|lich ['ge:gn̩zɛt͜slɪç] ‹Adj.›:
einen Gegensatz bildend, darstellend: gegensätzliche Meinungen, Interessen; die beiden Parteien vertreten gegensätzliche Ansichten. **Syn.:** entgegengesetzt, gegenteilig, konträr.

ge|gen|sei|tig ['ge:gn̩zai̯tɪç] ‹Adj.›:
a) *für einen in Bezug auf den andern und umgekehrt zutreffend:* gegenseitige Achtung, Rücksichtnahme; sich gegenseitig beschimpfen, beleidigen, unterstützen, schaden; sie helfen sich gegenseitig bei den Schulaufgaben. **Syn.:** wechselseitig. **b)** *beide Seiten betreffend:* sie trennten sich in gegenseitigem Einvernehmen.

Ge|gen|stand ['ge:gn̩ʃtant], der; -[e]s, Gegenstände ['ge:gn̩ʃtɛndə]:
1. *etwas (Konkretes), was nicht näher bezeichnet, charakterisiert ist:* ein schwerer, runder Gegenstand; auf dem Tisch lagen verschiedene Gegenstände. **Syn.:** Ding, Körper, Objekt, Sache. **Zus.:** Ausrüstungsgegenstand, Ausstellungsgegenstand, Einrichtungsgegenstand, Gebrauchsgegenstand, Haushaltsgegenstand, Kunstgegenstand, Luxusgegenstand, Wertgegenstand.
2. a) *etwas, was den gedanklichen Mittelpunkt bildet, worum es in einem Gespräch o. Ä. geht:* der Gegenstand des Gesprächs, der Unterredung; er hat als Essayist über die verschiedensten Gegenstände geschrieben. **Syn.:** Motiv, Stoff, Thema, Thematik. **Zus.:** Diskussionsgegenstand, Forschungsgegenstand, Gesprächsgegenstand, Unterrichtsgegenstand. **b)** *der-, die-, dasjenige, worauf jmds. Handeln, Denken, Fühlen gerichtet ist:* sie war der Gegenstand seiner Bewunderung, Begierde, Liebe; zum Gegenstand allgemeiner Kritik werden. **Syn.:** Objekt, Ziel.

ge|gen|ständ|lich ['ge:gn̩ʃtɛntlɪç] ‹Adj.›:
die Welt der Gegenstände, des Dinglichen betreffend; so geartet, dass konkrete Vorstellungen damit verbunden werden können: gegenständliche Malerei, Kunst; gegenständlich malen; eine Idee gegenständlich darstellen. **Syn.:** bildlich, konkret, real, reell.

ge|gen|stands|los ['ge:gn̩ʃtants-lo:s] ⟨Adj.⟩:
a) *keinen Gegenstand* (2) *habend, sich auf nichts beziehend:* durch die nachträglichen Verbesserungen sind meine Einwände natürlich gegenstandslos [geworden]; er hat seine Klage zurückgezogen und so das Verfahren gegenstandslos gemacht; sollten Sie die Rechnung inzwischen beglichen haben, betrachten Sie dieses Schreiben bitte als gegenstandslos. **Syn.:** entbehrlich, überflüssig. **b)** *jeder wirklichen Grundlage entbehrend:* völlig gegenstandslose Vorwürfe, Verdächtigungen; seine Befürchtungen sind gegenstandslos. **Syn.:** aus der Luft gegriffen, grundlos, haltlos, hinfällig, unbegründet, unmotiviert.

Ge|gen|stück ['ge:gn̩ʃtʏk], das; -[e]s, -e:
Person oder Sache, die einer Person oder Sache in einem anderen Bereich entspricht, in wesentlichen Aspekten gleicht: sie ist eine Art weibliches Gegenstück zu Sherlock Holmes; das neue Englischwörterbuch wurde als Gegenstück zu dem bewährten spanischen Wörterbuch des Verlags konzipiert.

Ge|gen|teil ['ge:gn̩tai̯l], das; -[e]s, -e:
etwas, was den genauen Gegensatz zu etwas darstellt, was etwas anderem völlig entgegengesetzt ist: er behauptete das Gegenteil; mit deinem dauernden Schimpfen erreichst du nur das Gegenteil [dessen, was du willst].

ge|gen|tei|lig ['ge:gn̩tai̯lɪç] ⟨Adj.⟩:
das Gegenteil bildend, ausdrückend: sie ist gegenteiliger Meinung, Ansicht; gegenteilige Behauptungen; der zweite Gutachter kommt zum gegenteiligen Ergebnis; das Mittel hatte gerade die gegenteilige Wirkung. **Syn.:** entgegengesetzt, gegensätzlich, konträr, paradox, umgekehrt.

[1]**ge|gen|über** [ge:gn̩'ly:bɐ] ⟨Präp. mit Dativ⟩:
1. *auf der entgegengesetzten Seite von:* die Schule steht gegenüber der Kirche, dem Rathaus gegenüber. **Syn.:** auf der anderen Seite, [1]vis-à-vis.
2. *gegen, zu:* sie ist gegenüber dem Lehrer / dem Lehrer gegenüber sehr höflich; seinem Vater gegenüber / gegenüber seinem Vater wagt er das nicht zu sagen.
3. *verglichen mit, im Vergleich zu:* er ist dir gegenüber eindeutig im Vorteil; gegenüber dem letzten Jahr hatten wir dieses Jahr viel Schnee. **Syn.:** gemessen an.

[2]**ge|gen|über** [ge:gn̩'ly:bɐ] ⟨Adverb⟩:
auf der entgegengesetzten Seite: Mannheim liegt gegenüber von Ludwigshafen; seine Eltern wohnen schräg gegenüber *(etwas weiter links oder rechts auf der anderen Seite der Straße).*

ge|gen|über|ste|hen [ge:gn̩'-ly:bɐʃte:ən], stand gegenüber, gegenübergestanden ⟨itr.; hat; südd., österr., schweiz.: ist⟩:
a) *gegenüber von jmdm., etwas stehen; jmdm. zugewandt stehen:* jmdm. Auge in Auge gegenüberstehen. **b)** *zu jmdm., etwas in Opposition stehen:* im Parlament steht den Konservativen eine ebenso starke sozialistische Partei gegenüber. **c)** *sich (einer Sache, einer Person gegenüber in bestimmter Weise) verhalten:* einem Plan kritisch, feindlich, ablehnend gegenüberstehen.

ge|gen|über|stel|len [ge:gn̩'-ly:bɐʃtɛlən], stellte gegenüber, gegenübergestellt ⟨tr.; hat⟩:
a) *nebeneinanderstellen, in Beziehung bringen, um vergleichen zu können:* zwei Werke eines Dichters [einander] gegenüberstellen. **Syn.:** konfrontieren mit, vergleichen. **b)** *mit jmdm. konfrontieren:* der Angeklagte wurde der Zeugin gegenübergestellt und sie hat ihn als den Täter identifiziert. **Syn.:** vorführen.

Ge|gen|ver|kehr ['ge:gn̩fɛɐ̯ke:ɐ̯], der; -s:
Verkehr in der Gegenrichtung: wir hatten, es gab viel Gegenverkehr; es herrschte starker Gegenverkehr; du musst immer mit Gegenverkehr rechnen.

Ge|gen|wart ['ge:gn̩vart], die; -:
1. *Zeit, in der jmd. gerade lebt; Zeit zwischen Vergangenheit und Zukunft:* die Kunst der Gegenwart.
2. *Anwesenheit:* seine Gegenwart ist nicht erwünscht; er tat es in ihrer Gegenwart.

ge|gen|wär|tig ['ge:gn̩vɛrtɪç] ⟨Adj.⟩:
1. *in der Gegenwart [vorkommend, gegeben, geschehend], ihr angehörend:* die gegenwärtige Lage; er ist gegenwärtig in Urlaub. **Syn.:** augenblicklich, derzeit, gerade, heute, heutig, im Augenblick, im Moment, jetzt, just (veraltend, noch scherzh.), momentan, zur Stunde, zurzeit.
2. *anwesend:* die Vorsitzende war bei der Sitzung nicht gegenwärtig. **Syn.:** dabei, greifbar, zur Stelle.

Ge|gen|wehr ['ge:gn̩ve:ɐ̯], die; -:
das Sichwehren; Widerstand: Gegenwehr leisten; er ließ sich ohne [jede] Gegenwehr festnehmen, abführen.

Ge|gen|wind ['ge:gn̩vɪnt], der; -[e]s:
Wind, der entgegengesetzt zu der Richtung weht, in die sich jmd. bewegt: Gegenwind haben; gegen starken Gegenwind ankämpfen.

ge|gen|zeich|nen ['ge:gn̩tsai̯çnən], zeichnete gegen, gegengezeichnet ⟨tr.; hat⟩:
zur Kontrolle, Genehmigung o. Ä. als Zweiter unterschreiben: der Vertrag muss noch gegengezeichnet werden. **Syn.:** abzeichnen, signieren, unterschreiben, unterzeichnen.

Geg|ner ['ge:gnɐ], der; -s, -, **Geg|ne|rin** ['ge:gnərɪn], die; -, -nen:
1. *Person, die gegen eine andere Person oder eine Sache eingestellt ist, sie bekämpft:* ein erbitterter, persönlicher Gegner; er wollte die Gegnerin mit Argumenten überzeugen; sie ist eine entschiedene Gegnerin der Todesstrafe; einen politischen Gegner ausschalten, mundtot machen. **Syn.:** Feind, Feindin, Kontrahent (bildungsspr.), Kontrahentin (bildungsspr.), Widersacher, Widersacherin. **Zus.:** Prozessgegner, Prozessgegnerin.
2. (Sport) *als Konkurrent auftretender Sportler bzw. Mannschaft, gegen den ein anderer Sportler bzw. eine andere Mannschaft antreten muss:* der Gegner war für uns viel zu stark; ihre größte Gegnerin war eine Amerikanerin.

geg|ne|risch ['ge:gnərɪʃ] ⟨Adj.⟩:
einen Gegner, eine Gegnerin

betreffend; der Partei des Gegners, der Gegnerin angehörend; vom Gegner, Feind ausgehend: die gegenerische Mannschaft. **Syn.:** feindlich.

Ge|ha|be [gəˈhaːbə], das; -s: (abwertend) *als unangenehm, ärgerlich o. ä. empfundene Art und Weise, wie sich jmd. gibt:* sein autoritäres, arrogantes Gehabe beeindruckt mich nicht. **Syn.:** Allüren ⟨Plural⟩ (bildungsspr.; oft abwertend), Art, Auftreten, Benehmen, Betragen, Gebaren, Getue (ugs. abwertend), Mache (ugs.), Verhalten.

[1]**Ge|halt** [gəˈhalt], der; -[e]s, -e:
1. *gedanklicher, ideeller Inhalt, geistiger Wert:* der Gehalt einer Dichtung; der politische Gehalt eines Werkes. **Syn.:** Aussage, Bedeutung, Essenz (bildungsspr.), Substanz. **Zus.:** Ideengehalt, Wahrheitsgehalt.
2. *Anteil eines Stoffes in einer Mischung oder in einem anderen Stoff:* der Gehalt an Gold in diesem Erz ist gering. **Zus.:** Alkoholgehalt, Eiweißgehalt, Fettgehalt, Goldgehalt, Salzgehalt, Wassergehalt.

[2]**Ge|halt** [gəˈhalt], das; -[e]s, Gehälter [gəˈhɛltɐ]:
regelmäßige [monatliche] Bezahlung der Beamt[inn]en und Angestellten: ein hohes, niedriges, festes, sicheres Gehalt; ein Gehalt beziehen; die Gehälter werden erhöht, angehoben, gekürzt; jmdm. sein Gehalt auszahlen, überweisen; er kam mit seinem Gehalt nie aus. **Syn.:** Einkünfte ⟨Plural⟩, Entgelt, Lohn, [1]Verdienst. **Zus.:** Anfangsgehalt, Beamtengehalt, Bruttogehalt, Jahresgehalt, Monatsgehalt, Nettogehalt.

ge|halt|voll [gəˈhaltfɔl] ⟨Adj.⟩:
reich an Nährstoffen; von hohem Nährwert: ein gehaltvolles Essen. **Syn.:** fett, kräftig, nahrhaft.

ge|häs|sig [gəˈhɛsɪç] ⟨Adj.⟩:
in bösartiger Weise missgünstig: ein gehässiger Mensch; eine gehässige Bemerkung; gehässig über jmdn. sprechen. **Syn.:** böse, boshaft, böswillig, garstig, gemein, hämisch, schadenfroh.

Ge|häu|se [gəˈhɔy̯zə], das; -s, -:
feste, schützende Hülle: das Gehäuse der Uhr, eines Apparates; das Gehäuse *(Kerngehäuse)* aus dem Apfel schneiden. **Zus.:** Blechgehäuse, Holzgehäuse, Radiogehäuse, Stahlgehäuse, Uhrgehäuse.

geh|be|hin|dert [ˈgeːbəhɪndɐt] ⟨Adj.⟩:
durch einen genetischen Defekt oder eine Verletzung im Gehen behindert: sie ist stark gehbehindert.

Ge|he|ge [gəˈheːgə], das; -s, -:
umzäunter Bereich für Tiere: ein Gehege für Affen im Zoo; in einem Gehege im Wald werden Rehe gehalten. **Zus.:** Tiergehege, Wildgehege.

ge|heim [gəˈhai̯m] ⟨Adj.⟩:
1. *nicht öffentlich bekannt; vor andern, vor der Öffentlichkeit absichtlich verborgen gehalten; nicht für andere bestimmt:* eine geheime Zusammenkunft; seine geheimsten Gedanken, Wünsche; es fanden geheime Verhandlungen statt; eine geheime Wahl *(Wahl, bei der die Meinung des einzelnen Wählers nicht bekannt wird);* der Ort der Verhandlungen wurde streng geheim gehalten; diese Nachricht bleibt geheim.
2. *in einer verstandesmäßig nicht erklärbaren Weise wirksam:* geheime Kräfte besitzen; von ihr ging eine geheime Anziehungskraft aus. **Syn.:** dunkel, mysteriös, rätselhaft, übernatürlich, unerklärbar.

Ge|heim|nis [gəˈhai̯mnɪs], das; -ses, -se:
etwas, was (anderen) verborgen, unbekannt ist: ein ängstlich gehütetes Geheimnis; das ist mein Geheimnis; wie sie das gemacht hat, wird immer ein Geheimnis bleiben; sie haben keine Geheimnisse voreinander; ein Geheimnis lüften; er vertraute ihr ein Geheimnis an. **Zus.:** Familiengeheimnis.

ge|heim|nis|voll [gəˈhai̯mnɪsfɔl] ⟨Adj.⟩:
1. *nicht zu durchschauen; voller Geheimnisse:* eine geheimnisvolle Angelegenheit; er verschwand auf geheimnisvolle Weise. **Syn.:** mysteriös, rätselhaft, unergründlich, unerklärlich.
2. *ein Geheimnis andeutend und dabei Bedeutsamkeit erkennen lassend:* ein geheimnisvolles Gesicht machen; er sprach, tat sehr geheimnisvoll.

Ge|heim|tipp [gəˈhai̯mtɪp], der; -s, -s:
1. *Person, die unter Eingeweihten als besonders aussichtsreich gilt:* er galt als Geheimtipp unter den Bewerbern. **Syn.:** Favorit, Favoritin.
2. *persönlicher, vertraulicher Tipp eines Eingeweihten:* inzwischen ist dieses Lokal längst kein Geheimtipp mehr.

ge|hen [ˈgeːən], ging, gegangen ⟨itr.; ist⟩:
1. a) *sich in aufrechter Haltung auf den Füßen fortbewegen:* schnell, langsam, barfuß, am Stock gehen; geradeaus, um die Ecke, über die Straße gehen; er muss auf Krücken gehen. **Syn.:** laufen. **b)** *eine bestimmte Strecke zu Fuß zurücklegen:* einen Umweg, 5 km gehen; ich bin den Weg in einer Stunde gegangen; ein Stück mit jmdm. gehen *(ihn begleiten).* **c)** (ugs. veraltend) *mit jmdm. ein Freundschafts- oder Liebesverhältnis haben [und in der Öffentlichkeit mit ihm gesehen werden]:* er geht schon lange mit ihr.
2. a) *sich (zu einem bestimmten Zweck) an einen Ort begeben:* einkaufen, essen, schwimmen, tanzen gehen; auf den Markt, ins Bett gehen; zur/in die Kirche gehen *(den Gottesdienst besuchen);* zum Arzt gehen; zur Polizei gehen; * **sich gehen lassen:** *sich nicht beherrschen; unbeherrscht, nachlässig sein:* zu Hause lässt er sich einfach gehen. **b)** *in einem bestimmten Bereich [beruflich] tätig werden:* in die Politik, zum Film gehen.
3. a) *sich von einem Ort entfernen:* ich muss jetzt leider gehen; er ist wortlos gegangen. **b)** *seine berufliche Stellung aufgeben:* sie hat gekündigt und wird nächsten Monat gehen; der Minister musste gehen. **Syn.:** ausscheiden. **c)** *[laut Fahrplan] abfahren:* der nächste Zug geht erst in zwei Stunden.
4. a) *in bestimmter Weise in Bewegung, in Gang sein:* die Klingel, das Telefon geht gerade nicht; die Uhr geht richtig.
b) *sich in bestimmter Weise entwickeln oder so verlaufen:* das Geschäft geht gut, überhaupt

G
gehe

nicht; es geht alles wie geplant, nach Wunsch. **Syn.:** geschehen, sich vollziehen, vonstattengehen. **c)** *in bestimmter Weise zu handhaben, zu machen, durchzuführen sein:* es geht schwer, ganz leicht, einfach; wie geht dieses Spiel? **d)** *absetzbar, verkäuflich sein:* dieser Artikel geht bei uns schlecht, geht überall gut.
5. a) *sich machen lassen, möglich sein:* das wird nur schwer gehen; das geht bestimmt nicht. **b)** (ugs.) *einigermaßen akzeptabel sein, gerade noch angehen:* das geht ja noch; es geht so; die ersten Tage des Urlaubs gingen noch, aber dann wurde die Hitze unerträglich.
6. a) *sich (bis zu einem bestimmten Punkt) erstrecken, ausdehnen:* sein kleiner Bruder geht ihm nur bis zur Schulter; der Rocksaum geht bis zu den Knien; das Wasser ging mir bis an den Hals. **b)** *eine bestimmte Richtung haben; auf etwas gerichtet sein:* der Weg geht geradeaus, durch den Wald; das Fenster geht zum Hof. **c)** *sich einem bestimmten Zustand, Zeitpunkt nähern:* etwas geht zu Ende; es geht auf/gegen Mitternacht. **d)** *sich nach jmdm., etwas richten, etwas als Maßstab nehmen:* danach kann man nicht gehen; es kann nicht immer nach dir gehen.
7. a) *in etwas Raum finden:* in den Krug geht gerade ein Liter; der Schrank geht *(passt)* nicht durch die Tür, in das Zimmer. **b)** *(als Zahl, Maß) in etwas enthalten sein:* wie oft geht 2 in 10? **c)** *in etwas aufgeteilt werden:* die Erbschaft geht in fünf gleiche Teile.
8. ⟨unpers.⟩ *sich (in einem bestimmten körperlichen oder seelischen Zustand) befinden:* es geht ihm nach der Kur wieder besser; es geht ihr gesundheitlich, finanziell gut, schlecht; wie geht es Ihnen?
9. ⟨unpers.⟩ *sich (um jmdn., etwas) handeln:* es geht um meine Familie; worum geht es in dem Film? *(was ist der Inhalt?).* **Syn.:** sich drehen.

ge|heu|er [gəˈhɔy̯ɐ]:
in der Wendung **nicht geheuer sein:** *unheimlich, verdächtig, nicht ganz sicher sein:* die ganze Sache war mir nicht geheuer.

Ge|hil|fe [gəˈhɪlfə], der; -n, -n, **Ge|hil|fin** [gəˈhɪlfɪn], die; -, -nen (geh.):
1. *Person, die einer anderen bei etwas hilft:* er war der Gehilfe des Leuchtturmwärters. **Syn.:** Assistent, Assistentin, Helfer, Helferin, Hilfe. **Zus.:** Bürogehilfe, Bürogehilfin.
2. (Rechtsspr.) *Person, die zu einer Straftat Beihilfe leistet:* bei dem Raubüberfall war sie die Gehilfin des Täters. **Syn.:** Handlanger (abwertend), Handlangerin (abwertend), Komplize (abwertend), Komplizin (abwertend), Kumpan (abwertend), Kumpanin (abwertend).

Ge|hirn [gəˈhɪrn], das; -[e]s, -e:
aus einer weichen, hellen, an der Oberfläche gewundenen Masse bestehendes, im Schädel von Menschen und Wirbeltieren gelegenes Organ, das beim Menschen u. a. Sitz des Bewusstseins ist: er zog sich bei dem Unfall eine Verletzung des Gehirns zu. **Syn.:** Hirn.

Gehirn / Hirn:
s. Kasten Seite 499.

ge|ho|ben [gəˈhoːbn̩] ⟨Adj.⟩:
1. *sozial auf einer höheren Stufe stehend:* eine gehobene Position bei einem Ministerium haben.
2. *sich über das Alltägliche erhebend, sich davon abhebend:* eine gehobene Ausdrucksweise; Artikel des gehobenen Bedarfs *(Luxusartikel);* Kleidung für den gehobenen *(anspruchsvollen)* Geschmack; in gehobener *(festlich-froher)* Stimmung sein.

Ge|höft [gəˈhœft], das; -[e]s, -e:
Bauernhof: das Gehöft lag inmitten von Wiesen und Feldern.

Ge|hör [gəˈhøːɐ̯], das; -[e]s:
Fähigkeit, Töne durch die Ohren wahrzunehmen; Sinn für die Wahrnehmung von Schall: er hat ein gutes Gehör; das Gehör verlieren; ihr Gehör lässt nach, ist sehr schlecht.

ge|hor|chen [gəˈhɔrçn̩] ⟨itr.; hat⟩:
sich dem Willen einer [höher gestellten] Person oder einer Autorität unterordnen und das tun, was sie bestimmt oder befiehlt: er muss gehorchen lernen; das Kind gehorchte den Eltern; jmdm. blind gehorchen; einem Befehl gehorchen. **Syn.:** Folge leisten, folgen, sich fügen, hören auf, kuschen, [2]parieren, spuren (ugs.).

ge|hö|ren [gəˈhøːrən]:
1. ⟨itr.; hat⟩ *von jmdm. rechtmäßig erworben sein; jmds. Besitz, Eigentum sein:* das Buch gehört mir.
2. ⟨itr.; hat⟩ *Glied, Teil von etwas sein:* er gehört schon ganz zu uns; er gehört zu den besten Spielern. **Syn.:** rechnen zu, zählen zu.
3. ⟨itr.; hat⟩ *an einer bestimmten Stelle den richtigen Platz haben, passend sein:* das Fahrrad gehört nicht in die Wohnung; diese Frage gehört nicht hierher.
4. ⟨itr.; hat⟩ *für etwas erforderlich, Voraussetzung sein:* es gehört viel Mut dazu, diese Aufgabe zu übernehmen; dazu gehört nicht viel *(dazu sind keine besonderen Eigenschaften oder Fähigkeiten erforderlich).*
5. ⟨+ sich⟩ *den Regeln des Anstands, den Normen der Sittlichkeit entsprechen:* das gehört sich nicht [für dich]; benimm dich, wie es sich gehört!; es gehört sich, alten Leuten den Sitzplatz zu überlassen. **Syn.:** sich geziemen (veraltend), sich schicken, sich ziemen (geh.).

ge|hö|rig [gəˈhøːrɪç] ⟨Adj.⟩:
1. *so, wie es [jmdm., einer Sache] angemessen ist:* der Sache wurde nicht die gehörige Aufmerksamkeit geschenkt; ihm fehlt der gehörige Respekt. **Syn.:** adäquat (bildungsspr.), geziemend (geh.), passend.
2. a) *(in Ausmaß, Menge o. Ä.) beträchtlich, nicht gering; dem Anlass entsprechend [hoch oder groß]:* jmdm. einen gehörigen Schrecken einjagen; eine gehörige Strafe. **Syn.:** anständig (ugs.), gebührend, gewaltig (emotional), kräftig, ordentlich (ugs.), schön (ugs.), tüchtig (ugs.). **b)** ⟨verstärkend bei Verben⟩ *sehr:* jmdn. gehörig ausschimpfen.

ge|hör|los [gəˈhøːɐ̯loːs] ⟨Adj.⟩:
kein Gehör besitzend: ein gehörloses Kind. **Syn.:** taub.

ge|hor|sam [gəˈhoːɐ̯zaːm] ⟨Adj.⟩:
sich ganz dem Willen einer Person, die eine entsprechende Autorität besitzt, unterordnend, ihre Anordnungen genau und widerspruchslos befolgend: ein gehor-

samer Untertan; er setzte sich gehorsam auf die Bank; »Wir gehen jetzt«, sagte sie. Und der Junge folgte ihr gehorsam. **Syn.:** artig, brav, folgsam, fügsam.

Ge|hor|sam [gə'ho:ɐ̯za:m], der; -s: *Unterordnung unter den Willen einer Autorität:* blinder, bedingungsloser Gehorsam; Gehorsam gegen das Gesetz, gegenüber Vorgesetzten; den Gehorsam verweigern *(nicht mehr gehorchen).*

Geh|steig ['ge:ʃtai̯k], der; -[e]s, -e (bes. bayr., österr.): *Bürgersteig:* auf dem Gehsteig hasten Passanten vorbei. **Syn.:** Gehweg, Trottoir.

Geh|weg ['ge:ve:k], der; -[e]s, -e: *Bürgersteig:* das Parken auf dem Gehweg ist erlaubt. **Syn.:** Gehsteig (bes. bayr., österr.), Trottoir (schweiz.).

Gei|er ['gai̯ɐ], der; -s, -: *großer Greifvogel mit nacktem Kopf und Hals, starkem, nach unten gebogenem Schnabel und kräftigen, gebogenen, spitzen Krallen, der sich besonders von Aas ernährt:* die Geier kreisten über dem Kadaver.

gei|fern ['gai̯fɐn] ⟨itr.; hat⟩ (geh. abwertend): *sich abfällig und gehässig äußern:* er geiferte gegen alles Moderne in der Kunst.

Gei|ge ['gai̯gə], die; -, -n: *hell klingendes Streichinstrument mit vier (in Quinten gestimmten) Saiten, das beim Spielen auf der Schulter ruht:* eine alte, wertvolle Geige; die Geige hat einen guten Klang; Geige spielen; sie möchte das Stück auf ihrer neuen Geige spielen. **Syn.:** Violine.

geil [gai̯l] ⟨Adj.⟩:
1. (oft abwertend) *sexuell erregt und starkes, drängendes Verlangen nach geschlechtlicher Befriedigung habend:* ein geiler Kerl; ihr Anblick machte ihn geil; sie war ganz geil. **Syn.:** lüstern, scharf (ugs.).
2. (salopp, bes. Jugendspr.) *in begeisternder Weise schön, gut; toll, großartig:* geile Musik; diese Möbel sind [echt] geil; diese CD finde ich einfach geil.
3. *** auf etwas** (Akk.) **geil sein:** (ugs. abwertend) *auf etwas sehr versessen sein, es um jeden Preis haben wollen:* er ist geil auf ein Autogramm vom Torwart.
4. *meist lang, aber weniger kräftig in die Höhe wachsend* (von Pflanzen): im dunklen Keller bekommen die Pflanzen geile Triebe.

-geil [gai̯l] ⟨adjektivisches Suffixoid⟩ (ugs. abwertend): *auf das im Basiswort Genannte versessen, es um jeden Preis [haben] wollend:* geldgeil; gewaltgeil; karrieregeil; konsumgeil; machtgeil; sensationsgeil. **Syn.:** -durstig, -süchtig, -wütig.

Gei|sel ['gai̯zl̩], die; -, -n: *Person, die zu dem Zweck gefangen genommen und festgehalten wird, dass für ihre Freilassung bestimmte Forderungen erfüllt werden:* jmdn. als/zur Geisel nehmen; sie war wochenlang als Geisel festgehalten worden.

Gei|ßel ['gai̯sl̩], die; -, -n:
1. (früher) *zur Züchtigung oder Kasteiung verwendeter Stab mit Riemen oder Schnüren:* jmdn. mit der Geißel züchtigen. **Syn.:** Knute, Peitsche.
2. (geh.) *etwas, was jmdm. anhaltend zusetzt, was jmd. als äußerst unangenehm, quälend empfindet; Plage:* der Krieg ist eine Geißel der Menschheit. **Syn.:** Bürde (geh.), Kreuz, Last.

Geist [gai̯st], der; -[e]s, -er:
1. ⟨ohne Plural⟩ *denkendes Bewusstsein des Menschen; Fähigkeit, zu denken:* der menschliche Geist; sein lebendiger Geist brachte viele neue Ideen hervor; sein Geist ist verwirrt; seinen Geist anstrengen; sie hat Geist *(Scharfsinn, Esprit)* und Witz. **Syn.:** Grips (ugs.), Grütze (ugs.). **Zus.:** Erfindergeist, Forschergeist.
2. *Mensch im Hinblick auf seine geistigen Eigenschaften, seine künstlerische oder intellektuelle Begabung:* ein genialer, schöpferischer Geist; er ist ein unruhiger Geist *(Mensch).*
3. ⟨mit Attribut⟩ ⟨ohne Plural⟩ *geistige Haltung; grundsätzliche Einstellung gegenüber jmdm., etwas:* in der Klasse herrscht ein kameradschaftlicher Geist; der Geist der Freiheit; der Geist der Zeit. **Syn.:** Denkart, Denkweise, Gesinnung. **Zus.:** Gemeinschaftsgeist.
4. *geistige Wesenheit:* Gott ist Geist.
5. *Gespenst:* gute, böse Geister; Geister beschwören; du siehst ja aus wie ein Geist *(siehst ganz blass aus).* **Zus.:** Berggeist, Burggeist, Erdgeist, Hausgeist, Schlossgeist.

Geis|ter|bahn ['gai̯stɐba:n], die; -, -en: *auf Jahrmärkten o. Ä. aufgestellte Bahn, die durch dunkle Räume führt, in denen schaurige Geräusche und Erscheinungen die Mitfahrenden erschrecken sollen:* Geisterbahn fahren.

geis|tes|ab|we|send ['gai̯stəs|apve:zn̩t] ⟨Adj.⟩: *abwesend* (2): geistesabwesend stand er am Fenster. **Syn.:** unaufmerksam, zerfahren, zerstreut.

Geis|tes|blitz ['gai̯stəsblɪts], der; -es, -e (ugs.): *plötzlicher guter Einfall:* ein genialer Geistesblitz; einen Geistesblitz haben. **Syn.:** Eingebung, Gedanke, Idee.

Geis|tes|ge|gen|wart ['gai̯stəsge:gn̩vart], die; -: *Fähigkeit, bei überraschenden Vorfällen schnell zu reagieren, entschlossen handeln zu können:* die Geistesgegenwart bewahren, verlieren; durch seine Geistesgegenwart rettete er das Kind.

geis|tes|ge|gen|wär|tig ['gai̯stəsge:gn̩vɛrtɪç] ⟨Adj.⟩: *Geistesgegenwart besitzend, beweisend:* eine geistesgegenwärtige Tat; geistesgegenwärtig handeln.

geis|tes|krank ['gai̯stəskraŋk] ⟨Adj.⟩ (Med., Psychol. veraltet, noch ugs.):
1. *an einer Psychose leidend:* die Polizei geht davon aus, dass es sich um einen geisteskranken Serienmörder handelt.
2. *geistig behindert:* sie ist weder behindert noch geisteskrank.

Geis|tes|wis|sen|schaf|ten ['gai̯stəsvɪsn̩ʃaftn̩], die ⟨Plural⟩: *Gesamtheit der Wissenschaften, die sich mit den verschiedenen Gebieten der Kultur und des geistigen Lebens beschäftigen:* die Germanistik gehört zu den Geisteswissenschaften.

geis|tig ['gai̯stɪç] ⟨Adj.⟩:
1. a) *den Geist, Verstand, das Denkvermögen des Menschen, seine Fähigkeit, Dinge zu durchdenken und zu beurteilen, betreffend:* geistige und körperliche

Arbeit; geistige Fähigkeiten; trotz seines hohen Alters zeigt er noch große geistige Beweglichkeit, ist er noch im Vollbesitz seiner geistigen Kräfte; geistig rege, träge sein. **b)** *nur gedacht, nur in der Vorstellungswelt vorhanden:* geistige Wesen. **2.** *alkoholisch:* geistige Getränke.

geist|lich ['gaistlɪç] ⟨Adj.⟩:
die Religion, den kirchlichen und gottesdienstlichen Bereich betreffend: geistliche Lieder; der geistliche Stand. **Syn.:** christlich.

Geist|li|che ['gaistlɪçə], die/eine Geistliche; der/einer Geistlichen, die Geistlichen/zwei Geistliche:
Theologin der [christlichen] Kirche, die Aufgaben im gottesdienstlichen Bereich und in der Seelsorge wahrnimmt: sie ist Geistliche; die Geistliche hat schon viele Strafanstalten besucht. **Syn.:** Pastorin (landsch.), Pfarrerin, Seelsorgerin. **Zus.:** Gefängnisgeistliche, Militärgeistliche.

Geist|li|cher ['gaistlɪçɐ], der Geistliche/ein Geistlicher; des/eines Geistlichen, die Geistlichen/zwei Geistliche:
Theologe der [christlichen] Kirche, der Aufgaben im gottesdienstlichen Bereich und in der Seelsorge wahrnimmt: die Sterbende verlangte nach einem Geistlichen. **Syn.:** Pastor (landsch.), Pfaffe (abwertend), Pfarrer, Priester, Seelsorger. **Zus.:** Gefängnisgeistlicher, Militärgeistlicher.

geist|los ['gaistlo:s] ⟨Adj.⟩:
dumm und langweilig; ohne Einfälle, eigene Gedanken: er machte nur geistlose Bemerkungen; seine Witze sind geistlos. **Syn.:** abgedroschen (ugs.), flach, leer, nichtssagend, niveaulos, oberflächlich, ohne Gehalt, ohne Tiefgang, schal, seicht (ugs.), trivial.

geist|reich ['gaistraiç] ⟨Adj.⟩:
viel Geist und Witz zeigend, voller Esprit: ein geistreicher Autor; eine geistreiche Unterhaltung; sie versteht geistreich zu plaudern. **Syn.:** geistvoll, spritzig, witzig.

geist|voll ['gaistfɔl] ⟨Adj.⟩:
gedankliche Tiefe, Originalität aufweisend: eine geistvolle Rede. **Syn.:** geistreich.

Geiz [gaits], der; -es:
als negativ empfundene übertriebene Sparsamkeit: seine Sparsamkeit grenzt schon an Geiz; von krankhaftem Geiz besessen sein; vor lauter Geiz gönnte sie sich nichts.

Geiz|hals ['gaitshals], der; -es, Geizhälse ['gaitshɛlzə] (abwertend):
geiziger Mensch: der alte Geizhals gibt dir sicher nichts.

gei|zig ['gaitsɪç] ⟨Adj.⟩:
voller Geiz: er ist sehr geizig, er wird dir nichts schenken. **Syn.:** knauserig (ugs. abwertend), knick[e]rig (ugs. abwertend).

ge|konnt [gə'kɔnt] ⟨Adj.⟩:
[in der technischen, handwerklichen Ausführung] von hohem Können zeugend: die Mannschaft zeigte ein sehr gekonntes Spiel; die Bilder der Künstlerin sind gekonnt. **Syn.:** fachmännisch, gut, professionell, qualifiziert, routiniert, sicher.

ge|küns|telt [gə'kʏnstl̩t] ⟨Adj.⟩:
in verkrampfter Weise bemüht, angenehm oder originell zu erscheinen: sie benimmt sich in Gesellschaft immer so gekünstelt; ein gekünsteltes Lächeln. **Syn.:** affektiert (bildungsspr.), affig (ugs.), gespreizt, geziert, theatralisch.

Gel [ge:l], das; -s, -e, ugs. auch: -s:
einer Creme ähnliches, fettfreies Mittel zur Körperpflege: bei Sonnenbrand hilft es, ein kühlendes Gel aufzutragen; hast du Gel in den Haaren? **Zus.:** Duschgel, Haargel.

Ge|läch|ter [gə'lɛçtɐ], das; -s:
[anhaltendes] lautes Lachen: die Zuhörer brachen in schallendes Gelächter aus. **Zus.:** Hohngelächter.

Ge|la|ge [gə'la:gə], das; -s, -:
üppiges und übermäßiges Essen und Trinken in größerem Kreis: ein wüstes Gelage fand statt. **Syn.:** Schmaus (veraltend; noch scherzh.). **Zus.:** Fressgelage, Saufgelage, Trinkgelage.

Ge|län|de [gə'lɛndə], das; -s, -:
a) *Landschaft, Fläche in ihrer natürlichen Beschaffenheit:* ein ebenes, hügeliges Gelände; das ganze Gelände ist mit Büschen bewachsen. **Syn.:** Areal, Bereich, Bezirk, Flur (geh.), Gebiet, Gefilde ⟨Plural⟩ (geh.), Gegend, Landstrich, Region, Revier, Terrain, Territorium, Zone. **b)** *größeres Grundstück, das einem bestimmten Zweck dient:* das Gelände des Flughafens, des Bahnhofs; ein Gelände für eine Fabrik erwerben; das Gelände umzäunen; die Polizei sperrte das Gelände ab. **Syn.:** Areal, Bereich, Bezirk, Gebiet, Terrain, Territorium, Zone. **Zus.:** Bahnhofsgelände, Baugelände, Fabrikgelände, Hafengelände, Klinikgelände, Messegelände.

Ge|län|der [gə'lɛndɐ], das; -s, -:
an der freien Seite von Treppen, Balkonen, an Brücken o. Ä. angebrachte, einem Zaun ähnliche Vorrichtung zum Schutz vor dem Abstürzen und zum Festhalten: ein schmiedeeisernes Geländer; er hielt sich am Geländer fest; sie beugte sich über das Geländer und schaute ins Wasser. **Zus.:** Brückengeländer, Eisengeländer, Holzgeländer, Treppengeländer.

ge|lan|gen [gə'laŋən], gelangte, gelangt ⟨itr.; ist⟩:
1. *(ein bestimmtes Ziel) erreichen; (an ein bestimmtes Ziel) kommen:* der Brief gelangte nicht in seine Hände; durch diese Straße gelangt man zum Bahnhof.
2. a) *etwas, einen angestrebten Zustand erreichen, zu etwas kommen:* zu Geld, Ehre, Ansehen gelangen; zur Erkenntnis gelangen *(erkennen)*, dass …
b) dient als Funktionsverb zur Umschreibung des Passivs: zur Aufführung gelangen *(aufgeführt werden)*; zur Auszahlung gelangen *(ausgezahlt werden)*; zum Druck gelangen *(gedruckt werden)*.

Ge|lass [gə'las], das; -es, -e (geh.):
kleiner, enger, notdürftig eingerichteter [Keller]raum: er wurde in ein dunkles Gelass gesperrt. **Syn.:** Zelle.

ge|las|sen [gə'lasn̩] ⟨Adj.⟩:
kühl und ruhig trotz ärgerlichen, unangenehmen Geschehens o. Ä.: sie hörte sich die Beschuldigungen gelassen an; er hatte nicht die Nerven, das Unabänderliche gelassen hinzunehmen. **Syn.:** beherrscht, geduldig, gefasst, seelenruhig (emotional).

Ge|la|ti|ne [ʒela'ti:nə], die; -:
(aus Knochen und Häuten hergestellte) leimartige Substanz, die

zum Eindicken von Lebensmitteln sowie u. a. in der pharmazeutischen und Kosmetikindustrie verwendet wird: die rote Grütze mit Gelatine andicken und auf den Tortenboden geben.

ge|läu|fig [gəˈlɔy̯fɪç] ⟨Adj.⟩: *durch häufigen Gebrauch allgemein bekannt, vertraut, üblich:* geläufige Redensarten, Ausdrücke; diese Bezeichnung ist mir nicht geläufig.

ge|launt [gəˈla̯unt] ⟨Adj.; in Verbindung mit einer näheren Bestimmung⟩: *sich in einer bestimmten Stimmung, Laune befindend:* sie ist gut gelaunt; ein immer schlecht gelaunter Kerl; wie ist er heute gelaunt?

gelb [gɛlp] ⟨Adj.⟩: *von der Farbe einer reifen Zitrone:* eine gelbe Bluse; die Blätter werden schon gelb. **Zus.:** blassgelb, buttergelb, dottergelb, hellgelb, quitte[n]gelb, zartgelb.

gelb|lich [ˈgɛlplɪç] ⟨Adj.⟩: *leicht gelb getönt:* ein gelbliches Licht; das Foto ist schon gelblich geworden; gelblich schimmern.

Geld [gɛlt], das; -[e]s, -er: **1.** ⟨ohne Plural⟩ *vom Staat herausgegebenes Mittel zum Zahlen in Form von Münzen und Banknoten:* großes Geld *(Scheine);* kleines Geld *(Münzen);* das ist hinausgeworfenes Geld *(eine unnütze, sinnlose Ausgabe);* Geld verdienen; kein, viel Geld haben; Geld vom Konto abheben; das kostet viel Geld; viel Geld für etwas bezahlen müssen. **Syn.:** Knete (ugs.), Kohle (ugs.), Mammon (meist abwertend oder scherzh.), Moos (ugs.). **Zus.:** Eintrittsgeld, Fahrgeld, Papiergeld, Wechselgeld. **2.** ⟨Plural⟩ *[zu einem bestimmten Zweck zur Verfügung gestellte] größere Geldsumme:* öffentliche Gelder; er hat die Gelder veruntreut; die Straße wird mit staatlichen Geldern gebaut.

Geld|au|to|mat [ˈgɛlt|a̯utoma:t], der; -en, -en: *Automat, der nach Auswertung einer eingeführten Scheckkarte, Kreditkarte o. Ä. Geld abgibt:* Geld am Geldautomaten ziehen, holen.

Geld|beu|tel [ˈgɛltbɔy̯tl̩], der; -s, -: *Portemonnaie:* ich habe nur noch 2 Euro in meinem Geldbeutel; den Geldbeutel zücken. **Syn.:** Börse (österr., sonst geh. veraltend), Geldbörse (geh.).

Geld|bör|se [ˈgɛltbœrzə], die; -, -n (geh.): *Portemonnaie:* in der Geldbörse nach passendem Kleingeld suchen.

geld|gie|rig [ˈgɛltgi:rɪç] ⟨Adj.⟩ (abwertend): *auf Besitz, Erwerb von Geld versessen:* er ist [furchtbar] geldgierig. **Syn.:** habgierig (emotional), raffgierig (abwertend).

Geld|kar|te [ˈgɛltkartə], die; -, -en: *kleine, als elektronisches Zahlungsmittel verwendete Karte aus Plastik mit einem Mikrochip, auf dem eine Geldsumme gespeichert werden kann:* wollen Sie die Fahrkarte in bar oder mit der Geldkarte bezahlen?

Geld|schein [ˈgɛltʃa̯in], der; -[e]s, -e: *Schein (von bestimmter Größe mit Wasserzeichen und schmalem Metallstreifen), der den aufgedruckten Geldwert repräsentiert:* er nahm einen Geldschein aus seinem Portemonnaie. **Syn.:** Geld.

Geld|stück [ˈgɛltʃtʏk], das; -[e]s, -e: *Münze:* die Touristen werfen Geldstücke in den Brunnen. **Syn.:** Geld.

Ge|lee [ʒeˈle:], der oder das; -s, -s: **1.** *gallertartig eingedickter, aus dem Saft von Früchten und aus Zucker hergestellter Aufstrich fürs Brot:* Gelee aus Äpfeln bereiten. **Zus.:** Apfelgelee, Himbeergelee, Quittengelee. **2.** *gallertartig eingedickter Saft von Fleisch oder Fisch:* Aal, Hering in Gelee. **Syn.:** Gallert[e].

Ge|le|gen|heit [gəˈle:gn̩ha̯it], die; -, -en: **1.** *geeigneter Augenblick, günstige Umstände für die Ausführung eines Plans, Vorhabens:* die Gelegenheit ist günstig; jmdm. Gelegenheit geben, etwas zu tun; wir regeln dies bei Gelegenheit *(wenn es sich gerade ergibt, gelegentlich).* **Syn.:** Chance, Möglichkeit. **2.** *Ereignis, Geschehnis, Umstand o. Ä. als Anlass, Möglichkeit für etwas:* mir fehlt ein Kleid für besondere Gelegenheiten; der Saal wird nur zu festlichen Gelegenheiten benutzt.

ge|le|gent|lich [gəˈle:gn̩tlɪç] ⟨Adj.⟩: **a)** *bei passenden Umständen [geschehend]:* ich werde dich gelegentlich besuchen; ich werde ihn gelegentlich fragen, ob er mir einmal hilft. **b)** *hie und da, nicht regelmäßig, unterschiedlich häufig [geschehend, erfolgend]:* gelegentliche Niederschläge; er trinkt gelegentlich ein Glas Bier. **Syn.:** ab und an (bes. nordd.), ab und zu, bisweilen, dann und wann, des Öfteren, hin und wieder, manchmal, mitunter, von Zeit zu Zeit, zuweilen (geh.).

ge|leh|rig [gəˈle:rɪç] ⟨Adj.⟩: *schnell eine bestimmte Fertigkeit erlernend, sich bestimmte Kenntnisse zu eigen machend:* ein gelehriger Schüler; der Hund ist sehr gelehrig.

Ge|lehr|sam|keit [gəˈle:ɐ̯za:mka̯it], die; - (geh.): *große, meist wissenschaftlich fundierte Bildung, verbunden mit einer regen geistigen Betätigung:* die Gelehrsamkeit dieser Mönche ist bekannt.

ge|lehrt [gəˈle:ɐ̯t] ⟨Adj.⟩: **a)** *wissenschaftlich gründlich gebildet:* ein gelehrter Mann. **Syn.:** belesen, [2]beschlagen. **b)** *auf wissenschaftlicher Grundlage beruhend:* ein gelehrtes Buch. **c)** (meist abwertend) *wegen wissenschaftlicher Ausdrucksweise schwer verständlich:* er drückt sich immer so gelehrt, viel zu gelehrt aus. **Syn.:** abstrakt, akademisch.

Ge|lehr|te [gəˈle:ɐ̯tə], die/eine Gelehrte; der/einer Gelehrten, die Gelehrten/zwei Gelehrte: *weibliche Person, die gelehrt, wissenschaftlich gebildet ist:* sie ist eine weithin bekannte Gelehrte. **Syn.:** Akademikerin, Forscherin, Theoretikerin, Wissenschaftlerin.

Ge|lehr|ter [gəˈle:ɐ̯tɐ], der Gelehrte/ein Gelehrter; des Gelehrten/eines Gelehrten, die Gelehrten/zwei Gelehrte: *Person, die gelehrt, wissenschaftlich gebildet ist:* ein berühmter Gelehrter. **Syn.:** Akademiker, Forscher, Theoretiker, Wissenschaftler.

Ge|leit [gəˈlai̯t], das; -[e]s, -e (geh.):
das Geleiten: unter sicherem Geleit erreichte er die Küste; man sicherte ihm freies Geleit zu; zwei Torpedoboote gaben den Handelsschiffen das Geleit; jmdm. das letzte Geleit geben *(an jmds. Beerdigung teilnehmen).* **Syn.:** Schutz. **Zus.:** Ehrengeleit, Schutzgeleit.

ge|lei|ten [gəˈlai̯tn̩], geleitete, geleitet ⟨tr.; hat⟩ (geh.):
(jmdn. zu seiner Sicherheit oder ehrenhalber) begleiten: einen Blinden sicher über die Straße geleiten; sie geleiteten den Ehrengast zu seinem Platz. **Syn.:** bringen, führen, gehen mit, leiten, mitgehen mit.

Ge|leit|wort [gəˈlai̯tvɔrt], das; -[e]s, -e:
einer Veröffentlichung vorangestellte Einführung: mit einem Geleitwort von Professor Alt. **Syn.:** Einleitung, Vorbemerkung, Vorspann, Vorwort.

Ge|lenk [gəˈlɛŋk], das; -[e]s, -e:
bewegliche Verbindung zwischen Knochen: steife, knotige Gelenke; sie hat Schmerzen in den Gelenken. **Zus.:** Armgelenk, Ellbogengelenk, Fußgelenk, Handgelenk, Hüftgelenk, Kniegelenk.

ge|len|kig [gəˈlɛŋkɪç] ⟨Adj.⟩:
[leicht] beweglich und wendig; von besonderer Beweglichkeit in den Gelenken: für sein Alter ist er noch ganz schön gelenkig; sie sprang gelenkig über den Zaun. **Syn.:** elastisch, geschmeidig, gewandt.

ge|lernt [gəˈlɛrnt] ⟨Adj.⟩:
vollständig für ein Handwerk o. Ä. ausgebildet: er ist [ein] gelernter Mechaniker.

Ge|lieb|te [gəˈli:ptə], die/eine Geliebte; der/einer Geliebten, die Geliebten/zwei Geliebte:
a) *Frau, mit der ein verheirateter Mann außerhalb seiner Ehe eine sexuelle Beziehung hat:* seine Geliebte hat ihn verlassen; nach der Scheidung hat er seine langjährige Geliebte geheiratet. **Syn.:** Freundin, Liebhaberin, Mätresse (abwertend), Partnerin. **b)** (geh. veraltet) *geliebter Mann bzw. geliebte Frau, geliebtes Mädchen* (in der Anrede): komm zu mir, Geliebte!

Ge|lieb|ter [gəˈli:ptɐ], der Geliebte/ein Geliebter; des/eines Geliebten, die Geliebten/zwei Geliebte:
a) *Mann, mit dem eine verheiratete Frau außerhalb ihrer Ehe eine sexuelle Beziehung hat:* sie hat einen Geliebten; der eifersüchtige Ehemann erschoss den Geliebten seiner Frau. **Syn.:** Freund, Liebhaber, Partner.
b) (geh. veraltet) *geliebte männliche Person* (in der Anrede): Geliebter, hörst du mich?

ge|lin|gen [gəˈlɪŋən], gelang, gelungen ⟨itr.; ist⟩:
nach Planung, Bemühung mit Erfolg zustande kommen, glücken: die Arbeit ist ihm gelungen; es muss gelingen, das Feuer einzudämmen; es gelang mir nicht, ihn zu überzeugen; eine gelungene Aufführung. **Syn.:** geraten, klappen (ugs.).

gel|len [ˈgɛlən] ⟨itr.; hat⟩:
hell, laut und durchdringend ertönen, schallen: das Geschrei gellte mir in den Ohren; ein gellendes Lachen.

ge|lo|ben [gəˈlo:bn̩] (geh.):
a) ⟨tr.; hat⟩ *feierlich, fest versprechen:* Gehorsam, Besserung geloben; sich [gegenseitig]/(geh.) einander Treue geloben. **b)** ⟨+ sich⟩ *sich etwas fest vornehmen:* ich habe mir gelobt, nicht mehr zu trinken. **Syn.:** beschließen, sich entscheiden, sich entschließen, vorhaben.

Ge|löb|nis [gəˈlø:pnɪs], das; -ses, -se:
feierliches, festes Versprechen: ein Gelöbnis ablegen. **Syn.:** Ehrenwort, Gelübde, Schwur.

ge|löst [gəˈlø:st] ⟨Adj.⟩:
[nach einer Anspannung] frei von Belastung, Sorge und daher entspannt und locker: wir befanden uns in gelöster Stimmung; sie wirkt heute so gelöst. **Syn.:** aufgelockert, unbefangen, ungezwungen, zwanglos.

gel|ten [ˈgɛltn̩], gilt, galt, gegolten ⟨itr.; hat⟩:
1. *gültig sein:* die Fahrkarte gilt zwei Monate; diese Briefmarke gilt nicht mehr; das Gesetz gilt für alle; geltendes Recht.
2. *wert sein:* diese Münze gilt [nicht] viel; das Geld gilt immer weniger.
3. *in bestimmter Weise eingeschätzt werden, als etwas Bestimmtes betrachtet, angesehen werden:* er gilt als klug, als guter Kamerad; es gilt als sicher, dass sie kommt.
4. *(für jmdn., etwas) bestimmt, (auf jmdn., etwas) gerichtet sein, sich (auf jmdn., etwas) beziehen:* der Beifall galt den Schauspielern; sein ganzes Interesse galt diesem Problem.
5. ⟨unpers.⟩ *auf etwas ankommen:* es gilt, sich zu entscheiden; es gilt einen Versuch *(kommt auf einen Versuch an);* dieses Ziel gilt es zu erreichen *(dieses Ziel muss erreicht werden).*

gel|tend [ˈgɛltn̩t]:
in den Wendungen **etwas geltend machen:** *auf berechtigte Ansprüche o. Ä. hinweisen und diese durchsetzen wollen:* er machte seinen Anspruch auf Unterhalt geltend; **sich geltend machen:** *sich auswirken, sich bemerkbar machen:* die schlechte Lage machte sich in Lohnkürzungen geltend.

Gel|tung [ˈgɛltʊŋ], die; -:
1. *das Gelten* (1), *Gültigkeit:* die Geltung der Naturgesetze; die Bestimmung hat für die Fälle Geltung *(gilt für die Fälle),* bei denen dieses Recht nicht greift; in Geltung sein, bleiben *(gültig sein, bleiben).*
2. *** zur Geltung bringen:** *(etwas Positives, Vorteilhaftes) hervorheben, deutlicher erkennen lassend:* dieses Kleid bringt deine schmale Taille zur Geltung. **Syn.:** herausstellen, unterstreichen; *** zur Geltung kommen:** *vorteilhaft wirken:* in diesem Licht kommt dein Schmuck erst richtig zur Geltung.

Ge|lüb|de [gəˈlʏpdə], das; -s, - (geh.):
feierliches [durch einen Eid bekräftigtes] Gelöbnis: in seiner Not tat er ein Gelübde; das Gelübde brechen. **Syn.:** Schwur, Versprechen. **Zus.:** Ehegelübde.

ge|lüs|ten [gəˈlʏstn̩], gelüstete, gelüstet ⟨itr.; hat; unpers.⟩ (geh.):
jmdn. (nach etwas) Lust verspüren lassen: es gelüstete sie nach etwas Süßem; mich gelüstet [es] nach frischem Obst; es gelüstete ihn, allen seine Meinung zu sagen. **Syn.:** dürsten (geh.), verlangen (geh.).

Ge|mach [ɡəˈmaːx], das; -[e]s, Gemächer [ɡəˈmɛːçɐ] (geh.): *schön ausgestatteter, vornehmer Wohnraum:* ein fürstliches Gemach; die Herrscherin verlässt nur selten ihre Gemächer. **Syn.:** Raum. **Zus.:** Schlafgemach.

ge|mäch|lich [ɡəˈmɛːçlɪç, auch: ɡəˈmɛçlɪç] ⟨Adj.⟩: *langsam, ruhig und ohne Eile:* eine gemächliche Gangart; gemächlichen Schrittes daherkommen; sein Tempo war gemächlich; gemächlich zog sie sich um. **Syn.:** bedächtig.

Ge|mahl [ɡəˈmaːl], der; -[e]s, -e, **Ge|mah|lin** [ɡəˈmaːlɪn], die; -, -nen (geh.): *Ehemann bzw. Ehefrau:* »Wie geht es Ihrem Herrn Gemahl?« – »Danke, meinem Mann geht es gut!«, »Wie geht es Ihrer Frau Gemahlin?« – »Danke, meiner Frau geht es gut!«. **Zus.:** Ehegemahl, Ehegemahlin, Prinzgemahl.

Gemahl / Gatte / Mann: s. Kasten Seite 409.

Gemahlin / Gattin / Frau: s. Kasten Seite 393.

Ge|mäl|de [ɡəˈmɛːldə], das; -s, -: *in Öl o. Ä. gemaltes Bild:* ein altes, gut erhaltenes, zeitgenössisches Gemälde; ein Gemälde an die Wand hängen. **Syn.:** Bildnis. **Zus.:** Altargemälde, Deckengemälde, Ölgemälde, Wandgemälde.

ge|mäß [ɡəˈmɛːs] ⟨Präp. mit Dativ⟩: *in Entsprechung, Übereinstimmung mit:* dem Vertrag, seinem Wunsche gemäß; gemäß dem Vertrag. **Syn.:** analog, [1]entsprechend, [2]laut, nach, zufolge.

-ge|mäß [ɡəmɛːs] ⟨adjektivisches Suffixoid⟩: *wie es das im Basiswort Genannte verlangt, vorsieht, vorschreibt, ihm angemessen, [genau] entsprechend, sich nach ihm richtend, in Übereinstimmung mit ihm:* artgemäß; auftragsgemäß; befehlsgemäß; erfahrungsgemäß; fachgemäß; fristgemäß; kindgemäß; naturgemäß; ordnungsgemäß (Transport); pflichtgemäß; programmgemäß (Ablauf); sachgemäß; traditionsgemäß; turnusgemäß *(im festgelegten Wechsel);* vereinbarungsgemäß; verfassungsgemäß; vertragsgemäß; weisungsgemäß; wunschgemäß. **Syn.:** -gerecht, -getreu, -mäßig.

ge|mä|ßigt [ɡəˈmɛːsɪçt] ⟨Adj.⟩: **a)** *in seiner Art nicht so streng, extrem, radikal [wie die anderen vorgehend, denkend]:* die gemäßigten Kräfte der Partei; eine gemäßigte Politik betreiben. **Syn.:** ausgeglichen, maßvoll, zivil. **b)** *nicht ins Übertriebene gehend [und daher im Ausmaß reduziert]:* gemäßigter Optimismus; ein gemäßigtes Klima.

Ge|mäu|er [ɡəˈmɔyɐ], das; -s, -: *altes, oft verfallenes Mauerwerk; aus alten Mauern bestehendes Bauwerk:* das Gemäuer eines alten Klosters; ein allmählich abbröckelndes Gemäuer.

ge|mein [ɡəˈmai̯n] ⟨Adj.⟩:
1. a) *in als empörend empfundener Weise abstoßend, moralisch schlecht, niederträchtig:* ein gemeines Lachen; eine gemeine Gesinnung; ein gemeiner Betrüger; er hat gemein gehandelt. **Syn.:** abscheulich, bösartig, böse, elend (emotional), erbärmlich, fies (ugs.), garstig, hässlich, niedrig, perfid[e] (bildungsspr.), schäbig (abwertend), schandbar, schändlich, schmählich (geh.), schmutzig, schnöde (geh. abwertend), übel, verächtlich, verwerflich. **Zus.:** hundsgemein. **b)** *in als unverschämt, rücksichtslos empfundener Weise frech, grob, unanständig:* jmdm. einen gemeinen Streich spielen; gemeine Redensarten. **Syn.:** derb, gewöhnlich, unfair.
2. (ugs.) **a)** *ungerecht, für jmdn. ungünstig und daher ärgerlich:* ich habe nie solches Glück, das ist einfach gemein; das finde ich einfach gemein. **Syn.:** unerfreulich. **b)** ⟨verstärkend bei Adjektiven und Verben⟩ *sehr:* draußen ist es gemein kalt; das tut gemein weh. **Syn.:** furchtbar (ugs.).

Ge|mein|de [ɡəˈmai̯ndə], die; -, -n:
1. a) *unterste Verwaltungseinheit des Staates:* eine ärmere, reichere, ländliche Gemeinde; die Gemeinde hat 5 000 Einwohner; wir wohnen in der gleichen Gemeinde; die beiden Gemeinden grenzen aneinander. **Syn.:** Kommune. **b)** *unterste Verwaltungseinheit einer Religionsgemeinschaft:* eine christliche, jüdische Gemeinde; die evangelische Gemeinde des Ortes zählt 2 000 Seelen. **Zus.:** Kirchengemeinde.
2. a) *die Einwohnerinnen und Einwohner einer Gemeinde* (1 a): die Gemeinde wählt einen neuen Bürgermeister; sie hat das Vertrauen der Gemeinde. **b)** *die Mitglieder, Angehörigen einer Gemeinde* (1 b): die Gemeinde hat die Orgel durch Spenden mitfinanziert. **Zus.:** Kirchengemeinde.
3. a) *Gesamtheit der an einem Gottesdienst Teilnehmenden:* die Gemeinde sang einen Choral. **b)** *[zu einer bestimmten Gelegenheit zusammenkommende] Gruppe von Menschen mit gleichen geistigen Interessen; Anhängerschaft:* bei der Lesung der Nobelpreisträgerin war eine stattliche Gemeinde versammelt. **Syn.:** Menge.

ge|mein|ge|fähr|lich [ɡəˈmai̯nɡəfɛːɐ̯lɪç] ⟨Adj.⟩: *eine Gefahr für die Allgemeinheit bildend:* ein gemeingefährlicher Verbrecher. **Syn.:** bösartig, böse, böswillig, gemein, perfid[e] (bildungsspr.), schlimm, übel.

Ge|mein|heit [ɡəˈmai̯nhai̯t], die; -, -en:
1. a) ⟨ohne Plural⟩ *gemeine* (1) *Art, das Gemeinsein:* seine Gemeinheit stößt mich ab; etwas aus Gemeinheit tun, sagen. **Syn.:** Bosheit, Niedertracht (geh.), Schikane, Schlechtigkeit. **b)** *gemeine* (1) *Handlung, Ausdrucksweise:* eine bodenlose Gemeinheit; eine Gemeinheit begehen; er ist zu jeder Gemeinheit fähig.
2. *etwas, was als ärgerlich-unerfreulich empfunden wird:* ich gehe wieder leer aus, so eine Gemeinheit!

ge|mein|nüt|zig [ɡəˈmai̯nnʏtsɪç] ⟨Adj.⟩: *dem allgemeinen Nutzen, sozialen Aufgaben dienend:* das Geld wird für gemeinnützige Zwecke verwendet. **Syn.:** sozial, wohltätig.

Ge|mein|platz [ɡəˈmai̯nplats], der; -es, Gemeinplätze [ɡəˈmai̯nplɛtsə]: *allgemeine, nichtssagende Redensart:* er redet fast nur in Gemeinplätzen. **Syn.:** Allge-

G
Geme

meinheit, Binsenwahrheit, Binsenweisheit, Klischee.

ge|mein|sam [gəˈmai̯nzaːm] ⟨Adj.⟩:
1. *dem einen wie dem bzw. den anderen zukommend, zugehörend, in gleicher Weise eigen:* unser gemeinsamer Garten; gemeinsame Interessen; das Grundstück gehörte ihnen gemeinsam.
2. *von zwei oder mehreren Personen zusammen unternommen, zu bewältigen; in Gemeinschaft:* gemeinsame Aufgaben, Wanderungen; wir wollen das gemeinsam besprechen; wir gingen gemeinsam ins Theater. **Syn.:** gemeinschaftlich, im Team, im Verbund, im Verein, miteinander, vereint (geh.), zusammen.

Ge|mein|sam|keit [gəˈmai̯nzaːmkai̯t], die; -, -en:
gemeinsames (1) *Merkmal, gemeinsame* (1) *Eigenschaft:* zwischen diesen beiden Theorien gibt es viele Gemeinsamkeiten.

Ge|mein|schaft [gəˈmai̯nʃaft], die; -, -en:
1. ⟨ohne Plural⟩ *das Zusammensein, das Zusammenleben in gegenseitiger Verbundenheit:* mit jmdm. in Gemeinschaft leben; eheliche Gemeinschaft. **Zus.:** Ehegemeinschaft, Lebensgemeinschaft.
2. *Gruppe von Personen, die durch gemeinsame Gedanken, Ideale o. Ä. verbunden sind:* eine Gemeinschaft bilden; einer Gemeinschaft angehören. **Syn.:** Kollektiv, Mannschaft (ugs.), Team. **Zus.:** Glaubensgemeinschaft, Interessengemeinschaft, Religionsgemeinschaft, Sprachgemeinschaft.

ge|mein|schaft|lich [gəˈmai̯nʃaftlɪç] ⟨Adj.⟩:
mehreren Personen (als Gruppe) gehörend; von mehreren (als Gruppe) durchgeführt: das Haus ist unser gemeinschaftlicher Besitz; ein gemeinschaftlicher Spaziergang; etwas gemeinschaftlich verwalten. **Syn.:** gemeinsam.

ge|mein|ver|ständ|lich [gəˈmai̯nfɛɐ̯ʃtɛntlɪç] ⟨Adj.⟩:
so abgefasst, dass es von allen verstanden werden kann: eine gemeinverständliche Abhandlung; die Rednerin hat sich gemeinverständlich ausgedrückt.

Ge|mein|wohl [gəˈmai̯nvoːl], das; -[e]s:
das Wohl[ergehen] eines jeden Einzelnen innerhalb einer Gemeinschaft: die neue Einrichtung dient dem Gemeinwohl.

ge|mes|sen [gəˈmɛsn̩] ⟨Adj.⟩:
a) *langsam und würdevoll:* er kam mit gemessenen Schritten daher. **Syn.:** [1]ruhig. **b)** *würdevoll und zurückhaltend:* sein Benehmen war ernst und gemessen. **Syn.:** majestätisch.

Ge|met|zel [gəˈmɛt͜sl̩], das; -s, - (emotional):
grausames Morden; mörderischer Kampf, bei dem viele [Wehrlose] getötet werden; Blutbad: ein furchtbares, blutiges Gemetzel veranstalten. **Syn.:** Blutbad (emotional), Gräuel ⟨Plural⟩, Massaker.

Ge|misch [gəˈmɪʃ], das; -[e]s, -e:
etwas, was durch Vermischen von festen, flüssigen oder gasförmigen Stoffen entsteht; Mischung aus zwei oder mehreren verschiedenen Stoffen, deren Bestandteile meist sehr fein verteilt sind: ein Gemisch aus Sand, Kalk und Gips; ein Gemisch [aus Öl und Benzin] tanken. **Zus.:** Gasgemisch, Ölgemisch.

Ge|mü|se [gəˈmyːzə], das; -s, - :
Pflanzen, deren verschiedene Teile in rohem oder gekochtem Zustand als Nahrung dienen: grünes, junges Gemüse; Gemüse anbauen, kochen, putzen; heute Mittag gibt es Gemüse *(ein Gericht aus Gemüse).* **Zus.:** Freilandgemüse, Frischgemüse.

Ge|müt [gəˈmyːt], das; -[e]s, -er:
1. ⟨ohne Plural⟩ **a)** *Gesamtheit der geistigen und seelischen Kräfte eines Menschen:* sie hat ein kindliches, liebevolles Gemüt. **Syn.:** Seele. **b)** *Empfänglichkeit für Eindrücke, die das Gefühl ansprechen:* er hat viel Gemüt; das rührt ans, ist etwas fürs Gemüt.
2. *Mensch (in Bezug auf seine geistig-seelischen Regungen):* er ist ein heiteres, ängstliches Gemüt; der Vorfall beunruhigte die Gemüter.

ge|müt|lich [gəˈmyːtlɪç] ⟨Adj.⟩:
a) *eine angenehme, behagliche Atmosphäre schaffend:* ein gemütliches Zimmer; hier finde ich es recht gemütlich; ein gemütlich eingerichtetes Lokal; in der Küche war es gemütlich warm. **Syn.:** bequem, lauschig, wohlig, wohltuend, wohnlich. **b)** *zwanglos gesellig, ungezwungen:* jetzt beginnt der gemütliche Teil des Abends; jmdn. zu einem gemütlichen Beisammensein einladen; wir plauderten gemütlich miteinander. **c)** *Freundlichkeit, Ruhe ausstrahlend:* ein gemütlicher Beamter saß am Schalter. **d)** *in aller Ruhe, ganz gemächlich:* ein gemütliches Tempo; ganz gemütlich spazieren gehen.

Ge|müt|lich|keit [gəˈmyːtlɪçkai̯t], die; -:
a) *[das Gefühl der] Behaglichkeit auslösende Atmosphäre:* die Gemütlichkeit der Wohnung. **b)** *zwanglose Geselligkeit, Ungezwungenheit.* **c)** *Ruhe, Gemächlichkeit:* ich werde diese Arbeit in aller Gemütlichkeit in Angriff nehmen; er trank in aller Gemütlichkeit sein Bier.

ge|müts|krank [gəˈmyːt͜skraŋk] ⟨Adj.⟩:
psychisch krank, an Depressionen leidend: die Einsamkeit machte ihn schließlich gemütskrank. **Syn.:** depressiv, schwermütig.

-gen [geːn] ⟨zweiter Wortbestandteil von Adjektiven; oft mit Bindevokal -o-⟩:
1. *für das im ersten Wortbestandteil Genannte sich besonders gut eignend:* fotogen; telegen. **Syn.:** -ig.
2. (bes. Med.) *das im ersten Wortbestandteil Genannte erzeugend, bildend, hervorbringend, aus ... entstanden, ... entsprechend:* hämatogen *(blutbildend);* karzinogen *(Karzinome hervorrufend, krebserregend);* onkogen *(eine bösartige Geschwulst erzeugend).* **Syn.:** -haltig, -trächtig, -verdächtig.

[1]ge|nau [gəˈnau̯] ⟨Adj.⟩:
a) *mit einem Muster, Vorbild, einer Vergleichsgröße [bis in die Einzelheiten] übereinstimmend, einwandfrei stimmend:* genaue Angaben machen; den genauen Wortlaut einer Rede wiedergeben; eine genaue Waage; sie konnte sich genau daran erinnern; das ist genau das Gleiche; die Länge stimmte auf den Millimeter genau; haben Sie genaue Zeit? *(können Sie mir sagen, wie spät es genau ist?).* **Syn.:** exakt,

getreu, klar, präzis[e]. **b)** *gründlich, gewissenhaft ins Einzelne gehend:* genaue Kenntnis von etwas haben; das musst du genau unterscheiden; ich kenne ihn ganz genau; sie ist, arbeitet sehr genau; die Vorschriften müssen aufs Genaueste beachtet werden. **Syn.:** akkurat, bis ins Detail, detailliert, fein, penibel, sorgfältig.

[2]**ge|nau** [gəˈnau̯] ⟨Adverb⟩:
betont die Exaktheit einer Angabe; drückt bestätigend aus, dass etwas gerade richtig, passend für etwas ist: sie kam genau zur rechten Zeit; das reicht genau [noch] für zwei Personen; er ist genau der Mann für diese Aufgabe; genau das wollte ich sagen; genau das Gegenteil ist der Fall. **Syn.:** [2]eben, gerade.

ge|nau|so [gəˈnau̯zoː] ⟨Adverb⟩:
[genau] in der gleichen Weise, im gleichen Maße: er hat es genauso gemacht wie sein Chef; genauso muss man auch bei dieser Sache verfahren. **Syn.:** auch, ebenso, gleichermaßen.

ge|nehm [gəˈneːm]:
in der Wendung **jmdm. genehm sein** (geh.): *jmdm. willkommen, passend, angenehm sein:* die vorgeschlagene Zeit war ihr nicht genehm.

ge|neh|mi|gen [gəˈneːmɪgn̩] ⟨tr.; hat⟩:
1. *(besonders amtlich, offiziell) die Ausführung, Verwirklichung einer Absicht, die jmd. als Antrag, Gesuch o. Ä. vorgebracht hat, gestatten:* die Behörde hat seinen Antrag, sein Gesuch genehmigt. **Syn.:** absegnen (ugs.), anerkennen, annehmen, bewilligen, billigen, zulassen, zustimmen.
2. ⟨+ sich⟩ (ugs. scherzh.) *sich den Genuss von etwas gestatten:* sie genehmigte sich ein Gläschen Sekt. **Syn.:** sich leisten (ugs.).

Ge|neh|mi|gung [gəˈneːmɪgʊŋ], die; -, -en:
a) *das Genehmigen* (1): eine Genehmigung einholen, erhalten; die Genehmigung zur Ausreise erteilen. **Syn.:** Billigung, Einverständnis, Erlaubnis, Zustimmung. **b)** *Schriftstück, durch das etwas genehmigt wird:* eine Genehmigung vorlegen. **Zus.:** Arbeitsgenehmigung, Aufenthaltsgenehmigung, Ausfuhrgenehmigung, Ausnahmegenehmigung, Ausreisegenehmigung, Baugenehmigung, Sondergenehmigung.

ge|neigt [gəˈnai̯kt]:
in der Wendung **zu etwas geneigt sein, sich zu etwas geneigt zeigen:** *Neigung haben, bereit sein, etwas zu tun:* ich bin [nicht] geneigt, auf seinen Vorschlag einzugehen. **Syn.:** sich zu etwas bereit zeigen, zu etwas bereit sein.

Ge|ne|ral [genəˈraːl], der; -s, -e und Generäle [genəˈrɛːlə]:
Offizier der höchsten Rangklasse.

ge|ne|ral-, Ge|ne|ral- [genəraːl] ⟨Präfixoid⟩:
1. *das im Basiswort Genannte ganz allgemein betreffend, für alles geltend, zutreffend; generell ...:* **a)** ⟨substantivisch⟩ Generalamnestie; Generalangriff; Generaldebatte; Generalplanung; Generalreinigung; Generalstreik; Generalüberholung; Generaluntersuchung; Generalurteil; Generalvollmacht. **b)** ⟨verbal⟩ generalsanieren; generalüberholen; generaluntersuchen.
2. *Haupt-, oberst...:* /oft in Titeln/: Generaldirektion; Generaldirektor; Generalintendantin; Generalprobe; Generalstaatsanwältin; Generalthema; Generalversammlung. **Syn.:** Chef-, [1]Ober-.

Ge|ne|ra|lin [genəˈraːlɪn], die; -, -nen:
weibliche Form zu ↑General.

Ge|ne|ral|pro|be [genəˈraːlproːbə], die; -, -n:
die letzte große Probe vor der Premiere, vor der ersten Aufführung eines Konzerts o. Ä.

Ge|ne|ral|streik [genəˈraːlʃtrai̯k], der; -[e]s, -s:
[politischen Zielen dienender] allgemeiner Streik der Arbeitnehmerinnen und Arbeitnehmer eines Landes: den Generalstreik ausrufen. **Syn.:** Ausstand.

Ge|ne|ra|ti|on [genəraˈtsi̯oːn], die; -, -en:
1. *einzelne Stufe in der Folge der Altersstufen, bei der Großeltern, Eltern, Kinder, Enkel unterschieden werden:* der Ring wurde von Generation zu Generation weitergegeben. **Syn.:** Geschlecht.
2. *Gesamtheit der Angehörigen ungefähr gleicher Altersstufe:* die Generation der Eltern; die junge, ältere Generation. **Syn.:** Jahrgang. **Zus.:** Elterngeneration, Nachkriegsgeneration.
3. *Zeitraum, der ungefähr die Lebenszeit eines Menschen umfasst:* es wird noch Generationen dauern, bis das Patriarchat verschwindet.
4. *Gesamtheit von Apparaten, Geräten, Maschinen, die durch einen bestimmten Stand in der technischen Entwicklung, eine neue Konzeption in der Konstruktion o. Ä. gekennzeichnet sind:* ein Computer der dritten Generation.

ge|ne|rell [genəˈrɛl] ⟨Adj.⟩:
für die meisten oder alle Fälle derselben Art geltend, zutreffend: eine generelle Lösung; das ist ein generelles Problem; etwas generell verbieten. **Syn.:** allgemein, ausnahmslos, durch die Bank (ugs.), fast immer, für gewöhnlich, im Allgemeinen, im großen Ganzen, im Großen und Ganzen, ohne Ausnahme.

ge|ne|sen [gəˈneːzn̩], genas, genesen ⟨itr.; ist⟩:
(geh.) *gesund werden:* er betete zu Gott, dass dieser Mensch genesen möge; sie ist von ihrer langen Krankheit genesen. **Syn.:** auf dem Weg[e] der Besserung sein, sich aufrappeln (ugs.), gesunden, sich auf dem Wege der Besserung befinden, wieder auf die Beine kommen.

ge|ni|al [geˈni̯aːl] ⟨Adj.⟩:
Genie besitzend, erkennen lassend; überragend, großartig: eine geniale Künstlerin; eine geniale Erfindung; er schreibt genial; sie hat das Problem genial gelöst. **Syn.:** begabt, begnadet.

Ge|ni|a|li|tät [geni̯aliˈtɛːt], die; -:
überragende schöpferische Veranlagung: die Genialität eines Erfinders.

Ge|nick [gəˈnɪk], das; -[e]s, -e:
der hintere Teil des Halses (besonders in Bezug auf das Gelenk): ein steifes Genick haben; den Hut ins Genick schieben; er hatte dem Hasen ins Genick geschossen; sie stürzte so unglücklich, dass sie sich das Genick brach. **Syn.:** Nacken.

Ge|nie [ʒeˈniː], das; -s, -s:
a) *Mensch mit einer hohen schöp-*

G
Geni

ferischen Begabung: er ist in seinem Fach ein wahres Genie. **Zus.:** Finanzgenie, Universalgenie. **b)** ⟨ohne Plural⟩ *hohe schöpferische Begabung:* ihr Genie wurde lange Zeit verkannt. **Syn.:** Genialität, Talent.

ge|nie|ren [ʒeˈniːrən] ⟨+ sich⟩: *eine Situation als peinlich und unangenehm empfinden und sich entsprechend gehemmt und unsicher zeigen:* deswegen braucht sie sich nicht zu genieren; wenn Sie Schwierigkeiten haben, genieren Sie sich nicht, zu mir zu kommen. **Syn.:** sich schämen, sich zieren.

ge|nieß|bar [gəˈniːsbaːɐ̯] ⟨Adj.⟩: *ohne Bedenken zu verzehren, zu sich zu nehmen:* diese Wurst, diese Milch ist nicht mehr genießbar; der Chef ist heute mal wieder nicht genießbar (ugs.; *ist unausstehlich, schlechter Laune*). **Syn.:** essbar.

ge|nie|ßen [gəˈniːsn̩], genoss, genossen ⟨tr.; hat⟩:
1. (geh.) *(von einer Speise, einem Getränk) zu sich nehmen:* er konnte nur wenig von den Leckerbissen genießen; sie hat den ganzen Tag noch nichts genossen. **Syn.:** essen, zu sich nehmen (geh.).
2. *mit Freude, Vergnügen, Wohlbehagen auf sich wirken lassen:* die Natur, seinen Urlaub genießen; sie genoss die herrliche Aussicht; er genoss es sichtlich, so gefeiert zu werden. **Syn.:** auskosten, zu schätzen wissen.
3. *[zu seinem Nutzen, Vorteil] erhalten, erfahren:* sie hat eine gründliche Ausbildung genossen; ⟨oft in verblasster Bedeutung⟩ jmds. Achtung genießen *(von jmdm. geachtet werden);* er genießt *(hat)* unser Vertrauen.

ge|nie|ße|risch [gəˈniːsərɪʃ] ⟨Adj.⟩: *(etwas) mit größtem Behagen genießend, voll Genuss:* ein genießerischer Schluck; sich während des Essens genießerisch zurücklehnen.

Ge|ni|ta|le [geniˈtaːlə], das; -s, Genitalien [geniˈtaːli̯ən] (bes. Med.):
Geschlechtsorgan: das männliche Genitale; die Genitalien der Frau.

Ge|nos|se [gəˈnɔsə], der; -n, -n:
1. *Anhänger der gleichen linksgerichteten politischen Weltanschauung; besonders als Anrede zwischen Mitgliedern einer solchen Partei:* alte kampferprobte Genossen [der SPD]; Genosse Vorsitzender. **Zus.:** Parteigenosse.
2. (veraltend) *Kamerad; Begleiter, Gefährte:* er trifft sich jeden Mittwoch mit seinen Genossen in der Kneipe. **Syn.:** Freund, Kumpan (ugs.), Kumpel (ugs.). **Zus.:** Altersgenosse, Glaubensgenosse, Leidensgenosse, Zeitgenosse, Zimmergenosse.

Ge|nos|sen|schaft [gəˈnɔsn̩ʃaft], die; -, -en:
Vereinigung, Zusammenschluss mehrerer Personen mit dem Ziel, durch gemeinschaftlichen Geschäftsbetrieb den Einzelnen wirtschaftlich zu fördern: eine Genossenschaft gründen; einer Genossenschaft beitreten. **Zus.:** Berufsgenossenschaft, Molkereigenossenschaft, Produktionsgenossenschaft, Winzergenossenschaft.

Ge|nos|sin [gəˈnɔsɪn], die; -, -nen: weibliche Form zu ↑Genosse.

Gen|re [ˈʒãːrə], das; -s, -s: *Gattung, Art (besonders in der Kunst):* das literarische Genre der Erzählung; Lokale zweifelhaften Genres.

ge|nug [gəˈnuːk] ⟨Adverb⟩: *in zufriedenstellendem, seinen Zweck erfüllendem Maß; ausreichend; genügend:* ich habe genug Geld, Geld genug; der Schrank ist groß genug; dazu ist sie jetzt alt genug *(hat sie das entsprechende Alter).* **Syn.:** angemessen, hinlänglich, hinreichend, leidlich, manierlich (ugs.), passabel.

ge|nü|gen [gəˈnyːgn̩] ⟨itr.; hat⟩:
1. *in einem Maß, einer Menge vorhanden sein, dass es für etwas reicht; genug sein, ausreichen:* dies genügt für unsere Zwecke; für diesen Vorhang genügen zwei Meter Stoff; zwei Zimmer genügen mir [nicht]. **Syn.:** langen.
2. *einer Forderung o. Ä. entsprechen; etwas in befriedigender Weise erfüllen:* den gesellschaftlichen Pflichten genügen; er genügte den Anforderungen nicht.

ge|nüg|sam [gəˈnyːkzaːm] ⟨Adj.⟩: *mit wenigem zufrieden:* ein genügsamer Mensch; genügsame Pflanzen; er ist sehr genügsam [im Essen]. **Syn.:** bedürfnislos, bescheiden.

Ge|nug|tu|ung [gəˈnuːktuːʊŋ], die; -, -en:
1. ⟨ohne Plural⟩ *tiefe innere Befriedigung:* das ist mir eine große Genugtuung; Genugtuung über etwas empfinden; etwas mit Genugtuung vernehmen.
2. (geh.) *Entschädigung für ein zugefügtes Unrecht; Wiedergutmachung:* für etwas Genugtuung verlangen; man sollte ihr Genugtuung geben.

Ge|nuss [gəˈnʊs], der; -es, Genüsse [gəˈnʏsə]:
1. ⟨ohne Plural⟩ *Aufnahme von Nahrung u. Ä.:* übermäßiger Genuss von Alkohol ist schädlich; sie ist nach dem Genuss von altem Fisch krank geworden. **Zus.:** Alkoholgenuss, Biergenuss, Fleischgenuss, Kaffeegenuss, Tabakgenuss.
2. *Freude, Wohlbehagen bei etwas, was jmd. auf sich wirken lässt:* dieses Konzert war ein besonderer Genuss; ein Buch mit Genuss lesen; die Genüsse des Lebens. **Zus.:** Hochgenuss, Kunstgenuss.

ge|nüss|lich [gəˈnʏslɪç] ⟨Adj.⟩: *einen Genuss voll auskostend; bewusst genießend:* ein genüssliches Gefühl der Schwere; ein genüssliches Seufzen; genüsslich schlürfte sie den Kaffee.

Ge|nuss|mit|tel [gəˈnʊsmɪtl̩], das; -s, -:
etwas (Speise, Getränk o. Ä.), was nicht wegen seines Nährwertes, sondern wegen seines guten Geschmacks, seiner anregenden Wirkung o. Ä. genossen wird: Genussmittel wie z. B. Tee, Kaffee oder Alkohol.

Geo|gra|fie [geograˈfiː], die; -, **Geographie:**
Wissenschaft von der Erde und ihrem Aufbau, von der Verteilung und Verknüpfung der verschiedensten Erscheinungen und Sachverhalte der Erdoberfläche, besonders hinsichtlich der Wechselwirkung zwischen Erde und Mensch: sie studiert Geografie; in Geografie *(im Schulfach Geografie)* hat er eine Zwei. **Syn.:** Erdkunde.

Geo|lo|gie [geoloˈgiː], die; -: *Wissenschaft von der Entstehung, Entwicklung und Veränderung* *der Erde und der sie bewohnenden Lebewesen in erdgeschichtlicher Zeit:* er hat Geologie studiert.

Geo|me|trie [geome'tri:], die; -: *Teilgebiet der Mathematik, das sich mit den räumlichen und nicht räumlichen (ebenen) Gebilden befasst:* analytische, projektive Geometrie.

geo|me|trisch [geo'me:trɪʃ] ⟨Adj.⟩:
1. *die Geometrie betreffend; auf Gesetzen der Geometrie beruhend:* geometrische Berechnungen; die geometrische Lösung einer Aufgabe.
2. *Figuren der Geometrie (Dreiecke, Kreise, Punkte o. Ä.) aufweisend:* ein geometrisches Muster; geometrische Formen; etwas streng geometrisch anordnen.

Ge|päck [gə'pɛk], das; -[e]s: *Gesamtheit der für eine Reise, Wanderung o. Ä. in verschiedenen Behältnissen (Koffer, Reisetasche o. Ä.) zusammengepackten [Ausrüstungs]gegenstände:* [nicht] viel Gepäck haben; das Gepäck aufgeben, verstauen; das Gepäck wurde kontrolliert. **Zus.:** Handgepäck, Reisegepäck.

Ge|pflo|gen|heit [gə'pflo:gn̩hai̯t], die; -, -en: *zur Gewohnheit gewordene, oft bewusst gepflegte und kultivierte Handlung, Handlungsweise:* das entspricht nicht unseren Gepflogenheiten. **Syn.:** Brauch, Sitte, Tradition.

Ge|prä|ge [gə'prɛ:gə], das; -s: *kennzeichnendes Aussehen; charakteristische Eigenart:* das äußere Gepräge einer Stadt; der große Staatsmann gab seiner Zeit das Gepräge.

¹ge|ra|de [gə'ra:də] ⟨Adj.⟩:
1. a) *in immer gleicher Richtung verlaufend, nicht gekrümmt:* eine gerade Linie, Straße. **b)** *in natürlicher, für richtig, passend, angemessen empfundener Richtung [verlaufend], nicht schief:* ein gerader Baumstamm; eine gerade *(aufrechte)* Haltung; einen Draht gerade biegen; gerade gewachsen sein; sich gerade halten; sitz, steh gerade!; das Bild hängt gerade. **Syn.:** aufrecht, stramm. **Zus.:** kerzengerade.
2. *offen seine Meinung äußernd, ohne sich beirren zu lassen:* ein gerader Mensch. **Syn.:** aufrichtig.

²ge|ra|de [gə'ra:də] ⟨Adverb⟩:
1. *in diesem Augenblick:* sie ist gerade hier; er ist gerade *(vor ganz kurzer Zeit)* hinausgegangen. **Syn.:** ²eben, gegenwärtig, im Augenblick, im Moment, jetzt, just (veraltend, noch scherzh.), momentan, soeben, zurzeit.
2. a) (landsch.) *kurz, rasch einmal; für [ganz] kurze Zeit:* kannst du mir gerade [mal] das Buch geben? **b)** *in unmittelbarer Nähe, genau da:* er wohnt gerade neben uns, an der Ecke. **c)** *nur mit Mühe, ganz knapp:* er kam gerade zur rechten Zeit; das reicht gerade [noch] für zwei Personen. **Syn.:** ²eben, eben noch, mehr schlecht als recht, mit Ach und Krach, mit Hängen und Würgen, mit knapper Not. **d)** *erst recht:* nun werde ich es gerade tun!

³ge|ra|de [gə'ra:də] ⟨Partikel⟩:
1. dient dazu, etwas Bestimmtes hervorzuheben und auszudrücken, dass eine Aussage zwar nicht nur, aber in besonderem Maße für das Hervorgehobene gilt: gerade das wollte ich nicht bewirken; gerade als Vorgesetzter muss man sich immer korrekt verhalten; gerade er sollte lieber ruhig sein; du hast es gerade nötig!
2. *ausgerechnet:* gerade heute muss es regnen!; warum gerade ich?
3. (ugs.) dient nach »nicht« dazu, die Verneinung abzuschwächen (oft um eine Kritik abzumildern, auch ironisch): das ist nicht gerade viel; er ist nicht gerade fleißig, ein Adonis; dass sie ein Genie ist, kann man nicht gerade behaupten.

Ge|ra|de [gə'ra:də], die; -, -n ⟨aber: zwei -[n]⟩:
1. *als kürzeste Verbindung zweier Punkte denkbare, gerade Linie, die nach beiden Richtungen nicht durch Endpunkte begrenzt ist:* eine Gerade, zwei Gerade[n] zeichnen.
2. *gerade verlaufender Teil einer Rennstrecke:* auf der Geraden kann sie ihre Geschwindigkeit erhöhen.
3. *in gerader Richtung nach vorn ausgeführter Stoß mit der Faust beim Boxen:* den Gegner mit einer rechten Geraden treffen.

ge|ra|de|aus [gəra:də'|au̯s] ⟨Adverb⟩: *in gerader Richtung weiter; ohne die Richtung zu ändern:* geradeaus fahren.

ge|ra|de|bie|gen [gə'ra:dəbi:gn̩], bog gerade, geradegebogen ⟨tr.; hat⟩ (ugs.): *in Ordnung bringen:* wir werden die Sache schon geradebiegen. **Syn.:** aus der Welt schaffen, ausbügeln (ugs.), beilegen, bereinigen, berichtigen, einrenken (ugs.), ins Lot bringen, ins Reine bringen, korrigieren, verbessern.

ge|ra|de|he|raus [gəra:dəhɛ'rau̯s] ⟨Adverb⟩ (ugs.): *offen, freimütig, direkt:* sie ist unkompliziert und geradeheraus; etwas geradeheraus sagen. **Syn.:** aufrichtig, ehrlich, ohne Umschweife, ohne Zaudern, ohne Zögern, rundheraus, unverblümt.

ge|ra|de|ste|hen [gə'ra:dəʃte:ən], stand gerade, geradegestanden ⟨itr.; hat⟩: *für jmdn., etwas die Verantwortung übernehmen:* ich kann nicht für ihn, für die Folgen geradestehen.

ge|ra|de|wegs [gə'ra:dəve:ks] ⟨Adverb⟩:
1. *ohne Umweg, direkt:* sie ging geradewegs nach Hause. **Syn.:** schnurstracks (ugs.).
2. *unmittelbar, ohne Umschweife:* er kam geradewegs darauf zu sprechen. **Syn.:** auf Anhieb, auf der Stelle, direkt, gleich, ohne Aufschub, postwendend, schnurstracks (ugs.), sofort, sogleich, stehenden Fußes, umgehend (bes. Papierdt.), unverzüglich.

ge|ra|de|zu [gə'ra:dətsu:] ⟨Adverb⟩: drückt eine Verstärkung aus: ein geradezu ideales Beispiel; geradezu in infamer Weise; er hat sie geradezu angefleht. **Syn.:** buchstäblich, direkt, förmlich, ganz und gar, regelrecht, richtig.

ge|rad|li|nig [gə'ra:tli:nɪç] ⟨Adj.⟩:
1. *in gerader Richtung, gerade verlaufend:* eine geradlinige Häuserfront; geradlinige Schraffuren; die Strecke verläuft geradlinig.
2. *klar und aufrichtig:* ein geradlinig denkender Mensch.

Ge|ran|gel [gəˈraŋl̩], das; -s (ugs.): **a)** *[dauerndes] Rangeln; Balgerei, Rauferei:* das Gerangel der Kinder auf dem Schulhof. **b)** (abwertend) *mehr oder weniger ernsthafter, aber zäher Kampf um bestimmte Positionen, Einflussbereiche o. Ä.:* das ständige Gerangel um mehr Macht.

Ge|rät [gəˈrɛ:t], das; -[e]s, -e: **1. a)** *[beweglicher] Gegenstand, mit dessen Hilfe etwas bearbeitet, bewirkt oder hergestellt wird:* landwirtschaftliche Geräte; die Geräte instand halten; das Gerät ist leicht zu bedienen. **Syn.:** Apparat, Apparatur. **b)** *dem Turnen dienende Vorrichtung:* an den Geräten turnen. **2.** ⟨ohne Plural⟩ *Gesamtheit von Geräten* (1 a), *Ausrüstung:* sein Gerät in Ordnung halten.

ge|ra|ten [gəˈra:tn̩], gerät, geriet, geraten ⟨itr.; ist⟩: **1. a)** *am Ende einer Herstellung, eines Prozesses bestimmte positive oder negative Eigenschaften aufweisen:* alles, was er tat, geriet ihm gut. **Syn.:** ausfallen, werden. **b)** *gelingen, gut ausfallen:* der Kuchen ist heute [nicht] geraten. **Syn.:** glücken. **2. a)** *ohne Absicht, zufällig an eine bestimmte Stelle, irgendwohin gelangen [und dadurch Nachteile erfahren, Schaden erleiden]:* in eine unbekannte Gegend, in einen Sumpf geraten; das Auto geriet beim Schleudern an die Leitplanke. **b)** *in einen bestimmten Zustand, in eine bestimmte Lage kommen:* in Schwierigkeiten, unter schlechten Einfluss geraten; (häufig in verblasster Bedeutung) in Streit geraten *(zu streiten anfangen);* in Vergessenheit geraten *(vergessen werden).* **3.** *(einem Verwandten, besonders einem Elternteil) ähnlich werden:* sie gerät [ganz] nach dem Vater, nach der Großmutter. **Syn.:** ähneln, ähnlich sein, erinnern an, gleichen, nachschlagen.

Ge|ra|te|wohl [gəra:təˈvo:l]: in der Wendung **aufs Geratewohl** (ugs.): *ohne zu wissen, wie etwas ausgeht, was sich daraus ergibt:* etwas aufs Geratewohl versuchen. **Syn.:** auf gut Glück.

ge|räu|mig [gəˈrɔymɪç] ⟨Adj.⟩: *viel Platz, Raum (für etwas) bietend:* eine geräumige Wohnung; der Schrank ist sehr geräumig. **Syn.:** ausgedehnt, [1]groß, weit.

Ge|räusch [gəˈrɔyʃ], das; -[e]s, -e: *etwas, was akustisch mehr oder weniger stark wahrgenommen wird:* ein verdächtiges, unangenehmes, zischendes, knackendes Geräusch; keine unnötigen Geräusche machen; Geräusche vernehmen; ein Geräusch hatte sie aufgeweckt; kein Laut war zu hören, kein Geräusch. **Syn.:** Laut, [2]Ton. **Zus.:** Motor[en]geräusch, Nebengeräusch, Verkehrsgeräusch.

ge|räusch|los [gəˈrɔyʃlo:s] ⟨Adj.⟩: *kein Geräusch verursachend, lautlos:* geräuschlos eintreten; sie öffnete geräuschlos die Tür. **Syn.:** leise.

ger|ben [ˈgɛrbn̩] ⟨tr.; hat⟩: *(Häute und Felle) zu Leder verarbeiten:* die Haut eines Tieres gerben.

ge|recht [gəˈrɛçt] ⟨Adj.⟩: **1. a)** *dem geltenden Recht entsprechend, gemäß; nach bestehenden Gesetzen handelnd, urteilend:* ein gerechter Richter; ein gerechter Anspruch; gerecht sein, handeln. **Syn.:** legitim, rechtmäßig, unparteiisch. **b)** *den allgemeinen Auffassungen vom Recht, von Gerechtigkeit, Wertmaßstäben entsprechend, gemäß:* eine gerechte Verteilung, Sache; gerechte Forderungen stellen; etwas gerecht aufteilen; *** jmdm., einer Sache gerecht werden:** *jmdn., etwas angemessen beurteilen:* die Kritik wird der Autorin nicht gerecht. **2.** *bestimmten Ansprüchen, Gegebenheiten angepasst, genügend, entsprechend:* eine jeder Witterung gerechte Kleidung; *** einer Sache gerecht werden:** *eine Aufgabe bewältigen, erfüllen, einem Anspruch genügen:* er ist den Anforderungen seines Berufes nicht gerecht geworden.

-ge|recht [gərɛçt] ⟨adjektivisches Suffixoid⟩: *dem im Basiswort Genannten entsprechend, angemessen:* altengerecht; bandscheibengerecht; bedarfsgerecht; behindertengerecht (Fahrzeug); bühnengerecht; familiengerecht; fernsehgerecht; fußgerecht; gesundheitsgerecht; jugendgerecht; kindgerecht; körpergerecht; leistungsgerecht; marktgerecht; mediengerecht; milieugerecht; produktgerecht (Verpackung); protokollgerecht; saisongerecht; situationsgerecht; termingerecht; umweltgerecht; verkaufsgerecht. **Syn.:** -konform.

Ge|rech|tig|keit [gəˈrɛçtɪçkai̯t], die; -: *das Gerechtsein, gerechtes Verhalten:* die Gerechtigkeit der Richterin, eines Urteils; Gerechtigkeit fordern; die soziale Gerechtigkeit.

Ge|re|de [gəˈre:də], das; -s: **1.** (ugs.) *unnötiges, sinnloses, überflüssiges Reden, Geschwätz:* das Gerede von der Sicherheit; dieses dumme Gerede kann man ja nicht ernst nehmen. **Syn.:** Blabla, Geschwätz (ugs. abwertend), Gewäsch (ugs. abwertend), Palaver (ugs. abwertend). **2.** *abfälliges Reden über einen Abwesenden; Klatsch:* es hat viel Gerede gegeben; sich dem Gerede der Leute aussetzen. **3.** *** jmdn. ins Gerede bringen:** *bewirken, dass über jmdn. [schlecht] geredet wird:* hör damit auf, du bringst uns ins Gerede!; *** ins Gerede kommen/geraten:** *Gegenstand des Klatsches, eines Gerüchtes werden:* das Institut kam wegen der Unterschlagung ins Gerede.

ge|reizt [gəˈrai̯t͡st] ⟨Adj.⟩: *durch etwas Unangenehmes erregt, verärgert und deshalb empfindlich, böse reagierend; überempfindlich:* in gereizter Stimmung sein; im gereizten Ton sprechen. **Syn.:** ärgerlich, aufgeregt, missmutig, nervös.

[1]Ge|richt [gəˈrɪçt], das; -[e]s, -e: *öffentliche Institution, die Verstöße gegen die Gesetze bestraft und Streitigkeiten schlichtet:* jmdn. bei Gericht verklagen; eine Sache vor das Gericht bringen; das Gericht *(das Kollegium der Richterinnen und Richter)* zieht sich zur Beratung zurück; das Gericht *(das Gebäude, in dem sich das Gericht befindet)* war von Polizei umstellt. **Zus.:** Amtsgericht, Arbeitsgericht, Bundesverfassungsgericht, Schiedsgericht, Schwurgericht, Verwaltungsgericht.

[2]Ge|richt [gəˈrɪçt], das; -[e]s, -e: *als Mahlzeit zubereitete Speise:*

ein Gericht aus Fleisch und Gemüse; ein Gericht auftragen. **Syn.:** Essen, Fraß (derb), Mahl (geh.), Mahlzeit, Speise.

ge|richt|lich [gəˈrɪçtlɪç] ⟨Adj.⟩: *das [1]Gericht betreffend, zu ihm gehörend, mit seiner Hilfe [durch-, herbeigeführt]:* eine gerichtliche Entscheidung; jmdn. gerichtlich bestrafen.

ge|ring [gəˈrɪŋ] ⟨Adj.⟩: *in Bezug auf Menge, Anzahl, Umfang, Maß, Grad von etwas als wenig zu erachten; nicht sehr groß; unbeträchtlich klein:* nur geringe Einkünfte haben; die Kosten sind [nicht] gering; das spielt nur eine geringe Rolle; er war in nicht geringer *(ziemlich großer)* Verlegenheit. **Syn.:** geringfügig, lächerlich, minder..., minimal, nicht nennenswert, niedrig, unbedeutend, unerheblich, wenig; *** nicht das Geringste:** *überhaupt nichts;* *** nicht im Geringsten:** *nicht im Mindesten, überhaupt nicht.*

ge|ring|fü|gig [gəˈrɪŋfyːgɪç] ⟨Adj.⟩: *unbedeutend, nicht ins Gewicht fallend:* sie hatte nur geringfügige Verletzungen; der Text wurde geringfügig abgeändert. **Syn.:** gering, klein, minimal, nicht nennenswert, unerheblich.

ge|ring|schät|zig [gəˈrɪŋʃɛt͜sɪç] ⟨Adj.⟩: *in herabsetzender Weise; verächtlich:* eine geringschätzige Handbewegung; jmdn. geringschätzig behandeln. **Syn.:** abfällig, abschätzig, despektierlich (geh.).

ge|rin|nen [gəˈrɪnən], gerann, geronnen ⟨itr.; ist⟩: *(von Milch, Blut o. Ä.) feine Klümpchen, Flocken bilden und dadurch dickflüssig, fest, flockig werden:* saure Milch gerinnt beim Kochen; geronnenes Blut. **Syn.:** dick werden.

Ge|rinn|sel [gəˈrɪnzl̩], das; -s, -: *kleiner Klumpen von geronnenem Blut [in der Blutbahn]:* im Gehirn hatte sich ein Gerinnsel festgesetzt. **Zus.:** Blutgerinnsel.

Ge|rip|pe [gəˈrɪpə], das; -s, -: *Knochengerüst des Körpers; Skelett:* in dem alten Keller hat man ein Gerippe gefunden; sie ist fast bis zum Gerippe abgemagert.

ge|ris|sen [gəˈrɪsn̩] ⟨Adj.⟩ (ugs.): *von anderen nicht überlistbar:* ein gerissener Geschäftsmann; er war ein ganz gerissener Anwalt, der mit seinen Fragen den Zeugen verwirrte. **Syn.:** ausgekocht (ugs. abwertend), clever, durchtrieben, geschäftstüchtig, gewieft (ugs.), gewitzt, listig, pfiffig, raffiniert, schlau, [2]verschlagen (abwertend).

gern [gɛrn], **ger|ne** [ˈgɛrnə] ⟨Adverb⟩:
1. *ganz bereitwillig, mit Vergnügen; mit Vorliebe:* gern[e] lesen; ich helfe Ihnen gern[e]; sie geht gern[e] früh schlafen; das kannst du gern[e] tun.
2. * jmdn. gern[e] haben: *Zuneigung zu jmdm. empfinden;* *** etwas gern[e] haben:** *Gefallen an etwas finden:* ich habe es gern[e], wenn sie die alten Lieder spielt.
3. a) drückt eine Bestätigung, Billigung aus; *ohne Weiteres:* das glaube ich dir gern[e]; du kannst gern[e] mitkommen. **b)** drückt einen Wunsch aus; *nach Möglichkeit, wenn es geht, möglich ist:* ich wüsste es gern[e]; ich hätte gern[e] ein Kilo Äpfel.

Ge|röll [gəˈrœl], das; -[e]s: *Ansammlung loser Steine; lockeres Gestein:* kalkiges Geröll; der Bach fließt durch Geröll. **Syn.:** Schutt.

Gers|te [ˈgɛrstə], die; -: **a)** *Getreideart, deren Frucht vor allem zum Brauen von Bier und als Viehfutter verwendet wird.* **Syn.:** Getreide. **Zus.:** Futtergerste, Sommergerste, Wintergerste. **b)** *aus kantigen Körnern bestehende Frucht der Gerste* (a) *mit langen Grannen.*

Ger|te [ˈgɛrtə], die; -, -n: *dünner, biegsamer Stock:* sich eine Gerte schneiden; er schlug ihm mit der Gerte ins Gesicht.

Ge|ruch [gəˈrʊx], der; -[e]s, Gerüche [gəˈrʏçə]: *Ausdünstung, Ausströmung, die durch das Geruchsorgan wahrgenommen wird; die Art, wie etwas riecht:* ein süßlicher, stechender, harziger, beißender Geruch; Zwiebeln haben einen scharfen Geruch. **Syn.:** Aroma, Duft, Gestank, Mief (salopp abwertend). **Zus.:** Brandgeruch, Essengeruch, Gasgeruch, Körpergeruch, Mundgeruch.

ge|ruch|los [gəˈrʊxloːs] ⟨Adj.⟩: *keinen Geruch ausströmend, ohne Geruch:* diese Knoblauchperlen sind völlig geruchlos.

Ge|rücht [gəˈrʏçt], das; -[e]s, -e: *etwas, was allgemein gesagt, weitererzählt wird, ohne dass bekannt ist, ob es auch wirklich zutrifft:* das ist nur ein Gerücht; etwas stellt sich als bloßes Gerücht heraus; es geht das Gerücht, dass sie wieder heiraten wolle. **Syn.:** Gerede (ugs.), Klatsch.

ge|ruh|sam [gəˈruːzaːm] ⟨Adj.⟩: *ruhig und behaglich:* einen geruhsamen Abend verbringen; geruhsam frühstücken. **Syn.:** harmonisch.

Ge|rüm|pel [gəˈrʏmpl̩], das; -s (abwertend): *alte, unbrauchbar und wertlos gewordene Gegenstände:* das Gerümpel aus der Wohnung entfernen; der Dachboden steht voller Gerümpel, ist mit Gerümpel angefüllt. **Syn.:** Klamotten ⟨Plural⟩ (ugs.), Kram, Krimskrams (ugs.), Plunder (ugs.), Zeug, Zimt (ugs. abwertend).

Ge|rüst [gəˈrʏst], das; -[e]s, -e: *Konstruktion aus Stangen, Stahlrohren, Brettern o. Ä., besonders für Bau-, Reparatur- und Montagearbeiten:* ein Gerüst aufbauen, aufstellen; sie kletterte auf das Gerüst; er fiel, stürzte vom Gerüst. **Zus.:** Baugerüst, Brettergerüst, Holzgerüst, Metallgerüst, Stahlgerüst.

ge|samt [gəˈzamt] ⟨Adj.⟩: *alle[s] ohne Ausnahme umfassend, zusammengenommen; ganz, vollständig:* die gesamte Bevölkerung; er hat sein gesamtes Vermögen verloren. **Syn.:** komplett, sämtlich.

Ge|samt|ein|druck [gəˈzamt|ai̯ndrʊk], der; -[e]s, Gesamteindrücke [gəˈzamt|ai̯ndrʏkə]: *Eindruck, der sich aus einzelnen Eindrücken, Beobachtungen ergibt.*

Ge|samt|heit [gəˈzamthai̯t], die; -: *als Einheit erscheinende Menge von Personen, Dingen, Vorgängen o. Ä.:* die Gesamtheit der Arbeiter und Arbeiterinnen; die Gesamtheit der Kenntnisse auf dem Gebiet der Nuklearmedizin.

Ge|sand|te [gəˈzantə], die/eine Gesandte; der/einer Gesandten, die Gesandten/zwei Gesandte:

weibliche Person, die einen Staat diplomatisch vertritt und im Rang unter dem Botschafter, der Botschafterin steht: die deutsche Gesandte in Schweden. **Syn.:** Bevollmächtigte, Diplomatin, Vertreterin.

Ge|sand|ter [ɡəˈzantɐ], der Gesandte/ein Gesandter; des/eines Gesandten, die Gesandten/zwei Gesandte:
Person, die einen Staat diplomatisch vertritt und im Rang unter dem Botschafter, der Botschafterin steht. **Syn.:** Bevollmächtigter, Diplomat, Vertreter.

Ge|sand|tin [ɡəˈzantɪn], die; -, -nen:
weibliche Form zu ↑Gesandter.

Ge|sandt|schaft [ɡəˈzantʃaft], die; -, -en:
von einer oder einem Gesandten geleitete diplomatische Vertretung eines Staates im Ausland: die Gesandtschaft der Bundesrepublik Deutschland.

Ge|sang [ɡəˈzaŋ], der; -[e]s, Gesänge [ɡəˈzɛŋə]:
1. ⟨ohne Plural⟩ *das Singen:* froher Gesang ertönte; der Gesang der Vögel. **Zus.:** Chorgesang, Sologesang, Sprechgesang.
2. *das Gesungene in seiner charakteristischen Form; etwas zum Singen Bestimmtes:* geistliche, weltliche Gesänge. **Zus.:** Chorgesang, Lobgesang.

Ge|säß [ɡəˈzɛːs], das; -es, -e:
Teil des Körpers, auf dem man sitzt: er zog die Beine ans Gesäß. **Syn.:** Allerwertester (ugs. scherzh.), Arsch (derb), Hintern, Po, Popo (fam.), Steiß, verlängerter Rücken (scherzh. verhüllend), vier Buchstaben (ugs. scherzh.).

Ge|schäft [ɡəˈʃɛft], das; -[e]s, -e:
1. a) *gewerbliches, kaufmännisches Unternehmen, Firma:* ein sehr renommiertes Geschäft; ein Geschäft eröffnen, führen, leiten; morgen gehe ich nicht ins Geschäft (ugs.; *zum Arbeiten in die Firma, ins Büro*). **Syn.:** Betrieb. **Zus.:** Speditionsgeschäft, Versandgeschäft.
b) *Räume, Räumlichkeiten, in denen ein gewerbliches Unternehmen Waren ausstellt und zum Verkauf anbietet:* warten, bis die Geschäfte öffnen; das Geschäft ist heute geschlossen. **Syn.:** Laden. **Zus.:** Antiquitätengeschäft, Blumengeschäft, Delikatessengeschäft, Feinkostgeschäft, Lebensmittelgeschäft, Schreibwarengeschäft, Schuhgeschäft, Spielwarengeschäft, Wäschegeschäft.
2. *auf Gewinn abzielende [kaufmännische] Unternehmung; [abgeschlossener] Verkauf:* die Geschäfte gehen gut, stocken; das Geschäft kommt zustande; das Geschäft *(der Verkauf, Absatz)* ist rege, belebt sich; diese Sache war kein Geschäft *(brachte keinen Gewinn)* für uns. **Syn.:** Handel. **Zus.:** Börsengeschäft, Geldgeschäft, Millionengeschäft, Tauschgeschäft, Weihnachtsgeschäft.
3. *Angelegenheit, Tätigkeit, Aufgabe, die zu erledigen ist, mit der ein bestimmter Zweck verfolgt wird:* ein nützliches, undankbares Geschäft; sie hat viele Geschäfte zu erledigen. **Syn.:** Arbeit, Obliegenheit (geh.). **Zus.:** Amtsgeschäft, Dienstgeschäft, Rechtsgeschäft, Tagesgeschäft.

ge|schäf|tig [ɡəˈʃɛftɪç] ⟨Adj.⟩:
unentwegt tätig, sich (mit viel Aufwand an Bewegung) unausgesetzt mit etwas beschäftigend: geschäftiges Treiben; sie lief geschäftig hin und her. **Syn.:** beflissen (geh.), betriebsam, eifrig, emsig (geh., oft iron.), fleißig, rastlos, rührig, unermüdlich.

ge|schäft|lich [ɡəˈʃɛftlɪç] ⟨Adj.⟩:
die Angelegenheiten eines gewerblichen Unternehmens, einen Handel betreffend; nicht privat: geschäftliche Dinge besprechen; mit jmdm. geschäftlich verhandeln; sie hat hier geschäftlich zu tun. **Syn.:** dienstlich.

Ge|schäfts|frau [ɡəˈʃɛft͜sfrau̯], die; -, -en:
Frau, die Geschäfte (2) tätigt, ein kaufmännisches Unternehmen o. Ä. führt: eine versierte Geschäftsfrau; du wärst eine tüchtige Geschäftsfrau geworden. **Syn.:** Händlerin, Kauffrau, Managerin.

Ge|schäfts|mann [ɡəˈʃɛft͜sman], der; -[e]s, Geschäftsmänner [ɡəˈʃɛft͜smɛnɐ] und Geschäftsleute [ɡəˈʃɛft͜slɔ͜ytə]:
Mann, der Geschäfte (2) tätigt, ein kaufmännisches Unternehmen o. Ä. führt: er ist ein schlechter Geschäftsmann. **Syn.:** Händler, Kaufmann, Manager.

ge|schäfts|mä|ßig [ɡəˈʃɛft͜smɛːsɪç] ⟨Adj.⟩:
a) *im Rahmen von Geschäften, geschäftlich:* geschäftsmäßiges Handeln. **b)** *im Rahmen des Geschäftlichen bleibend; sachlich, objektiv:* eine geschäftsmäßige Unterhaltung. **c)** *unpersönlich, kühl:* in geschäftsmäßigem Ton sprechen.

Ge|schäfts|stel|le [ɡəˈʃɛft͜sʃtɛlə], die; -, -n:
Stelle, Büro einer Institution, wo die laufenden Geschäfte erledigt und Kunden bedient werden: die Geschäftsstelle des Vereins befindet sich im Rathaus. **Syn.:** Agentur, Niederlassung.

ge|schäfts|tüch|tig [ɡəˈʃɛft͜stʏçtɪç] ⟨Adj.⟩:
a) *kaufmännisch geschickt:* sie war schon immer eine geschäftstüchtige Partnerin. **Syn.:** clever, schlau. **b)** (abwertend) *äußerst findig, [mit nicht ganz einwandfreien Methoden] aus bestimmten Umständen für sich Vorteile zu ziehen:* den Vorteil seiner adligen Geburt nutzte er geschäftstüchtig aus. **Syn.:** clever, gerissen (ugs.), gewieft (ugs.), schlau.

ge|sche|hen [ɡəˈʃeːən], geschieht, geschah, geschehen ⟨itr.; ist⟩:
1. *(als etwas Bemerkenswertes, Auffallendes o. Ä.) in eine bestimmte Situation eintreten und vor sich gehen, eine bestimmte Zeitspanne durchlaufen und zum Abschluss kommen:* es ist ein Unglück geschehen; das geschieht *(das tut man)* zu deinem Besten; in dieser Sache muss etwas geschehen *(unternommen werden)*; etwas geschehen lassen *(einen Vorgang, ein Ereignis dulden)*. **Syn.:** ablaufen, sich begeben (geh.), sich ereignen, erfolgen, kommen, passieren, [1]sein, stattfinden, über die Bühne gehen (ugs.), sich vollziehen, vonstattengehen, vorfallen, vorgehen, zugehen, zustande kommen, sich zutragen.
2. *widerfahren:* ihr ist Unrecht geschehen; das geschieht dir ganz recht *(das hast du ver-*

dient). **Syn.:** begegnen, passieren, unterlaufen, vorkommen, zustoßen, zuteilwerden.

Ge|sche|hen [gəˈʃeːən], das; -s: *etwas, was geschieht; besondere, auffallende Vorgänge, Ereignisse:* ein dramatisches Geschehen; das politische Geschehen der letzten zehn Jahre. **Syn.:** Affäre, Begebenheit (geh.), Episode, Erlebnis, Geschehnis (geh.), Phänomen, Prozess, Vorfall, Vorkommnis, Zwischenfall. **Zus.:** Kriegsgeschehen, Tagesgeschehen.

-ge|sche|hen [gəʃeːən], das; -s ⟨Suffixoid⟩: *etwas, was sich im Hinblick auf das im Basiswort Genannte in bestimmter Weise [als Prozess] entwickelt o. Ä.:* Arbeitsgeschehen; Gegenwartsgeschehen; Gruppengeschehen; Kriegsgeschehen; Schulgeschehen; Spielgeschehen; Tagesgeschehen; Tatgeschehen; Unfallgeschehen; Unterrichtsgeschehen; Verkehrsgeschehen; Zeitgeschehen.

Ge|scheh|nis [gəˈʃeːnɪs], das; -ses, -se (geh.): *Ereignis, Vorgang:* die Geschehnisse während der Revolution; er rekonstruierte die Geschehnisse dieses Tages aufs Genaueste; über ein Geschehnis berichten. **Syn.:** Affäre, Begebenheit (geh.), Episode, Erlebnis, Geschehen, Phänomen, Prozess, Vorfall, Vorkommnis, Zwischenfall.

ge|scheit [gəˈʃai̯t] ⟨Adj.⟩: *einen guten, praktischen Verstand, ein gutes Urteilsvermögen besitzend, erkennen lassend; von Verstand zeugend, intelligent:* ein gescheiter Mensch; ein gescheiter Einfall; sie ist sehr gescheit; du bist wohl nicht ganz/nicht recht gescheit (ugs.; *du bist wohl nicht bei Verstand*)!; es wäre gescheiter *(vernünftiger)*, gleich anzufangen. **Syn.:** aufgeweckt, begabt, klug, scharfsinnig, schlau, umsichtig, vernünftig, verständig, wach, weise, weitsichtig.

Ge|schenk [gəˈʃɛŋk], das; -[e]s, -e: *etwas, was man jmdm. schenkt bzw. von jmdm. geschenkt bekommt:* ein großzügiges Geschenk; ein Geschenk aussuchen, kaufen, überreichen; jmdm. etwas zum Geschenk machen. **Syn.:** Aufmerksamkeit, Gabe, Mitbringsel (fam.), Präsent (bildungsspr.). **Zus.:** Abschiedsgeschenk, Geburtstagsgeschenk, Hochzeitsgeschenk, Weihnachtsgeschenk.

Ge|schich|te [gəˈʃɪçtə], die; -, -n: **1. a)** ⟨ohne Plural⟩ *politische, gesellschaftliche, kulturelle Entwicklung eines bestimmten geografischen, kulturellen Bereichs und die dabei entstehende Folge von Ereignissen:* die deutsche Geschichte; die Geschichte des Römischen Reiches, der Musik; Geschichte *(Geschichtswissenschaft)* studieren. **Zus.:** Entwicklungsgeschichte, Geistesgeschichte, Kirchengeschichte, Kulturgeschichte, Literaturgeschichte, Menschheitsgeschichte, Sprachgeschichte, Weltgeschichte. **b)** *wissenschaftliche Darstellung einer historischen Entwicklung:* er hat eine Geschichte des Dreißigjährigen Krieges geschrieben. **Zus.:** Literaturgeschichte, Sprachgeschichte.
2. *mündliche oder schriftliche Schilderung eines tatsächlichen oder erdachten Geschehens, Ereignisses o. Ä.:* die Geschichte von Robinson Crusoe; eine spannende Geschichte erzählen. **Syn.:** Erzählung, Story. **Zus.:** Bildergeschichte, Gruselgeschichte, Indianergeschichte, Kurzgeschichte, Tiergeschichte, Titelgeschichte.
3. (ugs.) *[unangenehme] Angelegenheit, Sache:* das ist eine dumme, verzwickte Geschichte; sie hat von der ganzen Geschichte nichts gewusst; das sind alte Geschichten *(längst bekannte Tatsachen)*. **Syn.:** Affäre, Fall. **Zus.:** Frauengeschichte, Liebesgeschichte.

ge|schicht|lich [gəˈʃɪçtlɪç] ⟨Adj.⟩: *die Geschichte betreffend, der Geschichte gemäß, durch sie verbürgt:* eine geschichtliche Darstellung; ein geschichtliches Ereignis. **Syn.:** historisch. **Zus.:** entwicklungsgeschichtlich.

[1]Ge|schick [gəˈʃɪk], das; -[e]s, -e: **1.** ⟨ohne Plural⟩ *eine Art schicksalhafte Macht:* ein gütiges Geschick hat uns davor bewahrt; ihn traf ein schweres Geschick. **Syn.:** Bestimmung, Los, Schicksal.
2. *politische und wirtschaftliche Situation, Entwicklung; Lebensumstände:* sein Neffe lenkt heute die Geschicke des Unternehmens.

[2]Ge|schick [gəˈʃɪk], das; -[e]s: *das Geschicktsein:* handwerkliches, diplomatisches Geschick; etwas mit großem Geschick tun; [kein] Geschick zu / für etwas haben. **Syn.:** Fertigkeit, Geschicklichkeit, Gewandtheit, Sicherheit.

Ge|schick|lich|keit [gəˈʃɪklɪçkai̯t], die; -: *Fertigkeit, besondere Gewandtheit beim raschen, zweckmäßigen Ausführen, Abwickeln, bei der Handhabung o. Ä. einer Sache:* handwerkliche Geschicklichkeit; etwas mit großer Geschicklichkeit anpacken, ausführen; alle bewunderten ihre Geschicklichkeit bei den Verhandlungen. **Syn.:** [2]Geschick, Sicherheit.

ge|schickt [gəˈʃɪkt] ⟨Adj.⟩: *Geschicklichkeit, Gewandtheit, Wendigkeit zeigend:* ein geschickter Handwerker; das kleine Mädchen ist sehr geschickt; die Blumen geschickt arrangieren; er konnte sich geschickt verteidigen. **Syn.:** clever, fingerfertig, gelenkig, gewandt, gewitzt, pfiffig, raffiniert, routiniert, schlau, wendig.

Ge|schirr [gəˈʃɪr], das; -[e]s, -e: *[zusammengehörende] Gefäße aus Porzellan o. Ä., die man zum Essen und Trinken benutzt:* unzerbrechliches, feuerfestes Geschirr; ein bemaltes Geschirr für 12 Personen; das Geschirr abwaschen, spülen. **Syn.:** Porzellan, [1]Service. **Zus.:** Glasgeschirr, Kaffeegeschirr, Porzellangeschirr, Silbergeschirr.

Ge|schirr|spü|ler [gəˈʃɪrʃpyːlɐ], der; -s, - (ugs.): *Geschirrspülmaschine:* wer räumt heute den Geschirrspüler aus?

Ge|schlecht [gəˈʃlɛçt], das; -[e]s, -er: **1. a)** ⟨ohne Plural⟩ *Gesamtheit der Merkmale, wonach ein Lebewesen als männlich oder weiblich zu bestimmen ist:* junge Leute beiderlei Geschlechts. **b)** *die Gesamtheit der Lebewesen, die entweder männlich oder weiblich sind:* das ist eine Beleidigung

des weiblichen Geschlechts *(der Frauen).*
2. *Geschlechtsorgan.*
3. a) *Gattung, Art:* das menschliche Geschlecht. **Zus.:** Menschengeschlecht. **b)** *Familie, Sippe:* das Geschlecht der Hohenstaufen. **Zus.:** Adelsgeschlecht, Bauerngeschlecht.
c) *Generation:* die kommenden Geschlechter; das vererbt sich von Geschlecht zu Geschlecht.

ge|schlecht|lich [gəˈʃlɛçtlɪç] ⟨Adj.⟩:
a) *das Geschlecht* (1 a) *betreffend:* die geschlechtliche Fortpflanzung; sich geschlechtlich vermehren. **Zus.:** gleichgeschlechtlich. **b)** *sexuell:* geschlechtliche Lust, Beziehung, Erregung.

Ge|schlechts|or|gan [gəˈʃlɛçts|ɔrga:n], das; -s, -e:
Organ, das unmittelbar der geschlechtlichen [Befriedigung und] Fortpflanzung dient:
innere, äußere Geschlechtsorgane. **Syn.:** Genitale (bes. Med.), Scham (geh. verhüllend).

Ge|schlechts|ver|kehr [gəˈʃlɛçtsfɛɐ̯ke:ɐ̯], der; -s:
sexueller Kontakt mit einer Partnerin, einem Partner:
Geschlechtsverkehr [mit jmdm.] haben. **Syn.:** Beischlaf (geh., Rechtsspr.), Koitus, Sex, Verkehr.

ge|schlif|fen [gəˈʃlɪfn̩] ⟨Adj.⟩:
vollendet, tadellos in Bezug auf die äußere Form, überzeugend kultiviert wirkend: ein Film mit subtilen, geschliffenen Dialogen. **Syn.:** perfekt.

ge|schlos|sen [gəˈʃlɔsn̩] ⟨Adj.⟩:
a) *gemeinsam, ohne Ausnahme, einheitlich:* sie stimmten geschlossen für die neue Regelung. **Syn.:** komplett, vollständig. **b)** *in sich zusammenhängend:* eine geschlossene Ortschaft; die Wolkendecke ist geschlossen. **c)** *abgerundet, in sich eine Einheit bildend:* eine [in sich] geschlossene Persönlichkeit; die Arbeit ist eine geschlossene Leistung.

Ge|schmack [gəˈʃmak], der; -[e]s:
1. a) *Fähigkeit, etwas zu schmecken:* Geschmack ist einer der fünf Sinne; er hat wegen seines Schnupfens keinen Geschmack.
b) *Art, wie etwas schmeckt:* ein süßer, angenehmer Geschmack; die Suppe hat einen kräftigen Geschmack. **Syn.:** Aroma, Würze. **Zus.:** Fruchtgeschmack, Nachgeschmack.
2. *Fähigkeit zu ästhetischem [Wert]urteil:* einen guten, sicheren Geschmack haben; im Geschmack *(nach dem ästhetischen Wertmaßstab, Urteil)* des Biedermeiers.
3. *subjektives Urteil über das, was für jmdn. schön oder angenehm ist, was jmdm. gefällt, wofür jmd. eine Vorliebe hat:* das ist nicht mein, nach meinem Geschmack; über den Geschmack lässt sich [nicht] streiten. **Syn.:** Neigung, Richtung.

ge|schmack|los [gəˈʃmaklo:s] ⟨Adj.⟩:
1. *keinen Sinn für Schönheit erkennen lassend, ästhetische Grundsätze verletzend:*
ein geschmackloses Bild; geschmacklos gekleidet sein.
Syn.: kitschig.
2. *die guten Sitten verletzend, ohne Taktgefühl:* ein geschmackloser Witz; ich finde seine Antwort geschmacklos. **Syn.:** taktlos, unangebracht, unpassend.
3. *ohne Geschmack, Würze:* ein geschmackloses weißes Pulver; das Essen war ganz und gar geschmacklos. **Syn.:** fade, kraftlos, ohne Saft und Kraft, wässrig.

ge|schmack|voll [gəˈʃmakfɔl] ⟨Adj.⟩:
Geschmack zeigend, Sinn für Schönheit erkennen lassend: eine geschmackvolle Ausstattung; sich geschmackvoll kleiden; das Schaufenster ist geschmackvoll dekoriert. **Syn.:** adrett, apart, ästhetisch, elegant, schön, wunderbar, wunderschön, wundervoll.

Ge|schmei|de [gəˈʃmai̯də], das; -s, -:
kostbarer Schmuck: ein goldenes Geschmeide mit funkelnden Edelsteinen. **Zus.:** Diamantgeschmeide, Goldgeschmeide.

ge|schmei|dig [gəˈʃmai̯dɪç] ⟨Adj.⟩:
1. *schmiegsam und glatt; weich und dabei voll Spannkraft:* die Haut mit Öl geschmeidig halten; dieses Leder ist geschmeidig.
Syn.: biegsam, elastisch, flexibel.
2. *biegsame, gelenkige Glieder besitzend und daher gewandt und kraftvoll:* geschmeidige Bewegungen; sie ist geschmeidig wie eine Katze.
3. (oft abwertend) *wendig im Gespräch oder im Verhalten; anpassungsfähig:* ein geschmeidiger Diskussionsleiter.

Ge|schöpf [gəˈʃœp͡f], das; -[e]s, -e:
1. *Lebewesen:* Geschöpfe Gottes. **Syn.:** Kreatur, Wesen. **Zus.:** Gottesgeschöpf.
2. *Mensch, Person:* ein faules, armes Geschöpf; sie ist ein undankbares Geschöpf *(eine undankbare Person).* **Syn.:** Kreatur, Wesen. **Zus.:** Luxusgeschöpf.
3. *künstlich erschaffene [literarische] Gestalt:* die Geschöpfe seiner Fantasie.

Ge|schoss [gəˈʃɔs], das; -es, -e:
1. *aus oder mithilfe einer Waffe auf ein Ziel geschossener [meist länglicher] Körper:* das Geschoss explodiert, schlägt ein, trifft ins Ziel. **Syn.:** Granate, Kugel, Patrone. **Zus.:** Artilleriegeschoss, Wurfgeschoss.
2. *Gebäudeteil, der alle auf gleicher Höhe liegenden Räume umfasst:* ein Neubau mit drei Geschossen; sie wohnt im vierten Geschoss. **Syn.:** Etage, ²Stock, Stockwerk. **Zus.:** Dachgeschoss, Erdgeschoss, Kellergeschoss, Obergeschoss, Untergeschoss, Zwischengeschoss.

ge|schraubt [gəˈʃrau̯pt] ⟨Adj.⟩ (ugs. abwertend):
nicht natürlich und schlicht; gekünstelt und schwülstig wirkend: ein geschraubter Stil; er drückte sich sehr geschraubt aus. **Syn.:** geschwollen, gespreizt, geziert.

Ge|schrei [gəˈʃrai̯], das; -s:
längere Zeit andauerndes Schreien: lautes Geschrei; ein Geschrei erheben. **Syn.:** Gebrüll.
Zus.: Freudengeschrei, Kindergeschrei.

Ge|schütz [gəˈʃʏt͡s], das; -es, -e:
fahrbare oder fest montierte schwere Schusswaffe: ein schweres Geschütz; Geschütze in Stellung bringen. **Syn.:** Kanone;
*** grobes/schweres Geschütz auffahren** (ugs.): *jmdm. [übertrieben] scharf entgegentreten.*

Ge|schwätz [gəˈʃvɛt͡s], das; -es:
(ugs. abwertend) *ärgerliches, nichtssagendes, überflüssiges Reden:* das ist nur [leeres, dummes] Geschwätz; ach, hör doch

nicht auf sein Geschwätz! **Syn.:** Blabla, Gerede, Gewäsch (ugs. abwertend), Klatsch, Palaver (ugs. abwertend).

ge|schwät|zig [gəˈʃvɛt͜sɪç] ⟨Adj.⟩ (abwertend):
zu viel redend: eine geschwätzige alte Frau; er ist schrecklich geschwätzig. **Syn.:** gesprächig, redselig.

ge|schwei|ge [gəˈʃvai̯gə] ⟨Konj.; nur nach einer verneinten oder einschränkenden Aussage, oft in Verbindung mit »denn«⟩:
erst recht nicht, noch viel weniger, ganz zu schweigen von: ich kann kaum gehen, geschweige [denn] Treppen steigen; auf so eine Idee käme er nie, geschweige [denn], dass er es in die Tat umsetzte.

ge|schwind [gəˈʃvɪnt] ⟨Adj.⟩ (landsch.):
schnell: komm geschwind!; das geht nicht so geschwind. **Syn.:** fix (ugs.), flink, hurtig (veraltend, noch landsch.), rasch, wie der Wind (ugs.), zügig.

Ge|schwin|dig|keit [gəˈʃvɪndɪçkai̯t], die; -, -en:
Schnelligkeit, mit der ein Vorgang abläuft, mit der sich etwas bewegt, mit der eine Entfernung überwunden, eine Strecke zurückgelegt wird: die Geschwindigkeit messen; die Länge des Bremswegs hängt von der [gefahrenen] Geschwindigkeit ab; bei hohen, mittleren Geschwindigkeiten; die Erde umkreist die Sonne mit einer Geschwindigkeit von rund 30 Kilometern pro Sekunde; die Geschwindigkeit, mit der eine Maschine arbeitet, herabsetzen, erhöhen; er macht die Arbeit mit einer unglaublichen Geschwindigkeit; das Feuer breitete sich mit rasender Geschwindigkeit aus; der Wagen kam wegen überhöhter Geschwindigkeit von der Straße ab; das Auto fuhr mit einer Geschwindigkeit von 150 km/h. **Syn.:** Tempo. **Zus.:** Anfangsgeschwindigkeit, Durchschnittsgeschwindigkeit, Fahrgeschwindigkeit, Fallgeschwindigkeit, Fluggeschwindigkeit, Höchstgeschwindigkeit, Lichtgeschwindigkeit, Mindestgeschwindigkeit, Reaktionsgeschwindigkeit, Reisegeschwindigkeit, Rotationsgeschwindigkeit, Schallgeschwindigkeit, Schrittgeschwindigkeit, Strömungsgeschwindigkeit, Überschallgeschwindigkeit, Umlaufgeschwindigkeit, Windgeschwindigkeit.

Ge|schwin|dig|keits|be|schrän|kung [gəˈʃvɪndɪçkai̯t͜sbəʃrɛŋkʊŋ], die; -, -en:
Verbot, eine bestimmte Geschwindigkeit zu überschreiten: auf Autobahnen gilt eine allgemeine Geschwindigkeitsbeschränkung von 130 km/h; er hält sich an keine Geschwindigkeitsbeschränkung.

Ge|schwis|ter [gəˈʃvɪstɐ], die ⟨Plural⟩:
Personen, die gemeinsame Eltern haben: meine [jüngeren] Geschwister; »Hast du noch Geschwister?« – »Ja, zwei Brüder [und eine Schwester].«; wir sind Geschwister. **Syn.:** Brüder, Bruder und Schwester, Brüder und Schwestern, Schwestern. **Zus.:** Halbgeschwister, Stiefgeschwister, Zwillingsgeschwister.

ge|schwol|len [gəˈʃvɔlən] ⟨Adj.⟩:
(in Bezug auf den Ausdruck, die Formulierung von etwas) wichtigtuerisch und hochtrabend: sein Stil ist geschwollen; er redet immer so geschwollen. **Syn.:** geschraubt (ugs. abwertend), gespreizt, geziert.

Ge|schwulst [gəˈʃvʊlst], die; -, Geschwülste [gəˈʃvʏlstə]:
krankhafte Anschwellung oder Wucherung von Gewebe im Körper: eine gutartige, bösartige Geschwulst; eine Geschwulst entfernen. **Syn.:** Tumor. **Zus.:** Krebsgeschwulst, Tochtergeschwulst.

Ge|schwür [gəˈʃvyːɐ̯], das; -[e]s, -e:
mit einer Schwellung verbundene [eitrige] Entzündung der Haut, einer Schleimhaut: ein eitriges Geschwür; der Arzt schnitt das Geschwür auf. **Syn.:** Abszess, Furunkel. **Zus.:** Darmgeschwür, Magengeschwür, Zahngeschwür.

Ge|sel|le [gəˈzɛlə], der; -n, -n:
1. *Handwerker, der seine Lehre mit einer Prüfung abgeschlossen hat:* der Meister beschäftigt zwei Gesellen; er ist Geselle. **Zus.:** Bäckergeselle, Fleischergeselle, Handwerksgeselle, Maurergeselle, Schlossergeselle, Schneidergeselle, Schreinergeselle.
2. *Bursche, Kerl:* er ist ein lustiger, wüster, langweiliger, unzuverlässiger Geselle; wenn ich diesem Gesellen noch einmal begegne ...! **Syn.:** Typ, Zeitgenosse (ugs., häufig abwertend).

ge|sel|len [gəˈzɛlən] ⟨+ sich⟩:
sich (jmdm.) anschließen, zu jmdm., etwas dazukommen: er gesellte sich zu anderen jungen Leuten; zu all dem Unglück gesellte sich noch eine schwere Krankheit.

ge|sel|lig [gəˈzɛlɪç] ⟨Adj.⟩:
a) *sich leicht und gern an andere anschließend:* ein geselliger Mensch; gesellig sein. **b)** *in zwangloser Gesellschaft stattfindend:* ein geselliger Abend.

Ge|sel|lig|keit [gəˈzɛlɪçkai̯t], die; -:
zwangloser Umgang, Verkehr mit anderen Menschen: die Geselligkeit lieben, pflegen; er legt [keinen] großen Wert auf Geselligkeit.

Ge|sel|lin [gəˈzɛlɪn], die; -, -nen:
weibliche Form zu ↑Geselle.

Ge|sell|schaft [gəˈzɛlʃaft], die; -, -en:
1. a) ⟨ohne Plural⟩ *das Zusammen-, Befreundet-, Begleitetsein; gesellschaftlicher Verkehr:* in schlechte Gesellschaft geraten; sie war in [der] Gesellschaft zweier Herren. **Syn.:** Begleitung, Umgang. **Zus.:** Damengesellschaft, Herrengesellschaft.
b) *geselliges, festliches Beisammensein:* eine Gesellschaft geben. **Syn.:** ²Ball, Feier, Fest, Fete (ugs.), Party. **Zus.:** Abendgesellschaft, Kaffeegesellschaft.
c) *Kreis, Gruppe von Menschen:* eine große, nette Gesellschaft; eine gemischte *(sehr unterschiedlich zusammengesetzte)* Gesellschaft. **Syn.:** Runde. **Zus.:** Hochzeitsgesellschaft, Jagdgesellschaft, Reisegesellschaft, Trauergesellschaft.
2. *Gesamtheit der unter bestimmten politischen, wirtschaftlichen, sozialen Verhältnissen und Formen zusammenlebenden Menschen:* die bürgerliche Gesellschaft. **Syn.:** Allgemeinheit, Bevölkerung, Bürgerinnen und Bürger, Leute ⟨Plural⟩, Menschen ⟨Plural⟩, Öffentlichkeit. **Zus.:** Feudalgesellschaft, Frei-

zeitgesellschaft, Informationsgesellschaft, Klassengesellschaft, Konsumgesellschaft, Leistungsgesellschaft, Spaßgesellschaft, Ständegesellschaft, Überflussgesellschaft, Wegwerfgesellschaft, Wohlstandsgesellschaft.
3. *durch Vermögen, Stellung, Bildung o. Ä. maßgebende obere Schicht der Bevölkerung:* zur Gesellschaft gehören. **Syn.:** die oberen Zehntausend, die Spitzen der Gesellschaft, Elite, führende Kreise.
4. *Vereinigung [auf Zeit] mit bestimmten Zwecken:* eine wissenschaftliche Gesellschaft; eine Gesellschaft mit beschränkter Haftung (Abkürzung: GmbH). **Syn.:** Betrieb, Firma, Konzern, Unternehmen, Unternehmung. **Zus.:** Aktiengesellschaft, Baugesellschaft, Filmgesellschaft, Fluggesellschaft, Handelsgesellschaft, Kommanditgesellschaft, Luftfahrtgesellschaft, Mineralölgesellschaft, Muttergesellschaft, Telefongesellschaft, Tochtergesellschaft, Transportgesellschaft, Versicherungsgesellschaft.

ge|sell|schaft|lich [gəˈzɛlʃaftlɪç] ⟨Adj.⟩:
die Gesellschaft betreffend, zur Gesellschaft gehörend: die gesellschaftlichen Formen beachten; politische und gesellschaftliche Verhältnisse. **Syn.:** sozial.

Ge|setz [gəˈzɛt͜s], das; -es, -e:
1. *[vom Staat erlassene] rechtlich bindende Vorschrift:* ein Gesetz beschließen, ratifizieren, verabschieden; gegen ein Gesetz verstoßen. **Syn.:** Erlass, Gebot, Richtlinie. **Zus.:** Arbeitsschutzgesetz, Arzneimittelgesetz, Beamtengesetz, Betäubungsmittelgesetz, Bundesgesetz, Devisengesetz, Ehegesetz, Einwanderungsgesetz, Grundgesetz, Handelsgesetz, Jugendarbeitsschutzgesetz, Jugendschutzgesetz, Landesgesetz, Naturschutzgesetz, Notstandsgesetz, Schulgesetz, Strafgesetz, Tierschutzgesetz.
2. *festes Prinzip, das das Verhalten oder den Ablauf von etwas bestimmt:* die Gesetze der Natur; das Gesetz der Serie; nach dem Gesetz von Angebot und Nachfrage. **Syn.:** Grundsatz, Regel. **Zus.:** Fallgesetz, Gravitationsgesetz, Hebelgesetz, Lautgesetz, Moralgesetz, Naturgesetz.

ge|setz|lich [gəˈzɛt͜slɪç] ⟨Adj.⟩:
dem Gesetz entsprechend, vom Gesetz bestimmt: die Eltern sind die gesetzlichen Vertreter des Kindes; ich bin gesetzlich zu dieser Abgabe verpflichtet. **Syn.:** legal, rechtlich.

ge|setz|los [gəˈzɛt͜slo:s] ⟨Adj.⟩:
1. *durch das Fehlen einer gesetzlichen Ordnung gekennzeichnet:* ein gesetzloser Zustand; ein gesetzloses Chaos, eine gesetzlose Gesellschaft.
2. *sich über die Gesetze hinwegsetzend:* ein gesetzloser Tyrann; wir müssen ihrem gesetzlosen Treiben ein Ende setzen.

Ge|setz|lo|sig|keit [gəˈzɛt͜slo:zɪçkai̯t], die; -:
1. *das Fehlen einer gesetzlichen Ordnung:* ein Zustand der Gesetzlosigkeit.
2. *Missachtung der Gesetze:* sie waren vor allem wegen ihrer Brutalität und absoluten Gesetzlosigkeit berüchtigt.

ge|setz|mä|ßig [gəˈzɛt͜smɛ:sɪç] ⟨Adj.⟩:
einem inneren Gesetz folgend: eine gesetzmäßige Entwicklung; etwas läuft gesetzmäßig ab.

ge|setzt [gəˈzɛt͜st] ⟨Adj.⟩:
reif, ruhig und besonnen: für seine Jugend wirkt er überraschend gesetzt; in gesetztem Alter *(nicht mehr ganz jung)* sein. **Syn.:** abgeklärt, ausgeglichen, bedächtig, gleichmütig, sicher.

ge|setz|wid|rig [gəˈzɛt͜svi:drɪç] ⟨Adj.⟩:
gegen das Gesetz verstoßend: eine gesetzwidrige Handlung. **Syn.:** illegal, illegitim (bildungsspr.), kriminell, strafbar, unerlaubt, ungesetzlich, unrechtmäßig, unzulässig, verboten, widerrechtlich.

Ge|sicht [gəˈzɪçt], das; -[e]s, -er:
1. *vordere Seite des Kopfes:* ein schönes Gesicht; viele bekannte Gesichter; sich das Gesicht waschen; das Gesicht abwenden; jmdm. ins Gesicht gucken, schlagen, spucken. **Syn.:** Antlitz (geh.), Fratze, Visage (derb abwertend). **Zus.:** Durchschnittsgesicht, Engelsgesicht, Jungengesicht, Kindergesicht, Knabengesicht, Mädchengesicht, Madonnengesicht, Pokergesicht, Puppengesicht.
2. *Ausdruck des Gesichtes* (1), *der eine Stimmung, Meinung o. Ä. erkennen lässt:* ein freundliches, böses, dummes Gesicht zeigen, machen. **Syn.:** Miene. **Zus.:** Leidensgesicht, Pokergesicht.

Ge|sichts|kreis [gəˈzɪçt͜skrai̯s], der; -es, -e:
überschaubarer Umkreis: er konnte seinen Gesichtskreis erweitern. **Syn.:** Blickfeld, Horizont.

Ge|sichts|punkt [gəˈzɪçt͜spʊŋkt], der; -[e]s, -e:
bestimmte Möglichkeit, eine Sache anzusehen und zu beurteilen: das ist ein neuer Gesichtspunkt; er geht von einem politischen Gesichtspunkt aus. **Syn.:** Aspekt, Perspektive.

Ge|sichts|was|ser [gəˈzɪçt͜svasɐ], das; -s, Gesichtswässer [gəˈzɪçt͜svɛsɐ]:
flüssiges kosmetisches Mittel zur Pflege und Reinigung des Gesichts. **Syn.:** Lotion.

Ge|sims [gəˈzɪms], das; -es, -e:
waagerecht verlaufender Vorsprung an einer Mauer. **Syn.:** Absatz, Sims. **Zus.:** Dachgesims, Fenstergesims, Kamingesims.

Ge|sin|del [gəˈzɪndl̩], das; -s (abwertend):
Menschen, die man verachtet: ich kann dieses Gesindel nicht ausstehen. **Syn.:** Abschaum, Brut (salopp abwertend), Elemente ⟨Plural⟩, ²Pack (salopp abwertend), Pöbel (abwertend). **Zus.:** Dieb[e]sgesindel, Lumpengesindel.

ge|sinnt [gəˈzɪnt] ⟨Adj.; in Verbindung mit einer näheren Bestimmung⟩:
eine bestimmte Gesinnung habend: anders, edel, gleich, gut, sozial, übel gesinnt sein; jmdm. freundlich gesinnt sein. **Syn.:** denkend, eingestellt. **Zus.:** wohlgesinnt.

Ge|sin|nung [gəˈzɪnʊŋ], die; -, -en:
Art des Denkens, Haltung: eine fortschrittliche, niedrige Gesinnung haben; von anständiger Gesinnung sein; jmdm. seine feindliche Gesinnung zeigen; seine [politische] Gesinnung wechseln. **Syn.:** Denkart, Denkweise, Einstellung, Mentalität, Weltanschauung.

ge|sit|tet [gəˈzɪtət] ⟨Adj.⟩:
den guten Sitten entsprechend, sich gut benehmend: ein gesittetes Benehmen; die Kinder benahmen sich, waren recht gesittet; es ging sehr gesittet zu. **Syn.:** artig, brav, diszipliniert, ordentlich.

Ge|söff [gəˈzœf], das; -[e]s, -e (abwertend):
in Bezug auf Geschmack, Qualität als in ärgerlicher Weise schlecht empfundenes Getränk: dieses Gesöff kannst du selber trinken! **Syn.:** Brühe (ugs. abwertend), Trank (geh.), Trunk (geh.).

ge|son|nen [gəˈzɔnən]:
in der Wendung **gesonnen sein, etwas zu tun:** *die Absicht haben, etwas zu tun:* ich bin nicht gesonnen, meinen Plan aufzugeben. **Syn.:** beabsichtigen, etwas zu tun; bereit sein, etwas zu tun; daran denken, etwas zu tun; den Vorsatz haben, etwas zu tun; gedenken, etwas zu tun; geneigt sein, etwas zu tun; gewillt sein, etwas zu tun; planen, etwas zu tun; vorhaben, etwas zu tun; willens sein, etwas zu tun (geh.).

Ge|spann [gəˈʃpan], das; -[e]s, -e:
1. *Wagen mit einem oder mehreren davorgespannten Zugtieren:* ein Gespann mit vier Pferden. **Syn.:** Kutsche. **Zus.:** Hundegespann, Ochsengespann, Pferdegespann.
2. *zwei auf bestimmte Weise zusammengehörende Menschen:* die beiden Freunde sind ein tolles, eigenartiges Gespann. **Syn.:** Paar, Team.

ge|spannt [gəˈʃpant] ⟨Adj.⟩:
1. *voller Erwartung den Ablauf eines Geschehens verfolgend:* ich bin gespannt, ob es ihm gelingt; wir sahen dem Spiel gespannt zu. **Syn.:** aufmerksam, interessiert, konzentriert, neugierig.
2. *leicht in Streit übergehend:* die politische Lage ist gespannt; gespannte Beziehungen. **Syn.:** kritisch.

Ge|spenst [gəˈʃpɛnst], das; -[e]s, -er:
furchterregender spukender Geist (in Menschengestalt): er glaubt an Gespenster. **Zus.:** Schreckgespenst.

ge|spens|tisch [gəˈʃpɛnstɪʃ] ⟨Adj.⟩:
(wie ein Gespenst) unheimlich, Furcht hervorrufend: eine gespenstische Erscheinung. **Syn.:** beklemmend, dämonisch, gruselig, makaber, schauerlich, schaurig.

Ge|spinst [gəˈʃpɪnst], das; -[e]s, -e:
gesponnenes Garn; [lockeres] Gewebe: ein feines, grobes Gespinst. **Syn.:** Stoff, Tuch. **Zus.:** Seidengespinst, Wollgespinst.

Ge|spött [gəˈʃpœt], das; -[e]s:
das Spotten, das Verspotten: jmdn. dem Gespött [der Leute] preisgeben; sie machte ihn, er wurde zum Gespött *(zum Gegenstand des Spottes)* [der Leute].

Ge|spräch [gəˈʃprɛːç], das; -[e]s, -e:
mündlicher Austausch von Gedanken zwischen zwei oder mehreren Personen: ein Gespräch führen; an einem Gespräch teilnehmen; etwas in einem Gespräch klären. **Syn.:** Auseinandersetzung, Aussprache, Besprechung, Debatte, Dialog, Diskussion, Erörterung, Unterhaltung, Unterredung. **Zus.:** Abrüstungsgespräch, Auslandsgespräch, Beratungsgespräch, Einstellungsgespräch, Fachgespräch, Ferngespräch, Inlandsgespräch, Ortsgespräch, Podiumsgespräch, Privatgespräch, Selbstgespräch, Streitgespräch, Telefongespräch, Tischgespräch, Unterrichtsgespräch, Verkaufsgespräch, Vieraugengespräch, Vorstellungsgespräch, Zwiegespräch.

ge|sprä|chig [gəˈʃprɛːçɪç] ⟨Adj.⟩:
zum Reden, Erzählen aufgelegt, sich gern unterhaltend: er ist [heute] nicht sehr gesprächig. **Syn.:** geschwätzig (abwertend), redselig.

Ge|sprächs|part|ner [gəˈʃprɛːçspartnɐ], der; -s, -, **Ge|sprächs|part|ne|rin** [gəˈʃprɛːçspartnərɪn], die; -, -nen:
Person, mit der man ein Gespräch führt: er fand in ihr eine anregende Gesprächspartnerin.

Ge|sprächs|the|ma [gəˈʃprɛːçsteːma], das; -s, Gesprächsthemen [gəˈʃprɛːçsteːmən]:
Thema eines Gesprächs: das ist ein interessantes, kein geeignetes Gesprächsthema.

ge|spreizt [gəˈʃpraitst] ⟨Adj.⟩:
(in Bezug auf die Ausdrucksweise) geziert und unnatürlich [wirkend]: ein gespreizter Stil; er redet immer so gespreizt. **Syn.:** affektiert (bildungsspr.), affig (ugs.), geschraubt (ugs. abwertend), geschwollen.

ge|spren|kelt [gəˈʃprɛŋkl̩t] ⟨Adj.⟩:
mit vielen kleinen Tupfen versehen: eine blau gesprenkelte Krawatte.

Ge|spür [gəˈʃpyːɐ̯], das; -s:
Fähigkeit, etwas [im Voraus] zu erfassen, zu ahnen: ein feines, sicheres Gespür für etwas haben; er hatte ein ausgeprägtes politisches, psychologisches Gespür; sie hat ein Gespür dafür, was machbar ist und was nicht. **Syn.:** Gefühl, Instinkt, Sinn.

Ge|sta|de [gəˈʃtaːdə], das; -s, - (geh.):
Teil des festen Landes, der an das Wasser grenzt: fremde, ferne, heimatliche Gestade; die Gestade des Meeres, des Flusses, des Sees. **Syn.:** Küste, Strand, Ufer.

Ge|stalt [gəˈʃtalt], die; -, -en:
1. a) ⟨ohne Plural⟩ *sichtbare äußere Erscheinung (des Menschen im Hinblick auf die Art des Wuchses):* er hat eine kräftige, untersetzte, schmächtige Gestalt; sie ist zierlich von Gestalt. **Syn.:** Figur, Konstitution, Körper, Leib (geh.), Statur, Wuchs. **b)** *unbekannte, nicht näher zu bezeichnende Person:* es waren alles farblose Gestalten; eine merkwürdige Gestalt mit Schlapphut; mit diesen Gestalten wollte er gar nicht verhandeln. **Zus.:** Elendsgestalt, Frauengestalt, Jammergestalt, Leidensgestalt, Männergestalt.
2. a) *Persönlichkeit (wie sie sich im Bewusstsein anderer herausgebildet hat):* eine der großen Gestalten des Abendlandes. **Syn.:** Erscheinung, Figur, Frau, Individuum, Mann, Mensch, Person. **Zus.:** Märtyrergestalt. **b)** *von einem Dichter geschaffene Figur:* die Gestalt des Hamlet, des Käthchens von Heilbronn. **Syn.:** Person, Rolle. **Zus.:** Bühnengestalt, Christusgestalt, Fabelgestalt, Fantasiegestalt, Frauengestalt, Göttergestalt, Heldengestalt, Herrschergestalt,

Märchengestalt, Romangestalt, Sagengestalt.
3. ⟨mit Attribut⟩ **a)** *Form eines Gegenstandes:* die Wurzel hat die Gestalt eines Sterns. **Syn.:** Struktur. **Zus.:** Herzgestalt, Kugelgestalt. **b)** *Körper, Verkörperung, körperliche Erscheinung eines Wesens:* der Prinz nahm die Gestalt einer hässlichen Kröte an; der Teufel in [der] Gestalt einer Schlange; Zeus in Gestalt eines Stiers. **Zus.:** Fischgestalt, Menschengestalt, Schlangengestalt, Tiergestalt, Vogelgestalt.

ge|stal|ten [gəˈʃtaltn̩], gestaltete, gestaltet:
a) ⟨tr.; hat⟩ *(einer Sache) eine bestimmte Form, ein bestimmtes Aussehen geben:* einen Stoff literarisch gestalten; der Park wurde völlig neu gestaltet. **Syn.:** anfertigen, anlegen, bilden, formen, modellieren, prägen.
b) ⟨+ sich⟩ *eine bestimmte Form annehmen:* das Fest gestaltete sich ganz anders, als wir erwartet hatten; in der Zukunft wird sich manches anders gestalten *(wird manches anders aussehen).* **Syn.:** sich entwickeln, [1]werden.

ge|stän|dig [gəˈʃtɛndɪç] ⟨Adj.⟩:
ein Vergehen, Unrecht, seine Schuld [vor Gericht oder auf der Polizeibehörde] eingestehend, eingestanden habend: der geständige Beschuldigte; der Verdächtige ist geständig.

Ge|ständ|nis [gəˈʃtɛntnɪs], das; -ses, -se:
Erklärung, mit der man eine Schuld zugibt: ein [umfassendes] Geständnis ablegen; sein Geständnis widerrufen; jmdm. ein Geständnis machen. **Syn.:** Beichte, Bekenntnis, Eingeständnis. **Zus.:** Schuldgeständnis, Teilgeständnis.

Ge|stank [gəˈʃtaŋk], der; -[e]s:
Geruch, der als belästigend, abstoßend, höchst unangenehm empfunden wird: ein abscheulicher Gestank; der Gestank war nicht mehr zu ertragen. **Syn.:** Mief (salopp abwertend), schlechter Geruch, übler Geruch, unangenehmer Geruch. **Zus.:** Aasgestank, Abgasgestank, Benzingestank, Schwefelgestank.

ge|stat|ten [gəˈʃtatn̩], gestattete, gestattet:
a) ⟨tr.; hat⟩ *[in förmlicher Weise] erlauben* (1): er gestattete mir, die Bibliothek zu benutzen; gestatten Sie, dass ich das Fenster öffne?; ⟨auch + sich⟩ ich gestatte mir gewisse Freiheiten. **Syn.:** absegnen (ugs.), akzeptieren, bewilligen, billigen, einverstanden sein mit, einwilligen in, genehmigen, legitimieren (bildungsspr.), zulassen, zustimmen. **b)** ⟨itr.; hat⟩ *erlauben* (2): mein Einkommen gestattet mir keine großen Reisen. **Syn.:** ermöglichen.

Ges|te [ˈgɛstə], die; -, -n:
Bewegung der Hände oder Arme, die die Rede begleitet oder auch ersetzt: er sprach mit lebhaften Gesten; sie machte eine zustimmende Geste. **Syn.:** Gebärde, Handzeichen, Wink, Zeichen.

ge|ste|hen [gəˈʃteːən], gestand, gestanden ⟨tr.; hat⟩:
1. *(etwas Unrechtes [das getan zu haben man verdächtigt wird]) zugeben:* eine Schuld gestehen; sie hat die Tat gestanden; er hat gestanden, dass er den Mord begangen hat; »Ich habe dein Zimmer durchsucht«, gestand er beschämt; ⟨auch itr.⟩ der Verdächtige hat gestanden. **Syn.:** auspacken (ugs.), beichten, bekennen, ein Geständnis ablegen, geständig sein, sein Gewissen erleichtern.
2. *freimütig mitteilen:* er gestand ihr seine Liebe; ich muss gestehen, dass ich großen Hunger habe; offen gestanden habe ich Angst vor dieser Entscheidung. **Syn.:** einräumen, eröffnen, offenbaren, zugeben.

Ge|stein [gəˈʃta̯in], das; -[e]s, -e:
die festen Bestandteile in der Erde. **Syn.:** Fels, Felsen, Geröll, Stein.

Ge|stell [gəˈʃtɛl], das; -[e]s, -e:
a) *Aufbau aus Stangen, Brettern o. Ä., auf den man etwas stellen oder legen kann:* die Flaschen liegen auf einem Gestell. **Syn.:** [1]Bord, Regal, Ständer, Stellage. **Zus.:** Blumengestell, Büchergestell, Flaschengestell, Holzgestell, Trockengestell, Wäschegestell. **b)** *fester Rahmen:* das Gestell der Brille, der Maschine. **Zus.:** Bettgestell, Brillengestell, Drahtgestell.

ges|tern [ˈgɛstɐn] ⟨Adverb⟩:
am Tag vor heute: ich habe ihn gestern gesehen; gestern Abend.

ges|ti|ku|lie|ren [gɛstikuˈliːrən] ⟨itr.; hat⟩:
mit Händen und Armen lebhafte Gebärden machen: die Leute gestikulieren und reden aufgeregt durcheinander. **Syn.:** mit den Händen fuchteln (ugs.).

Ge|stirn [gəˈʃtɪrn], das; -[e]s, -e:
leuchtender Körper am Himmel: der Lauf der Gestirne. **Syn.:** Himmelskörper, Stern. **Zus.:** Doppelgestirn, Dreigestirn, Nachtgestirn, Siebengestirn, Tagesgestirn, Zentralgestirn.

ge|streift [gəˈʃtra̯ift] ⟨Adj.⟩:
mit Streifen versehen: blau, längs, quer gestreift; der Tiger hat ein gestreiftes Fell.

ge|stri|chelt [gəˈʃtrɪçl̩t] ⟨Adj.⟩:
aus kurzen Strichen bestehend: eine gestrichelte Linie; etwas entlang der gestrichelten Linie ausschneiden.

gest|rig [ˈgɛstrɪç] ⟨Adj.⟩:
gestern sich ereignet habend; von gestern stammend: die gestrige Zeitung; es stand in der gestrigen Ausgabe der Lokalzeitung; unser gestriges Gespräch.

Ge|strüpp [gəˈʃtrʏp], das; -[e]s, -e:
dichtes, nach allen Seiten wachsendes Gesträuch: er bahnte sich einen Weg durch das Gestrüpp. **Syn.:** Büsche ⟨Plural⟩, Dickicht, Gebüsch, Unterholz. **Zus.:** Brombeergestrüpp, Dornengestrüpp.

Ge|stüt [gəˈʃtyːt], das; -[e]s, -e:
Zuchtstätte für Pferde: das Pferd kommt aus einem berühmten Gestüt.

Ge|such [gəˈzuːx], das; -[e]s, -e:
schriftlich abgefasste Bitte [an eine Behörde]: ein Gesuch einreichen, ablehnen. **Syn.:** Antrag, Bittschrift (veraltend), Eingabe, Ersuchen.

ge|sund [gəˈzʊnt], gesünder, gesündeste ⟨Adj.⟩:
1. *frei von Krankheit* /Ggs. krank/: ein gesundes Kind; gesunde Zähne haben; gesund bleiben, sein, werden. **Syn.:** bei guter Gesundheit, fit, gesund und munter. **Zus.:** kerngesund.
2. *die Gesundheit fördernd:* gesunde Luft; Wandern ist gesund. **Syn.:** bekömmlich, verträglich, zuträglich.
3. *der allgemeinen menschlichen Beurteilung nach richtig, ver-*

nünftig, normal: er hat gesunde Anschauungen.

ge|sun|den [gəˈzʊndn̩], gesundete, gesundet ⟨itr.; ist⟩: *gesund werden:* nach der schweren Krankheit ist er verhältnismäßig schnell wieder gesundet. **Syn.:** auf die Beine kommen (ugs.), sich aufrappeln (ugs.), die Krankheit besiegen (emotional), sich erholen, geheilt werden, genesen (geh.), werden (ugs.).

Ge|sund|heit [gəˈzʊnthai̯t], die; -: *das Gesundsein* /Ggs. Krankheit/: du musst etwas für deine [angegriffene] Gesundheit tun; Gesundheit! (Ausruf, mit dem man jmdm., der gerade geniest hat, wünscht, dass er gesund bleibt). **Syn.:** gute [körperliche] Verfassung, gutes Befinden, Wohlbefinden. **Zus.:** Volksgesundheit, Zahngesundheit.

ge|sund|heit|lich [gəˈzʊnthai̯tlɪç] ⟨Adj.⟩: *die Gesundheit betreffend:* er hat gesundheitlichen Schaden erlitten; aus gesundheitlichen Gründen; es geht ihm gesundheitlich nicht gut. **Syn.:** körperlich, physisch.

ge|sund|schrei|ben [gəˈzʊnt-ˈʃrai̯bn̩], schrieb gesund, gesundgeschrieben ⟨tr.; hat⟩ (ugs.): *jmdm. seine Arbeitsfähigkeit schriftlich bescheinigen:* seit Montag ist er wieder gesundgeschrieben.

ge|sund|sto|ßen [gəˈzʊntʃto:sn̩], stößt gesund, stieß gesund, gesundgestoßen ⟨+ sich⟩ (ugs.): *auf nicht ganz einwandfreie Art und Weise zu sehr viel Geld kommen:* die Firma hat sich mit diesem Artikel gesundgestoßen. **Syn.:** sich bereichern, sich sanieren.

Ge|tränk [gəˈtrɛŋk], das; -[e]s, -e: *zum Trinken zubereitete Flüssigkeit:* Getränke verkaufen; ein kaltes, heißes, erfrischendes Getränk. **Syn.:** Brühe (ugs. abwertend), Drink, Erfrischung, Gesöff (abwertend), Trank (geh.), Trunk (geh.). **Zus.:** Erfrischungsgetränk, Heißgetränk, Kaltgetränk, Mixgetränk, Nationalgetränk.

Ge|trän|ke|do|se [gəˈtrɛŋkəˈdo:zə], die; -, -en: *Dose für Transport und Aufbewahrung von Getränken:* für Getränkedosen und Einwegflaschen ist ein Pfand zu zahlen.

ge|trau|en [gəˈtrau̯ən] ⟨+ sich⟩: *den Mut haben (etwas zu tun):* ich getraue mich nicht, ihn anzusprechen; das hat sie sich nicht getraut; du getraust dich ja doch nicht! **Syn.:** riskieren, sich trauen, wagen.

Ge|trei|de [gəˈtrai̯də], das; -s, -: *Pflanzen, die angebaut werden, um aus den Samen Mehl u. Ä. zu gewinnen:* das Getreide wird reif; Weizen ist ein wichtiges Getreide. **Syn.:** ¹Korn. **Zus.:** Brotgetreide, Futtergetreide, Saatgetreide, Sommergetreide, Wintergetreide.

¹ge|treu [gəˈtrɔy̯] ⟨Adj.⟩:
1. *treu:* ein getreuer Freund, Diener; sie war getreu bis in den Tod.
2. *der Wirklichkeit, der Vorlage o. Ä. entsprechend:* ein getreues Abbild; eine getreue Schilderung des Vorgangs; eine sehr getreue Übersetzung; eine möglichst getreue Wiedergabe der Musik, der Farben. **Syn.:** exakt, genau, präzise.

²ge|treu [gəˈtrɔy̯] ⟨Präp. mit Dativ⟩: *entsprechend:* seinem Vorsatz, Entschluss getreu handeln; etwas der Wahrheit getreu berichten.

-ge|treu [gətrɔy̯] ⟨adjektivisches Suffixoid⟩: *dem im Basiswort Genannten genau entsprechend, es genau wiedergebend; genau so, wie die im Basiswort genannte Vorlage:* buchstabengetreu (eine buchstabengetreue Übersetzung: *eine Übersetzung, die sich ganz genau an den vorliegenden Text hält*); detailgetreu; klanggetreu; lautgetreu; lebensgetreu; maßstabgetreu; naturgetreu; originalgetreu; stilgetreu; tatsachengetreu; textgetreu; wahrheitsgetreu; wirklichkeitsgetreu; wortgetreu. **Syn.:** -gemäß, -genau, -gerecht, -mäßig.

Ge|trie|be [gəˈtri:bə], das; -s, -: *Vorrichtung in Maschinen und Fahrzeugen, die Bewegungen überträgt:* das Getriebe des Autos. **Zus.:** Automatikgetriebe, Fünfganggetriebe, Schaltgetriebe, Vierganggetriebe.

ge|trost [gəˈtro:st] ⟨Adj.⟩: *vertrauensvoll, ruhig, ohne etwas fürchten zu müssen:* das kann, darf man getrost annehmen, glauben, behaupten; du kannst getrost zu ihm gehen. **Syn.:** ohne Bedenken, ohne Weiteres, unbedenklich.

Get|to [ˈgɛto], das; -s, -s, **Ghetto:** *[von den übrigen Stadtvierteln abgetrenntes] Wohngebiet, in dem eine bestimmte Gruppe von diskriminierten Menschen wohnt:* im Getto leben. **Zus.:** Ausländergetto, Judengetto.

Ge|tue [gəˈtu:ə], das; -s (ugs. abwertend): *unechtes Benehmen, geziertes Verhalten:* vornehmes, väterliches, christliches Getue; ich habe genug von diesem albernen, dummen Getue. **Syn.:** Gehabe, Mache (ugs.), Theater (ugs. abwertend), Umstände ⟨Plural⟩, viel Lärm um nichts, Wirbel.

Ge|tüm|mel [gəˈtʏml̩], das; -s: *erregtes Durcheinander von Menschen:* das Getümmel des Kampfes, des Festes. **Syn.:** Ansammlung, Auflauf, Gewühl, Menge, Pulk. **Zus.:** Kampfgetümmel, Schlachtgetümmel, Verkehrsgetümmel.

Ge|wächs [gəˈvɛks], das; -es, -e: *(aus der Erde) Gewachsenes, nicht näher charakterisierte Pflanze:* ein tropisches, interessantes Gewächs; in seinem Garten gibt es seltene Gewächse. **Zus.:** Gartengewächs, Klettergewächs, Rankengewächs, Tropengewächs.

ge|wach|sen [gəˈvaksn̩]: in der Wendung **jmdm., einer Sache gewachsen sein:** *mit jmdm., etwas fertigwerden können, zum Widerstand gegen jmdn. bzw. zur Bewältigung von etwas fähig sein:* seinem Gegner, einem Redner, einem Problem, der Situation gewachsen sein; einer solchen Unverschämtheit bin ich nicht gewachsen.

ge|wagt [gəˈva:kt] ⟨Adj.⟩:
a) *mit einem nicht geringen Risiko des Scheiterns verbunden:* ein gewagtes Unternehmen; eine solche Vorgehensweise wäre mir zu gewagt. **Syn.:** abenteuerlich, brenzlig (ugs.), gefährlich, halsbrecherisch, kritisch, riskant, unsicher, waghalsig.
b) *mit dem Risiko verbunden, auf Ablehnung zu stoßen:* eine ziemlich gewagte Farbkombination;

ein etwas gewagter Witz; das Dekolleté ist ganz schön gewagt.

ge|wählt [gəˈvɛːlt] ⟨Adj.⟩: *(in der Ausdrucksweise) gehoben:* er drückt sich immer sehr gewählt aus. **Syn.:** fein, kultiviert, nobel, vornehm.

Ge|währ [gəˈvɛːɐ̯], die; -: *etwas, was die Versicherung enthält, was verbürgt, dass etwas so, wie erwartet, angegeben o. ä. ist:* ein hoher Preis ist noch keine Gewähr für Qualität; das ist eine Gewähr für Sicherheit, gegen Erkältungen; Gewähr für etwas bieten, leisten; die Angaben erfolgen, sind ohne Gewähr [für die Richtigkeit]. **Syn.:** Bestimmtheit, Garantie, Gewissheit, Sicherheit.

ge|wäh|ren [gəˈvɛːrən]: **1.** ⟨tr.; hat⟩: **a)** *(etwas Gewünschtes o. Ä.) großzügig geben, bewilligen:* die Bank gewährte dem Unternehmen einen hohen Kredit; die Kirche gewährte den Flüchtlingen Unterkunft und Schutz. **Syn.:** einräumen, erlauben, zugestehen, zuteilwerden lassen. **b)** (geh.) *(jmds. Wunsch o. Ä.) erfüllen:* er hat ihm die Bitte gewährt. **Syn.:** entsprechen.
2. *** jmdn. gewähren lassen:** *jmdn. bei seinem Tun nicht stören, nicht hindern:* statt den Unfug zu unterbinden, ließ sie die Kinder gewähren. **Syn.:** jmdn. weitermachen lassen.

ge|währ|leis|ten [gəˈvɛːɐ̯laistn̩], gewährleistete, gewährleistet ⟨tr.; hat⟩: *dafür sorgen, dass etwas so ist, verläuft wie erwartet, angegeben:* jmds. Sicherheit gewährleisten; das Gesetz gewährleistet den Gemeinden dieses Recht. **Syn.:** bürgen für, einstehen für, garantieren, geradestehen für, sich verbürgen für, sicherstellen, verbürgen.

Ge|wahr|sam [gəˈvaːɐ̯zaːm], der; -s: *sichere Verwahrung:* etwas in [sicheren] Gewahrsam bringen, geben; etwas in [sicherem] Gewahrsam haben, halten, behalten; jmdn. in [polizeilichen] Gewahrsam nehmen, bringen, setzen *(jmdn. verhaften);* in [polizeilichem] Gewahrsam sein *(verhaftet sein).* **Syn.:** Arrest, Haft.

Ge|währs|frau [gəˈvɛːɐ̯sfrau̯], die; -, -en: *weibliche Person, auf deren Aussagen man sich berufen kann.* **Syn.:** Informantin.

Ge|währs|mann [gəˈvɛːɐ̯sman], der; -[e]s, Gewährsmänner [gəˈvɛːɐ̯smɛnɐ] und Gewährsleute [gəˈvɛːɐ̯slɔy̯tə]: *männliche Person, auf deren Aussage man sich berufen kann:* er ist mein Gewährsmann. **Syn.:** Informant.

Ge|walt [gəˈvalt], die; -, -en: **1.** *Macht und Befugnis, Recht und die Mittel, über jmdn., etwas zu bestimmen, zu herrschen:* die elterliche, staatliche Gewalt; Gewalt über jmdn. haben. **Syn.:** Autorität, Einfluss, Macht. **Zus.:** Amtsgewalt, Befehlsgewalt, Exekutivgewalt, Polizeigewalt, Regierungsgewalt, Staatsgewalt.
2. ⟨ohne Plural⟩ *rücksichtslos angewandte Macht; unrechtmäßiges Vorgehen:* Gewalt leiden müssen; in einer Diktatur geht Gewalt vor Recht. **Syn.:** Willkür, Zwang. **Zus.:** Gegengewalt.
3. ⟨ohne Plural⟩ *körperliche Kraft; Anwendung physischer Stärke:* er öffnete die Tür mit Gewalt; der Betrunkene wurde mit Gewalt aus der Gaststätte gebracht. **Zus.:** Brachialgewalt, Militärgewalt, Polizeigewalt, Waffengewalt.
4. *elementare Kraft:* der Strom, die Flutwelle, der Hurrikan hat eine unvorstellbare Gewalt; die Gewalt des Sturms, der Wellen; den Gewalten der Natur trotzen. **Syn.:** [1]Druck, Härte, Wucht. **Zus.:** Elementargewalt, Naturgewalt, Schicksalsgewalt, Urgewalt.

ge|walt|frei [gəˈvaltfrai̯] ⟨Adj.⟩: *frei von aggressiver physischer Gewaltanwendung:* gewaltfreie Aktionen, Demonstrationen; gewaltfreier Protest. **Syn.:** friedlich.

ge|wal|tig [gəˈvaltɪç] ⟨Adj.⟩: **1.** *über eine große Macht verfügend:* er war der gewaltigste Herrscher in Europa. **Syn.:** groß, mächtig, potent, stark.
2. (emotional) **a)** *sehr groß:* ein gewaltiger Felsen; er hat gewaltige Schmerzen; der Fortschritt ist gewaltig; er hat einen gewaltigen Hunger. **Syn.:** enorm, gehörig, gigantisch, heftig, immens, irre (salopp), irrsinnig (emotional), kolossal (ugs. emotional), kräftig, mächtig (ugs.), massiv, monumental, riesig, tüchtig (ugs.), ungeheuer, unglaublich, unheimlich (ugs.), unwahrscheinlich (ugs.), wahnsinnig (ugs.). **b)** ⟨verstärkend bei Adjektiven und Verben⟩ *sehr:* er hat sich gewaltig geirrt, angestrengt. **Syn.:** enorm, gehörig, heftig, immens, irre (salopp), irrsinnig (emotional), kolossal (ugs. emotional), kräftig, mächtig (ugs.), massiv, tüchtig (ugs.), ungeheuer, unglaublich, unheimlich (ugs.), unwahrscheinlich (ugs.), wahnsinnig (ugs.).

ge|walt|sam [gəˈvaltzaːm] ⟨Adj.⟩: **1.** *unter Anwendung physischer Kraft [durchgeführt]:* er öffnete die Tür gewaltsam. **Syn.:** mit Gewalt.
2. *mit Zwang [durchgeführt]:* der Streik wurde gewaltsam unterdrückt.

ge|walt|tätig [gəˈvalttɛːtɪç] ⟨Adj.⟩: *seinen Willen mit [roher] Gewalt durchsetzend:* er ist ein gewalttätiger Mensch; gewalttätige Ehemänner. **Syn.:** brutal, grob, handgreiflich, rabiat, roh, tätlich.

Ge|wand [gəˈvant], das; -[e]s, Gewänder [gəˈvɛndɐ]: *[festliches] Kleidungsstück:* ein prächtiges, wallendes Gewand. **Syn.:** Kleid. **Zus.:** Bußgewand, Festgewand, Messgewand, Mönchsgewand, Nachtgewand, Prachtgewand, Priestergewand, Prunkgewand, Purpurgewand.

ge|wandt [gəˈvant] ⟨Adj.⟩: *sicher und geschickt:* er hat ein gewandtes Auftreten; sie ist sehr gewandt und weiß mit Menschen umzugehen. **Syn.:** gewitzt, pfiffig, praktisch, raffiniert, routiniert, schlau, weltmännisch, wendig. **Zus.:** lebensgewandt, redegewandt, sprachgewandt, weltgewandt, wortgewandt.

Ge|wandt|heit [gəˈvanthai̯t], die; -: *das Gewandtsein, gewandtes Wesen:* sie agierte mit souveräner Gewandtheit. **Syn.:** Fertigkeit, Flexibilität, Geschick, Geschicklichkeit, Routine, Sicherheit.

Ge|wäsch [gəˈvɛʃ], das; -[e]s (ugs. abwertend):
nichtssagendes, als lästig empfundenes Reden: mit dem Gewäsch wird dieser Schwätzer nichts erreichen. **Syn.:** Blabla (ugs. abwertend), Gerede (ugs.), Geschwätz (ugs. abwertend), Palaver (ugs. abwertend).

Ge|wäs|ser [gəˈvɛsɐ], das; -s, -:
Ansammlung von [stehendem] Wasser, deren Größe nicht näher bestimmt ist: ein stehendes, fließendes Gewässer; ein stilles, mit Schilf fast zugewachsenes Gewässer; sie fischen in griechischen, internationalen, arktischen Gewässern. **Zus.:** Binnengewässer, Hoheitsgewässer, Küstengewässer.

Ge|we|be [gəˈveːbə], das; -s, -:
1. *Stoff aus kreuzförmig gewebten Fäden:* ein feines, leinenes Gewebe. **Syn.:** Gespinst, Textilien ⟨Plural⟩, Tuch. **Zus.:** Baumwollgewebe, Leinengewebe, Mischgewebe, Wollgewebe.
2. *Substanz, die aus miteinander in Zusammenhang stehenden Zellen mit annähernd gleicher Struktur und Funktion besteht* (bei Pflanzen, Tieren und beim Menschen): gesundes Gewebe; die Gewebe des Körpers. **Zus.:** Bindegewebe, Fettgewebe, Knochengewebe, Muskelgewebe, Narbengewebe, Nervengewebe.

Ge|wehr [gəˈveːɐ̯], das; -[e]s, -e:
Schusswaffe mit langem Lauf: das Gewehr laden. **Syn.:** Flinte, Karabiner, Waffe. **Zus.:** Dienstgewehr, Jagdgewehr, Kleinkalibergewehr, Luftgewehr, Maschinengewehr, Narkosegewehr, Schießgewehr, Schnellfeuergewehr, Schrotgewehr.

Ge|weih [gəˈvai̯], das; -[e]s, -e:
zackige Auswüchse aus Knochen (auf dem Kopf von Hirsch, Rehbock u. a.). **Zus.:** Elchgeweih, Hirschgeweih, Schaufelgeweih.

Ge|wer|be [gəˈvɛrbə], das; -s, -:
[selbstständige] auf Erwerb ausgerichtete berufsmäßige Tätigkeit: ein Gewerbe ausüben; das horizontale Gewerbe (ugs. scherzh.; *Prostitution*). **Syn.:** Arbeit, Beruf, Handwerk, Metier. **Zus.:** Bankgewerbe, Baugewerbe, Dienstleistungsgewerbe, Gast[wirts]gewerbe, Hotelgewerbe, Kunstgewerbe, Transportgewerbe.

Ge|werk|schaft [gəˈvɛrkʃaft], die; -, -en:
Organisation der Arbeitnehmer[innen] zur Durchsetzung ihrer [sozialen] Interessen: die Gewerkschaft der Transportarbeiter; sie ist in der Gewerkschaft; er ist Mitglied einer Gewerkschaft. **Zus.:** Angestelltengewerkschaft, Eisenbahnergewerkschaft, Hafenarbeitergewerkschaft, Industriegewerkschaft, Mediengewerkschaft, Postgewerkschaft, Transportarbeitergewerkschaft.

Ge|werk|schaf|ter [gəˈvɛrkʃaftɐ], der; -s, -, **Ge|werk|schaf|te|rin** [gəˈvɛrkʃaftərɪn], die; -, -nen, **Ge|werk|schaft|ler** [gəˈvɛrkʃaftlɐ], der; -s, -, **Ge|werk|schaft|le|rin** [gəˈvɛrkʃaftlərɪn], die; -, -nen:
Mitglied einer Gewerkschaft [mit besonderen führenden Aufgaben].

Ge|wicht [gəˈvɪçt], das; -[e]s, -e:
1. a) ⟨ohne Plural⟩ *Kraft, mit der ein Körper auf seine Unterlage drückt oder nach unten zieht; Schwere, Last eines Körpers:* das Paket hatte ein Gewicht von 3 kg; bitte tragen Sie Körpergröße und Gewicht in das Formular ein. **Zus.:** Bruttogewicht, Eigengewicht, Frischgewicht, Füllgewicht, Gesamtgewicht, Idealgewicht, Körpergewicht, Lebendgewicht, Leergewicht, Maximalgewicht, Nettogewicht, Normalgewicht, Schlachtgewicht, Übergewicht, Verpackungsgewicht. **b)** *Körper mit einer bestimmten Schwere:* er legte drei Gewichte auf die Waage. **Zus.:** Bleigewicht, Eichgewicht, Kilogewicht, Zentnergewicht.
2. *Bedeutung, Wichtigkeit:* dieser Vorfall hat kein Gewicht, ist ohne Gewicht; er legt großes Gewicht *(großen Wert)* auf gute Umfangsformen. **Syn.:** Belang, Einfluss.

ge|wich|tig [gəˈvɪçtɪç] ⟨Adj.⟩:
[in einem bestimmten Zusammenhang] bedeutungsvoll: sie hat gewichtige Gründe für diese Ansicht; er tat sehr gewichtig. **Syn.:** bedeutend, bedeutsam, ernst, ernsthaft, gravierend (bildungsspr.), groß, massiv, relevant, schwerwiegend, triftig, von großem Gewicht, von großer Bedeutung, von großer Wichtigkeit, wesentlich, wichtig, zentral.

ge|wieft [gəˈviːft] ⟨Adj.⟩ (ugs.):
sehr erfahren, schlau, gewitzt; jeden Vorteil sogleich erkennend und sich nicht übervorteilen lassend: das ist ein ganz gewiefter Geschäftsmann, der jede Gelegenheit zum Profit nutzt. **Syn.:** ausgekocht (ugs. abwertend), clever, durchtrieben, findig, gerissen (ugs.), geschäftstüchtig, gewandt, listig, pfiffig, raffiniert, [2]verschlagen (abwertend).

ge|willt [gəˈvɪlt]:
in der Wendung **gewillt sein, etwas zu tun:** *die Absicht haben, entschlossen sein, etwas zu tun:* ich bin nicht gewillt, darauf zu verzichten; sie scheint gewillt zu sein, die Sache durchzusetzen. **Syn.:** beabsichtigen, etwas zu tun; bereit sein, etwas zu tun; daran denken, etwas zu tun; den Vorsatz haben, etwas zu tun; gedenken, etwas zu tun; geneigt sein, etwas zu tun; planen, etwas zu tun; vorhaben, etwas zu tun; willens sein, etwas zu tun (geh.).

Ge|win|de [gəˈvɪndə], das; -s, -:
an einer Schraube oder in der Mutter einer Schraube eingeschnittene spiralförmige Rille. **Zus.:** Außengewinde, Innengewinde, Linksgewinde, Rechtsgewinde, Schraubengewinde.

Ge|winn [gəˈvɪn], der; -[e]s, -e:
1. *Ertrag, der mehr erzielt worden ist als die Menge dessen, was ursprünglich vorhanden gewesen ist* /Ggs. Verlust/: das Unternehmen arbeitet mit Gewinn; es wurde ein Gewinn von 5 % erzielt; viele schlagen Gewinn aus dieser Entwicklung. **Syn.:** Plus, Profit, Rendite, Überschuss. **Zus.:** Börsengewinn, Bruttogewinn, Millionengewinn, Nettogewinn, Reingewinn.
2. a) *Los, das gewinnt:* jedes Los ist ein Gewinn. **Syn.:** Treffer. **Zus.:** Höchstgewinn, Millionengewinn. **b)** *etwas, was als Preis für etwas ausgesetzt worden ist:* als Gewinn winkt eine Reise in die USA.

ge|win|nen [gəˈvɪnən], gewann, gewonnen:
1. ⟨tr.; hat⟩ *(einen Kampf) zu seinen Gunsten, für sich entscheiden; (in etwas) Sieger sein* /Ggs.

verlieren/: ein Spiel, einen Kampf, Prozess gewinnen; er gewann den 100-m-Lauf *(wurde Erster);* ⟨auch itr.⟩ sie hat [in diesem Spiel] hoch gewonnen. **Syn.:** den Sieg davontragen, sich [1]durchsetzen, siegen, triumphieren.
2. a) ⟨tr.; hat⟩ *durch eigene Anstrengungen und zugleich durch günstige Umstände erwerben, erlangen, bekommen:* einen Vorteil, Vorsprung gewinnen; Reichtümer gewinnen; großes Ansehen, jmds. Gunst, Einblick in etwas gewinnen. **b)** ⟨tr.; hat⟩ *durch Glück erlangen, bekommen:* er hat im Lotto 100 Euro gewonnen; bei der Verlosung ein Auto gewinnen; ⟨auch itr.⟩ im Lotto gewinnen; jedes Los gewinnt *(jedes Los ist ein Treffer, bringt einen Gewinn).* **c)** ⟨itr.; hat⟩ *zunehmen* /Ggs. verlieren/: das Flugzeug gewann an Höhe; er hat an Ansehen gewonnen; das Problem gewinnt an Klarheit; durch den Rahmen hat das Bild sehr gewonnen *(ist das Bild eindrucksvoller, schöner geworden).*
3. ⟨tr.; hat⟩ *(jmdn.) überreden, dazu bringen, sich an etwas zu beteiligen oder sich für etwas einzusetzen:* die Firma hat für das Projekt mehrere Fachleute gewonnen. **Syn.:** anheuern (ugs.), anstellen, anwerben, einstellen, engagieren, verpflichten, werben.
4. ⟨tr.; hat⟩ *(etwas in etwas anderem Enthaltenes) zum Zwecke der Nutzung herausholen:* Kohle, Erze gewinnen; Saft aus Äpfeln gewinnen. **Syn.:** erzeugen, herstellen, machen, produzieren.

Ge|win|ner [gəˈvɪnɐ], der; -s, -, **Ge|win|ne|rin** [gəˈvɪnərɪn], die; -, -nen:
Person, die (in einem Kampf, Wettkampf, Spiel o. Ä. oder bei einer Verlosung o. Ä.) gewinnt, gewonnen hat: der Gewinner der Goldmedaille. **Syn.:** Sieger, Siegerin.

Ge|winn|spiel [gəˈvɪnʃpi:l], das; -[e]s, -e:
Spiel, bei dem man durch richtige Beantwortung von Fragen gewinnt bzw. gewinnen kann: machen Sie mit bei unserem großen Gewinnspiel und gewinnen Sie eine Traumreise!

Ge|wirr [gəˈvɪr], das; -[e]s:
wirres Durcheinander: ein Gewirr von Straßen und Gassen; ein Gewirr von Stimmen. **Syn.:** Chaos, Kuddelmuddel (ugs.), Wirrnis (geh.), Wirrwarr. **Zus.:** Menschengewirr, Stimmengewirr.

[1]ge|wiss [gəˈvɪs] ⟨Adj.⟩:
1. *ohne jeden Zweifel; gesichert* /Ggs. ungewiss/: seine Niederlage, Bestrafung ist gewiss; so viel ist gewiss: dieses Jahr können wir nicht verreisen; er war sich seines Erfolges gewiss *(war von seinem Erfolg überzeugt);* etwas als gewiss *(gesichert)* ansehen. **Syn.:** [2]bestimmt, sicher, unstreitig, unumstritten, verbürgt. **Zus.:** siegesgewiss.
2. a) *nicht näher bezeichnet; nicht genauer bestimmt:* ich habe ein gewisses Gefühl, als ob …; aus einem gewissen Grunde möchte ich zu dieser Frage nicht Stellung nehmen; in gewissen Kreisen spricht man über diese Vorgänge. **b)** *nicht sehr groß, aber doch vorhanden:* eine gewisse Distanz einhalten; sein Buch erregte ein gewisses Aufsehen. **Syn.:** [1]bestimmt.

[2]ge|wiss ⟨Adverb⟩:
sicherlich, wahrscheinlich; auf jeden Fall; ohne jeden Zweifel: er wird gewiss bald kommen. **Syn.:** allemal (ugs.), [2]bestimmt, fürwahr (geh. veraltend), ja, mit an Sicherheit grenzender Wahrscheinlichkeit, mit Gewissheit, mit Sicherheit, ohne Frage, sicher, unstreitig, unweigerlich, weiß Gott, zweifellos, zweifelsohne.

Ge|wis|sen [gəˈvɪsn̩], das; -s, -:
ethisch begründetes Bewusstsein von Gut und Böse: er hat ein sehr kritisches, kein Gewissen; mein Gewissen ist rein *(ich habe mir nichts zuschulden kommen lassen);* ein gutes, schlechtes Gewissen haben *(sich keiner Schuld, einer Schuld bewusst sein);* etwas mit gutem Gewissen, guten Gewissens tun *(etwas tun, ohne sich schuldig fühlen zu müssen).*

ge|wis|sen|haft [gəˈvɪsn̩haft] ⟨Adj.⟩:
mit großer Genauigkeit und Sorgfalt vorgehend: ein gewissenhafter Beamter; gewissenhaft arbeiten. **Syn.:** [1]akkurat, [1]genau, gründlich, ordentlich, pedantisch (abwertend), peinlich, peinlich genau, penibel, säuberlich, sorgfältig, sorgsam.

ge|wis|sen|los [gəˈvɪsn̩lo:s] ⟨Adj.⟩:
kein moralisches Empfinden für Gut und Böse [besitzend]: ein gewissenloser Verbrecher; gewissenlos handeln. **Syn.:** bedenkenlos, rücksichtslos, schamlos, skrupellos (abwertend), ungehemmt, ungeniert.

Ge|wis|sens|bis|se [gəˈvɪsn̩sbɪsə], die ⟨Plural⟩:
quälendes Bewusstsein, unrecht gehandelt zu haben; Bewusstsein, schuld an etwas zu sein: heftige Gewissensbisse haben, kriegen. **Syn.:** Skrupel.

ge|wis|ser|ma|ßen [gəˈvɪsɐˈma:sn̩] ⟨Adverb⟩:
in gewissem Sinne, Grade; so viel wie: er war gewissermaßen nur Helfer. **Syn.:** eigentlich, gleichsam (geh.), im Grunde, im Grunde genommen, quasi, so gut wie, sozusagen.

Ge|wiss|heit [gəˈvɪshai̯t], die; -:
sichere Kenntnis (von etwas); nicht zu bezweifelndes Wissen: es war keine Gewissheit über den Vorfall zu erlangen; ich muss Gewissheit darüber bekommen, ob er uns betrügt oder nicht. **Syn.:** Bewusstsein, Sicherheit, Überzeugung.

Ge|wit|ter [gəˈvɪtɐ], das; -s, -:
Unwetter mit Blitz, Donner [und heftigen Niederschlägen]: ein schweres, heraufziehendes, nächtliches Gewitter. **Zus.:** Sommergewitter, Wärmegewitter, Wintergewitter.

ge|witzt [gəˈvɪt͜st] ⟨Adj.⟩:
mit praktischem Verstand begabt: ein gewitzter Geschäftsmann. **Syn.:** ausgekocht (ugs. abwertend), clever, durchtrieben, findig, gerissen (ugs.), geschäftstüchtig, gewandt, gewieft (ugs.), klug, listig, pfiffig, raffiniert, schlau, [2]verschlagen (abwertend), verschmitzt.

Ge|witzt|heit [gəˈvɪt͜sthai̯t], die; -:
das Gewitztsein.

ge|wöh|nen [gəˈvø:nən] ⟨tr.; hat⟩:
1. *(mit etwas, jmdm.) vertraut machen:* ein Kind an Sauberkeit gewöhnen; er musste den Hund erst an sich gewöhnen.
2. ⟨+ sich⟩ *(mit etwas, jmdm.) vertraut werden:* sie konnte sich nicht an die Kälte, an den neuen Kollegen gewöhnen; man

gewöhnt sich an alles; sie ist an dieses Klima, an schwere Arbeit gewöhnt. **Syn.:** sich anfreunden mit.

Ge|wohn|heit [gəˈvoːnhai̯t], die; -, -en:
das, was man immer wieder tut, sodass es schon selbstverständlich ist; zur Eigenschaft gewordene Handlungsweise: das abendliche Glas Wein war ihm zur lieben Gewohnheit geworden; sie trank gegen ihre Gewohnheit einen Whisky; das widersprach seinen Gewohnheiten. **Syn.:** Angewohnheit, Brauch, Gepflogenheit, Sitte, Tradition, Übung, Usus. **Zus.:** Essgewohnheit, Kaufgewohnheit, Lebensgewohnheit, Schlafgewohnheit, Trinkgewohnheit.

ge|wohn|heits|mä|ßig [gəˈvoːnhai̯t͜smɛːsɪç] ⟨Adj.⟩:
aufgrund einer Gewohnheit erfolgend: gewohnheitsmäßiger Drogenmissbrauch; gewohnheitsmäßig Alkohol trinken; gewohnheitsmäßige Falschparker.

ge|wöhn|lich [gəˈvøːnlɪç] ⟨Adj.⟩:
1. *durchschnittlichen, normalen Verhältnissen entsprechend; durch keine Besonderheit hervorgehoben, auffallend:* unsere gewöhnliche Beschäftigung; ein Mensch wie er findet sich im gewöhnlichen Leben nur schwer zurecht; [für] gewöhnlich kommt sie um sieben. **Syn.:** alltäglich, banal (bildungsspr.), fast immer, für gewöhnlich, gängig, gebräuchlich, gewohnt, herkömmlich, im Allgemeinen, in der Regel, landläufig, meist, meistens, normalerweise, profan (bildungsspr.), regulär, trivial, üblich, vertraut.
2. *niveaulos, in seinem Erscheinen oder Auftreten niedriges Niveau verratend:* ein äußerst gewöhnlicher Mensch; sie ist so gewöhnlich; er benahm sich sehr gewöhnlich. **Syn.:** ordinär, primitiv, rüpelhaft, schlicht, ungebildet, ungehobelt (abwertend), vulgär.

ge|wohnt [gəˈvoːnt] ⟨Adj.⟩:
(jmdm. durch langen Umgang o. Ä.) vertraut, zur Gewohnheit geworden: die gewohnte Arbeit, Umgebung; in gewohnter Weise. **Syn.:** bekannt, gängig, gebräuchlich, geläufig, herkömmlich, landläufig, normal, regulär, üblich; *** etwas gewohnt sein:** *an etwas gewöhnt sein, mit etwas vertraut sein:* er war es gewohnt, dass man ihm wenig Aufmerksamkeit schenkte; sie ist [es] nicht gewohnt, früh aufzustehen; er ist schwere Arbeit gewohnt.

Ge|wöh|nung [gəˈvøːnʊŋ], die; -:
das Sichgewöhnen: die Gewöhnung an eine neue Umgebung.

Ge|wöl|be [gəˈvœlbə], das; -s, -:
1. *gewölbte Decke eines Raumes:* das Gewölbe der Kapelle wird von acht Säulen getragen. **Syn.:** Kuppel. **Zus.:** Deckengewölbe, Kreuzgewölbe, Tonnengewölbe.
2. *niedriger, dunkler Raum mit gewölbter Decke:* der Laden des Antiquars war ein dunkles Gewölbe.

Ge|wühl [gəˈvyːl], das; -[e]s:
lebhaftes Durcheinander sich hin und her bewegender und sich drängender Menschen: er verschwand schließlich im Gewühl. **Syn.:** Ansammlung, Auflauf, Getümmel, Menge, Pulk. **Zus.:** Großstadtgewühl, Menschengewühl.

Ge|würz [gəˈvʏrt͜s], das; -es, -e:
(aus bestimmten Pflanzenteilen bestehendes oder künstlich hergestelltes) Mittel zum Würzen von Speisen: ein scharfes Gewürz; wir kochen gerne mit Kräutern und Gewürzen. **Zus.:** Gurkengewürz, Küchengewürz, Lebkuchengewürz, Salatgewürz, Suppengewürz.

ge|zackt [gəˈt͜sakt] ⟨Adj.⟩:
mit Zacken versehen: ein gezacktes Blatt. **Syn.:** zackig.

Ge|zänk [gəˈt͜sɛŋk], das; -[e]s:
länger andauerndes Zanken: das dauernde Gezänk der Nachbarn nervt unheimlich. **Syn.:** Auseinandersetzung, Streit, Zank.

Ge|zei|ten [gəˈt͜sai̯tn̩], die ⟨Plural⟩:
Ebbe und Flut in ihrem Wechsel: beim Urlaub am Meer muss man die Gezeiten berücksichtigen.

Ge|ze|ter [gəˈt͜seːtɐ], das; -s:
länger andauerndes Zetern: über etwas ein Gezeter anstimmen.

ge|zie|men [gəˈt͜siːmən] ⟨itr.; hat⟩ (veraltend):
1. *(jmdm.) aufgrund seiner Stellung o. Ä. zukommen:* es geziemt dir nicht, hier mitzureden.
2. ⟨+ sich⟩ *sich gehören, dem Gebot der Höflichkeit entsprechen:* es geziemt sich nicht für dich, als Erster Wünsche anzumelden; sie blickte ernst, wie es sich bei solch einem Anlass geziemt. **Syn.:** angemessen sein, sich schicken, sich ziemen (geh.).

ge|zie|mend [gəˈt͜siːmənt] ⟨Adj.⟩ (geh.):
dem Takt, der Höflichkeit entsprechend: für etwas die geziemenden Worte finden; eine kleine Verbeugung bei der Begrüßung halte ich für geziemend. **Syn.:** angebracht, angemessen, gebührend, schuldig.

ge|ziert [gəˈt͜siːɐ̯t] ⟨Adj.⟩:
unnatürlich, gekünstelt, unecht wirkend: eine gezierte Sprechweise; sich geziert benehmen. **Syn.:** affektiert (bildungsspr.), affig (ugs.), geschraubt (ugs. abwertend), geschwollen, gespreizt.

Ge|zwit|scher [gəˈt͜svɪt͜ʃɐ], das; -s:
länger andauerndes Zwitschern: das Gezwitscher der Vögel. **Zus.:** Vogelgezwitscher.

ge|zwun|ge|ner|ma|ßen [gəˈt͜svʊŋənɐˈmaːsn̩] ⟨Adverb⟩:
einem Zwang, einer Notwendigkeit folgend: nach dem Autounfall gingen sie gezwungenermaßen zu Fuß weiter; gezwungenermaßen akzeptierte sie die Realität. **Syn.:** der Not gehorchend, notgedrungen, wohl oder übel, zwangsläufig.

Ghet|to [ˈgɛto]: ↑ Getto.

Gicht [ˈgɪçt], die; -:
(durch eine Störung des Stoffwechsels verursachte) Krankheit, die sich besonders in schmerzhaften Entzündungen an den Gelenken äußert: an Gicht leiden; von der Gicht gekrümmte Finger. **Zus.:** Fingergicht, Gelenkgicht.

Gie|bel [ˈgiːbl̩], der; -s, -:
der spitz zulaufende dreieckige, obere Teil der Wand eines Gebäudes, der zu beiden Seiten von dem schräg ansteigenden Dach begrenzt wird: der Giebel hatte keine Fenster. **Zus.:** Dachgiebel, Spitzgiebel, Treppengiebel, Volutengiebel.

Gier [giːɐ̯], die; -:
auf Genuss, Besitz und Erfüllung von Wünschen gerichtetes, heftiges, ungezügeltes Verlangen: eine hemmungslose, wilde Gier; seine Gier nicht bezähmen kön-

nen; er hatte eine unbeschreibliche Gier nach Besitz und Macht. **Syn.:** Begier (geh.), Begierde, Lust. **Zus.:** Besitzgier, Fressgier, Geldgier, Habgier, Machtgier, Mordgier, Profitgier, Rachgier, Sensationsgier.

gie|rig [ˈgiːrɪç] ⟨Adj.⟩:
von Gier erfüllt: gierige Blicke; gierig verschlangen wir eine Riesentafel Schokolade. **Syn.:** begehrlich, begierig, geil (oft abwertend), lüstern.

gie|ßen [ˈgiːsn̩], goss, gegossen:
1. ⟨tr.; hat⟩ *(eine Flüssigkeit) durch Neigen des Gefäßes aus diesem herausfließen, in ein anderes Gefäß fließen, über etwas rinnen, laufen lassen:* Tee in die Tasse gießen; ich habe mir den Kaffee aufs/übers Kleid gegossen. **Syn.:** schütten.
2. ⟨tr.; hat⟩ *(mithilfe einer Gießkanne) mit Wasser versorgen:* die Beete gießen; ich muss noch Blumen gießen. **Syn.:** begießen, bewässern, wässern.
3. ⟨tr.; hat⟩ *(etwas) herstellen, indem man eine geschmolzene Masse in eine Form fließen lässt:* Kugeln, Glocken, Schokoladenfiguren gießen; eine Statue aus Metall gießen.
4. ⟨unpers.⟩ (ugs.) *stark regnen:* es gießt in Strömen. **Syn.:** Bindfäden regnen (ugs.), schütten (ugs.).

Gift [gɪft], das; -[e]s, -e:
Stoff, der im Körper eine schädliche oder tödliche Wirkung hervorruft: ein sofort wirkendes, schleichendes Gift; sie hat Gift genommen *(sich durch Einnahme von Gift selbst getötet).* **Zus.:** Gegengift, Insektengift, Nervengift, Pfeilgift, Rattengift, Rauschgift, Schlangengift.

gif|tig [ˈgɪftɪç] ⟨Adj.⟩:
1. *ein Gift enthaltend:* giftige Pflanzen, Pilze; Stoffe, die für den Organismus giftig sind. **Syn.:** schädlich.
2. (ugs.) **a)** *böse und hasserfüllt:* sie warfen sich giftige Blicke zu; er wird leicht giftig in seinen Reden. **Syn.:** aggressiv, bösartig, boshaft, feindselig, garstig, gehässig, gemein, hässlich.
b) *(auf eine stechende Farbe, einen stechenden Farbton, besonders auf Grün bezogen) für die Betrachtenden unangenehm grell:* ein giftiges Grün. **Syn.:** knallig (ugs.), schreiend.

Gift|müll [ˈgɪftmʏl], der; -s:
(besonders aus Industriebetrieben stammende) giftige Abfallstoffe (die Umweltschäden verursachen): jahrelang haben Industrieländer ihren Giftmüll in arme Länder exportiert.

Gi|gant [giˈgant], der; -en, -en, **Gi|gan|tin** [giˈgantɪn], die; -, -nen:
Person, die besonders mächtig, leistungsfähig, bedeutend o. ä. ist; etwas, was als überaus, in beeindruckender Weise groß angesehen wird: Gigantinnen und Giganten des Skisports; der Konzern ist ein Gigant auf dem Weltmarkt. **Zus.:** Industriegigant, Industriegigantin, Mediengigant, Mediengigantin.

gi|gan|tisch [giˈgantɪʃ] ⟨Adj.⟩:
(emotional) *von beeindruckend großem Ausmaß; außerordentlich:* es wurden gigantische Summen investiert; ein gigantisches Unternehmen; der Ausblick ist gigantisch. **Syn.:** enorm, gewaltig (emotional), immens, irre (salopp), irrsinnig (emotional), kolossal (ugs. emotional), massiv, monumental, riesig, ungeheuer, unglaublich, unheimlich (ugs.), unsagbar, unvorstellbar (emotional), unwahrscheinlich (ugs.).

Gip|fel [ˈgɪpf̩l], der; -s, -:
1. *Spitze eines höheren oder hohen Berges:* einen Gipfel besteigen, stürmen. **Syn.:** Kuppe. **Zus.:** Berggipfel, Felsgipfel.
2. *höchster Punkt (in einer Entwicklung o. Ä.):* er war damals auf dem Gipfel seines Ruhmes; das ist [doch] der Gipfel [der Unverschämtheit] *(das ist unerhört, unglaublich [unverschämt]).* **Syn.:** Höhepunkt.

gip|feln [ˈgɪpf̩ln] ⟨itr.; hat⟩:
in etwas seinen Höhepunkt erreichen: seine Rede gipfelte in der Feststellung, dass …; die Unterhaltung gipfelte im Austausch von Unverschämtheiten.

Gips [gɪps], der; -es:
1. *grauer oder weißer pulvriger (besonders im Baubereich verwendeter) Stoff, der, mit Wasser vermischt, schnell zu einer harten Masse wird:* Fugen, ein Loch in der Wand mit Gips verschmieren; eine Büste aus Gips.
2. *Verband aus Mullbinden, die in Gips getränkt wurden:* sie hat den rechten Arm in Gips; heute wird der Gips abgemacht; schreib mal was Nettes auf meinen Gips!

gip|sen [ˈgɪpsn̩] ⟨tr.; hat⟩:
1. *mit Gips* (1) *ausbessern:* die rissige Mauer gipsen.
2. *(zur Heilung an einem Körperglied) einen Gipsverband anlegen:* das gebrochene Bein wurde gegipst.

Gi|raf|fe [giˈrafə], die; -, -n:
(in Afrika heimisches) großes Tier mit sehr langem Hals, langen Beinen und unregelmäßig braun geflecktem, gelblichem Fell.

Gir|lan|de [gɪrˈlandə], die; -, -n:
längeres, aus Blumen, Blättern, Tannengrün o. Ä. bestehendes Gebinde oder etwas Entsprechendes aus buntem Papier, was zur Dekoration in Räumen oder auf der Straße so angebracht wird, dass es bogenförmig nach unten hängt: die Girlande aufhängen.

Gi|ro|kon|to [ˈʒiːrokɔnto], das; -s, Girokonten [ˈʒiːrokɔntn̩]:
Konto, über das der alltägliche bargeldlose Zahlungsverkehr abgewickelt wird: ein Girokonto eröffnen, bei einer Bank haben; einen Geldbetrag auf ein Girokonto überweisen, vom Girokonto abbuchen lassen.

Gischt [gɪʃt], die; -, -en, bes. fachspr. auch: der; -[e]s, -e ⟨Pl. selten⟩:
Schaum, der auf heftig bewegtem Wasser entsteht: die weiße Gischt der Brandung; Gischt sprühte ihr ins Gesicht.

Gi|tar|re [giˈtarə], die; -, -n:
meist sechssaitiges Zupfinstrument mit flachem Klangkörper und langem Hals: er spielt Gitarre; sie begleitet ihren Gesang mit der Gitarre. **Syn.:** Klampfe.

Git|ter [ˈgɪtɐ], das; -s, -:
meist aus parallel angeordneten oder gekreuzten miteinander verbundenen Stäben bestehende Vorrichtung, die besonders dem Zweck dient, etwas unzugänglich zu machen: schmiedeeiserne Gitter; ein Haus mit Gittern vor den Fenstern. **Syn.:** Gatter, [1]Rost, Zaun. **Zus.:** Drahtgitter, Eisengitter.

Gla|ce ['glasə], die; -, -n (schweiz.): *Speiseeis:* eine Kugel Glace essen; eine gemischte Glace. **Syn.:** Eis.

Gla|di|o|le [gla'di̯o:lə], die; -, -n: *hochwachsende Pflanze mit breiten, schwertförmigen Blättern und trichterförmigen Blüten in leuchtenden Farben.*

Glanz [glants], der; -es:
1. *Licht, das besonders Körper, Stoffe mit glatter, spiegelnder Oberfläche reflektieren:* der Glanz des Goldes; der seidige Glanz ihrer Haare; der Ballsaal erstrahlt in neuem Glanz. **Syn.:** Schein, Schimmer. **Zus.:** Lichterglanz, Seidenglanz, Sternenglanz.
2. *innewohnender bewunderter Vorzug, der in entsprechender Weise nach außen hin in Erscheinung tritt:* der Glanz der Zwanzigerjahre; der Glanz der Jugend, der Schönheit; seine Stimme hat an Glanz verloren. **Syn.:** Herrlichkeit, Schönheit.

glän|zen ['glɛntsn̩] ⟨itr.; hat⟩:
1. *Glanz haben, einen Lichtschein reflektieren:* die Metallteile des Autos glänzen in der Sonne; seine Augen glänzten vor Freude; das Shampoo lässt Ihre Haare glänzen. **Syn.:** blinken, blitzen, flimmern, funkeln, glitzern, leuchten, scheinen, schillern, schimmern, spiegeln, strahlen.
2. *durch ungewöhnliche Gaben o. Ä. hervorstechen, Bewunderung erregen:* sie glänzte durch ihr Wissen, Können [vor ihren männlichen Mitbewerbern]; sie glänzte in der Rolle der Carmen; er hat glänzende *(hervorragende)* Zeugnisse. **Syn.:** bestechen, Eindruck machen, prunken.

glanz|los ['glantslo:s] ⟨Adj.⟩:
a) *keinen Glanz aufweisend:* glanzlose Spülbecken mit Zitronensäure behandeln; sein Haar ist glanzlos. **Syn.:** blind, matt, stumpf. **b)** *sich durch nichts Besonderes, einer Sache Glanz Verleihendes auszeichnend:* eine völlig glanzlose Leistung; das Fest verlief glanzlos. **Syn.:** fade, grau, langweilig, öde, trist.

glanzvoll ['glantsfɔl] ⟨Adj.⟩:
a) *sich durch Festlichkeit, Prachtentfaltung auszeichnend:* wir feierten ein glanzvolles Fest; die Feier war glanzvoll arrangiert. **Syn.:** erhaben, feierlich, festlich, großartig, prächtig, prachtvoll, prunkvoll. **b)** *(von einer Leistung o. Ä.) überaus beeindruckend:* ein glanzvoller Sieg; sie hat das Examen glanzvoll bestanden. **Syn.:** ausgezeichnet, blendend, exzellent, glänzend, hervorragend, vortrefflich.

Glas [gla:s], das; -es, Gläser ['glɛ:zɐ]:
1. ⟨ohne Plural⟩ *hartes, sprödes, leicht zerbrechliches, meist durchsichtiges Material:* farbiges, gepresstes Glas; Glas blasen, schleifen; die Ausstellungsstücke sind hinter/unter Glas. **Syn.:** [2]Kristall. **Zus.:** Fensterglas, Isolierglas.
2. a) *gläsernes Trinkgefäß:* sein Glas erheben, leeren; (als Maßangabe) fünf Glas Bier. **Zus.:** Bierglas, Likörglas, Schnapsglas, Sektglas, Trinkglas, Wasserglas, Weinglas, Zahnputzglas.
b) *(unterschiedlichen Zwecken dienendes) Gefäß aus Glas:* Gläser für Honig, Eingemachtes; Bonbons in Gläsern stehen auf der Theke. **Zus.:** Einmachglas, Goldfischglas, Gurkenglas, Marmeladenglas, Zierglas.

Gla|ser ['gla:zɐ], der; -s, -: *Handwerker, der u. a. Fenster verglast und Bilder rahmt:* der Glaser setzte eine neue Fensterscheibe ein.

Gla|se|rei [gla:zə'rai̯], die; -, -en:
a) ⟨ohne Plural⟩ *das Handwerk des Glasers:* die Glaserei lernen.
b) *Betrieb, Werkstatt eines Glasers:* in einer Glaserei arbeiten.

Gla|se|rin ['gla:zərɪn], die; -, -nen: weibliche Form zu ↑Glaser.

glä|sern ['glɛ:zɐn] ⟨Adj.⟩: *aus Glas hergestellt:* eine gläserne Tür.

gla|sie|ren [gla'zi:rən] ⟨tr.; hat⟩: *mit einer Glasur versehen:* eine Vase aus Ton glasieren; der Kuchen wurde mit Schokoladenguss glasiert.

gla|sig ['gla:zɪç] ⟨Adj.⟩:
a) *(in Bezug auf die Augen) starr und ausdruckslos:* mit glasigen Augen starrte der Betrunkene ins Leere. **Syn.:** stier. **b)** *von durchscheinender Beschaffenheit:* die Zwiebeln glasig anbraten.

Gla|sur [gla'zu:ɐ̯], die; -, -en:
a) *wie Glas aussehender, glänzender Überzug:* die Glasur an der Vase ist abgesprungen. **b)** *Überzug auf Speisen und Gebäck:* der Kuchen war mit einer hellen Glasur überzogen. **Syn.:** Guss. **Zus.:** Schokoladenglasur, Zuckerglasur.

glatt [glat] ⟨Adj.⟩:
1. a) *ohne (erkennbare) Unebenheit:* eine glatte Fläche; der Wasserspiegel ist ganz glatt. **Syn.:** [1]eben, flach, platt. **b)** *an der Oberfläche so beschaffen, dass es keinen Halt bietet, dass man leicht darauf ausrutscht:* die Straßen sind glatt; er ist auf den glatten Steinen ausgerutscht. **Syn.:** glitschig, schlüpfrig. **Zus.:** eisglatt, regenglatt.
2. *ohne auftretende Schwierigkeiten, Komplikationen:* eine glatte Landung; die Operation ist glatt verlaufen. **Syn.:** ohne Probleme, problemlos.
3. (ugs.) *eindeutig; so, dass kein Zweifel daran auftreten kann; ohne Weiteres, ohne zu zögern:* eine glatte Lüge; das hätte ich glatt vergessen; ob du es glaubst oder nicht: das hätte ich glatt getan. **Syn.:** glattweg (ugs.), ohne Zögern, rundweg (emotional), schlankweg (ugs.), tatsächlich, wirklich.
4. *allzu gewandt, unverbindlich und höflich auf eine Weise, dass man Unaufrichtigkeit, Heuchelei dahinter vermutet:* ein glatter Mensch; seine glatte Art ist mir unangenehm.

Glät|te ['glɛtə], die; -:
a) *das Ebensein:* die Glätte der Wasseroberfläche. **b)** *rutschige Beschaffenheit:* die Glätte des Eises, der Straße bei Glatteis. **Zus.:** Eisglätte, Reifglätte, Schneeglätte, Straßenglätte.

Glatt|eis ['glat|ai̯s], das; -es: *dünne Eisschicht, die sich durch Gefrieren von Feuchtigkeit auf Straßen bildet und Glätte* (b) *verursacht:* bei Glatteis muss gestreut werden.

glät|ten ['glɛtn̩], glättete, geglättet:
1. ⟨tr.; hat⟩ *durch Darüberstreichen, Ziehen o. Ä. [wieder] glatt erscheinen lassen, von Unebenheiten befreien:* die Falten des Kleides glätten. **Syn.:** bügeln, glatt bügeln, glatt plätten (landsch.), plätten (landsch.).
2. ⟨+ sich⟩ *[wieder] glatt werden:*

der Wasserspiegel, der See hat sich wieder geglättet.

glatt|weg [ˈglatvɛk] ⟨Adverb⟩ (ugs.):
ohne Zögern, ohne Bedenken zu haben, ohne weiter darüber nachzudenken: sie hat die Kritik glattweg ignoriert; die Kompetenz spreche ich ihm glattweg ab. **Syn.:** einfach, glatt (ugs.), kurzerhand, ohne Umschweife, ohne Weiteres, ohne zu zögern, rundheraus (ugs.), rundweg (emotional), schlankweg (ugs.).

Glat|ze [ˈglatsə], die; -, -n:
(meist bei Männern vorkommende) durch Haarausfall entstandene kahle Stelle auf dem Kopf: eine Glatze bekommen, haben. **Zus.:** Halbglatze, Stirnglatze, Vollglatze.

Glau|be [ˈglaubə], der; -ns:
1. *gefühlsmäßige, nicht von Beweisen abhängige Gewissheit, Überzeugung von etwas, was man für wahr hält:* ein blinder, [felsen]fester, starker, unerschütterlicher Glaube. **Zus.:** Fortschrittsglaube, Geisterglaube, Unsterblichkeitsglaube, Wunderglaube.
2. *religiöse Überzeugung; Konfession, der jmd. angehört:* der christliche, jüdische, islamische Glaube; seinen Glauben bekennen; an seinem Glauben festhalten; für seinen Glauben sterben; jmdn. zu einem Glauben bekehren. **Syn.:** Bekenntnis, Religion. **Zus.:** Gottesglaube.

glau|ben [ˈglaubn̩]:
1. ⟨tr.; hat⟩ *einer bestimmten Überzeugung sein:* er glaubte, sie gesehen zu haben; das glaube ich auch; glaubst du, dass er kommt? **Syn.:** annehmen, denken, meinen, überzeugt sein von.
2. ⟨tr.; hat⟩ *gefühlsmäßig für wahr, richtig, glaubwürdig halten:* das glaube ich dir nicht; du darfst nicht alles glauben, was er sagt; ich habe es nicht glauben wollen. **Syn.:** abkaufen (ugs.), abnehmen (ugs.), für bare Münze nehmen.
3. ⟨itr.; hat⟩ *jmdm., einer Sache vertrauen, sich auf jmdn., etwas verlassen:* er glaubte an sie, an ihre Ehrlichkeit, Zuverlässigkeit; an das Gute im Menschen glauben. **Syn.:** bauen auf, rechnen auf, zählen auf.
4. ⟨itr.; hat⟩ **a)** *von der Wahrheit eines bestimmten Glaubensinhalts überzeugt sein, ihn für wahr halten:* an Gott, an ein höheres Wesen glauben; er glaubt nicht an eine Wiedergeburt. **b)** *von einem religiösen Glauben erfüllt, gläubig sein:* fest, unbeirrbar glauben.

glaub|haft [ˈglauphaft] ⟨Adj.⟩:
(von einem Sachverhalt) so geartet oder dargestellt, dass man es für wahr halten kann, dass es einem einleuchtet /Ggs. unglaubhaft/: eine glaubhafte Entschuldigung, sie konnte ihre Unschuld glaubhaft versichern; etwas klingt glaubhaft. **Syn.:** einleuchtend, glaubwürdig, plausibel, stichhaltig, überzeugend.

gläu|big [ˈglɔybɪç] ⟨Adj.⟩:
1. *eine bestimmte religiöse Überzeugung habend; von seinem Glauben erfüllt:* ein gläubiger Christ; eine gläubige Muslimin, Hinduistin; die ganze Familie ist sehr gläubig. **Syn.:** fromm, gottesfürchtig, religiös. **Zus.:** bibelgläubig, gottgläubig.
2. *allzu naiv vertrauend:* die Oma nimmt alles gläubig hin. **Syn.:** arglos, blauäugig, gutgläubig, leichtgläubig, vertrauensselig. **Zus.:** autoritätsgläubig.

Gläu|bi|ge [ˈglɔybɪgə], die/eine Gläubige; der/einer Gläubigen, die Gläubigen/zwei Gläubige:
gläubige, religiöse weibliche Person: am Sonntag versammeln sich die Gläubigen in der Kirche.

[1]Gläu|bi|ger [ˈglɔybɪgɐ], der; -s, -:
Person, die Forderungen an einen Schuldner, eine Schuldnerin hat: der Unternehmer wird heftig von seinen Gläubigern bedrängt.

[2]Gläu|bi|ger [ˈglɔybɪgɐ], der Gläubige/ein Gläubiger; des/eines Gläubigen, die Gläubigen/zwei Gläubige:
gläubige, religiöse Person.

Gläu|bi|ge|rin [ˈglɔybɪgərɪn], die; -, -nen:
weibliche Form zu [1]Gläubiger.

Gläu|big|keit [ˈglɔybɪçkait], die; -:
1. *überzeugte Hingabe an den Glauben:* nur ihre tiefe Gläubigkeit bewahrte sie vor der Verzweiflung. **Syn.:** Frömmigkeit, Glaube, Religiosität. **Zus.:** Gottgläubigkeit.
2. *allzu naives Vertrauen:* seine Gläubigkeit anderen gegenüber ist grenzenlos. **Syn.:** Einfalt. **Zus.:** Autoritätsgläubigkeit.

glaub|lich [ˈglauplɪç]:
in der Wendung **kaum glaublich sein:** *ziemlich unwahrscheinlich sein:* es ist kaum glaublich, dass ein Mensch so viel ertragen kann.

glaub|wür|dig [ˈglaupvʏrdɪç] ⟨Adj.⟩:
so geartet, dass man der Person, der Sache glauben kann: sie machte eine glaubwürdige Aussage; dieser Zeuge ist glaubwürdig; sie hat glaubwürdig versichert, nicht dabei gewesen zu sein. **Syn.:** glaubhaft, vertrauenswürdig.

[1]gleich [glaiç] ⟨Adj.⟩:
1. a) *in seinen Merkmalen völlig übereinstimmend:* die gleiche Farbe, Wirkung; das gleiche Ziel haben; gleich alt, groß sein. **Syn.:** derselbe/dieselbe/dasselbe, identisch, selb... **Zus.:** artgleich, baugleich, gattungsgleich, inhaltsgleich, ranggleich, sinngleich, wesensgleich. **b)** *mit einem Vergleichsobjekt in bestimmten Merkmalen, in seiner Art übereinstimmend oder vergleichbar:* die beiden Schwestern haben die gleiche Figur; alle Menschen sind gleich; er sucht seinem Vorbild gleich zu werden; die Arbeitsbedingungen bleiben gleich. **Syn.:** ähnlich, analog, entsprechend, gleichberechtigt, gleichgestellt, gleichlautend, identisch, kongruent (bildungsspr.).
2. *sich nicht verändernd:* sie antwortet mit immer gleicher Freundlichkeit.

[2]gleich [glaiç] ⟨Adverb⟩:
1. *in kurzer Zeit:* ich komme gleich. **Syn.:** auf Anhieb, auf der Stelle, direkt, geradewegs, ohne Aufschub, postwendend, schnurstracks (ugs.), sofort, sogleich, stehenden Fußes, umgehend (bes. Papierdt.), unverzüglich.
2. *in unmittelbarer Nähe von ..., unmittelbar:* sein Zimmer ist gleich am Fahrstuhl, neben dem Eingang; gleich hinter dem Haus beginnt der Wald. **Syn.:** direkt.
3. *von vornherein:* wenn wir das gewusst hätten, wären wir gleich zu Hause geblieben; wenn

dir alles nicht passt, dann lass es doch gleich bleiben.

[3]gleich [glai̯ç] ‹Präp. mit Dativ› (geh.):
genauso wie: gleich einem roten Ball ging die Sonne unter.

[4]gleich [glai̯ç]:
a) *[3]doch* (3), *[3]noch* (4): wie war gleich Ihr Name? **b)** dient vor Zahl- oder Mengenangaben dazu, auszudrücken, dass es sich um eine unerwartet große Zahl oder Menge handelt: gleich ein Dutzend Interessenten haben sich gemeldet; er kauft immer gleich eine ganze Kiste voll.

gleich|be|rech|tigt [ˈglai̯çbərɛçtɪçt] ‹Adj.›:
rechtlich gleichgestellt; mit gleichen Rechten ausgestattet: Weiße und Farbige sind gleichberechtigt; Frauen und Männer sollen auch in der Politik gleichberechtigt sein; die verschiedenen Interessen stehen gleichberechtigt nebeneinander. **Syn.:** gleich, gleichrangig.

Gleich|be|rech|ti|gung [ˈglai̯çbərɛçtɪɡʊŋ], die; -:
das Zugestehen von gleichen Rechten: für die Gleichberechtigung [der Frau] kämpfen. **Syn.:** Emanzipation, Gleichheit, Gleichstellung.

glei|chen [ˈglai̯çn̩], glich, geglichen ‹itr.; hat›:
jmdm., einander sehr ähneln: sie gleicht ihrem Bruder; das Zimmer gleicht einer Abstellkammer; die Brüder gleichen sich/einander wie ein Ei dem andern. **Syn.:** entsprechen, erinnern an.

glei|cher|ma|ßen [ˈglai̯çɐˈma:sn̩] ‹Adverb›:
in gleichem Maße: als Architekt und Konstrukteur hatte er gleichermaßen Erfolg; sie ist bei Kolleginnen und Vorgesetzten gleichermaßen beliebt; Presse und Rundfunk waren gleichermaßen daran beteiligt. **Syn.:** ebenso, genauso.

gleich|falls [ˈglai̯çfals] ‹Adverb›:
in gleicher Weise; auch; ebenfalls: der Mann blieb gleichfalls stehen; »Guten Appetit!« – »Danke, gleichfalls!« *(ich wünsche Ihnen das Gleiche!).* **Syn.:** ebenso, genauso.

gleich|för|mig [ˈglai̯çfœrmɪç] ‹Adj.›:
(in seinem Ablauf, seiner Zusammensetzung o. Ä.) immer gleich, ohne Abwechslung: wir bewegen uns in gleichförmigem Rhythmus; ein gleichförmiger Tagesablauf; ihr Leben verläuft sehr gleichförmig. **Syn.:** einförmig, eintönig, ermüdend, fade, langweilig, monoton, öde, stumpfsinnig, stupid[e].

Gleich|ge|wicht [ˈglai̯çɡəvɪçt], das; -[e]s:
1. *ausbalancierter Zustand eines Körpers, in dem sich die entgegengesetzt wirkenden Kräfte aufheben:* die Balken sind im Gleichgewicht. **Syn.:** Balance.
2. *innere, seelische Ausgeglichenheit:* lange nach der Krise hat sie schließlich ihr Gleichgewicht wiedergefunden.

gleich|gül|tig [ˈglai̯çɡʏltɪç] ‹Adj.›:
1. *(in einem bestimmten Zusammenhang) weder Lust noch Unlust empfindend oder erkennen lassend:* gegen alles gleichgültig bleiben, sein; die Sache ließ ihn völlig gleichgültig. **Syn.:** abgebrüht (ugs.), abgestumpft, achtlos, dickfellig (ugs.), innerlich unbeteiligt, teilnahmslos, unempfindlich, ungerührt.
2. *ohne Bedeutung oder Wichtigkeit (für jmdn.):* über gleichgültige Dinge sprechen; die Sache war ihr völlig gleichgültig; diese Frau ist ihm nicht gleichgültig. **Syn.:** bedeutungslos, egal, einerlei, nebensächlich, nichtig (geh.), unbedeutend, unerheblich, unwesentlich, unwichtig.

Gleich|heit [ˈglai̯çhai̯t], die; -, -en:
a) *Übereinstimmung (in Bezug auf Beschaffenheit, Zusammensetzung, Aussehen o. Ä.):* die Gleichheit ihrer Empfindungen, Worte. **Syn.:** Identität. **Zus.:** Wesensgleichheit. **b)** ‹ohne Plural› *gleiche rechtliche Stellung des Einzelnen (in der Gemeinschaft):* die Gleichheit aller Menschen vor dem Gesetz. **Syn.:** Gleichberechtigung, Gleichstellung.

gleich|kom|men [ˈglai̯çkɔmən], kam gleich, gleichgekommen ‹itr.; ist›:
gleichwertig sein: an Fleiß kam mir keiner gleich; diese Versetzung kommt einer Beförderung gleich. **Syn.:** entsprechen, gleichen.

gleichlau|tend [ˈglai̯çlau̯tn̩t]:
mit denselben Worten: eine gleichlautende Nachricht wurde auch der Öffentlichkeit verkündet.

gleich|ma|chen [ˈglai̯çmaxn̩], machte gleich, gleichgemacht ‹tr.; hat›:
mit dem Ziel der Aufhebung aller Unterschiede an andere, anderes angleichen: sie lehnten eine Weltanschauung ab, die alles gleichmacht. **Syn.:** anpassen, ausgleichen.

Gleich|maß [ˈglai̯çma:s], das; -es:
a) *ausgewogenes, harmonisches Verhältnis (von Teilen zueinander):* das Gleichmaß ihrer Züge. **Syn.:** Ebenmaß, Harmonie. **b)** *ruhiger, gleichmäßiger Ablauf:* aus dem Gleichmaß der Bewegungen geraten; das Gleichmaß der Tage. **Syn.:** Rhythmus.

gleich|mä|ßig [ˈglai̯çmɛ:sɪç] ‹Adj.›:
a) *in einem ruhigen Gleichmaß erfolgend:* ein gleichmäßiger Puls; gleichmäßig atmen. **Syn.:** rhythmisch. **b)** *ebenmäßig:* gleichmäßige Züge. **c)** *zu gleichen Teilen (aufgeteilt o. Ä.):* die Beute gleichmäßig verteilen.

Gleich|mut [ˈglai̯çmu:t], der; -[e]s:
(auf innerer Ausgeglichenheit beruhende) Gelassenheit: mit stoischem Gleichmut alles ertragen. **Syn.:** Ruhe.

gleich|mü|tig [ˈglai̯çmy:tɪç] ‹Adj.›:
Gleichmut zeigend; mit Gelassenheit: eine Nachricht gleichmütig aufnehmen. **Syn.:** abgeklärt, ausgeglichen, gelassen, [1]ruhig, seelenruhig (emotional).

Gleich|nis [ˈglai̯çnɪs], das; -ses, -se:
kurze Erzählung, die einen abstrakten Sachverhalt im Bild deutlich zu machen sucht: etwas durch ein Gleichnis erläutern; das Gleichnis vom verlorenen Sohn. **Syn.:** Parabel.

gleich|ran|gig [ˈglai̯çraŋɪç] ‹Adj.›:
auf gleicher Stufe stehend; von gleichem Rang: bei gleichrangigen Bewerberinnen entscheidet das Los; beide Themen sollen gleichrangig behandelt werden; sie teilten sich gleichrangig den ersten Platz.

gleich|sam [ˈglai̯çza:m] ‹Adverb› (geh.):
(einer anderen Sache) vergleichbar; sozusagen, gewissermaßen, wie: sein Brief ist gleichsam eine Anklage. **Syn.:** an und für sich, eigentlich, im Grunde, im

G
glei

gleichzeitig/zugleich	
Das Adjektiv **gleichzeitig** bedeutet eigentlich nur *zur gleichen Zeit:* – Sie redeten gleichzeitig. **Zugleich** bedeutet darüber hinaus – ohne zeitliche Komponente – *in gleicher Weise, ebenso, auch noch:* – Diesen Teller können Sie zugleich als Untersatz verwenden.	Im heutigen Sprachgebrauch wird aber auch »gleichzeitig« öfter in dieser nicht zeitlichen Bedeutung verwendet: – Das Rauchertischchen ist gleichzeitig (für: »zugleich«) ein Schachspiel.

Grunde genommen, quasi, so gut wie.

Gleich|schritt [ˈɡlai̯çʃrɪt], der; -[e]s: *Art des Gehens, Marschierens, bei der Länge und Rhythmus der Schritte aller Beteiligten gleich sind:* Gleichschritt halten; im Gleichschritt, marsch!

gleich|set|zen [ˈɡlai̯çzɛtsn̩], setzte gleich, gleichgesetzt ⟨tr.; hat⟩: *als dasselbe ansehen:* Weihnachten kann man nicht mit Schenken gleichsetzen; er setzt Kritik mit Ablehnung gleich.

gleich|stel|len [ˈɡlai̯çʃtɛlən], stellte gleich, gleichgestellt ⟨tr.; hat⟩: *in gleicher Weise behandeln, den gleichen Rang zuweisen:* die Arbeiter wurden den Angestellten/mit den Angestellten gleichgestellt; Frauen und Männer müssen endlich rechtlich gleichgestellt werden.

Gleich|stel|lung [ˈɡlai̯çʃtɛlʊŋ], die; -, -en: *das Gleichstellen; das Gleichgestelltwerden:* die soziale Gleichstellung; Gleichstellung von Frauen und Männern in Sprache und Gesellschaft; das Gericht wird Gleichstellungen verlangen. **Syn.:** Gleichberechtigung, Gleichheit.

Glei|chung [ˈɡlai̯çʊŋ], die; -, -en: *(durch eine Reihe von Zeichen dargestellte) Gleichsetzung zweier mathematischer Größen:* eine Gleichung mit mehreren Unbekannten; die Gleichung geht auf.

gleich|viel [ɡlai̯çˈfiːl] ⟨Adverb⟩: *ohne Rücksicht darauf; gleichgültig, ob:* es muss getan werden, gleichviel ob es Sinn hat oder nicht; ich gehe weg, gleichviel wohin. **Syn.:** egal, einerlei, gleichgültig, wie auch immer, wie dem auch sei.

gleich|wer|tig [ˈɡlai̯çveːɐ̯tɪç] ⟨Adj.⟩: *ebenso viel wert, von gleichem Wert:* ein gleichwertiger Ersatz für das verloren gegangene Stück; die beiden Angebote sind gleichwertig. **Syn.:** entsprechend, vollwertig, von entsprechendem Wert.

gleich|wie [ˈɡlai̯çviː] ⟨Konj.⟩ (geh.): *nicht anders als; ebenso wie:* etwas mit neuen Augen ansehen, gleichwie zum ersten Mal.

gleich|wohl [ɡlai̯çˈvoːl] ⟨Adverb⟩: *trotz einer vorangegangenen gegenteiligen Feststellung:* er hat alles gut begründet, gleichwohl spricht manches gegen ihn; es wird gleichwohl nötig sein, den Entwurf nochmals zu überprüfen. **Syn.:** aber, allein (geh.), allerdings, dennoch, dessen ungeachtet, doch, indes (geh.), indessen (geh.), jedoch, trotz allem, trotzdem.

gleich|zei|tig [ˈɡlai̯çtsai̯tɪç] ⟨Adj.⟩: *zur gleichen Zeit [stattfindend]:* eine gleichzeitige Überprüfung aller Teile; alle redeten gleichzeitig; ich kann gleichzeitig telefonieren und im Internet surfen. **Syn.:** parallel, simultan.

gleichzeitig / zugleich: s. Kasten.

gleich|zie|hen [ˈɡlai̯çtsiːən], zog gleich, gleichgezogen ⟨itr.; hat⟩: **a)** *den gleichen Leistungsstand o. Ä. erreichen:* er konnte beim Training mit den anderen nicht gleichziehen. **Syn.:** aufholen, ausgleichen, einholen, nachziehen. **b)** *sich (jmdm., einer Sache) angleichen:* in einigen Jahren werden die Preise in den beiden Ländern gleichziehen.

Gleis [ɡlai̯s], das; -es, -e: *aus zwei in gleichbleibendem Abstand voneinander laufenden [auf Schwellen verlegten] Stahlschienen bestehende Fahrspur für Schienenfahrzeuge:* die Gleise überqueren; der Zug steht abfahrbereit auf Gleis 4; der ICE nach Basel fährt heute von, aus Gleis 8. **Zus.:** Abfahrtgleis, Abstellgleis, Rangiergleis.

glei|ten [ˈɡlai̯tn̩], glitt, geglitten ⟨itr.; ist⟩: **a)** *sich leicht und lautlos auf einer Fläche oder durch die Luft schwebend fortbewegen:* Schlitten gleiten über das Eis; das Segelboot glitt in die Bucht; Adler gleiten durch die Luft. **Syn.:** fliegen, segeln. **b)** *sich (über eine geneigte Fläche) sanft, ohne Widerstand abwärtsbewegen:* sie glitt über die Steine ins Wasser. **Syn.:** rutschen. **Zus.:** herabgleiten, hinabgleiten.

Glet|scher [ˈɡlɛtʃɐ], der; -s -: *größere Fläche im Hochgebirge, über die sich Eismassen erstrecken (die sich durch den von den Bergen abschmelzenden Schnee bilden):* die Gletscher schmelzen.

Glied [ɡliːt], das; -[e]s, -er: **1. a)** *Teil eines Ganzen:* die Glieder einer Kette; ein nützliches Glied der Gesellschaft. **Zus.:** Bindeglied, Kettenglied, Verbindungsglied. **b)** *beweglicher Körperteil (bei Menschen und Tieren):* gesunde, heile Glieder haben; nach der langen Fahrt mussten wir erst einmal die Glieder strecken. **Zus.:** Daumenglied, Fingerglied. **c)** *männliches Geschlechtsorgan; Penis:* das männliche Glied. **Syn.:** Schwanz (derb).
2. *eine von mehreren hintereinander angetretenen Reihen einer Mannschaft:* im ersten Glied, in Reih und Glied stehen.

glie|dern [ˈɡliːdɐn]: **a)** ⟨tr.; hat⟩ *(etwas schriftlich Niedergelegtes) nach bestimmten Gesichtspunkten in einzelne Abschnitte einteilen:* ein Referat in 10 Kapitel gliedern; der Vortrag war gut, schlecht gegliedert. **Syn.:** anordnen, aufteilen, gruppieren, klassifizieren, ordnen. **b)** ⟨+ sich⟩ *in verschiedene Teile untergliedert sein:* die Germanistik gliedert sich in drei Hauptbereiche. **Syn.:** aufteilen, einteilen.

Glie|de|rung [ˈɡliːdərʊŋ], die; -, -en:
durch Gliedern entstandene Ordnung: die Gliederung des Vortrages, des Buches; eine Gliederung machen. **Syn.:** Anordnung, Aufbau. **Zus.:** Abschnittsgliederung.

Glied|ma|ße [ˈɡliːtmaːsə], die; -, -n ⟨meist Plural⟩:
Extremität (Arm oder Bein beim Menschen, Vorder-, Hinterbein beim Säugetier): die vorderen, hinteren Gliedmaßen des Hundes; das Kind hat gesunde Gliedmaßen. **Syn.:** Glied.

glim|men [ˈɡlɪmən], glomm/glimmte, geglommen/geglimmt ⟨itr.; hat⟩:
(ohne Flamme) schwach brennen oder glühen: die Zigaretten glimmten in der Dunkelheit; Kohlen glimmen unter der Asche. **Syn.:** schwelen.

glimpf|lich [ˈɡlɪmpflɪç] ⟨Adj.⟩:
ohne größeren Schaden oder schlimme Folgen [abgehend]: glimpflich davonkommen; das lief gerade noch einmal glimpflich ab; ein glimpflicher Ausgang.

glit|schig [ˈɡlɪtʃɪç] ⟨Adj.⟩:
(besonders in Bezug auf den Untergrund) feucht und glatt, sodass man leicht ausrutscht: der Boden ist glitschig. **Syn.:** schlüpfrig.

glit|zern [ˈɡlɪtsɐn] ⟨itr.; hat⟩:
(von einer Lichtquelle getroffen) funkelnd aufblitzen: das Eis, der Schnee glitzert; ihr Schmuck glitzerte im Rampenlicht. **Syn.:** blinken, blitzen, flimmern, glänzen, leuchten, scheinen, schillern, schimmern, strahlen.

glo|bal [ɡloˈbaːl] ⟨Adj.⟩:
1. *die ganze Erde betreffend:* ein globaler Konflikt; eine globale Krise; global denken, lokal handeln. **Syn.:** international.
2. a) *allgemein und ohne zu differenzieren:* man kann nicht alle Hundebesitzer global verurteilen. **Syn.:** generell, pauschal.
b) *einen großen Bereich umfassend:* ein globales Wissen haben.

Glo|be|trot|ter [ˈɡloːbətrɔtɐ], der; -s, -, **Glo|be|trot|te|rin** [ˈɡloːbətrɔtərɪn], die; -, -nen:
Person, die (als Tourist[in]) durch die Welt reist, weite Reisen macht.

Glo|bus [ˈɡloːbʊs], der; - und -ses, Globen und -se:
1. a) *Modell der Erde in Form einer drehbaren Kugel:* einen Ort auf dem Globus suchen. **Zus.:** Erdglobus. **b)** *Modell des Sternenhimmels oder des Mondes in Form einer drehbaren Kugel.* **Zus.:** Himmelsglobus, Mondglobus, Sternglobus.
2. *Erde* (3): er hat den ganzen Globus bereist. **Syn.:** Welt.

Glo|cke [ˈɡlɔkə], die; -, -n:
1. *etwa kegelförmiger, hohler, nach unten offener, mit einem Klöppel versehener Klangkörper aus Metall:* die Glocken läuten. **Zus.:** Kirchenglocke, Kuhglocke, Schiffsglocke.
2. (österr.) *Klingel.*
3. *in der Form an eine Glocke erinnernder Gegenstand (der vielfach zum Schutz über etwas gestülpt wird):* der Käse liegt unter der Glocke. **Zus.:** Glasglocke, Käseglocke.

glo|ckig [ˈɡlɔkɪç] ⟨Adj.⟩:
(in Bezug auf bestimmte Kleidungsstücke) sich nach unten wie eine Glocke erweiternd: ein glockig geschnittenes Kleid.

Glos|se [ˈɡlɔsə], die; -, -n:
[spöttische] Randbemerkung, Kommentar: die beste Glosse in dieser Zeitung; seine Glossen über etwas machen. **Syn.:** Anmerkung, Bemerkung.

glos|sie|ren [ɡlɔˈsiːrən] ⟨tr.; hat⟩:
einen [ironischen oder spöttischen] Kommentar (zu etwas) geben: in allen Zeitungen wurde das Ereignis glossiert. **Syn.:** kommentieren.

Glot|ze [ˈɡlɔtsə], die; -, -n (ugs.):
Fernsehapparat: viele Kinder sitzen viel zu lange vor der Glotze; er hat wieder den ganzen Abend vor der Glotze gehangen. **Syn.:** Fernsehen (ugs.), Fernseher (ugs.), Mattscheibe (ugs.).

glot|zen [ˈɡlɔtsn̩] ⟨itr.; hat⟩ (ugs., auch abwertend):
mit weit aufgerissenen oder hervortretenden Augen [und dummer Miene] starren: glotz nicht so blöd!; was gibts denn da zu glotzen? **Syn.:** gaffen (emotional abwertend).

Glück [ɡlʏk], das; -[e]s:
1. *günstiger Umstand, günstige Fügung des Schicksals* /Ggs. Pech/: sie hatte bei der Sache großes Glück; ein Glück, dass du da bist; bei dem Unfall hatte er mehr Glück als Verstand; jmdm. Glück wünschen; du kannst von Glück sagen, dass nichts Schlimmeres passiert ist; er hat kein Glück *(keinen Erfolg)* bei Frauen. **Syn.:** Glücksfall.
2. *Zustand innerer Harmonie und Zufriedenheit:* das häusliche, ungetrübte Glück; Hufeisen, Schweine und vierblättrige Kleeblätter bringen Glück. **Syn.:** Freude, Seligkeit, Wonne. **Zus.:** Eheglück, Familienglück, Liebesglück, Mutterglück.

Glu|cke [ˈɡlʊkə], die; -, -n:
Henne, die brütet oder ihre Jungen führt: die Küken verstecken sich unter den Flügeln der Glucke; sie ist eine richtige Glucke *(Mutter, die ihre Kinder übermäßig behütet).* **Syn.:** Huhn.

glü|cken [ˈɡlʏkn̩], glückte, geglückt ⟨itr.; ist⟩:
nach Wunsch gehen, geraten /Ggs. missglücken/: bisher ist ihr alles geglückt; die Torte will mir nicht glücken. **Syn.:** gelingen, klappen (ugs.).

glu|ckern [ˈɡlʊkɐn] ⟨itr.; hat⟩:
(von einer in Bewegung befindlichen Flüssigkeit) ein leises, dunkel klingendes Geräusch verursachen: das Wasser gluckert an der Schiffswand; ⟨auch unpers.⟩ es gluckert in meinem Bauch. **Syn.:** plätschern.

[1]**glück|lich** [ˈɡlʏklɪç] ⟨Adj.⟩:
1. *von tiefer Freude erfüllt:* ein glückliches Paar; man sieht ihm an, dass er glücklich verheiratet ist; glückliche Tage, eine glückliche Zeit verleben; jmdn. glücklich machen. **Syn.:** froh, glückselig, glückstrahlend, selig.
2. *vom Glück begünstigt:* sie ist glückliche Gewinnerin einer Karibikreise.
3. *ohne Störung verlaufend:* eine glückliche Reise; glücklich landen, wiederkehren, enden; es ging alles glücklich vonstatten. **Syn.:** gut.
4. *sich als günstig erweisend:* das war ein glücklicher Zufall; ein glücklicher Gedanke; die Auswahl der Bilder ist nicht sehr glücklich; etwas nimmt einen

glücklichen Verlauf. **Syn.:** erfreulich, vorteilhaft.

[2]**glück|lich** [ˈglʏklɪç] ⟨Adverb⟩: *[nun] endlich:* jetzt haben wir es glücklich doch noch geschafft. **Syn.:** schließlich, zu guter Letzt.

glück|li|cher|wei|se [ˈglʏklɪçɐˈvai̯zə] ⟨Adverb⟩: *zum Glück:* glücklicherweise wurde niemand verletzt. **Syn.:** dem Himmel sei Dank!, Gott sei Dank!, gottlob.

glück|se|lig [glʏkˈzeːlɪç] ⟨Adj.⟩: *ganz von Glück erfüllt:* die beiden lächelten glückselig. **Syn.:** [1]glücklich, glückstrahlend, selig.

Glücks|fall [ˈglʏksfal], der; -[e]s, Glücksfälle [ˈglʏksfɛlə]: *günstiger Umstand, der sich ohne jmds. eigenes Zutun ergibt:* es ist ein echter Glücksfall, dass sie sich getroffen haben. **Syn.:** Glück.

Glücks|pilz [ˈglʏkspɪlt͜s], der; -es, -e (ugs.): *Person, die oft Glück hat:* du bist ein echter Glückspilz! **Syn.:** Hans im Glück.

Glücks|sa|che [ˈglʏkszaxə]: in der Wendung **[reine] Glückssache sein:** *sich nicht beeinflussen oder lenken lassen, allein von einem glücklichen Zufall abhängen:* ob der Versuch gelingt oder nicht, das ist [reine] Glückssache. **Syn.:** reiner Zufall sein.

Glücks|spiel [ˈglʏksʃpiːl], das; -[e]s, -e: *[verbotenes] Spiel um Geld, bei dem Gewinn und Verlust vom Zufall abhängen:* verbotene Glücksspiele wie das Hütchenspiel.

Glücks|sträh|ne [ˈglʏksʃtrɛːnə], die; -, -n: *Reihe glücklicher Zufälle, von denen jmd. in kürzester Zeit betroffen wird:* er hat zurzeit eine Glückssträhne.

glück|strah|lend [ˈglʏkʃtraːlənt] ⟨Adj.⟩: *sehr glücklich [aussehend]:* glückstrahlend erzählte er vom Ausgang der Prüfung. **Syn.:** beglückt, froh, glückselig, selig.

Glück|wunsch [ˈglʏkvʊnʃ], der; -[e]s, Glückwünsche [ˈglʏkvʏnʃə]: *(meist formelhafter) Wunsch, mit dem man jmdm. (bei einem bestimmten Anlass) seine Mitfreude bekundet und ihm Glück wünscht:* herzlichen Glückwunsch!; die besten Glückwünsche zum Geburtstag! **Syn.:** Gratulation. **Zus.:** Geburtstagsglückwunsch, Neujahrsglückwunsch.

Glüh|bir|ne [ˈglyːbɪrnə], die; -, -n: *(birnenförmige) Glühlampe:* eine neue Glühbirne [in die Lampe] einschrauben; eine Glühbirne ausdrehen, auswechseln. **Syn.:** Birne, Glühlampe (Fachspr.).

glü|hen [ˈglyːən] ⟨itr.; hat⟩:
1. *rot leuchten und starke Hitze ausstrahlen:* die Kohlen glühen; das Eisen glüht im Feuer.
2. *vor Hitze stark gerötet sein:* ihre Wangen glühen; das Gesicht glüht vor Hitze, Fieber.

Glüh|lam|pe [ˈglyːlampə], die; -, -n (Fachspr.): *aus Glas bestehender Gegenstand (als Teil einer Lampe o. Ä.), in dessen Innerem ein Metallfaden oder -stift mittels hindurchfließenden elektrischen Stroms zum Leuchten gebracht wird:* verwenden Sie stets die neuen energiesparenden Glühlampen. **Syn.:** Birne, Glühbirne.

Glüh|wein [ˈglyːvai̯n], der; -[e]s, -e: *heiß getrunkener, gewürzter und gesüßter Rotwein.*

Glut [gluːt], die; -:
1. *glühende (nicht mit offener Flamme brennende) Masse (von Brennstoff oder verbrannter Materie):* die Zigarette hat keine Glut mehr; im Ofen ist noch ein wenig Glut. **Zus.:** Backofenglut.
2. *sehr große Hitze:* eine furchtbare Glut liegt über der Stadt. **Syn.:** Wärme. **Zus.:** Sonnenglut.

Gna|de [ˈgnaːdə], die; -:
1. *mit Herablassung gewährte Gunst eines sozial oder gesellschaftlich Höhergestellten gegenüber einem sozial Tieferstehenden:* jmdm. eine Gnade erweisen, gewähren; von jmds. Gnade abhängen.
2. *(einem schuldig Gewordenen gegenüber geübte) Milde, Nachsicht:* um Gnade bitten; keine Gnade finden, verdienen; im Christentum ist die göttliche Gnade ein Grundwert. **Syn.:** Schonung. **Zus.:** Gottesgnade.

gnä|dig [ˈgnɛːdɪç] ⟨Adj.⟩:
1. a) *mit herablassendem Wohlwollen:* er war so gnädig, mir zu helfen; (oft ironisch) gnädig lächeln; jmdn. gnädig anhören. **b)** als höfliche Anrede einer Frau gegenüber: verehrte, gnädige Frau. **Syn.:** geehrt, sehr geehrt, sehr verehrte, verehrt, wert.
2. *Nachsicht zeigend, ohne Härte:* ein gnädiger Richter; seien Sie gnädig mit ihm; das verleihe der gnädige Gott. **Syn.:** gütig, mild[e], nachsichtig, sanft, schonend.

Go|be|lin [gobəˈlɛ̃ː], der; -s, -s: *Wandteppich, in den kunstvoll bunte Bilder gewirkt sind:* alte französische Gobelins.

Go|ckel [ˈgɔkl̩], der; -s, -: *männliches Huhn:* er stolziert wie ein Gockel über die Straße. **Syn.:** Hahn.

Gold [gɔlt], das; -es: *wertvolles Edelmetall von rotgelber Farbe:* 24-karätiges Gold; sie trägt nur Schmuck aus reinem Gold. **Zus.:** Barrengold.

gol|den [ˈgɔldn̩] ⟨Adj.⟩:
1. *aus Gold bestehend:* eine goldene Uhr, Münze; ein goldener Ring.
2. *von der Farbe des Goldes:* goldenes Haar; goldene Ähren.

Gold|fisch [ˈgɔltfɪʃ], der; -[e]s, -e: *kleiner Zierfisch meist von goldgelber Färbung, der in Teichen oder Aquarien gehalten wird.*

gol|dig [ˈgɔldɪç] ⟨Adj.⟩: *(besonders in Bezug auf Kinder oder kleine Tiere) hübsch und niedlich anzusehen:* ein goldiges Kind; das Hündchen ist ja goldig! **Syn.:** entzückend, herzig, lieb, nett, reizend, süß (emotional).

Gold|schmied [ˈgɔltʃmiːt], der; -[e]s, -e, **Gold|schmie|din** [ˈgɔltʃmiːdɪn], die; -, -nen: *Handwerker[in], der/die Schmuck oder künstlerisch gestaltete Gebrauchsgegenstände aus Edelmetallen anfertigt.*

[1]**Golf** [gɔlf], der; -[e]s, -e: *größere Meeresbucht:* das Schiff hat im Golf geankert; der Golf von Genua. **Syn.:** Bucht.

[2]**Golf** [gɔlf], das; -s: *Spiel auf einem größeren, mit Gras bewachsenen Gelände, bei dem ein kleiner, harter Ball aus Gummi mit einem nach unten gekrümmten Stock mit möglichst wenig Schlägen nacheinander in eine bestimmte Anzahl von Löchern geschlagen werden muss:* Golf spielen.

Gon|del [ˈgɔndl̩], die; -, -n:
a) *langes, schmales [zum Teil*

überdachtes] venezianisches Boot. **b)** *Kabine an Seilbahnen oder Luftschiffen, Korb an Ballons, in denen die zu transportierenden Personen oder Lasten Aufnahme finden:* die Gondel fasst 20 Personen.

gon|deln ['gɔndl̩n], gondelte, gegondelt ⟨itr.; ist⟩ (ugs.): *gemächlich, ohne festes Ziel fahren, reisen:* während des Urlaubs ist sie durch halb Europa gegondelt; ich sah ihn auf dem Fahrrad durch die Stadt gondeln. **Zus.:** herumgondeln.

Gong [gɔŋ], der; -s, -s: *[frei aufzuhängende] runde Scheibe aus Metall, die, mit einem Klöppel angeschlagen, einen vollen, hallenden Ton hervorbringt, der als eine Art Signal dienen soll:* der Gong ertönte und die Gäste gingen zu Tisch.

gon|gen ['gɔŋən] ⟨itr.; hat⟩:
1. *mit dem Gong ein Zeichen (für etwas) geben:* der Kellner hat in der Halle gegongt. **Syn.:** läuten.
2. *(vom Gong) ertönen:* es gongte zum Abendessen. **Syn.:** läuten.

gön|nen ['gœnən]:
1. ⟨tr.; hat⟩ *(jmdm. etwas) neidlos zugestehen, weil man der Meinung ist, dass er es braucht oder es verdient hat* /Ggs. missgönnen/: dem Lehrer die Ferien, jmdm. seinen Erfolg gönnen; dein Glück gönne ich dir von Herzen.
2. ⟨+ sich⟩ *sich etwas (Besonderes, etwas, was eine Ausnahme darstellt o. Ä.) erlauben, zubilligen:* ich sollte mir einen Tag Ruhe gönnen; wir werden uns jetzt eine Portion Eis gönnen; sie gönnt sich ab und zu ein teures Kleidungsstück. **Syn.:** sich genehmigen (ugs. scherzh.), sich gestatten, sich leisten (ugs.); *** man gönnt sich ja sonst nichts:** (scherzh.) entschuldigend gebraucht, wenn man sich etwas Besonderes leistet.

Gön|ner ['gœnɐ], der; -s, -, **Gön|ne|rin** ['gœnərɪn], die; -, -nen: *Person, die eine andere Person in ihren Bestrebungen (finanziell, durch Geltendmachen ihres Einflusses o. Ä.) fördert:* ein reicher Gönner hat ihm das Studium im Ausland ermöglicht; das Trio fand schließlich eine Gönnerin. **Syn.:** Mäzen, Mäzenin, Spender, Spenderin, Sponsor, Sponsorin. **Zus.:** Kunstgönner, Kunstgönnerin.

gön|ner|haft ['gœnɐhaft] ⟨Adj.⟩: *in einer als herablassend-überheblich empfundenen Weise [sich darstellend, äußernd]:* sie empfing uns mit gönnerhafter Miene; er klopfte mir gönnerhaft auf die Schulter. **Syn.:** jovial.

Go|ril|la [go'rɪla], der; -s, -s: *großer Menschenaffe mit kräftigem Körperbau und dunkelbraunem bis schwarzem Fell.* **Syn.:** Affe.

Gos|se ['gɔsə], die; -, -n: *an der Bordkante einer Straße entlanglaufende Rinne, durch die das Regenwasser abfließen kann:* die Gosse war überflutet; sie kommt aus der Gosse *(aus einem Bereich sozialer und moralischer Verkommenheit).*

Go|tik ['go:tɪk], die; -: *Kunststil des späten Mittelalters, für den besonders in der Baukunst eine starke Betonung der Vertikalen (durch Türmchen, hohe, spitze Bogen, hohe Fenster o. Ä.) charakteristisch ist:* die Baukunst, Malerei, Plastik der Gotik.

Gott [gɔt], der; -es, Götter ['gœtɐ]:
1. ⟨ohne Plural⟩ *(in verschiedenen Religionen, besonders im Christentum) höchstes gedachtes und verehrtes überirdisches Wesen:* der liebe, gütige, allmächtige Gott; Gott lieben; Gott der Allmächtige; an Gott glauben; auf Gott vertrauen; es steht, liegt in Gottes Hand. **Syn.:** der Allmächtige, der Herr, der Herr der Heerscharen, der Schöpfer, Herr Zebaoth, Herrgott, Vater im Himmel. **Zus.:** Schöpfergott.
2. *(in der Mythologie) unsterbliches höheres Wesen von Menschengestalt, das die Verkörperung einer Naturkraft oder einer geistigen oder sittlichen Macht darstellt:* die Götter der Griechen, der Germanen. **Zus.:** Donnergott, Feuergott, Hausgott, Kriegsgott, Liebesgott, Meergott, Waldgott, Weingott, Wettergott.

Got|tes|dienst ['gɔtəsdi:nst], der; -[e]s, -e: *(in den christlichen Kirchen) religiöse Feier der Gemeinde (mit Predigt, Gebet, Gesang):* ein evangelischer, katholischer, ökumenischer Gottesdienst; den Gottesdienst besuchen; am Gottesdienst teilnehmen. **Syn.:** Andacht, [1]Messe. **Zus.:** Bittgottesdienst, Dankgottesdienst, Taufgottesdienst.

got|tes|fürch|tig ['gɔtəsfʏrçtɪç] ⟨Adj.⟩: *von Ehrfurcht vor Gott erfüllt:* ein gottesfürchtiger Mensch. **Syn.:** fromm, gläubig.

Göt|tin ['gœtɪn], die; -, -nen: *weibliche Gottheit:* Minerva, die römische Göttin der Weisheit. **Zus.:** Friedensgöttin, Glücksgöttin, Liebesgöttin, Meergöttin, Rachegöttin, Schutzgöttin, Siegesgöttin, Waldgöttin.

gött|lich ['gœtlɪç] ⟨Adj.⟩:
1. *Gott zugehörig, eigen; von Gott ausgehend, stammend:* göttliche Allmacht, Gerechtigkeit, Gnade; ein göttliches Gebot. **Syn.:** himmlisch.
2. a) *einem Gott zugehörend:* die göttlichen Attribute des Zeus. **b)** *einem Gott zukommend:* in diesem Land genießen einige Tiere göttliche Verehrung.
3. (oft scherzh.) *herrlich [sodass man nur staunen kann]:* seine göttliche Stimme begeisterte das Publikum; ein göttlicher Anblick; der Kuchen schmeckt einfach göttlich. **Syn.:** ausgezeichnet, bestens, exzellent, famos (ugs.), fein, herrlich (emotional), hervorragend, himmlisch (emotional), klasse (ugs.), köstlich, prima, scharf (ugs.), schön, sehr gut, spitze (ugs.), stark (ugs.), super (ugs.), toll (ugs.), unübertrefflich, vorzüglich.

gott|lob [gɔt'lo:p] ⟨Adverb⟩: *zu jmds. Beruhigung, Erleichterung, Freude:* wir haben es gottlob geschafft; gottlob hatten wir schönes Wetter; es ist gottlob nicht weit bis dahin. **Syn.:** dem Himmel sei Dank!, glücklicherweise, Gott sei Dank!

gott|los ['gɔtlo:s] ⟨Adj.⟩ (abwertend):
a) *ohne Glauben an Gott:* ein gottloser Mensch. **Syn.:** ungläubig. **b)** *verwerflich:* ein gottloses Leben führen; ein gottloses (ugs.; *freches, unverschämtes*) Mundwerk.

gott|ver|las|sen ['gɔtfɛɐ̯lasn̩] ⟨Adj.⟩ (ugs.):

G
gott

abseits vom Verkehr, von städtischem Getriebe gelegen, sodass man es als bedrückend und trostlos empfindet: eine gottverlassene Gegend. **Syn.:** abgelegen, einsam, entlegen.

Göt|ze ['gœtsə], der; -n, -n:
a) *Darstellung, Abbild einer heidnischen Gottheit:* im Tempel verehrten sie ihre Götzen. **b)** (geh. abwertend) *Person oder Sache, die zu jmds. Lebensinhalt wird, von der sich jmd. sklavisch abhängig macht, obwohl sie es nicht wert ist:* Fernsehen und schnelle Autos sind die Götzen der modernen Gesellschaft.

G

Götz

Gour|mand [gʊr'mã:], der; -s, -s: *Person, die gern und viel isst:* sie ist ein richtiger Gourmand.

Gour|met [gʊr'me:], der; -s, -s: *Feinschmecker, Feinschmeckerin:* es gab zur Freude unseres Gourmets die erlesensten Speisen.

Gou|ver|nan|te [guvɛr'nantə], die; -, -n (früher):
Erzieherin, Hauslehrerin: für die Kinder wurde eine englische Gouvernante angestellt; manchmal bevormundet sie mich wie eine Gouvernante.

Grab [gra:p], das; -[e]s, Gräber ['grɛ:bɐ]:
a) *für die Beerdigung einer verstorbenen Person ausgehobene Grube:* ein Grab schaufeln; den Toten ins Grab legen. **b)** *oft durch einen kleinen [geschmückten] Erdhügel [mit einem Kreuz, mit Grabstein oder Grabplatte] kenntlich gemachte Stelle, an der eine verstorbene Person beerdigt ist:* ein Grab bepflanzen, pflegen, besuchen; Blumen aufs Grab legen. **Syn.:** Grabstätte, Ruhestätte (geh.). **Zus.:** Doppelgrab, Einzelgrab, Familiengrab, Kindergrab, Massengrab, Soldatengrab, Urnengrab.

gra|ben ['gra:bn̩], gräbt, grub, gegraben:
1. a) ⟨itr.; hat⟩ *(mit dem Spaten o. Ä.) Erde umwenden, ausheben:* im Garten graben; er grub so lange, bis er auf Fels stieß. **Zus.:** aufgraben, ausgraben, eingraben, umgraben, vergraben.
b) ⟨tr.; hat⟩ *durch Graben* (1a) *herstellen, schaffen, anlegen:* ein Loch, ein Beet graben; einen Stollen [in die Erde] graben; der Maulwurf hat sich einen Bau gegraben. **Syn.:** buddeln (ugs.), schaufeln, schippen (landsch.).
2. ⟨itr.; hat⟩ *im Boden, in der Tiefe der Erde nach etwas (einem Rohstoff) suchen:* nach Erz, Kohle graben.

Gra|ben ['gra:bn̩], der; -s, Gräben ['grɛ:bn̩]:
in die Erde gegrabene Vertiefung von einiger Länge und verhältnismäßig geringer Breite: ein tiefer, langer, breiter Graben; Gräben [zur Bewässerung] anlegen; einen Graben ziehen, damit das Wasser abfließen kann; in einen Graben fallen, stürzen. **Syn.:** Kanal, Rinne.

Grab|stät|te ['gra:pʃtɛtə], die; -, -n: *[mit einem Grabmal geschmücktes] größeres Grab:* die Grabstätte der Familie Meier. **Syn.:** Gruft, Ruhestätte (geh.).

Grab|stein ['gra:pʃtain], der; -[e]s, -e:
einem Toten zum Gedächtnis (am Kopfende des Grabes) aufgestellter Gedenkstein (mit dem Namen, Geburts- und Sterbedatum des Toten): jmdm. einen Grabstein setzen [lassen].

Gra|bung ['gra:bʊŋ], die; -, -en: *das Graben nach historisch wertvollen Funden:* archäologische Grabungen; bei den Grabungen stieß man auf alte römische Münzen.

Grad [gra:t], der; -[e]s, -e:
1. a) ⟨häufiger: das⟩ *Maßeinheit einer gleichmäßig eingeteilten Skala für das mehr oder weniger starke Vorhandensein bestimmter Eigenschaften* (z. B. Wärme [der Luft]), *besonders Einheit für die Temperaturmessung* (Zeichen: °): wir haben heute 20 Grad Celsius im Schatten; es sind 20 Grad; heute ist es um ein halbes Grad wärmer als gestern. **Zus.:** Hitzegrad, Kältegrad.
b) ⟨Zeichen: °⟩ *Maßeinheit für ebene Winkel (neunzigster Teil eines rechten Winkels):* der Winkel hat genau 30 Grad; ein Winkel von 32 Grad. **c)** ⟨Zeichen: °⟩ *Breiten- oder Längengrad:* der Ort liegt auf dem 51. Grad nördlicher/südlicher Breite, auf dem 15. Grad westlicher/östlicher Länge.
2. *(messbare) Stärke, Maß, in dem etwas Bestimmtes vorhanden ist:* der Grad der Helligkeit, der Reife; den höchsten Grad der/an Reinheit erreichen; einen hohen Grad von Verschmutzung aufweisen; diese Annahme hat einen hohen Grad der/an Wahrscheinlichkeit; bis zu einem gewissen Grade *(in gewissem Maße)* übereinstimmen. **Syn.:** Stärke. **Zus.:** Entwicklungsgrad, Härtegrad, Sättigungsgrad, Wirkungsgrad.
3. *durch ein Examen o. Ä. erworbener Rang:* ein akademischer Grad; den Grad eines Doktors der Philosophie erwerben. **Syn.:** Stufe. **Zus.:** Doktorgrad, Magistergrad.

Graf [gra:f], der; -en, -en:
1. (Geschichte) *königlicher Amtsträger, der in seinem Amtsbezirk weitgehende administrative und richterliche Befugnisse [sowie grundherrliche Rechte] hat.*
2. a) ⟨ohne Plural⟩ *Adelstitel zwischen Fürst und Freiherr:* Manfred Graf [von] Senden. **b)** *Mann mit Grafentitel:* der Besitz des Grafen ...

Graf|fi|to [gra'fi:to], der und das; -[s], Graffiti [gra'fi:ti]:
auf Mauern, Fassaden o. Ä. aufgesprühte oder gemalte Parole, Figur o. Ä.: sie betrachtete die Graffiti an der Mauer.

Gra|fik ['gra:fɪk], die; -, -en, **Graphik:**
a) ⟨ohne Plural⟩ *künstlerische, besonders zeichnerische o. ä. Gestaltung von Flächen, vor allem mithilfe bestimmter Verfahren, die Abzüge, Vervielfältigungen [auf Papier] ermöglichen:* ein Meister der Grafik; eine Fachhochschule für Grafik.
b) *Werk der Grafik* (a): eine farbige Grafik von Picasso; eine Ausstellung von Grafiken besuchen.

Grä|fin ['grɛ:fɪn], die; -, -nen:
1. ⟨ohne Plural⟩ *Adelstitel zwischen Fürstin und Freifrau:* Hilda Gräfin [von] Senden.
2. *Frau mit Grafentitel.*
3. *Frau eines Grafen.*

Gram [gra:m], der; -[e]s (geh.):
andauernder, nagender Kummer: Gram zehrte an ihr; er war von Gram erfüllt; von Gram gebeugt; vor/aus Gram über einen Verlust sterben. **Syn.:** Leid, Pein (geh.), Schmerz.

grä|men ['grɛ:mən] ⟨+ sich⟩:
über jmdn., etwas sehr beküm-

mert sein: sich über/um jmdn., über einen Verlust grämen; gräm[e] dich nicht wegen ihres Schweigens!; sie hatte sich zu Tode gegrämt.

Gramm [gram], das; -s, -e: Einheit der Masse (Abkürzung: g); *tausendster Teil eines Kilogramms:* ein Kilogramm hat 1 000 Gramm; 100 Gramm gekochten Schinken kaufen.

Gram|ma|tik [gra'matɪk], die; -, -en:
a) ⟨ohne Plural⟩ *Lehre vom Bau einer Sprache, ihren Formen und deren Funktion im Satz:* die Regeln der lateinischen Grammatik. **b)** *Buch, das den Bau einer Sprache behandelt:* er hat einige moderne Grammatiken; eine Grammatik der französischen Sprache. **Zus.:** Schulgrammatik.

Gra|na|te [gra'na:tə], die; -, -n: *mit Sprengstoff gefülltes Geschoss:* die Granate schlägt ein; im Hagel der Granaten. **Syn.:** Sprengkörper.

gran|di|os [gran'di̯o:s] ⟨Adj.⟩: *großartig, überwältigend:* ein grandioser Anblick, Erfolg; das ist eine grandiose Idee; sie hatte die Aufgabe grandios bewältigt. **Syn.:** ausgezeichnet, exzellent, fantastisch, großartig (emotional), hervorragend, wunderbar.

Gra|nit [gra'ni:t], der; -s, -e: *ein sehr hartes, körnig wirkendes Gestein:* eine Balustrade aus Granit.

Gran|ne ['granə], die; -, -n: *stachlige Spitze an den Ähren* (beim Getreide und bei bestimmten Gräsern): Gerste und Roggen haben lange Grannen.

Grape|fruit ['gre:pfru:t], die; -, -s: *große, runde Zitrusfrucht mit dicker, gelber Schale und saftreichem, süß-säuerlich schmeckendem Fruchtfleisch:* die Grapefruit ist reich an Vitaminen.

Gra|phik ['gra:fɪk]: ↑Grafik.

Gras [gra:s], das; -es, Gräser ['grɛ:zɐ]:
1. *grüne, in Halmen wachsende Pflanze:* seltene Gräser sammeln.
2. ⟨ohne Plural⟩ *Pflanzendecke, die in der Hauptsache aus Gräsern besteht:* hohes, saftiges, dürres, grünes Gras; das Gras muss gemäht werden; der Hang ist mit Gras bewachsen; im Gras liegen. **Syn.:** Rasen, Wiese.

gra|sen ['gra:zn̩] ⟨itr.; hat⟩: *(von Wild und von Tieren auf der Weide) sich (auf besonders mit Gras bewachsenem Boden) Nahrung suchen:* die Kühe grasen auf der Weide; grasende Rehe am Waldrand. **Syn.:** äsen, fressen, weiden.

gras|sie|ren [gra'si:rən] ⟨itr.; hat⟩: *(von Krankheiten, Missständen u. Ä.) um sich greifen; sich ausbreiten:* dort grassiert eine Epidemie; eine grassierende Unsitte. **Syn.:** sich entfalten, sich fortpflanzen, sich verbreiten.

gräss|lich ['grɛslɪç] ⟨Adj.⟩:
1. (emotional) *Schauder, Entsetzen hervorrufend:* ein grässlicher Anblick; der Ermordete war grässlich verstümmelt. **Syn.:** beängstigend, entsetzlich, erschreckend, furchtbar, fürchterlich (ugs.), grauenhaft (emotional), grauenvoll (emotional), grausig, schauderhaft (ugs. abwertend), schauerlich, schaurig, scheußlich, schlimm, schrecklich, unerträglich.
2. (ugs.) *so geartet oder beschaffen, dass die betreffende Person oder Sache einem ganz und gar zuwider ist, missfällt:* ein grässlicher Kerl; das Wetter war ganz grässlich. **Syn.:** abscheulich, gräulich (emotional), schauerlich, schaurig, scheußlich, widerlich.
3. (ugs.) **a)** *in unangenehmer Weise groß, stark:* grässliche Angst haben; jmdn. in grässliche Verlegenheit bringen.
b) ⟨verstärkend bei Adjektiven und Verben⟩ *sehr:* ich war grässlich müde, aufgeregt; wir haben uns dort grässlich gelangweilt; sie haben grässlich geschrien; ein grässlich schreiender Farbton. **Syn.:** arg (landsch.), entsetzlich (ugs.), furchtbar, fürchterlich (ugs.), höllisch (emotional), irre (emotional), irrsinnig (emotional), kolossal (ugs. emotional), mächtig (ugs.), maßlos, schrecklich (ugs.), unbeschreiblich, ungeheuer, unheimlich (ugs.), unwahrscheinlich (ugs.), wahnsinnig (ugs.).

Grat [gra:t], der; -[e]s, -e: *schmaler Kamm eines Berges (im Hochgebirge):* ein schmaler Grat; den Grat eines Berges entlanggehen. **Syn.:** Rücken. **Zus.:** Berggrat, Felsengrat, Gebirgsgrat.

Grä|te ['grɛ:tə], die; -, -n: *nadeldünnes, knochenähnliches Gebilde im Fleisch des Fisches:* ihm ist eine Gräte im Halse stecken geblieben; Fisch von den Gräten befreien. **Zus.:** Fischgräte.

gra|tis ['gra:tɪs] ⟨Adverb⟩: *ohne dafür bezahlen zu müssen:* der Eintritt ist gratis; etwas gratis bekommen. **Syn.:** frei, gebührenfrei, kostenlos, umsonst, unentgeltlich.

Grät|sche ['grɛ:tʃə], die; -, -n (Turnen): *Sprung mit gegrätschten Beinen* (z. B. über einen Bock, einen Kasten): eine Grätsche über das Pferd; mit Grätsche [vom Reck] abgehen.

grät|schen ['grɛ:tʃn̩]:
a) ⟨tr.; hat⟩ *(die gestreckten Beine) spreizen:* er grätscht die Beine; mit gegrätschten Beinen über das Pferd springen. **b)** ⟨itr.; ist⟩ *mit gespreizten Beinen springen:* über das Pferd grätschen.

Gra|tu|lant [gratu'lant], der; -en, -en, **Gra|tu|lan|tin** [gratu'lantɪn], die; -, -nen: *Person, die einer anderen gratuliert:* am frühen Morgen seines Geburtstages kamen bereits die ersten Gratulanten und Gratulantinnen.

Gra|tu|la|ti|on [gratula'tsi̯o:n], die; -, -en: *Glückwunsch:* die Gratulationen entgegennehmen; meine herzliche Gratulation.

gra|tu|lie|ren [gratu'li:rən] ⟨itr.; hat⟩: *(jmdm.) zu einem besonderen Anlass seine Mitfreude ausdrücken:* ich gratuliere dir [zum Geburtstag, zu dem Erfolg]!; [ich] gratuliere! **Syn.:** beglückwünschen, Glück wünschen.

grau [grau̯] ⟨Adj.⟩:
1. *im Farbton zwischen Schwarz und Weiß liegend:* ein grauer Anzug; graue Augen; er hat schon graue Haare; der Himmel ist grau; heute ist ein grauer *(wolkenverhangener)* Tag; sie ist ganz grau geworden *(hat graue Haare bekommen);* er wurde grau *(fahl)* im Gesicht. **Zus.:** blassgrau, dunkelgrau, hellgrau.
2. *gleichförmig und öde erschei-*

G
grau

nend: der graue Alltag; alles erschien ihm grau und öde. **Syn.:** einförmig, eintönig, fade, langweilig, monoton, stumpfsinnig, stupid[e], trist.
3. (ugs.) *sich an der Grenze der Legalität bewegend, nicht ganz korrekt:* grauer Devisenhandel; graue Händler.
4. *[zeitlich weit entfernt und] unbestimmt:* das liegt alles noch in grauer Zukunft; in grauer Vorzeit *(in einer lange zurückliegenden Zeit).*

Gräu|el ['grɔ̯yəl], der; -s, -:
a) *Empfindung der äußersten Abneigung, des äußersten Abscheus:* dieser Mensch, diese Arbeit ist mir ein Gräuel; sie hat einen Gräuel davor, ... **Syn.:** Antipathie (bildungsspr.), Aversion (geh.), Ekel, Widerwille.
b) ⟨Plural⟩ *(in großer Zahl begangene) Untaten, schreckliche Gewalttaten:* in Kriegen geschehen unvorstellbare Gräuel. **Syn.:** Blutbad ⟨Singular⟩ (emotional), Gemetzel ⟨Singular⟩ (emotional), Massaker ⟨Singular⟩, Untat ⟨Singular⟩ (emotional), Verbrechen ⟨Singular⟩.

[1]grau|en ['grau̯ən] ⟨itr.; hat⟩:
(bei dem Gedanken an etwas Zukünftiges) Angst, Unbehagen empfinden: mir/(seltener:) mich graut, wenn ich an morgen denke; ihm graute vor den langen Nächten; es graut mir vor der Prüfung. **Syn.:** sich entsetzen, sich fürchten, sich gruseln, schaudern, schauern.

[2]grau|en ['grau̯ən] ⟨itr.; hat⟩ (geh.):
dämmern: sie gingen erst nach Hause, als der Morgen graute; es begann gerade zu grauen, als sie das Haus verließen; ein neuer Tag graut *(bricht an).*

Grau|en ['grau̯ən], das; -s:
Furcht, Entsetzen vor etwas Unheimlichem, Drohendem: ein Grauen erfasst, überläuft jmdn.; ein Grauen überkam mich bei dem Gang durch den dunklen Wald; ein Grauen vor etwas empfinden; ich denke mit Grauen an die nächste Woche. **Syn.:** Angst, Horror, Schauder (geh.), Schreck[en].

grau|en|haft ['grau̯ənhaft] ⟨Adj.⟩:
1. (emotional) *Entsetzen hervorrufend:* ein grauenhafter Anblick; sie machte eine grauenhafte Entdeckung; die Verwüstungen waren grauenhaft. **Syn.:** beängstigend, entsetzlich, erschreckend, furchtbar, fürchterlich, grässlich (emotional), grauenvoll (emotional), grausig, schauderhaft (ugs. abwertend), schauerlich, schaurig, scheußlich, schlimm, schrecklich.
2. (ugs.) **a)** *in besonders starkem Maße als unangenehm empfunden:* das ist ja eine grauenhafte Unordnung!; sie hatte grauenhafte Angst. **Syn.:** entsetzlich, furchtbar, fürchterlich, grässlich (emotional), scheußlich, schlimm, schrecklich. **b)** ⟨verstärkend bei Adjektiven und Verben⟩ *sehr:* es war grauenhaft kalt; die Leiche war grauenhaft verstümmelt. **Syn.:** arg (landsch.), entsetzlich (ugs.), furchtbar, fürchterlich (ugs.), schrecklich (ugs.), ungeheuer, ungemein, unheimlich (ugs.), unwahrscheinlich (ugs.), verflucht (salopp), wahnsinnig (ugs.).

grau|en|voll ['grau̯ənfɔl] ⟨Adj.⟩ (emotional):
1. *grauenhaft* (1): da herrschen grauenvolle Zustände; was wir im Kriegsgebiet sahen und hörten, war grauenvoll. **Syn.:** beängstigend, entsetzlich, erschreckend, furchtbar, fürchterlich, grässlich (emotional), grauenhaft (emotional), grausig, schauderhaft (ugs. abwertend), schauerlich, schaurig, scheußlich, schlimm, schrecklich.
2. (ugs.) *grauenhaft* (2 a): eine grauenvolle Unordnung. **Syn.:** entsetzlich, furchtbar, fürchterlich, grässlich (emotional), scheußlich, schlimm, schrecklich.

gräu|lich ['grɔ̯ylɪç] ⟨Adj.⟩ (emotional):
1. *großen Abscheu, Entsetzen hervorrufend:* ein gräulicher Anblick; ein gräuliches Verbrechen.
2. *überaus widerwärtig:* ein gräulicher Gestank; das Wetter war gräulich. **Syn.:** abscheulich, grässlich, schauerlich, schaurig, scheußlich, widerlich.

grau|peln ['grau̯pl̩n] ⟨itr.; hat⟩:
als Hagel in Form von kleinen [weichen], aus gefrorenem Schnee oder auch aus Eis bestehenden Körnchen herabfallen: es graupelte den ganzen Nachmittag.

grau|sam ['grau̯za:m] ⟨Adj.⟩:
1. a) *unmenschlich, roh und brutal:* er ist ein grausamer Mensch; grausame Verbrechen, Kriege; sie wurde grausam behandelt, gefoltert. **Syn.:** barbarisch, gefühllos, gewalttätig, hart, hartherzig, herzlos, inhuman, kalt, kaltblütig, rabiat.
b) (emotional) *sehr schlimm (in seinem Ausmaß):* eine grausame Kälte. **Syn.:** entsetzlich, furchtbar, fürchterlich, grässlich (emotional), scheußlich, schrecklich.
c) (ugs.) *sehr schwer zu ertragen:* sie hat eine grausame Enttäuschung erfahren; es ist grausam zu wissen, dass es keine Hilfe mehr gibt. **Syn.:** entsetzlich, furchtbar, fürchterlich, grässlich (emotional), scheußlich, schlimm, schrecklich. **d)** *in besonders starkem Maße, wie eine Art Pein empfunden:* das ist ja grausam, wie unsere Mannschaft spielt. **Syn.:** entsetzlich, furchtbar, fürchterlich, grässlich (emotional), grausig (ugs.), scheußlich, schlimm, schrecklich.
2. ⟨verstärkend bei Adjektiven und Verben⟩ (ugs.) *sehr, überaus:* ich habe mich grausam gelangweilt; eine grausam lange Zeit warten müssen. **Syn.:** entsetzlich (ugs.), furchtbar (ugs.), fürchterlich (ugs.), grauenhaft (emotional), kolossal (ugs. emotional), schrecklich (ugs.), ungeheuer, ungemein, unglaublich (ugs.), unheimlich (ugs.), unsagbar, unwahrscheinlich (ugs.), wahnsinnig (ugs.).

grau|sen ['grau̯zn̩]:
1. ⟨itr.; hat⟩ *von Furcht oder Widerwillen befallen werden:* mir/mich graust; es grauste ihm/ihn bei dem Gedanken an die bevorstehende Prüfung. **Syn.:** sich ängstigen, sich entsetzen, [1]erschrecken, sich fürchten, sich gruseln, schaudern, schauern.
2. ⟨+ sich⟩ *sich ekeln, Furcht empfinden:* sie graust sich vor Schlangen. **Syn.:** Angst haben, sich ängstigen, sich entsetzen, sich fürchten.

grau|sig ['grau̯zɪç] ⟨Adj.⟩:
1. *grauen-, entsetzenerregend:* ein grausiges Verbrechen; eine grausige Entdeckung machen. **Syn.:** beängstigend, entsetzlich,

erschreckend, furchtbar, fürchterlich, grässlich (emotional), grauenhaft (emotional), grauenvoll (emotional), schauderhaft (ugs. abwertend), schauerlich, schaurig, scheußlich, schlimm, schrecklich.
2. (ugs.) **a)** *in besonders starkem Maße, wie eine Art Pein empfunden; sich kaum ertragen lassend; sehr schlimm:* eine grausige Kälte; der Motor streikte immer wieder, es war grausig. **Syn.:** entsetzlich, furchtbar, fürchterlich, grässlich (emotional), grausam, schlimm, schrecklich.
b) ‹verstärkend bei Adjektiven und Verben› *in kaum erträglicher Weise; sehr:* grausig lügen; der Vortrag war grausig langweilig. **Syn.:** entsetzlich (ugs.), furchtbar (ugs.), fürchterlich (ugs.), grauenhaft (emotional), schrecklich (ugs.), tödlich (emotional), ungeheuer, unglaublich (ugs.), unheimlich (ugs.), unwahrscheinlich (ugs.), wahnsinnig (ugs.).

gra|vie|rend [graˈviːrənt] ‹Adj.› (bildungsspr.):
(in einem gegebenen Zusammenhang) sehr ins Gewicht fallend, von großer Bedeutung und sich möglicherweise nachteilig auswirkend: ein gravierender Unterschied, Fehler; die Folgen seines Leichtsinns sind gravierend; etwas als gravierend ansehen, werten. **Syn.:** drastisch, einschneidend, empfindlich, entscheidend, gravierend (bildungsspr.), merklich, nachhaltig, schwerwiegend, tief greifend.

Gra|zie [ˈgraːt͜si̯ə], die; -:
besondere Anmut (in der Bewegung): die Gazelle bewegt sich mit unnachahmlicher Grazie; viel Grazie haben, besitzen.

gra|zil [graˈt͜siːl] ‹Adj.›:
schlank und feingliedrig, fast zerbrechlich wirkend: ein graziles Mädchen; sie ist klein und grazil. **Syn.:** ätherisch (geh.), dünn, schmal, zart, zierlich.

gra|zi|ös [graˈt͜si̯øːs] ‹Adj.›:
(in der Bewegung) voll/mit Grazie: mit graziösen Bewegungen; eine graziöse Haltung; graziös tanzen. **Syn.:** anmutig, bezaubernd.

greif|bar [ˈgra͜ifbaːɐ̯] ‹Adj.›:
1. *deutlich sichtbar:* greifbare Erfolge, Ergebnisse, Vorteile. **Syn.:** kenntlich.
2. *in der Nähe befindlich, sodass man es schnell zur Hand hat, an sich nehmen kann:* seine Papiere greifbar haben; der Dieb nahm alles mit, was greifbar war.
3. *vorhanden, anwesend, sodass darüber, über jmdn. verfügt werden kann:* die Ware ist zurzeit nicht greifbar *(nicht auf Lager)*; der zuständige Beamte war nicht greifbar; jetzt müsste ein Arzt greifbar sein. **Syn.:** gegenwärtig, zur Stelle.

grei|fen [ˈgra͜ifn̩], griff, gegriffen:
1. ‹tr.; hat› *ergreifen [und festhalten]:* einen Bleistift, [sich] einen Stock greifen; etwas mit der Hand greifen. **Syn.:** anfassen, erfassen, fassen, packen. **Zus.:** herausgreifen, hineingreifen, hingreifen.
2. ‹tr.; hat› *(einen Flüchtigen, Straffälligen) fassen und festnehmen:* der Dieb, Ausbrecher wurde gegriffen. **Syn.:** aufgreifen, beim Wickel kriegen (ugs.), ergreifen, fangen, festsetzen, gefangen nehmen, schnappen (ugs.), verhaften.
3. ‹itr.; hat› *die Hand in eine bestimmte Richtung führen [um jmdn., etwas zu ergreifen, etwas an sich zu nehmen]:* das Baby greift mit der Hand nach dem Spielzeug; in den Korb greifen, um einen Apfel herauszuholen. **Syn.:** langen.
4. (bes. Technik) *fest aufliegen, einrasten o. Ä., sodass ein bestimmter Vorgang richtig vonstattengeht:* auf dem Eis griffen die Räder nicht; das Zahnrad greift nicht richtig.

greis [gra͜is] ‹Adj.› (geh. veraltend):
(von einem Menschen) sehr alt [und von dem hohen Alter auch gekennzeichnet in Bezug auf Aussehen und Bewegung]: er hat seinen greisen Vater besucht. **Syn.:** bejahrt (geh.), betagt (geh.).

Greis [gra͜is], der; -es, -e, **Grei|sin** [ˈgra͜izɪn], die; -, -nen:
Person von hohem Alter [mit weißem Haar]: ein rüstiger Greis; die alte Dame ist eine Greisin geworden. **Syn.:** alte Dame, alte Frau, alter Herr, alter Mann.

grell [grɛl] ‹Adj.›:
1. *in unangenehmer Weise blendend hell:* in der grellen Sonne; das Licht ist sehr grell.
2. *(von Farben) in auffallender, unangenehmer Weise hervorstechend, stark kontrastierend:* ein grelles Rot; er liebte grelle Farben; das Grün ist mir zu grell.
3. *(von Geräuschen) durchdringend und schrill:* grelle Schreie, Pfiffe; ihre Stimme tönte grell an mein Ohr. **Syn.:** durch Mark und Bein gehend, gellend, [1]laut, markerschütternd.

Gre|mi|um [ˈgreːmi̯ʊm], das; -s, Gremien [ˈgreːmi̯ən]:
zur Erfüllung einer bestimmten Aufgabe berufene Kommission: ein Gremium von Fachleuten; ein Gremium bilden; einem Gremium angehören. **Syn.:** Ausschuss, Komitee, Kreis, Rat, Zirkel.

Gren|ze [ˈgrɛnt͜sə], die; -, -n:
1. a) *(durch entsprechende Markierungen gekennzeichneter) Geländestreifen, der politische Gebilde (Länder, Staaten) voneinander trennt:* über die Grenze gehen; die Grenzen zwischen Deutschland und Frankreich; die Grenze zu Tschechien; an der Grenze nach Bayern stauten sich die Lkws; einen Flüchtling über die Grenze bringen; die Grenze *(der Grenzübergang)* war gesperrt; er ist über die grüne Grenze gegangen (ugs.; *hat illegal, an einem unkontrollierten Abschnitt das Land verlassen*); jmdn. über die Grenze abschieben. **Zus.:** Landesgrenze, Staatsgrenze. **b)** *Trennungslinie zwischen Gebieten, die im Besitz verschiedener Eigentümer sind oder sich durch natürliche Eigenschaften voneinander abgrenzen:* die Grenze des Grundstücks verläuft unterhalb des Waldstücks; eine Grenze ziehen, berichtigen; dieser Fluss bildet eine natürliche Grenze. **c)** ‹mit Attribut› *(nur gedachte) Trennungslinie zwischen unterschiedlichen oder gegensätzlichen Bereichen, Erscheinungen o. Ä.:* die Grenze zwischen Kitsch und Kunst; etwas bewegt sich an der Grenze zum Kriminellen; die Grenze des Erlaubten überschreiten. **Syn.:** Schallmauer.
2. *Begrenzung, Abschluss[linie], Schranke:* eine zeitliche Grenze; jmdm., einer Entwicklung sind

enge Grenzen gesetzt; sein Ehrgeiz kannte keine Grenzen *(war grenzenlos, maßlos);* etwas ist in Grenzen *(in einem bestimmten Maß)* erlaubt. **Syn.:** Maß.

gren|zen ['grɛntsn̩] ⟨itr.; hat⟩:
1. *eine gemeinsame Grenze mit etwas haben; benachbart sein:* Mexiko grenzt an Guatemala; das Wohnzimmer grenzt an die Küche. **Syn.:** anschließen an. **Zus.:** abgrenzen, angrenzen, begrenzen, eingrenzen, umgrenzen.
2. *(in seiner Art, seinen Ausmaßen o. Ä. einer anderen Sache) fast gleichkommen:* das grenzt schon an Erpressung; seine Sparsamkeit grenzte an Geiz. **Syn.:** ähneln, entsprechen, erinnern an, gleichen.

gren|zen|los ['grɛntsn̩loːs] ⟨Adj.⟩: *(in seinem Ausmaß) überaus groß:* eine grenzenlose Ausdauer haben; sein Vertrauen in sie war grenzenlos. **Syn.:** außerordentlich, enorm, erheblich, gewaltig (emotional), kolossal (ugs. emotional), mächtig (ugs.), maßlos, riesig (ugs.), überdimensional, übermäßig, übertrieben, unaussprechlich, unendlich, [1]unerhört, unermesslich, ungeheuer, unmäßig, unsagbar.

Grenz|fall ['grɛntsfal], der; -[e]s, Grenzfälle ['grɛntsfɛlə]: *Fall, der an der Grenze zwischen zwei Möglichkeiten liegt und sich daher nicht eindeutig entscheiden lässt:* bei dieser Entscheidung handelt es sich um einen Grenzfall.

gries|grä|mig ['griːsgrɛːmɪç] ⟨Adj.⟩: *mürrisch und verdrossen:* er ist ein griesgrämiger Mensch; griesgrämig sein, dreinschauen. **Syn.:** ärgerlich, bärbeißig, brummig, gekränkt, launisch, missmutig, muffig, sauer (ugs.), säuerlich, ungnädig, unleidlich, unwirsch, unzufrieden, verdrießlich.

Grieß [griːs], der; -es: *körnig gemahlenes Getreide (besonders Weizen, Reis oder Mais):* einen Brei aus Grieß kochen.

Griff [grɪf], der; -[e]s, -e:
1. *Teil eines Gegenstandes oder einer Vorrichtung, an dem man diese anfassen und festhalten o. Ä. kann:* der Griff der Aktentasche, des Messers, der Tür. **Syn.:** Bügel, Halter, [2]Heft, Henkel, Klinke, Knauf. **Zus.:** Fenstergriff, Haltegriff, Koffergriff, Tragegriff, Türgriff.
2. *das Greifen; zufassende Handbewegung:* ein Griff nach dem Hut; einen Griff in die Pralinenschachtel tun. **Syn.:** Bewegung, Handgriff.

griff|be|reit ['grɪfbərait] ⟨Adj.⟩: *bereitliegend, sodass man es schnell greifen kann:* alles ist, liegt griffbereit. **Syn.:** parat.

Grill [grɪl], der; -s, -s: *Gerät zum Rösten von Fleisch, Geflügel, Fisch o. Ä. auf einem [1]Rost:* Steaks, Bratwürste auf dem Grill wenden; den Grill anwerfen; wer will noch Hähnchen, Tomaten vom Grill?

Gril|le ['grɪlə], die; -, -n:
1. *den Heuschrecken ähnliches, besonders in der Nacht aktives Insekt, dessen Männchen zirpende Laute hervorbringt:* die Grillen zirpen.
2. *sehr sonderbarer, schrulliger Gedanke, Einfall:* er hat nichts als Grillen im Kopf. **Syn.:** dummes Zeug, Mist (ugs. abwertend), Quatsch (ugs.), Schwachsinn (ugs. abwertend), Stuss (ugs. abwertend), Unsinn.

gril|len ['grɪlən] ⟨tr.; hat⟩: *auf dem Grill rösten:* das Fleisch grillen; gegrillte Schweinshaxen.

Gri|mas|se [gri'masə], die; -, -n: *(mit Absicht) verzerrtes Gesicht [mit dem jmd. etwas Bestimmtes ausdrücken will]:* das Gesicht zu einer Grimasse verziehen; er machte, zog eine Grimasse, als man ihm mitteilte, dass er Sonntagsdienst habe; die Kinder schnitten andauernd Grimassen. **Syn.:** Fratze (ugs.).

grim|mig ['grɪmɪç] ⟨Adj.⟩:
1. *von verhaltenem Groll erfüllt:* ein grimmiges Aussehen; der Mann lachte grimmig; grimmig dreinschauen. **Syn.:** ärgerlich, bärbeißig, brummig, gekränkt, griesgrämig, launisch, missmutig, muffig, mürrisch, sauer (ugs.), säuerlich, ungnädig, unleidlich, unwirsch, unzufrieden, verdrießlich, verdrossen.
2. (emotional) *als sehr heftig, stark empfunden:* grimmige Schmerzen; eine grimmige Kälte. **Syn.:** arg (landsch.), schlimm, unangenehm, unerfreulich.

grin|sen ['grɪnzn̩] ⟨itr.; hat⟩: *breit [mit einem höhnischen, schadenfrohen, boshaften o. ä. Ausdruck] lächeln:* er grinste unverschämt; sie begrüßte ihn mit einem spöttischen Grinsen. **Syn.:** feixen, schmunzeln.

Grip|pe ['grɪpə], die; -, -n:
a) *Infektionskrankheit mit [hohem] Fieber und Katarrh.*
b) (ugs.) *starke Erkältung:* an [einer] Grippe erkrankt sein.

Grips [grɪps], der; -es (ugs.): *[wacher, beweglicher] Verstand (als Voraussetzung für kluges, richtiges Handeln, Reagieren, Beurteilen):* für diese Tätigkeit braucht man jmdn. mit Grips; er hat den Grips eines Kaninchens; es gehört nicht viel Grips dazu, das zu verstehen; du musst einmal deinen Grips anstrengen. **Syn.:** Durchblick (ugs.), Einsicht, Gewitztheit, Grütze (ugs.), Hirn, Intellekt, Intelligenz, Klugheit, Scharfsinn, Vernunft.

grob [groːp] ⟨Adj.⟩:
1. a) *von derber, rauer Beschaffenheit:* grobes Leinen, Papier.
b) *nicht sehr fein (zerkleinert o. Ä.):* grober Sand; der Kaffee ist grob gemahlen. **c)** *ohne Feinheit (in seiner Form, Gestalt):* sie hat grobe Hände; seine Gesichtszüge sind grob.
2. *nur auf das Wichtigste beschränkt:* etwas in groben Zügen darstellen.
3. (emotional) *(in seinem Ausmaß) schlimm:* ein grober Fehler, Irrtum; das war grobe Fahrlässigkeit. **Syn.:** beängstigend, bedenklich, fatal, übel, verhängnisvoll.
4. (abwertend) **a)** *im Umgangston mit anderen ohne Feingefühl, barsch und unhöflich:* er ist ein grober Kerl; grobe Worte, Späße; sein Ton ist furchtbar grob; jmdn. grob anfahren. **Syn.:** brüsk, derb, rau, rüde, ruppig (abwertend), schroff, unfreundlich, ungehobelt (abwertend).
b) *nicht sanft, sondern derb:* jmdn. grob anfassen; sei doch nicht so grob, du tust mir ja weh! **Syn.:** obszön, plump, rau, rüde, rüpelhaft, ruppig (abwertend).

Grob|heit ['groːphait], die; -, -en:
a) ⟨ohne Plural⟩ *unhöfliches, gro-*

bes Verhalten: er ist wegen seiner Grobheit bekannt. **b)** *etwas (eine Äußerung), was äußerst unhöflich und grob ist:* jmdm. Grobheiten an den Kopf werfen. **Syn.:** Frechheit, Unverschämtheit.

Gro|bi|an [ˈgro:bi̯a:n], der; -[e]s, -e (abwertend):
ungehobelter, rücksichtsloser Mann: er ist ein furchtbarer Grobian. **Syn.:** Flegel (abwertend), grober Klotz, Rabauke, Rowdy, Rüpel, ungehobelter Klotz.

grob|schläch|tig [ˈgro:pʃlɛçtɪç] ⟨Adj.⟩ (abwertend):
von derber, plumper Gestalt: ein grobschlächtiger Mann. **Syn.:** bäurisch, breit, klobig, klotzig (abwertend), rüde, ruppig (abwertend), vierschrötig.

Grog [grɔk], der; -s, -s:
heißes Getränk aus Rum, Zucker und Wasser: einen Grog bestellen.

grog|gy [ˈgrɔgi] ⟨Adj.⟩ (ugs.):
(körperlich) sehr erschöpft: nach dem Turnier war er ganz groggy; sie kam groggy von der Arbeit nach Hause; nach dem Ausdauertraining fühlte sie sich völlig groggy. **Syn.:** abgespannt, erledigt (ugs.), ermattet (geh.), fertig (ugs.), k. o. (ugs.), kaputt (ugs.), kraftlos, matt, müde, schlapp, überanstrengt, überarbeitet, überlastet, übermüdet, übernächtigt.

grö|len [ˈgrø:lən] ⟨itr.; hat⟩ (ugs.):
in als störend, belästigend, unangenehm empfundener Weise laut singen: Betrunkene grölten im Lokal. **Syn.:** johlen (abwertend), schreien.

Groll [grɔl], der; -[e]s:
verhaltener Zorn, Ärger; im Inneren rumorende Hassgefühle: heimlicher Groll; seinen tiefen Groll versuchte er zu überspielen; keinen Groll gegen jmdn. hegen; sie fraß ihren Groll in sich hinein; mit Groll an jmdn., etwas denken. **Syn.:** schlechte Laune, Unmut, Unwille, Verstimmung.

grol|len [ˈgrɔlən] ⟨itr.; hat⟩:
1. *Groll gegen jmdn. hegen:* jmdm. grollen; er grollt [mit seinem] Vater [wegen dieser Entscheidung]. **Syn.:** sich ärgern, hadern (geh.), schmollen, Zorn haben, zürnen (geh.).
2. *dumpf rollend tönen:* der Donner grollt. **Syn.:** donnern, knattern, krachen, poltern.

Gros [gro:], das; - [gro:(s)], - [gro:s]:
überwiegender Teil, Mehrzahl der Angehörigen einer Gruppe: das Gros der Bevölkerung, der Studierenden. **Syn.:** die meisten, Großteil, Majorität, mehr als die Hälfte, Mehrheit.

Gro|schen [ˈgrɔʃn̩], der; -s, -:
1. (früher) *Untereinheit des österreichischen Schillings:* ein Schilling hat hundert Groschen.
2. a) (ugs.) *Zehnpfennigstück in der Bundesrepublik Deutschland vor der Einführung von Euro u. Cent:* ein paar Groschen zum Telefonieren bereithalten. **b)** (scherzh.) *wenig Geld (als Besitz, Einnahme):* er hat nicht einen einzigen Groschen *(kein Geld)* in der Tasche; seine [paar] Groschen zusammenhalten; sie hat sich noch ein paar Groschen dazuverdient.

[1]groß [gro:s], größer, größte ⟨Adj.⟩:
1. a) *in Ausdehnung oder Umfang, im Längenwachstum den Durchschnitt oder einen Vergleichswert übertreffend* /Ggs. klein/: ein großes Haus, Auto; die Zimmer sind groß; das Kind ist sehr groß *(hochgewachsen)* für sein Alter; das Wort steht groß *(in großen Buchstaben)* an der Tafel. **Syn.:** ansehnlich, breit, enorm, geräumig, gewaltig (emotional), imposant, mächtig, stark, stattlich, weit. **b)** /einer Maßangabe nachgestellt/ *eine bestimmte räumliche Ausdehnung, Größe aufweisend:* er ist fast zwei Meter groß; wie groß ist das Haus? **c)** *von verhältnismäßig langer Dauer, zeitlicher Erstreckung:* eine große Verzögerung, Zeitspanne; die großen Ferien *(Sommerferien);* der zeitliche Abstand ist zu groß.
2. *in hohem Grade, von starker Intensität; erheblich:* großen Hunger, große Angst haben; bei großer Kälte; große Schmerzen; großes Aufsehen erregen; große Fortschritte in etwas machen; ihre Freude über das Geschenk war groß. **Syn.:** außergewöhnlich, beachtlich, besonders, enorm.
3. a) *eine besondere Bedeutung habend, [ge]wichtig, maßgeblich:* sie hat eine große Rede gehalten; Ereignisse aus der großen Politik; das war der größte Tag, die größte Chance seines Lebens; ein großer Augenblick ist gekommen; das spielt [k]eine große Rolle. **Syn.:** bedeutend, bedeutsam, bedeutungsvoll, bekannt, berühmt, denkwürdig, legendär, namhaft, prominent, wichtig. **b)** *mit überdurchschnittlichem Aufwand, überdurchschnittlicher Wirkung verbunden; großartig, glanzvoll:* ein großes Fest; in großer Aufmachung erscheinen. **Syn.:** außergewöhnlich, beachtlich, fantastisch, großartig (emotional). **c)** (ugs.) *in besonderer Weise, mit viel Aufwand verbunden:* eine Veranstaltung in großem Rahmen; das Jubiläum wurde groß gefeiert; ein groß angelegtes Forschungsprogramm. **d)** *von besonderer Fähigkeit, Qualität; bedeutend; berühmt:* sie ist eine große Künstlerin; einen großen Namen haben; er war einer der ganz Großen seines Fachs.
4. *wesentlich, hauptsächlich:* die große Linie verfolgen; den großen Zusammenhang erkennen; etwas in großen Zügen berichten.
5. a) *eine höhere Anzahl von Lebensjahren habend; älter:* sein großer Bruder; wenn du größer bist, darfst du länger aufbleiben. **b)** *erwachsen:* [schon] große Kinder haben; in diesem Haus bin ich groß geworden *(aufgewachsen).*

[2]groß [gro:s] ⟨Adverb⟩ (ugs.):
besonders: du brauchst nicht groß zu fragen, ob du das darfst; nicht groß auf etwas achten; niemand freute sich groß. **Syn.:** extra.

groß|ar|tig [ˈgro:s|a:ɐ̯tɪç] ⟨Adj.⟩ (emotional):
durch seine ungewöhnliche, bedeutende Art beeindruckend: eine großartige Leistung, Idee; das hast du großartig gemacht! **Syn.:** außergewöhnlich, beachtlich, besonders, einmalig (emotional), enorm, fantastisch, fetzig (Jugendspr.), ordentlich (ugs.), riesig (ugs.), wunderbar.

Grö|ße [ˈgrø:sə], die; -, -n:
1. a) *flächenhafte Ausdehnung von etwas:* die Größe einer Stadt, eines Landes. **b)** *räumli-*

che Ausdehnung, Umfang eines Körpers: die Größe eines Hauses, eines Gefäßes; ein Mann von mittlerer Größe. **c)** *zahlen-, mengenmäßiger Umfang:* die Größe einer Schulklasse, eines Bienenvolkes. **d)** *genormtes Maß bei Kleidungsstücken für die verschiedenen Körpergrößen:* sie trägt Größe 38; der Anzug ist in allen Größen erhältlich. **Zus.:** Kleidergröße, Schuhgröße. **e)** ⟨mit Attribut; ohne Plural⟩ *Ausmaß von etwas; Bedeutsamkeit und Tragweite einer Sache, eines Vorganges o. Ä.:* die Größe des Unheils, der Katastrophe; sich der Größe des Augenblicks bewusst sein. **Syn.:** Bedeutung, Ernst, Maß. **f)** ⟨ohne Plural⟩ *besonderer, jmdm. oder einer Sache innewohnender Wert:* die wahre, innere, menschliche Größe.
2. *bedeutende, berühmte Persönlichkeit:* die Größen der Wissenschaft; sie ist eine Größe auf diesem Gebiet. **Syn.:** Ass, Autorität, Experte, Expertin, Fachfrau, Fachmann, Kapazität, Kenner, Kennerin, Könner, Könnerin, Meister, Meisterin, Phänomen, Profi. **Zus.:** Filmgröße.

G
Groß

Groß|el|tern [ˈgroːs|ɛltɐn], die ⟨Plural⟩: *Großvater und Großmutter:* die Großeltern besuchen. **Syn.:** Großmutter ⟨Singular⟩, Großvater ⟨Singular⟩, Oma und Opa (fam.).

groß|her|zig [ˈgroːshɛrt͜sɪç] ⟨Adj.⟩: *von edler Gesinnung, ohne Kleinlichkeit:* jmdm. etwas großherzig gestatten; ein großherziger Mensch. **Syn.:** gut, idealistisch, selbstlos.

Groß|macht [ˈgroːsmaxt], die; -, Großmächte [ˈgroːsmɛçtə]: *Staat, der über große wirtschaftliche und militärische Macht verfügt und in der internationalen Politik seinen Einfluss entscheidend geltend machen kann:* die Großmacht USA.

Groß|mut [ˈgroːsmuːt], die; -: *edle, sich in Großzügigkeit, Toleranz erweisende Gesinnung:* Großmut gegen jmdn. zeigen.

Groß|mut|ter [ˈgroːsmʊtɐ], die; -, Großmütter [ˈgroːsmʏtɐ]: *die Mutter von Mutter oder Vater eines Kindes:* meine Großmutter väterlicherseits; sie ist zum dritten Mal Großmutter geworden *(sie hat ein drittes Enkelkind bekommen).* **Syn.:** Oma (fam.).

Groß|raum|wa|gen [ˈgroːsrau̯mvaːgn̩], der; -s, -:
1. *Straßenbahnzug, der aus zwei oder drei durch Gelenke miteinander verbundenen Wagen besteht.*
2. *Eisenbahnwagen, bei dem die Sitze rechts und links vom Mittelgang hintereinander angeordnet sind (im Unterschied zu einem Wagen mit Abteilen).*

Groß|rei|ne|ma|chen [groːsˈrai̯nəmaxn̩], das; -s (ugs.): *gründlicher Hausputz:* ein Großreinemachen veranstalten. **Syn.:** Reinemachen (landsch.).

groß|spre|che|risch [ˈgroːsʃprɛçərɪʃ] ⟨Adj.⟩: *in der Weise eines Menschen, der angibt, prahlt:* ein großsprecherischer Mensch. **Syn.:** großspurig, prahlerisch, protzig.

groß|spu|rig [ˈgroːsʃpuːrɪç] ⟨Adj.⟩: *(im Auftreten, Benehmen) angeberisch:* ein großspuriger Mensch; sein Auftreten wirkte großspurig. **Syn.:** prahlerisch, protzig.

Groß|stadt [ˈgroːsʃtat], die; -, Großstädte [ˈgroːsʃtɛːtə]: *große, mit pulsierendem Leben erfüllte Stadt mit vielen Einwohnern:* in der Großstadt leben, aufgewachsen sein.

groß|städ|tisch [ˈgroːsʃtɛːtɪʃ] ⟨Adj.⟩: *zu einer Großstadt gehörend, typisch für eine Großstadt:* der großstädtische Verkehr; großstädtisches Kulturangebot.

Groß|teil [ˈgroːstai̯l], der; -[e]s: *der größte, überwiegende Teil, die Mehrheit (von Personen oder Sachen):* der Großteil der Menschen lebt heute schon in den Städten; die Bücher stammen zum Großteil aus dem Nachlass ihres Vaters. **Syn.:** Gros, Majorität, Mehrzahl.

größ|ten|teils [ˈgrøːstn̩tai̯ls] ⟨Adverb⟩: *zum größten Teil:* diese Erfolge gehen größtenteils auf ihr Verdienst zurück. **Syn.:** vielfach, vorwiegend.

groß|tun [ˈgroːstuːn], tat groß, großgetan ⟨+ sich⟩ (abwertend): *sich einer Sache rühmen, sich mit etwas brüsten:* er tut sich immer groß mit seinen Leistungen. **Syn.:** angeben, aufschneiden, sich aufspielen, den Mund voll nehmen (ugs.), ein großes Maul haben (salopp), prahlen, protzen.

Groß|va|ter [ˈgroːsfaːtɐ], der; -s, Großväter [ˈgroːsfɛːtɐ]: *der Vater von Vater oder Mutter eines Kindes:* meine beiden Großväter. **Syn.:** Opa (fam.).

groß|zie|hen [ˈgroːst͜siːən], zog groß, großgezogen ⟨tr.; hat⟩: *ein Kind oder ein junges Tier so lange ernähren und betreuen, bis es groß, selbstständig ist:* sie musste ihren Sohn allein großziehen; Jungtiere [mit der Flasche] großziehen. **Syn.:** aufpäppeln (ugs.), aufziehen, heranziehen.

groß|zü|gig [ˈgroːst͜syːgɪç] ⟨Adj.⟩:
1. *(von Menschen) sich über als unwichtig Empfundenes hinwegsetzen; Gesinnungen, Handlungen anderer gelten lassend; nicht kleinlich [denkend]; tolerant:* großzügig über vieles hinwegsehen. **Syn.:** entgegenkommend, freundlich, gefällig, gütig, wohlwollend.
2. a) *im Geben, Schenken nicht kleinlich:* in großzügiger Weise eine Sache finanziell unterstützen; er hat sich großzügig gezeigt. **Syn.:** freigebig, nobel (geh.), spendabel. **b)** *von einer großzügigen* (2 a) *Haltung zeugend:* ein großzügiges Trinkgeld.
3. *(in seinem Stil, seiner Form o. Ä.) weiträumig angelegt; Enge, Kleinheit vermeidend:* ein großzügiger Bau; die Gartenanlage ist sehr großzügig. **Syn.:** feudal, fürstlich, luxuriös, üppig, verschwenderisch.

gro|tesk [groˈtɛsk] ⟨Adj.⟩: *durch Übersteigerung und Verzerrung komisch oder unsinnig wirkend:* eine groteske Geschichte, Situation; dieser Einfall ist geradezu grotesk. **Syn.:** absurd, lächerlich, lachhaft (abwertend).

Grot|te [ˈgrɔtə], die; -, -n: *[künstlich angelegte] Höhle oder Nische [im Fels].* **Zus.:** Felsengrotte.

Grüb|chen [ˈgryːpçən], das; -s, -: *kleine (als hübsch empfundene) Vertiefung im Kinn oder (beim Lachen entstehend) in der Wange:* beim Lachen hat sie zwei Grübchen.

Gru|be ['gru:bə], die; -, -n:
1. *künstlich angelegte Vertiefung, größeres Loch in der Erde:* eine tiefe Grube graben, ausheben; in eine Grube fallen. **Syn.:** Mulde, Senke. **Zus.:** Baugrube, Jauchegrube, Sickergrube.
2. *technische Anlage, besonders unter der Erde, zum Abbau, zur Gewinnung, Förderung von mineralischen Rohstoffen, Bodenschätzen:* diese Grube ist reich an Erz; eine Grube stilllegen. **Syn.:** Bergwerk, Mine, Zeche. **Zus.:** Erzgrube, Goldgrube, Kiesgrube, Kohlengrube, Lehmgrube, Silbergrube, Tongrube.

Grü|be|lei [gry:bə'lai̯], die; -, -en: *das Grübeln:* in Grübelei versinken.

grü|beln ['gry:bl̩n] ⟨itr.; hat⟩:
a) *lange, intensiv (über etwas) nachdenken:* ich habe oft über dieses Problem gegrübelt. **Syn.:** durchdenken, reflektieren, sich Gedanken machen. **Zus.:** nachgrübeln. **b)** *(sich ängstigend) quälenden, unnützen oder fruchtlosen Gedanken nachhängen:* du grübelst zu viel. **Syn.:** brüten (ugs.), sinnieren, spintisieren (abwertend).

grüb|le|risch ['gry:blərɪʃ] ⟨Adj.⟩: *in Grübeleien versunken, sehr nachdenklich:* sie ist ein grüblerischer Mensch. **Syn.:** gedankenvoll, in Gedanken versunken.

grü|e|zi ['gry:ɛt͜si]: schweizerische Grußformel.

Gruft [grʊft], die; -, Grüfte ['grʏftə]: *[gemauerte] Grabstätte.* **Syn.:** Grab. **Zus.:** Familiengruft, Fürstengruft.

grün [gry:n] ⟨Adj.⟩:
1. *von der Farbe der meisten Pflanzen:* grünes Gras; grüne Blätter; die Wälder sind wieder grün *(sind belaubt).* **Syn.:** grünlich. **Zus.:** dunkelgrün, flaschengrün, grasgrün, moosgrün, olivgrün.
2. *(an der Farbe erkennbar) noch nicht reif:* grünes Obst; die Tomate ist noch grün; die Bananen werden grün geerntet.
3. (ugs.) *noch wenig Erfahrung und innere Reife besitzend:* ein grüner Junge. **Syn.:** jung, unerfahren.
4. a) *zu einer Partei gehörend, sie betreffend, zu deren hauptsächlichen Anliegen die Ökologie gehört:* eine grüne Partei; grüne Abgeordnete; sie haben grün gewählt. **Syn.:** alternativ. **b)** *dem Umweltschutz verpflichtet, ihn fördernd:* grünes Denken; grüne Produkte kaufen. **Syn.:** ökologisch wertvoll.

Grün [gry:n], das; -s, - und (ugs.) -s:
1. *Farbton, der der Farbe der meisten Pflanzen entspricht:* ein helles, kräftiges Grün; bei Grün *(bei grüner Ampel)* über die Straße gehen.
2. ⟨ohne Plural⟩ *Pflanzen:* sie haben viel Grün in der Wohnung; das erste frische Grün des Frühlings.

Grund [grʊnt], der; -[e]s, Gründe ['grʏndə]:
1. ⟨ohne Plural⟩ *[Stück] Land, Acker o. Ä. (das jmd. als Besitz hat):* auf eigenem, fremdem Grund; Grund und Boden *(Grundbesitz).* **Syn.:** Feld, ²Flur (geh.), Grundstück. **Zus.:** Baugrund.
2. ⟨ohne Plural⟩ **a)** *Boden eines Gewässers:* bei dem klaren Wasser kann man bis auf den Grund sehen; das Schiff lief auf Grund. **Syn.:** Untergrund. **Zus.:** Meeresgrund. **b)** *Boden eines Gefäßes:* die Teeblätter haben sich auf dem Grund der Kanne abgesetzt.
3. *Ursache, Motiv für ein Verhalten:* ein einleuchtender, stichhaltiger Grund; es gibt keinen, nicht den geringsten Grund zur Aufregung; keinen Grund zum Klagen haben; die Gründe für die Tat sind unbekannt. **Syn.:** Anlass, Argument, Beweggrund, Veranlassung. **Zus.:** Entlassungsgrund, Hinderungsgrund, Krankheitsgrund, Scheidungsgrund.

grund- [grʊnt] ⟨adjektivisches Präfixoid, auch das Basiswort wird betont⟩ (emotional verstärkend): *von Grund auf ..., sehr ..., durch und durch ..., ganz und gar ..., in hohem Grade ...:* /bes. in Bezug auf ethische, ästhetische, intellektuelle Qualität/: grundanständig; grundehrlich; grundfalsch; grundgescheit; grundgesund; grundgut; grundgütig; grundhässlich; grundmiserabel; grundmusikalisch; grundschlecht; grundsolide; grundverdorben; grundverkehrt; grundverschieden.

Grund- [grʊnt] ⟨Präfixoid⟩: bezeichnet das im Basiswort Genannte als etwas, was grundlegend, fundamental, wesentlich, die eigentliche Grundlage, die Voraussetzung ist, was einer Sache zugrunde liegt: Grundaussage; Grundbedingung; Grundbedürfnis; Grundbegriff; Grundbestandteil; Grunderfahrung; Grunderkenntnis; Grundfehler; Grundfrage; Grundgedanke; Grundidee; Grundkenntnis; Grundkonzeption; Grundkurs; Grundlehrgang; Grundtendenz; Grundtugend; Grundübel; Grundwissen. **Syn.:** Haupt-, Kern-, Ur-.

grün|den ['grʏndn̩], gründete, gegründet:
1. ⟨tr.; hat⟩ *ins Leben rufen:* einen Orden, eine Partei, ein Unternehmen gründen; sie wollen eine Familie gründen *(gemeinsame Kinder bekommen).* **Syn.:** begründen, einrichten, eröffnen, errichten, konstituieren (bildungsspr.), schaffen.
2. a) ⟨tr.; hat⟩ *für etwas eine andere Sache als Grundlage, Voraussetzung, Stütze benutzen; auf etwas aufbauen, mit etwas untermauern:* er gründete seine Hoffnung auf ihre Aussage; die Ideen sind auf diese/(auch:) dieser Überzeugung gegründet.
b) ⟨+ sich⟩ *sich stützen (auf etwas):* der Vorschlag gründet sich auf diese Annahme. **Syn.:** basieren auf, beruhen auf, fußen auf.

gründen / begründen: s. Kasten Seite 460.

Grün|der ['grʏndɐ], der; -s, -, **Grün|de|rin** ['grʏndərɪn], die; -, -nen: *Person, die etwas gründet, ins Leben ruft:* der Gründer eines Verlags; sie ist die Gründerin des Unternehmens. **Syn.:** Initiator, Initiatorin, Stifter, Stifterin, Urheber, Urheberin. **Zus.:** Firmengründer, Firmengründerin, Ordensgründer, Ordensgründerin.

Grund|ge|setz ['grʊntgəzɛt͜s], das; -es, -e:
1. *einer Sache zugrunde liegende, für sie entscheidende, sie bestimmende Gesetzmäßigkeit:* ein biologisches Grundgesetz; ein

gründen/begründen

Zwischen beiden Verben besteht ein Bedeutungsunterschied, der vielfach nicht beachtet wird.
Das Verb **gründen** hat die Bedeutung *ins Leben rufen, etwas neu schaffen.* Es wird im Allgemeinen auf Einrichtungen, auf Formen menschlicher Gemeinschaft u. Ä. bezogen:

- einen Verein, ein Unternehmen, eine Firma, eine Organisation, eine Stadt gründen
- eine Familie, einen Hausstand, eine Existenz gründen

Dagegen hat **begründen** – abgesehen von anderen Verwendungsweisen – die Bedeutung *eine Grundlage schaffen für etwas.* Es wird im Allgemeinen auf etwas Abstraktes bezogen:

- jmds. Ruhm, Reichtum, Ruf, eine Theorie, Herrschaft, Schule *(Denkrichtung)* begründen
- Die Frankfurter Schule wurde von Max Horkheimer und Theodor Adorno begründet.

Grundgesetz der modernen Wirtschaft. **Syn.:** Grundsatz, Prinzip. **2.** *für die Bundesrepublik Deutschland geltende Verfassung:* das Grundgesetz wurde verkündet, trat in Kraft; etwas verstößt gegen das Grundgesetz; etwas ist im Grundgesetz geregelt, verankert.

Grund|la|ge ['grʊntla:gə], die; -, -n: *etwas (bereits Vorhandenes), von dem man ausgehen kann, auf dem sich etwas aufbauen, von dem sich etwas ableiten lässt:* die theoretischen, gesetzlichen Grundlagen für etwas schaffen; die Behauptungen entbehren jeder Grundlage *(sind unwahr, gründen sich nicht auf Tatsachen).* **Syn.:** Ausgangspunkt, Basis, Bestand, Fundament, Grundstock, Plattform. **Zus.:** Arbeitsgrundlage, Diskussionsgrundlage.

[1]grund|le|gend ['grʊntle:gn̩t] ⟨Adj.⟩: *von entscheidender Bedeutung:* ein grundlegender Unterschied; eine grundlegende Voraussetzung. **Syn.:** [1]absolut.

[2]grund|le|gend ['grʊntle:gn̩t] ⟨Adverb⟩: *von Grund auf, in jeder Weise:* sie hat ihre Ansicht grundlegend geändert. **Syn.:** beträchtlich, enorm, ganz, ganz und gar, gehörig, gewaltig (emotional), gründlich, hochgradig, höchst, komplett, total (ugs.), völlig, vollkommen.

gründ|lich ['grʏntlɪç] ⟨Adj.⟩: **1.** *sehr sorgfältig, nicht nur oberflächlich:* eine gründliche Untersuchung; sie arbeitet sehr gründlich; sich gründlich waschen. **Syn.:** akkurat, genau, gewissenhaft, ordentlich (ugs.), pedantisch (abwertend), peinlich genau, penibel, sorgsam. **2.** ⟨verstärkend bei Verben⟩ *sehr:* gründlich danebengehen; du hast dich gründlich geirrt. **Syn.:** arg (ugs.), bitter, denkbar, mächtig (ugs.), total (ugs.), tüchtig, ungeheuer, ungemein.

grund|los ['grʊntlo:s] ⟨Adj.⟩: *ohne innere Begründung:* ein grundloses Misstrauen; grundlos verärgert sein. **Syn.:** aus der Luft gegriffen, gegenstandslos, haltlos, hinfällig, unbegründet, unmotiviert.

Grund|riss ['grʊntrɪs], der; -es, -e: **1.** *zeichnerische Darstellung der Grundfläche eines Gebäudes, einer geometrischen Figur u. a.:* den Grundriss eines Hauses entwerfen. **Syn.:** Entwurf, Plan. **2.** *kurz gefasstes Lehrbuch:* ein Grundriss der deutschen Grammatik. **Syn.:** Abriss, Übersicht, Zusammenfassung.

Grund|satz ['grʊntzat͜s], der; -es, Grundsätze ['grʊntzɛt͜sə]: **a)** *Prinzip, das jmd. für sich zur Richtschnur gemacht hat, nach dem er bzw. sie handelt:* strenge, sittliche, moralische Grundsätze; Grundsätze haben; an seinen Grundsätzen festhalten; sie ist eine Frau mit/von Grundsätzen. **Syn.:** Maßstab. **b)** *allgemeingültiges Prinzip, das einer Sache zugrunde liegt:* ein demokratischer, rechtsstaatlicher Grundsatz. **Syn.:** Gesetz, Maßstab, Norm, Regel, Richtlinie, Standard. **Zus.:** Rechtsgrundsatz.

grund|sätz|lich ['grʊntzɛt͜slɪç] ⟨Adj.⟩: **a)** *einen Grundsatz betreffend [und daher gewichtig]:* eine grundsätzliche Frage; etwas ist von grundsätzlicher Bedeutung; er hat sich dazu grundsätzlich geäußert. **b)** *einem Prinzip folgend, aus Prinzip:* etwas grundsätzlich ablehnen; sie gibt grundsätzlich keinem Bettler etwas. **Syn.:** prinzipiell. **c)** *eigentlich, im Grunde, im Prinzip, mit dem Vorbehalt bestimmter Ausnahmen; im Allgemeinen, in der Regel:* ich bin grundsätzlich für Gleichbehandlung, aber nicht in diesem Fall; er erklärte seine grundsätzliche Bereitschaft, mit der Einschränkung, dass er erst später zur Verfügung stehen könne.

Grund|schu|le ['grʊntʃu:lə], die; -, -n: *die [vier] ersten Klassen umfassende, von allen schulpflichtigen Kindern zu besuchende Schule.*

Grund|stock ['grʊntʃtɔk], der; -[e]s, Grundstöcke ['grʊntʃtœkə]: *den Anfang, Ausgangspunkt bildender, wichtigster Bestand (an etwas), auf dem aufgebaut werden kann:* diese Bücher bildeten den Grundstock für ihre Bibliothek. **Syn.:** Basis, Bestand, Fundament, Grundlage.

Grund|stück ['grʊntʃtʏk], das; -[e]s, -e: *Stück Land, das jmdm. gehört:* ein Grundstück kaufen, erben. **Syn.:** Boden, Feld, [2]Flur (geh.), Garten, Grund, Immobilie. **Zus.:** Baugrundstück, Gartengrundstück.

Grün|dung ['grʏndʊŋ], die; -, -en: *das Gründen, Schaffen einer Einrichtung o. Ä.:* die Gründung einer Partei. **Syn.:** Schaffung, Stiftung. **Zus.:** Familiengründung, Parteigründung, Vereinsgründung.

Grund|zahl ['grʊnttsa:l], die; -, -en /Ggs. Ordnungszahl/: *Kardinalzahl:* die Zahlen 1, 2, 3 usw. sind Grundzahlen.

grü|nen ['gry:nən] ⟨itr.; hat⟩:

(von der Vegetation im Frühjahr, besonders von Bäumen, Wiesen) Blätter usw. hervortreiben, grün werden: Büsche, Bäume grünen; es grünt und blüht überall. **Syn.:** ausschlagen, austreiben, sprießen, wuchern.

grün|lich ['gryːnlɪç] ⟨Adj.⟩: *der Farbe Grün nahe, leicht grün:* grünliche Farbtöne; ein grünlich schimmerndes Licht.

grun|zen ['grʊnts̮n̩] ⟨itr.; hat⟩: *(besonders von Schweinen): dumpfe, kehlige Laute ausstoßen:* das Schwein grunzt; sie grunzten vor Vergnügen.

Grup|pe ['grʊpə], die; -, -n:
a) *kleinere zusammengehörende oder zufällig zusammen gehende, stehende o. ä. Zahl von Menschen:* eine Gruppe von Kindern, Schauspielern, Touristinnen; eine Gruppe diskutierender/(seltener:) diskutierende Studenten; die Lehrerin bildete Gruppen zu je fünf Schülern; die Menschen standen in Gruppen zusammen und unterhielten sich. **Syn.:** Abteilung, Bande (emotional), Clique, Gespann, Haufen (ugs.), Horde (emotional abwertend), Meute (ugs. abwertend), Pulk, Schar, Trupp.
b) *Gemeinschaft, Kreis von Menschen, die sich aufgrund gemeinsamer Interessen, Ziele o. Ä. zusammengeschlossen haben:* soziale, politische Gruppen; an dem Werk hat eine ganze Gruppe *(ein Team)* gearbeitet. **Syn.:** Fraktion, Gruppierung, Kollektiv, Runde, Team. **Zus.:** Arbeitsgruppe, Berufsgruppe, Randgruppe, Spitzengruppe, Splittergruppe, Wandergruppe.
c) ⟨mit Attribut⟩ *Anzahl von Dingen, Lebewesen mit gemeinsamen Eigenschaften o. Ä.:* eine Gruppe von Inseln, Säugetieren. **Zus.:** Baumgruppe, Häusergruppe, Inselgruppe, Raubtiergruppe, Sitzgruppe.

grup|pie|ren [grʊ'piːrən]:
1. ⟨tr.; hat⟩ *zu einer Gruppe zusammenstellen, ordnen:* die Familie zu einem Foto gruppieren; Stühle um einen Tisch gruppieren. **Syn.:** anordnen, einteilen, gliedern, postieren. **Zus.:** eingruppieren, umgruppieren.
2. ⟨+ sich⟩ *sich (als Gruppe) in einer bestimmten Ordnung aufstellen o. Ä.:* die Betrachter gruppieren sich um die aufgebauten Kunstwerke. **Syn.:** sich hinstellen, sich postieren.

Grup|pie|rung [grʊ'piːrʊŋ], die; -, -en:
1. *das Gruppieren; das Sichgruppieren.* **Syn.:** Anordnung, Arrangement, Aufbau, Gliederung, Komposition.
2. *Gruppe von Personen, die sich wegen der Gleichheit der Interessen, der verfolgten Ziele o. Ä. zusammengeschlossen haben bzw. Kontakt zueinander haben:* verschiedene politische Gruppierungen. **Syn.:** Abteilung, Bande (emotional), Clique (abwertend), Fraktion, Gespann, Haufen (ugs.), Kollektiv, Kreis, Runde, Team.

gru|se|lig ['gruːzəlɪç] ⟨Adj.⟩: *(besonders von Märchen, Spukgeschichten) ein Gruseln (bei den Hörenden oder Lesenden) hervorrufend:* eine gruselige Geschichte; die Sache war gruselig, hörte sich gruselig an. **Syn.:** beklemmend, dämonisch, finster, gespenstisch, schauerlich, schaurig, unheimlich.

gru|seln ['gruːzl̩n] ⟨itr.; hat⟩: *Schauder, Furcht (vor etwas Unheimlichem) empfinden:* mir/mich gruselt es allein in der Wohnung, vor dem Weg durch den Wald; ⟨+ sich⟩ ich gruselte mich, als ich das Gerippe sah. **Syn.:** das große Grausen kriegen (ugs.), das kalte Grausen kriegen (ugs.), eine Gänsehaut bekommen, sich entsetzen, sich [1]erschrecken, sich fürchten, schaudern, schauern, sich schütteln.

Gruß [gruːs], der; -es, Grüße ['gryːsə]: *freundliche Worte oder Geste der Verbundenheit bei der Begegnung, beim Abschied, im Brief:* einen Gruß ausrichten; sie reichte ihm zum Gruß die Hand; mit besten, freundlichen, herzlichen Grüßen … (als Briefschluss). **Syn.:** Empfehlung (geh.). **Zus.:** Abschiedsgruß, Geburtstagsgruß, Neujahrsgruß, Ostergruß, Urlaubsgruß, Weihnachtsgruß, Willkommensgruß.

grü|ßen ['gryːsn̩] ⟨tr./itr.; hat⟩:
1. *(jmdm.) einen Gruß zurufen, durch Kopfneigen oder eine andere Geste zu erkennen geben:* jmdn. freundlich grüßen; sie grüßte nach allen Seiten; die beiden grüßen einander nicht mehr. **Syn.:** begrüßen.
2. *jmdm. Grüße übermitteln:* ich soll dich von ihm grüßen. **Syn.:** einen Gruß ausrichten.

Grüt|ze ['grʏts̮ə], die; -, -n:
1. a) *geschältes und grob gemahlenes Getreide (besonders Hafer und Gerste):* in die heiße Milch die Grütze geben. **b)** *Brei aus grob gemahlenem Getreide:* die Kinder essen gern süße Grütze. **c)** * **rote Grütze:** *mit rotem Fruchtsaft (und roten Früchten) hergestellte Süßspeise.:* zum Nachtisch gab es heute rote Grütze mit Vanillesoße.
2. (ugs.) *wacher Verstand, Verstandeskraft (als Voraussetzung für überlegtes Handeln, kluges Denken):* sie hat mehr Grütze im Kopf als ihr alle zusammen!; der kann ja nicht denken, hat keine Grütze im Kopf. **Syn.:** Durchblick (ugs.), Einsicht, Gewitztheit, Grips (ugs.), Hirn, Intellekt, Intelligenz, Klugheit, Scharfsinn, Vernunft.

gu|cken ['gʊkn̩] (ugs.):
1. ⟨itr.; hat⟩ *in eine bestimmte Richtung sehen:* aus dem Fenster, ins Buch gucken. **Syn.:** blicken, einen Blick werfen, glotzen (ugs., auch abwertend), schauen (bes. südd.), starren. **Zus.:** hingucken, weggucken, zugucken.
2. ⟨itr.; hat⟩ *seine Umwelt, andere mit bestimmtem, die seelische Verfassung spiegelndem Gesichtsausdruck ansehen:* freundlich, verständnislos gucken. **Syn.:** blicken.
3. ⟨tr./itr.; hat⟩ *(Bilder, einen Film, ein Fernsehstück o. Ä.) ansehen:* einen Film, Bilder gucken. **Syn.:** angucken (ugs.), anschauen (bes. südd., österr., schweiz.), betrachten.

Guil|lo|ti|ne [gijo'tiːnə], die; -, -n: *(während der Französischen Revolution eingeführte) Vorrichtung, mit der jmd. durch Abschlagen des Kopfes hingerichtet wurde.*

Gu|lasch ['guːlaʃ], das und der; -[e]s, -e und -s: *[scharf gewürztes] Gericht aus klein geschnittenem Rind-, auch Schweine- oder Kalbfleisch:*

ungarisches/ungarischer Gulasch; ein saftiges/saftiger Gulasch; sie kocht die verschiedensten Gulasche/Gulaschs. **Zus.:** Paprikagulasch, Rindsgulasch.

gül|tig ['gʏltɪç] ⟨Adj.⟩:
bestimmten gesetzlichen, rechtlichen Bestimmungen oder Festlegungen entsprechend [und daher gegenwärtig auch verwendbar]: ein gültiger Fahrschein, Ausweis; der Vertrag ist gültig bis 31. Dezember; diese Eintrittskarte ist nicht mehr gültig. **Syn.:** geltend. **Zus.:** allgemeingültig, rechtsgültig, ungültig.

Gum|mi ['gʊmi], der oder das; -s, -[s]:
Produkt aus Kautschuk: Dichtungen, Autoreifen aus Gummi; für das neue Produkt waren verschiedene Gummi[s] getestet worden.

Gunst [gʊnst], die; -:
a) *[durch eine höher gestellte Person] auf jmdn. gerichtete wohlwollende Gesinnung:* jmds. Gunst erwerben, genießen; in jmds. Gunst stehen. **Syn.:** Achtung, Anerkennung, Ansehen, Auszeichnung, Ehre, Gnade. **Zus.:** Missgunst. **b)** *Zeichen des Wohlwollens, das man jmdm. zuteilwerden lässt:* jmdn. um eine Gunst bitten; jmdm. eine Gunst erweisen, gewähren.

güns|tig ['gʏnstɪç] ⟨Adj.⟩:
(in seiner Beschaffenheit, seinem Verlauf, seiner Entwicklung o. Ä.) vorteilhaft: eine günstige Gelegenheit; dieser Preis ist wirklich günstig; die Bedingungen sind günstig. **Syn.:** angenehm, erfreulich, [1]glücklich, hoffnungsvoll.

-güns|tig [gʏnstɪç] ⟨adjektivisches Suffixoid⟩:
sich als günstig für das im Basiswort Genannte erweisend, sich positiv auf das im Basiswort Genannte auswirkend: importgünstig; kostengünstig; preisgünstig; verkaufsgünstig; verkehrsgünstig; wettergünstig; zinsgünstig (Darlehen).

Gur|gel ['gʊrgl̩], die; -, -n:
vordere Seite des Halses mit dem Kehlkopf: jmdn. an/bei der Gurgel packen; er wollte, sprang ihr an die Gurgel.

gur|geln ['gʊrgl̩n] ⟨itr.; hat⟩:
den Hals spülen, indem man die Flüssigkeit durch Ausstoßen der Luft bewegt, und dabei ein gluckerndes Geräusch verursachen: bei Halsschmerzen [mit Salbei], nach dem Zähneputzen gurgeln.

Gur|ke ['gʊrkə], die; -, -n:
1. *längliche, auf dem Boden wachsende Frucht mit grüner Schale, die meist als Salat oder in Essig o. Ä. eingelegt gegessen wird.* **Zus.:** Essiggurke, Gewürzgurke, Salatgurke, Salzgurke, Senfgurke.
2. (ugs.) *als auffallend groß empfundene Nase.* **Syn.:** Rüssel.

gur|ren ['gʊrən] ⟨itr.; hat⟩:
(von Tauben) kehlig-dumpfe, weich rollende, lang gezogene Töne von sich geben: die Tauben gurren auf den Dächern.

Gurt [gʊrt], der; -[e]s, -e:
1. *festes, breites Band, das die Funktion des Haltens, Tragens o. Ä. hat:* den Gurt anlegen. **Syn.:** [1]Riemen. **Zus.:** Ledergurt, Sicherheitsgurt, Tragegurt.
2. *breiter Gürtel (einer Uniform):* einen Gurt umschnallen.

Gür|tel ['gʏrtl̩], der; -s, -:
Band aus Stoff, Leder o. Ä., das über der Kleidung um die Taille getragen wird: ein Gürtel aus Leder. **Syn.:** Gurt.

Guss [gʊs], der; -es, Güsse ['gʏsə]:
1. *das Gießen von Metall in eine Form:* beim Guss der Glocke zusehen. **Zus.:** Bronzeguss, Glockenguss.
2. a) *geschüttete, gegossene Menge Wasser:* kalte Güsse; den Pflanzen einen Guss Wasser geben. **b)** (emotional) *kurzer, heftiger Regenschauer:* ein plötzlicher Guss. **Zus.:** Gewitterguss, Regenguss.
3. *Überzug, Glasur auf Gebäck, besonders auf einer Torte:* die Torte mit einem süßen Guss überziehen. **Zus.:** Schokoladenguss, Tortenguss, Zuckerguss.

gut [gu:t], besser, beste ⟨Adj.⟩:
1. *bestimmten Erwartungen, einer bestimmten Norm, bestimmten Zwecken in hohem Maß entsprechend; so, dass man damit einverstanden ist* /Ggs. schlecht/: ein guter Schüler, Arzt, Redner; ein gutes Mittel gegen Husten; gute Arbeit leisten; ein gutes Geschäft machen; der Anzug sitzt gut; kein gutes Deutsch schreiben. **Syn.:** ausgezeichnet, hervorragend, vortrefflich.
2. *von hohem moralischem Rang* /Ggs. schlecht/: ein guter Mensch; eine gute Tat; ihre Absicht war gut. **Syn.:** edel, großherzig, gütig, herzensgut, menschlich, selbstlos.
3. *(als Ergebnis o. Ä.) erfreulich, günstig* /Ggs. schlecht/: eine gute Ernte; ein gutes Zeugnis bekommen; jmdm. ein gutes neues Jahr, gute Reise wünschen, Guten Tag sagen; das Geschäft, die Erträge waren gut; ihr ist heute nicht gut *(sie fühlt sich nicht gesund, ist krank);* es geht mir wieder gut *(ich bin wieder gesund);* ihr geht es in den USA recht gut *(sie fühlt sich in den USA wohl);* das ist gerade noch einmal gut gegangen (ugs.; *hat gerade noch ein gutes Ende genommen*). **Syn.:** angenehm, glücklich.
4. *jmdm. freundschaftlich verbunden und zugetan:* eine gute Freundin, Bekannte.
5. *nur für besondere [feierliche] Anlässe vorgesehen:* der gute Anzug; das Kleidungsstück ist nur für gut. **Syn.:** feierlich, festlich, sonntäglich.
6. *mindestens, mehr als:* eine gute Stunde von hier; hier ist gut Platz für zwei.
7. *leicht, ohne Mühe:* du hast gut lachen; das ist [nicht] gut möglich. **Syn.:** mühelos.

Gut [gu:t], das; -[e]s, Güter ['gy:tɐ]:
1. *Besitz, der einen materiellen oder geistigen Wert darstellt:* gestohlenes Gut; Gesundheit ist das höchste Gut; bewegliches Gut (z. B. Möbel); jmds. Hab und Gut *(alles, was jmd. besitzt).* **Syn.:** Habe. **Zus.:** Allgemeingut, Bildungsgut, Diebesgut, Erbgut, Gedankengut, Ideengut, Umzugsgut.
2. *[zum Versand bestimmte, im Versand befindliche] Ware:* leicht verderbliche Güter; Güter umladen, umschlagen. **Syn.:** Artikel, Erzeugnis, Produkt. **Zus.:** Bedarfsgut, Eilgut, Expressgut, Frachtgut, Handelsgut, Versandgut.
3. *Bauernhof mit größerem Grundbesitz:* er bewirtschaftet ein großes Gut. **Syn.:** Farm, Gehöft, Landwirtschaft, land-

wirtschaftlicher Betrieb, Plantage. **Zus.:** Bauerngut, Landgut.

-gut [gu:t], das; -[e]s ⟨Suffixoid; bes. in fachsprachlichen Texten mit Substantiv, Verb oder Adjektiv als Basis⟩:
a) *Gesamtheit von Dingen, die im Zusammenhang mit dem im Basiswort Genannten (z. B. Herkunft, Zweck) stehen:* Beutegut; Bildungsgut; Diebesgut; Frachtgut; Gedankengut; Ideengut; Konsumgut; Leergut; Leihgut; Liedgut; Pflanzengut; Saatgut; Strandgut *(Gegenstände, die vom Meer an den Strand gespült worden sind);* Streugut; Treibgut *(all das, was auf dem Wasser treibt, z. B. Holz, Tang);* Wortgut; ⟨selten auch im Plural⟩ Konsumgüter. **b)** (wird außerhalb der Fachsprachen oft als inhuman empfunden) *Gesamtheit von Personen als die im Basiswort Genannten (unter statistischem o. a. Gesichtspunkt):* Krankengut; Menschengut; Patientengut; Schülergut. **Syn.:** -material.

Gut|ach|ten [ˈgu:tǀaxtn̩], das; -s, -:
[schriftliche] Aussage eines Sachverständigen in einem Prozess o. Ä.: ein medizinisches Gutachten; ein Gutachten abgeben, einholen. **Zus.:** Rechtsgutachten, Sachverständigengutachten.

Gut|ach|ter [ˈgu:tǀaxtɐ], der; -s, -, **Gut|ach|te|rin** [ˈgu:tǀaxtərɪn], die; -, -nen:
Person, die ein Gutachten abgibt: bei der Verhandlung wurden zwei Gutachter gehört.

gut|ar|tig [ˈgu:tǀa:ɐ̯tɪç] ⟨Adj.⟩:
1. *von gutem Wesen (nicht widerspenstig oder gefährlich):* ein gutartiges Kind; das Tier ist gutartig. **Syn.:** lieb.
2. *keine Metastasen bildend und das Leben des Patienten nicht gefährdend:* ein gutartiges Geschwür; der Tumor war gutartig.

Gut|dün|ken [ˈgu:tdʏŋkn̩]:
in der Wendung **nach Gutdünken:** *in der Weise, so, wie es einem richtig erscheint:* das kannst du nach [eigenem] Gutdünken entscheiden, machen. **Syn.:** eigenmächtig, eigenständig, nach eigenem Ermessen, selbstständig.

Gü|te [ˈgy:tə], die; -:
1. *(auf seine Mitmenschen gerichtete) milde, freundliche, von Wohlwollen und Nachsicht bestimmte Gesinnung:* er war ein Mensch voller Güte; ihre Güte gegen uns/uns gegenüber kannte keine Grenzen. **Syn.:** Entgegenkommen, Freundlichkeit, Sanftmut, Wohlwollen. **Zus.:** Engelsgüte, Herzensgüte, Seelengüte.
2. *Beschaffenheit, Qualität (einer Ware):* Trauben von geringer Güte; das Fabrikat ist ein Begriff für Güte; die Güte dieser Ware ist bekannt.

gut|gläu|big [ˈgu:tglɔybɪç] ⟨Adj.⟩:
die eigene Ehrlichkeit oder gute Absicht auch bei anderen voraussetzend und ihnen [unvorsichtigerweise] vertrauend: eine gutgläubige Frau; er ist sehr gutgläubig. **Syn.:** arglos, blauäugig, leichtgläubig, naiv, vertrauensselig.

gut|ha|ben [ˈgu:tha:bn̩], hat gut, gutgehabt ⟨itr.; hat⟩:
(meist eine Geldsumme) von jmdm. noch zu bekommen haben: du hast [bei mir] noch zehn Euro gut. **Syn.:** erhalten, kriegen.

Gut|ha|ben [ˈgu:tha:bn̩], das; -s, -:
(bei einer Bank) gespartes Geld oder Geld, das man bei einem anderen noch guthat: ein großes Guthaben auf der Bank haben; sie hat ein kleines Guthaben bei mir. **Syn.:** Ersparnisse ⟨Plural⟩. **Zus.:** Bankguthaben, Sparguthaben, Zinsguthaben.

gut|hei|ßen [ˈgu:thai̯sn̩], hieß gut, gutgeheißen ⟨tr.; hat⟩:
(ein Vorhaben oder Tun) für richtig halten: einen Plan, Entschluss gutheißen. **Syn.:** absegnen (ugs.), akzeptieren, begrüßen, bejahen, billigen, richtig finden.

gü|tig [ˈgy:tɪç] ⟨Adj.⟩:
voller Güte: ein gütiger Mensch; gütig lächeln. **Syn.:** barmherzig, edel (geh.), gnädig, gut, gutmütig, herzensgut, [1]herzlich, mild[e], sanftmütig, warm.

güt|lich [ˈgy:tlɪç] ⟨Adj.⟩:
in freundlichem Einvernehmen der Partner [erfolgend]: die gütliche Beilegung dieser Differenzen; sich gütlich einigen. **Syn.:** im Guten.

gut|ma|chen [ˈgu:tmaxn̩], machte gut, gutgemacht ⟨tr.; hat⟩:
1. *ein Unrecht, einen Fehler wieder in Ordnung bringen:* einen Fehler, Schaden gutmachen. **Syn.:** aufkommen für, einstehen für, geradestehen für, [2]haften für.
2. *sich für etwas erkenntlich zeigen:* Sie haben mir so oft geholfen. Wie kann ich das gutmachen? **Syn.:** ausgleichen, belohnen, danken, honorieren, sich revanchieren, vergelten.
3. *bei etwas einen bestimmten Gewinn machen, etwas als Überschuss behalten:* bei dem Geschäft hat er Geld gutgemacht.

gut|mü|tig [ˈgu:tmy:tɪç] ⟨Adj.⟩:
von geduldigem, hilfsbereitem, freundlichem Wesen: ein gutmütiger Mensch; sie ist gutmütig [veranlagt]. **Syn.:** barmherzig, gnädig, gut, gütig, herzensgut, mild[e], warm.

Gut|schein [ˈgu:tʃai̯n], der; -[e]s, -e:
Schein, der den Anspruch auf eine Ware oder einen Betrag [für den man etwas kaufen kann] bestätigt: ich habe alle Gutscheine für freien Eintritt eingelöst: ein Gutschein im Wert von 50 Euro. **Zus.:** Geschenkgutschein, Warengutschein.

gut|schrei|ben [ˈgu:tʃrai̯bn̩], schrieb gut, gutgeschrieben ⟨tr.; hat⟩:
als Guthaben anrechnen, eintragen: das Geld wurde ihr gutgeschrieben.

Gut|schrift [ˈgu:tʃrɪft], die; -, -en:
a) *gutgeschriebener Betrag:* die Verrechnung erbrachte für ihn eine Gutschrift von 100 Euro.
b) *Bescheinigung über einen gutgeschriebenen Betrag:* es wurde ihr eine Gutschrift über 100 Euro ausgehändigt.

gut|tun [ˈgu:ttu:n], tat gut, gutgetan ⟨itr.; hat⟩:
eine wohltuende Wirkung auf jmdn. haben: der heiße Tee tut gut; die Sonne wird ihr guttun. **Syn.:** angenehm sein, wohltun (geh.).

gut|wil|lig [ˈgu:tvɪlɪç] ⟨Adj.⟩:
a) *guten Willen zeigend:* ein gutwilliger Junge. **b)** *freiwillig, ohne Schwierigkeiten zu machen:* gutwillig mitkommen.

Gym|na|si|ast [gʏmnaˈzi̯ast], der; -en, -en, **Gym|na|si|as|tin** [gʏmnaˈzi̯astɪn], die; -, -nen:

G
Gymn

Schüler bzw. Schülerin eines Gymnasiums: das Gespräch zwischen der Gymnasiastin und dem Studenten/zwischen Gymnasiastin und Student.

Gym|na|si|um [gʏmˈna:zi̯ʊm], das; -s, Gymnasien [gʏmˈna:zi̯ən]: *höhere, zum Abitur führende Schule:* das Gymnasium besuchen. **Zus.:** Abendgymnasium, Sportgymnasium, Wirtschaftsgymnasium.

Gym|nas|tik [gʏmˈnastɪk], die; -:
1. *sportliche Betätigung, bei der bestimmte Übungen ausgeführt werden:* morgendliche, rhythmische Gymnastik; Gymnastik treiben. **Syn.:** gymnastische Übungen, Sport. **Zus.:** Frühgymnastik, Heilgymnastik, Krankengymnastik, Morgengymnastik, Schwangerschaftsgymnastik.
2. *Gymnastikstunde:* in die Gymnastik gehen.

H h

Haar [ha:ɐ̯], das; -[e]s, -e:
1. *auf dem Körper von Menschen und den meisten Säugetieren (in großer Zahl) wachsendes, fadenartiges Gebilde (aus Hornsubstanz):* die Haare an den Beinen, unter der Achsel; graue Haare an den Schläfen; die Haare kämmen, bürsten. **Zus.:** Achselhaar, Barthaar, Kamelhaar, Katzenhaar, Pferdehaar.
2. ⟨ohne Plural⟩ *Gesamtheit der Kopfhaare:* blondes, lockiges, langes Haar; das Haar kurz tragen; sich das Haar färben lassen. **Syn.:** Haare ⟨Plural⟩, Schopf. **Zus.:** Deckhaar, Haupthaar, Kopfhaar.

haa|ren [ˈha:rən] ⟨itr.; hat⟩: *Haare verlieren:* das Fell haart; ⟨auch + sich⟩ die Katze haart sich.

Haa|res|brei|te [ˈha:rəsbrai̯tə]: in der Wendung **um Haaresbreite:** *gerade noch:* [nur] um Haaresbreite dem Tod, der Vernichtung entgehen. **Syn.:** knapp, mit knapper Not.

haar|ge|nau [ˈha:ɐ̯gəˈnau̯] ⟨Adverb⟩ (emotional): *sehr, ganz genau:* das stimmt haargenau; haargenau dasselbe erzählen. **Syn.:** akkurat (landsch.), exakt, genau, präzis[e].

haa|rig [ˈha:rɪç] ⟨Adj.⟩:
1. *stark behaart:* haarige Beine.
2. (ugs.) *Schwierigkeiten, Unwägbarkeiten in sich bergend:* eine haarige Sache; diese Angelegenheit gestaltete sich haariger als erwartet. **Syn.:** delikat, heikel, knifflig, kompliziert, prekär, problematisch, schwierig, verfänglich, vertrackt (ugs.), verwickelt, verzwickt (ugs.).

Haar|na|del [ˈha:ɐ̯na:dl̩], die; -, -n: *Nadel zum Feststecken des Haars:* die Haare mit Haarnadeln befestigen, hochstecken. **Syn.:** Spange.

haar|scharf [ˈha:ɐ̯ˈʃarf] ⟨Adverb⟩ (emotional):
1. *sehr dicht (sodass es fast zu einer Berührung gekommen wäre):* der Wagen raste haarscharf an den Zuschauern vorbei. **Syn.:** [1]direkt, unmittelbar.
2. *sehr genau (z. B. in Bezug auf die Wiedergabe von etwas):* die Konturen kommen auf dem Bild haarscharf heraus. **Syn.:** exakt, [1]genau.

Haar|schnitt [ˈha:ɐ̯ʃnɪt], der; -[e]s, -e: *durch Schneiden des Kopfhaares entstandene Frisur:* ein modischer Haarschnitt; sie hat sich einen neuen Haarschnitt verpassen lassen. **Syn.:** Schnitt.

Haar|spal|te|rei [ha:ɐ̯ʃpaltəˈrai̯], die; -, -en (abwertend):
a) ⟨ohne Plural⟩ *das Heranziehen unwichtiger Kleinigkeiten in der Argumentation für oder gegen etwas:* das ist Haarspalterei!
b) *einzelne spitzfindige Äußerung:* diese Haarspaltereien sind schwer erträglich.

Haar|spray [ˈha:ɐ̯ʃpre:], der oder das; -s, -s: *Spray, der auf das frisierte Haar aufgesprüht wird, um der Frisur Halt u. Glanz zu geben:* ich benutze kein Haarspray.

haar|sträu|bend [ˈha:ɐ̯ʃtrɔy̯bn̩t] ⟨Adj.⟩ (emotional): *Empörung, Ablehnung, Ärger o. Ä. hervorrufend:* sie erzählte haarsträubende Geschichten über ihre Zeit im Gefängnis; ihm sind haarsträubende Fehler unterlaufen; das ist ja haarsträubend! **Syn.:** beispiellos, bodenlos (ugs.), empörend, kriminell (ugs.), skandalös, [1]unerhört, ungeheuerlich, unglaublich.

Ha|be [ˈha:bə], die; - (geh.): *jmds. gesamtes Eigentum; alles, was jmd. hat, besitzt:* unsere einzige Habe war das, was wir am Körper trugen; ihre ganze Habe ging verloren. **Syn.:** Besitz, Geld und Gut (geh.), Hab und Gut (geh.), Habseligkeiten ⟨Plural⟩, Vermögen.

ha|ben [ˈha:bn̩], hat, hatte, gehabt:
1. ⟨itr.; hat⟩ **a)** *sein Eigen nennen, als Eigentum haben:* ein [eigenes] Haus, einen Hund, einen Garten haben; Anspruch auf etwas haben; Geld haben. **Syn.:** besitzen, in Besitz haben, verfügen über, zur Verfügung haben. **b)** *(als Eigenschaft o. Ä.) besitzen, aufweisen:* keinen Humor, blaue Augen, ein gutes Herz haben. **Syn.:** sich erfreuen, erkennen lassen, in sich bergen, in sich tragen, sich auszeichnen durch, zählen (geh.), zeigen. **c)** *über etwas Bestimmtes verfügen:* Zeit, Muße haben; ich habe hierin wenig Erfahrung. **Syn.:** zur Verfügung haben. **d)** *von etwas ergriffen, befallen sein:* Husten, Hunger, Angst, Sorgen, Heimweh haben. **e)** dient dazu, auszudrücken, dass jmds. Situation durch einen bestimmten Umstand, Vorgang, Zustand oder dergleichen bestimmt ist: wir hatten herrliches Wetter; heute haben wir den dritten Mai, Dienstag; ich habe nachher eine Besprechung; wann habt ihr Ferien, wieder Schule?
2. a) ⟨itr.; hat; mit Infinitiv mit »zu«⟩ *müssen:* als Schüler hat man viel zu lernen; du hast mir zuzuhören, wenn ich mit dir spreche. **b)** dient dazu, auszudrücken, dass das für eine bestimmte Tätigkeit Nötige (jmdm.) [in einer bestimmten Menge] zur Verfügung steht: [genug] zu trinken, zu essen haben; viel zu tun *(viel Arbeit)* haben; ich habe zu tun *(ich bin beschäftigt, muss arbeiten, habe keine Zeit);* nichts zu lachen

haben *(keinen Grund zum Lachen, zur Freude haben).*
3. ⟨itr.; hat⟩ *aus einer bestimmten Anzahl, Menge bestehen:* ein Kilo hat 1 000 Gramm; das Haus hat 10 Stockwerke; das Buch hat 800 Seiten. **Syn.:** aufweisen, beinhalten, enthalten, umfassen, zählen (geh.), zum Inhalt haben.
4. ⟨Hilfsverb⟩ dient in Verbindung mit dem 2. Partizip der Perfektumschreibung: hast du mich gerufen?; ich hatte mich gerade hingelegt, als er anrief; das hätte ich dir gleich sagen können; sie wird es vergessen haben.

Ha|be|nichts [ˈhaːbənɪçts], der; - und -es, -e (emotional): *Person, die keinen Besitz hat:* als Habenichts hatte er nichts zu verlieren; sie ist ein Habenichts. **Syn.:** Arme, Armer, Bettler, Bettlerin, Mittellose, Mittelloser.

Hab|gier [ˈhaːpgiːɐ̯], die; - (abwertend): *übertriebenes Streben, den eigenen Besitz zu vermehren:* ihre Habgier ist grenzenlos. **Syn.:** Gier, Habsucht.

hab|gie|rig [ˈhaːpgiːrɪç] ⟨Adj.⟩ (emotional): *durch Habgier geprägt, voller Habgier:* ein habgieriger Mensch; die Beute habgierig an sich reißen. **Syn.:** geldgierig, habsüchtig, materialistisch, raffgierig (abwertend).

hab|haft [ˈhaːphaft] (geh.): in den Wendungen **jmds. habhaft werden:** *jmdn., den man gesucht hat, finden [und festnehmen], in seine Gewalt bekommen:* die Polizei wurde des Täters habhaft. **Syn.:** jmdn. beim Wickel kriegen (ugs.), jmdn. ergreifen, jmdn. erwischen (ugs.), jmdn. fangen, jmdn. fassen, jmdn. gefangen nehmen, jmdn. kriegen (ugs.), jmdn. schnappen (ugs.); **einer Sache** (Gen.) **habhaft werden:** *etwas in seinen Besitz bringen, erlangen können:* er sammelt alles Alte, dessen er habhaft werden kann. **Syn.:** etwas bekommen, etwas erhalten, etwas kriegen (ugs.).

Ha|bicht [ˈhaːbɪçt], der; -s, -e: *Greifvogel mit braunem Gefieder, stark gekrümmtem Schnabel und scharfen Krallen an den Zehen, der aus dem Flug auf seine Beute herabstößt:* der Habicht kreiste über dem See.

Hab|se|lig|kei|ten [ˈhaːpzeːlɪçkai̯tn̩], die ⟨Plural⟩: *jmds. unzureichende, dürftige, kümmerliche Habe:* auf der Flucht konnten sie nur ein paar Habseligkeiten mitnehmen. **Syn.:** Besitz ⟨Singular⟩, Eigentum ⟨Singular⟩, Hab und Gut (geh.), Habe ⟨Singular⟩.

Hab|sucht [ˈhaːpzʊxt], die; - (abwertend): *rücksichtsloses Streben nach Besitz:* ist es möglich, dass der Mord aus Habsucht geschah? **Syn.:** Gier, Habgier.

hab|süch|tig [ˈhaːpzʏçtɪç] ⟨Adj.⟩ (abwertend): *von Habsucht bestimmt, beherrscht:* habsüchtig sein. **Syn.:** geldgierig (abwertend), habgierig (abwertend), materialistisch, raffgierig (abwertend).

Hach|se [ˈhaksə], die; -, -n, *südd.* **Ha|xe:**
1. *unterer Teil des Beines (von Schwein oder Kalb):* drei Hachsen kaufen.
2. (ugs. scherzh.) *Bein (des Menschen):* pass auf, sonst brichst du dir die Hachsen.

¹Ha|cke [ˈhakə], die; -, -n: *Gerät zum Bearbeiten, besonders zum Auflockern des Bodens (auf dem Feld und im Garten):* den Boden mit der Hacke bearbeiten.

²Ha|cke [ˈhakə], die; -, -n:
1. *Ferse:* jmdm. auf die Hacke treten.
2. *Absatz des Schuhs:* sich die Hacken beim/vom Schuster neu machen lassen; *** sich** (Dativ) **die Hacken nach etwas ablaufen/abrennen:** *einen weiten Weg, viele Wege wegen etwas machen, sich eifrig um etwas bemühen:* ich habe mir gestern in der Stadt die Hacken abgelaufen nach einem schönen Mantel.

ha|cken [ˈhakn̩]:
a) ⟨tr.; hat⟩ *mit einer Hacke bearbeiten, auflockern:* das Beet, den Kartoffelacker hacken. **b)** ⟨tr.; hat⟩ *mit einem Messer oder mit dem Beil zerkleinern:* Kräuter, Holz hacken. **c)** ⟨itr.; hat⟩ *mit dem Schnabel nach jmdm., nach etwas schlagen, picken:* das Huhn hackte nach ihrer Hand.

Ha|cken [ˈhakn̩], der; -s, - (landsch.): *²Hacke.*

Hack|fleisch [ˈhakflai̯ʃ], das; -[e]s: *rohes, durch einen Fleischwolf gedrehtes Fleisch von Rind oder Schwein:* aus Hackfleisch Frikadellen machen. **Syn.:** Faschiertes (österr.). **Zus.:** Rinderhackfleisch, Schweinehackfleisch; *** aus jmdm. Hackfleisch machen** (ugs.): *jmdn. verprügeln; jmdm. gehörig die Meinung sagen, ihm einen Denkzettel verpassen:* ich würde am liebsten Hackfleisch aus ihm machen.

Häck|sel [ˈhɛksl̩], der oder das; -s: *klein gehackte Pflanzenteile, die als Viehfutter oder zur Kompostierung verwendet werden:* dem Vieh Heu und Häcksel verfüttern.

ha|dern [ˈhaːdɐn] ⟨itr.; hat⟩ (geh.): *(mit seinem Schicksal) unzufrieden sein und darüber Klage führen oder innerlich aufbegehren:* sie hadern mit ihrem Schicksal. **Syn.:** enttäuscht sein über, murren über, sich nicht abfinden können.

Ha|fen [ˈhaːfn̩], der; -s, Häfen [ˈhɛːfn̩]: *(im Allgemeinen) künstlich angelegter Anker- und Liegeplatz für Schiffe:* ein eisfreier Hafen; einen [fremden] Hafen anlaufen. **Zus.:** Bootshafen, Fischereihafen, Jachthafen.

Ha|fer [ˈhaːfɐ], der; -s:
a) *Getreideart, die anstelle von Ähren Rispen aufweist:* Hafer anbauen. **Syn.:** Getreide, ¹Korn.
b) *Frucht der Haferpflanze:* Hafer schroten, mahlen.

Ha|fer|flo|cken [ˈhaːfɐflɔkn̩], die ⟨Plural⟩: *aus den geschälten Körnern des Hafers (durch Dämpfen und Quetschen) hergestelltes Nahrungsmittel:* aus Haferflocken und Milch eine Suppe kochen; Müsli mit Haferflocken.

Haff [haf], das; -[e]s, -s und -e: *flaches Gewässer, das von der See durch Inseln oder einen schmalen Streifen von Dünen getrennt ist:* das Kurische Haff; zwischen dem Land und der See liegt ein breites Haff.

Haft [haft], die; -:
1. *Zustand des Verhaftetseins:* er wurde vorzeitig aus der Haft entlassen; sie befindet sich noch

in Haft. **Syn.:** Arrest, Gefangenschaft, Gewahrsam, Knast (ugs.). **Zus.:** Einzelhaft.
2. *in Freiheitsentzug bestehende Strafe:* seine Haft verbüßen; er wurde zu zwei Jahren, zu lebenslänglicher Haft verurteilt. **Syn.:** Arrest, Freiheitsstrafe, Gefängnis, Knast (ugs.).

-haft [haft] ⟨adjektivisches Suffix⟩: *in der Art eines/einer ..., wie ein ...:* /in Bezug auf bestimmte als charakteristisch angesehene Merkmale/: balladenhaft; gönnerhaft; greisenhaft; kumpelhaft; lehrerhaft; marionettenhaft; meisterhaft; reflexhaft; stümperhaft; vorbildhaft; zwanghaft; ⟨elliptisch⟩ kinohaft *(so wie es im Kino, Film üblich, möglich ist).* **Syn.:** -ähnlich, -artig, -esk, -gleich, -ig.

Haft|be|fehl ['haftbəfe:l], der; -[e]s, -e: *Anordnung eines Richters, einer Richterin, jmdn. zu verhaften:* gegen die Betrügerin war ein Haftbefehl erlassen worden.

[1]haf|ten ['haftn̩], haftete, gehaftet ⟨itr.; hat⟩:
1. *[mittels Klebstoff o. Ä.] an/auf etwas festkleben:* das Pflaster haftet fest an der verletzten Stelle; das Etikett haftet nicht an/auf der Flasche. **Syn.:** ankleben, festsitzen, kleben.
2. *sich hartnäckig auf der Oberfläche von etwas festgesetzt haben:* Schmutz, Farbe haftet an den Sachen. **Syn.:** ankleben, festsitzen, kleben, sitzen.

[2]haf|ten ['haftn̩], haftete, gehaftet ⟨itr.; hat⟩: *für jmdn., jmds. Handlungen die Verantwortung tragen, übernehmen:* Eltern haften für ihre Kinder; für die Garderobe wird nicht gehaftet *(bei Verlust wird der Schaden nicht ersetzt).* **Syn.:** aufkommen müssen, die Haftung tragen, einstehen müssen, geradestehen müssen, haftbar sein, verantwortlich sein.

Häft|ling ['hɛftlɪŋ], der; -s, -e: *Person, die sich in Haft befindet:* politische Häftlinge; sie kämpft um Anerkennung als politischer Häftling; die Häftlinge hatten Hofgang. **Syn.:** Gefangene, Gefangener.

Ha|ge|but|te ['ha:gəbʊtə], die; -, -n: *kleine, hellrote Frucht der Heckenrose:* aus Hagebutten einen Tee bereiten.

Ha|gel ['ha:gl̩], der; -s: *Niederschlag in Form von meist erbsengroßen, körnigen Eisstückchen:* der Hagel richtete großen Schaden an.

ha|geln ['ha:gl̩n] ⟨itr.; hat; unpers.⟩:
1. *(von Niederschlag) in Form von Hagel niedergehen:* es fing zu hageln an. **Syn.:** graupeln.
2. *(von Unangenehmem o. Ä.) viel und in dichter Folge auf jmdn., etwas [her]niedergehen:* es hagelte Proteste, Vorwürfe gegen die Politikerin.

ha|ger ['ha:gɐ] ⟨Adj.⟩: *(vom menschlichen Körper oder einzelnen Körperteilen) mager und knochig (und dabei meist groß):* eine hagere Gestalt; sie ist sehr hager. **Syn.:** drahtig, dünn, dürr (emotional), grazil, knochig, mager, schlaksig, schlank, schmächtig, schmal, sehnig.

Hahn [ha:n], der; -[e]s, Hähne ['hɛ:nə]:
1. *männliches Tier mancher Vögel, besonders das männliche Huhn:* der Hahn kräht. **Syn.:** Gockel.
2. *Vorrichtung zum Absperren von Rohrleitungen:* der Hahn tropft; den Hahn zudrehen. **Zus.:** Gashahn, Wasserhahn.

Hähn|chen ['hɛ:nçən], das; -s, -: *geschlachteter, gebratener junger Hahn:* ein gegrilltes Hähnchen verspeisen. **Syn.:** Hend[e]l, Poulet. **Zus.:** Backhähnchen, Brathähnchen.

Hai [hai̯], der; -[e]s, -e: *(im Meer lebender) großer Raubfisch mit großer Schwanzflosse u. mit an der Unterseite weit zurückliegendem Maul, in dem mehrere Reihen spitzer Zähne stehen:* der Taucher war von einem Weißen Hai angegriffen worden. **Syn.:** Haifisch.

-hai [hai̯], der; -[e]s, -e ⟨Suffixoid⟩ (ugs. abwertend): kennzeichnet in Bildungen mit Substantiven eine Person, die sich rücksichtslos und skrupellos durch etwas oder auf einem bestimmten Gebiet bereichert: Börsenhai; Finanzhai; Kredithai.

Hai|fisch ['hai̯fɪʃ], der; -[e]s, -e: *Hai:* die Flossen des Haifischs gelten als Delikatesse.

hä|keln ['hɛ:kl̩n] ⟨tr.; hat⟩: *eine Handarbeit aus Garn mit einem besonderen, hakenartigen Gerät anfertigen:* ein Deckchen, Topflappen häkeln; ⟨auch itr.⟩ sie häkelt immer beim Fernsehen.

Ha|ken ['ha:kn̩], der; -s, -:
1. *zu einem Winkel, einem Halbkreis oder s-förmig gebogener Gegenstand, an dem etwas aufgehängt werden kann:* einen Haken eindübeln; ein Bild an einem Haken aufhängen. **Zus.:** Angelhaken, Bilderhaken, Garderobenhaken, Kleiderhaken, Wandhaken.
2. (ugs.) *etwas [zunächst Verborgenes], was eine Sache schwierig, kompliziert macht, die Lösung eines Problems o. Ä. erschwert, behindert:* der Haken bei der Sache ist, dass wir das Geld nicht rechtzeitig zusammenbringen können; die Angelegenheit hat einen Haken. **Syn.:** Problem, Schwierigkeit.

Ha|ken|na|se ['ha:kn̩na:zə], die; -, -n: *stark gekrümmte Nase:* den Schauspieler erkennt man an seiner Hakennase. **Syn.:** Adlernase.

halb [halp] ⟨Adj.⟩:
1. *die Hälfte von etwas umfassend:* eine halbe Stunde; auf halber Höhe des Berges; das Glas ist halb voll; ⟨indeklinabel bei geografischen Namen ohne Artikel⟩ halb Dänemark;
*** halb ... halb:** *das eine wie das andere, je zur Hälfte, teils ... teils:* halb lachend, halb weinend; halb Kunst, halb Wissenschaft.
2. häufig in Verbindung mit *nur nicht ordentlich, nicht richtig; mit geringerer Stärke, ziemlich abgeschwächt:* das ist nur die halbe Wahrheit; etwas nur halb tun; nur halb angezogen sein. **Syn.:** teilweise, zum Teil.
3. *fast [ganz], so gut wie:* es sind ja noch halbe Kinder; er hat schon halb zugestimmt; halb verdurstet. **Syn.:** gleichsam (geh.), quasi, sozusagen, ungefähr.

hal|ber ['halbɐ] ⟨Präp. mit Gen.; nachgestellt⟩: *den/die/das ... als Beweggrund, Anlass für etwas habend, um diesem zu entsprechen, zu genügen:* der Ordnung halber; dringender

Geschäfte halber verreisen. **Syn.:** um ... willen, wegen.

-hal|ber [halbɐ] ⟨adverbiales Suffix⟩:
drückt in Bildungen mit Substantiven aus, dass einer Sache Genüge getan, entsprochen wird: anstandshalber; interessehalber; krankheitshalber; ordnungshalber; sicherheitshalber; umständehalber.

Halb|heit [ˈhalphai̯t], die; -, -en:
unvollkommene und deshalb unbefriedigende Sache, Handlung, Lösung: sich nicht mehr mit Halbheiten zufriedengeben.

halb|her|zig [ˈhalphɛrt͜sɪç] ⟨Adj.⟩:
ohne rechte innere Beteiligung [geschehend]: einen halbherzigen Versuch unternehmen; etwas nur halbherzig unterstützen, betreiben, umsetzen.

hal|bie|ren [halˈbi:rən]:
1. ⟨tr.; hat⟩ **a)** *in zwei gleiche Teile teilen:* einen Apfel halbieren. **Syn.:** [1]durchschneiden, einmal durchschneiden, in der Mitte durchschneiden, in zwei [gleich große] Stücke schneiden, spalten, teilen. **b)** *um die Hälfte verringern:* die Öleinfuhr halbieren.
2. ⟨+ sich⟩ *sich um die Hälfte verringern:* das Wirtschaftswachstum hat sich halbiert.

halb|mast [ˈhalpmast] ⟨Adverb⟩:
(von Fahnen) nur bis zur halben Höhe des Mastes hinaufgezogen (als Zeichen offizieller Trauer): die Fahnen auf halbmast setzen.

Halb|pen|si|on [ˈhalppãzi̯o:n], die; -:
Art der Unterbringung in einem Hotel o. Ä., die aus der Unterkunft, dem Frühstück und einer warmen Mahlzeit am Tag besteht: im Sommerurlaub nehmen wir nur Halbpension.

halb|tags [ˈhalpta:ks] ⟨Adverb⟩:
den halben Tag lang: seit sie Kinder hat, arbeitet sie nur noch halbtags.

halb|wegs [ˈhalpˈve:ks] ⟨Adverb⟩ (ugs.):
einigermaßen, bis zu einem gewissen Grade: der Lehrer ist mit ihr halbwegs zufrieden; sich wie ein halbwegs zivilisierter Mensch benehmen. **Syn.:** gerade so, hinlänglich, hinreichend, leidlich, soso (ugs.).

Halb|wüch|si|ge [ˈhalpvy:ksɪɡə], die Halbwüchsige/eine Halbwüchsige; der/einer Halbwüchsigen, die Halbwüchsigen/zwei Halbwüchsige:
noch nicht ganz erwachsener, junger Mensch: als Halbwüchsige war sie einige Male von zu Hause fortgelaufen. **Syn.:** Jugendliche, Teenager.

Halb|wüch|si|ger [ˈhalpvy:ksɪɡɐ], der Halbwüchsige/ein Halbwüchsiger; des/eines Halbwüchsigen, die Halbwüchsigen/zwei Halbwüchsige:
Jugendlicher, noch nicht Erwachsener: ein paar Halbwüchsige lungerten auf der Bank herum. **Syn.:** Teenager.

Halb|zeit [ˈhalpt͜sai̯t], die; -, -en:
a) *Hälfte der Spielzeit:* in der zweiten Halbzeit wurde das Spiel sehr hektisch. **b)** *Pause zwischen der ersten und zweiten Hälfte der Spielzeit:* in der Halbzeit erfrischten sich die Spieler in der Kabine.

Hal|de [ˈhaldə], die; -, -n:
a) (Bergbau) *künstliche Aufschüttung von Schlacke od. tauben Gesteinsmassen:* alte Halden begrünen. **Zus.:** Schlackenhalde.
b) *[zu einem Berg aufgehäufte] Ansammlung von Produkten, die nicht [mehr] gebraucht werden:* die Abfälle und der Schutt türmten sich zu riesigen Halden. **Zus.:** Schutthalde; *** auf Halde:** *auf Lager, in Vorrat:* 2 Tonnen Saatgut liegen dort auf Halde; Autos auf Halde *(auf Vorrat, ohne bereits einen Käufer dafür zu haben)* produzieren; wir legen das Projekt erst einmal auf Halde *(wir warten mit der Realisierung des Projekts erst einmal ab).*

Hälf|te [ˈhɛlftə], die; -, -n:
einer von zwei gleichen Teilen eines Ganzen: die Hälfte des Apfels, des Vermögens; in der ersten Hälfte des vorigen Jahrhunderts; zur Hälfte gehört es mir. **Zus.:** Gesichtshälfte, Jahreshälfte, Weghälfte.

Hall [hal], der; -[e]s, -e:
a) *Schall (besonders im Hinblick auf allmählich schwindende, schwächer werdende hörbare Schwingungen):* der Hall der Schritte, der eigenen Stimme. **Syn.:** Geräusch, Klang, Lärm, Laut, Ton. **b)** *Nachhall, Widerhall:* ohne Hall; die Stimme elektronisch mit einem Hall verstärken. **Syn.:** Echo.

Hal|le [ˈhalə], die; -, -n:
1. *größeres Gebäude, das [vorwiegend] aus einem hohen, weiten Raum besteht:* in [der] Halle 2 werden Bücher der wissenschaftlichen Verlage ausgestellt. **Zus.:** Bahnhofshalle, Fabrikhalle, Kühlhalle, Lagerhalle, Montagehalle, Schwimmhalle, Sporthalle, Turnhalle.
2. *größerer Raum in einem [öffentlichen] Gebäude, der oft repräsentativen Zwecken dient:* in der Halle des Hotels warten. **Syn.:** Saal, Salon. **Zus.:** Eingangshalle, Empfangshalle, Hotelhalle, Säulenhalle.

hal|len [ˈhalən] ⟨itr.; hat⟩:
a) *mit lautem, hohlem Klang weithin tönen:* die Schritte hallten im Gang; ein Schrei hallt durch die Nacht. **Syn.:** dröhnen, ertönen, klingen, schallen, widerhallen. **b)** *von einem lauten, länger anhaltenden Klang, Schall erfüllt sein:* der Hof hallte [von seinen Schritten].

Hal|len|bad [ˈhalənba:t], das; -[e]s, Hallenbäder [ˈhalənbɛ:dɐ]:
Schwimmbad in einer Halle: im Winter gehe ich regelmäßig ins Hallenbad.

hal|lo ⟨Interjektion⟩:
1. (ugs.) Grußformel: hallo, Clara, schön, dich zu sehen!
2. Ausdruck freudiger Überraschung: hallo, da seid ihr ja!
3. Ruf, mit dem man jmds. Aufmerksamkeit auf sich lenkt: hallo, ist da jemand?

Hal|lu|zi|na|ti|on [halut͜sinaˈt͜si̯o:n], die; -, -en:
vermeintliche, eingebildete Wahrnehmung; Sinnestäuschung: Halluzinationen haben; an Halluzinationen leiden. **Syn.:** Einbildung, Fantasie, Hirngespinst, Illusion, Täuschung.

Halm [halm], der; -[e]s, -e:
Stängel von Süßgräsern und Getreide: die Halme bewegen sich im Wind hin und her. **Zus.:** Grashalm, Strohhalm.

Hals [hals], der; -es, Hälse [ˈhɛlzə]:
1. *Teil des Körpers zwischen Kopf und Rumpf:* ein kurzer, langer Hals; jmdm. vor Freude um den Hals fallen *(jmdn. vor Freude umarmen).* **Syn.:** Genick, Gurgel, Nacken. **Zus.:** Pferdehals, Schwanenhals.
2. *Rachen und Kehle:* der Hals ist

trocken, entzündet; der Hals tut mir weh. **Syn.:** Schlund.
3. ⟨mit Attribut⟩ *längerer, schmaler, oft sich verjüngender [oberer] Teil bestimmter Dinge:* der Hals der Geige, Gitarre, Flasche. **Zus.:** Flaschenhals, Geigenhals, Gitarrenhals.

hals|bre|che|risch [ˈhalsbrɛçərɪʃ] ⟨Adj.⟩:
sehr gewagt und dabei oft lebensgefährlich: eine halsbrecherische Kletterpartie. **Syn.:** abenteuerlich, gefährlich, riskant.

Hals|ket|te [ˈhalskɛtə], die; -, -n:
Kette, die als Schmuck um den Hals getragen wird: sie trug eine goldene Halskette.

Hals|schmer|zen [ˈhalsʃmɛrtsn̩], die ⟨Plural⟩:
Schmerzen im Hals: ich hatte mich erkältet und bekam starke Halsschmerzen.

hals|star|rig [ˈhalsʃtarɪç] ⟨Adj.⟩ (abwertend):
[gegen bessere Einsicht] auf seinem Willen, seiner Meinung beharrend; starrköpfig: ein halsstarriger Mensch; sehr halsstarrig sein. **Syn.:** bockbeinig (ugs.), bockig, eigensinnig, renitent (geh.), starrsinnig (abwertend), störrisch, stur (ugs. abwertend), trotzig, unbelehrbar, ungehorsam, unnachgiebig, verstockt (emotional), widerborstig (abwertend), widersetzlich, widerspenstig.

Hals|tuch [ˈhalstuːx], das; -[e]s, Halstücher [ˈhalstyːçɐ]:
Tuch, das (als Teil der Kleidung) um den Hals gelegt wird: wenn es kalt ist, trägt sie stets ein Halstuch. **Syn.:** Schal.

[1]**halt** [halt] ⟨Partikel⟩ (südd., österr., schweiz.):
[3]*eben:* das ist halt so; dann entschuldige dich halt bei ihr.

[2]**halt** [halt] ⟨Interjektion⟩:
nicht weiter!; anhalten!; aufhören!; stopp!: halt! Wer da?; halt, so geht das nicht.

Halt [halt], der; -[e]s:
1. *etwas, was zum Festhalten, zum Befestigen von etwas, als Stütze o. Ä. dient:* Halt suchen; keinen Halt finden; den Halt verlieren; in diesem Schuh hat der Fuß keinen Halt *(wird er nicht gestützt).* **Syn.:** Stütze.
2. *das Anhalten; [kurzes] Unterbrechen besonders einer Fahrt:* der Zug fährt ohne Halt durch. **Syn.:** Aufenthalt, Unterbrechung.

halt|bar [ˈhaltbaːɐ̯] ⟨Adj.⟩:
1. a) *nicht leicht verderbend, über längere Zeit genießbar bleibend:* haltbare Lebensmittel. **b)** *nicht leicht verschleißend, nicht leicht entzweigehend; von fester, dauerhafter Beschaffenheit; strapazierfähig:* lange haltbare Reifen. **Syn.:** beständig, fest, langlebig, robust, stabil, unverwüstlich, widerstandsfähig.
2. *glaubhaft, einleuchtend und sich so durchaus aufrechterhalten lassend:* eine nicht länger haltbare Theorie.
3. *(von einem Ball, Schuss) so geworfen, geschossen, dass er gehalten, gefangen, abgewehrt werden kann:* ein durchaus haltbarer Schuss; der Ball war nicht haltbar.

hal|ten [ˈhaltn̩], hält, hielt, gehalten:
1. ⟨tr.; hat⟩ **a)** *gefasst haben und nicht loslassen:* eine Stange, die Tasse am Henkel halten; etwas in der Hand halten. **b)** *(als Sache) bewirken, dass etwas Halt hat, in seiner Lage o. Ä. bleibt:* der Haken kann 10 kg halten; ihre Haare werden von einem Band gehalten.
2. a) ⟨tr.; hat⟩ *an eine bestimmte Stelle bewegen und dort in einer bestimmten Stellung, Lage, Haltung lassen:* den Arm ausgestreckt, die Hand an/gegen den Ofen halten. **b)** ⟨+ sich⟩ *an einer bestimmten Stelle in einer bestimmten Lage, Stellung, Haltung bleiben, verharren:* er hält sich aufrecht; sie hielt sich nur kurz auf dem Pferd.
3. ⟨tr.; hat⟩ *(einen aufs Tor geschossenen Ball, Puck) abfangen, abwehren können:* einen Ball, einen Strafstoß halten.
4. ⟨itr.; hat⟩ *in seiner Vorwärtsbewegung innehalten, zum Stillstand kommen, sich nicht weiter fortbewegen:* das Auto musste plötzlich halten; wir hielten genau vor der Tür. **Syn.:** abstoppen, anhalten, bremsen, stoppen, zum Halten kommen, zum Stehen kommen.
5. ⟨tr.; hat⟩ *zum Bleiben bewegen, nicht weggehen lassen:* es hält dich niemand; die Firma wollte mich halten.
6. ⟨tr.; hat⟩ *in sich behalten, nicht ausfließen, herauslaufen lassen:* das Fass, der Teich hält das Wasser nicht.
7. a) ⟨tr.; hat⟩ *erfolgreich verteidigen:* die Festung, die Stellung halten. **b)** ⟨tr.; hat⟩ *nicht aufgeben, nicht weggeben müssen:* du wirst deinen Laden nicht mehr lange halten können; den Rekord halten *(innehaben, nicht verlieren).* **c)** ⟨+ sich⟩ *sich mit Erfolg behaupten, erfolgreich bestehen, sich durchsetzen, den Anforderungen genügen:* das Geschäft hat sich gehalten; du hast dich in der Prüfung gut gehalten. **Syn.:** bestehen.
8. a) ⟨tr.; hat⟩ *in gleicher Weise weiterführen, (bei etwas) bleiben:* den Ton, Takt halten; Diät halten; den Abstand, Kurs halten. **b)** ⟨tr.; hat⟩ *nicht (von etwas) abgehen, es nicht aufgeben, sondern [vereinbarungsgemäß] einhalten, bewahren:* sein Wort, ein Versprechen halten; Disziplin, Ordnung halten. **Syn.:** aufrechterhalten, behalten, behaupten, beibehalten, bleiben bei, erhalten, festhalten an. **c)** ⟨+ sich⟩ *sich nach etwas richten, einer Vorschrift, Vorlage, Verpflichtung o. Ä. gemäß handeln:* sich an die Gesetze, an die Tatsachen halten. **Syn.:** sich anlehnen, beachten, befolgen, beherzigen, einhalten, folgen, gehorchen, handeln nach, hören auf, nachkommen.
9. ⟨+ sich⟩ *sich mit seinen Anliegen, Ansprüchen an jmdn. wenden, mit ihm in Kontakt zu bleiben suchen:* wenn du etwas erreichen willst, musst du dich an ihn halten.
10. ⟨itr.; hat⟩ *auf jmds. Seite stehen, seine Partei ergreifen:* die meisten haben zu ihr gehalten; ich halte es lieber mit den Bescheidenen *(sie sind mir lieber).*
11. ⟨+ sich⟩ *einen bestimmten Platz, eine bestimmte Richtung beibehalten:* er hielt sich immer an ihrer Seite, hinter ihr; du musst dich mehr [nach] links halten.
12. ⟨tr.; hat⟩ *(als Durchführender, Veranstaltender) stattfinden, vonstattengehen lassen:* Hochzeit halten; Unterricht halten; einen Vortrag über etwas hal-

ten. **Syn.:** abhalten, durchführen, veranstalten.
13. ⟨tr.; hat⟩ *zum eigenen Nutzen angestellt, angeschafft haben und unterhalten:* ich halte [mir] Katzen, Hunde; sich mehrere Zeitungen halten *(sie abonniert haben).*
14. ⟨tr.; hat⟩ *(für jmdn., etwas) in bestimmter Weise sorgen; in bestimmter Weise behandeln:* seine Kinder streng halten; die Sachen werden bei ihr gut gehalten. **Syn.:** [1]umgehen mit.
15. ⟨itr.; hat⟩ **a)** *in seinem augenblicklichen Zustand, in der gleichen Weise, Form bestehen bleiben; nicht schnell verderben oder schlechter werden:* diese Waren halten noch einige Tage; ob das Wetter wohl hält?; ⟨+ sich⟩ diese Äpfel, die Rosen halten sich nicht lange. **b)** *trotz Beanspruchung ganz bleiben, in seinem bestehenden [unversehrten] Zustand erhalten bleiben; nicht entzweigehen:* die Schuhe haben lange gehalten; ob die Farbe wohl halten wird?; der Nagel hält *(sitzt fest).*
16. a) ⟨tr.; hat⟩ *der Meinung, Auffassung sein, dass sich etwas in bestimmter Weise verhält; jmdn., etwas als etwas betrachten:* jmdn. für ehrlich, aufrichtig, tot halten; etwas für denkbar halten; sie hat dich immer für ihre Freundin gehalten. **Syn.:** ansehen als, ansprechen als, auffassen als, einschätzen als, erachten als (geh.), sehen als, werten als. **b)** ⟨itr.; hat⟩ *über jmdn., etwas ein bestimmtes Urteil haben:* von ihr, von ihrem Vorschlag halte ich viel, wenig, nichts; was hältst du davon? **Syn.:** denken.
17. ⟨itr.; hat⟩ *auf etwas besonderen Wert legen, besonders achten:* auf Ordnung, Sauberkeit halten. **Syn.:** bedacht sein.

Hal|ter ['haltɐ], der; -s, -:
1. *Vorrichtung, die etwas festhält, an der etwas befestigt werden kann:* die Rolle Toilettenpapier hing an einem Halter. **Zus.:** Handtuchhalter, Kerzenhalter.
2. *männliche Person, die etwas in Gebrauch hat, hält, besitzt:* für den Schaden haftet der Halter des Wagens; die Halter von Haustieren haben Verschmutzungen umgehend zu beseitigen. **Syn.:** Besitzer, Eigentümer. **Zus.:** Fahrzeughalter, Hundehalter.

Hal|te|rin ['haltərɪn], die; -, -nen: weibliche Form zu ↑Halter (2).

Hal|te|rung ['haltərʊŋ], die; -, -en: *Vorrichtung, durch die etwas an einer bestimmten Stelle so befestigt oder gehalten wird, dass es jederzeit wieder abgenommen werden kann:* den Schlauch, den Feuerlöscher in die Halterung hängen.

Hal|te|stel|le ['haltəʃtɛlə], die; -, -n: *mit einem Schild o. Ä. gekennzeichnete Stelle, an der ein öffentliches Verkehrsmittel regelmäßig anhält, damit die Fahrgäste ein- und aussteigen können:* an der Haltestelle warten. **Syn.:** Station. **Zus.:** Bushaltestelle, Straßenbahnhaltestelle.

-hal|tig [haltɪç] ⟨adjektivisches Suffix⟩:
das im substantivischen Basiswort Genannte enthaltend /Ggs. -frei/: bleihaltig; eisenhaltig; eiweißhaltig; jodhaltig; kalkhaltig; salzhaltig; sauerstoffhaltig; säurehaltig.

halt|los ['haltlo:s] ⟨Adj.⟩:
1. *ohne innere Festigkeit, seelischen, moralischen Halt:* ein haltloser Mensch. **Syn.:** labil, willenlos, willensschwach.
2. *einer kritischen Beurteilung nicht standhaltend:* haltlose Behauptungen; die Beschuldigungen sind völlig haltlos. **Syn.:** aus der Luft gegriffen, gegenstandslos, hinfällig, unbegründet, ungültig.

halt|ma|chen ['haltmaxn̩], macht halt, machte halt, hat haltgemacht ⟨itr.; hat⟩, **Halt machen:** *während einer Fahrt, Wanderung o. Ä. halten, eine Pause einlegen:* auf der langen Fahrt haben wir nur an wenigen Orten haltgemacht. **Syn.:** anhalten, eine Pause machen, Rast machen, rasten.

Hal|tung ['haltʊŋ], die; -:
1. *Art, in der jmd. dauernd oder vorübergehend seinen Körper hält:* eine aufrechte Haltung; in verkrampfter Haltung dasitzen; Haltung annehmen *(strammstehen).* **Syn.:** Lage, Pose, Position, Stand, Stellung. **Zus.:** Kopfhaltung, Körperhaltung, Sitzhaltung.
2. *innere Einstellung und das dadurch geprägte Denken, Handeln, Auftreten, Verhalten:* eine ablehnende, feindliche Haltung zu etwas / einer Sache gegenüber einnehmen; eine fortschrittliche, liberale Haltung vertreten; die Haltung *(innere Fassung, Beherrschtheit)* verlieren, bewahren. **Syn.:** Art, Benehmen. **Zus.:** Geisteshaltung, Abwehrhaltung, Erwartungshaltung.
3. ⟨mit Attribut⟩ *Besitz und Unterhalt:* die Haltung von Haustieren; die Haltung eines Autos kommt [ihr] zu teuer. **Zus.:** Geflügelhaltung, Schweinehaltung, Tierhaltung.

Ha|lun|ke [ha'lʊŋkə], der; -n, -n:
a) (abwertend) *Mann, dessen Tun als in empörender Weise gemein, boshaft angesehen wird:* von Halunken betrogen werden. **Syn.:** Gauner (abwertend), Lump (abwertend), Schuft, Schurke (abwertend), Schwein (derb), Spitzbube (veraltend abwertend). **b)** (scherzh.) *Schelm, durchtriebener, frecher [junger] Mann:* na, du Halunke!

Ham|bur|ger ['hambʊrgɐ], der; -s, -:
flache Frikadelle in einem aufgeschnittenen Brötchen: er aß einen Hamburger mit Pommes frites.

hä|misch ['hɛ:mɪʃ] ⟨Adj.⟩:
auf eine hinterhältige Weise boshaft und heimlich Freude empfindend über peinliche, unangenehme Situationen anderer: sie erntete nur hämische Bemerkungen; hämisch grinsen, lächeln. **Syn.:** schadenfroh.

Ham|mel ['haml̩], der; -s, -:
1. *kastriertes männliches Schaf:* den Hammel schlachten und über dem offenen Feuer braten. **Syn.:** Bock, Lamm, Schaf, Widder. **Zus.:** Leithammel.
2. (salopp abwertend) *Mann, dessen Verhalten man für dumm und ungeschickt hält* (häufig als Schimpfwort).

Ham|mel|fleisch ['haml̩flaiʃ], das; -[e]s:
Fleisch vom Hammel (1): Bohneneintopf mit Hammelfleisch.

Ham|mer ['hamɐ], der; -s, Hämmer ['hɛmɐ]:
1. *Werkzeug zum Schlagen und Klopfen, das aus einem meist metallenen Klotz und einem*

H
Hamm

darin eingepassten Stiel besteht: mit dem Hammer einen Nagel in die Wand schlagen. **Zus.:** Holzhammer, Schmiedehammer; *** unter den Hammer kommen:** *öffentlich versteigert werden:* bei der Auktion kam die gesamte Einrichtung unter den Hammer.
2. (ugs.) **a)** *grober, schwerer, schwerwiegender Fehler:* da hast du dir aber einen Hammer geleistet. **b)** *Unverschämtheit, Ungeheuerlichkeit; Übel, harter Schlag:* die Preiserhöhung war ein dicker Hammer.

häm|mern ['hɛmɐn]:
1. a) ⟨itr.; hat⟩ *mit dem Hammer arbeiten, klopfen, schlagen:* der Handwerker hämmert schon seit heute Morgen. **b)** ⟨tr.; hat⟩ *mit einem Hammer bearbeiten:* Blech hämmern; gehämmerter Schmuck.
2. ⟨itr.; hat⟩ *in kurzen Abständen [heftig] (auf etwas) schlagen, klopfen:* sie hämmerte mit den Fäusten gegen das Tor; auf die Tasten [eines Klaviers] hämmern; der Specht hämmert.
3. ⟨itr.; hat⟩ *(von Herz und Puls) stark und rasch in Tätigkeit sein:* das Blut, Herz hämmert.

Hams|ter ['hamstɐ], der; -s, -: *kleines Nagetier mit gedrungenem Körper, stummelartigem Schwanz und großen Backentaschen:* der Hamster sammelt Vorräte für den Winter.

hams|tern ['hamstɐn] ⟨tr.; hat⟩: *(in Notzeiten aus Furcht vor [weiterer] Verknappung) Vorräte in größeren Mengen für sich aufhäufen, sammeln, als es für den eigenen, unmittelbaren Bedarf nötig wäre:* Lebensmittel hamstern; ⟨auch itr.⟩ als die Waren knapp wurden, fingen alle an zu hamstern. **Syn.:** anhäufen, horten.

Hand [hant], die; -, Hände ['hɛndə]:
unterster Teil des Armes bei Menschen [und Affen], der mit fünf Fingern ausgestattet ist und besonders die Funktionen des Greifens, Haltens o. Ä. hat: die linke, rechte Hand; jmdm. die Hand geben, schütteln; das Kind an die Hand nehmen; etwas in die Hand nehmen; die Kinder gingen Hand in Hand *(hielten sich an den Händen);* der Brief ist mit der Hand geschrieben. **Syn.:** Flosse (ugs.). **Zus.:** Kinderhand, Künstlerhand;
*** unter der Hand:** *im Geheimen [vor sich gehend]; auf inoffiziellem Wege:* ich habe dir das Fehlende unter der Hand besorgen können; das habe ich unter der Hand erfahren.

Hand|ar|beit ['hant|arbai̯t], die; -, -en:
1. *Arbeit, die mit der Hand ausgeführt wird:* ihr liegt die Handarbeit mehr als die Kopfarbeit; etwas in Handarbeit herstellen.
2. *in einer bestimmten Technik (z. B. Sticken, Stricken, Nähen) mit der Hand hergestellte Arbeit aus textilen Werkstoffen:* Handarbeiten anfertigen; sie sitzt an einer Handarbeit.

Hand|ball ['hantbal], der; -[e]s, Handbälle ['hantbɛlə]:
1. ⟨ohne Plural⟩ *Spiel zweier Mannschaften, bei dem der Ball nach bestimmten Regeln mit der Hand ins gegnerische Tor zu werfen ist:* Handball spielen. **Zus.:** Hallenhandball.
2. *(im Handball 1 verwendeter) Ball aus Leder:* den Handball aufpumpen.

Hand|be|we|gung ['hantbəve:gʊŋ], die; -, -en:
Bewegung mit der Hand, durch die etwas ausgedrückt wird, werden soll: schwungvolle Handbewegungen; eine einladende, abwehrende Handbewegung machen. **Syn.:** Bewegung, Geste.

Hand|buch ['hantbu:x], das; -[e]s, Handbücher ['hantby:çɐ]:
Buch in handlichem Format, das das Wissen über ein Fachgebiet in komprimierter Form darbietet: ein Handbuch der Physik.

Hän|de|druck ['hɛndədrʊk], der; -[e]s, Händedrücke ['hɛndədrʏkə]:
Drücken der Hand eines anderen (bei der Begrüßung, als bestimmte Geste o. Ä.): sie verabschiedete sich von mir mit einem kräftigen Händedruck.

Han|del ['handl̩], der; -s:
1. a) *Kauf und Verkauf von Waren, Gütern:* ein lebhafter, blühender Handel mit Lederwaren, Medikamenten; eine Ausweitung des Handels anstreben. **Zus.:** Antiquitätenhandel, Drogenhandel, Getreidehandel, Kunsthandel, Waffenhandel. **b)** *aus dem Kauf und Verkauf von Waren, Gütern bestehender Wirtschaftsbereich:* der Handel hält eine Preiserhöhung für unvermeidlich. **Zus.:** Buchhandel, Einzelhandel, Großhandel. **c)** *kleineres Unternehmen, Ladengeschäft:* er betreibt in einem Vorort einen kleinen Handel mit Gebrauchtwagen. **Syn.:** Geschäft, Handlung, Laden, Trafik (österr.). **Zus.:** Weinhandel.
2. *[geschäftliche] Abmachung, Vereinbarung, bei der etwas ausgehandelt wird:* ein vorteilhafter, schlechter Handel; einen Handel abschließen, rückgängig machen.

Hän|del ['hɛndl̩], die ⟨Plural⟩ (geh.):
handgreifliche Auseinandersetzung: er sucht dauernd Händel mit den jungen Leuten. **Syn.:** Handgemenge ⟨Singular⟩, Schlägerei ⟨Singular⟩, Streit ⟨Singular⟩, tätliche Auseinandersetzung ⟨Singular⟩, Tätlichkeiten. **Zus.:** Raufhandel.

han|deln ['handl̩n]:
1. ⟨itr.; hat⟩ **a)** *(einer Notwendigkeit o. Ä. folgend) tätig werden, eingreifen, in bestimmter Weise vorgehen:* schnell, unverzüglich, richtig, fahrlässig handeln; sie durfte nicht zögern, sie musste handeln. **Syn.:** agieren, etwas tun, etwas unternehmen, Maßnahmen ergreifen. **b)** *sich in bestimmter Weise andern gegenüber verhalten:* sie hat richtig gehandelt; großzügig, als Freund handeln. **Syn.:** sich aufführen, auftreten, sich benehmen, sich betragen, sich gebärden, sich geben, [1]sein, sich verhalten, sich zeigen.
2. a) ⟨itr.; hat⟩ *kaufen und verkaufen, Geschäfte machen; ein Geschäft betreiben, mit jmdm. Handel treiben:* mit Wein, Obst handeln; er handelt mit vielen Ländern, ausländischen Firmen. **Syn.:** Handel treiben, vermarkten, vertreiben. **b)** ⟨tr.; hat⟩ *zum Kauf anbieten:* die Aktien werden nicht an der Börse gehandelt; die Ware wird heute zu günstigen Preisen gehandelt.
3. ⟨itr.; hat⟩ *beim Kauf von etwas einen möglichst günstigen Preis zu erreichen suchen:* ich versuche immer zu handeln; auf die-

sem Markt muss man handeln. **Syn.:** feilschen, schachern (abwertend).
4. a) ‹itr.; hat› *zum Inhalt haben, ausführlich behandeln:* das Werk handelt vom Untergang des Reiches. **Syn.:** beleuchten, erörtern. **b) * es handelt sich um jmdn., etwas:** *es betrifft jmdn., etwas, es ist jmd., etwas Bestimmtes; es kommt auf jmdn., etwas Bestimmtes an:* es handelt sich [dabei] um ein schwieriges Problem, um einen Verwandten von uns; es kann sich jetzt nicht darum handeln, wer zuerst da war. **Syn.:** es dreht sich um jmdn., etwas; es geht um jmdn., etwas.

hän|de|rin|gend [ˈhɛndərɪŋənt] ‹Adj.›:
a) *flehentlich, sehr eindringlich:* sie bat ihn händeringend um Hilfe. **Syn.:** beschwörend, eindringlich, innig, inständig, nachdrücklich. **b)** *[aufgrund eines Mangels an etwas] unter Aufbietung aller Kräfte, mit großem Einsatz:* die Firma sucht händeringend qualifizierte Mitarbeiter. **Syn.:** verzweifelt.

Hand|fe|ger [ˈhantfeːgɐ], der; -s, -:
kleiner Besen: sie fegte den Schmutz mit dem Handfeger auf das Kehrblech.

hand|fest [ˈhantfɛst] ‹Adj.›:
1. *kräftig gebaut und robust wirkend:* einige handfeste Burschen. **Syn.:** kräftig, markig, rüstig, stark, stramm.
2. *einfach, aber sehr kräftig und nahrhaft:* eine handfeste Mahlzeit. **Syn.:** deftig, gehaltvoll, gesund, kräftig, nahrhaft, sättigend.
3. *sehr deutlich, greifbar, konkret, ganz offensichtlich, mit aller Kraft, Deutlichkeit, mit großem Nachdruck dargeboten, vorgebracht o. Ä.:* handfeste Beweise, Informationen; ein handfester Skandal, Krach. **Syn.:** augenscheinlich, deutlich, eindeutig, flagrant (bildungsspr.), greifbar, handgreiflich, klar, konkret, offenbar, offenkundig, offensichtlich.

Hand|flä|che [ˈhantflɛçə], die; -, -n:
Innenseite der Hand: seine Handflächen waren feucht vor Aufregung.

Hand|ge|lenk [ˈhantgəlɛŋk], das; -[e]s, -e:
Gelenk zwischen Hand und Unterarm: ein kräftiges, schmales Handgelenk.

Hand|ge|men|ge [ˈhantgəmɛŋə], das; -s:
unter mehreren Personen entstehende Schlägerei; Tätlichkeiten: zwischen Demonstranten und Polizei kam es zu einem Handgemenge. **Syn.:** Händel ‹Plural› (geh.), handgreifliche Auseinandersetzung, Streit, tätliche Auseinandersetzung.

Hand|ge|päck [ˈhantgəpɛk], das; -[e]s:
Gepäck, das jmd. auf einer Reise im Zug oder im Flugzeug bei sich hat, nicht aufgibt: im Handgepäck hatte sie nur das Nötigste.

hand|greif|lich [ˈhantgrai̯flɪç] ‹Adj.›:
1. *in der Weise, dass jmd. tätlich angreift bzw. angegriffen wird:* eine handgreifliche Auseinandersetzung; er wird leicht handgreiflich *(schlägt leicht zu, wird rasch tätlich).* **Syn.:** gewalttätig, tätlich.
2. (bildungsspr.) *deutlich erkennbar, konkret fassbar, sinnlich erfahrbar:* ein handgreiflicher Beweis, Erfolg; sie lässt mit ihren Fotografien die 60er-Jahre handgreiflich deutlich werden.

Hand|griff [ˈhantgrɪf], der; -[e]s, -e:
1. *kleine, mit der Hand auszuführende, greifende, fassende o. ä. Bewegung als Teil einer Tätigkeit, Arbeit:* bei der schwierigen Operation war selbst der kleinste Handgriff vorher geübt worden. **Syn.:** Griff, Handbewegung.
2. *Griff, an dem etwas mit der Hand angefasst, festgehalten, getragen wird:* der Handgriff des Koffers war aus Kunststoff.

Hand|ha|be [ˈhanthaːbə], die; -, -n:
etwas, das jmdm. die Möglichkeit gibt, gegen jmdn. wegen bestimmter Vorkommnisse vorzugehen: wir haben keine Handhabe, gegen die Verbreitung dieser Lügen vorzugehen ; die Situation bietet keine Handhabe zum Einschreiten. **Syn.:** Mittel, Möglichkeit, Vehikel (geh.).

hand|ha|ben [ˈhanthaːbn̩], handhabte, gehandhabt ‹tr.; hat›:
1. *(ein Werkzeug) richtig gebrauchen, damit sachgerecht umgehen:* das Gerät ist leicht zu handhaben; sie lernte schnell, die Prothese zu handhaben. **Syn.:** bedienen, betätigen, führen, steuern.
2. *etwas in bestimmter Weise aus-, durchführen:* sie handhaben die Vorschriften hier recht lax; so haben wir es schon immer gehandhabt. **Syn.:** machen, praktizieren.

Han|di|cap [ˈhɛndikɛp], das; -s, -s, **Handikap:**
etwas, was jemandem das Erreichen eines Zieles schwerer macht, sich für jemanden als Nachteil auswirkt: mein größtes Handicap bei der Stellensuche sind meine mangelhaften Englischkenntnisse. **Syn.:** Hindernis, Nachteil, Schwierigkeit.

hän|disch ‹Adj.› (südd., österr. ugs.):
mit der Hand; manuell: die Eier händisch verpacken; das können wir nicht automatisch tun, das müssen wir händisch erledigen.

Hand|lan|ger [ˈhantlaŋɐ], der; -s, -, **Hand|lan|ge|rin** [ˈhantlaŋərɪn], die; -, -nen (abwertend):
1. *Person, die nur untergeordnete Arbeiten für andere zu verrichten hat:* wenn mein Vater etwas reparierte, musste ich für ihn immer den Handlanger machen. **Syn.:** Diener, Dienerin, Gehilfe (geh.), Gehilfin (geh.), Helfer, Helferin.
2. *Person, die sich ohne Skrupel als Zuarbeiter[in] oder Helfer[in] bei einem verwerflichen Tun gebrauchen lässt:* ich lasse mich doch nicht zur Handlangerin der Diktatur machen; ein Handlanger der Unterdrücker, des Regimes.

Händ|ler [ˈhɛndlɐ], der; -s, -, **Händ|le|rin** [ˈhɛndlərɪn], die; -, -nen:
Person, die Handel treibt: die Händlerin verdiente bei dem Verkauf des Gebrauchtwagens eine Menge Geld. **Syn.:** Geschäftsfrau, Geschäftsmann, Kauffrau, Kaufmann. **Zus.:** Antiquitätenhändler, Antiquitätenhändlerin, Autohändler, Autohändlerin, Fischhändler, Fischhändlerin, Gemüsehändler, Gemüsehändlerin, Weinhändler, Weinhändlerin.

hand|lich [ˈhantlɪç] ‹Adj.›:
bequem, leicht zu handhaben, zu benutzen: das Buch hat ein handliches Format; ein handli-

cher Schirm; der Staubsauger ist nicht sehr handlich. **Syn.:** praktisch.

Hand|lung ['handlʊŋ], die; -, -en:
1. *Vollzug oder Ergebnis eines menschlichen Handelns, Tuns:* eine strafbare, symbolische, unmoralische Handlung; sich zu einer unbedachten Handlung hinreißen lassen. **Syn.:** Akt, Aktion, Tat. **Zus.:** Kampfhandlung, Zwangshandlung.
2. *Ablauf des Geschehens, Abfolge der zusammenhängenden Vorgänge in einer dargestellten Geschichte:* die Handlung des Romans, Films. **Syn.:** Fabel, Inhalt, Story.

Hand|schlag ['hantʃla:k]:
in den Wendungen **mit, durch Handschlag:** *mit, durch einen Händedruck:* jmdn. mit Handschlag begrüßen; jmdn. durch Handschlag zu etwas verpflichten; **keinen Handschlag tun** (ugs.): *gar nichts arbeiten, tun:* an diesem Sonntag tue ich keinen Handschlag.

Hand|schrift ['hantʃrɪft], die, -, -en:
1. *Schrift, die jmd. mit der Hand schreibend hervorbringt und die für ihn charakteristisch ist:* eine klare, unleserliche Handschrift haben. **Syn.:** Klaue (ugs.).
2. *mit der Hand geschriebener alter Text (besonders aus der Zeit des Mittelalters):* eine Handschrift des 14. Jahrhunderts. **Syn.:** Manuskript.

hand|schrift|lich ['hantʃrɪftlɪç] ⟨Adj.⟩:
mit der Hand geschrieben: der Bewerbung ist ein handschriftlicher Lebenslauf beizufügen.

Hand|schuh ['hantʃu:], der; -[e]s, -e:
Kleidungsstück, das die Hände (bes. gegen Kälte) schützt: gefütterte Handschuhe; Handschuhe anziehen, anhaben, ausziehen. **Zus.:** Boxhandschuh, Lederhandschuh, Wollhandschuh.

Hand|ta|sche ['hanttaʃə], die; -, -n:
in der Hand, am Arm oder über der Schulter zu tragende kleinere Tasche (für Damen): sie steckte Spiegel, Kamm und Lippenstift wieder in ihre Handtasche. **Zus.:** Damenhandtasche, Lederhandtasche.

Hand|tuch ['hanttu:x], das; -[e]s, Handtücher ['hantty:çɐ]:
Tuch zum Abtrocknen der Hände, des Körpers nach dem Waschen: die Handtücher wechseln, zum Trocknen aufhängen; du kannst dir ruhig ein neues Handtuch nehmen! **Zus.:** Badehandtuch, Frottierhandtuch, Gästehandtuch.

Hand|werk ['hantvɛrk], das; -[e]s, -e:
(in einer traditionell geprägten Ausbildung zu erlernender) Beruf, der in einer manuell und mit einfachen Werkzeugen auszuführenden Arbeit besteht: das Handwerk des Schuhmachers erlernen. **Zus.:** Bäckerhandwerk, Fleischerhandwerk, Friseurhandwerk.

Hand|wer|ker ['hantvɛrkɐ], der; -s, -, **Hand|wer|ke|rin** ['hantvɛrkərɪn], die; -, -nen:
Person, die ein Handwerk betreibt: für diese Reparatur müssen wir einen Handwerker kommen lassen.

Hand|werks|zeug ['hantvɛrks-tsɔyk], das; -[e]s:
1. *Werkzeug, das zur Ausübung eines bestimmten Handwerks oder einer handwerklichen Tätigkeit benötigt wird:* er trägt sein Handwerkszeug in einer Tasche bei sich.
2. *etwas, was zur Ausübung einer bestimmten geistigen Tätigkeit benötigt wird:* Bücher sind das Handwerkszeug der Philologin. **Syn.:** Ausrüstung, Ausstattung, Rüstzeug.

Han|dy ['hɛndi], das; -s, -s:
kleines Funktelefon, das man bei sich trägt: jmdn. auf dem Handy anrufen; jmdm. eine SMS aufs Handy schicken; sein Handy einschalten, ausschalten. **Syn.:** Mobiltelefon.

Hand|zei|chen ['hanttsaiçn̩], das; -s, -:
mit der Hand gegebenes Zeichen: der Autofahrer gab der Radfahrerin ein Handzeichen; die Abgeordneten um das Handzeichen *(um ihre Zustimmung oder Ablehnung durch Heben der Hand)* bitten. **Syn.:** Bewegung, Gebärde, Geste, Handbewegung, Wink, Zeichen.

Hanf [hanf], der; -[e]s:
hochwachsende, krautige Pflanze, deren Stängel Fasern enthalten, aus denen Seile o. Ä. hergestellt werden, und aus deren Blättern und Blüten Haschisch und Marihuana gewonnen werden: Hanf anbauen.

Hang [haŋ], der; -[e]s, Hänge ['hɛŋə]:
1. *Seite eines Berges, die nicht sehr steil abfällt:* das Haus liegt am Hang. **Syn.:** Abhang, Berg, Böschung, Buckel (ugs.), Hügel. **Zus.:** Berghang, Lawinenhang, Steilhang.
2. ⟨ohne Plural⟩ *ausgeprägte, oft unbewusste, nicht gesteuerte Neigung zu einer bestimmten, oft negativen Verhaltensweise:* ein krankhafter, gefährlicher Hang, ein Hang zur Bequemlichkeit, Übertreibung; sie hat einen Hang zum Ausgefallenen. **Syn.:** Anlage, Drang, Neigung, Sucht, Tendenz, Trend, Trieb, Vorliebe, Zug.

[1]hän|gen ['hɛŋən], hing, gehangen ⟨itr.; hat⟩:
1. *oben, an seinem oberen Teil an einer bestimmten Stelle [beweglich] befestigt sein:* der Mantel hing am Haken, über einem Bügel; das Bild hängt an der Wand, hängt schief; die Äpfel hängen am Baum; sie hat die Jacke (aus Versehen) an der Garderobe hängen lassen; der Schrank hängt voller Kleider *(im Schrank hängen viele Kleider).*
2. *vom Eigengewicht nach unten gezogen werden; schwer, schlaff nach unten fallen:* die Zweige hängen bis auf die Erde; die Haare hingen ihr ins Gesicht; *** sich hängen lassen** (ugs.): *ohne Mut, Energie und Disziplin sein:* du darfst dich nicht so hängen lassen!
3. a) *sich festgesetzt haben, haften:* die Kletten sind an den Kleidern, in den Haaren hängen geblieben. **b)** *durch ein Hindernis, eine Behinderung festgehalten, aufgehalten werden und im Augenblick nicht mehr davon loskommen können:* mit dem Ärmel am Strauch hängen; er ist [mit der Hose] am Stacheldraht hängen geblieben. **c)** (ugs.) *unbeabsichtigt, unnötig lange bei etwas, irgendwo verweilen:* bei jeder Einzelheit hängen bleiben; die beiden sind in der Kneipe hängen geblieben; wenn du weiterhin so faul bist, wirst du dieses Jahr hängen bleiben (ugs.; *wirst du dieses Jahr die Klasse wiederholen müssen*); *** jmdn. hängen**

lassen (ugs.): *jmdm. eine versprochene Hilfe, Arbeit nicht gewähren und ihn so im Stich lassen:* die Lieferanten haben uns hängen lassen.
4. *jmdm., einer Sache sehr zugetan sein und nicht darauf verzichten, sich nicht davon trennen wollen:* am Geld, am Leben, an seiner Heimat, an seinen Eltern hängen.

²hän|gen ['hɛŋən], hängte, gehängt:
1. ⟨tr.; hat⟩ *etwas oben, an seinem oberen Teil an einer bestimmten Stelle frei beweglich befestigen:* sie hat den Mantel an den Haken, in den Schrank, die Fahne aus dem Fenster gehängt; das Bild gerade hängen.
2. ⟨itr.; hat⟩ *schwer, schlaff nach unten bewegen, fallen lassen:* den Arm aus dem Fenster hängen; ich hängte die Beine ins Wasser.
3. ⟨tr.; hat⟩ (emotional) *durch Aufhängen am Galgen o. Ä. töten:* der Mörder wurde gehängt. **Syn.:** aufhängen (emotional), erhängen.

hän|seln ['hɛnzl̩n] ⟨tr.; hat⟩: *sich über jmdn. ohne Rücksicht auf dessen Gefühle lustig machen, ihn immer wieder verspotten, ohne dass er sich wehren kann:* jmdn. wegen seiner abstehenden Ohren hänseln. **Syn.:** ärgern, auf den Arm nehmen (ugs.), auf die Schippe nehmen (ugs.), aufziehen, durch den Kakao ziehen (ugs.), foppen, frotzeln, necken, spötteln über, spotten über, sticheln gegen, verspotten, verulken, witzeln über.

han|tie|ren [han'ti:rən] ⟨itr.; hat⟩: *mit den Händen irgendwo, an irgendetwas tätig sein:* die Mutter hantierte am Herd, in der Küche; er hantierte mit dem Geschirr. **Syn.:** arbeiten, sich beschäftigen, beschäftigt sein, sich betätigen, fleißig sein, nesteln, schaffen (bes. südd.), werken, wirtschaften.

ha|pern ['ha:pɐn] ⟨itr.; hat; unpers.⟩:
a) *nicht zur Verfügung stehen, fehlen:* es haperte an Geld, an Leuten. **Syn.:** mangeln. **b)** *nicht klappen, um etwas schlecht bestellt sein:* es hapert mit der Versorgung; in Mathematik hapert es bei mir *(bin ich schwach).*

Hap|pen ['hapn̩], der; -s, - (ugs.): *Bissen:* ein Happen Fleisch; ich habe noch keinen Happen *(noch nichts)* gegessen.

Hap|py End ['hɛpi 'ɛnt], das; - -[s], - -s, **Hap|py|end,** [hɛpi'|ɛnt], das; -[s], -s:
glücklicher Ausgang (eines Geschehens): der Film hat kein Happy End.

Ha|rass ['haras], der; -es, -e (schweiz.):
Kasten, Kiste: kannst du bitte zwei Harasse Cola kaufen?

Hard|ware ['ha:ɐ̯tvɛ:ɐ̯], die; -, -s: *(im Unterschied zur Software) Gesamtheit der technisch-physikalischen Teile einer Datenverarbeitungsanlage:* die Festplatte, der Bildschirm und die Tastatur gehören zur Hardware.

Ha|rem ['ha:rɛm], der; -s, -s:
a) *(in den Ländern des Islams) abgetrennte Frauenabteilung der Wohnhäuser, zu der kein fremder Mann Zutritt hat:* dies ist der Harem des Palastes.
b) *Gesamtheit der Ehefrauen eines reichen orientalischen Mannes [die im Harem* (a) *wohnen]:* sie gehört dem Harem des Scheichs an; er kam mit einem ganzen Harem (ugs. scherzh.; *mit einer größeren Gruppe von Frauen*).

Har|fe ['harfə], die; -, -n: *großes, etwa dreieckiges Saiteninstrument mit senkrecht gespannten Saiten, die mit beiden Händen gezupft werden:* Harfe spielen; auf der Harfe spielen.

Har|ke ['harkə], die; -, -n (bes. nordd.):
Gerät zur Garten- u. Feldarbeit mit langem Stiel u. quer angeordneten Zinken, das zum Glätten der Erde od. zum Zusammenholen von Laub o. Ä. dient; Rechen: er holte das Laub mit einer Harke zusammen.

harm|los ['harmlo:s] ⟨Adj.⟩:
a) *nichts Schlimmes, keine Gefahren in sich bergend; nicht gefährlich:* ein harmloses Tier; eine harmlose Verletzung; ein harmloses Medikament; es fing alles ganz harmlos an. **Syn.:** gutartig, ungefährlich, unschädlich, unverfänglich. **b)** *ohne jede Falschheit, ohne böse Absichten, Gedanken, Wirkungen:* eine ganz harmlose Frage; ein harmloser Mensch; ein harmloses Vergnügen; ganz harmlos fragen. **Syn.:** arglos, unschuldig.

Har|mo|nie [harmo'ni:], die; -, Harmonien [harmo'ni:ən]:
1. ⟨mit Attribut⟩ *ausgewogenes, ausgeglichenes Verhältnis, Zusammenstimmen verschiedener Töne, Farben oder Formen:* die Harmonie eines Akkordes; die Harmonie einer Gartenanlage. **Syn.:** Ebenmaß, Gleichmaß.
2. ⟨ohne Plural⟩ seelische, geistige Harmonie; die Harmonie ist gestört; sie lebten in bester Harmonie miteinander. **Syn.:** Frieden.

har|mo|nie|ren [harmo'ni:rən] ⟨itr.; hat⟩:
1. *(von Tönen, Farben, Formen) in einer als angenehm empfundenen Weise zusammenstimmen, zueinanderpassen:* die beiden Farben harmonieren gut miteinander, harmonieren nicht. **Syn.:** passen zu.
2. *gut miteinander auskommen, in gutem Einvernehmen stehen, miteinander leben, arbeiten o. Ä.:* die Freunde haben miteinander harmoniert.

har|mo|nisch [har'mo:nɪʃ] ⟨Adj.⟩:
1. *(von Tönen, Farben, Formen) gut zusammenpassend, übereinstimmend, ein ausgewogenes Ganzes bildend:* harmonische Klänge; ein harmonisches Zusammenspiel der Farben; harmonisch aufeinander abgestimmte Formen. **Syn.:** ausgeglichen, ebenmäßig, gleichmäßig, proportioniert, regelmäßig, ¹ruhig.
2. *im Einklang mit sich, mit anderen; in Übereinstimmung, in gutem Einvernehmen stehend, lebend, arbeitend o. Ä.:* ein harmonisches Wesen; eine harmonische Ehe; es verlief alles harmonisch. **Syn.:** einig, einmütig, einträchtig, friedlich.

Harn [harn], der; -[e]s, -e (Med.): *gelbliche, klare Flüssigkeit, die der Körper regelmäßig ausscheidet:* die Spieler mussten wegen einer Dopingkontrolle Harn lassen. **Syn.:** Urin, Wasser.

Har|pu|ne [har'pu:nə], die; -, -n: *besonders zum Fischfang, Walfang benutzter Wurfspeer oder pfeilartiges Geschoss aus Eisen mit Widerhaken und Halteleine:* den Wal mit Harpunen erlegen.

har|ren ['harən] ⟨itr.; hat⟩ (geh.): *mit bestimmter innerer Erwartung, sehnsüchtig warten:* sie harrten seiner; auf Gottes Hilfe harren; diese Angelegenheit harrt der Erledigung *(sollte, müsste noch erledigt werden).* **Syn.:** entgegensehen, erhoffen, erwarten, hoffen auf, spekulieren auf (ugs.), träumen von, warten auf.

hart [hart] ⟨Adj.⟩:
1. *nicht weich, elastisch, sondern fest und widerstandsfähig, kaum nachgebend:* hartes Brot; ein harter Knochen; hartes *(kalkreiches)* Wasser; eine harte *(sichere)* Währung. **Syn.:** steif.
2. *schmerzlich, belastend, nur schwer erträglich:* ein hartes Schicksal, Los; ein harter Schlag; die Geduld auf eine harte Probe stellen; das Unglück trifft sie hart. **Syn.:** anstrengend, beschwerlich, ermüdend, mühsam, mühselig, sauer, schwer, strapaziös.
3. *ohne Mitgefühl und Rücksicht auf Gefühle anderer; Strenge und Unerbittlichkeit zeigend:* eine harte Lehre, Schule; harte Worte; hart durchgreifen. **Syn.:** [1]bestimmt, drakonisch, drastisch, energisch, entschieden, grausam, hartherzig, herb, herzlos, kalt, rabiat, rigoros, rücksichtslos, scharf, schonungslos, straff, streng, strikt, unbarmherzig.
4. *von großer, oft als unangenehm empfundener Stärke, Intensität, Heftigkeit, Wucht o. Ä.:* ein harter Winter; eine harte Auseinandersetzung; ein harter Aufprall; ein hartes *(mit großem Einsatz geführtes)* Spiel. **Syn.:** heftig, scharf, streng.
5. ⟨in Verbindung mit Präp.⟩ *ganz dicht, nahe:* er fuhr hart am Abgrund vorbei; der Stürmer blieb hart am Ball.

Här|te ['hɛrtə], die; -, -n:
1. *harte* (1), *feste, widerstandsfähige Beschaffenheit:* die Härte des Gesteins.
2. *schwere Belastung, Bedingung, Benachteiligung:* die Härte des Schicksals; soziale Härten sollen vermieden werden.
3. *das Streng-, Unerbittlich-, Grausamsein:* die Härte des Gesetzes zu spüren bekommen; etwas mit rücksichtsloser Härte durchsetzen.
4. ⟨ohne Plural⟩ *das Heftig-, Wuchtigsein, große Intensität, Stärke:* die Härte des Kampfes, des Aufpralls; es kam viel Härte in das Spiel. **Syn.:** [1]Druck, Gewalt, Kraft, Wucht.

här|ten ['hɛrtn̩], härtete, gehärtet ⟨tr.; hat⟩: *hart machen:* der Stahl ist besonders gehärtet.

hart|her|zig ['harthɛrt͜sɪç] ⟨Adj.⟩: *von den Nöten, dem Leid anderer nicht berührt:* eine hartherzige Frau; wir wollen nicht hartherzig erscheinen, aber so, wie gefordert, geht es nicht. **Syn.:** gefühllos, grausam, hart, herzlos, inhuman, kalt, lieblos, rücksichtslos, schonungslos, unmenschlich.

hart|nä|ckig ['hartnɛkɪç] ⟨Adj.⟩: *eigensinnig, beharrlich, unnachgiebig an etwas festhaltend, auf etwas beharrend; nicht bereit, auf- oder nachzugeben:* ein hartnäckiger Bursche; hartnäckig schweigen, Widerstand leisten; sie bestand hartnäckig auf ihren Forderungen; eine hartnäckige *(trotz intensiver Behandlung lange dauernde)* Krankheit. **Syn.:** ausdauernd, beständig, entschlossen, geduldig, konsequent, stetig, stur, unablässig, unaufhörlich, unausgesetzt (veraltend), unbeirrt, unverdrossen, verbissen, zielstrebig.

Hartz IV [ha:ɐ̯t͜s fi:ɐ̯], das; -s ⟨meist ohne Art.⟩: *seit 2005 gezahlte, steuerfinanzierte Form des Arbeitslosengeldes:* er bekommt Hartz IV; von Hartz IV leben; sie ist seit drei Jahren [auf] Hartz IV (ugs.; *ist seit drei Jahren Hartz-IV-Empfängerin*).

Harz [ha:ɐ̯t͜s], das; -es, -e: *zähflüssige, klebrige Masse von weißlicher bis gelbbrauner Färbung, die aus dem Holz besonders von Nadelbäumen austritt:* die Zweige sind klebrig von Harz. **Zus.:** Fichtenharz, Tannenharz.

Hasch [haʃ], das; -s (ugs.), **Haschisch** ['haʃɪʃ], das, auch: der; -[s]: *Rauschgift, das aus den Blüten und Blättern einer indischen Hanfsorte gewonnen wird:* Hasch[isch] rauchen, schmuggeln. **Syn.:** Droge, Stoff (Jargon).

Ha|se ['ha:zə], der; -n, -n: *wild (besonders an Feld- und Waldrändern) lebendes Säugetier mit langen Ohren, Stummelschwanz, einem dichten, weichen, bräunlichen Fell und langen Hinterbeinen:* die Hasen hoppelten schnell über das Feld; einen Hasen jagen. **Zus.:** Feldhase, Stallhase.

Ha|sel|nuss ['ha:zl̩nʊs], die; -, Haselnüsse ['ha:zl̩nʏsə]: *kleine, rundliche Nuss mit glatter, bräunlicher, harter Schale und rundem, wohlschmeckendem Kern:* Schokolade mit Haselnüssen essen.

Hass [has], der; -es: *feindselige Abneigung, starkes Gefühl der Ablehnung und Feindschaft:* wilder, blinder, tödlicher Hass; einen Hass auf/gegen jmdn. haben; von Hass erfüllt sein. **Syn.:** Abscheu, Antipathie (bildungsspr.), Aversion (geh.), Ekel, Feindseligkeit, Widerwille. **Zus.:** Fremdenhass, Menschenhass.

has|sen ['hasn̩] ⟨tr.; hat⟩: *(gegen jmdn.) Hass empfinden; eine sehr feindselige Haltung gegenüber jmdm. haben, einen starken Widerwillen, eine Abscheu gegen etwas empfinden:* jmdn., etwas zutiefst, auf den Tod hassen; sie hasst Kleidung aus Polyester; die beiden hassen sich/(geh.:) einander; ich hasse es *(empfinde es als äußerst unangenehm)*, so früh gestört zu werden. **Syn.:** abscheulich finden, dick haben (ugs.), ekelhaft finden, gefressen haben (ugs.), nicht ausstehen können, nicht leiden können, nicht mögen, nicht riechen können, unerträglich finden, verabscheuen, widerwärtig finden.

häss|lich ['hɛslɪç] ⟨Adj.⟩:
1. *im Aussehen nicht schön; das ästhetische Empfinden verletzend:* ein hässliches Gesicht, Gebäude; ein hässlicher Kerl; sie findet sich hässlich. **Syn.:** abscheulich, abstoßend, ekelhaft, eklig, fies (ugs.), grässlich (ugs.), gräulich (emotional), scheußlich, unschön, widerlich (abwertend), widerwärtig.
2. *sehr unerfreulich, unangenehm*

auf jmdn. wirkend, sich unangenehm auf jmdn. auswirkend: hässliches Wetter; hässliche Redensarten; ein hässliches Benehmen; du warst sehr hässlich zu mir. **Syn.:** abscheulich, bösartig, böse, fies, garstig, gemein, perfid[e] (bildungsspr.), schäbig (abwertend), schandbar, schändlich, schmählich (geh.), schmutzig, übel, unliebsam, unschön, verdrießlich (geh. veraltend).

Hast [hast], die; -:
überstürzte Eile: mit wilder Hast; sie ging ohne Hast zum Bahnhof. **Syn.:** Hektik, Hetze.

has|ten ['hastn̩], hastete, gehastet ⟨itr.; ist⟩ (geh.):
unruhig, aufgeregt eilen, hetzen: zum Bahnhof hasten. **Syn.:** brausen (ugs.), düsen (ugs.), flitzen (ugs.), jagen, kacheln (ugs.), laufen, preschen, rasen (ugs.), rennen, sausen (ugs.), schießen, sprinten (ugs.), spurten (ugs.), stieben (geh.), streben, stürmen, stürzen.

has|tig ['hastɪç] ⟨Adj.⟩:
aus innerer Unruhe, Aufgeregtheit heraus eilig, überstürzt: hastige Schritte; eine hastige Sprechweise; hastig essen. **Syn.:** fahrig, fieberhaft, hektisch, kopflos, [1]schnell.

hät|scheln ['hɛːtʃl̩n] ⟨tr.; hat⟩:
1. *[übertrieben] zärtlich liebkosen:* ein Kind hätscheln. **Syn.:** [1]kraulen, liebkosen (geh. veraltend), streicheln, tätscheln.
2. *mit übertriebener Sorgfalt behandeln, verwöhnen:* die junge Autorin wurde von einer bestimmten Presse gehätschelt. **Syn.:** verziehen.

Hau|be ['haubə], die; -, -n:
Kopfbedeckung für Frauen, die dicht am Kopf anliegt: die alte Frau trug im Bett eine Haube. **Zus.:** Badehaube, Nachthaube, Schwesternhaube.

Hauch [haux], der -[e]s (geh.):
1. a) *sichtbarer oder fühlbarer Atem:* in der Kälte war der Hauch zu sehen. **b)** *leichter Luftzug:* es wehte ein sanfter, kühler Hauch. **Syn.:** Brise, Wind. **Zus.:** Abendhauch, Frühlingshauch, Lufthauch, Windhauch. **c)** *kaum wahrnehmbarer Geruch:* ein Hauch von Weihrauch hing in der Luft.
2. ⟨mit Attribut⟩ **a)** *besondere Atmosphäre, bestimmter Eindruck:* ein Hauch des Orients; ein Hauch von Hollywood. **b)** *leise Spur von etwas, zaghafte Regung:* sie hatte nur einen Hauch [von] Rouge aufgetragen; über ihr Gesicht huschte der Hauch eines Lächelns. **Syn.:** Anflug, Nuance, Schimmer, Spur.

hauch|dünn ['haux'dʏn] ⟨Adj.⟩:
sehr dünn: wir lieben die hauchdünnen Schokoladentäfelchen.

hau|chen ['hauxn̩]:
1. ⟨itr.; hat⟩ *einen Hauch ausstoßen:* sie hauchte auf ihre Brille, gegen die gefrorene Fensterscheibe. **Syn.:** atmen, blasen.
2. ⟨tr.; hat⟩ *(etwas) fast ohne Ton aussprechen:* die Braut hauchte ein leises Ja. **Syn.:** flüstern.

hau|en ['hauən], haute/hieb, gehauen:
1. a) ⟨tr.; haute, gehauen; hat⟩ *(jmdm.) einen Schlag, mehrere Schläge versetzen:* er haute den Jungen immer wieder, windelweich; du sollst dich nicht immer mit ihm hauen. **Syn.:** prügeln, sich prügeln, sich raufen, sich schlagen, schlagen, verprügeln. **b)** ⟨itr.; haute/(geh.) hieb, gehauen; hat⟩ *einen Schlag, Hieb (gegen etwas) führen; (auf, gegen, in etwas) schlagen:* er haute ihm freundschaftlich auf die Schulter; er hat ihr/(seltener:) sie ins Gesicht gehauen; mit der Faust auf den Tisch hauen; der Betrunkene haute gegen die Tür. **c)** ⟨itr.; hieb/(ugs.) haute, gehauen; hat⟩ *(mit einer Waffe) kämpfend angreifen, schlagen:* er hieb mit dem Schwert auf den Feind.
2. ⟨tr.; haute, gehauen; hat⟩ **a)** (ugs.) *(mit einem Werkzeug) etwas in etwas schlagen:* sie haute den Nagel in die Wand. **b)** *durch Schlagen auf etwas, in etwas entstehen lassen, bewirken:* er hat ihr ein Loch in den Kopf gehauen; Stufen in den Fels hauen.

häu|fen ['hɔyfn̩]:
1. ⟨tr.; hat⟩: *in größerer Menge sammeln, stapeln:* Vorräte häufen. **Syn.:** anhäufen, aufschichten, aufstapeln, auftürmen (geh.), hamstern, horten, sammeln, speichern, stapeln.
2. ⟨+ sich⟩ *bedeutend zunehmen, mehr werden:* die alten Kartons häufen sich im Keller; die Beweise häufen sich; gehäuft *(mehr als anderswo üblich)* auftreten. **Syn.:** sich breitmachen, gehäuft auftreten, überhandnehmen, zunehmen.

Hau|fen ['haufn̩], der -s, -:
1. *Menge übereinanderliegender Dinge; Anhäufung; hügelartig Aufgehäuftes:* ein Haufen Steine, trockenes Stroh; ein Haufen faulender/(seltener:) faulende Äpfel lag/lagen auf dem Boden; Haufen von Abfällen beseitigen; alles auf einen Haufen legen. **Syn.:** Ansammlung, Sammlung, Stapel, Stoß. **Zus.:** Abfallhaufen, Heuhaufen, Komposthaufen, Sandhaufen, Schutthaufen.
2. (ugs.) *große Menge, Anzahl, sehr viel:* sie besitzt einen Haufen Kleider; das kostet einen Haufen Geld; ein Haufen Neugieriger/(selten:) Neugierige stand/standen umher. **Syn.:** Reihe, stattliche Anzahl.

hau|fen|wei|se ['haufn̩vaizə] ⟨Adverb⟩ (ugs.):
sehr viel, in großen Mengen: haufenweise Geld haben; die Leute strömten haufenweise ins Kino. **Syn.:** in großer Zahl, in Hülle und Fülle, in Massen, in rauen Mengen, jede Menge, massenhaft (oft emotional), massig (ugs.), mehr als genug, reihenweise, wie Sand am Meer.

häu|fig ['hɔyfɪç] ⟨Adj.⟩:
in großer Zahl vorkommend, sich wiederholend: häufige Krankheiten, Reisen; sie kommt häufig zu spät. **Syn.:** des Öfteren, oft, öfter, vermehrt, vielfach, x-mal (ugs.).

Häu|fung ['hɔyfʊŋ], die; -, -en:
1. *Lagerung in großen Mengen:* die Häufung von landwirtschaftlichen Vorräten bei staatlichen Stellen. **Syn.:** Ansammlung.
2. *häufigeres Vorkommen:* die Häufung von schweren Verkehrsunfällen in der letzten Zeit.

Haupt [haupt], das; -[e]s, Häupter ['hɔyptɐ] (geh.):
1. *Kopf:* das Haupt des Löwen; sie neigten ehrfürchtig das Haupt. **Zus.:** Greisenhaupt, Lockenhaupt.
2. ⟨mit Attribut⟩ *wichtigste Person (mit führender, leitender Funktion):* das Haupt der Fami-

lie, des Staates; das Haupt der Verschwörung war eine Frau. **Syn.:** Führer, Führerin, Häuptling, Herr, [1]Leiter, Leiterin, Oberhaupt.

Haupt- [haupt] ‹Präfixoid›: kennzeichnet in Bildungen mit Substantiven jmdn. als maßgebliche, wichtigste Person od. etw. als wesentliche, bedeutungsvollste Sache /Ggs. Neben-/: Hauptabnehmer; Hauptargument; Hauptaufgabe; Hauptaugenmerk; Hauptberuf /Ggs. Nebenberuf/; Haupteingang /Ggs. Nebeneingang/; Hauptfunktion; Hauptgebäude /Ggs. Nebengebäude/; Hauptgeschäftszeit; Hauptlast; Hauptmahlzeit; Hauptperson; Hauptproblem; Hauptreisezeit; Hauptsaison. **Syn.:** Chef-, Grund-, Meister-.

Haupt|bahn|hof ['hauptba:nho:f], der; -[e]s, Hauptbahnhöfe ['hauptba:nhø:fə]: *größter [zentral gelegener] Bahnhof eines Ortes für den Personenverkehr:* am Hauptbahnhof abfahren; sich am Hauptbahnhof treffen.

Häupt|ling ['hɔyptlɪŋ], der; -s, -e: *Anführer eines Stammes, Vorsteher eines Dorfes bei Naturvölkern:* der weise Häuptling beschwichtigte seine Krieger. **Syn.:** Ältester, Haupt, Oberhaupt.

Haupt|mann ['hauptman], der; -[e]s, Hauptleute ['hauptlɔytə]: *Offizier (zwischen Oberleutnant und Major):* sie ist Hauptmann in der französischen Armee.

Haupt|rol|le ['hauptrɔlə], die; -, -n: *wichtigste Rolle in Schauspiel, Oper oder Film* /Ggs. Nebenrolle/: die Hauptrolle in einem Film übernehmen, spielen; das Baby spielt bei ihnen jetzt die Hauptrolle *(geht allem anderen vor).*

Haupt|sa|che ['hauptzaxə], die; -, -n: *etwas, was in erster Linie beachtet, berücksichtigt werden muss:* Geld war für sie die Hauptsache; ‹elliptisch› Hauptsache, du bist gesund. **Syn.:** A und O, Angelpunkt, Essenz, Kern der Sache, springender Punkt, Zentrum.

[1]**haupt|säch|lich** ['hauptzɛçlɪç] ‹Adj.›: *die Hauptsache ausmachend:* ein hauptsächlicher Bestandteil der Demokratie sind freie Wahlen.

[2]**haupt|säch|lich** ['hauptzɛçlɪç] ‹Adverb›: *vor allem, in erster Linie:* ihr fehlt es hauptsächlich an Geld. **Syn.:** besonders, in der Hauptsache, insbesondere, namentlich, vor allen Dingen.

Haupt|schu|le ['hauptʃu:lə], die; -, -n: *auf der Grundschule aufbauende, im Allgemeinen das 5. bis 9. Schuljahr umfassende Schule:* auf die Hauptschule gehen; sie besucht die achte Klasse der hiesigen Hauptschule.

Haupt|stadt ['hauptʃtat], die; -, Hauptstädte ['hauptʃtɛ:tə]: *Stadt mit dem Sitz der Regierung eines Staates:* die Hauptstadt von Deutschland ist Berlin. **Syn.:** Metropole, Zentrum. **Zus.:** Landeshauptstadt, Provinzhauptstadt.

Haupt|stra|ße ['hauptʃtra:sə], die; -, -n: *breite, wichtige [Geschäfts]straße:* die Hauptstraße ist stark befahren.

Haus [haus], das; -es, Häuser ['hɔyzɐ]:
1. a) *Gebäude [besonders im Hinblick darauf, dass es Menschen zum Wohnen oder Arbeiten dient]:* ein modernes, baufälliges, einstöckiges Haus; ein Haus bauen, bewohnen. **Syn.:** Bau, Bauwerk. **Zus.:** Bauernhaus, Einfamilienhaus, Hochhaus, Lagerhaus, Mietshaus, Pfarrhaus, Reihenhaus, Schulhaus, Wochenendhaus, Wohnhaus; *** mit etwas Haus halten:** *sparsam mit etwas umgehen:* du musst mit deinen Kräften Haus halten. **b)** *Wohnung, Heim, in dem jmd. ständig lebt:* ich bin hier zu Haus[e] *(bin von hier, bin hier nicht fremd);* fühl dich wie zu Haus[e]!; wir kaufen etwas ein und essen dann zu Haus[e]; zu Haus[e] fühle ich mich am wohlsten. **Syn.:** daheim.
2. *[Herrscher]geschlecht:* das Haus Habsburg. **Syn.:** Clan, Familie, Geschlecht, Sippe (meist scherzh. od. abwertend), Sippschaft (meist abwertend). **Zus.:** Fürstenhaus, Herrscherhaus, Königshaus.

Haus|auf|ga|be ['haus|aufga:bə], die; -, -n: *zu Hause zu erledigende Aufgabe für die Schule:* nachdem ich meine Hausaufgaben gemacht hatte, durfte ich spielen. **Syn.:** Schularbeit.

haus|ba|cken ['hausbakn̩] ‹Adj.›: *bieder, ohne Reiz, langweilig-solide:* eine hausbackene Krawatte; sie sieht etwas hausbacken aus. **Syn.:** doof (ugs.), grau, langweilig, witzlos.

hau|sen ['hauzn̩] ‹itr.; hat›:
1. *unter schlechten Wohnverhältnissen leben:* nach dem Erdbeben hausten die Menschen in zerfallenen Häusern. **Syn.:** sitzen, wohnen.
2. *wüten, große Unordnung machen, Verwüstungen anrichten:* der Sturm hat hier schlimm gehaust.

Haus|flur ['hausflu:ɐ̯], der; -[e]s, -e: *Vorraum, Gang, der sich zwischen der Haustür und der Treppe befindet:* sie traf ihre Nachbarin im Hausflur und grüßte. **Syn.:** Diele, [1]Flur, Gang, Treppenhaus.

Haus|frau ['hausfrau], die; -, -en: *[Ehe]frau, die nicht erwerbstätig ist, sondern zu Hause bleibt, um den Haushalt zu führen:* ihr Leben als Hausfrau und Mutter erfüllte sie einige Jahre mit großer Zufriedenheit.

Haus|halt ['haushalt], der; -[e]s, -e:
1. a) *Wirtschaftsführung mehrerer [in einer Familie] zusammenlebender Personen od. einer einzelnen Person:* ein Haushalt mit fünf Personen; jmdm. den Haushalt führen. **Zus.:** Einzelhaushalt, Geschäftshaushalt, Privathaushalt, Singlehaushalt. **b)** *zu einem Haushalt* (1 a) *gehörende Personengruppe:* etwas an alle Haushalte verschicken. **Syn.:** Familie.
2. *Einnahmen und Ausgaben eines Staates o. Ä.:* der öffentliche Haushalt; über den Haushalt beraten. **Syn.:** Budget, Etat, Finanzen ‹Plural›. **Zus.:** Landeshaushalt, Staatshaushalt.

haus|hal|ten ['haushaltn̩], haushaltet, haushaltete, gehaushaltet ‹itr.; hat›: *sparsam umgehen (mit etwas):* er konnte mit seinen Vorräten nicht haushalten; sie haushaltet nicht mit ihrem Geld; wir haben mit unseren Kräften gehaushaltet. **Syn.:** disponieren (bildungsspr.), einteilen, knausern (ugs.), Maß halten, rationieren, sparen, wirtschaften.

Haus|herr ['haushɛr], der; -n, -en, **Haus|her|rin** ['haushɛrɪn], die; -, -nen:
1. *Haupt der Familie, Haushaltsvorstand [als Gastgeber]:* der Hausherr begrüßte seine Gäste.
2. (südd., österr.) *Person, die ein Haus besitzt, vermietet:* die Hausherrin hat die Miete erhöht. **Syn.:** Eigentümer, Eigentümerin, Hauswirt, Hauswirtin.

hau|sie|ren [hau̯'zi:rən]:
1. ⟨itr.; hat⟩ *von Haus zu Haus gehen und Waren zum Verkauf anbieten:* er hausierte mit bunten Tüchern. **Syn.:** handeln, verkaufen, vertreiben, zum Kauf anbieten.
2. *** mit etwas hausieren gehen:** *überall aufdringlich von etwas sprechen, etwas allen Leuten erzählen:* mit seinen Eheproblemen ist sie überall hausieren gegangen.

häus|lich ['hɔy̯slɪç] ⟨Adj.⟩:
1. *die Familie, das Zuhause betreffend:* häusliches Glück; häusliche Pflege; wie sind ihre häuslichen Verhältnisse?; sie vernachlässigte ihre häuslichen Pflichten immer mehr.
2. *sich dem Leben in der Familie und den Arbeiten im Haushalt widmend:* er ist sehr häuslich geworden.

Haus|mann ['hausman], der; -[e]s, Hausmänner ['hausmɛnɐ]: *männliche Person, die die Arbeiten im Haushalt ausführt, während die Partnerin, der Partner berufstätig ist:* seine Rolle als Hausmann gefällt ihm.

Haus|meis|ter ['hausmai̯stɐ], der; -s, -, **Haus|meis|te|rin** ['hausmai̯stərɪn], die; -, -nen: *Person, die angestellt ist, um in einem größeren Gebäude für die Reinhaltung, Einhaltung der Ordnung o. Ä. zu sorgen:* sie bittet den Hausmeister, das Licht im Treppenhaus zu reparieren. **Syn.:** Abwart (schweiz.), Abwartin (schweiz.).

Haus|mu|sik ['hausmuzi:k], die; -: *Musik, die im Kreis der Familie, im Freundeskreis o. Ä. ausgeübt wird:* in unserer Familie wird viel Hausmusik gemacht.

Haus|num|mer ['hausnʊmɐ], die; -, -n: *Nummer eines Gebäudes in einer bestimmten Straße:* bei der Anschrift bitte die Hausnummer nicht vergessen!

Haus|rat ['hausra:t], der; -[e]s: *Gesamtheit der Möbel und Geräte eines Haushalts:* mit dem gesamten Hausrat umziehen. **Syn.:** Mobiliar.

Haus|schlüs|sel ['hausʃlʏsl̩], der; -s, -: *Schlüssel für die Haustür:* er hat den Hausschlüssel verloren.

Haus|schuh ['hausʃu:], der; -[e]s, -e: *leichter, bequemer Schuh, der zu Hause getragen wird:* wegen des kalten Fußbodens ziehe ich zu Hause immer Hausschuhe an. **Syn.:** Latschen, Pantoffel.

Haus|su|chung ['hauszu:xʊŋ], die; -, -en: *polizeiliche Durchsuchung eines Hauses oder einer Wohnung:* eine Haussuchung durchführen. **Syn.:** Durchsuchung.

Haus|tier ['hausti:ɐ̯], das; -[e]s, -e:
1. *zahmes, nicht frei lebendes Tier, das der Mensch zum wirtschaftlichen Nutzen hält:* Rinder, Ziegen, Schafe und andere Haustiere halten.
2. *Tier, das in einem Haushalt gehalten werden kann:* als Haustier haben sie ein Meerschweinchen; als Haustier haben sie einen Hasen.

Haus|tür ['hausty:ɐ̯], die; -, -en: *Tür am Eingang eines Hauses:* hast du die Haustür abgeschlossen?

Haus|wirt ['hausvɪrt], der; -[e]s, -e, **Haus|wir|tin** ['hausvɪrtɪn], die; -, -nen: *Hausbesitzer, von dem jmd. eine Wohnung gemietet hat:* unser Hauswirt wohnt mit im Haus. **Syn.:** Hausherr, Hausherrin.

Haut [haut], die; -, Häute ['hɔy̯tə]:
1. *aus mehreren Schichten bestehendes Gewebe, das den Körper eines Menschen oder eines Tieres schützend umgibt:* eine zarte, glatte, rosige, weiche, trockene, unreine, dunkle, dünne, lederne Haut; sich die Haut aufschürfen. **Syn.:** Teint. **Zus.:** Kopfhaut, Schlangenhaut.
2. a) *dünne Schicht auf der Oberfläche von Flüssigkeiten:* die heiße Milch hat eine Haut.
b) *hautähnliche Schicht, Hülle:* die Haut der Wurst, des Pfirsichs. **Syn.:** Hülse, Pelle (bes. nordd.), Schale.

häu|ten ['hɔy̯tn̩], häutete, gehäutet:
1. ⟨tr.; hat⟩ *bei einem getöteten Tier die Haut, das Fell entfernen:* einen Hasen häuten. **Syn.:** abziehen.
2. ⟨+ sich⟩ *die Haut, ihre äußere Schicht von sich streifen, abstoßen und erneuern:* die Schlange häutet sich.

haut|eng ['haut'lɛŋ] ⟨Adj.⟩: *sehr eng am Körper anliegend:* die Tänzerin trug ein hautenges Trikot. **Syn.:** knapp.

Ha|va|rie [hava'ri:], die; -, Havarien [hava'ri:ən]:
1. *Unfall von Schiffen und Flugzeugen:* die Havarie des Tankers verursachte große Schäden.
2. *Beschädigung, Schaden an größeren Maschinen und technischen Anlagen:* in der Produktionsanlage war es zu einer schweren Havarie gekommen. **Syn.:** Defekt, Panne, Schaden, Störung.

Ha|xe ['haksə]: ↑Hachse.

Hea|ring ['hi:rɪŋ], das; -[s], -s: *Sitzung, in der unabhängige Fachleute zu bestimmten Problemen angehört und befragt werden:* der Bundestag hatte einige Experten zu einem Hearing geladen.

Heb|am|me ['he:plamə], die; -, -n: *ausgebildete, staatlich geprüfte Geburtshelferin:* sie arbeitet als Hebamme in einem Krankenhaus.

He|bel ['he:bl̩], der; -s, -:
1. *länglicher Körper, der sich um einen festen Punkt bewegen lässt und mit dem Kräfte übertragen, Lasten, Gegenstände gehoben, von der Stelle bewegt werden können:* einen Felsbrocken mithilfe eines Hebels anheben.
2. *Griff zum Einschalten, Steuern o. Ä. einer Maschine:* einen Hebel bedienen, betätigen, herumlegen. **Zus.:** Einschalthebel, Feststellhebel, Fußhebel.

he|ben ['he:bn̩], hob, gehoben:
1. a) ⟨tr.; hat⟩ *in die Höhe bewegen:* eine Kiste heben; die Hand [zum Schwur] heben; ein gesunkenes Schiff heben; sie hoben den Sieger auf die Schultern. **Syn.:** anheben, aufheben, auf-

nehmen, erheben, stemmen, wuchten (ugs.). **b)** ⟨+ sich⟩ *sich in eine andere, erhöhte Lage, Stellung bewegen; in die Höhe gehen:* die Schranke hebt sich langsam; das Schiff hob und senkte sich in der Dünung.
2. ⟨tr.; hat⟩ *etwas in seiner Wirkung, Entfaltung fördern, verbessern, steigern:* den Umsatz, die Stimmung, das Niveau heben. **Syn.:** anheben, anheizen (ugs.), erhöhen, fördern, in die Höhe treiben, vermehren.

He|bung [ˈheːbʊŋ], die; -, -en:
1. *das Zutagefördern, In-die-Höhe-Heben:* bei der Hebung des Schatzes dabei sein.
2. ⟨ohne Plural⟩ *das Steigern, Verbessern:* die Hebung der Stimmung, des allgemeinen Wohlbefindens. **Syn.:** Förderung.
3. *betonte Silbe eines Wortes.*

¹he|cheln [ˈhɛçl̩n] ⟨itr.; hat⟩:
(besonders von Hunden) mit offenem Maul und heraushängender Zunge schnell und hörbar atmen: der Hund lag hechelnd im Schatten. **Syn.:** japsen (ugs.), keuchen.

²he|cheln [ˈhɛçl̩n] ⟨itr.; hat⟩ (ugs.):
kritisch, spöttisch, boshaft über andere reden: alle Nachbarn haben über sie gehechelt. **Syn.:** klatschen, lästern, reden, schwatzen, schwätzen (bes. südd.), sprechen, tratschen (ugs. emotional).

Hecht [hɛçt], der; -[e]s, -e:
Raubfisch mit lang gestrecktem Körper, der an der Oberseite grünlich, an der Unterseite weißlich gefärbt ist, und einem schnabelartigen Maul mit starken Zähnen: er hat einen Hecht gefangen.

hech|ten [ˈhɛçtn̩], hechtete, gehechtet ⟨itr.; ist⟩:
sich mit einem Hechtsprung irgendwohin bewegen: sie hechtete ins Wasser; er hechtete in die äußerste Ecke, nach dem Ball. **Syn.:** springen.

Hecht|sprung [ˈhɛçtʃprʊŋ], der; -[e]s, Hechtsprünge [ˈhɛçtʃprʏŋə]:
Sprung mit gestrecktem Körper: einen Hechtsprung über das Geländer machen.

Heck [hɛk], das; -[e]s, -e und -s:
hinterer Teil eines Schiffes, Flugzeugs, Autos: am Heck des Schiffes wehte eine Fahne. **Zus.:** Flugzeugheck, Schiffsheck, Wagenheck.

He|cke [ˈhɛkə], die; -, -n:
als Sichtschutz, Umzäunung o. Ä. dienende Büsche oder Sträucher, die dicht [in einer Reihe] stehen: die Hecke schneiden. **Zus.:** Brombeerhecke, Buchenhecke, Rosenhecke.

He|cken|schüt|ze [ˈhɛkn̩ʃʏt͜sə], der; -n, -n, **He|cken|schüt|zin** [ˈhɛkn̩ʃʏt͜sɪn], die; -, nen:
Person, die aus dem Hinterhalt schießt: der Heckenschütze erschoss vier Menschen.

Heer [heːɐ̯], das; -[e]s, -e:
1. a) *Gesamtheit der Truppen eines Staates:* ein siegreiches Heer; ein Heer aufstellen. **Syn.:** Armee, Militär, Miliz. **Zus.:** Belagerungsheer, Söldnerheer. **b)** *für den Krieg auf dem Land bestimmter Teil der Truppen eines Staates:* Heer und Marine.
2. ⟨mit Attribut⟩ *große Menge:* ein Heer von Beamten.

He|fe [ˈheːfə], die; -, -n:
(aus bestimmten Pilzen bestehendes) Mittel, das beim Backen zum Treiben, Aufgehen des Teigs und bei der Herstellung von Bier zum Gären verwendet wird: einen Würfel Hefe kaufen. **Zus.:** Backhefe, Bierhefe, Nährhefe, Trockenhefe, Weinhefe.

He|fe|teig [ˈheːfətai̯k], der; -[e]s, -e:
Teig, der Hefe als Treibmittel enthält: einen Hefeteig ansetzen.

¹Heft [hɛft], das; -[e]s, -e:
a) *zusammengeheftete und mit einem Einband versehene Blätter aus Papier, auf die geschrieben werden kann, vor allem für die Schule:* der Lehrer sammelte die Hefte ein, teilte die Hefte aus. **Zus.:** Aufsatzheft, Hausaufgabenheft, Rechenheft, Vokabelheft, Zeichenheft. **b)** *Ausgabe einer Zeitschrift:* von dieser Zeitschrift sind nur drei Hefte erschienen. **Zus.:** Einzelheft, Sonderheft. **c)** *dünnes, broschiertes, nicht fest gebundenes Buch:* ein Heft Gedichte; ein Heft mit Kurzgeschichten. **Zus.:** Comicheft, Pornoheft, Schundheft.

²Heft [hɛft], das; -[e]s, -e (geh.):
Griff an einer Stichwaffe o. Ä.: das Heft des Messers. **Syn.:** Knauf; * **das Heft aus der Hand geben:** *die Führung, die Macht abgeben:* dem Landesherrn fiel es schwer, das Heft aus der Hand zu geben.

hef|ten [ˈhɛftn̩], heftete, geheftet ⟨tr.; hat⟩:
1. *mit Nadeln, Klammern o. Ä. befestigen, locker verbinden:* sie heftete das Foto an den Brief. **Zus.:** abheften, anheften, einheften, zusammenheften.
2. *mit Nadeln oder mit lockeren, großen Stichen lose annähen, vorläufig zusammenhalten:* den Saum, die Naht [mit ein paar Stichen] heften.

hef|tig [ˈhɛftɪç] ⟨Adj.⟩:
1. *von starkem Ausmaß, großer Intensität; sich mit großer Wucht, großem Schwung, Ungestüm auswirkend:* ein heftiger Aufprall, Schlag; ein heftiger Sturm; heftige Schmerzen; heftig atmen, zittern, schimpfen. **Syn.:** enorm, gehörig, gewaltig (emotional), hart, immens, kräftig, mächtig (ugs.), massiv, scharf, streng, tüchtig (ugs.).
2. *leicht erregbar; nicht gelassen; unwillig und unbeherrscht:* sie ist ein heftiger, jähzorniger Mensch; heftig reagieren; er wird leicht heftig. **Syn.:** aggressiv, cholerisch, hitzig, jähzornig, rabiat.

he|gen [ˈheːgn̩] ⟨tr.; hat⟩ (geh.):
1. *behüten, schützen und pflegen:* der Förster hegt das Wild. **Syn.:** beschützen, sich kümmern um, umsorgen.
2. *(etwas als Empfinden, Vorhaben o. Ä.) in sich tragen, bewahren:* Misstrauen gegen jmdn., freundschaftliche Gefühle für jmdn. hegen; Zweifel hegen *(zweifeln);* einen Wunsch hegen *(sich etwas wünschen).* **Syn.:** empfinden, fühlen, haben.

Hehl [heːl]:
in der Wendung **kein/**auch: **keinen Hehl aus etwas machen:** *etwas nicht verheimlichen, verbergen:* er machte aus seiner Freude kein[en] Hehl.

hehr [heːɐ̯] ⟨Adj.⟩ (geh.):
Ehrfurcht einflößend, erhaben: ein hehres Ideal; ihre hehren Worte von Gerechtigkeit für alle erwiesen sich als leere Floskeln. **Syn.:** ehrwürdig, feierlich, würdevoll, würdig.

¹Hei|de [ˈhai̯də], der; -n, -n (Rel., sonst veraltend):
männliche Person, die nicht der

christlichen, jüdischen oder islamischen Religion angehört: sie wollten die Heiden bekehren.

²Hei|de ['haidə], die; -, -n:
1. *meist sandige, weite Landschaft, in der fast nur Sträucher und Gräser wachsen:* durch die Heide wandern.
2. ⟨ohne Plural⟩ *(auf Sand- u. Moorboden) in kleinen Sträuchern wachsende Pflanze mit kleinen nadelähnlichen Blättern und sehr kleinen, meist lilaroten Blüten, die in Trauben am oberen Teil der Stängel sitzen:* die Heide blüht.

Hei|del|bee|re ['haidl̩be:rə], die; -, -n:
1. *sehr kleiner (in Wäldern und Heiden vorkommender) Strauch mit blauschwarzen, wohlschmeckenden Beeren als Früchten:* hier wachsen viele Heidelbeeren. **Syn.:** Blaubeere.
2. *Frucht der Heidelbeere (1):* Heidelbeeren sammeln, pflücken. **Syn.:** Blaubeere.

Hei|den- [haidn̩] ⟨Präfixoid; auch das Basiswort wird betont⟩ (ugs. emotional verstärkend):
sehr groß, viel, riesig: Heidenangst; Heidenarbeit; Heidengeld (das kostet ein Heidengeld); Heidenlärm; Heidenrespekt; Heidenspaß. **Syn.:** Höllen- (ugs. emotional verstärkend), Mords- (ugs. emotional verstärkend), Riesen- (ugs. emotional verstärkend).

Hei|din ['haidɪn], die; -, -nen:
weibliche Form zu ↑ ¹Heide.

hei|kel ['haikl̩] ⟨Adj.⟩:
1. *recht schwierig, gefährlich und nicht leicht zu behandeln, zu lösen:* ein heikles Thema; er geriet in eine heikle Situation. **Syn.:** brenzlig (ugs.), brisant (bildungssprachl.), delikat, haarig (ugs.), knifflig, kompliziert, pikant, prekär, problematisch, verfänglich, vertrackt (ugs.), verwickelt, verzwickt (ugs.).
2. (ugs.) *besonders beim Essen wählerisch, nicht leicht zufriedenzustellen:* sei nicht so heikel! **Syn.:** anspruchsvoll, empfindlich, verwöhnt.

heil [hail] ⟨Adj.⟩:
a) *nicht verletzt, nicht versehrt:* er hat den Unfall heil überstanden. **Syn.:** unversehrt. **b)** *wieder gesund, wieder geheilt:* das Knie ist wieder heil. **c)** (ugs.) *nicht entzwei, nicht zerstört, sondern ganz, erhalten:* sie hatte keine heile Strumpfhose mehr; das Glas war noch heil; kannst du mir die Puppe wieder heil machen?

Heil [hail], das; -[e]s:
1. (geh.) *jmds. Wohlergehen, Glück; etwas, was jmdm. das ersehnte Gute bringt:* sein Heil in der Zukunft suchen; die Heil bringende Wirkung der Kräuter. **Syn.:** Segen, Wohl.
2. *Erlösung von Sünden und ewige Seligkeit:* das ewige Heil; das Heil der Seele.

hei|len ['hailən], heilte, geheilt:
1. ⟨tr.; hat⟩ **a)** *gesund machen:* er hatte den Kranken geheilt. **Syn.:** durchbringen (ugs.), kurieren, retten, wieder auf die Beine bringen, wiederherstellen.
b) *durch eine medizinische Behandlung zum Verschwinden bringen:* die Ärztin hat die Krankheit geheilt. **Syn.:** auskurieren, beheben.
2. ⟨itr.; ist⟩ *(von einer Verletzung o. Ä.) vergehen, verschwinden:* die Wunde heilt schnell, nur sehr langsam. **Syn.:** abklingen, verheilen, zurückgehen. **Zus.:** zuheilen, zusammenheilen.

heil|froh ['hail'fro:] ⟨Adj.⟩ (ugs.):
sehr froh (darüber, etwas sehr Unangenehmem gerade noch entgangen zu sein): ich bin heilfroh [darüber], dass es dazu nicht gekommen ist. **Syn.:** erleichtert, glücklich.

hei|lig ['hailɪç] ⟨Adj.⟩:
a) *(von Gott) geweiht, gesegnet:* das heilige Abendmahl; die heilige *(heilig gesprochene)* Cäcilie.
b) (geh.) *durch seinen Ernst o. Ä. Ehrfurcht einflößend:* eine heilige Scheu vor etwas haben; er schwor bei allem, was ihm heilig war; ihr ist nichts heilig.

Hei|lig|abend [hailɪç'|a:bn̩t], der; -s, -e:
Tag vor dem ersten Weihnachtstag: Heiligabend ist am 24. Dezember.

Hei|li|ge ['hailɪgə], die/eine Heilige; der/einer Heiligen, die Heiligen/zwei Heilige:
weibliche Person, die aufgrund ihrer besonders tugendhaften Lebensführung oder weil sie für den christlichen Glauben gestorben ist, verehrt wird und von den Gläubigen um Fürbitte bei Gott angerufen werden kann: Katharina von Alexandria ist eine Heilige.

Hei|li|gen|schein ['hailɪgn̩ʃain], der; -[e]s, -e:
Lichtschein od. Strahlenkranz um das Haupt einer der göttlichen Personen od. eines, einer Heiligen: auf dem Bild ist Maria mit einem Heiligenschein dargestellt.

Hei|li|ger ['hailɪgɐ], der Heilige/ein Heiliger; des/eines Heiligen, die Heiligen/zwei Heilige:
Person, die aufgrund ihrer besonders tugendhaften Lebensführung oder weil sie für den christlichen Glauben gestorben ist, verehrt wird und von den Gläubigen um Fürbitte bei Gott angerufen werden kann: die Gemeinschaft der Heiligen.

hei|lig|spre|chen ['hailɪçʃprɛçn̩], spricht heilig, sprach heilig, heiliggesprochen ⟨tr.; hat⟩:
jmdn. durch eine feierliche päpstliche Erklärung in den Kreis der Heiligen erheben.

Hei|lig|tum ['hailɪçtu:m], das; -[e]s, Heiligtümer ['hailɪçty:mɐ]:
1. *heilige Stätte zur Verehrung [eines] Gottes:* antike, christliche Heiligtümer.
2. *heiliger, der Verehrung würdiger Gegenstand.*

heil|los ['haillo:s] ⟨Adj.⟩:
(meist in Bezug auf etwas, was als unangenehm empfunden wird) in hohem Grad [vorhanden]: auf seinem Schreibtisch herrschte ein heilloses Durcheinander; sie waren heillos zerstritten. **Syn.:** arg (landsch.), entsetzlich, furchtbar, grässlich (emotional), schrecklich, unbeschreiblich, unglaublich (ugs.), unheimlich (ugs.), wahnsinnig (ugs.).

Heil|mit|tel ['hailmɪtl̩], das; -s, -:
Mittel zum Heilen von Krankheiten: ein natürliches Heilmittel verschreiben. **Syn.:** Medikament, Medizin.

Heil|prak|ti|ker ['hailpraktikɐ], der; -s, -, **Heil|prak|ti|ke|rin** ['hailpraktikərɪn], die; -, -nen:
Person [ohne ärztliche Ausbildung, aber mit staatlicher Zulassung], die Krankheiten mit natürlichen Methoden heilt: sie ist staatlich geprüfte Heilpraktikerin; einen Heilpraktiker aufsuchen.

heil|sam ['hai̯lza:m] ⟨Adj.⟩: *eine Veränderung zum Guten bewirkend, ein Übel ausräumend:* ein heilsamer Schock; es war mir eine heilsame Lehre; diese Erfahrung war für mich heilsam.

Heils|ar|mee ['hai̯lsǀarme:], die; -: *internationale, militärisch organisierte christliche Organisation, die gegen das Laster kämpft und sich vor allem der Armen und Hilfsbedürftigen annimmt:* er fand in einem Obdachlosenheim der Heilsarmee Unterschlupf.

Hei|lung ['hai̯lʊŋ], die; -, -en: **1.** *das Heilen* (1): die Heilung der Kranken. **Zus.:** Wunderheilung. **2.** *das Heilen* (2), *Gesundwerden:* die Salbe fördert die Heilung; die Heilung der Wunde macht gute Fortschritte.

Heim [hai̯m], das; -[e]s, -e: **1.** ⟨ohne Plural⟩ *jmds. Wohnung, Zuhause (unter dem Aspekt der Geborgenheit, angenehmer Häuslichkeit):* ein eigenes, schönes, gemütliches Heim. **Syn.:** Bleibe, Domizil, Haus, Zuhause. **Zus.:** Behelfsheim, Eigenheim. **2.** *Wohnstätte [als öffentliche Einrichtung] für einen bestimmten Personenkreis:* sie wohnt seit ihrem siebzigsten Lebensjahr in einem Heim; er hat seine ganze Kindheit in irgendwelchen Heimen verbracht. **Zus.:** Altenheim, Altenwohnheim, Kinderheim, Seniorenheim, Studentenheim, Wohnheim.

heim- [hai̯m] ⟨trennbares, betontes verbales Präfix⟩: *nach Hause:* heimfahren; heimgehen; heimholen; heimschicken; heimtragen. **Syn.:** heimwärts.

Hei|mat ['hai̯ma:t], die; -: *Land, Landesteil oder Ort, wo jmd. [geboren und] aufgewachsen ist, woher jmd., etwas stammt:* der Harz ist ihre Heimat; er hat in Deutschland eine neue Heimat gefunden; seine Heimat verlassen; in die Heimat zurückkehren. **Syn.:** Geburtsort, Vaterland (geh., oft emotional).

hei|mat|lich ['hai̯ma:tlɪç] ⟨Adj.⟩: *zur Heimat gehörend:* der heimatliche Dialekt; die heimatlichen Berge; die heimatlichen Bräuche haben sie auch in der Fremde nicht aufgegeben.

hei|misch ['hai̯mɪʃ] ⟨Adj.⟩: **a)** *aus der Heimat stammend:* heimische Pflanzen; die Produkte der heimischen Industrie. **Syn.:** einheimisch, heimatlich. **b)** *wie zu Hause:* er fühlte sich, war, wurde in der fremden Stadt [nie] heimisch.

heim|keh|ren ['hai̯mke:rən], kehrte heim, heimgekehrt ⟨itr.; ist⟩: *[nach langer Zeit] nach Hause zurückkehren:* aus dem Exil, aus dem Krieg, aus der Gefangenschaft, von einer Expedition heimkehren. **Syn.:** wiederkehren, wiederkommen, zurückkommen.

heim|lich ['hai̯mlɪç] ⟨Adj.⟩: *(aus Scheu vor Bloßstellung oder weil man ein Verbot umgehen will) vor anderen verborgen:* er hat es heimlich getan; eine heimliche Zusammenkunft; sie trafen sich heimlich; sie gab ihm heimlich einen Zettel. **Syn.:** bei Nacht und Nebel, diskret, geheim, hinter jmds. Rücken, im Geheimen, im Stillen, insgeheim, unter der Hand, verstohlen.

Heim|lich|tu|e|rei [hai̯mlɪçtu:əˈrai̯], die; -, -en (abwertend): *das Heimlichtun:* was soll denn diese alberne Heimlichtuerei?

heim|lich|tun ['hai̯mlɪçtu:n], tat heimlich, heimlichgetan ⟨itr.; hat⟩ (abwertend): *ohne vernünftigen Grund aus allem Möglichen ein Geheimnis machen; geheimnisvoll tun:* sie tut immer so heimlich mit ihren Noten.

heim|su|chen ['hai̯mzu:xn̩], suchte heim, heimgesucht ⟨tr.; hat⟩: *als Unglück (über jmdn., etwas) kommen:* eine schwere Krankheit suchte ihn heim; das Land wurde von einem schweren Unwetter heimgesucht. **Syn.:** befallen.

Heim|tü|cke ['hai̯mtʏkə], die; -: *Wesen, Verhalten, das von dem Streben bestimmt ist, jmdm. heimlich, auf versteckte Art und Weise zu schaden:* der Mörder hatte sein Opfer voller Heimtücke von hinten erschlagen. **Syn.:** Bosheit, Hinterlist, Intrige.

heim|tü|ckisch ['hai̯mtʏkɪʃ] ⟨Adj.⟩: *voller Heimtücke:* ein heimtückischer Mensch, Überfall; jmdn. heimtückisch ermorden. **Syn.:** hinterhältig, hinterrücks.

Heim|weh ['hai̯mve:], das; -s: *sehnsüchtiger Wunsch, zu Hause, in der Heimat zu sein:* auf der Klassenfahrt hatte er, verspürte er, bekam er schreckliches Heimweh; vor allem abends plagte, packte sie das Heimweh. **Syn.:** Sehnsucht.

Heim|wer|ker ['hai̯mvɛrkɐ], der; -s, -, **Heim|wer|ke|rin** ['hai̯mvɛrkərɪn], die; -, -nen: *Person, die zu Hause handwerkliche Arbeiten ausführt:* er ist ein geschickter Heimwerker; als Heimwerkerin repariert sie alles selbst.

heim|zah|len ['hai̯mtsa:lən], zahlte heim, heimgezahlt ⟨tr.; hat⟩: *(angetanes Übel) [in gleicher Weise] vergelten:* diese Gemeinheit werde ich dir heimzahlen! **Syn.:** sich rächen an/bei, sich revanchieren bei, vergelten.

-hei|ni [hai̯ni], der; -s, -s ⟨Suffixoid⟩ (ugs. abwertend): kennzeichnet in Bildungen mit Substantiven – selten mit Verben (Verbstämmen) – eine männliche Person, die sehr allgemein durch etwas charakterisiert ist: Bücherheini (1. *jmd., der Bücher verkauft.* 2. *jmd., der gern Bücher liest*); Versicherungsheini. **Syn.:** -august, -fritze (ugs. abwertend), -maxe.

Hei|rat ['hai̯ra:t], die; -, -en: *das Eingehen, Schließen einer Ehe; eheliche Verbindung:* seit ihrer Heirat im letzten Jahr wohnen sie in Köln. **Syn.:** Eheschließung, Hochzeit.

hei|ra|ten ['hai̯ra:tn̩], heiratete, geheiratet: **a)** ⟨itr.; hat⟩ *eine Ehe schließen:* sie hat früh, jung, aus Liebe geheiratet; wir wollen heiraten. **Syn.:** die Ehe eingehen, Hochzeit feiern, in den [heiligen] Stand der Ehe treten (geh.), sich trauen lassen, sich verheiraten, sich vermählen (geh.). **b)** ⟨tr.; hat⟩ *mit jmdm. eine Ehe eingehen, schließen:* er hat sie nur wegen ihres Geldes geheiratet. **Syn.:** zum [Trau]altar führen (geh.), zur Frau/zum Mann nehmen.

Hei|rats|an|trag ['hai̯ra:tsǀantra:k], der; -[e]s, Heiratsanträge ['hai̯ra:tsǀantrɛ:gə]: *an einen Mann, eine Frau gerichtete Bitte, in eine Ehe einzuwilligen:* jmdm. einen Heiratsantrag machen; einen Heiratsantrag bekommen, ablehnen, annehmen.

hei|ser ['haizɐ] ⟨Adj.⟩:
a) *(von der menschlichen Stimme) durch Erkältung oder durch vieles Reden, Singen, Schreien u. Ä. rau und fast tonlos:* eine heisere Stimme haben; sich heiser schreien. **Syn.:** rau. **b)** *mit heiserer* (a) *Stimme [sprechend o. Ä.]:* der heisere Redner war kaum zu verstehen; ich bin heute ganz heiser.

Hei|ser|keit ['haizɐkait], die; -:
das Heisersein: die Lutschpastillen sind gut gegen Husten und Heiserkeit.

heiß [hais] ⟨Adj.⟩:
1. *sehr warm* /Ggs. kalt/: heiße Würstchen; heiße Kohlen; ein heißer Sommer; der Kaffee, die Suppe ist noch heiß; heiß duschen.
2. *sehr heftig, leidenschaftlich (in Bezug auf Gefühlsäußerungen):* ein heißer Kampf; sich heiß nach jmdm. sehnen; heiße Rhythmen. **Syn.:** hitzig.
3. *gefährlich, mit Konflikten verbunden:* ein heißes Thema, eine heiße Forderung. **Syn.:** brenzlig (ugs.), brisant (bildungssprachl.), gefährlich, heikel.
4. (emotional) *(in seiner Art, durch seine Art) mitreißende Begeisterung, Bewunderung hervorrufend:* ein heißer Typ; ein heißes Buch; heiße Songs; heiße Musik; das Auto finde ich heiß. **Syn.:** fantastisch, geil (salopp, bes. Jugendspr.), großartig, stark (ugs.), toll (ugs.).

hei|ßen ['haisn̩], hieß, geheißen/heißen:
1. ⟨itr.; hat; 2. Partizip: geheißen⟩ *als Namen haben; genannt werden:* er heißt Wolfgang; wie heißt du?
2. ⟨itr.; hat; 2. Partizip: geheißen⟩ *bedeuten:* was soll das heißen? Ich kann das Wort nicht lesen; heißt das, dass ich gehen soll?; jetzt heißt es *(ist es nötig),* bereit [zu] sein; am 24. Mai, das heißt *(also)* nächsten Dienstag; ich komme morgen zu dir, das heißt *(allerdings nur),* wenn ich nicht selbst Besuch habe.
3. ⟨tr.; hat; 2. Partizip: geheißen, nach Infinitiv ohne »zu« meist: heißen⟩ *befehlen:* wer hat dich geheißen, das zu tun?; wer hat dich kommen heißen/geheißen? **Syn.:** auferlegen, beauftragen, gebieten (geh.).
4. ⟨itr.; hat; 2. Partizip: geheißen⟩ *(als Vermutung, Behauptung) gesagt werden, (an bestimmter Stelle) zu lesen sein, geschrieben stehen:* es heißt, er war lange im Ausland; bei Marx heißt es im »Kapital« …

Heiß|hun|ger ['haishʊŋɐ], der; -s:
besonders großes Verlangen, etwas [Bestimmtes] zu essen: sie bekam plötzlich einen Heißhunger auf Schokolade; nach der Wanderung verschlangen sie mit Heißhunger, was ihnen vorgesetzt wurde. **Syn.:** Appetit.

-heit/-ung: ↑-ung/-heit.

hei|ter ['haitɐ] ⟨Adj.⟩:
a) *durch Unbeschwertheit, Frohsinn und innere Ausgeglichenheit gekennzeichnet:* ein heiteres Gemüt. **b)** *lustig:* eine heitere Geschichte für Kinder. **Syn.:** amüsant, humoristisch. **c)** *(vom Wetter) durch einen klaren Himmel gekennzeichnet:* heiteres Wetter; am Dienstag ist es heiter bis wolkig.

Hei|ter|keit ['haitɐkait], die; -:
a) *heitere* (a) *Gemütsverfassung, fröhliche, unbeschwerte Stimmung:* ihr gefiel seine unbekümmerte Heiterkeit. **Syn.:** Fröhlichkeit, Humor. **b)** *[in Gelächter sich ausdrückendes] Belustigtsein:* seine Schilderung löste Heiterkeit aus, erregte Heiterkeit.

hei|zen ['haitsn̩]:
1. ⟨tr.; hat⟩ **a)** *(einen Raum) erwärmen:* eine Wohnung heizen; das Haus lässt sich schlecht heizen, ist gut geheizt. **Syn.:** beheizen. **b)** *Feuer machen (in etwas):* den Ofen heizen.
2. ⟨itr.; hat⟩ *zum Heizen* (1 a) *geeignet sein:* der Ofen heizt gut.

Heiz|kos|ten ['haitskɔstn̩], die ⟨Plural⟩:
durch das Heizen anfallende Kosten: die Heizkosten werden auf die Mieter umgelegt.

Heiz|öl ['haits|øːl], das; -[e]s:
aus Erdöl gewonnenes zum Heizen verwendetes Öl: wir müssen dringend Heizöl bestellen.

Hei|zung ['haitsʊŋ], die; -, -en:
Anlage, Gerät zum Beheizen von Räumen: die Heizung anstellen, wärmer stellen, ausstellen, abdrehen, andrehen, anmachen, ausmachen. **Zus.:** Fußbodenheizung, Gasheizung, Kohlenheizung, Warmwasserheizung.

Hek|tik ['hɛktɪk], die; -:
nervöse Betriebsamkeit; aufgeregte Eile, mit der etwas geschieht: die Hektik des Großstadtverkehrs; was soll diese Hektik, lass dir doch Zeit! **Syn.:** Hast, Hetze.

hek|tisch ['hɛktɪʃ] ⟨Adj.⟩:
von Hektik erfüllt, durch Hektik gekennzeichnet: auf der Straße herrschte ein hektisches Treiben; sie suchte hektisch nach ihrer Handtasche. **Syn.:** aufgeregt, eilig, erregt, fahrig, fieberhaft, geschäftig, hastig, kopflos, nervös, turbulent, unruhig.

Held [hɛlt], der; -en, -en:
1. *Person, die sich in bewundernswert mutiger und vorbildlicher Weise persönlich einsetzt:* jmdn. als Helden feiern. **Zus.:** Freiheitsheld, Kriegsheld, Volksheld.
2. *Hauptperson [einer Dichtung usw.]:* der tragische, jugendliche Held. **Zus.:** Filmheld, Märchenheld, Romanheld, Westernheld.

hel|den|haft ['hɛldn̩haft] ⟨Adj.⟩:
wie ein Held: sie führte einen heldenhaften Kampf. **Syn.:** couragiert, furchtlos, mutig, tapfer, tollkühn (emotional), unerschrocken, unverzagt.

Hel|din ['hɛldɪn], die; -, -nen:
weibliche Form zu ↑Held.

hel|fen ['hɛlfn̩], hilft, half, geholfen/helfen ⟨itr.; hat⟩:
1. ⟨2. Partizip: geholfen, nach Infinitiv ohne »zu« auch: helfen⟩ *(jmdm.) durch Rat und Tat die Arbeit, das Erreichen eines Ziels erleichtern oder ermöglichen, (jmdm.) einen Teil seiner Arbeit abnehmen:* dem Bruder bei den Schularbeiten, den Eltern beim Saubermachen helfen; sie hilft mir umgraben; ich habe ihr tragen geholfen/helfen; kann ich [dir] helfen? **Syn.:** Beistand leisten, beistehen, Hand anlegen, unterstützen, zur Hand gehen. **Zus.:** aufhelfen, durchhelfen, heraushelfen, hochhelfen, mithelfen.
2. ⟨2. Partizip: geholfen⟩ *(im Hinblick auf die Erreichung eines angestrebten Ziels, die Durchführung einer bestimmten Absicht o. Ä.) förderlich sein:* das Mittel hilft gegen Schmerzen; seine

Lügen halfen ihm nicht; da hilft kein Jammern und kein Klagen; mit dieser Feststellung ist uns nicht, wenig geholfen; es hilft [alles] nichts *(es ist nicht zu vermeiden),* wir müssen jetzt anfangen. **Syn.:** dienlich sein, guttun, hilfreich sein, nutzen (bes. nordd.), nützen (bes. südd.), von Nutzen sein.

Hel|fer [ˈhɛlfɐ], der; -s, -, **Hel|fe|rin** [ˈhɛlfərɪn], die; -, -nen:
Person, die Hilfe leistet, bei etwas hilft: bei der Katastrophe wurden auch viele freiwillige Helfer eingesetzt; ich habe mich nie als Helferin in der Not verstanden. **Syn.:** Gehilfe (geh.), Gehilfin (geh.), Handlanger (abwertend), Handlangerin (abwertend), Hilfe. **Zus.:** Entwicklungshelfer, Entwicklungshelferin, Erntehelfer, Erntehelferin, Fluchthelfer, Fluchthelferin, Wahlhelfer, Wahlhelferin.

Hel|fers|hel|fer [ˈhɛlfɐshɛlfɐ], der; -s, -, **Hel|fers|hel|fe|rin** [ˈhɛlfɐshɛlfərɪn], die; -, -nen (abwertend):
Person, die jmdm. bei der Ausführung einer unrechten Tat hilft: der Attentäter und seine Helfershelfer; die Helfershelferin wurde zu fünf Jahren Gefängnis verurteilt. **Syn.:** Komplize (abwertend), Komplizin (abwertend), Kumpan (ugs.), Kumpanin (ugs.), Spießgeselle, Spießgesellin.

He|li|kop|ter [heliˈkɔptɐ], der; -s, -:
Hubschrauber: die Verletzte wurde mit einem Helikopter ins Krankenhaus geflogen.

hell [hɛl] ⟨Adj.⟩:
1. a) *viel Licht ausstrahlend:* eine helle Lampe; ein sehr heller Stern; hell leuchten. **Syn.:** glänzend, grell, leuchtend. **b)** *von Licht erfüllt:* ein heller Raum. **Syn.:** erleuchtet, freundlich, licht (geh.), sonnig. **Zus.:** mondhell, stern[en]hell, taghell.
2. *(von Farben) nicht dunkel:* ein heller Ton; ein helles Blau. **Syn.:** freundlich, licht (geh.).
3. *hoch klingend:* eine helle Stimme. **Zus.:** glockenhell, silberhell.
4. (emotional) *sehr [groß]:* das ist ja der helle Wahnsinn!; seine helle Freude an jmdm. haben; ich war hell begeistert. **Syn.:** [1]rein (ugs.), sehr, total (ugs.), unheimlich (ugs.).

hell|hö|rig [ˈhɛlhøːrɪç] ⟨Adj.⟩:
1. *den Schall leicht durchlassend, gegen den Schall nicht oder nur unzureichend isoliert:* hellhörige Wände; diese Wohnung ist sehr hellhörig.
2. *aufmerksam-kritisch:* spätestens nach diesem Vorgang hätte die Ministerin hellhörig werden müssen; dieser Widerspruch machte die Steuerfahnder hellhörig. **Syn.:** aufmerksam, wachsam.

Hel|lig|keit [ˈhɛlɪçkai̯t], die; -:
das Hellsein: seine Augen mussten sich erst an die Helligkeit gewöhnen.

hell|licht [ˈhɛllɪçt]:
in der Wendung **am helllichten Tag[e]:** *(nicht etwa bei Dunkelheit, sondern) mitten am Tag:* das Verbrechen geschah am helllichten Tag[e].

Hell|se|her [ˈhɛlzeːɐ], der; -s, -, **Hell|se|he|rin** [ˈhɛlzeːərɪn], die; -, -nen:
Person, die zukünftige oder weit entfernt stattfindende Ereignisse, die außerhalb jeder normalen Sinneswahrnehmung liegen, angeblich wahrnimmt: ich bin doch kein Hellseher!; die Hellseherin sagte dem Mann eine glückliche Zukunft voraus. **Syn.:** Prophet, Prophetin.

hell|wach [ˈhɛlˈvax] ⟨Adj.⟩:
in höchstem Grade wach: ich war [plötzlich] hellwach.

Helm [hɛlm], der; -[e]s, -e:
harte Kopfbedeckung, die vor allem vor durch Schläge oder Stöße entstehenden Verletzungen schützt: Motorradfahrer, Bauarbeiter und Bergleute tragen bei ihrer Tätigkeit Helme. **Zus.:** Fahrradhelm, Feuerwehrhelm, Motorradhelm, Schutzhelm, Stahlhelm.

Hemd [hɛmt], das; -[e]s, -en:
a) *von männlichen Personen als Oberbekleidung getragenes, den Oberkörper bedeckendes Kleidungsstück; Oberhemd:* ein kurzärmliges, langärmliges, bügelfreies, frisch gebügeltes Hemd. **Zus.:** Baumwollhemd, Freizeithemd, Herrenhemd, Leinenhemd, Seidenhemd, Sporthemd, Totenhemd. **b)** *als Unterwäsche getragenes, über die Hüften reichendes [ärmelloses] Kleidungsstück; Unterhemd:* er zog sich bis aufs Hemd aus.

hem|men [ˈhɛmən] ⟨tr.; hat⟩:
in der Bewegung, Entwicklung aufhalten: eine Entwicklung hemmen; den Fortschritt hemmen. **Syn.:** behindern, hindern, stören, unterbrechen, verzögern.

Hem|mung [ˈhɛmʊŋ], die; -, -en:
das Sich-nicht-Trauen, etwas Bestimmtes zu tun: er hatte keine Hemmungen und nahm sich das größte Stück Kuchen. **Syn.:** Angst, Bedenken, Furcht, Scheu.

hem|mungs|los [ˈhɛmʊŋsloːs] ⟨Adj.⟩:
ohne Hemmungen: ein hemmungsloser Mensch; hemmungslos weinen; er gab sich hemmungslos seinen Leidenschaften hin; sie lebte ihre Rachegefühle hemmungslos aus. **Syn.:** bedenkenlos, gewissenlos, rücksichtslos, skrupellos (abwertend), triebhaft, unbeherrscht, ungehemmt, ungeniert.

Hen|del [ˈhɛndl̩], das; -s, [-n], **Hendl,** das; -s, -[n] (bayr., österr.):
a) *[junges] Huhn.* **b)** *Hähnchen, gebratenes Huhn:* ein Hendel essen.

Hengst [hɛŋst], der; -[e]s, -e:
a) *männliches Pferd:* ein schwarzer Hengst und eine braune Stute. **Zus.:** Zuchthengst. **b)** *(von Eseln, Kamelen, Zebras) männliches Tier.* **Zus.:** Kamelhengst.

Hen|kel [ˈhɛŋkl̩], der; -s, -:
[gebogener] Griff zum Heben oder Tragen: der Henkel der Tasse ist abgebrochen. **Syn.:** Griff.

Hen|ker [ˈhɛŋkɐ], der; -s, -, **Hen|ke|rin** [ˈhɛŋkərɪn], die; -, -nen:
Person, die ein Todesurteil vollstreckt: jmdm. dem Henker übergeben, ausliefern.

Hen|ne [ˈhɛnə], die; -, -n:
weibliches Haushuhn: die Henne gackert, legt ein Ei. **Syn.:** Huhn.

her [heːɐ̯] ⟨Adverb⟩:
1. ⟨räumlich⟩ dient zur Angabe der Richtung auf die sprechende Person zu: her damit, mit dem Geld!; her zu mir! **Zus.:** hierher.
2. ⟨zeitlich⟩ *(von einem bestimmten Zeitpunkt aus gesehen eine bestimmte Zeit) zurückliegend:* es ist schon sehr lange, drei Jahre her.

her- [heːɐ̯] ⟨trennbares, betontes verbales Bestimmungswort⟩:
1. *von dort nach hier (zum Sprecher, zur Sprecherin):* herbringen; herkommen; hersehen.
2. drückt aus, dass etwas ohne innere Beteiligtung, fast mechanisch getan wird: herplappern; herbeten.

he|r|ab [hɛˈrap] ⟨Adverb⟩ (geh.): *nach hier unten:* von den Bergen herab wehte ein frischer Wind.

he|r|ab- [hɛrap] ⟨trennbares, betontes verbales Bestimmungswort⟩:
von (dort) oben nach (hier) unten (zum Sprecher, zur Sprecherin): herabfallen; herabfließen; herabsteigen; herabhängen.

he|r|ab|bli|cken [hɛˈrapblɪkn̩], blickte herab, herabgeblickt ⟨itr.; hat⟩:
1. *nach hier unten sehen, heruntersehen:* sie blickte vom Balkon zu uns herab.
2. *(jmdn.) abschätzig und mit dem Gefühl der eigenen Überlegenheit ansehen:* er blickte mit Verachtung auf seine ehemaligen Freunde herab.

he|r|ab|las|send [hɛˈraplasn̩t] ⟨Adj.⟩:
jmdn. die eigene Überlegenheit fühlen lassend; in arroganter, überheblicher Weise: mit herablassender Geste; sie war sehr herablassend zu uns; herablassend grüßen. **Syn.:** dünkelhaft (geh. abwertend), hochnäsig.

he|r|ab|set|zen [hɛˈrapzɛts̮n̩], setzte herab, herabgesetzt ⟨tr.; hat⟩:
1. *niedriger machen, senken:* bei Nebel muss man die Geschwindigkeit erheblich herabsetzen; die Haftstrafe von 10 auf 7 Jahre herabsetzen; herabgesetzte Preise. **Syn.:** drosseln, mindern, reduzieren, verkürzen, vermindern, verringern.
2. *über eine Person abschätzig reden und dadurch ihre Leistungen, Verdienste o. Ä. ungerechtfertigt schmälern:* er hat ihre Verdienste herabgesetzt; sie hatte ihre Kollegin vor den Augen der Kunden herabgesetzt und lächerlich gemacht. **Syn.:** abqualifizieren, heruntermachen, in ein schlechtes Licht setzen, schlechtmachen (ugs.).

he|r|an [hɛˈran] ⟨Adverb⟩:
dient zur Angabe der Richtung auf die sprechende Person zu: nur heran, ihr zwei!; sie waren bis auf fünf Meter heran (ugs.; *sie hatten sich mir/uns bis auf fünf Meter genähert*).

he|r|an- [hɛran] ⟨trennbares, betontes verbales Bestimmungswort⟩:
1. drückt eine Annäherung aus: herankommen; herantreten.
2. drückt eine [Aufwärts]entwicklung bis zu einem möglichen Endpunkt aus: heranbilden; heranreifen; heranwachsen.

he|r|an|ge|hen [hɛˈrangeːən], ging heran, herangegangen ⟨itr.; ist⟩:
1. *sich mit wenigen Schritten (jmdm., einer Sache) nähern:* er ging näher an das Schaufenster heran. **Syn.:** kommen.
2. *(mit der Lösung einer Aufgabe) beginnen:* sie ist mutig an dieses Problem, Thema, diese schwierige Aufgabe, Sache herangegangen. **Syn.:** in Angriff nehmen.

he|ran|ma|chen [hɛˈranmaxn̩], machte heran, herangemacht ⟨+ sich⟩ (ugs.):
1. *sich (jmdm.) mit zweifelhaften, anrüchigen und deshalb verborgen gehaltenen Absichten nähern:* er hat sich an das Mädchen herangemacht. **Syn.:** sich nähern.
2. *(mit etwas, was man machen will oder muss) tatkräftig beginnen:* schließlich haben wir uns doch an diese Aufgabe herangemacht. **Syn.:** anfangen, angehen, in Angriff nehmen, sich machen, sich auseinandersetzen mit, sich befassen mit, sich beschäftigen mit.

he|r|an|zie|hen [hɛˈrants̮iːən], zog heran, herangezogen:
1. a) ⟨tr.; hat⟩ *in die Nähe (von jmdm., etwas) ziehen:* er hat den Sessel näher an die Couch herangezogen. **b)** ⟨itr.; ist⟩ *sich nähern:* von Westen zog ein Gewitter heran.
2. ⟨tr.; hat⟩ **a)** *zum Gedeihen bringen, aufziehen:* Pflanzen, junge Tiere heranziehen. **b)** *heranbilden:* du solltest dir beizeiten einen geeigneten Nachfolger heranziehen.
3. ⟨tr.; hat⟩ **a)** *jmdn. [zusätzlich, zu anderen Fachkräften o. Ä.] beauftragen, eine bestimmte Sache zu überprüfen und seine Meinung, sein Urteil dazu abzugeben:* zur Klärung dieser Fragen wurde eine Sachverständige herangezogen. **Syn.:** bemühen (geh.), konsultieren, zurate ziehen. **b)** *(bei etwas) einsetzen:* für die Arbeiten wurden ausländische Fachkräfte herangezogen. **Syn.:** anheuern (ugs.), anwerben, einstellen, verpflichten. **c)** *in Betracht ziehen:* bei der Beurteilung dieses Falles müssen wir alle möglichen Aspekte heranziehen; etwas zum Vergleich, als Maßstab heranziehen. **Syn.:** beachten, bedenken, berücksichtigen, erwägen, in Erwägung ziehen.

he|r|auf [hɛˈrau̯f] ⟨Adverb⟩:
nach hier oben /Ggs. herunter/: herauf geht die Fahrt langsamer als herunter. **Syn.:** aufwärts, hinauf, hoch.

he|r|auf- [hɛrau̯f] ⟨trennbares, betontes verbales Bestimmungswort⟩:
bezeichnet eine Bewegung von (dort) unten nach (hier) oben: heraufholen; heraufschauen; heraufklettern.

he|rauf|be|schwö|ren [hɛˈrau̯fbəʃvøːrən], beschwor herauf, heraufbeschworen ⟨tr.; hat⟩:
1. *durch [unüberlegte, unbedachte] Handlungen (ein Unglück) verursachen:* die Äußerungen des Ministers beschworen eine ernste Krise herauf. **Syn.:** bewirken, entfesseln (geh.), erzeugen, herbeiführen, zeitigen (geh.), zur Folge haben.
2. *[zur Mahnung] in Erinnerung rufen:* der Redner beschwor die Schrecken des letzten Krieges herauf. **Syn.:** erinnern an, ins Gedächtnis rufen.

he|r|aus [hɛˈrau̯s] ⟨Adverb⟩:
nach hier draußen /Ggs. herein/: heraus mit euch an die frische Luft!

he|r|aus- [hɛrau̯s] ⟨trennbares, betontes verbales Bestimmungswort⟩:
1. bezeichnet die Richtung von (dort) drinnen nach (hier) draußen: herausdringen; herausströmen; heraustragen.
2. drückt aus, dass etwas aus etwas entfernt und nach draußen geholt wird: herausdrehen; herausschneiden; heraustrennen.
3. drückt aus, dass aus dem, was

vorliegt, ein bestimmtes Urteil o. Ä. gebildet wird: herausdeuten; herauslesen; herausschmecken.

he|r|aus|be|kom|men [hɛˈrausbəkɔmən], bekam heraus, herausbekommen ⟨tr.; hat⟩:
1. *entfernen [können]:* ich bekomme die Schraube einfach nicht aus dem Brett heraus!
2. a) *in Erfahrung bringen, ausfindig machen:* mein Geheimnis werdet ihr nie herausbekommen; in diesem Fall hat man die Wahrheit bis heute nicht herausbekommen. **Syn.:** entdecken, herausfinden. **b)** (ugs.) *die Lösung (von etwas) finden:* er bekam das schwierige Kreuzworträtsel nicht heraus.
3. *einen zu viel gezahlten Betrag in Kleingeld zurückbekommen:* sie bekam noch zwei Euro heraus.

he|r|aus|brin|gen [hɛˈrausbrɪŋən], brachte heraus, herausgebracht ⟨tr.; hat⟩:
1. *nach hier draußen bringen:* sie hat den Korb herausgebracht.
2. *etwas neu auf den Markt bringen:* der Verlag hat ein neues Buch herausgebracht; die Firma brachte ein neues Auto heraus.
3. *(jmdn., etwas) mit einem gewissen Aufwand zum Erfolg o. Ä. in der Öffentlichkeit bringen:* diesen Sänger hat man ganz groß herausgebracht.
4. (ugs.) *herausbekommen* (1): er hat den Nagel [nicht] aus der Wand herausgebracht.
5. (ugs.) **a)** *(jmdm.) entlocken können:* man hat nichts aus ihr herausgebracht. **b)** *durch Nachforschungen in Erfahrung bringen:* in dieser Sache hat die Polizei noch nichts herausgebracht. **Syn.:** herausfinden. **c)** *die Lösung finden:* er brachte das Rätsel einfach nicht heraus.
6. *(Laute o. Ä.) von sich geben:* vor Schreck brachte sie keinen Ton, die Worte nur mühsam heraus.

he|r|aus|fin|den [hɛˈrausfɪndn̩], fand heraus, herausgefunden ⟨tr.; hat⟩:
1. *den Weg nach hier draußen finden, den Ausgang finden:* sie fand nur schwer den Weg aus dem Labyrinth heraus.
2. *entdecken:* sie haben die Ursache des Unglücks herausgefunden.

he|r|aus|for|dern [hɛˈrausfɔrdɐn], forderte heraus, herausgefordert:
a) ⟨tr.; hat⟩ *zum Kampf auffordern:* er hat seinen Gegner herausgefordert. **b)** ⟨itr.; hat⟩ *zum Widerspruch reizen:* ihre Worte forderten zur Kritik heraus. **Syn.:** provozieren.

He|r|aus|for|de|rung [hɛˈrausfɔrdərʊŋ], die; -, -en:
schwierige, aber lohnende Aufgabe: die Übernahme der Leitungsposition bedeutete für sie eine große, besondere, echte Herausforderung; eine Herausforderung annehmen.

he|r|aus|ge|ben [hɛˈrausge:bn̩], gibt heraus, gab heraus, herausgegeben:
1. ⟨tr.; hat⟩ *beim Bezahlen Wechselgeld zurückgeben:* er gab mir fünf Euro heraus; ⟨auch itr.⟩ ich kann [Ihnen] nicht herausgeben; können Sie auf hundert Euro herausgeben?
2. ⟨tr.; hat⟩ *(ein Buch o. Ä. als Verleger) veröffentlichen:* ein Buch über Goethe herausgeben. **Syn.:** herausbringen, [1]verlegen.
3. ⟨tr.; hat⟩ *jmdn., etwas, was man in seinem Besitz festgehalten hat, gegen seinen Willen freigeben, jmdm. überlassen:* die Beute, einen Gefangenen herausgeben; als sie der alten Frau drohten, gab sie den maskierten Tätern ihre Handtasche heraus. **Syn.:** ausliefern, übergeben, wiedergeben.

he|r|aus|ho|len [hɛˈrausho:lən], holte heraus, herausgeholt ⟨tr.; hat⟩:
1. *aus dem Innern von etwas holen, herholen:* er öffnete seine Tasche und holte die Zeitung heraus; die eingeschlossenen Bergleute herausholen.
2. (ugs.) *(Informationen) durch geschicktes Fragen von jmdm. erhalten:* die Polizei konnte aus dem Einbrecher nicht viel herausholen. **Syn.:** entlocken.
3. (ugs.) *(Leistungen) durch geeignete Maßnahmen von jmdm., etwas erhalten:* in der letzten Runde holte der Läufer das Letzte, alles aus sich heraus; bei der Rallye wurde aus Motoren und Fahrern das Äußerste herausgeholt.
4. (ugs.) *durch besondere Fähigkeiten, besonderes Geschick o. Ä. als Vorteil erreichen, als Gewinn o. Ä. erzielen:* sie hat bei den Verhandlungen viel [für uns] herausgeholt. **Syn.:** bewirken, erreichen, erwirken, herausschlagen (ugs.).

he|r|aus|kom|men [hɛˈrauskɔmən], kam heraus, herausgekommen ⟨itr.; ist⟩:
1. a) *aus dem Innern von etwas kommen:* er kam aus seinem Zimmer heraus. **b)** *(durch etwas) ins Freie gelangen, nach außen dringen:* aus dem Schornstein kam schwarzer Qualm heraus.
2. a) *erscheinen, veröffentlicht werden:* das Buch, die DVD kommt im Herbst heraus. **Syn.:** auf den Markt kommen, erscheinen. **b)** (ugs.) *öffentlichen Erfolg haben, populär werden:* dieser Sänger ist ganz groß herausgekommen. **c)** (ugs.) *öffentlich bekannt werden:* wenn der Schwindel herauskommt, gibt es einen Skandal. **Syn.:** auffliegen (ugs.).
3. (ugs.) *sich als Ergebnis zeigen, sich ergeben:* bei den Verhandlungen ist nichts herausgekommen.
4. *deutlich, sichtbar werden:* der komische Zug des Stückes ist bei dieser Aufführung nicht herausgekommen.

he|r|aus|neh|men [hɛˈrausne:mən], nimmt heraus, nahm heraus, herausgenommen:
1. ⟨tr.; hat⟩ **a)** *aus dem Inneren von etwas nehmen:* Wäsche aus dem Schrank, Geld aus dem Portemonnaie herausnehmen. **Syn.:** entnehmen, herausholen, holen. **b)** *operativ entfernen:* [jmdm.] den Blinddarm herausnehmen. **c)** *(aus seiner Umgebung) entfernen:* einen Schüler aus einer Klasse herausnehmen.
2. * sich (Dativ) **etwas herausnehmen** (ugs.): *sich etwas dreisterweise erlauben:* er hat sich [ihr gegenüber] zu viel herausgenommen; sich [jmdm. gegenüber] Freiheiten herausnehmen. **Syn.:** sich etwas anmaßen.

he|r|aus|re|den [hɛˈrausre:dn̩], redete heraus, herausgeredet ⟨+ sich⟩ (ugs.):
sich durch Ausreden der Verantwortung, einem Verdacht, einer Forderung o. Ä. entziehen: sie

versuchte sich damit herauszureden, dass sie nichts davon gewusst hätte; red dich nicht heraus!

he|r|aus|rü|cken [hɛˈrau̯srʏkn̩], rückte heraus, herausgerückt (ugs.):
a) ⟨tr.; hat⟩ *sich nach anfänglichem Weigern von etwas [was man besitzt] trennen:* schließlich hat er das Geld herausgerückt. **Syn.:** aushändigen, geben, herausgeben, hergeben, lockermachen (ugs.). **b)** ⟨itr.; ist⟩ *sich nach längerem Zögern, nach anfänglichem Widerstand (über etwas Vorgefallenes) äußern, eine Aussage machen:* er ist mit der Sprache, mit der Wahrheit herausgerückt.

he|r|aus|rut|schen [hɛˈrau̯srʊtʃn̩], rutschte heraus, herausgerutscht ⟨itr.; ist⟩:
1. *(aus etwas heraus) nach draußen rutschen:* ihm ist das Portemonnaie [aus der Tasche] herausgerutscht.
2. (ugs.) *(etwas) übereilt und ungewollt aussprechen:* diese Worte sind mir einfach so herausgerutscht. **Syn.:** entfahren.

he|raus|schla|gen [hɛˈrau̯sʃla:gn̩], schlägt heraus, schlug heraus, herausgeschlagen:
1. ⟨tr.; hat⟩ *durch Schlagen entfernen:* wenn wir die Wand herausschlagen, haben wir ein schönes großes Zimmer.
2. ⟨itr.; ist⟩ *von drinnen nach draußen dringen:* die Flammen schlugen aus dem Fenster heraus.
3. ⟨tr.; hat⟩ (ugs.) *durch großes Geschick und Schlauheit erlangen:* bei den Verhandlungen hat sie einen hohen Gewinn herausgeschlagen. **Syn.:** erwirken, erzielen, herausholen (ugs.).

he|r|aus|stel|len [hɛˈrau̯sʃtɛlən], stellte heraus, herausgestellt:
1. ⟨+ sich⟩ *deutlich werden, sich zeigen:* es stellte sich heraus, dass der Mann ein Betrüger war. **Syn.:** sich erweisen, offenbar werden, zutage kommen/treten.
2. ⟨tr.; hat⟩ *hervorheben, in den Mittelpunkt stellen:* das Wesentliche herausstellen; (ugs.) der Sänger wurde groß herausgestellt. **Syn.:** betonen, in den Vordergrund rücken/stellen, unterstreichen.

herb [hɛrp] ⟨Adj.⟩:
1. a) *(durch fehlende Süße) leicht bitter, säuerlich im Geschmack:* ein herber Wein; die Schokolade schmeckt herb. **Syn.:** bitter, sauer, streng, trocken. **b)** *von kräftigem, nicht süßlichem Geruch:* ein herbes Parfüm.
2. *Kummer verursachend, schwer zu ertragen:* eine herbe Enttäuschung, einen herben Verlust erleiden. **Syn.:** bitter, hart, schmerzlich, schwer.
3. a) *nicht lieblich, sondern von strengem, verschlossen wirkendem Wesen:* sie hat einen herben Zug um den Mund; er wirkt manchmal etwas herb. **Syn.:** kühl, reserviert, schroff, spröde, unzugänglich, verbittert, verschlossen. **b)** *(von Handlungsweisen, Äußerungen) besonders streng urteilend, kritisierend o. Ä.:* für ihr Verhalten ernteten sie herbe Worte, herbe Kritik. **Syn.:** hart, streng, unfreundlich.

her|bei [hɛɐ̯ˈbai̯] ⟨Adverb⟩ (veraltend):
dient zur Angabe der Richtung auf die sprechende Person zu; *von dort nach hier:* herbei [zu mir]! *(komm/kommt herbei!).* **Syn.:** her, hierher.

her|bei- [hɛɐ̯bai̯] ⟨trennbares, betontes verbales Bestimmungswort⟩:
von irgendwo hierher, an den Ort des Geschehens: herbeisehnen; herbeieilen; herbeirufen; herbeiströmen; herbeizaubern.

her|bei|füh|ren [hɛɐ̯ˈbai̯fy:rən], führte herbei, herbeigeführt ⟨tr.; hat⟩:
(durch gezieltes Handeln) bewirken: er wollte [mit seiner Aktion] eine Entscheidung herbeiführen; der Schock führte den Tod herbei; ihr Eingreifen führte eine Wende herbei. **Syn.:** auslösen, heraufbeschwören, veranlassen, verursachen, zeitigen (geh.), zur Folge haben.

her|bei|re|den [ˈhɛɐ̯bai̯redn̩], redete herbei, herbeigeredet ⟨tr.; hat⟩:
durch fortwährendes Reden Wirklichkeit werden lassen: die Krise wurde herbeigeredet.

Herbst [hɛrpst], der; -[e]s, -e:
Jahreszeit zwischen Sommer und Winter: ein sonniger Herbst; es ist, wird Herbst.

herbst|lich [ˈhɛrpstlɪç] ⟨Adj.⟩:
zum Herbst gehörig, für ihn kennzeichnend: herbstliches Laub; herbstliche Farben.

Herd [he:ɐ̯t], der; -[e]s, -e:
1. *Vorrichtung zum Kochen, Backen und Braten, bei der die Töpfe oder Pfannen auf runden, elektrisch beheizten Platten, auf Kochfeldern, auf Gasbrennern oder auf einer über der Feuerung angebrachten großen Stahlplatte erhitzt werden:* auf dem Herd stehen Töpfe; die Pfanne vom Herd nehmen; am Herd stehen *(kochen, Essen zubereiten).* **Zus.:** Einbauherd, Elektroherd, Gasherd, Heißluftherd, Kohle[n]herd.
2. *Stelle, von der etwas Übles ausgeht, sich weiterverbreitet:* der Herd der Krankheit. **Syn.:** Ausgangspunkt, Quelle. **Zus.:** Brandherd, Eiterherd, Entzündungsherd, Fäulnisherd, Gefahrenherd, Infektionsherd, Krankheitsherd, Krisenherd, Seuchenherd, Unruheherd.

Her|de [ˈhe:ɐ̯də], die; -, -n:
größere Anzahl von zusammengehörenden (zahmen oder wilden) Tieren der gleichen Art [unter Führung eines Hirten oder eines Leittiers]: eine Herde Rinder, Schafe, Elefanten. **Syn.:** Meute, Rudel, Schar. **Zus.:** Elefantenherde, Rentierherde, Rinderherde, Viehherde.

Herd|plat|te [ˈhe:ɐ̯tplatə], die; -, -n:
scheibenförmiges Teil eines Elektroherds, auf das man die Gefäße mit den zu erhitzenden Speisen stellt: sie hat sich an einer heißen Herdplatte verbrannt.

he|r|ein [hɛˈrai̯n] ⟨Adverb⟩:
nach hier drinnen /Ggs. heraus/: immer weiter herein in den Keller drang das Wasser; [nur/immer] herein! *(komm/kommt bitte herein!; bitte eintreten!).* **Syn.:** her.

he|r|ein- [hɛrai̯n] ⟨trennbares, betontes verbales Bestimmungswort⟩:
von (dort) draußen (hierher) nach drinnen: hereinholen; hereinspazieren; hereintragen.

he|r|ein|bit|ten [ˈhɛrai̯nbɪtn̩], bat herein, hereingebeten ⟨tr.; hat⟩:
bitten hereinzukommen: hast du den Herrn hereingebeten?

he|r|ein|fal|len [hɛˈrai̯nfalən], fällt herein, fiel herein, hereingefallen ⟨itr.; ist⟩:

H
here

getäuscht, betrogen werden (bei etwas, von jmdm.): mit dem Kauf des billigen Kühlschranks bin ich hereingefallen; auf jmdn., auf einen Trick hereinfallen. **Syn.:** aufsitzen, übers Ohr gehauen werden (ugs.).

he|r|ein|le|gen [hɛˈrainle:gn̩], legte herein, hereingelegt ⟨tr.; hat⟩ (ugs.):
auf geschickte Weise, durch einen Trick, eine List zu etwas veranlassen, was der betreffenden Person schadet, zum Nachteil gereicht: er wollte mich hereinlegen; lass dich [von ihr] nicht hereinlegen. **Syn.:** betrügen, bluffen, hintergehen, irreführen, leimen (ugs.), linken (ugs.), täuschen.

Her|fahrt [ˈhe:ɐ̯fa:ɐ̯t], die; -, -en:
Fahrt, durch die man hergekommen ist: hoffentlich haben wir nicht wieder so viel Verkehr wie bei/auf der Herfahrt. **Syn.:** Hinfahrt.

her|fal|len [ˈhe:ɐ̯falən], fällt her, fiel her, hergefallen ⟨itr.; ist⟩:
plötzlich, überfallartig angreifen, zum Ziel eines heftigen Angriffs machen: die Schläger fielen brutal über ihn her; die Presse fiel über den Politiker her *(machte ihn zum Ziel unfairer Kritik);* voller Heißhunger fielen sie über den Kuchen her *(aßen sie gierig davon).* **Syn.:** attackieren, diffamieren, heruntermachen (ugs.), herziehen über (ugs.), in den Schmutz ziehen, schlechtmachen, sich stürzen auf, überfallen, verleumden, verteufeln (ugs.).

Her|gang [ˈhe:ɐ̯gaŋ], der; -[e]s, Hergänge [ˈhe:ɐ̯gɛŋə]:
gesamter Verlauf eines Geschehens: der Zeuge erzählte den Hergang des Unfalls. **Syn.:** Verlauf.

her|ge|ben [ˈhe:ɐ̯ge:bn̩], gibt her, gab her, hergegeben:
1. ⟨tr.; hat⟩ *(dem Sprechenden) reichen:* gib mir bitte einmal das Buch her; gib sofort meinen Bleistift her! **Syn.:** aushändigen, geben, herausgeben, herausrücken (ugs.).
2. a) ⟨tr.; hat⟩ *(für einen bestimmten Zweck, für andere) zur Verfügung stellen, abtreten:* für diese gute Sache hat er viel Geld hergegeben. **Syn.:** opfern, spenden, übergeben, verschenken. **b) * sich für/zu etwas hergeben:** *zu etwas (Zweifelhaftem) bereit sein, sich zur Verfügung stellen:* dafür gebe ich mich nicht her; wie konntest du dich für/zu so etwas hergeben?
3. ⟨itr.; hat⟩ (ugs.) *von einer gewissen Ergiebigkeit sein, sodass man etwas davon hat:* dieser Aufsatz gibt [nicht] viel her. **Syn.:** bieten, ergiebig sein.

her|ge|lau|fen [ˈhe:ɐ̯gəlaufn̩] ⟨Adj.⟩ (abwertend):
jmdm. unbekannt und aus dessen Sicht keinerlei Achtung erwarten könnend: irgend so ein hergelaufener Bursche; was macht denn dieses hergelaufene Gesindel für einen Krach!

He|ring [ˈhe:rɪŋ], der; -s, -e:
1. *(in großen Schwärmen auftretender) Meeresfisch mit grünlich blauem Rücken und silberglänzenden, leicht gewölbten Körperseiten, der als Speisefisch verwendet wird:* Heringe fangen, einlegen, räuchern, essen. **Syn.:** Fisch.
2. *schmaler Holz- oder Metallpflock mit einer Einkerbung oder einem hakenförmigen Kopf zum Einhängen der Zeltschnüre, der beim Aufbauen eines Zeltes am Zeltrand in den Boden geschlagen wird:* den Hering in den Boden drücken, stecken. **Syn.:** Pflock.

her|kom|men [ˈhe:ɐ̯kɔmən], kam her, hergekommen ⟨itr.; ist⟩:
1. *(an den Ort des Sprechenden, zum Sprechenden) kommen:* er hat mich in einer wichtigen Angelegenheit herkommen lassen; komm bitte mal her!
2. *(jmdn., etwas) als Grundlage, Ursprung haben; (von etwas) herrühren:* wo kommen Sie her? *(wo sind Sie geboren, woher stammen Sie?);* dieser Dichter kommt vom Existenzialismus her *(ist vom Existenzialismus geprägt);* wo kommt dieses Geld her?

her|kömm|lich [ˈhe:ɐ̯kœmlɪç] ⟨Adj.⟩:
nicht von der überlieferten Art, Tradition abweichend; so, wie es früher schon war: etwas in herkömmlicher Weise tun; ein herkömmlich konstruierter Motor; sie macht ihre Entwürfe nicht am Computer, sondern ganz herkömmlich auf Papier. **Syn.:** klassisch, konventionell, traditionell, überliefert, üblich, wie gewohnt.

Her|kunft [ˈhe:ɐ̯kʊnft], die; -:
1. *bestimmter sozialer, nationaler, kultureller Bereich, aus dem jmd. herkommt* (2): einfacher, bäuerlicher Herkunft sein; seine Herkunft ist unbekannt; sie ist adliger Herkunft; er ist nach seiner Herkunft Franzose. **Syn.:** Abkunft (geh.), Abstammung.
2. *Ursprung einer Sache, Bereich, woher etwas stammt:* die Herkunft des Wortes ist unklar; die Ware ist englischer Herkunft.

her|lei|ten [ˈhe:ɐ̯laitn̩], leitete her, hergeleitet:
1. ⟨tr.; hat⟩ *(etwas aufgrund eines Tatbestandes aus etwas) als Folgerung ableiten:* eine Formel herleiten; aus dieser Bestimmung leitete er seinen Anspruch auf eine Entschädigung her.
2. a) ⟨tr.; hat⟩ *in der Abstammung (auf jmdn., etwas) zurückführen:* ein Wort aus dem Spanischen herleiten; sie leitet ihren Namen von den Hugenotten her. **Syn.:** ableiten. **b)** ⟨+ sich⟩ *aus etwas, von jmdm., etwas stammen:* die Familie leitet sich aus altem Adel her; dieses Wort leitet sich vom Lateinischen her. **Syn.:** sich ableiten, abstammen.

her|ma|chen [ˈhe:ɐ̯maxn̩], machte her, hergemacht (ugs.):
1. ⟨+ sich⟩ *(etwas) in Angriff nehmen; sofort (mit etwas, der Arbeit an etwas) beginnen:* ich machte mich über die Arbeit, über das Buch her; die Kinder machten sich über den Kuchen her *(begannen, gierig davon zu essen).*
2. ⟨+ sich⟩ *unerwartet und plötzlich über jmdn. herfallen, ihn hart anfallen:* sie haben sich zu mehreren über ihn hergemacht und ihn übel zugerichtet.
3. ⟨itr.; hat⟩ *(jmdn., etwas) wichtig nehmen und viel darüber sprechen:* man macht von dieser Sache viel zu viel her.
4. ⟨itr.; hat; mit näherer Bestimmung⟩ *aufgrund seiner rein äußeren Beschaffenheit einen bestimmten Eindruck machen, von besonderer Wirkung sein:* das Geschenk macht viel, wenig her. **Syn.:** beeindrucken, Eindruck machen, wirken.

He|ro|in [heroˈi:n], das; -s:
sehr starkes Rauschgift: von

Heroin abhängig sein; Heroin nehmen, spritzen. **Syn.:** Droge, Stoff (Jargon).

Herr [hɛr], der; -n, -en:
1. a) *Mann (auch als übliche höfliche Bezeichnung für eine männliche Person im gesellschaftlichen Verkehr):* ein junger, älterer, freundlicher, feiner Herr; ein Herr möchte Sie sprechen; sein Vater war ein vornehmer, netter Herr; die Herren forderten zum Tanz auf; (als Ausdruck der ironischen Distanz:) die Herren Journalisten. **b)** als Teil der Anrede: Herr Müller; Herr Professor; die Rede des Herrn Abgeordneten Müller; wir erwarten des Herrn Ministers Müller Rede; meine [Damen und] Herren!
2. ⟨mit Attribut⟩ *Person, die über andere oder über etwas herrscht:* er ist Herr über große Güter; kann ich einmal den Herrn des Hauses sprechen?; die Eroberer machten sich zu Herren des Landes. **Syn.:** Besitzer, Herrscher. **Zus.:** Gutsherr.
3. ⟨ohne Plural; mit bestimmtem Artikel außer in der Anrede⟩ (christliche Rel.) *Gott:* dem Herrn danken; den Herrn anrufen; zum Herrn beten.

Herr|gott [ˈhɛrgɔt], der; -[e]s:
Gott: unser Herrgott; zu seinem Herrgott beten.

Her|rin [ˈhɛrɪn], die; -, -nen:
weibliche Form zu ↑Herr (2).

her|risch [ˈhɛrɪʃ] ⟨Adj.⟩:
über andere bestimmen wollend: eine herrische Person; sie hat ein herrisches Auftreten, ist immer sehr herrisch; er forderte herrisch sein Recht. **Syn.:** despotisch, herrschsüchtig, streng, tyrannisch.

herr|je [hɛrˈjeː] ⟨Interjektion⟩ (ugs.):
Ausruf des Erstaunens od. Entsetzens: herrje, jetzt ist das Essen schon wieder angebrannt! **Syn.:** ach du meine Güte (ugs.), ach je.

herr|lich [ˈhɛrlɪç] ⟨Adj.⟩ (emotional):
in einem so hohen Maße als gut empfunden, dass man es sich nicht besser vorstellen kann: ein herrlicher Tag, Abend; eine herrliche Aufführung; der Urlaub, das Wetter war herrlich; der Kuchen schmeckt einfach herrlich. **Syn.:** exzellent, hervorragend, himmlisch (emotional), klasse (ugs.), paradiesisch, prima, sehr gut, spitze (ugs.), toll (ugs.), unübertrefflich, vortrefflich, wunderbar, wundervoll (emotional).

Herr|lich|keit [ˈhɛrlɪçkai̯t], die; -, -en:
a) ⟨ohne Plural⟩ *das Herrlichsein; in höchstem Maße empfundene u. erfreuende Schönheit, Großartigkeit:* die Herrlichkeit Gottes, der Natur; ist das die ganze Herrlichkeit? (iron.; *ist das alles?*). **Syn.:** Glanz, Größe, Pracht. **b)** *etwas Herrliches:* die Herrlichkeiten der antiken Kunst; auf all diese Herrlichkeiten muss sie nun verzichten. **Syn.:** Reichtum, Schatz.

Herr|schaft [ˈhɛrʃaft], die; -, -en:
1. ⟨ohne Plural⟩ *Recht und Macht, über etwas, jmdn. zu herrschen:* eine unumschränkte, autoritäre, demokratische Herrschaft; die Herrschaft des Staates, der Parteien; die Herrschaft über ein Land innehaben, ausüben; die Herrschaft an sich reißen, antreten; der Fahrer hatte die Herrschaft über den Wagen verloren *(war nicht mehr fähig, den Wagen richtig zu lenken).* **Syn.:** Gewalt, Macht. **Zus.:** Alleinherrschaft, Volksherrschaft.
2. ⟨Plural⟩ *Damen und Herren [in Gesellschaft]:* ältere, vornehme Herrschaften; die Herrschaften werden gebeten, ihre Plätze einzunehmen.

herr|schen [ˈhɛrʃn̩] ⟨itr.; hat⟩:
1. *Macht, Gewalt (über jmdn., etwas) ausüben, haben:* über viele Länder herrschen; ein unumschränkt herrschender Diktator; der herrschenden Partei, Klasse angehören. **Syn.:** regieren.
2. ⟨in Verbindung mit einem Abstraktum⟩ (nachdrücklich) *in bestimmter, auffallender Weise [allgemein] verbreitet, [fortdauernd] vorhanden, deutlich fühlbar sein:* überall herrschte Freude, Trauer; es herrschte völlige Stille; hier herrscht [Un]ordnung; es herrschte eine furchtbare Kälte in diesem Winter; damals herrschten furchtbare Zustände; die herrschende Meinung. **Syn.:** existieren, [1]sein, walten (geh.).

Herr|scher [ˈhɛrʃɐ], der; -s, -, **Herr|sche|rin,** die; -, -nen:
Person, die herrscht (1): ein absoluter Herrscher; sie ist Herrscherin über ein Land. **Syn.:** Regent, Regentin.

herrsch|süch|tig [ˈhɛrʃzʏçtɪç] ⟨Adj.⟩:
in als unangenehm, ärgerlich empfundener Weise stark von dem Willen geleitet, über andere und ihr Tun zu bestimmen, sie zu beherrschen: ein herrschsüchtiger Mensch. **Syn.:** despotisch, herrisch, tyrannisch. **Zus.:** dominant.

her|stel|len [ˈheːɐ̯ʃtɛlən], stellte her, hergestellt ⟨tr.; hat⟩:
1. *etwas [in mehreren Arbeitsgängen] gewerbsmäßig produzieren:* etwas maschinell, von Hand herstellen; diese Firma stellt Motoren her; Autos serienmäßig herstellen; das Radio wurde in Japan hergestellt. **Syn.:** anfertigen, bauen, fabrizieren, fertigen, machen.
2. *durch bestimmte Anstrengungen, Bemühungen erreichen, dass etwas zustande kommt:* einen Kontakt, eine Verbindung, einen Zusammenhang herstellen; das Gleichgewicht herstellen; endlich waren Ruhe und Ordnung hergestellt. **Syn.:** ermöglichen, schaffen, sorgen für, zuwege bringen.

Her|stel|lung [ˈheːɐ̯ʃtɛlʊŋ], die; -, -en:
1. *das Herstellen* (1): die serienmäßige, maschinelle Herstellung von Gütern, Waren. **Syn.:** Produktion.
2. *das Herstellen* (2): die Herstellung diplomatischer Beziehungen. **Syn.:** Schaffung.

he|r|ü|ber [hɛˈryːbɐ] ⟨Adverb⟩:
von [der anderen Seite] drüben nach hier: vom anderen Ufer herüber hörte man leise Musik. **Syn.:** her.

he|r|um [hɛˈrʊm] ⟨Adverb; in Verbindung mit *um*⟩:
1. ⟨räumlich⟩ *in kreis- oder bogenförmiger Anordnung oder Bewegung (um etwas):* um das Haus herum standen Bäume; um das Gebäude herum tobte eine Schar von Kindern. **Syn.:** auf/von allen Seiten, rundum.
2. (ugs.) (in Bezug auf Raum-,

Zeit-, Mengenangaben); *ungefähr, etwa (um):* ich rufe dich um die Mittagszeit herum an; das Buch kostet so um die 20 Euro herum. **Syn.:** etwa um, ungefähr.
3. *vergangen, verstrichen, vorüber, vorbei:* die Woche ist schon fast wieder herum. **Syn.:** vorbei, zu Ende.

he|r|um- [hɛrʊm] ⟨trennbares, betontes verbales Bestimmungswort⟩:
a) charakterisiert [in leicht abschätziger Weise] das im Basiswort genannte, sich über einen gewissen [Zeit]raum erstreckende Tun o. Ä. als weitgehend ziellos, planlos, wahllos, als nicht genau auf ein bestimmtes Ziel mal hierhin und mal dorthin gerichtet: herumflanieren; herumkutschieren; herumreisen; herumschleppen; herumsitzen.
b) besagt, dass sich das im Basiswort genannte [oft als unnütz, ärgerlich o. ä. angesehene] Geschehen, Tun über eine gewisse Zeit hinzieht, dass man damit immer wieder einige Zeit beschäftigt ist: herumbasteln; herumexperimentieren; herumrätseln; herumtelefonieren. **Syn.:** rum-, umher-. **c)** drückt eine Kritik an dem im Basiswort genannten Tun aus: herumerzählen; herumerziehen; herumkommandieren; herummäkeln; herumnörgeln; herumstochern.
d) *auf die andere Seite, in eine andere Richtung:* das Steuer herumreißen. **e)** bezeichnet eine kreis-, bogenförmige Richtung: ⟨oft in Verbindung mit »um«⟩ um das Hindernis herumfahren; die Pflanze ringelt sich um den Baumstamm herum.

he|r|um|drü|cken [hɛˈrʊmdrʏkn̩], drückte herum, herumgedrückt:
1. ⟨tr.; hat⟩ *auf die andere Seite drücken:* es gelang ihm, den Hebel herumzudrücken.
2. ⟨+ sich⟩ (ugs.) *sich (einer Sache) entziehen:* geschickt hat sie sich um diese Arbeit herumgedrückt. **Syn.:** ausweichen, sich entziehen (geh.), meiden, sich drücken vor (ugs.), umgehen.
3. ⟨+ sich⟩ (ugs.) *sich müßig herumtreiben:* er hat sich den ganzen Tag in Lokalen, auf der Straße herumgedrückt. **Syn.:** die Zeit totschlagen, gammeln.

he|r|um|kom|men [hɛˈrʊmkɔmən], kam herum, herumgekommen ⟨itr.; ist⟩:
1. *weit und viel reisen und dadurch etwas von der Welt sehen:* sie ist viel in der Welt herumgekommen. **Syn.:** erleben, kennenlernen, sich den Wind um die Nase wehen lassen (ugs.).
2. ⟨in Verbindung mit »um«⟩ *(etwas Unangenehmes) nicht tun müssen, vermeiden können:* um diese Arbeit wirst du nicht herumkommen; um den Kauf eines besseren Computers wird er wohl kaum herumkommen. **Syn.:** sich entziehen, umgehen, verzichten auf.
3. a) *beim Versuch, sich (um jmdn., etwas) herumzubewegen, Erfolg haben:* er kam mit dem Laster nicht um die enge Biegung herum. **b)** *(um etwas) herumgefahren, herumgelaufen kommen:* sie kam gerade um die Ecke herum. **Syn.:** biegen um.

he|r|um|krie|gen [hɛˈrʊmkriːgn̩], kriegte herum, herumgekriegt ⟨tr.; hat⟩ (ugs.):
1. *durch beharrliches Reden, geschicktes Vorgehen o. Ä. bewirken, dass jmd. seine Meinung ändert und das tut, was man selbst will:* jmdn. zu etwas herumkriegen; er wollte eigentlich nicht mit zum Schwimmen gehen, aber wir haben ihn dann doch noch herumgekriegt. **Syn.:** überreden.
2. *einen bestimmten Zeitraum hinter sich bringen:* ich weiß nicht, wie ich die Woche ohne sie herumkriegen soll; der Zug ist weg. Wie kriege ich nur die Wartezeit bis zum nächsten Anschluss herum? **Syn.:** verbringen.

he|r|um|lun|gern [hɛˈrʊmlʊŋɐn], lungerte herum, herumgelungert ⟨itr.; hat/ist⟩ (ugs.):
nichts zu tun haben oder nichts tun wollen und sich irgendwo untätig aufhalten: arbeite etwas, statt herumzulungern!; sie lungerte den ganzen Tag auf der Couch herum. **Syn.:** sich herumtreiben (ugs. abwertend).

he|r|um|schla|gen [hɛˈrʊmʃlaːgn̩], schlägt herum, schlug herum, herumgeschlagen ⟨+ sich⟩ (ugs.):
sich [gezwungenermaßen] fortwährend mit jmdm., etwas auseinandersetzen: dauernd muss ich mich mit meinem Vermieter herumschlagen; er schlägt sich mit Problemen herum. **Syn.:** sich abmühen, sich abquälen, sich plagen, sich quälen.

he|r|um|trei|ben [hɛˈrʊmtraibn̩], trieb herum, herumgetrieben ⟨+ sich⟩ (ugs. abwertend):
sich ohne Beschäftigung bald hier, bald dort aufhalten; müßig herumlaufen: er hat seine Arbeit aufgegeben und treibt sich jetzt nur noch herum; sie schwänzen die Schule und treiben sich [in der Stadt] herum; wo hast du dich denn wieder herumgetrieben? **Syn.:** herumlungern (ugs.).

he|r|un|ter [hɛˈrʊntɐ] ⟨Adverb⟩:
1. *von dort oben* /Ggs. herauf/: herunter mit euch!; vom Berg herunter weht ein kalter Wind.
2. *von einer bestimmten Stelle, Fläche fort:* herunter [damit] vom Tisch!

he|r|un|ter- [hɛrʊntɐ] ⟨trennbares, betontes verbales Bestimmungswort⟩:
1. *von (dort) oben (hierher) nach unten:* herunterbeugen; herunterholen; herunterklettern; (das Autofenster) herunterkurbeln; (die Jalousie) herunterlassen; herunterrutschen; herunterschauen; heruntersteigen. **Syn.:** abwärts-, herab-, runter-.
2. a) *geringer machen:* herunterhandeln; herunterdimmen.
b) drückt aus, dass etwas in einen schlechteren Zustand gerät, an Wert verliert: herunterkommen *(verwahrlosen).*
c) drückt aus, dass jmd. jemanden herabsetzt : (jmdn.) heruntermachen *([jmdn.] scharf zurechtweisen);* jmdn. herunterputzen *([jmdn.] scharf zurechtweisen).* **d)** drückt aus, dass jmd. etwas in einen schlechteren Zustand kommen lässt: (einen Betrieb) herunterwirtschaften.
3. *nach unten:* herunterbaumeln; herunterhängen.
4. kennzeichnet das Entfernen von einer Oberfläche; *weg von:* herunterkratzen; herunterschnitzen.
5. a) kennzeichnet die Monotonie, Eintönigkeit, Interesselosig-

H
heru

keit in Bezug auf das im Basiswort genannte Tun: herunterbeten; herunterleiern. **b)** kennzeichnet, dass etwas in einem raschen Tempo und ohne längere Pausen ausgeführt wird: (einen Schlager flott) herunterspielen.

he|r|un|ter|ge|kom|men [hɛˈrʊntɐɡəkɔmən] ⟨Adj.⟩:
a) *in einem gesundheitlich, moralisch, wirtschaftlich schlechten Zustand befindlich:* eine heruntergekommene Fabrik; die Familie war heruntergekommen. **Syn.:** bankrott, pleite, ruiniert, verkommen, verwahrlost.
b) *in äußerlich schlechtem Zustand, verwahrlost:* heruntergekommene Vorstadtviertel; er sieht sehr heruntergekommen aus. **Syn.:** verfallen, verkommen, verwahrlost.

he|r|un|ter|hau|en, haute herunter, heruntergehauen:
in der Wendung **jmdm. eine/ein paar herunterhauen** (ugs.): *jmdm. eine Ohrfeige geben:* er war so frech, dass ich ihm eine herunterhaute. **Syn.:** jmdm. eins/ein paar hinter die Ohren geben (ugs.), jmdn. ohrfeigen.

he|r|un|ter|ma|chen [hɛˈrʊntɐmaxn̩], machte herunter, heruntergemacht ⟨tr.; hat⟩ (ugs.):
a) *in der Beurteilung seiner Leistung, Qualität o. Ä. herabsetzen; an jmdm., etwas nichts Gutes lassen:* der Kritiker hat den Schauspieler ziemlich heruntergemacht. **Syn.:** abqualifizieren, herziehen über (ugs.), in den Schmutz ziehen, in ein schlechtes Licht setzen, madigmachen (ugs.), miesmachen (ugs. abwertend), schlechtmachen. **b)** *in erniedrigender Weise tadeln:* jmdn. vor versammelter Mannschaft heruntermachen. **Syn.:** anpfeifen (ugs.), zusammenstauchen (ugs.).

he|rvor [hɛɐ̯ˈfoːɐ̯] ⟨Adverb⟩:
1. *von dort hinten nach hier vorn:* aus der Ecke hervor kam ein kleiner Junge.
2. *(zwischen oder unter etwas) heraus:* aus dem Wald hervor sprang ein Reh.

her|vor- [hɛɐ̯foːɐ̯] ⟨trennbares, betontes verbales Bestimmungswort⟩:
von (dort) hinten, unten, drinnen (hierher) nach vorn, oben, draußen: hervorholen; hervorkommen; hervorkramen; hervorlocken; hervorstehen. **Syn.:** heraus-.

her|vor|brin|gen [hɛɐ̯ˈfoːɐ̯brɪŋən], brachte hervor, hervorgebracht ⟨tr.; hat⟩:
a) *aus sich herauswachsen und sich entwickeln lassen:* viele Blüten hervorbringen; der Baum bringt unzählige Früchte hervor. **Syn.:** tragen, treiben. **b)** *aus eigener schöpferischer Leistung entstehen lassen:* der Dichter hat bedeutende Werke hervorgebracht. **Syn.:** erschaffen, schaffen.

her|vor|ge|hen [hɛɐ̯ˈfoːɐ̯ɡeːən], ging hervor, hervorgegangen ⟨itr.; ist⟩ (geh.):
1. *in etwas seinen Ursprung haben:* aus ihrer Ehe gingen drei Kinder hervor; aus dieser Schule gingen bedeutende Männer hervor. **Syn.:** stammen.
2. *sich am Ende einer Entwicklung, eines Geschehens o. Ä. in einer bestimmten [positiv zu bewertenden] Lage, Beschaffenheit befinden:* die Partei ist gestärkt aus dem Wahlkampf hervorgegangen; aus einem Wettkampf als Siegerin hervorgehen.
3. *sich als Folgerung aus etwas ergeben; sich aus etwas entnehmen lassen:* aus dem Brief, aus der Antwort geht hervor, dass ...; wie aus dem Zusammenhang hervorgeht, ... **Syn.:** deutlich werden, sich erkennen lassen.

her|vor|he|ben [hɛɐ̯ˈfoːɐ̯heːbn̩], hob hervor, hervorgehoben ⟨tr.; hat⟩:
Gewicht, Nachdruck auf etwas legen; etwas nachdrücklich betonen, unterstreichen: ihre sozialen Verdienste wurden besonders hervorgehoben. **Syn.:** herausstellen, hinweisen auf.

her|vor|ra|gend [hɛɐ̯ˈfoːɐ̯raːɡn̩t] ⟨Adj.⟩:
durch Qualität, Begabung, Leistung herausragend: wir sahen im Theater eine hervorragende Aufführung; ein hervorragender Redner; eine der hervorragendsten Wissenschaftlerinnen auf diesem Gebiet; eine hervorragende Leistung; der Wein ist hervorragend; er arbeitet hervorragend. **Syn.:** ausgezeichnet, blendend, exzellent, genial, grandios, großartig, herrlich (emotional), klasse (ugs.), meisterhaft, spitze (ugs.), super (ugs.), vortrefflich.

her|vor|ste|chen [hɛɐ̯ˈfoːɐ̯ʃtɛçn̩], sticht hervor, stach hervor, hervorgestochen ⟨itr.; hat⟩:
sich stark von seiner Umgebung unterscheiden und sich dadurch deutlich abheben: diese grelle Farbe sticht zu sehr hervor; eine seiner hervorstechenden Eigenschaften war sein Geiz. **Syn.:** auffallen, ins Auge fallen, ins Auge springen.

Herz [hɛrts], das; -ens, -en:
1. *Organ in der Brust, das das Blut durch die Adern pumpt, indem es sich regelmäßig zusammenzieht und wieder dehnt:* ein gesundes, kräftiges, schwaches Herz; das Herz schlägt schnell, gleichmäßig; sein Herz hat versagt, arbeitet nicht mehr; ihr Herz ist angegriffen, nicht ganz in Ordnung; das Herz setzt aus; der Arzt hat das Herz untersucht, abgehorcht; ein Herz verpflanzen.
2. (meist geh.) *in der Vorstellung im Herzen* (1) *lokalisiertes, dem Herzen* (1) *zugedachtes Zentrum von Empfindungen, Gefühlen, Eigenschaften:* sie hat ein gütiges, fröhliches Herz; sein Schicksal rührte, bewegte, ergriff die Herzen der Menschen; er fasste sich ein Herz *(überwand seine Angst, seine Hemmungen)* und bat den Chef um eine Gehaltserhöhung; er steht ihrem Herzen sehr nahe *(sie empfindet sehr viel für ihn);* im Grunde seines Herzens *(im Innersten)* hatte er das schon immer verabscheut; sie hat ein Herz aus Stein *(ist gefühllos, mitleidlos).* **Syn.:** Gemüt, Seele.
3. *Figur o. Ä. mit zwei symmetrisch in einer Spitze auslaufenden Rundungen, die der Form des Herzens* (1) *nachgebildet ist:* er hat auf dem Jahrmarkt ein Herz aus Lebkuchen geschossen; sie trägt eine Kette mit einem kleinen goldenen Herzen daran.
4. *innerster Bereich von etwas; Zentrum, Mittelpunkt:* im Herzen eines Landes, von Europa liegen, gelegen sein; die Straße liegt im Herzen Berlins. **Syn.:** Mitte.
5. a) ⟨ohne Plural⟩ *[dritthöchste]*

Farbe im Kartenspiel: Herz sticht, ist Trumpf. **b)** ⟨Plural Herz⟩ *Spielkarte mit Herz* (5 a) *als Farbe:* er hatte noch drei Herz auf der Hand.

her|zens|gut ['hɛrtsn̩s'gu:t] ⟨Adj.⟩: *von uneingeschränkt herzlicher, sehr gutmütiger Art (aber dabei oft etwas unkritisch):* er ist ein herzensguter Mensch. **Syn.:** gütig, lieb, mild, sanftmütig.

herz|haft ['hɛrtshaft] ⟨Adj.⟩:
1. *von beträchtlicher Heftigkeit, Festigkeit, Größe, Stärke o. Ä.:* ein herzhafter Händedruck; herzhaft lachen; einen herzhaften Schluck aus der Flasche nehmen; sie packten alle herzhaft zu; er gähnte herzhaft. **Syn.:** anständig (ugs.), ausgiebig, gehörig, kräftig, ordentlich (ugs.), tüchtig (ugs.).
2. *sehr gehaltvoll und von kräftigem Geschmack:* ein herzhaftes Essen; der Eintopf war, schmeckte sehr herzhaft; er isst gern etwas Herzhaftes. **Syn.:** kräftig, würzig.

her|zie|hen ['he:ɐ̯tsi:ən], zog her, hergezogen:
1. a) ⟨tr.; hat⟩ (ugs.) *durch Ziehen an den Ort des Sprechenden bewegen:* sich den Stuhl, Tisch herziehen. **Syn.:** heranziehen. **b)** ⟨itr.; hat⟩ *ziehend mit sich führen:* einen Karren, Schlitten hinter sich herziehen; einen Hund an der Leine hinter sich herziehen.
2. ⟨itr.; ist⟩ *vor, hinter oder neben jmdm., einem Fahrzeug o. Ä. herlaufen:* vor den Fackelträgern zog eine Musikkapelle her; die Kinder zogen hinter dem Zirkuswagen her.
3. ⟨itr.; ist⟩ *an den Ort des Sprechenden umziehen:* sie sind vor ein paar Jahren, erst kürzlich hergezogen.
4. ⟨itr.; ist/hat⟩ (ugs.) *(über jmdn. [der abwesend ist]) bewusst abfällig und gehässig reden, indem man seine [angeblichen] Fehler und Schwächen hervorhebt:* die Nachbarn zogen heftig über das Mädchen her. **Syn.:** ²hecheln (ugs.), lästern, schlechtmachen.

her|zig ['hɛrtsɪç] ⟨Adj.⟩: *(besonders von Kindern) durch besondere Anmut, Niedlichkeit o. Ä. den Gefallen der anderen erregend:* ein herziges Kind. **Syn.:** goldig, niedlich, reizend, süß (emotional).

Herz|in|farkt ['hɛrts|ɪnfarkt], der; -[e]s, -e: *Zerstörung von Gewebe des Herzmuskels durch Verstopfung der Herzkranzgefäße und dadurch unterbrochene Versorgung mit Blut:* einen Herzinfarkt bekommen, haben, erleiden; an einem Herzinfarkt sterben. **Syn.:** Herzschlag.

¹herz|lich ['hɛrtslɪç] ⟨Adj.⟩: *eine von Herzen kommende Freundlichkeit, großes und tiefes Mitgefühl besitzend und nach außen zeigend:* herzliche Worte; jmdn. herzlich begrüßen; /(Dankesformel)/: herzlichen Dank!; herzlichen Glückwunsch zum Geburtstag!; herzliches Beileid. **Syn.:** warm.

²herz|lich ['hɛrtslɪç] ⟨Adverb⟩ (emotional): drückt eine ablehnende Distanz aus; *ziemlich, sehr:* das war herzlich wenig; der Vortrag war herzlich schlecht, langweilig; was er macht, ist mir herzlich gleichgültig. **Syn.:** arg (landsch.), ausgesprochen, ausnehmend, außerordentlich, denkbar, enorm (ugs.), entsetzlich (ugs.), reichlich.

herz|los ['hɛrtslo:s] ⟨Adj.⟩: *kein Mitleid zeigend, ohne Mitgefühl:* ein herzloser Mensch; das war sehr herzlos von ihm; herzlos handeln. **Syn.:** gefühllos, kalt, roh, unbarmherzig.

Her|zog ['hɛrtso:k], der; -s, Herzöge ['hɛrtsø:gə], seltener: -e: **a)** ⟨ohne Plural⟩ *Adelstitel eines Angehörigen des hohen Adels im Rang zwischen König und Fürst* (als Bestandteil des Familiennamens hinter dem Vornamen stehend): der Besitz Herzog Meiningens, des Herzogs [von] Meiningen. **b)** *Angehöriger des hohen Adels im Rang zwischen König und Fürst; Träger des Adelstitels Herzog* (a): die deutschen Herzöge; sie traf mit mehreren Herzögen Europas zusammen.

Her|zo|gin ['hɛrtso:gɪn], die; -, -nen:
1. weibliche Form zu ↑Herzog.
2. *Frau eines Herzogs.*

Herz|schlag ['hɛrtsʃla:k], der; -[e]s, Herzschläge ['hɛrtsʃlɛ:gə]:
1. *zum Tod führender plötzlicher Stillstand des Herzens:* einen Herzschlag erleiden; an einem Herzschlag sterben. **Syn.:** Herzinfarkt.
2. *Tätigkeit, das Schlagen des Herzens:* der Herzschlag setzt aus.

herz|zer|rei|ßend ['hɛrtstsɛɐ̯raisn̩t] ⟨Adj.⟩: *höchstes Mitleid erregend, äußerst jämmerlich:* das weinende Kind bot einen herzzerreißenden Anblick; sie weinte ganz herzzerreißend. **Syn.:** jämmerlich.

he|te|ro|gen [hetero'ge:n] ⟨Adj.⟩ (bildungsspr.): *nicht gleichartig im inneren Aufbau; uneinheitlich, aus Ungleichartigem zusammengesetzt; ungleichmäßig aufgebaut, ungleichartig, nicht homogen:* eine heterogene Lerngruppe.

he|te|ro|se|xu|ell [heteroze'ksu̯ɛl] ⟨Adj.⟩: *in seinem sexuellen Empfinden und Verhalten zum anderen Geschlecht hinneigend* /Ggs. homosexuell/: heterosexuelle Männer, Frauen.

Het|ze ['hɛtsə], die; -:
1. *übertriebene, überstürzte Eile, das Getrieben-, Gehetztsein:* die Hetze des Alltags hat sie krank gemacht; in fürchterlicher Hetze mussten wir die Koffer packen; die Fahrt zum Bahnhof war eine schreckliche Hetze *(ging in größter Eile vor sich).* **Syn.:** Hast, Hektik.
2. (abwertend) *unsachliche, gehässige, verleumderische, verunglimpfende Äußerungen und Handlungen, die Hassgefühle, feindselige Stimmungen und Emotionen gegen jmdn., etwas erzeugen:* die Zeitungen und das Fernsehen begannen, betrieben eine wilde, maßlose Hetze gegen den Präsidenten. **Syn.:** Agitation (abwertend), Jagd.

het|zen ['hɛtsn̩]:
1. ⟨tr.; hat⟩ **a)** *mit großer Intensität, Anstrengung verfolgen, vor sich hertreiben:* die Polizei hetzt den Verbrecher; Wild mit Hunden [zu Tode] hetzen; der Hund hetzt den Hasen; man hetzte *(jagte)* sie mit Hunden vom Hof. **Syn.:** jagen, verfolgen. **b)** *(ein Tier, besonders einen Hund) dazu veranlassen, jmdn. anzufallen, zu verfolgen:* die Hunde auf jmdn. hetzen. **Syn.:** loslassen.

H
herz

2. ‹itr.; hat› (abwertend) *zum Hass (gegen jmdn.) reizen, Hetze betreiben:* gegen seine Kollegen, die Regierung hetzen. **Syn.:** aufbringen, aufstacheln, aufwiegeln.
3. a) ‹itr.; hat› *in großer Eile sein, etwas hastig tun:* bei dieser Arbeit braucht niemand zu hetzen, wir haben genügend Zeit; sie hetzt den ganzen Tag, ohne auszuruhen; ‹auch + sich› du brauchst dich nicht so zu hetzen. **Syn.:** sich abhetzen, sich beeilen, rasch machen (ugs.).
b) ‹itr.; ist› *sich in großer Hast fortbewegen, irgendwohin begeben; rennen, hasten:* wir mussten sehr hetzen, um noch rechtzeitig am Bahnhof zu sein; mit großen Schritten hetzte er den Flur entlang; sie hetzt von einem Termin zum andern; er hetzte zur Post. **Syn.:** sich beeilen, sich dranhalten (ugs.), eilen, sich sputen (veraltend, noch landsch.).

Heu [hɔy], das; -[e]s:
getrocknetes Gras, das als Futter verwendet wird: nasses, duftendes Heu; eine Fuhre Heu; das Heu wenden.

heu|cheln [ˈhɔyçl̩n]:
a) ‹tr.; hat› *(eine nicht vorhandene gute Eigenschaft, ein Gefühl o. Ä.) als vorhanden erscheinen lassen:* Liebe, Trauer, Überraschung heucheln; er antwortete mit geheuchelter Liebenswürdigkeit. **Syn.:** vorgaukeln, vorspielen, vortäuschen. **b)** ‹itr.; hat› *sich verstellen und nicht seine wirklichen Gedanken äußern, erkennen lassen:* du heuchelst doch nur. **Syn.:** nur so tun (ugs.); so tun, als ob.

heu|er [ˈhɔyɐ] ‹Adverb› (südd., österr., schweiz.):
in diesem Jahr: heuer haben wir dauernd schlechtes Wetter.

Heu|er [ˈhɔyɐ], die; -:
Lohn, den ein Seemann erhält: die Heuer auszahlen, bekommen. **Syn.:** Entgelt, Lohn.

heu|ern [ˈhɔyɐn] ‹tr.; hat›:
1. *für den Dienst auf einem Schiff anwerben:* der Kapitän heuerte eine neue Mannschaft. **Syn.:** anheuern, einstellen, engagieren, verpflichten.
2. *ein Schiff mieten:* einen Schlepper heuern. **Syn.:** chartern.

heu|len [ˈhɔylən] ‹itr.; hat›:
1. (ugs.) *weinen:* sie heulte bitterlich; hör endlich auf zu heulen!; deswegen brauchst du doch nicht zu heulen. **Syn.:** flennen, plärren (abwertend), schluchzen, weinen; *** zum Heulen sein** (ugs.): *sehr deprimierend sein:* es ist zum Heulen, wenn man sieht, wie hier alles vor die Hunde geht.
2. *laute, lang gezogene und dumpfe [klagende] Töne von sich geben:* wir hörten die Wölfe heulen; der Sturm heulte ums Haus.

Heu|schre|cke [ˈhɔyʃrɛkə], die; -, -n:
bräunliches bis grünes Insekt mit Flügeln und meist kräftigen, nach oben gewinkelten, zum Springen ausgebildeten Hinterbeinen: die Heuschrecken fraßen den ganzen Acker kahl.

heu|te [ˈhɔytə] ‹Adverb›:
1. *an diesem Tag:* welches Datum haben wir heute?; heute ist Sonntag; heute gehen wir ins Theater; seit heute läuft ein neuer Film.
2. *in der Gegenwart, in der gegenwärtigen Zeit:* früher arbeitete man mit der Hand, heute machen alles die Maschinen; vieles ist heute anders als früher; die Jugend von heute; heute gibt es mehr Möglichkeiten der Heilung. **Syn.:** heutzutage, jetzt.

heu|tig [ˈhɔytɪç] ‹Adj.›:
1. a) *heute* (1) *stattfindend:* auf der heutigen Veranstaltung spricht ein bekannter Politiker.
b) *heute* (1) *eingetroffen, von heute:* die heutigen Briefe, Zeitungen.
2. *in der jetzigen, gegenwärtigen Zeit gültig, vorhanden:* der heutige Stand der Technik. **Syn.:** aktuell, augenblicklich, gegenwärtig, jetzig, ²modern, momentan, zeitgenössisch.

heut|zu|ta|ge [ˈhɔyttsuta:gə] ‹Adverb›:
in der gegenwärtigen Zeit (im Vergleich zu früher): heutzutage lebt man gefährlicher als früher; 25 000 Euro ist eine Menge Geld, selbst heutzutage; heutzutage ist das nicht mehr üblich. **Syn.:** heute, jetzt.

He|xe [ˈhɛksə], die; -, -n:
1. *im Volksglauben, besonders in Märchen und Sage auftretendes weibliches dämonisches Wesen, meist in Gestalt einer hässlichen, buckligen alten Frau mit langer, krummer Nase, die mit ihren Zauberkräften den Menschen Schaden zufügt und oft mit dem Teufel im Bunde steht:* die Kinder wurden von einer Hexe verzaubert.
2. (abwertend) *[hässliche] bösartige, zänkische, unangenehme weibliche Person* (oft als Schimpfwort): die alte Hexe soll uns in Ruhe lassen!

Hieb [hi:p], der; -[e]s, -e:
a) *gezielter, heftiger Schlag:* ein Hieb mit der Axt genügte, um das Holz zu spalten; jmdm. einen Hieb auf den Kopf geben; einen Hieb abwehren. **Syn.:** Stoß. **Zus.:** Fausthieb, Fechthieb, Peitschenhieb, Stockhieb.
b) ‹Plural› (ugs.) *Prügel* (b): Hiebe bekommen; gleich setzt es Hiebe. **Syn.:** Prügel ‹Plural›, Schläge ‹Plural›.

hier [hi:ɐ̯] ‹Adverb›:
a) ‹räumlich; hinweisend› *an dieser Stelle, diesem Ort, an dem man sich befindet oder auf den man hindeutet:* hier in Europa; der Laden ist hier gegenüber; hier oben, vorn, drinnen; von hier bis zum Waldrand sind es noch 5 Minuten; hier steht geschrieben: … **b)** ‹nachgestellt› bezieht sich auf jmdn., etwas in unmittelbarer Nähe, auf den bzw. worauf ausdrücklich hingewiesen wird: unser Freund hier; wer hat das hier angerichtet?
c) zur Verdeutlichung einer Geste, mit der die sprechende Person der angesprochenen Person etwas überreicht, erteilt: hier habt ihr eine Mark; hier, nimm das Buch! **Syn.:** da. **d)** *in dem vorliegenden Zusammenhang, Fall, Punkt:* auf dieses Problem wollen wir hier nicht weiter eingehen; hier irrst du. **Syn.:** an dieser Stelle, in diesem Fall, in diesem Punkt.

Hie|rar|chie [hi̯erarˈçi:], die; -, -n:
a) *[pyramidenförmige] Rangfolge, Rangordnung:* eine strenge, militärische Hierarchie; die Hierarchie der katholischen Kirche.
b) *Gesamtheit der in einer Rangfolge Stehenden:* Veränderungen in der Hierarchie *(Führungsspitze)* des Konzerns.

hier|her [ˈhi:ɐ̯ˈhe:ɐ̯] ‹Adverb›:
von dort nach hier, an diese

Stelle, diesen Ort hier: auf dem Weg hierher ist er verunglückt; hierher mit dir! **Syn.:** her.

hier|her|ge|hö|ren [hi:ɐ̯ˈhe:ɐ̯ ɡəhø:rən], gehörte hierher, hierhergehört ⟨itr.; hat⟩:
1. *an diese Stelle, diesen Ort hier gehören:* der Stuhl gehört nicht hierher.
2. *in diesen Zusammenhang gehören, dafür wichtig sein:* dieser persönliche Vorwurf gehört nicht hierher.

hie|r|in [ˈhi:ˈrɪn] ⟨Pronominaladverb⟩:
in diesem Punkte, in dieser Beziehung: hierin gebe ich dir recht; hierin hat er sich geirrt. **Syn.:** darin, was das betrifft.

H
hier

hier|mit [ˈhi:ɐ̯ˈmɪt] ⟨Pronominaladverb⟩:
1. *mit dieser Sache, Angelegenheit, diesem soeben erwähnten Gegenstand, Mittel o. Ä.:* hiermit kann ich nichts anfangen; hiermit hatte der Betrieb großen Erfolg. **Syn.:** dadurch, damit.
2. *auf diese Weise; [gleichzeitig] mit diesem Geschehen, Vorgang o. Ä.:* hiermit beendete er seine Rede; hiermit *(mit diesen Worten)* erkläre ich die Ausstellung für eröffnet. **Syn.:** so.

hie|r|ü|ber [ˈhi:ˈry:bɐ] ⟨Pronominaladverb⟩:
in Bezug auf die soeben erwähnte Sache, Angelegenheit: hierüber sollte man sich nicht streiten; wir sollten uns hierüber noch einmal Gedanken machen. **Syn.:** darüber.

hie|r|un|ter [ˈhi:ˈrʊntɐ] ⟨Pronominaladverb⟩:
1. *in Bezug auf diese soeben erwähnte Sache, Angelegenheit:* hierunter kann ich mir nichts vorstellen; die Diagnose lautete Neurodermitis. Hierunter versteht man eine entzündliche Hauterkrankung. **Syn.:** darunter.
2. *unter die soeben erwähnte Gruppe, Kategorie o. Ä.:* bestimmte Teile der Bevölkerung gelten als besonders gefährdet. Hierunter fallen vor allem Kleinkinder und alte Menschen.

hier|von [ˈhi:ɐ̯ˈfɔn] ⟨Pronominaladverb⟩:
1. *von dieser Stelle, diesem Gegenstand [entfernt]:* einige Meter hiervon entfernt. **Syn.:** davon.
2. a) *von diesem [soeben erwähnten] Gegenstand hier:* machen Sie bitte hiervon eine Kopie. **Syn.:** davon. **b)** *von dieser Sache, Angelegenheit:* hiervon sind wir wohl eher nicht betroffen. **Syn.:** davon.

hier|zu [ˈhi:ɐ̯ˈtsu:] ⟨Pronominaladverb⟩:
1. *dazu:* hierzu bin ich in der Eile nicht mehr gekommen.
2. *im Hinblick auf, in Bezug auf diese soeben erwähnte Sache, Angelegenheit:* hierzu gab der Politiker keinen Kommentar ab. **Syn.:** diesbezüglich, zu diesem Punkt, zu dieser Frage.

hier|zu|lan|de [ˈhi:ɐ̯tsuˈlandə] ⟨Adverb⟩:
hier in diesem Lande, in dieser Gesellschaft, bei uns (im Vergleich zu anderen Ländern): italienische Möbel sind hierzulande sehr teuer. **Syn.:** bei uns, hier.

hie|sig [ˈhi:zɪç] ⟨Adj.⟩:
hier [in dieser Gegend] ansässig, vorhanden, von hier stammend: die hiesige Bevölkerung; die hiesigen Zeitungen, Gebräuche; er ist kein Hiesiger *(Einheimischer).*

Hil|fe [ˈhɪlfə], die; -, -n:
1. *das Helfen; das Tätigwerden zu jmds. Unterstützung:* nachbarliche, ärztliche, finanzielle Hilfe; er hat es ohne fremde Hilfe geschafft; Hilfe in der Not; Hilfe zur Selbsthilfe; Hilfe leisten; jmdn. um Hilfe bitten; um Hilfe rufen; niemand kam dem Verunglückten zu Hilfe. **Syn.:** Beistand, Stütze. **Zus.:** Geburtshilfe, Lernhilfe, Nachbarschaftshilfe, Orientierungshilfe, Soforthilfe, Starthilfe.
2. *finanzielle Unterstützung:* Hilfen bereitstellen; mit staatlicher Hilfe. **Syn.:** Zuwendung.
3. *Person, die für Arbeiten in einem Haushalt, Geschäft angestellt ist:* die Frau braucht eine Hilfe für den Haushalt. **Syn.:** Helfer, Helferin. **Zus.:** Haushaltshilfe, Küchenhilfe, Putzhilfe.

-hil|fe [hɪlfə], die; -, -n ⟨Suffixoid⟩:
mit betontem substantivischem oder verbalem Basiswort: *Person, die berufsmäßig eine gering qualifizierte Tätigkeit ohne eigenen Verantwortungsbereich ausübt [und dabei vorwiegend anderen zuarbeitet]:* Bürohilfe; Haushaltshilfe; Küchenhilfe; Putzhilfe.

hilf|los [ˈhɪlflo:s] ⟨Adj.⟩:
a) *sich selbst nicht helfen könnend, auf Hilfe angewiesen:* ein hilfloser Greis; sie lag hilflos auf der Straße. **Syn.:** machtlos, ratlos. **b)** *sich aus Ungeschicklichkeit, Verwirrtheit o. Ä. nicht recht zu helfen wissend:* eine hilflose Geste; hilflos stammelte er ein paar Worte. **Syn.:** unbeholfen, ungeschickt, verwirrt.

hilf|reich [ˈhɪlfrai̯ç] ⟨Adj.⟩:
1. *hilfsbereit; helfend:* ein hilfreicher Mensch; jmdm. hilfreich zur Seite stehen. **Syn.:** entgegenkommend, gefällig, hilfsbereit.
2. *in einer bestimmten Situation sehr förderlich und nützlich:* das Buch ist ein äußerst hilfreicher Ratgeber; diese Kritik war sehr hilfreich. **Syn.:** brauchbar, gut, konstruktiv (bildungsspr.), lohnend, tauglich.

hilfs|be|reit [ˈhɪlfsbərai̯t] ⟨Adj.⟩:
bereit zu helfen; andern mit seiner Hilfe im entsprechenden Augenblick zur Verfügung stehend: ein hilfsbereiter Mensch; er ist nicht sehr hilfsbereit. **Syn.:** entgegenkommend, gefällig, hilfreich.

Hilfs|be|reit|schaft [ˈhɪlfsbərai̯tʃaft], die; -:
[ständige] Bereitschaft, anderen zu helfen: an jmds. Hilfsbereitschaft appellieren; er war auf ihre Hilfsbereitschaft angewiesen. **Syn.:** Entgegenkommen, Güte.

Hilfs|mit|tel [ˈhɪlfsmɪtl̩], das; -s, -:
Mittel als Hilfe zum Erreichen eines Ziels: technische Hilfsmittel; der Schüler benutzte verbotene Hilfsmittel.

Him|bee|re [ˈhɪmbe:rə], die; -, -n:
a) *als stachliger Strauch wachsende Pflanze mit hellgrünen, gefiederten Blättern, kleinen, weißen Blüten und roten, aus vielen kleinen Früchtchen zusammengesetzten, essbaren Beeren:* Himbeeren im Garten haben.
b) *Frucht der Himbeere* (a): die ersten Himbeeren reifen im Juni.

Him|mel [ˈhɪml̩], der; -s:
1. *luftiger, wie eine Halbkugel*

wirkender Raum über der Erde, zu dem auch der Mond und die Sterne gehören: ein blauer, wolkenloser Himmel; der Himmel ist bedeckt, trübe, verhangen; der Himmel klärt sich auf, bezieht sich; die Sonne steht hoch am Himmel; so weit der Himmel reicht *(so weit man sehen kann, überall).* **Syn.:** Äther (geh.), Firmament (geh.). **Zus.:** Sternenhimmel, Wolkenhimmel.
2. (bes. christl. Rel.) *der Hölle oder der Erde als dem Diesseits gegenüberstehender Aufenthalt Gottes (der Engel und der Seligen)* /Ggs. Hölle/: der Vater im Himmel; in den Himmel kommen. **Syn.:** Reich Gottes.

Him|mels|kör|per ['hɪml̩skœrpɐ], der; -s, -:
außerhalb der Erde, im All befindlicher (von der Astronomie zu untersuchender) Körper: einen Himmelskörper [mit dem Fernglas] beobachten. **Syn.:** Gestirn, Planet, Stern.

Him|mels|rich|tung ['hɪml̩srɪçtʊŋ], die; -, -en:
eine der vier Seiten des Horizonts: die vier Himmelsrichtungen heißen Norden, Osten, Süden, Westen; sie kamen aus allen Himmelsrichtungen *(von überall her).*

himm|lisch ['hɪmlɪʃ] ⟨Adj.⟩:
1. *den Himmel, das Jenseits betreffend, von dort, von Gott ausgehend:* eine himmlische Fügung; die himmlischen Mächte. **Syn.:** göttlich.
2. (emotional) *jmds. Entzücken, höchstes Wohlbehagen hervorrufend:* hier draußen herrscht eine himmlische Ruhe; das Wetter ist [einfach] himmlisch; das Essen schmeckt himmlisch; sie kocht himmlisch. **Syn.:** exzellent, herrlich (emotional), hervorragend, klasse (ugs.), paradiesisch, prima, sehr gut, spitze (ugs.), toll (ugs.), unübertrefflich, vortrefflich, wunderbar, wundervoll (emotional).

hin [hɪn] ⟨Adverb⟩:
1. a) ⟨räumlich⟩ *in Richtung auf; zu einem bestimmten Punkt:* die Fenster liegen zur Straße hin; nach rechts hin. **b)** ⟨zeitlich⟩ *auf… zu:* gegen Mittag, zum Winter hin.
2. (drückt die Erstreckung aus): **a)** ⟨räumlich⟩ über die ganze Welt hin; an der Mauer hin *(entlang);* vor sich hin *(für sich)* reden, gehen. **b)** ⟨zeitlich⟩ durch viele Jahre hin.
3. * auf… hin: a) *aufgrund einer Sache und im Anschluss daran:* wir taten es auf ihren Rat hin; er wurde auf seine Anzeige hin verhaftet. **b)** *in Hinblick auf:* jmdn. auf Tuberkulose hin untersuchen. **c)** *mit der Ziel-, Zweckrichtung auf:* etwas auf die Zukunft hin planen; auf etwas hin angelegt sein.
4. (ugs.) **a)** *zerstört, nicht mehr brauchbar sein:* der Teller, das Auto, der Motor ist hin. **Syn.:** defekt sein, entzwei sein, kaputt sein, lädiert sein, ramponiert sein. **b)** *verloren, weg sein:* der gute Ruf ist sowieso schon lange hin. **c)** *entzückt, begeistert sein:* wir waren ganz hin von der Musik. **Syn.:** beflügelt sein (geh.), beglückt sein, berauscht sein, bezaubert sein, gebannt sein (geh.), gefesselt sein, hingerissen sein.

hin- [hɪn] ⟨trennbares, betontes verbales Bestimmungswort⟩:
1. *nach dort, auf ein Ziel zu:* hingehen; hinlaufen.
2. *nach unten an eine bestimmte Stelle:* hinlegen; hinwerfen.
3. drückt aus, das etwas langsam, schleppend und stetig verläuft und längere Zeit anhält: hinsiechen; hingammeln.
4. *drückt aus, dass jmd. wenig Gedanken oder Mühe auf etwas verwendet:* (etwas so) hinsagen; hinschreiben.

hi|n|ab [hɪ'nap] ⟨Adverb⟩:
von hier oben nach dort unten: der Sprung von der Mauer hinab. **Syn.:** hinunter.

hi|n|ab- [hɪnap] ⟨trennbares, betontes verbales Bestimmungswort⟩:
von oben nach dort unten: hinabwerfen.

hi|n|auf [hɪ'naʊ̯f] ⟨Adverb⟩:
a) *von hier unten nach dort oben:* los, hinauf mit dir auf den Wagen!; den Berg hinauf ging es schwerer; jmdn. bis hinauf begleiten. **Syn.:** aufwärts, hoch, nach oben. **b)** *(im Grad, Rang auf einer Stufenleiter) [bis] nach oben [steigend]:* vom einfachen Soldaten bis hinauf zum höchsten Offizier.

hi|n|auf- [hɪnaʊ̯f] ⟨trennbares, betontes verbales Bestimmungswort⟩:
von unten nach dort oben…: hinaufklettern.

hi|n|auf|ar|bei|ten [hɪ'naʊ̯f|arbai̯tn̩], arbeitete hinauf, hinaufgearbeitet ⟨+ sich⟩:
1. *sich unter Anstrengung nach oben bewegen:* sich an der Wand hinaufarbeiten.
2. *sich hocharbeiten:* du hast dich ja schnell zum Direktor hinaufgearbeitet. **Syn.:** aufsteigen, emporarbeiten, es zu etwas bringen.

hi|n|aus [hɪ'naʊ̯s] ⟨Adverb⟩:
1. *aus diesem [engeren] Bereich in einen anderen [weiteren], besonders aus dem Inneren von etwas nach draußen:* hinaus aus dem Zimmer mit euch!; hinaus in die Ferne; hinaus aufs Meer; zur Seite hinaus.
2. * auf… hinaus: *auf die Dauer von, für:* sie hat auf Jahre hinaus vorgesorgt.

hi|n|aus- [hɪnaʊ̯s] ⟨trennbares, betontes verbales Bestimmungswort⟩:
1. *von hier drinnen nach dort draußen:* hinaustragen; hinauswerfen.
2. *weiter als ein bestimmter Punkt:* (darüber) hinausgehen; hinausgelangen.

hi|naus|ekeln [hɪ'naʊ̯s|eːkl̩n], ekelte hinaus, hinausgeekelt ⟨tr.; hat⟩ (ugs.):
(jmdn.) durch schlechtes Behandeln, Schikanieren zum Verlassen (von etwas) veranlassen: durch dauernde unsachliche Kritik hat man ihn aus der Versammlung hinausgeekelt. **Syn.:** vertreiben.

hi|naus|flie|gen [hɪ'naʊ̯sfliːgn̩], flog hinaus, hinausgeflogen:
1. ⟨itr.; ist⟩ *nach draußen, in die Ferne fliegen:* der Vogel ist zum Fenster hinausgeflogen; der Ballon ist auf das Meer hinausgeflogen.
2. ⟨tr.; hat⟩ *ausfliegen* (3 b): die Menschen wurden aus dem brennenden Tal hinausgeflogen. **Syn.:** abtransportieren, evakuieren.
3. ⟨itr.; ist⟩ (ugs.) *(in/bei etwas) seine Stellung verlieren, entlassen werden:* nach dem Diebstahl ist er aus dem Betrieb hinausgeflogen. **Syn.:** auf die Straße gesetzt/geworfen werden (ugs.),

H
hina

gefeuert werden (ugs.), gekündigt werden, in die Wüste geschickt werden (ugs.), vor die Tür gesetzt werden (ugs.).

hi|n|aus|ge|hen [hɪˈnau̯sgeːən], ging hinaus, hinausgegangen ⟨itr.; ist⟩:
1. a) *von drinnen nach draußen gehen:* aus dem Zimmer in den Garten hinausgehen. **Syn.:** etw. verlassen, ins Freie treten. **b)** *in die Ferne gehen, wandern:* in die Welt hinausgehen.
2. *nach etwas gelegen, gerichtet sein und Durchluss oder Durchblick haben, gewähren:* die Tür geht in den Garten, das Fenster geht auf die Straße hinaus. **Syn.:** führen.
3. *eine Grenze, ein gewisses Maß überschreiten:* dies geht über meine Kräfte hinaus; ihr Wissen ging weit über den Durchschnitt hinaus. **Syn.:** überragen, übersteigen, übertreffen.

hi|n|aus|lau|fen [hɪˈnau̯slau̯fn̩], läuft hinaus, lief hinaus, hinausgelaufen ⟨itr.; ist⟩:
1. *von drinnen nach dort draußen laufen:* auf die Straße, in den Garten hinauslaufen.
2. *zur Folge, im Lauf einer Entwicklung als Ergebnis haben:* der Plan läuft auf eine Stilllegung hinaus; es läuft darauf hinaus, dass ich die Arbeit allein machen muss.

hi|n|aus|zie|hen [hɪˈnau̯st͜siːən], zog hinaus, hinausgezogen:
1. ⟨itr.; ist⟩ **a)** *nach draußen, in die Ferne ziehen, wandern, sich bewegen:* in die Welt hinausziehen; die Musikanten sind zur Stadt hinausgezogen. **b)** *seinen Wohnsitz (nach außerhalb) verlegen:* in die Vorstadt hinausziehen. **Syn.:** übersiedeln, umziehen.
2. ⟨itr.; ist⟩ *nach draußen ziehen, dringen:* der Rauch ist [durch die Luke] hinausgezogen. **Syn.:** abziehen, sich verziehen.
3. a) ⟨tr.; hat⟩ *aufschieben, verschieben, sich über längere Zeit erstrecken lassen und so verzögern, in die Länge ziehen:* geschickt hat sie die Verhandlungen hinausgezogen; der Politiker hat seine Entscheidung hinausgezogen. **Syn.:** auf die lange Bank schieben (ugs.), auf Eis legen (ugs.), verschieben, verschleppen, verzögern, zurückstellen. **b)** ⟨+ sich⟩ *sich über [unerfreulich, unerwartet] lange Zeit erstrecken, verzögern:* die Verhandlungen haben sich hinausgezogen; der Abflug zog sich immer mehr hinaus. **Syn.:** andauern, sich ziehen.

Hin|blick [ˈhɪnblɪk]:
in der Wendung **in/im Hinblick auf:** *bei Betrachtung/Berücksichtigung von etwas:* in Hinblick auf die zu erwartenden Schwierigkeiten sollten rechtzeitig Vorsorgemaßnahmen getroffen werden. **Syn.:** angesichts (geh.), bei, wegen.

hin|brin|gen [ˈhɪnbrɪŋən], brachte hin, hingebracht ⟨tr.; hat⟩:
1. *(an einen bestimmten Ort) bringen:* er hat die Waren [zu ihr] hingebracht. **Syn.:** liefern.
2. *(eine bestimmte Zeit mit etwas) verbringen, (für etwas) brauchen:* das Gericht hat zwei Wochen mit dem Prozess hingebracht.
3. (ugs.) *fertigbringen:* er bringt die Arbeit einfach nicht hin; ob sie es einmal hinbringen wird, pünktlich zu sein? **Syn.:** bewerkstelligen (Papierdt.), fertigbringen (ugs.), hinkriegen (ugs.), schaffen, zuwege bringen.

hin|der|lich [ˈhɪndɐlɪç] ⟨Adj.⟩:
1. *in der Bewegung hindernd; die Bewegungsfähigkeit beeinträchtigend:* der Verband ist sehr hinderlich. **Syn.:** hemmend, lästig, störend.
2. *sich als ein Hindernis* (1) *erweisend:* dein schlechtes Zeugnis kann dir/für dich hinderlich werden; dieser Vorfall war seiner Karriere sehr hinderlich; sich hinderlich auf etwas auswirken. **Syn.:** nachteilig, nicht förderlich.

hin|dern [ˈhɪndɐn] ⟨tr.; hat⟩:
1. *jmdn. in die Lage bringen, dass er etwas Beabsichtigtes nicht tun kann; jmdm. etwas unmöglich machen:* der Polizist hinderte ihn an der Weiterfahrt; sie hat ihn daran gehindert, das Buch aufzuheben; der Nebel hinderte die jungen Männer nicht, noch schneller zu fahren. **Syn.:** abhalten, abschrecken, beeinträchtigen, [2]durchkreuzen, einen Strich durch die Rechnung machen (ugs.), sich entgegenstellen, erschweren, hemmen, lähmen, lahmlegen, unmöglich machen, vereiteln, verhindern, zurückhalten.
2. *sich als störend (bei etwas) erweisen:* der Verband hindert mich beim Schreiben. **Syn.:** behindern, stören.

hindern/behindern/verhindern:
s. Kasten Seite 495.

Hin|der|nis [ˈhɪndɐnɪs], das; -ses, -se:
1. *hindernder Umstand, Sachverhalt; Hemmnis, Schwierigkeit:* dieser Umstand ist kein Hindernis für die Verwirklichung unseres Plans; ein Hindernis aus dem Weg räumen, überwinden; eine Reise mit Hindernissen. **Syn.:** Ärger, Problem.
2. *etwas, was das direkte Erreichen eines Ziels, das Weiterkommen be- oder verhindert:* die hohe Mauer war ein unüberwindliches Hindernis; ein Hindernis errichten, beseitigen, wegräumen. **Syn.:** Barriere, Handicap. **Zus.:** Verkehrshindernis.

hin|deu|ten [ˈhɪndɔy̯tn̩], deutete hin, hingedeutet ⟨itr.; hat⟩:
1. *auf etwas, jmdn., in eine bestimmte Richtung deuten:* [mit der Hand] auf jmdn. hindeuten; er hat mit dem Kopf auf den Schrank hingedeutet.
2. *(auf etwas) schließen lassen:* alle Anzeichen deuten auf eine Infektion hin; diese Spuren deuten auf ein Verbrechen hin. **Syn.:** anzeigen, signalisieren, verraten, zeigen.

Hin|du|is|mus [hɪnduˈɪsmʊs], der; -:
indische Volksreligion: das Kastenwesen ist ein typisches Merkmal des Hinduismus.

hin|durch [hɪnˈdʊrç] ⟨Präp. mit Akk., nachgestellt⟩:
über einen bestimmten Zeitraum hinweg; während. **Syn.:** durch, über.

hin|durch- [hɪnˈdʊrç] ⟨trennbares, betontes verbales Bestimmungswort⟩:
kennzeichnet eine Bewegung, die auf der einen Seite in etwas hinein- u. auf der anderen Seite wieder herausführt: hindurchfließen; hindurchgehen.

hin|durch|zie|hen [hɪnˈdʊrçt͜siːən], zog hindurch, hindurchgezogen:
1. ⟨itr.; ist⟩ *durch einen Ort, ein Gebiet ziehen:* die Karawane ist

hindern/behindern/verhindern

Beim Gebrauch dieser Verben treten gelegentlich Schwierigkeiten auf. Das Verb **behindern** bedeutet *hemmen; störend aufhalten;* es drückt aus, dass etwas erschwert wird, aber nicht, dass es unmöglich gemacht wird: – Der Betrunkene behinderte den Verkehr. – Die Spielerinnen behinderten sich gegenseitig. Das Verb **verhindern** bedeutet dagegen *bewirken, dass etwas nicht geschieht oder getan wird.* Wer etwas verhindert, macht es unmöglich: – Sie verhinderte ein Unglück. – Der Chef war dienstlich verhindert *(er konnte nicht kommen).*	Das einfache Verb **hindern** kann sowohl im Sinne von *behindern* als auch im Sinne von *verhindern* eingesetzt werden: – Der Verband hinderte sie sehr beim Schreiben. – Der Nebel hinderte ihn, schneller zu fahren. In Verbindung mit der Präposition »an« hat »hindern« immer die Bedeutung *verhindern:* – Der Lärm hinderte mich am Einschlafen. – Niemand kann mich daran hindern, morgen abzureisen.

durch die Wüste hindurchgezogen.
2. ⟨tr.; hat⟩ *etwas durch etwas ziehen:* den Faden durch das Nadelöhr hindurchziehen.
3. ⟨+ sich⟩ *(als ein und dasselbe) bis zum Ende in etwas enthalten sein, sich durchgängig zeigen:* dieses Motiv zieht sich durch den ganzen Film hindurch.

hi|n|ein [hɪˈnai̯n] ⟨Adverb⟩: *von einem Bereich in diesen anderen, besonders von hier draußen nach dort drinnen:* hinein [mit euch] ins Haus!; oben hinein; zur Tür hinein.

hi|n|ein- [hɪnai̯n] ⟨trennbares, betontes verbales Bestimmungswort⟩: *von draußen nach dort drinnen:* hineinsprechen; hineintragen.

hi|n|ein|den|ken [hɪˈnai̯ndɛŋkn̩], dachte hinein, hineingedacht ⟨+ sich⟩: *sich durch Nachdenken oder Nachempfinden an jmds. Stelle versetzen:* warum bist du nicht bereit, dich in meine Lage hineinzudenken? **Syn.:** sich einfühlen, sich hineinversetzen, nachempfinden.

hi|n|ein|knien [hɪˈnai̯nkni:n], kniete hinein, hineingekniet ⟨+ sich⟩ (ugs.): *sich (mit etwas) gründlich beschäftigen, sich (in etwas) sehr vertiefen:* um seinen Kummer zu vergessen, hat er sich in seine Arbeit hineingekniet. **Syn.:** sich befassen mit, sich widmen.

hi|n|ein|stei|gern [hɪˈnai̯nʃtai̯gɐn], steigerte hinein, hineingesteigert ⟨+ sich⟩:
1. *sich in einen Gemüts- und Bewusstseinszustand immer mehr steigern:* er hat sich in [eine] unbändige Wut hineingesteigert; sich in die Vorstellung hineinsteigern, dass etwas Schreckliches passiert sei. **Syn.:** übertreiben, [2]überziehen.
2. *sich so intensiv mit etwas beschäftigen, dass man nicht mehr davon loskommt:* sich in eine Sache, ein Problem hineinsteigern. **Syn.:** sich aufregen (ugs.), sich ereifern, sich erregen.

hi|n|ein|ver|set|zen [hɪˈnai̯nfɛɐ̯zɛtsn̩], versetzte hinein, hineinversetzt ⟨+ sich⟩: *sich in jmds. Lage versetzen; (jmdn. in seinem Denken, Empfinden) gut verstehen:* er konnte sich in seinen Freund, ihre Situation gut hineinversetzen. **Syn.:** sich einfühlen, sich hineindenken, nachempfinden.

hin|fah|ren [ˈhɪnfa:rən], fährt hin, fuhr hin, hingefahren:
1. ⟨itr.; ist⟩ *(an einen bestimmten Ort, zu einer bestimmten Person) fahren:* zu seinen Eltern hinfahren; wir sind mit dem Auto zu ihm hingefahren. **Syn.:** reisen.
2. ⟨tr.; hat⟩ *(mit einem Fahrzeug an einen bestimmten Ort, zu einer bestimmten Person) bringen:* ich fuhr ihn mit dem Auto zu ihr hin. **Syn.:** fahren.
3. ⟨itr.; ist⟩ *[mit der Hand] (über etwas) streichen, fahren, wischen:* mit der Hand über die Zeitung hinfahren, um sie zu glätten.

Hin|fahrt [ˈhɪnfa:ɐ̯t], die; -, -en: *Fahrt von einem Ort hin zu einem anderen (wobei eine spätere Rückfahrt vorgesehen ist)* /Ggs. Rückfahrt/: auf der Hinfahrt traf ich einen Freund, auf der Rückfahrt war ich allein.

hin|fal|len [ˈhɪnfalən], fällt hin, fiel hin, hingefallen ⟨itr.; ist⟩: *beim Gehen, Laufen zu Boden fallen, stürzen:* das Kind ist hingefallen; der Länge nach hinfallen. **Syn.:** fliegen (ugs.), sich hinlegen (ugs.), plumpsen (ugs.).

hin|fäl|lig [ˈhɪnfɛlɪç] ⟨Adj.⟩:
1. *inzwischen nicht mehr notwendig, nicht mehr geltend:* meine Einwände sind hinfällig geworden. **Syn.:** gegenstandslos, grundlos, haltlos.
2. *durch Krankheit, vielerlei Beschwerden (besonders des Alters) stark geschwächt:* ein hinfälliger alter Mann; sie ist schon sehr hinfällig. **Syn.:** gebrechlich, klapprig (ugs.), senil.

Hin|ga|be [ˈhɪnga:bə], die; -:
1. *große innere Beteiligung, großer Eifer; Leidenschaft:* er spielte mit Hingabe Klavier; einen Kranken voller Hingabe pflegen; sich einer Sache mit Hingabe widmen. **Syn.:** Begeisterung, Eifer, Einsatz, Idealismus.
2. *rückhaltloses Sichhingeben für/an jmdn., etwas:* religiöse Hingabe; bedingungslose Hingabe an Gott, an die Gemeinschaft.

hin|ge|ben [ˈhɪnge:bn̩], gibt hin, gab hin, hingegeben:
1. ⟨tr.; hat⟩ (geh.) *opfern:* sein Leben für jmdn. hingeben. **Syn.:** darbringen (geh.).
2. ⟨+ sich⟩ **a)** *sich einer Sache eifrig widmen, völlig überlassen:* sich dem Vergnügen, dem Genuss hingeben; darüber gebe ich mich keinen Illusionen hin *(darüber mache ich mir keine*

Illusionen); sich an eine Aufgabe hingeben. **Syn.:** arbeiten an, sich abgeben mit (ugs.), sich auseinandersetzen mit, sich befassen mit, sich widmen.
b) (verhüll.) *mit einem Mann intime Beziehungen aufnehmen, haben:* sie gab sich ihm hin.

hin|ge|gen [hɪnˈɡeːɡn̩] ⟨Konj.⟩: *aber:* sie redet viel, er hingegen ist eher ruhig.

hin|ge|hen [ˈhɪnɡeːən], ging hin, hingegangen ⟨itr.; ist⟩:
1. *(an einen bestimmten Ort) gehen, jmdn., etwas aufsuchen:* wo willst du hingehen?; er ist krank, du musst einmal hingehen. **Syn.:** aufsuchen, besuchen.
2. *ein bestimmtes Ziel haben:* niemand wusste, wo die Reise, das Schiff hinging.
3. *vergehen:* der Sommer ging hin; über *(bei)* dieser Arbeit war der Nachmittag schnell hingegangen. **Syn.:** entschwinden (geh.), ins Land gehen/ziehen, verfliegen (geh.), verfließen (geh.), verstreichen.
4. *unbeanstandet akzeptiert, hingenommen werden, durchgehen:* diese Arbeit mag hingehen, geht gerade noch hin *(ist gerade noch tragbar);* diesmal mag es hingehen; [jmdm.] etwas hingehen lassen *(durchgehen lassen).* **Syn.:** angehen.

hin|ge|hö|ren [ˈhɪnɡəhøːrən], gehörte hin, hingehört ⟨itr.; hat⟩:
a) *(an einer Stelle, wo es fehlt) eingefügt werden müssen, seinen Platz haben:* wo gehört diese Seite hin? **b)** *angebracht, passend sein:* diese Bemerkung hat hier, da, dort nicht hingehört.

hin|hal|ten [ˈhɪnhaltn̩], hält hin, hielt hin, hingehalten ⟨tr.; hat⟩:
1. *so halten, dass es jmd. ergreifen (oder sehen) kann:* sie hielt ihm die Hand, ein Glas Wasser, ihren Ausweis hin.
2. *auf das Erfüllen einer Forderung warten lassen:* die Gläubiger mit Ausreden hinhalten. **Syn.:** vertrösten.

hin|ken [ˈhɪŋkn̩]:
1. a) ⟨itr.; hat⟩ *[infolge eines Leidens an Bein oder Hüfte in der Fortbewegung behindert sein und daher] beim Gehen ein Bein nachziehen:* seit dem Unfall hinkt er; mit dem, auf dem rechten Bein hinken. **Syn.:** humpeln, lahmen. **b)** ⟨itr.; ist⟩ *sich hinkend* (1 a) *irgendwohin bewegen:* über die Straße, nach Hause hinken.
2. ⟨itr.; hat⟩ *(von Vergleichen o. Ä.) nicht passen, nicht zutreffen:* der Vergleich hinkt.

hin|kom|men [ˈhɪnkɔmən], kam hin, hingekommen ⟨itr.; ist⟩:
1. *(an einen bestimmten Ort) kommen:* als ich hinkam, war der Vortrag schon zu Ende; kommst du auch [zu der Versammlung] hin?
2. *irgendwo seinen Platz erhalten:* wo kommen die Bücher hin?; wo ist nur meine Uhr hingekommen? *(wohin ist sie geraten?).*
3. (ugs.) *auskommen* (1 a): ich bin mit dem Geld nicht hingekommen.
4. (ugs.) *in Ordnung kommen; richtig, ausreichend sein, das richtige Ausmaß erreichen:* das Gewicht kommt ungefähr hin; die Sache wird schon hinkommen.

hin|krie|gen [ˈhɪnkriːɡn̩], kriegte hin, hingekriegt ⟨tr.; hat⟩ (ugs.):
1. *fertigbringen:* diese spezielle Farbnuance krieg ich einfach nicht hin. **Syn.:** bewerkstelligen, deichseln (ugs.), drehen (ugs.), hinbringen (ugs.), verwirklichen.
2. *in Ordnung bringen:* das kriegen wir schon wieder hin.

hin|läng|lich [ˈhɪnlɛŋlɪç] ⟨Adj.⟩: *so, dass es schon genügt:* für hinlänglichen Ersatz sorgen; das ist hinlänglich bekannt. **Syn.:** angemessen, ausreichend, genug, genügend, hinreichend, leidlich.

hin|le|gen [ˈhɪnleːɡn̩], legte hin, hingelegt:
1. ⟨tr.; hat⟩ **a)** *etwas an eine bestimmte Stelle legen:* jemand hatte [ihr] einen anderen Schlüssel hingelegt. **Syn.:** deponieren, niederlegen (geh.), platzieren. **b)** (ugs.) *(eine beträchtliche Summe) bezahlen:* dafür musste sie 1 000 Euro hinlegen. **Syn.:** aufwenden, ausgeben, blechen (ugs.), lockermachen (ugs.). **c)** *aus der Hand legen, weglegen:* leg das Messer sofort hin! **d)** *jmdn. an eine bestimmte Stelle legen, betten; auf ein Lager legen, zur Ruhe legen:* sie trugen den Verletzten an den Straßenrand und legten ihn hin; nach dem Essen legte die Mutter das Baby hin. **Syn.:** schlafen legen.
2. ⟨+ sich⟩ **a)** *sich an eine bestimmte Stelle legen:* sich auf den Erdboden hinlegen; sich flach hinlegen. **b)** *sich schlafen legen; sich auf ein Lager, zur Ruhe legen:* sich zeitig hinlegen; ich habe mich für eine halbe Stunde hingelegt. **c)** (ugs.) *hinfallen, hinstürzen:* sich der Länge nach hinlegen. **Syn.:** fliegen (ugs.), plumpsen (ugs.), stürzen.
3. (ugs.) *mustergültig, gekonnt ausführen, darbieten:* einen Walzer hinlegen; eine großartige Leistung hinlegen.

hin|neh|men [ˈhɪnneːmən], nimmt hin, nahm hin, hingenommen ⟨tr.; hat⟩:
mit Gleichmut aufnehmen; sich (etwas) gefallen lassen: etwas als selbstverständlich hinnehmen; er nahm die Vorwürfe gelassen hin.; etwas als Tatsache, als unabänderlich hinnehmen; etwas nicht länger hinnehmen; eine Niederlage hinnehmen müssen *(nichts dagegen tun können).* **Syn.:** akzeptieren, auf sich nehmen, aushalten, einstecken (ugs.), erdulden, ertragen, mitmachen (ugs.), schlucken (ugs.), sich bieten lassen, sich [1]ergeben in, sich fügen in, sich schicken in, tragen, über sich ergehen lassen.

hin|rei|chend [ˈhɪnrai̯çn̩t] ⟨Adj.⟩: *genügend, nicht zu wenig für einen bestimmten Zweck:* hinreichende Mittel stehen dafür zur Verfügung; sich hinreichend informieren. **Syn.:** angemessen, ausreichend, genug, hinlänglich, leidlich.

hin|rei|ßen [ˈhɪnrai̯sn̩], riss hin, hingerissen ⟨tr.; hat⟩:
1. *entzücken, begeistern:* er konnte das Publikum hinreißen; ⟨häufig im 1. und 2. Partizip⟩ sie sang hinreißend; sie war hinreißend schön; wir waren ganz hingerissen von seinem Gesang. **Syn.:** bannen (geh.), beflügeln (geh.), beglücken, berauschen, bezaubern, erfreuen, fesseln, gefangen nehmen, in Begeisterung versetzen, in seinen Bann ziehen, mit Begeisterung erfüllen, mit sich reißen, mitreißen, trunken machen (geh.).
2. *gefühlsmäßig überwältigen und zu etwas verleiten:* sich von

H
hing

seinen Gefühlen, sich zu einer Beleidigung hinreißen lassen. **Syn.:** beeinflussen, in Versuchung bringen, verführen, verlocken (geh.).

hin|rich|ten [ˈhɪnrɪçtn̩], richtete hin, hingerichtet ⟨tr.; hat⟩: *aufgrund eines Todesurteils töten:* früher wurden Verräter öffentlich hingerichtet; in den USA ist wieder ein zum Tode Verurteilter hingerichtet worden. **Syn.:** liquidieren.

Hin|rich|tung [ˈhɪnrɪçtʊŋ], die; -, -en: *das Hinrichten; das Hingerichtetwerden:* der Verurteilte wartet auf seine Hinrichtung; eine Hinrichtung vollstrecken.

hin|set|zen [ˈhɪnzɛt͜sn̩], setzte hin, hingesetzt ⟨+ sich⟩: *eine sitzende Haltung einnehmen, sich setzen:* setzt euch bitte [gerade] hin; du kannst dich wieder hinsetzen.

Hin|sicht [ˈhɪnzɪçt], die; -, -en: *Blickwinkel, Gesichtspunkt:* in dieser, gewisser, mancher, verschiedener, vieler, jeder, keiner, einer anderen Hinsicht hat er recht; das ist vor allem in finanzieller Hinsicht problematisch; in Hinsicht auf den Preis *(hinsichtlich des Preises)* müssen wir uns noch einigen.

hin|sicht|lich [ˈhɪnzɪçtlɪç] ⟨Präp. mit Gen.⟩: *in Bezug auf, bezüglich:* hinsichtlich eines neuen Termins wurde keine Einigung erzielt. **Syn.:** in Hinsicht auf.

Hin|spiel [ˈhɪnʃpiːl], das; -[e]s, -e (Sport): *erstes von zwei festgesetzten, vereinbarten Spielen zwischen zwei Mannschaften* /Ggs. Rückspiel/: das Hinspiel fand in Berlin statt.

hin|stel|len [ˈhɪnʃtɛlən], stellte hin, hingestellt:
1. a) ⟨tr.; hat⟩ *auf eine Stelle, an einen bestimmten Platz stellen, dort absetzen, abstellen o. Ä.:* ich muss den Koffer mal kurz hinstellen; sie stellte den Teller vor das Kind hin; du kannst den Stuhl mitnehmen, aber stell ihn mir bitte wieder hin, wenn du ihn nicht mehr brauchst. **Syn.:** deponieren, platzieren.
b) ⟨+ sich⟩ *sich an eine bestimmte Stelle stellen, dort Aufstellung nehmen:* stell dich bitte mal aufrecht, ganz gerade hin; sie stellte sich vor mich / (seltener) mir hin. **Syn.:** sich aufbauen (ugs.), sich aufstellen.
2. ⟨tr.; hat⟩ *(in einer bestimmten Weise, als etwas Bestimmtes) erscheinen lassen:* er stellte die Angelegenheit als ein Versehen hin; er hat sie [mir] als Betrügerin, als Vorbild hingestellt. **Syn.:** ansehen, auffassen, betrachten, beurteilen, bezeichnen, nennen.

hin|ten [ˈhɪntn̩] ⟨Adverb⟩ /Ggs. vorn[e]/:
1. *auf der entfernter gelegenen, abgewandten Seite; im entfernter gelegenen Teil:* die Öffnung ist hinten; da, dort hinten; er ist hinten im Garten. **Syn.:** im Hintergrund.
2. *an letzter Stelle [einer Reihe]; im hinteren Teil:* du musst dich hinten anstellen; hinten einsteigen.

hin|ter [ˈhɪntɐ] ⟨Präp.⟩:
1. a) ⟨mit Dativ; Frage: wo?⟩ *auf der Rückseite von:* hinter dem Haus, Vorhang; die Tür hinter sich schließen. **b)** ⟨mit Akk.; Frage: wohin?⟩ *auf die Rückseite von:* hinter das Haus, den Vorhang gehen; ich stelle mich hinter ihn.
2. ⟨mit Dativ und Akk.; in Abhängigkeit von bestimmten Wörtern⟩: hinter jmdm. zurückbleiben; hinter jmdn. zurückfallen; ich bin froh, dass ich die Prüfung hinter mir habe; ich möchte die Sache möglichst schnell hinter mich bringen.

hin|ter... [ˈhɪntər...] ⟨Adj.⟩: *sich hinten befindend:* die hinteren Backenzähne; wir wohnen im hinteren Teil des Hauses; wir saßen in der hintersten *(letzten)* Reihe.

hin|ter- [hɪntɐ] ⟨verbales Präfix⟩: ⟨betont, trennbar⟩ **a)** *nach hinten, in einen entfernter gelegenen Teil eines Raumes:* hịnterbringen; hịnterstellen; hịntertragen. **b)** *hinunter:* (einen Schnaps) hịntergießen.

Hin|ter|blie|be|ne [hɪntɐˈbliːbənə], die/eine Hinterbliebene; der/einer Hinterbliebenen, die Hinterbliebenen/zwei Hinterbliebene: *weibliche Person, die zu einer/einem Verstorbenen in einer engen [verwandtschaftlichen] Beziehung stand:* die Hinterbliebene weinte herzzerreißend.

Hin|ter|blie|be|ner [hɪntɐˈbliːbənɐ]: *Person, die zu einer/einem Verstorbenen in einer engen [verwandtschaftlichen] Beziehung stand:* die trauernden Hinterbliebenen.

hin|ter|brin|gen [hɪntɐˈbrɪŋən], hinterbrachte, hinterbracht ⟨tr.; hat⟩: *heimlich berichten:* die Pläne des Ministers waren der Präsidentin hinterbracht worden. **Syn.:** anvertrauen, anzeigen, ausplaudern, ausposaunen (ugs.), bekannt machen, durchblicken lassen, informieren, kolportieren (bildungsspr.), melden, mitteilen, verraten, zu erkennen geben, zutragen.

hin|ter|ei|n|an|der [hɪntɐlai̯ˈnandɐ] ⟨Adverb⟩:
1. *einer hinter dem/den andern:* sich hintereinander aufstellen; hintereinander ankommen, hergehen.
2. *unmittelbar aufeinanderfolgend:* ich arbeitete acht Stunden hintereinander; die Vorträge finden an drei Abenden hintereinander statt.

hin|ter|fra|gen [hɪntɐˈfraːgn̩] ⟨tr.; hat⟩: *nach den Hintergründen, Voraussetzungen, Grundlagen von etwas fragen:* ich halte es für richtig, die gängigen Meinungen immer wieder kritisch zu hinterfragen.

Hin|ter|ge|dan|ke [ˈhɪntɐgədaŋkə], der; -ns, -n: *heimliche, nicht ausgesprochene Absicht:* ohne Hintergedanken; etwas mit einem Hintergedanken sagen.

hin|ter|ge|hen [hɪntɐˈgeːən], hinterging, hintergangen ⟨tr.; hat⟩: *durch ein heimliches Tun betrügen, durch unaufrichtiges Verhalten täuschen:* die Chemiefirma hat die Öffentlichkeit mit falschen Informationen regelrecht hintergangen. **Syn.:** anschmieren (ugs.), betrügen, bluffen, düpieren (geh.), irreführen, leimen (ugs.), neppen (ugs. abwertend), täuschen.

Hin|ter|grund [ˈhɪntɐgrʊnt], der; -[e]s, Hintergründe [ˈhɪntɐgrʏndə]:
1. *hinterer Teil des Bereichs, den man überschaut (und von dem sich das weiter vorn Befindliche abhebt)* /Ggs. Vordergrund/: ein heller, dunkler Hintergrund; im Hintergrund des Saals, der

Bühne, des Bildes; eine Stimme aus dem Hintergrund; das Gebirge bildet einen prächtigen Hintergrund für die Stadt.
2. *innere, verborgene Zusammenhänge, die eine Erklärung für etwas Bestimmtes enthalten:* die Tat hat möglicherweise einen politischen Hintergrund; die Hintergründe der Affäre reichen mehrere Jahre zurück.

Hin|ter|halt ['hɪntɐhalt], der; -[e]s, -e:
Ort, Versteck, von dem aus jmd. in feindlicher Absicht auf jmdn. lauert, ihn angreifen will: den Gegner aus einem Hinterhalt überfallen; in einen Hinterhalt geraten. **Syn.:** Falle.

hin|ter|häl|tig ['hɪntɐhɛltɪç] ⟨Adj.⟩:
mit einem scheinbar harmlosen Verhalten einen bösen Zweck verfolgend: ein hinterhältiger Mensch, Mord; er hat sein Ziel mit hinterhältigen Methoden erreicht. **Syn.:** falsch (abwertend), heimtückisch, hinterlistig, hinterrücks, link (ugs.), tückisch, unaufrichtig, verlogen (abwertend).

hin|ter|her [hɪntɐ'he:ɐ̯] ⟨Adverb⟩:
1. ⟨räumlich⟩ *nach jmdm., etwas:* er voran, die anderen hinterher.
2. ⟨zeitlich⟩ *in der Zeit nach einem bestimmten Vorgang, Ereignis o. Ä.; danach:* ich gehe essen und werde hinterher ein bisschen spazieren gehen. **Syn.:** anschließend, dann, daran anschließend, darauf, daraufhin, im Anschluss daran, nachher, später.

Hin|ter|kopf ['hɪntɐkɔpf], der; -[e]s, Hinterköpfe ['hɪntɐkœpfə]:
hinterer Teil des Kopfes: er ist auf den Hinterkopf gefallen.

hin|ter|las|sen [hɪntɐ'lasn̩], hinterlässt, hinterließ, hinterlassen ⟨tr.; hat⟩:
1. a) *nach dem Tode zurücklassen:* eine Frau und vier Kinder hinterlassen; viele Schulden hinterlassen. **b)** *nach dem Tode als Vermächtnis, Erbe überlassen:* jmdm. ein großes Grundstück hinterlassen. **Syn.:** vererben, vermachen, verschreiben.
2. a) *beim Verlassen eines Ortes zurücklassen:* ein Zimmer in großer Unordnung hinterlassen. **b)** *beim Verlassen eines Ortes zur Kenntnisnahme zurücklassen:* [jmdm., für jmdn.] eine Nachricht hinterlassen.
3. *durch vorausgehende Anwesenheit, Einwirkung verursachen, hervorrufen; als Wirkung zurücklassen:* im Sand Spuren hinterlassen; [bei jmdm.] einen guten Eindruck hinterlassen.

hin|ter|le|gen [hɪntɐ'le:gn̩], hinterlegte, hinterlegt ⟨tr.; hat⟩:
an einen sicheren Ort bringen und verwahren lassen: Geld auf der Bank hinterlegen; einen Vertrag beim Notar hinterlegen; [bei jmdm.] eine Kaution hinterlegen.

Hin|ter|list ['hɪntɐlɪst], die; -:
hinterlistiges Verhalten, Wesen: er handelte ohne jede Hinterlist; sie ist voller Hinterlist. **Syn.:** Bosheit, Heimtücke.

hin|ter|lis|tig ['hɪntɐlɪstɪç] ⟨Adj.⟩:
heimlich bestrebt, jmdm. zu schaden, sich einen Vorteil zu verschaffen: ein hinterlistiger Mensch; jmdn. hinterlistig betrügen. **Syn.:** heimtückisch, hinterhältig, hinterrücks, link (ugs.), tückisch, unaufrichtig, verlogen (abwertend).

Hin|ter|mann ['hɪntɐman], der; -[e]s, Hintermänner ['hɪntɐmɛnɐ], seltener auch: ...leute:
1. *Person, die sich (in einer Reihe, Gruppe o. Ä.) hinter einer anderen Person befindet* /Ggs. Vordermann/: die Schülerin flüsterte mit ihrem Hintermann. **Syn.:** Nachbar, Nachbarin.
2. *Person, die etwas aus dem Hintergrund lenkt, ohne selbst in Erscheinung zu treten:* die Hintermänner des Attentats konnte man nicht belangen. **Syn.:** Drahtzieher, Drahtzieherin, graue Eminenz.

Hin|tern ['hɪntɐn], der; -s, - (ugs.):
Gesäß: jmdm. den Hintern verhauen. **Syn.:** Allerwertester (ugs. scherzh.), Arsch (derb), Po (ugs.), Popo (fam.), Steiß, verlängerter Rücken (scherzh. verhüllend), vier Buchstaben (ugs. scherzhaft).

hin|ter|rücks ['hɪntɐrʏks] ⟨Adverb⟩:
überraschend und in böser Absicht, heimtückisch von hinten: jmdn. hinterrücks überfallen, erschlagen. **Syn.:** hinterhältig, hinterlistig.

hin|ter|trei|ben [hɪntɐ'trai̯bn̩], hintertrieb, hintertrieben ⟨tr.; hat⟩:
insgeheim und oft mit zweifelhaften Mitteln versuchen, einen Plan, das Vorhaben eines anderen zu vereiteln: sie wollte die Heirat ihres Sohnes hintertreiben. **Syn.:** abbiegen (ugs.), abblocken, abwehren, abwenden, aufhalten, blockieren, boykottieren, [2]durchkreuzen, sich entgegenstellen, entgegentreten, hindern an, sabotieren, unterbinden, verhindern.

Hin|ter|tür ['hɪntɐty:ɐ̯], die; -, -en:
hintere Tür: der Dieb entkam durch die, eine Hintertür.

hin|ter|zie|hen [hɪntɐ'tsi:ən], hinterzog, hinterzogen ⟨tr.; hat⟩:
(Steuern o. Ä.) unter Missachtung geltender Gesetze nicht bezahlen: Steuern hinterziehen. **Syn.:** unterschlagen.

hi|n|über [hɪ'ny:bɐ] ⟨Adverb⟩:
zur gegenüberliegenden Seite, nach drüben: hinüber auf die andere Seite; nach rechts hinüber; es schallte bis hinüber ans andere Ufer des Sees.

hi|n|un|ter [hɪ'nʊntɐ] ⟨Adverb⟩:
nach dort unten: die Straße hinunter; hinunter ins Tal; jmdn. bis hinunter begleiten. **Syn.:** abwärts, bergab.

hi|n|un|ter- [hɪnʊntɐ] ⟨trennbares, betontes verbales Bestimmungswort⟩:
von (hier) oben nach dort unten: sich hinunterbeugen; hinunterklettern; hinunterschauen; hinuntersteigen.

hin|weg [hɪn'vɛk] ⟨Adverb⟩ (geh.):
1. *fort, weg von hier:* hinweg damit!
2. ⟨in Verbindung mit »über«:⟩ *über jmdn., etwas hinüber:* über die Zeitung hinweg konnte er ihn beobachten.

hin|weg|set|zen [hɪn'vɛkzɛtsn̩], setzte hinweg, hinweggesetzt ⟨+ sich⟩:
(etwas) bewusst nicht beachten, unbeachtet lassen: er setzte sich über die Warnungen, den Befehl, alle Regeln hinweg. **Syn.:** ignorieren, missachten, untergraben, unterlaufen, verstoßen gegen, zuwiderhandeln.

Hin|weis ['hɪnvai̯s], der; -es, -e:
a) *kurze Mitteilung, die auf etwas aufmerksam machen oder zu etwas anregen soll:* einen Hinweis [auf etwas] geben; einem Hinweis nachgehen, folgen; einen Hinweis erhalten, bekommen. **Syn.:** Anregung, Idee,

Hirn/Gehirn	
Hirn und **Gehirn** lassen sich weitgehend synonym gebrauchen:	Umgangssprachlich wird in übertragener Bedeutung vom **Hirn** anstelle vom *Verstand* gesprochen:
– Das menschliche Hirn/Gehirn ist äußerst komplex.	– Ich hoffe, dass sie so viel Hirn hat, abzusagen, wenn es nicht geht.
In Bezug auf Tiere spricht man häufiger von **Hirn** als von »Gehirn«; ist die Speise gemeint, verwendet man ausschließlich »Hirn«:	Mit **Gehirn** verbindet sich in stärkerem Maße noch die Vorstellung eines konkreten (menschlichen) Organs:
– Diese Mettwurst enthält auch Hirn.	– Die Reize werden an das Gehirn weitergegeben. – Der Patient wurde am Gehirn operiert.

Impuls, Tipp, Wink. **Zus.:** Literaturhinweis, Programmhinweis, Veranstaltungshinweis. **b)** *Anzeichen für etwas; Sachverhalt, der auf etwas hindeutet:* ein wertvoller Hinweis auf die Beschaffenheit von etwas; dafür gibt es nicht den geringsten Hinweis. **Syn.:** Anhaltspunkt, Anzeichen, Indiz (bes. Rechtsspr.), Merkmal, Symptom (bildungsspr.), Vorzeichen, Zeichen.

hin|wei|sen ['hɪnvai̯zn̩], wies hin, hingewiesen ⟨tr.; hat⟩:
1. *(auf etwas Bestimmtes) aufmerksam machen:* jmdn. auf eine Gefahr, eine günstige Gelegenheit hinweisen. **Syn.:** aufzeigen, herausstellen, hervorheben, hindeuten, verweisen, zeigen.
2. *hindeuten* (2): alle Umstände weisen darauf hin, dass …; nichts weist auf eine Straftat hin. **Syn.:** andeuten, verraten, zeigen.

hin|wer|fen ['hɪnvɛrfn̩], warf hin, hingeworfen ⟨tr.; hat⟩:
1. *an eine bestimmte Stelle werfen:* wo hast du den Ball denn hingeworfen?
2. (ugs.) *aus einem Gefühl starker Unlust, Erregung o. Ä. heraus unvermittelt aufgeben:* sie hat ihr Studium hingeworfen; du kannst doch kurz vor dem Ende nicht einfach hinwerfen.
3. a) *flüchtig entwerfen, konzipieren, insbesondere flüchtig zu Papier bringen:* mit wenigen Strichen eine Skizze hinwerfen. **b)** *beiläufig äußern, kurz bemerken:* eine flüchtig hingeworfene Bemerkung.

hin|zu- [hɪnˈt͜su:] ⟨trennbares, betontes verbales Bestimmungswort⟩:
a) drückt aus, dass etwas zu etwas anderem hinzukommt, um etwas erweitert wird: hinzuaddieren; hinzufügen; hinzulernen; hinzurechnen; hinzuverdienen. **Syn.:** dazu-. **b)** drückt aus, das jmd., etw. zu einem Ort, einer Stelle kommt: hinzueilen; hinzustürzen; hinzutreten. **Syn.:** bei-, hin-.

hin|zu|fü|gen [hɪnˈt͜su:fy:gn̩], fügte hinzu, hinzugefügt ⟨tr.; hat⟩:
1. *dazugeben:* [der Suppe] eventuell noch etwas Sahne hinzufügen. **Syn.:** beifügen, zugeben, zusetzen.
2. *zusätzlich, als Ergänzung äußern:* dem habe ich nichts hinzuzufügen; »Aber es gibt Ausnahmen«, fügte sie hinzu.

Hirn [hɪrn], das; -[e]s, -e:
1. a) *das Gehirn:* das Hirn einer Kuh sezieren. **b)** *als Speise verwendetes Gehirn eines Schlachttieres:* frisches Hirn. **Zus.:** Kalbshirn, Rinderhirn, Schweinehirn.
2. (ugs.) *Gehirn des Menschen als Sitz des Verstandes, mit der Fähigkeit zu denken:* sein Hirn anstrengen.

Hirn/Gehirn:
s. Kasten.

Hirn|ge|spinst ['hɪrngəʃpɪnst], das; -[e]s, -e:
Produkt einer fehlgeleiteten od. überhitzten Einbildungskraft; fantastische, abwegige, absurde Idee: das halte ich für ein Hirngespinst; einem Hirngespinst *(einer Sache, die nicht wirklich existiert)* nachjagen. **Syn.:** Einbildung, Illusion, Luftschloss, Täuschung.

hirn|ver|brannt ['hɪrnfɛɐ̯brant] ⟨Adj.⟩ (emotional):
in einer ärgerlichen Weise unvernünftig, töricht: eine hirnverbrannte Idee; so was Hirnverbranntes! **Syn.:** abstrus, absurd, abwegig, blöd[e] (ugs.), lächerlich, sinnlos, unsinnig, unvernünftig, witzlos (ugs.).

Hirsch [hɪrʃ], der; -[e]s, -e:
wild besonders in Wäldern lebendes, größeres Tier mit glattem, braunem Fell, langer Schnauze, kurzem Schwanz, Hufen und einem Geweih: der Hirsch röhrte.

Hir|se ['hɪrzə], die; -:
1. *Getreideart mit ährenähnlichen Rispen und kleinen runden Körnern:* Hirse anpflanzen.
2. *Körner der Hirse* (1): ein Brei aus Hirse.

Hirt [hɪrt], der; -en, -en, **Hir|te** ['hɪrtə], der; -n, -n, **Hir|tin** ['hɪrtɪn], die; -, -nen:
Person, die eine Herde hütet: das Unwetter überraschte Hirt und Herde/den Hirten und die Herde; die Hirtin leitete ihre Herde sicher über die Straße. **Syn.:** Cowboy, Cowgirl, Schäfer, Schäferin. **Zus.:** Dorfhirt, Dorfhirtin, Schafhirt, Schafhirtin, Schweinehirt, Schweinehirtin.

his|sen ['hɪsn̩], hisste, gehisst ⟨tr.; hat⟩:
(von einer Fahne o. Ä.) an einer Stange o. Ä. in die Höhe ziehen: die Flagge, das Segel hissen. **Syn.:** aufziehen, flaggen.

His|to|ri|ker [hɪsˈto:rikɐ], der; -s, -, **His|to|ri|ke|rin** [hɪsˈto:rikərɪn], die; -, -nen:
Person, die Geschichte studiert [hat]: sie ist eine promovierte Historikerin.

his|to|risch [hɪsˈto:rɪʃ] ⟨Adj.⟩:
a) *die Geschichte betreffend, zu ihr gehörend, ihr gemäß, durch sie verbürgt:* die historische Entwicklung Deutschlands; diese Gestalt ist historisch. **Syn.:** geschichtlich. **b)** *für die Geschichte bedeutend:* ein historischer Augenblick.

Hit [hɪt], der; -[s], -s (ugs.):
etwas (besonders ein Musikstück), was (für eine bestimmte Zeit) besonders erfolgreich, beliebt ist: der Song, der Film

verspricht ein Hit zu werden. **Syn.:** Erfolg, Renner (Jargon), Schlager.

Hit|ze [ˈhɪt͡sə], die; -: *sehr starke [als unangenehm empfundene] Wärme:* eine glühende Hitze; bei der Hitze kann man doch nicht arbeiten. **Syn.:** Glut, Wärme. **Zus.:** Mittagshitze.

Hit|ze|frei [ˈhɪt͡səfrai̯], das; - ⟨meist ohne Artikel⟩: *(wegen extremer Hitze) schulfreie, arbeitsfreie Zeit:* weil es 30 Grad im Schatten waren, bekamen wir Hitzefrei.

hit|zig [ˈhɪt͡sɪç] ⟨Adj.⟩: **a)** *leicht erregbar und dabei oft heftig, leidenschaftlich, jähzornig in seinen Reaktionen:* ein hitziger Mensch, Kopf; er wird leicht hitzig. **Syn.:** aggressiv, cholerisch, offensiv, reizbar, streitbar (geh.), streitsüchtig (abwertend), unbeherrscht. **b)** *erregt, mit Leidenschaft [geführt]:* eine hitzige Debatte. **Syn.:** aggressiv, heftig, leidenschaftlich.

Hitz|kopf [ˈhɪt͡skɔp͡f], der; -[e]s, Hitzköpfe [ˈhɪt͡skœp͡fə]: *Person, die schnell in Erregung gerät und sich dann unbeherrscht, unbesonnen benimmt:* die beiden Hitzköpfe gerieten in einen heftigen Streit. **Syn.:** Choleriker, Cholerikerin.

Hitz|schlag [ˈhɪt͡sʃla:k], der; -[e]s, Hitzschläge [ˈhɪt͡sʃlɛ:ɡə]: *körperlicher Zusammenbruch als Folge eines Wärmestaus im Körper:* einen Hitzschlag erleiden.

Hob|by [ˈhɔbi], das; -s, -s: *in der Freizeit aus Neigung, Freude an der Sache mit einem gewissen Eifer betriebene Beschäftigung auf einem bestimmten Gebiet:* ein schönes, ausgefallenes, teures Hobby; der Garten, das Orgelspielen ist sein Hobby.

Hob|by- [hɔbi] ⟨Präfixoid⟩: drückt in Bildungen mit Substantiven aus, dass jmd. eine bestimmte Tätigkeit nur als Hobby, aus Spaß an der Sache selbst ausübt: Hobbyfilmer; Hobbygärtnerin; Hobbykoch; Hobbysportlerin; Hobbywinzerin. **Syn.:** Amateur-, Laien-.

Ho|bel [ˈho:bl̩], der; -s, -: *Tischlerwerkzeug mit einer Stahlklinge, das benutzt wird, um die raue Oberfläche zu glätten oder Unebenheiten des Holzes zu beseitigen:* das Brett mit einem Hobel glätten.

ho|beln [ˈho:bl̩n] ⟨tr.; hat⟩: *mit einem Hobel arbeiten; die Oberfläche mit einem Hobel glätten:* ein Brett hobeln; ⟨auch itr.⟩ er sägt und hobelt den ganzen Tag.

hoch [ho:x], höher, höchst ... ⟨Adj.⟩:
1. a) *nach oben weit ausgedehnt* /Ggs. niedrig/: ein hoher Turm, Raum; hohe Berge, Tannen; hoch aufragen. **b)** *in großer, beträchtlicher Entfernung vom Boden* /Ggs. niedrig, tief/: das Flugzeug fliegt sehr hoch. **c)** *[weit] nach oben, bis [weit] nach oben:* die Arme hoch über den Kopf heben; das Wasser steigt immer höher. **Syn.:** aufwärts, empor, herauf, hinauf, nach oben.
2. ⟨in Verbindung mit Angaben von Maßen⟩ **a)** *eine bestimmte Höhe habend:* das Zimmer ist drei Meter hoch. **b)** *sich in einer bestimmten Höhe befindend:* der Ort liegt 800 Meter hoch.
3. *in einer Rangordnung, einer [gesellschaftlichen] Hierarchie oben stehend; bedeutend:* ein hohes Gut; ein hoher Feiertag; ein hoher Beamter; ein höherer Rang; hoher Adel.
4. /Ggs. niedrig/: **a)** *eine große Menge, Summe beinhaltend:* hohe Mieten; ein zu hohes Gewicht; ein hoher Gewinn; hohe Strafe, Leistung; ein hoch *(sehr gut)* bezahlter Manager. **b)** *einen Wert in einem oberen Bereich (etwa einer Skala) kennzeichnend:* hohes Fieber; er fuhr mit hoher, höchster Geschwindigkeit.
5. a) *sehr groß:* hohe, höchste Ansprüche stellen. **b)** ⟨verstärkend bei Adjektiven und Verben⟩ *sehr:* er ist hoch motiviert, qualifiziert; ein hoch kompliziertes Verfahren; jmdm. etwas hoch anrechnen; jmdn. hoch achten, schätzen.
6. *(durch eine große Zahl von Schwingungen) hell klingend* /Ggs. tief/: ein hoher Ton; eine sehr hohe Stimme. **Syn.:** hell.

Hoch [ho:x], das; -s, -s:
1. *Gebiet mit hohem Luftdruck* /Ggs. Tief/: ein Hoch wandert über Europa, bildet sich; ein kräftiges Hoch. **Zus.:** Azorenhoch, Zwischenhoch.
2. *Ruf, mit dem jmd. gefeiert, geehrt, beglückwünscht wird:* ein dreifaches Hoch auf den Jubilar.

¹hoch- [ho:x] ⟨adjektivisches Präfixoid⟩ /nicht in Verbindung mit negativ bewerteten Adjektiven/: *sehr [stark, gut], in hohem Maße/Grad, überaus:* hochaktuell; hochamüsant; hochanständig; hochbeglückt; hochberühmt; hocherfreut; hochexplosiv; hochgelehrt; hochintelligent; hochinteressant; hochkonzentriert; hochmodern; hochpolitisch; hochproduktiv; hochrot; hochsensibel; hochverdient; hochverehrt; hochwillkommen; hochwirksam. **Syn.:** grund-, hyper-, super-, top-.

²hoch- [ho:x] ⟨trennbares, betontes verbales Bestimmungswort⟩: *nach oben, empor-, hinauf-:* (sich) hocharbeiten; hochbinden; hochfliegen; hochhalten; hochheben; hochklappen; hochspringen; hochsteigen; hochziehen.

Hoch- [ho:x] ⟨substantivisches Präfixoid⟩: kennzeichnet in Bildungen mit Substantiven den Höhepunkt, den höchsten Entwicklungsstand von etw.: Hochblüte; Hochkonjunktur; Hochromantik; Hochsaison; Hochsommer.

Hoch|ach|tung [ˈho:x|axtʊŋ], die; -: *hohe, große Achtung:* größte Hochachtung vor jmdm. haben; jmdm. mit Hochachtung begegnen; seiner Hochachtung Ausdruck geben.

hoch|ar|bei|ten [ˈho:x|arbai̯tn̩], arbeitete hoch, hochgearbeitet ⟨+ sich⟩: *durch Zielstrebigkeit und Fleiß eine höhere berufliche Stellung erlangen:* er hat sich in kurzer Zeit vom Buchhalter zum Prokuristen hochgearbeitet. **Syn.:** sich emporarbeiten, sich hinaufarbeiten.

hoch|be|gabt [ˈho:xbəga:pt] ⟨Adj.⟩: *sehr, über das durchschnittliche Maß, über die durchschnittliche Erwartung begabt:* sie ist eine hochbegabte Schülerin.

Hoch|burg [ˈho:xbʊrk], die; -, -en: *Ort, der das Zentrum von etwas, einer Bewegung, eines Brauchtums o. Ä. ist, von dem etwas ausstrahlt:* Köln ist die, eine Hochburg des Karnevals. **Syn.:** Mitte, Mittelpunkt.

Hoch|deutsch ['ho:xdɔytʃ], das; -[s]:
nicht regional geprägtes Deutsch: in der Schule sollen die Kinder Hochdeutsch sprechen.

hoch|fah|rend ['ho:xfa:rənt] ⟨Adj.⟩:
1. *andere geringschätzig behandelnd u. arrogant, überheblich:* sie wirkte stolz, kühl und hochfahrend. **Syn.:** anmaßend, aufgeblasen (ugs.), blasiert, dünkelhaft (geh. abwertend), selbstgerecht (abwertend).
2. *hochtrabend:* er hatte hochfahrende Pläne.

hoch|ge|hen ['ho:xge:ən], ging hoch, hochgegangen ⟨itr.; ist⟩ (ugs.):
1. *in Zorn, Erregung geraten:* reize ihn nicht, er geht leicht hoch.
2. *von der Polizei gefasst, aufgedeckt werden:* die Bande ist hochgegangen.

hoch|gra|dig ['ho:xgra:dɪç] ⟨Adj.⟩:
in hohem Grad, Ausmaß: hochgradige Erschöpfung; sie ist hochgradig nervös; die Krankheit ist hochgradig ansteckend. **Syn.:** allzu, arg (ugs.), ausgesprochen, ausnehmend, außerordentlich, äußerst, enorm, extrem, furchtbar (ugs.), fürchterlich (ugs.), ganz, gewaltig (emotional), grauenhaft (emotional), grenzenlos, höchst, höllisch (emotional), irre (emotional), irrsinnig (emotional), kolossal (ugs. emotional), mächtig (ugs.), maßlos, mörderisch (ugs.), ordentlich (ugs.), reichlich, riesig (ugs.), schrecklich (ugs.), total (ugs.), überaus, unglaublich (ugs.), unheimlich (ugs.), unmäßig, unsagbar, zutiefst.

hoch|hal|ten ['ho:xhaltn̩], hält hoch, hielt hoch, hochgehalten ⟨tr.; hat⟩:
1. *in die Höhe halten:* den Arm hochhalten; der Vater hielt das Kind hoch, damit es im Gedränge etwas sehen konnte.
2. *aus Achtung weiterhin bewahren, pflegen:* eine alte Tradition hochhalten.

Hoch|haus ['ho:xhau̯s], das; -[e]s, Hochhäuser ['ho:xhɔyzɐ]:
sehr hohes Gebäude mit vielen Geschossen: sie zogen in den siebten Stock eines Hochhauses.

hoch|kom|men ['ho:xkɔmən], kam hoch, hochgekommen ⟨itr.; ist⟩:
beruflich, gesellschaftlich vorwärtskommen: durch Fleiß hochkommen; er wollte niemanden neben sich hochkommen lassen. **Syn.:** aufrücken, aufsteigen, befördert werden, emporkommen, es zu etwas bringen, etwas werden, Karriere machen.

Hoch|land ['ho:xlant], das; -[e]s, Hochländer ['ho:xlɛndɐ]:
in großer Höhe über dem Meeresspiegel liegende, ausgedehnte Landfläche: die zentralasiatischen Hochländer.

hoch|le|ben ['ho:xle:bn̩]:
in der Wendung **jmdn., etwas hochleben lassen:** *auf jmdn., etwas ein Hoch ausbringen:* wir ließen den Jubilar dreimal hochleben.

Hoch|mut ['ho:xmu:t], der; -[e]s:
auf Überheblichkeit beruhendes, stolzes, herablassendes Wesen: voll Hochmut auf jmdn. herabsehen. **Syn.:** Arroganz, Dünkel (geh. abwertend), Überheblichkeit.

hoch|mü|tig ['ho:xmy:tɪç] ⟨Adj.⟩:
überheblich, herablassend: eine hochmütige Person; ein hochmütiges Gesicht. **Syn.:** anmaßend, arrogant, aufgeblasen (ugs.), blasiert, dünkelhaft (geh. abwertend), eingebildet, eitel (abwertend), hochnäsig (ugs. abwertend), selbstgefällig (abwertend), selbstgerecht (abwertend), stolz.

hoch|nä|sig ['ho:xnɛ:zɪç] ⟨Adj.⟩ (ugs. abwertend):
eingebildet und deshalb andere unfreundlich und geringschätzig behandelnd: ein hochnäsiges junges Ding; sei doch nicht so hochnäsig [zu ihr]!; jmdn. hochnäsig behandeln. **Syn.:** anmaßend, arrogant, aufgeblasen (ugs.), blasiert, dünkelhaft (geh. abwertend), herablassend, selbstgefällig (abwertend), selbstgerecht (abwertend), überheblich.

hoch|ran|gig ['ho:xraŋɪç] ⟨Adj.⟩:
einen hohen Rang habend: hochrangige Offiziere, Funktionäre, Politikerinnen; es wurde eine hochrangig besetzte Kommission gebildet.

Hoch|schu|le ['ho:xʃu:lə], die; -, -n:
wissenschaftliche Lehr- [u. Forschungs]einrichtung (z. B. Universität, Fachhochschule, Musikhochschule o. Ä.): an einer Hochschule studieren. **Syn.:** Akademie, Universität. **Zus.:** Filmhochschule, Kunsthochschule, Musikhochschule, Sporthochschule, Verwaltungshochschule, Wirtschaftshochschule.

Hoch|som|mer ['ho:xzɔmɐ], der; -s:
Mitte, Höhepunkt des Sommers: es herrschten Temperaturen wie im Hochsommer.

Hoch|span|nung ['ho:xʃpanʊŋ], die; -, -en:
1. *hohe elektrische Spannung:* Vorsicht, Hochspannung!
2. ⟨ohne Plural⟩ *sehr gespannte Stimmung, Erwartung:* ihr Auftritt wurde mit Hochspannung erwartet.

hoch|spie|len ['ho:xʃpi:lən], spielte hoch, hochgespielt ⟨tr.; hat⟩:
stärker als gerechtfertigt ins Licht der Öffentlichkeit rücken: eine Affäre hochspielen. **Syn.:** aufbauschen, übertreiben, überziehen.

Hoch|spra|che ['ho:xʃpra:xə], die; -:
genormte und allgemein verbindliche gesprochene und geschriebene Sprache: in der deutschen Hochsprache wird »wegen« meistens mit dem Genitiv gebraucht. **Syn.:** Standardsprache.

höchst [hø:çst] ⟨Adverb⟩:
sehr, überaus, äußerst: das ist höchst merkwürdig, unwahrscheinlich; ein höchst lesenswertes Buch; das kommt höchst selten vor. **Syn.:** arg (ugs.), ausgesprochen, ausnehmend, denkbar, hochgradig, mächtig (ugs.), total (ugs.), [1]unerhört, unermesslich, ungeheuer, ungemein, unglaublich (ugs.), unheimlich (ugs.), unmäßig, unsagbar, zutiefst.

höchst... [hø:çst]: ↑hoch.

Hoch|stap|ler ['ho:xʃta:plɐ], der; -s, -, **Hoch|stap|le|rin** ['ho:xʃta:plərɪn], die; -, -nen:
Person, die in betrügerischer Absicht den Eindruck erwecken möchte, eine höhere gesellschaftliche Stellung innezuhaben: sie ist auf einen Hochstapler hereingefallen; dieser Hochstaplerin darf man nichts glauben. **Syn.:** Betrüger, Betrügerin, Gauner (abwertend), Gaunerin

(abwertend), Scharlatan (abwertend), Scharlatanin (abwertend).

höchs|tens ['hø:çstn̩s] ⟨Adverb⟩:
1. *nicht mehr als* /Ggs. mindestens/: er schläft höchstens sechs Stunden. **Syn.:** ²maximal.
2. *im äußersten Falle:* er geht nicht oft aus, höchstens mal ins Kino. **Syn.:** abgesehen von, außer, bis auf (geh.), es sei denn.

Höchst|maß ['hø:çstma:s], das; -es: *höchstes Maß* /Ggs. Mindestmaß/: die Arbeit erfordert ein Höchstmaß an Sorgfalt, Konzentration. **Syn.:** Maximum.

hoch|tra|bend ['ho:xtra:bn̩t] ⟨Adj.⟩ (emotional): *(von schriftlichen oder mündlichen Äußerungen) durch hohles Pathos gekennzeichnet:* er hält hochtrabende Reden; hochtrabende Worte. **Syn.:** bombastisch, pathetisch, pompös, schwülstig.

Hoch|ver|rat ['ho:xfɛɐ̯ra:t], der; -[e]s: *Verbrechen, das die Sicherheit eines Staates gefährdet:* der Minister wurde wegen Hochverrat angeklagt.

Hoch|was|ser ['ho:xvasɐ], das; -s, -: *sehr hoher, bedrohlicher Wasserstand des Meeres, eines Flusses oder Sees:* bei Hochwasser werden die Häuser am Ufer geräumt.

Hoch|zeit ['hɔxts̮ait], die; -, -en: *mit einer Eheschließung verbundene Feier, verbundenes Fest:* wann ist denn deine Hochzeit?; Hochzeit feiern, halten. **Syn.:** Eheschließung, Heirat.

Hoch|zeits|ge|schenk ['hɔxts̮aits̮gəʃɛŋk], das; -[e]s, -e: *Geschenk, das ein Brautpaar zur Hochzeit bekommt, bekommen hat:* sie überreichten dem Brautpaar das Hochzeitsgeschenk.

Hoch|zeits|tag ['hɔxts̮aits̮ta:k], der; -[e]s, -e:
1. *Tag der Hochzeit (eines bestimmten Paars):* am Hochzeitstag regnete es.
2. *Jahrestag der Hochzeit (eines bestimmten Paars):* sie haben morgen [ihren zwölften] Hochzeitstag.

Ho|cke ['hɔkə], die; -, -n:
1. *turnerische Übung, bei der mit angezogenen Beinen über ein Gerät gesprungen wird:* eine Hocke über das Pferd machen.
2. *Haltung (im Sitzen), bei der die Beine an den Oberkörper herangezogen werden:* in der Hocke sitzen.

ho|cken ['hɔkn̩]:
1. a) ⟨itr.; hat; südd., österr., schweiz.: ist⟩ *in der Hocke sitzen; mit an den Oberkörper angezogenen Beinen so sitzen, dass das Gewicht des Körpers auf den Füßen ruht:* die Kinder hocken am Boden. **Syn.:** kauern.
b) ⟨+ sich⟩ *sich in die Hocke setzen:* sich auf den Boden hocken. **Syn.:** sich kauern, sich niederlassen.
2. ⟨itr.; hat; südd., österr., schweiz.: ist⟩ (ugs.) **a)** *sich längere Zeit [untätig] an einem Ort aufhalten:* jeden Abend in der Kneipe, stundenlang vor dem Fernseher hocken. **b)** *sich irgendwo [sitzend] befinden:* er blieb gelassen an seinem Platz, auf seinem Stuhl hocken. **Syn.:** sitzen. **Zus.:** herumhocken, zusammenhocken.

Ho|cker ['hɔkɐ], der; -s, -: *Möbel zum Sitzen ohne Lehne für eine Person:* ein niedriger, hoher, runder, dreibeiniger Hocker. **Syn.:** Schemel. **Zus.:** Barhocker, Klavierhocker, Küchenhocker.

Hö|cker ['hœkɐ], der; -s, -: *hügelartiges Gebilde auf dem Rücken von Kamelen:* die Höcker dienen der Fettspeicherung.

Ho|ckey ['hɔke], das; -s: *Spiel von zwei Mannschaften, bei dem ein kleiner Ball mit gekrümmten Schlägern in das gegnerische Tor geschlagen werden soll:* Hockey spielen. **Zus.:** Eishockey, Feldhockey, Hallenhockey, Rollhockey.

Ho|den ['ho:dn̩], der; -s, -: *in einem sackartigen Gebilde befindliches, paarweise angelegtes Organ, in dem der männliche Samen gebildet wird:* der rechte Hoden hängt etwas tiefer als der linke.

Hof [ho:f], der; -[e]s, Höfe ['hø:fə]:
1. *zu einem Gebäude gehörender Platz, der an mehreren Seiten von Zäunen, Mauern o. Ä. umgeben ist:* die Kinder spielen auf dem Hof. **Zus.:** Burghof, Fabrikhof, Gefängnishof, Kasernenhof, Kirchhof, Pausenhof, Schlosshof, Schulhof.
2. *Bauernhof:* auf dem Hof des Nachbarn arbeiten. **Syn.:** Anwesen, Farm. **Zus.:** Bauernhof, Erbhof, Gutshof.
3. *Wohnsitz und Haushalt eines Fürsten:* der kaiserliche Hof; am Hofe. **Zus.:** Fürstenhof, Königshof.

hof|fen ['hɔfn̩] ⟨itr.; hat⟩: *wünschen, damit rechnen, dass etwas eintritt, in Erfüllung geht; zuversichtlich erwarten:* ich hoffe, dass alles gut geht; ich hoffe auf schönes Wetter. **Syn.:** die Hoffnung haben, entgegensehen, erhoffen, harren (geh.), sich der Hoffnung hingeben, spekulieren (ugs.), träumen.

hof|fent|lich ['hɔfn̩tlɪç] ⟨Adverb⟩: *wie ich hoffe:* du bist doch hoffentlich gesund.

Hoff|nung ['hɔfnʊŋ], die; -, -en: *das Hoffen; Vertrauen in die Zukunft; Erwartung, dass etwas Gewünschtes geschieht:* er hatte keine Hoffnung mehr; seine Hoffnung hat sich erfüllt. **Syn.:** Aussicht, Silberstreifen am Horizont, Vertrauen, Zuversicht.

hoff|nungs|los ['hɔfnʊŋslo:s] ⟨Adj.⟩:
a) *ohne Hoffnung, ohne Aussicht auf eine positive Entwicklung:* in einer hoffnungslosen Lage sein; hoffnungslos in die Zukunft blicken. **Syn.:** aussichtslos, ausweglos, ²verfahren. **b)** ⟨verstärkend bei Adjektiven und Verben⟩ (ugs.) *sehr:* ein hoffnungslos überfüllter Zug; er war hoffnungslos überfordert, unterlegen, überlastet, überschuldet; sie hatte sich hoffnungslos in ihn verliebt. **Syn.:** furchtbar (ugs.), fürchterlich (ugs.), gehörig, gewaltig (emotional), grenzenlos, heillos, mächtig (ugs.), maßlos, mörderisch (ugs.), ordentlich (ugs.), total (ugs.), überaus, unendlich, unermesslich, ungeheuer, ungemein, ungewöhnlich, unglaublich (ugs.), unheimlich (ugs.), unmäßig, unsagbar, wahnsinnig (ugs.).

hoff|nungs|voll ['hɔfnʊŋsfɔl] ⟨Adj.⟩:
a) *voller Hoffnung:* hoffnungsvoll wartete er auf ihren Anruf. **Syn.:** getrost, optimistisch, unverzagt, zuversichtlich. **b)** *Erfolg verheißend:* ein hoffnungsvoller Start.

höf|lich ['hø:flɪç] ⟨Adj.⟩: *anderen den Umgangsformen*

gemäß aufmerksam und rücksichtsvoll begegnend: ein höflicher Mensch; ein höfliches Benehmen; jmdn. höflich grüßen. **Syn.:** artig (veraltend), aufmerksam, galant (veraltend), glatt, ritterlich, rücksichtsvoll, taktvoll, zuvorkommend.

Höf|lich|keit ['hø:flɪçkai̯t], die; -, -en:
1. ⟨ohne Plural⟩ *das Höflichsein:* das sagt, tut er nur aus Höflichkeit.
2. *in höfliche, jmdm. schmeichelnde Worte gekleidete, freundlich-unverbindliche Liebenswürdigkeit, die jmd. einem anderen sagt:* Höflichkeiten austauschen.

Hö|he ['hø:ə], die; -, -n:
1. a) *Ausmaß, Größe in vertikaler Richtung:* die Höhe des Tisches; der Berg hat eine Höhe von 2 000 m. **b)** *bestimmte Entfernung über dem Boden:* das Flugzeug fliegt in niedriger, großer Höhe.
2. *kleinere Erhebung in einem Gelände:* dort auf der Höhe wohnen wir. **Syn.:** Anhöhe, Berg, Erhebung.
3. *in Zahlen ausdrückbare Größe; messbare Stärke o. Ä. von etwas:* die Höhe der Temperatur, der Preise.

Ho|heit ['ho:hai̯t], die; -, -en:
1. a) *fürstliche Person:* die ausländischen Hoheiten wurden feierlich empfangen. **b)** *Anrede an eine fürstliche Person:* Eure [Königliche] Hoheit.
2. ⟨ohne Plural⟩ *Gewalt, Herrschaft (eines Staates):* das Gebiet untersteht nicht mehr der Hoheit dieses Staates; die Hoheit über ein Gebiet gewinnen, behalten, verlieren.

Hö|he|punkt ['hø:əpʊŋkt], der; -[e]s, -e:
wichtigster [schönster] Teil innerhalb eines Vorgangs, einer Entwicklung: der Höhepunkt des Abends, der Vorstellung; sein Auftritt war einer der vielen Höhepunkte des Festivals; die Stimmung erreichte ihren Höhepunkt; sie steht auf dem Höhepunkt ihrer Karriere. **Syn.:** Gipfel, Höchstmaß, Maximum.

hö|her ['hø:ɐ]:
Komparativ von ↑hoch.

hö|her|schrau|ben ['hø:ɐʃrau̯bn̩], schraubte höher, höhergeschraubt ⟨tr.; hat⟩:
bewirken, veranlassen, dass etwas in bestimmten Maße steigt, zunimmt, wächst; kontinuierlich erhöhen: die Preise, die Forderungen, die Erwartungen, die Ansprüche höherschrauben.

hohl [ho:l] ⟨Adj.⟩:
innen leer, ohne Inhalt: ein hohler Baum, Zahn; die Kugel ist [innen] hohl.

Höh|le ['hø:lə], die; -, -n:
1. *[natürlicher] größerer [unterirdischer] Hohlraum:* der Bär schlief in seiner Höhle. **Syn.:** Bau, Grotte, Loch. **Zus.:** Baumhöhle, Erdhöhle, Felsenhöhle, Nisthöhle, Tropfsteinhöhle.
2. (abwertend) *unzureichend ausgestatteter, primitiver Wohnraum:* die Armen hausten in feuchten, finsteren Höhlen. **Zus.:** Räuberhöhle.

Hohl|raum ['ho:lrau̯m], der; -[e]s, Hohlräume ['ho:lrɔy̯mə]:
hohler Raum im Innern von etwas: die Hohlräume im Gestein, in der Karosserie.

Hohn [ho:n], der; -[e]s:
unverhohlener, verletzender, beißender Spott: mit seinem Vorschlag erntete er nur Hohn und Spott. **Syn.:** Ironie, Sarkasmus, Zynismus.

höh|nen ['hø:nən] (geh.):
1. ⟨tr.; hat⟩ *durch Hohn kränken:* zynisch höhnte er seine Gegner. **Syn.:** aufziehen, durch den Kakao ziehen, foppen, frotzeln, hänseln, seinen Spott treiben mit, spötteln über, spotten über, sticheln gegen, verspotten, verulken.
2. ⟨itr.; hat⟩ *höhnisch sagen:* »Du traust dich ja doch nicht!«, höhnte sie.

höh|nisch ['hø:nɪʃ] ⟨Adj.⟩:
voll höhnender Verachtung: eine höhnische Grimasse; höhnisch grinsen. **Syn.:** boshaft, ironisch, sarkastisch, spöttisch, zynisch.

hold [hɔlt] ⟨Adj.⟩:
(dichter. veraltend) *anmutig, lieblich, von zarter Schönheit:* komm doch, du holdes Mädchen!

ho|len ['ho:lən]:
1. ⟨tr.; hat⟩ **a)** *an einen Ort gehen und von dort herbringen:* ein Buch aus der Bibliothek holen; das Buch hole (ugs.; *kaufe*) ich mir auch. **Syn.:** [1]beschaffen, besorgen, organisieren (ugs.), verschaffen. **b)** *[schnell] herbeirufen, an einen bestimmten Ort bitten:* die Feuerwehr holen; den Arzt zu einem Kranken holen. **Syn.:** kommen lassen, rufen, schicken nach.
2. ⟨+ sich⟩ *sich etwas geben lassen, verschaffen; sich (um etwas) bemühen und es bekommen:* ich wollte mir bei ihm Rat, Trost holen.
3. ⟨+ sich⟩ (ugs.) *sich (etwas Unangenehmes, besonders eine Krankheit) zuziehen:* ich habe mir eine Erkältung geholt. **Syn.:** sich anstecken, erkranken an, sich infizieren.

Höl|le ['hœlə], die; -:
dem himmlischen Jenseits gegenüberstehend gedachtes Reich des Teufels und Ort der ewigen Verdammnis für die Sünder: die Schrecken, Flammen der Hölle; in die Hölle kommen. **Syn.:** Unterwelt.

Höl|len- [hœlən] ⟨Präfixoid, auch das Basiswort wird betont⟩ (ugs. emotional verstärkend):
höllisch, sehr groß, überaus stark, heftig: Höllenangst *(höllische, sehr große Angst);* Höllenarbeit; Höllendurst; Höllengelächter; Höllengestank; Höllenhitze; Höllenlärm; Höllenqual; Höllenschmerz; Höllenspaß; Höllenspektakel; Höllentempo. **Syn.:** Affen- (ugs. emotional verstärkend), Bomben- (ugs. verstärkend), Heiden- (ugs. emotional verstärkend), Mords- (ugs. emotional verstärkend), Riesen- (ugs. emotional verstärkend).

höl|lisch ['hœlɪʃ] ⟨Adj.⟩ (emotional):
a) *ganz besonders groß, heftig:* höllischen Respekt vor jmdm. haben; höllische Schmerzen.
b) ⟨verstärkend bei Adjektiven und Verben⟩ *sehr, überaus:* es ist höllisch kalt; er musste höllisch aufpassen. **Syn.:** arg (ugs.), ausgesprochen, enorm, entsetzlich, erbärmlich (ugs.), furchtbar, fürchterlich (ugs.), gehörig, gewaltig (emotional), hochgradig, höchst, kolossal (ugs. emotional), mächtig (ugs.), maßlos, mörderisch (ugs.), total (ugs.).

Ho|lo|caust ['ho:lokau̯st], der; -[s], -s:
Vernichtung [nahezu] aller zu einer bestimmten Gruppe gehörenden Menschen: den Holocaust *(die Massenvernichtung*

von Juden und Mitgliedern anderer Minderheiten durch das nationalsozialistische Regime in Deutschland) überlebt haben; ein atomarer, nuklearer Holocaust.

hol|pern ['hɔlpɐn], holperte, geholpert ⟨itr.; ist⟩:
auf unebener Strecke mit rüttelnden, unruhigen Bewegungen fahren: der Wagen holpert über das schlechte Pflaster. **Syn.:** rattern, rumpeln.

holp|rig ['hɔlprɪç] ⟨Adj.⟩:
infolge von Löchern, Steinen o. Ä. nicht eben und daher schlecht zu befahren: ein holpriger Weg.

Ho|lun|der [ho'lʊndɐ], der; -s:
Strauch mit dunkelgrünen, gefiederten Blättern, gelblich weißen, in großen Dolden wachsenden Blüten u. glänzenden, schwarzen Früchten: der Holunder duftete süß.

H
holp

Holz [hɔlts], das; -es, Hölzer ['hœltsɐ]:
1. ⟨ohne Plural⟩ *feste, harte Substanz des Stammes, der Äste und Zweige von Bäumen und Sträuchern:* weiches, hartes Holz; der Tisch ist aus massivem Holz. **Zus.:** Brennholz, Eichenholz, Kiefernholz, Nadelholz.
2. *Holzart:* edle, kostbarste, harte, weiche, helle, rötliche, tropische, überseeische, heimische Hölzer.

Holz|blas|in|stru|ment ['hɔltsbla:s|ɪnstrumɛnt], das; -[e]s, -e:
Blasinstrument, das vorwiegend aus Holz gefertigt ist (z. B. Blockflöte, Klarinette, Querflöte, Saxofon).

höl|zern ['hœltsɐn] ⟨Adj.⟩:
1. *aus Holz bestehend:* ein hölzerner Löffel.
2. *nicht gewandt im Auftreten, sondern steif und ungeschickt in seinen Bewegungen:* bei öffentlichen Auftritten wirkte er hölzern und ungelenk. **Syn.:** eckig, linkisch, steif, ungewandt.

hol|zig ['hɔltsɪç] ⟨Adj.⟩:
(von Pflanzenteilen, Früchten o. Ä.) mit harten, zähen Fasern durchsetzt: die Kohlrabi, die Radieschen sind holzig.

Holz|wol|le ['hɔltsvɔlə], die; -:
schmale, gekräuselte Späne von Holz, die zum Verpacken, Füllen von Polstern o. Ä. verwendet werden: die Gläser in Holzwolle verpacken.

ho|mo-, Ho|mo- [homo] ⟨erster Wortbestandteil⟩:
besagt, dass etwas gleich, gleichartig ist: **a)** ⟨substantivisch⟩ Homoerotik *(Erotik zwischen gleichgeschlechtlichen Partnern).* **b)** ⟨adjektivisch⟩ homogen *(aus Gleichartigem zusammengesetzt);* homophil *(homosexuell);* homophon *(gleichstimmig);* homosexuell *(in sexueller Hinsicht auf das gleiche Geschlecht gerichtet).*

ho|mo|gen [homo'ge:n] ⟨Adj.⟩:
gleichmäßig aufgebaut; einheitlich, aus Gleichartigem zusammengesetzt: eine homogene Masse, Bevölkerungsgruppe.

Ho|mo|nym [homo'ny:m], das; -s, -e (Sprachwiss.):
Wort, das mit einem anderen äußerlich gleich ist, sich aber in Bedeutung und Grammatik [z. B. dem Geschlecht] von dem anderen unterscheidet: »der Gehalt« und »das Gehalt« sind Homonyme.

Ho|mo|se|xu|a|li|tät [homozɛksu̯ali'tɛ:t], die; -:
auf das gleiche Geschlecht gerichtetes sexuelles Empfinden, Verhalten: sich zu seiner Homosexualität bekennen.

ho|mo|se|xu|ell [homozɛ'ksu̯ɛl] ⟨Adj.⟩:
von Homosexualität bestimmt /Ggs. heterosexuell/: homosexuelle Männer, Frauen; homosexuelle Beziehungen. **Syn.:** lesbisch, schwul (ugs., auch Eigenbezeichnung).

Ho|nig ['ho:nɪç], der; -s, -e:
vorwiegend als Nahrungsmittel verwendete dickflüssige bis feste, sehr süße Masse von hellgelber bis blaugrüner Farbe, die von Bienen gewonnen, verarbeitet und in Waben gespeichert wird: flüssiger, fester, echter Honig. **Zus.:** Akazienhonig, Bienenhonig, Blütenhonig, Fichtenhonig, Lindenhonig, Tannenhonig, Wabenhonig, Waldhonig.

Ho|no|rar [hono'ra:ɐ̯], das; -s, -e:
Bezahlung, die Angehörige der freien Berufe für einzelne (wissenschaftliche oder künstlerische) Leistungen erhalten: der Arzt, die Sängerin erhielt ein hohes Honorar. **Syn.:** Einkünfte ⟨Plural⟩, Einnahmen ⟨Plural⟩.

ho|no|rie|ren [hono'ri:rən] ⟨tr.⟩:
1. *(für etwas, jmdn.) ein Honorar zahlen:* [jmdm.] einen Vortrag honorieren; sich etwas honorieren lassen. **Syn.:** auszahlen, erstatten, zahlen.
2. *dankend, würdigend anerkennen [und durch Gegenleistung abgelten]:* eine Leistung mit einer Auszeichnung honorieren; Offenheit wird hier nicht honoriert. **Syn.:** würdigen.

Hop|fen ['hɔpfn̩], der; -s:
rankende Pflanze, von der bestimmte Teile bei der Herstellung von Bier als Würze verwendet werden: Hopfen anbauen.

hop|peln ['hɔpl̩n] ⟨itr.; ist⟩:
sich in ungleichmäßigen, kleinen Sätzen springend fortbewegen: ein Hase hoppelte über das Feld. **Syn.:** hopsen, hüpfen.

hopp|la ['hɔpla] ⟨Interjektion⟩:
Ausruf, mit dem man auf ein Missgeschick, z. B. ein Stolpern, reagiert: hoppla, fallen Sie nicht!; hoppla, fast wäre mir das Glas aus der Hand gefallen!

hop|sen ['hɔpsn̩] ⟨itr.; ist⟩:
kleine, unregelmäßige Sprünge machen, sich hüpfend fortbewegen: die Kinder hopsen vor Freude durchs Zimmer. **Syn.:** hüpfen, springen.

hör|bar ['hø:ɐ̯ba:ɐ̯] ⟨Adj.⟩:
mit dem Gehör wahrnehmbar: ein leises, aber durchaus hörbares Geräusch; im Flur wurden Schritte hörbar; seine leise Stimme war kaum hörbar.

hor|chen ['hɔrçn̩] ⟨itr.; hat⟩:
mit großer Aufmerksamkeit versuchen, sich bemühen, etwas [heimlich] zu hören: wir horchten, ob sich Schritte näherten; [neugierig] an der Tür horchen. **Syn.:** die Ohren aufsperren (ugs.), die Ohren spitzen (ugs.), lauschen.

Hor|de ['hɔrdə], die; -, -n (emotional abwertend):
ohne äußere Ordnung umherziehende Schar: ein Horde Jugendlicher grölte in den Gassen der Altstadt; Horden von Touristen. **Syn.:** Bande, Gruppe, Haufen (ugs.), Meute (ugs. abwertend).

hö|ren ['hø:rən]:
1. a) ⟨tr.; hat; 2. Partizip nach Infinitiv meist: hören⟩ *mit dem Gehör wahrnehmen:* eine Stimme hören; ich habe ihn kommen hören. **Syn.:** vernehmen (geh.), verstehen. **b)** ⟨itr.; hat⟩ *in bestimmter Weise fähig*

sein, mit dem Gehör wahrzunehmen: gut, schlecht hören.
2. ⟨tr.; hat⟩ **a)** *durch das Gehör in sich aufnehmen und geistig verarbeiten:* ein Konzert, bei jmdm. Vorlesungen hören; Radio hören. **Syn.:** anhören, aufnehmen, wahrnehmen. **b)** *jmdm. aufmerksam zuhören, um sich ein Urteil zu bilden:* man muss beide Parteien hören. **Syn.:** anhören.
3. ⟨tr.; hat⟩ *besonders im Gespräch mit anderen Kenntnis von etwas bekommen:* hast du etwas Neues gehört?; ich habe gehört, sie sei krank; ich habe nur Gutes von ihm/über ihn gehört. **Syn.:** aufschnappen (ugs.), [1]erfahren, in Erfahrung bringen, mitbekommen (ugs.).
4. ⟨itr.; hat⟩ **a)** *eine akustische Wahrnehmung bewusst, aufmerksam verfolgen:* er hörte auf die Glockenschläge. **Syn.:** achten, achtgeben, anhören, die Ohren aufsperren/spitzen (ugs.), horchen, lauschen, zuhören.
b) *jmds. Worten Aufmerksamkeit schenken und sich danach richten:* auf jmdn., jmds. Worte, einen Rat hören; der Junge hört (ugs.; *gehorcht*) nicht. **Syn.:** befolgen, Folge leisten, folgen, sich fügen, gehorchen, [2]parieren, spuren (ugs.).

Hö|rer [ˈhøːrɐ], der; -s, -, **Hö|re|rin** [ˈhøːrərɪn], die; -, -nen:
Person, die zuhört, besonders jmd., der eine Rundfunksendung anhört: liebe Hörerinnen und Hörer! **Zus.:** Radiohörer, Radiohörerin.

hö|rig [ˈhøːrɪç] ⟨Adj.⟩:
an jmdn., etwas [triebhaft, sexuell] sehr stark gebunden und von ihm völlig abhängig, sich seinem Willen völlig unterwerfend: er ist ihr hörig. **Syn.:** abhängig von.

Ho|ri|zont [horiˈt͜sɔnt], der; -[e]s, -e:
1. *Linie in der Ferne, an der sich Himmel und Erde scheinbar berühren:* am Horizont tauchte ein Schiff auf; die Sonne verschwand hinter dem Horizont.
2. *geistiger Bereich, den jmd. überblickt und zu bewältigen fähig ist:* einen beschränkten, engen, weiten Horizont haben. **Syn.:** Blickfeld, Gesichtskreis.

ho|ri|zon|tal [horit͜sɔnˈtaːl] ⟨Adj.⟩:
waagerecht /Ggs. vertikal/: eine horizontale Linie. **Syn.:** waagerecht.

Hor|mon [hɔrˈmoːn], das; -s, -e:
in Drüsen erzeugter, ins Blut abgegebener, körpereigener Botenstoff, der den Stoffwechsel [für ihn spezifischer] Organe steuert: das Hormon Insulin regelt den Blutzuckerhaushalt. **Zus.:** Geschlechtshormon, Schilddrüsenhormon, Sexualhormon, Stresshormon, Wachstumshormon.

Horn [hɔrn], das; -[e]s, -e und Hörner [ˈhœrnɐ]:
1. ⟨Plural Horne⟩ *harte, von bestimmten Tieren an den Hörnern und Hufen gebildete Substanz:* Knöpfe aus Horn. **Zus.:** Hirschhorn.
2. ⟨Plural Hörner⟩ *spitzes, oft gebogenes Gebilde am Kopf bestimmter Tiere:* die Hörner des Stiers. **Zus.:** Bockshorn, Kuhhorn.
3. ⟨Plural Hörner⟩ *ein Blechblasinstrument:* er bläst Horn/[eine Melodie] auf dem Horn. **Zus.:** Basshorn, Tenorhorn.

Hörn|chen [ˈhœrnçən], das; -s, -:
(wie ein Horn) gebogenes Gebäckstück aus Blätter- oder Hefeteig: ich kaufe mir beim Bäcker noch ein Hörnchen.

Horn|haut [ˈhɔrnha͜ut], die; -, Hornhäute [ˈhɔrnhɔ͜ytə]:
1. ⟨ohne Plural⟩ *durch Druck oder Reibung verhärtete äußerste Schicht der Haut:* er hat dicke Hornhaut unter den Füßen.
2. *durchsichtige äußerste Schicht des Augapfels im Bereich vor der Linse:* ist die Hornhaut verletzt, tränt und schmerzt das betroffene Auge.

Hor|nis|se [hɔrˈnɪsə], die; -, -n:
großes, der Wespe ähnliches Insekt mit schwarzem Vorderkörper und gelb geringeltem Hinterleib: ein Schwarm Hornissen.

Ho|ro|skop [horoˈskoːp], das; -s, -e:
mithilfe der Astrologie erstellte Voraussage über kommende, eine bestimmte Person betreffende Ereignisse: sein Horoskop für die kommende Woche lesen; sich sein Horoskop stellen lassen.

Hor|ror [ˈhɔroːɐ̯], der; -s:
Angst, Schauder, Abscheu, Widerwille: er hatte einen Horror vor dem Älterwerden; sie hatte einen Horror vor Schlangen. **Syn.:** Entsetzen, Grauen, Schauer.

Hor|ror- [hɔroːɐ̯] ⟨Präfixoid⟩ (emotional):
a) *grusel-, schreckenerregend:* Horrorgeschichte; Horrorroman; Horrorstory; Horrorszene.
b) *schreckliche Vorstellungen, beängstigende Befürchtungen auslösend:* Horrormeldung; Horrortrip; Horrorvision.

Hor|ror|film [ˈhɔroːɐ̯fɪlm], der; -[e]s, -e:
Film, der vom Thema und von der Gestaltung her darauf abzielt, beim Zuschauer Grauen und Entsetzen zu erregen: echte Horrorfilme werden im Fernsehen erst sehr spät gezeigt.

Hör|spiel [ˈhøːɐ̯ʃpiːl], das; -[e]s, -e:
für den Rundfunk geschriebenes oder bearbeitetes Stück: ein Hörspiel schreiben, aufnehmen, senden; ich habe gestern ein interessantes Hörspiel im Radio gehört.

Horst [hɔrst], der; -[e]s, -e:
(in schwer erreichbarer Höhe gebautes) großes Nest großer Vögel: der Adler kehrte in seinen Horst zurück.

Hort [hɔrt], der; -[e]s, -e:
1. *Einrichtung, in der Schulkinder nach der Schule betreut werden:* von 13 bis 16 Uhr geht unser Sohn immer in den Hort.
2. ⟨mit Attribut⟩ *Stätte, wo etwas Bestimmtes besonders gepflegt wird, gedeiht:* ein Hort der Freiheit, Stabilität.

hor|ten [ˈhɔrtn̩], hortete, hat gehortet ⟨tr.; hat⟩:
als Vorrat [in übermäßig großer Menge] sammeln und aufbewahren: Geld, Lebensmittel horten. **Syn.:** anhäufen, hamstern, häufen, speichern, zurücklegen.

Ho|se [ˈhoːzə], die; -, -n:
Kleidungsstück, das den Körper von der Taille an abwärts und dabei jedes Bein für sich (ganz oder teilweise) bedeckt: eine enge, kurze, lange Hose; eine Hose anziehen, ausziehen; die Hose ist mir an den Beinen zu eng; ⟨auch im Plural mit singularischer Bedeutung⟩ sie trägt heute ihre roten Hosen. **Zus.:** Cordhose, Herrenhose, Latzhose, Lederhose, Reithose, Trainingshose, Turnhose.

Ho|sen|an|zug [ˈhoːzn̩|ant͜suːk],

der; -[e]s, Hosenanzüge ['ho:zn̩antsy:gə]: *Kleidungsstück für Frauen, das aus [langer] Hose und dazugehörender Jacke besteht:* sie trug in der Oper einen eleganten Hosenanzug.

Hos|pi|tal [hɔspi'ta:l], das; -s, -e und Hospitäler [hɔspi'tɛ:lɐ]: *[im Ausland gelegenes, kleineres] Krankenhaus:* er wurde mit schweren Verletzungen in ein Hospital in Kabul eingeliefert. **Syn.:** Klinik, Spital (bes. österr., schweiz.).

Hos|tess [hɔs'tɛs], die; -, -en: *junge weibliche Person, die auf Messen, bei Reisegesellschaften, in Hotels Gäste, Besucher, Reisegruppen o. Ä. betreut, begleitet und berät:* sie arbeitete mehrere Jahre als Hostess.

Hos|tie ['hɔsti̯ə], die; -, -n: *runde, dünne Oblate, die bei Abendmahl oder Kommunion den Leib Christi darstellt:* eine geweihte Hostie; die Hostie entgegennehmen.

Ho|tel [ho'tɛl], das; -s, -s: *größeres Haus, in dem Gäste gegen Bezahlung übernachten [und essen] können:* in einem Hotel übernachten, absteigen. **Syn.:** Gasthaus, Gasthof, Pension. **Zus.:** Sporthotel, Luxushotel, Nobelhotel.

Ho|tel|füh|rer [ho'tɛlfy:rɐ], der; -s, -: *Verzeichnis, das die Namen der Hotels eines Ortes und weitere Informationen zu ihnen enthält:* im Hotelführer nachschlagen.

Ho|te|li|er [hotɛ'li̯e:], der; -s, -s: *Eigentümer, Pächter eines Hotels:* die Auszeichnung als »Hotelier des Jahres« bekommen.

Ho|tel|zim|mer [ho'tɛltsɪmɐ], das; -s, -: *Zimmer für Gäste in einem Hotel:* die Sekretärin hatte drei Hotelzimmer bestellt.

Hot|line ['hɔtlai̯n], die; -, -s: *telefonischer Service zur Lösung von [meist technischen] Problemen:* die Computerfirmen bieten heute fast alle eine telefonische Hotline an; die / bei der Hotline anrufen; die / bei der Hotline ist immer besetzt.

hübsch [hʏpʃ] ‹Adj.›: **1.** *in Art, Aussehen angenehm; von einer Beschaffenheit, Erscheinung, die Wohlgefallen erregt, jmdm. gefällt, jmds. Zustimmung findet:* ein hübsches Mädchen; eine hübsche Melodie, Landschaft. **Syn.:** anmutig, ansprechend, anziehend, attraktiv, berückend (geh.), betörend, bezaubernd, entzückend, goldig, gut aussehend, herzig, lieb, lieblich, nett, niedlich, reizend, schön, süß (emotional), traumhaft (emotional). **2.** (ugs.) **a)** *beachtlich [groß]:* eine hübsche Summe Geld; der Ort ist eine hübsche Strecke von hier entfernt. **b)** ‹verstärkend bei Adjektiven und Verben› *sehr, ziemlich:* er hat noch ganz hübsch zugelegt; es war ganz hübsch kalt.

Hub|schrau|ber ['hu:pʃrau̯bɐ], der; -s, -: *Flugzeug, das schmale, sich in der Waagerechten drehende Flügel hat und senkrecht startet:* der Hubschrauber landete auf dem Dach des Krankenhauses. **Syn.:** Helikopter. **Zus.:** Kampfhubschrauber, Rettungshubschrauber.

Huf [hu:f], der; -[e]s, -e: *mit Horn überzogener unterer Teil des Fußes bei manchen Tieren:* der Huf des Pferdes, Rindes. **Zus.:** Hinterhuf, Pferdehuf, Vorderhuf.

Huf|ei|sen ['hu:f|ai̯zn̩], das; -s, -: *flaches, gebogenes Stück Eisen, das als Schutz an der Unterseite des Hufes befestigt wird:* das Pferd hat ein Hufeisen verloren.

Hüf|te ['hʏftə], die; -, -n: *Teil des Körpers seitlich vom oberen Ende des Schenkels bis zur Taille:* schmale, breite Hüften; die Arme in die Hüften stemmen.

Hü|gel ['hy:gl̩], der; -s, -: *leicht ansteigende Erhebung, kleiner Berg:* einen Hügel hinaufgehen. **Syn.:** Anhöhe. **Zus.:** Maulwurfshügel, Schneehügel, Termitenhügel.

hü|ge|lig ['hy:gəlɪç], **hüglig** ['hy:glɪç] ‹Adj.›: *Hügel, kleinere Erhebungen aufweisend:* eine hüg[e]lige Landschaft. **Syn.:** bergig.

Huhn [hu:n], das; -[e]s, Hühner ['hy:nɐ]: **a)** *größerer, kaum flugfähiger Vogel mit gedrungenem Körper und einem roten Kamm auf dem Kopf, der wegen der Eier und des Fleisches als Haustier gehalten wird:* die Hühner scharren; Hühner halten. **b)** *Henne:* das Huhn hat ein Ei gelegt. **Syn.:** Glucke.

Hül|le ['hʏlə], die; -, -n: *etwas, was einen Gegenstand, Körper zum Schutz o. Ä. ganz umschließt:* die Hülle von der CD entfernen. **Syn.:** Einband, Futteral, Hülse, Kapsel, Mantel, Schale. **Zus.:** Schutzhülle.

hül|len ['hʏlən] ‹tr.; hat›: *(mit etwas als Hülle) umgeben:* ich habe das Kind, mich in eine Decke gehüllt. **Syn.:** einpacken, einschlagen.

Hül|se ['hʏlzə], die; -, -n: **1.** *fester, röhrenförmiger Behälter, der einen Gegenstand ganz umschließt:* den Bleistift in die Hülse stecken. **Zus.:** Lederhülse, Metallhülse, Patronenhülse. **2.** *längliche Frucht bestimmter Pflanzen, in der mehrere runde oder längliche Samen nebeneinander aufgereiht sind:* die Hülse der Erbsen, Bohnen.

hu|man [hu'ma:n] ‹Adj.›: **a)** *dem Menschen und seiner Würde entsprechend* /Ggs. inhuman/: eine humane Tat; die Gefangenen human behandeln. **Syn.:** menschlich. **b)** *ohne Härte, nachsichtig:* der Chef hat sehr human entschieden. **Syn.:** tolerant, verständnisvoll.

hu|ma|ni|tär [humani'tɛ:ɐ̯] ‹Adj.›: *auf das Wohlergehen der Menschen gerichtet; auf die Linderung menschlicher Not bedacht, ausgerichtet:* humanitäre Hilfe leisten; humanitäre Aufgaben. **Syn.:** karitativ.

Hu|ma|ni|tät [humani'tɛ:t], die; -: *humane Gesinnung, Haltung:* sein Leben war von echter Humanität erfüllt. **Syn.:** Menschlichkeit.

Hum|mel ['hʊml̩], die; -, -n: *größeres Insekt mit rundlichem, dicht behaartem Körper:* die Hummel brummte, summte laut.

Hum|mer ['hʊmɐ], der; -s, -: **a)** *eine besonders große Art von Krebsen, deren Fleisch als Delikatesse gilt:* in diesem Gewässer gibt es viele Hummer. **b)** *Fleisch des Hummers* (a): im Urlaub essen sie oft Hummer.

Hu|mor [hu'mo:ɐ̯], der; -s: *Gabe eines Menschen, die Unzulänglichkeit der Welt und des*

Lebens heiter und gelassen zu betrachten und zu ertragen: [keinen] Humor haben. **Syn.:** Fröhlichkeit, Heiterkeit.

hu|mo|ris|tisch [humoˈrɪstɪʃ] ⟨Adj.⟩:
sich durch Humor auszeichnend: humoristische Darbietungen. **Syn.:** heiter, humorvoll, launig, lustig, scherzhaft.

hu|mor|los [huˈmoːɐ̯loːs] ⟨Adj.⟩:
ohne Humor, ohne die Fähigkeit [auch über sich selbst] zu lachen: ein humorloser Kollege; es ist bekannt, dass sie humorlos ist.

hu|mor|voll [huˈmoːɐ̯fɔl] ⟨Adj.⟩:
Humor erkennen lassend, voll Humor: eine humorvolle Frau; die Rede war sehr humorvoll. **Syn.:** heiter, lustig, scherzhaft.

hum|peln [ˈhʊmpl̩n]:
a) ⟨itr.; ist/hat⟩ *auf einem Fuß nicht richtig gehen, auftreten können:* nach dem Unfall hat/ist sie noch lange gehumpelt. **Syn.:** hinken, lahmen. **b)** ⟨itr.; ist⟩ *sich hinkend irgendwohin bewegen:* er ist allein nach Hause gehumpelt.

Hund [hʊnt], der; -[e]s, -e:
(besonders wegen seiner Wachsamkeit und Anhänglichkeit) als Haustier gehaltenes, kleines bis mittelgroßes Tier, das bellen und durch Beißen angreifen, sich wehren kann: ein bissiger Hund; der Hund bellt, beißt. **Syn.:** Köter (abwertend). **Zus.:** Blindenhund, Hirtenhund, Jagdhund, Polizeihund, Wachhund.

hun|de-, Hun|de- [hʊndə] ⟨Präfixoid, auch das Basiswort wird betont⟩ (ugs. verstärkend):
dient der negativen Kennzeichnung und drückt Ablehnung aus:
1. ⟨adjektivisch; meist prädikativ⟩ *überaus, sehr, in ganz besonderer Weise:* hundeelend; hundekalt; hundemüde.
2. ⟨substantivisch⟩ **a)** *überaus schwer, groß:* Hundearbeit; Hundekälte. **b)** *sehr schlecht, minderwertig:* Hundefraß; Hundeleben; Hundelohn; Hundewetter.

hun|dert [ˈhʊndɐt] ⟨Kardinalzahl⟩ (in Ziffern: 100):
hundert Personen; von eins bis hundert zählen.

¹Hun|dert [ˈhʊndɐt], das; -s, -e und (nach unbest. Zahlwörtern) -:
1. *Einheit von hundert Stück, Dingen, Lebewesen o. Ä.:* ein halbes Hundert; mehrere Hundert/hundert Pflanzen; das Hundert vollmachen; [zehn] vom Hundert (*Prozent;* Abk.: v. H.; Zeichen: %).
2. ⟨Plural Hunderte⟩ ein paar Hundert/auch: hundert; viele Hunderte/auch: hunderte drängten zum Konzert; die Kosten gehen in die Hunderte/hunderte (ugs.; *betragen mehrere Hundert Euro, Dollar o. Ä.*).

²Hun|dert [ˈhʊndɐt], die; -, -en:
die Zahl 100: an der Tafel stand eine große Hundert geschrieben.

hun|dert|pro|zen|tig [ˈhʊndɐtprotsɛntɪç] ⟨Adj.⟩:
(ugs.) *völlig, ganz und gar:* ich kann mich hundertprozentig auf sie verlassen; die Kapazität der Maschine wird hundertprozentig ausgenutzt. **Syn.:** ¹absolut, ganz, gänzlich (emotional), in jeder Beziehung, komplett, restlos (ugs.), total, vollkommen, vollständig, zur Gänze.

hun|dertst... [ˈhʊndɐtst...] ⟨Ordinalzahl⟩ (in Ziffern: 100.):
der hundertste Besucher der Ausstellung.

Hü|ne [ˈhyːnə], der; -n, -n:
sehr großer, breitschultriger Mann: da kam ein Hüne [von Mann] auf mich zu. **Syn.:** Riese.

Hun|ger [ˈhʊŋɐ], der; -s:
Bedürfnis nach Nahrung; Verlangen, etwas zu essen: Hunger bekommen; großen Hunger haben; an/vor Hunger sterben *(verhungern).* **Syn.:** Appetit, Kohldampf (ugs.).

hun|gern [ˈhʊŋɐn] ⟨itr.; hat⟩:
a) *Hunger leiden, ertragen:* im Krieg musste die Bevölkerung hungern. **Syn.:** am Hungertuch nagen, darben (geh.), schmachten (geh.). **b)** ⟨+ sich⟩ *sich durch [teilweisen] Verzicht auf Nahrung in einen bestimmten Zustand bringen:* sich schlank hungern. **c)** ⟨unpers.⟩ (dichter.) *Hunger haben, empfinden:* mich hungert.

hung|rig [ˈhʊŋrɪç] ⟨Adj.⟩:
Hunger empfindend: das hungrige Kind; hungrig sein.

-hung|rig [hʊŋrɪç] ⟨adjektivisches Suffixoid⟩:
drückt aus, dass jemand ein starkes Verlangen, Bedürfnis nach dem im Basiswort Genannten hat und danach strebt, es besonders begehrt, es mit Eifer zu erlangen sucht: abenteuerhungrig; bildungshungrig; geldhungrig; lebenshungrig; leistungshungrig; lesehungrig; machthungrig; reisehungrig; sensationshungrig; sexhungrig; sonnenhungrig. **Syn.:** -(be)gierig (abwertend), -durstig, -geil (ugs.), -süchtig.

Hu|pe [ˈhuːpə], die; -, -n:
Vorrichtung an Fahrzeugen, mit der hörbare Signale gegeben werden können [um jmdn. zu warnen]: [bei Gefahr] auf die Hupe drücken. **Zus.:** Autohupe.

hu|pen [ˈhuːpn̩] ⟨itr.; hat⟩:
mit der Hupe ein Signal ertönen lassen: der Fahrer hupte mehrmals; in geschlossenen Ortschaften ist Hupen verboten. **Syn.:** tuten.

hüp|fen [ˈhʏpfn̩] ⟨itr.; ist⟩:
kleine Sprünge machen, sich in kleinen Sprüngen fortbewegen: die Kinder hüpften vor Freude; der Frosch hüpft durch das Gras. **Syn.:** hopsen, springen.

Hür|de [ˈhʏrdə], die; -, -n:
1. (Sport) *Hindernis, über das ein Läufer, eine Läuferin oder ein Pferd bei entsprechenden Wettbewerben springen muss:* eine Hürde nehmen, überspringen; * **eine Hürde nehmen:** *eine Schwierigkeit überwinden:* in ihrem Leben musste sie schon viele Hürden nehmen.
2. (Landwirtsch.) *von einem Zaun umgebenes Gelände für Tiere:* Schafe, Vieh in die Hürde treiben.

Hu|re [ˈhuːrə], die; -, -n (ugs., auch Eigenbezeichnung):
Prostituierte: er geht öfter zu den Huren. **Syn.:** Nutte (salopp abwertend).

hur|ra [hʊˈraː] ⟨Interjektion⟩:
Ausruf der Begeisterung, des Beifalls: hurra, es hat geschneit!

Hur|ri|kan [ˈhʊrikan], der; -s, -e und (bei engl. Aussprache) -s [ˈhʌrɪkəns]:
tropischer Wirbelsturm, der meistens große Schäden anrichtet: der Hurrikan forderte viele Opfer.

hur|tig [ˈhʊrtɪç] ⟨Adj.⟩ (veraltend, noch landsch.):
flink und behände in der Bewegung: hurtig laufen, arbeiten. **Syn.:** behänd[e], eilig, fix (ugs.), flink, forsch, geschwind (veral-

tend, noch landsch.), rasch, [1]schnell, stürmisch, wie der Blitz (ugs.), wie der Wind (ugs.), zügig.

hu|schen ['hʊʃn̩] ⟨itr.; ist⟩: *sich lautlos und flink fortbewegen:* leise huschte das Mädchen ins Zimmer; schnell über die Straße huschen.

hüs|teln ['hy:stl̩n] ⟨itr.; hat⟩: *mehrmals kurz und schwach husten:* ärgerlich, verlegen hüsteln. **Syn.:** husten.

hus|ten ['hu:stn̩], hustete, gehustet ⟨itr.; hat⟩: *(infolge einer krankhaften Reizung der Atemwege) Luft mehr oder weniger laut anfallartig aus der Lunge durch den offenen Mund nach draußen stoßen:* sie ist erkältet und hustet stark. **Syn.:** hüsteln.

Hus|ten ['hu:stn̩], der; -s: *durch Erkältung hervorgerufene Krankheit, bei der jmd. oft und stark husten muss:* in diesem Winter hatten viele Leute starken Husten. **Zus.:** Raucherhusten.

Hut [hu:t], der; -[e]s, Hüte ['hy:tə]: *aus einem festeren Material bestehende Kopfbedeckung, die meist mit einer Krempe versehen ist:* den Hut abnehmen, aufsetzen. **Syn.:** Deckel (ugs. scherzh.), Kopfbedeckung. **Zus.:** Damenhut, Filzhut, Jägerhut, Sommerhut, Strohhut.

hü|ten ['hy:tn̩], hütete, gehütet:
1. ⟨tr.; hat⟩ *darauf aufpassen, achten, dass jmd., etwas nicht geschädigt wird oder keinen Schaden verursacht:* die Kinder hüten; sie hütet unser Haus während unseres Urlaubs. **Syn.:** beaufsichtigen, bewachen, sehen nach, sich kümmern um, überwachen.
2. *auf die auf der Weide befindlichen Tiere achten, sie beaufsichtigen:* das Vieh [auf der Weide] hüten.
3. ⟨+ sich⟩ *(jmdm., einer Sache gegenüber) sehr vorsichtig sein und sich in Acht nehmen:* hüte dich vor dem Hund, vor falschen Schritten; hüte dich davor, so etwas zu tun. **Syn.:** auf der Hut sein, sich vorsehen, vorsichtig sein.

Hüt|te ['hʏtə], die; -, -n: *kleines, einfaches, meist nur aus einem Raum bestehendes Haus: eine kleine, niedrige Hütte;* die Wanderer übernachteten in einer Hütte im Gebirge. **Syn.:** Baracke, Bude, Laube. **Zus.:** Almhütte, Bambushütte, Holzhütte, Hundehütte, Jagdhütte, Lehmhütte, Schutzhütte.

hutz|lig ['hʊtslɪç] ⟨Adj.⟩: *viele Falten, Runzeln habend:* hutzliges Obst; ein altes hutzliges Männlein. **Syn.:** faltig, runzlig.

Hy|ä|ne [hy̆'ɛ:nə], die; -, -n: *einem Hund ähnliches Tier mit borstiger Rückenmähne und buschigem Schwanz, das sich überwiegend von Aas ernährt und nachts auf Beute ausgeht:* eine gefleckte Hyäne fraß den Kadaver.

Hy|a|zin|the [hy̆a'tsɪntə], die; -, -n: *(aus einer Zwiebel herauswachsende) Pflanze mit langen, schmalen Blättern und einer großen, stark duftenden, aus vielen einzelnen Blüten bestehenden Blütentraube.*

Hy|gi|e|ne [hy'gi̯e:nə], die; -:
1. *Sauberkeit, Reinlichkeit:* die Hygiene in diesem Lokal ist mangelhaft. **Zus.:** Körperhygiene.
2. *Gesamtheit der Maßnahmen, die dazu dienen, die Gesundheit zu erhalten oder zu verbessern und Krankheiten zu verhüten bzw. zu bekämpfen:* die Hygiene der Luft, der Umwelt.

hy|gi|e|nisch [hy'gi̯e:nɪʃ] ⟨Adj.⟩:
1. *die Hygiene* (2) *betreffend, auf ihr beruhend:* eine hygienische Maßnahme; Restaurants werden hygienisch überwacht.
2. *hinsichtlich der Sauberkeit einwandfrei und für die Gesundheit nicht schädlich:* etwas ist hygienisch verpackt. **Syn.:** keimfrei, [1]rein, sauber.

Hym|ne ['hʏmnə], die; -, -n:
1. *feierliches, preisendes Gedicht:* eine Hymne auf die Freundschaft dichten. **Syn.:** Gedicht, Verse ⟨Plural⟩.
2. *Gesangs- oder Instrumentalstück von besonders feierlichem Ausdruck:* eine Hymne singen. **Zus.:** Landeshymne, Nationalhymne.

hy|per-, Hy|per- [hypɐ] ⟨Präfix⟩:
1. (emotional verstärkend) /im Unterschied zu »super«- oft als negative, kritisch-missbilligende Bewertung/: **a)** ⟨adjektivisch⟩ *das im Basiswort Genannte über die Maßen, in äußerster oder übertriebener Weise seiend; übermäßig:* hyperempfindlich; hyperkorrekt; hyperkritisch; hypermodern; hypernervös; hypersensibel. **Syn.:** hoch-, super- (emotional verstärkend), über-, ultra-. **b)** ⟨substantivisch⟩ *in besonderem Maße ausgeprägt, groß, stark:* Hyperformat; Hypermodernität; Hyperrealist.
2. /in Fachsprachen/ *besonders stark, gesteigert; übermäßig, zu viel* /Ggs. hypo-, Hypo-/: hyperchrom *(zu viel Farbstoff besitzend);* Hyperfunktion; Hypertonie; Hypertrophie *(übermäßige Vergrößerung von Geweben und Organen;* auch: *Übermaß, Überzogenheit).*

Hyp|no|se [hʏp'no:zə], die; -, -n: *dem Schlaf oder Halbschlaf ähnlicher, durch Suggestion hervorgerufener Zustand:* jmdn. in Hypnose versetzen.

hyp|no|ti|sie|ren [hʏpnoti'zi:rən] ⟨tr.; hat⟩:
1. *jmdn. in Hypnose versetzen:* der Arzt hypnotisierte die Patientin.
2. *ganz gefangen nehmen; willenlos, widerstandslos machen:* sie hypnotisierte ihn mit ihren blauen Augen; wie hypnotisiert starrte er geradeaus.

hy|po-, Hy|po- [hypo] ⟨adjektivisches und substantivisches Präfix⟩:
1. drückt aus, dass etwas unter etwas, unterhalb von etwas gelegen ist: Hypothalamus.
2. (Biol., Med.) *weniger als das Übliche, unter dem Normalen (in Bezug auf Anzahl, Grad oder Norm) liegend* /Ggs. hyper-, Hyper-/: hypochrom *(zu wenig Blutfarbstoff besitzend);* Hypofunktion; Hypotonie; Hypotrophie (1. *Unterernährung;* 2. *Schwund von Geweben und Organen*). **Syn.:** sub-.

Hy|po|the|se [hypo'te:zə], die; -, -n (bildungsspr.): *Annahme, Aussage, die noch nicht bewiesen ist [aber als Grundlage für weitere wissenschaftliche Forschung dient]:* eine Hypothese aufstellen, widerlegen. **Syn.:** Behauptung.

Hys|te|rie [hʏste'ri:], die; -:
1. *[allgemeine] nervöse Aufgeregtheit, Erregtheit, Erregung:* die

Hysterie der Fans wurde immer größer. **Zus.:** Massenhysterie.
2. (Med.) *Krankheit mit verschiedenen physischen und psychischen Symptomen:* die Frau leidet an Hysterie.

hys|te|risch [hʏsˈteːrɪʃ] ⟨Adj.⟩:
1. *in übertriebener Weise aufgeregt:* hysterisch kreischen.
2. (Med.) *an Hysterie* (2) *leidend:* ein hysterischer Patient.

I i

-i [i], der; -s, -s und die; -, -s ⟨Suffix⟩:
1. a) (Jargon) drückt eine gewisse wohlwollende Einstellung in Bezug auf eine Person (oder Sache) aus: Alki *(Alkoholiker, Alkoholikerin);* Brummi *(Laster);* Knacki *(Person, die zu einer Strafe »verknackt« worden ist und in der Vollzugsanstalt einsitzt);* Schlaffi/Schlappi *(schlappe, antriebsschwache Person).* **b)** wird zum Abkürzen von Substantiven verwendet und bezeichnet eine Person, die sehr allgemein durch etwas gekennzeichnet ist: Fundi *(Fundamentalist/-in);* Wessi *(Person aus dem Westen, aus den alten Bundesländern).* **c)** kennzeichnet eine substantivische Abkürzung, die durch Weglassung der auf -i folgenden Buchstaben entstanden ist: Assi *(Assistent/-in);* Zivi *(Zivildienstleistender).*
2. (ugs.) bei Namen als Ausdruck der Liebe oder Zuneigung, kennzeichnet die Koseform: Franzi (für: Franziska); Gabi (für: Gabriele); Wolfi (für: Wolfgang); /bei Nachnamen/: Schumi (für: Michael Schumacher).

-i|a|de [i̯aːdə], die; -, -n ⟨Suffix⟩:
1. bezeichnet in Bildungen mit Substantiven (meist Namen) eine Handlung, eine Tätigkeit o. Ä., die in der bestimmten Art von jmdm. ausgeführt wird: Hanswurstiade; Harlekiniade; Köpenickiade *(geschickte Täuschung in der Art des Hauptmanns von Köpenick).*
2. bezeichnet eine Veranstaltung, einen Wettbewerb, der durch das im Basiswort Genannte in seiner Art gekennzeichnet wird: Olympiade; Schubertiade *(Musikwettbewerb mit Werken Franz Schuberts);* Spartakiade *(Sportwettkampf).*

-i|cal [ɪkl̩], das; -s, -s ⟨Suffix⟩:
kennzeichnet ein Stück (z. B. Bühnenstück, Film) wegen seines Showcharakters oder seiner entsprechenden Effekte auf scherzhaft-ironische Weise als eine Art Musical mit den im Basiswort genannten entsprechenden charakteristischen Elementen: Grusical *(Film mit gruseligen Effekten);* Schmusical.

ich [ɪç] ⟨Personalpronomen; 1. Pers. Singular⟩:
bezeichnet die eigene Person: ich lese; ich Dummkopf!

-id: ↑-oid.

ide|al [ideˈaːl] ⟨Adj.⟩:
den höchsten Vorstellungen entsprechend; von einer Art, wie sie (für bestimmte Zwecke) nicht besser vorstellbar ist: ein idealer Partner; ideale Bedingungen; ein ideales Klima; die Voraussetzungen waren ideal. **Syn.:** adäquat (bildungsspr.), geeignet, klassisch, passend, perfekt, [1]richtig, vollkommen, vorbildlich.

Ide|al [ideˈaːl], das; -s, -e:
Inbegriff des Vollkommenen, höchstes erstrebtes Ziel: einem Ideal nachstreben. **Zus.:** Lebensideal, Menschheitsideal, Schönheitsideal.

ideal / ideell:
s. Kasten Seite 510.

ide|a|li|sie|ren [ideali'ziːrən] ⟨tr.; hat⟩:
(von der Unvollkommenheit in der Wirklichkeit absehend) Personen und Sachen für schöner, besser halten oder schöner und besser darstellen, als sie sind: in seinem Buch hat der Verfasser die Antike idealisiert. **Syn.:** in den Himmel heben (ugs.), verherrlichen.

Ide|a|lis|mus [ideaˈlɪsmʊs], der; -:
1. *der Glaube an Ideale, das Streben nach Verwirklichung dieser Ideale und die Neigung, die Wirklichkeit nicht zu sehen, wie sie ist, sondern wie sie sein sollte:* von jugendlichem Idealismus erfüllt; sie ist aus Idealismus *(Liebe zum Nächsten)* Krankenschwester geworden. **Syn.:** Begeisterung, Enthusiasmus, Hingabe, Inbrunst (geh.), Leidenschaft, Überschwang.
2. *philosophische Lehre, die die Idee als das objektiv Wirkliche bestimmt und in der Materie eine Erscheinungsform des Geistes sieht; die von dieser Lehre bestimmten Richtungen in Kunst und Wissenschaft* /Ggs. Materialismus/: der deutsche Idealismus des 18. Jahrhunderts.

Ide|a|list [ideaˈlɪst], der; -en, -en, **Ide|a|lis|tin** [ideaˈlɪstɪn], die; -, -nen:
1. *Person, die selbstlos, dabei aber auch die Wirklichkeit etwas außer Acht lassend, nach der Verwirklichung bestimmter Ideale strebt:* ein leidenschaftlicher Idealist.
2. *Vertreter, Vertreterin des Idealismus* (2): die Philosophen Fichte, Schelling und Hegel waren Idealisten.

ide|a|lis|tisch [ideaˈlɪstɪʃ] ⟨Adj.⟩:
1. *an Ideale glaubend, nach der Verwirklichung von Idealen strebend:* eine idealistische junge Ärztin. **Syn.:** großherzig, selbstlos.
2. *durch die philosophische Lehre von den Ideen als dem objektiv Wirklichen geprägt* /Ggs. materialistisch/: die idealistische Philosophie, Weltanschauung.

Idee [iˈdeː], die; -, Ideen [iˈdeːən]:
Gedanke, Einfall: eine gute, geniale Idee; auf eine Idee kommen; eine Idee haben. **Syn.:** Eingebung, Inspiration, Intuition. **Zus.:** Geschenkidee, Grundidee, Hauptidee, Heilsidee, Kreuzzugsidee, Lieblingsidee, Reformidee, Wahnidee.

ide|ell [ideˈɛl] ⟨Adj.⟩:
geistig; nicht materiell /Ggs. materiell/: etwas aus ideellen Gründen tun. **Syn.:** abstrakt, begrifflich, gedacht, gedanklich, theoretisch, vorgestellt.

ideell / ideal:
s. Kasten Seite 510.

iden|ti|fi|zie|ren [idɛntifiˈt͜siːrən] ⟨tr.; hat⟩:
1. *die Identität, Echtheit einer Person oder Sache feststellen:*

ideal/ideell

Das Adjektiv **ideal** kann in Bezug auf Personen, auf Gegenstände oder auf Abstraktes wie Zwecke, Bedingungen gebraucht werden. Es bedeutet *bestmöglich, vollkommen, perfekt:*

– Das ist das ideale Wetter für einen Fahrradausflug!

Ideell bedeutet hingegen so viel wie *auf einer Idee beruhend, nur gedanklich.* Das Gegenwort zu »ideal« ist »materiell«. »Ideell« bezieht sich nur auf Nichtdingliches, also nicht direkt auf Personen oder Gegenstände:

– Noch schwerwiegender als die materielle Not war die ideelle, geistige Situation eines großen Teils der Bevölkerung.

einen Toten identifizieren. **Syn.:** wiedererkennen.
2. ⟨+ sich⟩ *jmds. Anliegen/etwas zu seiner eigenen Sache machen; aus innerlicher Überzeugung voll mit jmdm., etwas übereinstimmen:* sich mit seinem Staat, mit den Beschlüssen der Partei identifizieren. **Syn.:** eine Lanze brechen für; einstehen für; eintreten für; Partei ergreifen für; sich bekennen zu; sich hinter jmdn., etwas stellen; sich verwenden für (geh.).

iden|tisch [iˈdɛntɪʃ] ⟨Adj.⟩:
a) *völlig gleich, übereinstimmend, eins:* Sätze mit identischen Strukturen; ihre Interessen sind identisch. **Syn.:** kongruent (bildungsspr.), übereinstimmend.
b) *dasselbe wie jmd., etwas bedeutend:* die Stadt ist identisch mit Gärten und Parks.

Iden|ti|tät [idɛntiˈtɛːt], die; -, -en:
Echtheit einer Person oder Sache, völlige Übereinstimmung mit dem, was sie ist oder als was sie bezeichnet wird: die Identität des tot aufgefundenen Mannes feststellen.

Ideo|lo|ge [ideoˈloːgə], der; -n, -n:
[exponierter] Vertreter oder Lehrer einer Ideologie: die verbissenen Ideologen konnten sich bei der Abstimmung gegen die Pragmatiker durchsetzen. **Syn.:** Vordenker. **Zus.:** Chefideologe, Parteiideologe.

Ideo|lo|gie [ideoloˈgiː], die; -, Ideologien [ideoloˈgiːən]:
1. *an eine soziale Gruppe o. Ä. gebundene Weltanschauung, Grundeinstellung, Wertung:* die Ideologie der Herrschenden; eine Ideologie vertreten.
2. *politische Theorie, in der bestimmte Ideen der Erreichung politischer und wirtschaftlicher Ziele dienen:* politische Ideologien. **Syn.:** Gesinnung, Weltanschauung. **Zus.:** Parteiideologie, Staatsideologie.

Ideo|lo|gin [ideoˈloːgɪn], die; -, -nen:
weibliche Form zu ↑Ideologe.

ideo|lo|gisch [ideoˈloːgɪʃ] ⟨Adj.⟩:
eine Ideologie (1, 2) *betreffend:* ideologische Vorurteile.

Idi|ot [iˈdi̯oːt], der; -en, -en (ugs. abwertend):
jmd., dessen Verhalten, Benehmen als in ärgerlicher Weise dumm o. Ä. angesehen wird: so ein Idiot! **Syn.:** Depp (bes. südd., österr., schweiz. abwertend), Dummkopf (abwertend), Hammel (salopp abwertend), Ignorant (abwertend), Kamel (salopp abwertend), Kindskopf (ugs.), Narr, Spinner (ugs.), Tölpel (abwertend), ²Tor (geh. veraltend), Trottel (ugs. abwertend).

Idi|o|tie [idi̯oˈtiː], die; -, Idiotien [idi̯oˈtiːən] (ugs. abwertend):
große Dummheit; dummes, törichtes Verhalten: du willst ein halbes Jahr vor dem Abitur die Schule verlassen? Aber das ist doch eine Idiotie! **Syn.:** Blech (ugs. abwertend), Blödsinn (ugs. abwertend), Irrsinn (emotional), Mist (ugs. abwertend), Quatsch (ugs.), Scheiße (derb abwertend), Schwachsinn (ugs. abwertend), Stuss (ugs. abwertend), Torheit (geh.), Unsinn, Wahnsinn (ugs.).

Idi|o|tin [iˈdi̯oːtɪn], die; -, -nen:
weibliche Form zu ↑Idiot.

idi|o|tisch [iˈdi̯oːtɪʃ] ⟨Adj.⟩ (ugs. abwertend):
in ärgerlicher Weise unsinnig: ein idiotischer Plan; es war idiotisch, das zu tun. **Syn.:** beschränkt (abwertend), blöd[e] (ugs.), dämlich (ugs.), doof (ugs.), dumm, töricht (abwertend).

Idol [iˈdoːl], das; -s, -e:
Person, die man schwärmerisch als Vorbild verehrt: sie ist das Idol der Teenager. **Syn.:** Schwarm (emotional). **Zus.:** Filmidol, Sportidol.

Idyll [iˈdʏl], das; -s, -e, **Idyl|le** [iˈdʏlə], die; -, -n:
Bereich, Zustand eines friedlichen und einfachen Lebens in meist ländlicher Einsamkeit: ein dörfliches Idyll; die Idylle ist bedroht.

idyl|lisch [iˈdʏlɪʃ] ⟨Adj.⟩:
voll Harmonie und Frieden: dieses Tal liegt sehr idyllisch. **Syn.:** beschaulich, friedlich, gemütlich, harmonisch, lauschig, wohlig, wohnlich.

-ier [i̯eː], der; -s, -s ⟨Suffix⟩ (in neuen Bildungen meist scherzhaft oder ironisch):
dient in Verbindung mit einem substantivischen Basiswort zur Bildung von Bezeichnungen für männliche Personen: **a)** *männliche Person, die das im Basiswort Genannte hat, dafür zuständig ist:* Bankier; Brigadier; Garderobier; Hotelier; Kneipier. **b)** *Person, für die das im Basiswort Genannte – meist in Bezug auf ihre Tätigkeit – charakteristisch ist:* Grimassier; Pleitier *(Person, die Pleite gemacht hat).* **Syn.:** -ant, -ende, -er, -inski (ugs. abwertend), -ling (meist ugs. abwertend).

-ie|ren [iːrən] ⟨verbales Suffix⟩:
zu dem im adjektivischen oder substantivischen – meist fremdsprachlichen – Basiswort Genannten machen, in einen entsprechenden Zustand versetzen: effektivieren *(effektiv machen);* komplettieren; legitimieren *(legitim machen);* negativieren; relativieren; ⟨auch in Verbindung mit »ver«-⟩ verabsolutieren. **Syn.:** -isieren.

-ierung/-ation: ↑-ation/-ierung.

-ig [ɪç] ⟨adjektivisches Suffix⟩:
1. a) ⟨in Zusammenbildungen mit adjektivischem Attribut und Substantiv⟩ *das im Basiswort Genannte habend:* dick-

schalig *(eine dicke Schale habend);* dreifenstrig; feinnervig; großflächig; großformatig; hochhackig; höherklassig; mehrgeschossig; rotgesichtig; schmallippig; schnellfüßig; schwarzbärtig. **b)** *das im substantivischen Basiswort Genannte habend, damit versehen:* glatzköpfig *(einen Glatzkopf habend);* sommersprossig; schweißig; übergewichtig.
2. a) *in der Art des im substantivischen Basiswort Genannten, ihm ähnlich, gleichend:* flegelig; freakig; jazzig. **Syn.:** -artig. **b)** *in der Art des im verbalen Basiswort Genannten:* knackig; knarrig (Schaukelstuhl); stinkig; triefig.

-ig/-lich: ↑ -lich/-ig.

Igel ['i:gl̩], der; -s, -: *braunes, Stacheln tragendes, kurzbeiniges Säugetier, das sich bei Gefahr zu einer stachligen Kugel zusammenrollt:* der Igel stellt die Stacheln auf; Igel halten Winterschlaf.

-ig|keit [ɪçkait], die; -, -en ⟨Ableitung von Adjektiven auf -»haft« oder -»los« und von einigen einsilbigen Adjektiven sowie von zwei- oder dreisilbigen, die mit »ge«- oder »be«- beginnen; sonst -»heit« oder -»keit«⟩:
1. ⟨auf -»haft«⟩ Lebhaftigkeit; Schreckhaftigkeit.
2. ⟨auf -»los«⟩ Hilflosigkeit; Kopflosigkeit; Lautlosigkeit; Lichtlosigkeit; Schwerelosigkeit.
3. ⟨Basis sind Adjektive, die auf -e auslauten, oder Adjektive, die früher auf -e auslauteten und nun einsilbig geworden sind⟩ Bangigkeit; Engigkeit; Festigkeit; Helligkeit; Leichtigkeit; Müdigkeit; Schnelligkeit; Sprödigkeit; Zähigkeit.
4. ⟨mit »ge«- oder »be«- beginnende Basis⟩ Behändigkeit; Genauigkeit; Gerechtigkeit; Geschwindigkeit.

Igno|rant [ɪgno'rant], der; -en, -en, **Igno|ran|tin** [ɪgno'rantɪn], die; -, -nen (abwertend): *männliche bzw. weibliche Person, die ohne Sachkenntnis ist, aber trotzdem auf dem betreffenden Gebiet handelt, urteilt:* er bezeichnete ihn als kulturlosen Ignoranten. **Syn.:** Banause, Banausin.

Igno|ranz [ɪgno'rants̮], die; -: *Unwissenheit, Unkenntnis auf einem Gebiet, auf dem man von dem Betreffenden eine gewisse Sachkenntnis erwartet:* sie ärgerte sich ständig über Ignoranz und Unfähigkeit bei den Verantwortlichen; sein Kommentar zu diesem Thema zeugt von haarsträubender Ignoranz.

igno|rie|ren [ɪgno'ri:rən] ⟨tr.; hat⟩: *nicht beachten, nicht zur Kenntnis nehmen:* sie hat ihn, es ignoriert. **Syn.:** keines Blickes würdigen, links liegen lassen (ugs.), mit Nichtachtung strafen, nicht [mehr] ansehen, schneiden, [1]übersehen (ugs.), wie Luft behandeln (ugs.).

ihm [i:m] ⟨Personalpronomen; Dativ von »er« und »es«⟩: ich habe es ihm gesagt; das Kind war krank, aber es geht ihm wieder gut.

ihn [i:n] ⟨Personalpronomen; Akk. von »er«⟩: ich kenne ihn gar nicht.

ih|nen ['i:nən] ⟨Personalpronomen; Dativ von »sie (2)«⟩: ich habe es ihnen gegeben.

Ih|nen ['i:nən] ⟨Personalpronomen; Dativ von »Sie«⟩: ich bin Ihnen und Ihrer Frau, Ihnen beiden sehr dankbar dafür.

[1]ihr [i:ɐ̯] ⟨Personalpronomen⟩:
1. ⟨2. Person Plural⟩ bezeichnet mehrere gemeinsam angeredete vertraute Personen: ihr habt den Nutzen davon; ihr Deutschen.
2. ⟨Dativ von »sie (1)«⟩ er hat ihr die Heirat versprochen.

[2]ihr [i:ɐ̯] ⟨Possessivpronomen⟩: bezeichnet ein Besitz- oder Zugehörigkeitsverhältnis einer weiblichen oder mehrerer Personen: ihr Kleid ist zu lang; sie sind bei ihren Großeltern; ⟨substantiviert:⟩ das Ihre *(das ihr, ihnen Gehörende, Zukommende).*

Ihr [i:ɐ̯] ⟨Possessivpronomen⟩: bezeichnet ein Besitz- oder Zugehörigkeitsverhältnis zu einer oder mehreren mit »Sie« angeredeten Personen: wo steht Ihr Wagen?; ⟨substantiviert:⟩ das Ihre.

ih|rer ['i:rɐ] ⟨Personalpronomen; Gen. von »sie«⟩: wir werden ihrer gedenken.

Ih|rer ['i:rɐ] ⟨Personalpronomen; Gen. von »Sie«⟩: das ist Ihrer nicht würdig.

-ik [ɪk], die; -, -en ⟨Suffix⟩:
1. bildet mit fremdsprachlichen Adjektiven (auf »isch«) die entsprechenden Substantive, die dann eine Beschaffenheit, Eigenschaft, ein Verhalten o. Ä. ausdrücken: Bombastik; Dogmatik; Egozentrik; Erotik; Exotik; Exzentrik; Hektik; Heroik; Idyllik; Fantastik; Lakonik; Spezifik; Theatralik.
2. bezeichnet eine Gesamtheit: Essayistik; Gestik; Kombinatorik; Mimik; Ökonomik; Prognostik; Programmatik; Thematik; Touristik; /als Fachgebiet/: Elektronik; Hispanistik; Informatik; Kybernetik; Linguistik; Optik; Pädagogik; Physiognomik; Publizistik; Romanistik; /als Kulturepoche/: Gotik; Romanik; Romantik.

-i|ker [ɪkɐ], der; -s, - ⟨Suffix⟩: kennzeichnet eine männliche Person, die durch das im Basiswort Genannte charakterisiert wird: Alkoholiker *(Person, die alkoholabhängig ist);* Asthmatiker *(Person, die an Asthma leidet);* Choleriker; Diabetiker *(Person, die Diabetes hat);* Exzentriker; Fanatiker; Hektiker; Ironiker; Rhythmiker; Satiriker; Zyniker.

il- [ɪl] ⟨adjektivisches Präfix; vor Adjektiven, die mit l anlauten⟩: *un-, nicht-* /vgl. »in«-/: illegal; illegitim; illiberal; illiquid; illoyal.

il|le|gal ['ɪlega:l] ⟨Adj.⟩: *gesetzwidrig, ungesetzlich; ohne behördliche Genehmigung* /Ggs. legal/: eine illegale Aktion, Organisation, Partei; illegale Geschäfte; illegal arbeiten, einwandern; das Altöl illegal entsorgen. **Syn.:** illegitim (bildungsspr.), kriminell, strafbar, unerlaubt, unrechtmäßig, unzulässig, verboten, widerrechtlich.

Il|le|ga|li|tät [ɪlegali'tɛ:t], die; -, -en:
1. ⟨ohne Pl.⟩ **a)** *Ungesetzlichkeit, Gesetzwidrigkeit:* die Illegalität einer politischen Arbeit. **b)** *illegale Tätigkeit, Lebensweise:* sie gingen in die Illegalität.
2. *einzelne illegale Handlung o. Ä.:* Illegalitäten werden streng geahndet.

il|le|gi|tim ['ɪlegiti:m] ⟨Adj.⟩ (bildungsspr.):
1. a) *unrechtmäßig, im Widerspruch zur Rechtsordnung [ste-*

I
ille

hend], nicht im Rahmen bestehender Vorschriften [erfolgend] /Ggs. legitim/: eine illegitime Thronfolge; eine Regierung für illegitim erklären. **Syn.:** gesetzwidrig, illegal, unzulässig, verboten, widerrechtlich. **b)** (früher) *außerehelich; nicht ehelich:* ein illegitimes Kind.
2. *nicht legitim* (b), *nicht vertretbar, nicht berechtigt:* eine illegitime Forderung.

Il|lu|mi|na|ti|on [ɪlumina'ts̮i̯o:n], die; -, -en:
festliche Beleuchtung: die Illumination der Straßen in den Wochen vor Weihnachten.

il|lu|mi|nie|ren [ɪlumi'ni:rən] ⟨tr.; hat⟩:
festlich erleuchten: zur Feier des Tages wurden abends die Straßen illuminiert.

I
Illu

Il|lu|si|on [ɪlu'zi̯o:n], die; -, -en:
Einbildung, falsche Hoffnung: sich keine Illusionen machen; jmdm. seine Illusionen lassen, rauben. **Syn.:** Luftschloss, Täuschung. **Zus.:** Raumillusion, Theaterillusion.

il|lu|si|ons|los [ɪlu'zi̯o:nslo:s] ⟨Adj.⟩:
frei von Illusionen: eine illusionslose Einschätzung der Lage; illusionslos blickte sie in die Zukunft.

il|lu|so|risch [ɪlu'zo:rɪʃ] ⟨Adj.⟩:
a) *nur in der Illusion existierend:* sie trug sich mit illusorischen Hoffnungen. **Syn.:** trügerisch, utopisch. **b)** *gegenstandslos:* die veränderten Umstände machten unser ganzes Vorhaben illusorisch. **Syn.:** nutzlos, unnütz, wirkungslos, zwecklos.

il|lus|trie|ren [ɪlʊs'tri:rən] ⟨tr.; hat⟩:
1. *mit Bildern ausschmücken:* ein Märchenbuch illustrieren. **Syn.:** bebildern.
2. *erläutern, deutlich machen:* den Vorgang an einem Beispiel illustrieren. **Syn.:** veranschaulichen.

Il|lus|trier|te [ɪlʊs'tri:ɐ̯tə], die; -n, -n ⟨ohne bestimmten Artikel im Plural: [viele] Illustrierte⟩:
Zeitschrift mit Bildern und Artikeln allgemein interessierenden und unterhaltenden Inhalts: sie kauft immer viele Illustrierte. **Syn.:** Blatt, Journal, Magazin.

im [ɪm] ⟨Verschmelzung von »in« + »dem«⟩:
1. a) ⟨die Verschmelzung kann aufgelöst werden⟩ sie arbeitet im Garten. **b)** ⟨die Verschmelzung kann nicht aufgelöst werden⟩ im Oktober; im Grunde.
2. ⟨die Verschmelzung kann nicht aufgelöst werden⟩ dient in Verbindung mit einem substantivierten Infinitiv und »sein« zur Bildung der Verlaufsform: im Kommen sein *(dabei sein zu kommen).*

im- [ɪm] ⟨adjektivisches Präfix; vor Adjektiven, die mit m oder p anlauten⟩:
un-, nicht- /vgl. »in«-/: immateriell; immobil; implausibel; impotent.

Image ['ɪmɪtʃ], das; -[s], -s:
das Bild, das sich ein Einzelner oder eine Gruppe von einem Einzelnen, einer Gruppe oder Sache macht; feste Vorstellung vom Charakter oder von der Persönlichkeit: das Image eines Politikers prägen; diese Vorfälle haben dem Image der Bundesrepublik sehr geschadet. **Syn.:** Ansehen, guter Name, Leumund, Name, Prestige (bildungsspr.), Ruf.

Im|biss ['ɪmbɪs], der; -es, -e:
1. *kleine Mahlzeit:* einen Imbiss einnehmen.
2. *Imbisshalle, -stand:* beim nächsten Imbiss essen wir etwas. **Zus.:** Schnellimbiss.

Imi|tat [imi'ta:t], das; -[e]s, -e:
die Imitation: das Zimmer stand voller Imitate wertvoller Möbel.

Imi|ta|ti|on [imita'ts̮i̯o:n], die; -, -en:
[minderwertige] Nachahmung: wie man später bemerkte, handelte es sich bei dem Gemälde nicht um ein Original, sondern nur um eine Imitation; eine Imitation des menschlichen Herzens; er beherrscht die perfekte Imitation bekannter Politiker. **Syn.:** Fälschung, Kopie, Parodie. **Zus.:** Lederimitation, Tierstimmenimitation.

imi|tie|ren [imi'ti:rən] ⟨tr.; hat⟩:
nachahmen: die Stimme eines Vogels, einen Clown imitieren. **Syn.:** kopieren, nachäffen, nachmachen (ugs.).

Im|ker ['ɪmkɐ], der; -s, -, **Im|ke|rin** ['ɪmkərɪn], die; -, -nen:
Person, die berufsmäßig Bienen (zur Produktion von Honig) züchtet: wir kaufen unseren Honig direkt beim Imker.

im|ma|tri|ku|lie|ren [ɪmatriku'li:rən]:
a) ⟨tr.; hat⟩ *in die Liste der Studierenden einer Hochschule aufnehmen:* die Universität immatrikuliert jedes Jahr 3 000 Studierende. **b)** ⟨+ sich⟩ *sich in die Liste der eine Hochschule besuchenden Studierenden eintragen:* ich habe mich immatrikuliert, mich immatrikulieren lassen. **Syn.:** anmelden, sich einschreiben.

im|mens [ɪ'mɛns] ⟨Adj.⟩:
staunens-, bewundernswert groß; unermesslich [groß]: ein immenser Vorrat an Anekdoten; ihr Glück war immens. **Syn.:** enorm, gewaltig (emotional), gigantisch, heftig, irre (salopp), irrsinnig (emotional), kolossal (ugs. emotional), mächtig (ugs.), massiv, monumental, riesig, unglaublich (ugs.), unheimlich (ugs.), unvorstellbar (emotional).

[1]im|mer ['ɪmɐ] ⟨Adverb⟩:
1. a) *gleichbleibend oder sich jeweils wiederholend:* auf sie kann man sich immer verlassen; er macht immer [wieder] dieselben Fehler; sie ist immer fröhlich; er trinkt immer *(gewöhnlich)* Tee; das ist für immer *(in alle Zukunft)* vorbei. **Syn.:** am laufenden Band (ugs.), andauernd, ausnahmslos, beständig, chronisch, durch die Bank (ugs.), ewig (ugs.), fortgesetzt, fortwährend, in einem fort, in einer Tour (ugs.), ohne Ende, permanent, rund um die Uhr (ugs.), ständig, stetig, Tag und Nacht, unablässig (emotional), unentwegt, ununterbrochen, unveränderlich, zeitlos. **b)** *jedes Mal:* immer wenn wir ausgehen wollen, regnet es; er musste immer wieder von vorn anfangen; immer ich! (ugs.; *jedes Mal soll ich schuld sein, bin ich dran, muss ich die Arbeit machen o. Ä.*).
2. ⟨+ Komparativ⟩ *zunehmend:* es wird immer dunkler; die Reichen werden immer reicher und die Armen immer ärmer. **Syn.:** fortwährend, permanent, ständig.
3. (ugs.) *jeweils:* er nahm immer zwei Stufen auf einmal.

²im|mer ['ɪmɐ] ⟨Partikel⟩:
1. (ugs.) dient, besonders in elliptischen Sätzen, dazu, einer Aufforderung einen freundlichen, verbindlichen Ton zu verleihen: immer herein [in die gute Stube]!; immer weg mit dem alten Plunder!; (landsch.) immer treten Sie ein!
2. dient in Verbindung besonders mit Relativpronomina dazu, Beliebigkeit auszudrücken: was [auch] immer geschieht ... *(gleichgültig, was geschieht ...)*; wir werden helfen, wo immer *(werden überall dort helfen, wo)* es nötig ist.
3. dient in Verbindung mit »noch« dazu, dieses zu verstärken: du bist ja immer noch / noch immer hier.

¹im|mer|hin ['ɪmɐ'hɪn] ⟨Adverb⟩:
auf jeden Fall, wenigstens: er hat sich immerhin Mühe gegeben; du hättest immerhin anrufen können! **Syn.:** jedenfalls, jedoch, zumindest.

²im|mer|hin ['ɪmɐ'hɪn] ⟨Partikel⟩:
dient dazu, auszudrücken, dass der genannte Sachverhalt etwas durchaus Bedeutendes, nicht gering zu Achtendes darstellt: sie ist immerhin stellvertretende Vorsitzende; er hatte beim Lotto immerhin vier Richtige; »Sie ist [nur] auf den dritten Platz gekommen.« – »Immerhin [besser als nichts]!«.

im|mer|zu ['ɪmɐ'tsu:] ⟨Adverb⟩:
dauernd, ständig [sich wiederholend], immer wieder: er ist immerzu in Bewegung, am Jammern. **Syn.:** am laufenden Band (ugs.), andauernd, beständig, ewig (ugs.), fortgesetzt, fortwährend, in einem fort, in einer Tour (ugs.), permanent, stetig, unaufhörlich, unentwegt, ununterbrochen.

Im|mi|grant [ɪmi'grant], der; -en, -en, **Im|mi|gran|tin** [ɪmi'grantɪn], die; -, -nen:
Person, die in ein Land einwandert oder eingewandert ist: viele Immigranten kommen aus Ländern, in denen Krieg ist. **Syn.:** Einwanderer, Einwanderin.

Im|mo|bi|lie [ɪmo'bi:li̯ə], die; -, -n:
unbeweglicher Besitz (z. B. Haus, Grundstück, Gebäude): eine Immobilie erwerben; mit Immobilien handeln; sein Geld in Immobilien anlegen. **Syn.:** Anwesen (geh.), Besitzung, Grund und Boden, Land.

im|mun [ɪ'mu:n] ⟨Adj.⟩:
1. a) *widerstandsfähig gegen bestimmte Krankheitserreger:* gegen diese Krankheit immun sein. **Syn.:** resistent (Med., Biol.). **b)** *vor etwas gefeit, gegen etwas unempfindlich sein:* gegen Kritik ist er immun; gegenüber Fremdenhass und Rassismus ist kein Volk immun.
2. *(als Abgeordneter, Diplomat) gesetzlichen Schutz vor strafrechtlicher Verfolgung genießend:* die Abgeordnete ist immun.

im|mu|ni|sie|ren [ɪmuni'zi:rən] ⟨tr.; hat⟩:
immun (1) *machen:* wer diese Krankheit übersteht, bleibt für immer gegen ihre Erreger immunisiert. **Syn.:** schützen vor.

Im|mu|ni|tät [ɪmuni'tɛ:t], die; -:
1. *Widerstandskraft (gegenüber Giften oder den Erregern von Krankheiten):* dieses Mittel bewirkt eine mehrere Jahre andauernde Immunität gegen eine Infektion. **Syn.:** Schutz.
2. *(bei Abgeordneten, Diplomaten) durch Gesetz garantierter Schutz vor Strafverfolgung:* die Immunität eines Abgeordneten aufheben.

Im|pe|ri|a|lis|mus [ɪmperi̯a'lɪsmʊs], der; -:
Streben einer Großmacht nach ständiger Ausdehnung ihrer Macht und ihres Einflusses: der Imperialismus der europäischen Großmächte führte in den 1. Weltkrieg.

-im|pe|ri|um [ɪmperi̯ʊm], das; -s, -imperien [ɪmperi̯ən] ⟨Suffixoid⟩:
weit ausgebautes Macht- und Herrschaftsgebiet in Bezug auf das im Basiswort Genannte (Bereich oder Besitzer): Bierimperium; Finanzimperium; Industrieimperium; Ölimperium; Textilimperium; Schifffahrtsimperium.

im|per|ti|nent [ɪmpɛrti'nɛnt] ⟨Adj.⟩ (bildungsspr.):
in herausfordernder Weise frech, unverschämt: er lümmelte sich mit impertinenter Lässigkeit in den Sessel; er hatte eine impertinente Art aufzufallen. **Syn.:** dreist (abwertend), ungezogen, unverfroren (emotional).

imp|fen ['ɪmpf̮n̩] ⟨tr.; hat⟩:
[jmdm.] einen Schutzstoff gegen eine bestimmte gefährliche Krankheit zuführen: Kinder [gegen Tetanus] impfen.

Imp|fung ['ɪmpf̮ʊŋ], die; -, -en:
das Impfen: eine Impfung gegen Tetanus; Impfungen vornehmen.

im|po|nie|ren [ɪmpo'ni:rən] ⟨itr.; hat⟩:
Bewunderung hervorrufen (bei jmdm.), großen Eindruck machen (auf jmdn.): ihre Leistungen imponierten den Zuschauern. **Syn.:** beeindrucken.

Im|port [ɪm'pɔrt], der; -[e]s, -e:
Einfuhr von Waren, Gütern aus dem Ausland /Ggs. Export/: den Import beschränken. **Zus.:** Erdölimport, Fleischimport.

Im|por|teur [ɪmpɔr'tø:ɐ̯], der; -s, -e:
Person, Firma, die gewerbsmäßig Waren aus dem Ausland einführt: dieses Unternehmen ist der größte Importeur unseres Landes für Kaffee.

im|por|tie|ren [ɪmpɔr'ti:rən] ⟨tr.; hat⟩:
(Waren aus dem Ausland) einführen /Ggs. exportieren/: Südfrüchte [aus Israel] importieren.

im|po|sant [ɪmpo'zant] ⟨Adj.⟩ (geh.):
sehr eindrucksvoll, durch Größe auffallend: eine imposante Erscheinung; ein imposanter Anblick; er spielt imposant Klavier. **Syn.:** außergewöhnlich, außerordentlich, beachtlich, bemerkenswert, erstaunlich, gewaltig (emotional), ungewöhnlich, unglaublich (ugs.).

im|po|tent ['ɪmpotɛnt] ⟨Adj.⟩:
/Ggs. potent/: **a)** *(vom Mann) nicht fähig zum Geschlechtsverkehr:* in der Hochzeitsnacht war er impotent. **b)** *(vom Mann) nicht fähig, ein Kind zu zeugen:* eine Verletzung hat ihn impotent gemacht. **Syn.:** steril, unfruchtbar (Med., Biol.).

im|prä|gnie|ren [ɪmprɛ'gni:rən] ⟨tr.; hat⟩:
(einen Stoff o. Ä.) wasserdicht machen: einen Mantel imprägnieren.

Im|pres|si|on [ɪmprɛ'si̯o:n], die; -, -en:
Eindruck, den Empfindungen, Gefühle, Wahrnehmungen vermitteln: Impressionen wiederge-

ben; sich an seine damaligen Impressionen erinnern. **Syn.:** Bild, Vorstellung.

Im|pres|si|o|nis|mus [ɪmprɛsi̯oˈnɪsmʊs], der; -: *Richtung in der Kunst des späten 19. Jahrhunderts, die sich zwar der Umwelt zuwendet, sie aber nicht objektiv darstellen will, sondern ihre Wirkung auf das Innere des einzelnen Menschen beobachtet und diese Eindrücke möglichst differenziert wiederzugeben versucht:* Monet ist ein berühmter Vertreter des Impressionismus.

Im|pro|vi|sa|ti|on [ɪmprovizaˈtsi̯oːn], die; -, -en: **1.** *das Improvisieren:* Improvisation ist nicht seine Stärke. **2.** *das ohne Vorbereitung, aus dem Stegreif Dargebotene:* ihre Improvisation gefiel den Gästen sehr.

im|pro|vi|sie|ren [ɪmproviˈziːrən] ⟨tr.; hat⟩: *ohne Vorbereitung, aus dem Stegreif ausführen:* eine Rede improvisieren; ⟨auch itr.⟩ er improvisiert gern; am Klavier improvisieren.

Im|puls [ɪmˈpʊls], der; -es, -e: *Anstoß, Antrieb (zu etwas):* einen Impuls geben, empfangen; die Steuersenkung könnte für die Konjunktur einen Impuls bedeuten; Neugier ist ein wesentlicher Impuls für meine Arbeit. **Syn.:** Beweggrund, Grund, Idee, Ursache, Veranlassung. **Zus.:** Denkimpuls, Schaffensimpuls.

im|pul|siv [ɪmpʊlˈziːf] ⟨Adj.⟩: *spontan, einem plötzlichen Antrieb folgend:* eine impulsive Handlung; er ist sehr impulsiv. **Syn.:** sprunghaft, unvermittelt.

im|stan|de [ɪmˈʃtandə], **im Stande:** in der Wendung **zu etwas imstande sein:** *zu etwas fähig, in der Lage sein:* er war nicht imstande, ruhig zu sitzen; er ist zu einer großen Leistung imstande; sie ist imstande und plaudert alles aus *(es ist ihr zuzutrauen, dass sie alles ausplaudert).*

[1]in [ɪn] ⟨Präp.⟩: **1.** ⟨räumlich⟩ **a)** ⟨mit Dativ; Frage: wo?⟩ dient zur Angabe des Sichbefindens, des Vorhandenseins innerhalb eines Raumes o. Ä., der Stelle, des Platzes, wo sich jmd., etwas befindet, des Zusammenhangs o. Ä., in dem jmd., etwas zu finden ist, vorkommt: in Berlin, der Küche, der Badewanne, der Schublade, der Pfanne sein; der Mantel hängt in der Diele; in der Suppe ist zu wenig Salz; er ist in keiner Partei; sie ist im Stadtrat. **Syn.:** innerhalb. **b)** ⟨mit Akk.; Frage: wohin?⟩ dient zur Angabe eines Ziels, auf das hin eine Bewegung stattfindet, der Stelle, des Platzes, wohin sich jmd. begibt, wohin etwas gebracht wird, eines größeren Zusammenhangs o. Ä., in den sich jmd. begibt, in den etwas hineingebracht wird: in die Stadt fahren; das Kleid in den Schrank hängen. **2.** ⟨zeitlich⟩ **a)** ⟨mit Dativ; Frage: wann?⟩ dient zur Angabe eines Zeitpunktes oder Zeitraumes, in dem, in dessen Verlauf oder nach dessen in der Zukunft liegendem Ende etwas Bestimmtes vor sich geht o. Ä.: in zwei Tagen ist er fertig; in diesem Sommer, den letzten Tagen hat es viel geregnet; [mitten] in der Nacht. **Syn.:** binnen, im Laufe von, im Verlauf von, in der Zeit von, innerhalb, [1]während. **b)** ⟨mit Akk.; häufig mit vorangehendem »bis«⟩ dient zur Angabe einer zeitlichen Erstreckung: seine Erinnerungen reichen [bis] in die früheste Kindheit zurück. **3.** ⟨modal; mit Dativ⟩ dient zur Angabe der Art und Weise, in der etwas geschieht o. Ä.: er geht in Stiefeln; in vielen Farben; er war in Schwierigkeiten. **4.** ⟨mit Dativ und Akk.; in Abhängigkeit von bestimmten Wörtern⟩ in keiner Weise; in diesem Falle; der Text ist in deutscher Sprache abgefasst; in diesem Punkt sind wir uns einig; sie unterscheiden sich nur in einem; sie hat in Deutsch eine Eins; er ist tüchtig in seinem Beruf; etwas in etwas verwandeln, verzaubern; sich in jmdn. verlieben. **5.** * **in sich gehen:** *[mit Bedauern, Reue] über sein Verhalten nachdenken und sich vornehmen, sich künftig anders zu verhalten:* daraufhin ging er in sich und gelobte Besserung; * **es in sich haben** (ugs.): *zunächst, auf den ersten Blick nicht erkennbare, überraschende Schwierigkeiten in sich bergen, Qualitäten haben:* die Aufgabe hat es in sich; den Roman haben viele unterschätzt, aber er hat es in sich; der Wein, das Thema hat es in sich.

[2]in [ɪn]: in der Wendung **in sein** (ugs.): *in Mode sein, den meisten gefallen, bei den meisten Interesse finden:* kurze Haare, Mountainbikes sind in; die Kneipe ist in; ist Hip-Hop eigentlich noch in?; bei den Teenies ist es zurzeit in, sich die Haare rot zu färben. **Syn.:** modern sein.

in- [ɪn] ⟨adjektivisches Präfix; meist fremdsprachliches Basiswort⟩: *un-, nicht-:* /vgl. »il«-, »im«-, »ir«-/: inaktiv; inakzeptabel; indiskret; indiskutabel; informell; inhomogen; inhuman; inkorrekt; inpraktikabel; intolerant. **Syn.:** a-, des-, dis-, non-.

-in [ɪn], die; -, -nen ⟨Suffix⟩: bezeichnet weibliche Personen oder Tiere und wird meist an die Bezeichnung männlicher Wesen, gelegentlich auch an generische Bezeichnungen oder Namen, angehängt: **a)** ⟨oft an Suffixe wie -»ant«, -»ar«, -»ent«, -»er«, -»eur«, -»ist«, -»or«⟩ Ausländerin; Bibliothekarin; Chefin; Delinquentin; Demonstrantin; Familienministerin; Friseurin; Gemahlin; Masseurin; Medizinerin; Partnerin; Pastorin; Philosophin; Pragerin; Prinzipalin; Schwesternschülerin; Seniorin; Soldatin; Sozialdemokratin; Sportlerin; Tigerin; Verkäuferin; ⟨abgeleitet von Wörtern auf -»erer«⟩ Veräußerin/Veräußrerin; Bewunderin/Bewundrerin; Typin (scherzh.). **Syn.:** -esse, -essin, -euse, -ice, -ine, -issin. **b)** ⟨mit gleichzeitigem Umlaut⟩ Anwältin; Ärztin; Bäuerin; Füchsin; Hündin; Landsmännin; Schwägerin; Staatsmännin. **c)** ⟨unter gleichzeitigem Verlust des auslautenden -e beim Basiswort⟩ Beamtin; Genossin; Kundin; Patin; Psychologin; Türkin; Vorfahrin. **d)** ⟨mit Umlaut und Verlust des auslautenden -e⟩ Äffin; Französin; Häsin. **e)** ⟨ohne ein männliches Bezugswort⟩ Arzthelferin; Stenotypistin; Wöchnerin. **f)** ⟨angehängt an Familiennamen⟩ (ugs.) die Schmidtin *(Frau Schmidt)*. **Syn.:** -sche. **g)** (früher; zur Kennzeichnung der Ehefrau und nach dem Beruf des Ehemannes) Försterin *(Frau des Försters)*; Hofrätin *(Frau des Hofrats)*.

In|be|griff [ˈɪnbəgrɪf], der; -[e]s: *vollkommenste, reinste Verkörperung:* sie ist [für ihn] der Inbegriff der emanzipierten Frau, der Schönheit, des Bösen. **Syn.:** Muster.

in|be|grif|fen [ˈɪnbəgrɪfn̩] ⟨Adj.⟩: *(in etwas) mit enthalten:* die Lieferung, die Bedienung ist im Preis inbegriffen; zum Preis von 89 Euro (Mehrwertsteuer inbegriffen); alles inbegriffen. **Syn.:** einbegriffen, [1]inklusive.

In|brunst [ˈɪnbrʊnst], die; - (geh.): *starkes, leidenschaftliches Gefühl, mit dem jmd. etwas tut, sich jmdm., einer Sache zuwendet:* die Inbrunst seines Glaubens, seiner Liebe; mit Inbrunst singen. **Syn.:** Begeisterung, Eifer, Elan, Enthusiasmus, Idealismus, Leidenschaft, Tatkraft.

in|brüns|tig [ˈɪnbrʏnstɪç] ⟨Adj.⟩ (geh.): *voller Inbrunst:* inbrünstig hoffen, beten, singen. **Syn.:** eifrig, leidenschaftlich.

in|dem [ɪnˈdeːm] ⟨Konj.⟩:
1. ⟨zeitlich⟩ *während:* indem er sprach, öffnete sich die Tür.
2. ⟨instrumental⟩ *dadurch, dass; damit, dass:* er weckte uns, indem er ins Zimmer stürzte und »Aufstehen!« rief.

[1]in|des [ɪnˈdɛs] ⟨Konj.; temporal⟩, **in|des|sen** [ɪnˈdɛsn̩] (geh.): *während, indem:* indes[sen] er las, unterhielten sich die anderen.

[2]in|des [ɪnˈdɛs], **in|des|sen** [ɪnˈdɛsn̩] (geh.):
1. *inzwischen, unterdesssen:* es hatte indes[sen] zu regnen begonnen; du kannst indes[sen] schon anfangen.
2. *jedoch:* man machte ihm mehrere Angebote. Er lehnte indes[sen] alles ab. **Syn.:** aber, allein (geh.), allerdings, dagegen, freilich, gleichwohl, trotzdem.

In|dex [ˈɪndɛks], der; -[es], -e und Indizes [ˈɪndit͡seːs]: *alphabetisches Namen-, Stichwort-, Sachverzeichnis; Register:* das Buch hat einen ausführlichen Index; im Index nachschlagen.

in|di|rekt [ˈɪndirɛkt] ⟨Adj.⟩: *nicht unmittelbar, sondern über einen Umweg* /Ggs. direkt/: etwas indirekt beeinflussen; indirekte Beleuchtung *(bei der man die Lichtquelle selbst nicht sieht)*. **Syn.:** auf Umwegen.

in|dis|kret [ˈɪndɪskreːt] ⟨Adj.⟩: *ohne den gebotenen Takt oder die gebotene Zurückhaltung in Bezug auf die Privatsphäre eines anderen* /Ggs. diskret/: eine indiskrete Frage; sei doch nicht so indiskret!; sie wollte nicht indiskret sein, aber sie hätte doch gern gewusst, wer der Herr war. **Syn.:** aufdringlich, taktlos, unhöflich, zudringlich.

In|dis|kre|ti|on [ɪndɪskreˈt͡si̯oːn], die; -, -en: *unerwünschte, unerlaubte Weitergabe einer geheimen, vertraulichen Information:* die Presse ist durch eine [bewusste, gezielte] Indiskretion vorzeitig in den Besitz dieser Information gelangt.

in|dis|ku|ta|bel [ˈɪndɪskutaːbl̩] ⟨Adj.⟩: *(als Möglichkeit der Erörterung) nicht infrage kommend* /Ggs. diskutabel/: ein indiskutabler Vorschlag; diese Pläne sind indiskutabel. **Syn.:** unhaltbar, unmöglich.

In|di|vi|du|a|lis|mus [ɪndividu̯aˈlɪsmʊs], der; -: *Anschauung, die dem Individuum, seinen Bedürfnissen den Vorrang vor der Gemeinschaft einräumt:* den schrankenlosen Individualismus bekämpfen.

In|di|vi|du|a|list [ɪndividu̯aˈlɪst], der; -en, -en, **In|di|vi|du|a|lis|tin** [ɪndividu̯aˈlɪstɪn], die; -, -nen: *Person, die dem Individualismus anhängt:* [ein] extremer Individualist sein. **Syn.:** Außenseiter, Außenseiterin, Eigenbrötler (oft abwertend), Eigenbrötlerin (oft abwertend), Einzelgänger, Einzelgängerin.

In|di|vi|du|a|li|tät [ɪndividu̯aliˈtɛːt], die; -: *Eigenart, durch die sich jemand von anderen unterscheidet:* seine Individualität nicht aufgeben; Kinder sollten in ihrer Individualität gefördert werden, anstatt sie dazu zu erziehen, genauso wie die anderen zu sein. **Syn.:** Besonderheit.

in|di|vi|du|ell [ɪndiviˈdu̯ɛl] ⟨Adj.⟩: **a)** *das Individuum betreffend; dem Individuum eigentümlich:* die individuellen Bedürfnisse, Ansichten; die Wirkung ist individuell *(bei den einzelnen Menschen)* verschieden. **Syn.:** persönlich, subjektiv. **b)** *mit besonderer, von der einzelnen Persönlichkeit geprägter Note:* eine individuelle Verpackung; einen Raum individuell gestalten. **Syn.:** charakteristisch, eigen, kennzeichnend, speziell, spezifisch, typisch, unverkennbar.

In|di|vi|du|um [ɪndiˈviːduʊm], das; -s, Individuen [ɪndiˈviːdu̯ən]:
1. *Mensch als einzelnes Wesen:* das Individuum in der Masse.
2. (abwertend) *als fragwürdig abzulehnender Mensch:* mit diesem Individuum will ich nichts zu tun haben.

In|diz [ɪnˈdiːt͡s], das; -es, -ien (bes. Rechtsspr.): *Umstand, der auf einen bestimmten [im Rahmen eines Gerichtsverfahrens zu beweisenden] Sachverhalt schließen lässt:* das Urteil stützt sich nur auf Indizien; der Kurssturz ist ein deutliches Indiz für die Verunsicherung der Anleger. **Syn.:** Hinweis.

In|dus|t|rie [ɪndʊsˈtriː], die; -, Industrien [ɪndʊsˈtriːən]: *Gesamtheit der Unternehmen, die Produkte entwickeln und herstellen:* eine Industrie aufbauen; in dieser Gegend gibt es nicht viel Industrie. **Syn.:** Produktion, Wirtschaft. **Zus.:** Autoindustrie, Baustoffindustrie, Elektroindustrie, Farbenindustrie, Filmindustrie, Kraftfahrzeugindustrie, Lebensmittelindustrie, Maschinenindustrie, Metallindustrie, Nahrungsmittelindustrie, Papierindustrie, Rüstungsindustrie, Schmuckwarenindustrie, Schuhindustrie, Spielwarenindustrie, Stahlindustrie, Tabakindustrie, Textilindustrie, Unterhaltungsindustrie, Vergnügungsindustrie, Verpackungsindustrie.

in|dus|t|ri|ell [ɪndʊstriˈɛl] ⟨Adj.⟩: *die Industrie betreffend, zur Industrie gehörend:* die industrielle Fertigung.

In|dus|tri|el|ler [ɪndʊstriˈɛlɐ], der Industrielle/ein Industrieller; des/eines Industriellen, die Industriellen/zwei Industrielle: *Eigentümer eines Industriebetriebs; Unternehmer in der Industrie:* die Interessen der Industriellen vertreten. **Syn.:** Arbeitgeber, Fabrikant. **Zus.:** Großindustrieller.

in|ei|n|an|der [ɪnl̮aiˈnandɐ] ⟨Adverb⟩:
a) *einer in den anderen:* die beiden Wollknäuel waren ineinander verwickelt; ineinander verliebt sein. **b)** *einer im anderen:* sie gingen ganz ineinander auf.

in|ei|n|an|der- [ɪnl̮aiˈnandɐ] ⟨trennbares betontes verbales Präfix⟩: *eins in das andere:* ineinanderlegen; ineinanderfügen; ineinanderfließen.

In|fan|te|rie [ˈɪnfantəri:], die; -: *Gesamtheit der auf den Nahkampf spezialisierten Kampftruppen des Heeres (z. B. Gebirgs-, Fallschirm-, Panzerjäger):* die Verbündeten griffen mit Infanterie und Panzern an. **Zus.:** Marineinfanterie.

in|fan|til [ɪnfanˈti:l] ⟨Adj.⟩:
1. *auf kindlicher Entwicklungsstufe stehen geblieben:* ein infantiles Geschöpf.
2. (abwertend) *kindisch:* ein infantiler Typ; sein infantiles Benehmen, Gehabe geht mir auf die Nerven; sei, benimm dich doch nicht so infantil; er ist im Alter infantil geworden. **Syn.:** [2]albern, blöd[e] (ugs.), kindisch (abwertend).

In|farkt [ɪnˈfarkt], der; -[e]s, -e: *plötzliches Absterben eines Gewebe- oder Organteils, bedingt durch eine längere Unterbrechung der Zufuhr von Blut:* der Arzt stellte einen Infarkt fest. **Zus.:** Herzinfarkt, Hirninfarkt, Leberinfarkt, Lungeninfarkt, Niereninfarkt.

In|fekt [ɪnˈfɛkt], der; -[e]s, -e: *akutes Erkranktsein durch eine Infektion:* ein grippaler Infekt; einen Infekt haben, bekommen; er ist für Infekte besonders anfällig. **Syn.:** Krankheit.

In|fek|ti|on [ɪnfɛkˈtsi̯o:n], die; -, -en: *Ansteckung durch Krankheitserreger.* **Syn.:** Übertragung. **Zus.:** Darminfektion, Pilzinfektion, Virusinfektion, Wundinfektion.

In|fer|no [ɪnˈfɛrno], das; -s: *unheilvolles, entsetzliches Geschehen [von dem eine größere Menschenmenge gleichzeitig und unmittelbar betroffen wird]:* ein flammendes, nukleares Inferno; er hat das Inferno der Brandkatastrophe, des Erdbebens überlebt.

in|fi|zie|ren [ɪnfiˈtsi:rən]:
1. ⟨tr.; hat⟩ *eine Krankheit, Krankheitserreger (auf jmdn.) übertragen:* jmdn. [mit einer Krankheit, mit einem Virus] infizieren; die Wunde darf nicht infiziert werden. **Syn.:** anstecken, verseuchen.
2. ⟨+ sich⟩ *Krankheitskeime aufnehmen:* ich muss mich bei dir, im Krankenhaus infiziert haben. **Syn.:** sich anstecken.

In|fla|ti|on [ɪnflaˈtsi̯o:n], die; -, -en: *Entwertung des Geldes und gleichzeitige Erhöhung der Preise:* eine niedrige, hohe, schleichende, galoppierende Inflation.

In|fo [ˈɪnfo], die; -, -s (ugs.): Kurzform von ↑Information: zur Info schicke ich Dir den Zeitungsartikel. **Syn.:** Angabe, Auskunft, Mitteilung, Nachricht.

in|fol|ge [ɪnˈfɔlgə] ⟨Präp. mit Gen.⟩:
dient dazu, die Ursache, die etwas Bestimmtes zur Folge hat, anzugeben; *wegen:* das Spiel musste infolge schlechten Wetters ausfallen; das Unwetter, infolge dessen die Straße gesperrt werden musste. **Syn.:** aufgrund, dank.

in|fol|ge|des|sen [ɪnfɔlgəˈdɛsn̩] ⟨Adverb⟩:
als Folge dessen, dadurch: er ist erst kurz hier und hat infolgedessen wenig Erfahrung. **Syn.:** deshalb, deswegen.

In|for|mant [ɪnfɔrˈmant], der; -en, -en, **In|for|man|tin** [ɪnfɔrˈmantɪn], die; -, -nen: *Person, die Informationen liefert:* die Zeitung hat in ihm einen wichtigen Informanten gewonnen. **Syn.:** Gewährsfrau, Gewährsmann.

In|for|ma|tik [ɪnfɔrˈma:tɪk], die; -: *Wissenschaft von der systematischen Verarbeitung von Informationen mithilfe von Computern:* Informatik studieren.

In|for|ma|ti|on [ɪnfɔrmaˈtsi̯o:n], die; -, -en:
a) *das Informieren:* die Information des Parlaments durch die Regierung war ungenügend. **Syn.:** Ankündigung, Aufklärung, Meldung, Mitteilung. **Zus.:** Falschinformation. **b)** *[auf Anfrage erteilte] über alles Wissenswerte in Kenntnis setzende, offizielle, detaillierte Mitteilung über jmdn., etwas:* Informationen erhalten, bekommen; jmdm. eine wichtige Information vorenthalten. **Syn.:** Angabe, Aufklärung, Aufschluss, Auskunft, Bescheid, Daten ⟨Plural⟩, Fakten ⟨Plural⟩, Info (ugs.), Nachricht, Notiz. **Zus.:** Hintergrundinformation, Presseinformation.

in|for|ma|tiv [ɪnfɔrmaˈti:f] ⟨Adj.⟩: *Einblicke bietend, Aufschlüsse gebend:* sie führten ein informatives Gespräch. **Syn.:** aufschlussreich, belehrend.

in|for|ma|to|risch [ɪnfɔrmaˈto:rɪʃ] ⟨Adj.⟩:
dem Zwecke der Information dienend: ein informatorisches Gespräch.

in|for|mie|ren [ɪnfɔrˈmi:rən]:
a) ⟨tr.; hat⟩ *unterrichten, in Kenntnis setzen:* du hättest mich sofort informieren sollen; er hat die Öffentlichkeit über die Ereignisse informiert. **Syn.:** aufklären, benachrichtigen, melden, mitteilen, orientieren, verkünden (geh.), verkündigen (geh.). **b)** ⟨+ sich⟩ *sich unterrichten, sich Kenntnis verschaffen:* er informierte sich über die Vorgänge; sie ist immer bestens informiert. **Syn.:** anfragen, sich erkundigen, fragen, nachfragen.

in|fra|ge [ɪnˈfra:gə], **in Frage:**
in den Wendungen **infrage kommen:** *in Betracht kommen:* von den Bewerbern kommen für den Posten nur zwei infrage; eine solche Lösung kommt schon aus finanziellen Gründen nicht infrage; das kommt gar nicht infrage!; **etwas infrage stellen: 1)** *etwas als fraglich, als nicht gesichert, als nicht länger erhaltenswert hinstellen:* ich will die Zweckmäßigkeit dieser Maßnahme keineswegs infrage stellen; er stellt in seinem Buch unser ganzes Wirtschaftssystem infrage. **2)** *die Verwirklichung von etwas gefährden:* die Finanzkrise stellt das Projekt infrage;

durch die Erkrankung des Dirigenten ist das Konzert infrage gestellt.

In|fra|struk|tur [ˈɪnfraʃtrʊktuːɐ], die; -, -en:
Gesamtheit der (für etwas, z. B. für die Wirtschaft) notwendigen Anlagen, Einrichtungen, die die Grundlage, den Unterbau für die Arbeit, Tätigkeit bildet, auf der weitere Planung usw. aufgebaut werden kann: eine moderne Infrastruktur haben, aufbauen, schaffen, brauchen; dem Land fehlt die für den Tourismus nötige Infrastruktur.

In|fu|si|on [ɪnfuˈzi̯oːn], die; -, -en:
Einführung größerer Flüssigkeitsmengen in den Organismus, besonders in eine Blutader: eine Infusion bekommen; der Arzt legte eine Infusion.

In|ge|nieur [ɪnʒeˈni̯øːɐ̯], der; -s, -e, **In|ge|nieu|rin** [ɪnʒeˈni̯øːrɪn], die; -, -nen:
Person, die [an einer Hochschule] eine technische Ausbildung erhalten hat. **Syn.:** Techniker, Technikerin. **Zus.:** Bauingenieur, Bauingenieurin, Bergingenieur, Bergingenieurin, Betriebsingenieur, Betriebsingenieurin, Diplomingenieur, Diplomingenieurin, Elektroingenieur, Elektroingenieurin, Maschinenbauingenieur, Maschinenbauingenieurin, Sicherheitsingenieur, Sicherheitsingenieurin, Vermessungsingenieur, Vermessungsingenieurin.

In|ha|ber [ˈɪnhaːbɐ], der; -s, -, **In|ha|be|rin** [ˈɪnhaːbərɪn], die; -, -nen:
Person, die etwas besitzt, innehat: die Inhaberin des Geschäfts. **Syn.:** Besitzer, Besitzerin, Eigentümer, Eigentümerin, Halter, Halterin. **Zus.:** Alleininhaber, Alleininhaberin, Amtsinhaber, Amtsinhaberin, Firmeninhaber, Firmeninhaberin, Kontoinhaber, Kontoinhaberin, Ladeninhaber, Ladeninhaberin, Lehrstuhlinhaber, Lehrstuhlinhaberin, Lizenzinhaber, Lizenzinhaberin, Mitinhaber, Mitinhaberin, Wohnungsinhaber, Wohnungsinhaberin.

In|halt [ˈɪnhalt], der; -[e]s, -e:
1. *etwas, was in etwas (z. B. in einem Gefäß) enthalten ist:* der Inhalt der Flasche, des Pakets. **Syn.:** Füllung. **Zus.:** Darminhalt, Mageninhalt, Packungsinhalt, Tascheninhalt.
2. *das, was in etwas mitgeteilt, ausgedrückt, dargelegt ist:* der Inhalt des Briefs; den Inhalt eines Romans erzählen. **Syn.:** Aussage, Essenz (bildungsspr.), [1]Gehalt. **Zus.:** Begriffsinhalt, Gesprächsinhalt, Vertragsinhalt, Wortinhalt.

in|halt|lich [ˈɪnhaltlɪç] ⟨Adj.⟩:
den Inhalt betreffend, dem Inhalt nach: die ansprechende Aufmachung des Buchs kann über seine inhaltlichen Schwächen nicht hinwegtäuschen; der Aufsatz ist inhaltlich hervorragend, enthält aber zu viele Rechtschreibfehler.

in|hu|man [ˈɪnhumaːn] ⟨Adj.⟩:
in kritikwürdiger Weise nicht human, menschliche Gesichtspunkte ganz außer Acht lassend: inhumane Rechtsprechung; inhumane Ausländerpolitik; diese Regelung ist inhuman; sich inhuman verhalten; jmdn. inhuman behandeln. **Syn.:** barbarisch, brutal, gefühllos, gewalttätig, grausam, herzlos, kalt, unbarmherzig, unmenschlich (abwertend).

In|i|ti|a|ti|ve [initsi̯aˈtiːvə], die; -, -n:
a) *von Entschlussfreudigkeit geprägter Antrieb zum Handeln:* etwas aus eigener Initiative tun; die Initiative ergreifen *(eine Sache in die Hand nehmen; zu handeln beginnen).* **Syn.:** Aktivität, Energie, Entschlossenheit, Tatkraft, Wille. **Zus.:** Eigeninitiative, Privatinitiative.
b) *Zusammenschluss von Bürgern, Verbänden, Vereinen, Firmen und/oder öffentlichen Einrichtungen, um ein gemeinsames [großes] Ziel zu erreichen:* eine private, unternehmerische, europäische, parteiübergreifende Initiative; eine Initiative starten, gründen, unterstützen; sich einer Initiative anschließen.

Ini|ti|a|tor [iniˈtsi̯aːtoːɐ̯], der; -s, Initiatoren [initsi̯aːˈtoːrən], **Ini|ti|a|to|rin** [initsi̯aːˈtoːrɪn], die; -, -nen:
Person, die (etwas) anregt, anstiftet: die Initiatorin des Projekts; er ist der Initiator der gegen mich gerichteten Kampagne. **Syn.:** Gründer, Gründerin, Organisator, Organisatorin, Stifter, Stifterin, Urheber, Urheberin. **Zus.:** Hauptinitiator, Hauptinitiatorin.

In|jek|ti|on [ɪnjɛkˈtsi̯oːn], die; -, -en:
das Einspritzen (von Flüssigkeit) in den Körper: eine Spritze zur Injektion von Medikamenten; das Mittel wird oral oder durch Injektion verabreicht. **Syn.:** Spritze.

[1]**in|klu|si|ve** [ɪnkluˈziːvə] ⟨Präp. mit Gen.⟩:
[1]einschließlich: inklusive aller Gebühren; ⟨aber: starke Substantive bleiben im Singular ungebeugt, wenn sie ohne Artikel und ohne adjektivisches Attribut stehen; im Plural dann mit Dativ⟩ inklusive Porto; inklusive Getränken.

[2]**in|klu|si|ve** [ɪnkluˈziːvə] ⟨Adverb⟩:
[2]einschließlich: bis zum 4. April, bis Seite 56 inklusive. **Syn.:** einbegriffen, inbegriffen.

in|ko|gni|to [ɪnˈkɔgnito] ⟨Adverb⟩:
unter einem fremden Namen: er reiste inkognito; er hat sich inkognito hier aufgehalten. **Syn.:** anonym.

in|kom|pe|tent [ˈɪnkɔmpetɛnt] ⟨Adj.⟩:
nicht kompetent: der neue Mitarbeiter hat sich leider als total inkompetent erwiesen. **Syn.:** unfähig.

in|kon|se|quent [ˈɪnkɔnzekvɛnt] ⟨Adj.⟩:
nicht konsequent, obgleich man Konsequenz hätte erwarten können /Ggs. konsequent/: sich so zu verhalten ist doch inkonsequent; sie ist, verhält sich manchmal sehr inkonsequent. **Syn.:** paradox, widersprüchlich.

in|kor|rekt [ˈɪnkɔrɛkt] ⟨Adj.⟩:
/Ggs. korrekt/: **a)** *durch Ungenauigkeit unrichtig, fehlerhaft, nicht korrekt* (a): eine inkorrekte Wiedergabe des Vorfalls; ein inkorrekt gebildeter Satz; sie hielt die gemachten Behauptungen für inkorrekt. **Syn.:** falsch, nicht zutreffend. **b)** *bestimmten [gesellschaftlichen] Normen, Vorschriften oder [moralischen] Grundsätzen nicht entsprechend:* inkorrekt gekleidet sein; er verhält sich politisch inkorrekt. **Syn.:** falsch.

In|land [ˈɪnlant], das; -[e]s:

Bereich innerhalb der Grenzen eines bestimmten Landes /Ggs. Ausland/: die Erzeugnisse des Inlandes; im Inland.

in|ne|ha|ben ['ɪnəha:bn̩], hat inne, hatte inne, innegehabt ⟨itr.; hat⟩: *(eine bestimmte Position, Stellung o. Ä.) haben, besitzen:* einen Posten, ein Amt innehaben. **Syn.:** ausüben, bekleiden (geh.), versehen.

in|ne|hal|ten ['ɪnəhaltn̩], hält inne, hielt inne, innegehalten ⟨itr.; hat⟩: *(mit etwas) plötzlich für kürzere Zeit aufhören:* in der Arbeit innehalten; im Laufen innehalten. **Syn.:** abbrechen, aussetzen mit, einhalten, pausieren mit, unterbrechen.

in|nen ['ɪnən] ⟨Adverb⟩: *im Innern, inwendig* /Ggs. außen/: ein Gebäude innen und außen renovieren; ich habe das Haus noch nie von innen gesehen. **Syn.:** auf der Innenseite, auf der inneren Seite.

In|nen|dienst ['ɪnəndi:nst], der; -[e]s, -e /Ggs. Außendienst/: *Arbeit innerhalb der Firma oder der Behörde:* im Innendienst arbeiten.

In|nen|po|li|tik ['ɪnənpoliti:k], die; -: *der Teil der Politik, der sich mit den inneren Angelegenheiten eines Staates beschäftigt* /Ggs. Außenpolitik/: die Innenpolitik der neuen Regierung.

In|nen|stadt ['ɪnənʃtat], die; -, Innenstädte ['ɪnənʃtɛ:tə]: *im Inneren liegender Teil, Kern einer Stadt:* in der Innenstadt einkaufen. **Syn.:** Altstadt, City, Zentrum.

in|ner... ['ɪnər...] ⟨Adj.⟩: *sich innen befindend, inwendig vorhanden* /Ggs. äußer.../: die inneren Bezirke der Stadt; die inneren Organe. **Syn.:** im Innern befindlich, im Innern gelegen, innen befindlich, innen gelegen.

in|ner- [ɪnər] ⟨adjektivisches Präfixoid⟩: *in dem Bereich liegend, sich vollziehend, der mit dem im Basiswort Genannten angesprochen ist* /Ggs. außer-/: innerbetrieblich; innerdienstlich; innereuropäisch; innerfamiliär; innerkirchlich; innermenschlich; innerparteilich; innerschulisch; innerstädtisch; inneruniversitär. **Syn.:** -intern, intra-.

In|ne|rei|en [ɪnə'raiən], die ⟨Plural⟩: *essbare Eingeweide von Tieren:* Innereien essen.

In|ne|res ['ɪnərəs], das Innere/ein Inneres; des/eines Inner[e]n:
1. *umschlossener Raum; Mitte; Tiefe; etwas, was innen ist:* das Innere des Hauses, des Landes. **Zus.:** Erdinnere, Landesinnere, Schiffsinnere, Wageninnere, Wortinnere.
2. *Kern des menschlichen Wesens:* sein Inneres offenbaren; wer weiß schon, was in ihrem Inneren vorgeht? **Syn.:** Gefühl, Gemüt, Herz, Seele.

[1]in|ner|halb ['ɪnɐhalp] ⟨Präp. mit Gen.⟩:
a) dient dazu, etwas als einen Raum, einen Bereich zu kennzeichnen, in dem, in dessen Innerem etwas geschieht; *in* /Ggs. außerhalb/: innerhalb des Hauses; innerhalb der Familie.
b) *während, in:* innerhalb der Arbeitszeit; innerhalb dieser Frist. **c)** *in einem Zeitraum von:* innerhalb eines Jahres; ⟨mit Dativ, wenn der Gen. formal nicht zu erkennen ist⟩ innerhalb fünf Monaten.

[2]in|ner|halb ['ɪnɐhalp] ⟨Adverb⟩:
a) *im Bereich* /Ggs. außerhalb/: innerhalb von Berlin.
b) ⟨Adverb⟩ *in einem Zeitraum:* innerhalb von zwei Jahren. **Syn.:** binnen, im Laufe von, im Verlauf von, in der Zeit von, während.

in|ner|lich ['ɪnɐlɪç] ⟨Adj.⟩:
a) (geh.) *nach innen gewandt, auf das eigene Innere gerichtet:* ein innerlicher Mensch. **Syn.:** empfindsam, romantisch. **b)** *im Innern:* er war innerlich ganz ruhig, völlig unbeteiligt; sie musste innerlich lachen.

In|ners|tes ['ɪnɐstəs], das Innerste/ein Innerstes; des/eines Innersten: *das innerste, tiefste Wesen (eines Menschen):* jmdm. sein Innerstes offenbaren; von etwas bis ins Innerste getroffen sein. **Syn.:** Herz, Seele.

in|ne|woh|nen ['ɪnəvo:nən], wohnte inne, innegewohnt ⟨itr.; hat⟩ (geh.): *(in jmdm., etwas) enthalten sein:* dem Wasser dieser Quelle sollen heilende Kräfte innewohnen.

in|nig ['ɪnɪç] ⟨Adj.⟩: *besonders herzlich, tief empfunden:* eine innige Verbundenheit; sich innig lieben. **Syn.:** inständig, intim.

In|nung ['ɪnʊŋ], die; -, -en: *Zusammenschluss von Handwerkern desselben Handwerks, der dem Zweck dient, die gemeinsamen Interessen zu fördern:* in die Innung aufgenommen werden. **Syn.:** Genossenschaft. **Zus.:** Augenoptikerinnung, Bäckerinnung, Bauinnung, Dachdeckerinnung, Elektroinnung, Fleischerinnung, Glaserinnung, Handwerksinnung, Malerinnung, Maurerinnung, Metzgerinnung, Schlachterinnung, Schneiderinnung, Schreinerinnung, Schuhmacherinnung, Tischlerinnung, Zahntechnikerinnung.

in|of|fi|zi|ell ['ɪnǀɔfit͡si̯ɛl] ⟨Adj.⟩:
1. a) *nicht in amtlichem, offziellem Auftrag; nicht amtlich; außerdienstlich* /Ggs. offiziell/: die inoffizielle Reise eines Ministers; die Verhandlungen wurden inoffiziell geführt. **Syn.:** heimlich, intern, vertraulich.
b) *einer amtlichen, offiziellen Stelle nicht bekannt, nicht von ihr bestätigt, anerkannt, nicht von ihr ausgehend:* eine inoffizielle Mitteilung.
2. *nicht förmlich, nicht feierlich; nicht in offiziellem Rahmen:* es war eine kleine inoffizielle Feier.

ins [ɪns] ⟨Verschmelzung von »in« + »das«⟩:
a) ⟨die Verschmelzung kann aufgelöst werden⟩ er sprang ins eiskalte Wasser des Rheins. **b)** ⟨die Verschmelzung kann nicht aufgelöst werden⟩ die Veranstaltung ist ins Wasser gefallen; ins Gerede kommen; ins Schleudern, Schwärmen geraten.

In|sas|se ['ɪnzasə], der; -n, -n, **In|sas|sin** ['ɪnzasɪn], die; -, -nen: *Person, die sich in einem Fahrzeug befindet, die in einem Heim o. Ä. lebt:* die Insassinnen des Gefängnisses; alle Insassen des Flugzeugs kamen ums Leben. **Syn.:** Bewohner, Bewohnerin, Gefangene, Gefangener, Häftling, Passagier, Passagierin. **Zus.:** Autoinsasse, Autoinsassin, Fahrzeuginsasse, Fahrzeuginsassin, Gefängnisinsasse,

Gefängnisinsassin, Lagerinsasse, Lagerinsassin.

ins|be|son|de|re [ɪnsbəˈzɔndərə] ⟨Adverb⟩:
vor allem, besonders: er hat große Kenntnisse, insbesondere in englischer Literatur. **Syn.:** hauptsächlich, in der Hauptsache, in erster Linie, namentlich, vor allen Dingen.

In|schrift [ˈɪnʃrɪft], die; -, -en:
(meist zum Gedenken an jmdn., etwas) auf Stein, Metall, Holz o. Ä. durch Einritzen, Einmeißeln entstandener Text: eine lateinische Inschrift; eine alte Inschrift auf einem Grabstein. **Syn.:** Aufschrift, Schrift.

In|sekt [ɪnˈzɛkt], das; -[e]s, -en:
meist geflügeltes kleines Tier, dessen Körper meist deutlich in Kopf, Brust und Hinterleib gegliedert ist: Mücken, Fliegen, Schmetterlinge, Käfer, Wanzen, Libellen und andere Insekten.

In|sel [ˈɪnzl̩], die; -, -n:
Land, das ringsum von Wasser umgeben ist: eine einsame Insel; eine Insel bewohnen. **Zus.:** Halbinsel.

In|se|rat [ɪnzeˈraːt], das; -[e]s, -e:
Annonce, Anzeige in einer Zeitung o. Ä.: viele Leute lasen das Inserat; ein Inserat aufgeben, schalten.

In|se|rent [ɪnzeˈrɛnt], der; -en, -en, **In|se|ren|tin** [ɪnzeˈrɛntɪn], die; -, -nen:
Person, die inseriert: wir bitten unsere Inserenten, ihre Anzeigen rechtzeitig aufzugeben.

in|se|rie|ren [ɪnzeˈriːrən]:
1. ⟨itr.; hat⟩ *ein Inserat aufgeben:* er inserierte im Lokalblatt. **Syn.:** annoncieren.
2. ⟨tr.; hat⟩ *durch ein Inserat (in einer Zeitung, Zeitschrift) anbieten, suchen:* er hat sein Auto, Haus [zum Verkauf] inseriert.

ins|ge|heim [ɪnsgəˈhai̯m] ⟨Adverb⟩:
heimlich: insgeheim beneidete er die anderen.

ins|ge|samt [ɪnsgəˈzamt] ⟨Adverb⟩:
alles/alle zusammengenommen; in der Gesamtheit: er war insgesamt 10 Tage krank; es dürfen insgesamt nicht mehr als 8 Personen in den Lift; insgesamt war es eine gelungene Veranstaltung. **Syn.:** alles in allem, als Ganzes, im Ganzen, summa summarum, zusammen.

-ins|ki [ɪnski], der; -s, -s ⟨Suffix⟩ (ugs. abwertend):
bezeichnet eine männliche Person, die durch die im Basiswort genannte negative (oder als negativ empfundene) Eigenschaft in besonderer Weise charakterisiert ist: Brutalinski *(Person, die brutal ist);* Radikalinski *(Person, die rücksichtslos, radikal ist).*

[1]in|so|fern [ɪnˈzoːfɛrn] ⟨Adverb⟩:
in dieser Hinsicht: insofern hat er doch recht. **Syn.:** deshalb, deswegen, hierin, in diesem Punkt, insoweit.

[2]in|so|fern [ɪnzoˈfɛrn] ⟨Konj.⟩:
für den Fall; vorausgesetzt, dass: insofern sie dazu in der Lage ist, will sie dir helfen; der Vorschlag ist gut, insofern als er niemandem schadet. **Syn.:** falls, [2]insoweit, sofern, wenn.

[1]in|so|weit [ɪnˈzoːvai̯t] ⟨Adverb⟩:
insofern: insoweit hat er recht.

[2]in|so|weit [ɪnzoˈvai̯t] ⟨Konj.⟩:
in dem Maße, wie: insoweit es möglich ist, wird man ihm helfen. **Syn.:** wenn.

In|spek|ti|on [ɪnspɛkˈt͜si̯oːn], die; -, -en:
das Inspizieren, Überprüfen von etwas: eine gründliche Inspektion; die Inspektion des Gebäudes nahm ein Sachverständiger vor; ich muss mein Auto zur Inspektion [in die Werkstatt] bringen. **Syn.:** Kontrolle, Prüfung, Wartung.

In|spek|tor [ɪnˈspɛktoːɐ̯], der; -s, -s, Inspektoren [ɪnspɛkˈtoːrən], **In|spek|to|rin** [ɪnspɛkˈtoːrɪn], die; -, -nen:
1. *Beamter bzw. Beamtin zu Beginn der Laufbahn im gehobenen Dienst:* er wurde vom Inspektor zum Oberinspektor befördert . **Zus.:** Forstinspektor, Gerichtsinspektor, Oberinspektor.
2. *jmd., der etwas inspiziert, dessen Amt es ist, Inspektionen durchzuführen:* sie ist Inspektorin beim Zoll.

In|spi|ra|tion [ɪnspiraˈt͜si̯oːn], die; -, -en:
plötzlich auftauchender Gedanke, der jmdn. (zu etwas) inspiriert: der Dichter lebt von der Inspiration. **Syn.:** Einfall, Eingebung, Geistesblitz (ugs.), Idee, Intuition.

in|spi|rie|ren [ɪnspiˈriːrən] ⟨tr.; hat⟩:
(jmdm./einer Sache) Impulse verleihen, Anregungen geben: das Ereignis inspirierte ihn zu seinem Roman; sich inspirieren lassen. **Syn.:** anregen, anspornen, ermutigen, motivieren, veranlassen.

in|spi|zie|ren [ɪnspiˈt͜siːrən] ⟨tr.; hat⟩:
in allen Einzelheiten prüfend besichtigen: der General inspizierte die Truppen; ein Gebäude von einem Sachverständigen inspizieren lassen. **Syn.:** begutachten, durchsehen, durchsuchen, kontrollieren, prüfen, überprüfen.

In|stal|la|teur [ɪnstalaˈtøːɐ̯], der; -s, -e, **In|stal|la|teu|rin** [ɪnstalaˈtøːrɪn], die; -, -nen:
Person, die technische Anlagen (besonders für Heizung, Wasser, Gas) installiert und wartet: sie rief den Installateur an, weil das Klo verstopft war. **Syn.:** Klempner (bes. nordd.), Klempnerin (bes. nordd.), Spengler (bes. südd.; westd.), Spenglerin (bes. südd.; westd.).

In|stal|la|ti|on [ɪnstalaˈt͜si̯oːn], die; -, -en:
das Installieren: die Installation der Heizung, des Heißwassergeräts, der Dusche würde ich einem Fachmann überlassen.

in|stal|lie|ren [ɪnstaˈliːrən] ⟨tr.; hat⟩:
(eine technische Vorrichtung, ein Gerät) an der dafür vorgesehenen Stelle anbringen: den Kühlschrank, Herd installieren. **Syn.:** anschließen, befestigen, einbauen, montieren.

in|stand [ɪnˈʃtant], **in Stand:**
in den Wendungen **etwas instand halten:** *etwas in brauchbarem Zustand halten:* das Haus, den Maschinenpark instand halten; **etwas instand setzen:** *etwas reparieren:* er hat den Oldtimer wieder instand gesetzt.

in|stän|dig [ˈɪnʃtɛndɪç] ⟨Adj.⟩:
sehr dringlich und flehend: inständige Hoffnung, Bitten, Fragen; inständig bitten; sie hofft inständig, ihre Mutter gesund wiederzusehen. **Syn.:** innig, nachdrücklich.

In|stanz [ɪnˈstant͜s], die; -, -en:
für eine Entscheidung o. Ä.

zuständige Stelle (besonders einer Behörde): sich an eine höhere Instanz wenden; die Klägerin hat in allen Instanzen recht bekommen.

In|stinkt [ɪnˈstɪŋkt], der; -[e]s, -e:
1. *ererbte Fähigkeit besonders der Tiere, in bestimmten Situationen ein nicht bewusst gelenktes, aber richtiges (besonders lebens- und arterhaltendes) Verhalten zu zeigen:* der tierische Instinkt der Brutpflege, der Fortpflanzung.
2. *innerer Impuls, der jmdn. in bestimmten Situationen ohne Überlegen das Richtige tun lässt:* sein Instinkt sagte ihm, dass hier eine Gefahr lauerte; der Minister hat mit dieser Äußerung gezeigt, dass er keinen politischen Instinkt besitzt. **Syn.:** Empfindung, Gefühl.

I
Inst

in|stink|tiv [ɪnstɪŋkˈtiːf] ⟨Adj.⟩:
1. *vom Instinkt (1) gesteuert, auf ihm beruhend:* instinktives Verhalten; ein Tier reagiert instinktiv.
2. *von einem [sicheren] Gefühl geleitet; gefühlsmäßig; unwillkürlich:* sie tat instinktiv das einzig Richtige.

In|sti|tut [ɪnstiˈtuːt], das; -[e]s, -e:
Einrichtung [als Teil einer Hochschule], die wissenschaftlicher Arbeit, der Forschung, Erziehung o. Ä. dient: er ist Assistent am Pädagogischen Institut der Universität. **Syn.:** Anstalt (veraltend), Seminar. **Zus.:** Dolmetscherinstitut, Forschungsinstitut, Hochschulinstitut, Meinungsforschungsinstitut, Universitätsinstitut, Wirtschaftsinstitut, Zentralinstitut.

In|sti|tu|ti|on [ɪnstituˈt͜si̯oːn], die; -, -en:
Einrichtung, die für bestimmte Aufgaben zuständig ist: die Universitäten sind Institutionen des öffentlichen Rechts.

In|stru|ment [ɪnstruˈmɛnt], das; -[e]s, -e:
1. *meist fein gearbeitetes, oft kompliziert gebautes [kleines] Gerät für wissenschaftliche oder technische Arbeiten:* optische, medizinische Instrumente; ein Instrument zur Messung der Luftfeuchtigkeit. **Syn.:** Apparat, Mittel, Werkzeug. **Zus.:** Messinstrument, Präzisionsinstrument.
2. *Musikinstrument:* er spielt, beherrscht mehrere Instrumente; die Musiker waren noch beim Stimmen der Instrumente. **Zus.:** Begleitinstrument, Blasinstrument, Blechblasinstrument, Holzblasinstrument, Musikinstrument, Rhythmusinstrument, Saiteninstrument, Schlaginstrument, Soloinstrument, Streichinstrument, Tasteninstrument.

in|sze|nie|ren [ɪnst͜seˈniːrən] ⟨tr.; hat⟩:
1. *(ein Stück beim Theater, beim Fernsehen, einen Film) technisch u. künstlerisch vorbereiten, gestalten und leiten:* ein Drama, eine Oper, einen Film inszenieren.
2. *geschickt ins Werk setzen, organisieren, einfädeln:* einen Skandal inszenieren; was aussah wie ein Zufall, war in Wahrheit geschickt inszeniert worden.

in|takt [ɪnˈtakt] ⟨Adj.⟩:
nicht geschädigt, unbeschädigt, heil: eine intakte Maschine; eine intakte Familie; ein intaktes Immunsystem; das Ökosystem ist noch weitgehend intakt. **Syn.:** unversehrt.

In|te|gra|ti|on [ɪntegraˈt͜si̯oːn], die; -, -en:
das Integrieren: die Integration der Zuwanderer [in unsere Gesellschaft]; die Integration fremdsprachiger Wörter in die deutsche Sprache.

in|te|grie|ren [ɪnteˈgriːrən] ⟨tr.; hat⟩:
einem bestehenden Ganzen als neues, hinzukommendes Teil eingliedern: jmdn. in ein Team integrieren; ein Land in eine Föderation integrieren; den Zuwanderern die Chance geben, sich [in unsere Gesellschaft] zu integrieren. **Syn.:** einfügen.

In|tel|lekt [ɪntɛˈlɛkt], der; -[e]s:
Fähigkeit, Vermögen, unter Einsatz des Denkens Erkenntnisse, Einsichten zu gewinnen; Verstand: einen scharfen Intellekt haben; seinen Intellekt einsetzen, anwenden.

in|tel|lek|tu|ell [ɪntɛlɛkˈtu̯ɛl] ⟨Adj.⟩:
den Intellekt betreffend; verstandesmäßig, geistig: die intellektuelle Entwicklung des Kindes; er nutzt seine intellektuellen Fähigkeiten; sie ist ihm intellektuell haushoch überlegen.

In|tel|lek|tu|el|le [ɪntɛlɛkˈtu̯ɛlə], die/eine Intellektuelle; der/einer Intellektuellen, die Intellektuellen/zwei Intellektuelle:
weibliche Person, die wissenschaftlich oder künstlerisch gebildet ist und geistig arbeitet: die weltgewandte Intellektuelle hat einen Doktor in Jura und spricht sieben Sprachen fließend. **Syn.:** Wissenschaftlerin.

In|tel|lek|tu|el|ler [ɪntɛlɛkˈtu̯ɛlɐ], der Intellektuelle/ein Intellektueller; des/eines Intellektuellen, die Intellektuellen/zwei Intellektuelle:
Person, die wissenschaftlich oder künstlerisch gebildet ist und geistig arbeitet: die Intellektuellen des Landes sollten endlich zu diesem Thema Stellung beziehen. **Syn.:** Wissenschaftler.

in|tel|li|gent [ɪntɛliˈgɛnt] ⟨Adj.⟩:
1. *Intelligenz (1) besitzend, zeigend:* ein intelligenter Mensch; sie ist sehr intelligent. **Syn.:** begabt, gescheit, klug, schlau, weise.
2. *(von einem zu einem Computer gehörenden Gerät) Fähigkeiten besitzend, die über die Eingabe-Ausgabe-Funktion hinausgehen:* ein intelligenter Automat, Roboter; diese Steuerung ist intelligent.

In|tel|li|genz [ɪntɛliˈgɛnt͜s], die; -:
1. *Fähigkeit des Menschen, abstrakt und vernünftig zu denken und daraus zweckvolles Handeln abzuleiten:* sein Vater war ein Mensch von großer Intelligenz; mit dieser Frage wollte er deine Intelligenz testen. **Syn.:** Begabung, Klugheit, Scharfsinn.
2. *Gesamtheit der Intellektuellen [eines Landes]:* die Intelligenz des Landes stand geschlossen auf der Seite der Befreiungsbewegung. **Syn.:** die Gebildeten ⟨Plural⟩.

In|ten|si|on [ɪntɛnˈzi̯oːn], die; -, -en:
Inhalt eines Begriffs (in der philosophischen Logik): die Intension des Begriffes »Vogel« umfasst unter anderem die Merkmale sterblich, gefiedert, fliegen könnend.

In|ten|si|tät [ɪntɛnziˈtɛːt], die; -, -en:
Maß, in dem etwas vorhanden oder ausgeprägt ist: die Intensi-

tät ihrer Bemühungen, Gefühle; die Intensität des Schmerzes, der Empfindung, der Strahlung; die Intensität, mit der sie sich darum gekümmert hat. **Syn.:** Ausmaß, Stärke, Umfang.

in|ten|siv [ɪntɛnˈziːf] ⟨Adj.⟩:
1. *gründlich und auf die betreffende Sache zielbewusst ausgerichtet:* er hat intensive Forschungen im Bereich der Meeresbiologie betrieben; ich habe mich lange intensiv mit den Robben beschäftigt. **Syn.:** gehäuft, konzentriert, stark.
2. *(von Sinneseindrücken o. Ä.) von so hohem Grad, von so großer Stärke, dass es alle Teile des Körpers, eines Raumes o. Ä. durchdringt:* das intensive Licht der Scheinwerfer ließ seine Augen tränen; der Schmerz in der linken Brustseite wurde immer intensiver. **Syn.:** extrem, heftig, penetrant, stark.

-in|ten|siv [ɪntɛnziːf] ⟨adjektivisches Suffixoid⟩:
a) *von dem im Basiswort Genannten besonders viel besitzend, zeigend, aufweisend:* farbintensiv; gefühlsintensiv; lärmintensiv. **Syn.:** -aktiv, -betont, -freudig, -kräftig, -reich, -selig, -stark.
b) *das im Basiswort Genannte in höherem Maße nötig machend, erfordernd:* arbeitsintensiv; bewegungsintensiv; energieintensiv; forschungsintensiv; kapitalintensiv; kostenintensiv; lohnintensiv; materialintensiv; personalintensiv; zeitintensiv. **Syn.:** -aufwendig.

In|ten|ti|on [ɪntɛnˈtsi̯oːn], die; -, -en:
Absicht, Bestreben: der Film hat eine künstlerische Intention; diese Interpretation widerspricht der Intention der Autorin.

in|ter-, In|ter- [ɪntɐ] ⟨Präfix, meist mit fremdsprachlichem Basiswort⟩:
1. ⟨adjektivisch⟩ *zwischen zwei oder mehreren … bestehend, sich befindend, sich vollziehend:* drückt in Bezug auf das Basiswort das Gemeinsame, Übergreifende, Überbrückende aus: interafrikanisch (Streitkräfte); interalliiert; interarabisch; interdisziplinär; interfraktionell; interkantonal (Vereinbarung); interkontinental; interkulturell; international; interparlamentarisch; interreligiös. **Syn.:** ²über-.
2. ⟨substantivisch⟩ **a)** wie 1.: Intercityzug; Interdisziplin. **b)** /verkürzt aus »international«/: Interbrigade; Interhotel; Interpol; Intershop.
3. ⟨verbal⟩ *zwischen-, miteinander-:* interagieren.

in|te|res|sant [ɪntərɛˈsant] ⟨Adj.⟩:
Interesse (1) *erweckend, hervorrufend:* eine interessante Geschichte; unser Großvater kann so interessant erzählen; der will sich mit dieser Geschichte nur interessant machen *(Aufmerksamkeit auf sich lenken).* **Syn.:** anregend, aufschlussreich, fesselnd, lehrreich, mitreißend, packend, spannend, wissenswert.

In|te|res|se [ɪntəˈrɛsə], das; -s, -n:
1. ⟨ohne Plural⟩ *besondere Aufmerksamkeit, die man jmdm., etwas schenkt:* etwas mit Interesse verfolgen; für/an etwas großes, geringes Interesse haben. **Syn.:** Anteilnahme, Beachtung, Neugier, Teilnahme, Wissbegier.
2. ⟨Plural⟩ *das, woran jmdm. sehr gelegen ist, was für jmdn. wichtig, nützlich ist:* als leitender Angestellter muss er die Interessen des Betriebs vertreten.

in|te|res|sie|ren [ɪntərɛˈsiːrən]:
a) ⟨+ sich⟩ *Interesse* (1) *haben (für etwas, jmdn.):* ich interessiere mich nicht für Fußball, Kunst; ich interessiere mich für den blauen Kombi, der im Schaufenster steht; er scheint an dem Angebot interessiert zu sein. **Syn.:** ein Auge auf jmdn., etwas geworfen haben; Interesse zeigen. **b)** ⟨itr.; hat⟩ *(für jmdn.) von Interesse* (1), *interessant sein:* der Fall interessiert ihn sehr; die kleine Blonde an der Bar interessiert mich schon lange; das interessiert mich nicht. **c)** ⟨tr.; hat⟩ *jmds. Interesse* (1) *auf etwas lenken:* er möchte, konnte ihn für seine Pläne zur Erweiterung der Firma interessieren. **Syn.:** begeistern für, gewinnen für, herumkriegen (ugs.), überzeugen von.

in|te|res|siert [ɪntərɛˈsiːɐ̯t] ⟨Adj.⟩:
[großes] Interesse (1) *habend, zeigend:* er sprach vor interessierten Zuhörern; sie hörte ihm nicht richtig zu, machte aber dennoch ein interessiertes Gesicht; ich bin an Fußball nicht interessiert; ich bin schon seit meiner Schulzeit politisch interessiert. **Syn.:** Anteil nehmend, aufgeschlossen, aufmerksam. **Zus.:** fußballinteressiert, kunstinteressiert, musikinteressiert, sportinteressiert.

in|tern [ɪnˈtɛrn] ⟨Adj.⟩:
nur den engsten Kreis (einer Gruppe) betreffend /Ggs. extern/: eine interne Angelegenheit, Besprechung; intern über etwas beraten. **Syn.:** geheim, im vertrauten Kreis, inner…, inoffiziell, nicht öffentlich, privat, vertraulich.

-in|tern [ɪntɛrn] ⟨adjektivisches Suffixoid⟩:
[nur] innerhalb des im Basiswort Genannten bestehend: anstaltsintern; betriebsintern; fachintern; firmenintern; gewerkschaftsintern; gruppenintern; hausintern; koalitionsintern; parteiintern; vereinsintern; verwaltungsintern; werkintern.

In|ter|nat [ɪntɐˈnaːt], das; -[e]s, -e:
Schule mit angeschlossenem Wohnheim für die Schüler: sein Kind aufs Internat schicken; ich bin früher aufs Internat gegangen. **Syn.:** Heim.

in|ter|na|ti|o|nal [ɪntɐnatsi̯oˈnaːl] ⟨Adj.⟩:
zwischen mehreren Staaten bestehend, mehrere Staaten umfassend, einschließend: ein internationales Abkommen; international zusammenarbeiten; er ist ein international *(in vielen Teilen der Welt)* bekannter Popstar. **Syn.:** global.

In|ter|net [ˈɪntɐnɛt], das; -s:
der Allgemeinheit offenstehendes, auf vielfältige Weise nutzbares weltweites Netz von miteinander verbundenen Computern: Zugang zum Internet haben; ins Internet gehen; einen Text ins Internet stellen; im Internet surfen.

In|ter|nist [ɪntɐˈnɪst], der; -en, -en, **In|ter|nis|tin** [ɪntɐˈnɪstɪn], die; -, -nen:
Facharzt bzw. Fachärztin für innere Medizin: der Internist stellte bei ihr eine Blinddarmentzündung fest.

In|ter|pret [ɪntɐˈpreːt], der; -en, -en:
1. *Person, die etwas interpretiert:*

I
Inte

in diesem Punkt sind sich alle Interpreten des Romans einig.
2. *reproduzierender Künstler bzw. Künstlerin, besonders Musiker[in], Sänger[in]:* er ist ein virtuoser Interpret bachscher Fugen; die Menge umjubelte Komponist und Interpret/den Komponisten und den Interpreten.

In|ter|pre|ta|tion [ɪntɐpreta'tsi̯o:n], die; -, -en:
auslegende Deutung (von etwas): die Interpretation eines Textes, seiner Worte. **Syn.:** Bestimmung, Erklärung, Erläuterung, Kommentar.

in|ter|pre|tie|ren [ɪntɐpre'ti:rən] ⟨tr.; hat⟩:
1. a) *etwas, was mehrere Deutungsmöglichkeiten zulässt, in bestimmter Art und Weise erklären, deuten:* ein Gedicht, einen Gesetzestext interpretieren. **Syn.:** auslegen, definieren, erläutern, klarmachen (ugs.), kommentieren. **b)** *jmds. Verhalten in bestimmter Weise deuten:* ihre Äußerung wurde als Versuch interpretiert, von den eigentlichen Problemen abzulenken. **Syn.:** auffassen, auslegen, definieren, deuteln, verstehen als.
2. *ein Musikstück, ein Lied o. Ä. in persönlicher Deutung, Auslegung künstlerisch wiedergeben:* bei ihrem Auftritt interpretierte die Sängerin unter anderem Lieder von Brecht. **Syn.:** rezitieren, vortragen, zu Gehör bringen (geh.), zum Besten geben.

In|ter|pre|tin [ɪntɐ'pre:tɪn], die; -, -nen:
weibliche Form zu ↑Interpret (1, 2).

In|ter|view ['ɪntɐvju:], das; -s, -s:
zur Veröffentlichung durch Presse, Rundfunk oder Fernsehen bestimmtes Gespräch zwischen einer [bekannten] Person und einem Reporter, in dem diese sich zu gezielten, aktuelle [politische] Themen oder die eigene Person betreffenden Fragen äußert: jmdm. ein Interview gewähren, geben; mit jmdm. ein Interview führen. **Syn.:** Erhebung, Umfrage. **Zus.:** Fernsehinterview, Rundfunkinterview, Zeitungsinterview.

in|ter|vie|wen [ɪntɐ'vju:ən] ⟨tr.; hat⟩:
(mit jmdm.) ein Interview führen: einen Politiker interviewen. **Syn.:** befragen.

in|tim [ɪn'ti:m] ⟨Adj.⟩:
1. *sehr nah und vertraut:* er ist ein intimer Freund der Familie; das Verhältnis zu seinem Vorgesetzten ist sehr intim. **Syn.:** eng, familiär, innig, nahe, privat.
2. *bis ins Innerste, bis in alle Einzelheiten vordringend:* zu diesem Urteil kann man nur aus einer intimen Kenntnis der Verhältnisse in diesem Betrieb gelangen; sie ist als intime Kennerin der zeitgenössischen Kunst bekannt. **Syn.:** gründlich, sehr genau.
3. *sexuell:* intime Beziehungen mit jmdm. haben; mit jmdm. intim sein *(mit jmdm. eine sexuelle Beziehung haben);* sie wurden intim *(es kam zwischen ihnen zum Geschlechtsverkehr).*

in|to|le|rant ['ɪntolerant] ⟨Adj.⟩:
nicht tolerant; Toleranz vermissen lassend: ein intoleranter Chef, Spießer; eine intolerante Haltung; sie ist ihm, seiner Einstellung gegenüber sehr intolerant.

In|to|le|ranz ['ɪntolerants], die; -:
mangelnde Toleranz, unduldsames Verhalten: durch seine Intoleranz ihren künstlerischen Ambitionen gegenüber zerstörte er die Freundschaft. **Syn.:** Abneigung, Vorurteil.

in|tra- [ɪntra] ⟨Präfix mit meist fremdsprachlichem Basiswort⟩:
1. *in, innerhalb von etwas befindlich oder vor sich gehend:* intraindividuell; intrakardial *(innerhalb des Herzens gelegen);* intrakulturell; intralingual; intramolekular *(sich innerhalb der Moleküle vollziehend);* intrapersonal; intrapsychisch; intrasubjektiv; intrazellulär *(innerhalb der Zelle gelegen).* **Syn.:** inner-, -intern.
2. *in … hinein:* intrakardial *(unmittelbar in das Herz hinein erfolgend);* intramuskulär; intravenös *(in die Vene hinein erfolgend).*

In|tri|ge [ɪn'tri:gə], die; -, -n:
hinterhältige, heimtückische Machenschaften, mit denen man jmds. Pläne zu durchkreuzen, jmdm. zu schaden sucht: er wurde zum Opfer einer Intrige. **Syn.:** Bosheit, Heimtücke, Hinterlist.

In|tu|iti|on [ɪntui'tsi̯o:n], die; -, -en:
spontanes, aber geistig motiviertes Erfassen, Erkennen (das eine Handlung bestimmt): sie folgte ihrer Intuition. **Syn.:** Einfall, Eingebung, Gedanke, Geistesblitz (ugs.), Idee, Inspiration.

[1]In|va|li|de [ɪnva'li:də], die/eine Invalide; der/einer Invaliden, die Invaliden/zwei Invalide:
weibliche Person, die infolge von Krankheit, Verletzung oder Verwundung arbeits- oder erwerbsunfähig ist: sie ist Invalide. **Syn.:** Behinderte.

[2]In|va|li|de [ɪnva'li:də], der; -n, -n:
Person, die infolge von Krankheit, Verletzung oder Verwundung arbeits- oder erwerbsunfähig ist: er ist Invalide. **Syn.:** Behinderter.

In|va|li|din [ɪnva'li:dɪn], die; -, -nen:
weibliche Form zu ↑[2]Invalide.

In|va|li|di|tät [ɪnvalidi'tɛ:t], die; -:
[dauernde] erhebliche Beeinträchtigung der Arbeits-, Dienst- und Erwerbsfähigkeit infolge einer Krankheit, Verletzung oder Verwundung: sich gegen das Risiko der Invalidität absichern.

In|va|si|on [ɪnva'zi̯o:n], die; -, -en:
feindliches Einrücken von militärischen Einheiten in fremdes Gebiet: die Invasion der Verbündeten; eine Invasion planen, durchführen. **Syn.:** Besetzung, Einfall, Überfall.

In|ven|tar [ɪnvɛn'ta:ɐ̯], das; -s, -e:
alle Einrichtungsgegenstände und Vermögenswerte, die zu einem Unternehmen, Betrieb, Haus o. Ä. gehören: das Inventar eines Geschäfts, eines Hauses; das ganze Inventar wurde versteigert. **Syn.:** Einrichtung, Hausrat, Möbel ⟨Plural⟩, Mobiliar.

in|ves|tie|ren [ɪnvɛs'ti:rən] ⟨tr.; hat⟩:
a) *(Geld) anlegen:* Geld falsch, sinnvoll, nutzbringend investieren; sie hat ihr Vermögen in Immobilien investiert. **b)** *(auf jmdn., etwas) in großem Ausmaß verwenden:* er hat viel Zeit in den Aufbau seiner Modelleisenbahn investiert; die Geschäftsleitung hat ihre ganze Kraft in die Durchführung der Erweiterungspläne investiert. **Syn.:** aufbringen, aufwenden, einsetzen,

lockermachen (ugs.), verwenden, zahlen.

In|ves|ti|ti|on [ɪnvɛsti'tsi̯o:n], die; -, -en:
a) *langfristige Anlage von Kapital:* private, staatliche Investitionen; Investitionen vornehmen. **b)** *Aufwendung von Geld, Arbeit o. Ä. für etwas, das zukünftig einen besonderen Nutzen (z. B. eine Arbeits-, Zeit oder Kostenersparnis) bringen soll:* die neue Heizung war eine gute Investition.

in|wen|dig ['ɪnvɛndɪç] ⟨Adj.⟩:
sich auf der Innenseite, im Innern befindend: eine inwendige Tasche; die Äpfel waren inwendig faul. **Syn.:** auf der inneren Seite, innen.

in|zwi|schen [ɪn'tsvɪʃn̩] ⟨Adverb⟩:
1. drückt aus, dass etwas in der abgelaufenen Zeit geschehen ist; *unterdessen:* inzwischen ist das Haus fertig geworden; es geht ihr inzwischen finanziell wieder besser. **Syn.:** seit damals, seit dem Zeitpunkt, seitdem, seither.
2. drückt aus, dass etwas gleichzeitig mit etwas anderem geschieht; *währenddessen:* ich muss diesen Brief noch schreiben, du kannst ja inzwischen den Tisch decken. **Syn.:** einstweilen, in der Zwischenzeit, indes (geh.), indessen (geh.).

-ion: ↑-ation/-ierung.

ir- [ɪr] ⟨adjektivisches Präfix; vor Adjektiven, die mit r anlauten⟩: *un-, nicht-* /vgl. »in«-/: irrational; irreal; irregulär; irrelevant; irreparabel; irreversibel.

ir|gend ['ɪrgn̩t] ⟨Adverb⟩:
1. (ugs.) zur Verstärkung der Unbestimmtheit vor »so ein, so etwas«: es ist wieder irgend so ein Vertreter vor der Tür; irgend so etwas war falsch daran.
2. zur Verstärkung, häufig in bedingenden Gliedsätzen, die durch »wenn, wo, wie, was, wer« eingeleitet werden; *unter irgendwelchen Umständen, irgendwie:* bitte komm, wenn es dir irgend möglich ist; sie unterstützte ihn, solange sie irgend konnte.

ir|gend- ['ɪrgnt]:
drückt als erster Wortbestandteil mit »ein..., was, welch..., wer« und »einmal, wann, wie, wo, woher, wohin« aus, dass es sich um eine nicht näher bestimmte Person, Sache, Orts-, Raum- oder Zeitangabe handelt: irgendein (irgendein Herr Krause hat angerufen); irgendwie (irgendwie muss ich die Arbeit schaffen).

Iro|nie [iro'ni:], die; -, -n:
feiner, versteckter Spott, mit dem man etwas dadurch zu treffen sucht, dass man es unter dem augenfälligen Schein der eigenen Billigung lächerlich macht: eine leise, verletzende Ironie lag in seinen Worten; etwas mit [unverhüllter] Ironie sagen; ihre Rede war mit Ironie gewürzt. **Syn.:** Sarkasmus, Zynismus.

iro|nisch [i'ro:nɪʃ] ⟨Adj.⟩:
Ironie enthaltend; voller Ironie: eine ironische Bemerkung machen; mit ironischem Unterton; diese Bemerkung sollte ironisch sein; sie lächelte ironisch. **Syn.:** sarkastisch, spöttisch, zynisch.

irr [ɪr]: ↑irre.

ir|re ['ɪrə] ⟨Adj.⟩:
1. *verwirrt und verstört wirkend:* mit irrem Blick; er redete völlig irre.
2. (salopp) **a)** *in begeisternder, aufregender Weise beeindruckend:* Los Angeles war für sie eine ganz irre Stadt; ich habe gestern einen irren Typ kennengelernt. **Syn.:** ausgefallen, außergewöhnlich, beispiellos, einmalig (emotional), einzigartig, ohnegleichen, ungewöhnlich, unnachahmlich, unvergleichlich. **b)** *sehr groß, stark:* in der Diskothek war eine irre Hitze. **Syn.:** enorm, gewaltig (emotional), gigantisch, heftig, immens, irrsinnig, kolossal (ugs. emotional), kräftig, riesig, tüchtig (ugs.), unbeschreiblich, ungeheuer, unglaublich, unheimlich, unsagbar, unvorstellbar. **c)** ⟨verstärkend bei Adjektiven und Verben⟩ *sehr, in höchstem Maße, außerordentlich:* es war irre heiß in der Telefonzelle; der Film war irre komisch; ich habe mich irre gefreut, als sie kam. **Syn.:** äußerst, enorm (ugs.), entsetzlich (ugs.), erbärmlich (ugs.), furchtbar (ugs.), fürchterlich (ugs.), gewaltig (emotional), höllisch (emotional), irrsinnig (emotional), kolossal (ugs.), mächtig, maßlos, schrecklich (ugs.), total (ugs.), tüchtig (ugs.), überaus, unbeschreiblich, unendlich (emotional), [1]unerhört, unermesslich (emotional), ungeheuer, ungemein, unglaublich (ugs.), unheimlich (ugs.), unmäßig, unsagbar, unwahrscheinlich (ugs.), wahnsinnig (ugs.).

ir|re|füh|ren ['ɪrəfy:rən], führte irre, irregeführt ⟨tr.; hat⟩:
[absichtlich] einen falschen Eindruck bei jmdm. entstehen lassen; zu einer falschen Annahme verleiten: jmdn. durch falsche Angaben irreführen; ihre Darstellung der Ereignisse ist irreführend; durch den Scheinangriff sollte der Gegner irregeführt werden. **Syn.:** bluffen, düpieren (geh.), hereinlegen (ugs.), hinters Licht führen, in die Irre führen/leiten, täuschen.

ir|ren ['ɪrən]:
1. ⟨+ sich⟩ **a)** *etwas fälschlich für wahr oder richtig halten:* du irrst dich sehr, wenn du das glaubst; ich habe mich gründlich mit meiner Voraussage geirrt; ich habe mich im Datum geirrt; ⟨auch itr.⟩ da kommt der neue Chef, wenn ich nicht irre. **Syn.:** auf dem Holzweg sein, im Irrtum sein, schiefliegen (ugs.), sich täuschen, sich verrechnen (ugs.), sich versehen, sich vertun (ugs.). **b)** *jmdn. falsch einschätzen:* ich glaubte, er sei ehrlicher als seine Schwester, aber ich habe mich [in ihm] geirrt. **Syn.:** sich täuschen.
2. ⟨itr.; ist⟩ *ohne Ziel, rastlos umherwandern:* er ist die ganze Nacht durch die Stadt geirrt; sie war damals von Ort zu Ort geirrt, um ihren Sohn wiederzufinden. **Syn.:** streichen, streifen, streunen, strolchen. **Zus.:** herumirren.

ir|re|wer|den ['ɪrəve:ɐ̯dn̩], wurde irre, irregeworden ⟨itr.; ist⟩ (geh. veraltend):
in seiner Auffassung unsicher werden [und das Vertrauen zu jmdm., in etwas verlieren]: sie war an ihrem Vorbild, an ihrer Überzeugung irregeworden.

ir|rig ['ɪrɪç] ⟨Adj.⟩:
auf einem [später bemerkten] Irrtum beruhend und daher nicht zutreffend: ich war der irrigen

Meinung, die Sache sei bereits erledigt. **Syn.:** falsch.

ir|ri|tie|ren [ɪriˈtiːrən] ⟨tr.; hat⟩: **a)** *in seinem Verhalten, Handeln unsicher, nervös machen, verwirren:* das Licht, das Gerede irritierte ihn. **Syn.:** aus dem Konzept bringen, durcheinanderbringen, in Verwirrung bringen, stören, verunsichern. **b)** *in seinem Tun stören:* der Hund, der Lärm irritierte sie bei der Arbeit. **Syn.:** beeinträchtigen, behindern. **c)** *ärgern, ärgerlich machen:* sie war über das Verhalten des Nachbarn irritiert. **Syn.:** verärgern.

Irr|leh|re [ˈɪrleːrə], die; -, -n: *für falsch gehaltene Lehre:* Irrlehren verbreiten; einer Irrlehre glauben.

Irr|sinn [ˈɪrzɪn], der; -[e]s (emotional): *Unvernunft, die sich im Handeln oder Verhalten darstellt:* so ein Irrsinn, bei diesem Wetter baden zu wollen; wann hat dieser Irrsinn einmal ein Ende? **Syn.:** Blödsinn (ugs. abwertend), dummes Zeug, Dummheit, Quatsch (ugs.), Schwachsinn (ugs. abwertend), Stuss (ugs. abwertend), Unsinn, Wahnsinn (ugs.).

irr|sin|nig [ˈɪrzɪnɪç] ⟨Adj.⟩ (emotional): **1.** *(in seinem Handeln oder Verhalten) keine Vernunft erkennen lassend:* eine irrsinnige Tat, Vorstellung; wer bei diesem Nebel ins Watt hinausgeht, muss irrsinnig sein. **Syn.:** ohne Verstand, unvernünftig, wahnsinnig (ugs.). **2. a)** *von einer kaum vorstellbaren Größe, Gewalt, Kraft o. Ä.:* sie hatte irrsinnige Schmerzen im Bein; ein irrsinniges Geschrei brach plötzlich los. **Syn.:** enorm, gehörig, gewaltig (emotional), gigantisch, [1]groß, heftig, immens, irre (emotional), kolossal (ugs. emotional), riesig, stark, tüchtig (ugs.), unbeschreiblich, ungeheuer, unglaublich, unheimlich (ugs.), unsagbar, unvorstellbar. **b)** ⟨verstärkend bei Adjektiven und Verben⟩ *sehr, in höchstem Maße:* in diesem Kleid siehst du irrsinnig komisch aus; sie freute sich irrsinnig über das Geschenk. **Syn.:** außerordentlich, äußerst, enorm (ugs.), entsetzlich (ugs.), furchtbar (ugs.), fürchterlich (ugs.), gewaltig (emotional), höllisch (emotional), irre (salopp), kolossal (ugs.), mächtig (ugs.), maßlos, schrecklich (ugs.), total (ugs.), überaus, unbeschreiblich, unendlich (emotional), [1]unerhört, unermesslich (emotional), ungeheuer, ungemein, unglaublich (ugs.), unheimlich (ugs.), unmäßig, unsagbar, unwahrscheinlich (ugs.), wahnsinnig (ugs.).

Irr|tum [ˈɪrtuːm], der; -s, Irrtümer [ˈɪrtyːmɐ]: *aus Mangel an Urteilskraft, Konzentration o. Ä. fälschlich für richtig gehaltener Gedanke; falsche Vorstellung, Handlungsweise:* ein großer, kleiner, verhängnisvoller, bedauerlicher Irrtum; ihre Annahme erwies sich als Irrtum; hier dürfte ein Irrtum vorliegen. **Syn.:** Fehler, Missverständnis, Versehen; *** im Irrtum sein; sich im Irrtum befinden:** *sich in Bezug auf etwas irren:* er war bei dieser Diskussion im Irrtum; hinsichtlich dieser Tatsachen befand sie sich im Irrtum.

irr|tüm|lich [ˈɪrtyːmlɪç] ⟨Adj.⟩: *einen Irrtum darstellend, auf einem Irrtum beruhend:* er hat die Rechnung irrtümlich zweimal bezahlt. **Syn.:** fälschlich, versehentlich.

Irr|weg [ˈɪrveːk], der; -[e]s, -e: *falsches, verkehrtes, nicht zum Ziel führendes Verfahren:* einen Irrweg einschlagen; das Vermeiden von Irrtümern und Irrwegen. **Syn.:** falscher Weg.

-isch [ɪʃ] ⟨adjektivisches Suffix; meist substantivisches, auch zusammengesetztes, oft fremdsprachliches Basiswort⟩: bezeichnet Zugehörigkeit, Herkunft, Vergleich, Entsprechung: ⟨häufig mit Tilgung der Endung⟩ techn-isch, ⟨mit Suffixerweiterung⟩ tabell/ar/isch; charakter/ist/isch; ⟨mit Einschub⟩ schema/t/isch; theor/et/isch; idealis/t/isch; vgl. -»isch«/-; -»isch«/-»lich«: aktivistisch; amerikanisch; astronomisch; elektromechanisch; platonisch; polnisch; schweizerisch; sportsmännisch; zeichnerisch.

-isch/- [ɪʃ]: wenn ein Adjektiv mit dem Suffix -»isch« mit dem gleichen Basiswort ohne Endung konkurriert, dann kennzeichnet die -»isch«-Bildung oft die Zugehörigkeit und ist eine Art Zuweisung zu etwas, während das endungslose Konkurrenzwort die Eigenschaft oder Art der Beschaffenheit charakterisiert: analogisch *(die Analogie betreffend, auf Analogie beruhend)*/ analog *(entsprechend, vergleichbar, gleichartig);* diachronisch/ diachron; genialisch/genial; interplanetarisch/interplanetar; sentimentalisch/sentimental; synchronisch/synchron; synonymisch/synonym.

-isch [ɪʃ]**/-lich** [lɪç] ⟨adjektivische Suffixe⟩: bei konkurrierenden Bildungen enthält die -»isch«-Bildung eine Abwertung, während die -»lich«-Bildung die Zugehörigkeit kennzeichnet: bäu[e]risch *(grobschlächtig, plump, unfein)*/ bäuerlich *(die Bauern betreffend);* dörfisch/dörflich; kindisch *(sich als Erwachsener in unangemessener Weise wie ein Kind benehmend)*/kindlich *(einem Kind gemäß, die Kinder betreffend).*

-i|sie|ren [iziːrən] ⟨Suffix von transitiven Verben; meist mit fremdsprachlichem Basiswort⟩: **1.** *zu etwas (in Bezug auf das im Basiswort Genannte) machen:* aktualisieren; amerikanisieren; atomisieren *(bewirken, dass etwas in kleinste Einheiten, Atome zerfällt);* bagatellisieren; emotionalisieren; erotisieren; fanatisieren; harmonisieren; hierarchisieren; illegalisieren; kanalisieren; kapitalisieren; magnetisieren; modernisieren; politisieren; problematisieren *([als Gegenstand der Reflexion] zu einem Problem machen);* pulverisieren; ritualisieren; sensibilisieren *(sensibel machen für etwas);* skandalisieren; tabuisieren; thematisieren. **Syn.:** [1]ver-. **2.** *mit dem im Basiswort Genannten versehen:* aromatisieren *(mit Aroma versehen);* automatisieren; instrumentalisieren; stigmatisieren *(mit einem Stigma belegen, brandmarken).*

-i|sie|rung [iziːrʊŋ], die; -, -en ⟨Suffix; Ableitung von Verben auf -»isieren«⟩:

Akademisierung; Banalisierung; Flexibilisierung; Islamisierung; Neurotisierung; Pädagogisierung; Sozialdemokratisierung.

Is|lam [ɪsˈlaːm], der; -[s]:
auf die im Koran niedergelegte Verkündigung des arabischen Propheten Mohammed zurückgehende Religion: die Welt des Islams; er ist zum Islam übergetreten.

-is|mus [ɪsmʊs], der; -, -ismen [ɪsmən] ⟨Suffix⟩:
1. ⟨ohne Plural⟩ kennzeichnet in Verbindung mit dem im Basiswort (besonders Name, fremdsprachliches Adjektiv) Genannten eine damit verbundene geistige, kulturelle Richtung, Geisteshaltung o. Ä.: Anarchismus; Dadaismus; Despotismus; Extremismus; Fanatismus; Faschismus; Feminismus; Humanismus; Idealismus; Impressionismus; Isolationismus; Kapitalismus; Kommunismus; Konservativismus; Leninismus; Liberalismus; Maoismus; Marxismus; Masochismus; Militarismus; Objektivismus; Protestantismus; Sadismus; Sexismus; Snobismus; Sozialismus; Stalinismus; Vandalismus; Zynismus; ⟨bei Personennamen gelegentlich erweitert durch -»ian«-⟩ Freudianismus; Kantianismus. **Syn.:** -erei (oft abwertend), -heit, -ik, -istik, -ität, -tum.
2. kennzeichnet eine Form, Erscheinung, die mit dem im Basiswort Genannten charakterisiert wird: *etwas, was das im (adjektivischen) Basiswort Genannte zeigt:* Anachronismus *(etwas, was anachronistisch ist);* Anglizismus *(ein in einer nicht englischen Sprache auftretendes englisches Wort o. Ä.);* Euphemismus; Infantilismus; Mystizismus; Provinzialismus *(etwas, was provinziell ist).*

iso|lie|ren [izoˈliːrən] ⟨tr.; hat⟩:
1. *(von etwas, jmdm.) streng trennen, um jede Berührung, jeden Kontakt auszuschließen:* die mit dem Giftstoff infizierten Kranken wurden sofort isoliert; den Gegner politisch zu isolieren verstehen; ihre Stellung isolierte sie von ihrer Umgebung; sie hat sich in der letzten Zeit ganz [von uns] isoliert *(zurückgezogen).* **Syn.:** abschließen, abschneiden, absondern, scheiden (geh.).
2. *eine Leitung o. Ä. gegen Störungen mit etwas versehen:* Rohre, Zimmerwände, Kabel isolieren. **Syn.:** ²dichten.

-ist [ɪst], der; -en, -en:
kennzeichnet eine männliche Person in Bezug auf Beruf, Tätigkeit, Überzeugung, Haltung durch das im Basiswort Genannte: **a)** ⟨substantivisches Basiswort⟩ *männliche Person, die in einer bestimmten Weise oder auf einem bestimmten Gebiet tätig ist:* Anglist; Bassist; Germanist; Hornist; Prosaist; Solist; Terrorist. **Syn.:** -er, -eur, -iker, -ler. **b)** ⟨verbales Basiswort⟩ *männliche Person, die in der im Basiswort genannten Weise tätig ist:* Kolorist; Komponist. **c)** ⟨Name als Basiswort⟩ *Anhänger des im Basiswort Genannten:* Maoist *(Person, die der Lehre Maos anhängt).*
d) ⟨fremdsprachliches adjektivisches oder substantivisches Basiswort auf -»istisch« bzw. -»ismus«/-»istik«⟩ *männliche Person, die in der im Basiswort genannten Weise aktiv ist oder empfindet:* Aktionist; Antikommunist; Individualist; Optimist; Pazifist; Sadomasochist.

-i|tät [itɛːt], die; -, -en ⟨Suffix⟩:
1. ⟨adjektivische Basis; bevorzugt werden simplizische Adjektive, Adjektive auf -»isch« und solche mit fremdsprachigem Suffix (auf -»abel«/-»ibel«, -»al«, -»il«, -»ell«, -»os«, -»iv«)⟩:
a) Absurdität; Banalität; Bestialität; Burschikosität; Elastizität; Emotionalität; Flexibilität; Genialität; Gravidität; Heterogenität; Jovialität; Kausalität; Kollektivität; Komplexität; Konventionalität; Liquidität; Mobilität; Modalität; Morbidität; Musikalität; Objektivität; Obszönität; Perfidität; Plausibilität; Rationalität; Respektabilität; Rigidität; Sensibilität; Sozialität; Spezifität; Spontaneität; Trivialität; Validität; Variabilität; Virtuosität. **b)** Extremität; Lokalität.
2. ⟨selten mit substantivischer Basis⟩ Moralität. **Syn.:** -heit, -igkeit, -ismus.

-i|tis [iːtɪs], die; -, -iti̲den [itiːdn̩] ⟨Suffix⟩:
a) ⟨ohne Plural⟩ (ugs. oft abwertend) drückt aus, dass etwas – in fast krankhafter Weise – zu oft getan, zu viel benutzt wird: Abkürzeritis; Telefonitis. **Syn.:** -seuche (bei substantivischer Basis), -[er]ei (bei verbaler Basis). **b)** kennzeichnet in der Medizin eine entzündliche, akute Krankheit: Arthritis; Bronchitis.

-iv [iːf] ⟨adjektivisches Suffix; Basiswort fremdsprachiger Herkunft, meist Nomen, seltener Verb⟩:
kennzeichnet eine Eigenschaft, Beschaffenheit oder eine Fähigkeit zu etwas: argumentativ; assoziativ; expansiv; explosiv; impulsiv; informativ; integrativ; kognitiv; kreativ; manipulativ; negativ; plakativ; positiv; produktiv; provokativ.

-iv [iːf], **/-o|risch** [oːrɪʃ] ⟨adjektivische Suffixe⟩:
gelegentlich miteinander konkurrierende Adjektivendungen, von denen im Allgemeinen die Bildungen auf -»iv« besagen, dass das im Basiswort Genannte ohne ausdrückliche Absicht in etwas enthalten ist: informativ *(Information enthaltend, informierend)*/informatorisch *(zum Zwecke der Information [verfasst], den Zweck habend zu informieren).*

J j

ja [jaː] ⟨Partikel⟩:
1. dient als Erwiderung auf eine Entscheidungsfrage oder Aussage dazu, auszudrücken, dass man zustimmt /Ggs. nein/: »Kommst du?« – »Ja.«; »Habt ihr schon gegessen?« – »Ja.«; »Das ist ein guter Preis.« – »Ja [das finde ich auch].«; »Wir müssen jetzt los.« – »Ja, ich bin bereit.«; ja gewiss; ja sicher; ja gern; oh ja!; aber ja doch!; »Ist das nicht schö̲n?« – »Ja [sehr schön].«. **Syn.:** allerdings, doch,

freilich (südd.), gewiss, jawohl, natürlich, selbstverständlich.
2. dient, als Frage an eine Aussage angehängt, dazu, auszudrücken, dass man die Aussage vom Gegenüber bestätigt haben möchte: du warst gestern in Berlin, ja?; das ist völlig legal, ja?; du bleibst doch noch ein bisschen, ja? *(bleib doch bitte noch ein bisschen!).* **Syn.:** oder.
3. a) dient dazu, auszudrücken, dass man den genannten Sachverhalt für bekannt oder anerkannt hält: Wale sind ja [bekanntlich] Säugetiere; das ist ja nichts Neues; du kennst ihn ja; sie hat ja Zeit. **b)** dient im Aussage-, Ausrufesatz dazu, Erstaunen oder Ironie auszudrücken; *wirklich; tatsächlich:* es schneit ja; da seid ihr ja [endlich]!; das kann ja heiter werden (ugs. iron.; *es ist mit mancherlei Schwierigkeiten o. Ä. zu rechnen*).
4. dient dazu, die Dringlichkeit einer Aufforderung zu unterstreichen [und ihr einen drohenden Unterton zu verleihen]: lass das ja sein!; erzähl das ja nicht weiter!; sieh dich ja vor! **Syn.:** bloß.
5. dient dazu, auszudrücken, dass das unmittelbar Folgende eine Steigerung des unmittelbar Vorausgehenden darstellt: ein hervorragender, ja genialer Musiker; ich schätze, ja verehre sie; ich schätze sie, ja ich verehre sie.
6. dient vorangestellt, besonders in Ausrufen, dazu, eine Feststellung als Resümee o. Ä. zu kennzeichnen: ja, so ist das; ja, das waren noch Zeiten!
7. (ugs.) **a)** dient dazu, auf den Versuch einer Kontaktaufnahme positiv zu reagieren, auszudrücken, dass man bereit ist zuzuhören, darauf wartet, dass das Gegenüber sein Anliegen äußert o. Ä.: »Herr Schmidt!« – »Ja.«; ja? *(wer ist dort?; was wünschen Sie?).* **b)** dient als Frage dazu, auszudrücken, dass man nicht richtig gehört zu haben glaubt oder das Gehörte bezweifelt und eine Bestätigung haben möchte: »Die beiden wollen heiraten.« – »Ja [wirklich]?«.

Ja|cke [ˈjakə], die; -, -n:
den Oberkörper bedeckender, bis an oder über die Hüfte reichender, meist langärmeliger Teil der Oberbekleidung: eine leichte, wollene, bunte Jacke; die Jacke anbehalten, ausziehen; er steckte die Papiere in die Innentasche seiner Jacke. **Syn.:** Blazer, Joppe, [1]Rock (landsch.), Sakko. **Zus.:** Felljacke, Kordjacke, Pelzjacke, Samtjacke, Strickjacke, Trachtenjacke.

Ja|ckett [ʒaˈkɛt], das; -s, -s:
zum Herrenanzug gehörende Jacke: ein kariertes Jackett; darf ich mein Jackett ablegen? **Syn.:** Sakko. **Zus.:** Dinnerjackett.

Jagd [ja:kt], die; -, -en:
1. a) *das Aufspüren, Verfolgen, Erlegen oder Fangen von Wild:* die Jagd auf Hasen; sie wollen am nächsten Wochenende auf die Jagd gehen. **Zus.:** Bärenjagd, Falkenjagd, Fasanenjagd, Fuchsjagd, Hasenjagd, Wildschweinjagd. **b)** *[gesellige] Veranstaltung, bei der eine Gruppe von Jägern auf bestimmtes Wild jagt:* wir sind zur Jagd in die Eifel eingeladen worden; Jagdhornbläser spielten zur Eröffnung der Jagd.
2. *[Wald]revier mit dem dazugehörenden Wildbestand:* sein Freund hat eine Jagd im Odenwald gepachtet.
3. *Verfolgung, um jmdn. zu ergreifen oder etwas zu erlangen:* die Jagd auf einen Verbrecher; die Jagd nach Glück, Geld und Besitz.

ja|gen [ˈja:gn̩]:
1. a) ⟨tr.; hat⟩ *Wild aufspüren und verfolgen, um es zu fangen oder zu töten:* er hat den Keiler vier Wochen lang gejagt; Wildenten dürfen von August an gejagt werden. **b)** ⟨itr.; hat⟩ *auf die Jagd gehen, das Weidwerk ausüben:* im Urlaub wollen sie in den Bergen jagen; es gibt heute noch südamerikanische Indianer, die mit Pfeil und Bogen jagen.
2. ⟨tr.; hat⟩ *jmdm. [sehr schnell laufend, fahrend] nacheilen und ihn zu ergreifen versuchen:* einen Flüchtling, einen Verbrecher jagen; der Führer der Aufständischen wurde monatelang vergeblich gejagt. **Syn.:** hetzen, verfolgen.
3. ⟨itr.; ist⟩ *sich sehr schnell und mit Heftigkeit bewegen; eilen, hasten:* sie sind im Laufschritt zum Bahnhof gejagt. **Syn.:** brausen (ugs.), düsen (ugs.), flitzen (ugs.), kacheln (ugs.), preschen, rasen (ugs.), sausen (ugs.), stürmen.

Jä|ger [ˈjɛ:gɐ], der; -s, -:
1. *männliche Person, die auf die Jagd geht:* ein passionierter Jäger; der Jäger hat einen Hirsch geschossen. **Zus.:** Großwildjäger.
2. *für den Kampf in der Luft ausgerüstetes, schnelles und wendiges Flugzeug:* bei dem Angriff wurden zwei feindliche Jäger abgeschossen.

Jä|ge|rin [ˈjɛ:gərɪn], die; -, -nen:
weibliche Form zu ↑Jäger (1).

jäh [jɛ:] ⟨Adj.⟩:
1. *ganz schnell [und mit Heftigkeit] sich vollziehend, ohne dass man darauf vorbereitet war:* ein jäher Entschluss; ein jäher Windstoß; durch den schweren Sturz nahm seine Karriere als Hochseilartist ein jähes Ende. **Syn.:** abrupt, plötzlich, schlagartig.
2. *sehr stark, nahezu senkrecht abfallend:* ein jäher Abgrund lag plötzlich vor ihnen; dort ging es jäh in die Tiefe. **Syn.:** schroff, steil.

Jahr [ja:ɐ̯], das; -[e]s, -e:
Zeitraum von zwölf Monaten: ein Jahr voller Aufregung; wir wünschen euch ein gutes, glückliches, gesundes neues Jahr; in diesem Jahr war ein schöner Sommer; er ist 6 Jahre alt; Kinder bis zu 14 Jahren zahlen die Hälfte des Eintrittspreises.

-jahr [ja:ɐ̯], das; -[e]s, -e ⟨Grundwort⟩:
1. a) *Einheit der Zeitrechnung, die nach dem im Bestimmungswort genannten Gestirn benannt wird:* Mondjahr; Sonnenjahr. **b)** *Einheit der Zeitrechnung, die in dem im Bestimmungswort genannten Bereich angewendet wird:* Finanzjahr; Haushaltsjahr; Kalenderjahr; Kirchenjahr; Planjahr.
2. *Zeitpunkt des im Bestimmungswort genannten Ereignisses:* Baujahr; Druckjahr; Gründungsjahr.
3. *Zeitraum, in dem der in dem Bestimmungswort genannte Zustand herrscht:* Glücksjahr; Krisenjahr; Regenjahr; Unglücksjahr.
4. *Zeitraum, in dem das im Bestimmungswort genannte Pro-*

dukt in der – meist durch ein Adjektiv – mitgenannten Weise war: (ein gutes, schlechtes) Autojahr; Obstjahr; Weinjahr.
5. *Zeit, die sich auf die als Bestimmungswort genannte Phase o. Ä. bezieht:* ⟨meist im Plural oder mit Ordinalzahl⟩: Dienstjahre, Ehejahre, Jugendjahre, Kinderjahre; Probejahr.
6. *Zeitraum, der der im Bestimmungswort genannten Person gewidmet ist:* /meist anlässlich eines Jubiläums/: Goethejahr; Lutherjahr; Shakespearejahr.

jah|re|lang [ˈja:rəlaŋ] ⟨Adj.⟩: *viele Jahre [dauernd]:* jahrelange Unterdrückung; die jahrelange Ungewissheit hat ein Ende; sie hat sich jahrelang bemüht. **Syn.:** langjährig.

jäh|ren [ˈjɛ:rən] ⟨+ sich⟩: *(vom Tag eines bestimmten Ereignisses) seine jährliche Wiederkehr haben:* heute jährt sich ihr Tod/der Tag ihres Todes [zum fünften Male].

Jah|res|tag [ˈja:rəsta:k], der; -[e]s, -e: *[feierlich begangener] Tag, an dem ein oder mehrere Jahre zuvor ein wichtiges Ereignis stattgefunden hat:* am Jahrestag der Revolution wurden Kränze an den Gräbern der Gefallenen niedergelegt.

Jah|res|zeit [ˈja:rəstsai̯t], die; -, -en: *einer der vier Zeitabschnitte (Frühling, Sommer, Herbst, Winter), in die das Jahr eingeteilt ist:* bald beginnt wieder die warme Jahreszeit; das Wetter ist für die Jahreszeit zu kühl.

Jahr|gang [ˈja:ɐ̯gaŋ], der; -[e]s, Jahrgänge [ˈja:ɐ̯gɛŋə]:
a) *alle in dem gleichen Jahr geborenen Menschen:* der Jahrgang 1949; für die geburtenstarken Jahrgänge gibt es nicht genügend Lehrstellen; er ist mein Jahrgang *(im selben Jahr wie ich geboren).* **Syn.:** Generation.
b) *Wein aus einem bestimmten Jahr:* der 1992er soll ein guter Jahrgang sein. **c)** *alle Nummern einer Zeitung oder Zeitschrift, die in einem Jahr erschienen sind:* ich brauche für meine Arbeit die Jahrgänge 1996 bis 1999 dieser Zeitschrift.

Jahr|hun|dert [ja:ɐ̯ˈhʊndɐt], das; -s, -e: *Zeitraum von hundert Jahren (jeweils vom Jahre 1 bis zum Jahre 100 einer Hundertzahl):* das Jahrhundert der Aufklärung; wir leben im 21. Jahrhundert.

Jahr|hun|dert- [ja:ɐ̯hʊndɐt] ⟨Präfixoid⟩ (emotional verstärkend): charakterisiert das im Basiswort Genannte als in dieser Weise besonders selten vorkommend und alles andere übertreffend: Jahrhundertbauwerk; Jahrhundertereignis; Jahrhunderthochwasser; Jahrhundertpleite; Jahrhundertprojekt; Jahrhundertwein.

-jäh|rig [jɛ:rɪç] ⟨zweiter Bestandteil einer adjektivischen Zusammenbildung⟩:
1. ⟨erster Bestandteil oft bestimmtes oder unbestimmtes Zahlwort⟩ *eine bestimmte Zahl an Jahren habend; eine gewisse Dauer habend:* dreijährig (Kind); sechsjährig (Studium); hundertjährig; halbjährig (geöffnet); langjährig; mehrjährig; ganzjährig.
2. bezogen auf die Jahre, die für die Mündigkeit erforderlich sind: volljährig; minderjährig.

jähr|lich [ˈjɛ:ɐ̯lɪç] ⟨Adj.⟩: *in jedem Jahr geschehend, erfolgend, fällig:* jährliche Rentenanpassung; der jährliche Ertrag; die Bezahlung erfolgt jährlich.

Jahr|markt [ˈja:ɐ̯markt], der; -[e]s, Jahrmärkte [ˈja:ɐ̯mɛrktə]: *ein- oder mehrmals im Jahr stattfindender Markt mit Karussells, Verkaufs- und Schaubuden o. Ä.:* heute gehen wir auf den Jahrmarkt. **Syn.:** Kirmes (landsch.), Rummel (landsch.); *** Jahrmarkt der Eitelkeit/der Eitelkeiten:** *Ereignis, bei dem sich bestimmte Personen wichtigtuerisch zur Schau stellen, sich selbstgefällig ins rechte Licht zu rücken versuchen:* diese Veranstaltung ist doch nichts als ein Jahrmarkt der Eitelkeiten.

Jahr|zehnt [ja:ɐ̯ˈtse:nt], das; -[e]s, -e: *Zeitraum von zehn Jahren:* es dauerte Jahrzehnte, bis es so weit war; in den ersten Jahrzehnten dieses Jahrhunderts; seit wenigen Jahrzehnten.

Jäh|zorn [ˈjɛ:tsɔrn], der; -[e]s: *plötzlicher Zornesausbruch, der aus einer Neigung zur Heftigkeit entsteht und durch einen bestimmten Vorfall ausgelöst wird:* in wildem Jähzorn zuschlagen; von seinem Jähzorn übermannt werden. **Syn.:** Rage (ugs.), Wut, Zorn.

jäh|zor|nig [ˈjɛ:tsɔrnɪç] ⟨Adj.⟩: *zu Jähzorn neigend:* er ist ein jähzorniger Mensch; jähzornig fuhr er auf. **Syn.:** cholerisch, hitzig, unbeherrscht.

Ja|lou|sie [ʒaluˈzi:], die; -, Jalousien [ʒaluˈzi:ən]: *zum Schutz gegen [zu starke] Sonne und zur Verdunkelung dienende Vorrichtung am Fenster, die meist aus [verstellbaren] Querleisten (aus Holz, Kunststoff, Leichtmetall o. Ä.) zusammengesetzt und teilweise oder als Ganzes herunterzulassen ist:* die Jalousien herablassen, hochziehen; durch die Ritzen der Jalousien nach draußen spähen. **Syn.:** Rollladen.

Jam|mer [ˈjamɐ], der; -s:
a) *[lautes] weinerliches Klagen; Wehklage:* der Jammer um die zerbrochene Puppe war groß. **Syn.:** Klage. **b)** *mitleiderregender, beklagenswerter Zustand:* seinen Jammer herausschreien; sie boten ein Bild des Jammers; das Ausmaß des Jammers zeigte sich erst allmählich.

jäm|mer|lich [ˈjɛmɐlɪç] ⟨Adj.⟩ (emotional):
a) *Jammer, großen Schmerz ausdrückend:* jämmerliches Weinen; sie weinte jämmerlich. **Syn.:** herzzerreißend. **b)** *mitleiderregend ärmlich, dürftig:* während seiner Studienzeit hauste er in einer jämmerlichen Dachkammer; jämmerlich angezogene Kinder. **Syn.:** armselig (emotional), elend, kärglich, kümmerlich. **c)** (abwertend) *verachtenswert:* ein jämmerlicher Feigling; er hat heute jämmerlich gespielt. **Syn.:** elend (emotional), erbärmlich, verächtlich. **d)** ⟨verstärkend bei Adjektiven und Verben⟩ *sehr, überaus:* wir kamen nur jämmerlich langsam voran; er hat sich jämmerlich gelangweilt; sie fror jämmerlich in ihrem dünnen T-Shirt. **Syn.:** bitter, entsetzlich (ugs.), erbärmlich (ugs.), furchtbar (ugs.), fürchterlich (ugs.), schrecklich (ugs.).

jam|mern [ˈjamɐn] ⟨itr.; hat⟩: *unter Seufzen und Stöhnen sei-*

nen Kummer, seine Schmerzen o. Ä. äußern: ich mache meine Arbeit und ich jammere nicht; sie jammerte über das verlorene Geld. **Syn.:** klagen, lamentieren (ugs. abwertend).

Jän|ner [ˈjɛnɐ], der; -s, - (österr.): *Januar:* am 6. Jänner.

Ja|nu|ar [ˈjanu̯aːɐ̯], der; -[s], -e: *erster Monat des Jahres:* dieses Jahr gab es keinen Schnee im Januar.

jap|sen [ˈjapsn̩] (ugs.):
a) ⟨itr.; hat⟩ *schnell und geräuschvoll mit offenem Mund Luft zu bekommen versuchen:* nach Luft japsen; sie stieg die Treppe so schnell hinauf, dass sie japste, als sie oben ankam. **Syn.:** keuchen, schnaufen.
b) ⟨tr.; hat⟩ *japsend* (a) *sagen, fragen:* »Ich kriege keine Luft mehr«, japste er.

Jar|gon [ʒarˈgõː], der; -s, -s:
a) *Sondersprache bestimmter durch Beruf, Stand, Milieu geprägter Kreise mit speziellem [umgangssprachlichem] Wortschatz:* der Jargon der Schüler, Mediziner; der Berliner Jargon.
b) (abwertend) *saloppe, ungepflegte Ausdrucksweise:* er redet im ordinärsten Jargon. **Syn.:** Slang (oft abwertend).

jä|ten [ˈjɛːtn̩] ⟨tr.; hat⟩:
a) *(Unkraut) aus dem Boden ziehend entfernen:* im Garten Unkraut jäten; Disteln aus dem Rasen jäten. **Syn.:** ausmachen.
b) *von Unkraut befreien:* ein Beet jäten.

Jau|che [ˈjau̯xə], die; -: *in einer Grube gesammelte, als Dünger verwendete tierische Ausscheidungen in flüssiger Form:* den Acker mit Jauche düngen.

jauch|zen [ˈjau̯xtsn̩] ⟨itr.; hat⟩: *seiner Freude, Begeisterung durch Rufe, Schreie o. Ä. Ausdruck geben:* die Kinder jauchzten vor Freude; sie jauchzte über diese Nachricht. **Syn.:** jubeln.

jau|len [ˈjau̯lən] ⟨itr.; hat⟩: *(von Hunden) laut und misstönend winseln, heulen, klagen:* der Hund hat die ganze Nacht gejault.

ja|wohl [jaˈvoːl] ⟨Partikel⟩:
1. dient als Erwiderung auf eine Entscheidungsfrage dazu, besonders nachdrücklich auszudrücken, dass man zustimmt; *ja:* jawohl, ich bin bereit. **Syn.:** freilich (südd.), gewiss, natürlich, selbstverständlich.
2. dient dazu, besonders nachdrücklich zum Ausdruck zu bringen, dass man eine Aufforderung, besonders einen Befehl, verstanden hat und auszuführen bereit ist: »Sie finden sich morgen um neun in meinem Büro ein.« – »Jawohl, Herr Direktor!«.

Jazz [dʒɛs], der; -: *Musik für bestimmte Schlag- und Blasinstrumente, die ihren Ursprung in der Musik der nordamerikanischen Schwarzen hat:* sie hörten die ganze Nacht Jazz.

[1]je [jeː] ⟨Adverb⟩:
1. gibt eine unbestimmte Zeit an; *irgendwann, überhaupt [einmal]; jemals:* wer hätte das je gedacht!; das ist das Schlimmste, was ich je erlebt habe.
2. a) *jedes Mal in einer bestimmten Anzahl:* je 10 Personen; die Kinder stellen sich je zwei und zwei auf; je ein Exemplar der verschiedenen Bücher wurde ihr zugesandt. **Syn.:** immer (ugs.), jeweils. **b)** *jede einzelne Person oder Sache für sich genommen:* die Schränke sind je einen Meter breit.
3. in Verbindung mit »nach«; drückt aus, dass etwas von einer bestimmten Bedingung abhängt: je nach Größe und Gewicht; je nach Geschmack.

[2]je [jeː] ⟨Präp. mit Akk.⟩: *für jede einzelne Person oder Sache; pro:* die Kosten betragen 5 Euro je [angefangene] Stunde, Erwachsenen.

[3]je [jeː] ⟨Konj.⟩:
1. ⟨mehrgliedrig⟩ setzt zwei Komparative zueinander in Beziehung: je früher du kommst, desto mehr Zeit haben wir; je länger ich darüber nachdenke, umso besser gefällt mir die Idee.
2. in Verbindung mit »nachdem«; drückt aus, dass etwas von einem bestimmten Umstand abhängt: wir entscheiden uns je nachdem, ob es uns gefällt oder nicht; er geht mit, je nachdem [ob] er Zeit hat.

Jeans [dʒiːns], die ⟨Plural⟩: *Hose aus festem Baumwollgewebe von [verwaschener] blauer oder anderer Farbe:* ein Paar echte Jeans; wo sind meine alten Jeans?; er fühlt sich in Jeans am wohlsten; ⟨auch Singular: die; -, -⟩ heute ziehe ich meine neue Jeans an; in meiner roten Jeans ist ein Loch. **Zus.:** Bluejeans, Cordjeans.

je|de [ˈjeːdə]: ↑jeder.

je|den|falls [ˈjeːdn̩ˈfals] ⟨Adverb⟩:
a) *auf jeden Fall:* ich bin jedenfalls morgen nicht da. **Syn.:** also, in jedem Fall. **b)** *wenigstens, zumindest:* er war durch nichts zu erschüttern, jedenfalls glaubte er das; ich jedenfalls *(was mich betrifft)* habe keine Lust mehr. **Syn.:** aber, allerdings, [1]immerhin.

je|der [ˈjeːdɐ], jede, jedes ⟨Indefinitpronomen und unbestimmtes Zahlwort⟩: bezeichnet alle Einzelnen einer Gesamtheit ohne Ausnahme: jeder Angestellte; die Rinde jedes alten Baumes; jeder bekam ein Geschenk; sie ist jedes Mal zu spät gekommen; jede Dritte; jeder einzelne Teilnehmer; jedes der Kinder; das kann jeder; jeder, der mitmacht, ist willkommen. **Syn.:** all, jedermann, sämtlich.

je|der|mann [ˈjeːdɐman] ⟨Indefinitpronomen und unbestimmtes Zahlwort⟩: *jeder [ohne Ausnahme]:* jedermann wusste davon; Muscheln sind nicht jedermanns *(eines jeden)* Geschmack. **Syn.:** all, sämtlich.

je|der|zeit [ˈjeːdɐˈtsai̯t] ⟨Adverb⟩: *immer; zu jeder Zeit:* ich bin jederzeit bereit, dir zu helfen. **Syn.:** permanent, rund um die Uhr (ugs.), Tag und Nacht.

je|des [ˈjeːdəs]: ↑jeder.

je|doch [jeˈdɔx] ⟨Konj. oder Adverb⟩: *aber; doch:* die Sonne schien, jedoch es war kalt/jedoch war es kalt. **Syn.:** allerdings, dagegen, dennoch, gleichwohl, indes[sen].

je|mals [ˈjeːmaːls] ⟨Adverb⟩: *überhaupt einmal:* es ist nicht sicher, ob sie jemals kommt; er bestritt, sie jemals gesehen zu haben. **Syn.:** je.

je|mand [ˈjeːmant] ⟨Indefinitpronomen⟩: bezeichnet eine nicht näher bestimmte, beliebige Person;

eine Person, ein Mensch /Ggs. niemand/: sie sucht jemand[en], der ihr hilft; es steht jemand vor der Tür.

je|ner [ˈjeːnɐ], **je|ne** [ˈjeːnə], **je|nes** [ˈjeːnəs] ⟨Demonstrativpronomen⟩:
wählt etwas entfernter Liegendes aus und weist nachdrücklich darauf hin: die Anschauungen jener finsteren Zeiten; ein Spaziergang zu jener Bank; jene berühmte Rede, die sie vor Jahren gehalten hat. **Syn.:** das, der, die. **Zus.:** ebenjene, ebenjener, ebenjenes.

¹jen|seits [ˈjeːnzai̯ts] ⟨Präp. mit Gen.⟩:
auf der anderen Seite /Ggs. diesseits/: jenseits des Flusses. **Syn.:** am anderen Ufer, drüben.

²jen|seits [ˈjeːnzai̯ts] ⟨Adverb⟩:
auf der anderen Seite /Ggs. diesseits/: jenseits vom Rhein; jenseits von Australien.

¹jetzt [jɛt͜st] ⟨Adverb⟩:
in diesem Augenblick: ich habe jetzt keine Zeit; jetzt ist es zu spät; von jetzt an; bis jetzt. **Syn.:** augenblicklich, eben, gegenwärtig, gerade, heute, heutzutage, im Augenblick, im ²Moment, just (veraltend, noch scherzh.), momentan, nun, soeben, zur Stunde, zurzeit.

²jetzt ⟨Partikel⟩:
1. dient in Fragesätzen dazu, eine leichte Verärgerung auszudrücken: was soll das denn jetzt!?; was macht sie denn jetzt [wieder] für einen Unsinn?
2. dient in rhetorischen Fragen dazu, eine gewisse Ratlosigkeit auszudrücken: wie soll ich das jetzt [wieder] machen?

je|weils [ˈjeːˈvai̯ls] ⟨Adverb⟩:
immer, jedes Mal: er muss jeweils die Hälfte abgeben; die Zeitschrift erscheint jeweils am 1. des Monats. **Syn.:** stets.

Job [d͜ʒɔp], der; -s, -s (ugs.):
a) *vorübergehende [einträgliche] Beschäftigung (zum Zweck des Geldverdienens):* jeder dritte Schüler sucht in den großen Ferien einen Job. **Syn.:** Tätigkeit. **b)** *Arbeitsplatz, Stellung:* in dieser Gegend gibt es wenig attraktive Jobs; dieser Job ist sehr anstrengend. **Syn.:** Arbeit, Beruf, Position, Posten, Stelle, Tätigkeit. **Zus.:** Halbtagsjob, Teilzeitjob.

job|ben [ˈd͜ʒɔbn̩] ⟨itr.; hat⟩ (ugs.):
zum Zweck des Geldverdienens vorübergehend eine Arbeit verrichten; sich mit einem Job (a) *Geld verdienen:* sie hat in den letzten Ferien wieder gejobbt. **Syn.:** arbeiten, malochen (salopp), schaffen (bes. südd.).

jo|deln [ˈjoːdl̩n] ⟨itr.⟩:
auf bloße Lautsilben in schnellem [kunstvollem] Wechsel von Brust- und Kopfstimme singen: sie kann jodeln.

Jo̲|ga [ˈjoːga]: ↑Yoga.

Jog|ging [ˈd͜ʒɔgɪŋ], das; -s:
Fitnesstraining, bei dem man entspannt in mäßigem Tempo läuft: ich empfehle Ihnen Jogging, um fit zu werden. **Syn.:** Lauf.

Jo|ghurt [ˈjoːgʊrt], der oder das; -[s], (Sorten:) -[s], (ugs. und österr.) auch: die; -, -[s], **Jogurt:**
unter Einwirkung von Bakterien hergestellte saure Milch: sie aßen Jog[h]urt mit Früchten; der Jog[h]urt ist nicht mehr frisch. **Zus.:** Fruchtjoghurt.

Jo|han|nis|bee|re [joˈhanɪsbeːrə], die; -, -n:
a) *(besonders in Gärten gezogener) Strauch mit kleinen, in Trauben wachsenden roten, auch weißlichen oder schwarzen, säuerlich oder herb schmeckenden Beeren:* sie haben weiße und schwarze Johannisbeeren im Garten. **b)** *Beere der Johannisbeere* (a): Johannisbeeren pflücken; Saft, Gelee aus/von Johannisbeeren.

joh|len [ˈjoːlən] ⟨itr.; hat⟩ (abwertend):
(meist von einer größeren Menschenmenge) anhaltendes wildes, misstönendes [Freuden-, Triumph]geschrei ausstoßen: eine johlende Horde zog durch die Straßen; die Menschen johlten auf der Straße. **Syn.:** grölen (ugs.).

Joint [d͜ʒɔynt], der; -s, -s:
selbst gedrehte Zigarette, deren Tabak Haschisch oder Marihuana beigemischt ist: einen Joint nehmen, kreisen lassen.

Jo|ker [ˈjoːkɐ], der; -s, -:
1. (Kartenspiele) *zusätzliche, für jede andere Karte einsetzbare Spielkarte mit der Abbildung eines Narren:* einen, den Joker [gezogen] haben.
2. *Option besonders bei Quizspielen, bei der der/die Spielende [einmalig] eine Hilfe in Anspruch nehmen darf:* drei Joker zur Verfügung haben.

Jon|gleur [ʒõˈgløːɐ̯], der; -s, -e, **Jon|gleu|rin** [ʒõˈgløːrɪn], die; -, -nen:
Person, die ihre artistische Geschicklichkeit im Spiel mit Bällen, Ringen o. Ä. zeigt: in einem Varieté als Jongleur, als Jongleurin auftreten. **Syn.:** Artist, Artistin.

jon|glie|ren [ʒõˈgliːrən] ⟨itr.; hat⟩:
1. *seine Geschicklichkeit im Spiel (mit Bällen, Ringen o. Ä.) zeigen:* mit acht Bällen jonglieren.
2. *[in verblüffender Weise] überaus geschickt mit jmdm., etwas umgehen:* mit Begriffen, Zahlen jonglieren; der Mann, der täglich mit Menschen und Millionen jonglierte. **Syn.:** lavieren, manövrieren.

Jop|pe [ˈjɔpə], die; -, -n:
einfache Jacke für Männer: er warf sich noch schnell die Joppe über. **Zus.:** Lodenjoppe.

Joule [d͜ʒuːl], das; -[s], -:
Maßeinheit für die Energie (z. B. des Energieumsatzes des menschlichen Körpers; 1 Kalorie = 4,186 Joule): ein Glas Vollmilch hat 167 Joule.

Jour|nal [ʒʊrˈnaːl], das; -s, -e:
Zeitung oder Zeitschrift: ein Journal für Mode, Kunst; in einem Journal blättern. **Syn.:** Blatt, Illustrierte, Magazin. **Zus.:** Herrenjournal, Modejournal.

Jour|na|lis|mus [ʒʊrnaˈlɪsmʊs], der; -:
1. *Zeitungs-, Pressewesen:* im Journalismus tätig sein; sie kommt vom Journalismus her *(ist von Hause aus Journalistin).*
2. a) *Tätigkeit der Journalistinnen und Journalisten:* dieses Land kennt keinen freien Journalismus. **b)** (salopp, oft abwertend) *journalistische Berichterstattung, Schreibweise:* ein Beispiel von billigem Journalismus.

Jour|na|list [ʒʊrnaˈlɪst], der; -en, -en, **Jour|na|lis|tin** [ʒʊrnaˈlɪstɪn], die; -, -nen:
Person, die Artikel für Zeitungen schreibt: er ist freier Journalist, arbeitet als Journalist beim Rundfunk; der Star war von einem Schwarm [von] Journalistinnen umlagert. **Syn.:** Reporter, Reporterin. **Zus.:** Auslandsjournalist, Auslandsjournalistin,

Fernsehjournalist, Fernsehjournalistin, Sportjournalist, Sportjournalistin, Wirtschaftsjournalist, Wirtschaftsjournalistin.

jo|vi|al [jo'vi̯a:l] ⟨Adj.⟩:
(meist in Bezug auf Männer) im Umgang mit niedriger Stehenden betont wohlwollend: sein Vorgesetzter ist ein sehr jovialer Mensch; jmdn. jovial begrüßen, auf die Schulter klopfen. **Syn.:** freundlich, [1]herzlich, leutselig.

Ju|bel ['ju:bl̩], der; -s:
große, lebhaft geäußerte Freude: sie begrüßten den Vater mit großem Jubel. **Syn.:** Applaus, Beifall, Ovation.

ju|beln ['ju:bl̩n] ⟨itr.; hat⟩:
seiner Freude über etwas laut, stürmisch Ausdruck geben; in Jubel ausbrechen: die Kinder jubelten, als sie den Großvater sahen. **Syn.:** jauchzen.

Ju|bi|lar [jubi'la:ɐ̯], der; -s, -e, **Ju|bi|la|rin** [jubi'la:rɪn], die; -, -nen:
Person, die ein Jubiläum feiert: der Jubilar erhielt von der Firmenleitung einen Scheck über 200 Euro.

Ju|bi|lä|um [jubi'lɛ:ʊm], das; -s, Jubiläen [jubi'lɛ:ən]:
[festlich begangener] Jahrestag eines bestimmten Ereignisses: das hundertjährige Jubiläum der Firma feiern; das Jubiläum der 25-jährigen Betriebszugehörigkeit feiern, begehen, haben. **Zus.:** Dienstjubiläum.

ju|cken ['jʊkn̩]:
1. ⟨itr.; hat⟩ **a)** *von einem Juckreiz befallen sein:* die Hand juckt [mir]. **Syn.:** brennen, kribbeln. **b)** *einen Juckreiz auf der Haut verursachen:* die Wolle, der Verband juckt [ihn]. **Syn.:** beißen, kitzeln, kratzen.
2. ⟨+ sich⟩ (ugs.) *sich kratzen:* sich wegen eines Mückenstichs jucken; der Hund juckt sich. **Syn.:** sich scheuern.

Ju|de ['ju:də], der; -n, -n:
Angehöriger eines semitischen Volkes, das seine historisch-religiöse Grundlage in den Schriften des Alten Testaments und der rabbinischen Tradition hat: europäische, russische Juden; die Juden Amerikas.

Ju|den|tum ['ju:dn̩tu:m], das; -s:
1. *Gesamtheit der Jüdinnen und Juden in ihrer religions- und volksmäßigen Zusammengehörigkeit; das jüdische Volk:* das Selbstverständnis des internationalen Judentums.
2. *jüdische Religion, Kultur und Geschichte; Geist und Wesen der jüdischen Religion.*
3. a) *Gesamtheit der für die Jüdinnen und Juden typischen Lebensäußerungen, der durch Religion, Kultur, Geschichte geprägten jüdischen Eigenschaften, Eigenheiten.* **b)** *Zugehörigkeit, Gefühl der Zugehörigkeit zum jüdischen Volk, zur jüdischen Religion:* er hat sein Judentum nie verleugnet.

Jü|din ['jy:dɪn], die; -, -nen:
weibliche Form zu ↑Jude.

jü|disch ['jy:dɪʃ] ⟨Adj.⟩:
zu den Juden gehörend, von ihnen abstammend: das jüdische Volk; eine jüdische Schriftstellerin.

Ju|do ['ju:do], das; -[s]:
als sportliche Disziplin betriebener Zweikampf ohne Waffen, bei dem es gilt, den Gegner bzw. die Gegnerin besonders durch überraschende, geschickt angewandte Griffe zu überwinden: Judo lernen.

Ju|gend ['ju:gn̩t], die; -:
1. *Zeit des Jungseins* /Ggs. Alter/: eine sorglose Jugend gehabt haben; sie verbrachte ihre Jugend auf dem Lande. **Syn.:** Kindheit.
2. *Gesamtheit junger Menschen; junge Leute:* die studentische, heutige Jugend; die Jugend tanzte bis in die Nacht. **Zus.:** Arbeiterjugend, Dorfjugend, Landjugend.

ju|gend|lich ['ju:gn̩tlɪç] ⟨Adj.⟩:
a) *der Altersstufe zwischen Kindheit und Erwachsensein angehörend:* die jugendlichen Zuschauer, Käuferinnen. **b)** *(als nicht mehr junger Mensch) die Wirkung, Ausstrahlung eines jungen Menschen besitzend:* jugendlicher Schwung, Übermut; eine jugendliche Erscheinung.

Ju|gend|li|che ['ju:gn̩tlɪçə], die/eine Jugendliche; der/einer Jugendlichen, die Jugendlichen/zwei Jugendliche:
junge Frau, besonders im Alter von 14 bis 18 Jahren: die Jugendliche wurde zum Glück nur leicht verletzt; als Jugendliche ist sie gern in Diskotheken gegangen. **Syn.:** Teenager.

Ju|gend|li|cher ['ju:gn̩tlɪçɐ], der Jugendliche/ein Jugendlicher; des/eines Jugendlichen, die Jugendlichen/zwei Jugendliche:
junger Mann, besonders im Alter von 14 bis 18 Jahren: ein Jugendlicher starb bei dem Unfall; kein Eintritt für Jugendliche unter 16 Jahren. **Syn.:** Teenager.

Ju|li ['ju:li], der; -[s], -s:
siebenter Monat des Jahres: die Sommerferien beginnen dieses Jahr im Juli.

jung [jʊŋ], jünger, jüngste ⟨Adj.⟩:
sich in jugendlichem Alter befindend /Ggs. alt/: ein junges Mädchen; ein junges Pferd; eine junge *(erst wenige Jahre bestehende)* Firma; ein junges *(erst seit kurzer Zeit verheiratetes)* Ehepaar; sie ist letzte Woche 70 Jahre jung (ugs. scherzh.; *alt*) geworden.

Jun|ge ['jʊŋə], der; -n, -n:
Kind oder jüngere Person männlichen Geschlechts /Ggs. Mädchen/: **Syn.:** Bub, kleiner Kerl, Knabe (geh.). **Zus.:** Bauernjunge, Schuljunge, Zeitungsjunge.

jun|gen|haft ['jʊŋənhaft] ⟨Adj.⟩:
wie ein Junge sich benehmend: sein jungenhafter Charme macht ihn bei allen beliebt; dieses Mädchen ist sehr jungenhaft. **Syn.:** burschikos.

Jün|ger ['jʏŋɐ], der; -s, -, **Jün|ge|rin** ['jʏŋərɪn], die; -, -nen:
(einem religiösen oder wissenschaftlichen Lehrer) ergebener Schüler bzw. ergebene Schülerin; Anhänger, Anhängerin einer Religion oder Wissenschaft o. Ä.: die zwölf Jünger Christi; sie ist eine Jüngerin der postmodernen Kunst. **Syn.:** Fan, Freak. **Zus.:** Kunstjünger, Kunstjüngerin.

Jun|ges ['jʊŋəs], das Junge/ein Junges; des/eines Jungen, die Jungen/zwei Junge:
junges [gerade geborenes] Tier: die Vögel füttern ihre Jungen. **Zus.:** Entenjunges, Gansjunges, Hasenjunges, Nestjunges, Rehjunges.

Jung|fern- [jʊŋfɐn] ⟨Präfixoid⟩:
charakterisiert das im Basiswort Genannte als etwas, was zum ersten Mal in Bezug auf das Bezugswort geschieht o. Ä.: Jungfernfahrt (eines Luxusdampfers) *(die erste Fahrt [eines Luxusdampfers]);* Jungfernflug;

Jungfernrede (eines Abgeordneten); Jungfernreise (eines Schiffes).

Jung|frau ['jʊŋfrau̯], die; -, -en: *(besonders weibliche) Person, die noch keinen Geschlechtsverkehr gehabt hat:* sie/er ist noch Jungfrau.

jung|fräu|lich ['jʊŋfrɔy̯lɪç] ⟨Adj.⟩: *[in einer als angenehm empfundenen Weise] bisher von keinem berührt, genutzt, benutzt:* eine jungfräuliche Landschaft; ein jungfräuliches Fachgebiet; der Text soll nach dem Lesen nicht mehr jungfräulich aussehen. **Syn.:** frisch, neu, unberührt.

Jung|ge|sel|le ['jʊŋgəzɛlə], der; -n, -n, **Jung|ge|sel|lin** ['jʊŋgəzɛlɪn], die; -, -nen: *Person, die [noch] nicht geheiratet hat:* er ist ein eingefleischter Junggeselle; sie lebt allein als überzeugte Junggesellin. **Syn.:** [2]Single.

jüngst [jʏŋst] ⟨Adverb⟩: *vor Kurzem:* dieser Vorfall hat sich erst jüngst zugetragen. **Syn.:** kürzlich, letztens, neulich, unlängst.

jüngst... [jʏŋst...] ⟨Adj.⟩: *vor kurzer Zeit geschehen:* sie berichtete über die jüngsten Ereignisse.

Ju|ni ['ju:ni], der; -[s], -s: *sechster Monat des Jahres:* im Juni ist das Mittelmeer noch recht kühl.

Ju|ni|or ['ju:ni̯o:ɐ̯], der; -s, Junioren [ju'ni̯o:rən], **Ju|ni|o|rin** [ju'ni̯o:rɪn], die; -, -nen:
1. *Sohn bzw. Tochter (im Verhältnis zum Vater, zur Mutter):* die Juniorin hilft dem Vater im Geschäft; die Mutter chauffiert täglich die Junioren.
2. *junger Sportler bzw. junge Sportlerin bis zu einem bestimmten Alter:* sie schwimmt noch bei den Juniorinnen; die Junioren haben gewonnen.

Jun|ta ['xʊnta], die; -, Junten ['xʊntn̩]: *von Offizieren [nach einem Putsch] gebildete Regierung:* nach dem Putsch wurde das Land von einer Junta regiert. **Zus.:** Militärjunta, Offiziersjunta.

Ju|pe [ʒy:p], der; -s, -s (schweiz.): *Rock:* sie trug einen dunklen Jupe und eine weiße Bluse.

Ju|ra ['ju:ra] ⟨ohne Artikel⟩: *Wissenschaft vom Recht und seiner Anwendung:* sie studiert Jura im achten Semester.

Ju|rist [ju'rɪst], der; -en, -en, **Ju|ris|tin** [ju'rɪstɪn], die; -, -nen: *Person, die Jura studiert [hat]:* für den Vertragsentwurf zogen sie einen Juristen heran. **Zus.:** Verwaltungsjurist, Verwaltungsjuristin.

ju|ris|tisch [ju'rɪstɪʃ] ⟨Adj.⟩: *das Recht, die Wissenschaft vom Recht betreffend:* eine juristische Abhandlung lesen; dafür müssen juristische Argumente gefunden werden statt emotionaler; juristisch *(den Gesetzen der Rechtswissenschaft entsprechend)* denken. **Syn.:** rechtlich. **Zus.:** formaljuristisch.

Ju|ry [ʒy'ri:], die; -, -s: *Gruppe von Personen, die die Aufgabe hat, aus einer Anzahl von Personen oder Sachen die besten auszuwählen:* die Jury bestand aus sieben Fachfrauen und Fachmännern; der Preis wird von einer unabhängigen Jury verliehen. **Zus.:** Fachjury.

just [jʊst] ⟨Adverb⟩ (veraltend): /bezieht sich auf etwas, was in irgendwie ungünstiger oder eigenartiger Weise mit etwas anderem zeitlich oder räumlich zusammentrifft/; *gerade:* just an dem Tage war er verhindert; sie wollte just dieses Kleid und kein anderes. **Syn.:** ausgerechnet, eben.

Jus|tiz [jʊs'ti:t͜s], die; -:
1. *Rechtsprechung; Pflege des Rechts als eine der Staatsgewalten:* in manchen Bundesländern herrscht eine strengere Justiz als in anderen. **Zus.:** Lynchjustiz, Militärjustiz, Strafjustiz.
2. *Behörde, die für die Rechtsprechung verantwortlich ist:* sie ist eine wichtige Vertreterin der Justiz; der Täter wurde der Justiz ausgeliefert; die Justiz reformieren.

[1]Ju|wel [ju've:l], das, auch: der; -s, -en: *kostbares Schmuckstück, kostbarer Schmuckstein:* selbst zum Karneval trägt sie die kostbarsten Juwelen. **Syn.:** Geschmeide, Schmuck. **Zus.:** Kronjuwel.

[2]Ju|wel [ju've:l], das; -s, -e (emotional): *Person oder Sache, die für jmdn. besonders wertvoll ist:* meine Oma ist ein Juwel; das Rathaus ist ein Juwel der Backsteingotik. **Syn.:** Schmuckstück (ugs.).

Ju|we|lier [juve'li:ɐ̯], der; -s, -e, **Ju|we|lie|rin** [juve'li:rɪn], die; -, -nen: *Person, die (aufgrund entsprechender Berufsausbildung) mit Schmuck u. Ä. handelt:* sie hatte sich beim Juwelier eine Kette aus echtem Gold gekauft.

Jux [jʊks], der; -es (ugs.): *Spaß, Scherz:* das war doch alles nur [ein] Jux; er hat es nur aus Jux *(zum Spaß)* gesagt. **Syn.:** Flachs (ugs.), Schabernack, Streich, Ulk.

K *k*

Ka|ba|rett [kaba'rɛt], das; -s, -e und -s:
a) *[künstlerische] Darbietung, bei der besonders in satirischen Chansons und Sketchen Kritik an meist politischen Zuständen oder Ereignissen geübt wird:* er konnte Kabarett nicht leiden. **Syn.:** Sketsch. **b)** *Kleinkunstbühne:* sie lud ihn ins Kabarett ein. **Syn.:** Bühne, Theater.

Ka|ba|ret|tist [kabarɛ'tɪst], der; -en, -en, **Ka|ba|ret|tis|tin** [kabarɛ'tɪstɪn], die; -, -nen: *Künstler bzw. Künstlerin an einem Kabarett:* er sprach mit dem Kabarettisten Jonas/mit Kabarettist Jonas; die beiden Kabarettistinnen sind sehr erfolgreich.

kab|beln ['kabl̩n] ⟨+ sich⟩ (nordd. ugs.): *sich (nicht sehr heftig) streiten:* die beiden kabbeln sich öfter einmal; die Vertrauensleute kabbelten sich mit dem Betriebsrat. **Syn.:** aneinandergeraten, sich in den Haaren liegen (ugs.), sich zanken.

Ka|bel ['ka:bl̩], das; -s, -: *isolierte elektrische Leitung:* ein Kabel verlegen; das Kabel an das Gerät anschließen. **Zus.:** Anschlusskabel, Schwachstromkabel, Starkstromkabel, Starthilfekabel, Telefonkabel.

Ka|bel|jau ['ka:bljau], der; -s, -e und -s:
(besonders im Nordatlantik heimischer) großer, olivgrün gefleckter essbarer Raubfisch: das Filet vom Kabeljau ist die Spezialität dieses Restaurants.

Ka|bi|ne [ka'bi:nə], die; -, -n:
kleiner, abgeteilter Raum (für Fahrgäste, zum Umkleiden, zum Telefonieren usw.): die Kabinen der Seilbahn waren überfüllt; die Mannschaft ist schon zum Umkleiden in der Kabine. **Syn.:** Gondel, Kajüte, Zelle. **Zus.:** Ankleidekabine, Duschkabine, Fahrerkabine, Führerkabine, Schlafkabine, Telefonkabine, Umkleidekabine, Wahlkabine.

Ka|bi|nett [kabi'nɛt], das; -s, -e:
1. *aus den Ministerinnen und Ministern sowie dem Kanzler oder Ministerpräsidenten bestehende Regierung:* der Kanzler berief eine außerordentliche Sitzung des Kabinetts ein.
2. *kleiner Raum [in Museen], in dem etwas ausgestellt wird:* im Kabinett wurden Raritäten gezeigt. **Syn.:** Salon. **Zus.:** Kunstkabinett, Kupferstichkabinett, Münzkabinett, Raritätenkabinett, Wachsfigurenkabinett.

Ka|bri|o|lett [kabrio'le:], das; -s, -s:
Cabrio.

Ka|chel ['kaxl̩], die; -, -n:
gebrannte, meist glasierte Platte aus Ton, die für Wandverkleidungen und Kachelöfen verwendet wird: Delfter Kacheln; sie haben einen schönen Ofen mit bernsteinfarbenen Kacheln. **Syn.:** Fliese. **Zus.:** Ofenkachel, Wandkachel.

ka|cheln ['kaxl̩n]:
1. ⟨tr.; hat⟩ *mit Kacheln versehen:* ein gekacheltes Bad.
2. ⟨itr.; ist⟩ (ugs.) *sehr schnell fahren:* wir sind mit 200 über die Autobahn gekachelt.

Ka|cke ['kakə], die; - (derb):
1. *Kot:* der Blödmann ist voll in die Kacke getreten. **Syn.:** Scheiße (derb). **Zus.:** Hundekacke.
2. *schlechte oder unangenehme Sache, Angelegenheit:* das ist vielleicht eine Kacke mit dem Zeugs!

ka|cken ['kakn̩] ⟨tr.; hat⟩ (derb):
Kot ausscheiden: er hat einen großen Haufen gekackt; ⟨auch itr.⟩ der Hund kackt schon wieder. **Syn.:** scheißen (derb).

Ka|da|ver [ka'da:vɐ], der; -s, -:
toter Körper eines Tieres: nach der Flutkatastrophe lagen überall aufgeschwemmte Kadaver herum. **Syn.:** Aas. **Zus.:** Pferdekadaver, Tierkadaver.

Ka|da|ver|ge|hor|sam [ka'da:vɐgəho:ɐ̯za:m], der; -s (abwertend):
blinder Gehorsam; das Ausführen eines Befehls ohne Widerspruch: in der Nazizeit war Kadavergehorsam an der Tagesordnung.

Ka|der ['ka:dɐ], der; -s, -:
Gruppe von erfahrenen Personen, die den Kern einer Truppe oder Mannschaft bildet: in der Bundeswehr werden Kader ausgebildet; sie gehört zum Kader der Nationalmannschaft. **Syn.:** Auslese, Auswahl, Elite, Kern, Stamm. **Zus.:** Führungskader, Leitungskader, Olympiakader, Parteikader.

Kä|fer ['kɛ:fɐ], der; -s, -:
(in vielen Arten verbreitetes) Insekt mit gepanzertem Körper und harten Flügeldecken: ein bunter, schädlicher, brummender Käfer; ein Käfer krabbelt über den Weg.

Kaff [kaf], das; -s, -s und Käffer ['kɛfɐ] (ugs. abwertend):
kleinerer Ort, kleinere Ortschaft, die als langweilig, unattraktiv angesehen wird: in dieses Kaff würde ich nie ziehen; in diesen Käffern ist absolut nichts los. **Syn.:** Dorf, Kleinstadt, Siedlung.

Kaf|fee ['kafe], der; -s, -s:
1. *tropische Pflanze, deren Früchte den Kaffee* (2) *enthalten:* auf den Plantagen wird Kaffee angepflanzt.
2. *Samen, der die Form einer Bohne hat und der gemahlen und geröstet zur Herstellung eines anregenden Getränks dient:* Kaffee mahlen, rösten; zentralamerikanische Kaffees *(Kaffeesorten);* entkoffeinierter Kaffee.
3. *anregendes, leicht bitter schmeckendes, meist heiß getrunkenes Getränk von dunkelbrauner bis schwarzer Farbe aus gemahlenem, mit kochendem Wasser übergossenem Kaffee* (2): schwarzer Kaffee; der Kaffee ist sehr stark; eine Tasse, Kanne Kaffee; Kaffee kochen, machen; Herr Ober, zwei Kaffee *(Tassen Kaffee)* bitte.
4. a) *Zwischenmahlzeit am Nachmittag, bei der man Kaffee trinkt:* jmdn. zum Kaffee einladen. **Zus.:** Nachmittagskaffee. **b)** *erste kleine Mahlzeit am Morgen, Frühstück mit Kaffee.* **Zus.:** Morgenkaffee.

Kaffee/Café:
s. Kasten Seite 248.

Kaf|fee|boh|ne ['kafebo:nə], die; -, -n:
Samen einer tropischen Pflanze, der die Form einer Bohne hat und der gemahlen und geröstet zur Zubereitung von Kaffee verwendet wird; Kaffee (2): eine Hand voll Kaffeebohnen mahlen.

Kaf|fee|kas|se ['kafekasə], die; -, -en:
Kasse (meist in Form einer aufgestellten Spardose o. Ä.), aus der die privaten Kosten für Kaffee o. Ä. bezahlt werden: jede Abteilung hat ihre eigene Kaffeekasse.

Kaf|fee|ma|schi|ne ['kafemaʃi:nə], die; -, -n:
elektrisches Gerät zum Zubereiten von Kaffee (3): Kaffeemaschinen waren früher beliebte Hochzeitsgeschenke; hast du die Kaffeemaschine ausgemacht?

Kä|fig ['kɛ:fɪç], der; -s, -e:
mit Gittern versehener Raum für bestimmte Tiere: im Käfig sitzen fünf Affen; ab und zu darf der Wellensittich aus dem Käfig. **Syn.:** Bauer, Gehege, Zwinger. **Zus.:** Affenkäfig, Vogelkäfig.

kahl [ka:l] ⟨Adj.⟩:
1. *entblößt von etwas; nichts mehr, nichts weiter aufweisend:* kahle Berge; er hat einen kahlen Kopf *(hat keine Haare);* die Bäume sind kahl *(ohne Laub).*
2. *entgegen den Erwartungen nur wenig oder gar nichts als Ausstattung habend:* ein kahler Raum; kein Bild, alles nur kahle Wände. **Syn.:** dürftig, leer.

Kahn [ka:n], der; -[e]s, Kähne ['kɛ:nə]:
1. *kleines Boot zum Rudern:* wir fahren [mit dem] Kahn. **Zus.:** Ruderkahn.
2. *kleines Schiff zum Befördern von Lasten:* ein schwer beladener Kahn fuhr langsam flussaufwärts. **Zus.:** Frachtkahn, Lastkahn.

Kai [kai̯], der; -s, -e und -s: *befestigtes Ufer zum Beladen und Entladen von Schiffen:* ein Schiff liegt am Kai. **Zus.:** Hafenkai, Passagierkai, Verladekai.

Kai|ser [ˈkai̯zɐ], der; -s, -: *oberster Herrscher (in einer bestimmten Staatsform):* er wurde zum Kaiser gekrönt. **Syn.:** Monarch, Regent.

Kai|se|rin [ˈkai̯zərɪn], die; -, -nen: **1.** weibliche Form zu ↑Kaiser. **2.** *Ehefrau eines Kaisers.*

Kai|ser|schnitt [ˈkai̯zɐʃnɪt], der; -[e]s, -e: *Form der Entbindung durch einen operativen Schnitt des Bauchs:* das Kind kam mit Kaiserschnitt auf die Welt; sie hatte schon zwei Kaiserschnitte.

Ka|jü|te [kaˈjyːtə], die; -, -n: *Wohn- und Schlafraum auf größeren Booten und Schiffen:* das Schiff hat zehn Kajüten; der Kapitän ist in seiner Kajüte. **Syn.:** Kabine. **Zus.:** Bootskajüte, Kapitänskajüte, Offizierskajüte.

Ka|kao [kaˈkau̯], der; -s: **1.** *tropischer Baum, der als Samen Kakao* (2) *enthält:* auf der Plantage wird Kakao angebaut. **2.** *bohnenförmige Frucht des Kakaos* (1), *die gemahlen zur Herstellung eines nahrhaften Getränks dient:* ein Sack Kakao. **3.** *aus gemahlenem Kakao* (2) *hergestelltes Pulver:* den Kuchen mit Kakao bestäuben. **4.** *aus Kakao* (3), *Milch und Zucker bereitetes Getränk:* eine Tasse Kakao trinken. **Syn.:** Schokolade.

Kak|tus [ˈkaktʊs], der; -, Kakteen [kakˈteːən]: *(in vielen Arten in Trockengebieten vorkommende) meist säulen- oder kugelförmige Pflanze, die (in ihrem verdickten Stamm Wasser speichert und) meist Dornen hat:* sie hatte sich an einem Kaktus gestochen.

Ka|la|mi|tät [kalamiˈtɛːt], die; -, -en: *unangenehme Situation, die durch bestimmte Verhältnisse, Vorgänge, Entwicklungen entstanden ist:* einen Weg aus der Kalamität suchen; das waren die täglichen Kalamitäten, mit denen sie kämpfte. **Syn.:** Dilemma, Krise, Schwierigkeit, Zwickmühle.

Ka|lau|er [ˈkaːlau̯ɐ], der; -s, -: *wenig geistreicher Witz, meist in Form eines Wortspiels:* er hat mal wieder üble Kalauer erzählt.

Kalb [kalp], das; -[e]s, Kälber [ˈkɛlbɐ]: *junges Rind:* Kälber mästen, schlachten.

Kalb|fleisch [ˈkalpflai̯ʃ], das; -[e]s: *Fleisch vom Kalb:* ein Ragout aus zartem Kalbfleisch.

Ka|lei|do|skop [kalai̯doˈskoːp], das; -s, -e: *wie ein Fernrohr aussehendes Spielzeug, in dem durch Drehen jeweils wechselnde geometrische Muster und Bilder erscheinen:* Kaleidoskope sind nicht nur bei Kindern sehr beliebt.

Ka|len|der [kaˈlɛndɐ], der; -s, -: **1.** *Verzeichnis der Tage, Wochen, Monate eines Jahres in Form eines Blocks, Hefts, Blatts o. Ä.:* wichtige Termine trage ich immer gleich in den Kalender ein; ein Kalender für [das Jahr] 2012; den Kalender *(vom Abreißkalender ein Blatt)* abreißen. **Zus.:** Abreißkalender, Kunstkalender, Notizkalender, Terminkalender, Wandkalender, Wochenkalender. **2.** *Zeitrechnung mithilfe astronomischer Zeiteinheiten:* der jüdische, muslimische Kalender; der gregorianische, julianische Kalender.

Ka|len|der|wo|che [kaˈlɛndɐvɔxə], die; -, -n: *(im Kalender festgelegte) Woche von Montag bis Sonntag:* wir haben nur noch drei Kalenderwochen bis zum Erscheinungstermin; der Termin liegt in Kalenderwoche 36.

Ka|li|ber [kaˈliːbɐ], das; -s, -: **1.** *innerer Durchmesser von Rohren, besonders vom Lauf einer Feuerwaffe:* der Revolver hat ein großes Kaliber. **Zus.:** Großkaliber, Kleinkaliber. **2. a)** (ugs.) *als ganz besondere [imponierende] Art, Sorte empfunden:* einen Mann solchen Kalibers wird man so leicht nicht mehr finden; Künstler älteren Kalibers; eine Frau von diesem Kaliber wird nicht lange zögern. **b)** (abwertend) *als besonders unangenehme Art, Sorte empfunden:* dieser Gauner ist das gleiche Kaliber/vom gleichen Kaliber wie der Erpresser; Leute dieses Kalibers machen sich leicht verdächtig. **Syn.:** Kategorie, Spezies (geh.; ironisch).

Kalk [kalk], der; -s, -e: *[durch Brennen] aus einer bestimmten Gesteinsart gewonnenes weißes Material, das besonders beim Bauen verwendet wird:* aus Kalk, Zement, Sand und Wasser stellt man Mörtel her.

Kal|ku|la|ti|on [kalkulaˈt͜si̯oːn], die; -, -en: **1.** (Wirtsch.) *Vorausberechnung entstehender Kosten; Kostenvoranschlag:* eine genaue Kalkulation der Kosten vornehmen. **Syn.:** Ansatz, Berechnung. **Zus.:** Preiskalkulation. **2.** *angestellte Überlegung; Schätzung:* etwas in seine Kalkulation mit einbeziehen; nach meiner Kalkulation müssen wir noch etwa 25 Kilometer fahren.

kal|ku|lie|ren [kalkuˈliːrən] ⟨tr.; hat⟩: **1.** (Wirtsch.) *entstehende Kosten für etwas im Voraus berechnen:* den Preis sehr niedrig kalkulieren. **Syn.:** ansetzen, veranschlagen. **2.** *eine Situation in bestimmter Weise abschätzen:* wir sollten die Zeit nicht zu knapp kalkulieren.

Ka|lo|rie [kaloˈriː], die; -, Kalorien [kaloˈriːən]: *(nur noch inoffiziell verwendete) Maßeinheit für den (Energie)wert von Lebensmitteln:* Gemüse enthält wenig Kalorien; als Diabetikerin muss sie die Kalorien berechnen. **Syn.:** Joule.

kalt [kalt], kälter, kälteste ⟨Adj.⟩: **1.** *[nur noch] wenig oder keine Wärme [mehr] enthaltend, ausstrahlend* /Ggs. warm, heiß/: das Essen ist kalt; die Getränke kalt stellen *(damit sie kühl werden).* **Syn.:** abgekühlt, eisig, eiskalt, frisch, kühl. **2. a)** *vom Gefühl unbeeinflusst; nüchtern:* sie mordete mit kalter Berechnung. **Syn.:** gleichgültig, kaltschnäuzig (ugs.), unbarmherzig, ungerührt. **b)** *abweisend und unfreundlich, ohne jedes Mitgefühl:* er fragte mich kalt, was ich wünschte. **Syn.:** eisig, gefühllos, herzlos, lieblos, unbarmherzig, ungerührt, unzugänglich. **Zus.:** eiskalt, gefühlskalt.

kalt|blü|tig [ˈkaltblyːtɪç] ⟨Adj.⟩:

1. *trotz Gefahr sehr ruhig bleibend; beherrscht:* kaltblütig stellte er sich den Einbrechern entgegen. **Syn.:** gefasst, geistesgegenwärtig, seelenruhig.
2. *kein Mitleid habend; ungerührt:* ein kaltblütiger Verbrecher; sie wurde kaltblütig ermordet. **Syn.:** barbarisch, brutal, grausam, unbarmherzig.

Käl|te ['kɛltə], die; -:
1. **a)** *Empfindung des Mangels an Wärme:* bei der Kälte kann man nicht arbeiten; es herrscht eisige Kälte dort. **Syn.:** Frische, Frost. **Zus.:** Winterkälte. **b)** *Temperatur unter 0 Grad Celsius:* Berlin meldet 15 Grad Kälte.
2. *Unverbindlichkeit, Unfreundlichkeit aus Mangel an innerer Teilnahme:* jmdn. mit eisiger Kälte empfangen. **Zus.:** Gefühlskälte.

kalt|las|sen ['kaltlasn̩], lässt kalt, ließ kalt, kaltgelassen ⟨tr.; hat⟩ (ugs.):
innerlich unberührt, unbeeindruckt lassen: ihre Tränen ließen ihn kalt. **Syn.:** nicht rühren.

kalt|ma|chen ['kaltmaxn̩], machte kalt, kaltgemacht ⟨tr.; hat⟩ (salopp):
skrupellos töten: der macht dich kalt, wenn du ihm über den Weg läufst. **Syn.:** abmurksen (ugs.), fertigmachen (ugs.), killen (salopp), umbringen.

Kalt|mie|te ['kaltmi:tə], die; -, -n:
Miete ohne Heiz- und andere Nebenkosten: zur Kaltmiete kommen noch viele Nebenkosten; wir mussten zwei Kaltmieten im Voraus zahlen.

kalt|schnäu|zig ['kaltʃnɔy̯tsɪç] ⟨Adj.⟩ (ugs.):
völlig gleichgültig den Problemen, Sorgen o. Ä. anderer gegenüber, in keiner Weise darauf Rücksicht nehmend: er hat die Flüchtlinge kaltschnäuzig zurückgewiesen; in ihrer kaltschnäuzigen Art hat sie sich über meine Warnungen hinweggesetzt. **Syn.:** kalt, ohne Mitgefühl, ungerührt.

kalt|stel|len ['kaltʃtɛlən], stellte kalt, kaltgestellt ⟨tr.; hat⟩ (ugs.):
aus einflussreicher Stellung verdrängen, des Einflusses berauben: nach dem Skandal wurde sie einfach politisch kaltgestellt. **Syn.:** abschieben, abservieren (ugs.), ausbooten (ugs.), in die Wüste schicken (ugs.).

Ka|mel [ka'me:l], das; -[e]s, -e:
1. *(in Wüsten- und Steppengebieten beheimatetes) großes, hochbeiniges Huftier [mit einem oder zwei Höckern], das als Last- und Reittier verwendet wird:* auf einem Kamel reiten.
2. (salopp abwertend) *Person, die als einfältig und dumm angesehen wird:* ich Kamel habe dem auch noch Geld geliehen!; du bist doch ein Kamel! **Syn.:** Depp (bes. südd., österr., schweiz. abwertend), doofe Nuss (ugs. abwertend), Dummkopf (abwertend), Hammel (salopp abwertend), Kindskopf (ugs.), Tölpel (abwertend), Trottel (ugs. abwertend).

Ka|me|ra ['kaməra], die; -, -s:
a) *Gerät, mit dem man Fotografien machen kann:* meine neue Kamera macht ganz tolle Fotos. **Syn.:** Box, Fotoapparat. **Zus.:** Kleinbildkamera, Schmalfilmkamera, Unterwasserkamera.
b) *Gerät, mit dem man Filmaufnahmen machen kann:* sie lächelte in die laufenden Kameras. **Zus.:** Filmkamera.

Ka|me|rad [kamə'ra:t], der; -en, -en, **Ka|me|ra|din** [kamə'ra:dɪn], die; -, -nen:
Person, mit der jmd. durch gemeinsame Tätigkeiten oder Interessen eng verbunden ist: sie waren Kameraden bei der Bundeswehr; als Ehefrau war sie auch eine wunderbare Kameradin. **Syn.:** Freund, Freundin, Gefährte (geh.), Gefährtin (geh.), Genosse (veraltend), Genossin (veraltend), Kumpan (ugs.), Kumpanin (ugs.), Kumpel. **Zus.:** Klassenkamerad, Klassenkameradin, Kriegskamerad, Lebenskamerad, Lebenskameradin, Spielkamerad, Spielkameradin, Sportkamerad, Sportkameradin.

Ka|me|rad|schaft [kamə'ra:tʃaft], die; -:
auf Vertrauen, gemeinsame Tätigkeiten oder Interessen begründetes engeres Verhältnis zwischen Menschen: die beiden Männer verband eine gute Kameradschaft; aus Kameradschaft beteiligte sie sich an dem Trinkgelage. **Syn.:** Freundschaft.

Ka|mil|le [ka'mɪlə], die; -, -n:
Pflanze mit kleinen, in Medizin und Kosmetik verwendeten Blüten mit gelben Körbchen [und schmalen weißen Blütenblättern]: sie kochte Tee aus Salbei und Kamille.

Ka|min [ka'mi:n], der, schweiz. meist: das; -s, -e:
1. (bes. südd., westösterr., schweiz.) *Schornstein:* aus den Kaminen quoll Rauch. **Syn.:** Schlot.
2. *in einem Zimmer befindliche offene Feuerstelle mit Abzug:* am Kamin sitzen; auf dem Sims über dem Kamin standen viele Fotos.

Kamm [kam], der; -[e]s, Kämme ['kɛmə]:
1. *Gegenstand zum Glätten, gleichmäßigen Legen des Haares:* ein grobzinkiger, unzerbrechlicher, handgesägter Kamm. **Zus.:** Hornkamm.
2. *am Kopf von Hühnern befindlicher, länglicher, rötlicher, fleischiger Teil:* der Hahn kämpfte mit aufgerichtetem Kamm. **Zus.:** Hahnenkamm.
3. **a)** *der sich in die Länge erstreckende, fast gleichmäßig verlaufende obere Teil eines Gebirges:* wir wanderten immer am Kamm entlang. **Syn.:** Grat, Rücken. **Zus.:** Bergkamm.
b) *oberster Teil einer Welle:* der Kamm der letzten Welle war riesig hoch. **Zus.:** Wellenkamm.

käm|men ['kɛmən] ⟨tr.; hat⟩:
bei sich selbst oder bei jmd. anderem das Haar mit einem Kamm in eine gewünschte Form bringen: das Mädchen hat die Puppe gekämmt; ich habe mir das Haar gekämmt; sie kämmt sich. **Syn.:** frisieren.

Kam|mer ['kamɐ], die; -, -n:
1. *(meist zum Abstellen genutzter) kleiner Raum:* der Staubsauger steht in der Kammer. **Syn.:** Bude. **Zus.:** Abstellkammer, Besenkammer, Dachkammer, Futterkammer, Getreidekammer, Kleiderkammer, Schlafkammer, Speisekammer, Vorratskammer, Waffenkammer, Wäschekammer.
2. **a)** *gesetzgebende Körperschaft der Volksvertretung:* Oberhaus und Unterhaus bilden die beiden Kammern des englischen Parlaments. **b)** *aus einem Gremium mehrerer Richter(innen) bestehendes Organ der Recht-*

sprechung: die Kammer für Strafsachen des Oberlandesgerichts.

Kam|mer|mu|sik ['kamɐmuzi:k], die:
Musik für eine kleine Gruppe von Musiker[inne]n oder Sänger[inne]n: bei dem Fest wurde auch Kammermusik gespielt.

Kam|pa|gne [kam'panjə], die; -, -n:
gemeinschaftliche [politische] Aktion für oder gegen etwas: man startete eine Kampagne gegen die Herstellung von Kernwaffen; eine Kampagne zum Erhalt des Kindergartens. **Syn.:** Feldzug, Unternehmen, Unternehmung, Vorhaben. **Zus.:** Aufklärungskampagne, Hetzkampagne, Pressekampagne, Unterschriftenkampagne, Werbekampagne.

Kampf [kampf], der -[e]s, Kämpfe ['kɛmpfə]:
a) *größere militärische Auseinandersetzung feindlicher Truppen:* es tobte ein blutiger Kampf um den Waffenstützpunkt. **Syn.:** Angriff, Attacke, bewaffnete Auseinandersetzung, bewaffneter Konflikt, Feindseligkeiten ⟨Plural⟩, Feldzug, Gefecht, Krieg, Offensive, Schlacht. **Zus.:** Abwehrkampf, Befreiungskampf, Entscheidungskampf, Freiheitskampf. **b)** *handgreifliche Auseinandersetzung:* ein ungleicher Kampf entstand zwischen beiden; ein Kampf auf Leben und Tod. **c)** *Ringen um etwas, heftiges Streben nach etwas:* ein Kampf für die Freiheit; der Kampf um die Macht. **Zus.:** Machtkampf. **d)** *angestrengtes Bemühen, um etwas zu erreichen oder etwas zu verhindern:* der Kampf gegen den Hunger in der Welt, für den Weltfrieden; sie hat den Kampf gegen ihre schwere Krankheit verloren. **e)** *sportlicher Wettkampf:* der Kampf um die Meisterschaft ist voll entbrannt. **Zus.:** Boxkampf, Qualifikationskampf, Ringkampf.

Kampf|ab|stim|mung ['kampf-lapʃtɪmʊŋ], die; -, -en (Politik):
Abstimmung, bei der es zu scharfen Auseinandersetzungen kommt und sich zwei fast gleich starke Parteien gegenüberstehen: es kam zu einer Kampfabstimmung zwischen dem rechten und dem linken Flügel der Partei.

kämp|fen ['kɛmpfn̩] ⟨itr.; hat⟩:
seine Kräfte [im Kampf] (gegen, für etwas) einsetzen: bis zur Erschöpfung, um seine Existenz, für den Erhalt der Arbeitsplätze, gegen die Unterdrückung kämpfen; er hat im Krieg gekämpft. **Syn.:** ankämpfen, einen Kampf austragen, eintreten für, Front machen, ringen, sich schlagen, streiten, zu Felde ziehen (geh.).

Kämp|fer ['kɛmpfɐ], der; -s, -, **Kämp|fe|rin** ['kɛmpfərɪn], die; -, -nen:
Person, die (für oder gegen jmdn., etwas) kämpft: ein Kämpfer für die Freiheit, gegen den Hunger in der Welt; viele Kämpfer starben in der Schlacht. **Zus.:** Freiheitskämpfer, Freiheitskämpferin.

Kampf|hund ['kampfhʊnt], der; -[e]s, -e:
zum Kämpfen gezüchteter und abgerichteter Hund bestimmter Rassen: der Junge ist von einem Kampfhund angefallen worden.

Kampf|rich|ter ['kampfrɪçtɐ], der; -s, -, **Kampf|rich|te|rin** ['kampf-rɪçtərɪn], die; -, -nen:
Schiedsrichter[in] bei bestimmten sportlichen Wettkämpfen: die Kampfrichter entschieden sich mit fünf zu null Stimmen für den Vizeweltmeister.

kampf|un|fä|hig ['kampflʊnfɛ:ɪç] ⟨Adj.⟩:
nicht mehr fähig, zu kämpfen: kampfunfähige Truppenverbände; durch einen Schuss wurde der Wachmann kampfunfähig gemacht; die Boxerin hatte die Gegnerin kampfunfähig geschlagen.

kam|pie|ren [kam'pi:rən] ⟨itr.; hat⟩:
a) *an einem bestimmten Ort (im Freien) sein Lager aufschlagen, lagern:* auf freiem Feld, auf der Wiese kampieren. **b)** (ugs.) *notdürftig wohnen, übernachten:* in der Scheune, auf dem Sofa kampieren. **Syn.:** nächtigen (geh.), Quartier nehmen (geh.), sein Lager aufschlagen.

Ka|nal [ka'na:l], der; -s, Kanäle [ka'nɛ:lə]:
1. *künstlich hergestellter Wasserlauf, der von Schiffen befahren wird (und eine Verbindung zwischen Flüssen, Seen, Meeren darstellt):* einen Kanal anlegen, bauen; Kanäle durchziehen das Land.
2. *unterirdisches System von Leitungen, durch das die Abwässer einer Siedlung abgeleitet werden:* der Kanal ist verstopft. **Zus.:** Abwasserkanal.
3. (Rundfunk, Fernsehen) *bestimmter Frequenzbereich eines Senders:* einen Kanal wählen, einstellen.

Ka|na|li|sa|ti|on [kanaliza'tsi̯o:n], die; -, -en:
a) *System aus Rohren und Kanälen zum Ableiten der Abwässer und des Wassers von Regen oder Schnee:* dort gibt es noch Dörfer, die keine Kanalisation haben.
b) *das Kanalisieren:* die Kanalisation des Flusses kostet zwei Millionen Euro.

ka|na|li|sie|ren [kanali'zi:rən] ⟨tr.; hat⟩:
a) *schiffbar machen:* einen Fluss kanalisieren. **b)** *in eine bestimmte Richtung, Bahn lenken:* einen Warenstrom kanalisieren; die verschiedenen Ideen sollten zuerst kanalisiert werden, bevor eine Entscheidung getroffen wird.

Ka|na|ri|en|vo|gel [ka'na:ri̯ənfo:gl̩], der; -s, Kanarienvögel [ka'na:ri̯ənfø:gl̩]:
kleiner, schön singender, im Käfig gehaltener Vogel mit gelbem oder orangefarbenem Gefieder.

Kan|de|la|ber [kande'la:bɐ], der; -s, -:
a) *mehrarmiger Leuchter, Kerzenständer:* ein wertvoller Kandelaber stand in der Mitte des Tisches. **b)** *mehrarmiger Mast für die Straßenbeleuchtung.* **Syn.:** Laterne.

Kan|di|dat [kandi'da:t], der; -en, -en, **Kan|di|da|tin** [kandi'da:tɪn], die; -, -nen:
a) *Person, die sich um etwas bewirbt:* um diesen Posten bewerben sich drei Kandidaten und zwei Kandidatinnen; ein Gespräch zwischen Kandidat Krause/dem Kandidaten Krause und den Wählerinnen und Wählern. **Syn.:** Anwärter, Anwärterin, Aspirant, Aspirantin. **Zus.:** Präsidentschaftskandidat, Präsidentschaftskandidatin. **b)** *Person, die sich einer Prüfung unterzieht:* in diesem Jahr

haben sich nur 20 Kandidatinnen und Kandidaten zum Examen gemeldet. **Syn.:** Absolvent, Absolventin. **Zus.:** Examenskandidat, Examenskandidatin.

Kan|di|da|tur [kandida'tu:ɐ̯], die; -, -en:
das Kandidieren: sogar die bürgerlichen Parteien haben ihre Kandidatur unterstützt.

kan|di|die|ren [kandi'di:rən] ⟨itr.; hat⟩:
sich zur Wahl stellen, sich um etwas bewerben: er kandidiert für das Amt des Präsidenten; sie kandidiert gegen den langjährigen Ministerpräsidenten.

Kän|gu|ru ['kɛŋguru], das; -s, -s:
(besonders in Australien vorkommendes) größeres Beuteltier mit kleinem Kopf, kurzen Vorderbeinen und langen, kräftigen Hinterbeinen, auf denen es sich springend fortbewegt: Kängurus springen bis zu 9 Meter weit.

K
Kand

Ka|nin|chen [ka'ni:nçən], das; -s, -:
dem Hasen ähnliches, wild lebendes oder als Haustier gehaltenes Säugetier: Kaninchen beobachten; Kaninchen halten; ein Kaninchen schlachten. **Syn.:** Karnickel (ugs.).

Ka|nis|ter [ka'nɪstɐ], der; -s, -:
tragbarer viereckiger Behälter für Flüssigkeiten: den Kanister füllen; drei Kanister Benzin. **Syn.:** Behältnis, Gefäß. **Zus.:** Benzinkanister, Blechkanister, Ölkanister, Wasserkanister.

Kan|ne ['kanə], die; -, -n:
für Flüssigkeiten bestimmtes Gefäß mit Henkel, Schnabel [und Deckel]: Milch, den Kaffee in einer Kanne auf den Tisch stellen; (als Maßangabe) wir haben drei Kannen Tee getrunken. **Syn.:** Karaffe, Krug. **Zus.:** Blechkanne, Kaffeekanne, Kupferkanne, Milchkanne, Teekanne.

Kan|ni|ba|le [kani'ba:lə], der; -n, -n, **Kan|ni|ba|lin** [kani'ba:lɪn], die; -, -nen:
1. *Angehöriger eines Naturvolkes, das auch Fleisch von Menschen verzehrt:* auf diesen Inseln lebten damals noch Kannibalen.
2. (abwertend) *rohe, brutale Person:* dieser Kannibale hat sein eigenes Kind ermordet. **Syn.:** Barbar (emotional), Barbarin (emotional).

Ka|non ['ka:nɔn], der; -s, -s:
Lied, bei dem in einem bestimmten zeitlichen Abstand zwei oder mehrere Stimmen nacheinander mit der gleichen Melodie einsetzen, sodass ein mehrstimmiger Gesang entsteht: der Chor sang einen vierstimmigen Kanon.

Ka|no|ne [ka'no:nə], die; -, -n:
1. *schweres Geschütz mit langem Rohr:* eine Kanone abfeuern; vor dem Schloss sind noch die alten Kanonen aufgestellt.
2. (ugs.) *Person, deren Können auf einem bestimmten Gebiet als großartig, ganz besonders bewundernswert angesehen wird:* im Schwimmen ist er eine richtige Kanone; sie ist eine Kanone im Tennis. **Syn.:** Ass, Autorität, Größe, Kapazität, Könner, Könnerin, Meister, Meisterin, Phänomen. **Zus.:** Fußballkanone, Skikanone, Sportskanone.
3. (salopp scherzh.) *Revolver:* er hat mit einer Kanone rumgeballert. **Syn.:** Colt, Pistole, Schusswaffe, Waffe.
4. * unter aller Kanone sein (ugs.): *von sehr schlechter Qualität sein:* deine Aufsätze sind unter aller Kanone. **Syn.:** erbärmlich sein, kläglich sein, mies sein (abwertend), miserabel sein (emotional), saumäßig sein (salopp abwertend), schlecht sein, unter aller Kritik sein (ugs.), unter aller Sau sein (derb abwertend).

Kan|ta|te [kan'ta:tə], die; -, -n:
Gesangstück für Einzelstimmen, Chor und begleitendes Orchester: eine Kantate von Bach singen. **Syn.:** Gesang, Lied. **Zus.:** Chorkantate, Kirchenkantate.

Kan|te ['kantə], die; -, -n:
Linie, Stelle, an der zwei Flächen aneinanderstoßen; Rand einer Fläche: eine scharfe Kante; ich habe mich an der Kante gestoßen. **Syn.:** Ecke. **Zus.:** Außenkante, Bahnsteigkante, Bettkante, Bordsteinkante, Innenkante, Schnittkante, Tischkante.

Kan|ti|ne [kan'ti:nə], die; -, -n:
Speiseraum in Fabriken, Kasernen o. Ä., in dem die Betriebsangehörigen, Soldaten o. Ä. essen können: in der Kantine essen. **Zus.:** Schiffskantine, Werkskantine.

Kan|ton [kan'to:n], der; -s, -e (schweiz.):
Bezeichnung eines Bundeslandes in der Schweiz: im Kanton Aargau, Bern, Graubünden wohnen.

Kan|to|nal|prä|si|dent [kanto'na:lprɛzidɛnt], der; -en, -en, **Kan|to|nal|prä|si|den|tin** [kanto'na:lprɛzidɛntɪn], die; -, -nen (schweiz.):
Leiter, Leiterin der Regierung eines Kantons in der Schweiz: zum Kantonalpräsidenten gewählt werden.

Kan|tor ['kanto:ɐ̯], der; -s, Kantoren [kan'to:rən], **Kan|to|rin** [kan'to:rɪn], die; -, -nen:
Leiter[in] eines Kirchenchors [der/die zugleich auch Organist(in) ist]: der Kantor gab den Einsatz.

Ka|nü|le [ka'ny:lə], die; -, -n:
a) *Röhrchen, das in den Körper eingeführt wird und Luft oder Flüssigkeit in ihn befördert oder aus ihm ableitet:* durch eine Kanüle Eiter ableiten. **b)** *spitze, hohle Nadel an einer Injektionsspritze:* eine sterile Kanüle.

Kan|zel ['kantsl̩], die; -, -n:
1. *auf einer Säule ruhende oder an einem Pfeiler angebrachte, von einer Brüstung umgebene Plattform, von der aus im Gottesdienst gepredigt wird:* auf der Kanzel stehen; die Pfarrerin predigte von der Kanzel herab.
2. *Cockpit eines Flugzeugs:* der Pilot blickt aus der Kanzel in den Frachtraum. **Zus.:** Pilotenkanzel.

Kanz|ler ['kantslɐ], der; -s, -, **Kanz|le|rin** ['kantslərɪn], die; -, -nen:
1. *(in Deutschland und in Österreich) Regierungschef[in]:* der Kanzler bestimmt die Richtlinien der Politik; welche Partei stellt den Kanzler?
2. *Leiter[in] der Verwaltung einer Hochschule.*

Kap [kap], das; -s, -s:
ins Meer vorspringender Teil einer felsigen Küste: das Kap umschiffen.

Ka|pa|zi|tät [kapatsi'tɛ:t], die; -, -en:
1. ⟨ohne Plural⟩ **a)** *Fähigkeit, (eine bestimmte Menge von etwas) aufzunehmen:* der Kessel hat eine Kapazität von 5 000 Litern; die Kapazität des Rechners beträgt 5 Gigabyte. **Syn.:** Fassungsvermögen. **Zus.:** Speicherkapazität. **b)** *maximale Leistung in der Produktion eines*

Unternehmens [für einen bestimmten Zeitraum]: die Kapazität der Fabrik war erschöpft. **Zus.:** Produktionskapazität.
2. *Experte, Expertin:* diese Forscher sind Kapazitäten auf dem Gebiet der Chemie; sie ist eine Kapazität im Bereich moderne Linguistik. **Syn.:** Ass, Autorität, Fachfrau, Fachmann, Größe, Kenner, Kennerin, Könner, Könnerin, Meister, Meisterin.

¹Ka|pel|le [ka'pɛlə], die; -, -n:
1. *kleine Kirche:* auf dem Berg steht eine kleine Kapelle. **Zus.:** Burgkapelle, Friedhofskapelle, Schlosskapelle.
2. *abgeteilter Raum in einer größeren Kirche oder einem größeren profanen Gebäude (z. B. Schloss, Krankenhaus) für Gottesdienste, Taufen o. Ä.:* in den Seitenschiffen der Kirche sind Kapellen untergebracht. **Zus.:** Taufkapelle.

²Ka|pel|le [ka'pɛlə], die; -, -n:
kleineres Orchester, das Musik zur Unterhaltung, zum Tanz spielt: zu dem Fest wird eine Kapelle engagiert. **Syn.:** ²Band, Ensemble, Gruppe, Orchester. **Zus.:** Blaskapelle, Jazzkapelle, Militärkapelle, Musikkapelle, Tanzkapelle.

Ka|per ['ka:pɐ], die; -, -n:
in Essig eingelegte, als Gewürz verwendete Blütenknospe des Kapernstrauchs von leicht bitterem Geschmack: die Soße war mit Kapern gewürzt; eine Pizza mit Sardellen und Kapern.

ka|pern ['ka:pɐn] ⟨tr.; hat⟩:
1. a) *ein [Handels]schiff erbeuten:* das Schiff wurde kurz vor der Küste gekapert. **b)** *ein Flugzeug oder ein anderes Transportmittel in seine Gewalt bringen und entführen:* der Täter hat das Flugzeug mit einem Sturmgewehr gekapert.
2. (ugs.) *jmdn. (gegen dessen Willen) für etwas in Anspruch nehmen:* er hat sie für diesen Auftrag gekapert; sie machte den Versuch, ihn mit einem tollen Essen zu kapern.

ka|pie|ren [ka'pi:rən] ⟨tr.; hat⟩ (ugs.):
verstehen; die Zusammenhänge, einen Sachverhalt erfassen: ich habe die Matheaufgabe nicht kapiert; ⟨auch itr.⟩ hast du endlich kapiert?; er will nicht kapieren, dass sie keine Lust mehr hat. **Syn.:** begreifen, durchblicken durch (ugs.), ²durchschauen, erkennen, fassen, mitbekommen, sehen, verstehen.

Ka|pi|tal [kapi'ta:l], das; -s, -e, auch: Kapitalien [kapi'ta:li̯ən]:
a) *Geld (das zu Geschäften verwendet wird und Gewinn abwirft):* sein Kapital anlegen, in ein Geschäft stecken. **b)** *Vermögen eines Unternehmens:* die Aktiengesellschaft will ihr Kapital erhöhen. **Syn.:** Werte ⟨Plural⟩.

Ka|pi|ta|lis|mus [kapita'lɪsmʊs], der; -:
eine Form der Wirtschaft und Gesellschaft auf der Grundlage des freien Wettbewerbs und des Strebens nach Kapitalbesitz des Einzelnen: das Land ist von einem aggressiven Kapitalismus geprägt.

Ka|pi|tän [kapi'tɛ:n], der; -s, -e, **Ka|pi|tä|nin** [kapi'tɛ:nɪn], die; -, -nen:
a) *Kommandant[in] eines Schiffes.* **Syn.:** Befehlshaber, Befehlshaberin, Führer, Führerin. **Zus.:** Fregattenkapitän, Fregattenkapitänin, Korvettenkapitän, Korvettenkapitänin, Schiffskapitän, Schiffskapitänin. **b)** *Anführer[in] einer Mannschaft.* **Zus.:** Mannschaftskapitän, Mannschaftskapitänin.

Ka|pi|tel [ka'pɪtl̩], das; -s, -:
größerer Abschnitt eines Buches o. Ä.: ich möchte jeden Abend ein Kapitel lesen. **Syn.:** Teil. **Zus.:** Anfangskapitel, Eingangskapitel, Hauptkapitel, Schlusskapitel.

Ka|pi|tu|la|ti|on [kapitula'tsi̯o:n], die; -, -en:
1. a) *das Kapitulieren:* eine Armee zur Kapitulation zwingen; eine bedingungslose Kapitulation. **b)** *Vertrag über die Kapitulation:* die Kapitulation unterzeichnen.
2. *resignierendes Nachgeben, Aufgaben:* meine Kapitulation vor den Schwierigkeiten.

ka|pi|tu|lie|ren [kapitu'li:rən] ⟨itr.; hat⟩:
1. *(in einer kriegerischen Auseinandersetzung) sich für besiegt erklären und nicht weiterkämpfen:* alle Truppen haben, das Land hat kapituliert. **Syn.:** aufgeben, die Segel streichen (geh.), die Waffen strecken (geh.), sich ¹ergeben, sich unterwerfen.
2. *resignierend aufgeben oder nachgeben:* sie haben vor der Renovierung des großen Hauses kapituliert. **Syn.:** aufstecken (ugs.).

Ka|plan [ka'pla:n], der; -s, Kapläne [ka'plɛ:nə]:
katholischer Geistlicher, der einem Pfarrer als Hilfe zugeteilt oder mit besonderen Aufgaben betraut ist. **Syn.:** geistlicher Herr (landsch.), geistlicher Würdenträger (geh.), Pfaffe (abwertend), Pfarrer, Priester, Seelsorger.

Kap|pe ['kapə], die; -, -n:
1. *eng anliegende Kopfbedeckung mit oder ohne Schirm:* sie trug eine modische Kappe. **Syn.:** Deckel (ugs.; scherzh.), Haube, Hut, Kopfbedeckung, Mütze. **Zus.:** Badekappe, Pelzkappe, Wollkappe.
2. *abnehmbarer Teil, der etwas zum Schutz umschließt, bedeckt:* die Kappe eines Füllfederhalters aufdrehen. **Zus.:** Verschlusskappe.
3. *Verstärkung des Schuhs an der Spitze oder Ferse:* die Kappen der Stiefel waren aus Leder. **Zus.:** Schuhkappe.

kap|pen ['kapn̩] ⟨tr.; hat⟩:
1. *durchschneiden, zerschneiden:* die Leinen, das Tau kappen.
2. a) *(die Spitze von Bäumen) abschneiden:* die Krone, den Wipfel kappen. **b)** *(Bäume) an den Kronen kürzer schneiden:* die Bäume müssen gekappt werden. **Syn.:** beschneiden, schneiden, ²stutzen.

ka|pri|zi|ös [kapri'tsi̯ø:s] ⟨Adj.⟩:
auf eine leicht überspannt wirkende, kokette Art eigenwillig: kapriziöse Teenies; sie ist sehr kapriziös; kapriziös erklärte er, einen neuen Lebensgefährten zu haben. **Syn.:** eigensinnig, launenhaft, launisch.

Kap|sel ['kapsl̩], die; -, -n:
1. *kleines rundes oder ovales Behältnis:* sie bewahrte das Gift in einer kleinen Kapsel auf. **Syn.:** Etui, Futteral, Hülle, Hülse.
2. *Arzneimittel, dessen Wirkstoffe von einer verdaulichen Hülle umschlossen sind:* von diesen Kapseln muss ich täglich drei Stück einnehmen.

ka|putt [ka'pʊt] ⟨Adj.⟩ (ugs.):

a) *defekt und daher nicht mehr funktionierend:* die Uhr, die Maschine, das Auto ist kaputt. **Syn.:** im Eimer (ugs.), kaputtgegangen (ugs.). **b)** *in Stücke gegangen, entzweigebrochen:* die Puppe, die Vase, der Teller ist kaputt; der Kleine hat sein Spielzeug kaputt gemacht; beim Spülen haben wir zwei Gläser kaputt gemacht *(zerschlagen)*. **Syn.:** aus dem Leim gegangen (ugs.), beschädigt, durchlöchert, entzwei, im Eimer (ugs.), kaputtgegangen (ugs.), lädiert, ramponiert (ugs.), schadhaft, zerbrochen, zerrissen, zerschlagen, zerstört.
c) *völlig erschöpft:* er machte einen kaputten Eindruck; ich bin ganz kaputt, fühle mich ganz kaputt. **Syn.:** abgespannt, erledigt (ugs.), ermattet (geh.), fertig (ugs.), groggy (ugs.), k. o. (ugs.), kraftlos, matt, müde, schlapp.

ka|putt|ge|hen [ka'pʊtge:ən], ging kaputt, kaputtgegangen ⟨itr.; ist⟩ (ugs.):
a) *defekt werden:* die Maschine ist kaputtgegangen. **Syn.:** das Zeitliche segnen (scherzh.), den Geist aufgeben (scherzh.), draufgehen (ugs.). **b)** *zerbrechen:* das Spielzeug ist kaputtgegangen; mir ist die gute Tasse kaputtgegangen. **Syn.:** aus dem Leim gehen (ugs.), aus den Fugen gehen, auseinanderbrechen, auseinandergehen, draufgehen (ugs.), entzweigehen, sich in seine Bestandteile auflösen, sich in Wohlgefallen auflösen (ugs.).

Ka|pu|ze [ka'pu:t͜sə], die; -, -n:
(an Mantel, Anorak o. Ä.) am Halsrand angeknöpfte oder festgenähte Kopfbedeckung, die sich (als Schutz gegen Regen oder Kälte) über den Kopf ziehen lässt: ein Mantel mit Kapuze; die Kapuze aufsetzen, über den Kopf ziehen.

Ka|ra|bi|ner [kara'bi:nɐ], der; -s, -:
Gewehr mit kurzem Lauf: den Karabiner laden. **Syn.:** Flinte, Pistole, Revolver, Schusswaffe, Waffe.

Ka|raf|fe [ka'rafə], die; -, -n:
bauchiges, sich nach oben hin verjüngendes Gefäß aus Glas [mit einem Stöpsel]: aus einer Karaffe Wein einschenken. **Syn.:** Kanne, Krug. **Zus.:** Essigkaraffe, Wasserkaraffe.

Ka|ram|bo|la|ge [karambo'la:ʒə], die; -, -n (ugs.):
Zusammenstoß, Zusammenprall (von Fahrzeugen): im dichten Nebel wäre es fast zu einer Karambolage gekommen. **Syn.:** Aufprall, Aufschlag, Kollision.

Ka|rat [ka'ra:t], das; -[e]s, -e:
1. *Einheit für die Bestimmung des Gewichts von Edelsteinen:* 1 Karat entspricht einem Gewicht von 0,2 g.
2. *Einheit einer in 24 Stufen eingeteilten Skala zum Messen des Gehaltes an Gold:* reines Gold hat 24 Karat.

Ka|ra|te [ka'ra:tə], das; -[s]:
sportliche Disziplin und Methode der waffenlosen Selbstverteidigung: Karate lernen.

Ka|ra|wa|ne [kara'va:nə], die; -, -n:
1. *(früher im Orient) Zug von reisenden Kaufleuten [mit Lasten transportierenden Tieren]:* die Karawane näherte sich der Oase.
2. *[zusammengehörende] größere Gruppe von Personen, Fahrzeugen, die sich in einem langen Zug hintereinander fortbewegen:* Karawanen von Autos, Spaziergängern, Messebesuchern. **Zus.:** Autokarawane.

Kar|di|nal [kardi'na:l], der; -s, Kardinäle [kardi'nɛ:lə]:
nach dem Papst höchster katholischer Geistlicher: die Kardinäle wählen den Papst. **Syn.:** geistlicher Würdenträger (geh.).

Kar|di|nal|zahl [kardi'na:lt͜sa:l], die; -, -en:
Grundzahl (z. B. eins, zwei, drei ...) /Ggs. Ordinalzahl/. **Syn.:** Zahl.

karg [kark] ⟨Adj.⟩:
sehr bescheiden, ohne jeden Aufwand, Überfluss o. Ä.: ein karges Leben; die Ausstattung ist sehr karg. **Syn.:** ärmlich, armselig, dürftig, kärglich, kläglich, knapp, kümmerlich, mager, spärlich.

kärg|lich ['kɛrklɪç] ⟨Adj.⟩:
nur die nötigsten Bedürfnisse befriedigend: eine kärgliche Mahlzeit; in kärglichen Verhältnissen leben. **Syn.:** ärmlich, armselig, bescheiden, dürftig, karg, kläglich, knapp, kümmerlich, mager, spärlich.

ka|riert [ka'ri:ɐ̯t] ⟨Adj.⟩:
ein Muster aus Karos haben: ein kariertes Hemd. **Syn.:** schachbrettartig gemustert.

Ka|ri|es ['ka:ri̯ɛs], die; -:
Erkrankung der Zähne, die besonders eine Zerstörung des Zahnschmelzes verursacht: viele Kinder leiden bereits an/unter Karies. **Zus.:** Zahnkaries.

Ka|ri|ka|tur [karika'tu:ɐ̯], die; -, -en:
Zeichnung, bei der zum Zweck der Verspottung charakteristische Merkmale übertrieben hervorgehoben werden: eine politische Karikatur; eine Karikatur zeichnen.

ka|ri|ta|tiv [karita'ti:f] ⟨Adj.⟩:
Notleidende unterstützend, wohltätig: eine karitative Einrichtung; für karitative Zwecke spenden. **Syn.:** barmherzig, humanitär, mildtätig, Nächstenliebe übend.

Kar|ne|val ['karnəval], der; -s:
Zeit vieler Feste mit Kostümen [und Masken], die der Fastenzeit vorausgeht: der Karneval im Rheinland; Karneval feiern; zum/auf den Karneval *(auf eine Karnevalsveranstaltung)* gehen. **Syn.:** drei tolle Tage, Fasching, Fastnacht, närrische Zeit.

Kar|ni|ckel [kar'nɪkl̩], das; -s, - (ugs.):
Kaninchen: dem Karnickel eine Möhre zu fressen geben.

Ka|ro ['ka:ro], das; -s, -s:
1. *[auf der Spitze stehendes] Viereck:* eine Krawatte mit bunten Karos. **Syn.:** Quadrat, Rechteck, Viereck.
2. a) ⟨ohne Plural⟩ *[niedrigste] Farbe im Kartenspiel.* **b)** ⟨Plural Karo⟩ *Spielkarte mit Karo* (2 a) *als Farbe:* Karo ausspielen.

Ka|ros|se|rie [karɔsə'ri:], die; -, Karosserien [karɔsə'ri:ən]:
der auf dem Fahrgestell ruhende [Blech]teil des Autos: eine schnittige Karosserie; eine Karosserie mit zwei, mit vier Türen.

Ka|rot|te [ka'rɔtə], die; -, -n:
Möhre: Hasen bekommen vor allem Heu und Karotten zu fressen. **Syn.:** Gelbe Rübe (südd.), Mohrrübe, Rübe.

Karp|fen ['karpf̩n], der; -s, -:
1. *großer, im Süßwasser lebender Fisch mit hohem Rücken und einem vorgestülpten, Barteln auf-*

weisenden Maul: in diesem Teich leben viele Karpfen.
2. *²Gericht aus Karpfen* (1): [zu] Silvester Karpfen essen; Karpfen blau *(gekochter, durch Übergießen mit heißem Essigwasser blau verfärbter Karpfen).*

Kar|re ['karə], die; -, -n, **Kar|ren** ['karən], der; -s, -:
kleiner, schiebend vorwärtsbewegter Wagen zum Befördern von Lasten: Säcke auf die Karre, den Karren laden.

Kar|rie|re [ka'ri̯e:rə], die; -, -n:
erfolgreicher Aufstieg im Beruf: eine große Karriere vor sich haben. **Syn.:** Laufbahn, Werdegang. **Zus.:** Beamtenkarriere.

Kar|te ['kartə], die; -, -n:
a) *Postkarte:* jmdm. eine Karte schicken. **Syn.:** Ansichtskarte. **Zus.:** Ansichtskarte, Beileidskarte, Glückwunschkarte, Neujahrskarte, Weihnachtskarte.
b) *Eintrittskarte:* zwei Karten kaufen. **Syn.:** Billett (schweiz., sonst veraltet). **Zus.:** Kinokarte, Konzertkarte, Theaterkarte.
c) *Fahrkarte:* wo hast du die Karte für die Rückfahrt? **Syn.:** Billett (schweiz., sonst veraltet), Fahrschein, Ticket. **Zus.:** Monatskarte, Netzkarte, Platzkarte, Rückfahrkarte, Wochenkarte. **d)** *Speisekarte:* bringen Sie mir bitte die Karte! **e)** *Spielkarte:* die Karten mischen, geben. **Zus.:** Bridgekarte, Rommékarte, Skatkarte, Spielkarte. **f)** *Landkarte:* einen Ort auf der Karte suchen. **Zus.:** Autokarte, Geländekarte, Seekarte, Straßenkarte, Wanderkarte.

Kar|tei [kar'tai̯], die; -, -en:
für einen bestimmten Zweck mit besonderen Aufzeichnungen versehene [alphabetisch] geordnete Sammlung von Karten: eine Kartei anlegen, führen; in einer Kartei die Daten der Mitglieder, der Patienten, der Klienten verzeichnen. **Zus.:** Krankenkartei, Kundenkartei, Mitgliederkartei.

Kar|ten|spiel ['kartn̩ʃpi:l], das, -[e]s; -e:
1. *Spiel mit Spielkarten:* ein Kartenspiel machen.
2. *Gesamtheit der zu einem Spiel nötigen Spielkarten:* ein neues Kartenspiel kaufen. **Syn.:** Karten ‹Plural›, Spielkarten ‹Plural›.

Kar|tof|fel [kar'tɔfl̩], die; -, -n:
a) *krautige Pflanze, die unterirdisch essbare Knollen ausbildet:* Kartoffeln pflanzen, [an]bauen, hacken, ernten. **Zus.:** Frühkartoffel. **b)** *Knolle der Kartoffelpflanze, die ein wichtiges Nahrungsmittel darstellt:* gelbe, runde, mehlige Kartoffeln; rohe, gekochte, gedämpfte Kartoffeln; Kartoffeln schälen, pellen, abgießen. **Syn.:** Erdapfel (landsch.). **Zus.:** Einkellerungskartoffel, Futterkartoffel, Speisekartoffel, Winterkartoffel.

Kar|tof|fel|brei [kar'tɔfl̩brai̯], der; [e]s, -e:
aus weich gekochten, zerquetschten Kartoffeln, Milch, Gewürzen [und Butter] hergestellter Brei: heute gibt es Kartoffelbrei und Bratwurst. **Syn.:** Püree.

Kar|tof|fel|sa|lat [kar'tɔfl̩zala:t], der; [e]s, -e:
Salat aus gekochten, in Scheiben geschnittenen Kartoffeln: mögen Sie lieber mit Mayonnaise oder mit Essig und Öl angemachten Kartoffelsalat?

Kar|ton [kar'tɔŋ], der; -s, -s:
1. *sehr festes Papier:* die Verpackung ist aus Karton. **Syn.:** Pappe.
2. *Schachtel aus Pappe:* die Ware in einen Karton verpacken; 10 Karton[s] Seife. **Syn.:** Behälter, Box, Packung. **Zus.:** Pappkarton.

kar|to|niert [karto'ni:ɐ̯t] ‹Adj.›:
mit einem Umschlag aus dünner Pappe versehen: eine kartonierte Ausgabe. **Syn.:** broschiert.

Ka|rus|sell [karʊ'sɛl], das; -s, -s und -e:
sich drehende Vorrichtung mit verschiedenartigen Aufbauten (Pferde, Autos o. Ä.), auf denen sitzend man sich im Kreise bewegt (besonders auf Jahrmärkten): [mit dem] Karussell fahren. **Zus.:** Kinderkarussell.

Kä|se ['kɛ:zə], der; -s, -:
aus Milch hergestelltes Nahrungsmittel, das als Brotaufstrich oder -belag dient: fettarmer Käse; hier gibt es viele verschiedene Käse. **Zus.:** Hartkäse, Schafskäse, Streichkäse, Weichkäse, Ziegenkäse.

Ka|ser|ne [ka'zɛrnə], die; -, -n:
Gebäude, das als Unterkunft von Truppen dient: eine Kaserne bewachen; in die Kaserne einrücken.

ka|ser|nie|ren [kazɛr'ni:rən] ‹tr.; hat›:
(Soldaten, Polizisten) in Kasernen unterbringen: Truppen kasernieren; die kasernierte Polizei.

kä|sig ['kɛ:zɪç] ‹Adj.› (ugs.):
sehr blass (und von ungesundem Aussehen): ein käsiges Gesicht. **Syn.:** bleich, fahl, grau, leichenblass, wächsern, weiß.

Kas|per|le ['kaspɐlə], das und der; -s, -:
lustige männliche Hauptfigur des Puppenspiels (mit Zipfelmütze, einer großen Nase und einem großen, lachenden Mund): das Kasperle verprügelte die Hexe; Kasperle *(Kasperletheater)* spielen.

Kas|per|le|thea|ter ['kaspɐləteaːtɐ], das; -s, -:
Puppentheater mit der Figur des Kasperle als Hauptperson.

Kas|sa ['kasa], die; -, Kassen ['kasn̩] (österr.):
Kasse.

Kas|se ['kasə], die; -, -n:
1. a) *Behälter, Kassette, in der Geld aufbewahrt wird:* das Geld in die Kasse legen. **Syn.:** Kassa.
b) *Stelle (in einem Geschäft, Kaufhaus o. Ä.), an der die Käufer ihre Einkäufe bezahlen:* an der Kasse bezahlen; Eintrittskarten an der Kasse *(Theater-, Kinokasse)* abholen. **Zus.:** Kinokasse, Ladenkasse, Theaterkasse.
c) *Stelle in einer Bank o. Ä., an der Geld ausgezahlt wird:* an der Kasse einen Scheck einlösen. **Syn.:** Kassa (österr.), Schalter.
2. a) *Krankenkasse:* die Kasse zahlt die Behandlung. **Syn.:** Kassa, Versicherung. **b)** *²Bank:* das Geld auf die Kasse bringen. **Syn.:** Kassa (österr.), Sparkasse.

Kas|sen|zet|tel ['kasn̩tsɛtl̩], der; -s, -:
als Quittung dienender Zettel, auf dem alle notwendigen Angaben zu einer Ware stehen: ohne Kassenzettel können Sie den Mantel nicht umtauschen. **Syn.:** Bon, Quittung, Rechnung.

Kas|set|te [ka'sɛtə], die; -, -n:
1. a) *kleinerer, verschließbarer Behälter für Geld oder für kleinere wertvolle Gegenstände:* die Kassette enthielt Schmuck und Geld. **Syn.:** Kasse, Kasten. **Zus.:** Geldkassette, Schmuckkassette.
b) *Hülle aus festem Material für Papier, Bücher, Schallplatten und*

CDs: eine Kassette mit fünfzehn Bänden.
2. *Magnetband auf zwei Spulen, die fest in ein kleines, flaches Gehäuse aus Kunststoff eingebaut sind:* Musik auf Kassette aufnehmen.

Kas|set|ten|re|kor|der [kaˈsɛtn̩rekɔrdɐ], der; -s, -, **Kassettenrecorder:**
Gerät, mit dem Kassetten (2) *bespielt und abgespielt werden können:* den Kassettenrekorder leiser stellen.

kas|sie|ren [kaˈsiːrən] ⟨tr.; hat⟩:
(Geld, einen zur Zahlung fälligen Betrag) einziehen: das Geld, die Beiträge kassieren. **Syn.:** einnehmen, einsammeln, einstecken, einstreichen, eintreiben, erheben.

Kas|ta|nie [kasˈtaːni̯ə], die; -, -n:
a) *Laubbaum mit großen, handförmigen Blättern und harten, braunen Früchten, die in einer stachligen Schale wachsen:* am Ufer stehen viele Kastanien.
b) *Frucht des Kastanienbaums:* Kastanien sammeln.

Kas|ten [ˈkastn̩], der; -s, Kästen [ˈkɛstn̩]:
1. *rechtwinkliger, aus festem Material bestehender Behälter (meist mit Deckel), der für die Aufbewahrung, den Transport o. Ä. unterschiedlicher Dinge bestimmt ist:* die Bücher beim Umziehen in Kästen verpacken; ein Kasten für Flaschen; 2 Kasten/Kästen Bier. **Syn.:** Box, Harass (schweiz.), Kassette, Kiste, Schachtel. **Zus.:** Blechkasten, Blumenkasten, Briefkasten, Brotkasten, Geigenkasten, Holzkasten, Karteikasten, Schmuckkasten, Werkzeugkasten.
2. (südd., österr., schweiz.) *Schrank:* in der Ecke steht ein schöner alter Kasten.

kas|trie|ren [kasˈtriːrən] ⟨tr.; hat⟩:
1. (Med.) *die Keimdrüsen (Hoden oder Eierstöcke) beim Menschen entfernen oder ausschalten.* **Syn.:** sterilisieren, unfruchtbar machen, zeugungsunfähig machen.
2. (Fachspr.) *die Fortpflanzungsorgane bei Tieren entfernen:* einen Eber kastrieren. **Syn.:** sterilisieren, unfruchtbar machen, zeugungsunfähig machen.

Ka|ta|log [kataˈloːk], der; -[e]s, -e:
nach einem bestimmten System aufgebautes Verzeichnis von Sachen, Büchern o. Ä.: etwas nach einem Katalog bestellen, kaufen; etwas in den Katalog aufnehmen; einen Katalog aufstellen. **Syn.:** Aufstellung, Index, Kartei, Liste, Register. **Zus.:** Ausstellungskatalog.

Ka|ta|ly|sa|tor [katalyˈzaːtoːɐ̯], der; -s, Katalysatoren [katalyzaˈtoːrən]:
1. (Chemie) *Stoff, der chemische Reaktionen herbeiführt oder beeinflusst, selbst aber unverändert bleibt:* der Katalysator beschleunigt die Reaktion.
2. (Kfz-Technik) *Vorrichtung, mit der Schadstoffe in Autoabgasen umweltfreundlich abgebaut werden:* alle neuen Autos haben einen Katalysator.

ka|ta|pul|tie|ren [katapʊlˈtiːrən] ⟨tr.; hat⟩:
mit einem Katapult schleudern, schießen: ein Flugzeug in die Luft katapultieren. **Syn.:** schmeißen (ugs.), schmettern, werfen. **Zus.:** hinauskatapultieren.

Ka|tarrh [kaˈtar], der; -s, -e:
(mit Absonderung von Schleim verbundene) Entzündung der Schleimhaut, besonders der Atmungsorgane: einen Katarrh im Hals haben. **Zus.:** Blasenkatarrh, Bronchialkatarrh, Darmkatarrh.

ka|ta|stro|phal [katastroˈfaːl] ⟨Adj.⟩:
(in seinem Ausmaß) sehr schlimm, verhängnisvoll: die anhaltende Dürre hat katastrophale Folgen; der Mangel an Wasser war katastrophal. **Syn.:** entsetzlich, furchtbar, fürchterlich, grässlich (emotional), grauenhaft (emotional), grauenvoll (emotional), grausig, heillos, scheußlich, schrecklich.

Ka|ta|stro|phe [katasˈtroːfə], die; -, -n:
[unerwartet eintretendes, viele Menschen betreffendes] verhängnisvolles Geschehen: es kam beinahe zur Katastrophe; eine Katastrophe verhindern; das Hochwasser wuchs sich zu einer schweren Katastrophe aus. **Syn.:** Unglück. **Zus.:** Hochwasserkatastrophe, Hungerkatastrophe, Unwetterkatastrophe.

Ka|te|go|rie [kategoˈriː], die; -, Kategorien [kategoˈriːən]:
Klasse, Gruppe, in die jmd. oder etwas eingeordnet wird: etwas in eine/unter einer Kategorie einordnen. **Syn.:** Art, Gattung, Genre, Kaliber (ugs.), Sorte, Spezies (geh.; ironisch), Zweig.

ka|te|go|risch [kateˈgoːrɪʃ] ⟨Adj.⟩:
keinen Widerspruch zulassend: etwas kategorisch ablehnen, behaupten. **Syn.:** bestimmt, eisern, energisch, entschieden, erbittert, fest, hart, konsequent, nachdrücklich, resolut, rigoros.

[1]Ka|ter [kaːtɐ], der; -s, -:
männliche Katze: unser Kater streunt nachts gern draußen herum.

[2]Ka|ter [ˈkaːtɐ], der; -s, - ⟨Pl. selten⟩ (ugs.):
schlechte körperliche und seelische Verfassung nach unmäßigem Genuss von Alkohol: am nächsten Morgen hatte er einen Kater.

Ka|the|der [kaˈteːdɐ], das; -s, -:
Pult für den Lehrer oder den Vortragenden (in einer Klasse, einem Lehrsaal o. Ä.): die Mappe des Lehrers liegt auf dem Katheder; der Professor spricht von einem Katheder.

Ka|the|dra|le [kateˈdraːlə], die; -, -n:
mit dem Sitz eines Bischofs verbundene Kirche (bes. in Spanien, Frankreich und England): die Kathedrale von Reims. **Syn.:** Dom, Münster.

Ka|the|ter [kaˈteːtɐ], der; -s, -:
Röhrchen zur Einführung in Körperorgane (z. B. in die Harnblase): der Katheter wird bis zum Herzen vorgeschoben; ein Katheter zur Ableitung des Urins. **Zus.:** Blasenkatheter, Herzkatheter.

Ka|tho|lik [katoˈliːk], der; -en, -en, **Ka|tho|li|kin** [katoˈliːkɪn], die; -, -nen:
Person, die der katholischen Kirche angehört: er ist ein strenger Katholik.

ka|tho|lisch [kaˈtoːlɪʃ] ⟨Adj.⟩:
der vom Papst als Stellvertreter Christi angeführten Kirche angehörend, von ihr bestimmt, sie betreffend: ein katholischer Geistlicher; sie ist katholisch.

Kat|ze [ˈkat͜sə], die; -, -n:
kleineres, vor allem Mäuse fangendes Haustier mit schlankem Körper, kleinem runden Kopf und

K
Kass

langem Schwanz: die Katze faucht, miaut, macht einen Buckel; eine Katze ist uns zugelaufen.

Kau|der|welsch ['kaudɐvɛlʃ], das; -[s]:
verworrene, unverständliche Sprache, Sprechweise: er spricht ein furchtbares Kauderwelsch.

kau|en ['kauən]:
1. a) ⟨tr.; hat⟩ *[Essbares] mit den Zähnen zerkleinern:* das Brot, das Fleisch kauen; ⟨auch itr.⟩ gut, langsam, gründlich kauen. **Syn.:** beißen, knabbern, mahlen, nagen. **Zus.:** zerkauen. **b)** ⟨itr.; hat⟩ *etwas lange und mühsam zu zerkleinern suchen:* lange an einem zähen Stück Fleisch kauen.
2. ⟨itr.; hat⟩ *an etwas nagen, knabbern:* am, auf dem Bleistift, an den Fingernägeln kauen.

kau|ern ['kauɐn]:
a) ⟨itr.; hat⟩ *zusammengekrümmt hocken:* die Gefangenen kauerten auf dem Boden. **Syn.:** sitzen. **b)** ⟨+ sich⟩ *sich zusammengekrümmt hinsetzen:* die Kinder kauerten sich in die Ecke. **Syn.:** sich hocken, sich niederlassen, sich setzen. **Zus.:** sich hinkauern, zusammenkauern.

Kauf [kauf], der; -[e]s, Käufe ['kɔyfə]:
Erwerb von etwas für Geld: ein günstiger Kauf; ein Haus zum Kauf anbieten. **Syn.:** Anschaffung, Einkauf, Erwerb. **Zus.:** Gelegenheitskauf, Ratenkauf.

kau|fen ['kaufn̩] ⟨tr.; hat⟩:
a) *für Geld erwerben:* ich will [mir] ein Auto kaufen; etwas billig, für viel Geld kaufen; hier gibt es alles zu kaufen. **Syn.:** anschaffen, erstehen, käuflich erwerben, sich zulegen. **b)** *einkaufen:* sie kauft nur im Supermarkt.

Käu|fer ['kɔyfɐ], der; -s, -, **Käu|fe|rin** ['kɔyfərɪn], die; -, -nen:
Person, die etwas kauft oder gekauft hat: einen Käufer für etwas suchen, gefunden haben. **Syn.:** Kunde, Kundin, Kundschaft.

Kauf|frau ['kauffrau], die; -, -en:
weibliche Person, die eine kaufmännische Ausbildung hat und [selbstständig] im Handel oder Gewerbe tätig ist: sie ist Kauffrau. **Syn.:** Geschäftsfrau, Händlerin. **Zus.:** Diplomkauffrau, Einzelhandelskauffrau, Exportkauffrau.

Kauf|haus ['kaufhaus], das; -es, Kaufhäuser ['kaufhɔyzɐ]:
großes, meist mehrere Etagen einnehmendes Geschäft, in dem Waren verschiedenster Art angeboten werden: in einem Kaufhaus einkaufen. **Syn.:** Warenhaus.

käuf|lich ['kɔyflɪç] ⟨Adj.⟩:
a) *gegen Geld erhältlich:* etwas käuflich erwerben. **b)** *bestechlich:* ein käuflicher Beamter; er ist käuflich. **Syn.:** korrupt (abwertend).

Kauf|mann ['kaufman], der; -[e]s, Kaufleute ['kauflɔytə]:
männliche Person, die eine kaufmännische Ausbildung hat und [selbstständig] im Handel oder Gewerbe tätig ist: er ist Kaufmann. **Syn.:** Geschäftsmann, Händler. **Zus.:** Diplomkaufmann, Einzelhandelskaufmann, Exportkaufmann.

kauf|män|nisch ['kaufmɛnɪʃ] ⟨Adj.⟩:
die Arbeit, Stellung des Kaufmanns betreffend, nach Art eines Kaufmanns: sie ist kaufmännische Angestellte.

Kau|gum|mi ['kaugʊmi], der, auch: das; -s, -s:
Süßigkeit mit Pfefferminz- oder Fruchtgeschmack, die beim Kauen weich und gummiartig wird: Kaugummi kauen.

kaum [kaum] ⟨Adverb⟩:
1. a) *wahrscheinlich nicht, vermutlich nicht:* sie wird es kaum tun. **Syn.:** schwerlich, wohl nicht. **b)** *fast nicht, nur mit Mühe:* das ist kaum zu glauben; ich kann es kaum erwarten. **c)** *nur sehr wenig, fast gar nicht:* sie hatte kaum geschlafen; er ist kaum älter als sie.
2. *gerade eben; erst seit ganz kurzer Zeit:* kaum war er zu Hause, rief er mich an; sie hatten kaum mit der Arbeit begonnen, da rief man sie wieder ab.

Kau|ti|on [kau'tsi̯o:n], die; -, -en:
a) *größere Geldsumme, die als Bürgschaft für die Freilassung eines Häftlings hinterlegt werden muss:* eine Kaution für jmdn. hinterlegen; sie wurde gegen Kaution freigelassen. **b)** *Geldsumme, die man als Sicherheit beim Mieten einer Wohnung o. Ä. hinterlegen muss:* wir müssen für die Wohnung zwei Monatsmieten Kaution bezahlen. **Syn.:** Pfand.

Kau|tschuk ['kautʃʊk], der; -s:
pflanzlicher Rohstoff, aus dem Gummi hergestellt wird: Kautschuk zu Gummi verarbeiten.

Kauz [kauts], der; -es, Käuze ['kɔytsə]:
1. *der Eule verwandter, kleinerer Vogel mit großem, rundem Kopf:* der Ruf des Kauzes.
2. (ugs.) *Mann, der auf seine Umgebung eigenbrötlerisch, wunderlich wirkt:* er ist ein seltsamer, ein komischer Kauz. **Syn.:** Außenseiter, Eigenbrötler (oft abwertend), Einzelgänger, Original, Sonderling.

kau|zig ['kautsɪç] ⟨Adj.⟩:
eigenbrötlerisch, wunderlich wirkend: ein kauziger Mensch. **Syn.:** barock, bizarr, eigenartig, eigentümlich, komisch, kurios, merkwürdig, schrullig, seltsam, sonderbar, verschroben.

Ka|va|lier [kava'li:ɐ̯], der; -s, -e:
Mann, der sich besonders Frauen gegenüber als liebenswürdig, höflich, hilfsbereit zeigt: dieser Mann ist ein Kavalier.

Ka|val|le|rist ['kavalərɪst], der; -en, -en (früher):
Angehöriger einer berittenen Truppe. **Syn.:** Soldat.

Ka|vi|ar ['ka:vi̯ar], der; -s:
mit Salz konservierter Rogen des Störs.

keck [kɛk] ⟨Adj.⟩:
in unbefangen-munterer Weise dreist [wirkend]: eine kecke Antwort, Nase; er hatte die Mütze keck in die Stirn gezogen. **Syn.:** frech, kess, vorlaut, vorwitzig.

Ke|gel ['ke:gl̩], der; -s, -:
1. *geometrischer Körper mit einer kreis- oder ellipsenförmigen Grundfläche, der nach oben immer schmaler wird und in einer Spitze endet:* ein spitzer, stumpfer Kegel.
2. *kegelförmiges Gebilde:* der Kegel des Vulkans.
3. *Figur für das Kegelspiel:* alle Kegel gleichzeitig umwerfen.

Ke|gel|bahn ['ke:gl̩ba:n], die; -, -en:
Anlage (mit einer Bahn von bestimmter Länge), auf der gekegelt wird: die Gaststätte hat zwei automatische Kegelbahnen.

ke|geln ['ke:gl̩n] ⟨itr.; hat⟩:
das Kegelspiel betreiben (und dabei Kegel (3) mit einer Kugel

umzuwerfen versuchen): wir wollen heute Abend kegeln.

Keh|le ['ke:lə], die; -, -n:
1. *vorderer Teil des Halses (beim Menschen und bei bestimmten Tieren):* er packte ihn an der Kehle; der Marder hat dem Huhn die Kehle durchgebissen. **Syn.:** Gurgel, Hals.
2. *der Rachen (mit Luft- und Speiseröhre):* als er den Fisch aß, blieb ihm eine Gräte in der Kehle stecken. **Syn.:** Gurgel, Hals, Schlund.

Kehl|kopf ['ke:lkɔpf], der; -[e]s, Kehlköpfe ['ke:lkœpfə]:
im Hals vor der Speiseröhre liegendes Organ, das bei der Stimmbildung von entscheidender Bedeutung ist: ein hervortretender Kehlkopf.

Kehr|blech ['ke:ɐ̯blɛç], das; -s, -e (landsch.):
kleine Schaufel, auf die der Kehricht aufgekehrt wird: er fegte die Scherben mit dem Handfeger auf das Kehrblech.

Keh|re ['ke:rə], die; -, -n:
1. *Biegung eines Weges o. Ä., durch die sich die Richtung fast bis in die Gegenrichtung umkehrt:* die Straße führt in Kehren zur Passhöhe. **Syn.:** Kurve, Schleife, Serpentine, Windung.
2. *Übung an Barren* (2), *Reck oder Pferd* (2): bei der Kehre schwingen die Beine vorwärts.

keh|ren ['ke:rən] ⟨tr.; hat⟩ (bes. südd.):
a) *mit einem Besen von Schmutz, Staub befreien:* die Straße kehren; ⟨auch itr.⟩ ich muss noch kehren. **Syn.:** fegen, rein machen, sauber machen. **b)** *mit einem Besen entfernen:* die Blätter von der Terrasse kehren. **Syn.:** fegen.

Keh|richt ['ke:rɪçt], der und das; -s:
mit dem Besen Zusammengekehrtes: den Kehricht in den Mülleimer schütten. **Syn.:** Dreck, Müll, Schmutz, Unrat.

Kehr|sei|te ['ke:ɐ̯zai̯tə], die; -, -n:
negative oder nachteilige Seite, die eine Sache hat: die Kehrseite bei der Sache ist, dass ... **Syn.:** Haken, Nachteil, Schattenseite.

kehrt|ma|chen ['ke:ɐ̯tmaxn̩], machte kehrt, kehrtgemacht ⟨itr.; hat⟩:
sich [spontan] (auf einem Weg o. Ä.) umdrehen und sich wieder in die Gegenrichtung bewegen: er machte kehrt und ging weg. **Syn.:** drehen, umkehren, wenden.

kei|fen ['kai̯fn̩] ⟨itr.; hat⟩:
auf eine giftige, böse Art laut schimpfen: die Frau keift den ganzen Tag. **Syn.:** donnern, fluchen, geifern (geh. abwertend), kläffen (ugs.), poltern, schelten, wettern, zetern (emotional abwertend).

Keil [kai̯l], der; -[e]s, -e:
(besonders zum Spalten von Holz verwendetes) Werkzeug aus Holz oder Metall in Form eines dreieckigen, an einem Ende spitz zulaufenden Klotzes: einen Keil in den Stamm treiben; den Spalt mit einem Keil erweitern.

Kei|ler ['kai̯lɐ], der; -s, -:
männliches Wildschwein: der Keiler hatte mächtige Hauer. **Syn.:** Eber.

Keim [kai̯m], der; -[e]s, -e:
a) *Trieb einer Pflanze, der sich aus dem Samen entwickelt:* die jungen Keime wurden schon sichtbar. **Zus.:** Pflanzenkeim.
b) ⟨mit Attribut⟩ *kleinste Anfänge, aus denen sich etwas entwickelt oder entwickeln kann:* den Keim der Hoffnung in jmdm. zerstören. **c)** *organischer Erreger von Krankheiten:* vorhandene Keime mit einem Desinfektionsmittel abtöten. **Syn.:** Bakterie, Bazille, Virus. **Zus.:** Krankheitskeim.

kei|men ['kai̯mən] ⟨itr.; hat⟩:
1. *(von einem Samen) zu wachsen, sich zu entwickeln beginnen:* die Bohnen keimen schon. **Syn.:** aufgehen, austreiben, sprießen.
2. *sich zu bilden beginnen:* in ihr keimte Hoffnung auf ein besseres Leben; keimende Liebe.

keim|frei ['kai̯mfrai̯] ⟨Adj.⟩:
frei von Erregern einer Krankheit: ein keimfreier Verband; Instrumente, Milch keimfrei machen. **Syn.:** desinfiziert, steril, sterilisiert.

kein [kai̯n] ⟨Indefinitpronomen⟩:
1. a) *nicht ein, nicht irgendein:* kein Wort sagen; keine Arbeit finden; kein Mensch war da.
b) *nichts an:* kein Geld, keine Zeit haben; er kann kein Englisch. **c)** kehrt das nachstehende Adjektiv ins Gegenteil: das ist keine schlechte Idee; er ist kein schlechter Lehrer. **d)** (ugs.) vor Zahlwörtern; *nicht ganz, nicht einmal:* es hat keine 10 Minuten gedauert; er wird kein Jahr bleiben.
2. ⟨allein stehend⟩ *keine Person, keine Sache:* keiner rührte sich; heiraten wollte er keine; keines der Mittel hat geholfen.

kei|ner|lei ['kai̯nɐ'lai̯] ⟨unbestimmtes Zahlwort⟩:
nicht der, die, das geringste ...; keine Art von: er will keinerlei Verpflichtungen eingehen; es lagen keinerlei tatsächliche Feststellungen zugrunde.

kei|nes|falls ['kai̯nəs'fals] ⟨Adverb⟩:
gewiss nicht, auf keinen Fall: ich werde sie keinesfalls besuchen. **Syn.:** beileibe nicht, durchaus nicht, ganz und gar nicht, in keiner Weise, keineswegs, nicht, nicht um alles in der Welt, nie, nie und nimmer, niemals, um keinen Preis, unter keinen Umständen.

kei|nes|wegs ['kai̯nəs've:ks] ⟨Adverb⟩:
durchaus nicht: das ist keineswegs der Fall. **Syn.:** auf keinen Fall, beileibe nicht, ganz und gar nicht, in keiner Weise, keinesfalls, nicht, nicht um alles in der Welt, nie, nie und nimmer, niemals, um keinen Preis, unter keinen Umständen.

-keit [kai̯t], die; -, -en ⟨Ableitung nur von Adjektiven, die mit unbetonter Silbe enden und der eine betonte vorausgeht; vgl. -»ung«/-»heit«, -»igkeit«⟩:
1. ⟨auf -»bar«⟩ Kostbarkeit; Trennbarkeit; Wünschbarkeit.
2. ⟨auf -»ig«⟩ Abhängigkeit; Dickköpfigkeit; Einigkeit; Gefälligkeit; Lebendigkeit; Notwendigkeit; Richtigkeit.
3. ⟨auf -»lich«⟩ Ärmlichkeit; Deutlichkeit; Gastfreundlichkeit; Herzlichkeit; Kläglichkeit; Öffentlichkeit; Ritterlichkeit; Scheußlichkeit.
4. ⟨auf -»sam«⟩ Betriebsamkeit; Gelehrsamkeit.
5. ⟨auf -»isch«⟩ Hektischkeit; Linkischkeit.
6. ⟨auf -»er«⟩ Biederkeit (neben: Biederheit); Hagerkeit; Magerkeit; Sauberkeit; Tapferkeit.
7. ⟨auf -»el«⟩ Eitelkeit; Übelkeit.

Keks [ke:ks], der, seltener: das; - und -es, - und -e:
a) *trockenes und haltbares Plätz-*

chen: Keks backen, essen; eine Dose Keks. **Syn.:** Gebäck, Konfekt. **b)** *Stück Keks* (a): Kekse backen; diese Kekse esse ich nicht gern; ich habe drei Kekse gegessen.

Kelch [kɛlç], der; -[e]s, -e: *Trinkgefäß (aus Glas, Kristall oder Metall) mit Stiel und Fuß, meist für besondere Zwecke:* der Champagner perlte in den geschliffenen Kelchen; beim Abendmahl den Kelch herumgehen lassen. **Syn.:** Glas, Pokal. **Zus.:** Abendmahlskelch, Sektkelch.

Kel|le [ˈkɛlə], die; -, -n:
1. *großer, in bestimmter Weise geformter Löffel mit langem Stiel, der dazu dient, eine Flüssigkeit aus einem Gefäß zu schöpfen:* die Bowle, Suppe mit der Kelle aus dem Topf schöpfen. **Zus.:** Schöpfkelle, Suppenkelle.
2. *Gerät, das aus einer flachen, runden Scheibe an einem Stiel besteht und mit dem weithin sichtbare Signale gegeben werden:* der Polizist hob die Kelle.
3. *Werkzeug des Maurers, mit dem der Putz auf die Wand aufgetragen wird:* den Putz mit der Kelle glatt streichen.

Kel|ler [ˈkɛlɐ], der; -s, -:
a) *teilweise oder ganz unter der Erde liegendes Geschoss eines Hauses:* ein dunkler, feuchter Keller; diese Häuser wurden ohne Keller gebaut. **b)** *einzelner Raum (als Abstell- oder Vorratsraum) im Kellergeschoss eines Hauses:* zu jeder Wohnung gehört ein Keller.

Kell|ner [ˈkɛlnɐ], der; -s, -, **Kell|ne|rin** [ˈkɛlnərɪn], die; -, -nen: *Person, die in Restaurants oder Cafés den Gästen Speisen und Getränke serviert und das Geld dafür kassiert:* er arbeitet als Kellner; die Kellnerin rufen. **Syn.:** Bedienung, Ober, Servierer, Serviererin. **Zus.:** Etagenkellner, Speisewagenkellner.

kell|nern [ˈkɛlnɐn] ⟨itr.; hat⟩ (ugs.): *(zur Aushilfe, nebenberuflich) als Kellner arbeiten:* sie kellnert auf Kirchweihen. **Syn.:** bedienen, servieren.

kel|tern [ˈkɛltɐn] ⟨tr.; hat⟩: *(zum Zwecke der Weinbereitung) Obst, besonders Trauben, in der Kelter auspressen:* Trauben, Beeren keltern.

ken|nen [ˈkɛnən], kannte, gekannt ⟨itr.; hat⟩:
1. *Kenntnis von etwas haben:* jmds. Namen, Adresse kennen; ich kenne den Grund für sein Verhalten. **Syn.:** wissen.
2. *mit etwas vertraut sein, sich auskennen:* ich kenne Berlin; sie kennt die Verhältnisse. **Syn.:** sich auskennen in/mit.
3. *mit jmdm. bekannt sein:* jmdn. näher, nur flüchtig kennen; wir kennen einander/uns seit Kindertagen.
4. *mit jmdm., etwas Erfahrung haben, sodass man mit ihm/damit umzugehen weiß:* ich kenne dieses Verfahren noch nicht gut genug; er kennt die Fahrschüler und ihre Schwierigkeiten; eine Katastrophe von nie gekanntem Ausmaß.

ken|nen|ler|nen [ˈkɛnənlɛrnən], lernte kennen, kennengelernt ⟨tr.; hat⟩, **kennen lernen:**
1. *mit jmdm., etwas bekannt, vertraut werden:* ich habe ihn, die Stadt letztes Jahr kennengelernt.
2. *mit etwas, was man bis dahin nicht kannte, konfrontiert werden, etwas zum ersten Mal erfahren:* Kummer und Sorgen kennenlernen; das Leben unter harten Bedingungen kennenlernen. **Syn.:** erleben.

Ken|ner [ˈkɛnɐ], der; -s, -, **Ken|ne|rin** [ˈkɛnərɪn], die; -, -nen: *Person, die auf einem bestimmten Gebiet fundierte Kenntnisse hat:* er ist ein hervorragender Kenner der griechischen Mythologie; sie gilt als Kennerin der spanischen Kunst. **Syn.:** Autorität, Experte, Expertin, Fachfrau, Fachmann, Kapazität, Spezialist, Spezialistin. **Zus.:** Kunstkenner, Kunstkennerin, Menschenkenner, Menschenkennerin, Pflanzenkenner, Pflanzenkennerin, Weinkenner, Weinkennerin.

kennt|lich [ˈkɛntlɪç] ⟨Adj.⟩: *(mit den Augen) gut wahrzunehmen, zu erkennen:* Zitate durch abweichenden Druck im Text kenntlich machen *(kennzeichnen)*. **Syn.:** sichtbar.

Kennt|nis [ˈkɛntnɪs], die; -, -se:
1. ⟨ohne Plural⟩ *das Wissen von etwas; das Bekanntsein mit bestimmten Fakten o. Ä.:* es geschah ohne meine Kenntnis; sie hatte [keine] Kenntnis von dem Vorhaben; sich aus eigener Kenntnis ein Bild von etwas machen können; nach meiner Kenntnis ist die Sache anders gelaufen. **Zus.:** Menschenkenntnis, Ortskenntnis, Sachkenntnis.
2. ⟨Plural⟩ *[durch Erfahrung oder Studium erworbenes] Sach-, Fachwissen:* auf einem bestimmten Gebiet vorzügliche, ausgebreitete Kenntnisse haben, besitzen; Kenntnisse in mehreren Fremdsprachen aufzuweisen haben. **Syn.:** Bildung ⟨Singular⟩, Wissen ⟨Singular⟩. **Zus.:** Sprachkenntnisse.

Kenn|wort [ˈkɛnvɔrt], das; -[e]s, Kennwörter [ˈkɛnvœrtɐ]:
a) *einzelnes Wort als Kennzeichen für einen Bewerber, Inserenten o. Ä. statt der Angabe von Name und Adresse:* Angebote sind unter dem Kennwort »Flughafen« einzusenden. **Syn.:** Zeichen. **b)** *nur bestimmten Personen bekanntes Wort, das jmdn. zu etwas berechtigt:* Eintritt erhält nur, wer sich durch das Kennwort ausweisen kann; zum Aufrufen der Internetseite geben Sie bitte Ihr Kennwort ein. **Syn.:** Losung, Parole.

Kenn|zei|chen [ˈkɛntsaiçn̩], das; -s, -:
1. *charakteristisches Merkmal, an dem man jmdn., etwas erkennt:* auffälliges Kennzeichen des Gesuchten ist eine große Narbe im Gesicht. **Syn.:** Attribut, Besonderheit, Charakteristikum, Eigenart, Eigenheit, Eigenschaft.
2. *Blechschild mit Buchstaben und/oder Zahlen, das als amtliches Zeichen an einem Kraftfahrzeug angebracht sein muss:* das polizeiliche Kennzeichen des Fahrzeugs ist nicht bekannt. **Zus.:** Autokennzeichen.

kenn|zeich|nen [ˈkɛntsaiçnən] ⟨tr.; hat⟩: *mit einem Kennzeichen versehen:* alle Waren kennzeichnen *(mit Preisschildern versehen)*. **Syn.:** markieren, zeichnen.

kenn|zeich|nend [ˈkɛntsaiçnənt] ⟨Adj.⟩: *für jmdn., etwas charakteristisch, typisch:* kennzeichnende Eigenschaften; die Farben sind kennzeichnend für diese Malerin.

Syn.: bezeichnend, eigen, eigentümlich, individuell, spezifisch, unverkennbar.

Kenn|zeich|nung ['kɛnt͜saiçnʊŋ], die; -, -en:
1. *das Kennzeichnen:* die Kennzeichnung aller Waren dauert lange.
2. *etwas, wodurch etwas gekennzeichnet wird:* die Kennzeichnung von Lebensmitteln muss deutlich lesbar sein.

Kenn|zif|fer ['kɛnt͜sɪfɐ], die; -, -n: *Ziffer, Zahl als verschlüsseltes Kennzeichen:* Bewerbungen sind unter der Kennziffer 10/27 an den Verlag zu richten. **Syn.:** Nummer, Zeichen.

ken|tern ['kɛntɐn] ⟨itr.; ist⟩: *(von Wasserfahrzeugen) sich seitwärts neigend aus der normalen Lage geraten und auf die Seite oder kieloben zu liegen kommen:* das Boot ist bei Sturm gekentert. **Syn.:** kippen, umfallen, umkippen, umschlagen.

Ke|ra|mik [ke'ra:mɪk], die; -, -en:
1. *Gefäß oder anderer Gegenstand aus gebranntem [und glasiertem] Ton:* eine Ausstellung alter Keramiken.
2. ⟨ohne Plural⟩ *Gesamtheit der Erzeugnisse aus gebranntem Ton.* **Syn.:** Porzellan.

Ker|be ['kɛrbə], die; -, -n: *einen spitzen Winkel bildender Einschnitt (besonders in Holz):* eine Kerbe in die Rinde der Eiche schneiden. **Syn.:** Scharte, Schnitt, Spalt.

Ker|bel ['kɛrbl̩], der; -s: *(als Gewürz verwendete) Pflanze mit gefiederten Blättern und Blüten in weißen Dolden:* eine Speise mit Kerbel würzen.

Kerb|holz ['kɛrphɔlt͜s]: in der Wendung **etwas auf dem Kerbholz haben** (ugs.): *etwas Unrechtes begangen haben:* der Dieb hat mehrere Straftaten auf dem Kerbholz.

Ker|ker ['kɛrkɐ], der; -s, - (früher): *Gefängnis, in dem eine schwere Strafe abgebüßt werden muss:* jmdn. zu lebenslänglichem Kerker verurteilen. **Syn.:** Kittchen (ugs.), Knast (ugs.), Strafanstalt.

Kerl [kɛrl], der; -s, -e und abwertend auch: -s (ugs.):
1. *männliche Person, Mann:* ein junger, kräftiger, großer Kerl; ein tüchtiger, anständiger, feiner Kerl; ein grober, gemeiner Kerl; ich kann den Kerl nicht leiden. **Syn.:** Bursche, Junge, Typ.
2. *(positiv eingeschätzter) Mensch:* sie ist ein lieber Kerl; er ist ein feiner, netter Kerl; ein junger Kerl. **Syn.:** Bursche, Frau, Junge, Mädchen, Person, Persönlichkeit, Typ, Type.

Kern [kɛrn], der; -[e]s, -e:
1. *im Kerngehäuse sitzender bzw. von einer harten Schale umgebener Same (z. B. von Apfel, Kirsche, Haselnuss):* die Kerne ausspucken. **Syn.:** Samen, Stein. **Zus.:** Apfelkern, Kirschkern, Pfirsichkern, Sonnenblumenkern, Zwetschenkern.
2. *wichtigster innerster Teil, Mittelpunkt von etwas:* der Kern des Problems; die Sache hat einen wahren Kern. **Syn.:** Angelpunkt, Dreh- und Angelpunkt. **Zus.:** Wesenskern.

Kern|ener|gie ['kɛrn|enɛrgi:], die; -: *bei der Kernspaltung frei werdende Energie:* die friedliche Nutzung der Kernenergie.

ker|nig ['kɛrnɪç] ⟨Adj.⟩:
1. *urwüchsig und kraftvoll:* ein kerniger Mann, Ausspruch. **Syn.:** rustikal, urig, zünftig.
2. *(von bestimmten Früchten) in unerwünschter Weise voll von Kernen:* die Mandarinen sind sehr kernig.

Kern|kraft ['kɛrnkraft], die; -: *Kernenergie.*

Kern|sei|fe ['kɛrnzaifə], die; -: *einfache Seife ohne Parfümierung, die v. a. für Waschzwecke verwendet wird:* diesen Fleck bekommst du am besten mit Kernseife heraus.

Ker|ze ['kɛrt͜sə], die; -, -n: *meist zylindrisches Gebilde aus gegossenem Wachs o. Ä. mit einem Docht in der Mitte, der mit ruhiger Flamme langsam brennt und dessen Funktion es ist, Licht zu spenden:* eine Kerze anzünden. **Zus.:** Adventskerze, Duftkerze, Stearinkerze, Wachskerze, Weihnachtskerze.

ker|zen|ge|ra|de ['kɛrt͜sn̩gə'ra:də] ⟨Adj.⟩: *(in auffallender Weise) völlig gerade, senkrecht in die Höhe gerichtet:* der kerzengerade Stamm der Tanne; er saß kerzengerade in seinem Sessel. **Syn.:** aufrecht.

kess [kɛs] ⟨Adj.⟩:
a) *(besonders von jungen Personen) im Auftreten unbekümmert, respektlos, ein wenig vorlaut:* ein kesses Mädchen; sie ist sehr kess. **Syn.:** frech, keck. **b)** *[auf nicht verletzende Weise] frech, respektlos:* kesse Antworten, Kommentare. **c)** (veraltend) *(in Bezug auf die Kleidung) modisch und flott:* sie trägt eine kesse Mütze. **Syn.:** schick.

Kes|sel ['kɛsl̩], der; -s, -:
1. a) *sehr großer Topf, großes Metallgefäß zum Kochen:* ein kupferner Kessel; im Kessel kocht Suppe. **Zus.:** Kaffeekessel, Kupferkessel, Teekessel, Wasserkessel. **b)** *Behälter (unterschiedlicher Art und Größe) für Flüssigkeiten, Gase u. a.* **Syn.:** Bunker, Container, Silo, Tank. **Zus.:** Heizkessel, Waschkessel.
2. *von Bergen ringsum eingeschlossenes Tal:* der Ort liegt in einem Kessel. **Zus.:** Bergkessel, Gebirgskessel, Talkessel.

Ket|chup ['kɛt͜ʃap], der und das; -[s], -s, **Ketschup:** *pikante, dickflüssige Soße zum Würzen:* Pommes frites mit Ketchup. **Syn.:** Tunke. **Zus.:** Tomatenketchup.

Ket|te ['kɛtə], die; -, -n:
1. a) *aus einzelnen beweglichen Gliedern, Teilen bestehender, wie ein Band aussehender Gegenstand aus Metall oder anderen Materialien:* eine eiserne, stählerne Kette; die Kette klirrt; den Hund an die Kette legen. **Zus.:** Absperrkette, Ankerkette, Eisenkette, Uhrkette. **b)** *Halsschmuck aus einzelnen beweglichen Metallgliedern, miteinander verbundenen Plättchen, auf eine Schnur aufgereihten Perlen, Schmucksteinen o. Ä.:* sie trägt eine goldene Kette. **Zus.:** Bernsteinkette, Halskette, Korallenkette, Perlenkette.
2. *Reihe von Menschen, die sich an den Händen gefasst oder untergehakt haben:* die Polizisten, Demonstranten bildeten eine Kette. **Syn.:** Reihe, Schlange. **Zus.:** Menschenkette.

Ket|ten|rau|cher ['kɛtn̩rauxɐ], der; -s, -, **Ket|ten|rau|che|rin** ['kɛtn̩rauxərɪn], die; -, -nen: *Person, die eine Zigarette nach der anderen raucht:* mit drei Päckchen am Tag war sie eine echte Kettenraucherin. **Syn.:**

K
Kenn

starke Raucherin, starker Raucher.

Ket|zer ['kɛt͜sɐ], der; -s, -, **Ket|ze|rin** ['kɛt͜sərɪn], die; -, -nen:
Person, die in bestimmten Angelegenheiten öffentlich eine andere Meinung vertritt als die für allgemeingültig erklärte: Hus wurde als Ketzer verbrannt, Jeanne d'Arc als Ketzerin. **Syn.:** Atheist, Atheistin.

ket|ze|risch ['kɛt͜sərɪʃ] ⟨Adj.⟩:
von der für allgemeingültig erklärten Meinung (in bestimmten, die Öffentlichkeit, die Kirche, den Staat betreffenden Angelegenheiten) abweichend: der Kabarettist sang ein ketzerisches Chanson; ketzerische Gedanken, eine ketzerische Meinung haben, vertreten.

keu|chen ['kɔy̯çn̩] ⟨itr.; hat⟩:
schwer, mühsam und geräuschvoll atmen: er keuchte schwer unter seiner Last; sein Atem ging keuchend. **Syn.:** [1]hecheln, japsen (ugs.), schnauben, schnaufen.

Keuch|hus|ten ['kɔy̯çhu:stn̩], der; -s:
[besonders bei Kindern auftretende] Infektionskrankheit der Schleimhäute mit krampfartigen Hustenanfällen: sich, die Kinder gegen Keuchhusten impfen lassen.

Keu|le ['kɔy̯lə], die; -, -n:
1. *(als Waffe zum Schlagen bestimmter) länglicher Gegenstand mit verdicktem Ende:* die Eingeborenen schlugen den Forscher mit Keulen tot.
2. *Schenkel von bestimmtem Geflügel; Oberschenkel von Schlachttieren:* eine dicke, fleischige, gebratene Keule; die Keule von Gans, Hase, Reh. **Syn.:** Bein. **Zus.:** Gänsekeule, Hasenkeule, Kalbskeule, Rehkeule.

keusch [kɔy̯ʃ] ⟨Adj.⟩ (geh.):
in geschlechtlicher Hinsicht enthaltsam: ein keusches Leben führen. **Syn.:** anständig, sittsam (veraltend), unberührt, unbescholten (veraltend), unschuldig.

ki|chern ['kɪçɐn] ⟨itr.; hat⟩:
leise, mit hoher Stimme unterdrückt lachen: die Mädchen kicherten dauernd. **Syn.:** feixen, prusten.

ki|cken ['kɪkn̩] (ugs.):
1. ⟨tr.; hat⟩ *(den Ball) mit dem Fuß schießen:* der Stürmer kickte den Ball ins Tor.
2. ⟨itr.; hat⟩ *Fußball spielen:* er kickt jetzt für einen anderen Verein.

Ki|cker ['kɪkɐ], der; -s, -, **Ki|cke|rin** ['kɪkərɪn], die; -, -nen (ugs.):
Person, die Fußball spielt: die besten Kicker der Welt standen in dieser Mannschaft; die Kickerinnen trainieren dreimal in der Woche. **Syn.:** Spieler, Spielerin.

kid|nap|pen ['kɪtnɛpn̩] ⟨tr.; hat⟩:
(einen Menschen, besonders ein Kind) entführen: Gangster haben den Sohn des Präsidenten gekidnappt. **Syn.:** als Geisel nehmen, verschleppen.

Kid|nap|per ['kɪtnɛpɐ], der; -s, -, **Kid|nap|pe|rin** ['kɪtnɛpərɪn], die; -, -nen:
Person, die einen Menschen kidnappt: die Kidnapperin forderte ein hohes Lösegeld. **Syn.:** Entführer, Entführerin.

[1]**Kie|fer** ['ki:fɐ], der, bayr., österr. ugs. auch: das; -s, -:
Teil des Schädels, in dem die Zähne sitzen, dessen unterer Teil beweglich und dessen oberer Teil fest mit den Knochen des Gesichts verwachsen ist: ein kräftiger Kiefer; die Kiefer zusammenbeißen. **Zus.:** Oberkiefer, Unterkiefer.

[2]**Kie|fer** ['ki:fɐ], die; -, -n:
Nadelbaum mit langen, in Bündeln wachsenden Nadeln und kleinen, kegelförmigen Zapfen: in diesem Wald stehen viele Kiefern.

Kiel [ki:l], der; -[e]s, -e:
vom Bug zum Heck verlaufender Teil des Schiffsrumpfes: der Kiel hatte den Grund berührt und Schaden genommen. **Zus.:** Bootskiel, Schiffskiel.

Kie|me ['ki:mə], die; -, -n:
Atmungsorgan vieler im Wasser lebender Tiere: Fische atmen durch Kiemen.

Kies [ki:s], der; -es:
aus kleineren Steinen bestehendes Geröll, das u. a. als Material zum Bauen verwendet wird: der Weg ist mit Kies bedeckt. **Syn.:** Schotter.

Kie|sel ['ki:zl̩], der; -s, -:
kleiner, vom Wasser rund geschliffener Stein: das Kind hatte viele Kiesel in der Tasche. **Zus.:** Bachkiesel.

kif|fen ['kɪfn̩] ⟨itr.; hat⟩ (Jargon):
Haschisch oder Marihuana rauchen: er kifft schon seit vielen Jahren. **Syn.:** Dope rauchen (Jargon), Gras rauchen (Jargon), rauchen (Jargon), Shit rauchen (Jargon).

kil|len ['kɪlən] ⟨tr.; hat⟩ (salopp):
kaltblütig ermorden: halt die Klappe oder ich kill dich! **Syn.:** abmurksen (ugs.), abschlachten (emotional), alle machen (salopp), fertigmachen (ugs.), kaltmachen (salopp), liquidieren, meucheln (veraltend), morden, töten, über die Klinge springen lassen (ugs.), um die Ecke bringen (ugs.), umbringen, umlegen (ugs.), ums Leben bringen, unter die Erde bringen (ugs.), vernichten.

Kil|ler ['kɪlɐ], der; -s, - (ugs.):
kaltblütiger Mörder: ein eiskalter Killer; [für den Anschlag] einen Killer anheuern, engagieren.

Kil|ler- [kɪlɐ] ⟨Präfixoid⟩ (Jargon):
das im Basiswort Genannte, das etwas verhindert oder äußerst gefährlich, schädlich [für etwas] ist: Killeralgen; Killerbakterien; Killerpreis *(niedriger Preis, der konkurrierende Angebote aus dem Feld schlägt);* Killerzelle *(Zelle, die Krebszellen zerstört).*

-kil|ler [kɪlɐ], der; -s, - ⟨Suffixoid⟩ (Jargon):
etwas, was das im Basiswort Genannte vernichtet, ihm Schaden zufügt, es verhindert: Bakterienkiller; Jobkiller *(etwas, was Arbeitsplätze vernichtet);* Konjunkturkiller; Staubkiller.

Kil|le|rin ['kɪlərɪn], die; -, -nen:
weibliche Form zu ↑Killer.

Ki|lo ['ki:lo], das; -s, -[s]:
Kilogramm: zwei Kilo Apfelsinen. **Syn.:** Kilogramm, zwei Pfund.

Ki|lo|gramm [kilo'gram], das; -s, -e:
Einheit der Masse (Abkürzung: kg); *1 000 Gramm:* vier Kilogramm Mehl. **Syn.:** Kilo, zwei Pfund.

Ki|lo|me|ter [kilo'me:tɐ], der; -s, -:
Einheit der Länge (Abkürzung: km); *1 000 Meter:* bis Nürnberg sind es noch 50 Kilometer.

Kim|me ['kɪmə], die; -, -n:
dreieckiger Einschnitt (als Teil der Vorrichtung zum Zielen beim Gewehr), der mit dem Korn in eine Linie gebracht werden muss:

ein Ziel über Kimme und Korn anvisieren.

Kind [kɪnt], das; -[e]s, -er:
1. a) *noch nicht, gerade oder vor Kurzem geborener Mensch, Neugeborenes, Baby, Kleinkind:* ein gesundes, kräftiges, neugeborenes, unerwünschtes, lange ersehntes Kind; ein Kind wird geboren; sie erwarten ein Kind. **Syn.:** Säugling. **Zus.:** Kleinkind, Kleinstkind, Wickelkind, Wunschkind. **b)** *Mensch, der sich noch im Lebensabschnitt der Kindheit befindet:* die Kinder spielen im Garten; Kinder bis zu 12 Jahren/bis 12 Jahre; ein Kind von einem halben Jahr; sie kennen sich von Kind an/auf. **Syn.:** Baby, [2]Balg (emotional, meist abwertend), Knirps (ugs.), Spatz (fam.). **Zus.:** Schulkind, Waisenkind, Zwillingskind.
2. *jmds. unmittelbarer Nachkomme:* sein eigenes, leibliches Kind; ihre Kinder sind alle verheiratet. **Syn.:** Älteste, Ältester, Nachwuchs, Sohn, Tochter. **Zus.:** Adoptivkind, Enkelkind, Kindeskind, Lieblingskind.

Kin|de|rei [kɪndəˈrai̯], die; -, -en:
kindische Handlung: hör doch auf mit deinen albernen Kindereien!

Kin|der|gar|ten [ˈkɪndɐgartn̩], der; -s, Kindergärten [ˈkɪndɐgɛrtn̩]:
Einrichtung zur Betreuung und Förderung der Entwicklung von Kindern im Vorschulalter: unser Kind geht ganztags in den Kindergarten. **Syn.:** Kindertagesstätte.

Kin|der|gärt|ne|rin [ˈkɪndɐgɛrtnərɪn], die; -, -nen (veraltend):
staatlich ausgebildete Erzieherin in einem Kindergarten.

Kin|der|geld [ˈkɪndɐgɛlt], das; -[e]s:
Geld, das der Staat Familien mit Kindern zahlt: das Kindergeld erhöhen; wir bekommen jeden Monat Kindergeld.

Kin|der|krank|heit [ˈkɪndɐkraŋkhai̯t], die; -, -en:
1. *Krankheit, die man gewöhnlich als Kind durchmacht:* Masern sind eine Kinderkrankheit.
2. *anfänglich (besonders bei einer technischen Neuentwicklung) auftretender Mangel:* dieses neue Auto steckt noch voller Kinderkrankheiten.

Kin|der|läh|mung [ˈkɪndɐlɛ:mʊŋ], die; -:
Infektionskrankheit, die besonders Kinder befällt und schwere Lähmungen hervorrufen kann: sie ließ sich gegen Kinderlähmung impfen.

kin|der|leicht [ˈkɪndɐˈlai̯çt] ⟨Adj.⟩ (emotional):
sehr einfach, ohne jede Schwierigkeit: eine kinderleichte Aufgabe; die Prüfung war kinderleicht. **Syn.:** ganz einfach, ganz leicht, ganz simpel.

kin|der|lieb [ˈkɪndɐli:p] ⟨Adj.⟩:
Kinder liebend, gerne mit Kindern umgehend: sein Onkel ist sehr kinderlieb.

kin|der|los [ˈkɪndɐlo:s] ⟨Adj.⟩:
kein Kind habend: ein kinderloses Paar; sie sind kinderlos geblieben. **Syn.:** ohne Kinder.

kin|der|reich [ˈkɪndɐrai̯ç] ⟨Adj.⟩:
viele Kinder habend: eine kinderreiche Familie. **Syn.:** mit vielen Kindern.

Kin|der|stu|be [ˈkɪndɐʃtu:bə], die; -:
Erziehung durch das Elternhaus, die jmdm. Höflichkeit, Takt, Umgangsformen vermittelt: er hat eine gute, schlechte Kinderstube gehabt.

Kin|der|wa|gen [ˈkɪndɐva:gn̩], der; -s, -:
Wagen, in dem Säuglinge ausgefahren werden: die Eltern fuhren das Baby im Kinderwagen spazieren.

Kind|heit [ˈkɪnthai̯t], die; -:
Zeitspanne zwischen Geburt und Eintreten der Geschlechtsreife eines Menschen: sie hat eine fröhliche Kindheit verlebt.

kin|disch [ˈkɪndɪʃ] ⟨Adj.⟩ (abwertend):
unreif, albern (in seinem Verhalten): ein kindisches Benehmen; du bist sehr kindisch. **Syn.:** blöd[e] (ugs.), infantil (abwertend).

kind|lich [ˈkɪntlɪç] ⟨Adj.⟩:
a) *in der Art, dem Ausdruck, Aussehen eines Kindes:* eine kindliche Figur; ein kindliches Gesicht; sie wirkt noch sehr kindlich. **Syn.:** jugendlich, jung. **b)** *einem Kind (seinen Eltern gegenüber) zukommend, gebührend:* der kindliche Gehorsam. **c)** *ein wenig naiv wirkend:* er hat ein kindliches Vergnügen an der elektrischen Eisenbahn; kindliche Freude an etwas haben.

Kinds|kopf [ˈkɪntskɔpf], der; -[e]s, Kindsköpfe [ˈkɪntskœpfə] (ugs.):
[erwachsene] Person, die sich kindisch, albern benimmt, die zu Albernheiten, Kindereien neigt, aufgelegt ist: sie ist doch ein richtiger Kindskopf.

Kin|ker|litz|chen [ˈkɪŋkɐlɪtsçən], die ⟨Plural⟩ (ugs.):
unwichtige Kleinigkeiten, Nichtigkeiten: mit solchen Kinkerlitzchen wollte er sich nicht aufhalten. **Syn.:** Kleinkram (ugs.), Lappalie.

Kinn [kɪn], das; -[e]s:
unterster, vorspringender Teil in der Mitte des Unterkiefers: ein spitzes, vorstehendes Kinn.

Kinn|ha|ken [ˈkɪnha:kn̩], der; -s, -:
Fausthieb gegen das Kinn: mit einem wuchtigen Kinnhaken schlug er seinen Gegner knockout.

Ki|no [ˈki:no], das; -s, -s:
1. *Raum, Gebäude, in dem Spielfilme gezeigt werden:* Was wird heute im Kino gespielt? **Zus.:** Autokino.
2. ⟨ohne Plural⟩ *Vorstellung, bei der ein Spielfilm vorgeführt wird:* ins Kino gehen; das Kino fängt um 9 Uhr an.

Ki|osk [ˈki:ɔsk], der; -[e]s, -e:
kleines Häuschen, [in ein Haus eingebauter] Stand, wo Zeitungen, Getränke usw. verkauft werden: am Kiosk eine Zeitung kaufen. **Syn.:** Bude, Stand. **Zus.:** Zeitungskiosk.

Kip|fel [ˈkɪpfl̩], **Kip|ferl** [ˈkɪpfɐl] (bayr., österr.), das; -s, -[n]:
Hörnchen.

Kip|pe [ˈkɪpə], die; -, -n (ugs.):
Rest einer gerauchten Zigarette: im Aschenbecher lagen zahllose Kippen. **Syn.:** Stummel. **Zus.:** Zigarettenkippe.

kip|pen [ˈkɪpn̩]:
1. ⟨tr.; hat⟩ **a)** *in eine schräge Stellung bringen:* er hat die Kiste, den Waggon gekippt. **Syn.:** hochkant stellen, schräg stellen. **b)** *ausschütten, wobei man den Behälter schräg hält:* sie hat den Sand vom Wagen auf die Straße gekippt. **Syn.:** ausleeren.
2. ⟨itr.; ist⟩ *sich neigen, umfallen:* der Tisch kippt; das Boot ist gekippt. **Syn.:** kentern, Schlagseite bekommen, umkippen. **Zus.:** umkippen.

3. ⟨tr.; hat⟩ (ugs.) **a)** *etwas absetzen, zurückziehen, nicht stattfinden lassen:* man hat die heikle Sendung (aus dem Programm) gekippt; eine Entscheidung kippen. **Syn.:** rückgängig machen, zurücknehmen. **b)** *jmdn. entlassen, zum Rücktritt o. Ä. zwingen:* die eigene Partei hat den Staatschef gekippt.

Kir|che ['kɪrçə], die; -, -n:
1. *Gebäude für den christlichen Gottesdienst:* eine Kirche besichtigen. **Zus.:** Dorfkirche, Klosterkirche, Pfarrkirche, Stiftskirche, Wallfahrtskirche.
2. ⟨ohne Plural⟩ *christlicher Gottesdienst:* wann ist heute Kirche?; die Kirche hat schon angefangen. **Syn.:** Andacht, [1]Messe.
3. *(zu einer Institution zusammengeschlossene) christliche Glaubensgemeinschaft:* die katholische, anglikanische Kirche; aus der Kirche austreten. **Syn.:** Gemeinschaft. **Zus.:** Freikirche, Mutterkirche, Ostkirche, Staatskirche.
4. *durch die Geistlichen organisierte und verwaltete Institution der christlichen Glaubensgemeinschaft:* die Kirche schweigt zu dieser Frage.

Kir|chen|jahr ['kɪrçn̩ja:ɐ̯], das; -[e]s, -e:
(im Unterschied zum bürgerlichen Jahr) mit dem ersten Advent beginnendes Jahr mit seiner Abfolge von Feiertagen und kirchlichen Festen (in der christlichen Kirche).

Kir|chen|steu|er ['kɪrçn̩ʃtɔyɐ], die; -, -n:
an die Kirchen (4) *von ihren Mitgliedern zu zahlende Steuer:* monatlich Kirchensteuer[n] zahlen.

kirch|lich ['kɪrçlɪç] ⟨Adj.⟩:
die Kirche (3, 4) *betreffend, der Kirche* (3, 4) *gehörend, nach den Formen, Vorschriften der Kirche* (3, 4): eine kirchliche Einrichtung; sich kirchlich trauen lassen.

Kir|mes ['kɪrmɛs], die; -, -sen (landsch.):
Jahrmarkt: zur Kirmes gehen. **Syn.:** Rummel (landsch.).

Kir|sche ['kɪrʃə], die; -, -n:
1. *an einem langen Stiel wachsende kleine, fast runde, meist rote, süß bis säuerlich schmeckende Frucht:* süße, saftige, saure, madige Kirschen; Kirschen pflücken, ernten, entsteinen. **Zus.:** Herzkirsche, Sauerkirsche, Süßkirsche.
2. *Baum, an dem Kirschen wachsen:* die Kirschen blühen schon; die Kirsche trägt in diesem Jahr gut *(hat viele Früchte).* **Zus.:** Sauerkirsche, Süßkirsche.

Kis|sen ['kɪsn̩], das; -s, -:
mit weichem Material gefüllte Hülle, die als weiche Unterlage oder als Polster dient: ein rundes, hartes, weiches, flaches Kissen; die Kissen sind zerwühlt. **Zus.:** Federkissen, Kopfkissen, Sitzkissen, Sofakissen.

Kis|te ['kɪstə], die; -, -n:
a) *(besonders zum Transport von Dingen verschiedenster Art bestimmter) rechteckiger Behälter aus einem festen Material, meist mit Deckel:* eine leere, schwere, große Kiste; etwas in Kisten verpacken. **Syn.:** Box, Karton, Kasten. **Zus.:** Bücherkiste, Holzkiste, Porzellankiste, Weinkiste, Zigarrenkiste.
b) (österr.) *Kasten* (1): 2 Kisten Bier kaufen. **Syn.:** Harass (schweiz.). **Zus.:** Bierkiste.

Kitsch [kɪtʃ], der; -[e]s:
Kunstprodukt (besonders Gegenstand aus dem Bereich des Kunstgewerbes, Musikstück, Film o. Ä.), das in Inhalt und Form als geschmacklos und meist als sentimental empfunden wird: die Bilder sind reiner Kitsch; die Andenkenläden sind voller Kitsch. **Syn.:** Firlefanz (ugs. abwertend), Krimskrams (ugs.), Plunder (ugs.), Ramsch (ugs. abwertend), Schnickschnack (ugs., meist abwertend), Schund.

kit|schig ['kɪtʃɪç] ⟨Adj.⟩:
Kitsch darstellend: kitschige Farben; die Bilder sind kitschig. **Syn.:** geschmacklos.

Kitt [kɪt], der; -[e]s, -e:
an der Luft hart werdende Masse, die zum Dichten verwendet wird: die Fugen mit Kitt verschmieren.

Kitt|chen ['kɪtçən], das; -s, - (ugs.):
Gefängnis: er sitzt im Kittchen. **Syn.:** Haft, Kerker (früher), Knast (ugs.), Strafanstalt.

Kit|tel ['kɪtl̩], der; -s, -:
mantelartiges Kleidungsstück, das bei der Arbeit getragen wird: die Ärztin trägt einen weißen Kittel. **Zus.:** Arbeitskittel, Arztkittel.

kit|ten ['kɪtn̩], kittete, gekittet ⟨tr.; hat⟩:
1. *[Zerbrochenes] mit Kitt [wieder] zusammenfügen:* die zerbrochene Tasse kitten. **Syn.:** kleben, leimen. **Zus.:** zusammenkitten.
2. *mithilfe von Kitt an, auf etwas befestigen:* den Henkel an die Kanne kitten. **Syn.:** kleben. **Zus.:** ankitten.

Kit|zel ['kɪts̮l̩], der; -s, -:
Reiz, den etwas Verlockendes, Gefahrvolles oder Verbotenes an sich hat: dieses gefährliche Rennen war ein Kitzel für seine Nerven; plötzlich verspürte ich einen Kitzel nach Schokolade. **Syn.:** Anreiz, Antrieb, Anziehungskraft, Faszination, Zauber. **Zus.:** Gaumenkitzel, Nervenkitzel.

kit|zeln ['kɪts̮l̩n]:
a) ⟨itr.; hat⟩ *(an jmds. Körper) einen Juckreiz hervorrufen:* das Haar kitzelt im Ohr. **Syn.:** beißen, jucken, kratzen, kribbeln.
b) ⟨tr.; hat⟩ *jmdn. wiederholt an einer bestimmten empfindlichen Körperstelle berühren (was meist einen Lachreiz hervorruft):* jmdn. an den Fußsohlen kitzeln. **Syn.:** kratzen, [1]kraulen.

Kitz|ler ['kɪts̮lɐ], der; -s, -:
am vorderen Ende der kleinen Schamlippen gelegener Teil der weiblichen Geschlechtsorgane.

kitz|lig ['kɪts̮lɪç] ⟨Adj.⟩:
auf Kitzeln leicht reagierend: eine kitzlige Stelle; sie ist sehr kitzlig.

Ki|wi ['ki:vi], die; -, -s:
kugelige oder eiförmige behaarte Frucht mit saftigem, säuerlichem, glasigem Fruchtfleisch.

Klad|de|ra|datsch [kladəra'datʃ], der; -[e]s, -e (ugs.):
1. *chaotisches Ende, in das etwas (eine Untersuchung o. Ä.) ausläuft:* seine Versuche endeten mit einem großen Kladderadatsch.
2. *heftiger Streit, Krach, Skandal:* es kam zwischen den beiden zum Kladderadatsch. **Syn.:** Aufsehen, Eklat.

klaf|fen ['klafn̩] ⟨itr.; hat⟩:
einen länglichen und zugleich tiefen Spalt in etwas bilden: in der Mauer klaffen große Risse; eine klaffende Wunde. **Syn.:** auf sein

(ugs.), gähnen (geh.), offen sein, offen stehen. **Zus.:** aufklaffen.

kläf|fen [ˈklɛfn̩] ⟨itr.; hat⟩:
1. *(auf eine unangenehme, störende Weise) laut, in hellen Tönen bellen:* der Hund kläfft den ganzen Tag. **Zus.:** ankläffen.
2. (ugs.) *mit schriller Stimme schimpfen:* er kläfft den ganzen Tag. **Syn.:** keifen, schelten, zetern (emotional abwertend).

Kla|ge [ˈklaːɡə], die; -, -n:
1. *Äußerung, durch die man Unmut, Ärger o. Ä. zum Ausdruck bringt:* über etwas Klage führen; sie hatten keinen Grund zur Klage; die Klagen über ihn wurden häufiger.
2. *Worte, Laute, durch die man Schmerz, Kummer, Trauer zum Ausdruck bringt:* die Angehörigen des Toten brachen in laute Klagen aus. **Syn.:** Jammer. **Zus.:** Totenklage.
3. *bei Gericht vorgebrachte Beschwerde; das Geltendmachen einer Forderung o. Ä. vor Gericht:* eine Klage einreichen; der Staatsanwalt hat Klage gegen ihn erhoben. **Syn.:** Anklage, Anschuldigung. **Zus.:** Beleidigungsklage, Räumungsklage, Verfassungsklage, Verleumdungsklage.

kla|gen [ˈklaːɡn̩] ⟨itr.; hat⟩:
1. *(über etwas Bestimmtes) Klage führen, Unzufriedenheit äußern:* er klagte, es gehe ihm gesundheitlich, finanziell nicht gut; über Schmerzen klagen. **Syn.:** die Ohren volljammern (ugs.), jammern, lamentieren (ugs. abwertend), murren.
2. *(bei Gericht) eine Klage anstrengen gegen jmdn.:* sie will gegen die Firma klagen. **Syn.:** Anklage erheben, anklagen, den Rechtsweg einschlagen/beschreiten, einen Prozess anstrengen, Klage erheben, prozessieren, vor Gericht gehen. **Zus.:** anklagen, einklagen, verklagen.

Klä|ger [ˈklɛːɡɐ], der; -s, -, **Klä|ge|rin** [ˈklɛːɡərɪn], die; -, -nen: *Person, die vor Gericht Klage erhebt:* der Kläger wurde bei der Verhandlung von seinem Anwalt vertreten; die Klägerin war erfolgreich.

kläg|lich [ˈklɛːklɪç] ⟨Adj.⟩:
1. *sehr gering, minderwertig, geringwertig:* der Verdienst ist kläglich; ein klägliches Ergebnis. **Syn.:** bescheiden, dürftig, karg, knapp, kümmerlich, mager, schwach, spärlich.
2. *in beklagenswerter, mitleiderregender Weise schlecht:* in einem kläglichen Zustand sein; sie kam kläglich um. **Syn.:** arm, armselig (emotional), bedauernswert, elend, herzzerreißend, jämmerlich (emotional).
3. (abwertend) *in beschämender Weise [erbärmlich, jämmerlich]:* er hat kläglich versagt; ihre Bemühungen sind kläglich gescheitert. **Syn.:** ganz, ganz und gar, komplett, restlos (ugs.), total, völlig, vollkommen, vollständig.

Kla|mauk [klaˈmau̯k], der; -s (ugs.): *lautes, lärmendes Treiben:* die Jugendlichen machten großen Klamauk. **Syn.:** Krach, Krawall (ugs.), Lärm, Rabatz (ugs.), Radau (ugs.), Rummel (ugs.), [1]Spektakel (ugs.), Trubel.

klamm [klam] ⟨Adj.⟩:
1. *[noch] leicht feucht:* die Betten waren klamm.
2. *(besonders in Bezug auf Finger oder Hände) steif vor Kälte:* klamme Finger haben. **Syn.:** starr.
3. (salopp) *[eine bestimmte Zeit lang] über kein oder nur wenig Geld verfügend:* die klamme Partei, Organisation; sie ist meistens ziemlich klamm.

Klamm [klam], die; -, -en: *felsige Schlucht [mit Wasserfall]:* eine Klamm durchwandern.

Klam|mer [ˈklamɐ], die; -, -n:
1. *kleiner Gegenstand von unterschiedlicher Form (aus Holz, Metall o. Ä.), mit dem etwas befestigt oder zusammengehalten werden kann:* die Wäsche mit Klammern befestigen. **Syn.:** Klemme. **Zus.:** Büroklammer, Haarklammer, Hosenklammer, Wäscheklammer, Wundklammer.
2. *grafisches Zeichen, mit dem man einen Teil eines Textes einschließen kann:* eckige, runde Klammern.

klam|mern [ˈklamɐn]:
1. ⟨tr.; hat⟩ *mit Klammern befestigen:* einen Zettel an ein Schriftstück, Wäsche an die Leine klammern; eine Wunde klammern *(mit Wundklammern zusammenhalten).* **Syn.:** anbringen, anklammern, festmachen.
2. ⟨+ sich⟩ *sich ängstlich, krampfhaft an jmdm., etwas festhalten:* sich an das Geländer klammern; das Kind klammerte sich ängstlich an die Mutter, als der Hund angesprungen kam. **Syn.:** sich anklammern.

Kla|mot|te [klaˈmɔtə], die; -, -n (ugs.):
a) ⟨Plural⟩ (salopp) *Kleidungsstück:* er kauft sich immer sehr teure Klamotten; pack deine Klamotten und verschwinde! **Syn.:** Garderobe, Kleider ⟨Plural⟩, Kleidung, Sachen ⟨Plural⟩ (ugs.). **b)** *etwas Altes, Verachtetes, wertlos Erscheinendes:* die alten Klamotten vom Dachboden wegschaffen. **Syn.:** Gerümpel (abwertend), Kram, Krimskrams (ugs.), Plunder (ugs.), Zeug.

Klamp|fe [ˈklampfə], die; -, -n (ugs.): *einfache Gitarre:* bring deine Klampfe mit zum Zelten!

Klang [klaŋ], der; -[e]s, Klänge [ˈklɛŋə]:
1. *das Erklingen:* beim Klang der Glocke. **Syn.:** Schall, [1]Ton. **Zus.:** Harfenklang, Hörnerklang, Orgelklang.
2. *in bestimmter Weise gearteter (besonders durch ein Instrument oder durch die Stimme hervorgebrachter) Ton:* ein heller Klang; das Klavier hat einen schönen Klang. **Syn.:** Sound. **Zus.:** Missklang, Wohlklang, Zusammenklang.
3. ⟨Plural⟩ *Musik:* moderne, wohlbekannte Klänge; sie tanzten nach den Klängen eines Walzers.

klang|voll [ˈklaŋfɔl] ⟨Adj.⟩: *einen vollen, angenehmen Klang besitzend:* die Sängerin hatte eine klangvolle Stimme.

Klap|pe [ˈklapə], die; -, -n:
1. *an einer Seite befestigter Deckel als Vorrichtung zum Schließen einer Öffnung:* die Klappe am Briefkasten. **Syn.:** Verschluss.
2. (salopp) *Mund:* halt die Klappe!

klap|pen [ˈklapn̩] ⟨itr.; hat⟩ (ugs.): *wunschgemäß ablaufen:* der Versuch klappte [nicht]; es hat alles geklappt. **Syn.:** gelingen, geraten, glücken.

K kläf

klap|pern [ˈklapɐn] ⟨itr.; hat⟩:
ein durch wiederholtes Aneinanderschlagen von harten Gegenständen o. Ä. entstehendes Geräusch hervorrufen: die Tür klappert; klappernde Fensterläden; das Kind klapperte mit den Deckeln. **Syn.:** lärmen, rasseln, rumpeln (ugs.).

Klap|per|storch [ˈklapɐʃtɔrç], der; -[e]s, Klapperstörche [ˈklapɐʃtœrçə] (Kinderspr.):
Storch (der angeblich die kleinen Kinder bringt): das Kind glaubt noch an den Klapperstorch; der Klapperstorch hat ihm ein Schwesterchen gebracht.

klapp|rig [ˈklaprɪç] ⟨Adj.⟩ (ugs.):
a) *(von einem Gebrauchsgegenstand o. Ä.) alt und nicht mehr sehr stabil oder funktionstüchtig:* ein klappriges Auto. **b)** *(von einem alten Menschen) körperlich schwach, hinfällig geworden:* der Großvater ist sehr klapprig geworden. **Syn.:** alt, gebrechlich, schwächlich, senil, zittrig.

Klapp|sitz [ˈklapzɪt͜s], der; -es, -e:
bei Bedarf nach unten zu klappender [zusätzlicher] Sitz: der Omnibus, der Zug hat in den Gängen zusätzlich Klappsitze. **Syn.:** Platz, Sitzplatz.

Klaps [klaps], der; -es, -e:
leichter Schlag auf den Körper: sie gab dem Kind einen Klaps.

klar [kla:ɐ̯] ⟨Adj.⟩:
1. *(von Flüssigkeiten) vollkommen durchsichtig und keine Trübung aufweisend:* klares Wasser; eine klare Fleischbrühe; das Wasser des Sees ist ganz klar und sauber. **Syn.:** rein. **Zus.:** kristallklar, wasserklar.
2. *(von der Atmosphäre) frei von Wolken, Nebel, Dunst:* klares Wetter; der Himmel ist klar. **Syn.:** heiter, schön, sonnig. **Zus.:** sternenklar.
3. *deutlich wahrnehmbar, erkennbar, nicht verschwommen:* klare Konturen; die Abgrenzung der einzelnen Farben ist klar und deutlich zu erkennen. **Syn.:** eindeutig, genau.
4. *fest umrissen und verständlich:* klare Begriffe verwenden; ihre Darstellung ist klar; etwas klar und deutlich zum Ausdruck bringen; ihm ist sein falsches Handeln zu spät klar geworden *(er hat zu spät erkannt, dass er falsch gehandelt hatte);* ich bin mir über meinen Fehler klar geworden. **Syn.:** anschaulich, deutlich, eindeutig, exakt, [1]genau, prägnant, präzis[e], treffend. **Zus.:** glasklar.
5. *sachlich-nüchtern und überlegt; von Einsicht und Urteilsfähigkeit zeugend:* er hat einen klaren Verstand; ihre Entscheidungen sind nüchtern und klar. **Syn.:** besonnen, klug, umsichtig, weitsichtig.

klä|ren [ˈklɛ:rən]:
1. ⟨tr.; hat⟩ *(durch [Rück]fragen o. Ä.) Klarheit in einer bestimmten Sache schaffen:* diese Angelegenheit muss noch geklärt werden. **Syn.:** klarlegen, klarstellen, Licht bringen in, richtigstellen, sich Klarheit verschaffen über. **Zus.:** abklären, aufklären, erklären.
2. ⟨+ sich⟩ *(in Bezug auf etwas, worüber Zweifel, Unklarheit besteht) sich aufklären, durchschaubar werden:* die Sache, Angelegenheit hat sich geklärt. **Syn.:** sich auflösen.

Kla|ri|net|te [klariˈnɛtə], die; -, -n:
Blasinstrument aus langem, schlankem, zylindrischem Rohr aus Holz und schnabelförmigem Mundstück: er spielt Klarinette im Orchester.

klar|kom|men [ˈkla:ɐ̯kɔmən], kam klar, klargekommen ⟨itr.; ist⟩ (ugs.):
a) *mit etwas [was einem anfänglich Schwierigkeiten macht] zurechtkommen, fertigwerden:* er kam mit dieser schwierigen Aufgabe einfach nicht klar. **Syn.:** bewältigen, bewerkstelligen (Papierdt.), meistern, schaffen, schmeißen (ugs.). **b)** *mit jmdm. (gut) auskommen:* wie kommst du klar mit der neuen Chefin? **Syn.:** sich arrangieren, sich einigen, sich verständigen.

klar|le|gen [ˈkla:ɐ̯le:gn̩], legte klar, klargelegt ⟨tr.; hat⟩:
jmdm. etwas deutlich machen, (seinen Standpunkt) auseinandersetzen: ich habe ihm meine Meinung, meinen Standpunkt klargelegt. **Syn.:** klären, klarstellen, Licht bringen in, richtigstellen, sich Klarheit verschaffen über.

klar|ma|chen [ˈkla:ɐ̯maxn̩], machte klar, klargemacht ⟨tr.; hat⟩:
1. (ugs.) *jmdm., sich selbst einen Sachverhalt deutlich vor Augen führen:* ich wollte ihm meinen Standpunkt klarmachen; sie hat mir die Unterschiede, die Wichtigkeit der Sache klargemacht. **Syn.:** auseinandersetzen, beschreiben, darlegen, darstellen, erklären, erläutern, verdeutlichen, vortragen.
2. (Seemannsspr.) *einsatzbereit machen:* das Schiff klarmachen!

klar|se|hen [ˈkla:ɐ̯ze:ən], sieht klar, sah klar, klargesehen ⟨itr.; hat⟩ (ugs.):
die Zusammenhänge erkennen; einen Sachverhalt durchschauen: ich sehe in dieser Angelegenheit noch nicht ganz klar. **Syn.:** begreifen, erfassen, fassen, kapieren (ugs.), realisieren, sehen, sich klar werden über, überschauen, verstehen.

klar|stel|len [ˈkla:ɐ̯ʃtɛlən], stellte klar, klargestellt ⟨tr.; hat⟩ (ugs.):
Missverständnisse, jmds. falsche Vorstellungen in Bezug auf etwas durch unmissverständliche Erklärungen beseitigen: es muss zuerst einmal klargestellt werden, was hier erlaubt ist und was nicht. **Syn.:** deutlich machen, klären, klarmachen (ugs.), richtigstellen, verdeutlichen.

Klä|rung [ˈklɛ:rʊŋ], die; -, -en:
1. *Beseitigung einer Unsicherheit, einer Ungewissheit:* eine sofortige, baldige, schnelle Klärung des Problems verlangen. **Syn.:** Aufklärung, Auflösung, Enthüllung, Lösung.
2. *Reinigung, Säuberung von sichtbarem Schmutz:* die Klärung der Abwässer.

klas|se [ˈklasə] ⟨Adj.; nicht flektierbar⟩ (ugs.):
so geartet, beschaffen, dass jmd., etwas großen Anklang findet, für sehr gut, schön o. ä. befunden wird: ein klasse Typ; der Film war klasse! **Syn.:** ausgezeichnet, einmalig (emotional), exzellent, genial, grandios, großartig, hervorragend, prima, sehr gut, spitze (ugs.), stark (ugs.), super (ugs.), toll (ugs.), vortrefflich, vorzüglich.

Klas|se [ˈklasə], die; -, -n:
1. a) *Gruppe von Lebewesen, Dingen, die durch gemeinsame Merkmale, Eigenschaften, Fähigkeiten o. Ä. gekennzeichnet sind:* die Klasse der Säugetiere. **Syn.:** Abteilung, Gattung, Kategorie,

Ordnung (Biol.). **b)** *Bevölkerungsgruppe, deren Angehörige sich in der gleichen ökonomischen und sozialen Lage befinden:* die Klasse der Arbeiterinnen und Arbeiter. **Syn.:** Kreis, Schicht, Stand. **Zus.:** Arbeiterklasse.
2. *Qualitätsstufe (bei Dienstleistungen u. Ä.):* in der Bahn fahre ich immer zweiter Klasse; der Patient liegt erster Klasse im Krankenhaus. **Zus.:** Luxusklasse, Touristenklasse.
3. a) *Raum in einer Schule, in dem Unterricht stattfindet:* die Klasse erhält eine neue Tafel. **b)** *Gruppe von gleichaltrigen Schülerinnen und Schülern, die zusammen unterrichtet wird:* eine große, ruhige, wilde Klasse; die Klasse hat 30 Schülerinnen und Schüler; die Klasse ist sehr unruhig. **Zus.:** Parallelklasse, Schulklasse. **c)** *eine ein Jahr umfassende Stufe innerhalb des Schulaufbaus:* sie geht in die dritte Klasse; eine Klasse wiederholen, überspringen. **Zus.:** Abschlussklasse.
4. ⟨ohne Plural⟩ (ugs.) *Güte, Qualität (in Bezug auf hervorragende Leistungen):* eine Künstlerin erster Klasse; das ist ganz große Klasse. **Zus.:** Spitzenklasse, Superklasse.

Klas|se- [klasə] ⟨Präfixoid⟩ (ugs. verstärkend):
drückt persönliche Begeisterung, Bewunderung für den/das im Basiswort Genannte aus; *ganz besonders gut, hervorragend, erstklassig, großartig, ausgezeichnet, toll:* Klassebier; Klassebuch; Klassefahrer; Klassefahrrad; Klassefigur; Klassefilm; Klassefrau; Klassefußball; Klassehotel; Klasseläufer; Klasseleistung; Klassemannschaft; Klassepianistin; Klasseplatte; Klassesänger; Klasseschuss; Klassespiel. **Syn.:** Meister-, Spitzen- (emotional verstärkend), Top- (ugs. emotinal verstärkend).

Klas|sen|ar|beit [ˈklasn̩|arbai̯t], die; -, -en:
schriftliche Arbeit, die von der Schulklasse während des Unterrichts angefertigt wird: eine Klassenarbeit schreiben. **Syn.:** Schularbeit (österr.), Schulaufgabe (landsch.).

Klas|sen|buch [ˈklasn̩buːx], das; -[e]s, Klassenbücher [ˈklasn̩byːçɐ]:
vom Lehrkörper geführtes Heft von größerem Format, das über den Lehrstoff, die Schülerinnen und Schüler und deren Leistungen sowie über die besonderen Vorkommnisse in der jeweiligen Klasse Auskunft gibt: einen Schüler in das Klassenbuch eintragen; eine Eintragung ins Klassenbuch vornehmen.

Klas|sen|kampf [ˈklasn̩kampf], der; -[e]s, Klassenkämpfe [ˈklasn̩kɛmpfə]:
(nach der Ideologie des Kommunismus) die Auseinandersetzung zwischen den gegensätzlichen Klassen (1 b) *um die Entscheidungsgewalt in der Gesellschaft.*

klas|si|fi|zie|ren [klasifiˈt͜siːrən] ⟨tr.; hat⟩:
(nach Merkmalen, Eigenschaften o. Ä.) in Klassen einteilen, einordnen: Tiere, Pflanzen, Waren nach ihren Merkmalen klassifizieren. **Syn.:** aufteilen, gliedern, gruppieren, ordnen.

Klas|sik [ˈklasɪk], die; -:
1. *Kultur und Kunst der griechisch-römischen Antike.*
2. *Kulturepoche oder Kunstrichtung (besonders im Bereich von Literatur und Musik), die sich durch Ausgewogenheit, Harmonie und Vollkommenheit in ihren Werken auszeichnet:* die Klassik der deutschen Literatur war durch das Wirken Schillers und Goethes bestimmt. **Zus.:** Hochklassik, Nachklassik, Vorklassik.
3. *Epoche kultureller Höchstleistung:* die mittelhochdeutsche Klassik.

Klas|si|ker [ˈklasikɐ], der; -s, -:
1. *Vertreter der Klassik* (1, 2): Mozart und Beethoven als Klassiker; die großen Werke unserer Klassiker.
2. *Künstler oder Wissenschaftler, dessen Werk sich als wegweisend, mustergültig erwiesen hat:* dieser Forscher gilt als Klassiker der Medizin.
3. *klassisches* (3, 4) *Werk; etwas, was klassisch* (3, 4) *geworden ist:* das Buch, der Film ist ein Klassiker.

Klas|si|ke|rin [ˈklasikərɪn], die; -, -nen:
weibliche Form zu ↑Klassiker (1).

klas|sisch [ˈklasɪʃ] ⟨Adj.⟩:
1. *die antike Klassik betreffend:* das klassische *(griechische und römische)* Altertum; eine schmale, klassisch gebogene Nase *(dem antiken Schönheitsideal entsprechend).*
2. *zur Klassik* (2) *gehörend:* ein klassisches Drama; klassische Musik.
3. *wegen der [künstlerisch] hervorragenden Qualität oder mustergültigen Form von zeitloser Gültigkeit:* ein Werk von klassischer Schönheit; ein Stoff mit klassischem Muster. **Syn.:** ideal, makellos, meisterhaft, perfekt, tadellos, unübertrefflich, vollendet, vollkommen, vorbildlich, zeitlos.
4. *von/in herkömmlicher, traditioneller, nicht moderner Art:* klassischer Fußball; die klassische Mechanik, Physik. **Syn.:** gewohnt, konventionell, überliefert, üblich.
5. *ein typisches Beispiel für etwas darstellend:* ein klassisches Beispiel für falsche Bescheidenheit; ein klassischer, immer wieder gemachter Fehler. **Syn.:** charakteristisch, kennzeichnend, spezifisch, unverkennbar.

Klatsch [klat͜ʃ], der; -[e]s, -e:
1. *klatschendes Geräusch:* mit einem Klatsch fiel die Tasche ins Wasser.
2. ⟨ohne Plural⟩ *hässliches, oft gehässiges Gerede über jmdn., der nicht anwesend ist:* der Klatsch der Nachbarn störte ihn wenig; der Zwischenfall gab Anlass zu bösem Klatsch. **Syn.:** Gerede, Gerüchte ⟨Plural⟩, Geschwätz (ugs. abwertend), Klatsch und Tratsch, Palaver (ugs. abwertend).

klat|schen [ˈklat͜ʃn̩] ⟨itr.; hat⟩:
1. a) *ein helles, einem Knall ähnliches Geräusch verursachen:* sie schlug ihm ins Gesicht, dass es klatschte. **b)** *mit klatschendem* (1 a) *Geräusch auftreffen:* der Regen klatschte gegen das Fenster. **Syn.:** peitschen, prasseln, trommeln.
2. *Beifall spenden:* das Publikum klatschte lange. **Syn.:** applaudieren, Applaus spenden, Beifall klatschen. **Zus.:** beklatschen, herausklatschen.
3. *meist negativ über jmdn., der selbst nicht anwesend ist, sprechen:* die Frauen standen auf der

K
Klas

Straße und klatschten über den Pfarrer. **Syn.:** herziehen über (ugs.), lästern, reden, spotten, sticheln gegen, tratschen (ugs. emotional).

klatsch|nass ['klatʃnas] ⟨Adj.⟩ (ugs.):
durch und durch nass: die Wäsche ist noch klatschnass; sie waren in den Regen gekommen und klatschnass geworden. **Syn.:** triefend.

Klaue ['klau̯ə], die; -, -n:
1. a) *Zehe (bei Wiederkäuern und Schweinen).* **b)** *Kralle (bei Raubtieren):* der Tiger schlug seine scharfen Klauen in das Fleisch des erbeuteten Tieres.
2. (ugs.) *schlechte, unleserliche Handschrift:* er hat eine fürchterliche Klaue. **Syn.:** Schrift.

klau|en ['klau̯ən] ⟨tr.; hat⟩ (ugs.):
[kleinere Dinge] stehlen: er hat das Geld geklaut; ⟨auch itr.⟩ sie fing schon zeitig an zu klauen *(gewohnheitsmäßig zu stehlen).* **Syn.:** mausen (fam., meist scherzh.), rauben, wegnehmen.

Klau|se ['klau̯zə], die; -, -n:
Raum, der als angenehm ruhig und abgeschieden empfunden wird: er arbeitet am liebsten zu Hause in seiner [stillen] Klause. **Syn.:** Kammer, Stube (veraltend, noch landsch.), Zelle, Zimmer.

Klau|sel ['klaʊzl̩], die; -, -n:
einschränkende [zusätzliche] Vereinbarung in einem Vertrag: eine Klausel in den Vertrag einbauen. **Syn.:** Auflage, Bedingung, Vorbehalt.

Klau|sur [klau̯'zu:ɐ̯], die; -, -en:
Klassenarbeit, schriftliche Prüfung: wir schreiben heute eine Klausur in Physik. **Syn.:** Arbeit, Schularbeit (österr.).

Kla|vier [kla'vi:ɐ̯], das; -s, -e:
Musikinstrument mit Tasten, dessen Saiten durch Hämmerchen angeschlagen werden: Klavier spielen; eine Sonate auf dem Klavier spielen; ein Konzert für Klavier und Orchester. **Syn.:** Flügel.

Kle|be|band ['kle:bəbant], das; -[e]s, Klebebänder ['kle:bəbɛndɐ]:
Kunststoff- oder Papierstreifen mit einer Klebstoffschicht: das Poster mit Klebeband an der Wand festmachen.

kle|ben ['kle:bn̩]:
1. ⟨tr.; hat⟩ *mithilfe von Klebstoff an/auf/in etwas befestigen:* eine Briefmarke auf die Postkarte, Fotos ins Album kleben. **Syn.:** kitten, leimen. **Zus.:** ankleben, aufkleben, bekleben, einkleben, überkleben, verkleben, zukleben, zusammenkleben.
2. ⟨itr.; hat⟩ *fest (mittels Klebstoff oder durch eigene Klebkraft) an/auf/in etwas haften:* der Kaugummi klebt an ihren Zähnen; Plakate klebten auf der Bretterwand. **Zus.:** festkleben.

kleb|rig ['kle:brɪç] ⟨Adj.⟩:
so beschaffen, dass etwas leicht daran festklebt, haften bleibt: du hast klebrige Finger; die Bonbons sind klebrig. **Syn.:** schmierig.

Kleb|stoff ['kle:pʃtɔf], der; -[e]s, -e:
zähflüssiger oder pastenartiger Stoff (1), *mit dem man etwas festkleben, aneinanderkleben kann:* etwas mit Klebstoff festkleben. **Syn.:** Kleister, Leim.

kle|ckern ['klɛkɐn] (ugs.):
1. a) ⟨itr.; hat⟩ *etwas Flüssiges, Breiiges unbeabsichtigt verschütten und dadurch Flecke verursachen:* du hast [beim Essen, beim Malen] gekleckert. **Syn.:** einen Fleck machen, klecksen, schlabbern (ugs.), schmieren. **Zus.:** bekleckern, verkleckern. **b)** ⟨tr.; hat⟩ *kleckernd auf etwas fallen lassen:* Eis auf das T-Shirt kleckern.
2. ⟨itr.; ist⟩ *(von Flüssigkeiten o. Ä.) heruntertropfen, -laufen und Flecken machen:* etwas Farbe, Saft ist auf die Decke gekleckert. **Syn.:** tropfen.

Klecks [klɛks], der; -es, -e:
1. *kleine Menge von Flüssigem oder Breiigem, die auf etwas gefallen ist:* du hast einen Klecks Marmelade auf das Tischtuch fallen lassen; im Heft einen Klecks *(Tintenklecks)* machen. **Syn.:** Fleck, Spritzer. **Zus.:** Tintenklecks.
2. (ugs.) *kleine Menge (etwa ein gehäufter Löffel) einer weichen, breiigen Masse:* jmdm. einen Klecks Marmelade, Schlagsahne auf den Teller geben.

kleck|sen ['klɛksn̩] ⟨itr.; hat⟩:
Kleckse (1) *machen, verursachen:* der Füller kleckst. **Syn.:** kleckern (ugs.).

Klee [kle:], der; -s:
kleine, besonders auf Wiesen wachsende Pflanze mit meist dreiteiligen Blättern und kugeligen weißen, gelben oder rötlichen Blüten: das Mädchen pflückte für seine Hasen eine Handvoll Klee. **Zus.:** Futterklee, Glücksklee.

Klee|blatt ['kle:blat], das; -[e]s, Kleeblätter ['kle:blɛtɐ]:
meist aus drei Teilen bestehendes Blatt des Klees: der Glückspilz fand ein Kleeblatt mit vier Blättern.

Kleid [klai̯t], das; -[e]s, -er:
1. *(meist aus einem Stück bestehendes) Kleidungsstück von unterschiedlicher Länge für Frauen und Mädchen:* ein neues, elegantes Kleid tragen. **Zus.:** Abendkleid, Ballkleid, Brautkleid, Cocktailkleid, Damenkleid, Dirndlkleid, Kinderkleid, Puppenkleid, Sommerkleid, Strandkleid, Umstandskleid.
2. ⟨Plural⟩ *Gesamtheit der Kleidungsstücke, die jmd. trägt:* morgens mussten sie schnell in die Kleider schlüpfen *(sich schnell anziehen).* **Syn.:** Klamotten (salopp), Kleidung ⟨Singular⟩.

klei|den ['klai̯dn̩], kleidete, gekleidet:
1. ⟨itr.; hat⟩ *(als Kleidungsstück) jmdm. stehen, zu jmdm. passen:* der Mantel kleidet dich gut; die Brille kleidet ihn nicht. **Syn.:** getragen werden können von, stehen.
2. ⟨tr.; hat⟩ *jmdn., sich in einer bestimmten Weise anziehen:* die Mutter kleidet ihre Kinder sehr geschmackvoll; er kleidet sich auffällig; sie ist immer gut gekleidet. **Zus.:** ankleiden, auskleiden, bekleiden, einkleiden, entkleiden, umkleiden, verkleiden.

Klei|der|bü|gel ['klai̯dɐby:gl̩], der; -s, -:
mit einem Haken versehener, zu einem Bogen gekrümmter Gegenstand zum Aufhängen von Kleidungsstücken: das Kleid auf, über einen Kleiderbügel hängen. **Syn.:** Bügel.

Klei|der|schrank ['klai̯dɐʃraŋk], der; -[e]s, Kleiderschränke ['klai̯dɐʃrɛŋkə]:
hoher Schrank, in dem besonders Kleidung hängend aufbewahrt wird: den Anzug in den Kleiderschrank hängen. **Syn.:** Spind.

kleid|sam ['klai̯tza:m] ⟨Adj.⟩:

(von einem Kleidungsstück, seiner Farbe, Form o. Ä.) so beschaffen, dass es jmdn. gut kleidet: die Farbe, Machart ist sehr kleidsam. **Syn.:** apart, elegant, geschmackvoll, hübsch, schick, schön.

Klei|dung ['klai̯dʊŋ], die; -: *Gesamtheit der Kleidungsstücke:* ihre Kleidung ist sehr gepflegt; er gibt für Kleidung viel Geld aus. **Syn.:** Aufmachung, Dress, Garderobe, Klamotten ‹Plural›, Kleider ‹Plural›, ²Kluft (ugs.), Sachen ‹Plural› (ugs.), Zeug (ugs.). **Zus.:** Arbeitskleidung, Berufskleidung, Damenkleidung, Herrenkleidung, Kinderkleidung.

Kleidung/Bekleidung

In der Alltagssprache wird fast nur das Wort **Kleidung** verwendet:

– Du musst wärmere Kleidung anziehen.

Bekleidung wird häufig in der Textilbranche gebraucht:

– Das Geschäft mit winterlicher Bekleidung läuft dieses Jahr weniger gut.

Klei|dungs|stück ['klai̯dʊŋsʃtʏk], das; -[e]s, -e: *einzelnes, zur Kleidung gehörendes Teil:* sie hat nach der Reise verschiedene Kleidungsstücke in die Reinigung gegeben.

Kleie ['klai̯ə], die; -, -n: *beim Mahlen von Getreide abfallendes Produkt aus Schalen, Spelzen und Resten von Mehl:* Kleie enthält wichtige Ballaststoffe. **Zus.:** Haferkleie, Mandelkleie, Weizenkleie.

klein [klai̯n] ‹Adj.›:
a) *von geringem Umfang, geringer Größe (im Verhältnis zu einem Vergleichswert)* /Ggs. groß/: ein kleines Haus, Land; er ist klein von Gestalt. **Syn.:** von geringem Ausmaß, winzig, zierlich.
b) *wenig bedeutend:* das sind alles nur kleine Fehler; der Unterschied zwischen beiden ist klein. **Syn.:** gering, geringfügig, lächerlich, minimal, nicht nennenswert, unbedeutend, unerheblich. **c)** *(besonders von Kindern und Tierjungen) noch sehr jung und daher noch nicht ausgewachsen:* kleine Kinder; als du noch klein warst … **d)** *aus einer verhältnismäßig geringen Menge, Anzahl bestehend:* eine kleine Menge, Zahl; die Teilnehmerzahl wird immer kleiner. **Syn.:** minimal, unbedeutend, unerheblich, wenig. **e)** *(von Rang oder Bedeutung einer Person) ohne große Bedeutung:* ein kleiner Angestellter; die kleinen Leute; sie haben klein (ugs.; *sehr bescheiden, ohne viel Geld*) angefangen.

klein|bür|ger|lich ['klai̯nbʏrɡɐlɪç] ‹Adj.› (abwertend): *engstirnig und kleinlich (im Denken und Handeln):* er hat sehr kleinbürgerliche Ansichten. **Syn.:** bieder, engherzig, engstirnig (abwertend), intolerant, kleinkariert (ugs. abwertend), kleinlich (abwertend), spießbürgerlich (abwertend), spießig (ugs. abwertend).

Klein|geld ['klai̯nɡɛlt], das; -[e]s: *Geld in Münzen (zum Bezahlen kleinerer Beträge oder zum Herausgeben auf eine größere Summe):* zum Bezahlen bitte Kleingeld bereithalten.

klein|gläu|big ['klai̯nɡlɔy̯bɪç] ‹Adj.›: *wenig Vertrauen habend; von Zweifeln niedergedrückt:* ein kleingläubiger Mensch. **Syn.:** ängstlich, kleinmütig, mutlos, niedergeschlagen.

Klein|heit ['klai̯nhai̯t], die; -: *geringe Größe:* trotz seiner Kleinheit war er ein hervorragender Sportler; Partikelchen von unvorstellbarer Kleinheit.

Klein|holz ['klai̯nhɔlts], das; -es: *in kleine Stücke gehacktes Holz (das als Brennholz verwendet wird):* ein Feuer mit Kleinholz und Papier anmachen.

Klei|nig|keit ['klai̯nɪçkai̯t], die; -, -en:
1. *kleiner (nicht näher bezeichneter) Gegenstand:* noch ein paar Kleinigkeiten besorgen; jmdm. eine Kleinigkeit mitbringen; in dem Laden gibt es hübsche Kleinigkeiten.
2. *Sache, Angelegenheit von geringer Bedeutung:* sie muss sich mit so vielen Kleinigkeiten herumschlagen; du regst dich bei jeder, über jede Kleinigkeit auf. **Syn.:** Bagatelle, Kinkerlitzchen ‹Plural› (ugs.), Kleinkram (ugs.), Lappalie.

klein|ka|riert ['klai̯nkariːɐ̯t] ‹Adj.› (ugs. abwertend): *kleinlich und engstirnig (im Denken und Handeln):* seine Einstellung ist schrecklich kleinkariert. **Syn.:** borniert, engherzig, engstirnig (abwertend), intolerant, kleinbürgerlich, kleinlich (abwertend), pedantisch (abwertend), spießbürgerlich (abwertend), spießig (ugs. abwertend).

Klein|kram ['klai̯nkraːm], der; -[e]s (ugs.): *nicht wichtige, aber unumgängliche, lästige, täglich anfallende Arbeiten o. Ä.:* dieser tägliche Kleinkram gehört zum Haushalt. **Syn.:** Bagatelle, Kleinigkeit, Lappalie.

klein|krie|gen ['klai̯nkriːɡn̩], kriegte klein, kleingekriegt ‹tr.; hat› (ugs.):
1. *es schaffen, etwas zu zerstören:* das Kind hat das neue Spielzeug in kürzester Zeit kleingekriegt. **Syn.:** demolieren, kaputt machen (ugs.), zerbrechen, zerschlagen.
2. *(jmds.) Widerstand brechen und ihn gefügig machen:* die Aufseher haben den randalierenden Gefangenen kleingekriegt. **Syn.:** bezwingen, demoralisieren, fertigmachen (ugs.), mürbemachen, nachgiebig machen, zermürben.
3. *es schaffen, etwas mehr oder weniger schnell aufzubrauchen, zu verbrauchen:* sie haben den Kuchen, das Erbe in kurzer Zeit kleingekriegt.

klein|laut ['klai̯nlau̯t] ‹Adj.›: *nach vorher vorlautem oder allzu selbstsicherem Auftreten plötzlich sehr gedämpft und bescheiden:* nach dem Debakel war er auf einmal ganz kleinlaut; sie bat kleinlaut um Verzeihung. **Syn.:** beschämt, ²betreten, deprimiert, entmutigt, kleinmütig, mutlos, niedergeschlagen, still, ²verlegen.

klein|lich ['klai̯nlɪç] ‹Adj.› (abwertend): *auf eine pedantische, engstirnige Weise Kleinigkeiten, Belanglosigkeiten übertrieben wichtig nehmend:* ein kleinlicher Mensch; sei nicht so kleinlich! **Syn.:** engherzig, engstirnig (abwertend), kleinkariert (ugs. abwertend), pedantisch (abwertend), spitzfindig, unduldsam.

klein|mü|tig ['klai̯nmy:tɪç] ⟨Adj.⟩: *mutlos und verzagt.* **Syn.:** ängstlich, kleingläubig, niedergeschlagen.

Klein|stadt ['klai̯nʃtat], die; -, Kleinstädte ['klai̯nʃtɛ:tə]: *kleinere, überschaubare Stadt:* sie kommt aus einer Kleinstadt.

klein|städ|tisch ['klai̯nʃtɛ:tɪʃ] ⟨Adj.⟩: *zu einer Kleinstadt gehörend; typisch für eine Kleinstadt:* kleinstädtisches Leben.

Kleis|ter ['klai̯stɐ], der; -s, -: *Klebstoff aus Stärke oder Mehl und Wasser:* Kleister anrühren. **Syn.:** Leim.

Klem|me ['klɛmə], die; -, -n:
1. *Gegenstand, mit dem man etwas festklemmt:* Haarsträhnen mit einer Klemme feststecken; die Lampe mit Klemmen anschließen. **Syn.:** Klammer. **Zus.:** Haarklemme.
2. (ugs.) *peinliche oder schwierige Situation, in der sich jmd. befindet:* mit seinem Versprechen befand er sich jetzt in einer Klemme; sie versuchte, uns aus der Klemme zu helfen. **Syn.:** Dilemma, Kalamität, Krise, Problem, Schlamassel (ugs.), Schwierigkeit, Zwickmühle. **Zus.:** Finanzklemme, Geldklemme.

klem|men ['klɛmən]:
1. ⟨tr.; hat⟩ *fest an den Körper oder an einen Gegenstand pressen und auf diese Weise halten:* die Bücher unter den Arm klemmen; der Hund klemmt den Schwanz zwischen die Hinterbeine.
2. ⟨itr.; hat⟩ *(von etwas, was sich aufschieben, aufziehen lässt) sich nicht glatt, ungehindert öffnen, bewegen lassen:* die Tür, die Schublade klemmt. **Syn.:** blockieren.
3. ⟨tr.; hat⟩ *(von einem Körperteil, besonders Fuß oder Hand) zwischen etwas geraten und davon zusammengepresst werden, sodass es schmerzt:* ich habe mir den Finger geklemmt. **Syn.:** quetschen. **Zus.:** einklemmen, festklemmen.

Klemp|ner ['klɛmpnɐ], der; -s, -, **Klemp|ne|rin** ['klɛmpnərɪn], die; -, nen (bes. nordd.): *Person, die Gegenstände aus Blech usw. herstellt, Rohre für Gas und Wasser verlegt und repariert.* **Syn.:** Installateur, Installateurin, Spengler (bes. südd., österr., schweiz.), Spenglerin (bes. südd., österr., schweiz.).

Klet|te ['klɛtə], die; -, -n: *krautige Pflanze mit kugeligen, meist rötlichen, mit Widerhaken versehenen Blütenköpfen:* nach dem Spaziergang waren ihre Hosenbeine voller Kletten.

klet|tern ['klɛtɐn]:
1. ⟨itr.; ist⟩ *(meist sich festhaltend) an etwas Halt suchend auf etwas hinauf-, von etwas herunter- bzw. über etwas hinwegsteigen:* auf einen Stuhl klettern; die Kinder sind auf die Mauer, vom Kirschbaum, über den Zaun geklettert. **Syn.:** aufsteigen, kraxeln (ugs., bes. südd., österr.), steigen. **Zus.:** herabklettern, heraufklettern, herunterklettern, hinaufklettern, hinunterklettern, hochklettern.
2. ⟨itr.; ist⟩ (ugs.) *etwas mühsam in etwas ein- bzw. aus etwas aussteigen:* ins Auto klettern; die Passagiere klettern aus dem Flugzeug. **Zus.:** hinausklettern, hineinklettern.
3. ⟨itr.; ist/hat⟩ *im Hochgebirge wandern und dabei mehr oder weniger steile Strecken überwinden:* sie klettern jedes Jahr in den Dolomiten; sie sind/haben früher viel geklettert. **Syn.:** kraxeln (ugs., bes. südd., österr.). **Zus.:** erklettern.

Klet|ter|pflan|ze ['klɛtɐpflant͜sə], die; -, -n: *sich rankendes Gewächs:* Efeu und wilder Wein sind Kletterpflanzen.

kli|cken ['klɪkn̩] ⟨itr.; hat⟩:
a) *ein helles, metallenes Geräusch (beim Einrasten) von sich geben:* der Verschluss des Fotoapparats klickte bei der Aufnahme.
b) (EDV) *etwas auf der Benutzeroberfläche des PCs mit der Maus markieren oder anwählen:* für weitere Informationen klicken Sie bitte hier.

Kli|ent [kli'ɛnt], der; -en, -en, **Kli|en|tin** [kli'ɛntɪn], die; -, -nen: *Person, die [gegen Bezahlung] Rat oder Hilfe bei jmdm. sucht, die jmdn. beauftragt, ihre Interessen zu vertreten:* die Klienten der Beratungsfirma; der Anwalt informierte seine Klientin über ihre Rechte. **Syn.:** Auftraggeber, Auftraggeberin, Kunde, Kundin, Mandant (bes. Rechtsspr.), Mandantin (bes. Rechtsspr.).

Kli|ma ['kli:ma], das; -s: *Ablauf der Witterung, wie er für ein bestimmtes Gebiet oder eine geografische Zone typisch ist:* ein mildes Klima. **Syn.:** Wetter. **Zus.:** Heilklima, Kontinentalklima, Landklima, Reizklima, Seeklima.

Kli|ma|an|la|ge ['kli:ma|anla:gə], die; -, -n: *Anlage (2 c) zur Regelung des Klimas in [größeren] Räumen oder Fahrzeugen:* die Klimaanlage funktionierte nicht, fiel aus.

kli|ma|tisch [kli'ma:tɪʃ] ⟨Adj.⟩: *das Klima betreffend:* die klimatischen Verhältnisse, Bedingungen an diesem Ort sind nicht günstig. **Zus.:** heilklimatisch.

klim|pern ['klɪmpɐn]:
1. ⟨itr.; hat⟩ (ugs. abwertend) *(besonders auf dem Klavier) in einer Weise spielen, die als stümperhaft, schlecht empfunden wird:* unser Nachbar hat heute wieder drei Stunden auf dem Klavier geklimpert; ⟨auch tr.⟩ Lieder, Melodien klimpern. **Syn.:** musizieren. **Zus.:** herumklimpern.
2. ⟨itr.; hat⟩ *(von kleinen Gegenständen aus Metall) durcheinanderfallend eine Abfolge von hellen Tönen hervorbringen:* die Münzen klimperten in seiner Rocktasche. **Syn.:** klirren, lärmen, rasseln.

Klin|ge ['klɪŋə], die; -, -n: *flacher, aus Stahl o. Ä. bestehender, am Rand [einseitig] scharf geschliffener Teil eines Schneidwerkzeugs, Messers, Schwertes o. Ä.:* eine scharfe, stumpfe Klinge; die Klinge im Rasierapparat wechseln. **Zus.:** Degenklinge, Rasierklinge.

Klin|gel ['klɪŋl̩], die; -, -n: *Vorrichtung (z. B. an der Haustür, am Fahrrad), mit deren Hilfe ein mehr oder weniger lauter Ton hervorgebracht werden kann, durch den jmds. Aufmerksamkeit erregt bzw. eine bestimmte andere Reaktion bewirkt werden soll:* eine laute, schrille Klingel; die Klingel geht nicht, ist abgestellt; auf die Klingel drücken; die Klingel betätigen. **Syn.:** Glocke. **Zus.:** Fahrradklingel, Türklingel.

klin|geln ['klɪŋl̩n]:
1. ⟨itr.; hat⟩ *die Klingel betätigen:* ich habe dreimal geklingelt; ⟨auch unpers.⟩ es hat [an der Tür] geklingelt *(die Klingel wurde soeben betätigt).* **Syn.:** läuten, schellen (landsch.).
2. a) ⟨tr.; hat⟩ (ugs.) *durch Klingeln aus einem bestimmten Zustand o. Ä. herausholen:* jmdn. aus dem Schlaf, aus dem Bett klingeln. **b)** ⟨itr.; hat⟩ *durch Klingeln ein Signal für etwas Bestimmtes geben:* zur Pause, zum Beginn (des Konzertes), zum Unterricht klingeln. **Syn.:** bimmeln (ugs.), gongen, läuten.

klin|gen ['klɪŋən], klang, geklungen ⟨itr.; hat⟩:
1. a) *einen hellen, eine kurze Weile hallenden Ton, Klang hervorbringen:* die Gläser klingen beim Anstoßen; man hört von ferne Glocken klingen. **Syn.:** dröhnen, ertönen, hallen, schallen, tönen. **b)** *einen bestimmten Klang haben:* das Echo klingt hohl; etwas klingt unschön, silberhell. **Syn.:** sich anhören. **Zus.:** erklingen, verklingen, zusammenklingen.
2. *(durch seinen Klang) etwas Bestimmtes ausdrücken, mitschwingen lassen:* ihre Worte klangen zuversichtlich, wie ein Vorwurf. **Syn.:** sich anhören, anmuten, erscheinen, scheinen, wirken.

Kli|nik ['kli:nɪk], die; -, -en:
[großes] Krankenhaus, das auf die Behandlung bestimmter Erkrankungen spezialisiert ist: sie muss morgen zur Operation in die Klinik. **Syn.:** Hospital, Sanatorium, Spital (bes. österr., schweiz.). **Zus.:** Augenklinik, Frauenklinik, Kinderklinik, Nervenklinik, Poliklinik, Privatklinik, Universitätsklinik.

kli|nisch ['kli:nɪʃ] ⟨Adj.⟩:
die Klinik betreffend, in einem Krankenhaus erfolgend: das Medikament hat sich in klinischen Tests bewährt; die klinische Ausbildung eines Arztes; eine klinische Behandlung erfordern; einen Patienten klinisch behandeln. **Syn.:** stationär.

Klin|ke ['klɪŋkə], die; -, -n:
Griff an einer Tür, mit dem man sie öffnen oder schließen kann: die Klinke herunterdrücken. **Syn.:** Knauf. **Zus.:** Türklinke.

Klin|ker ['klɪŋkɐ], der; -s, -:
hart gebrannter Ziegel: eine aus Klinkern gemauerte Wand. **Syn.:** Backstein.

Klip|pe ['klɪpə], die; -, -n:
für die Schifffahrt gefährlicher Felsen (an einer Steilküste, in einem Fluss): das Schiff lief auf eine Klippe und sank; das Boot zerschellte an einer Klippe. **Syn.:** Riff. **Zus.:** Felsenklippe, Felsklippe.

klir|ren ['klɪrən] ⟨itr.; hat⟩:
einen in kurzer Folge sich wiederholenden hellen und harten Klang hervorbringen: als ein Lastkraftwagen vorbeifuhr, klirrten die Fensterscheiben. **Syn.:** klimpern, rasseln.

Kli|schee [kli'ʃe:], das; -s, -s:
eingefahrene, überkommene, in der Konvention befangene Vorstellung von etwas, die jmds. Denken beherrscht: viele Menschen denken in Klischees. **Syn.:** Binsenwahrheit, Binsenweisheit, Gemeinplatz, Schablone.

Klo [klo:], das; -s, -s (fam.):
Klosett: aufs Klo müssen, gehen. **Syn.:** Abort (veraltend), [1]Toilette, WC.

Klo|a|ke [klo'a:kə], die; -, -n:
meist unterirdisch angelegter Kanal für Abwässer: es stank wie in einer Kloake.

klo|big ['klo:bɪç] ⟨Adj.⟩:
von eckiger, plumper Form: ein klobiger Schrank; etwas sieht klobig aus. **Syn.:** breit, grobschlächtig (abwertend), klotzig (abwertend), vierschrötig.

klö|nen ['klø:nən] ⟨itr.; hat⟩ (nordd.; ugs.):
gemütlich plaudern: sie saßen den ganzen Abend zusammen und klönten. **Syn.:** eine Unterhaltung führen, Konversation machen, labern (ugs.), philosophieren (ugs.), plauschen (landsch.), schwatzen, schwätzen (bes. südd.), sich unterhalten.

Klo|pa|pier ['klo:papi:ɐ̯], das; -s, -e (ugs.):
Papier zur Säuberung nach der Benutzung der Toilette: eine Rolle, ein Blatt Klopapier. **Syn.:** Toilettenpapier.

klop|fen ['klɔpf̩n]:
1. ⟨itr.; hat⟩ *mehrmals leicht gegen etwas schlagen (um auf sich aufmerksam zu machen):* an die Scheibe, an die Wand klopfen; wer klopft denn da an der Wand?; nachdem er geklopft hatte, öffnete sie die Tür; es hat geklopft *(jmd. hat an die Tür geschlagen, hat angeklopft).* **Syn.:** ballern, bumsen (ugs.), hämmern, hauen, pochen, trommeln. **Zus.:** beklopfen.
2. ⟨tr.; hat⟩ **a)** *schlagend bearbeiten:* den Teppich klopfen (um den Staub zu entfernen).
b) *durch Schlagen entfernen:* den Staub aus dem Teppich klopfen.
c) *mit einem Hammer o. Ä. in etwas hineintreiben:* einen Nagel in die Wand klopfen. **Syn.:** einrammen, einschlagen, hauen, rammen, schlagen.

Klops [klɔps], der; -es, -e, (auch:) Klöpse:
gekochter, auch gebratener Kloß aus Hackfleisch. **Syn.:** Bulette, deutsches Beefsteak, Frikadelle. **Zus.:** Fleischklops.

Klo|sett [klo'zɛt], das; -s, -s:
Toilette mit Wasserspülung: etwas ins Klosett schütten. **Syn.:** Abort (veraltend), Klo (fam.), WC. **Zus.:** Wasserklosett.

Kloß [klo:s], der; -es, Klöße ['klø:sə]:
aus einer zu einer Kugel o. Ä. geformten Teigmasse bestehende Speise: Klöße aus Fleisch, Kartoffeln. **Syn.:** Knödel. **Zus.:** Fleischkloß, Hefekloß, Kartoffelkloß.

Klos|ter ['klo:stɐ], das; -s, Klöster ['klø:stɐ]:
Gebäudekomplex, in dem Mönche oder Nonnen (mehr oder weniger von der Welt abgeschieden) leben: ein altes, katholisches Kloster; ins Kloster gehen *(Mönch/Nonne werden).* **Syn.:** [2]Stift. **Zus.:** Frauenkloster, Mönchskloster, Nonnenkloster.

Klotz [klɔts], der; -es, Klötze ['klœtsə]:
großer, plumper, oft eckiger Gegenstand aus Holz o. Ä.: Klötze zerhacken, spalten. **Syn.:** Block, Brocken, Klumpen. **Zus.:** Bauklotz, Betonklotz, Holzklotz.

klot|zen ['klɔtsn̩] ⟨itr.; hat⟩ (ugs.):
a) *bei etwas großzügig verfahren, nicht an finanziellem Einsatz, Aufwand sparen:* die Veranstalter des Festes haben mächtig

geklotzt. **Syn.:** ausgeben, investieren, lockermachen (ugs.), zahlen. **b)** *hart arbeiten:* jetzt muss kräftig geklotzt werden.

klot|zig ['klɔt͜sɪç] ⟨Adj.⟩ (abwertend):
unförmig wie ein Klotz, eine grobe, kantige Form habend: ein klotziges Gebäude; ein klotziger Schreibtisch. **Syn.:** breit, grobschlächtig (abwertend), klobig, plump, vierschrötig.

Klub [klʊp], der; -s, -s, **Club:**
Vereinigung von Personen mit bestimmten gemeinsamen Interessen (z. B. auf dem Gebiet des Sports, der Politik o. Ä.): ein Klub von Wanderfreunden; einen Klub gründen; einem Klub angehören. **Syn.:** [1]Bund, Organisation, Ring, Union, Verband. **Zus.:** Fußballklub, Herrenklub, Kegelklub, Ruderklub, Skatklub, Sportklub.

[1]**Kluft** [klʊft], die; -, Klüfte ['klʏftə]:
1. *tiefer Riss im Gestein, Felsspalte:* sie war in eine tiefe Kluft gestürzt. **Syn.:** Abgrund, Klamm, Krater, Spalte, Tal.
2. *tief reichender, scharfer Gegensatz:* es besteht eine tiefe Kluft zwischen den Parteien; eine Kluft überbrücken, überwinden. **Syn.:** Differenz, Diskrepanz, Kontrast, Meinungsverschiedenheit, Unstimmigkeit, Unterschied.

[2]**Kluft** [klʊft], die; -, -en (ugs.):
a) *uniformartige, die Zugehörigkeit zu einer bestimmten Gruppe erkennen lassende Kleidung:* die Kluft der Pfadfinder. **Syn.:** Uniform. **b)** *Kleidung für einen bestimmten Zweck* (z. B. Arbeits-, Festkleidung): er zog seine beste Kluft an. **Syn.:** Garderobe, Klamotten ⟨Plural⟩ (salopp), Kleider ⟨Plural⟩, Sachen ⟨Plural⟩ (ugs.). **Zus.:** Arbeitskluft, Festtagskluft, Sonntagskluft.

klug [klu:k], klüger, klügste ⟨Adj.⟩:
a) *mit Intelligenz, logischem Denkvermögen begabt:* ein kluger Mensch; eine kluge *(von Klugheit zeugende)* Antwort; sie ist sehr klug. **Syn.:** aufgeweckt, begabt, findig, gescheit, gewitzt, intelligent, pfiffig, scharfsinnig, schlau, vernünftig, verständig.
b) *gebildet, gelehrt, lebenserfahren, weise:* eine kluge Alte; die klugen *([Fach]wissen vermittelnden)* Bücher haben ihm sehr geholfen. **Syn.:** [2]erfahren, geistreich, gescheit, weise. **c)** *vernünftig, sinnvoll; [taktisch] geschickt und diplomatisch [vorgehend]:* ein kluger Rat; das hat er klug angefangen; ich halte es für das Klügste, erst einmal abzuwarten. **Syn.:** gescheit, schlau, weise, weitsichtig.

Klug|heit ['klu:khai̯t], die; -:
a) *scharfer Verstand:* ein Mann von großer Klugheit; sich durch ungewöhnliche Klugheit auszeichnen. **Syn.:** Begabung, Fähigkeit, Genialität, Intelligenz, Scharfsinn. **b)** *kluges, besonnenes Verhalten, Handeln:* mit höchster Klugheit vorgehen; durch ihre Klugheit wurden sie vor Schlimmerem bewahrt. **Syn.:** Aufmerksamkeit, Bedacht, Umsicht, Weitblick.

klum|pen ['klʊmpn̩] ⟨itr.; hat⟩:
kleine Klumpen bilden: Mehl klumpt leicht.

Klum|pen ['klʊmpn̩], der; -s, -:
[zusammenklebende] Masse ohne bestimmte Form: ein Klumpen Blei, Butter, Lehm. **Syn.:** Block, Brocken, Klotz. **Zus.:** Eisklumpen, Erdklumpen, Goldklumpen.

klum|pig ['klʊmpɪç] ⟨Adj.⟩:
voller Klumpen: klumpiges Mehl; die Suppe war klumpig.

Klün|gel ['klʏŋl̩], der; -s, - (abwertend):
Gruppe von Personen, die sich auf Kosten anderer gegenseitig Vorteile verschaffen: einen Klüngel bilden; gegen diesen Klüngel einflussreicher Geschäftsleute ist ein Außenstehender machtlos. **Syn.:** Bande, Clan, Clique, Sippe (meist scherzh. oder abwertend), Sippschaft (meist abwertend).

knab|bern ['knabɐn] ⟨tr.; hat⟩:
etwas Hartes, Knuspriges essen, indem man kleine Stückchen davon abbeißt und sie besonders mit den Schneidezähnen klein kaut: Nüsse, Kekse, Salzstangen knabbern; ⟨auch itr.⟩ der Hase knabbert an einem Kohlstrunk. **Syn.:** kauen, nagen.

Kna|be ['kna:bə], der; -n, -n:
1. (geh.) *Junge:* ein blonder, aufgeweckter Knabe; Knaben und Mädchen; er unterrichtete ausschließlich Knaben.
2. (ugs., oft scherzh.) *Bursche, Kerl, Mann:* ein lustiger Knabe; der Knabe ist mir zu arrogant. **Syn.:** Typ.

kna|ben|haft ['kna:bn̩haft] ⟨Adj.⟩:
(von Mädchen, jungen Frauen) sehr schlank und anmutig, also ohne weibliche Rundungen: ein knabenhaftes Mädchen; eine knabenhafte Figur.

Knä|cke|brot ['knɛkəbro:t], das; -[e]s, -e:
a) *aus Roggen- oder Weizenschrot gebackenes, sehr knuspriges Brot mit geringem Wassergehalt, meist in rechteckigen, dünnen Scheiben:* Knäckebrot ist leicht verdaulich und sehr nahrhaft.
b) *einzelne Scheibe dieses Brotes:* ein Knäckebrot mit Butter.

kna|cken ['knakn̩]:
1. ⟨itr.; hat⟩ *einen kurzen, harten, hellen Ton von sich geben:* das Bett, das Gebälk knackt; der Boden knackt unter seinen Schritten; ⟨unpers.:⟩ es knackt im Radio, im Telefon.
2. ⟨tr.; hat⟩ **a)** *die harte äußere Hülle von etwas zerbrechen (um an den darin enthaltenen Kern zu gelangen):* Mandeln, Nüsse knacken. **Syn.:** aufbrechen, aufknacken, öffnen. **Zus.:** aufknacken.
b) (ugs.) *gewaltsam aufbrechen (um den Inhalt oder die Sache selbst zu zerstören, zu stehlen, unberechtigt zu benutzen):* das Schloss, einen Geldschrank, ein Auto knacken.

kna|ckig ['knakɪç] ⟨Adj.⟩ (ugs.):
1. *(von Essbarem) saftig und zugleich fest, prall:* knackige Äpfel; eine knackige Wurst; der Salat ist frisch und knackig.
2. *wohlgeformt, jugendlich frisch und dadurch attraktiv:* ein knackiges Mädchen; ein knackiger Bademeister; sein Hintern ist echt knackig. **Syn.:** anziehend, sportlich, verführerisch.

Knacks [knaks], der; -es, -e:
1. *knackendes Geräusch:* das Glas zersprang mit einem Knacks; man hörte einen kurzen Knacks.
2. (ugs.) **a)** *Sprung, Riss (in einem spröden Material):* die Vase hat beim Umzug einen Knacks bekommen. **b)** *physischer oder psychischer Defekt:* ein Knacks am Herzen; sie hat einen seelischen Knacks abbekommen.

Knall [knal], der; -[e]s, -e:
kurzes, scharfes peitschendes Geräusch, von dem ein Schuss,

eine Explosion o. Ä. begleitet ist: ein heller, dumpfer, furchtbarer Knall; mit einem Knall zerbarsten die Fensterscheiben; mit einem Knall fiel die Tür ins Schloss. **Syn.:** Krach, Schlag. **Zus.:** Peitschenknall.

knall- [knal] ‹adjektivisches Präfixoid; auch das Basiswort wird betont› (emotional verstärkend):
a) *in auffallender, knalliger Weise …:* knallblau *(auffallend, knallig blau);* knallbunt; knallgelb; knallrot. **b)** drückt aus, dass etwas nahe an der Grenze des Fassungsvermögens o. Ä. ist; *überaus:* knalleng (Hosen); knallhart; knallheiß; knallhell; knallvoll; knallwach.

knal|len ['knalən]:
1. ‹itr.; hat› **a)** *einen Knall hervorbringen:* die Peitsche knallt; bei dem Wind haben immerzu die Türen geknallt; Schüsse knallten; ‹unpers.:› es knallt *(Knalle, Schüsse sind zu hören).* **Syn.:** krachen. **b)** *mit etwas einen Knall erzeugen, hervorbringen:* er hat mit der Peitsche, mit der Tür geknallt.
2. ‹tr.; hat› (ugs.) *mit Wucht an eine bestimmte Stelle werfen, stellen:* die Tasche in die Ecke knallen. **Syn.:** feuern (ugs.), pfeffern, schmeißen, werfen. **Zus.:** hinknallen.
3. ‹itr.; ist› (ugs.) *mit Heftigkeit gegen etwas prallen:* bei seinem Sturz knallte er mit dem Kopf auf die Bordsteinkante; der Wagen ist an die Leitplanke geknallt. **Syn.:** donnern (ugs.).
4. ‹itr.; hat› (ugs.) *(von der Sonne) heiß, brennend sein:* die Sonne knallt vom Himmel, hat ihm auf den Kopf geknallt. **Syn.:** sengen.

knal|lig ['knalıç] ‹Adj.› (ugs.):
1. *(von Farben) sehr grell und schreiend:* ein knalliges Gelb; die Farben sind mir zu knallig. **Syn.:** bunt.
2. ‹verstärkend bei Adjektiven und Verben› *sehr, übermäßig:* es ist knallig heiß hier. **Syn.:** mächtig (ugs.).
3. *sehr eng anliegend:* knallige Jeans.

knapp [knap] ‹Adj.›:
1. *in so geringen Mengen vorkommend, dass es bald verbraucht ist; kaum ausreichend:* ein knappes Einkommen; die Lebensmittel werden knapp; die Mahlzeiten waren zu knapp [bemessen]. **Syn.:** karg, kärglich, kläglich, kümmerlich, spärlich.
2. *gerade ausreichend, eben noch [erreicht]:* ein knapper Sieg; eine knappe Entscheidung; der Wahlausgang war sehr knapp.
3. *etwas weniger als; nicht ganz:* er ist knapp fünfzig; vor einer knappen Stunde/knapp vor einer Stunde; es dauerte knappe zehn Minuten/knapp zehn Minuten.
4. *(von Kleidungsstücken) sehr eng anliegend, fast zu eng:* die Hose ist/sitzt sehr knapp; ein knapper Pullover. **Syn.:** stramm.
5. *sehr nahe, dicht:* das Flugzeug fliegt knapp unter der Schallgrenze; die neue Straße führt knapp an seinem Haus vorbei.
6. *(von einer mündlichen oder schriftlichen Äußerung) kurz und auf das Wesentliche beschränkt:* etwas mit knappen Worten mitteilen; seine Rede war kurz und knapp. **Syn.:** komprimiert, kurz.

knar|ren ['knarən] ‹itr.; hat›: *klanglose, ächzende [schnell aufeinanderfolgende] Töne von sich geben:* die Tür knarrt; eine knarrende Treppe.

Knast [knast], der; -[e]s, Knäste ['knɛstə], auch: -e (ugs.):
a) *Haftstrafe:* er bekam drei Monate Knast. **Syn.:** Arrest, Gefangenschaft, Gewahrsam, Haft. **b)** *Gefängnis:* er sitzt im Knast. **Syn.:** Kerker (früher), Kittchen (ugs.), Strafanstalt.

knat|tern ['knatɐn] ‹itr.; hat›: *kurz aufeinanderfolgende harte, einem Knall ähnliche Töne hervorbringen:* Maschinengewehre knattern. **Syn.:** knallen, krachen.

Knäu|el ['knɔyəl], das und der; -s, -: *zu einer Kugel aufgewickelter Faden (Garn, Wolle u. Ä.):* ein Knäuel Wolle; ein unentwirrbares/unentwirrbarer Knäuel; einen Knäuel aufrollen, aufwickeln. **Zus.:** Garnknäuel, Wollknäuel.

Knauf [knau̯f], der; -[e]s, Knäufe ['knɔyfə]: *Griff in Form einer Kugel (in den ein Gegenstand, z. B. ein Stock, ausläuft):* der Stock hat einen silbernen Knauf. **Zus.:** Silberknauf, Stockknauf, Türknauf.

knau|se|rig ['knau̯zərıç] ‹Adj.› (ugs. abwertend): *übertrieben sparsam, geizig; ohne jede Großzügigkeit im Schenken oder im Ausgeben von etwas:* er ist sehr knauserig. **Syn.:** knick[e]rig (ugs. abwertend).

knau|sern ['knau̯zɐn] ‹itr.; hat› (ugs.): *mit etwas übertrieben sparsam sein:* mit dem Geld, Material knausern. **Syn.:** haushalten, knauserig sein (ugs. abwertend), sparen.

knaut|schen ['knau̯tʃn̩] ‹itr.; hat› (ugs.): *unter Einwirkung von Druck o. Ä. leicht Knitter bekommen:* der Stoff, der Anzug knautscht. **Syn.:** knittern.

kne|beln ['kne:bl̩n] ‹tr.; hat›: *(jmdm.) etwas gewaltsam in den Mund stecken und ihn dadurch am Sprechen und Schreien hindern:* der Überfallene wurde gefesselt und geknebelt.

Knecht [knɛçt], der; -[e]s, -e:
1. (veraltet) *männliche Person, die als Arbeiter auf einem Bauernhof schwere Arbeiten zu verrichten hat:* er hatte sich als Knecht verdingt; als Knecht arbeiten. **Zus.:** Ackerknecht, Fuhrknecht, Pferdeknecht, Reitknecht, Stallknecht.
2. (abwertend) *Person, die [willenlos] Befehlen oder Zwängen zu gehorchen hat:* Herr und Knecht; ein Knecht der Reichen, der Herrschenden sein; ich bin nicht dein Knecht! **Syn.:** Diener.

knei|fen ['knai̯fn̩], kniff, gekniffen:
1. ‹tr.; hat› *(bei jmdm.) ein Stückchen Haut zwischen Daumen und Zeigefinger so zusammendrücken, dass es schmerzt:* er hat mich gekniffen; sie kneift ihn in den Arm; ‹auch itr.› er kneift ihm in den Arm. **Syn.:** zwicken.
2. ‹itr.; hat› *(von Kleidungsstücken) zu eng sein und unangenehm in die Haut, ins Fleisch einschneiden:* die Hose, das Gummiband kneift.
3. ‹itr.; hat› (ugs. abwertend) *sich aus Angst oder Feigheit einer bestimmten Anforderung nicht stellen; sich [vor etwas] drücken:* er hat vor der Aufgabe gekniffen; hier wird nicht gekniffen!

Syn.: ausweichen, sich entziehen, meiden, sich drücken vor (ugs.), sich fernhalten von.

Knei|pe ['knaipə], die; -, -n (ugs.): *einfaches Lokal (in dem besonders Getränke serviert werden):* eine dunkle, rauchige, gemütliche Kneipe; in die Kneipe gehen; sie saßen in der Kneipe beim Kartenspiel; sie blieben in einer Kneipe hängen, zogen von Kneipe zu Kneipe. **Syn.:** Ausschank, Beisel, Gaststätte, Gastwirtschaft, Schenke, Schuppen (ugs.), Spelunke (abwertend), Wirtschaft, Wirtshaus.

kne|ten ['kne:tn̩], knetete, geknetet ⟨tr.; hat⟩: *eine weiche Masse mit den Händen drückend bearbeiten [und formen]:* den Teig kneten; der Masseur knetet die verkrampften Muskeln.

Knick [knɪk], der; -[e]s, -e: **1.** *Stelle, an der etwas stark abgewinkelt, abgebogen ist:* der Stab hat einen Knick; die Straße macht einen Knick. **Syn.:** Biegung, Bogen. **2.** *[unbeabsichtigter] scharfer Falz, Bruch (in einem flächenhaften Gegenstand):* ein Knick im Papier; der Rock bekam beim Sitzen viele Knicke. **Syn.:** Falte, Kniff.

kni|cken ['knɪkn̩] ⟨tr.; hat⟩: **a)** *einen Knick, Falz in etwas hervorbringen oder verursachen:* er hat mehrere Seiten des Buchs geknickt; ⟨auch itr.:⟩ bitte nicht knicken! **Syn.:** biegen, falten. **b)** *etwas Steifes, Sprödes so brechen, dass die noch zusammenhängenden Teile einen scharfen Winkel miteinander bilden:* ein Streichholz, einen Zweig knicken. **Syn.:** durchbrechen. **Zus.:** abknicken, umknicken.

kni|cke|rig ['knɪkərɪç], **knick|rig** ['knɪkrɪç] (ugs. abwertend) ⟨Adj.⟩: *(besonders in Bezug auf Geld) sehr kleinlich, nicht in der Lage, leichten Herzens etwas zu geben, zu spendieren:* ein knick[e]riger Mensch; er ist so knick[e]rig, von ihm kannst du nichts erwarten. **Syn.:** geizig, knauserig (ugs. abwertend).

Knicks [knɪks], der; -es, -e: *von Mädchen oder Frauen ausgeführtes Zurücksetzen eines Fußes und Beugen eines Knies als Zeichen der Begrüßung oder Ehrerbietung:* das Mädchen machte einen Knicks vor der alten Dame. **Zus.:** Hofknicks.

Knie [kni:], das; -s, -: **1.** *verbindendes Gelenk zwischen Ober- und Unterschenkel:* das Knie beugen; ihm zittern die Knie; die Knie durchdrücken; er warf sich vor ihr auf die Knie; auf die Knie fallen; der Rock reicht bis ans, bis zum Knie. **2.** *gebogenes Stück Rohr:* das Knie am Abfluss.

Knie|beu|ge ['kni:bɔy̯gə], die; -, -n: *(besonders im Turnen) Bewegung, bei der man mit geradem Oberkörper in die Hocke geht und wieder aufsteht:* zehn Kniebeugen machen; in die Kniebeuge gehen.

knien [kni:n]: **1.** ⟨itr.; hat; südd.: ist⟩ *eine Haltung einnehmen, bei der das Körpergewicht bei abgewinkelten Beinen auf einem oder beiden Knien ruht:* er kniet auf dem Teppich, vor dem Altar. **2.** ⟨+ sich⟩ *sich auf die Knie niederlassen:* sie kniete sich, um den Ball unter dem Tisch hervorzuholen. **Syn.:** auf die Knie fallen, sich auf die Knie werfen, sich jmdm. zu Füßen werfen. **3.** ⟨+ sich⟩ *sich intensiv mit einer Sache beschäftigen:* sich in die Arbeit knien.

Knie|strumpf ['kni:ʃtrʊmpf], der; -[e]s, Kniestrümpfe ['kni:ʃtrʏmpfə]: *Strumpf, der bis ans Knie reicht:* unter den Hosen trug sie wollene Kniestrümpfe.

Kniff [knɪf], der; -[e]s, -e (ugs.): **1.** *das Kneifen:* der Kniff in einen Männerpo; er ärgerte sie mit Kniffen und Püffen. **2.** *scharf umgebogene Stelle in Papier oder Stoff; Falte, Knick:* einen Kniff in das Papier machen; vom Sitzen hat der Rock viele Kniffe. **3. a)** *bestimmte, praktische Methode, Handhabung von etwas zur Erleichterung oder geschickten Ausführung einer Arbeit:* Kniffe für den Heimwerker; alle Kniffe kennen; sie eignete sich die notwendigen handwerklichen Fertigkeiten und Kniffe an. **b)** *kleiner [unerlaubter] Kunstgriff, kleines Täuschungsmanöver, Manipulation o. Ä. zur Erreichung eines Vorteils:* ein raffinierter Kniff; sie versuchte ihre Familie mit allen Kniffen aus dem Konflikt herauszuhalten. **Syn.:** Dreh (ugs.), Finte, List, Masche (ugs.), Methode, Praktik, Schwindel, Täuschung, Trick.

kniff|lig ['knɪflɪç] ⟨Adj.⟩: **a)** *Geduld, Geschicklichkeit, Intelligenz bei der Ausführung, Beantwortung o. Ä. erfordernd:* eine knifflige Arbeit, Frage; das Entwirren der Fäden ist sehr knifflig. **Syn.:** beschwerlich, mühsam, mühselig. **b)** *Vorsicht, Fingerspitzengefühl in der Behandlung erfordernd; heikel:* eine knifflige Situation, Angelegenheit; das Thema ist etwas knifflig. **Syn.:** anstrengend, beschwerlich, gefährlich, mühsam, nicht leicht, schwer, schwierig.

knip|sen ['knɪpsn̩] (ugs.): **1.** ⟨tr.; hat⟩ *(eine Fahrkarte o. Ä.) lochen [und dadurch entwerten]:* die Fahrkarten knipsen. **2.** ⟨tr.; hat⟩ *[jmdn., etwas] als Amateur[in] fotografieren:* sie hat ihre Freundin geknipst; die Kirche, das Schloss knipsen; ⟨auch itr.⟩ ich habe im Urlaub viel geknipst. **Syn.:** aufnehmen, ein Bild machen, ein Foto machen, ein Foto schießen, eine Aufnahme machen, einen Schnappschuss machen.

Knirps [knɪrps], der; -es, -e (ugs.): *kleiner Junge:* ein drolliger Knirps; so ein kleiner Knirps und schon so frech! **Syn.:** [2]Balg (emotional, meist abwertend), Kind.

knir|schen ['knɪrʃn̩] ⟨itr.; hat⟩: **a)** *ein mahlendes, hartes, helles Geräusch von sich geben:* der Sand, der Schnee knirscht unter den Schuhen. **Syn.:** knistern. **b)** *ein knirschendes* (a) *Geräusch hervorbringen:* im Schlaf mit den Zähnen knirschen.

knis|tern ['knɪstɐn] ⟨itr.; hat⟩: **a)** *ein helles, feines Geräusch von sich geben, das von etwas Trockenem, Sprödem oder von etwas Verbrennendem ausgeht:* Papier, Seide knistert; das Feuer knistert im Ofen. **Syn.:** knacken, prasseln, rascheln. **b)** *ein helles, kurzes, leise raschelndes Geräusch hervorrufen, verursa-*

K
knis

chen: er knistert mit Bonbonpapier. **Syn.:** rascheln.

knit|tern ['knɪtɐn] ⟨itr.; hat⟩: *(im Gebrauch in unerwünschter Weise) viele unregelmäßige Falten bekommen:* der Stoff knittert leicht. **Syn.:** knautschen (ugs.). **Zus.:** verknittern, zerknittern.

kno|beln ['kno:bl̩n] ⟨itr.; hat⟩:
1. *mit Würfeln o. Ä. eine Zufallsentscheidung über etwas herbeiführen:* wir knobeln mit Streichhölzern, wer das Bier bezahlen muss; mit jmdm. um eine Runde Schnaps knobeln. **Syn.:** würfeln.
2. (ugs.) *lange und angestrengt über etwas nachdenken:* wir knobelten, wie man es machen könnte; er hat einige Stunden an/über diesem Problem geknobelt. **Syn.:** sich bedenken, sich besinnen, brüten (ugs.), den Verstand gebrauchen, denken, [1]durchdenken, einem Gedanken/seinen Gedanken nachhängen, sich fragen, grübeln, philosophieren, rätseln, reflektieren, sich das Hirn zermartern (ugs.), sich den Kopf zerbrechen (ugs.), sich Gedanken machen, sinnen (geh.), sinnieren, überdenken, [1]überlegen.

Knob|lauch ['kno:plau̯x], der; -[e]s:
a) *Pflanze mit Doldenblüten und einer aus mehreren länglichen Zwiebeln bestehenden Wurzelknolle:* Knoblauch anbauen.
b) *als Gewürz und als Heilmittel verwendete Wurzelknolle des Knoblauchs* (a) *mit strengem, durchdringendem Geruch und Geschmack:* Knoblauch an den Salat geben; sie mag keinen Knoblauch.

Knob|lauch|ze|he ['kno:plau̯xtse:ə], die; -, -n:
einzelne kleine Zwiebel des Knoblauchs (b): eine Knoblauchzehe klein hacken.

Knö|chel ['knœçl̩], der; -s, -:
a) *hervorspringender Knochen am Fußgelenk:* sich den Knöchel brechen, verstauchen; das Kleid reicht bis zum Knöchel. **b)** *mittleres Fingergelenk:* zarte, spitze Knöchel; mit dem Knöchel auf den Tisch klopfen.

Kno|chen ['knɔxn̩], der; -s, -:
a) *einzelner Teil des Skeletts (bei Mensch und Wirbeltieren):* schwere, kräftige Knochen; der Fuß besteht aus mehreren Knochen; der Knochen ist gebrochen, ist wieder gut zusammengewachsen; sich einen Knochen brechen. **Zus.:** Armknochen, Backenknochen, Beckenknochen, Fußknochen, Handknochen. **b)** ⟨Plural⟩ (ugs.) *jmds. Gliedmaßen; der ganze Körper:* nach dem Sturz taten ihr alle Knochen weh.

kno|chig ['knɔxɪç] ⟨Adj.⟩:
stark hervortretende Knochen aufweisend: ein knochiges Gesicht; knochige Hände; seine Gestalt ist sehr knochig. **Syn.:** dünn, dürr (emotional), hager, schlank.

Knö|del ['knø:dl̩], der; -s, - (südd.):
Kloß: Knödel aus gekochten Kartoffeln; Schweinshaxe mit Knödeln.

Knol|le ['knɔlə], die; -, -n:
über bzw. unter der Erde wachsender, verdickter Teil einer Pflanze (der als Gemüse o. Ä. gegessen wird): Kohlrabi, Kartoffeln sind Knollen.

Knopf [knɔp͡f], der; -[e]s, Knöpfe ['knœp͡fə]:
1. *kleiner, meist runder und flacher Gegenstand, der an Kleidungsstücken zum Zusammenhalten oder als Schmuck dient:* ein runder, flacher, glänzender Knopf; ein Knopf aus Perlmutter, Horn; der Knopf ist ab, auf, zu; einen Knopf annähen, verlieren; alle Knöpfe sind abgerissen. **Zus.:** Glasknopf, Perlmuttknopf.
2. *ein an technischen Anlagen und Geräten befindliches Teil, das auf Druck oder durch Drehen eine Funktion in Gang setzt bzw. beendet:* der Knopf am Radio, für das Licht; als sie auf den Knopf drückte, öffnete sich die Tür; an den Knöpfen der Waschmaschine drehen. **Zus.:** Schaltknopf.

knöp|fen ['knœp͡fn̩] ⟨tr.; hat⟩:
mithilfe von Knöpfen (1 a) *öffnen oder schließen:* die Bluse wird vorn, hinten, seitlich geknöpft; er hatte den Mantel falsch geknöpft. **Zus.:** abknöpfen, anknöpfen, aufknöpfen, zuknöpfen.

Knor|pel ['knɔrpl̩], der; -s, -:
festes, elastisches Bindegewebe, das das Skelett stützt, Knochen oder Gelenke verbindet: der Knorpel zwischen Rippe und Brustbein. **Zus.:** Gelenkknorpel.

knor|rig ['knɔrɪç] ⟨Adj.⟩:
1. a) *(von Bäumen, Ästen) mit dicken Knoten gewachsen, verwachsen:* eine knorrige Eiche.
b) *(von Holz) von vielen Astansätzen durchzogen:* ein knorriger Stock.
2. *[alt und] wenig umgänglich; spröde:* ein knorriger Alter. **Syn.:** eigensinnig, stur.

Knos|pe ['knɔspə], die; -, -n:
Blüte, die sich noch nicht entfaltet hat, noch geschlossen ist: die Knospen sprießen, platzen, blühen auf, brechen auf; der Baum treibt Knospen; Knospen ansetzen, bilden. **Zus.:** Blütenknospe, Rosenknospe.

Kno|ten ['kno:tn̩], der; -s, -:
1. *eine rundliche Verdickung bildende, festgezogene Verschlingung von Fäden, Schnüren o. Ä.:* ein fester, loser, doppelter Knoten; einen Knoten schlingen, machen; der Knoten ist aufgegangen; die Kordel hat viele Knoten. **Zus.:** Weberknoten.
2. *kleine, verdickte bzw. verhärtete Stelle im Körpergewebe:* durch Gicht verursachte Knoten an den Fingern; sie hat einen Knoten in der Brust. **Zus.:** Gichtknoten, Lymphknoten, Nervenknoten.
3. *im Nacken geschlungenes, am Hinterkopf festgestecktes langes Haar (als Haartracht von Frauen):* einen Knoten tragen, haben. **Zus.:** Haarknoten.

Kno|ten|punkt ['kno:tn̩pʊŋkt], der; -[e]s, -e:
Ort, an dem sich mehrere Verkehrswege schneiden: die Stadt ist ein Knotenpunkt mehrerer Eisenbahnlinien.

Know-how [no:'hau̯], das; -[s]:
(besonders in der Wirtschaft) für die Verwirklichung bestimmter technischer Projekte, den Einsatz neuer Maschinen, neuer Techniken o. Ä. nötige theoretische Voraussetzungen, Kenntnisse, Erfahrungen: das technische, nötige Know-how haben, nicht besitzen.

knuf|fen ['knʊfn̩] ⟨tr.; hat⟩ (ugs.):
[heimlich] mit der Faust, dem Ellenbogen stoßen: du sollst mich nicht dauernd knuffen!; sie knuffte mich in den Arm. **Syn.:** boxen.

knül|len ['knʏlən] ⟨tr.; hat⟩:
in der Hand [zu einem ballförmi-

K knit

gen Gebilde] zusammendrücken: Stoff, Papier knüllen. **Zus.:** zerknüllen, zusammenknüllen.

Knül|ler [ˈknʏlɐ], der; -s, - (ugs.): *etwas, was plötzlich großes Aufsehen erregt, großen Anklang findet:* der Film ist ein Knüller; die Nachricht vom Verkauf des Unternehmens war ein echter Knüller; der Ausverkauf hält viele Knüller bereit; mir ist heute ein Knüller *(etwas sehr Schlimmes)* passiert. **Syn.:** Attraktion, Clou (ugs.), Hit (ugs.), Sensation.

knüp|fen [ˈknʏpf̩n] ⟨tr.; hat⟩:
1. *in einer bestimmten Technik, durch kunstvolles Knoten von Fäden herstellen:* Teppiche, Netze knüpfen.
2. *im Geiste mit etwas verbinden:* große Hoffnungen, Erwartungen an etwas knüpfen; Bedingungen an etwas knüpfen *(etwas von bestimmten Bedingungen abhängig machen).* **Syn.:** verknüpfen mit.

Knüp|pel [ˈknʏpl̩], der; -s, -: *kurzer, derber Stock:* ein Knüppel aus Hartgummi; einen Hund mit dem Knüppel schlagen; die Polizei trieb die Demonstranten mit Knüppeln auseinander.

knur|ren [ˈknʊrən] ⟨itr.; hat⟩:
1. *(von bestimmten Tieren) als Zeichen von Feindseligkeit brummende, rollende Laute von sich geben:* der Hund knurrt. **Zus.:** anknurren.
2. (ugs.) *seiner Unzufriedenheit mit etwas in ärgerlichem Ton Ausdruck geben:* sie knurrte über die neue Anordnung; er knurrte wegen des schlechten Essens. **Syn.:** poltern, rüffeln, schelten, schimpfen, wettern, zetern (emotional abwertend).

knusp|rig [ˈknʊsprɪç] ⟨Adj.⟩: *(von etwas Gebratenem, Gebackenem) mit harter, leicht platzender Kruste:* knuspriges Brot; die Brötchen sind knusprig; eine knusprig gebratene Gans.

Knu|te [ˈknu:tə], die; -, -n: *kurze Peitsche aus Leder:* die Reiter schwangen ihre Knuten.

knut|schen [ˈknu:t͡ʃn̩] ⟨itr.; hat⟩ (ugs.): *heftig umarmen, drücken und küssen:* mit jmdm. knutschen; hört auf zu knutschen; ⟨auch tr.⟩ er hat sie geknutscht; sie knutschten sich/einander.

k. o. [ka:ˈlo:] ⟨Adj.⟩:
1. *beim Boxen nach einem Niederschlag kampfunfähig und besiegt:* k. o. sein; den Gegner k. o. schlagen.
2. (ugs.) *(nach einer großen Anstrengung o. Ä.) körperlich erschöpft:* nach der zehnstündigen Reise waren sie völlig k. o; die Kinder sanken k. o. in die Betten. **Syn.:** abgespannt, erledigt (ugs.), ermattet (geh.), fertig (ugs.), groggy (ugs.), kaputt (ugs.), kraftlos, matt, müde, schlapp, überanstrengt, überarbeitet, überlastet, übermüdet, übernächtigt.

ko-, Ko- [ko:] ⟨Präfix; mit fremdsprachlichem Basiswort⟩:
1. ⟨substantivisch⟩ **a)** ⟨Personenbezeichnung als Basiswort⟩ weist auf die Partnerschaft zwischen zwei oder mehr Personen hin; *Mit-:* Koautorin; Kodirektor; Kopilotin; Koregisseur. **b)** ⟨Sachbezeichnung als Basiswort⟩ weist auf eine Wechselbeziehung hin; *Nebeneinander-, Zusammen-, gemeinschaftlich …:* Koedukation; Koexistenz; Kooperation; Koproduktion.
2. ⟨adjektivisch⟩ koedukativ; koexistent; kooperativ.
3. ⟨verbal⟩ koexistieren; kooperieren.

Ko|a|li|ti|on [kolaliˈt͡si̯o:n], die; -, -en: *(zum Zweck der Durchsetzung gemeinsamer Ziele geschlossenes) Bündnis besonders von politischen Parteien:* eine Koalition mit jmdm. bilden, eingehen; eine große Koalition *(Koalition der [beiden] zahlenmäßig stärksten Parteien in einem Parlament).* **Syn.:** Allianz, Block, [1]Bund.

Ko|bold [ˈko:bɔlt], der; -[e]s, -e: *(im Volksglauben) meist gutartiger, zu neckischen Streichen aufgelegter Zwerg.*

Koch [kɔx], der; -[e]s, Köche [ˈkœçə]: *männliche Person, die im Zubereiten von Speisen ausgebildet ist, die berufsmäßig kocht:* Koch sein, werden; als Koch in einer Kantine arbeiten; ihr Mann ist ein begeisterter Koch *(kocht gern).* **Zus.:** Aushilfskoch, Chefkoch, Hotelkoch, Schiffskoch.

Koch|buch [ˈkɔxbu:x], das; -[e]s, Kochbücher [ˈkɔxby:çɐ]: *Buch, das eine Zusammenstellung von Rezepten und Anleitungen für die Zubereitung von Speisen verschiedener Art enthält:* ein Kochbuch für Nudelgerichte; nach dem Kochbuch kochen.

kö|cheln [ˈkœçl̩n] ⟨itr.; hat⟩:
1. *(von einer Speise) bei schwacher Hitze leicht kochen:* die Soße muss zwei Stunden köcheln.
2. (scherzh.) *(in Bezug auf eine Person, die sich gern mit Kochen beschäftigt) kochen:* sonntags köchelt er gern.

ko|chen [ˈkɔxn̩]:
1. a) ⟨tr.; hat⟩ *(warme Speisen, Getränke) auf dem Herd o. Ä. durch Einwirkenlassen von Hitze zubereiten:* das Essen, Gemüse, Suppe, Tee kochen; etwas lange, auf kleiner Flamme, bei mittlerer Hitze kochen; ⟨auch itr.⟩ sie kann gut kochen. **Syn.:** brühen, dämpfen, dünsten. **b)** ⟨itr.; hat⟩ *(bestimmte Nahrungsmittel) auf dem Herd o. Ä. durch Einwirkenlassen von Hitze gar werden lassen:* der Brei muss fünf Minuten kochen. **Syn.:** garen, sieden.
2. a) ⟨tr.; hat⟩ *bis zum Sieden erhitzen:* Wasser kochen. **Syn.:** aufwärmen, heiß machen.
b) ⟨itr.; hat⟩ *bis zum Siedepunkt erhitzt und in wallender Bewegung sein:* das Wasser kocht. **Syn.:** brodeln, sieden, wallen.
c) ⟨itr.; hat⟩ *zum Zweck des Garwerdens in kochendem Wasser liegen:* der Reis, die Kartoffeln müssen 20 Minuten kochen. **Syn.:** ziehen.

Ko|cher [ˈkɔxɐ], der; -s, -: *kleineres Gerät, auf dem man Speisen o. Ä. kochen kann:* ein elektrischer Kocher. **Zus.:** Gaskocher, Spirituskocher.

Koch|feld [ˈkɔxfɛlt], das; -[e]s, -er: *aus einer Platte aus Glaskeramik bestehende Kochmulde:* ein Kochfeld aus Glaskeramik.

Kö|chin [ˈkœçɪn], die; -, -nen: weibliche Form zu ↑Koch.

Koch|löf|fel [ˈkɔxlœfl̩], der; -s, -: *Holz- oder Kunststofflöffel mit langem Stiel, der besonders zum Umrühren der Speisen beim Kochen verwendet wird:* die Nudeln mit dem Kochlöffel umrühren.

Koch|topf [ˈkɔxtɔpf], der; -[e]s, Kochtöpfe [ˈkɔxtœpfə]: *Topf, in dem Speisen gekocht wer-*

den: den Kochtopf auf den Herd stellen. **Syn.:** Kessel, Pfanne (schweiz.).

Kö|der ['kø:dɐ], der; -s, -:
1. *zum Fangen bestimmter Tiere benutzte Lockspeise, die entweder in einer Falle o. Ä. ausgelegt oder beim Angeln am Angelhaken befestigt wird:* einen Köder auslegen; auf einen Köder anbeißen; ein Tier mit einem Köder anlocken, fangen. **Zus.:** Angelköder.
2. (ugs.) *Anreiz, mit dem man versucht, jmdn. für etwas zu gewinnen:* mit dem Köder der Gehaltserhöhung will er dich nur zu halten versuchen. **Syn.:** Blickfang.

kö|dern ['kø:dɐn] ⟨tr.; hat⟩:
a) *mit einem Köder anlocken, fangen:* Fische [mit Würmern] ködern. **b)** (ugs.) *(jmdn. mit verlockenden Angeboten, Versprechungen o. Ä.) für ein Vorhaben, einen Plan gewinnen:* jmdn. ködern, etwas zu tun; jmdn. mit etwas ködern; sich mit Geld nicht ködern lassen. **Syn.:** anlocken, anziehen, interessieren, werben für.

Ko|edu|ka|ti|on ['ko:|edukatsi̯o:n], die; -:
Prinzip der gemeinsamen Erziehung von Jungen und Mädchen in der Schule.

Ko|exis|tenz ['ko:|ɛksɪstɛnts], die; -:
das gleichzeitige Vorhandensein, Existieren; das Nebeneinanderbestehen [von Verschiedenartigem]: die friedliche Koexistenz kultureller Lebensformen, zwischen den unterschiedlichen Konfessionen und Religionen *(das friedliche Nebeneinander von Angehörigen verschiedener Kulturen, Konfessionen und Religionen).*

Kof|fer ['kɔfɐ], der; -s, -:
tragbarer Gegenstand mit aufklappbarem Deckel und Handgriff zum Tragen, der dazu bestimmt ist, Kleider und andere auf der Reise benötigte Dinge aufzunehmen: ein großer, schwerer, handlicher Koffer; die Koffer packen, auspacken; einen Koffer aufgeben; etwas in den Koffer packen. **Syn.:** Gepäck. **Zus.:** Kosmetikkoffer, Reisekoffer.

Kof|fer|raum ['kɔfɐraum], der; -[e]s, Kofferräume ['kɔfɐrɔymə]:
von außen zugänglicher Bereich, meist im Heck des PKWs, in dem größeres Gepäck (Koffer u. Ä.) verstaut werden kann: den Kofferraum aufmachen, schließen; den Koffer in den Kofferraum legen.

Ko|gnak ['kɔnjak], der; -s, -s:
[aus Weinen des Gebietes um Cognac in Frankreich hergestellter] Weinbrand: eine Flasche Kognak; er trank drei Kognak *(drei Gläser Kognak).* **Syn.:** Branntwein.

Kohl [ko:l], der; -[e]s, -e:
1. a) *in vielen Arten vorkommende, meist große Köpfe ausbildende Pflanze, die als Gemüse gegessen wird:* Kohl anbauen, pflanzen. **Zus.:** Blumenkohl, Rotkohl, Weißkohl, Winterkohl. **b)** *aus dem Kohl* (1 a) *gewonnenes Gemüse:* Kohl auf dem Markt kaufen; wir essen gerne Kohl. **Syn.:** Kohlrabi, Kraut.
2. ⟨ohne Plural⟩ (ugs. abwertend) *ungereimtes Zeug, Unsinn:* das ist doch alles Kohl!; Kohl reden, quatschen. **Syn.:** Blech (ugs. abwertend), Blödsinn (ugs. abwertend), dummes Zeug, Dummheit, Firlefanz (ugs. abwertend), Flachs (ugs.), Idiotie (ugs. abwertend), Irrsinn (emotional), Krampf (ugs.), Mätzchen ⟨Plural⟩ (ugs.), Mist (ugs. abwertend), Quark (ugs.), Quatsch (ugs.), Scheiße (derb abwertend), Schnickschnack (ugs., meist abwertend), Schwachsinn (ugs. abwertend), Stuss (ugs. abwertend), Torheit (geh.).

Kohl|dampf ['ko:ldampf], der; -[e]s (ugs.):
starkes Hungergefühl; großer Hunger: nach dem Schwimmen bekamen/hatten wir großen Kohldampf. **Syn.:** Appetit, Hunger.

Koh|le ['ko:lə], die; -, -n:
ein schwarz glänzender, wie Stein aussehender, aus dem Erdinnern gewonnener Brennstoff: mit Kohle[n] heizen; Kohle abbauen, fördern. **Syn.:** Brikett, [1]Koks. **Zus.:** Braunkohle, Steinkohle.

Koh|le|hy|drat ['ko:ləhydra:t], **Koh|len|hy|drat** ['ko:lənhydra:t], das; -[e]s, -e:
aus Kohlenstoff, Sauerstoff und Wasserstoff bestehende organische Verbindung: Nudeln und Kartoffeln sind reich an Kohlehydraten.

kohl|ra|ben|schwarz ['ko:l'ra:bn̩'ʃvarts] ⟨Adj.⟩:
tiefschwarz: er hat kohlrabenschwarzes Haar.

Kohl|ra|bi [ko:l'ra:bi], der; -[s], -[s]:
a) *Kohlart, bei der der Stängel zu einer rundlichen, als Gemüse verwendeten Knolle verdickt ist:* Kohlrabi pflanzen. **b)** *als Gemüse gegessene Knolle des Kohlrabi:* wir essen heute Kohlrabi mit einer weißen Soße.

ko|itie|ren [koi'ti:rən] ⟨itr.; hat⟩:
den Geschlechtsakt vollziehen: mit jmdm. koitieren; sie koitierten im Stehen; ⟨auch tr.⟩ der ältere Affe versuchte, den jüngeren zu koitieren. **Syn.:** bumsen (salopp), es treiben (ugs.), ficken (derb), Geschlechtsverkehr haben, ins Bett gehen (ugs.), ins Bett steigen (ugs.), intime Beziehungen haben, sich lieben, sich paaren, pennen mit (ugs.), schlafen mit, Sex haben, [sich] begatten.

Ko|itus ['ko:itʊs], der; -, - und -se:
intimer sexueller Kontakt, besonders die genitale Vereinigung eines Mannes und einer Frau: den Koitus ausüben. **Syn.:** Beischlaf (geh., Rechtsspr.), Geschlechtsverkehr, Verkehr.

Ko|je ['ko:jə], die; -, -n:
in der Kajüte eines Schiffes eingebautes Bett.

Ko|ka|in [koka'i:n], das; -s:
(als Betäubungsmittel und als Rauschgift verwendete) Stickstoffverbindung aus den Blättern des Kokastrauchs: Kokain schnupfen. **Syn.:** [2]Koks (Jargon), Schnee (Jargon).

ko|kett [ko'kɛt] ⟨Adj.⟩:
von eitel-selbstgefälligem Wesen; bestrebt, die Aufmerksamkeit anderer zu erregen und zu gefallen: ein kokettes Mädchen; sie ist mir zu kokett; jmdm. kokett zulächeln; ein kokettes Benehmen. **Syn.:** affektiert (bildungsspr.), affig (ugs.), eitel (abwertend).

ko|ket|tie|ren [kokɛ'ti:rən] ⟨itr.; hat⟩:
1. *sich kokett benehmen:* die hübsche junge Dame kokettierte eifrig mit ihrem Gegenüber. **Syn.:** anbändeln (ugs.), flirten, schäkern.
2. *(etwas) vorsichtig erwägen; mit*

einem Plan, Gedanken o. Ä. spielen, ohne sich ernstlich darauf einzulassen: die Stadt kokettiert schon lange mit dem Ausbau des Hafens.
3. *sich (durch etwas) interessant machen wollen:* er hat mit seinen Fehlern, mit seinem Alter kokettiert. **Syn.:** angeben, sich aufblähen (abwertend), sich aufblasen (ugs.), sich aufplustern (ugs.), aufschneiden, sich aufspielen, sich brüsten, den Mund voll nehmen (ugs.), dick auftragen (ugs.), großtun (abwertend), prahlen, sich rühmen.

Ko|kos|nuss ['ko:kɔsnʊs], die; -, Kokosnüsse ['ko:kɔsnʏsə]: *große, mit einer braunen Faserschicht bedeckte, eiförmige Frucht der Kokospalme, die eine genießbare milchige Flüssigkeit und eine weiße fleischige Schicht enthält:* die Kokosnuss mit der spitzen Seite des Hammers aufbrechen.

[1]**Koks** [ko:ks], der; -es: *grauer bis schwarzer, fester und als Brennstoff verwendeter Rückstand, der verbleibt, wenn der Steinkohle in luftdicht abgeschlossenen Kammern durch Erhitzen Gase entzogen werden:* Koks verfeuern; mit Koks heizen. **Syn.:** Briketts ⟨Plural⟩, Kohle.

[2]**Koks** [ko:ks], der, auch: das; -es (Jargon): *Kokain:* Koks schnupfen. **Syn.:** Schnee (Jargon).

Kol|ben ['kɔlbn̩], der; -s, -: *sich auf und ab bewegender Teil im Zylinder eines Motors:* der Motor lief nicht mehr, weil der Kolben im Zylinder feststeckte.

Ko|lik ['ko:lɪk], die; -, -en: *krampfartiger Schmerz im Bereich von Magen, Darm oder Nieren:* eine Kolik bekommen, haben. **Syn.:** Krampf. **Zus.:** Gallenkolik, Nierenkolik.

Kol|la|bo|ra|teur [kɔlabora'tø:ɐ̯], der; -s, -e, **Kol|la|bo|ra|teu|rin** [kɔlabora'tø:rɪn], die; -, -nen: *Person, die mit dem Kriegsgegner, der Besatzungsmacht gegen die Interessen des eigenen Landes zusammenarbeitet:* die Kollaborateure und Kollaborateurinnen wurden erschossen oder zu hohen Freiheitsstrafen verurteilt. **Syn.:** Verräter, Verräterin.

Kol|laps ['kɔlaps], der; -es, -e: *körperlicher Zusammenbruch aufgrund eines Kreislaufversagens:* einen Kollaps bekommen, erleiden. **Syn.:** Anfall.

Kol|leg [kɔl'e:k], das; -s, -s, selten: -ien:
1. (veraltend) *Vorlesung an einer Hochschule:* ein Kolleg belegen, besuchen; ein Kolleg über etwas halten.
2. *Einrichtung, über die im Rahmen des zweiten Bildungsweges die Hochschulreife erworben werden kann:* ein Kolleg besuchen.

Kol|le|ge [kɔ'le:gə], der; -n, -n:
a) *männliche Person, mit der man beruflich zusammenarbeitet oder die den gleichen Beruf hat:* wir sind Kollegen; er ist einer meiner Kollegen. **Zus.:** Arbeitskollege, Berufskollege, Fachkollege.
b) *männliche Person, die der gleichen Organisation, besonders der Gewerkschaft, angehört:* die Kollegen sind mit dem Ergebnis nicht einverstanden. **Syn.:** Genosse.

kol|le|gi|al [kɔle'gi̯a:l] ⟨Adj.⟩: *für seine Kolleginnen und Kollegen eintretend, ihnen helfend o. Ä.* /Ggs. unkollegial/: das war nicht sehr kollegial von ihr; er hat sich sehr kollegial [gegenüber anderen] verhalten. **Syn.:** freundschaftlich.

Kol|le|gin [kɔ'le:gɪn], die; -, -nen: weibliche Form zu ↑Kollege.

Kol|lek|te [kɔ'lɛktə], die; -, -n: *Sammlung von Geld während des Gottesdienstes bzw. nach dem Gottesdienst:* die Kollekte ist für die Hungernden in der Welt bestimmt. **Syn.:** Spende.

Kol|lek|ti|on [kɔlɛk'tsi̯o:n], die; -, -en: *Sammlung von Mustern bestimmter Waren, besonders von neuen Modellen der Textilbranche:* auf der Modenschau wurde die neueste Kollektion von Mänteln und Kostümen gezeigt. **Syn.:** Angebot, Auswahl, Sortiment.

Kol|lek|tiv [kɔlɛk'ti:f], das; -s, -e auch: -s: *durch gemeinsame, besonders berufliche Interessen und Aufgaben miteinander verbundene Gruppe von Menschen:* in einem Kollektiv leben, arbeiten; die Bauern schlossen sich zu einem Kollektiv zusammen. **Syn.:** Genossenschaft, Team. **Zus.:** Autorenkollektiv, Künstlerkollektiv.

Kol|ler ['kɔlɐ], der; -s, - (ugs.): *(durch etwas Bestimmtes ausgelöste) heftige, anfallartige Entladung von aufgestauten Emotionen:* wenn er lange allein ist, bekommt er einen Koller.

Kol|li|si|on [kɔli'zi̯o:n], die; -, -en:
1. *Zusammenstoß von Fahrzeugen, besonders von Schiffen:* die Kollision zwischen einem Lkw und einem Bus; eine Kollision eines Fischkutters mit einem Frachter in dichtem Nebel; auf der Autobahn kam es wegen Glatteis zu zahlreichen Kollisionen. **Syn.:** Aufprall, Havarie, Karambolage (ugs.).
2. *Zusammenprall von Interessen o. Ä. [der jmdn. in eine Konfliktsituation bringt]:* mit jmdm., etwas in Kollision geraten; es kam zu einer Kollision der verschiedensten Forderungen, Wünsche, Bedürfnisse.

Kol|lo|qui|um [kɔ'lo:kviʊm], das; -s, Kolloquien [kɔ'lo:kvi̯ən]:
a) *zeitlich festgesetztes wissenschaftliches Gespräch zwischen Lehrern einer Hochschule und Studierenden:* parallel zu ihrer Vorlesung hielt die Professorin ein Kolloquium [ab]. **b)** *Zusammenkunft von Wissenschaftlern, Politikern zur Erörterung bestimmter Probleme:* ein internationales Kolloquium über Fragen der modernen Medizin. **Syn.:** Konferenz, Kongress, Meeting, Tagung, Treffen.

Ko|lo|nie [kolo'ni:], die; -, Kolonien [kolo'ni:ən]:
1. *Besitzung eines Staates (besonders in Übersee), die politisch und wirtschaftlich von diesem abhängig ist:* die ehemaligen französischen Kolonien in Afrika strebten nach Selbstständigkeit; Kolonien erwerben.
2. *Gruppe von Ausländern gleicher Nationalität in einem fremden Staat oder einer fremden Stadt:* die deutsche Kolonie in Paris.

Ko|lon|na|de [kolɔ'na:də], die; -, -n: *Säulengang, bei dem das Gebälk horizontal verläuft und im Unterschied zur Arkade keine Bogen aufweist:* durch die Kolonaden des Kurhauses schlendern.

Ko|lon|ne [koˈlɔnə], die; -, -n: *aus Menschen (besonders Soldaten) bzw. aus Fahrzeugen bestehende, in geordneter Fortbewegung befindliche Formation:* eine Kolonne von Militärfahrzeugen; eine Kolonne bilden. **Syn.:** Trupp, Zug. **Zus.:** Fahrzeugkolonne, Wagenkolonne.

Ko|loss [koˈlɔs], der; -es, -e: **a)** (ugs. scherzh.) *große, schwergewichtige, massige menschliche Gestalt:* er, sie ist ein Koloss von zwei Zentnern; die Ringer waren wahre Kolosse. **Syn.:** Hüne. **b)** *Gebilde von gewaltigen Ausmaßen:* diese Lokomotive ist ein stählerner Koloss.

ko|los|sal [kolɔˈsa:l] ⟨Adj.⟩:
1. *von ungewöhnlicher Größe und beeindruckender Wucht:* kolossale Bauten; eine kolossale Plastik. **Syn.:** gewaltig (emotional), mächtig, monumental.
2. (ugs. emotional) **a)** *sehr groß, stark (in Bezug auf Ausmaß, Intensität, Wirkung):* einen kolossalen Schrecken bekommen; sie hatten kolossales Glück bei dem Unfall. **b)** ⟨verstärkend bei Adjektiven und Verben⟩ *ganz besonders, sehr:* die Sache hat ihn kolossal geärgert; das erleichtert die Sache kolossal. **Syn.:** ausgesprochen, außerordentlich, enorm, erheblich, gewaltig (emotional), mächtig (ugs.), riesig (ugs.), ungeheuer, ungemein, unheimlich (ugs.), unwahrscheinlich (ugs.), wahnsinnig.

Kol|por|ta|ge [kɔlpɔrˈta:ʒə], die; - (bildungsspr.):
1. *literarisch minderwertige, auf billige Wirkung abzielende Literatur:* dieser Roman bleibt reine Kolportage.
2. *Verbreitung von Gerüchten:* die Kolportage seiner Gegner richtete ihn zugrunde.

kol|por|tie|ren [kɔlpɔrˈti:rən] ⟨tr.; hat⟩ (bildungsspr.): *eine ungesicherte, unzutreffende Information verbreiten:* diese Vermutungen wurden von der Presse sofort kolportiert; es wird kolportiert, dass sie für diese Reise den Dienstwagen genommen habe.

Ko|lum|ne [koˈlʊmnə], die; -, -n:
1. *Spalte (in einer Zeitung o. Ä.):* der Leitartikel steht auf der ersten Seite in der linken Kolumne. **Syn.:** Rubrik.
2. *immer an der gleichen Stelle der jeweiligen Zeitung, Zeitschrift platzierter Artikel eines Journalisten, einer Journalistin:* sie schreibt wöchentlich eine Kolumne.

Kom|bi|na|ti|on [kɔmbinaˈtsi̯o:n], die; -, -en:
1. *Zusammenstellung von Verschiedenem; [zweckgerichtete] Verbindung zu einer Einheit:* eine Kombination verschiedener Eigenschaften, von Wörtern im Satz, von Stärke und Verhandlungsbereitschaft; eine Kombination dieser Farben macht den Raum heller. **Zus.:** Farbkombination.
2. a) *in der Farbe aufeinander abgestimmte und zusammen zu tragende Kleidungsstücke:* diese Kombination besteht aus einer blauen Hose und einem sportlichen weißen Jackett; eine Kombination aus Kleid und Jacke. **b)** *einteiliger [Schutz-, Arbeits]anzug (für Flieger, Rennfahrer, Motorradfahrer):* über der Kombination trug der Pilot eine Jacke aus Leder.
3. *gedankliche, logische Folgerung, die zu einer bestimmten Mutmaßung oder Einsicht führt:* eine scharfsinnige, kühne Kombination; ihre Vermutungen und Kombinationen erwiesen sich als richtig. **Syn.:** Schluss, Schlussfolgerung.

kom|bi|nie|ren [kɔmbiˈni:rən] ⟨tr.; hat⟩:
1. *Verschiedenartiges (zu einem bestimmten Zweck) zusammenstellen, miteinander verbinden:* verschiedene Kleidungsstücke, Farben [miteinander] kombinieren; ein kombiniertes Wohn-Schlaf-Zimmer.
2. *gedankliche Beziehungen zwischen verschiedenen Dingen, Ereignissen o. Ä. herstellen:* sie hat gut kombiniert, dass beide Ergebnisse zusammenhängen; ⟨auch itr.⟩ blitzschnell, richtig, falsch kombinieren. **Syn.:** folgern, schließen, schlussfolgern.

Kom|bü|se [kɔmˈby:zə], die; -, -n: *Küche auf einem Schiff:* der Schiffskoch arbeitete in der Kombüse.

Ko|met [koˈme:t], der; -en, -en: *Stern, der einen Schweif hat:* die Heiligen Drei Könige folgten dem Kometen.

Kom|fort [kɔmˈfo:ɐ̯], der; -s: *auf technisch ausgereiften Einrichtungen beruhende Bequemlichkeiten, Annehmlichkeiten; einen bestimmten Luxus bietende Ausstattung:* der Komfort eines Hotels; sie genoss den Komfort; das Ferienhaus bietet allen Komfort; die Wohnung ist mit allem Komfort ausgestattet. **Zus.:** Wohnkomfort.

kom|for|ta|bel [kɔmfɔrˈta:bl̩] ⟨Adj.⟩: **a)** *Komfort bietend, mit allem Komfort ausgestattet:* eine komfortable Wohnung; komfortabel eingerichtete Zimmer. **Syn.:** bequem. **b)** *keine Anstrengung verursachend; ohne Mühe benutzbar o. Ä.:* das Gerät ist sehr komfortabel zu bedienen. **Syn.:** einfach, leicht, mühelos.

Ko|mik [ˈko:mɪk], die; -: *komische Wirkung (die von Worten, Gesten, Situationen usw. ausgeht):* die Szenerie ist mit hinreißender Komik beschrieben; die Angelegenheit entbehrte nicht einer gewissen Komik; er hatte keinen Sinn für Komik/für die Komik der Situation.

Ko|mi|ker [ˈko:mikɐ], der; -s, -, **Ko|mi|ke|rin** [ˈko:mikərɪn], die; -, -nen: **a)** *in Varieté oder Kabarett auf witzige Art unterhaltender Vortragskünstler.* **b)** *Darsteller, Darstellerin spaßiger Rollen auf der Bühne, im Film oder im Fernsehen:* er wurde als Komiker und Schauspieler berühmt.

ko|misch [ˈko:mɪʃ] ⟨Adj.⟩: **a)** *seltsam, sonderbar und mit jmds. Erwartungen, Vorstellungen nicht in Einklang zu bringen:* ein komischer Mensch; ein komisches Benehmen; sie war so komisch zu mir; das kommt mir [doch allmählich] komisch vor; komisch, dass ich noch keinen Brief erhalten habe. **Syn.:** eigenartig, eigentümlich, merkwürdig. **b)** *zum Lachen reizend, auf Komik beruhend:* ein komisches Aussehen; eine komische Situation; ihr Aufzug wirkte unvorstellbar komisch; jmdn., etwas irrsinnig komisch finden. **Syn.:** burlesk, drollig, lustig, spaßig, ulkig (ugs.), witzig.

Ko|mi|tee [komiˈte:], das; -s, -s:

gewählte Gruppe von Personen, die eine besondere Aufgabe zu erfüllen hat: ein Komitee für Frieden und Abrüstung; zur Organisation des Festes gründete man ein Komitee. **Syn.:** Ausschuss, Gremium, Kommission, Rat. **Zus.:** Empfangskomitee, Festkomitee, Hilfskomitee.

Kom|ma ['kɔma], das; -s, -s und -ta:
Zeichen in Form eines kleinen geschwungenen Strichs, mit dem Sätze oder Satzteile voneinander getrennt oder bei der Ziffernschreibung die Dezimalstellen abgetrennt werden: an dieser Stelle muss ein Komma stehen; ein Komma setzen; eine Apposition in Kommas einschließen; die Differenz bis auf zwei Stellen nach, hinter dem Komma ausrechnen; bei Tarifverhandlungen eine 3 vor dem Komma *(mindestens 3 % Gehaltserhöhung)* verlangen.

Kom|man|dant [kɔman'dant], der; -en, -en, **Kom|man|dan|tin** [kɔman'dantɪn], die; -, -nen:
Person, die eine bestimmte Gruppe von Personen führt, befehligt: er war Kommandant eines Schiffs, Flugzeugs; die Kommandantin gab den Befehl zum Rückzug. **Syn.:** Befehlshaber, Befehlshaberin, Kommandeur, Kommandeurin.

Kom|man|deur [kɔman'dø:ɐ̯], der; -s, -e, **Kom|man|deu|rin** [kɔman'dø:rɪn], die; -, -nen:
Befehlshaber, Befehlshaberin größerer militärischer Einheiten. **Syn.:** Kommandant, Kommandantin. **Zus.:** Bataillonskommandeur, Bataillonskommandeurin, Regimentskommandeur, Regimentskommandeurin.

kom|man|die|ren [kɔman'di:rən]:
1. ⟨tr.; hat⟩ **a)** *(besonders im Bereich des Militärs) die Befehlsgewalt über Personen, Sachen haben:* eine Kompanie, Einheit kommandieren. **b)** *(im Bereich des Militärs) zur Erfüllung einer Aufgabe an einen bestimmten Ort entsenden:* er wurde an die Front, zu einer anderen Abteilung kommandiert. **Syn.:** abkommandieren, abordnen, delegieren, entsenden (geh.), schicken.
2. ⟨itr.; hat⟩ (ugs.) *jmdm. im Befehlston Anweisungen geben:* er, sie versteht [es] zu kommandieren; hör auf, so zu kommandieren. **Syn.:** anweisen, befehlen, vorschreiben. **Zus.:** herumkommandieren.

Kom|man|do [kɔ'mando], das; -s, -s:
1. *kurzer, meist in seinem Wortlaut festgelegter Befehl:* ein militärisches Kommando; ein Kommando ertönte; Kommandos geben. **Syn.:** Anordnung, Weisung.
2. *Befehlsgewalt bei der Durchführung einer Aufgabe:* er hat das Kommando über die Miliz erhalten; das Kommando an jmdn. übergeben; die Division steht unter dem Kommando von …

kom|men ['kɔmən], kam, gekommen ⟨itr.; ist⟩:
1. a) *an einem bestimmten Ort anlangen:* pünktlich, zu spät kommen; wir sind vor einer Stunde gekommen; da kommt der Bus; ich komme mit der Bahn, mit dem Auto; der nächste Zug kommt erst in einer halben Stunde; ich komme gleich *(mache mich gleich auf den Weg und bin entsprechend schnell da).* **Syn.:** ankommen, sich einfinden, sich einstellen, eintreffen, erscheinen. **b)** *sich auf ein Ziel hin bewegen und dorthin gelangen:* nach Hause, ans Ziel kommen; komme ich hier zum Bahnhof?; wie komme ich am schnellsten auf die Autobahn?; ⟨in Verbindung mit einem Verb der Bewegung im 2. Partizip⟩ angebraust kommen. **Syn.:** erreichen. **c)** *von irgendwoher eintreffen:* aus Berlin, aus dem Theater, von der Arbeit kommen; der Zug kommt aus [Richtung] Mailand; der Wagen kam von rechts.
2. a) *zu etwas erscheinen, an etwas teilnehmen:* zu einer Tagung kommen; wie viele Leute werden kommen?; ich weiß noch nicht, ob ich morgen kommen kann. **b)** *jmdn. besuchen, in einer bestimmten Absicht aufsuchen:* wir kommen gern einmal zu euch; die Ärztin kommt zu dem Kranken; morgen wird ein Sachverständiger zu Ihnen kommen.
3. ⟨kommen + lassen⟩ *veranlassen, dass jmd. kommt* (1 a) *oder etwas gebracht wird:* einen Arzt kommen lassen; ich habe [mir] ein Taxi kommen lassen. **Syn.:** bestellen, rufen.
4. *gebracht werden:* ist eine Nachricht gekommen?; für dich ist keine Post gekommen; das Essen kommt gleich auf den Tisch *(wird gleich aufgetragen).*
5. *hervortreten, [bei jmdm.] in Erscheinung treten:* die ersten Blüten kommen; bei unserer Kleinen kommt der erste Zahn; ihr kam der Gedanke *(sie hatte den Gedanken, Einfall),* dass …; die Antwort kam spontan, wie aus der Pistole geschossen; seine Reue kam zu spät. **Syn.:** sich zeigen, zum Vorschein kommen.
6. *irgendwo aufgenommen, untergebracht, eingestellt o. Ä. werden:* zur Schule, aufs Gymnasium, ins Krankenhaus, ins Gefängnis kommen; der Film kommt jetzt in die Kinos *(wird im Kino gezeigt).*
7. a) *ordnungsgemäß an einen bestimmten Platz gestellt, gelegt werden:* das Buch kommt ins Regal; diese Löffel kommen rechts ins Fach. **b)** *irgendwo seinen Platz erhalten:* der Aufsatz kommt in die nächste Nummer der Zeitschrift; die Amerikanerin kommt auf den ersten Platz in der Rangliste.
8. *in einen Zustand, eine bestimmte Lage geraten:* in Gefahr, Not, Verlegenheit kommen; es ist alles ins Stocken gekommen; sie kam in den Verdacht, das Geld gestohlen zu haben; in Schwung, Stimmung, Zorn kommen; ins Schwärmen kommen.
9. *Zeit, Gelegenheit für etwas finden:* endlich komme ich dazu, dir zu schreiben; ich bin noch nicht zum Reparieren des Radios gekommen; nur selten ins Theater kommen *(nur selten Zeit oder Gelegenheit finden, das Theater zu besuchen).*
10. *[langsam herankommend] eintreten:* der Tag, die Nacht kommt; es kam alles ganz anders; sie hielt den Zeitpunkt zum Eingreifen für gekommen; was auch immer kommen mag, ich bleibe bei dir; es kommt zum Streit, zum Krieg; das kam für mich völlig überraschend.

11. *etwas [wieder]erlangen:* zu Geld, großen Ehren, zu Kräften, zur Besinnung, Ruhe kommen; nach der langen Krankheit kommt sie allmählich wieder zu Kräften; wenn du dich nicht anstrengst, wirst du nie zu etwas kommen (ugs.; *nie Besitz o. Ä. erwerben*).
12. *etwas Grundlegendes, äußerst Wichtiges verlieren:* um seine Ersparnisse, um sein Geld, ums Leben kommen. **Syn.:** sich begeben (geh.), einbüßen, loswerden (ugs.), verlieren, verlustig gehen (Amtsdt.).
13. *sich durch eigene Anstrengung in den Besitz von etwas bringen, etwas für sich erreichen:* wie bist du an das Foto, an das Engagement gekommen? **Syn.:** bekommen, erhalten, erlangen, kriegen (ugs.).
14. *in einem bestimmten Zahlenverhältnis entfallen:* auf hundert Berufstätige kommen zurzeit sieben Arbeitslose; bald wird auf jeden zweiten Einwohner ein Auto kommen.
15. *von etwas herstammen; seinen Ursprung, Grund in etwas haben:* woher kommt das viele Geld?; sein Husten kommt vom vielen Rauchen; aus einfachen Verhältnissen kommen; wie kommt es, dass du noch nichts unternommen hast? *(warum hast du ...?).*
16. (ugs.) *einen bestimmten Preis haben, kosten:* die Reparatur kommt [mich] auf etwa 50 Euro; deine Ansprüche kommen aber teuer!
17. verblasst in festen Wendungen mit Verbalsubstantiven zur Umschreibung des Vollverbs (z. B. zu Fall kommen = fallen), als Ersatz für ein Passiv (z. B. zum Einsatz kommen = eingesetzt werden).

Kom|men|tar [kɔmɛnˈtaːɐ̯], der; -s, -e:
Erklärung, die zu einem Text, Ereignis o. Ä. gegeben wird: sich jedes Kommentars enthalten; einen Kommentar [zu etwas] abgeben. **Syn.:** Glosse, Stellungnahme.

Kom|men|ta|tor [kɔmɛnˈtaːtoːɐ̯], der; -s, Kommentatoren [kɔmɛntaˈtoːrən], **Kom|men|ta|to|rin** [kɔmɛntaˈtoːrɪn], die; -, -nen:
Person, die etwas in Presse, Rundfunk oder Fernsehen kommentiert: in der Bewertung dieser Militäraktion sind sich die Kommentatoren weitgehend einig; eine politische Kommentatorin. **Syn.:** Journalist, Journalistin.

kom|men|tie|ren [kɔmɛnˈtiːrən] ⟨tr.; hat⟩:
a) *einen persönlichen Kommentar zu etwas geben:* der Minister lehnte es ab, den Vorgang zu kommentieren. **Syn.:** glossieren.
b) *mit Erläuterungen, Erklärungen versehen:* einen Text kommentieren; eine kommentierte Ausgabe von Goethes Werken.

kom|mer|zi|a|li|sie|ren [kɔmɛrt͡si̯aliˈziːrən] ⟨tr.; hat⟩:
zum Gegenstand einer kommerziellen Nutzung machen: die Folklore, die Kunst, den Sport kommerzialisieren; der gegen den Kommerz gerichtete Jugendprotest wurde seinerseits kommerzialisiert.

kom|mer|zi|ell [kɔmɛrˈt͡si̯ɛl] ⟨Adj.⟩:
auf Gewinn abzielend, der Erwirtschaftung von Gewinnen dienend: ein kommerzielles Unternehmen; der Film war sowohl bei der Kritik als auch kommerziell ein riesiger Erfolg; eine Erfindung, Forschungsergebnisse kommerziell nutzen.

Kom|mi|li|to|ne [kɔmiliˈtoːnə], der; -n, -n, **Kom|mi|li|to|nin** [kɔmiliˈtoːnɪn], die; -, -nen:
Person, die gleichzeitig mit einer bestimmten anderen Person [an derselben Hochschule] studiert: er diskutierte mit einigen seiner Kommilitoninnen und Kommilitonen.

Kom|mis|sar [kɔmɪˈsaːɐ̯], der; -s, -e, **Kom|mis|sa|rin** [kɔmɪˈsaːrɪn], die; -, -nen:
1. *Person, die von einem Staat mit einem besonderen Auftrag ausgestattet ist und spezielle Vollmachten hat:* ein hoher Kommissar; eine Kommissarin übernahm die Verwaltung des Gebietes. **Zus.:** Staatskommissar, Staatskommissarin.
2. *Person, besonders bei der Polizei, mit einem bestimmten Dienstgrad:* der Kommissar tappt noch im Dunklen; die Kommissarin ist dem Verbrecher auf der Spur. **Zus.:** Kriminalkommissar, Kriminalkommissarin, Polizeikommissar, Polizeikommissarin.

Kom|mis|si|on [kɔmɪˈsi̯oːn], die; -, -en:
mit einer bestimmten Aufgabe betrautes Gremium: eine Kommission einsetzen. **Syn.:** Ausschuss, Komitee, Rat. **Zus.:** Mordkommission, Prüfungskommission, Sonderkommission, Tarifkommission, Verhandlungskommission.

Kom|mo|de [kɔˈmoːdə], die; -, -n:
zum Aufbewahren von Gegenständen dienendes kastenförmiges Möbelstück (meist etwa von Tischhöhe) mit Schubladen. **Zus.:** Wäschekommode.

kom|mu|nal [kɔmuˈnaːl] ⟨Adj.⟩:
die Kommune, Gemeinde betreffend, der Kommune gehörend: kommunale Einrichtungen.

Kom|mu|ne [kɔˈmuːnə], die; -, -n:
Gemeinde (1 a): Bund, Länder und Kommunen.

Kom|mu|ni|ka|ti|on [kɔmunikaˈt͡si̯oːn], die; -, -en:
Verständigung durch die Verwendung von Zeichen und Sprache: die Kommunikation innerhalb des Betriebs muss verbessert werden.

Kom|mu|ni|on [kɔmuˈni̯oːn], die; -, -en:
Feier, Empfang des Abendmahls in der katholischen Kirche: zur Kommunion gehen. **Zus.:** Erstkommunion.

Kom|mu|nis|mus [kɔmuˈnɪsmʊs], der; -:
gegen den Kapitalismus gerichtetes, zentral gelenktes System mit sozialistischen Zielen in Wirtschaft und Gesellschaft: im Kommunismus leben; ein Anhänger, ein Gegner des Kommunismus sein.

Ko|mö|di|ant [komøˈdi̯ant], der; -en, -en, **Ko|mö|di|an|tin** [komøˈdi̯antɪn], die; -, -nen:
Schauspieler[in]: die Komödianten einer Wanderbühne; sie ist eine glänzende Komödiantin. **Syn.:** Darsteller, Darstellerin.

Ko|mö|die [koˈmøːdi̯ə], die; -, -n:
1. *Bühnenstück mit heiterem Inhalt (in dem menschliche Schwächen dargestellt und Konflikte heiter gelöst werden):* sich im Theater eine Komödie von Molière anschauen.
2. ⟨ohne Plural⟩ *unechtes, theatralisches Gebaren, Heuchelei,*

K
Komm

Verstellung. * **Komödie spielen:** *etwas vortäuschen; jmdm. etwas vormachen:* hör doch endlich auf, Komödie zu spielen!

kom|pakt [kɔmˈpakt] ⟨Adj.⟩:
a) *fest gefügt, dicht:* der Schnee war sehr kompakt; das Schwarzbrot ist mir zu kompakt. **b)** *(aufgrund der Form) wenig Raum einnehmend:* eine kompakte, aber dennoch leistungsstarke Stereoanlage; der Wagen ist, wirkt sehr kompakt; das Telefon, das Wörterbuch ist schön klein und kompakt. **c)** (ugs.) *gedrungen:* eine kompakte Statur; eine kleine, kompakt gebaute Frau. **Syn.:** stämmig, untersetzt.

Kom|pa|nie [kɔmpaˈniː], die; -, Kompanien [kɔmpaˈniːən]:
untere, 100 bis 250 Mann umfassende militärische Einheit: die Kompanie ist angetreten. **Zus.:** Ausbildungskompanie, Ehrenkompanie, Sanitätskompanie.

Kom|pass [ˈkɔmpas], der; -es, -e:
Gerät zur Bestimmung der Himmelsrichtung: sich mithilfe eines Kompasses im Wald orientieren; die Nadel seines Kompasses zeigte nach Norden.

kom|pe|tent [kɔmpeˈtɛnt] ⟨Adj.⟩:
a) *sachverständig; befähigt zu etwas:* eine [fachlich, auf diesem Gebiet] sehr kompetente Kollegin. **b)** (bes. Rechtsspr.) *zuständig; befugt:* an kompetenter Stelle nach etwas fragen; für solche Fälle sind die ordentlichen Gerichte kompetent.

Kom|pe|tenz [kɔmpeˈtɛnt͜s], die; -, -en:
a) *Sachverstand; Fähigkeit:* seine Kompetenz auf diesem Gebiet ist unbestritten; ich zweifle nicht an ihrer fachlichen Kompetenz. **Syn.:** Befähigung.
b) (bes. Rechtsspr.) *Zuständigkeit; Befugnis:* bestimmte Kompetenzen haben; seine Kompetenzen überschreiten; das übersteigt meine Kompetenz.

kom|plett [kɔmˈplɛt] ⟨Adj.⟩:
als Ganzes, Vollständiges vorhanden, mit allen dazugehörenden Teilen, Stücken: eine komplette Ausstattung; die Einrichtung, seine Briefmarkensammlung ist komplett. **Syn.:** abgeschlossen, fertig, vollständig, vollzählig.

Kom|plex [kɔmˈplɛks], der; -es, -e:
1. a) *geschlossenes, in seinen Teilen vielfältig verknüpftes Ganzes:* ein Komplex von Fragen; der große Komplex der Naturwissenschaften. **Syn.:** Bereich, Feld, Gebiet. **Zus.:** Aufgabenkomplex, Fragenkomplex, Gedankenkomplex, Themenkomplex. **b)** *in sich geschlossene Einheit von Gebäuden, von [bebautem] Land:* der Komplex des Schlosses. **Syn.:** Areal, Bereich, Bezirk, Gebiet. **Zus.:** Gebäudekomplex, Wohnkomplex.
2. *seelisch bedrückende negative Vorstellung in Bezug auf die eigene Person:* an Komplexen leiden; Komplexe haben. **Zus.:** Minderwertigkeitskomplex, Schuldkomplex.

Kom|pli|ka|ti|on [kɔmplikaˈt͜si̯oːn], die; -, -en:
[plötzlich auftretende] Erschwerung, Verschlimmerung, Verwicklung: es hat Komplikationen gegeben; wenn keine Komplikationen eintreten, kann der Patient bald aus dem Krankenhaus entlassen werden. **Syn.:** Schwierigkeit.

Kom|pli|ment [kɔmpliˈmɛnt], das; -[e]s, -e:
lobende, schmeichelhafte Äußerung, die an jmdn. gerichtet wird: jmdm. Komplimente machen; ein unverbindliches Kompliment; [mein] Kompliment! **Syn.:** Höflichkeit, Lobhudelei (abwertend), Schmeichelei.

Kom|pli|ze [kɔmˈpliːt͜sə], der; -n, -n (abwertend), **Kom|pli|zin** [kɔmˈpliːt͜sɪn], die; -, -nen:
Person, die einer andern bei einer Straftat hilft. **Syn.:** Helfershelfer (abwertend), Helfershelferin (abwertend), Kumpan (ugs.), Kumpanin (ugs.), Spießgeselle (abwertend), Spießgesellin (abwertend).

kom|pli|ziert [kɔmpliˈt͜siːɐ̯t] ⟨Adj.⟩:
in seiner Vielfältigkeit, Unübersichtlichkeit o. Ä. schwer zu durchschauen, zu handhaben: eine komplizierte Angelegenheit; diese Aufgabe ist kompliziert. **Syn.:** schwer, schwierig, vertrackt (ugs.), verwickelt, verzwickt (ugs.).

Kom|plott [kɔmˈplɔt], das; -[e]s, -e:
geheime Planung eines Anschlags auf jmdn., eine Institution: ein Komplott aufdecken. **Syn.:** Verschwörung.

kom|po|nie|ren [kɔmpoˈniːrən] ⟨tr.; hat⟩:
ein Musikstück schaffen, verfassen: eine Sonate komponieren; ⟨auch itr.⟩ er spielt Klavier und komponiert.

Kom|po|nist [kɔmpoˈnɪst], der; -en, -en, **Kom|po|nis|tin** [kɔmpoˈnɪstɪn], die; -, -nen:
Person, die komponiert. **Zus.:** Opernkomponist, Opernkomponistin, Schlagerkomponist, Schlagerkomponistin.

Kom|po|si|ti|on [kɔmpoziˈt͜si̯oːn], die; -, -en:
1. a) *das Komponieren:* die Komposition der Oper dauerte mehrere Jahre. **b)** *in Noten fixiertes Musikstück:* eine moderne Komposition aufführen.
2. a) *nach bestimmten Gesichtspunkten erfolgte kunstvolle Gestaltung, Zusammenstellung:* die innere Komposition des Romans; die Komposition eines neuen Parfüms. **b)** *kunstvoll Gestaltetes:* eine Komposition aus Beton und Glas. **Syn.:** Arrangement.

Kom|post [kɔmˈpɔst], der; -[e]s, -e:
Gemisch aus weitgehend zersetzten pflanzlichen oder tierischen Abfällen, das als Dünger verwendet wird: Kompost untergraben.

Kom|pott [kɔmˈpɔt], das; -[e]s, -e:
mit Zucker gekochtes Obst, das zu bestimmten Speisen oder als Nachtisch gegessen wird. **Zus.:** Apfelkompott, Erdbeerkompott, Pflaumenkompott, Rhabarberkompott.

Kom|pres|se [kɔmˈprɛsə], die; -, -n:
feuchtes Tuch, das um einen Körperteil gelegt wird, um Schmerzen zu lindern: heiße, kalte Kompressen. **Syn.:** Umschlag, Wickel.

kom|pri|miert [kɔmpriˈmiːɐ̯t] ⟨Adj.⟩:
zusammengedrängt und nur das Wesentliche enthaltend: eine komprimierte Darstellung des Themas. **Syn.:** knapp, kurz, verkürzt.

Kom|pro|miss [kɔmproˈmɪs], der; -es, -e:
Übereinkunft, Einigung durch gegenseitige Zugeständnisse: einen Kompromiss schließen, eingehen; der Kompromiss über die Zukunft der Atomenergie. **Syn.:** Ausgleich, Vergleich (Rechtsspr.).

kom|pro|mit|tie|ren [kɔmpromɪˈtiːrən] ⟨tr.; hat⟩:
durch eine Äußerung oder ein Verhalten jmds. Ansehen schaden: jmdn., sich durch etwas kompromittieren. **Syn.:** blamieren, bloßstellen, lächerlich machen, zum Gespött machen.

kon|den|sie|ren [kɔndɛnˈziːrən] ⟨itr.; hat/ist⟩:
vom gasförmigen in den flüssigen Zustand übergehen: bei welcher Temperatur der Wasserdampf kondensiert, hängt vom Druck ab; der Dampf kondensiert zu kleinen Tröpfchen.

Kon|di|ti|on [kɔndiˈtsi̯oːn], die; -, -en:
1. *körperlich-seelische Verfassung eines Menschen, besonders als Voraussetzung für eine Leistung:* der Sportler hat eine gute Kondition. **Syn.:** Form.
2. *Zahlungs-, Lieferungsbedingung im Geschäftsverkehr:* etwas zu günstigen Konditionen anbieten. **Syn.:** Bedingung.

Kon|di|tor [kɔnˈdiːtoːɐ̯], der; -s, Konditoren [kɔndiˈtoːrən]:
männliche Person, die von Berufs wegen feines Gebäck und Süßigkeiten herstellt. **Syn.:** Bäcker.

Kon|di|to|rei [kɔnditoˈrai̯], die; -, -en:
Geschäft, in dem feines Gebäck hergestellt und verkauft wird und zu dem meist ein Café gehört. **Syn.:** Bäckerei.

Kon|di|to|rin [kɔndiˈtoːrɪn], die; -, -nen:
weibliche Form zu ↑Konditor.

kon|do|lie|ren [kɔndoˈliːrən] ⟨itr.; hat⟩:
jmdm. sein Beileid aussprechen: er hat ihm zum Tode seines Vaters kondoliert.

Kon|dom [kɔnˈdoːm], das und der; -s, -e:
Präservativ: ein Kondom benutzen, überstreifen.

Kon|fekt [kɔnˈfɛkt], das; -[e]s, -e:
feine Süßigkeiten: eine Schachtel Konfekt.

Kon|fek|ti|on [kɔnfɛkˈtsi̯oːn], die; -:
a) *in serienmäßiger Anfertigung hergestellte Kleidung:* nur Konfektion tragen. **b)** *Kleidung serienmäßig anfertigende Industrie:* in der Konfektion tätig sein. **Zus.:** Damenkonfektion, Herrenkonfektion.

Kon|fe|renz [kɔnfeˈrɛnts], die; -, -en:
Zusammenkunft mehrerer Personen, eines Kreises von Experten und Expertinnen zur Beratung fachlicher, organisatorischer, politischer, wirtschaftlicher o. ä. Fragen: eine Konferenz einberufen; an einer Konferenz teilnehmen. **Syn.:** Kongress, Meeting, Sitzung, Tagung. **Zus.:** Abrüstungskonferenz, Bischofskonferenz, Lehrerkonferenz, Pressekonferenz, Videokonferenz, Wirtschaftskonferenz.

Kon|fes|si|on [kɔnfɛˈsi̯oːn], die; -, -en:
religiöse Gemeinschaft des gleichen [christlichen] Glaubens: welcher Konfession gehören Sie an? **Syn.:** Bekenntnis.

Kon|fir|mand [kɔnfɪrˈmant], der; -en, -en, **Kon|fir|man|din** [kɔnfɪrˈmandɪn], die; -, -nen:
Jugendliche[r] während der Vorbereitungszeit auf die Konfirmation und am Tage der Konfirmation selbst: die Konfirmanden treffen sich heute zum Konfirmationsunterricht.

Kon|fir|ma|ti|on [kɔnfɪrmaˈtsi̯oːn], die; -, -en:
im Rahmen einer gottesdienstlichen Feier vollzogene Aufnahme jugendlicher evangelischer Christen in die Gemeinde der Erwachsenen: Konfirmation feiern; zur Konfirmation hatte sie viele Geschenke bekommen.

kon|fir|mie|ren [kɔnfɪrˈmiːrən] ⟨tr.; hat⟩:
in die kirchliche Gemeinschaft der evangelischen Kirche aufnehmen und zum Abendmahl zulassen: wann wurdest du konfirmiert? **Syn.:** einsegnen.

Kon|fi|tü|re [kɔnfiˈtyːrə], die; -, -n:
Marmelade aus nur einer Obstsorte [mit Fruchtstücken]. **Zus.:** Brombeerkonfitüre, Erdbeerkonfitüre, Himbeerkonfitüre, Orangenkonfitüre.

Kon|flikt [kɔnˈflɪkt], der; -[e]s, -e:
a) *durch widerstreitende Auffassungen, Interessen o. Ä. hervorgerufene schwierige Situation:* einen Konflikt diplomatisch lösen. **Syn.:** Auseinandersetzung, Kontroverse, Reiberei, Spannung, Streit. **Zus.:** Ehekonflikt, Generationskonflikt, Grenzkonflikt, Interessenkonflikt, Rassenkonflikt. **b)** *innerer Widerstreit:* aus einem [inneren] Konflikt wieder herauskommen; ich bin in einem Konflikt. **Syn.:** Zwiespalt. **Zus.:** Gewissenskonflikt.

kon|fron|tie|ren [kɔnfrɔnˈtiːrən] ⟨tr.; hat⟩:
a) *(jmdn.) jmdm. vorführen, mit jmdm. zusammenbringen (besonders um festzustellen, ob die betreffende Person wiedererkannt wird):* der Beschuldigte wurde mit der Zeugin konfrontiert. **Syn.:** gegenüberstellen, vorführen. **b)** *jmdn. in eine Lage bringen, die ihn zwingt, sich mit etwas Unangenehmem auseinanderzusetzen:* jmdn. mit einem Problem, mit der Realität konfrontieren.

kon|fus [kɔnˈfuːs] ⟨Adj.⟩:
a) *verworren:* eine konfuse Angelegenheit. **b)** *innerlich völlig durcheinander und verwirrt:* sie ist ganz konfus durch die vielen Fragen. **Syn.:** verstört.

konfus / diffus:
s. Kasten Seite 272.

Kon|gress [kɔnˈgrɛs], der; -es, -e:
meist größere Versammlung von Vertretern politischer Gruppierungen, fachlicher Verbände o. Ä., bei der über bestimmte Themen gesprochen, beraten wird: auf einen Kongress gehen. **Syn.:** Konferenz, Tagung. **Zus.:** Ärztekongress, Gewerkschaftskongress, Parteikongress, Weltkongress.

kon|gru|ent [kɔngruˈɛnt] ⟨Adj.⟩:
1. (bildungsspr.) *in allen Punkten übereinstimmend, völlig gleich:* ihre Ansichten waren in diesem Punkt kongruent. **Syn.:** sich deckend, [1]gleich, identisch.
2. *(von geometrischen Figuren) in der Größe der Winkel und der Länge der Seiten gleich:* kongruente Dreiecke.

Kö|nig [ˈkøːnɪç], der; -s, -e:
1. *oberster Herrscher in bestimmten Monarchien:* jmdn. zum König krönen. **Syn.:** Monarch, Regent.
2. *wichtigste Figur beim Schachspiel.*
3. *in der Rangfolge von oben an zweiter Stelle stehende Spielkarte.* **Zus.:** Herzkönig, Karokönig, Kreuzkönig, Pikkönig.

Kö|ni|gin [ˈkøːnɪgɪn], die; -, -nen:
weibliche Form zu ↑König (1).

kö|nig|lich [ˈkøːnɪklɪç] ⟨Adj.⟩:
1. *den König, das Amt des Königs betreffend, dem König gehörend,*

von ihm stammend: die königliche Familie; das königliche Schloss.
2. *großzügig, reichlich und oft auch wertvoll:* königliche Geschenke; wir wurden königlich belohnt, bewirtet. **Syn.:** nobel.
3. ⟨verstärkend bei Verben⟩ (ugs.) *sehr:* wir haben uns königlich amüsiert. **Syn.:** außerordentlich, kolossal (ugs. emotional), mächtig (ugs.), riesig (ugs.), ungeheuer, ungemein, unheimlich (ugs.), unwahrscheinlich (ugs.), wahnsinnig (ugs.).

kon|ju|gie|ren [kɔnjuˈgiːrən] ⟨tr.; hat⟩:
(ein Verb) flektieren. **Syn.:** beugen.

Kon|junk|tur [kɔnjʊnkˈtuːɐ̯], die; -, -en:
gesamte wirtschaftliche Lage mit bestimmter Entwicklungstendenz: eine steigende, rückläufige Konjunktur.

kon|kav [kɔnˈkaːf] ⟨Adj.⟩:
nach innen gewölbt /Ggs. konvex/: konkave Linsen.

kon|kret [kɔnˈkreːt] ⟨Adj.⟩:
a) *wirklich [vorhanden], als etwas sinnlich Gegebenes erfahrbar:* die konkreten Dinge des Alltags; die konkrete Wirklichkeit, Welt; ein konkreter *(tatsächlich gegebener)* Anlass. **Syn.:** real. **b)** *fest umrissen, anschaulich und deutlich ausgedrückt* /Ggs. abstrakt/: eine konkrete Vorstellung haben; konkrete Angaben, Vorschläge machen; was heißt das konkret? **Syn.:** [1]genau, klar, präzis[e].

Kon|kur|rent [kɔnkʊˈrɛnt], der; -en, -en, **Kon|kur|ren|tin** [kɔnkʊˈrɛntɪn], die; -, -nen:
Person, die mit einer andern auf einem bestimmten Gebiet in Wettstreit steht: einen gefährlichen Konkurrenten auszuschalten versuchen; sie sind Konkurrentinnen. **Syn.:** Konkurrenz, Mitbewerber, Mitbewerberin, Rivale, Rivalin.

Kon|kur|renz [kɔnkʊˈrɛnts], die; -, -en:
1. ⟨ohne Plural⟩ *das Konkurrieren besonders im wirtschaftlichen Bereich:* eine starke Konkurrenz; sich, einander Konkurrenz machen; mit jmdm. in Konkurrenz treten, stehen, liegen. **Syn.:** Wettbewerb.
2. *in einer sportlichen Disziplin stattfindender Wettkampf, Wettbewerb:* in verschiedenen Konkurrenzen starten. **Syn.:** Wettstreit.
3. ⟨ohne Plural⟩ *jmds. Konkurrent[en]:* die Konkurrenz ist billiger; zur Konkurrenz gehen. **Syn.:** Mitbewerber, Mitbewerberin, Rivale, Rivalin.

kon|kur|rie|ren [kɔnkʊˈriːrən] ⟨itr.; hat⟩:
sich gleichzeitig mit anderen um etwas bewerben; mit anderen in Wettbewerb treten: diese Firmen konkurrieren miteinander. **Syn.:** rivalisieren, wetteifern.

Kon|kurs [kɔnˈkʊrs], der; -es, -e:
wirtschaftlicher Zusammenbruch, Einstellung aller Zahlungen einer Firma: den Konkurs abwenden; in Konkurs gehen; Konkurs machen; Konkurs anmelden müssen. **Syn.:** Bankrott, Pleite (ugs.), Ruin.

kön|nen [ˈkœnən], kann, konnte, gekonnt/können:
1. ⟨Modalverb; hat; 2. Partizip: können⟩ **a)** *imstande sein, etwas zu tun; etwas zu tun vermögen:* er kann Auto fahren; wer kann mir das erklären?; ich habe vor Schmerzen nicht schlafen können; ich kann mir vorstellen, wie es war; ich könnte mir [gut] vorstellen *(ich halte die Vermutung für naheliegend)*, dass sie es getan hat. **Syn.:** fähig sein zu, in der Lage sein zu, vermögen (geh.). **b)** *(aufgrund entsprechender Beschaffenheit, Umstände o. Ä.) die Möglichkeit haben, etwas zu tun:* das Flugzeug kann bis zu 300 Passagiere aufnehmen; ich konnte leider nicht kommen; da kann man nichts machen!; man kann nie wissen *(weiß nie)*, was noch kommt; können Sie mir bitte sagen, wie spät es ist? **c)** *aufgrund bestimmter Umstände die Berechtigung zu einem Verhalten o. Ä. haben; in bestimmten Gegebenheiten die Voraussetzungen für ein Verhalten o. Ä. finden:* du kannst ohne Sorge sein; darauf kannst du dich verlassen; er kann einem leidtun (ugs.; *er ist zu bedauern*); darin kann ich Ihnen nur zustimmen; können wir? (ugs.; *können wir gehen, anfangen usw.?*). **d)** *die Freiheit haben, etwas zu tun; dürfen:* Sie können hier telefonieren; kann ich bitte mal den Zucker haben?; du kannst jetzt gehen; so etwas kannst du doch nicht machen! *(es geht nicht an, dass du so etwas tust!).* **e)** dient dazu, auszudrücken, dass ein bestimmter Sachverhalt möglicherweise gegeben ist, dass ein bestimmter Fall möglicherweise eintritt: das Paket kann verloren gegangen sein; der Arzt kann jeden Augenblick kommen; das kann passieren, sein; die Idee könnte von mir sein.
2. ⟨itr.; hat; 2. Partizip gekonnt⟩ **a)** *fähig, in der Lage sein, etwas auszuführen, zu leisten; etwas beherrschen:* er kann etwas, nichts, viel; sie kann [gut] Russisch, kein Russisch; diese Übungen habe ich früher alle gekonnt. **Syn.:** in seinem Repertoire haben (bildungsspr.). **b)** *in bestimmter Weise zu etwas fähig, in der Lage sein:* er lief so schnell[, wie] er konnte; sie lief, was sie konnte; ich kann nicht anders *(ich kann mich nicht anders verhalten);* ich kann nicht anders als ablehnen *(ich muss ablehnen).* **c)** *die Möglichkeit, Erlaubnis haben, etwas zu tun:* Mutti, kann ich ins Kino? **d)** (ugs.) *Kraft zu etwas Bestimmtem haben:* kannst du noch?; kannst du schon wieder?; die Läuferin konnte nicht mehr und gab auf; er aß, bis er nicht mehr konnte.

Kön|nen [ˈkœnən], das; -s:
erworbenes Vermögen, etwas zu leisten: in dieser entscheidenden Phase zeigte er sein ganzes Können. **Syn.:** Fähigkeit.

Kön|ner [ˈkœnɐ], der; -s, -, **Kön|ne|rin** [ˈkœnərɪn], die; -, -nen (ugs.):
Person, die auf einem bestimmten Gebiet Außerordentliches leistet: im Sport ist er ein großer Könner; diese Skiabfahrt ist nur etwas für Könnerinnen. **Syn.:** Ass, Kanone (ugs.), Meister, Meisterin. **Zus.:** Alleskönner, Alleskönnerin.

Kon|sens [kɔnˈzɛns], der; -es, -e:
Übereinstimmung von Meinungen, Einigkeit (in der Beurteilung einer bestimmten Frage): darüber besteht [zwischen allen Beteiligten] Konsens; wir müssen einen Konsens finden.

kon|se|quent [kɔnzeˈkvɛnt] ⟨Adj.⟩:

1. *logisch zwingend:* konsequent denken, handeln.
2. *fest entschlossen und beharrlich bei etwas bleibend:* ein konsequenter Gegner des Regimes; du musst konsequent sein, bleiben; die Untersuchungen konsequent zu Ende führen. **Syn.:** unbeirrt, zielstrebig.

Kon|se|quenz [kɔnzeˈkvɛnt͜s], die; -, -en:
1. *aus einer Handlung o. Ä. sich ergebende Folge:* die Konsequenzen aus etwas ziehen; die Konsequenzen [seines Verhaltens] tragen müssen; die Konsequenzen [des Vorgangs] sind noch gar nicht absehbar; in letzter Konsequenz kann das das endgültige Ende des Konzerns bedeuten. **Syn.:** Auswirkung.
2. ⟨ohne Plural⟩ *beharrliche, zielstrebige, von Entschlusskraft zeugende Haltung, Handlungsweise:* sein Ziel mit [aller, großer, äußerster] Konsequenz verfolgen. **Syn.:** Ausdauer, Beharrlichkeit.

kon|ser|va|tiv [kɔnzɛrvaˈtiːf] ⟨Adj.⟩:
in Gewohnheiten, Anschauungen am Alten, Hergebrachten, Überlieferten festhaltend: eine konservative Partei; sie ist sehr konservativ. **Syn.:** altmodisch, antiquiert, reaktionär, rechts, rückständig, unmodern. **Zus.:** erzkonservativ, stockkonservativ.

Kon|ser|ve [kɔnˈzɛrvə], die; -, -n:
durch Sterilisieren haltbar gemachtes Nahrungs- oder Genussmittel in Dosen oder Gläsern: sich von Konserven ernähren. **Zus.:** Fischkonserve, Fleischkonserve, Gemüsekonserve, Obstkonserve.

kon|ser|vie|ren [kɔnzɛrˈviːrən] ⟨tr.; hat⟩:
(besonders Lebensmittel) durch spezielle Behandlung haltbar machen: Gemüse, Fleisch konservieren.

Kon|so|nant [kɔnzoˈnant], der; -en, -en:
Laut, bei dessen Aussprache die Luft im Mund mit der Zunge oder den Lippen gebremst wird: der Konsonant d wird im Deutschen am Ende des Wortes wie t gesprochen. **Syn.:** Mitlaut.

kon|stant [kɔnˈstant] ⟨Adj.⟩:
nicht veränderlich; ständig gleichbleibend: bei konstanter Temperatur, Geschwindigkeit, Höhe; den Druck konstant halten; ein konstanter Wert. **Syn.:** unveränderlich.

kon|sta|tie|ren [kɔnstaˈtiːrən] ⟨tr.; hat⟩ (bildungsspr.):
(einen bestimmten Tatbestand) feststellen: mit Befriedigung konstatierte sie die Bereitschaft der Partner zu Verhandlungen. **Syn.:** bemerken, erkennen, registrieren.

Kon|stel|la|ti|on [kɔnstɛlaˈt͜si̯oːn], die; -, -en:
Lage, Situation, wie sie sich aus dem Zusammentreffen von bestimmten Verhältnissen, Umständen ergibt: bei dieser politischen Konstellation darf man auf Reformen hoffen. **Syn.:** Bedingungen ⟨Plural⟩, Sachlage, Umstände ⟨Plural⟩, Verhältnisse ⟨Plural⟩, Zustand. **Zus.:** Kräftekonstellation, Machtkonstellation.

kon|sti|tu|ie|ren [kɔnstituˈiːrən] (bildungsspr.):
1. ⟨tr.; hat⟩ *ins Leben rufen:* ein Gremium konstituieren. **Syn.:** aus der Taufe heben (ugs.), gründen.
2. ⟨+ sich⟩ *sich gründen, sich bilden:* morgen konstituiert sich das neue Gremium; die konstituierende *(zur Gründung von etwas einberufene)* Versammlung, Sitzung des neuen Parlaments.

Kon|sti|tu|ti|on [kɔnstituˈt͜si̯oːn], die; -:
körperliche [und seelische] Verfassung: er hat eine robuste Konstitution.

kon|stru|ie|ren [kɔnstruˈiːrən] ⟨tr.; hat⟩:
maßgebend gestalten, entwerfen und bauen, zusammenfügen o. Ä.: ein Flugzeug, eine Brücke konstruieren; das Regal hat sie [sich] selbst konstruiert.

Kon|struk|teur [kɔnstrʊkˈtøːɐ̯], der; -s, -e, **Kon|struk|teu|rin** [kɔnstrʊkˈtøːrɪn], die; -, -nen:
Person, die ein technisches o. ä. Objekt plant, entwirft und ausführt: der Konstrukteur dieser Brücke; vorher war sie als Konstrukteurin im Stahlhochbau tätig. **Zus.:** Chefkonstrukteur, Chefkonstrukteurin.

Kon|struk|ti|on [kɔnstrʊkˈt͜si̯oːn], die; -, -en:
a) ⟨ohne Plural⟩ *das Entwerfen, Planen (von technischen oder architektonischen Objekten):* die Konstruktion der Maschine bereitete Schwierigkeiten.
b) *technischer Entwurf, Plan:* die Ingenieurin reichte mehrere Konstruktionen ein. **c)** *mit besonderen technischen Mitteln oder Methoden errichtetes Bauwerk:* eine imposante Konstruktion aus Glas und Beton. **Zus.:** Balkenkonstruktion, Brückenkonstruktion, Dachkonstruktion, Eisenkonstruktion, Holzkonstruktion, Stahlkonstruktion.

kon|struk|tiv [kɔnstrʊkˈtiːf] ⟨Adj.⟩ (bildungsspr.):
den sinnvollen Aufbau, die Zweckmäßigkeit von etwas fördernd, entwickelnd: ein konstruktiver Vorschlag; konstruktive Kritik. **Syn.:** dienlich, förderlich, fruchtbar.

Kon|sul [ˈkɔnzʊl], der; -s, -n, **Kon|su|lin** [ˈkɔnzʊlɪn], die; -, -nen:
Person, die einen Staat in einem fremden Staat vertritt (mit bestimmten sachlichen und örtlich begrenzten Aufgaben): der italienische Konsul forderte seine Landsleute zur Briefwahl auf. **Syn.:** Diplomat, Diplomatin.

Kon|su|lat [kɔnzuˈlaːt], das; -[e]s, -e:
Dienststelle eines Konsuls oder einer Konsulin: sie hat den Pass auf dem Konsulat beantragt. **Zus.:** Generalkonsulat.

Kon|sul|ta|ti|on [kɔnzʊltaˈt͜si̯oːn], die; -, -en:
1. *Untersuchung und Beratung durch einen Fachmann, eine Fachfrau, besonders durch einen Arzt, eine Ärztin:* einen Facharzt zur Konsultation hinzuziehen.
2. *gemeinsame Beratung, Besprechung, besonders zwischen Regierungen, Vertragspartnern:* die Konsultationen der beiden Regierungen zogen sich in die Länge.

kon|sul|tie|ren [kɔnzʊlˈtiːrən] ⟨tr.; hat⟩:
um ein fachliches Urteil bitten: einen Arzt, eine Anwältin konsultieren; es musste ein Experte konsultiert werden. **Syn.:** fragen, heranziehen, um Rat fragen, zurate ziehen.

Kon|sum [kɔnˈzuːm], der; -s:
Verbrauch (von Nahrungs-,

Genussmitteln): du solltest deinen Konsum an Schokolade einschränken; der Konsum von Zigaretten ist europaweit gestiegen. **Zus.:** Akoholkonsum, Bierkonsum, Drogenkonsum, Fleischkonsum, Kaffeekonsum, Zigarettenkonsum.

Kon|su|ment [kɔnzuˈmɛnt], der; -en, -en, **Kon|su|men|tin** [kɔnzuˈmɛntɪn], die; -, -nen:
Person, die etwas konsumiert: den Konsumentinnen ein großes Angebot an Waren präsentieren; die Beziehungen zwischen Konsument und Produzent. **Syn.:** Verbraucher, Verbraucherin.

Kon|sum|gut [kɔnˈzuːmguːt], das; -[e]s, Konsumgüter [kɔnˈzuːmgyːtɐ]:
Artikel, Ware für den täglichen Bedarf: die Versorgung der Bevölkerung mit Konsumgütern.

kon|su|mie|ren [kɔnzuˈmiːrən] ⟨tr.; hat⟩:
Konsumgüter, besonders Verbrauchsgüter [kaufen und] verbrauchen: er konsumiert in der Woche mindestens einen Kasten Bier; in der letzten Zeit sparen wir weniger und konsumieren wieder mehr.

Kon|takt [kɔnˈtakt], der; -[e]s, -e:
1. *Verbindung zwischen Menschen, die (einmal oder in bestimmten Abständen wieder) für eine kurze Dauer besteht:* persönliche, diplomatische, sexuelle, menschliche, berufliche Kontakte; mit jmdm. Kontakt halten, haben, aufnehmen; wir sollten in Kontakt bleiben. **Syn.:** Fühlung. **Zus.:** Augenkontakt, Blickkontakt, Briefkontakt, Funkkontakt.
2. *Verbindung, durch die das Fließen eines elektrischen Stroms ermöglicht wird:* die Birne hat keinen Kontakt [zur, mit der Fassung]. **Zus.:** Wackelkontakt.

Kon|takt|lin|se [kɔnˈtaktlɪnzə], die; -, -n:
als Ersatz für eine Brille dienende dünne, durchsichtige kleine Schale aus Kunststoff, die unmittelbar auf die Hornhaut des Auges gesetzt wird: im Sportunterricht trägt er lieber Kontaktlinsen als eine Brille.

kon|tern [ˈkɔntɐn] ⟨itr.; hat⟩:
a) *(im sportlichen Wettkampf) den Gegner, die Gegnerin im Angriff abfangen und ihn, sie durch einen schnellen Gegenangriff aus der Verteidigung überraschen:* der Gegner konterte immer wieder. **b)** *scharf auf einen Angriff antworten:* die Politikerin konterte sehr geschickt. **Syn.:** entgegenhalten, Kontra geben (ugs.), widersprechen.

Kon|text [ˈkɔntɛkst], der; -[e]s, -e:
1. (Sprachwiss.) *inhaltlicher Gedanken-, Sinnzusammenhang, in dem eine Äußerung steht, und Sach- und Situationszusammenhang, aus dem heraus sie verstanden werden muss:* dies wird nur aus dem Kontext deutlich.
2. (bildungsspr.) *Zusammenhang:* etwas gehört in einen geschichtlichen, politischen, sozialen Kontext.

Kon|ti|nent [ˈkɔntinɛnt], der; -[e]s, -e:
eine der großen zusammenhängenden Landmassen der Erde: die fünf Kontinente; der sechste, der antarktische Kontinent. **Syn.:** Festland. **Zus.:** Doppelkontinent, Nachbarkontinent, Subkontinent.

Kon|tin|gent [kɔntɪŋˈgɛnt], das; -[e]s, -e:
für etwas anteilmäßig zu erbringende, vorgesehene Menge, Anzahl, Leistung o. Ä.: die Kontingente für den Import von Waren erhöhen.

kon|ti|nu|ier|lich [kɔntinuˈiːɐ̯lɪç] ⟨Adj.⟩:
[ohne Veränderung, Bruch] fortdauernd, lückenlos zusammenhängend, gleichmäßig sich fortsetzend, weiter bestehend: eine kontinuierliche Politik, Entwicklung; sich kontinuierlich bessern; die Schüler und Schülerinnen müssen es lernen, kontinuierlich zu arbeiten. **Syn.:** fortwährend, stetig, unaufhörlich, unentwegt, ununterbrochen.

Kon|ti|nu|i|tät [kɔntinuiˈtɛːt], die; -, -en:
kontinuierlicher Zusammenhang; Stetigkeit; gleichmäßiger Fortgang von etwas: historische, politische Kontinuität; die Kontinuität [in] der Entwicklung.

Kon|to [ˈkɔnto], das; -s, Konten [ˈkɔntn̩]:
(von einem Unternehmen, besonders von einer Bank für einen Kunden geführte) laufende Gegenüberstellung von geschäftlichen Vorgängen, besonders von Einnahmen und Ausgaben: ein Konto bei der Bank eröffnen, einrichten; Geld auf das Konto überweisen. **Zus.:** Anlagekonto, Auslandskonto, Bankkonto, Gehaltskonto, Geheimkonto, Girokonto, Nummernkonto, Punktekonto, Sonderkonto, Sparkonto, Spendenkonto, Zeitkonto, Zinsenkonto.

Kon|to|aus|zug [ˈkɔnto|au̯stsuːk], der; -[e]s, Kontoauszüge [ˈkɔnto|au̯stsyːgə]:
Übersicht über die Vorgänge, die es in einem bestimmten Zeitraum auf einem bestimmten Konto gegeben hat: regelmäßig die Kontoauszüge kontrollieren.

Kon|to|num|mer [ˈkɔntonʊmɐ], die; -, -n:
Nummer eines Kontos: eine falsche Kontonummer und Bankleitzahl angeben.

Kon|to|stand [ˈkɔntoʃtant], der; -[e]s, Kontostände [ˈkɔntoʃtɛndə]:
Stand eines Kontos zu einem bestimmten Zeitpunkt: den Kontostand anhand des Kontoauszugs prüfen.

kon|tra-, Kon|tra- [ˈkɔntra] ⟨Präfix⟩:
entgegen, gegen, Gegen-, dem im Basiswort Genannten entgegengesetzt [wirkend o. Ä.]: **a)** ⟨adjektivisch⟩ kontraindiziert *(als Heilverfahren aus bestimmten Gründen nicht anwendbar);* kontraproduktiv. **Syn.:** anti-, -feindlich, gegen-. **b)** ⟨verbal⟩ kontrasignieren *(gegenzeichnen).*
c) ⟨substantivisch⟩ Kontraindikation *(Gegenanzeige, die die Anwendung bestimmter therapeutischer Mittel, Maßnahmen verbietet);* Kontrasignatur *(Gegenzeichnung).*

Kon|tra|bass [ˈkɔntrabas], der; -es, -bässe [ˈkɔntrabɛsə]:
einem Violoncello ähnliches, jedoch größeres u. tiefer gestimmtes Streichinstrument.

Kon|tra|hent [kɔntraˈhɛnt], der; -en, -en (bildungsspr.), **Kon|tra|hen|tin** [kɔntraˈhɛntɪn], die; -, -nen:
Gegner[in] in einer Auseinandersetzung, einem sportlichen Wettkampf o. Ä.: er hat seinen Kontrahenten niedergeschlagen; die

K
Kont

zwei Vereine sind alte Kontrahenten.

Kon|trakt [kɔn'trakt], der; -[e]s, -e: *Vertrag:* der Kontrakt der Schauspielerin wurde erneuert. **Syn.:** Abkommen, Pakt, Vereinbarung.

kon|trär [kɔn'trɛːɐ̯] ⟨Adj.⟩: *gegensätzlich:* er vertrat einen konträren Standpunkt.

Kon|trast [kɔn'trast], der; -[e]s, -e: *starker Gegensatz, auffallender Unterschied:* die Farben bilden einen auffallenden Kontrast. **Zus.:** Farbkontrast.

kon|tras|tie|ren [kɔntras'tiːrən] ⟨itr.; hat⟩: *(zu etwas) einen augenfälligen Kontrast bilden, sich (von etwas) abheben:* die Farben kontrastierten [miteinander]. **Syn.:** abstechen, abweichen, sich abzeichnen, im Gegensatz stehen zu, in Kontrast stehen zu, sich unterscheiden.

Kon|trol|le [kɔn'trɔlə], die; -, -n: **1.** *Überprüfung:* eine genaue, scharfe Kontrolle; die Kontrollen an der Grenze sind verschärft worden. **Syn.:** Aufsicht, Durchsicht, Inspektion, Prüfung, Überwachung, Zensur. **Zus.:** Ausweiskontrolle, Fahrkartenkontrolle, Gepäckkontrolle, Geschwindigkeitskontrolle, Gewichtskontrolle, Grenzkontrolle, Leistungskontrolle, Passkontrolle, Personenkontrolle, Polizeikontrolle, Qualitätskontrolle, Radarkontrolle, Routinekontrolle, Rüstungskontrolle, Verkehrskontrolle. **2.** ⟨ohne Plural⟩ *Beherrschung, Gewalt:* sie hat die Kontrolle über das Auto verloren; der Brand wurde nach drei Stunden unter Kontrolle gebracht.

Kon|trol|leur [kɔntrɔ'løːɐ̯], der; -s, -e, **Kon|trol|leu|rin** [kɔntrɔ'løːrɪn], die; -, -nen: *Person, die etwas (besonders Fahrscheine) kontrolliert:* der Kontrolleur ließ sich die Fahrkarten zeigen; die Kontrolleurin nahm die Personalien des Schwarzfahrers auf. **Zus.:** Fahrkartenkontrolleur, Fahrkartenkontrolleurin.

kon|trol|lie|ren [kɔntrɔ'liːrən] ⟨tr.; hat⟩: **1.** *zur Überwachung, Überprüfung, Untersuchung o. Ä. Kontrollen ausüben:* die Qualität kontrollieren; beim Zoll wird [das Gepäck] scharf kontrolliert; der Pilot kontrollierte seine Instrumente. **Syn.:** durchgehen, durchsehen, einer Revision unterziehen, filzen (ugs.), inspizieren, nachprüfen, nachsehen, prüfen, überprüfen, überwachen. **2.** *(in einem bestimmten Bereich) beherrschenden Einfluss haben:* der Konzern kontrolliert mit seiner Produktion den europäischen Markt. **Syn.:** beherrschen, dominieren.

Kon|tro|ver|se [kɔntro'vɛrzə], die; -, -n: *heftige Auseinandersetzung (um eine Sachfrage):* mit jmdm. eine Kontroverse haben; es kam zu einer Kontroverse. **Syn.:** Disput (bildungsspr.), Meinungsverschiedenheit, Reiberei, Streit.

Kon|tur [kɔn'tuːɐ̯], die; -, -en: *äußere Linie eines Körpers [die sich von einem Hintergrund abhebt]:* im Nebel waren die Konturen der Brücke kaum zu erkennen. **Syn.:** Silhouette, Umriss.

kon|ven|ti|o|nell [kɔnvɛntsi̯o'nɛl] ⟨Adj.⟩: *von herkömmlicher Art, dem Brauch entsprechend:* konventionelle Ansichten, Methoden; eine konventionelle Konstruktion; konventionell denken; sie ist konventionell gekleidet. **Syn.:** traditionell.

Kon|ver|sa|ti|on [kɔnvɛrza'tsi̯oːn], die; -, -en: *unverbindliches, oft nur um der Unterhaltung willen geführtes, zwangloses Gespräch:* eine [lebhafte] Konversation führen. **Syn.:** Unterhaltung.

kon|vex [kɔn'vɛks] ⟨Adj.⟩: *nach außen gewölbt* /Ggs. konkav/: konvexe Linsen.

Kon|voi [kɔn'vɔy̯], der; -s, -s: *Verband von transportierenden Schiffen oder [militärischen] Fahrzeugen und die sie zu ihrem Schutz begleitenden Fahrzeuge:* der Konvoi wurde von feindlichen Fliegern beschossen.

Kon|zen|tra|ti|on [kɔntsɛntra'tsi̯oːn], die; -, -en: **1.** *das Zusammenlegen, Zusammenballen, Vereinigen [wirtschaftlicher oder militärischer Kräfte] an einem Punkt, in einer Hand:* die Konzentration der Industrie, der Presse. **Zus.:** Machtkonzentration, Truppenkonzentration, Unternehmenskonzentration. **2.** *geistige Anspannung, höchste Aufmerksamkeit, die auf eine bestimmte Tätigkeit o. Ä. gerichtet ist:* sie arbeitet mit großer Konzentration. **Syn.:** Sammlung. **3.** *Gehalt einer Lösung an gelöstem Stoff:* die Konzentration einer Säure, einer Lösung; Alkohol in hoher Konzentration. **Zus.:** Salzkonzentration.

kon|zen|trie|ren [kɔntsɛn'triːrən]: **1.** ⟨tr.; hat⟩ *[wirtschaftliche oder militärische Kräfte, Abteilungen] an einem Punkt, in einer Hand zusammenballen, zusammenlegen, vereinigen:* Truppen an der Grenze konzentrieren. **2. a)** ⟨tr.; hat⟩ *seine Gedanken, seine Aufmerksamkeit auf etwas richten:* seine Bemühungen, Überlegungen auf jmdn., etwas konzentrieren; seine ganze Kraft auf das Examen konzentrieren. **b)** ⟨+ sich⟩ *die geistig-seelischen Kräfte ganz nach innen richten und Störendes, Ablenkendes nicht beachten:* ich muss mich bei der Arbeit konzentrieren. **Syn.:** aufpassen, sich sammeln, seine fünf Sinne zusammennehmen (ugs.), seine Gedanken sammeln.

Kon|zept [kɔn'tsɛpt], das; -[e]s, -e: *knapp gefasster Entwurf, erste Fassung einer Rede oder einer Schrift:* ein Konzept ausarbeiten; [sich] ein Konzept machen; sie hielt ihre Rede ohne Konzept. **Syn.:** Plan.

Kon|zern [kɔn'tsɛrn], der; -[e]s, -e: *Zusammenschluss zweier oder mehrerer selbstständiger Firmen gleicher, ähnlicher oder sich ergänzender Produktion.* **Syn.:** Unternehmen. **Zus.:** Automobilkonzern, Bankkonzern, Elektrokonzern, Elektronikkonzern, Energiekonzern, Industriekonzern, Medienkonzern, Ölkonzern, Rüstungskonzern, Versicherungskonzern.

Kon|zert [kɔn'tsɛrt], das; -[e]s, -e: **1.** *Komposition (aus mehreren Sätzen) für Orchester und meist ein oder mehrere Soloinstrumente:* ein Konzert für Klavier und Orchester. **Zus.:** Cellokonzert, Flötenkonzert, Klavierkon-

zert, Orgelkonzert, Violinkonzert.
2. *Aufführung eines oder mehrerer Musikwerke meist in einer öffentlichen Veranstaltung:* ein Konzert geben; ins Konzert gehen. **Zus.:** Abschiedskonzert, Benefizkonzert, Chorkonzert, Gastkonzert, Jazzkonzert, Kammerkonzert, Kirchenkonzert, Kurkonzert, Livekonzert, Open-Air-Konzert, Opernkonzert, Popkonzert, Rockkonzert, Sinfoniekonzert, Solistenkonzert, Wohltätigkeitskonzert, Wunschkonzert.

Kon|zes|si|on [kɔnt͜sɛˈsi̯o:n], die; -, -en:
1. *Genehmigung einer Behörde für eine gewerbliche Tätigkeit:* jmdm. die Konzession für die Führung eines Restaurants erteilen; dem Betreiber einer Gaststätte die Konzession entziehen.
2. *Zugeständnis:* zu Konzessionen bereit sein.

kon|zi|li|ant [kɔnt͜siˈli̯ant] ⟨Adj.⟩ (bildungsspr.):
zum Entgegenkommen, zu Zugeständnissen bereit; umgänglich: ein sehr konzilianter Vorgesetzter. **Syn.:** entgegenkommend, kulant, verbindlich.

Ko|ope|ra|ti|on [ko|operaˈt͜si̯o:n], die; -, -en:
Zusammenarbeit besonders auf politischem oder wirtschaftlichem Gebiet: die Kooperation der Industrie mit staatlichen Stellen. **Syn.:** Teamwork, Zusammenarbeit.

ko|ope|ra|tiv [ko|operaˈti:f] ⟨Adj.⟩:
bereitwillig kooperierend: kooperatives Verhalten; ihre Haltung, sie ist wenig kooperativ.

ko|ope|rie|ren [ko|opeˈri:rən] ⟨itr.; hat⟩:
zusammenarbeiten: mit jmdm., mit einer anderen Firma [auf einem Gebiet] kooperieren; die Polizeien der benachbarten Länder müssen eng [miteinander] kooperieren.

ko|or|di|nie|ren [ko|ɔrdiˈni:rən] ⟨tr.; hat⟩:
aufeinander abstimmen, untereinander in Einklang bringen: dieses Gremium koordiniert die Belange der einzelnen Länder. **Syn.:** verknüpfen.

Kopf [kɔp͜f], der; -[e]s, Köpfe [ˈkœp͜fə]:
1. *meist rundlicher, auf dem Hals sitzender Teil des menschlichen oder tierischen Körpers (zu dem Gehirn, Augen, Nase, Mund und Ohren gehören):* ein dicker, kahler Kopf; der Kopf der Katze, des Vogels; den Kopf neigen; verneinend den Kopf schütteln. **Syn.:** Birne (ugs.), Haupt (geh.), Kürbis (ugs.), Rübe (ugs.), Schädel. **Zus.:** Adlerkopf, Fischkopf, Frauenkopf, Hühnerkopf, Kalbskopf, Katzenkopf, Kinderkopf, Pferdekopf, Puppenkopf, Rinderkopf, Schweinekopf, Vogelkopf; *** den Kopf hängen lassen:** *mutlos sein;* *** nicht auf den Kopf gefallen sein** (ugs.): *gewitzt sein, nicht dumm sein;* *** sich** (Dativ) **den Kopf [über etwas** (Akk.)**] zerbrechen** (ugs.): *angestrengt [über etwas] nachdenken, um eine Lösung, einen Ausweg zu finden.*
2. a) *Person mit bestimmten [intellektuellen] Fähigkeiten:* sie ist ein kluger, fähiger Kopf. **b)** *an der Spitze von etw. stehende Person:* der Kopf des Unternehmens.

Kopf|be|de|ckung [ˈkɔp͜fbədɛkʊŋ], die; -, -en:
Teil der Kleidung, der auf dem Kopf getragen wird: mit, ohne Kopfbedeckung. **Syn.:** Deckel (ugs.; scherzh.).

köp|fen [ˈkœp͜fn̩] ⟨tr.; hat⟩:
1. *(jmdm.) den Kopf abschlagen:* der zum Tode Verurteilte wurde geköpft. **Syn.:** einen Kopf kürzer machen (ugs.), enthaupten (geh.).
2. *(den Ball) mit dem Kopf stoßen:* er köpfte den Ball [ins Aus]; ⟨auch itr.⟩ sie köpfte in die linke untere Ecke.

Kopf|hö|rer [ˈkɔp͜fhø:rɐ], der; -s, -:
kleine Lautsprecher, die durch einen Bügel auf die Ohren gedrückt oder direkt in die Ohren gesteckt werden und mit denen Töne oder Gesprochenes direkt ans Ohr übertragen werden: Musik über Kopfhörer hören.

kopf|los [ˈkɔp͜flo:s] ⟨Adj.⟩:
völlig verwirrt; unfähig, einen klaren Gedanken zu fassen; ohne Überlegung: er rannte kopflos aus dem Zimmer, als er die Nachricht von dem Unfall hörte.

Kopf|schmer|zen [ˈkɔp͜fʃmɛrt͜sn̩], die ⟨Plural⟩:
Schmerzen im Kopf: Kopfschmerzen haben.

Kopf|sprung [ˈkɔp͜fʃprʊŋ], der; -[e]s, Kopfsprünge [ˈkɔp͜fʃprʏŋə]:
Sprung [ins Wasser] mit dem Kopf voran: einen Kopfsprung machen.

kopf|ste|hen [ˈkɔp͜fʃte:ən], stand kopf, kopfgestanden ⟨itr.; hat⟩ (ugs.):
völlig überrascht, durcheinander, ganz bestürzt, verwirrt sein: als sie die Nachricht erhielten, standen alle kopf. **Syn.:** sich entsetzen.

Kopf|tuch [ˈkɔp͜ftu:x], das; -[e]s, Kopftücher [ˈkɔp͜fty:çɐ]:
Tuch, das um den Kopf gebunden getragen wird: ein Kopftuch tragen. **Syn.:** Kopfbedeckung.

kopf|über [kɔp͜fˈ|y:bɐ] ⟨Adverb⟩:
mit dem Kopf voran: kopfüber ins Wasser springen.

Kopf|zer|bre|chen [ˈkɔp͜ft͜sɛɐ̯brɛçn̩], das; -s:
angestrengtes Nachdenken mit dem Ziel, eine Lösung, einen Ausweg aus einer schwierigen Situation zu finden: dieses Problem macht, bereitet [ihr] Kopfzerbrechen; darüber würde ich mir an deiner Stelle kein Kopfzerbrechen machen.

Ko|pie [koˈpi:], die; -, Kopien [koˈpi:ən]:
1. *originalgetreue Wiedergabe eines im Original vorliegenden Textes o. Ä.:* die Kopie einer Urkunde. **Syn.:** Abschrift, Doppel, Duplikat, Durchschlag, Fotokopie, Reproduktion, Zweitschrift. **Zus.:** Farbkopie, Fotokopie, Raubkopie, Sicherungskopie.
2. *genaue Nachbildung eines Gegenstands, besonders eines Kunstwerks:* die Kopie des Haustürschlüssels; das Bild ist eine [schlechte] Kopie. **Syn.:** Imitation.

ko|pie|ren [koˈpi:rən] ⟨tr.; hat⟩:
1. *(einen im Original vorliegenden Text) in einer Abschrift, Durchschrift, Kopie wiedergeben:* einen Brief kopieren. **Syn.:** abschreiben, vervielfältigen.
2. *(ein Kunstwerk o. Ä.) genau nachbilden; ein zweites Exemplar nach einem Original herstellen:* ein Gemälde kopieren.
3. *(von einem entwickelten Film)*

einen Abzug herstellen: den Film zum Kopieren ins Labor geben.

Ko|pie|rer [ko'pi:rɐ], der; -s, -: *Gerät zur Herstellung von Fotokopien:* Papier in den Kopierer einlegen.

kop|peln ['kɔpl̩n] ⟨tr.; hat⟩: **a)** *(mehrere Tiere) durch Leinen o. Ä. miteinander verbinden:* Hunde koppeln. **b)** *(ein Fahrzeug an ein anderes) anhängen; (zwei Fahrzeuge) miteinander verbinden:* den Anhänger an den Traktor koppeln. **c)** *durch eine technische Vorrichtung miteinander verbinden:* das Telefon war mit dem Tonbandgerät gekoppelt.

Ko|ral|le [ko'ralə], die; -, -n: **1.** *(in tropischen Gewässern meist in Kolonien lebendes) festsitzendes Hohltier mit einem verzweigten Gerüst aus Kalk:* Korallen fischen. **2.** *Stück aus dem Kalkgerüst der Koralle (1) als Material für Schmuck:* eine Kette aus Korallen.

Ko|ran [ko'ra:n], der; -s: **a)** ⟨ohne Plural⟩ *Gesamtheit der Offenbarungen des Propheten Mohammed, das heilige Buch des Islam:* das steht im Koran. **b)** *Buch, das den Text des Korans enthält:* wo ist mein Koran?

Korb [kɔrp], der; -[e]s, Körbe ['kœrbə]: *aus biegsamem, meist von bestimmten Pflanzen stammendem Material geflochtener Behälter mit Griffen, Henkeln o. Ä.:* der Korb war voll Äpfel. **Zus.:** Binsenkorb, Blumenkorb, Brotkorb, Drahtkorb, Einkaufskorb, Fahrradkorb, Flechtkorb, Henkelkorb, Nähkorb, Obstkorb, Papierkorb, Picknickkorb, Präsentkorb, Strohkorb, Tragekorb, Wäschekorb, Waschkorb, Weidenkorb.

Kord [kɔrt]: ↑ Cord.

Kor|del ['kɔrdl̩], die; -, -n: **1.** *aus mehreren Fäden zusammengedrehte, besonders zur Zierde verwendete, dicke Schnur:* eine neue Kordel in die Kapuze einziehen. **2.** (landsch.) *Bindfaden, Schnur.*

Ko|rin|the [ko'rɪntə], die; -, -n: *kleinere, dunkle Rosine ohne Kerne:* das Kind pickte alle Korinthen aus dem Kuchen.

Kork [kɔrk], der; -[e]s, -e: **1.** ⟨ohne Plural⟩ *aus der Rinde der Korkeiche gewonnenes, braunes, sehr leichtes Material:* ein Bodenbelag aus Kork. **2.** (landsch.) *Korken:* den Kork aus der Flasche ziehen. **Syn.:** Pfropfen, Stöpsel.

Kor|ken ['kɔrkn̩], der; -s, -: *Verschluss aus Kork (oder Plastik) für Flaschen:* den Korken der Sektflasche knallen lassen. **Syn.:** Kork (landsch.), Pfropfen, Stöpsel. **Zus.:** Flaschenkorken, Sektkorken.

Kor|ken|zie|her ['kɔrkn̩tsi:ɐ], der; -s, -: *Gerät zum Herausziehen des Korkens aus einer Flasche mit einem spitzen gewundenen Teil, der in den Korken hineingedreht wird.*

[1]**Korn** [kɔrn], das; -[e]s, Körner ['kœrnɐ] und Korne ['kɔrnə]: **1.** ⟨Plural: Körner⟩ *kleine, rundliche, mit einer festen Schale umgebene Frucht einer Pflanze:* die Körner des Weizens. **Zus.:** Gerstenkorn, Getreidekorn, Haferkorn, Hirsekorn, Maiskorn, Pfefferkorn, Reiskorn, Roggenkorn, Senfkorn, Weizenkorn. **2.** ⟨ohne Plural⟩ *Getreide, besonders Roggen:* das Korn mahlen. **3.** ⟨Plural: Körner⟩ *[sehr] kleines, festes Teilchen in Form eines Korns* (1): einige Körner Salz. **Zus.:** Goldkorn, Hagelkorn, Salzkorn, Sandkorn, Staubkorn. **4.** ⟨Plural: Korne⟩ *als Teil der Vorrichtung zum Zielen beim Gewehr kurz vor der Mündung befindliche, kleinere Erhöhung, die mit der Kimme in eine Linie gebracht werden muss:* über Kimme und Korn zielen.

[2]**Korn** [kɔrn], der; -[e]s, -: *aus Getreide gewonnener, klarer Schnaps:* eine Flasche Korn; Herr Ober, noch zwei Korn *(Gläser Korn)*, bitte!

Korn|blu|me ['kɔrnblu:mə], die; -, -n: *(besonders auf Getreidefeldern wachsende) Pflanze mit schmalen Blättern und einzelstehenden Blüten von leuchtend blauer Farbe:* einen Strauß Kornblumen verschenken.

kör|nig ['kœrnɪç] ⟨Adj.⟩: *in Form kleiner Körner, aus Körnern bestehend:* körniger Sand. **Zus.:** feinkörnig, grobkörnig.

Kör|per ['kœrpɐ], der; -s, -: **1.** *Organismus eines Lebewesens, der die jeweilige Erscheinung, Gestalt eines Menschen oder Tieres ausmacht:* der menschliche, ein schöner Körper; den ganzen Körper waschen; ein gedrungener Körper *(Rumpf)* mit langen Gliedmaßen. **Syn.:** Leib (geh.), Rumpf. **2.** *Gegenstand, der gesehen, gefühlt werden kann, der eine begrenzte Menge eines bestimmten Stoffes, ein ringsum begrenztes Gebilde darstellt:* ein bewegter, fester Körper; den Inhalt eines Körpers berechnen. **Syn.:** Ding, Objekt, Sache. **Zus.:** Beleuchtungskörper, Feuerwerkskörper, Flugkörper, Fremdkörper, Heizkörper, Himmelskörper, Hohlkörper, Knallkörper, Schwimmkörper, Sprengkörper.

kör|per|lich ['kœrpɐlɪç] ⟨Adj.⟩: *auf den Körper bezogen, ihn betreffend:* körperliche Anstrengungen; körperlich arbeiten; sie muss körperlich viel leisten. **Syn.:** leiblich, physisch.

Kör|per|pfle|ge ['kœrpɐpfle:gə], die; -: *Pflege, besonders Reinigung des menschlichen Körpers:* die Körperpflege vernachlässigen; sich Zeit für die Körperpflege nehmen.

Kör|per|teil ['kœrpɐtail], der; -[e]s, -e: *Teil des Körpers:* die Salbe wird auf die betroffenen Körperteile aufgetragen.

kor|pu|lent [kɔrpu'lɛnt] ⟨Adj.⟩: *zu körperlicher Fülle neigend:* sie ist ziemlich korpulent. **Syn.:** beleibt, dick, drall, füllig, mollig, rund, rundlich, stark (verhüllend), vollschlank.

kor|rekt [kɔ'rɛkt] ⟨Adj.⟩ /Ggs. inkorrekt/: **a)** *ohne Fehler, richtig, einwandfrei:* eine korrekte Auskunft; wie ist die korrekte Schreibung?; die Übersetzung ist korrekt; der Satz ist nicht korrekt gebildet. **Syn.:** fehlerfrei, fehlerlos, [1]richtig. **b)** *angemessen; bestimmten [gesellschaftlichen] Normen, Vorschriften oder [moralischen] Grundsätzen entsprechend:* ein korrektes Benehmen; korrekte Umgangsformen; sich korrekt verhalten. **Syn.:** anständig.

Kor|rek|tur [kɔrɛk'tu:ɐ̯], die; -, -en: *Verbesserung, Berichtigung eines*

K
Kopi

Kosten/Unkosten

Unter **Kosten** versteht man alles, was für eine Sache aufgewendet wird oder worden ist, sowohl das Entgelt für die gekauften oder zu kaufenden Gegenstände als auch das Entgelt für die geleistete oder zu leistende Arbeit:

- Die Angeklagte trägt die Kosten des Verfahrens.
- Die Firma will versuchen, die Materialkosten erheblich zu senken.

Als **Unkosten** bezeichnet man die oft unvorhergesehen entstehenden Kosten, die außer den normalen Ausgaben zusätzlich und ohne eigentlichen Gewinn entstehen. Unkosten werden als Verlust oder unnötig angesehen. Bei gewerblichen Veranstaltungen, an denen also verdient wird, entstehen »Betriebskosten«, bei privaten Veranstaltungen müssen die »Unkosten« gedeckt werden. Im Unterschied zu »Kosten« wird bei »Unkosten« meist kein genitivisches Attribut (»die Kosten des Verfahrens«) angeschlossen:

- Durch ihren Unfall sind ihr erhebliche Unkosten entstanden.
- Warum sollten die Gäste einer Hochzeitsfeier nicht einen Teil der Unkosten selbst tragen?

Das Präfix »Un-« hat hier übrigens nicht verneinenden Sinn (wie z. B. bei »Untreue«, »Unfreundlichkeit«), sondern verstärkenden (wie z. B. bei »Unwetter«, »Unmenge«, »Unzahl«).

Fehlers, besonders in einem geschriebenen oder gedruckten Text: kleine Korrekturen in einem Text anbringen; den Vertrag mit allen Korrekturen vorlegen.

Kor|res|pon|dent [kɔrɛspɔnˈdɛnt], der; -en, -en, **Kor|res|pon|den|tin** [kɔrɛspɔnˈdɛntɪn], die; -, -nen: *Person, die für eine Zeitung, einen Fernsehsender o. Ä. aus einer bestimmten Stadt, einem bestimmten Land Bericht erstattet:* er ist Korrespondent einer großen amerikanischen Zeitung; unsere Londoner Korrespondentin. **Zus.:** Auslandskorrespondent, Auslandskorrespondentin, Zeitungskorrespondent, Zeitungskorrespondentin.

Kor|res|pon|denz [kɔrɛspɔnˈdɛnt͜s], die; -, -en: *Austausch von schriftlichen Äußerungen:* mit jmdm. in Korrespondenz stehen. **Syn.:** Briefwechsel. **Zus.:** Geschäftskorrespondenz, Privatkorrespondenz.

kor|res|pon|die|ren [kɔrɛspɔnˈdiːrən] ⟨itr.; hat⟩: *in Briefwechsel stehen:* ich korrespondiere mit ihm. **Syn.:** Briefe wechseln, brieflich verkehren, einen Briefwechsel führen, sich schreiben.

kor|ri|gie|ren [kɔriˈgiːrən] ⟨tr.; hat⟩: **a)** *auf Fehler hin durchsehen und verbessern:* einen Text korrigieren. **b)** *(etwas Fehlerhaftes, Ungenügendes) durch das Richtige, Zutreffende ersetzen, positiv verändern, es bei jmdm. verbessern:* einen Irrtum korrigieren; jmdn., jmds. Aussprache korrigieren; ich muss mich korrigieren. **Syn.:** ausbügeln (ugs.), berichtigen.

kor|rum|pie|ren [kɔrʊmˈpiːrən] ⟨tr.; hat⟩ (abwertend): **a)** *durch Bestechung o. Ä. für zweifelhafte Interessen, Ziele gewinnen:* dieser Politiker ließ sich korrumpieren. **Syn.:** bestechen, schmieren (ugs. abwertend). **b)** *moralisch verderben:* die Macht, der Alkohol hat ihn völlig korrumpiert; eine korrumpierte Gesellschaft.

kor|rupt [kɔˈrʊpt] ⟨Adj.⟩ (abwertend): **a)** *bestechlich, käuflich o. Ä. und deshalb nicht vertrauenswürdig:* ein korrupter Beamter. **b)** *moralisch verdorben:* ein korruptes politisches System.

Kor|rup|ti|on [kɔrʊpˈt͜si̯oːn], die; -, -en (abwertend): *das Korrumpieren, Korrumpiertwerden; korruptes Handeln, korrupte Geschäfte, Machenschaften:* Korruption greift um sich; sie wurde der Korruption beschuldigt. **Syn.:** Bestechung.

Kos|me|tik [kɔsˈmeːtɪk], die; -: *Gesichts-, Haut- und Körperpflege, die einem ansprechenden, schöneren Aussehen dient.* **Zus.:** Haarkosmetik, Hautkosmetik, Naturkosmetik.

kos|me|tisch [kɔsˈmeːtɪʃ] ⟨Adj.⟩: *die Kosmetik betreffend:* ein kosmetisches Mittel.

Kos|mo|naut [kɔsmoˈnau̯t], der; -en, -en, **Kos|mo|nau|tin** [kɔsmoˈnau̯tɪn], die; -, -nen: *Teilnehmer, Teilnehmerin an einer Weltraumfahrt (besonders in der UdSSR).* **Syn.:** Astronaut, Astronautin.

Kos|mos [ˈkɔsmɔs], der; -: *Weltall:* den Kosmos erforschen.

Kost [kɔst], die; -: *[zubereitete] Nahrung, die zu jmds. Verpflegung dient:* einfache, gesunde Kost; sie hat freie Kost. **Syn.:** Essen, Nahrung. **Zus.:** Biokost, Naturkost, Rohkost.

kost|bar [ˈkɔstbaːɐ̯] ⟨Adj.⟩: **1.** *von erlesener Qualität, aus teurem Material und daher sehr wertvoll:* kostbare Bilder, Möbel; kostbarer Schmuck. **Syn.:** edel, erlesen, exquisit, fein, teuer. **2.** *für jmdn. so wichtig, wertvoll, dass es gut genutzt, nicht unnütz vertan werden sollte:* die Zeit ist kostbar.

[1]**kos|ten** [ˈkɔstn̩], kostete, gekostet ⟨tr.; hat⟩: *den Geschmack (von Speisen oder Getränken) feststellen; schmeckend probieren:* er kostete die Soße; ⟨auch itr.⟩ sie kostete von der Suppe. **Syn.:** eine Kostprobe nehmen, versuchen.

[2]**kos|ten** [ˈkɔstn̩], kostete, gekostet ⟨itr.; hat⟩: **1.** *einen Preis von einer bestimmten Höhe haben:* das Buch kostet 5 Euro; das Haus hat mich 200 000 Euro gekostet *(für das Haus musste ich 200 000 Euro bezahlen).* **2.** *(zur Verwirklichung von etwas) notwendig, erforderlich machen, von jmdm. verlangen:* das kostet dich doch nur ein Wort, ein Lächeln. **Syn.:** erfordern von. **3.** *für jmdn. einen Verlust von etwas nach sich ziehen:* dieser Fehler kann dich/(selten:) dir die Stellung kosten; das kostete die Mannschaft den Sieg.

Kos|ten [ˈkɔstn̩], die ⟨Plural⟩: *finanzielle Ausgaben, die für die Ausführung einer Arbeit o. Ä. ent-*

stehen: die Kosten für den Bau des Hauses waren hoch; die Kosten ersetzen. **Syn.:** Aufwand ⟨Singular⟩, Aufwendungen, Auslagen. **Zus.:** Anschaffungskosten, Arztkosten, Behandlungskosten, Fahrtkosten, Gesamtkosten, Herstellungskosten, Hotelkosten, Instandhaltungskosten, Lebenshaltungskosten, Lohnkosten, Materialkosten, Mehrkosten, Nebenkosten, Personalkosten, Reisekosten, Wartungskosten.

Kosten/Unkosten:
s. Kasten Seite 573.

kos|ten|los ['kɔstn̩loːs] ⟨Adj.⟩:
keine Kosten verursachend: eine kostenlose Reparatur; die Teilnahme ist kostenlos. **Syn.:** frei, gebührenfrei, gratis, um Gotteslohn, umsonst, unentgeltlich.

köst|lich ['kœstlɪç] ⟨Adj.⟩:
1. *besonders gut, ausgezeichnet schmeckend; jmds. besonderes Wohlgefallen erregend:* eine köstliche Speise. **Syn.:** delikat, fein, lecker, schmackhaft.
2. *unterhaltsam, amüsant und daher großes Vergnügen bereitend:* eine köstliche Geschichte. **Syn.:** nett.

K
Kost

Kost|pro|be ['kɔstproːbə], die; -, -n:
a) *kleines Stück (von etwas), das auf seinen Geschmack hin geprüft werden soll:* die Köchin reichte ihm eine kleine Kostprobe von dem Braten. **Syn.:** Auswahl, Muster, Probe. **b)** *kleines Beispiel:* die Musikerin gab eine Kostprobe ihres Könnens.

kost|spie|lig ['kɔstʃpiːlɪç] ⟨Adj.⟩:
mit hohen Kosten verbunden: eine kostspielige Angelegenheit. **Syn.:** teuer.

Kos|tüm [kɔs'tyːm], das; -s, -e:
1. *aus Rock und Jacke bestehendes Kleidungsstück für weibliche Personen.* **Zus.:** Frühjahrskostüm, Reisekostüm, Trachtenkostüm, Wollkostüm.
2. *Kleidung, die in einer bestimmten historischen Epoche typisch war, bzw. für Schauspieler, Artisten o. Ä. bei Aufführungen zur Darstellung, Charakterisierung einer bestimmten Person oder Funktion dient oder auch zur Verkleidung bei bestimmten Anlässen verwendet wird:* mittelalterliche Kostüme; welches Kostüm trägst du an Fasching? **Zus.:** Faschingskostüm, Narrenkostüm, Pagenkostüm.

kos|tü|mie|ren [kɔsty'miːrən] ⟨tr.; hat⟩:
(zur Verkleidung) in ein Kostüm kleiden: zum Karneval kostümierte ich mich als Matrose; seine Mutter hatte ihn als Indianer kostümiert. **Syn.:** sich maskieren, sich verkleiden.

Kot [koːt], der; -[e]s:
Ausscheidung aus dem Darm: an seinen Schuhen war Kot. **Syn.:** Exkrement, Kacke (derb), Scheiße (derb), Stuhl (bes. Med.), Stuhlgang. **Zus.:** Hundekot, Tierkot.

Ko|te|lett [kotə'lɛt], das; -s, -s:
Stück Fleisch von den Rippen von Kalb, Schwein, Lamm oder Hammel, das als Speise gebraten wird: ein durchwachsenes, mageres Kotelett.

Kö|ter ['køːtɐ], der; -s, - (abwertend):
Hund: dieser kleine Köter ist ihre ganze Liebe; ständig kläfft dieser Köter, wenn ich vorbeigehe. **Syn.:** Töle (ugs.).

Kot|flü|gel ['koːtflyːgl̩], der; -s, -:
Teil der Karosserie eines Autos über den Rädern zum Auffangen des Schmutzes: der Kotflügel war völlig verbeult.

kot|zen ['kɔtsn̩] ⟨itr.; hat⟩ (salopp):
[sich] erbrechen: ich musste kotzen; sie fühlte sich zum Kotzen *(sehr schlecht).* **Syn.:** brechen, speien (geh.), spucken, sich übergeben.

Krab|be ['krabə], die; -, -n:
(vorwiegend im Meer lebendes) kleines, zu den Krebsen gehörendes Tier mit zurückgebildetem Hinterleib und oft großen Scheren am ersten Beinpaar.

krab|beln ['krabl̩n] ⟨itr.; ist⟩:
a) *(von Käfern o. Ä.) sich kriechend fortbewegen:* ein Käfer ist an der Wand gekrabbelt. **Syn.:** kriechen. **b)** *(besonders von Kleinkindern) sich auf Händen und Füßen fortbewegen:* das Baby fängt an zu krabbeln.

Krach [krax], der; -[e]s, Kräche ['krɛçə]:
1. ⟨ohne Plural⟩ **a)** *sehr lautes, unangenehmes Geräusch:* die Maschine macht viel Krach. **Syn.:** Lärm. **b)** *plötzliches, hartes, sehr lautes Geräusch:* mit furchtbarem Krach stürzte das Haus ein. **Syn.:** Knall, Schlag.
2. (ugs.) *heftige, laute Auseinandersetzung:* in der Familie ist ständig Krach. **Syn.:** Gezänk, Kladderadatsch (ugs.), Streit, Streitigkeit, Zank, Zusammenstoß (ugs.), Zwistigkeit (geh.). **Zus.:** Ehekrach, Familienkrach.

kra|chen ['kraxn̩]:
a) ⟨itr.; hat⟩ *einen lauten Knall von sich geben:* der Donner kracht; ein Schuss krachte. **Syn.:** bumsen (ugs.), donnern, rollen, rumpeln (ugs.). **b)** ⟨itr.; ist⟩ (ugs.) *mit einem Knall, einem lauten Geräusch brechen:* das Eis ist gekracht. **Syn.:** aufbrechen, aufplatzen, bersten (geh.), in die Brüche gehen, platzen, reißen, zerbrechen, zu Bruch gehen. **c)** ⟨itr.; ist⟩ (ugs.) *mit einem Knall, einem lauten Geräusch gegen etwas prallen, irgendwo heftig auftreffen:* das Auto ist gegen den Baum gekracht. **Syn.:** auffahren auf, aufprallen auf, aufschlagen auf, bumsen an/auf (ugs.), prallen an/auf, rammen, zusammenprallen, zusammenstoßen.

kräch|zen ['krɛçtsn̩] ⟨itr.; hat⟩:
heiser klingende Laute von sich geben: der Rabe krächzt.

kraft [kraft] ⟨Präp. mit Gen.⟩:
durch den Einfluss, das Gewicht, die Autorität von …: er veranlasste dies kraft [seines] Amtes; kraft Gesetzes, richterlichen Urteils; eine Idee, kraft deren …; kraft dieser Kompetenzen; kraft ihrer Fähigkeiten ist sie dafür zuständig. **Syn.:** aufgrund.

Kraft [kraft], die; -, Kräfte ['krɛftə]:
1. *körperliche Stärke; Fähigkeit zu wirken:* der Junge hat viel, große Kraft; er ist wieder zu Kräften gekommen *(er ist wieder stark und gesund geworden).*
2. *in bestimmter Weise wirkende Gewalt, einer Sache als Ursache einer Wirkung innewohnende Macht:* die Kräfte der Natur; die Kraft der Wahrheit. **Syn.:** Potenz (bildungsspr.), Stärke, Vermögen (geh.). **Zus.:** Anziehungskraft, Atomkraft, Bremskraft, Naturkraft.
3. *Arbeitskraft* (2): wir brauchen noch eine neue Kraft. **Zus.:** Bürokraft, Führungskraft, Halbtagskraft, Hilfskraft, Lehrkraft, Schreibkraft, Spitzenkraft.

Kraft|fah|rer ['kraftfaːrɐ], der; -s, -,

Kraft|fah|re|rin ['kraftfa:rərɪn], die; -, -nen:
Person, die einen Kraftwagen fährt: zahlreiche Kraftfahrer protestierten gegen die Erhöhung der Benzinpreise. **Syn.:** Autofahrer, Autofahrerin, Fahrer, Fahrerin, Lenker, Lenkerin.

Kraft|fahr|zeug ['kraftfa:ɐ̯tsɔy̆k], das; -[e]s, -e:
durch einen Motor angetriebenes, nicht an Schienen gebundenes Fahrzeug: der Angeklagte darf in Deutschland kein Kraftfahrzeug mehr führen. **Syn.:** Auto, Wagen.

kräf|tig ['krɛftɪç] ‹Adj.›:
1. *Kraft habend, [in der äußeren Erscheinung] von körperlicher Kraft, von gesundem Wuchs, von Widerstandsfähigkeit o. Ä. zeugend:* eine kräftige Konstitution; ein kräftiger Hieb; die Pflanzen sind schon recht kräftig. **Syn.:** athletisch, kraftvoll, stark, stramm, wuchtig.
2. a) *in hohem Maße ausgeprägt, vorhanden:* ein kräftiges Hoch; einen kräftigen *(großen)* Schluck nehmen; kräftige Farben.
b) *große Nachdrücklichkeit, Entschiedenheit zeigend, mit großem Nachdruck:* jmdm. kräftig die Meinung sagen. **Syn.:** anständig (ugs.), gehörig, gewaltig (emotional), ordentlich (ugs.), tüchtig (ugs.). **c)** *in sehr deutlicher, grober Ausdrucksweise geäußert:* ein kräftiger Fluch, Ausdruck. **Syn.:** drastisch, grob (abwertend), hart, rau, ungehobelt (abwertend).
3. *reich an Nährstoffen:* eine kräftige Suppe, Mahlzeit. **Syn.:** gehaltvoll, nahrhaft.

-kräf|tig [krɛftɪç] ‹adjektivisches Suffixoid›:
a) *in als positiv, als wichtig für etwas angesehener Weise reichlich von dem im Basiswort Genannten habend, enthaltend:* aussagekräftig; beweiskräftig; ertragskräftig; finanzkräftig; kapitalkräftig. **Syn.:** -intensiv, -reich, -stark. **b)** *zu dem im Basiswort Genannten in der Lage:* kaufkräftig; lebenskräftig; zahlungskräftig.

kraft|los ['kraftlo:s] ‹Adj.›:
1. *wenig Kraft habend:* ganz kraftlos fiel er in den Sessel. **Syn.:** entkräftet, ermattet (geh.), geschwächt, matt, schlapp, schwach, schwächlich.
2. *wenig nahrhaft:* eine kraftlose Suppe.

Kraft|pro|be ['kraftpro:bə], die; -, -n:
Anstrengungen Rivalisierender, aus denen hervorgeht, wer der Stärkere, Bessere ist: er ließ es auf eine Kraftprobe mit der zuständigen Behörde ankommen.

Kraft|stoff ['kraftʃtɔf], der; -[e]s, -e:
Stoff, durch dessen Verbrennung in einem Motor Energie erzeugt wird: Benzin ist ein Kraftstoff.

kraft|voll ['kraftfɔl] ‹Adj.›:
viel Kraft habend, davon zeugend: ein kraftvoller Sprung. **Syn.:** dynamisch, kräftig, stark, wuchtig.

Kraft|wa|gen ['kraftva:gn̩], der; -s, -:
Auto. **Syn.:** Fahrzeug, Kraftfahrzeug, Wagen.

Kraft|werk ['kraftvɛrk], das; -[e]s, -e:
industrielle Anlage zur Gewinnung elektrischer Energie: ein mit Braunkohle betriebenes Kraftwerk. **Zus.:** Atomkraftwerk, Kohlekraftwerk.

Kra|gen ['kra:gn̩], der; -s, -:
am Hals befindlicher Teil eines Kleidungsstücks: der Kragen am Hemd; den Kragen des Mantels hochschlagen. **Zus.:** Hemdkragen, Mantelkragen, Pelzkragen, Stehkragen.

Krä|he ['krɛ:ə], die; -, -n:
großer Vogel mit glänzendem, schwarzem Gefieder und kräftigem Schnabel, der krächzende Laute von sich gibt: das ganze Feld war übersät von Krähen.

krä|hen ['krɛ:ən] ‹itr.; hat›:
1. *(vom Hahn) einen hellen, lauten, gequetscht klingenden, in charakteristischer Weise ausgestoßenen Laut von sich geben:* jeden Morgen um 6 Uhr hörte man den Hahn krähen.
2. *mit hoher, heller Stimme sprechen, schreien, singen:* ein Lied krähen; das Baby krähte vergnügt *(gab vor Vergnügen helle Laute von sich).*

Kral|le ['kralə], die; -, -n:
aus Horn bestehendes, langes, gebogenes, an den Enden spitz zulaufendes Gebilde an den letzten Gliedern der Zehen bestimmter Tiere: die Katze hat scharfe Krallen.

Kram [kra:m], der; -[e]s:
1. *eine als wertlos betrachtete, nach Art und Anzahl nicht näher bezeichnete Menge von Gegenständen:* es befindet sich viel Kram im Keller. **Syn.:** Dreck (emotional abwertend), Gerümpel (abwertend), Krimskrams (ugs.), Mist (ugs. abwertend), Plunder (ugs.), Zeug, Zimt (ugs. abwertend). **Zus.:** Trödelkram.
2. *als unwichtig oder lästig empfundene Angelegenheit:* am liebsten würde ich den ganzen Kram hinschmeißen. **Zus.:** Alltagskram, Bürokram, Papierkram, Routinekram, Verwaltungskram.

kra|men ['kra:mən] ‹itr.; hat›:
zwischen (durcheinanderliegenden) Gegenständen herumwühlen [und nach etwas suchen]: in allen Schubladen nach Bildern kramen. **Syn.:** durchsuchen, stöbern, wühlen.

Krampf [kramp͜f], der; -[e]s, Krämpfe ['krɛmp͜fə]:
1. *plötzliches, schmerzhaftes Sichzusammenziehen der Muskeln:* er hat einen Krampf in der Wade.
2. ‹ohne Plural› (ugs.) *krampfhafte Bemühung, um jeden Preis etwas zu erreichen:* das ist doch alles Krampf!

krampf|haft ['kramp͜fhaft] ‹Adj.›:
1. *als Krampf, wie ein Krampf verlaufend:* krampfhafte Zuckungen.
2. *alle Kräfte aufbietend, mit Verbissenheit:* er machte krampfhafte Anstrengungen, seine Stellung zu halten. **Syn.:** hartnäckig, verbissen, verkrampft.

Kran [kra:n], der; -[e]s, Kräne ['krɛ:nə]:
aus einer fahr- und drehbaren, einem Gerüst ähnlichen Konstruktion (mit Führerhaus) bestehende Vorrichtung zum Heben und Versetzen schwerer oder sperriger Dinge: einen Kran aufstellen, einsetzen.

Kra|nich ['kra:nɪç], der; -s, -e:
(besonders in sumpfigen Gebieten lebender) großer, grau gefiederter Vogel mit langem, kräftigem Schnabel, langem Hals und langen, dünnen Beinen: die Kraniche ziehen.

krank [kraŋk], kränker, kränkste ⟨Adj.⟩:
eine Krankheit habend, physisch oder psychisch leidend /Ggs. gesund/: ein krankes Tier; er ist [schwer] krank, liegt krank zu Bett. **Syn.:** kränkelnd, kränklich, unpässlich. **Zus.:** herzkrank, krebskrank, todkrank.

Kran|ke [ˈkraŋkə], die/eine Kranke; der/einer Kranken; die Kranken/zwei Kranke:
weibliche Person, die krank ist: die Kranke wurde ins Krankenhaus gebracht. **Zus.:** Aidskranke, Herzkranke, Magenkranke.

krän|keln [ˈkrɛŋkl̩n] ⟨itr.; hat⟩:
über längere Zeit hin immer ein wenig krank, nie ganz gesund sein: er kränkelt seit einiger Zeit. **Syn.:** leiden.

kran|ken [ˈkraŋkn̩] ⟨itr.; hat⟩:
durch einen Mangel in seiner Funktionstüchtigkeit o. Ä. gestört, beeinträchtigt sein: die Firma krankt an der schlechten Organisation. **Syn.:** leiden unter.

krän|ken [ˈkrɛŋkn̩] ⟨tr.; hat⟩:
(jmdn.) seelisch verletzen, in seinem Selbstgefühl durch eine Tat oder Äußerung, durch die er sich gedemütigt, verkannt o. ä. fühlt, treffen: diese Bemerkung hatte ihn sehr gekränkt. **Syn.:** beleidigen, brüskieren, düpieren, ins Herz treffen (ugs.), schmähen, treffen, vor den Kopf stoßen (ugs.).

Kran|ken|haus [ˈkraŋkn̩haus], das; -es, Krankenhäuser [ˈkraŋkn̩hɔyzɐ]:
Gebäude, in dem sich Kranke [über längere Zeit] zur Untersuchung und Behandlung aufhalten: der Kranke wurde ins/im Krankenhaus aufgenommen. **Syn.:** Hospital, Klinik, Spital (bes. österr., schweiz.).

Kran|ken|kas|sa [ˈkraŋkn̩kasa], die; -, Krankenkassen [ˈkraŋkn̩kasn̩] (österr.):
Krankenkasse.

Kran|ken|kas|se [ˈkraŋkn̩kasə], die; -, -n:
Institution, bei der sich jmd. gegen die durch eine Krankheit entstehenden Kosten versichern kann: bei welcher Krankenkasse sind Sie? **Syn.:** Kassa, Kasse, Krankenkassa.

Kran|ken|pfle|ger [ˈkraŋkn̩pfleːgɐ], der; -s, -:
männliche Person, die in der Pflege von Kranken ausgebildet ist: der Krankenpfleger wechselte den Verband. **Syn.:** Pfleger.

Kran|ken|schein [ˈkraŋkn̩ʃain], der; -[e]s, -e:
1. (früher) *Formular der Krankenkasse, das der Patient, die Patientin bei einer ärztlichen Behandlung vorlegt.*
2. (österr.) *Versichertenkarte.*

Kran|ken|schwes|ter [ˈkraŋkn̩ʃvɛstɐ], die; -, -n:
weibliche Person, die in der Pflege von Kranken ausgebildet ist: nach der Krankenschwester klingeln. **Syn.:** Schwester.

Kran|ken|ver|si|che|rung [ˈkraŋkn̩fɛɐ̯zɪçərʊŋ], die; -, -en:
Versicherung, die bei einer Krankheit die Kosten für die Behandlung bezahlt: gesetzliche, private Krankenversicherung. **Syn.:** Kasse, Krankenkasse.

Kran|ken|wa|gen [ˈkraŋkn̩vaːgn̩], der; -s, -:
speziell für den Krankentransport ausgestattetes Auto: einen Krankenwagen rufen.

Kran|ker [ˈkraŋkɐ], der Kranke/ein Kranker; des/eines Kranken; die Kranken/zwei Kranke:
Person, die krank ist: die Kranken wurden von den Gesunden isoliert. **Zus.:** Aidskranker, Herzkranker, Magenkranker.

krank|fei|ern [ˈkraŋkfaiɐn], feierte krank, krankgefeiert ⟨itr.; hat⟩ (ugs.):
a) *wegen angeblicher Krankheit für einige Zeit der Arbeit fernbleiben:* er kann es sich nicht leisten, schon wieder krankzufeiern. **b)** (landsch.) *arbeitsunfähig sein.*

krank|haft [ˈkraŋkhaft] ⟨Adj.⟩:
1. *von einer Krankheit herrührend, sich als Krankheit äußernd:* eine krankhafte Veränderung des Gewebes.
2. *sich wie eine Krankheit äußernd, nicht mehr normal:* ein krankhafter Ehrgeiz; diese übertriebene Sparsamkeit ist schon krankhaft. **Syn.:** abartig (ugs., oft emotional), abnorm, abnormal (bes. österr. u. schweiz.), anormal, pervers (ugs., oft emotional übertreibend), unnatürlich.

Krank|heit [ˈkraŋkhait], die; -, -en:
1. *Störung der normalen Funktion eines Organs oder Körperteils, auch des geistigen, seelischen Wohlbefindens* /Ggs. Gesundheit/: eine ansteckende Krankheit; an einer Krankheit leiden. **Syn.:** Beschwerden ⟨Plural⟩, Erkrankung, Leiden, Übel. **Zus.:** Hautkrankheit, Infektionskrankheit, Kinderkrankheit, Managerkrankheit, Zivilisationskrankheit.
2. ⟨ohne Plural⟩ *Zustand des Krankseins:* während meiner Krankheit hat mich mein Freund oft besucht. **Syn.:** Erkrankung, Siechtum (geh.).

Krank|heits|er|re|ger [ˈkraŋkhaitslɛɐ̯reːgɐ], der; -s, -:
Bakterie, Virus: auch Zecken und Mücken können Krankheitserreger auf den Menschen übertragen. **Syn.:** Keim.

kränk|lich [ˈkrɛŋklɪç] ⟨Adj.⟩:
nicht richtig gesund, stets etwas leidend und anfällig für Krankheiten: ein kränkliches Aussehen haben. **Syn.:** krank, kränkelnd, leidend, mies (ugs.), unpässlich.

krank|schrei|ben [kraŋkˈʃraibn̩], schrieb krank, krankgeschrieben ⟨tr.; hat⟩:
(als Arzt) schriftlich bestätigen, dass jmd. aufgrund einer Krankheit vorübergehend arbeitsunfähig ist: er wurde für eine Woche krankgeschrieben.

Krän|kung [ˈkrɛŋkʊŋ], die; -, -en:
jmdn. kränkende Äußerung, Handlung; Verletzung der Gefühle eines andern: etw. als Kränkung empfinden. **Syn.:** Beleidigung.

Kranz [krants], der; -es, Kränze [ˈkrɛntsə]:
in Form eines Ringes geflochtene oder gebundene Blumen, Zweige o. Ä.: einen Kranz binden, flechten. **Zus.:** Blumenkranz, Dornenkranz, Lorbeerkranz, Siegeskranz, Trauerkranz.

krass [kras], krasser, krasseste ⟨Adj.⟩:
1. *in seiner Art besonders und in oft schroffer Weise extrem:* seine Handlungen stehen in krassem Gegensatz zu seinen Worten; sie ist eine krasse Außenseiterin. **Syn.:** radikal, scharf.
2. (bes. Jugendspr.) *in begeisternder Weise gut, schön:* der Film, die Musik ist voll krass.

Kra|ter [ˈkraːtɐ], der; -s, -:
in der Erde besonders durch

K
kran

einen Vulkanausbruch hervorgerufene tiefe Öffnung in Form eines Trichters: der Krater des Vesuv; die Bomben hatten tiefe Krater in den Boden gerissen. **Zus.:** Bombenkrater, Mondkrater.

-kra|tie [krati:], die; -, -kratien [krati:ən] ⟨zweiter Wortbestandteil⟩: *Herrschaftsform, Herrschaft, die von dem/den im Basiswort Genannten ausgeht:* Aristokratie *(Adelsherrschaft);* Autokratie *(unumschränkte Staatsgewalt in der Hand eines Einzelnen);* Bürokratie *(Herrschaft der Bürokraten als Verwaltungsapparat);* Demokratie *(Herrschaft des Volkes);* Gerontokratie *(Herrschaft der Alten);* Plutokratie *(Geldherrschaft);* Theokratie *(religiös legitimierte Herrschaftsform);* /auch ironisch/: Bonzokratie *(Herrschaft der Bonzen);* Expertokratie *(Herrschaft der Experten).*

Krät|ze [ˈkrɛt͜sə], die; -: *stark juckende Hautkrankheit:* die Krätze haben.

krat|zen [ˈkrat͜sn̩]:
1. a) ⟨tr.; hat⟩ *mit etwas Scharfem, Rauem, Spitzem (besonders mit Nägeln oder Krallen) ritzend, schabend o. ä. Spuren auf etwas hinterlassen:* die Katze hat mich gekratzt. **b)** ⟨itr.; hat⟩ *mit etwas Scharfem, Rauem, Spitzem an oder auf etwas reiben, scheuern [und ein entsprechendes Geräusch verursachen]:* mit dem Messer im Topf kratzen; der Hund kratzt an der Tür; Vorsicht, die Katze kratzt *(gebraucht ihre Krallen).* **Syn.:** scharren. **c)** ⟨itr.; hat⟩ *wegen eines Juckreizes mit den Fingerspitzen, -nägeln an einer Körperstelle scheuern, reiben:* jmdn. auf dem Rücken kratzen; ich kratze mich am Kopf. **d)** ⟨itr.; hat⟩ *ein Jucken auf der Haut verursachen:* der Stoff des Kleides kratzt fürchterlich. **Syn.:** jucken, reiben, scheuern.
2. ⟨tr.; hat⟩ **a)** *durch Ritzen, Schaben o. Ä. auf, in etwas erzeugen:* seinen Namen, ein Zeichen in die Wand kratzen. **Syn.:** ritzen. **b)** *schabend, scharrend o. ä. entfernen:* das Eis von der Scheibe kratzen. **Syn.:** scheuern.

Krat|zer [ˈkrat͜sɐ], der; -s, -: *vertiefte Linie, die durch einen scharfen Gegenstand unabsichtlich auf etwas entstanden ist:* ein paar Kratzer im Gesicht haben. **Syn.:** Ritz, Schramme.

¹krau|len [ˈkrau̯lən] ⟨tr.; hat⟩: *jmdn., ein Tier liebkosen in der Art, dass man z. B. in dessen Haaren, Fell seine Fingerspitzen leicht hin und her bewegt (als Zeichen liebevoll-zärtlicher Zuneigung):* jmdn. am Kinn, einen Hund am Hals kraulen. **Syn.:** hätscheln, streicheln, tätscheln.

²krau|len [ˈkrau̯lən] ⟨itr.; hat/ist⟩: *schwimmen, indem die Arme abwechselnd kreisförmig von hinten über den Kopf nach vorn bewegt werden, während sich die gestreckten Beine leicht und abwechselnd auf- und abwärtsbewegen:* er kann gut kraulen.

kraus [krau̯s] ⟨Adj.⟩:
1. a) *stark geringelt, gewellt, aus vielen sehr kleinen Locken bestehend:* sie hat krauses Haar. **b)** *voller unregelmäßiger Linien, Falten:* eine krause Stirn machen. **Syn.:** faltig.
2. *[absonderlich und] ziemlich wirr, ungeordnet:* er hat nur krause Ideen. **Syn.:** abstrus, konfus, verworren.

Krau|se [ˈkrau̯zə], die; -, -n:
1. *in dichte Falten gelegter Saum oder Kragen:* sie trug eine Bluse mit Krause. **Zus.:** Halskrause.
2. ⟨ohne Plural⟩ *lockiger, gewellter Zustand (des Haares):* das Haar hat seine Krause verloren. **Zus.:** Naturkrause.

kräu|seln [ˈkrɔy̯zl̩n]:
a) ⟨tr.; hat⟩ *leicht kraus, wellig o. ä. machen:* jmds. Haar kräuseln; der Wind kräuselte die Wasseroberfläche. **b)** ⟨+ sich⟩ *sich in viele kleine Locken, Falten, Wellen legen, eine leicht krause Form annehmen:* die Haare, die Fäden kräuseln sich. **Syn.:** sich ringeln.

Kraut [krau̯t], das; -[e]s, Kräuter [ˈkrɔy̯tɐ]:
1. *Pflanze, die zum Heilen oder Würzen verwendet wird:* ein Tee aus Kräutern. **Zus.:** Bohnenkraut, Farnkraut, Gewürzkraut, Heidekraut, Heilkraut, Küchenkraut, Suppenkraut, Würzkraut.
2. ⟨ohne Plural⟩ **a)** *Blätter mit Stängel an Rüben, Kohl usw., die nicht für die menschliche Ernährung verwertbar sind:* das Kraut entfernen. **b)** (bes. südd., österr.) *Kohl* (1): Kraut kochen. **Zus.:** Rotkraut, Sauerkraut, Weißkraut.

Kra|wall [kraˈval], der; -s, -e:
a) *heftiger, tumultartiger Aufruhr:* auf den Straßen kam es zu Demonstrationen und Krawallen. **Syn.:** Tumult, Unruhen ⟨Plural⟩. **Zus.:** Straßenkrawall. **b)** ⟨ohne Plural⟩ (ugs.) *sehr lebhaftes, erregtes Lärmen und Treiben:* macht doch nicht so einen Krawall. **Syn.:** Krach, Lärm, Rabatz (ugs.), Radau (ugs.), ¹Spektakel (ugs.).

Kra|wat|te [kraˈvatə], die; -, -n: *(aus Stoff hergestelltes) etwa streifenförmiges schmückendes Teil besonders der Herrenkleidung, das unter dem Kragen des Hemdes um den Hals gelegt und vorne zu einem Knoten gebunden wird:* sich die Krawatte binden, lockern. **Syn.:** Binder, Schlips.

kra|xeln [ˈkraksl̩n] ⟨itr.; ist⟩ (ugs., bes. südd., österr.): *[mühsam] steigen, klettern:* auf einen Baum, Berg kraxeln.

kre|a|tiv [kreaˈti:f] ⟨Adj.⟩: *auf geistigem, künstlerischem Gebiet eigene Initiative, Ideen entwickelnd:* die kreativen Fähigkeiten des Menschen; sie ist sehr kreativ. **Syn.:** erfinderisch, fantasievoll, originell, schöpferisch.

Kre|a|tur [kreaˈtu:ɐ̯], die; -, -en:
1. *Geschöpf:* jede Kreatur sehnt sich bei dieser Hitze nach Abkühlung. **Syn.:** Individuum, Lebewesen, Wesen.
2. *bedauernswerter oder verachtenswerter Mensch:* er ist eine elende Kreatur.

Krebs [kre:ps], der; -es, -e:
1. *im Wasser lebendes, durch Kiemen atmendes, sich kriechend fortbewegendes Tier mit einem Panzer aus Chitin und mindestens vier Beinpaaren, von denen das vorderste zu großen Scheren umgebildet ist:* er hatte einen Krebs geangelt. **Zus.:** Flusskrebs.
2. *gefährliche, wuchernde Geschwulst im Gewebe menschlicher oder tierischer Organe:* sie starb an Krebs. **Zus.:** Darmkrebs, Lungenkrebs, Magenkrebs.

Kre|dit [kreˈdi:t], der; -s, -e: *für eine bestimmte Zeit zur Ver-*

fügung gestellter Betrag an Geld: er brauchte einen Kredit, um ein Haus bauen zu können. **Syn.:** Darlehen.

Kre|dit|kar|te [kreˈdi:tkartə], die; -, -n:
einer Scheckkarte ähnliche kleine Karte, mit der man bargeldlos bezahlen kann: das Restaurant akzeptiert auch Kreditkarten.

Krei|de [ˈkraidə], die; -, -n:
1. ⟨ohne Plural⟩ *in unvermischter Form weißer und weiß färbender, erdiger, weicher Kalkstein:* Felsen aus Kreide.
2. *als Stift, Mine o. Ä. geformtes Stück aus weißem Kalkstein, festem Gips o. Ä. zum Schreiben, Zeichnen, Markieren:* weiße, rote, grüne Kreide; etwas mit Kreide an die Tafel schreiben.

kre|ie|ren [kreˈi:rən] ⟨tr.; hat⟩:
schöpferisch entwerfen, entwickeln: eine neue Mode, ein neues Modell kreieren. **Syn.:** aus dem Boden stampfen, ausklügeln, ausknobeln (ugs.), entwerfen, erschaffen, hervorbringen, schaffen.

K
Kred

Kreis [krais], der; -es,-e:
1. *gleichmäßig runde, in sich geschlossene Linie, deren Punkte alle den gleichen Abstand vom Mittelpunkt haben:* einen Kreis zeichnen.
2. *kreisförmige, einem Kreis ähnliche Gruppierung, Bewegung o. Ä.:* die Kinder bildeten einen Kreis; sich im Kreis drehen. **Zus.:** Stromkreis.
3. ⟨mit Attribut⟩ *Gruppe, Gruppierung, Gemeinschaft von Personen:* ein Kreis interessierter Leute, von jungen Leuten; ein exklusiver Kreis; einflussreiche Kreise. **Syn.:** Runde, Schar, Zirkel. **Zus.:** Bekanntenkreis, Familienkreis, Freundeskreis, Interessentenkreis, Leserkreis.

-kreis [krais], der; -es, -e ⟨Suffixoid, das Kollektiva bildet⟩:
1. dient zur Bezeichnung der im Basiswort genannten Personengruppe als Gesamtheit: Ältestenkreis; Benutzerkreis; Bevölkerungskreis; Dichterkreis; Emigrantenkreis; Expertenkreis; Gästekreis; Gelehrtenkreis; Hörerkreis; Kollegenkreis; Kundenkreis; Literatenkreis; Personenkreis; Schiedsrichterkreis; Täterkreis; Verwandtenkreis. **Syn.:** -gruppe, -schaft.
2. dient zur Bezeichnung einer Personengruppe, die durch das in der Basis Genannte verbunden ist: Arbeitskreis; Fachkreis; Gesprächskreis; Kulturkreis; Singkreis; Spielkreis. **Syn.:** -gruppe.
3. dient zur Bezeichnung der im Basiswort genannten Größe als Gesamtheit: Aufgabenkreis; Gedankenkreis; Ideenkreis; Pflichtenkreis; Problemkreis; Sagenkreis; Themenkreis. **Syn.:** -gut.

krei|schen [ˈkraiʃn̩] ⟨itr.; hat⟩:
mit misstönender, schriller Stimme schreien: der Papagei kreischt seit einer Stunde.

krei|sen [ˈkraizn̩] ⟨itr.; hat/ist⟩:
sich in einem Kreis [um etwas] bewegen: das Flugzeug hat/ist drei Stunden über der Stadt gekreist; der Hund kreist um die Herde. **Syn.:** sich drehen, rotieren.

Kreis|lauf [ˈkraislauf], der; -[e]s:
1. *durch die Tätigkeit des Herzens bewirkte umlaufende Bewegung des Blutes in den Adern:* etwas belastet den Kreislauf.
2. *sich stets wiederholende, zu ihrem Ausgangspunkt zurückkehrende Bewegung:* der ewige Kreislauf des Lebens. **Syn.:** Zyklus.

Krem [kre:m], **Kre|me** [kre:m]:
↑Creme.

Kre|ma|to|ri|um [kremaˈto:ri̯ʊm], das; -s, Krematorien [kremaˈto:ri̯ən]:
Anlage und Gebäude, in dem Tote verbrannt werden: nach der Einäscherung im Krematorium soll die Urne in seine Heimatstadt gebracht werden.

Krem|pe [ˈkrɛmpə], die; -, -n:
Rand an einem Hut: sie bog die Krempe hoch.

kre|pie|ren [kreˈpi:rən] ⟨itr.; ist⟩:
1. *durch Zündung eines Sprengstoffs zerplatzen:* die Granaten krepierten. **Syn.:** aufplatzen, bersten (geh.), detonieren, explodieren, in die Luft fliegen (ugs.), platzen.
2. (salopp) *[elend] sterben, verenden:* an der Seuche sind bereits drei Rinder krepiert; soll ich vielleicht in diesem Schützengraben krepieren? **Syn.:** abkratzen (derb), den Arsch zukneifen (derb), draufgehen (ugs.), eingehen, ins Gras beißen (salopp), sterben, verenden, zugrunde gehen.

Kres|se [ˈkrɛsə], die; -, -n:
meist sehr schnell wachsende, besonders als Salat und Gewürz verwendete Pflanze mit stark gespaltenen Blättern und kleinen, weißlichen oder grünlichen, in Trauben stehenden Blüten: die Kinder staunten, dass die Kresse auf feuchten Papiertüchern gedieh. **Zus.:** Gartenkresse.

Kreuz [krɔyts], das; -es, -e:
1. a) *Zeichen, Gegenstand aus zwei sich meist rechtwinklig schneidenden Linien, Armen:* etwas mit einem Kreuz kennzeichnen; ein Kreuz aus Metall, aus zwei Ästen. **b)** *besonders in der Kunst dargestelltes, die Form des Kreuzes* (1 a) *zeigendes Symbol der christlichen Kirche, des Leidens:* ein verziertes Kreuz auf dem Altar; im Zeichen des Kreuzes.
2. *Leid, schwere Bürde, die jmd. zu tragen hat.* **Syn.:** Last, Plage.
3. *unterer Teil des Rückens:* mir tut das Kreuz weh. **Syn.:** Buckel (ugs.), Rücken. **Zus.:** Hohlkreuz.
4. a) ⟨ohne Plural⟩ *[höchste] Farbe im Kartenspiel.* **b)** ⟨Plural Kreuz⟩ *Spielkarte mit Kreuz* (4 a) *als Farbe:* Kreuz ausspielen.

kreuz- [krɔyts] ⟨adjektivisches Präfixoid, auch das Basiswort wird betont⟩ (emotional verstärkend):
(aus der Sicht des Sprechers, der Sprecherin) ganz besonders ..., sehr: /in Verbindung mit einer Eigenschaft, einer Befindlichkeit/: kreuzanständig; kreuzbrav; kreuzdämlich; kreuzdumm; kreuzehrlich; kreuzelend; kreuzfidel; kreuzgefährlich; kreuzgemütlich; kreuzlangweilig, kreuzlustig; kreuznormal; kreuznotwendig; kreuzpeinlich; kreuzunglücklich; kreuzvergnügt. **Syn.:** blitz- (emotional verstärkend), [1]hoch-, hunde- (ugs. verstärkend), mords- (ugs. emotional verstärkend), sau- (derb verstärkend), stink- (ugs. emotional verstärkend), tod- (emotional verstärkend), ur- (emotional verstärkend).

kreu|zen [ˈkrɔytsn̩]:
1. ⟨tr.; hat⟩ *schräg übereinander-*

legen, -schlagen: sie hat die Arme, Beine gekreuzt.
2. a) ⟨tr.; hat⟩ *schräg, quer über etwas hinwegführen, in seinem Verlauf schneiden:* die Straße kreuzt nach 10 km die Bahnlinie; der Punkt, wo sich die Wege kreuzen. **b)** ⟨+ sich⟩ *sich zur gleichen Zeit in entgegengesetzter Richtung bewegen:* die Züge, unsere Briefe haben sich/einander gekreuzt.
3. ⟨tr.; hat⟩ *zwei verschiedene Arten, Rassen, Sorten beim Züchten vereinigen:* er hat einen Esel mit einem Pferd gekreuzt.
4. ⟨itr.; hat/ist⟩ *(von Fahrzeugen, besonders von Schiffen) ohne angesteuertes Ziel hin und her fahren:* das Schiff kreuzt vor Kuba; die Flugzeuge haben/sind einige Male über dem Gelände gekreuzt.

Kreuz|fahrt [ˈkrɔy̯t͜sfaːɐ̯t], die; -, -en:
[Urlaubs]reise auf einem [Luxus]schiff, das verschiedene Häfen anläuft, von denen aus die Touristen für Ausflüge an Land gehen können: eine 5-tägige Kreuzfahrt machen.

kreu|zi|gen [ˈkrɔy̯t͜sɪgn̩] ⟨tr.; hat⟩:
(einen zum Tode Verurteilten) durch Annageln oder Festbinden an einem großen, aus Holz gefertigten Kreuz töten: Jesus wurde gekreuzigt. **Syn.:** hinrichten.

Kreu|zung [ˈkrɔy̯t͜sʊŋ], die; -, -en:
1. *Stelle, wo sich zwei oder mehrere Straßen treffen:* das Auto musste an der Kreuzung halten; die Kreuzung, auf der sich der Unfall ereignete. **Zus.:** Straßenkreuzung, Verkehrskreuzung, Wegkreuzung.
2. a) *das Kreuzen, Paaren bei Pflanzen oder Tieren.* **b)** *züchterisches Ergebnis des Kreuzens:* das Maultier ist eine Kreuzung zwischen Esel und Pferd.

krib|be|lig [ˈkrɪbəlɪç] ⟨Adj.⟩ (ugs.):
aus einer inneren Spannung heraus unruhig, nervös: der Schüler wurde ganz kribbelig, als er keine Lösung der Aufgabe fand. **Syn.:** aufgeregt, hektisch, zappelig (ugs.).

krib|beln [ˈkrɪbl̩n] ⟨itr.; hat⟩:
einen prickelnden Reiz spüren, von einem prickelnden Gefühl befallen sein: mein Rücken kribbelt; es kribbelt mir/mich in den Fingern. **Syn.:** jucken.

krie|chen [ˈkriːçn̩], kroch, gekrochen:
1. ⟨itr.; ist⟩ *sich dicht am Boden fortbewegen:* eine braune Schlange kriecht durch das Gebüsch; er ist auf dem Bauch, auf allen vieren durchs Zimmer gekrochen. **Syn.:** krabbeln.
2. ⟨itr.; ist⟩ *(besonders von Fahrzeugen o. Ä.) sich aufgrund einer Behinderung o. Ä. besonders langsam fortbewegen:* um diese Uhrzeit kriecht der Verkehr.
3. ⟨itr.; ist/hat⟩ *sich in einer als unangenehm empfundenen Weise einer höher gestellten Person gegenüber unterwürfig zeigen, allzu dienstfertig sein:* er kriecht stets vor seinem Chef.

krie|che|risch [ˈkriːçərɪʃ] ⟨Adj.⟩ (abwertend):
unterwürfig, allzu dienstfertig gegenüber einem Vorgesetzten: ein kriecherischer Mensch; kriecherisches Verhalten. **Syn.:** devot, [2]ergeben.

Krieg [kriːk], der; -[e]s, -e:
längerer mit Waffengewalt ausgetragener Konflikt, größere Auseinandersetzung zwischen Völkern mit militärischen Mitteln: einem Land den Krieg erklären. **Zus.:** Angriffskrieg, Atomkrieg, Bauernkrieg, Bürgerkrieg, Eroberungskrieg, Glaubenskrieg, Luftkrieg, Weltkrieg.

krie|gen [ˈkriːgn̩] ⟨itr.; hat⟩ (ugs.):
1. *[1]bekommen:* Verpflegung, einen Brief kriegen; einen Kuss, ein Lob kriegen *(geküsst, gelobt werden);* Angst, Heimweh, Hunger kriegen; keine Arbeit kriegen; sie kriegt ein Kind *(ist schwanger);* das Fleisch ist fast nicht weich zu kriegen; kann man hier noch etwas zu essen kriegen?; sie kriegt seinen Hass zu spüren; etwas geschickt, gesagt kriegen. **Syn.:** erhalten, erlangen.
2. (ugs.) *(mit etwas, was Schwierigkeiten macht) fertigwerden, zum Erfolg kommen:* das kriegen wir schon noch. **Syn.:** arrangieren, bewältigen, bewerkstelligen (Papierdt.), deichseln (ugs.), drehen (ugs.), fertigbringen (ugs.), hinbringen (ugs.), hinkriegen (ugs.).
3. *jmds. habhaft werden, ihn fangen können:* den Dieb, Flüchtling kriegen. **Syn.:** aufgreifen, beim Wickel kriegen (ugs.), ergreifen, ertappen, erwischen (ugs.), fassen, festnehmen, festsetzen, gefangen nehmen, hochgehen lassen (ugs.), in Gewahrsam nehmen, in Haft nehmen, schnappen (ugs.), verhaften.

Kri|mi [ˈkrɪmi], der; -s, -s (ugs.):
a) *Kriminalfilm:* jeden Freitag schauen sie sich einen Krimi an. **b)** *Kriminalroman:* sie verschlingt einen Krimi nach dem anderen.

Kri|mi|nal|film [krimiˈnaːlfɪlm], der; -[e]s, -e:
Film, der von einem Verbrechen und dessen Aufklärung handelt: er hat eine umfangreiche Sammlung von Kriminalfilmen auf DVD. **Syn.:** Krimi (ugs.), Thriller.

Kri|mi|na|li|tät [kriminaliˈtɛːt], die; -:
1. *das Straffällig-, Kriminellsein:* in die Kriminalität absinken.
2. *Zahl und Umfang der kriminellen Handlungen:* die zunehmende Kriminalität in den Großstädten. **Zus.:** Computerkriminalität, Jugendkriminalität, Verkehrskriminalität.

K
Krim

Kri|mi|nal|po|li|zei [krimiˈnaːlpolit͜sai̯], die; -:
Abteilung der Polizei, die für die Verhütung, Bekämpfung und Aufklärung von Verbrechen zuständig ist: die Kriminalpolizei konnte den Fall nicht aufklären. **Syn.:** Kripo.

Kri|mi|nal|ro|man [krimiˈnaːlromaːn], der; -[e]s, -e:
Roman, der von einem Verbrechen und dessen Aufklärung handelt: ein spannender, fesselnder Kriminalroman. **Syn.:** Krimi.

kri|mi|nell [krimiˈnɛl] ⟨Adj.⟩:
1. a) *zu strafbaren, verbrecherischen Handlungen neigend:* kriminelle Jugendliche. **b)** *als strafbare Handlung, Verbrechen geltend:* eine kriminelle Tat. **Syn.:** gesetzwidrig, illegal, ungesetzlich.
2. (ugs.) *besonders empörend, aufsehenerregend; unverantwortlich; rücksichtslos:* es ist kriminell, wie er fährt. **Syn.:** haarsträubend (emotional), skandalös, [1]unerhört, ungeheuerlich, unglaublich.

Krims|krams [ˈkrɪmskrams], der; -[es] (ugs.):
kleinere, ungeordnet herumlie-

gende Dinge, die als unbedeutend, unwichtig angesehen werden: in der Kellerecke lag allerlei Krimskrams herum. **Syn.:** Gerümpel (abwertend), Kram, Plunder (ugs.), Zeug.

Krin|gel [ˈkrɪŋl̩], der; -s, -: **1.** *kreisähnlicher Schnörkel, nicht exakt gezeichneter Kreis:* ein paar Kringel aufs Papier malen. **2.** *ringförmiges Gebilde, besonders Gebäck o. Ä.:* ein Kringel aus Schokolade. **Zus.:** Schokoladenkringel, Zuckerkringel.

Kri|po [ˈkriːpo], die; -: *Kriminalpolizei:* die Kripo Köln ermittelt in diesem Fall.

Krip|pe [ˈkrɪpə], die; -, -n: **1.** *trogartiger Behälter für Futter von Vieh oder größerem Wild:* der Bauer warf frisches Heu in die Krippe. **Zus.:** Futterkrippe, Pferdekrippe. **2.** *Einrichtung zur Betreuung von Säuglingen und Kleinkindern während des Tages:* am Morgen brachte die berufstätige Frau den Säugling in eine Krippe. **Zus.:** Kinderkrippe.

Kri|se [ˈkriːzə], die; -, -n: *schwierige Situation; Zeit, die den Höhe- und Wendepunkt einer gefährlichen Entwicklung darstellt:* eine wirtschaftliche, finanzielle, politische Krise; sich in einer Krise befinden. **Syn.:** Dilemma, Kalamität, Klemme (ugs.), Schlamassel (ugs.), Schwierigkeit, Zwickmühle. **Zus.:** Ehekrise, Finanzkrise, Führungskrise, Identitätskrise, Lebenskrise, Währungskrise.

kri|seln [ˈkriːzl̩n] ⟨itr.; hat⟩: *in einem Zustand sein, der kurz vor einer Krise zu stehen scheint:* im Nahen Osten kriselt es seit langer Zeit; es kriselte zwischen den Eheleuten.

[1]**Kris|tall** [krɪsˈtal], der; -s, -e: *(chemisch einheitlich zusammengesetzter) fester, regelmäßig geformter, von gleichmäßig angeordneten ebenen Flächen begrenzter Körper:* ein durchsichtiger, natürlicher Kristall. **Zus.:** Bergkristall, Schneekristall.

[2]**Kris|tall** [krɪsˈtal], das; -s: *stark glänzendes, meist geschliffenes Glas (von bestimmter chemischer Zusammensetzung):* Weingläser aus Kristall.

Kri|te|ri|um [kriˈteːri̯ʊm], das; -s, Kriterien [kriˈteːri̯ən]: *unterscheidendes Merkmal, nach dem etwas beurteilt oder entschieden wird:* Kriterien für etwas aufstellen; sie konnten die Kriterien nicht erfüllen.

Kri|tik [kriˈtiːk], die; -, -en: **1.** *prüfende Beurteilung und deren Äußerung in entsprechenden Worten:* eine sachliche, harte, konstruktive Kritik; keine Kritik vertragen können; an jmds. Entscheidung, Haltung Kritik üben. **Syn.:** Rüge, Tadel, Vorwurf. **Zus.:** Gesellschaftskritik, Selbstkritik, Sprachkritik, Zeitkritik. **2.** *[wissenschaftliche, künstlerische] Beurteilung, Besprechung einer künstlerischen Leistung, eines Werkes (in einer Zeitung, im Rundfunk) nach sachlichen Gesichtspunkten:* eine Kritik über ein Buch, eine Aufführung schreiben; der Künstler bekam eine gute Kritik. **Syn.:** Rezension. **Zus.:** Buchkritik, Filmkritik, Konzertkritik, Literaturkritik, Theaterkritik, Zeitungskritik.

Kri|ti|ker [ˈkriːtikɐ], der; -s, -, **Kri|ti|ke|rin** [ˈkriːtikərɪn], die; -, -nen: **1.** *Person, die jmdn., etwas prüfend beurteilt, kritisiert:* ein scharfer Kritiker der öffentlichen Moral; der Kanzler und seine interne Kritikerin. **Zus.:** Gesellschaftskritiker, Gesellschaftskritikerin, Sozialkritiker, Sozialkritikerin, Zeitkritiker, Zeitkritikerin. **2.** *Person, die in Zeitungen, Zeitschriften [berufsmäßig] Kritiken (2) schreibt, die besonders den Bereich der Kunst betreffen:* der Kritiker sitzt in der ersten Reihe; eine bekannte Kritikerin berichtete über die Aufführung der Oper. **Syn.:** Rezensent, Rezensentin. **Zus.:** Filmkritiker, Filmkritikerin, Kunstkritiker, Kunstkritikerin, Theaterkritiker, Theaterkritikerin.

kri|tisch [ˈkriːtɪʃ] ⟨Adj.⟩: **1. a)** *[wissenschaftlich, künstlerisch] gewissenhaft, streng beurteilend, prüfend:* ein kritischer Leser; eine kritische Besprechung zu einem Buch schreiben; etwas kritisch betrachten. **Zus.:** gesellschaftskritisch, selbstkritisch, zeitkritisch. **b)** *negativ beurteilend, eine tadelnde, missbilligende Beurteilung enthaltend:* seine kritischen Bemerkungen verletzten sie; sich kritisch über jmdn., etwas äußern. **Syn.:** skeptisch, tadelnd, ungläubig, zweifelnd. **2.** *entscheidend für eine meist gefährliche, schwierige Entwicklung:* eine kritische Phase, Entwicklung; in einer kritischen Situation sein. **Syn.:** bedenklich, bedrohlich, brenzlig (ugs.), ernst, problematisch, riskant.

kri|ti|sie|ren [kritiˈziːrən] ⟨tr.; hat⟩: **1.** *als Kritiker, Kritikerin (2) nach bestimmten sachlichen Gesichtspunkten fachlich beurteilen, besprechen:* ein Buch, eine Aufführung kritisieren; etwas gut, negativ kritisieren. **Syn.:** rezensieren. **2.** *mit jmdm., etwas nicht einverstanden sein und dies in tadelnden Worten zum Ausdruck bringen:* die Regierung kritisieren; eine Entscheidung scharf kritisieren. **Syn.:** angreifen, anschießen (ugs.), attackieren, nörgeln an (abwertend), tadeln.

krit|zeln [ˈkrɪt͜sl̩n]: **a)** ⟨tr.; hat⟩ *in kleiner, unregelmäßiger und schlecht lesbarer Schrift schreiben:* Bemerkungen an den Rand kritzeln. **b)** ⟨itr.; hat⟩ *wahllos Schnörkel, Striche o. Ä. zeichnen:* das Kind kritzelt [mit seinen Stiften] auf einem Blatt Papier.

Kro|ko|dil [krokoˈdiːl], das; -s, -e: *(in tropischen und subtropischen Gewässern lebendes) großes, räuberisches Reptil mit einer von Schuppen oder Platten aus Horn bedeckten Haut, lang gestrecktem Kopf und großem Maul mit scharfen, unregelmäßigen Zähnen und einem langen, kräftigen Schwanz:* das Krokodil schnappte nach dem Bein des Fischers.

Kro|kus [ˈkroːkʊs], der; -, - und -se: *sehr früh im Frühling (auf Wiesen und in Gärten) blühende Pflanze mit trichterförmigen violetten, gelben oder weißen Blüten und grasartigen Blättern:* die Wiese war übersät von Krokussen und Schneeglöckchen.

Kro|ne [ˈkroːnə], die; -, -n: **1. a)** *als Zeichen der Macht und Würde eines Herrschers bzw.*

einer Herrscherin auf dem Kopf getragener, breiter, oft mit Edelsteinen verzierter goldener Reif mit Zacken, sich kreuzenden Bügeln o. Ä.: die Krone der deutschen Kaiser; sich die Krone aufsetzen. **Zus.:** Goldkrone, Kaiserkrone, Königskrone, Papierkrone, Zackenkrone. **b)** *durch einen Kaiser, eine Kaiserin bzw. einen König, eine Königin repräsentiertes Herrscherhaus:* die englische Krone.
2. *oberster, oft aufgesetzter oder in der Form etwas abgesetzter Teil von etwas:* die Wellen hatten weiße Kronen aus Schaum; die Krone eines Baumes. **Zus.:** Baumkrone, Laubkrone, Mauerkrone, Schaumkrone.
3. *aus Metall, Porzellan o. Ä. gefertigter Ersatz für den oberen Teil eines Zahnes:* die neue Krone passte nicht. **Zus.:** Porzellankrone, Zahnkrone.

krö|nen ['krø:nən] ⟨tr.; hat⟩:
1. *(jmdm.) die Krone* (1 a) *aufsetzen und die mit ihr verbundene Macht übertragen:* jmdn. zum König krönen.
2. a) *mit einem Höhepunkt erfolgreich oder wirkungsvoll abschließen, beenden:* die Sportlerin krönte ihre Laufbahn mit einem Sieg bei der Olympiade. **b)** *den abschließenden Höhepunkt von etwas bilden:* diese Arbeit krönt sein Lebenswerk; ihre Bemühungen waren von Erfolg gekrönt.
3. *als oberster aufgesetzter Teil den wirkungsvollen Abschluss von etwas bilden, nach oben wirkungsvoll abschließen:* eine Kuppel krönte die Kirche.

Kropf [krɔp͜f], der; -[e]s, Kröpfe ['krœp͜fə]:
1. *nach außen meist sichtbare Verdickung des Halses an der Vorderseite durch eine krankhafte Vergrößerung der Schilddrüse:* einen Kropf haben.
2. *(bei vielen Vogelarten) Erweiterung der Speiseröhre, in der die Nahrung vorübergehend aufbewahrt wird:* die Taube würgte aus ihrem Kropf Futter für die Jungen.

Krö|te ['krø:tə], die; -, -n:
dem Frosch ähnliches, plumpes Tier mit breitem Maul, vorquellenden Augen und warziger, giftige Sekrete absondernder Haut: die Kröte kroch ins Gebüsch zurück.

Krü|cke ['krʏkə], die; -, -n:
1. *Stock für einen beim Gehen behinderten Menschen, der mit einer Stütze für den Unterarm versehen ist:* seit seinem Unfall muss er an/(auch:) auf Krücken gehen; sie kann sich nur noch mit Krücken fortbewegen.
2. *Griff eines Stockes, Schirmes:* der Spazierstock hat eine silberne Krücke. **Syn.:** Knauf.

Krug [kru:k], der; -[e]s, Krüge ['kry:gə]:
zylindrisches oder bauchig geformtes Gefäß (aus Steingut, Glas, Porzellan o. Ä.) mit einem oder auch zwei Henkeln, das zum Aufbewahren, Ausschenken einer Flüssigkeit dient: ein irdener, gläserner Krug; ein Krug aus Ton; ein Krug [mit] Milch; ein Krug voll Wein; die Blumen in einen Krug [mit] Wasser stellen. **Syn.:** Kanne, Karaffe. **Zus.:** Bierkrug, Glaskrug, Milchkrug, Porzellankrug, Tonkrug, Wasserkrug, Weinkrug, Zinnkrug.

Kru|me ['kru:mə], die; -, -n:
1. *oberste Schicht des bearbeiteten Ackerbodens:* die Krume des Ackers war locker.
2. *weiche innere Masse vom Brot o. Ä.:* sie isst am liebsten die Krume, die Kruste schneidet sie ab.
3. *sehr kleines [abgebröckeltes] Stück von Brot, Kuchen o. Ä.:* die Krumen von der Tischdecke entfernen; er hat den Kuchen bis auf die letzte Krume *(ganz und gar)* aufgegessen. **Syn.:** Brösel, Krümel.

Krü|mel ['kry:ml̩], der; -s, -:
1. *Krume* (3): lass nicht so viele Krümel auf den Boden fallen! **Syn.:** Brösel. **Zus.:** Brotkrümel, Kuchenkrümel.
2. (fam., meist scherzh.) *kleines Kind:* sieh mal, was der Krümel schon alles kann!

krü|me|lig ['kry:məlɪç] ⟨Adj.⟩:
in sehr kleine Stücke zerfallend, sich auflösend: krümelige Erde; der Kuchen, das Brot war ganz krümelig.

krü|meln ['kry:ml̩n] ⟨itr.; hat⟩:
1. *in sehr kleine Stücke zerfallen:* das Brot krümelt.
2. *[viele] Krümel machen, entstehen lassen:* krümle beim Essen nicht so!

krumm [krʊm] ⟨Adj.⟩:
1. *in seiner Form, seinem Wuchs nicht gerade, sondern eine oder mehrere bogenförmige Abweichungen aufweisend:* eine krumme Linie, Nase; der Nagel ist krumm; er hat krumme Beine; sie, ihr Rücken ist mit den Jahren ganz krumm geworden. **Syn.:** bauchig, gebogen, gekrümmt, rund, schief, verbogen.
2. (ugs.) *unrechtmäßig, unter Anwendung unerlaubter Mittel:* krumme Sachen; etwas auf die krumme Tour versuchen; ich mache keine krummen Geschäfte. **Syn.:** betrügerisch, link (ugs.), unlauter, unredlich (geh.), zweifelhaft.

krüm|men ['krʏmən]:
a) ⟨tr.; hat⟩ *krumm machen:* ein Bein, einen Finger krümmen; die Jahre hatten ihren/ihr den Rücken gekrümmt *(allmählich krumm werden lassen);* in gekrümmter Haltung, gekrümmt *(krumm)* sitzen. **Syn.:** beugen, biegen. **b)** ⟨+ sich⟩ *krumm, gebogen werden; eine krumme Haltung annehmen:* die Blätter krümmen sich in der Sonne; sich vor Lachen, Schmerzen krümmen. **Syn.:** sich beugen, sich biegen.

Krus|te ['krʊstə], die; -, -n:
harte, hart gewordene, oft trockene, spröde äußere Schicht, Oberfläche von etwas Weicherem: auf der Wunde hat sich eine Kruste gebildet; die Kruste der Erde; die Kruste des Brotes abschneiden. **Syn.:** Rinde. **Zus.:** Brotkruste, Erdkruste, Schmutzkruste, Zuckerkruste.

Kru|zi|fix ['kru:t͜sifɪks], das; -es, -e:
plastische Darstellung des am Kreuz hängenden Christus: über der Tür hängt ein Kruzifix; ein Altar mit einem Kruzifix.

Kü|bel ['ky:bl̩], der; -s, -:
größeres, nach oben hin etwas weiteres Gefäß aus Holz, Metall, Ton o. Ä. mit einem od. zwei Henkeln: ein Kübel Wasser; ein Kübel mit Abfällen; den Kübel [aus]leeren; Oleander, Palmen in Kübeln; Sekt in einen Kübel mit Eis stellen. **Syn.:** Bottich, Eimer. **Zus.:** Abfallkübel, Blumenkübel, Eiskübel, Wasserkübel.

Ku|bik|me|ter [ku'bi:kme:tɐ], der, auch: das; -s, -:

Raummaß von je 1 m Länge, Breite und Höhe: vier Kubikmeter Beton, Gas.

Kü|che ['kʏçə], die; -, -n:
1. *Raum zum Kochen, Backen, Zubereiten der Speisen:* eine kleine, enge, geräumige, modern eingerichtete Küche; in der Küche essen, helfen.
2. *Art der Zubereitung von Speisen:* eine gutbürgerliche, feine, vorzügliche Küche; die heimische, französische, die Wiener Küche; in dem Restaurant gibt es bis 22 Uhr warme und kalte Küche *(warme und kalte Speisen).* **Syn.:** Gastronomie.

Ku|chen ['ku:xn̩], der; -s, -:
[größeres, in einer Backform gebackenes] Gebäck aus Mehl, Fett, Zucker, Eiern und anderen Zutaten: ein trockener, flacher, hoher, frischer, noch warmer Kuchen; ein Kuchen mit Rosinen, mit Streuseln; einen Kuchen backen, anschneiden; ein Stück Kuchen essen. **Zus.:** Apfelkuchen, Geburtstagskuchen, Hefekuchen, Hochzeitskuchen, Kirschkuchen.

K
Küch

Ku|chen|ga|bel ['ku:xn̩ga:bl̩], die; -, -n:
kleine Gabel mit drei Zinken, mit der Kuchen, besonders Torte, gegessen wird.

Kü|chen|schrank ['kʏçn̩ʃraŋk], der; -[e]s, Küchenschränke ['kʏçn̩ʃrɛŋkə]:
zur Küche gehörender Schrank, besonders für Geschirr: einen Küchenschrank aufhängen, aufstellen, montieren. **Syn.:** Büfett.

Ku|ckuck ['kʊkʊk], der; -s, -e:
(besonders in Wäldern lebender) größerer Vogel mit unauffälligem braungrauem Gefieder und langem Schwanz, der seine Eier zum Ausbrüten in die Nester anderer Vögel legt: der Kuckuck ruft.

Kud|del|mud|del ['kʊdl̩mʊdl̩], der und das; -s (ugs.):
Durcheinander, Wirrwarr: an der Kasse gab es einen großen/ein großes Kuddelmuddel. **Syn.:** Chaos, Gewirr, Wirrnis (geh.).

Ku|fe ['ku:fə], die; -, -n:
(besonders unter einem Schlitten, Schlittschuh) schmale, vorn hochgebogene Schiene zum Gleiten über Schnee, Eis: scharfe, stumpfe Kufen; die Kufen schleifen.

Ku|gel ['ku:gl̩], die; -, -n:
1. *Gegenstand, der regelmäßig rund ist:* eine schwere, eiserne Kugel; eine Kugel aus Metall, Holz, Glas; die Kugel rollt, hat einen Durchmesser von 20 cm; die Erde ist eine Kugel *(hat annähernd die Form einer Kugel).* **Zus.:** Billardkugel, Christbaumkugel, Erdkugel, Glaskugel, Mondkugel, Papierkugel.
2. *oft kugelförmiges Geschoss für Gewehr, Pistole, Kanone:* er wurde von einer Kugel tödlich getroffen. **Zus.:** Bleikugel, Gewehrkugel, Kanonenkugel.

ku|geln ['ku:gl̩n], kugelte, gekugelt:
a) ⟨itr.; ist⟩ *wie eine Kugel sich um sich selbst drehend irgendwohin rollen:* der Ball kugelt unter die Bank. **Syn.:** kullern, trudeln.
b) ⟨tr.; hat⟩ *wie eine Kugel rollen lassen:* er hat den Ball über die Dielen gekugelt; die Kinder kugelten sich *(rollten, wälzten sich)* auf der Wiese.

ku|gel|rund ['ku:gl̩'rʊnt] ⟨Adj.⟩:
1. *rund wie eine Kugel:* ein kugelrunder Kopf, Apfel.
2. (scherzh.) *wohlgenährt und entsprechend dick:* ein kugelrundes Baby; er ist im Urlaub kugelrund geworden. **Syn.:** fett (emotional), rund.

Ku|gel|schrei|ber ['ku:gl̩ʃraibɐ], der; -s, -:
Schreibstift, bei dem eine kleine rollende Kugel in der Spitze der [zum Schreiben ein wenig herausgedrückten] Mine eine Farbmasse auf das Schreibpapier überträgt: ein Formular mit dem Kugelschreiber ausfüllen. **Syn.:** [1]Stift.

Kuh [ku:], die; -, Kühe ['ky:ə]:
1. *Hausrind, besonders weibliches Hausrind nach dem ersten Kalben:* eine braune, gescheckte, tragende Kuh; die Kuh kalbt, blökt, gibt [keine] Milch; die Kühe melken, auf die Weide treiben. **Syn.:** Rind.
2. *weibliches Tier von Hirschen, Elefanten, Flusspferden u. a.* **Zus.:** Elefantenkuh, Hirschkuh.
3. (salopp abwertend) *weibliche Person, über die sich jmd. ärgert:* sie ist eine blöde Kuh; (auch als Schimpfwort:) dämliche Kuh! **Syn.:** Gans (ugs. abwertend), Weib (abwertend).

kühl [ky:l] ⟨Adj.⟩:
1. *mehr kalt als warm:* ein kühler Abend; es ist hier schön kühl; das Wetter ist für die Jahreszeit zu kühl; hier ist es mir zu kühl; der Wein dürfte etwas kühler *(mehr gekühlt)* sein; Lebensmittel kühl lagern.
2. a) *leicht abweisend und auf andere distanziert und frostig wirkend:* ein kühler Blick, Empfang; er war zuerst recht kühl [zu mir]; sich kühl von jmdm. verabschieden. **Syn.:** reserviert, schroff, spröde, unzugänglich, verschlossen. **b)** *frei von Gefühlen; nur vom Verstand, Intellekt bestimmt:* kühle Vernunft, Logik, Systematik; ein kühler Rechner; kühl kalkulieren; sie sprach sachlich und kühl. **Syn.:** geschäftsmäßig, nüchtern, sachlich.

küh|len ['ky:lən] ⟨tr.; hat⟩:
machen, dass etwas kühl wird: Getränke kühlen; sie kühlte ihre heiße Stirn [mit Wasser].

Küh|ler ['ky:lɐ], der; -s, -:
a) *Behälter zum Kühlen von Getränken mithilfe von Eis:* die Flasche Sekt in einen Kühler stellen. **Zus.:** Sektkühler, Weinkühler. **b)** *Vorrichtung zur Kühlung von Verbrennungsmotoren bei Kraftfahrzeugen:* nach langer Bergfahrt kochte der Kühler.

Kühl|schrank ['ky:lʃraŋk], der; -[e]s, Kühlschränke ['ky:lʃrɛŋkə]:
einem Schrank ähnlicher Gegenstand, in dem besonders Speisen, Lebensmittel, Getränke gekühlt oder kühl gehalten werden: der Kühlschrank ist voll, leer; etwas in den Kühlschrank legen, im Kühlschrank aufbewahren.

kühn [ky:n] ⟨Adj.⟩:
1. *in verwegener Weise wagemutig:* ein kühner Fahrer; eine kühne Tat; sich durch einen kühnen Sprung, eine kühne Flucht retten. **Syn.:** beherzt, couragiert, heldenhaft, mutig, verwegen (emotional).
2. *in dreister Weise gewagt:* sie sprach einen kühnen Verdacht aus; er provozierte sie mit einer kühnen Frage. **Syn.:** dreist (abwertend), frech, keck, unverfroren (emotional), unverschämt.
3. *eigenwillig, in seiner Art weit über das Übliche hinausgehend:* eine kühne Konstruktion; eine kühne Idee, Zusammenstellung;

dein Plan erscheint mir sehr kühn. **Syn.:** gewagt.

Kü|ken ['ky:kn̩], das; -s, -: *Junges von Geflügel (besonders des Huhns):* das Küken war gerade aus dem Ei geschlüpft.

Ku|ku|ruz ['kʊkurʊts], der; -[es] (österr., sonst landsch.): *Mais.*

ku|lant [ku'lant] ⟨Adj.⟩: *(besonders im Geschäftsverkehr) entgegenkommend, gewisse Erleichterungen gewährend:* ein kulantes Angebot, Verhalten; die Geschäftsleitung war äußerst kulant. **Syn.:** gefällig, konziliant (bildungsspr.), verbindlich, wohlwollend.

[1]**Ku|li** ['ku:li], der; -s, -s: *Person, die besonders für körperliche Arbeit von einem anderen ausgenutzt wird:* es gibt immer noch Männer, die ihre Ehefrauen wie Kulis behandeln; mach das selber, ich bin doch nicht dein Kuli!

[2]**Ku|li** ['ku:li], der; -s, -s (ugs.): *Kugelschreiber:* gib mir mal den Kuli!

ku|li|na|risch [kuli'na:rɪʃ] ⟨Adj.⟩: *die Kochkunst betreffend, durch vorzügliche Kochkunst hervorgebracht:* das Menü war ein kulinarischer Genuss.

Ku|lis|se [ku'lɪsə], die; -, -n: *Teil der Bühnendekoration, besonders zusammen mit mehreren andern parallel oder schräg zur Rampe (mit Gängen für die Auftritte) angeordnete, verschiebbare, bemalte Seitenwand, die (zusammen mit anderen) einen Schauplatz darstellt:* Kulissen malen; die Bühnenarbeiter bauen die Kulissen auf.

kul|lern ['kʊlɐn] ⟨itr.; ist⟩: *wie eine Kugel um sich selbst drehend rollen:* der Apfelkorb fiel um, und die Äpfel kullerten durch die Küche, über den Fußboden; ihr kullerten die Tränen über die Backen; der Motorradhelm ist plötzlich vom Tisch gekullert. **Syn.:** kugeln.

Kult [kʊlt], der; -[e]s, -e:
1. *an feste Formen, Riten, Orte, Zeiten gebundene religiöse Verehrung einer Gottheit durch eine Gemeinschaft:* der christliche Kult; der Kult des Dionysos; jmdn. in einen Kult einweihen. **Zus.:** Ahnenkult, Marienkult, Sonnenkult, Totenkult.
2. *übertriebene Verehrung, die jmdm., einer Sache zuteilwird:* mit diesem Star wird ein richtiger Kult getrieben. **Zus.:** Personenkult.

Kult- [kʊlt] ⟨Bestimmungswort⟩: bezeichnet das im Basiswort Genannte als jmdn., etwas, der bzw. das dem Zeitgeschmack entspricht, mit dem sich eine spezifische Gruppe gefühlsmäßig identifiziert und in dem sie ihre Wünsche und Vorstellungen dargestellt oder verwirklicht findet: Kultautor; Kultbuch; Kultfigur; Kultfilm; Kultobjekt.

kul|ti|vie|ren [kʊlti'vi:rən] ⟨tr.; hat⟩:
1. *für die Landwirtschaft ertragreich machen:* der Bauer hat ein neues Stück Land kultiviert.
2. *sich bemühen, etwas in eine gepflegtere, verfeinerte Form o. Ä. zu bringen; pflegend weiter ausbauen:* eine Sprache, Stimme kultivieren; ein kultivierter Mensch. **Syn.:** verfeinern.

Kul|tur [kʊl'tu:ɐ̯], die; -, -en:
1. a) ⟨ohne Plural⟩ *Gesamtheit der geistigen und künstlerischen Leistungen einer Gemeinschaft als Ausdruck menschlicher Höherentwicklung:* die menschliche Kultur; ein durch Sprache und Kultur verbundenes Volk. **b)** *Gesamtheit der von einer bestimmten Gemeinschaft auf einem bestimmten Gebiet während einer bestimmten Epoche geschaffenen, charakteristischen geistigen, künstlerischen, gestaltenden Leistungen:* die abendländische Kultur; frühe, verschollene Kulturen; die Kultur der Griechen. **Zus.:** Nationalkultur, Volkskultur.
2. ⟨ohne Plural⟩ *gepflegte, kultivierte Lebensweise, -art:* sie besitzen keine Kultur; ein Mensch mit Kultur. **Syn.:** Benehmen, Bildung, Niveau, Stil. **Zus.:** Esskultur, Wohnkultur.
3. a) *angebaute (junge) Pflanzen:* Kulturen von Rosen; ein Boden für anspruchsvolle Kulturen. **b)** *gezüchtete Mikroorganismen oder Gewebszellen:* bakteriologische Kulturen; eine Kultur anlegen. **Zus.:** Bakterienkultur, Pilzkultur.

kul|tu|rell [kʊltu'rɛl] ⟨Adj.⟩: *den Bereich der Bildung, Kunst betreffend:* kulturelle Veranstaltungen; kulturell interessiert sein.

Küm|mel ['kʏml̩], der; -s, -:
1. *Pflanze mit mehrfach gefiederten Blättern und kleinen, weißen bis rötlichen Blüten.*
2. *als Gewürz verwendete kleine, dunkle, sichelförmig gebogene Samenkörner des Kümmels* (1): Sauerkraut, Brot mit Kümmel.
3. *Branntwein mit Kümmel* (2) *oder Kümmelöl als Geschmacksstoff:* er trinkt gern Kümmel.

Kum|mer ['kʊmɐ], der; -s: *durch eine akute Sorge, verbunden mit Befürchtungen in Bezug auf die Zukunft, hervorgerufener traurig-niedergedrückter Gemütszustand:* mit jmdm. [großen] Kummer haben; der Kummer um/über ihren Sohn hat sie überwältigt; sie hat ihm schweren Kummer zugefügt; die kranke Mutter machte ihr Kummer; er konnte vor Kummer nicht schlafen. **Syn.:** Gram, Leid, Pein (geh.), Schmerz.

küm|mer|lich ['kʏmɐlɪç] ⟨Adj.⟩:
1. *(von Menschen, Tieren, Pflanzen) klein und schwächlich, in der Entwicklung zurückgeblieben:* eine kümmerliche Gestalt. **Syn.:** mickrig (ugs. abwertend), verkümmert.
2. *ärmlich, armselig, dürftig:* eine kümmerliche Behausung, Kleidung; er lebte kümmerlich, in einem kümmerlichen Zimmer. **Syn.:** arm, bescheiden, elend, jämmerlich (emotional), kärglich, kläglich, pop[e]lig (ugs. abwertend).
3. (abwertend) *hinter den Erwartungen, Ansprüchen, gesetzten Zielen weit zurückbleibend; bestehenden Bedürfnissen nicht genügend:* ein kümmerliches Ergebnis; ein kümmerlicher Rest; sein Französisch, das Gehalt ist kümmerlich. **Syn.:** gering, kläglich, klein, lächerlich, lausig (ugs. abwertend), mickrig (ugs. abwertend), minimal, niedrig, schäbig (abwertend), unbedeutend, ungenügend.

küm|mern ['kʏmɐn]:
1. ⟨+ sich⟩ *sich (einer Person, einer Sache) annehmen, sich (um jmdn., etwas) sorgen:* sich um die Gäste, die Kinder, den Haushalt kümmern; er kümmerte sich

nicht um den Kranken; kümmere dich nicht um Dinge, die dich nichts angehen! **Syn.:** bemuttern, betreuen, schauen nach (bes. südd.), sehen nach, sorgen für.
2. ⟨itr.; hat⟩ *betreffen, angehen:* wen kümmert das?; was kümmert dich das?; wie ich das Geld beschaffe, braucht dich nicht zu kümmern. **Syn.:** interessieren, tangieren.

Kum|pan [kʊmˈpa:n], der; -s, -e, **Kum|pa|nin** [kʊmˈpa:nɪn], die; -, -nen (ugs.):
Person, die man [gut] kennt oder mit der man [beruflich] zu tun hat und die bei gewissen Dingen (Abenteuern, Streichen o. Ä.), aber auch bei zweifelhaften Unternehmungen mitmacht: er zechte mit seinen Kumpanen bis zum frühen Morgen; der Dieb brach mit seiner Kumpanin in die Villa ein. **Syn.:** Kamerad, Kameradin, Komplize (abwertend), Komplizin (abwertend), Kumpel (ugs.).

Kum|pel [ˈkʊmpl̩], der; -s, - und (ugs.:) -s:
1. *Arbeiter im Tage- oder Untertagebau, der unmittelbar beim Abbauen und Fördern beschäftigt ist:* die Kumpel drohten der Zechenleitung mit Streik.
2. (ugs.) *Person, die bei gemeinsamen Unternehmungen sehr zuverlässig ist:* er ist ein alter Kumpel von mir; sie ist ein dufter Kumpel; sie sind Kumpel[s] geworden. **Syn.:** Freund, Freundin, Kamerad, Kameradin, Kumpan (ugs.), Kumpanin (ugs.).

Kun|de [ˈkʊndə], der; -n, -n:
männliche Person, die [regelmäßig] in einem Geschäft kauft oder bei einer Firma einen Auftrag erteilt: ein guter, langjähriger Kunde; Kunden beliefern, bedienen; neue Kunden werben; er zählt zu unseren besten Kunden; das ist Dienst am Kunden *(wird als zusätzliche Leistung kostenlos erledigt).* **Syn.:** Auftraggeber, Käufer, Klient.

kün|den [ˈkʏndn̩], kündete, gekündet ⟨itr.; hat⟩ (geh.):
von etwas Zeugnis ablegen, (etwas) beweisen: die Inschriften künden von vergangenen Zeiten; versunkene Paläste künden von ihrem Reichtum. **Syn.:** bekunden, dokumentieren, verraten.

Kun|den|dienst [ˈkʊndn̩di:nst], der; -[e]s, -e:
1. ⟨ohne Plural⟩ *[unentgeltliche] Dienstleistung[en], die dem Kunden Kauf und Nutzung von Waren angenehmer machen oder [wieder] ermöglichen soll[en]:* ein gut funktionierender Kundendienst; ein Kaufhaus mit Kindergarten als Kundendienst.
2. *Einrichtung, Stelle in einem Geschäft, einer Firma für Kundendienst* (1): den Kundendienst anrufen; das Werk hat Kundendienste in allen größeren Städten; Reparaturen werden von unserem Kundendienst schnell und preiswert ausgeführt. **Syn.:** [2]Service.

Kund|ge|bung [ˈkʊntge:bʊŋ], die; -, -en:
öffentliche, politische Versammlung [unter freiem Himmel]: eine Kundgebung für die Freiheit, gegen den Krieg; eine Kundgebung [auf dem Marktplatz] veranstalten, verbieten, stören; der Arbeitsminister sprach auf einer Kundgebung zum 1. Mai. **Syn.:** Demonstration, Zusammenkunft.

kun|dig [ˈkʊndɪç] ⟨Adj.⟩:
sich auf einem Gebiet auskennend; in Bezug auf etwas gute Kenntnisse besitzend, verratend: wir hatten einen kundigen Führer; ein kundiger Blick; sie hat sich als sehr kundig erwiesen. **Syn.:** [2]beschlagen, bewandert, fachmännisch, sachkundig. **Zus.:** gesetzeskundig, heilkundig, landeskundig, ortskundig, rechtskundig, sachkundig, sprachkundig, stadtkundig, sternkundig, wetterkundig.

kün|di|gen [ˈkʏndɪgn̩]:
a) ⟨tr.; hat⟩ *eine vertragliche Vereinbarung zu einem bestimmten Termin für beendet erklären:* einen Kredit kündigen; ich habe meinen Vertrag bei der Versicherung gekündigt; der Vermieter drohte, ihr die Wohnung zum Quartalsende zu kündigen. **Syn.:** aufheben, aufkündigen. **b)** ⟨itr.; hat⟩ *jmds. Mietverhältnis zu einem bestimmten Termin für beendet erklären:* meine Wirtin hat mir zum 30. Juni gekündigt. **c)** ⟨itr.; hat⟩ *das Arbeits-, Dienstverhältnis eines Mitarbeiters zu einem bestimmten Termin für beendet erklären:* jmdm. zum Ende des Monats kündigen; ihr kann nicht gekündigt werden. **Syn.:** auf die Straße setzen (ugs.), auf die Straße werfen (ugs.), entlassen, feuern (ugs.), vor die Tür setzen (ugs.). **d)** ⟨itr.; hat⟩ *sein Arbeits-, Dienstverhältnis zu einem bestimmten Zeitpunkt für beendet erklären, lösen:* sie hat [schriftlich] bei der Firma gekündigt; er will zum 1. April kündigen.

Kün|di|gung [ˈkʏndɪgʊŋ], die; -, -en:
Lösung eines Vertrages, Miet-, besonders Arbeitsverhältnisses: eine fristlose, ordnungsgemäße Kündigung; Kündigungen aussprechen, zurücknehmen, anfechten; die Kündigung *(das Kündigungsschreiben)* wurde ihm per Einschreiben geschickt.

Kun|din [ˈkʊndɪn], die; -, -nen: weibliche Form zu ↑Kunde.

Kund|schaft [ˈkʊntʃaft], die; -:
Gesamtheit der Kunden: eine zahlreiche Kundschaft; die unzufriedene Kundschaft blieb nach einiger Zeit weg; er zählt zur festen Kundschaft des Geschäfts. **Syn.:** Käufer ⟨Plural⟩, Kunden ⟨Plural⟩, Kundinnen ⟨Plural⟩.

[1]künf|tig [ˈkʏnftɪç] ⟨Adj.⟩:
in der Zukunft liegend; in kommender, späterer Zeit: künftige Generationen werden noch stärker mit Energieproblemen zu tun haben; sie stellte mir ihren künftigen Mann vor. **Syn.:** zukünftig.

[2]künf|tig [ˈkʏnftɪç] ⟨Adverb⟩:
von heute an, in Zukunft: das soll künftig ganz anders werden; ich bitte, dies künftig zu unterlassen. **Syn.:** bald, dann, demnächst, dereinst (geh.), in absehbarer Zeit, in Bälde (Papierdt.), in nächster Zeit, später, über kurz oder lang, zukünftig.

Kunst [kʊnst], die; -, Künste [ˈkʏnstə]:
1. a) *schöpferisches Gestalten aus den verschiedenen Materialien oder mit den Mitteln der Sprache, der Töne in Auseinandersetzung mit Natur und Welt:* die bildende Kunst; abstrakte Kunst; Natur und Kunst; sich der Kunst widmen; ein Förderer der Künste;

sie ist in allen Künsten bewandert, beschäftigt sich viel mit Kunst. **Zus.:** Baukunst, Dichtkunst, Erzählkunst, Filmkunst, Goldschmiedekunst, Handwerkskunst, Schauspielkunst, Schmiedekunst, Tanzkunst, Zeichenkunst. **b)** ⟨ohne Plural⟩ *einzelnes Werk, die Werke eines Künstlers, einer Künstlerin, einer Epoche o. Ä.; künstlerisches Schaffen:* die antike, moderne Kunst; die Kunst der Ägypter, der Romantik; die Kunst Rembrandts; dieses Bild ist keine Kunst, sondern Kitsch; Kunst sammeln.
2. *besonderes Geschick, erworbene Fertigkeit auf einem bestimmten Gebiet:* die ärztliche Kunst; die Kunst des Lesens und des Schreibens; die Kunst des Reitens, Fechtens; er will seine Kunst an dieser Aufgabe erproben; hier kannst du deine Künste zeigen, beweisen. **Syn.:** Fähigkeit, Können. **Zus.:** Fahrkunst, Heilkunst, Kochkunst, Rechenkunst, Redekunst, Reitkunst, Überredungskunst, Verführungskunst, Zauberkunst.

Kunst- [kʊnst] ⟨Bestimmungswort⟩:
künstlich; nicht echt, sondern industriell, synthetisch, chemisch hergestellt, nachgebildet: Kunstblume; Kunstdarm; Kunstdünger; Kunsthaar; Kunstharz; Kunsthonig; Kunstleder. **Syn.:** Ersatz-.

Künst|ler [ˈkʏnstlɐ], der; -s, -, **Künst|le|rin** [ˈkʏnstlərɪn], die; -, -nen:
1. *Person, die [berufsmäßig] Kunstwerke hervorbringt oder darstellend, aufführend interpretiert:* er ist ein begabter, genialer Künstler; sie ist eine freie, freischaffende Künstlerin; die Künstler und Künstlerinnen verneigten sich vor dem Vorhang, erhielten viel Beifall; eine namhafte Künstlerin für ein Gastspiel gewinnen; das Deckengemälde ist das Werk eines unbekannten Künstlers.
2. *Person, die auf einem Gebiet über besondere Fähigkeiten verfügt:* er ist ein Künstler der Improvisation; sie ist eine Künstlerin im Sparen. **Syn.:** Ass, Experte, Expertin, Meister, Meisterin, Phänomen. **Zus.:** Kochkünstler, Kochkünstlerin, Rechenkünstler, Rechenkünstlerin, Zauberkünstler, Zauberkünstlerin.

künst|le|risch [ˈkʏnstlərɪʃ] ⟨Adj.⟩:
der Kunst (1 a), *einem Künstler* (1) *gemäß; die Kunst, einen Künstler, das Wesen der Kunst, von Künstlern betreffend:* künstlerische Kraft, Form; der künstlerische Wert dieses Gemäldes ist gering; sie hat die künstlerische Leitung; künstlerische Freiheit *(Freiheit des Künstlers, der Künstlerin, von der Realität, von bestimmten Normen abzuweichen);* etwas künstlerisch darstellen, gestalten. **Syn.:** kunstvoll, schöpferisch.

künst|lich [ˈkʏnstlɪç] ⟨Adj.⟩:
a) *nicht natürlich, sondern mit chemischen oder technischen Mitteln nachgebildet, nach einem natürlichen Vorbild angelegt, gefertigt, geschaffen:* die künstlichen Blumen sahen täuschend echt aus; ein großer Garten mit künstlichem See; bei künstlichem Licht kann er nicht arbeiten; der Pudding schmeckt heute wieder künstlich. **Syn.:** falsch, nachgemacht (ugs.), unecht. **b)** *natürliche Vorgänge nachahmend, nicht auf natürliche Weise vor sich gehend:* künstliche Befruchtung; künstliche Ernährung *(Ernährung durch eine Sonde, Infusion o. Ä.).* **c)** *gekünstelt, unnatürlich:* ihr Lachen war, wirkte künstlich. **Syn.:** affektiert (bildungsspr.), geziert.

Kunst|stoff [ˈkʊnstʃtɔf], der; -[e]s, -e:
synthetisch hergestellter Werkstoff: Karosserieteile, Spielzeug, Geschirr aus Kunststoff. **Syn.:** ²Plastik.

Kunst|stück [ˈkʊnstʃtʏk], das; -[e]s, -e:
besondere Geschicklichkeitsleistung, die jmd. vorführt: akrobatische Kunststücke; jmdm. ein Kunststück zeigen, beibringen; der Clown führte einige Kunststücke vor; das ist kein Kunststück (ugs.; *das ist ganz einfach*). **Syn.:** Trick.

kunst|voll [ˈkʊnstfɔl] ⟨Adj.⟩:
mit großem [künstlerischem, handwerklichem] Geschick, technischem Können [hergestellt]: kunstvolle Schnitzereien; etwas kunstvoll formen, gestalten. **Syn.:** schöpferisch.

Kunst|werk [ˈkʊnstvɛrk], das; -[e]s, -e:
a) *Erzeugnis künstlerischen Schaffens:* ein literarisches Kunstwerk. **b)** *kunstvolles Gebilde:* der Computer ist ein Kunstwerk der Technik; die Frisur ist ja ein wahres Kunstwerk!

kun|ter|bunt [ˈkʊntɐbʊnt] ⟨Adj.⟩ (emotional):
a) *bunt, vielfarbig:* kunterbunte Sonnenschirme; kunterbunt bemalte Ostereier. **Syn.:** farbenprächtig, farbig. **b)** *abwechslungsreich, bunt gemischt:* ein kunterbuntes Programm; ihr Leben verlief recht kunterbunt. **Syn.:** vielfältig. **c)** *ungeordnet:* ein kunterbuntes Durcheinander; beim Umzug ging es kunterbunt zu. **Syn.:** chaotisch, durcheinander, wirr, wüst.

Kup|fer [ˈkʊpfɐ], das; -s:
rötlich glänzendes, verhältnismäßig weiches, dehnbares Metall: Kupfer abbauen, fördern; eine Münze aus Kupfer.

Kup|pe [ˈkʊpə], die; -, -n:
abgerundeter, oberster Teil eines Berges o. Ä.: die kahle, bewaldete Kuppe des Berges; auf der Kuppe stand eine kleine Kapelle. **Syn.:** Gipfel, Spitze. **Zus.:** Bergkuppe, Felskuppe.

Kup|pel [ˈkʊpl̩], die; -, -n:
Wölbung, meist in Form einer Halbkugel, über einem Raum: die Peterskirche in Rom hat eine große Kuppel. **Syn.:** Gewölbe. **Zus.:** Glaskuppel, Kirchenkuppel, Zirkuskuppel.

Kupp|lung [ˈkʊplʊŋ], die; -, -en:
Vorrichtung zum Herstellen oder Unterbrechen der Verbindung zwischen Motor und Getriebe bei Kraftfahrzeugen: wenn man schaltet, muss man gleichzeitig die Kupplung treten.

Kur [kuːɐ̯], die; -, -en:
bestimmtes, unter ärztlicher Aufsicht und Betreuung durchgeführtes Heilverfahren: die Kur dauert drei Wochen; eine Kur beantragen; wegen seines schwachen Herzens musste er eine Kur machen; jmdm. eine Kur verordnen; in Kur gehen; sie wurde vom Arzt in Kur geschickt; sie ist nach Bad Elster zur Kur gefahren. **Zus.:** Abmagerungs-

kur, Erholungskur, Fastenkur, Schlankheitskur, Schwitzkur.

Kür [kyːɐ̯], die; -, -en:
Übung, deren einzelne Teile der Sportler, die Sportlerin nach freier Wahl zusammenstellen kann: eine schwierige, ausgefeilte Kür; die Kür der Damen im Kunstturnen, im Eiskunstlauf; das russische Paar ist Gewinner der Kür. **Zus.:** Damenkür, Herrenkür.

Kur|bel [ˈkʊrbl̩], die; -, -n:
im [rechten] Winkel angebrachte oder anzusetzende, mit einem Griff versehene Stange o. Ä., mit der eine Kreisbewegung ausgeführt und dadurch ein Zahnrad o. Ä. in Drehbewegung versetzt wird: die Kurbel des Autofensters, der Kaffeemühle; die Kurbel drehen. **Zus.:** Fensterkurbel.

kur|beln [ˈkʊrbl̩n] ⟨tr.; hat⟩:
durch Drehen einer Kurbel bewegen: das Autofenster in die Höhe kurbeln; er kurbelte den Eimer aus dem Brunnen langsam in die Höhe. **Syn.:** drehen. **Zus.:** hochkurbeln.

Kür|bis [ˈkʏrbɪs], der; -ses, -se:
1. a) *rankende (einjährige) Pflanze mit großen Blättern und trichterförmigen, gelben Blüten, deren Früchte recht groß und meist kugelig sind.* **b)** *Frucht des Kürbisses* (1a): der größte Kürbis wog 6 Kilo; süßsauer eingelegte Kürbisse.
2. (ugs.) *Kopf eines Menschen (besonders im Hinblick auf das Äußere):* mir dröhnt, schmerzt der Kürbis; einen großen Kürbis haben; er haute ihm eins auf den Kürbis. **Syn.:** Birne (ugs.), Haupt (geh.), Kopf, Rübe (ugs.), Schädel.

Ku|rier [kuˈriːɐ̯], der; -s, -e:
männliche Person, die im Dienst eines Staates, beim Militär oder als Angestellter eines Kurierunternehmens (vertrauliche) Nachrichten, Briefe o. Ä. überbringt: ein diplomatischer Kurier; eine Nachricht durch einen Kurier überbringen lassen; der Brief kam per Kurier. **Syn.:** Bote.

ku|rie|ren [kuˈriːrən] ⟨tr.; hat⟩:
jmdn. heilen; eine Krankheit, Verletzung o. Ä. erfolgreich behandeln: erst die Heilpraktikerin hat ihn [von seinem Ausschlag] kuriert; seine Grippe mit Rum kurieren. **Syn.:** wieder auf die Beine bringen, wiederherstellen.

Ku|rie|rin [kuˈriːrɪn], die; -, -nen:
weibliche Form zu ↑Kurier.

ku|ri|os [kuˈri̯oːs] ⟨Adj.⟩:
auf unverständliche, fast spaßig anmutende Weise sonderbar, merkwürdig: ein kurioser Vorfall; eine kuriose Geschichte, Idee; ein kurioser Bursche; das ist ja wirklich kurios; die Unterredung ist kurios verlaufen. **Syn.:** seltsam.

Kur|ort [ˈkuːɐ̯lɔrt], der; -[e]s, -e:
Ort, der [wegen seines günstigen Klimas oder seiner Heilquellen] die Möglichkeiten zur Kur bietet: ein staatlich anerkannter Kurort.

Kur|pfu|scher [ˈkuːɐ̯pfʊʃɐ], der; -s, -, **Kur|pfu|sche|rin** [ˈkuːɐ̯pfʊʃərɪn], die; -, -nen:
a) *Person, die ohne medizinische Ausbildung und behördliche Genehmigung Kranke behandelt.* **b)** (ugs. abwertend) *schlechter Arzt, schlechte Ärztin:* zu diesem Kurpfuscher gehe ich nicht mehr. **Syn.:** Stümper (abwertend), Stümperin (abwertend).

Kurs [kʊrs], der; -es, -e:
1. *eingeschlagene oder einzuschlagende Fahrtrichtung eines Schiffes oder Flugzeuges:* einen Kurs steuern, einschlagen; den Kurs wechseln, beibehalten, halten; das Schiff nimmt Kurs auf Hamburg; das Flugzeug fliegt den/auf dem vorgeschriebenen Kurs; vom Kurs abkommen. **Syn.:** Richtung, Route, Weg.
2. *zusammengehörende Folge von Unterrichtsstunden o. Ä.; Lehrgang:* ein Kurs in Englisch, für Anfängerinnen; einen Kurs besuchen, mitmachen; einen Kurs leiten, abhalten. **Syn.:** Kursus, Lehrgang. **Zus.:** Abendkurs, Ferienkurs, Fortbildungskurs, Kochkurs, Nähkurs, Skikurs, Sprachkurs, Tanzkurs, Wochenendkurs.
3. *Marktpreis von Wertpapieren, Devisen o. Ä.:* hohe, niedrige, stabile Kurse; der amtliche Kurs des Dollars ist schon wieder gestiegen; die Kurse für Automobilaktien sind leicht gefallen; Gold steht zurzeit nicht mehr so hoch im Kurs *(ist nicht mehr so viel wert)* wie früher. **Zus.:** Aktienkurs, Devisenkurs, Dollarkurs, Goldkurs.

Kurs|buch [ˈkʊrsbuːx], das; -[e]s, Kursbücher [ˈkʊrsbyːçɐ]:
Zusammenstellung von Fahrplänen der Eisenbahn in Buchform oder auf einer CD-ROM.

Kürsch|ner [ˈkʏrʃnɐ], der; -s, -, **Kürsch|ne|rin** [ˈkʏrʃnərɪn], die; -, -nen:
Person, die berufsmäßig Pelze und Kleidung aus Pelzen herstellt.

kur|sie|ren [kʊrˈziːrən], kursierte, kursiert ⟨itr.; hat/(seltener) ist⟩:
im Umlauf sein, die Runde machen: falsche Banknoten kursieren in der Stadt; über sie kursierten die wildesten Gerüchte *(sie wurden weitererzählt).* **Syn.:** umgehen, zirkulieren.

Kurs|lei|ter [ˈkʊrslaitɐ], der; -s, -, **Kurs|lei|te|rin** [ˈkʊrslaitərɪn], die; -, -nen:
Person, die einen Kurs (2) *leitet.* **Syn.:** Dozent, Dozentin, [1]Leiter, Leiterin.

Kur|sus [ˈkʊrzʊs], der; -, Kurse [ˈkʊrzə]:
Kurs (2): an einem Kursus in Erster Hilfe teilnehmen. **Syn.:** Lehrgang.

Kur|ve [ˈkʊrvə], die; -, -n:
1. *Biegung, Krümmung einer Straße, eines Verkehrsweges:* eine scharfe, enge, unübersichtliche Kurve; der Wagen wurde aus der Kurve getragen; eine Kurve schneiden, ausfahren, [zu schnell] nehmen; die Straße windet sich in vielen Kurven den Berg hinauf; das Auto wurde aus der Kurve getragen, geschleudert; der Motorradfahrer legte sich in die Kurve. **Syn.:** Kehre, Schleife, Serpentine, Windung. **Zus.:** Linkskurve, Rechtskurve.
2. ⟨Plural⟩ (ugs.) *als erotisierend empfundene weibliche Körperformen:* sie hat aufregende Kurven. **Syn.:** Rundungen.

kur|ven [ˈkʊrvn̩] ⟨itr.; ist⟩:
a) *in Kurven fahren, fliegen:* das Flugzeug musste eine Stunde in der Luft kurven, ehe es die Landeerlaubnis bekam. **b)** (ugs.) *[ziellos] umherfahren:* mit dem Auto, Fahrrad durch die Gegend kurven. **Syn.:** fahren, gondeln (ugs.).

kurz [kʊrts], kürzer, kürzeste ⟨Adj.⟩:
1. a) *von [vergleichsweise] geringer räumlicher Ausdehnung,*

K
Kür

Länge in einer Richtung /Ggs. lang/: eine kurze Strecke; sie trägt sehr kurze Röcke; es ist nur noch ein kurzes Stück zu laufen; der kürzeste Weg zum Bahnhof; das Haar ist kurz geschnitten; ich muss einige Kleider kürzer machen; der Faden ist zu kurz. **Syn.:** klein. **b)** ⟨in Verbindung mit Adverbialbestimmungen des Ortes⟩ *in [vergleichsweise] geringer Entfernung von etwas; mit geringem Abstand:* kurz vor der Mauer kam das Auto zum Stehen; kurz hinter dem Bahnhof zweigt die Straße ab.
2. a) *von [vergleichsweise] geringer zeitlicher Ausdehnung, Dauer:* ein kurzer Urlaub, Besuch; ein Vertrag mit kurzer Laufzeit; sie warf ihm einen kurzen Blick zu; er machte eine kurze Pause; sein Leben war kurz *(er ist früh gestorben);* die Freude währte nur kurze Zeit. **Syn.:** kurzfristig, vorübergehend. **b)** ⟨in Verbindung mit Adverbialbestimmungen der Zeit⟩ *mit geringem zeitlichem Abstand von etwas, jmdm.:* kurz nach Mitternacht; ich kam kurz vor ihm nach Hause; kurz zuvor hatte sie ihn noch gesehen.
3. a) *nicht ausführlich; auf das Wesentliche beschränkt:* ein kurzer Brief; eine kurze Mitteilung; das Protokoll ist kurz abgefasst; sie war heute sehr kurz *(kurz angebunden);* etwas nur kurz andeuten. **Syn.:** knapp, komprimiert. **b)** *rasch; ohne Umstände, Förmlichkeit:* einen kurzen Entschluss *(rasch einen Entschluss)* fassen; sich kurz zusammensetzen, um etwas zu besprechen; sie ist kurz entschlossen *(ohne lange zu überlegen)* abgereist. **Syn.:** eilig, flink, geschwind (veraltend, noch landsch.), schnell.

Kurz|ar|beit ['kʊrt͜s|arbai̯t], die; -: *verkürzte Arbeitszeit, die [bei entsprechender Kürzung des Lohnes] vom Unternehmer wegen Auftragsmangel o. Ä. angeordnet wird:* für die Beschäftigten des Betriebes wurde Kurzarbeit angeordnet.

Kür|ze ['kʏrt͜sə], die; -, -n:
1. ⟨ohne Plural⟩ *geringe räumliche Ausdehnung in einer Richtung; geringe Länge:* die Kürze des Kleides, der Haare; die Kürze der Transportwege ermöglicht eine Kostensenkung.
2. ⟨ohne Plural⟩ *geringe zeitliche Dauer:* die Kürze der Zeit erlaubt keine langen Diskussionen.
3. ⟨ohne Plural⟩ *kurze* (3 a) *Form:* Kürze des Ausdrucks/im Ausdruck gehört zum Stil dieses Autors.
4. *kurze Silbe eines Wortes im Vers.*

kür|zen ['kʏrt͜sn̩] ⟨tr.; hat⟩:
1. *kürzer machen:* einen Rock [um einige Zentimeter] kürzen; die Schnur muss noch etwas gekürzt werden. **Syn.:** abschneiden, beschneiden, kappen, [2]stutzen, verkürzen, verringern.
2. *von etwas, was jmdm. üblicherweise zusteht, zugeteilt wird, einen Teil wegnehmen; verringern:* jmdm. die Rente kürzen; ihr Taschengeld wurde um die Hälfte gekürzt; der Etat musste gekürzt werden. **Syn.:** mindern, reduzieren, vermindern.
3. *in kürzere Form bringen:* eine Rede kürzen; die gekürzte Fassung eines Romans.

kur|zer|hand ['kʊrt͜sɐ'hant] ⟨Adverb⟩:
rasch und ohne langes Überlegen: sich kurzerhand zu etwas entschließen; sie ist kurzerhand abgereist. **Syn.:** glattweg (ugs.), ohne Umschweife, ohne Weiteres, ohne Zögern, schlankweg (ugs.).

kurz|fris|tig ['kʊrt͜sfrɪstɪç] ⟨Adj.⟩:
a) *ohne vorherige Ankündigung [erfolgend]:* eine kurzfristige Abreise; eine kurzfristige Absage; eine Sendung kurzfristig vom Programm absetzen; kurzfristig einen Termin festsetzen. **Syn.:** jäh, Knall auf Fall (ugs.), plötzlich, über Nacht, unvermittelt, unversehens, von heute auf morgen. **b)** *nur für kurze Zeit Geltung habend; nur kurze Zeit dauernd* /Ggs. langfristig/: kurzfristiger Erwerbsausfall; kurzfristige Verträge *(Verträge mit kurzer Laufzeit);* in einigen Bereichen kann es kurzfristig noch schlimmer werden. **Syn.:** kurz, kurzlebig. **c)** *in [möglichst] kurzer Zeit [erfolgend]:* man muss kurzfristige Lösungen finden; die Missstände sollen kurzfristig verbessert werden. **Syn.:** prompt, rasch, schnell.

kurz|le|big ['kʊrt͜sleːbɪç] ⟨Adj.⟩:
1. *nur kurze Zeit lebend* /Ggs. langlebig/: kurzlebige Pflanzen.
2. a) *nur für kurze Zeit Aktualität, Wirksamkeit besitzend:* eine kurzlebige Modeerscheinung. **Syn.:** flüchtig, kurzfristig, temporär, vorübergehend, zeitweilig. **b)** *nur über kurze Zeit hinweg funktionstüchtig, gebrauchsfähig:* kurzlebige Konsumgüter, Geräte.

kürz|lich ['kʏrt͜slɪç] ⟨Adverb⟩:
vor nicht langer Zeit; irgendwann in letzter Zeit: das ist erst kürzlich passiert; wir haben kürzlich davon gesprochen. **Syn.:** jüngst, letztens, neulich, unlängst, vor Kurzem.

Kurz|schluss ['kʊrt͜sʃlʊs], der; -es, Kurzschlüsse ['kʊrt͜sʃlʏsə]:
1. *[sich als Störung auswirkende] unmittelbare Verbindung zweier unter elektrischer Spannung stehender Leitungen:* einen Kurzschluss verursachen, hervorrufen; als er das defekte Gerät an den Strom anschloss, gab es einen Kurzschluss; der Brand war durch einen Kurzschluss entstanden.
2. a) *falsche [logische] Schlussfolgerung:* der naive Kurzschluss, es würde Frieden herrschen, nur weil es einmal zu Weihnachten so verheißen worden war.
b) *vorübergehende, auf einem Affekt beruhende geistige Störung:* sein Verhalten lässt sich nur aus einem Kurzschluss heraus erklären.

kurz|sich|tig ['kʊrt͜szɪçtɪç] ⟨Adj.⟩ /Ggs. weitsichtig/:
a) *nur auf kurze Entfernung gut sehend:* sie hielt das Buch vor ihre kurzsichtigen Augen; er muss eine Brille tragen, weil er kurzsichtig ist. **Syn.:** sehbehindert. **b)** *zum eigenen Schaden noch nicht an die Folgen o. Ä. in der Zukunft denkend, sie nicht mit bedenkend:* eine kurzsichtige Politik betreiben; kurzsichtig handeln. **Syn.:** beschränkt (abwertend).

kurz|um [kʊrt͜s'|ʊm] ⟨Adverb⟩:
um es kurz, zusammenfassend zu sagen: er las Bücher, Zeitungen, Magazine, kurzum alles, was er sich verschaffen konnte.

Kür|zung ['kʏrt͜sʊŋ], die; -, -en:

1. *das Kürzen* (2), *Verringerung:* die Kürzung des Gehalts; das Parlament beschloss eine Kürzung der staatlichen Ausgaben.
2. *das Kürzen* (3): bevor das Buch in Druck geht, müssen noch an einigen Stellen Kürzungen vorgenommen werden.

ku|scheln ['kʊʃl̩n] ‹+ sich› (fam.): *(aus einem Bedürfnis nach Wärme und Geborgenheit) sich an jmdn., in etwas schmiegen [wobei man Kopf und Glieder an den Leib zieht]:* sie hatte sich an ihn, er hatte sich ins Bett gekuschelt; ‹auch itr.› komm, wir kuscheln noch ein bisschen. **Syn.:** sich anschmiegen.

ku|schen ['kʊʃn̩] ‹itr.; hat›: *sich in demütiger Weise den Anordnungen o. Ä. beugen und sie widerspruchslos befolgen:* wenn er brüllt, kuscht die ganze Familie; er kuscht vor seiner Frau, vor seinem Vorgesetzten. **Syn.:** den Schwanz einziehen (salopp), sich [1]ergeben, sich fügen.

Ku|si|ne [ku'zi:nə]: ↑Cousine.

Kuss [kʊs], der; -es, Küsse ['kʏsə]: *das Berühren von jmdm., etwas mit den Lippen zum Zeichen der Liebe, Verehrung, zur Begrüßung oder zum Abschied:* ein flüchtiger, langer, leidenschaftlicher Kuss; er gab ihr einen zarten Kuss [auf den Mund, die Stirn]; sie bedeckte sein Gesicht mit Küssen; die beiden Politiker begrüßten sich mit einem Kuss auf die Wange. **Syn.:** Schmatz (ugs.). **Zus.:** Abschiedskuss, Begrüßungskuss.

küs|sen ['kʏsn̩] ‹tr.; hat›: *einen oder mehrere Küsse geben:* jmdn. stürmisch, leidenschaftlich, zärtlich küssen; er küsste seine Frau, seine Freundin auf den Mund; er küsste ihr die Hand; ‹auch itr.› sie küssten sich/einander stürmisch, als sie sich nach vielen Jahren wiedersahen; sie kann gut küssen. **Syn.:** knutschen.

Küs|te ['kʏstə], die; -, -n: *unmittelbar an das Meer grenzender Teil des Landes:* eine flache, felsige, steil abfallende Küste; an der Küste entlangfahren. **Syn.:** Gestade (geh.). **Zus.:** Felsenküste, Meeresküste.

Kut|sche ['kʊtʃə], die; -, -n:
1. *von Pferden gezogener Wagen zur Beförderung von Personen:* eine von vier Pferden gezogene Kutsche fährt vor; in eine Kutsche steigen; in einer Kutsche fahren. **Syn.:** Gespann. **Zus.:** Pferdekutsche.
2. (salopp abwertend, auch scherzh.) *[größeres] altes Auto:* eine alte, klapprige, rostige Kutsche; mit dieser Kutsche willst du eine so weite Fahrt riskieren? **Syn.:** Mühle (ugs., oft abwertend), Vehikel (oft abwertend), Wagen.

Kut|te ['kʊtə], die; -, -n: *von Mönchen getragenes, langes, weites Gewand mit Kapuze, das mit einer Schnur o. Ä. zusammengehalten wird:* der Mönch trug eine schwarze Kutte.

Kut|ter ['kʊtɐ], der; -s, -:
1. *einmastiges Segelboot mit besonderer Takelung.* **Syn.:** Segelschiff.
2. *[kleines] Fischereifahrzeug besonders für die Küstenfischerei:* die Kutter stachen in See. **Syn.:** Boot, Kahn, Schiff. **Zus.:** Fischkutter, Krabbenkutter.

Ku|vert [ku've:ɐ̯], das; -s, -s: *Briefumschlag:* sie steckte den Brief in das Kuvert. **Syn.:** Umschlag.

Ky|ber|ne|tik [kybɛr'ne:tɪk], die; -: *Wissenschaft, die sich mit der Regelung und Steuerung von Vorgängen auf dem Gebiet der Technik, Biologie und Soziologie befasst.*

L *l*

la|ben ['la:bn̩] ‹+ sich›: *sich auf behaglich-genießerische Weise durch Essen, Trinken stärken:* sich am frischen Obst laben; sich mit Kaffee und Kuchen laben. **Syn.:** sich erfrischen, sich gütlich tun.

la|bern ['la:bɐn] ‹itr.; hat› (ugs.):
a) (abwertend) *sich wortreich über oft belanglose Dinge auslassen, viele überflüssige Worte machen:* hör auf zu labern!; wenn der Moderator weniger labern würde, hätte er mehr Zeit für seine Gäste. **b)** *sich zwanglos unterhalten, plaudern:* komm heute Abend zu Besuch, damit wir ein bisschen labern können. **Syn.:** klönen (nordd. ugs.), plauschen (landsch.), schwatzen, schwätzen (bes. südd.), sich unterhalten.

la|bil [la'bi:l] ‹Adj.›:
1. *nicht fest gefügt, sondern zu Veränderung, zu Schwankungen neigend, unbeständig:* eine labile politische Situation; das Wirtschaftssystem war, erwies sich als labil.
2. **a)** *zu Störungen, Krankheiten neigend, anfällig:* er hat eine labile Gesundheit; ihr Kreislauf ist sehr labil. **Syn.:** empfindlich, schwach, schwächlich, zart. **b)** *leicht das seelische Gleichgewicht verlierend, Stimmungen unterworfen, nicht in sich gefestigt:* ein [psychisch] labiler Mensch; er ist ein labiler Charakter. **Syn.:** haltlos, willenlos, willensschwach.

La|bor [la'bo:ɐ̯], das; -s, -s, auch: -e: **a)** *Arbeitsstätte für naturwissenschaftliche, technische oder medizinische Arbeiten, Untersuchungen, Versuche o. Ä.:* ein chemisches Labor; das Labor einer Klinik, eines Zahntechnikers; Blutproben in einem medizinischen Labor untersuchen lassen. **b)** *Raum, in dem ein Labor* (a) *untergebracht ist:* das Labor betreten, verlassen, abschließen.

La|by|rinth [laby'rɪnt], das; -[e]s, -e: *Anlage, Gebäude o. Ä. mit vielen Gängen, in denen man sich nicht zurechtfindet, leicht verirrt:* eine Gartenanlage des Barock mit einem Labyrinth.

lä|cheln ['lɛçl̩n] ‹itr.; hat›:
1. **a)** *durch eine dem Lachen ähnliche Mimik Freude, Freundlichkeit o. Ä. erkennen lassen:* als er ins Zimmer trat, lächelte sie; er sah uns lächelnd an; ein flüchtiges Lächeln zeigte sich auf seinem Gesicht, spielte um ihren Mund; sie empfing uns mit einem Lächeln. **Syn.:** grinsen, lachen, schmunzeln, strahlen. **b)** *eine bestimmte andere Gefühlsregung lächelnd* (1 a) *ausdrücken:* verlegen, ironisch, böse, traurig

lächeln; ein süffisantes, spöttisches Lächeln; ein Lächeln der Erleichterung; für dieses Angebot hatte sie nur ein müdes Lächeln (ugs.; *es interessierte sie nicht im Geringsten, war für sie ohne jeden Reiz*).
2. *sich über jmdn., etwas lustig machen:* jeder lächelt über ihn, seine Marotte; darüber kann man nur lächeln *(das kann man nicht ernst nehmen)*.

la|chen ['laxn̩] ⟨itr.; hat⟩:
1. a) *durch eine Mimik, bei der der Mund in die Breite gezogen wird, die Zähne sichtbar werden und um die Augen Fältchen entstehen, zugleich durch eine Abfolge stoßweise hervorgebrachter Laute Freude, Erheiterung, Belustigung o. Ä. erkennen lassen* /Ggs. weinen/: er ist ein fröhlicher Mensch, der oft lacht; das Baby lacht den ganzen Tag; als sie die Geschichte hörten, mussten sie sehr lachen; laut, schallend lachen; sie lachte über das ganze Gesicht; er lachte vor Vergnügen; über einen Witz lachen; ein herzhaftes, lautes Lachen; sich das Lachen verbeißen; jmdn. mit etwas zum Lachen bringen; in dieser Situation war ihnen nicht nach Lachen [zumute]. **Syn.:** feixen, kichern, prusten. **b)** *eine bestimmte andere Gefühlsregung lachend* (1 a) *ausdrücken:* gehässig, schadenfroh lachen; er lachte triumphierend.
2. *sich über jmdn., etwas unverhohlen lustig machen:* man lacht über ihn; sie musste innerlich darüber lachen; über dieses Verhalten kann man doch nur lachen (abwertend; *es ist in ärgerlicher Weise unverständlich, kindisch o. Ä.*).

lä|cher|lich ['lɛçɐlɪç] ⟨Adj.⟩:
1. a) *komisch [wirkend] und zum Lachen reizend:* ein lächerlicher Aufzug; ihr Getue wirkt einfach lächerlich, kommt mir lächerlich vor *(wirkt albern, ist zum Lachen)*. **b)** *[in ärgerlicher Weise] töricht, albern, unsinnig:* ein geradezu lächerlicher Einwand; es ist einfach lächerlich, so etwas zu behaupten; ich finde ihn, sein Verhalten ganz lächerlich. **Syn.:** absurd, blöd[e] (ugs.), dumm, grotesk, komisch, lachhaft.
2. a) *[in ärgerlicher Weise] minimal, gering:* eine lächerliche Summe; er hat dafür einen lächerlichen Betrag bezahlt; die Bezahlung war geradezu lächerlich. **b)** *[in ärgerlicher Weise] geringfügig, unbedeutend:* ein lächerlicher Anlass; diese lächerliche Kleinigkeit hat sie so wütend gemacht; die Sache war im Grunde ganz lächerlich. **Syn.:** nicht der Rede wert.
3. ⟨verstärkend vor Adjektiven⟩ *in einem [ärgerlicherweise] hohen Maß, viel zu:* lächerlich wenig Geld verdienen; er hat für das Haus einen lächerlich niedrigen Preis bezahlt. **Syn.:** übertrieben.

lach|haft ['laxhaft] ⟨Adj.⟩ (abwertend):
(in ärgerlicher Weise) nicht ernst zu nehmend: eine lachhafte Ausrede; seine Behauptung ist einfach lachhaft. **Syn.:** absurd, [2]albern, blöd[e] (ugs.), dumm, grotesk, komisch, lächerlich.

Lachs [laks], der; -es, -e:
großer, im Meer lebender, räuberischer Fisch mit rötlichem Fleisch: Lachse fangen, züchten.

Lack [lak], der; -[e]s, -e:
[farbloses] flüssiges Gemisch, mit dem z. B. Möbel angestrichen werden und das nach dem Trocknen einen glänzenden Überzug bildet: farbloser, roter, schnell trocknender Lack; der Lack springt ab, blättert ab, bekommt Risse.

la|ckie|ren [la'kiːrən] ⟨tr.; hat⟩:
1. *Lack auftragen:* Fenster, Möbel lackieren; lackierte Türen. **Syn.:** anstreichen, streichen.
2. *mit Nagellack bestreichen:* sich die Fingernägel lackieren; lackierte Fußnägel.
3. (salopp) *hereinlegen:* sie haben ihn bei dem Kauf ganz schön lackiert; wenn die Sache bekannt wird, ist er lackiert *(übel dran)*. **Syn.:** anscheißen (salopp), anschmieren (ugs.), aufs Kreuz legen (salopp), einwickeln (ugs.), hereinlegen (ugs.), hintergehen, leimen (ugs.), linken (ugs.), neppen (ugs. abwertend), prellen, täuschen, überfahren (ugs.), überlisten, übers Ohr hauen (ugs.), übertölpeln, übervorteilen.

[1]la|den ['laːdn̩], lädt, lud, geladen ⟨tr.; hat⟩:
1. *zum Transport (in oder auf etwas) bringen, (etwas mit einer Last, Fracht) versehen, anfüllen:* er lädt Holz auf den Wagen; das Schiff hat Weizen geladen *(ist mit Weizen beladen)*; ⟨auch itr.⟩ die Abfahrt wird sich verzögern, wir haben noch nicht geladen. **Syn.:** aufladen, einladen, verladen. **Zus.:** abladen, aufladen, ausladen.
2. *elektrischen Strom (in etwas) speichern:* einen Akku laden; der Draht ist mit Starkstrom, elektrisch geladen.
3. *(eine Schusswaffe) mit Munition versehen:* ein Gewehr laden.

[2]la|den ['laːdn̩], lädt, lud, geladen ⟨tr.; hat⟩:
1. (geh.) *[2]einladen:* jmdn. zu sich, zum Essen, zum Tee laden; sie war nicht geladen worden; eine Veranstaltung für geladene Gäste. **Syn.:** bitten.
2. *auffordern, vor Gericht zu erscheinen:* er wird [als Zeuge] vor Gericht, zu der Verhandlung geladen. **Syn.:** bitten, vorladen.

La|den ['laːdn̩], der; -s, Läden ['lɛːdn̩]:
1. *Räumlichkeit zum Verkauf von Waren:* ein kleiner, eleganter Laden; ein Laden für Schmuck, Sportbekleidung; sonntags sind die Läden geschlossen; er will sich selbstständig machen und einen Laden eröffnen; einen Laden aufmachen; sie bedient im Laden, steht den ganzen Tag im Laden *(verkauft von morgens bis abends)*. **Syn.:** Boutique, Geschäft, Handel, Handlung, Kaufhaus, Supermarkt, Trafik (österr.), Warenhaus. **Zus.:** Andenkenladen, Blumenladen, Buchladen, Delikatessenladen, Gebrauchtwarenladen, Gemüseladen, Spielzeugladen, Zeitschriftenladen.
2. ⟨ohne Plural⟩ (ugs.) *Sache, Angelegenheit, Unternehmung o. Ä.:* der Laden läuft; der Laden geht seinen normalen, gewohnten Gang; du hältst den ganzen Laden auf; wie ich den Laden *(die Verhältnisse, Umstände)* kenne, wird man für die Entscheidung noch lange Zeit brauchen; er warf den Laden hin *(resignierte, gab auf)*.
3. *Vorrichtung, mit der ein Fens-*

ter von außen geschützt oder verdunkelt werden kann: wegen des starken Sturms schloss sie alle Läden. **Zus.:** Fensterladen.

La|den|hü|ter ['la:dn̩hy:tɐ], der; -s, - (abwertend): *Verkaufsartikel, der schlecht oder überhaupt nicht absetzbar ist:* die zweite CD der erfolgreichen Band drohte ein Ladenhüter zu werden.

lä|die|ren [lɛ'di:rən] ⟨tr.; hat⟩: *in einer das Aussehen beeinträchtigenden Weise beschädigen:* beim Transport wurde der Schrank lädiert. **Syn.:** anschlagen, demolieren, in Mitleidenschaft ziehen, kaputt machen (ugs.), ramponieren, ruinieren, verunstalten, zerschmettern, zerstören, zertrümmern, zurichten.

La|dung ['la:dʊŋ], die; -, -en:
1. a) *mit einem Fahrzeug zu transportierendes oder transportiertes Frachtgut:* eine schwere, wertvolle Ladung; die Ladung ist verrutscht; das Schiff fährt ohne Ladung *(leer).* **Syn.:** Fracht. **Zus.:** Schiffsladung, Wagenladung, Zugladung. **b)** *als Ladung* (1a) *beförderte Menge:* eine Ladung Holz, Kohle. **Syn.:** Fuhre. **Zus.:** Holzladung, Kohlenladung, Schrottladung.
2. *bestimmte Menge von Sprengstoff, Munition für eine Feuerwaffe:* eine Ladung Dynamit. **Zus.:** Schrotladung.
3. (ugs.) *größere Menge:* eine Ladung Wasser, Dreck, Sand abbekommen. **Syn.:** Haufen, Schwall.

La|ge ['la:gə], die; -, -n:
1. a) *Art und Weise des Liegens:* der Kranke hatte eine unbequeme Lage, befindet sich nicht in der richtigen Lage. **Syn.:** Haltung, Pose, Position, Stand, Stellung. **Zus.:** Bauchlage, Rückenlage. **b)** *Stelle, wo etwas (in Bezug auf seine Umgebung) liegt/gelegen ist:* ein Haus in sonniger, ruhiger, verkehrsgünstiger Lage; die geografische Lage eines Landes. **Syn.:** Ort, Platz, Punkt, Stätte. **Zus.:** Hanglage, Höhenlage. **c)** *die [augenblicklichen] Verhältnisse, Umstände, die bestehende Situation:* er ist in einer günstigen, unangenehmen, misslichen Lage; die wirtschaftliche Lage ist ernst, gespannt, hat sich verschärft; sie hat die Lage sofort erfasst, überblickt, überschaut; den Ernst der Lage erkennen; in eine bedrängte Lage geraten; der Kranke war nicht in der Lage *(imstande)* aufzustehen; ich bin in der glücklichen Lage *(freue mich),* Ihnen diesen Gefallen tun zu können; ich werde wohl nie in die Lage kommen, mir so etwas leisten zu können; versetze dich einmal in meine Lage!; nach Lage der Dinge war nichts anderes zu erwarten. **Syn.:** Konstellation, Sachlage, Stand, Status, Stellung, Verhältnisse ⟨Plural⟩, Zustand. **Zus.:** Beschäftigungslage, Ertragslage, Finanzlage, Geschäftslage, Rechtslage.
2. *in flächenhafter Ausdehnung und in einer gewissen Höhe über, unter etwas anderem liegende einheitliche Masse:* einige Lagen Papier. **Syn.:** Schicht.
3. (ugs.) *spendiertes Glas Bier, Schnaps o. Ä. für jeden eines bestimmten Kreises:* eine Lage Bier ausgeben, werfen. **Syn.:** Runde.

La|ger ['la:gɐ], das; -s, -:
1. *für das vorübergehende Verbleiben einer größeren Anzahl Menschen eingerichteter [provisorischer] Wohn- oder Übernachtungsplatz:* die Truppen schlugen ihr Lager auf, brachen ihr Lager ab; die Flüchtlinge sind in Lagern untergebracht. **Syn.:** Quartier, Unterkunft. **Zus.:** Flüchtlingslager, Internierungslager, Trainingslager, Zeltlager.
2. *Platz, Raum, Gebäude für die Lagerung von Warenbeständen, Vorräten o. Ä.:* das Lager ist leer; ein Lager leiten, verwalten; im Schlussverkauf räumen die Geschäfte ihre Lager; im Lager arbeiten; das Ersatzteil haben wir nicht am/auf Lager; Waren auf Lager nehmen, legen. **Syn.:** Depot, Magazin, Speicher. **Zus.:** Auslieferungslager, Ersatzteillager, Lebensmittellager, Möbellager, Waffenlager, Warenlager.
3. *Stelle, wo man liegt, Schlafplatz:* ein hartes Lager aus Stroh. **Zus.:** Nachtlager, Strohlager.
4. *Maschinenteil, das sich drehende Teile stützt:* die Lager des Motors müssen geölt werden.
5. *Gesamtheit von Personen, Staaten o. Ä., die besonders im politischen oder weltanschaulichen Kampf auf derselben Seite stehen:* das feindliche Lager; ins Lager des Feindes überwechseln; die Partei ist in zwei Lager gespalten. **Syn.:** Fraktion.

la|gern ['la:gɐn]:
1. ⟨tr.; hat⟩ *in eine bestimmte [ruhende] Stellung legen, Lage bringen:* du musst das verletzte Bein hoch lagern; den Verletzten flach lagern. **Syn.:** hinlegen, ruhig stellen.
2. a) ⟨itr.; hat⟩ *zur Aufbewahrung oder zur späteren Verwendung [an einem geeigneten Ort] liegen, stehen, bleiben:* die Ware lagert in einem Schuppen; der Wein hat schon sieben Jahre gelagert; Medikamente müssen kühl und trocken lagern. **Syn.:** aufbewahrt werden, gelagert werden. **b)** ⟨tr.; hat⟩ *zur Aufbewahrung oder zur späteren Verwendung [an einem geeigneten Ort] [liegen, stehen] lassen:* Holz, Waren, Lebensmittel trocken lagern; er hat im Keller viele Weinsorten gelagert. **Syn.:** aufbewahren, aufschichten, deponieren, speichern, verwahren.
3. ⟨itr.; hat⟩ *sein Lager haben; vorübergehend an einem Rast-, Ruheplatz bleiben, nachdem man sein Lager aufgeschlagen hat:* sie lagerten im Freien; die Truppen lagerten am Fluss; ⟨auch + sich⟩ sich im/(seltener:) ins Gras lagern; wir lagerten uns [im Kreis] um ein Feuer. **Syn.:** kampieren, rasten, ruhen.

La|gu|ne [la'gu:nə], die; -, -n: *vom offenen Meer durch einen natürlich entstandenen Streifen Land, Riffe o. Ä. abgetrenntes [flaches] Wasser:* die Lagunen Venedigs. **Syn.:** Haff, [1]See.

lahm [la:m] ⟨Adj.⟩:
1. *durch eine Verletzung oder eine Körperbehinderung gelähmt und daher unbeweglich:* ein lahmer Arm, Flügel; auf dem linken Bein, in der Hüfte lahm sein. **Syn.:** gehbehindert.
2. a) (ugs.) *wie gelähmt; stark ermüdet und daher kraftlos, schwer beweglich:* lahme Glieder; vom langen Koffertragen wurde mir der Arm lahm.
b) (ugs. abwertend) *unzureichend, nicht überzeugend, nicht*

glaubwürdig: eine lahme Ausrede, Erklärung, Entschuldigung; ein lahmer Protest; etwas lahm abstreiten, von sich weisen. **c)** (ugs. abwertend) *ohne jeden Schwung; schwach, matt:* ein lahmer Kerl; eine lahme Diskussion; ein lahmer Wahlkampf; der Umsatz ist lahm; sie spielten sehr lahm. **Syn.:** ermüdend, fade, glanzlos, grau, hausbacken, langweilig, öde, steril, trist.

lah|men ['la:mən] ⟨itr.; hat⟩: *lahm sein, gehen:* das Pferd lahmt [an/auf der rechten Hinterhand]. **Syn.:** ein Bein nachziehen, hinken, humpeln.

läh|men ['lɛ:mən] ⟨tr.; hat⟩:
1. *der Bewegungskraft, Bewegungsfähigkeit berauben:* das Gift lähmt die Muskeln; seit dem Unfall ist sie an beiden Beinen gelähmt.
2. *der Kraft und Lebendigkeit völlig berauben:* die Angst lähmte ihn; etwas lähmt jmds. Schaffenskraft, Eifer; der Krieg lähmte das wirtschaftliche Leben; lähmendes Entsetzen befiel ihn. **Syn.:** hemmen, hindern, lahmlegen, zurückhalten.

lahm|le|gen ['la:mle:gn̩], legte lahm, lahmgelegt ⟨tr.; hat⟩: *zum Erliegen, zum Stillstand bringen:* der Nebel hat den gesamten Verkehr lahmgelegt. **Syn.:** lähmen.

Läh|mung ['lɛ:mʊŋ], die; -, -en:
1. *das (körperliche) Gelähmtsein:* eine Lähmung beider Beine; er hat nach dem Schlaganfall eine Lähmung auf der rechten Seite. **Zus.:** Gesichtslähmung, Muskellähmung, Nervenlähmung.
2. *Erliegen, Stillstand der Kraft und Lebendigkeit; Erstarrung:* eine Lähmung der Wirtschaft; das Glatteis führte zur Lähmung des Berufsverkehrs.

Laib [laip], der; -[e]s, -e: *rund oder oval geformte, feste Masse (Brot, Käse):* sich von dem Laib [Brot] eine Scheibe abschneiden. **Zus.:** Brotlaib.

Laich [laiç], der; -[e]s, -e: *von Schleim oder Gallert umgebene Eier der Fische, Amphibien und Schnecken.* **Zus.:** Fischlaich, Froschlaich.

lai|chen ['laiçn̩] ⟨itr.; hat⟩: *Laich absetzen:* die Frösche haben in dem Teich gelaicht.

Laie ['laiə], der; -n, -n, **Lai|in** ['laiɪn], die; -, -nen: *Person, die auf einem bestimmten Gebiet keine Fachkenntnisse hat* /Ggs. Fachmann, Fachfrau/: auf diesem Gebiet bin ich ein völliger, blutiger Laie; sie engagiert sich als Laiin in der Kirche. **Syn.:** Amateur, Amateurin, Außenstehende, Außenstehender, Dilettant (bildungsspr.), Dilettantin (bildungsspr.), Liebhaber, Liebhaberin.

La|kai [la'kai], der; -en, -en:
1. (früher) *herrschaftlicher Diener.*
2. (abwertend) *männliche Person, die sich willfährig für die Interessen anderer gebrauchen lässt:* die schmutzigen Geschäfte erledigten die Lakaien des Bandenchefs; die Herrschenden und ihre Lakaien. **Syn.:** Handlanger (abwertend), Marionette, Speichellecker (abwertend), Vasall (abwertend).

La|ke ['la:kə], die; -, -n: *salzige Lösung zum Einlegen von Fisch, Fleisch oder anderen Lebensmitteln:* Heringe in die Lake legen. **Zus.:** Gurkenlake, Heringslake, Salzlake.

La|ken ['la:kn̩], das; -s, -: *großes Tuch, das als Unterlage für den im Bett Liegenden dient:* das Laken wechseln. **Zus.:** Bettlaken.

la|ko|nisch [la'ko:nɪʃ] ⟨Adj.⟩: *kurz, einfach und ohne weitere Erläuterung:* eine lakonische Auskunft, Feststellung; eine Frage in lakonischer Kürze beantworten; lakonisch antworten. **Syn.:** einsilbig, wortkarg, zugeknöpft (ugs.).

La|krit|ze [la'krɪtsə], die; -, -n: *aus eingedicktem Süßholzsaft hergestellte, wohlschmeckende, süße schwarze Masse:* Lakritze herstellen; Lakritzen *(Süßigkeiten aus Lakritze)* kaufen.

lal|len ['lalən] ⟨tr.; hat⟩: *undeutlich artikulierend sprechen; undeutlich artikulierte Laute hervorbringen:* der Betrunkene lallte ein paar Worte; ⟨auch itr.⟩ das Kind lallt. **Syn.:** nuscheln (ugs.), stammeln.

La|ma ['la:ma], das; -s, -s: *(besonders in den Anden heimisches, als Haustier gehaltenes) höckerloses Kamel (das Milch, Fleisch und Wolle liefert):* das Lama spuckte über den Zaun.

la|men|tie|ren [lamɛn'ti:rən] ⟨itr.; hat⟩ (ugs. abwertend): *[laut und] ausgiebig klagen, jammern:* den ganzen Tag, bei jeder Gelegenheit lamentieren; er lamentierte, dass er mit diesem wenigen Geld nicht auskomme; sie lamentierte über die Dunkelheit im Zimmer. **Syn.:** maulen (ugs.), nörgeln (abwertend).

La|met|ta [la'mɛta], das; -s: *papierdünne, schmale Streifen aus Metallfolie, die besonders als Christbaumschmuck dienen:* den Weihnachtsbaum mit Lametta schmücken; wir hängen Lametta an den Weihnachtsbaum.

Lamm [lam], das; -[e]s, Lämmer ['lɛmɐ]: *junges Schaf.*

Lamm|fleisch ['lamflaiʃ], das; -[e]s: *Fleisch vom Lamm.*

lamm|fromm ['lam'frɔm] ⟨Adj.⟩: *gehorsam und sanft, geduldig wie ein Lamm:* die Schüler sind alles andere als lammfromm. **Syn.:** friedlich, harmlos, zahm.

Lam|pe ['lampə], die; -, -n: *als Träger einer künstlichen Lichtquelle (besonders von Glühbirnen) dienendes, je nach Zweck unterschiedlich gestaltetes, irgendwo hängendes, stehendes oder auch frei bewegliches Gerät:* eine Lampe zum Lesen; die Lampe flackert. **Syn.:** Leuchte (Fachspr.), Licht. **Zus.:** Deckenlampe, Halogenlampe, Hängelampe, Kontrolllampe, Leselampe, Nachttischlampe, Schreibtischlampe, Stehlampe, Wandlampe.

Lam|pen|fie|ber ['lampn̩fi:bɐ], das; -s: *nervöse Erregung vor öffentlichem Auftreten:* vor dem Konzert hatte der Sänger Lampenfieber. **Syn.:** Nervosität.

Lam|pi|on [lam'pi̯õ:], der; -s, -s: *bunte Laterne aus Papier:* Lampions für eine Gartenparty aufhängen. **Syn.:** Licht.

lan|cie|ren [lã'si:rən] ⟨tr.; hat⟩:
1. *geschickt an eine gewünschte Stelle bringen:* er hat die Information in die Presse lanciert.
2. *(jmdm.) im Beruf, in der Gesellschaft zu einem [ersten]*

Erfolg verhelfen: sie hat den jungen Maler lanciert. **Syn.:** aufbauen, fördern, groß herausbringen, managen.

Land [lant], das; -[e]s, Länder ['lɛndɐ]:
1. *geografisch oder politisch abgeschlossenes Gebiet:* die Länder Europas, der Bundesrepublik Deutschland; er reist gern in ferne Länder. **Syn.:** Macht, Nation, Reich, Staat, Territorium. **Zus.:** Alpenland, Einwanderungsland, Geburtsland, Heimatland, Herkunftsland, Nachbarland, Reiseland, Ursprungsland.
2. ⟨ohne Plural⟩ *nutzbares Stück Erdboden; bebautes, genutztes Gelände:* fruchtbares Land; ein Stück Land besitzen. **Syn.:** Acker, Boden, Feld, ²Flur (geh.), Gebiet, Grund, Grund und Boden, Grundstück. **Zus.:** Ackerland, Bauland, Grasland, Grünland, Nutzland, Pachtland, Waldland, Weideland.
3. ⟨ohne Plural⟩ *Teil der nicht vom Wasser bedeckten Erdoberfläche:* an Land gehen; diese Tiere leben im Wasser und auf dem Land. **Syn.:** Festland. **Zus.:** Bergland, Flachland, Gebirgsland, Grünland, Heideland, Hochland, Hügelland, Ödland, Schwemmland, Tiefland.

lan|den ['landn̩], landete, gelandet:
1. ⟨itr.; ist⟩ **a)** *(vom Wasser her) an Land ankommen:* das Schiff ist pünktlich [im Hafen, auf der Insel] gelandet. **Syn.:** anlegen, festmachen. **b)** *(von der Luft aus) auf die Erde niedergehen* /Ggs. starten/: das Flugzeug ist sicher [auf dem Flughafen] gelandet; der Pilot konnte wegen Nebel in Frankfurt nicht landen. **Syn.:** aufsetzen. **Zus.:** zwischenlanden. **c)** (ugs.) *schließlich an eine bestimmte Stelle gelangen (die dafür eigentlich nicht vorgesehen war):* der Betrunkene ist im Graben gelandet; die Werbung landete im Papierkorb; wenn er so weitermacht, landet er im Gefängnis. **Syn.:** sich wiederfinden.
2. a) ⟨tr.; hat⟩ *an Land setzen:* die Regierung hat [auf der Insel] Truppen gelandet. **b)** *(aus der Luft) zur Landung bringen, aufsetzen:* die Pilotin hat die Maschine, das Flugzeug sicher gelandet.

Län|de|rei|en [lɛndəˈrai̯ən], die ⟨Plural⟩:
Felder, Wiesen, Wald umfassender, großer Grundbesitz: der Gutsherr inspiziert von Zeit zu Zeit seine Ländereien. **Syn.:** Anwesen, Besitz, Besitzung, Haus und Hof.

Lan|des|in|ne|res ['landəslɪnərəs], das Landesinnere/ein Landesinneres; des/eines Landesinner[e]n:
Teile eines Landes, die nicht an der Küste und nicht in der Nähe der Grenze liegen: das im Landesinnern herrschende Klima.

Land|kar|te ['lantkartə], die; -, -n:
auf einem (meist zusammenfaltbaren) Blatt in maßstäblicher Verkleinerung dargestellte Abbildung der Erdoberfläche oder bestimmter Ausschnitte davon: eine Landkarte von Europa. **Syn.:** Karte, Stadtplan.

land|läu|fig ['lantlɔyfɪç] ⟨Adj.⟩:
allgemein verbreitet und üblich: landläufige Vorstellungen; im landläufigen Sinne; nach landläufiger Meinung. **Syn.:** gang und gäbe, gängig, gebräuchlich, gewöhnlich, gewohnt, herkömmlich, normal, regulär, weitverbreitet.

länd|lich ['lɛntlɪç] ⟨Adj.⟩:
für das Land, das Leben auf dem Land charakteristisch, ihm entsprechend: der Ort hat den ländlichen Charakter bewahrt; dieser Brauch entspricht einer alten ländlichen Sitte. **Syn.:** bäuerlich, provinziell, rustikal.

Land|schaft ['lantʃaft], die; -, -en:
hinsichtlich des äußeren Erscheinungsbildes (der Gestalt des Bodens, des Bewuchses, der Besiedelung o. Ä.) in bestimmter Weise geprägter Bereich der Erdoberfläche: eine schöne Landschaft. **Syn.:** Gebiet, Gefilde ⟨Plural⟩ (geh.), Gegend, Land, Landstrich, Region, Terrain, Territorium, Zone. **Zus.:** Dünenlandschaft, Flusslandschaft, Gebirgslandschaft, Heidelandschaft, Hügellandschaft, Küstenlandschaft.

land|schaft|lich ['lantʃaftlɪç] ⟨Adj.⟩:
1. *die Landschaft betreffend:* die landschaftlichen Schönheiten Tirols.
2. *für eine Landschaft charakteristisch, zu ihr gehörend:* dieses Wort ist nur landschaftlich verbreitet. **Syn.:** regional.

Lands|frau ['lant͜sfrau̯], die; -, -en:
weibliche Person, die aus demselben Land stammt, aus derselben Landschaft, Gegend kommt wie eine bestimmte andere Person: eine Landsfrau meines Schwagers. **Syn.:** Landsmännin.

Lands|mann ['lant͜sman], der; -[e]s, Landsleute ['lant͜slɔytə], **Lands|män|nin** ['lant͜smɛnɪn], die; -, -nen:
Person, die aus demselben Land stammt, aus derselben Landschaft, Gegend kommt wie eine bestimmte andere: ein Landsmann, eine Landsmännin meines Schwagers; wir sind Landsleute.

Land|stra|ße ['lantʃtra:sə], die; -, -n:
außerhalb von Ortschaften verlaufende, befestigte Straße: auf der Landstraße fahren. **Syn.:** Chaussee, Straße.

Land|strei|cher ['lantʃtrai̯çɐ], der; -s, -, **Land|strei|che|rin** ['lantʃtrai̯çərɪn], die; -, -nen:
Person, die keinen festen Wohnsitz hat und von Ort zu Ort zieht. **Syn.:** nicht sesshafte Person, Obdachlose, Obdachloser, Vagabund, Vagabundin.

Land|strich ['lantʃtrɪç], der; -[e]s, -e:
kleinerer Bereich, schmaler Teil eines Landes, eines Gebiets: ein hübscher, ein dicht bevölkerter Landstrich; ganze Landstriche wurden durch den Krieg entvölkert. **Syn.:** Areal, Bezirk, Fläche, Gebiet, Gefilde ⟨Plural⟩ (geh.), Gegend, Gelände, Land, Raum, Region, Terrain, Territorium, Zone.

Land|tag ['lantta:k], der; -[e]s, -e:
Parlament eines Bundeslandes: der hessische Landtag; einen neuen Landtag wählen.

Lan|dung ['landʊŋ], die; -, -en:
das Landen: das Flugzeug landet weich.

Land|weg ['lantve:k], der; -[e]s:
Weg, der über das Festland führt: er ist nicht auf dem Seeweg, sondern auf dem Landweg von Europa nach China gereist.

Land|wirt ['lantvɪrt], der; -[e]s, -e, **Land|wir|tin** ['lantvɪrtɪn], die; -, -nen:
Person, die berufsmäßig Land-

L
Land

wirtschaft treibt: die Landwirte protestieren gegen die niedrigen Milchpreise. **Syn.:** [1]Bauer, Bäuerin, Farmer, Farmerin.

Land|wirt|schaft ['lantvɪrtʃaft], die; -, -en:
1. ⟨ohne Plural⟩ *planmäßiges Betreiben von Ackerbau und Viehzucht zum Erzeugen von pflanzlichen und tierischen Produkten:* Landwirtschaft treiben.
2. *landwirtschaftlicher Betrieb:* er hat eine kleine Landwirtschaft. **Syn.:** Bauernhof, Farm, Gehöft, Gut, Hof, Plantage.

land|wirt|schaft|lich ['lantvɪrtʃaftlɪç] ⟨Adj.⟩:
die Landwirtschaft betreffend, auf ihr beruhend, von ihr herrührend, zu ihr gehörend: landwirtschaftliche Erzeugnisse, Produkte, Maschinen, Betriebe; eine Fläche landwirtschaftlich nutzen.

Land|zun|ge ['lanttsʊŋə], die; -, -n: *schmaler, weit in das Wasser reichender Streifen Land:* an der Spitze einer Landzunge stehen.

lang [laŋ], länger, längste ⟨Adj.⟩:
1. *räumlich in einer Richtung besonders ausgedehnt; eine größere Ausdehnung, besondere Länge habend* /Ggs. kurz/: ein langer Weg; langes Haar; ein langes Kleid; sie hat einen langen Brief, Bericht geschrieben. **Syn.:** ausführlich, [1]groß, umfassend. **Zus.:** fingerlang, kilometerlang, knielang, meilenlang, meterlang.
2. ⟨in Verbindung mit Angaben von Maßen⟩ *eine bestimmte Länge habend:* das Brett ist 2 m lang.
3. *zeitlich besonders ausgedehnt; von größerer Dauer:* eine lange Zeit; ein langes Leben; nach langem Überlegen; seit Langem *(seit langer Zeit).* **Syn.:** andauernd, anhaltend, lange andauernd, lange anhaltend, langfristig. **Zus.:** abendelang, jahrelang, jahrhundertelang, jahrtausendelang, jahrzehntelang, lebenslang, minutenlang, monatelang, nächtelang, sekundenlang, stundenlang, tagelang, wochenlang.

lang|at|mig ['laŋ|a:tmɪç] ⟨Adj.⟩: *in einer Weise, die als allzu ausführlich und weit ausholend empfunden wird:* er ließ sich in seiner Darstellung langatmig über Details aus. **Syn.:** breit, eingehend, gründlich, intensiv, umfassend, weitläufig, weitschweifig.

lan|ge ['laŋə] ⟨Adverb⟩:
1. *lange Zeit, eine lange Zeit über:* sie musste lange warten; das dauert mir zu lange; lange nach Mitternacht; ich habe [schon] lange nichts mehr von ihr gehört. **Syn.:** auf Jahre hinaus, endlos, ewig (ugs.), ewig und drei Tage (ugs.), für lange Zeit, jahrelang, stundenlang, tagelang.
2. *bei Weitem:* das ist [noch] lange nicht alles; er spielt lange nicht so gut wie du; so gut wie du spielt sie schon lange *(spielt sie mindestens).* **Syn.:** längst.

Län|ge ['lɛŋə], die; -, -n:
1. a) *räumliche Ausdehnung, in einer Richtung:* eine Stange von drei Meter[n] Länge; die Autobahn ist auf einer Länge von 10 km gesperrt; die Gurken werden der Länge nach *(in Längsrichtung)* halbiert; er fiel der Länge nach hin *(er fiel so, dass er ausgestreckt am Boden lag).* **Syn.:** Ausmaß, Größe. **Zus.:** Arm[es]länge, Beinlänge, Bootslänge, Nasenlänge, Pferdelänge, Rocklänge, Streichholzlänge. **b)** *(in der Geografie) Abstand eines Ortes der Erdoberfläche vom Nullmeridian (in Greenwich):* Berlin liegt [auf] 13 Grad östlicher Länge. **c)** *Umfang (eines Textes):* Briefe von solcher Länge sind bei ihm nicht selten; die Zeitung hat die Rede in voller Länge abgedruckt.
2. a) *zeitliche Ausdehnung, längere Zeitspanne:* die Länge der Veranstaltung ist noch nicht bekannt. **Syn.:** Dauer; *** etwas in die Länge ziehen:** *dafür sorgen, dass etwas unnötig lange dauert:* er will die Debatte nur in die Länge ziehen; *** sich** (Akk.) **in die Länge ziehen:** *länger dauern als erwartet, vorgesehen:* die Sitzung zog sich sehr in die Länge. **b)** *zu weitschweifige, spannungslose, langweilige Stelle:* das Buch ist, abgesehen von der einen oder anderen Länge, durchaus spannend; der Film, das Drama hat einige Längen.

lan|gen ['laŋən] (ugs.):
1. a) ⟨tr.; hat⟩ *mit der Hand packen, ergreifen; nehmen, holen:* kannst du [mir] mal ein sauberes Glas [aus dem Regal] langen? **Zus.:** hinauslangen, hineinlangen, hinüberlangen. **b) * jmdm. eine langen:** *jmdm. eine Ohrfeige geben:* er hat ihm eine gelangt. **Syn.:** jmdm. eine knallen, jmdm. eine runterhauen, jmdm. eine scheuern, jmdn. hauen, jmdn. ohrfeigen, jmdn. schlagen.
2. ⟨itr.; hat⟩ **a)** *ausreichen, reichen:* der Rest Stoff langt gerade noch für eine Bluse; 50 Euro langen für ein Radio nicht. **Syn.:** genügen; *** jmdm. langt es** (ugs.): *jmds. Geduld ist zu Ende:* jetzt langts mir aber wirklich! **Syn.:** jmd. hat die Nase [gestrichen] voll, jmd. hat die Schnauze [gestrichen] voll, jmd. hat genug, jmdm. reicht es. **b)** *(bis zu einem bestimmten Ort, einer bestimmten Stelle) reichen:* der Rock langte ihr kaum bis an die Knie. **Syn.:** sich ausdehnen, sich erstrecken, gehen. **c)** *die Hand ausstrecken, um (etwas) zu fassen:* er langte nach seinem Stock; sie langte in die Tasche und holte 5 Euro heraus. **Syn.:** greifen, packen. **Zus.:** hinlangen.

Län|gen|maß ['lɛŋənma:s], das; -es, -e:
Maß zum Messen der Länge: Elle, Fuß und Meile sind veraltete deutsche Längenmaße. **Syn.:** Einheit der Länge.

Lan|ge|wei|le ['laŋəvai̯lə], die; -: *Gefühl der Eintönigkeit infolge fehlender Anregung oder Beschäftigung:* Langeweile haben; vor Langeweile vergehen; tödliche Langeweile; aus Langeweile. **Syn.:** Langweile, Stumpfsinn.

Lang|fin|ger ['laŋfɪŋɐ], der; -s, - (ugs.):
Dieb, Diebin.

lang|fris|tig ['laŋfrɪstɪç] ⟨Adj.⟩:
lange Zeit Geltung habend; lange Zeit dauernd /Ggs. kurzfristig/: langfristige Verträge, Darlehen; eine langfristige Planung. **Syn.:** andauernd, anhaltend, beständig, bleibend, dauerhaft, haltbar, lang, lange andauernd, lange anhaltend, lange dauernd, lange während, langlebig, permanent.

L
lang

lang|jäh|rig ['laŋjɛ:rɪç] ⟨Adj.⟩: *viele Jahre, sehr lange existierend; von langer Dauer:* ein langjähriger Kunde, Freund, Vertrag; eine langjährige Gefängnisstrafe; die Mitarbeiterin verfügt über langjährige Erfahrungen. **Syn.:** alt, jahrelang.

lang|le|big ['laŋle:bɪç] ⟨Adj.⟩: *lange Zeit lebend* /Ggs. kurzlebig/: langlebige Tiere, Pflanzen. **Syn.:** beständig, haltbar.

lang|le|gen ['laŋle:gn̩], legte lang, langgelegt ⟨+ sich⟩ (ugs.): *sich zum Ausruhen, Schlafen hinlegen:* ich legte mich nach dem Mittagessen für eine Stunde lang. **Syn.:** sich aufs Ohr legen (ugs.).

läng|lich ['lɛŋlɪç] ⟨Adj.⟩: *schmal und von einer gewissen Länge:* ein länglicher Kasten. **Syn.:** lang, lang gestreckt.

Lang|mut ['laŋmu:t], die; - (geh.): *durch ruhiges, beherrschtes, nachsichtiges Ertragen oder Abwarten gekennzeichnete Verhaltensweise:* du darfst seine Langmut nicht mit Schwäche verwechseln. **Syn.:** Geduld, Nachsicht.

L

lang

¹längs [lɛŋs] ⟨Adverb⟩: *der Längsachse nach* /Ggs. quer/: ein Brötchen längs durchschneiden.

²längs [lɛŋs] ⟨Präp. mit Gen. oder Dativ⟩: *an etwas in der ganzen Länge hin:* die Wälder längs des Flusses/längs dem Fluss. **Syn.:** entlang.

¹lang|sam ['laŋza:m] ⟨Adj.⟩: *im Vergleich zu der beanspruchten Zeit wenig vorankommend* /Ggs. schnell/: ein langsames Tempo; die Sache macht nur langsame Fortschritte; er spazierte langsam durch den Park. **Syn.:** bedächtig, behäbig, gemächlich, gemessenen Schrittes, im Schneckentempo, im Schritttempo, ¹ruhig, schleppend.

²lang|sam ['laŋza:m] ⟨Adverb⟩ (ugs.): *allmählich, nach und nach:* so langsam habe ich die Nase voll davon; jetzt könnte sie aber langsam mal mit dem Gequatsche aufhören; jetzt wird es auch langsam Zeit! **Syn.:** mit der Zeit.

Lang|schlä|fer ['laŋʃlɛ:fɐ], der; -s, -, **Lang|schlä|fe|rin** ['laŋʃlɛ:fərɪn], die; -, -nen: *Person, die [gern] lange [bis in den Vormittag hinein] schläft.* **Syn.:** Schlafmütze (ugs.).

längst [lɛŋst] ⟨Adverb⟩:
1. *seit langer, geraumer Zeit:* das weiß ich längst; zu dem Zeitpunkt war sie längst zu Hause; wenn sie es merken, sind die Diebe [schon] längst über alle Berge. **Syn.:** lange, schon lange, seit Langem, seit Längerem.
2. *lange* (2): er ist längst nicht so fleißig wie du.

längs|tens ['lɛŋstn̩s] ⟨Adverb⟩ (ugs.):
a) *nicht länger als, im äußersten Fall, höchstens:* das hält er längstens eine Stunde aus.
b) *nicht später als:* längstens in zwei Tagen bringe ich das Buch zurück. **Syn.:** spätestens.

lang|stie|lig ['laŋʃti:lɪç] ⟨Adj.⟩: *einen langen Stiel habend:* langstielige Rosen.

Lan|gus|te [laŋˈgʊstə], die; -, -n: *großer, meist rötlich violetter bis weinroter Krebs ohne Schere, dessen Fleisch als Delikatesse gilt.*

Lang|wei|le ['laŋvai̯lə], die; -: *Langeweile.* **Syn.:** Stumpfsinn.

lang|wei|len ['laŋvai̯lən]:
1. ⟨tr.; hat⟩ *(jmdm.) Langeweile bereiten:* er langweilt mich mit seinen Geschichten. **Syn.:** anöden (ugs.).
2. ⟨+ sich⟩ *Langeweile haben, empfinden:* ich habe mich sehr gelangweilt. **Syn.:** angeödet sein (ugs.), Däumchen drehen (ugs.), fast einschlafen (ugs.), gelangweilt sein, sich die Zeit lang werden lassen.

lang|wei|lig ['laŋvai̯lɪç] ⟨Adj.⟩: *voller Langeweile:* ein langweiliger Vortrag, Mensch; es war sehr langweilig auf der Party; er fand sie sehr langweilig. **Syn.:** akademisch, doof (ugs.), einförmig, eintönig, ermüdend, fade, glanzlos, gleichförmig, grau, hausbacken, monoton, nüchtern, öde, steril, stumpfsinnig, stupid[e], trist, trocken, witzlos. **Zus.:** kotzlangweilig, sterbenslangweilig, stinklangweilig, todlangweilig.

lang|wie|rig ['laŋvi:rɪç] ⟨Adj.⟩: *lange dauernd und nicht ganz einfach:* langwierige Verhandlungen. **Syn.:** mühsam, schwer, schwierig, sich in die Länge ziehend, viel Zeit kostend, zeitraubend.

Lan|ze ['lant͡sə], die; -, -n: *aus einem langen Schaft und einer Spitze (aus Metall oder anderem hartem Material) bestehende, für Stoß und Wurf bestimmte Waffe:* der Ritter legte seine Lanze ab.

la|pi|dar [lapiˈda:ɐ̯] ⟨Adj.⟩: *überraschend kurz und knapp [aber treffend]:* ein lapidarer Stil; in lapidarer Kürze. **Syn.:** in aller Kürze, knapp, komprimiert, lakonisch.

Lap|pa|lie [laˈpa:li̯ə], die; -, -n: *als unbedeutend empfundene Sache, Angelegenheit:* das ist doch eine Lappalie!; sich mit Lappalien aufhalten. **Syn.:** Bagatelle, Kinkerlitzchen ⟨Plural⟩ (ugs.), kleine Fische (ugs.), Kleinigkeit, Kleinkram (ugs.), Spielerei.

Lap|pen ['lapn̩], der; -s, -: *[altes] Stück Stoff, Fetzen:* etwas mit einem Lappen putzen. **Syn.:** Tuch. **Zus.:** Abwaschlappen, Aufwaschlappen, Aufwischlappen, Lederlappen, Putzlappen, Scheuerlappen, Spüllappen, Wischlappen.

läp|pisch ['lɛpɪʃ] ⟨Adj.⟩ (abwertend): *lächerlich, kindisch-albern:* ein läppisches Spiel; sich läppisch benehmen. **Syn.:** ²albern, dümmlich, infantil (abwertend), kindisch (abwertend).

Lap|top ['lɛptɔp], der, auch: das; -s, -s: *flacher, tragbarer Personal Computer:* auf der langen Zugfahrt sah er sich einen Film auf seinem Laptop an. **Syn.:** Computer, Notebook, Rechner.

Lär|che ['lɛrçə], die; -, -n:
1. *(in kühleren Regionen wachsender) Nadelbaum mit hellgrünen, büscheligen Nadeln, die im Herbst oder Winter abfallen.*
2. ⟨ohne Plural⟩ *Holz der Lärche:* die Schindeln sind aus heimischer Lärche.

Lärm [lɛrm], der; -s: *als störend empfundenes Gewirr von lauten, durchdringenden Geräuschen:* ein ohrenbetäubender Lärm; seine Worte gingen im Lärm [der Motoren] unter; die Maschinen machen viel, großen, einen furchtbaren

Lärm. **Syn.:** Geräusche ⟨Plural⟩, Krach, Krawall (ugs.), Rabatz (ugs.), Radau (ugs.), Rummel (ugs.), [1]Spektakel (ugs.), Tumult, Unruhe. **Zus.:** Fluglärm, Großstadtlärm, Straßenlärm, Verkehrslärm.

lär|men ['lɛrmən] ⟨itr.; hat⟩: *Lärm machen:* die Schüler lärmen auf dem Hof. **Syn.:** Krach machen, Krawall machen (ugs.), laut sein, Rabatz machen (ugs.), Radau machen (ugs.), rumoren.

Lar|ve ['larfə], die; -, -n:
1. *aus einem Ei geschlüpftes Tier (z. B. Insekt), das eine Entwicklungsstufe zu einem höher entwickelten Tier darstellt:* Larven fangen. **Syn.:** Made, Puppe. **Zus.:** Ameisenlarve, Bienenlarve, Fliegenlarve, Froschlarve, Insektenlarve, Käferlarve, Mückenlarve.
2. *vor dem Gesicht getragene Maske:* die Schauspieler trugen Larven.

lasch [laʃ] ⟨Adj.⟩: (ugs.) *Kraft, Energie, Engagement vermissen lassend; ohne sich für die betreffende Sache mit persönlicher Kraft einsetzend:* ein lascher Händedruck; eine lasche Spielweise, Gesetzgebung, Führung; Vorschriften nur lasch befolgen; die Kontrollen wurden nur lasch durchgeführt. **Syn.:** kraftlos, lahm (ugs.), schlaff, schlapp.

La|sche ['laʃə], die; -, -n: *[schmales, längliches] Stück Stoff, Leder, Papier o. Ä. [als Verschluss oder Teil eines Verschlusses]:* zum Öffnen der Packung soll man an dieser Lasche ziehen.

las|sen ['lasn̩], lässt, ließ, gelassen/lassen:
1. ⟨itr.; hat; 2. Partizip: lassen⟩ *veranlassen (dass etwas geschieht):* ich lasse mir einen Anzug machen; einen Arzt kommen, rufen lassen. **Syn.:** heißen.
2. a) ⟨itr.; hat; 2. Partizip: lassen⟩ *erlauben, dulden, nichts tun, um zu verhindern (dass etwas [weiterhin] geschieht):* lass ihn doch ausreden, schlafen, weiterschlafen; sie lässt die Kinder toben; lass [mich] mal sehen!; lass dich bloß nicht erwischen! **Syn.:** erlauben zu, genehmigen zu, gestatten zu. **b)** ⟨tr.; hat; 2. Partizip: gelassen⟩ *nicht daran hindern, irgendwohin zu gehen, zu gelangen:* er lässt uns nicht ins, aus dem Haus; frische Luft ins Zimmer lassen; die Tiere auf die Weide lassen; die Luft aus dem Reifen lassen. **Zus.:** herauslassen, herunterlassen, hinauslassen, hineinlassen, vorbeilassen, vorüberlassen. **c)** ⟨tr.; hat; 2. Partizip: gelassen⟩ *nicht wegnehmen:* nur die Kleider, die er am Leib trug, haben ihm die Räuber gelassen; lass ihr doch den Spaß!
3. ⟨+ sich; 2. Partizip: lassen⟩ *die Möglichkeit bieten, geeignet sein (dass etwas damit geschieht):* der Draht lässt sich gut biegen.
4. ⟨tr.; hat; 2. Partizip: gelassen⟩ *(bei jmdm., etwas) den Zustand nicht ändern:* etwas unerörtert lassen; nichts unversucht lassen; jmdn. im Ungewissen lassen; sie möchte alles so lassen, wie es ist; die Nachricht ließ sie völlig kalt; lass mich [in Ruhe]!
5. ⟨itr.; hat; 2. Partizip: gelassen⟩ *nicht tun; unterlassen:* lass das!; lass die dummen Witze!; er kann das Trinken nicht lassen. **Syn.:** abkommen von, ablassen von, aufgeben, aufhören mit, aufstecken (ugs.), bleiben lassen, entsagen (geh.), sein lassen, unterlassen, verzichten auf.
6. ⟨tr.; hat; 2. Partizip: gelassen⟩ *[weiterhin] zur Verfügung stellen:* lässt du mir das Buch bis morgen, den Wagen für den Urlaub?; ich lasse mir Zeit. **Syn.:** ausborgen (landsch.), ausleihen, borgen, leihen, pumpen (ugs.), überlassen.
7. ⟨tr.; hat; 2. Partizip: gelassen⟩ **a)** *von irgendwo nicht entfernen, nicht wegnehmen, nicht mitnehmen:* die Sachen im Koffer, das Wasser in der Wanne lassen; weil es nicht regnete, habe ich den Schirm zu Hause gelassen; heute lasse ich das Auto in der Garage. **Syn.:** zurücklassen. **b)** *versehentlich, aus Vergesslichkeit nicht mitnehmen:* lass beim Aussteigen nachher nicht wieder deinen Schirm im Bus!; als ich zahlen sollte, merkte ich, dass ich meinen Geldbeutel zu Hause gelassen hatte. **Syn.:** liegen lassen, stehen lassen, vergessen.

läs|sig ['lɛsɪç] ⟨Adj.⟩: *ungezwungen und ohne große Förmlichkeit:* lässige Haltung; sich lässig bewegen. **Syn.:** aufgelockert, burschikos, entspannt, formlos, gelöst, leger, locker, salopp, unbefangen, ungehemmt, ungeniert, zwanglos.

Last [last], die; -, -en: *etwas, was durch sein Gewicht nach unten drückt oder zieht:* eine Last tragen, heben; das Paket war eine schwere Last für die Frau. **Syn.:** Ballast, Bürde (geh.). **Zus.:** Tonnenlast, Zentnerlast.

las|ten ['lastn̩], lastete, gelastet ⟨itr.; hat⟩: *als Last auf etwas liegen:* ein Teil des Gewichts lastet auf dem Oberarm; auf dem Grundstück lasten hohe Abgaben *(das Grundstück ist mit hohen Abgaben belastet).* **Syn.:** ruhen.

[1]**Las|ter** ['lastɐ], das; -s, -: *etwas (Gewohnheit o. Ä.), was als tadelnswert, als schädlich, abträglich für den Betreffenden angesehen wird:* sein Laster ist der Alkohol. **Syn.:** Ausschweifung, schlechte Angewohnheit, schlechte Gewohnheit.

[2]**Las|ter** ['lastɐ], der; -s, - (ugs.): *Lastwagen.* **Syn.:** Brummi (ugs. scherzh.), Camion (schweiz.), Lastkraftwagen, Lkw.

las|ter|haft ['lastɐhaft] ⟨Adj.⟩: *einem [1]Laster verfallen:* ein lasterhafter Mensch; sein lasterhaftes Leben bereuen. **Syn.:** ausschweifend, liederlich (abwertend), ruchlos (geh.), schamlos, schlecht, unanständig, unmoralisch, verdorben, verkommen, wüst, zügellos.

läs|ter|lich ['lɛstɐlɪç] ⟨Adj.⟩: *lästernd:* lästerliche Reden führen. **Syn.:** gottlos. **Zus.:** gotteslästerlich.

läs|tern ['lɛstɐn]:
1. ⟨tr.; hat⟩ *(Gott oder etwas als heilig Geltendes) beschimpfen:* er hat Gott gelästert. **Syn.:** schmähen.
2. ⟨itr.; hat⟩ *sich über jmdn. spöttisch oder ein wenig boshaft äußern:* wir haben über ihn gelästert; sie stehen rum und lästern. **Syn.:** frotzeln, [2]hecheln (ugs.), herziehen, klatschen, spotten, sticheln gegen, tratschen.

läs|tig ['lɛstɪç] ⟨Adj.⟩: *jmdn. in unangenehmer Weise*

beanspruchend, störend, ihn in seinem Tun behindernd: eine lästige Pflicht; die Fliegen werden [mir] lästig. **Syn.:** aufdringlich, beschwerlich, hinderlich, mühsam, penetrant, unangenehm, zudringlich.

-las|tig [lastɪç] ‹adjektivisches Suffix›:
drückt aus, dass das im Bezugswort Genannte ein gewisses Übergewicht in Bezug auf das im Basiswort Genannte hat: CDU-lastig; kopflastig; linkslastig *(politisch links ausgerichtet und dementsprechend handelnd);* rechtslastig *(politisch rechts ausgerichtet und dementsprechend handelnd);* theorielastig; wortlastig (ein wortlastiger Film).

Last|kraft|wa|gen ['lastkraftva:gn̩], der; -s, -:
größeres Kraftfahrzeug mit Ladefläche zum Transport größerer Mengen von Gütern. **Syn.:** Auto, Brummi (ugs. scherzh.), Camion (schweiz.), Fahrzeug, ²Laster, Lastwagen, Lkw, Wagen.

Last|wa|gen ['lastva:gn̩], der; -s, -:
Lastkraftwagen. **Syn.:** Auto, Brummi (ugs. scherzh.), Camion (schweiz.), Fahrzeug, ²Laster, Lkw, Wagen.

-la|tein [latain], das; -s ‹Suffixoid›:
1. *Übertreibungen und Flunkereien enthaltende Erzählung von Erlebnissen o. Ä. vonseiten eines Menschen, der der im Bestimmungswort angesprochenen Personengruppe angehört:* Anglerlatein; Gärtnerlatein; Jägerlatein; Skilatein.
2. *für Nichtfachleute unverständliche Ausdrucksweise o. Ä. der im Bestimmungswort genannten Personengruppe:* Technikerlatein. **Syn.:** -chinesisch.

la|tent [la'tɛnt] ‹Adj.›:
[der Möglichkeit nach] vorhanden, aber nicht hervortretend, nicht offenkundig: ein latenter Gegensatz; eine latente Krankheit. **Syn.:** potenziell, unter der Oberfläche, unterschwellig, ²verborgen, verdeckt, versteckt.

La|ter|ne [la'tɛrnə], die; -, -n:
zum Leuchten dienendes Gerät, dessen Lichtquelle von einem durchsichtigen Gehäuse geschützt ist. **Syn.:** Ampel, Lampe, Leuchte (Fachspr.), Licht. **Zus.:** Blendlaterne, Gaslaterne, Straßenlaterne.

La|ter|nen|pfahl [la'tɛrnənpfa:l], der; -s, Laternenpfähle: [la'tɛrnənpfɛ:lə]:
Pfahl, Mast zur Befestigung einer [Straßen]laterne: gegen den Laternenpfahl laufen.

La|tri|ne [la'tri:nə], die; -, -n:
behelfsmäßige, primitive Anlage (z. B. mit einer Grube) für die Verrichtung der Notdurft. **Syn.:** Abort (veraltend), Klo (fam.), Klosett, Toilette, WC.

lat|schen ['la:tʃn̩] ‹itr.; ist›:
a) *langsam schlurfend, schwerfällig oder nachlässig gehen:* er latscht in Pantoffeln über den Hof; latsch nicht so! **Syn.:** schlurfen, trotten. **b)** (emotional) *[ohne besondere Lust irgendwohin] gehen:* morgen muss ich schon wieder zum Finanzamt latschen; am ersten Tag sind wir 40 km gelatscht. **Syn.:** laufen, rennen (ugs.), wandern, ziehen.

Lat|schen ['la:tʃn̩], der; -s, -:
a) *bequemer Schuh (aus Stoff), den man zu Hause trägt:* seine Latschen anziehen; sie kam in Latschen die Treppe herunter. **Syn.:** Hausschuh, Pantoffel. **Zus.:** Hauslatschen. **b)** (ugs.) *Schuh:* wem gehören denn diese Latschen? **Zus.:** Filzlatschen, Hauslatschen, Holzlatschen.

Lat|te ['latə], die; -, -n:
längliches, schmales [kantiges] Holz: eine Latte vom Zaun reißen. **Syn.:** Balken, Bohle, Brett, Diele, Leiste, Planke. **Zus.:** Holzlatte, Querlatte, Zaunlatte.

Latz [lats], der; -es, Lätze ['lɛtsə]:
a) *Lätzchen:* den Latz umbinden. **b)** *an eine Hose, einen Rock, eine Schürze angesetzter Teil, der die Brust bedeckt und von Trägern gehalten wird:* ein bestickter Latz.

Lätz|chen ['lɛtsçən], das; -s, -:
eine Art Serviette, die kleinen Kindern beim Essen umgebunden wird: ein sauberes Lätzchen holen. **Syn.:** Latz. **Zus.:** Babylätzchen, Kinderlätzchen.

lau [lau] ‹Adj.›:
a) *(in Bezug auf Flüssigkeiten, Essen) mäßig warm:* die Suppe ist nur lau. **Syn.:** angewärmt, lauwarm, temperiert. **b)** *(in Bezug auf Luft o. Ä.) angenehm mild, in angenehmer Weise leicht warm:* laue Lüfte; eine laue Sommernacht. **Syn.:** lind (geh.), mild[e].

Laub [laup], das; -[e]s:
die Blätter der Bäume: frisches Laub; das Laub wird bunt, fällt. **Syn.:** Blätter ‹Plural›. **Zus.:** Birkenlaub, Buchenlaub, Eichenlaub, Espenlaub, Weinlaub.

Laub|baum ['laupbaum], der; -[e]s, Laubbäume ['laupbɔymə]:
Baum, der Blätter trägt /Ggs. Nadelbaum/: so weit oben im Gebirge wachsen keine Laubbäume mehr.

Lau|be ['laubə], die; -, -n:
kleines, leicht gebautes [nach einer Seite offenes] Häuschen in einem Garten: in der Laube schlafen. **Syn.:** Hütte, Pavillon. **Zus.:** Efeulaube, Gartenlaube, Weinlaube.

Laub|frosch ['laupfrɔʃ], der; -[e]s, Laubfrösche ['laupfrœʃə]:
grüner, auf Bäumen und Sträuchern lebender Frosch.

Laub|wald ['laupvalt], der; -[e]s, Laubwälder ['laupvɛldɐ]:
von Laubbäumen gebildeter Wald: der Laubwald hat sich bunt verfärbt.

Lauch [laux], der; -[e]s, -e:
als Gemüse angebaute, aus einer Zwiebel entstehende Pflanze mit dickem, rundem Schaft. **Syn.:** Porree.

lau|ern ['lauɐn] ‹itr.; hat›:
in feindlicher Absicht versteckt, hinterhältig auf jmdn., etwas angespannt warten: die Katze lauert auf eine Maus. **Syn.:** auf der Lauer liegen, im Hinterhalt liegen, warten.

Lauf [lauf], der; -[e]s, Läufe ['lɔyfə]:
1. ‹ohne Plural› *das Laufen:* in schnellem Lauf; im Lauf anhalten.
2. *** im Lauf[e]:** *während, innerhalb:* im Lauf[e] der Untersuchung; ich rufe im Lauf[e] des Tages an. **Syn.:** binnen, im Verlauf[e], ¹in.
3. *Laufen als Sport:* einen Lauf gewinnen. **Syn.:** Rennen, Sprint. **Zus.:** Dauerlauf, Eisschnelllauf, Hindernislauf, Hürdenlauf, Kurzstreckenlauf, Langlauf, Langstreckenlauf, Marathonlauf, Mittelstreckenlauf, Rollschuhlauf, Schlittschuhlauf, Skilanglauf, Skilauf, Staffellauf, Waldlauf.
4. *Rohr einer Schusswaffe:* den

Lauf des Gewehrs reinigen. **Zus.:** Gewehrlauf, Pistolenlauf. **5.** *Bein, Fuß bestimmter Tiere:* die Läufe des Hasen. **Zus.:** Hinterlauf, Vorderlauf.

Lauf|bahn ['laufba:n], die; -, -en: *beruflicher oder persönlicher Werdegang:* die Laufbahn eines Beamten. **Syn.:** Biografie, Karriere, Leben, Lebenslauf, Lebensweg.

lau|fen ['laufn̩], läuft, lief, gelaufen:
1. a) ⟨itr.; ist⟩ *sich schnell vorwärtsbewegen:* ein Kind, eine Katze lief über die Straße; um die Wette laufen. **Syn.:** flitzen (ugs.), gehen, rennen, sausen. **Zus.:** davonlaufen, fortlaufen, hinterherlaufen, nachlaufen, vorauslaufen, vorlaufen, weglaufen, zurücklaufen. **b)** ⟨tr.; ist/hat⟩: *eine Strecke im Lauf zurücklegen:* er ist/hat 100 Meter in 12 Sekunden gelaufen. **Syn.:** rennen. **c)** ⟨itr.; ist/hat⟩ *sich mit einem an den Füßen befestigten Sportgerät fortbewegen:* sie laufen Rollschuh, Schlittschuh; ich bin/habe früher viel Ski gelaufen. **Syn.:** fahren. **d)** ⟨itr.; ist⟩: *zu Fuß gehen, sich irgendwohin begeben:* sollen wir [zum Bahnhof] ein Taxi nehmen oder laufen?; wir sind im Gebirge viel gelaufen; das Kind kann schon laufen. **Syn.:** gehen, wandern. **e)** *** jmdn. laufen lassen** (ugs.): *freilassen, nicht bestrafen:* einen Dieb laufen lassen. **Syn.:** auf freien Fuß setzen, entlassen, loslassen.
2. ⟨itr.; ist⟩ *in Tätigkeit, in Betrieb sein:* die Maschine läuft; der Wagen läuft immer noch prima. **Syn.:** an sein (ugs.), angestellt sein, arbeiten, es tun (ugs.), funktionieren, gehen, in Funktion sein, in Gang sein.
3. ⟨itr.; ist⟩ *fließen:* der Wein läuft aus dem Fass. **Syn.:** sich ergießen, perlen, plätschern, [1]quellen, rieseln, rinnen, schießen, sickern, sprudeln, strömen, triefen, tröpfeln, tropfen. **Zus.:** herauslaufen, hineinlaufen, hinunterlaufen.
4. ⟨itr.; ist⟩ *in bestimmter Weise vor sich gehen:* das Projekt läuft bestens; wie ist die Prüfung gelaufen? **Syn.:** vonstattengehen.
5. ⟨itr.; ist⟩ *Gültigkeit haben:* der Wechsel läuft auf meinen Namen; der Vertrag läuft zwei Jahre. **Syn.:** gelten, gültig sein, in Kraft sein, wirksam sein.
6. ⟨itr.; ist⟩ *eingeleitet, aber noch nicht abgeschlossen oder entschieden sein:* die Ermittlungen liefen noch bis Jahresende; gegen ihn läuft eine Anzeige; meine Bewerbung läuft. **Syn.:** im Gange sein.

lau|fend ['laufn̩t] ⟨Adj.⟩: *immer wieder [vorkommend]:* laufende Ausgaben, Unkosten; er hat mich laufend betrogen. **Syn.:** am laufenden Band (ugs.), andauernd, beharrlich, beständig, dauernd (emotional), endlos, ewig (ugs.), fortgesetzt, fortwährend, immer, in einem fort, in einer Tour (ugs.), ohne Ende, permanent, regelmäßig, rund um die Uhr (ugs.), ständig, stetig, Tag und Nacht, unablässig (emotional), unaufhörlich, unausgesetzt (veraltend), unentwegt, ununterbrochen.

Läu|fer ['lɔyfɐ], der; -s, -:
1. *langer, schmaler Teppich:* ein roter Läufer lag im Korridor. **Syn.:** Matte. **Zus.:** Tischläufer, Treppenläufer.
2. *männliche Person, die das Laufen als Sport betreibt:* der Läufer aus Kenia gewannn mit neuem Weltrekord. **Zus.:** Dauerläufer, Eisschnellläufer, Hindernisläufer, Hürdenläufer, Kurzstreckenläufer, Langläufer, Langstreckenläufer, Marathonläufer, Mittelstreckenläufer, Schlittschuhläufer, Skilangläufer, Skiläufer.
3. *Figur im Schachspiel, die man nur in diagonaler Richtung ziehen darf.*

Läu|fe|rin ['lɔyfərɪn], die; -, -nen: weibliche Form zu Läufer (2).

läu|fig ['lɔyfɪç] ⟨Adj.⟩: *(besonders von Hündinnen) sich in der Brunst befindend.* **Syn.:** brünstig, geil (oft abwertend).

Lauf|werk ['laufvɛrk], das; -[e]s, -e (EDV): *Teil eines Computers, das dazu dient, Daten auf einer Festplatte, einer Diskette, einer CD o. Ä. zu speichern und auf Daten zuzugreifen, die auf einem solchen Medium gespeichert sind:* in ein anderes Laufwerk wechseln.

Lau|ge ['laugə], die; -, -n: *Wasser, in dem Waschmittel o. Ä. aufgelöst sind:* Wäsche in der Lauge einweichen. **Zus.:** Seifenlauge, Waschlauge.

Lau|ne ['launə], die; -, -n:
a) ⟨ohne Plural⟩ *vorübergehende besondere Gemütsverfassung:* heitere, schlechte Laune; guter Laune sein. **Syn.:** Stimmung, Verfassung. **b)** *einer Laune* (a) *entspringende, spontane Idee:* dieser Vorschlag war nur so eine Laune von ihm. **Syn.:** Anwandlung, Einfall, Eingebung, Gedanke, Grille. **c)** ⟨Plural⟩ *Stimmungen, mit denen jmd. seiner Umgebung lästig wird:* wir müssen seine Launen ertragen. **Syn.:** Flausen ⟨Plural⟩ (ugs.), Grillen ⟨Plural⟩, Stimmungen ⟨Plural⟩.

lau|nen|haft ['launənhaft] ⟨Adj.⟩: *von wechselnden Stimmungen, Launen* (c) *abhängig:* ein launenhafter Mensch. **Syn.:** kapriziös, launisch, unberechenbar, wetterwendisch.

lau|nig ['launɪç] ⟨Adj.⟩: *in einer Art, die von einem heiteren und geistig-lebendigen Gemüt zeugt:* ein launiger Einfall; sie hat sehr launig erzählt, wie sie sich kennengelernt haben. **Syn.:** geistreich, geistvoll, humoristisch, humorvoll, lustig, scherzhaft, spritzig, witzig.

lau|nisch ['launɪʃ] ⟨Adj.⟩: *von wechselnden Stimmungen, Launen* (c) *beherrscht:* mit einem launischen Chef kann man schlecht umgehen; sie ist sehr launisch. **Syn.:** kapriziös, launenhaft, unberechenbar, wetterwendisch.

Laus [laus], die; -, Läuse ['lɔyzə]: *kleines, an Menschen oder Tieren lebendes, blutsaugendes Insekt:* viele Kindergartenkinder hatten Läuse; die Pflanzen waren voller Läuse. **Zus.:** Blattlaus, Blutlaus, Kleiderlaus, Kopflaus, Reblaus.

Laus|bub ['lausbu:p], der; -en, -en (ugs.): *Junge, der zu allerlei Streichen aufgelegt ist.* **Syn.:** Lausejunge (ugs.), Lümmel (abwertend), Schlingel (scherzh.), Strolch (fam. scherzh.).

lau|schen ['lauʃn̩] ⟨itr.; hat⟩: *mit gespannter Aufmerksamkeit zuhören, (auf etwas) horchen:* der Musik, einer Erzählung lauschen; sie lauschte heimlich an der Tür. **Syn.:** die Ohren aufsperren (ugs.), die Ohren spitzen (ugs.), hören auf.

lau|schig ['lau̯ʃɪç] ⟨Adj.⟩:
verborgen und gemütlich gelegen: ein lauschiges Plätzchen, Eckchen. **Syn.:** angenehm, behaglich, bequem, entlegen, ruhig, still, verschwiegen.

Lau|se|jun|ge ['lau̯zəjʊŋə], der; -n, -n (ugs.):
Lausbub. **Syn.:** Lümmel (abwertend), Schlingel (scherzh.), Strolch (fam. scherzh.).

lau|sig ['lau̯zɪç] ⟨Adj.⟩ (ugs.):
1. *sehr unangenehm, unerfreulich, schlecht, miserabel:* lausige Zeiten; die Mannschaft hat lausig gespielt. **Syn.:** elend (emotional), erbärmlich, kläglich, kümmerlich, mies (abwertend), miserabel (emotional), saumäßig (salopp abwertend), schwach, übel, unter aller Kanone (ugs.), unter aller Kritik (ugs.), unter aller Sau (derb abwertend).
2. (abwertend) *eine viel zu kleine Menge darstellend:* er hat bei der Unterschriftensammlung nur lausige 105 Unterschriften bekommen; lausige 2 Euro hat er mir dafür gegeben. **Syn.:** kümmerlich (abwertend), mickrig (ugs. abwertend), schäbig.
3. a) *sehr groß, stark:* eine lausige Kälte. **b)** ⟨verstärkend bei Adjektiven und Verben⟩ *sehr:* es ist lausig kalt; er war damals lausig arm; hier zieht es lausig.

¹laut [lau̯t] ⟨Adj.⟩:
a) *auf weite Entfernung hörbar* /Ggs. leise/: laute Musik; laut singen, sprechen. **Syn.:** aus Leibeskräften, aus vollem Hals, aus voller Kehle, durch Mark und Bein gehend, ¹durchdringend, gellend, grell, lauthals, lautstark, markerschütternd, schrill. **b)** *voller Lärm, Unruhe; nicht ruhig:* eine laute Gegend, Straße; hier ist es zu laut. **Syn.:** unruhig.

²laut [lau̯t] ⟨Präp. mit Gen., auch mit Dativ⟩:
nach den Angaben, dem Wortlaut von: laut eines Gutachtens/einem Gutachten; laut beiliegender/beiliegenden Rechnungen; ⟨im Plural mit Dativ, wenn ein stark flektierendes Substantiv ohne Artikel, Pronomen oder Attribut angeschlossen ist⟩ laut Gesetzen; ⟨besonders ein stark flektierendes Substantiv im Singular oder ein unmittelbar angeschlossener Name bleibt ungebeugt⟩ laut Bericht vom 1. Oktober; laut Gesetz; laut Paragraf 12; laut [Professor] Schmidt. **Syn.:** entsprechend, gemäß, nach, zufolge.

Laut [lau̯t], der; -[e]s, -e:
a) *Ton:* man hörte keinen Laut; klagende Laute. **Syn.:** Geräusch. **Zus.:** Schmerzenslaut.
b) *kleinste Einheit der gesprochenen Sprache:* der Laut a; Laute bilden. **Zus.:** Schnalzlaut.

Lau|te ['lau̯tə], die; -, -n:
Zupfinstrument mit ovalem, an einer Seite spitz zulaufendem, bauchigem Resonanzkörper und einem Griffbrett mit kurzem, meist abgeknicktem Hals.

lau|ten ['lau̯tn̩], lautete, gelautet ⟨itr.; hat⟩:
einen bestimmten Wortlaut haben: der Text des Liedes lautet wie folgt ... **Syn.:** heißen.

läu|ten ['lɔy̯tn̩], läutete, geläutet:
1. ⟨itr.; hat⟩ *(von einer Glocke) in Schwingung gebracht werden und dadurch ertönen:* die Glocke läutet vom Kirchturm. **Syn.:** bimmeln, gongen, klingeln.
2. a) ⟨tr.; hat⟩ *(eine Glocke) ertönen lassen:* sie läutet die Glocke; ⟨auch itr.⟩ der Küster läutet [zum Gottesdienst]. **b)** ⟨itr.; hat⟩ *klingeln* (1): hast du schon geläutet?; ⟨unpers.⟩ es hat geläutet. **Syn.:** schellen (landsch.).

¹lau|ter ['lau̯tɐ] ⟨Adj.⟩:
rein und unverfälscht: das ist die lautere Wahrheit; er hat einen lauteren Charakter. **Syn.:** bar (geh.), klar, makellos, pur, sauber.

²lau|ter ['lau̯tɐ] ⟨Adj.; indeklinabel⟩:
nur, nichts als: das sind lauter Lügen; er redete lauter dummes Zeug; sie hat vor lauter Aufregung ihre Fahrkarte nicht gefunden.

läu|tern ['lɔy̯tɐn] (geh.):
a) ⟨tr.; hat⟩ *von charakterlichen Schwächen, Fehlern befreien:* das Leid hat ihn geläutert. **Syn.:** besser machen, bessern, verbessern. **b)** ⟨+ sich⟩ *innerliche Reife erlangen:* sie werden sich noch läutern. **Syn.:** besser werden, sich bessern, ein besserer Mensch werden, sich verbessern.

laut|hals ['lau̯thals] ⟨Adverb⟩:
mit [bewusst] lauter Stimme, besonders, nachdrücklich laut: lauthals lachen, schimpfen, protestieren; lauthals etwas verkünden. **Syn.:** aus Leibeskräften, aus vollem Hals, aus voller Kehle, durch Mark und Bein gehend, ¹durchdringend, gellend, grell, hörbar, lautstark, markerschütternd, schrill.

laut|los ['lau̯tlo:s] ⟨Adj.⟩:
nicht hörbar; ohne jedes Geräusch: lautlose Stille; lautlos schleichen. **Syn.:** geräuschlos, kaum hörbar, leise, ¹ruhig, still.

Laut|spre|cher ['lau̯tʃprɛçɐ], der; -s, -:
elektrisches Gerät, das Töne [verstärkt] wiedergibt: der Vortrag wurde mit Lautsprechern übertragen; eine neue Meldung kam über den Lautsprecher. **Syn.:** Box.

laut|stark ['lau̯tʃtark] ⟨Adj.⟩:
[aus einer erregten Stimmung heraus] unüberhörbar laut [sich Gehör verschaffend]: lautstarker Beifall, Protest; sich lautstark auseinandersetzen. **Syn.:** aus Leibeskräften, aus vollem Hals, aus voller Kehle, durch Mark und Bein gehend, ¹durchdringend, gellend, grell, lauthals, markerschütternd, schrill.

Laut|stär|ke ['lau̯tʃtɛrkə], die; -:
große Intensität des Schalls (eines Tones, einer Stimme o. Ä.): die Lautstärke regeln. **Zus.:** Zimmerlautstärke.

lau|warm ['lau̯varm] ⟨Adj.⟩:
nur mäßig warm: lauwarme Milch. **Syn.:** angewärmt, lau, temperiert.

La|va ['la:va], die; -:
die beim Ausbruch eines Vulkans an die Oberfläche der Erde tretende flüssige Masse und das daraus entstehende Gestein: glühende Lava.

La|ven|del [la'vɛndl̩], der; -s, -:
Pflanze mit schmalen Blättern und violetten, stark duftenden Blüten (aus denen Öl für Parfüm gewonnen wird): der Lavendel blüht; nach Lavendel duften.

la|vie|ren [la'vi:rən] ⟨itr.; hat⟩:
sich in schwieriger Lage geschickt verhalten: er lavierte zwischen den Parteien. **Syn.:**

jonglieren, manövrieren, [2]taktieren.

La|wi|ne [la'vi:nə], die; -, -n:
1. *herabstürzende [und im Abrollen immer größer werdende] Masse von Schnee oder Eis:* eine Lawine begrub die Hütte. **Zus.:** Eislawine, Schneelawine.
2. * eine Lawine von …: *besonders viel[e]:* eine Lawine von Protesten, Anträgen, Prozessen. **Syn.:** ein Berg …, ein Haufen …, eine Menge …, eine Unmenge von …, eine Unzahl von ….

-la|wi|ne [lavi:nə], die; -, -n:
1. ⟨Suffixoid⟩ (emotional) besagt, dass das im Basiswort Genannte [in besorgniserregender Weise] immer mehr wird, nicht einzudämmen ist [und auf den Betroffenen zukommt]: Antragslawine; Ausgabenlawine; Kostenlawine; Prozesslawine; Schuldenlawine. **Syn.:** -berg (emotional verstärkend), -schwemme (emotional).
2. ⟨Grundwort⟩ *wie eine Lawine [von] …, viel …:* Erdlawine; Geröllawine; Schuttlawine; Steinlawine; /elliptisch/: Blechlawine *(viele sich langsam vorwärtsbewegende Autos).*

lax [laks] ⟨Adj.⟩:
nachlässig, ohne feste Grundsätze: eine laxe Auffassung; die Regelung wird ziemlich lax gehandhabt. **Syn.:** lahm (ugs.), lasch (ugs.).

La|za|rett [latsa'rɛt], das; -[e]s, -e:
Krankenhaus für Soldaten: den Verletzten ins Lazarett bringen. **Zus.:** Divisionslazarett, Etappenlazarett, Frontlazarett, Garnison[s]lazarett, Schiffslazarett.

lea|sen ['li:zn̩] ⟨tr.; hat⟩:
zur eigenen Nutzung mieten: mein neues Auto habe ich geleast; eine geleaste Anlage. **Syn.:** pachten.

Lea|sing ['li:zɪŋ], das; -s, -s:
besondere Form des Mietens bzw. Vermietens von Gütern, bei der deren Produzenten selbst oder eine spezielle Firma als Vermieter fungieren: der Anteil des Leasings wächst.

le|ben ['le:bn̩] ⟨itr.; hat⟩:
1. *am Leben sein:* das Kind lebt [noch]. **Syn.:** lebendig sein.
2. *auf der Welt sein, existieren:* dieser Maler lebte im 18. Jahrhundert. **Syn.:** da sein, vorhanden sein.
3. *sein Leben (in bestimmter Weise) verbringen:* gut, schlecht, in Frieden leben; leb[e] wohl! **Syn.:** sich [1]durchschlagen, ein schönes Leben führen, es gut haben, es sich gut gehen lassen, sein Dasein fristen, sich ein schönes Leben machen, vegetieren.
4. *längere Zeit wohnen:* er lebt in Weimar; wir haben lange im Ausland gelebt. **Syn.:** sich aufhalten, sich befinden, sein, sitzen, verweilen (geh.), weilen (geh.).
5. *sich ernähren, erhalten:* die Parasiten leben vom Blut ihrer Wirte; sie lebt von den Zinsen ihres Vermögens; vegetarisch, gesund leben. **Syn.:** sich nähren.

Le|ben ['le:bn̩], das; -s, -:
1. *Dasein, Existenz eines Lebewesens:* ein schönes, langes Leben; sein Leben genießen. **Syn.:** Biografie, Lebensweg. **Zus.:** Abenteurerleben, Einsiedlerleben, Eremitenleben, Junggesellenleben, Künstlerleben, Nomadenleben, Seemannsleben, Soldatenleben, Studentenleben, Vagabundenleben, Wanderleben.
2. *Gesamtheit der Vorgänge und Regungen:* das gesellschaftliche, geistige Leben [in dieser Stadt]. **Zus.:** Arbeitsleben, Berufsleben, Eheleben, Erwerbsleben, Familienleben, Geschäftsleben, Gesellschaftsleben, Kulturleben, Musikleben, Nachtleben, Privatleben, Strandleben, Vereinsleben, Wirtschaftsleben.

le|ben|dig [le'bɛndɪç] ⟨Adj.⟩:
a) *in munterer Weise lebhaft:* das Kind hat eine lebendige Fantasie; sie erzählt sehr lebendig. **Syn.:** angeregt, munter.
b) *lebend [und nicht tot]:* sie waren bei lebendigem Leib verbrannt; der Fisch ist noch lebendig; nach der Anstrengung fühle ich mich mehr tot als lebendig. **Syn.:** am Leben.

Le|bens|dau|er ['le:bn̩sdau̯ɐ], die; -,-n:
1. *Zeitspanne eines Lebens von der Geburt bis zum Tod:* die durchschnittliche Lebensdauer des Menschen.
2. *Dauer der Haltbarkeit eines Materials, der Funktionstüchtigkeit einer Maschine, eines Geräts o. Ä.:* der Motor hat eine Lebensdauer von durchschnittlich 10 Jahren.

Le|bens|ge|fahr ['le:bn̩sgəfa:ɐ̯], die; -:
das Leben bedrohende, tödliche Gefahr: jmdn. unter Lebensgefahr retten; bei der Patientin besteht Lebensgefahr; der Kranke ist in, außer Lebensgefahr. **Syn.:** Gefahr für Leib und Leben, höchste Gefahr.

Le|bens|ge|fähr|te ['le:bn̩sgəfɛ:ɐ̯tə], der; -n, -n, **Le|bens|ge|fähr|tin** ['le:bn̩sgəfɛ:ɐ̯tɪn], die; -, -nen:
Person, die ihr Leben mit einem Partner, einer Partnerin gemeinsam verbringt: seine neue Lebensgefährtin; sie lebt mit ihrem Lebensgefährten auf einem Bauernhof. **Syn.:** bessere Hälfte (ugs. scherzh.), Ehefrau, Ehemann, Ehepartner, Ehepartnerin, Frau, Freund, Freundin, Gatte (geh.), Gattin (geh.), Gefährte (geh.), Gefährtin (geh.), Gemahl (geh.), Gemahlin (geh.), Liebhaber, Liebhaberin, Mann.

Le|bens|ge|mein|schaft ['le:bn̩sgə'mai̯nʃaft], die; -, -en:
das Zusammenleben, die Gemeinschaft von [zwei] Lebensgefährten: Lebensgemeinschaften von Homosexuellen; die Familie bildet eine Lebensgemeinschaft. **Syn.:** Ehe, Lebenspartnerschaft.

Le|bens|hal|tung ['le:bn̩shaltʊŋ], die; -, -en:
Gestaltung des Lebens in Bezug auf die privaten wirtschaftlichen Verhältnisse: ihre Lebenshaltung war sehr bescheiden. **Syn.:** Art zu leben, Leben, Lebensweise.

le|bens|läng|lich ['le:bn̩slɛŋlɪç] ⟨Adj.⟩:
(in Bezug auf Freiheitsstrafen) bis zum Tode dauernd, auf Lebenszeit: eine lebenslängliche Freiheitsstrafe; ein lebenslänglich Inhaftierter; für den Mord bekam sie »lebenslänglich« *(eine lebenslange Freiheitsstrafe).*

Le|bens|lauf ['le:bn̩slau̯f], der; -[e]s, Lebensläufe ['le:bn̩slɔyfə]:
[schriftlich dargestellter] Ablauf des Lebens eines Menschen, besonders seiner Ausbildung und beruflichen Entwicklung: seinen Lebenslauf schreiben; bei seiner Bewerbung musste er einen

L
Lebe

Lebenslauf einreichen. **Syn.:** Biografie, Laufbahn, Werdegang.

Le|bens|mit|tel ['le:bn̩smɪtl̩], das; -s, -: *für die menschliche Ernährung bestimmtes Erzeugnis:* leicht verderbliche, lange haltbare Lebensmittel; ein wertvolles Lebensmittel; Lebensmittel produzieren, einkaufen; mit Lebensmitteln handeln. **Syn.:** Essen, Genussmittel, Nahrungsmittel.

le|bens|mü|de ['le:bn̩smy:də] ⟨Adj.⟩: *ohne Willen zum Weiterleben; den Tod herbeiführen wollend:* ein Polizist rettete die lebensmüde Frau. **Syn.:** des Lebens überdrüssig.

le|bens|nah ['le:bn̩sna:] ⟨Adj.⟩: *den tatsächlichen Gegebenheiten des menschlichen Lebens entsprechend, ihnen gerecht werdend:* lebensnahen Unterricht geben; ein lebensnahes Beispiel konstruieren; ein recht lebensnah geschriebener Roman.

Le|bens|part|ner|schaft, die; -, -en: *eheähnliche Lebensgemeinschaft:* gleichgeschlechtliche Lebenspartnerschaft. **Syn.:** Ehe, Lebensgemeinschaft.

Le|bens|qua|li|tät ['le:bn̩skvalitɛ:t], die; -, -en: *(von den Lebensbedingungen abhängende, an Zufriedenheit und Wohlbefinden messbare) Qualität des Lebens:* die Erhaltung, Verbesserung der Lebensqualität; ein Verlust an Lebensqualität.

Le|bens|ret|ter ['le:bn̩srɛtɐ], der; -s, -, **Le|bens|ret|te|rin** ['le:bn̩srɛtərɪn], die; -, -nen: *Person, die [unter Einsatz des eigenen Lebens] einen Menschen vor dem Tod rettet:* er dankte seiner Lebensretterin; bei dem Einsatz wurde einer der Lebensretter selbst schwer verletzt.

Le|bens|stan|dard ['le:bn̩sʃtandart], der; -s, -s: *[durchschnittlicher] Grad des Wohlstands (eines Individuums oder einer Gruppe, besonders einer Bevölkerung):* der Lebensstandard steigt, sinkt; einen hohen, niedrigen Lebensstandard haben.

le|bens|tüch|tig ['le:bn̩stʏçtɪç] ⟨Adj.⟩: *den Forderungen des Lebens gewachsen:* sie haben ihre Kinder zu lebenstüchtigen Menschen erzogen. **Syn.:** gewandt, mit beiden Beinen im Leben stehend, mitten im Leben stehend, patent (ugs.), tüchtig.

Le|bens|un|ter|halt ['le:bn̩s|ʊntɐhalt], der; -[e]s: *gesamter finanzieller Aufwand, den man für die Dinge braucht, die zum Leben nötig sind:* seinen Lebensunterhalt als Zeichner/mit Zeichnen verdienen; für jmds. Lebensunterhalt sorgen, aufkommen. **Syn.:** Ernährung, Lebenshaltung, Unterhalt.

Le|bens|ver|si|che|rung ['le:bn̩sfɛɐ̯zɪçərʊŋ], die; -, -en: *Versicherung über eine bestimmte Summe, die im Todesfall an die Hinterbliebenen des Versicherten, im Erlebensfall an den Versicherten selbst ausbezahlt wird:* eine Lebensversicherung abschließen.

Le|bens|wan|del ['le:bn̩svandl̩], der; -s: *Art des Verhaltens im Leben:* einen vorbildlichen Lebenswandel führen; ein lockerer Lebenswandel.

Le|bens|weg ['le:bn̩sve:k], der; -[e]s, -e: *Verlauf des Lebens:* ein langer, gemeinsamer Lebensweg. **Syn.:** Biografie, Laufbahn, Leben.

Le|bens|wei|se ['le:bn̩svai̯zə], die; -, -n: *die Art und Weise, wie jmd. (im Hinblick auf Ernährung, Bewegung, Gesundheit) sein Leben gestaltet:* eine gesunde, solide Lebensweise; seine Lebensweise ändern. **Syn.:** Art zu leben, Lebenswandel.

le|bens|wich|tig ['le:bn̩svɪçtɪç] ⟨Adj.⟩: *für die Erhaltung und den weiteren Verlauf des Lebens wichtig:* das Produkt enthält lebenswichtige Nährstoffe und Mineralien. **Syn.:** äußerst wichtig, entscheidend, wesentlich.

Le|bens|zei|chen ['le:bn̩stsai̯çn̩], das; -s, -: *Anzeichen, Beweis dafür, dass jmd. noch lebt:* der Verunglückte gab kein Lebenszeichen mehr von sich; ein Lebenszeichen von jmdm. erhalten *(nach langer Zeit wieder einmal etwas von jmdm. hören).*

Le̲|ber ['le:bɐ], die; -, -n: **a)** *menschliches oder tierisches Organ, das der Regelung des Stoffwechsels sowie der Entgiftung des Blutes dient:* die Leber hat versagt. **b)** *als Gericht gegessene Leber eines geschlachteten Tiers:* es gab Leber mit Kartoffelbrei und Zwiebeln. **Zus.:** Gänseleber, Hühnerleber, Kalbsleber, Schweineleber.

Le|ber|fleck ['le:bɐflɛk], der; -[e]s, -e: *dunkelbrauner Fleck auf der Haut:* ein Leberfleck auf dem Rücken.

Le|ber|wurst ['le:bɐvʊrst], die; -, Leberwürste ['le:bɐvʏrstə]: *aus gekochter Leber und Speck bestehende Wurst, die leicht geräuchert ist:* eine Scheibe Brot mit Leberwurst bestreichen. **Zus.:** Kalbsleberwurst.

Le|be|we|sen ['le:bəve:zn̩], das; -s, -: *Wesen mit organischem Leben, besonders Mensch oder Tier:* tierische, pflanzliche Lebewesen; ein Lebewesen aus Fleisch und Blut. **Syn.:** Geschöpf, Kreatur.

Le|be|wohl [le:bə'vo:l], das; -[e]s, -s und -e (geh.): *»Lebe wohl!« lautender Abschiedsgruß:* jmdm. ein freundliches Lebewohl zurufen.

leb|haft ['le:phaft] ⟨Adj.⟩: **a)** *viel Lebendigkeit, Mobilität und Vitalität erkennen lassend:* ein lebhafter Mensch; eine lebhafte Diskussion; lebhaftes Treiben auf der Straße. **Syn.:** angeregt, ausgelassen, beweglich, bunt, dynamisch, explosiv, feurig, flott, heftig, mobil, rassig, rege, schwungvoll, stürmisch, temperamentvoll, unruhig, vehement, vital, wild, zackig. **b)** *(in Bezug auf das Vorstellungsvermögen) sehr deutlich (bis in die Einzelheiten):* etwas in lebhafter Erinnerung haben; das kann ich mir lebhaft vorstellen. **Syn.:** anschaulich, bildlich, drastisch, plastisch. **c)** *kräftig (in den Farben):* ein lebhaftes Rot; eine lebhaft gemusterte Krawatte. **Syn.:** bunt, farbenprächtig, farbig, grell, kunterbunt (emotional), leuchtend, schreiend. **d)** *sehr stark:* lebhafter Beifall; das interessiert mich lebhaft. **Syn.:** außerordentlich, enorm, gewaltig, höllisch (emotional), irre (emotional), irrsinnig (emotional), mächtig, riesig (ugs.), sehr, total (ugs.), überaus, ungeheuer, ungemein, unglaublich (ugs.), unheimlich (ugs.), unwahrscheinlich (ugs.).

Leb|ku|chen ['le:pku:xn̩], der; -s, -: *mit Sirup oder Honig und vielen Gewürzen hergestelltes dunkles Gebäck:* ich esse gern Lebkuchen; sie hat heute fünf Lebkuchen gegessen.

leb|los ['le:plo:s] ⟨Adj.⟩: *ohne Anzeichen von Leben:* ein lebloser Körper; leblos daliegen. **Syn.:** starr, tot, unbeweglich, wie tot.

lech|zen ['lɛçt͜sn̩] ⟨itr.; hat⟩ (geh.): *(nach etwas, was man für seine Existenz o. Ä. dringend braucht oder herbeisehnt) mit heftiger Begierde verlangen:* sie lechzen nach einem Trunk Wasser. **Syn.:** brennen, dürsten (geh.), schmachten (geh.), sich sehnen.

leck [lɛk] ⟨Adj.⟩: *(von Schiffen, Tanks o. Ä.) nicht dicht, Flüssigkeit durchlassend:* ein leckes Boot; das Fass ist leck. **Syn.:** undicht.

Leck [lɛk], das; -[e]s, -s: *Loch, undichte Stelle, besonders in Schiffen:* ein Leck haben.

[1]le|cken ['lɛkn̩] ⟨tr.; hat⟩: *mit der Zunge streichend berühren:* die Katze leckt ihre Jungen; der Hund leckt seine Wunden, leckt mir die Hand; ⟨auch itr.⟩ das Kind leckt am Eis. **Syn.:** lutschen.

[2]le|cken ['lɛkn̩] ⟨itr.; hat⟩: *ein Leck haben, Flüssigkeit durchlassen:* das Boot, das Fass leckt. **Syn.:** ausfließen, auslaufen, ein Leck haben, ein Loch haben, leck sein, nicht dicht sein, tropfen, undicht sein.

le|cker ['lɛkɐ] ⟨Adj.⟩: *besonders wohlschmeckend:* ein leckeres Törtchen; dieses Gericht sieht lecker aus, ist lecker; das schmeckt aber lecker! **Syn.:** appetitlich, delikat, fein, köstlich, schmackhaft.

Le|cker|bis|sen ['lɛkɐbɪsn̩], der; -s, -: *etwas besonders Wohlschmeckendes:* dieser Braten ist ein köstlicher Leckerbissen; der neue Film ist ein ganz besonderer Leckerbissen für Freunde des schwarzen Humors. **Syn.:** Delikatesse.

Le|cke|rei [lɛkəˈrai̯], die; -, -en: *etwas besonders Leckeres, insbesondere etwas Süßes:* Leckereien anbieten. **Syn.:** Delikatesse, Leckerbissen, Süßigkeit.

Le|der ['le:dɐ], das; -s, -:
1. *aus Tierhaut durch Gerben gewonnenes Material (z. B. für Kleidung, Taschen):* Leder verarbeiten; ein Buch in Leder binden. **Zus.:** Glanzleder, Hirschleder, Krokodilleder, Rindsleder, Schlangenleder, Schweinsleder.
2. (Jargon) *Fußball:* das Leder rollte ins Tor.

le|dig ['le:dɪç] ⟨Adj.⟩: *nicht verheiratet:* ein lediger junger Mann; ledig bleiben; Familienstand: ledig. **Syn.:** allein, allein lebend, alleinerziehend, alleinstehend, geschieden, solo (ugs.).

le|dig|lich ['le:dɪklɪç] ⟨Adverb⟩: *nur, weiter nichts als:* ich berichte lediglich Tatsachen; du tust ja lediglich deine Pflicht. **Syn.:** [2]allein, ausschließlich, bloß, einzig, einzig und allein.

Lee [le:]: in der Wendung **in, nach, von Lee:** *auf, nach, von der vom Wind abgewandten Seite [eines Schiffes]:* das Boot neigt sich nach Lee.

leer [le:ɐ̯] ⟨Adj.⟩:
a) *nichts enthaltend, ohne Inhalt* /Ggs. voll/: ein leeres Fass; mit leerem Magen zur Arbeit gehen; der Tank ist leer. **b)** *ohne dass jmd., etwas auf, in etwas vorhanden ist:* ein leeres Nest; der Stuhl blieb leer; die Wohnung, das Haus steht leer. **Syn.:** frei, vakant (bildungsspr.). **Zus.:** luftleer, menschenleer. **c)** *überraschend wenig besetzt, besucht o. Ä.:* leere Straßen; vor leeren Bänken, vor leerem Haus spielen; heute war es beim Arzt ganz leer, nur zwei Patientinnen waren vor mir dran; im Kino war es gestern leerer als heute. **d)** *Sinn und Inhalt vermissen lassend:* leerer Prunk; leere Worte, Versprechungen. **Syn.:** abgedroschen (ugs.), banal, flach, geistlos, nichtssagend, oberflächlich, ohne Tiefgang, schal, trivial. **Zus.:** gedankenleer, inhaltsleer.

-leer [le:ɐ̯] ⟨adjektivisches Suffixoid⟩: drückt Bedauern in Bezug auf das Fehlen von etwas üblicherweise Vorhandenem, Kritik an dem Mangel aus; *ohne das im substantivischen Basiswort Genannte:* ausdrucksleer, gedankenleer, inhaltsleer. **Syn.:** -arm, -frei, -los, -schwach.

Lee|re ['le:rə], die; -: *das Leersein:* die Leere des Weltalls, des Zimmers. **Syn.:** Vakuum.

lee|ren ['le:rən]:
a) ⟨tr.; hat⟩ *(etwas) leer machen:* ein Fass, den Briefkasten leeren; donnerstags werden bei uns die Mülltonnen geleert; sie leerte das Glas in einem Zug. **Syn.:** [1]ausladen, ausleeren, auspacken, ausräumen, ausschütten, austrinken, entladen, entleeren, ex trinken (ugs.), leer pumpen, leer trinken. **b)** ⟨+ sich⟩ *leer werden:* der Saal leerte sich schnell.

Leer|gut ['le:ɐ̯gu:t], das; -[e]s: *Gesamtheit leerer Behältnisse (die zur Wiederverwendung bestimmt sind):* das Leergut abtransportieren.

Leer|lauf ['le:ɐ̯lau̯f], der; -[e]s:
1. *das Laufen, In-Betrieb-Sein (einer Maschine), ohne dabei Arbeit zu leisten:* die Maschine auf Leerlauf schalten; der Wagen läuft im Leerlauf.
2. *nutzlose, nicht sinnvolle, nicht rationelle Tätigkeit:* in diesem Betrieb gibt es viel Leerlauf.

Lee|rung ['le:rʊŋ], die; -, -en: *das Leeren (besonders eines Briefkastens):* die nächste Leerung erfolgt in einer Stunde. **Zus.:** Briefkastenleerung.

Lef|ze ['lɛft͜sə], die; -, -n: *Lippe (bei Hund und Raubwild):* der Wolf öffnete die Lefzen, sodass seine Zunge sichtbar wurde.

le|gal [leˈga:l] ⟨Adj.⟩: *gesetzlich [erlaubt], dem Gesetz gemäß, entsprechend* /Ggs. illegal/: auf legalem Wege gegen jmdn. vorgehen; das ist vollkommen legal; sich legal verhalten. **Syn.:** gestattet, legitim, rechtlich, rechtmäßig, statthaft (geh.), zugelassen, zulässig.

le|ga|li|sie|ren [legaliˈzi:rən] ⟨tr.; hat⟩: *legal machen:* einen Umsturz legalisieren; sie legalisierten ihre Beziehung durch die Eheschließung.

Le|ga|li|tät [legali'tɛ:t], die; -: *legale Beschaffenheit, Gesetzmäßigkeit, Rechtmäßigkeit:* den Anordnungen den Schein der Legalität verleihen.

le|gen ['le:gn̩], legte, gelegt:
1. ⟨tr.; hat⟩ *bewirken, dass jmd. oder etwas (an einer bestimmten Stelle) liegt:* das Buch auf den Tisch, das Brot in den Korb legen; die Wärmflasche, sich ins Bett legen. **Syn.:** packen, [1]stecken, [1]tun. **Zus.:** fortlegen.
2. ⟨+ sich⟩ *(in Bezug auf etwas, was vorübergehend ein ungewöhnliches Ausmaß angenommen hat) wieder still werden, aufhören:* der Wind legt sich; ihr Zorn hat sich gelegt. **Syn.:** abebben, abflauen, ausklingen, sich beruhigen, nachlassen, schwinden (geh.), vergehen, zu Ende gehen.
3. ⟨tr.; hat⟩ *(von Hühnern und Vögeln in Bezug auf Eier) hervorbringen:* das Huhn legt gerade ein Ei.

le|gen|där [legn̩'dɛ:ɐ̯] ⟨Adj.⟩: *wie aus einer Legende stammend; in einzelnen Zügen nicht mehr fassbar, aber berühmt und verehrt:* bereits kurz nach seinem Tod war er zu einer legendären Gestalt geworden; Woodstock ist legendär geworden. **Syn.:** sagenhaft.

Le|gen|de [le'gɛndə], die; -, -n:
1. *von [einem] Heiligen handelnde religiöse Erzählung.* **Syn.:** Geschichte. **Zus.:** Heiligenlegende, Marienlegende.
2. *nicht den Tatsachen entsprechende Behauptung:* dass sie Geld haben soll, halte ich für eine Legende. **Syn.:** Erfindung, Lüge.
3. *Erklärung der (auf einer Landkarte o. Ä.) verwendeten Zeichen.*
4. *Person, Sache, Begebenheit, die legendären Charakter hat:* Gandhi war schon zu Lebzeiten eine Legende. **Syn.:** Mythos.

le|ger [le'ʒɛ:ɐ̯] ⟨Adj.⟩:
1. *(von Benehmen und Haltung) lässig, zwanglos:* eine legere Atmosphäre, Handbewegung; sie lebten im Urlaub im Wohnwagen ganz leger; sein Benehmen war sehr leger. **Syn.:** entspannt, formlos, locker, salopp, ungezwungen.
2. *(von Kleidung) salopp, bequem:* legere Hosen; ein leger geknoteter Seidenschal.
3. *(von der Ausführung o. Ä.) oberflächlich, nachlässig:* eine legere Handhabung der Fakten; ziemlich leger mit der Wahrheit umgehen. **Syn.:** sorglos.

Le|gie|rung [le'gi:rʊŋ], die; -, -en: *durch Zusammenschmelzen entstandenes Gemisch verschiedener Metalle:* Bronze ist eine Legierung aus Kupfer und Zinn. **Syn.:** Mischung. **Zus.:** Bleilegierung, Chromlegierung, Goldlegierung, Kupferlegierung, Silberlegierung.

Le|gi|on [le'gi̯o:n], die; -, -en:
1. *[altrömische] Heereseinheit:* die Legionen rücken vor.
2. *große Anzahl, Menge:* Legionen von Touristen fahren jedes Jahr nach Spanien; Legionen von Ameisen; Legionen unverkäuflicher Bücher stapelten sich hier; die Zahl der Emigranten war Legion (emotional; *war unübersehbar groß*).

le|gi|tim [legi'ti:m] ⟨Adj.⟩: **a)** *im Rahmen bestehender Vorschriften [erfolgend]* /Ggs. illegitim/: ein legitimer Anspruch; die legitime Regierung; unsere Mittel, dies zu erreichen, sind legitim. **Syn.:** gesetzlich, legal, rechtlich, rechtmäßig. **b)** *verständlich und vertretbar:* das legitime Interesse, schnell einen Nachfolger zu finden; eine Gehaltserhöhung wäre nur legitim. **Syn.:** begründet, berechtigt.

le|gi|ti|mie|ren [legiti'mi:rən] (bildungsspr.):
1. ⟨tr.; hat⟩ *jmdn., etwas für legitim erklären:* ihr Vorgehen wurde nachträglich legitimiert. **Syn.:** absegnen (ugs.), akzeptieren, anerkennen, billigen, erlauben, genehmigen, gestatten, hinnehmen, sanktionieren, tolerieren, zulassen, zustimmen.
2. ⟨+ sich⟩ *bestimmte Eigenschaften oder Rechte durch ein Schriftstück nachweisen:* können Sie sich legitimieren?; ich legitimierte mich als Vertreter der Firma. **Syn.:** sich ausweisen.

Lehm [le:m], der; -[e]s: *aus Ton und Sand bestehende, schmierig-klebrige, gelblich braune Erde:* den Lehm von den Schuhen kratzen.

Leh|ne ['le:nə], die; -, -n: *Stütze für Rücken oder Arme an Stühlen, Bänken o. Ä.* **Zus.:** Armlehne, Rückenlehne, Sessellehne, Stuhllehne.

leh|nen ['le:nən]:
1. ⟨tr.; hat⟩ *schräg an einen stützenden Gegenstand stellen:* das Brett an/gegen die Wand lehnen.
2. ⟨+ sich⟩ **a)** *sich schräg gegen oder auf etwas, jmdn. stützen:* sie lehnte sich an ihn. **b)** *sich beugen:* ich lehnte mich über den Zaun, aus dem Fenster.
3. ⟨itr.; hat⟩ *schräg gegen etwas gestützt stehen oder sitzen:* das Fahrrad lehnt an der Wand.

Leh|re ['le:rə], die; -, -n:
1. *[Zeit der] Ausbildung für einen bestimmten Beruf, besonders in Handel und Gewerbe:* eine dreijährige Lehre machen; eine Lehre abschließen; bei jmdm. in die Lehre gehen. **Zus.:** Banklehre.
2. *System der Anschauung und der belehrenden Darstellung auf einem bestimmten Gebiet:* die Lehre Hegels; die Lehre vom Schall. **Syn.:** Philosophie, Theorie, These (bildungsspr.). **Zus.:** Abstammungslehre, Betriebswirtschaftslehre, Volkswirtschaftslehre, Wärmelehre.
3. *Erfahrung, die man aufgrund bestimmter Vorfälle macht:* eine bittere Lehre; das soll dir eine Lehre sein; aus etwas seine Lehren ziehen. **Syn.:** Erkenntnis.

leh|ren ['le:rən] ⟨tr.; hat⟩: **a)** *(jmdn.) in etwas unterrichten, (jmdm.) Kenntnisse, Erfahrungen beibringen:* Deutsch, Geschichte lehren; ich lehre die Kinder rechnen, lesen, schwimmen; sie lehrte ihn ein Pferd [zu] satteln; ich werde euch lehren, frei und ohne Hemmungen eure Meinung zu sagen. **Syn.:** unterweisen in (geh.), vormachen, zeigen. **b)** *(als Sache) etwas ganz deutlich zeigen, deutlich* *werden lassen:* die Geschichte lehrt, dass nichts Bestand hat; das wird die Zukunft lehren.

lehren/lernen

Das Verb **lernen** darf nicht anstelle von **lehren** gebraucht werden. Es heißt also:

- Er hat ihn sprechen gelehrt (nicht: gelernt).
- Sie hat ihn Tango gelehrt (nicht: gelernt).

In den Zusammensetzungen hat sich jedoch »-lernen« gegenüber »-lehren« durchgesetzt. So gibt es heute nur noch die Formen »anlernen, einlernen« sowohl in der Bedeutung *sich etwas einprägen, geistig aneignen* wie auch in der Bedeutung *jemanden in etwas unterweisen, einarbeiten.* Die Verben »anlehren«, »einlehren« sind veraltet.

Leh|rer [ˈleːrɐ], der; -s, -, **Leh|re|rin** [ˈleːrərɪn], die; -, -nen: **1.** *Person, die an einer Schule o. Ä. Unterricht erteilt:* sie ist Lehrerin für Latein und Geschichte; ein strenger, guter Lehrer. **Syn.:** Ausbilder, Ausbilderin, Dozent, Dozentin, Pädagoge, Pädagogin. **Zus.:** Grundschullehrer, Grundschullehrerin, Gymnasiallehrer, Gymnasiallehrerin, Hauptschullehrer, Hauptschullehrerin, Realschullehrer, Realschullehrerin. **2.** *Person, von der jmd. etwas (eine bestimmte Kunst, Fertigkeit) gelernt hat, die ihm Vorbild für die eigene Ausübung von etwas ist:* sein Lehrer war der große Gründgens; sie sprach enthusiastisch von ihrem berühmten Lehrer Sauerbruch; die Lyrikerin Sarah Kirsch betrachtet die Droste als ihre Lehrerin; Käthe Kollwitz war seine Lehrerin. **Syn.:** Leitbild.

Lehr|gang [ˈleːɐ̯ɡaŋ], der; -[e]s, Lehrgänge [ˈleːɐ̯ɡɛŋə]: *Einrichtung zur planmäßigen Schulung mehrerer Teilnehmer, Teilnehmerinnen innerhalb einer bestimmten Zeit:* ein berufsbegleitender, zweiwöchiger, sechsmonatiger, spezieller Lehrgang; einen Lehrgang absolvieren; an einem Lehrgang teilnehmen; einen Lehrgang zur Altenpflegerin anbieten. **Syn.:** Ausbildung, Kurs, Kursus, Seminar.

Lehr|jahr [ˈleːɐ̯jaːɐ̯], das; -[e]s, -e: *Jahr während der Lehre* (1): im ersten Lehrjahr sein, stehen; an einer kleinen Bühne seine Lehrjahre absolvieren.

Lehr|ling [ˈleːɐ̯lɪŋ], der; -s, -e: *Person, die in einer Lehre* (1) *ausgebildet wird:* **Syn.:** Auszubildende, Auszubildender. **Zus.:** Banklehrling, Fleischerlehrling, Maurerlehrling, Tischlerlehrling.

lehr|reich [ˈleːɐ̯rai̯ç] ⟨Adj.⟩: *gute und wirkungsvolle Belehrung vermittelnd:* eine lehrreiche Abhandlung, Erfahrung; der Versuch war sehr lehrreich. **Syn.:** aufschlussreich, interessant.

Lehr|satz [ˈleːɐ̯zat͡s], der; -es, Lehrsätze [ˈleːɐ̯zɛt͡sə]: *grundlegende [wissenschaftliche] Aussage:* der Lehrsatz des Pythagoras. **Syn.:** Lehre, Satz, These (bildungsspr.).

Lehr|stel|le [ˈleːɐ̯ʃtɛlə], die; -, -en: *Arbeitsplatz für einen Auszubildenden, eine Auszubildende:* eine Lehrstelle suchen, finden.

Lehr|stoff [ˈleːɐ̯ʃtɔf], der; -[e]s, -e: *im Unterricht durchzunehmender oder durchgenommener Stoff:* ein umfangreicher Lehrstoff. **Syn.:** Pensum.

Lehr|stuhl [ˈleːɐ̯ʃtuːl], der; -[e]s, Lehrstühle [ˈleːɐ̯ʃtyːlə]: *planmäßige Stelle eines Professors, einer Professorin an einer Universität oder Hochschule:* ein Lehrstuhl für Physik, für Medienrecht.

Leib [lai̯p], der; -[e]s, Leiber [ˈlai̯bɐ] (geh.): **a)** *Körper:* ein ausgemergelter Leib; die dampfenden Leiber der Pferde; am ganzen Leib zittern, frieren; *** mit Leib und Seele:** **a)** *mit Begeisterung und innerer Beteiligung:* er ist mit Leib und Seele Arzt. **b)** *ganz und gar:* sie war mit Leib und Seele dem Alkohol verfallen; *** sich jmdn. vom Leib halten** (salopp): *näheren Kontakt mit jmdm. vermeiden, sich von etwas fernhalten:* ich will versuchen, ihn mir vom Leib zu halten; *** einer Sache zu Leibe gehen/rücken:** *eine schwierige, unangenehme Aufgabe angehen.* **b)** *unterer Teil des Körpers:* jmdn. in den Leib treten. **Syn.:** Bauch, Ranzen (ugs.), Unterleib.

Leib|ei|gen|schaft [ˈlai̯plai̯ɡn̩ʃaft], die; - (Geschichte): *persönliche und wirtschaftliche Abhängigkeit von einem Herrn* (2): die Leibeigenschaft aufheben. **Syn.:** Sklaverei.

Lei|bes|vi|si|ta|ti|on [ˈlai̯bəsvizitat͡si̯oːn], die; -, -en: *Durchsuchung der auf dem Körper getragenen Kleidung einer Person durch Polizisten oder Beamte (z. B. beim Zoll):* sich einer Leibesvisitation unterziehen müssen. **Syn.:** Kontrolle.

Leib|ge|richt [ˈlai̯pɡərɪçt], das; -[e]s, -e: *Speise, die jmd. am liebsten isst:* an ihrem Geburtstag gab es ihr Leibgericht. **Syn.:** Leibspeise.

leib|haf|tig [lai̯pˈhaftɪç] ⟨Adj.⟩: **a)** *mit den Sinnen unmittelbar wahrnehmbar, konkret vorhanden, körperhaft:* aussehen wie der leibhaftige Tod; plötzlich stand sie leibhaftig vor uns. **Syn.:** in eigener Person, in natura, wirklich. **b)** (emotional) *(von einem Lebewesen) ganz echt (wie man es sonst nie oder nur ganz selten sieht):* eine leibhaftige Prinzessin; ein leibhaftiger Indianer. **Syn.:** [1]richtig, tatsächlich, wirklich.

leib|lich [ˈlai̯plɪç] ⟨Adj.⟩: **1.** *unmittelbar verwandt:* das ist nicht ihr leiblicher Vater; (emotional verstärkend) mein leiblicher Bruder hat mich angezeigt. **Syn.:** blutsverwandt, eigen. **2.** *den Leib betreffend:* leibliche Bedürfnisse; auf das leibliche Wohl der Gäste bedacht sein. **Syn.:** körperlich, physisch.

Leib|spei|se [ˈlai̯pʃpai̯zə], die; -, -n: *Leibgericht.*

Leib|wa|che [ˈlai̯pvaxə], die; -, -n: *für den Schutz einer exponierten Persönlichkeit verantwortliche Wache:* eine Leibwache haben. **Syn.:** Bodyguard, Garde, Leibwächter ⟨Plural⟩.

Leib|wäch|ter [ˈlai̯pvɛçtɐ], der; -s, -, **Leib|wäch|te|rin** [ˈlai̯pvɛçtərɪn], die; -, -nen: *zur Leibwache gehörende Person:* der Politiker zeigte sich in der Öffentlichkeit nie ohne Leibwächter.

Lei|che [ˈlai̯çə], die; -, -n: *toter menschlicher Körper:* eine weibliche Leiche obduzieren, sezieren; die Leiche eines Ertrunkenen wurde angeschwemmt. **Syn.:** Leichnam (geh.), sterbliche Überreste ‹Plural› (geh. verhüllend).

lei|chen|blass [ˈla͜içn̩ˈblas] ‹Adj.›:
(durch Schreck, Angst o. Ä.) in höchstem Grade blass: als sie von dem Unfall hörte, sank sie leichenblass in den Sessel. **Syn.:** bleich.

Leich|nam [ˈla͜içna:m], der; -[e]s, -e (geh.):
Leiche: der Leichnam des Verstorbenen wurde in der Eingangshalle aufgebahrt.

leicht [la͜içt] ‹Adj.›:
1. *geringes Gewicht habend, nicht schwer [zu tragen]* /Ggs. schwer/: ein leichter Koffer; das Paket ist leicht.
2. *bekömmlich (weil es den Magen nicht belastet):* eine leichte Mahlzeit. **Syn.:** leicht verdaulich, verträglich.
3. *nur schwach ausgeprägt, von geringem Ausmaß, kaum merklich:* eine leichte Verletzung; leichter Regen; leichtes Fieber; ihr Gesicht war leicht gerötet; ich war leicht irritiert. **Syn.:** geringfügig, minimal.
4. *keine Schwierigkeiten bereitend, mühelos [zu bewältigen]:* leichte Arbeit; es war nicht leicht für mich, Abschied zu nehmen; dieses Problem lässt sich leicht lösen; die Maschine ist leicht zu bedienen. **Syn.:** bequem, einfach, kinderleicht (emotional), mit Leichtigkeit, ohne Mühe, spielend, unkompliziert, unschwer.
5. *schnell, mühelos:* sie lernt, begreift leicht; er wird leicht böse; sie hat immer leicht wieder eine Arbeit gefunden; der Stoff lässt sich leicht färben. **Syn.:** geschwind (veraltend, noch landsch.), rasch, wie der Blitz (ugs.), zügig.
6. *ohne besonderen geistigen Anspruch, nur unterhaltend:* leichte Musik, Lektüre. **Syn.:** einfach, simpel, unkompliziert.

-leicht [la͜içt] ‹adjektivisches Suffixoid›:
in Bezug auf das im Basiswort Genannte keine Schwierigkeiten o. Ä. bereitend: funktionsleicht; gebrauchsleicht; pflegeleicht.

Leicht|ath|let [ˈla͜içt|atle:t], der; -en, -en:
Sportler, der Leichtathletik treibt: er übergab dem Leichtathleten den Preis.

Leicht|ath|le|tik [ˈla͜içt|atle:tɪk], die; -:
Gesamtheit der sportlichen Übungen, die Laufen, Springen, Werfen umfassen: schon als Kind trieb sie Leichtathletik.

Leicht|ath|le|tin [ˈla͜içt|atle:tɪn], die; -, -nen:
weibliche Form zu ↑Leichtathlet.

leicht|fal|len [ˈla͜içtfalən], fällt leicht, fiel leicht, leichtgefallen ‹itr.; ist›:
keine Schwierigkeiten bereiten, keine Mühe machen: Latein ist ihr leichtgefallen; es ist ihm nicht leichtgefallen, die Niederlage einzugestehen.

leicht|fer|tig [ˈla͜içtfɛrtɪç] ‹Adj.›:
unbedacht, in verantwortungsloser Weise gedankenlos: ein leichtfertiger Mensch; leichtfertige Worte; sein Geld leichtfertig verschwenden; leichtfertig etwas aufs Spiel setzen. **Syn.:** fahrlässig, leichtsinnig, ohne Sinn und Verstand, unachtsam, unbedacht, unüberlegt, unvorsichtig.

leicht|gläu|big [ˈla͜içtglɔ͜ybɪç] ‹Adj.›:
einem anderen und dessen Worten leicht, arglos glaubend, ihm Vertrauen schenkend: leichtgläubige ältere Menschen wurden um ihr Geld betrogen; dieser Reinfall war für mich eine ständige Mahnung, nicht zu leichtgläubig zu sein. **Syn.:** arglos, blauäugig, gutgläubig, naiv, vertrauensselig.

leicht|hin [ˈla͜içtˈhɪn] ‹Adverb›:
ohne zu überlegen, ohne sich viele Gedanken zu machen: etwas leichthin sagen, versprechen.

leicht|le|big [ˈla͜içtle:bɪç] ‹Adj.›:
das Leben leicht nehmend, unbekümmert und fröhlich lebend: ein leichtlebiger junger Mann. **Syn.:** locker, unbeschwert, unkompliziert.

Leicht|sinn [ˈla͜içtzɪn], der; -[e]s:
unvorsichtige, [allzu] sorglose Haltung; fahrlässiges Verhalten: ein beispielloser, gefährlicher Leichtsinn, alle Warnungen zu missachten. **Syn.:** Übermut.

leicht|sin|nig [ˈla͜içtzɪnɪç] ‹Adj.›:
durch Leichtsinn gekennzeichnet: leichtsinnige Jugendliche; leichtsinnig bei Rot über die Straße laufen. **Syn.:** fahrlässig, leichtfertig, ohne Sinn und Verstand, unbedacht, unüberlegt, unvorsichtig.

Leicht|sinns|feh|ler [ˈla͜içtzɪnsfe:lɐ], der; -s, -:
auf Nachlässigkeit, Sorglosigkeit beruhender Fehler.

leid [la͜it]:
in der Wendung **etwas, jmdn. leid sein** (ugs.): *einer Sache, jmds. überdrüssig sein:* ich bin das dauernde Genörgel, meinen Exfreund leid; ich bin es allmählich leid, dich immer wieder daran erinnern zu müssen. **Syn.:** etwas satt sein (ugs.); etwas, jmdn. satthaben (ugs.).

Leid [la͜it], das; -[e]s:
a) *tiefer seelischer Schmerz als Folge erfahrenen Unglücks:* der Krieg hat unermessliches Leid über die Menschen gebracht; schweres Leid [um jmdn.] tragen, erfahren, erdulden. **Syn.:** Gram, Jammer, Kummer, Pein (geh.), Qual; *** jmdm. sein Leid klagen:** *jmdm. von seinem Kummer, Ärger o. Ä. erzählen.* **b)** *Unrecht, Böses, das jmdm. zugefügt wird:* dir soll kein Leid geschehen. **Syn.:** Unglück.

lei|den [ˈla͜idn̩], litt, gelitten:
1. ‹itr.; hat› *einen Zustand von schwerer Krankheit, seelischem Leiden oder Schmerzen zu ertragen haben:* sie hat bei dieser Krankheit viel leiden müssen; er hatte schwer zu leiden. **Syn.:** aushalten, durchmachen, durchstehen, erdulden, über sich ergehen lassen.
2. ‹itr.; hat› *an einem bestimmten Leiden erkrankt sein, von etwas körperlich oder seelisch stark beeinträchtigt werden:* an einer schweren Krankheit leiden; unter der Einsamkeit, der Hitze, dem Gefühl der Unsicherheit leiden. **Syn.:** kranken an.
3. ‹itr.; hat› *von etwas (Negativem) betroffen sein:* Mangel leiden; Hunger, Durst, Qualen leiden. **Syn.:** ertragen.
4. * jmdn., etwas nicht leiden können: *jmdn., etwas nicht gernhaben, nicht mögen; jmdm. nicht gutgesinnt sein:* ich kann ihren Freund, diese Musik nicht

L
leic

leiden; sie konnte es nicht leiden, wenn sie beim Telefonieren gestört wurde/beim Telefonieren gestört zu werden. **Syn.:** jmdn., etwas gefressen haben (ugs.); jmdn., etwas nicht ausstehen können; jmdn., etwas nicht riechen können (ugs. emotional).

Lei|den ['laidn̩], das; -s, -:
1. *lang dauernde Krankheit:* ein erbliches Leiden; sie hat das schwere Leiden seit der Kindheit. **Syn.:** Erkrankung. **Zus.:** Krebsleiden, Leberleiden, Magenleiden, Nervenleiden.
2. ⟨Plural⟩ *leidvolles Erleben:* die Freuden und Leiden der Jugend, des Lebens. **Syn.:** Kummer, Schmerz.

Lei|den|schaft ['laidn̩ʃaft], die; -, -en:
1. *starke Neigung, Vorliebe, hingebungsvoller Eifer:* Reiten war ihre Leidenschaft; er war Sammler aus Leidenschaft; mit wahrer Leidenschaft Schach spielen. **Syn.:** Begeisterung, Enthusiasmus, Inbrunst (geh.). **Zus.:** Jagdleidenschaft, Sammelleidenschaft, Theaterleidenschaft.
2. *sich in heftigem, kaum zu beherrschendem, von innerer Spannung erfülltem Verlangen äußernder Gemütszustand:* eine blinde Leidenschaft erfasste ihn; von einer wilden, stürmischen Leidenschaft für jmdn. ergriffen werden.

lei|den|schaft|lich ['laidn̩ʃaftlɪç] ⟨Adj.⟩:
1. *mit heftiger Leidenschaft [sich äußernd], stark emotional, gefühlsbetont:* leidenschaftlicher Hass; eine leidenschaftliche Diskussion; jmdn. leidenschaftlich küssen, lieben; etwas leidenschaftlich verteidigen.
2. *begeistert, eifrig, mit großer Leidenschaft an etwas hängend, es betreibend:* eine leidenschaftliche Surferin; er ist ein leidenschaftlicher Jäger.

lei|der ['laidɐ] ⟨Adverb⟩:
zu meinem Bedauern, unglücklicherweise: leider haben wir keine Zeit; ich kann leider nicht kommen. **Syn.:** unglücklicherweise, zu allem Unglück.

lei|dig ['laidɪç] ⟨Adj.⟩:
schon lange oder immer wieder als unangenehm, lästig empfunden: wenn das leidige Geld nicht wäre; dieses leidige Thema, diese leidige Angelegenheit wollen wir erst einmal ausklammern; sie suchten eine Lösung dieses leidigen Müllproblems; ein Abschluss in der langsam leidigen Frage scheint erreicht zu sein. **Syn.:** unangenehm, unerfreulich, unerquicklich (geh.), unersprießlich (geh.), unliebsam.

leid|lich ['laitlɪç] ⟨Adj.⟩:
(gerade noch) ausreichend, einigermaßen den Erwartungen entsprechend: die Straßen sind in leidlichem Zustand; mir geht es leidlich [gut]. **Syn.:** akzeptabel, einigermaßen, erträglich, hinlänglich, hinreichend, passabel, zufriedenstellend.

leid|tragend ['laittra:gn̩t] ⟨Adj.⟩:
unter etwas Bestimmtem zu leiden haben: für die leidtragende Bevölkerung wurde inzwischen viel Geld gespendet.

leid|tun ['laittu:n], tat leid, leidgetan ⟨itr.; hat⟩:
bei jmdm. Mitleid, Bedauern erregen: das Kind tat ihr leid; es tut mir leid, dass ich dir nicht weiterhelfen kann.

leid|voll ['laitfɔl] ⟨Adj.⟩ (geh.):
durch Leid geprägt: leidvolle Erfahrungen.

Leid|we|sen ['laitve:zn̩]:
in der Wendung **zu jmds. Leidwesen:** *zu jmds. großem Bedauern:* zum Leidwesen meiner Mutter wollte ich nicht Klavier spielen lernen.

Lei|er|kas|ten ['laiɐkastn̩], der; -s, Leierkästen ['laiɐkɛstn̩]:
(von Straßenmusikanten benutzte) Art kleiner Orgel (in Form eines auf einem fahrbaren Gestell befindlichen Kastens), bei der durch das Drehen einer Kurbel Musik zum Erklingen gebracht wird.

lei|hen ['laiən], lieh, geliehen:
1. ⟨tr.; hat⟩ *(jmdm.) zum vorübergehenden Gebrauch geben:* sie lieh mir 100 Euro, ihren Stift. **Syn.:** ausborgen (landsch.), ausleihen, borgen, lassen, pumpen (ugs.), verleihen, zur Verfügung stellen.
2. ⟨itr.; hat⟩ *sich zu vorübergehendem Gebrauch geben lassen:* ich habe mir das Buch [von meinem Freund] geliehen. **Syn.:** ausborgen (landsch.), ausleihen, borgen, entleihen, pumpen (ugs.).

Leim [laim], der; -[e]s, -e:
a) *[zähflüssiges] Mittel zum Kleben von Holz o. Ä.:* den Leim trocknen lassen; etwas mit Leim bestreichen. **Syn.:** Klebstoff, Kleister. **Zus.:** Holzleim, Tischlerleim. **b)** * **[jmdm.] auf den Leim gehen** (ugs.): *auf jmdn., jmds. Tricks hereinfallen, sich hereinlegen lassen:* sie ist dem Gauner auf den Leim gegangen. **Syn.:** [jmdm.] aufsitzen.

lei|men ['laimən] ⟨tr.; hat⟩:
1. *mit Leim kleben:* ein Spielzeug leimen. **Syn.:** kitten. **Zus.:** zusammenleimen.
2. (ugs.) *hereinlegen, übertölpeln:* wie konntest du dich so leimen lassen? **Syn.:** anschmieren (ugs.), aufs Kreuz legen (salopp), betrügen, bluffen, düpieren (geh.), hereinlegen (ugs.), hintergehen, hinters Licht führen, linken (ugs.), täuschen, überlisten, übers Ohr hauen (ugs.), übervorteilen.

-lein [lain], das; -s, - ⟨Suffix; bewirkt Umlaut⟩:
Verkleinerungssilbe entsprechend -»chen«, jedoch oft mit poetischem, märchenhaftem oder altertümelndem Charakter, auch landschaftlich; besonders in Verbindung mit Substantiven auf -ch, -g, -ng; selten in Verbindung mit Substantiven auf -el und dann meist mit Ausfall des e, z. B. Bündlein, Spieglein; bei Substantiven mit auslautendem -e fällt die Endung aus, z. B. Katze/Kätzlein; vgl. -»chen«:
1. Äuglein, Bächlein, Bettlein, Brüderlein, Englein, Figürlein, Geißlein, Häuslein, Hütlein, Kämmerlein, Kindlein, Knäblein, Männlein, Mäuslein, Mütterlein, Näslein, Ränzlein, Röslein, Sängerlein, Schwesterlein, Spätzlein, Tischlein, Tüchlein, Vög[e]lein, Zwerglein.
2. /fest in bestimmten Verbindungen und Bedeutungen/ Fähnlein, Fräulein, Mägd[e]lein, Scherflein, Stündlein (dein letztes Stündlein hat geschlagen), Zünglein (das Zünglein an der Waage).

Lei|ne ['lainə], die; -, -n:
kräftige, längere Schnur, an oder

mit der etwas befestigt wird: etwas mit einer Leine festbinden, absperren; (Seemannsspr.) Leinen los!; die Wäsche hängt auf der Leine *(Wäscheleine);* den Hund an der Leine *(Hundeleine)* führen. **Syn.:** Seil, Strick. **Zus.:** Angelleine, Hundeleine, Wäscheleine.

Lei|nen ['lainən], das; -s: *aus Fasern der Flachspflanze hergestelltes, strapazierfähiges Gewebe:* ein Tischtuch aus Leinen. **Syn.:** Stoff. **Zus.:** Ganzleinen, Halbleinen, Sackleinen.

Lein|sa|men ['lainza:mən], der; -s: *stark ölhaltiger, brauner Samen aus den Kapseln des Flachses:* ein wenig Leinsamen über das Müsli streuen.

Lein|wand ['lainvant], die; -, Leinwände ['lainvɛndə]:
1. *in bestimmter Art gewebtes Tuch (das besonders als Untergrund für Bilder verwendet wird):* auf Leinwand malen. **Zus.:** Zeltleinwand.
2. *aufgespannte helle Bahn aus Kunststoff o. Ä., auf die Filme und Dias projiziert werden.* **Zus.:** Filmleinwand, Kinoleinwand.

lei|se ['laizə] ⟨Adj.⟩:
1. *schwach hörbar* /Ggs. laut/: eine leise Stimme; leise Geräusche; leise gehen, singen, lachen; das Radio leiser stellen.
2. *kaum wahrnehmbar, nur schwach ausgeprägt:* leiser Duft, Regen; ein leiser Verdacht; leise Zweifel; noch eine leise Hoffnung haben; etwas leise berühren. **Syn.:** gering, klein, leicht, minimal, winzig.

Leis|te ['laistə], die; -, -n: *schmale Latte aus Holz oder Band aus Kunststoff oder Metall:* am Rand eine Leiste anbringen; vergoldete Leisten rahmten das Bild; etwas mit Leisten einfassen. **Zus.:** Holzleiste, Querleiste, Zierleiste.

leis|ten ['laistn̩], leistete, geleistet:
1. ⟨tr.; hat⟩ **a)** *durch Arbeiten erreichen (dass ein bestimmtes Ergebnis erzielt wird):* viel leisten; sie hat Großes, Erstaunliches geleistet; gute Arbeit, 100 Überstunden leisten *(verrichten).* **Syn.:** bewältigen, bewerkstelligen (Papierdt.), hinter sich bringen, meistern, schaffen, vollbringen. **b)** als Funktionsverb: Beistand leisten *(beistehen);* Hilfe, Ersatz, Garantie leisten *(helfen, ersetzen, garantieren).*
2. ⟨+ sich⟩ (ugs.) **a)** *sich etwas anschaffen, zukommen lassen, was etwas Besonderes darstellt:* wir leisten uns ein neues Auto; ein Haus können wir uns nicht leisten; jetzt leiste ich mir ein Eis. **Syn.:** erstehen, erwerben, kaufen, käuflich erwerben, sich zulegen. **b)** *etwas zu tun wagen, ohne auf Normen o. Ä. Rücksicht zu nehmen:* was der sich heute wieder geleistet hat!; ich kann es mir nicht leisten, krankzufeiern!; bei deiner schlanken Figur kannst du es dir leisten, so etwas zu tragen. **Syn.:** sich erlauben, sich herausnehmen, so dreist sein.

Leis|ten ['laistn̩], der; -s, -: *aus Eisen oder Holz hergestellte Nachbildung des Fußes, die für die Anfertigung und Reparatur von Schuhen verwendet wird:* Schuhe über den Leisten schlagen. **Zus.:** Schuhleisten.

Leis|tung ['laistʊŋ], die; -, -en:
1. a) *Produkt einer körperlichen oder geistigen Arbeit:* eine schwache Leistung; große, hervorragende Leistungen vollbringen; ihre Leistungen ließen schlagartig nach. **Syn.:** Tat, ²Verdienst, Werk. **Zus.:** Arbeitsleistung, Höchstleistung. **b)** ⟨Plural⟩ *[finanzielle] Aufwendung:* die sozialen Leistungen einer Firma. **Syn.:** Aufwendungen ⟨Plural⟩, Ausgaben ⟨Plural⟩, Auslagen ⟨Plural⟩. **Zus.:** Eigenleistung, Geldleistung, Wiedergutmachungsleistung.
2. *nutzbare Kraft [einer Maschine]:* die Maschine erreichte sehr bald ihre volle Leistung. **Zus.:** Motorleistung.

Leis|tungs|sport ['laistʊŋsʃpɔrt], der; -[e]s: *Sport mit dem Ziel, hohe Leistungen [im Wettkampf] zu erreichen.*

Leit|ar|ti|kel ['lait|arti:kl̩], der; -s, -: *Aufsatz, meist auf der ersten Seite einer Zeitung, in dem ein wichtiges aktuelles Problem kommentiert wird:* zuerst liest sie immer den Leitartikel.

Leit|bild ['laitbɪlt], das; -[e]s, -er: *dem Menschen in seinem Empfinden und Handeln als Vorbild dienendes Ideal:* einem religiösen, ethischen Leitbild folgen. **Syn.:** Muster.

lei|ten ['laitn̩], leitete, geleitet:
1. ⟨tr.; hat⟩ *[als Vorgesetzter, Vorgesetzte] lenken, führen:* einen Betrieb, Verband leiten; ein leitender Beamter. **Syn.:** dirigieren, vorstehen.
2. ⟨tr.; hat⟩ *machen, dass etwas an eine bestimmte Stelle kommt, in eine bestimmte Bahn lenken, hinweisend führen:* Wasser in ein Becken leiten; wir ließen uns vom Gefühl leiten.
3. ⟨tr.; hat⟩ *hindurchgehen lassen:* Kupfer leitet Elektrizität; ⟨auch itr.⟩ dieser Stoff leitet gut.

¹Lei|ter ['laitɐ], der; -s, -: *männliche Person, die etwas leitet* (1): der Leiter einer Abteilung. **Syn.:** Boss (ugs.), Chef, Direktor, Führer, Meister, Vorgesetzter. **Zus.:** Abteilungsleiter, Delegationsleiter, Filialleiter, Projektleiter, Reiseleiter.

²Lei|ter ['laitɐ], die; -, -n: *Gerät mit Sprossen oder Stufen zum Hinauf- und Hinuntersteigen:* eine Leiter aufstellen; von der Leiter fallen. **Zus.:** Feuerwehrleiter, Stehleiter.

Lei|te|rin ['laitərɪn], die; -, nen: weibliche Form zu ↑ ¹Leiter.

Lei|ter|wa|gen ['laitɐva:gn̩], der; -s, -: *Pferde- oder Handwagen mit leiterartigen Seitenteilen.*

Leit|fa|den ['laitfa:dn̩], der; -s, Leitfäden ['laitfɛ:dn̩]: *knapp gefasste Darstellung zur Einführung in ein bestimmtes Fach:* ein Leitfaden der Chemie. **Syn.:** Grundriss, Handbuch.

Leit|ge|dan|ke ['laitgədaŋkə], der; -ns, -n: *(eine Rede, ein schriftliches Werk) bestimmender Gedanke:* der Leitgedanke dieser Abhandlung lässt sich mit wenigen Worten wiedergeben. **Syn.:** roter Faden.

Leit|mo|tiv ['laitmoti:f], das; -s, -e: *immer wiederkehrendes, charakteristisches Motiv:* die Leitmotive in Wagners Opern.

Leit|plan|ke ['laitplaŋkə], die; -, -n: *[an gefährlichen Kurven, Böschungen] seitlich der Straße angebrachte Planke, die ein Abkommen der Fahrzeuge von der Fahrbahn verhindern soll:*

L
Lein

der Wagen geriet ins Schleudern und prallte gegen die Leitplanke.

Lei|tung ['la̯itʊŋ], die; -, -en:
1. a) ⟨ohne Plural⟩ *das Leiten* (1); *Führung:* die Leitung der Firma, der Diskussion übernehmen. **Syn.:** Direktion, Regie, Vorsitz. **Zus.:** Diskussionsleitung, Gesamtleitung. **b)** *leitende Personengruppe:* der Leitung eines Warenhauses angehören. **Syn.:** Direktion, Direktorium, Führung, Management, Präsidium, Vorstand. **Zus.:** Gewerkschaftsleitung, Konzernleitung, Parteileitung.
2. *aus Rohren, Kabeln o. Ä. bestehende Anlage zum Weiterleiten von Flüssigkeiten, Gas, Elektrizität:* eine Leitung verlegen. **Zus.:** Benzinleitung, Gasleitung, Rohrleitung, Telefonleitung, Wasserleitung.

Lei|tungs|was|ser ['la̯itʊŋsvasɐ], das; -s:
Wasser aus der Wasserleitung: das Leitungswasser kann man hier bedenkenlos trinken.

Lek|ti|on [lɛk'tsi̯o:n], die; -, -en:
1. *Abschnitt eines Lehrbuchs, der als Ganzes, als Übungseinheit behandelt werden soll:* die 10. Lektion durchnehmen. **Syn.:** Pensum. **Zus.:** Einführungslektion.
2. *einprägsame Lehre* (3), *Belehrung:* eine bittere Lektion; eine Lektion in Höflichkeit erhalten; jmdm. eine Lektion erteilen.

Lek|tor ['lɛkto:ɐ̯], der; -s, Lektoren [lɛk'to:rən], **Lek|to|rin** [lɛk'to:rɪn], die; -, -nen:
1. *an einer Hochschule o. Ä. angestellte Person, die Übungen in einer fremden Sprache abhält:* sich um die Stellung eines deutschen Lektors an einer schwedischen Universität bewerben; sie ist Lektorin an der Sorbonne.
2. *bei einem Verlag angestellte oder freiberuflich tätige Person, die die eingehenden Manuskripte prüft und bearbeitet.* **Zus.:** Verlagslektor, Verlagslektorin.

Lek|tü|re [lɛk'ty:rə], die; -, -n:
1. *Literatur, die [in der Schule] gelesen wird:* die Lektüre auswählen. **Syn.:** Schrifttum. **Zus.:** Pflichtlektüre, Privatlektüre.
2. ⟨ohne Plural⟩ *das Lesen [eines Buches]:* wir setzten die Lektüre dieses Buches am Abend fort; dies fiel mir bei der Lektüre des Briefes auf.

Len|de ['lɛndə], die; -, -n:
a) *Teil des Rückens unterhalb der Rippen.* **Syn.:** Flanke. **b)** *(beim Schlachtvieh) Fleisch der Lendengegend.* **Zus.:** Rinderlende, Schweinelende.

len|ken ['lɛŋkn̩]:
1. ⟨tr.; hat⟩ *(einem Fahrzeug) eine bestimmte Richtung geben:* ein Auto lenken; ⟨auch itr.⟩ du musst richtig lenken! **Syn.:** führen, steuern.
2. ⟨tr.; hat⟩ *veranlassen, dass sich etwas auf jmdn., etwas richtet:* den Verdacht auf jmd. anders lenken; das Gespräch auf ein anderes Thema lenken. **Syn.:** leiten, richten.
3. ⟨tr.; hat⟩ *führen, leiten* (1): du lässt dich zu leicht lenken; den Staat lenken; die lenkende Hand fehlt.

Len|ker ['lɛŋkɐ], der; -s, -:
1. *männliche Person, die [ein Fahrzeug] lenkt.* **Syn.:** Fahrer.
2. *Teil besonders an einem Fahrrad, mit dem gelenkt wird:* lass den Lenker los! **Syn.:** Lenkrad, Lenkstange, [1]Steuer.

Len|ke|rin ['lɛŋkərɪn], die; -, -nen: weibliche Form zu ↑Lenker (1).

Lenk|rad ['lɛŋkra:t], das; -[e]s, Lenkräder ['lɛŋkrɛ:dɐ]:
einem Ring ähnliche Vorrichtung zum Lenken z. B. eines Autos: er griff ihr ins Lenkrad. **Syn.:** Lenker, Lenkstange, [1]Steuer.

Lenk|stan|ge ['lɛŋkʃtaŋə], die; -, -n:
Lenker (2). **Syn.:** Lenkrad, [1]Steuer.

Lenz [lɛnts], der; -es, -e:
1. (dichter.) *Frühling.* **Syn.:** Frühjahr.
2. ⟨Plural⟩ (scherzh.) *Lebensjahre:* sie zählt zwanzig Lenze.

-ler [lɐ], der, -s, - ⟨Suffix; bewirkt in der Regel Umlaut, wenn das Basiswort ein Substantiv ist, das im Plural umlautfähig ist⟩:
1. ⟨mit substantivischem Basiswort⟩ **a)** bezeichnet eine männliche Person, die durch das im Basiswort genannte (z. B. Beruf, Wohnort, Zugehörigkeit, Tätigkeit, bestimmte Eigenschaft) charakterisiert ist: Arbeitsrechtler; Ausflügler; Bürgerrechtler; Freiberufler; Langstreckler *(Langstreckenläufer);* Ruhrgebietler *(Person, die im Ruhrgebiet wohnt);* Zweitklässler. **b)** (häufig in der Journalistensprache; oft abwertend) bezeichnet eine männliche Person, die übertrieben oft die im Basiswort genannte Tätigkeit ausübt, die durch die im Basiswort genannte Eigenschaft in negativer Weise charakterisiert ist: Kompromissler; Kriegsgewinnler *(Person, die durch Krieg große Gewinne macht);* Protestler; Provinzler.
2. (selten, oft abwertend) **a)** ⟨mit verbalem Basiswort⟩ Abweichler *(Person, die von der Parteilinie o. Ä. abweicht);* Versöhnler. **b)** ⟨verbales oder substantivisches Basiswort⟩ Gewinnler; Umstürzler; Verzichtler.

Ler|che ['lɛrçə], die; -, -n:
(am Boden nistender) Singvogel von unauffälliger Färbung, der mit trillerndem Gesang steil in die Höhe fliegt.

ler|nen ['lɛrnən] ⟨tr.; hat⟩:
a) *sich Kenntnisse und Fähigkeiten aneignen:* das Kind lernt sprechen; schwimmen lernen; eine Sprache, einen Beruf lernen. **Syn.:** erlernen. **b)** *sich (durch Übung) einprägen:* ein Gedicht [auswendig] lernen; ⟨auch itr.⟩ sie lernt leicht. **Syn.:** büffeln (ugs.), einstudieren, einüben, pauken (ugs.), sich präparieren. **c)** *im Lauf der Zeit zu einer bestimmten Einstellung, inneren Haltung gelangen:* warten, verzichten lernen; etwas durch Erfahrung lernen; Pünktlichkeit kann gelernt werden; ⟨auch itr.⟩ aus der Geschichte, aus Fehlern, aus der Erfahrung lernen. **Syn.:** entdecken, sich zu eigen machen.

lern|fä|hig ['lɛrnfɛ:ɪç] ⟨Adj.⟩:
die Fähigkeit besitzend, sich Neues anzueignen, sich auf veränderte Situationen einzustellen: lernfähige Politiker; auch Lehrer sind lernfähig.

Les|be ['lɛsbə], die; -, -n (ugs. und Selbstbezeichnung):
lesbische Frau: eine Veranstaltung für Schwule und Lesben.

les|bisch ['lɛsbɪʃ] ⟨Adj.⟩:
(von Frauen) in ihren sexuellen Empfindungen zum gleichen Geschlecht hinneigend: lesbische Feministinnen; lesbische Liebe; sie ist lesbisch. **Syn.:** homosexuell.

le|sen ['le:zn̩], liest, las, gelesen:
a) ‹tr.; hat› *einen Text mit den Augen und dem Verstand erfassen:* ein Buch, einen Brief lesen; ‹auch itr.› in der Zeitung lesen. **Syn.:** schmökern in (ugs.), sich vertiefen in, überfliegen. **b)** ‹itr.; hat› *einen Text lesend vortragen:* die Autorin liest aus ihrem neuen Buch. **Syn.:** vorlesen. **c)** ‹itr.; hat› *Vorlesungen (an einer Hochschule) halten:* sie liest an der Heidelberger Uni, über Orthopädie; ‹auch tr.› er liest englische Literatur. **d)** ‹tr.; hat› *erkennen, wahrnehmen:* aus jmds. Augen Verachtung, Verbitterung lesen; kannst du Gedanken lesen?

Le|ser ['le:zɐ], der; -s, -, **Le|se|rin** ['le:zərɪn], die; -, -nen:
Person, die (etwas) liest: ein kritischer Leser; die Leserinnen der Zeitschrift. **Syn.:** Leseratte. **Zus.:** Zeitungsleser, Zeitungsleserin.

Le|se|rat|te ['le:zəratə], die; -, -n (ugs. scherzh.):
Person, die gern und viel liest: sie ist eine richtige Leseratte.

le|ser|lich ['le:zɐlɪç] ‹Adj.›:
gut zu lesen, zu entziffern /Ggs. unleserlich/: eine leserliche Handschrift haben; ich bemühte mich, leserlich zu schreiben.

Le|sung ['le:zʊŋ], die; -, -en:
1. *das Lesen aus dichterischen oder religiösen Werken (als Veranstaltung o. Ä.):* die Lesung beginnt um 8 Uhr. **Syn.:** Vortrag. **Zus.:** Dichterlesung.
2. *parlamentarische Beratung über einen Gesetzesentwurf:* bei der dritten Lesung können noch Abänderungsanträge gestellt werden.

Le|thar|gie [letar'gi:], die; -:
Zustand der Interesselosigkeit und Teilnahmslosigkeit: jmdn. aus seiner Lethargie herausreißen. **Syn.:** Desinteresse, Passivität.

le|thar|gisch [le'targɪʃ] ‹Adj.›:
durch Lethargie gekennzeichnet. **Syn.:** passiv, stumpf, stumpfsinnig, teilnahmslos, träge.

Let|ter ['lɛtɐ], die; -, -n:
a) *metallenes Stäbchen mit einem in Metall gegossenen Buchstaben, mit dessen Hilfe beim Drucken Buchstaben auf das Papier übertragen werden.* **Syn.:** Type. **b)** *gedruckter Buchstabe:* die Bekanntmachung ist in großen, schwarzen Lettern gedruckt.

letzt... [lɛt͜st...] ‹Adj.›:
a) *in einer Reihe oder Folge den Schluss bildend:* der letzte Versuch; das letzte Haus links; zum letzten Mal; es kommt niemand mehr, ich bin die Letzte. **b)** *von einer Qualität, die als besonders, als nicht zu übertreffen schlecht empfunden wird:* das sind wirklich die letzten Äpfel, völlig verschrumpelt; das ist ja die letzte Musik; ich stand da wie der letzte Trottel; dieser Minister ist ja das Letzte. **c)** *(als Einziges) noch übrig geblieben:* mein letztes Geld; die letzten Exemplare. **Syn.:** noch vorhanden, restlich, übrig, übrig geblieben, zurückbleibend. **d)** *gerade vergangen, unmittelbar vor der Gegenwart liegend:* am letzten Dienstag; beim letzten Besuch. **Syn.:** vorig...

letz|tens ['lɛt͜stn̩s] ‹Adverb›:
(in Bezug auf die Gegenwart) vor Kurzem: letztens hörte ich von eurem Pech; ich habe gerade letztens etwas darüber gelesen. **Syn.:** jüngst, kürzlich, neulich, unlängst.

letzt|lich ['lɛt͜stlɪç] ‹Adverb›:
schließlich und endlich: letztlich hängt alles von dir ab; das ist letztlich die Hauptsache. **Syn.:** ²glücklich, im Endeffekt, im Grunde, letzten Endes.

Leuch|te ['lɔy̯çtə], die; -, -n:
1. (Fachspr.) *Lampe:* unser Geschäft bietet eine große Auswahl verschiedenster Leuchten. **Zus.:** Bremsleuchte, Deckenleuchte, Halogenleuchte, Neonleuchte, Pflanzenleuchte, Rückleuchte, Wandleuchte.
2. (ugs.) *Person, die besonders klug ist:* in der Schule war er nicht gerade eine Leuchte. **Syn.:** Genie.

leuch|ten ['lɔy̯çtn̩], leuchtete, geleuchtet ‹itr.; hat›:
1. a) *Licht von sich geben, verbreiten:* die Lampe leuchtet; Sonne, Mond und Sterne leuchten am Himmel. **Syn.:** scheinen, strahlen. **b)** *aufgrund seiner Farbe deutlich sichtbar werden:* das weiße Haus leuchtet durch die Bäume. **Syn.:** blitzen. **Zus.:** hervorleuchten.
2. *eine Lichtquelle auf jmdn. oder etwas richten:* leuchte mal mit der Taschenlampe!; durch den Türspalt, unter den Schrank, in die Ecke, jmdm. ins Gesicht leuchten.

Leuch|ter ['lɔy̯çtɐ], der; -s, -:
Gestell für eine oder für mehrere Kerzen bzw. kleine [wie Kerzen geformte] Glühlampen: eine Kerze in, auf den Leuchter stecken. **Syn.:** Kandelaber, Lampe. **Zus.:** Kerzenleuchter, Kristallleuchter, Messingleuchter, Silberleuchter.

leug|nen ['lɔy̯gnən], leugnete, geleugnet ‹tr.; hat›:
behaupten, dass etwas von anderen Gesagtes nicht wahr sei: die Existenz Gottes leugnen; eine Schuld leugnen; er leugnet, die Frau zu kennen; ‹auch itr.› der Angeklagte leugnete hartnäckig. **Syn.:** abstreiten, bestreiten, in Abrede stellen (Papierdt.), verneinen, zurückweisen.

Leu|mund ['lɔy̯mʊnt], der; -[e]s:
Ruf, in dem jmd. aufgrund seines Lebenswandels steht: einen guten, schlechten Leumund haben. **Syn.:** Image, Name, Profil (bildungsspr.).

Leu|te ['lɔy̯tə], die ‹Plural›:
mit anderen zusammen auftretende, als Menge o. Ä. gesehene Menschen: junge, alte, erwachsene, kluge, verheiratete, einflussreiche Leute; das sind nette Leute; sie haben nur der Leute wegen *(um vor anderen nicht unangenehm aufzufallen)* geheiratet. **Syn.:** Mensch ‹Singular›, Person ‹Singular›.

-leu|te [lɔy̯tə], die ‹Suffixoid›:
bezeichnet die im Basiswort genannte Personengruppe als Gesamtheit: Dichtersleute; Förstersleute; Frauensleute; Nachbarsleute; Reitersleute. **Syn.:** -volk.

-leu|te/-män|ner: ↑ -männer/-leute.

Leut|nant ['lɔy̯tnant], der; -s, -s:
Offizier des untersten Grades. **Zus.:** Reserveleutnant.

leut|se|lig ['lɔy̯tze:lɪç] ‹Adj.›:
wohlwollend-freundlich im Umgang mit Untergebenen und einfacheren Menschen: er hat heute seinen leutseligen Tag; leutseliges Schulterklopfen; sie gab sich leutselig. **Syn.:** freundlich, gefällig, jovial, wohlwollend.

Le|vel ['lɛvl̩], das und der; -s, -s: *Niveau, Rang, den etwas erreicht hat, auf dem sich etwas bewegt:* ein hohes/hoher, niedriges/niedriger Level; sie bewegen sich auf einem sehr abstrakten Level; die Kosten sind weit unter dem erwarteten Level geblieben. **Syn.:** Stand, Stufe.

Le|xi|kon ['lɛksikɔn], das; -s, Lexika ['lɛksika]: *nach Stichwörtern alphabetisch geordnetes Nachschlagewerk:* im Lexikon nachschlagen, nachsehen; ein Lexikon als CD-ROM-Version. **Zus.:** Fachlexikon, Kinderlexikon, Literaturlexikon, Musiklexikon, Taschenbuchlexikon, Zitatenlexikon.

Li|ai|son [li̯ɛ'zõ:], die; -, -s (bildungsspr. veraltend): *Liebesverhältnis:* er sprach von seiner bereits ein Jahr währenden Liaison mit Claudia; für sie war diese Liaison nur ein Spiel. **Syn.:** Affäre, Liebelei (abwertend), Techtelmechtel (ugs.), Verhältnis.

Li|bel|le [li'bɛlə], die; -, -n: *am Wasser lebendes, größeres Insekt mit langem, schlankem Körper und zwei Paar schillernden Flügeln.*

li|be|ral [libe'ra:l] ⟨Adj.⟩:
1. *den Liberalismus betreffend:* liberale Politik; eine liberale Partei, Gruppe; liberal wählen.
2. *dem Einzelnen weitgehend die Möglichkeit uneingeschränkter, eigener Lebensgestaltung lassend:* er denkt sehr liberal; die Kinder haben eine liberale Erziehung genossen. **Syn.:** freiheitlich, tolerant.

li|be|ra|li|sie|ren [liberali'zi:rən] ⟨tr.; hat⟩: *liberal gestalten:* den Handel liberalisieren.

Li|be|ra|lis|mus [libera'lɪsmʊs], der; -: *im Individualismus wurzelnde Denkrichtung und Lebensform, die eine freie Entfaltung der Persönlichkeit vertritt und staatliche Eingriffe auf ein Minimum beschränkt sehen will.* **Zus.:** Frühliberalismus, Neoliberalismus, Sozialliberalismus, Wirtschaftsliberalismus.

Li|bret|to [li'brɛto], das; -s, -s und Libretti [li'brɛti]: *Text[buch] von Opern, Operetten, Oratorien o. Ä.:* das Libretto der Oper hat die Schwester des Komponisten geschrieben.

-lich [lɪç] ⟨adjektivisches Suffix⟩:
a) *das im Basiswort Genannte betreffend, sich darauf beziehend:* anwaltlich; betrieblich; bezirklich; devisenbörslich; familienväterlich; gebietlich; gemeindlich; gewerblich; kindlich; kleinräumlich; programmlich; textlich; väterlich; verkehrlich; werblich. **b)** dient der ungefähren, undeutlichen Qualitätsbezeichnung: ältlich; bläulich; gelblich; länglich; rötlich; rundlich.

-lich/-bar ⟨adjektivische Suffixe⟩: bei den konkurrierenden Wörtern bezeichnen die mit -»lich« gebildeten eine bestimmte Eigenschaft, während die mit -»bar« gebildeten eine Möglichkeit angeben: bestechlich (er ist bestechlich [als Eigenschaft])/bestechbar (er ist bestechbar [als Möglichkeit]); ⟨in Verbindung mit »un«-⟩ unbegreiflich/unbegreifbar; unbeweglich/unbewegbar; unvermeidlich/unvermeidbar; veränderlich (das Wetter ist veränderlich = unbeständig)/veränderbar (das Wetter ist nicht veränderbar = kann man nicht verändern).

-lich/-ig ⟨adjektivische Suffixe⟩:
a) ⟨in Verbindung mit einer Zeitangabe⟩ -»lich« kennzeichnet die Wiederholung, -»ig« die Dauer: halbjährlich *(jedes halbe Jahr)*/halbjährig *(ein halbes Jahr dauernd; ein halbes Jahr alt)*; fünfminütlich/fünfminütig; dreimonatlich/dreimonatig; siebensekündlich/siebensekündig; einstündlich/einstündig; zweiwöchentlich/zweiwöchig.
b) ⟨in Verbindung mit einer Sprache⟩ -»lich« hat die betreffende Sprache als Gegenstand, -»ig« bedeutet, dass etwas in der betreffenden Sprache verfasst o. Ä. ist: fremdsprachlicher Unterricht *(Unterricht über eine fremde Sprache)*; fremdsprachiger Unterricht *(Unterricht, der in einer fremden Sprache abgehalten wird)*.

-lich/-isch: ↑-isch/-lich.

licht [lɪçt] ⟨Adj.⟩:
1. *dünn bewachsen, kleinere Zwischenräume aufweisend:* eine lichte Stelle im Wald; seine Haare werden licht. **Syn.:** schütter.
2. (geh.) **a)** *von Licht, Helligkeit erfüllt:* der lichte Tag bricht an. **Syn.:** hell, sonnig. **b)** *von angenehm heller Farbe:* das lichte Grün der jungen Birken.
3. (Fachspr.) *von Innenseite zu Innenseite gemessen:* die lichte Weite des Rohres.

Licht [lɪçt], das; -[e]s, -er:
1. ⟨ohne Plural⟩ *Helligkeit, die von etwas ausgeht:* natürliches, künstliches, ultraviolettes Licht; das Licht der Sonne; das grelle Licht blendet; die Pflanzen brauchen viel Licht; bei diesem Licht kann man wirklich nicht arbeiten. **Syn.:** Schein. **Zus.:** Kerzenlicht, Tageslicht.
2. *etwas, was Helligkeit ausstrahlt:* das Licht anmachen, anknipsen, ausmachen; vom Flugzeug aus sah man die Lichter der Stadt. **Syn.:** Lampe. **Zus.:** Bremslicht.

Licht|bild ['lɪçtbɪlt], das; -[e]s, -er:
1. (Amtsspr.) *für einen Ausweis oder Pass bestimmte Fotografie in Kleinformat:* bitte bringen Sie zwei Lichtbilder mit. **Syn.:** Aufnahme, Bild, [1]Foto.
2. (veraltend) *Diapositiv:* in der Schule wurden Lichtbilder gezeigt. **Syn.:** Dia.

lich|ten ['lɪçtn̩], lichtete, gelichtet ⟨+ sich⟩: *(in Bezug auf eine anfangs größere Dichte o. Ä.) allmählich immer weniger werden:* die Haare lichten sich; je höher wir stiegen, desto mehr lichtete sich der Wald; zwischen den beiden Vorträgen hatten sich die Reihen gelichtet *(von einer bestimmten Anzahl Menschen sind einige weggegangen)*. **Syn.:** abnehmen, schwinden (geh.).

Licht|hu|pe ['lɪçthu:pə], die; -, -n: *Vorrichtung im Auto, durch die man mit den Scheinwerfern Lichtsignale geben kann:* die entgegenkommenden Fahrzeuge machten uns mit der Lichthupe auf unseren kaputten Scheinwerfer aufmerksam.

Lich|tung ['lɪçtʊŋ], die; -, -en: *helle, von Bäumen freie Stelle im Wald:* am Rand der Lichtung kann man abends immer Rehe beobachten.

Lid [li:t], das; -[e]s, -er:
bewegliche Haut über den Augen: sie schminkt ihre Lider immer ziemlich stark; er hat sich die Lider straffen lassen. **Zus.:** Augenlid.

lieb [li:p] ⟨Adj.⟩:
1. a) *Freundlichkeit, Zuneigung zum Ausdruck bringend:* ein lieber Brief; bitte bestell ihr einen lieben Gruß; sei so lieb und komm nicht zu spät!; die Tagesmutter ist wirklich sehr lieb zu den Kindern. **Syn.:** freundlich, gut, [1]herzlich, liebenswürdig, nett. **Zus.:** kinderlieb, tierlieb. **b)** *durch eine liebenswerte Wesensart Zuneigung auf sich ziehend, Freude bereitend:* eine liebe Freundin; er ist wirklich ein lieber Junge. **Syn.:** charmant, einnehmend, nett, reizend, sympathisch. **c)** *jmds. Liebe, Zuneigung besitzend; geschätzt:* liebe Mutter!; der liebe Gott; verschwinde, wenn dir dein Leben lieb ist!; man muss die Kleine einfach lieb haben; wir wollen uns immer lieb haben. **Syn.:** geliebt, teuer, wert.
2. *sehr willkommen, angenehm:* es wäre mir lieb, wenn er nichts davon erzählte; im Urlaub war es heißer, als mir lieb war.

lieb|äu|geln [ˈli:plɔy̯gl̩n] ⟨itr.; hat⟩:
sich (gedanklich) mit etwas, was man gern verwirklichen, besitzen möchte, beschäftigen und sich die Verwirklichung als sehr angenehm vorstellen: ich liebäugle mit dem Gedanken, nach Australien auszuwandern; er hat schon lange mit einem neuen Wagen geliebäugelt; sie liebäugelt mit dem sozialistischen Gedankengut.

Lie|be [ˈli:bə], die; -:
1. *starkes [inniges] Gefühl der Zuneigung, des Hingezogenseins:* mütterliche, kindliche, väterliche, reine, innige Liebe; er hat um ihre Liebe geradezu gefleht; ihre Liebe wurde von ihm nicht erwidert; sie sind in heftiger Liebe füreinander entbrannt. **Zus.:** Gattenliebe, Geschwisterliebe, Kinderliebe, Mutterliebe.
2. ⟨mit Attribut⟩ *gefühlsbetonte Beziehung zu einer bestimmten Sache:* sie hat eine große Liebe zu ihrer Arbeit; er erzählt immer mit Liebe zum Detail; aus Liebe zur Sache musste ich so handeln. **Zus.:** Freiheitsliebe, Heimatliebe, Wahrheitsliebe.
3. (ugs.) *geliebter Mensch:* sie war seine große Liebe; er ist ihre alte Liebe; diese späte Liebe inspirierte sie zu dem neuen Werk.

Lie|be|lei [li:bəˈlai̯], die; -, -en (abwertend):
flüchtige, von den Liebenden oder einem der beiden Liebenden nicht allzu ernst genommene Beziehung: es war keine Liebe, sondern bloß eine Liebelei. **Syn.:** Abenteuer, Affäre, Flirt, Liaison (bildungsspr. veraltend), Techtelmechtel (ugs.), Verhältnis.

lie|ben [ˈli:bn̩]:
1. ⟨tr.; hat⟩ *innige Zuneigung zu jmdm., etwas empfinden:* ein Mädchen, einen Jungen, die Eltern lieben; einander, sich [gegenseitig] lieben; er liebt seine Heimat; sie lieben sich abgöttisch, leidenschaftlich, von ganzem Herzen. **Syn.:** begehren (geh.), gern[e] haben, ins Herz geschlossen haben, leiden können, lieb haben, mögen, schätzen, vergöttern, zum Fressen gern[e] haben.
2. ⟨tr.; hat⟩ *mit jmdm. Geschlechtsverkehr ausüben:* wir liebten uns auf dem Teppich. **Syn.:** Sex haben (ugs.).
3. ⟨tr.; hat⟩ *eine gewisse Vorliebe für etwas haben:* er liebt Wein; sie liebt Blumen und kostbaren Schmuck; ⟨auch itr.⟩ sie liebt es nicht, aufzufallen. **Syn.:** bevorzugen, gernhaben, mögen.

lie|bens|wert [ˈli:bn̩sve:ɐ̯t] ⟨Adj.⟩:
(von einer Person) von so angenehmem Wesen, dass man sie gern mag: ein liebenswertes junges Mädchen; die beiden sind wirklich liebenswert; ich finde ihn eigentlich ganz liebenswert. **Syn.:** anziehend, charmant, einnehmend, entzückend, nett, sympathisch.

lie|bens|wür|dig [ˈli:bn̩svʏrdɪç] ⟨Adj.⟩:
(im Umgang mit anderen) freundlich und entgegenkommend: eine liebenswürdige Gastgeberin; vielen Dank, das ist sehr liebenswürdig von Ihnen; sie begrüßte uns mit einem liebenswürdigen Lächeln; er hat sich liebenswürdig verhalten. **Syn.:** aufmerksam, nett, sympathisch, wohlwollend, zuvorkommend.

[1]lie|ber [ˈli:bɐ] ⟨Adj.; Komparativ von »gern«⟩:
mit mehr Vergnügen: ich möchte lieber lesen; Erdbeereis mag ich lieber als Schokoladeneis; spülen mag er lieber als ich. **Syn.:** eher, viel mehr.

[2]lie|ber [ˈli:bɐ] ⟨Adverb⟩:
besser; klugerweise: ich hätte lieber warten sollen; geh lieber nach Hause! **Syn.:** tunlichst.

Lie|bes|brief [ˈli:bəsbri:f], der; -[e]s, -e:
Brief, den jmd. an die geliebte Person schreibt und in dem die Liebe beteuert wird: die beiden haben sich wunderschöne Liebesbriefe geschrieben; jede Woche bekam sie einen Liebesbrief von ihm.

Lie|bes|kum|mer [ˈli:bəskʊmɐ], der; -s:
durch eine unglückliche Liebesbeziehung entstehender seelischer Schmerz: sie hat schon wieder Liebeskummer; man vermutet Liebeskummer als Motiv für seinen Selbstmordversuch.

Lieb|ha|ber [ˈli:pha:bɐ], der; -s, -:
1. *Mann, der zu jmdm. eine sexuelle Beziehung hat:* sie hat schon wieder einen neuen Liebhaber; er gilt als guter Liebhaber. **Syn.:** Geliebter, Partner, ständiger Begleiter (verhüllend).
2. ⟨mit Attribut⟩ *Person, die aus persönlichem Interesse bestimmte Dinge kauft, sammelt oder sich mit ihnen beschäftigt:* er ist ein Liebhaber der Kunst; ein Liebhaber alter Münzen. **Syn.:** Freak, Freund, Kenner. **Zus.:** Bücherliebhaber, Kunstliebhaber, Musikliebhaber, Weinliebhaber.

Lieb|ha|be|rin [ˈli:pha:bərɪn], die; -, -nen:
weibliche Form zu ↑Liebhaber.

lieb|ko|sen [li:pˈko:zn̩], liebkoste, liebkost ⟨tr.; hat⟩ (geh. veraltend):
liebevoll streicheln o. Ä. (und dadurch seine Zuneigung ausdrücken): jmds. Hand, Haar, Haut liebkosen; die Mutter liebkoste das Kind. **Syn.:** hätscheln, [1]kraulen, streicheln, tätscheln.

lieb|lich [ˈli:plɪç] ⟨Adj.⟩ (geh.):
(in Bezug auf Sanftheit, Milde)

L
Lid

einen angenehmen Sinneseindruck hinterlassend: eine liebliche Landschaft; der liebliche Mai war gekommen; in Norddeutschland trinkt man gern lieblichen *(milden, süßen)* Wein; es duftet lieblich. **Syn.:** angenehm, anmutig, ansprechend, hübsch, reizend, schön.

Lieb|ling ['li:plɪŋ], der; -s, -e: *Person, die von jmdm. besonders geliebt, bevorzugt wird:* sie war Vaters Liebling; (als zärtliche Anrede) mein Liebling; dieser Sänger ist der Liebling des Publikums. **Syn.:** Favorit, Favoritin, Schatz. **Zus.:** Frauenliebling, Medienliebling, Publikumsliebling.

Lieb|lings- [li:plɪŋs] ⟨Präfixoid⟩: drückt aus, dass das im Basiswort Genannte vor allen anderen Personen, Dingen dieser Art den Vorzug erhält; *liebst...:* Lieblingsbeschäftigung, Lieblingsbuch, Lieblingsdichter, Lieblingsessen, Lieblingsfach, Lieblingsfarbe, Lieblingsmelodie, Lieblingsthema.

lieb|los ['li:plo:s] ⟨Adj.⟩: *persönliches Interesse, Zuneigung, Herzlichkeit, Freundlichkeit vermissen lassend:* er hatte eine lieblose Kindheit; sie behandeln einander sehr lieblos; ein lieblos gekochtes Essen. **Syn.:** nachlässig, stiefmütterlich.

Lied [li:t], das; -[e]s, -er: *zum Singen bestimmte Einheit aus Melodie und einem meist aus mehreren Strophen bestehenden Text:* ein altes, fröhliches, trauriges, besinnliches Lied; wir sangen alle 13 Strophen des Liedes. **Zus.:** Danklied, Frühlingslied, Hirtenlied, Karnevalslied, Kinderlied, Kirchenlied, Seemannslied, Wanderlied, Weihnachtslied.

lie|der|lich ['li:dɐlɪç] ⟨Adj.⟩ (abwertend): *nachlässig [ausgeführt] und unordentlich:* im Zimmer sieht es sehr liederlich aus; die Hose ist liederlich verarbeitet; alles lag liederlich durcheinander; der Mann macht einen liederlichen Eindruck. **Syn.:** schlampig (ugs.), schludrig (ugs. abwertend).

Lie|fe|rant [lifə'rant], der; -en, -en, **Lie|fe|ran|tin** [lifə'rantɪn], die; -, -nen: *Person, die bestellte Waren liefert:* in herrschaftlichen Häusern gab es früher einen eigenen Eingang für die Lieferanten; die Firma ist eine bedeutende Lieferantin von Radaranlagen. **Syn.:** Bote, Botin.

lie|fer|bar ['li:fɐba:ɐ̯] ⟨Adj.⟩: *(von einer Ware) vorrätig, sodass sie geliefert werden kann; erhältlich:* das Verzeichnis lieferbarer Bücher; der Artikel ist zurzeit leider nicht lieferbar; dieses Modell ist auch als Cabrio lieferbar.

lie|fern ['li:fɐn] ⟨tr.; hat⟩:
1. *(bestellte Waren) bringen oder schicken:* wir liefern Ihnen die Möbel ins Haus; ⟨auch itr.⟩ die Firma ist pleite und kann deshalb nicht liefern. **Syn.:** ausfahren, übergeben, zuleiten, zustellen.
2. *erzeugen, hervorbringen:* das Land liefert Rohstoffe; der Boden liefert nur geringe Erträge.

Lie|fe|rung ['li:fərʊŋ], die; -, -en:
1. *das Liefern; das Geliefertwerden:* die Lieferung erfolgt in drei Tagen; Lieferung per Nachnahme an die angegebene Adresse. **Syn.:** Versand.
2. *zu liefernde oder gelieferte Ware:* die lang erwartete Lieferung ist eingetroffen; wir haben eben eine Lieferung frischer Austern bekommen. **Zus.:** Ersatzlieferung, Materiallieferung, Waffenlieferung, Warenlieferung.

Lie|ge ['li:gə], die; -, -n: *flaches [gepolstertes] Möbelstück, das zum Liegen und Ausruhen dient:* neue Liegen für das Gästezimmer kaufen. **Zus.:** Campingliege, Ruheliege.

lie|gen ['li:gn̩], lag, gelegen ⟨itr.; hat, südd., österr., schweiz.: ist⟩:
1. *in waagerechter Lage sein, der Länge nach ausgestreckt auf etwas sein, ausruhen:* auf dem Rücken liegen; im Bett liegen; im Krankenhaus liegen; als der Wecker klingelte, blieb sie noch liegen. **Zus.:** langliegen.
2. a) *sich (als Gegenstand) irgendwo befinden:* der Bleistift liegt auf dem Tisch; einige Bücher stehen im Regal, einige liegen auf dem Schreibtisch; die Gangster ließen ihren angeschossenen Kumpel liegen; lass die Sachen auf dem Boden liegen!; er lässt oft seine Zigaretten liegen *(vergisst sie);* ein Schirm und ein Paar Handschuhe sind im Zug liegen geblieben *(vergessen worden);* wir sind mit einer Panne auf der Autobahn liegen geblieben (ugs.; *konnten nicht weiterfahren*); die Ware ist liegen geblieben *(konnte nicht verkauft, abgesetzt werden);* da ich so viel anderes zu tun hatte, sind diese Arbeiten liegen geblieben (ugs.; *sind nicht erledigt worden*); es war so kalt, dass der Schnee liegen blieb *(nicht geschmolzen, verschwunden ist).* **b)** *eine bestimmte geografische Lage haben:* München liegt an der Isar.
3. *jmds. Begabung, Einstellung entsprechen:* diese Arbeitsweise liegt ihm nicht; diese Rolle liegt ihr. **Syn.:** angenehm sein, behagen, gefallen, genehm sein (geh.), passen, zusagen.

Lie|ge|stuhl ['li:gəʃtu:l], der; -[e]s, Liegestühle ['li:gəʃty:lə]: *eine Art Liege, die aus einem verstellbaren [Holz]gestell besteht, das mit Tuch bespannt und zusammenklappbar ist:* stellst du mir den Liegestuhl auf?

Lie|ge|stütz ['li:gəʃtʏts], der; -es, -e: *gymnastische Übung, bei der der gestreckte, auf den Zehenspitzen und den Handflächen ruhende Körper allein durch die Kraft der Arme gehoben und gesenkt wird:* wir mussten 30 Liegestütze machen; nach fünf Liegestützen musste ich mich schon ausruhen.

Lie|ge|wa|gen ['li:gəva:gn̩], der; -s, -: *Eisenbahnwaggon mit Abteilen, deren Sitze zu je zwei oder drei übereinander befindlichen Liegemöglichkeiten umgebaut werden können:* einen Platz im Liegewagen buchen.

Lift [lɪft], der; -[e]s, -e und -s: *Aufzug* (1) *zum Befördern von Personen nach oben oder unten:* den Lift benutzen; das Hotel hat vier Lifte/Lifts. **Syn.:** Aufzug, Fahrstuhl. **Zus.:** Personenlift.

lif|ten ['lɪftn̩] ⟨tr.; hat⟩:
a) *durch eine kosmetische Operation straffen:* die Gesichtshaut, den erschlafften Busen liften.
b) (ugs.) *an jmdm. eine kosmetische Operation zur Straffung vornehmen:* sie hat sich liften lassen.

li|ie|ren [li'i:rən] ⟨+ sich⟩ (bildungsspr.):
eine Liaison eingehen: sie hat sich mit ihm liiert; die beiden sind liiert. **Syn.:** sich binden, sich verbinden.

Li|kör [li'kø:ɐ̯], der; -s, -e:
süßes, stark alkoholisches Getränk: abends trinkt sie gerne ein Gläschen Likör. **Syn.:** Alkohol. **Zus.:** Anislikör, Aprikosenlikör, Eierlikör, Johannisbeerlikör, Kirschlikör, Orangenlikör, Pfefferminzlikör, Pfirsichlikör, Schlehenlikör.

li|la ['li:la] ⟨Adj.; nicht flektierbar⟩:
(in der Färbung) wie blauer Flieder [aussehend]: lila Herbstastern; damals trugen wir lila Latzhosen; die Lösung färbt sich lila. **Syn.:** violett.

Li|lie ['li:li̯ə], die; -, -n:
[Garten]blume mit einem langen Stängel, schmalen Blättern und trichterförmigen oder fast glockigen Blüten.

Li|me|rick ['lɪmərɪk], der; -[s], -s:
nach einem bestimmten Reim- und Versschema verfasstes Gedicht in fünf Zeilen mit ironischem oder grotesk-komischem Inhalt. **Syn.:** Gedicht.

Li|mit ['lɪmɪt], das; -s, -s:
nach oben oder unten festgelegte Grenze: das Limit ist eindeutig überschritten worden. **Zus.:** Preislimit, Tempolimit, Zeitlimit.

li|mi|tie|ren [limi'ti:rən] ⟨tr.; hat⟩ (bes. Fachspr.):
(in Bezug auf die Anzahl o. Ä.) eine Grenze festsetzen, die nicht über-, unterschritten werden soll: die Teilnehmerzahl ist auf 30 limitiert; die Höchstgeschwindigkeit limitieren; die steuerlich akzeptierten Anschaffungskosten wurden auf 50 000 Euro limitiert. **Syn.:** begrenzen, beschränken, einschränken.

Li|mo|na|de [limo'na:də], die; -, -n:
alkoholfreies [kohlensäurehaltiges] Erfrischungsgetränk aus Wasser, Zucker und Fruchtsäften oder Aromastoffen: eine neue Limonade auf den Markt bringen. **Syn.:** Brause (ugs. veraltend). **Zus.:** Himbeerlimonade, Orangenlimonade, Zitronenlimonade.

Li|mou|si|ne [limu'zi:nə], die; -, -n:
a) (Fachspr.) *Personenwagen mit festem Verdeck oder Schiebedach im Unterschied zum Kombi, Coupé oder Cabrio:* diesen Wagen gibt es als Limousine oder als Kombi. **Syn.:** Auto, Pkw, Wagen. **b)** *großer, repräsentativer Personenwagen mit meist vier Türen.* **Zus.:** Luxuslimousine.

lind [lɪnt] ⟨Adj.⟩ (geh.):
(in Bezug auf Luft o. Ä.) angenehm mild: ein linder Abend; es wehte ein lindes Lüftchen. **Syn.:** lau, mild[e].

Lin|de ['lɪndə], die; -, -n:
Laubbaum mit ausladender Krone und gelblichen, süß duftenden Blüten: der Duft der Linden. **Zus.:** Dorflinde.

lin|dern ['lɪndɐn] ⟨tr.⟩:
(in Bezug auf eine unangenehme Empfindung) verringern, erträglicher machen: Not, Schmerzen, das Elend der Flüchtlinge lindern; sie machte ihr einen lindernden Umschlag. **Syn.:** bessern, dämpfen, erleichtern, mildern.

Li|ne|al [line'a:l], das; -s, -e:
mit einer Messskala versehenes, langes, schmales, dünnes Gerät aus Holz oder Plastik zum Ziehen gerader Linien: einen Strich mit Bleistift und Lineal zeichnen; die Gartenbeete sehen aus wie mit dem Lineal gezogen; er bewegt sich, als hätte er ein Lineal verschluckt.

-ling [lɪŋ], der; -s, -e ⟨Suffix⟩:
1. ⟨Basiswörter sind vor allem Adjektive, oft solche, die einsilbig oder nicht abgeleitet sind⟩ (ironisch oder abschätzig) bezeichnet eine männliche Person, die mit der im Basiswort genannten Eigenschaft oder dem genannten Bereich charakterisiert wird: Alternativling; Biederling; Bleichling; Blondling; Fiesling; Finsterling; Frechling; Hübschling; Naivling; Rohling; Schönling; Seichtling; Weichling; Wüstling. **Syn.:** -ant, -e, -er, -ier, -inski (ugs. abwertend).
2. bezeichnet eine Person oder Sache, mit der das im Basisverb Genannte getan wird: Pflegling; Säugling; Setzling; Steckling; Täufling; Zögling.
3. kennzeichnet wohlwollend besonders kleinere Wesen (z. B. Kinder) mithilfe eines oft verbalen Basiswortes: Firmling.

Li|nie ['li:ni̯ə], die; -, -n:
1. *längerer Strich:* Linien ziehen. **Zus.:** Kreislinie, Markierungslinie, Verbindungslinie.
2. *Anordnung von Personen, Dingen in einer Reihe nebeneinander:* in einer Linie stehen; eine Linie bilden.
3. a) *von [öffentlichen] Verkehrsmitteln regelmäßig benutzte Verkehrsstrecke zwischen bestimmten Punkten:* die stark beflogene Linie Frankfurt–New York; die Linie Schloss–Stadion; die Linie 8. **Zus.:** Bahnlinie, Buslinie, Straßenbahnlinie. **b)** *Verkehrsmittel, das auf der Linie* (3 a) *verkehrt:* die Linie 16 verkehrt heute über den Hauptbahnhof.
4. *Folge der Generationen:* in gerader Linie von jmdm. abstammen.

li|nie|ren [li'ni:rən], **li|ni|ie|ren** [lini'i:rən] ⟨tr.; hat⟩:
mit Linien versehen: lin[i]iertes Papier.

link [lɪŋk] ⟨Adj.⟩ (ugs.):
anrüchig, falsch, hinterhältig: der hat ein Heidengeld mit linken Geschäften gemacht; diesem linken Vogel traue ich nicht; der Handel war ganz schön link; du hast dich echt link verhalten. **Syn.:** falsch (abwertend), heimtückisch, hinterlistig, unaufrichtig, verlogen (abwertend).

link... [lɪŋk...] ⟨Adj.⟩:
1. *sich auf der Seite befindend, auf der das Herz ist und die der rechten Seite entgegengesetzt ist* /Ggs. recht.../: die linke Hand, der linke Fuß.
2. *(von Stoffen o. Ä.) die nach innen zu tragende bzw. nach unten zu legende, weniger schöne Seite betreffend:* er hatte versehentlich die linke Seite der Tischdecke nach oben gelegt.
3. *(in politischer oder weltanschaulicher Hinsicht) die Linke* (3) *betreffend, zur Linken gehörend:* der linke Flügel der Partei; man warf ihr vor, linke Politik zu betreiben.

Lin|ke ['lɪŋkə], die; -n:
1. *linke Hand* /Ggs. Rechte/: etwas in der Linken tragen.
2. *(im Boxsport) Schlag mit der linken Faust:* seine harte Linke ist gefürchtet.
3. *Gruppe von Leuten, die kommunistisches oder sozialistisches Gedankengut vertreten:* sie wird zur äußersten Linken gezählt.

lin|ken ['lɪŋkn̩] ⟨tr.; hat⟩ (ugs.): *hintergehen, täuschen:* er wurde von der Firma gelinkt; ihr habt mich ganz schön gelinkt! **Syn.:** anschmieren (ugs.), aufs Glatteis führen, aufs Kreuz legen (ugs.), betrügen, bluffen, düpieren (geh.), einwickeln (ugs.), hereinlegen (ugs.), hinters Licht führen, irreführen, leimen (ugs.), neppen (ugs. abwertend), prellen, überfahren (ugs.), übers Ohr hauen (ugs.), übertölpeln, übervorteilen, verraten.

lin|kisch ['lɪŋkɪʃ] ⟨Adj.⟩: *ungeschickt und unbeholfen:* dieser linkische Mensch hat schon wieder ein Glas zerbrochen; mit linkischen Bewegungen versuchte er das Regal zusammenzubauen. **Syn.:** hölzern, steif, ungelenk.

[1]links [lɪŋks] ⟨Adverb⟩:
a) *auf der linken* (1) *Seite* /Ggs. rechts/: nach links gehen; jmdn. links überholen; die Garage steht links von dem Haus. **b)** *die linke* (2) *Seite betreffend:* den Stoff [von] links bügeln; das T-Shirt vor dem Waschen auf links ziehen. **c)** *eine linke* (3) *Auffassung habend:* links stehen; links eingestellt sein; links wählen. **Syn.:** sozialistisch.

[2]links [lɪŋks] ⟨Präp. mit Gen.⟩: *auf der linken* (1) *Seite von etwas gelegen:* die Garage steht links des Hauses; der Ort liegt links des Rheins.

Links|hän|der ['lɪŋkshɛndɐ], der; -s, -, **Links|hän|de|rin** ['lɪŋkshɛndərɪn], die; -, -nen:
Person, die mit der linken Hand geschickter ist als mit der rechten: Linkshänderinnen und Linkshänder sind häufig überdurchschnittlich begabt; das Schreibenlernen ist schwerer für Linkshänderinnen und Linkshänder.

[1]Lin|se ['lɪnzə], die; -, -n:
a) *krautige Gemüsepflanze mit kleinen kreisrunden gelbbraunen, roten oder schwarzen Samen:* Linsen anbauen. **b)** *Frucht der Linse* (a): Linsen pflücken. **c)** *als Nahrungsmittel verwendeter Samen der Linse:* heute Mittag gibt es Linsen mit Speck.

[2]Lin|se ['lɪnzə], die; -, -n:
(in der Optik) Körper aus lichtdurchlässigem Material mit zwei lichtbrechenden Flächen (Vorder- und Rückseite), von denen mindestens eine kugelförmig gekrümmt ist. **Zus.:** Konkavlinse, Konvexlinse.

Lip|pe ['lɪpə], die; -, -n:
einer der beiden rötlichen Ränder des Mundes beim Menschen: volle, schmale, rot bemalte, zusammengepresste Lippen; sie schürzte verächtlich die Lippen; er küsste ihre Lippen; auf ihren Lippen lag ein Lächeln. **Zus.:** Oberlippe, Unterlippe.

Lip|pen|stift ['lɪpn̩ʃtɪft], der; -[e]s, -e:
a) *(meist rot getönter) Stift zum Schminken der Lippen:* eine Kollektion neuer Lippenstifte ist eingetroffen. **b)** *mit einem Lippenstift* (a) *aufgetragene farbige Masse:* zur Feier des Tages trug sie Lippenstift; er hatte Lippenstift am Hemdkragen.

li|qui|die|ren [likvi'di:rən] ⟨tr.; hat⟩:
1. *(eine Handelsgesellschaft, ein Unternehmen o. Ä.) auflösen:* man hat die Firma liquidiert.
2. *(besonders aus politischen Gründen) töten, hinrichten lassen:* Mordkommandos haben die Gefangenen liquidiert. **Syn.:** abschlachten (emotional), beseitigen (verhüllend), ermorden, erschlagen, fertigmachen (ugs.), kaltmachen (salopp), killen (salopp), meucheln (veraltend), morden, über die Klinge springen lassen (ugs.), um die Ecke bringen (ugs.), umbringen, umlegen (ugs.), ums Leben bringen, unter die Erde bringen (ugs.), vernichten.

lis|peln ['lɪspl̩n] ⟨itr.; hat⟩: *beim Aussprechen der s-Laute mit der Zunge an die oberen Schneidezähne stoßen:* ist es nicht süß, wie die Kleine lispelt?

List [lɪst], die; -, -en:
Vorgehensweise, Mittel, mit dem man etwas zu erreichen sucht (indem man andere täuscht): eine teuflische List; er ersann eine List, um uns in das Haus zu locken. **Syn.:** Finte, Intrige, Kniff (ugs.), Masche (ugs.), Methode, Trick, Winkelzug.

Lis|te ['lɪstə], die; -, -n:
[alphabetisch in Form einer Tabelle angeordnete] Zusammenstellung von unter einem bestimmten Gesichtspunkt aufgeführten Personen oder Sachen: eine lange Liste; wir erstellen eine Liste mit unseren Bücherwünschen; der Name fehlt in meiner Liste. **Syn.:** Aufstellung, Index, Verzeichnis. **Zus.:** Abonnentenliste, Adressenliste, Fahndungsliste, Gefallenenliste, Literaturliste, Mitgliederliste, Rednerliste, Teilnehmerliste, Wahlliste, Wunschliste.

lis|tig ['lɪstɪç] ⟨Adj.⟩:
von List zeugend; eine List anwendend: er ist ganz schön listig; wir erstellten einen listigen Plan; er hat die Sache sehr listig eingefädelt. **Syn.:** clever, findig, gewandt, schlau.

Li|ter ['li:tɐ], der, auch: das; -s, -:
Maß für Flüssigkeiten: zwei Liter Milch; ein Liter französischer Rotwein/(geh.:) französischen Rotweins; er hatte vier Liter Bier getrunken.

li|te|ra|risch [lɪtə'ra:rɪʃ] ⟨Adj.⟩:
die Literatur (1) *betreffend:* wir haben eine literarische Zeitschrift abonniert; sie ist literarisch interessiert; schon als Jugendlicher war er mit eigenen Gedichten literarisch hervorgetreten.

Li|te|ra|tur [lɪtəra'tu:ɐ̯], die; -, -en:
1. *Gesamtheit der [in einer Sprache vorhandenen] dichterischen und schriftstellerischen Werke:* wissenschaftliche, belletristische, schöngeistige, seichte Literatur. **Syn.:** [1]Dichtung, schöne Literatur, Schrifttum. **Zus.:** Comicliteratur, Frauenliteratur, Gegenwartsliteratur, Jugendliteratur, Kinderliteratur, Untergrundliteratur, Unterhaltungsliteratur.
2. *Gesamtheit der Bücher und Aufsätze, die über ein bestimmtes Thema geschrieben wurden:* er kennt die einschlägige Literatur; Sie hätten in Ihrer Arbeit die Literatur mehr berücksichtigen müssen. **Zus.:** Fachliteratur.

Lit|faß|säu|le ['lɪtfaszɔ͜ylə], die; -, -n:

frei stehende Säule von größerem Durchmesser, auf die Plakate und Ankündigungen geklebt werden: die Konzertankündigung hängt an der Litfaßsäule aus.

Lit|ze ['lɪtsə], die; -, -n:
schmale, flache, geflochtene oder gedrehte Schnur (als Besatz, zur Einfassung, als Rangabzeichen an Uniformen). **Syn.:** Besatz. **Zus.:** Goldlitze, Silberlitze.

live [laif] ⟨Adj.; nicht flektierbar⟩:
a) *unmittelbar vom Ort der Aufnahme aus, als Direktsendung:* das Fußballspiel wird live übertragen; die Fernsehzuschauer sehen live, wie sich Menschen unter extremen Bedingungen verhalten. **Syn.:** [1]direkt. **b)** *real vorhanden, zu erleben (nicht nur als Bild im Fernsehen oder in der Zeitung):* er hat den Filmstar live auf der Bühne gesehen; sie konnte den Vorfall live vom Fenster aus beobachten; in der Disco hat er die Sängerin live erlebt. **Syn.:** in natura, leibhaftig, persönlich, unmittelbar, von Angesicht zu Angesicht.

Live|sen|dung ['laifzɛndʊŋ], die; -, -en, **Live-Sendung:**
Sendung des Rundfunks oder Fernsehens, die unmittelbar vom Ort der Aufnahme aus, direkt ausgestrahlt wird: wir übertragen das Spiel in einer Livesendung aus Paris. **Syn.:** Direktübertragung.

Li|vree [li'vre:], die; -, Livreen [li'vre:ən]:
uniformartige Kleidung der Diener in einem Hotel o. Ä.: ihr Chauffeur trägt Livree. **Syn.:** Uniform.

Li|zenz [li'tsɛnts], die; -, -en:
[gegen eine Gebühr erteilte] Genehmigung, Berechtigung (z. B. zur Ausübung eines Gewerbes, zur Nutzung eines Patents, zum Nachdruck oder zur Übersetzung eines Werkes): er hatte die Lizenz bekommen, alkoholische Getränke auszuschenken; jmdm. die Lizenz entziehen; etwas in Lizenz bauen. **Syn.:** Befugnis, Erlaubnis. **Zus.:** Ausfuhrlizenz, Baulizenz, Drucklizenz, Einfuhrlizenz, Kneipenlizenz, Sendelizenz, Trainerlizenz, Verkaufslizenz, Waffenlizenz.

li|zen|zie|ren [litsɛn'tsi:rən] ⟨tr.; hat⟩:
(für etwas) die Lizenz erteilen: ein Patent lizenzieren.

Lkw ['ɛlka:ve:], der; -[s], -[s], **LKW:**
Lastkraftwagen.

Lob [lo:p], das; -[e]s:
anerkennende Worte, ermunternder Zuspruch /Ggs. Tadel/: das Lob der Lehrerin freute den Schüler; ihr verdient [ein] Lob für euren Fleiß. **Syn.:** Anerkennung, Auszeichnung. **Zus.:** Eigenlob.

Lob|by ['lɔbi], die; -, -s:
Interessengruppe, die versucht, zu ihren Gunsten Entscheidungen [von Abgeordneten] zu beeinflussen: sie konnten sich auf eine starke Lobby stützen; Kinder und arme Leute haben keine Lobby; der Frieden braucht eine Lobby. **Zus.:** Jagdlobby, Unternehmerlobby.

lo|ben ['lo:bn̩] ⟨tr.; hat⟩:
jmdn., sein Tun, Verhalten o. Ä. mit anerkennenden Worten (als Ermunterung, Bestätigung) positiv beurteilen und damit seiner Freude, Zufriedenheit Ausdruck geben /Ggs. tadeln/: sie wurde überschwänglich gelobt; er wurde wegen seiner Hilfsbereitschaft gelobt; haben Sie Ihr Kind heute schon gelobt? **Syn.:** anerkennen, auszeichnen, ehren, feiern, preisen (geh.), würdigen.

Lob|hu|de|lei [lo:phu:də'lai], die; -, -en (abwertend):
als übertrieben und unberechtigt empfundenes Loben: er soll mich mit seiner Lobhudelei verschonen. **Syn.:** Schmeichelei.

Loch [lɔx], das; -[e]s, Löcher ['lœçɐ]:
a) *offene, leere Stelle in der Oberfläche von etwas [die durch Beschädigung, absichtliche Einwirkung o. Ä. entstanden ist]:* der Strumpf hat ein Loch; ein Loch ins Kleid reißen. **Syn.:** Lücke, Öffnung. **Zus.:** Guckloch, Mauerloch.
b) *** jmdm. ein Loch / Löcher in den Bauch fragen** (salopp): *jmdm. pausenlos Fragen stellen;* *** auf dem letzten Loch pfeifen** (salopp): *mit seiner Kraft o. Ä. am Ende sein, nicht mehr können.* **c)** *(eine im Verhältnis zu ihrer Umgebung kleinere) runde Vertiefung:* ein Loch in der Erde. **Syn.:** Grube, Mulde, Senke. **Zus.:** Erdloch.

lo|chen ['lɔxn̩] ⟨tr.; hat⟩:
mit einem Loch, mit Löchern versehen: die Rechnungen lochen und im Ordner abheften.

Lo|cke ['lɔkə], die; -, -n:
Büschel von welligem, geringeltem Haar: eine Locke abschneiden; sie hat schöne Locken; eine Locke fiel ihm in die Stirn. **Zus.:** Haarlocke, Ringellocke, Schläfenlocke.

lo|cken ['lɔkn̩] ⟨tr.; hat⟩:
1. *durch Rufe, Zeichen, Versprechungen o. Ä. heranzuholen suchen:* die alte Frau lockte das Eichhörnchen mit Nüssen; jmdn. aus seinem Versteck, in einen Hinterhalt locken. **Syn.:** ködern.
2. *so gut oder angenehm erscheinen, dass man es gern tun, haben oder sich damit beschäftigen möchte:* mich lockt die Ferne; diese Arbeit lockt mich nicht. **Syn.:** anmachen (ugs.), reizen, verlocken (geh.).

lo|cker ['lɔkɐ] ⟨Adj.⟩:
1. *in seinen einzelnen Teilen nur lose zusammenhängend, kleinere Zwischenräume habend, wodurch eine gewisse [unerwünschte] Beweglichkeit gegeben ist:* ein lockerer Zahn; die Schraube ist locker; der Nagel saß zu locker in der Wand.
2. *so, dass eine gewisse [erwünschte] Beweglichkeit gegeben ist:* die Haare sind zu einem lockeren Knoten gesteckt; die Maschen sind locker gestrickt; locker geschlagene Milchcreme.
3. *mit einer gewissen Leichtigkeit [agierend]; lässig, zwanglos und entspannt:* er hat die Sendung locker moderiert; sie ist humorvoll und locker; sie haben eine eher lockere Beziehung; das musst du locker sehen! **Syn.:** ungezwungen.
4. *in seiner Art zu leben und sich zu benehmen sich nicht an moralische Vorschriften haltend:* ein lockerer Lebenswandel; sie hat ein lockeres Mundwerk; lockere Sitten.

lo|cker|las|sen ['lɔkɐlasn̩], lässt locker, ließ locker, hat lockergelassen ⟨itr.; hat⟩ (ugs.):
seine Bemühungen um etwas aufgeben: ⟨meist verneint⟩ wir dürfen nicht lockerlassen; er hat nicht lockergelassen, bis ich

endlich zugesagt habe. **Syn.:** klein beigeben, nachgeben.

lo|cker|ma|chen ['lɔkɐmaxn̩], machte locker, hat lockergemacht ⟨tr.; hat⟩ (ugs.):
1. *aus seinem Besitz hergeben:* als Brautvater werde ich für die Hochzeit meiner Tochter schon ein paar Tausender lockermachen müssen; die Regierung macht Gelder für ökologische Landwirtschaft locker. **Syn.:** aufwenden, ausgeben, bezahlen, blechen (ugs.), spendieren.
2. *jmdn. dazu bewegen, für einen bestimmten Zweck Geld aufzuwenden:* bei den Eltern Geld für den Ausflug lockermachen.

lo|ckern ['lɔkɐn]:
1. ⟨tr.; hat⟩ *locker machen:* den Gürtel lockern; vor dem Sport müssen die Muskeln gelockert werden.
2. ⟨+ sich⟩ *locker werden:* Vorsicht, das Brett hat sich gelockert; die Vorschriften haben sich etwas gelockert *(sind nicht mehr so streng).* **Syn.:** sich lösen.

lo|ckig ['lɔkɪç] ⟨Adj.⟩:
Locken habend: sie hat schönes lockiges Haar. **Syn.:** gekräuselt, geringelt, kraus.

Lo|den ['lo:dn̩], der; -s, -:
dunkler, haariger oder filziger, dichter Wollstoff besonders für Jäger- und Wanderkleidung: ein Mantel aus grobem Loden.

lo|dern ['lo:dɐn] ⟨itr.; hat⟩:
mit großer Flamme in heftiger Bewegung brennen: die Flammen lodern bis zum Himmel; ihre Augen loderten [vor Zorn] *(funkelten heftig).* **Zus.:** emporlodern.

Löf|fel ['lœfl̩], der; -s, -:
1. *Essgerät mit schalenartiger Vertiefung am unteren Ende, mit dem man Brei, Suppe u. Ä. [austeilen und] essen kann:* ein silberner Löffel; er kann schon allein mit dem Löffel essen. **Zus.:** Arzneilöffel, Breilöffel, Dessertlöffel, Eierlöffel, Holzlöffel, Kaffeelöffel, Rührlöffel, Sahnelöffel, Soßenlöffel, Suppenlöffel, Vorlegelöffel, Zinnlöffel.
2. *Ohr des Hasen und des Kaninchens:* der Hase stellt die Löffel hoch; spitz deine Löffel (salopp; *hör mir zu).*

löf|feln ['lœfl̩n] ⟨tr.; hat⟩:
mit dem Löffel essen: hingebungsvoll löffelte sie Joghurt; ohne Appetit löffelte er seine Suppe.

Lo|ge ['lo:ʒə], die; -, -n:
abgeteilter, kleiner Raum mit Sitzplätzen für Zuschauerinnen und Zuschauer im Theater oder Kino: zweimal Loge bitte! **Zus.:** Opernloge, Seitenloge, Theaterloge.

Log|gia ['lɔdʒa], die; -, Loggien ['lɔdʒn̩]:
nicht oder kaum vorspringender, nach der Außenseite hin offener, überdachter, balkonartiger Raum im [Ober]geschoss eines Hauses: in der Loggia sitzen. **Syn.:** Veranda.

Lo|gik ['lo:gɪk], die; -:
1. *Lehre, Wissenschaft von der Struktur, den Formen und Gesetzen des Denkens:* er ist Professor für Logik.
2. a) *exakte Art des Denkens, bei der die Gedanken folgerichtig auseinanderentwickelt werden:* eine zwingende Logik; dieser Aussage fehlt jede Logik. **b)** *Folgerichtigkeit von etwas:* sich der Logik der Tatsachen fügen.

lo|gisch ['lo:gɪʃ] ⟨Adj.⟩:
1. *der Logik* (1) *entsprechend:* ein logischer Diskurs.
2. *folgerichtig* /Ggs. unlogisch/: sie denkt in logischen Zusammenhängen; deine Argumente sind logisch. **Syn.:** konsequent, schlüssig.
3. (ugs.) *sich von selbst ergebend:* logisch, dass ich mich von dem Kerl getrennt habe.

Lo|he ['lo:ə], die; -, -n (geh.):
große Flamme: die flackernde Lohe; die Lohe schlug zum Himmel.

Lohn [lo:n], der; -[e]s, Löhne ['lø:nə]:
[nach Stunden berechnete] Vergütung für geleistete Arbeit [die täglich, wöchentlich oder monatlich ausgezahlt wird]: den Lohn erhöhen, kürzen; früher wurde jeden Freitag der Lohn ausgezahlt. **Syn.:** Einkünfte ⟨Plural⟩, Entgelt, [2]Gehalt, [1]Verdienst. **Zus.:** Akkordlohn, Arbeitslohn, Bruttolohn, Monatslohn, Nettolohn, Stundenlohn, Wochenlohn.

loh|nen ['lo:nən]:
1. ⟨+ sich⟩ *in ideeller oder materieller Hinsicht ein Gewinn sein:* der Aufwand, die Mühe hat sich gelohnt; es lohnt sich, die teurere Version zu kaufen. **Syn.:** sich auszahlen, einträglich sein, sich rentieren.
2. ⟨tr.; hat⟩ *(aufzuwendende Mühe oder Kosten) rechtfertigen:* das alte Auto lohnt keine Reparatur mehr.

Lohn|steu|er ['lo:nʃtɔyɐ], die; -, -n:
Steuer, die für erhaltenen Lohn bezahlt werden muss: die Lohnsteuer wird vom Arbeitgeber abgeführt.

Lok [lɔk], die; -, -s:
Kurzform von *Lokomotive.*

lo|kal [lo'ka:l] ⟨Adj.⟩:
einen bestimmten Ort oder Bereich betreffend; nur für einen bestimmten Ort oder Bereich geltend: sie ist eine lokale Berühmtheit; es ergaben sich Schwierigkeiten zwischen den lokalen und den auswärtigen Organisatoren; global denken, lokal handeln. **Syn.:** örtlich, regional.

Lo|kal [lo'ka:l], das; -[e]s, -e:
Räumlichkeit, wo man gegen Bezahlung essen und trinken kann: sie führen ein gut besuchtes Lokal; ein Lokal besuchen, in ein Lokal gehen; das Lokal hat montags geschlossen. **Syn.:** Gasthaus, Gasthof, Gaststätte, Gastwirtschaft, Restaurant, Wirtschaft. **Zus.:** Ausflugslokal, Esslokal, Feinschmeckerlokal, Gourmetlokal, Schlemmerlokal, Speiselokal, Tanzlokal, Weinlokal.

lo|ka|li|sie|ren [lokali'zi:rən] ⟨tr.; hat⟩:
1. *örtlich beschränken:* es gelang der Feuerwehr, den Brand zu lokalisieren.
2. *(den Ort von etwas) bestimmen:* den Herd einer Krankheit lokalisieren. **Syn.:** ausfindig machen, entdecken, ermitteln, eruieren (bildungsspr.), feststellen, finden.

Lo|ko|mo|ti|ve [lokomo'ti:və], die; -, -n:
Fahrzeug auf Schienen zum Ziehen von Eisenbahnwaggons. **Syn.:** Lok. **Zus.:** Dampflokomotive, Diesellokomotive, Elektrolokomotive, Rangierlokomotive.

Look [lʊk], der; -s, -s:
(besonders in Bezug auf Mode) bestimmter Stil: einen sportlichen Look bevorzugen; einen neuen Look kreieren. **Syn.:** Aussehen, Note, Optik. **Zus.:** Astro-

lösbar/löslich

Lösbar ist, was gelöst, durchgeführt werden kann. Dieses Adjektiv drückt die Möglichkeit aus. Probleme sind lösbar, nicht löslich:

– Die Forscher sahen sich vor eine lösbare Aufgabe gestellt.

Löslich dagegen gibt ein Merkmal an, zeigt an, dass sich etwas in Flüssigkeit auflösen lässt:

– löslicher Kaffee
– in Alkohol lösliche Stoffe

In der Fachspache wird »lösbar« auch für »löslich« gebraucht:

– Es handelt sich um einen Stoff von lösbarer Beschaffenheit.

nautenlook, Gammellook, Safarilook, Schlabberlook, Trachtenlook.

Lor|beer ['lɔrbe:ɐ̯], der; -s, -en: *immergrüner Baum, dessen Blätter getrocknet als Gewürz dienen:* Lorbeer in die Linsensuppe tun.

Lo|re ['lo:rə], die; -, -n: *offener, auf Schienen laufender Wagen zum Transport von Gütern in Bergwerken, Steinbrüchen o. Ä.:* Kohlen in eine Lore schaufeln.

[1]los [lo:s] ⟨Adj.⟩: *[ab]getrennt, frei (von etwas):* der Knopf ist los; der Hund ist [von der Kette] los.

[2]los [lo:s] ⟨Adverb⟩: als Aufforderung: *weg!, fort!, schnell!:* los, beeil dich!; los, hau endlich ab!

Los [lo:s], das; -es, -e:
1. a) *verdeckt gekennzeichneter Zettel oder sonstiger Gegenstand, dessen man sich als Mittel bedient, um den Zufall (z. B. durch willkürliches Herausziehen) über etwas entscheiden zu lassen:* das Los soll entscheiden; die Reihenfolge wird durch das Los bestimmt. **b)** *mit einer Nummer versehener, käuflich zu erwerbender Zettel, durch den man einen Gewinn bei einer Lotterie erzielen kann:* die drei Lose waren Nieten; ein Gewinn von 5 000 Euro entfiel auf das Los mit der Nummer ...; jedes zweite Los gewinnt. **Zus.:** Glückslos, Lotterielos.
2. (geh.) *das, was einem Menschen als Unvermeidliches widerfährt; Schicksal:* mit seinem Los zufrieden sein; es ist unser aller Los, zu sterben. **Syn.:** Bestimmung, Geschick, Schicksal.

los- [lo:s] ⟨trennbares, stets betontes verbales Präfix⟩:
1. *mit dem im Basiswort Genannten beginnen:* losarbeiten; losfahren; losheulen; loskichern; loslaufen; lospowern; losrocken; losschicken; losschlagen (auf jmdn.).
2. *durch das im Basiswort Genannte etwas, jmdn. von etwas, jmdm. lösen, trennen:* losbinden; losdrehen; loskaufen; losketten; loskoppeln; loslassen; losmachen; (sich) losreißen; (sich) lossagen; (etwas) losschlagen (von etwas); jmdn. lossprechen. **Syn.:** ab-.

-los [lo:s] ⟨adjektivisches Suffix⟩: *ohne (das im Basiswort Genannte):* ärmellos; ausweglos; badlos (Wohnung); bargeldlos; bartlos; baumlos; drahtlos; ehrgeizlos; elternlos; ereignislos; fensterlos; fleischlos; freudlos; funktionslos; gehörlos; geschlechtslos; glücklos; interesselos; kinderlos; konzeptionslos; kraftlos; laublos; lautlos; motivlos; neidlos; obdachlos; orientierungslos; schnurlos (Telefon); schwunglos; torlos; tränenlos; übergangslos; vaterlos; verlustlos; vertragslos; wohnsitzlos; wutlos. **Syn.:** -arm, -leer, un-.

-los/-frei
1. /während -»los« ein Fehlen kennzeichnet, das sowohl erwünscht als auch nicht erwünscht sein kann, stellt -»frei« nur neutral das Nichtvorhandensein (aber nie als etwas Negatives) fest/: atomwaffenlos/atomwaffenfrei; fehlerlos/fehlerfrei; gefahrlos/gefahrfrei; geruchlos/geruchsfrei; gewaltlos/gewaltfrei; konfliktlos/konfliktfrei; risikolos/risikofrei; schmerzlos/schmerzfrei; wolkenlos/wolkenfrei.
2. /mit deutlichen inhaltlichen Unterschieden; wobei die -»los«-Bildungen emotionale Bewertungen sind, während die Bildungen mit -»frei« sachlich-feststellend, beschreibend sind/: arbeitslos/arbeitsfrei; geschmacklos/geschmacksfrei; kampflos (übergeben)/kampffreier Tag; niveaulos (Benehmen)/niveaufrei (Kreuzung); widerspruchslos (etwas hinnehmen)/widerspruchsfrei (Theorie); zwecklos (Bitten)/zweckfrei (Forschung).

lös|bar ['lø:sba:ɐ̯] ⟨Adj.⟩: *sich lösen* (2) *lassend:* lösbare Probleme; diese Aufgabe ist durchaus lösbar.

lösbar / löslich:
s. Kasten.

[1]lö|schen ['lœʃn̩] ⟨tr.; hat⟩:
a) *bewirken, dass etwas zu brennen aufhört:* die Kerzen löschen; das Feuer wurde schnell gelöscht. **Syn.:** ausblasen, austreten, ersticken. **b)** *(durch Betätigen einer Mechanik) ausschalten:* das Licht löschen. **c)** *etwas, was durch Schrift o. Ä. festgehalten wurde, wieder auf entsprechende Weise beseitigen:* den Satz auf der Tafel löschen; ein Konto, eine Videoaufnahme löschen; eine Eintragung in das/im Strafregister löschen. **Syn.:** auswischen, streichen, tilgen.

[2]lö|schen ['lœʃn̩] ⟨tr.; hat⟩: *(aus einem Schiff) ausladen:* die Ladung eines Schiffes löschen.

lo|se ['lo:zə] ⟨Adj.⟩:
1. *sich nur locker an etwas befindend:* ein loses Blatt; der Knopf ist, hängt lose. **Syn.:** wack[e]lig.
2. *unbekümmert und ein wenig leichtfertig:* lose Reden führen; ein loses Mundwerk haben. **Syn.:** flott.
3. *frei von Verpackung o. Ä.:* Zucker, Marmelade lose verkaufen; das Geld lose in der Tasche haben.

lo|sen ['lo:zn̩] ⟨itr.; hat⟩:
eine Entscheidung durch das Los herbeiführen: um den einzigen Computer losen; wir losten, wer zuerst fahren sollte. **Syn.:** auslosen.

lö|sen ['lø:zn̩]:
1. a) ⟨tr.; hat⟩ *bewirken, dass etwas lose wird:* Fesseln, einen Knoten lösen; Fleisch von den Knochen lösen. **Syn.:** lockern. **b)** ⟨+ sich⟩ *lose werden:* ein Ziegel, eine Schraube hat sich gelöst. **Syn.:** abgehen. **c)** ⟨tr.; hat⟩ *nicht länger bestehen lassen:* einen Vertrag, seine Verlobung lösen. **Syn.:** annulieren, aufheben, für nichtig erklären. **d)** ⟨tr.; hat⟩ *(in einer Flüssigkeit) zergehen [lassen]:* Salz in Wasser lösen. **e)** ⟨+ sich⟩ *sich von jmdm., etwas frei machen:* sich aus einer Umarmung lösen; ich habe mich aus dem Elternhaus, von den sogenannten Freunden gelöst. **Syn.:** sich trennen von jmdm., etwas.
2. ⟨tr.; hat⟩ **a)** *(durch Nachdenken) klären:* ein Problem, ein Rätsel lösen. **Syn.:** bewältigen, enträtseln, entschlüsseln, meistern. **b)** *sich klären, entwirren:* das Rätsel, Problem hat sich gelöst.
3. ⟨tr.; hat⟩ *(einen Berechtigungsschein) käuflich erwerben:* einen Fahrschein lösen. **Syn.:** beziehen, erstehen, erwerben, kaufen, sich leisten (ugs.), sich zulegen.

los|las|sen ['lo:slasn̩], lässt los, ließ los, losgelassen ⟨tr.; hat⟩:
nicht mehr festhalten: das Lenkrad loslassen; lass mich los!; einen Hund [von der Kette] loslassen; sie ließ seine Hände los. **Syn.:** freilassen.

lös|lich ['lø:slɪç] ⟨Adj.⟩:
sich (in einer Flüssigkeit) auflösen lassend: löslicher Kaffee; diese chemische Verbindung ist leicht löslich. **Zus.:** fettlöslich, wasserlöslich.

löslich / lösbar:
s. Kasten lösbar/löslich.

los|rei|ßen ['lo:sraisn̩], riss los, losgerissen:
a) ⟨tr.; hat⟩ *gewaltsam (von einer Person oder Sache, von der jmd., etwas festgehalten wird) lösen:* der Sturm hat die Wäsche von der Leine losgerissen. **Syn.:** abmachen. **b)** ⟨+ sich⟩ *sich [gewaltsam] lösen:* die Kuh hat sich losgerissen.

los|sa|gen ['lo:sza:gn̩], sagte los, losgesagt ⟨+ sich⟩:
mit jmdm., etwas nichts mehr zu tun haben wollen und sich deshalb von jmdm., etwas trennen: er hat sich von seinem Sohn losgesagt; sie sagte sich von der Partei los. **Syn.:** abfallen, abschwören, aufgeben, fallen lassen, sich lösen.

Lo|sung ['lo:zʊŋ], die; -, -en:
a) *vereinbartes Wort, durch das man sich als zugehörig zu einem bestimmten Personenkreis (beim Militär) ausweist:* er nannte die Losung und wurde durchgelassen. **Syn.:** Kennwort, Parole.
b) *Spruch, der die Grundsätze enthält, nach denen man sich richtet:* politische Losungen auf den Transparenten. **Syn.:** Devise, Parole.

Lö|sung ['lø:zʊŋ], die, -, -en:
1. a) ⟨ohne Plural⟩ *Auflösung:* die Lösung des Rätsels war schwer.
b) *Ergebnis des Nachdenkens darüber, wie etwas Schwieriges zu bewältigen ist:* dies ist keine befriedigende Lösung des Problems. **Syn.:** Ausweg.
2. *Flüssigkeit, in der ein anderer Stoff gelöst ist:* diese Lösung enthält keinen Zucker.

los|wer|den ['lo:sve:ɐ̯dn̩], wird los, wurde los, losgeworden ⟨itr.; ist⟩:
1. (ugs.) *erreichen, dass jmd., der einem lästig ist, einen in Ruhe lässt, von einem weggeht:* so schnell wirst du mich nicht los.
2. *sich (von etwas, was einem lästig ist) frei machen:* ich kann meine Albträume nicht loswerden. **Syn.:** sich entledigen, freikommen von, loskommen von.
3. (ugs.) *verkaufen, absetzen können:* wir sind die alte Schreibmaschine auf dem Flohmarkt losgeworden; auf Anhieb bin ich alle 100 Exemplare losgeworden.
4. (ugs.) *etwas nicht mehr haben (was mit Bedauern o. Ä. festgestellt wird):* beim Einkaufen bin ich wieder mal viel Geld losgeworden; im Gedränge ist sie ihre goldene Uhr losgeworden. **Syn.:** einbüßen, kommen um, verbrauchen.

Lot [lo:t], das; -[e]s, -e:
an einer Schnur hängendes Gewicht zur Bestimmung der Senkrechten oder Messung einer Wassertiefe: eine Mauer mit dem Lot prüfen.

lo|ten ['lo:tn̩], lotete, gelotet ⟨tr.; hat⟩:
mit dem Lot messen: die Tiefe des Wassers loten.

lö|ten ['lø:tn̩], lötete, gelötet ⟨tr.; hat⟩:
(zwei Metallteile) mithilfe von geschmolzenem Metall miteinander verbinden: der Henkel wird an die Kanne gelötet.

Lo|ti|on [lo'tsi̯o:n], die; -, -en:
Flüssigkeit zur Reinigung und Pflege der Haut: eine hautverträgliche, pflegende Lotion. **Zus.:** Körperlotion.

Lot|se ['lo:tsə], der; -n, -n:
erfahrener, ortskundiger Seemann, der Schiffe durch Hafeneinfahrten, Flussmündungen usw. leitet: der Lotse geht an, kommt von Bord. **Zus.:** Flusslotse, Hafenlotse, Schiffslotse.

lot|sen ['lo:tsn̩] ⟨tr.; hat⟩:
(wie ein Lotse, eine Lotsin) hinleiten, lenken: ein Schiff in den Hafen lotsen; sie wurde per CB-Funk durch die Stadt gelotst; das Flugzeug auf die dritte Landebahn lotsen. **Syn.:** dirigieren, einweisen, führen.

Lot|sin ['lo:tsɪn], die; -, -nen:
weibliche Form zu ↑Lotse.

Lot|te|rie [lɔtə'ri:], die; -, Lotterien [lɔtə'ri:ən]:
Glücksspiel, an dem man durch den Kauf von Losen teilnimmt: in der Lotterie spielen, gewinnen.

Lot|to ['lɔto], das; -s, -s:
Art der Lotterie, bei der die Gewinne nach der Anzahl der richtig getippten Zahlen (aus einer begrenzten Anzahl) gestaffelt werden: vier Richtige im Lotto haben. **Syn.:** Glücksspiel, Lotterie.

Lö|we ['lø:və], der; -n, -n, **Lö|win** ['lø:vɪn], die; -, -nen:
in Afrika heimisches, großes, katzenartiges Raubtier mit kurzem, graugelbem bis ockerfarbenem Fell, langem Schwanz (und beim männlichen Tier üppiger Mähne um Nacken und Schultern): wie ein Löwe brüllen.

lo|yal [lo̯a'ja:l] ⟨Adj.⟩ (bildungsspr.):
von wohlwollend-treuer Gesinnung zeugend: ein loyaler Bürger; sich loyal verhalten.

LSD [ɛlǀɛsˈdeː], das; -[s]:
aus Bestandteilen des Mutterkorns gewonnenes Rauschgift, das bewusstseinsverändernd wirkt: der Regisseur muss auf LSD gewesen sein, als er diesen Film drehte. **Syn.:** Droge, Stoff (Jargon).

Luchs [lʊks], der; -es, -e:
kleines, hochbeiniges, katzenartiges Raubtier mit gelblichem, häufig dunkel geflecktem Fell, kleinerem, rundlichem Kopf und kurzem Schwanz: Augen wie ein Luchs haben.

Lü|cke [ˈlʏkə], die; -, -n:
1. *offene, leere Stelle; Stelle, an der etwas fehlt (in Bezug auf ein zusammenhängendes Ganzes):* eine Lücke im Zaun; eine Lücke lassen, füllen. **Syn.:** Loch, Öffnung, Riss, Ritze, Schlitz, Spalt, Zwischenraum. **Zus.:** Zahnlücke.
2. *etwas nicht ausreichend Vorhandenes und als Mangel Empfundenes:* auf diesem Gebiet habe ich ziemliche Lücken; eine Lücke im Gesetz finden. **Zus.:** Bildungslücke, Gedächtnislücke, Informationslücke, Versorgungslücke, Wissenslücke.

lü|cken|los [ˈlʏkn̩loːs] ⟨Adj.⟩:
1. *keine Lücke* (a) *aufweisend:* ein lückenloses Gebiss; die Teile fügen sich lückenlos ineinander.
2. *ohne dass etwas fehlt, absolut vollständig:* wir fordern lückenlose Aufklärung; etwas lückenlos dokumentieren. **Syn.:** komplett, vollständig.

Lu|der [ˈluːdɐ], das; -s, - (salopp):
meist weibliche Person, die als durchtrieben, böse angesehen wird: sie ist ein ganz durchtriebenes Luder; sie ist ein kleines Luder *(ein raffiniertes Mädchen);* ein armes Luder; (auch als Schimpfwort:) du dummes Luder!

Luft [lʊft], die; -:
gasförmiger Stoff, den Menschen und Tiere zum Atmen (und damit zum Leben) brauchen: frische, gute, verbrauchte, verschmutzte Luft; die Luft anhalten, einziehen. **Zus.:** Abendluft, Bergluft, Frischluft, Frühlingsluft, Kaltluft, Landluft, Meeresluft, Nachtluft, Seeluft, Warmluft.

Luft|bal|lon [ˈlʊftbalõː], der; -s, -s; (bes. südd.:) [ˈlʊftbaloːn], -s, -e:
kleinerer, mit Gas oder Luft gefüllter und dadurch meist einem Ball ähnlicher Körper als Spielzeug für Kinder: auf dem Jahrmarkt kaufte ihr früher der Großvater immer einen roten Luftballon.

Luft|brü|cke [ˈlʊftbrʏkə], die; -, -n:
zur Versorgung eines von der Außenwelt abgeschnittenen Gebietes errichtete Verbindung, die durch Luftfahrzeuge hergestellt wird: die Stadt wurde über eine Luftbrücke versorgt.

luft|dicht [ˈlʊftdɪçt] ⟨Adj.⟩:
für Luft nicht durchlässig: ein Glas luftdicht verschließen.

Luft|druck [ˈlʊftdrʊk], der; -[e]s:
von der Luft auf eine Fläche ausgeübter Druck: der Luftdruck steigt, fällt.

lüf|ten [ˈlʏftn̩], lüftete, gelüftet:
1. ⟨itr.; hat⟩ *Luft in einen Raum o. Ä. lassen:* ich lüfte morgens immer gründlich; ⟨auch tr.⟩ bevor der Speisesaal geöffnet wird, muss er erst einmal gelüftet werden. **Zus.:** stoßlüften.
2. ⟨tr.; hat⟩ *von [frischer] Luft durchdringen lassen:* die Betten lüften.
3. *preisgeben:* sein Geheimnis, sein Inkognito lüften. **Syn.:** mitteilen, verraten.

luf|tig [ˈlʊftɪç] ⟨Adj.⟩:
a) *(besonders von Räumen) [hell und groß und] mit genügend Luftzufuhr:* ein luftiger Raum.
b) *(besonders von Kleidung) leicht und luftdurchlässig:* luftige Sommerkleider; ich bin zu luftig angezogen.

Luf|ti|kus [ˈlʊftikʊs], der; -[ses], -se:
Mann, der den Eindruck erweckt, oberflächlich, leichtsinnig, unzuverlässig zu sein. **Syn.:** Windbeutel (ugs. abwertend).

luft|leer [ˈlʊftleːɐ̯] ⟨Adj.⟩:
keine Luft enthaltend: ein luftleeres Gefäß; im luftleeren Raum *(Vakuum).*

Luft|li|nie [ˈlʊftliːni̯ə], die; -, -n:
kürzeste gedachte Entfernung zwischen [zwei] geografischen Punkten: Luftlinie sind es bis Berlin 600 km, auf der Autobahn aber 700.

Luft|ma|trat|ze [ˈlʊftmatrat͡sə], die; -, -n:
aufblasbare Matratze aus Gummi oder Kunststoff, die als Polster zum Liegen dient: mit Zelt und Luftmatratze Campingurlaub machen.

Luft|post [ˈlʊftpɔst], die; -:
1. *Beförderung von Post mit dem Flugzeug:* etwas per/mit Luftpost schicken.
2. *mit dem Flugzeug beförderte Post.*

Luft|schloss [ˈlʊftʃlɔs], das; -es, Luftschlösser [ˈlʊftʃlœsɐ]:
etwas, was man gern hätte, was man sich wünscht, was aber nur in der Fantasie existiert: ich baue keine Luftschlösser, sondern denke ganz nüchtern; ich erwog die Möglichkeiten, machte Pläne und baute Luftschlösser. **Syn.:** Einbildung, Hirngespinst, Illusion.

Lüf|tung [ˈlʏftʊŋ], die; -, -en:
1. ⟨ohne Plural⟩ *das Lüften.*
2. *Vorrichtung, Anlage zum Lüften:* die Lüftung ist kaputt.

Luft|ver|schmut|zung [ˈlʊftfɛɐ̯ʃmʊt͡sʊŋ], die; -:
Schädigung der Atmosphäre durch Abgase: wegen der Luftverschmutzung durch Feinstaub wurde ein Fahrverbot erlassen.

Luft|waf|fe [ˈlʊftvafə], die; -, -n:
Truppe, die für Angriff und Abwehr des in der Luft geführten Krieges ausgebildet ist: er ist Major der Luftwaffe.

Lü|ge [ˈlyːɡə], die; -, -n:
falsche Aussage, die bewusst gemacht wird und jmdn. täuschen soll: dass du gestern Abend noch gearbeitet hast, ist eine glatte Lüge; jmdm. nur Lügen auftischen. **Syn.:** Bluff, Erfindung, Finte, Legende, Lug und Trug (geh.), Schwindel.

lü|gen [ˈlyːɡn̩], log, gelogen ⟨itr.; hat⟩:
bewusst die Unwahrheit sagen, um jmdn. zu täuschen: du lügst, wenn du das behauptest; man sieht dir an, dass du lügst. **Syn.:** nicht bei der Wahrheit bleiben, schwindeln (ugs.), unaufrichtig sein.

Lüg|ner [ˈlyːɡnɐ], der; -s, -, **Lüg|ne|rin** [ˈlyːɡnərɪn], die; -, -nen:
Person, die zum Lügen neigt, die [häufig] lügt: ein erbärmlicher Lügner; ich nenne sie eine gemeine Lügnerin.

Lu|ke [ˈluːkə], die; -, -n:
a) *kleines Fenster zum Auf- und Zuklappen [in einem Dach]:* ich öffnete die Luke, sodass ein

Luftzug entstand. **Zus.:** Dachluke, Kellerluke. **b)** *verschließbare Öffnung im Deck oder in der Wand des Schiffes:* die Luken aufdecken, schließen. **Zus.:** Ladeluke, Schiffsluke.

lu|kra|tiv [lukra'ti:f] ⟨Adj.⟩ (bildungsspr.): *einträglich, gewinnbringend und dadurch für jmdn. erstrebenswert:* ein lukratives Angebot erhalten. **Syn.:** lohnend, rentabel.

lu|kul|lisch [lu'kʊlɪʃ] ⟨Adj.⟩ (bildungsspr.): *(von einem Essen) üppig und dabei erlesen:* ein lukullisches Mahl einnehmen; lukullisch speisen. **Syn.:** delikat, fürstlich.

Lu|latsch ['lu:latʃ], der; -[e]s, -e (ugs.): *schlaksig wirkende, größere, dünnere männliche Person:* ein langer Lulatsch.

Lüm|mel ['lʏml̩], der; -s, -: (abwertend) *männliche Person, deren Verhalten, Benehmen als in empörender Weise frech, ungezogen empfunden wird:* der betrunkene Lümmel belästigte das Mädchen. **Syn.:** Flegel (abwertend), Grobian (abwertend), Rabauke (ugs.), Rowdy (abwertend), Rüpel (abwertend), ungehobelter Klotz (salopp abwertend). **Zus.:** Bauernlümmel, Dorflümmel.

lüm|meln ['lʏml̩n] ⟨+ sich⟩ (ugs.): *sich in betont lässiger Weise irgendwohin setzen, legen o. Ä.:* ich lümmelte mich aufs Sofa, in einen Sessel.

Lump [lʊmp], der; -en, -en (abwertend): *männliche Person, die als charakterlich minderwertig, betrügerisch, gewissenlos handelnd angesehen wird* (oft als Schimpfwort): diese Lumpen haben mir mein Geld gestohlen; du elender Lump! **Syn.:** Halunke (abwertend), Schuft (ugs. abwertend), Schurke (abwertend), Schwein (derb, auch als Schimpfwort).

lum|pig ['lʊmpɪç] ⟨Adj.⟩ (ugs. abwertend): *[in ärgerlicher Weise] wenig (meist von Geld):* ich habe nur ein paar lumpige Dollar verdient.

Lun|ge ['lʊŋə], die; -, -n: *Organ des Menschen und der höheren Tiere, das der Atmung dient:* eine kräftige, gesunde Lunge haben.

Lun|te ['lʊntə], die; -, -n: *langsam glimmende Zündschnur:* die Lunte anzünden, an etwas legen; *** Lunte riechen** (ugs.): *eine Gefahr, Bedrohung, etwas Unangenehmes schon im Voraus bemerken:* die Polizisten hatten Lunte gerochen und hielten den Wagen an.

Lu|pe ['lu:pə], die; -, -n: *optisches Gerät, dessen Linse beim Durchsehen ein vergrößertes Bild liefert:* mit der Lupe lesen; etwas unter der Lupe betrachten; *** jmdn., etwas unter die Lupe nehmen** (ugs.): *kritisch prüfen.* **Syn.:** kontrollieren, prüfen, überprüfen.

Lurch [lʊrç], der; -[e]s, -e: *Tier, das sowohl am als auch im Wasser lebt (Frosch, Kröte u. Ä.).* **Syn.:** Amphibie.

Lust [lʊst], die; -, Lüste ['lʏstə]: **1. a)** *hoher Grad angenehmer Empfindung:* es war eine Lust, sie singen zu hören; bei dieser Arbeit kann einem die Lust vergehen. **Syn.:** Freude, Spaß, Vergnügen, Wohlgefallen, Wonne. **b)** *heftiges, auf die Befriedigung sexueller Bedürfnisse gerichtetes Verlangen:* große Lust empfinden; seine Lust befriedigen. **Syn.:** Begierde, Wollust (geh.). **Zus.:** Sinneslust. **2.** ⟨in Verbindungen mit »auf«, »zu« oder dem Infinitiv⟩ *auf die Befriedigung eines Wunsches gerichtetes, stärkeres Verlangen:* die Lust zum Arbeiten ist mir vergangen; Lust auf ein Stück Erdbeerkuchen haben; ich habe Lust, heute Abend auszugehen. **Zus.:** Abenteuerlust, Kauflust, Mordlust.

lüs|tern ['lʏstɐn] ⟨Adj.⟩: **1.** *von sinnlicher Begierde erfüllt, sie aber nur versteckt andeutend:* ein lüsterner Kerl; lüsterne Gedanken; jmdn. lüstern anblicken. **Syn.:** begehrlich, begierig. **2. * lüstern nach/auf etwas** (Akk.) **sein:** *mit einer gewissen Gierigkeit haben wollen:* lüstern auf Erdbeeren, nach Erfolg sein.

-lüs|tern [lʏstɐn] ⟨adjektivisches Suffixoid⟩: *das im Basiswort Genannte sehr gern wollend und auf eine Gelegenheit dazu mit gewisser Begierigkeit wartend:* aggressionslüstern; angriffslüstern; expansionslüstern; heiratslüstern; karrierelüstern; kriegslüstern; machtlüstern; profitlüstern; sensationslüstern. **Syn.:** -geil (ugs.), -gierig.

lus|tig ['lʊstɪç] ⟨Adj.⟩: *heiteres Vergnügen bereitend:* ein lustiger Bursche; lustige Geschichten, Streiche; der Film war lustig; das Feuer flackert lustig im Kamin. **Syn.:** amüsant, humoristisch, komisch, spaßig; *** sich über jmdn., etwas lustig machen:** *jmdn., etwas verspotten und sich dabei amüsieren.*

-lus|tig [lʊstɪç] ⟨adjektivisches Suffixoid⟩: *zu dem im Basiswort Genannten gern bereit, stets aufgelegt, neigend, reges Interesse daran habend, es gern machend:* abenteuerlustig; angriffslustig; arbeitslustig; badelustig; eroberungslustig; esslustig; fresslustig; heiratslustig; kampfeslustig; kauflustig; kriegslustig; lebenslustig; oppositionslustig; reiselustig; sangeslustig; schaulustig; schreiblustig; sensationslustig; streitlustig; trinklustig; unternehmungslustig; vergnügungslustig; wanderlustig. **Syn.:** -geil (ugs.), -gierig, -hungrig, -süchtig.

lust|los ['lʊstlo:s] ⟨Adj.⟩: *ohne Lust, Freude; keine Lust erkennen lassend:* mit lustlosen Mienen zusehen; lustlos den Ball wegkicken; lustlos im Essen stochern. **Syn.:** gleichgültig.

Lust|spiel ['lʊstʃpi:l], das; -[e]s, -e: *Komödie:* das Lustspiel wird selten aufgeführt.

lut|schen ['lʊtʃn̩]: **a)** ⟨itr.; hat⟩ *an etwas, was man in den Mund gesteckt hat, saugen:* am Daumen lutschen. **Syn.:** [1]lecken. **b)** ⟨tr.; hat⟩ *etwas im Mund zergehen lassen:* ein Bonbon, ein Eis lutschen.

Lut|scher ['lʊtʃɐ], der; -s, -: *großer Bonbon an einem Stiel:* das Kind bekam in der Gaststätte einen Lutscher geschenkt.

Luv [lu:f]: in der Wendung **in, nach, von Luv:** *auf, nach, von der dem Wind zugewandten Seite [eines Schiffes]:* das Schiff kreuzt nach Luv.

lu|xu|ri|ös [lʊksuˈri̯øːs] ⟨Adj.⟩: *großen Luxus aufweisend:* ein luxuriöser Wagen; luxuriös wohnen. **Syn.:** prunkvoll.

Lu|xus [ˈlʊksʊs], der; -: *kostspieliger, verschwenderischer, den üblichen Rahmen (der Lebenshaltung) stark übersteigender, nur dem Genuss und Vergnügen dienender Aufwand:* diesen Luxus kann ich mir nicht leisten, erlauben; ich gönne mir den Luxus einer Fernostreise; im Luxus leben.

lyn|chen [ˈlʏnçn̩] ⟨tr.; hat⟩: *(meist von einer aufgebrachten Volksmenge) als ungesetzliche Bestrafung für eine (als Unrecht angesehene) Tat töten:* die Menge stürzte sich auf den Sittlichkeitsverbrecher und lynchte ihn.

Ly|rik [ˈlyːrɪk], die; -: *literarische Gattung, in der subjektives Erleben, Gefühle, Stimmungen oder Gedanken mit den formalen Mitteln von Reim, Rhythmus u. Ä. ausgedrückt werden:* der Verlag veröffentlicht auch neuere Lyrik. **Syn.:** [1]Dichtung, Poesie. **Zus.:** Alterslyrik, Liebeslyrik.

ly|risch [ˈlyːrɪʃ] ⟨Adj.⟩: *die Lyrik betreffend, in der Art der Lyrik:* lyrische Passagen; Goethes lyrisches Werk. **Syn.:** poetisch.

M *m*

Maat [maːt], der; -[e]s, -[e]n: *Unteroffizier, Unteroffizierin bei der Marine:* sie dient als Maat.

Mach|art [ˈmax|aːɐ̯t], die; -, -en: *Art, wie etwas gemacht ist (besonders bei Kleidungsstücken):* die Machart dieser Mäntel ist äußerst schlicht. **Syn.:** Design, Form, Schnitt.

Ma|che [ˈmaxə], die; - (ugs.):
1. *unechtes, gekünsteltes Gehabe:* ihr freundliches Entgegenkommen war nur Mache. **Syn.:** Getue (ugs. abwertend), Theater (ugs. abwertend).
2. * **etwas in der Mache haben:** *mit der Herstellung, Bearbeitung von etwas beschäftigt sein.* **Syn.:** etwas gerade machen.

-ma|che [maxə], die; - ⟨zweiter Wortbestandteil⟩ (meist abwertend): *bewusste, als negativ empfundene Beeinflussung, die zu dem im Basiswort Genannten führt, es hervorruft:* Meinungsmache; Panikmache; Sensationsmache; Stimmungsmache.

ma|chen [ˈmaxn̩]:
1. ⟨tr.; hat⟩ **a)** *etwas herstellen:* Fotos, eine Tasse Kaffee, einen Knoten ins Taschentuch machen; sich ein Kleid machen lassen. **Syn.:** anfertigen, basteln, bauen, bereiten, bilden, erschaffen, fabrizieren, fertigen, formen, gestalten, hervorbringen, meißeln, modellieren, produzieren, schaffen, zubereiten. **b)** *etwas Bestimmtes durchführen, erledigen; sich in einer bestimmten Weise mit etwas beschäftigen:* Hausaufgaben machen; einen Spaziergang, das Abitur machen. **Syn.:** ausführen, [1]durchziehen (ugs.), erledigen, ins Werk setzen (geh.), realisieren, tätigen, treiben, [1]tun, veranstalten, verrichten, verwirklichen, vollstrecken, vollziehen. **c)** *in einen bestimmten Zustand o. Ä. bringen:* die Hosen länger machen; jmdn. zu seinem Vertrauten machen.
2. ⟨itr.; hat⟩ *tun:* was machst du gerade?; die Kinder durften alles machen.
3. ⟨+ sich⟩ *mit etwas beginnen:* er machte sich sofort an die Arbeit; sie machten sich sofort daran, die Wohnung aufzuräumen. **Syn.:** anfangen mit.
4. ⟨+ sich⟩ *in einer bestimmten Weise wirken:* der Blazer macht sich gut zu diesem Rock.
5. ⟨tr.; hat⟩ als Funktionsverb: einen Sprung machen *(springen);* den Anfang machen *(anfangen);* einen Fehler machen *(sich irren);* Musik machen *(musizieren);* einen Versuch machen *(versuchen).*

Ma|chen|schaf|ten [ˈmaxn̩ʃaftn̩], die ⟨Plural⟩ (abwertend): *als unlauter empfundene Handlungen, durch die jmd. ein Ziel, einen persönlichen Vorteil [heimlich] zu erreichen versucht:* bei dem Prozess wurden die dunklen Machenschaften der Parteiführung aufgedeckt; jmds. Machenschaften durchkreuzen. **Syn.:** Betrug ⟨Singular⟩, Intrige ⟨Singular⟩, List ⟨Singular⟩, Schwindel ⟨Singular⟩ (ugs.), Tricks.

Ma|cher [ˈmaxɐ], der; -s, -: *Person [in einer Führungsposition], die sich durch große Durchsetzungskraft auszeichnet:* der Macher dieses neuen Vereins ist ein junger, tüchtiger Kerl. **Syn.:** treibende Kraft.

-ma|cher [maxɐ], der; -s, - ⟨zweiter Wortbestandteil⟩:
1. (Jargon): *männliche Person, die das im ersten Wortbestandteil Genannte herstellt, produziert, macht:* Büchermacher; Fernsehmacher; Filmemacher; Liedermacher; Modemacher; Theatermacher. **Syn.:** -er, -schreiber.
2. *männliche Person, die das im ersten Wortbestandteil Genannte macht, tut:* Faxenmacher, Krawallmacher, Spaßmacher.
3. *etwas, was das im adjektivischen ersten Wortbestandteil Genannte bewirkt:* Fröhlichmacher; Muntermacher; Süchtigmacher.
4. *männliche Person, die das im ersten Wortbestandteil Genannte (als Handwerker) herstellt:* Bürstenmacher; Korbmacher; Werkzeugmacher.

Ma|che|rin [ˈmaxərɪn], die; -, -nen: weibliche Form zu ↑Macher.

Ma|cho [ˈmat͡ʃo], der; -s, -s (ugs.): *Mann, der sich bewusst, überbetont männlich gibt, verhält [und kleidet]:* ihr Freund ist ein echter Macho. **Syn.:** Brutalo (ugs. abwertend), Chauvi (ugs.), Tyrann.

Macht [maxt], die; -, Mächte [ˈmɛçtə]:
1. ⟨ohne Plural⟩ *Befugnis, Fähigkeit, über jmdn. oder etwas zu bestimmen:* die Macht haben, ausüben; Macht gewinnen [über jmdn.]. **Syn.:** Autorität, Einfluss, Gewalt, Kraft, Potenz (bildungsspr.), Stärke, Vermögen (geh.), Wirkung.
2. *etwas, was über besondere, geheimnisvolle Kräfte, Mittel ver-*

fügt: geheimnisvolle Mächte; die Macht der Finsternis.
3. *Gruppe von Menschen, Staat o. Ä. mit großem Einfluss oder großer Macht* (1): die geistliche und die weltliche Macht im Mittelalter; die verbündeten Mächte England und Frankreich. **Zus.:** Besatzungsmacht, Feind[es]macht, Kolonialmacht.

Macht|ha|ber ['maxtha:bɐ], der; -s, -, **Macht|ha|be|rin** ['maxtha:bərɪn], die; -, -nen:
Person, die die Macht (1) *innehat:* die alten Machthaber wollen zurück an die Regierung.

mäch|tig ['mɛçtɪç] ⟨Adj.⟩:
1. a) *Macht, Gewalt habend:* ein mächtiger Herrscher; die wirtschaftlich mächtigen Unternehmer. **Syn.:** gewaltig, maßgebend, potent, stark. **b) * einer Sache** (Gen.) **mächtig sein** (geh.): *etwas aufgrund entsprechender Fähigkeiten können, beherrschen:* des Englischen, der Rede mächtig sein. **Syn.:** etwas beherrschen, etwas können, sich auf etwas verstehen.
2. *(vom Umfang o. Ä.) groß:* ein mächtiger Balken; eine mächtige Eiche, Stimme. **Syn.:** dick, enorm, gewaltig (emotional), gigantisch, immens, kolossal (ugs. emotional), kräftig, massiv, monumental, riesig, ungeheuer.
3. (ugs., verstärkend bei Adjektiven und Verben) *sehr:* mächtig groß; der Junge ist mächtig gewachsen. **Syn.:** enorm, gehörig, heftig, immens, irre (salopp), irrsinnig (emotional), kolossal, kräftig, massiv, tüchtig (ugs.), ungeheuer, unglaublich, unheimlich, unwahrscheinlich (ugs.), wahnsinnig (ugs.).

macht|los ['maxtlo:s] ⟨Adj.⟩:
1. *keine Macht* (1) *besitzend, ohne Macht:* die machtlose Opposition; sie waren machtlos gegen die Feinde/gegenüber den Feinden.
2. *nicht über die nötigen Mittel verfügend, nicht in der Lage, etwas auszurichten:* gegen[über] so viel Engstirnigkeit ist man machtlos. **Syn.:** hilflos, ohnmächtig, ratlos.

Mäd|chen ['mɛ:tçən], das; -s, -:
1. *Kind oder jüngere Person weiblichen Geschlechts* /Ggs. Junge/: das kleine Mädchen fing an zu weinen; die Freundin meines Sohnes ist ein nettes Mädchen; sie hat ein Mädchen *(eine Tochter)* bekommen. **Zus.:** Schulmädchen.
2. (veraltend) *weibliche Angestellte in einem Haushalt, die Hausarbeiten verrichtet:* das Mädchen hat den Tisch gedeckt. **Zus.:** Dienstmädchen.

mäd|chen|haft ['mɛ:tçənhaft] ⟨Adj.⟩:
wie ein Mädchen (1); *sanft, zart:* mädchenhafte Anmut; sie ist sehr mädchenhaft. **Syn.:** anmutig, graziös, jugendlich.

Mäd|chen|na|me ['mɛ:tçənna:mə], der; -ns, -n:
1. *weiblicher Vorname:* welche Mädchennamen findest du schön?
2. *Nachname der Frau vor der Heirat:* wie lautet eigentlich ihr Mädchenname?

Ma|de ['ma:də], die; -, -n:
Larve eines Insekts: als ich aus dem Urlaub kam, hatte ich Maden in der Speisekammer. **Syn.:** Puppe. **Zus.:** Insektenmade.

ma|dig ['ma:dɪç] ⟨Adj.⟩:
(vom Obst) Maden oder eine Made enthaltend: madiges Obst; der Apfel ist madig.

ma|dig|ma|chen ['ma:dɪçmaxn̩], machte madig, madiggemacht ⟨tr.; hat⟩ (ugs.):
a) *schlechtmachen, herabsetzen:* von Anfang an machten die Kollegen sie madig. **Syn.:** abqualifizieren, anschwärzen (ugs.), diffamieren, herabsetzen, heruntermachen (ugs.), miesmachen (ugs. abwertend), schlechtmachen, verleumden. **b)** *jmdm. die Freude an etwas nehmen:* sie versuchten, uns die Einladung madigzumachen. **Syn.:** die Freude an etwas verderben, die Lust an etwas nehmen, miesmachen (ugs. abwertend), verleiden.

Ma|don|na [ma'dɔna], die; -, Madonnen [ma'dɔnən]:
Statue, die die Jungfrau Maria darstellt: in dieser Kirche steht eine berühmte barocke Madonna.

Ma|fia ['mafi̯a], die; -, -s, **Maffia:**
1. *erpresserische Geheimorganisation:* die Mafia kassierte die sogenannten Schutzgelder.
2. ⟨mit Attribut⟩ (ugs. abwertend) *einflussreiche Personengruppe:* eine Mafia von Literaturkritikern.

-ma|fia [mafi̯a], die; - ⟨Suffixoid⟩ (ugs. abwertend), **-maffia:**
einflussreiche Personengruppe, die ihre Interessen unter Ausnutzung der ihr zur Verfügung stehenden Macht- und Druckmittel skrupellos gegenüber anderen durchsetzt, diese unterdrückt, ausschaltet: Drogenmafia; Geldmafia; Kunstmafia.

Ma|ga|zin [maga'tsi:n], das; -s, -e:
1. *[größerer] Raum zum Lagern von Waren:* etwas aus dem Magazin holen. **Syn.:** Depot, Lager, Speicher.
2. a) *unterhaltsame, reich bebilderte oder auch politisch informierende Zeitschrift:* der Verlag will ein neues Magazin für junge Eltern herausgeben. **Syn.:** Blatt, Heft, Illustrierte, Journal, Zeitung. **Zus.:** Modemagazin, Nachrichtenmagazin, Pornomagazin. **b)** *Rundfunk- oder Fernsehsendung mit Beiträgen zu aktuellen Ereignissen, Problemen:* das Magazin kommt heute Abend später als sonst. **Zus.:** Gesundheitsmagazin, Wirtschaftsmagazin.
3. *Teil in oder an einer Handfeuerwaffe, aus dem die Patronen durch einen Mechanismus nacheinander in den Lauf gelangen:* das Magazin leer geschossen haben.

Magd [ma:kt], die; -, Mägde ['mɛ:kdə] (veraltet):
weibliche Person, die grobe Arbeiten im Haus oder auf einem Bauernhof zu verrichten hat: die Magd füttert die Schweine. **Zus.:** Bauernmagd, Küchenmagd, Stallmagd.

Ma|gen ['ma:gn̩], der; -s, Mägen ['mɛ:gn̩]:
Körperorgan, das die zugeführte Nahrung (nachdem sie bis zu einem bestimmten Grad verdaut ist) in den Darm weiterleitet: mein Magen knurrt; sich den Magen verderben; mit leerem Magen zur Schule gehen.

ma|ger ['ma:gɐ] ⟨Adj.⟩:
1. a) *wenig Fleisch am Körper habend (sodass die Knochen zum Teil hervortreten):* ein mageres Kind; früher war er sehr beleibt, jetzt ist er richtig mager. **Syn.:** dünn, dürr (emotional), grazil,

hager, knochig, schlaksig, schlank, schmächtig, schmal.
b) *wenig oder gar kein Fett habend (von Nahrungsmitteln)* /Ggs. fett/: magerer Käse; das Schnitzel ist mager.
2. a) *wenig von dem enthaltend, was Wachstum und Fruchtbarkeit fördert:* magerer Boden; die Felder sind mager. **Syn.:** karg, unfruchtbar. **b)** *wenig Ertrag bringend:* eine magere Ernte; die Ausbeute war mager. **Syn.:** kümmerlich, spärlich.

Ma|ger|milch ['ma:gɐmɪlç], die; -:
stark entfettete Milch: er trinkt lieber Magermilch als Vollmilch.

Ma|gie [ma'gi:], die; -, Magien [ma'gi:ən]:
a) *geheime Kunst, die sich übernatürliche Kräfte dienstbar zu machen sucht:* bei bestimmten Völkern spielt die Magie noch eine große Rolle. **Syn.:** schwarze Kunst, Zauberei. **b)** ⟨ohne Plural⟩ *geheimnisvolle Kraft, die von etwas ausgeht:* sie konnte sich der Magie seiner Worte nicht entziehen. **Syn.:** Anziehungskraft, Bann (geh.), Faszination, Reiz, Zauber.

Ma|gis|ter [ma'gɪstɐ], der; -s, -:
akademischer Grad, der von Universitäten in bestimmten Fachgebieten verliehen wird (mit dem Diplom vergleichbar): sie hat im letzten Jahr ihren Magister gemacht.

Ma|gis|trat [magɪs'tra:t], der; -[e]s, -e:
städtische Verwaltungsbehörde (in bestimmten Städten): die Magistrate der hessischen Städte. **Syn.:** Senat.

Ma|gnet [ma'gne:t], der; -[e]s und -en, -e[n]:
1. *Eisen- oder Stahlstück, das die Eigenschaft hat, Eisen u. a. anzuziehen und an sich haften zu lassen:* einen Zettel mit einem Magnet[en] am Kühlschrank festmachen.
2. *Person oder Sache, die auf viele Menschen eine große Anziehungskraft hat:* die Innenstadt ist auch abends noch ein Magnet. **Syn.:** Attraktion. **Zus.:** Publikumsmagnet.

Ma|gno|lie [ma'gno:li̯ə], die; -, -n:
Strauch oder Baum, der große weiße bis rosa Blüten trägt, die an Tulpen erinnern.

Ma|ha|go|ni [maha'go:ni], das; -s:
kostbares Holz mit rötlicher Maserung, das von bestimmten Bäumen der afrikanischen Tropen stammt und besonders für Möbel verwendet wird: ein Wohnzimmer aus Mahagoni.

mä|hen ['mɛ:ən] ⟨tr.; hat⟩:
a) *mit einer Sense, mit einer Mähmaschine über dem Erdboden abschneiden:* Gras, Getreide mähen. **Syn.:** ernten, schneiden.
b) *von Gras, Getreide o. Ä. befreien:* den Rasen mähen; die Wiese muss gemäht werden. **Syn.:** schneiden.

Mahl [ma:l], das; -[e]s, Mähler ['mɛ:lɐ] und -e (geh.):
Essen: ein einfaches, reichliches, ländliches, festliches Mahl. **Syn.:** Gelage, Imbiss, Mahlzeit, Menü, Schmaus (veraltend; noch scherzh.). **Zus.:** Hochzeitsmahl, Mittagsmahl, Nachtmahl.

mah|len ['ma:lən], mahlte, gemahlen ⟨tr.; hat⟩:
a) *(körniges o. ä. Material) in sehr kleine Teile zerkleinern:* Kaffee, Korn, Getreide mahlen.
b) *durch Mahlen herstellen:* der Müller mahlt Mehl.

Mahl|zeit ['ma:ltsa̯it], die; -, -en:
[zu bestimmten Zeiten des Tages eingenommenes] Essen: eine warme Mahlzeit; drei Mahlzeiten am Tag. **Syn.:** Essen, Gelage, Imbiss, Mahl (geh.), Menü, Schmaus (veraltend; noch scherzh.).

Mäh|ne ['mɛ:nə], die; -, -n:
dichtes, langes Haar am Kopf, Hals und Nacken bestimmter Säugetiere: die Mähne des Pferdes, des Löwen. **Syn.:** Haare (Plural), Schopf. **Zus.:** Löwenmähne.

mah|nen ['ma:nən] ⟨tr.; hat⟩:
a) *an eine Verpflichtung erinnern:* jmdn. öffentlich, schriftlich mahnen; jmdn. wegen einer Schuld mahnen. **Syn.:** appellieren an. **b)** *nachdrücklich zu einem bestimmten, geboten erscheinenden Verhalten oder Tun auffordern:* jmdn. zur Ruhe, zur Eile mahnen; ⟨auch itr.⟩ ich möchte zur Vorsicht, zum Aufbruch mahnen. **Syn.:** anhalten, bitten um, drängen, ermahnen, predigen (ugs.), zureden.

Mah|nung ['ma:nʊŋ], die; -, -en:
a) *[amtliche] schriftliche Erinnerung an eine Verpflichtung:* wir bekamen eine Mahnung, unsere Steuern zu bezahlen. **b)** *eindringliche Worte, die jmdn. zu etwas auffordern sollen:* Mahnung zur Eile, zum Frieden. **Syn.:** Appell, Aufforderung, Aufruf.

Mai [ma̯i], der; -[s], dichter. auch noch: -en, -e:
fünfter Monat des Jahres: Pfingsten ist dieses Jahr schon im Mai.

Mai|glöck|chen ['ma̯iglœkçən], das; -s, -:
Blume, die im Frühjahr blüht und deren kleine, weiße, stark duftende Blüten sich dicht übereinander an einem Stängel befinden: das Maiglöckchen steht unter Naturschutz.

Mai|kä|fer ['ma̯ikɛ:fɐ], der; -s, -:
größerer Käfer mit braunen Flügeldecken, der im Mai schwärmt und sich von Laubblättern ernährt: einen Maikäfer fangen.

mai|len ['me:lən] ⟨tr.; hat⟩:
als E-Mail senden: ich habe ihr Glückwünsche zum Geburtstag gemailt; die Freundin mailte, dass sie nicht kommen könne; ⟨auch itr.⟩ hast du ihm schon gemailt? **Syn.:** schicken, schreiben.

Mais [ma̯is], der; -es:
a) *hochwachsende Pflanze mit breiten, langen Blättern und einem großen, als Kolben wachsenden Fruchtstand mit leuchtend gelben Körnern:* Mais ist in vielen Ländern ein wichtiges Nahrungsmittel. **Syn.:** Kukuruz (österr., sonst landsch.).
b) *Frucht des Maises* (a): aus Mais kann man Popcorn machen.

Ma|jes|tät [majɛs'tɛ:t], die; -, -en:
1. *Titel und Anrede von Kaisern, Kaiserinnen und Königen, Königinnen:* Seine Majestät, der Kaiser; Ihre Majestät, die Königin, wird den Ball eröffnen.
2. ⟨ohne Plural⟩ *Erhabenheit und Größe, die einer Sache innewohnen, von ihr ausgehen:* von der Majestät der Berge beeindruckt sein. **Syn.:** Adel, Hoheit, Würde.

ma|jes|tä|tisch [majɛs'tɛ:tɪʃ] ⟨Adj.⟩:
Erhabenheit und Würde erkennen lassend: der majestätische Anblick des Gebirges; sie schreitet majestätisch durch den Saal. **Syn.:** erhaben, feierlich, gemessen, königlich, würdevoll.

Ma|jo|nä|se [majo'nɛ:zə], [majɔ'nɛ:zə]: ↑ Mayonnaise.

Ma|jor [maˈjoːɐ̯], der; -s, -e:
Offizier des untersten Dienstgrades bei den Stabsoffizieren (bei Heer und Luftwaffe): er ist als Major im Auslandseinsatz.

Ma|jo|ran [ˈmaːjoran], der; -s, -e:
a) *in den Mittelmeerländern heimische Pflanze mit kleinen, weißen Blüten:* Majoran im Garten anpflanzen. **b)** *als Gewürz verwendete, getrocknete Blätter des Majorans* (a): bringst du bitte noch ein Tütchen Majoran mit?

Ma|jo|ri|tät [majoriˈtɛːt], die; -, -en:
Mehrheit: die Majorität ist dagegen.

ma|ka|ber [maˈkaːbɐ] ⟨Adj.⟩:
a) *mit dem Tod, mit Traurigem, Schrecklichem spaßend:* ein makabrer Scherz; das Lied war sehr makaber. **b)** *unheimlich (durch eine bestimmte Beziehung zum Tod):* ein makabrer Anblick. **Syn.:** beklemmend, dämonisch, düster, entsetzlich, finster, furchtbar, fürchterlich, gespenstisch, grässlich (emotional), grauenhaft (emotional), grauenvoll (emotional), grausig, gruselig, schauerlich, schaurig, scheußlich, schrecklich, unheimlich.

Ma|kel [ˈmaːkl̩], der; -s, -:
etwas (ein Fehler, Mangel o. Ä.), was für jmdn. in seinen eigenen Augen oder im Urteil anderer als Schmach, als herabsetzend empfunden wird: ihre bäuerliche Herkunft wird von ihr als Makel empfunden. **Syn.:** Defizit, Minus, Nachteil, Schwäche.

ma|kel|los [ˈmaːkl̩loːs] ⟨Adj.⟩:
ohne Makel; keinen Fehler oder Mangel aufweisend: eine makellose Figur, Haut; ihr Ruf, ihr Examen war makellos; der Himmel ist makellos blau. **Syn.:** einwandfrei, fehlerlos, meisterhaft, perfekt, tadellos, untad[e]lig, vollendet, vollkommen.

mä|keln [ˈmɛːkl̩n] ⟨itr.; hat⟩ (ugs.):
an jmdm. oder einer Sache (besonders am Essen) etwas auszusetzen haben: du hast immer etwas zu mäkeln. **Syn.:** beanstanden, bemängeln, klagen über, kritisieren, meckern über (ugs. abwertend), monieren, motzen über (ugs.), nörgeln (abwertend), reklamieren, sich beklagen über, sich beschweren über.

Make-up [meɪkˈlap], das; -s, -s:
1. *kosmetisches Mittel, das auf das Gesicht aufgetragen wird, um diesem ein bestimmtes Aussehen (z. B. von Frische) zu geben:* Make-up auflegen. **Syn.:** Schminke. **Zus.:** Augen-Make-up.
2. *durch Make-up* (1) *herbeigeführte Verschönerung des Gesichts:* dein Make-up ist toll! **Zus.:** Abend-Make-up, Augen-Make-up.

Mak|ka|ro|ni [makaˈroːni], die ⟨Plural⟩:
lange, röhrenförmige Nudeln: Makkaroni mit Tomatensoße. **Syn.:** Teigwaren.

Mak|ler [ˈmaːklɐ], der; -s, -, **Mak|le|rin** [ˈmaːklərɪn], die; -, -nen:
Person, die Verkauf oder Vermietung von Häusern, Grundstücken, Wohnungen usw. vermittelt: das Haus soll über einen Makler verkauft werden. **Syn.:** Vermittler, Vermittlerin. **Zus.:** Grundstücksmakler, Grundstücksmaklerin, Immobilienmakler, Immobilienmaklerin.

Ma|kre|le [maˈkreːlə], die; -, -n:
im Meer lebender silbrig weißer Fisch: geräucherte Makrele.

ma|kro-, Ma|kro- [ˈmaːkro] ⟨erster Wortbestandteil⟩:
groß..., Groß..., lang..., Lang..., lang dauernd:
1. drückt aus, dass etwas im Großen, in seinem Gesamtzusammenhang betrachtet wird /Ggs. mikro-, Mikro-/: Makroklima; Makrokosmos; Makroökonomie; Makrostruktur.
2. bezeichnet einen hohen Grad; *sehr groß, intensiv* /Ggs. mikro-, Mikro-/: makroseismische *(ohne Instrumente wahrnehmbare)* Erdbeben; makroskopisch *(ohne optische Hilfsmittel, mit bloßem Auge erkennbar).*
3. *größer als normal* /Ggs. mikro-, Mikro-/: Makroaufnahme; Makrophänomen; makrozephal *(einen abnorm großen Kopf habend).* **Syn.:** hyper-, Hyper-; maxi-, Maxi-; super-, Super-.

¹mal [maːl] ⟨Adverb⟩ (ugs.):
zu irgendeiner Zeit: ich hatte mal einen Hund; versuch es doch noch mal *(eine weiteres Mal);* er wird es [noch] mal bereuen; es ging ihnen [schon] mal besser.

²mal [maːl] ⟨Partikel⟩:
1. dient dazu, auszudrücken, dass ein bestimmter Sachverhalt nur festgestellt wird und dass daran nichts zu ändern ist: so liegen die Dinge [nun] mal.
2. dient dazu, einer Äußerung eine gewisse Beiläufigkeit zu verleihen: ich versuche es mal; ich gehe mal kurz raus; hör mal zu; leihst du mir das Buch mal?

³mal [maːl] ⟨Konj.⟩:
dient dazu, eine Zahl anzuschließen, mit der eine andere, vorher genannte multipliziert wird: drei mal drei ist neun.

¹Mal [maːl], das; -[e]s, -e (geh.):
kennzeichnender Fleck auf der Haut: an diesem Mal erkennt man dich. **Syn.:** Narbe.

²Mal [maːl], das; -[e]s, -e:
Zeitpunkt, an dem sich etwas wiederholt oder wiederholen kann: das nächste, einzige Mal; jedes Mal; zum ersten Mal; mehrere Male; von Mal zu Mal; *** ein für alle Mal[e]:** *endgültig, für immer:* damit ist ein für alle Mal[e] Schluss!; *** mit einem Mal[e]:** *plötzlich, unerklärlicherweise:* mit einem Mal[e] warst du verschwunden.

ma|len [ˈmaːlən]:
a) ⟨tr.; hat⟩ *mit Pinsel und Farbe herstellen:* ein Bild, ein Gemälde, ein Porträt malen. **Syn.:** pinseln (ugs.), schmieren (ugs. abwertend). **b)** ⟨tr.; hat⟩ *das Aussehen (von jmdm., etwas) mit Pinsel und Farbe nachahmen:* eine Landschaft, eine Frau malen. **Syn.:** darstellen, porträtieren, skizzieren. **c)** ⟨itr.; hat⟩ *mit Pinsel und Farbe künstlerisch tätig sein:* ich male in Öl, nach der Natur; sie malt in ihrer Freizeit.

Ma|ler [ˈmaːlɐ], der; -s, -:
a) *Künstler, der malt:* ein berühmter Maler. **Zus.:** Aquarellmaler, Landschaftsmaler, Pflastermaler, Plakatmaler, Porträtmaler. **b)** *Handwerker, der Wände o. Ä. streicht:* den Maler bestellen.

Ma|le|rei [maːləˈrai̯], die; -, -en:
1. ⟨ohne Plural⟩ *Kunst des Malens:* die Malerei des 20. Jahrhunderts. **Zus.:** Barockmalerei, Höhlenmalerei, Landschaftsmalerei, Ölmalerei.
2. *einzelnes Werk der Malerei* (1):

an den Wänden der Kirche waren Malereien zu sehen. **Syn.:** Bild, Bildnis (geh.), Darstellung, Gemälde. **Zus.:** Deckenmalerei, Felsmalerei, Höhlenmalerei, Wandmalerei.

Ma|le|rin [ˈmaːlərɪn], die; -, -nen: weibliche Form zu ↑Maler.

ma|le|risch [ˈmaːlərɪʃ] ⟨Adj.⟩: *als so schön empfunden, als ob es gemalt wäre:* ein malerischer Anblick; das Dorf liegt malerisch am Berg. **Syn.:** bezaubernd, idyllisch, pittoresk, wunderbar, zauberhaft.

Mal|heur [maˈløːɐ̯], das; -s, -e und -s (ugs.): *kleines Missgeschick [das jmdm. peinlich ist]:* mir ist ein Malheur passiert: Ich habe deinen Geburtstag vergessen. **Syn.:** Panne, Unglück.

ma|lo|chen [maˈlɔxn̩] ⟨itr.; hat⟩ (salopp): *[körperlich] schwer arbeiten:* jeden Tag in der Fabrik malochen. **Syn.:** schaffen (bes. südd.), schuften (ugs.), werken.

mal|trä|tie|ren [maltrɛˈtiːrən] ⟨itr.; hat⟩: *mit jmdm., etwas übel umgehen:* jmdn. mit Fäusten malträtieren; ein Musikinstrument malträtieren. **Syn.:** misshandeln, peinigen (geh.), piesacken (ugs.), plagen, quälen, schinden, schlecht behandeln.

Malz [malt͜s], das; -es: *Getreide, das bis zu einem gewissen Grad zum Keimen gebracht wurde und das für die Herstellung von Bier o. Ä. verwendet wird:* in diesem Bier ist viel Hopfen und wenig Malz enthalten.

Ma|ma [ˈmama], die; -, -s (fam.): [1]*Mutter:* kannst du mir bitte mal die Mama ans Telefon holen?

Mam|mon [ˈmamɔn], der; -s (meist abwertend oder scherzh.): *Geld (als ein materielles, im Gegensatz zu geistigen Interessen stehendes, negativ angesehenes Bedürfnis):* um des schnöden Mammons willen hat er seinen besten Freund betrogen.

Mam|mut- [mamʊt] ⟨Präfixoid⟩ (emotional verstärkend): drückt aus, dass das im Basiswort Genannte räumlich oder zeitlich von besonders großer, gewaltiger, überdimensionaler Ausdehnung, Anzahl, Menge, von gewaltigem Ausmaß, Umfang ist (im Unterschied zu »Riesen-« erstrecken sich die Basiswörter nicht auch auf Gefühle u. Ä. wie Schreck, Blamage); *sehr lang, sehr groß, lang andauernd:* Mammutaufgebot; Mammutbetrieb; Mammutgebilde; Mammutkonzert; Mammutprogramm; Mammutprozess; Mammutsitzung; Mammuttournee; Mammutveranstaltung. **Syn.:** Marathon- (emotional verstärkend), Monster- (emotional verstärkend), Riesen- (ugs. emotional verstärkend), Super- (emotional verstärkend), Wahnsinns- (emotional verstärkend).

mamp|fen [ˈmampf̩n̩] (ugs.): **a)** ⟨tr.; hat⟩ *mit vollen Backen essen, kauen:* der Dicke saß da und mampfte gemütlich seinen Streuselkuchen. **Syn.:** kauen. **b)** ⟨itr.; hat⟩ (emotional) *essen:* du mampfst ja schon wieder!

man [man] ⟨Indefinitpronomen, nur im Nominativ⟩: **a)** *(in einer bestimmten Situation) der/die Betreffende, die Betreffenden:* von dort oben hat man eine tolle Aussicht; man nehme ... **b)** *bestimmte oder irgendwelche Leute; irgendeiner:* man klopft, bevor man eintritt; man vermutete, dass du krank seist; man denkt heute anders darüber. **Syn.:** die Leute, jemand. **c)** *ich, wir (wenn der Sprecher, die Sprecherin in der Allgemeinheit aufgeht oder aufgehen möchte):* bei dem Lärm versteht man ja sein eigenes Wort nicht; wenn man sich die Sache richtig überlegt; mit ihr kann man Pferde stehlen. **Syn.:** eine, einer.

Ma|na|ge|ment [ˈmɛnɪt͜ʃmənt], das; -s, -s: **1.** ⟨ohne Plural⟩ *Leitung, Führung eines Unternehmens o. Ä., die Planung, Grundsatzentscheidungen und Erteilung von Anweisungen umfasst:* ein Mitspracherecht beim Management haben. **Syn.:** Führung, Leitung. **2.** *Führungskräfte in einem Großunternehmen o. Ä.:* das mittlere, obere Management; sie gehört dem Management an. **Syn.:** Direktion, Führung, Leitung, Vorstand.

ma|na|gen [ˈmɛnɪd͜ʒn̩], managte, gemanagt ⟨tr.; hat⟩: **a)** (ugs.) *etwas geschickt organisieren und bewältigen:* sie hat vom Telefon aus die ganze Sache gemanagt; dass man dich eingeladen hat, habe ich geschickt gemanagt. **Syn.:** anstellen, arrangieren, bewältigen, bewerkstelligen, deichseln (ugs.), drehen (ugs.), fertigbringen (ugs.), hinbringen (ugs.), hinkriegen (ugs.). **b)** *(jmdn., besonders einen Künstler, eine Künstlerin oder einen Sportler, eine Sportlerin) geschäftlich betreuen und zu lancieren versuchen:* der Star wird von seiner Frau gemanagt. **Syn.:** aufbauen, betreuen, groß herausbringen, lancieren.

Ma|na|ger [ˈmɛnɪd͜ʒɐ], der; -s, -, **Ma|na|ge|rin** [ˈmɛnɪd͜ʒərɪn], die; -, -nen: **a)** *leitende Persönlichkeit eines Unternehmens o. Ä., deren Aufgabe Planungen, Grundsatzentscheidungen o. Ä. umfasst:* das Unternehmen suchte einen Manager; sie handelte wie eine hoch bezahlte Managerin. **Syn.:** Boss, Chef, Chefin, Macher, Macherin. **Zus.:** Topmanager, Topmanagerin. **b)** *Person, die die geschäftliche Betreuung von Künstlern, Sportlern o. Ä. übernimmt:* der Star trennte sich von seiner Managerin. **Syn.:** Agent, Agentin.

manch [manç] ⟨Indefinitpronomen und unbestimmtes Zahlwort⟩: **a)** mancher, manche, manches; ⟨unflektiert⟩ manch ⟨Singular⟩; *der, die, das eine oder andere:* manch einer/mancher hat sich schon darüber gewundert; manch nettes Wort/manches nette Wort; die Ansicht manches bedeutenden Gelehrten; in manchem schwierigen Fall; manche Beamtin. **Syn.:** ein paar ⟨Plural⟩, einige ⟨Plural⟩, einzelne ⟨Plural⟩. **b)** manche ⟨Plural⟩ *einige Personen, Sachen o. Ä. unter anderen:* die Straße ist an manchen Stellen beschädigt; für manche ältere/(auch:) älteren Leute; manche Grüne/Grünen. **Syn.:** ein paar, einige, einzelne.

man|cher|lei [ˈmançɐˈlai̯] ⟨unbestimmtes Zahlwort⟩: *verschiedene einzelne Dinge,*

Arten o. Ä. umfassend: es lassen sich mancherlei Ursachen feststellen; ich habe in der Zeit mancherlei gelernt; mancherlei gute Ratschläge. **Syn.:** allerhand, allerlei, vielerlei.

manch|mal ['mançma:l] ⟨Adverb⟩: *öfter, aber nicht regelmäßig:* ich treffe ihn manchmal auf der Straße. **Syn.:** ab und an, ab und zu, bisweilen, dann und wann, das eine oder andere Mal, des Öfteren, gelegentlich, hin und wieder, mitunter, vereinzelt, von Zeit zu Zeit, zuweilen (geh.).

Man|dant [man'dant], der; -en, -en, **Man|dan|tin** [man'dantɪn], die; -, -nen (bes. Rechtsspr.): *Klient, Klientin von Rechtsanwälten, Unternehmensberatern, Wirtschaftsprüfern o. Ä.:* jmdn. als Mandanten annehmen; in der Pause beriet sich die Verteidigerin mit ihrem Mandanten. **Syn.:** Auftraggeber, Auftraggeberin, Klient, Klientin, Kunde, Kundin, Kundschaft.

Man|da|ri|ne [manda'ri:nə], die; -, -n: *der Apfelsine ähnliche, aber kleinere und süßere Zitrusfrucht mit leicht ablösbarer Schale:* eine Mandarine kann man gut mit der Hand schälen. **Syn.:** Südfrucht.

Man|dat [man'da:t], das; -[e]s, -e: **a)** *Auftrag, jmdn. in einer Angelegenheit juristisch zu vertreten:* er hat sein Mandat niedergelegt; ich kann ihr Mandat leider nicht übernehmen. **b)** *Auftrag und Amt einer, eines Abgeordneten:* bereits kurz nach der Wahl legte sie ihr Mandat nieder. **Zus.:** Abgeordnetenmandat.

Man|del ['mandl̩], die; -, -n:
1. *von einer dünnen braunen Haut umgebener, harter, gelblich weißer Samenkern der Frucht des Mandelbaums:* süße, bittere Mandeln; gebrannte Mandeln; Mandeln überbrühen und abziehen; Mandeln hacken, reiben. **Zus.:** Bittermandel.
2. *mandelförmiges Organ, das sich in den Nischen des hinteren Gaumens und im Rachen befindet und zur Abwehr einer Infektion dient:* ihre Mandeln sind geschwollen; seine Mandeln sind gerötet. **Zus.:** Gaumenmandel, Rachenmandel.

Man|do|li|ne [mando'li:nə], die; -, -n: *lautenähnliches Musikinstrument mit meist bauchigem Schallkörper, kurzem Hals und vier Doppelsaiten aus Stahl, die mit einem Stäbchen o. Ä. angerissen werden:* die Mandoline stammt aus Italien.

-ma|ne [ma:nə], der; -n, -n ⟨zweiter Wortbestandteil⟩ (meist scherzh.): kennzeichnet eine männliche Person, die auf das im Basiswort Genannte fast suchtartig fixiert, ganz versessen darauf ist: Erotomane; Kleptomane.

Ma|ne|ge [ma'ne:ʒə], die; -, -n: *runde Fläche für Darbietungen in einem Zirkus o. Ä.:* Manege frei! **Syn.:** Arena. **Zus.:** Zirkusmanege.

Man|gel ['maŋl̩], der; -s, Mängel ['mɛŋl̩]:
1. ⟨ohne Plural⟩ *das Fehlen von etwas, was man braucht:* Mangel an Geld, Lebensmitteln; Mangel an Pflichtgefühl, Takt, Vertrauen; es herrscht Mangel an Arbeitsplätzen. **Syn.:** Armut, Defizit. **Zus.:** Geldmangel, Lehrermangel, Vitaminmangel.
2. *etwas, was nicht so ist, wie es sein sollte:* technische Mängel; an der Maschine traten schwere Mängel auf. **Syn.:** Defekt, Fehler, Makel, Manko, Minus, Nachteil, Schaden, Schattenseite, Schwäche.

man|gel|haft ['maŋl̩haft] ⟨Adj.⟩: *schlecht, nicht den Anforderungen entsprechend:* die Ware ist mangelhaft verpackt; eine mangelhafte Durchblutung; er spricht Französisch nur sehr mangelhaft. **Syn.:** unbefriedigend, ungenügend, unzulänglich (geh.).

man|geln ['maŋl̩n] ⟨itr.; hat⟩ (geh.): *etwas Wichtiges nicht oder nur in unzureichendem Maß haben:* es mangelt [ihm] an Geld, an Zeit; dir mangelt der rechte Ernst. **Syn.:** abgehen, fehlen, gebrechen (geh.).

man|gels ['maŋl̩s] ⟨Präp. mit Gen.⟩: *aus Mangel an:* mangels [eines] Beweises; mangels jeglichen guten Willens; er wurde mangels genügender Beweise freigesprochen; ⟨aber: starke Substantive im Singular bleiben ungebeugt, wenn sie ohne Artikel und ohne adjektivisches Attribut stehen; im Plural stehen sie dann im Dativ:⟩ mangels Gewinn; mangels Beweisen, Erfolgen.

Ma|nie [ma'ni:], die; -, Manien [ma'ni:ən] (bildungsspr.): *Besessenheit, Zwang, sich in bestimmter Weise zu verhalten:* das Kaufen ist bei ihr schon zu einer Manie geworden. **Syn.:** Drang, Hang, Neigung, Sucht, Trieb.

Ma|nier [ma'ni:ɐ̯], die; -, -en:
1. ⟨ohne Plural⟩ *typischer Stil eines Künstlers, einer Künstlerin:* er malt in breughelscher Manier. **Syn.:** Art, Art und Weise, Masche (ugs.), Stil, Weise.
2. ⟨Plural⟩ *Art, sich zu benehmen; Umgangsform[en]:* feine, schlechte Manieren haben. **Syn.:** Anstand ⟨Singular⟩, Art ⟨Singular⟩, Auftreten ⟨Singular⟩, Benehmen ⟨Singular⟩, Betragen ⟨Singular⟩, Formen, Gebaren ⟨Singular⟩, Gehabe ⟨Singular⟩ (abwertend), Schliff ⟨Singular⟩, Sitten, Verhalten ⟨Singular⟩. **Zus.:** Tischmanieren.

ma|nier|lich [ma'ni:ɐ̯lɪç] ⟨Adj.⟩: **a)** *sich gut und anständig benehmend und nicht zu Klagen Anlass gebend:* sie benahmen sich manierlich; die Kinder saßen manierlich am Tisch. **Syn.:** anständig, artig, brav, ordentlich. **b)** (ugs.) *einigermaßen gut; den Erwartungen, Ansprüchen weitgehend entsprechend:* sie spielt ganz manierlich Klavier. **Syn.:** akzeptabel, einigermaßen, leidlich, passabel, zufriedenstellend.

Ma|ni|fest [mani'fɛst], das; -[e]s, -e: *öffentlich dargelegtes Programm einer Kunst- oder Literaturrichtung, einer politischen Partei, Gruppe o. Ä.:* politisch-ideologische Manifeste; die Partei gab ein Manifest heraus.

Ma|ni|fes|ta|ti|on [manifɛsta'ts̮i̯o:n], die; -, -en: **a)** *das deutliche Darlegen von etwas [wozu sich jmd., etwas offen bekennt]:* das Ganze war als Manifestation unserer Freude zu verstehen. **Syn.:** [1]Ausdruck, Demonstration, Zei-

M
Mani

chen. **b)** *das Offenbarwerden, Sichtbarwerden:* eine Manifestation bisher unbekannter Erscheinungen.

Ma|ni|kü|re [maniˈky:rə], die; -, -n: **a)** ⟨ohne Plural⟩ *Pflege der Hände, besonders der Fingernägel:* Maniküre machen; sie ist mit der Maniküre noch nicht fertig. **b)** *Kosmetikerin oder Friseurin mit Zusatzausbildung in Maniküre* (a): sie arbeitet als Maniküre.

Ma|ni|pu|la|ti|on [manipulaˈtsi̯o:n], die; -, -en: *das Manipulieren:* die Manipulation der Öffentlichkeit durch die Massenmedien; die Manipulation von Bedürfnissen und Meinungen. **Zus.:** Genmanipulation.

ma|ni|pu|lie|ren [manipuˈli:rən] ⟨tr.; hat⟩: *durch bewusste Beeinflussung in eine bestimmte Richtung lenken, drängen:* die Sprache, die Öffentlichkeit manipulieren; die Meinung des Volkes wird durch die Presse manipuliert. **Syn.:** beeinflussen.

Man|ko [ˈmaŋko], das; -s, -s: *etwas, was fehlt und als Mangel, Nachteil empfunden wird:* es ist ein Manko, dass sie keine Fremdsprachen kann; ein Manko an Bildungspolitik. **Syn.:** Minus, Schwäche.

Mann [man], der; -[e]s, Männer [ˈmɛnɐ] und (als Mengenangabe nach Zahlen) -: **1.** *erwachsene Person männlichen Geschlechts:* ein junger, gut aussehender, alter, betagter Mann; er ist ein Mann der raschen Entschlüsse; ein Heer von 10 000 Mann. **Zus.:** Fachmann, Hausmann. **2.** *Ehemann:* darf ich Ihnen meinen Mann vorstellen? **Syn.:** bessere Hälfte (ugs. scherzh.), Ehepartner, Gatte (geh.), Gemahl (geh.).

Mann / Gatte / Gemahl: s. Kasten Seite 409.

-mann [man], der; -[e]s ⟨Suffixoid⟩; vgl. -männer/-leute: bezeichnet nur ganz allgemein einen Mann, der als Mensch in Bezug auf seine im Basiswort genannte Tätigkeit o. Ä. gesehen wird: Filmmann; Finanzmann; Kirchenmann; Parteimann; Pressemann; Rundfunkmann; Spitzenmann. **Syn.:** -ant, -er, -erich, -fritze (ugs. abwertend), -huber, -ler, -maxe, -meier (abwertend), vgl. -leute.

Man|ne|quin [ˈmanəkɛ̃], das; -s, -s: *weibliche Person, die Modekollektionen, Modellkleider vorführt:* Mannequins auf dem Laufsteg. **Syn.:** Model, Modell.

-män|ner/-leu|te [mɛnɐ]/[lɔy̯tə] ⟨Plurale von Substantiven auf -mann⟩: der Plural -»männer« kennzeichnet noch deutlich das männliche Geschlecht und drückt stärker die Individualität aus, während -»leute« eine Sammelbezeichnung ist, die eine Gruppe von Menschen, einen bestimmten Beruf oder Stand, eine Gesamtheit bezeichnet, die auch Frauen mit einschließen kann: Fachmänner/Fachleute, Feuerwehrmänner/Feuerwehrleute, Geschäftsmänner/Geschäftsleute, Müllmänner/Müllleute, Obmänner/Obleute, Seemänner/Seeleute, Sportsmänner/Sportleute, Zimmermänner/Zimmerleute.

man|nig|fach [ˈmanɪçfax] ⟨Adj.⟩: *in großer Anzahl und von verschiedener Art, auf verschiedene Art:* mannigfache Möglichkeiten, Beschränkungen; Gewalt kann in mannigfachen Formen auftreten. **Syn.:** abwechslungsreich, allerhand, divers..., kunterbunt (emotional), mancherlei, mannigfaltig, mehrer..., reichhaltig, vielfältig.

man|nig|fal|tig [ˈmanɪçfaltɪç] ⟨Adj.⟩: *[in großer Anzahl vorhanden und] auf vielerlei Art gestaltet:* Arbeiten mannigfaltigster Art. **Syn.:** abwechslungsreich, allerhand, divers..., kunterbunt (emotional), mancherlei, mannigfach, mehrer..., reichhaltig, vielfältig.

männ|lich [ˈmɛnlɪç] ⟨Adj.⟩ /Ggs. weiblich/: **1.** *zum Geschlecht des Mannes gehörend:* ein Kind männlichen Geschlechts; ein männlicher Nachkomme. **2.** *für den Mann typisch, charakteristisch:* eine typisch männliche Eigenschaft; ein männliches Auftreten; er wirkt sehr männlich. **Syn.:** maskulin.

Mann|schaft [ˈmanʃaft], die; -, -en: **a)** *Gruppe von Sportlerinnen und Sportlern, die für ein gemeinsames Ziel einen Wettkampf bestreitet:* die siegreiche Mannschaft; eine Mannschaft aufstellen. **Syn.:** Crew, Riege, Team. **Zus.:** Fußballmannschaft, Nationalmannschaft, Olympiamannschaft. **b)** *Besatzung eines Schiffes, Flugzeuges:* die Mannschaft auf dem Deck antreten lassen. **Syn.:** Crew. **Zus.:** Schiffsmannschaft. **c)** *alle Soldaten und Soldatinnen einer militärischen Einheit ohne Offiziere:* der Gefreite wurde vor versammelter Mannschaft getadelt. **d)** (ugs.) *Gruppe von Leuten, mit denen man zusammen arbeitet:* die Kanzlerin und ihre Mannschaft. **Syn.:** Crew, Kollektiv, Team, Truppe. **Zus.:** Regierungsmannschaft.

Ma|nö|ver [maˈnø:vɐ], das; -s, -: **1.** *größere Übung eines Heeres im Gelände unter kriegsmäßigen Bedingungen:* die Truppen nehmen an einem Manöver teil. **Zus.:** Flottenmanöver, Herbstmanöver. **2.** *geschicktes Ausnutzen von Personen oder Situationen, um ein bestimmtes Ziel zu erreichen:* sie konnte durch ein taktisches Manöver den Vertragsabschluss hinauszögern. **Syn.:** Winkelzug. **Zus.:** Ablenkungsmanöver. **3.** *geschickt ausgeführte Wendung, taktische Bewegung (eines Truppenteils, Schiffes, Flugzeugs, Autos o. Ä.):* er überholte das vor ihm fahrende Auto in einem gefährlichen Manöver. **Zus.:** Anlegemanöver, Landemanöver, Überholmanöver, Wendemanöver.

ma|nö|vrie|ren [manøˈvri:rən] ⟨tr.; hat⟩: *ein Manöver* (2, 3) *ausführen:* das Auto in eine Parklücke manövrieren; ⟨auch itr.⟩ sie musste bei den Verhandlungen sehr geschickt manövrieren, um niemanden zu verärgern. **Syn.:** fahren, lenken, steuern. **Zus.:** hinausmanövrieren, hineinmanövrieren.

ma|nö|vrier|fä|hig [manøˈvri:ɐ̯fɛ:ɪç] ⟨Adj.⟩: *fähig, Manöver* (3) *auszuführen* *oder manövriert zu werden:* das Schiff ist nicht mehr manövrierfähig.

Man|sar|de [man'zardə], die; -, -n: *zum Wohnen ausgebauter Teil des Dachgeschosses [mit einer schrägen Wand]:* in einer Mansarde hausen. **Syn.:** Wohnung.

Man|schet|te [man'ʃɛtə], die; -, -n: **1.** *verstärkter Abschluss des Ärmels an einem Hemd, einer Bluse, einem Kleid:* steife, frisch gestärkte Manschetten; die Manschette bügeln. **Syn.:** Aufschlag. **2.** *zierende [mit einem abstehenden Rand versehene] Umhüllung aus Krepppapier o. Ä. um einen Blumentopf:* würden Sie mir bitte eine Manschette um den Topf machen?

Man|tel ['mantl̩], der; -s, Mäntel ['mɛntl̩]: **1.** *zum Schutz gegen die Witterung über der sonstigen Kleidung getragenes Kleidungsstück mit langen Ärmeln:* ein dicker, warmer, leichter Mantel; den Mantel anziehen, ausziehen. **Zus.:** Damenmantel, Herrenmantel, Ledermantel, Pelzmantel, Wintermantel. **2.** (bes. Fachspr.) *äußere Hülle, [zum Schutz] um etwas gelegte Umhüllung:* der Mantel eines Rohres, eines Kabels; der Mantel des Fahrrads muss erneuert werden. **Syn.:** Decke, Hülse, Kapsel, Schale. **Zus.:** Geschossmantel, Reifenmantel.

ma|nu|ell [ma'nu̯ɛl] ⟨Adj.⟩: *mit der Hand [durchgeführt]:* manuelle Tätigkeiten; die manuelle Herstellung von Waren; die Maschine muss manuell bedient werden. **Syn.:** von Hand.

Ma|nu|skript [manu'skrɪpt], das; -[e]s, -e: *[zum Druck bestimmte] mit der Hand, Schreibmaschine oder dem Computer angefertigte Niederschrift eines literarischen oder wissenschaftlichen Textes, eines Vortrags o. Ä.:* ein fertiges Manuskript; das Manuskript muss noch überarbeitet werden; heutzutage sollte das Manuskript auf dem Computer geschrieben sein. **Syn.:** Aufzeichnung.

Map|pe ['mapə], die; -, -n: **a)** *rechteckige, flache Tasche, besonders für Akten, Hefte o. Ä.:* sie verschwand mit einer Mappe unter dem Arm. **Syn.:** Aktentasche, Ranzen. **Zus.:** Aktenmappe, Schulmappe. **b)** *aufklappbare Hülle aus zwei steifen, durch einen Rücken verbundenen oder aneinandergehefteten Deckeln zum Aufbewahren von Akten, Briefen, Kunstblättern o. Ä.:* er schlug die Mappe auf und zeigte eine Skizze in Kohle. **Syn.:** Ordner. **Zus.:** Kunstmappe, Sammelmappe, Zeichenmappe.

Ma|ra|thon [ma:ratɔn], der; -s, -s: *sportlicher Lauf über eine Distanz von 42,195 Kilometer:* der Marathon in Berlin findet immer im September statt.

Ma|ra|thon- [ma:ratɔn] ⟨Präfixoid⟩ (emotional verstärkend): *(in Bezug auf Veranstaltungen, Tätigkeiten o. Ä.) sehr viel länger dauernd als gewöhnlich:* Marathondiskussion; Marathonfestival; Marathonprozess; Marathonsitzung.

-ma|ra|thon [ma:ratɔn], das; -s, -s ⟨Suffixoid⟩: *etwas, was in Bezug auf das im Basiswort Genannte überaus lange andauert:* Abstimmungsmarathon; Sitzungsmarathon; Verhandlungsmarathon.

Mär|chen ['mɛ:ɐ̯çən], das; -s, -: **1.** *im Volk überlieferte Erzählung, in der übernatürliche Kräfte und Gestalten in das Leben der Menschen eingreifen [und meist am Ende die Guten belohnt und die Bösen bestraft werden]:* die Märchen der Brüder Grimm; die Märchen aus 1001 Nacht; das klingt wie ein Märchen; die Großmutter erzählt den Kindern ein Märchen. **Syn.:** Fabel, Geschichte, Legende, Mythos, Sage. **Zus.:** Kindermärchen, Kunstmärchen, Volksmärchen. **2.** (ugs.) *unglaubwürdige, [als Ausrede] erfundene Geschichte:* erzähl mir nur keine Märchen!; das Märchen soll ich dir glauben? **Syn.:** Lüge, Story (ugs.).

mär|chen|haft ['mɛ:ɐ̯çənhaft] ⟨Adj.⟩: **a)** *von der Art eines Märchens, für Märchen charakteristisch:* märchenhafte Motive einer Dichtung. **b)** *zauberhaft schön:* eine märchenhafte Schneelandschaft. **Syn.:** bezaubernd, idyllisch, malerisch, wunderbar. **c)** (ugs. emotional) *(in positiver Weise) sehr [groß], sehr gut:* ein märchenhafter Reichtum; sie hat eine märchenhafte Karriere gemacht. **Syn.:** außergewöhnlich, außerordentlich, beachtlich, bemerkenswert, einmalig (emotional), enorm, erstaunlich, imposant, kolossal (ugs. emotional), ungeheuer, ungewöhnlich, unglaublich (ugs.).

Mar|der ['mardɐ], der; -s, -: *kleines, hauptsächlich von Nagetieren lebendes Säugetier mit lang gestrecktem Körper, kurzen Beinen, langem Schwanz und dichtem, feinem Fell:* ein Marder hat die Bremsschläuche des Autos angenagt.

Mar|ga|ri|ne [marga'ri:nə], die; -: *streichfähiges, der Butter ähnliches Speisefett aus pflanzlichen [und zu einem geringen Teil aus tierischen] Fetten:* Margarine zum Kochen nehmen. **Syn.:** Fett. **Zus.:** Diätmargarine, Pflanzenmargarine.

Mar|ge|ri|te [margə'ri:tə], die; -, -n: *Pflanze mit sternförmiger Blüte, deren großes, gelbes Körbchen von einem Kranz zungenförmiger, weißer Blütenblätter gesäumt ist:* auf der Wiese Margeriten pflücken.

Ma|ri|en|kä|fer [ma'ri:ənkɛ:fɐ], der; -s, -: *kleiner Käfer mit fast halbkugelig gewölbtem Körper und oft roten Flügeldecken mit schwarzen Punkten:* das Kind zählt die Punkte des Marienkäfers.

Ma|ri|hu|a|na [mari'hu̯a:na], das; -[s]: *(aus getrockneten, zerriebenen Blättern, Stängeln und Blüten des in Mexiko angebauten indischen Hanfs gewonnenes) Rauschgift:* Marihuana rauchen. **Syn.:** Droge, Gras (Jargon), Stoff (Jargon).

Ma|ril|le [ma'rɪlə], die; -, -n (österr., sonst landsch.): *Aprikose.*

Ma|ri|na|de [mari'na:də], die; -, -n: **a)** *aus Essig, Öl oder saurer Sahne, Kräutern, Gewürzen o. Ä. bestehende Flüssigkeit zum Einlegen von Fleisch, Fisch, Gurken o. Ä.:* das Fleisch vor dem Grillen in einer Marinade einlegen. **Syn.:** Beize. **b)** *Salatsoße:* den

Salat mit einer Marinade anmachen. **Syn.:** Soße, Tunke.

Ma|ri|ne [maˈri:nə], die; -: *Gesamtheit der Schiffe und der für die Seefahrt notwendigen Einrichtungen eines Staates:* die Marine hat eine große Schiffsflotte zur Verfügung. **Zus.:** Bundesmarine, Handelsmarine, Kriegsmarine.

ma|ri|ne|blau [maˈri:nəblau̯] ⟨Adj.⟩: *tief dunkelblau:* ein marineblauer Anzug. **Syn.:** blau.

Ma|ri|o|net|te [mari̯oˈnɛtə], die; -, -n:
1. *Puppe zum Theaterspielen, die mithilfe vieler Fäden oder Drähte geführt wird:* das Stück wurde mit Marionetten gespielt.
2. ⟨mit Attribut⟩ *Person, die als willenloser, anderen als Werkzeug dienender Mensch angesehen wird:* er wurde als Marionette des linken Flügels abqualifiziert. **Syn.:** Handlanger (abwertend), Lakai, Satellit, Vasall (abwertend).

[1]**Mark** [mark], die; -, -: *deutsche Währungseinheit (bis 2001):* die Deutsche Mark; der Eintritt kostet zwei Mark. **Zus.:** Goldmark, Reichsmark.

[2]**Mark** [mark], das; -[e]s:
1. *Substanz im Innern von Knochen o. Ä.:* das Mark aus den Knochen lösen. **Zus.:** Knochenmark, Rückenmark.
2. *konzentriertes, zu einem einheitlichen Brei verarbeitetes Fruchtfleisch:* Mark von Erdbeeren, Tomaten. **Syn.:** Paste. **Zus.:** Tomatenmark.

mar|kant [marˈkant] ⟨Adj.⟩: *stark ausgeprägt:* eine markante Persönlichkeit; sie hat markante Gesichtszüge. **Syn.:** auffallend, charakteristisch, deutlich, einprägsam, scharf umrissen.

Mar|ke [ˈmarkə], die; -, -n:
1. *Briefmarke:* eine Marke auf den Brief kleben.
2. *unter einem bestimmten Namen, Warenzeichen hergestellte Warensorte:* welche Marke rauchst du? **Syn.:** Sorte. **Zus.:** Automarke, Zigarettenmarke.
3. *kleiner Gegenstand (aus Metall o. Ä.), Schein, der als Ausweis dient oder zu etwas berechtigt:* der Hund trägt eine Marke am Hals; die Garderobe wird nur gegen eine Marke ausgegeben; für diese Marke erhält man in diesem Restaurant ein Mittagessen. **Syn.:** Bon, Chip, Gutschein, Schein. **Zus.:** Erkennungsmarke, Essenmarke, Hundemarke, Lebensmittelmarke.

Mar|ken|ar|ti|kel [ˈmarkn̩|arti:kl̩], der; -s, - (Wirtschaft): *vom Hersteller durch ein Markenzeichen gekennzeichneter Artikel, für den gleichbleibende Qualität verbürgt wird:* sie kauft nur Markenartikel.

mark|er|schüt|ternd [ˈmark|ɛɐ̯ʃʏtn̩t] ⟨Adj.⟩: *durchdringend laut [und Mitleid, Erbarmen hervorrufend]:* ein markerschütternder Schrei. **Syn.:** aus Leibeskräften, aus vollem Hals, aus voller Kehle, durch Mark und Bein gehend, gellend, grell, lauthals, lautstark.

Mar|ke|ting [ˈmarkətɪŋ], das; -s (Wirtschaft): *alle Aktivitäten eines Unternehmens, den Absatz durch Betreuung der Kunden, Werbung, Beobachtung und Lenkung des Marktes sowie durch entsprechende Steuerung der eigenen Produktion zu fördern:* in Krisenzeiten spielt geschicktes Marketing eine noch größere Rolle als sonst.

mar|kie|ren [marˈki:rən]:
1. ⟨tr.; hat⟩ *durch ein Zeichen o. Ä. kenntlich machen:* Zugvögel [durch Ringe] markieren; eine Stelle auf der Landkarte markieren; einen Weg durch Stangen markieren. **Syn.:** kennzeichnen, zeichnen.
2. ⟨itr.; hat⟩ (ugs.) *jmdn., etwas darstellen, was nicht der Wirklichkeit entspricht; so tun, als ob:* der Betrüger markierte den Harmlosen; den Dummen markieren; ⟨auch itr.⟩ sie ist nicht krank, sie markiert bloß. **Syn.:** heucheln, mimen, simulieren.

Mar|kie|rung [marˈki:rʊŋ], die; -, -en:
a) *das Markieren* (1): die Markierung der Wege ist Angelegenheit der Gemeinde. **Syn.:** Kennzeichnung. **b)** *Kennzeichnung, [Kenn]zeichen:* die Markierungen des Weges sind deutlich sichtbar angebracht; die Markierung auf der Fahrbahn, auf dem Fußballplatz. **Zus.:** Fahrbahnmarkierung, Farbmarkierung, Streckenmarkierung.

mar|kig [ˈmarkɪç] ⟨Adj.⟩: *kraftvoll und fest:* eine markige Stimme; markige Worte, Sprüche. **Syn.:** kernig, kräftig, stark.

Mar|ki|se [marˈki:zə], die; -, -n: *aufrollbares, schräges Sonnendach vor einem [Schau]fenster, über einem Balkon o. Ä., das Sonne, Regen abhalten soll:* die Markise herunterlassen, herausdrehen.

Markt [markt], der; -[e]s, Märkte [ˈmɛrktə]:
1. *Marktplatz:* das Haus steht am Markt.
2. *Verkauf und Kauf von Waren, Handel mit Waren auf einem Markt o. Ä.:* jeden Donnerstag ist Markt, wird Markt abgehalten. **Zus.:** Weihnachtsmarkt, Wochenmarkt.
3. *Gesamtheit von Waren und Geldverkehr:* Japan eroberte mit seinen Waren den europäischen Markt. **Zus.:** Arbeitsmarkt, Verbrauchermarkt, Weltmarkt.

Markt|platz [ˈmarktplat͜s], der; -es, Marktplätze [ˈmarktplɛt͜sə]: *[zentraler] Platz in einer Stadt, auf dem Markt abgehalten wird oder früher wurde:* alte Häuser am Marktplatz. **Syn.:** Markt.

markt|schrei|e|risch [ˈmarktʃrai̯ərɪʃ] ⟨Adj.⟩: *lautstark, aufdringlich werbend:* marktschreierische Methoden. **Syn.:** reißerisch (abwertend).

Markt|wirt|schaft [ˈmarktvɪrtʃaft], die; -, -en: *Wirtschaftssystem, in dem die Produktion und Verteilung von Gütern durch den Markt gesteuert wird:* eine freie, soziale Marktwirtschaft.

Mar|me|la|de [marməˈla:də], die; -, -n: *[süßer] Aufstrich aus eingekochten Früchten:* ein Glas Marmelade; Marmelade aufs Brot streichen. **Syn.:** Konfitüre. **Zus.:** Aprikosenmarmelade, Erdbeermarmelade, Himbeermarmelade.

Mar|mor [ˈmarmo:ɐ̯], der; -s, -e: *ein sehr hartes Kalkgestein mit leichter Zeichnung, das besonders in der Bildhauerei verwendet wird:* eine Statue aus Marmor.

mar|mo|riert [marmoˈri:ɐ̯t] ⟨Adj.⟩: *eine leichte Zeichnung wie Mar-*

mor habend: eine marmorierte Platte aus Kunststoff.

ma|ro|de [maˈroːdə] ⟨Adj.⟩: *heruntergekommen, ruiniert, abgewirtschaftet:* eine marode Firma; ein marodes Unternehmen; ein maroder Haufen; eine Welt, marode vom Wohlstand.

Ma|ro|ne [maˈroːnə], die; -, -n (auch: Maroni [maˈroːni]): *geröstete essbare Kastanie:* an diesem Stand gibt es heiße Maronen. **Syn.:** Esskastanie.

Ma|rot|te [maˈrɔtə], die; -, -n: *seltsame, schrullige Eigenart, Angewohnheit:* es ist eine Marotte von ihm, nie ohne Schirm auszugehen. **Syn.:** Eigenheit, Schrulle, Spleen, Tick (ugs.), Unart.

[1]**Marsch** [marʃ], der; -[e]s, Märsche [ˈmɛrʃə]:
1. *das Zurücklegen einer längeren Strecke zu Fuß in relativ schnellem Tempo:* nach einem Marsch von zwei Stunden, über 20 Kilometer erreichten wir ein Gasthaus; sie haben einen langen Marsch hinter sich. **Syn.:** Gang, Tour, Wanderung. **Zus.:** Protestmarsch, Schweigemarsch.
2. *Musikstück in geradem Takt und im Rhythmus des Marschierens [zur Unterstreichung des Gleichschritts]:* einen Marsch spielen, komponieren. **Zus.:** Hochzeitsmarsch, Trauermarsch.

[2]**Marsch** [marʃ], die; -, -en: *flaches Land hinter den Deichen an der Nordseeküste mit sehr fruchtbarem Boden:* die Kühe weiden auf der Marsch. **Zus.:** Flussmarsch, Seemarsch.

mar|schie|ren [marˈʃiːrən], marschierte, marschiert ⟨itr.; ist⟩: **a)** *(von geordneten Gruppen oder Formationen) in geschlossener Reihe [und gleichem Schritt] gehen:* im Gleichschritt marschieren; die Soldaten marschierten aus der Stadt. **b)** *in relativ schnellem Tempo eine größere Strecke zu Fuß zurücklegen:* wir sind heute drei Stunden marschiert. **Syn.:** gehen, laufen, wandern, ziehen. **Zus.:** abmarschieren, losmarschieren, zurückmarschieren.

Mar|ter [ˈmartɐ], die; -, -n (geh.): *hoher Grad von Schmerzempfindung (aufgrund bestimmter Einwirkungen):* sie musste in der Hitze höllische Martern ertragen; jmdm. körperliche, seelische Martern zufügen, bereiten; jeder Besuch bei ihm war für mich eine Marter. **Syn.:** Leid, Pein (geh.), Qual, Schmerz, Tortur.

mar|tern [ˈmartɐn] ⟨tr.; hat⟩ (geh.): *jmdm. Martern zufügen:* jmdn. zu Tode martern; Zweifel marterten ihn; sie hat sich mit Vorwürfen gemartert. **Syn.:** foltern, misshandeln, peinigen (geh.), quälen.

mar|ti|a|lisch [marˈt͜si̯aːlɪʃ] ⟨Adj.⟩ (bildungsspr.): *kriegerisch, Furcht einflößend:* ein martialisches Aussehen. **Syn.:** aggressiv, bedrohlich, grimmig, militant, wild.

Mär|ty|rer [ˈmɛrtyrɐ], der; -s, -, **Mär|ty|re|rin** [ˈmɛrtyrərɪn], die; -, -nen, **Mär|ty|rin** [ˈmɛrtyrɪn], die; -, -nen: *Person, die sich für ihre Überzeugung opfert, Verfolgungen und den Tod auf sich nimmt:* die frühchristlichen Märtyrer; sie ist als Märty[re]rin gestorben.

Mar|ty|ri|um [marˈtyːri̯ʊm], das; -s, Martyrien [marˈtyːri̯ən]: *schwere Qual [bis zum Tod] um des Glaubens oder der Überzeugung willen:* das Martyrium eines Heiligen; sie hat ein wahres Martyrium durchmachen müssen.

Mar|xis|mus [marˈksɪsmʊs], der; -: *Lehre, die die revolutionäre Umgestaltung der Klassengesellschaft in eine klassenlose Gesellschaft zum Ziel hat:* den Marxismus studieren, weiterentwickeln.

März [mɛrt͜s], der; -[es], (dichter. auch noch:) -en, -e: *dritter Monat des Jahres:* im März blühen in unserem Garten die ersten Krokusse.

Mar|zi|pan [mart͜siˈpaːn], das und (österr.:) der; -s, -e: *weiche Masse aus fein gemahlenen Mandeln, Aromastoffen und Zucker, die zu Süßigkeiten verarbeitet wird:* ein Schweinchen aus Marzipan.

Ma|sche [ˈmaʃə], die; -, -n:
1. *beim Häkeln oder Stricken entstandene Schlinge:* Maschen aufnehmen; eine rechte, linke Masche stricken; an ihrem Strumpf läuft eine Masche. **Syn.:** Schlaufe.
2. (ugs.) *überraschende, schlaue Vorgehensweise [die zur Lösung eines Problems führt]; Trick:* das ist seine neueste Masche; sich eine neue Masche ausdenken; immer nach der gleichen Masche verfahren, vorgehen. **Syn.:** Dreh (ugs.), Methode, Tour (ugs.).

Ma|schi|ne [maˈʃiːnə], die; -, -n:
1. *mechanische, aus beweglichen Teilen bestehende Vorrichtung, die Kraft oder Energie überträgt und mit deren Hilfe bestimmte Arbeiten unter Einsparung menschlicher Arbeitskräfte ausgeführt werden können:* eine moderne, einfache, komplizierte Maschine; etwas mit einer Maschine herstellen; eine Maschine ölen, warten, anstellen. **Syn.:** Anlage, Apparat, Apparatur, Einrichtung, Gerät. **Zus.:** Bohrmaschine, Geschirrspülmaschine, Kaffeemaschine, Nähmaschine, Schreibmaschine, Waschmaschine.
2. a) *Flugzeug:* die Maschine nach Paris hat Verspätung. **Syn.:** Flieger (ugs.), Mühle (ugs., oft abwertend). **Zus.:** Chartermaschine, Düsenmaschine, Militärmaschine, Transportmaschine. **b)** *Schreibmaschine:* sie schrieb den Brief mit der Maschine; sie kann schnell und fehlerfrei Maschine schreiben.

-ma|schi|ne [maʃiːnə], die; -, -n ⟨Suffixoid⟩:
1. ⟨mit Verben oder Verbalsubstantiven als Basiswort⟩ dient dazu, Geräte, Vorrichtungen zusammenzufassen, mit denen eine im Basiswort genannte Tätigkeit durchgeführt wird oder die diese selbsttätig durchführen: Drehmaschine; Druckmaschine; Kehrmaschine; Melkmaschine; Mischmaschine; Schleifmaschine; Spülmaschine; Stickmaschine; Strickmaschine; Webmaschine.
2. ⟨mit Substantiven als Basiswort⟩ dient dazu, Geräte zusammenzufassen, die in Bezug auf das im Basiswort Gebrauchte genannt werden, die oft im Basiswort das Produkt oder den Einsatzbereich nennen: Eismaschine; Espressomaschine; Küchenmaschine;

Nebelmaschine; Schiffsmaschine; Werkzeugmaschine. **3.** ⟨mit Substantiven als Basiswort⟩ dient dazu, Geräte zusammenzufassen, die mit dem im Basiswort Genannten ausgestattet sind: Kolbenmaschine; Kugelkopfmaschine. **Syn.:** -apparat, -er, -gerät.

ma|schi|nell [maʃiˈnɛl] ⟨Adj.⟩: *mithilfe einer Maschine [durchgeführt, hergestellt]:* etwas maschinell herstellen; eine maschinelle Übersetzung. **Syn.:** automatisch, mechanisch, selbsttätig.

Ma|sern [ˈmaːzɐn], die ⟨Plural⟩: *[im Kindesalter auftretende] sehr ansteckende Krankheit, die sich besonders durch Fieber und rote Flecken auf der Haut zeigt:* das Kind hat [die] Masern.

Ma|se|rung [ˈmaːzərʊŋ], die; -, -en: *wellige Musterung in bearbeitetem Holz, Marmor, Leder o. Ä.:* das Brett hat eine starke Maserung.

Mas|ke [ˈmaskə], die; -, -n: **1. a)** *etwas, was man vor dem Gesicht trägt, um nicht erkannt zu werden:* er trug beim Faschingsball die Maske eines Teufels; die Maske ablegen, abnehmen. **Syn.:** Larve. **Zus.:** Fastnachtsmaske, Teufelsmaske. **b)** *mithilfe eines Gipsabdrucks hergestellte Nachbildung eines Gesichts:* eine Ausstellung von Masken besuchen. **Zus.:** Gipsmaske, Totenmaske. **2.** *Gegenstand, der zu einem bestimmten Zweck vor dem Gesicht getragen wird:* die Feuerwehrleute mussten eine Maske tragen. **Zus.:** Atemmaske, Gasmaske, Schutzmaske. **3.** *kosmetisches Präparat, das aufs Gesicht aufgetragen wird:* eine erfrischende, kühlende Maske. **Zus.:** Gesichtsmaske, Gurkenmaske.

Mas|ken|ball [ˈmaskn̩bal], der; -[e]s, Maskenbälle [ˈmaskn̩bɛlə]: *²Ball, bei dem die Teilnehmenden maskiert sind:* heute feiert man nur noch selten Maskenbälle.

mas|ken|haft [ˈmaskn̩haft] ⟨Adj.⟩: *in der Art einer Maske* (1 b); *starr, unbeweglich:* sein Gesicht war bleich und maskenhaft.

mas|kie|ren [masˈkiːrən] ⟨+ sich⟩: *eine Maske* (1 a), *ein Kostüm anlegen:* die Gangster waren alle maskiert; die Kinder maskierten sich als Indianer. **Syn.:** sich kostümieren, sich tarnen, sich verkleiden.

Mas|kott|chen [masˈkɔtçən], das; -s, -: *kleiner Gegenstand, der Glück bringen soll:* er hat ein Maskottchen; an der Windschutzscheibe ihres Autos baumelt als Maskottchen ein weißes Kätzchen. **Syn.:** Amulett, Talisman.

mas|ku|lin [maskuˈliːn] ⟨Adj.⟩: **a)** (Sprachwiss.) *mit männlichem Geschlecht:* ein maskulines Substantiv. **Syn.:** männlich. **b)** *für das männliche Geschlecht kennzeichnend, charakteristisch; betont männlich:* ein maskuliner Typ, Mann; er sieht sehr maskulin aus. **c)** *als Frau männliche Züge habend, nicht weiblich:* sie ist ein etwas maskuliner Typ.

Ma|so|chis|mus [mazɔˈxɪsmʊs], der; -: *Variante des sexuellen Erlebens, bei der die volle sexuelle Befriedigung mit dem Erleiden von Demütigung, Schmerz oder Qual einhergeht* /Ggs. Sadismus/: nach den Ursachen von Masochismus suchen.

Maß [maːs], das; -es, -e: **1.** *Einheit, mit der die Größe oder Menge von etwas gemessen wird:* deutsche, englische Maße; das Maß für die Bestimmung der Länge ist das Meter; in anderen Ländern wird mit anderen Maßen gemessen, nach anderen Maßen gerechnet. **Zus.:** Einheitsmaß, Flächenmaß, Längenmaß, Metermaß. **2.** *Zahl, Größe, die durch Messen ermittelt worden ist:* die Maße des Zimmers; einen Anzug nach Maß machen lassen; sie hat ideale Maße *(eine ideale, sehr gute Figur).* **Syn.:** Abmessung. **Zus.:** Idealmaß, Körpermaß. **3.** *Grad, Ausmaß, Umfang* (2): die Anschuldigungen gingen über das übliche Maß weit hinaus; sie brachte ihm ein hohes Maß an Vertrauen entgegen. **Syn.:** Dimension, Größe. **Zus.:** Höchstmaß, Mindestmaß, Mittelmaß, Übermaß.

Mas|sa|ge [maˈsaːʒə], die; -, -n: *Behandlung des menschlichen Körpers oder einzelner Körperteile durch Klopfen, Kneten, Walken, Reiben, Streichen (zur Steigerung der Durchblutung, zur Lockerung verspannter Muskulatur o. Ä.):* eine Massage bekommen; der Arzt hat ihr gegen die Rückenschmerzen Massagen verschrieben. **Zus.:** Bürstenmassage, Klopfmassage, Körpermassage, Unterwassermassage.

Mas|sa|ker [maˈsaːkɐ], das; -s, -: *das Hinmorden einer großen Anzahl [unschuldiger, wehrloser] Menschen:* ein Massaker anrichten, verüben; es kam zu einem fürchterlichen Massaker. **Syn.:** Blutbad (emotional), Gemetzel (emotional).

Maß|ar|beit [ˈmaːs|arbai̯t], die; -, -en: **a)** ⟨ohne Plural⟩ *Anfertigung von Möbeln, Kleidern o. Ä. genau nach angegebenen Maßen:* etwas in Maßarbeit herstellen. **b)** *etwas, was in Maßarbeit hergestellt wurde:* der Frack ist Maßarbeit; eine saubere Maßarbeit.

Mas|se [ˈmasə], die; -, -n: **1.** *ungeformter, meist breiiger Stoff:* eine weiche, klebrige, zähe Masse; eine glühende Masse zum Gießen, Formen. **Syn.:** Materie, Substanz, Zeug. **2. a)** *große Anzahl, Menge:* eine Masse faule[r] Äpfel/von faulen Äpfeln lag/(seltener:) lagen auf dem Boden; die Massen strömten zum Sportplatz. **Syn.:** Ansammlung, große Zahl, Haufen (ugs.), Menge, Reihe, Unmenge. **b)** (oft abwertend) *großer Teil der Bevölkerung besonders im Hinblick auf das Fehlen individuellen, selbstständigen Denkens und Handelns:* eine breite, namenlose, anonyme Masse; die Masse ist in Bewegung geraten; sie hat die Massen hinter sich. **Syn.:** Menge, Meute (ugs. abwertend), Pöbel (abwertend), Volk. **Zus.:** Volksmasse.

Mas|sen- [masn̩] ⟨Bestimmungswort⟩: **a)** drückt aus, dass das im Grundwort Genannte in großer Zahl erfolgt: Massenabfertigung; Massenandrang; Massenstart. **b)** drückt aus, dass von dem im Grundwort Genannten sehr viele betroffen sind: Massenarbeitslosigkeit; Massenentlassungen; Massenkarambo-

M
masc

lage; Massenverhaftungen.
c) drückt aus, dass das im Grundwort Genannte für viele bestimmt ist: Massengrab; Massenmedien; Massensport; Massentourismus; Massenunterkunft; Massenverkehrsmittel.

-ma|ßen [ma:sn̩] ⟨adverbiales Suffix⟩:
was [auch] ...ist; wie allgemein ...ist: bekanntermaßen; bewusstermaßen; erklärtermaßen; erwiesenermaßen; gezwungenermaßen; verdientermaßen; zugegebenermaßen. **Syn.:** -weise.

Mas|sen|an|drang [ˈmasn̩|andraŋ], der; -[e]s:
Zustrom vieler Menschen an einem Ort: an der Kasse herrschte Massenandrang.

mas|sen|haft [ˈmasn̩haft] ⟨Adj.⟩ (oft emotional):
in auffallend großer Zahl, Menge [vorhanden]: ein massenhaftes Auftreten von Maikäfern; derartige Fehler sind ihm massenhaft unterlaufen. **Syn.:** haufenweise, in Hülle und Fülle, in Massen, in rauen Mengen (ugs.), massig (ugs.), mehr als genug, nicht wenig, reichlich, reihenweise, wie Sand am Meer (ugs.).

Mas|sen|me|di|um [ˈmasn̩me:di̯ʊm], das; -s, Massenmedien [ˈmasn̩me:di̯ən]:
Kommunikationsmittel (z. B. Fernsehen, Rundfunk, Zeitung), das mit seinen Informationen usw. einen sehr großen Personenkreis erreicht: das Massenmedium Fernsehen; eine von den Massenmedien hochgespielte Affäre. **Syn.:** Medium.

Mas|seur [maˈsø:ɐ̯], der; -s, -e, **Mas|seu|rin** [maˈsø:rɪn], die; -, -nen:
Person, die (beruflich) Massagen verabreicht: eine Ausbildung zum Masseur absolvieren.

maß|ge|bend [ˈma:sge:bn̩t] ⟨Adj.⟩:
als Richtschnur, Maß für ein Handeln, Urteil dienend: eine maßgebende Persönlichkeit; maßgebend an etwas beteiligt sein; ihr Beispiel ist auch für andere maßgebend geworden.

maß|geb|lich [ˈma:sge:plɪç] ⟨Adj.⟩:
von entscheidender Bedeutung; in bedeutendem Maße: seine Meinung ist maßgeblich; an einer Entscheidung maßgeblich beteiligt sein. **Syn.:** bedeutend, bestimmend, entscheidend, von Wichtigkeit, von [besonderer/großer] Bedeutung, von [großem] Gewicht, wesentlich, wichtig.

maß|hal|ten [ˈma:shaltn̩], hält maß, hielt maß, maßgehalten ⟨itr.; hat⟩:
das rechte Maß einhalten; Mäßigung üben: beim Essen maßhalten. **Syn.:** bescheiden leben, sich einschränken, haushalten, sich mäßigen, sparen, sich zurückhalten.

mas|sie|ren [maˈsi:rən] ⟨tr.; hat⟩:
jmds. Körper oder einen Teil davon mit den Händen streichen, kneten, klopfen o. Ä., um besonders die Durchblutung zu fördern, die Muskulatur zu lockern: jmdn. massieren; jmdm. den Rücken massieren; die Sportlerin wird vor dem Wettkampf massiert.

mas|sig [ˈmasɪç] ⟨Adj.⟩:
a) *groß und wuchtig:* der Schrank wirkt in dem kleinen Zimmer zu massig; ein massiger Körper. **Syn.:** schwer. **b)** ⟨verstärkend bei Verben⟩ (ugs.) *sehr viel; massenhaft:* massig Geld haben; es gab massig Probleme. **Syn.:** haufenweise (ugs.), in großer Zahl, in Hülle und Fülle, in Massen, in rauen Mengen (ugs.), massenhaft (oft emotional), mehr als genug, nicht wenig, reichlich, viel, wie Sand am Meer (ugs.), zahllos, zahlreich.

mä|ßig [ˈmɛ:sɪç] ⟨Adj.⟩:
a) *das rechte Maß einhaltend:* mäßig trinken; sie raucht nur mäßig; mäßige *(nicht zu hohe)* Preise. **Syn.:** bescheiden, gemäßigt, genügsam, maßvoll. **b)** *relativ gering; in nicht besonders hohem Maße:* ein mäßiges Einkommen; nur mäßige Beachtung finden. **Syn.:** durchschnittlich, gering, mittelmäßig, schwach. **c)** *wenig befriedigend, mittelmäßig:* ein mäßiger Schüler; ihre Leistungen sind nur mäßig. **Syn.:** durchschnittlich, durchwachsen (ugs.), enttäuschend, mittelmäßig, nicht das Wahre (ugs.), schwach, soso (ugs.), unbefriedigend.

-mä|ßig [mɛ:sɪç] ⟨adjektivisches Suffixoid⟩:
1. *in der Art von ..., nach Art, wie ...:* geschäftsmäßig; gewerbsmäßig; gewohnheitsmäßig; serienmäßig. **Syn.:** -artig, -esk (bildungsspr.), -getreu, -haft, -lich/-ig.
2. *wie es ... verlangt, vorsieht* /Ggs. -widrig/: gesetzmäßig; planmäßig; rechtmäßig; turnusmäßig; verfassungsmäßig; vorschriftsmäßig. **Syn.:** -gemäß, -gerecht.
3. *mithilfe von, durch:* blutsmäßig; fabrikmäßig; werbemäßig; willensmäßig; zwangsmäßig.
4. (ugs.) *in Bezug auf, hinsichtlich, was das im Basiswort Genannte betrifft:* arbeitsmäßig; ernährungsmäßig; gefühlsmäßig; gehaltsmäßig; mengenmäßig; stilmäßig; wohnungsmäßig; zahlenmäßig. **Syn.:** -al, -technisch.

mä|ßi|gen [ˈmɛ:sɪgn̩]:
a) ⟨itr.; hat⟩: *auf ein geringeres, das rechte Maß herabmindern; geringer werden lassen; abschwächen; mildern, dämpfen, zügeln:* sein Tempo mäßigen; seine Ungeduld, seinen Zorn mäßigen. **b)** ⟨+ sich⟩ *maßvoller werden, das rechte Maß gewinnen:* du musst dich beim/im Essen und Trinken etwas mäßigen; er muss noch lernen, sich zu mäßigen. **Syn.:** sich beherrschen, sich bezähmen, sich im Zaum halten, sich zügeln, sich zurückhalten.

mas|siv [maˈsi:f] ⟨Adj.⟩:
1. a) *nicht nur an der Oberfläche, sondern ganz aus dem gleichen, festen Material bestehend:* ein Ring aus massivem Gold; der Schrank ist massiv Eiche, ist Eiche massiv *(ist ganz aus Eichenholz, nicht mit Eiche furniert).* **b)** *fest, kompakt [und schwer, wuchtig wirkend]:* ein massiver Tisch; massiv gebaute Häuser. **Syn.:** gewaltig, massig, schwer, wuchtig.
2. *(von etwas Unangenehmem) heftig; in grober Weise erfolgend:* eine massive Drohung, Forderung; massive Kritik an jmdm. üben; massiv/massiven Druck auf jmdn. ausüben. **Syn.:** drastisch, hart, herb, nachdrücklich, rigoros, rücksichtslos, scharf, stark.

Mas|siv [maˈsi:f], das; -s, -e:
mächtiger Gebirgsstock; gedrungen wirkende Bergkette: das Massiv der Zugspitze, der Schweizer Alpen. **Zus.:** Berg-

M
Mass

massiv, Felsmassiv, Gebirgsmassiv.

maß|los ['ma:slo:s] ⟨Adj.⟩:
a) *über das gewöhnliche Maß weit hinausgehend:* maßlose Ansprüche, Forderungen; maßloser Ärger; er ist maßlos in seinen Forderungen. **Syn.:** ausschweifend, extrem, hemmungslos, krass, übertrieben, unersättlich, ungehemmt, unmäßig, wild, zügellos.
b) ⟨intensivierend bei Adjektiven und Verben⟩ *sehr, über die Maßen; außerordentlich:* er ist maßlos eifersüchtig; sie übertreibt maßlos; ich war damals maßlos enttäuscht. **Syn.:** äußerst, extrem, höchst, über alle Maßen (geh.), über die Maßen (geh.).

Maß|nah|me ['ma:sna:mə], die; -, -n:
Handlung, Regelung o. Ä., die etwas Bestimmtes bewirken soll: eine vorsorgliche, unpopuläre, drakonische Maßnahme; die Maßnahme hat sich bewährt; [geeignete] Maßnahmen gegen die Inflation, zur Verhütung von Unfällen ergreifen, treffen. **Syn.:** Aktion, Coup, Reaktion, Schritt, Tat, Vorkehrung. **Zus.:** Gegenmaßnahme, Schutzmaßnahme, Sparmaßnahme, Vorsichtsmaßnahme, Zwangsmaßnahme.

maß|re|geln ['ma:sre:gl̩n] ⟨tr.; hat⟩:
jmdm. eine offizielle Rüge erteilen, ihn durch bestimmte Maßnahmen bestrafen: man maßregelte ihn, hat sie wegen ihrer Versäumnisse gemaßregelt. **Syn.:** belangen, mit einer Strafe belegen, rügen, strafen, tadeln.

Maß|stab ['ma:sʃta:p], der; -[e]s, Maßstäbe ['ma:sʃtɛ:bə]:
1. *Verhältnis zwischen nachgebildeten Größen, besonders Strecken auf einer Landkarte, und den entsprechenden Größen in der Wirklichkeit:* die Karte ist im Maßstab 1 : 100 000 gezeichnet; etwas in einem größeren Maßstab modellieren, zeichnen.
2. *vorbildhafte Norm, nach der jmds. Handeln, Leistung beurteilt wird:* ein Maßstab für eine Leistungsbewertung; ihre Erfindung hat Maßstäbe gesetzt. **Syn.:** Kriterium. **Zus.:** Bewertungsmaßstab, Vergleichsmaßstab.

maß|voll ['ma:sfɔl] ⟨Adj.⟩:
das rechte Maß einhaltend, das normale Maß nicht übersteigend: maßvolle Forderungen stellen; sie urteilt immer äußerst maßvoll. **Syn.:** mäßig, moderat.

[1]Mast [mast], der; -[e]s, -en, auch: -e:
hoch aufragende Stange: der Mast eines Segelschiffs, eines Zirkuszeltes; die Antenne ist an einem Mast befestigt. **Syn.:** Pfahl, Pflock, Pfosten.

[2]Mast [mast], die; -, -en:
das Mästen bestimmter, zum Schlachten vorgesehener Haustiere: die Mast von Schweinen, Gänsen, Enten; sie verwenden ausschließlich Körner zur Mast.

Mast|darm ['mastdarm], der; -[e]s, Mastdärme ['mastdɛrmə]:
letzter Abschnitt des Darmes, der am After endet: eine Geschwulst am Mastdarm haben.

mäs|ten ['mɛstn̩], mästete, gemästet ⟨tr.; hat⟩:
(besonders von Schlachtvieh) reichlich mit Futter versorgen, um eine Zunahme an Fleisch, Fett zu bewirken: Schweine mästen; Gänse mit Körnern mästen; gemästetes Vieh, Geflügel.

Mas|tur|ba|ti|on [masturba'ts̮i̯o:n], die; -, -en:
geschlechtliche Selbstbefriedigung.

mas|tur|bie|ren [mastʊr'bi:rən]:
a) ⟨itr.; hat⟩ *sich selbst sexuell befriedigen:* er begann zu masturbieren. **Syn.:** onanieren, sich einen runterholen (salopp), sich [selbst] befriedigen. **b)** ⟨tr.; hat⟩ *jmdn. durch manuelle Reizung der Geschlechtsorgane sexuell befriedigen:* jmdn. masturbieren.

Match [mɛtʃ], das; -[e]s, -s:
sportlicher Wettkampf in Form eines Spiels: ein spannendes Match; die Tennisspieler lieferten sich ein hartes Match. **Syn.:** Partie. **Zus.:** Tennismatch, Tischtennismatch.

Ma|te|ri|al [mate'ri̯a:l], das; -s, Materialien [mate'ri̯a:li̯ən]:
1. *Rohstoff, Werkstoff, aus dem etwas besteht, gefertigt wird:* hochwertiges, strapazierfähiges Material; ein Produkt aus solidem Material. **Syn.:** Masse, Materie, Stoff, Substanz, Zeug.
2. *Hilfsmittel, Gegenstände, die für eine bestimmte Arbeit, für die Herstellung von etwas benötigt werden:* das erforderliche Material; Materialien für die Büroarbeit. **Zus.:** Arbeitsmaterial, Baumaterial, Filmmaterial, Verpackungsmaterial.
3. *Gesamtheit der Unterlagen, Belege, Nachweise o. Ä., die bei einer bestimmten Arbeit benötigt, benützt werden:* statistisches, belastendes Material; Material zusammentragen, auswerten, sichten. **Zus.:** Anschauungsmaterial, Beweismaterial, Bildmaterial, Informationsmaterial.

-ma|te|rial [materi̯a:l], das; -s ⟨Suffixoid⟩ (wird oft als inhuman empfunden):
eine bestimmte Anzahl von den im Basiswort genannten Personen, die für eine bestimmte Aufgabe zur Verfügung stehen: Menschenmaterial; Patientenmaterial.

Ma|te|ri|a|lis|mus [materi̯a'lɪsmʊs], der; -:
1. (oft abwertend) *materielle* (b), *auf Besitz und Gewinn bedachte Einstellung dem Leben gegenüber:* blanker, reiner Materialismus; in allem, was er tut, wird sein schnöder Materialismus erkennbar. **Syn.:** Habgier (emotional), Habsucht (emotional).
2. *Weltanschauung, die nur das Stoffliche als wirklich existierend, als Grund und Substanz der gesamten Wirklichkeit anerkennt und Seele und Geist als bloße Funktionen des Stofflichen betrachtet* /Ggs. Idealismus/: der marxistische historische Materialismus.

ma|te|ri|a|lis|tisch [materi̯a'lɪstɪʃ] ⟨Adj.⟩:
1. *in allen Belangen in erster Linie auf den wirtschaftlichen und finanziellen Vorteil bedacht:* ein materialistischer Mensch; äußerst materialistisch eingestellt sein. **Syn.:** geldgierig, habgierig (emotional), habsüchtig (emotional), materiell, raffgierig (abwertend).
2. *auf dem Materialismus* (2) *beruhend* /Ggs. idealistisch/: eine materialistische Auffassung der Geschichte.

Ma|te|rie [ma'te:ri̯ə], die; -, -n:
a) ⟨ohne Plural⟩ *rein Stoffliches als Grundlage von dinglich Vorhandenem; stoffliche Substanz:* organische, licht[un]durchläs-

sige, tote Materie. **Syn.:** Masse, Material, Stoff, Substanz, Zeug. **b)** *Gegenstand, Thema eines Wissensgebiets, eines Gesprächs o. Ä.; spezielle Angelegenheit:* sich mit einer schwierigen Materie vertraut machen; sie ist eine Kennerin dieser Materie; in dieser Materie kennt er sich nicht aus. **Syn.:** Fach, Gebiet, Gegenstand, Sache, Sachgebiet, Stoff.

ma|te|ri|ell [mateˈri̯ɛl] ⟨Adj.⟩:
a) *die lebensnotwendigen Dinge, Güter, Mittel betreffend, zu ihnen gehörend* /Ggs. ideell/: materielle Bedürfnisse, Ziele, Werte; er ist materiell sehr gut gestellt. **Syn.:** finanziell, wirtschaftlich. **b)** *materialistisch* (1): ein sehr materieller Mensch; sie sind alle zu materiell eingestellt. **Syn.:** geldgierig, habgierig (emotional), habsüchtig (emotional), raffgierig (abwertend).

Ma|the|ma|tik [matemaˈtiːk], die; -:
Wissenschaft, die sich mit den Beziehungen zahlenmäßiger oder räumlicher Verhältnisse beschäftigt: Mathematik studieren. **Zus.:** Elementarmathematik, Finanzmathematik, Versicherungsmathematik, Wirtschaftsmathematik.

ma|the|ma|tisch [mateˈmaːtɪʃ] ⟨Adj.⟩:
die Mathematik betreffend; auf den Gesetzen der Mathematik beruhend: ein mathematisches Verfahren; alles wurde mathematisch exakt berechnet.

Ma|ti|nee [matiˈneː], die; -, Matineen [matiˈneːən]:
künstlerische Veranstaltung am Vormittag: die Matinee findet am Sonntag um elf Uhr statt.

Mat|jes|he|ring [ˈmatjəsheːrɪŋ], der; -s, -e:
junger, mild gesalzener Hering: Matjeshering mit Pellkartoffeln.

Ma|trat|ze [maˈtrat͜sə], die; -, -n:
festes Polster in der Größe eines Bettes: in der Studentenbude lagen die Matratzen direkt auf dem Boden. **Zus.:** Allergikermatratze, Federkernmatratze, Rosshaarmatratze, Schaumgummimatratze.

Mä|tres|se [mɛˈtrɛsə], die; -, -n:
a) (früher) *[offizielle] Geliebte eines Fürsten:* sich Mätressen halten. **b)** (abwertend) *Geliebte eines [verheirateten] Mannes:* sie ist die Mätresse eines Großfabrikanten; er hält sich die Schauspielerin als Mätresse. **Syn.:** Freundin.

Ma|tro|se [maˈtroːzə], der; -n, -n, **Matrosin** [maˈtroːzɪn], die; -, -nen:
Person, die einfache Tätigkeiten bei der Handelsschifffahrt oder bei der Marine ausübt: es gibt viele Lieder über Matrosen. **Zus.:** Leichtmatrose, Vollmatrose.

Matsch [mat͜ʃ], der; -[e]s (ugs.):
aufgeweichter Boden; breiartige, feuchte Masse [aus Schnee oder Schlamm]: wenn es taut, ist viel Matsch auf der Straße; lauf nicht durch den Matsch! **Syn.:** Dreck, Morast, Schlamm, Schmutz. **Zus.:** Schneematsch.

mat|schig [ˈmat͜ʃɪç] ⟨Adj.⟩ (ugs.):
a) *von Matsch bedeckt:* matschige Feldwege; wenn es auf den Schnee regnet, sind alle Straßen matschig. **Syn.:** aufgeweicht, weich. **b)** *(aufgrund von Überreife, beginnender Fäulnis o. Ä.) weich und schmierig:* matschiges Obst, Gemüse. **Syn.:** schwammig.

matt [mat] ⟨Adj.⟩:
1. *von Müdigkeit, Erschöpfung o. Ä. schwach:* er ist nach dieser Anstrengung, der Krankheit ganz matt; sich sehr matt fühlen. **Syn.:** abgespannt, entkräftet, erledigt (ugs.), ermattet (geh.), erschöpft, fertig, geschwächt, groggy (ugs.), k. o. (ugs.), kaputt (ugs.), kraftlos, lahm, schlapp, schwächlich. **Zus.:** sterbensmatt, todmatt. **2.** *ohne rechten Glanz; nur schwach leuchtend:* mattes Licht; matte Farben. **Syn.:** blind, glanzlos, stumpf. **Zus.:** halbmatt, seidenmatt.

Mat|te [ˈmatə], die; -, -n:
etwas, was als Vorleger, Unterlage o. Ä. dient (und je nach Verwendungszweck aus grobem Geflecht oder Gewebe oder auch aus weichem, federndem Material besteht): auf der Matte turnen; sie legte eine Matte vor die Tür; jeden Sonntag steht die Tante auf der Matte (ugs.; *kommt sie zu Besuch*). **Syn.:** Läufer, Teppich. **Zus.:** Badematte, Filzmatte, Fußmatte, Ringermatte, Schilfmatte, Strohmatte, Turnmatte.

Matt|schei|be [ˈmatʃai̯bə], die; -, -n (ugs.):
Bildschirm eines Fernsehgerätes: er hockt dauernd vor der Mattscheibe. **Syn.:** Fernsehapparat, Fernsehen (ugs.), Fernseher (ugs.), Glotze (ugs.).

Ma|tu|ra [maˈtuːra], die; - (österr.; schweiz.):
Abitur: die Matura machen. **Syn.:** Abitur, Reifeprüfung.

Mätz|chen [ˈmɛt͜sçən], die ⟨Plural⟩ (ugs.):
Unsinn, der nicht ernst genommen wird: seine Mätzchen habe ich schon längst durchschaut; mach keine Mätzchen! **Syn.:** Blödsinn ⟨Singular⟩ (ugs. abwertend), dummes Zeug ⟨Singular⟩, Dummheiten, Firlefanz ⟨Singular⟩ (ugs. abwertend), Mist ⟨Singular⟩ (ugs. abwertend), Quark ⟨Singular⟩ (ugs.), Quatsch ⟨Singular⟩ (ugs.), Scheiße ⟨Singular⟩ (derb abwertend), Schnickschnack ⟨Singular⟩ (ugs., meist abwertend), Stuss ⟨Singular⟩ (ugs. abwertend), Unfug ⟨Singular⟩, Unsinn ⟨Singular⟩.

Mau|er [ˈmau̯ɐ], die; -, -n:
a) *Wand aus Steinen [und Mörtel], Beton o. Ä.:* eine hohe Mauer um ein Haus bauen; eine Mauer hochziehen; die Mauern waren mit Efeu bewachsen. **Syn.:** Wall. **Zus.:** Betonmauer, Steinmauer. **b)** *(von 1961 bis 1989) durch Berlin verlaufendes Bauwerk, das die Stadt politisch in einen westlichen und einen östlichen Teil trennte:* die Berliner Mauer.

mau|ern [ˈmau̯ɐn]:
1. ⟨tr.; hat⟩ *aus [Bau]steinen [und Mörtel] bauen, errichten:* eine Wand, eine Treppe mauern; ⟨auch itr.⟩ sie haben bis in die Nacht hinein gemauert. **Zus.:** einmauern, zumauern. **2.** ⟨itr.; hat⟩ (ugs.) *sich verschließen; Informationen nicht weitergeben:* je mehr wir ihm zuredeten, desto mehr mauerte er; in der Politik wird viel gemauert.

Maul [mau̯l], das; -[e]s, Mäuler [ˈmɔy̯lɐ]:
1. *dem Aufnehmen der Nahrung dienende Öffnung an der Vorderseite des Kopfes bei manchen Tieren:* das Maul der Kuh; einem Pferd ins Maul schauen. **Syn.:** Mund, Schnauze. **Zus.:**

Fischmaul, Froschmaul, Ochsenmaul.
2. (derb) *Mund:* halts Maul! *(sei still, schweig!).* **Syn.:** Klappe (salopp), Schnabel (ugs.), Schnauze (derb).

mau|len ['maulən] ⟨itr.; hat⟩ (ugs.): *aus Unmut über etwas unfreundlich, mürrisch sein:* die Schüler maulten wegen der vielen Hausaufgaben; hör auf zu maulen!; ihr habt aber auch immer was zu maulen! **Syn.:** brummen, klagen, knurren (ugs.), meckern (ugs. abwertend), motzen (ugs.), murren, nörgeln, protestieren.

Maul|esel ['maulle:zl̩], der; -s, -: *aus einem Pferdehengst und einer Eselstute gekreuztes, einem Esel ähnliches Huftier:* Maulesel sind unfruchtbar.

maul|faul ['maulfaul] ⟨Adj.⟩ (salopp): *kaum und nur unwillig sprechend, antwortend:* sei nicht so maulfaul und gib eine ordentliche Antwort!; sie saßen maulfaul um den Tisch herum. **Syn.:** einsilbig, lakonisch, schweigsam, wortkarg, zugeknöpft (ugs.).

Maul|held ['maulhɛlt], der; -en, -en, **Maul|hel|din** ['maulhɛldɪn], die; -, -nen (ugs. abwertend): *Person, die sich zwar rühmt, ein Held, eine Heldin zu sein, es aber nicht durch Taten beweist:* er ist ein echter Maulheld. **Syn.:** Angeber, Angeberin, Aufschneider (ugs. abwertend), Aufschneiderin (ugs. abwertend).

Maul|korb ['maulkɔrp], der; -[e]s, Maulkörbe ['maulkœrbə]: *aus schmalen Riemen netzartig geflochtener Korb, der Tieren (besonders Hunden) vors Maul gebunden wird, damit sie nicht beißen können:* alle Kampfhunde müssen einen Maulkorb tragen.

Maul|ta|sche ['maultaʃə], die; -, -n: *mit einer Füllung aus Hackfleisch, Gemüse o. Ä. versehenes und an den Rändern zusammengeklebtes viereckiges Stück aus Nudelteig:* Maultaschen mit Zwiebeln; in Schwaben isst man Maultaschen mit Kartoffelsalat. **Zus.:** Gemüsemaultasche.

Maul|tier ['maulti:ɐ̯], das; -[e]s, -e: *aus einem Eselhengst und einer Pferdestute gekreuztes, einem Pferd ähnliches Huftier:* das Maultier wird oft »Muli« genannt.

Maul|wurf ['maulvʊrf], der; -[e]s, Maulwürfe ['maulvʏrfə]: *unter der Erde lebendes, Insekten und Regenwürmer fressendes Tier mit kurzhaarigem, dichtem Fell, kleinen Augen, rüsselförmiger Schnauze und kurzen Beinen, von denen die vorderen zwei als Grabwerkzeuge ausgebildet sind:* der Maulwurf ist fast blind.

Mau|rer ['maurɐ], der; -s, -, **Mau|re|rin** ['maurərɪn], die; -, -nen: *Person, die berufsmäßig beim Bau [eines Hauses] die Mauern errichtet, verputzt usw.:* mein Vater ist Maurer von Beruf.

Maus [maus], die; -, Mäuse ['mɔyzə]:
1. *kleines [graues] Nagetier mit spitzer Schnauze, nackten Ohren und nacktem, langem Schwanz:* die Maus huscht ins Loch. **Zus.:** Erdmaus, Feldmaus, Haselmaus, Hausmaus, Kirchenmaus, Waldmaus, Wühlmaus, Zwergmaus.
2. (EDV) *meist auf Rollen gleitendes, per Funk oder Kabel mit einem Computer verbundenes Gerät, das auf dem Tisch hin und her bewegt wird, um den Cursor auf dem Monitor zu steuern:* mit der linken Taste der Maus klicken. **Zus.:** Computermaus, Funkmaus.

mau|sen ['mauzn̩] ⟨tr.; hat⟩ (fam., meist scherzh.): *(in Bezug auf Dinge von geringerem Wert) sich unerlaubt und heimlich aneignen:* Äpfel aus dem Garten des Nachbarn mausen. **Syn.:** entwenden, klauen (ugs.), mitgehen lassen (ugs.), sich unter den Nagel reißen (ugs.), stehlen, stibitzen (ugs.), wegnehmen.

mau|sern ['mauzɐn] ⟨+ sich⟩:
1. *(von Vögeln) das Federkleid wechseln:* die Hühner mausern sich; ⟨auch itr.⟩ die Vögel mausern. **Syn.:** in der Mauser sein.
2. (ugs.) *sich durch eine starke, der Entfaltung der eigenen Anlagen, Möglichkeiten förderliche Entwicklung deutlich verändern:* die junge Frau hat sich ganz schön gemausert, früher war sie so schüchtern; die Provinzstadt hat sich zur reichsten Kommune des Landes gemausert. **Syn.:** sich entfalten, sich entwickeln, reifen.

Maut [maut], die; -, -en: *Gebühr für das Benutzen von Straßen, Brücken o. Ä.:* Maut bezahlen. **Syn.:** Abgabe. **Zus.:** Autobahnmaut, Brückenmaut.

¹ma|xi|mal [maksi'ma:l] ⟨Adj.⟩: *größtmöglich, höchstmöglich:* der maximale Kraftstoffverbrauch, die maximale Geschwindigkeit eines Pkw; maximale Vorsicht ist geboten; wir haben den Urlaub maximal ausgenutzt.

²ma|xi|mal [maksi'ma:l] ⟨Adverb⟩: *nicht mehr als; höchstens:* er arbeitet maximal zehn Stunden am Tag; die maximal zulässige Geschwindigkeit beträgt 180 km/h.

Ma|xi|mum ['maksimʊm], das; -s, Maxima ['maksima]: *das Höchstmögliche, Größtmögliche* /Ggs. Minimum/: Autos, die ein Maximum an Sicherheit bieten; das Maximum ist noch nicht erreicht; sie hat das Maximum gegeben. **Syn.:** das Höchste, das Optimale, Gipfel, Höchstmaß, Höhepunkt.

Ma|yon|nai|se [majɔ'nɛ:zə], die; -, -n, **Majonäse:** *eine dick-steife, kalte Soße, die aus Eigelb und Öl hergestellt ist und pikant-säuerlich schmeckt:* Kartoffelsalat mit Mayonnaise zubereiten; Avocados, gefüllt mit Krabben und Mayonnaise; meine Pommes esse ich am liebsten mit Mayonnaise. **Zus.:** Delikatessmayonnaise, Hummermayonnaise, Kräutermayonnaise.

Mä|zen [mɛ'tse:n], der; -s, -e, **Mä|ze|na|tin** [mɛtse'na:tɪn], die; -, -nen, **Mä|ze|nin** [mɛ'tse:nɪn], die; -, -nen: *Person, die künstlerische, kulturelle oder sportliche Tätigkeiten finanziell fördert:* er war Mäzen des berühmten Künstlers; sie gilt als Mäzenin/Mäzenatin des Fußballvereins. **Syn.:** Gönner, Gönnerin, Sponsor, Sponsorin. **Zus.:** Kunstmäzen, Kunstmäzenatin, Kunstmäzenin.

Me|cha|nik [me'ça:nɪk], die; -:
a) *Teil der Physik, der sich mit den Bewegungen der Körper und den Beziehungen der dadurch entstehenden Kräfte befasst:* diese Maschine ist ein Wunder

der Mechanik. **Zus.:** Aeromechanik, Biomechanik, Elektromechanik, Feinmechanik, Quantenmechanik. **b)** *Art der Konstruktion und des Funktionierens einer Maschine:* die Mechanik dieser alten Maschine ist noch ausgezeichnet. **Syn.:** Mechanismus, Technik. **Zus.:** Hammermechanik, Hydromechanik, Klaviermechanik.

Me|cha|ni|ker [meˈça:nikɐ], der; -s, -, **Me|cha|ni|ke|rin** [meˈça:nikərɪn], die; -, -nen:
Person, die berufsmäßig Maschinen, technische Geräte o. Ä. zusammenbaut, prüft, instand hält und repariert: wir können den Kopierer nicht selbst reparieren, der Mechaniker muss kommen. **Syn.:** Installateur, Installateurin, Monteur, Monteurin. **Zus.:** Automechaniker, Automechanikerin, Elektromechaniker, Elektromechanikerin, Feinmechaniker, Feinmechanikerin, Fernsehmechaniker, Fernsehmechanikerin, Flugzeugmechaniker, Flugzeugmechanikerin, Kraftfahrzeugmechaniker, Kraftfahrzeugmechanikerin, Rundfunkmechaniker, Rundfunkmechanikerin, Schiffsmechaniker, Schiffsmechanikerin, Werkzeugmechaniker, Werkzeugmechanikerin.

me|cha|nisch [meˈça:nɪʃ] ⟨Adj.⟩:
a) *maschinell:* der mechanische Webstuhl; etwas mechanisch fertigen; eine mechanisch arbeitende Uhr. **Syn.:** automatisch, selbsttätig. **Zus.:** biomechanisch, elektromechanisch, feinmechanisch, fotomechanisch, hydromechanisch, quantenmechanisch. **b)** *ohne Willenssteuerung, ohne Nachdenken, Überlegung [vor sich gehend]:* eine mechanische Bewegung, Arbeit; mechanisch grüßen, antworten, vorlesen. **Syn.:** automatisch, schematisch, unwillkürlich, zwangsläufig.

Me|cha|nis|mus [meçaˈnɪsmʊs], der; -, Mechanismen [meçaˈnɪsmən]:
a) *etwas, was ein Funktionieren auf mechanischer Grundlage ermöglicht:* die Maschine hat einen komplizierten Mechanismus. **Syn.:** Konstruktion.
b) *alles Geschehen, das gesetzmäßig und wie selbstverständlich abläuft:* biologische und psychische Prozesse sind durch bestimmte Mechanismen gekennzeichnet. **Zus.:** Abwehrmechanismus, Kontrollmechanismus, Regelmechanismus, Steuerungsmechanismus, Verdrängungsmechanismus.

me|ckern [ˈmɛkɐn] ⟨itr.; hat⟩:
a) *(von Ziegen) [lang gezogene] helle, in schneller Folge stoßweise unterbrochene Laute von sich geben:* die Ziegen meckerten.
b) (ugs. abwertend) *in einer als unfreundlich empfundenen Weise ärgerlich seine Unzufriedenheit äußern:* er meckerte über die Arbeit, das Essen; sie meckerte über/gegen die Regierung; er hat immer etwas zu meckern. **Syn.:** beanstanden, bemängeln, klagen über, kritisieren, maulen (ugs.), missbilligen, monieren, motzen über (ugs.), nörgeln an (abwertend), reklamieren, rügen, sich beklagen über, sich beschweren über, tadeln.

Me|dail|le [meˈdaljə], die; -, -n:
runde oder ovale Plakette zum Andenken (an etwas) oder als Auszeichnung für besondere Leistungen: jmdm. eine Medaille [für etwas] verleihen; sie hat bereits 5 Medaillen gewonnen; bei diesen Olympischen Spielen wollen sie ihre erste Medaille holen. **Syn.:** Preis. **Zus.:** Bronzemedaille, Erinnerungsmedaille, Gedenkmedaille, Goldmedaille, Olympiamedaille, Rettungsmedaille, Silbermedaille, Tapferkeitsmedaille.

Me|di|en [ˈme:di̯ən]: ↑ Medium.

Me|di|ka|ment [medikaˈmɛnt], das, -[e]s, -e:
Mittel, das der Heilung von Krankheiten oder der Vorbeugung dient: das muss mit Medikamenten behandelt werden; sie ist allergisch gegen dieses Medikament. **Syn.:** Arznei (veraltend), Heilmittel, Medizin, Mittel, Präparat.

me|di|tie|ren [mediˈti:rən] ⟨itr.; hat⟩:
1. (bildungsspr.) *sich in tiefsinnige Gedanken verlieren; sich ganz in Gedanken versenken:* über das Leben, über einen Text meditieren. **Syn.:** sich bedenken, sich besinnen, brüten (ugs.), denken, ¹durchdenken, sich fragen, grübeln, knobeln (ugs.), nachdenken, philosophieren, rätseln, reflektieren, sinnen (geh.), sinnieren.
2. *sich mit bestimmten Methoden in eine besinnliche Versenkung begeben:* im Lotussitz, vor einem Bild meditieren; sie meditiert täglich eine halbe Stunde.

Me|di|um [ˈme:di̯ʊm], das; -s, Medien [ˈme:di̯ən]:
1. *etwas, was eine Verbindung oder Beziehung zwischen mehreren Personen oder Gegenständen herstellt oder ermöglicht:* Fernsehen und Internet sind die Medien unserer Zeit; etwas durch das Medium [der] Sprache verbreiten. **Zus.:** Informationsmedium, Massenmedium, Printmedium, Speichermedium, Werbemedium.
2. *Person, die für Verbindungen zum übersinnlichen Bereich als besonders befähigt angesehen wird:* sie nennt sich selbst Hexe und fungiert als Medium bei spiritistischen Sitzungen.

Me|di|zin [mediˈt͜si:n], die; -, -en:
1. ⟨ohne Plural⟩ *Wissenschaft vom gesunden und kranken Organismus des Menschen, von seinen Krankheiten, ihrer Verhütung und Heilung:* die abendländische, die chinesische Medizin; sie studiert Medizin. **Zus.:** Allgemeinmedizin, Apparatemedizin, Arbeitsmedizin, Gerichtsmedizin, Humanmedizin, Notfallmedizin, Reproduktionsmedizin, Schulmedizin, Sportmedizin, Tropenmedizin, Unfallmedizin, Veterinärmedizin, Zahnmedizin.
2. *[flüssiges] Medikament:* eine bittere, homöopathische, wirksame Medizin; hast du deine Medizin schon genommen? **Syn.:** Arznei, Mittel, Präparat. **Zus.:** Hustenmedizin, Pflanzenmedizin.

me|di|zi|nisch [mediˈt͜si:nɪʃ] ⟨Adj.⟩:
die Medizin betreffend, auf ihr beruhend: medizinische Hilfe benötigen; in der medizinischen Forschung arbeiten.

Meer [me:ɐ̯], das; -[e]s, -e:
1. *sich weithin ausdehnende Menge des Wassers auf der Erdoberfläche.* **Syn.:** Ozean, ²See. **Zus.:** Binnenmeer, Polarmeer, Weltmeer.

2. ⟨mit Attribut⟩ (geh.) *sehr große Anzahl, Menge von etwas:* ein Meer von Rosenblättern; ein Meer duftender Blüten. **Zus.:** Blumenmeer, Blütenmeer, Felsenmeer, Feuermeer, Flammenmeer, Häusermeer, Lichtermeer.

Mee|res|früch|te ['me:rəsfrʏçtə] ⟨Plural⟩: *Gesamtheit der zum Verzehr geeigneten im Meer lebenden Kleintiere:* Pizza mit Meeresfrüchten; sie ist allergisch gegen Meeresfrüchte.

Mee|res|spie|gel ['me:rəsʃpi:gl̩], der; -s: *theoretisch bestimmter Wasserstand des Meeres, der als Grundlage für Höhenmessungen auf dem Festland dient:* der Ort liegt 200 m über dem Meeresspiegel.

Meer|ret|tich ['me:ɐ̯rɛtɪç], der; -s, -e:
1. *Pflanze mit großen, grünen, länglichen Blättern, deren Wurzel in geriebenem Zustand ein scharfes Gewürz liefert:* wir wollen Meerrettich im Garten anbauen.
2. a) *lange, fleischige, scharf schmeckende Wurzel des Meerrettichs:* er hat auf dem Markt einen Meerrettich gekauft.
b) *geriebene Meerrettichwurzel:* sie isst gern gekochtes Fleisch mit Meerrettich.

M
Meer

Meer|schwein|chen ['me:ɐ̯ʃvai̯nçən], das; -s, -: *(aus Südamerika stammendes) kleines Nagetier mit gedrungenem Körper, kurzen Beinen und einem Stummelschwanz:* viele Kinder hätten gern ein Meerschweinchen.

Mee|ting ['mi:tɪŋ], das; -s, -s:
a) *[offizielle] Zusammenkunft; Treffen:* ein Meeting zwischen führenden Politikerinnen und Politikern; sie ist auf einem Meeting; das Meeting findet um 15 Uhr statt. **Syn.:** Begegnung, Treff (ugs.), Treffen. **b)** *sportliche Veranstaltung in kleinerem Rahmen:* ein Meeting der weltbesten Turner. **Syn.:** Sportfest.

me|ga-, [1]Me|ga- [me:ga] ⟨Präfix⟩: dient dazu, einen besonders hohen Steigerungsgrad auszudrücken, noch als Steigerung von »super-, Super«-:
1. ⟨substantivisch⟩ (emotional verstärkend) Megadatenspeicher; Megaflop; Megahit; Megakrise; Megaprojekt; Megaskandal; Megastadt; Megastar; Megawahljahr. **Syn.:** Mammut-, Monster-, Riesen-, Super-.
2. ⟨adjektivisch⟩ (emotional verstärkend) megaerfolgreich; megageil (salopp); mega-in; mega-out; megasauer; megaschlecht; megastark. **Syn.:** erz-, hyper-, super-, supra-, über-, ultra-.

[2]Me|ga- [me:ga] ⟨Präfix⟩:
1. dient dazu, vor Maßeinheiten das Millionenfache der genannten Einheit auszudrücken: Megahertz; Megaohm; Megatonne; Megavolt; Megawatt.
2. dient dazu, vor Maßeinheiten aus der EDV das 2^{20}-Fache auszudrücken: Megabit.

Me|ga|byte ['me:gabai̯t], das; -[s], -[s]: *aus 1 048 576 Byte bestehende Einheit, die die Größe eines Speichers im Computer kennzeichnet:* ein Computer mit 4 000 Megabyte Arbeitsspeicher.

Mehl [me:l], das; -[e]s: *pulver-, puderförmiges Nahrungsmittel, das durch Mahlen von Getreidekörnern entstanden ist und vorwiegend zum Backen verwendet wird:* grobes, feines Mehl; etwas mit Mehl bestäuben. **Zus.:** Buchweizenmehl, Dinkelmehl, Maismehl, Roggenmehl, Weizenmehl.

Mehl|spei|se ['me:lʃpai̯zə], die; -, -n: *aus Mehl und Milch, Butter, Eiern u. a. bereitetes Gericht:* Strudel und Knödel sind Mehlspeisen.

[1]mehr [me:ɐ̯] ⟨Indefinitpronomen und unbestimmtes Zahlwort⟩: drückt aus, dass etwas über ein bestimmtes Maß hinausgeht, eine vorhandene Menge übersteigt: wir brauchen mehr Geld; mit mehr Sorgfalt an etwas herangehen; es kamen immer mehr Gäste; mehr als die Hälfte war/waren erkrankt; ein Grund mehr, aufzuhören.

[2]mehr [me:ɐ̯] ⟨Adverb⟩:
1. a) *in höherem Maße:* sie raucht mehr als ich; du musst mehr aufpassen; die Straßen sind mehr befahren als sonst.
b) drückt aus, dass etwas zu etwas anderem tendiert: die Seekranken fühlten sich mehr tot als lebendig; die Plastik steht besser mehr links.
2. drückt in Verbindung mit einer Negation aus, dass ein Geschehen, ein Zustand, eine Reihenfolge o. Ä. nicht fortgesetzt wird: es war niemand mehr da; es blieb nichts mehr übrig; sie wusste nicht mehr, was sie tun sollte.

mehr|deu|tig ['me:ɐ̯dɔy̯tɪç] ⟨Adj.⟩: *auf verschiedene Art deutbar, auszudeuten:* eine mehrdeutige Interpretation liefern; diese Formulierung ist mehrdeutig. **Syn.:** doppeldeutig, missverständlich, zweideutig.

meh|ren ['me:rən] ⟨tr.⟩ (geh.): *bewirken, dass etwas zunimmt:* den Besitz, den Ruhm durch etwas mehren. **Syn.:** steigern, vermehren, verstärken, vervielfachen.

meh|rer... ['me:rər...] ⟨Indefinitpronomen und unbestimmtes Zahlwort⟩:
a) *eine unbestimmte größere Anzahl, Menge; ein paar; nicht viele:* sie war mehrere Tage unterwegs; mehrere Häuser wurden zerstört; die Wahl mehrerer Abgeordneter/Abgeordneten. **Syn.:** divers..., eine Anzahl, eine Reihe, einig..., einzeln..., etlich..., manch... **b)** *nicht nur ein oder eine; verschiedene:* es gibt mehrere Möglichkeiten; das Wort hat mehrere Bedeutungen. **Syn.:** einig...

mehr|fach ['me:ɐ̯fax] ⟨unbestimmtes Zahlwort⟩: *sich in gleicher Form oder auf verschiedene Weise wiederholend:* mehrfach vorbestraft sein; sie ist mehrfach als Schauspielerin aufgetreten; mehrfacher Meister im Tennis. **Syn.:** des Öfteren, häufig, mehrmals, oft, öfter, vielfach, wiederholt.

Mehr|heit ['me:ɐ̯hai̯t], die; -, -en /Ggs. Minderheit/: *der größere Teil einer bestimmten Anzahl von Personen (als Einheit):* wechselnde Mehrheiten; die schweigende Mehrheit; die Partei hat im Stadtrat die Mehrheit; diese Gruppierung bildet die Mehrheit; die Mehrheit des Volkes hat sich dafür entschieden; die Mehrheit der Abgeordneten stimmte/stimmten zu. **Syn.:** der überwiegende Teil, die meisten, Gros, Großteil, Majorität, mehr als die Hälfte, Mehrzahl, Überzahl. **Zus.:** Par-

meiden/vermeiden

Meiden und **vermeiden** sind in der Bedeutung nicht identisch.
Bei **meiden** schwingt stets die Vorstellung der Distanz, des Ausweichens mit; es drückt also eine passive Haltung aus.
Es kann mit einem persönlichen Objekt stehen:

– Diesen unangenehmen Menschen habe ich immer gemieden.

Es kann mit lokalem Bezug verwendet werden:

– Sie mied diese Kneipe wie die Pest.

Schließlich ist auch ein Bezug auf Sachen möglich:

– Fette Speisen und Alkohol sollten Sie meiden.

Vermeiden hat dagegen eine stärker aktive Komponente. Es bedeutet *dafür sorgen, dass etwas nicht geschieht, dass es nicht zu etwas kommt.* Wenn ein Infinitiv folgt, wird »vermeiden« gewählt:

– Er vermied es, sie anzusehen.

In Bezug auf ein persönliches Objekt wird »vermeiden« nicht gebraucht.
»Den Streit meiden« heißt, dem Streit aus dem Wege gehen; »den Streit vermeiden« heißt verhindern, dass ein Streit ausbricht. Zuweilen sind beide Sehweisen möglich:

– Sie meidet/vermeidet jede Art von Ausschweifung.

lamentsmehrheit, Stimmenmehrheit, Zweidrittelmehrheit.

mehr|mals ['meːɐ̯maːls] ⟨Adverb⟩: *mehrere Male; des Öfteren:* er hat es schon mehrmals versucht; sie machen mehrmals im Jahr Urlaub; das muss mehrmals täglich kontrolliert werden. **Syn.:** häufig, mehrfach, oft, öfter, vielfach, wiederholt.

Mehr|wert|steu|er ['meːɐ̯veːɐ̯t-ʃtɔ͜yɐ], die; -, -n: *bestimmter Teil des Verkaufspreises eines Produktes, der an das Finanzamt abgeführt wird:* in Deutschland muss man auf jede Ware Mehrwertsteuer bezahlen; die Mehrwertsteuer beträgt 19 %.

Mehr|zahl ['meːɐ̯t͜saːl], die; -: *der größere Teil einer bestimmten Anzahl:* die Mehrzahl der Schülerinnen und Schüler lernt Französisch; die Teilnehmenden sind in der Mehrzahl junge Frauen. **Syn.:** der überwiegende Teil, die meisten, Gros, Großteil, Majorität, mehr als die Hälfte, Mehrheit.

mei|den ['ma͜idn̩], mied, gemieden ⟨tr.; hat⟩: *jmdm., einer Sache, mit der man nicht in Berührung kommen will, aus dem Wege gehen:* die beiden meiden sich/einander; bei Einnahme von Medikamenten sollte man Alkohol meiden; er mied laute Veranstaltungen. **Syn.:** ausweichen, sich entziehen, fliehen vor, sich fernhalten von, ²umgehen, vermeiden.

meiden/vermeiden: s. Kasten.

-mei|er [ma͜iɐ], der; -s, - ⟨Suffixoid⟩ (abwertend): dient dazu, eine männliche Person im Zusammenhang mit dem im Basiswort Genannten, das einen in übertriebener Form vorhandenen Charakterzug oder Tätigkeitsbereich nennt, zu kennzeichnen: Kraftmeier; Schlaumeier; Vereinsmeier. **Syn.:** -august, -bruder, -fritze, -hans, -heini, -liese, -mann, -maxe, -peter, -suse, -tante, -trine.

Mei|le ['ma͜ilə], die; -, -n: *frühere Längeneinheit unterschiedlicher Größe (als Wegemaß):* die preußische Meile, die englische Meile. **Zus.:** Seemeile.

mein [ma͜in] ⟨Possessivpronomen⟩: bezeichnet ein Besitz- oder Zugehörigkeitsverhältnis der eigenen Person: mein Buch; meine Freunde; die Kleider meiner Schwestern.

Mein|eid ['ma͜in|a͜it], der; -[e]s, -e: *Eid, mit dem wissentlich, vorsätzlich etwas Unwahres beschworen wird:* sie hatte einen Meineid geschworen/geleistet; er wurde wegen Meineid verurteilt.

mei|nen ['ma͜inən] ⟨itr.; hat⟩: **1. a)** *(in Bezug auf jmdn., etwas) eine bestimmte Ansicht haben:* ich meine, dass sie recht hat; du meinst also, dass man lieber so verfahren sollte; was meinst du zum Wetter? **Syn.:** denken, der Ansicht sein, der Auffassung sein, der Meinung sein, finden, glauben, sich stellen zu. **b)** *(als Ansicht) äußern:* sie meinte zu Klaus, er habe nun Gelegenheit, sich zu bewähren; sie meinte, es sei nicht so wichtig. **Syn.:** bemerken, sagen. **2.** *(bei einer Äußerung, Handlung o. Ä.) im Sinne haben:* was meinst du damit?; sie hatte ihn [damit] gemeint; welches Buch meinst du? **Syn.:** abzielen auf, im Auge haben.

mei|ner ['ma͜inɐ] ⟨Personalpronomen; Gen. von »ich«⟩ (geh.): wirst du dich meiner erinnern?

mei|net|we|gen ['ma͜inət'veːgn̩] ⟨Adverb⟩: **1.** *was mich betrifft:* meinetwegen hat sie auf vieles verzichten müssen; er ist nur meinetwegen gekommen. **Syn.:** mir zuliebe. **2.** (ugs.) *von mir aus:* meinetwegen hau doch sofort ab!

Mei|nung ['ma͜inʊŋ], die; -, -en: *das, was jmd. glaubt, für richtig hält, als Tatsache annimmt:* was ist ihre Meinung zu diesem Vorfall?; wir sind unterschiedlicher Meinung; ich bin der Meinung, dass diese Lösung nicht infrage kommt; sie vertritt die gegenteilige Meinung; in der Schule lernt man, sich eine Meinung zu wichtigen Dingen zu bilden; die Meinungen sind geteilt; nach meiner Meinung/meiner Meinung nach ist die Sache bereits entschieden. **Syn.:** Anschauung, Ansicht, Auffassung, Einstellung, Erachten, Hypothese (bildungsspr.), Standpunkt, These (bildungsspr.), Urteil, Vorstellung. **Zus.:** Gegenmeinung, Lehrmeinung, Mehrheitsmeinung, Schulmeinung, Volksmeinung.

Mei|nungs|for|schung ['ma͜inʊŋs-fɔrʃʊŋ], die; -, -en: **1.** ⟨ohne Plural⟩ *Forschungsgebiet, das sich mit der Erforschung der in der Gesellschaft herrschenden Meinungen zu bestimmten Themen beschäftigt:*

sie ist Expertin für Meinungsforschung.
2. *Erforschung einer bestimmten herrschenden Meinung durch Umfragen:* das Institut betreibt Meinungsforschung; Meinungsforschungen zum Thema Wirtschaftskrise.

Mei|nungs|frei|heit [ˈmai̯nʊŋsfrai̯hai̯t], die; -:
das Recht, die persönliche Meinung (vor allem in politischer Hinsicht) äußern zu dürfen: die Meinungsfreiheit ist ein wichtiges Menschenrecht.

Mei|nungs|ver|schie|den|heit [ˈmai̯nʊŋsfɛɐ̯ʃiːdn̩hai̯t], die; -, -en:
1. *Unterschiedlichkeit, Gegensätzlichkeit in der Beurteilung, Einschätzung von etwas:* in einigen Punkten bestehen noch Meinungsverschiedenheiten. **Syn.:** Differenz, Diskrepanz, Gegensatz, [1]Kluft, Kontrast.
2. (verhüll.) *mit Worten ausgetragener Streit:* sie hatten eine heftige Meinungsverschiedenheit. **Syn.:** Auseinandersetzung, Disput (bildungsspr.), Konflikt, Kontroverse, Krach (ugs.), Streitigkeit, Unstimmigkeit.

M
Mein

Mei|se [ˈmai̯zə], die; -, -n:
(in zahlreichen Arten vorkommender) kleiner Singvogel mit spitzem Schnabel und verschiedenfarbigem Gefieder: Meisen leben in baumreichen Gegenden und fressen Insekten und Samen. **Zus.:** Blaumeise, Haubenmeise, Kohlmeise, Schwanzmeise, Spechtmeise, Sumpfmeise, Tannenmeise; * **eine/'ne Meise haben** (salopp): *nicht recht bei Verstand sein:* du hast 'ne Meise!

Mei|ßel [ˈmai̯sl̩], der; -s, -:
Werkzeug (aus Stahl), das an einem Ende keilförmig ist und mit einer scharfen Schneide versehen ist: etwas mit dem Meißel bearbeiten. **Zus.:** Drehmeißel, Flachmeißel, Grabmeißel, Hohlmeißel, Stemmmeißel.

mei|ßeln [ˈmai̯sl̩n]:
1. ⟨itr.; hat⟩ *mit einem Meißel arbeiten:* er musste lange an dem Stein meißeln.
2. ⟨tr.; hat⟩ *durch Meißeln* (1) *schaffen:* sie hat wunderschöne Figuren gemeißelt; der Grabstein trägt eine gemeißelte Inschrift. **Syn.:** anfertigen, arbeiten, bilden, erschaffen, formen, gestalten.

meist [mai̯st] ⟨Adverb⟩:
fast regelmäßig; gewöhnlich; fast immer: der Streit endet meist friedlich; es war meist schönes Wetter. **Syn.:** größtenteils, häufig, meistens, oft, öfter, vielfach, vorwiegend.

meist... [mai̯st...] ⟨unbestimmtes Zahlwort; Superlativ von »viel«⟩:
1. *die größte Anzahl, Menge von etwas:* sie hat das meiste Geld.
2. *der größte Teil einer bestimmten Anzahl oder Menge:* die meiste Zeit braucht man fürs Überlegen; das Badezimmer hat das meiste Geld gekostet; die meiste Zeit des Jahres sind wir auf Reisen.

meis|tens [ˈmai̯stn̩s] ⟨Adverb⟩:
in den meisten Fällen; fast immer: er macht seine Reisen meistens im Sommer; das Kind schläft nachts meistens durch; beim Skat gewinnt meistens sie. **Syn.:** größtenteils, häufig, meist, oft, öfter, vielfach, vorwiegend.

Meis|ter [ˈmai̯stɐ], der; -s, -:
1. *Handwerker, der seine Ausbildung mit der Meisterprüfung abgeschlossen hat:* bei einem Meister kann man eine Ausbildung machen. **Syn.:** Handwerker. **Zus.:** Bäckermeister, Elektromeister, Fleischermeister, Friseurmeister, Glasermeister, Klempnermeister, Konditormeister, Küchenmeister, Maurermeister, Metzgermeister, Schlossermeister, Schneidermeister, Tischlermeister.
2. ⟨mit Attribut⟩ *männliche Person, die ein Fach, eine Kunst o. Ä. hervorragend beherrscht:* ein berühmter Meister; die alten Meister der Malerei; er ist ein Meister seines Faches. **Syn.:** Ass, Autorität, Experte, Fachmann, Größe, Kapazität, Kenner, Könner, Künstler. **Zus.:** Rechenmeister, Zaubermeister.
3. a) *Person, die im Sport eine Meisterschaft gewonnen hat:* er ist vielfacher Meister im Ringen. **Zus.:** Europameister, Landesmeister, Schachmeister, Weltmeister. **b)** *Mannschaft, die im Sport eine Meisterschaft gewonnen hat:* die Bayern sind wieder Meister geworden. **Zus.:** Europameister, Fußballmeister, Landesmeister, Weltmeister.

Meis|ter- [mai̯stɐ] ⟨Präfixoid⟩:
a) *Person, die die im Basiswort genannte, in bestimmter Weise tätige Person in meisterhafter Weise verkörpert, ihre Tätigkeit meisterhaft beherrscht; Person, die als ... ein großer Könner, eine große Könnerin ist:* Meisterdetektivin; Meisterdieb; Meisterfahrerin; Meisterkoch; Meisterschützin; Meisterspion. **Syn.:** Chef-, General-, Haupt-, Klasse-, [1]Ober- (ugs. emotional verstärkend), Spitzen- (emotional verstärkend), Top-. **b)** *etwas, was in hervorragender, vollendeter, geschickter, perfekter Weise ausgeführt ist:* Meisterleistung; Meisterschuss; Meisterstreich.

meis|ter|haft [ˈmai̯stɐhaft] ⟨Adj.⟩:
großes Können zeigend: eine meisterhafte Aufführung; die Mannschaft hat meisterhaft gespielt; die Torte war ihr meisterhaft gelungen. **Syn.:** ausgezeichnet, blendend, bravourös, exzellent, fachmännisch, famos (ugs.), fehlerlos, großartig, hervorragend, makellos, perfekt, prächtig, spitze (ugs.), super (ugs.), tadellos, unübertrefflich, vollendet, vollkommen, vortrefflich.

Meis|te|rin [ˈmai̯stərɪn], die; -, -nen:
weibliche Form zu ↑Meister.

meis|tern [ˈmai̯stɐn] ⟨tr.; hat⟩:
mit etwas, was Schwierigkeiten bietet, [gekonnt] fertigwerden: eine Aufgabe, Situation meistern; sie meistert ihr schweres Schicksal in bewundernswerter Weise. **Syn.:** bewältigen, bewerkstelligen (Papierdt.), durchkommen (ugs.), lösen, schaffen, schmeißen (ugs.).

Meis|ter|schaft [ˈmai̯stɐʃaft], die; -, -en:
1. ⟨ohne Plural⟩ *meisterhaftes Können (auf einem bestimmten Gebiet):* mit großer Meisterschaft; sie hat es in der Malerei zur Meisterschaft gebracht. **Syn.:** Bravour, Perfektion.
2. a) *[Wett]kampf oder eine Reihe von [Wett]kämpfen, durch die der Meister* (3), *die Meisterin in einer bestimmten Disziplin ermittelt wird:* die deutsche Meisterschaft im Springreiten. **Syn.:** Turnier. **Zus.:** Fußball-

meisterschaft, Leichtathletikmeisterschaft, Tennismeisterschaft. **b)** ⟨ohne Plural⟩ *Sieg in einer Meisterschaft* (2 a): die Borussen haben die [deutsche] Meisterschaft errungen. **Syn.:** Titel.

Mek|ka ['mɛka], das; -s ⟨mit Attribut⟩:
Stelle, Ort, der ein Zentrum für etwas ist, der das bietet, was man erwartet, und darum eine große Anziehungskraft ausübt: ein Mekka für Verliebte; der See ist ein Mekka für Tauchfans.

Me|lan|cho|li|ker [melaŋ'ko:likɐ], der; -s, -, **Me|lan|cho|li|ke|rin** [melaŋ'ko:likərɪn], die, -, -nen: *Person, die zu Schwermut und Traurigkeit neigt:* er ist ein echter Melancholiker. **Syn.:** Pessimist, Pessimistin.

me|lan|cho|lisch [melaŋ'ko:lɪʃ] ⟨Adj.⟩:
zu Schwermut und Traurigkeit neigend, davon erfüllt, zeugend: ein melancholischer Mensch; er macht einen melancholischen Eindruck; sie trägt melancholisches Schwarz; die Musik ist, wirkt sehr melancholisch. **Syn.:** bedrückt, bekümmert, depressiv, gemütskrank, pessimistisch, schwermütig, traurig, unglücklich, wehmütig.

mel|den ['mɛldn̩], meldete, gemeldet:
1. ⟨tr.; hat⟩ **a)** *(einer zuständigen Stelle) zur Kenntnis bringen:* einen Unfall [bei] der Polizei melden; diesen Vorfall muss ich dem Vorgesetzten melden. **Syn.:** bekannt geben, bekannt machen, informieren, mitteilen, sagen, unterbreiten, unterrichten, verständigen. **b)** *als Nachricht bekannt geben:* der Wetterbericht meldet schönes Wetter. **Syn.:** bekannt geben, bekannt machen, mitteilen. **Zus.:** vermelden.
2. ⟨+ sich⟩ **a)** *von sich hören lassen, Nachricht geben:* wenn ich ankomme, melde ich mich gleich bei dir; meld dich doch mal wieder! **Zus.:** sich abmelden, anmelden, zurückmelden. **b)** *sich für etwas anbieten, zur Verfügung stellen:* er meldete sich zur Hilfe bei der Überschwemmungskatastrophe.

Mel|dung ['mɛldʊŋ], die; -, -en:
a) *das Melden:* eine Meldung für eine Prüfung, einen sportlichen Wettkampf; die Meldung eines Unfalls; Meldung per Telefon; Meldung für einen Katastropheneinsatz. **Syn.:** Ankündigung, Anmeldung, Bericht, Mitteilung. **Zus.:** Anmeldung, Krankmeldung, Rückmeldung, Suchmeldung, Unfallmeldung, Verlustmeldung, Vermisstenmeldung, Wortmeldung.
b) *etwas, was der Öffentlichkeit (besonders durch die Massenmedien) zur Kenntnis gebracht wird:* eine aktuelle, wichtige, die letzte Meldung; die Meldung des Flugzeugabsturzes hatte alle aufgeschreckt. **Syn.:** Auskunft, Info (ugs.), Information, Nachricht, Notiz. **Zus.:** Agenturmeldung, Falschmeldung, Kurzmeldung, Pressemeldung, Rundfunkmeldung, Verkehrsmeldung, Wasserstandsmeldung, Wettermeldung, Zeitungsmeldung.

me|liert [me'li:ɐ̯t] ⟨Adj.⟩:
a) *(von Stoffen u. Ä.) aus verschiedenfarbigen Fasern gemischt:* ein Kostüm aus meliertem Stoff; die Hose ist grün meliert. **b)** *(vom Haar) leicht ergraut:* sie hat meliertes Haar; sein Haar ist grau meliert. **Syn.:** silbrig.

mel|ken ['mɛlkn̩], molk/melkte, gemolken ⟨tr.; hat⟩:
(bei einem Milch gebenden Haustier) die Milch (durch pressendes Streichen mit den Händen bzw. maschinell) aus dem Euter zum Heraustreten bringen: Kühe [mit der Melkmaschine] melken; sie melkt/(veraltet:) milkt die Ziegen.

Me|lo|die [melo'di:], die; -, Melodien [melo'di:ən]:
singbare, in sich geschlossene Folge von Tönen: eine Melodie singen, pfeifen; die Melodie eines Liedes. **Syn.:** Thema, Weise. **Zus.:** Marschmelodie, Operettenmelodie, Opernmelodie, Titelmelodie, Walzermelodie.

Me|lo|ne [me'lo:nə], die; -, -n:
a) *zu den Kürbisgewächsen gehörende Pflanze:* Melonen im Garten pflanzen. **b)** *runde, saftige Frucht der Melone* (a): als Vorspeise empfehlen wir Melone mit Schinken; die Melone durchschneiden. **Zus.:** Honigmelone, Wassermelone.

Mem|me ['mɛmə], die; -, -n (veraltend abwertend):
[männliche] Person, die furchtsam ist; Feigling: eine feige Memme. **Syn.:** Angsthase (ugs.), Drückeberger (ugs. abwertend), Schlappschwanz (salopp abwertend), Schwächling (abwertend), Waschlappen (ugs. abwertend).

Me|moi|ren [memo̯'a:rən], die ⟨Plural⟩:
[als Buch o. Ä.] veröffentlichte Lebenserinnerungen [unter besonderer Berücksichtigung des persönlichen Entwicklungsganges sowie der Darstellung zeitgeschichtlicher Ereignisse]: der Altkanzler schreibt seine/an seinen Memoiren. **Syn.:** Autobiografie ⟨Singular⟩, Biografie ⟨Singular⟩, Erinnerungen.

Men|ge ['mɛŋə], die; -, -n:
1. a) *bestimmte Anzahl, bestimmte Größenordnung:* er darf Alkohol nur in kleinen Mengen zu sich nehmen. **Syn.:** Dosis, Masse, Portion, Quantität, Quantum, Zahl. **Zus.:** Teilmenge. **b)** **Zus.:** Flüssigkeitsmenge, Geldmenge, Lichtmenge, Luftmenge, Niederschlagsmenge, Regenmenge, Schneemenge, Wassermenge; *** eine Menge:** *viel[e]:* das hat eine Menge Geld gekostet; wir haben eine Menge Freunde; eine Menge Leute kam/kamen zusammen; in unserer Gruppe sind eine ganze Menge Jugendlicher/(seltener:) Jugendliche, denen das nicht schwerfällt.
2. *große Anzahl von dicht beieinander befindlichen Menschen:* eine große Menge drängte sich auf dem Marktplatz; als Politiker sucht er den Beifall der Menge. **Syn.:** Ansammlung, Auflauf, Gewühl, Heer, Pulk, Schar, Volk (ugs.). **Zus.:** Menschenmenge, Volksmenge.

Men|sa ['mɛnza], die; -, Mensen ['mɛnzn̩]:
restaurantähnliche Einrichtung in einer Hochschule oder Universität, wo Studierende essen können: mittags essen die Studierenden meistens in der Mensa; einige Mensen öffnen inzwischen abends wie ein Restaurant.

Mensch [mɛnʃ], der; -en, -en:
a) *mit Vernunft und Sprache aus-*

gestattetes höchstentwickeltes Lebewesen: der schöpferische Mensch; der Mensch galt lange als Krone der Schöpfung; die Fähigkeit zu sprechen ist der Unterschied zwischen Mensch und Tier. **Syn.:** Geschöpf, Sterbliche (dichter.), Sterblicher (dichter.), Wesen. **Zus.:** Durchschnittsmensch, Gemütsmensch, Nachtmensch, Vernunftmensch, Willensmensch.
b) *bestimmte Person, Persönlichkeit:* ein junger, alter, gesunder, kranker Mensch; einen Menschen lieben, verachten; Menschen wie du und ich; diesem Menschen ist nicht zu helfen. **Syn.:** Individuum, Leute ⟨Plural⟩, Type (ugs.); *** kein Mensch:** *niemand:* kein Mensch war auf der Straße.

Men|schen|kennt|nis [ˈmɛnʃn̩kɛntnɪs], die; -:
das Vermögen, andere Menschen richtig zu beurteilen: dem Chef fehlt es an Menschenkenntnis; sie hat Menschenkenntnis, verfügt über Menschenkenntnis.

Men|schen|recht [ˈmɛnʃn̩rɛçt], das; -[e]s, -e:
unabdingbares politisches Recht auf freie Entfaltung der Persönlichkeit in einem Staat: die Deklaration der Menschenrechte fand 1948 statt; Unversehrtheit des Körpers, freie Ausübung der Religion und Gleichberechtigung von Frau und Mann sind Menschenrechte.

Mensch|heit [ˈmɛnʃhai̯t], die; -:
Gesamtheit der Menschen: die ganze Menschheit; die Geschichte der Menschheit schreiben; Hunger, Überschwemmungen und Krebs sind die Geißeln der Menschheit.

mensch|lich [ˈmɛnʃlɪç] ⟨Adj.⟩:
a) *zum Menschen gehörend:* der menschliche Körper; das ist eine menschliche Schwäche; menschliches Versagen war die Ursache für den Unfall. **Zus.:** mitmenschlich, übermenschlich, zwischenmenschlich.
b) *andere Menschen gütig und voll Verständnis behandelnd* /Ggs. unmenschlich/: sie behandelt ihre Untergebenen sehr menschlich; das ist ein menschlicher Zug an ihr. **Syn.:** freundlich, gut, hilfsbereit, human, humanitär, sozial, tolerant, wohltätig.

Mensch|lich|keit [ˈmɛnʃlɪçkai̯t], die; -:
menschliche (b) *Haltung und Gesinnung:* er tut es aus reiner Menschlichkeit; ein Verbrechen gegen die Menschlichkeit. **Syn.:** Humanität.

Mens|tru|a|ti|on [mɛnstruaˈtsi̯o:n], die; -, -en:
bei Frauen außerhalb von Schwangerschaften periodisch auftretende Blutung aus der Gebärmutter: junge Mädchen bekommen immer früher ihre erste Menstruation. **Syn.:** Periode, Regel, Tage ⟨Plural⟩ (ugs. verhüllend).

Men|ta|li|tät [mɛntaliˈtɛ:t], die; -:
(die einem bestimmten Einzelnen oder einer Gruppe eigene) Art zu denken und zu fühlen: in südlichen Ländern herrscht eine andere Mentalität; sie kann sich gut in die Mentalität anderer Menschen einfühlen. **Syn.:** Denkart, Denkweise, Einstellung, Geist, Gesinnung, Ideologie, Weltanschauung. **Zus.:** Wegwerfmentalität.

Me|nü [meˈny:], das; -s, -s:
1. *aus mehreren Gängen bestehende Mahlzeit:* für die Feier haben wir ein kleines Menü zusammengestellt; das Restaurant bietet verschiedene Menüs an. **Syn.:** Essen, Mahl. **Zus.:** Festmenü, Fünfgangmenü, Mittagsmenü, Viergangmenü.
2. (schweiz.) *Mahlzeit:* in der Firma bekommen wir mittags ein warmes Menü. **Zus.:** Abendmenü, Mittagsmenü.
3. (EDV) *auf der Benutzeroberfläche angezeigte Liste der Funktionen eines Programms, die zur Festlegung der nächsten Arbeitsschritte zur Verfügung stehen:* ein Menü aufrufen; aus dem Menü durch Anklicken auswählen; das Programm kann über das Menü gesteuert werden.

Me|nu|ett [meˈnu̯ɛt], das; -[e]s, -e:
alter, mäßig schneller Tanz im 3/4-Takt: ein Menuett spielen, tanzen.

mer|ken [ˈmɛrkn̩]:
1. ⟨itr.⟩ *gefühlsmäßig, beobachtend wahrnehmen:* er merkte gar nicht, dass man sich über ihn lustig machte. **Syn.:** bemerken, entdecken, erkennen, feststellen, konstatieren, mitbekommen, registrieren, sehen, spüren.
2. ⟨+ sich⟩ *im Gedächtnis behalten:* sich Zahlen, Namen merken; ich habe mir deine Telefonnummer gemerkt.

merk|lich [ˈmɛrklɪç] ⟨Adj.⟩:
so, dass man es bemerken kann; spürbar, erkennbar: das ist ein merklicher Unterschied; es ist eine merkliche Besserung eingetreten; draußen ist es merklich kühler geworden. **Syn.:** deutlich, drastisch, einschneidend, empfindlich, entscheidend, gravierend (bildungsspr.), nachhaltig, tief greifend.

Merk|mal [ˈmɛrkma:l], das; -s, -e:
Zeichen, Eigenschaft, woran man etwas erkennen kann: ein typisches, untrügliches Merkmal; er weist alle Merkmale einer Infektion auf; keine besonderen Merkmale. **Syn.:** Anhaltspunkt, Ansatz, Anzeichen, Attribut, Besonderheit, Charakteristikum, Symptom (bildungsspr.). **Zus.:** Geschlechtsmerkmal, Qualitätsmerkmal, Tätigkeitsmerkmal, Unterscheidungsmerkmal.

merk|wür|dig [ˈmɛrkvʏrdɪç] ⟨Adj.⟩:
Staunen, Verwunderung, manchmal auch leises Misstrauen hervorrufend: eine merkwürdige Geschichte; er erlebt immer die merkwürdigsten Sachen; das kommt mir doch merkwürdig vor; es ist merkwürdig still hier; gestern ist mir etwas Merkwürdiges passiert. **Syn.:** bizarr, eigenartig, kurios, seltsam, sonderbar.

Mess|be|cher [ˈmɛsbɛçɐ], der; -s, -:
Gefäß mit einer Maßeinteilung, das zum Abmessen (besonders von Backzutaten, aber auch von Waschmittel u. Ä.) dient: das Mehl mit dem Messbecher abmessen; oft reicht ein halber Messbecher Waschmittel pro Waschgang.

¹Mes|se [ˈmɛsə], die; -, -n:
a) *katholischer Gottesdienst:* die heilige Messe; eine Messe feiern, lesen. **Zus.:** Abendmesse, Frühmesse, Mitternachtsmesse, Totenmesse, Weihnachtsmesse.
b) *Komposition als Vertonung der liturgischen Bestandteile der Messe:* eine Messe von Bach auf-

führen, singen; sie hat einige moderne Messen komponiert.

²Mes|se ['mɛsə], die; -, -n: *große [internationale] Ausstellung von Warenmustern eines oder mehrerer Wirtschaftszweige:* die Messe war gut besucht; auf der Messe waren viele Verlage vertreten; die Frankfurter, Leipziger Messe. **Syn.:** Schau. **Zus.:** Buchmesse, Handelsmesse, Herbstmesse, Möbelmesse, Verkaufsmesse.

mes|sen ['mɛsn̩], misst, maß, gemessen:
1. a) ⟨tr.; hat⟩ *nach einem Maß bestimmen:* die Länge, Höhe von etwas messen; die Temperatur, den Blutdruck messen; [bei jmdm.] Fieber messen; die Zeit mit der Stoppuhr messen. **Syn.:** berechnen, ermitteln, feststellen. **Zus.:** abmessen, ausmessen, bemessen, nachmessen, vermessen. **b)** ⟨itr.; hat⟩ *(ein bestimmtes Maß) haben:* er misst 1,85 m. **Syn.:** ausmachen, betragen, sich erstrecken auf.
2. ⟨+ sich⟩ *die eigenen Kräfte, Fähigkeiten im Vergleich mit denen eines anderen im Wettstreit zu ermitteln, festzustellen suchen:* er wollte sich mit ihm einmal messen; was die Freundlichkeit betrifft, kann er sich mit ihr nicht messen; die Spitzenpolitiker maßen sich in einer Fernsehdiskussion.

Mes|ser ['mɛsɐ], das; -s, -: *Gegenstand mit einem Griff und einer scharfen Klinge zum Schneiden:* ein spitzes Messer; mit Messer und Gabel essen; das Messer in die rechte Hand nehmen; das Messer schärfen. **Zus.:** Bowiemesser, Brotmesser, Buttermesser, Fleischmesser, Jagdmesser, Käsemesser, Klappmesser, Küchenmesser, Obstmesser, Taschenmesser, Tomatenmesser, Wiegemesser.

Mes|sing ['mɛsɪŋ], das; -s: *hell- bis rotgelbe Legierung aus Kupfer und Zink:* ein Schild, eine Gießkanne aus Messing.

me|ta-, Me|ta- [me:ta] ⟨Präfix⟩:
1. bezeichnet diejenige Sprach- bzw. Theorieebene, von der aus über das im Basiswort Genannte, das seinerseits eine sprachliche bzw. gedankliche Ausdrucksform ist, geredet wird: **a)** ⟨substantivisch⟩ Metakommunikation *(Kommunikation über die Kommunikation);* Metakritik; Metasprache *(Sprache, mit der Sprachliches beschrieben wird).* **b)** ⟨adjektivisch⟩ metaethisch; metakommunikativ; metasprachlich.
2. *über dem im Basiswort Genannten stehend, sich auf einer höheren Ebene, Stufe befindend:* **a)** ⟨substantivisch⟩ Metamarketing; Metamethode; Metamusik. **b)** ⟨adjektivisch⟩ metahuman.

Me|tall [me'tal], das; -s, -e: *(zu den chemischen Elementen gehörender) nicht durchsichtiger, Wärme und Elektrizität gut leitender, [fester] dehn- und schmelzbarer Stoff (der als Material für etwas dient):* edle Metalle wie Gold und Silber; es gibt weiches und hartes Metall; das flüssige Metall wird in Formen gegossen. **Zus.:** Buntmetall, Edelmetall, Halbmetall, Leichtmetall, Schwermetall.

me|tal|len [me'talən] ⟨Adj.⟩: **a)** *aus Metall bestehend:* metallene Gefäße, Geräte. **Syn.:** blechern, metallisch. **b)** *metallisch* (2 b): ein metallener Klang. **Syn.:** blechern.

me|tal|lisch [me'talɪʃ] ⟨Adj.⟩:
1. *aus Metall bestehend, die Eigenschaften von Metall besitzend:* ein metallisches Element.
2. a) *im Aussehen dem Metall ähnlich:* ein metallischer Glanz. **Syn.:** metallen. **b)** *hart klingend; (im Klang) hell und durchdringend:* die Sängerin hat eine metallische Stimme.

Me|ta|mor|pho|se [metamɔr'fo:zə], die; -, -n:
1. (bildungsspr.) *Verwandlung von einer Form, Gestalt o. Ä. in eine andere:* seine Metamorphose vom Softie zum Chauvinisten; eine Metamorphose durchmachen, erleben, erfahren. **Syn.:** Entwicklung, Veränderung, Werdegang.
2. (Zool.) *Entwicklung vom Ei oder Larvenstadium bis zum ausgewachsenen Tier in mehreren Stadien:* die Metamorphose der Kaulquappe zum Frosch.

Me|ta|pher [me'tafɐ], die; -, -n: *sprachlicher Ausdruck, bei dem ein Wort (eine Wortgruppe) aus seinem Bedeutungszusammenhang in einen anderen übertragen, als Bild verwendet wird:* »der Himmel weint« ist eine Metapher für »es regnet«; in Metaphern reden. **Syn.:** Sinnbild.

Me|te|or [mete'o:ɐ̯], der; -s, -e: *fester kosmischer Körper, der bei Eintritt in die Erdatmosphäre aufleuchtet:* kleine Meteore nennt man auch Sternschnuppen.

Me|te|o|ro|lo|ge [meteoro'lo:gə], der; -n, -n, **Me|te|o|ro|lo|gin** [meteoro'lo:gɪn], die; -, -nen: *Wissenschaftler[in] auf dem Gebiet der Wetterkunde:* die Meteorologen sagen für die nächste Woche schlechtes Wetter voraus.

Me|ter ['me:tɐ], der, auch: das; -s, -: Einheit der Länge: die Mauer ist drei Meter hoch; mit drei Meter Stoff/mit drei Metern kommen wir aus; der Ort liegt in 1 000 Meter Höhe. **Zus.:** Kilometer, Millimeter, Zentimeter.

Me|ter|maß ['me:tɐma:s], das; -es, -e: *Band oder Stab mit einer Einteilung in Zentimeter und Millimeter zum Messen von Längen:* mit dem Metermaß ausmessen, wie lang das Stück Stoff ist.

Me|tho|de [me'to:də], die; -, -n:
1. *regelhaftes Verfahren zur Erlangung von [wissenschaftlichen] Erkenntnissen:* eine analytische Methode; die historisch-kritische Methode; eine Methode zur Bestimmung des spezifischen Gewichts; wir arbeiten nach der Methode von W. Scholze. **Zus.:** Arbeitsmethode, Erkenntnismethode, Erziehungsmethode, Unterrichtsmethode.
2. *Art der Durchführung; Weg, wie man zu einem angestrebten Ziel gelangen kann.* **Syn.:** Instrument, Mittel, Praktik, Prinzip, Taktik, Technik, Verfahren, Vorgehen, Weg. **Zus.:** Anbaumethode, Fabrikationsmethode, Fertigungsmethode, Heilmethode, Trainingsmethode, Verhütungsmethode.

me|tho|disch [me'to:dɪʃ] ⟨Adj.⟩: **a)** *die Methode betreffend:* sie hat der gesamten Disziplin methodische Mängel vorgeworfen. **b)** *eine bestimmte Methode* *zugrunde legend, nach einer Methode vorgehend:* wir erwarten eine methodische Vorbereitung; methodisch arbeiten. **Syn.:** planmäßig, systematisch.

Me|ti|er [me'ti̯e:], das; -s, -s: *bestimmte berufliche o. ä. Tätigkeit als jmds. Aufgabe, die er oder sie durch die Beherrschung der dabei erforderlichen Fertigkeiten erfüllt:* davon verstehe ich nichts, das ist nicht mein Metier; das Metier des Politikers, der Kritikerin. **Syn.:** Beruf.

Me|tro|po|le [metro'po:lə], die; -, -n: *Weltstadt; Hauptstadt (mit weltstädtischem Charakter):* in London, New York, Peking und anderen Metropolen; München, die Metropole Bayerns; Köln ist die rheinische Metropole. **Syn.:** Zentrum. **Zus.:** Dienstleistungsmetropole, Handelsmetropole, Kunstmetropole, Messemetropole.

Metz|ger ['mɛt̮sɡɐ], der; -s, -, **Metz|ge|rin** ['mɛt̮sɡərɪn], die; -, -nen (besonders westd., südd.): *Fleischer[in]:* sie arbeitet als Metzgerin im Fleischgroßhandel; ein Pfund Fleisch vom Metzger mitbringen. **Syn.:** Schlachter (nordd.), Schlächter (nordd.), Schlachterin (nordd.), Schlächterin (nordd.).

Metz|ge|rei [mɛt̮sɡə'rai̯], die; -, -en (besonders westd., südd.): *Fleischerei:* wir kaufen Fleisch und Wurstwaren nur in guten Metzgereien. **Syn.:** Fleischhauerei. **Zus.:** Pferdemetzgerei.

meu|cheln ['mɔy̮çl̩n] ‹tr.; hat› (veraltend): *heimtückisch ermorden:* er wurde im Schlaf gemeuchelt. **Syn.:** beseitigen (verhüllend), kaltmachen (salopp), killen (salopp), morden, töten, umbringen.

Meu|te ['mɔy̮tə], die; -:
1. *Gruppe von Jagdhunden:* die Meute loslassen. **Zus.:** Hundemeute, Jagdmeute.
2. (ugs. abwertend) *größere Zahl, Gruppe von Menschen, die gemeinsam auftreten, agieren o. Ä.:* eine Meute Halbstarker; eine ganze Meute war hinter dem vermeintlichen Übeltäter her; unsere ganze Meute macht einen Ausflug. **Syn.:** Bande (emotional), Clique, Haufen (ugs.), Horde (emotional abwertend), Pulk, Schar, Trupp.

Meu|te|rei [mɔy̮tə'rai̯], die; -, -en: *das gemeinsame Auflehnen gegen jmdn., etwas und das Verweigern des Gehorsams durch Soldaten o. Ä.:* auf dem Schiff gab es eine Meuterei. **Syn.:** Aufruhr, Aufstand, Erhebung, Krawall, Rebellion, Revolte, Tumult, Unruhen ‹Plural›. **Zus.:** Gefangenenmeuterei.

meu|tern ['mɔy̮tɐn] ‹itr.; hat›:
a) *sich gegen Vorgesetzte, gegen Anordnungen, Zustände auflehnen:* die Truppe meuterte [gegen die Offiziere]. **Syn.:** den Gehorsam verweigern, rebellieren. **b)** (ugs.) *seinen Unwillen über etwas äußern:* du musst nicht immer gleich meutern, wenn dir mal etwas nicht passt. **Syn.:** aufbegehren (geh.), meckern (ugs. abwertend), murren, protestieren.

mi|au|en [mi'au̯ən], miaute, miaut ‹itr.; hat›: *(von Katzen) einen wie »miau« klingenden Laut von sich geben:* der Hund bellte und die Katze miaute.

mich [mɪç] ‹Personalpronomen; Akk. von »ich«›:
a) liebst du mich? **b)** ‹reflexivisch› ich erinnere mich nicht daran.

mick|rig ['mɪkrɪç] ‹Adj.› (ugs. abwertend): *schwächlich oder zu dürftig aussehend:* ein kleines, mickriges Pflänzchen; er hatte nur ein mickriges Geschenk für sie. **Syn.:** klein, kümmerlich, verkümmert.

Mid|life-Cri|sis ['mɪtlai̯fkrai̯sɪs], die; -, **Midlifecrisis:** *(vor allem in Bezug auf Männer) krisenhafte Phase in der Mitte des Lebens, in der jmd. den Sinn seines bisherigen Lebens kritisch überdenkt und in Zweifel zieht:* er ist mitten in der Midlife-Crisis.

Mie|der ['mi:dɐ], das; -s, -:
a) *Teil der Unterkleidung für Frauen mit stützender und formender Wirkung:* sie trägt immer ein Mieder. **b)** *eng anliegendes [vorn geschnürtes], ärmelloses Oberteil besonders bei Trachtenkleidern:* ein bunt besticktes Mieder. **Zus.:** Samtmieder, Schnürmieder.

Mief [mi:f], der; [e]-s (salopp abwertend): *als unangenehm empfundene, verbrauchte, stickig riechende Luft (in einem Raum):* im Schlafsaal herrschte ein fürchterlicher Mief; sie hat sich vom Mief der Kleinstadt *(von der beschränkten Atmosphäre)* befreit. **Syn.:** Geruch, Gestank. **Zus.:** Kellermief.

Mie|ne ['mi:nə], die; -, -n: *Ausdruck des Gesichtes, der eine Stimmung, Meinung o. Ä. erkennen lässt:* eine ernste, freundliche Miene; eine saure, finstere Miene machen; beim Anblick des Essens hellte ihre Miene sich gleich auf; ohne eine Miene zu verziehen *(ohne eine Gefühlsregung zu zeigen)* ertrug sie den Schmerz. **Syn.:** [1]Ausdruck, Gesicht, Mimik. **Zus.:** Leidensmiene, Siegermiene, Trauermiene, Unschuldsmiene.

mies [mi:s] ‹Adj.› (ugs.):
1. (abwertend) *auf eine Weise schlecht, die Verdruss, Ärger, Ablehnung hervorruft:* so ein mieser Kerl!; er hat einen ganz miesen Charakter; das war ein echt mieses Spiel; ich finde sie total mies; das Geschäft geht mies. **Syn.:** lausig (ugs.), saumäßig (salopp abwertend), unerfreulich.
2. *(im Hinblick auf die gesundheitliche Verfassung) unwohl:* ihm geht es mies; sie fühlt sich schon seit Tagen ziemlich mies. **Syn.:** krank, kränkelnd, kränklich, unpässlich.

miesma|chen ['mi:smaxn̩], machte mies, miesgemacht ‹tr.; hat› (ugs. abwertend): *herabsetzen, über jmdn., etwas nur Nachteiliges sagen:* er macht immer alles mies; du kannst mir meine Reisepläne nicht miesmachen. **Syn.:** abqualifizieren, diffamieren, diskriminieren (bildungsspr.), heruntermachen (ugs.), herziehen über (ugs.), madigmachen (ugs.), schlechtmachen (ugs.), verleiden.

Mie|te ['mi:tə], die; -, -n:
1. *Preis, den man für das Mieten (von etwas) bezahlen muss:* die Miete für die Wohnung bezahlen; die Miete wurde erhöht; nach einem Wasserschaden kann man die Miete mindern; die Miete ist am Dritten eines

Monats fällig. **Syn.:** Pacht. **Zus.:** Kaltmiete, Ladenmiete, Saalmiete, Warmmiete, Wohnungsmiete.
2. ⟨ohne Plural⟩ *das Mieten:* wir wohnen zur Miete *(sind Mieter[innen]);* manchmal ist Kauf günstiger als Miete.

mie|ten [ˈmiːtn̩], mietete, gemietet ⟨tr.; hat⟩ /Ggs. vermieten/: *gegen Bezahlung die Berechtigung erwerben, etwas zu benutzen:* eine Wohnung, ein Zimmer mieten; im Urlaub mieten wir uns ein Auto. **Syn.:** chartern, leasen, leihen, pachten.

Mie|ter [ˈmiːtɐ], der; -s, -, **Mie|te|rin** [ˈmiːtərɪn], die; -, -nen: *Person, die etwas mietet:* der Mieter einer Wohnung; als Mieterinnen und Mieter sind ruhige, kinderlose, nicht rauchende Personen sehr beliebt; Mieterinnen und Mietern kann nicht einfach gekündigt werden. **Syn.:** Pächter, Pächterin, Partei. **Zus.:** Hauptmieter, Hauptmieterin, Nachmieter, Nachmieterin, Untermieter, Untermieterin.

Miets|haus [ˈmiːtshau̯s], das; -es, Mietshäuser [ˈmiːtshɔy̯zɐ]: *größeres Wohnhaus, in dem man zur Miete wohnt:* in einem Mietshaus wohnen.

Miet|ver|trag [ˈmiːtfɛɐ̯traːk], der; -[e]s, Mietverträge [ˈmiːtfɛɐ̯trɛːɡə]: *Vertrag zwischen Vermieter[in] und Mieter[in] über die Bedingungen der Vermietung von etwas:* den Mietvertrag unterschreiben; die Mieterhöhung ist im Mietvertrag festgeschrieben.

Mi|grä|ne [miˈɡrɛːnə], die; -, -n: *[oft mit Erbrechen und Sehstörungen verbundener] starker, meist auf einer Seite des Kopfes auftretender Schmerz:* [eine fürchterliche] Migräne haben. **Syn.:** Kopfschmerzen ⟨Plural⟩.

Mi|grant [miˈɡrant], der; -en, -en, **Migrantin** [miˈɡrantɪn], die; -, -nen: *Person, die in ein anderes Land auswandert:* in Deutschland leben viele Migranten; sie ist die Tochter türkischer Migranten.

Mi|gra|tion [miɡraˈtsi̯oːn], die; -, -en: *Abwanderung von Menschen in ein anderes Land, in eine andere Gegend, an einen anderen Ort; Auswanderung:* Migration ist eine der großen Herausforderungen unserer Zeit.

mi|kro-, ¹Mi|kro- [miːkro] ⟨erster Wortbestandteil⟩:
1. *klein..., Klein..., gering..., fein...* /Ggs. makro-, Makro-/: *im Kleinen:* mikrobiologisch; Mikroklima; Mikrokosmos; Mikroökonomie; Mikrostruktur.
2. bezeichnet einen Intensitätsgrad; *gering:* mikroseismische Erdbeben *(nur mit Instrumenten wahrnehmbar).*
3. *kleinst..., Kleinst..., sehr klein, kleiner als normal:* Mikrochip; Mikroelektronik; Mikrofauna; Mikrofilm; Mikroprozessor.
Syn.: mini-, Mini-.

²Mi|kro- [miːkro] ⟨erster Wortbestandteil⟩: /vor Maßeinheiten/ *ein Millionstel...* /Ggs. ²Mega-/: Mikrogramm; Mikrosekunde.

Mi|kro|fon [mikroˈfoːn], das; -s, -e, **Mikrophon:** *Gerät, durch das Töne auf Tonband, Kassette oder über Lautsprecher übertragen werden können:* der Reporter spricht ins Mikrofon; jmdn. ans Mikrofon bitten; jmdn. vors Mikrofon holen, bekommen.

Mi|kro|skop [mikroˈskoːp], das; -s, -e: *optisches Gerät, mit dem sehr kleine Dinge aus geringer Entfernung stark vergrößert und [deutlich] sichtbar gemacht werden können:* etwas durch das Mikroskop betrachten, unter dem Mikroskop untersuchen.

Mi|kro|wel|le [ˈmiːkrovɛlə], die; -, -n:
1. ⟨meist Plural⟩ (Elektrotechnik) *(bes. zur Wärmeerzeugung eingesetzte) elektromagnetische Welle mit geringer Wellenlänge.*
2. (ugs.) Kurzform von ↑ Mikrowellenherd: du kannst dir das Essen in der Mikrowelle warm machen.

Mi|kro|wel|len|herd [ˈmiːkrovɛlənheːɐ̯t], der; -[e]s, e: *Herd zum Auftauen, Erwärmen, Garen von Speisen in kurzer Zeit mithilfe elektromagnetischer Wellen:* das Essen im Mikrowellenherd aufwärmen.

Milch [mɪlç], die; -: *besonders von Kühen durch Melken gewonnene und vielseitig als Nahrungsmittel genutzte, weißliche Flüssigkeit:* warme, gekochte, kondensierte, saure Milch; Milch gerinnt, wird sauer, ist übergelaufen; Milch in den Kaffee gießen; frische Milch trinken. **Zus.:** Kuhmilch, Schafsmilch, Ziegenmilch.

mil|chig [ˈmɪlçɪç] ⟨Adj.⟩: *weißlich-trüb wie Milch:* eine milchige Flüssigkeit.

mild [ˈmɪlt], **mil|de** [ˈmɪldə] ⟨Adj.⟩:
1. a) *gütig; nicht streng; nicht hart:* kein strenger, sondern ein milder Richter; das Urteil ist sehr mild[e], ist mild[e] ausgefallen. **Syn.:** gnädig, gütig.
b) *Verständnis für die Schwächen des Gegenübers zeigend; nachsichtig:* er fand trotz allem milde Worte; ich konnte sie nicht milder stimmen. **Syn.:** behutsam, gnädig, großzügig, sanft, verständnisvoll, weitherzig.
c) *freundlich im Wesen oder im Benehmen und frei von allem Schroffen, Verletzenden:* er war ein milder älterer Herr; ihre Stimme war mild und angenehm. **Syn.:** freundlich, gefällig, gütig, ¹herzlich, liebenswürdig, nett, sanft, sanftmütig.
2. a) *keine extremen Temperaturen aufweisend; nicht rau:* ein mildes Klima; ein milder Winter; ein Zustrom milder Meeresluft; die Nacht war mild[e].
b) *nicht grell und kontrastreich; gedämpft, sanft:* das milde Licht der Kerzen; mild[e] leuchten, schimmern. **Syn.:** weich, zart.
3. a) *(besonders von Speisen) nicht stark gewürzt, nicht scharf; nicht sehr kräftig oder ausgeprägt im Geschmack:* milde Speisen; der Käse ist sehr mild.
b) *(besonders von bestimmten Chemikalien) nicht scharf, etwas nicht angreifend:* eine milde Seife; das Shampoo ist ganz mild. **Syn.:** leicht, sanft.

mil|dern [ˈmɪldɐn]:
1. ⟨tr.; hat⟩ *die Schroffheit, Härte o. Ä. von etwas nehmen; (ein Urteil, einen Tadel, eine Strafe o. Ä.) durch tolerante Gesinnung auf ein geringeres Maß bringen, herabmindern:* eine Strafe, ein Urteil mildern. **Syn.:** entschärfen.
2. a) ⟨tr.; hat⟩ *auf jmds. Emotionen o. Ä. einwirken, um sie abzuschwächen, zu dämpfen:* jmds. Zorn, Erregung mildern. **Syn.:**

M
mild

militant/militärisch

Militant bedeutet *mit kämpferischen Mitteln für eine Überzeugung eintretend; streitbar.* Es steht häufig in Verbindung mit Personen[gruppen]: – Militante Atomkraftgegner errichteten Blockaden auf den Zufahrtswegen. – Er ist ein militanter Nichtraucher.	**Militärisch** hingegen bezieht sich auf das Heer, die Armee, das Militär. Es lässt sich einerseits mit *das Militär betreffend, vom Militär ausgehend,* andererseits mit *den Gebräuchen des Militärs entsprechend* umschreiben: – Ein militärisches Eingreifen in der Krisenregion ist nicht auszuschließen. – Er hielt sich militärisch gerade.

dämmen, eindämmen, mäßigen, mindern, reduzieren, vermindern, verringern. **b)** ⟨+ sich⟩ *maßvoller werden; geringer werden:* ihr Zorn milderte sich. **Syn.:** sich abschwächen, sich reduzieren, sich vermindern.
3. a) ⟨tr.; hat⟩ *(eine Wirkung, einen Eindruck o. Ä.) nicht mehr so stark hervortreten lassen, abschwächen:* Gegensätze mildern; ein Lächeln genügte, um ihre Angst zu mildern. **Syn.:** mäßigen, verringern. **b)** ⟨+ sich⟩ *(von einer Wirkung, einem Eindruck) nicht mehr so stark hervortreten; sich abschwächen:* seine Verwunderung milderte sich. **Syn.:** sich reduzieren.
4. a) ⟨tr.; hat⟩ *lindern:* die Armut der Flüchtlinge mildern. **Syn.:** abschwächen, bessern, erleichtern. **b)** ⟨+ sich⟩ *(von Schmerzen o. Ä.) erträglich[er] werden, zurückgehen:* ihre Kopfschmerzen hatten sich gemildert. **Syn.:** sich abschwächen, sich bessern.
5. ⟨+ sich⟩ *(vom Wetter o. Ä.) milder werden:* ab morgen soll es sich mildern.

mild|tä|tig [ˈmɪlttɛːtɪç] ⟨Adj.⟩: *in wohltätiger Weise Bedürftigen (durch Gaben) helfend:* mildtätige Spenden. **Syn.:** barmherzig, humanitär, karitativ, Nächstenliebe übend, wohltätig.

Mi|li|eu [miˈli̯øː], das; -s, -s: *soziales Umfeld, Umgebung, in der ein Mensch lebt und die ihn prägt:* das soziale, häusliche Milieu; sie stammt aus einem gutbürgerlichen Milieu; in einem ärmlichen, kleinbürgerlichen Milieu aufwachsen. **Syn.:** Gesellschaft, Umwelt.

mi|li|tant [miliˈtant] ⟨Adj.⟩: *mit kämpferischen Mitteln für eine Überzeugung eintretend:* eine militante Sozialistin; ein militanter Rechter, Nichtraucher; militante Gruppen. **Syn.:** herausfordernd, leidenschaftlich, martialisch (bildungsspr.), offensiv, provokativ, streitbar (geh.).

militant / militärisch: s. Kasten.

Mi|li|tär [miliˈtɛːɐ̯], das; -s: **a)** *Gesamtheit der Soldaten eines Landes:* das britische Militär; er ist beim Militär; vom Militär entlassen worden sein; zum Militär müssen *(Soldat werden müssen).* **Syn.:** Armee, Heer, Miliz (veraltet). **b)** *(eine bestimmte Anzahl von) Soldaten:* gegen die Demonstranten wurde [das] Militär eingesetzt; das Militär rückt aus. **Syn.:** Armee, Heer, Truppen ⟨Plural⟩.

mi|li|tä|risch [miliˈtɛːrɪʃ] ⟨Adj.⟩: **a)** *das Militär betreffend, von ihm ausgehend:* militärische Einrichtungen, Geheimnisse; eine militärische Ausbildung erhalten. **b)** *den Gepflogenheiten des Militärs (in Bezug auf Gesinnung, Verhalten usw.) entsprechend:* militärische Disziplin; jmdm. militärische Ehren erweisen; sein Gang, seine Haltung, seine Gesinnung ist [ausgesprochen] militärisch; er grüßte militärisch. **Syn.:** zackig (ugs.).

militärisch / militant: s. Kasten militant/militärisch.

Mi|li|ta|ris|mus [militaˈrɪsmʊs], der; - (abwertend): *Vorherrschen militärischen Denkens in der Politik und Beherrschung des zivilen Lebens in einem Staat durch militärische Institutionen:* Militarismus ist die Unterwerfung der politischen Vernunft unter militärisches Denken.

Mi|liz [miˈliːt͜s], die; -, -en: **1.** *für den Kampf bestimmte Truppe, die nur im Bedarfsfall aus Bürgern mit einer kurzen militärischen Ausbildung aufgestellt wird:* Polizei und Miliz stürmten die Häuser mehrerer Oppositioneller. **2.** (veraltet) *Heer.*

Mil|li|ar|de [mɪˈli̯ardə], die; -, -n: *tausend Millionen:* vier bis fünf Milliarden, einige Milliarden Euro; das Land hat rund eine Milliarde Bewohner.

Mil|li|me|ter [ˈmɪlimeːtɐ], der, auch: das; -s, -: Einheit der Länge; *der tausendste Teil eines Meters:* eine Schraube von fünf Millimeter Durchmesser.

Mil|li|on [mɪˈli̯oːn], die; -, -en: *tausend mal tausend:* eine Million Menschen hatte/hatten die Übertragung des Spiels am Fernseher verfolgt; Millionen [von] Menschen auf der Welt hungern.

Mil|li|o|när [mɪli̯oˈnɛːɐ̯], der; -s, -e, **Mil|li|o|nä|rin** [mɪli̯oˈnɛːrɪn], die; -, -nen: *Person, die ein Millionenvermögen besitzt:* in Florida leben viele Millionäre; sie ist Millionärin.

mi|men [ˈmiːmən] ⟨tr.; hat⟩ (ugs. abwertend): *(durch entsprechende Mimik, durch Gesten) so tun, als ob man jmd. Bestimmtes sei oder als ob man eine bestimmte Regung o. Ä. habe:* er mimt gern den Mann von Welt; den Unschuldigen mimen; Bewunderung, Verbundenheit mimen. **Syn.:** markieren (ugs.), vorgeben, vortäuschen.

Mi|mik [ˈmiːmɪk], die; -: *Veränderungen der Miene als Ausdruck von Empfindungen, Gedanken oder Wünschen:* seine Mimik erinnert an einen Pokerspieler.

min|der [ˈmɪndɐ] ⟨Adverb⟩ (geh.): *in geringerem Grade; nicht so sehr:* jmd., etwas ist minder angesehen; das würde mir minder gefallen; ein minder kompliziertes Verfahren. **Syn.:** kaum, weniger.

min|der… ['mɪndər…] ⟨Adj.⟩: *(bezogen auf Wert, Bedeutung, Qualität, Ansehen) nicht besonders hoch; gering:* eine mindere Qualität; Fragen von minderer Bedeutung; eine Sache von minderer Wichtigkeit. **Syn.:** minderwertig, schlecht, schwach.

Min|der|heit ['mɪndɐhai̯t], die; -, -en:
a) *kleinerer Teil (einer bestimmten Anzahl) von Personen* /Ggs. Mehrheit/: eine Minderheit ist gegen diesen Entwurf; die Gegner des Planes bilden eine Minderheit; in der Minderheit *(zahlenmäßig unterlegen)* sein. **Syn.:** Minorität. **b)** *zahlenmäßig unterlegene [und darum machtlose] Gruppe (in einer Gemeinschaft, einem Staat o. Ä.):* eine religiöse, ethnische Minderheit; die Unterdrückung von Minderheiten. **Syn.:** Minorität.

min|der|jäh|rig ['mɪndɐjɛːrɪç] ⟨Adj.⟩:
noch nicht das Erwachsenenalter erreicht habend /Ggs. volljährig/: er ist [mit 17 Jahren noch] minderjährig.

min|dern ['mɪndɐn] ⟨tr.; hat⟩:
geringer werden, erscheinen lassen: der kleine Fehler mindert die gute Leistung der Schülerin keineswegs; etwas in seinem Wert mindern; durch schlechtes Benehmen das Ansehen mindern. **Syn.:** abschwächen, einschränken, herabsetzen, schmälern, verkleinern, vermindern, verringern.

min|der|wer|tig ['mɪndɐveːɐ̯tɪç] ⟨Adj.⟩:
von geringerer Qualität: man hat für die Konserven minderwertiges Fleisch verwendet; dieses Material ist minderwertig. **Syn.:** billig, minder…, miserabel (emotional), schlecht, schwach.

min|dest… ['mɪndəst…] ⟨Adj.⟩:
drückt aus, dass etwas nur im geringsten Maße vorhanden ist; *geringst…:* ich habe davon nicht die mindeste Ahnung; etwas ohne die mindesten Vorkehrungen wagen; wenn man nur die mindesten Aussichten hätte; das ist das Mindeste, was man erwarten kann.

min|des|tens ['mɪndəstn̩s] ⟨Adverb⟩:
a) *(auf etwas zahlenmäßig Erfassbares bezogen) auf keinen Fall weniger als* /Ggs. höchstens/: es waren mindestens drei Täter; das Zimmer ist mindestens fünf Meter lang; eine Summe von mindestens 1 000 Euro. **Syn.:** wenigstens. **b)** *auf jeden Fall; wenigstens, zumindest:* du hättest dich mindestens entschuldigen müssen.

Min|dest|maß ['mɪndəstmaːs], das; -es:
sehr geringer, niedriger Grad /Ggs. Höchstmaß/: das ist das Mindestmaß an Toleranz, das man erwarten kann. **Syn.:** das Wenigste, Minimum.

Mi|ne ['miːnə], die; -, -n:
1. a) *(wirtschaftlich genutztes) unterirdisches Erzlager; Bergwerk:* eine Mine schließen, stilllegen. **Syn.:** Grube, Zeche.
b) *unterirdischer Gang, Stollen:* eine Mine ist eingebrochen.
2. *hochexplosiver Sprengkörper, der durch einen Zünder oder bei Berührung zur Explosion gebracht wird und sowohl im Gelände als auch im Wasser in Form von Sperren verlegt wird:* an der Grenze sind Minen gelegt; Minen suchen, entschärfen; auf eine Mine treten. **Zus.:** Landmine, Seemine.
3. *dünnes Stäbchen aus Grafit oder einem anderen Farbe enthaltenden Material (in einem Bleistift, Kugelschreiber o. Ä.), das das Schreiben ermöglicht:* eine rote Mine; die Mine meines Kugelschreibers ist leer; die Mine auswechseln.

Mi|ne|ral [mine'raːl], das; -s, -e und -ien:
in der Erde vorkommender Stoff (der z. B. Bedeutung als Erz zur Gewinnung von Metallen hat oder als Schmuckstein verwendet werden kann): in dieser Gegend gibt es viele Minerale.

Mi|ne|ral|öl [mine'raːl|øːl], das; -[e]s, -e:
durch Destillation von Erdöl gewonnenes Produkt: zu den Mineralölen gehören u. a. Benzin, Diesel, Kerosin und Heizöle.

Mi|ne|ral|was|ser [mine'raːlvasɐ], das; -s, Mineralwässer [mine'raːlvɛsɐ]:
als Getränk verwendetes, von einer Quelle stammendes [kohlensäurehaltiges] Wasser, in dem Spuren von Mineralien und Salzen enthalten sind: ein Mineralwasser bestellen; auf der Karte stehen fünf Mineralwässer. **Syn.:** Sprudel.

Mi|ni- [mɪni] ⟨Präfix⟩:
1. *sehr klein…, winzig…, niedrigst…, in Miniatur:* Miniauto; Minibar; Minieisenbahn; Miniformat; Miniküche; Minipreise; Minislip. **Syn.:** ¹-chen, -lein, Mikro-.
2. *sehr kurz…:* Minikleid; Minimode; Minirock.

Mi|ni|golf ['mɪnigɔlf], das; -s:
Spiel, bei dem der Ball mit einem Schläger auf abgegrenzten Bahnen oder Spielfeldern mit verschiedenen Hindernissen durch möglichst wenig Schläge ins Zielloch geschlagen werden muss: Minigolf spielen.

mi|ni|mal [mini'maːl] ⟨Adj.⟩:
nur ein sehr geringes Ausmaß an Größe, Stärke o. Ä. aufweisend: ein minimaler Unterschied; die Verluste waren minimal. **Syn.:** gering, geringfügig, klein, leicht, leise, nicht nennenswert, schwach, unbedeutend, unerheblich, winzig.

Mi|ni|mum ['miːnimʊm], das; -s, Minima ['miːnima]:
geringstes, niedrigstes Maß /Ggs. Maximum/: die Unfälle wurden auf ein Minimum reduziert; ein Minimum an Kraft aufwenden. **Syn.:** das Wenigste, Mindestmaß, Tiefstand.

Mi|nis|ter [mi'nɪstɐ], der; -s, -, **Mi|nis|te|rin** [mi'nɪstərɪn], die; -, -nen:
Person als Mitglied einer Regierung, die einen bestimmten Geschäftsbereich verwaltet: jmdn. zum Minister ernennen; die Sekretärin Minister Meyers/des Ministers Meyer; Frau Minister/Frau Ministerin Schulze; sie ist Ministerin für Familie und Gesundheit; einen Minister ernennen, vereidigen, stürzen; sie wurde zur Ministerin ernannt. **Zus.:** Familienminister, Familienministerin, Finanzminister, Finanzministerin, Justizminister, Justizministerin, Kulturminister, Kulturministerin, Landwirtschaftsminister, Landwirtschaftsministerin, Umweltminister, Umweltministerin, Verteidigungsminister,

M
Mini

Verteidigungsministerin, Wirtschaftsminister, Wirtschaftsministerin.

Mi|nis|te|ri|um [minɪsˈteːri̯ʊm], das; -s, Ministerien [minɪsˈteːri̯ən]:
oberste Verwaltungsbehörde eines Staates mit bestimmtem Aufgabenbereich: das Ministerium des Inneren. **Syn.:** Amt, Behörde, Organ.

Mi|nis|ter|prä|si|dent [miˈnɪstɐprɛzidɛnt], der; -en, -en, **Mi|nis|ter|prä|si|den|tin** [miˈnɪstɐprɛzidɛntɪn], die; -, -nen:
Chef, Chefin der Regierung eines Bundeslandes: die Ministerpräsidentinnen und Ministerpräsidenten treffen sich regelmäßig zu Beratungen; er wurde mit knapper Mehrheit zum Ministerpräsidenten gewählt.

Mi|nis|trant [minɪsˈtrant], der; -en, -en, **Mi|nis|tran|tin** [minɪsˈtrantɪn], die; -, -nen:
Junge bzw. Mädchen, der/das dem katholischen Priester beim Gottesdienst hilft: sie ist Ministrantin; er dient als Ministrant.

Mi|no|ri|tät [minoriˈtɛːt], die; -, -en:
Minderheit: die religiösen Minoritäten in einem Land; einer Minorität angehören; die Befürworter waren in der Minorität. **Syn.:** Minderheit.

M
Mini

¹mi|nus [ˈmiːnʊs] ⟨Konj.⟩:
drückt aus, dass die folgende Zahl von der vorangehenden abgezogen wird; *weniger* /Ggs. plus/: fünf minus drei ist, macht, gibt zwei.

²mi|nus [ˈmiːnʊs] ⟨Präp., meist mit Gen.⟩ /Ggs. plus/:
drückt aus, dass etwas um eine bestimmte Summe vermindert ist: dieser Betrag minus der üblichen Abzüge; 24 000 Euro minus des üblichen Verlegeranteils; ⟨aber: starke Substantive bleiben im Singular ungebeugt, wenn sie ohne Artikel und ohne adjektivisches Attribut stehen; im Plural stehen sie dann im Dativ⟩ minus Rabatt; minus Abzügen. **Syn.:** abzüglich, ohne.

³mi|nus [ˈmiːnʊs] ⟨Adverb⟩:
1. drückt aus, dass eine Zahl, ein Wert negativ, kleiner als null ist: minus drei; die Temperatur beträgt minus fünf Grad/fünf Grad minus.
2. drückt aus, dass die Leistungsbewertung ein wenig unter der genannten Note liegt: im Diktat hatte er eine Zwei minus.
3. drückt aus, dass eine negative elektrische Ladung vorhanden ist: der Strom fließt von plus nach minus.
4. (nur gesprochen) synonym zu »Bindestrich« verwendetes Wort beim Diktieren von Internetadressen o. Ä.

Mi|nus [ˈmiːnʊs], das; - /Ggs. Plus/:
1. *etwas, was bei der [End]abrechnung fehlt:* ein Minus von zehn Euro; Minus machen; die Bilanz weist ein Minus auf; ins Minus kommen, geraten. **Syn.:** Defizit.
2. *Nachteil, der durch einen Mangel hervorgerufen wird:* der schlechte Kundendienst dieser Firma ist ein großes Minus gegenüber dem Konkurrenten. **Syn.:** Fehler, Makel.

Mi|nu|te [miˈnuːtə], die; -, -n:
a) *Zeitspanne von 60 Sekunden:* der Zug kommt in wenigen Minuten. **b)** *Augenblick, Moment:* die Minuten der Ungewissheit wurden ihnen zur Qual; jede freie Minute nutzen; hast du eine Minute, ein paar Minuten Zeit für mich?; sie wartet immer bis zur letzten Minute; er kam in letzter Minute; von Minute zu Minute wurde es dunkler. **Syn.:** ²Moment.

mir [miːɐ̯] ⟨Personalpronomen; Dativ von »ich«⟩:
a) gib mir mal das Buch.
b) ⟨reflexivisch⟩ ich wünsche mir etwas Ruhe.

Mi|ra|bel|le [miraˈbɛlə], die; -, -n:
kleine, runde, gelbe oder grünliche, sehr süße und aromatische Steinfrucht: die Mirabelle gehört zu den Pflaumen.

misch-, Misch- [mɪʃ] ⟨erster Wortbestandteil⟩:
weist auf die verschiedenartigen Anteile, Aufgaben, Stoffe o. Ä. in Bezug auf das im Basiswort Genannte hin: **a)** ⟨substantivisch⟩ Mischbauweise; Mischfinanzierung; Mischform; Mischfutter; Mischgewebe; Mischkalkulation; Mischklassifikation. **b)** ⟨adjektivisch⟩ mischerbige Pflanzen. **c)** ⟨verbal; nicht trennbar⟩ mischfinanzieren.

Misch|brot [ˈmɪʃbroːt], das; -[e]s, -e:
a) *aus Roggen- und Weizenmehl hergestelltes Brot* (a): Mischbrot wird mit Sauerteig oder Hefe gebacken. **b)** *einzelner Laib Mischbrot* (a): ich hätte gern zwei Mischbrote.

mi|schen [ˈmɪʃn̩]:
1. ⟨tr.; hat⟩ **a)** *verschiedene Flüssigkeiten oder Stoffe so zusammenbringen, dass eine [einheitliche] Flüssigkeit, Masse, ein Gemisch entsteht:* Sirup und Wasser mischen. **Syn.:** mixen, zusammenbrauen (ugs.). **b)** *eine [kleine Menge einer] Substanz zu einer anderen hinzufügen und mit ihr vermischen:* jmdm. Gift ins Essen mischen; Zucker in, unter den Brei mischen. **c)** *durch Mischen* (1 a) *entstehen lassen; zubereiten:* jmdm., sich einen Drink mischen; der Maler mischt seine Farben aus Naturstoffen; Gift mischen. **Syn.:** mixen.
2. ⟨+ sich⟩ **a)** *sich mit etwas vermischen:* Wasser mischt sich nicht mit Öl. **b)** *zu etwas hinzukommen und sich damit vermischen:* in meine Freude mischte sich Angst.
3. ⟨tr.; hat⟩ *(Spielkarten) vor dem Austeilen in eine absichtlich ungeordnete Reihenfolge bringen:* die Karten mischen; ⟨auch itr.⟩ wer mischt? **Syn.:** durcheinanderbringen.
4. ⟨+ sich⟩ *sich einmischen:* sie mischt sich ständig in meine Angelegenheiten. **Syn.:** dazwischenfahren, dazwischenfunken (ugs.), dazwischentreten, eingreifen, einschreiten.
5. ⟨+ sich⟩ *sich [aus einer exponierten Stellung heraus] zu einer Anzahl von Menschen begeben, um [unerkannt, unauffällig] mit ihnen zusammen zu sein oder um sich in der Menge zu verstecken:* der König mischte sich unters Volk; wir mischten uns unter die Zuschauer.

Misch|ling [ˈmɪʃlɪŋ], der; -s, -e:
a) *Person, deren Elternteile verschiedenen Menschentypen angehören* (heute als diskriminierend empfunden). **b)** *Tier, das/Pflanze, die Merkmale verschiedener Rassen oder Gattungen geerbt hat.* **Syn.:** Bastard.

Mi|schung [ˈmɪʃʊŋ], die; -, -en: **a)** *etwas, was durch Mischen mehrerer Sorten oder Bestandteile entstanden ist:* eine gute, schlechte, kräftige Mischung; dieser Kaffee, Tee, Tabak ist eine Mischung edelster Sorten. **Syn.:** Durcheinander, Gemisch, Sammelsurium. **b)** *das Mischen* (1): durch die Mischung der beiden Farben entstand ein dunkles Grün.

mi|se|ra|bel [mizəˈraːbl̩] ⟨Adj.⟩ (emotional): **a)** *auf ärgerliche Weise sehr schlecht:* ein miserabler Film; sie spricht ein miserables Deutsch; das Wetter, das Essen ist miserabel; ich habe heute Nacht miserabel geschlafen; die Arbeiter werden miserabel bezahlt. **Syn.:** billig, dürftig, erbärmlich, kümmerlich, lausig (ugs.), mies (abwertend), minderwertig, saumäßig (salopp abwertend), schäbig (abwertend). **b)** *[gesundheitlich] schwach, schlecht:* sie ist in einem miserablen Zustand; ich fühle mich miserabel. **Syn.:** elend (emotional), erbärmlich, mies (ugs.). **c)** *niederträchtig, gemein:* er ist ein ganz miserabler Kerl; er hat sich ihr gegenüber miserabel benommen. **Syn.:** mies (abwertend), saumäßig (salopp abwertend), schlecht, übel, unter aller Kanone (ugs.), unter aller Kritik (ugs.), unter aller Sau (derb abwertend).

Mi|se|re [miˈzeːrə], die; -, -n: *unglückliche Situation, bedauernswerte Lage, Notlage:* eine finanzielle Misere; die Misere an den Schulen und Universitäten; in einer Misere sein; jmdm. aus der Misere helfen. **Syn.:** Dilemma, Not.

miss-, Miss- [mɪs] ⟨Präfix⟩: **1.** ⟨verbal; nicht trennbar⟩ **a)** *das im Basiswort Genannte falsch, nicht richtig, nicht gut tun:* missdeuten; missinterpretieren; missleiten. **b)** drückt aus, dass das im Basiswort Genannte in einer Weise geschieht, die das Gegenteil des Basiswortes ist: missachten; missbilligen; missfallen; missglücken; missgönnen; misslingen; missraten; misstrauen. **2.** ⟨substantivisch⟩ **a)** entsprechend dem verbalen Gebrauch unter (1 a): Missernte; Missgriff; Missmanagement; Misston; Misswirtschaft. **Syn.:** Falsch-, [1]Fehl-. **b)** entsprechend dem verbalen Gebrauch unter (1 b): Misserfolg; Missgunst; Missvergnügen. **Syn.:** Un-. **3.** ⟨adjektivisch; meist Partizip als Basiswort⟩ **a)** *schlecht:* missgelaunt; missgestimmt; misstönend. **b)** *nicht:* missvergnügt.

miss|ach|ten [mɪsˈ|axtn̩], missachtete, hat missachtet ⟨tr.; hat⟩: *sich über etwas hinwegsetzen, nicht beachten:* einen Rat, ein Verbot missachten. **Syn.:** außer Acht lassen, in den Wind schlagen, nicht ernst nehmen, [2]übergehen, verkennen, verstoßen gegen.

miss|bil|li|gen [mɪsˈbɪlɪgn̩] ⟨tr.; hat⟩: *seine ablehnende Haltung in Bezug auf etwas deutlich zum Ausdruck bringen und es nicht billigen:* jmds. Verhalten [scharf] missbilligen; er sah sie missbilligend an. **Syn.:** ablehnen, ausschlagen, beanstanden, bemängeln, monieren, sich beklagen über, sich beschweren über, verschmähen, zurückweisen.

Miss|brauch [ˈmɪsbraux], der; -[e]s, Missbräuche [ˈmɪsbrɔyçə]: **a)** *das Missbrauchen* (a): der Missbrauch eines Amtes, der Macht; Missbrauch mit etwas treiben; die Beseitigung von Missbräuchen. **b)** *übermäßiger Gebrauch:* vor dem Missbrauch von Medikamenten warnen. **c)** *Vergewaltigung; Anwendung sexueller Gewalt, bes. gegenüber Kindern:* er wurde wegen sexuellen Missbrauchs verurteilt.

miss|brau|chen [mɪsˈbrauxn̩] ⟨tr.; hat⟩: **a)** *(vorsätzlich) falsch, der eigentlichen Bestimmung o. Ä. zuwiderlaufend gebrauchen; in unredlicher, unerlaubter Weise [für eigennützige Zwecke] gebrauchen, benutzen:* sie missbrauchte ihr Amt, ihre Macht; jmds. Vertrauen missbrauchen *(jmdn. täuschen, hintergehen)*. **Syn.:** ausnutzen (bes. nordd.), ausnützen (bes. südd.), Missbrauch begehen, Missbrauch treiben. **b)** *etwas in übermäßigem, sich schädlich auswirkendem Maß zu sich nehmen, anwenden:* Alkohol, Drogen missbrauchen. **c)** *unter Anwendung von Gewalt unerwünschte sexuelle Handlungen durchführen:* der Verbrecher hat die Frau überfallen und sexuell missbraucht.

miss|bräuch|lich [ˈmɪsbrɔyçlɪç] ⟨Adj.⟩: *einen Missbrauch darstellend; absichtlich falsch, unerlaubt:* die missbräuchliche Verwendung von etwas.

mis|sen [ˈmɪsn̩]: in der Wendung **jmdn., etwas nicht missen wollen/können/mögen:** *ohne jmdn., etwas nicht auskommen wollen/können/mögen:* er kann seinen täglichen Kaffee nach dem Essen nicht mehr missen; ich möchte diese Erfahrung nicht missen.

missen/vermissen

Bei der Verwendung von **missen** und **vermissen** ist Folgendes zu beachten:
Missen wird zumeist in der Fügung »jmdn., etw. nicht missen wollen/können/mögen« verwendet und bedeutet *entbehren:*

- Ich habe mich so daran gewöhnt, dass ich es nicht mehr missen möchte.
- Die Erfahrungen, die ich im Ausland sammeln konnte, will ich heute nicht missen.

Dagegen besagt **vermissen,** dass sich jemand eines Verlustes oder des Fehlens einer Sache oder Person bewusst ist [und sich nach ihr sehnt]. Der Grad dieser bewussten Entbehrung wird oft durch Umstandsangaben gekennzeichnet:

- Ich vermisse dich sehr.
- Sie vermisst die vertraute Umgebung.
- Die Einrichtung lässt jeden Geschmack vermissen.

Miss|er|folg [ˈmɪs|ɛɐ̯fɔlk], der; -[e]s, -e: *[unerwartet] schlechter, enttäuschender, negativer Ausgang einer Unternehmung o. Ä.* /Ggs. Erfolg/: berufliche Misserfolge; einen Misserfolg erleben, haben; das Konzert war ein Misserfolg *(brachte nicht den erwarteten Erfolg)*. **Syn.:** Bankrott, Debakel, ein Schlag ins Wasser, ein Schuss in den Ofen (ugs.), Fehlschlag, Flop (ugs.), Konkurs, Missgeschick, Niederlage, Pech, Pleite (ugs.), Reinfall (ugs.), Schlappe (ugs.).

miss|fal|len [mɪsˈfalən], missfällt, missfiel, missfallen ⟨itr.; hat⟩: *Unzufriedenheit, Nichteinverstandensein mit einem Vorgang, einer Verhaltensweise o. Ä. auslösen, hervorrufen:* mir missfiel die Art, wie sie behandelt wurde; was missfällt dir so an der Sache?

Miss|ge|schick [ˈmɪsɡəʃɪk], das; -[e]s, -e: *[durch Ungeschicklichkeit oder Unvorsichtigkeit hervorgerufener] peinlicher, ärgerlicher Vorfall:* jmdm. passiert, widerfährt ein Missgeschick. **Syn.:** Dilemma, Malheur (ugs.), Panne, Pech, Unglück.

miss|glü|cken [mɪsˈɡlʏkn̩] ⟨itr.; ist⟩: *ein schlechtes, nicht das gewünschte Ergebnis haben* /Ggs. glücken/: der erste Versuch missglückte; ein missglücktes Unternehmen. **Syn.:** danebengehen, fehlschlagen, missraten, platzen (ugs.), scheitern, schiefgehen (ugs.), verunglücken (scherzh.).

miss|han|deln [mɪsˈhandl̩n] ⟨tr.; hat⟩: *(durch Schlagen, Quälen o. Ä.) körperliche Schmerzen zufügen:* ein Kind, einen Gefangenen [brutal] misshandeln. **Syn.:** foltern, martern, peinigen (geh.), quälen, tyrannisieren.

Mis|si|on [mɪˈsi̯oːn], die; -, -en: **a)** ⟨ohne Plural⟩ *Verbreitung einer Religion, besonders der christlichen Lehre unter Andersgläubigen:* Mission [be]treiben; in der Mission tätig sein. **b)** *[mit einer Entsendung verbundener] Auftrag; Sendung:* eine gefährliche, politische Mission; ihre Mission ist erfüllt, gescheitert, beendet; er war in geheimer Mission unterwegs. **c)** *[ins Ausland] entsandte Personengruppe mit besonderem Auftrag:* eine Mission entsenden; sie leitete die deutsche Mission bei den Olympischen Spielen. **Syn.:** Abordnung, Delegation.

Mis|si|o|nar [mɪsi̯oˈnaːɐ̯], der; -s, -e, **Mis|si|o|na|rin** [mɪsi̯oˈnaːrɪn], die; -, -nen: *Person, die mit der [christlichen] Mission beauftragt ist:* er arbeitet als Missionar; sie ist Missionarin in Afrika. **Syn.:** Geistliche, Geistlicher, Seelsorger, Seelsorgerin.

Miss|klang [ˈmɪsklaŋ], der; -[e]s, Missklänge [ˈmɪsklɛŋə]: *als unharmonisch, unschön empfundenes Zusammenklingen von Tönen:* ein Missklang aus dem Orchester. **Syn.:** Dissonanz.

miss|lich [ˈmɪslɪç] ⟨Adj.⟩: *Ärger, Unannehmlichkeiten bereitend:* sich in einer misslichen Lage befinden; dieser Zustand ist äußerst misslich. **Syn.:** unangenehm, unerfreulich, unvorteilhaft.

miss|lin|gen [mɪsˈlɪŋən], misslang, misslungen ⟨itr.; ist⟩: *nicht so werden wie beabsichtigt, gewünscht:* das Unternehmen ist misslungen; sie wusste, dass die Flucht misslingen würde; ein misslungener Kuchen. **Syn.:** schiefgehen (ugs.), verunglücken (scherzh.).

Miss|ma|nage|ment [ˈmɪsmɛnɪtʃmənt], das; -s: *schlechtes, falsches Management* (1): jahrelanges Missmanagement hat den Konkurs der Firma verursacht.

miss|mu|tig [ˈmɪsmuːtɪç] ⟨Adj.⟩: *(durch etwas gestört oder von etwas enttäuscht und daher) schlecht gelaunt:* ein missmutiger Mensch; ein missmutiges Gesicht machen; sie war heute sehr missmutig; jmdn. missmutig anschauen. **Syn.:** ärgerlich, bärbeißig, brummig, gekränkt, griesgrämig, grimmig, launisch, muffig, mürrisch, sauer (ugs.), säuerlich, ungnädig, unleidlich, unwirsch, unzufrieden, verdrießlich, verdrossen.

miss|ra|ten [mɪsˈraːtn̩], missriet, missraten ⟨itr.; ist⟩: *nicht den Vorstellungen, der Absicht gemäß ausfallen, geraten:* der Kuchen ist ihr missraten; eine missratene Übersetzung. **Syn.:** danebengehen (ugs.), fehlschlagen, missglücken, scheitern, schiefgehen (ugs.), verunglücken (scherzh.).

miss|trau|en [mɪsˈtrau̯ən] ⟨itr.; hat⟩: *kein Vertrauen zu jmdm., etwas haben; Böses hinter jmdm., etwas vermuten:* er misstraute dem Mann; wir misstrauten ihren Worten. **Syn.:** Argwohn hegen, argwöhnen, argwöhnisch sein, Verdacht hegen, zweifeln an.

Miss|trau|en [ˈmɪstrau̯ən], das; -s: *skeptisch-argwöhnische Einstellung jmdm., einer Sache gegenüber:* sie sah ihn mit unverhohlenem Misstrauen an; tiefes Misstrauen erfüllte ihn; das Misstrauen [gegen sie] war unbegründet; ein gesundes, eine Portion Misstrauen haben; jmdm., einer Sache großes Misstrauen entgegenbringen; sie war voller Misstrauen. **Syn.:** Argwohn, Bedenken, Eifersucht, Skepsis.

miss|trau|isch [ˈmɪstrau̯ɪʃ] ⟨Adj.⟩: *voller Misstrauen:* ein misstrauischer Mensch, Blick; misstrauisch sein, werden; etwas macht jmdn. ganz misstrauisch; misstrauisch verfolgte er jede Bewegung. **Syn.:** argwöhnisch, kritisch, skeptisch, zweifelnd.

Miss|ver|hält|nis [ˈmɪsfɛɐ̯hɛltnɪs], das; -ses, -se: *schlechtes, nicht richtiges, nicht passendes Verhältnis:* zwischen seinen Forderungen und seiner Leistung besteht ein krasses Missverhältnis; ihr Gewicht steht im Missverhältnis zu ihrer Größe.

miss|ver|ständ|lich [ˈmɪsfɛɐ̯ʃtɛntlɪç] ⟨Adj.⟩: *leicht zu einem Missverständnis führend, nicht klar und eindeutig:* wegen der missverständlichen Formulierung kam es zu zahlreichen Anfragen; der Text ist missverständlich; etwas missverständlich darstellen. **Syn.:** doppeldeutig, mehrdeutig, zweideutig.

Miss|ver|ständ|nis [ˈmɪsfɛɐ̯ʃtɛntnɪs], das; -ses, -se: *(unbeabsichtigtes) falsches Auslegen einer Aussage oder Handlung:* ein folgenschweres, fatales, bedauerliches Missverständnis; hier liegt wohl ein Missverständnis vor; sein Einwand beruht auf einem Missverständnis; ein Missverständnis aufklären, beseitigen, aus der Welt schaffen, ausräumen. **Syn.:** Fehler, Irrtum.

miss|ver|ste|hen [ˈmɪsfɛɐ̯ʃteːən], missverstand, missverstanden ⟨tr.; hat⟩: *eine Aussage, eine Handlung (unbeabsichtigt) falsch deuten, auslegen:* ich habe es anders gemeint, du hast mich missverstanden; die Bemerkung war nicht misszuverstehen; sie fühlte sich missverstanden. **Syn.:** verkennen.

Mist [mɪst], der; -[e]s:
1. *mit Kot und Urin bestimmter Haustiere vermischte Streu, die als Dünger verwendet wird:* Mist streuen; Mist aufs Feld fahren; eine Fuhre Mist. **Zus.:** Hühnermist, Pferdemist, Schafmist.
2. (ugs. abwertend) **a)** *als wertlos, lästig, unnütz angesehene Gegenstände:* ich werfe den ganzen Mist weg; was hast du denn da für einen Mist gekauft?; mit solchem alten Mist kann man nichts mehr anfangen. **Syn.:** Plunder (ugs.), Ramsch (ugs. abwertend), Schund. **b)** *Unsinn, dummes Zeug:* er redet den ganzen Tag nur Mist. **Syn.:** Blech (ugs. abwertend), Blödsinn (ugs. abwertend), dummes Zeug, Kohl (ugs. abwertend), Krampf (ugs.), Quark (ugs.), Quatsch (ugs.), Scheiße (derb abwertend), Schnickschnack (ugs., meist abwertend), Schwachsinn (ugs. abwertend), Stuss (ugs. abwertend), Unsinn. **c)** *lästige, ärgerliche, dumme Angelegenheit, Sache:* was soll der Mist?; mach deinen Mist doch allein!; Mist machen; (in Flüchen:) so ein Mist!; [verfluchter] Mist! **Syn.:** Scheiße (derb abwertend).

Mis|tel [ˈmɪstl̩], die; -, -n:
auf Bäumen wachsende Pflanze mit gelbgrünen, länglichen, ledrigen Blättern, kleinen gelben Blüten und weißen, beerenartigen Früchten: die Misteln vom Baum schneiden.

Mist|kü|bel [ˈmɪstky:bl̩], der; -s, - (österr.):
Abfalleimer: die Reste in den Mistkübel werfen.

¹mit [mɪt] ⟨Präp. mit Dativ⟩:
1. a) drückt die Gemeinsamkeit, das Zusammensein, Zusammenwirken mit einem oder mehreren anderen bei einer Tätigkeit o. Ä. aus: sie war mit uns in der Stadt; willst du mit uns essen?; er spielt mit den Kindern der Nachbarn.
b) drückt die Wechselseitigkeit bei einer Handlung aus: sich mit jmdm. streiten, abwechseln, austauschen. **c)** drückt eine aktive oder passive Beteiligung an einer Handlung, einem Vorgang aus: Verkehrsunfälle mit Kindern *(in die Kinder verwickelt sind).*
2. a) drückt eine Zugehörigkeit aus: eine Flasche mit Schraubverschluss; ein Haus mit Garten; ein Hotel mit 70 Zimmern; Familien mit und ohne Kinder/ohne und mit Kindern; Herr Balzer mit Frau. **b)** drückt ein Einbezogensein aus; *einschließlich; samt:* die Flasche kostet mit Pfand 1,70 Euro; die Miete beträgt 600 Euro mit Nebenkosten; Zimmer mit Frühstück; mit mir waren es 8 Gäste. **Syn.:** inklusive.
3. drückt aus, dass ein Behältnis verschiedenster Art etwas enthält: ein Glas mit Honig; ein Sack mit Kartoffeln.
4. gibt die Begleitumstände, die Art und Weise o. Ä. einer Handlung an: sie aßen mit Appetit; das hat er mit Absicht getan; sie lag mit Fieber im Bett.
5. bezeichnet das [Hilfs]mittel oder Material, mit dem etwas ausgeführt oder das für etwas verwendet wird: sich die Hände mit Seife waschen; der Brief ist mit der Maschine geschrieben; sie ist mit der Bahn gefahren. **Syn.:** per.
6. a) stellt einen bestimmten allgemeinen Bezug zwischen Verb und Objekt her: was ist los mit dir?; es geht langsam voran mit der Arbeit; sie begann, hörte auf mit ihrer Tätigkeit; raus mit euch! **b)** ⟨als Teil eines präpositionalen Attributes⟩ (ugs.) *in Bezug (auf etwas, jmdn.), in Anbetracht (einer Sache):* trink nicht so viel, du mit deiner kranken Leber; sie mit ihren schwachen Nerven; der ist ja verrückt mit seinen vielen neuen Autos *(dass er sich dauernd neue Autos kauft).*
7. kennzeichnet das Zusammenfallen eines Vorganges, Ereignisses o. Ä. mit einem anderen: mit [dem] *(bei)* Einbruch der Nacht; mit dem Tode des Vaters änderte sich die Lage; mit 25 Jahren *(im Alter von 25 Jahren)* machte sie ihr Examen; er starb mit 80 Jahren; mit dem heutigen Tag ist die Frist abgelaufen.
8. in Abhängigkeit von bestimmten Wörtern: sich beschäftigen, befassen mit etwas; Ärger mit jmdm. haben; die Umstände brachten es mit sich, dass ...

²mit [mɪt] ⟨Adverb⟩:
1. *neben anderem, neben [einem, mehreren] anderen; auch; ebenfalls:* **a)** das gehört mit zu deinen Aufgaben; es lag mit an ihm, dass ... **Syn.:** gleichfalls. **b)** ⟨selbstständig in Verbindung mit Verben, wenn nur eine vorübergehende Beteiligung ausgedrückt wird⟩ kannst du ausnahmsweise mal mit anfassen?; das musst du mit berücksichtigen. **Syn.:** gleichfalls.
2. ⟨als Teil eines zusammengesetzten Verbs vor einer adverbialen Bestimmung⟩ sie will wissen, wie viele mit zum Essen kommen *(... wie viele zum Essen mitkommen);* ich weiß nicht, ob ich mit an diesem Projekt arbeite *(... ob ich an diesem Projekt mitarbeite);* ich nehme das Buch mit nach Hause *(ich nehme das Buch nach Hause mit).*
3. ⟨in Verbindung mit einem Superlativ⟩ das ist mit das wichtigste der Bücher *(eines der wichtigsten).*
4. ⟨elliptisch als Teil eines Verbs⟩ (ugs.) da darfst du nicht mit *(mitkommen);* ich will mit nach Berlin *(nach Berlin mitfahren);* da kann ich nicht mit *(mithalten);* der Koffer muss aber noch mit *(mitgenommen werden).*

mit- [mɪt] ⟨trennbares, betontes verbales Präfix⟩:
1. *das im Basiswort Genannte mit einem oder anderen gemeinsam tun, auch daran beteiligt sein:* mitarbeiten; mitbenutzen; mitmachen; eine Klassenarbeit mitschreiben; mitverantworten.
2. bezeichnet die Gleichzeitigkeit eines Vorgangs, Geschehens mit einem anderen Vorgang, Geschehen: mithören; mitschreiben (bitte schreiben Sie mit, was ich diktiere).

Mit- [mɪt] ⟨Präfix; das Basiswort bezeichnet eine Person⟩:
jmd. zusammen mit anderen, einem anderen ...: Mitangeklagter; Mitautorin; Mitbegründer; Mitbesitzerin; Mitbewerber; Mitbürgerin; Miteigentümer;

Miterbin; Mithäftling; Mitmensch. **Syn.:** Ko-.

mit|ar|bei|ten ['mɪt|arbai̯tn̩], arbeitete mit, mitgearbeitet ⟨itr.; hat⟩:
a) *(in einem bestimmten Bereich, an einem bestimmten Projekt o. Ä.) mit anderen zusammen tätig sein:* im elterlichen Geschäft mitarbeiten; an dem neuen Projekt werden fünf Personen mitarbeiten. **Syn.:** mitmachen, teilnehmen. **b)** *sich am Unterricht beteiligen:* der Junge müsste im Unterricht besser mitarbeiten. **Syn.:** sich einsetzen, sich engagieren.

Mit|ar|bei|ter ['mɪt|arbai̯tɐ], der; -s, -, **Mit|ar|bei|te|rin** ['mɪt|arbai̯tərɪn], die; -, -nen:
a) *Person, die einem Betrieb, Unternehmen o. Ä. angehört, dort beschäftigt ist:* langjährige, treue Mitarbeiter; sie ist eine tüchtige Mitarbeiterin; die Firma hat 2 000 Mitarbeiter. **Syn.:** Angestellte, Angestellter. **b)** *Person, die bei einer Institution, bei einer Zeitung o. Ä. mitarbeitet, [wissenschaftliche] Beiträge liefert:* eine wissenschaftliche Mitarbeiterin; er arbeitet als freier *(nicht fest angestellter, gegen Einzelhonorar schreibender)* Mitarbeiter einer Zeitung, bei einer Zeitung. **c)** *Person, die [in abhängiger Stellung] mit einer anderen zusammenarbeitet, ihr zuarbeitet:* der Minister hat einen Stab von Mitarbeiterinnen und Mitarbeitern.

mit|be|kom|men ['mɪtbəkɔmən], bekam mit, mitbekommen ⟨itr.; hat⟩:
1. *[auf einen Weg, als Ausstattung o. Ä.] zum Mitnehmen bekommen:* ein Lunchpaket mitbekommen; sie hat nichts bei ihrer Heirat mitbekommen.
2. *etwas, was eigentlich nicht für einen bestimmt ist, [unbeabsichtigt] hören, wahrnehmen:* die Kinder haben den Streit der Eltern mitbekommen; wir bekamen mit, dass das Geschäft geschlossen werden sollte. **Syn.:** aufschnappen (ugs.), bemerken, [1]erfahren von, hören, merken.
3. *eine Äußerung o. Ä. akustisch bzw. in ihrer Bedeutung erfassen, aufnehmen:* es war so laut, er war so müde, dass er nur die Hälfte mitbekam. **Syn.:** verstehen.
4. *bei etwas anwesend sein und daran teilhaben:* sie hat von den Feierlichkeiten, den Ereignissen nichts, nur wenig mitbekommen. **Syn.:** bemerken, merken.

Mit|be|stim|mung ['mɪtbəʃtɪmʊŋ], die; -:
das Mitwirken, Teilhaben, Beteiligtsein an einem Entscheidungsprozess (besonders die Teilnahme der Arbeitnehmer und Arbeitnehmerinnen an Entscheidungsprozessen in der Wirtschaft): Mitbestimmung am Arbeitsplatz; das Recht auf Mitbestimmung.

Mit|be|woh|ner, der; -s, -, **Mit|be|woh|ne|rin** ['mɪtbəvo:nərɪn], die; -, -nen:
Person, die mit jmd. anderem gemeinsam eine Wohnung oder ein Haus bewohnt: eine neue Mitbewohnerin suchen; das kann er doch seinen Mitbewohnern nicht zumuten.

mit|brin|gen ['mɪtbrɪŋən], brachte mit, mitgebracht ⟨tr.; hat⟩:
a) *(mit sich tragend, bei sich habend) an einen bestimmten Ort, an eine bestimmte Stelle bringen:* er bringt seiner Frau Blumen mit; [jmdm., sich] etwas aus der Stadt, von der Reise mitbringen; hast du Brot, etwas zu essen mitgebracht *(beim Einkaufen besorgt);* einen Freund [zum Essen, auf eine Party] mitbringen. **b)** *als Voraussetzung haben, aufweisen:* für eine Arbeit Begabung, bestimmte Fähigkeiten mitbringen. **Syn.:** etwas vorzuweisen haben.

Mit|bring|sel ['mɪtbrɪŋzl̩], das; -s, - (fam.):
kleines Geschenk, das man für einen anderen mitbringt: er brachte seinen Kindern ein Mitbringsel aus Berlin mit. **Syn.:** Gabe, Präsent (bildungsspr.).

Mit|bür|ger ['mɪtbʏrgɐ], der; -s, -, **Mit|bür|ge|rin** ['mɪtbʏrgərɪn], die; -, -nen:
Person, die dem gleichen Staat angehört oder in der gleichen Stadt lebt, wohnt: liebe Mitbürgerinnen und Mitbürger! **Syn.:** Bürger, Bürgerin.

mit|ei|n|an|der [mɪt|ai̯'nandɐ] ⟨Adverb⟩:
a) *gemeinsam, zusammen, im Zusammenwirken o. Ä.:* sie gehen miteinander nach Hause. **b)** *einer, eine, eines mit dem, der anderen:* miteinander sprechen, beraten; wir kommen miteinander gut aus; die Fälle haben nichts miteinander zu tun; die beiden sind miteinander verheiratet; miteinander in Verbindung stehen; die beiden haben etwas miteinander (ugs.; *sind liiert*); die beiden können nicht miteinander (ugs.; *sie verstehen sich nicht*). **Syn.:** untereinander.

Mit|es|ser ['mɪt|ɛsɐ], der; -s, -:
1. *Talgabsonderung in einer Pore besonders der Gesichtshaut:* er hat viele Mitesser auf der Nase. **Syn.:** Pickel.
2. (ugs. scherzh.) *männliche Person, die bei einer anderen als Gast isst:* wir haben heute Abend einen Mitesser. **Syn.:** Gast.

Mit|es|se|rin ['mɪt|ɛsərɪn], die; -, -nen:
weibliche Form zu ↑Mitesser (2).

mit|fah|ren ['mɪtfa:rən], fährt mit, fuhr mit, mitgefahren ⟨itr.; ist⟩:
mit jmdm. fahren: du kannst [bei mir] mitfahren.

mit|füh|len ['mɪtfy:lən], fühlte mit, mitgefühlt ⟨itr.; hat⟩:
(in Bezug auf etwas) teilnehmend mit [einem] anderen fühlen, empfinden: mit jmdm. mitfühlen; ein mitfühlender Mensch; mitfühlende Worte. **Syn.:** bedauern, bemitleiden, den Schmerz teilen, die Trauer teilen, sich erbarmen (geh.), Mitgefühl empfinden, teilnehmen an.

mit|ge|ben ['mɪtge:bn̩], gibt mit, gab mit, mitgegeben ⟨tr.; hat⟩:
a) *zum Mitnehmen geben:* dem Kind ein Frühstück, etwas zu essen mitgeben; kann ich dir einen Brief an meine Eltern mitgeben? **b)** *zuteilwerden lassen:* sie hat ihren Kindern eine gute Erziehung, Ausbildung mitgegeben. **Syn.:** ermöglichen.

Mit|ge|fühl ['mɪtgəfy:l], das; -[e]s:
Anteilnahme am Leid, an der Not o. Ä. anderer: tiefes Mitgefühl haben, zeigen, empfinden; für jmdn. kein Mitgefühl aufbringen. **Syn.:** Erbarmen, Mitleid, Teilnahme.

mit|ge|hen ['mɪtge:ən], geht mit, ging mit, mitgegangen ⟨itr.; ist⟩:
a) *(mit jmdm.) gemeinsam [an*

einen bestimmten Ort] gehen: darf ich ins Kino mitgehen? **Syn.:** begleiten, geleiten (geh.). **b)** *einem Vortragenden o. Ä. aufmerksam zuhören, sich von ihm mitreißen lassen:* die Zuschauer gingen begeistert mit. **Syn.:** folgen.

Mit|gift [ˈmɪtgɪft], die; - (veraltend): *Geschenk von größerem Wert, das die Tochter bei der Heirat von ihren Eltern erhält:* sie hat eine große Mitgift mitbekommen.

Mit|glied [ˈmɪtgliːt], das; -[e]s, -er: **1.** *Angehörige[r] einer Gemeinschaft, eines Familienverbandes o. Ä.:* ein Mitglied der Familie, des Königshauses. **Syn.:** Verwandte, Verwandter. **Zus.:** Familienmitglied, Gemeindemitglied. **2. a)** *Person, die einer Organisation, einem Verein, einer Partei o. Ä. beigetreten ist, aufgrund einer Aufforderung, Wahl o. Ä. angehört:* ein aktives, passives Mitglied eines Vereins; Mitglied in einem Verein sein; einem Verein, einer Partei als Mitglied beitreten; Mitglied werden; Mitglieder werben. **Syn.:** Angehörige, Angehöriger. **Zus.:** Klubmitglied, Parteimitglied, Vereinsmitglied. **b)** *Angehörige[r] einer Regierung o. Ä.:* die Mitglieder der Regierung, des Parlaments, des Untersuchungsausschusses.

Mit|glied|schaft [ˈmɪtgliːtʃaft], die; -, -en: *das Mitgliedsein; die Angehörigkeit als Mitglied besonders einer Organisation, eines Vereins, einer Partei:* die Mitgliedschaft erwerben; seine Mitgliedschaft im Verein kündigen.

¹mit|hil|fe [mɪtˈhɪlfə] ⟨Präp. mit Gen.⟩, **mit Hilfe:** **1.** *mit Unterstützung:* mithilfe ihrer Freunde gelang es ihr, die Stadt unbemerkt zu verlassen. **2.** *unter Zuhilfenahme, Verwendung:* mithilfe geeigneter Methoden.

²mit|hil|fe [mɪtˈhɪlfə] ⟨Adverb in Verbindung mit »von«⟩, **mit Hilfe:** **1.** *mit Unterstützung:* mithilfe von Zeugen konnte die Polizei den Täter fassen. **2.** *unter Zuhilfenahme, Verwendung:* der Stickstoff wird mithilfe von Wasserstoff aus der Luft gewonnen.

mit|kom|men [ˈmɪtkɔmən], kam mit, mitgekommen ⟨itr.; ist⟩: **1.** *mitgehen, jmdn. begleiten:* kommst du mit [ins Kino]?; ich komme heute nicht mit zum Essen, aber morgen dann wieder. **2.** *ebenso schnell sein wie die anderen, die dabei sind:* geht doch bitte etwas langsamer, ich komme sonst nicht mit; beim Diktat nicht mitkommen.

Mit|läu|fer [ˈmɪtlɔyfɐ], der; -s, -, **Mit|läu|fe|rin** [ˈmɪtlɔyfərɪn], die; -, -nen (abwertend): *Person, die bei etwas mitmacht, ohne sich dabei besonders zu engagieren, und die dabei nur eine passive Rolle spielt:* sie verhielt sich stets als Mitläuferin; er wurde bei der Entnazifizierung als Mitläufer eingestuft. **Syn.:** Opportunist, Opportunistin.

Mit|leid [ˈmɪtlait], das; -[e]s: *stärkere (sich in einem Impuls zum Helfen, Trösten o. Ä. äußernde) innere Anteilnahme am Leid, an der Not o. Ä. anderer:* Mitleid empfinden; Mitleid mit jmdm. haben; von Mitleid ergriffen werden; er tat es nur aus Mitleid. **Syn.:** Erbarmen, Mitgefühl, Teilnahme.

mit|lei|dig [ˈmɪtlaidɪç] ⟨Adj.⟩: *von Mitleid erfüllt, von Mitleid zeugend:* eine mitleidige Seele; mitleidig (ironisch; *verächtlich*) lächeln. **Syn.:** mitfühlend.

mit|ma|chen [ˈmɪtmaxn̩], machte mit, mitgemacht: **a)** ⟨tr.; hat⟩ *bei etwas (mit) dabei sein; an etwas [aktiv] teilnehmen:* einen Kurs, Ausflug mitmachen; er macht jeden Ulk, sie macht jede Mode mit. **Syn.:** mit von der Partie sein (ugs.). **b)** ⟨itr.; hat⟩ (ugs.) *sich einer Unternehmung anschließen:* sie hat bei allen unseren Spielen mitgemacht. **Syn.:** sich beteiligen, mitwirken, teilnehmen. **c)** ⟨tr.; hat⟩ (ugs.) *(Schweres, Schwieriges o. Ä.) durchmachen, durchstehen:* sie haben während des Krieges viele Bombenangriffe mitgemacht; er hat im letzten Stadium seiner Krankheit viel mitgemacht *(hatte sehr schwer zu leiden).* **Syn.:** aushalten, erleben, erleiden, über sich ergehen lassen müssen.

Mit|mensch [ˈmɪtmɛnʃ], der; -en, -en: *Mensch, mit dem man zusammen in der menschlichen Gemeinschaft lebt:* auf seine Mitmenschen Rücksicht nehmen. **Syn.:** Zeitgenosse, Zeitgenossin.

mit|rei|ßen [ˈmɪtraisn̩], riss mit, mitgerissen ⟨tr.; hat⟩: *durch seinen inneren Schwung, seine Überzeugungskraft o. Ä. für etwas begeistern:* ihre Rede riss alle mit; die Fans ließen sich von der Musik mitreißen; ein mitreißendes Spiel. **Syn.:** mit Begeisterung erfüllen, trunken machen (geh.).

Mit|schü|ler [ˈmɪtʃyːlɐ], der; -s, -, **Mit|schü|le|rin** [ˈmɪtʃyːlərɪn], die; -, -nen: *Schüler bzw. Schülerin, der/die (mit anderen zusammen) die gleiche Klasse oder Schule besucht:* seine Mitschülerinnen und Mitschüler konnten ihn nicht leiden.

mit|spie|len [ˈmɪtʃpiːlən], spielte mit, mitgespielt ⟨itr.; hat⟩: **1. a)** *bei einem Spiel mitmachen, sich beteiligen:* lasst den Kleinen auch mitspielen!; er hat nur in der ersten Halbzeit mitgespielt; das Wetter hat leider nicht mitgespielt *(es war schlechtes Wetter bei der Unternehmung, bei dem Fest o. Ä.).* **Syn.:** mit von der Partie sein (ugs.), teilnehmen. **b)** *(als Mitwirkende[r]) bei etwas dabei sein:* sie hat in vielen Filmen mitgespielt. **Syn.:** mitmachen, mitwirken. **2.** *unter anderem auch Ursache sein (für etwas), sich mit auswirken:* beim Verzicht auf den Posten hat diese Überlegung auch mitgespielt; es spielen mehrere Gründe mit. **Syn.:** eine Rolle spielen, mit im Spiel sein, sich mit auswirken. **3.** *schlimm mit jmdm. umgehen:* er hat der Frau übel mitgespielt. **Syn.:** behandeln, ¹umgehen mit.

Mit|tag [ˈmɪtaːk], der; -s, -e: *Zeit um die Mitte des Tages (gegen und nach 12 Uhr):* ich treffe ihn gegen Mittag *(gegen 12 Uhr);* gestern, heute, morgen Mittag; zu Mittag essen; es geht auf Mittag *(auf 12 Uhr)* zu; über Mittag machen sie eine Pause.

Mit|tag|es|sen [ˈmɪta:kl̩ɛsn̩], das; -s, -:
1. ⟨ohne Plural⟩ *das Einnehmen der um die Mittagszeit gereichten [warmen] Mahlzeit:* beim Mittagessen sein, sitzen; jmdn. zum Mittagessen einladen.
2. *um die Mittagszeit gereichte [warme] Mahlzeit:* das Mittagessen ist fertig; das Mittagessen bestand aus mehreren Gängen. **Syn.:** Essen, [2]Gericht, Mahl (geh.), Mahlzeit.

mit|tags [ˈmɪta:ks] ⟨Adverb⟩: *jeden Mittag, zu Mittag:* mittags um eins; [bis] mittags hatte es geregnet; sie treffen sich immer dienstags mittags. **Syn.:** am Mittag, in der/um die Mittagszeit, um zwölf Uhr.

Mit|tags|pau|se [ˈmɪta:kspau̯zə], die; -, -n:
Arbeitspause um die Mittagszeit: wir haben, machen von 12 bis 1 Uhr Mittagspause.

Mit|te [ˈmɪtə], die; -, -n:
1. a) *Punkt oder Teil von etwas, der von allen Enden oder Begrenzungen gleich weit entfernt ist:* die Mitte eines Kreises, der Strecke; die Mitte des Zimmers nimmt ein großer Tisch ein; die Mitte von etwas angeben, berechnen; ich bin in dem Buch nur bis zur Mitte gekommen *(habe es nur halb gelesen);* jmdn. in die Mitte *(zwischen sich)* nehmen. **Syn.:** Kern, Mittelpunkt, Zentrum. **b)** *Zeitpunkt, Zeitraum, der von zwei Begrenzungen etwa gleich weit entfernt ist:* die Mitte des Jahres; in der Mitte des 20. Jahrhunderts; Mitte Mai *(um den 15. Mai herum);* er ist Mitte fünfzig *(ungefähr 55 Jahre alt).*
2. *Partei, Gruppierung zwischen rechts und links:* eine Koalition der Mitte aus Sozialdemokraten, Bürgerlichen und Liberalen; sie hat immer zur Mitte tendiert.

mit|tei|len [ˈmɪttai̯lən], teilte mit, mitgeteilt ⟨tr.; hat⟩:
jmdn. über etwas informieren, ihn etwas wissen lassen: jmdm. etwas schriftlich, mündlich, telefonisch, vertraulich mitteilen; jmdm. eine Absicht, eine Neuigkeit, seine Bedenken mitteilen; ich habe dir etwas Wichtiges mitzuteilen!; der Vereinssprecher teilte mit, dass die Mitgliedsbeiträge im nächsten Jahr steigen werden; ich teile ihr mit, dass du krank bist. **Syn.:** angeben, ankündigen, anmelden, ansagen, anvertrauen, anzeigen, aufklären über, ausdrücken, ausplaudern, ausposaunen (ugs.), ausrichten, ausrufen, äußern, aussprechen, beibringen, bekannt geben, bekannt machen, benachrichtigen über/von, berichten, darlegen, durchblicken lassen, erklären, erzählen, melden, referieren über, sagen, unterrichten über/von, verbreiten, verkünden (geh.), verständigen über/von, vortragen, zu erkennen geben.

Mit|tei|lung [ˈmɪttai̯lʊŋ], die; -, -en:
etwas, was man jmdm. mitteilt, wovon man jmdm. Kenntnis gibt: eine kurze, vertrauliche, traurige Mitteilung; jmdm. eine Mitteilung [über etwas] machen; jmdn. mit einer Mitteilung überraschen; nach Mitteilung der Behörden. **Syn.:** Ankündigung, Aussage, Bericht, Information, Meldung, Nachricht.

Mit|tel [ˈmɪtl̩], das; -s, -:
1. *etwas, was die Erreichung eines Zieles ermöglicht:* ein wirksames, erlaubtes Mittel; hierfür ist jedes Mittel recht; er ließ kein Mittel unversucht, mich umzustimmen; mit allen Mitteln arbeiten, kämpfen *(alle Hilfsmittel [und Tricks] einsetzen);* das muss mit allen [zur Verfügung stehenden] Mitteln verhindert werden; zum letzten, äußersten Mittel greifen. **Syn.:** Handhabe, Methode, Möglichkeit. **Zus.:** Kommunikationsmittel, Produktionsmittel, Unterrichtsmittel.
2. a) *(nicht näher bezeichnetes) Heilmittel, Medikament o. Ä.:* ein blutdrucksenkendes, schmerzstillendes, harmloses Mittel; ein wirksames Mittel gegen Husten, für die Verdauung, zum Einschlafen; ein Mittel einnehmen; der Arzt hat ihr starke Mittel verordnet, verschrieben. **Syn.:** Arznei, Medizin, Präparat. **b)** *(nicht näher bezeichnete) chemische Substanz, die einem bestimmten Zweck dient:* ein Mittel für die Reinigung, gegen Ungeziefer; ein Mittel zum Spülen, zum Entfernen hartnäckiger Flecken. **Zus.:** Desinfektionsmittel, Putzmittel, Spülmittel, Waschmittel.
3. ⟨Plural⟩ *[zur Verfügung stehende] Gelder, Kapital, Geldmittel:* meine Mittel sind erschöpft; der Staat muss die Mittel für neue Schulen bereitstellen; nicht die nötigen Mittel haben; etwas aus eigenen Mitteln bezahlen. **Syn.:** Geld.
4. *mittlerer Wert, Durchschnittswert:* das Mittel ausrechnen; die Temperatur betrug im Mittel 10 Grad Celsius. **Syn.:** Durchschnitt, Schnitt.

-mit|tel [mɪtl̩], das; -s, - ⟨Suffixoid⟩:
1. für einen Zweck: **a)** ⟨mit Verben oder Verbalssubstantiven als Basiswort⟩ dient dazu, Materialien, Gegenstände, mit denen eine im Basiswort genannte Tätigkeit durchgeführt wird, zusammenzufassen: Aufputschmittel; Bindemittel; Beruhigungsmittel; Düngemittel; Hilfsmittel; Lehrmittel; Lösemittel; Schlafmittel; Spülmittel; Stärkungsmittel; Verhütungsmittel; Werbemittel. **b)** ⟨mit Substantiven als Basiswort⟩ dient dazu, Gegenstände, die in Bezug auf das Basiswort gebraucht werden, zusammenzufassen: Frostmittel *(Mittel gegen Frost);* Grippemittel; Hausmittel; Kreislaufmittel *(Mittel für den Kreislauf);* Magenmittel; Narkosemittel; Rheumamittel; Schmerzmittel.
2. dient dazu, zusammengehörige gleichartige Dinge zu nennen: Arzneimittel; Drittmittel; Fremdmittel; Nahrungsmittel; Rauschmittel. **Syn.:** -er, -gerät, -werk, -zeug.

Mit|tel|al|ter [ˈmɪtl̩|altɐ], das; -s:
Zeit zwischen Altertum und Neuzeit in der europäischen Geschichte: das europäische Mittelalter; im frühen, späten Mittelalter. **Zus.:** Hochmittelalter.

Mit|tel|ding [ˈmɪtl̩dɪŋ], das; -[e]s, -e (ugs.):
etwas, was zwischen zwei Dingen, Gestalten, Begriffen, Möglichkeiten liegt, was von jedem bestimmte Eigenschaften hat, aber doch keines von beiden ist:

M
Mitt

ein Mittelding zwischen Schnee und Regen. **Syn.:** Zwischending (ugs.).

mit|tel|fris|tig [ˈmɪtl̩frɪstɪç] ⟨Adj.⟩: *über eine mittlere Frist laufend, eine mittlere Zeitspanne umfassend:* mittelfristige Kredite; die Auftragsbücher sind mittelfristig gut gefüllt; mittelfristig planen.

Mit|tel|ge|bir|ge [ˈmɪtl̩ɡəbɪrɡə], das; -s, -: *Gebirge mit meist abgerundeten Bergrücken und Höhenunterschieden unter tausend Metern:* die Wintersportmöglichkeiten in den deutschen Mittelgebirgen sind gut bis sehr gut.

mit|tel|los [ˈmɪtl̩loːs] ⟨Adj.⟩: *ohne Geld oder Besitz:* sie waren als mittellose Flüchtlinge in das Land gekommen; sie stand völlig mittellos da. **Syn.:** arm, bedürftig.

mit|tel|mä|ßig [ˈmɪtl̩mɛːsɪç] ⟨Adj.⟩: *nicht eigentlich schlecht, aber auch nicht besonders gut; nur durchschnittlich:* ein mittelmäßiger Schauspieler; eine mittelmäßige Leistung; ihre Bilder sind mittelmäßig; er hat heute nur mittelmäßig gespielt. **Syn.:** durchwachsen (ugs.), leidlich, mäßig, passabel, schlecht und recht.

Mit|tel|punkt [ˈmɪtl̩pʊŋkt], der; -[e]s, -e: **a)** *Punkt in der Mitte eines Kreises oder einer Kugel, von dem aus alle Punkte des Umfanges oder der Oberfläche gleich weit entfernt sind:* der Mittelpunkt des Kreises, der Erde. **Syn.:** Kern, Mitte, Zentrum. **Zus.:** Erdmittelpunkt. **b)** *Person, die bzw. etwas, was im Zentrum des Interesses steht:* sie war der Mittelpunkt des Abends, der Gesellschaft; diese Stadt ist der künstlerische, geistige Mittelpunkt des Landes; er will immer im Mittelpunkt stehen; diesen Gedanken stellte sie in den Mittelpunkt ihres Vortrags. **Syn.:** Zentrum.

mit|tels [ˈmɪtl̩s] ⟨Präp. mit Gen.⟩ (Papierdt.): *mithilfe von:* mittels eines Flaschenzuges; mittels strenger Gesetze; ⟨aber: starke Substantive bleiben im Singular ungebeugt, wenn sie ohne Artikel und ohne adjektivisches Attribut stehen; im Plural stehen sie dann im Dativ⟩ mittels Kaiserschnitt; mittels Kabel und Satellit; mittels Briefen. **Syn.:** durch, mit, mithilfe, per, vermöge (geh.).

Mit|tel|schicht [ˈmɪtl̩ʃɪçt], die; -, -en: *Bevölkerungsschicht mit einem gewissen Status an Kultur, Bildung, ökonomischer Sicherheit, die in der sozialen Struktur etwa in der Mitte steht:* sie kommt aus der Mittelschicht. **Syn.:** Bürgertum.

Mit|tels|per|son [ˈmɪtl̩spɛrzoːn], die; -, -en: *Person, die zwischen zwei Parteien vermittelt, wenn Verhandlungspartner sich nicht direkt treffen können oder wollen:* die Kontakte mit der ausländischen Firma wurden durch eine Mittelsperson hergestellt. **Syn.:** Schiedsrichterin, Vermittlerin.

mit|ten [ˈmɪtn̩] ⟨Adverb⟩: ⟨oft in Verbindung mit einer Präposition⟩ *in der/die Mitte von etwas, jmdm.:* der Teller brach mitten durch; der Zug hielt mitten auf der Strecke; mitten im Zimmer; der Verkehr geht mitten durch die Stadt; mitten in der Nacht; sich mitten unter die Leute mischen. **Syn.:** [1]direkt, unmittelbar.

Mit|ter|nacht [ˈmɪtɐnaxt], die; -: *[Zeitpunkt um] 12 Uhr nachts, 24 Uhr:* es ist, schlägt Mitternacht; sie hat bis Mitternacht gearbeitet; nach, gegen, um Mitternacht.

mitt|ler... [ˈmɪtlər...] ⟨Adj.⟩: **a)** *in der Mitte (von mehreren) liegend:* die drei mittleren Finger; im mittleren Haus wohne ich. **b)** *in Ausmaß, Zeitraum, Rang usw. nicht sehr niedrig und nicht sehr hoch:* eine mittlere Größe, Temperatur; ein Mann mittleren Alters; Arbeitnehmer mit mittlerem Einkommen; die mittlere *(zwischen einfachem und gehobenem Dienst liegende)* Beamtenlaufbahn; ein mittlerer *(mittelgroßer)* Betrieb. **Syn.:** durchschnittlich.

mitt|ler|wei|le [ˈmɪtlɐˈvaɪ̯lə] ⟨Adverb⟩: *in der Zwischenzeit.*

Mitt|woch [ˈmɪtvɔx], der; -[e]s, -e: *dritter Tag der mit Montag beginnenden Woche.*

mit|un|ter [mɪtˈʊntɐ] ⟨Adverb⟩: *nicht oft, aber doch ab und zu einmal [vorkommend]; bisweilen, gelegentlich* (in Bezug auf etwas innerhalb einer Abfolge): der mitunter anhaltende Regen erfordert feste Kleidung; diese Praktiken muten mitunter seltsam an; mitunter wurde ihr schlecht vor Beklemmung. **Syn.:** ab und an, ab und zu, dann und wann, hin und wieder, manchmal, von Zeit zu Zeit, zuweilen (geh.).

mit|wir|ken [ˈmɪtvɪrkn̩], wirkte mit, mitgewirkt ⟨itr.; hat⟩: *mit [einem] anderen zusammen an/bei der Durchführung o. Ä. von etwas wirken, tätig sein:* bei einer Aufführung, bei der Aufklärung eines Verbrechens mitwirken; er wirkte bei dem Konzert als Sänger mit. **Syn.:** mit von der Partie sein (ugs.), mitarbeiten, mitspielen, sich beteiligen an, teilnehmen.

Mit|wis|ser [ˈmɪtvɪsɐ], der; -s, -, **Mit|wis|se|rin** [ˈmɪtvɪsərɪn], die; -, -nen: *Person, die von einer [unrechtmäßigen o. ä.] Handlung, von einem Geheimnis eines anderen oder anderer Kenntnis hat:* er war, wurde Mitwisser eines Mordes; sie wird als Mitwisserin bezichtigt. **Syn.:** Eingeweihte, Eingeweihter, Komplize (abwertend), Komplizin (abwertend).

mi|xen [ˈmɪksn̩] ⟨tr.; hat⟩: *durch Mischen (von verschiedenen Getränken o. Ä.) zubereiten:* einen Cocktail, [sich] einen Drink mixen. **Syn.:** anrühren, mischen, zusammenbrauen (ugs.). **Zus.:** zusammenmixen.

Mi|xer [ˈmɪksɐ], der; -s, -: **1.** *männliche Person, die in einer Bar o. Ä. Getränke mixt:* einen neuen Drink beim Mixer bestellen. **Zus.:** Barmixer. **2.** *(bei der Zubereitung von Getränken, Speisen gebrauchtes) elektrisches Gerät zum Zerkleinern und Mischen:* Eier im Mixer verquirlen.

Mi̱|xe|rin [mɪksərɪn], die; -, -nen: weibliche Form zu ↑Mixer (1 a).

mob|ben [ˈmɔbn̩] ⟨tr.; hat⟩ (Jargon): *Arbeitskolleg[inn]en ständig schikanieren, quälen [mit der Absicht, sie aus der Firma o. Ä.*

zu vertreiben]: an seinem neuen Arbeitsplatz wurde er ständig gemobbt.

Mö|bel ['mø:bl̩], das; -s, -: *Einrichtungsgegenstand, z. B. Schrank, Tisch, Stuhl:* moderne, praktische, neue Möbel kaufen. **Syn.:** Ausstattung, Einrichtung, Hausrat, Inventar, Mobiliar. **Zus.:** Anbaumöbel, Büromöbel, Gartenmöbel, Küchenmöbel, Mehrzweckmöbel, Polstermöbel, Sitzmöbel, Wohnzimmermöbel.

mo|bil [mo'bi:l] ⟨Adj.⟩:
1. *beweglich, nicht an einen festen Standort gebunden:* mobile Büchereien; mobiler Besitz; wer mobil sein will, sollte sich ein Auto mieten; mobil *(mit dem Mobiltelefon)* telefonieren.
2. *recht munter und rege:* der Kaffee hat mich wieder mobil gemacht; sie ist eine ganz mobile alte Dame. **Syn.:** beweglich, dynamisch, flott, lebhaft, schwungvoll, temperamentvoll, vital.

Mo|bi|li|ar [mobi'li̯a:ɐ̯], das; -s: *Gesamtheit der Möbel und der in einer Wohnung benötigten Einrichtungsgegenstände:* das gesamte Mobiliar verkaufen. **Syn.:** Einrichtung, Hausrat, Inventar, Möbel ⟨Plural⟩.

mo|bi|li|sie|ren [mobili'zi:rən] ⟨tr.; hat⟩:
1. a) *dazu bringen, (in einer Angelegenheit) [politisch, sozial] aktiv zu werden, sich (dafür) einzusetzen:* die Parteimitglieder mobilisieren; die Gewerkschaften mobilisierten die Massen gegen die Rüstung. **b)** *mobil* (2) *machen, aktivieren, verfügbar und wirksam machen:* alle Kräfte [für etwas] mobilisieren; die Läufer mobilisierten die letzten Energien. **Syn.:** aufbieten, aufbringen, aufwenden, einsetzen.
2. *für den [Kriegs]einsatz bereitstellen, verfügbar machen:* das Heer mobilisieren.

Mobil|te|le|fon [mo'bi:ltelefo:n], das; -s, -e: *ohne Kabel funktionierendes Telefon:* man unterscheidet Festnetz- und Mobiltelefone. **Syn.:** Handy.

mö|bliert [mø'bli:ɐ̯t] ⟨Adj.⟩: *mit Möbeln ausgestattet:* ein möbliertes Zimmer, eine möblierte Wohnung mieten. **Syn.:** eingerichtet.

Möch|te|gern- [mœçtəgɛrn] ⟨Präfixoid⟩ (ironisch): charakterisiert die so Bezeichnete, den so Bezeichneten als eine Person, die das im Basiswort Genannte gern sein möchte, sich dafür hält, es aber in Wirklichkeit nicht oder nur schlecht ist: Möchtegernaufsteiger; Möchtegerndichterin; Möchtegernkünstler; Möchtegernschriftstellerin.

Mo|de ['mo:də], die; -, -n:
a) *Geschmack einer Zeit, besonders in der Kleidung:* sich nach der neuesten Mode kleiden; aus der, in Mode kommen; mit der Mode gehen. **Zus.:** Damenmode, Haarmode, Herbstmode, Herrenmode, Hutmode, Kindermode, Sommermode, Wintermode. **b)** *etwas, was gerade sehr beliebt ist und von vielen getan wird:* diese Sportarten sind jetzt große Mode. **Zus.:** Tagesmode, Zeitmode.

Mo|del ['mɔdl̩], das; -s, -s:
a) *Person, besonders Frau, die Modekollektionen, [Modell]kleider auf Modeschauen vorführt:* die Models präsentieren auf dem Laufsteg die neue Herbstkollektion. **b)** *Fotomodell:* das Model erscheint auf den Titelblättern vieler Modezeitschriften.

Mo|dell [mo'dɛl], das; -s, -e:
1. *verkleinerte plastische Ausführung eines Bauwerks, eines Flugzeugs usw.:* der Architekt legt ein Modell des geplanten Gebäudes vor. **Zus.:** Eisenbahnmodell, Flugzeugmodell, Schiffsmodell.
2. a) *Muster, Vorlage für ein Objekt, für die (serienweise) Herstellung von etwas:* sie entwirft ein Modell für eine neue Universität. **Syn.:** Entwurf. **Zus.:** Ausstellungsmodell. **b)** *Ausführungsart eines Fabrikats:* sein Auto ist ein ganz neues Modell. **Syn.:** Typ. **Zus.:** Luxusmodell, Spitzenmodell, Standardmodell.
3. a) *Objekt, Lebewesen usw., das als Vorlage für das Werk eines Künstlers dient:* einem Maler Modell stehen. **Zus.:** Aktmodell, Fotomodell. **b)** *Person, die Modekollektionen, Modellkleider vorführt:* als Modell arbeiten. **Syn.:** Mannequin, Model. **Zus.:** Fotomodell.
4. *Kleidungsstück, das nach einem eigens dafür geschaffenen Entwurf hergestellt wurde:* das neueste Modell; ein Pariser Modell.

mo|del|lie|ren [modɛ'li:rən] ⟨tr./itr.; hat⟩: *(formbares Material) plastisch formen, gestalten:* [das] Wachs modellieren; ihr Bild war in Ton modelliert. **Syn.:** anfertigen, arbeiten, bilden, erschaffen, fabrizieren, fertigen, herstellen, hervorbringen, machen, produzieren, schaffen.

mo|de|rat [mode'ra:t] ⟨Adj.⟩ (bildungsspr.): *gemäßigt, maßvoll:* moderate Worte; ein moderater Politiker; moderate Preise. **Syn.:** mäßig, zurückhaltend.

Mo|de|ra|tor [mode'ra:to:ɐ̯], der; -s, Moderatoren [modera'to:rən], **Mo|de|ra|to|rin** [modera'to:rɪn], die; -, -nen: *Person, die eine Sendung, eine Veranstaltung o. Ä. moderiert:* die Moderatorin führte souverän durch die Veranstaltung. **Syn.:** Ansager, Ansagerin, Sprecher, Sprecherin.

mo|de|rie|ren [mode'ri:rən] ⟨tr./itr.; hat⟩ (Rundfunk, Fernsehen): *(eine Sendung) mit verbindenden Kommentaren in ihrem Ablauf begleiten:* ein politisches Magazin moderieren; sie moderiert schon seit Jahren beim Fernsehen. **Syn.:** die/eine Sendung leiten, leiten.

[1]**mo|dern** ['mo:dɐn], moderte, gemodert ⟨itr.; hat/ist⟩: *durch Feuchtigkeit aufgelöst werden und verwesen (besonders von Pflanzlichem):* das Holz modert im Keller. **Zus.:** vermodern.

[2]**mo|dern** [mo'dɛrn] ⟨Adj.⟩:
a) *dem neuesten Stand der kulturellen, geschichtlichen, gesellschaftlichen, technischen o. ä. Entwicklung entsprechend:* die moderne Physik, Literatur. **Syn.:** aktuell, fortschrittlich, heutig, zeitgemäß, zeitgenössisch.
b) *dem Geschmack und dem Stil der Gegenwart entsprechend* /Ggs. altmodisch/: die Wohnung ist modern eingerichtet. **Syn.:** in (ugs.), modisch, neu,

modern/modisch

Modern und **modisch** können nicht immer synonym gebraucht werden, da »modern« ein weiteres Bedeutungsfeld hat als »modisch«.
Modisch bedeutet *der neuesten Mode entsprechend.* Es bezieht sich auf die Kleidung und ihr Zubehör:

- Sie trägt modischen Schmuck.
- Das ist eine sehr modische Krawatte.

Leicht abwertend kann es auch bedeuten *dem augenblicklichen Zeitgeschmack entsprechend:*

- Wer etwas auf sich hält, verzichtet auf solche modischen Spielereien!

In dieser zweiten Bedeutung ist es mit **modern** nicht austauschbar. »Modern« kann in Bezug auf die Kleidung für »modisch« eintreten (»ein modisches Kleid«), weil ein modisches auch ein modernes Kleid ist; »modern« hat aber die größere Anwendungsbreite, weil es nicht auf Kleidungsstücke begrenzt ist:

- moderne Möbel
- moderne *(dem neuesten Stand entsprechende)* Auffassungen
- ein moderner *(in die jetzige Zeit passender)* Mensch
- moderne *(nicht klassische)* Musik.

neumodisch (oft abwertend), up to date, zeitgemäß. **Zus.:** hochmodern, supermodern.

modern / modisch: s. Kasten.

mo|der|ni|sie|ren [modɛrniˈziːrən] ⟨tr.; hat⟩: *durch [Ver]änderung[en], Umgestaltung technisch o. ä. auf einen neuen Stand bringen:* eine Fabrik, die Produktion modernisieren. **Syn.:** aktualisieren, auffrischen, aufmöbeln (ugs.), aufpolieren, erneuern, renovieren, überarbeiten, verbessern.

mo|di|fi|zie|ren [modifiˈt͜siːrən] ⟨tr.; hat⟩ (bildungsspr.): *in einer oder mehreren Einzelheiten anders gestalten, leicht verändern, [teilweise] umwandeln:* das Gesetz kann durch verschiedene Zusätze modifiziert werden. **Syn.:** abwandeln, ändern, modernisieren, überarbeiten, umändern, umarbeiten, umbilden, umformen, umkrempeln (ugs.), [1]umschreiben, variieren, verwandeln.

mo|disch [ˈmoːdɪʃ] ⟨Adj.⟩: *dem gerade aktuellen Geschmack entsprechend, nach der neuesten Mode:* eine modische Handtasche; sich modisch kleiden. **Syn.:** [2]modern, neumodisch (oft abwertend), schick.

modisch / modern: s. Kasten modern/modisch.

Mo|fa [ˈmoːfa], das; -s, -s: *Kleinkraftrad (mit einer Höchstgeschwindigkeit von 25 km/h):* um ein Mofa fahren zu dürfen, muss man 15 Jahre alt sein. **Syn.:** Moped.

mo|geln [ˈmoːgl̩n] ⟨itr.; hat⟩: *in kleinen Dingen (z. B. beim Kartenspiel, bei einer Prüfung) unehrlich handeln, sich nicht korrekt an die Vorschriften halten, um auf diese Weise den Ausgang des Spiels, der Prüfung o. Ä. für sich positiv zu beeinflussen:* beim Schachspiel mogeln; in der Schule hat sie immer ein bisschen gemogelt. **Syn.:** betrügen, schummeln (ugs.).

mö|gen [ˈmøːgn̩], mag, mochte, gemocht/mögen: **1.** ⟨Modalverb; hat; 2. Partizip: mögen⟩ **a)** zum Ausdruck der Vermutung; *vielleicht, möglicherweise sein, geschehen, tun o. Ä.:* jetzt mag er denken, wir legten keinen Wert auf seinen Besuch; es mochten dreißig Leute sein *(es waren schätzungsweise dreißig Leute);* was mag das bedeuten *(was kann das bedeuten, was bedeutet das wohl)?;* Müller, Meier und wie sie alle heißen mögen. **b)** zum Ausdruck der Einräumung oder des Zugeständnisses: sie mag es [ruhig] tun; wenn auch das Geschrei groß sein mag, ich bleibe dabei. **c)** ⟨Konjunktiv Präteritum meist in der Bedeutung eines Indikativs Präsens⟩ *den Wunsch haben:* ich möchte [gern] kommen; ich möchte nicht *(hätte nicht gern),* dass du das tust; man möchte meinen *(ist, wäre geneigt anzunehmen),* dass sie es absichtlich getan hat; das möchte ich sehen, hätte ich gern sehen mögen. **d)** *wollen, geneigt sein, die Neigung und die Möglichkeit haben:* (besonders verneint): ich mag nicht [gern] weggehen; ich mag keinen Fisch essen; Bier hat er noch nie trinken mögen. **e)** zum Ausdruck der [Auf]forderung o. Ä.; *sollen:* sie mag sich ja in Acht nehmen!; dieser Hinweis mag *(sollte)* genügen; sag ihm, er möge/möchte zu mir kommen. **2. a)** ⟨tr.; hat; 2. Partizip: gemocht⟩ *für etwas eine Neigung, Vorliebe haben; etwas nach seinem Geschmack finden; gern haben:* er mag [gern] *(isst gern)* Rinderbraten, mag keinen *(trinkt nicht gern)* Rotwein; sie mag klassische Musik, Rosen *(ist eine Freundin klassischer Musik, von Rosen).* **Syn.:** abfahren auf (ugs.), gernhaben, lieben, schätzen, stehen auf (ugs.). **b)** ⟨tr.; hat; 2. Partizip: gemocht⟩ *für jmdn. Sympathie oder Liebe empfinden; leiden mögen, gernhaben:* jmdn. mögen: die beiden mögen sich, einander nicht; niemand hat ihn [so recht] gemocht. **Syn.:** abfahren auf (ugs.), gernhaben, gut leiden können, ins Herz geschlossen haben, leiden können, lieben, liebhaben, stehen auf (ugs.), zum Fressen gernhaben (ugs.). **c)** ⟨itr.; hat; 2. Partizip: gemocht⟩ *den Wunsch haben:* sie hat nicht in die Schule gemocht; wenn du noch magst, sag es ruhig, es ist genug Suppe da. **Syn.:** wollen, sich wünschen.

mög|lich [ˈmøːklɪç] ⟨Adj.⟩: *so, dass es sein, geschehen oder durchgeführt werden kann:* alle möglichen Fälle untersuchen; das ist leicht möglich; es ist möglich, dass ich mich täusche *(vielleicht täusche ich mich);* alle möglichen *(sehr viele [verschiedene])* Arten von Tieren; so schnell wie möglich. **Syn.:** denkbar, erdenklich, potenziell. **Zus.:** baldmöglich, bestmöglich, frühestmöglich, größtmöglich, menschenmöglich, schnellstmöglich.

Mög|lich|keit [ˈmøːklɪçkai̯t], die; -, -en: **a)** *etwas Mögliches, mögliches*

M
Mögl

Verhalten, Vorgehen, Verfahren; möglicher Weg: es besteht keine andere Möglichkeit, das Problem zu lösen. **Syn.:** Aussicht, Chance, Gelegenheit, Handhabe, Methode, Mittel, Perspektive, Weg. **b)** *etwas, was eintreten kann und was man berücksichtigen sollte:* man muss auch mit der Möglichkeit rechnen, dass man krank wird. **c)** *Freiheit, Gelegenheit, etwas Gewünschtes zu verwirklichen:* ungeahnte, überraschende Möglichkeiten; in diesem Beruf hat sie mehr Möglichkeiten, etwas zu lernen. **Syn.:** Chance, Perspektive. **Zus.:** Aufstiegsmöglichkeit, Einkaufsmöglichkeit, Erholungsmöglichkeit, Qualifizierungsmöglichkeit, Übernachtungsmöglichkeit, Verdienstmöglichkeit.

mög|lichst [ˈmøːklɪçst] ⟨Adverb⟩:
1. *so, in dem Grade ... wie [nur] möglich:* er soll möglichst schnell *(so schnell wie möglich)* kommen; ich brauche einen möglichst großen Briefumschlag.
2. *wenn möglich, nach Möglichkeit:* ich will mich da möglichst raushalten; möglichst heute noch; sie sucht eine Wohnung, möglichst mit Balkon. **Syn.:** tunlichst, wenn irgend möglich, wenn möglich.

Mohn [moːn], der; -[e]s, -e:
a) *(Milchsaft enthaltende) Pflanze mit – vor allem – kräftig roten Blüten und runden Kapselfrüchten (aus deren ölhaltigen Samen beruhigende und betäubende Stoffe gewonnen werden):* eine Wiese mit Mohn. **Zus.:** Klatschmohn. **b)** *Samen des Mohns* (a): mit Mohn bestreute Brötchen.

Möh|re [ˈmøːrə], die; -, -n:
1. *Pflanze mit roter bis gelber Wurzel, die als Gemüse verwendet wird:* im Garten wuchsen Möhren. **Syn.:** Gelbe Rübe (südd.), Karotte, Mohrrübe (landsch.), Rübe.
2. *Wurzel der Möhre* (1): ein Bund Möhren kaufen. **Syn.:** Gelbe Rübe (südd.), Karotte, Mohrrübe (landsch.).

Mohr|rü|be [ˈmoːɐ̯ryːbə], die; -, -n (landsch.):
Möhre: Rohkostsalat aus Mohrrüben und Äpfeln. **Syn.:** Gelbe Rübe (südd.), Karotte.

Mo|kick [ˈmoːkɪk], das; -s, -s:
Moped mit Kickstarter (d. i. ein Fußhebel, der zum Anwerfen des Motors kräftig heruntergetreten wird) mit einer Höchstgeschwindigkeit von 40 km/h: der Name »Mokick« ist aus den Wörtern »Motor« und »Kickstarter« gebildet worden. **Syn.:** Moped, Motorrad.

Mok|ka [ˈmɔka], der; -s, -s:
stark zubereiteter schwarzer Kaffee einer besonders aromatischen Sorte: nach dem Essen wurde der Mokka in kleinen Tassen serviert.

Mo|le [ˈmoːlə], die; -, -n:
Damm, der Hafeneinfahrt und Hafen gegen Brandung, Strömung und Versandung schützen soll: das Schiff legte an der Mole an. **Syn.:** Bollwerk, Kai. **Zus.:** Hafenmole.

Mol|ke|rei [mɔlkəˈrai̯], die; -, -en:
Betrieb, in dem Milch verarbeitet wird: in der Molkerei wird Butter und Käse hergestellt.

mol|lig [ˈmɔlɪç] ⟨Adj.⟩:
a) *weiche, runde Körperformen habend:* ein molliges Mädchen. **Syn.:** beleibt, dick, drall, feist, fett (emotional), füllig, kompakt (ugs.), korpulent, kugelrund (scherzh.), pummelig, rund, rundlich, stark (verhüllend), untersetzt, üppig (ugs.), vollschlank. **b)** *eine angenehm warme, behagliche Zimmertemperatur aufweisend:* ein molliges Zimmer; hier ist es mollig warm. **Syn.:** angewärmt, behaglich, temperiert, warm.

¹Mo|ment [moˈmɛnt], das; -[e]s, -e:
Gesichtspunkt, der etwas bewirkt: ein wichtiges, psychologisches Moment; dies war das auslösende Moment; die Diskussion brachte keine neuen Momente. **Syn.:** Faktor. **Zus.:** Verdachtsmoment, Vergleichsmoment.

²Mo|ment [moˈmɛnt], der; -[e]s, -e:
a) *sehr kurzer Zeitraum:* warte einen Moment, ich komme gleich. **Syn.:** Augenblick, Sekunde (ugs.), Weile, Zeit.
b) *bestimmter Zeitpunkt:* ein wichtiger, entscheidender Moment; ein Moment, auf den es ankommt. **Syn.:** Augenblick. **Zus.:** Schicksalsmoment. **c)** * **im Moment:** *momentan, zum gegenwärtigen Zeitpunkt:* im Moment habe ich leider nicht so viel Zeit. **Syn.:** augenblicklich, gerade, im Augenblick, zurzeit.

mo|men|tan [momɛnˈtaːn] ⟨Adj.⟩:
a) *zurzeit [herrschend], gegenwärtig:* sie hat momentan keine Arbeit; seine momentane Lage ist nicht glücklich. **Syn.:** augenblicklich, gerade, heute, heutig, heutzutage, im ²Moment, im Augenblick, jetzt, zur Stunde.
b) *nur kurz andauernd, schnell vorübergehend:* er befindet sich in einer momentanen Verlegenheit.

Mo|narch [moˈnarç], der; -en, -en:
gekrönter Herrscher in einem Staat mit entsprechender Verfassung: dem Monarchen sagt man Willkür nach. **Syn.:** Fürst, Regent.

Mo|nar|chie [monarˈçiː], die; -, Monarchien [monarˈçiːən]:
Staatsform mit einem durch seine Herkunft legitimierten Herrscher an der Spitze: die Monarchie abschaffen. **Syn.:** Absolutismus.

Mo|nar|chin [moˈnarçɪn], die; -, -nen:
weibliche Form zu ↑Monarch.

Mo|nat [ˈmoːnat], der; -[e]s, -e:
Zeitraum von 30 bzw. 31 (im Falle des Februar von 28 bzw. 29) Tagen: das Jahr hat 12 Monate. **Syn.:** vier Wochen. **Zus.:** Erntemonat, Frühlingsmonat, Herbstmonat, Sommermonat, Wintermonat.

-mo|na|tig [moːnatɪç] ⟨Teil einer Zusammenbildung⟩:
... Monate dauernd, alt: ein dreimonatiges Baby; ein zweimonatiger Kursus.

mo|nat|lich [ˈmoːnatlɪç] ⟨Adj.⟩:
in jedem Monat [vorkommend, fällig]: das monatliche Gehalt; die Miete wird monatlich bezahlt. **Syn.:** einmal im Monat, jeden Monat. **Zus.:** zweimonatlich (alle zwei Monate wiederkehrend).

Mönch [mœnç], der; -[e]s, -e:
Angehöriger eines Männerordens: der Mönch trägt eine Kutte. **Zus.:** Benediktinermönch, Bettelmönch, Dominikanermönch.

Mond [moːnt], der; -[e]s, -e:
die Erde umkreisender und die Nacht mehr oder weniger stark erhellender Himmelskörper: das Raumschiff umkreiste den

Mond. **Syn.:** Satellit. **Zus.:** Halbmond, Neumond, Vollmond.

mon|dän [mɔnˈdɛːn] ⟨Adj.⟩: *zur Schau tragend, von extravaganter Eleganz geprägt:* mondän gekleidet sein; ein mondäner Kurort. **Syn.:** elegant, exklusiv, fein, nobel, schick, vornehm.

mo|nie|ren [moˈniːrən] ⟨tr.; hat⟩: *[rügend] bemängeln:* er hat immer etwas zu monieren; die Polizei monierte die schlechte Beleuchtung des Fahrzeugs. **Syn.:** beanstanden, klagen über, kritisieren, meckern über (ugs. abwertend), missbilligen, motzen über (ugs.), nörgeln an (abwertend), reklamieren, rügen, sich beklagen über, sich beschweren über, tadeln.

Mo|ni|tor [ˈmoːnitoːɐ̯], der; -s, Monitoren [moniˈtoːrən], auch: -e: **1. a)** *Kontrollgerät zur Überwachung von Anlagen oder Abläufen:* den Flugverkehr am Monitor überwachen. **b)** *Bildschirm eines Computers o. Ä.:* ein Computer mit einem großen, mit einem kleinen Monitor; vor dem Monitor sitzen. **Zus.:** Farbmonitor. **2.** *Kontrollbildschirm beim Fernsehen zur direkten Kommentierung oder Weitergabe von Bildern:* das Geschehen am, auf dem Monitor verfolgen; der Sportreporter kommentierte anhand des Monitors.

mo|no-, Mo|no- [moːno] ⟨erster Wortbestandteil⟩: *allein..., Allein..., einzig, einzeln, ein..., Ein...:* monochrom *(einfarbig);* Monogamie *(Einehe; das Zusammenleben, Ehe mit nur einem Partner, einer Partnerin);* monothematisch *(nur ein einziges Thema behandelnd).*

Mo|no|log [monoˈloːk], der; -s, -e: *Gespräch mit sich selbst (besonders im Drama)* /Ggs. Dialog/: er hält gerne Monologe. **Syn.:** Selbstgespräch.

Mo|no|pol [monoˈpoːl], das; -s, -e: *Recht auf alleinige Herstellung und alleinigen Verkauf eines Produkts:* das Monopol beim Briefdienst; Monopol auf die Aufmerksamkeit der Öffentlichkeit. **Syn.:** Privileg, Vorrecht. **Zus.:** Branntweinmonopol, Tabakmonopol.

mo|no|ton [monoˈtoːn] ⟨Adj.⟩: *als gleichförmig, eintönig und dadurch oft ermüdend und uninteressant empfunden:* ein monotones Geräusch; ein monotoner Vortrag; er singt das Lied monoton. **Syn.:** einförmig, ermüdend, fade, glanzlos, grau, langweilig, öde, steril, stumpfsinnig, stupid[e], trist.

Mons|ter [ˈmɔnstɐ], das; -s, -: *furchterregendes, hässliches Fabelwesen, Ungeheuer von fantastischer, meist riesenhafter Gestalt:* in dem Film bedroht ein Monster die Stadt. **Syn.:** Monstrum, Scheusal (abwertend), Ungetüm (veraltend). **Zus.:** Filmmonster.

Mons|ter- [mɔnstɐ] ⟨Präfixoid⟩ (verstärkend): *von überaus großen, auffallenden Ausmaßen (in räumlicher oder zeitlicher Hinsicht):* Monsterprozess; Monstershow; Monsterveranstaltung. **Syn.:** Heiden- (ugs. emotional verstärkend), Mammut- (emotional verstärkend), Riesen- (ugs. emotional verstärkend), Super- (emotional verstärkend), Top- (ugs. emotional verstärkend).

Mons|trum [ˈmɔnstrʊm], das; -s, Monstren [ˈmɔnstrən]: **a)** *Monster:* in den alten Sagen haben die Menschen mit allen möglichen Monstren zu kämpfen. **Syn.:** Scheusal (abwertend), Ungeheuer, Ungetüm. **b)** *etwas von großen, als zu gewaltig [und unförmig] empfundenen Ausmaßen:* ein Monstrum von Koffer.

Mon|tag [ˈmoːntaːk], der; -[e]s, -e: *erster Tag der mit dem Sonntag endenden Woche:* am Montag habe ich einen Arzttermin.

Mon|ta|ge [mɔnˈtaːʒə], die; -, -n: *Aufbau, Zusammenbau (von Maschinen, technischen Anlagen o. Ä.):* die Firma übernimmt auch die Montage der Maschinen, der Brücke. **Syn.:** Befestigung, Installation. **Zus.:** Fahrzeugmontage, Heizungsmontage.

Mon|teur [mɔnˈtøːɐ̯], der; -s, -e, **Mon|teu|rin** [mɔnˈtøːrɪn], die; -, -nen: *[Fach]arbeitskraft, die Montagen ausführt:* er arbeitet als Monteur bei einer großen Firma; sie wurde als Monteurin eingestellt. **Syn.:** Installateur, Installateurin, Mechaniker, Mechanikerin. **Zus.:** Elektromonteur, Elektromonteurin, Heizungsmonteur, Heizungsmonteurin.

mon|tie|ren [mɔnˈtiːrən] ⟨tr.; hat⟩: **a)** *mit technischen Hilfsmitteln an einer bestimmten Stelle anbringen:* die Lampe an der Decke montieren. **Syn.:** anmachen (ugs.), aufsetzen, befestigen, festmachen. **b)** *aus einzelnen Teilen zusammenbauen, betriebsbereit machen:* ein Regal, einen Schrank montieren; eine Waschmaschine montieren; die Lichtanlage montieren. **Syn.:** anschließen, befestigen, einbauen, installieren.

Mo|nu|ment [monuˈmɛnt], das; -[e]s, -e: *großes Denkmal:* ein riesiges, gewaltiges Monument; ein Monument für die Gefallenen errichten.

mo|nu|men|tal [monumɛnˈtaːl] ⟨Adj.⟩: *in großen Dimensionen gehalten und daher beeindruckend; ins Gewaltige, Übermächtige gesteigert:* die monumentalen Denkmäler und Bauten der alten Römer. **Syn.:** gewaltig, gigantisch, kolossal (ugs. emotional), mächtig (ugs.), massiv, riesig.

Moor [moːɐ̯], das; -[e]s, -e: *sumpfähnliches Gelände mit weichem, schwammartigem, großenteils aus unvollständig zersetzten Pflanzen bestehendem Boden:* ein einsames Moor; im Moor versinken. **Syn.:** Morast, Sumpf.

Moos [moːs], das; -es: *besonders an feuchten, schattigen Stellen den Boden, Baumstämme o. Ä. überziehendes Polster aus kleinen, immergrünen Pflanzen:* weiches, grünes Moos; die Steine sind mit Moos bedeckt. **Zus.:** Torfmoos, Weißmoos.

Mo|ped [ˈmoːpɛt], das; -s, -s: *Kleinkraftrad (mit geringem Hubraum und begrenzter Höchstgeschwindigkeit):* mit einem Moped darf man höchstens 45 km/h fahren. **Syn.:** Mofa, Mokick, Motorrad, Motorroller.

Mo|ral [moˈraːl], die; -: **a)** *sittliche Grundsätze des Verhaltens:* bürgerliche, sexuelle Moral; er hat keine Moral. **Syn.:** Ethik. **Zus.:** Arbeitsmoral, Doppelmoral, Zahlungsmoral. **b)** *gefestigte innere Haltung,*

Selbstvertrauen; Bereitschaft, sich einzusetzen: die Moral der Mannschaft, der Truppen ist gut. **Syn.:** Disziplin, Zucht. **c)** ⟨mit Attribut⟩ *Lehre, die aus etwas gezogen wird:* die Moral einer Geschichte, eines Theaterstückes. **Syn.:** Erkenntnis, Weisheit.

mo|ra|lisch [mo'ra:lɪʃ] ⟨Adj.⟩: **a)** *die Moral* (a) *betreffend; der Sitte, Moral entsprechend:* eine moralische Verpflichtung; moralische Bedenken haben; ein Buch von hohem moralischem Wert. **Syn.:** ethisch, sittlich. **b)** (veraltend) *tugendhaft; einwandfrei:* sie führt ein moralisches Leben. **Syn.:** anständig, ehrlich, fair, korrekt, rechtschaffen (veraltend), sittlich, sittsam (veraltend).

Mo|rast [mo'rast], der; -[e]s: *schlammiges Stück Land; sumpfiges Gelände:* das Auto blieb im Morast stecken. **Syn.:** Dreck, Matsch, Moor, Schlamm, Sumpf.

Mord [mɔrt], der; -[e]s, -e: *vorsätzliche Tötung:* ein heimtückischer, grausamer, feiger Mord; einen Mord begehen. **Zus.:** Brudermord, Doppelmord, Kindermord, Lynchmord, Massenmord, Raubmord, Selbstmord, Sexualmord, Völkermord.

mor|den ['mɔrdn̩], mordete, gemordet:
1. ⟨itr.; hat⟩ *einen Mord begehen:* er hat aus Liebe gemordet; ⟨auch tr.⟩ jmdn. kaltblütig morden. **Syn.:** ermorden, meucheln (veraltend), töten.
2. ⟨tr.; hat⟩ (emotional abwertend) *töten:* in Kriegen wurden Millionen gemordet; viele Versuchstiere werden in pharmazeutischen Labors gemordet. **Syn.:** abmurksen (ugs.), abschlachten (emotional), ermorden, kaltmachen (salopp), killen (salopp), liquidieren, meucheln (veraltend), umbringen, umlegen (ugs.), vernichten.

Mör|der ['mœrdɐ], der; -s, -, **Mör|de|rin** ['mœrdərɪn], die; -, -nen: *Person, die einen Mord begangen hat:* der Mörder wurde von der Polizei verhaftet; die mutmaßliche Mörderin. **Syn.:** Attentäter, Attentäterin, Killer (ugs.), Killerin (ugs.), Täter, Täterin, Verbrecher, Verbrecherin. **Zus.:** Kindesmörder, Kindesmörderin, Raubmörder, Raubmörderin, Selbstmörder, Selbstmörderin.

mör|de|risch ['mœrdərɪʃ] ⟨Adj.⟩:
1. *tötend, mordend:* das mörderische Treiben einer Bande.
2. (ugs.) *in einer als unerträglich hoch, stark empfundenen Weise [sich äußernd]:* eine mörderische Hitze; sie fährt in einem mörderischen Tempo. **Syn.:** entsetzlich (ugs.), furchtbar (ugs.), fürchterlich (ugs.), grauenhaft (emotional), höllisch (emotional), wahnsinnig (ugs.).

mords-, Mords- [mɔrts] ⟨Präfixoid; auch das Basiswort wird betont⟩ (ugs. emotional verstärkend):
kennzeichnet das große, positiv oder negativ beeindruckende Ausmaß, die hohe Intensität des im Basiswort Genannten:
1. ⟨adjektivisch⟩ *überaus:* mordsfidel; mordskomisch; mordslangweilig. **Syn.:** tod- (emotional verstärkend).
2. ⟨substantivisch⟩ **a)** *überaus groß, viel:* Mordsangst; Mordsaufsehen; Mordsarbeit; Mordsdurst; Mordsgaudi; Mordsgeschrei; Mordsspektakel; Mordswut. **b)** drückt Bewunderung, Anerkennung aus; *in seiner Art imponierend, großen Eindruck machend:* Mordsauto; Mordsfernsicht; Mordskarriere. **Syn.:** Wahnsinns- (emotional verstärkend).

mor|gen ['mɔrgn̩] ⟨Adverb⟩: *an dem Tag, der dem heutigen folgt:* wenn ich heute keine Zeit habe, komme ich morgen; morgen geht sie in Urlaub; morgen früh; morgen Abend; ich arbeite heute, um morgen *(in der Zukunft)* sicher zu leben; der Stil von morgen *(der Stil der Zukunft)*. **Zus.:** übermorgen.

Mor|gen ['mɔrgn̩], der; -s, -: *Beginn des Tages* /Ggs. Abend/: ein schöner, sonniger Morgen; heute, gestern Morgen; vom Morgen bis zum Abend; am Morgen geht die Sonne auf; guten Morgen! *(Gruß zu Beginn des Tages)*. **Syn.:** Frühe, Vormittag. **Zus.:** Maimorgen, Montagmorgen, Ostermorgen, Wintermorgen.

mor|gend|lich ['mɔrgn̩tlɪç] ⟨Adj.⟩: *zum Morgen gehörend; am Morgen geschehend:* die morgendliche Stille; die morgendliche Fahrt zur Arbeit.

Mor|gen|es|sen ['mɔrgn̩|ɛsn̩], das; -s, - (schweiz.): *Frühstück:* das Morgenessen gibt es von 7 bis 10 Uhr.

Mor|gen|land ['mɔrgn̩lant], das; -[e]s: *Orient:* das Morgenland nennt man auch Orient. **Syn.:** Osten.

mor|gens ['mɔrgn̩s] ⟨Adverb⟩: *zur Zeit des Morgens; jeden Morgen* /Ggs. abends/: er steht morgens sehr früh auf; die Schule beginnt morgens um acht Uhr. **Syn.:** am Morgen, bei Tagesanbruch, beim Morgengrauen, des Morgens, in aller Frühe, in der Frühe. **Zus.:** frühmorgens.

mor|gig ['mɔrgɪç] ⟨Adj.⟩: *den Tag betreffend, der dem heutigen folgt:* sie kann den morgigen Tag kaum erwarten; die morgige Veranstaltung.

Mor|phi|um ['mɔrfi̯ʊm], das; -s: *aus Opium gewonnenes Rauschgift, das in der Medizin besonders als schmerzlinderndes Mittel eingesetzt wird:* der Arzt gab dem Kranken Morphium.

morsch [mɔrʃ] ⟨Adj.⟩: *besonders durch Fäulnis, auch durch Alter, Verwitterung o. Ä. brüchig, leicht zerfallend:* eine morsche Brücke; ein morsches Dach; morsche Balken. **Syn.:** alt, baufällig, spröde, verfallen, zerfallen.

mor|sen ['mɔrzn̩]: **a)** ⟨itr.; hat⟩ *(mit dem Morseapparat) Morsezeichen geben:* der Funker morst. **b)** ⟨tr.; hat⟩ *in Morsezeichen übermitteln:* eine Nachricht, SOS morsen. **Syn.:** schicken.

Mör|tel ['mœrtl̩], der; -s: *Masse, mit der Ziegel, Steine o. Ä. zu einer festen Mauer verbunden werden können:* Mörtel anrühren, mischen. **Syn.:** Beton, Zement.

Mo|sa|ik [moza'i:k], das; -s, -en: *aus kleinen bunten Steinen, Glasstücken o. Ä. zusammengestelltes Bild oder Ornament:* das Mosaik stellt einen römischen Kaiser dar. **Zus.:** Fußbodenmosaik, Glasmosaik, Steinmosaik, Wandmosaik.

Mo|schee [mɔˈʃeː], die; -, Moscheen [mɔˈʃeːən]: *islamisches Gotteshaus:* zum Gebet in die Moschee gehen.

Mos|lem [ˈmɔslɛm], der; -s, -s, **Mos|le|min** [mɔsˈleːmɪn], die; -, -nen, **Mus|lim** [ˈmʊslɪm], der; -[s], Muslime [mʊsˈliːmə] u. -s, **Mus|li|min** [mʊsˈliːmɪn], die; -, -nen: *Anhänger[in] des Islam:* als gläubiger Moslem betet er fünfmal am Tag zu Allah.

Most [mɔst], der; -[e]s, -e: *aus Obst gewonnener [noch nicht gegorener] Saft:* Most machen, trinken; der Most gärt. **Zus.:** Apfelmost, Kirschmost, Süßmost.

Mo|tel [ˈmoːtl̩], das; -s, -s: *an Autobahnen o. Ä. gelegenes Hotel mit Garagen:* in einem Motel übernachten.

Mo|tiv [moˈtiːf], das; -s, -e:
1. *Überlegung, Gefühlsregung, Umstand o. Ä., durch den sich jmd. bewogen fühlt, etwas Bestimmtes zu tun:* das Motiv des Mordes war Eifersucht; die Arbeiter streikten nicht aus sozialen, sondern aus politischen Motiven. **Syn.:** Anlass, Beweggrund, Grund, Veranlassung. **Zus.:** Hauptmotiv, Tatmotiv.
2. *Gegenstand, Melodie, Thema o. Ä. als Material oder Anregung zu künstlerischer o. ä. Gestaltung:* diese Landschaft ist ein schönes Motiv für den Maler; die Komponistin verwendete ein Motiv aus einem alten Volkslied. **Syn.:** Stoff, Thematik.

mo|ti|vie|ren [motiˈviːrən] ⟨tr.; hat⟩:
a) *zu etwas anregen, veranlassen:* Schüler motivieren; jmdn. zur Arbeit motivieren. **Syn.:** anreizen, anspornen, ermutigen, inspirieren, veranlassen.
b) *begründen:* der Antrag war schlecht motiviert.

Mo|tor [ˈmoːtoːɐ̯], der; -s, Motoren [moˈtoːrən]: *Maschine, die durch Umwandlung von Energie Kraft zum Antrieb (z. B. eines Fahrzeugs) erzeugt:* das Fahrzeug wird mit einem Motor betrieben; den Motor laufen lassen, abstellen. **Syn.:** Antrieb. **Zus.:** Dieselmotor, Elektromotor, Hilfsmotor, Kolbenmotor, Ottomotor, Verbrennungsmotor, Vergasermotor, Zweitaktmotor.

Mo|tor|rad [ˈmoːtoːɐ̯raːt], das; -[e]s, Motorräder [ˈmoːtoːɐ̯rɛːdɐ]: *im Reitsitz zu fahrendes, einspuriges, zweirädriges Kraftfahrzeug mit einem Tank zwischen Sitz und Lenker:* vom Motorrad steigen, stürzen. **Syn.:** Mofa, Mokick, Moped, Motorroller.

Mo|tor|rol|ler [ˈmoːtoːɐ̯rɔlɐ], der; -s, -: *dem Motorrad ähnliches Fahrzeug:* mit dem Motorroller zur Arbeit fahren. **Syn.:** Moped, Motorrad.

Mot|te [ˈmɔtə], die; -, -n: *kleines fliegendes (zu den Schmetterlingen gehörendes) Insekt [dessen Raupen besonders Wollstoffe, Pelze o. Ä. zerfressen]:* der Mantel ist von Motten zerfressen. **Syn.:** Falter, Schmetterling. **Zus.:** Kleidermotte, Mehlmotte.

Mot|to [ˈmɔto], das; -s, -s: *Leitsatz, der Inhalt oder Absicht einer Veranstaltung, eines Buches u. a. kennzeichnen soll:* der Parteitag findet unter einem bestimmten Motto statt; über dem ersten Kapitel steht als Motto: … **Syn.:** Devise, Losung.

mot|zen [ˈmɔt͡sn̩] ⟨itr.; hat⟩ ⟨ugs.⟩: *mit etwas nicht einverstanden sein und darüber schimpfen, nörgeln:* sie hat ständig über das Wetter gemotzt. **Syn.:** sich beklagen, sich beschweren, klagen, meckern (ugs. abwertend), nörgeln (abwertend).

Moun|tain|bike [ˈmau̯ntn̩bai̯k], das; -s, -s: *Fahrrad, das zum Fahren in bergigem Gelände bzw. im Gebirge vorgesehen ist:* mit dem Mountainbike im Wald einen Abhang hinunterfahren.

Mö|we [ˈmøːvə], die; -, -n: *mittelgroßer, gut schwimmender Vogel mit vorwiegend weißem Gefieder und hakig gebogenem Schnabel, der am Meer, an Seen oder Flüssen lebt:* Möwen begleiteten das Schiff und schnappten nach den in die Luft geworfenen Brotstücken. **Zus.:** Lachmöwe, Silbermöwe, Sturmmöwe.

MP3-Play|er [ɛmpeːˈdraiple:ɐ], der; -s, -: *kleines Gerät, mit dem Musik, die im MP3-Format gespeichert wurde, gehört werden kann:* leihst du mir deinen MP3-Player für die Klassenfahrt?

Mü|cke [ˈmʏkə], die; -, -n: *kleines blutsaugendes Insekt, das stechen kann und oft in einem größeren Schwarm auftritt:* mich hat eben eine Mücke gestochen; das hohe Summen einer Mücke hinderte ihn am Einschlafen. **Zus.:** Malariamücke, Stechmücke.

muck|sen [ˈmʊksn̩] (ugs.):
1. ⟨+ sich⟩ *sich durch einen Laut oder eine Bewegung bemerkbar machen:* die Kinder wagten nicht, sich zu mucksen; sie hat beim Zahnarzt nicht gemuckst.
2. ⟨itr.; hat⟩ *seinen Unwillen, seine Unzufriedenheit äußern:* er nahm das hin, ohne zu mucksen. **Syn.:** auf die Barrikaden gehen (ugs.), sich aufbäumen, aufbegehren (geh.), aufmucken (ugs.), meckern (ugs. abwertend), meutern (ugs.), murren, opponieren, Protest erheben, protestieren, rebellieren, sich widersetzen.

mü|de [ˈmyːdə] ⟨Adj.⟩:
1. *in einem Zustand, der nach Schlaf verlangt* /Ggs. munter/: Bier macht müde; müde wie ein Hund (ugs.; *sehr müde*); sie war so müde, dass sie sofort einschlief. **Syn.:** schläfrig, ²verschlafen. **Zus.:** hundemüde, todmüde.
2. *von einer Anstrengung erschöpft, ohne Kraft und Schwung:* vom Wandern müde. **Syn.:** abgespannt, erledigt (ugs.), ermattet, fertig (ugs.), groggy (ugs.), k. o. (ugs.), kaputt (ugs.), kraftlos, matt, schlapp. **Zus.:** frühjahrsmüde, fußmüde, wandermüde.
3. * **einer Sache müde werden, sein:** *die Lust zu/an etwas verlieren; keine Lust mehr zu etwas haben:* sie ist der ständigen Vorhaltungen müde.

-mü|de [myːdə] ⟨adjektivisches Suffixoid⟩: *des im Basiswort Genannten überdrüssig, daran keine Freude, Lust mehr habend, es nicht mehr wollend:* ehemüde; europamüde; freiheitsmüde; kriegsmüde; prozessmüde; wintermüde; zivilisationsmüde.

Mü|dig|keit [ˈmyːdɪçkai̯t], die; -: *Bedürfnis nach Schlaf oder Ruhe:*

eine große, tiefe, bleierne Müdigkeit; sie konnte vor Müdigkeit kaum die Augen offen halten.

Muf|fel ['mʊfl̩], der; -s, -;: *mürrischer, unfreundlicher Mensch:* dieser Pförtner ist ein richtiger Muffel: Wenn man ihn fragt, antwortet er kaum.

-muf|fel [mʊfl̩], der; -s, - ⟨Suffixoid⟩ (abwertend): *Person, die dem im Basiswort Genannten [im Unterschied zu anderen] gleichgültig, desinteressiert, ablehnend gegenübersteht:* Bewegungsmuffel; Ehemuffel; Gurtmuffel; Heiratsmuffel; Modemuffel.

¹muf|fig ['mʊfɪç] ⟨Adj.⟩: *modrig, dumpf, schlecht riechend:* im Keller riecht es muffig.

²muf|fig ['mʊfɪç] ⟨Adj.⟩: *in einer als mürrisch, unfreundlich empfundenen Weise:* er sitzt muffig in der Ecke. **Syn.:** bärbeißig, brummig, griesgrämig, missmutig, sauer (ugs.), säuerlich, unleidlich, unwirsch, verdrießlich, verdrossen.

Mü|he ['my:ə], die; -, -n: *mit Schwierigkeiten, Belastungen verbundene Anstrengung; zeitraubender [Arbeits]aufwand:* unter großen Mühen erreichten sie den Gipfel des Berges; alle Mühen waren umsonst; keine Mühen scheuen *(mit allen Mitteln zu erreichen suchen),* ein Ziel zu erreichen. **Syn.:** Arbeit, Bemühung.

mü|he|los ['my:əlo:s] ⟨Adj.⟩: *ohne Mühe; wenig Anstrengung verursachend:* etwas mühelos schaffen; sie erreichte mühelos den Gipfel des Berges. **Syn.:** bequem, einfach, glatt, kinderleicht, leicht, mit Leichtigkeit, spielend, unkompliziert, unschwer.

Müh|le ['my:lə], die; -, -n:
1. *Anlage, Maschine o. Ä. zum Zermahlen, Zerkleinern besonders von Getreide:* das Getreide wird in der Mühle zu Mehl gemahlen. **Zus.:** Getreidemühle, Gewürzmühle, Kaffeemühle, Pfeffermühle, Zementmühle.
2. *Haus mit einer Mühle:* eine idyllisch gelegene Mühle. **Zus.:** Papiermühle, Sägemühle, Wassermühle, Windmühle.
3. (ugs., oft abwertend) *[altes, in schlechtem Zustand befindliches] Fahrzeug:* die alte Mühle sollte man sofort aus dem Verkehr ziehen. **Syn.:** Vehikel (oft abwertend).

Müh|sal ['my:za:l], die; -, -e (geh.): *große mit Mühe und Beschwerlichkeiten verbundene Anstrengung:* diese Arbeit war eine unmenschliche Mühsal; ein Umzug bedeutet immer Mühsal und Unkosten; unter großer Mühsal erreichten wir den Gipfel des Berges. **Syn.:** Bürde (geh.), Plage, Strapaze, Stress.

müh|sam ['my:za:m] ⟨Adj.⟩: *mit großer Mühe verbunden:* eine mühsame Aufgabe; der alte Mann kann nur mühsam gehen. **Syn.:** anstrengend, beschwerlich, ermüdend, hart, mühselig, sauer, schwer, strapaziös.

müh|se|lig ['my:ze:lɪç] ⟨Adj.⟩: *mit Mühe, Plage verbunden [und viel Geduld erfordernd]:* es ist eine mühselige Arbeit, diese Zettel zu ordnen. **Syn.:** anstrengend, beschwerlich, ermüdend, hart, mühsam, sauer, schwer, strapaziös.

Mul|de ['mʊldə], die; -, -n: *leichte [natürliche] Vertiefung im Boden, in einem Gelände:* das Haus liegt in einer Mulde. **Syn.:** Grube, Loch, Senke.

Müll [mʏl], der; -s: *Abfälle, Abfallstoffe aus Haushalt, Gewerbe und Industrie, die zum Abtransport in bestimmten Behältern gesammelt werden:* den Müll trennen; bringst du bitte mal den Müll runter? **Syn.:** Abfall, Abfälle ⟨Plural⟩, Unrat. **Zus.:** Atommüll, Giftmüll, Hausmüll, Industriemüll.

Müll|ab|fuhr ['mʏl|apfu:ɐ̯], die; -: *Unternehmen, das den Müll abholt und entsorgt:* er arbeitet bei der Müllabfuhr.

Müll|beu|tel ['mʏlbɔy̯tl̩], der; -s, -: *Beutel aus Plastik für den Müll:* den Müllbeutel in die Tonne werfen.

Müll|ei|mer ['mʏl|ai̯mɐ], der; -s, -: *Eimer für [Haushalts]müll:* etwas in den Mülleimer werfen. **Syn.:** Abfalleimer.

Müll|tren|nung ['mʏltrɛnʊŋ], die; -: *das Sortieren verschiedener Arten von Abfall, die auf unterschiedlichen Wegen entsorgt werden:* die Mülltrennung gilt für Papier, Flaschen, Bioabfälle und den Restmüll.

mul|mig ['mʊlmɪç] ⟨Adj.⟩:
a) *sich aus Angst, Beklemmung unwohl fühlend, unbehaglich:* sie hatte ein mulmiges Gefühl.
b) *Gefahr in sich bergend, bedrohlich wirkend:* als es mulmig wurde, verließ er schnell das Lokal. **Syn.:** bedrohlich, gefährlich, unangenehm, unerquicklich (geh.), ungemütlich, ungut.

mul|ti-, Mul|ti- [mʊlti] ⟨erster Wortbestandteil⟩: *viel..., Viel..., vielfach..., mehrere:* multifunktional; multimedial; Multimillionär; multinational; multiplex; Multitalent. **Syn.:** poly-, Poly-.

mul|ti|kul|tu|rell [mʊltikʊltu'rɛl] ⟨Adj.⟩: *mehrere Kulturen umfassend:* eine multikulturelle Gesellschaft.

Mul|ti|pli|ka|ti|on [mʊltiplika'tsi̯o:n], die; -, -en: *Rechnung, bei der eine Zahl, Größe multipliziert wird* /Ggs. Division/: eine Multiplikation ausführen.

mul|ti|pli|zie|ren [mʊltipli'tsi:rən] ⟨tr.; hat⟩: *um eine bestimmte Zahl vervielfachen* /Ggs. dividieren/: zwei multipliziert mit drei gibt sechs.

Mu|mie ['mu:mi̯ə], die; -, -n: *durch eine bestimmte [konservierende] Behandlung vor Verwesung geschützte Leiche:* eine ägyptische Mumie.

Mund [mʊnt], der; -[e]s, Münder ['mʏndɐ]: *durch die beiden Kiefer gebildete und durch die Lippen verschließbare Öffnung im unteren Teil des Gesichts:* ein breiter, voller, sinnlicher, schiefer, lächelnder Mund; er küsste sie auf den Mund; das Kind steckt den Daumen in den Mund; er hatte einen Bonbon im Mund. **Syn.:** Klappe (salopp), Maul (derb), Schnabel (ugs.), Schnauze (derb).

Mund|art ['mʊnt|a:ɐ̯t], die; -, -en: *besondere Form der Sprache einer Landschaft innerhalb eines Sprachgebietes im Gegensatz zur Standardsprache:* Mundart sprechen. **Syn.:** Dialekt. **Zus.:** Heimatmundart, Ortsmundart, Stadtmundart.

mun|den ['mʊndn̩], mundete, gemundet ⟨itr.; hat⟩ (geh.): *beim Genuss jmds. Geschmackssinn auf besonders angenehme Weise ansprechen:* hat Ihnen das Essen gemundet? **Syn.:** schmecken.

mün|den ['mʏndn̩], mündete, gemündet ⟨itr.; ist⟩: *in etwas hineinfließen:* der Neckar mündet in den Rhein. **Syn.:** fließen. **Zus.:** einmünden.

mün|dig ['mʏndɪç] ⟨Adj.⟩: **a)** *alt genug für bestimmte rechtliche Handlungen:* mit 18 Jahren wird man mündig. **Syn.:** ²erwachsen, volljährig. **b)** *als erwachsener Mensch zu eigenem Urteil, selbstständiger Entscheidung befähigt:* der mündige Bürger.

münd|lich ['mʏntlɪç] ⟨Adj.⟩: *in der Form des Gesprächs stattfindend, sich vollziehend* /Ggs. schriftlich/: eine mündliche Prüfung, Verhandlung; die Nachricht wurde mündlich verbreitet; einen Termin mündlich vereinbaren.

mund|tot ['mʊntto:t]: in der Wendung **jmdn. mundtot machen:** *jmdm. jede Möglichkeit nehmen, mit seiner Meinung, seinen Äußerungen hervorzutreten:* Leute, die andere Meinungen vertraten, wurden mundtot gemacht.

Mün|dung ['mʏndʊŋ], die; -, -en: *Stelle, an der ein Fluss o. Ä. mündet:* an der Mündung ist der Fluss am breitesten. **Zus.:** Flussmündung.

Mu|ni|ti|on [muni'tsi̯o:n], die; -, -en: *Material zum Schießen für Gewehre, Kanonen usw.:* die Soldaten werden mit Munition versorgt. **Syn.:** blaue Bohnen (scherzh. veraltend), Geschosse ⟨Plural⟩, Granaten ⟨Plural⟩, Kugeln ⟨Plural⟩, Patronen ⟨Plural⟩, Schrot, Schuss ⟨Plural⟩.

mun|keln ['mʊŋkl̩n] ⟨itr.; hat⟩: *im Geheimen reden, erzählen:* man munkelte schon lange davon; ⟨auch tr.⟩ man munkelt so allerlei. **Syn.:** sprechen.

Müns|ter ['mʏnstɐ], das; -s, -: *große Kirche eines Klosters oder Domkapitels:* das Freiburger, Straßburger Münster. **Syn.:** Dom, Kathedrale.

mun|ter ['mʊntɐ] ⟨Adj.⟩: **a)** *nicht mehr oder noch nicht schläfrig* /Ggs. müde/: er war bereits um 6 Uhr munter. **Syn.:** ausgeschlafen, wach. **b)** *heiter, gut gelaunt; von Heiterkeit, Fröhlichkeit, Lebhaftigkeit zeugend:* ein munteres Kind; das Mädchen singt ein munteres Lied. **Syn.:** angeregt, ausgelassen, fidel (ugs.), fröhlich, gut aufgelegt, gut drauf (ugs.), heiter, lebendig, lebhaft, lustig, vergnügt.

Mün|ze ['mʏntsə], die; -, -n: *mit einer Prägung versehenes Geldstück aus Metall:* in Münzen zahlen; Münzen fälschen, sammeln. **Syn.:** Kleingeld. **Zus.:** Erinnerungsmünze, Gedenkmünze, Goldmünze, Kupfermünze, Silbermünze.

mür|be ['mʏrbə] ⟨Adj.⟩: **a)** *leicht in seine Teile zerfallend:* ein mürber Apfel, Kuchen. **Syn.:** bröckelig, brüchig, locker, morsch, weich, zart. **b)** *** jmdn. mürbe machen/bekommen:** *jmds. Widerstand, Kraft brechen, ihn weich, nachgiebig machen:* die ständige Diskriminierung hat ihn mürbe gemacht.

murk|sen ['mʊrksn̩] ⟨itr.; hat⟩ (ugs. abwertend): *sich [ohne sichtbaren Erfolg] mit etwas beschäftigen, unsachgemäß an etwas arbeiten:* er murkst schon den ganzen Tag an dem Motor, und der funktioniert immer noch nicht. **Syn.:** Pfusch machen (ugs. abwertend), pfuschen (ugs. abwertend), schludern (ugs. abwertend). **Zus.:** herummurksen, vermurksen.

mur|meln ['mʊrml̩n] ⟨tr.; hat⟩: *mit tiefer Stimme und wenig geöffnetem Mund leise und undeutlich vor sich hin sprechen:* er murmelte unverständliche Worte [vor sich hin]; »Ich gehe nach Hause«, murmelte sie. **Syn.:** raunen.

Mur|mel|tier ['mʊrml̩ti:ɐ̯], das; -[e]s, -e: *im Gebirge lebendes, kleines Nagetier mit rundlichem Kopf und kurzem, buschigem Schwanz:* schlafen wie ein Murmeltier *(fest und lange schlafen).*

mur|ren ['mʊrən] ⟨itr.; hat⟩: *seine Unzufriedenheit, Auflehnung mit brummender Stimme und unfreundlichen Worten zum Ausdruck bringen:* er murrt immer über das Essen; gegen die Weisungen eines Vorgesetzten murren; sie ertrug alles, ohne zu murren. **Syn.:** brummen, jammern, klagen, knurren (ugs.), lamentieren (ugs. abwertend), maulen (ugs.), meckern (ugs. abwertend), nörgeln, protestieren.

mür|risch ['mʏrɪʃ] ⟨Adj.⟩: *Unzufriedenheit, Übellaunigkeit durch eine unfreundliche, einsilbige, abweisende Art erkennen lassend:* er macht ein mürrisches Gesicht. **Syn.:** ärgerlich, bärbeißig, brummig, griesgrämig, missmutig, muffig, sauer (ugs.), säuerlich, ungnädig, unleidlich, unwirsch, unzufrieden, verdrießlich, verdrossen.

Mus [mu:s], das; -es: *aus gekochtem Obst o. Ä. hergestellter Brei:* Mus kochen. **Syn.:** Grütze, Püree. **Zus.:** Apfelmus, Kartoffelmus, Pflaumenmus.

Mu|schel ['mʊʃl̩], die; -, -n: **a)** *im Wasser lebendes (Weich)tier mit zwei die weichen Teile des Körpers umschließenden Schalen aus Kalk, die durch einen Muskel zusammengehalten werden:* essbare Muscheln. **Zus.:** Flussmuschel, Meermuschel. **b)** *Schale einer Muschel* (a): am Strand Muscheln suchen.

Mu|se ['mu:zə], die; -, -n: *eine der neun griechischen Göttinnen der Künste:* Thalia ist die Muse der Komödie. **Syn.:** Göttin.

Mu|se|um [mu'ze:ʊm], das; -s, Museen [mu'ze:ən]: *Einrichtung, in der eine Sammlung von [künstlerisch, historisch] wertvollen Gegenständen, besichtigt werden kann:* wir gehen ins Museum; in unserem Museum sind Bilder von van Gogh ausgestellt. **Syn.:** Galerie. **Zus.:** Altertumsmuseum, Kunstgewerbemuseum, Naturkundemuseum, Verkehrsmuseum.

Mu|si|cal ['mju:zikl̩], das; -s, -s: *ein populäres musikalisches Bühnenstück mit Elementen aus Operette, Revue und Ballett:* das Musical »Cats« läuft schon seit vielen Jahren mit großem Erfolg.

Mu|sik [mu'zi:k], die; -, -en: **1.** ⟨ohne Plural⟩ *Kunst, Töne in*

bestimmter Gesetzmäßigkeit hinsichtlich Rhythmus, Melodie, Harmonie zu einer Gruppe von Klängen und zu einer Komposition zu ordnen: klassische, moderne Musik; er versteht etwas von Musik. **Zus.:** Barockmusik.
2. *Musikwerk[e]:* Musik [von Bach] hören; aus dem Radio tönte, kam laute, ernste Musik; die Musik zu einem Film schreiben. **Zus.:** Blasmusik, Filmmusik, Instrumentalmusik, Opernmusik, Tanzmusik.

mu|si|ka|lisch [muziˈkaːlɪʃ] ⟨Adj.⟩:
a) *zur Musik gehörend:* musikalische Darbietungen; ihre Interessen liegen vor allem auf musikalischem Gebiet. **b)** *für Musik begabt:* das Kind ist sehr musikalisch.

Mu|si|ker [ˈmuːzikɐ], der; -s, -, **Mu|si|ke|rin** [ˈmuːzikərɪn], die; -, -nen:
Person, die [in einem Orchester o. Ä.] eine Tätigkeit im musikalischen Bereich ausübt: die Musiker proben die Ouvertüre. **Syn.:** Interpret, Interpretin, Virtuose, Virtuosin.

Mu|sik|in|stru|ment [muˈziːk-ɪnstrumɛnt], das; -[e]s, -e:
Instrument, auf dem Musik gespielt wird: in der Musikschule können die Kinder die verschiedensten Instrumente ausprobieren.

mu|sisch [ˈmuːzɪʃ] ⟨Adj.⟩:
a) *die schönen Künste betreffend, darauf ausgerichtet:* die musische Erziehung in der Schule. **Syn.:** künstlerisch.
b) *den Künsten gegenüber aufgeschlossen; künstlerisch begabt:* ein musischer Mensch; er ist musisch veranlagt.

mu|si|zie|ren [muziˈt͜siːrən] ⟨itr.; hat⟩:
[mit jmdm. zusammen] Musik machen: sie musizieren oft bei Feiern, zu dritt oder zu viert. **Syn.:** aufspielen, spielen.

Mus|kel [ˈmʊskl̩], der; -s, -n:
aus elastischen Fasern bestehendes Gewebe, das beim menschlichen und tierischen Körper die Bewegung ermöglicht: sich einen Muskel zerren. **Zus.:** Armmuskel, Bauchmuskel, Herzmuskel, Kaumuskel, Wadenmuskel.

mus|ku|lös [mʊskuˈløːs] ⟨Adj.⟩:
stark hervortretende, kräftige Muskeln habend: muskulöse Arme, Beine haben; sie ist sehr muskulös. **Syn.:** athletisch, kräftig.

Müs|li [ˈmyːsli], das; -[s], -[s]:
Rohkostgericht aus rohen Haferflocken, [getrocknetem] Obst, Rosinen, geriebenen Nüssen, das mit Milch, Joghurt o. Ä. zubereitet wird: im Supermarkt gibt es viele verschiedene Müslis zu kaufen.

Mus|lim [ˈmʊslɪm], **Mus|li|min** [mʊsˈliːmɪn]: ↑Moslem, Moslemin.

Mu|ße [ˈmuːsə], die; -:
freie Zeit und [innere] Ruhe, in der man seinen eigenen Interessen nachgehen kann: dazu fehlt mir die Muße; im Urlaub habe ich Zeit und Muße, ein Buch zu lesen.

müs|sen [ˈmʏsn̩], muss, musste, gemusst/müssen:
1. ⟨Modalverb; hat; 2. Partizip: müssen⟩ **a)** *einem [von außen kommenden] Zwang unterliegen, gezwungen sein, etwas zu tun; zwangsläufig notwendig sein, dass etwas Bestimmtes geschieht:* ich muss um 8 Uhr im Büro sein; ich musste es tun, sagen; du hättest es nicht akzeptieren müssen; wir mussten lachen. **b)** *aufgrund gesellschaftlicher Normen, einer inneren Verpflichtung nicht umhinkönnen, etwas zu tun; verpflichtet sein, sich verpflichtet fühlen, etwas Bestimmtes zu tun:* ich muss ihre Einladung annehmen; du musst mir helfen.
c) *aufgrund bestimmter vorangegangener Ereignisse, aus logischer Konsequenz o. Ä. notwendig sein, dass etwas Bestimmtes geschieht:* der Brief muss heute noch abgeschickt werden; muss es denn ausgerechnet heute sein?; warum muss gerade mir so etwas passieren?; das musst du doch verstehen; diese Bilder muss man gesehen haben. **d)** ⟨verneint⟩ (nordd.) *dürfen, sollen:* das musst du nicht tun, sagen; ihr müsst das nicht so ernst nehmen. **e)** dient dazu, eine Gewissheit oder eine sehr hohe Wahrscheinlichkeit auszudrücken: so muss es gewesen sein; das musste ja so kommen; sie müssen, müssten [eigentlich] jeden Moment kommen. **f)** ⟨im 2. Konjunktiv⟩ dient dazu, auszudrücken, dass etwas erstrebenswert, wünschenswert ist: so müsste es immer sein; Geld müsste man haben.
2. ⟨itr; hat; 2. Partizip: gemusst⟩ **a)** *(etwas Bestimmtes) tun müssen, sich (an einen bestimmten Ort) begeben müssen:* er muss, ob er will oder nicht; ich muss in die Stadt, zum Arzt; ich muss mal [zur Toilette]. **b)** *gebracht werden müssen:* der Brief muss zur Post.

mü|ßig [ˈmyːsɪç] ⟨Adj.⟩:
1. *keiner [sinnvollen] Beschäftigung nachgehend, auf [gelangweilte] Weise untätig:* ein müßiges Leben führen; müßig dasitzen. **Syn.:** bequem, faul, träge, untätig.
2. *überflüssig, unnütz, zwecklos:* eine müßige Frage; es ist müßig, sich hierüber Gedanken zu machen. **Syn.:** nutzlos, sinnlos, umsonst, vergebens, vergeblich.

Mus|ter [ˈmʊstɐ], das; -s, -:
1. *Vorlage, Modell, nach dem etwas gefertigt, hergestellt wird:* als Muster dienen; ein Kleid nach einem Muster schneidern. **Syn.:** Plan, Schablone, Vorbild. **Zus.:** Häkelmuster, Strickmuster.
2. *sich auf einer Fläche, auf Stoff, Papier o. Ä. wiederholende Verzierung:* das Muster der Tapete, des Kleides. **Syn.:** Maserung, Ornament. **Zus.:** Blumenmuster, Karomuster, Spitzenmuster, Streifenmuster, Tapetenmuster.
3. *Probe, kleine Menge zur Ansicht, an der man die Beschaffenheit des Ganzen erkennen kann:* Muster von Stoffen, Tapeten; der Vertreter zeigte ein Muster der neuen Ware. **Syn.:** Beispiel, Exemplar. **Zus.:** Warenmuster.

mus|tern [ˈmʊstɐn] ⟨tr.; hat⟩:
1. *prüfend ansehen, kritisch betrachten:* sie musterte ihn mit einem herausfordernden Blick. **Syn.:** angucken (ugs.), anschauen (bes. südd., österr., schweiz.), begutachten, besichtigen, in Augenschein nehmen,

inspizieren, mit Blicken messen (geh.), prüfen, taxieren. **2.** *Wehrpflichtige auf ihre Wehrtauglichkeit hin untersuchen:* er wurde gestern gemustert.

Mut [muːt], der; -[e]s: *Bereitschaft, seine Angst zu überwinden und etwas zu unternehmen, auch wenn es schwierig oder gefährlich ist:* mit großem, bewundernswertem Mut; es gehört viel Mut dazu, seine gegenteilige Auffassung vor allen anderen zu vertreten; sich gegenseitig Mut machen, zusprechen; nicht den Mut haben, einen Plan auszuführen; Mut zu unkonventionellen Methoden haben. **Syn.:** Courage, Schneid, Zivilcourage.

mu|tig [ˈmuːtɪç] ⟨Adj.⟩: *Mut habend; von Mut zeugend:* durch eine mutige Tat konnte das Kind gerettet werden; mutig seine Ansichten verteidigen. **Syn.:** beherzt, couragiert, furchtlos, heldenhaft, kühn, tapfer, tollkühn (emotional), unerschrocken, unverzagt, verwegen (emotional), wagemutig, waghalsig.

mut|los [ˈmuːtloːs] ⟨Adj.⟩: *ohne Mut und Zuversicht, voller Resignation, entmutigt:* ich wurde schon ganz mutlos, weil mir nichts gelang. **Syn.:** ängstlich, kleingläubig, kleinmütig, niedergeschlagen, zaghaft.

mut|maß|lich [ˈmuːtmaːslɪç] ⟨Adj.⟩: *aufgrund bestimmter Tatsachen, Anzeichen möglich, wahrscheinlich:* der mutmaßliche Täter wurde von der Polizei verhaftet. **Syn.:** allem Anschein nach, anscheinend, vermutlich, wohl.

[1]**Mut|ter** [ˈmʊtɐ], die, -, Mütter [ˈmʏtɐ]: **a)** *Frau, die ein oder mehrere Kinder geboren hat:* die leibliche Mutter; meine Mutter; sie ist Mutter von drei Kindern; Vater und Mutter. **Syn.:** Mama (fam.). **Zus.:** Brautmutter, Kindesmutter. **b)** *Frau, die in der Rolle einer Mutter ein oder mehrere Kinder versorgt, erzieht:* es wäre gut, wenn die Kinder wieder eine Mutter hätten.

[2]**Mut|ter** [ˈmʊtɐ], die; -, -n: *Stück aus Metall, das ein Gewinde hat und auf eine Schraube gedreht wird:* die Muttern fest anziehen, lockern. **Zus.:** Schraubenmutter.

müt|ter|lich [ˈmʏtɐlɪç] ⟨Adj.⟩: **1.** *der [1]Mutter zugehörend, von der Mutter kommend:* die Firma stammt aus dem mütterlichen Erbteil. **2.** *in der Art einer [1]Mutter, liebevoll und besorgt:* ein mütterlicher Typ; die Lehrerin behandelt die Kinder sehr mütterlich. **Syn.:** fürsorglich.

Mut|ter|spra|che [ˈmʊtɐʃpraːxə], die; -, -n: *Sprache, die man als Kind gelernt [und primär im Sprachgebrauch] hat:* ihre Muttersprache ist Deutsch.

mut|wil|lig [ˈmuːtvɪlɪç] ⟨Adj.⟩: *aus Absicht, provozierender Boshaftigkeit, Leichtfertigkeit geschehend:* mutwillige Brandstiftung; etwas mutwillig beschädigen. **Syn.:** absichtlich, beabsichtigt, bewusst, geflissentlich, gewollt, mit Absicht, vorsätzlich.

Müt|ze [ˈmʏtsə], die; -, -n: *Kopfbedeckung aus weichem Material (meist Wolle oder Baumwolle), die man bei kaltem Wetter trägt:* im Winter eine Mütze aufsetzen. **Syn.:** Deckel (ugs.; scherzh.), Haube, Hut, Kappe. **Zus.:** Bärenfellmütze, Bischofsmütze, Matrosenmütze, Pelzmütze, Strickmütze, Wollmütze, Zipfelmütze.

mys|te|ri|ös [mʏsteˈri̯øːs] ⟨Adj.⟩: *in seinen Zusammenhängen seltsam und unerklärlich, nicht genau durchschaubar:* mysteriöse Vorfälle; die Regierung trat unter mysteriösen Umständen zurück; der Vorfall wird immer mysteriöser. **Syn.:** dunkel, geheimnisvoll, rätselhaft, schleierhaft (ugs.), unbegreiflich, unergründlich, unklar, unverständlich.

My|thos [ˈmyːtɔs], der; -, Mythen [ˈmyːtn̩]: **1.** *überlieferte Dichtung, Sage, Erzählung aus der Vorzeit eines Volkes:* griechische Mythen. **2.** *Person, Sache, Begebenheit, die legendären Charakter hat:* Gandhi war schon zu Lebzeiten ein Mythos. **Syn.:** Legende.

N*n*

Na|bel [ˈnaːbl̩], der; -s, -: *kleine, rundliche Vertiefung mit einer mehr oder weniger wulstigen Vernarbung darin in der Mitte des menschlichen Bauches (wo ursprünglich die Nabelschnur ansetzte).* **Zus.:** Bauchnabel.

[1]**nach** [naːx] ⟨Präp. mit Dativ⟩: **1.** (räumlich) **a)** bezeichnet eine bestimmte Richtung: nach oben, unten, hinten, vorn; nach außen, innen; nach links; von links nach rechts schreiben; von Osten nach Westen ziehen. **b)** bezeichnet ein bestimmtes Ziel: nach Amerika fliegen; nach Hause gehen; der Zug fährt von Hamburg nach München. **2.** (zeitlich) drückt aus, dass etwas dem genannten Zeitpunkt oder Vorgang [unmittelbar] folgt: nach wenigen Minuten; ich fahre erst nach Weihnachten; nach allem, was geschehen ist; einen Tag nach ihrer Rückkehr; fünf Minuten nach drei. **3.** zur Angabe einer Reihenfolge oder Rangfolge: er verließ das Zimmer nach dir; wer kommt nach Ihnen dran?; eins nach dem andern. **4. a)** *so, wie ... ist:* meiner Ansicht, meiner Meinung nach/nach meiner Ansicht, Meinung; aller Wahrscheinlichkeit nach; [ganz] nach Wunsch; nach menschlichem Ermessen. **Syn.:** entsprechend, gemäß, [2]laut, zufolge. **b)** bezeichnet das Muster, Vorbild o. Ä. für etwas: [frei] nach Goethe; nach der neuesten Mode gekleidet sein; einen Anzug nach Maß arbeiten; nach Vorschrift, altem Brauch, geltendem Recht; ihrem Wesen nach ist sie eher ruhig; er hat dem Sinn nach Folgendes gesagt; ihrer Spra-

che nach ist sie Norddeutsche; der Größe nach/nach der Größe antreten.

²nach [na:x] ⟨Präp. mit Dativ⟩:
a) drückt aus, dass jmd. jmdm. oder einer Sache folgt, hinterhergeht: mir nach!; dem Dieb nach! **b)** ⟨in Wortpaaren⟩ nach und nach *(allmählich, langsam fortschreitend; schrittweise erfolgend);* sich nach und nach wieder erholen; nach wie vor *(noch immer [in gleicher Weise fortbestehend]):* sie arbeitet nach wie vor in dieser Firma.

¹nach- [na:x] ⟨trennbares, betontes verbales Präfix⟩:
1. *hinterher-:* **a)** (räumlich) (jmdm.) nachdrängen; nacheilen; nachfahren; nachreiten; nachrufen; nachschleichen; nachstarren; (jmdm. etwas) nachwerfen. **b)** (zeitlich) (den Geburtstag) nachfeiern; (der Entwicklung) nachhinken; (Kreuzass) nachspielen; (der Jugend) nachtrauern; (Wasser) nachtrinken.
2. a) drückt aus, dass das im Basiswort genannte Tun, Geschehen [zur Ergänzung] noch einmal erfolgt: (etwas) nachbehandeln; nachbestellen; nachbezahlen; nachfüllen; nachgießen; nachkaufen; nachliefern; nachsatteln; nachwachsen. **b)** drückt aus, dass das im Basiswort genannte Tun noch einmal, und zwar zur Verbesserung, erfolgt: nachbessern; nachfärben; nachfeilen; (Bäume) nachpflanzen; nachpolieren; nachrecherchieren; nachschleifen; nachschulen; nachwürzen. **c)** drückt aus, dass der im Basiswort genannte Vorgang nach der eigentlichen Beendigung noch fortdauert: nachbluten; nachdunkeln; nachglühen; nachhallen; nachleuchten; nachwirken.
d) drückt aus, dass das im Basiswort genannte Tun zur Überprüfung erfolgt: nachmessen; nachprüfen; nachrechnen; nachwiegen; nachzählen.
3. a) besagt, dass das im Basiswort genannte Tun eine Vorlage, ein Muster kopiert, noch einmal herstellt: (etwas) nachbauen; nachbilden; nachdrucken; (ein Gericht) nachkochen; nachmachen; (eine Melodie) nachpfeifen; nachzeichnen.
b) besagt, dass mit dem im Basiswort genannten Tun das getan, wiederholt wird, was bereits ein anderer vorgemacht hat: etwas nachbeten; nachplappern; nachsingen; nachsprechen. **c)** drückt aus, dass das im Basiswort genannte Tun, Erleben o. Ä. ebenso ist wie das (vorausgegangene) eines anderen: (etwas) nachempfinden; nacherleben; nachfühlen; (jmdm.) nachgeraten; (etwas) nachvollziehen.
4. drückt aus, dass ein Tun auf ein Ziel gerichtet ist und intensiv erfolgt: nachfassen; nachforschen; nachgrübeln; nachspionieren.
5. drückt aus, dass das im Basiswort genannte Tun über die vorgesehene Zeit hinaus verlängert wird: (eine Stunde) nachsitzen; (beim Fußball) nachspielen lassen.

²nach- [na:x] ⟨adjektivisches und substantivisches Präfix⟩:
zeitlich nach dem im Basiswort Genannten: **a)** ⟨adjektivisch⟩ /Ggs. vor-/: nachgeburtlich *(nach der Geburt);* nachösterlich *(nach Ostern);* nachstalinistisch *(nach Stalin).* **Syn.:** post-. **b)** ⟨substantivisch⟩ Nachsaison *(die Zeit nach der Saison).*

nach|äf|fen [ˈna:xlɛfn̩], äffte nach, nachgeäfft ⟨tr.; hat⟩:
Handlungen, Verhalten, Gewohnheiten einer Person in scherzhafter oder boshafter Absicht oft in übertreibender, verzerrender, herabsetzender Weise nachmachen: die Schüler äfften den Lehrer nach. **Syn.:** imitieren, kopieren, nachahmen, parodieren.

nach|ah|men [ˈna:xla:mən], ahmte nach, nachgeahmt ⟨tr.; hat⟩:
1. *(etwas in Eigenart, Verhalten o. Ä.) möglichst genauso tun wie ein anderer:* einen Vogelruf, jmds. Art zu sprechen nachahmen; sie ahmte meine Bewegungen sehr gut nach. **Syn.:** imitieren, kopieren, nachäffen, nachmachen, parodieren.
2. *sich eifrig bemühen, es jmdm. gleichzutun:* den zähen Fleiß der Mutter nachahmen.

Nach|bar [ˈnaxba:ɐ̯], der; -n und -s, -n, **Nach|ba|rin** [ˈnaxba:rɪn], die; -, -nen:
a) *Person, die neben jmdm. wohnt, deren Haus, Grundstück [unmittelbar] in der Nähe liegt:* eine ruhige Nachbarin; gute Nachbarn sein; wir sind Nachbarn geworden. **b)** *Person, die sich in jmds. [unmittelbarer] Nähe befindet, besonders neben ihm sitzt:* er ist mein Nachbar am Tisch; meine Nachbarin in der Schule wohnte auch im gleichen Haus wie ich. **Syn.:** Hintermann, Vordermann. **Zus.:** Tischnachbar, Tischnachbarin, Zimmernachbar, Zimmernachbarin.

Nach|bar|schaft [ˈnaxba:ɐ̯ʃaft], die; -:
1. *unmittelbare räumliche Nähe zu jmdm:* in der Nachbarschaft wohnen; in jmds. Nachbarschaft ziehen. **Syn.:** Umgebung.
2. a) *Verhältnis zwischen Personen, die nahe beieinander wohnen:* gute Nachbarschaft halten, pflegen. **b)** *Gesamtheit der Nachbarn:* die ganze Nachbarschaft spricht davon. **Syn.:** Nachbarn ⟨Plural⟩.

nach|bil|den [ˈna:xbɪldn̩], bildete nach, nachgebildet ⟨tr.; hat⟩:
so wiedergeben, dass das Ergebnis dem Original weitgehend entspricht; nach einem Vorbild, Muster gestalten: etwas historisch getreu nachbilden; eine Plastik nachbilden. **Syn.:** abbilden, bilden, darstellen, formen, modellieren, nachempfinden, rekonstruieren, reproduzieren.

nach|dem [na:xˈde:m] ⟨Konj.⟩:
1. ⟨temporal⟩ *nach dem Zeitpunkt, als:* nachdem sie ihre Partner begrüßt hatte, kam sie sehr schnell zu dem eigentlichen Thema.
2. ⟨kausal mit gleichzeitig temporalem Sinn⟩ (landsch.) drückt eine Begründung des Geschehens im Gliedsatz aus: nachdem sich die Arbeiten

N
nach

verzögerten, verloren viele das Interesse daran.

nachdem/seitdem

Mit **seitdem** wird ein Zeitraum bezeichnet, der zu einem gewissen Zeitpunkt in der Vergangenheit begonnen hat und bis in die Gegenwart fortdauert.
Da **nachdem** diese Fortdauer bis in die Gegenwart nicht mitenthält, sollte man die Unterschiede beim Gebrauch beider Wörter beachten und nicht »seitdem« durch »nachdem« ersetzen:

- Seitdem (nicht: nachdem) ich abends keinen Kaffee mehr trinke, kann ich viel besser einschlafen.

nach|den|ken [ˈnaːxdɛŋkn̩], dachte nach, nachgedacht ⟨itr.; hat⟩: *sich in Gedanken eingehend mit jmdm., etwas beschäftigen, gründlich überlegen:* denk einmal darüber nach!; ich habe über dieses Ereignis lange nachgedacht; wenn du scharf nachdenkst, wird es dir vielleicht wieder einfallen. **Syn.:** abwägen, sich bedenken, brüten (ugs.), den Verstand gebrauchen, denken, [1]durchdenken, einem Gedanken nachhängen, sich fragen, grübeln, knobeln (ugs.), meditieren, philosophieren, rätseln, reflektieren, seine Gedanken zusammennehmen, sich den Kopf zerbrechen (ugs.), sich Gedanken machen, sinnen (geh.), sinnieren, spintisieren (abwertend), überdenken.

nach|denk|lich [ˈnaːxdɛŋklɪç] ⟨Adj.⟩: *mit etwas gedanklich beschäftigt, in Gedanken versunken:* ein nachdenkliches Gesicht machen; nachdenklich auf die Spuren blicken; das stimmte mich nachdenklich *(das veranlasste mich, darüber nachzudenken).* **Syn.:** ernst, gedankenvoll, grüblerisch, in Gedanken [versunken].

[1]Nach|druck [ˈnaːxdrʊk], der; -[e]s: *besondere Betonung, Eindringlichkeit, mit der die Wichtigkeit einer Sache hervorgehoben wird:* sie sagte dies mit Nachdruck, wies mit Nachdruck darauf hin; einer Sache Nachdruck verleihen. **Syn.:** Bestimmtheit, Gewicht.

[2]Nach|druck [ˈnaːxdrʊk], der; -[e]s, Nachdrucke [ˈnaːxdrʊkə]: **a)** *unveränderter Abdruck (eines Buches, Bildes o. Ä.):* Nachdruck verboten, nur mit Genehmigung des Verlages gestattet. **b)** *durch [2]Nachdruck* (a) *entstandenes Werk:* ein durchgesehener Nachdruck; selbst der Nachdruck ist inzwischen vergriffen. **Syn.:** Reproduktion.

nach|drück|lich [ˈnaːxdrʏklɪç] ⟨Adj.⟩: *mit Nachdruck, Eindringlichkeit erfolgend:* nachdrückliche Forderungen, Mahnungen; auf etwas nachdrücklich hinweisen. **Syn.:** beschwörend, [1]bestimmt, betont, deutlich, drastisch, dringend, eindringlich, energisch, entschieden, gewichtig, in aller Deutlichkeit, inständig, mit Bestimmtheit, ultimativ, unmissverständlich.

nachdrücklich / ausdrücklich: *s.* Kasten Seite 146.

nach|ei|fern [ˈnaːx|ai̯fɐn], eiferte nach, nachgeeifert ⟨itr.; hat⟩: *eifrig bemüht sein, etwas ebenso gut zu tun wie ein anderer, eine andere:* einem Künstler nacheifern; sie eifert ihrer Mutter nach. **Syn.:** nachahmen, nachfolgen.

nach|ei|n|an|der [naːx|ai̯ˈnandɐ] ⟨Adverb⟩: **1.** *einer, eine, eines nach dem anderen; in kurzen Abständen [unmittelbar] aufeinanderfolgend:* sie betraten nacheinander den Saal; nacheinander reichte sie ihnen die Hand; die Wagen starten nacheinander. **Syn.:** eine nach der ander[e]n, einer nach dem ander[e]n, ein[e]s nach dem ander[e]n, hintereinander, im Gänsemarsch. **2.** *(wechselseitig) einer nach dem andern:* sie sehnten sich nacheinander.

nach|emp|fin|den [ˈnaːx|ɛmpfɪndn̩], empfand nach, nachempfunden ⟨tr.; hat⟩: **1.** *sich so in einen anderen Menschen hineinversetzen, dass man das Gleiche empfindet wie er:* ich habe ihren Schmerz nachempfunden. **Syn.:** sich einfühlen in, sich hineindenken in, sich versetzen in. **2.** *in Anlehnung an das Werk eines Künstlers, einer Künstlerin gestalten:* dieses Gedicht ist eindeutig Goethe nachempfunden.

nach|fol|gen [ˈnaːxfɔlgn̩], folgte nach, nachgefolgt ⟨itr.; ist⟩ (geh.): **1. a)** *hinter jmdm., etwas gehen, laufen, fahren:* das Brautpaar ging voran, die Gäste folgten nach. **Syn.:** folgen, nachkommen, nachlaufen, verfolgen. **b)** *(nach einer bestimmten Person, einem bestimmten Ereignis) kommen; (auf jmdn., etwas) folgen:* jmdm. im Amt nachfolgen; dem Winter folgte ein nasses Frühjahr nach. **Syn.:** sich anschließen. **2.** *als einem Vorbild folgen:* jmdm. demütig, begeistert nachfolgen. **Syn.:** nachahmen, nacheifern.

Nach|fol|ger [ˈnaːxfɔlgɐ], der; -s, -, **Nach|fol|ge|rin** [ˈnaːxfɔlgərɪn], die; -, -nen: *Person, die jmds. Arbeit, Aufgabe, Amt übernimmt:* die älteste Tochter wurde seine Nachfolgerin; jmdn. zum Nachfolger ernennen, berufen, bestimmen. **Zus.:** Amtsnachfolger, Amtsnachfolgerin.

nach|for|schen [ˈnaːxfɔrʃn̩], forschte nach, nachgeforscht ⟨itr.; hat⟩: *durch intensive Bemühungen versuchen, sich genaue Kenntnisse, Informationen über jmdn., etwas zu verschaffen:* ich forschte nach, wie sich der Vorgang ereignet hatte. **Syn.:** ermitteln, Ermittlungen anstellen, forschen, recherchieren, untersuchen.

Nach|fra|ge [ˈnaːxfraːgə], die; -: *Verlangen der Käufer nach bestimmten Waren:* es herrscht eine starke Nachfrage nach diesen Artikeln. **Syn.:** Bedarf.

nach|fra|gen [ˈnaːxfraːgn̩], fragte nach, nachgefragt ⟨itr.; hat⟩: **a)** *sich erkundigen:* ich fragte beim Abteilungsleiter nach; fragen Sie doch bitte morgen noch einmal nach! **Syn.:** anfragen, fragen. **b)** *sich an jmdn. wenden, um etwas zu erbitten:* um Genehmigung nachfragen.

nach|ge|ben [ˈnaːxgeːbn̩], gibt nach, gab nach, nachgegeben ⟨itr.; hat⟩: **1.** *dem Willen oder den Forderungen eines anderen, einer*

anderen nach anfänglichem Widerstand entsprechen, schließlich doch zustimmen, sich überreden lassen: ihren Bitten gab er schließlich nach; nach langer Diskussion habe ich nachgegeben. **Syn.:** aufgeben, sich beugen, den Schwanz einziehen (salopp), die Segel streichen (geh.), einlenken, sich fügen, in die Knie gehen (ugs.), kapitulieren, kuschen, schwach werden, sich erweichen lassen, sich unterordnen, weich werden (ugs.), Zugeständnisse machen, zurückstecken.
2. *einem Druck nicht standhalten:* der Boden, die Wand gibt nach.

nach|ge|hen ['na:xge:ən], ging nach, nachgegangen ⟨itr.; ist⟩:
1. a) *(hinter jmdm., etwas) hergehen, folgen:* ich bin dem Mädchen nachgegangen; einer Spur, den Klängen der Musik nachgehen. **Syn.:** nachfolgen, nachkommen, nachlaufen, verfolgen. **b)** *(etwas) genau überprüfen, in seinen Einzelheiten zu klären, zu ergründen suchen:* einem Hinweis, einer Frage nachgehen.
2. *eine [berufliche] Tätigkeit regelmäßig ausüben:* seinem Beruf, einem Gewerbe nachgehen.
3. *(jmdn.) noch lange innerlich beschäftigen:* dieses Erlebnis ging ihr noch lange nach. **Syn.:** [1]bewegen.
4. *(von Messgeräten) zu wenig anzeigen, zu langsam gehen:* der Tacho geht nach; die Uhr geht fünf Minuten nach.

nach|gie|big ['na:xgi:bɪç] ⟨Adj.⟩: *schnell bereit, sich dem Willen anderer anzupassen; leicht umzustimmen:* ein nachgiebiger Mensch; du bist ihr gegenüber viel zu nachgiebig. **Syn.:** haltlos, weich, weichlich, willenlos, willensschwach.

nach|hal|tig ['na:xhaltɪç] ⟨Adj.⟩: *sich für längere Zeit stark auswirkend:* einen nachhaltigen Eindruck hinterlassen; jmdn. nachhaltig beeinflussen. **Syn.:** einschneidend, entscheidend, gravierend (bildungsspr.), tief greifend.

nach|hel|fen ['na:xhɛlfn̩], hilft nach, half nach, nachgeholfen ⟨itr.; hat⟩:
helfen, dass etwas besser funktioniert; Hilfe, Unterstützung gewähren [bei bestimmten Aufgaben]: dem Schüler in Englisch nachhelfen; bei ihr geht es sehr langsam, da muss man etwas nachhelfen *(man muss sie antreiben).* **Syn.:** beistehen, Hilfe bringen, Hilfe leisten, Hilfestellung geben, Hilfestellung leisten, unterstützen, zur Hand gehen.

nach|her [na:x'he:ɐ̯] ⟨Adverb⟩:
a) *etwas später; in näherer, nicht genau bestimmter Zukunft:* nachher gehen wir einkaufen. **Syn.:** bald, demnächst, gleich, in absehbarer Zeit, in Bälde (Papierdt.), in kurzer Zeit, nächstens. **b)** *unmittelbar nach einem Geschehen; dann, wenn etwas vorbei ist:* vorher hatte sie keine Zeit und nachher kein Geld, das Kostüm zu kaufen; nachher will es keiner gewesen sein. **Syn.:** anschließend, danach, darauf, daraufhin, hinterher, im Anschluss [daran], nachträglich, später.

Nach|hil|fe ['na:xhɪlfə], die; -, -n:
gegen Entgelt erteilter zusätzlicher privater Unterricht für schwache Schüler, Schülerinnen: Nachhilfe bekommen, geben. **Zus.:** Englischnachhilfe, Mathematiknachhilfe.

Nach|hol|be|darf ['na:xho:lbədarf], der; -[e]s:
Bedürfnis, Notwendigkeit, etwas, was es nicht gab oder wovon es zu wenig gab, in größerem Umfang zu bekommen: einen Nachholbedarf an Schlaf haben; in Mathe besteht in dieser Klasse ein erheblicher Nachholbedarf.

nach|ho|len ['na:xho:lən], holte nach, nachgeholt ⟨tr.; hat⟩:
1. *nachträglich an einen bestimmten Ort holen:* seine Familie an den neuen Wohnort nachholen.
2. *(Versäumtes oder bewusst Ausgelassenes) später erledigen:* den Lehrstoff in kurzer Zeit nachholen. **Syn.:** aufarbeiten, aufholen, nachmachen.

Nach|kom|me ['na:xkɔmə], der; -n, -n:
Lebewesen, das in gerader Linie von einem anderen Lebewesen abstammt: ohne Nachkommen sterben. **Syn.:** Kind, Spross (geh.).

nach|kom|men ['na:xkɔmən], kam nach, nachgekommen ⟨itr.; ist⟩:
1. *später kommen:* ich werde in einer halben Stunde nachkommen. **Syn.:** folgen, nachfolgen, nachgehen, nachlaufen.
2. *etwas schnell genug tun, um Schritt zu halten, nicht damit zurückzubleiben:* mit der Produktion kaum noch nachkommen; beim Diktat mit dem Schreiben gut, nicht nachkommen.
3. *(etwas, was ein anderer, eine andere wünscht oder verlangt) erfüllen oder vollziehen:* einem Wunsch, einer Aufforderung, Bitte nachkommen. **Syn.:** Folge leisten, folgen, sich fügen, gehorchen, hören auf.

Nach|lass ['na:xlas], der; -es, -e und Nachlässe ['na:xlɛsə]:
1. *Gesamtheit dessen, was ein Verstorbener, eine Verstorbene an Gütern und Verpflichtungen hinterlässt:* jmds. Nachlass verwalten. **Syn.:** [1]Erbe, Erbschaft.
2. *Ermäßigung des Preises:* beim Kauf eines Autos fünf Prozent Nachlass bekommen, gewähren. **Syn.:** Abschlag, Abzug, Prozente ⟨Plural⟩ (ugs.), Rabatt. **Zus.:** Preisnachlass.

nach|las|sen ['na:xlasn̩], lässt nach, ließ nach, nachgelassen:
1. ⟨itr.; hat⟩ *an Intensität, Stärke, Wirkung verlieren; weniger, schwächer werden:* die Spannung, der Widerstand, der Regen lässt nach; die Sehkraft, das Gedächtnis, das Fieber lässt nach. **Syn.:** abebben, abflauen, abklingen, abnehmen, sich abschwächen, ausklingen, sich beruhigen, sich legen, sich neigen (geh.), schwinden (geh.), sinken, vergehen, sich verringern, zu Ende gehen, zurückgehen.
2. ⟨tr.; hat⟩ *weniger berechnen:* sie haben keinen Cent, die Hälfte des Preises nachgelassen.
3. ⟨tr.; hat⟩ *vermindern, [teilweise] erlassen:* Schulden, Strafen nachlassen.

nach|läs|sig ['na:xlɛsɪç] ⟨Adj.⟩:
a) *ohne die nötige Sorgfalt, nicht gründlich:* eine nachlässige Arbeit; das Personal war sehr nachlässig. **Syn.:** flüchtig, lax, liederlich (abwertend), oberflächlich, schlampig (ugs.), schludrig (ugs. abwertend),

ungenau. **b)** *weder Interesse noch Teilnahme, Aufmerksamkeit erkennen lassend; voller Gleichgültigkeit:* eine nachlässige Handbewegung; du gehst mit deinen Sachen zu nachlässig um. **Syn.:** unachtsam.

nach|lau|fen ['na:xlaufn̩], läuft nach, lief nach, nachgelaufen ⟨itr.; ist⟩:
a) *[eilig] zu Fuß folgen:* die Kinder liefen dem Schornsteinfeger, dem Eiswagen nach. **Syn.:** nachfolgen, nachgehen, nachkommen, verfolgen. **b)** *sich jmdm. aufdrängen:* ich will ihr nicht nachlaufen. **c)** *als Anhänger, Anhängerin folgen:* einem falschen Messias nachlaufen.

nach|ma|chen ['na:xmaxn̩], machte nach, nachgemacht ⟨tr.; hat⟩ (ugs.):
1. a) *genau das tun, was ein anderer, eine andere tut:* das Kind macht den Geschwistern alles nach. **b)** *nachahmen:* den Bundeskanzler nachmachen. **c)** *nach einer Vorlage ganz genauso herstellen, machen:* Stilmöbel nachmachen; die Unterschrift war schlecht nachgemacht.
2. *nachholen:* die Hausaufgaben nachmachen.

Nach|mie|ter ['na:xmi:tɐ], der; -s, -, **Nachmieterin** ['na:xmi:tərɪn], die; -, -nen:
Person, die nach einem anderen Mieter, einer anderen Mieterin eine Wohnung mietet: einen Nachmieter suchen.

Nach|mit|tag ['na:xmɪta:k], der; -s, -e:
Zeit vom Mittag bis zum Beginn des Abends: den Nachmittag im Schwimmbad verbringen; sie kamen erst am späten Nachmittag; heute, morgen, gestern Nachmittag. **Zus.:** Dienstagnachmittag, Spätnachmittag, Winternachmittag.

nach|mit|tags ['na:xmɪta:ks] ⟨Adverb⟩:
am Nachmittag; jeden Nachmittag: nachmittags um drei; wir sind nachmittags zu Hause.

Nach|na|me ['na:xna:mə], der; -ns, -n:
Zuname: und wie heißt dein Freund Felix mit Nachnamen? **Syn.:** Familienname, Name.

nach|prü|fen ['na:xpry:fn̩], prüfte nach, nachgeprüft ⟨tr.; hat⟩:
zur Kontrolle [nochmals] prüfen: jmds. Angaben nachprüfen; ich musste alle Rechnungen noch einmal nachprüfen. **Syn.:** kontrollieren, nachsehen, überprüfen.

Nach|re|de ['na:xre:də], die; -, -n:
unzutreffende Behauptung, die den, auf den sie sich bezieht, in den Augen anderer herabsetzt, verächtlich macht: schlechte, üble Nachreden über jmdn. verbreiten.

Nach|richt ['na:xrɪçt], die; -, -en:
1. *Mitteilung von neuesten Ereignissen oder Zuständen von oft besonderer Wichtigkeit:* eine schlechte, amtliche, politische Nachricht; keine Nachricht erhalten; eine Nachricht von jmdm. überbringen, mitbringen. **Syn.:** Ankündigung, Auskunft, Bescheid, Botschaft, Durchsage, Info (ugs.), Information, Meldung, Neuigkeit. **Zus.:** Siegesnachricht, Todesnachricht.
2. ⟨Plural⟩ *Sendung im Rundfunk oder Fernsehen, in der die aktuellen, besonders die politischen Ereignisse mitgeteilt werden:* die Nachrichten hören. **Zus.:** Abendnachrichten, Kurznachrichten, Verkehrsnachrichten.

nach|rü|cken ['na:xrʏkn̩], rückte nach, nachgerückt ⟨itr.; ist⟩:
1. *aufrücken:* rücken Sie bitte etwas nach! **Syn.:** aufschließen.
2. *als Nachfolger, Nachfolgerin jmds. Amt, Posten einnehmen:* auf die Stelle des Direktors nachrücken. **Syn.:** aufrücken, aufsteigen, befördert werden, die Treppe rauffallen (ugs.).

Nach|ruf ['na:xru:f], der; -[e]s, -e:
gesprochener oder geschriebener Text, in dem die Verdienste eines oder einer Verstorbenen gewürdigt werden: einen Nachruf in die Zeitung setzen.

nach|rüs|ten ['na:xrʏstn̩], rüstete nach, nachgerüstet:
1. ⟨tr.; hat⟩ *nachträglich mit einem zusätzlichen Gerät versehen, um eine bessere Leistung, eine Wertsteigerung o. Ä. zu erzielen:* Dieselfahrzeuge mit einem Rußpartikelfilter nachrüsten.
2. ⟨itr.; hat⟩ *den Bestand an militärischen Waffen, Kampfmitteln ergänzen, vergrößern, um gegenüber einem potenziellen Gegner das als verloren betrachtete Gleichgewicht wiederzugewinnen:* anstatt abzurüsten, wurde nachgerüstet. **Syn.:** aufrüsten, rüsten.

nach|sa|gen ['na:xza:gn̩], sagte nach, nachgesagt ⟨tr.; hat⟩:
1. *(etwas, was jmd. gesagt hat) wiederholen:* einen Satz nachsagen; die Kinder sagten nach, was man ihnen vorgesprochen hatte.
2. *von jmdm. in dessen Abwesenheit behaupten, sagen:* jmdm. Hochmut, große Fähigkeiten nachsagen.

nach|schie|ben ['na:xʃi:bn̩], schob nach, nachgeschoben ⟨tr.; hat⟩:
(in einem Interview o. Ä.) einer Mitteilung, Frage o. Ä. eine weitere anschließen: der Politiker schob ein Argument nach.

nach|schla|gen ['na:xʃla:gn̩], schlägt nach, schlug nach, nachgeschlagen:
1. ⟨tr.; hat⟩ *sich in einem Lexikon oder [Wörter]buch Auskunft holen (über etwas, jmdn.):* ein Zitat, ein Wort nachschlagen; ⟨auch itr.⟩ in einem Buch nachschlagen. **Syn.:** aufsuchen, nachsehen, suchen.
2. ⟨itr.; hat⟩ *im Wesen einer verwandten Person ähnlich sein, werden:* der Sohn schlägt mehr der Mutter nach. **Syn.:** ähneln, aussehen wie, geraten nach, gleichen.

Nach|schla|ge|werk ['na:xʃla:gəvɛrk], das; -[e]s, -e:
Buch, in dem übersichtlich, meist alphabetisch geordnet, bestimmte Sachgebiete behandelt sind und das zur schnellen Orientierung dient: ein handliches, kleines, großes Nachschlagewerk; ein Nachschlagewerk konsultieren. **Syn.:** Lexikon.

Nach|schub ['na:xʃu:p], der; -[e]s:
a) *laufende Versorgung der Truppen besonders an der Front mit Verpflegung und Material:* der Nachschub ist gestört. **Zus.:** Truppennachschub, Verpflegungsnachschub. **b)** *Verpflegung, Material, mit dem die Truppen versorgt werden:* der Nachschub ist ausgeblieben.

nach|sehen ['na:xze:ən], sieht nach, sah nach, nachgesehen:
1. ⟨itr.; hat⟩ *hinter jmdm., etwas hersehen; mit den Blicken folgen:*

jmdm. sinnend nachsehen; ich sah dem Zug, Auto nach.
2. ⟨itr.; hat⟩ *prüfen, sich mit prüfenden Blicken überzeugen, ob etwas im gewünschten Zustand ist oder in gewünschter Weise geschehen ist:* ich muss nachsehen, ob das Fenster geschlossen ist. **Syn.:** kontrollieren, nachprüfen, überprüfen.
3. ⟨tr./itr.; hat⟩ *nachschlagen* (1): sieh mal im Wörterbuch nach, wie man dieses Wort schreibt.
4. ⟨tr.; hat⟩ *kontrollierend, prüfend auf Fehler, Mängel hin ansehen, durchsehen:* Rechnungen auf Fehler, die Schularbeiten nachsehen.
5. ⟨tr.; hat⟩ *mit jmdm. (in Bezug auf etwas zu Beanstandendes, Tadelndes o. Ä.) nachsichtig sein:* sie sah ihrem Sohn vieles nach. **Syn.:** durchgehen lassen, vergeben, verzeihen.

Nach|se|hen ['na:xze:ən]: in der Wendung **das Nachsehen haben:** *benachteiligt, betrogen worden sein, nur noch das Schlechtere abbekommen:* wer sich nicht rechtzeitig anmeldet, wird das Nachsehen haben.

Nach|sicht ['na:xzɪçt], die; -: *verzeihendes Verständnis für die Schwächen eines anderen:* habt/übt Nachsicht mit mir!; um Nachsicht bitten. **Syn.:** Geduld, Güte, Langmut (geh.), Rücksicht, Schonung.

nach|sich|tig ['na:xzɪçtɪç] ⟨Adj.⟩: *Nachsicht übend, zeigend:* eine nachsichtige Behandlung; nachsichtige Eltern; etwas nachsichtig beurteilen. **Syn.:** duldsam, geduldig, großzügig, mild[e], tolerant, verständnisvoll, weitherzig.

Nach|spei|se ['na:xʃpai̯zə], die; -, -n: *Nachtisch:* als Nachspeise gibt es Schokoladenpudding. **Syn.:** Dessert, Süßspeise.

Nach|spiel ['na:xʃpi:l], das; -[e]s, -e: *unangenehme Folge, Nachwirkung einer Handlung, Angelegenheit:* die Sache wird noch ein gerichtliches Nachspiel haben. **Syn.:** Konsequenz.

nächst... ['nɛ:çst...] ⟨Adj.⟩:
1. *räumlich als Erstes folgend, unmittelbar in der Nähe befindlich:* jmdn. an der nächsten Ecke erwarten; lies die nächste Strophe.
2. *zeitlich als Erstes, unmittelbar folgend:* nächstes Jahr; wir machen im nächsten Monat Urlaub; das nächste Mal.

nach|ste|hend ['na:xʃte:ənt] ⟨Adj.⟩: *(in einem Text) an späterer Stelle stehend:* die nachstehenden Bemerkungen.

Nächs|ten|lie|be ['nɛ:çstn̩li:bə], die; -: *innere Einstellung, aus der heraus jmd. bereit ist, seinen Mitmenschen zu helfen, Opfer für sie zu bringen:* etwas aus reiner, aus christlicher Nächstenliebe tun. **Syn.:** Anteilnahme, Erbarmen, Mitgefühl, Teilnahme.

nächs|tens ['nɛ:çstn̩s] ⟨Adverb⟩: *in nächster Zeit, in naher Zukunft:* sie wollen nächstens heiraten. **Syn.:** bald, demnächst, in absehbarer Zeit, in Bälde (Papierdt.), in Kürze, nachher.

Nacht [naxt], die; -, Nächte ['nɛçtə]: *Zeit der Dunkelheit zwischen Abend und Morgen:* eine kalte, angenehme Nacht; bei Anbruch der Nacht; in der Nacht von Samstag auf Sonntag; gestern, heute, morgen Nacht. **Zus.:** Dienstagnacht, Frostnacht, Frühlingsnacht, Silvesternacht.

Nach|teil ['na:xtai̯l], der; -[e]s, -e: *ungünstiger Umstand; etwas, was sich für jmdn. gegenüber anderen negativ auswirkt* /Ggs. Vorteil/: es ist ein Nachteil, dass wir kein Auto haben; dieser Vertrag brachte ihr nur Nachteile; er ist dir gegenüber im Nachteil *(ist benachteiligt).* **Syn.:** Fehler, Makel, Mangel, Manko, Minus, Schaden, Schattenseite, Schwäche.

nach|tei|lig ['na:xtai̯lɪç] ⟨Adj.⟩: *Nachteile bringend:* nachteilige Folgen; etwas wirkt sich nachteilig aus. **Syn.:** abträglich, blöd[e] (ugs.), dumm (ugs.), fatal, misslich, negativ, schädlich, ungünstig, unvorteilhaft.

Nacht|hemd ['naxthɛmt], das; -[e]s, -en: *über den Kopf zu ziehendes, meist weit geschnittenes, langes Kleidungsstück mit Ärmeln, das nachtsüber im Bett getragen wird:* sie trägt lieber Nachthemden als Pyjamas.

Nach|ti|gall ['naxtɪgal], die; -, -en: *versteckt lebender, unscheinbar rötlich brauner Singvogel, dessen sehr melodisch klingender Gesang besonders nachts ertönt.*

näch|ti|gen ['nɛçtɪgn̩] ⟨itr.; hat⟩ (österr.): *übernachten:* die Hochzeitsgäste nächtigten in einem Hotel.

Nach|tisch ['na:xtɪʃ], der; -[e]s, -e: *nach dem eigentlichen Essen gereichte, meist süße, oft aus Pudding, Eis, Obst o. Ä. bestehende Speise:* als, zum Nachtisch gibt es Eis; du kannst dir ruhig noch einen Nachtisch nehmen. **Syn.:** Dessert, Nachspeise, Süßspeise.

Nacht|le|ben ['naxtle:bn̩], das; -s: *nächtlicher Betrieb in Bars, Kabaretts, Spielbanken o. Ä.:* sich bis frühmorgens ins Nachtleben stürzen; das Berliner Nachtleben.

nächt|lich ['nɛçtlɪç] ⟨Adj.⟩: *in, während der Nacht [stattfindend, vorhanden]:* die nächtliche Kühle; bei einem nächtlichen Spaziergang.

Nacht|lo|kal ['naxtloka:l], das; -[e]s, -e: *Lokal, oft mit Musik und unterhaltendem Programm, das die Nacht hindurch geöffnet ist:* ein Nachtlokal aufsuchen, besuchen. **Syn.:** Bar.

Nach|trag ['na:xtra:k], der; -[e]s, Nachträge ['na:xtrɛ:gə]: *Ergänzung, Zusatz am Schluss einer schriftlichen Arbeit:* dem Aufsatz noch einen Nachtrag hinzufügen.

nach|tra|gen ['na:xtra:gn̩], trägt nach, trug nach, nachgetragen:
1. ⟨tr.; hat⟩ *jmdm. tragend nachbringen; hinter jmdm. hertragen:* sie hat ihm seinen Schirm, den er vergessen hatte, nachgetragen.
2. ⟨itr.; hat⟩ *jmdn. längere Zeit seine Verärgerung (über etwas von ihm Gesagtes, Getanes) spüren lassen; nicht verzeihen können:* sie trug ihm seine herabsetzenden Äußerungen noch lange nach. **Syn.:** ankreiden (ugs.), anlasten, krummnehmen (ugs.), übel nehmen, verübeln.
3. ⟨tr.; hat⟩ *nachträglich ergänzend hinzufügen:* Zahlen, Daten nachtragen; ich muss in dem Aufsatz noch etwas nachtragen.

Syn.: einarbeiten, einbauen, einfügen, ergänzen, integrieren.

nach|tra|gend ['na:xtra:gn̩t] ⟨Adj.⟩: *längere Zeit nicht verzeihen könnend:* ein nachtragender Mensch; sei doch nicht so nachtragend!

nach|träg|lich ['na:xtrɛ:klɪç] ⟨Adj.⟩: *hinterher erfolgend, nach dem Zeitpunkt des Geschehens liegend:* ein nachträglicher Glückwunsch; nachträglich sah sie alles ein. **Syn.:** danach, dann, nachher, später.

nachts [naxts̮] ⟨Adverb⟩: *in der Nacht, während der Nacht:* ich arbeite häufig nachts; um 3 Uhr nachts; montags nachts; nachts spät nach Hause kommen.

Nacht|tisch ['naxttɪʃ], der; -[e]s, -e: *kleines, neben dem Bett stehendes Schränkchen, Tischchen:* die Brille auf den Nachttisch legen.

Nach|weis ['na:xvai̯s], der; -es, -e: *das Beschaffen, Vorlegen von Beweismaterial, mit dem eine Behauptung belegt wird; die Richtigkeit, das Vorhandensein von etwas eindeutig bestätigende Feststellung:* der Nachweis ihrer Unschuld ist gelungen; einen Nachweis führen. **Syn.:** Beweis. **Zus.:** Befähigungsnachweis, Echtheitsnachweis, Leistungsnachweis.

nach|wei|sen ['na:xvai̯zn̩], wies nach, nachgewiesen ⟨tr.; hat⟩:
1. *den Nachweis für etwas erbringen:* das lässt sich nur schwer nachweisen; jmdm. einen Fehler, eine Schuld, einen Irrtum nachweisen. **Syn.:** aufzeigen, belegen, beweisen, dokumentieren, untermauern, zeigen.
2. *jmdm. etwas, was ihm vermittelt werden soll, angeben und ihm entsprechende Informationen darüber geben:* jmdm. eine Stellung, ein Zimmer nachweisen.

Nach|welt ['na:xvɛlt], die; -: *Gesamtheit der später lebenden Menschen, Generationen:* über diese Persönlichkeiten wird die Nachwelt ein Urteil fällen.

nach|wir|ken ['na:xvɪrkn̩], wirkte nach, nachgewirkt ⟨itr.; hat⟩: *nachhaltig wirken, eine lange Zeit (über die eigentliche Ursache hinaus) seine Wirkung ausüben:* diese Rede, Lektüre wirkte noch lange nach.

Nach|wir|kung ['na:xvɪrkʊŋ], die; -, -en: *das Nachwirken; Folge:* die Nachwirkungen des Krieges, einer schlimmen Krankheit. **Syn.:** Ausfluss (geh.), Auswirkung, Effekt, Erfolg, Ergebnis, Konsequenz, Resultat, Wirkung.

Nach|wort ['na:xvɔrt], das; -[e]s, -e: *einer größeren schriftlichen Arbeit oder Darstellung nachgestellter, ergänzender, erläuternder o. ä. Text* /Ggs. Vorwort/: im Nachwort erfährt der Leser einiges über den Autor. **Syn.:** Anhang, Nachtrag.

Nach|wuchs ['na:xvu:ks], der; -es:
1. *Kind oder Kinder (in einer Familie):* was macht der Nachwuchs?; wir haben Nachwuchs bekommen.
2. *jüngere, heranwachsende Kräfte, Mitarbeiter[innen]:* der wissenschaftliche Nachwuchs; die Industrie klagt über den Mangel an Nachwuchs. **Zus.:** Filmnachwuchs, Handwerkernachwuchs.

nach|zäh|len ['na:xts̮ɛ:lən], zählte nach, nachgezählt ⟨tr.; hat⟩: *zur Kontrolle [noch einmal] zählen:* das Geld sorgfältig nachzählen.

nach|zie|hen ['na:xts̮i:ən], zog nach, nachgezogen:
1. ⟨tr.; hat⟩ *(ein Bein) beim Gehen nicht richtig bewegen können:* das linke Bein nachziehen.
2. ⟨tr.; hat⟩ *(einer Linie mit einem Stift o. Ä.) folgen und sie dadurch kräftiger machen:* sie zog die Linien mit roter Tusche nach; ich habe mir die Augenbrauen nachgezogen.
3. ⟨tr.; hat⟩ *(eine Schraube) durch erneutes Ziehen, Drehen noch fester machen:* die Seile, Schrauben nachziehen.
4. ⟨tr.; hat⟩ *(eine Pflanze) noch einmal ziehen, züchten:* von diesen Blumen hat der Gärtner noch einige Beete voll nachgezogen.
5. ⟨itr.; ist⟩ *(einer sich bewegenden Person/Sache) folgen, hinter jmdm., etwas herziehen:* den Musikanten nachziehen; dem Schiff sind viele Möwen nachgezogen.
6. a) ⟨itr.; hat⟩ *einem Beispiel folgen; etwas, was andere vorgemacht haben, ebenso machen, nachmachen:* andere Staaten haben nachgezogen. **b)** ⟨itr.; ist⟩ *den Vorsprung eines anderen verringern, einen Rückstand wettmachen:* fast war die Konkurrenz für sie nicht mehr zu erreichen, aber sie sind ganz schön nachgezogen. **Syn.:** aufholen, gleichziehen.

Na|cken ['nakn̩], der; -s, -: *hinterer, unterer Teil des Halses, der in einer Wölbung in den Rücken übergeht:* ein ausrasierter, schmaler, feister Nacken; den Nacken beugen; den Kopf in den Nacken legen; den Hut in den Nacken schieben. **Syn.:** Genick, Hals.

nackt [nakt] ⟨Adj.⟩: *ohne Bekleidung, Bedeckung (soweit sie im Allgemeinen üblich ist):* mit nacktem Oberkörper; nackt baden. **Syn.:** ausgezogen, bar (geh.), blank, bloß, entblößt, entkleidet (geh.), frei, im Adamskostüm (ugs. scherzh.), im Evaskostüm (ugs. scherzh.), ohne was an (ugs.), wie Gott jmdn. schuf/geschaffen hat (scherzh).

Na|del ['na:dl̩], die; -, -n:
1. *dünner, lang gestreckter, meist spitzer Gegenstand, der aus Metall (oder einem ähnlich festen Material) besteht und je nach Verwendungszweck (wie Nähen, Stopfen, Stricken, Stecken, Spritzen u. a.) unterschiedlich geformt ist:* die Nadeln klappern beim Stricken; eine Nadel einfädeln; sich mit einer Nadel stechen; etwas mit Nadeln feststecken; sie trug eine Nadel *(schmale Brosche)* mit einer prächtigen Perle; die Nadel des Kompasses zeigte genau nach Norden. **Syn.:** Brosche, Dorn, Spange, Stachel, [1]Stift. **Zus.:** Anstecknadel, Haarnadel, Häkelnadel, Hutnadel, Injektionsnadel, Kompassnadel, Krawattennadel, Magnetnadel, Nähnadel, Sicherheitsnadel, Stecknadel, Stopfnadel, Stricknadel.
2. *in der Funktion dem Blatt vergleichbares Gebilde von nadelähnlicher Form an Nadelbäumen:* die Fichte verliert die Nadeln. **Zus.:** Fichtennadel, Kiefernnadel, Tannennadel.

Na|del|baum ['na:dl̩bau̯m], der;

-[e]s, Nadelbäume ['na:dl̩bɔy̯mə]:
Baum, der Nadeln (2) *hat* /Ggs. Laubbaum/: Fichten, Tannen, Kiefern und andere Nadelbäume.

Na|gel ['na:gl̩], der; -s, Nägel ['nɛ:gl̩]:
1. *Stift aus Metall mit Spitze und meist flachem, abgerundetem Kopf, der (zum Befestigen, Aufhängen von etwas) in etwas hineingetrieben wird:* der Nagel sitzt fest, hält nicht; einen Nagel in die Wand schlagen; etwas mit Nägeln befestigen. **Syn.:** Reißnagel, Reißzwecke, [1]Stift, Zwecke. **Zus.:** Eisennagel, Holznagel, Hufnagel, Polsternagel, Sargnagel, Schuhnagel.
2. *hornartiger Teil an den äußeren Enden von Fingern und Zehen:* die Nägel schneiden. **Zus.:** Fingernagel, Fußnagel, Zehennagel.

na|geln ['na:gl̩n]:
1. a) ⟨tr.; hat⟩ *mit einem Nagel befestigen:* ein Schild an die Wand nageln. **b)** ⟨tr.; hat⟩ *mit Nägeln versehen:* Schuhe nageln. **c)** ⟨tr.; hat⟩ *mithilfe von Nägeln zusammenfügen:* Weinkisten nageln. **d)** ⟨itr.; hat⟩ *mit Hammer und Nägeln arbeiten:* er nagelt schon den ganzen Vormittag.
2. ⟨tr.; hat⟩ *mit einem speziellen Stift wieder zusammenfügen:* der Knochen, das Bein, der Bruch muss genagelt werden.

na|gel|neu ['na:gl̩'nɔy̯] ⟨Adj.⟩:
noch völlig neu: ein nagelneues Auto.

na|gen ['na:gn̩]:
a) ⟨itr.; hat⟩ *(besonders von bestimmten Tieren) mit den Zähnen kleine Stücke von einem harten Gegenstand abbeißen:* der Hund nagt an einem Knochen. **Syn.:** beißen, kauen, knabbern, mahlen. **b)** ⟨tr.; hat⟩ *durch Abbeißen von etwas entfernen:* das Wild nagt die Rinde von den Bäumen. **c)** ⟨tr.; hat⟩ *durch Abbeißen, Zerbeißen entstehen lassen:* die Ratten haben Löcher in das Holz genagt.

Na|ge|tier ['na:gəti:ɐ̯], das; -[e]s, -e:
kleines, pflanzenfressendes Säugetier, das je zwei starke und scharfe, zum Nagen ausgebildete Zähne im Ober- und Unterkiefer hat: die heimischen Nagetiere; Nagetiere wie z. B. Hamster sind beliebte Haustiere.

[1]nah [na:], **nahe** ['na:ə] ⟨Adj.⟩ näher, nächste:
1. *nicht weit entfernt; in kurzer Entfernung befindlich:* der nahe Wald; in der näheren Umgebung; geh nicht zu nah an das Feuer heran!; nahe bei der Kirche. **Syn.:** dicht, gleich um die Ecke, hart, in der Nähe, nebenan, umliegend.
2. *bald, in absehbarer Zeit eintretend, bevorstehend, folgend* /Ggs. fern/: in naher Zukunft; die nahe Abreise; Hilfe war nahe.
3. *in enger, direkter Beziehung zu jmdm., etwas stehend:* ein naher Angehöriger; nahe mit jmdm. verwandt, befreundet sein.

[2]nah [na:], **nahe** ['na:ə] ⟨Präp. mit Dativ⟩ (geh.):
in der Nähe von: nahe dem Fluss. **Syn.:** unweit.

-nah [na:] ⟨adjektivisches Suffixoid⟩:
1. *in einer als positiv empfundenen Weise mit direktem Bezug zu dem im Basiswort Genannten, darauf gerichtet, daran orientiert* /Ggs. -fern/: bürgernah; gegenwartsnah; klientennah; lebensnah; praxisnah; verbrauchernah; wirklichkeitsnah; zeitnah. **Syn.:** -betont, -bezogen, -orientiert.
2. a) *dem im Basiswort Genannten in Art o. Ä. nahestehend, ihm ähnelnd, Verbindungen dazu aufweisend:* bluesnah; gewerkschaftsnah; landwirtschaftsnah (Unternehmen); mafianah; polizeinah; SPD-nah. **b)** *in der Nähe von dem im Basiswort Genannten, sich dicht daran befindend:* frontnah; grenznah; körpernah; ⟨elliptisch⟩ fußnahe Polizeireviere *(Polizeireviere, die so nahe liegen, dass sie zu Fuß erreicht werden können).*

nahe ['na:ə]: ↑[1]nah, [2]nah.

Nä|he ['nɛ:ə], die; -:
1. *geringe räumliche Entfernung:* das Theater liegt ganz in der Nähe [des Bahnhofs]; die Nähe zur Stadt macht die Wohnung noch attraktiver; etwas aus nächster Nähe beobachten; etwas rückt in greifbare Nähe. **Syn.:** Nachbarschaft, Umgebung. **Zus.:** Bodennähe, Erdnähe, Küstennähe, Rufnähe, Stadtnähe, Strandnähe, Ufernähe.
2. *geringe zeitliche Entfernung:* das große Ereignis ist in greifbare Nähe gerückt.

na|he|brin|gen ['na:əbrɪŋən], brachte nahe, nahegebracht ⟨tr.; hat⟩:
1. *jmdm. bestimmte Kenntnisse vermitteln und bei ihm Interesse, Verständnis wecken:* der Lehrer hat es verstanden, uns Homer, die Ilias, die binomischen Formeln nahezubringen. **Syn.:** beibringen, einweisen in, lehren, schulen in, unterrichten in, unterweisen in (geh.).
2. *jmdn. mit einem andern vertraut machen, eine enge Beziehung entstehen lassen:* gemeinsames Erleben brachte sie einander nahe.

na|he|ge|hen ['na:əge:ən], ging nahe, nahegegangen ⟨itr.; ist⟩:
(jmdn.) innerlich bewegen, [schmerzlich] berühren: sein Tod, seine Krankheit geht mir nahe. **Syn.:** anrühren, aufrühren, aufwühlen, betroffen machen, ergreifen, erschüttern, schocken (ugs.), schockieren, treffen.

na|he|le|gen ['na:əle:gn̩], legte nahe, nahegelegt ⟨tr.; hat⟩:
1. *(jmdn.) auf etwas hinlenken, indirekt auffordern, etwas zu tun oder zu unterlassen:* man legte ihm den Rücktritt nahe, legte ihm nahe, zurückzutreten. **Syn.:** ans Herz legen, empfehlen, raten, vorschlagen.
2. *veranlassen, etwas in Betracht zu ziehen:* dies legt die Vermutung nahe, dass er es war.

na|he|lie|gen ['na:əli:gn̩], lag nahe, nahegelegen ⟨tr.; hat⟩:
sich beim Überlegen sogleich einstellen, anbieten; zu erwarten sein, sich sinnvoll ergeben: in diesem Fall läge der Gedanke nahe, dass ...; eine solche Vermutung liegt nahe; aus naheliegenden Gründen. **Syn.:** sich anbieten, sich bieten, sich darbieten.

na|hen ['na:ən] (geh.):
1. ⟨itr.; ist⟩ *näher kommen, in unmittelbare (zeitliche) Nähe rücken:* der Augenblick des Abschieds naht.
2. ⟨+ sich⟩ *sich [langsam] auf jmdn., etwas zubewegen:* sie nahten sich der Kirche. **Syn.:** heran-

gehen an, heranziehen an, kommen an/zu, sich nähern, sich heranmachen an.

nä|hen ['nɛ:ən]:
a) ⟨itr.; hat⟩ *Teile von Textilien, Leder o. Ä. mithilfe von Nadel und Faden fest miteinander verbinden:* mit der Maschine, mit der Hand nähen; nähen lernen; sie näht gern. **Zus.:** annähen, aufnähen, einnähen, festnähen, zunähen, zusammennähen.
b) ⟨tr.; hat⟩ *mithilfe von Nadel und Faden herstellen:* ein Kleid nähen; eine Naht nähen. **Syn.:** schneidern. **c)** ⟨tr.; hat⟩ *mithilfe von Nadel und Faden befestigen:* Knöpfe an das Kleid, eine Borte auf die Schürze nähen.

nä|her ['nɛ:ɐ] ⟨Adj.⟩:
1. Komparativ zu ↑ ¹nah, nahe.
2. *genauer ins Einzelne gehend:* nähere Auskünfte erteilen; du musst ihn näher kennenlernen; darauf wollen wir nicht näher eingehen.

nä|her|kom|men ['nɛ:ɐkɔmən], kam näher, nähergekommen ⟨itr.; ist⟩:
zu jmdm. in eine [engere] Beziehung treten: jmdm., sich, einander [innerlich, menschlich, persönlich] näherkommen.

nä|her|lie|gen ['nɛ:ɐli:gn̩], lag näher, nähergelegen ⟨itr.; hat⟩:
sich beim Überlegen eher einstellen, anbieten (als etwas anderes): obwohl es nähergelegen hätte, dem Hindernis auszuweichen, machte er eine Vollbremsung.

nä|hern ['nɛ:ɐn] ⟨+ sich⟩:
1. *sich [langsam] auf jmdn., etwas zubewegen; näher herankommen:* der Feind nähert sich der Stadt; niemand darf sich dem Kranken nähern. **Syn.:** herangehen an, heranziehen an, kommen an/zu, sich nahen, sich heranmachen an, zugehen auf.
2. *in zeitliche Nähe von etwas kommen:* der Sommer nähert sich dem Ende; wir nähern uns unserer goldenen Hochzeit.
3. *in bestimmter Absicht zu jmdm. in Beziehung treten:* sich einem Mädchen nähern.

na|he|ste|hen ['na:əʃte:ən], stand nahe, nahegestanden ⟨itr.; hat⟩:
(zu jmdm.) in enger Beziehung stehen: jmdm., sich, einander [menschlich] nahestehen.

na|he|zu ['na:ə'ʦu:] ⟨Adverb⟩:
beinahe, fast: nahezu die Hälfte; nahezu 100 Prozent; nahezu 5 000 Zuschauer sahen das Spiel. **Syn.:** bald (ugs.), ²praktisch (ugs.), so gut wie, um ein Haar (ugs.), ziemlich.

Näh|ma|schi|ne ['nɛ:maʃi:nə], die; -, -n:
meist elektrisch angetriebene Maschine zum Nähen: ein Kleid mit der Nähmaschine nähen.

näh|ren ['nɛ:rən]:
1. a) ⟨tr.; hat⟩ *auf eine bestimmte Weise mit Nahrung versorgen:* ein Kind mit Muttermilch, Brei nähren; ein gut genährtes Tier. **Syn.:** ernähren, ¹füttern, mästen, säugen, stillen, tränken, verköstigen, verpflegen.
b) ⟨+ sich⟩ (geh.) *sich auf eine bestimmte Weise mit Nahrung versorgen:* er nährt sich vor allem von Brot und Kartoffeln.
2. ⟨itr.; hat⟩ *nahrhaft sein:* Brot nährt.
3. ⟨tr.; hat⟩ *(einen Gedanken o. Ä.) entstehen lassen und aufrechterhalten:* einen Verdacht, eine Idee, eine Hoffnung nähren.

nahr|haft ['na:ɐ̯haft] ⟨Adj.⟩:
reich an Stoffen, die für das Wachstum und die Kräftigung des Körpers wichtig sind: eine nahrhafte Speise; Brot ist sehr nahrhaft. **Syn.:** deftig, gehaltvoll, gesund, handfest, kräftig, sättigend.

Nähr|stoff ['nɛ:ɐ̯ʃtɔf], der; -[e]s, -e:
Stoff, von dem sich Organismen ernähren können: Kartoffeln sind reich an Nährstoffen.

Nah|rung ['na:rʊŋ], die; -, -en:
alles Essbare, Trinkbare, was ein Mensch oder ein Tier zur Ernährung, zum Aufbau und zur Erhaltung des Organismus braucht und zu sich nimmt: fette, flüssige, pflanzliche Nahrung. **Syn.:** Ernährung, Essen, Essen und Trinken, Fraß (derb), ¹Futter, Kost, Nahrungsmittel ⟨Plural⟩, Proviant, Speis und Trank (geh.), Speise. **Zus.:** Babynahrung, Hauptnahrung, Kindernahrung.

Nah|rungs|mit|tel ['na:rʊŋsmɪtl̩], das; -s, -:
etwas, was (roh oder zubereitet) als Nahrung dient: Kartoffeln sind ein gesundes Nahrungsmittel. **Syn.:** Essen, Lebensmittel.

Naht [na:t], die; -, Nähte ['nɛ:tə]:
Linie, die beim Zusammennähen von etwas an der Verbindungsstelle entsteht: eine Naht nähen, auftrennen. **Zus.:** Doppelnaht, Hosennaht, Ziernaht.

naht|los ['na:tlo:s] ⟨Adj.⟩:
1. *keine Naht aufweisend, ohne Naht:* nahtlose Strümpfe.
2. *sich ohne Schwierigkeiten, Hindernisse, Störungen o. Ä. mit etwas verbindend:* nahtlos ineinander übergehen.

na|iv [na'i:f] ⟨Adj.⟩:
a) *kindlich unbefangen, von argloser Gemüts-, Denkart:* naive Freude, Unschuld. **Syn.:** ahnungslos, arglos, blauäugig, dämlich (ugs.), einfältig, gutgläubig, harmlos, leichtgläubig, sorglos, unbedarft, unbekümmert, vertrauensselig. **b)** *wenig Erfahrung, Sachkenntnis oder Urteilsvermögen besitzend, erkennen lassend und dadurch oft lächerlich wirkend:* alle haben über seine naiven Fragen gelacht; wie kann man nur so naiv sein? **Syn.:** blöd[e] (ugs.), dämlich (ugs.), doof (ugs.), einfältig.

Na|i|vi|tät [naivi'tɛ:t], die; -:
das Naivsein, naive Art: über deine Naivität kann ich mich nur wundern! **Syn.:** Einfalt.

Na|me ['na:mə], der; -ns, -n:
1. *besondere Benennung eines einzelnen Wesens oder Dinges, durch die es von ähnlichen Wesen oder Dingen unterschieden wird:* geografische Namen; die Namen der Sterne; sie, das Schiff hat einen französischen, schönen, ausgefallenen Namen; er hat sich unter falschem, seinem richtigen Namen angemeldet; der deutsche, italienische, französische, offizielle, lateinische Name der Schweiz; das Kind erhielt den Namen Peter; ich kenne ihn nur dem Namen nach *(nicht persönlich);* den Namen des Dorfs, des Flusses, des Bergs, des Sees, der Straße, der Schule, der Kirche, der Kneipe habe ich vergessen. **Zus.:** Adelsname, Deckname, Doppelname, Eigenname, Familienname, Fantasiename, Firmenname, Flussname, Frauenname, Künstlername, Ländername, Mädchenname, Markenname, Nachname, Ortsname, Perso-

nenname, Rufname, Spitzname, Taufname, Vorname, Zuname; *** im Namen:** *im Auftrag, in Vertretung:* ich spreche im Namen aller Kollegen.
2. *Wort, mit dem etwas als Vertreter einer Art, Gattung benannt wird:* »Buschwindröschen« ist ein anderer Name für »Anemone«; kennst du den [deutschen, lateinischen, botanischen] Namen dieser Pflanze[n]?; sich für ein neues Automodell, Waschmittel, Produkt einen Namen ausdenken; die Dinge beim Namen nennen *(sie [ohne etwas zu beschönigen] als das bezeichnen, was sie sind).* **Zus.:** Gattungsname.
3. *mit einem gewissen Ansehen verbundener Bekanntheitsgrad:* der Autor hat bereits einen Namen; er hat schließlich einen [guten] Namen zu verlieren. **Syn.:** Autorität, Bedeutung, Image, Leumund, Prestige (bildungsspr.), Profil (bildungsspr.), Rang, Ruf, Ruhm, Stellung.

[1]na|ment|lich ['na:məntlɪç] ⟨Adj.⟩: *mit, nach Namen:* namentliche Angaben; jmdn. namentlich nennen.

[2]na|ment|lich ['na:məntlɪç] ⟨Adverb⟩: *in besonderer Weise, ganz besonders:* namentlich die Arbeitnehmer sind von dieser Maßnahme betroffen. **Syn.:** hauptsächlich, in der Hauptsache, in erster Linie, insbesondere, vor allem, vor allen Dingen.

N
name

nam|haft ['na:mhaft] ⟨Adj.⟩:
1. *einen bekannten Namen habend:* ein namhafter Gelehrter. **Syn.:** anerkannt, angesehen, bekannt, berühmt, prominent, von Rang.
2. *ansehnlich:* eine namhafte Summe. **Syn.:** anständig (ugs.), beachtlich, bedeutend, bemerkenswert, beträchtlich, erheblich, gehörig, imposant, ordentlich, schön (ugs.), stattlich.

[1]näm|lich ['nɛ:mlɪç] ⟨Adj.⟩ (geh.): *der-, die-, dasselbe:* die nämlichen Leute; am nämlichen Tag.

[2]näm|lich ['nɛ:mlɪç] ⟨Adverb⟩:
1. dient dazu, eine Aussage als Erklärung oder Begründung (einer vorangehenden Aussage) zu kennzeichnen: ich komme sehr früh an, ich fahre nämlich mit dem ersten Zug; sonntags nämlich sind sie nie da. **Syn.:** denn.
2. *und zwar; genauer gesagt:* einmal in der Woche, nämlich am Mittwoch.

Napf [napf], der; -[e]s, Näpfe ['nɛpfə]: *kleine [flache] runde Schüssel:* dem Hund einen Napf mit Futter hinstellen. **Syn.:** Becken, Gefäß, Schale, Teller. **Zus.:** Blechnapf, Fressnapf, Futternapf, Hundenapf, Milchnapf, Spucknapf.

Nar|be ['narbə], die; -, -n: *auf der Hautoberfläche sichtbare Spur einer verheilten Wunde:* von der Operation ist eine kleine Narbe zurückgeblieben. **Syn.:** [1]Mal (geh.), Schmiss. **Zus.:** Brandnarbe, Impfnarbe, Operationsnarbe, Pockennarbe, Schussnarbe.

Nar|ko|se [nar'ko:zə], die; -, -n: *durch betäubende Mittel bewirkter, schlafähnlicher Zustand, in dem das Bewusstsein (und damit die Schmerzempfindung) ausgeschaltet ist:* eine tiefe, leichte Narkose; in [der] Narkose liegen; aus der Narkose erwachen. **Zus.:** Vollnarkose.

Narr [nar], der; -en, -en, **När|rin** ['nɛrɪn], die; -, -nen:
1. *dumme, einfältige Person:* ein alter Narr; du bist ein Narr, wenn du ihm noch länger glaubst. **Syn.:** Depp (bes. südd., österr., schweiz. abwertend), Dummkopf (abwertend), Dussel (ugs.), Idiot (ugs. abwertend), Idiotin (ugs. abwertend), Kindskopf (ugs.), Spinner (ugs.), Spinnerin (ugs.), Tollpatsch (abwertend), Tölpel (abwertend), [2]Tor (geh. veraltend), Törin (geh. veraltend), Trottel (ugs. abwertend).
2. *(früher an Fürstenhöfen, im Theater) Person, deren Aufgabe es ist, andere durch ihre Späße zum Lachen zu bringen:* der Narr trug eine Schellenmütze. **Syn.:** Clown, Clownin, Komiker, Komikerin. **Zus.:** Hofnarr.

Nar|ren|frei|heit ['narənfrai̯hai̯t], die; -: *Sonderstellung, die darin besteht, Dinge tun zu können, die bei anderen nicht akzeptiert werden:* er hat, genießt [eine gewisse] Narrenfreiheit.

när|risch ['nɛrɪʃ] ⟨Adj.⟩: *unvernünftig, einfältig oder dergleichen und dadurch den Spott anderer herausfordernd:* närrische Leute; närrische Einfälle haben; du bist ja närrisch. **Syn.:** [2]albern, blöd[e] (ugs.), dämlich (ugs.), doof (ugs.), dumm, infantil (abwertend), kindisch (abwertend), lächerlich, läppisch (abwertend), skurril (bildungsspr.), töricht (abwertend), überspannt, verrückt (ugs.).

Nar|zis|se [nar'tsɪsə], die; -, -n: *im Frühling blühende Blume mit langen, schmalen Blättern und stark duftenden Blüten auf hohen Stielen:* am Ostersonntag stand ein Strauß Narzissen auf dem Tisch.

na|schen ['naʃn̩]:
1. ⟨tr.; hat⟩ *(etwas besonders gut Schmeckendes, z. B. Süßigkeiten o. Ä.) [Stück für Stück] genießerisch verzehren:* Schokolade naschen; ⟨auch itr.⟩ sie nascht gern, viel. **Syn.:** essen, fressen (derb), futtern (ugs.), knabbern, mampfen (ugs.), speisen (geh.), [2]verschlingen, verzehren (geh.).
2. ⟨itr.; hat⟩ *[heimlich] ein wenig (von etwas) essen:* wer hat von den Mandeln, dem Kaviar, dem Teig genascht.

nasch|haft ['naʃhaft] ⟨Adj.⟩: *gern und häufig Süßigkeiten o. Ä. essend:* leider bin ich schrecklich naschhaft.

Na|se ['na:zə], die; -, -n: *über dem Mund herausragender Teil des Gesichts, mit dem Gerüche wahrgenommen werden:* eine spitze, gebogene, große Nase; sich die Nase putzen. **Syn.:** Gurke (ugs.), Rüssel (salopp).

nä|seln ['nɛ:zl̩n] ⟨itr.; hat⟩: *durch die Nase, nasal sprechen:* er näselte ein wenig.

Na|sen|blu|ten ['na:zn̩blu:tn̩], das; -s: *Blutung aus der Nase:* Nasenbluten haben.

na|se|weis ['na:zəvai̯s] ⟨Adj.⟩: *(meist von Kindern) sich vorwitzig einmischend, ein bisschen vorlaut:* sei doch nicht so naseweis! **Syn.:** dreist (abwertend), frech, keck.

nass [nas], nasser, nasseste ⟨Adj.⟩:
1. *viel Feuchtigkeit, meist Wasser, enthaltend oder damit bedeckt; nicht trocken:* nasse Hände, Haare haben; seine Kleider

waren völlig nass; die Straße ist nass. **Syn.:** feucht, klamm, triefend. **Zus.:** klatschnass, regennass, tropfnass.
2. *durch häufiges Regnen gekennzeichnet:* es war ein nasser Sommer.

Näs|se [ˈnɛsə], die; -:
das Nasssein, starke Feuchtigkeit: vor Nässe triefen.

Na|ti|on [naˈtsi̯oːn], die; -, -en:
größere Gemeinschaft von Menschen mit gleicher Abstammung, Geschichte, Sprache, Kultur und dem Bewusstsein politisch-kultureller Zusammengehörigkeit, die ein politisches Staatswesen bilden: die europäischen Nationen; eine geteilte Nation; Buhmänner, Prügelknaben der Nation sein. **Syn.:** Bevölkerung, Land, Staat, Volk. **Zus.:** Handelsnation, Industrienation, Seefahrernation.

na|ti|o|nal [natsi̯oˈnaːl] ⟨Adj.⟩:
a) *die Nation betreffend, von ihr ausgehend, zu ihr gehörend:* nationale Eigentümlichkeiten; die nationale Unabhängigkeit; nationale Interessen verfolgen; auf nationaler *(innerstaatlicher)* Ebene. **Syn.:** staatlich. **b)** *überwiegend und in oft übertriebener Weise die Interessen der eigenen Nation vertretend:* eine nationale Partei; national denken, fühlen. **Syn.:** chauvinistisch, nationalistisch, patriotisch.

Na|ti|o|nal|fei|er|tag [natsi̯oˈnaːlfai̯ɐtaːk], der; -s, -e:
Feiertag, an dem an ein wichtiges nationales Ereignis erinnert wird: dieses Jahr wurde der Nationalfeiertag besonders festlich gefeiert.

Na|ti|o|na|lis|mus [natsi̯onaˈlɪsmʊs], der; -:
politische Haltung, aus der heraus in übersteigerter, intoleranter Weise Größe und Macht des eigenen Staates als die höchsten Werte angesehen werden: ein engstirniger, fanatischer, gefährlicher Nationalismus.

na|ti|o|na|lis|tisch [natsi̯onaˈlɪstɪʃ]:
den Nationalismus betreffend, zu ihm gehörend, für ihn charakteristisch: nationalistische Politiker, Tendenzen; nationalistisch eingestellt sein. **Syn.:** chauvinistisch, national, patriotisch.

Na|ti|o|na|li|tät [natsi̯onaliˈtɛːt], die; -, -en:
1. *Zugehörigkeit zu einem bestimmten Volk oder Staat:* jmdn. nach seiner Nationalität fragen. **Syn.:** Staatsangehörigkeit.
2. *nationale Gruppe innerhalb eines Staates:* den verschiedenen Nationalitäten in einem Staat gerecht zu werden suchen. **Syn.:** ethnische Gruppe, ethnische Minderheit, Minderheit, Nation, Stamm, Volk.

Na|ti|o|nal|rat [natsi̯oˈnaːlraːt], der; -[e]s, Nationalräte [natsi̯oˈnaːlrɛːtə]:
1. *nationale Parlamente in Österreich und der Schweiz:* das Volk wählt diesen Sonntag den neuen Nationalrat.
2. *Mitglied des Nationalrats* (1): er ist seit drei Jahren Nationalrat.

Nat|ter [ˈnatɐ], die; -, -n:
(in vielen Arten vorkommende) meist nicht giftige Schlange mit deutlich vom Körper abgesetztem Kopf.

Na|tur [naˈtuːɐ̯], die; -, -en:
1. ⟨ohne Plural⟩ *Gesamtheit aller organischen und anorganischen, ohne menschliches Zutun entstandenen, existierenden, sich entwickelnden Dinge und Erscheinungen:* die unbelebte Natur; die Geheimnisse der Natur erforschen; die Kräfte der Natur nutzen.
2. ⟨ohne Plural⟩ *Pflanzen, Tiere, Gewässer, Gesteine als Teil eines bestimmten Gebietes, der Erdoberfläche überhaupt (besonders im Hinblick auf das noch nicht vom Menschen Berührt-, Umgestaltet-, Besiedeltsein):* die unverfälschte Natur; diese Pflanze gedeiht nur in der [freien] Natur. **Syn.:** Feld und Wald, Landschaft, natürliche Umwelt, Umwelt.
3. *Art, Wesen, Charakter, körperliche Eigenart einer Person, eines Tiers:* die männliche, tierische Natur; ihre Naturen sind zu verschieden; er hat eine glückliche Natur. **Syn.:** Naturell, Persönlichkeit, Typ, Veranlagung.
4. ⟨ohne Plural⟩ *einer Sache eigentümliche Beschaffenheit:* Fragen von allgemeiner Natur; es liegt in der Natur der Sache, dass Schwierigkeiten entstehen.

Na|tu|rell [natuˈrɛl], das; -s, -e:
natürliche Veranlagung: ein Kind von glücklichem Naturell. **Syn.:** Anlage, Art, Charakter, Natur, Temperament, Wesen.

[1]na|tur|ge|mäß [naˈtuːɐ̯gəmɛːs] ⟨Adj.⟩:
der Natur, dem Charakter eines Lebewesens oder einer Sache entsprechend: eine naturgemäße Lebensweise.

[2]na|tur|ge|mäß [naˈtuːɐ̯gəmɛːs] ⟨Adverb⟩:
sich (wie die Dinge liegen) von selbst ergebend: die Anforderungen werden naturgemäß immer größer.

naturgemäß/natürlich

Das Adjektiv **naturgemäß** bedeutet *der Natur gemäß, angemessen* (eine naturgemäße Lebensweise) und *dem Wesen einer Sache entspringend, dementsprechend:*

– Dunkelziffern entziehen sich naturgemäß jeder Statistik.

Das Wort ist überall da fehl am Platz, wo es für **natürlich** im Sinne von *selbstverständlich, keiner besonderen Erklärung oder Begründung bedürfend* steht. Es kann also nicht heißen: »Dieser Preisanstieg muss sich naturgemäß auswirken«, wenn man ausdrücken will, dass sich die gestiegenen Preise selbstverständlich/natürlich auswirken müssen. Im Sinne von *der Natur gemäß, angemessen* sind dagegen »naturgemäß« und »natürlich« austauschbar:

– eine naturgemäße/natürliche Lebensweise.

na|tur|ge|treu [naˈtuːɐ̯gətrɔy̯] ⟨Adj.⟩:
der Wirklichkeit, dem Vorbild genau entsprechend: eine naturgetreue Nachbildung der Figur; das Modell soll möglichst naturgetreu sein.

Na|tur|ka|ta|stro|phe [naˈtuːɐ̯katastroːfə], die; -, -n:
Katastrophe, zu der es ohne Zutun des Menschen durch natürliche Vorgänge kommt: durch Naturkatastrophen wie Erdbeben und Überschwemmungen werden alljährlich viele Menschen obdachlos.

natürlich / naturgemäß:
s. Kasten naturgemäß/natürlich.

¹na|tür|lich [na'ty:ɐ̯lɪç] ⟨Adj.⟩: **1. a)** *zur Natur gehörend, in der Natur vorkommend, von der Natur geschaffen; nicht künstlich:* natürliche Blumen; im Westen bildet der Atlantische Ozean die natürliche Grenze. **Syn.:** echt. **b)** ⟨Adj.⟩ *in der Natur liegend; durch die Natur bedingt:* die natürlichen Funktionen des Körpers. **Zus.:** übernatürlich, widernatürlich. **c)** *der Wirklichkeit entsprechend:* eine Figur in natürlicher Größe; der Künstler malte sehr natürlich. **2.** *nicht gekünstelt, sondern frei, locker und ohne falsche Zwänge:* sie hat ein natürliches Benehmen, Wesen; sich natürlich bewegen. **Syn.:** entspannt, formlos, gelöst, lässig, leger, salopp, unbefangen, ungeniert, ungezwungen, zwanglos. **3.** *in der Natur der Sache begründet und daher ganz in der Erwartung liegend, ganz folgerichtig:* es ist doch ganz natürlich, dass er jetzt traurig ist.

²na|tür|lich [na'ty:ɐ̯lɪç] ⟨Adverb⟩: *wie zu erwarten ist; ganz sicher, ganz selbstverständlich:* er hat natürlich recht; natürlich käme ich gerne, aber ich habe keine Zeit. **Syn.:** allerdings, freilich (südd.), gewiss, ohne Zweifel, sicherlich, zweifellos, zweifelsohne.

Na|tur|schutz [na'tu:ɐ̯ʃʊts], der; -es: *[gesetzliche] Maßnahmen zum Schutz, zur Pflege und Erhaltung von Naturlandschaften, Naturdenkmälern o. Ä. oder von seltenen, in ihrem Bestand gefährdeten Pflanzen und Tieren:* diese Alpenblumen stehen unter Naturschutz *(dürfen nicht gepflückt werden);* ein Gebiet unter Naturschutz stellen.

-naut [naut], der; -en, -en ⟨zweiter Wortbestandteil⟩: *männliche Person, die zu dem in der Basis genannten Bereich fährt, fliegt o. Ä. und sich darin forschend aufhält:* Aeronaut; Aquanaut *(Forscher, der die besonderen Lebensbedingungen in größeren Meerestiefen erforscht);* Astronaut; Kosmonaut.

Ne|bel ['ne:bl̩], der; -s, -: *dichter, weißer Dunst, Trübung der Luft durch sehr kleine Wassertröpfchen:* die Sicht war durch dichten Nebel behindert. **Syn.:** Dampf, Smog. **Zus.:** Abendnebel, Bodennebel, Frühnebel, Herbstnebel, Hochnebel, Seenebel.

ne|bel|haft ['ne:bl̩haft] ⟨Adj.⟩: *nicht deutlich, nicht fest umrissen (in jmds. Vorstellung, Bewusstsein):* mir ist das alles noch ziemlich nebelhaft; das liegt noch in nebelhafter *(in sehr weiter)* Ferne. **Syn.:** diffus, dunkel, unbestimmt, ungenau, unklar, vage, verschwommen.

ne|ben ['ne:bn̩] ⟨Präp.⟩: **1. a)** ⟨mit Dativ; Frage: wo?⟩ *unmittelbar an der Seite von; dicht bei:* er sitzt neben seinem Bruder; der Schrank steht [dicht, direkt] neben der Tür; auf dem Parkplatz steht Auto neben Auto *(stehen viele Autos dicht nebeneinander).* **Syn.:** seitlich, ²seitwärts. **b)** ⟨mit Akk.; Frage: wohin?⟩ *unmittelbar an die Seite von; dicht bei:* er stellte seinen Stuhl neben meinen; sie bauten Bungalow neben Bungalow *(bauten viele Bungalows dicht nebeneinander).* **2.** ⟨mit Dativ⟩ *zugleich mit:* neben ihrem Beruf hat sie einen großen Haushalt zu versorgen; wir brauchen neben *(zusätzlich zu)* Papier und Schere auch Leim. **Syn.:** außer. **3.** ⟨mit Dativ⟩ *verglichen mit; im Vergleich zu:* neben ihm bist du ein Waisenknabe.

ne|ben|an [ne:bn̩'|an] ⟨Adverb⟩: *unmittelbar daneben, in unmittelbarer Nachbarschaft:* das Haus nebenan; der Herr von nebenan.

ne|ben|bei [ne:bn̩'bai̯] ⟨Adverb⟩: **1.** *gleichzeitig mit etwas anderem, noch außerdem:* diese Arbeit kann ich noch nebenbei tun. **2.** *ohne besonderen Nachdruck, wie zufällig:* er erwähnte dies nur nebenbei. **Syn.:** am Rande, beiläufig.

ne|ben|ei|n|an|der [ne:bn̩|ai̯'nandɐ] ⟨Adverb⟩: **a)** *einer neben den anderen:* die Zelte nebeneinander aufbauen. **b)** *einer neben dem anderen:* nebeneinander die Treppe hinaufgehen.

Ne|ben|fach ['ne:bn̩fax], das; -[e]s, Nebenfächer ['ne:bn̩fɛçɐ]: *weniger wichtiges Fach in der Schule, zweites oder drittes Fach beim Studieren:* sie studiert Romanistik im/als Nebenfach.

Ne|ben|fluss ['ne:bn̩flʊs], der; -es, Nebenflüsse ['ne:bn̩flʏsə]: *Fluss, der in einen anderen Fluss mündet:* die [linken] Nebenflüsse der Donau.

Ne|ben|kos|ten ['ne:bn̩kɔstn̩], die ⟨Plural⟩: *Kosten für eine Wohnung, die zusätzlich zur Miete entstehen (z. B. für Wasser, Heizung):* die Nebenkosten an den Vermieter zahlen.

Ne|ben|rol|le ['ne:bn̩rɔlə], die; -, -n: *kleinere Rolle in Schauspiel, Oper, Film /Ggs. Hauptrolle/:* er spielt in diesem Film eine Nebenrolle; dieses Thema spielt in diesem Zusammenhang nur eine Nebenrolle *(ist Nebensache).*

Ne|ben|sa|che ['ne:bn̩zaxə], die; -, -n: *Sache, Angelegenheit, die in einem bestimmten Zusammenhang weniger wichtig ist:* das ist [eine] Nebensache.

ne|ben|säch|lich ['ne:bn̩zɛçlɪç] ⟨Adj.⟩: *Nebensache seiend, von geringerer Bedeutung:* es ist jetzt nebensächlich, ob es teuer ist oder nicht. **Syn.:** bedeutungslos, belanglos, gleichgültig, sekundär, unbedeutend, unerheblich, untergeordnet, unwesentlich, unwichtig.

Ne|ben|stra|ße ['ne:bn̩ʃtra:sə], die; -, -n: *Straße von untergeordneter Bedeutung, die neben einer größeren Straße entlangführt oder von ihr abzweigt:* eine kleine, ruhige, dunkle, verkehrsarme Nebenstraße; eine Nebenstraße der Champs-Élysées. **Syn.:** Querstraße, Seitenstraße.

neb|lig ['ne:blɪç] ⟨Adj.⟩: *durch Nebel getrübt, von Nebel erfüllt:* heute ist es sehr neblig. **Syn.:** diesig, dunstig.

ne|cken ['nɛkn̩] ⟨tr.; hat⟩: *aus Übermut mit spottenden, stichelnden, nicht ernst gemeinten Äußerungen seinen Scherz mit jmdm. treiben:* ihr sollt ihn nicht immer necken. **Syn.:** ärgern, auf den Arm nehmen (ugs.), aufziehen, durch den Kakao ziehen

N
natü

(ugs.), foppen, frotzeln, hänseln, spötteln über, spotten über, sticheln gegen, verspotten, verulken, witzeln über.

ne|ckisch [ˈnɛkɪʃ] ⟨Adj.⟩:
1. *durch Necken, Scherzen, Spotten gekennzeichnet:* ein neckisches Geplänkel. **Syn.:** lustig, scherzhaft, spaßig.
2. *verspielt und zugleich kess, im Ganzen etwas komisch und belustigend:* neckisches Beiwerk; ein neckisches Hütchen. **Syn.:** drollig, lustig, spaßig, ulkig (ugs.), witzig.

nee [neː] ⟨Partikel⟩:
nein (1–3).

Nef|fe [ˈnɛfə], der; -n, -n:
Sohn von jmds. Bruder, Schwester, Schwager oder Schwägerin: ich habe drei Neffen.

ne|ga|tiv [ˈneːgatiːf] ⟨Adj.⟩ /Ggs. positiv/:
1. *Ablehnung, Verneinung ausdrückend, enthaltend:* er erhielt eine negative Antwort, einen negativen Bescheid; er nahm eine negative Haltung dazu ein. **Syn.:** ablehnend, abschlägig, verneinend, zurückweisend.
2. *bei einer Wertung im unteren Bereich angesiedelt; nicht gut, sondern eher schlecht:* eine negative Entwicklung; sehr negative Leistungen; die Verhandlungen verliefen negativ; etwas negativ bewerten. **Syn.:** blöd[e] (ugs.), dumm (ugs.), fatal, lausig, nachteilig, schlimm, übel, unangenehm, unerfreulich, unerquicklich (geh.), ungünstig, ungut, unliebsam, verdrießlich (geh. veraltend).
3. *unter null liegend:* negative Zahlen.
4. *(besonders bei medizinischen Untersuchungen) einen Verdacht nicht bestätigend:* ein negativer Befund; das Testergebnis war negativ; negativ [getestet] sein.

Ne|ger [ˈneːgɐ], der; -s, -, **Ne|ge|rin** [ˈneːgərɪn], die; -, -nen:
(gilt heute als stark diskriminierend und wird als Bezeichnung deshalb meist vermieden) *Person von sehr dunkler Hautfarbe.* **Syn.:** Farbige, Farbiger, Schwarze, Schwarzer.

ne|gie|ren [neˈgiːrən] ⟨tr.; hat⟩:
a) *leugnen, bestreiten, nicht anerkennen:* eine Tatsache, seine Schuld negieren; sie negierten alle sozialen Unterschiede. **Syn.:** abstreiten, dementieren, in Abrede stellen (Papierdt.), nicht wahrhaben wollen, sich verwahren gegen (geh.), verleugnen, verneinen, zurückweisen. **b)** *eine ablehnende Haltung (einer Sache gegenüber) einnehmen; negativ beurteilen:* jmds. Ansicht negieren. **Syn.:** ablehnen, missbilligen, scheißen auf (derb), sich verschließen.

neh|men [ˈneːmən], nimmt, nahm, genommen ⟨tr.; hat⟩:
1. a) *mit der Hand greifen, erfassen und festhalten:* er nahm seinen Mantel und ging; er nimmt sie am Arm, um sie hinauszuführen. **b)** *[ergreifen und] an sich, in seinen Besitz bringen:* er nahm, was er bekommen konnte; wenn du von den Sachen irgendwas gebrauchen kannst, nimm es dir einfach; sich eine Frau nehmen (ugs.; *[als Mann] heiraten*); jmdn. zur Frau nehmen *([als Mann] jmdn. heiraten).*
2. *(etwas Angebotenes) annehmen:* er nimmt kein Trinkgeld; ich wollte es ihr bezahlen, aber sie hat nichts genommen; nehmen Sie noch etwas Wein?; nimm doch noch etwas Salat. **Syn.:** abnehmen, entgegennehmen, sich bedienen mit.
3. a) *(fremdes Eigentum) in seinen Besitz bringen:* die Einbrecher nahmen alles, was ihnen wertvoll erschien; sie haben ihm seinen ganzen Besitz genommen. **Syn.:** absahnen (ugs.), abstauben (ugs.), sich aneignen, beiseiteschaffen, sich bemächtigen (geh.), einnehmen, sich einverleiben, entreißen, entwenden (geh.), entziehen, erbeuten, erobern, in Besitz nehmen, klauen (ugs.), mitgehen lassen (ugs.), sich schnappen (ugs.), sich unter den Nagel reißen (salopp), stehlen, stibitzen (ugs.), wegnehmen, zusammenraffen (abwertend). **b)** *jmdn. um etwas bringen; entziehen:* jmdm. die Sicht nehmen; dieses Recht kann ihm niemand nehmen; er ließ es sich nicht nehmen *(er verzichtete nicht darauf, bestand darauf)*, persönlich zu gratulieren. **c)** *bewirken, dass sich jmd. von etwas Unangenehmem befreit fühlt:* die Angst, den [Alb]druck von jmdm. nehmen.
4. *(für einen bestimmten Zweck) benutzen, verwenden:* sie nimmt zum Braten nur Öl; man nehme: 250 g Zucker, 300 g Mehl …; dafür nimmst du am besten einen Schraubenzieher; eine Abkürzung nehmen. **Syn.:** gebrauchen, verarbeiten.
5. a) *[ergreifen und] an eine [bestimmte] Stelle bei sich bringen:* die Tasche unter den Arm nehmen; er nahm das Kind auf den Schoß; sie nahmen mich in die Mitte; ich nahm die Sachen an mich *(nahm sie, um sie aufzubewahren).* **b)** *ergreifen und von etwas weg-, aus etwas herausbringen:* Geschirr aus dem Schrank, Geld aus der Brieftasche nehmen; er nahm den Hut vom Kopf, das Bild von der Wand. **Syn.:** entnehmen, herausholen, herausnehmen, holen, wegnehmen.
6. *sich (einer Person oder Sache) bedienen:* ich werde [mir] einen Anwalt nehmen; den Bus, das Auto nehmen; nimm [dir] doch ein Taxi.
7. *sich (jmdn., etwas) aussuchen, sich (für jmdn., etwas) entscheiden:* diese Wohnung nehmen wir; ich nehme eine Pizza, ein Bier, die Taschenbuchausgabe; ich werde [mir] ein Zimmer im Hotel nehmen.
8. *bei sich unterbringen, aufnehmen:* sie nahm ihre alte Mutter zu sich.
9. * etwas auf sich (Akk.) **nehmen:** *etwas Schwieriges, Unangenehmes übernehmen:* die Verantwortung, alle Schuld auf sich nehmen.
10. *in Anspruch nehmen, sich geben lassen:* Klavierstunden, Nachhilfe[stunden], Tanzunterricht nehmen; Urlaub nehmen.
11. *als Preis fordern:* er hat für die Fahrt fünf Euro genommen; sie hat nichts dafür genommen.
12. (geh.) **a)** *(eine Mahlzeit o. Ä.) einnehmen:* wir werden das Frühstück um neun Uhr nehmen. **b)** *(Speisen, Getränke o. Ä.) dem Körper zuführen:* einen Kaffee, ein Dessert, eine Vorspeise, einen Aperitif nehmen; nehmen wir noch einen Cognac?; ich habe heute noch nichts zu mir genommen. **Syn.:** einnehmen, essen.
13. *(ein Medikament) einneh-*

men: seine Arznei nehmen; sie nimmt die Pille *(verhütet mit der Antibabypille).* **Syn.:** schlucken.
14. a) *als etwas ansehen, auffassen, verstehen:* etwas als Kompliment, als gutes Zeichen, als Wink des Schicksals nehmen. **Syn.:** auslegen, betrachten, beurteilen, deuten, einschätzen, erachten für (geh.), halten für, interpretieren, werten. **b)** *in einer bestimmten Weise betrachten, auffassen, bewerten, einschätzen:* etwas [sehr] ernst, [zu] leicht, schwer nehmen; er nimmt dich nicht ernst; * **jmdn. nicht für voll nehmen** (ugs.): *jmdn. und das, was er sagt oder tut, gering einschätzen.*
15. *sich ins Bewusstsein bringen, vor Augen führen:* nehmen wir den Fall, dass alles misslingt, alles misslänge; nehmen wir einmal eine Gestalt wie Cäsar. **Syn.:** sich ausdenken, sich ausmalen, sich denken, sich vorstellen.
16. *(mit jmdm.) auf eine bestimmte Weise umgehen; (auf jmdn.) auf eine bestimmte Art reagieren:* jmdn. zu nehmen wissen.
17. in verblasster Bedeutung: den, seinen Abschied nehmen (geh.; *entlassen werden, aus dem Amt scheiden*); von etwas Abstand nehmen *(etwas unterlassen);* an etwas Anstoß nehmen *(sich über etwas ärgern);* etwas in Arbeit nehmen *(beginnen, an etwas zu arbeiten);* etwas in Betrieb, in Dienst nehmen *(beginnen, etwas zu benutzen, einzusetzen);* in etwas Einsicht, Einblick nehmen *(etwas einsehen);* auf jmdn., etwas Einfluss nehmen *(jmdn., etwas beeinflussen);* jmdn. ins Verhör nehmen *(jmdn. verhören).*

Neid [nai̯t], der; -[e]s:
Empfindung, Haltung, bei der jmd. einem anderen einen Erfolg oder einen Besitz nicht gönnt oder Gleiches besitzen möchte: vor Neid vergehen. **Zus.:** Amtsneid, Futterneid, Konkurrenzneid.

nei|den [ˈnai̯dn̩], neidete, geneidet ⟨tr.; hat⟩ (geh.):
nicht gönnen: jmdm. den Erfolg, Gewinn neiden. **Syn.:** beneiden um.

nei|disch [ˈnai̯dɪʃ] ⟨Adj.⟩:
von Neid erfüllt, bestimmt, geleitet: neidische Nachbarn; auf jmdn., etwas neidisch sein. **Syn.:** scheel (ugs.).

nei|gen [ˈnai̯gn̩]:
1. a) ⟨tr.; hat⟩ *zur Seite drehen, in eine schräge Lage bringen oder nach unten biegen, senken:* das Glas neigen; den Kopf zum Gruß neigen; der Baum neigt seine Zweige bis zur Erde.
b) ⟨+ sich⟩ *sich in eine schräge Lage bringen, sich nach unten biegen, senken:* das Schiff neigt sich zur Seite; sich über das Geländer neigen. **Syn.:** sich beugen, sich bücken, sich ducken, sich krümmen, sich lehnen.
2. ⟨+ sich⟩ *schräg abfallen:* das Gelände neigt sich zum Fluss.
3. ⟨+ sich⟩ (geh.) *zu Ende gehen:* der Tag neigt sich; der Sommer neigt sich dem Ende. **Syn.:** aufhören, ausklingen, enden, vergehen.
4. ⟨itr.; hat⟩ **a)** *einen Hang (zu etwas) haben:* er neigt zur Schwermut. **b)** *eine bestimmte Richtung im Denken oder Handeln erkennen lassen, vertreten:* er neigt zur Verschwendung; ich neige mehr zu deiner Ansicht; ich neige dazu, ihm recht zu geben. **Syn.:** tendieren.

Nei|gung [ˈnai̯gʊŋ], die; -, -en:
1. *das Geneigtsein, Schrägabfallen:* die Neigung einer Straße. **Syn.:** Gefälle, Steigung.
2. *besonderes Interesse für etwas, bestimmter Hang zu etwas:* etwas aus Neigung tun; ein Mensch mit starken künstlerischen Neigungen. **Syn.:** Anlage, Begabung, Disposition, Drang, Fähigkeit, Geschmack, Tendenz, Trend, Trieb, Veranlagung, Vorliebe, Zug.
3. *liebevolle Gesinnung, herzliches Gefühl des Hingezogenseins:* jmds. Neigung erwacht; seine Neigung zu ihr wurde erwidert. **Syn.:** Gefallen, Liebe, Schwäche, Sympathie, Wohlgefallen, Zuneigung.

nein [nai̯n] ⟨Partikel⟩:
1. dient dazu, einen Ausruf der Überraschung, des Erstaunens, der Freude oder auch der Bestürzung einzuleiten: nein, so ein, was für ein Glück!; nein, so was!; nein, das darf nicht wahr sein!
2. dient dazu, zu signalisieren, dass man den unmittelbar vorausgehenden Ausdruck zurücknimmt und durch einen treffenderen ersetzt: er schätzte, nein verehrte ihn/er schätzte ihn, nein, er verehrte ihn.
3. dient als Antwort auf eine Entscheidungsfrage oder als Erwiderung auf eine Aussage oder eine Bitte dazu, auszudrücken, dass man nicht zustimmt bzw. dass man ablehnt /Ggs. ja/: »Kommt er mit?« – »Nein.«; »Leihst du mir das Buch mal?« – »Nein[, das geht leider nicht].«; »Das war ein Schuss.« – »Nein, da ist ein Reifen geplatzt.«; »Wollte er nicht mitkommen?« – »Nein, er hat zu viel zu tun.«; »Schaffst du es bis 9 Uhr?« – »Nein, das ist unmöglich.«; »Nimmst du noch Tee?« – »Nein danke.«; »Bist du fertig?« – »Nein!«; aber nein; nein, niemals; nein, natürlich nicht. **Syn.:** auf keinen Fall, ausgeschlossen, in keiner Weise, kein Gedanke, keine Spur, keinesfalls, keineswegs, kommt nicht infrage, mitnichten, nicht, nicht um alles in der Welt, nie, nie und nimmer, niemals, um keinen Preis, undenkbar, unmöglich, unter keinen Umständen, unter keiner Bedingung.
4. dient, an eine verneinte Frage angehängt, dazu, auszudrücken, dass man eine zustimmende Antwort erwartet: du gehst doch jetzt noch nicht, nein?
5. dient dazu, eine verneinte Frage zustimmend zu beantworten: »Hast du keine Angst?« – »Nein.«; »Du gibst doch nicht auf[, nein]?« – »Nein, nein!«.

Nel|ke [ˈnɛlkə], die; -, -n:
1. *Pflanze mit schmalen Blättern an knotigen Stängeln und würzig duftenden Blüten mit gefransten oder geschlitzten Blütenblättern in verschiedenen Farben:* ein Strauß Nelken.
2. *als Gewürz verwendete getrocknete dunkelbraune Blütenknospe des Gewürznelkenbaums:* der Bratensoße Lorbeerblätter und Nelken hinzufügen.

nen|nen [ˈnɛnən], nannte, genannt ⟨tr.; hat⟩:
1. a) *mit einem bestimmten*

Namen bezeichnen, (jmdm.) einen bestimmten Namen geben: wie wollt ihr das Kind nennen?; als Künstler nannte er sich Reno. **b)** *(als etwas) bezeichnen:* jmdn. einen Lügner nennen; das nenne ich *(das ist wirklich)* Mut/mutig. **c)** *mit einer bestimmten Anrede ansprechen:* sie nannte ihn beim/bei seinem/mit seinem Vornamen; du kannst mich ruhig Kalle nennen.
2. *als Angabe, Auskunft o. Ä. mitteilen, sagen:* er nannte seinen Namen; jmdm. den Grund für etwas nennen; sie, ihr Name wurde nicht, wurde an erster Stelle genannt *(angeführt, erwähnt);* nennen Sie die wichtigsten Punkte *(zählen Sie sie auf).* **Syn.:** anbringen, anführen, angeben, ansprechen, aufführen, aufzählen, erwähnen, fallen lassen, ins Feld führen, sagen, vorbringen, vortragen, zitieren.
3. ⟨+ sich⟩ **a)** *einen bestimmten Namen haben:* die Kneipe nennt sich »Zum Ochsen«. **Syn.:** heißen. **b)** *(etwas Bestimmtes) zu sein behaupten:* er nennt sich freier Schriftsteller; und so was nennt sich nun dein Freund.

nen|nens|wert [ˈnɛnənsveːɐ̯t] ⟨Adj.⟩:
so beschaffen, dass es wert ist, erwähnt oder beachtet zu werden: es sind keine nennenswerten Niederschläge zu erwarten; eine kaum nennenswerte Inflationsrate; die Kosten haben sich nicht nennenswert erhöht. **Syn.:** auffallend, beachtlich, bemerkenswert, besonder..., besonders.

neo-, Neo- [neo] ⟨Präfix, meist mit fremdsprachlichem Basiswort⟩:
1. bezieht sich auf etwas, was es früher schon gegeben hat und was es nun in neuer, ähnlicher, vergleichbarer Weise wieder gibt, was wieder belebt wird: **a)** ⟨adjektivisch⟩ neofaschistisch; neoklassizistisch; neokonservativ; neoliberal; neonazistisch; neoplatonisch. **b)** ⟨substantivisch⟩ Neobarockbau; Neofaschismus; Neoklassizismus; Neokolonialismus; Neonazi.
2. bezieht sich auf etwas, was neu an sich oder in seiner Art, Qualität ist: **a)** ⟨adjektivisch⟩ neoafrikanisch *(das in seiner Art neue Afrika betreffend).* **b)** ⟨substantivisch⟩ Neosemantismus; Neostadtrat. **Syn.:** neu-, Neu-.

nep|pen [ˈnɛpn̩] ⟨tr.; hat⟩ (ugs. abwertend):
(von jmdm.) zu hohe Preise fordern: der Händler versuchte bei jeder Gelegenheit, seine Kunden zu neppen. **Syn.:** anscheißen (salopp), anschmieren (ugs.), ausnehmen (ugs.), betrügen, hereinlegen (ugs.), linken (ugs.), prellen, schröpfen (ugs.), übers Ohr hauen (ugs.), übervorteilen.

-ner [nɐ], der; -s, - ⟨Suffix, das im Unterschied zu -»ler« kaum noch produktiv ist; tritt in der Regel an Substantive an, die zuweilen umgelautet werden, anders als -»ler« nicht abwertend⟩:
dient dazu, eine männliche Person zu kennzeichnen, die durch das im Basiswort Genannte charakterisiert ist, damit arbeitet, dort beschäftigt ist; dient oft zur Bildung usueller Berufsbezeichnungen: Bühnenbildner; Falkner; Glöckner; Lügner; Pförtner; Redner; Rentner; Schuldner; Söldner; Zöllner. **Syn.:** -ist, -ling.

Nerv [nɛrf], der; -s (fachspr. auch: -en), -en:
Faserstrang im Körper, der Reize zwischen dem Zentralnervensystem und dem übrigen Organismus vermittelt: der Arzt hat mit der Spritze einen Nerv getroffen; gute, starke, schlechte Nerven *(eine gute, schlechte nervliche Konstitution)* haben; die Nerven behalten *(ruhig und beherrscht bleiben).* **Zus.:** Geruchsnerv, Geschmacksnerv, Ischiasnerv, Sehnerv.

ner|ven [ˈnɛrfn̩] ⟨tr.; hat⟩ (ugs.):
jmdm. sehr lästig werden, ihn nervlich strapazieren, besonders ihm durch hartnäckiges Bedrängen in zermürbender Weise zusetzen: der Kerl nervt mich mit seinem Gequatsche; ⟨auch itr.⟩ du nervst! **Syn.:** ärgern, aufregen, reizen, stören.

ner|vös [nɛrˈvøːs] ⟨Adj.⟩:
von innerer Unruhe, Zerfahrenheit, Unsicherheit erfüllt, Nervosität zeigend; leicht gereizt: sie ist heute sehr nervös; der Lärm macht mich nervös. **Syn.:** aufgeregt, fahrig, hektisch, kribbelig (ugs.), reizbar, ruhelos, ungeduldig, unruhig, unstet, zappelig (ugs.).

Ner|vo|si|tät [nɛrvoziˈtɛːt], die; -:
erhöhte Reizbarkeit der Nerven, nervöses Aufgeregtsein: durch seine Nervosität verpatzte der Spieler alle seine Chancen. **Syn.:** Ungeduld, Unrast, Unruhe.

Nerz [nɛrts], der; -es, -e:
1. *(zu den Mardern gehörendes, besonders in Nordasien und Nordamerika lebendes) kleines Tier mit braunem Fell und Schwimmhäuten zwischen den Zehen, das wegen seines wertvollen Fells auch gezüchtet wird.*
2. a) *Fell des Nerzes* (1). **b)** *Pelz aus Nerzfellen:* sie trug einen Nerz.

Nest [nɛst], das; -[e]s, -er:
aus Zweigen, Gräsern, Lehm o. Ä. meist rund geformte Wohn- und Brutstätte besonders von Vögeln und kleinen Säugetieren: die Vögel bauen, verlassen ihre Nester. **Zus.:** Ameisennest, Eulennest, Hornissennest, Krähennest, Mäusenest, Rattennest, Schlangennest, Schwalbennest, Storchennest, Taubennest, Vogelnest, Wespennest.

nes|teln [ˈnɛstl̩n] ⟨itr.; hat⟩:
sich (an etwas) mit den Fingern [ungeschickt, nervös] zu schaffen machen: er nestelte an seinem Anzug, Gürtel. **Syn.:** fummeln (ugs.), hantieren.

nett [nɛt] ⟨Adj.⟩:
1. a) *freundlich und liebenswürdig, angenehm im Wesen:* sie sind nette Leute; er war sehr nett zu mir; (iron.) du bist mir ja ein netter Freund. **Syn.:** entgegenkommend, gefällig, [1]herzlich, jovial, konziliant (bildungsspr.), leutselig, lieb, liebenswert, sympathisch, wohlwollend. **b)** *jmds. Gefallen erweckend, hübsch und ansprechend:* es war ein netter Abend; ein nettes Städtchen, Lokal, Kleid. **Syn.:** angenehm, entzückend, gefällig, niedlich, reizend, schön, süß (emotional).
2. *ziemlich groß, beträchtlich:* ein netter Profit.

Net|tig|keit [ˈnɛtɪçkaɪ̯t], die; -, -en:
1. ⟨ohne Plural⟩ *das Nettsein; nettes Wesen:* Nettigkeit im Umgang mit den Kunden ist uns wichtig.
2. *nette [schmeichelnde] Worte:*

jmdm. eine Nettigkeit sagen; Nettigkeiten austauschen.

net|to [ˈnɛto] ⟨Adverb⟩ (Kaufmannsspr.):
das Gewicht der Verpackung abgezogen; verschiedene Abgaben (Steuern o. Ä.) abgezogen, nicht enthaltend /Ggs. brutto/: die Ware wiegt netto fünf Kilo; er verdient 2 000 Euro netto.

Net|to|ge|wicht [ˈnɛtoɡəvɪçt], das; -[e]s, -e:
Gewicht einer Ware ohne ihre Verpackung /Ggs. Bruttogewicht/: auf der Packung ist das Nettogewicht angegeben.

Netz [nɛt͜s], das; -es, -e:
1. *durch Flechten oder Verknoten von Fäden oder Seilen entstandenes Gebilde aus Maschen, das in unterschiedlicher Ausführung den verschiedensten Zwecken dient:* die Fischer warfen die Netze *(Fischer-, Fangnetze)* aus; den Ball ins Netz *(in die aus netzartigem Stoff bestehende Abgrenzung zwischen den Spielhälften)* schlagen. **Zus.:** Einkaufsnetz, Fangnetz, Fischernetz, Fischnetz, Fliegennetz, Moskitonetz, Schleppnetz, Schmetterlingsnetz, Spinnennetz, Stahlnetz, Tennisnetz, Tischtennisnetz.
2. *vielfältig verflochtenes, netzartig verzweigtes System, verzweigte Anlage:* das Netz von Schienen, elektrischen Leitungen, Kanälen. **Zus.:** Bahnnetz, Datennetz, Eisenbahnnetz, Filialnetz, Funknetz, Händlernetz, Kabelnetz, Liniennetz, Schienennetz, Spionagenetz, Straßennetz, Streckennetz, Stromnetz, Telefonnetz, Verkehrsnetz, Versorgungsnetz, Vertriebsnetz, Wegenetz.

neu [nɔy̯] ⟨Adj.⟩:
1. a) *vor kurzer Zeit hergestellt, entstanden, begonnen; seit kurzer Zeit vorhanden* /Ggs. alt/: ein neues Haus; zum neuen Jahr Glück wünschen; neuer Wein; neue Lieder; eine neue Wissenschaft. **b)** *frisch, noch nicht verbraucht, berührt, getragen, benutzt* /Ggs. gebraucht/: ein neues Auto; neue Schuhe, Kleider; nimm dir doch ein neues Handtuch; das Geschirr sieht noch aus wie neu. **Syn.:** sauber. **Zus.:** brandneu, fabrikneu, nagelneu. **c)** *bisher unbekannt, noch nicht da gewesen, noch nicht üblich:* eine neue Methode entdecken; die neuesten Nachrichten; das ist mir neu *(das kenne ich noch nicht, davon habe ich noch nichts gehört).* **Syn.:** ²modern, neuartig.
2. *noch nicht lange irgendwo anwesend [und daher noch nicht Bescheid wissend]; seit kurzer Zeit erst dazugehörend:* neue Mitglieder; ich bin hier neu; sie ist neu in der Abteilung, in diesem Beruf.
3. *noch zur Gegenwart gehörend, noch nicht lange zurückliegend:* in neuerer, neuester Zeit; das ist neueren *(jüngeren)* Datums.
4. *gerade erst an die Stelle einer anderen Person oder Sache getreten oder zu dieser gerade hinzukommend:* eine neue Stellung, Wohnung haben; die neue Chefin; wir machen eine neue *(weitere)* Flasche auf; etwas neu tippen, formulieren.
5. * aufs Neue: *erneut:* das üben wir aufs Neue; *** seit Neuestem:** *seit Kurzem, neuerdings:* sie hat seit Neuestem ein eigenes Pferd; *** von Neuem:** *noch einmal, von vorn:* von Neuem zu zählen beginnen.

Neu|an|schaf|fung [ˈnɔy̯|anʃafʊŋ], die; -, -en:
1. *Vorgang, der darin besteht, dass etwas neu angeschafft wird:* die Neuanschaffung von Büchern. **Syn.:** Anschaffung, Erwerb, Kauf.
2. *etwas neu Angeschafftes:* das Buch ist eine Neuanschaffung. **Syn.:** Anschaffung, Errungenschaft, neue Anschaffung.

neu|ar|tig [ˈnɔy̯|a:ɐ̯tɪç] ⟨Adj.⟩:
neu, von neuer Art; noch nicht üblich, noch ungewohnt: neuartige Methoden; in dem Betrieb wird ein ganz neuartiges Verfahren angewendet. **Syn.:** ²modern.

Neu|bau [ˈnɔy̯bau̯], der; -[e]s, -ten:
1. *neu gebautes oder relativ neues Gebäude:* in einen Neubau einziehen.
2. ⟨ohne Plural⟩ *das Bauen, Errichten (eines neuen Bauwerks):* den Neubau einer Brücke, eines Theaters planen.

neu|er|dings [ˈnɔy̯ɐˈdɪŋs] ⟨Adverb⟩:
seit kurzer Zeit: er fährt neuerdings mit der Straßenbahn; neuerdings liest sie sehr viel. **Syn.:** in letzter Zeit, seit Kurzem, seit Neuem, seit Neu[e]stem.

neu|er|lich [ˈnɔy̯ɐlɪç] ⟨Adj.⟩:
(nach einem gewissen Zeitraum) erneut, nochmals [vorkommend, geschehend]: neuerliche Erfolge; ihre Rede rief neuerlich scharfen Protest hervor. **Syn.:** abermals, aufs Neue, ein weiteres Mal, noch einmal, von Neuem, wieder.

Neu|e|rung [ˈnɔy̯ərʊŋ], die; -, -en:
etwas Neues, Ungewohntes (neue Methode o. Ä.), dessen Einführung eine Änderung, Neugestaltung des Bisherigen bedeutet: eine technische, sensationelle Neuerung; Neuerungen vorstellen, einführen. **Syn.:** Neuheit.

Neu|gier [ˈnɔy̯ɡi:ɐ̯], **Neu|gier|de** [ˈnɔy̯ɡi:ɐ̯də], die; -:
Verlangen, Wunsch, etwas [Neues] zu erfahren, in Angelegenheiten, Bereiche einzudringen, die besonders andere Menschen und deren Privatleben o. Ä. betreffen: seine Neugier[de] befriedigen; die Neugier[de] auf den Inhalt eines Briefes; jmdn. packt die Neugier[de]; ich frage aus reiner Neugier[de]. **Syn.:** Interesse, Wissbegier.

neu|gie|rig [ˈnɔy̯ɡi:rɪç] ⟨Adj.⟩:
von Neugier erfüllt, voller Neugier: neugierige Menschen, Blicke; ein neugieriges Kind; sie ist sehr neugierig; neugierig fragen. **Syn.:** interessiert, wissbegierig.

Neu|heit [ˈnɔy̯hai̯t], die; -, -en:
1. ⟨ohne Plural⟩ *das Neusein:* die Neuheit einer Erfindung bezweifeln.
2. *Neues, Neuartiges, insbesondere neues Produkt:* eine technische, modische Neuheit; eine Neuheit auf dem Buchmarkt; auf der Messe werden viele Neuheiten gezeigt. **Syn.:** Neuerung. **Zus.:** Messeneuheit.

Neu|ig|keit [ˈnɔy̯ɪçkai̯t], die; -, -en:
Begebenheit, die noch nicht allgemein bekannt ist; neue Nachricht: sie brachte viele Neuigkeiten aus der Besprechung mit; jmdm. eine Neuigkeit erzählen. **Syn.:** Botschaft, Info, Information, Meldung, Mitteilung, Nachricht.

Neu|jahr [ˈnɔy̯ja:ɐ̯], das; -s:
[als Feiertag begangener] erster Tag des Jahres: Neujahr fällt diesmal auf einen Sonntag; an

Neujahr schaue ich immer Skispringen im Fernsehen.

neu|lich ['nɔ̯ylɪç] ⟨Adverb⟩: *vor kurzer Zeit, vor einiger Zeit:* ich bin ihm neulich begegnet; neulich bei der Konferenz; unser Gespräch von neulich *(das wir neulich hatten).* **Syn.:** jüngst, kürzlich, letztens, unlängst, vor Kurzem.

Neu|ling ['nɔ̯ylɪŋ], der; -s, -e: *Person, die in eine neue Umgebung kommt oder auf einem neuen Gebiet arbeitet, noch unerfahren ist:* er ist [ein völliger] Neuling auf diesem Gebiet; darin ist sie Neuling. **Syn.:** Anfänger, Anfängerin, Debütant, Debütantin.

neu|mo|disch ['nɔ̯ymo:dɪʃ] ⟨Adj.⟩ (oft abwertend): *einer neuen Mode entsprechend, sich über das Hergebrachte hinwegsetzend:* eine neumodische Einrichtung; neumodische Sitten, Ansichten; sie ist meistens neumodisch gekleidet. **Syn.:** in (ugs.), ²modern, modisch, up to date.

neun [nɔ̯yn] ⟨Kardinalzahl⟩ (als Ziffer: 9): neun Personen; die neun Musen.

neunt... ['nɔ̯ynt...] ⟨Ordinalzahl⟩ (als Ziffer: 9.): der neunte Baum.

neun|zig ['nɔ̯yntsɪç] ⟨Kardinalzahl⟩ (in Ziffern: 90): neunzig Personen.

Neu|ro|se [nɔy'ro:zə], die; -, -n: *Krankheit, die auf psychischen Störungen beruht:* eine schwere, leichte Neurose; eine Neurose behandeln. **Zus.:** Angstneurose, Zwangsneurose.

neu|ro|tisch [nɔy'ro:tɪʃ] ⟨Adj.⟩: **a)** *durch eine Neurose bedingt:* eine neurotische Erkrankung; neurotisches Verhalten. **b)** *an einer Neurose leidend:* ein neurotischer Mensch. **Syn.:** gemütskrank.

neu|t|ral [nɔy'tra:l] ⟨Adj.⟩:
1. *nicht an eine bestimmte Interessengruppe, Partei o. Ä. gebunden, keine von diesen unterstützend:* ein neutrales Land; eine neutrale Beobachterin; sich neutral verhalten. **Syn.:** objektiv, unparteiisch, unvoreingenommen.
2. *nichts Hervorstechendes, Einengendes, Besonderes aufweisend und deshalb mit anderem harmonierend:* eine neutrale Farbe; geschmacklich neutral; neutrales Briefpapier.

-neu|t|ral [nɔ̯ytra:l] ⟨adjektivisches Suffixoid⟩ (in der Regel positiv): **a)** *auf das im Basiswort Genannte sich nicht auswirkend:* erfolgsneutral; geschmacksneutral; kostenneutral. **b)** *von dem im Basiswort Genannten nicht bestimmt, nicht charakterisiert:* geschlechtsneutral (Erziehung); leistungsneutral (Einkommen). **c)** *ohne das im Basiswort Genannte:* geruchsneutrale Seife *(Seife ohne Geruch);* geschmacksneutrales Pflanzenfett; wertneutrale Wörter. **Syn.:** -frei, -los.

Neu|t|ra|li|tät [nɔ̯ytrali'tɛ:t], die; -: *neutrales Verhalten:* die Neutralität eines Landes garantieren, respektieren, verletzen; strikte Neutralität einhalten; sich zur Neutralität verpflichten.

¹nicht ⟨Adverb⟩: dient dazu, eine Verneinung auszudrücken: ich habe ihn nicht gesehen; die Pilze sind nicht essbar; nicht berufstätige Personen; das war nicht schlecht *(das war recht gut).*

²nicht [nɪçt] ⟨Partikel⟩:
1. dient in Fragen dazu, auszudrücken, dass man eine bejahende Antwort erwartet: ist das nicht Karl?; hast du nicht gehört?; willst du nicht gehorchen?
2. dient in Ausrufen dazu, Verwunderung, Staunen o. Ä. auszudrücken: was du nicht alles kannst!; was es nicht alles gibt!

nicht-, Nicht- [nɪçt] ⟨Präfixoid⟩:
1. ⟨mit Basissubstantiv als Personenbezeichnung⟩: Nichtfachmann; Nichtmitglied; Nichtschwimmerin; Nichtchrist; Nichtkatholikin; Nichtachtung; Nichtweitergabe; Nichtgewünschtes (auch: nicht Gewünschtes); Nichtzutreffendes (auch: nicht Zutreffendes).
2. ⟨mit Basisadjektiv⟩ dient zur Negierung des im Basiswort Genannten; die verneinte Eigenschaft oder Fähigkeit ist von Dauer: nichtehelich (auch: nicht ehelich); nichtöffentlich (auch: nicht öffentlich); besonders in der Gegenüberstellung: öffentliche und nichtöffentliche Sitzungen. **Syn.:** non-, Non-; un-.

Nich|te ['nɪçtə], die; -, -n: *Tochter von jmds. Schwester, Bruder, Schwägerin oder Schwager:* der Onkel hatte seine Nichte schon lange nicht mehr gesehen.

nich|tig ['nɪçtɪç] ⟨Adj.⟩:
1. (geh.) **a)** *gering einzuschätzend; ohne Wert, ohne innere Substanz:* nichtige Dinge, Freuden. **Syn.:** bedeutungslos, belanglos, unbedeutend, unwesentlich. **b)** *gänzlich unwichtig, belanglos:* ein nichtiger Grund, Vorwand. **Syn.:** gleichgültig, nebensächlich, unerheblich.
2. (Rechtsspr.) *ungültig:* einen Vertrag, eine Ehe für nichtig erklären.

Nicht|rau|cher ['nɪçtrau̯xɐ], der; -s, -:
1. *männliche Person, die nicht raucht:* Nichtraucher erkranken seltener an Lungenkrebs als Raucher.
2. ⟨meist ohne Artikel⟩ *Bereich, Abteil (in einem Zug, einem Flugzeug, einem Restaurant o. Ä.), in dem nicht geraucht werden darf:* hier ist Nichtraucher; sie sitzt im Nichtraucher.

Nicht|rau|che|rin ['nɪçtrau̯xərɪn], die; -, -nen: weibliche Form zu ↑Nichtraucher.

nichts [nɪçts] ⟨Indefinitpronomen⟩: **a)** bringt die vollständige Abwesenheit, das absolute Nichtvorhandensein von etwas zum Ausdruck; *nicht das Mindeste, Geringste; in keiner Weise etwas:* nichts sagen; nichts zu essen haben; sie will nichts mehr davon hören; er ist mit nichts zufrieden; absolut nichts; nichts von alledem. **Syn.:** gar nichts. **b)** *kein Ding, keine Sache:* sie kauft nichts Unnötiges; nichts dergleichen; nichts weiter; er spricht von nichts anderem mehr.

nichts|nut|zig ['nɪçtsnʊtsɪç] ⟨Adj.⟩ (abwertend): *nichts Nützliches, Sinnvolles tuend, nichts leistend; zu nichts nütze; für keine Arbeit o. Ä. brauchbar:* ein nichtsnutziger Kerl.

nichts|sa|gend ['nɪçtsza:gn̩t] ⟨Adj.⟩, **nichts sagend:**

N
nich

nichts oder wenig aussagend; ohne Aussagekraft: eine nichtssagende Antwort geben; ein nichtssagendes Gesicht. **Syn.:** abgedroschen (ugs.), banal, flach, leer, oberflächlich.

ni|cken [ˈnɪkn̩] ⟨itr.; hat⟩: *(zum Zeichen der Bejahung, Zustimmung, des Verstehens o. Ä. oder als Gruß) den Kopf [mehrmals] kurz senken und wieder heben:* beifällig, nachdenklich nicken; alle Köpfe nickten zustimmend; eine nickende Kopfbewegung.

Ni|cker|chen [ˈnɪkɐçən], das; -s, - (fam.): *leichter, kurzer Schlaf [im Sitzen]:* ein [kleines] Nickerchen machen, halten.

nie [ni:] ⟨Adverb⟩: *zu keiner Zeit, unter keinen Umständen, überhaupt nicht:* das werde ich nie vergessen; das schafft er nie; nie wieder [Krieg]!; jetzt oder nie; ich werde nie meine Zustimmung geben. **Syn.:** auf keinen Fall, nie im Leben, nie und nimmer, niemals, zu keinem Zeitpunkt.

[1]nie|der [ˈni:dɐ] ⟨Adj.⟩:
1. (landsch.) *von geringer Höhe; nahe am Boden:* der Tisch ist sehr nieder; ein niederer Wald. **Syn.:** flach, niedrig.
2. *in einer Rangordnung, Hierarchie unten stehend:* der niedere Adel; niedere Beamte; dem niederen Stand [des Volkes] angehören.
3. (Fachspr.) *nicht sehr hoch entwickelt:* niedere Tiere, Pflanzen.

[2]nie|der [ˈni:dɐ] ⟨Adverb⟩: *hinunter; nach unten, zu Boden:* nieder mit den Waffen; auf und nieder. **Syn.:** abwärts, herunter.

nie|der- [ni:dɐ] ⟨trennbares, betontes verbales Präfix⟩: *nach unten, zu Boden:* niederbrennen; (jmdn.) niederbrüllen *(am [Weiter]reden hindern);* niederdrücken; niedergehen; niederhalten; niederknien; niederreißen; (jmdn.) niederschießen *(auf jmdn. schießen, sodass er zu Boden stürzt);* niederschlagen; einen Antrag niederstimmen *(gegen einen Antrag stimmen und ihn dadurch verhindern, zu Fall bringen);* niederwalzen. **Syn.:** ab-, herab-, herunter-, hinab-, hinunter-, zusammen-.

Nie|der|gang [ˈni:dɐgaŋ], der; -[e]s: *das Untergehen, Zugrundegehen, Zerfallen; Verfall:* der Niedergang der Kultur, der Landwirtschaft; der Niedergang des Römischen Reiches. **Syn.:** Dekadenz.

nie|der|ge|schla|gen [ˈni:dɐgəʃla:gn̩] ⟨Adj.⟩: *durch einen Misserfolg, eine Enttäuschung o. Ä. traurig, unglücklich, ratlos:* er macht einen niedergeschlagenen Eindruck; nach dem Besuch bei der Ärztin war sie sehr niedergeschlagen; er wirkt niedergeschlagen. **Syn.:** deprimiert, entmutigt, gedrückt, mutlos, traurig, verzagt.

Nie|der|kunft [ˈni:dɐkʊnft], die; - (geh. veraltend): *Geburt:* eine komplikationslose Niederkunft. **Syn.:** Entbindung, freudiges Ereignis.

Nie|der|la|ge [ˈni:dɐla:gə], die; -, -n: *das Besiegtwerden, Unterliegen in einer Auseinandersetzung, in einem [Wett]kampf:* eine militärische, persönliche Niederlage; eine schwere Niederlage erleiden, hinnehmen müssen; sie wollte sich ihre Niederlage nicht eingestehen. **Syn.:** Debakel, Misserfolg, Schlappe (ugs.). **Zus.:** Abstimmungsniederlage, Wahlniederlage.

nie|der|las|sen [ˈni:dɐlasn̩], lässt nieder, ließ nieder, niedergelassen ⟨+ sich⟩:
1. *sich setzen:* er hat sich auf dem Sofa niedergelassen.
2. *an einen bestimmten Ort ziehen, dort ansässig werden [und eine selbstständige Tätigkeit ausüben]:* die Firma hat sich in Mannheim niedergelassen; sie hat sich als Ärztin, als Anwältin niedergelassen. **Syn.:** sich ansiedeln.

Nie|der|las|sung [ˈni:dɐlasʊŋ], die; -, -en: *selbstständig arbeitender Teil eines Betriebes in einem anderen Ort als dem des Hauptbetriebes:* das Unternehmen hat Niederlassungen in verschiedenen Städten. **Syn.:** Agentur, Filiale, Geschäftsstelle, Zweigstelle. **Zus.:** Auslandsniederlassung, Handelsniederlassung.

nie|der|le|gen [ˈni:dɐle:gn̩], legte nieder, niedergelegt ⟨tr.; hat⟩:
1. (geh.) *aus der Hand, auf den Boden legen; hinlegen:* sie legten Kränze am Grabe nieder.
2. (geh.) *zur Ruhe, schlafen legen; hinlegen:* das Kind niederlegen; sich nach dem Essen ein bisschen niederlegen.
3. *etwas nicht weitermachen, ausüben:* sie legte ihr Amt, die Arbeit nieder. **Syn.:** aufgeben, zurücktreten von.
4. (geh.) *schriftlich festhalten:* er legte seine Gedanken schriftlich nieder; der im Testament niedergelegte letzte Wille. **Syn.:** aufschreiben, aufzeichnen, niederschreiben, zu Papier bringen.

nie|der|rei|ßen [ˈni:dɐraisn̩], riss nieder, niedergerissen ⟨tr.; hat⟩: *ein Gebäude o. Ä. zerstören, zum Einsturz bringen:* eine Mauer, ein Haus niederreißen. **Syn.:** abbrechen, abreißen.

Nie|der|schlag [ˈni:dɐʃla:k], der; -[e]s, Niederschläge [ˈni:dɐʃlɛ:gə]:
1. *Wasser, das in flüssiger oder fester Form aus der Atmosphäre auf die Erde fällt:* geringe, reichliche Niederschläge; es gab Niederschläge in Form von Regen und Schnee.
2. *Schlag, Treffer (besonders beim Boxen), durch den jmd. zu Boden sinkt:* er gab nach zwei Niederschlägen auf.

nie|der|schla|gen [ˈni:dɐʃla:gn̩], schlägt nieder, schlug nieder, niedergeschlagen:
1. ⟨tr.; hat⟩ *durch einen Schlag zu Boden werfen:* er hat ihn niedergeschlagen.
2. ⟨tr.; hat⟩ *sich nicht weiter entwickeln lassen; einer Sache ein Ende setzen:* sie haben den Aufstand niedergeschlagen; der Prozess, das Verfahren wurde niedergeschlagen. **Syn.:** beenden, einstellen.
3. ⟨tr.; hat⟩ *(den Blick o. Ä.) nach unten lenken:* die Augen, die Lider, den Blick niederschlagen. **Syn.:** senken.
4. ⟨+ sich⟩ *als Niederschlag auf etwas entstehen, sich bilden, ablagern:* Dampf schlägt sich auf den Scheiben nieder; der Nebel hat sich am nächsten Morgen als Tau niedergeschlagen. **Syn.:** sich absetzen.

N
nick

nie|der|schrei|ben ['ni:dɐʃraibn̩], schrieb nieder, niedergeschrieben ⟨tr.; hat⟩:
(etwas, was man erlebt hat, durchdacht hat o. Ä.) aufschreiben, um es damit für sich oder andere festzuhalten: sie hat ihre Gedanken, Erlebnisse niedergeschrieben. **Syn.:** aufzeichnen, notieren, schriftlich festhalten, zu Papier bringen.

Nie|der|schrift ['ni:dɐʃrɪft], die; -, -en:
a) *das Niederschreiben:* er war bei der Niederschrift seiner Überlegungen. **Syn.:** Aufzeichnung. **b)** *das Niedergeschriebene:* eine Niederschrift von etwas anfertigen. **Syn.:** Aufzeichnung, Notiz, Protokoll.

Nie|der|tracht ['ni:dɐtraxt], die; - (geh.):
a) *gemeine, niederträchtige Gesinnung:* etwas aus Niedertracht tun, sagen; eine solche Niedertracht hätte ich ihm nicht zugetraut. **Syn.:** Bosheit, Gemeinheit, Schlechtigkeit, Unverschämtheit. **b)** *niederträchtige Handlung:* eine Niedertracht [gegen jmdn.] begehen, verüben. **Syn.:** Bosheit, Gemeinheit, Schlechtigkeit, Unverschämtheit.

Nie|de|rung ['ni:dərʊŋ], die; -, -en:
tief liegendes Land, Gebiet, besonders an Flüssen und Küsten: sumpfige Niederungen; Schneefälle bis in die Niederungen. **Zus.:** Flussniederung.

nied|lich ['ni:tlɪç] ⟨Adj.⟩:
durch seine Kleinheit, Zierlichkeit, Anmut hübsch anzusehen, Gefallen erregend; lieb, reizend: ein niedliches Kind, Kätzchen. **Syn.:** entzückend, goldig, herzig, süß.

nied|rig ['ni:drɪç] ⟨Adj.⟩:
1. /Ggs. hoch/: **a)** *von geringer Höhe:* ein niedriges Haus; ein niedriger Wasserstand; der Stuhl ist mir zu niedrig. **Syn.:** flach, klein, nieder (landsch.). **b)** *sich in geringer Höhe befindend:* eine niedrige Zimmerdecke; die Lampe hängt sehr niedrig.
2. *zahlen-, mengenmäßig gering, wenig* /Ggs. hoch/: ein niedriges Einkommen; niedrige Temperaturen; wir hatten die Kosten zu niedrig angesetzt. **Syn.:** nicht nennenswert.
3. *(meist von menschlicher Gesinnung oder Handlungsweise) moralisch tief stehend:* niedrige Triebe, Instinkte; aus niedrigen Beweggründen handeln. **Syn.:** erbärmlich, gemein, schäbig, schändlich, verächtlich, verwerflich.

nie|mals ['ni:ma:ls] ⟨Adverb⟩:
nie: das werde ich niemals tun; niemals werde ich das zulassen; so etwas haben wir niemals behauptet. **Syn.:** auf keinen Fall, nie im Leben, nie und nimmer, zu keinem Zeitpunkt, zu keiner Zeit.

nie|mand ['ni:mant] ⟨Indefinitpronomen⟩:
nicht ein Einziger, nicht eine Einzige, überhaupt keine[r], kein Mensch /Ggs. jemand/: niemand hat mich besucht; sie hat alle gefragt, aber niemand will es gewesen sein; ich habe den Plan niemand/niemandem erzählt.

Nie|re ['ni:rə], die; -, -n:
a) *paariges, in der oberen Bauchhöhle liegendes Organ, das der Bildung und Ausscheidung des Harns dient:* die rechte, linke Niere; ihr musste eine Niere entfernt werden. **Zus.:** Schrumpfniere. **b)** *als Speise dienende oder zubereitete Niere* (a) *bestimmter Schlachttiere:* ein Pfund Nieren kaufen; morgen gibt es saure Nieren. **Zus.:** Kalbsniere, Schweineniere.

nie|seln ['ni:zl̩n] ⟨itr.; hat; unpers.⟩:
leicht, in feinen [dicht fallenden] Tropfen regnen: es nieselt heute den ganzen Tag. **Syn.:** tröpfeln (ugs.).

Nie|sel|re|gen ['ni:zl̩re:gn̩], der; -s, -:
leichter Regen in feinen [dichten] Tropfen: sie warteten im kalten Nieselregen.

nie|sen ['ni:zn̩] ⟨itr.; hat⟩:
(infolge einer Reizung der Nasenschleimhaut) die Luft krampf- und ruckartig [und meist mit einem lauten Geräusch] durch Mund und Nase ausstoßen: laut, heftig niesen müssen; er nieste mir ins Gesicht.

[1]Nie|te ['ni:tə], die; -, -n:
1. *Los, das keinen Gewinn bringt:* sie hat eine Niete gezogen.
2. (ugs. abwertend) *Person, die nichts leistet, zu nichts taugt; unfähiger Mensch:* er ist eine ausgesprochene Niete; als Sängerin war sie eine Niete. **Syn.:** Null (ugs. abwertend), Schwächling (abwertend), Versager, Versagerin.

[2]Nie|te ['ni:tə], die; -, -n:
Bolzen aus Metall mit verbreitertem Ende, der dazu dient, [metallene] Werkstücke fest miteinander zu verbinden: Bleche mit Nieten verbinden.

nie|ten ['ni:tn̩], nietete, genietet ⟨tr.; hat⟩:
mit [2]Nieten verbinden, befestigen: Platten, Träger nieten.

Ni|ko|tin [niko'ti:n], das; -s:
besonders im Tabak enthaltener öliger, farbloser, sehr giftiger Stoff, der beim Rauchen als anregendes Genussmittel dient: diese Zigarette enthält wenig Nikotin.

nip|pen ['nɪpn̩] ⟨itr.; hat⟩:
mit nur kurz geöffneten Lippen ein klein wenig trinken, einen kleinen Schluck nehmen: sie hat [am Glas, am Wein] genippt.

nir|gends ['nɪrgn̩ts] ⟨Adverb⟩:
an keinem Ort, an keiner Stelle /Ggs. überall/: er fühlt sich nirgends so wohl wie hier; nirgends sonst/sonst nirgends gibt es eine so große Auswahl.

-nis [nɪs], das, auch: die; -es/-, -e ⟨Suffix, das überwiegend Neutra, daneben auch Feminina bildet⟩:
1. ⟨mit verbalem Basiswort, vorwiegend präfigierten Verben⟩ dient zur Bezeichnung von Vorgängen oder Ergebnissen davon, Zuständen: Bedauernis; Befremdnis; Begängnis; Begebnis; Behagnis; Besäufnis; Beschwernis; Entbehrnis; Erbarmnis; Erschwernis; Erträgnis; Fördernis; Hemmnis; Säumnis; Schrecknis; Verdammnis; Verderbnis; Verlöbnis. **Syn.:** -ation, -ung.
2. ⟨mit adjektivischem Basiswort⟩ dient zur Bezeichnung von Zuständen, der Tatsache, dass etwas das in der Basis Genannte ist: Bitternis; Düsternis; Trübnis; ⟨selten mit substantivischer Basis⟩ Kümmernis. **Syn.:** -heit, -keit.
3. ⟨mit verbalem Basiswort⟩ dient selten dazu, Sachbezeichnungen zu bilden: Behältnis; Vermächtnis. **Syn.:** -er.

Ni|sche ['ni:ʃə], die; -, -n:
a) *flache Einbuchtung, Vertiefung in einer Wand, Mauer:* sie stellte die Figur in eine Nische.
b) *kleine Erweiterung eines Raumes:* der Stuhl stand in einer Nische.

nis|ten ['nɪstn̩], nistete, genistet ⟨itr.; hat⟩:
(von Vögeln) ein Nest bauen und darin Eier legen, ausbrüten, die Jungen aufziehen: unter dem Dach nisten Schwalben.

Ni|veau [ni'vo:], das; -s:
1. *waagerechte, ebene Fläche in bestimmter Höhe:* Straße und Bahnlinie haben das gleiche Niveau.
2. *Stufe in einer Skala bestimmter Werte, auf der sich etwas bewegt:* das Niveau der Preise, der Kurse. **Zus.:** Preisniveau, Zinsniveau.
3. *geistiger Rang, Grad; Stufe der bildungsmäßigen, künstlerischen o. ä. Ausprägung:* ein literarisches Werk von beachtlichem Niveau; das künstlerische Niveau einer Veranstaltung; das Niveau halten, heben; ein gewisses Niveau haben. **Syn.:** Klasse, Qualität. **Zus.:** Bildungsniveau, Durchschnittsniveau, Lebensniveau.

ni|veau|los [ni'vo:lo:s] ⟨Adj.⟩:
wenig Niveau besitzend; geistig anspruchslos: eine niveaulose Unterhaltung, Aufführung.

Ni|xe ['nɪksə], die; -, -n:
(in Mythologie, Märchen, Sage) weibliches, im Wasser lebendes Wesen mit einem in einem Fischschwanz endenden Unterkörper. **Zus.:** Wassernixe.

no|bel ['no:bl̩] ⟨Adj.⟩:
1. (geh.) *in bewundernswerter Weise großzügig und edel [gesinnt], menschlich vornehm:* ein nobler Mann, Charakter; nobel handeln.
2. *(in Eleganz, Luxus o. Ä.) hohen Ansprüchen genügend:* ein nobles Hotel; die Einrichtung der Wohnung wirkt nobel und teuer. **Syn.:** elegant, fein, geschmackvoll, vornehm.
3. *nicht kleinlich; Großzügigkeit zeigend, erkennen lassend:* er zeigt sich sehr nobel; sie macht oft noble Geschenke. **Syn.:** freigebig, großzügig, spendabel.

No|bel- [no:bl̩] ⟨Präfixoid⟩ (emotional, meist leicht spöttisch):
a) *mit ganz besonderem Komfort o. Ä.:* Nobelausführung; Nobelauto; Nobelherberge *(exklusives Hotel);* Nobelhotel; Nobelkutsche *(komfortabel ausgestattetes Auto);* Nobelrestaurant. **b)** *besonders exklusiv:* Nobelbäcker; Nobelball; Nobelboutique; Nobeldiskothek; Nobelgarderobe; Nobelgegend *(Gegend, in der vor allem Reiche wohnen),* Nobelort; Nobelschule.

[1]noch [nɔx] ⟨Adverb⟩:
1. a) dient dazu, auszudrücken, dass ein Zustand, Vorgang weiterhin anhält [aber möglicherweise bald beendet sein wird]: sie ist noch wach, krank; ein [immer] noch ungelöstes Problem; das gibt es noch heute/heute noch; es regnet kaum noch *(fast nicht mehr);* noch regnet es nicht *(es regnet jetzt noch nicht, aber [vielleicht, wahrscheinlich] bald).* **b)** dient dazu, auszudrücken, dass es sich bei etwas um einen verbliebenen Rest handelt: ich habe [nur] noch zwei Euro; es dauert jetzt noch fünf Minuten.
2. a) *bevor etwas anderes geschieht:* ich mache das noch fertig; ich möchte dich[, bevor du gehst,] noch etwas fragen.
b) dient dazu, auszudrücken, dass etwas (zu einem unbestimmten Zeitpunkt) in der Zukunft eintreten wird; *irgendwann später einmal, zu gegebener Zeit:* er wird noch kommen; vielleicht kann man es noch mal gebrauchen; du wirst es noch bereuen; der wird sich noch wundern! **c)** *wenn nichts geschieht, es zu verhindern; womöglich [sogar]:* du kommst noch zu spät[, wenn du so trödelst].
3. a) dient dazu, auszudrücken, dass der genannte Zeitpunkt gar nicht lange zurückliegt: gestern habe ich noch/noch gestern habe ich mit ihm gesprochen. **b)** dient dazu, einzuräumen, dass es sich um einen den Umständen nach sehr frühen Zeitpunkt, sehr begrenzten Zeitraum handelt, und gleichzeitig die Zeit- bzw. Ortsangabe zu betonen: noch ehe er/ehe er noch antworten konnte, legte sie auf; er starb noch am Unfallort. **c)** dient dazu, auszudrücken, dass ein bestimmtes Geschehen, ein bestimmter Zustand einige Zeit später nicht mehr möglich [gewesen] wäre: dass er das noch erleben durfte! **d)** dient dazu, auszudrücken, dass sich etwas im Rahmen des Akzeptablen, Möglichen o. Ä. hält, obwohl zum Gegenteil nur wenig fehlt: das lasse ich mir [gerade] noch gefallen; das [allein] ist noch [lange] kein Grund.
4. a) dient dazu, auszudrücken, dass etwas [Gleichartiges] zu etwas anderem, bereits Vorhandenem hinzukommt: dumm und dazu noch/noch dazu frech; er ist nebenbei noch Maler; was soll ich denn noch tun? **b)** dient vor einem Komparativ dazu, auszudrücken, dass die betreffende Eigenschaft bei dem Vergleichsobjekt schon in einem ziemlich hohen Grad gegeben ist: es ist heute noch wärmer als gestern.
5. dient in Verbindung mit »so« dazu, auszudrücken, dass das mit dem folgenden Adjektiv oder Adverb Bezeichnete einen beliebig hohen Grad haben kann, ohne dass sich dadurch an der Richtigkeit der Aussage etwas ändert: er lacht über jeden noch so albernen Witz.

[2]noch [nɔx] ⟨Konj.⟩:
dient in Korrelation mit einer Negation dazu, ein zweites Glied [und weitere Glieder] einer Aufzählung anzuschließen; *und auch nicht:* er kann weder lesen noch schreiben; nicht er noch seine Frau, noch die Kinder.

[3]noch [nɔx] ⟨Partikel⟩:
1. dient dazu, eine Aussage zu unterstreichen und Zufriedenheit über den genannten Sachverhalt auszudrücken: das ist noch Qualität; auf sie kann man sich noch verlassen.
2. dient, oft in Verbindung mit »doch«, in Aussagesätzen oder [rhetorischen] Fragen dazu, Unwillen, Empörung o. Ä. auszudrücken: man wird [doch] noch fragen dürfen; da kannst du noch lachen?
3. dient in Verbindung mit einer Negation dazu, auszudrücken, dass etwas quantitativ unterhalb eines bestimmten, nicht

hohen Werts liegt: das kostet noch nicht ganz 100 Euro; es dauerte noch keine zehn Minuten.
4. dient in Ergänzungsfragen dazu, auszudrücken, dass einem das Erfragte zwar eigentlich bekannt ist, aber im Augenblick nicht einfallen will: wie hieß sie noch [gleich]?; wie war das [doch] noch? **Syn.:** doch.

noch|mals [ˈnɔxmaːls] ⟨Adverb⟩:
ein weiteres Mal; noch einmal: ich möchte das nochmals betonen; den Text nochmals schreiben. **Syn.:** abermals, aufs Neue, erneut, neuerlich, von Neuem, wieder.

nö|lig [ˈnøːlɪç] ⟨Adj.⟩ (bes. nordd. ugs. abwertend):
1. *in ärgerlicher Weise langsam, schwerfällig:* seine Stimme klingt immer gleich nölig und nuschelnd. **Syn.:** [1]langsam.
2. *unzufrieden, weinerlich:* die Kinder waren den ganzen Nachmittag nölig.

No|ma|de [noˈmaːdə], der; -n, -n, **No|ma|din** [noˈmaːdɪn], die; -, -nen:
Angehöriger, Angehörige eines Volkes [von Hirten], das innerhalb eines begrenzten Gebietes von Ort zu Ort zieht: Stämme, die als Nomaden leben.

no|mi|nell [nomiˈnɛl] ⟨Adj.⟩:
[nur] dem Namen nach [bestehend, vorhanden]; nur nach außen hin so bezeichnet: der Verein hat 200 nominelle Mitglieder; sie gehört nominell zu unserer Abteilung, praktisch jedoch arbeitet sie in einem anderen Haus.

no|mi|nie|ren [nomiˈniːrən] ⟨tr.; hat⟩:
(als Kandidaten, Kandidatin bei einer Wahl, als Anwärter, Anwärterin auf ein Amt, als Teilnehmer, Teilnehmerin an einem Wettkampf o. Ä.) bestimmen, benennen: die Diplomatin wurde als Leiterin der Delegation nominiert. **Syn.:** aufstellen, [1]berufen, ernennen.

non-, Non- [nɔn] ⟨Präfixoid⟩:
dient zur Negierung des im fremdsprachigen Basiswort Genannten:
1. ⟨mit Basissubstantiv⟩ Nonexistenz; Nonkonformismus; Nonkonformist; Nonplusultra; Nonvaleur *([fast] wertloses Wertpapier u. Ä.);* Nonstop-Flug; Nonstop-Kino; Non-Book-Abteilung; Non-Food-Abteilung.
2. ⟨mit Basisadjektiv⟩ nonfigurativ *(nicht gegenständlich);* nonkonformistisch; nonkonsistent; nonvariant; nonverbal. **Syn.:** nicht-, Nicht-; un-.

Non|ne [ˈnɔnə], die; -, -n:
Angehörige eines Frauenordens: sie wollte unbedingt [eine] Nonne werden. **Syn.:** Schwester.

Nord [nɔrt]:
⟨ohne Artikelwort, nicht flektierbar⟩: *Norden:* der Wind kommt aus, von Nord; Menschen aus Nord und Süd kommen zusammen.

Nor|den [ˈnɔrdn̩], der; -s:
1. *Himmelsrichtung, die dem Süden entgegengesetzt ist:* von, im, nach Norden; der Wind weht aus Norden.
2. a) *im Norden* (1) *gelegener Teil eines Landes, einer Stadt o. Ä.:* der Norden Deutschlands.
b) *nördlicher Bereich der Erde, besonders Skandinavien:* das raue Klima des Nordens; diese Tiere leben im hohen Norden.

[1]nörd|lich [ˈnœrtlɪç] ⟨Adj.⟩:
1. *im Norden* (1) *gelegen:* am nördlichen Himmel; der nördliche Teil der Stadt.
2. *nach Norden* (1) *gerichtet:* das Schiff steuert in nördlicher Richtung.

[2]nörd|lich [ˈnœrtlɪç] ⟨Präp. mit Gen.⟩:
im Norden von: die Autobahn verläuft nördlich der Stadt.

[3]nörd|lich [ˈnœrtlɪç] ⟨Adverb; in Verbindung mit »von«⟩:
nördlich von Heidelberg.

Nord|pol [ˈnɔrtpoːl], der; -s:
1. *nördlicher Pol eines Planeten (besonders der Erde) und der Himmelskugel:* eine Expedition zum Nordpol.
2. *Pol eines Magneten, der das natürliche Bestreben hat, sich nach Norden auszurichten.*

Nord|see [ˈnɔrtzeː], die; -:
Meer am nordöstlichen Rand des Atlantischen Ozeans: an die Nordsee fahren.

nör|geln [ˈnœrgl̩n] ⟨itr.; hat⟩ (abwertend):
in ärgerlicher Weise an allen Dingen auf kleinliche, verdrossene Art Kritik üben: er hat heute an allem zu nörgeln; mit nörgelnder Stimme. **Syn.:** beanstanden, kritisieren, meckern über (ugs. abwertend), motzen über (ugs.), quengeln (ugs.), reklamieren. **Zus.:** herumnörgeln.

Nörg|ler [ˈnœrglɐ], der; -s, -, **Nörg|le|rin** [ˈnœrglərɪn], die; -, -nen (abwertend):
Person, die ständig nörgelt, unzufrieden ist: dieser Nörgler hat doch immer etwas auszusetzen; sie galt als ewige Nörglerin und wurde nicht weiter ernst genommen. **Syn.:** Kritiker, Kritikerin, Querulant, Querulantin.

Norm [nɔrm], die; -, -en:
1. *(in Wirtschaft, Industrie, Technik, Wissenschaft) Vorschrift, Regel, nach der etwas durchgeführt oder hergestellt werden soll:* technische Normen; für die Herstellung der Maschinen wurden bestimmte Normen festgesetzt; etwas entspricht einer Norm. **Syn.:** Gesetz, Grundsatz, Maßstab, Standard. **Zus.:** DIN-Norm.
2. *übliche, den Erwartungen entsprechende Beschaffenheit, Größe, Qualität o. Ä.; Durchschnitt:* seine Begabung geht über die Norm seiner Klasse hinaus; von der Norm abweichen.

nor|mal [nɔrˈmaːl] ⟨Adj.⟩:
der Norm (2) *entsprechend* /Ggs. anormal/: ein normales Gewicht haben; ihr Blutdruck ist normal, zeigt normale Werte; die Apparate funktionieren, arbeiten wieder normal. **Syn.:** durchschnittlich, ohne Abweichung, ohne Störung, üblich, wie üblich.

nor|ma|ler|wei|se [nɔrˈmaːlɐvai̯zə] ⟨Adverb⟩:
unter normalen Umständen; im Allgemeinen: das ist normalerweise ein Nachteil; ab Mitte März legt das Vogelweibchen normalerweise zwei bis vier Eier. **Syn.:** für gewöhnlich, in der Regel, meist, meistens.

nor|ma|li|sie|ren [nɔrmaliˈziːrən]:
a) ⟨+ sich⟩ *wieder in einen allgemein üblichen Zustand zurückkehren:* die Verhältnisse in der zerstörten Stadt haben sich wieder normalisiert. **b)** ⟨tr.; hat⟩ *wieder in den Normalzustand bringen:* die Polizei war kaum in der Lage, die Verhältnisse zu normalisieren.

nor|men ['nɔrmən] ⟨tr.; hat⟩: *nach einer bestimmten Norm einheitlich festlegen:* die Papierformate wurden genormt; genormte Maschinenteile. **Syn.:** festsetzen, normieren, regeln, vereinheitlichen.

nor|mie|ren [nɔr'mi:rən] ⟨tr.; hat⟩: **a)** *nach einem einheitlichen Schema, in einer bestimmten Weise festlegen:* nicht alle Arbeiten lassen sich normieren; in der Erziehung kann man nichts normieren. **Syn.:** einheitlich regeln, vereinheitlichen. **b)** *normen:* Formate normieren; normierte Größen. **Syn.:** festlegen, festsetzen, regeln, vereinheitlichen.

Not [no:t], die; -, Nöte ['nø:tə]: **1.** ⟨Plural selten⟩ *Zustand der Entbehrung, des Mangels an lebenswichtigen Dingen:* Not leiden; jmds. Not lindern; sie sind in große wirtschaftliche Not geraten. **Syn.:** Armut, Elend. **Zus.:** Geldnot, Wohnungsnot. **2.** *schlimme [gefahrvolle] Lage, in die jmd. geraten ist:* Rettung aus höchster Not; jmdm. in der Stunde der Not helfen, beistehen. **Syn.:** Gefahr. **Zus.:** Feuersnot, Todesnot. **3.** ⟨häufig Plural⟩ *durch ein Gefühl von Ausweglosigkeit, durch Verzweiflung, Angst gekennzeichneter innerer, seelischer Zustand:* seelische Not; innere Nöte; mit seinen Nöten zu jmdm. kommen. **Syn.:** Angst, Dilemma, Krise.

No|tar [no'ta:ɐ̯], der; -s, -e, **No|ta|rin** [no'ta:rɪn], die; -, -nen: *Jurist, Juristin, der bzw. die Verträge, Urkunden o. Ä. beglaubigt:* sie gingen wegen ihres Ehevertrags zum Notar.

Not|arzt ['no:t|a:ɐ̯tst], der; -es, Notärzte ['no:t|ɛ:ɐ̯tstə], **Not|ärz|tin** ['no:t|ɛ:ɐ̯tstɪn], die; -, -nen: *Arzt, Ärztin, der bzw. die in Notfällen hilft:* in der Nacht bekam der Junge so hohes Fieber, dass seine Mutter den Notarzt rief.

Not|auf|nah|me ['no:t|aufna:mə], die; -, -n: **a)** *Aufnahme in ein Krankenhaus in einem Notfall:* diese Betten werden für Notaufnahmen frei gehalten. **b)** *Station, Raum für Notaufnahmen* (a): sie liegt noch in der Notaufnahme.

Not|aus|gang ['no:t|ausgaŋ], der; -[e]s, Notausgänge ['no:t|ausgɛŋə]: *(besonders bei öffentlichen Gebäuden) Ausgang, der bei Gefahr, Feuer o. Ä. benutzt werden kann:* den Notausgang suchen.

Not|durft ['no:tdʊrft]: in der Wendung **seine Notdurft verrichten:** *Darm oder Blase durch Ausscheidung des Kotes bzw. des Harnes entleeren:* er ging ins Gebüsch, um seine Notdurft zu verrichten. **Syn.:** austreten, sein Geschäft erledigen/machen (ugs. verhüllend).

not|dürf|tig ['no:tdʏrftɪç] ⟨Adj.⟩: *kaum ausreichend (für etwas); nur in kümmerlicher Weise vorhanden:* das ist nur ein notdürftiger Sonnenschutz; etwas notdürftig reparieren. **Syn.:** behelfsmäßig, mehr schlecht als recht, provisorisch, vorläufig.

No|te ['no:tə], die; -, -n: **1. a)** *(in der Musik) für einen bestimmten Ton stehendes grafisches Zeichen in einem System von Linien:* Noten lesen können; eine halbe, ganze Note. **Zus.:** Achtelnote, Sechzehntelnote, Viertelnote. **b)** ⟨Plural⟩ *einzelnes Blatt oder Heft mit einer oder mehreren in Noten* (1 a) *aufgezeichneten Kompositionen:* die Noten [der Lieder] liegen auf dem Klavier; die Noten studieren. **Zus.:** Orchesternoten. **2.** *(durch eine Ziffer oder ein Wort ausgedrückte) Bewertung:* sie hat die Prüfung mit der Note »gut« bestanden; gute Noten haben. **Syn.:** Zensur. **Zus.:** Examensnote, Zeugnisnote. **3.** *diplomatisches Schriftstück:* der Botschafter überreichte eine Note. **Zus.:** Protestnote. **4.** *Merkmal, Eigenschaft o. Ä., die einer Person oder Sache ihr Gepräge gibt:* sie gab der Aufführung eine besondere Note; ein Anzug mit sportlicher Note; ein Parfum mit einer betont weiblichen Note. **Zus.:** Duftnote, Geschmacksnote. **5.** (bes. schweiz.) *Banknote.*

Note|book ['noʊtbʊk], das; -s, -s: *kleiner, tragbarer Computer:* auf lange Zugreisen nahm er immer sein Notebook mit. **Syn.:** Computer, Laptop, Rechner.

Not|fall ['no:tfal], der; -[e]s, Notfälle ['no:tfɛlə]: *(unvorhergesehen eintretende) schwierige, gefahrvolle o. ä. Situation:* für den Notfall habe ich vorgesorgt; im Notfall *(notfalls)* kannst du bei uns übernachten.

not|falls ['no:tfals] ⟨Adverb⟩: *wenn es keine andere Möglichkeit gibt:* notfalls [auch] mit Gewalt; notfalls bleiben wir hier. **Syn.:** im Notfall, wenn alle Stricke reißen, wenn nötig, zur Not.

not|ge|drun|gen ['no:tgədrʊŋən] ⟨Adj.⟩: *aus der gegebenen Situation heraus zu einem bestimmten Tun gezwungen:* sie musste notgedrungen auf die Fahrt verzichten. **Syn.:** der Not gehorchend, wohl oder übel, zwangsläufig.

Not|gro|schen ['no:tgrɔʃn̩], der; -s, -: *Geld, das man spart, zurücklegt, um in Notfällen, in unvorhergesehenen Situationen darauf zurückgreifen zu können:* seinen Notgroschen [nicht] antasten. **Syn.:** Ersparnisse (Plural), Erspartes.

no|tie|ren [no'ti:rən] ⟨tr.; hat⟩: *[sich] etwas aufschreiben, damit man es nicht vergisst:* du musst [dir] den Namen, die Adresse, den Geburtstag notieren; hast du [dir] die Autonummer notiert? **Syn.:** schriftlich festhalten.

nö|tig ['nø:tɪç] ⟨Adj.⟩: *für einen bestimmten Zweck unerlässlich, erforderlich:* die nötigen Schritte einleiten; ihr fehlt die nötige Ruhe; das war einfach nötig; er hätte Erholung [bitter] nötig *(brauchte sie dringend).* **Syn.:** geboten, notwendig, unausweichlich, unentbehrlich, unumgänglich, unvermeidlich.

nötig / notwendig: *s.* Kasten Seite 685.

nö|ti|gen ['nø:tɪgn̩] ⟨tr.; hat⟩: **a)** *jmdn. mit Worten heftig bedrängen, einladen, auffordern, etwas Bestimmtes zu tun:* jmdn. zum Bleiben nötigen; sie nötigte uns ins Haus. **Syn.:** drängen, überreden. **Zus.:** abnötigen, aufnötigen. **b)** *jmdn. gegen dessen Willen, unter Androhung oder Anwendung von Gewalt zu etwas zwingen:* die Gangster nötigten den Kassierer, das Geld

N
norm

nötig/notwendig

Von diesen beiden synonymen Adjektiven verbindet sich nur **nötig** mit »haben« zu der verbalen Fügung »etwas nötig haben« *(brauchen, bedürfen, benötigen)*:

- Sie hat einen Urlaub dringend nötig.
- Er hat es nötig, mit seinen Erfolgen zu prahlen.

In Verbindung mit »sein« sind **nötig** und **notwendig** häufig austauschbar, allerdings ist »notwendig« nachdrücklicher:

- Ist es nötig *(muss es denn sein)*, dass wir so früh aufbrechen?

Dagegen:

- Ist es notwendig *(ist es gar nicht anders möglich)*, dass wir so früh aufbrechen?

Auch in Verbindung mit anderen Verben ist ein Austausch häufig möglich:

- Man hielt es nicht für nötig/notwendig, die Sperrstunde einzuführen.
- Änderungen haben sich nicht als nötig/notwendig erwiesen.

Aber nur:

- Es wäre nicht nötig gewesen, dass ...
- Alles, was zum Leben nötig ist, haben wir.

Im Sinne von *zwangsläufig* kann »nötig« nicht anstelle von **notwendig** gebraucht werden:

- Das ist die notwendige (nicht: nötige) Folge.

herauszugeben. **Syn.:** unter Druck setzen. **c)** *(von einem Sachverhalt, Umstand o. Ä.) jmdn. zu einem bestimmten Verhalten, Tun zwingen:* der Wetterumschlag nötigte die Bergsteiger zum Umkehren; sich zu etwas genötigt sehen. **Syn.:** ²bewegen, veranlassen.

No|tiz [no'ti:ts], die; -, -en:
1. *kurze Aufzeichnung (die jmdm. als Gedächtnisstütze dienen soll):* seine Notizen ordnen; sich Notizen über etwas machen.
2. * Notiz von jmdm., etwas nehmen: *jmdm., einer Sache Beachtung schenken:* die Kinder nahmen keine Notiz von der Nachbarin. **Syn.:** jmdn., etwas beachten.

not|lan|den ['no:tlandn̩], notlandete, notgelandet ⟨itr.; ist⟩:
eine Notlandung machen: das Flugzeug, der Pilot musste auf einem flachen Feld notlanden.

Not|lan|dung ['no:tlandʊŋ], die; -, -en:
durch einen technischen Schaden oder durch schlechtes Wetter verursachte Landung eines Flugzeuges außerhalb eines Flugplatzes: der Pilot musste eine Notlandung machen, vornehmen.

Not|lü|ge ['no:tly:gə], die; -, -n:
Lüge, mit der man eine peinliche Situation, eine Unannehmlichkeit o. Ä. zu vermeiden sucht: eine Notlüge gebrauchen; zu einer Notlüge greifen.

no|to|risch [no'to:rɪʃ] ⟨Adj.⟩ (abwertend):
für eine negative Eigenschaft, Gewohnheit bekannt; gewohnheitsmäßig, ständig: er ist ein notorischer Trinker, Lügner, Linksfahrer; sie kommt notorisch zu spät.

Not|ruf ['no:tru:f], der; -[e]s, -e:
a) *Telefonnummer, unter der Feuerwehr, Polizei o. Ä. in dringenden Fällen erreicht werden können:* über [den] Notruf die Polizei herbeirufen. **b)** *(meist telefonisch oder per Funk übermittelter) Hilferuf [bei Gefahr für Menschenleben] bei Feuerwehr, Polizei o. Ä.:* auf einen Notruf hin wurde sie von einem Krankenwagen in die Klinik gebracht.

Not|sitz ['no:tzɪts], der; -es, -e:
behelfsmäßiger Sitz, der benutzt wird, wenn alle Sitzplätze besetzt sind: er musste die ganze Bahnfahrt auf einem Notsitz verbringen.

not|tun [no:ttu:n], tat not, notgetan ⟨itr.; hat⟩ (geh.):
nötig, erforderlich sein: rasche Hilfe tut not. **Syn.:** am Platze sein, angebracht sein, angezeigt sein.

Not|wehr ['no:tve:ɐ̯], die; -:
das (straffrei bleibende) Abwehren eines Angriffs gegen die eigene oder gegen eine fremde Person (bei der dem Angreifer, der Angreiferin Schaden zugefügt wird): jmdn. in Notwehr töten; etwas in, aus Notwehr tun.

not|wen|dig ['no:tvɛndɪç] ⟨Adj.⟩:
a) *in einem bestimmten Zusammenhang unbedingt erforderlich:* notwendige Anschaffungen; die für eine Arbeit notwendige Zeit; etwas für notwendig erachten. **Syn.:** geboten, nötig. **Zus.:** lebensnotwendig. **b)** *nicht zu vermeiden:* der Verkauf des Hauses war notwendig. **Syn.:** nötig, unausweichlich, unentbehrlich, unerlässlich, unumgänglich, unvermeidlich.

notwendig/nötig:
s. Kasten nötig/notwendig.

No|vem|ber [no'vɛmbɐ], der; -[s], -:
elfter Monat des Jahres: ein nebliger, kalter November; am ersten November ist Allerheiligen.

Nu|an|ce ['nỹã:sə], die; -, -n:
1. *feiner gradueller Unterschied, feine Abstufung (einer Farbe):* eine Farbe, ein Blau in vielen verschiedenen Nuancen. **Syn.:** ²Ton. **Zus.:** Farbnuance.
2. *Kleinigkeit:* die Farbe ist eine Nuance zu hell; der Wein müsste um eine Nuance kälter sein. **Syn.:** Hauch, Schimmer, Spur.

nu|an|cie|ren [nỹã'si:rən] ⟨tr.; hat⟩:
a) *sehr fein graduell abstufen:* Farben nuancieren. **b)** *in seinen Feinheiten, feinen Unterschieden erfassen, darstellen:* Begriffe nuancieren; ⟨im 2. Partizip⟩ die Expertin hat teilweise überaus nuanciert kommentiert.

nüch|tern ['nʏçtɐn] ⟨Adj.⟩:
1. a) *ohne (nach dem nächtlichen Schlaf) schon etwas gegessen zu haben:* die Tabletten morgens nüchtern einnehmen; nüchtern zum Arzt gehen. **b)** *nicht [mehr] unter Alkoholeinwirkung stehend* /Ggs. betrunken/: sie ist völlig nüchtern; der Fahrer muss heute Abend nüchtern bleiben *(darf nichts trinken);* nicht mehr ganz nüchtern sein *(leicht betrunken sein);* am nächsten Morgen waren sie wieder nüchtern.
2. a) *sich auf das sachlich Gegebene, Zweckmäßige beschränkend:* eine nüchterne Geschäfts-

frau; eine nüchterne Darstellung der Lage; sie betrachtet alles sehr nüchtern; er ist sehr nüchtern, ein sehr nüchterner Mensch. **Syn.:** pragmatisch, rational, sachlich. **b)** *auf das Zweckmäßige ausgerichtet; ohne schmückendes Beiwerk:* nüchterne Fassaden; nüchterne Wände; die Zimmer sind alle sehr nüchtern eingerichtet. **Syn.:** kahl.

Nu|del [ˈnuːdl̩], die; -, -n:
aus Mehl (und Eiern) hergestellte, in unterschiedlichen Formen erhältliche Teigware, die vor dem Verzehr in reichlich Wasser gekocht wird: Nudeln kochen, abgießen; Suppe mit Nudeln. **Zus.:** Bandnudel, Suppennudel.

-nu|del [nuːdl̩], die; -, -n ⟨Suffixoid⟩ (ugs.):
Person, für deren Wesensart man das im Basiswort Genannte als charakteristische Eigenschaft ansieht, die sich in entsprechenden Aktivitäten äußert: Betriebsnudel *(Person, die immer für Betrieb sorgt, betriebsam ist);* Giftnudel *(Person, die giftig, bissig ist);* Skandalnudel *(Person, die immer wieder Skandale hervorruft);* Ulknudel. **Syn.:** -bold, -bolzen (ugs.).

nu|kle|ar [nukleˈaːɐ̯] ⟨Adj.⟩:
1. a) *den Atomkern betreffend:* nukleare Spaltung, Energie. **Syn.:** atomar. **b)** *auf Kernenergie beruhend, durch sie hervorgerufen:* nukleare Waffen; nukleare Explosion; nuklear angetrieben werden. **Syn.:** atomar.
2. a) *die Kernwaffen betreffend:* nukleare Strategie, Verteidigungspolitik. **Syn.:** atomar.
b) *mit Kernwaffen ausgerüstet:* nukleare Streitkräfte.

null [nʊl]:
1. ⟨Kardinalzahl⟩ er hat im Diktat null Fehler; null Komma eins; man darf nicht durch null teilen; das Thermometer zeigt null Grad, steht auf null.
2. ⟨Adj.; indeklinabel⟩ (ugs.) *überhaupt kein:* er hat null Ahnung von der Sache; sie hat null Bock.
3. * null und nichtig (emotional verstärkend): *[rechtlich] ungültig:* null und nichtig sein, werden; *** in null Komma nichts** (ugs.): *überraschend, sehr schnell:* er kam in null Komma nichts.

Null [nʊl], die; -, -en:
1. *Ziffer 0:* die Zahl Null; eine Null malen, schreiben; da musst du noch einige Nullen anhängen (scherzh.; *die Summe ist um ein Vielfaches größer, als du denkst*).
2. (ugs. abwertend) *gänzlich unfähiger Mensch:* eine glatte, reine Null sein. **Syn.:** Niete (ugs. abwertend), Versager, Versagerin.

Null- [nʊl] ⟨Präfixoid⟩:
kennzeichnet das Nicht-vorhanden-Sein des im Basiswort Genannten: Nullemission; Nullergebnis; Nulltarif *(kostenlose Gewährung bestimmter, üblicherweise nicht unentgeltlicher Leistungen);* Nullwachstum.

Null|acht|fünf|zehn- [nʊl|axtˈfʏnft͜seːn] ⟨Präfixoid⟩ (ugs. abwertend):
drückt aus, dass das im Basiswort Genannte ohne Originalität, nicht mehr als nur unbedeutender Durchschnitt ist: Nullachtfünfzehn-Aufführung; Nullachtfünfzehn-Frisur; Nullachtfünfzehn-Mode; Nullachtfünfzehn-Soße. **Syn.:** Allerwelts- (ugs.), Durchschnitts-, Feld-Wald-und-Wiesen- (ugs.).

Num|mer [ˈnʊmɐ], die; -, -n:
Zahl, mit der etwas gekennzeichnet wird: die Nummer des Loses; er wohnt [in Zimmer] Nummer 10. **Zus.:** Hausnummer, Kontonummer, Telefonnummer, Zimmernummer;
*** [nur] eine Nummer sein:** *nicht als Individuum behandelt werden:* im Knast war ich immer nur eine Nummer.

num|me|rie|ren [nʊməˈriːrən] ⟨tr.⟩:
mit [fortlaufenden] Nummern, Zahlen versehen, um eine Reihenfolge festzulegen oder etwas zu kennzeichnen: die Seiten eines Manuskripts nummerieren; die Zimmer sind nummeriert; nummerierte Plätze. **Zus.:** durchnummerieren.

[1]**nun** [nuːn] ⟨Adverb⟩:
dient dazu, den gegenwärtigen Zeitpunkt [als den Moment, zu dem eine Handlung, ein Geschehen oder ein Zustand einsetzt] zu bezeichnen; *jetzt:* ich muss nun leider gehen; von nun an soll alles anders werden; nun kann ich ruhig schlafen.

[2]**nun** [nuːn] ⟨Partikel⟩:
a) dient dazu, die Einsicht in einen Tatbestand, der für unabänderlich gehalten wird, zu unterstreichen; *eben:* es ist nun [einmal] nicht anders. **b)** dient am Satzanfang dazu, eine resümierende Feststellung oder eine Frage einzuleiten; *also:* nun [gut], er muss selber wissen, was er tut; nun, was sagst du dazu?

[1]**nur** [nuːɐ̯] ⟨Adverb⟩:
a) *nicht mehr als:* es war nur ein Traum; es hat nur zwei Minuten gedauert; ich habe nur [noch] einen Euro. **Syn.:** bloß. **b)** *nichts anderes als:* ich konnte nur staunen. **c)** *nichts weiter als:* ich habe ihr nur gesagt, sie solle nichts erzählen. **Syn.:** bloß, lediglich.

[2]**nur** [nuːɐ̯] ⟨Konj.⟩:
dient dazu, die Aussage des vorangegangenen Satzes einzuschränken; *aber:* er ist schön, nur müsste er netter sein.

[3]**nur** [nuːɐ̯] ⟨Partikel⟩:
1. [3]*bloß* (2): was hat sie sich nur dabei gedacht?; was hat er nur?
2. dient in Aufforderungen dazu, auszudrücken, dass die Aufforderung als gut gemeinter Rat zu verstehen ist: nur Mut!; nur nicht aufregen!; lass dich nur nicht verwirren; er soll nur kommen! (iron.; *es wäre besser für ihn, wenn er nicht käme*).
3. [3]*bloß* (3): wenn ich nur wüsste, was er vorhat!; wenn er dies nur nicht getan hätte!; wenn ich nur erst dort wäre!

nu|scheln [ˈnʊʃl̩n] (ugs.):
a) ⟨itr.; hat⟩ *undeutlich sprechen:* vor sich hin nuscheln; man versteht ihn kaum, weil er so nuschelt. **b)** ⟨tr.; hat⟩ *etwas nuschelnd* (1 a) *sagen:* sie nuschelte einige Worte.

Nuss [nʊs], die; -, Nüsse [ˈnʏsə]:
Frucht mit harter, holziger Schale, die einen ölhaltigen, meist essbaren Kern enthält: Nüsse knacken, aufbrechen, aufmachen. **Zus.:** Erdnuss, Haselnuss, Kokosnuss, Walnuss.

Nuss|kna|cker [ˈnʊsknakɐ], der; -s, -:
a) *zangenähnliches Gerät, mit dessen Hilfe sich die harte Schale von Nüssen aufknacken lässt.*
b) *bunt bemaltes hölzernes*

N
Nude

nutzen/benutzen

Sowohl **nutzen** als auch **benutzen** kann bedeuten: *für einen bestimmten Zweck gebrauchen, verwenden.* In vielen Fällen können in dieser Bedeutung beide Wörter verwendet werden:

- Für ihre Recherchen nutzt/benutzt sie regelmäßig das Internet.

Je nachdem, ob man »nutzen« oder »benutzen« verwendet, werden jedoch unterschiedliche Bedeutungsaspekte betont.
Mit **nutzen** wird stärker der Aspekt hervorgehoben, dass aus dem Geschehen ein Nutzen/ein Vorteil gezogen wird:

- Er nutzte die Gelegenheit, um sich das geklaute Geld heimlich in die Tasche zu stecken.

In manchen Fügungen ist nur »nutzen«, nicht aber »benutzen« korrekt:

- eine Chance/eine Möglichkeit nutzen.
- Sie nutzte die Gunst der Stunde.

Benutzen wird dagegen vor allem verwendet, wenn es im Sinne von *Gebrauch machen [von etwas]* steht.

- Polizisten werden darin geschult, möglichst nicht ihre Waffe zu benutzen.

In Bezug auf Personen kann stets nur »benutzen«, niemals aber »nutzen« stehen:

- Er hatte seinen besten Freund dazu benutzt, an das Vermögen heranzukommen.

Männchen, das mit eingearbeiteter Mechanik in seinem Mund Nüsse knackt.

Nut [nu:t], die; -, -n (Fachspr.): *längliche Einkerbung, durch die Teile von Maschinen, Möbeln usw. miteinander verbunden werden können:* der Zapfen muss genau in die Nut passen.

Nut|te ['nʊtə], die; -, -n (salopp abwertend): *Prostituierte.* **Syn.:** Hure (ugs., auch Eigenbezeichnung).

nutz|bar ['nʊt͜sba:ɐ̯] ⟨Adj.⟩: *sich für bestimmte Zwecke verwenden, nutzen lassend:* nutzbare Stoffe; nutzbares Holz; etwas in nutzbare Energie umwandeln; etwas nutzbar machen. **Syn.:** brauchbar, geeignet.

nüt|ze ['nʏt͜sə]: in der Wendung **[zu] etwas nütze sein:** *[zu] etwas taugen, brauchbar, nützlich sein, zu gebrauchen sein:* wozu ist denn das nütze?; der Rest ist zu nichts nütze; das ist doch zu gar nichts nütze!

nut|zen ['nʊt͜sn̩] (bes. nordd.), **nüt|zen** ['nʏt͜sn̩] (bes. südd.):
1. ⟨tr.; hat⟩ *eine bestehende Möglichkeit, eine Gelegenheit ausnutzen, sie sich zunutze machen; aus einer gegebenen Situation Vorteil ziehen:* in diesem Gebiet nutzt/nützt man die Wasserkraft der großen Flüsse [zur Stromerzeugung]; er nutzt/nützt jede Gelegenheit, Geld zu verdienen; wir müssen die Zeit gut nutzen/nützen. **Syn.:** ausnützen (bes. südd.), verwerten.
2. ⟨itr.; hat⟩ *bei etwas von Nutzen sein; für das Erreichen eines Zieles geeignet sein:* ihre Erfahrungen nützen ihr sehr viel; alle seine Bemühungen nutzen nichts, wenn beim andern der gute Wille fehlt. **Syn.:** fruchten, helfen.

nutzen / benutzen: s. Kasten.

Nut|zen ['nʊt͜sn̩], der; -s, -: *Vorteil, Gewinn, Ertrag, den man von einer Tätigkeit, dem Gebrauch von etwas, der Anwendung eines Könnens o. Ä. hat:* ein großer, kleiner, geringer, allgemeiner, bedeutender Nutzen; aus etwas Nutzen ziehen; etwas bringt Nutzen; etwas ist von Nutzen *(ist nützlich).* **Syn.:** Ertrag, Gewinn, Plus, Profit, Vorteil.

nütz|lich ['nʏt͜slɪç] ⟨Adj.⟩: *für einen bestimmten Zweck sehr brauchbar; Nutzen bringend:* eine nützliche Beschäftigung; allerlei nützliche Dinge kaufen; das Wörterbuch erweist sich als nützlich für meine Arbeit. **Syn.:** brauchbar, dienlich, förderlich, fruchtbar, hilfreich, konstruktiv (bildungsspr.), lohnend, zweckdienlich, zweckmäßig.

nutz|los ['nʊt͜slo:s] ⟨Adj.⟩: *keinen Nutzen, Gewinn bringend; ohne Nutzen; vergeblich:* nutzlose Versuche, Anstrengungen; sich nutzlos mit etwas abquälen; die Bemühungen waren nicht völlig nutzlos. **Syn.:** entbehrlich, überflüssig, unnütz, wirkungslos.

Nutz|nie|ßer ['nʊt͜sni:sɐ], der; -s, -, **Nutz|nie|ße|rin** ['nʊt͜sni:sərɪn], die; -, -nen: *Person, die den Nutzen von etwas hat, einen Vorteil aus etwas zieht, was eine andere Person erarbeitet o. Ä. hat:* er war der wahre Nutznießer des Debakels; die Nutznießerin des Streites war die Konkurrenz. **Syn.:** Gewinner, Gewinnerin, lachende Dritte, lachender Dritter.

Nut|zung ['nʊt͜sʊŋ], die; -: *das Anwenden, Benutzen, Einsetzen o. Ä. von etwas (in der Weise, dass es einen Nutzen, Ertrag bringt):* die friedliche Nutzung der Kernenergie; die landwirtschaftliche Nutzung eines Gebietes. **Syn.:** Anwendung, Einsatz, Gebrauch.

O o

-o [o], der; -s, -s ⟨Suffix⟩ (Jargon): kennzeichnet eine männliche Person, die durch das im Basiswort Genannte charakterisiert wird: Brutalo *(brutaler Mann);* Fascho *(Rechtsextremer, -radikaler);* Prolo *(proletenhafter Mann);* Realo. **Syn.:** -ist, -nik.

Oa|se [o'a:zə], die; -, -n: *fruchtbare Stelle mit Wasser und üppiger Vegetation inmitten einer Wüste:* die Karawane erreichte die Oase.

ob [ɔp] ⟨Konj.⟩:
1. leitet einen indirekten Fragesatz, Sätze, die Ungewissheit,

Zweifel ausdrücken, ein: er fragte mich, ob du morgen kommst; ich weiß nicht, ob die Zeit dafür noch reicht; sie will wissen, ob es geklappt hat; ob das wahr ist, bleibt dahingestellt.
2. in Verbindung mit »als« in irrealen Vergleichssätzen: sie tat [so], als ob sie nichts gemerkt hätte.
3. * ob ..., ob ...: *ganz gleich ob ... oder ...:* alle, ob Arm, ob Reich, waren von der Sache betroffen.
4. * und ob (ugs.): dient dazu, einer bejahenden, bestätigenden Antwort besonderen Nachdruck zu geben: »Kennst du ihn eigentlich?« – »Und ob [ich ihn kenne]!«.

Ob|dach [ˈɔpdax], das; -[e]s (veraltend):
vorübergehende Aufnahme, Unterkunft, die jmdm. in einer Notsituation gewährt wird: er hatte bei Wildfremden [ein] Obdach gefunden; sie hatten tagelang kein Obdach. **Syn.:** Bleibe, Quartier.

ob|dach|los [ˈɔpdaxloːs] ⟨Adj.⟩:
[vorübergehend] ohne Wohnung: obdachlose Flüchtlinge; über 100 000 Menschen wurden durch das Erdbeben obdachlos.

Ob|duk|ti|on [ɔpdʊkˈt͜si̯oːn], die; -, -en:
Öffnung einer Leiche zu medizinischen Zwecken: die Obduktion ergab, dass die Frau vergiftet worden war; eine Obduktion bei dem Verunglückten vornehmen; eine Obduktion anordnen, durchführen. **Syn.:** Sektion.

oben [ˈoːbn̩] ⟨Adverb⟩ /Ggs. unten/:
1. a) *an einer (vom Sprechenden aus betrachtet) höher gelegenen Stelle, an einem (vom Sprechenden aus betrachtet) hoch gelegenen Ort:* die Flasche steht im Regal oben links; oben auf dem Dach; er schlug den Nagel ein Stückchen weiter oben ein; sie schaute nach oben; der Ort liegt weiter oben in den Bergen. **b)** *am oberen Ende von etwas:* den Sack oben zubinden; sie sitzt immer oben am Tisch. **c)** *von der Unterseite abgewandt:* die glänzende Seite des Papiers gehört nach oben. **d)** *in/aus der Höhe:* hier oben liegt noch Schnee; hoch oben am Himmel flog ein Adler. **e)** *in einem vom Sprechenden aus höheren Stockwerk:* sie ist noch oben; nimm bitte die Koffer mit nach oben.
2. (ugs.) *an einer höheren Stelle in einer Hierarchie, Rangordnung:* die da oben haben keine Ahnung; wenn er erst oben ist, wird er uns nicht mehr kennen; der Befehl kam von oben.
3. (ugs.) *im Norden* (orientiert an der aufgehängten Landkarte): in Dänemark oben; sie ist auch von da oben.
4. *weiter vorne in einem Text:* siehe oben; wie bereits oben erwähnt; die oben genannte, stehende Summe.

oben|drauf [ˈoːbn̩ˈdrau̯f] ⟨Adverb⟩:
auf alles andere, auf allem anderen: das Buch liegt obendrauf; sie setzte sich obendrauf; obendrauf [auf dem Brot] waren Gurkenscheiben.

oben|drein [ˈoːbn̩ˈdrai̯n] ⟨Adverb⟩:
noch dazu, zusätzlich zu anderem: er hat mich betrogen und obendrein ausgelacht. **Syn.:** auch, außerdem, darüber hinaus, dazu, überdies, zudem, zusätzlich.

Ober [ˈoːbɐ], der; -s, -:
Kellner: ein freundlicher, mürrischer Ober; [Herr] Ober, bitte ein Bier, bitte zahlen! **Syn.:** Bedienung, Servierer.

ober... [ˈoːbər...] ⟨Adj.; nur attributiv⟩:
1. *(von zwei oder mehreren Dingen) über dem/den anderen gelegen, befindlich; [weiter] oben liegend, gelegen:* die obere Hälfte; in der oberen Schublade; in einem der oberen Stockwerke; die oberen Zweige erreicht man nur mit der Leiter; sie drückte auf den oberen Knopf.
2. *dem Rang nach, in einer Hierarchie o. Ä. über anderem, anderen stehend:* die oberen Instanzen; die oberen Klassen, Schichten der Bevölkerung.

[1]**ober-, Ober-** [oːbɐ] ⟨Präfixoid⟩:
1. (emotional verstärkend, oft abwertend) **a)** ⟨substantivisch⟩ drückt aus, dass jemand das im Basiswort Genannte in ganz besonderem Maße verkörpert: Oberbonze; Obergangster; Obergaunerin; Obermacker; Oberzicke. **b)** ⟨adjektivisch⟩ *besonders, höchst:* oberbeschissen; oberdoof; oberfaul; oberflau; obermies; (iron.) oberschlau. **Syn.:** sau- (derb verstärkend), stink- (ugs. emotional verstärkend), tod- (emotional verstärkend).
2. bezeichnet in Bildungen mit Substantiven eine Person, die einen höheren oder den höchsten Rang einnimmt: Oberärztin; Oberbürgermeisterin; Oberfeldwebel; Oberförster; Oberinspektor; Oberleutnant; Oberpostrat; Oberschwester; Oberstaatsanwalt; Oberstudienrätin; ⟨auch innerhalb des Wortes⟩ Bibliotheksoberinspektor; Kriminalobermeister; Polizeioberwachtmeisterin.

[2]**ober-, Ober-** [oːbɐ] ⟨Präfix⟩:
a) *über etwas anderem gelegen, befindlich:* Oberbekleidung; Obermaterial. **b)** kennzeichnet die Lage oberhalb: Oberhitze; Oberkiefer; Oberlippe; Oberschenkel.

Ober|flä|che [ˈoːbɐflɛçə], die; -, -n:
a) *Gesamtheit der Flächen, die einen Körper von außen begrenzen:* eine raue, glatte, blanke, polierte Oberfläche; die Oberfläche einer Kugel. **Zus.:** Erdoberfläche. **b)** *waagerechte Fläche, die einen flüssigen Stoff (in einem Gefäß o. Ä.) nach oben begrenzt:* die verschmutzte Oberfläche des Tümpels; etwas schwimmt an der Oberfläche; Fett schwimmt auf der Oberfläche. **Zus.:** Wasseroberfläche.

ober|fläch|lich [ˈoːbɐflɛçlɪç] ⟨Adj.⟩:
1. (meist Fachspr.) *sich an/auf der Oberfläche von etwas befindend, nicht tief in die Oberfläche von etwas eindringend:* ein oberflächlicher Bluterguss; die Wunde ist nur oberflächlich.
2. a) *am Äußeren haftend; ohne geistig-seelische Tiefe:* ein oberflächlicher Mensch. **Syn.:** flach, ohne Tiefgang, seicht (ugs.). **b)** *nicht gewissenhaft oder gründlich:* bei oberflächlicher Betrachtung; ihre Bekanntschaft war ganz oberflächlich; etwas nur oberflächlich untersuchen. **Syn.:** flüchtig, nachlässig, ungenau.

[1]**ober|halb** [ˈoːbɐhalp] ⟨Präp. mit Gen.⟩:
höher als etwas gelegen /Ggs. unterhalb/: die Burg liegt oberhalb des Dorfes; sie hängte das

Bild oberhalb der Tür auf. **Syn.:** über.

[2]**ober|halb** ['o:bɐhalp] ⟨Adverb; in Verbindung mit »von«⟩: *über etwas, höher als etwas gelegen:* die Strahlenburg liegt oberhalb von Schriesheim. **Syn.:** über.

Ober|haupt ['o:bɐhau̯pt], das; -[e]s, Oberhäupter ['o:bɐhɔy̯ptɐ]: *Person, die als Autorität an der Spitze einer Institution o. Ä. steht:* seit dem Tod seines Vaters ist er das Oberhaupt der Familie; das Oberhaupt des Staates war der Staatspräsident; die Königin von England ist das Oberhaupt der anglikanischen Kirche. **Syn.:** Führer, Führerin, Haupt, [1]Leiter, Leiterin. **Zus.:** Familienoberhaupt, Staatsoberhaupt.

Ober|hemd ['o:bɐhɛmt], das; -[e]s, -en: *auf dem Oberkörper getragenes Hemd mit langen Ärmeln (als Teil der Oberbekleidung von Männern)* /Ggs. Unterhemd/: im Sommer trägt er immer kurzärmlige Oberhemden.

Ober|kör|per ['o:bɐkœrpɐ], der; -s, -: *oberer Teil des menschlichen Rumpfes:* er hat einen muskulösen Oberkörper; sie beugte den Oberkörper weit nach vorn; er musste beim Arzt den Oberkörper frei machen.

Ober|licht ['o:bɐlɪçt], das; -[e]s, -e[r]: **1.** ⟨ohne Plural⟩ *von oben her in einen Raum einfallendes Tageslicht:* der Saal hat Oberlicht. **2.** *oberer, selbstständig zu öffnender Teil eines Fensters:* der Dieb war durch das Oberlicht gestiegen.

Ober|schen|kel ['o:bɐʃɛŋkl̩], der; -s, -: *(beim menschlichen Körper) Teil des Beines zwischen Knie und Hüfte:* er hat sich den Oberschenkel gebrochen. **Syn.:** Schenkel.

Oberst ['o:bɐst], der; -en und -s, -en, seltener: -e: *Offizier mit dem höchsten Dienstgrad der Stabsoffiziere:* er ist zum Oberst[en] befördert worden.

oberst... ['o:bɐst...] ⟨Adj.; Superlativ von »ober...«⟩: **1.** *sich (räumlich gesehen) ganz oben, an der höchsten Stelle befindend* /Ggs. unterst.../: im obersten Stockwerk. **2.** *dem Rang nach an höchster Stelle stehend:* die oberste Behörde. **Syn.:** höchst...

Ober|wei|te ['o:bɐvai̯tə], die; -, -n: **1.** *Brustumfang:* der Pullover passt für Oberweite 92; die Oberweite messen. **2.** (ugs. scherzh.) *Busen:* sie hat eine beachtliche Oberweite. **Syn.:** Brust, Büste.

ob|gleich [ɔp'glai̯ç] ⟨konzessive Konj.⟩: *obwohl:* sie kam sofort, obgleich sie nicht viel Zeit hatte; obgleich es ihm selbst nicht gut ging, half er mir. **Syn.:** auch wenn, obschon (geh.), selbst wenn, wenngleich.

Ob|hut ['ɔphu:t], die; - (geh.): *fürsorglicher Schutz, Aufsicht:* sich jmds. Obhut anvertrauen; sich in jmds. Obhut befinden; bei ihr sind die Kinder in guter Obhut; jmdn. in seine Obhut nehmen; sie kam sofort in ärztliche Obhut; unter jmds. Obhut stehen. **Syn.:** Fürsorge.

obig ['o:bɪç] ⟨Adj.; nur attributiv⟩: *(in einem Text) weiter oben stehend; oben genannt, erwähnt:* das obige Zitat; schicken Sie die Ware bitte an obige Adresse; das ist im Obigen *(weiter oben)* dargelegt worden. **Syn.:** besagt, oben erwähnt, oben genannt.

Ob|jekt [ɔp'jɛkt], das; -[e]s, -e: **1.** *Person, auf die, Gegenstand, auf den das Denken, Handeln, jmds. Interesse gerichtet ist:* ein geeignetes, untaugliches Objekt; die Fremden waren das Objekt der Neugier; ein Objekt der Forschung. **Syn.:** Ding, Gegenstand, Sache. **2.** (bes. Kaufmannsspr.) *etwas mit einem bestimmten Wert, das angeboten, verkauft wird; Gegenstand eines Geschäfts, eines [Kauf]vertrages, besonders ein Grundstück, Haus o. Ä.:* ein günstiges, größeres Objekt; bei der Auktion gab es einige schöne Objekte; ihr wurde ein interessantes Objekt zum Kauf angeboten.

ob|jek|tiv [ɔpjɛk'ti:f] ⟨Adj.⟩: *nicht von Gefühlen und Vorurteilen bestimmt:* eine objektive Untersuchung; eine objektive Berichterstatterin; sein Urteil ist nicht objektiv; etwas objektiv betrachten. **Syn.:** frei von Emotionen, nüchtern, sachlich, sine ira et studio (bildungsspr.), unparteiisch, unvoreingenommen.

Ob|la|te [o'bla:tə], die; -, -n: **1.** *dünne, aus einem Teig aus Mehl und Wasser gebackene Scheibe, die besonders in der katholischen Kirche als Abendmahlsbrot gereicht wird:* der Priester bricht die Oblate. **Syn.:** Hostie. **2. a)** *dünne Scheibe aus einem Teig aus Mehl und Wasser, die als Unterlage für verschiedenes Gebäck verwendet wird:* die Oblate mit Marmelade bestreichen. **b)** *waffelähnliches, flaches, rundes Gebäck:* Karlsbader Oblaten.

ob|lie|gen [ɔp'li:gn̩], oblag, obliegen/(veraltend:) lag ob, obgelegen ⟨itr.; hat⟩ (geh.): *jmds. Pflicht, Schuldigkeit sein:* der Nachweis obliegt der Behörde/(veraltend:) liegt der Behörde ob, hat der Behörde oblegen/(veraltend:) obgelegen, scheint der Behörde zu obliegen/(veraltend:) obzuliegen; ⟨unpers.⟩ es obliegt ihm, das zu tun.

Ob|lie|gen|heit [ɔp'li:gn̩hai̯t], die; -, -en (geh.): *etwas, was zu jmds. [routinemäßig zu erledigenden] Aufgaben, Pflichten gehört:* seine Obliegenheiten zur Zufriedenheit aller erfüllen; das gehört zu den Obliegenheiten des Hausmeisters. **Syn.:** Aufgabe, Pflicht.

obli|ga|to|risch [obliga'to:rɪʃ] ⟨Adj.⟩: *verbindlich vorgeschrieben* /Ggs. fakultativ/: obligatorische Unterrichtsfächer, Vorlesungen; für diese Ausbildung ist das Abitur obligatorisch. **Syn.:** verbindlich, vorgeschrieben.

Oboe [o'bo:ə], die; -, -n: *leicht näselnd klingendes Holzblasinstrument, dessen Tonlöcher mit Klappen geschlossen werden:* mein Sohn spielt Oboe; ich spielte auf der Oboe eine Sonate von Brahms. **Syn.:** Holzblasinstrument.

Ob|rig|keit ['o:brɪçkai̯t], die; -, -en: *Träger weltlicher oder geistlicher Macht; Träger der Regierungsgewalt:* die weltliche, geistliche

Obrigkeit; etwas geschieht auf Anordnung der Obrigkeit.

ob|schon [ɔpˈʃoːn] ⟨konzessive Konj.⟩ (geh.):
obwohl: sie kam, obschon sie krank war; er tat es, obschon er wusste, dass es nicht gern gesehen wurde. **Syn.:** auch wenn, obgleich, selbst wenn, wenngleich.

Ob|ser|va|to|ri|um [ɔpzɛrvaˈtoːri̯ʊm], das; -s, Observatorien [ɔpzɛrvaˈtoːri̯ən]:
(besonders wissenschaftlichen Zwecken dienende) astronomische Beobachtungsstation: neue, größere Observatorien werden gebaut, um das Universum besser erforschen zu können. **Syn.:** Sternwarte.

ob|ser|vie|ren [ɔpzɛrˈviːrən] ⟨tr.; hat⟩:
der Verfassungsfeindlichkeit, eines Verbrechens verdächtige Personen oder entsprechende Objekte polizeilich überwachen: jmdn. observieren [lassen]; eine Wohnung, ein Haus observieren. **Syn.:** beobachten, beschatten, bespitzeln.

obs|kur [ɔpsˈkuːɐ̯] ⟨Adj.⟩:
[nicht näher bekannt und daher] fragwürdig, anrüchig, zweifelhaft: eine obskure Person, Gestalt; ein obskures Hotel, Geschäft; er hat sein Buch in irgendeinem obskuren Verlag herausgebracht; diese Geschichte ist ziemlich obskur. **Syn.:** dubios, nicht ganz astrein/hasenrein (ugs.).

Obst [oːpst], das; -[e]s:
essbare, meist süße Früchte bestimmter Bäume und Sträucher: frisches, reifes, gedörrtes Obst; Obst pflücken, einmachen, ernten, schälen; eine Schale mit Obst. **Syn.:** Früchte ⟨Plural⟩. **Zus.:** Beerenobst, Dörrobst.

Obst|sa|lat [oːpstzalaːt], der; -[e]s, -e:
Salat aus verschiedenen Obstsorten: als Nachtisch gab es Obstsalat.

obs|zön [ɔpsˈt̮søːn] ⟨Adj.⟩:
(besonders den Sexualbereich betreffend) von einem Mangel an Schamgefühl zeugend: obszöne Bilder; obszöne Witze; einige Stellen des Buches sind sehr obszön; er redet immer so obszön. **Syn.:** anstößig, schamlos, schlüpfrig (abwertend), schmutzig (abwertend), schweinisch (ugs. abwertend), unanständig, zweideutig.

ob|wohl [ɔpˈvoːl] ⟨konzessive Konj.⟩:
ungeachtet der Tatsache, dass …: wir gingen spazieren, obwohl es regnete; sie hat das Paket nicht mitgenommen, obwohl ich sie darum gebeten hatte. **Syn.:** auch wenn, obgleich, obschon (geh.), selbst wenn, wenngleich.

Och|se [ˈɔksə], der; -n, -n:
1. *kastriertes männliches Rind:* die Ochsen vor den Pflug spannen. **Syn.:** Bulle, Stier.
2. *Dummkopf, dummer Mensch* (Schimpfwort, meist für männliche Personen): du blöder Ochse! **Syn.:** Depp (bes. südd., österr., schweiz. abwertend), Dummkopf, Hammel (salopp abwertend), Idiot (ugs. abwertend), Kamel (salopp abwertend), Trottel (ugs. abwertend).

öde [ˈøːdə] ⟨Adj.⟩:
a) *(von einer Örtlichkeit o. Ä.) verlassen und menschenleer, ein Gefühl von Trostlosigkeit vermittelnd:* eine öde Gegend; im Winter ist der Strand öde und leer. **Syn.:** einsam. **b)** *ohne Sinn und Gehalt, ohne Leben und daher jmdm. langweilig, leer erscheinend:* das öde Einerlei des Alltags; öde Gespräche; die Party war, verlief ziemlich öde; sein Dasein erschien ihm öde. **Syn.:** fade, langweilig.

oder [ˈoːdɐ] ⟨Konj.⟩:
1. verbindet Satzteile, Satzglieder, die alternative Möglichkeiten darstellen, von denen eine infrage kommt: einer muss die Arbeit machen: du oder dein Bruder; der Arbeitgeber oder der Arbeitnehmer (= einer von beiden) muss Abstriche machen; wohnt sie in Hamburg oder in Lübeck?
2. a) verbindet Sätze, Satzglieder, die Möglichkeiten für eine bestimmte Entscheidung anbieten: das Papier kann weiß oder rot oder [auch] blau sein; fährst du heute oder morgen?; ich werde sie anrufen oder ihr schreiben; wir spielen jetzt, oder ich gehe nach Hause. **b)** reiht Möglichkeiten, die zur Wahl stehen, für etwas bereitstehen, aneinander: Sie können Herrn X oder [auch] Frau Y nach dem Preis fragen; der Direktor oder sein Stellvertreter (= beide) können/(besser:) kann Verträge unterzeichnen. **Syn.:** beziehungsweise. **c)** leitet einen Satz ein, der enthält, was eintritt, wenn das zuvor Genannte nicht gemacht wird oder nicht eintritt; *sonst, andernfalls:* komm jetzt endlich, oder ich gehe allein (= sonst gehe ich allein)!; ⟨in Verknüpfung mit einem vorausgehenden »entweder«⟩ entweder du kommst jetzt, oder ich gehe allein (= andernfalls gehe ich allein). **d)** leitet eine Art Apposition, eine Zweitbezeichnung für das vorher Genannte, ein; *auch … genannt; wie man auch sagen könnte:* die Anemonen oder Buschwindröschen gehören zu den Hahnenfußgewächsen; /bei Kunstwerken/: Das Käthchen von Heilbronn oder Die Feuerprobe; Don Juan oder Die Liebe zur Geometrie.
3. ⟨elliptisch⟩ **a)** als provokative, einen ganzen Satz vertretende Scheinfrage, die nur die vom Sprecher gemachte Aussage bekräftigen soll: wir leben doch hier nicht in einer Diktatur, oder? (erwartete Antwort: nein); dass ich viel Arbeit habe, weißt du ja. Oder? (erwartete Antwort: ja). **b)** als [rhetorische] Frage im Anschluss an eine selbst geäußerte Vermutung, Feststellung, deren Richtigkeit der Sprecher bestätigt haben möchte; *das ist doch so, nicht wahr?; etwa nicht?:* du gehst doch auch bald in Urlaub, oder? **c)** steht an einer Stelle des Satzes – in mündlicher Rede –, an der der Sprecher sich bzw. einen Versprecher auf indirekte Weise korrigieren will: ich habe das ja gewusst oder [besser (gesagt)/vielmehr] geahnt; unsere gemeinsamen Gespräche sollen dazu beitragen, Defizite zu verbessern oder zu beseitigen.

Odys|see [odʏˈseː], die; -, Odysseen [odʏˈseːən] (geh.):
langer Weg; lange, mit vielen Hindernissen verbundene, einem Abenteuer gleichende Reise: unsere Fahrt zu den Ausgrabungsstätten war eine Odyssee; wir haben eine [lange, abenteu-

erliche] Odyssee durch Indien und Nepal hinter uns.

Ofen [ˈo:fn̩], der; -s, Öfen [ˈø:fn̩]: **a)** *Vorrichtung zum Heizen eines Raumes mithilfe brennbaren Materials wie Holz, Kohlen, Öl:* ein großer, eiserner, gekachelter Ofen; der Ofen glüht, brennt schlecht, ist ausgegangen; den Ofen anmachen, anzünden. **Syn.:** Heizung. **Zus.:** Kohlenofen, Ölofen. **b)** *Teil des Herdes zum Backen von Kuchen o. Ä.:* den Kuchen aus dem Ofen holen. **Syn.:** Backofen.

of|fen [ˈɔfn̩] ⟨Adj.⟩:
1. a) *so beschaffen, dass jmd., etwas heraus- oder hineingelangen kann; nicht geschlossen; geöffnet:* eine offene Tür; aus dem offenen Fenster schauen; mit offenem Mund atmen; die Zimmertür stand, war einen Spaltbreit offen; sie hatte die Augen offen. **Syn.:** geöffnet, offen stehend. **b)** *nicht ab-, zugeschlossen, nicht verschlossen:* er hat etwas aus der offenen Schublade gestohlen; ein offener *(nicht zugeklebter)* Umschlag; der Schrank ist, bleibt offen; dieser Laden hat/ist auch sonntags offen *(hat auch am Sonntag geöffnet)*. **Syn.:** aufgeschlossen, aufgesperrt (bes. österr., südd.).
2. a) *(in Bezug auf Ausgang oder Ende von etwas) noch nicht entschieden, noch in der Schwebe:* der Ausgang, die Angelegenheit ist noch völlig offen. **Syn.:** fraglich, unbestimmt, unentschieden, ungewiss, unsicher, zweifelhaft. **b)** *[noch] nicht bezahlt; [noch] nicht erledigt:* eine offene Rechnung; in der Bilanz sind noch einige Posten offen *(noch nicht [genau] aufgeführt)*. **c)** *nicht besetzt; frei:* offene Stellen; bei uns ist noch eine Position offen; ich lasse diese Zeile, Reihe, Spalte [in dem Formular] offen *(fülle sie nicht aus)*. **Syn.:** vakant.
3. a) *(jmds. Verhalten oder jmds. Äußerungen anderen gegenüber betreffend) ehrlich und aufrichtig; seine jeweilige Meinung unverstellt erkennen lassend:* offene Worte; ein offenes Gespräch; offen zu jmdm. sein; etwas offen bekennen, zugeben; offen seine Meinung sagen; sie unterhielten sich ganz offen über das Problem. **Syn.:** frank und frei, freimütig, geradeheraus (ugs.), offenherzig. **b)** *klar und deutlich zutage tretend und so für jeden erkennbar; unverhohlen:* offener Protest wurde laut; offene Feindschaft; zum offenen Widerstand aufrufen; es liegt doch offen auf der Hand, dass sie lügt; etwas offen zur Schau stellen, tragen; seine Abneigung offen zeigen. **c)** *vor den Augen der Öffentlichkeit; nicht geheim:* sie wurde in offener Abstimmung gewählt; er wurde auf offener Straße *(vor den Augen aller sich auf der Straße befindenden Leute)* verhaftet.

offen / auf:
s. Kasten Seite 122.

[1]**of|fen|bar** [ˈɔfn̩ba:ɐ̯] ⟨Adj.⟩:
klar ersichtlich, offen zutage tretend: ein offenbarer Irrtum; eine offenbare Lüge; ihre Absicht wurde allen offenbar; es wurde offenbar *(es kam heraus)*, dass er gelogen hatte. **Syn.:** augenscheinlich, deutlich, flagrant (bildungsspr.), handgreiflich (1), offenkundig, offensichtlich, sichtlich.

[2]**of|fen|bar** [ˈɔfn̩ba:ɐ̯] ⟨Adverb⟩:
allem Anschein nach; wie man annehmen muss: er hat sich offenbar verspätet; offenbar hatte er bemerkt, dass er beobachtet wurde. **Syn.:** anscheinend, offensichtlich, wohl.

of|fen|ba|ren [ɔfn̩ˈba:rən], offenbarte, offenbart/(selten:) geoffenbart ⟨tr.; hat⟩:
1. *jmdm. bisher geheim Gehaltenes oder Unausgesprochenes entdecken, bekennen:* [jmdm.] seine Gefühle, seine Liebe offenbaren; er offenbarte mir seine Schuld. **Syn.:** bekennen, gestehen.
2. ⟨+ sich⟩ (christl. Rel.) *(in Bezug auf Gott) sich dem Menschen zu erkennen geben:* Gott hat sich offenbart, geoffenbart.
3. ⟨+ sich⟩ *sich anvertrauen:* er hatte sich dem Freund offenbart, ihm seine geheimsten Gedanken mitgeteilt.

of|fen|blei|ben [ˈɔfn̩blai̯bn̩], blieb offen, offengeblieben ⟨itr.; ist⟩:
nicht geklärt werden [können]; ungewiss, ungelöst bleiben: die Frage, diese Entscheidung ist offengeblieben.

Of|fen|heit [ˈɔfn̩hai̯t], die; -:
1. *das Aufgeschlossensein, Bereitschaft, sich mit Personen, Fragen, Problemen unvoreingenommen auseinanderzusetzen:* jmds. Offenheit für die Probleme anderer, für alles Neue.
2. *Aufrichtigkeit:* er sprach mit großer Offenheit von seinen Fehlern; etwas in schonungsloser, rücksichtsloser, aller Offenheit sagen; sie war von einer erfrischenden, entwaffnenden Offenheit. **Syn.:** Ehrlichkeit.

of|fen|her|zig [ˈɔfn̩hɛrt͜sɪç] ⟨Adj.⟩:
offen und freimütig sich mitteilend: eine offenherzige Antwort; ein offenherziges Gespräch; offenherzig reden. **Syn.:** frank und frei, freimütig, frisch von der Leber weg (ugs.), geradeheraus (ugs.), offen.

of|fen|kun|dig [ˈɔfn̩kʊndɪç] ⟨Adj.⟩:
eindeutig erkennbar: eine offenkundige Lüge; ein offenkundiger Widerspruch; es war offenkundig, dass er nicht bezahlen wollte. **Syn.:** augenscheinlich, deutlich, flagrant (bildungsspr.), handgreiflich (1), [1]offenbar, offensichtlich.

of|fen|las|sen [ˈɔfn̩lasn̩], ließ offen, offengelassen ⟨tr.; hat⟩:
1. ⟨+ sich⟩ *sich vorbehalten:* sie hat sich alle Möglichkeiten offengelassen.
2. *unentschieden, ungeklärt lassen:* diese Frage müssen wir zunächst offenlassen; sie hat offengelassen, ob sie kommt oder nicht.

[1]**of|fen|sicht|lich** [ˈɔfn̩zɪçtlɪç] ⟨Adj.⟩:
klar [erkennbar], sehr deutlich; so, dass man es nicht übersehen kann: ein offensichtlicher Irrtum; er hörte mit offensichtlichem Interesse zu; er hatte das ganz offensichtlich getan, um den Verdacht von sich abzulenken. **Syn.:** augenscheinlich, flagrant (bildungsspr.), handgreiflich (1), [1]offenbar, offenkundig.

[2]**of|fen|sicht|lich** [ˈɔfn̩zɪçtlɪç] ⟨Adverb⟩:
wie es scheint: sie hat offensichtlich nicht daran gedacht; er hatte offensichtlich zu viel getrunken. **Syn.:** allem Anschein nach, anscheinend, [2]offenbar, wohl.

of|fen|siv [ɔfɛnˈzi:f] ⟨Adj.⟩:
angreifend, den Angriff bevorzugend /Ggs. defensiv/: eine offen-

sive Politik; die Mannschaft spielte offensiv.

Of|fen|si|ve [ɔfɛnˈziːvə], die; -, -n: *planmäßig angelegter [militärischer] Angriff* /Ggs. Defensive/: eine Offensive planen, durchführen; die Offensive des Gegners abwehren. **Syn.:** Aggression, Angriff, Attacke, Sturm.

of|fen|ste|hen [ˈɔfn̩ʃteːən], stand offen, offengestanden ⟨itr.; hat⟩:
1. *nicht beglichen sein, noch bezahlt werden müssen:* zwei Rechnungen stehen noch offen. **Syn.:** noch unbezahlt sein.
2. *jmds. freier Entscheidung überlassen sein:* es steht dir offen, von der Sache zurückzutreten. **Syn.:** anheimgestellt sein (geh.), freistehen, unbenommen sein.

öf|fent|lich [ˈœfn̩tlɪç] ⟨Adj.⟩:
1. a) *für alle hörbar, sichtbar; nicht geheim:* eine öffentliche Verhandlung, Hinrichtung; die Abstimmung ist öffentlich; etwas öffentlich erklären, verkünden. **Syn.:** coram publico (bildungsspr.), in aller Öffentlichkeit, vor allen Leuten, vor aller Öffentlichkeit, vor aller Welt. **b)** *für die Allgemeinheit zugänglich, benutzbar:* öffentliche Anlagen, Bibliotheken; öffentliche Verkehrsmittel.
2. a) *die Gesellschaft allgemein, die Allgemeinheit betreffend, von ihr ausgehend, ihr zugehörend:* die öffentliche Meinung; das öffentliche Wohl; das öffentliche Interesse an der Aufklärung des Mordfalles war groß; eine Person des öffentlichen Lebens. **b)** *die Verwaltung eines Gemeinwesens betreffend; kommunal:* öffentliche Gelder, Ausgaben; die Verschuldung der öffentlichen Haushalte nimmt erschreckend zu.

Öf|fent|lich|keit [ˈœfn̩tlɪçkai̯t], die; -:
als Gesamtheit gesehener Bereich von Menschen, in dem etwas allgemein bekannt [geworden] und allen zugänglich ist: die Öffentlichkeit erfährt, weiß nichts von diesen Dingen; mit etwas vor die [breite] Öffentlichkeit treten; etwas an die Öffentlichkeit bringen; das darf nicht an die Öffentlichkeit kommen *(bekannt werden, bekannt gemacht werden);* etwas in aller Öffentlichkeit *(vor allen Leuten)* tun, sagen; unter Ausschluss der Öffentlichkeit tagen. **Syn.:** Allgemeinheit, Bevölkerung, die Bürger ⟨Plural⟩, die Leute ⟨Plural⟩.

of|fi|zi|ell [ɔfiˈt͜si̯ɛl] ⟨Adj.⟩ /Ggs. inoffiziell/:
1. a) *in amtlichem Auftrag; dienstlich:* die offizielle Reise der Kanzlerin nach Peking; die Verhandlungen werden jetzt offiziell geführt; etwas offiziell ankündigen, verbieten. **b)** *von einer Behörde, einer Dienststelle ausgehend, bestätigt [und daher glaubwürdig]:* eine offizielle Nachricht, Verlautbarung; ihre offizielle Ernennung zur Staatssekretärin; etwas offiziell bestätigen. **Syn.:** amtlich, dienstlich.
2. *sehr förmlich und unpersönlich, ohne Privatheit:* ein offizieller Empfang; jmdm. einen offiziellen Besuch abstatten; es ging ganz offiziell zu. **Syn.:** formell, förmlich, steif, unpersönlich.

Of|fi|zier [ɔfiˈt͜siːɐ̯], der; -s, -e, **Of|fi|zie|rin** [ɔfiˈt͜siːrɪn], die; -, -nen: *Vertreter, Vertreterin, Träger, Trägerin eines militärischen Rangs (vom Leutnant aufwärts).* **Zus.:** Marineoffizier, Marineoffizierin, Sanitätsoffizier, Sanitätsoffizierin.

of|fi|zi|ös [ɔfiˈt͜si̯øːs] ⟨Adj.⟩ (bildungsspr.):
(besonders in Bezug auf Nachrichten, Meldungen o. Ä.) nur indirekt offiziell; zwar mit dem Wissen der amtlichen Stelle, aber nicht amtlich bestätigt: eine offiziöse Nachricht; nach offiziösen Angaben.

öff|nen [ˈœfnən]:
1. a) ⟨tr.; hat⟩ *bewirken, dass etwas offen ist* /Ggs. schließen/: die Tür, das Fenster öffnen; die Fensterläden, das Schiebedach, eine Schublade öffnen; ein Paket, einen Brief[umschlag] öffnen; die Dose, das Schraubglas, die Tube öffnen; sie öffnete das Buch *(schlug es auf);* den Wasserhahn, ein Ventil öffnen *(aufdrehen).* **Syn.:** aufmachen. **b)** ⟨itr.; hat⟩ *jmdm., der Einlass begehrt, die [Haus- oder Wohnungs]tür aufschließen, aufmachen:* die Gastgeberin hat ihm selbst geöffnet; wenn es klingelt, musst du öffnen; niemand öffnete mir. **c)** ⟨tr.; hat⟩ *mit der Geschäftszeit, den Dienststunden beginnen; aufmachen* /Ggs. schließen/: das Geschäft wird um 8 Uhr geöffnet; ⟨auch itr.⟩ wir öffnen erst um 11 Uhr. **Syn.:** aufmachen.
2. ⟨+ sich⟩ **a)** *sich (von selbst) entfalten, auseinanderfalten:* die Blüten haben sich über Nacht geöffnet; einer der Fallschirme öffnete sich nicht. **Syn.:** aufgehen, sich auftun (geh.). **b)** *geöffnet werden:* auf sein Klopfen hin öffnete sich die Tür; das Tor öffnet sich automatisch. **Syn.:** aufgehen, sich auftun (geh.). **c)** *aufgeschlossen sein für jmdn., etwas:* sich einer Idee, neuen Eindrücken öffnen. **d)** *sich jmdm. erschließen, darbieten, auftun:* neue Märkte öffnen sich der Industrie/für die Industrie; hier öffnen sich uns völlig neue Wege *(ergeben sich neue, bisher nicht gekannte Möglichkeiten).* **Syn.:** sich auftun (geh.), sich bieten, sich darbieten, sich [1]ergeben, sich eröffnen.

> **öffnen/eröffnen**
>
> Die beiden Verben haben heute verschiedene Bedeutungen und Anwendungsbereiche. Man **eröffnet** eine Sitzung, eine Ausstellung, aber man **öffnet** eine Tür, einen Raum, einen Brief, eine Kiste usw.:
>
> – Ein Laden wird neu eröffnet.
>
> Aber:
>
> – Jeden Morgen wird der Laden um 8 Uhr geöffnet.
>
> Der früher besonders in gehobener Sprache übliche Gebrauch von »eröffnen« im Sinne von *aufmachen* ist heute nicht mehr üblich; lediglich in der Wendung »ein Testament eröffnen« kommt er heute noch vor.

Öff|nung [ˈœfnʊŋ], die; -, -en: *Stelle, an der etwas offen ist (sodass jmd., etwas hindurchkann):* eine schmale, kreisrunde, kleine Öffnung; sie waren durch eine Öffnung im Zaun hereingekommen; aus einer Öffnung in der Wand strömte Wasser. **Syn.:** Loch.

oft [ɔft] ⟨Adverb⟩ /Ggs. selten/:
a) *viele Male; immer wieder:* er

ist oft krank; der Zug hielt oft; sie ist oft genug gewarnt worden; ich bin oft dort gewesen; ich habe ihm das schon soundso oft gesagt, aber er hört nicht. **Syn.:** des Öfteren, häufig, immer wieder, mehrmals, vielfach, wiederholt, x-mal (ugs.). **b)** *in vielen Fällen, recht häufig:* es ist oft so, dass die Kosten ungleich verteilt sind; so etwas erlebt man [nicht so] oft; das lässt sich oft gar nicht entscheiden; die Schmerzen vergehen oft von allein. **c)** *in kurzen Zeitabständen:* der Bus verkehrt ziemlich oft.

öf|ter ['œftɐ] ⟨Adverb⟩: *mehrmals, hier und da, bei verschiedenen Gelegenheiten, verhältnismäßig oft:* wir haben uns öfter gesehen; dieser Fehler kommt öfter vor. **Syn.:** ab und an (bes. nordd.), ab und zu, bisweilen, dann und wann, gelegentlich, hin und wieder, manchmal, mitunter, von Zeit zu Zeit, zuweilen (geh.).

[1]oh|ne ['o:nə] ⟨Präp. mit Akk.⟩: **1.** drückt aus, dass jmd., etwas (an dieser Stelle, zu dieser Zeit) nicht beteiligt, nicht vorhanden ist; *nicht ausgestattet mit, frei von:* ohne Geld; er ist [seit vier Wochen] ohne Arbeit; sie war lange ohne Nachricht von ihrer Familie; ohne jmdn. nicht leben können; es geschah ohne ihr Zutun; er war ohne Schuld. **2. a)** drückt aus, dass jmd., etwas Zugehöriges nicht dabei, nicht vorhanden ist, weggelassen wurde: ein Kleid ohne Ärmel; ein Topf ohne Deckel; ohne Mantel gehen; diese Wohnungen sind nur für Ehepaare ohne Kinder; ein Zimmer ohne Frühstück. **b)** drückt ein Ausgeschlossensein aus; *nicht mitgerechnet, ausschließlich:* die Miete beträgt 600 Euro ohne Nebenkosten; Preise ohne Mehrwertsteuer; Gewicht ohne Verpackung. **Syn.:** ausgenommen, nicht inbegriffen.

[2]oh|ne ['o:nə] ⟨Konj.; in Verbindung mit »dass« oder Infinitiv mit »zu«⟩: drückt aus, dass jmd. etwas unterlässt, nicht tut oder dass etwas nicht geschieht: er half uns, ohne dass ihn einer dazu aufgefordert hatte; er nahm das Geld, ohne zu fragen.

oh|ne|dies [o:nə'di:s] ⟨Adverb⟩: *ohnehin:* das habe ich ohnedies schon gewusst; du hättest ohnedies keine Chancen gehabt. **Syn.:** auch ohne das, auch so, sowieso, unabhängig davon.

oh|ne|glei|chen [o:nə'glai̯çn̩] ⟨Adverb⟩: *so, dass es mit nichts verglichen werden kann:* mit einer Frechheit ohnegleichen; sein Hochmut ist ohnegleichen. **Syn.:** beispiellos, ohne Beispiel, unvergleichlich.

oh|ne|hin ['o:nə'hɪn] ⟨Adverb⟩: *auf jeden Fall, unabhängig davon; ja bereits:* das hätte uns ohnehin nichts genützt; nimm dich in Acht, du bist ohnehin schon erkältet; damit schüchterte er die ohnehin verängstigten Kinder noch mehr ein. **Syn.:** auch ohne das, auch so, ohnedies, sowieso.

Ohn|macht ['o:nmaxt], die; -, -en: **1.** *vorübergehende Bewusstlosigkeit:* eine tiefe, schwere Ohnmacht; in Ohnmacht fallen, sinken; aus der Ohnmacht erwachen; eine plötzliche Ohnmacht befiel, überkam sie. **2.** ⟨ohne Plural⟩ *Schwäche, Machtlosigkeit, Unfähigkeit zu handeln:* die politische, wirtschaftliche Ohnmacht eines Landes; er erkannte seine Ohnmacht gegenüber dem Staat. **Syn.:** Unvermögen.

ohn|mäch|tig ['o:nmɛçtɪç] ⟨Adj.⟩: **1.** *für eine kürzere Zeit ohne Bewusstsein:* ohnmächtig sein, werden. **Syn.:** besinnungslos, bewusstlos, ohne Besinnung. **2.** *(in Bezug auf ein Geschehen o. Ä.) nichts ausrichten könnend (obgleich man es möchte):* ohnmächtige Wut hatte sie erfasst; ohnmächtig musste er zusehen, wie sich das Feuer ausbreitete. **Syn.:** machtlos.

Ohr [o:ɐ̯], das; -[e]s, -en: *an beiden Seiten des Kopfes sitzendes, dem Hören dienendes Organ (bei Menschen und bei Wirbeltieren):* große, kleine, anliegende, abstehende Ohren haben; die Ohren schmerzen mir/mich; die Ohren dröhnen ihr vom Lärm; er hat gute/schlechte Ohren *(hört gut/schlecht);* sich die Ohren zuhalten; das Tier spitzt seine Ohren; den Hörer ans Ohr halten; auf dem linken Ohr ist er taub; jmdm. etwas ins Ohr flüstern. **Syn.:** Löffel (salopp); *** jmdn. übers Ohr hauen** (ugs.): *betrügen:* beim Kauf des Autos hast du dich aber ganz schön übers Ohr hauen lassen!

Öhr [ø:ɐ̯], das; -[e]s, -e: *kleine Öffnung am oberen Ende einer Nähnadel, durch die der Nähfaden gezogen wird:* den Faden durch das Öhr ziehen. **Zus.:** Nadelöhr.

Ohr|fei|ge ['o:ɐ̯fai̯gə], die; -, -n: *Schlag mit der flachen Hand auf jmds. Backe:* eine schallende, saftige Ohrfeige; jmdm. eine Ohrfeige geben.

ohr|fei|gen ['o:ɐ̯fai̯gn̩] ⟨tr.; hat⟩: *jmdm. einen Schlag auf die Wange geben:* sie hat ihn vor allen Leuten geohrfeigt. **Syn.:** hauen, schlagen.

Ohr|läpp|chen ['o:ɐ̯lɛpçən], das; -s, -: *(beim Menschen) kleiner (aus Fettgewebe bestehender) Zipfel am unteren Rand der Ohrmuschel:* jmdn. zur Strafe am Ohrläppchen ziehen.

-o|id [oi:t] ⟨Suffix; Basiswort meist fremdsprachlicher Herkunft⟩: **1.** ⟨adjektivisch⟩ *dem im Basiswort Genannten in Form oder Eigenschaft ähnlich, wie das im Basiswort Genannte:* faschistoid; mongoloid. **Syn.:** -ähnlich, -artig, -haft, -isch. **2.** ⟨substantivisch⟩ das; -[e]s, -e *etwas, was dem im Basiswort Genannten ähnlich ist:* Kristalloid; Planetoid; Präfixoid.

[1]okay [o'ke:] ⟨Partikel⟩ (ugs.): drückt im Gespräch aus, dass man mit etwas einverstanden ist: okay, das machen wir!; »Kann ich mitkommen?« – »Okay[, wenn du willst].«. **Syn.:** abgemacht, einverstanden.

[2]okay [o'ke:] ⟨Adj.⟩ (ugs.): *in Ordnung, den Erwartungen, den Anforderungen entsprechend* (Abkürzung: o. k. oder O. K.): das Essen, die Bezahlung, er ist okay; ist es okay, wenn ich mal kurz das Fenster aufmache? **Syn.:** gut, in Ordnung.

Ok|kul|tis|mus [ɔkʊl'tɪsmʊs], der; -: *Lehre von übersinnlichen, uner-*

klärlichen Kräften und Erscheinungen: dem Okultismus anhängen.

ok|ku|pie|ren [ɔku'pi:rən] ⟨tr.; hat⟩:
(fremdes Gebiet) in einer militärischen Aktion besetzen: das Land wurde von englischen Truppen okkupiert. **Syn.:** einmarschieren in, einnehmen, erobern.

Öko- [ø:ko] ⟨erster Wortbestandteil; verkürzt aus Ökologie⟩:
1. *die Wechselbeziehungen zwischen den Lebewesen und ihrer Umwelt betreffend, sie beschreibend:* Ökosystem *(System von Wechselbeziehungen zwischen einem Lebensraum und den in ihm wohnenden Lebewesen).*
2. a) drückt aus, dass der, die oder das im zweiten Wortbestandteil Genannte sich für den Erhalt der Umwelt einsetzt: Ökobewegung; Ökofreak; Ökopartei. **Syn.:** Natur-. **b)** drückt aus, dass der oder die im zweiten Wortbestandteil Genannte so wirtschaftet, dass Umwelt und Natur möglichst wenig belastet werden: Ökobauer; Ökoladen *(Geschäft für Naturkost und andere umweltverträglich hergestellte Produkte).*
c) drückt aus, dass etwas möglichst umweltverträglich hergestellt wurde: Ökobett *(z. B. Bett aus Holz, das nicht mit Pestiziden behandelt wurde).*

Öko|lo|gie [økolo'gi:], die; -:
Wissenschaft von den Wechselbeziehungen zwischen den Lebewesen und ihrer Umwelt: ihre Kenntnisse in Biologie und speziell in Ökologie sind beachtlich.

öko|lo|gisch [øko'lo:gɪʃ] ⟨Adj.⟩:
1. *die Ökologie betreffend:* ökologische Untersuchungen.
2. *die Wechselbeziehungen zwischen Lebewesen und ihrer Umwelt betreffend:* der ökologische Kreislauf; Störungen des ökologischen Gleichgewichts in der Natur; dieses Gebiet ist ökologisch noch gesund.
3. *das natürliche Gleichgewicht möglichst wenig beeinträchtigend; umweltverträglich:* ökologisches Bauen; ökologisch wirtschaftende Betriebe.

öko|no|misch [øko'no:mɪʃ] ⟨Adj.⟩:
1. *die Wirtschaft betreffend:* ökonomische Faktoren; ein Land ökonomisch stärken. **Syn.:** wirtschaftlich.
2. *sparsam, mit überlegt eingesetzten Mitteln:* eine ökonomische Arbeitsweise; die vorhandenen Gelder, Vorräte ökonomisch einsetzen. **Syn.:** effizient, rationell, sparsam, wirtschaftlich.

-o|kra|tie [okrati:]: ↑-kratie.

Ok|ta|ve [ɔk'ta:və], die; -, -n (Musik):
a) *achter Ton [vom Grundton an].*
b) *Intervall von acht Tonstufen einer diatonischen Tonleiter:* eine Oktave greifen, anschlagen, spielen.

Ok|to|ber [ɔk'to:bɐ], der; -[s], -:
zehnter Monat des Jahres: im Oktober werden die Trauben geerntet.

öku|me|nisch [øku'me:nɪʃ] ⟨Adj.⟩:
a) *das gemeinsame Vorgehen der christlichen Kirchen und Konfessionen betreffend:* der ökumenische Gedanke ist in den großen Kirchen unterschiedlich stark vertreten; ökumenische Arbeit.
b) *gemeinsam von katholischen und protestantischen Christen veranstaltet oder getragen:* ein ökumenischer Gottesdienst; sich ökumenisch *(von Geistlichen beider Kirchen)* trauen lassen.

Öl [ø:l], das; -[e]s, -e:
1. *dickflüssiges Speisefett pflanzlicher Herkunft:* Öl zum Kochen verwenden; in Öl gebratener Fisch; Salat mit Essig und Öl anmachen. **Zus.:** Olivenöl, Salatöl, Sonnenblumenöl, Speiseöl.
2. *Erdöl:* der Tanker hat Öl geladen; nach Öl bohren.
3. *Heizöl:* Öl für den Winter kaufen; mit Öl heizen.

Öl|bild ['ø:lbɪlt], das; -[e]s, -er:
(von einem Künstler) mit Ölfarben gemaltes Bild: wir haben uns ein Ölbild auf Leinwand gekauft.

ölen ['ø:lən] ⟨tr.; hat⟩:
(zum Zwecke der besseren Gleitfähigkeit) [Schmier]öl zuführen, mit [Schmier]öl versehen: eine Maschine, die Fahrradkette, ein Schloss ölen; die Tür muss geölt werden. **Syn.:** fetten, schmieren.

Öl|hei|zung ['ø:lhai̯tsʊŋ], die; -, -en:
Heizung mit Öl (3) als Brennstoff: eine Ölheizung muss regelmäßig gewartet werden.

ölig ['ø:lɪç] ⟨Adj.⟩:
1. *mit Öl verschmiert, beschmutzt:* ein öliger Lappen; seine Hände waren ölig. **Syn.:** fettig, schmierig.
2. *fett und dickflüssig wie Öl; im Aussehen dem Öl ähnlich:* ölige Flüssigkeiten; ölig glänzen.

Oli|ve [o'li:və], die; -, -n:
essbare, sehr fettreiche grüne Frucht des Ölbaums: grüne und schwarze Oliven; Oliven in Öl einlegen.; Oliven entkernen, entsteinen.

Oli|ven|öl [o'li:vn̩|ø:l], das; -[e]s, -e:
aus der Olive durch Pressen gewonnenes [Speise]öl: den Salat mit Olivenöl anmachen.

Öl|sar|di|ne ['ø:lzardi:nə], die; -, -n:
in [Oliven]öl eingelegte Sardine (als Konserve): eine Dose Ölsardinen kaufen.

Olym|pi|a|de [olʏm'pi̯a:də], die; -, -n:
alle vier Jahre stattfindende sportliche Veranstaltung mit Wettkämpfen von Teilnehmern aus aller Welt: er nimmt an der Olympiade teil; sie hat auf/bei der letzten Olympiade zwei Medaillen gewonnen. **Syn.:** Olympische Spiele.

Olym|pi|o|ni|ke [olʏmpi̯o'ni:kə], der; -n, -n, **Olym|pi|o|ni|kin** [olʏmpi̯o'ni:kɪn], die; -, -nen:
Teilnehmer bzw. Teilnehmerin an einer Olympiade: der Einzug der Olympioniken ins Stadion; der Trainer wollte eine Olympionikin aus ihr machen.

olym|pisch [o'lʏmpɪʃ] ⟨Adj.; nur attributiv⟩:
die Olympiade betreffend, zu ihr gehörend: ein olympischer Wettkampf; eine olympische Disziplin; ein olympischer Rekord; die Olympischen Spiele; das olympische Feuer *(Feuer, das im Tempelbezirk von Olympia entzündet und von Fackelträgern zum Austragungsort der Olympiade gebracht wird);* einen olympischen Sieg, eine olympische Medaille erringen.

Oma ['o:ma], die; -, -s:
1. (fam.) *Großmutter:* die Oma passt auf ihren Enkel auf; wir fahren heute zur Oma.
2. (ugs., oft scherzh. oder

abwertend) *alte, ältere Frau:* was will denn die Oma?

-o|ma|ne [oma:nə]: ↑-mane.

Ome|lett [ɔm(ə)'lɛt], das; -[e]s, -e und -s:
salziges Gericht aus Eiern, das wie ein Pfannkuchen gemacht wird: heute gibt es Omelett mit Pilzen.

omi|nös [omi'nø:s] ⟨Adj.⟩ (bildungsspr.):
a) *von schlimmer Vorbedeutung; unheilvoll:* ein ominöses Schweigen; sein ominöses Lächeln erschreckte uns. **Syn.:** bedrohlich. **b)** *bedenklich, zweifelhaft; berüchtigt:* ein ominöser Beigeschmack; die Sache ist äußerst ominös. **Syn.:** fragwürdig.

Om|ni|bus ['ɔmnibʊs], der; -ses, -se:
großer Kraftwagen mit vielen Sitzen zur Beförderung einer großen Zahl von Fahrgästen; Bus: mit dem Omnibus fahren. **Syn.:** Autobus, Bus.

ona|nie|ren [ona'ni:rən] ⟨itr.; hat⟩:
[sich] durch manuelle Reizung der Geschlechtsorgane geschlechtlich befriedigen: während der Pubertät wird besonders häufig onaniert; ⟨selten auch tr.⟩ er onanierte seinen Mithäftling. **Syn.:** masturbieren, sich [selbst] befriedigen.

-o|naut [onaut]: ↑-naut.

On|kel ['ɔŋkl̩], der; -s, -:
1. a) *Bruder oder Schwager der Mutter oder des Vaters:* sein Onkel finanzierte ihm das Studium; morgen besuchen wir Onkel Karl; zu der Feier waren alle Onkel und Tanten eingeladen. **b)** (Kinderspr. veraltend) *(aus der Sicht von Kindern oder im Umgang mit Kindern) [bekannter] männlicher Erwachsener:* sag dem Onkel guten Tag!
2. (ugs. abwertend) *männliche Person:* was will denn dieser Onkel hier?

Opa ['o:pa], der; -s, -s:
1. (fam.) *Großvater:* die Kinder besuchen ihren Opa; wir fahren heute Nachmittag zum Opa.
2. (ugs., oft scherzh. oder abwertend) *alter, älterer Mann:* was will denn der Opa hier?

Oper ['o:pɐ], die; -, -n:
1. a) *Bühnenstück, dessen Handlung durch Gesang und Musik dargestellt wird:* morgen wird eine Oper aufgeführt, gespielt; eine Oper komponieren, inszenieren, dirigieren; sie sangen Arien aus verschiedenen Opern. **b)** *Aufführung einer Oper:* in die Oper gehen; nach der Oper gingen sie in ein Restaurant.
2. *repräsentatives Gebäude, in dem Opern aufgeführt werden:* die alte Oper wurde im Krieg zerstört; die Oper ist heute geschlossen.

Ope|ra|ti|on [opəra'tsi̯o:n], die; -, -en:
1. *größerer chirurgischer Eingriff in den Organismus:* eine komplizierte, schwere Operation; eine Operation durchführen, vornehmen; sie hat die Operation gut überstanden; sich einer Operation unterziehen. **Zus.:** Augenoperation, Darmoperation, Herzoperation, Magenoperation.
2. a) (Militär) *nach einem Plan genau abgestimmter Einsatz von Streitkräften; militärische Unternehmung eines Truppen- od. Schiffsverbandes mit genauer Abstimmung der Aufgabe der einzelnen Truppenteile od. Schiffe:* eine militärische Operation durchführen. **b)** (bildungsspr.) *Handlung, Unternehmung:* eine fragwürdige Operation. **Syn.:** Unterfangen.

ope|ra|tiv [opəra'ti:f] ⟨Adj.⟩:
1. (Med.) *mit einer Operation verbunden; durch eine Operation:* ein operativer Eingriff; das Geschwür musste operativ entfernt werden.
2. (Militär) *strategisch:* die operativen Maßnahmen der Truppen.
3. (Wirtsch.) *das Kerngeschäft, den wichtigsten, zentralen Geschäftsbereich betreffend, der den Zweck des Unternehmens eigentlich ausmacht:* die Ergebnisse im operativen Geschäft verbessern; der Umsatz wuchs operativ *(im operativen Geschäft)* um 3 %.

Ope|ret|te [opə'rɛtə], die; -, -n:
a) *heiteres, der musikalischen Unterhaltung dienendes Bühnenstück:* eine Operette aufführen, einstudieren. **b)** *Aufführung einer Operette:* in die Operette gehen.

Ope|ret|ten- [opərɛtn̩] ⟨Präfixoid⟩:
charakterisiert in Verbindung mit einem Substantiv eine Person oder eine Sache als nicht ernst zu nehmend, unbedeutend und deshalb lächerlich: Operettenfußball; Operettenkanzler; Operettenstaat.

ope|rie|ren [opə'ri:rən] ⟨tr.; hat⟩:
1. *an jmdm., etwas eine Operation vornehmen:* einen Patienten [am Magen] operieren; der Tumor muss operiert werden; sich von einem Spezialisten operieren lassen; ⟨auch itr.⟩ wir müssen noch einmal operieren. **Syn.:** einen Eingriff vornehmen, unterm Messer haben (ugs.), unters Messer nehmen (ugs.).
2. *in einer bestimmten Weise handeln, vorgehen:* wir müssen bei diesem Plan sehr vorsichtig operieren.

Op|fer ['ɔpfɐ], das; -s, -:
1. a) *in einer kultischen Handlung vollzogene Hingabe von jmdm., etwas an eine Gottheit:* ein Opfer [am Altar] darbringen; die Götter durch Opfer versöhnen. **Zus.:** Dankopfer. **b)** *zum Opfer* (1 a) *bestimmte, beim Opfer dargebrachte Gabe:* ein Tier als Opfer auswählen; auf den Altären brannten noch die Opfer.
2. *durch persönlichen Verzicht mögliche Hingabe von etwas zugunsten eines anderen:* alle Opfer waren vergeblich; diese Arbeit verlangt persönliche Opfer; sie hat für die Erziehung ihrer Kinder große Opfer gebracht, keine Opfer gescheut.
3. *Person, die durch Krieg oder Unfall ums Leben kommt oder Schaden erleidet:* Opfer eines Verkehrsunfalls; die Überschwemmung forderte viele Opfer. **Zus.:** Kriegsopfer, Unfallopfer.

op|fern ['ɔpfɐn]:
1. ⟨tr.; hat⟩ *in einer kultischen Handlung jmdn., etwas einer Gottheit darbringen, hingeben:* ein Lamm [am Altar] opfern.
2. ⟨tr.; hat⟩ *zugunsten eines andern, einer Sache etwas Wertvolles hingeben, wenn es auch nicht leichtfällt:* Geld, seine Gesundheit, seinen Urlaub für etwas opfern; er opferte dem Verein seine ganze Freizeit. **Syn.:** hingeben (geh.).
3. ⟨+ sich⟩ **a)** *sein Leben für etwas, jmdn. hingeben, sich für etwas, jmdn. ganz einsetzen:* er hat sich für seine Kameraden

geopfert; die Mutter opfert sich für ihre Kinder. **Syn.:** sich aufopfern. **b)** (ugs. scherzh.) *[anstelle eines anderen] etwas Unangenehmes auf sich nehmen:* ich habe mich geopfert und den Brief für dich geschrieben.

Opi|um [ˈoːpi̯ʊm], das; -s: *(als Arzneistoff und als Rauschgift verwendeter) eingetrockneter Milchsaft aus den Fruchtkapseln des Schlafmohns:* Opium rauchen, nehmen. **Syn.:** Droge, Rauschgift.

op|po|nie|ren [ɔpoˈniːrən] ⟨itr.; hat⟩: *gegen jmdn., etwas Stellung beziehen; widersprechen, sich widersetzen:* es hat keinen Sinn, die ganze Zeit nur zu opponieren; er opponiert gegen seinen Chef, gegen die Pläne der Eltern; ⟨bes. schweiz. auch mit Dativ⟩ sie wollen auch weiterhin dem Gesetz opponieren. **Syn.:** ankämpfen, sich aufbäumen, aufbegehren (geh.), sich auflehnen, aufmucken (ugs.), protestieren.

Op|por|tu|nis|mus [ɔpɔrtuˈnɪsmʊs], der; -: *Haltung eines Menschen, die darin besteht, dass er sich schnell und ohne viel Skrupel an eine gegebene Lage um persönlicher Vorteile willen anpasst:* politischer Opportunismus; etwas aus Opportunismus tun.

Op|por|tu|nist [ɔpɔrtuˈnɪst], der; -en, -en, **Op|por|tu|nis|tin** [ɔpɔrtuˈnɪstɪn], die; -, -nen: *Person, die sich schnell und ohne viel Skrupel an eine gegebene Lage um persönlicher Vorteile willen anpasst:* die Partei erhielt Zuzug von Mitläufern und Opportunisten; sie war eine Opportunistin. **Syn.:** Mitläufer (abwertend), Mitläuferin (abwertend).

Op|po|si|ti|on [ɔpoziˈt͜si̯oːn], die, -, -en: **1.** *entschiedener, sich in Worten und Handlungen äußernder Widerstand:* eine offene Opposition; in vielen Teilen der Bevölkerung regte sich Opposition; seine Opposition gegen jmdn. aufgeben; in Opposition gegen jmdn., etwas, zu jmdm., etwas stehen; Opposition treiben, machen; nach den Wahlen ging die Regierungspartei in die Opposition *(wurde sie zur Gegenpartei).* **Syn.:** Widerstand. **2.** *Partei[en], Gruppe[n], deren Angehörige die Politik der herrschenden Partei[en], Gruppe[n] ablehnen:* die politische, [außer]parlamentarische Opposition; eine innerparteiliche Opposition; aus den Reihen der Opposition kam Widerspruch; die Opposition griff den Minister heftig an.

Op|tik [ˈɔptɪk], die; -: **1.** *Lehre vom Licht:* die Gesetze der Optik. **2.** *äußere Erscheinung einer Sache, Wirkung von etwas auf den Beschauer:* an der Optik des Autos haben sie nichts geändert. **Syn.:** Aussehen.

Op|ti|ker [ˈɔptikɐ], der; -s, -, **Op|ti|ke|rin** [ˈɔptikərɪn], die; -, -nen: *Fachmann, Fachfrau, die Geräte der Optik herstellt und verkauft:* beim Optiker eine Brille kaufen.

op|ti|mal [ɔptiˈmaːl] ⟨Adj.⟩: *bestmöglich, so gut wie nur möglich:* optimale Bedingungen, Voraussetzungen für etwas; optimaler Schutz; das optimale Material für etwas; einen Kunden optimal beraten; etwas optimal planen, nutzen. **Syn.:** best...

Op|ti|mis|mus [ɔptiˈmɪsmʊs], der; -: *optimistische Haltung, [Lebens]einstellung* /Ggs. Pessimismus/: übertriebener, verhaltener Optimismus; es herrscht gedämpfter Optimismus; ihr Optimismus ist ungebrochen; voller Optimismus an eine Sache herangehen. **Syn.:** Zuversicht.

Op|ti|mist [ɔptiˈmɪst], der; -en, -en, **Op|ti|mis|tin** [ɔptiˈmɪstɪn], die; -, -nen: *Person, die eine positive Lebenseinstellung hat, die vor allem die guten Seiten der Dinge sieht:* sie ist eine unverbesserliche Optimistin; du bist vielleicht ein Optimist! *(du unterschätzt die sich ergebenden Schwierigkeiten o. Ä.).*

op|ti|mis|tisch [ɔptiˈmɪstɪʃ] ⟨Adj.⟩: *[nur] das Gute, Positive sehend, erwartend* /Ggs. pessimistisch/: die Lage optimistisch beurteilen; diese Prognose ist mir zu optimistisch; sie hat eine optimistische Einstellung zu der Angelegenheit. **Syn.:** hoffnungsvoll, zuversichtlich.

Op|ti|on [ɔpˈt͜si̯oːn], die; -, -en: *Möglichkeit, Wahlmöglichkeit:* wir wollten uns alle Optionen offenhalten. **Syn.:** Möglichkeit.

oran|ge [oˈrãːʒə] ⟨Adj.⟩: *von der Farbe der Orange:* orange Blüten; der Untergrund ist orange; einen Stoff orange färben.

Oran|ge [oˈrãːʒə], die; -, -n: *Apfelsine:* eine Orange essen, schälen. **Syn.:** Zitrusfrucht.

Oran|gen|saft [oˈrãːʒn̩zaft], der; -[e]s, Orangensäfte [oˈrãːʒn̩zɛftə]: *ausgepresster Saft von Orangen:* zum Frühstück gab es immer ein Glas frisch gepressten Orangensaft.

Oran|ge|rie [orãʒəˈriː], die; -, Orangerien [orãʒəˈriːən]: *Gewächshaus zum Züchten und Überwintern von Orangenbäumen und anderen südlichen Pflanzen* (in Parks des 17. und 18. Jahrhunderts): wir sind auch in die Orangerie gegangen, um uns die schönen Pflanzen anzusehen.

Orang-Utan [ˈoːraŋˈluːtan], der; -s, -s: *Menschenaffe mit kurzen Beinen, langen Armen und langhaarigem, rötlich braunem Fell:* Orang-Utans leben in den Regenwäldern Borneos und Sumatras.

Or|ches|ter [ɔrˈkɛstɐ], das; -s, -: *größeres Ensemble von Instrumentalisten, die unter der Leitung eines Dirigenten Musikwerke bestimmter Art spielen, in Konzerten darbieten:* ein kleines, großes, philharmonisches Orchester; das Orchester probt, spielt in voller Besetzung; ein Orchester dirigieren; in einem Orchester [mit]spielen. **Zus.:** Rundfunkorchester, Schulorchester.

Or|chi|dee [ɔrçiˈdeːə], die; -, -n: *(in den Tropen und Subtropen heimische, in vielen Arten vorkommende) Pflanze mit auffallenden, exotischen Blüten, die (wegen ihrer Besonderheit) häufig einzeln in Vasen gestellt werden:* Orchideen züchten.

Or|den [ˈɔrdn̩], der; -s, -: **1.** *[klösterliche] Gemeinschaft*

von Männern oder Frauen, die nach bestimmten Regeln leben: einen Orden stiften, gründen; in einen Orden eintreten; einem Orden angehören, beitreten; aus einem Orden austreten. **Zus.:** Frauenorden, Männerorden, Mönchsorden.
2. *als Auszeichnung für besondere Verdienste verliehenes Ehrenzeichen (in Form einer Medaille o. Ä.), das an der Kleidung getragen wird:* einen Orden bekommen, anlegen, tragen; jmdm. einen Orden verleihen, anheften; er war mit vielen Orden geschmückt, dekoriert. **Syn.:** Auszeichnung. **Zus.:** Verdienstorden.

or|dent|lich [ˈɔrdn̩tlɪç] ⟨Adj.⟩:
1. a) *auf Ordnung haltend:* er ist ein ordentlicher Mensch; in ihrer Arbeit ist sie sehr ordentlich. **Syn.:** [1]akkurat, eigen (landsch.), pedantisch (abwertend), penibel, sorgfältig. **b)** *in eine bestimmte Ordnung gebracht, wie es sich gehört:* ein ordentliches Zimmer; die Bücher ordentlich ins Regal stellen; auf dem Schreibtisch sah es sehr ordentlich aus. **Syn.:** aufgeräumt, geordnet.
2. *den geltenden bürgerlichen Vorstellungen entsprechend; anständig, rechtschaffen:* das waren ordentliche Leute; ein ordentliches Leben führen. **Syn.:** sittlich.
3. *nach einer bestimmten Ordnung eingesetzt, erfolgend o. Ä.; planmäßig:* ein ordentliches Gerichtsverfahren; ordentliches Mitglied eines Vereins sein.
4. (ugs.) **a)** *richtig; wie sich jmd. etwas wünscht oder vorstellt:* ohne Musik ist das kein ordentliches Fest; das Stadion hat einen ordentlichen Rasen. **b)** *gehörig, in vollem Maße:* er nahm einen ordentlichen Schluck; greif nur ordentlich zu!; daran hat sie ordentlich verdient; dem hat er es ordentlich gegeben! **Syn.:** anständig (ugs.), gehörig, gewaltig (emotional), kräftig, schön (ugs.), tüchtig (ugs.). **c)** *[ganz] gut:* ein ordentliches Mittel; sein Aufsatz war recht ordentlich; er hat seine Arbeit ganz ordentlich gemacht; seine Frau verdient ordentlich.

Or|di|nal|zahl [ɔrdiˈnaːlt͜saːl], die; -, -en:
Ordnungszahl /Ggs. Kardinalzahl/.

or|di|när [ɔrdiˈnɛːɐ̯] ⟨Adj.⟩:
1. a) (meist abwertend) *in seinem Benehmen, seiner Ausdrucksweise, Art sehr unfein, die Grenzen des Schicklichen missachtend:* eine ordinäre Person; er hatte eine ordinäre Art; sie ist ziemlich ordinär; er lachte ordinär. **Syn.:** gewöhnlich, primitiv (abwertend), vulgär. **b)** *von schlechtem, billigem Geschmack [zeugend]:* ein ordinäres Parfüm.
2. *ganz alltäglich, ganz gewöhnlich, nicht besonders geartet:* die Möbel sind aus ordinärem Fichtenholz; er benutzte eine ordinäre Plastiktüte als Einkaufstasche.

Or|di|na|ti|on [ɔrdinaˈt͜si̯oːn], die; -, -en:
1. a) (österr.) *Arztpraxis:* sie eröffnet eine Ordination. **b)** (veraltet) *Sprechstunde eines Arztes, einer Ärztin:* Ordination ist heute von 8 bis 12 Uhr.
2. a) (ev. Kirche) *feierliche Einsetzung eines Pfarrers in sein Amt.* **b)** (kath. Kirche) *katholische Priesterweihe.*

ord|nen [ˈɔrdnən] ⟨tr.; hat⟩:
1. *in eine bestimmte Reihenfolge, einen bestimmten Zusammenhang bringen:* Briefmarken, Papiere ordnen; etwas chronologisch, der Reihe nach, sorgfältig ordnen. **Syn.:** anordnen.
2. *[wieder] in einen ordentlichen Zustand bringen:* seine Haare, Kleider ordnen.
3. *in ordentlicher, angemessener, der erforderlichen, richtigen Weise regeln:* seinen Nachlass ordnen; einen geordneten Geschäftsablauf sichern; in geordneten Verhältnissen leben. **Syn.:** regeln.
4. ⟨+ sich⟩ *sich in einer bestimmten Reihenfolge aufstellen:* die Kinder ordnen sich zum Festzug.

Ord|ner [ˈɔrdnɐ], der; -s, -:
1. *männliche Person, die beauftragt ist, bei einer Versammlung o. Ä. für einen geordneten äußeren Ablauf zu sorgen:* bei dem Fest waren mehrere Ordner eingesetzt. **Syn.:** Aufseher. **Zus.:** Saalordner.
2. *Mappe aus festem Karton oder Kunststoff, mit breitem Rücken und einer mechanischen Vorrichtung zum Abheften von gelochten Blättern:* einen Ordner anlegen; etwas in einen/einem Ordner abheften. **Syn.:** Mappe. **Zus.:** Aktenordner.

Ord|ne|rin [ˈɔrdnərɪn], die; -, -nen:
weibliche Form zu ↑Ordner (1).

Ord|nung [ˈɔrdnʊŋ], die; -, -en:
1. ⟨ohne Plural⟩ *(durch Ordnen hergestellter oder bewahrter) Zustand, in dem sich etwas befindet:* eine mustergültige, peinliche Ordnung; die Ordnung wiederherstellen; im Zimmer, auf dem Schreibtisch Ordnung machen, schaffen; es gelang ihm nicht, in seine Papiere Ordnung zu bringen.
2. ⟨ohne Plural⟩ **a)** *geordnete Lebensweise:* ein Kind braucht seine Ordnung; aus seiner gewohnten Ordnung herausgerissen werden. **b)** *Einhaltung der Disziplin, bestimmter Regeln im Rahmen einer Gemeinschaft:* es gelang ihm nicht, Ordnung in die Klasse zu bringen. **Syn.:** Disziplin, Zucht.
3. ⟨ohne Plural⟩ *Art und Weise, wie etwas geordnet, geregelt ist; Anordnung:* eine alphabetische, chronologische, vorbildliche Ordnung; man kann die Stücke in beliebiger Ordnung zusammenstellen.
4. (Biol.) *größere Einheit, die aus mehreren verwandten Tier- oder Pflanzenfamilien besteht:* die Ordnung der Raubtiere.
5. *bestimmte Stufe einer nach qualitativen Gesichtspunkten gegliederten Reihenfolge:* eine Straße erster, zweiter Ordnung.

Ord|nungs|zahl [ˈɔrdnʊŋst͜saːl], die; -, -en:
ganze Zahl, die zur Kennzeichnung der Stelle dient, an der sich jmd. oder etwas innerhalb einer Reihe oder Reihenfolge befindet: 1., 2., 3. sind Ordnungszahlen. **Syn.:** Ordinalzahl.

Or|gan [ɔrˈɡaːn], das; -s, -e:
1. *jeweils ein in sich geschlossenes selbstständiges System darstellender Teil des menschlichen und tierischen Körpers, der eine bestimmte Aufgabe erfüllt:* die inneren Organe; ein Organ verpflanzen, spenden. **Zus.:** Atmungsorgan, Sinnesorgan, Verdauungsorgan.

2. a) (ugs.) *menschliche Stimme:* ein lautes, angenehmes Organ; das geschulte Organ eines Sprechers. **b)** (bildungsspr.) *Zeitung, Zeitschrift einer politischen oder gesellschaftlichen Interessengruppe, Partei o. Ä.:* das Organ unseres Vereins. **Syn.:** Blatt. **Zus.:** Gewerkschaftsorgan, Parteiorgan.
3. *Institution oder Behörde mit bestimmten Aufgaben:* die Organe der staatlichen Verwaltung. **Zus.:** Beschlussorgan, Kontrollorgan, Staatsorgan, Verfassungsorgan.

Or|ga|ni|sa|ti|on [ɔrganiza'tsi̯o:n], die; -, -en:
1. ⟨ohne Plural⟩ **a)** *das Organisieren:* eine reibungslose Organisation; die Organisation eines Gastspiels übernehmen. **Zus.:** Arbeitsorganisation. **b)** *innere Gliederung (einer Institution o. Ä.):* die Organisation der Polizei. **Syn.:** Aufbau, Gefüge, Struktur, Zusammensetzung.
2. *Gruppe, Verband mit bestimmten Aufgaben, Zielen:* die politischen Organisationen; einer Organisation angehören. **Syn.:** Vereinigung. **Zus.:** Hilfsorganisation, Selbsthilfeorganisation, Untergrundorganisation, Verbraucherorganisation.

Or|ga|ni|sa|tor [ɔrgani'za:to:ɐ̯], der; -s, Organisatoren [ɔrganiza'to:rən], **Or|ga|ni|sa|to|rin** [ɔrganiza'to:rɪn], die; -, -nen:
Person, die etwas aufbaut, einrichtet, planmäßig in Gang bringt: sie ist die geborene Organisatorin; die Organisatoren eines Treffens.

or|ga|ni|sa|to|risch [ɔrganiza'to:rɪʃ] ⟨Adj.⟩:
im Hinblick auf die Organisation von etwas; das Organisieren betreffend: organisatorische Mängel; organisatorische Veränderungen vornehmen.

or|ga|nisch [ɔr'ga:nɪʃ] ⟨Adj.⟩:
1. *ein Organ des Körpers, den Organismus betreffend:* ein organisches Leiden; organisch gesund sein.
2. *zur belebten Natur gehörend:* organische Stoffe. **Syn.:** natürlich.
3. (bildungsspr.) *einer bestimmten [natürlichen] Gesetzmäßigkeit folgend:* ein organisches Wachstum; sich organisch entwickeln.

or|ga|ni|sie|ren [ɔrgani'zi:rən]:
1. ⟨tr.; hat⟩ *planmäßig aufbauen, einrichten:* eine Ausstellung, Party organisieren; den Widerstand gegen etwas, jmdn. organisieren. **Syn.:** arrangieren, veranstalten.
2. ⟨tr.; hat⟩ (ugs.) *[nicht ganz rechtmäßig, auf einem Schleichweg o. Ä.] beschaffen:* Schokolade organisieren; sie organisierte uns eine Flasche Sekt. **Syn.:** auftreiben (ugs.).
3. ⟨+ sich⟩ *sich zu einem Verband zusammenschließen:* sich politisch, in Genossenschaften organisieren; organisierte Arbeiter. **Syn.:** sich verbinden, sich vereinigen.

Or|ga|nis|mus [ɔrga'nɪsmʊs], der; -, Organismen [ɔrga'nɪsmən]:
a) *gesamtes System der zusammenwirkenden Organe:* der menschliche Organismus; ein gesunder, kranker Organismus. **b)** ⟨Plural⟩ *Lebewesen:* höhere, niedere Organismen.

Or|ga|nist [ɔrga'nɪst], der; -en, -en, **Or|ga|nis|tin** [ɔrga'nɪstɪn], die; -, -nen:
Person, die [beruflich] Orgel spielt: die Gemeinde hatte Schwierigkeiten, eine Organistin für den sonntäglichen Frühgottesdienst zu finden.

Or|gas|mus [ɔr'gasmʊs], der; -, Orgasmen [ɔr'gasmən]:
Höhepunkt der sexuellen Erregung: einen Orgasmus haben; zum Orgasmus kommen.

or|gas|tisch [ɔr'gastɪʃ] ⟨Adj.⟩ (bildungsspr.):
den Orgasmus betreffend, zu ihm gehörend: ein orgastisches Stöhnen.

Or|gel ['ɔrgl̩], die; -, -n:
(meist in Kirchen zu findendes) großes Tasteninstrument mit mehreren Manualen und einem Pedal, durch die eine große Zahl von zu Registern geordneten Pfeifen zum Tönen gebracht wird: [die] Orgel spielen; einen Choral auf der Orgel spielen.

or|gi|as|tisch [ɔr'gi̯astɪʃ] ⟨Adj.⟩ (bildungsspr.):
zügellos, hemmungslos, ausschweifend: orgiastische Tänze aufführen; sie hielten ein orgiastisches Gelage ab; das Fest wurde orgiastisch gefeiert.

Or|gie ['ɔrgi̯ə], die; -, -n:
zügelloses, ausschweifendes Fest: Orgien feiern. **Zus.:** Sauforgie, Sexorgie.

Ori|ent ['o:ri̯ɛnt], der; -s:
vorderer und mittlerer Teil Asiens: er kennt den Orient gut. **Syn.:** Morgenland.

ori|en|ta|lisch [ori̯ɛn'ta:lɪʃ] ⟨Adj.⟩:
den Orient betreffend, dem Orient, den Orientalen eigen: orientalischer Baustil; orientalische Lebensart.

ori|en|tie|ren [ori̯ɛn'ti:rən]:
1. ⟨+ sich⟩ *sich (in einer unbekannten Umgebung) in bestimmter Weise zurechtfinden:* sich leicht, schnell orientieren; ich orientiere mich nach/an der Karte, den Sternen. **Syn.:** sich durchfinden (ugs.).
2. ⟨+ sich⟩ *sich nach jmdm., etwas richten:* du hast dich leider an falschen Leitbildern orientiert.
3. ⟨tr.; hat⟩ (bes. schweiz.) *einen Überblick (über etwas) verschaffen:* sie orientierte mich über die Vorgänge. **Syn.:** in Kenntnis setzen, informieren, unterrichten.

-ori|en|tiert [ori̯ɛnti:ɐ̯t] ⟨adjektivisches Suffixoid⟩:
a) ⟨substantivisches Basiswort⟩ *auf das im Basiswort Genannte ausgerichtet, eingestellt:* bedarfsorientiert; berufsorientiert; diesseitsorientiert; erfolgsorientiert; heilsorientiert; jazzorientiert; konfliktorientiert; konsumorientiert; normorientiert; praxisorientiert; problemorientiert; profitorientiert; wertorientiert; zukunftsorientiert. **Syn.:** -betont, -bewusst, -bezogen, -nah. **b)** ⟨adjektivisches oder adverbiales Basiswort⟩ (selten) linksorientiert.

Ori|en|tie|rung [ori̯ɛn'ti:rʊŋ], die; -:
1. *Fähigkeit, sich zu orientieren* (1): eine gute Orientierung haben; die Orientierung verlieren.
2. *geistige Einstellung, Ausrichtung:* die Orientierung unserer Gesellschaft an den USA.

ori|en|tie|rungs|los [ori̯ɛn'ti:rʊŋslo:s] ⟨Adj.⟩:

1. *keine Orientierung* (1) *habend:* sie rannten orientierungslos in alle Richtungen.
2. *kein [Lebens]ziel habend; keine Vorstellung besitzend, wie sich etwas in Zukunft entwickeln soll:* orientierungslose Jugendliche.

ori|gi|nal [origiˈnaːl] ⟨Adj.⟩:
(in Bezug auf Beschaffenheit, Herkunft o. Ä.) in seiner ursprünglichen Gestalt, Form vorhanden; nicht imitiert, nicht nachgemacht; unverfälscht: original indische Seide; original französischer Sekt; die Urkunde ist original.

Ori|gi|nal [origiˈnaːl], das; -s, -e:
1. *ursprüngliches, echtes Stück:* das Bild ist ein Original aus dem 18. Jahrhundert; eine Abschrift des Originals anfertigen.
2. *seltsamer, durch eigenartige Kleidung oder Lebensweise auffallender Mensch:* er, sie war ein echtes Original. **Syn.:** Unikum (ugs.).

Ori|gi|na|li|tät [originaliˈtɛːt], die; - (bildungsspr.):
1. *Echtheit:* an der Originalität des Dokumentes zweifelt niemand.
2. *[auffällige] auf bestimmten schöpferischen Einfällen, eigenständigen Gedanken o. Ä. beruhende Besonderheit; einmalige Note:* die Originalität ihres Stils, einer Reportage; dem Schriftsteller fehlt es an Originalität.

ori|gi|nell [origiˈnɛl] ⟨Adj.⟩:
voller Originalität (2): ein origineller Kopf; die Geschichte ist originell.

-orisch/-iv: ↑-iv/-orisch.

Or|kan [ɔrˈkaːn], der; -[e]s, -e:
sehr heftiger Sturm: der Sturm schwoll zum Orkan an; ein furchtbarer Orkan brach los, erhob sich, fegte über das Land.

Or|na|ment [ɔrnaˈmɛnt], das; -[e]s, -e:
Verzierung, schmückendes Muster an einem [künstlerischen] Gegenstand oder an einem Bauwerk: eine Zimmerdecke mit Ornamenten aus Stuck. **Zus.:** Weinrankenornament.

Ort [ɔrt], der; -[e]s, -e:
1. *bestimmter Platz, bestimmte Stelle (an der sich jmd., etwas befindet, an die jmd., etwas hingehört):* sie trafen sich an einem geheimen Ort; etwas wieder an seinen Ort legen. **Zus.:** Aufbewahrungsort, Fundort, Tagungsort, Unfallort, Versammlungsort.
2. *kleinere Siedlung, kleinere Stadt:* ein ruhiger, schön gelegener, mondäner Ort. **Syn.:** Dorf, Kaff (ugs. abwertend), Kleinstadt, Ortschaft, Siedlung. **Zus.:** Aufenthaltsort, Geburtsort, Heimatort, Kurort, Nachbarort, Urlaubsort, Wohnort.

Or|tho|gra|fie [ɔrtograˈfiː], die; -, Orthografien [ɔrtograˈfiːən], **Orthographie:**
[Lehre von der] Rechtschreibung.

Or|tho|pä|de [ɔrtoˈpɛːdə], der; -n, -n, **Or|tho|pä|din** [ɔrtoˈpɛːdɪn], die; -, -nen:
Facharzt, Fachärztin mit speziellen Kenntnissen auf dem Gebiet der Erkennung und Behandlung von Krankheiten des menschlichen Bewegungsapparates: wegen seiner Rückenschmerzen suchte er einen Orthopäden auf.

ört|lich [ˈœrtlɪç] ⟨Adj.⟩:
1. *nur eine bestimmte, eng umschriebene Stelle betreffend:* jmdn. örtlich betäuben. **Syn.:** lokal.
2. *den jeweiligen Ort (mit seinen besonderen Gegebenheiten) betreffend:* die örtlichen Verhältnisse, Besonderheiten berücksichtigen. **Syn.:** lokal.

Ort|schaft [ˈɔrtʃaft], die; -, -en:
kleinere Gemeinde: die Ortschaft hat nur 400 Einwohner. **Syn.:** Dorf, Kaff (ugs. abwertend), Ort.

-os, -ös [oːs], [øːs] ⟨adjektivisches Suffix; meist mit einem Basiswort fremdsprachlicher Herkunft, das nicht betont ist⟩:
1. dient dazu, ausgehend von Nomen, Adjektive zu bilden: glamourös; infektiös; tuberkulös; voluminös.
2. *in der Art eines/einer ..., wie ein ...:* monströs; nebulos/nebulös; spektakulös. **Syn.:** -haft, -ig, -isch.

-o|se [oːzə], die; -, -n ⟨Suffix mit fremdsprachigem unbetontem Basissubstantiv oder Stamm⟩:
dient zur Bezeichnung von Krankheiten: Arthrose *(chronische Erkrankung der Gelenke);* Fluorose *(Gesundheitsschädigung durch Fluor);* Osteoporose *(mit einem Abbau von Knochensubstanz einhergehende Erkrankung der Knochen);* Sklerose *(krankhafte Verhärtung von Geweben und Organen);* Tuberkulose. **Syn.:** -itis.

Öse [ˈøːzə], die; -, -n:
kleine Schlinge, kleiner Ring aus Draht (als Teil eines zu hakenden Verschlusses an Kleidungsstücken): ein Kleid mit Haken und Ösen schließen.

Ost [ɔst] ⟨ohne Artikelwort, nicht flektierbar⟩:
Osten: der Wind kommt aus, von Ost; Menschen aus Ost und West kommen zusammen.

Os|ten [ˈɔstn̩], der; -s:
1. *Himmelsrichtung, in der die Sonne aufgeht:* von, nach, im Osten.
2. a) *im Osten* (1) *gelegener Teil eines Landes, einer Stadt o. Ä.:* der Osten Frankreichs. **b)** *die Länder Osteuropas, Asiens:* die Völker des Ostens.

Os|ter|ei [ˈoːstɐ|ai̯], das; -[e]s, -er:
für das Osterfest gefärbtes oder bemaltes gekochtes Hühnerei oder Ei aus Schokolade, Marzipan o. Ä.: Ostereier verstecken, suchen.

Os|ter|ha|se [ˈoːstɐhaːzə], der; -n, -n:
1. ⟨ohne Plural⟩ *Hase, der in der Vorstellung der Kinder die Ostereier bringt:* sie glaubt noch an den Osterhasen.
2. *Figur aus Schokolade, die den Osterhasen* (1) *darstellt:* jetzt esse ich meinen Osterhasen auf.

ös|ter|lich [ˈøːstɐlɪç] ⟨Adj.⟩:
zum Osterfest gehörend: die österliche Zeit; eine österlich geschmückte Kirche.

Os|tern [ˈoːstɐn], das; -, - ⟨meist ohne Artikel⟩:
Fest der Auferstehung Christi: Ostern war verregnet; [(bes. nordd.:) zu/(bes. südd.:) an] Ostern verreisen; wir hatten ein schönes Ostern; ⟨landschaftlich und in bestimmten Wunschformeln und Fügungen auch im Plural:⟩ wir hatten

schöne Ostern; fröhliche Ostern!

Ös|ter|reich ['ø:stəraiç], -s: *Staat in Mitteleuropa:* das heutige Österreich; sie ist aus Österreich.

Ös|ter|rei|cher ['ø:stəraiçɐ], der; -s, -, **Österreicherin** ['ø:stəraiçərɪn], die; -, -nen: *Angehörige[r] des österreichischen Volks:* er ist Österreicher; er ist mit einer Österreicherin verheiratet; die Österreicher sagen zu Tomaten »Paradeiser«.

[1]**öst|lich** ['œstlɪç] ⟨Adj.⟩:
1. *im Osten liegend:* der östliche Teil der Stadt.
2. *nach Osten gerichtet:* in östlicher Richtung fahren.

[2]**öst|lich** ['œstlɪç] ⟨Präp. mit Gen.⟩: *im Osten von:* die Grenze verläuft östlich des Flusses.

[3]**öst|lich** ['œstlɪç] ⟨Adverb; in Verbindung mit »von«⟩: östlich von Hamburg.

Ost|see ['ɔstze:], die; -: im Westen mit der Nordsee verbundenes, im Übrigen von Land umschlossenes europäisches Meer: eine polnische Stadt an der Ostsee.

-o|thek [ote:k]: ↑-thek.

out [aut]: in der Wendung **out sein** (ugs.): *nicht mehr in Mode sein; nicht mehr gefragt sein:* Latzhosen sind out; bei den Jugendlichen ist diese Disco schon lange out.

Ou|ver|tü|re [uvɛr'ty:rə], die; -, -n: *einleitendes Musikstück einer Oper o. Ä.:* wir hörten die Ouvertüre zu »Fidelio«.

oval [o'va:l] ⟨Adj.⟩: *die Form eines Eies, einer Ellipse aufweisend:* ein ovales Gesicht; unser neuer Tisch ist oval.

Ova|ti|on [ova'tsi̯o:n], die; -, -en: *stürmischer, lang anhaltender Beifall (als Huldigung für jmdn.):* die Ovationen nahmen kein Ende; jmdm. stehende Ovationen *(eine Ovation, bei der sich das Publikum von den Plätzen erhebt)* bereiten. **Syn.:** Jubel.

oxi|die|ren [ɔksi'di:rən], **oxy|die|ren** [ɔksy'di:rən] ⟨itr.; ist/hat⟩: *(besonders von Metallen) sich mit Sauerstoff verbinden und dabei an der Oberfläche anlaufen bzw. Rost ansetzen:* das Eisen oxidiert.

Oze|an ['o:tsea:n], der; -s, -e: *Meer zwischen den Kontinenten:* den Ozean mit dem Schiff durchqueren. **Syn.:** Meer.

P *p*

paar [pa:ɐ̯]: in der Wendung **ein paar:** *einige wenige; nicht sehr viele:* nur ein paar Leute waren gekommen; mit ein paar Worten beschrieb sie den Vorfall. **Syn.:** einige, etliche, mehrere, verschiedene.

Paar [pa:ɐ̯], das; -[e]s, -e:
1. *zwei zusammengehörige, eng miteinander verbundene Personen:* ein junges Paar; sie sind ein ungleiches Paar. **Syn.:** Gespann. **Zus.:** Ehepaar, Elternpaar, Freundespaar, Geschwisterpaar, Herrschaftspaar, Hochzeitspaar, Liebespaar, Tanzpaar, Zwillingspaar.
2. *zwei zusammengehörige, gleichartige Dinge:* Paare gleichartiger Zahlen; ein Paar Pantoffeln steht/stehen in der Ecke; (als Maßangabe) ein, drei Paar Schuhe, Würstchen. **Zus.:** Augenpaar, Flügelpaar, Wortpaar.

paa|ren ['pa:rən]:
1. ⟨tr.; hat⟩ *miteinander zu einem Ganzen verbinden, vereinigen:* in dieser Arbeit waren Verstand und Gefühl gepaart; mit Kritik gepaarter Humor. **Syn.:** vereinigen.
2. a) ⟨+ sich⟩ *(von Tieren) sich geschlechtlich vereinigen:* Schwalben paaren sich gewöhnlich zweimal im Jahr. **Syn.:** sich begatten, koitieren. **b)** ⟨tr.; hat⟩ *(Tiere) für die Züchtung zur Paarung zusammenbringen:* Tiere, die verschiedene Eigenschaften aufweisen, paaren. **Syn.:** kreuzen, ziehen, züchten.

Pacht [paxt], die; -, -en:
a) *mit dem Eigentümer, der Eigentümerin vertraglich vereinbarte (befristete) Nutzung einer Sache:* ein Gut, einen Hof, ein Hotel in Pacht nehmen, geben; die Pacht *(der Pachtvertrag)* läuft ab. **b)** *regelmäßig zu zahlende Summe für das Pachten (von etwas):* für ein Grundstück eine hohe, niedrige Pacht zahlen. **Syn.:** Miete.

pach|ten ['paxtn̩], pachtete, gepachtet ⟨tr.; hat⟩: *ein Gebäude, Räumlichkeiten, ein Grundstück o. Ä. im Rahmen einer Pacht übernehmen:* ein Grundstück, einen Garten, ein Lokal pachten. **Syn.:** mieten.

Päch|ter ['pɛçtɐ], der; -s, -, **Päch|te|rin** ['pɛçtərɪn], die; -, -nen: *Person, die etwas von einem anderen gepachtet hat:* der Pächter dieses Bauernhofes; die Pächterin der Gaststätte ist zahlungsunfähig. **Syn.:** Mieter, Mieterin.

[1]**Pack** [pak], der; -[e]s, -e und Päcke ['pɛkə]: *etwas zu einem Bündel o. Ä. Zusammengeschnürtes oder mit der Hand Gepacktes, Zusammengepacktes:* ein Pack Zeitungen. **Syn.:** [2]Bund, Bündel, Packen. **Zus.:** Doppelpack, Sechserpack.

[2]**Pack** [pak], das; -s (salopp abwertend): *Menschen, die man verachtet, für heruntergekommen, betrügerisch o. Ä. hält:* ein freches Pack; so ein Pack! **Syn.:** Brut (salopp abwertend), Gesindel (abwertend), Pöbel (abwertend). **Zus.:** Diebespack, Lumpenpack.

Päck|chen ['pɛkçən], das; -s, -:
1. *kleinere, fest verpackte und verschnürte Postsendung (bis zu einem bestimmten Gewicht):* ein Päckchen bekommen; etwas als Päckchen verschicken. **Syn.:** Packerl (österr.), Sendung. **Zus.:** Eilpäckchen, Einschreibepäckchen.
2. *kleine Packung aus Papier o. Ä., die eine kleinere Menge einer Ware fertig abgepackt enthält:* ein Päckchen Backpulver. **Syn.:** Packerl (österr.).

pa|cken ['pakn̩]:
1. ⟨tr.; hat⟩ *mit den Händen ergreifen und festhalten:* er packte sie am Arm und drängte sie aus dem Zimmer. **Syn.:**

ergreifen, fassen, greifen, schnappen.
2. ⟨tr.; hat⟩ **a)** *zusammenlegen und in ein Behältnis o. Ä. legen:* die Kleider in die Koffer packen; alle Waren in das Auto packen. **Syn.:** legen, [1]stecken, [1]tun. **b)** *ein Behältnis mit Dingen füllen:* die Koffer packen; ⟨auch itr.⟩ ich muss noch packen; hilfst du mir packen? **c)** *(durch Einwickeln, Verschnüren o. Ä.) zum Verschicken fertig machen:* ein Paket, ein Päckchen packen.
3. ⟨tr.; hat⟩ **a)** *(von einem Gefühl, einer körperlichen Veränderung) heftig von jmdm. Besitz ergreifen:* Fieber, Entsetzen, Wut, der Ehrgeiz packte sie; von Abenteuerlust gepackt. **Syn.:** befallen, beschleichen, erfassen, ergreifen, überfallen, überkommen, [2]überlaufen, übermannen. **b)** *jmds. Interesse, Aufmerksamkeit stark in Anspruch nehmen:* die Zuhörer packen; der Film hat uns gepackt; ⟨häufig im 1. Partizip⟩ ein packender Roman, Zweikampf. **Syn.:** bannen (geh.), fesseln, gefangen nehmen, in seinen Bann ziehen (geh.).

Pa|cken ['pakn̩], der; -s, -:
[1]Pack: ein Packen Zeitungen, Wäsche, Bücher. **Syn.:** Bündel, Paket. **Zus.:** Wäschepacken.

Pa|ckerl ['pakɐl], das; -s, -[n] (österr.):
1. *Päckchen* (1): ich habe heute ein Packerl bekommen. **Syn.:** Packung, Paket, Sendung.
2. *Päckchen* (2): ein Packerl Backpulver kaufen.

Pa|ckung ['pakʊŋ], die; -, -en:
a) *Ware mit der sie umgebenden Hülle:* eine Packung Zigaretten. **Syn.:** Päckchen, Paket, Schachtel. **b)** *Hülle, Umhüllung bestimmter Art, in der eine Ware fertig abgepackt ist:* Pralinen in einer hübschen Packung. **Zus.:** Frischhaltepackung.

Pä|d|a|go|ge [pɛda'go:gə], der; -n, -n, **Pä|d|a|go|gin** [pɛda'go:gɪn], die; -, -nen:
Erzieher, Lehrer (mit entsprechender pädagogischer Ausbildung): er arbeitet als Pädagoge in einem Heim für schwer erziehbare Kinder. **Syn.:** Lehrer, Lehrerin. **Zus.:** Hochschulpädagoge, Hochschulpädagogin, Musikpädagoge, Musikpädagogin.

pä|d|a|go|gisch [pɛda'go:gɪʃ] ⟨Adj.⟩:
a) *die Erziehung und Ausbildung betreffend, sich auf sie beziehend, auf ihr beruhend:* eine pädagogische Ausbildung, Betreuung, Eignung; pädagogische Konzepte, Ziele, Maßnahmen.
b) *vom erzieherischen Standpunkt aus betrachtet:* dieses Verhalten ist pädagogisch falsch. **Syn.:** didaktisch.

Pad|del ['padl̩], das; -s, -:
Stange mit breitem, flachem Blatt an einem bzw. an beiden Enden, die mit beiden Händen geführt wird und zum Fortbewegen eines Kanus bzw. eines Paddelbootes dient: das Paddel ins Wasser tauchen. **Syn.:** Ruder.

Pad|del|boot ['padl̩bo:t], das; -[e]s, -e:
kleineres Boot mit einem oder mehreren Sitzen, das mit dem Paddel fortbewegt wird: mit dem Paddelboot fahren.

pad|deln ['padl̩n]:
a) ⟨itr.; hat/ist⟩ *Paddelboot fahren:* ich padd[e]le gern. **Syn.:** rudern. **b)** ⟨itr.; ist⟩ *sich mit einem Paddelboot fortbewegen, an einen bestimmten Ort begeben:* mit dem Kajak zur Insel, über den See paddeln. **Syn.:** rudern.

paf|fen ['pafn̩]:
a) ⟨tr.; hat⟩ *rauchen, indem man den Rauch einzieht und kräftig, stoßweise wieder ausbläst:* er paffte eine dicke Zigarre. **Syn.:** schmauchen. **b)** ⟨itr.; hat⟩ (ugs.) *rauchen:* früher hat sie viel gepafft. **Syn.:** qualmen (ugs., meist abwertend).

Pa|ket [pa'ke:t], das; -[e]s, -e:
1. *fest verpackte, meist größere Postsendung:* ein Paket an die Tochter schicken. **Syn.:** Päckchen, Packerl (österr.), Sendung. **Zus.:** Eilpaket, Schnellpaket.
2. *[verschnürter] mit Papier o. Ä. umhüllter Packen von etwas:* ein Paket Bücher. **Syn.:** [1]Pack, Packen, Packung. **Zus.:** Bücherpaket, Wäschepaket.
3. (bes. Wirtsch., Politik, Jargon) *größere Gesamtheit von Dingen, Teilen, Vorschlägen, Maßnahmen o. Ä. in fester Zusammenstellung:* ein Paket an Maßnahmen; für unsere Stammkunden haben wir ein besonders attraktives Paket geschnürt. **Zus.:** Servicepaket, Softwarepaket.

Pakt [pakt], der; -[e]s, -e:
Vertrag, Bündnis [über gegenseitige politische oder militärische Unterstützung]: einen Pakt schließen. **Syn.:** Abkommen, Allianz, [1]Bund, Übereinkunft, Vereinbarung. **Zus.:** Beistandspakt, Nichtangriffspakt, Verteidigungspakt.

pak|tie|ren [pak'ti:rən] ⟨itr.; hat⟩ (oft abwertend):
mit jmdm. gemeinsame Sache machen: mit dem Feind paktieren. **Syn.:** unter einer Decke stecken (ugs.), sich verbünden, sich zusammentun.

Pa|last [pa'last], der; -[e]s, Paläste [pa'lɛstə]:
schlossähnliches, prunkvolles Gebäude: der Palast der Königin. **Syn.:** Schloss. **Zus.:** Dogenpalast, Kaiserpalast.

Pa|la|t|schin|ke [pala'tʃɪŋkə], die; -, -n (österr.):
Pfannkuchen (1): als Nachspeise gab es Palatschinken mit Marillenmarmelade.

Pa|la|ver [pa'la:vɐ], das; -s, - (ugs. abwertend):
langes, endloses Reden, Schwätzen, Verhandeln [über Unwichtiges]: trotz des langen Palavers kam man zu keinem Ergebnis. **Syn.:** Blabla (ugs. abwertend), Gerede.

pa|la|vern [pa'la:vɐn] ⟨itr.; hat⟩ (ugs. abwertend):
sich lange in wortreichem, meist überflüssigem Gerede ergehen; lange, oft fruchtlose Verhandlungen führen: die Frauen palaverten im Treppenhaus. **Syn.:** reden, schwatzen, schwätzen (bes. südd.), sich unterhalten.

Pa|let|te [pa'lɛtə], die; -, -n:
1. *[ovale] Platte, Scheibe mit einem Loch für den Daumen, die der Maler auf die Hand nimmt, um darauf die Farben zu mischen:* Farben auf der Palette mischen.
2. ⟨mit Attribut⟩ *reiche, vielfältige Auswahl:* du hast eine ganze, breite Palette von Möglichkeiten; einige Beispiele aus der Palette unseres Angebots. **Syn.:** Auswahl, Fülle, Reichtum, Vielfalt. **Zus.:** Angebotspalette.
3. *flacher Untersatz aus Holz*

oder Metall für das Transportieren und Stapeln von Gütern mit dem Gabelstapler: auf dem Hof standen leere Wasserkästen auf Paletten.

Pal|me [ˈpalmə], die; -, -n: *(in Tropen und Subtropen beheimateter) hochwüchsiger Baum mit großen gefiederten oder handförmig gefächerten Blättern:* ein mit Palmen bewachsener Strand.

Pam|phlet [pamˈfleːt], das; -[e]s, -e (bildungsspr. abwertend): *[politische] Schrift, in der jmd., etwas in scharfer Polemik, häufig nicht sehr sachlich, angegriffen oder geschmäht wird:* ein Pamphlet gegen jmdn. schreiben.

pam|pig [ˈpampɪç] ⟨Adj.⟩: **1.** (landsch.) *von dickflüssiger, fast fester Beschaffenheit:* der Brei ist pampig. **2.** (ugs. abwertend) *in grober Weise frech, mürrisch:* eine pampige Antwort bekommen; der Kellner wurde richtig pampig. **Syn.:** patzig, unwirsch.

pan-, Pan- [pan] ⟨Präfix⟩: bezeichnet die weitgehende oder vollständige Erfassung eines Bereichs, einer Region; *ganz, völlig, gesamt:* panafrikanisch *(alle afrikanischen Staaten und Völker betreffend, zu ihnen gehörend);* Panamerikanismus; panarabisch; Pandemie; Panhellenismus.

pa|nie|ren [paˈniːrən] ⟨tr.; hat⟩: *besonders Fleisch vor dem Braten in eine Mischung aus Ei und Mehl oder Semmelbrösel tauchen (woraus beim Braten eine feste Kruste entsteht):* ein paniertes Schnitzel.

Pa|nik [ˈpaːnɪk], die; -: *durch eine plötzliche echte oder vermeintliche Gefahr hervorgerufene, übermächtige Angst, die zu unüberlegten Reaktionen führt:* unter den Passagieren brach eine Panik aus; sie geriet in Panik; von Panik ergriffen werden.

pa|nisch [ˈpaːnɪʃ] ⟨Adj.⟩: *panikartig, in Entsetzen und Furcht:* in panischer Angst aus dem brennenden Haus rennen; panisch reagieren.

Pan|ne [ˈpanə], die; -, -n: **1.** *(besonders bei Fahrzeugen während der Fahrt) plötzlich auftretender Schaden oder technische Störung, die ein Weiterfahren vorübergehend unmöglich macht:* ich, der Wagen hatte unterwegs eine Panne. **Syn.:** Störung. **Zus.:** Reifenpanne. **2.** *peinlicher, durch Ungeschicklichkeit, Unüberlegtheit o. Ä. verursachter Vorfall (beim Ablauf von etwas):* bei dem Empfang des Staatsgastes hatte es einige Pannen gegeben. **Syn.:** Malheur (ugs.), Missgeschick, Unglück.

Pa|no|ra|ma [panoˈraːma], das; -s, Panoramen [panoˈraːmən]: *Rundblick, Ausblick von einem erhöhten Punkt aus in die Weite, über die Landschaft:* sie genossen von der Terrasse aus das herrliche Panorama der Bergkette. **Syn.:** Aussicht, Blick, Fernsicht, Sicht. **Zus.:** Alpenpanorama.

pan|schen [ˈpanʃn̩], **pant|schen** [ˈpantʃn̩] ⟨tr.; hat⟩ (ugs.): *mit Wasser verdünnen:* Wein pan[t]schen; gepan[t]schte Milch; ⟨auch itr.⟩ der Wirt hat gepan[t]scht. **Syn.:** strecken, verdünnen.

Pan|tof|fel [panˈtɔfl̩], der; -s, -n: *flacher Hausschuh:* in Pantoffeln herumlaufen. **Syn.:** Latschen. **Zus.:** Filzpantoffel, Holzpantoffel.

¹Pan|to|mi|me [pantoˈmiːmə], die; -, -n: *Darstellung einer Szene, Handlung nur mit Gebärden, Mienenspiel u. Tanz:* eine Pantomime einstudieren.

²Pan|to|mi|me [pantoˈmiːmə], der; -n, -n, **Pan|to|mi|min** [pantoˈmiːmɪn], die; -, -nen: *Person, die eine ¹Pantomime darstellt:* das Publikum folgte gebannt der Vorführung des Pantomimen.

pant|schen [ˈpantʃn̩]: ↑panschen.

Pan|zer [ˈpantsɐ], der; -s, -: **1.** (früher) *Ritterrüstung; feste, meist metallene Kleidung als Schutz vor Verletzungen im Kampf oder im Turnier:* der Ritter trug einen schweren Panzer. **2.** *harte, äußere Schutzhülle (besonders bei bestimmten Tieren):* der Panzer der Schildkröte. **Zus.:** Chitinpanzer. **3.** *gepanzertes, meist mit einem Geschütz ausgerüstetes, schweres militärisches Kettenfahrzeug:* sie gingen mit Panzern und Maschinengewehren gegen die Aufständischen vor. **Zus.:** Kampfpanzer, Schützenpanzer.

Pa|pa [ˈpapa], geh. veraltend [paˈpaː], der; -s, -s (fam.): *Vater:* Papa, darf ich ein Eis haben?

Pa|pa|gei [papaˈgai̯], der; -s, -en: *in den Tropen heimischer, meist größerer Vogel mit farbenprächtigem Gefieder und stark gekrümmtem Schnabel, der leicht lernt, Stimmen zu imitieren:* der Papagei konnte »hallo« und »danke« sagen.

Pa|pier [paˈpiːɐ̯], das; -s, -e: **1.** *zu einer dünnen, platten Schicht gepresstes Material, das vorwiegend zum Beschreiben oder zum Verpacken dient:* ein Blatt, Stück Papier; Papier schneiden, kleben; etwas in Papier einwickeln. **Zus.:** Briefpapier, Butterbrotpapier, Geschenkpapier, Kopierpapier, Packpapier, Toilettenpapier, Umwelt[schutz]papier, Zeitungspapier. **2. a)** *amtliches Schriftstück:* ein Papier erarbeiten, unterzeichnen. **Syn.:** Dokument, Schriftstück, Unterlagen ⟨Plural⟩. **b)** ⟨Plural⟩ *Ausweis:* ihre Papiere sind in Ordnung; ich habe meine Papiere verloren. **Syn.:** Ausweis ⟨Singular⟩, Pass ⟨Singular⟩. **Zus.:** Ausweispapiere.

Pa|pier|korb [paˈpiːɐ̯kɔrp], der; -[e]s, Papierkörbe [paˈpiːɐ̯kœrbə]: *Behälter für kleinere Abfälle aus Papier o. Ä.:* wirf doch bitte die Schnipsel in den Papierkorb!; der Papierkorb steht neben dem Schreibtisch. **Syn.:** Abfalleimer, Mülleimer.

Pap|pe [ˈpapə], die; -, -n: *dem Papier ähnliches, jedoch dickeres, steifes Material, das meist als Verpackung verwendet wird:* wir basteln aus Pappe eine Box. **Syn.:** Karton. **Zus.:** Dachpappe, Teerpappe, Wellpappe.

Pap|pel [ˈpapl̩], die; -, -n: *hochwüchsiger Laubbaum, dessen Astwerk eine in vertikale Richtung strebende, spitz zulaufende Krone bildet:* am Ufer stand eine Pappel.

Pa|pri|ka [ˈpaprika], der; -s, -[s]: **1.** *grüne, rote oder gelbe glänzende Frucht der Paprikapflanze, die als Gemüse verwendet wird:*

mit [Reis und] Gehacktem gefüllte Paprika.
2. ⟨ohne Plural⟩ *aus Paprika* (1) *hergestelltes [scharfes] Gewürz:* Gulasch mit Paprika würzen.

Papst [pa:pst], der; -[e]s, Päpste [ˈpɛ:pstə]:
in Rom residierendes Oberhaupt der katholischen Kirche: die Osterbotschaft des Papstes. **Syn.:** Heiliger Vater, Pontifex maximus.

-papst [pa:pst], der; -[e]s, -päpste [pɛ:pstə] ⟨Suffixoid⟩ (scherzh.):
männliche Person, die als führend, richtungweisend anerkannt ist, nach der man sich richtet: Fitnesspapst; Kunstpapst; Literaturpapst; Musikpapst; Schlankheitspapst. **Syn.:** -guru.

päpst|lich [ˈpɛ:pstlɪç] ⟨Adj.⟩:
den Papst, das Amt des Papstes betreffend; vom Papst ausgehend: ein päpstlicher Erlass.

pa|ra-, Pa|ra- [para] ⟨Präfix⟩:
1. *das im Basiswort Genannte fast, nahezu verkörpernd, ihm ähnlich:* paramilitärisch *(militärähnlich, halbmilitärisch).*
2. *neben; daneben, in der Umgebung von … bestehend:* Paramedizin; parareligiös; Parapsychologie; paravenös *(neben der Vene).*

Pa|ra|bel [paˈra:bl̩], die; -, -n:
1. *lehrhafte, auf einem Vergleich beruhende Dichtung:* wir sprachen über die Parabel vom verlorenen Sohn.
2. (Math.) *geometrische Figur in Form einer symmetrischen, nach oben offenen Kurve:* eine Parabel konstruieren.

Pa|ra|de [paˈra:də], die; -, -n:
Vorbeimarsch militärischer Einheiten: der Präsident nahm die Parade ab. **Syn.:** Aufmarsch. **Zus.:** Flottenparade, Militärparade, Truppenparade.

Pa|ra|dei|ser [paraˈda̯izɐ], der; -s, - (österr.):
Tomate: Paradeiser ernten.

Pa|ra|dies [paraˈdi:s], das; -es, -e:
1. ⟨ohne Plural⟩ **a)** *(im Alten Testament) Ort oder Zustand der Vollkommenheit, der Seligkeit:* Adam und Eva wurden aus dem Paradies vertrieben. **Syn.:** Garten Eden; Land, wo Milch und Honig fließt. **b)** *(im Glauben bestimmter Religionen) Bereich des Jenseits, in dem sich Gott und die Engel aufhalten und in den die Seligen nach dem Tod aufgenommen werden; Himmel* (2).
2. a) *überaus schöner, fruchtbarer Ort:* die noch unbekannten Paradiese in der Südsee entdecken. **Syn.:** Schlaraffenland. **Zus.:** Ferienparadies, Inselparadies. **b)** ⟨mit Attribut⟩ *Gebiet, das ideale Gegebenheiten, Voraussetzungen, Möglichkeiten zur Entfaltung bietet:* ein Paradies für Angler.

pa|ra|die|sisch [paraˈdi:zɪʃ] ⟨Adj.⟩:
himmlisch (2): wir verbrachten den Urlaub in einer paradiesischen Landschaft; paradiesische Zustände für Gauner. **Syn.:** göttlich (oft scherzh.), herrlich (emotional), märchenhaft, wunderbar, wundervoll (emotional), zauberhaft.

pa|ra|dox [paraˈdɔks] ⟨Adj.⟩:
Widersprüchliches, Unvereinbares in sich enthaltend: paradoxe Äußerungen; es ist paradox, wenn man bei solcher Umweltbelastung von einem Luftkurort spricht. **Syn.:** unvereinbar, widersprechend, widersprüchlich.

Pa|ra|graf [paraˈgra:f], der; -en, -en, **Paragraph:**
(in Gesetzbüchern, wissenschaftlichen Werken u. a.) ein fortlaufend nummerierter kleiner Abschnitt (Zeichen: §): Paragraf 1 der Straßenverkehrsordnung. **Zus.:** Abtreibungsparagraf.

pa|ral|lel [paraˈle:l] ⟨Adj.⟩:
1. *in gleicher Richtung, in gleichem Abstand voneinander verlaufend:* parallele Linien zeichnen; die Straße verläuft parallel zur Bahn.
2. *gleichzeitig nebeneinander bestehend, ablaufend o. Ä.:* parallele Entwicklungen; die Arbeiten an den neuen Grünanlagen und am Neubau der Schule laufen parallel. **Syn.:** gleichzeitig, simultan.

Pa|ral|le|le [paraˈle:lə], die; -, -n:
Linie, die parallel zu einer anderen Linie verläuft: Parallelen schneiden sich im Unendlichen. **Syn.:** gleichlaufende Linie.

Pa|ra|sit [paraˈzi:t], der; -en, -en:
tierischer oder pflanzlicher Schmarotzer: der Bandwurm ist ein Parasit. **Syn.:** Schmarotzer. **Zus.:** Darmparasit.

pa|rat [paˈra:t] ⟨Adj.⟩:
zur Verfügung, griffbereit habend: das Geld nicht parat haben; die Werkzeuge liegen parat. **Syn.:** griffbereit.

Par|füm [parˈfy:m], das; -s, -e und -s:
alkoholische Flüssigkeit, in der Duftstoffe gelöst sind (als Kosmetikartikel): ein Parfüm benutzen; nach einem teuren Parfüm riechen; sich mit Parfüm besprühen. **Zus.:** Herrenparfüm.

Par|fü|me|rie [parfyməˈri:], die; -, Parfümerien [parfyməˈri:ən]:
Geschäft, in dem Parfüme und kosmetische Artikel verkauft werden: sie ließ sich in der Parfümerie von einer Verkäuferin beraten. **Syn.:** Drogerie.

par|fü|mie|ren [parfyˈmi:rən] ⟨tr.; hat⟩:
mit Parfüm besprengen, betupfen: du hast dich zu stark parfümiert; sie parfümierte ihr Taschentuch.

[1]pa|rie|ren [paˈri:rən] ⟨tr.; hat⟩:
(einen Schlag, Stoß) abwehren: er hat die Schläge [des Gegners] gut pariert. **Syn.:** abschlagen, sich wehren gegen, zurückschlagen.

[2]pa|rie|ren [paˈri:rən] ⟨itr.; hat⟩:
ohne Widerspruch gehorchen: du hast zu parieren; sie parierten ihr aufs Wort. **Syn.:** folgen, sich fügen, hören auf, spuren (ugs.).

Park [park], der; -s, -s:
große, künstlich angelegte, von Spazierwegen durchzogene [öffentliche] Grünfläche mit Bäumen, Sträuchern, Rabatten u. Ä.: im Park spazieren gehen. **Syn.:** Anlage. **Zus.:** Schlosspark, Stadtpark, Waldpark, Wildpark.

Par|ka [ˈparka], der; -s, -s und die; -, -s:
knielanger Anorak mit Kapuze: für den Winter kaufe ich mir einen Parka. **Syn.:** Anorak, Jacke.

par|ken [ˈparkn̩] ⟨tr.; hat⟩:
ein Kraftfahrzeug vorübergehend abstellen: den Wagen vor dem Laden parken; ⟨auch itr.⟩ am Straßenrand, unter einer Laterne parken.

Par|kett [parˈkɛt], das; -[e]s, -e und -s:
1. *Fußboden aus schmalen, kurzen Brettern, die in einer bestimmten Ordnung verlegt sind:* Parkett legen, Parkett verlegen.
2. *(im Theater, Kino) zu ebener*

Erde liegender [vorderer] Teil eines Zuschauerraumes: ein Platz im Parkett.

Park|haus ['parkhaus], das; -es, Parkhäuser ['parkhɔyzɐ]: *meist mehrstöckiges Gebäude, in dem Autos geparkt werden können:* mit dem Auto ins Parkhaus fahren.

Park|platz ['parkplats], der; -es, Parkplätze ['parkplɛtsə]: **a)** *Platz, auf dem ein Fahrzeug geparkt werden kann:* an Samstagen findet man hier kaum einen Parkplatz; einen Parkplatz suchen. **b)** *für das Parken von Autos vorgesehene Fläche mit markierten einzelnen Stellplätzen:* ein bewachter Parkplatz neben dem Einkaufszentrum.

Park|schei|be ['parkʃaibə], die; -, -n: *mit einer drehbaren Scheibe versehene Pappkarte, auf der die Uhrzeit eingestellt wird, zu der das Auto auf einem Parkplatz abgestellt wurde (bei Parkplätzen mit begrenzter Parkdauer):* die Parkscheibe soll gut sichtbar hinter der Windschutzscheibe angebracht werden.

Park|schein ['parkʃain], der; -[e]s, -e: *für gebührenpflichtige Parkplätze oder in Parkhäusern ausgegebener Schein, auf dem der Beginn oder das Ende der Parkzeit vermerkt ist:* ich muss noch am Automaten einen Parkschein ziehen.

Park|uhr ['park|u:ɐ̯], die; -, -en: *auf einer Metallstange angebrachter kleiner Automat, der nach Einwurf einer Münze anzeigt, wie lange man an dieser Stelle parken darf:* meine Parkuhr läuft gleich ab.

Par|la|ment [parla'mɛnt], das; -[e]s, -e: **a)** *gewählte Vertretung des Volkes mit beratender und gesetzgebender Funktion:* das Parlament auflösen, [neu] wählen; das Parlament hat das Gesetz beschlossen; das Parlament tritt zusammen. **Zus.:** Europaparlament, Landesparlament, Stadtparlament. **b)** *Parlamentsgebäude:* eine Demonstration vor dem Parlament.

Par|la|men|ta|ri|er [parlamɛn'ta:ri̯ɐ], der; -s, -, **Par|la|men|ta|ri|e|rin** [parlamɛn'ta:ri̯ərɪn], die; -, -nen: *Abgeordneter, Abgeordnete eines Parlaments:* einzelne Parlamentarier stimmten gegen das Gesetz. **Syn.:** Vertreter, Vertreterin des Volkes.

par|la|men|ta|risch [parlamɛn'ta:rɪʃ] ⟨Adj.⟩: *das Parlament betreffend, von ihm ausgehend:* eine parlamentarische Demokratie; etwas parlamentarisch untersuchen.

Pa|ro|die [paro'di:], die; -, Parodien [paro'di:ən]: *komische oder satirische Nachahmung oder Umbildung:* eine Parodie auf Goethe, auf Goethes »Werther«; eine witzige Parodie der »Tagesschau«; eine gelungene Parodie der beliebten/auf die beliebte Politikerin. **Syn.:** Persiflage.

pa|ro|die|ren [paro'di:rən] ⟨tr.; hat⟩: *in einer Parodie nachahmen:* ein Werk, jmds. Sprechweise parodieren; diese Sendung ist häufig parodiert worden. **Syn.:** persiflieren (bildungsspr.).

Pa|ro|le [pa'ro:lə], die; -, -n:
1. *in einem Satz oder Spruch einprägsam formulierte [politische] Überzeugung:* kämpferische Parolen; sie trugen Parolen auf Spruchbändern vor sich her. **Syn.:** Schlagwort. **Zus.:** Durchhalteparole, Hetzparole.
2. *Kennwort:* eine Parole ausgeben, nennen. **Syn.:** Losung, Stichwort.

Par|tei [par'tai], die; -, -en:
1. *politische Organisation mit einem bestimmten Programm, in der sich Menschen mit der gleichen politischen Überzeugung zusammengeschlossen haben:* eine bestimmte Partei wählen; in eine Partei eintreten; [nicht] in einer Partei sein. **Zus.:** Oppositionspartei, Regierungspartei, Volkspartei.
2. *einer der [beiden] Gegner in einem Rechtsstreit:* die streitenden Parteien. **Zus.:** Prozesspartei.
3. *Mieter[in] einer bestimmten Wohnung in einem Mietshaus:* in dem Haus wohnen 10 Parteien. **Syn.:** Mieter, Mieterin.

par|tei|isch [par'taiɪʃ] ⟨Adj.⟩: *(in einem Streitfall o. Ä.) nicht neutral, nicht objektiv; der einen oder anderen Gruppe zugeneigt:* eine parteiische Haltung; der Schiedsrichter war sehr parteiisch. **Syn.:** befangen (bes. Rechtsspr.), einseitig, subjektiv, tendenziös (abwertend), voreingenommen.

Par|terre [par'tɛr], das; -s, -s: *zu ebener Erde liegendes Geschoss eines Wohnhauses:* wir wohnen im Parterre. **Syn.:** Erdgeschoss.

Par|tie [par'ti:], die; -, Partien [par'ti:ən]:
1. *Abschnitt, Ausschnitt, Teil eines größeren Ganzen:* die untere Partie des Gesichts; die schönsten Partien der Landschaft fotografieren; die Erzählung zerfällt in drei Partien. **Syn.:** Passage, Stück, Teil. **Zus.:** Mundpartie, Rückenpartie.
2. *einzelne Runde (bei bestimmten Spielen); Durchgang:* wir spielen eine Partie Billard, Schach; eine Partie gewinnen. **Zus.:** Schachpartie, Skatpartie.
3. *Rolle (in gesungenen Werken):* sie singt die Partie der Aida; für diese Partie ist er nicht geeignet. **Zus.:** Gesangspartie, Solopartie, Sopranpartie.

Par|ti|san [parti'za:n], der; -s und -en, -en, **Par|ti|sa|nin** [parti'za:nɪn], die; -, -nen: *Person, die nicht als regulärer Soldat, sondern als Angehörige[r] bewaffneter, aus dem Hinterhalt operierender Gruppen gegen den in ihr Land eingedrungenen Feind kämpft:* während des Krieges kämpfte sie als Partisanin; das Gebiet wimmelt von Partisanen.

Part|ner ['partnɐ], der; -s, -, **Part|ne|rin** ['partnərɪn], die; -, -nen:
1. *Person, die mit einer anderen etwas gemeinsam unternimmt oder die an etwas beteiligt ist:* die Partner des Vertrages; sie will sich für ihr Geschäft eine neue Partnerin suchen. **Zus.:** Geschäftspartner, Geschäftspartnerin, Tanzpartner, Tanzpartnerin, Tennispartner, Tennispartnerin.
2. *Person, die mit einer anderen Person (in einer Ehe oder dieser ähnlichen Verbindung) zusammenlebt:* er brachte seine Partnerin mit auf den Empfang; sie hat ihren Partner verloren. **Syn.:** Freund, Freundin, Lebensge-

fährte (geh.), Lebensgefährtin (geh.). **Zus.:** Ehepartner, Ehepartnerin, Lebensabschnittspartner (ugs., oft scherzh.), Lebensabschnittspartnerin (ugs., oft scherzh.), Lebenspartner, Lebenspartnerin.

Part|ner|schaft ['partnɐʃaft], die; -, -en:
1. *Verhältnis von Partnern* (1) *(in Bezug auf eine gemeinsame Unternehmung o. Ä.):* eine strategische, enge, transatlantische, deutsch-französische Partnerschaft; eine Partnerschaft eingehen, besiegeln, vereinbaren; die Partnerschaft mit Russland; eine verantwortungsvolle Partnerschaft zwischen Arbeitgeber und Arbeitnehmer; die Partnerschaft zwischen Unternehmen fördern.
2. *Verhältnis der Partner* (2) *zueinander:* wenn es in der Partnerschaft Probleme gibt; in einer glücklichen Partnerschaft leben.

Par|ty ['pa:ɐ̯ti], die; -, -s:
zwangloses privates Fest [mit Musik und Tanz]: eine Party veranstalten; auf eine/zu einer Party eingeladen sein; auf eine / zu einer Party gehen. **Syn.:** Feier, Fete (ugs.). **Zus.:** Cocktailparty, Faschingsparty, Gartenparty, Geburtstagsparty, Grillparty, Silvesterparty.

Pass [pas], der; -es, Pässe ['pɛsə]:
1. *amtlicher Ausweis zur Legitimation einer Person (bei Reisen ins Ausland):* der Pass ist abgelaufen, ist gefälscht; an der Grenze mussten wir unsere Pässe vorzeigen. **Syn.:** Ausweis, Papiere ⟨Plural⟩. **Zus.:** Diplomatenpass, Reisepass.
2. *niedrigste Stelle eines größeren Gebirges, die als Übergang benutzt wird:* die meisten Pässe der Alpen sind verschneit. **Zus.:** Alpenpass, Gebirgspass.
3. *[genaues] Weiterleiten, Zuspielen des Balles an einen Spieler, eine Spielerin der eigenen Mannschaft (besonders im Fußball):* seine Pässe sind sehr genau. **Syn.:** Abgabe, Vorlage. **Zus.:** Flachpass, Querpass, Steilpass.

pas|sa|bel [pa'sa:bl̩] ⟨Adj.⟩:
bestimmten Ansprüchen einigermaßen gerecht werdend; annehmbar: eine passable Unterkunft; passables Essen; sie sah ganz passabel aus. **Syn.:** akzeptabel, erträglich (ugs.), leidlich, manierlich (ugs.), zufriedenstellend.

Pas|sa|ge [pa'sa:ʒə], die; -, -n:
1. *Reise mit Schiff oder Flugzeug (besonders über das Meer):* sie musste sich erst das Geld für die Passage nach Amerika verdienen. **Zus.:** Schiffspassage.
2. *(zwei Straßen verbindender) überdachter Durchgang (häufig als Ladenstraße):* Schaufenster in der Passage ansehen. **Syn.:** Durchgang. **Zus.:** Einkaufspassage.
3. *fortlaufender, zusammenhängender Teil einer Rede oder eines Textes:* eine Passage abschreiben; größere Passagen aus dem »Faust« zitieren. **Syn.:** Absatz, Abschnitt, Ausschnitt, Auszug, Partie, Stück. **Zus.:** Textpassage.

Pas|sa|gier [pasa'ʒi:ɐ̯], der; -s, -e, **Pas|sa|gie|rin** [pasa'ʒi:rɪn], die; -, -nen:
Person, die sich auf einer Reise (besonders mit Flugzeug oder Schiff) befindet. **Syn.:** Reisende, Reisender. **Zus.:** Flugpassagier, Flugpassagierin, Schiffspassagier, Schiffspassagierin.

Pas|sant [pa'sant], der; -en, -en, **Pas|san|tin** [pa'santɪn], die; -, -nen:
Person, die zufällig (an einer bestimmten Stelle, zu einem bestimmten Zeitpunkt) auf der Straße vorübergeht: bei der Explosion des Sprengkörpers wurden mehrere Passanten verletzt; der Ausbrecher nahm eine Passantin als Geisel. **Syn.:** Fußgänger, Fußgängerin.

pas|sen ['pasn̩] ⟨itr.; hat⟩:
1. a) *(von Kleidung o. Ä.) jmds. Figur entsprechen, nicht zu eng, zu weit, zu groß oder zu klein o. Ä. sein:* der Rock passt dir nicht, passt wie angegossen; seit sie abgenommen hat, passt ihr nichts mehr. **Syn.:** sitzen. **b)** *mit jmdm., etwas zusammenstimmen, sodass eine harmonische Gesamtwirkung o. Ä. zustande kommt:* die Farbe passt nicht zu dir; die Schuhe passen gut zu diesem Kleid; diese Freunde passen nicht zu ihr, zu uns; ⟨häufig im 1. Partizip⟩ bei passender Gelegenheit; die passenden Worte finden. **Syn.:** sich eignen, harmonieren.
2. ⟨meist verneint⟩ *jmdm. angenehm, sympathisch o. Ä. sein:* dein Benehmen, der Termin passt mir nicht; es passt mir nicht, dass du mir nichts gesagt hast. **Syn.:** gefallen, zusagen.
3. *eingestehen, etwas nicht zu wissen:* bei dieser Frage muss ich leider passen.
4. (Ballspiele, bes. Fußball) *(den Ball) einem Spieler der eigenen Mannschaft gezielt zuspielen:* den Ball zum Torwart passen.

pas|sie|ren [pa'si:rən]:
1. ⟨tr.; hat⟩ *ein bestimmtes Gebiet durchqueren, durchfahren, an einer bestimmten Stelle vorbeigehen, -fahren:* die Grenze, eine Kreuzung passieren; ⟨auch itr.⟩ wir durften passieren. **Syn.:** [1]durchfahren durch, fahren durch, gehen durch, laufen durch, überfahren, überqueren, überschreiten, vorbeifahren an.
2. ⟨itr.; ist⟩ *(von Unangenehmem, Unbeabsichtigtem o. Ä.) sich ereignen:* was ist passiert?; mir ist etwas Seltsames passiert; hoffentlich ist dir nichts passiert. **Syn.:** begegnen (geh.), eintreten, geschehen, sich vollziehen, vorfallen, sich zutragen.
3. *(weiche Nahrungsmittel) durch ein Sieb o. Ä. pressen und so zu einer Art breiigen Masse verarbeiten:* die Tomaten häuten und passieren.

pas|siv ['pasi:f] ⟨Adj.⟩:
a) *untätig bleibend; ohne Initiative:* ich habe mich bei der Auseinandersetzung passiv verhalten. **Syn.:** abwartend, reserviert, untätig, zurückhaltend. **b)** *als Mitglied einer Vereinigung, einer Sportgemeinschaft nicht aktiv teilnehmend an dem, was diese Vereinigung gestaltet, durchführt,* /Ggs. aktiv/: ein passives Mitglied des Vereins.

Pas|siv ['pasi:f], das; -s (Sprachwiss.):
Verhaltensrichtung des Verbs, die von der im Satzgegenstand genannten Person od. Sache her gesehen wird, die von einer Handlung betroffen wird; Leideform (z. B. der Hund *wird* [von Fritz] *geschlagen)* /Ggs. Aktiv/: das Verb steht im Passiv.

Pas|si|vi|tät [pasivi'tɛ:t], die; -:
das Passivsein, passives Verhalten: aus der politischen Passivität heraustreten. **Syn.:** Lethargie.

Pass|wort ['pasvɔrt], das; -[e]s, Passwörter ['pasvœrtɐ] (EDV): *nur einer bestimmten Person bekannte, aus Buchstaben, Ziffern oder Sonderzeichen bestehende Zeichenkette, die am Computer einzugeben ist, um ein Programm zu öffnen:* zum Aufrufen des Programms geben Sie bitte Ihren Benutzernamen und Ihr Passwort ein.

Pas|te ['pastə], die; -, -n: *[salbenähnliche] weiche Masse, die sich streichen, verstreichen lässt:* eine Paste aus Tomaten und Kapern; die Paste auf die Haut auftragen. **Syn.:** Creme, Salbe. **Zus.:** Sardellenpaste.

Pas|tor ['pasto:ɐ̯], der; -s, Pastoren [pas'to:rən] (landsch.): **a)** *evangelischer Pfarrer.* **Syn.:** Geistliche, Geistlicher, Pfaffe (abwertend). **b)** *katholischer Pfarrer.* **Syn.:** Geistlicher, Pfaffe (abwertend), Priester.

Pas|to|rin [pas'to:rɪn], die; -, -nen: weibliche Form zu ↑Pastor.

Pa|te ['pa:tə], der; -n, -n: *männliche Person, die bei der Taufe eines Kindes anwesend ist und die die Verpflichtung hat, sich (neben den Eltern) um die christliche Erziehung des Kindes zu kümmern:* ich bin Sophies Pate. **Zus.:** Taufpate.

pa|tent [pa'tɛnt] ⟨Adj.⟩ (ugs.): *bewundernswert tüchtig, praktisch, klug (in der Meisterung seiner Aufgaben oder des Alltags):* ein patenter Kerl; sie ist sehr patent. **Syn.:** lebenstüchtig, mit beiden Beinen im Leben stehend, tüchtig.

Pa|tent [pa'tɛnt], das; -[e]s, -e: *[Urkunde über die] amtliche Berechtigung, eine Erfindung allein zu verwerten:* eine Erfindung als Patent anmelden; das Patent erteilen; auf etwas ein Patent haben.

pa|the|tisch [pa'te:tɪʃ] ⟨Adj.⟩: *übertrieben feierlich, allzu gefühlvoll:* eine pathetische Sprechweise; die Rede empfand ich als pathetisch; pathetisch schreiben. **Syn.:** hochtrabend (emotional), schwülstig.

Pa|ti|ent [pa'ts̮i̯ɛnt], der; -en, -en, **Pa|ti|en|tin** [pa'ts̮i̯ɛntɪn], die; -, -nen: *Person, die ärztlich behandelt wird:* sie ist Patientin von Dr. Schmidt; Dr. Schmidt hat viele Patienten. **Syn.:** Kranke, Kranker. **Zus.:** Krebspatient, Krebspatientin.

Pa|tin ['pa:tɪn], die; -, -nen: weibliche Form zu ↑Pate.

Pa|tri|ot [patri'o:t], der; -en, -en, **Pa|tri|o|tin,** die; -, -nen: *Person, die eine patriotische Haltung, Gesinnung hat:* sie ist eine glühende Patriotin; die Patrioten starben für ihr Vaterland.

pa|tri|o|tisch [patri'o:tɪʃ] ⟨Adj.⟩: *von der Liebe zum Vaterland, dem Land, in dem man sich verwurzelt fühlt, bestimmt:* sie hatte eine patriotische Gesinnung, war patriotisch gesinnt. **Syn.:** national.

Pa|tro|ne [pa'tro:nə], die; -, -n: **1.** *aus einer Metallhülse mit Sprengstoff und Geschoss bestehende Munition (für Gewehr, Pistole o. Ä.):* eine Patrone in den Lauf des Gewehres schieben. **Syn.:** Kugel. **Zus.:** Gaspatrone, Gewehrpatrone. **2.** *lichtundurchlässige Hülse für Filme:* die Patrone ist leer. **3.** *Behälter aus Kunststoff für Tinte, Tusche, Toner o. Ä., der in einen Füller, ein Kopiergerät o. Ä. eingelegt wird:* er braucht eine neue Patrone für seinen Füller; die Patrone am Kopierer auswechseln.

Pa|trouil|le [pa'trʊljə], die; -, -n: **1.** *Gruppe von Personen (besonders Soldaten), die etwas bewacht oder erkundet:* nach den Vermissten wurde eine Patrouille ausgesandt. **Syn.:** Streife. **Zus.:** Grenzpatrouille, Polizeipatrouille. **2.** *Rundgang, auf dem etwas bewacht oder erkundet wird:* [auf] Patrouille gehen; die Patrouille beenden. **Syn.:** Streife.

pa|trouil|lie|ren [patrʊl'ji:rən] ⟨itr.; hat/ist⟩: *(als Posten oder Wache) in der Nähe eines zu bewachenden Objektes auf und ab gehen:* vor der Küste haben/sind Kriegsschiffe patrouilliert; die Soldaten haben/sind einige Stunden patrouilliert. **Syn.:** auf Patrouille gehen, Patrouille gehen, Wache gehen.

pat|zig ['pats̮ɪç] ⟨Adj.⟩: *mit einer Mischung aus Grobheit, Schärfe und Frechheit auf eine Äußerung, Handlung o. Ä. eines anderen reagierend:* eine patzige Antwort geben; er war sehr patzig. **Syn.:** frech, pampig (ugs. abwertend), schnoddrig (ugs. abwertend), unwirsch.

Pau|ke ['pau̯kə], die; -, -n: *Schlaginstrument mit kesselähnlichem Resonanzkörper u. einer meist aus gegerbtem Kalbfell bestehenden Membran:* die Pauke schlagen; *** auf die Pauke hauen** (ugs.): **1)** *ausgelassen feiern:* an deinem Geburtstag können wir mal richtig auf die Pauke hauen. **2)** *angeberisch auftreten:* gestern hat er in der Besprechung mal wieder richtig auf die Pauke gehauen.

pau|ken ['pau̯kn̩]: **1.** ⟨tr.; hat⟩ (ugs.) *intensiv lernen:* sie paukt Mathe, Vokabeln; er paukt für die nächste Englischarbeit. **Syn.:** büffeln (ugs.). **2.** ⟨itr.; hat⟩ *die Pauke schlagen:* sie paukt im Sinfonieorchester.

pau|schal [pau̯'ʃa:l] ⟨Adj.⟩: **1.** *nicht aufgegliedert nach Einzelheiten (bei der Berechnung o. Ä. von etwas):* eine pauschale Summe zahlen; etwas pauschal berechnen. **Syn.:** gesamt, komplett. **2.** *(in Bezug auf ein Urteil o. Ä.) sehr allgemein, nicht differenziert:* ein sehr pauschales Urteil, das der Sache nicht gerecht wird.

Pau|se ['pau̯zə], die; -, -n: *kürzere Unterbrechung einer Tätigkeit [die der Erholung o. Ä. dienen soll]:* eine Pause einlegen, machen. **Zus.:** Denkpause, Frühstückspause, Ruhepause, Verschnaufpause.

pau|sie|ren [pau̯'zi:rən] ⟨itr.; hat⟩: *eine [längere] Pause einlegen:* wenn sie eine Arbeit fertiggestellt hat, pausiert sie eine Weile. **Syn.:** aussetzen, unterbrechen.

Pa|vil|lon ['pavɪljõ], der; -s, -s: **1.** *kleiner runder oder viereckiger, offener Bau (in einem Park).* **Syn.:** Laube. **Zus.:** Konzertpavillon, Musikpavillon. **2.** *[aus einem Raum bestehender] Einzelbau auf einem Ausstellungsgelände:* der amerikanische Pavillon ist der größte auf der Messe. **Zus.:** Messepavillon, Verkaufspavillon.

Pa|zi|fis|mus [pats̮i'fɪsmʊs], der; -: *weltanschauliche Strömung, die* *den Krieg als Mittel der Auseinandersetzung zwischen Staaten ablehnt.*

Pa|zi|fist [pat͜siˈfɪst], der; -en, -en, **Pa|zi|fis|tin** [pat͜siˈfɪstɪn], die; -, -nen:
Anhänger bzw. Anhängerin des Pazifismus: sie ist eine überzeugte Pazifistin.

PC [peːˈt͜seː], der; -[s], -s, selten -:
Personal Computer: in fast jedem Büro steht ein PC.

Pech [pɛç], das; -s:
unglückliche Fügung, die jmds. Pläne, Vorhaben durchkreuzt /Ggs. Glück/: er hat viel Pech gehabt; vom Pech verfolgt sein. **Syn.:** Unglück.

Pe|dal [peˈdaːl], das; -s, -e:
1. *(besonders im Auto) Hebel, der mit dem Fuß bedient wird:* auf das Pedal treten. **Zus.:** Bremspedal, Gaspedal, Kupplungspedal. **2.** *Tretkurbel am Fahrrad:* in die Pedale treten *(schnell fahren).* **3.** *(bei verschiedenen Musikinstrumenten wie Klavier, Harfe u. a.) Fußhebel, durch den der Klang der Töne beeinflusst werden kann:* mit Pedal spielen.

Pe|dant [peˈdant], der; -en, -en, **Pe|dan|tin** [peˈdantɪn], die; -, -nen:
übertrieben genauer, kleinlicher Mensch: er ist ein schrecklicher Pedant; dieser Pedantin kann man nichts recht machen.

pe|dan|tisch [peˈdantɪʃ] ⟨Adj.⟩ (abwertend):
von kleinlicher, übertriebener Genauigkeit: sie ist sehr pedantisch; eine pedantische Ordnungsliebe. **Syn.:** [1]genau, kleinlich (abwertend), peinlich genau, penibel, pingelig (ugs.).

Pe|gel [ˈpeːgl̩], der; -s, -:
Messlatte bzw. Gerät zum Messen des Wasserstandes eines Gewässers: der Pegel zeigt sechs Meter über »normal«; der Pegel *(Pegelstand)* ist gestiegen, gefallen.

Pein [pain], die; - (geh.):
etwas, was jmdm. großes körperliches oder seelisches Unbehagen verschafft, was ihn quält: er machte der Familie das Leben zur Pein; das kranke Tier wurde von seiner Pein erlöst. **Syn.:** Gram (geh.), Kummer, Leid, Qual, Schmerz. **Zus.:** Liebespein, Todespein.

pei|ni|gen [ˈpainɪgn̩] ⟨tr.; hat⟩ (geh.):
a) (veraltend) *jmdm., einem Tier Schmerzen, Qualen zufügen:* sie peinigten den Gefangenen den ganzen Morgen über. **Syn.:** martern (geh.), misshandeln, piesacken (ugs.), quälen. **b)** *jmdm. mit etwas heftig zusetzen:* jmdn. mit Fragen peinigen. **Syn.:** plagen. **c)** *(in Bezug auf körperliche Schmerzen o. Ä.) jmdn. sehr quälen:* heftige Zahnschmerzen, Hunger und Durst peinigten sie. **Syn.:** plagen.

pein|lich [ˈpainlɪç] ⟨Adj.⟩:
1. *jmdm., für jmdn. unangenehm, ihn in Verlegenheit bringend:* eine peinliche Frage; das Bekanntwerden seines Planes war ihm peinlich. **Syn.:** unangenehm. **2. a)** *(in einer Weise, die steril bzw. sehr pedantisch wirkt) äußerst sorgfältig:* hier herrscht peinliche Ordnung. **Syn.:** [1]genau, gründlich, pedantisch (abwertend), penibel. **b)** ⟨intensivierend bei Adjektiven⟩ *sehr, äußerst:* etwas peinlich genau registrieren. **Syn.:** außerordentlich, äußerst, furchtbar (ugs.), fürchterlich (ugs.), ganz, höchst, sehr, total (ugs.), überaus, verflucht (ugs.).

Peit|sche [ˈpait͜ʃə], die; -, -n:
aus einem Stock und einem daran befestigten Riemen bestehender Gegenstand zum Antreiben von Tieren: mit der Peitsche knallen, schlagen; dem Pferd die Peitsche geben *(das Pferd mit der Peitsche antreiben).* **Syn.:** Geißel (früher), Knute. **Zus.:** Reitpeitsche, Riemenpeitsche.

peit|schen [ˈpait͜ʃn̩]:
1. ⟨tr.; hat⟩ *mit einer Peitsche schlagen:* er hat die Hunde gepeitscht. **Syn.:** prügeln. **Zus.:** durchpeitschen, totpeitschen. **2.** ⟨itr.; ist⟩ *prasselnd auf etwas niedergehen, an etwas schlagen:* der Regen ist an/auf die Scheiben gepeitscht. **Syn.:** klatschen, prasseln, trommeln.

Pel|le [ˈpɛlə], die; -, -n (bes. nordd.):
dünne Schale (von Kartoffeln, Obst u. Ä.): die Pelle von der Wurst abziehen. **Zus.:** Kartoffelpelle, Wurstpelle.

pel|len [ˈpɛlən] ⟨tr.; hat⟩ (bes. nordd.):
1. *von etwas die Pelle entfernen:* Kartoffeln pellen. **Zus.:** abpellen. **2.** ⟨+ sich⟩ *sich schälen:* nach dem Sonnenbrand pellt sich seine Haut.

Pell|kar|tof|fel [ˈpɛlkartɔfl̩], die; -, -n:
mit der Schale gekochte Kartoffel: heute Abend gibt es Pellkartoffeln und Heringe.

Pelz [pɛlt͜s], der; -es, -e:
a) *dicht behaartes Fell eines Pelztiers:* der dicke Pelz eines Bären. **b)** *bearbeitetes Fell von Pelztieren, das besonders als Bekleidung verwendet wird:* ein weicher, echter Pelz; eine Mütze aus Pelz. **Zus.:** Fuchspelz, Zobelpelz. **c)** *Kleidungsstück aus Pelz* (b): sie trägt einen teuren Pelz.

Pen|del [ˈpɛndl̩], das; -s, -:
Körper (2), *der an einem Punkt aufgehängt ist und – verursacht durch die Schwerkraft – hin- und herschwingt:* das Pendel der Uhr anstoßen.

pen|deln [ˈpɛndl̩n]:
1. ⟨itr.; hat⟩ *(in der Luft frei hängend) hin- und herschwingen:* die Beine pendeln lassen. **Syn.:** baumeln (ugs.), schwingen. **2.** ⟨itr.; ist⟩ *(besonders zur Arbeit) zwischen seinem Wohnort und dem Ort, an dem man arbeitet o. Ä., hin- und herfahren:* sie ist jahrelang zwischen Leipzig und Dresden gependelt. **Syn.:** fahren.

Pend|ler [ˈpɛndlɐ], der; -s, -, **Pend|le|rin** [ˈpɛndlərɪn], die; -, -nen:
Person, die aus beruflichen Gründen regelmäßig zwischen zwei Orten hin- und herfährt: dieser Zug wird fast nur von Pendlern benutzt. **Zus.:** Berufspendler, Berufspendlerin.

pe|ne|trant [peneˈtrant] ⟨Adj.⟩:
a) *(den Geruch oder Geschmack von etwas betreffend) in einer als unangenehm empfundenen Weise durchdringend:* ein penetranter Geruch; etwas schmeckt penetrant. **Syn.:** beißend, brennend, stechend, streng. **b)** *sehr aufdringlich und ohne Distanz:* er hat ein sehr penetrantes Wesen. **Syn.:** zudringlich.

pe|ni|bel [peˈniːbl̩] ⟨Adj.⟩:
genau und sorgfältig (in einer bereits als übertrieben empfundenen Weise): er ist in allen Dingen überaus, schrecklich penibel. **Syn.:** [1]akkurat, gewissenhaft, gründlich, kleinlich

(abwertend), ordentlich, pedantisch (abwertend), peinlich, pingelig (ugs.), säuberlich, sorgsam.

Pe|nis ['pe:nɪs], der; -, -se:
männliches Geschlechtsorgan: den Penis in die Scheide einführen. **Syn.:** Glied, Schwanz (derb).

pen|nen ['pɛnən] ⟨itr.; hat⟩ (ugs.):
1. *sich im Zustand des Schlafes befinden:* im Bett liegen und pennen; sie pennt noch; sie haben im Zelt gepennt. **Syn.:** ein Nickerchen machen (fam.), ein Schläfchen machen, schlafen, schlummern (geh.). **Zus.:** durchpennen, weiterpennen.
2. *(in ärgerlicher Weise) bei etwas nicht mit der nötigen Wachheit, Aufmerksamkeit bei der Sache sein:* im Unterricht pennen; wir haben verloren, weil wir gepennt haben. **Syn.:** abwesend sein, ganz in Gedanken sein, geistig weggetreten sein (ugs.), in Gedanken verloren sein, in Gedanken versunken sein, nicht bei der Sache sein, schlafen.
3. *koitieren:* mit jmdm./miteinander pennen. **Syn.:** bumsen (salopp), es treiben (ugs.), ficken (derb), Geschlechtsverkehr haben, ins Bett gehen (ugs.), ins Bett steigen (ugs.), intime Beziehungen haben, sich lieben, sich paaren, schlafen, Sex haben.

Pen|si|on [pã'zi̯o:n], die; -, -en:
1. a) *Bezüge für einen Beamten, eine Beamtin im Ruhestand:* eine gute Pension bekommen. **Syn.:** Rente, Ruhegeld. **Zus.:** Beamtenpension, Lehrerpension, Witwenpension. **b)** ⟨ohne Plural⟩ *Ruhestand eines Beamten, einer Beamtin:* sie geht in Pension, ist seit einiger Zeit in Pension. **Syn.:** Ruhestand.
2. a) *kleineres, einfacheres Haus, das Gäste aufnimmt und verköstigt:* wir wohnten in der »Pension Klaus Balzer«. **Syn.:** Gasthaus, Gasthof, Hotel. **Zus.:** Fremdenpension, Hotelpension. **b)** *Unterkunft und Verpflegung (in einem Hotel o. Ä.):* ich habe das Zimmer mit voller Pension gemietet. **Zus.:** Halbpension, Vollpension.

Pen|si|o|när [pãzi̯o'nɛ:ɐ̯], der; -s, -e, **Pen|si|o|nä|rin** [pãzi̯o'nɛ:rɪn], die; -, -nen (landsch.):
Person, die eine Pension (1 a) *bezieht.* **Syn.:** Rentner, Rentnerin.

pen|si|o|nie|ren [pãzi̯o'ni:rən] ⟨tr.; hat⟩:
in den Ruhestand versetzen und eine Pension (1 a) *gewähren:* sie wurde mit 60 Jahren pensioniert.

Pen|sum ['pɛnzʊm], das; -s, Pensen ['pɛnzn̩] und Pensa ['pɛnza]:
Arbeit, die in einem bestimmten Zeitraum erledigt werden muss: ich habe mein heutiges Pensum noch nicht geschafft, erfüllt. **Syn.:** Aufgabe, Soll. **Zus.:** Arbeitspensum, Pflichtpensum, Tagespensum.

Pent|house ['pɛnthau̯s], das; -, -s ['pɛnthau̯zɪs], **Pent|haus,** das; -es, Penthäuser ['pɛnthɔy̯zɐ]:
exklusive Wohnung auf dem Flachdach eines Etagenhauses oder eines Hochhauses: von seinem Penthouse aus hat man einen wunderbaren Blick über die Stadt.

per [pɛr] ⟨Präp. mit Akk. oder Dativ⟩:
dient dazu, das Mittel anzugeben, mit dessen Hilfe etwas geschieht; *mit, durch, mittels:* sie fuhr per Bahn; einen Brief per Luftpost befördern; etwas per Fax, per Nachnahme senden; per Gesetz; per Satellit, Boten; ich habe sie per Zufall getroffen.

per|fekt [pɛr'fɛkt] ⟨Adj.⟩:
a) *(im Hinblick auf bestimmte Fähigkeiten, die Ausführung von etwas) so gut, dass nicht das Geringste daran auszusetzen ist:* er ist ein perfekter Koch; er zeigte ein perfektes Spiel; sie spricht perfekt Englisch. **Syn.:** fehlerlos, makellos, meisterhaft, tadellos, untad[e]lig, vollendet, vollkommen. **b)** *abgemacht, abgeschlossen, gültig:* der Vertrag ist perfekt.

Per|fek|ti|on [pɛrfɛk'tsi̯o:n], die; -:
Vollendung, Vollkommenheit (in der Ausübung, Ausführung von etwas): uns überraschte die Perfektion seines Vortrags, Spiels. **Syn.:** Meisterschaft.

per|fid [pɛr'fi:t], **per|fi|de** [pɛrfi'də] (bildungsspr.) ⟨Adj.⟩:
in übler Weise niederträchtig, heimtückisch: er ist ein perfider Bursche; sie hat ihre Interessen perfid[e] durchgesetzt. **Syn.:** bösartig, böse, gehässig, gemein, hinterhältig, schändlich, verwerflich.

Pe|ri|o|de [pe'ri̯o:də], die; -, -n:
1. *Teil eines zeitlich in sich gegliederten Geschehens, das für sich eine Einheit bildet:* eine historische Periode; eine Periode rastlosen Schaffens in seinem Leben. **Syn.:** Abschnitt, Ära (geh.), Epoche, Etappe, Phase, Zeit, Zeitraum. **Zus.:** Heizperiode, Hitzeperiode, Kälteperiode, Schönwetterperiode, Wachstumsperiode.
2. *Menstruation:* sie hat ihre Periode. **Syn.:** Blutung, Regel, Tage ⟨Plural⟩ (ugs. verhüllend).

pe|ri|o|disch [pe'ri̯o:dɪʃ] ⟨Adj.⟩:
in bestimmten Zeitabständen, regelmäßig (erscheinend, auftretend, wiederkehrend): die periodische Wiederkehr der Jahreszeiten; eine periodisch erscheinende Zeitschrift. **Syn.:** regelmäßig.

Pe|ri|phe|rie [perife'ri:], die; -, Peripherien [perife'ri:ən]:
a) *[gekrümmte] Begrenzungslinie einer geometrischen Figur, besonders des Kreises:* die Peripherie des Kreises. **Syn.:** Rand. **b)** *am Rand einer Stadt liegendes Gebiet:* an der Peripherie [der Stadt] wohnen. **Syn.:** Rand. **Zus.:** Stadtperipherie.

Per|le ['pɛrlə], die; -, -n:
1. *(in/zu Schmuck verarbeitetes) [helles] schimmerndes Kügelchen, das in der Perlmuschel entsteht:* eine Kette aus Perlen; nach Perlen tauchen. **Zus.:** Japanperle, Zuchtperle.
2. *perlenförmiges Gebilde aus Holz, Kunststoff, Glas o. Ä.:* bunte Perlen aus Glas; das Kind fädelt die Perlen auf eine Schnur.
3. *perlenförmiges Bläschen, Tröpfchen:* die aufsteigenden Perlen im Sekt.

per|len ['pɛrlən]:
1. a) ⟨itr.; hat/ist⟩: *in Form von Perlen* (3) *hervortreten, sich bilden:* Wasser perlt auf Fett; der Schweiß perlte ihr auf, von der Stirn. **Zus.:** herabperlen. **b)** ⟨itr.; ist⟩ *in Perlen* (3) *irgendwohin laufen:* das Wasser perlte von den Blättern. **Zus.:** herabperlen.
2. ⟨itr.; hat⟩ *Perlen* (3) *bilden:* der Champagner perlt im Glas.

Perl|mut|ter ['pɛrlmʊtɐ], die; - und das; -s, **Perl|mutt** ['pɛrlmʊt], das; -s:

innere, weißlich schillernde Schicht bestimmter Muscheln: Knöpfe aus Perlmutt[er].

per|ma|nent [pɛrma'nɛnt] ⟨Adj.⟩: *in einer ununterbrochenen Folge bestehend:* zwischen ihnen herrscht ein permanenter Kleinkrieg. **Syn.:** beständig, dauernd (emotional), fortgesetzt, fortwährend, stetig, unablässig (emotional), unaufhörlich, unausgesetzt (veraltend), unentwegt, ununterbrochen.

per|plex [pɛr'plɛks] ⟨Adj.⟩: *von etwas sehr überrascht:* ich war völlig perplex.

Per|ron [pɛ'rõː], das, auch: der; -s, -s (schweiz.): *Bahnsteig:* wir warten auf dem Perron auf dich.

Per|si|fla|ge [pɛrzi'flaːʒə], die; -, -n (bildungsspr.): *geistreiche Verspottung durch übertreibende Nachahmung:* dieses Stück ist eine gelungene Persiflage auf die Gewohnheiten unserer Politiker. **Syn.:** Parodie.

per|si|flie|ren [pɛrzi'fliːrən] ⟨tr.; hat⟩ (bildungsspr.): *auf geistreiche Art durch übertreibende Nachahmung verspotten:* jmdn., jmds. Verhalten persiflieren. **Syn.:** parodieren.

Per|son [pɛr'zoːn], die; -, -en: *Mensch als individuelles Wesen:* eine Familie von vier Personen; beide Ämter sind in einer Person vereinigt *(werden von einem Menschen geleitet).* **Syn.:** Leute ⟨Plural⟩, Mensch, Persönlichkeit. **Zus.:** Autoritätsperson, Hauptperson, Kontaktperson, Nebenperson.

Per|so|nal [pɛrzo'naːl], das; -s: **a)** *Gesamtheit der beschäftigten Personen (besonders im Dienstleistungsbereich):* das technische Personal der Bahn; das fliegende Personal der Fluggesellschaft; die Firma hat freundliches, gut geschultes Personal. **Syn.:** Belegschaft. **Zus.:** Begleitpersonal, Flugpersonal, Wachpersonal. **b)** *Gesamtheit des Dienstpersonals in einem privaten Haushalt:* das Personal der gräflichen Familie. **Zus.:** Hauspersonal, Küchenpersonal.

Per|so|nal|aus|weis [pɛrzo'naːl|ausvais], der; -es, -e: *amtlicher Ausweis für eine Person mit Lichtbild, Angaben zur Person und Unterschrift des Inhabers, der Inhaberin:* einen neuen Personalausweis beantragen.

Per|so|nal Com|pu|ter ['pəːsənəl kɔm'pjuːtɐ], der; - -s, - -: *(im Vergleich zu einem Großrechner) kleinerer Computer* (Abkürzung: PC). **Syn.:** Computer, Rechner.

Per|so|na|lie [pɛrzo'naːli̯ə], die; -, -n:
1. ⟨Plural⟩ *(amtlich registrierte) Angaben zur Person, wie Name, Datum und Ort der Geburt:* die Personalien feststellen, aufnehmen. **Syn.:** persönliche Daten.
2. *etwas Privates, private Angelegenheit, die eine Person betrifft:* diese Personalie ist nicht für die Öffentlichkeit bestimmt.

per|so|nell [pɛrzo'nɛl] ⟨Adj.⟩: *das Personal, die Belegschaft betreffend:* in dem Betrieb werden personelle Veränderungen vorgenommen.

per|so|ni|fi|zie|ren [pɛrzonifi'tsiːrən] ⟨tr.; hat⟩ (bildungsspr.): *(Dinge, Begriffe, Abstraktes) in der Gestalt eines Menschen darstellen:* personifizierte Naturkräfte.

per|sön|lich [pɛr'zøːnlɪç] ⟨Adj.⟩: **a)** *die jeweils eigene Person betreffend, von ihr ausgehend:* eine persönliche Angelegenheit; die persönliche Freiheit, Note; sie hat ein persönliches Interesse an der Sache. **Syn.:** eigen, individuell, privat. **b)** *selbst, in eigener Person:* ich kenne sie persönlich; ich werde mich persönlich darum kümmern. **Syn.:** eigenhändig, [1]selbst.

Per|sön|lich|keit [pɛr'zøːnlɪçkait], die; -, -en:
1. *Mensch mit ausgeprägten Eigenarten (die er selbstbewusst auslebt):* sie ist eine Persönlichkeit; ein Kind zu einer eigenständigen Persönlichkeit erziehen.
2. *Person, die eine führende Position im öffentlichen Leben innehat:* zahlreiche prominente Persönlichkeiten waren anwesend. **Zus.:** Künstlerpersönlichkeit.

Per|s|pek|ti|ve [pɛrspɛk'tiːvə], die; -, -n:
1. *Aussicht für die Zukunft:* die Ausführungen des Ministers eröffnen eine neue Perspektive. **Syn.:** Möglichkeit, Weg.
2. *Darstellung räumlicher Verhältnisse in der Ebene eines Bildes:* ein Maler muss sorgfältig auf die Perspektive achten.
3. *Standpunkt, von dem aus etwas gesehen wird:* aus ihrer Perspektive sah dies ganz anders aus.

Pe|rü|cke [pe'rʏkə], die; -, -n: *wie eine Kappe den Kopf bedeckende künstliche Frisur aus echten oder synthetischen Haaren (z. B. als Ersatz für fehlende Haare):* eine Perücke tragen. **Zus.:** Kurzhaarperücke, Langhaarperücke, Lockenperücke.

per|vers [pɛr'vɛrs] ⟨Adj.⟩:
1. *als widernatürlich (besonders in sexueller Hinsicht) empfunden:* perverse Liebestechniken; eine perverse Lust am Töten. **Syn.:** abartig (emotional abwertend), abseitig.
2. (ugs., oft emotional übertreibend) *schlimm, absurd, merkwürdig:* das ist ja pervers, wie der rast. **Syn.:** abartig (ugs., oft emotional), haarsträubend (emotional), kriminell (ugs.).

Per|ver|si|on [pɛrvɛr'zi̯oːn], die; -, -en (bildungsspr.): *perverses Empfinden bzw. Verhalten:* sexuelle, geistige Perversion.

Pes|si|mis|mus [pɛsi'mɪsmʊs], der; -: *pessimistische Haltung, [Lebens]einstellung* /Ggs. Optimismus/: zum Pessimismus neigen; sein Leben war von düsterem Pessimismus bestimmt. **Zus.:** Kulturpessimismus, Zweckpessimismus.

Pes|si|mist [pɛsi'mɪst], der; -en, -en, **Pes|si|mis|tin** [pɛsi'mɪstɪn], die; -, -nen: *Person, die immer nur die schlechten Seiten des Lebens sieht:* sie ist eine unverbesserliche Pessimistin; du alter Pessimist!

pes|si|mis|tisch [pɛsi'mɪstɪʃ] ⟨Adj.⟩: *immer nur Schlechtes oder Misserfolg erwartend* /Ggs. optimistisch/: eine pessimistische Beurteilung der Lage; er ist von Natur aus pessimistisch.

Pe|ter|si|lie [petɐ'ziːli̯ə], die; -, -n: *(im Garten gezogene) Pflanze mit krausen oder auch glatten, mehrfach gefiederten Blättern, die zum Würzen von Speisen verwendet wird:* ein Bund Petersilie kaufen; Lauch und Petersilie in die Suppe geben.

Pe|tro|le|um [pe'tro:leʊm], das; -s: *aus Erdöl gewonnene, farblose Flüssigkeit, die als Brennstoff und als chemischer Rohstoff verwendet wird:* Petroleum in die Lampe gießen.

Pet|ting ['pɛtɪŋ], das; -[s], -s: *den Orgasmus erstrebendes sexuelles Liebesspiel ohne Vollzug des Geschlechtsaktes:* wir haben anfangs nur Petting gemacht.

pet|zen ['pɛt͜sn̩] ⟨itr.; hat⟩ (ugs. abwertend): *(von Kindern) einem Erwachsenen verraten, was ein anderes Kind [vermeintlich] Schlechtes getan hat:* er hat schon wieder gepetzt. **Syn.:** hinterbringen.

Pfad [p͜fa:t], der; -[e]s, -e: *schmaler Weg, der nur von Fußgängern benutzt wird:* durch die Wiesen zog sich ein Pfad bis an den Waldesrand. **Zus.:** Fußpfad, Wiesenpfad.

Pfad|fin|der ['p͜fa:tfɪndɐ], der; -s, -, **Pfad|fin|de|rin** ['p͜fa:tfɪndərɪn], die; -, -nen: *Angehöriger bzw. Angehörige einer internationalen Organisation von Jugendlichen:* mein Sohn ist bei den Pfadfindern.

Pfaf|fe ['p͜fafə], der; -n, -n (abwertend): *Geistlicher:* er hasste die Pfaffen wie die Pest. **Syn.:** Pastor (landsch.), Pfarrer, Priester.

Pfahl [p͜fa:l], der; -[e]s, Pfähle ['p͜fɛ:lə]: *dicke Stange, die meist an einem Ende zugespitzt ist und die in den Boden eingerammt wird:* ein morscher, abgebrochener Pfahl; er hat die Ziege an einen Pfahl gebunden. **Syn.:** Pflock, Pfosten. **Zus.:** Grenzpfahl, Zaunpfahl.

Pfand [p͜fant], das; -[e]s, Pfänder ['p͜fɛndɐ]:
1. *Gegenstand, der als Sicherheit, Bürgschaft für eine Forderung dient:* jmdm. etwas als Pfand geben; etwas als Pfand behalten. **Syn.:** Garantie, Sicherheit, Unterpfand (geh.).
2. *Geldbetrag, der für Leergut berechnet und bei dessen Rückgabe erstattet wird:* Pfand für etwas bezahlen; auf den Flaschen ist 15 Cent Pfand. **Zus.:** Flaschenpfand.

pfän|den ['p͜fɛndn̩], pfändete, gepfändet ⟨tr.; hat⟩:
a) *als Pfand* (1) *für eine Geldforderung gerichtlich beschlagnahmen:* die Möbel pfänden.
b) *jmds. Eigentum als Pfand* (1) *gerichtlich beschlagnahmen:* einen nicht zahlungsfähigen Kunden pfänden.

Pfand|fla|sche ['p͜fantflaʃə], die; -, -n: *Flasche, für die man ein Pfand* (2) *bezahlen muss:* ich muss noch die Pfandflaschen zurückbringen.

Pfan|ne ['p͜fanə], die; -, -n:
1. *flaches, besonders zum Braten verwendetes Küchengerät (aus Metall) mit langem, waagerecht am Rand angebrachtem Stiel:* Eier in die Pfanne schlagen. **Zus.:** Bratpfanne, Stielpfanne.
2. (schweiz.) *Topf* (1): wir sollten die Kartoffeln in eine größere Pfanne tun. **Syn.:** Kochtopf, Topf.

Pfann|ku|chen ['p͜fanku:xn̩], der; -s, -:
1. *in der Pfanne gebackener, dünner Teig aus Eiern, Mehl und Milch:* heute gab es Pfannkuchen mit Marmelade. **Syn.:** Palatschinke (österr.). **Zus.:** Eierpfannkuchen.
2. (bes. nordd.) *kugelförmiges Gebäckstück aus Hefeteig, das in Fett gebacken wird und meist mit Marmelade gefüllt ist:* in der Fastnachtszeit essen viele Leute Pfannkuchen.

Pfar|rer ['p͜farɐ], der; -s, -, **Pfar|re|rin** ['p͜farərɪn], die; -, -nen: *Person, die einer kirchlichen Gemeinde als Seelsorger, Seelsorgerin vorsteht:* der neue Pfarrer hält heute seinen ersten Gottesdienst. **Syn.:** Geistliche, Geistlicher, geistlicher Herr (landsch.), Pastor (landsch.), Pastorin (landsch.), Pfaffe (abwertend), Seelsorger, Seelsorgerin. **Zus.:** Gefängnispfarrer, Gefängnispfarrerin, Jugendpfarrer, Jugendpfarrerin, Krankenhauspfarrer, Krankenhauspfarrerin, Studentenpfarrer, Studentenpfarrerin.

Pfau [p͜fau̯], der; -[e]s, -en: *großer, auf dem Boden lebender Vogel, bei dem das männliche Tier ein farbenprächtiges Gefieder mit langen, von großen, augenähnlichen Flecken gezierten Schwanzfedern besitzt:* der Pfau schlägt ein Rad.

Pfef|fer ['p͜fɛfɐ], der; -s, -: *scharfes Gewürz, das aus den Samen des Pfefferstrauchs gewonnen wird:* etwas mit Pfeffer würzen.

Pfef|fer|min|ze ['p͜fɛfɐmɪnt͜sə], die; -: *krautige Pflanze mit kleinen lilafarbenen Blüten, die ein stark aromatisches ätherisches Öl enthält (und als Heilpflanze verwendet wird):* Tee aus Pfefferminze kochen.

Pfef|fer|minz|tee ['p͜fɛfɐmɪnt͜ste:], der; -s, -s:
1. *[getrocknete] Blätter der Pfefferminze, die zur Teezubereitung verwendet werden:* ich muss noch Pfefferminztee kaufen.
2. *aus Pfefferminztee* (a) *hergestellter Tee:* das kranke Kind trinkt Pfefferminztee.

pfef|fern ['p͜fɛfɐn] ⟨tr.; hat⟩:
1. *mit Pfeffer würzen:* Speisen pfeffern. **Syn.:** würzen.
2. (ugs.) *mit Wucht irgendwohin schleudern, werfen:* die Schultasche in die Ecke pfeffern. **Syn.:** feuern (ugs.), knallen (ugs.), schmeißen (ugs.), werfen.

Pfei|fe ['p͜fai̯fə], die; -, -n:
1. *kleines Instrument von der Form eines Röhrchens mit einem Mundstück, das beim Hineinblasen einen lauten, schrillen Ton hervorbringt:* die Pfeife des Schiedsrichters. **Zus.:** Signalpfeife, Trillerpfeife.
2. *aus Pfeifenkopf und Pfeifenrohr bestehender Gegenstand, in dem man Tabak raucht:* er raucht nur noch Pfeife. **Zus.:** Tabakspfeife, Tonpfeife.

pfei|fen ['p͜fai̯fn̩], pfiff, gepfiffen:
1. a) ⟨itr.; hat⟩ *einen Pfeifton hervorbringen:* laut, leise pfeifen; er pfiff, um auf sich aufmerksam zu machen; ein pfeifender Vogel. **b)** ⟨tr.; hat⟩ *pfeifend* (1 a) *hervorbringen:* ein Lied, eine Melodie pfeifen.
2. ⟨itr.; hat⟩ *(in bestimmter Absicht, zu einem bestimmten Zweck) mit einer Pfeife einen (lauten, schrillen) Ton hervorbringen:* die Polizistin, der Sportlehrer, die Schiedsrichterin pfeift.
3. ⟨itr.; hat⟩ *(durch schnelle Bewegung) ein scharfes, pfeifen-*

des Geräusch hervorbringen: der Wind pfeift; Kugeln pfiffen um ihre Ohren.

Pfeil [pfail], der; -[e]s, -e:
1. *längerer Stab mit Spitze, der als Geschoss besonders bei Bogen und Armbrust dient:* einen Pfeil auflegen, abschießen.
2. *grafisches Zeichen von der Form eines stilisierten Pfeils (das eine Richtung angibt bzw. auf etwas hinweist):* der Pfeil zeigt nach Norden.

Pfei|ler [ˈpfailɐ], der; -s, -:
[frei stehende] senkrechte Stütze aus Mauerwerk, Stein o. Ä. mit meist eckigem Querschnitt (als tragender Teil eines größeren Bauwerks): Reihen mächtiger Pfeiler tragen das Gewölbe des Kirchenbaus. **Syn.:** Säule. **Zus.:** Betonpfeiler, Brückenpfeiler, Eckpfeiler, Grundpfeiler, Mauerpfeiler, Stützpfeiler.

Pfen|nig [ˈpfɛnɪç], der; -s, -e:
(früher) *Untereinheit der Deutschen Mark:* eine Mark hat hundert Pfennige; keinen Pfennig mehr haben; mit dem Pfennig rechnen müssen *(sehr sparsam sein müssen);* das ist keinen Pfennig wert *(das ist nichts wert).* **Zus.:** Glückspfennig.

pfer|chen [ˈpfɛrçn̩] ⟨tr.; hat⟩:
(besonders Haustiere) auf engem Raum zusammendrängen: Schweine in einen Waggon pferchen; die Gefangenen wurden wie Vieh in die Wagen gepfercht. **Syn.:** pressen, quetschen, zwängen. **Zus.:** einpferchen, zusammenpferchen.

Pferd [pfeːɐ̯t], das; -[e]s, -e:
1. *als Reit- oder Zugtier gehaltenes, großes Tier mit glattem Fell, langer Mähne und einem langhaarigen Schwanz:* das Pferd satteln, reiten, besteigen. **Syn.:** Gaul, Ross (geh.). **Zus.:** Ackerpferd, Arbeitspferd, Kutschpferd, Reitpferd, Rennpferd, Zirkuspferd.
2. *Turngerät, an dem Sprungübungen gemacht werden:* eine Grätsche übers Pferd machen.

Pfiff [pfɪf], der; -[e]s, -e:
1. *kurzer, schriller Ton, der durch Pfeifen hervorgebracht wird:* nach dem Foul hörte man den Pfiff des Schiedsrichters.
2. ⟨ohne Plural⟩ (ugs.) *etwas, was – als Zutat – den besonderen Reiz einer Sache ausmacht:* das farbige Tuch gibt dem Kleid erst den richtigen Pfiff.

Pfif|fer|ling [ˈpfɪfɐlɪŋ], der; -s, -e:
essbarer, gelblicher Pilz von trichterähnlicher Gestalt: heute gibt es Nudeln mit Pfifferlingen.

pfif|fig [ˈpfɪfɪç] ⟨Adj.⟩:
über ein großes Maß an Gewitztheit verfügend: er ist ein pfiffiger Kerl; sie war pfiffig und sagte kein Wort. **Syn.:** clever, findig, gewieft (ugs.), gewitzt, schlau.

Pfingst|ten [ˈpfɪŋstn̩], das; -, - ⟨meist ohne Artikel⟩:
Fest der Ausgießung des Heiligen Geistes (gefeiert fünfzig Tage nach Ostern): Pfingsten war verregnet; wir wollen [(bes. nordd.:) zu/(bes. südd.:) an] Pfingsten verreisen; ein fröhliches Pfingsten!; ⟨landschaftlich und in bestimmten Wunschformeln und Fügungen auch im Plural:⟩ wir hatten schöne Pfingsten; fröhliche Pfingsten!

Pfir|sich [ˈpfɪrzɪç], der; -s, -e:
kugelige, saftige, aromatische Frucht des Pfirsichbaums: eine Bowle mit Erdbeeren und Pfirsichen servieren.

Pflan|ze [ˈpflant͡sə], die; -, -n:
(im Ganzen oder in Teilen grünes) Gewächs aus Wurzeln, Stiel oder Stamm und Blättern: die Pflanze wächst, blüht, trägt Früchte, welkt, stirbt ab. **Syn.:** Gewächs. **Zus.:** Grünpflanze, Heilpflanze, Schlingpflanze, Topfpflanze, Zimmerpflanze.

pflan|zen [ˈpflant͡sn̩] ⟨tr.; hat⟩:
(von Pflanzen) an vorgesehener Stelle in die Erde setzen: sie hat Bäume, Sträucher und viele Blumen in ihren Garten gepflanzt. **Syn.:** setzen.

Pflan|zen|schutz|mit|tel [ˈpflant͡sn̩ʃʊt͡smɪtl̩], das; -s, -:
Mittel zur Bekämpfung von Schädlingen, die Pflanzen angreifen: auf den Einsatz von Pflanzenschutzmitteln verzichten.

pflanz|lich [ˈpflant͡slɪç] ⟨Adj.⟩:
aus Pflanzen gewonnen, hergestellt: pflanzliches Fett; dieses Medikament ist rein pflanzlich. **Syn.:** vegetarisch.

Pflas|ter [ˈpflastɐ], das; -s, -:
1. *aus fest aneinandergefügten [Natur]steinen, auch aus Asphalt, Beton o. Ä. bestehende Straßendecke:* ein holpriges Pflaster aus Kopfsteinen. **Zus.:** Asphaltpflaster, Betonpflaster, Straßenpflaster.
2. *mit einem Klebstoff [und einer Auflage aus Mull] versehener Streifen, der dazu dient, Wunden zu bedecken und Verbände zu befestigen:* ein Pflaster auf die Wunde kleben. **Syn.:** Verband.

pflas|tern [ˈpflastɐn] ⟨tr.; hat⟩:
(eine Straße, einen Hof o. Ä.) mit Pflaster versehen: die Straße, der Gehweg, der Hof wird gepflastert.

Pflau|me [ˈpflaumə], die; -, -n:
1. *dunkelblaue, eiförmige Frucht des Pflaumenbaums mit gelblich grünem, aromatischem Fruchtfleisch und einem länglichen Stein:* frische, getrocknete Pflaumen; Pflaumen [vom Baum] schütteln. **Syn.:** Zwetsche, Zwetschge (südd., schweiz., Fachspr.), Zwetschke (österr.).
2. (salopp abwertend) *unfähiger, schwacher Mensch:* du bist vielleicht 'ne Pflaume!

Pfle|ge [ˈpfleːgə], die; -:
a) *Versorgung, Betreuung, deren ein Mensch (oder ein anderes Lebewesen) aus bestimmten Gründen bedarf:* sie übernahm die Pflege ihres kranken Vaters; sie haben unsere Haustiere, Blumen vorübergehend in Pflege genommen. **Syn.:** Fürsorge. **Zus.:** Krankenpflege, Säuglingspflege. **b)** *beständiges Vornehmen bestimmter Handlungen zur Erhaltung oder Verbesserung eines bestimmten Zustandes:* die Pflege der Hände, der Blumen; etwas erfordert viel, wenig Pflege. **Zus.:** Denkmalpflege, Fußpflege, Gesichtspflege, Schönheitspflege, Zahnpflege.

Pfle|ge|el|tern [ˈpfleːgəlɛltɐn], die ⟨Plural⟩:
Ehepaar, das ein Kind in Pflege (a) *genommen hat:* das völlig verwahrloste Kind wurde bei Pflegeeltern untergebracht.

Pfle|ge|fall [ˈpfleːgəfal], der; -[e]s, Pflegefälle [ˈpfleːgəfɛlə]:
Person, die pflegebedürftig ist und deren Gebrechen nicht mehr geheilt werden kann: nach dem Unfall wurde sie zu einem Pflegefall.

Pfle|ge|heim [ˈpfleːgəhaim], das; -[e]s, -e:
[öffentliche oder private] Einrich-

tung zur Pflege (a) *körperlich oder geistig [schwer]behinderter oder alter Menschen:* er lebt jetzt in einem Pflegeheim.

pfle|gen ['pfle:gn̩]:
1. ⟨tr.; hat⟩ **a)** *(besonders einen Hilfsbedürftigen, Kranken o. Ä.) betreuen, ihn mit seiner Fürsorge umgeben:* er pflegte seine alte Mutter. **Syn.:** sich kümmern um, umsorgen. **b)** *zum Zweck der Erhaltung bzw. Verbesserung eines Zustandes behandeln:* sie pflegt ihre Hände, den Garten, die Blumen; er hat ein gepflegtes Äußeres. **Syn.:** hegen (geh.), sich kümmern um.
2. a) ⟨tr.; hat⟩ *sich um die Förderung, Aufrechterhaltung von etwas bemühen:* er pflegt seine Freundschaften. **Syn.:** sich hingeben, sich widmen. **b)** *sich einem Tun, einer Beschäftigung hingeben:* sie pflegte die Musik.
3. ⟨+ zu + Infinitiv⟩ *die Gewohnheit haben, etwas Bestimmtes zu tun:* sie pflegt zum Essen Wein zu trinken.

Pfle|ger ['pflɛːgɐ], der; -s, -, **Pfle|ge|rin** ['pflɛːgərɪn], die; -, -nen:
Person, die [kranke] Menschen oder Tiere betreut, pflegt: ein Pfleger kümmerte sich um die Genesenden; die Pflegerin kam jeden Tag ins Haus. **Syn.:** Krankenpfleger, Krankenschwester, Tierpfleger, Tierpflegerin.

Pfle|ge|ver|si|che|rung ['pfle:gəfɛɐ̯zɪçərʊŋ], die; -, -en:
Versicherung, die die Kosten für die Pflege eines (kranken oder alten) Menschen trägt: die Beiträge für die Pflegeversicherung sind erhöht worden.

pfleg|lich ['pfle:klɪç] ⟨Adj.⟩:
sorgsam mit etwas umgehend (in dem Bestreben, seinen guten Zustand zu erhalten) /Ggs. achtlos/: das wertvolle Porzellan ist besonders pfleglich zu behandeln; geh mit dem Glastisch bitte pfleglich um! **Syn.:** behutsam, sacht, sanft, schonend, sorgfältig, vorsichtig.

Pflicht [pflɪçt], die; -, -en:
1. a) *etwas, was zu tun jmd. als eine (innere, sittliche, moralische) Verpflichtung ansieht, was seine eigenen bzw. die gesellschaftlichen Normen von ihm fordern:* eine selbstverständliche Pflicht erfüllen; die Pflicht haben, etwas Bestimmtes zu tun; es für seine Pflicht halten zu helfen; sich etwas zur Pflicht machen. **Zus.:** Dankespflicht. **b)** *Aufgabe, die jmd. zu erledigen hat, die eine ihm obliegende, zugewiesene Arbeit o. Ä. ist:* sie hat viele Pflichten; seine Pflichten sind ihm zur Bürde geworden. **Syn.:** Obliegenheit (geh.). **Zus.:** Alltagspflicht, Repräsentationspflicht.
2. *(bei einem Wettkampf) Übung, deren einzelne Teile vorgeschrieben sind (im Unterschied zur Kür):* die Pflicht im Kunstturnen. **Syn.:** Übung.

-pflich|tig [pflɪçtɪç] ⟨adjektivisches Suffixoid⟩:
a) *zu dem im Basiswort Genannten verpflichtet* (vor allem in Rechts- und Verwaltungstexten) /Ggs. -frei/: anmeldepflichtig (Ware); aufsichtspflichtig *(zur Aufsicht verpflichtet);* wartepflichtig *(verpflichtet zu warten).* **b)** *verpflichtet, das im Basiswort Genannte zu bezahlen, zu entrichten:* beitragspflichtig; bußgeldpflichtig; einkommenssteuerpflichtig; gebührenpflichtig; kostenpflichtig; rezeptpflichtig.

Pflock [pflɔk], der; -[e]s, Pflöcke ['pflœkə]:
kurzes, dickeres Holzstück, das mit seinem angespitzten Ende in den Boden geschlagen wird und an dem man etwas befestigt: er hat die Ziege an einen Pflock gebunden. **Syn.:** Hering, Pfahl.

pflü|cken ['pflʏkn̩] ⟨tr.; hat⟩:
a) *eine einzelne Frucht, die Früchte o. Ä. von Baum, Strauch oder Pflanze abnehmen:* Äpfel, Beeren, Bohnen pflücken. **b)** *Blumen o. Ä. von der Pflanze abbrechen, abschneiden o. Ä.:* Veilchen, Margeriten pflücken.

Pflug [pflu:k], der; -[e]s, Pflüge ['pfly:gə]:
Gerät, mit dem die Erde eines Ackers zu Schollen umgebrochen wird: er ging hinter dem Pflug; der Ochse, der Traktor zieht den Pflug.

pflü|gen ['pfly:gn̩]:
a) ⟨itr.; hat⟩ *mit dem Pflug arbeiten:* der Bauer pflügt. **b)** ⟨tr.; hat⟩ *mit dem Pflug bearbeiten:* den Acker pflügen.

Pfor|te ['pfɔrtə], die; -, -n:
[kleinere] Tür zum Garten, Hof, Vorplatz eines Hauses: die Pforte des Klosters; die Pforte zum Garten gut verschließen. **Zus.:** Gartenpforte, Kirchenpforte, Klosterpforte, Seitenpforte.

Pfört|ner ['pfœrtnɐ], der; -s, -, **Pfört|ne|rin** ['pfœrtnərɪn], die; -, -nen:
Person, die den Eingang eines Gebäudes bewacht: sich beim Pförtner melden.

Pfos|ten ['pfɔstn̩], der; -s, -:
senkrecht stehendes, rundes oder kantiges Stück Holz, besonders als stützender, tragender Bauteil: er spannte den Draht von Pfosten zu Pfosten. **Syn.:** [1]Mast, Pfahl, Stange. **Zus.:** Bettpfosten, Brückenpfosten, Türpfosten, Zaunpfosten.

Pfo|te ['pfo:tə], die; -, -n:
in Zehen gespaltener Fuß verschiedener (Säuge)tiere (meist von Katzen und Hunden). **Syn.:** Pranke, Tatze.

Pfrop|fen ['pfrɔpfn̩], der; -s, -:
aus Holz, Kork oder Kunststoff bestehender Verschluss für Flaschen und Fässer: sie zog den Pfropfen aus der Flasche. **Syn.:** Kork (landsch.), Korken, Stöpsel, Zapfen. **Zus.:** Sektpfropfen.

Pfrün|de ['pfrʏndə], die; -, -n (kath. Kirche früher):
geistliches Amt und die damit verbundenen Einkünfte (in der katholischen Kirche): eine Pfründe haben; jmdm. eine Pfründe verleihen.

pfui [pfui̯] ⟨Interjektion⟩:
Ausruf des Missfallens, Ekels, der moralischen Entrüstung: pfui, fass das nicht an!; pfui, schäm dich! **Syn.:** bah, bäh.

Pfund [pfʊnt], das; -[e]s, -e:
Einheit der Masse; *500 Gramm, ein halbes Kilo:* zwei Pfund Äpfel kaufen.

Pfusch [pfʊʃ], der; -[e]s:
1. (ugs. abwertend) *nachlässig und liederlich ausgeführte Arbeit:* der Handwerker hat Pfusch gemacht.
2. (österr.) *Schwarzarbeit.*

pfu|schen ['pfʊʃn̩] ⟨itr.; hat⟩ (ugs. abwertend):
(eine handwerkliche Arbeit) häufig schnell und dadurch schlecht, schlampig, unsorgfältig ausführen: bei der Reparatur hat er gepfuscht. **Syn.:** murksen (ugs. abwertend), Pfusch machen (ugs. abwertend), schludern (ugs. abwertend).

Pfüt|ze ['pfʏtsə], die; -, -n:
in einer leichten Vertiefung des Bodens stehendes [Regen]wasser: nach dem Regen standen auf dem Weg viele Pfützen, hatten sich viele Pfützen gebildet. **Zus.:** Regenpfütze, Wasserpfütze.

Phä|no|men [fɛno'meːn], das; -s, -e:
1. *seltene, bemerkenswerte Erscheinung:* dieses Phänomen lässt sich nur in südlichen Breiten beobachten. **Syn.:** Erscheinung, Vorgang. **Zus.:** Naturphänomen.
2. *Person, die in einem bestimmten Bereich ungewöhnliche Gaben oder Kenntnisse besitzt:* er, sie ist ein Phänomen, was die Kenntnis der Antike betrifft.

Phan|ta|sie [fanta'ziː]: ↑ Fantasie.
phan|ta|sie|ren [fanta'ziːrən], **phan|ta|sie|voll** [fanta'ziːfɔl], **phan|tas|tisch** [fan'tastɪʃ]: ↑ fantasieren usw.

Pha|se ['faːzə], die; -, -n:
Abschnitt einer Entwicklung: die Verhandlungen sind in ihre entscheidende Phase getreten. **Syn.:** Etappe, Periode, Zeitraum. **Zus.:** Anfangsphase, Endphase, Erholungsphase, Schlussphase, Spätphase, Übergangsphase.

-phil [fiːl] ⟨zweiter Wortbestandteil von Adjektiven, deren erster meist fremdsprachlicher Herkunft ist⟩:
drückt aus, dass eine Vorliebe für das im Basiswort Genannte besteht, dass es besonders geschätzt wird /Ggs. -phob/: bibliophil *(bücherliebend);* frankophil *(frankreichfreundlich);* homophil *(sich sexuell zum eigenen Geschlecht hingezogen fühlend).*

Phi|lo|soph [filo'zoːf], der; -en, -en, **Phi|lo|so|phin** [filo'zoːfɪn], die; -, -nen:
Person, die sich mit Philosophie befasst, sie an einer Hochschule lehrt. **Zus.:** Existenzphilosoph, Existenzphilosophin, Religionsphilosoph, Religionsphilosophin.

Phi|lo|so|phie [filozo'fiː], die; -, Philosophien [filozo'fiːən]:
Lehre, Wissenschaft von der Erkenntnis des Sinns des Lebens, der Welt und der Stellung des Menschen in der Welt: die materialistische, idealistische Philosophie; Philosophie lehren, studieren. **Zus.:** Geschichtsphilosophie, Religionsphilosophie, Sprachphilosophie.

phi|lo|so|phie|ren [filozo'fiːrən] ⟨itr.; hat⟩:
a) *Philosophie betreiben, sich mit philosophischen Problemen beschäftigen:* über das Sein, den Sinn des Lebens philosophieren. **b)** (ugs.) *[lange] (über etwas) nachdenken, sich im Gespräch über philosophische Fragen, Themen ergehen:* wir haben den ganzen Abend über Gott und die Welt philosophiert. **Syn.:** grübeln, sinnieren.

Phleg|ma|ti|ker [flɛ'gmaːtikɐ], der; -s, -, **Phleg|ma|ti|ke|rin** [flɛ'gmaːtikərɪn], die; -, -nen (bildungsspr.):
träger, schwerfälliger, nicht leicht zu Aktionen zu bewegender Mensch. **Syn.:** lahme Ente (ugs. abwertend), Schlafmütze (ugs.).

phleg|ma|tisch [flɛ'gmaːtɪʃ] ⟨Adj.⟩:
[aufgrund der Veranlagung] nur schwer zu erregen u. kaum zu irgendwelchen Aktivitäten zu bewegen; träge, schwerfällig: ein phlegmatischer Mensch; er ist sehr phlegmatisch. **Syn.:** bedächtig, behäbig, gemächlich, [1]langsam, schwerfällig, träge.

-phob [foːp] ⟨zweiter Wortbestandteil von Adjektiven, deren erster meist fremdsprachlicher Herkunft ist⟩:
drückt aus, dass eine Abneigung gegen das im Basiswort Genannte besteht, dass es abgelehnt wird /Ggs. -phil/: frankophob *(frankreichfeindlich);* homophob *(Angst vor, Abneigung gegen Homosexualität).*

pho|to…, Pho|to… [foːto]: ↑ [1]Foto.

Phra|se ['fraːzə], die; -, -n:
floskelhafte, inhaltsleere Äußerung: seine Rede bestand zum größten Teil aus billigen Phrasen. **Syn.:** Floskel, Gemeinplatz.

Phy|sik [fy'ziːk], die; -:
Wissenschaft, die die Gesetze der Natur erforscht: sie lehrt, studiert Physik an der Universität.

phy|si|ka|lisch [fyzi'kaːlɪʃ] ⟨Adj.⟩:
die Physik betreffend, zu ihr gehörend, von ihr herrührend: physikalische Gesetze, Phänomene, Experimente.

Phy|si|ker ['fyːzikɐ], der; -s, -, **Phy|si|ke|rin** ['fyːzikərɪn], die; -, -nen:
im Fach Physik ausgebildete Person.

Phy|si|o|lo|gie [fyziolo'giː], die; -:
1. *Wissenschaft von den Funktionen und Abläufen im (menschlichen, tierischen oder pflanzlichen) Organismus.* **Zus.:** Neurophysiologie, Zellphysiologie.
2. *Funktionen und Abläufe eines Organismus:* die Physiologie der Katze ist der des Hundes sehr ähnlich.

phy|si|o|lo|gisch [fyzio'loːgɪʃ] ⟨Adj.⟩:
die Physiologie betreffend, zu ihr gehörend: im Körper finden physiologische Veränderungen statt.

phy|sisch ['fyːzɪʃ] ⟨Adj.⟩:
den Körper betreffend: er ist physisch überfordert; seine physischen Kräfte reichen dazu nicht aus. **Syn.:** körperlich, leiblich.

Pi|a|nist [pia'nɪst], der; -en, -en, **Pi|a|nis|tin** [pia'nɪstɪn], die; -, -nen:
Person, die im Klavierspiel ausgebildet ist und es als (künstlerischen) Beruf ausübt. **Zus.:** Jazzpianist, Jazzpianistin, Konzertpianist, Konzertpianistin.

Pia|no ['piaːno], das; -s, -s (veraltend, noch scherzh.):
Klavier: er ist heute Abend unser Mann am Piano.

Pi|ckel ['pɪkl̩], der; -s, -:
(durch eine Entzündung hervorgerufene) kleine Erhebung auf der Haut: er hat das Gesicht voller Pickel. **Syn.:** Mitesser, Pustel. **Zus.:** Eiterpickel.

pi|cken ['pɪkn̩]:
1. ⟨tr.; hat⟩ *pickend* (2) *aufnehmen:* die Hühner pickten die Körner vom Boden. **Zus.:** herauspicken.
2. ⟨itr.; hat⟩ *mit dem Schnabel hacken:* der Kanarienvogel pickte nach meinem Finger.

Pick|nick ['pɪknɪk], das; -s, -e und -s:
Mahlzeit aus mitgebrachten Speisen und Getränken im Grünen (während eines Ausfluges): sie hielten/machten Picknick auf einer Waldwiese; das Bild zeigt eine Gruppe beim Picknick.

pie|pen ['piːpn̩] ⟨itr.; hat⟩:
(besonders von [jungen] Vögeln) in kurzen Abständen feine, hohe

Töne hervorbringen: der junge Vogel piepte leise.

pie|sa|cken ['pi:zakn̩] ⟨tr.; hat⟩ (ugs.):
anhaltend, hartnäckig quälen: du sollst nicht ständig deine kleine Schwester piesacken! **Syn.:** plagen, quälen, wehtun (ugs.).

pi|etät|los [pi̯e'tɛ:tlo:s] ⟨Adj.⟩:
(in seinem Verhalten) ohne Achtung, ohne Rücksicht auf die Gefühle eines anderen: eine pietätlose Bemerkung.

Pik [pi:k], das; -[s], -:
a) ⟨ohne Plural⟩ *[zweithöchste] Farbe im Kartenspiel.* **b)** *Spielkarte mit Pik* (a) *als Farbe:* Pik ausspielen.

pi|kant [pi'kant] ⟨Adj.⟩:
(in Bezug auf Speisen) von einer bestimmten, besonders durch Gewürze bewirkten Schärfe: eine pikante Soße. **Syn.:** würzig.

pi|ken ['pi:kn̩] ⟨tr.; hat⟩ (ugs.):
(von einem dünnen, spitzen Gegenstand o. Ä.) stechen: die Nadeln des Tannenbaumes piken mich; ⟨auch itr.⟩ pass auf, die Dornen piken ganz gemein.

pi|kiert [pi'ki:ɐ̯t] ⟨Adj.⟩ (bildungsspr.):
gekränkt, verärgert und zugleich gereizt: ein pikiertes Gesicht machen; er war [darüber] ein bisschen pikiert; sie antwortete, reagierte ziemlich pikiert.

Pik|to|gramm [pɪkto'gram], das; -s, -e:
besonders auf Hinweisschildern verwendete stilisierte Darstellung von etwas, die eine bestimmte Information gibt: am Flughafen folgten wir immer den Piktogrammen.

Pil|ger ['pɪlgɐ], der; -s, -, **Pil|ge|rin** ['pɪlgərɪn], die; -, -nen:
Person, die an einen Wallfahrtsort pilgert, aus einem religiösen Bedürfnis heraus eine Wallfahrt unternimmt: in jedem Jahr strömen viele Pilger nach Lourdes; wir trafen sie als Pilgerin auf dem Jakobsweg.

pil|gern ['pɪlgɐn] ⟨itr.; ist⟩:
a) *eine Wallfahrt (an einen bestimmten Ort) machen:* sie pilgerten nach Mekka, Rom; (scherzh.) als Wagner-Fan pilgert sie jedes Jahr zu den Festspielen nach Bayreuth. **Syn.:** sich begeben (geh.), fahren, ziehen. **b)** (ugs.) *sich gemächlich zu Fuß an einen bestimmten Ort begeben:* sie packten ihr Badezeug ein und pilgerten an den Strand. **Syn.:** marschieren, schlendern, ziehen.

Pil|le ['pɪlə], die; -, -n:
1. *Medikament in Form eines Kügelchens zum Einnehmen:* Pillen schlucken; Pillen für/gegen eine Krankheit verschreiben, einnehmen. **Syn.:** Dragee, Kapsel, Tablette. **Zus.:** Abtreibungspille, Antibabypille, Beruhigungspille, Knoblauchpille, Schlafpille.
2. (ugs.) *Antibabypille:* sie nimmt die Pille.

Pi|lot [pi'lo:t], der; -en, -en, **Pi|lo|tin** [pi'lo:tɪn], die; -, -nen:
Person, die ein Flugzeug steuert: er ist Pilot bei der Lufthansa; die Ausbildung zum Piloten ist ziemlich teuer. **Syn.:** Flieger, Fliegerin. **Zus.:** Kopilot, Kopilotin, Testpilot, Testpilotin.

Pi|lot- [pilo:t] ⟨Präfixoid⟩:
kennzeichnet das im Basiswort Genannte als etwas, was als vorausgeschickter Versuch, als Test zur Klärung oder Feststellung wichtiger Aspekte, Schwierigkeiten o. Ä. dienen soll: Pilotanlage; Pilotbetrieb; Pilotprojekt; Pilotsendung; Pilotstudie.

Pils [pɪls], das; -, -e:
helles, stark schäumendes und leicht bitter schmeckendes Bier: ein [Glas] Pils trinken; Herr Ober, noch zwei Pils *(Gläser Pils)*, bitte!; Pils vom Fass; im Regal standen verschiedene Pilse. **Syn.:** Bier.

Pilz [pɪlt͡s], der; -es, -e:
1. *blatt- und blütenlose Pflanze, meist aus fleischigem Stiel und unterschiedlich geformtem Hut bestehend:* Pilze sammeln, suchen, putzen. **Syn.:** Schwammerl (österr.). **Zus.:** Giftpilz, Speisepilz.
2. *Organismus, der krankheitserregend sein kann od. in gezüchteter Form zur Herstellung von Antibiotika sowie von bestimmten Nahrungs- u. Genussmitteln verwendet wird.* **Zus.:** Schimmelpilz.
3. ⟨o. Pl.⟩ (ugs.) *in der Haut wachsender Pilz* (2)*, der Entzündungen der Haut und bestimmte Hautkrankheiten verursacht.* **Zus.:** Fußpilz.

Pilz|ver|gif|tung ['pɪlt͡sfɛɐ̯gɪftʊŋ], die; -, -en:
durch den Verzehr von giftigen Pilzen verursachte Vergiftung: eine Pilzvergiftung haben; an einer Pilzvergiftung sterben.

pin|ge|lig ['pɪŋəlɪç] ⟨Adj.⟩ (ugs.):
übertrieben gewissenhaft, übertrieben genau: ein sehr pingeliger Mensch; sei doch nicht so pingelig! **Syn.:** eigen, kleinlich (abwertend), pedantisch (abwertend), penibel.

pin|keln ['pɪŋkl̩n] ⟨itr.; hat⟩ (ugs.):
urinieren: ich muss mal pinkeln; er pinkelte an einen Baum. **Syn.:** ein Bächlein machen (Kinderspr.), Pipi machen (Kinderspr.), pissen (derb), sein Wasser abschlagen (salopp), sich das Wasser abschlagen (salopp), urinieren, Wasser lassen (verhüllend).

Pin|sel ['pɪnzl̩], der; -s, -:
zum Auftragen von flüssiger Farbe o. Ä. bestimmtes Werkzeug, das aus einem Stiel mit einem an seinem oberen Ende sitzenden Büschel von Haaren bzw. Borsten besteht: er malt mit einem dünnen Pinsel; den Lack, das Öl, den Leim mit einem Pinsel auftragen. **Zus.:** Borstenpinsel, Dachshaarpinsel, Haarpinsel, Malerpinsel.

pin|seln ['pɪnzl̩n] ⟨tr.; hat⟩:
a) (ugs.) *(mit dem Pinsel) ohne große Kunstfertigkeit malen:* er hatte eine Anzahl kleiner Bildchen gepinselt; ⟨auch itr.⟩ er pinselt gern. **Syn.:** malen.
b) (ugs.) *anstreichen, mit einem Anstrich versehen:* er ist im Garten und pinselt den Zaun; ⟨auch itr.⟩ sie hat das ganze Wochenende tapeziert und gepinselt. **Syn.:** anmalen, anstreichen, streichen. **c)** *mit einem flüssigen Medikament [das mit einem Pinsel aufgetragen wird] bestreichen:* den Hals pinseln.

Pin|zet|te [pɪn't͡sɛtə], die; -, -n:
kleines Instrument zum Greifen von sehr kleinen Dingen: er zog sich den Splitter mit der Pinzette aus dem Finger.

Pi|o|nier [pi̯o'ni:ɐ̯], der; -s, -e, **Pi|o|nie|rin** [pi̯o'ni:rɪn], die; -, -nen:
1. *Soldat bzw. Soldatin der technischen Truppe:* die Pioniere bauten eine Behelfsbrücke.
2. *Person, die bahnbrechend an der Entwicklung von etwas betei-*

ligt ist: der Forscher gilt als Pionier der Raumfahrt; Marie Curie war auf diesem Gebiet eine Pionierin. **Syn.:** Vorkämpfer, Vorkämpferin.

Pi|rat [pi'ra:t], der; -en, -en, **Pi|ra|tin** [pi'ra:tɪn], die; -, -nen:
Person, die [auf See] fremde Schiffe überfällt und ausraubt: die Piraten kaperten das Schiff.

Pirsch [pɪrʃ], die; -, -en:
Art der Jagd, bei der versucht wird, durch möglichst lautloses Durchstreifen eines Jagdreviers Wild aufzuspüren u. sich ihm auf Schussweite zu nähern: auf die Pirsch gehen.

pir|schen ['pɪrʃn̩]:
a) ⟨itr.; hat⟩ *auf die Pirsch gehen:* auf Rehwild pirschen. **Syn.:** jagen. **b)** ⟨itr.; ist⟩: *sich schleichend, leise, auf verborgenen Wegen an einen bestimmten Ort begeben:* sie pirschten durch den Wald; ⟨auch + sich⟩ er pirschte sich vom Garten aus ans Haus. **Zus.:** heranpirschen, ranpirschen.

pis|sen ['pɪsn̩] ⟨itr.; hat⟩ (derb):
urinieren: er pisste an einen Baum. **Syn.:** ein Bächlein machen (Kinderspr.), pinkeln (ugs.), Pipi machen (Kinderspr.), sein Wasser abschlagen (salopp), sich das Wasser abschlagen (salopp), urinieren, Wasser lassen (verhüllend).

Pis|te ['pɪstə], die; -, -n:
1. *Strecke für Abfahrten an einem Hang (im Skisport):* die Piste war wegen Lawinengefahr gesperrt. **Syn.:** Abfahrt. **Zus.:** Abfahrtspiste, Skipiste.
2. *Rennstrecke (im Rad- und Motorsport):* der Fahrer kam von der Piste ab und überschlug sich. **Syn.:** Bahn. **Zus.:** Betonpiste, Rennpiste.
3. *Start- und Landebahn (auf einem Flughafen):* auf der/auf die Piste aufsetzen. **Zus.:** Landepiste.

Pis|to|le [pɪs'to:lə], die; -, -n:
handliche Schusswaffe mit kurzem Lauf: jmdn. mit der Pistole bedrohen. **Syn.:** Colt, Kanone (salopp scherzh.), Revolver.

Piz|za ['pɪt͡sa], die; -, -s und Pizzen ['pɪt͡sn̩]:
mit einem Belag aus Tomaten, Käse, Sardellen o. Ä. versehenes, im Ofen gebackenes flaches rundes Stück Hefeteig: eine frisch gebackene, selbst gemachte, knusprige, halbe Pizza; ein Stück Pizza.

Pkw ['pe:ka:ve:], der; -[s], -[s], **PKW:**
Personenkraftwagen: mit dem eigenen Pkw fahren. **Syn.:** Auto, Fahrzeug, Wagen.

plä|die|ren [plɛ'di:rən] ⟨itr.; hat⟩ (bildungsspr.):
sich (argumentierend) für etwas aussprechen: er plädierte für die Annahme des Gesetzes; sie hat dafür plädiert, dass du die Rolle übernimmst. **Syn.:** eine Lanze brechen, einstehen, eintreten, sich engagieren, Partei ergreifen, sich verwenden (geh.).

Plä|do|yer [plɛdo̯a'je:], das; -s, -s (bildungsspr.):
Äußerung, Rede o. Ä., mit der jmd. entschieden für oder gegen etwas plädiert: seine Rede war ein leidenschaftliches Plädoyer für soziale Gerechtigkeit.

Pla|ge ['pla:gə], die; -, -n:
etwas, was jmdm. anhaltend zusetzt, was jmd. als äußerst unangenehm, quälend empfindet: jeder Schritt war für ihn eine Plage; das Ungeziefer ist hier eine Plage. **Syn.:** Bürde (geh.), Geißel, Kreuz, Mühsal (geh.), Strapaze. **Zus.:** Heuschreckenplage, Rattenplage.

pla|gen ['pla:gn̩]:
a) ⟨tr.; hat⟩ *mit ständigen Forderungen, Wünschen o. Ä. bedrängen und lästig werden:* die Kinder plagen die Mutter den ganzen Tag mit Wünschen und Bitten. **Syn.:** nerven (ugs.), peinigen (geh.), quälen, schaffen (ugs.), schikanieren, schinden, tyrannisieren. **b)** ⟨tr.; hat⟩ *(von einer körperlichen Missempfindung o. Ä.) jmdn. sehr quälen:* Kopfschmerzen plagen ihn seit Tagen; der Hunger plagt mich. **Syn.:** martern (geh.), peinigen, piesacken, schmerzen. **c)** ⟨+ sich⟩ *schwer arbeiten müssen:* sie hat sich ihr Leben lang [für andere] geplagt. **Syn.:** sich abmühen, sich abquälen, sich abrackern (ugs.), sich abschinden (ugs.), sich abschleppen (ugs.), sich anstrengen, sich aufreiben, sich bemühen, sich fordern, sich herumschlagen, sich quälen, rackern (ugs.), sich schinden (ugs.). **d)** ⟨tr.; hat⟩ (ugs.) *beständig quälend, beunruhigend in jmds. Bewusstsein sein:* Sorgen, Gedanken an die Zukunft plagen ihn; sie wird von Neugier, Gewissensbissen geplagt. **Syn.:** quälen.

Pla|kat [pla'ka:t], das; -[e]s, -e:
großformatiges Stück festes Papier in grafischer Gestaltung, das zum Zwecke der Information, Werbung, politischen Propaganda o. Ä. öffentlich u. an gut sichtbaren Stellen befestigt wird: Plakate kleben, ankleben, entwerfen. **Syn.:** Anschlag, Aushang, Poster. **Zus.:** Filmplakat, Kinoplakat, Reklameplakat, Wahlplakat, Werbeplakat.

Pla|ket|te [pla'kɛtə], die; -, -n:
kleines, flaches, meist rundes od. eckiges Schildchen zum Anstecken od. Aufkleben, das mit einer Inschrift od. figürlichen Darstellung versehen ist: eine Plakette am Revers tragen. **Syn.:** Abzeichen.

Plan [pla:n], der; -[e]s, Pläne ['plɛ:nə]:
1. *Überlegung, die sich auf die Verwirklichung eines Zieles oder einer Absicht richtet:* er hat große Pläne für das nächste Jahr; hast du schon Pläne für die Ferien?; seine Pläne verwirklichen; der Plan ist gescheitert. **Syn.:** Absicht, Vorhaben, Ziel. **Zus.:** Fluchtplan, Heiratsplan, Racheplan, Reiseplan, Urlaubsplan, Zukunftsplan.
2. *Entwurf für etwas zu Schaffendes in Form von technischen Zeichnungen, Aufrissen o. Ä.:* einen Plan für den Bau der Brücke aufstellen, entwerfen; sich an den Plan halten. **Syn.:** Muster. **Zus.:** Bauplan.

Pla|ne ['pla:nə], die; -, -n:
wasserdichte Decke zum Schutz gegen Regen und Feuchtigkeit: ein Boot, ein Fahrzeug mit einer Plane abdecken. **Zus.:** Plastikplane, Schutzplane, Wagenplane, Zeltplane.

pla|nen ['pla:nən] ⟨tr.; hat⟩:
a) *einen Plan für etwas, für ein Vorhaben o. Ä. machen, aufstellen:* etwas lange im Voraus, frühzeitig, sorgfältig planen. **Syn.:** einteilen. **b)** *etwas Bestimmtes zu tun beabsichtigen:* man plant, an dieser Stelle ein Hochhaus zu bauen; es ist

geplant, die Produktion zu erhöhen; die geplante Reise ist ins Wasser gefallen. **Syn.:** vorbereiten, vorsehen. **Zus.:** vorausplanen.

Pla|net [pla'ne:t], der; -en, -en: *(nicht selbst leuchtender) Himmelskörper im Sonnensystem:* die Bahnen der Planeten; der Planet Erde, Venus, Jupiter; unser Planet, der Blaue Planet *(die Erde);* der Rote Planet *(der Mars).* **Syn.:** Himmelskörper.

pla|nie|ren [pla'ni:rən] ⟨tr.; hat⟩: *einebnen, glätten:* das Gelände wurde planiert und als Parkplatz genutzt.

Plan|ke ['plaŋkə], die; -, -n: *dickes, bohlenartiges Brett (das verschiedenen Bauzwecken dient):* der Schiffbrüchige klammerte sich an eine Planke.

plan|los ['pla:nlo:s] ⟨Adj.⟩: *ohne Plan und Ziel, ohne genügende Überlegung:* sie liefen planlos in der Stadt herum; ihre Bemühungen wirkten planlos. **Syn.:** chaotisch, ohne Methode, ohne Plan, ohne Sinn, ohne Sinn und Verstand, ohne System, unüberlegt.

plan|mä|ßig ['pla:nmɛ:sɪç] ⟨Adj.⟩: **a)** *einem bestimmten Plan entsprechend:* die planmäßige Abfahrt des Zuges; alles verlief planmäßig *(so, wie es geplant, beabsichtigt war).* **Syn.:** nach Plan. **b)** *systematisch, nach einem bestimmten Plan vorgehend:* bei seinem Vorhaben planmäßig vorgehen; der planmäßige Ausbau der Universität. **Syn.:** [2]durchdacht, [1]genau, gezielt, methodisch.

plan|schen ['planʃn̩] ⟨itr.; hat⟩, **plant|schen** ['plantʃn̩]: *sich im flachen Wasser tummeln und dabei das Wasser in Bewegung bringen, dass es spritzt:* die Kinder planschen in der Badewanne. **Syn.:** spritzen.

Plan|ta|ge [plan'ta:ʒə], die; -, -n: *größerer landwirtschaftlicher Betrieb in tropischen Ländern:* auf einer Plantage Baumwolle anpflanzen. **Syn.:** Gut. **Zus.:** Baumwollplantage, Kaffeeplantage, Kakaoplantage, Kautschukplantage, Obstplantage, Orangenplantage, Tabakplantage, Teeplantage, Zuckerrohrplantage.

plant|schen ['plantʃn̩]: ↑planschen.

plap|pern ['plapɐn] ⟨itr.; hat⟩ (ugs.): *(meist von kleinen Kindern) unaufhörlich [vor sich hin] reden, schwätzen:* während der ganzen Fahrt plapperte die Kleine vor sich hin; hör doch bitte mal auf zu plappern. **Syn.:** sprechen. **Zus.:** weiterplappern.

plär|ren ['plɛrən] ⟨itr.; hat⟩ (abwertend): *(meist von Kindern) laut (mit gellender Stimme) weinen:* das Kind war hingefallen und fing sofort an zu plärren. **Syn.:** brüllen, kreischen.

[1]Plas|tik ['plastɪk], die; -, -en: *künstlerische Darstellung aus Stein, Holz oder Metall:* eine bronzene, marmorne, antike, moderne Plastik. **Syn.:** Figur, Skulptur, Statue. **Zus.:** Bronzeplastik, Holzplastik, Kleinplastik, Marmorplastik.

[2]Plas|tik ['plastɪk], das; -s ⟨meist ohne Artikel⟩: *Kunststoff:* sprödes, hartes, weiches, flexibles, billiges Plastik; Folien, Tüten, Schüsseln aus Plastik. **Syn.:** Kunststoff.

Plas|tik|tü|te ['plastɪkty:tə], die; -, -n: *aus Plastik hergestellte Tüte:* sie packte ihre Einkäufe in eine Plastiktüte.

plas|tisch ['plastɪʃ] ⟨Adj.⟩: **a)** *räumlich, körperhaft:* das Bild wirkt plastisch. **Syn.:** dreidimensional. **b)** *bildhaft, anschaulich:* eine sehr plastische Schilderung seiner Erlebnisse. **Syn.:** bildlich.

Pla|ta|ne [pla'ta:nə], die; -, -n: **1.** *Laubbaum mit großen, denjenigen des Ahorns ähnlichen Blättern und glatter, sich in einzelnen Teilen ablösender Rinde, die den Stamm wie gefleckt erscheinen lässt:* uralte Platanen säumten die Straße. **2.** ⟨ohne Plural⟩ *Holz der Platane:* Platane verarbeiten.

Pla|tin ['pla:ti:n], das; -s: *grauweißes Edelmetall (das u. a. zu Schmuck verarbeitet wird):* sich einen Ring aus Platin wünschen.

plät|schern ['plɛtʃɐn]: **a)** ⟨itr.; ist⟩ *mit leise klatschendem Geräusch fließen:* der Bach plätschert über die Steine. **Zus.:** dahinplätschern. **b)** ⟨itr.; hat⟩ *fließend ein leise klatschendes Geräusch hervorbringen:* im Hintergrund hörte man einen Brunnen plätschern. **Syn.:** gluckern, rieseln.

platt [plat] ⟨Adj.⟩: **a)** *ganz flach:* eine platte Nase haben; der Reifen ist platt *(hat nur wenig oder gar keine Luft).* **b)** *(in horizontaler Erstreckung) gerade ausgestreckt:* sich platt auf den Boden legen. **Syn.:** flach.

Plat|te ['platə], die; -, -n: **1.** *flaches, dünnes Stück eines harten Materials:* eine Platte aus Metall, aus Stein, Holz. **Syn.:** Scheibe. **Zus.:** Betonplatte, Glasplatte, Holzplatte, Marmorplatte, Metallplatte, Stahlplatte. **2.** *größerer Teller, auf dem Speisen angerichtet werden:* eine Platte mit Wurst und Käse. **Zus.:** Fleischplatte, Käseplatte, Tortenplatte, Wurstplatte. **3.** *Schallplatte:* die Platte ist noch nie abgespielt worden; eine neue Platte auflegen; die Platte umdrehen. **Zus.:** Jazzplatte, Rockplatte, Schellackplatte, Tanzplatte, Vinylplatte.

plät|ten ['plɛtn̩], plättete, geplättet ⟨tr.; hat⟩ (landsch.): *mit einem Bügeleisen glätten:* Hemden plätten; ⟨auch itr.⟩ sie plättet schon den ganzen Nachmittag. **Syn.:** bügeln.

Plat|ten|spie|ler ['platn̩ʃpi:lɐ], der; -s, -: *Gerät zum Abspielen von Schallplatten:* sie hat ihren Plattenspieler durch einen CD-Player ersetzt.

Platt|form ['platfɔrm], die; -, -en: **1.** *(mit einem Geländer gesicherte) ebene Fläche auf hohen Gebäuden, Türmen o. Ä. (von der aus man einen guten Ausblick hat):* man hat einen herrlichen Blick von dieser Plattform. **2.** *Basis, von der man bei seinen Handlungen, Zielsetzungen, Absichten ausgeht:* die Partei hat mit dem aufgestellten Programm eine neue Plattform für sich gefunden. **Syn.:** Ausgangspunkt, Basis, Fundament, Grundlage.

Platz [plats], der; -es, Plätze ['plɛtsə]: **1.** *[umbaute] freie Fläche [innerhalb eines Wohnbereichs]:* vor

dem Schloss ist ein großer Platz; alle Straßen und Plätze werden bewacht. **Zus.:** Domplatz, Dorfplatz, Marktplatz, Schlossplatz.
2. *Sitzplatz:* hier sind noch zwei Plätze frei; würdest du mir bitte mal kurz meinen Platz frei halten? **Zus.:** Eckplatz, Fensterplatz, Sitzplatz, Tribünenplatz.
3. *als Spielfeld dienende [mit Rasen bedeckte oder in anderer Weise für die jeweilige Sportart eingerichtete] Fläche eines Sportgeländes o. Ä.:* der Platz ist zurzeit nicht bespielbar; der Schiedsrichter stellte den Spieler wegen eines Fouls vom Platz *(schloss ihn vom Spiel aus).* **Syn.:** Feld, Spielfeld, Sportplatz. **Zus.:** Fußballplatz, Golfplatz, Rasenplatz, Reitplatz, Rennplatz, Sandplatz, Sportplatz, Tennisplatz.
4. ⟨ohne Plural⟩ *freie, nicht belegte Stelle, an der etwas untergebracht, verstaut werden bzw. an der jmd. sich aufhalten kann:* hier ist zu wenig, nicht genug, kein Platz [dafür]; dort ist viel Platz; für etwas Platz schaffen, keinen Platz haben; der Wagen bietet fünf Personen Platz; hast du noch etwas Platz in deinem Koffer? **Syn.:** Raum.
5. *Stellung, Position, die jmd. einnimmt:* seinen Platz behaupten, verteidigen. **Syn.:** Rang, Stand, Stellung.

Platz|angst ['plat͜s|aŋst], die; - (ugs.): *in geschlossenen u. überfüllten Räumen auftretende Angstzustände:* in Aufzügen kriege ich immer Platzangst.

Plätz|chen ['plɛt͜sçən], das; -s, -: *einzelnes kleines Stück Gebäck:* zu Weihnachten backt er Plätzchen für die ganze Familie. **Syn.:** Gebäck, Keks. **Zus.:** Anisplätzchen, Käseplätzchen, Weihnachtsplätzchen.

plat|zen ['plat͜sn̩] ⟨itr.; ist⟩:
1. a) *durch übermäßigen Druck von innen mit lautem Knall zerbersten:* der Reifen des Autos platzte während der Fahrt; das Rohr ist geplatzt. **Syn.:** aufbrechen, aufplatzen, bersten (geh.), explodieren, in die Luft fliegen (ugs.), in Stücke springen, krepieren. **b)** *(von etwas, was zu eng geworden ist) an einer Nahtstelle o. Ä. aufgehen, aufplatzen:* die Naht ist geplatzt. **Syn.:** reißen.
2. (ugs.) *(von einem Vorhaben o. Ä.) plötzlich (durch widrige Umstände) scheitern, nicht zustande kommen bzw. nicht mehr fortgeführt werden:* sein Vorhaben ist geplatzt, weil ihm das Geld ausging; eine Veranstaltung platzen lassen. **Syn.:** fehlschlagen, ins Wasser fallen, missglücken, schiefgehen (ugs.), sich zerschlagen.

plat|zie|ren [pla'tsi:rən]:
1. ⟨tr.; hat⟩ *(jmdm., einer Sache) einen bestimmten Platz geben, zuweisen:* an den Ausgängen wurden zur Sicherheit Polizeiposten platziert; man hat die Ehrengäste in der ersten Reihe platziert. **Syn.:** anordnen, aufstellen, deponieren, hinlegen, hinstellen, legen, postieren, stellen.
2. ⟨tr.; hat⟩ *(einen Schuss, Wurf, Schlag, Hieb) so ausführen, dass eine bestimmte Stelle getroffen wird:* einen Schuss, Hieb platzieren; eine linke Gerade am Kopf des Gegners platzieren.
3. ⟨+ sich⟩ *einen bestimmten Platz erreichen, belegen:* sie platzierte sich unter den ersten zehn; ich konnte mich nicht platzieren *(keinen guten, vorderen Platz belegen).*

Platz|kar|te ['plat͜skartə], die; -, -n: *Eintrittskarte oder Fahrkarte für einen bestimmten [nummerierten] Platz:* eine Platzkarte für einen Film reservieren; am Schalter erhielt er eine Fahrkarte, aber keine Platzkarte.

Platz|man|gel ['plat͜smaŋl̩], der; -s: *Mangel an Platz:* wegen Platzmangel zieht die Firma in ein größeres Gebäude um.

Platz|re|gen ['plat͜sre:gn̩], der; -s, -: *plötzlicher, sehr heftiger, in großen Tropfen fallender Regen von kürzerer Dauer:* wir gerieten in einen Platzregen.

plau|dern ['plaudɐn] ⟨itr.; hat⟩: *sich mit jmdm. gemütlich und zwanglos unterhalten:* mit jmdm. plaudern; nach dem Theater plauderten wir noch eine Stunde bei einem Glas Wein. **Syn.:** klönen (nordd. ugs.), Konversation machen (bildungsspr.), plauschen (landsch.), schwatzen, schwätzen (bes. südd.).

plau|schen ['plauʃn̩] ⟨itr.; hat⟩ (landsch.): *sich gemütlich in vertrautem, kleinerem Kreis unterhalten:* sie hatten lange nicht mehr [miteinander] geplauscht. **Syn.:** klönen (nordd. ugs.), Konversation machen (bildungsspr.), plaudern, schwatzen, schwätzen (bes. südd.), sich unterhalten.

plau|si|bel [plau'zi:bl̩] ⟨Adj.⟩: *(in Bezug auf eine Handlung, Argumentation o. Ä.) überzeugend und einleuchtend:* eine plausible Erklärung; seine Begründung ist ganz plausibel; das Ergebnis der Rechnung scheint plausibel. **Syn.:** eingängig, hieb- und stichfest, klar, schlüssig, stichhaltig, verständlich.

Play|boy ['ple:bɔy], der; -s, -s: *[jüngerer] Mann, der aufgrund seiner wirtschaftlichen Unabhängigkeit vor allem seinem Vergnügen leben kann und sich in seinem Lebensstil entsprechend darstellt:* er hatte den Ruf, ein Playboy zu sein. **Syn.:** Frauenheld.

plei|te ['plaitə]: in der Wendung **pleite sein** (ugs.), **pleite werden** (ugs.): **1)** *(als Geschäftsmann, Unternehmen) über keine flüssigen Geldmittel mehr verfügen und daher zahlungsunfähig sein, werden:* er ist mit seinem Unternehmen pleite. **Syn.:** bankrott sein, bankrott werden. **2)** (scherzh.) *kein Geld mehr haben:* ich kann nicht mit ins Kino, ich bin pleite.

Plei|te ['plaitə], die; -, -n (ugs.): **a)** *wirtschaftlicher Zusammenbruch eines Unternehmens:* die Firma, der Geschäftsmann steht vor der Pleite; er hat [mit seinem Geschäft] Pleite gemacht *(sein Geschäft ist in Konkurs gegangen).* **Syn.:** Bankrott, Konkurs, Ruin. **b)** *etwas, was sich als Reinfall entpuppt, was sehr enttäuschend endet:* das gibt eine große, völlige Pleite; die Unternehmung, die Reise war eine schöne Pleite! **Syn.:** Blamage, Debakel, Fehlschlag, Flop (ugs.), Misserfolg, Reinfall (ugs.), Schlag ins Wasser, Schlappe (ugs.). **Zus.:** Riesenpleite.

plei|te|ge|hen ['plaitəge:ən], ging

pleite, pleitegegangen ‹itr.; ist› (ugs.):
als Geschäftsmann, Unternehmen über keine flüssigen Geldmittel mehr verfügen und daher zahlungsunfähig werden: die Firma war schon nach kurzer Zeit pleitegegangen. **Syn.:** bankrottgehen.

Ple|num ['ple:nʊm], das; -s, Plenen ['ple:nən]:
Gesamtheit der versammelten Mitglieder eines Parlaments o. Ä.: das Plenum des Bundestages; etwas im Plenum behandeln. **Syn.:** Vollversammlung.

Plom|be ['plɔmbə], die; -, -n:
1. *Klümpchen aus Blei o. Ä., durch das hindurch die beiden Enden eines Drahtes o. Ä. laufen, sodass dieser eine geschlossene Schlaufe bildet, die nur durch Beschädigung des Bleiklümpchens oder des Drahtes geöffnet werden kann:* die Plombe entfernen, beschädigen.
2. *Zahnfüllung, mit der eine größere defekte Stelle in einem Zahn ausgefüllt wird:* das Kind hat schon mehrere Plomben. **Syn.:** Füllung. **Zus.:** Goldplombe, Zahnplombe.

plom|bie|ren [plɔm'bi:rən] ‹tr.; hat›:
1. *mit einer Plombe* (1) *sichern:* der Behälter, Waggon wurde plombiert.
2. *mit einer Plombe* (2) *füllen:* der Zahn wurde plombiert.

plötz|lich ['plœtslɪç] ‹Adj.›:
unerwartet, von einem Augenblick zum anderen eintretend, geschehend: sein plötzlicher Entschluss, Abschied, Schmerz; er stand plötzlich auf und verließ das Zimmer. **Syn.:** abrupt, auf einmal, jäh, Knall auf Fall (ugs.), kurzfristig, mit einem Mal, schlagartig, sprunghaft, über Nacht, überraschend, unverhofft, unvermittelt, unvermutet, unversehens, unvorhergesehen, von heute auf morgen, wie ein Blitz aus heiterem Himmel, [auf] Knall und Fall (ugs.).

plump [plʊmp] ‹Adj.›:
1. *von dicker, unförmiger Gestalt:* ein plumper Körper; ein kurzbeiniger plumper Kerl. **Syn.:** bäurisch, grobschlächtig (abwertend), klobig, klotzig (abwertend), vierschrötig.
2. a) *im Umgang mit anderen an Feinfühligkeit fehlen lassend, unbeholfen, wenig nuanciert* /Ggs. subtil/: plump über jmdn. witzeln; ein plumper Annäherungsversuch. **Syn.:** bäurisch, brüsk, derb, grob, rüde, rüpelhaft, ruppig (abwertend), unhöflich. **b)** *ungeschickt, leicht zu durchschauen:* eine plumpe Falle; der Schwindel ist viel zu plump, als dass er nicht sofort erkannt würde. **Syn.:** ungeschickt, unverfroren (emotional).

plump|sen ['plʊmpsn̩] ‹itr.; ist› (ugs.):
mit einem dumpfen Laut irgendwohin fallen: ins Wasser plumpsen; etwas auf den Boden plumpsen lassen. **Syn.:** abstürzen, fliegen (ugs.), hinfallen, purzeln (fam.), stürzen.

Plun|der ['plʊndɐ], der; -s (ugs. abwertend):
[alte] als wertlos, unnütz betrachtete Dinge: sie hebt allen Plunder auf; den ganzen Plunder wegwerfen. **Syn.:** Ausschuss, Kram, Krimskrams (ugs.), Schnickschnack (ugs., meist abwertend), Schund, Zeug, Zimt (ugs. abwertend).

plün|dern ['plʏndɐn]:
a) ‹itr.; hat› *(unter Ausnutzung einer Ausnahmesituation) in Geschäfte, Wohnungen raubend und zerstörend eindringen:* nach der Erdbebenkatastrophe wurde überall in der Stadt geplündert; sie zogen mordend und plündernd durchs Land. **Syn.:** stehlen. **b)** ‹tr.; hat›: *überfallen und ausrauben:* Geschäfte plündern. **Syn.:** ausräumen (ugs.).

[1]plus [plʊs] ‹Konj.› /Ggs. minus/:
dient dazu, eine Zahl anzuschließen, die zu einer anderen, vorher genannten addiert wird; *und:* fünf plus drei [ist] gleich acht.

[2]plus [plʊs] ‹Präp. mit Gen., Dativ oder Akk.› (bes. Kaufmannsspr.) /Ggs. minus/:
dient dazu, auszudrücken, dass etwas um eine bestimmte Summe o. Ä. vermehrt ist: der Betrag plus der/den Zinsen; plus Rabatt; plus Zuschlägen. **Syn.:** zuzüglich.

[3]plus [plʊs] ‹Adverb› /Ggs. minus/:
1. dient dazu, auszudrücken, dass eine Zahl, ein Wert positiv, größer als null ist: minus drei mal minus drei ist plus neun; die Temperatur beträgt plus fünf Grad/fünf Grad plus.
2. dient dazu, auszudrücken, dass die Leistungsbewertung etwas über der genannten Norm liegt: sie hat eine Zwei plus im Aufsatz.
3. dient dazu, auszudrücken, dass eine positive elektrische Ladung vorhanden ist: der Strom fließt von plus nach minus.

Plus [plʊs], das; -, - /Ggs. Minus/:
a) *etwas, was sich bei einer [End]abrechnung über den zu erwartenden Betrag hinaus ergibt; Mehrbetrag; Überschuss:* beim Abrechnen wurde ein Plus von zwanzig Euro festgestellt. **Syn.:** Erlös, Ertrag, Gewinn, Rendite, Überschuss. **b)** *etwas, was (bei einer Sache, einem Umstand o. Ä. gegenüber anderem) als zusätzliche, positiv ins Gewicht fallende Eigenschaft angesehen wird:* dieser Wagen hat das große Plus, dass er weniger Benzin braucht; das war, bedeutete für mich ein großes Plus. **Syn.:** Vorteil.

Plüsch [plʏʃ], der; -[e]s, -e:
Samt mit langem Flor: die Ärmel und der Kragen sind mit Plüsch besetzt.

Pneu [pnɔy̯], der; -s, -s (schweiz.):
Reifen (2): der Wagen braucht neue Pneus.

Po [po:], der; -s, -s (ugs.):
Teil des Körpers, auf dem man sitzt: sie ist auf den Po gefallen; die Hose ist am Po zu eng. **Syn.:** Allerwertester (ugs. scherzh.), Arsch (derb), Gesäß, Hintern, Popo (fam.), Steiß, verlängerter Rücken (scherzh. verhüllend), vier Buchstaben (ugs. scherzh.).

Pö|bel ['pø:bl̩], der; -s (abwertend):
ungebildete, unkultivierte, in der Masse gewaltbereite Menschen [der gesellschaftlichen Unterschicht]: der gemeine, entfesselte Pöbel; der Pöbel zog johlend durch die Straßen; jmdn. der Wut des Pöbels ausliefern. **Syn.:** Abschaum (abwertend), Brut (salopp abwertend), Gesindel (abwertend), [2]Pack (salopp abwertend).

po|chen ['pɔxn̩] ⟨itr.; hat⟩:
1. (meist geh.) an, gegen die Wand pochen.
2. *klopfen, schlagen:* ihr pochte das Herz.
3. *sich energisch auf etwas berufen und damit auf einer Forderung beharren:* er pocht auf sein Recht, Geld; er pocht auf seinen Vertrag. **Syn.:** bestehen, bleiben bei, dringen, sich versteifen.

Po|cken ['pɔkn̩], die ⟨Plural⟩:
durch Infektion hervorgerufene Krankheit, die auf der Haut schwere, ansteckende, entstellende Narben hinterlässt: die Pocken haben; gegen Pocken geimpft sein.

Po|di|um ['po:di̯ʊm], das; -s, Podien ['po:di̯ən]:
erhöhter Platz für einen Redner, einen Dirigenten, eine Gruppe von Diskutierenden o. Ä. in einem Saal: auf dem Podium stehen. **Syn.:** Bühne.

Po|e|sie [poe'zi:], die; -, Poesien [poe'zi:ən]:
a) ⟨ohne Plural⟩ *Dichtung als Kunstgattung:* eine Gestalt der Poesie. **Syn.:** Lyrik. **b)** *Werk der Dichtung, besonders ein Werk in Versen:* ein Freund rilkescher Poesie. **Syn.:** [1]Dichtung, Lyrik.

po|e|tisch [po'e:tɪʃ] ⟨Adj.⟩:
1. *die Poesie betreffend, zu ihr gehörend:* eine poetische Veranlagung haben.
2. *von dichterischer Ausdruckskraft:* eine poetische Schilderung, Sprache; ein sehr poetischer Film.

Poin|te ['po̯ɛ̃:tə], die; -, -n:
geistreicher, überraschender Schluss (besonders eines Witzes): die Pointe des Witzes; er hatte die Pointe vergessen. **Syn.:** Clou (ugs.).

Po|kal [po'ka:l], der; -s, -e:
(häufig aus Metall hergestelltes) Trinkgefäß mit Fuß (das heute meist als Preis bei großen Wettkämpfen ausgesetzt wird): den Pokal gewinnen. **Syn.:** Kelch.

pö|keln ['pø:kl̩n] ⟨tr.; hat⟩:
(Fleisch oder Fisch) vorübergehend in eine Salzlake legen, ihm dadurch einen bestimmten Geschmack verleihen und es zugleich haltbar machen: Heringe pökeln; gepökeltes Fleisch.

Po|ker ['po:kɐ], das; -s:
Glücksspiel mit Karten, bei dem der Spieler mit der besten Kartenkombination gewinnt: Poker, eine Runde Poker spielen; sie hat beim Poker viel Geld verloren.

po|kern ['po:kɐn] ⟨itr.; hat⟩:
1. *Poker spielen:* mit Freunden pokern.
2. *bei Geschäften, Verhandlungen o. Ä. ein Risiko eingehen, etwas aufs Spiel setzen:* er hat sehr hoch gepokert [und gewonnen, verloren].

Pol [po:l], der; -s, -e:
Schnittpunkt von Achse und Oberfläche der Erde: der Flug von Kopenhagen nach San Francisco führt über den Pol. **Zus.:** Nordpol, Südpol.

po|lar [po'la:ɐ̯] ⟨Adj.⟩:
die Pole der Erde betreffend, zu ihnen gehörend: polare Strömungen, Luftmassen.

Po|le|mik [po'le:mɪk], die; -, -en:
scharfe, polemisch geführte Auseinandersetzung (um Meinungen o. Ä.): eine Polemik austragen. **Syn.:** Disput (bildungsspr.), Konflikt, Kontroverse, Meinungsverschiedenheit, Streit, Streitigkeit, Zwist (geh.), Zwistigkeit (geh.).

po|le|misch [po'le:mɪʃ] ⟨Adj.⟩:
aggressiv, scharf und oft unsachlich: polemische Äußerungen aus den Reihen der Opposition. **Syn.:** bissig, scharf.

po|le|mi|sie|ren [polemi'zi:rən] ⟨itr.; hat⟩ (bildungsspr.):
sich polemisch äußern, Polemik betreiben: statt sachlich zu argumentieren, polemisierte er nur; er polemisierte gegen Freud.

Po|li|ce [po'li:sə], die; -, -n:
a) *Urkunde über einen mit einer Versicherung abgeschlossenen Vertrag; Versicherungsschein:* die Police sicher aufbewahren. **Zus.:** Versicherungspolice. **b)** *Versicherung, Versicherungsvertrag:* eine Police abschließen, kündigen.

Po|lier [po'li:ɐ̯], der; -s, -e, **Po|lie|rin** [po'li:rɪn], die; -, -nen:
Vorarbeiter, Vorarbeiterin der Maurer auf einer Baustelle: er lernte Maurer und wurde später Polier. **Syn.:** Vorarbeiter.

po|lie|ren [po'li:rən] ⟨tr.; hat⟩:
durch Reiben oder Schleifen glatt und glänzend machen: einen Schrank, ein Metall polieren; den Lack mit Wachs behandeln und anschließend polieren; sich die Schuhe polieren; polierte Möbel. **Syn.:** blank reiben, bohnern, [1]schleifen, schmirgeln.

Po|lit- [polɪt] ⟨Präfixoid; gekürzt aus »politisch«⟩:
drückt in Bildungen mit Substantiven aus, dass jmd. oder etw. politisch geprägt, motiviert ist, dass etw. einen politischen Inhalt hat: Politclown (ironisch *Politiker, der durch unterhaltsam-spaßiges Auftreten die Gunst der Wähler zu erlangen sucht*); Politdrama; Politgröße; Politkarriere; Politkrimi; Politmagazin; Politprofi; Politsängerin; Politsong; Politspektakel; Politstar.

Po|li|tik [poli'ti:k], die; -:
1. *alle Maßnahmen, die sich auf die Führung einer Gemeinschaft, eines Staates beziehen:* die innere, äußere Politik eines Staates, einer Regierung; eine Politik der Entspannung treiben. **Zus.:** Außenpolitik, Bevölkerungspolitik, Entspannungspolitik, Innenpolitik, Kommunalpolitik, Kulturpolitik, Ostpolitik, Parteipolitik, Westpolitik, Wirtschaftspolitik.
2. *Methode, Art und Weise, bestimmte eigene Vorstellungen gegen andere Interessen durchzusetzen:* es ist seine Politik, sich alle Möglichkeiten offenzulassen und lange zu verhandeln. **Syn.:** Strategie, Taktik, Verfahren. **Zus.:** Personalpolitik, Preispolitik.

Po|li|ti|ker [po'li:tikɐ], der; -s, -, **Po|li|ti|ke|rin** [po'li:tikərɪn], die; -, -nen:
Person, die sich aktiv mit Politik beschäftigt: ein liberaler, konservativer Politiker; eine Politikerin wählen. **Syn.:** Staatsmann, Staatsmännin. **Zus.:** Berufspolitiker, Berufspolitikerin, Kommunalpolitiker, Kommunalpolitikerin.

po|li|tisch [po'li:tɪʃ] ⟨Adj.⟩:
die Politik betreffend, von ihr bestimmt: politische Bücher; diese Entscheidung ist politisch unklug. **Zus.:** bevölkerungspolitisch, finanzpolitisch, innenpolitisch, kommunalpolitisch, kulturpolitisch, parteipolitisch, wirtschaftspolitisch.

-po|li|tisch [poli:tɪʃ] ⟨adjektivisches Suffixoid⟩:

Absichten, Pläne in Bezug auf das im Basiswort Genannte verfolgend und in entsprechender Weise vorgehend: arbeitsmarktpolitisch; beschäftigungspolitisch; betriebspolitisch; forschungspolitisch; kirchenpolitisch; konjunkturpolitisch, schwulenpolitisch; unternehmenspolitisch; wohnungspolitisch. **Syn.:** -bezogen, -mäßig, -technisch.

po|li|ti|sie|ren [politiˈziːrən] ⟨itr.; hat⟩:
1. *[laienhaft] von Politik reden:* fang jetzt bitte nicht an zu politisieren.
2. *bei jmdm. Anteilnahme, Interesse an der Politik erwecken:* die Arbeiterschaft politisieren.

Po|li|tur [poliˈtuːɐ̯], die; -, -en:
1. *dünne, schützende Glanzschicht [auf Möbeln]:* die Politur des Schrankes erneuern. **Syn.:** Glasur.
2. *Mittel, mit dem man poliert:* eine Politur verwenden. **Zus.:** Möbelpolitur.

Po|li|zei [poliˈt͜sai̯], die; -, -en:
Institution, die für die öffentliche Ordnung und Sicherheit sorgt: die Polizei regelt den Verkehr. **Syn.:** das Auge des Gesetzes (scherzh.). **Zus.:** Bereitschaftspolizei, Grenzpolizei, Hafenpolizei, Militärpolizei, Verkehrspolizei, Wasserschutzpolizei.

Po|li|zist [poliˈt͜sɪst], der; -en, -en, **Po|li|zis|tin** [poliˈt͜sɪstɪn], die; -, -nen:
Person, die bei der Polizei arbeitet: ein uniformierter Polizist; eine Polizistin in Zivil; sie ist Polizistin; er fragte einen Polizisten nach dem Weg. **Syn.:** Bulle (ugs., oft abwertend), Polyp (salopp), Schutzmann (ugs.), weiße Maus (ugs. scherzh. veraltend). **Zus.:** Hilfspolizist, Hilfspolizistin, Militärpolizist, Militärpolizistin, Ortspolizist, Ortspolizistin, Verkehrspolizist, Verkehrspolizistin.

Pol|len [ˈpɔlən], der; -s, -:
Blütenstaub: die Biene trägt den Pollen von einer Blüte zur anderen; sie ist allergisch gegen Pollen.

Po|lo|nai|se [poloˈnɛːzə], die; -, -n, **Polonäse:**
festlicher Tanz zur Eröffnung eines Balls: die Paare stellen sich zur Polonaise auf.

Pols|ter [ˈpɔlstɐ], das, österr.: der; -s, -, österr.: Pölster [ˈpœlstɐ]:
1. *Auflage aus kräftigem, elastischem Material zum Dämpfen von Stößen oder zum weichen Sitzen oder Lagern:* der Stuhl hat ein Polster aus Schaumgummi. **Zus.:** Rückenpolster, Schaumgummipolster, Sitzpolster, Stuhlpolster.
2. (österr.) *Kissen:* die Polster aufschütteln.

pols|tern [ˈpɔlstɐn] ⟨tr.; hat⟩:
mit einem oder mehreren Polstern versehen, ausstatten: die Stühle neu polstern; die Sitze im Omnibus sind gut gepolstert; eine gepolsterte Rückenlehne.

Pol|ter|abend [ˈpɔltɐ|aːbn̩t], der; -s, -e:
Abend vor der Hochzeit, an dem nach einem alten Brauch Geschirr o. Ä. vor dem Haus der Braut zerschlagen wird: auf einen Polterabend gehen.

pol|tern [ˈpɔltɐn]:
1. a) ⟨itr.; hat⟩ *sich wiederholende laute und dumpfe Geräusche verursachen, hervorbringen:* dass diese Nachbarn immer so viel poltern müssen! **Syn.:** Krach machen, Krawall machen (ugs.), Lärm machen, lärmen, laut sein, Rabatz machen (ugs.), Radau machen (ugs.), rumoren, rumpeln. **b)** ⟨itr.; ist⟩ *mit lautem und dumpfem Geräusch fallen oder sich bewegen:* die Steine polterten vom Wagen.
2. ⟨itr.; hat⟩ *mit lauter Stimme schimpfen:* deswegen brauchst du doch nicht gleich so zu poltern! **Syn.:** schelten, schimpfen.

po|ly-, Po|ly- [poly] ⟨erster Wortbestandteil⟩:
viel…, Viel…, mehr…, Mehr…, verschieden…: Polygamie *(Vielehe);* polymorph *(in vielen Gestalten vorkommend);* Polyfonie *(Mehrstimmigkeit einer Komposition);* polytechnisch *(mehrere Zweige der Technik umfassend);* Polytheismus *(Glaube an eine Vielzahl von Göttern).* **Syn.:** multi-, Multi-.

Po|lyp [poˈlyːp], der; -en, -en:
1. *auf einem Untergrund festsitzendes Nesseltier, das oft große Stöcke bildet:* Weichkorallen bestehen aus bis zu mehreren Tausend Polypen. **Zus.:** Süßwasserpolyp.
2. (veraltet, noch Gastron.) *Tintenfisch, besonders Krake:* einen Meeresfrüchtesalat aus Sepien, Polypen und Garnelen zubereiten.
4. (salopp) *Polizist:* lass uns abhauen, bevor die Polypen kommen!

Pommes frites [pɔm ˈfrɪt], die ⟨Plural⟩:
in heißem Fett gegarte schmale Stäbchen aus Kartoffeln: Schnitzel mit Pommes frites und Salat.

Pomp [pɔmp], der; -s:
übertriebener Prunk, großer Aufwand an prachtvoller Ausstattung: in diesem Schloss herrscht ein unglaublicher Pomp. **Syn.:** Pracht, Prunk.

pom|pös [pɔmˈpøːs] ⟨Adj.⟩:
viel Pomp zeigend, habend; übertrieben prächtig: die Ausstattung ist sehr pompös. **Syn.:** bombastisch.

[1]**Po|ny** [ˈpɔni], das; -s, -s:
kleines Pferd einer besonderen Rasse: die Kinder durften auf Ponys reiten. **Syn.:** Pferd.

[2]**Po|ny** [ˈpɔni], der; -s, -s:
in die Stirn gekämmtes, meist gleichmäßig geschnittenes, glattes Haar: sie ließ sich einen Pony schneiden.

Pop [pɔp], der; -[s]:
1. *aus dem angloamerikanischen Raum stammende Kunst-, Musik-, Literaturrichtung, die durch massenhafte Verbreitung ihrer Erzeugnisse und (bei Popkunst und -literatur) durch die Bevorzugung großstädtischer Inhalte und bewusste Hinwendung zum Populären, Trivialen und Provozierenden gekennzeichnet ist.*
2. *Popmusik:* Pop hören, spielen.

po|pe|lig [ˈpoːpəlɪç], **pop|lig** [ˈpoːplɪç] ⟨Adj.⟩ (ugs. abwertend):
1. *(im Hinblick auf Wert, Qualität) armselig, schäbig:* ein popeliges Geschenk. **Syn.:** ärmlich, dürftig, karg, kärglich, kümmerlich, schäbig (abwertend).
2. *ganz gewöhnlich; keiner besonderen Aufmerksamkeit wert:* der popelige Durchschnittsbürger.

Pop|mu|sik [ˈpɔpmusiːk], die; -:
massenhaft verbreitete populäre Musik bzw. Unterhaltungsmusik

P
poli

unterschiedlicher Stilrichtungen (wie Schlager, Song, Musical, Folklore, Funk u. a.): aus den Boxen dröhnt Popmusik.

Po|po [po'po:], der; -s, -s (fam.): *Teil des Körpers, auf dem man sitzt.* **Syn.:** Allerwertester (ugs. scherzh.), Arsch (derb), Gesäß, Hintern (ugs.), Po (ugs.), vier Buchstaben (ugs. scherzh.).

po|pu|lär [popu'lɛ:ɐ̯] ⟨Adj.⟩: **a)** *allgemein beliebt:* der Politiker ist sehr populär. **Syn.:** beliebt, geschätzt. **b)** *allgemein verständlich:* eine populäre Darstellung der Geschichte; populär schreiben. **Syn.:** gemeinverständlich, volkstümlich.

Po|pu|la|ri|tät [populari'tɛ:t], die; -: *Beliebtheit, Volkstümlichkeit:* der Sportler, Sänger erfreute sich großer Popularität.

Po|re ['po:rə], die; -, -n: *kleine Öffnung in der Haut:* die Poren sind verstopft.

Por|no ['pɔrno], der; -s, -s (ugs.): *pornografischer Film, Roman o. Ä.:* einen Porno gucken.

Por|no|gra|fie [pɔrnogra'fi:], die; -, Pornografien [pɔrnogra'fi:ən], **Pornographie:** *sprachliche, bildliche Darstellung sexueller Akte unter einseitiger Betonung des genitalen Bereichs u. unter Ausklammerung der psychischen u. partnerschaftlichen Aspekte der Sexualität:* dieser Roman ist Pornografie.

po|rös [po'rø:s] ⟨Adj.⟩: *Poren, kleine Löcher habend und daher durchlässig:* poröses Gestein, Material.

Por|ree ['pɔre], der; -s, -s: *Lauch mit dickem, rundem Schaft:* ein Kilo, drei Stangen Porree.

Por|tal [pɔr'ta:l], das; -s, -e: *großes Tor, prunkvoller Eingang (besonders eines Schlosses oder einer Kirche):* sie schritten durch das mächtige Portal des Nationaltheaters. **Syn.:** [1]Tor. **Zus.:** Hauptportal, Kirch[en]portal, Nebenportal, Nordportal, Ostportal, Schlossportal, Seitenportal, Südportal, Westportal.

Porte|mon|naie [pɔrtmɔ'ne:], das; -s, -s, **Portmonee:** *kleines Behältnis zum Aufbewahren von Geld, das man bei sich trägt:* ein Portemonnaie aus Leder; noch etwas Kleingeld im Portemonnaie haben. **Syn.:** Börse (österr., sonst geh. veraltend), Geldbeutel, Geldbörse.

Por|ti|er [pɔr'ti̯e:], der; -s, -s: *Person, die in großen Häusern und Gebäuden am Eingang zur Anmeldung und zum Empfang von fremden Personen ständig bereitsteht:* sie, er arbeitet als Portier in einem kleinen Hotel. **Zus.:** Hotelportier, Nachtportier, Tagportier.

Por|ti|on [pɔr'tsi̯o:n], die; -, -en: *meist für eine Person bestimmte, abgemessene Menge [von Speisen]:* die Portionen in der Kantine sind sehr klein; eine [große, kleine, doppelte, halbe] Portion Kartoffelsalat, gemischtes Eis. **Zus.:** Fleischportion, Kinderportion, Riesenportion.

Port|mo|nee [pɔrtmɔ'ne:]: ↑Portemonnaie.

Por|to ['pɔrto], das; -s, -s und Porti ['pɔrti]: *Gebühr für die Beförderung von Briefen oder Paketen durch ein Postunternehmen:* das Porto ist gestiegen *(teurer geworden).* **Zus.:** Auslandsporto, Briefporto, Paketporto, Strafporto.

Por|trät [pɔr'trɛ:], das; -s, -s: **a)** *künstlerische Darstellung eines Menschen, meist nur Kopf und Brust:* ein Porträt von jmdm. anfertigen, machen, zeichnen. **Syn.:** Bildnis. **Zus.:** Doppelporträt, Selbstporträt. **b)** *[literarische] Beschreibung einer Person, einer Persönlichkeit:* über jmdn. ein Porträt verfassen.

por|trä|tie|ren [pɔrtrɛ'ti:rən] ⟨tr.; hat⟩: *(von jmdm.) ein Porträt anfertigen:* sich von einem Maler, von einem Fotografen, in Öl porträtieren lassen. **Syn.:** malen, zeichnen.

Por|zel|lan [pɔrtsɛ'la:n], das; -s, -e: **1.** *weißer keramischer Werkstoff, aus dem unter anderem Geschirr hergestellt wird:* eine Vase, ein Service aus echtem Porzellan. **2.** ⟨ohne Plural⟩ *aus dem gleichnamigen Material hergestelltes Geschirr:* auf der festlich gedeckten Tafel stand erlesenes Porzellan. **Zus.:** Gebrauchsporzellan, Hotelporzellan.

Po|sau|ne [po'zau̯nə], die; -, -n: *Blechblasinstrument mit dreiteiliger, doppelt u-förmig gebogener, sehr langer, enger Schallröhre, die durch einen ausziehbaren Mittelteil in der Länge veränderbar ist:* unser Sohn spielt Posaune; ein Lied auf der Posaune spielen. **Syn.:** Blechblasinstrument.

Po|se ['po:zə], die; -, -n: *gekünstelte Stellung; unnatürliche, affektierte Haltung:* eine bestimmte Pose einnehmen. **Syn.:** Haltung, Stellung. **Zus.:** Lieblingspose, Siegerpose, Starpose.

po|sie|ren [po'zi:rən] ⟨itr.; hat⟩: *eine Pose einnehmen:* vor dem Spiegel, vor der Kamera, für ein Foto posieren.

Po|si|ti|on [pozi'tsi̯o:n], die; -, -en: **1.** *[berufliche] Stellung:* er hat eine führende Position in dieser Firma. **Syn.:** Posten. **Zus.:** Führungsposition, Machtposition, Spitzenposition. **2.** *Standort eines Schiffes oder Flugzeuges:* das Schiff gab seine Position an. **Syn.:** Lage, Stand, Stellung. **Zus.:** Schiffsposition.

po|si|tiv ['po:ziti:f] ⟨Adj.⟩ /Ggs. negativ/: **1.** *zustimmend, bejahend:* jmdm. eine positive Antwort, einen positiven Bescheid geben; eine positive Haltung zu etwas einnehmen. **Syn.:** beifällig. **2. a)** *bei einer Wertung im oberen Bereich angesiedelt, gut:* positive Charaktereigenschaften; etwas positiv bewerten. **b)** *günstig, vorteilhaft, wünschenswert in Bezug auf etwas:* die Wirtschaft zeigt eine positive Entwicklung; die Experimente verliefen positiv; die Verhandlung wurde zu einem positiven Ende gebracht; die Aussichten waren positiv. **Syn.:** erfreulich, günstig, vorteilhaft, wünschenswert. **3.** *über null liegend:* bei der Rechnung muss ein positives Ergebnis herauskommen. **4.** *(besonders bei medizinischen Untersuchungen) eine Annahme, einen Verdacht bestätigend:* ein positiver Befund; das Testergebnis war positiv; positiv [getestet] sein.

Pos|se ['pɔsə], die; -, -n: *derbe, [ironisch] übertreibende Komödie:* das Bauerntheater spielte eine Posse. **Syn.:** Komödie, Lustspiel.

pos|sier|lich [pɔ'si:ɐ̯lɪç] ⟨Adj.⟩: *(besonders von kleineren Tieren)* *belustigend wirkend in seiner Art und durch seine Bewegungen:* lange beobachteten wir das possierliche Spiel der Äffchen. **Syn.:** drollig, spaßig, ulkig.

Post [pɔst], die; -:
1. *Unternehmen, das Nachrichten, Briefe, Pakete usw. befördert:* einen Brief, ein Paket mit der Post schicken. **Zus.:** Luftpost.
2. *Briefe oder Pakete:* wir haben heute viel Post bekommen. **Syn.:** Sendungen ⟨Plural⟩. **Zus.:** Fanpost, Geschäftspost, Trauerpost.
3. *Filiale der Post* (1): die Post ist heute geschlossen; auf die/zur Post gehen.

post-, Post- [pɔst] ⟨Präfix mit fremdsprachlichem Basiswort⟩: /Ggs. prä-, Prä-/: **a)** ⟨adjektivisch⟩ kennzeichnet etwas als zeitlich später liegend, erfolgend; *nach .., Nach ...:* postglazial *(nacheiszeitlich);* postindustriell; postmateriell; postmodern; postnatal *(nach der Geburt);* postoperativ *(nach der Operation [auftretend]);* postrevolutionär; poststalinistisch. **b)** ⟨seltener substantivisch⟩ Postmaterialismus *(die Zeit nach der Zeit des materiellen Überflusses);* Postmoderne. **Syn.:** [1]nach-.

Post|bo|te [ˈpɔstbo:tə], der; -n, -n, **Post|bo|tin** [ˈpɔstbo:tɪn], die; -, -nen:
Person, die Briefe austrägt: der Postbote kommt jeden Morgen gegen 9 Uhr. **Syn.:** Briefträger, Briefträgerin, Zusteller, Zustellerin.

P
Post

Pos|ten [ˈpɔstn̩], der; -s, -:
1. *berufliche Stellung, Position:* sie hat bei der Firma einen guten Posten. **Syn.:** Job (ugs.), Stelle. **Zus.:** Vertreterposten, Verwaltungsposten.
2. *militärische Wache:* ein vorgeschobener Posten; [auf] Posten stehen. **Zus.:** Beobachtungsposten, Grenzposten.
3. a) (Kaufmannsspr.) *einzelne Ware einer Liste; bestimmte Menge einer Ware:* wir haben noch einen ganzen Posten Anzüge auf Lager. **Zus.:** Restposten. **b)** *einzelner Betrag einer Rechnung:* die verschiedenen Posten addieren. **Syn.:** Betrag.

Pos|ter [ˈpo:stɐ], das; -s, -[s]:
plakatartiges, großformatig auf Papier gedrucktes Bild: ein Poster an die Wand hängen. **Syn.:** Plakat. **Zus.:** Pferdeposter, Reklameposter.

Post|fach [ˈpɔstfax], das; -[e]s, Postfächer [ˈpɔstfɛçɐ]:
a) *zu mietendes Schließfach bei einer Postfiliale für Postsendungen, die der Inhaber dort in der Regel selbst abholt:* ich muss heute noch mein Postfach leeren. **b)** *offenes oder abschließbares Fach, in das in einem Hotel o. Ä. Post* (2) *eingelegt wird.*

pos|tie|ren [pɔsˈti:rən] ⟨tr.; hat⟩:
1. *etwas an einen bestimmten Platz stellen, an einer bestimmten Stelle aufbauen, errichten:* den Leuchter auf dem/auf den Tisch postieren. **Syn.:** aufstellen, hinstellen, platzieren.
2. *jmdn., sich an einem bestimmten Platz aufstellen:* an jedem/an jeden Eingang einen Ordner postieren; die Fotografen postierten sich vor der Tribüne, um die Präsidentin gut fotografieren zu können. **Syn.:** aufstellen, hinstellen, platzieren.

Post|kar|te [ˈpɔstkartə], die; -, -n:
für kurze Mitteilungen bestimmte Karte, die man ohne Umschlag verschickt: jmdm. aus dem Urlaub eine Postkarte schreiben, senden. **Syn.:** Ansichtskarte.

Post|leit|zahl [ˈpɔstlai̯ttsa:l], die; -, -en:
Kennzahl eines Ortes oder Ortsteils (als Bestandteil der Postanschrift): alle Postleitzahlen in Deutschland haben fünf Stellen; 41564 ist die Postleitzahl von Kaarst.

Pöst|ler [ˈpœstlɐ], der; -s, -, **Pöst|le|rin** [ˈpœstlərɪn], die; -, -nen (schweiz.):
Person, die bei der Post angestellt ist: der Pöstler ist bei jedem Wetter unterwegs.

post|wen|dend [ˈpɔstvɛndn̩t] ⟨Adj.⟩:
sofort, gleich: die Antwort auf ihren Brief kam postwendend; nach ihrem Anruf ging er postwendend zu ihr. **Syn.:** unverzüglich.

po|tent [poˈtɛnt] ⟨Adj.⟩:
1. a) (vom Mann) *fähig zum Geschlechtsverkehr* /Ggs. impotent./: **b)** *(vom Mann) fähig, ein Kind zu zeugen.*
2. *großen Einfluss besitzend, vermögend:* diese riesigen Villen sind von potenten Industriellen erbaut worden. **Syn.:** mächtig, reich, wohlhabend.

po|ten|ti|ell [potɛnˈtsi̯ɛl]: ↑potenziell.

Po|tenz [poˈtɛnts], die; -:
1. a) *Fähigkeit des Mannes, den Geschlechtsakt zu vollziehen:* im Alter lässt die Potenz nach. **b)** *Zeugungsfähigkeit.*
2. (bildungsspr.) *Leistungsfähigkeit, Stärke:* jmds. geistige, künstlerische Potenz; die wirtschaftliche Potenz einer Firma. **Syn.:** Stärke, Vermögen (geh.).

po|ten|zi|ell [potɛnˈtsi̯ɛl], **poten|tiell** ⟨Adj.⟩:
möglich (im Gegensatz zu wirklich), denkbar; der Anlage, Möglichkeit nach [vorhanden]; vielleicht zukünftig: die potenziellen Käufer; das ist eine potenzielle Gefahr. **Syn.:** infrage kommend, latent, unterschwellig, verborgen, verdeckt, versteckt.

Pot|pour|ri [ˈpɔtpʊri], das; -s, -s:
aus verschiedenen beliebten kleineren Werken oder Melodien zusammengestelltes Musikstück: die Kapelle spielte ein Potpourri aus bekannten Opern.

Pou|let [puˈle:], das; -s, -s (schweiz.):
Hähnchen: zum Mittag habe ich ein halbes Poulet gegessen.

prä-, Prä- [prɛ] ⟨Präfix mit fremdsprachlichem Basiswort⟩: kennzeichnet etwas als vorher, zeitlich früher liegend, erfolgend; *vor..., Vor...* /Ggs. post-, Post-/: **a)** ⟨adjektivisch⟩ präfaschistisch *(vor der Zeit des Faschismus [liegend]);* präglazial *(voreiszeitlich);* prähistorisch *(vorgeschichtlich);* prämenstruell; pränatal *(vor der Geburt);* prärevolutionär. **b)** ⟨seltener substantivisch⟩ Präfaschismus; Präqualifikation. **c)** ⟨seltener verbal⟩ prädisponieren; präokkupieren. **Syn.:** [2]vor-.

Pracht [praxt], die; -:
durch reiche [kostbare] Ausstattung erzielte [starke] Wirkung: ein Schloss von einmaliger Pracht. **Syn.:** Herrlichkeit, Luxus, Prunk. **Zus.:** Blumenpracht, Blütenpracht, Farbenpracht, Lockenpracht.

präch|tig [ˈprɛçtɪç] ⟨Adj.⟩:
a) *sehr schön, herrlich:* wir bewunderten das prächtige

Schloss, die prächtig ausgestatte Kirche. **Syn.:** prachtvoll, prunkvoll, wundervoll. **b)** *großartig, sehr gut:* ein prächtiger Mensch; das Wetter war gestern prächtig; wir haben uns prächtig amüsiert. **Syn.:** blendend, bravourös, exzellent, famos (ugs.), hervorragend, prachtvoll, vortrefflich.

pracht|voll [ˈpraxtfɔl] ⟨Adj.⟩: **a)** *viel Pracht zeigend:* ein prachtvolles Schloss. **Syn.:** prunkvoll. **b)** *sehr schön, großartig:* ein prachtvolles Gemälde. **Syn.:** blendend, herrlich (emotional), hervorragend, prächtig, schön, vortrefflich, wundervoll.

prä|gen [ˈprɛːgn̩] ⟨tr.; hat⟩:
1. *Metall durch Pressen mit einem bestimmten Muster, Bild oder Text versehen:* Münzen prägen. **Syn.:** formen, gestalten, modellieren.
2. *sich als Einfluss auswirken und jmdm., einer Sache einen charakteristischen Zug (7) geben:* die Landschaft prägt den Menschen; alte Fachwerkhäuser prägen das Stadtbild; durch eine/von einer Epoche geprägt sein.
3. *neu bilden, formulieren:* ein Wort, einen Satz prägen.

prag|ma|tisch [praˈgmaːtɪʃ] ⟨Adj.⟩: *auf die anstehende Sache und entsprechendes praktisches Handeln gerichtet:* eine pragmatische Entscheidung; ein Problem pragmatisch lösen.

präg|nant [prɛˈgnant] ⟨Adj.⟩: *kurz und gehaltvoll; genau und treffend:* dies war eine prägnante Antwort; seine Formulierungen sind prägnant. **Syn.:** anschaulich, deutlich, exakt, genau, klar, präzis[e].

prah|len [ˈpraːlən] ⟨itr.; hat⟩: *vorhandene Vorzüge oder Vorteile gegenüber anderen übermäßig betonen, sie bewusst zur Schau stellen oder sie durch Übertreibungen vergrößern:* er prahlt gern mit seinem Geld, mit seinen Erfolgen. **Syn.:** angeben, sich aufblähen (abwertend), sich aufblasen (ugs.), sich aufplustern (ugs.), aufschneiden, sich aufspielen, sich brüsten, das große Wort führen, den Mund voll nehmen (ugs.), dick auftragen (ugs.), ein großes Maul haben (salopp), ein Schaumschläger sein (abwertend), eine Schau abziehen (ugs.), große Reden schwingen (ugs.), große Töne spucken (ugs. abwertend), großtun (abwertend), kokettieren, protzen, prunken, renommieren (bildungsspr.), sich rühmen, Schaum schlagen (abwertend), Sprüche machen (ugs. abwertend), sich wichtigmachen (ugs., oft abwertend), wichtigtun (ugs., oft abwertend), sich wichtigtun (ugs., oft abwertend), Wind machen (ugs.).

prah|le|risch [ˈpraːlərɪʃ] ⟨Adj.⟩: *die eigenen Vorzüge oder Vorteile übermäßig betonend:* er hielt eine prahlerische Rede. **Syn.:** großsprecherisch, großspurig, protzig.

Prak|tik [ˈpraktɪk], die; -, -en:
1. *Art und Weise, in der etwas durchgeführt wird:* eine neue Praktik anwenden. **Syn.:** Methode, System, Technik, Verfahren. **Zus.:** Geschäftspraktik, Verkaufspraktik.
2. ⟨meist Plural⟩ *(als bedenklich empfundene) Methode; nicht immer einwandfreies u. erlaubtes Vorgehen:* kriminelle, unlautere Praktiken.

prak|ti|ka|bel [praktiˈkaːbl̩] ⟨Adj.⟩: *gut durchzuführen, zweckmäßig:* dieser Entwurf ist kaum praktikabel. **Syn.:** brauchbar, geeignet, tauglich.

Prak|ti|kant [praktiˈkant], der; -en, -en, **Prak|ti|kan|tin** [praktiˈkantɪn], die; -, -nen: *Person, die ein Praktikum macht:* er arbeitete als Praktikant in einer Werbeagentur.

Prak|ti|ker [ˈpraktikɐ], der; -s, -, **Prak|ti|ke|rin** [ˈpraktikərɪn], die; -, -nen: *Person, die auf einem bestimmten Gebiet große praktische Erfahrung besitzt:* sie ist eine Praktikerin; diesem erfahrenen Praktiker kann man nichts vormachen.

Prak|ti|kum [ˈpraktikʊm], das; -s, Praktika [ˈpraktika]:
1. *Teil einer Ausbildung, in dem die erworbenen theoretischen Kenntnisse im Rahmen einer entsprechenden praktischen Tätigkeit vertieft und ergänzt werden:* sein Praktikum als Ingenieur machen.
2. *zeitlich begrenzte Tätigkeit in einem Unternehmen, die dazu dient, erste Erfahrungen zu sammeln:* nach dem Abitur möchte ich ein Praktikum im Krankenhaus machen.

[1]prak|tisch [ˈpraktɪʃ] ⟨Adj.⟩:
1. *auf die Praxis, auf die Wirklichkeit bezogen; in der Wirklichkeit auftretend:* praktische Erfahrungen besitzen; einen praktischen Verstand haben; eine Frage praktisch lösen; seine Sorgen galten den praktischen Schwierigkeiten.
2. *zweckmäßig, gut zu handhaben:* dieser Büchsenöffner ist wirklich praktisch. **Syn.:** zweckmäßig.
3. *geschickt in der Bewältigung täglicher Probleme, manuelle Fähigkeiten besitzend:* ein praktischer Mensch; die Schülerin ist praktisch veranlagt. **Syn.:** gewandt, patent.

[2]prak|tisch [ˈpraktɪʃ] ⟨Adverb⟩ (ugs.): *so gut wie; in der Tat; in Wirklichkeit:* der Sieg ist ihm praktisch nicht mehr zu nehmen; mit ihm hat man praktisch keine Schwierigkeiten; sie macht praktisch alles. **Syn.:** beinahe, buchstäblich, fast, nahezu, regelrecht.

prak|ti|zie|ren [praktiˈt͜siːrən]:
1. ⟨itr.; hat⟩ *als Arzt, Ärztin tätig sein, eine ärztliche Praxis führen:* in wenigen Monaten wird hier auch eine Augenärztin praktizieren.
2. ⟨tr.; hat⟩ *in der Praxis, Wirklichkeit anwenden:* eine bestimmte Methode praktizieren. **Syn.:** einsetzen, gebrauchen.

Pra|li|ne [praˈliːnə], die; -, -n: *kleines, mit Schokolade überzogenes, gefülltes Stück Konfekt:* mit Likör gefüllte Pralinen. **Syn.:** Süßigkeit.

prall [pral] ⟨Adj.⟩:
1. *ganz mit einer Substanz o. Ä. ausgefüllt und an seiner Oberfläche fest, straff gespannt:* pralle Arme haben; ein prall gefüllter Sack. **Syn.:** fest, straff, stramm.
2. *(von [Sonnen]licht) direkt auftreffend, ungehindert [scheinend]:* in der prallen Sonne sitzen.

pral|len [ˈpralən] ⟨itr.; ist⟩: *mit Wucht, Schwung (gegen jmdn., etwas) stoßen:* als der Wagen plötzlich bremste, prallte der Beifahrer mit dem Kopf gegen die Windschutzscheibe. **Syn.:** anrennen (ugs.), anstoßen, rammen, stoßen.

Prä|mie [ˈprɛ:mi̯ə], die; -, -n:
1. *[einmalige] zusätzliche Vergütung für eine bestimmte Leistung:* für besondere Leistungen eine Prämie erhalten. **Syn.:** Bonus. **Zus.:** Abschlussprämie, Geldprämie, Leistungsprämie, Treueprämie.
2. *regelmäßig zu zahlender Betrag an eine Versicherung:* die Prämie seiner Lebensversicherung ist fällig. **Zus.:** Versicherungsprämie.

prä|mie|ren [prɛˈmi:rən], **prä|mi|ie|ren** [prɛmiˈi:rən] ⟨tr.; hat⟩:
mit einem Preis belohnen, auszeichnen: der beste Vorschlag wird mit fünfzig Euro prämiert. **Syn.:** auszeichnen, dekorieren, ehren.

pran|gen [ˈpraŋən] ⟨itr.; hat⟩ (geh.):
in voller Schönheit, in vollem Schmuck o. Ä. glänzen, leuchten, auffallen: an der Wand prangte ein altes kostbares Gemälde. **Syn.:** prunken.

Pran|ke [ˈpraŋkə], die; -, -n:
Pfote großer Raubtiere: der Tiger hob drohend seine Pranke. **Syn.:** Tatze. **Zus.:** Löwenpranke.

Prä|pa|rat [prɛpaˈra:t], das; -[e]s, -e:
1. *für einen bestimmten Zweck hergestellte Substanz; Arzneimittel:* jmdm. ein pflanzliches Präparat verabreichen. **Syn.:** Arznei (veraltend), Medikament, Medizin. **Zus.:** Eiweißpräparat, Vitaminpräparat.
2. (Biol., Med.) *präparierter Organismus oder Teile davon:* ein Präparat unter dem Mikroskop untersuchen.

prä|pa|rie|ren [prɛpaˈri:rən]:
1. a) *zu einem bestimmten Zweck [vorbereitend] bearbeiten:* das Spielfeld, die Skipiste präparieren. **b)** ⟨+ sich⟩ (bildungsspr.) *sich vorbereiten:* ich muss mich für den Unterricht noch präparieren. **Syn.:** lernen.
2. ⟨tr.; hat⟩ *tote Organismen haltbar machen:* er präparierte die Schmetterlinge für seine Sammlung.

Prä|rie [prɛˈri:], die; -, Prärien [prɛˈri:ən]:
mit Gras bewachsene Steppe Nordamerikas: die Indianer ritten durch die Prärie.

Prä|sent [prɛˈzɛnt], das; -[e]s, -e (bildungsspr.):
[kleineres] Geschenk, [kleinere] Aufmerksamkeit: er überreichte dem Gastgeber ein kleines Präsent. **Syn.:** Gabe, Mitbringsel (fam.).

Prä|sen|ta|tion [prezɛntaˈt̮si̯o:n], die; -, -en:
[öffentliche] Darstellung, Vorstellung von etwas: eine Präsentation vorbereiten; morgen findet die Präsentation des neuen Buches, Autos, Projekts statt. **Syn.:** Vorstellung.

prä|sen|tie|ren [prezɛnˈti:rən]:
1. a) ⟨tr.; hat⟩ *anbieten, überreichen:* jmdm. ein Geschenk, einen Teller Obst präsentieren. **Syn.:** überreichen, vorlegen. **b)** *vorlegen:* jmdm. die Rechnung präsentieren.
2. a) ⟨+ sich⟩ *sich bewusst so zeigen, dass man gesehen oder beachtet wird:* er präsentierte sich in voller Größe. **Syn.:** sich blicken lassen, sich zur Schau stellen, sich vorstellen, sich zeigen. **b)** *etwas darbieten, der Öffentlichkeit vorstellen:* die Models präsentierten die neue Herbstkollektion.

Prä|ser|va|tiv [prezɛrvaˈti:f], das; -s, -e:
Überzug aus Gummi für das männliche Glied zur Schwangerschaftsverhütung oder zum Schutz vor Geschlechtskrankheiten: ein Präservativ überziehen, überstreifen. **Syn.:** Kondom.

Prä|si|dent [preziˈdɛnt], der; -en, -en, **Prä|si|den|tin** [preziˈdɛntɪn], die; -, -nen:
a) *Leiter, Vorsitzender bzw. Leiterin, Vorsitzende:* die Präsidentin der Gesellschaft; mit Präsident Möbius zusammen/(aber:) mit dem Präsidenten Möbius zusammen. **Syn.:** Vorsitzende, Vorsitzender, Vorstand. **Zus.:** Bundestagspräsident, Bundestagspräsidentin, Gerichtspräsident, Gerichtspräsidentin, Kirchenpräsident, Kirchenpräsidentin, Polizeipräsident, Polizeipräsidentin. **b)** *Oberhaupt eines Staates:* der Präsident der Vereinigten Staaten; die Präsidentin kam zu einem Staatsbesuch. **Zus.:** Staatspräsident, Staatspräsidentin.

Prä|si|di|um [prɛˈzi:di̯ʊm], das; -s, Präsidien [prɛˈzi:di̯ən]:
1. ⟨ohne Plural⟩: *[Versammlungs]leitung, Vorsitz:* er übernahm das Präsidium des Vereins. **Syn.:** Führung, Leitung, Management.
2. *leitendes Gremium einer Versammlung, einer Organisation, einer Partei o. Ä.:* die Mitglieder wählten ein neues Präsidium. **Syn.:** Direktorium, Führung, Leitung, Vorstand. **Zus.:** Parteipräsidium.
3. *Gebäude, in dem ein Präsident (besonders der Polizei) mit seinem Amt untergebracht ist:* er muss sich auf dem Präsidium melden. **Zus.:** Polizeipräsidium.

pras|seln [ˈprasl̩n]:
1. ⟨itr.; hat/ist⟩ *mit trommelndem Geräusch aufschlagen:* der Regen hat/ist auf das Dach geprasselt; die Steine prasselten gegen das Fenster. **Syn.:** klatschen, peitschen, trommeln.
2. ⟨itr.; hat⟩ *knatternd brennen:* ein lustiges Feuer prasselte im Ofen.

pras|sen [ˈprasn̩] ⟨itr.; hat⟩:
verschwenderisch leben: die Reichen prassen, während die Armen hungern. **Syn.:** aus dem Vollen schöpfen, in Saus und Braus leben (ugs.), leben wie Gott in Frankreich (ugs.), schwelgen.

Pra|xis [ˈpraksɪs], die; -, Praxen [ˈpraksn̩]:
1. ⟨ohne Plural⟩ **a)** *Berufsausübung, Tätigkeit:* dies wies auf eine langjährige Praxis mit reichen Erfahrungen hin. **Zus.:** Bühnenpraxis, Fahrpraxis, Schulpraxis, Unterrichtspraxis, Verkaufspraxis, Verkehrspraxis. **b)** *tätige Auseinandersetzung mit der Wirklichkeit:* ob diese Methode richtig ist, wird die Praxis zeigen; in der Praxis sieht vieles anders aus; der Gegensatz von Theorie und Praxis. **c)** *praktische Erfahrung:* ein Mann mit viel Praxis. **Syn.:** Routine, Übung.
2. *(vor allem in Bezug auf Ärzte und Ärztinnen, seltener in Bezug auf Anwälte und Anwältinnen) Räumlichkeit, in dem Patienten oder Klienten empfangen werden:* er hat eine große Praxis; ihre Praxis geht gut *(sie hat viele Patientinnen und Patienten).*

prä|zis [prɛˈtsi:s], **prä|zi|se** [prɛˈtsi:zə] ⟨Adj.⟩:
bis ins Einzelne gehend, genau [umrissen, angegeben]: du musst sehr präzis[e] arbeiten; eine präzise Antwort geben. **Syn.:** eindeutig, exakt, genau, klar.

prä|zi|sie|ren [prɛtsiˈzi:rən] ⟨tr.; hat⟩:
genau angeben, genauer bestimmen: die Angaben zu einer bestimmten Sache präzisieren. **Syn.:** verdeutlichen.

Prä|zi|si|on [prɛtsiˈzi̯o:n], die; -:
Genauigkeit: die Instrumente arbeiten mit großer Präzision. **Syn.:** Exaktheit, Sorgfalt.

pre|di|gen [ˈpre:dɪgn̩]:
a) ⟨itr.; hat⟩ *im Gottesdienst eine Predigt halten:* der Pfarrer predigte über die Liebe. **Syn.:** das Wort Gottes verkünd[ig]en, von der Kanzel reden. **b)** ⟨tr.; hat⟩ (ugs.) *besonders eindringlich empfehlen, zu etwas mahnen:* er predigt [dem Volk] ständig Toleranz, Vernunft. **Syn.:** anhalten zu, auffordern zu, mahnen zu.

Pre|di|ger [ˈpre:dɪgɐ], der; -s, -, **Pre|di|ge|rin** [ˈpre:dɪgərɪn], die; -, -nen:
a) *Person, die im Auftrag einer Kirche oder Religionsgemeinschaft predigt* (a): 1663 wurde er zum Prediger an die Peterskirche berufen. **b)** *Person, die etwas besonders eindringlich empfiehlt, zu etwas aufruft:* sie ist eine Predigerin des Hasses, der Versöhnung; ein Prediger der Toleranz.

Pre|digt [ˈpre:dɪçt], die; -, -en:
1. *während des Gottesdienstes gehaltene religiöse Ansprache:* er hat gestern die Predigt gehalten. **Zus.:** Grabpredigt, Osterpredigt, Weihnachtspredigt.
2. (ugs.) *Ermahnung, Vorhaltungen:* du kannst dir deine Predigt sparen.

Preis [prai̯s], der; -es, -e:
1. *Betrag in Geld, den man beim Kauf einer Ware zu zahlen hat:* die Preise steigen; einen hohen, angemessenen Preis zahlen. **Syn.:** Gebühr. **Zus.:** Brotpreis, Durchschnittspreis, Eintrittspreis, Fahrpreis, Kaufpreis, Ladenpreis, Nettopreis, Pauschalpreis, Selbstkostenpreis, Sonderpreis, Verkaufspreis.
2. *als Gewinn für den Sieger in Wettkämpfen oder bei Wettbewerben ausgesetzter Betrag oder wertvoller Gegenstand:* als Preis sind in dem Rennen 5 000 Euro ausgesetzt; den ersten Preis gewinnen. **Syn.:** Auszeichnung, Belohnung, Gewinn. **Zus.:** Kunstpreis, Literaturpreis.

Preis|aus|schrei|ben [ˈprai̯s|au̯sʃrai̯bn̩], das; -s, -:
öffentlich ausgeschriebener Wettbewerb, bei dem auf die eingehenden richtigen Lösungen eines Rätsels o. Ä. Preise ausgesetzt sind: sie hat bei dem Preisausschreiben eine Reise gewonnen. **Syn.:** Quiz.

Prei|sel|bee|re [ˈprai̯zl̩be:rə], die; -, -n:
1. *sehr kleiner, in Wäldern und Heiden vorkommender Strauch mit eiförmigen ledrigen Blättern und roten, herb und säuerlich schmeckenden Beeren:* in diesem Wald wachsen Preiselbeeren.
2. *Frucht der Preiselbeere:* Rehrücken mit Preiselbeeren essen.

prei|sen [ˈprai̯zn̩], pries, gepriesen ⟨tr.; hat⟩ (geh.):
die Vorzüge einer Person oder Sache begeistert hervorheben, rühmen, loben: er pries die Tüchtigkeit der Mitarbeiterin. **Syn.:** feiern, in den Himmel heben (ugs.), würdigen.

preis|ge|ben [ˈprai̯sge:bn̩], gibt preis, gab preis, preisgegeben ⟨tr.; hat⟩ (geh.):
1. *nicht mehr (vor jmdm.) schützen:* sie haben ihn den Feinden preisgegeben. **Syn.:** ausliefern, aussetzen, überantworten (geh.).
2. *aufgeben:* seine Grundsätze preisgeben. **Syn.:** abkommen von, ablassen von, abschreiben (ugs.), abschwören von, absehen von, aufstecken (ugs.), entsagen (geh.), fallen lassen, lassen von, sich lossagen von, verzichten auf, zu Grabe tragen (geh.), zurücktreten von.
3. *nicht mehr geheim halten; verraten:* er hat die Geheimnisse preisgegeben. **Syn.:** ausplaudern, ausposaunen (ugs.), verraten.

Preis|schild [ˈprai̯sʃɪlt], das; -[e]s, -er:
kleines Schild, auf dem der Preis (1) *einer Ware angegeben ist:* ich habe vergessen, das Preisschild zu entfernen.

preis|wert [ˈprai̯sve:ɐ̯t] ⟨Adj.⟩:
im Verhältnis zu seinem Wert nicht [zu] teuer: ein preiswerter Mantel; etwas preiswert kaufen. **Syn.:** billig, erschwinglich, günstig, halb geschenkt (ugs.).

pre|kär [preˈkɛ:ɐ̯] ⟨Adj.⟩:
so beschaffen, dass es schwierig ist, richtige Maßnahmen, Entscheidungen zu treffen, dass man nicht weiß, wie man aus einer schwierigen Lage herauskommen kann: in eine prekäre Situation geraten; die Verhältnisse sind im Augenblick ziemlich prekär. **Syn.:** delikat, haarig (ugs.), heikel, knifflig, kompliziert, problematisch, schwierig.

prel|len [ˈprɛlən]:
1. ⟨itr.; hat⟩ *durch heftiges Anstoßen innerlich verletzen:* ich habe mir den Arm geprellt. **Syn.:** verletzen.
2. ⟨tr.; hat⟩ *jmdn. um etwas, was ihm zusteht, bringen:* jmdn. um den Erfolg, den Verdienst prellen. **Syn.:** betrügen.

Prel|lung [ˈprɛlʊŋ], die; -, -en:
nach einem Stoß, Schlag o. Ä. durch Bluterguss hervorgerufene innere Verletzung: bei dem Zusammenstoß erlitt der Fahrer schwere Prellungen.

Pre|mi|ere [prəˈmi̯e:rə], die; -, -n:
erste Aufführung eines Theaterstücks, Films usw.: zur Premiere kamen viele Gäste; das Stück hat morgen Premiere.

pre|schen [ˈprɛʃn̩] ⟨itr.; ist⟩:
schnell, wild laufen: erschreckt preschte das Pferd über die Weide.

Pres|se [ˈprɛsə], die; -, -n:
1. a) *Maschine, mit der durch hohen Druck etwas geformt wird:* eine Presse für Karosserien. **Zus.:** Brikettpresse, Strohpresse. **b)** *Gerät, mit dem besonders Saft aus Obst gewonnen wird:* Trauben durch die Presse treiben. **Zus.:** Fruchtpresse, Mostpresse, Obstpresse, Ölpresse, Saftpresse, Zitronenpresse.
2. a) ⟨ohne Plural⟩ *Gesamtheit der Zeitungen u. Zeitschriften, ihrer Einrichtungen u. Mitarbeiter:* etwas in der Presse lesen; die Presse berichtete ausführlich darüber. **Zus.:** Auslandspresse, Sportpresse, Tagespresse, Weltpresse. **b)** *Gesamtheit der Massenmedien und deren Mitarbeiter:* der Außenmi-

nister sprach vor der Presse von einem Skandal.

pres|sen [ˈprɛsn̩] ⟨tr.; hat⟩:
a) *mit hohem Druck zusammendrücken:* Obst, Pflanzen, Papier pressen. **Syn.:** drücken, quetschen. **Zus.:** zusammenpressen. **b)** ⟨etw. p.⟩ *durch Zusammendrücken gewinnen:* den Saft aus der Zitrone pressen. **Zus.:** herauspressen. **c)** *durch hohen Druck eine bestimmte Form herstellen:* eine Karosserie pressen. **d)** *mit großer Kraft an, auf, durch etwas oder irgendwohin drücken:* den Kopf an die Scheibe pressen. **Syn.:** quetschen, zwängen. **Zus.:** hineinpressen.

pres|sie|ren [prɛˈsiːrən] ⟨itr.; hat⟩:
a) (bes. südd., österr., schweiz.) *eilig, dringend sein:* es, diese Sache pressiert; mir pressiert es damit. **b)** (schweiz.) *sich beeilen:* wir müssen pressieren, um nicht zu spät zu kommen.

Pres|ti|ge [prɛsˈtiːʒə], das; -s:
Ansehen oder Geltung einer Person, einer Gruppe, einer Institution o. Ä. in der Öffentlichkeit: an Prestige gewinnen, verlieren; es geht ihm bei der Sache um das Prestige. **Syn.:** guter Name, Image, Ruf.

pri|ckeln [ˈprɪkl̩n] ⟨itr.; hat⟩:
wie von vielen kleinen, feinen Stichen verursacht kitzeln, jucken: der Sekt prickelte [ihr] angenehm auf der Zunge.

Priel [priːl], der; -[e]s, -e:
schmale, unregelmäßig verlaufende Rinne im Wattenmeer, in der sich auch bei Ebbe Wasser befindet: die Priele füllen sich mit Wasser.

Pries|ter [ˈpriːstɐ], der; -s, -:
1. *(in vielen Religionen) als Mittler zwischen Gott und Mensch auftretender, mit besonderen göttlichen Vollmachten ausgestatteter Träger eines religiösen Amtes, der eine rituelle Weihe empfangen hat und zu besonderen kultischen Handlungen berechtigt ist:* ein indischer, hinduistischer, jüdischer, orthodoxer Priester. **Syn.:** Geistlicher.
2. *katholischer Geistlicher, der die Priesterweihe empfangen hat:* er wurde zum Priester geweiht. **Syn.:** Geistlicher, Pastor (landsch.), Pfaffe (abwertend), Pfarrer, Seelsorger.

Pries|te|rin [ˈpriːstərɪn], die; -, -nen:
weibliche Form zu ↑Priester (1).

pri|ma [ˈpriːma] ⟨Adj., nicht flektierbar⟩ (ugs.):
hervorragend, ausgezeichnet, großartig: von hier oben hat man eine prima Aussicht; das hast du prima gemacht. **Syn.:** einmalig (emotional), exzellent, famos (ugs.), fein, genial, grandios, herrlich (emotional), klasse (ugs.), sehr gut, spitze (ugs.), super (ugs.), toll, unübertrefflich, vortrefflich, vorzüglich.

¹pri|mär [priˈmɛːɐ̯] ⟨Adj.⟩:
zuerst vorhanden: das primäre Stadium einer Krankheit. **Syn.:** ursprünglich.

²pri|mär [priˈmɛːɐ̯] ⟨Adverb⟩ (bildungsspr.):
an erster Stelle stehend, vorrangig: diese Maßnahmen richten sich primär gegen die zunehmende Gewalt. **Syn.:** in erster Linie, vor allem.

Pri|mar|schu|le [ˈprimaːɐ̯ʃuːlə], die; -, -n (schweiz.):
Grundschule: er geht noch in die Primarschule.

Pri|mel [ˈpriːml̩], die; -, -n:
im Frühling blühende Pflanze mit trichter- oder tellerförmigen Blüten und rosettenartig angeordneten Blättern: auf dem Markt kaufte sie drei Primeln für den Balkon.

pri|mi|tiv [primiˈtiːf] ⟨Adj.⟩:
1. *nur notdürftig und sehr einfach [ausgeführt]:* eine primitive Hütte; die Arbeit wurde primitiv ausgeführt. **Syn.:** armselig, behelfsmäßig, dürftig, kümmerlich, schlicht.
2. (abwertend) *ein niedriges geistiges oder kulturelles Niveau aufweisend:* ein primitiver Mensch; seine Bildung ist primitiv. **Syn.:** gewöhnlich, ordinär, schlicht, simpel, ungebildet.

Pri|mus [ˈpriːmʊs], der; -, -se (veraltend):
Erster, Bester (in einer Klasse): er war mehrere Jahre der Primus unserer Klasse.

Prin|te [ˈprɪntə], die; -, -n:
kleines [längliches], im Geschmack dem Lebkuchen ähnliches Gebäck: Aachener Printen.

Prinz [prɪnt͜s], der; -en, -en, **Prin|zes|sin** [prɪnˈt͜sɛsɪn], die; -, -nen:
Sohn bzw. Tochter aus einem regierenden Fürstenhaus (der/die selbst nicht regiert): die spanische Prinzessin hat einen Bürgerlichen geheiratet; der Besitz Prinz Tassilos/des Prinzen Tassilo.

Prin|zip [prɪnˈt͜siːp], das; -s, Prinzipien [prɪnˈt͜siːpi̯ən]:
a) *Grundsatz, den jmd. seinem Handeln und Verhalten zugrunde legt:* er beharrte auf seinen Prinzipien; ich gehe dort aus Prinzip nicht hin. **Syn.:** Grundsatz, Idee, Regel, Richtlinie, Schema. **Zus.:** Rotationsprinzip. **b)** *allgemeingültige Regel, bestimmte Idee, bestimmte Grundlage, auf der etwas aufgebaut ist, nach der etwas abläuft:* das Prinzip der Gewaltenteilung. **Syn.:** Grundsatz. **c)** *Schema, nach dem etwas aufgebaut ist, abläuft:* diese Maschine beruht auf einem sehr einfachen Prinzip.

prin|zi|pi|ell [prɪnt͜siˈpi̯ɛl] ⟨Adj.⟩:
einem Prinzip folgend, entsprechend, darauf beruhend: ein prinzipieller Unterschied; etwas prinzipiell klären; sie ist prinzipiell dagegen. **Syn.:** aus Prinzip, grundsätzlich, im Allgemeinen, im Prinzip.

Pri|o|ri|tät [prioriˈtɛːt], die; -, -en:
höherer Rang, größere Bedeutung (im Vergleich zu etwas anderem): dieses wichtige Problem genießt absolute Priorität. **Syn.:** Vorrang, Vorrecht.

Pri|se [ˈpriːzə], die; -, -n:
kleine Menge eines pulverigen oder feinkörnigen Stoffes, die zwischen zwei oder drei Fingern zu greifen ist: noch eine Prise Salz in die Suppe geben.

Pris|ma [ˈprɪsma], das; -s, Prismen [ˈprɪsmən]:
lichtdurchlässiger und lichtbrechender Körper aus Glas o. Ä. mit mindestens zwei zueinander geneigten Flächen: weißes Licht wird durch ein Prisma in seine Spektralfarben zerlegt.

Prit|sche [ˈprɪt͜ʃə], die; -, -n:
1. *einem Bett ähnliches, schmales, einfaches Gestell, auf dem man liegen kann:* die Verwundeten lagen auf Pritschen. **Zus.:** Holzpritsche.
2. *Ladefläche eines Lastkraftwagens, auf der Güter verstaut werden:* die Fässer auf die Pritsche laden.

3. (landsch.) *aus gefalteter Pappe oder aus mehreren dünnen, schmalen [Sperr]holzstreifen bestehendes Gerät zum Schlagen und zur Lärmerzeugung (an Fastnacht):* ausgestattet mit Pritsche und Luftschlangen mischte er sich unter das Karnevalsvolk.

pri|vat [pri'va:t] ⟨Adj.⟩:
1. *nur die eigene Person betreffend:* dies sind private Angelegenheiten. **Syn.:** eigen, individuell, persönlich.
2. *nicht für die Öffentlichkeit bestimmt; nur für eine bestimmte Person, einen bestimmten Personenkreis bestimmt:* er sagte es ihm ganz privat. **Syn.:** im Vertrauen, im vertrauten Kreis, unter dem Siegel der Verschwiegenheit, unter vier Augen, vertraulich.
3. *durch eine persönlich-familiäre Atmosphäre geprägt:* eine Feier in privatem Kreis; sie bat, ihren Sohn privat unterzubringen und nicht in einem Hotel. **Syn.:** familiär, häuslich, vertraut.
4. *in persönlichem Besitz o. Ä. befindlich* /Ggs. staatlich/: die private Industrie.

pri|va|ti|sie|ren [privati'zi:rən]:
1. ⟨tr.; hat⟩: *in Privateigentum überführen:* diese Nebenstrecke der Bahn soll privatisiert werden.
2. ⟨itr.; hat⟩ (bildungsspr.) *ohne Ausübung eines Berufs von seinem Vermögen leben:* für einige Zeit privatisieren.

Pri|vi|leg [privi'le:k], das; -[e]s, -ien:
einem Einzelnen, einer Gruppe vorbehaltenes Recht: die Privilegien des Adels sind abgeschafft worden. **Syn.:** Monopol, Vorrecht. **Zus.:** Adelsprivileg, Standesprivileg.

pri|vi|le|giert [privile'gi:ɐ̯t] ⟨Adj.⟩:
mit Vorrechten ausgestattet: der Adel gehörte zu den privilegierten Schichten.

[1]**pro** [pro:] ⟨Präp. mit Akk.⟩:
jeweils, je, für (jede einzelne Person oder Sache): pro Angestellten; es gibt 200 Euro pro beschäftigten Arbeitnehmer.

[2]**pro** [pro:] ⟨Adverb⟩:
(eine Person, Sache) bejahend, ihr gegenüber positiv eingestellt: bist du pro oder kontra?; ⟨subst.:⟩ das Pro und [das] Kontra einer Sache *(das, was für u. gegen eine Sache spricht)* bedenken. **Syn.:** dafür.

pro-, Pro- [pro:] ⟨adjektivisches und substantivisches Präfix⟩:
drückt eine positive, wohlwollende Einstellung zu dem im Basiswort Genannten (Ideologie o. Ä.) aus, bedeutet Bejahung, Zustimmung, Unterstützung, [politische] Parteinahme /Ggs. anti-, Anti-/: **a)** ⟨adjektivisch⟩ proamerikanisch; proarabisch; propalästinensisch; prorussisch. **Syn.:** -freundlich. **b)** ⟨selten substantivisch⟩ Pro-Solarstrom-Initiative; Pro-Amerika-Demonstration.

Pro|be ['pro:bə], die; -, -n:
1. *einer Aufführung beim Theater, den Aufnahmen beim Film usw. vorangehende vorbereitende Arbeit (besonders der Künstlerinnen und Künstler):* sie haben mit den Proben begonnen; pünktlich zur Probe kommen. **Zus.:** Ballettprobe, Kostümprobe, Orchesterprobe, Theaterprobe.
2. *kleine Menge, Teil von etwas, woraus die Beschaffenheit des Ganzen zu erkennen ist:* er untersuchte eine Probe von dieser Flüssigkeit. **Syn.:** Muster. **Zus.:** Warenprobe, Wasserprobe.
3. *Versuch, durch den Fähigkeiten, Eigenschaften o. Ä. einer Person oder Sache festgestellt werden:* sie hat die Probe bestanden und wird deshalb eingestellt; der Wein hat bei der Probe gut abgeschnitten. **Syn.:** Experiment, Test. **Zus.:** Bremsprobe, Weinprobe.

pro|ben ['pro:bn̩] ⟨tr.; hat⟩:
für eine Aufführung, Darbietung o. Ä. üben: eine Szene, ein Musikstück proben; ⟨auch itr.⟩ der Regisseur probt intensiv mit den Schauspielern. **Syn.:** einstudieren.

Pro|be|zeit ['pro:bət͜sai̯t], die; -, -en:
Zeitraum, in dem jmd. seine Eignung für eine Arbeit nachweisen soll: in vielen Firmen beträgt die Probezeit sechs Monate.

pro|bie|ren [pro'bi:rən]:
a) ⟨itr.; hat⟩ *versuchen, ob etwas möglich, durchzuführen ist:* ich probier mal, ob sich die Kiste öffnen lässt. **Syn.:** ausprobieren, die Probe machen, erproben, kontrollieren, nachsehen, prüfen, testen, überprüfen, untersuchen. **b)** ⟨tr.; hat⟩ *eine Speise o. Ä. auf ihren Geschmack prüfen:* die Suppe, den Wein probieren. **Syn.:** [1]kosten, versuchen. **c)** *proben:* eine Szene probieren. **Syn.:** sich aneignen, einstudieren, sich erarbeiten, proben.

Pro|blem [pro'ble:m], das; -s, -e:
a) *schwer zu lösende Aufgabe; nicht entschiedene Frage:* ein technisches Problem; schwierige, ungelöste Probleme; ein ernstes, schwerwiegendes Problem haben; vor einem Problem stehen; wir müssen dieses Problem lösen. **Zus.:** Arbeitslosenproblem, Rechtsproblem, Verkehrsproblem. **b)** *etwas, was Ärger, Unannehmlichkeiten bereitet:* sie hat Probleme mit ihren Eltern; mit seinen Problemen allein fertigwerden müssen; ich habe ein Problem mit meinem Wagen, er springt nicht an. **Syn.:** Schwierigkeit, Theater (ugs. abwertend), Unannehmlichkeit.

Pro|blem- [proble:m] ⟨Präfixoid⟩:
drückt in Bildungen mit Substantiven aus, dass jmd. oder etw. Probleme aufwirft, Schwierigkeiten bereitet: Problemfall; Problemfamilie; Problemgeburt; Problemkind; Problemmüll; Problempatient.

Pro|ble|matik [proble'ma:tɪk], die; -, -en:
aus einer Aufgabe, Frage, Situation sich ergebende Schwierigkeit; Gesamtheit aller Probleme, die sich auf einen Sachverhalt beziehen: eine Problematik umreißen, auf eine Problematik hinweisen; sich mit der Problematik Gewalt an Schulen beschäftigen. **Syn.:** Schwierigkeit.

pro|ble|ma|tisch [proble'ma:tɪʃ] ⟨Adj.⟩:
a) *schwierig, voller Probleme:* sie hatten ein problematisches Verhältnis zueinander; die Konsequenzen dürften problematisch sein. **Syn.:** haarig (ugs.), heikel, knifflig, kompliziert, prekär, vertrackt (ugs.), verwickelt, verzwickt (ugs.). **b)** *fraglich, zweifelhaft:* diese Vereinbarung halte

ich für problematisch. **Syn.:** bedenklich.

pro|ble|ma|ti|sie|ren [problemati'zi:rən] ⟨tr.; hat⟩:
a) *die Problematik von etwas darlegen, diskutieren:* in dem Vortrag wurden speziell die Neuen Medien problematisiert. **b)** *aus irgendetwas [Selbstverständlichem] ein Problem machen:* man sollte nicht unnötig Sachen problematisieren, die vorher ganz eindeutig und klar waren.

pro|blem|los [pro'ble:mlo:s] ⟨Adj.⟩: *ohne Probleme [zu bekommen]:* eine problemlose Reparatur; das Treffen verlief problemlos. **Syn.:** reibungslos.

Pro|dukt [pro'dʊkt], das; -[e]s, -e:
1. *etwas, was als Ergebnis menschlicher Arbeit aus bestimmten Stoffen hergestellt, entstanden ist:* landwirtschaftliche Produkte; Produkte der chemischen Industrie. **Syn.:** Erzeugnis, Fabrikat, Ware. **Zus.:** Billigprodukt, Endprodukt, Naturprodukt.
2. *Ergebnis der Multiplikation:* das Produkt von drei mal fünf ist fünfzehn.

Pro|duk|ti|on [prodʊk'tsi̯o:n], die; -, -en:
das Herstellen, Erzeugen von Waren, Gütern o. Ä.: die tägliche Produktion von Autos erhöhen. **Syn.:** Herstellung, Schöpfung. **Zus.:** Filmproduktion, Jahresproduktion, Milchproduktion.

P
prob

pro|duk|tiv [prodʊk'ti:f] ⟨Adj.⟩: *viel in Bewegung setzend, viele Ergebnisse hervorbringend:* produktiv zusammenarbeiten; ein produktives Unternehmen. **Syn.:** ergiebig, fruchtbar. **Zus.:** hochproduktiv.

Pro|du|zent [produ'tsɛnt], der; -en, -en, **Pro|du|zen|tin** [produ'tsɛntɪn], die; -, -nen:
Person, die etwas produziert: der Produzent von Klebstoff, Herrenhemden; die Produzentin stellte die Neuentwicklung vor; zwischen Konsument und Produzent besteht eine Abhängigkeit. **Syn.:** Fabrikant, Fabrikantin, Unternehmer, Unternehmerin. **Zus.:** Filmproduzent, Filmproduzentin, Koproduzent, Koproduzentin, Lebensmittelproduzent.

pro|du|zie|ren [produ'tsi:rən]:
1. ⟨tr.; hat⟩ *erzeugen, herstellen:* wir können das neue Auto erst ab Frühjahr produzieren; ⟨auch itr.⟩ ein großer Konzern produziert sehr viel billiger als ein kleiner Betrieb. **Syn.:** anfertigen, fabrizieren, fertigen.
2. ⟨+ sich⟩ *sich in bestimmter, meist auffälliger Weise benehmen, aufführen, besonders um zu zeigen, was man kann:* sich gern [vor andern] produzieren; er produzierte sich als Clown.

pro|fan [pro'fa:n] ⟨Adj.⟩ (bildungsspr.):
1. *weltlich, nicht dem Gottesdienst, nicht religiösen Zwecken dienend:* profane Bauten. **Syn.:** weltlich.
2. *nicht feierlich, nicht erhaben wirkend; gewöhnlich, alltäglich:* ganz profane Sorgen; sich mit Geldangelegenheiten zu beschäftigen erschien ihr profan; ich sage es einmal ganz profan. **Syn.:** banal (bildungsspr.), landläufig, trivial.

pro|fes|sio|nell [profɛsi̯o'nɛl] ⟨Adj.⟩:
a) *als Beruf [betrieben]; (eine bestimmte Tätigkeit) beruflich ausübend:* im professionellen Sport werden äußerst hohe Anforderungen gestellt; eine professionelle Sportlerin.
b) *fachmännisch, von Fachleuten anerkannt, benutzbar, erstellt o. Ä.:* ein professioneller Bericht; ein professionell geschlagener Ball. **Syn.:** gekonnt, kundig, sachkundig.

Pro|fes|sor [pro'fɛso:ɐ̯], der; -s, Professoren [profɛ'so:rən], **Pro|fes|so|rin** [profɛ'so:rɪn], die; -, -nen:
1. *höchster akademischer Titel, der [habilitierten] Lehrer[innen] an Universitäten, Hochschulen o. Ä. und verdienten Wissenschaftler[innen], Künstler[innen] o. Ä. verliehen wird:* jmdn. zum Professor ernennen, berufen. **Zus.:** Hochschulprofessor, Hochschulprofessorin.
2. *Träger[in] eines Professorentitels:* er ist Professor für Physik an der Universität Heidelberg; die Professorin hält heute zwei Vorlesungen; die Herren Professoren Müller und Lehmann; das Haus Professor Meyers/des Professors Meyer.

Pro|fi ['pro:fi], der; -s, -s (ugs.):
1. *Sportler, Sportlerin, der/die einen Sport als Beruf ausübt* /Ggs. Amateur, Amateurin/: er, sie spielt als Profi in der Liga. **Zus.:** Boxprofi, Eiskunstlaufprofi, Fußballprofi, Radprofi.
2. *jmd., der etw. professionell betreibt:* den Einbruch haben Profis verübt.

Pro|fil [pro'fi:l], das; -s, -e:
1. *Ansicht des Kopfes, des Gesichts, des Körpers von der Seite:* jmdn. im Profil fotografieren; er hat ein scharf geschnittenes Profil.
2. (bildungsspr.) *charakteristisches Erscheinungsbild:* dieser Minister hat kein Profil. **Syn.:** Persönlichkeit.
3. *mit Erhebungen versehene Oberfläche eines Reifens, einer Schuhsohle u. Ä.:* das Profil ist völlig abgefahren. **Syn.:** Struktur. **Zus.:** Reifenprofil.

Pro|fit [pro'fi:t], der; -[e]s, -e:
1. *Gewinn, Nutzen, den jmd. aus etwas zieht, von etwas hat:* Profit machen; aus etwas [einen] Profit ziehen; auf seinen Profit bedacht sein. **Syn.:** Ausbeute, Erlös, Ertrag, Plus, Rendite, Vorteil. **Zus.:** Millionenprofit, Riesenprofit.
2. (Fachspr.) *Kapitalertrag:* große Profite erzielen; die Firma macht Profit; der Profit stieg im letzten Jahr. **Syn.:** Ertrag, Gewinn. **Zus.:** Millionenprofit, Riesenprofit.

pro|fi|tie|ren [profi'ti:rən] ⟨itr.; hat⟩:
aus etwas Nutzen, Gewinn ziehen: er profitiert von der Uneinigkeit der anderen. **Syn.:** Gewinner sein, Nutznießer sein.

Pro|gno|se [pro'gno:zə], die; -, -n:
Vorhersage (einer künftigen Entwicklung): eine Prognose über den Ausgang der Wahlen abgeben; eine günstige, optimistische, düstere, pessimistische Prognose. **Syn.:** Voraussage. **Zus.:** Konjunkturprognose, Wahlprognose.

pro|gnos|ti|zie|ren [prognɔsti'tsi:rən] ⟨tr.; hat⟩:
eine Prognose erstellen: die Experten prognostizieren ein hohes Wachstum. **Syn.:** vorhersagen.

Pro|gramm [pro'gram], das; -s, -e:
1. *Gesamtheit von [schriftlich] dargelegten Konzeptionen, von Grundsätzen, die zum Erreichen*

eines bestimmten Zieles angewendet werden sollen: die Partei wird ein neues Programm vorlegen; das Programm für die Produktion im nächsten Jahr festlegen. **Syn.:** Manifest. **Zus.:** Grundsatzprogramm, Parteiprogramm, Regierungsprogramm.
2. *festgelegte Folge, vorgesehener Ablauf:* das Programm der Tagung, eines Konzertes.
3. *Heft, Zettel, auf dem der Ablauf von etwas mitgeteilt wird:* das Programm kostet zwei Euro. **Zus.:** Konzertprogramm, Theaterprogramm.
4. *Folge von Arbeitsanweisungen für einen Computer:* er hat ein Programm zur Erkennung sämtlicher Hardware geschrieben; welches Programm benutzt du? **Syn.:** Software. **Zus.:** Computerprogramm, Korrekturprogramm, Textverarbeitungsprogramm.

pro|gram|mie|ren [progra'mi:rən] ⟨tr.; hat⟩:
ein Programm (4) *erstellen, eingeben:* in dem großen Unternehmen wurde die gesamte Buchhaltung programmiert; ⟨auch itr.⟩ er kann erst seit kurzer Zeit programmieren. **Zus.:** umprogrammieren.

Pro|gram|mie|rer [progra'mi:rɐ], der; -s, -, **Pro|gram|mie|re|rin** [progra'mi:rərɪn], die; -, -nen:
Person, die programmiert: sie arbeitet als Programmiererin bei einer kleinen Internetfirma.

pro|gres|siv [progrɛ'si:f] ⟨Adj.⟩:
1. *fortschrittlich:* der progressive Teil der Partei forderte Reformen.
2. *sich in einem bestimmten Verhältnis allmählich steigernd, entwickelnd:* progressive Steuern.

Pro|jekt [pro'jɛkt], das; -[e]s, -e:
geplante oder bereits begonnene [größere] Unternehmung: ein interessantes Projekt planen, vorbereiten, durchführen; das Projekt ist gescheitert; der Bau eines Stausees ist ein gigantisches Projekt. **Syn.:** Plan, Vorhaben. **Zus.:** Bauprojekt, Großprojekt, Teilprojekt, Zukunftsprojekt.

Pro|jek|ti|on [projɛk'ts̮i̯o:n], die; -, -en:
1. *das Projizieren* (1): die Projektion der Bilder, Dias.
2. (bildungsspr.) *das Projizieren* (2): die Projektion menschlicher Eigenschaften auf/in das Tier.

Pro|jek|tor [pro'jɛkto:ɐ̯], der; -s, Projektoren [projɛk'to:rən]:
Gerät, mit dem man Bilder auf einer hellen Fläche vergrößert zeigen kann: den Projektor für den Vortrag bereitstellen.

pro|ji|zie|ren [proji'ts̮i:rən] ⟨tr.; hat⟩:
1. *Bilder mithilfe eines Projektors auf einer großen Fläche (z. B. einer Leinwand) vergrößert wiedergeben:* sie hat das Bild an die Wand, auf die Leinwand projiziert. **Syn.:** werfen. **Zus.:** hinprojizieren.
2. (bildungsspr.) *auf jmdn. etwas übertragen:* er projiziert seine Ängste auf/in sie.

Pro|kla|ma|ti|on [proklama'ts̮i̯o:n], die; -, -en (bildungsspr.):
öffentliche, feierliche, oft amtliche Verkündigung: die Proklamation einer Verfassung. **Zus.:** Menschenrechtsproklamation.

pro|kla|mie|ren [prokla'mi:rən] ⟨tr.; hat⟩ (bildungsspr.):
öffentlich, feierlich, oft amtlich verkünden: ein neuer Herrscher wurde proklamiert. **Syn.:** ausrufen, bekannt geben, verkünden (geh.), verkündigen (geh.).

Pro|ku|rist [proku'rɪst], der; -en, -en, **Pro|ku|ris|tin** [proku'rɪstɪn], die; -, -nen:
Angestellter bzw. Angestellte mit einer handelsrechtlichen Vollmacht, bestimmte Geschäfte für seinen/ihren Betrieb selbstständig durchzuführen: der Vorstand hat den Verkaufsleiter zum Prokuristen ernannt.

Pro|let [pro'le:t], der; -en, -en (ugs. abwertend):
jemand, der keine Umgangsformen hat: in der Gaststätte suchten zwei angetrunkene Proleten Streit.

Pro|le|ta|ri|er [prole'ta:ri̯ɐ], der; -s, -, **Pro|le|ta|ri|e|rin** [prole'ta:ri̯ərɪn], die; -, -nen:
(nach marxistischer Lehre) Person, die der Klasse der abhängigen Lohnarbeiter angehört, die keine eigenen Produktionsmittel besitzen: er gab sich als klassenbewusster Proletarier. **Syn.:** Arbeiter, Arbeiterin, Arbeitnehmer, Arbeitnehmerin.

Pro|le|tin [pro'le:tɪn], die; -, -nen:
weibliche Form zu ↑Prolet.

Pro|me|na|de [promə'na:də], die; -, -n:
durch Grünanlagen führender, schön angelegter Weg zum Promenieren: während seiner Kur ging er oft auf der Promenade spazieren. **Syn.:** Weg. **Zus.:** Kurpromenade, Strandpromenade, Uferpromenade.

pro|me|nie|ren [promə'ni:rən] ⟨itr.; hat/ist⟩ (geh.):
an einem belebten Ort, auf einer Promenade o. Ä. langsam auf und ab gehen: in den vornehmen Straßen der Stadt promenierten abends die Damen und Herren aus dem nahe gelegenen Kurhotel; sie promenierten noch ein wenig auf dem Oberdeck. **Syn.:** einen Spaziergang machen, flanieren, spazieren, spazieren gehen. **Zus.:** umherpromenieren.

Pro|mil|le [pro'mɪlə], das; -[s], -:
tausendster Teil: die Provision beträgt 5 Promille; der Fahrer hatte 1,8 Promille (ugs.; *1,8 Promille Alkohol im Blut*).

pro|mi|nent [promi'nɛnt] ⟨Adj.⟩:
beruflich oder gesellschaftlich großes öffentliches Ansehen genießend: prominente Persönlichkeiten aus Politik und Wirtschaft. **Syn.:** anerkannt, angesehen, bekannt, berühmt, namhaft.

Pro|mi|nenz [promi'nɛnts̮], die; -:
a) *Gesamtheit der prominenten Persönlichkeiten:* die Prominenz blieb der Veranstaltung fern.
b) *das Prominentsein:* ihre Prominenz nützte der Angeklagten nichts.

Pro|mis|kui|tät [promɪskui'tɛ:t], die; -:
Geschlechtsverkehr mit häufig wechselnden Partnern: Promiskuität trägt zur Ausbreitung von Aids bei.

Pro|mo|tion [promo'ts̮i̯o:n], die; -, -en:
1. *Universitätsabschluss mit dem Doktorgrad:* sie gratulierten ihr zur Promotion.
2. (schweiz.) *Versetzung in die nächste Klasse:* Promotion gefährdet.

pro|mo|vie|ren [promo'vi:rən], promovierte, promoviert:
1. ⟨itr.; hat⟩ **a)** *(über ein bestimmtes Thema) eine Dissertation*

schreiben: sie promoviert über die Entstehung des Grundgesetzes. **b)** sie hat [zum Doktor der Medizin, in Geschichte] promoviert.
2. ⟨tr.; hat⟩ *den Titel eines Doktors, einer Doktorin erwerben:* sie ist promovierte Juristin; er wurde zum Doktor der Physik promoviert.

prompt [prɔmpt] ⟨Adj.⟩:
1. *unmittelbar (als Reaktion auf etwas) erfolgend:* er hat auf meinen Brief prompt geantwortet; prompte Bedienung, Lieferung ist bei dieser Firma zu erwarten. **Syn.:** auf der Stelle, augenblicklich, gleich, schnurstracks (ugs.), sofort, sogleich, unverzüglich.
2. *einer bestimmten Erwartung, Befürchtung o. Ä. genau entsprechend; tatsächlich:* als wir spazieren gehen wollten, hat es prompt geregnet; obwohl ich ihn gewarnt hatte, ist er prompt über die Stufe gestolpert. **Syn.:** doch tatsächlich, natürlich.

Pro|pa|gan|da [propaˈganda], die; -:
intensive Werbung für politische, weltanschauliche Ideen, Meinungen o. Ä. mit dem Ziel, das allgemeine [politische] Bewusstsein in bestimmter Weise zu beeinflussen: eine geschickte, wirkungsvolle Propaganda betreiben; für eine Partei Propaganda machen. **Syn.:** Agitation, Hetze (abwertend). **Zus.:** Gegenpropaganda, Hetzpropaganda, Kriegspropaganda, Wahlpropaganda.

pro|pa|gie|ren [propaˈgiːrən] ⟨tr.; hat⟩ (bildungsspr.):
(eine Meinung, eine Vorgehensweise o. Ä.) durch geeignete Argumente o. Ä. anderen Menschen näherbringen, zu verbreiten suchen: einen Standpunkt, eine Meinung, eine Methode, die Pille, eine Schutzimpfung propagieren. **Syn.:** sich einsetzen für, werben für.

Pro|pel|ler [proˈpɛlɐ], der; -s, -:
dem Antrieb dienende Vorrichtung von [Luft]fahrzeugen, die aus zwei oder mehreren in gleichmäßigen Abständen um eine Nabe angeordneten Blättern besteht, die durch einen Motor in schnelle Rotation versetzt werden: der Propeller des Hubschraubers begann sich zu drehen.

pro|per [ˈprɔpɐ] ⟨Adj.⟩ (veraltend):
durch eine saubere äußere Erscheinung ansprechend wirkend: das Treppenhaus sieht bei ihnen immer proper aus. **Syn.:** adrett, ansprechend, appetitlich, gefällig, gepflegt, ordentlich, sauber.

Pro|phet [proˈfeːt], der; -en, -en, **Pro|phe|tin** [proˈfeːtɪn], die; -, -nen:
Person, die [mithilfe göttlicher Eingebung] ein zukünftiges Geschehen voraussagt: die Propheten des Alten Testaments; man braucht kein Prophet zu sein, um das vorauszusehen; ich bin [doch] keine Prophetin! **Syn.:** Hellseher, Hellseherin.

pro|phe|tisch [proˈfeːtɪʃ] ⟨Adj.⟩:
1. *von einem Propheten, einer Prophetin stammend:* eine prophetische Gabe besitzen.
2. *eine intuitive Prophezeiung enthaltend:* mit dieser prophetischen Äußerung sollte er recht behalten.

pro|phe|zei|en [profeˈt͜sa͜iən] ⟨tr.; hat⟩:
(etwas Zukünftiges) aufgrund bestimmter Kenntnisse, Erfahrungen oder Ahnungen voraussagen: ein Ereignis prophezeien; sie prophezeite ihm eine große Zukunft. **Syn.:** voraussehen, vorhersagen, vorhersehen, wahrsagen, weissagen.

pro|phy|lak|tisch [profyˈlaktɪʃ] ⟨Adj.⟩ (Med., bildungsspr.):
vorbeugend: eine prophylaktische Maßnahme ergreifen; ein Medikament prophylaktisch verabreichen.

Pro|por|ti|on [propɔrˈt͜si̯oːn], die; -, -en:
Verhältnis verschiedener Größen oder Dinge, besonders verschiedener Teile eines Ganzen zueinander: in der Zeichnung stimmen die Proportionen nicht [ganz], der Kopf ist im Verhältnis zum Körper zu klein.

pro|por|ti|o|niert [propɔrt͜si̯oˈniːɐ̯t] ⟨Adj.⟩:
bestimmte Proportionen aufweisend: eine schlecht proportionierte Figur; ein gut proportionierter Körper.

Pro|sa [ˈproːza], die; -:
freie, ungebundene, nicht durch Reim, Rhythmik und Vers gebundene Form der Sprache: Prosa schreiben; etwas ist in Prosa abgefasst, geschrieben; der Band versammelt Lyrik und Prosa.

pro|sa|isch [proˈzaːɪʃ] ⟨Adj.⟩ (bildungsspr.):
(allzu) nüchtern, sachlich, unpathetisch : eine prosaische Ausdrucksweise; ein prosaischer Zweckbau. **Syn.:** trocken.

pro|sit [ˈproːzɪt] ⟨Interjektion⟩:
Ausruf, besonders beim Trinken; *zum Wohle:* prosit Neujahr! **Syn.:** auf dein/euer/Ihr Wohl, prost, wohl bekomms, zum Wohl.

Pros|pekt [proˈspɛkt], der, österr. auch: das; -[e]s, -e:
kleineres, meist bebildertes Druckwerk zur Information und Werbung: einen farbigen Prospekt drucken, herausgeben. **Syn.:** Katalog. **Zus.:** Faltprospekt, Reiseprospekt, Verlagsprospekt, Werbeprospekt.

prost [proːst] ⟨Interjektion⟩:
prosit: er hob sein Glas und sagte »Prost!«. **Syn.:** auf dein/euer/Ihr Wohl, prosit, wohl bekomms, zum Wohl.

pros|ti|tu|ie|ren [prostituˈiːrən] ⟨+ sich⟩:
a) *sich gegen Entgelt zum Sexualverkehr zur Verfügung stellen:* das nötige Geld beschaffen sie sich, indem sie stehlen oder sich prostituieren. **Syn.:** anschaffen gehen (salopp), auf den Strich gehen (salopp), auf die Straße gehen (ugs.), der Prostitution nachgehen, Prostitution betreiben, seine Haut zu Markte tragen (ugs. scherzh.), sich verkaufen. **b)** *sich um bestimmter Vorteile willen für etwas hergeben, wofür man sich aus moralischen Gründen nicht hergeben dürfte:* mit dieser Partei können wir keine Koalition eingehen, ohne uns zu prostituieren. **Syn.:** sich [selbst] verleugnen.

Pros|ti|tu|ier|te [prostituˈiːɐ̯tə], die/eine Prostituierte; der/einer Prostituierten, die Prostituierten/zwei Prostituierte:
weibliche Person, die der Prostitution nachgeht: als Prostituierte arbeiten. **Syn.:** Hure (ugs., auch Eigenbezeichnung), Nutte (salopp abwertend).

Pros|ti|tu|ier|ter [prostituˈiːɐ̯tɐ], der Prostituierte/ein Prostitu-

P
prom

ierter; des/eines Prostituierten, die Prostituierten/zwei Prostituierte:
Person, die der Prostitution nachgeht: er verdiente sich sein Geld als Prostituierter.

Pros|ti|tu|ti|on [prostitu'tsi̯o:n], die; -:
gewerbsmäßige Ausübung des Geschlechtsverkehrs oder anderer sexueller Handlungen: der Prostitution nachgehen; zur Prostitution gezwungen werden. **Syn.:** ältestes Gewerbe der Welt (verhüll. scherzh.), horizontales Gewerbe (ugs. scherzh.).

pro|te|gie|ren [prote'ʒi:rən] ⟨tr.; hat⟩ (bildungsspr.):
für jmds. berufliches, gesellschaftliches Fortkommen den eigenen Einfluss geltend machen: er ist von einem reichen Gönner protegiert worden. **Syn.:** eintreten für, fördern, helfen, lancieren, sich einsetzen für, sich verwenden für, sponsern, unterstützen.

Pro|tek|ti|on [protɛk'tsi̯o:n], die; -:
das Protegieren: jmds. Protektion genießen. **Syn.:** Förderung, Fürsprache.

Pro|test [pro'tɛst], der; -[e]s, -e:
meist spontane und temperamentvolle Bekundung des Nichteinverstanden-Seins: gegen etwas scharfen Protest erheben, anmelden, einlegen. **Syn.:** Anklage, Einwand, Widerspruch. **Zus.:** Bauernprotest, Bürgerprotest, Massenprotest.

Pro|tes|tant [protɛs'tant], der; -en, -en, **Pro|tes|tan|tin** [protɛs'tantɪn], die; -, -nen:
Person, die einer protestantischen Kirche angehört: sie ist eine überzeugte Protestantin. **Syn.:** Evangelische, Evangelischer.

pro|tes|tan|tisch [protɛs'tantɪʃ] ⟨Adj.⟩:
zu einer Glaubensbewegung gehörend, die aus der Reformation des 16. Jahrhunderts hervorgegangen ist und die die verschiedenen evangelischen Kirchengemeinschaften umfasst: die protestantischen Kirchen; sie ist protestantisch. **Syn.:** evangelisch.

pro|tes|tie|ren [protɛs'ti:rən] ⟨itr.; hat⟩:
Protest erheben: wenn dir etwas nicht passt, musst du protestieren; gegen jmdn./etwas [heftig] protestieren. **Syn.:** angehen, ankämpfen, auf die Barrikaden gehen (ugs.), sich aufbäumen, aufbegehren (geh.), aufmucken (ugs.), aufstehen, begegnen (geh.), bekämpfen, demonstrieren, sich entgegenstellen, entgegentreten, sich erheben, meckern (ugs. abwertend), meutern (ugs.), mucksen (ugs.), murren, opponieren, rebellieren, revoltieren, sich stemmen, sich widersetzen.

Pro|the|se [pro'te:zə], die; -, -n:
künstlicher Ersatz eines fehlenden Teils des Körpers, besonders der Gliedmaßen oder der Zähne: eine Prothese tragen. **Zus.:** Armprothese, Hüftprothese, Teilprothese, Vollprothese, Zahnprothese.

Pro|to|koll [proto'kɔl], das; -s, -e:
wortgetreue oder auf die wesentlichen Punkte beschränkte schriftliche Fixierung der Aussagen, Beschlüsse o. Ä. während einer Sitzung o. Ä.: [das] Protokoll führen; etwas im Protokoll festhalten. **Syn.:** Aufzeichnung, Bericht, Niederschrift. **Zus.:** Ergebnisprotokoll, Gedächtnisprotokoll, Gerichtsprotokoll, Sitzungsprotokoll, Tonbandprotokoll, Vernehmungsprotokoll.

-protz [prɔts], der; -es (veraltend: -en), -e (veraltend: -en) ⟨Suffixoid⟩ (ugs.):
bezeichnet in Bildungen mit Substantiven eine Person, die mit etw. protzt, prahlt: Bildungsprotz; Geldprotz; Kraftprotz; Muskelprotz; Sexprotz.

prot|zen ['prɔtsn̩] ⟨itr.; hat⟩:
eigene [vermeintliche] Vorzüge oder Vorteile in einer übertriebenen Weise zur Geltung bringen, zur Schau tragen: er protzt mit seinem vielen Geld. **Syn.:** angeben, aufschneiden, sich aufspielen, sich brüsten, großtun (abwertend), prahlen, prunken, renommieren (bildungsspr.), sich rühmen, sich spreizen, übertreiben.

prot|zig ['prɔtsɪç] ⟨Adj.⟩:
a) *in unangenehmer, herausfordernder Weise seine eigenen [vermeintlichen] Vorzüge, seinen Besitz, hervorkehrend:* sie warf ihm vor, protzig zu sein. **b)** *übertrieben aufwendig; herausfordernd luxuriös:* dieser Ring ist mir zu protzig; er fährt einen protzigen Wagen. **Syn.:** pompös.

Pro|vi|ant [pro'vi̯ant], der; -s, -e:
auf eine Wanderung, Reise o. Ä. mitgenommener Vorrat an Essen [und Trinken]: er hat den Proviant im Rucksack; Hast du Proviant dabei? **Syn.:** eiserne Ration, Nahrung, Speisen und Getränke. **Zus.:** Reiseproviant.

Pro|vinz [pro'vɪnts], die; -, -en:
1. *Verwaltungseinheit [in bestimmten Ländern]:* das Land ist in Provinzen eingeteilt. **Syn.:** Bezirk, Kreis.
2. ⟨ohne Plural⟩ **a)** *ländliche Gegend im Unterschied zur Großstadt:* sie wohnt in der, stammt aus der Provinz. **Syn.:** Dorf, Land. **b)** (abwertend) *(im Vergleich zu den großen Städten, besonders zur Hauptstadt) kulturell rückständiges Gebiet:* was das kulturelle Angebot angeht, ist diese Stadt hinterste Provinz.

pro|vin|zi|ell [provɪn'tsi̯ɛl] ⟨Adj.⟩ (abwertend):
für die Provinz (2 b) *typisch, charakteristisch; von geringem geistigem, kulturellem Niveau zeugend:* ein provinzielles Theater. **Syn.:** beschränkt, eng, hinter dem Mond (ugs.), kleinstädtisch, rückständig.

Pro|vi|si|on [provi'zi̯o:n], die; -, -en:
(für die Vermittlung eines Geschäfts übliche) Vergütung in Form einer prozentualen Beteiligung am Umsatz: der Vertreter erhielt eine hohe Provision; auf, gegen Provision arbeiten. **Syn.:** Entgelt, Gebühr.

pro|vi|so|risch [provi'zo:rɪʃ] ⟨Adj.⟩:
als Notbehelf dienend, eine vorläufige Lösung darstellend: eine provisorische Maßnahme; etwas provisorisch reparieren. **Syn.:** behelfsmäßig, notdürftig, schlecht und recht, vorläufig.

Pro|vi|so|ri|um [provi'zo:ri̯ʊm], das; -s, Provisorien [provi'zo:ri̯ən]:
etwas Provisorisches, vorläufige Lösung: die Unterbringung der Büros in Containern ist nur ein Provisorium.

pro|vo|kant ['provokant] ⟨Adj.⟩:
herausfordernd, provozierend:

ein provokantes Verhalten; provokante Fragen stellen.

Pro|vo|ka|ti|on [provoka'tsi̯o:n], die; -, -en: *Gegenstand, Bemerkung, Handlung, durch die jmd. provoziert wird, werden soll:* dieser Vorfall ist eine politische, militärische Provokation.

pro|vo|ka|tiv [provoka'ti:f] ⟨Adj.⟩: *herausfordernd, eine Provokation darstellend:* ein provokatives Buch; provokative Fragen; eine provokative These; eine bewusst provokativ formulierte Frage.

pro|vo|zie|ren [provo'tsi:rən] ⟨tr.; hat⟩: *zu einer bestimmten [unbedachten] Reaktion zu veranlassen suchen:* das tut, sagt er nur, um dich zu provozieren; ich lasse mich von dir nicht provozieren; ⟨auch itr.⟩ sie will nur provozieren. **Syn.:** herausfordern, reizen.

Pro|ze|dur [protse'du:ɐ̯], die; -, -en: *umständliches oder kompliziertes und für den Betroffenen unangenehmes Verfahren:* der Patient ließ die schmerzhafte Prozedur geduldig über sich ergehen. **Syn.:** Behandlung, Prozess, Vorgang.

Pro|zent [pro'tsɛnt], das; -[e]s, -e: *Hundertstel* (Zeichen: %): bei sofortiger Zahlung werden drei Prozent Rabatt gewährt; zehn Prozent [der Abgeordneten] haben zugestimmt; in dem Laden kriege ich Prozente (ugs.; *einen Preisnachlass*).

Pro|zent|satz [pro'tsɛntzats], der; -es, Prozentsätze [pro'tsɛntzɛtsə]: *bestimmte Anzahl von Prozenten:* ein hoher, niedriger, großer, kleiner, geringer Prozentsatz; das sind bei einem Prozentsatz von 20 [Prozent] genau 245 Euro; der Prozentsatz der Arbeitslosen sinkt.

pro|zen|tu|al [protsɛn'tu̯a:l] ⟨Adj.⟩: *in Prozenten gerechnet, im Verhältnis zum Ganzen:* eine prozentuale Lohnerhöhung; er ist prozentual am Gewinn beteiligt; bei den kleinen Packungen wird der Preis prozentual noch stärker angehoben als bei den großen.

Pro|zess [pro'tsɛs], der; -es, -e: **1.** *gerichtliches Verfahren zur Entscheidung eines Rechtsstreits:* der Prozess Meyer gegen Schulze wird wieder aufgerollt; der Prozess wird von einem erfahrenen Richter geleitet. **Syn.:** Verhandlung. **Zus.:** Arbeitsprozess, Indizienprozess, Mordprozess, Schauprozess, Scheidungsprozess, Strafprozess, Zivilprozess. **2.** *über eine gewisse Zeit sich erstreckender Vorgang, bei dem etwas entsteht oder abläuft:* ein chemischer Prozess; der Prozess des Alterns findet ganz allmählich statt. **Syn.:** Ablauf, Entwicklung, Verlauf. **Zus.:** Alterungsprozess, Entwicklungsprozess, Heilungsprozess, Lernprozess, Produktionsprozess, Reifungsprozess, Zersetzungsprozess.

pro|zes|sie|ren [protsɛ'si:rən] ⟨itr.; hat⟩: *einen Prozess führen:* ich prozessiere gegen meinen Nachbarn; er prozessiert mit seiner Schwester um die Hinterlassenschaft; sie prozessiert wegen Beleidigung. **Syn.:** den Rechtsweg beschreiten, sein Recht [bei/vor Gericht] suchen.

Pro|zes|si|on [protsɛ'si̯o:n], die; -, -en: *(in der katholischen und orthodoxen Kirche) aus religiösem Anlass veranstalteter feierlicher Umzug von Geistlichen und Gemeinde:* an Fronleichnam nahmen wir immer an der Prozession teil; die Prozession zog durch das Dorf.

prü|de ['pry:də] ⟨Adj.⟩: *alles, was auf Sexuelles Bezug hat, als peinlich empfindend, es nach Möglichkeit meidend:* sie war so prüde, dass sie bei der leisesten Anzüglichkeit errötete.

prü|fen ['pry:fn̩] ⟨tr.; hat⟩: **1.** *kontrollierend untersuchen:* jmds. Angaben auf ihre Richtigkeit prüfen; die Qualität des Materials prüfen. **Syn.:** analysieren, ausprobieren, durchgehen, durchsehen, einer Prüfung/Revision unterziehen, erproben, inspizieren, kontrollieren, kosten, nachprüfen, nachsehen, probieren, testen, überprüfen, versuchen. **Zus.:** nachprüfen, überprüfen. **2.** *jmds. Wissen, Fähigkeiten durch entsprechende Aufgabenstellung, durch Fragen, durch forschendes Beobachten, Testen o. Ä. festzustellen suchen:* einen Schüler im Abitur auch mündlich prüfen; wer hat dich in Latein geprüft?; jmds. Eignung, jmdn. auf seine Reaktionsfähigkeit prüfen. **Syn.:** testen.

prüfen/überprüfen

Das Verb **überprüfen** kann in vielen Fällen durch **prüfen** ersetzt werden:

- eine Rechnung überprüfen/prüfen
- die Richtigkeit einer Angabe überprüfen/prüfen.

Bei einem persönlichen Objekt lässt sich jedoch »prüfen« in diesem Sinn oft nicht einsetzen, weil »jemanden prüfen« meist die Bedeutung *jemandes Wissen, Fähigkeiten feststellen, jemanden einem Test unterziehen* hat, sodass Verwechslungen möglich sind. Man sagt also:

- Die Reisenden werden an der Grenze überprüft (nicht: geprüft).

Prü|fung ['pry:fʊŋ], die; -, -en: **a)** *das Prüfen; prüfendes Untersuchen:* die Prüfung von Lebensmitteln; die Prüfung der Edelsteine auf Echtheit; die Argumente einer genauen Prüfung unterziehen. **Syn.:** Analyse, Durchsicht, Inspektion, Kontrolle, Recherche, Zensur. **Zus.:** Nachprüfung, Überprüfung. **b)** *geregeltes Verfahren, das dazu dient, jmdn. zu prüfen* (2); *Test:* sie hat die Prüfung [in Chemie] bestanden; er bereitet sich gerade auf/für eine Prüfung vor. **Syn.:** Examen. **Zus.:** Abschlussprüfung, Aufnahmeprüfung, Diplomprüfung, Fahrprüfung, Gesellenprüfung, Meisterprüfung, Zwischenprüfung.

Prü|gel ['pry:gl̩], der; -s, -: **a)** *dicker, längerer Stock zum Schlagen:* mit einem Prügel auf

jmdn. einschlagen. **Syn.:** Gerte, Knüppel, Rute, [1]Stock.
b) ⟨Plural⟩ *Schläge (aus Zorn, Ärger o. Ä.):* Prügel bekommen, austeilen. **Syn.:** Ohrfeigen, Schläge.

prü|geln [ˈpryːgl̩n]:
1. ⟨tr.; hat⟩ *heftig schlagen:* immer wenn er betrunken ist, prügelt er die Kinder. **Syn.:** hauen, ohrfeigen, peitschen, verprügeln. **Zus.:** durchprügeln, niederprügeln, totprügeln.
2. ⟨+ sich⟩ *einen Streit mit Tätlichkeiten austragen:* die Schüler prügeln sich auf dem Schulhof; er prügelte sich mit seinem Freund um das Mädchen. **Syn.:** sich balgen, handgemein werden (veraltend), sich hauen, sich raufen, sich schlagen.

Prunk [prʊŋk], der; -[e]s: *[übertriebene] Reichhaltigkeit in der Ausstattung o. Ä.:* die alte Oper strahlt in neuem Prunk; die Revue war mit unvorstellbarem Prunk ausgestattet. **Syn.:** Aufwand, Glanz, Herrlichkeit, Luxus, Pomp, Pracht, Reichtum.

prun|ken [ˈprʊŋkn̩] ⟨itr.; hat⟩:
1. *etwas Besonderes zeigen, um Bewunderung zu erregen:* sie prunkte mit ihrem kostbaren Schmuck. **Syn.:** angeben, sich brüsten, eine Schau abziehen (ugs.), großtun (abwertend), prahlen, protzen, renommieren (bildungsspr.), sich in Szene setzen, sich wichtigmachen, sich wichtigtun.
2. *durch ein als besonders schön empfundenes Aussehen auffallen und die Aufmerksamkeit auf sich ziehen:* auf dem Tisch prunkte eine kostbare antike Vase. **Syn.:** glänzen, prangen (geh.), strahlen.

prunk|voll [ˈprʊŋkfɔl] ⟨Adj.⟩: *mit viel Prunk, großartiger Ausgestaltung:* ein prunkvoller Saal; ein prunkvoll ausgebautes Schloss. **Syn.:** aufwendig, glanzvoll, herrlich, kostspielig, luxuriös, prächtig, prachtvoll, teuer.

prus|ten [ˈpruːstn̩], prustete, geprustet ⟨itr.; hat⟩: *die Luft mit einem schnaubenden Geräusch ausstoßen:* vor Lachen prusten. **Syn.:** lachen. **Zus.:** herausprusten, losprusten.

Psalm [psalm], der; -[e]s, -en: *(im Alten Testament enthaltenes) religiöses Lied des jüdischen Volkes:* wir lesen aus dem 23. Psalm die Verse 1 bis 6. **Zus.:** Bußpsalm, Dankpsalm, Lobpsalm.

pseu|do-, Pseu|do- [psɔydo] ⟨erster Wortbestandteil⟩ (öfter abwertend): *nur dem Anschein nach, nicht wirklich:* **a)** ⟨adjektivisch⟩ pseudochristlich; pseudodemokratisch; pseudointellektuell; pseudolegal; pseudoreligiös; pseudorevolutionär; pseudowissenschaftlich. **b)** ⟨substantivisch⟩ Pseudochrist; Pseudodemokratie; Pseudodichterin; Pseudowissenschaft.

Pseu|do|nym [psɔydoˈnyːm], das; -s, -e: *Name, den jmd. (besonders ein Autor) anstelle seines richtigen Namens führt:* sie veröffentlichte den Roman unter einem Pseudonym.

pst [pst] ⟨Interjektion⟩: Laut, mit dem man jmdn. auffordert oder ermahnt, nicht zu sprechen, keine Geräusche zu verursachen: pst! Das darf er nicht hören; pst! Sie soll uns nicht hören.

Psy|che [ˈpsyːçə], die; -, -n: *Gesamtheit des menschlichen Fühlens, Empfindens und Denkens; Seele:* die kindliche, menschliche, männliche, weibliche Psyche; das Medikament hat auch Auswirkungen auf die Psyche. **Syn.:** Gemüt, Herz.

Psy|chi|a|ter [psyˈçi̯aːtɐ], der; -s, -, **Psy|chi|a|te|rin** [psyˈçi̯aːtərɪn], die; -, -nen: *Facharzt, Fachärztin für psychische Störungen und Erkrankungen:* er ließ sich von einem bekannten Psychiater behandeln. **Zus.:** Gerichtspsychiater, Gerichtspsychiaterin, Jugendpsychiater, Jugendpsychiaterin, Kinderpsychiater, Kinderpsychiaterin.

psy|chisch [ˈpsyːçɪʃ] ⟨Adj.⟩: *die Psyche betreffend, dadurch bedingt:* unter psychischem Druck stehen; psychisch krank sein; sich psychisch wohlfühlen. **Syn.:** geistig, seelisch.

Psy|cho|lo|ge [psyçoˈloːgə], der; -n, -n, **Psy|cho|lo|gin** [psyçoˈloːgɪn], die; -, -nen: *Person, die auf dem Gebiet der Psychologie wissenschaftlich ausgebildet ist:* die Kinder wurden von einem Psychologen getestet. **Zus.:** Kinderpsychologe, Kinderpsychologin, Schulpsychologe, Schulpsychologin, Werbepsychologe, Werbepsychologin.

Psy|cho|lo|gie [psyçoloˈgiː], die; -: *Wissenschaft von den bewussten und unbewussten seelischen Vorgängen, vom Erleben und Verhalten des Menschen:* Psychologie studieren. **Zus.:** Gruppenpsychologie, Kinderpsychologie, Lernpsychologie, Massenpsychologie, Wahrnehmungspsychologie, Werbepsychologie.

psy|cho|lo|gisch [psyçoˈloːgɪʃ] ⟨Adj.⟩: *die Psychologie betreffend:* die psychologische Literatur; eine psychologische Studie; ein psychologisch geschulter Trainer; ein psychologisch interessantes Phänomen; eine psychologische *(aufgrund der Beschaffenheit der menschlichen Psyche wirksame)* Barriere. **Zus.:** lernpsychologisch, massenpsychologisch.

Psy|cho|se [psyˈçoːzə], die; -, -n: *schwere psychische Störung:* an einer Psychose erkranken, leiden. **Syn.:** Neurose. **Zus.:** Angstpsychose, Massenpsychose.

Pu|ber|tät [pubɛrˈtɛːt], die; -: *zur Geschlechtsreife führende Entwicklungsphase des Jugendlichen:* in der Pubertät sein; allmählich in die Pubertät kommen; während der Pubertät. **Syn.:** Jugend.

Pu|bli|ci|ty [paˈblɪsiti], die; -:
a) *jmds. Bekanntsein oder -werden in der Öffentlichkeit:* er ist nur auf Publicity aus; als Oberbürgermeisterin genießt sie natürlich einige Publicity.
b) *Werbung zur Sicherung eines hohen Bekanntheitsgrades oder um öffentliches Aufsehen zu erregen:* für [die nötige] Publicity sorgen; wegen des Mangels an Publicity war die Ausstellung nur schwach besucht. **Syn.:** Propaganda, Reklame.

pu|blik [pu'bli:k] ⟨Adj.⟩:
in den Wendungen **etwas publik machen:** *etwas allgemein bekannt machen:* eine Tatsache, einen Vorgang, eine Affäre, einen Fall, den Inhalt eines Briefs publik machen; **publik werden:** *allgemein bekannt werden:* das darf auf keinen Fall publik werden; **publik sein:** *allgemein bekannt sein:* damals war die Affäre noch nicht publik.

Pu|bli|ka|ti|on [publika'ts̮i̯o:n], die; -, -en:
a) *Veröffentlichung, Publizierung:* die Publikation der Forschungsergebnisse vorbereiten. **b)** *publiziertes, im Druck erschienenes Werk:* im Anhang findet sich eine vollständige Liste seiner Publikationen.

Pu|bli|kum ['pu:blikʊm], das; -s:
Gesamtheit der als Zuhörer, Besucher an einer Veranstaltung teilnehmenden, der an Kunst, Wissenschaft o. Ä. interessierten Menschen: das literarisch interessierte Publikum; das Publikum applaudierte lange; man hörte Pfiffe aus dem Publikum; das Lokal hat ein sehr gemischtes Publikum *(in dem Lokal verkehren sehr unterschiedliche Leute).* **Syn.:** Besucher ⟨Plural⟩, Besucherinnen ⟨Plural⟩, Teilnehmer ⟨Plural⟩, Teilnehmerinnen ⟨Plural⟩, Zuhörer ⟨Plural⟩, Zuhörerinnen ⟨Plural⟩, Zuschauer ⟨Plural⟩, Zuschauerinnen ⟨Plural⟩. **Zus.:** Fernsehpublikum, Kinopublikum, Millionenpublikum, Opernpublikum, Theaterpublikum.

P
publ

pu|bli|zie|ren [publi'ts̮i:rən] ⟨tr.; hat⟩:
[in gedruckter Form] erscheinen lassen: seinen zweiten Roman hat der Autor bei einem anderen Verlag publiziert; ⟨auch itr.⟩ unter einem Pseudonym publizieren. **Syn.:** abdrucken, bringen, herausbringen, herausgeben, ins Internet stellen, ins Netz stellen (ugs.), [1]verlegen, veröffentlichen.

Pu|bli|zist [publi'ts̮ɪst], der; -en, -en, **Pu|bli|zis|tin** [publi'ts̮ɪstɪn], die; -, -nen:
Person, die das aktuelle [politische] Zeitgeschehen in Zeitungen o. Ä. analysiert und kommentiert: ein bekannter Publizist schrieb über den Staatsbesuch. **Syn.:** Journalist, Journalistin.

Puck [pʊk], der; -s, -s:
(beim Eishockey) Scheibe aus Hartgummi, die mit dem Schläger ins gegnerische Tor zu treiben ist: der Stürmer schob, schoss, beförderte den Puck ins Tor.

Pud|ding ['pʊdɪŋ], der; -s, -e und -s:
aus Milch und einem stärkehaltigen Pulver hergestellte [kalte] Süßspeise, die als Nachtisch gegessen wird: Pudding kochen. **Zus.:** Schokoladenpudding, Vanillepudding.

Pu|del ['pu:dl̩], der; -s, -:
kleinerer Hund mit dichtem, wolligem, gekräuseltem Fell: der Pudel müsste unbedingt geschoren werden! **Zus.:** Kleinpudel, Zwergpudel.

Pu|del|müt|ze ['pu:dl̩mʏts̮ə], die; -, -n:
rund um den Kopf anliegende, über die Ohren zu ziehende Wollmütze: im Winter trug sie eine dicke Pudelmütze.

Pu|der ['pu:dɐ], der; -s, -:
feine pulverförmige Substanz vor allem zu medizinischen oder kosmetischen Zwecken: an Nase und Wangen hatte sie Puder aufgetragen. **Zus.:** Babypuder, Körperpuder, Wundpuder.

pu|dern ['pu:dɐn] ⟨tr.; hat⟩:
mit Puder bestreuen: ein Baby, einem Baby den Popo, die Füße pudern; hast du dir das Gesicht, die Nase gepudert?; ⟨auch + sich⟩ sie pudert sich *(sie pudert sich das Gesicht).* **Zus.:** bepudern, einpudern.

[1]Puff [pʊf], der; -[e]s, Püffe ['pʏfə] (ugs.):
Stoß mit der Faust, mit dem Ellenbogen: ich gab ihm einen Puff in die Seite. **Syn.:** Hieb, Schlag, Schubs (ugs.), Stups (ugs.).

[2]Puff [pʊf], der, auch: das; -s, -s (salopp):
Bordell: in einen Puff gehen.

Puf|fer ['pʊfɐ], der; -s, -:
a) *federnde Vorrichtung an Schienenfahrzeugen, die einen möglichen Aufprall abbremst.* **b)** *[finanzielle] Reserve:* wenn wir das Geld jetzt verbrauchen, haben wir keinen Puffer mehr.

Pulk [pʊlk], der; -[e]s, -s:
größere zusammenstehende oder sich zusammen fortbewegende Anzahl von Menschen, Tieren, Fahrzeugen: ein Pulk von Schaulustigen stand an der Unfallstelle. **Syn.:** Ansammlung, Gruppe, Haufen (ugs.), Horde (emotional abwertend), Menge, Meute (ugs. abwertend), Schar, Trupp.

Pul|li ['pʊli], der; -s, -s (ugs.):
Kurzform von *Pullover.*

Pull|over [pʊ'lo:vɐ], der; -s, -:
gestricktes oder gewirktes Kleidungsstück (das den Oberkörper bedeckt): einen warmen Pullover mit Norwegermuster stricken. **Syn.:** Pulli (ugs.). **Zus.:** Baumwollpullover, Damenpullover, Herrenpullover, Rollkragenpullover, Skipullover, Wollpullover.

Puls [pʊls], der; -es, -e:
rhythmisches Anschlagen der durch den Herzschlag weitergeleiteten Blutwelle an die Wand der Ader, das besonders stark hinter dem Gelenk der Hand fühlbar ist: den Puls messen, zählen.

Puls|ader ['pʊls|a:dɐ], die; -, -n:
Schlagader [am Handgelenk]: sie hat sich die Pulsadern aufgeschnitten.

pul|sie|ren [pʊl'zi:rən] ⟨itr.; hat⟩:
lebhaft fließen, strömen: das Blut pulsiert in den Adern; in den Straßen der Stadt pulsiert der Verkehr. **Syn.:** branden (geh.), fließen.

Pult [pʊlt], das; -[e]s, -e:
1. *schmales, hohes Gestell mit schräg liegender Platte zum Lesen, Schreiben o. Ä.:* der Redner trat an das Pult. **Syn.:** Kanzel, Katheder. **Zus.:** Dirigentenpult, Rednerpult, Schreibpult, Stehpult.
2. (schweiz.) *Schreibtisch.*

Pul|ver ['pʊlfɐ], das; -s, -:
a) *so fein wie Staub oder Sand zermahlener Stoff:* Kaffee in Form von Pulver. **Syn.:** Mehl, Puder, Staub. **Zus.:** Juckpulver, Kaffeepulver, Kakaopulver, Milchpulver, Mottenpulver, Niespulver, Puddingpulver, Scheuerpulver, Waschpulver.
b) *explosive Mischung von ver-*

schiedenen Stoffen zum Schießen. **Zus.:** Schießpulver.

Pul|ver|schnee ['pʊlfɐʃne:], der; -s: *lockerer, feinkörniger Schnee:* es macht Spaß, mit Skiern durch den Pulverschnee zu fahren.

pum|me|lig ['pʊməlɪç] ⟨Adj.⟩: *(besonders von weiblichen Personen und Kindern) ein wenig dick und nicht sehr groß:* sie ist nicht gerade dick, aber ein bisschen pummelig ist sie schon. **Syn.:** beleibt, drall, feist, füllig, kompakt (ugs.), korpulent, mollig, stämmig, üppig (ugs.), vollschlank.

Pum|pe ['pʊmpə], die; -, -n: *Gerät oder Maschine zum An- oder Absaugen und Befördern von Flüssigkeiten oder Gasen:* eine elektrische Pumpe. **Zus.:** Benzinpumpe, Fahrradpumpe, Luftpumpe, Wasserpumpe.

pum|pen ['pʊmpn̩]:
1. ⟨tr.; hat⟩ *mit einer Pumpe an-, absaugen [und irgendwohin befördern]:* das Wasser aus dem Keller, in den Tank pumpen; ⟨auch itr.⟩ die Maschine pumpt zu langsam.
2. ⟨itr.; hat⟩ (ugs.) *jmdm. leihen* (2): kannst du [dir] das Geld nicht [irgendwo, von deinen Eltern] pumpen? **Syn.:** borgen. **Zus.:** ausleihen.
3. ⟨tr.; hat⟩ (ugs.) *sich von jmdm. etwas leihen* (1): ich kann dir was, das Geld pumpen, wenn du willst. **Syn.:** borgen. **Zus.:** ausleihen.

Pum|per|ni|ckel ['pʊmpɐnɪkl̩], der; -s, -: *schwarzbraunes, rindenloses, süßlich und würzig schmeckendes Brot aus Roggenschrot:* sie aß eine mit Käse belegte Scheibe Pumpernickel.

Pumps [pœmps], der; -, -: *über dem Spann ausgeschnittener Damenschuh mit höherem Absatz:* sie zog ihre neuen Pumps an. **Syn.:** Schuh.

Punk [paŋk], der; -[s], -s:
1. *Jugendlicher mit bewusst auffallendem Äußeren (zum Beispiel bunt gefärbten Haaren oder zerrissener Kleidung) und oft provozierendem Verhalten:* ein paar Punks standen auf dem Marktplatz und tranken Bier.
2. *Richtung in der Rockmusik, die durch einfache Harmonik, harte Akkorde, hektisch-aggressive Spielweise u. meist zynisch-resignative Texte gekennzeichnet ist:* ich mag Punk.

Pun|ker ['paŋkɐ], der; -s, -, **Pun|ke|rin** [paŋkərɪn], die; -, -nen: *Punk* (1): in den 80er-Jahren gab es ziemlich viele Punker.

Punkt [pʊŋkt], der; -[e]s, -e:
1. a) *[sehr] kleiner runder Fleck:* ein weißer Stoff mit blauen Punkten. **b)** *Zeichen in Form eines Punkts* (1 a): den Punkt auf das i setzen; den Satz mit einem Punkt abschließen. **Zus.:** Abkürzungspunkt, Doppelpunkt, i-Punkt, Strichpunkt.
2. *Stelle, geografischer Ort:* die Straßen laufen in einem Punkt zusammen; der höchste Punkt Deutschlands liegt in Bayern. **Zus.:** Eckpunkt, Elfmeterpunkt, Endpunkt, Haltepunkt, Mittelpunkt, Schnittpunkt, Treffpunkt.
3. ⟨ohne Plural⟩ in Verbindung mit einer Uhrzeitangabe; *genau [um]:* er ist [um] Punkt drei gekommen; das Spiel beginnt [um] Punkt 15 Uhr.
4. *Gegenstand der geistigen Beschäftigung oder Auseinandersetzung innerhalb eines größeren Themenkomplexes:* auf diesen Punkt werden wir noch zu sprechen kommen; Punkt drei der Tagesordnung. **Syn.:** Angelegenheit, Frage, Problem, Sache, Thema. **Zus.:** Beratungspunkt, Hauptpunkt, Kernpunkt, Streitpunkt, Verhandlungspunkt.
5. *Einheit zur Bewertung bestimmter Wettkämpfe:* der Athlet erreichte bei diesem Wettkampf 20 Punkte; Punkte sammeln. **Zus.:** Minuspunkt, Pluspunkt, Strafpunkt, Wertungspunkt.

punk|tie|ren [pʊŋk'ti:rən] ⟨tr.; hat⟩:
1. (Med.) *mittels einer hohlen Nadel (aus einer Körperhöhle oder einem Organ) Flüssigkeit entnehmen:* der Patient wurde am Knie punktiert; die Leber ist punktiert worden.
2. *durch Punkte darstellen; mit Punkten versehen, ausfüllen:* eine Linie punktieren; eine punktierte Fläche.

pünkt|lich ['pʏŋktlɪç] ⟨Adj.⟩: *den Zeitpunkt genau einhaltend:* er ist immer pünktlich; wir kamen pünktlich an. **Syn.:** auf die Minute, mit dem Glockenschlag, rechtzeitig.

punk|tu|ell [pʊŋk'tu̯ɛl] ⟨Adj.⟩: *auf einen oder mehrere bestimmte Punkte bezogen, einen oder mehrere bestimmte Punkte betreffend:* die Opposition ist zu einer punktuellen Zusammenarbeit mit der Regierung durchaus bereit; etwas punktuell reformieren, verbessern; jmdn. punktuell unterstützen.

Punsch [pʊnʃ], der; -[e]s, -e: *heiß genossenes Getränk aus Rum oder Arrak, Zucker, Zitrone und Tee oder Wasser:* an Silvester haben wir einen Punsch getrunken. **Syn.:** Glühwein. **Zus.:** Eierpunsch.

Pu|pil|le [pu'pɪlə], die; -, -n: *als schwarzer Punkt erscheinende Öffnung im Auge, durch die das Licht eindringt:* vor Schreck bekam sie weite Pupillen.

Pup|pe ['pʊpə], die; -, -n:
1. *verkleinerte Nachbildung besonders eines weiblichen Kindes (als Kinderspielzeug):* mit Puppen spielen; eine Puppe mit richtigen Haaren. **Syn.:** Marionette. **Zus.:** Anziehpuppe, Babypuppe, Gliederpuppe, Holzpuppe, Schlafpuppe, Sprechpuppe, Stoffpuppe, Trachtenpuppe.
2. (Zool.) *Insektenlarve, die in einer Hülle ruht, aus der sie nach einiger Zeit als voll entwickeltes Insekt ausschlüpft:* die Puppe eines Schmetterlings. **Syn.:** Larve.

pur [pu:ɐ̯] ⟨Adj.⟩:
a) *rein, unvermischt:* eine Schale aus purem Gold. **Syn.:** [2]schier, unverfälscht. **b)** *(meist von alkoholischen Getränken) unvermischt:* den Rum, den Apfelsaft pur trinken; zwei Whisky pur, bitte!

Pü|ree [py're:], das; -s, -s: *Speise aus gekochtem Gemüse, gekochten Kartoffeln oder Hülsenfrüchten, die zerdrückt oder durch ein Sieb gestrichen werden:* ein feines Püree aus gekochten Kartoffeln, Erbsen zubereiten. **Syn.:** Brei, Grütze,

Mus. **Zus.:** Erbsenpüree, Kartoffelpüree, Tomatenpüree.

pü|rie|ren [py'ri:rən] ‹tr; hat›: *zu Püree machen:* die Erdbeeren, die gekochten Kartoffeln, Möhren werden püriert.

Pur|pur ['pʊrpʊr], der; -s: **a)** *Farbstoff von intensiv roter Farbe:* mit Purpur färben. **Syn.:** Rot. **b)** *mit Purpur* (a) *gefärbter Stoff:* sich in Purpur kleiden.

pur|zeln ['pʊrts̮l̩n] ‹itr.; ist› (fam.): *[stolpernd, sich überschlagend] fallen:* die Kinder purzelten in den Schnee; der Junge war vom Stuhl gepurzelt. **Syn.:** fallen, fliegen (ugs.), plumpsen (ugs.), stürzen. **Zus.:** herabpurzeln, herauspurzeln, herunterpurzeln, hinabpurzeln, hinauspurzeln, hinunterpurzeln.

Pus|te ['pu:stə], die; - (ugs.): *(für eine körperliche Leistung, Anstrengung nötige) Atemluft:* keine Puste mehr haben; schon nach der ersten Runde ging ihm die Puste aus; aus der, außer Puste sein. **Syn.:** Atem.

Pus|tel ['pʊstl̩], die; -, -n: *kleine Blase [mit Eiter] auf der Haut:* sie hatte Pusteln im Gesicht. **Syn.:** Pickel.

pus|ten ['pu:stn̩]:
1. ‹tr.; hat› *Atemluft irgendwohin blasen:* den Staub von den Büchern pusten; jmdm. Zigarettenrauch ins Gesicht pusten; ‹auch itr.› jmdm. ins Gesicht pusten. **Syn.:** blasen.
2. ‹itr.; hat› *schwer atmen:* er musste sehr pusten, weil er schnell gelaufen war. **Syn.:** schnaufen.

Pu|te ['pu:tə], die; -, -n: *Truthenne:* eine Pute braten.

Pu|ter ['pu:tɐ], der; -s, -: *Truthahn:* einen Puter mit Trüffeln füllen.

Putsch [pʊtʃ], der; -[e]s, -e: *illegale [gewaltsame] Aktion einer Gruppe [von Militärs] mit dem Ziel, die Regierung zu stürzen und die Macht an sich zu reißen:* der Diktator ist durch einen Putsch an die Macht gekommen. **Syn.:** Revolution, Staatsstreich, Umsturz. **Zus.:** Militärputsch.

put|schen ['pʊtʃn̩] ‹itr.; hat›: *einen Putsch machen:* die Armee hat gegen das Regime geputscht.

Putz [pʊts], der; -es: *Gemisch aus Sand, Wasser und Bindemitteln, mit dem insbesondere Außenwände verputzt werden:* der Putz bröckelt von den Wänden. **Syn.:** Verputz.

put|zen ['pʊtsn̩] ‹tr.; hat›:
1. *Schmutz von, aus etwas entfernen:* die Schuhe, die Wohnung putzen; ‹auch itr.› im Bad habe ich noch nicht geputzt; putzen gehen *(gegen Entgelt für andere putzen).* **Syn.:** abputzen, abreiben, abschütteln, abspülen, abstauben, abwaschen, abwischen, aufwischen, ausbürsten, ausklopfen, ausspülen, auswaschen, auswischen, bürsten, fegen (bes. nordd.), kehren (bes. südd.), polieren, rein machen, reinigen, sauber machen, säubern, ²saugen, scheuern, schrubben (ugs.), spülen, staubsaugen, waschen, wischen. **Zus.:** abputzen, wegputzen.
2. (österr.) *chemisch reinigen:* den Anzug putzen lassen.

Putz|frau ['pʊtsfrau̯], die; -, -en: *Frau, die gegen Entgelt für andere putzt:* als Putzfrau arbeiten.

put|zig ['pʊtsɪç] ‹Adj.›: *durch sein Aussehen, sein Verhalten belustigte Heiterkeit auslösend, hervorrufend:* ein putziges Eichhörnchen. **Syn.:** drollig, lustig, neckisch, niedlich, possierlich, ulkig (ugs.), witzig.

Putz|mann ['pʊtsman], der; -[e]s, Putzmänner ['pʊtsmɛnɐ]: *Mann, der gegen Entgelt für andere putzt:* unser Putzmann ist krank.

Putz|mit|tel ['pʊtsmɪtl̩], das; -s, -: *beim Putzen verwendetes Reinigungsmittel:* ein scharfes Putzmittel benutzen.

Puz|zle|spiel ['pazl̩ʃpi:l], das; -[e]s, -e: *Spiel, das aus vielen kleinen, unregelmäßig geformten Teilen besteht, die zu einem Bild zusammengesetzt werden müssen:* ein Puzzlespiel erfordert viel Geduld.

Py|ja|ma [py'dʒa:ma], der; -s, -s: *Schlafanzug:* sie war zu müde, sich einen Pyjama anzuziehen.

Py|ra|mi|de [pyra'mi:də], die; -, -n:
a) *geometrischer Körper mit einem ebenen Vieleck als Grundfläche und gleichschenkligen, oben in einem Punkt zusammenlaufenden Dreiecken als Seitenflächen:* das Volumen einer Pyramide berechnen.
b) *monumentaler Grabbau in Form einer regelmäßigen Pyramide* (a), *besonders in der altägyptischen Kultur:* die Pyramiden in Ägypten besichtigen.

Q*q*

Qua|der ['kva:dɐ], der; -s, -, österr.: -n: *von sechs Rechtecken begrenzter geometrischer Körper:* das Volumen eines Quaders berechnen. **Zus.:** Betonquader, Eisquader, Glasquader, Granitquader, Holzquader, Marmorquader, Plastikquader, Stahlquader, Steinquader, Styroporquader.

Qua|drat [kva'dra:t], das; -[e]s, -e: *Rechteck mit vier gleich langen Seiten:* ein Quadrat zeichnen; die Grundfläche des Turms ist ein Quadrat. **Syn.:** Karo, Viereck. **Zus.:** Planquadrat.

qua|dra|tisch [kva'dra:tɪʃ] ‹Adj.›: *die Form eines Quadrats aufweisend:* die Küche hat einen quadratischen Grundriss.

Qua|drat|me|ter [kva'dra:tme:tɐ], der, auch: das; -s, -: Einheit der Fläche: die Wohnung hat 100 Quadratmeter [Wohnfläche]; der Bodenbelag kostet 6 Euro pro Quadratmeter.

qua|ken ['kva:kn̩] ‹itr.; hat›: *(von Fröschen und Enten) einen Laut von sich geben, der so ähnlich wie »quak« klingt:* im Teich quakten die Frösche.

quä|ken ['kvɛ:kn̩] ‹itr.; hat›: *jammernde, weinerliche Laute von sich geben:* das Kind quäkt den ganzen Tag. **Syn.:** jammern, quengeln, weinen.

Qual [kva:l], die; -, -en:
länger andauernde, [nahezu] unerträgliche Empfindung des Leidens: große, unsagbare, seelische Qualen; die Qualen der Angst, Sorge, Ungewissheit; große Qualen leiden; jmdm. Qualen, Qual bereiten, zufügen; jmds. Qualen, Qual lindern, mildern; sie wurde von ihren Qualen erlöst; die Arbeit in dieser Hitze wurde für uns zur Qual; unter Qualen sterben. **Syn.:** Leid, Marter (geh.), Pein (geh.), Schmerz, Tortur. **Zus.:** Gewissensqual.

quä|len [ˈkvɛ:lən]:
1. ⟨tr.; hat⟩ *Qualen zufügen:* ein Tier quälen. **Syn.:** foltern, martern, misshandeln, peinigen (geh.), piesacken (ugs.), plagen, schikanieren.
2. ⟨+ sich⟩ *sich mit etwas unter so großen Anstrengungen beschäftigen, dass es schon fast zur Qual wird:* der Schüler quälte sich mit dieser Aufgabe. **Syn.:** sich abmühen, sich abquälen, sich aufreiben, sich herumschlagen, sich plagen, sich schinden (ugs.). **Zus.:** abquälen, herumquälen.

Qua|li|fi|ka|ti|on [kvalifikaˈt͜si̯o:n], die; -, -en:
1. *durch Ausbildung, Erfahrung erworbene Befähigung zu einer bestimmten [beruflichen] Tätigkeit:* für diesen Posten fehlt ihm die nötige Qualifikation. **Syn.:** Eignung.
2. a) *Berechtigung zur Teilnahme an einem sportlichen Wettkampf aufgrund einer vorausgegangenen sportlichen Leistung o. Ä.:* die beiden Boxer kämpften um die Qualifikation für das Finale. **b)** *Wettkampf, bei dem es um die Teilnahme am eigentlichen Wettbewerb geht:* er ist in der Qualifikation ausgeschieden. **Zus.:** Olympiaqualifikation, Weltmeisterschaftsqualifikation.

qua|li|fi|zie|ren [kvalifiˈt͜si:rən] ⟨+ sich⟩:
eine bestimmte Qualifikation erwerben; Qualifikation (1) *vorweisen:* sie hat sich für die Teilnahme an der Olympiade qualifiziert; qualifizierte *(fähige, geeignete)* Mitarbeiter. **Zus.:** weiterqualifizieren.

Qua|li|fi|zie|rung [kvalifiˈt͜si:rʊŋ], die; -, -en:
das Sichqualifizieren: nach der Lehre will sie zur weiteren Qualifizierung eine Berufsakademie besuchen. **Syn.:** Ausbildung, Schulung.

Qua|li|tät [kvaliˈtɛ:t], die; -, -en:
a) *[positiv bewertete] Beschaffenheit:* ein Stoff von bester, schlechter Qualität; er achtet auf Qualität; wir wollen die Qualität unserer Produkte immer weiter verbessern. **Syn.:** Güte, Niveau. **Zus.:** Klangqualität, Lebensqualität, Spitzenqualität, Trinkwasserqualität.
b) *bestimmte positiv bewertete Eigenschaft einer Person:* ein Mann mit künstlerischen, menschlichen Qualitäten.

qua|li|ta|tiv [kvalitaˈti:f] ⟨Adj.⟩:
der Beschaffenheit (als Gegensatz zur Menge) nach: dieses Lexikon ist zwar nicht ganz so umfangreich, bietet dafür aber qualitativ mehr; in qualitativer Hinsicht wurden die Erwartungen übertroffen; ein qualitativ hochwertiges Produkt.

Qual|le [ˈkvalə], die; -, -n:
aus einer gallertartigen Substanz bestehendes, schirmförmiges Tier, das im Meer lebt und Fangarme hat: in diesem Sommer wurden viele Quallen an den Strand gespült.

Qualm [kvalm], der; -[e]s:
in dicken Wolken aufsteigender Rauch: beißender, schwarzer Qualm; die alte Dampflok macht viel Qualm.

qual|men [ˈkvalmən]:
1. ⟨itr.; hat⟩ *Qualm entwickeln, erzeugen:* der Ofen qualmt. **Syn.:** rauchen.
2. ⟨tr.; hat⟩ (ugs., meist abwertend) *rauchen* (1): er qualmt zwanzig Zigaretten am Tag; ⟨auch itr.⟩ ich hab früher auch gequalmt. **Syn.:** paffen (ugs.), rauchen.

qual|voll [ˈkva:lfɔl] ⟨Adj.⟩:
a) *mit großen Qualen verbunden:* ein langsamer, qualvoller Tod; elend und qualvoll zugrunde gehen. **Syn.:** schmerzhaft. **b)** *mit quälender Angst, Ungewissheit, Unruhe o. Ä. einhergehend:* qualvolles Warten; er verbrachte qualvolle Stunden an ihrem Krankenbett. **Syn.:** quälend.

Quänt|chen [ˈkvɛntçən], das; -s, -:
geringe Menge von etwas: noch ein Quäntchen Butter, Salz hinzufügen; mit einem kleinen Quäntchen Glück gewinnst du das Spiel!

Quan|ti|tät [kvantiˈtɛ:t], die; -, -en:
Menge, Anzahl: es kommt weniger auf die Quantität als vielmehr auf die Qualität an. **Syn.:** Masse.

quan|ti|ta|tiv [kvantitaˈti:f] ⟨Adj.⟩:
der Menge, der Anzahl nach: zwischen den Produktionen der beiden Verlage besteht nur ein quantitativer, kein qualitativer Unterschied.

Quan|tum [ˈkvantʊm], das; -s, Quanten [ˈkvantn̩]:
bestimmte [jmdm., einer Sache zukommende] Menge: er hat sein Quantum bekommen; das tägliche Quantum Kaffee. **Syn.:** Dosis, Menge, Portion.

Qua|ran|tä|ne [karanˈtɛ:nə], die; -, -n:
vorübergehende Isolierung von Personen, Tieren, die von einer ansteckenden Krankheit befallen sind oder bei denen Verdacht darauf besteht (als Schutzmaßnahme gegen eine Verbreitung der Krankheit): über jmdn., einen Ort, ein Schiff Quarantäne verhängen; die Quarantäne aufheben; in Quarantäne kommen, müssen; jmdn., etwas unter [eine vierwöchige] Quarantäne stellen; unter Quarantäne stehen.

[1]Quark [kvark], der; -s:
1. *aus saurer Milch hergestelltes, weißes, breiiges Nahrungsmittel:* zu Mittag gibt es Pellkartoffeln und Quark. **Syn.:** Topfen (österr.), weißer Käse (landsch.). **Zus.:** Kräuterquark, Magerquark, Sahnequark, Speisequark.
2. (ugs.) *Äußerung, Handlung o. Ä., die als dumm, falsch, läppisch oder wertlos angesehen wird:* red nicht solchen Quark!; der Film war [ein] absoluter Quark. **Syn.:** Blech (ugs. abwertend), Blödsinn (ugs. abwertend), dummes Zeug, kalter Kaffee (salopp), Kohl (ugs. abwertend), Krampf (ugs.), Quatsch (ugs.), Schwachsinn (ugs. abwertend), Stuss (ugs. abwertend), Unfug, Unsinn.

[2]Quark [kwɔ:k], das; -s, -s (Physik):
fundamentales Elementarteilchen: nach heutigen Vorstellun-

gen sind Quarks die fundamentalen Bausteine der Materie.

Quar|tal [kvar'ta:l], das; -s, -e: *Viertel eines Kalenderjahres:* im dritten, letzten Quartal erlebte die Firma einen Aufschwung. **Syn.:** Vierteljahr.

Quar|tett [kvar'tɛt], das; -[e]s, -e: **1. a)** *Musikstück für vier Stimmen oder vier Instrumente:* sie spielten ein Quartett von Schubert. **Zus.:** Klavierquartett, Streichquartett. **b)** *Gruppe von vier Sängern oder Musikern:* er spielt in einem Quartett. **Zus.:** Bläserquartett, Streichquartett. **2.** *Kartenspiel, besonders für Kinder, bei dem jeweils vier zusammengehörende Karten abgelegt werden, nachdem man die fehlenden durch Fragen von den Mitspielern erhalten hat:* Quartett spielen.

Quar|tier [kvar'ti:ɐ̯], das; -s, -e: *Räumlichkeit, in der jmd. vorübergehend (z. B. auf einer Reise) wohnt:* ein Quartier [für eine Nacht] suchen; ein neues Quartier beziehen; bei jmdm. Quartier nehmen. **Syn.:** Bleibe, Obdach (veraltend), Unterkunft, Unterschlupf. **Zus.:** Elendsquartier, Massenquartier, Nachtquartier, Notquartier, Privatquartier.

Quarz [kva:ɐ̯ts], der; -es, -e: *kristallisiertes, Gesteine bildendes, sehr häufig und in vielen Abarten vorkommendes Mineral:* Quarz ist das Grundelement von Sand. **Zus.:** Rauchquarz, Rosenquarz.

Q
Quar

qua|si ['kva:zi] ⟨Adverb⟩: *gleichsam, sozusagen:* wenn auch nicht ausdrücklich, so hat sie es mir doch quasi versprochen. **Syn.:** gewissermaßen, nahezu, praktisch (ugs.), so gut wie.

qua|si-, Qua|si- [kva:zi] ⟨Präfixoid⟩: *fast wie; in der Art und Weise wie das im Basiswort Genannte; annähernd; nahezu:*
1. ⟨adjektivisch⟩ quasifamiliär; quasimilitärisch; quasireligiös. **Syn.:** halb-, para-, pseudo- (öfter abwertend), schein-, semi-.
2. ⟨substantivisch⟩ Quasiausbildung; Quasiunabhängigkeit. **Syn.:** Pseudo-.

quas|seln ['kvasl̩n] ⟨itr.; hat⟩ (ugs.): *(in einer störenden Weise) schnell, viel reden, erzählen (ohne ein Ende zu finden):* sie quasselt ständig während des Unterrichts; hör doch endlich mal auf zu quasseln! **Syn.:** quatschen (ugs. abwertend), schnattern (ugs.), schwatzen, schwätzen (bes. südd.).

Quas|te ['kvastə], die; -, -n: *große Anzahl gleich langer Fäden oder Schnüre, die an einem Ende zusammengefasst sind und an einer Schnur hängen:* ein Vorhang mit Quasten.

Quatsch [kvatʃ], der; -[e]s (ugs.): *Äußerung, Handlung o. Ä., die als dumm, falsch, läppisch oder wertlos angesehen wird:* in dem Artikel steht nur Quatsch; red, mach keinen Quatsch; lass den Quatsch und hilf mir lieber! **Syn.:** Blech (ugs. abwertend), Blödsinn, dummes Zeug, kalter Kaffee (salopp), Kohl (ugs. abwertend), Krampf (ugs.), Quark (ugs.), Schwachsinn (ugs. abwertend), Stuss (ugs. abwertend), Unfug, Unsinn.

quat|schen ['kvatʃn̩] ⟨itr.; hat⟩ (ugs.):
a) (abwertend) *(in einer störenden Weise) [viel] reden:* musst du im Unterricht ständig quatschen?; er quatscht nur dummes Zeug; quatsch nicht so viel! **Syn.:** quasseln (ugs.), schwatzen, schwätzen (bes. südd.). **Zus.:** anquatschen, dazwischenquatschen. **b)** *sich unterhalten:* wir haben die ganze Nacht nur miteinander gequatscht. **Syn.:** klönen (nordd. ugs.), reden, schwatzen, schwätzen (bes. südd.).

Quatsch|kopf ['kvatʃkɔpf], der; -[e]s, Quatschköpfe ['kvatʃkœpfə] (ugs.): *Person, die dazu neigt, zu viel zu reden, Unsinn zu reden:* du bist doch ein alter Quatschkopf! **Syn.:** Schwätzer (abwertend), Schwätzerin (abwertend).

Queck|sil|ber ['kvɛkzɪlbɐ], das; -s: *silbrig glänzendes, bei Zimmertemperatur zähflüssiges Schwermetall:* das Thermometer zerbrach und das Quecksilber lief aus; das Quecksilber kletterte auf 35 Grad *(die Temperatur stieg auf 35 Grad an).*

Quel|le ['kvɛlə], die; -, -n:
1. *aus der Erde tretendes Wasser, das den Anfang eines Baches oder Flusses bildet:* sich an einer Quelle erfrischen; eine heiße Quelle. **Zus.:** Flussquelle, Heilquelle, Mineralquelle, Nilquelle, Schwefelquelle, Sol[e]quelle, Thermalquelle.
2. *etwas, wovon etwas seinen Ausgang nimmt, wodurch etwas entsteht:* die Quelle dieser Kunst liegt in der Antike; er bezieht seine Nachrichten aus geheimen Quellen. **Syn.:** Ausgangspunkt, Ursprung. **Zus.:** Bezugsquelle, Energiequelle, Fehlerquelle, Gefahrenquelle, Geldquelle, Informationsquelle, Lärmquelle, Lichtquelle, Nahrungsquelle, Rohstoffquelle, Stromquelle, Wärmequelle.

[1]quel|len ['kvɛlən], quillt, quoll, gequollen ⟨itr.; ist⟩:
1. *[mit Druck] hervordringen:* schwarzer Rauch quillt aus dem Kamin; aus ihren Augen quollen Tränen. **Syn.:** fließen. **Zus.:** herausquellen, hervorquellen.
2. *sich durch Aufnahme von Feuchtigkeit von innen heraus ausdehnen:* die Bohnen in Wasser legen und über Nacht quellen lassen. **Syn.:** anschwellen. **Zus.:** aufquellen.

[2]quel|len ['kvɛlən] ⟨tr.; hat⟩: *[1]quellen (2) lassen:* die Bohnen werden vor dem Kochen gequellt.

quen|geln ['kvɛŋl̩n] ⟨itr.; hat⟩ (ugs.):
1. a) *(von Kindern) leise und kläglich vor sich hin weinen:* der Kleine ist müde und quengelt nur noch. **Syn.:** jammern, quäken. **b)** *(von Kindern) jmdn. [weinerlich] immer wieder mit kleinen Wünschen, Klagen ungeduldig zu etwas drängen:* dass ihr immer quengeln müsst! **Syn.:** betteln, drängeln.
2. *in griesgrämig-kleinlicher Weise etwas zu bemängeln, einzuwenden haben:* er quengelte den ganzen Tag über das schlechte Wetter. **Syn.:** meckern (ugs. abwertend), nörgeln.

quer [kve:ɐ̯] ⟨Adverb⟩:
1. *im rechten Winkel zu einer als Länge angenommenen Linie* /Ggs. längs/: den Tisch quer stellen; der Wagen steht quer auf der, zur Fahrbahn; ein Baum lag quer auf der Straße.
2. in Verbindung mit den Präpositionen »durch«, »über« *(in*

Bezug auf eine Richtung) [schräg] von einer Seite zur anderen, von einem Ende zum anderen: er lief quer über die Straße, quer durch den Garten; wir sind quer durch das ganze Land gefahren. **Syn.:** diagonal, schräg.

Que|re|le [kveˈreːlə], die; -, -n: *auf gegensätzlichen Interessen, Auffassungen o. Ä. beruhende [kleinere] Streiterei:* der Bau der neuen Autobahn war ein ständiger Anlass für Querelen; es kam zu monatelangen Querelen um den Posten des Bürgermeisters. **Syn.:** Auseinandersetzung, Gezänk, Meinungsverschiedenheit, Reiberei, Streitigkeit, Unstimmigkeit, Zank.

quer|schie|ßen [ˈkveːɐ̯ʃiːsn̩], schoss quer, quergeschossen ⟨itr.; hat⟩ (ugs.): *Pläne oder Handlungen anderer stören:* es braucht nur einer querzuschießen, und schon wird der Vertrag nicht zustande kommen. **Syn.:** behindern, dazwischenfunken (ugs.).

Quer|schnitt [ˈkveːɐ̯ʃnɪt], der; -[e]s, -e:
1. a) *Schnitt senkrecht zu der längs verlaufenden Achse eines Körpers:* einen Querschnitt durch einen Stängel machen. **b)** *Darstellung der bei einem Querschnitt* (1 a) *entstehenden Schnittfläche:* den Querschnitt eines Regenwurms zeichnen.
2. *Zusammenstellung von charakteristischen Dingen, Ereignissen eines größeren Bereiches:* ein Querschnitt durch die Literatur des Barock, durch die Musik der Klassik; die Befragten bilden einen repräsentativen Querschnitt der Jungwähler. **Syn.:** Auswahl, Auszug.

Quer|stra|ße [ˈkveːɐ̯ʃtraːsə], die; -, -n: *Straße, die eine andere [breitere] Straße kreuzt oder von dieser abgeht:* die Post befindet sich in der nächsten Querstraße links. **Syn.:** Nebenstraße, Seitenstraße.

Que|ru|lant [kveruˈlant], der; -en, -en, **Que|ru|lan|tin** [kveruˈlantɪn], die; -, -nen: *Person, die an allem etwas auszusetzen hat, sich wegen jeder Kleinigkeit beschwert und dabei hartnäckig auf ihr [vermeintliches] Recht pocht:* man kann sein Anliegen nicht ernst nehmen, er ist ein Querulant; sie ist allgemein als Querulantin bekannt. **Syn.:** Nörgler, Nörglerin.

quet|schen [ˈkvɛt͜ʃn̩]:
1. ⟨tr.; hat⟩ **a)** *unter Anwendung von Kraft oder Gewalt gegen etwas pressen:* jmdn. an/gegen die Mauer quetschen; die Nase gegen die Fensterscheibe quetschen. **Syn.:** drücken, klemmen, zwängen. **b)** *dort, wo kaum noch Platz ist, mit Mühe unterbringen:* den Bademantel noch mit in den Koffer quetschen. **Syn.:** zwängen. **Zus.:** dazwischenquetschen, hineinquetschen.
2. ⟨tr.; hat⟩ *durch Druck verletzen:* bei dem Unfall wurde sein Arm gequetscht; ich habe mich gequetscht; ich quetschte mir die Finger. **Syn.:** klemmen.
3. ⟨+ sich⟩ *sich in/durch eine Menge o. Ä. schiebend, drängend irgendwohin bewegen:* er quetschte sich in die volle Straßenbahn; der dicke Mann hat sich hinter das Steuer seines Autos gequetscht. **Syn.:** drängen, zwängen. **Zus.:** hineinquetschen.

quie|ken [ˈkviːkn̩] ⟨itr.; hat⟩: *helle, schrille Laute von sich geben:* die jungen Schweine quieken; die Mädchen quiekten vor Vergnügen. **Syn.:** quietschen.

quiet|schen [ˈkviːt͜ʃn̩] ⟨itr.; hat⟩:
1. *(durch Reibung) einen hohen, schrillen, lang gezogenen Ton von sich geben:* die Bremsen quietschen; die Tür quietscht, sie muss geölt werden.
2. (ugs.) *als Ausdruck einer bestimmten Gemütsbewegung helle, schrille Laute ausstoßen:* die Kinder quietschten vor Vergnügen. **Syn.:** quieken.

Quin|tett [kvɪnˈtɛt], das; -[e]s, -e: **a)** *Musikstück für fünf Stimmen oder fünf Instrumente:* sie spielten ein Quintett von Schubert. **Zus.:** Klarinettenquintett, Streichquintett. **b)** *Gruppe von fünf Sängern oder Musikern:* das Quintett spielte Werke von Schubert. **Zus.:** Klarinettenquintett, Streichquintett.

Quirl [kvɪrl], der; -[e]s, -e: *aus einer kleineren, sternförmig gekerbten Halbkugel mit längerem Stiel bestehendes Küchengerät [aus Holz], das zum Verrühren von Flüssigkeiten [mit pulverartigen Stoffen] dient:* Eier, Milch und Mehl mit dem Quirl verrühren.

quir|len [ˈkvɪrlən] ⟨tr.; hat⟩: *mit dem Quirl verrühren:* Eigelb und/mit Zucker schaumig quirlen. **Syn.:** rühren. **Zus.:** verquirlen.

quitt [kvɪt]: in der Wendung **[mit jmdm.] quitt sein** (ugs.): *(in Bezug auf Pflichten, Verbindlichkeiten u. a.) einen Ausgleich erreicht haben:* hier ist das Geld, das du verlangst, jetzt sind wir quitt.

Quit|te [ˈkvɪtə], die; -, -n:
1. *rötlich weiß blühender Obstbaum, dessen grünlich bis hellgelbe, apfel- oder birnenförmige, aromatische, roh nicht essbare Früchte zu Gelee, Saft o. Ä. verarbeitet werden:* im Garten meiner Großmutter stand eine Quitte.
2. *Frucht der Quitte* (1): die Quitten sollte man ernten, kurz bevor sie reif sind.

quit|tie|ren [kvɪˈtiːrən] ⟨tr.; hat⟩:
1. *durch Unterschrift bestätigen, dass man etwas Bestimmtes erhalten hat:* [jmdm.] den Empfang des Geldes quittieren; ⟨auch itr.⟩ auf der Rückseite [der Rechnung] quittieren; sie quittierte über [einen Betrag von] hundert Euro. **Syn.:** bescheinigen, unterschreiben, unterzeichnen.
2. *auf ein Verhalten, Geschehen o. Ä. in einer bestimmten Weise reagieren:* eine Kritik mit einem Achselzucken quittieren; einige Bemerkungen wurden mit Applaus quittiert. **Syn.:** beantworten.

Quit|tung [ˈkvɪtʊŋ], die; -, -en:
1. *Bescheinigung, mit der etwas quittiert* (1) *wird:* sie gab ihm für/über den eingezahlten Betrag eine Quittung; jmdm. eine Quittung über tausend Euro ausstellen. **Syn.:** Beleg, Bon, Kassenzettel. **Zus.:** Einzahlungsquittung, Spendenquittung.
2. *unangenehme Folgen, die sich [als Reaktion anderer] aus jmds. Verhalten ergeben:* nun kriegst du die Quittung für deine Faulheit; das ist die Quittung für euer Benehmen, für euren Leichtsinn.

Quiz [kvɪs], das; -, -:
unterhaltsames Frage-und-Antwort-Spiel (besonders im Fernsehen, Rundfunk): ein Quiz veranstalten, gewinnen; an einem Quiz teilnehmen. **Zus.:** Fernsehquiz, Musikquiz.

Quo|te [ˈkvoːtə], die; -, -n:
a) *Anteil, der beim Aufteilen eines Ganzen auf jmdn., etwas entfällt; bestimmte Anzahl oder Menge im Verhältnis zu einem Ganzen:* die Quoten beim Lotto waren diesmal sehr hoch; die Quote der Arbeitslosen ist gestiegen, gesunken, zurückgegangen; die Quote beläuft sich auf drei Prozent. **Syn.:** Anteil. **Zus.:** Fehlerquote, Gewinnquote. **b)** *Zahl der Personen, die eine Rundfunk-, Fernsehsendung eingeschaltet haben, gemessen an der Gesamtzahl der Rundfunk- oder Fernsehteilnehmer:* das Magazin wurde aus dem Programm genommen, weil die Quote zu gering war. **Zus.:** Einschaltquote.

Rr

Ra|batt [raˈbat], der; -[e]s, -e:
Preisnachlass, der unter bestimmten Bedingungen dem Käufer gewährt wird: hohe, niedrige, geringe Rabatte; jmdm. drei Prozent Rabatt auf alle Waren geben, gewähren. **Syn.:** Abzug, Ermäßigung. **Zus.:** Mengenrabatt.

Ra|bat|te [raˈbatə], die; -, -n:
meist schmales, langes Beet mit Zierpflanzen: eine mit Rosen bepflanzte Rabatte. **Zus.:** Blumenrabatte, Rosenrabatte, Zierrabatte.

Ra|batz [raˈbat͜s], der; -es (ugs.):
lärmendes Treiben; Krawall: was ist denn das hier für ein Rabatz; sie machten großen Rabatz, zogen mit großem Rabatz durch die Straßen; die Atomkraftgegner haben Rabatz gemacht *(heftig und lautstark protestiert).* **Syn.:** Krach, Lärm, Radau (ugs.).

Ra|bau|ke [raˈbau̯kə], der; -n, -n (ugs.):
besonders jüngere männliche Person, die sich laut und rüpelhaft benimmt, gewalttätig vorgeht: Rabauken zertrümmerten die Einrichtung der Gastwirtschaft. **Syn.:** Flegel (abwertend), Raufbold (abwertend), Rowdy (abwertend), Schläger.

Rab|bi|ner [raˈbiːnɐ], der; -s, -, **Rab|bi|ne|rin** [raˈbiːnərɪn], die; -, -nen:
jüdischer Geistlicher, jüdische Geistliche; Lehrer, Lehrerin der jüdischen Religion und des jüdischen Gesetzes: ein orthodoxer, liberaler, fanatischer Rabbiner; die Rabbinerin um Rat fragen.

Ra|be [ˈraːbə], der; -n, -n:
großer, kräftiger Vogel mit schwarzem Gefieder, der krächzende Laute von sich gibt: ein zahmer Rabe; der Rabe krächzt.

ra|bi|at [raˈbi̯aːt] ⟨Adj.⟩:
a) *rücksichtslos vorgehend; roh, gewalttätig:* ich habe Angst vor ihm, er ist ein rabiater Kerl; die Demonstranten waren, wurden rabiat. **Syn.:** aggressiv, barbarisch, brutal, giftig (ugs.), grausam, grob (abwertend), heftig, radikal, rigoros, rüpelhaft (abwertend), unbarmherzig, wüst (abwertend). **b)** *wütend, voller Zorn:* rabiate Streithähne; sie schrie ihn rabiat an. **Syn.:** aggressiv, aufgebracht, erzürnt (geh.), grimmig, martialisch (bildungsspr.), rasend, wild, zornig. **c)** *hart durchgreifend; rigoros:* rabiate Ablehnung; eine rabiate Methode; zu rabiaten Mitteln greifen; rabiat durchgreifen. **Syn.:** drastisch, grausam, massiv, radikal, rücksichtslos, streng.

Ra|che [ˈraxə], die; -:
[von Emotionen geleitete] persönliche Vergeltung für eine als böse, besonders als persönlich erlittenes Unrecht empfundene Tat: eine grausame, fürchterliche, blutige Rache; das ist die Rache für ihre Gemeinheit; Rache fordern, schwören; auf Rache sinnen; das hat er aus Rache getan. **Syn.:** Revanche, Vergeltung.

rä|chen [ˈrɛçn̩]:
1. ⟨tr.; hat⟩ *jmdm., sich für eine als böse, als besonderes Unrecht empfundene Tat durch eine entsprechende Vergeltung Genugtuung verschaffen:* seinen ermordeten Freund rächen; sich fürchterlich, auf grausame Art [an jmdm. für etwas] rächen. **Syn.:** abrechnen, heimzahlen, sich revanchieren.
2. ⟨tr.; hat⟩ *eine als schlecht, unrecht empfundene Tat vergelten:* eine Kränkung, eine Beleidigung, ein Verbrechen rächen; einen Mord an jmdm. rächen. **Syn.:** ahnden (geh.), bestrafen.
3. ⟨+ sich⟩ *üble Folgen nach sich ziehen; sich übel, schädlich auswirken:* ihr Übermut, ihr Leichtsinn wird sich noch rächen; es wird sich noch rächen, dass du so leichtfertig mit diesen Dingen umgehst. **Syn.:** Konsequenzen haben, zurückfallen auf.

Ra|chen [ˈraxn̩], der; -s, -:
hinter der Mundhöhle gelegener Teil des Schlundes: er hat einen entzündeten Rachen; der Rachen ist gerötet, schmerzt. **Syn.:** Gurgel, Hals, Kehle.

ra|ckern [ˈrakɐn] ⟨itr.; hat⟩ (ugs.):
schwer arbeiten (1), *sich abmühen:* für jmdn. schuften und rackern; schwer, unermüdlich rackern; ⟨auch: + sich⟩ sie rackert sich für ihre Kinder zu Tode. **Syn.:** sich abplagen, sich abquälen, sich abrackern (ugs.), sich anstrengen, sich aufreiben, sich bemühen, sich plagen, sich quälen, sich schinden (ugs.), schuften (ugs.).

Ra|clette [ˈraklɛt], das; -s, -s, auch: die; -, -s:
1. *schweizerisches Gericht, bei dem man (zu heißen Pellkartoffeln und Salzgurken) Hartkäse [an einem offenen Feuer] schmelzen lässt und die weich gewordene Masse nach und nach auf einen Teller abstreift:* wir essen heute Abend Raclette.
2. *kleines Grillgerät zum Zubereiten von Raclette:* ein Raclette mit acht Pfännchen kaufen.

Rad [raːt], das; -[e]s, Räder [ˈrɛːdɐ]:
a) *kreisrunder, scheibenförmiger, sich um eine Achse drehender Gegenstand [der sich rollend fortbewegt, mit dem etwas rollend bewegt werden kann]:* die Räder der Maschine drehen sich; die Räder des Autos auswechseln. **Syn.:** Kreis, Scheibe. **Zus.:**

Ersatzrad, Hinterrad, Reserverad. **b)** *Fahrrad:* ein stabiles, klappriges Rad; sein Rad hat zwölf Gänge; das Rad schieben, an die Mauer lehnen, abschließen; aufs Rad, vom Rad steigen; sich aufs Rad schwingen; Rad fahren *(mit dem Fahrrad fahren);* mit dem Rad wegfahren, stürzen. **Zus.:** Damenrad, Herrenrad, Kinderrad.

Ra|dar [raˈdaːɐ̯], das, nicht fachspr. auch: der; -s, -e:
1. ⟨ohne Plural⟩ *Verfahren zur Ortung von Gegenständen mithilfe gebündelter elektromagnetischer Wellen:* den Standort der Raketen durch Radar, mittels Radar feststellen.
2. *Anlage, Gerät, das mithilfe von Radar* (1) *Gegenstände ortet:* das Radar tastet den Luftraum ab; mit Radar ausgerüstet sein.

Ra|dau [raˈdau̯], der; -s (ugs.):
als unangenehm empfundene Geräusche: der Radau der Maschinen war unerträglich; macht nicht wieder solchen Radau, wenn ihr nach Hause kommt; bei diesem Radau kann man nicht arbeiten. **Syn.:** Krach, Lärm, Rabatz (ugs.).

ra|deln [ˈraːdl̩n] ⟨itr.; ist⟩ (ugs.):
a) *mit dem Fahrrad fahren:* viel, gern radeln; wir sind fünfzig Kilometer geradelt. **Syn.:** Rad fahren, strampeln (ugs.). **Zus.:** davonradeln. **b)** *sich mit dem Fahrrad irgendwohin begeben, in eine bestimmte Richtung bewegen:* durch den Wald, nach Hause, zur nächsten Bahnstation radeln. **Zus.:** heimradeln.

Rä|dels|füh|rer [ˈrɛːdl̩sfyːrɐ], der; -s, -, **Rä|dels|füh|re|rin** [ˈrɛːdl̩sfyːrərɪn], die; -, -nen (abwertend):
Person, die eine Gruppe zu gesetzwidrigen Handlungen anstiftet und sie dabei anführt: die Rädelsführer bestrafen; sie wurde als Rädelsführerin der Gruppe verhaftet. **Syn.:** Anführer, Anführerin, Boss (ugs.), Drahtzieher, Drahtzieherin, Kopf, Sprecher, Sprecherin.

Rad|fah|rer [ˈraːtfaːrɐ], der; -s, -, **Rad|fah|re|rin** [ˈraːtfaːrərɪn], die; -, -nen:
Person, die mit dem Fahrrad fährt: auf den Straßen waren viele Radfahrer und Radfahrerinnen unterwegs.

ra|die|ren [raˈdiːrən] ⟨itr.; hat⟩:
Geschriebenes oder Gezeichnetes mithilfe eines Radiergummis oder Messers entfernen: er hat in seinem Aufsatz oft radiert. **Zus.:** wegradieren.

Ra|dier|gum|mi [raˈdiːɐ̯gʊmi], der; -s, -s:
Stück Gummi oder gummiähnlicher Plastikmasse zum Radieren: sie entfernte mit dem Radiergummi das letzte Wort des Satzes.

Ra|die|rung [raˈdiːrʊŋ], die; -, -en:
1. ⟨ohne Plural⟩ *künstlerisches Verfahren, bei dem eine Zeichnung in eine Kupferplatte eingeritzt und für den Abdruck eingeätzt wird:* für die Radierung braucht man eine sehr ruhige Hand.
2. *durch die Radierung* (1) *hergestelltes Blatt:* auf der Auktion wurde eine berühmte Radierung versteigert.

Ra|dies|chen [raˈdiːsçən], das; -s, -:
1. *dem Rettich verwandte Pflanze mit einer meist kugeligen, eine rote Schale aufweisenden, würzig schmeckenden Knolle:* Radieschen säen, ziehen, anbauen.
2. *Knolle des Radieschens:* die kalten Platten mit Radieschen verzieren.

ra|di|kal [radiˈkaːl] ⟨Adj.⟩:
a) *eine extreme politische, ideologische, weltanschauliche Richtung vertretend [und gegen die bestehende Ordnung ankämpfend]:* radikale Gruppen, Parteien; das Programm dieser Partei ist äußerst radikal; radikal denken, gesinnt sein. **Syn.:** hart, rigoros. **b)** *von Rücksichtslosigkeit und Härte gekennzeichnet:* radikale Maßnahmen; seine Methoden sind sehr radikal; radikal gegen jmdn., etwas vorgehen. **Syn.:** hart, rabiat, rigoros. **c)** *von Grund aus erfolgend, ganz und gar; vollständig, gründlich:* eine radikale Umgestaltung, Änderung der Lebensgewohnheiten; ein radikaler Bruch mit der Vergangenheit; die Änderung war ihr nicht radikal genug; etwas radikal verneinen, abschaffen, beseitigen. **Syn.:** [1]absolut, ganz und gar, gänzlich (emotional), komplett, restlos (ugs.), total, völlig, vollkommen.

Ra|di|ka|lis|mus [radikaˈlɪsmʊs], der; -:
radikales Denken und Handeln, Streben nach einem [politischen, religiösen oder weltanschaulichen] Ziel mit allen Mitteln und ohne Rücksicht auf die Folgen: er neigt zu einem gewissen Radikalismus in allem, was er tut; der Radikalismus dieser Partei ist gefährlich. **Syn.:** Härte.

Ra|dio [ˈraːdi̯o], das; -s, -s:
a) ⟨ohne Plural⟩ *Rundfunk:* das Radio bringt ausführliche Nachrichten; sie hört Radio; im Radio kommt heute eine interessante Sendung; das Fußballspiel wird nur im Radio übertragen. **Syn.:** Funk.
b) ⟨südd., österr., schweiz. auch: der⟩ *Gerät, mit dem Sendungen des Rundfunks empfangen werden können:* ein neues, modernes, kleines Radio; das Radio läuft, spielt den ganzen Tag, ist defekt; das Radio anstellen, einschalten, abstellen, abschalten, leiser stellen; aus dem Radio tönte Musik. **Syn.:** Empfänger. **Zus.:** Autoradio.

Ra|di|us [ˈraːdi̯ʊs], der; -, Radien [ˈraːdi̯ən]:
kürzeste Entfernung vom Mittelpunkt bis zur Peripherie eines Kreises: den Radius eines Kreises berechnen, abmessen; eine Kugel mit einem Radius von fünf Zentimetern. **Syn.:** halber Durchmesser. **Zus.:** Erdradius, Sonnenradius.

Rad|ren|nen [ˈraːtrɛnən], das; -s, -:
sportliche Veranstaltung, bei der Radfahrer, Radfahrerinnen um die Wette fahren: am Sonntag findet ein Radrennen statt. **Zus.:** Straßenradrennen.

Rad|tour [ˈraːttuːɐ̯], die; -, -en:
Ausflug per Fahrrad: am Wochenende wollen wir eine Radtour machen.

Rad|weg [ˈraːtveːk], der; -[e]s, -e:
meist neben einer Straße, Fahrbahn laufender, schmaler Fahrweg für Radfahrer: auf dem Radweg fuhren viele Radfahrer.

raf|fen [ˈrafn̩]:
1. ⟨tr.; hat⟩ *(Stoff) an einer bestimmten Stelle so zusammenziehen, dass er in Falten fällt und dadurch ein wenig hochgezogen wird:* sie raffte ihren Rock und rannte los;

geraffte Gardinen. **Syn.:** anheben, aufnehmen, heben, schürzen.
2. ⟨itr.; hat⟩ **a)** *etwas (meist mehrere Dinge) eilig an sich reißen:* er raffte das Wichtigste an sich, als das Feuer ausbrach; sie raffte in aller Eile die Schachteln in ihre Schürze. **Syn.:** nehmen, packen, schnappen, stopfen. **b)** (abwertend) *voller Habgier in seinen Besitz bringen:* Geld an sich raffen; sie rafften [an sich], was sie erreichen konnten. **Syn.:** anhäufen, horten, scheffeln (ugs., oft abwertend).
3. ⟨tr.; hat⟩ *gekürzt, aber in den wesentlichen Punkten wiedergeben:* den Bericht, eine Darstellung raffen. **Syn.:** kürzen.
4. ⟨tr.; hat⟩ (salopp) *verstehen, erfassen:* er rafft es nicht; hast du das endlich gerafft? **Syn.:** begreifen, kapieren (ugs.).

raff|gie|rig [ˈrafgiːrɪç] ⟨Adj.⟩ (abwertend):
bestrebt, möglichst viel Geld und Güter in seinen Besitz zu bringen: ein raffgieriger Spekulant; sie war sehr raffgierig. **Syn.:** geldgierig, habgierig, habsüchtig, materialistisch.

Raf|fi|nes|se [rafiˈnɛsə], die; -, -n:
1. ⟨ohne Plural⟩ *schlau ausgeklügelte Vorgehensweise, mit der jmd. eine Situation zum eigenen Vorteil nutzt:* ein mit Raffinesse geplanter Betrug. **Syn.:** Dreh (ugs.), Kniff (ugs.), Kunststück, Masche (ugs.), Trick.
2. ⟨Plural⟩ *Besonderheit in der Beschaffenheit, Ausstattung o. Ä.:* ein Auto mit [allen] technischen Raffinessen. **Syn.:** Drum und Dran (ugs.), Extras ⟨Plural⟩, Zubehör.

raf|fi|niert [rafiˈniːɐ̯t] ⟨Adj.⟩:
a) *bis ins Einzelne ausgeklügelt:* ein raffinierter Plan; etwas auf raffinierte/in raffinierter Weise tun; er hatte ein raffiniertes Täuschungsmanöver arrangiert. **Syn.:** clever, geschickt, gewitzt, pfiffig, routiniert, schlau. **b)** *voller Raffinesse (1), Raffinesse besitzend:* eine raffinierte Person. **Syn.:** ausgekocht (ugs. abwertend), clever, durchtrieben, findig, gerissen (ugs.), gewandt, gewieft (ugs.), gewitzt, listig, pfiffig, schlau, [1]verschlagen (abwertend), verschmitzt. **c)** *von höchster [ästhetischer] Verfeinerung, Feinheit:* Modelle in den raffiniertesten Farben; eine raffiniert gewürzte Soße. **Syn.:** ausgezeichnet, erlesen, exzellent, fein, hervorragend, vortrefflich.

Ra|ge [ˈraːʒə], die; - (ugs.):
unbeherrschte Aufgeregtheit, Wut, Ärger: in Rage sein; jmdn. in Rage versetzen; in Rage geraten. **Syn.:** Empörung, Groll, Jähzorn, Zorn.

ra|gen [ˈraːgn̩] ⟨itr.; hat⟩:
höher oder länger als die Umgebung sein und sich deshalb abheben: ein Eisberg ragt aus dem Meer; vor uns ragt das Gebirge; der Turm ragte zum/in den Himmel. **Syn.:** aufsteigen, sich erheben, vorspringen. **Zus.:** emporragen, herausragen.

Ra|gout [raˈguː], das; -s, -s:
Gericht aus kleinen Fleischstückchen o. Ä. in einer pikanten Soße: aus den Bratenresten kochte sie für den nächsten Tag ein Ragout. **Syn.:** Frikassee, Gulasch. **Zus.:** Geflügelragout, Hammelragout, Kalbsragout, Pilzragout.

Rahm [raːm], der; -[e]s (landsch.):
Sahne: an die Soße noch etwas Rahm dazugeben.

rah|men [ˈraːmən] ⟨tr.; hat⟩:
mit einem Rahmen versehen, in einen Rahmen fassen: ein Bild, eine Fotografie rahmen; an der Wand hingen einige gerahmte Urkunden. **Syn.:** einfassen, [1]säumen, umrahmen, umranden.

Rah|men [ˈraːmən], der; -s, -:
1. a) *viereckige, runde oder ovale Einfassung für Bilder o. Ä.:* ein breiter, schmaler, goldener Rahmen; der dunkle Rahmen passt nicht zu dem Aquarell; die Fotografie aus dem Rahmen nehmen; das Gemälde aus dem Rahmen schneiden; an den Wänden hingen große Spiegel in schweren Rahmen. **Syn.:** Fassung, Rand. **Zus.:** Bilderrahmen, Goldrahmen, Holzrahmen. **b)** *in eine Tür-, Fensteröffnung genau eingepasster, relativ schmaler Teil, an dem [seitlich] die Tür, das Fenster beweglich befestigt ist:* ein Rahmen aus Holz, Metall, Kunststoff; sie stand im Rahmen der Wohnzimmertür. **Zus.:** Fensterrahmen, Türrahmen.
2. ⟨ohne Plural; mit Attribut⟩ **a)** *etwas, was einer Sache ein bestimmtes [äußeres] Gepräge gibt:* der Feier einen großen, würdigen, angemessenen, intimen Rahmen geben. **Syn.:** Atmosphäre, Flair, Milieu, Umgebung. **b)** *etwas, was einen bestimmten Bereich umfasst und ihn gegen andere abgrenzt:* dies alles ist im weltweiten Rahmen verständlich; einen zeitlichen Rahmen setzen; den Rahmen für etwas abstecken; dies soll im Rahmen *(in den Grenzen)* des Möglichen geschehen; er hielt sich im Rahmen seines Auftrags. **Syn.:** Grenze. **Zus.:** Kostenrahmen, Strafrahmen, Zeitrahmen.

Rah|men- [raːmən] ⟨Präfixoid⟩:
drückt aus, dass das im Basiswort Genannte erst einmal ganz allgemein, ohne nähere Einzelheiten festliegt, umrissen worden ist: Rahmenabkommen *(Abkommen, das allgemeine Richtlinien ohne Einzelregelungen enthält);* Rahmenbedingungen; Rahmenbestimmung; Rahmenerlass; Rahmengebühr; Rahmengesetz *(Gesetz als allgemeine Richtlinie ohne Festlegung von Einzelheiten);* Rahmenordnung; Rahmenplan; Rahmenrichtlinien; Rahmentarif; Rahmenvorschrift.

-rah|men [raːmən], der; -s, - ⟨Suffixoid⟩:
drückt aus, dass für das im Basiswort Genannte eine bestimmte Begrenzung gilt, innerhalb deren sich etwas halten, bewegen muss: Finanzrahmen; Handlungsrahmen; Kostenrahmen; Zeitrahmen.

Rain [rai̯n], der; -[e]s, -e (geh.):
mit Gras bewachsener Streifen Land als Grenze zwischen zwei Äckern: ein schmaler Rain.

rä|keln [ˈrɛːkl̩n] ⟨+ sich⟩:
↑ rekeln ⟨+ sich⟩.

Ra|ke|te [raˈkeːtə], die; -, -n:
1. *besonders in der Raumfahrt und beim Militär verwendeter lang gestreckter, zylindrischer,*

R
raff

nach oben spitz zulaufender Flugkörper, der durch abbrennenden Treibstoff bewegt wird: die Rakete startete zum Mond. **Zus.:** Weltraumrakete.
2. *Feuerwerkskörper von der Form einer kleinen Rakete* (1): Raketen stiegen in den Himmel; Raketen abbrennen, abschießen.

Ral|lye ['rɛli], die; -, -s:
Autorennen über mehrere Etappen mit verschiedenen Sonderprüfungen: eine internationale, große Rallye fahren, gewinnen; er nahm an der Rallye Monte Carlo teil. **Syn.:** Sternfahrt. **Zus.:** Autorallye.

ram|men ['ramən] ⟨tr.; hat⟩:
1. *mit einem besonderen Gerät aus Holz oder Metall mit Wucht in den Boden, in eine Wand o. Ä. treiben:* er rammte Pfähle in den Boden. **Syn.:** einrammen, einschlagen, schlagen. **Zus.:** hineinrammen.
2. *[von der Seite her] heftig, mit Wucht (an, auf, gegen etwas) stoßen:* der Lastkraftwagen rammte den Personenkraftwagen. **Syn.:** anfahren, anstoßen, auffahren, aufprallen, prallen an/gegen, zusammenprallen, zusammenstoßen.

Ram|pe ['rampə], die; -, -n:
1. a) *waagerechte Fläche (z. B. an einem Lagergebäude) zum Be- und Entladen von Fahrzeugen:* den Lkw rückwärts an die Rampe fahren. **Zus.:** Laderampe, Startrampe, Verladerampe. **b)** *flach ansteigende Auffahrt, schiefe Ebene, die zwei unterschiedlich hoch gelegene Flächen miteinander verbindet:* die Rampe eines Schlosses; eine steile Rampe vor der Brücke. **Syn.:** Aufgang, Zugang.
2. *vorderer Rand einer Bühne:* er trat an die Rampe. **Zus.:** Bühnenrampe, Orchesterrampe.

ram|po|nie|ren [rampo'ni:rən] ⟨tr.; hat⟩ (ugs.):
einer Sache [viele] Schäden zufügen und sie dadurch im Aussehen stark beeinträchtigen: sie ramponierte die ganze Wohnung; ramponierte Möbel; der Rasen auf dem Fußballplatz war ganz schön ramponiert. **Syn.:** anschlagen, beschädigen, demolieren, in Mitleidenschaft ziehen, lädieren, ruinieren, verunstalten, verwüsten, zerstören, zertrümmern, zurichten.

Ramsch [ramʃ], der; -[e]s (ugs. abwertend):
a) *[liegen gebliebene] Ware, die als minderwertig angesehen wird:* im Ausverkauf wurde viel Ramsch angeboten. **Syn.:** Ausschuss. **b)** *Zeug, das als wertlos angesehen wird; Plunder, Kram:* im Keller lag jede Menge Ramsch herum. **Syn.:** Dreck (emotional abwertend), Gerümpel (abwertend), Krimskrams (ugs.), Plunder (ugs.).

ran- [ran] ⟨trennbares verbales Bestimmungswort⟩ (ugs.):
[an jmdn., etwas] heran-: rangehen; ranholen; rankarren; rankommen; rankönnen; ranlassen; ranschaffen; ranschleichen. **Syn.:** herbei-.

Rand [rant], der; -[e]s, Ränder ['rɛndɐ]:
1. a) *äußere Begrenzung einer Fläche, eines bestimmten Gebietes:* der Rand eines Tisches; der gezackte Rand einer Briefmarke; der Rand einer Wiese; am Rande des Waldes, der Autobahn; sie wohnen am südlichen Rand des Vorortes. **Syn.:** Kante, Peripherie, Saum (geh.). **Zus.:** Feldrand, Stadtrand, Straßenrand, Tellerrand, Wiesenrand. **b)** *etwas, was etwas umfasst und ihm Halt gibt:* eine Brille mit dicken Rändern. **Syn.:** Fassung, Rahmen.
2. a) *obere Begrenzung eines Gefäßes, eines zylindrischen Gegenstandes o. Ä.:* der glatte, scharfe Rand einer Flasche; am Rande des Brunnens sitzen; ein Glas bis zum Rand füllen. **Zus.:** Brunnenrand, Wannenrand. **b)** *Teil, der bei einer Vertiefung die äußerste Grenze der höher gelegenen festen Fläche bildet:* am Rande eines Abgrundes, einer Schlucht, eines Grabes stehen.
3. *seitlicher Teil auf einem bedruckten oder beschriebenen Blatt Papier o. Ä., der frei bleibt:* einen schmalen, breiten Rand lassen; etwas an den Rand schreiben, auf dem Rand notieren. **Zus.:** Seitenrand.
4. *etwas, was sich als Folge von etwas um etwas herum, als eine Art Kreis sichtbar gebildet hat:* dunkle Ränder um die Augen; die Ränder auf dem Kleid mit Benzin entfernen; stell den Topf nicht auf die Tischdecke, das gibt einen Rand! **Syn.:** Fleck, Ring.

ran|da|lie|ren [randa'li:rən] ⟨itr.; hat⟩:
sich zügellos und lärmend aufführen und dabei Sachen beschädigen oder zerstören: die Jugendlichen begannen zu randalieren, sodass die Polizei eingreifen musste. **Syn.:** Krach machen, Krawall machen (ugs.), Lärm machen, lärmen, laut sein, poltern, Rabatz machen (ugs.), Radau machen (ugs.), Randale machen (ugs.), toben.

Rang [raŋ], der; -[e]s, Ränge ['rɛŋə]:
1. *berufliche oder gesellschaftliche Stellung, Stufe, die jmd. in einer [hierarchisch] gegliederten [Gesellschafts]ordnung innehat:* einen hohen Rang einnehmen; er ist im Range, hat den Rang eines Generals; jmdm. im/an Rang ebenbürtig, unterlegen sein. **Syn.:** Dienstgrad, Grad, Klasse, Platz, Position, Stand, Titel.
2. ⟨ohne Plural⟩ *hoher Stellenwert, den jmd. oder etwas in Bezug auf Bedeutung o. Ä. einnimmt:* ein Ereignis ersten Ranges; ein Wissenschaftler, eine Künstlerin von [hohem] Rang. **Syn.:** Ansehen, Bedeutung, Format, Gewicht, Größe, Prestige (bildungsspr.).
3. *höher gelegener [in der Art eines Balkons hervorspringender] Teil im Zuschauerraum eines Theaters, Kinos usw.:* das Theater hat drei Ränge; ein Platz im zweiten Rang. **Syn.:** Balkon, Galerie, Tribüne.

ran|gie|ren [rã'ʒi:rən]:
1. ⟨tr.; hat⟩ *Eisenbahnwagen auf ein anderes Gleis schieben oder fahren:* den Zug auf ein totes Gleis rangieren.
2. ⟨itr.; hat⟩ *eine bestimmte Stelle in einer bestimmten Rangordnung einnehmen:* er rangiert an fünfter Stelle, auf Platz 2, vor seinem größten Rivalen.

Rang|ord|nung ['raŋ|ɔrdnʊŋ], die; -, -en:
Abstufung innerhalb einer festgelegten hierarchischen Ordnung im Hinblick auf den Grad, die Bedeutung einer Person, Sache: der Rangordnung nach; alle Themen in ihrer Rangordnung bestimmen, umstellen; er nahm in der sozialen Rangordnung die höchste Stufe ein. **Syn.:** Hierarchie.

Ran|ke ['raŋkə], die; -, -n:
wie eine Schnur verlängerter Pflanzenteil, der sich spiralförmig um etwas (z. B. andere Pflanzen) herumschlingt oder sich mithilfe von Haftorganen an eine Fläche heftet: er band die Ranken der Weinrebe an das Spalier. **Zus.:** Bohnenranke, Efeuranke, Weinranke.

ran|ken ['raŋkn̩] ⟨+ sich⟩:
in Ranken (an etwas) in die Höhe wachsen: der Efeu rankt sich an der Mauer in die Höhe. **Syn.:** sich schlingen. **Zus.:** emporranken.

Ran|zen ['rantsn̩], der; -s, -:
1. *auf dem Rücken zu tragende Schultasche (insbesondere eines jüngeren Schülers):* seine Bücher in den Ranzen packen; den Ranzen aufsetzen. **Syn.:** Mappe, Tornister. **Zus.:** Schulranzen.
2. (ugs.) **a)** *dicker Bauch:* in fünf Jahren Ehe hat er sich einen ganz schönen Ranzen zugelegt. **b)** *Bauch:* nach der Wanderung haben wir uns erst mal den Ranzen vollgeschlagen.

ran|zig ['rantsɪç] ⟨Adj.⟩:
(von Fett, Öl oder fetthaltigen Nahrungsmitteln) verdorben und daher schlecht riechend, schmeckend: ranzige Butter; die Nüsse sind ranzig; das Öl riecht, schmeckt [etwas, leicht] ranzig. **Syn.:** alt, faul, ungenießbar, verdorben.

ra|pid [ra'pi:t], **ra|pi|de** [ra'pi:də] ⟨Adj.⟩:
in schnellem Tempo vor sich gehend: eine rapide Vermehrung; ein rapider Kursverfall, Anstieg der Produktion; ihr Gesundheitszustand verschlechtert sich rapide; die Preise steigen rapide; mit ihm geht es rapide bergauf, abwärts. **Syn.:** rasant, rasch, rasend, stürmisch.

Rap|pe ['rapə], der; -n, -n:
Pferd mit schwarzem Fell: die Kutsche wurde von zwei Rappen gezogen.

Rap|pen ['rapn̩], der; -s, -:
Währungseinheit in der Schweiz (100 Rappen = 1 Franken): für fünfzig Rappen bekommt man heute nicht mehr viel .

rar [ra:ɐ̯] ⟨Adj.⟩:
a) *nur in geringer Anzahl, Menge vorhanden; selten und gesucht:* eine rare Ware, Briefmarke; Arbeitsplätze sind rar; Fachkräfte sind rar gesät. **Syn.:** knapp, spärlich. **b)** *selten [auftretend, vorkommend, geschehend]:* rare Juwelen; eine rare Gelegenheit; wahre Freundschaft ist leider rar; Erdbeben sind hier glücklicherweise rar. **Syn.:** sporadisch, vereinzelt.

Ra|ri|tät [rari'tɛ:t], die; -, -en:
1. a) *etwas Rares* (a): große Wohnungen sind in der Innenstadt eine Rarität. **Syn.:** Seltenheit. **b)** *etwas Rares* (b): Schneefälle sind in diesen Breiten eine Rarität; Störche sind bei uns zu einer Rarität geworden. **Syn.:** Seltenheit.
2. *seltenes und wertvolles Sammler-, Liebhaberstück o. Ä.:* diese Briefmarke ist eine ausgesprochene Rarität; sie hat einige kostbare Raritäten in ihrer Kunstsammlung; Raritäten sammeln.

ra|sant [ra'zant] ⟨Adj.⟩:
a) *durch [staunenerregende] hohe Geschwindigkeit gekennzeichnet; auffallend schnell:* in rasanter Fahrt; ein rasantes Tempo; er fuhr rasant in die Kurve. **Syn.:** rapid[e], rasch, rasend, stürmisch. **b)** *(besonders von Autos) durch eine schnittige Formgebung den Eindruck großer Schnelligkeit vermittelnd; schnittig:* ein rasanter Sportwagen; mit seiner flachen Frontpartie sieht das neue Modell ausgesprochen rasant aus. **Syn.:** flott, sportlich, spritzig. **c)** *(besonders von Vorgängen, Entwicklungen) mit einer erstaunlichen Schnelligkeit vor sich gehend; stürmisch:* der rasante technische Fortschritt, wirtschaftliche Aufschwung; die Bevölkerung nimmt rasant zu. **Syn.:** rapid[e], rasch, rasend, schnell. **d)** *durch Schnelligkeit, Schwung, Spannung o. Ä. begeisternd, imponierend:* eine rasante [Musik]show; die Europameisterin lief eine rasante Kür. **Syn.:** beschwingt, dynamisch, flott, lebhaft, schmissig (ugs.), schneidig, schwungvoll, spritzig. **e)** *durch besondere Reize Bewunderung und Begeisterung hervorrufend:* eine rasante Frau; sie trug ein rasantes Sommerkleid. **Syn.:** attraktiv, aufregend, flott, rassig, schick.

rasch [raʃ] ⟨Adj.⟩:
schnell (durch heftigen inneren Antrieb); schnell und energisch: rasche Fortschritte machen; sich rasch zu etwas entschließen; sie waren rasch fertig mit der Arbeit. **Syn.:** auf schnellstem Wege, eilig, fix, flink, geschwind (veraltend, noch landsch.), Hals über Kopf (ugs.), hurtig (veraltend, noch landsch.), in null Komma nichts (ugs.), mit einem Affentempo (ugs.), mit einem Affenzahn (ugs.), rapid[e], rasant, wie der Blitz (ugs.), zügig.

ra|scheln ['raʃl̩n] ⟨itr.; hat⟩:
ein Geräusch erzeugen, von sich geben, das sich so anhört, als würde der Wind trockenes Laub bewegen: mit Papier rascheln; die Mäuse rascheln im Stroh. **Syn.:** knacken, knirschen, knistern.

ra|sen ['ra:zn̩]:
1. ⟨itr.; ist⟩ (ugs.) *sich ([wie] in großer Eile) sehr schnell fortbewegen; mit sehr hoher Geschwindigkeit [irgendwohin] fahren, laufen:* ras bitte nicht so!; ein Auto kam um die Ecke, über die Autobahn gerast; er ist mit dem Auto durch die Stadt gerast; sie rast *(eilt, hetzt)* von einem Termin zum anderen. **Syn.:** brausen (ugs.), einen Zahn draufhaben (ugs.), flitzen, sausen (ugs.). **Zus.:** davonrasen, entlangrasen, vorbeirasen.
2. ⟨itr.; hat⟩ *von Sinnen, außer sich sein und sich entsprechend gebärden:* er hat vor Zorn, Eifersucht gerast; das Publikum raste [vor Begeisterung]; diese Ungerechtigkeit macht sie rasend. **Syn.:** sich ärgern, aufbrausen, sich aufregen, aus

R
Rang

dem Häuschen geraten (ugs.), aus dem Häuschen sein (ugs.), außer sich geraten, durchdrehen (ugs.), explodieren, toben, sich vergessen, wüten.

Ra|sen ['ra:zn̩], der; -s, -: *dicht mit angesätem, kurz gehaltenem Gras bewachsene Fläche:* ein grüner, gepflegter, verwahrloster Rasen; den Rasen mähen, sprengen, pflegen; einen Rasen anlegen; auf dem Rasen liegen. **Syn.:** Wiese. **Zus.:** Zierrasen.

ra|send ['ra:zn̩t] ⟨Adj.⟩: **1.** *sehr schnell:* in rasender Geschwindigkeit, Fahrt. **Syn.:** rasant, rasch, stürmisch. **2. a)** *ungewöhnlich stark, heftig:* rasende Schmerzen; rasende Wut, Eifersucht; plötzlich war ich von rasender Ungeduld erfüllt. **Syn.:** enorm, gehörig, gewaltig, immens, mächtig (ugs.), massiv. **b)** ⟨verstärkend bei Adjektiven und Partizipien⟩ (ugs.) *überaus, sehr:* sie ist rasend verliebt; das war rasend teuer; ich täte es rasend gern; ich habe im Augenblick rasend [viel] zu tun. **Syn.:** furchtbar (ugs.), fürchterlich (ugs.), gehörig, mächtig (ugs.), schrecklich (ugs.), total (ugs.), unbeschreiblich, unendlich, ungeheuer, ungemein, unsagbar, wahnsinnig (ugs.).

Ra|sier|ap|pa|rat [ra'zi:ɐ̯|apara:t], der; -[e]s, -e: **1.** *aus einer Vorrichtung zur Aufnahme einer Rasierklinge und einem Stiel bestehendes Gerät zum Rasieren:* alle zwei Wochen wechselt er die Klinge an seinem Rasierapparat. **Syn.:** Rasierer (ugs.). **2.** *kleines elektrisches Gerät zum Rasieren:* ein elektrischer Rasierapparat; eine Steckdose für den Rasierapparat.

ra|sie|ren [ra'zi:rən] ⟨tr.; hat⟩: *Haare unmittelbar über der Haut mit einem entsprechenden Apparat oder Messer entfernen:* der Friseur hat ihn rasiert; er hat sich noch nicht rasiert. **Syn.:** [1]scheren.

Ra|sie|rer [ra'zi:rɐ], der; -s, - (ugs.): *elektrischer Rasierapparat:* er hat seinen Rasierer im Hotel vergessen.

Ra|sier|klin|ge [ra'zi:ɐ̯klɪŋə], die; -, -n: *eckige, hauchdünne, mit zwei Schneiden versehene, sehr scharfe stählerne Klinge zum Einspannen in den Rasierapparat* (1): eine neue Rasierklinge in den Rasierapparat einlegen; sie hatte sich mit einer Rasierklinge die Pulsadern aufgeschnitten. **Syn.:** Klinge.

ras|peln ['raspl̩n] ⟨tr.; hat⟩: **a)** *mit einem dafür bestimmten Küchengerät zerkleinern:* Äpfel, Möhren, Kohl raspeln; geraspelte Schokolade. **Syn.:** reiben, schaben. **b)** *mit einer Art Feile kleine Späne (von etwas) abheben:* der Schuster raspelte den Rand der Sohle; Holz raspeln. **Syn.:** polieren, schmirgeln.

Ras|se ['rasə], die; -, -n: **1.** *Gruppe von Tieren oder Pflanzen einer Art mit bestimmten gemeinsamen Merkmalen:* eine gute Rasse; eine neue Rasse züchten. **Syn.:** Spezies. **Zus.:** Hunderasse, Rinderrasse. **2.** (Fachspr.) *Gruppe von Menschen mit bestimmten gemeinsamen biologischen Merkmalen:* niemand darf wegen seiner Rasse benachteiligt werden; die menschliche Rasse *(die Menschheit).*

ras|seln ['rasl̩n]: **1.** ⟨itr.; hat⟩ **a)** *in rascher Aufeinanderfolge dumpfe, metallisch klingende Geräusche von sich geben:* die Ketten der Gefangenen rasseln; der Wecker rasselte. **Syn.:** klappern, klirren, rattern. **b)** *ein Rasseln* (1a) *erzeugen:* sie rasselt mit dem Schlüsselbund. **Syn.:** klappern, rattern. **2.** ⟨itr.; ist⟩ **a)** *sich mit einem rasselnden* (1a) *Geräusch [fort]bewegen, irgendwohin bewegen:* Panzer rasseln durch die Straßen; sie ist mit dem Wagen gegen einen Baum gerasselt (ugs.; *gefahren*). **Syn.:** holpern, rattern. **b)** (ugs.) *(eine Prüfung) nicht bestehen:* er ist durchs Abitur gerasselt. **Syn.:** durchfallen.

ras|sig ['rasɪç] ⟨Adj.⟩: **a)** *eine edle, ausgeprägte Art besitzend; aus edler Zucht:* ein rassiges Pferd. **Syn.:** kostbar. **b)** *von temperamentvoller, feuriger Art:* eine rassige Südländerin; ein rassiger *(spritziger, lebendiger)* Wein. **Syn.:** lebhaft, leidenschaftlich, schnittig, schwungvoll.

ras|sisch ['rasɪʃ] ⟨Adj.⟩: *die Rasse* (2) *betreffend, in Bezug auf die Rasse* (2): viele wurden aus rassischen Gründen verfolgt.

Rast [rast], die; -, -en: *Pause zum Essen und Ausruhen bei einer Wanderung oder bei einer Fahrt mit dem Auto:* eine kurze, ausgedehnte Rast; die Wanderer machten [eine Stunde] Rast; eine Rast einlegen. **Syn.:** Halt, Unterbrechung. **Zus.:** Mittagsrast.

ras|ten ['rastn̩], rastete, gerastet ⟨itr.; hat⟩: *Rast machen:* wir wollen hier eine halbe Stunde, eine Weile rasten; unter einem Schatten spendenden Baum rasteten wir ein wenig. **Syn.:** anhalten, ausruhen, eine Pause einlegen, eine Ruhepause einlegen, sich entspannen, sich erholen, haltmachen, lagern, pausieren, relaxen (ugs.), ruhen, verschnaufen, verweilen (geh.).

rast|los ['rastlo:s] ⟨Adj.⟩: **a)** *von keiner [Ruhe]pause unterbrochen:* ihr rastloser Einsatz wurde schließlich belohnt; nach jahrelangem rastlosem Suchen. **Syn.:** andauernd, beharrlich, beständig, fortwährend, permanent, ständig, stetig, unaufhörlich, unentwegt, unermüdlich, ununterbrochen. **b)** *ununterbrochen tätig, sich keine Ruhe gönnend:* ein rastloser Mensch; er arbeitet, forscht rastlos. **Syn.:** eifrig, emsig (geh., oft iron.), fleißig, ruhelos, unermüdlich, unruhig, unstet. **c)** *unruhig, unstet:* ein rastloses Leben; sie irrte rastlos durch die Großstadt. **Syn.:** hektisch, turbulent.

Rat [ra:t], der; -[e]s, Räte ['rɛ:tə]: **1.** ⟨ohne Plural⟩ *Empfehlung an jmdn., sich in einer bestimmten Weise zu verhalten (um so etwas auf bestmögliche Art zu bewältigen):* jmdm. einen guten, wohlgemeinten, schlechten Rat geben; ich gab ihm den Rat nachzugeben; jmds. Rat einholen; einen Rat

befolgen, in den Wind schlagen, missachten; jmdn. um Rat fragen, bitten; auf jmds. Rat hören; [bei jmdm.] Rat suchen *(sich an jmdn. wenden, um sich von ihm beraten zu lassen);* sich bei jmdm. Rat holen *(sich von jmdm. beraten lassen).* **Syn.:** Anregung, Hinweis, Ratschlag, Tipp, Vorschlag, Wink.
2. a) *beratendes [und beschlussfassendes] Gremium:* ein technischer Rat. **Syn.:** Ausschuss, Komitee, Kommission, Kreis, Zirkel. **Zus.:** Ältestenrat.
b) *Gremium mit administrativen oder legislativen Aufgaben (auf kommunaler Ebene):* der Rat der Stadt; der Rat tagt, beschließt etwas, berät über etwas; jmdn. in den Rat wählen. **Zus.:** Gemeinderat, Stadtrat.
3. *Mitglied eines Rates* (2): er ist Rat; jmdn. zum Rat wählen, berufen.

Ra|te ['ra:tə], die; -, -n:
1. *in regelmäßigen Zeitabständen zu zahlender Teilbetrag einer größeren Geldsumme:* die nächste Rate ist am 1. Juli fällig; etwas auf Raten kaufen; er bezahlte den Kühlschrank in vier Raten; sie war mit drei Raten im Rückstand. **Syn.:** Abschlag. **Zus.:** Abzahlungsrate, Leasingrate, Monatsrate.
2. *meist durch eine Prozentzahl ausgedrücktes Verhältnis zwischen zwei [statistischen] Größen, das die Häufigkeit eines bestimmten Geschehens, das Tempo einer bestimmten Entwicklung angibt:* die sinkende Rate der Produktivität; die Rate der Geburten. **Syn.:** Quote. **Zus.:** Arbeitslosenrate, Geburtenrate, Inflationsrate, Kriminalitätsrate, Scheidungsrate, Sterblichkeitsrate, Unfallrate.

ra|ten ['ra:tn̩], rät, riet, geraten:
1. ⟨itr.; hat⟩ *einen Rat geben:* jmdm. [zu etwas] raten; lass dir von einem erfahrenen Freund raten!; ich rate Ihnen dringend, das Angebot anzunehmen. **Syn.:** ans Herz legen, empfehlen, gute Ratschläge geben, nahelegen, vorschlagen, zuraten, zureden.
2. a) ⟨itr.; hat⟩ *die richtige Antwort auf eine Frage zu finden versuchen, indem man aus denkbaren Antworten die wahrscheinlichste auswählt:* richtig, falsch raten; ich weiß es nicht, ich kann nur raten; du sollst rechnen, nicht raten. **Syn.:** spekulieren, ²tippen (ugs.), vermuten. **b)** ⟨tr.; hat⟩ *erraten:* er hat mein Alter richtig geraten; ein Rätsel raten *(lösen);* das rätst du nie (ugs.; *das ist so abwegig, dass du sicher nicht darauf kommst*); rat mal, wen ich getroffen habe (ugs.; *du wirst staunen, wenn du hörst, wen ich getroffen habe*). **Syn.:** sich denken, herausbekommen, herausfinden.

Rat|ge|ber ['ra:tge:bɐ], der; -s, -:
1. *männliche Person, die jmdm. einen Rat* (1) *erteilt, jmdn. berät:* du scheinst schlechte Ratgeber zu haben. **Syn.:** Helfer.
2. *Büchlein o. Ä., in dem Anleitungen, Tipps o. Ä. für die Praxis auf einem bestimmten Gebiet enthalten sind:* ein kleiner, praktischer, nützlicher Ratgeber für die Küche, für Heimwerker; sie kaufte einen Ratgeber für sprachliche Zweifelsfälle. **Syn.:** Führer, Handbuch, Leitfaden, Nachschlagewerk.

Rat|ge|be|rin ['ra:tge:bərɪn], die; -, -nen:
weibliche Form zu ↑Ratgeber (1).

Rat|haus ['ra:tha͜us], das; -es, Rathäuser ['ra:thɔ͜yzɐ]:
Gebäude als Sitz des Bürgermeisters und der Gemeindeverwaltung: zum, aufs Rathaus gehen; das Standesamt ist im alten Rathaus.

Ra|ti|on [ra'ts̮i̯o:n], die; -, -en:
zugeteilte Menge an Lebens- und Genussmitteln: eine kärgliche, große, doppelte Ration; die Soldaten erhielten morgens ihre Ration Brot; die Rationen kürzen, erhöhen. **Syn.:** Anteil, Dosis, Hälfte, Portion, Quantum, Stück, Teil, Zuteilung. **Zus.:** Sonderration, Tagesration.

ra|ti|o|nal [rats̮i̯o'na:l] ⟨Adj.⟩:
a) *die Vernunft betreffend, von der Vernunft bestimmt:* eine rationale Auffassung, Einstellung; das rationale Denken; für diese Handlungsweise gibt es sowohl rationale als auch irrationale Gründe; der Mensch als rationales Wesen; etwas rational erklären, begründen. **Syn.:** besonnen, sachlich, vernünftig. **b)** *vernünftig, [überlegt und] sinnvoll:* der Verband, Betrieb war rational organisiert. **Syn.:** überlegt.

rational/rationell

Das Adjektiv **rational** bedeutet *von der Vernunft ausgehend, mit der Vernunft übereinstimmend, vernunftgemäß:*

- rationale Überlegungen
- etwas rational erfassen, begreifen

Dagegen bedeutet **rationell** *wirtschaftlich, zweckmäßig:*

- rationelle Methoden
- Sie arbeitet sehr rationell.

ra|ti|o|na|li|sie|ren [rats̮i̯onali'zi:rən] ⟨tr.; hat⟩:
unter wirtschaftlichen Gesichtspunkten zweckmäßig und ökonomisch gestalten: der Vorstand beschloss, das Unternehmen gründlich zu rationalisieren; ⟨auch itr.⟩ der Betrieb musste rationalisieren, hat mit Erfolg rationalisiert. **Syn.:** effizienter machen, vereinfachen.

ra|ti|o|nell [rats̮i̯o'nɛl] ⟨Adj.⟩:
gründlich überlegt oder berechnet und dabei auf Wirtschaftlichkeit bedacht: eine rationelle Bauweise, Neuerung; durch rationelle Herstellung Geld sparen; rationell arbeiten; etwas rationeller produzieren, ausnutzen. **Syn.:** durchdacht, effektiv, effizient, ökonomisch, sinnvoll, sparsam, wirkungsvoll, wirtschaftlich, zweckmäßig.

ra|ti|o|nie|ren [rats̮i̯o'ni:rən] ⟨tr.; hat⟩:
(in Krisen-, Notzeiten) nur in festgelegten, relativ kleinen Rationen zuteilen oder freigeben: Benzin rationieren; nach der schlechten Ernte wurden Zucker und Weizen rationiert. **Syn.:** abmessen, einteilen.

rat|los ['ra:tlo:s] ⟨Adj.⟩:
a) *sich keinen Rat wissend:* die offenbar ebenso ratlosen Experten schwiegen sich aus; ratlos saßen sie da und wussten nicht

weiter; er war ratlos *(wusste nicht),* was zu tun sei. **Syn.:** hilflos, hoffnungslos, konfus, verwirrt, verzweifelt. **b)** *von Ratlosigkeit zeugend:* ein ratloser Blick; ein ratloses Gesicht machen; sie zuckte ratlos die Achseln. **Syn.:** hilflos, verwirrt.

rat|sam ['ra:tza:m] ⟨Adj.⟩: *so beschaffen, dass dazu geraten werden kann:* es ist nicht ratsam, dem Chef zu widersprechen; etwas für nicht ratsam halten. **Syn.:** empfehlenswert, klug, nützlich, sinnvoll, vorteilhaft, zweckmäßig.

Rat|schlag ['ra:tʃla:k], der; -[e]s, Ratschläge ['ra:tʃlɛ:gə]: *einzelner [im Hinblick auf ein ganz bestimmtes Problem o. Ä. gegebener] Rat* (1): ein guter, vernünftiger, weiser, gut gemeinter Ratschlag; jmdm. Ratschläge geben, erteilen; einen Ratschlag befolgen; ich hätte auf seine Ratschläge hören sollen; ich kann auf deine Ratschläge verzichten! (ironisch; *misch dich bitte nicht in meine Angelegenheiten ein!*). **Syn.:** Anregung, Empfehlung, Hinweis, Tipp, Vorschlag, Wink.

Rät|sel ['rɛ:tsl̩], das; -s, -:
1. *als Frage gestellte, durch Nachdenken zu lösende Aufgabe:* ein leichtes, einfaches, schwieriges Rätsel; wie lautet das Rätsel der Sphinx?; Rätsel raten, lösen; die Kinder gaben einander Rätsel auf. **Syn.:** Quiz.
2. *etwas Unerklärbares:* ein dunkles, ewiges Rätsel; das Rätsel des Todes, der Schöpfung; ein Rätsel löst sich, klärt sich auf; es ist mir ein Rätsel, wie so etwas geschehen konnte. **Syn.:** Geheimnis.

rät|sel|haft ['rɛ:tsl̩haft] ⟨Adj.⟩: *nicht zu durchschauen oder zu erklären:* ein rätselhafter Zufall; er starb unter rätselhaften Umständen; ihr Tod blieb rätselhaft; es ist mir rätselhaft *(unverständlich),* wie er das tun konnte. **Syn.:** dunkel, geheim, geheimnisvoll, mehrdeutig, mysteriös, schleierhaft (ugs.), übernatürlich, unbegreiflich, unerklärlich, unfassbar, unklar.

rät|seln ['rɛ:tsl̩n] ⟨itr.; hat⟩: *über eine längere Zeit hinweg eine Erklärung für etwas suchen:* über das Tatmotiv rätseln; er rätselt, wie so etwas passieren konnte; man rätselte, ob ... **Syn.:** brüten (ugs.), denken, [1]durchdenken, sich fragen, grübeln, knobeln (ugs.), nachdenken, sich den Kopf zerbrechen (ugs.), sich Gedanken machen, sinnieren, [1]überlegen, vermuten.

Rat|te ['ratə], die; -, -n:
1. *Nagetier mit langem, dünnem Schwanz, das besonders in Kellern und in der Kanalisation lebt:* eine fette, große Ratte; Ratten huschen durch den Keller; eine Ratte fangen, totschlagen; Ratten vergiften; die Vorräte waren von Ratten zernagt, angeknabbert.
2. (derb) *widerlicher Mensch* (oft als Schimpfwort): diese elende Ratte hat uns verraten; du miese, dreckige Ratte!

rat|tern ['ratɐn]:
a) ⟨itr.; hat⟩ *ein Geräusch [wie] von kurzen, heftigen Stößen hervorbringen:* die Nähmaschine, der Presslufthammer rattert; ein Maschinengewehr begann zu rattern. **Syn.:** knattern, rasseln, rumpeln (ugs.). **Zus.:** losrattern. **b)** ⟨itr.; ist⟩ *sich ratternd* (a) *fortbewegen:* der Wagen rattert über das Pflaster, durch die Straßen; er ratterte mit seinem alten Motorrad ins Grüne. **Syn.:** holpern, rumpeln. **Zus.:** heranrattern, hineinrattern, vorbeirattern.

rau [rau̯] ⟨Adj.⟩:
1. *auf der Oberfläche kleine Unebenheiten o. Ä. aufweisend:* eine raue Oberfläche, Wand; raues Papier; eine raue Haut; raue *(aufgesprungene)* Hände haben. **Syn.:** borstig, holprig, kraus, spröde, stoppelig, uneben.
2. *im Umgang mit andern Feingefühl vermissen lassend:* er ist ein rauer Bursche; hier herrscht ein rauer Ton, herrschen raue Sitten; er ist rau, aber herzlich; man hat sie zu rau angefasst. **Syn.:** barsch, brüsk, derb, rüde, ruppig (abwertend), schroff, unfreundlich, ungehobelt (abwertend), unhöflich.
3. a) *(vom Wetter, Klima) nicht mild, sondern unangenehm kalt:* ein raues Klima; der raue Norden, Wind; bereits der Oktober war in diesem Jahr verhältnismäßig rau. **Syn.:** beißend, eisig, frisch, scharf, streng, stürmisch, unangenehm, ungesund, windig. **b)** *(von einer Landschaft o. Ä.) durch Herbheit und Strenge gekennzeichnet, nicht lieblich anmutend:* eine raue Gegend. **Syn.:** hart, herb, schroff, streng, ungemütlich, unwirtlich.
4. a) *(von der Stimme o. Ä.) heiser, nicht volltönend; kratzig:* raue Laute; seine Stimme klingt rau. **b)** *(vom Hals) entzündet und deshalb eine unangenehm kratzende Empfindung hervorrufend:* einen rauen Hals, eine raue Kehle haben.

Raub [rau̯p], der; -[e]s:
1. *das Wegnehmen von fremdem Eigentum unter Androhung oder Anwendung von Gewalt:* er ist wegen schweren Raubes angeklagt worden; einen Raub begehen, verüben. **Syn.:** Diebstahl, Einbruch. **Zus.:** Handtaschenraub, Juwelenraub.
2. *geraubtes Gut:* den Raub untereinander teilen; die Polizei hat den Banditen ihren Raub wieder abgejagt. **Syn.:** Beute.

Raub- [rau̯p] ⟨Präfixoid⟩: drückt aus, dass das im Basiswort Genannte auf widerrechtlichem Wege hergestellt, gemacht worden ist: Raubausgabe; Raubdruck; Raubfischerei; Raubgrabung; Raubkopie; Raubpressung *(nicht autorisiertes Reproduzieren von Schallplatten oder Musikkassetten).* **Syn.:** Piraten-, Schwarz-.

Raub|bau ['rau̯pbau̯], der; -[e]s: *intensive [wirtschaftliche] Nutzung einer Sache, die den Bestand dieser Sache gefährdet:* nach diesem jahrelangen Raubbau wird der Acker keine nennenswerten Erträge mehr hervorbringen; Raubbau am Wald; Raubbau treiben.

rau|ben ['rau̯bn̩] ⟨tr.; hat⟩: *einen Raub begehen:* er hat [ihr] das Geld und den Schmuck geraubt. **Syn.:** klauen (ugs.), stehlen, wegnehmen.

Räu|ber ['rɔy̯bɐ], der; -s, -, **Räu|be|rin** ['rɔy̯bərɪn], die; -, -nen: *Person, die raubt:* Räuber machen die Gegend unsicher, haben ihn überfallen; es gelang dem Räuber zu flüchten; die Räuberin wurde festgenommen. **Syn.:** Bandit, Banditin, Dieb,

Diebin, Einbrecher, Einbrecherin, Ganove (ugs. abwertend), Ganovin (ugs. abwertend), Langfinger (ugs.), Verbrecher, Verbrecherin. **Zus.:** Handtaschenräuber, Handtaschenräuberin.

Raub|tier ['rau̯ptiːɐ̯], das; -[e]s, -e: *Säugetier mit kräftigen, scharfen Zähnen, das sich vorwiegend von anderen Säugetieren ernährt:* ein schnelles, gefährliches Raubtier; in diesem Zirkus werden keine Nummern mit Raubtieren gezeigt.

Raub|vo|gel ['rau̯pfoːgl̩], der; -s, Raubvögel ['rau̯pføːgl̩] (Zool. veraltet): *größerer Vogel, der besonders auf kleinere (Säuge)tiere Jagd macht:* über dem Feld kreiste ein Raubvogel.

Rauch [rau̯x], der; -[e]s: *von brennenden Stoffen [in Schwaden] aufsteigendes Gewölk aus Gasen:* dicker, schwarzer Rauch; der Rauch einer Zigarette, aus einer Pfeife; der Rauch steigt in die Höhe, breitet sich aus, zieht ab; Rauch drang aus dem brennenden Haus; Rauch *(Tabakrauch)* einatmen, inhalieren, durch die Nase blasen; das Zimmer war voll[er] Rauch; bei dem Brand sind mehrere Personen im Rauch erstickt. **Syn.:** Qualm. **Zus.:** Pfeifenrauch, Tabakrauch, Zigarettenrauch, Zigarrenrauch.

rau|chen ['rau̯xn̩]:
1. ⟨tr.; hat⟩: *Tabakrauch (aus einer brennenden Zigarette o. Ä.) in sich hineinziehend einatmen und wieder ausstoßen:* eine Zigarette, Zigarre rauchen; Haschisch rauchen; jeden Abend seine Pfeife rauchen; ⟨auch itr.⟩ ich darf nicht mehr rauchen. **Syn.:** kiffen (Jargon), paffen (ugs.), qualmen (ugs., meist abwertend), schmauchen.
2. ⟨itr.; hat⟩ *Rauch bilden, von sich geben:* der Schornstein, der Ofen raucht. **Syn.:** qualmen.

Rau|cher ['rau̯xɐ], der; -s, -:
1. *Person, die aus Gewohnheit raucht:* als starker, passionierter Raucher braucht er mindestens vierzig Zigaretten am Tag; Raucher sein. **Zus.:** Haschischraucher, Pfeifenraucher, Zigarrenraucher.
2. ⟨ohne Artikel⟩ *Abteil, Platz für Raucher:* im Raucher sitzen.

Rau|che|rin ['rau̯xərɪn], die; -, -nen: weibliche Form zu ↑Raucher (1).

räu|chern ['rɔy̯çɐn] ⟨tr.; hat⟩: *Fleisch, Fisch o. Ä. dem Rauch aussetzen und dadurch haltbar machen:* Schinken räuchern; geräucherte Wurst; frisch geräucherte Makrelen.

Rauch|wa|ren ['rau̯xvaːrən], die ⟨Plural⟩:
1. *Zigaretten, Zigarren, Tabak:* der Kiosk führt Zeitschriften, Getränke und Rauchwaren.
2. *Waren aus Pelz:* er handelt mit Textilien und Rauchwaren.

räu|dig ['rɔy̯dɪç] ⟨Adj.⟩: *von der Räude, einer bei bestimmten Tieren auftretenden Hautkrankheit, befallen:* der Tierarzt sonderte die räudigen Pferde von den gesunden ab.

rauf- [rau̯f] ⟨trennbares verbales Bestimmungswort⟩ (ugs.): *[auf jmdn., etwas] herauf-, hinauf-:* raufgehen *(hinaufgehen);* raufkommen *(heraufkommen);* raufbitten *(heraufbitten).*

Rauf|bold ['rau̯fbɔlt], der; -[e]s, -e (abwertend): *Person, die oft in Raufereien verwickelt ist:* er ist ein Raufbold; jeder geht diesem Raufbold aus dem Wege. **Syn.:** Flegel (abwertend), Rabauke (ugs.), Rowdy (abwertend), Schläger, Schlägerin.

rau|fen ['rau̯fn̩] ⟨itr.; hat⟩: *prügelnd mit jmdm. kämpfen:* die Kinder rauften auf dem Schulhof; hört endlich auf zu raufen!; er hat mit ihm gerauft; ⟨auch + sich⟩ die Burschen raufen sich; hast du dich schon wieder mit ihm gerauft? **Syn.:** sich balgen, handgemein werden (veraltend), sich hauen, miteinander ringen, sich prügeln, sich schlagen.

Raum [rau̯m], der; -[e]s, Räume ['rɔy̯mə]:
1. *von Wänden, Boden und Decke umschlossener Teil eines Gebäudes o. Ä.:* ein kleiner, großer, heller, gemütlicher, freundlicher Raum; ein Raum zum Arbeiten; die Wohnung hat fünf Räume; dieser Raum ist nicht heizbar; sie betrat, verließ den Raum; einen Raum möblieren, mehrere Räume mieten. **Syn.:** Kammer, Stube (veraltend, noch landsch.), Zimmer. **Zus.:** Konferenzraum, Vorratsraum.
2. ⟨ohne Plural⟩ (geh.) *für jmdn. oder etwas zur Verfügung stehender Platz:* ich habe keinen Raum für meine Bücher; dies nimmt nur einen winzigen Raum ein; Raum schaffen, finden; auf engstem Raum *(in großer Enge)* zusammenleben. **Zus.:** Wohnraum.
3. a) *geografisch-politischer Bereich:* der mitteleuropäische Raum; der Raum um Berlin; im Hamburger Raum/im Raum Hamburg waren die Stürme am heftigsten. **Syn.:** Gebiet, Gegend, Region. **Zus.:** Sprachraum. **b)** *Bereich, in dem etwas wirkt:* der kirchliche, politische, geistige Raum. **Syn.:** Sektor.
4. *in Länge, Breite und Höhe nicht eingegrenzte Ausdehnung:* der unendliche Raum des Universums. **Syn.:** Weite, Weltall. **Zus.:** Himmelsraum.

räu|men ['rɔy̯mən] ⟨tr.; hat⟩:
a) *einen Raum durch Verlassen oder Räumen* (b) *frei machen:* die Wohnung, den Platz, ein Lager, eine Stadt räumen. **Syn.:** ausziehen, leeren, verlassen, weggehen. **b)** *[störende] Dinge wegnehmen und an einen anderen Platz bringen, um dadurch einen größeren freien Raum zu schaffen:* Geschirr vom Tisch räumen; die Wäsche aus dem Schrank räumen. **Syn.:** beseitigen, entfernen. **Zus.:** forträumen, wegräumen.

Raum|fahrt ['rau̯mfaːɐ̯t], die; -: *alles, was der Mensch unternimmt, um mit Fahrzeugen in den Weltraum zu gelangen:* die Raumfahrt fördern. **Zus.:** Weltraumfahrt.

räum|lich ['rɔy̯mlɪç] ⟨Adj.⟩: *auf die Ausdehnung, den Raum bezogen:* wir meinten, eine räumliche Trennung wäre gut für unsere in der Krise steckende Beziehung; wir sind räumlich sehr beengt *(haben wenig [Wohn]raum).* **Syn.:** lokal, örtlich.

rau|nen ['rau̯nən] ⟨tr.; hat⟩: *leise, geheimnisvoll und nur mit gedämpfter Stimme zu jmdm. reden:* er raunte ihr Liebkosungen und Zärtlichkeiten ins Ohr. **Syn.:** flüstern, hauchen, murmeln, wispern.

real/reell

Das Adjektiv **real** bedeutet *in Wirklichkeit vorhanden, an der Wirklichkeit orientiert:*	Dagegen bedeutet **reell** **a)** *ehrlich:*
– In diesem Zustand weiß man nicht mehr, was real ist und was geträumt. – Sie ist eine real denkende Politikerin *(sie gibt sich keinen Illusionen hin).*	– Das ist ein reelles Angebot ohne miese Tricks. **b)** *wirklich, echt.* Attributiv wird es in dieser Bedeutung fast ausschließlich in Verbindung mit den Substantiven »Chance« und »Möglichkeit« verwendet: – Er hat eine reelle Chance, das Rennen noch zu gewinnen.

Rau|pe [ˈrau̯pə], die; -, -n: *kleine, lang gestreckte, walzenförmige Larve des Schmetterlings mit borstig behaartem, gegliedertem Körper, die sich auf mehreren kleinen Beinpaaren kriechend fortbewegt:* igitt, im Salat ist eine Raupe!

Rau|reif [ˈrau̯rai̯f], der; -[e]s: *Reif in Form von einzelnen, gut unterscheidbaren Kristallen, der sich bei nebligem Frostwetter besonders an Pflanzen ansetzt:* an diesem kalten Morgen waren sämtliche Bäume mit Raureif bedeckt.

raus- [rau̯s] ⟨trennbares verbales Bestimmungswort⟩ (ugs.): *[aus etwas] heraus-, hinaus-:* aus dem Zimmer rausbringen *(herausbringen);* keinen Ton rausbringen *(herausbringen);* aus dem Zimmer rausholen *(herausholen);* rausglotzen; rauswerfen *(heraus-, hinauswerfen);* rausziehen.

Rausch [rau̯ʃ], der; -[e]s, Räusche [ˈrɔy̯ʃə]: **a)** *durch Genuss von zu viel Alkohol, von Drogen o. Ä. hervorgerufener Zustand, in dem der Bezug zur Wirklichkeit teilweise verloren geht und eine Verwirrung der Gedanken und Gefühle eintritt:* einen leichten, schweren Rausch haben; seinen Rausch ausschlafen; sich einen [gehörigen] Rausch antrinken; aus seinem Rausch erwachen; in seinem Rausch wusste er nicht, was er sagte. **Syn.:** Schwips, Trip. **Zus.:** Bierrausch, Drogenrausch, Weinrausch. **b)** *übersteigerter ekstatischer Bewusstseinszustand; Glücksgefühl, das jmdn. über seine normale Gefühlslage hinaushebt:* ein wilder Rausch der Leidenschaft, Liebe; den Rausch der Geschwindigkeit lieben; im Rausch des Erfolges, Sieges. **Syn.:** Ekstase, Erregung, Lust. **Zus.:** Freudenrausch, Geschwindigkeitsrausch, Siegesrausch.

rau|schen [ˈrau̯ʃn̩] ⟨itr.; hat⟩: *ein länger anhaltendes Geräusch hervorbringen wie das von starkem Wind bewegte Laub:* das Meer, der Wald, der Bach rauscht; der Wind rauscht in den Zweigen; rauschender *(starker)* Beifall; rauschende *(prunkvolle)* Feste. **Syn.:** brausen, sausen, toben, tosen.

Rausch|gift [ˈrau̯ʃɡɪft], das; -[e]s, -e: *Stoff, der auf das Zentralnervensystem des Menschen erregend oder lähmend wirkt und so zu Bewusstseinsveränderungen und Euphorie führt und psychische wie körperliche Abhängigkeit hervorrufen kann:* Rauschgift nehmen. **Syn.:** Drogen ⟨Plural⟩, Stoff (Jargon).

räus|pern [ˈrɔy̯spɐn] ⟨+ sich⟩: *mit rauem, krächzendem Laut sich die verschleimte Kehle frei machen:* während seiner Rede musste er sich mehrmals räuspern. **Syn.:** hüsteln, husten.

Raz|zia [ˈrat͜si̯a], die; -, Razzien [ˈrat͜si̯ən]: *überraschend durchgeführte polizeiliche Fahndungsaktion in einem begrenzten Bezirk:* eine Razzia veranstalten, durchführen; [eine] Razzia [auf Dealer] machen; bei einer Razzia wurde der lange gesuchte Verbrecher festgenommen. **Syn.:** Durchsuchung, Haussuchung.

re-, Re- [re] ⟨Präfix in Verbindung mit einem fremdsprachlichen Basiswort⟩: **1.** /Ggs. ent-/: **a)** *wieder zurück in einen (im Basiswort genannten) früheren Zustand bringen:* reamateurisieren; redemokratisieren; reintegrieren; Reinvestition; Reislamisierung; repersonalisieren; rereformieren. **b)** *wieder von Neuem einen bestimmten (im Basiswort genannten) Zustand hervorrufen:* reliberalisieren; Repolitisierung; revitalisieren. **2.** *durch eine (im Basiswort genannte) Tätigkeit eine Veränderung oder Verbesserung herbeiführen:* reorganisieren; Resozialisierung.

re|a|gie|ren [reaˈɡiːrən] ⟨itr.; hat⟩: *(auf etwas) in irgendeiner Weise ansprechen und eine Wirkung zeigen:* sie hat auf diese Vorwürfe heftig, prompt, falsch reagiert; er reagierte schnell. **Syn.:** antworten, aufnehmen, begegnen (geh.), eingehen, entgegnen, erwidern, kontern.

Re|ak|ti|on [reakˈt͜si̯oːn], die; -, -en: *das Reagieren:* keinerlei Reaktion zeigen; die Reaktion auf den Aufruf war enttäuschend. **Syn.:** Antwort, Reflex, Wirkung. **Zus.:** Abwehrreaktion.

re|ak|ti|o|när [reakt͜si̯oˈnɛːɐ̯] ⟨Adj.⟩: *[politische] Verhältnisse erstrebend, die als überwunden und nicht mehr zeitgemäß empfunden werden:* reaktionäre Ziele; eine reaktionäre Partei; reaktionär eingestellt sein. **Syn.:** konservativ, nicht zeitgemäß, rechts, rückständig.

re|al [reˈaːl] ⟨Adj.⟩: **a)** *in der Wirklichkeit (und nicht nur in der Vorstellung) so vorhanden:* die realen Gegebenheiten; sein Geld in realen Werten anlegen. **Syn.:** gegenständlich, greifbar, konkret, materiell, stofflich. **b)** *mit der Wirklichkeit in Zusammenhang stehend:* ich habe ganz reale Vorstellungen von meiner Zukunft; eine real denkende Politikerin. **Syn.:** konkret, wirklich.

real/reell: *s.* Kasten.

Re|al|gym|na|sium [reˈaːlɡʏm-

na:zi̯ʊm], das; -s, Realgymnasien [re'a:lgʏm'na:zi̯ən] :
1. (früher) *höhere Schule mit besonderer Betonung der Naturwissenschaften und der modernen Sprachen; neusprachliches Gymnasium.*
2. (österr., schweiz.) *Gymnasium mit besonderer Betonung von Mathematik und Naturwissenschaften:* sie besucht die 9. Klasse des Realgymnasiums.

re|a|li|sie|ren [reali'zi:rən] ⟨tr.; hat⟩:
1. *in die Tat umsetzen:* einen Plan, Ideen realisieren. **Syn.:** abwickeln, auf die Beine stellen, ausführen, bewerkstelligen, durchführen, [1]durchziehen (ugs.), erledigen, machen, verwirklichen, zustande bringen, zuwege bringen.
2. *erkennen, einsehen, begreifen:* ich kann das alles noch gar nicht realisieren; bis wir realisiert hatten, was vorging, war alles vorbei. **Syn.:** [2]durchschauen, erfassen, fassen, kapieren (ugs.), mitbekommen, sich klar werden über, verstehen.

Re|a|lis|mus [rea'lɪsmʊs], der; -:
1. *wirklichkeitsnahe Einstellung, [nüchterner] Sinn für die tatsächlichen Verhältnisse, für das Nützliche:* ihr Realismus bewahrte sie vor allen Hirngespinsten.
2. *um Übereinstimmung mit der Wirklichkeit bemühte, sie nachahmende Art der künstlerischen Darstellung:* die Romane dieses Schriftstellers sind dem Realismus zuzurechnen.

Re|a|list [rea'lɪst], der; -en, -en:
1. *Person, die sich durch Realismus* (1) *auszeichnet:* ich bin kein Traumtänzer, sondern Realist.
2. *Vertreter des Realismus* (2): die Wandlung vom Romantiker zum Realisten.

Re|a|lis|tin [rea'lɪstɪn], die; -, -nen: weibliche Form zu ↑Realist (1).

re|a|lis|tisch [rea'lɪstɪʃ] ⟨Adj.⟩:
a) *der Wirklichkeit entsprechend:* eine realistische Darstellung; der Film ist sehr realistisch. **Syn.:** lebensnah. **b)** *sachlich-nüchtern, ohne Illusion, ohne Gefühlserregung:* eine realistische Einschätzung; etwas ganz realistisch sehen, betrachten, beurteilen. **Syn.:** illusionslos, klar, nüchtern, objektiv, prosaisch, rational, sachlich, trocken.

Re|a|li|tät [reali'tɛ:t], die; -, -en: *wirklicher Zustand, tatsächliche Lage:* die Realität sieht anders aus; von den Realitäten ausgehen. **Syn.:** Fakt, Sachlage, Tatsache, Wirklichkeit.

Re|al|schu|le [re'a:lʃu:lə], die; -, -n: *in Bildungsangebot und Lernziel zwischen Hauptschule und Gymnasium rangierende Schule:* auf die Realschule gehen.

Re|be ['re:bə], die; -, -n: *rankende Pflanze mit in Trauben wachsenden Beerenfrüchten, aus deren Saft Wein hergestellt wird:* die Hälfte der Reben war von Schädlingen befallen. **Zus.:** Weinrebe.

Re|bell [re'bɛl], der; -en, -en, **Re|bel|lin** [re'bɛlɪn], die; -, -nen: *Person, die sich an einer Rebellion beteiligt.* **Syn.:** Aufrührer, Aufrührerin, Revolutionär, Revolutionärin.

re|bel|lie|ren [rebɛ'li:rən] ⟨itr.; hat⟩: *eine Rebellion veranstalten:* die Stämme der Barbaren rebellierten; die Gefangenen rebellieren gegen die unmenschliche Behandlung. **Syn.:** ankämpfen, aufbegehren (geh.), sich auflehnen, aufmucken (ugs.), sich entgegenstellen, meutern (ugs.), mucksen (ugs.), opponieren, protestieren, revoltieren, sich widersetzen.

Re|bel|li|on [rebɛ'li̯o:n], die; -, -en: *von einer Gruppe von Leuten unternommenes offenes Aufbegehren gegen den oder die Inhaber der Macht o. Ä., gegen die sie sich wehren:* eine Rebellion unterdrücken, niederschlagen. **Syn.:** Aufruhr, Aufstand, Ausschreitungen ⟨Plural⟩, Erhebung, Meuterei, Putsch, Revolte, Unruhen ⟨Plural⟩, Verschwörung. **Zus.:** Gefangenenrebellion, Militärrebellion.

re|bel|lisch [re'bɛlɪʃ] ⟨Adj.⟩:
a) *rebellierend:* die rebellischen Truppen besetzten die Hauptstadt. **Syn.:** aufrührerisch, aufständisch, meuternd, rebellierend, revoltierend. **b)** *(gegen bestehende Verhältnisse o. Ä.) aufbegehrend:* die Jugend an unseren Universitäten wird rebellisch. **Syn.:** aufmüpfig (ugs.), aufrührerisch, aufsässig, aufständisch, renitent, trotzig, ungehorsam, widersetzlich.

Re|chen ['rɛçn̩], der; -s, - (bes. südd.): *Harke:* das Beet mit dem Rechen glätten.

Re|chen|schaft ['rɛçn̩ʃaft], die; -: *Auskunft, die man jmdm. über etwas gibt, wofür man verantwortlich ist:* über jeden ausgegebenen Cent Rechenschaft ablegen, geben; über sein Privatleben ist man dem Chef keine Rechenschaft schuldig; jmdn. für etwas zur Rechenschaft *(Verantwortung)* ziehen.

Re|cher|che [re'ʃɛrʃə], die; -, -n: *intensives Sichbemühen, etwas herauszufinden, sich Informationen, Kenntnisse o. Ä. zu verschaffen:* die Recherche blieb ergebnislos; ich begann mit meinen Recherchen über den Abgeordneten. **Syn.:** Ermittlung, Prüfung, Untersuchung.

re|cher|chie|ren [reʃɛr'ʃi:rən]:
a) ⟨itr.; hat⟩ *Recherchen anstellen:* die Reporterin hat gründlich, erfolglos recherchiert. **Syn.:** Auskunft einholen, forschen, nachforschen. **b)** ⟨tr.; hat⟩ *durch Recherchieren* (a) *herausfinden:* die Hintergründe eines Falles recherchieren. **Syn.:** aufdecken, ausfindig machen, auskundschaften, enthüllen, erforschen, ermitteln, zutage bringen.

rech|nen ['rɛçnən], rechnete, gerechnet:
1. ⟨itr.; hat⟩ **a)** *Zahlengrößen nach bestimmten Regeln zu Ergebnissen verbinden:* hast du auch richtig gerechnet?; stundenlang an einer Aufgabe rechnen; ⟨auch tr.⟩ ich habe die Aufgabe richtig gerechnet. **Syn.:** ausrechnen, errechnen, kalkulieren. **b)** *(mit dem Geld) haushälterisch umgehen:* sie rechnen mit jedem Cent. **Syn.:** disponieren (bildungsspr.), haushalten, knausern (ugs.), maßhalten, sparen, wirtschaften.
2. ⟨itr.; hat⟩ *darauf vertrauen, dass etwas Erwartetes eintritt oder dass jmd. das, was man erwartet, auch leistet:* auf ihn kannst du bei dieser Arbeit bestimmt rechnen; mit ihrer Hilfe ist nicht zu rechnen; kann ich mit einer Antwort rechnen?; ich habe nicht damit gerechnet, dass sie

kommt. **Syn.:** bauen auf, erwarten, glauben an, sich verlassen auf, zählen auf.
3. ⟨tr.; hat⟩ *jmdn., etwas zu jmdm., einer Sache zählen:* das Geld für die Kleidung rechne ich zu den festen Kosten; wir rechnen sie zu unseren besten Mitarbeiterinnen. **Syn.:** einbeziehen, halten für.

Rech|ner [ˈrɛçnɐ], der; -s, -: *elektronisches Rechengerät oder elektronische Rechenanlage:* ein leistungsfähiger Rechner; der Rechner ist so programmiert, dass er das erkennen kann. **Syn.:** Computer. **Zus.:** Großrechner, Zentralrechner.

rech|ne|risch [ˈrɛçnərɪʃ] ⟨Adj.⟩: *auf das Rechnen bezogen; mithilfe des Rechnens:* rein rechnerisch gesehen, ist die Aufgabe zu lösen.

Rech|nung [ˈrɛçnʊŋ], die; -, -en:
1. *etwas, was zu errechnen ist oder errechnet worden ist:* eine einfache Rechnung; die Rechnung stimmt nicht. **Syn.:** Aufgabe, Berechnung, Kalkulation.
2. *Aufstellung und Zusammenfassung aller Kosten für einen gekauften Gegenstand oder für eine Leistung:* offene, unbezahlte Rechnungen; eine Rechnung ausstellen, bezahlen. **Syn.:** Forderung, Zeche. **Zus.:** Arztrechnung, Hotelrechnung, Stromrechnung, Telefonrechnung.

recht [rɛçt] ⟨Adj.⟩:
1. *richtig, geeignet, passend (für einen bestimmten Zweck):* zur rechten Zeit kommen; dies ist nicht der rechte Weg; ist dir dieser Termin recht? **Syn.:** adäquat (bildungsspr.), angebracht, angemessen, ideal.
2. *(in Bezug auf ein Ausmaß, eine Menge o. Ä.) in einem Maß, das eine gewisse Grenze nicht überschreitet:* sie war heute recht freundlich zu mir; das ist eine recht gute Arbeit; sei recht *(sehr)* herzlich gegrüßt. **Syn.:** einigermaßen, ganz, halbwegs (ugs.), ziemlich.

Recht [rɛçt], das; -[e]s, -e:
1. *berechtigter, von Rechts* (2) *wegen zuerkannter Anspruch:* ein Recht auf Arbeit haben; seine Rechte verteidigen, in Anspruch nehmen; was gibt dir das Recht, so etwas zu behaupten? **Syn.:** Anrecht, Befugnis, Berechtigung.
2. ⟨ohne Plural⟩ *Gesamtheit der Gesetze, der allgemeinen Normen, Prinzipien:* das römische, deutsche, kirchliche Recht; Recht sprechen; gegen Recht und Gesetz; das Recht brechen, verdrehen, missachten; nach geltendem Recht urteilen. **Syn.:** Gesetze ⟨Plural⟩. **Zus.:** Beamtenrecht, Familienrecht, Patentrecht, Prozessrecht.
3. ⟨ohne Plural⟩ *das, was dem Gefühl für Recht gemäß ist:* das Recht war auf meiner Seite; im Recht sein, sich im Recht fühlen; nach Recht und Gewissen handeln; mit vollem Recht hat sie sich gegen diese Anschuldigungen gewehrt; *** recht/Recht haben:** *das Richtige geäußert, vermutet o. Ä. haben;* *** recht/Recht bekommen:** *bestätigt bekommen, dass man recht hat;* *** jmdm. recht/Recht geben:** *jmdm. zustimmen, seinen Standpunkt als zutreffend anerkennen.*

recht... [ˈrɛçt...] ⟨Adj.⟩:
1. *sich auf derjenigen Seite befindend, die der Seite, auf der das Herz ist, entgegengesetzt ist* /Ggs. link.../: das rechte Bein; auf der rechten Seite.
2. *(von Stoffen o. Ä.) die nach außen zu tragende bzw. nach oben zu legende schönere Seite betreffend:* diese kostbare Bluse darfst du nicht auf der rechten Seite bügeln.
3. *(in politischer oder weltanschaulicher Hinsicht) die Rechte* (3) *betreffend, zur Rechten gehörend:* innerhalb der Partei gehört sie zum rechten Flügel. **Syn.:** konservativ, reaktionär, rückständig.

Rech|te [ˈrɛçtə], die; -n:
1. *rechte Hand* /Ggs. Linke/: reich mir zur Versöhnung deine Rechte!
2. *Schlag mit der rechten Faust:* eine harte Rechte einstecken müssen.
3. *Gruppe von Leuten, die politisch eine konservative bis extrem nationalistische Richtung vertreten.*

Recht|eck [ˈrɛçt|ɛk], das; -[e]s, -e: *Viereck mit vier rechtwinkligen Ecken und je zwei sich gegenüberliegenden parallen und gleich langen Seiten:* berechne die Fläche des Rechtecks.

recht|eckig [ˈrɛçt|ɛkɪç] ⟨Adj.⟩: *die Form eines Rechtecks aufweisend:* ein rechteckiger Grundriss.

recht|fer|ti|gen [ˈrɛçtfɛrtɪgn̩], rechtfertigte, gerechtfertigt:
a) ⟨tr.; hat⟩ *etwas, das eigene Verhalten oder das Verhalten eines anderen so erklären, dass es als berechtigt erscheint:* ich versuchte, ihr Benehmen zu rechtfertigen; diese Tat ist durch nichts zu rechtfertigen. **Syn.:** entlasten, entschuldigen, in Schutz nehmen, rehabilitieren, verteidigen. **b)** ⟨+ sich⟩ *sich verantworten, sich wegen eines Vorwurfs verteidigen:* ich brauche mich nicht zu rechtfertigen. **Syn.:** sich entschuldigen.

recht|ha|be|risch [ˈrɛçtha:bərɪʃ] ⟨Adj.⟩ (abwertend): *die eigene Meinung immer für die richtige haltend und auf ihr beharrend:* selbst als man ihm das Gegenteil beweisen konnte, hielt dieser rechthaberische Mensch an seiner Behauptung fest; ich mag sie nicht, weil sie so rechthaberisch ist. **Syn.:** eigensinnig, halsstarrig, starrsinnig, störrisch, streitsüchtig, stur (ugs. abwertend), trotzig, unnachgiebig, zänkisch.

recht|lich [ˈrɛçtlɪç] ⟨Adj.⟩: *nach dem [gültigen] Recht, auf ihm beruhend:* etwas vom rechtlichen Standpunkt aus betrachten; dieses Vorgehen ist rechtlich nicht zulässig. **Syn.:** juristisch, legal, legitim, rechtmäßig.

recht|los [ˈrɛçtlo:s] ⟨Adj.⟩: *ohne Rechte, keine Rechte habend:* die rechtlose Stellung der Sklaven; wir fühlten uns rechtlos wie in einer Diktatur.

recht|mä|ßig [ˈrɛçtmɛ:sɪç] ⟨Adj.⟩: *dem Recht, Gesetz entsprechend:* die rechtmäßige Besitzerin; die rechtmäßig gewählte Regierung. **Syn.:** befugt, gesetzlich, legal, legitim, rechtlich.

[1]**rechts** [rɛçts] ⟨Adverb⟩ /Ggs. links/:
a) *auf der rechten* (1) *Seite:* sich nach rechts wenden; die zweite Querstraße rechts; die Garage steht rechts von dem Haus.
b) *die rechte* (2) *Seite betreffend:* den Stoff nicht [von] rechts

bügeln. **c)** *eine rechte* (3) *Auffassung habend:* eindeutig rechts stehen; rechts eingestellt sein; rechts wählen. **Syn.:** konservativ, reaktionär, rückständig.

²rechts [rɛçts] ⟨Präp. mit Gen.⟩ /Ggs. links/:
auf der rechten (1) *Seite von etwas gelegen:* die Garage steht rechts des Hauses; das Dorf liegt rechts des Rheins.

Rechts|an|walt [ˈrɛçts|anvalt], der; -[e]s, Rechtsanwälte [...ˈanvɛltə], **Rechts|an|wäl|tin** [ˈrɛçts|anvɛltɪn], die; -, -nen:
Person, die jmdn. in rechtlichen Fragen berät oder (z. B. bei Prozessen vor Gericht) vertritt: er ist Rechtsanwalt und Notar; sie ist beim Amtsgericht Karlsruhe als Anwältin zugelassen; sich einen Rechtsanwalt nehmen. **Syn.:** Anwalt, Anwältin, Jurist, Juristin, Rechtsbeistand, Verteidiger, Verteidigerin.

recht|schaf|fen [ˈrɛçtʃafn̩] ⟨Adj.⟩ (veraltend):
tüchtig und von hohem moralischem Rang: rechtschaffene Bürger und Bürgerinnen. **Syn.:** anständig, brav, ehrlich, lauter, loyal (bildungsspr.), ordentlich, redlich, solide, unbestechlich, untad[e]lig, vertrauenswürdig.

recht|wink|lig [ˈrɛçtvɪŋklɪç] ⟨Adj.⟩:
einen Winkel von 90° habend: ein rechtwinkliges Dreieck.

recht|zei|tig [ˈrɛçttsaitɪç] ⟨Adj.⟩:
zum richtigen Zeitpunkt (so, dass es noch früh genug ist): wir wollen rechtzeitig im Kino sein, damit wir noch gute Plätze bekommen; eine Krankheit rechtzeitig erkennen. **Syn.:** frühzeitig, pünktlich, zeitig.

rechtzeitig / frühzeitig:
s. Kasten Seite 399.

Reck [rɛk], das; -[e]s, -e, auch: -s:
Turngerät, das aus einer zwischen zwei festen senkrechten Stützen angebrachten stählernen Stange besteht: eine Felge am Reck machen; mit einem doppelten Salto vom Reck abgehen.

re|cken [ˈrɛkn̩] ⟨tr.; hat⟩:
[sich] gerade-, auf-, hochrichten, in die Höhe, irgendwohin strecken, dehnen: den Kopf [in die Höhe] recken, um etwas besser zu sehen; ⟨auch + sich⟩ ich reckte und streckte mich, um wach zu werden. **Syn.:** ausdehnen, ausstrecken.

Re|cor|der [reˈkɔrdɐ]: ↑Rekorder.

re|cy|celn [riˈsaikl̩n] ⟨tr.; hat⟩:
einem Recycling zuführen: Dosen recyceln; das Papier wird recycelt. **Syn.:** wiederaufbereiten.

Re|cy|cling [riˈsaiklɪŋ], das; -s, -s:
Aufbereitung und Wiederverwendung von Rohstoffen.

Re|dak|teur [redakˈtøːɐ̯], der; -s, -e, **Re|dak|teu|rin** [redakˈtøːrɪn], die; -, -nen:
Person, die für Zeitungen, Zeitschriften, Bücher o. Ä. oder für Rundfunk oder Fernsehen Beiträge auswählt, bearbeitet oder selbst verfasst. **Syn.:** Journalist, Journalistin, Lektor, Lektorin. **Zus.:** Chefredakteur, Chefredakteurin, Sportredakteur, Sportredakteurin, Verlagsredakteur, Verlagsredakteurin, Zeitungsredakteur, Zeitungsredakteurin.

Re|dak|ti|on [redakˈtsi̯oːn], die; -, -en:
1. ⟨ohne Plural⟩ *Tätigkeit des Redakteurs, der Redakteurin; das Redigieren:* bis Mitternacht waren sie mit der Redaktion der Zeitung beschäftigt. **Zus.:** Endredaktion, Schlussredaktion.
2. *Gesamtheit der Redakteure und Redakteurinnen einer Zeitung, eines Verlages o. Ä.:* die Redaktion versammelte sich zu einer Besprechung. **Zus.:** Zeitungsredaktion.
3. a) *Abteilung bei einer Zeitung, einem Verlag o. Ä., in der Redakteure, Redakteurinnen arbeiten:* eine Redaktion leiten. **b)** *Raum oder Räume, in denen die Redakteure arbeiten:* sämtliche Mitarbeiter des Verlages versammelten sich in der Redaktion.

Re|de [ˈreːdə], die; -, -n:
1. *aus einem bestimmten Anlass gehaltener Vortrag (meist in der Absicht, nicht nur Fakten darzulegen, sondern auch zu überzeugen, Meinungen zu prägen):* sie hielt eine Rede auf den Verstorbenen, vor dem Parlament, zum Tag des Baumes. **Syn.:** Ansprache, Referat. **Zus.:** Abschiedsrede, Antrittsrede, Gedenkrede, Grabrede.
2. ⟨ohne Plural⟩ *das Sprechen:* die Rede auf etwas, jmdn. bringen, lenken; jmdm. in die Rede fallen; wovon war die Rede? **Syn.:** Gespräch, Unterhaltung.

re|den [ˈreːdn̩], redete, hat geredet ⟨itr.; hat⟩:
1. a) *etwas Zusammenhängendes sagen; sich in Worten äußern:* laut, leise, undeutlich, langsam reden; ⟨auch tr.⟩ Unsinn, kein Wort reden. **Syn.:** sich auslassen, mitteilen, sprechen, sich verbreiten. **b)** *ein Gespräch führen:* mit jmdm. reden; wir redeten über das Wetter. **Syn.:** klatschen, klönen (nordd. ugs.), plaudern, plauschen (landsch.), schwatzen, schwätzen, sprechen, tratschen (ugs. emotional), sich unterhalten.
2. *eine Rede halten:* im Radio, vor einer großen Zuhörerschaft, zum Volk reden. **Syn.:** sprechen, vortragen.

Re|dens|art [ˈreːdn̩s|aːɐ̯t], die; -, -en:
a) *immer wieder gebrauchte, formelhafte Verbindung von Wörtern (meist als Satz):* »wenn Ostern und Pfingsten auf einen Tag fallen« ist eine Redensart. **Syn.:** Redewendung. **b)** ⟨Plural⟩ *leere, nichtssagende Worte:* der Personalchef legte sich nicht fest, sondern speiste mich mit Redensarten ab. **Syn.:** Floskeln ⟨Plural⟩, Gemeinplätze ⟨Plural⟩, Phrasen ⟨Plural⟩, Redewendungen ⟨Plural⟩.

Re|de|wen|dung [ˈreːdəvɛndʊŋ], die; -, -en:
a) *feste Verbindung von Wörtern, die zusammen eine bestimmte, meist bildlich-metaphorische Bedeutung haben:* die Redewendung »jmdn. auf die Schippe nehmen«. **Syn.:** feste Wendung, Redensart. **b)** ⟨Plural⟩ *zum Klischee erstarrte, gedankenlos gebrauchte Worte:* auf ihre gezielten Fragen antwortete er nur mit allgemeinen Redewendungen. **Syn.:** Floskeln ⟨Plural⟩, Gemeinplätze ⟨Plural⟩, Phrasen ⟨Plural⟩, Redensarten ⟨Plural⟩.

re|di|gie|ren [rediˈɡiːrən] ⟨tr.; hat⟩:
a) *[als Redakteur, Redakteurin] (einen Text) bearbeiten, ihm die endgültige Form für die Veröffentlichung geben:* sie redigierte den Artikel des Londoner Korrespondenten. **Syn.:** korrigieren, überarbeiten. **b)** *(eine Zeitung o. Ä.) durch Bestimmung von Inhalt und Form, Auswahl und Bearbeitung der Beiträge*

R
rech

gestalten: ich redigiere die Zeitschrift seit ihrer Gründung.

red|lich ['re:tlɪç] ⟨Adj.⟩: *rechtschaffen und aufrichtig* /Ggs. unredlich/: eine redliche Gesinnung; es redlich [mit jmdm.] meinen; sich redlich durchs Leben schlagen. **Syn.:** anständig, brav, ehrlich, [1]lauter, loyal (bildungsspr.), ordentlich, rechtschaffen, solide, unbestechlich, untad[e]lig, vertrauenswürdig.

Red|ner ['re:dnɐ], der; -s, -, **Red|ne|rin** ['re:dnərɪn], die; -, -nen: *Person, die eine Rede hält:* man hatte sie als Rednerin für die Veranstaltung gewinnen können. **Syn.:** Referent, Referentin.

red|se|lig ['re:tze:lɪç] ⟨Adj.⟩: *zu langem Sprechen und ausführlichen Schilderungen neigend; viel und gern redend:* die redselige alte Frau wollte mich nicht gehen lassen; wenn er getrunken hat, wird dieser schweigsame Mensch richtig redselig. **Syn.:** geschwätzig (abwertend), gesprächig.

re|du|zie|ren [redu'tsi:rən] ⟨tr.; hat⟩: *(in Wert, Ausmaß, Anzahl) vermindern:* die Preise, Ausgaben, Kosten reduzieren; die Regierung beschloss, ihre Truppen im Ausland zu reduzieren. **Syn.:** begrenzen, beschränken, drosseln, drücken, herabsetzen, kürzen, mindern, schmälern, verkleinern, verkürzen, verringern.

Ree|de|rei [re:də'rai], die; -, -en: *Unternehmen, das mit [eigenen] Schiffen Personen und Güter befördert.* **Zus.:** Großreederei.

re|ell [re'ɛl] ⟨Adj.⟩:
a) *ehrlich und anständig:* reelle Geschäfte; die Firma ist reell. **Syn.:** fair, korrekt, seriös, solide.
b) *auf einer soliden Grundlage beruhend:* eine reelle Chance; die Möglichkeit ist reell nicht gegeben. **Syn.:** [1]echt, greifbar, konkret, real, tatsächlich, wirklich.

reell / real:
s. Kasten Seite 749.

Re|fe|rat [refe'ra:t], das; -[e]s, -e:
1. *Abhandlung über ein bestimmtes Thema [die vor Fachleuten vorgetragen wird]:* ein Referat ausarbeiten, halten. **Syn.:** Arbeit, Aufsatz, Bericht, Rede, Vortrag. **Zus.:** Grundsatzreferat, Kurzreferat.
2. *Abteilung einer Behörde als Sachgebiet eines Referenten, einer Referentin:* sie arbeitet im Referat für Umweltschutz.

Re|fe|ren|dar [referɛn'da:ɐ̯], der; -s, -e, **Re|fe|ren|da|rin** [referɛn'da:rɪn], die; -, -nen: *Anwärter, Anwärterin auf die höhere Beamtenlaufbahn nach der ersten Staatsprüfung:* er ist Referendar in Köln; sie unterrichtet als Referendarin an einer Grundschule in der Stadt.

Re|fe|rent [refe'rɛnt], der; -en, -en, **Re|fe|ren|tin** [refe'rɛntɪn], die; -, -nen:
1. *Person, die ein Referat hält:* man stellte der Referentin ein Glas Wasser auf das Pult. **Syn.:** Redner, Rednerin.
2. *Person, die [bei einer Behörde] ein bestimmtes Sachgebiet bearbeitet:* die Referentin für Fragen der Bildung, für Sport; sich an den Referenten wenden. **Syn.:** Sachbearbeiter, Sachbearbeiterin. **Zus.:** Kulturreferent, Kulturreferentin, Sportreferent, Sportreferentin, Steuerreferent, Steuerreferentin.

re|fe|rie|ren [refe'ri:rən] ⟨itr.; hat⟩:
a) *ein Referat halten:* vor einem Kreis von Fachleuten referieren. **Syn.:** reden, sprechen, vortragen. **b)** *(über etwas) zusammenfassend berichten:* ich referiere zu Beginn der Versammlung über die Beschlüsse der letzten Sitzung. **Syn.:** beschreiben, darlegen, informieren, mitteilen, schildern, wiedergeben.

re|flek|tie|ren [reflɛk'ti:rən]:
1. ⟨tr.; hat⟩ *zurückstrahlen, [spiegelnd] zurückwerfen:* der See reflektiert die Sonnenstrahlen. **Syn.:** spiegeln.
2. ⟨itr.; hat⟩ *über eine Frage, ein Problem grübeln:* ich reflektiere gerade über ein mathematisches Problem. **Syn.:** brüten (ugs.), [1]durchdenken, nachdenken, sinnieren.
3. ⟨itr.; hat⟩ (ugs.) *interessiert sein, etwas Bestimmtes zu erreichen, zu erwerben:* auf einen bestimmten Posten reflektieren. **Syn.:** abziehen, es abgesehen haben, hoffen.

Re|flex [re'flɛks], der; -es, -e:
1. *Widerschein:* auf der Wasserfläche zeigte sich ein schwacher Reflex der Sterne. **Syn.:** Reflexion. **Zus.:** Lichtreflex.
2. *unwillkürliche Reaktion auf einen von außen kommenden Reiz:* angeborene Reflexe; die Blässe in ihrem Gesicht war ein Reflex der eben erlebten Schrecken. **Zus.:** Greifreflex, Kniesehnenreflex, Saugreflex.

Re|fle|xi|on [reflɛ'ksi̯o:n], die; -, -en:
1. *das Zurückgeworfenwerden von Licht, Schall, Wärme o. Ä. (durch etwas):* die Reflexion des Lichtes durch Spiegel. **Syn.:** Reflex.
2. *das Nachdenken; Überlegung, Betrachtung, die jmd. an etwas knüpft:* Reflexionen über etwas anstellen; der Bericht über diese Reise wird immer wieder von Reflexionen unterbrochen. **Syn.:** Gedanken ⟨Plural⟩.

Re|form [re'fɔrm], die; -, -en: *Umgestaltung, Verbesserung des Bestehenden:* politische, soziale Reformen; sich für die Reform der Universitäten einsetzen. **Syn.:** Neuerung. **Zus.:** Bildungsreform, Hochschulreform, Rechtschreibreform, Rentenreform, Staatsreform, Steuerreform, Strafrechtsreform, Studienreform, Währungsreform, Wirtschaftsreform.

re|for|mie|ren [refɔr'mi:rən] ⟨tr.; hat⟩: *verändern (und dabei verbessern); neu gestalten:* die Kirche, die Steuergesetzgebung reformieren. **Syn.:** erneuern.

re|for|miert [refɔr'mi:ɐ̯t] ⟨Adj.⟩ (schweiz.): *evangelisch, protestantisch:* die reformierte Kirche.

Re|frain [rə'frɛ̃:], der; -s, -s: *regelmäßig wiederkehrender Teil in einem Gedicht oder Lied:* jedes Mal, wenn ich zum Refrain kam, sang das Publikum mit.

Re|gal [re'ga:l], das; -s, -e: *Gestell für Bücher oder Waren:* Bücher ins Regal stellen, aus dem Regal nehmen. **Zus.:** Aktenregal, Bücherregal, Wandregal.

Re|gat|ta [re'gata], die; -, Regatten [re'gatn̩]: *größere sportliche Wettfahrt von Booten:* an einer Regatta teilnehmen. **Zus.:** Ruderregatta, Segelregatta.

re|ge ['re:gə] ⟨Adj.⟩:
1. *von Aktivität[en] zeugend; stets in Tätigkeit, in Bewegung:* ein reger Briefwechsel, Verkehr; die Nachfrage ist rege. **Syn.:** betriebsam, geschäftig, lebhaft.
2. *schnell Zusammenhänge erfassend, körperlich und geistig beweglich:* eine rege Fantasie; geistig sehr rege sein.

Re|gel ['re:gl̩], die; -, -n:
1. a) *Übereinkunft, Vorschrift für ein Verhalten, Verfahren:* die Regeln des Verkehrs beachten. **Syn.:** Gesetz, Norm, Richtlinie. **Zus.:** Anstandsregel, Bauernregel, Benediktinerregel, Lebensregel, Ordensregel, Rechenregel, Rechtschreibregel, Spielregel, Verhaltensregel, Verkehrsregel.
b) ⟨ohne Plural⟩ *regelmäßig, fast ausnahmslos geübte Gewohnheit; das Übliche, üblicherweise Geltende:* dass sie so früh aufsteht, ist, bildet bei ihr die Regel; etwas tun, was von der Regel abweicht; das ist ihm zur Regel geworden, hat er sich zur Regel gemacht. **Syn.:** Brauch, Gepflogenheit.
2. *Menstruation:* sie bekommt ihre Regel; immer wenn sie ihre Regel hat, ist sie schlecht gelaunt. **Syn.:** Blutung, Periode, Tage ⟨Plural⟩ (ugs. verhüllend).

re|gel|mä|ßig ['re:gl̩mɛ:sɪç] ⟨Adj.⟩:
a) *einer Regel, Ordnung (die besonders durch gleichmäßige Wiederkehr, Aufeinanderfolge gekennzeichnet ist) entsprechend:* eine regelmäßige Teilnahme; die Kranke muss regelmäßig ihre Tabletten einnehmen. **b)** *bestimmten Gesetzen der Harmonie in der Form, der Gestaltung entsprechend:* regelmäßige Gesichtszüge; ihre Schrift war klein und regelmäßig. **Syn.:** ebenmäßig, gleichmäßig.

re|geln ['re:gl̩n] ⟨tr.; hat⟩:
1. *(bei etwas) geordnete, klare Verhältnisse schaffen:* den Verkehr, den Ablauf der Arbeiten regeln; die finanziellen Angelegenheiten müssen zuerst geregelt werden; ⟨auch + sich⟩ etwas regelt sich von selbst *(etwas kommt von selbst in Ordnung).* **Syn.:** festlegen, normen, reglementieren (bildungsspr., oft abwertend).
2. *regulieren* (2): diese Automatik regelt die Temperatur.

re|gel|recht ['re:gl̩rɛçt] ⟨Adj.⟩:
richtiggehend, richtig: eine regelrechte Schlägerei; ein regelrechter Reinfall; sie war regelrecht beleidigt. **Syn.:** buchstäblich, [1]direkt, förmlich, geradezu.

Re|ge|lung ['re:gəlʊŋ], die; -, -en:
das Regeln; Art, wie etwas geregelt wird: eine einheitliche Regelung finden; sie müssen noch eine Regelung für ihr Zusammenleben finden. **Zus.:** Neuregelung, Sonderregelung, Temperaturregelung, Übergangsregelung, Verkehrsregelung.

re|gen ['re:gn̩] ⟨+ sich⟩:
sich leicht, ein wenig bewegen: vor Angst regte sie sich nicht; kaum ein Blatt regte sich. **Syn.:** sich rühren.

Re|gen ['re:gn̩], der; -s, -:
Niederschlag, der aus Wassertropfen besteht: heftiger, leichter, feiner Regen. **Syn.:** Schauer. **Zus.:** Eisregen, Frühlingsregen, Gewitterregen, Graupelregen, Monsunregen, Nieselregen, Schneeregen.

Re|gen|bo|gen ['re:gn̩bo:gn̩], der; -s, -:
optische Erscheinung in Gestalt eines bunten Bogens am Himmel (der entsteht, wenn bei Regen die Sonne scheint): nach dem Gewitter erschien ein Regenbogen über dem Wald.

Re|gen|schirm ['re:gn̩ʃɪrm], der; -[e]s, -e:
Schirm zum Schutz gegen Regen: den Regenschirm aufspannen, zumachen.

Re|gent [re'gɛnt], der; -en, -en, **Re|gen|tin** [re'gɛntɪn], die; -, -nen:
1. *mit der Regierungsgewalt ausgestattete Person (in Monarchien).* **Syn.:** Herrscher, Herrscherin, Oberhaupt.
2. *Person, die die eigentlich herrschende Person vertritt (weil diese minderjährig, regierungsunfähig oder abwesend ist).*

Re|gie [re'ʒi:], die; -, Regien [re'ʒi:ən]:
verantwortliche künstlerische Leitung bei der Aufführung eines Werks (z. B. eines Theaterstücks), bei der Gestaltung eines Films o. Ä.: bei einem Film [die] Regie führen. **Zus.:** Dialogregie, Filmregie, Opernregie, Schauspielregie.

re|gie|ren [re'gi:rən]:
a) ⟨tr.; hat⟩ *über jmdn., etwas die Regierungs-, Herrschaftsgewalt innehaben:* ein kleines Volk, ein reiches Land regieren; ein demokratisch regierter Staat. **Syn.:** beherrschen, führen, herrschen über, leiten, lenken.
b) ⟨itr.; hat⟩ *die Regierungs-, Herrschaftsgewalt innehaben:* streng, gerecht, diktatorisch regieren; er regierte zehn Jahre lang. **Syn.:** herrschen.

Re|gie|rung [re'gi:rʊŋ], die; -, -en:
Gesamtheit der Minister und Ministerinnen eines Landes oder Staates, die die politische Macht ausüben: die Regierung ist zurückgetreten; eine neue Regierung bilden. **Syn.:** Junta, Kabinett. **Zus.:** Allparteienregierung, Gegenregierung, Kantonsregierung, Landesregierung, Militärregierung, Staatsregierung, Übergangsregierung.

Re|gime [re'ʒi:m], das; -s, - [re'ʒi:mə] (meist abwertend):
einem bestimmten politischen System entsprechende, von ihm geprägte Regierung, Regierungs-, Herrschaftsform: ein totalitäres Regime; die Gegner des Regimes. **Zus.:** Besatzungsregime, Militärregime, Naziregime, Terrorregime.

Re|gi|on [re'gi̯o:n], die; -, -en:
bestimmter [räumlicher] Bereich von einer gewissen Ausdehnung: der Krieg in dieser Region dauert schon einige Jahre; in den höheren Regionen des Gebirges schneite es; die einzelnen Regionen *(Abschnitte, Teile)* des menschlichen Körpers. **Syn.:** Bezirk, Gebiet, Gegend, Raum, Territorium, Zone. **Zus.:** Schulterregion, Uferregion, Waldregion.

re|gi|o|nal [regi̯o'na:l] ⟨Adj.⟩:
eine bestimmte Region betreffend, für sie charakteristisch: regionale Besonderheiten, Interressen, Nachrichten; regional begrenzte Maßnahmen.

Re|gis|seur [reʒɪ'sø:ɐ̯], der; -s, -e, **Re|gis|seu|rin** [reʒɪ'sø:rɪn], die; -, -nen:
Person, die Regie führt: ein begabter, erfahrener, bekannter Regisseur. **Zus.:** Fernsehregisseur, Fernsehregisseurin, Filmregisseur, Filmregisseurin, Opernregisseur, Opernregisseu-

R
rege

rin, Schauspielregisseur, Schauspielregisseurin, Theaterregisseur, Theaterregisseurin.

Re|gis|ter [reˈgɪstɐ], das; -s, -:
1. *alphabetisch geordnetes Verzeichnis in Büchern:* das Register befindet sich am Ende des Buches. **Syn.:** Index. **Zus.:** Namenregister, Personenregister, Schlagwortregister, Stichwortregister, Wortregister.
2. *amtliches Verzeichnis rechtlicher Vorgänge:* das Register beim Standesamt einsehen. **Zus.:** Schiffsregister, Sterberegister, Strafregister, Taufregister.

re|gis|trie|ren [regɪsˈtriːrən] ⟨tr.; hat⟩:
1. *in ein Register eintragen:* alle Kraftfahrzeuge werden von der Behörde registriert. **Syn.:** einschreiben, verzeichnen.
2. *selbsttätig aufzeichnen:* die Kasse registriert alle Einnahmen.
3. *in das Bewusstsein aufnehmen:* einen Stimmungsumschwung registrieren; sie registrierte mit scharfem Blick die winzigen Veränderungen. **Syn.:** bemerken, gewahr werden (geh.), wahrnehmen, zur Kenntnis nehmen.

re|gle|men|tie|ren [reglemɛnˈtiːrən] ⟨tr.; hat⟩ (bildungsspr., oft abwertend):
durch genaue Vorschriften regeln: den Handel mit Waffen reglementieren; der Tagesablauf ist streng reglementiert.

reg|nen [ˈreːgnən], regnete, geregnet ⟨itr.; hat; unpers.⟩:
als Regen auf die Erde fallen: es regnet seit drei Stunden.

reg|ne|risch [ˈreːgnərɪʃ] ⟨Adj.⟩:
zu Regen neigend, gelegentlich leicht regnend: ein regnerischer Tag; das Wetter war regnerisch.

re|gu|lär [reguˈlɛːɐ̯] ⟨Adj.⟩:
a) *den Regeln, Bestimmungen, Vorschriften entsprechend:* die reguläre Arbeitszeit; der Spieler wurde regulär vom Ball getrennt. **b)** *normal, üblich:* die reguläre Linienmaschine; etwas zum regulären Preis kaufen.

re|gu|lie|ren [reguˈliːrən] ⟨tr.; hat⟩:
1. *[wieder] in Ordnung, in einen richtigen Ablauf, Verlauf bringen:* die Produktion, den Verkehr regulieren; den Schaden bei der Versicherung regulieren *(regeln).*
2. *die richtige Stufe, Stärke o. Ä. von etwas einstellen:* die Temperatur, Lautstärke regulieren.

Re|gung [ˈreːgʊŋ], die; -, -en:
Empfindung, Äußerung des Gefühls: eine Regung des Mitleids; den Regungen des Herzens folgen. **Zus.:** Gefühlsregung, Gemütsregung.

re|gungs|los [ˈreːgʊŋsloːs] ⟨Adj.⟩:
keine Regung zeigend, ohne Bewegung: eine regungslose Gestalt; regungslos auf dem Boden liegen.

Reh [reː], das; -[e]s, -e:
dem Hirsch ähnliches, aber kleineres, zierlicher gebautes Tier mit kurzem Geweih, das vorwiegend in Wäldern lebt (und sehr scheu ist).

re|ha|bi|li|tie|ren [rehabiliˈtiːrən] ⟨tr.; hat⟩:
jmds. guten Ruf, Ehre, Ansehen wiederherstellen: einen Politiker vor der Öffentlichkeit rehabilitieren; nach der Gerichtsverhandlung war er rehabilitiert; glücklicherweise konnte ich mich rehabilitieren. **Syn.:** entlasten.

Rei|be [ˈrai̯bə], die; -, -n:
Gerät, mit dem Kartoffeln, Möhren, Äpfel o. Ä. gerieben werden.

rei|ben [ˈrai̯bn̩], rieb, gerieben:
1. ⟨tr.; hat⟩ *fest gegen etwas drücken und hin- und herbewegen:* beim Waschen den Stoff reiben; Metall [mit einem Tuch] blank reiben. **Syn.:** abreiben, frottieren, polieren, rubbeln (ugs.), scheuern, schrubben (ugs.).
2. ⟨tr.; hat⟩ *zerkleinern, indem man es auf einer Reibe hin- und herbewegt:* Käse, Kartoffeln reiben. **Syn.:** raspeln, schaben.
3. ⟨itr.; hat⟩ *sich so auf der Haut hin- und herbewegen, dass eine wunde Stelle entsteht:* der Kragen reibt am Hals. **Syn.:** kratzen, scheuern.

Rei|be|rei [rai̯bəˈrai̯], die; -, -en:
Streitigkeit, die durch unterschiedliche Ansichten o. Ä. der Beteiligten entsteht: es kam immer wieder zu Reibereien. **Syn.:** Aggression, Auseinandersetzung, Disput (bildungsspr.), Donnerwetter (ugs.), Gezänk, Konflikt, Kontroverse, Krach (ugs.), Meinungsverschiedenheit, Spannung, Streit, Unstimmigkeit.

Rei|bung [ˈrai̯bʊŋ], die; -, -en:
das Reiben: durch Reibung entsteht Wärme.

rei|bungs|los [ˈrai̯bʊŋsloːs] ⟨Adj.⟩:
ohne Störung, ohne Schwierigkeit verlaufend: für einen reibungslosen Ablauf des Programms sorgen; die Eingliederung vollzog sich reibungslos. **Syn.:** problemlos.

reich [rai̯ç] ⟨Adj.⟩:
1. *vermögend, viel besitzend* /Ggs. arm/: eine reiche Frau; er ist durch Erdöl reich geworden. **Syn.:** begütert, betucht (ugs.), gut situiert, potent, wohlhabend.
2. *ergiebig, gehaltvoll:* eine reiche Ernte; ein reiches Vorkommen von Erzen.
3. *vielfältig, reichhaltig, in hohem Maße:* eine reiche Auswahl; jmdn. reich belohnen, beschenken; das Buch ist reich bebildert.
4. *mit teuren Dingen ausgestattet, luxuriös:* ein Haus mit reicher Ausstattung. **Syn.:** feudal, fürstlich, großzügig, üppig, verschwenderisch.
5. *groß, umfassend:* reiche Erfahrungen machen; reiche Kenntnisse haben. **Syn.:** gewaltig (emotional), mächtig.

Reich [rai̯ç], das; -[e]s, -e:
1. *sich meist weit erstreckender Herrschaftsbereich eines Kaisers, Königs o. Ä.:* ein mächtiges Reich; das Reich Alexanders des Großen. **Syn.:** Land, Staat. **Zus.:** Kaiserreich, Kolonialreich, Königreich, Zarenreich.
2. ⟨mit Attribut⟩ *Bereich, in dem etwas vorwiegt, vorherrscht, in dem jmd. bestimmend ist:* im Reich der Fantasie; das Reich Gottes; das Reich der Töne, der Finsternis. **Zus.:** Gedankenreich, Märchenreich, Pflanzenreich, Tierreich.

-reich [rai̯ç] ⟨adjektivisches Suffixoid⟩:
das im Basiswort Genannte in hohem Maße, in großer Menge besitzend, enthaltend, aufweisend, bietend; reich an ... /Ggs. -arm/: artenreich; fettreich; fischreich; formenreich; gedankenreich; ideenreich; kalorienreich; kenntnisreich; kinderreich; kontrastreich; nieder-

schlagsreich; risikoreich; variantenreich; verkehrsreich; vitaminreich; waldreich; wasserreich. **Syn.:** -haft, -ig, -intensiv, -schwer, -selig, -stark, -trächtig, -voll.

rei|chen [ˈrai̯çn̩]:
1. ⟨tr.; hat⟩ (geh.) *(jmdm. etwas) so hinhalten, dass er es ergreifen kann:* jmdm. ein Buch reichen; sie reichte ihm zum Abschied die Hand. **Syn.:** aushändigen, darbieten (geh.), darbringen (geh.), darreichen (geh.), geben, in die Hand drücken, zur Verfügung stellen, zuteilwerden lassen (geh.).
2. ⟨itr.; hat⟩ *genügend vorhanden sein:* das Geld reicht nicht bis zum Ende des Monats; der Stoff muss reichen; das Seil reicht *(ist lang genug).* **Syn.:** ausreichen, genügen, hinkommen (ugs.), langen (ugs.); * **jmdm. reicht es** (ugs.): *jmds. Geduld ist zu Ende:* jetzt reichts mir!
3. ⟨itr.; hat⟩ *sich erstrecken:* er reicht mit dem Kopf bis zur Decke; ihr Garten reicht bis zur Straße. **Syn.:** sich ausdehnen, gehen, langen.

reich|hal|tig [ˈrai̯çhaltɪç] ⟨Adj.⟩:
viel enthaltend, vieles bietend: ein reichhaltiges Mittagessen, Programm; die Speisekarte war nicht sehr reichhaltig. **Syn.:** abwechslungsreich, divers..., mannigfach, üppig, vielfältig.

reich|lich [ˈrai̯çlɪç] ⟨Adj.⟩:
a) *das normale Maß von etwas überschreitend:* eine reichliche Mahlzeit; die Portionen sind reichlich; reichlich spenden; der neue Anorak ist noch reichlich *(etwas zu groß).* **Syn.:** anständig (ugs.), ausgiebig, beträchtlich, ein gerüttelt Maß, ein Haufen, en masse, genug, haufenweise (ugs.), in großer Zahl, in Hülle und Fülle, in Massen, in rauen Mengen (ugs.), massenhaft (oft emotional), massig (ugs.), mehr als genug, nicht wenig, ordentlich (ugs.), reihenweise, sattsam (emotional), tüchtig, ungezählt, viel, wie Sand am Meer (ugs.), zahllos, zahlreich, zur Genüge. **b)** *mehr als:* vor reichlich zehn Jahren. **c)** ⟨verstärkend bei Adjektiven⟩ *sehr, ziemlich:* du kommst reichlich spät; sie trägt einen reichlich kurzen Rock. **Syn.:** allzu, arg (ugs.), ausgesprochen, ausnehmend, außerordentlich, äußerst, bemerkenswert, besonders, denkbar, enorm, furchtbar (ugs.), fürchterlich (ugs.), ganz, gewaltig (emotional), hochgradig, höchst, höllisch (emotional), irre (emotional), irrsinnig (emotional), kolossal (ugs. emotional), mächtig (ugs.), maßlos, ordentlich (ugs.), total (ugs.), tüchtig, überaus, [1]unerhört, unglaublich (ugs.), unheimlich (ugs.), verflucht (salopp), wahnsinnig (ugs.).

Reich|tum [ˈrai̯çtuːm], der; -s, Reichtümer [ˈrai̯çtyːmɐ]:
1. a) ⟨Plural⟩; *großer Besitz an Vermögen, wertvollen Dingen:* unermesslicher Reichtum; Reichtum erwerben; zu Reichtum kommen. **Syn.:** Geld und Gut (geh.), Hab und Gut (geh.), Haus und Hof, Kapital, Luxus, Prunk, Überfluss, Werte ⟨Plural⟩. **b)** ⟨Plural⟩ *Dinge, die den Reichtum einer Person, eines Landes o. Ä. ausmachen; finanzielle, materielle Güter; Vermögenswerte:* Reichtümer sammeln, anhäufen, vergeuden; die Reichtümer eines Landes. **Syn.:** Schätze.
2. ⟨mit Attribut⟩ *Reichhaltigkeit, reiche Fülle von etwas:* der Reichtum an Singvögeln; der Reichtum ihrer Kenntnisse, Einfälle. **Syn.:** Vielfalt. **Zus.:** Artenreichtum, Einfallsreichtum, Fischreichtum, Ideenreichtum, Wildreichtum.

reif [rai̯f] ⟨Adj.⟩:
1. *im Wachstum voll entwickelt und für die Ernte, zum Pflücken geeignet:* reifes Obst, Getreide; die Früchte sind reif. **Syn.:** gereift.
2. a) *durch Lebenserfahrung geprägt, innerlich gefestigt:* ein reifer Mann; eine reife Frau; Jugendliche, die noch nicht reif genug sind; du bist inzwischen reifer geworden. **Syn.:** abgeklärt, besonnen, [2]erwachsen, groß, mündig. **b)** *durchdacht, hohen Ansprüchen genügend:* eine reife Arbeit; reife Leistungen; reife Gedanken. **Syn.:** vollendet, vollkommen.
3. * **reif für etwas sein:** *einen Zustand erreicht haben, in dem etwas möglich oder notwendig wird:* die Zeit ist reif für diesen Gedanken; die Häuser waren reif für den Abbruch; ich bin reif für den Urlaub.

[1]Reif [rai̯f], der; -[e]s:
Niederschlag in Form von feinen Kristallen, die bei Frost einen glänzenden weißen Belag auf dem Boden, auf Bäumen usw. bilden; gefrorener Tau: am Morgen lag Reif auf den Wiesen; die Zweige sind mit Reif bedeckt.

[2]Reif [rai̯f], der; -[e]s, -e:
ringförmiger Schmuck für Kopf, Arm oder Finger: ein Reif aus Gold; sie trug einen schimmernden Reif im Haar. **Syn.:** Ring. **Zus.:** Armreif, Goldreif, Haarreif, Stirnreif.

-reif [rai̯f] ⟨adjektivisches Suffixoid⟩:
a) *in solch einem schlechten o. ä. Zustand, dass ... sollte, nötig hat, muss:* abbruchreif; bettreif; krankenhausreif; museumsreif; schrottreif; urlaubsreif. **b)** *(in positiver Hinsicht) so weit gediehen, entwickelt, dass ... werden kann; die Qualifikation für das im Basiswort Genannte habend:* baureif (Grundstücke, Pläne) *(so, dass mit dem Bau begonnen werden kann);* bühnenreif; fernsehreif; konzertreif, literaturreif; marktreif (marktreifes Medikament: *Medikament, das auf den Markt gebracht werden kann*); unterschriftsreif *(so, dass die Unterschrift darunter gesetzt werden kann);* zuteilungsreif (Bausparvertrag). **Syn.:** -bar, -fähig, -tauglich, -würdig.

Rei|fe [ˈrai̯fə], die; -:
Zustand des Reifseins: körperliche, geistige, seelische, sittliche Reife; ihr Verhalten zeugt von mangelnder Reife.

rei|fen [ˈrai̯fn̩] ⟨itr.; ist⟩:
1. *reif werden:* das Obst reifte schnell in dem warmen Sommer. **Syn.:** sich entfalten, sich entwickeln, gedeihen, wachsen.
2. *den Zustand der vollen Reife erreichen:* Entscheidungen müssen reifen; die Kunst muss reifen. **Syn.:** sich entfalten, sich entwickeln, sich vollenden, [1]werden, zur Reife gelangen (geh.), zur Vollendung gelangen (geh.).

Rei|fen ['rai̯fn̩], der; -s, -:
1. *Eisenring, der ein Fass zusammenhält:* die Reifen des Fasses erneuern. **Zus.:** Fassreifen.
2. *auf einer Felge liegende, entweder den Schlauch enthaltende oder selbst mit Luft gefüllte Decke aus Gummi, besonders bei Fahrrädern und Autos:* der Reifen ist geplatzt, hat ein Loch; den Reifen wechseln. **Zus.:** Autoreifen, Ersatzreifen, Fahrradreifen, Reservereifen, Winterreifen.

Rei|fe|prü|fung ['rai̯fəpry:fʊŋ], die; -, -en:
Abschlussprüfung an einer höheren Schule: die Reifeprüfung ablegen, bestehen. **Syn.:** Abitur, Matura (österr., schweiz.).

Rei|fe|zeug|nis ['rai̯fət͜sɔ͜yknɪs], das; -ses, -se:
Zeugnis über die abgelegte Reifeprüfung: das Reifezeugnis ist Voraussetzung für das Studium an einer Universität.

reif|lich ['rai̯flɪç] ⟨Adj.⟩:
(besonders in Bezug auf eine Entscheidung, Wahl o. Ä.) sehr gründlich und genau: der Entschluss sollte erst nach reiflicher Überlegung gefasst werden; ich habe es mir reiflich überlegt. **Syn.:** ausführlich, eingehend, intensiv, lang.

Rei|he ['rai̯ə], die; -, -n:
1. *mehrere in einer Linie stehende Personen oder Dinge:* sich in einer Reihe aufstellen. **Syn.:** Front, Schlange, Zeile. **Zus.:** Bücherreihe, Häuserreihe, Säulenreihe, Schlachtreihe, Sitzreihe, Stuhlreihe, Zahnreihe, Zuschauerreihe.
2. *größere Anzahl von Personen, Dingen:* sie hat eine Reihe von Vorträgen gehalten; eine [ganze] Reihe [von] Frauen hat/haben protestiert. **Syn.:** Anzahl, Serie.

Rei|hen|fol|ge ['rai̯ənfɔlgə], die; -, -n:
geordnete Aufeinanderfolge: die Reihenfolge einhalten; etwas in zeitlicher, alphabetischer Reihenfolge behandeln. **Syn.:** Ablauf, Folge, Turnus, Zyklus.

Rei|hen|haus ['rai̯ənhau̯s], das; -es, Reihenhäuser ['rai̯ənhɔ͜yzɐ]:
Haus, das mit anderen Häusern eine Reihe bildet und in gleicher Weise wie diese gebaut ist: sie bewohnten ein unauffälliges Reihenhaus.

rei|hen|wei|se ['rai̯ənvai̯zə] ⟨Adverb⟩:
1. *in Reihen:* reihenweise vortreten.
2. *in großer Zahl, in großen Mengen, sehr viel:* es gab reihenweise Tote; die Mädchen fielen reihenweise in Ohnmacht. **Syn.:** haufenweise (ugs.), in Hülle und Fülle, in Massen, in rauen Mengen (ugs.), massenhaft (oft emotional), massig (ugs.), reichlich.

Rei|her ['rai̯ɐ], der; -s, -:
an Gewässern lebender, langbeiniger Vogel mit schlankem Körper und einem langen Hals und Schnabel: seit letztem Jahr brüten an diesem See wieder zwei Reiher.

Reim [rai̯m], der; -[e]s, -e:
gleich klingender Ausgang zweier Verse: einen Reim auf ein bestimmtes Wort suchen; ein Gedicht in Reimen.

rei|men ['rai̯mən]:
a) ⟨+ sich⟩ *die Form des Reims haben; gleich klingen:* diese Wörter reimen sich. **b)** ⟨tr.; hat⟩ *Reime bilden, machen:* ein Wort auf ein anderes reimen.

[1]rein [rai̯n] ⟨Adj.⟩:
1. *nicht mit etwas vermischt, ohne fremde Bestandteile:* reiner Wein; ein Kleid aus reiner Seide. **Syn.:** [1]echt, hell (emotional), [1]lauter, natürlich, pur. **Zus.:** klangrein.
2. *sauber:* reine Wäsche; eine reine Haut. **Syn.:** frisch, klar.
3. *schuldlos, ohne Sünde:* ein reines Gewissen, ein reines Herz haben.
4. (ugs.) *vollständig und nicht zu überbieten (in seiner negativen Beschaffenheit o. Ä.); hochgradig:* das ist ja reiner Unsinn, Wahnsinn, Schwachsinn; dein Zimmer ist der reinste Saustall. **Syn.:** bar, blank, pur.

[2]rein ⟨Adverb⟩:
1. *völlig, ganz und gar; geradezu:* es geschieht rein gar nichts; das ist rein unmöglich. **Syn.:** buchstäblich, direkt, förmlich, regelrecht, richtig.
2. aus rein persönlichen Gründen kündigen; der Brief hat rein persönlichen Charakter. **Syn.:** allein, lediglich, nur.

[3]rein [rai̯n] ⟨Adverb⟩ (ugs.):
herein, hinein: rein mit euch!

rein- [rai̯n] ⟨trennbares verbales Bestimmungswort⟩ (ugs.):
[in etwas] herein-, hinein-: reingehen *(hineingehen);* reinkommen *(hereinkommen);* (in den nächsten Tag) reinfeiern *(hineinfeiern);* reinholen *(hereinholen);* reinspringen; reinziehen.

Rei|ne|ma|chen ['rai̯nəmaxn̩], das; -s (landsch.):
das Aufräumen und Saubermachen (in Zimmern): vor Ostern begann ein großes Reinemachen in der ganzen Wohnung. **Syn.:** Großreinemachen.

Rein|fall ['rai̯nfal], der; -[e]s, Reinfälle ['rai̯nfɛlə] (ugs.):
unangenehme Überraschung, Enttäuschung: die Tagung war ein glatter Reinfall; die Aufführung des Stückes erwies sich als Reinfall. **Syn.:** Blamage, Debakel, Fehlschlag, Flop (ugs.), Misserfolg, Pleite (ugs.), Schande, Schlag ins Wasser, Schlappe (ugs.), Schmach (geh. emotional), Schuss in den Ofen.

Rein|ge|winn ['rai̯ngəvɪn], der; -[e]s, -e:
Geldbetrag, der von einer Einnahme nach Abzug aller Kosten als Gewinn übrig bleibt. **Syn.:** Ertrag, Gewinn, Profit.

Rein|heit ['rai̯nhai̯t], die; -:
1. *Beschaffenheit, bei der ein Stoff mit keinem anderen Stoff vermischt ist:* die Reinheit des Goldes.
2. *Sauberkeit:* die Reinheit des Wassers, der Luft.
3. *Unschuld, Aufrichtigkeit:* die Reinheit des Herzens, des Charakters. **Syn.:** Echtheit, Ehrlichkeit. **Zus.:** Herzensreinheit.

rei|ni|gen ['rai̯nɪgn̩] ⟨tr.; hat⟩:
säubern: die Straße, die Treppe reinigen; die Wunde reinigen; die Kleider reinigen lassen.

Rei|ni|gung ['rai̯nɪgʊŋ], die; -, -en:
1. ⟨ohne Plural⟩ *das Reinigen:* die Reinigung des Anzugs hat zehn Euro gekostet. **Zus.:** Abwasserreinigung, Gebäudereinigung, Straßenreinigung, Treppenreinigung.
2. *Unternehmen, das Kleidung chemisch reinigt:* etwas von der Reinigung abholen. **Zus.:** Expressreinigung, Schnellreinigung.

rein|lich ['rai̯nlɪç] ⟨Adj.⟩:
a) *sauber:* ein reinlich gedeckter Tisch. **b)** *auf Sauberkeit Wert legend:* er ist ein reinlicher Mensch.

Reis [rai̯s], der; -es:
a) *(in warmen Ländern wachsende, zu den Gräsern gehörende) hochwachsende Pflanze mit breiten Blättern und langen Rispen (deren Früchte in bestimmten Ländern ein Grundnahrungsmittel darstellen):* Reis anbauen, pflanzen, ernten.
b) *Frucht des Reises:* [un]geschälter, polierter Reis; Reis essen; Huhn mit Reis.

Rei|se ['rai̯zə], die; -, -n:
Fahrt zu einem entfernteren Ort: eine weite, kurze, teure, angenehme, beschwerliche, geschäftliche Reise; eine Reise in die Schweiz, nach Finnland, um die Welt, durch die USA; eine Reise vorhaben, planen, machen. **Syn.:** Ausflug, Tour, Trip (ugs.). **Zus.:** Auslandsreise, Besichtigungsreise, Bildungsreise, Einkaufsreise, Flugreise, Forschungsreise, Geschäftsreise, Gruppenreise, Informationsreise, Inspektionsreise, Kurzreise, Pilgerreise, Schiffsreise, Urlaubsreise.

Rei|se|bü|ro ['rai̯zəbyro:], das; -s, -s:
a) *Unternehmen, in dem Reisen vermittelt, Buchungen aufgenommen und Beratungen über Reiseziele durchgeführt werden:* einen Flug über ein Reisebüro buchen.
b) *Geschäftsraum eines Reisebüros* (a): zum, ins Reisebüro gehen.

Rei|se|füh|rer ['rai̯zəfy:rɐ], der; -s, -:
1. *männliche Person, die Reisende, besonders Reisegruppen, betreut und ihnen die Sehenswürdigkeiten am jeweiligen Ort zeigt:* unser Reiseführer sprach sehr gut Deutsch. **Syn.:** Begleiter, Fremdenführer, Führer.
2. *Buch, das Reisenden Auskünfte über Unterkünfte, Sehenswürdigkeiten usw. gibt.* **Syn.:** Führer.

Rei|se|füh|re|rin ['rai̯zəfy:rərɪn], die; -, -nen:
weibliche Form zu ↑Reiseführer (1).

rei|sen ['rai̯zn̩], reiste, gereist ⟨itr.; ist⟩:
eine Reise machen: er will bequem reisen; wir reisen ans Meer, in die Berge, nach Paris. **Syn.:** auf Reisen sein, eine Tour machen, fahren, fliegen, fortfahren, verreisen.

Rei|sen|de ['rai̯zn̩də], die/eine Reisende; der/einer Reisenden, die Reisenden/zwei Reisende:
weibliche Person, die eine Reise macht: die verspätete Reisende. **Syn.:** Passagierin. **Zus.:** Europareisende, Geschäftsreisende, Vergnügungsreisende.

Rei|sen|der ['rai̯zn̩dɐ], der Reisende/ein Reisender; des/eines Reisenden, die Reisenden/zwei Reisende:
Person, die eine Reise macht: ein verspäteter Reisender; Reisende in die USA bitte an Schalter 4; die Reisenden nach England, in die USA. **Syn.:** Passagier. **Zus.:** Europareisender, Geschäftsreisender, Vergnügungsreisender.

Rei|se|pass ['rai̯zəpas], der; -es, Reisepässe ['rai̯zəpɛsə]:
Pass (1): ein gültiger Reisepass. **Syn.:** Ausweis.

Rei|sig ['rai̯zɪç], das; -s:
dürre Zweige: Reisig sammeln; ein Bündel Reisig. **Zus.:** Birkenreisig, Tannenreisig.

rei|ßen ['rai̯sn̩], riss, gerissen:
1. a) ⟨tr.; hat⟩ *gewaltsam, durch kräftiges, ruckartiges Ziehen in Stücke zerteilen:* etwas in Stücke reißen. **b)** ⟨itr.; ist⟩ *auseinanderbrechen, seinen Zusammenhalt verlieren:* unter der großen Last ist das Seil gerissen; die Schnur, das Papier reißt leicht. **Syn.:** entzweigehen, in Stücke gehen, krachen (ugs.), zerbrechen.
2. ⟨tr.; hat⟩ *mit raschem und festem Griff gewaltsam wegnehmen:* jmdm. ein Buch aus der Hand reißen; man hat ihm die Kleider vom Leib gerissen. **Syn.:** nehmen.
3. ⟨tr.; hat⟩ *heftig in eine Richtung stoßen, mitschleifen:* die Lawine hat die Menschen in die Tiefe gerissen.
4. ⟨tr./itr.; hat⟩ *ziehen, zerren:* der Hund hat ständig an der Leine gerissen; zum Öffnen des Fallschirms die Leine/an der Leine reißen.
5. ⟨tr.; hat⟩ *(von Raubtieren) ein Tier jagen und durch Bisse töten:* der Wolf hat drei Schafe gerissen.
6. ⟨+ sich⟩ (ugs.) *sich heftig darum bemühen, etwas Bestimmtes zu bekommen, zu sehen o. Ä.:* die Fans rissen sich um die Eintrittskarten für das Konzert; um diese Aufgabe reiße ich mich nicht.

rei|ßend ['rai̯sn̩t] ⟨Adj.⟩:
1. *wild, heftig strömend:* ein reißender Fluss; in der reißenden Strömung konnte das Schiff nicht gesteuert werden.
2. *sehr schnell (zu verkaufen):* die Zeitung fand reißenden Absatz.

rei|ße|risch ['rai̯sərɪʃ] ⟨Adj.⟩ (abwertend):
auf billige, primitive Art wirkungsvoll: reißerische Schlagzeilen. **Syn.:** marktschreierisch.

Reiß|na|gel ['rai̯sna:gl̩], der; -s, Reißnägel ['rai̯snɛ:gl̩]:
Reißzwecke: sie hatte das Poster mit Reißnägeln befestigt. **Syn.:** Zwecke.

Reiß|ver|schluss ['rai̯sfɛɐ̯ʃlʊs], der; -es, Reißverschlüsse ['rai̯sfɛɐ̯ʃlʏsə]:
Verschluss an Kleidungsstücken, Taschen o. Ä. aus kleinen Metall- oder Kunststoffgliedern, die durch Ziehen eines Schiebers ineinandergreifen: der Reißverschluss klemmt; den Reißverschluss öffnen, zumachen.

Reiß|zwe|cke ['rai̯stsvɛkə], die; -, -n:
kurzer Nagel mit breitem Kopf, der sich leicht mit dem Finger in Wände o. Ä. drücken lässt: das Foto war mit Reißzwecken an der Wand befestigt. **Syn.:** Reißnagel, Zwecke.

rei|ten ['rai̯tn̩], ritt, geritten:
1. ⟨itr.; ist /(seltener:) hat⟩ *sich auf einem Reittier (besonders einem Pferd) fortbewegen:* ich bin/(seltener:) habe oft geritten; wir sind durch den Wald geritten; ich bin heute zwanzig Kilometer geritten; sie ist Galopp geritten.
2. ⟨tr.; hat⟩ *ein Reittier reitend an einen bestimmten Ort bringen:* ich habe das Pferd in den Stall geritten.

Rei|ter ['rai̯tɐ], der; -s, -, **Rei|te|rin** ['rai̯tərɪn], die; -, -nen:
Person, die reitet: sie war eine begeisterte Reiterin. **Zus.:** Dressurreiter, Dressurreiterin, Turnierreiter, Turnierreiterin, Zirkusreiter, Zirkusreiterin.

Reiz [rai̯ts], der; -es, -e:
1. *von außen oder innen ausgehende Wirkung auf einen Organismus:* das grelle Licht übte einen starken Reiz auf ihre Augen aus. **Zus.:** Brechreiz,

R
Reis

Hustenreiz, Juckreiz, Lachreiz, Lichtreiz, Niesreiz, Schmerzreiz.
2. *angenehme Wirkung; Zauber; Verlockung:* alles Fremde übt einen starken Reiz auf sie aus; er ist den Reizen dieser Frau verfallen; das hat keinen Reiz mehr für mich *(das ist für mich nicht mehr interessant).* **Syn.:** Anregung, Anreiz, Antrieb, Anziehungskraft, Bann (geh.), Faszination, Impuls, Interesse, Kitzel, Magie, Pfiff (ugs.).

reiz|bar ['raitsba:ɐ̯] ‹Adj.›:
leicht zu reizen, zu verärgern: der Chef ist heute sehr reizbar. **Syn.:** empfindlich, heftig, hitzig, leicht erregbar, nervös.

rei|zen ['raitsn̩]:
1. ‹tr.; hat› *(durch eine bestimmte Handlung o. Ä.) sehr ärgern, in heftige Erregung versetzen:* du reizt ihn mit deinem Widerspruchsgeist; jmdn. zum Zorn reizen; das rote Tuch reizt den Stier. **Syn.:** anregen, anspornen, auf die Palme bringen (ugs.), aufregen, in Rage bringen (ugs.), in Wut bringen, provozieren, rasend machen, wütend machen.
2. ‹tr.; hat› *eine Wirkung auf einen Organismus auslösen:* die grelle Sonne hat ihre Augen gereizt. **Syn.:** aktivieren, anregen, aufpeitschen, aufputschen, erregen.
3. ‹tr.; hat› **a)** *jmds. Interesse, Aufmerksamkeit o. Ä. erregen und ihn herausfordern, sich damit zu beschäftigen:* die Aufgabe, das Buch reizt ihn; es reizt sie immer wieder, etwas Neues anzufangen. **Syn.:** anregen, motivieren. **b)** *eine angenehme Wirkung, einen Zauber, eine Verlockung auslösen:* der Duft der Speisen reizte seinen Magen; mit ihrem knappen Rock reizte sie ihn bis zum Wahnsinn; die warme Sonne reizt uns zum Verweilen. **Syn.:** anmachen (ugs.), anreizen, locken, scharfmachen (salopp), verführen, verlocken (geh.), verrückt machen (ugs.).

rei|zend ['raitsn̩t] ‹Adj.›:
(durch seine Art, sein Wesen) besonderes Gefallen erregend: ein reizendes Kind; sie hat ein reizendes Wesen. **Syn.:** ansprechend, anziehend, attraktiv, berückend (geh.), betörend, bezaubernd, charmant, entzückend, goldig, hübsch, lieb, nett, sympathisch.

re|keln ['re:kl̩n] ‹+ sich› (ugs.):
sich mit großem Behagen dehnen und strecken: er rekelte sich auf dem Sofa. **Syn.:** sich aalen (ugs.), sich ausstrecken, sich fläzen (ugs. abwertend), sich lümmeln (ugs.).

Re|kla|ma|ti|on [reklama'tsi̯o:n], die; -, -en:
Beanstandung (in Bezug auf einen Mangel, Fehler): die Reklamation des Kunden wurde zurückgewiesen.

Re|kla|me [re'kla:mə], die; -, -n:
Anpreisung von etwas mit dem Ziel, eine möglichst große Zahl von Interessenten zu gewinnen: für etwas Reklame machen; eine erfolgreiche Reklame. **Syn.:** Werbung. **Zus.:** Filmreklame, Waschmittelreklame, Zigarettenreklame.

re|kla|mie|ren [rekla'mi:rən] ‹tr.; hat›:
dagegen Einspruch erheben, dass etwas nicht geliefert oder nicht korrekt ausgeführt worden ist: er hat das fehlende Päckchen bei der Post reklamiert; ich werde die schlechte Ausführung der Arbeit reklamieren; ‹auch itr.› ich habe schon bei der Post reklamiert. **Syn.:** beanstanden, bemängeln, monieren, sich beklagen über, sich beschweren über.

re|kon|stru|ie|ren [rekɔnstru'i:rən] ‹tr.; hat›:
1. *den ursprünglichen Zustand von etwas wiederherstellen oder nachbilden:* einen antiken Tempel rekonstruieren. **Syn.:** nachempfinden, reproduzieren.
2. *(den Ablauf von etwas, was sich in der Vergangenheit ereignet hat) genau wiedergeben:* den Tathergang rekonstruieren.

Re|kon|va|les|zent [rekɔnvalɛs'tsɛnt], der; -en, -en, **Re|kon|va|les|zen|tin** [rekɔnvalɛs'tsɛntɪn], die; -, -nen:
Person, die (nach überstandener Krankheit) im Begriffe ist, ihre körperlichen Kräfte zurückzugewinnen: der Rekonvaleszent darf nächste Woche wieder mit dem Training beginnen.

Re|kord [re'kɔrt], der; -[e]s, -e:
1. *(in bestimmten Sportarten) bisher noch nicht erreichte Leistung:* ein neuer, olympischer Rekord; mit diesem Sprung stellte sie einen neuen Rekord auf. **Zus.:** Europarekord, Landesrekord, Weltrekord.
2. *Höchstmaß; etwas, was es in diesem Ausmaß noch nicht gab:* die Ernte stellt einen Rekord dar; die Hitzewelle erreichte heute einen neuen Rekord.

Re|kor|der [re'kɔrdɐ], der; -s, -, **Recorder:**
Gerät zur (elektromagnetischen) Aufzeichnung auf Bändern (z. B. in Musik-, Videokassetten) und zu deren Wiedergabe.

Re|krut [re'kru:t], der; -en, -en:
Soldat in der ersten Ausbildungszeit: die Rekruten holten in der Kleiderkammer ihre Uniformen ab.

re|kru|tie|ren [rekru'ti:rən]:
a) ‹+ sich› *aus einem bestimmten Bereich herkommen, sich zusammensetzen, ergänzen:* der Verein rekrutiert sich vorwiegend aus guten Sportlern. **Syn.:** bestehen aus, gebildet werden von. **b)** ‹tr.; hat› *zusammenstellen, zu einem bestimmten Zweck beschaffen:* wir rekrutieren unsere Mitarbeiter hauptsächlich aus Hochschulabsolventen.

Re|kru|tin [re'kru:tɪn], die; -, -nen:
weibliche Form zu ↑Rekrut.

Rek|tor ['rɛkto:ɐ̯], der; -s, Rektoren [rɛk'to:rən], **Rek|to|rin** [rɛk'to:rɪn], die; -, -nen:
1. *(aus dem Kreis der ordentlichen Professorinnen und Professoren) für eine bestimmte Zeit gewählter Repräsentant, gewählte Repräsentantin einer Hochschule:* die Rektoren kritisieren die neuen Hochschulgesetze. **Syn.:** Präsident, Präsidentin.
2. *Leiter, Leiterin einer Grund-, Haupt-, Real- oder Sonderschule:* die Klasse 3d wurde von der Rektorin in Deutsch unterrichtet.

Re|la|ti|on [rela'tsi̯o:n], die; -, -en:
Beziehung, in der [zwei] Dinge, Gegebenheiten, Begriffe usw. zueinander stehen: Ausgaben und Einnahmen stehen in der richtigen Relation. **Syn.:** Verhältnis. **Zus.:** Größenrelation, Preisrelation.

re|la|tiv [rela'ti:f] ‹Adj.›:
einem Verhältnis entsprechend;

R
rela

im Verhältnis zu, verhältnismäßig, vergleichsweise: ein relativ günstiger Preis; er braucht keine absolute Mehrheit, die relative Mehrheit genügt. **Syn.:** bedingt, eingeschränkt.

re|la|ti|vie|ren [relati'vi:rən] ⟨tr.; hat⟩: *in seinem Wert einschränken:* die Ablösung des Politikers hat vieles relativiert; durch ihre Forschungen wird unser Weltbild relativiert.

re|la|xen [ri'lɛksn̩] ⟨itr.; hat⟩ (ugs.): *sich körperlich entspannen und sich erholen:* sie relaxte noch ein wenig; wenn alles vorbei ist, muss ich dringend relaxen. **Syn.:** abschalten, ruhen, sich Ruhe gönnen, verschnaufen.

re|le|vant [rele'vant] ⟨Adj.⟩: *in einem bestimmten Zusammenhang bedeutsam, wichtig:* dieser Punkt ist für unser Thema nicht relevant; politisch relevante Ereignisse. **Syn.:** bedeutend, maßgeblich, von besonderer Bedeutung, von großem Gewicht, wesentlich, zentral.

Re|li|ef [re'li̯ɛf], das; -s, -s und -e: *aus einer Fläche herausgearbeitetes plastisches Bildwerk:* das Relief über dem Eingangstor; der Bildhauer wählte die Form eines Reliefs. **Syn.:** [1]Plastik. **Zus.:** Flachrelief.

Re|li|gi|on [reli'gi̯o:n], die; -, -en: *Glaube an Gott oder an ein göttliches Wesen und der sich daraus ergebende Kult:* die jüdische, christliche, buddhistische, muslimische Religion. **Syn.:** Frömmigkeit, Gläubigkeit, Religiosität, Überzeugung. **Zus.:** Staatsreligion, Stammesreligion.

re|li|gi|ös [reli'gi̯ø:s] ⟨Adj.⟩: *einer Religion angehörend, von ihr bestimmt:* die religiöse Erziehung der Kinder; sie ist sehr religiös. **Syn.:** fromm, gläubig, gottesfürchtig.

Re|li|gi|o|si|tät [religi̯ozi'tɛ:t], die; -: *das Religiössein, religiöse Haltung:* ihre Taten zeugten von tiefer Religiosität. **Syn.:** Frömmigkeit, Gläubigkeit.

Re|likt [re'lɪkt], das; -[e]s, -e: *Überbleibsel, Rest einer früheren Form oder Periode:* Relikte von Pflanzen und Tieren geben ein Bild längst vergangener Epochen; diese Gewohnheit ist ein Relikt aus seiner Kindheit.

Re|ling ['re:lɪŋ], die; -, -s: *Geländer, das das Deck eines Schiffes umgibt:* an der Reling stehen; sie beugte sich über die Reling.

Re|li|quie [re'li:kvi̯ə], die; -, -n: *Überrest vom Körper eines Heiligen oder Gegenstand, der mit ihm in Zusammenhang steht und verehrt wird:* Reliquien verehren; die Reliquie wurde bei der Prozession mitgeführt.

Re|mi|nis|zenz [reminɪs'ts̮ɛnts̮], die; -, -en (bildungsspr.): **1.** *[durch etwas wachgerufene] Erinnerung:* eine Reminiszenz an meine Kindheit; er erzählte Reminiszenzen aus seiner Jugend. **Syn.:** Rückblick, Rückschau. **2.** *Ähnlichkeit; Anklang:* sein Werk enthält viele Reminiszenzen an Mozart.

rem|peln ['rɛmpl̩n] ⟨tr.; hat⟩ (ugs.): *[absichtlich] mit dem Körper, mit einem Fahrzeug o. Ä. stoßen, wegdrängen:* er rempelte mich; ⟨auch itr.⟩ viele Leute rempelten im Gedränge. **Syn.:** anrempeln, anstoßen.

Re|nais|sance [rənɛ'sã:s], die; -, -n: **1.** ⟨ohne Plural⟩ *historische Epoche (im 14. Jahrhundert von Italien ausgehend), die auf eine Wiederbelebung der antiken Kultur zielte:* die Renaissance brachte eine intensive Beschäftigung mit der lateinischen und der griechischen Sprache. **Zus.:** Frührenaissance, Hochrenaissance, Spätrenaissance. **2.** *Wiederaufleben (von Merkmalen einer früheren Kultur, eines früheren Zustandes):* der Minirock erlebt eine Renaissance.

Ren|dez|vous [rãde'vu:], das; - [rãde'vu:(s)], - [rãde'vu:s]: **1.** *Verabredung von Verliebten:* ein Rendezvous mit jmdm. haben; sie kam in das Café zum Rendezvous. **Syn.:** Date (bes. Jugendsprache), Stelldichein (veraltend), Treffen. **2.** *Begegnung von Raumfahrzeugen im Weltraum:* das Rendezvous der beiden Raumkapseln. **Zus.:** Weltraumrendezvous.

Ren|di|te [rɛn'di:tə], die; -, -n: *Ertrag, den ein angelegtes Kapital in einem bestimmten Zeitraum bringt:* dieses Geschäft bringt eine jährliche Rendite von mindestens 5 bis 6 %. **Syn.:** Gewinn, Profit.

re|ni|tent [reni'tɛnt] ⟨Adj.⟩ (geh.): *sich dem Willen, dem Wunsch, der Weisung eines anderen hartnäckig widersetzend:* in der Klasse waren einige renitente Schüler. **Syn.:** aufmüpfig (ugs.), aufrührerisch, aufsässig, rebellisch, ungehorsam.

Renn|bahn ['rɛnba:n], die; -, -en: *Anlage, auf der besonders Pferderennen abgehalten werden:* die Rennbahn von Baden-Baden ist international bekannt. **Zus.:** Galopprennbahn, Pferderennbahn, Radrennbahn, Trabrennbahn.

ren|nen ['rɛnən], rannte, gerannt ⟨itr.; ist⟩: **1. a)** *sehr schnell laufen:* sie rannte, um den Bus noch zu erreichen. **Syn.:** flitzen (ugs.), sausen (ugs.). **b)** (ugs.) *gehen:* renn doch schnell mal zum Bäcker! **c)** (ugs.) *sich ärgerlicherweise irgendwohin begeben:* sie rennt viel zu oft ins Kino; er rennt immer gleich zum Arzt, zur Polizei. **2.** *mit einer gewissen Wucht an jmdn., etwas stoßen:* er ist im Dunkeln gegen den Türpfosten gerannt. **Syn.:** prallen.

Ren|nen ['rɛnən], das; -s, -: *Wettkampf im Laufen, Reiten oder Fahren:* ein Rennen findet statt, wird abgehalten; an einem Rennen teilnehmen; das Rennen geht über fünfzig Runden. **Syn.:** Derby, Lauf, Rallye, Sternfahrt. **Zus.:** Autorennen, Bobrennen, Galopprennen, Hindernisrennen, Hunderennen, Juniorenrennen, Motorradrennen, Pferderennen, Radrennen, Sandbahnrennen, Skirennen, Straßenrennen, Trabrennen.

Ren|ner ['rɛnɐ], der; -s, -: **1.** *gutes, schnelles Rennpferd:* seine besten Renner hat er ersteigert. **2.** (Jargon) *Ware, die sich besonders gut verkauft:* das Buch ist der Renner der Saison. **Syn.:** Attraktion, Hit (ugs.), Knüller (ugs.), Schlager.

Renn|pferd ['rɛnpf̮e:ɐ̯t], das; -[e]s, -e: *Pferd, das für Rennen bestimmt ist:* wertvolle Rennpferde. **Syn.:** Renner.

R
rela

Renn|wa|gen ['rɛnva:gn̩], der; -s, -: *Auto, mit dem Rennen gefahren werden:* der neue Rennwagen beschleunigt besonders schnell.

re|nom|mie|ren [renɔ'mi:rən] ⟨itr.; hat⟩ (bildungsspr.): *prahlen:* er renommiert gerne mit seinen Erfolgen. **Syn.:** angeben, sich aufblähen (abwertend), sich aufblasen (ugs.), sich aufplustern (ugs.), aufschneiden, sich aufspielen, auftrumpfen, sich brüsten, das große Wort führen, den Mund voll nehmen (ugs.), dick auftragen (ugs.), ein großes Maul haben (salopp), ein Schaumschläger sein, eine Schau abziehen (ugs.), große Reden schwingen (ugs.), große Töne spucken (ugs.), großtun (abwertend), kokettieren, protzen, prunken, sich rühmen, Schaum schlagen, sich in den Vordergrund stellen, sich in Szene setzen, sich spreizen, übertreiben, sich wichtigmachen, sich wichtigtun, Wind machen.

re|nom|miert [renɔ'mi:ɐ̯t] ⟨Adj.⟩: *großes Ansehen, einen guten Ruf habend:* eine renommierte Firma. **Syn.:** anerkannt, angesehen, geachtet, geehrt, geschätzt, respektiert, verehrt (geh.).

re|no|vie|ren [reno'vi:rən] ⟨tr., hat⟩: *(schadhaft, unansehnlich Gewordenes) wieder instand setzen, neu herrichten:* eine Wohnung, ein Haus renovieren; das Hotel ist frisch renoviert. **Syn.:** aufmöbeln (ugs.), erneuern, modernisieren, überholen.

ren|ta|bel [rɛn'ta:bl̩] ⟨Adj.⟩: *gewinnbringend, sich rentierend:* rentable Geschäfte; die Arbeit ist sehr rentabel. **Syn.:** einträglich, lukrativ (bildungsspr.).

Ren|te ['rɛntə], die; -, -n:
1. *Einkommen in Form regelmäßiger monatlicher Zahlungen aus einer gesetzlichen Versicherung oder aus entsprechend angelegtem Vermögen:* er hat nur eine kleine Rente; Rente beantragen, bekommen, beziehen; Anspruch auf eine Rente haben. **Syn.:** Pension, Ruhegeld. **Zus.:** Betriebsrente, Hinterbliebenenrente, Invalidenrente, Waisenrente, Witwenrente, Zusatzrente.
2. * **in Rente gehen** (ugs.): *aus Altersgründen nicht mehr arbeiten und eine Rente beziehen:* letztes Jahr ist sie in Rente gegangen.

Ren|ten|ver|si|che|rung ['rɛntn̩fɛɐ̯zɪçərʊŋ], die; -, -en: *Versicherung, die für die Rente aufkommt:* die Beiträge für die gesetzliche Rentenversicherung werden automatisch vom Gehalt abgezogen.

ren|tie|ren [rɛn'ti:rən] ⟨+ sich⟩: *von Nutzen sein; Gewinn, Ertrag abwerfen:* der Laden rentiert sich; diese Ausgabe hat sich nicht rentiert.

Rent|ner ['rɛntnɐ], der; -s, -, **Rent|ne|rin** ['rɛntnərɪn], die; -, -nen: *Person, die eine Rente bezieht:* Rentner erhalten verbilligten Eintritt in Museen. **Syn.:** Pensionär, Pensionärin.

re|pa|ra|bel [repa'ra:bl̩] ⟨Adj.⟩: *so beschaffen, dass es zu reparieren ist:* ein reparabler Schaden; das Auto ist noch reparabel.

Re|pa|ra|tur [repara'tu:ɐ̯], die; -, -en: *das Reparieren; Arbeit zur Beseitigung eines Mangels, Schadens:* eine Reparatur ausführen. **Zus.:** Autoreparatur, Kraftfahrzeugreparatur.

re|pa|rie|ren [repa'ri:rən] ⟨tr.; hat⟩: *wieder in den früheren intakten, gebrauchsfähigen Zustand bringen; (an etwas) eine Reparatur ausführen:* ein Auto reparieren; er hat das Türschloss notdürftig repariert. **Syn.:** ausbessern, erneuern, flicken, in Ordnung bringen, instand setzen, richten, stopfen, überholen, wieder ganz machen (ugs.).

Re|port [re'pɔrt], der; -s, -s: *systematischer Bericht, Untersuchung o. Ä. über wichtige Ereignisse, Entwicklungen:* ein interessanter Report.

Re|por|ta|ge [repɔr'ta:ʒə], die; -, -n: *ausführlicher, lebendiger, mit Interviews, Kommentaren o. Ä. versehener Bericht in Presse, Rundfunk, Fernsehen, Film über ein aktuelles Ereignis:* eine Reportage schreiben, machen. **Syn.:** Report.

Re|por|ter [re'pɔrtɐ], der; -s, -, **Re|por|te|rin** [re'pɔrtərɪn], die; -, -nen: *Person, die berufsmäßig Reportagen produziert:* sie wurde von zwei aufdringlichen Reportern befragt. **Syn.:** Journalist, Journalistin.

re|prä|sen|tie|ren [reprɛzɛn'ti:rən]:
1. ⟨itr.; hat⟩ *seiner Stellung, Funktion entsprechend in der Öffentlichkeit auftreten:* er kann gut repräsentieren.
2. ⟨tr.; hat⟩ *(etwas, eine Gesamtheit von Personen) nach außen vertreten:* er repräsentiert eine der führenden Firmen.
3. ⟨tr.; hat⟩ *wert sein, den Wert von etwas darstellen:* das Grundstück repräsentiert einen Wert von vielen Tausend Euro. **Syn.:** ausmachen, bedeuten, darstellen.
4. ⟨tr.; hat⟩ *in typischer, das Wesen von etwas erfassender Weise darstellen, vertreten; (für etwas) typisch sein:* diese Auswahl repräsentiert das Gesamtschaffen des Künstlers.

Re|pro|duk|ti|on [reprodʊk'ts̮i̯o:n], die; -, -en:
1. *das Wiedergeben, Wiederholen:* die Reproduktion fremder Gedanken.
2. **a)** *das Abbilden, Vervielfältigen von Büchern, Bildern, Karten o. Ä., besonders durch Druck:* für die Reproduktion von Texten braucht man eine Genehmigung. **b)** *etwas, was durch Reproduktion* (2 a) *hergestellt worden ist:* farbige Reproduktionen. **Syn.:** Fotokopie, Kopie, ²Nachdruck, Wiedergabe.

re|pro|du|zie|ren [reprodu'ts̮i:rən] ⟨tr.; hat⟩: *eine Reproduktion (von etwas) herstellen:* ein Bild, eine Zeichnung reproduzieren. **Syn.:** kopieren, nachbilden, nachempfinden, rekonstruieren, vervielfältigen.

Rep|til [rɛp'ti:l], das; -s, Reptilien [rɛp'ti:li̯ən]: *(zu einer Klasse der Wirbeltiere gehörendes) wechselwarmes Tier mit einer meist von Schuppen aus Horn bedeckten Haut, das voll ausgebildete oder auch ganz zurückgebildete Gliedmaßen hat:* sie ekelt sich vor Reptilien, besonders vor Schlangen.

Re|pu|blik [repu'bli:k], die; -, -en: *Staatsform, bei der die oberste Gewalt durch Personen ausgeübt wird, die für eine bestimmte Zeit vom Volk oder dessen Vertretern gewählt werden:* bürgerliche, demokratische, sozialistische Republiken; die Republik ausrufen. **Zus.:** Räterepublik, Volksrepublik.

re|pu|bli|ka|nisch [republi'ka:nɪʃ] ⟨Adj.⟩:
1. *den Grundsätzen der Republik entsprechend, nach ihren Prinzipien aufgebaut, für ihre Ziele eintretend.*
2. *die Republikanische Partei der USA betreffend.*

Re|qui|sit [rekvi'zi:t], das; -s, -en:
1. *Gegenstand, der während einer Aufführung auf der Bühne oder bei einer Filmszene gebraucht wird:* die Requisiten erneuern.
2. *als Zubehör für etwas benötigter Gegenstand:* Schneeketten gehören in den Alpen zu den wichtigsten Requisiten eines Wagens im Winter. **Syn.:** Ausstattung, Utensil.

Re|ser|vat [rezɛr'va:t], das; -[e]s, -e:
1. *größeres Gebiet, in dem seltene Tier- und Pflanzenarten geschützt werden:* die kleine Insel ist ein wichtiges Reservat für Zugvögel. **Zus.:** Wildreservat.
2. *den Ureinwohnern (besonders den Indianern in Nordamerika) als Lebensraum zugewiesenes Gebiet:* in einem Reservat leben. **Zus.:** Indianerreservat.

Re|ser|ve [re'zɛrvə], die; -, -n:
1. *etwas für den Bedarfs- oder Notfall vorsorglich Angesammeltes, Zurückbehaltenes:* sich eine Reserve an Lebensmitteln anlegen; die letzten Reserven verbrauchen. **Syn.:** Bestand, Lager, Vorrat. **Zus.:** Energiereserve, Goldreserve, Kraftreserve.
2. *Ersatz für eine aktive Gruppe von Personen, besonders beim Militär und im Sport:* zur Reserve gehören; er spielt in der Reserve.
3. ⟨ohne Plural⟩ *sehr zurückhaltendes, abwartendes, oft auch kühles, abweisendes Verhalten:* jmdn. aus der Reserve locken.

re|ser|vie|ren [rezɛr'vi:rən] ⟨tr.; hat⟩:
für jmdn. bis zur Inanspruchnahme, Abholung o. Ä. frei halten, zurücklegen: für jmdn. eine Ware reservieren; [jmdm.] Eintrittskarten, einen Platz reservieren; der Tisch ist für uns reserviert. **Syn.:** aufbewahren, vormerken.

re|ser|viert [rezɛr'vi:ɐ̯t] ⟨Adj.⟩:
anderen Menschen, einer Sache gegenüber voller Zurückhaltung, oft abweisend: er steht dem Vorschlag sehr reserviert gegenüber; sich reserviert verhalten. **Syn.:** passiv, unzugänglich, verschlossen, zugeknöpft (ugs.), zurückhaltend.

Re|si|gna|ti|on [rezɪgna'tsi̯o:n], die; -:
das Resignieren, das Sichfügen in das unabänderlich Scheinende: jmdn. ergreift, erfasst Resignation.

re|si|gnie|ren [rezɪ'gni:rən] ⟨itr.; hat⟩:
aufgrund von Misserfolgen, Enttäuschungen o. Ä. seine Pläne aufgeben, darauf verzichten, sich entmutigt (mit etwas) abfinden: nach dem ergebnislosen Kampf mit den Behörden resignierte er endlich. **Syn.:** aufstecken (ugs.), den Mut verlieren, den Schwanz einziehen (salopp), die Segel streichen (geh.), die Waffen strecken (geh.), einen Rückzieher machen (ugs.), sich fügen, in die Knie gehen (ugs.), kapitulieren, mutlos werden, nachgeben, schwach werden, verzagen, zurückstecken.

re|sis|tent [rezɪs'tɛnt] ⟨Adj.⟩ (Biol., Med.):
unempfindlich gegen bestimmte schädliche Stoffe oder Einflüsse, gegen Krankheitserreger oder Schädlinge: [gegen Penizillin] resistente Bakterien, Erreger, Keime; der Organismus ist gegen das Virus resistent geworden; gegen solche Versuchungen ist er resistent. **Syn.:** beständig, gefeit, immun.

re|so|lut [rezo'lu:t] ⟨Adj.⟩:
sehr entschlossen und energisch; den Willen, sich durchzusetzen, deutlich erkennen lassend: resolut auftreten; sie ist eine sehr resolute Person. **Syn.:** bestimmt, eisern, forsch, konsequent, unbeirrt, willensstark, zäh, zielstrebig, zupackend.

Re|so|nanz [rezo'nants], die; -, -en:
1. (Physik, Musik) *Mitschwingen oder Mittönen eines Körpers mit einem anderen:* die Resonanz des Instruments ist schlecht; Resonanz erzeugen. **Syn.:** Widerhall.
2. *durch etwas hervorgerufene Diskussionen, Äußerungen, Reaktionen:* die Resonanz auf diesen Vorschlag war schwach; etwas findet Resonanz, stößt auf Resonanz. **Syn.:** Beifall, Echo, Widerhall, Zustimmung.

Res|pekt [re'spɛkt], der; -[e]s:
besonders auf Anerkennung, Bewunderung o. Ä. beruhende oder auch durch eine gewisse Scheu, ein Eingeschüchtertsein (gegenüber einem Übergeordneten o. Ä.) geprägte Achtung: jmdm. seinen Respekt erweisen; vor jmdm. Respekt haben; es am nötigen Respekt fehlen lassen. **Syn.:** Ansehen, Ehrfurcht, Hochachtung.

res|pek|tie|ren [respɛk'ti:rən] ⟨tr.; hat⟩:
a) *Achtung schenken, entgegenbringen:* jmdn., jmds. Haltung respektieren. **Syn.:** achten, anerkennen, schätzen. **b)** *als vertretbar, legitim o. Ä. anerkennen, gelten lassen:* ich respektiere ihren Standpunkt; eine Entscheidung respektieren. **Syn.:** akzeptieren, annehmen, billigen, geschehen lassen, tolerieren.

Res|sour|ce [rɛ'sʊrsə], die; -, -n:
1. *natürlich vorhandener Bestand von etwas, was besonders zur Ernährung der Menschen benötigt wird:* neue Ressourcen erschließen; die Ressource Wasser wird knapp.
2. *Bestand an Geldmitteln, auf die man jederzeit zurückgreifen kann:* meine Ressourcen sind erschöpft; er verfügt über beachtliche Ressourcen.

Rest [rɛst], der; -[e]s, -e:
1. *etwas, was als meist kleinerer, geringerer Teil von etwas übrig geblieben, noch vorhanden ist:* von dem Käse, von dem Wein ist noch ein Rest da; ein Rest Farbe; die Reste versunkener Kulturen. **Syn.:** Fragment, Relikt, Stummel (ugs.), Stumpf, Überbleibsel, Überrest. **Zus.:** Farbrest, Kuchenrest, Speiserest.
2. *etwas, was zur Vervollständigung, Abgeschlossenheit von etwas noch fehlt:* den Rest des Tages schliefen sie; den Rest des Weges zu Fuß gehen.

Res|tau|rant [rɛsto'rã:], das; -s, -s:
Gaststätte, die besonders des

Essens wegen aufgesucht wird: ein berühmtes, teures Restaurant. **Syn.:** Gasthaus, Gasthof, Lokal. **Zus.:** Bahnhofsrestaurant, Selbstbedienungsrestaurant.

res|tau|rie|ren [restau̯ˈriːrən] ⟨tr.; hat⟩: *(unansehnlich gewordene, schadhafte o. ä. Bilder, Bauten o. Ä.) wiederherstellen, wieder in den ursprünglichen Zustand bringen:* das Denkmal wurde restauriert. **Syn.:** aufarbeiten, auffrischen, aufmöbeln (ugs.), aufpolieren, erneuern, modernisieren, renovieren, überholen.

rest|lich [ˈrɛstlɪç] ⟨Adj.⟩: *einen Rest darstellend:* das restliche Geld; ich werde die restlichen Arbeiten später erledigen. **Syn.:** letzt..., noch vorhanden, überschüssig, überzählig, übrig, übrig geblieben, übrig gelassen, zurückbleibend.

rest|los [ˈrɛstloːs] ⟨Adj.⟩ (ugs.): *ganz und gar:* bis zur restlosen Erschöpfung; ich bin restlos begeistert; er hat restlos versagt. **Syn.:** ganz, hundertprozentig (ugs.), komplett, mit Haut und Haar[en] (ugs.), mit Stumpf und Stiel, total (ugs.), völlig, vollkommen, vollständig, vom Scheitel bis zur Sohle, vom Wirbel bis zur Zehe, von A bis Z (ugs.), von Anfang bis Ende, von Kopf bis Fuß, von oben bis unten, von vorn bis hinten, zur Gänze.

Re|sul|tat [rezʊlˈtaːt], das; -[e]s, -e: *Ergebnis:* das Resultat der Rechnung stimmte; die neuesten Resultate der Forschung; ein gutes, optimales Resultat erreichen, erzielen. **Syn.:** Effekt, Erfolg, Folge, Konsequenz, Lösung, Wirkung. **Zus.:** Endresultat, Gesamtresultat.

Re|sü|mee [rezyˈmeː], das; -s, -s: **a)** *knappe Inhaltsangabe, kurze Zusammenfassung:* dem englischen Originaltext ist ein Resümee in deutscher Sprache vorangestellt; sie verfasste ein kurzes Resümee des Vortrags. **Syn.:** Abriss, Fazit, Grundriss. **b)** *wesentlicher Inhalt, wichtiges Ergebnis von etwas; Schlussfolgerung:* das Resümee seiner Ausführungen war, dass Preissteigerungen unabwendbar seien. **Syn.:** Resultat.

Re|tor|te [reˈtɔrtə], die; -, -n:
1. *kugeliges Gefäß für chemische Untersuchungen, Reaktionen o. Ä.:* in dieser Retorte wird gerade destilliert.
2. * **aus der Retorte** (ugs.): *[als Ersatz für etwas Natürliches, Echtes] auf künstliche Weise hergestellt, geschaffen:* eine Stadt aus der Retorte; diese Lebensmittel sind aus der Retorte.

ret|ten [ˈrɛtn̩], rettete, gerettet ⟨tr.; hat⟩:
1. *(vor dem drohenden Tod) bewahren; (aus einer Gefahr, einer bedrohlichen Situation) befreien:* einen Ertrinkenden retten; jmdm. das Leben retten; jmdn. aus Lebensgefahr retten; er konnte sich durch einen Sprung aus dem Fenster retten; vor dem drohenden Bankrott retten. **Syn.:** bergen, erlösen, erretten.
2. *vor (durch Zerstörung, Verfall, Abhandenkommen o. Ä.) drohendem Verlust bewahren:* den Baumbestand retten; der Restaurator konnte das Gemälde retten. **Syn.:** erhalten, haltbar machen, konservieren.
3. *in Sicherheit bringen; aus einem Gefahrenbereich wegschaffen:* sich ans Ufer retten; seine Habe, sich ins Ausland, über die Grenze retten.
4. *bis in eine bestimmte Zeit hinein, über eine bestimmte Zeit hinweg erhalten, vor dem Untergang, Verlust bewahren:* Kunstschätze durch, über die Kriegswirren retten.

Ret|tich [ˈrɛtɪç], der; -s, -e: **a)** *Pflanze mit rübenförmig verdickter, würzig bis scharf schmeckender Wurzel, die roh gegessen wird:* wir bauen Rettich im Garten an; für den Salat braucht man zwei Rettiche. **b)** *essbare, scharf schmeckende Wurzel des Rettichs* (a): er isst gern, viel Rettich.

Ret|tung [ˈrɛtʊŋ], die; -, -en:
1. *das Gerettetwerden:* für den Schwerverletzten kam jede Rettung zu spät.
2. (österr.) *Krankenwagen:* er wurde mit der Rettung ins Spital gebracht.

re|tu|schie|ren [retuˈʃiːrən] ⟨tr.; hat⟩: *(eine Fotografie, ein Bild) nachträglich in Details verändern, ausbessern:* der Fotograf retuschierte die Aufnahme.

Reue [ˈrɔy̯ə], die; -: *tiefes Bedauern über eine als übel, unrecht, falsch erkannte Handlungsweise:* Reue zeigen, empfinden.

reu|en [ˈrɔy̯ən] ⟨itr.; hat⟩: **a)** *(etwas) als ein begangenes Unrecht empfinden und tief bedauern, (über etwas) Reue empfinden, (jmdm.) leidtun:* die Tat reute sie; es reute ihn, so hart gewesen zu sein. **Syn.:** bereuen. **b)** *nachträglich als falsch, dumm, unüberlegt o. Ä. ansehen und am liebsten rückgängig machen wollen:* der Abschluss des Geschäftes reute ihn; es reute sie, mitgefahren zu sein.

reu|mü|tig [ˈrɔy̯myːtɪç] ⟨Adj.⟩: *von Reue erfüllt, Reue zeigend:* er kehrte reumütig zu den Eltern zurück. **Syn.:** zerknirscht.

Re|van|che [reˈvãːʃ(ə)], die; -, -n:
1. *Vergeltung für eine erlittene Niederlage, dem Heimzahlen, Wettmachen dienende Gelegenheit, Gegenmaßnahme, das Sichrevanchieren:* nach dem Tennisturnier verlangte der Partner Revanche; das ist eine Revanche für deine Gemeinheiten. **Syn.:** Rache.
2. *Gegendienst, Gegenleistung:* als Revanche für ihre Hilfe lud er alle zu einem Fest ein. **Syn.:** Dank.

re|van|chie|ren [revãˈʃiːrən] ⟨+ sich⟩:
1. *eine üble Tat vergelten, dafür Revanche nehmen; eine erlittene Niederlage wettmachen, ausgleichen:* für deine Bosheiten werde ich mich später revanchieren; sich mit einem 2 : 0 im Rückspiel revanchieren. **Syn.:** abrechnen mit, bestrafen, sich rächen bei.
2. *auf eine Freundlichkeit, eine freundliche Tat, eine Hilfe o. Ä. mit einer Gegenleistung, Gegengabe reagieren:* wir werden uns für ihre Einladung, Unterstützung gern revanchieren. **Syn.:** belohnen, entschädigen, erwidern, gutmachen, honorieren, vergelten.

Re|vers [rəˈvɛːɐ̯], das; - [rəˈvɛːɐ̯(s)], - [rəˈvɛːɐ̯s]:

R
Reve

(mit dem Kragen eine Einheit bildender) Aufschlag vorn an Jacken und Mänteln: der Anzug hat schmale Revers.

re|vi|die|ren [revi'di:rən] ⟨tr.; hat⟩: *nach eingehender Prüfung, Kontrolle abändern, korrigieren:* seine Meinung revidieren; die bisherige Politik muss revidiert werden. **Syn.:** berichtigen, verbessern.

Re|vier [re'vi:ɐ̯], das; -s, -e:
1. *Fläche bestimmter Ausdehnung, Begrenzung, die unter verschiedenen Gesichtspunkten (häufig als jmds. Zuständigkeitsbereich) eine bestimmte Einheit darstellt:* jeder versucht, sein Revier abzugrenzen; das Revier eines Försters; der Hirsch verteidigt sein Revier; in diesem Revier herrscht Unruhe unter den Bergleuten. **Syn.:** Areal, Bereich, Bezirk, Gebiet, Gefilde ⟨Plural⟩ (geh.), Gegend, Region, Zone. **Zus.:** Forstrevier, Jagdrevier, Vogelrevier.
2. *Aufgabenbereich, in dem jmd. tätig ist, sich zuständig fühlt:* die Musik ist ihr Revier; Küche und Garten gehören nicht zu meinem Revier. **Syn.:** Bereich, Disziplin, Fach, Feld, Gebiet.
3. *polizeiliche Dienststelle, die für einen bestimmten Bezirk zuständig ist:* jmdn. aufs Revier bringen. **Syn.:** Wache.

Re|vi|si|on [revi'zi̯o:n], die; -, -en:
1. *das Revidieren:* eine Revision seiner Meinung; die Revision des Gesetzes.
2. (Rechtsspr.) *Antrag an ein Gericht, der die Überprüfung eines [Berufungs]urteils fordert:* gegen ein Urteil Revision ankündigen, beantragen, einlegen.

R
revi

Re|vol|te [re'vɔltə], die; -, -n: *gegen bestehende Verhältnisse gerichtete Auflehnung einer meist kleineren Gruppe:* eine Revolte niederschlagen. **Syn.:** Aufruhr, Aufstand, Erhebung, Krawall, Meuterei, Rebellion. **Zus.:** Militärrevolte.

re|vol|tie|ren [revɔl'ti:rən] ⟨itr.; hat⟩: *an einer Revolte teilnehmen, sich heftig gegen jmdn., etwas auflehnen:* die Gefangenen revoltierten; die Jugend revoltiert gegen die Gesellschaft. **Syn.:** ankämpfen, sich aufbäumen, aufbegehren (geh.), aufmucken (ugs.), sich entgegenstellen, entgegentreten, sich erheben, meutern (ugs.), Protest erheben, protestieren, rebellieren.

Re|vo|lu|ti|on [revolu'tsi̯o:n], die; -, -en:
1. *auf radikale Veränderung der bestehenden politischen und gesellschaftlichen Verhältnisse ausgerichteter [gewaltsamer] Umsturz:* eine Revolution ist ausgebrochen; die Französische Revolution. **Syn.:** Aufruhr, Aufstand, Putsch, Rebellion. **Zus.:** Kulturrevolution, Volksrevolution, Weltrevolution.
2. *Umwälzung der bisher geltenden Maßstäbe, Techniken o. Ä., umwälzende Neuerung:* eine Revolution in der Mode; die industrielle Revolution; seine Erfindung bedeutet für diesen Bereich eine Revolution. **Syn.:** Fortschritt.

re|vo|lu|ti|o|när [revolutsi̯o'nɛ:ɐ̯] ⟨Adj.⟩:
1. *die Revolution betreffend, von den Ideen einer Revolution bestimmt:* revolutionäre Ziele, Lieder; die revolutionäre Gruppe übernahm die Führung. **Syn.:** anarchisch, aufrührerisch, aufständisch, rebellisch.
2. *eine Umwälzung, große Neuerung darstellend:* diese Erfindung ist revolutionär für die heutige Technik. **Syn.:** fortschrittlich, progressiv.

Re|vo|lu|ti|o|när [revolutsi̯o'nɛ:ɐ̯], der; -s, -e, **Re|vo|lu|ti|o|nä|rin** [revolutsi̯o'nɛ:rɪn], die; -, -nen: *Person, die an einer Revolution beteiligt ist, auf eine Revolution hinarbeitet.* **Syn.:** Anarchist, Anarchistin, Aufrührer, Aufrührerin, Kämpfer, Kämpferin, Rebell, Rebellin, Terrorist, Terroristin.

re|vo|lu|ti|o|nie|ren [revolutsi̯o'ni:rən] ⟨tr.; hat⟩: *von Grund aus umgestalten, verändern:* die Entwicklung dieser Maschine revolutioniert unsere Technik.

Re|vol|ver [re'vɔlvɐ], der; -s, -: *Schusswaffe mit kurzem Lauf, bei der die Patronen in einer drehbar hinter dem Lauf angeordneten Trommel stecken:* sie trugen geladene Revolver am Gürtel. **Syn.:** Colt, Kanone (salopp scherzh.), Pistole. **Zus.:** Trommelrevolver.

Re|vue [re'vy:], die; -, -n [re'vy:ən]: *musikalische Programmfolge von sängerischen, tänzerischen, artistischen Darbietungen in oft reicher Ausstattung:* eine Revue besuchen. **Syn.:** Schau, Show, Varieté. **Zus.:** Eisrevue.

Re|zen|sent [retsɛn'tsɛnt], der; -en, -en, **Re|zen|sen|tin** [retsɛn'tsɛntɪn], die; -, -nen: *Person, die eine Rezension verfasst:* die Rezensentin ist nicht objektiv; das ist die Meinung eines einzelnen Rezensenten. **Syn.:** Kritiker, Kritikerin.

re|zen|sie|ren [retsɛn'zi:rən] ⟨tr.; hat⟩: *kritisch besprechen:* ein Buch, eine Theateraufführung in der Zeitung rezensieren. **Syn.:** kritisieren, würdigen.

Re|zen|si|on [retsɛn'zi̯o:n], die; -, -en: *kritische Besprechung (von Büchern, Theateraufführungen, Filmen o. Ä.):* er schrieb Rezensionen über historische Schriften. **Syn.:** Kritik. **Zus.:** Buchrezension, Theaterrezension.

Re|zept [re'tsɛpt], das; -[e]s, -e:
1. *schriftliche Anordnung des Arztes an den Apotheker zur Abgabe bestimmter Medikamente:* ein Rezept [aus]schreiben, ausstellen; das Medikament gibt es nur auf Rezept; den Arzt um ein Rezept bitten. **Zus.:** Arzneirezept.
2. *Anleitung für die Zubereitung von Speisen:* ein Rezept ausprobieren; genau nach Rezept kochen. **Zus.:** Backrezept, Kochrezept, Kuchenrezept.

Re|zep|ti|on [retsɛp'tsi̯o:n], die; -, -en:
1. *Empfangsraum im Foyer eines Hotels:* an der Rezeption nach dem Schlüssel fragen; bitte bei der Rezeption melden! **Syn.:** Anmeldung.
2. *verstehende Aufnahme eines Kunstwerks, Textes o. Ä. durch den Betrachter, Leser o. Ä.:* die Rezeption der aristotelischen Schriften.

re|zi|tie|ren [retsi'ti:rən] ⟨tr.; hat⟩: *(eine Dichtung) künstlerisch vortragen:* sie rezitierte Gedichte von Rilke. **Syn.:** aufsagen, deklamieren, lesen, vorlesen, zu

Gehör bringen (geh.), zum Besten geben.

Rha|bar|ber [raˈbarbɐ], der; -s: **a)** *(als Staude wachsende) Pflanze mit großen Blättern, deren lange, fleischige Blattstiele säuerlich schmecken und zur Zubereitung von Kompott o. Ä. verwendet werden:* sie hat Rhabarber und Johannisbeeren im Garten. **b)** *säuerlich schmeckende Blattstiele des Rhabarbers* (a): ich esse gerne Rhabarber mit Vanillesoße.

rhe|to|risch [reˈtoːrɪʃ] ⟨Adj.⟩:
1. *die gute Formulierung, den flüssigen, eleganten Stil in der Rede betreffend:* er hielt eine rhetorisch glänzende Rede; die Frage ist rein rhetorisch *(um der Wirkung willen gestellt, ohne dass eine Antwort erwartet wird).*
2. *als Phrase wirkend:* vieles in seinem Text war rhetorisch.

Rheu|ma [ˈrɔy̯ma], das; -s, **Rheu|ma|tis|mus** [rɔy̯maˈtɪsmʊs], der; -: *schmerzhafte Erkrankung der Gelenke, Muskeln, Nerven, Sehnen:* besonders an feuchten Tagen plagt ihn sein Rheuma. **Zus.:** Gelenkrheuma, Gelenkrheumatismus.

rhyth|misch [ˈrʏtmɪʃ] ⟨Adj.⟩: **a)** *den Rhythmus betreffend, für den Rhythmus bestimmt:* rhythmische Instrumente; rhythmisches Gefühl haben; rhythmisch exakt spielen. **b)** *nach bestimmtem Rhythmus erfolgend:* rhythmische Gymnastik; das rhythmische Stampfen der Maschine. **Syn.:** gleichmäßig.

Rhyth|mus [ˈrʏtmʊs], der; -, Rhythmen [ˈrʏtmən]:
1. *Gliederung des Zeitmaßes, Ablauf von Bewegungen oder Tönen in einem bestimmten Takt:* ein bewegter, schneller Rhythmus; der Tänzer geriet aus dem Rhythmus; auf den Rhythmus seines Herzschlages achten.
2. *gleichmäßig gegliederte Bewegung, periodischer Wechsel, regelmäßige Wiederkehr:* der Rhythmus der Jahreszeiten. **Syn.:** Gleichmaß.

richten [ˈrɪçtn̩], richtete, gerichtet:
1. ⟨tr.; hat⟩ **a)** *in eine bestimmte Richtung bringen:* das Fernrohr auf etwas richten; den Blick auf jmdn., in die Ferne richten; das Schiff, den Kurs eines Schiffs nach Norden richten. **Syn.:** ausrichten, lenken. **b)** *sich mit einer mündlichen oder schriftlichen Äußerung an jmdn. wenden:* eine Bitte, Aufforderung, Mahnung, Rede an jmdn. richten; sein Gesuch an die zuständige Behörde richten.
2. ⟨+ sich⟩ **a)** *(von Sachen) sich in eine bestimmte Richtung wenden:* die Scheinwerfer richteten sich plötzlich alle auf einen Punkt. **b)** *sich in kritisierender Absicht gegen jmdn., etwas wenden:* sich in, mit seinem Werk gegen soziale Missstände richten; gegen wen richtet sich Ihr Verdacht?
3. ⟨+ sich⟩ **a)** *sich ganz auf jmdn., etwas einstellen und sich in seinem Verhalten entsprechend beeinflussen lassen:* sich nach jmds. Wünschen richten; ich richte mich [mit meinen Urlaubsplänen] ganz nach dir. **Syn.:** sich anlehnen, sich anpassen, befolgen, folgen, sich fügen, handeln nach, sich unterwerfen. **b)** *in Bezug auf etwas von anderen Bedingungen abhängen und entsprechend verlaufen, sich gestalten:* die Bezahlung richtet sich nach der Leistung.
4. ⟨tr.; hat⟩ **a)** *in eine gerade Linie, Fläche bringen:* einen [Knochen]bruch richten; seine Zähne mussten gerichtet werden. **Syn.:** einrenken. **b)** *richtig einstellen:* eine Antenne richten.
5. ⟨tr.; hat⟩ **a)** *in einen ordentlichen, gebrauchsfertigen, besseren Zustand bringen:* sich den Schlips, die Haare richten; die Uhr richten *(reparieren)* lassen; das kann ich, das lässt sich schon richten *(einrichten).* **Syn.:** aufräumen, beheben, in Ordnung bringen, reparieren. **b)** *aus einem bestimmten Anlass vorbereiten:* die Betten [für die Gäste] richten; ich habe euch das Frühstück gerichtet.
6. ⟨itr.; hat⟩ **a)** *ein gerichtliches Urteil über jmdn., etwas fällen:* nach dem Recht richten. **b)** *über jmdn., etwas urteilen, ein schwerwiegendes, negatives Urteil abgeben:* wir haben in dieser Angelegenheit, über diesen Menschen nicht zu richten.

Rich|ter [ˈrɪçtɐ], der; -s, -, **Rich|te|rin** [ˈrɪçtərɪn], die; -, -nen: *Person, die die Rechtsprechung ausübt, über jmdn., etwas gerichtliche Entscheidungen trifft:* die Richterin ließ Milde walten. **Zus.:** Einzelrichter, Einzelrichterin, Jugendrichter, Jugendrichterin, Untersuchungsrichter, Untersuchungsrichterin, Verfassungsrichter, Verfassungsrichterin.

Richt|fest [ˈrɪçtfɛst], das; -[e]s, -e: *Fest der Handwerker und des Bauherrn nach Fertigstellung des Rohbaus:* sie hat viele Freunde und Bekannte zum Richtfest eingeladen.

[1]rich|tig [ˈrɪçtɪç] ⟨Adj.⟩:
1. a) *als Entscheidung, Verhalten o. Ä. dem tatsächlichen Sachverhalt, der realen Gegebenheit entsprechend:* der richtige Weg; ich halte das nicht für richtig; etwas richtig beurteilen, verstehen. **b)** *keinen [logischen] Fehler, keine Unstimmigkeiten enthaltend:* eine richtige Lösung; ein Wort richtig schreiben, übersetzen; die Uhr geht richtig. **Syn.:** einwandfrei, fehlerfrei, korrekt.
2. a) *für jmdn., etwas am besten geeignet:* den richtigen Zeitpunkt wählen, verpassen; eine Sache richtig anfassen. **Syn.:** angemessen, passend, recht, tauglich, zweckmäßig. **b)** *den Erwartungen, die jmd. an eine Person oder Sache stellt, entsprechend:* seine Kinder sollten alle erst einen richtigen Beruf lernen; wir haben lange Jahre keinen richtigen Sommer mehr gehabt; etwas richtig können; erst mal muss ich richtig ausschlafen. **Syn.:** ordentlich, wie es sich gehört.
3. a) *in der wahren Bedeutung des betreffenden Wortes; nicht scheinbar, sondern echt:* die Kinder spielen mit richtigem Geld; sie ist nicht die richtige *(leibliche)* Mutter der Kinder; jmdn. nicht richtig lieben. **Syn.:** aufrichtig, glaubhaft, glaubwürdig, tatsächlich, wahr, wirklich, zuverlässig, zweifellos. **b)** (oft ugs.) *regelrecht:* du bist ein richtiger Feigling; richtig wütend, froh, erschrocken sein; hier ist es richtig gemütlich. **Syn.:** buchstäblich, [1]direkt, förmlich, ganz, geradezu, praktisch (ugs.).

[2]rich|tig [ˈrɪçtɪç] ⟨Adverb⟩: *in der Tat, wie man mit Erstau-*

nen feststellt: sie sagte, er komme sicher bald, und richtig, da trat er in die Tür; ja richtig, ich erinnere mich.

Richt|li|nie [ˈrɪçtliːni̯ə], die; -, -n: *Anweisung für jmds. Verhalten in bestimmten Fällen:* der Bundeskanzler bestimmt die Richtlinien der Politik. **Syn.:** Kriterium, Maßstab.

Rich|tung [ˈrɪçtʊŋ], die; -, -en:
1. *das Gerichtetsein, Verlauf auf ein bestimmtes Ziel zu:* die Richtung nach Westen einschlagen; die Richtung zeigen, ändern; ein Schritt in die richtige Richtung. **Zus.:** Blickrichtung, Fahrtrichtung, Flugrichtung, Marschrichtung.
2. *spezielle Ausprägung innerhalb eines geistigen Bereichs:* die politische Richtung bestimmen; die verschiedenen Richtungen in der Kunst. **Syn.:** Hang, Neigung, Stellung, Tendenz, Trend, Trieb, Vorliebe. **Zus.:** Fachrichtung, Forschungsrichtung, Geistesrichtung, Glaubensrichtung, Kunstrichtung, Stilrichtung.

rie|chen [ˈriːçn̩], roch, gerochen:
1. a) ⟨tr.; hat⟩ *durch den Geruchssinn, mit der Nase einen Geruch wahrnehmen:* ich habe Gas, den Käse gerochen. **b)** ⟨itr.; hat⟩ *durch prüfendes Einziehen der Luft durch die Nase den Geruch von etwas wahrzunehmen suchen:* an einer Rose riechen. **Syn.:** schnüffeln, schnuppern.
2. ⟨itr.; hat⟩ **a)** *einen bestimmten Geruch haben, verbreiten:* der Kaffee riecht gut, gar nicht mehr; hier riecht es schlecht, übel, nach Gas, nach Rosen; das riecht nach einer Sensation (ugs.; *es könnte eine Sensation sein*). **Syn.:** duften, dünsten. **b)** *einen unangenehmen, üblen Geruch haben, verbreiten:* aus dem Mund riechen; der Käse riecht stark. **Syn.:** stinken (abwertend).

Rie|ge [ˈriːɡə], die; -, -n: *Mannschaft, Gruppe, besonders von Turnern:* die Riege turnt am Reck. **Syn.:** Staffel, Team. **Zus.:** Frauenriege, Ministerriege, Turnriege.

Rie|gel [ˈriːɡl̩], der; -s, -:
1. *Vorrichtung mit verschiebbarem, länglichem Metallstück o. Ä. zum Verschließen von Türen, Toren, Fenstern:* den Riegel an der Tür vorschieben, zurückschieben. **Syn.:** Sperre. **Zus.:** Eisenriegel, Fensterriegel, Türriegel.
2. * einer Sache einen Riegel vorschieben: *etwas, was man nicht länger dulden kann, unterbinden:* die Polizei will dem Diebstahl einen Riegel vorschieben.
3. *meist unterteiltes stangenartiges Stück von etwas:* ein Riegel Schokolade, Seife. **Zus.:** Schoko[laden]riegel.

[1]**Rie|men** [ˈriːmən], der; -s, -: *schmaler, längerer Streifen aus Leder, festem Gewebe oder Kunststoff:* ein breiter Riemen; er hat den alten Koffer mit einem Riemen verschnürt. **Syn.:** [1]Band, Gurt. **Zus.:** Bauchriemen, Halteriemen, Kinnriemen, Lederriemen, Leibriemen, Schuhriemen, Tragriemen, Treibriemen, Zahnriemen.

[2]**Rie|men** [ˈriːmən], der; -s, -: *längeres, mit beiden Händen zu fassendes Ruder:* sich in die Riemen legen.

Rie|se [ˈriːzə], der; -n, -n:
a) *(in Märchen, Sagen, Mythen auftretendes) Wesen von übernatürlich großer menschlicher Gestalt* /Ggs. Zwerg/: ein wilder, böser, gutmütiger, schwerfälliger Riese. **b)** (scherzh.) *sehr großer [kräftiger] Mensch:* mit seinen zwei Metern ist er ein richtiger Riese.

rie|seln [ˈriːzl̩n], rieselte, gerieselt ⟨itr.; ist⟩:
1. *in nicht allzu großer Menge [mit feinem hellem Geräusch] fließen:* das Wasser rieselt über die Steine; aus der Wunde rieselt Blut. **Syn.:** sich ergießen, plätschern.
2. *in vielen kleinen Teilchen, kaum hörbar und in leichter stetiger Bewegung fallen, gleiten, sinken:* der Schnee rieselte lautlos, leise zur Erde; der Kalk rieselt von den Wänden; er ließ Sand durch die Finger rieseln.

Rie|sen- [riːzn] ⟨Präfixoid, auch das Basiswort wird betont⟩ (ugs., emotional verstärkend): *außergewöhnlich, sehr groß; riesig, gewaltig:* /in Bezug auf Anzahl, Menge, Ausmaß/ Riesenauflage; Riesenauswahl; Riesenbaby; Riesendefizit; Riesenenttäuschung; Riesenerfolg; Riesenhit; Riesenportion; Riesenschreck; Riesenspaß; Riesenstadt; Riesenüberraschung; Riesenumsatz. **Syn.:** Heiden- (ugs. emotional verstärkend), Mammut- (emotional verstärkend), Monster- (verstärkend), Super- (emotional verstärkend), Top- (ugs. emotional verstärkend).

rie|sig [ˈriːzɪç] ⟨Adj.⟩:
1. a) *außerordentlich, übermäßig groß:* ein riesiger Elefant; eine riesige Menschenmenge. **Syn.:** astronomisch, beträchtlich, enorm, gewaltig, gigantisch, heftig, immens, kolossal (ugs. emotional), kräftig, mächtig (ugs.), massiv, monumental, tüchtig (ugs.), ungeheuer, unglaublich, unheimlich (ugs.), unwahrscheinlich (ugs.), wahnsinnig (ugs.). **b)** *einen übermäßig hohen Grad aufweisend:* eine riesige Freude, Anstrengung.
2. (ugs.) **a)** *großartig:* eine riesige Idee; der Film, die neue Mode ist einfach riesig; das finde ich riesig. **Syn.:** außergewöhnlich, einmalig (emotional), enorm, fantastisch, fetzig (Jugendspr.), ordentlich (ugs.), wunderbar. **b)** ⟨verstärkend bei Adjektiven und Verben⟩ *sehr:* riesig groß, lang, interessant, nett; ich habe mich riesig gefreut.

Rie|sin [ˈriːzɪn], die; -, -nen: weibliche Form zu ↑Riese.

Riff [rɪf], das; -[e]s, -e: *lang gestreckte Sandbank, Reihe von Klippen im Meer vor der Küste:* auf ein Riff auflaufen.

ri|go|ros [riɡoˈroːs] ⟨Adj.⟩: *sehr streng, hart [und rücksichtslos]:* die Polizei greift rigoros durch; rigorose Maßnahmen ergreifen. **Syn.:** drakonisch, drastisch, energisch, entschieden, grausam, massiv, rabiat, radikal, scharf, straff, strikt.

Ril|le [ˈrɪlə], die; -, -n: *längere schmale Vertiefung in der Oberfläche von etwas:* die Rillen der Säule, in dem Glas.

Rind [rɪnt], das; -[e]s, -er: *(als Milch und Fleisch lieferndes Nutztier gehaltenes) größeres Tier mit braunem bis schwarzem, oft weiß geflecktem, auch falbem kurzhaarigem Fell, mit breitem, Hörner tragendem Schädel, langem in einer Quaste endendem*

Schwanz und einem großen Euter beim weiblichen Tier: Rinder halten, züchten; ein Stück Filet vom Rind; das Hackfleisch ist 100 % Rind *(Rindfleisch).* **Syn.:** Kuh. **Zus.:** Buckelrind, Hausrind, Hochlandrind, Mastrind, Schlachtrind, Weiderind, Wildrind, Zuchtrind.

Rin|de [ˈrɪndə], die; -, -n:
1. *äußere, feste, oft harte Schicht von Bäumen und Sträuchern:* raue, rissige, glatte Rinde. **Syn.:** Borke. **Zus.:** Baumrinde, Birkenrinde, Buchenrinde, Eichenrinde, Tannenrinde.
2. *äußere, härtere Schicht von etwas Weichem:* bei dem Käse kann man die Rinde mitessen; das Brot hat eine sehr harte Rinde. **Syn.:** Kruste. **Zus.:** Brotrinde, Käserinde.

Rind|fleisch [ˈrɪntflai̯ʃ], das; -[e]s:
Fleisch vom Rind: Rindfleisch ist heute im Angebot.

Ring [rɪŋ], der; -[e]s, -e:
1. *gleichmäßig runder, kreisförmig in sich geschlossener Gegenstand:* einen goldenen Ring am Finger tragen. **Zus.:** Armring, Dichtungsring, Fingerring, Fußring, Gardinenring, Goldring, Gummiring, Messingring, Metallring, Nasenring, Ohrring, Schlüsselring, Serviettenring, Silberring, Smaragdring.
2. *ringförmiges Gebilde, ringförmige Anordnung, Figur:* das Glas hinterließ einen feuchten Ring; sie bildeten, schlossen einen Ring um mich *(stellten sich um mich herum);* [dunkle] Ringe um die Augen haben. **Zus.:** Augenring, Baumring, Jahr[es]ring, Rauchring.
3. *durch Seile begrenzter, quadratischer Platz für Boxkämpfe:* den Ring als Sieger verlassen. **Zus.:** Boxring.
4. *Vereinigung von Personen, die sich zur Durchsetzung bestimmter Ziele zusammengeschlossen haben; Verband mehrerer selbstständiger Unternehmen:* ein internationaler Ring von Rauschgifthändlern; die Firmen wollen sich zu einem Ring zusammenschließen. **Syn.:** Block, [1]Bund, Klub, Organisation, Union. **Zus.:** Agentenring, Callgirlring, Jugendring, Lesering, Schmugglerring, Spionagering, Theaterring.

rin|geln [ˈrɪŋl̩n]:
a) ⟨tr.; hat⟩ *so zusammenrollen, dass ungefähr die Form eines oder mehrerer Ringe entsteht:* der Hund ringelt den Schwanz.
b) ⟨+ sich⟩ *sich ringartig (um etwas herum) legen:* Locken ringeln sich um ihren Kopf; die Schlange ringelt sich um einen Ast. **Syn.:** sich kräuseln, sich ranken um, sich schlängeln um, sich schlingen um.

rin|gen [ˈrɪŋən], rang, gerungen:
1. ⟨itr.; hat⟩ *mit körperlichem Einsatz [nach bestimmten Regeln] so kämpfen, dass der Gegner durch Griffe und Schwünge bezwungen wird:* mit jmdm. ringen; *** mit sich ringen:** *sich innerlich heftig mit etwas auseinandersetzen:* sie hat [wegen dieser Frage, Entscheidung] lange mit sich gerungen; *** mit etwas ringen:** *sich mit etwas intensiv beschäftigen und es zu bewältigen suchen:* mit einem Problem, mit seinem Schicksal ringen.
2. a) ⟨tr.; hat⟩ *(jmdm.) gegen heftigen Widerstand (aus den Händen) winden, reißen:* er hat ihm die Pistole aus der Hand gerungen. **b)** ⟨itr.; hat⟩ *(die Hände) aus Verzweiflung o. Ä. ineinander verschränkt halten und so [heftig] bewegen:* weinend die/seine Hände ringen.
3. ⟨itr.; hat⟩ *sich angestrengt, unter Einsatz aller Kräfte bemühen, etwas Bestimmtes zu erreichen, zu verwirklichen:* zäh, hart um den Sieg, um Erfolg, um Anerkennung, um die Freilassung der Geiseln ringen; sie rangen alle drei um dieses Amt. **Syn.:** kämpfen, streben nach, trachten nach (geh.), verfolgen, verlangen nach (geh.), zu erreichen suchen (geh.).

Rin|ger [ˈrɪŋɐ], der; -s, -, **Rin|ge|rin** [ˈrɪŋərɪn], die; -, -nen:
Person, die den Ringkampf als Sport betreibt: die deutschen Ringerinnen konnten sich für den Wettkampf qualifizieren.

Ring|kampf [ˈrɪŋkampf], der; -[e]s, Ringkämpfe [ˈrɪŋkɛmpfə]:
sportlicher Wettkampf im Ringen; das Ringen als Sport: einen Ringkampf austragen; sich im Ringkampf üben.

rings [rɪŋs] ⟨Adverb⟩:
im Kreis, im Bogen um jmdn., etwas, auf allen Seiten: der Ort ist rings von Bergen umgeben; sich rings im Kreise drehen. **Syn.:** überall.

Rin|ne [ˈrɪnə], die; -, -n:
längere schmale Vertiefung, die meist künstlich angelegt ist, zum Ableiten von Wasser: Rinnen durchziehen das Gelände; eine Rinne graben. **Syn.:** Graben, Kanal. **Zus.:** Abflussrinne, Ablaufrinne, Dachrinne, Regenrinne, Wasserrinne.

rin|nen [ˈrɪnən], rann, geronnen ⟨itr.; ist⟩:
in kleineren Mengen langsam und stetig fließen, sich irgendwohin bewegen: aus der Wunde rann Blut; der Regen rinnt [von den Dächern]; Sand rinnt ihm durch die Finger. **Syn.:** sich ergießen, laufen, plätschern, rieseln.

Rip|pe [ˈrɪpə], die; -, -n:
1. *schmaler bogenförmiger Knochen im Oberkörper des Menschen und bestimmter Tiere (der mit anderen zusammen den Brustkorb bildet):* er hat sich bei dem Sturz eine Rippe gebrochen.
2. *Gegenstand, der einer Rippe ähnlich ist, daran erinnert:* die Rippen eines Blattes; der Heizkörper hat 25 Rippen; eine Rippe Schokolade.

Ri|si|ko [ˈriːziko], das; -s, Risiken [ˈriːzikn̩], selten: -s:
mit einem Vorhaben o. Ä. verbundenes Wagnis, möglicher negativer Ausgang bei einer Unternehmung, Möglichkeit des Verlustes, Misserfolges: das Risiko übernehmen, tragen; sich auf kein Risiko einlassen; die Risiken bedenken, abwägen. **Zus.:** Gesundheitsrisiko, Sicherheitsrisiko, Verletzungsrisiko.

Ri|si|ko- [riːziko] ⟨Präfixoid⟩:
a) drückt aus, dass der oder das im Basiswort Genannte in gewisser Weise gefährlich ist, dass Gefahr im Hinblick auf etwas Bestimmtes besteht: Risikogeburt; Risikogruppe; Risikooperation; Risikopapier (Aktie); Risikopatient; Risikoschwangerschaft. **b)** drückt aus, dass der oder das im Basiswort Genannte ein Risiko für etwas darstellt, mit einem Risiko ver-

bunden ist: Risikofaktor; Risikofall.

ris|kant [rɪsˈkant] ⟨Adj.⟩:
mit einem Risiko, mit Gefahr verbunden und daher ziemlich gewagt: ein riskantes Überholmanöver; der Plan ist [mir zu] riskant. **Syn.:** abenteuerlich, bedenklich, bedrohlich, brenzlig (ugs.), ernst, gefährlich, kritisch, unsicher.

ris|kie|ren [rɪsˈkiːrən] ⟨tr.; hat⟩:
a) *trotz der Möglichkeit eines Fehlschlags o. Ä. zu tun versuchen; wagen:* er riskierte es nicht, jetzt noch zu fliehen; das würde ich nicht riskieren. **Syn.:** aufs Spiel setzen, sich getrauen, sich trauen. **b)** *vorsichtig, nur mit gewisser Zurückhaltung tun:* ein zaghaftes Lächeln, einen Blick riskieren; er riskierte sogar einen Einwand, Widerspruch. **c)** *als mögliche negative Folge in Kauf nehmen:* einen Unfall riskieren; er riskiert eben, dass man ihn auslacht. **d)** *aufs Spiel setzen:* seine Stellung, sein Leben riskieren; wenn du nichts riskierst, kannst du auch nichts gewinnen; in dieser Situation riskierte sie alles.

Ris|pe [ˈrɪspə], die; -, -n:
verzweigte Blüten tragender Teil einer Pflanze: viele Gräser haben Rispen.

Riss [rɪs], der; -es, -e:
durch Reißen, Brechen entstandener Spalt; Stelle, an der etwas gerissen, eingerissen ist: ein Riss im Stoff; im Boden, in der Mauer waren tiefe Risse; die Hose hat einen langen, winkelförmigen Riss. **Zus.:** Darmriss, Meniskusring, Milzriss, Muskelriss, Sehnenriss.

Ritt [rɪt], der; -[e]s, -e:
das Reiten: ein langer, anstrengender Ritt.

Rit|ter [ˈrɪtɐ], der; -s, -:
a) *(im Mittelalter) in einer Rüstung und zu Pferd kämpfender Krieger gehobenen Standes:* die Ritter verteidigten die Burg erfolgreich. **b)** *(im Mittelalter) Angehöriger des mit bestimmten Privilegien ausgestatteten Adelsstandes:* jmdn. zum Ritter schlagen.

rit|ter|lich [ˈrɪtɐlɪç] ⟨Adj.⟩:
1. *den Ritter betreffend, ihm entsprechend, geziemend:* ritterliche Ideale.
2. *anständig und fair, den Regeln entsprechend:* ein ritterlicher Kampf.
3. *(besonders Frauen gegenüber) hilfsbereit und zuvorkommend:* er bietet ihr ritterlich seinen Platz an. **Syn.:** artig (veraltend), aufmerksam, galant (veraltend), höflich, rücksichtsvoll, taktvoll.

ritt|lings [ˈrɪtlɪŋs] ⟨Adverb⟩:
in der Haltung eines Reiters auf dem Pferd: er saß rittlings auf seinem Stuhl.

Ritz [rɪt͜s], der; -es; -e:
kleiner Kratzer; durch Ritzen hervorgerufene Linie, nicht allzu starke strichartige Vertiefung auf etwas: ein Ritz in der Politur. **Syn.:** Schramme.

Rit|ze [ˈrɪt͜sə], die; -, -n:
sehr schmale Spalte oder Vertiefung; schmaler Zwischenraum: Staub setzt sich in die Ritzen; der Wind pfiff durch die Ritzen des alten Hauses. **Syn.:** Riss, Spalt. **Zus.:** Dielenritze, Felsritze, Fensterritze, Fußbodenritze, Mauerritze, Türritze.

rit|zen [ˈrɪt͜sn̩]:
1. ⟨tr.; hat⟩ *(in etwas) einen Ritz, Ritze machen; mit einem scharfen Gegenstand eine Vertiefung, Einkerbung einschneiden:* Glas [mit einem Diamanten] ritzen; seinen Namen in den Baum ritzen. **Syn.:** kratzen.
2. ⟨+ sich⟩ *sich durch einen spitzen harten Gegenstand die Haut verletzen:* ich habe mich an einem Nagel geritzt. **Syn.:** aufreißen.

Ri|va|le [riˈvaːlə], der; -n, -n, **Ri|va|lin** [riˈvaːlɪn], die; -, -nen:
Person, die sich mit einem oder mehreren anderen um jmdn., etwas bewirbt, die mit einem oder mehreren anderen rivalisiert: aus ihrer besten Freundin wurde ihre größte Rivalin; er schlug seine Rivalen aus dem Felde. **Syn.:** Konkurrent, Konkurrentin, Widersacher, Widersacherin.

ri|va|li|sie|ren [rivaliˈziːrən] ⟨itr.; hat⟩:
(bei etwas) um den Vorrang kämpfen, (in jmdm.) einen Rivalen haben: er rivalisierte mit seinem Bruder um den ersten Platz. **Syn.:** konkurrieren, wetteifern.

Rob|be [ˈrɔbə], die; -, -n:
großes, im Meer lebendes Säugetier mit lang gestrecktem plumpem, von dicht anliegenden, kurzen Haaren bedecktem Körper und flossenartigen Gliedmaßen: Robben fangen, jagen.

Ro|bo|ter [ˈrɔbɔtɐ], der; -s, -:
(der menschlichen Gestalt nachgebildeter) Automat mit beweglichen Gliedern, der bestimmte mechanische Funktionen verrichtet: diese Aufgaben kann ein Roboter übernehmen; er arbeitet wie ein Roboter *(ununterbrochen, schwer).*

ro|bust [roˈbʊst] ⟨Adj.⟩:
1. *körperlich oder seelisch stabil, nicht empfindlich:* eine robuste Natur, Gesundheit; sie ist ziemlich robust. **Syn.:** abgehärtet, dickfellig (ugs.), gestählt, stark, unempfindlich, widerstandsfähig.
2. *in seiner Beschaffenheit Belastungen gut standhaltend und daher im Gebrauch meist unkompliziert:* ein robuster Motor; die Kamera ist recht robust.

rö|cheln [ˈrœçl̩n] ⟨itr.; hat⟩:
mit rasselndem Geräusch, keuchend atmen: der Kranke röchelte. **Syn.:** japsen (ugs.), schnaufen.

[1]**Rock** [rɔk], der; -[e]s, Röcke [ˈrœkə]:
1. *Kleidungsstück für Frauen und Mädchen, das von der Hüfte abwärtsreicht:* ein Kleid mit langem Rock; Rock und Bluse. **Zus.:** Dirndlrock, Faltenrock, Kostümrock.
2. (landsch.) *Jackett:* er zog seinen Rock wegen der Hitze aus. **Syn.:** Blazer, Jacke, Sakko. **Zus.:** Uniformrock.
3. (schweiz.) *Kleid* (1).

[2]**Rock** [rɔk], der; -[s]:
Rockmusik: Rock hören, spielen.

ro|deln [ˈroːdl̩n]:
a) ⟨itr.; hat/ist⟩ *mit einem Schlitten im Schnee einen Hang hinunterfahren:* wir haben/sind den ganzen Nachmittag gerodelt. **Syn.:** Schlitten fahren. **b)** ⟨itr.; ist⟩ *sich rodelnd* (a) *irgendwohin bewegen:* ins Tal rodeln.

ro|den [ˈroːdn̩], rodete, gerodet ⟨tr.; hat⟩:
(eine Fläche) von Wald frei und dadurch urbar machen: sie haben dieses Gebiet gerodet.

Rog|gen [ˈrɔgn̩], der; -s:
Getreide mit relativ langem Halm und vierkantigen Ähren mit lan-

R
risk

gen Grannen, dessen Frucht besonders zu Brotmehl verarbeitet wird. **Zus.:** Futterroggen, Winterroggen.

roh [roː] ⟨Adj.⟩:
1. *nicht gekocht, nicht gebraten, nicht zubereitet:* rohe Eier; rohe Kartoffeln; das Fleisch ist noch [halb, ganz] roh.
2. *in natürlichem Zustand, nicht oder nur grob bearbeitet:* rohes Holz; ein roh *(aus rohem Holz)* gezimmerter Tisch.
3. *anderen gegenüber gefühllos und grob, sie oft körperlich oder seelisch verletzend:* ein roher Mensch; er hat sie roh und gemein behandelt. **Syn.:** aggressiv, barbarisch, brutal, gewalttätig, giftig (ugs.), grausam, grob (abwertend), hart, hartherzig, herzlos, inhuman, kalt, kaltblütig, lieblos, rabiat, radikal, rigoros, rücksichtslos, rüpelhaft (abwertend), unbarmherzig, ungerührt, unmenschlich, wüst (abwertend).

Roh|bau [ˈroːbau̯], der; -[e]s, -ten: *Neubau, bei dem erst Mauern, Decken und Dach errichtet sind:* der Rohbau muss von der Behörde abgenommen werden; das Haus ist im Rohbau *(im Zustand eines Rohbaus).*

Roh|heit [ˈroːhai̯t], die; -: *das Rohsein, rohe Gesinnung, Wesensart:* ihr Spott war ein Zeichen ihrer Rohheit. **Syn.:** Brutalität, Härte, Kälte, Sadismus, Zynismus.

Roh|kost [ˈroːkɔst], die; -: *Speise aus roh zubereiteten Pflanzen, besonders Obst, Gemüse, Salat:* viel Rohkost essen; sich von Rohkost ernähren.

Rohr [roːɐ̯], das -[e]s, -e: *[zum Bau von Leitungen verwendeter] langer [an den Enden offener] zylindrischer Hohlkörper:* die Rohre der Wasserleitung; das Rohr des Ofens; Rohre verlegen; der Rahmen des Fahrrads besteht aus neun miteinander verlöteten Rohren; etwas durch ein Rohr pumpen. **Syn.:** Röhre. **Zus.:** Abflussrohr, Abzugsrohr, Ausgussrohr, Auspuffrohr, Blasrohr, Bleirohr, Gasrohr, Geschützrohr, Heizungsrohr, Kanonenrohr, Leitungsrohr, Ofenrohr, Regenrohr, Saugrohr, Stahlrohr, Überlaufrohr, Verbindungsrohr, Wasserrohr, Zuleitungsrohr.

Röh|re [ˈrøːrə], die; -, -n:
1. *langer zylindrischer Hohlkörper [mit geringerem Durchmesser], der vor allem dazu dient, Gas und Flüssigkeiten weiterzuleiten:* eine lange, enge, weite Röhre; Röhren aus Stahl, Ton, Beton; sie produzieren Röhren zum Bau von Pipelines, Abwasserkanälen; in der westlichen Röhre des Tunnels. **Syn.:** Rohr. **Zus.:** Glasröhre, Leuchtstoffröhre, Neonröhre, Stahlröhre, Tonröhre.
2. *meist kleinerer röhrenförmiger Behälter:* eine Röhre mit Tabletten.

röh|ren [ˈrøːrən] ⟨itr.; hat⟩: *(vom Hirsch während der Brunftzeit) brüllen:* der Hirsch röhrte, dass man es weitum vernahm.

Roh|stoff [ˈroːʃtɔf], der; -[e]s, -e: *[in der Natur vorkommender] Stoff, aus dem etwas hergestellt oder gewonnen wird:* Rohstoffe liefern, verarbeiten; Altpapier ist ein wertvoller Rohstoff. **Syn.:** Ressource.

Ro|ko|ko [ˈrɔkoko], das; -[s]: *(auf das Barock folgender) durch zierliche, beschwingte Formen und eine heitere oder empfindsame Grundhaltung gekennzeichneter Stil der europäischen Kunst, auch der Dichtung und Musik:* ein Schloss im Stile des Rokoko.

Rol|le [ˈrɔlə], die; -, -n:
1. a) *Gestalt, die ein Künstler, eine Künstlerin im Theater oder im Film verkörpert:* er spielt, singt die Rolle des Königs; diese Rolle ist ihr geradezu auf den Leib geschneidert. **Syn.:** Figur, Partie. **Zus.:** Doppelrolle, Hauptrolle, Nebenrolle, Statistenrolle, Titelrolle. **b)** *Stellung, Funktion, [erwartetes] Verhalten innerhalb der Gesellschaft:* anerzogene Rollen; die Rolle der Frau; die Rollen tauschen; seiner Rolle als Vermittler nicht gewachsen sein. **Zus.:** Führungsrolle, Vermittlerrolle, Vorreiterrolle.
2. *Rad, Kugel oder Walze, worauf etwas rollt oder gleitet:* ein Tisch, Sessel auf Rollen; das Seil läuft über Rollen.
3. *etwas, was so zusammengerollt ist, dass es einer Walze gleicht; etwas Walzenförmiges oder walzenförmig Aufgerolltes:* eine Rolle Klopapier, Klebeband; drei Rollen Bindfaden, Draht. **Zus.:** Biskuitrolle, Drahtrolle, Garnrolle, Handtuchrolle, Kabelrolle, Papierrolle, Tapetenrolle, Teigrolle, Zwirnrolle.
4. *Drehung um die quer zum Körper verlaufende Achse als Übung beim Turnen am Boden, Barren, Reck o. Ä.:* eine Rolle vorwärts, rückwärts. **Syn.:** Purzelbaum.

rol|len [ˈrɔlən]:
1. ⟨itr.; ist⟩ **a)** *sich um die Achse drehend fortbewegen, irgendwohin bewegen:* die Räder rollen; der Ball rollte ins Tor; die Kugel ist unter den Schrank gerollt; im Schlaf rollte er *(machte er eine Drehbewegung)* auf die andere Seite. **Syn.:** kreisen, kugeln, kullern, laufen, trudeln, sich wälzen. **b)** *sich auf Rädern fortbewegen:* der Wagen ist noch ein Stück gerollt.
2. ⟨tr.; hat⟩ **a)** *in eine drehende Bewegung bringen, drehend, schiebend fortbewegen:* er hat das Fass in den Schuppen, den Stein zur Seite gerollt; die Kinder rollen sich im Gras; er hat sich in eine Decke gerollt *(sich mit drehender Bewegung darin eingehüllt).* **Syn.:** befördern, fahren, schieben. **b)** *(einen Körperteil o. Ä.) drehend hin und her, im Kreis bewegen:* den Kopf rollen; er hat wütend die Augen/⟨auch itr.⟩ mit den Augen gerollt.
3. a) ⟨tr.; hat⟩ *einem Gegenstand durch drehende o. ä. Bewegungen die Form einer Walze geben:* er hat den Teppich gerollt; den Teig zu einer Wurst rollen. **b)** ⟨+ sich⟩ *die Form einer Walze, einer Spirale o. Ä. annehmen:* das Papier, die Schlange hat sich gerollt.
4. ⟨itr.; hat⟩ *ein dumpfes, rumpelndes, polterndes o. ä. Geräusch erzeugen, von sich geben:* in der Ferne rollt der Donner. **Syn.:** bumsen (ugs.), donnern, krachen, poltern, rumpeln (ugs.).

Rol|ler [ˈrɔlɐ], der; -s, -: *Fahrzeug, das aus einem Brett mit zwei Rädern und einer Lenkstange besteht und mit einem Bein entweder durch Abstoßen am Boden oder durch einen Fußhebel vorwärtsbewegt wird:* Roller fahren.

Roll|kra|gen [ˈrɔlkraːgn̩], der; -s, -: *oberer Teil eines Pullovers, der am Hals umgeschlagen wird und eine Art Kragen darstellt:* der Rollkragen kratzte ihr am Hals.

Roll|la|den [ˈrɔllaːdn̩], der; -s, Rollläden [ˈrɔllɛːdn̩]: *aufrollbare, mit einem langen Gurt von innen zu bedienende Jalousie:* die Rollläden hochziehen, herunterlassen, schräg stellen.

Roll|mops [ˈrɔlmɔps], der; -es, Rollmöpse [ˈrɔlmœpsə]: *gerollter, mit Zwiebeln und Gurken eingelegter Hering:* ein Glas Rollmöpse.

Roll|schuh [ˈrɔlʃuː], der; -[e]s, -e: *unter dem Schuh befestigte oder zu befestigende Vorrichtung mit vier oder mehr Rollen, die es ermöglicht, sich rollend fortzubewegen:* Rollschuh laufen.

Roll|stuhl [ˈrɔlʃtuːl], der; -[e]s, Rollstühle [ˈrɔlʃtyːlə]: *einem Sessel ähnliches Fahrzeug mit drei oder vier Rädern für Menschen, die nicht gehen können:* im Rollstuhl sitzen; an den Rollstuhl gefesselt sein.

Roll|trep|pe [ˈrɔltrɛpə], die; -, -n: *Treppe mit beweglichen Stufen, die sich an einem Förderband zwischen zwei Stockwerken aufwärts- oder abwärtsbewegen:* die Rolltreppe benutzen; mit der Rolltreppe [ins Untergeschoss] fahren.

Rom [roːm], der; -, -a: *Angehöriger einer in Deutschland lebenden Gruppe eines ursprünglich aus Südosteuropa stammenden Volkes* (Selbstbezeichnung, die das vielfach als diskriminierend empfundene »Zigeuner« ersetzt): die in Deutschland lebenden Sinti und Roma.

Ro|man [roˈmaːn], der; -s, -e: *literarisches Werk erzählender Dichtung in Prosa [in dem das Schicksal von Menschen in der Auseinandersetzung mit der Umwelt, der Gesellschaft geschildert wird]:* einen Roman schreiben, lesen. **Syn.:** Buch, Erzählung. **Zus.:** Abenteuerroman, Fortsetzungsroman, Kriminalroman, Unterhaltungsroman.

Ro|ma|nik [roˈmaːnɪk], die; -: *Kunststil der europäischen Epoche des frühen Mittelalters, für den besonders in der Baukunst Rundbogen und Tonnengewölbe charakteristisch sind:* die Blütezeit, die Baukunst der Romanik.

Ro|man|tik [roˈmantɪk], die; -: *(im Gegensatz zur Aufklärung und Klassik stehende) Epoche der europäischen Literatur, Malerei und Musik (vom Ende des 18. bis zur Mitte des 19. Jahrhunderts), die besonders durch das Bauen auf die Kraft der Gefühle, des Irrationalen und durch die Rückwendung zur Vergangenheit gekennzeichnet ist:* seine Gedichte sind von der Romantik beeinflusst.

ro|man|tisch [roˈmantɪʃ] ⟨Adj.⟩:
1. *zur Romantik gehörend, sie betreffend:* die romantische Dichtung, Musik, Schule.
2. a) *in oft falscher, überschwänglicher Gefühlsbetontheit die Wirklichkeit unrealistisch sehend, schwärmerisch idealisierend:* romantische Vorstellungen von etwas haben; er hat ein romantisches Gemüt. **b)** *von einer das Gemüt ansprechenden, oft malerisch reizvollen Stimmung geprägt:* ein romantisches Tal; ein romantisch gelegener Ort. **Syn.:** idyllisch, märchenhaft.

Rom|ni [ˈrɔmni], die; -, -: weibliche Form zu ↑Rom.

Ron|dell [rɔnˈdɛl], das; -s, -e: *rund angelegtes Beet:* ein mit Blumen besetztes Rondell.

rönt|gen [ˈrœntgn̩] ⟨tr.; hat⟩: *zur Untersuchung mithilfe von Röntgenstrahlen durchleuchten:* der Arm muss geröntgt werden.

Rönt|gen|bild [ˈrœntgn̩bɪlt], das; -[e]s, -er: *mithilfe von Röntgenstrahlen erzeugtes Bild (eines dem Auge verborgenen Objekts):* der Knochenbruch ist auf dem Röntgenbild deutlich zu erkennen.

Rönt|gen|strah|len [ˈrœntgn̩ʃtraːlən], die ⟨Plural⟩: *besonders in der Medizin und Technik verwendete extrem kurzwellige, energiereiche elektromagnetische Strahlen:* die Zollbeamten durchleuchteten die Koffer mit Röntgenstrahlen.

ro|sa [ˈroːza] ⟨Adj.; indeklinabel⟩:
1. *von zartem, hellem Rot:* ein rosa Kleid; etwas rosa färben. **Syn.:** rosig. **Zus.:** blassrosa, hellrosa, lachsrosa, zartrosa.
2. *rosig* (2): rosa Zeiten.

Ro|se [ˈroːzə], die; -, -n: *(als Strauch wachsende) Stacheln tragende Pflanze mit meist glänzenden Blättern und vielblättrigen, oft angenehm und stark duftenden, gefüllten Blüten in verschiedenen Farben:* gelbe, weiße, rote, langstielige Rosen; ein Strauß Rosen.

Ro|sen|kohl [ˈroːzn̩koːl], der; -[e]s: *Kohl einer Sorte mit hohem Stängel, um den Blätter in Form kleiner kugeliger Röschen angeordnet sind, die als Gemüse gegessen werden:* als Gemüsebeilage gab es heute Rosenkohl mit Speck.

Ro|sen|mon|tag [roːzn̩ˈmoːntaːk], der; -[e]s, -e: *Montag vor Fastnacht:* am Rosenmontag finden in vielen Städten große Umzüge statt.

Ro|set|te [roˈzɛtə], die; -, -n: *Verzierung in Form einer stilisierten aufgeblühten Rose:* ein mit Rosetten dekorierter Fries.

ro|sig [ˈroːzɪç] ⟨Adj.⟩:
1. *hellrötlich schimmernd, zartrot aussehend:* ein rosiges Gesicht; eine rosige Haut. **Syn.:** rosa, rötlich.
2. *sehr positiv, erfreulich; durch nichts Unerfreuliches getrübt:* etwas in den rosigsten Farben schildern; rosigen Zeiten entgegengehen; die Lage ist nicht rosig. **Syn.:** angenehm, entzückend, freundlich, günstig, gut, nett, schön, vorteilhaft.

Ro|si|ne [roˈziːnə], die; -, -n: *getrocknete Weinbeere, die durch das Trocknen stark geschrumpft ist, eine dunkle Färbung angenommen hat und süß schmeckt:* ein Kuchen mit Rosinen. **Syn.:** Korinthe, Sultanine.

Ross [rɔs], das; -es, -e und Rösser [ˈrœsɐ] ⟨geh.⟩: *[edles] Pferd, besonders Reitpferd:* hoch zu Ross galoppieren sie über die Felder. **Syn.:** Gaul. **Zus.:** Schlachtross.

[1]**Rost** [rɔst], der; -[e]s, -e: *verschiedenen Zwecken dienendes Gitter bzw. gitterartiger Gegenstand aus Stäben, Drähten, Latten o. Ä.:* Fleisch auf dem Rost braten. **Zus.:** Bettrost, Bratrost, Gitterrost, Grillrost, Holzrost, Lattenrost.

[2]**Rost** [rɔst], der; -[e]s: *an der Oberfläche von Gegenständen aus Eisen und Stahl sich bildende poröse, gelblich bis röt-*

lich braune Schicht, die durch Feuchtigkeit entsteht: etwas von Rost befreien, vor Rost schützen.

ros|ten ['rɔstn̩], rostete, gerostet ⟨itr.; ist/hat⟩:
²Rost bilden, ansetzen; sich allmählich in Rost verwandeln: das Auto fängt an zu rosten.

rös|ten ['rø:stn̩], röstete, geröstet ⟨tr.; hat⟩:
ohne Zusatz von Fett oder Wasser durch Erhitzen bräunen, knusprig werden lassen: Brot, Kaffee, Kastanien rösten. **Syn.:** backen (landsch.), braten, brutzeln (ugs.), grillen, schmoren.

ros|tig ['rɔstɪç] ⟨Adj.⟩:
mit Rost bedeckt: rostige Nägel.

rot [ro:t], röter, röteste ⟨Adj.⟩:
von der Farbe frischen Blutes: ein rotes Kleid; rote Rosen; rot glühen. **Zus.:** blassrot, blaurot, blutrot, dunkelrot, erdbeerrot, feuerrot, fuchsrot, hellrot, hennarot, kirschrot, korallenrot, krebsrot, lachsrot, orangerot, purpurrot, puterrot, rosenrot, rostrot, scharlachrot, weinrot, ziegelrot.

Rot [ro:t], das; -s:
rote Farbe, Färbung: ein leuchtendes Rot; das Rot des abendlichen Himmels; bei Rot *(Rotlicht)* über die Straße gehen; Rot *(rote Schminke)* auflegen. **Syn.:** Purpur. **Zus.:** Abendrot, Lippenrot, Morgenrot, Wangenrot.

Ro|ta|ti|on [rota'tsi̯o:n], die; -, -en:
1. *kreisförmige Drehung:* die Rotation der Erde [um die eigene Achse].
2. *in bestimmten Abständen erfolgender Wechsel in der Besetzung politischer Ämter o. Ä.*

Rö|te ['rø:tə], die; -:
das Rotsein, Rötlichsein; rote Färbung: die Röte der Haut, des morgendlichen Himmels; ihm stieg [vor Zorn, Scham] die Röte ins Gesicht. **Zus.:** Abendröte, Morgenröte, Purpurröte.

Rö|teln ['rø:tl̩n], die ⟨Plural⟩:
Infektionskrankheit mit Hautausschlag: sie hat [die] Röteln.

rö|ten ['rø:tn̩], rötete, gerötet:
1. ⟨tr.; hat⟩ *rot färben, erscheinen lassen:* der Widerschein des Feuers rötete den Himmel.
2. ⟨+ sich⟩ *rot werden, eine rote Färbung annehmen:* ihre Wangen röteten sich.

ro|tie|ren [ro'ti:rən] ⟨itr.; hat⟩:
1. *sich im Kreis um etwas oder um die eigene Achse drehen:* das Rad rotiert; ein rotierendes Messer. **Syn.:** kreisen.
2. *(von Inhaber[inne]n bestimmter politischer Ämter) nach dem Prinzip der Rotation* (2) *sein Amt abgeben:* sie muss am Ende der Legislaturperiode rotieren.
3. (ugs.) *sich über etwas erregen und in hektische Aktivität verfallen:* wenn mal etwas nicht planmäßig läuft, fängt er gleich an zu rotieren; sie ist am Rotieren.

Rot|kehl|chen ['ro:tke:lçən], das; -s, -:
kleiner Singvogel mit braunem, an Kehle und Brust orangerotem und an der Bauchseite weißem Gefieder.

Rot|kohl ['ro:tko:l], der; -[e]s (bes. nordd.):
Kohlart mit rötlich blauen Blättern: zur gebratenen Gans gab es Rotkohl und Klöße. **Syn.:** Rotkraut (bes. südd.).

Rot|kraut ['ro:tkraut], das; -[e]s (bes. südd.):
Rotkohl.

röt|lich ['rø:tlɪç] ⟨Adj.⟩:
leicht rot getönt, ins Rote spielend: ein rötlicher Schimmer; rötliches Haar. **Syn.:** rosa, rosig.

Rot|wein ['ro:tvai̯n], der; -[e]s, -e:
aus blauen Trauben gewonnener Wein von dunkler, ins Violette spielender Färbung: ein schwerer Rotwein.

Rotz [rɔts], der; -es (derb):
aus der Nase fließender Schleim: den Rotz hochziehen.

Rouge [ru:ʒ], das; -s, -s:
rote Schminke, besonders für die Wangen: sie legte Rouge auf. **Syn.:** Make-up.

Rou|la|de [ru'la:də], die; -, -n:
gerollte und gebratene, mit Speck, Zwiebeln, Gurken o. Ä. gefüllte dünne Scheibe Fleisch: die Rouladen anbraten. **Zus.:** Kalbsroulade, Rinderroulade, Schweineroulade.

Rou|lette [ru'lɛt], das; -s, s, **Roulett,** das; -s, ⟨Plural⟩ -e und -s:
Glücksspiel, bei dem auf einer sich drehenden Scheibe mit roten und schwarzen, nummerierten Fächern durch eine geworfene Kugel der Gewinner ermittelt wird: Roulette spielen; sein Geld beim Roulette verspielen.

Rou|te ['ru:tə], die; -, -n:
festgelegter, einzuschlagender Weg einer Reise oder Wanderung: die Route einhalten, ändern. **Syn.:** Strecke. **Zus.:** Fahrtroute, Flugroute, Marschroute, Reiseroute, Wanderroute.

Rou|ti|ne [ru'ti:nə], die; -, -n:
1. *aufgrund vielfacher Wiederholung einer Tätigkeit erworbene Fertigkeit, Gewandtheit, Erfahrung (im Ausführen der betreffenden Tätigkeit):* er weiß zwar, wie es gemacht wird, aber es fehlt ihm noch die [nötige] Routine; sie hat [darin] im Laufe der Zeit schon [viel, große, eine gewisse] Routine bekommen. **Syn.:** Geschick, Geschicklichkeit, Sicherheit.
2. *aus ständiger Wiederholung einer Tätigkeit entstandene Gewohnheit (etwas zu tun) ohne einen akuten Anlass, ohne inneres Beteiligtsein:* das ist [bei ihr] schon zur Routine geworden, ist nur noch Routine.

Rou|ti|ne- [ruti:nə] ⟨Präfixoid⟩:
drückt aus, dass etwas üblich, zu einer Gewohnheit geworden ist, nichts Außergewöhnliches darstellt: Routineangelegenheit; Routinebesprechung; Routinebesuch; Routinefahndung; Routinefrage *(Frage, die in einer bestimmten Situation regelmäßig, einer Vorschrift entsprechend gestellt wird);* Routinekontrolle; Routinemaßnahme; Routinesitzung; Routineüberprüfung; Routineuntersuchung; Routinevorgang.

rou|ti|niert [ruti'ni:ɐ̯t] ⟨Adj.⟩:
[viel] Routine, Erfahrung habend und daher sehr geschickt: ein routinierter Regisseur, Programmierer; sie ist sehr routiniert. **Syn.:** ²beschlagen, bewandert, ²erfahren, firm, geübt, gut, kundig, professionell, qualifiziert, sachkundig, sattelfest, sicher.

Row|dy ['rau̯di], der; -s, -s (abwertend):
flegelhafter, oft auch brutaler Mensch, gewalttätiger junger Mann: eine Gruppe jugendlicher Rowdys randalierte im Stadion. **Syn.:** Flegel (abwertend), Rabauke (ugs.), Raufbold (abwertend), Schläger.

rub|beln ['rʊbl̩n] ⟨tr.; hat⟩ (ugs.):
kräftig reiben: nach dem Bad rubbelte ich ihn, mich mit dem Tuch. **Syn.:** abreiben, frottieren,

polieren, scheuern, schrubben (ugs.).

Rü|be [ˈry:bə], die; -, -n:
1. a) *Pflanze mit einer dickfleischigen, kegelförmigen bis runden Wurzel, die als Gemüse- oder Futterpflanze angebaut wird:* Rüben anbauen. **Zus.:** Futterrübe, Zuckerrübe. **b)** *Wurzel einer Rübe* (1 a): die Tiere werden mit Rüben gefüttert.
2. (ugs.) *Kopf eines Menschen:* die Rübe einziehen. **Syn.:** Birne (ugs.), Haupt (geh.), Kürbis (ugs.), Schädel.

rü|ber- [ry:bɐ] ⟨trennbares verbales Bestimmungswort⟩ (ugs.): *[über jmdn., etwas] herüber-, hinüber-:* rübergehen *(hinübergehen);* rüberkommen *(herüberkommen);* rüberschicken; rüberspringen; rübersteigen.

Ru|bin [ruˈbi:n], der; -s, -e: *kostbarer roter Edelstein:* eine mit Rubinen besetzte Krone. **Syn.:** Stein.

Ru|brik [ruˈbri:k], die; -, -en: *(in Tabellen o. Ä.) einzelne Spalte oder Abschnitt in einer Spalte:* etwas in die rechte Rubrik eintragen.

ruch|los [ˈru:xlo:s] ⟨Adj.⟩ (geh.): *sehr gemein und ohne Skrupel [ausgeführt o. Ä.]:* ein ruchloser Mörder; diese ruchlose Tat brachte ihn an den Galgen. **Syn.:** böse, schamlos, schlecht, skrupellos (abwertend).

Ruck [rʊk], der; -[e]s: *plötzlicher heftiger Stoß; kurze kräftige Bewegung, die abrupt, stoßartig einsetzt oder aufhört:* der Zug fuhr mit einem kräftigen Ruck an; mit einem Ruck hob er die Kiste hoch.

rück-, Rück- [rʏk]:
1. ⟨substantivisches Präfix⟩: **a)** *zurück:* Rückantwort; Rückbesinnung; Rückfahrkarte; Rückflug; Rückfrage; Rückgewinnung; Rückkauf; Rückkopplung; Rückporto; Rückreise; Rückruf; Rückspiel; Rückstau; Rücktritt; Rücktrittsbremse; Rückzahlung; /negative Bewertung/ Rückfall; Rückgang; Rückschritt. **b)** *hinten befindlich, hintere, nach hinten:* Rückansicht; Rückgebäude; Rücklicht; Rücksitz; Rückspiegel.
2. ⟨nicht trennbares verbales Bestimmungswort⟩: rückblicken; rückdatieren; rückerstatten; rückfragen; rückvergüten; rückversichern.

Rück|blick [ˈrʏkblɪk], der; -[e]s, -e: *gedankliches Betrachten von Vergangenem:* ein Rückblick auf die Neunzigerjahre. **Syn.:** Reminiszenz, Rückschau.

rü|cken [ˈrʏkn̩]:
1. ⟨tr.; hat⟩ *ruckweise, oft mühsam über eine kurze Strecke schieben oder ziehen:* er rückte den Schrank von der Wand, in die Ecke. **Syn.:** drücken, verschieben.
2. ⟨itr.; ist⟩ *sich [im Sitzen] etwas zur Seite bewegen [um jmdm. Platz zu machen]:* [ein Stück] zur Seite, [näher] an den Tisch rücken; kannst du noch ein bisschen rücken? **Syn.:** aufrücken, rutschen.

Rü|cken [ˈrʏkn̩], der; -s, -:
1. *hintere Seite des menschlichen Rumpfes; Oberseite des tierischen Körpers:* ein breiter Rücken; auf dem Rücken liegen; jmdm. den Rücken zuwenden; auf dem Rücken des Pferdes. **Syn.:** Buckel (ugs.), Kreuz. **Zus.:** Eselsrücken, Pferderücken, Rundrücken, Schweinerücken.
2. *oberer oder hinterer [flächiger] Teil von etwas Länglichem, Langgestrecktem:* der Rücken des Buchs, des Messers; der Rücken der Hand, eines Berges. **Syn.:** Grat, Kamm. **Zus.:** Bergrücken, Buchrücken, Fußrücken, Gebirgsrücken, Handrücken, Messerrücken.

Rü|cken|leh|ne [ˈrʏkn̩le:nə], die; -, -n: *Stütze eines Stuhls, Sessels oder Sofas für den Rücken:* der Stuhl hat eine verstellbare Rückenlehne.

Rü|cken|mark [ˈrʏkn̩mark], das; -[e]s: *im Innern der Wirbelsäule verlaufender Strang aus Nervengewebe:* das Rückenmark punktieren.

Rück|fahr|kar|te [ˈrʏkfa:ɐ̯kartə], die; -, -n: *Fahrkarte, die sowohl für die Hin- als auch für die Rückfahrt gültig ist:* eine Rückfahrkarte lösen.

Rück|fahrt [ˈrʏkfa:ɐ̯t], die; -, -en: *Fahrt, Reise zum Ausgangspunkt zurück* /Ggs. Hinfahrt/: für die Rückfahrt haben wir eine Stunde länger gebraucht als für die Hinfahrt; die Fahrkarte gilt für die Hin- und Rückfahrt. **Syn.:** Rückreise, Rückweg.

Rück|fall [ˈrʏkfal], der; -[e]s, Rückfälle [ˈrʏkfɛlə]:
1. *erneutes Auftreten, Vorkommen einer Krankheit, die bereits als überwunden galt:* der Patient erlitt einen Rückfall.
2. *das Zurückkehren zu früherem, schlechterem, üblerem Verhalten:* ein Rückfall in die Kriminalität, Barbarei.

rück|fäl|lig [ˈrʏkfɛlɪç] ⟨Adj.⟩: *einen Fehler wieder begehend; erneut straffällig:* eine rückfällige Kriminelle; trotz bester Vorsätze wurde er [schon bald nach seiner Haftentlassung, seiner Entziehungskur] rückfällig.

Rück|ga|be [ˈrʏkga:bə], die; -, -n: *das Zurückgeben:* wir bitten um möglichst umgehende Rückgabe der entliehenen Bücher.

Rück|gang [ˈrʏkgaŋ], der; -[e]s: *das Zurückgehen, Nachlassen; Verminderung, Abnahme von etwas:* einen merklichen Rückgang der Besucherzahlen zu verzeichnen haben; ein Rückgang des Fiebers. **Zus.:** Auftragsrückgang, Bevölkerungsrückgang, Geburtenrückgang, Konjunkturrückgang, Kursrückgang, Nachfragerückgang, Temperaturrückgang, Umsatzrückgang.

Rück|grat [ˈrʏkgra:t], das; -[e]s, -e: *aus Wirbeln* (2) *und den dazwischenliegenden Bandscheiben gebildete Achse des Skeletts bei Wirbeltieren und Menschen, die den Schädel trägt und dem Rumpf als Stütze dient:* die Lehne soll das Rückgrat stützen; sich das Rückgrat verletzen, brechen. **Syn.:** Wirbelsäule.

Rück|halt [ˈrʏkhalt], der; -[e]s, -e: *für jmdn. sehr hilfreicher, ihn stützender fester Halt, hilfreiche Unterstützung:* moralischen Rückhalt brauchen; an jmdm. einen starken Rückhalt haben. **Syn.:** Beistand, Hilfe, Stütze.

rück|halt|los [ˈrʏkhaltlo:s] ⟨Adj.⟩: *ohne jeden Vorbehalt:* rückhaltlose Kritik; mit rückhaltloser Offenheit; mit ihm kann man rückhaltlos über alles sprechen; jmdm. rückhaltlos vertrauen. **Syn.:** bedingungslos.

Rück|kehr [ˈrʏkke:ɐ̯], die; -: *das Zurückkommen nach länge-*

rer Abwesenheit, besonders von einer Reise: der Zeitpunkt ihrer Rückkehr ist nicht genau bekannt.

rück|läu|fig ['rʏklɔyfɪç] ⟨Adj.⟩:
1. *im Rückgang, Schwinden begriffen:* rückläufige Besucherzahlen; eine rückläufige Entwicklung. **Syn.:** nachlassend, schwindend, zurückgehend.
2. *in Richtung des Ausgangspunktes verlaufend:* eine rückläufige Bewegung.

Rück|licht ['rʏklɪçt], das; -[e]s; -er: *an der Rückseite von Fahrzeugen angebrachte Lampe mit rotem Licht:* bei seinem Fahrrad war das Rücklicht defekt.

rück|lings ['rʏklɪŋs] ⟨Adverb⟩:
a) *auf den, auf dem Rücken; nach rückwärts, nach hinten:* rücklings die Treppe hinunterfallen; rücklings liegen. **b)** *von hinten:* jmdn. rücklings angreifen.

Rück|rei|se ['rʏkraizə], die; -, -n: *Reise zum Ausgangspunkt zurück:* die Rückreise antreten; auf der Rückreise sein. **Syn.:** Rückfahrt, Rückweg.

Rück|ruf ['rʏkru:f], der; -[e]s, -e: *das Zurückrufen* (3): ich warte auf ihren Rückruf.

Ruck|sack ['rʊkzak], der; -[e]s, Rucksäcke ['rʊkzɛkə]: *mit Riemen auf dem Rücken getragenes sackartiges Behältnis:* den Rucksack packen, umschnallen. **Syn.:** Ranzen, Tornister.

Rück|schau ['rʏkʃau], die; -, en: *Rückblick.* **Syn.:** Reminiszenz.

Rück|schlag ['rʏkʃla:k], der; -[e]s, Rückschläge ['rʏkʃlɛ:gə]: *auf eine positive Entwicklung folgende plötzliche Wendung ins Negative:* es schien ihm gesundheitlich schon besser zu gehen, da erlitt er einen schweren Rückschlag; das Projekt wurde trotz mehrerer Rückschläge doch noch zu einem Erfolg. **Syn.:** Rückfall.

Rück|schritt ['rʏkʃrɪt], der; -[e]s, -e: *Rückfall in Zustände, die bereits als überwunden galten:* die Verwirklichung seines Planes würde einen Rückschritt bedeuten.

Rück|sei|te ['rʏkzaitə], die; -, -n: *rückwärtige Seite:* die Rückseite des Hauses; das Foto zeigt das Gebäude von der Rückseite; die Rückseite [des Bogens] bitte nicht beschreiben. **Syn.:** andere Seite, hintere Seite, Kehrseite.

Rück|sicht ['rʏkzɪçt], die; -, -en:
1. *Verhalten, das die Gefühle und Interessen anderer berücksichtigt:* Rücksicht kennt er nicht *(er ist in seinem Vorgehen rigoros, rücksichtslos).* **Syn.:** Fingerspitzengefühl, Takt, Taktgefühl, Zartgefühl.
2. a) *Berücksichtigung:* mit Rücksicht auf die Eltern *(um die Eltern zu schonen)* sagte man nichts. **b)** ⟨Plural⟩ *Berücksichtigung erfordernde Gründe:* gesellschaftliche Rücksichten bewogen ihn, so zu handeln. **Syn.:** Beweggründe, Gründe, Motive.

rück|sichts|los ['rʏkzɪçtslo:s] ⟨Adj.⟩: *ohne jede Rücksicht (auf Personen) handelnd; keine Rücksicht nehmend* /Ggs. rücksichtsvoll/: ein rücksichtsloses Benehmen; der neue Chef geht rücksichtslos vor. **Syn.:** bedenkenlos, brutal, despotisch, gewissenlos, hart, hartherzig, hemmungslos, herzlos, inhuman, kalt, kaltblütig, rabiat, rigoros, schamlos, schonungslos, skrupellos (abwertend), tyrannisch, unbarmherzig, zynisch.

rück|sichts|voll ['rʏkzɪçtsfɔl] ⟨Adj.⟩: *in taktvoller, schonender Art und Weise handelnd, vorgehend* /Ggs. rücksichtslos/: er war sehr rücksichtsvoll; die Kranke muss rücksichtsvoll behandelt werden. **Syn.:** feinfühlig, höflich, ritterlich, zuvorkommend.

Rück|sitz ['rʏkzɪts], der; -es, -e: *hinterer Sitz eines Autos:* Kinder gehören auf den Rücksitz.

Rück|spie|gel ['rʏkʃpi:gl̩], der; -s, -: *Spiegel an einem Fahrzeug (Auto, Motorrad o. Ä.) zur Beobachtung des nachfolgenden Verkehrs:* in den Rückspiegel sehen; ich habe ihn im Rückspiegel kommen sehen.

Rück|spiel ['rʏkʃpi:l], das; -[e]s, -e (Sport): *zweites von zwei festgesetzten, vereinbarten Spielen zwischen zwei Mannschaften* /Ggs. Hinspiel/: beim Rückspiel mussten sie eine schwere Niederlage einstecken. **Syn.:** Revanche.

Rück|spra|che ['rʏkʃpra:xə], die; -, -n: *Besprechung über Fragen, Angelegenheiten, die noch nicht geklärt sind:* nach [nochmaliger] Rücksprache mit Frau N. teile ich Ihnen heute mit, dass …; jmdn. um eine persönliche Rücksprache bitten. **Syn.:** Aussprache, Diskussion, Erörterung, Gespräch, Unterredung.

Rück|stand ['rʏkʃtant], der; -[e]s, Rückstände ['rʏkʃtɛndə]:
1. a) *das Zurückbleiben hinter einer Verpflichtung, Norm, Erwartung:* der Rückstand in der Produktion kann nicht mehr aufgeholt werden. **Zus.:** Planrückstand. **b)** ⟨Plural⟩ *verbliebene Forderung:* Rückstände eintreiben. **Syn.:** Außenstände ⟨Plural⟩, offener Betrag, Schuld. **Zus.:** Beitragsrückstand, Mietrückstand, Zahlungsrückstand.
2. *zurückbleibender Stoff; Rest:* der Kessel muss von Rückständen gesäubert werden. **Zus.:** Filterrückstand, Ölrückstand, Verbrennungsrückstand.

rück|stän|dig ['rʏkʃtɛndɪç] ⟨Adj.⟩: *hinter der Entwicklung zurückgeblieben; am Alten hängend; nicht fortschrittlich:* er ist in seinen Ansichten sehr rückständig; ein rückständiger Betrieb. **Syn.:** altmodisch, antiquiert, konservativ, nicht [mehr] zeitgemäß, provinziell (abwertend), reaktionär, unmodern.

Rück|tritt ['rʏktrɪt], der; -[s], -e: *das Aufgeben, Niederlegen eines Amtes:* jmdn. zum Rücktritt auffordern; den Rücktritt des Ministers bekannt geben. **Syn.:** Abdankung, Abschied, Ausscheiden, Austritt, Kündigung.

rück|wärts ['rʏkvɛrts] ⟨Adverb⟩: *nach hinten* /Ggs. vorwärts/: mit nach rückwärts gewandtem Blick; eine Rolle rückwärts machen. **Syn.:** nach hinten, zurück.

rück|wärts|ge|hen ['rʏkvɛrtsge:ən], ging rückwärts, rückwärtsgegangen ⟨itr.; ist⟩: *mit dem Rücken, der Rückseite voran gehen:* der Kinderarzt prüfte, ob das Kind rückwärtsgehen konnte.

Rück|weg ['rʏkve:k], der; -[e]s, -e: *Weg zum Ausgangspunkt zurück:* sich auf den Rückweg machen; auf dem Rückweg sind wir eine andere Route gefahren. **Syn.:** Rückfahrt, Rückreise.

ruck|wei|se [ˈrʊkvai̯zə] ⟨Adverb⟩: *ruckartig:* die Räder bewegten sich ruckweise.

rück|wir|kend [ˈrʏkvɪrkn̩t] ⟨Adj.⟩: *für einen schon vergangenen Zeitraum geltend; von einem bestimmten vergangenen Zeitpunkt an:* eine rückwirkende Steuersenkung; der neue Tarifvertrag gilt rückwirkend ab dem 1. April.

Rück|zie|her [ˈrʏkt͜siːɐ̯], der; -s, -: *das Zurücknehmen von Versprechungen, Behauptungen usw. oder das Zurückweichen vor deren Konsequenzen:* zuerst versprach er, sie zu unterstützen, dann machte er einen Rückzieher.

Rück|zug [ˈrʏkt͜suːk], der; -[e]s, Rückzüge [ˈrʏkt͜syːgə]: *das Sichzurückziehen, das Zurückweichen, weil man unterlegen ist:* den Rückzug antreten, befehlen; sich auf dem Rückzug befinden; jmdm. den Rückzug abschneiden. **Syn.:** Abzug, Flucht.

rü|de [ˈryːdə] ⟨Adj.⟩: *(im Benehmen, im Umgang) rücksichtslos, grob:* ein rüdes Benehmen, Auftreten. **Syn.:** bärbeißig, barsch, borstig, brüsk, derb, flegelhaft (abwertend), frech, grobschlächtig (abwertend), rau, rüpelhaft, ruppig (abwertend), schroff, unfreundlich, ungehobelt (abwertend), unhöflich.

Rü|de [ˈryːdə], der; -n, -n: *männlicher Hund:* unser Hund ist ein Rüde.

Ru|del [ˈruːdl̩], das; -s, -: *Gruppe (von zusammengehörenden Tieren):* ein Rudel Wölfe, Hirsche; Wölfe jagen im Rudel. **Syn.:** Herde, Meute, Schar. **Zus.:** Hirschrudel, Wolfsrudel.

Ru|der [ˈruːdɐ], das; -s, -:
1. *Vorrichtung zum Steuern eines Schiffs:* das Ruder führen; das Ruder ist gebrochen. **Syn.:** [1]Steuer. **Zus.:** Steuerruder.
2. *Stange mit flachem Ende zum Fortbewegen eines Bootes:* die Ruder auslegen, einziehen. **Syn.:** Paddel, Riemen.

Ru|der|boot [ˈruːdɐboːt], das; -[e]s, -e: *Boot, das durch Rudern fortbewegt wird:* wir mieteten uns ein Ruderboot und ruderten auf den See hinaus.

ru|dern [ˈruːdɐn]:
1. a) ⟨itr.; ist/hat⟩ *ein Boot mit Rudern fortbewegen:* wir sind/haben den ganzen Nachmittag gerudert; wir haben zu zweit, abwechselnd gerudert. **Syn.:** paddeln. **b)** ⟨itr.; ist⟩ *sich rudernd* (1 a) *irgendwohin bewegen:* über den See, ans Ufer rudern. **c)** ⟨tr.; hat⟩ *rudernd* (1 a) *antreiben [und steuern]:* er wollte das Boot selbst rudern; sie ruderten das Schiff ans Ufer.
2. ⟨itr.; hat⟩ *Bewegungen ausführen wie mit einem Ruder:* die Ente rudert mit den Füßen; er ruderte beim Gehen mit den Armen.

ru|di|men|tär [rudimɛnˈtɛːɐ̯] ⟨Adj.⟩: *unvollständig, unvollkommen, nur in Ansätzen [vorhanden], unzureichend:* sie besaß nur rudimentäre Kenntnisse in Englisch und Französisch.

Ruf [ruːf], der; -[e]s, -e:
1. *das Rufen; der Schrei:* wir hörten den Ruf eines Vogels; sie lief, begleitet durch die anfeuernden Rufe der Zuschauenden. **Syn.:** Aufschrei, Ausruf. **Zus.:** Bravoruf, Buhruf, Freudenruf, Hilferuf, Jubelruf, Klageruf, Kommandoruf, Kuckucksruf, Lockruf, Schlachtruf, Siegesruf, Vogelruf, Warnruf, Zwischenruf.
2. ⟨ohne Plural⟩ *Aufforderung, ein Amt, besonders einen Lehrstuhl, zu übernehmen:* sie erhielt einen Ruf als Professorin an die neue Universität. **Syn.:** Berufung, Bestellung, Einstellung, Ernennung.
3. ⟨ohne Plural⟩ *Ansehen in der Öffentlichkeit:* einen guten, schlechten Ruf haben; die Kinder mussten unter dem schlechten Ruf des Vaters leiden; diese Firma hat einen zweifelhaften Ruf. **Syn.:** Image, Leumund, Name, Prestige (bildungsspr.), Rang, Ruhm, Stellung.

ru|fen [ˈruːfn̩], rief, gerufen:
1. ⟨itr.; hat⟩ *seine Stimme weit hallend ertönen lassen:* er rief mit lauter Stimme; der Kuckuck ruft. **Syn.:** blöken, brüllen, grölen (ugs.), johlen (abwertend), kreischen, schreien.
2. ⟨itr.; hat⟩ *tönend auffordern (zu etwas):* die Glocke ruft zum Gebet; die Mutter hatte schon lange zum Essen gerufen.
3. ⟨itr.; hat⟩ *(nach jmdm., etwas) verlangen; jmdn. auffordern zu kommen:* das Kind ruft nach der Mutter; er ruft um Hilfe; der Gast rief ungehalten nach der Bedienung; ⟨auch tr.⟩ Hilfe rufen; der Kranke ließ den Arzt rufen; ich habe dich gerufen, weil wir etwas zu besprechen haben. **Syn.:** holen, [2]laden, schicken nach, vorladen, zu sich befehlen, zu sich bestellen, zu sich bitten, zu sich zitieren, [zu sich] kommen lassen.
4. ⟨tr.; hat⟩ *mit einem bestimmten Namen nennen:* seine Mutter hat ihn immer nur Hans gerufen; sie wird meistens Bibi gerufen.

Rüf|fel [ˈrʏfl̩], der; -s, - (ugs.): *(von einem Vorgesetzten o. Ä. an jmdn. gerichtete) tadelnde Äußerung, die Ärger und Unzufriedenheit über das Tun oder Verhalten des Betroffenen ausdrückt:* einen Rüffel für etwas bekommen; sie hat einen Rüffel gekriegt, weil sie zu viel gequatscht hat. **Syn.:** Anpfiff (ugs.), Anschiss (salopp), Anwurf, Rüge, Tadel, Verweis, Vorwurf.

rüf|feln [ˈrʏfl̩n] ⟨tr.; hat⟩ (ugs.): *(jmdm.) einen Rüffel erteilen:* er rüffelte den Kellner wegen der langsamen Bedienung. **Syn.:** anbrüllen, anfahren, angreifen, anherrschen, anpfeifen (ugs.), anscheißen (salopp), anschnauzen (ugs.), anschreien, ausschelten (geh., landsch.), ausschimpfen, beschimpfen, fertigmachen (ugs.), heruntermachen (ugs.), in den Senkel stellen (ugs.), ins Gebet nehmen (ugs.), rügen, schelten (geh., landsch.), tadeln, sich vorknöpfen (ugs.), zur Minna machen (ugs.), zur Ordnung rufen, zur Sau machen (derb), zur Schnecke machen (ugs.), zusammenstauchen (ugs.).

Ruf|mord [ˈruːfmɔrt], der; -[e]s, -e: *gezielte Schädigung des guten Rufes, Ansehens einer anderen Person (durch Verleumdung):* Rufmord [an jmdm.] betreiben; diese Kampagne kann man nur als Rufmord bezeichnen. **Syn.:** üble Nachrede.

Ruf|na|me [ˈruːfnaːmə], der; -ns, -n:

der Vorname einer Person, mit der sie angeredet wird: er heißt Manolo Kevin Walter, aber sein Rufname ist Kevin. **Syn.:** Name.

Rü|ge ['ry:gə], die; -, -n: *(besonders von einem Vorgesetzten) aus ernsterem Anlass in entschiedener Form vorgebrachter Tadel:* eine empfindliche, scharfe, strenge, starke Rüge; der Chef erteilt häufig Rügen; sie hat schon wieder eine Rüge wegen Verspätung bekommen. **Syn.:** Anpfiff (ugs.), Anschiss (salopp), Anwurf, Rüffel (ugs.), Verweis, Vorwurf.

rü|gen ['ry:gn̩] ‹tr.; hat›: **a)** *jmdm. eine Rüge erteilen:* jmdn. wegen etwas rügen; er wurde streng gerügt. **Syn.:** anbrüllen, anfahren, anherrschen, anpfeifen (ugs.), anscheißen (salopp), anschnauzen (ugs.), anschreien, ausschelten (geh., landsch.), ausschimpfen, beschimpfen, fertigmachen (ugs.), heruntermachen (ugs.), in den Senkel stellen (ugs.), ins Gebet nehmen (ugs.), rüffeln (ugs.), schelten (geh., landsch.), tadeln, zur Minna machen (ugs.), zur Ordnung rufen, zur Sau machen (derb), zur Schnecke machen (ugs.), zusammenstauchen (ugs.). **b)** *(jmds. Verhalten oder Tun) beanstanden; (etwas) kritisieren, verurteilen:* sein Leichtsinn ist zu rügen; die neue Ministerin rügte die Unentschlossenheit der Regierung. **Syn.:** bemängeln, klagen über, meckern über (ugs. abwertend), missbilligen, monieren, motzen über (ugs.), nörgeln an (abwertend), reklamieren, sich beklagen über, sich beschweren über, tadeln.

Ru|he ['ru:ə], die; -:
1. *das Aufhören der Bewegung; Stillstand:* das Pendel ist, befindet sich in Ruhe; das Rad kommt langsam zur Ruhe.
2. *das Entspannen, Sichausruhen; Erholung:* das Bedürfnis nach Ruhe haben; sie gönnt sich keine Ruhe. **Syn.:** Muße.
3. *das Ruhen im Bett:* sich zur Ruhe begeben *(ins Bett gehen);* angenehme Ruhe! **Syn.:** Schlaf, Schlummer.
4. *das Ungestörtsein, Nicht-gestört-Werden:* eine Arbeit in Ruhe erledigen; jmdn. in Ruhe lassen *(nicht stören, nicht ärgern);* er will immer seine Ruhe haben. **Syn.:** Friede.
5. *[fast völlige] Stille; durch keine Geräusche o. Ä. gestörter Zustand:* die nächtliche Ruhe stören; in der Kirche herrscht völlige Ruhe; der Lehrer ruft: »Ruhe bitte!«.
6. *innere, seelische Ausgeglichenheit:* er bewahrt in schwierigen Situationen immer die Ruhe; sie strahlt eine bewundernswerte, heitere Ruhe aus; nach diesem Ereignis findet er keine Ruhe mehr. **Syn.:** Gleichmut.

Ru|he|geld ['ru:əgɛlt], das; -[e]s, -er: *Rente für Arbeiter[innen] und Angestellte.* **Syn.:** Pension.

ru|he|los ['ru:əlo:s] ‹Adj.›: *ohne [innere] Ruhe, in ständiger Bewegung befindlich:* ruhelos ging er auf und ab; sie haben ein ruheloses Leben geführt. **Syn.:** fahrig, nervös, rastlos, unruhig, unstet, zappelig (ugs.).

ru|hen ['ru:ən] ‹itr.; hat›:
1. *liegen, um sich auszuruhen:* nach dem Essen sollte man eine Stunde lang ruhen. **Syn.:** abschalten (ugs.), ausruhen, ausspannen, der Ruhe pflegen (geh.), dösen (ugs.), eine Ruhepause einlegen, sich entspannen, sich erholen, faulenzen, rasten, relaxen (ugs.), schlafen, schlummern (geh.), sich Ruhe gönnen, verschnaufen.
2. (geh.) *begraben sein:* hier ruhen ihre Angehörigen; er ruht im Grabe. **Syn.:** liegen.
3. *nicht in Bewegung, Gang, Tätigkeit sein:* die Kugel, der Ball, die Maschine ruht; wegen des Streiks ruht die Arbeit *(es wird nicht gearbeitet);* die Waffen ruhen (geh.; *es wird nicht gekämpft*).
4. *fest stehen (auf etwas); getragen werden (von etwas):* die Brücke ruht auf drei Pfeilern; das Denkmal ruht auf einem hohen Sockel. **Syn.:** liegen.

Ru|he|stand ['ru:əʃtant], der; -[e]s: *Zeit nach dem Ausscheiden aus dem Dienst im Alter:* in den Ruhestand gehen, treten; sie ist Rektorin im Ruhestand. **Syn.:** Pension.

Ru|he|stät|te ['ru:əʃtɛtə], die; -, -n (geh.): *Grab:* er fand die letzte Ruhestätte in seinem Heimatort. **Syn.:** Grabstätte.

Ru|he|tag ['ru:əta:k], der; -[e]s, -e: *Tag, an dem nicht gearbeitet wird, an dem ein Restaurant o. Ä. geschlossen ist:* an der Tür hängt ein Schild mit der Aufschrift: Heute Ruhetag.

¹ru|hig ['ru:ɪç] ‹Adj.›:
1. *ohne Geräusch, ohne Lärm:* eine ruhige Gegend; die Wohnung liegt ruhig *(in einer Gegend ohne Lärm);* bitte verhalten Sie sich ruhig! **Syn.:** geräuschlos, lautlos, leise, still.
2. *nicht aufgeregt; frei von Erregung:* er hat ruhig gesprochen; in der gespannten Situation blieb sie völlig ruhig; sein Leben verlief ruhig *(er hatte keine Aufregungen);* ruhig[es] Blut bewahren *(sich nicht erregen).* **Syn.:** abgeklärt, ausgeglichen, bedächtig, behäbig, beherrscht, besonnen, friedlich, gefasst, gelassen, gemächlich, gemessen, gemessenen Schrittes, geruhsam, gesetzt, gezügelt, gleichmütig, kaltblütig, seelenruhig, unbesorgt.
3. *sich nicht bewegend:* die Kerze brennt mit ruhiger Flamme; das Meer ist heute ruhig; ruhiges *(schönes und nicht windiges)* Wetter; eine ruhige *(nicht zitternde)* Hand haben; er lag ruhig im Bett und schlief; ruhig [da]sitzen; halt die Beine ruhig!; ein gebrochenes Bein ruhig stellen *(in einer Lage, Stellung halten, dass es nicht bewegt werden kann);* das Geschäft verlief heute ruhig *(es kamen heute nur wenige Kund[inn]en).* **Syn.:** still.

²ru|hig ['ru:ɪç] ‹Partikel›: dient dazu, auszudrücken, dass eine bestimmte Verhaltensweise, die man jmdm. nahelegt, völlig unbedenklich, durchaus gerechtfertigt, ganz in Ordnung ist: geht ruhig schon vor; das kannst du ruhig unterschreiben; lass ihn ruhig ein paar Minuten warten; sie soll sich ruhig Zeit lassen; man kann es ruhig Mord nennen.

ru|hig|stel|len ['ru:ɪçʃtɛlən], stellte ruhig, ruhiggestellt ‹tr.; hat›: *Kranke durch Medikamente beruhigen:* auch heute noch werden psychisch Kranke meist nicht geheilt, sondern einfach ruhiggestellt.

Ruhm [ru:m], der; -[e]s: *durch hervorragende Leistung erworbenes, hohes öffentliches Ansehen, große Ehre:* mit einem Werk [viel] Ruhm gewinnen, erlangen; die Schöpfung verkündet den Ruhm Gottes; diese Erfindung begründet seinen Ruhm. **Syn.:** Größe, Name, Prestige (bildungsspr.), Rang, Ruf. **Zus.:** Dichterruhm, Kriegsruhm, Tatenruhm.

rüh|men [ˈry:mən]:
1. ⟨tr.; hat⟩ *nachdrücklich, überschwänglich loben:* seine Verdienste wurden nachdrücklich gerühmt; er rühmte [an ihr] vor allem ihren Fleiß. **Syn.:** anerkennen, ehren, feiern, in den Himmel heben (ugs.), loben, preisen (geh.), schwärmen von, verherrlichen, würdigen.
2. ⟨+ sich⟩ *eine eigene Leistung besonders betonen:* er rühmt sich damit, seinen Konkurrenten besiegt zu haben; nur wenige dürfen sich rühmen, sie gekannt zu haben; ⟨mit Genitiv⟩ sich einer Tat, eines Erfolges rühmen. **Syn.:** angeben, sich brüsten, sich großtun (abwertend), prahlen, protzen, prunken.

rühm|lich [ˈry:mlɪç] ⟨Adj.⟩: *gut; wert, gelobt zu werden:* etwas zu einem rühmlichen Ende führen; das war nicht sehr rühmlich von ihm *(das war keine gute, schöne Tat von ihm);* alle Aufsätze waren schlecht, nur ihrer bildet die rühmliche Ausnahme. **Syn.:** Lob verdienend.

ruhm|reich [ˈru:mraiç] ⟨Adj.⟩: *viel Ruhm erlangt habend:* der Vorsitzende betonte immer wieder die ruhmreiche Vergangenheit des Vereins. **Syn.:** glänzend, glanzvoll.

R
Ruhm

Ruhr [ru:ɐ̯], die; -: *Infektionskrankheit mit Entzündung des Darms:* in den Tropen treten häufig Fälle von Ruhr auf.

Rühr|ei [ˈry:ɐ̯lai], das; -[e]s, -er: *Speise aus Eiern, die verquirlt in der Pfanne zum Stocken gebracht werden:* sich Rührei machen; er isst gerne Rührei[er] mit Spinat; ich möchte gern drei Rühreier mit Speck bestellen.

rüh|ren [ˈry:rən]:
1. ⟨tr.; hat⟩ *durch Bewegen eines Löffels o. Ä. im Kreis eine Flüssigkeit o. Ä. in Bewegung halten, um sie zu vermischen:* die Suppe, den Teig rühren; dieser Kuchenteig muss besonders lange gerührt werden; ⟨auch itr.⟩ sie rührte gedankenverloren im Kaffee. **Syn.:** quirlen.
2. ⟨itr.; hat⟩ *ein Körperglied bewegen:* die Füße rühren; er kann kaum seine Glieder rühren; ⟨auch + sich⟩ sie konnten sich [vor Schmerzen] nicht rühren; in dem engen Kleid konnte sie sich kaum rühren. **Syn.:** sich regen, sich [1]bewegen.
3. ⟨itr.; hat⟩ *(bei jmdm.) innere Erregung, Anteilnahme bewirken:* das Unglück rührte ihn nicht; eine rührende Geschichte; sie war zu Tränen gerührt *(innerlich ergriffen, bewegt).* **Syn.:** anrühren, aufregen, aufrühren, aufwühlen, berühren, betroffen machen, [1]bewegen, ergreifen, erregen, erschüttern, schocken, schockieren, treffen.
4. ⟨itr.; hat⟩ (geh.) *seinen Ursprung haben (in etwas):* viele Missverständnisse rühren daher, dass wir nicht ausreichend miteinander reden. **Syn.:** entspringen aus, herkommen von, stammen von.

rüh|rig [ˈry:rɪç] ⟨Adj.⟩: *von regem Unternehmungsgeist erfüllt; aktiv und eifrig:* er ist bis ins hohe Alter rührig geblieben; sie ist ein rühriger Mensch; der Verein ist sehr rührig, besonders in der Jugendarbeit. **Syn.:** arbeitsam (veraltend), beflissen (geh.), betriebsam, emsig (geh., oft iron.), fleißig, geschäftig, rastlos, tätig, tatkräftig, unermüdlich.

rühr|se|lig [ˈry:ɐ̯ze:lɪç] ⟨Adj.⟩: *übermäßig stark das Gefühl ansprechend:* eine rührselige Erzählung; ein rührselig vorgetragenes Gedicht. **Syn.:** schmalzig, sentimental.

Rüh|rung [ˈry:rʊŋ], die; -: *innere Ergriffenheit, Bewegung des Gemüts:* wir wurden von tiefer Rührung erfasst; sie konnte vor Rührung kaum sprechen. **Syn.:** Betroffenheit, Erschütterung.

Ru|in [ruˈi:n], der; -s: *[wirtschaftlicher, finanzieller, körperlicher] Zusammenbruch:* gesellschaftlicher, moralischer, gesundheitlicher, wirtschaftlicher Ruin; das Geschäft geht dem Ruin entgegen; der Alkohol ist sein Ruin; durch ständiges Überfordern hat sie sich an den Rand des Ruins gebracht. **Syn.:** Bankrott, Katastrophe, Konkurs, Pleite, Untergang, Verderben.

Ru|i|ne [ruˈi:nə], die; -, -n:
a) *stehen gebliebene Reste eines zum [größeren] Teil zerstörten oder verfallenen [historischen] Bauwerks.* **Zus.:** Bauruine, Burgruine, Klosterruine, Schlossruine. **b)** ⟨Plural⟩ *(herumliegende) Trümmer von Ruinen* (a): die Ruinen des Krieges sind verschwunden; zuerst mussten die Ruinen beseitigt werden.

ru|i|nie|ren [ruiˈni:rən] ⟨tr.; hat⟩: *zerstören, zugrunde richten:* jmdn. wirtschaftlich ruinieren; durch dieses Verhalten ruiniert ihr euren Ruf; seid still, ihr ruiniert meine Nerven; der Rotweinfleck hat das gute Sofa ruiniert; er hat sich durch starkes Rauchen gesundheitlich ruiniert. **Syn.:** demolieren, kaputt machen (ugs.), ramponieren, verwüsten, zunichtemachen.

ru|i|nös [ruiˈnø:s] ⟨Adj.⟩: *zum Ruin führend, zum Ruin beitragend:* ein ruinöser Wettbewerb; der Kredit hat ruinöse Konditionen; am Ende entpuppt sich jeder Krieg als ruinös.

rülp|sen [ˈrʏlpsn̩] ⟨itr.; hat⟩ (ugs.): *laut aufstoßen:* nach dem Essen rülpste er laut; der Flegel hat uns direkt ins Gesicht gerülpst. **Syn.:** Bäuerchen machen (fam.).

Rum [rʊm], der; -s, -s: *Branntwein aus Zuckerrohr:* weißer, brauner Rum; bitte bringen Sie uns noch zwei Rum *(zwei Gläser Rum).*

rum- [rʊm] ⟨trennbares, betontes verbales Bestimmungswort⟩ (ugs.):
a) charakterisiert (in leicht abschätziger Weise) das im Basiswort genannte, sich über einen gewissen [Zeit]raum erstreckende Tun o. Ä. als weitgehend ziellos, planlos, wahllos, als nicht genau auf ein bestimmtes Ziel, mal hier[hin] und mal dort[hin] gerichtet: rumbrüllen; rumdrucksen; rumfuchteln; rumgammeln; rum-

geistern; rumhängen; rumhocken; rumlatschen; rumliegen; rumrennen; rumsitzen; rumstehen; sich rumtreiben; rumwühlen. **b)** besagt, dass sich das im Basiswort genannte, oft als unnütz oder sinnlos angesehene Geschehen über eine gewisse Zeit hinzieht, dass man damit einige Zeit beschäftigt ist: rumalbern; sich rumärgern; rumflachsen; rumfragen; rumhampeln; rumknutschen; rumkurven; rumlabern; sich rumquälen; rumschäkern; rumschmusen; rumtoben. **c)** drückt eine Kritik an dem im Basiswort genannten Tun aus: rummäkeln; rummeckern; rumnörgeln. **d)** *herum, auf die andere Seite:* rumdrehen; rumkommen; rumkriegen. **e)** *um ... herum:* rumbinden; rumlegen.

Rum|mel [ˈrʊml̩], der; -s:
1. (ugs.) *als lästig, laut, störend empfundene Betriebsamkeit:* einen großen, unbeschreiblichen Rummel um etwas machen; es wird mal wieder ein riesiger Rummel um ihre Person veranstaltet. **Syn.:** Gehabe, Getue (ugs. abwertend), Mache (ugs.), [1]Spektakel, Theater (ugs. abwertend), Umstände ⟨Plural⟩, Wirbel, Zirkus (ugs. abwertend). **Zus.:** Medienrummel, Reklamerummel, Weihnachtsrummel, Werberummel.
2. (landsch.) *Jahrmarkt:* auf den Rummel gehen; im Herbst ist wieder Rummel. **Syn.:** Kirmes (landsch.).

ru|mo|ren [ruˈmoːrən] ⟨itr.; hat⟩:
ein dunkles, rollendes, polterndes Geräusch von sich geben: die Pferde rumoren im Stall; man hörte sie in der Küche rumoren; ⟨auch unpers.⟩ im Nebenzimmer rumorte es; es rumort *(kollert, rumpelt)* in meinem Magen. **Syn.:** Krach machen, Krawall machen (ugs.), Lärm machen, lärmen, laut sein, poltern, Rabatz machen (ugs.), Radau machen (ugs.), rumpeln.

rum|peln [ˈrʊmpl̩n], rumpelte, gerumpelt (ugs.):
a) ⟨itr.; hat⟩ *ein dumpfes Geräusch hören lassen; poltern:* im Stockwerk über uns rumpelt es öfters heftig; es rumpelt *(rumort)* in meinem Magen. **Syn.:** rumoren. **b)** ⟨itr.; ist⟩ *polternd und rüttelnd fahren:* der Wagen rumpelt über die schlechte Straße. **Syn.:** holpern, rattern.

Rumpf [rʊmp͜f], der; -[e]s, Rümpfe [ˈrʏmp͜fə]:
a) *menschlicher oder tierischer Körper ohne Kopf und Glieder:* den Rumpf beugen; von der Statue ist nur noch der Rumpf erhalten geblieben. **Syn.:** Leib.
b) *Körper eines Schiffes oder Flugzeugs ohne Masten, Tragflächen, Fahrgestell u. a.:* die Autos wurden im Rumpf des Schiffes verstaut. **Zus.:** Flugzeugrumpf, Schiffsrumpf.

rümp|fen [ˈrʏmp͜fn̩]:
in der Wendung **die Nase rümpfen:** *[die Nase krausziehen und] etwas mit Missfallen, Verachtung ansehen:* beim Anblick der angebotenen Speisen rümpfte sie nur die Nase; er roch die Zigaretten und rümpfte die Nase.

Rump|steak [ˈrʊmpsteːk], das; -s, -s:
kurz gebratene Scheibe Rindfleisch: ein saftiges Rumpsteak wurde zubereitet. **Syn.:** Steak.

Run [ran], der; -s, -s:
Ansturm, großer Andrang: mit dem Beginn der Ferien setzt wieder der Run auf die Hotels ein; der Run auf Aktien ist schon wieder vorbei. **Syn.:** Sturm.

[1]rund [rʊnt] ⟨Adj.⟩:
1. *in/von der Form eines Bogens oder Kreises* /Ggs. eckig/: ein runder Tisch; ein rundes Loch schneiden; das Kind machte runde Augen; durch die neue Frisur wirkt ihr Gesicht nicht mehr so rund; ein runder Rücken *(eine gekrümmte Wirbelsäule).* **Syn.:** bauchig, gebogen, gekrümmt, gewölbt, krumm, oval, rundlich. **Zus.:** eirund, halbrund, kreisrund, kugelrund.
2. *(vom Körper, einem Körperteil) dick:* runde Arme; das Baby hat runde Bäckchen; er ist ganz schön dick und rund geworden. **Syn.:** beleibt, drall, füllig, kompakt (ugs.), korpulent, kugelrund (scherzh.), mollig, pummelig, rundlich, stämmig, stark (verhüllend), untersetzt, üppig (ugs.), vollschlank.
3. (ugs.) *(von Gezähltem, Gemessenem) ganz oder so gut wie ganz:* er hat ein rundes Dutzend Straftaten begangen; das Haus kostet eine runde Million.

[2]rund [rʊnt] ⟨Adverb⟩:
1. *ungefähr, etwa:* der Anzug kostet rund 300 Euro; sie geht für rund drei Monate nach Amerika. **Syn.:** an die, in etwa, über den Daumen gepeilt (ugs.).
2. *** rund um:** *um ... herum:* ein Flug rund um die Erde; rund um mich herrscht Stille.

Run|de [ˈrʊndə], die; -, -n:
1. a) ⟨ohne Plural⟩ *kleinerer Kreis von Personen:* wir nehmen die neuen Nachbarn gern in unsere Runde auf. **Syn.:** Gesellschaft, Gruppe, Kollektiv, Team. **Zus.:** Bierrunde, Diskussionsrunde, Frauenrunde, Gesprächsrunde, Kaffeerunde, Männerrunde, Skatrunde, Spielrunde, Stammtischrunde, Tafelrunde, Talkrunde, Tischrunde. **b)** *Bestellung von einem Glas Bier oder Schnaps für jede[n] Anwesende[n] auf Kosten einer einzelnen Person:* eine Runde ausgeben/(salopp) schmeißen; er bestellte eine Runde Bier. **Syn.:** Lage. **Zus.:** Lokalrunde.
2. a) *Durchgang auf einem Rundkurs, einer zum Ausgangspunkt zurückführenden Fahr-, Laufstrecke o. Ä.:* nach zehn Runden hatte sie einen Vorsprung von mehreren Hundert Metern. **Zus.:** Ehrenrunde, Proberunde. **b)** *im Bogen vom Ausgangspunkt weg und wieder zu ihm hin führender Rundgang, Rundflug o. Ä.:* der Wächter machte seine Runde; das Flugzeug musste vor dem Landen ein paar Runden drehen.
3. *Kampfabschnitt, zeitliche Einheit beim Boxen:* der Kampf ging über drei Runden.
4. *Durchgang in einem Wettbewerb:* die Mannschaft ist in der dritten Runde der Meisterschaft ausgeschieden. **Zus.:** Ausscheidungsrunde, Endrunde, Qualifikationsrunde, Rückrunde, Schlussrunde, Vorrunde, Zwischenrunde.

Rund|fahrt [ˈrʊntfaːɐ̯t], die; -, -en:
[Besichtigungs]fahrt durch eine od. mehrere Städte od. Gebiete mit Rückkehr zum Ausgangspunkt: sie haben eine Rundfahrt durch Berlin, durch Europa gebucht.

Rund|funk [ˈrʊntfʊŋk], der; -s: *Einrichtung, bei der akustische Sendungen drahtlos ausgestrahlt und mithilfe eines Empfängers gehört werden:* der Rundfunk sendet ausführliche Nachrichten; das Konzert wird im Rundfunk übertragen; Fernsehen und Internet haben die Bedeutung des Mediums Rundfunk gemindert. **Syn.:** Funk, Radio.

Rund|gang [ˈrʊntgaŋ], der; -[e]s, Rundgänge [ˈrʊntgɛŋə]: *Gang rundherum, von einer Person, Sache zur anderen:* der Arzt trat seinen Rundgang durch die Abteilungen an; ein Rundgang durch die Hauptstadt. **Syn.:** Runde.

rund|he|raus [ˈrʊnthɛˈraus] ⟨Adverb⟩ (ugs.): *offen und ohne Bedenken, ohne Umschweife:* etwas rundheraus sagen; sie erklärte mich rundheraus für verrückt. **Syn.:** einfach, geradeheraus (ugs.), geradewegs, glatt, glattweg (ugs.), kurzerhand, ohne Zaudern, ohne Zögern, rundweg (emotional), schlankweg (ugs.), unumwunden, unverblümt, unverhohlen (emotional).

rund|he|rum [ˈrʊnthɛˈrʊm] ⟨Adverb⟩: *an allen Seiten; rings:* das Haus ist rundherum von Wald umgeben; ein rundherum bemaltes Osterei. **Syn.:** rundum, überall.

rund|lich [ˈrʊntlɪç] ⟨Adj.⟩: *mollig; etwas dick:* sie hat rundliche Formen; in letzter Zeit sind beide etwas rundlich geworden. **Syn.:** beleibt, drall, füllig, kompakt (ugs.), korpulent, kugelrund (scherzh.), pummelig, rund, stämmig, stark (verhüllend), untersetzt, üppig (ugs.), vollschlank.

Rund|schrei|ben [ˈrʊntʃraibn̩], das; -s, -: *Schreiben, das vervielfältigt und an mehrere Empfänger geschickt wird:* das Rundschreiben der Firma wurde von allen Angestellten gelesen; die Kampagne wurde mit einem Rundschreiben gestartet. **Syn.:** Brief, Mitteilung.

rund|um [ˈrʊntˈlʊm] ⟨Adverb⟩: **1.** *in der Runde; ringsum:* rundum standen Neugierige; sie wurde von der Welt rundum nicht zur Kenntnis genommen. **2.** *völlig; ganz und gar:* ich bin rundum glücklich und zufrieden. **Syn.:** total, vollkommen, vollständig.

Run|dung [ˈrʊndʊŋ], die; -, -en: *runde Form; Rundheit:* die Rundung des Torbogens passte zum Stil des Hauses; sie hat beneidenswerte Rundungen *(eine schöne Figur).* **Syn.:** Kurven ⟨Plural⟩ (ugs.).

rund|weg [ˈrʊntˈvɛk] ⟨Adverb⟩ (emotional): *entschieden und vollständig, ohne Diskussion oder Überlegung:* den Vorschlag zur Güte hat er rundweg abgelehnt; das ist rundweg falsch. **Syn.:** einfach, geradeheraus (ugs.), geradewegs, glatt, glattweg (ugs.), kurzerhand, ohne Umschweife, ohne Zaudern, ohne Zögern, rundheraus (emotional), schlankweg (ugs.), unumwunden, unverblümt, unverhohlen (emotional).

Ru|ne [ˈruːnə], die; -, -n: *Zeichen der von den Germanen benutzten Schrift:* die Runen wurden meist in Holz eingeritzt.

run|ter [ˈrʊntɐ] ⟨Adverb⟩ (ugs.): für ↑herunter, ↑hinunter.

run|ter- [rʊntɐ] ⟨trennbares verbales Bestimmungswort⟩ (ugs.): *[unter jmdn., etwas] herunter-, hinunter-:* runtergehen *(hinuntergehen);* runterkommen *(herunterkommen);* runterbeten; runterbeugen; runterdrücken; runterfallen *(herunterfallen, hinunterfallen);* runterleiern *(herunterleiern);* runterspringen.

Run|zel [ˈrʊnts̮l̩], die; -, -n: *Falte [in der Haut]:* er hat ein Gesicht voller Runzeln; das Obst bekommt Runzeln.

run|zeln [ˈrʊnts̮l̩n]: **a)** ⟨tr.; hat⟩: *in Falten ziehen:* die Augenbrauen, die Stirn runzeln; sie blickte mit gerunzelter Stirn sorgenvoll umher. **b)** ⟨+ sich⟩ *Falten bekommen:* wenn man zu lange badet, runzelt sich die Haut.

runz|lig [ˈrʊnts̮lɪç] ⟨Adj.⟩: *stark gerunzelt; voller Falten, Furchen:* Neugeborene haben oft runzlige Haut; die Haut ist ganz runzlig. **Syn.:** faltig.

Rü|pel [ˈryːpl̩], der; -s, - (abwertend): *männliche Person, die sich frech und ungesittet benimmt; Flegel:* dieser Rüpel hat sie einfach umgerannt; so ein Rüpel! **Syn.:** Grobian (abwertend), Lümmel (abwertend), Rabauke (ugs.), Rowdy (abwertend).

rü|pel|haft [ˈryːpl̩haft] ⟨Adj.⟩ (abwertend): *frech, grob, ungesittet wie ein Rüpel:* er ist ein rüpelhafter Mensch; die Jungs haben sich mal wieder total rüpelhaft benommen. **Syn.:** flegelhaft (abwertend), grob (abwertend), rabiat, roh, rücksichtslos, rüde, ruppig (abwertend), unfreundlich, ungehobelt (abwertend), unhöflich, wie die Axt im Walde.

Rü|pe|lin [ˈryːpəlɪn], die; -, -nen (selten): weibliche Form zu ↑Rüpel.

rup|fen [ˈrʊp͡fn̩] ⟨tr.; hat⟩: *mit einem Ruck ausreißen:* Gras, Unkraut rupfen; Hühner rupfen *(geschlachtete Hühner von den Federn befreien);* wie ein gerupftes Huhn aussehen. **Syn.:** ausziehen, entfernen, jäten, zupfen.

rup|pig [ˈrʊpɪç] ⟨Adj.⟩ (abwertend): *unhöflich-frech:* hier herrscht ein ruppiger Umgangston; der Ober wies uns ruppig einen Tisch an der Tür an; sie benahm sich heute sehr ruppig. **Syn.:** bärbeißig, barsch, borstig, brüsk, derb, flegelhaft (abwertend), grob (abwertend), grobschlächtig (abwertend), rau, rüde, rüpelhaft (abwertend), unfreundlich, ungehobelt (abwertend), wie die Axt im Walde (ugs.).

Rü|sche [ˈryːʃə], die; -, -n: *Verzierung aus gefälteltem Stoff oder geraffter Spitze an einem Kleid o. Ä.:* der Vorhang war mit Rüschen besetzt.

Ruß [ruːs], der; -es: *schwarze, schmierige Substanz, die sich aus dem Rauch eines Feuers bei unvollständiger Verbrennung an den Wänden o. Ä. absetzt:* der Schornsteinfeger ist schwarz von Ruß. **Zus.:** Ofenruß.

Rüs|sel [ˈrʏsl̩], der; -s, -: *röhrenförmig ausgebildete Nase verschiedener Säugetiere und Insekten:* der Elefant hat einen großen Rüssel; die Fliegen tauchten ihre Rüssel in die frische Marmelade; nimm sofort deinen Rüssel (salopp; *deine Nase*) da weg! **Syn.:** Gurke (ugs.). **Zus.:** Elefantenrüssel, Saugrüssel, Stechrüssel.

ru|ßen ['ru:sn̩] ⟨itr.; hat⟩: *Ruß bilden:* der Ofen rußt stark.

rüs|ten ['rʏstn̩], rüstete, gerüstet: **1.** ⟨itr.; hat⟩ *sich durch [verstärkte] Produktion von Waffen und Vergrößerung der Armee militärisch stärken:* die Staaten rüsten weiter für einen neuen Krieg; der Gegner ist stark gerüstet. **Syn.:** aufrüsten, sich bewaffnen, nachrüsten. **2.** ⟨+ sich⟩ (geh.) *sich vorbereiten:* sich zum Gehen, zur Abreise rüsten; sie rüstete sich für neue Aufgaben. **Syn.:** sich einrichten auf, sich einstellen auf, sich wappnen.

rüs|tig ['rʏstɪç] ⟨Adj.⟩: *im höheren Alter noch gesund, beweglich, leistungsfähig:* sie ist noch sehr rüstig; ein rüstiger Rentner; die älteren Herrschaften wanderten rüstig an der Spitze mit. **Syn.:** bei guter Gesundheit, fit, gesund, gesund und munter, gut drauf (ugs.), in Form, in guter [körperlicher] Verfassung, kräftig, stark.

rus|ti|kal [rʊsti'ka:l] ⟨Adj.⟩: *ländlich, bäuerlich, im Stil der Bauern:* es gab Speck, Würste und anderes rustikales Essen; ein handgewebter Stoff mit rustikalem Muster; ihre Wohnung war rustikal eingerichtet. **Syn.:** deftig, derb, handfest, kernig, urig, urwüchsig, zünftig.

Rüs|tung ['rʏstʊŋ], die; -, -en: **1.** *das Rüsten; das Verstärken der militärischen Mittel und Kräfte:* viel Geld für die Rüstung ausgeben. **2.** *(besonders im Mittelalter übliche) Schutzkleidung der Krieger aus Metall:* eine Rüstung tragen. **Syn.:** Panzer. **Zus.:** Ritterrüstung.

Rüst|zeug ['rʏsttsɔyk], das; -[e]s: *Gegenstände, Werkzeuge und notwendiges Wissen für eine bestimmte Tätigkeit:* ihm fehlt dazu das nötige Rüstzeug. **Syn.:** Ausrüstung, Handwerkszeug.

Ru|te ['ru:tə], die; -, -n: **1. a)** *einzelner dünner, langer Zweig:* eine Rute abschneiden. **Syn.:** Gerte, [1]Stock. **b)** *Bündel aus Ruten* (1 a), *das zum Schlagen verwendet wird:* früher bekamen unfolgsame Kinder die Rute zu spüren. **2.** (Jägersprache) *Schwanz bei Raubwild, Hund und Eichhörnchen:* mit der Rute wedeln. **Syn.:** Schwanz.

rut|schen ['rʊtʃn̩], rutschte, gerutscht ⟨itr.; ist⟩: **a)** *[auf glatter Fläche] nicht fest stehen, sitzen oder haften; gleiten:* ich bin auf dem Schnee gerutscht; das Kind rutschte vom Stuhl; seine Hose rutschte ständig; ihr rutschte der Teller aus der Hand. **Syn.:** gleiten, schlittern. **b)** *sich sitzend und gleitend fortbewegen:* du sollst nicht auf dem Boden rutschen; er rutschte auf der Bank etwas zur Seite und machte mir Platz. **Syn.:** rücken.

rüt|teln ['rʏtl̩n] ⟨itr.; hat⟩: *heftig schütteln; ruckartig, kräftig und schnell hin und her bewegen:* der Sturm rüttelt an der Tür; ein Sieb rütteln; jmdn. aus dem Schlaf rütteln *(jmdn. schüttelnd wecken);* auf der holprigen Straße rüttelt der Wagen; daran gibt es nichts zu rütteln *(das kann man nicht ändern).*

Ss

Saal [za:l], der; -[e]s, Säle ['zɛ:lə]: *großer [und hoher] Raum für Feste, Versammlungen o. Ä:* der Saal war bei diesem Konzert überfüllt. **Zus.:** Ballsaal, Festsaal, Gerichtssaal, Konferenzsaal, Kongresssaal, Konzertsaal, Krönungssaal, Operationssaal, Schlafsaal, Sitzungssaal, Speisesaal, Tanzsaal, Wartesaal.

Saat [za:t], die; -, -en: **a)** ⟨ohne Plural⟩ *Samen, vorwiegend von Getreide, der zum Säen bestimmt ist:* die Bauern hatten die Saat schon in die Erde gebracht. **Syn.:** Aussaat. **Zus.:** Weizensaat. **b)** *noch junges Getreide:* die Saat auf dem Feld steht gut. **Zus.:** Sommersaat, Wintersaat. **c)** ⟨ohne Plural⟩ *das Säen:* es ist Zeit zur Saat. **Syn.:** Aussaat.

Sab|bat ['zabat], der; -s, -e: *von Freitagabend bis Samstagabend dauernder Ruhetag im Judentum, der mit bestimmten Ritualen begangen wird:* die Vorbereitungen für den Sabbat beginnen am Freitagmorgen. **Syn.:** Ruhetag.

sab|bern ['zabɐn] ⟨itr.; hat⟩ (ugs.): *Speichel aus dem Mund fließen lassen:* das Baby sabberte.

Sä|bel ['zɛ:bl̩], der; -s, -: *lange Hiebwaffe mit leicht gekrümmter Klinge, die nur auf einer Seite eine Schneide hat:* er schwang wild den Säbel; sie ficht mit dem Säbel. **Zus.:** Krummsäbel, Offizierssäbel.

Sa|bo|ta|ge [zabo'ta:ʒə], die; -, -n: *planmäßige Störung, Behinderung von Arbeiten o. Ä.:* die Behörden vermuten, dass Sabotage vorliegt, im Spiel ist; Sabotage begehen, treiben.

Sa|bo|teur [zabo'tø:ɐ̯], der; -s, -e, **Sa|bo|teu|rin** [zabo'tø:rɪn], die; -, -nen: *Person, die Sabotage treibt:* Polizisten konnten den Saboteur dingfest machen; wegen ihrer Auflehnung gegen das Unrecht wurde sie als Saboteurin bezeichnet.

sa|bo|tie|ren [zabo'ti:rən] ⟨tr.; hat⟩: *planmäßig stören, behindern, verhindern:* er sabotierte die weiteren Untersuchungen; sie sabotierten den Plan *(sie verhinderten, dass der Plan ausgeführt wurde).* **Syn.:** abblocken, blockieren, hintertreiben, unterbinden, vereiteln.

Sach|be|ar|bei|ter ['zaxbə|arbaitɐ], der; -s, -, **Sach|be|ar|bei|te|rin** ['zaxbə|arbaitərɪn], die; -, -nen: *Person, die beruflich in einer Behörde o. Ä. einen bestimmten Bereich zu bearbeiten hat:* sie ist Sachbearbeiterin beim Finanzamt, bei einer Versicherung; er ist Sachbearbeiter mit besonderen Aufgaben; bitte wenden Sie sich an die zuständige Sachbearbeiterin, Frau Klein.

Sa|che ['zaxə], die; -, -n: **1.** ⟨mit Attribut⟩ *Angelegenheit:* das ist eine Sache des Vertrauens, des guten Geschmacks; die meisten Männer halten den

Sport für eine wichtige Sache. **Syn.:** Frage, Geschichte (ugs.). **Zus.:** Ansichtssache, Ehrensache, Formsache, Frauensache, Gefühlssache, Geldsache, Glückssache, Herzenssache, Männersache, Privatsache, Routinesache, Temperamentssache, Vertrauenssache.
2. *(nicht näher bezeichneter) Gegenstand:* diese Sachen müssen noch zur Post; der Komponist hat schöne Sachen geschrieben; es gab köstliche Sachen zu essen und zu trinken; sie isst furchtbar gern süße Sachen. **Syn.:** Ding. **Zus.:** Fundsache, Wertsache.
3. ⟨Plural⟩ (ugs.) *Gegenstände zum persönlichen Gebrauch wie Kleidungsstücke o. Ä.:* räum doch mal deine Sachen auf!; wir haben unsere Sachen im Auto gelassen; sie haben schöne Sachen *(Möbel, Einrichtungsgegenstände)* in ihrer Wohnung. **Zus.:** Arbeitssachen, Babysachen, Badesachen, Schmucksachen, Sommersachen, Spielsachen, Wintersachen.

-sa|che [zaxə], die; -, -n ⟨Suffixoid⟩:
1. *Angelegenheit, die von dem im Basiswort Genannten abhängt, davon im Wesentlichen bestimmt wird:* Ansichtssache; Geschmackssache; Glück[s]sache; Nervensache; Routinesache; Übungssache; Vertrauenssache.
2. *Angelegenheit, die das im Basiswort Genannte betrifft:* Frauensache; Männersache; Regierungssache.

Sach|ge|biet [ˈzaxɡəbiːt], das; -[e]s, -e:
durch bestimmte Aufgaben abgegrenzter Bereich; Bereich eines Faches: das Sachgebiet des Straßenbaues wird von ihm bearbeitet; sie ist Expertin auf diesem Sachgebiet; die Bücher sind nach Sachgebieten geordnet. **Syn.:** Disziplin, Fach, Feld, Gebiet, Sparte.

Sach|kennt|nis [ˈzaxkɛntnɪs], die; -, -se:
gründliches Wissen auf einem bestimmten Gebiet: ihre Äußerungen zeugen von Sachkenntnis; dieses Buch ist mit großer Sachkenntnis geschrieben. **Syn.:** Erfahrung, Kenntnis.

sach|kun|dig [ˈzaxkʊndɪç] ⟨Adj.⟩:
Sachkenntnis besitzend, sich auf einem Sachgebiet auskennend: wir hatten eine sachkundige Führerin durch die Ausstellung; bitte machen Sie sich zunächst sachkundig, bevor Sie zu schreiben beginnen. **Syn.:** ²beschlagen, bewandert, fachmännisch, firm, kundig, qualifiziert, sattelfest.

Sach|la|ge [ˈzaxlaːɡə], die; -:
alle Tatsachen, die den Charakter einer bestimmten Lage bestimmen; augenblicklicher Stand der Dinge: er umriss mit kurzen Worten die Sachlage; ich überblicke die Sachlage nicht; dieser Vorfall ist geeignet, die ganze Sachlage zu beleuchten. **Syn.:** Fakten ⟨Plural⟩, Konstellation, Lage, Sachverhalt, Situation, Stand, Zustand.

sach|lich [ˈzaxlɪç] ⟨Adj.⟩:
nur von der Sache selbst, nicht von Gefühlen und Vorurteilen bestimmt /Ggs. unsachlich/: sachliche Bemerkungen, Argumente; sie sprach in sachlichem Ton; er bemühte sich, bei diesem Gespräch sachlich zu bleiben; sachlich argumentieren, diskutieren. **Syn.:** nüchtern, objektiv, prosaisch, rational, realistisch, trocken, unpersönlich.

Sach|scha|den [ˈzaxʃaːdn̩], der; -s, Sachschäden [ˈzaxʃɛːdn̩]:
Schaden, der an einer Sache, an Sachen entstanden ist (im Gegensatz zur Schädigung von Personen): es entstand ein Sachschaden von insgesamt 2 500 Euro.

sacht [zaxt] ⟨Adj.⟩:
sanft und behutsam, vorsichtig: mit sachten Händen; sie kam sacht *(leise und langsam)* heran. **Syn.:** leise, schonend, sorgsam.

Sach|ver|halt [ˈzaxfɛɐ̯halt], der; -[e]s, -e:
die (tatsächlichen) Umstände, der genaue Stand der Dinge: bei diesem Unfall muss der wahre Sachverhalt noch geklärt werden; diese Bezeichnung trifft den Sachverhalt besser; seine Äußerungen entsprachen nicht dem Sachverhalt. **Syn.:** Fakten ⟨Plural⟩, Konstellation, Lage, Sachlage, Situation, Stand, Zustand.

Sach|ver|stän|di|ge [ˈzaxfɛɐ̯ʃtɛndɪɡə], die/eine Sachverständige; der/einer Sachverständigen, die Sachverständigen/zwei Sachverständige:
weibliche Person, die besondere Kenntnisse auf einem bestimmten Gebiet hat und in entsprechenden Fällen zur Beurteilung herangezogen wird: eine Sachverständige hinzuziehen. **Syn.:** Expertin, Fachfrau, Spezialistin. **Zus.:** Bausachverständige, Schriftsachverständige.

Sach|ver|stän|di|ger [ˈzaxfɛɐ̯ʃtɛndɪɡɐ], der Sachverständige/ein Sachverständiger; des/eines Sachverständigen, die Sachverständigen/zwei Sachverständige:
Person, die besondere Kenntnisse auf einem bestimmten Gebiet hat und in entsprechenden Fällen zur Beurteilung herangezogen wird: ein vereidigter, öffentlich bestellter Sachverständiger; drei Sachverständige hatten dem Gericht ein Gutachten vorgelegt. **Syn.:** Experte, Fachmann, Spezialist. **Zus.:** Bausachverständiger, Schriftsachverständiger.

Sack [zak], der; -[e]s, Säcke [ˈzɛkə]:
größeres Behältnis aus Stoff, Papier, Kunststoff o. Ä.: er band den Sack zu; (als Maßangabe) vier Sack Mehl; der gelbe Sack *(gelber Plastiksack, in dem recycelbare Wertstoffe gesammelt werden);* das Kleid sah aus wie ein Sack; er lag rum wie ein nasser Sack. **Syn.:** Beutel. **Zus.:** Geldsack, Jutesack, Kartoffelsack, Kohlensack, Kornsack, Mehlsack, Papiersack, Zementsack.

Sa|ckerl [ˈzakɐl], das; -s, -[n] (österr.):
Beutel aus Papier oder Plastik: ich hätte gern ein Sackerl.

Sack|gas|se [ˈzakɡasə], die; -, -n:
Straße, die nur eine Zufahrt hat und am Ende nicht weiterführt: ich geriet mit meinem Wagen in eine Sackgasse ohne Wendemöglichkeit; die Verhandlungen sind in eine Sackgasse geraten *(es kann nicht mehr weiterverhandelt werden).*

Sa|dis|mus [zaˈdɪsmʊs], der; -, Sadismen [zaˈdɪsmən]:
1. ⟨ohne Plural⟩ /Ggs. Masochismus/: **a)** (abwertend) *Lust, Freude am Quälen, an Grausam-*

keit: er neigt zu[m] Sadismus. **b)** *Empfinden von sexueller Lust beim Quälen der Sexualpartnerin, des Sexualpartners.* **2.** *einzelne grausame Handlung:* die Weltöffentlichkeit war entsetzt über die Sadismen in den Konzentrationslagern.

Sa|dist [zaˈdɪst], der; -en, -en, **Sa|dis|tin** [zaˈdɪstɪn], die; -, -nen: **a)** (abwertend) *Person, die Freude am Quälen anderer hat:* unser Ausbilder ist ein Sadist; sie ist eine richtige Sadistin. **b)** *Person, die sich durch Quälen der Sexualpartnerin, des Sexualpartners zu befriedigen sucht.*

Sa|do|ma|so|chis|mus [zadomazɔˈxɪsmʊs], der; -: *Veranlagung einer Einzelperson, [sexuelle] Lust sowohl durch Sadismus als auch durch Masochismus zu empfinden.*

sä|en [ˈzɛ:ən] ⟨tr.; hat⟩: *(Samen) auf Felder oder Beete streuen, in die Erde bringen:* der Bauer säte den Weizen; ⟨auch itr.⟩ mit der Hand, maschinell säen; der Bauer hatte den ganzen Tag gesät; diese Worte säten Neid und Zwietracht in ihre Herzen *(lösten Neid und Zwietracht aus).*

Sa|fa|ri [zaˈfa:ri], die; -, -s: *Fahrt in Afrika, auf der die Teilnehmenden besonders Großwild jagen bzw. fotografieren können:* an einer Safari teilnehmen; auf Safari gehen. **Zus.:** Großwildsafari.

Safe [ze:f], der, auch: das; -s, -s: *Schrank o. Ä., der gegen Feuer und Einbruch besonders gesichert ist und in dem man Geld, Schmuck, wichtige Papiere u. Ä. aufbewahrt:* das Geld in den Safe legen; einen Safe in die Wand einlassen. **Syn.:** Tresor. **Zus.:** Hotelsafe, Zimmersafe.

Sa|fer Sex [ˈze:fɐ ˈzɛks], der; - -es: *sexuelles Verhalten, das die Gefahr einer Aidsinfektion mindert:* über Safer Sex muss noch viel mehr aufgeklärt werden.

Saft [zaft], der; -[e]s, Säfte [ˈzɛftə]: **a)** *Getränk, das durch Auspressen von Obst oder Gemüse gewonnen wird:* er trank ein Glas Saft. **Syn.:** Most. **Zus.:** Apfelsaft, Himbeersaft, Karottensaft, Orangensaft, Tomatensaft, Traubensaft. **b)** *im Gewebe von Früchten und Pflanzen enthaltene Flüssigkeit:* der Saft steigt in die Bäume.

saf|tig [ˈzaftɪç] ⟨Adj.⟩: **a)** *viel Saft enthaltend; reich an Saft:* saftige Früchte; ein saftiges *(frisches)* Grün. **b)** (ugs.) *jmdn. [empfindlich] treffend, in unangenehmer Weise berührend:* wir hatten eine saftige Rechnung zu bezahlen; er bekam eine saftige Ohrfeige. **Syn.:** hoch, kräftig.

Sa|ge [ˈza:gə], die; -, -n: *mündlich überlieferter, nicht verbürgter Bericht über eine nicht alltägliche, häufig wunderbare Begebenheit:* die Sage von den Nibelungen. **Syn.:** Legende, Märchen, Mythos.

Sä|ge [ˈzɛ:gə], die; -, -n: *Werkzeug mit einem dünnen, flächigen gezähnten Teil aus Stahl, mit dem harte Materialien durchtrennt werden können:* eine scharfe, elektrische Säge; das Blatt, der Griff, der Bügel der Säge. **Zus.:** Handsäge, Motorsäge.

sa|gen [ˈza:gn̩] ⟨tr.; hat⟩: **a)** *Wörter, Sätze o. Ä. als lautliche Äußerung, als Mitteilung o. Ä. von sich geben:* etwas laut, leise, im Flüsterton, vorwurfsvoll sagen; Mutter hat Nein dazu gesagt; sag doch nicht immer solche Schimpfwörter; hat dein Freund das im Ernst gesagt?; sie ist sehr schüchtern, ich möchte fast sagen, verschlossen; das kann man laut sagen (ugs.; *das ist ganz sicher richtig*). **Syn.:** äußern, bemerken. **b)** *[jmdm.] etwas mündlich mitteilen:* der Zeuge sagte vor Gericht die volle Wahrheit; sie sagte: »Ich komme nicht«; ich habe ihm schon mehrmals gesagt, wie unser Urlaubsort in Spanien heißt; ich habe das nicht zu dir gesagt, sondern zu deiner Schwester; sag doch nicht immer »Dicker« zu mir; nun sag schon, wie deine neue Freundin heißt. **Syn.:** berichten, darlegen, erzählen. **c)** *mit Bestimmtheit aussprechen, als Tatsache hinstellen:* das will ich nicht sagen; der Zeuge sagt aber, du wärst dort gewesen; man sagt von ihm, dass er gute Kontakte zur Unterwelt hat. **Syn.:** behaupten. **d)** *einen bestimmten Sinn (für jmdn., etwas) haben:* das Bild sagt mir gar nichts; das hat nichts zu sagen. **Syn.:** bedeuten, besagen.

sä|gen [ˈzɛ:gn̩]: **a)** ⟨tr.; hat⟩ *mit der Säge durchtrennen:* er sägt Bäume; sie musste das Brett in zwei Teile sägen. **b)** ⟨itr.; hat⟩ *mit der Säge arbeiten:* er sägt draußen auf dem Hof.

sa|gen|haft [ˈza:gn̩haft] ⟨Adj.⟩: **1.** *dem Bereich der Sage angehörend; aus alter Zeit stammend:* ein sagenhafter König von Kreta. **Syn.:** legendär. **2.** (ugs. emotional) *(wegen des positiv oder negativ empfundenen besonderen Ausmaßes) staunende Überraschung hervorrufend und beeindruckend:* sie hat ein sagenhaftes Gedächtnis; in dem Zimmer herrschte eine sagenhafte Unordnung. **Syn.:** außerordentlich, einmalig (emotional), enorm, erstaunlich, fantastisch, unglaublich (ugs.), unvergleichlich, unwahrscheinlich (ugs.).

Sah|ne [ˈza:nə], die; -: **a)** *viel Fett enthaltender Bestandteil der Milch (der sich als besondere Schicht an der Oberfläche absetzt):* süße Sahne; saure *(sauer vergorene)* Sahne; Kaffee mit Zucker und Sahne; Sahne schlagen. **Syn.:** Rahm (landsch.). **Zus.:** Kaffeesahne. **b)** *steif geschlagene Sahne* (a): Erdbeeren, Eis, ein Stück Torte mit Sahne. **Syn.:** Schlagobers (österr.), Schlagsahne.

Sah|ne|tor|te [ˈza:nətɔrtə], die; -, -n: *Torte mit einer Füllung aus Sahne und anderen Zutaten:* ein Stück Sahnetorte essen. **Zus.:** Himbeersahnetorte, Kirschsahnetorte.

Sai|son [zɛˈzõ:], die; -, -s: **a)** *wichtigster Zeitabschnitt innerhalb eines Jahres, in dem etwas Bestimmtes am meisten vorhanden ist, stattfindet:* eine gute, schlechte, ruhige Saison; im April beginnt die Saison für Spargel; im Theater beginnt die Saison nach den Sommerferien; sie hat in dieser Saison keinen Ball ausgelassen; da die Saison beendet ist, ist das Hotel geschlossen. **Syn.:** Spielzeit. **Zus.:** Badesaison, Ballsaison, Reisesaison, Sommersaison, Theatersaison, Wintersaison.

b) *Zeitabschnitt (im Hinblick auf Aktuelles):* auf der Messe werden die Autos der kommenden Saison vorgestellt.

Sai|te ['zaitə], die; -, -n:
a) *dünne Schnur aus Tierdarm, Metall o. Ä. bei bestimmten Musikinstrumenten, die durch Streichen, Zupfen oder Schlagen in Schwingung versetzt wird und so Töne erzeugt:* eine Saite ist gerissen; eine neue Saite aufziehen. **Zus.:** Darmsaite, Geigensaite, Klaviersaite. **b)** *Schnur o. Ä. zum Bespannen von Tennis- und Federballschlägern:* neue Saiten für den Schläger kaufen.

Sak|ko ['zako], der, auch: das; -s, -s:
[sportliches] Jackett für Herren: wann darf man den Sakko ablegen? **Syn.:** Blazer, Jacke, [1]Rock (landsch.). **Zus.:** Herrensakko.

Sa|kra|ment [zakra'mɛnt], das; -[e]s, -e:
von Jesus Christus eingesetzte zeichenhafte Handlung, bei der die Gläubigen (nach ihrer Auffassung) göttliche Gnade empfangen: das Sakrament der Taufe; ein Sakrament empfangen, spenden; die katholische Kirche kennt sieben Sakramente, die evangelische nur zwei. **Zus.:** Bußsakrament, Ehesakrament.

Sa|la|man|der [zala'mandɐ], der; -s, -:
Lurch mit lang gestrecktem Körper, rundem, langem Schwanz, zwei Paar kurzen Gliedmaßen und teilweise auffallender Zeichnung des Körpers: Feuersalamander und andere einheimische Salamander.

Sa|la|mi [za'la:mi], die; -, -[s]:
(luftgetrocknete) Dauerwurst aus Rind-, Schweine- und/oder Eselsfleisch, deren Haut oft mit einem weißen Belag überzogen ist: eine halbe Salami; 100 g Salami bitte!

Sa|lat [za'la:t], der; -[e]s, -e:
1. *(im Garten gezogene) Pflanze mit hellgrünen, welligen Blättern, die einen rundlichen, meist festen, kopfähnlichen Teil bilden und die als Salat (2) zubereitet werden kann:* die Schnecken haben den Salat gefressen.
2. *mit Essig, Öl, Salz und Gewürzen oder Mayonnaise zubereitete kalte Speise aus Salat (1), klein geschnittenem rohem oder gekochtem Gemüse, Obst, Fleisch, Fisch. o. Ä.:* Salat [mit Essig und Öl] anmachen; nimm doch noch etwas Salat. **Zus.:** Bohnensalat, Fleischsalat, Geflügelsalat, Gurkensalat, Heringssalat, Kartoffelsalat, Maissalat, Nudelsalat, Reissalat, Tomatensalat, Wurstsalat.

-sa|lat [zala:t], der; -s, -e ⟨Suffixoid⟩ (ugs.):
chaotisches Durcheinander; etwas, was man nicht mehr im Einzelnen wahrnehmen, verstehen kann in Bezug auf das im Basiswort Genannte: Bandsalat; Bild(er)salat; Datensalat; Wortsalat; Zeichensalat.

sal|ba|dern [zal'ba:dɐn] ⟨itr.; hat⟩ (ugs. abwertend):
weitschweifig und salbungsvoll, langatmig und feierlich reden: er salbaderte endlos über Gott und die Welt; das Salbadern ging allen auf die Nerven.

Sal|be ['zalbə], die; -, -n:
Heilmittel, das aus einer streichfähigen Masse besteht und auf die Haut aufgetragen wird: 3-mal täglich Salbe auftragen, verreiben. **Syn.:** Balsam, Creme, Paste. **Zus.:** Augensalbe, Hautsalbe, Heilsalbe, Nasensalbe.

sal|ben ['zalbn̩] ⟨tr.; hat⟩ (geh.):
[in feierlichem Zeremoniell] mit Salbe oder Öl einreiben: mit diesem kostbaren Öl wurden nur Könige gesalbt; jmdn. zum König, zum Priester salben *(weihen)*.

Sal|mo|nel|le [zalmo'nɛlə], die; -, -n:
Bakterie, die beim Menschen schwere Darminfektionen hervorruft: rohe Eier und aufgetautes Geflügelfleisch enthalten häufig Salmonellen; sie hat Salmonellen *(eine durch Salmonellen ausgelöste Infektion);* wegen Verdacht auf Salmonellen wurde er ins Krankenhaus eingeliefert.

sa|lo|mo|nisch [zalo'mo:nɪʃ] ⟨Adj.⟩ (bildungsspr.):
die einem Weisen eigene Ausgewogenheit und Einsicht erkennen lassend: ein salomonisches Urteil verkünden; sie hat hier wahrhaft salomonisch geurteilt. **Syn.:** klug, verständig, weise.

Sa|lon [za'lõ:], der; -s, -s:
1. *repräsentatives, für Besuch oder festliche Anlässe bestimmtes größeres Zimmer:* sie geleitete uns in den Salon. **Zus.:** Empfangssalon, Rauchsalon.
2. *[großzügig und elegant ausgestattetes] Geschäft im Bereich der Mode, Kosmetik o. Ä.:* sie arbeitet als Friseurin in einem der bekanntesten Salons der Stadt. **Zus.:** Friseursalon, Kosmetiksalon, Modesalon.

sa|lon|fä|hig [za'lõ:fɛ:ɪç] ⟨Adj.⟩:
den Normen der Gesellschaft z. B. in Bezug auf angemessene Kleidung, korrektes Benehmen entsprechend; so beschaffen, dass es in einer bestimmten Gruppe akzeptiert wird: nach einer halben Flasche Wein ist er nicht mehr salonfähig; dieser Witz ist nicht ganz salonfähig; Jeans sind heute durchaus salonfähig. **Syn.:** anständig, seriös.

sa|lopp [za'lɔp] ⟨Adj.⟩:
(in Kleidung, Sprache usw.) unbekümmert zwanglos, die Nichtachtung gesellschaftlicher Normen ausdrückend: er ist immer salopp gekleidet; die saloppe Ausdrucksweise hat oft eine fließende Grenze zur Beleidigung. **Syn.:** formlos, lässig, leger, ungezwungen, zwanglos.

Sal|to ['zalto], der; -s, -s und Salti ['zalti]:
Sprung, bei dem sich der/die Springende in der Luft überschlägt: ein einfacher, zweifacher, dreifacher Salto; ein gehockter, gestreckter Salto; Salto vorwärts und rückwärts; Salti sind ihre Spezialität; sie sprang mit einem Salto ins Wasser.

sa|lu|tie|ren [zalu'ti:rən] ⟨itr.; hat⟩:
1. *eine bestimmte Anzahl von Schüssen (als militärische Begrüßung) schießen:* mit 21 Schuss salutieren.
2. *[in ehrenvoller] militärischer Weise grüßen, z. B. dadurch, dass man die Hand an die Mütze legt:* der Soldat salutierte vor dem Offizier.

Sal|ve ['zalvə], die; -, -n:
[auf ein Kommando gleichzeitig abgefeuerte] Anzahl von Schüssen aus Gewehren oder Geschützen: der Posten feuerte mehrere Salven aus seiner Maschinenpistole; die Kriegsschiffe gaben (als Gruß) eine Salve von 25 Schüssen ab. **Zus.:** Gewehrsalve.

Salz [zalts], das; -es:
1. *aus der Erde oder dem Wasser*

des Meeres gewonnene weiße, körnige Substanz [die zum Würzen der Speisen dient]: feines, grobes Salz; noch eine Prise Salz an die Suppe tun. **Zus.:** Badesalz, Jodsalz, Kochsalz, Meersalz, Pökelsalz, Salinensalz, Speisesalz.
2. *chemische Verbindung aus einer Säure mit Metallen, Kohlenstoff oder Ammonium:* ein neutrales, saures Salz. **Zus.:** Kaliumsalz, Natriumsalz.

sal|zen [ˈzaltsn̩], salzte, gesalzen/(selten:) gesalzt ⟨tr.; hat⟩: *Salz zu einer Speise hinzutun:* der Koch hat die Suppe nicht gesalzen; gesalzene/gesalzte Butter.

sal|zig [ˈzaltsɪç] ⟨Adj.⟩:
a) *[stark] nach Salz schmeckend:* eine salzige Suppe; die Kartoffeln sind zu salzig; die salzigen Kartoffelchips schmecken am besten; salzige Tränen rannen ihre Wangen hinab. **b)** *viel Salz enthaltend:* das Tote Meer ist sehr salzig.

-sam [za:m] ⟨adjektivisches Suffix⟩:
1. drückt aus, dass etwas mit der beschriebenen Person oder Sache getan werden kann: biegsam; einfügsam. **Syn.:** -bar.
2. *das im Basiswort Genannte bereitend, voll davon:* betriebsam; erholsam; friedsam; vergnügsam. **Syn.:** -lich.
3. *so, dass der/die/das Betreffende das im Basiswort Genannte tut:* anschmiegsam; einprägsam; mitteilsam; nachdenksam; regsam; wirksam.

Sa|men [ˈza:mən], der; -s, -:
1. *aus der Blüte einer Pflanze sich entwickelndes Gebilde, aus dem eine neue Pflanze entstehen kann:* der Samen keimt, geht auf. **Syn.:** Saat. **Zus.:** Baumwollsamen, Blumensamen, Flachssamen, Grassamen, Hanfsamen, Mohnsamen.
2. ⟨ohne Plural⟩ *Substanz, die in einer von den Geschlechtsdrüsen beim Mann und beim männlichen Tier gebildeten milchig trüben Flüssigkeit enthalten ist und die der Befruchtung der Eizelle dient:* Samen in einer Samenbank einfrieren und aufbewahren lassen. **Syn.:** Sperma.

sä|mig [ˈzɛ:mɪç] ⟨Adj.⟩: *(von Suppen und Soßen) durch Hinzufügen von Mehl, Speisestärke o. Ä. dickflüssig geworden:* eine sämige Suppe; die Soße reduzieren lassen, bis sie sämig wird.

sam|meln [ˈzaml̩n]:
1. ⟨tr.; hat⟩ **a)** *nach etwas suchen und das Gefundene zu einer größeren Menge von verschiedenen Stellen her zusammentragen, um es dann zu verbrauchen, zu verarbeiten o. Ä.:* Beeren, Pilze, Brennholz sammeln; sie sammelt Material für einen Vortrag über alternative Energien, Stoff für ihren Roman; die Bienen sammeln Honig. **b)** *Gleichartiges, für das man sich interessiert, zusammentragen und es wegen seines Wertes, seiner Schönheit o. Ä. in größerer Anzahl [in einer bestimmten Ordnung] aufbewahren:* Briefmarken und Münzen sammeln.
2. ⟨tr.; hat⟩ *[jmdn.] bitten, etwas zu geben, zu spenden, um so eine größere Menge davon zusammenzubekommen:* Geld (für einen guten Zweck) sammeln; Unterschriften für eine Resolution sammeln; ⟨auch itr.⟩ für das Rote Kreuz sammeln. **Syn.:** einsammeln.
3. ⟨+ sich⟩ **a)** *sich an einem bestimmten Ort einfinden, an einem bestimmten Ort zusammenkommen:* die Besucher sammelten sich um den Museumsführer; die Schüler und Schülerinnen sammeln sich in Gruppen, zu einer Gruppe. **Syn.:** sich versammeln. **b)** *seine Gedanken auf einen bestimmten Gegenstand lenken und so zu innerer Ruhe kommen [um sich dann einer Person oder Sache mit der notwendigen Aufmerksamkeit zuwenden zu können]:* kurz vor ihrer Rede zog sie sich in ihr Zimmer zurück, um sich zu sammeln. **Syn.:** sich konzentrieren.

Sam|mel|su|ri|um [zaml̩ˈzu:ri̯ʊm], das; -s, Sammelsurien [zaml̩ˈzu:ri̯ən]: *etwas, was sich eher zufällig beieinanderfindet und von unterschiedlicher Art und Qualität ist:* ein Sammelsurium von Gläsern und Porzellan, von Zeitschriften; ein Sammelsurium unausgegorener Ideen.

Samm|lung [ˈzamlʊŋ], die; -, -en:
1. *das Sammeln* (2): eine Sammlung durchführen, veranstalten; die Sammlung für die Erdbebenopfer brachte / ergab 1 Million Euro. **Zus.:** Altpapiersammlung, Kleidersammlung, Unterschriftensammlung.
2. *Ergebnis des Sammelns* (1 b): mein Vater besitzt eine wertvolle Sammlung alter Münzen. **Syn.:** Kollektion. **Zus.:** Briefmarkensammlung, CD-Sammlung, Münzsammlung, Schallplattensammlung, Schmetterlingssammlung.
3. *das Sichsammeln* (3 b), *Zur-Ruhe-Kommen [und Ausgerichtetsein der Gedanken auf einen bestimmten Gegenstand]:* Einkehr und innere Sammlung suchen. **Syn.:** Andacht, Aufmerksamkeit, Konzentration.

Sams|tag [ˈzamsta:k], der; -[e]s, -e: *sechster Tag der Woche:* am Samstag macht meine Mutter immer einen Großeinkauf. **Syn.:** Sonnabend (bes. nordd.).

samt [zamt] ⟨Präp. mit Dativ⟩: *zusammen mit; und [damit in Verbindung] auch:* das Haus samt allem Inventar wurde verkauft; diese Panne wird samt ihren Folgen irreparabel bleiben.

Samt [zamt], der; -[e]s, -e: *Gewebe mit seidig-weicher Oberfläche von kurzem Flor:* ein Abendkleid aus schwarzem Samt.

sam|tig [ˈzamtɪç] ⟨Adj.⟩: *zart-weich wie Samt:* eine samtige Haut haben. **Syn.:** seidig, weich.

sämt|lich [ˈzɛmtlɪç] ⟨Indefinitpronomen und unbestimmtes Zahlwort⟩:
1. sämtlicher, sämtliche, sämtliches ⟨Singular⟩: *ohne irgendeine Ausnahme; in seiner Gesamtheit:* sämtliches gedruckte Material; sämtliches Schöne; der Verlust sämtlicher vorhandenen Energie. **Syn.:** all.
2. sämtliche ⟨Plural⟩: *ausnahmslos jede Person oder Sache einer Gruppe:* sämtliche Anwesenden begrüßen; die richtige Betonung sämtlicher vorkommender /(auch:) vorkommenden Namen kennen; ⟨auch unflektiert⟩ sie waren sämtlich

erschienen. **Syn.:** all, jeder, jedermann.

Sa|na|to|ri|um [zana'to:ri̯ʊm], das; -s, Sanatorien [zana'to:ri̯ən]: *krankenhausähnliche Einrichtung, in der Personen, die an einer chronischen Krankheit leiden oder sich erholen müssen, ärztlich behandelt [und auf besondere Art gepflegt] werden:* der Arzt hat ihn in ein Sanatorium für Lungenkranke geschickt. **Syn.:** Anstalt (veraltend).

Sand [zant], der; -[e]s, -e: *Substanz, die durch Verwitterung von Gestein entstanden ist und aus feinen Körnern besteht:* gelber, weißer, feiner, grober Sand; die Kinder spielen im Sand; aus verschiedenen Sanden *(Sorten von Sand)* bestehender Boden. **Zus.:** Dünensand, Wüstensand.

San|da|le [zan'da:lə], die; -, -n: *leichter, meist flacher Schuh, dessen Oberteil aus Riemen oder durchbrochenem Leder besteht:* Max braucht noch neue Sandalen für den Sommer; beim Wandern sollte man keine Sandalen tragen. **Syn.:** Schuh.

Sand|bank ['zantbaŋk], die; -, Sandbänke ['zantbɛŋkə]: *(bis dicht an, auch über die Wasseroberfläche reichende) Anhäufung von Sand oder Schlamm in Flüssen und Meeren:* auf der Sandbank liegen Seehunde.

san|dig ['zandɪç] ⟨Adj.⟩:
a) *aus [lockerem] Sand bestehend:* sandiger Meeresgrund; ein sehr sandiger Weg; der erste Teil der Straße war gepflastert, dann kam ein langes Stück, das sandig war. **b)** *mit Sand beschmutzt:* die sandigen Kleider ausschütteln; deine Hose ist ja ganz sandig.

Sand|kas|ten ['zantkastn̩], der; -s, Sandkästen ['zantkɛstn̩]: *mit Brettern o. Ä. eingefasste Grube mit Sand zum Spielen für Kinder:* im Sandkasten spielen; wir kennen uns schon aus dem Sandkasten *(seit unserer frühesten Kindheit).*

Sand|wich ['zɛntvɪtʃ], das oder der; -[s], -[e]s und -e: *zwei zusammengelegte, innen mit Butter bestrichene und mit Fleisch, Fisch, Käse, Salat o. Ä. belegte Brotscheiben:* wir kaufen noch Sandwich[e]s für die lange Zugfahrt. **Syn.:** belegtes Brot, Schnitte. **Zus.:** Käsesandwich, Schinkensandwich.

sanft [zanft] ⟨Adj.⟩:
a) *zart und vorsichtig:* eine sanfte Berührung; sanfte Hände; jmdn. sanft küssen; sie hielt das Kind sanft zurück. **Syn.:** behutsam, sacht. **b)** *angenehm wirkend aufgrund einer Art, die Freundlichkeit, Ruhe und Güte ausstrahlt:* sanfte Augen; meine alte Lehrerin war ein sanfter Mensch; sie hat das gleiche sanfte Wesen wie ihre Mutter; sanft lächeln. **Syn.:** freundlich, gütig, mild[e], sanftmütig. **c)** *nur schwach spürbar; nicht stark hervortretend und dadurch eine vorhandene Harmonie nicht beeinträchtigend:* ein sanfter Wind kräuselte das Wasser; über sanfte Abhänge stiegen sie ins Tal; die Straße stieg sanft an. **Syn.:** leicht, sacht, schwach.

Sanft|mut ['zanftmu:t], die; -: *sanft-geduldige Gemütsart:* voller Sanftmut sprach sie zu dem Kind. **Syn.:** Freundlichkeit, Geduld, Güte, Langmut (geh.).

sanft|mü|tig ['zanftmy:tɪç] ⟨Adj.⟩: *Sanftmut zeigend, besitzend; voller Sanftmut:* ein sanftmütiger Tadel; seine Mutter war sehr sanftmütig. **Syn.:** freundlich, gütig, mild[e], sanft.

Sän|ger ['zɛŋɐ], der; -s, -, **Sän|ge|rin** ['zɛŋərɪn], die; -, -nen:
1. *Person, die singt, die im Singen ausgebildet ist:* er ist [ein] Sänger; die Sängerin wurde stürmisch gefeiert. **Zus.:** Konzertsänger, Konzertsängerin, Operettensänger, Operettensängerin, Opernsänger, Opernsängerin, Schlagersänger, Schlagersängerin.
2. ⟨mit Attribut⟩ *Person, die von etwas singt, singend von etwas kündet:* die Wandlung des Showstars zum Sänger von Frieden und Freiheit hat alle überrascht; sie gilt als Sängerin grüner Ideale. **Zus.:** Protestsänger, Protestsängerin.

sa|nie|ren [za'ni:rən]:
1. ⟨tr.; hat⟩ *(besonders einen Stadt-, Ortsteil) durch Renovierung, Modernisierung oder Abriss alter Gebäude neuen Bedürfnissen anpassen:* die Altstadt ist saniert worden. **Syn.:** erneuern, modernisieren, renovieren.
2. a) ⟨tr.; hat⟩ *aus finanziellen Schwierigkeiten herausbringen, wieder rentabel machen:* um diesen Betrieb zu sanieren, braucht man viel Kapital. **b)** ⟨+ sich⟩ *seine finanziellen, wirtschaftlichen Schwierigkeiten überwinden, wieder rentabel werden:* die Firma hat sich durch den starken Personalabbau wieder saniert.

Sa|nie|rung [za'ni:rʊŋ], die; -, -en:
1. *das Sanieren* (1): die Sanierung der historischen Innenstadt. **Zus.:** Altstadtsanierung, Stadtsanierung.
2. *Wiederherstellung der wirtschaftlichen Rentabilität:* eine Sanierung aus eigener Kraft kommt für die Firma nicht mehr in Betracht.

Sa|ni|tä|ter [zani'tɛ:tɐ], der; -s, -, **Sa|ni|tä|te|rin** [zani'tɛ:tərɪn], die; -, -nen:
Person, die ausgebildet ist, Erste Hilfe zu leisten oder Kranke zu pflegen: eine Sanitäterin leistete Erste Hilfe; Sanitäter trugen den verletzten Spieler vom Platz. **Syn.:** Krankenpfleger, Krankenschwester.

Sank|ti|on [zaŋk'ts̮i̯o:n], die; -, -en: *[Straf]maßnahme, durch die ein bestimmtes Verhalten eines anderen erzwungen werden soll:* Sanktionen gegen einen Staat beschließen, fordern; die Regierung drohte dem Nachbarstaat wegen der Grenzverletzungen mit wirtschaftlichen Sanktionen. **Syn.:** Boykott, Strafe. **Zus.:** Wirtschaftssanktion.

sank|ti|o|nie|ren [zaŋkts̮i̯o'ni:rən] ⟨tr.; hat⟩ (bildungsspr.):
a) *als rechtmäßig bestätigen:* das Vorgehen der Polizei wurde von der Regierung sanktioniert. **Syn.:** billigen, gutheißen, legitimieren (bildungsspr.). **b)** *mit Sanktionen belegen:* die Teilnahme an einem offiziellen Streik darf vom Arbeitgeber nicht sanktioniert werden. **Syn.:** ahnden (geh.), bestrafen.

Sar|del|le [zar'dɛlə], die; -, -n: *(besonders im Mittelmeer und an den Küsten des östlichen Atlantiks vorkommender) kleiner, dem Hering verwandter Fisch, der meist eingesalzen als pikante*

S
Sana

Beilage o. Ä. verzehrt wird: eine Pizza mit Kapern und Sardellen; Sardellen grillen.

Sar|di|ne [zar'di:nə], die; -, -n: *(im Mittelmeer und an den Küsten West- und Südwesteuropas vorkommender) zu den Heringen gehörender kleinerer Fisch, der meist in Öl konserviert und in Büchsen verkauft wird:* Sardinen in Olivenöl; die Fahrgäste standen im Bus zusammengedrängt wie die Sardinen *(standen eng gedrängt).*

Sarg [zark], der; -[e]s, Särge ['zɛrgə]: *länglicher Kasten (mit einem Deckel), in den ein Toter, eine Tote gelegt wird:* unter den Klängen eines Trauermarsches wurde der Sarg ins Grab gesenkt. **Zus.:** Eichensarg, Holzsarg, Kindersarg, Zinksarg.

Sar|kas|mus [zar'kasmʊs], der; -: *ätzender Spott, der jmdn., etwas lächerlich machen will und verletzend wirken soll:* diesem Vorschlag kann man nur mit Sarkasmus begegnen. **Syn.:** Ironie, Zynismus.

sar|kas|tisch [zar'kastɪʃ] ⟨Adj.⟩: *von Sarkasmus geprägt, voller Sarkasmus:* eine sarkastische Bemerkung; sarkastisch antworten. **Syn.:** ironisch, spöttisch, zynisch.

Sa|tan ['za:tan], der; -s, -e:
1. *Teufel:* weiche, Satan!
2. *Person, deren Charakter als in ärgerlicher Weise bösartig empfunden wird:* seine Frau ist ein richtiger Satan.

Sa|tel|lit [zatɛ'li:t], der; -en, -en:
1. *Himmelskörper, der einen Planeten umkreist:* der Mond ist ein Satellit der Erde.
2. ⟨mit Attribut⟩ *jmd. (z. B. auch ein Staat), den man als in fragwürdiger Weise abhängig von einem anderen sieht:* die Satelliten der Großmächte.
3. *Flugkörper, der auf eine Bahn um die Erde gebracht worden ist und wissenschaftliche oder technische Aufgaben erfüllt:* einen Satelliten in eine Umlaufbahn bringen. **Zus.:** Fernsehsatellit, Forschungssatellit, Nachrichtensatellit, Wettersatellit.

Sa|ti|re [za'ti:rə], die; -, -n: *ironisch-witzige literarische oder künstlerische Darstellung, die durch Übertreibung, Ironie und Spott an Personen oder Ereignissen Kritik übt, menschliche Schwächen und Laster verspottet:* eine Satire auf/gegen das Establishment schreiben. **Syn.:** Parodie, Persiflage. **Zus.:** Gesellschaftssatire.

satt [zat] ⟨Adj.⟩:
1. *seinen Hunger gestillt habend:* satte Gäste; nach dem reichhaltigen Frühstück war ich bis zum Abend satt; das Baby hat sich satt getrunken; dieser Eintopf macht satt. **Syn.:** gesättigt, vollgegessen.
2. *alles, was man braucht, reichlich habend und daher auf eine unterschiedliche Art und Weise mit sich, seiner Umwelt, den gesellschaftlichen Verhältnissen o. Ä. zufrieden:* welcher satte Wohlstandsbürger lässt sich heute noch von Nachrichten über Hungerkatastrophen schrecken? **Syn.:** selbstzufrieden.
3. *(als Farbe auf den Betrachter) intensiv-kräftig wirkend:* ein sattes Grün. **Syn.:** kräftig.
4. (ugs.) *(in Bezug auf eine Menge o. Ä.) als beträchtlich, beachtlich empfunden:* satte Preise; satte Erfolge vorweisen können. **Syn.:** ansehnlich, beträchtlich, enorm, ordentlich (ugs.).
5. *** etwas** (Akk.)/(geh.:) **einer Sache** (Gen.) **satt sein** (ugs.): *einer Sache überdrüssig sein, etwas leid sein:* sie war die ewigen Nörgeleien satt.

Sat|tel ['zatl̩], der; -s, Sättel ['zɛtl̩]: **a)** *Sitz in geschwungener Form, der auf Reittieren festgeschnallt wird und für den Reiter, die Reiterin bestimmt ist:* es sieht gut aus, wie sie so im Sattel sitzt; er legte dem Pferd einen Sattel auf; die Reiterin schwang sich graziös aus dem Sattel. **Zus.:** Damensattel, Herrensattel, Reitsattel. **b)** *Sitz für den Fahrer, die Fahrerin auf Fahrrädern, Motorrädern o. Ä.:* ich muss an meinem Fahrrad den Sattel höher stellen. **Zus.:** Fahrradsattel, Motorradsattel.

sat|tel|fest ['zatl̩fɛst] ⟨Adj.⟩: *auf einem bestimmten Gebiet aufgrund reicher, gründlicher Kenntnisse sicher und daher allen diesbezüglichen Anforderungen gewachsen:* sattelfest sein in Geschichte, Latein und Mathematik. **Syn.:** ²beschlagen, bewandert, firm, sachkundig, sicher.

sat|teln ['zatl̩n] ⟨tr.; hat⟩: *(einem Tier) einen Sattel auflegen:* die Reiter sattelten die Pferde.

satt|ha|ben ['zat'ha:bn̩], hat satt, hatte satt, sattgehabt ⟨tr.; hat⟩ (ugs.): *jmdn., etwas nicht mehr ertragen können:* ich habe alle diese Heuchler gründlich satt; ich habe es satt, mich immerzu rechtfertigen zu müssen.

sät|ti|gen ['zɛtɪgn̩]:
1. ⟨itr.; hat⟩ *(von Speisen) schnell satt machen:* die Suppe sättigt; Eierspeisen sind sehr sättigend. **Syn.:** den Hunger stillen.
2. ⟨tr.; hat⟩ *so viel hinzufügen, dass die Grenze der Aufnahmefähigkeit erreicht ist; um so viel steigern, dass ein Grenzwert erreicht ist:* durch ein großes Angebot den Markt sättigen; die Nachfrage war gesättigt.

satt|sam ['zatza:m] ⟨Adverb⟩ (emotional): *oft, fast schon zu oft gehört, erlebt, gesagt [worden]:* wir haben das sattsam erörtert; die sattsam bekannten Schilderungen; seine schlechten Manieren sind ja sattsam bekannt. **Syn.:** ausgiebig, genug, zur Genüge.

Satz [zats], der; -es, Sätze ['zɛtsə]:
1. a) *im Allgemeinen aus mehreren Wörtern bestehende, in sich geschlossene sprachliche Einheit, die eine Aussage, Frage oder eine Aufforderung enthält:* er redete in langen, schwer verständlichen Sätzen; in ihrem Text endet jeder zweite Satz mit einem Ausrufezeichen. **Zus.:** Aufforderungssatz, Ausrufesatz, Befehlssatz, Fragesatz, Wunschsatz. **b)** *in einem oder mehreren Sätzen* (1 a) *formulierte [philosophische oder wissenschaftliche] Erkenntnis, Behauptung oder These:* der Satz des Pythagoras. **Syn.:** Sentenz (bildungsspr.).
2. a) *in sich abgeschlossener Teil eines Musikstücks:* eine Sinfonie hat gewöhnlich vier Sätze. **b)** *in sich abgeschlossener Teil eines sportlichen Wettkampfes:* den ersten Satz verlieren.
3. *bestimmte Anzahl zusammengehörender Dinge, Gegenstände:*

ein Satz Briefmarken. **Syn.:** Serie. **Zus.:** Chromosomensatz.
4. *in seiner Höhe festgelegter Betrag, Tarif für etwas [regelmäßig] zu Zahlendes oder zu Vergütendes:* diese Summe überschreitet den für Spesen festgelegten Satz. **Syn.:** Tarif. **Zus.:** Beitragssatz, Gebührensatz, Steuersatz, Zinssatz.
5. *[großer] Sprung, großer [eiliger] Schritt:* in drei Sätzen war er an der Tür.

Sat|zung ['zatsʊŋ], die; -, -en: *schriftlich niedergelegte verbindliche Bestimmungen, die alles das, was eine bestimmte Vereinigung von Personen betrifft, festlegen und regeln:* die Annahme von Sponsorengeldern verstieß gegen die Satzung des Vereins. **Syn.:** Statut. **Zus.:** Vereinssatzung.

Satz|zei|chen ['zatstsaiçn̩], das; -s, -: *Zeichen wie Punkt oder Komma, mit dem ein Satz beim Schreiben gegliedert wird:* er setzt seine Satzzeichen mehr nach Gefühl als nach den Regeln.

Sau [zau̯], die; -, Säue ['zɔyə] und Sauen [zau̯ən]:
1. a) ⟨Plural: Säue⟩ *weibliches Hausschwein:* die Sau ferkelt. **Syn.:** Schwein; *** die Sau rauslassen** (ugs.): *sich hemmungslos gehen lassen:* nach dem Gewinn der Meisterschaft ließen sie die Sau raus; *** unter aller Sau** (derb): *(sehr schlecht):* diese Leistung war unter aller Sau. **Syn.:** erbärmlich, mies (ugs. abwertend), miserabel (emotional), saumäßig (salopp abwertend), unter aller Kanone (ugs.); *** jmdn. zur Sau machen** (derb): *jmdn. vernichtend kritisieren, zurechtweisen:* nach der Niederlage machte die Mannschaft den Torwart zur Sau. **b)** ⟨Plural: Sauen⟩ *[weibliches] Wildschwein:* eine Sau mit Frischlingen.
2. (derb, auch als Schimpfwort) **a)** *Person, deren Verhalten man als anstößig o. Ä. empfindet:* die alte Sau hat wieder versucht, in der Damentoilette durchs Schlüsselloch zu gucken. **Syn.:** Schwein (derb). **b)** *Person, die schmutzig und ungepflegt ist:* du könntest dich auch mal wieder waschen, du Sau. **Syn.:** Dreckspatz (fam.), Schmutzfink, Schwein (derb). **c)** *Person, deren Verhalten als gemein o. Ä. empfunden wird:* die Sau hat mich betrogen! **Syn.:** Gauner (abwertend), Gaunerin (abwertend), Schuft (ugs. abwertend), Schurke (abwertend), Schurkin (abwertend), Schwein (derb).
3. (ugs.) *Person, die man bedauern muss:* die arme Sau ist schon wieder krank. **Syn.:** Schwein (ugs.).

sau-, Sau- [zau̯] ⟨Präfixoid⟩ (derb verstärkend):
1. ⟨adjektivisch⟩ in Verbindung mit negativ, seltener positiv wertenden Basiswörtern; oft in Bezug auf Verhaltensweisen von Personen oder auf Wetterzustände; *überaus, sehr:* saublöd; saudämlich; saudoof; saudumm; saufrech; saugut; saukalt; saukomisch; sauschlecht; sauschwer; sauteuer; sauwenig; sauwohl. **Syn.:** mords- (ugs. emotional verstärkend).
2. ⟨substantivisch⟩ **a)** in Verbindung mit Basiswörtern, die dadurch in Bezug auf Qualität o. Ä. negativ bewertet, verächtlich abgelehnt werden; *sehr schlecht, minderwertig:* Sauarbeit; Saufraß; Sauklaue; Saukram; Sauladen; Sauwetter; Sauwirtschaft. **b)** kennzeichnet den als besonders negativ oder – selten – als besonders positiv empfundenen Grad des im Basiswort Genannten; *sehr groß:* Sauglück; Sauhitze; Saukälte; Sauwut. **Syn.:** Mords- (ugs. emotional verstärkend), Super- (emotional verstärkend).

sau|ber ['zau̯bɐ] ⟨Adj.⟩:
1. a) *frei von Schmutz:* saubere Hände; ein sauberes Glas aus dem Schrank nehmen; die Serviette war sauber; die Wohnung muss noch sauber gemacht werden. **Syn.:** blank, ^{1}rein, reinlich. **b)** *von sorgfältiger Sauberkeit und Reinlichkeit:* sie hat eine sehr saubere Schrift; deine Schwester ist immer viel sauberer gekleidet als du; er arbeitet sehr sauber. **Syn.:** adrett, appetitlich, proper (ugs.).
2. a) *allen Erfordernissen, den Erwartungen entsprechend, in hohem Maße zufriedenstellend, einwandfrei:* das war eine saubere Lösung; sie lief eine saubere Kür; ihre Aussprache ist sauber; ein sauber gespieltes Menuett. **Syn.:** anständig, korrekt, nicht anfechtbar. **c)** (ugs. iron.) *sich in Ablehnung, Verachtung o. Ä. hervorrufender Weise verhaltend:* ihr seid mir ja ein sauberes Pärchen!; dein sauberer Herr Bruder hat mir das eingebrockt. **Syn.:** fies (ugs.), gemein, perfid[e] (bildungsspr.), schäbig (abwertend).

Sau|ber|keit ['zau̯bɐkai̯t], die; -:
1. a) *sauberer* (1 a) *Zustand:* hier herrscht Sauberkeit und Ordnung; auf Sauberkeit Wert legen. **b)** *saubere* (1 b) *Beschaffenheit:* die Sauberkeit der Schrift.
2. *Anständigkeit, Lauterkeit.*

säu|ber|lich ['zɔybɐlɪç] ⟨Adj.⟩: *mit einer bis ins Einzelne gehenden Sorgfalt:* eine säuberliche Trennung der Begriffe; ich strich das falsche Wort säuberlich durch; die Wäsche lag säuberlich geordnet auf dem Bett. **Syn.:** ^{1}akkurat, ^{1}genau, gewissenhaft, ordentlich, penibel, sorgfältig, sorgsam.

säu|bern ['zɔybɐn] ⟨tr.; hat⟩:
1. *den Schmutz von etwas entfernen, (etwas) in einen sauberen Zustand bringen:* den Anzug mit der Bürste säubern; der Arzt säuberte zuerst die Wunde; ich säuberte mir die Fingernägel. **Syn.:** putzen, reinigen, sauber machen.
2. *von Störendem, Lästigem, Unerwünschtem o. Ä. frei machen:* der Gärtner säubert das Beet von Unkraut; das Viertel von Kriminellen säubern. **Syn.:** befreien.

Säu|be|rung ['zɔybərʊŋ], die; -, -en:
1. *das Saubermachen:* die Säuberung des Schwimmbeckens. **Syn.:** Reinigung.
2. (verhüll.) *das Säubern* (2); *das Ausschalten von ungewünschten Personen oder Personengruppen:* die Säuberung der Partei; einer Säuberung zum Opfer fallen.

Sau|ce ['zo:sə]: ↑ Soße.

sau|er ['zau̯ɐ] ⟨Adj.⟩:
1. a) *in der Geschmacksrichtung von Essig oder Zitronensaft liegend [und beim Verzehren die Schleimhäute des Mundes zusammenziehend und den Speichelfluss anregend]:* saures Obst;

saure Gurken; der Wein schmeckt sauer. **Syn.:** herb, säuerlich. **Zus.:** essigsauer, zitronensauer. **b)** *durch Gärung geronnen, dickflüssig geworden und sauer* (1 a) *schmeckend:* saure Milch, Sahne. **c)** *durch Gärung verdorben:* ein saurer Geruch kam aus dem Raum; das Essen ist sauer geworden, riecht sauer. **Syn.:** schlecht, ungenießbar.
2. (ugs.) **a)** *(über jmdn., etwas) ungehalten, verärgert:* sie ist sehr sauer auf ihren Chef; sie waren ziemlich sauer wegen des miesen Hotels. **Syn.:** ärgerlich, erbost, erzürnt (geh.), wütend, zornig. **b)** *Verdruss, Missmut ausdrückend:* ein saures Gesicht machen. **Syn.:** griesgrämig, grimmig, missmutig, mürrisch, säuerlich, verdrießlich, verdrossen.
3. *mit viel Mühe und Arbeit verbunden:* dieses Buch zu schreiben, ist eine saure Arbeit; sauer verdientes Geld. **Syn.:** hart, mühsam, mühselig, schwer.

Sau|e|rei [zau̯əˈrai̯], die; -, -en (derb):
Schweinerei: es ist eine Sauerei, wie man mit ihm umgegangen ist.

Sau|er|kraut [ˈzau̯ɐkrau̯t], das; -[e]s:
fein gehobelter, gewürzter und der Gärung ausgesetzter säuerlich schmeckender Weißkohl: ein typisches Berliner Essen ist Eisbein mit Sauerkraut.

säu|er|lich [ˈzɔy̆ɐlɪç] ⟨Adj.⟩:
a) *ein wenig, leicht sauer:* ein säuerlicher Apfel; die Bonbons schmecken säuerlich. **b)** *leicht verdrießlich, missvergnügt:* eine säuerliche Miene machen; sie lächelte säuerlich. **Syn.:** missmutig, verdrossen.

Sau|er|stoff [ˈzau̯ɐʃtɔf], der; -[e]s:
als chemischer Grundstoff in der Luft vorhandenes farbloses, geruchloses Gas: Luft enthält Sauerstoff; die Patientin mit reinem Sauerstoff beatmen.

sau|fen [ˈzau̯fn̩], säuft, soff, gesoffen:
1. a) ⟨itr.; hat⟩ *(von Tieren) Flüssigkeit zu sich nehmen:* der Hund säuft aus dem Napf. **b)** ⟨tr.; hat⟩ *(von Tieren) als Flüssigkeit zu sich nehmen:* die Katze säuft Milch.
2. (derb) **a)** ⟨itr./tr.; hat⟩ *trinken* (1 a, b): ich habe Riesendurst, ich müsste jetzt mal was saufen. **b)** ⟨tr.; hat⟩ *recht viel [und in unkultivierter Weise] trinken:* ich hatte so großen Durst, dass ich das Wasser nicht getrunken, sondern gesoffen habe; ⟨auch itr.⟩ trink ordentlich und sauf nicht so!
3. ⟨itr.; hat⟩ (derb) *trinken* (2): seit dem Tod seiner Frau säuft er.

Säu|fer [ˈzɔy̆fɐ], der; -s, -, **Säu|fe|rin** [ˈzɔy̆fərɪn], die; -, -nen (derb):
Alkoholiker, Alkoholikerin: nach seiner Scheidung ist er zum Säufer geworden.

säu|gen [ˈzɔy̆gn̩] ⟨tr.; hat⟩:
(ein Jungtier an Euter oder Zitzen, seltener einen Säugling an der Brust der Mutter) saugend trinken lassen und auf diese Weise nähren: die Kuh säugte das Kalb; ein Kind säugen. **Syn.:** stillen.

¹sau|gen [ˈzau̯gn̩], sog /saugte, gesogen/gesaugt ⟨tr.; hat⟩:
(Flüssigkeit, Luft o. Ä.) in sich hineinziehen, einziehen: das Kind saugt mit dem Strohhalm den Saft aus der Flasche; sie sog/saugte die Luft durch die Zähne; die Bienen saugen Nektar aus den Blüten; ⟨auch itr.⟩ er saugt *(zieht)* ruhig an seiner Pfeife.

²sau|gen [ˈzau̯gn̩], saugte, gesaugt ⟨tr.; hat⟩:
mit einem Staubsauger reinigen: den Teppich, das Wohnzimmer saugen; ⟨auch itr.⟩ ich muss noch saugen. **Syn.:** staubsaugen.

Säu|ge|tier [ˈzɔy̆gəti:ɐ̯], das; -[e]s, -e:
Tier, das lebende Junge zur Welt bringt und säugt: Hunde und Katzen sind Säugetiere.

Säug|ling [ˈzɔy̆klɪŋ], der; -s, -e:
Baby: ein elfmonatiger Säugling wird vermisst; die Mutter gab dem Säugling die Brust. **Syn.:** Kind.

Säu|le [ˈzɔy̆lə], die; -, -n:
1. *senkrechte, zumeist runde Stütze bei größeren Bauwerken:* ein Haus mit hohen, weißen Säulen. **Syn.:** Pfeiler. **Zus.:** Marmorsäule.
2. ⟨mit Attribut⟩ *wichtige, bedeutende Person, Stütze:* zu den Säulen der Gesellschaft, der Wissenschaft gehören.

Saum [zau̯m], der; -[e]s, Säume [ˈzɔy̆mə]:
a) *umgelegter und festgenähter Rand an Kleidungsstücken o. Ä.:* den Saum eines Kleides abstecken, auftrennen. **Zus.:** Kleidersaum, Rocksaum. **b)** (geh.) *sich deutlich abhebender Rand:* der dunkle Saum des Waldes. **Syn.:** Peripherie. **Zus.:** Küstensaum, Waldessaum.

sau|mä|ßig [ˈzau̯mɛ:sɪç] ⟨Adj.⟩ (salopp abwertend):
sehr schlecht: wir hatten ein saumäßiges Wetter; die Arbeiter sind saumäßig bezahlt worden; ich hatte saumäßiges (iron.; *sehr großes*) Glück. **Syn.:** elend (emotional), erbärmlich, lausig (ugs.), mies (abwertend), miserabel (emotional).

¹säu|men [ˈzɔy̆mən] ⟨tr.; hat⟩:
a) *(ein Kleidungsstück o. Ä.) mit einem Saum versehen:* ich muss den Rock noch säumen.
b) (geh.) *(als Rand) umgeben, die Begrenzung (von etwas) bilden:* Sträucher und Bäume säumten die Wiese. **Syn.:** begrenzen, einfassen, umgeben.

²säu|men [ˈzɔy̆mən] ⟨itr.; hat⟩ (geh. veraltend):
(mit der Ausführung von etwas) warten: säume nicht, sonst ist es zu spät! **Syn.:** zaudern, zögern.

säu|mig [ˈzɔy̆mɪç] ⟨Adj.⟩:
eine festgesetzte Zeit für etwas nicht einhaltend; etwas nicht termingerecht ausführend: ein säumiger Schuldner; sie ist säumig mit dem Bezahlen. **Syn.:** unpünktlich, verspätet.

Sau|na [ˈzau̯na], die; -, Saunen [ˈzau̯nən] u. -s:
1. *Raum, in dem sehr große trockene Hitze herrscht und durch periodische Güsse von Wasser auf heiße Steine Dampf erzeugt wird:* in die Sauna gehen. **Zus.:** Damensauna, Familiensauna, Heimsauna.
2. *dem Schwitzen dienender Aufenthalt in einer Sauna* (1): die Sauna hat mir gut getan.

Säu|re [ˈzɔy̆rə], die; -, -n:
1. *bestimmte chemische Verbindung [mit einem kennzeichnenden Geschmack]:* eine ätzende Säure.

2. *saurer Geschmack:* der Wein hat viel Säure.

säu|seln ['zɔyzl̩n]:
a) ⟨itr.; hat⟩ (geh.) *durch eine sanfte Bewegung der Luft ein leises Geräusch von sich geben:* der Wind säuselte in den Zweigen. **Syn.:** wehen. **b)** ⟨tr.; hat⟩ *in liebsüßlicher, etwas geziert wirkender Weise sprechen:* sie säuselte: »Ach du ...«; ⟨auch itr.⟩ sie säuselt immer so. **Syn.:** flöten.

sau|sen ['zau̯zn̩]:
a) ⟨itr.; hat⟩ *in sehr starker Bewegung sein und ein brausendes, zischendes Geräusch hervorrufen:* der Wind sauste in den Bäumen; das Blut hat ihr in den Ohren gesaust. **Syn.:** brausen, rauschen, tosen. **b)** ⟨itr.; ist⟩ (ugs.) *sich sehr schnell irgendwohin bewegen:* ins Kinderzimmer sausen; mit dem Auto durch die Stadt sausen. **Syn.:** brausen, düsen (ugs.), flitzen (ugs.), jagen, rasen.

Sa|xo|fon [zakso'fo:n], das; -s, -e, **Saxophon:**
weich klingendes Blechinstrument mit klarinettenartigem Mundstück und konisch geformtem Rohr, das in einen nach oben gebogenen Schalltrichter ausläuft: sie spielt Saxofon in einer Band.

S-Bahn® ['ɛsba:n], die; -, -en:
elektrisch betriebene, auf Schienen laufende Schnellbahn für den Personenverkehr in Großstädten und Stadtregionen: sie fährt mit der S-Bahn zur Arbeit.

scha|ben ['ʃa:bn̩] ⟨tr.; hat⟩:
a) *durch wiederholtes und festes Darüberstreichen mit etwas Scharfem, Rauem säubern, glätten, von einer Schicht befreien:* Mohrrüben schaben. **b)** *durch Schaben* (a), *Raspeln oder Reiben in feinen Streifen und Stücken abtrennen und so klein schneiden:* einen Apfel schaben. **Syn.:** zerkleinern. **c)** *durch Schaben entfernen:* den Lack vom Brett, das Fleisch von den Knochen schaben. **Syn.:** kratzen, scheuern.

Scha|ber|nack ['ʃa:bɐnak], der; -[e]s, -e:
übermütiger Streich: jmdm. einen Schabernack spielen; mit jmdm. seinen Schabernack treiben. **Syn.:** Jux (ugs.), Scherz, Spaß, Ulk.

schä|big ['ʃɛ:bɪç] ⟨Adj.⟩ (abwertend):
a) *in als unansehnlich empfundener Weise abgenutzt o. Ä.:* einen schäbigen Mantel tragen; der Koffer ist alt und schäbig. **Syn.:** abgerissen, alt, gebraucht.
b) *sehr gering und als unzureichend empfunden:* ein schäbiger Rest; ein schäbiges Trinkgeld; in dieser Firma ist die Bezahlung sehr schäbig. **Syn.:** knauserig (ugs. abwertend), knick[e]rig (ugs. abwertend). **c)** *(in Bezug auf jmds. Verhaltens-, Handlungsweise) in beschämender Weise schlecht:* ein ganz schäbiger Kerl; jmdn. schäbig behandeln; ich komme mir richtig schäbig vor. **Syn.:** erbärmlich, gemein, schnöde (geh. abwertend).

Scha|blo|ne [ʃa'blo:nə], die; -, -n:
1. *ausgeschnittene Vorlage, mit deren Hilfe Umrisse, Muster, Schriftzeichen u. Ä. auf eine Unterlage übertragen werden:* mit einer Schablone zeichnen. **Zus.:** Schriftschablone, Zeichenschablone.
2. *starr vorgegebene, überkommene Form:* in Schablonen denken; jmdn. in eine Schablone pressen, zwängen. **Syn.:** Klischee, Schublade (ugs.).

Schach [ʃax], das; -s, -s:
a) *Brettspiel für zwei Personen, die mit je sechzehn schwarzen bzw. weißen Schachfiguren abwechselnd ziehen und dabei versuchen, die wichtigste Schachfigur des Gegners, den König, anzugreifen und ihn zu besiegen (matt zu setzen):* mit jmdm. eine Partie Schach spielen. **b)** *im Schachspiel Warnung an den Gegner, dass sein König angegriffen ist:* Schach [dem König]!

Schach|brett ['ʃaxbrɛt], das; -[e]s, -er:
aus abwechselnd schwarzen und weißen quadratischen Feldern bestehendes quadratisches Spielbrett, auf dem Schach gespielt wird: holst du schon mal das Schachbrett?; der Stoff ist gemustert wie ein Schachbrett.

scha|chern ['ʃaxɐn] ⟨itr.; hat⟩ (abwertend):
beim Erwerb, der Verteilung von etwas durch hartnäckiges, kleinliches Verhandeln den größtmöglichen Gewinn, Vorteil zu erzielen suchen: diese Typen schachern um jede Stecknadel, um politische Ämter. **Syn.:** feilschen, handeln.

Schacht [ʃaxt], der; -[e]s, Schächte ['ʃɛçtə]:
künstlich hergestellter, meist senkrecht in die Tiefe, besonders in die Erde, führender langer Hohlraum mit mehr oder weniger gleichmäßiger Weite: einen Schacht für den Brunnen ausheben. **Zus.:** Brunnenschacht, Fahrstuhlschacht.

Schach|tel ['ʃaxtl̩], die; -, -n:
meist flacher, dünnwandiger rechtwinkliger oder runder Behälter [aus Pappe] mit einem Deckel, in dem man etwas aufbewahrt: eine leere Schachtel; eine Schachtel mit Fotos; eine Schachtel *(Schachtel mit abgepackter Warenmenge)* Zigaretten, Streichhölzer. **Syn.:** Box, Karton, Packung. **Zus.:** Hutschachtel, Keksschachtel, Pappschachtel, Pralinenschachtel, Streichholzschachtel, Zigarettenschachtel.

scha|de ['ʃa:də]:
in den Wendungen **es/das ist schade:** *es/das ist bedauerlich, betrüblich:* es ist schade, dass du nicht kommen kannst; **es ist schade um jmdn., etwas:** *es ist zu bedauern, was mit jmdm., etwas geschieht:* du solltest die alten Fotos nicht einfach wegwerfen, es wäre schade darum; **für jmdn., etwas zu schade sein:** *zu wertvoll, zu gut für jmdn., etwas sein und daher einem besseren Zweck, einer besseren Bestimmung angemessen sein:* diese Frau ist viel zu schade für dich; für die Arbeit ist dieser Anzug zu schade; **sich ⟨Dativ⟩ zu schade für/zu etwas sein:** *sich so hoch einschätzen, dass man ein bestimmtes Handeln, eine bestimmte Tätigkeit o. Ä. als minderwertig, als zu wenig angemessen erachtet und sich nicht zumuten will:* du bist dir wohl für diese Arbeit zu schade?

Schä|del ['ʃɛ:dl̩], der; -s, -:
a) *Kopf (als Gesamtheit der Knochen, die ihn bilden):* im Waldboden hat man einige Schädel gefunden; der Schädel ist zertrümmert. **b)** *breiterer, gewölbter*

oberer Teil des Kopfes: ein breiter, kahler Schädel.

scha|den [ˈʃaːdn̩], schadete, geschadet ⟨itr.; hat⟩:
für jmdn., etwas von Nachteil sein; einen Verlust, eine Beeinträchtigung darstellen, bewirken: diese Tat schadete seinem Ansehen; der Krieg hat dem Land überaus geschadet; das viele Lesen schadet den Augen; du schadest damit nur deiner Gesundheit; ihre Gutmütigkeit hat ihr nur geschadet; es schadet ihr nichts, wenn sie einmal für längere Zeit von zu Hause fort ist; es kann nichts schaden, wenn wir ihm sagen, was wir vorhaben. **Syn.:** einen schlechten Dienst erweisen, etwas zuleide tun, schädigen.

Scha|den [ˈʃaːdn̩], der; -s, Schäden [ˈʃɛːdn̩]:
1. *(durch Verlust oder Zerstörung bewirkte) materielle, funktionelle o. ä. Beeinträchtigung einer Sache, Verringerung des Wertes:* ein kleiner Schaden; jmdm. [einen] Schaden zufügen; für einen Schaden aufkommen. **Syn.:** Einbuße, Verlust.
2. *beschädigte Stelle, [teilweise] Zerstörung:* der Hagel hat gewaltige Schäden angerichtet; das Auto hat einen Schaden am Motor. **Syn.:** Beschädigung, Defekt. **Zus.:** Brandschaden, Feuerschaden, Frostschaden, Getriebeschaden, Hagelschaden, Motorschaden, Reifenschaden, Wasserschaden.
3. *negative Folge; etwas, was für jmdn., etwas ungünstig ist:* wenn du dich nicht beteiligst, so ist es dein eigener Schaden; bei etwas zu Schaden kommen. **Syn.:** Nachteil.
4. *körperliche, gesundheitliche Beeinträchtigung:* ich habe bei einem Unfall einen Schaden am Bein erlitten; von Geburt an hatte sie am rechten Auge einen Schaden. **Syn.:** Verletzung. **Zus.:** Bandscheibenschaden, Leberschaden, Meniskusschaden.

Scha|den|er|satz [ˈʃaːdn̩lɛɐ̯zats], der; -es:
durch jmdn., der dazu verpflichtet ist, zu leistender Ausgleich, Ersatz für einen erlittenen Schaden: Schadenersatz fordern.

Scha|den|freu|de [ˈʃaːdn̩frɔydə], die; -:
boshafte Freude über den Misserfolg, das Unglück anderer: Schadenfreude über jmds. Missgeschick empfinden, äußern.

scha|den|froh [ˈʃaːdn̩froː] ⟨Adj.⟩:
von Schadenfreude zeugend, voll Schadenfreude: schadenfrohes Gelächter; schadenfroh lachen, grinsen. **Syn.:** hämisch.

schad|haft [ˈʃaːthaft] ⟨Adj.⟩:
nicht in Ordnung [seiend]; einen Defekt, Mangel, Schaden aufweisend, nicht einwandfrei: schadhafte Stellen am Mantel ausbessern; in schadhaftem Zustand sein; das Dach ist schadhaft. **Syn.:** beschädigt, defekt, entzwei, kaputt (ugs.), lädiert, ramponiert (ugs.).

schä|di|gen [ˈʃɛːdɪɡn̩] ⟨tr.; hat⟩:
(bei jmdm., etwas) einen Schaden hervorrufen: jmdn. gesundheitlich schädigen; jmds. Ruf, Interessen schädigen. **Syn.:** schaden.

schäd|lich [ˈʃɛːtlɪç] ⟨Adj.⟩:
Schäden, Schädigungen verursachend, hervorrufend: schädliche Insekten; schädliche Einflüsse; das hat für Sie keine schädlichen Folgen; diese Zusätze sind sehr schädlich. **Syn.:** fatal, nachteilig, negativ.

Schäd|ling [ˈʃɛːtlɪŋ], der; -s, -e:
tierisches oder pflanzliches Lebewesen, das (häufig in größerer Zahl auftretend) Schaden anrichtet: Schädlinge vernichten. **Syn.:** Parasit, Schmarotzer. **Zus.:** Forstschädling, Pflanzenschädling.

Schad|stoff [ˈʃaːtʃtɔf], der; -[e]s, -e:
Pflanzen, Tieren oder Menschen schadender Stoff: Schadstoffe in der Luft; mit Schadstoffen belastete Lebensmittel. **Syn.:** Gift.

Schaf [ʃaːf], das; -[e]s, -e:
mittelgroßes (Säuge)tier mit dickem, wolligem Fell, das besonders wegen seiner Wolle als Nutztier gehalten wird: die Schafe scheren.

Schä|fer [ˈʃɛːfɐ], der; -s, -:
männliche Person, die eine Herde Schafe hütet und betreut: es gibt nicht mehr allzu viele Schäfer. **Syn.:** Hirt.

Schä|fer|hund [ˈʃɛːfɐhʊnt], der; -[e]s, -e:
dem Wolf ähnlicher großer Hund mit spitzen, stehenden Ohren, langem, buschigem Schwanz und einem dichten, dunklen bis schwarzen, an der Unterseite oft gelblichen Fell: ein Deutscher Schäferhund; Schäferhunde sind gute Wachhunde.

Schä|fe|rin [ˈʃɛːfərɪn], die; -, -nen:
weibliche Form zu ↑Schäfer.

[1]schaf|fen [ˈʃafn̩]:
1. schuf, geschaffen ⟨tr.; hat⟩ *durch eigene schöpferische Leistung hervorbringen, schöpferisch gestalten:* der Künstler hat ein neues Bild geschaffen; als sie diese Plastik schuf, war sie noch sehr jung. **Syn.:** erschaffen.
2. a) schuf/schaffte, geschaffen/ (seltener:) geschafft ⟨tr.; hat⟩ *bewirken, dass etwas zustande kommt, entsteht:* ich schuf/ schaffte die Voraussetzungen für den erfolgreichen Ablauf; wir haben uns mehr Raum geschaffen; sie sollten eine bessere Atmosphäre, neue Stellen schaffen. **Syn.:** sorgen für. **b)** schuf/schaffte, geschaffen / (seltener:) geschafft ⟨tr.; hat⟩ in verblasster Bedeutung: du sollst endlich Abhilfe, Klarheit, Ordnung schaffen. **Syn.:** sorgen für.

[2]schaf|fen [ˈʃafn̩], schaffte, geschafft:
1. ⟨itr.; hat⟩ (bes. südd.) **a)** *Arbeit leisten, tätig sein:* er schaffte den ganzen Tag auf dem Feld; du hast heute fleißig geschafft. **Syn.:** arbeiten, malochen (salopp). **b)** *beruflich tätig sein:* bei den Stadtwerken schaffen. **Syn.:** arbeiten, beschäftigt sein.
2. ⟨tr.; hat⟩ *[in einem bestimmten Zeitraum] bewältigen, (mit etwas) fertigwerden, zurechtkommen:* du hast heute viel geschafft; ich schaffe diese schwere Arbeit nicht mehr allein; das schaffst du *(gelingt dir)* nie!; wird sie die Prüfung schaffen? *(bestehen?).* **Syn.:** bewerkstelligen (Papierdt.), fertigbringen (ugs.), meistern.
3. ⟨tr.; hat⟩ *an einen bestimmten Ort bringen, von einem bestimmten Ort wegbringen:* sie schafften die Verwundeten ins Lazarett; wir haben die Sachen endlich aus dem Haus geschafft. **Syn.:** befördern, tragen, transportieren.
4. ⟨itr.; hat⟩ (ugs.) *nervös, müde machen; zur Verzweiflung bringen:* der Kerl, die Arbeit, die

Hitze hat mich heute geschafft; du schaffst sie alle. **Syn.:** fertigmachen (ugs.).

Schaff|ner [ˈʃafnɐ], der; -s, -, **Schaff|ne|rin** [ˈʃafnərɪn], die; -, -nen:
Person, die in öffentlichen Verkehrsmitteln Fahrscheine verkauft, kontrolliert o. Ä.: beim Schaffner eine Fahrkarte kaufen. **Zus.:** Straßenbahnschaffner, Straßenbahnschaffnerin, Zugschaffner, Zugschaffnerin.

Schaf|fung [ˈʃafʊŋ], die; -:
das Schaffen, Herstellen, Zustandebringen: die Schaffung neuer sozialer Einrichtungen. **Syn.:** Erschaffung, Herstellung.

Schaft [ʃaft], der; -[e]s, Schäfte [ˈʃɛftə]:
1. *oberer, das Bein umschließender Teil des Stiefels:* halbhohe, kniehohe Schäfte. **Zus.:** Stiefelschaft.
2. *langer, gerader und schlanker Teil eines Gegenstandes; einer Stange ähnlicher Griff an einem Werkzeug:* der Schaft eines Speeres, eines Meißels. **Zus.:** Fahnenschaft, Speerschaft.
3. *[hölzerner] Teil eines Gewehrs o. Ä., in dem der Lauf u. a. liegt:* ein wertvoller Schaft aus edlem Holz . **Zus.:** Gewehrschaft.

-schaft [ʃaft], die; -, -en ⟨Suffix⟩:
1. bezeichnet eine Gesamtheit von mehreren Personen, seltener Sachen, der gleichen oder einer ähnlichen Art; *alle die im Basiswort Genannten; alle, die gesamten …:* **a)** /Personen/ Angestelltenschaft; Arbeiterschaft; Ärzteschaft; Kaufmannschaft; Leserschaft; Schülerschaft; die ganze Verwandtschaft kam zum Geburtstag. **Syn.:** -tum. **b)** /Sachen/ Erbschaft; Gerätschaft *(alle Geräte);* Hinterlassenschaft.
2. bezeichnet eine bestimmte Beschaffenheit, einen Zustand, das Verhältnis einer Person zu [einer] anderen/zu einer Sache: Autorschaft; Bereitschaft; Feindschaft; Freundschaft; Knechtschaft; Mitgliedschaft; Mutterschaft; Partnerschaft; Patenschaft; Täterschaft; Vaterschaft. **Syn.:** -heit, -tum.

schä|kern [ˈʃɛːkɐn] ⟨itr.; hat⟩:
(mit jmdm.) flirtend seinen Spaß treiben; (jmdn.) im Spaß [mit Worten] necken: er schäkerte mit der Kellnerin.

schal [ʃaːl] ⟨Adj.⟩:
1. *(von bestimmten Getränken) meist durch zu langes Stehen ohne den sonst üblichen guten, frischen Geschmack:* ein schales Bier; der Sekt ist, schmeckt schal. **Syn.:** fade, geschmacklos.
2. *reizlos, langweilig, leer:* schale Späße, Witze; ein schales Gefühl; das Leben erschien ihr schal. **Syn.:** fade, öde, stumpfsinnig, trist.

Schal [ʃaːl], der; -s, -s:
langes, schmales Halstuch: sich einen Schal um den Hals wickeln. **Syn.:** Tuch. **Zus.:** Baumwollschal, Seidenschal, Wollschal.

Scha|le [ˈʃaːlə], die; -, -n:
1. *äußere [dem Schutz dienende] härtere Schicht bei Früchten, Samen, Nüssen o. Ä.:* die Schalen der Mandeln; dieser Apfel hat eine harte Schale. **Syn.:** Haut, Hülle, Hülse, Pelle (bes. nordd.), Schote. **Zus.:** Apfelschale, Bananenschale, Birnenschale, Mandarinenschale, Nussschale, Orangenschale, Zitronenschale, Zwiebelschale.
2. *das Innere eines Vogeleis umschließende, harte, aus Kalk aufgebaute, zerbrechliche Hülle:* ein Hühnerei mit brauner, weißer Schale. **Zus.:** Eierschale.
3. *bestimmte Tiere umgebendes panzerartiges Gehäuse:* die Schalen des Krebses, der Muschel.
4. *flaches, rundes oder ovales oben offenes Gefäß:* in der Schale lag Obst. **Syn.:** Schüssel. **Zus.:** Gebäckschale, Glasschale, Kristallschale, Obstschale, Seifenschale.

schä|len [ˈʃɛːlən]:
1. ⟨tr.; hat⟩ **a)** *durch Wegschneiden, Abziehen von seiner Schale befreien:* ich muss noch Kartoffeln, Eier schälen. **Syn.:** abziehen, pellen (bes. nordd.). **b)** *(die Schale, Haut o. Ä.) von etwas durch Wegschneiden, Abziehen o. Ä. entfernen:* die Rinde von den Baumstämmen schälen.
2. ⟨+ sich⟩ **a)** *sich in kleinen abgestorbenen Teilen ablösen:* nach dem Sonnenbrand schälte sich die Haut. **b)** *kleine abgestorbene Teilchen der Haut verlieren, eine sich schälende Haut haben:* ich schälte mich am ganzen Körper.

Schall [ʃal], der; -[e]s:
1. (geh.) *nachhallendes Geräusch, schallender Klang, weithin vernehmbarer [heller] Ton:* ein heller, dumpfer Schall; der Schall der Trompeten war weit zu hören. **Syn.:** Hall. **Zus.:** Glockenschall, Hörnerschall.
2. *wellenförmig sich ausbreitende Schwingungen, die vom menschlichen Gehör wahrgenommen werden können:* das Flugzeug ist schneller als der Schall; die Wand dämpft den Schall nur unzureichend; die Lehre vom Schall *(die Akustik).*

schal|len [ˈʃalən], schallte/(seltener:) scholl, geschallt ⟨itr.; hat⟩:
laut tönen, weithin hörbar sein: Stimmen, Rufe schallen über die Felder; lautes Gelächter schallte/scholl aus dem Nebenraum; sie verpasste ihm eine schallende Ohrfeige. **Syn.:** dröhnen, ertönen, gellen, hallen, klingen. **Zus.:** entgegenschallen, heraufschallen, herüberschallen, zurückschallen.

Schall|mau|er [ˈʃalmau̯ɐ], die; -:
durch die Luft erzeugter starker Widerstand, den Flugzeuge o. Ä. beim Erreichen der Geschwindigkeit, mit der sich Schall fortpflanzt, überwinden müssen (wobei es zu einem lauten Knall kommt): die Schallmauer durchbrechen; die Müllgebühren haben die Schallmauer von 400 Euro pro Jahr durchbrochen *(sie haben die lange Zeit als unerreichbar gedachte Grenze von 400 Euro überschritten).*

Schall|plat|te [ˈʃalplatə], die; -, -n:
aus Kunststoff gepresste, runde Scheibe mit feinen, spiralförmig verlaufenden Rillen, in denen Tonaufnahmen gespeichert sind, die akustisch wiedergegeben werden können: die Schallplatte wurde von der CD fast völlig verdrängt. **Syn.:** [1]Single, Platte.

schal|ten [ˈʃaltn̩], schaltete, geschaltet:
1. ⟨tr.; hat⟩ *(ein Gerät, eine technische Anlage o. Ä.) durch Betätigen eines Schalters, Hebels o. Ä. in einen bestimmten (Betriebs)zustand versetzen:* er hat den Apparat auf »ein« geschaltet; ⟨auch itr.⟩ du musst

S
Scha

zweimal schalten *(den Schalter zweimal betätigen).* **Zus.:** ausschalten, einschalten, umschalten.
2. ⟨itr.; hat⟩ *bei Kraftfahrzeugen einen [anderen] Gang wählen:* der Fahrer schaltete in den 4. Gang; sie kann gut schalten.
3. ⟨tr.; hat⟩ *in bestimmter Weise in einen Stromkreis einfügen, zusammenschließen:* die Lampen müssen so geschaltet sein, dass sie immer abwechselnd aufleuchten; etwas parallel, in Reihe schalten.
4. ⟨tr.; hat⟩ *(als zusätzliches Element o. Ä.) in etwas eingliedern, einfügen:* zwischen die beiden großen Aufgaben schalte ich ein paar Urlaubstage. **Syn.:** einbauen.
5. ⟨itr.; hat⟩ *in einer bestimmten Weise, besonders nach eigenem Belieben, in uneingeschränkter Freiheit handeln, verfahren:* der Hausmeister kann im Haus frei schalten [und walten]; die Sekretärin kann schalten, wie es ihr beliebt. **Syn.:** agieren.
6. ⟨itr.; hat⟩ (ugs.) *etwas Bestimmtes [endlich] begreifen:* er schaltet immer ein wenig langsam; jetzt habe ich endlich geschaltet! **Syn.:** kapieren (ugs.).

Schal|ter [ˈʃaltɐ], der; -s, -:
1. *Vorrichtung (in Form eines Hebels, Knopfs o. Ä.) zum Ein-, Aus- oder Umschalten von elektrischen Geräten, Maschinen, Lampen o. Ä.:* einen Schalter betätigen; er drehte am Schalter, und das Licht ging aus. **Zus.:** Fußschalter, Lichtschalter, Notschalter.
2. *in Ämtern, bei der Post o. Ä. Theke, abgegrenzter Platz in einem größeren Raum, von dem aus die Kund[inn]en bedient werden:* ich muss noch am Schalter eine Fahrkarte kaufen; bitte wenden Sie sich an Schalter 3; vor dem Schalter hatte sich eine lange Schlange gebildet; dieser Schalter ist [vorübergehend] geschlossen, nicht besetzt. **Syn.:** Kasse. **Zus.:** Auskunftsschalter, Bankschalter, Fahrkartenschalter, Kassenschalter, Postschalter, Zahlschalter.

Schalt|jahr [ˈʃaltjaːɐ̯], das; -[e]s, -e: *Jahr, in dem der Februar 29 Tage hat:* jedes vierte Jahr ist ein Schaltjahr.

Scham [ʃaːm], die; -:
1. *quälendes Gefühl der Schuld, (besonders in moralischer Hinsicht) versagt zu haben; peinliche Empfindung der Verlegenheit, der Reue:* vor Scham rot werden; ich wäre vor Scham fast gestorben; ihr Verhalten erfüllte die anderen mit tiefer Scham.
2. *Schamgefühl:* die Scham verbietet mir, weiterzureden.
3. (geh. verhüllend) *äußere Geschlechtsteile:* die weibliche, die männliche Scham; die Scham bedecken. **Syn.:** Genitale (bes. Med.), Geschlechtsorgan.

schä|men [ˈʃɛːmən] ⟨+ sich⟩: *Scham empfinden:* ich habe mich wegen dieses Verhaltens sehr, zu Tode, in Grund und Boden geschämt; sich seiner Herkunft schämen; sie schämt sich für ihn; er schämt sich, weil er glaubt, zu dick zu sein; schäm dich, so zu lügen! **Syn.:** sich genieren.

Scham|ge|fühl [ˈʃaːmɡəˈfyːl], das; -[e]s: *die Fähigkeit, Scham* (1) *zu empfinden:* das verbietet mir mein Schamgefühl; dieser Kerl hat überhaupt kein Schamgefühl; mit diesen Äußerungen hat er ihr Schamgefühl verletzt.

scham|haft [ˈʃaːmhaft] ⟨Adj.⟩: *voll Scham; leicht Scham empfindend:* ein vorsichtiger, schamhafter Blick; schamhaft schlug sie die Beine übereinander; er hatte diesen Vorfall schamhaft verschwiegen. **Syn.:** ²verlegen, beschämt, prüde.

scham|los [ˈʃaːmloːs] ⟨Adj.⟩:
1. a) *ohne jede Scheu und Zurückhaltung; sehr dreist und oft unverschämt:* das ist eine schamlose Frechheit, Lüge, Übertreibung; er lügt schamlos. **Syn.:** dreist (abwertend), frech, hemmungslos, impertinent (bildungsspr.), unverfroren (emotional). **b)** *in oft skrupelloser, gewissenloser Weise gegen die guten Sitten verstoßend:* dieser Arbeitgeber betreibt eine schamlose Ausbeutung; mein Vertrauen wurde auf schamloseste Weise missbraucht; jmdn. schamlos ausbeuten, betrügen, belügen, hintergehen. **Syn.:** bedenkenlos, gewissenlos, hemmungslos, rücksichtslos, skrupellos (abwertend).
2. *[im sexuellen Bereich] bestehende Tabus nicht respektierend [und damit die Gefühle der Mitmenschen verletzend]:* sie ist eine schamlose Verführerin; der Ausschnitt ihres Kleides wurde als schamlos bezeichnet. **Syn.:** obszön, unanständig, ungebührlich (geh.), ungehörig, unmoralisch.

Schand- [ʃant] ⟨Präfixoid⟩ (emotional abwertend): besagt, dass das im Basiswort Genannte als schändlich, empörend, unerhört, skandalös empfunden wird: Schandfleck; Schandfrieden; Schandmal; Schandschnauze; Schandtat; Schandurteil.

schand|bar [ˈʃantbaːɐ̯] ⟨Adj.⟩:
1. (geh.) *als Schande empfunden; schändlich, empörend:* es wurde ein geradezu schandbares Urteil gefällt; er hat sich in der Sache schandbar verhalten. **Syn.:** erbärmlich, fies (ugs.), gemein, perfid[e] (bildungsspr.).
2. a) (ugs.) *als empörend schlecht empfunden:* schandbares Wetter; deine Wohnung ist in einem schandbaren Zustand. **Syn.:** elend (emotional), erbärmlich, lausig (ugs.), mies (abwertend), miserabel (emotional), saumäßig (salopp abwertend), schändlich (ugs.). **b)** ⟨verstärkend bei Adjektiven und Verben⟩ *sehr, ungeheuer:* es ist alles schandbar teuer geworden; sich über etwas schandbar ärgern. **Syn.:** entsetzlich (ugs.), furchtbar (ugs.), fürchterlich (ugs.), irrsinnig (emotional), schändlich (ugs.), schrecklich (ugs.).

Schan|de [ˈʃandə], die; -, -n:
a) *etwas, wodurch jmd. sein Ansehen, seine Ehre verliert; etwas, wessen sich jmd. schämen muss:* jmdm. große Schande machen; früher war ein sogenanntes uneheliches Kind eine Schande für die ganze Familie. **Syn.:** Blamage, Schmach (geh. emotional). **b)** *sehr beklagenswerter, empörender Zustand, Vorgang, Sachverhalt:* es ist eine Schande, wie Asylbewerberinnen behandelt werden; eine Schande, ein so schönes Haus einfach verfallen zu lassen; eine

Schande, dass bisher niemand etwas gegen diese Ungerechtigkeit unternommen hat. **Syn.:** Ärgernis, Skandal.

schän|den ['ʃɛndn̩], schändete, geschändet ⟨tr.; hat⟩:
1. *etwas, was Respekt, Achtung verdient, durch eine Handlung, besonders durch gewaltsames, zerstörendes Vorgehen, entehren, beschädigen:* einen Leichnam, ein Grab, ein Denkmal schänden; schon wieder wurde der jüdische Friedhof geschändet.
2. *sexuell missbrauchen:* Mädchen wurden überfallen und geschändet; auch in sogenannten zivilisierten Gesellschaften werden Kinder geschändet. **Syn.:** vergewaltigen.

schänd|lich ['ʃɛntlɪç] ⟨Adj.⟩:
1. *so geartet, dass es als niederträchtig empfunden wird; Schande bringend:* schändliche Missetaten, Verbrechen begehen; er hat seine Kinder schändlich vernachlässigt; es ist schändlich, wie mit Kriegsgefangenen umgegangen wird. **Syn.:** erbärmlich, fies (ugs.), gemein, perfid[e] (bildungsspr.), schandbar.
2. a) *als empörend schlecht empfunden:* die Straße ist in einem schändlichen Zustand. **Syn.:** elend (emotional), erbärmlich, lausig (ugs.), mies (abwertend), miserabel (emotional), saumäßig (salopp abwertend), schandbar (ugs.). **b)** ⟨verstärkend bei Adjektiven und Verben⟩ *sehr, ungeheuer:* das Kleid war schändlich teuer. **Syn.:** entsetzlich (ugs.), furchtbar (ugs.), fürchterlich (ugs.), irrsinnig (emotional), schandbar (ugs.), schrecklich (ugs.).

Schän|ke ['ʃɛŋkə]: ↑Schenke.

Schank|tisch ['ʃaŋktɪʃ], der; -[es], -e: *langes, meist höheres, kastenförmiges, einem Tisch ähnliches Möbelstück in einem Lokal o. Ä., an dem Getränke ausgeschenkt werden:* der Wirt hinter dem Schanktisch lächelte ihm zu. **Syn.:** Ausschank, Bar, Theke, Tresen.

Schan|ze ['ʃant̮sə], die; -, -n: *Anlage für das Skispringen mit einer stark abschüssigen Bahn zum Anlaufnehmen:* der Springer kam gut von der Schanze weg. **Syn.:** Sprungschanze.

Schar [ʃa:ɐ̯], die; -, -en: *größere [zusammengehörende] Anzahl von Menschen oder Tieren:* eine Schar von Vögeln; eine Schar Jugendlicher/auch: Jugendliche sang/auch: sangen auf dem Platz. **Syn.:** Gruppe, Horde (emotional abwertend), Meute (ugs. abwertend), Pulk, Truppe. **Zus.:** Engelschar, Kinderschar, Pilgerschar, Vogelschar, Völkerschar.

scha|ren ['ʃa:rən]:
a) ⟨+ sich⟩ *sich (zu einer Schar) [ver]sammeln, vereinigen:* die Schüler und Schülerinnen scharten sich um die Lehrerin; sich zu einer Gruppe scharen. **Syn.:** zusammenkommen.
b) ⟨tr.; hat⟩ *als Anhänger[in], Jünger o. Ä. für sich gewinnen und um sich sammeln:* mit seinen eingängigen Parolen scharte er die Jugend um sich.

scharf [ʃarf], schärfer, schärfste ⟨Adj.⟩:
1. a) *[gut geschliffen und daher] leicht und gut schneidend:* ein scharfes Messer; pass auf, die Schere ist sehr scharf; eine scharfe Axt, ein scharfes Beil. **b)** *nicht abgerundet, nicht stumpf, sondern in eine [leicht verletzende] Spitze, spitze Kante o. Ä. auslaufend:* scharfe Ecken; Hunde haben scharfe Zähne; er zerriss sich seinen Mantel an den scharfen Dornen; Papierränder können ganz schön scharf sein. **Syn.:** spitz. **Zus.:** messerscharf.
2. a) *in bestimmter, sehr kräftiger und ausgeprägter Weise schmeckend oder riechend:* scharfer Senf, Essig; die Suppe war sehr, höllisch scharf; Gulasch mag ich am liebsten scharf. **Syn.:** kräftig, pikant, würzig. **b)** *zerstörend, ätzend wirkend:* eine scharfe Säure, Chemikalie. **c)** *streng, stechend im Geruch:* scharfe Dämpfe; die Substanz riecht scharf. **Syn.:** beißend, brennend, penetrant.
3. *in unangenehmer Weise intensiv, durchdringend, heftig, hell o. Ä.:* ein scharfes Zischen; er sprach in scharfem Ton; ein scharfer Wind; das Licht war zu scharf; draußen herrscht eine scharfe Kälte. **Syn.:** hart, rau, streng.
4. *mit großer, rücksichtsloser Genauigkeit, Strenge, Massivität, Schonungslosigkeit, Verbissenheit o. Ä. [durchgeführt]; ohne Nachsicht und Schonung:* scharfe Kritik; ein scharfes Verhör; schärfsten Protest einlegen; jmdn. scharf tadeln, anfassen; sich mit jmdm. scharf auseinandersetzen. **Syn.:** aggressiv, energisch, hart, rigoros, schonungslos, streng.
5. a) *besonders befähigt (etwas klar zu erkennen oder wahrzunehmen), in hohem Grade ausgebildet, für Reize empfänglich:* ein scharfes Auge; er hat einen scharfen Verstand; trotz ihres Alters hat sie noch ein scharfes Gehör; sie dachte scharf nach. **Syn.:** fein, klar, präzis[e]. **b)** *klar [in seinem Umriss sich abhebend, hervortretend]; deutlich erkennbar:* der Turm hob sich scharf vom Horizont ab; die Fotografie ist nicht, ist gestochen scharf; mit der alten Brille kann ich nicht mehr scharf sehen; der Fernseher hat ein scharfes Bild. **Syn.:** deutlich.
6. *stark ausgeprägt [und daher streng wirkend]:* scharfe Gesichtszüge; das Gesicht ist scharf geschnitten. **Syn.:** streng.
7. *sehr schnell, sehr heftig, abrupt [geschehend, verlaufend]:* ein scharfer Ritt; eine scharfe Kehrtwendung; ein scharfer *(harter, wuchtiger)* Schuss; wir mussten scharf bremsen. **Syn.:** hart.
8. (ugs.) *Begeisterung auslösend, sehr eindrucksvoll; kaum noch zu überbieten:* ein ganz scharfer Wagen; er ist ein scharfer Typ; was da geboten wird, ist wirklich scharf; das sieht ja scharf aus! **Syn.:** großartig, hervorragend, stark (ugs.), super (ugs.), toll (ugs.).
9. (ugs.) **a)** *vom Sexualtrieb beherrscht:* ein scharfer Bursche. **Syn.:** geil (oft abwertend), lüstern. **b)** *sexuell erregt, erregend:* der Pornofilm hatte ihn richtig scharf gemacht; wenn ich an sie denke, werde ich sofort scharf; so was Scharfes wie die habe ich schon lange nicht mehr gesehen.

S
schä

Schär|fe [ˈʃɛrfə], die; - ⟨ohne Plural⟩:
1. *scharfe Beschaffenheit, Schneidfähigkeit:* die Schärfe des Messers, der Axt.
2. a) *scharfer Geruch oder Geschmack.* **b)** *ätzende Wirkung:* die Schärfe eines Putzmittels, einer Chemikalie.
3. *Intensität (des Lichts, der Töne, der Geräusche usw.):* die Schärfe in seiner Stimme nahm zu; die Schärfe des Lichts war unangenehm.
4. *Strenge, Heftigkeit, Schonungslosigkeit, Aggressivität:* der Kampf nimmt an Schärfe zu; er kritisierte sie in ungewohnter Schärfe.
5. *Eignung zu scharfem* (5 a), *genauem Erfassen, Wahrnehmen; Kraft:* die Schärfe seiner Augen, seines Gehörs, seines Verstands.

schär|fen [ˈʃɛrfn̩] ⟨tr.; hat⟩:
1. *scharf, zum Schneiden geeignet machen, scharf schleifen:* ein Messer schärfen. **Syn.:** anspitzen, spitzen, wetzen.
2. a) *in seiner Funktion ausbilden, verfeinern:* der häufige Besuch fremder Länder hatte ihren Blick geschärft.
b) ⟨+ sich⟩ *sich in seiner Funktion verbessern, verfeinern:* sein Blick, Sinn für die Dinge hat sich geschärft.

Scharf|sinn [ˈʃarfzɪn], der; -[e]s: *scharfer Intellekt, der sofort das Wesentliche erkennt:* er hat das Problem mit bewundernswertem Scharfsinn gelöst; man braucht keinen besonderen Scharfsinn, um das zu erkennen. **Syn.:** Grips (ugs.), Intelligenz, Klugheit, Verstand.

scharf|sin|nig [ˈʃarfzɪnɪç] ⟨Adj.⟩: *Scharfsinn habend, erkennen lassend:* eine scharfsinnige Analytikerin; er machte dazu eine scharfsinnige Bemerkung. **Syn.:** gescheit, intelligent, klug.

[1]Schar|lach [ˈʃarlax], der, auch, österr. nur: das; -s, -e ⟨Pl. selten⟩:
kräftiges, leuchtendes Rot: ein leuchtender Scharlach.

[2]Schar|lach [ˈʃarlax], der; -s: *ansteckende, hauptsächlich bei Kindern auftretende Krankheit, die durch einen roten Ausschlag gekennzeichnet ist:* Scharlach haben, bekommen.

Schar|la|tan [ˈʃarlatan], der; -s, -e, **Schar|la|ta|nin** [ˈʃarlatanɪn], die; -, -nen (abwertend):
Person, die Sachwissen und Fähigkeiten auf einem Gebiet nur vortäuscht und damit andere betrügt: viele wurden das Opfer dieses Scharlatans; sie ist eine Scharlatanin. **Syn.:** Betrüger, Betrügerin, Hochstapler, Hochstaplerin.

Schar|nier [ʃarˈniːɐ̯], das; -s, -e: *bewegliche Verbindung zur Befestigung von Türen, Deckeln o. Ä. (bei der sich ein [1]Stift* (1) *o. Ä. in einer Führung dreht):* die Scharniere ölen.

Schär|pe [ˈʃɛrpə], die; -, -n: *breites, schräg über Schulter und Brust oder um die Hüften getragenes Band:* zur Uniform gehört eine Schärpe; der Siegerin wurde eine Schärpe umgehängt.

schar|ren [ˈʃarən] ⟨itr.; hat⟩: *die Füße, Krallen o. Ä. wiederholt schleifend über eine Oberfläche bewegen und dabei ein entsprechendes Geräusch verursachen:* der Hund scharrt an der Tür; das Pferd scharrt mit dem Huf; die Hühner scharren im Sand [nach Würmern]. **Syn.:** kratzen.

Schar|te [ˈʃartə], die; -, -n:
1. *schadhafte Stelle an dem glatten, geschliffenen Rand von etwas, besonders in der Schneide eines Messers:* die Sense hat schon ein paar Scharten; im Rückspiel können wir die Scharte wieder auswetzen *(den entstandenen Schaden wiedergutmachen).* **Syn.:** Kerbe.
2. *einem Fenster ähnliche schmale Öffnung in der Mauer einer Burg o. Ä. zum Beobachten oder Schießen:* aus der Scharte heraus schießen. **Zus.:** Schießscharte.

Schasch|lik [ˈʃaʃlɪk], der und das; -s, -s:
an einem kleinen Spieß (zusammen mit anderen Zutaten wie Zwiebeln, Paprika u. a.) gebratene Stückchen Fleisch, die in einer Soße serviert werden: das Schaschlik muss noch gewürzt werden; ich nehme Reis zum Schaschlik.

Schat|ten [ˈʃatn̩], der; -s, -:
1. a) *dunkle Stelle, die hinter einem von einer Lichtquelle getroffenen Körper auf einer sonst beleuchteten Fläche entsteht und die den Umriss dieses Körpers zeigt:* die Schatten der Bäume, der Berge; abends werden die Schatten länger. **Zus.:** Erdschatten. **b)** ⟨ohne Plural⟩ *nicht unmittelbar von der Sonne oder einer anderen Lichtquelle getroffener Bereich, in dem nur gedämpfte Helligkeit, Halbdunkel [und zugleich Kühle] herrscht:* die Häuser spenden Schatten; aus dem Schatten heraustreten; es ist gesünder, sich in den Schatten zu legen. **Syn.:** Dämmerung, Dunkelheit, Finsternis, Zwielicht. **Zus.:** Halbschatten.
2. *Figur, Gestalt, die nur schemenhaft, als Silhouette o. Ä. erkennbar ist:* ein Schatten taucht aus der Dämmerung auf.
3. *dunkle oder dunkel getönte Stelle:* sie hat blaue Schatten unter den Augen. **Zus.:** Augenschatten.

schat|ten|haft [ˈʃatn̩haft] ⟨Adj.⟩: *einem dunklen Schatten gleich; nur undeutlich erkennbar; durch die Umrisse angedeutet:* schattenhafte Gestalten huschten vorbei.

Schat|ten|riss [ˈʃatn̩rɪs], der; -es, -e:
Darstellung von Personen und Gegenständen als flächige, schwarze Figur, die auf hellem Untergrund nur die Umrisse des Dargestellten erkennen lässt: einen Schattenriss [von jmdm., etw.] herstellen; ein mit Schattenrissen illustriertes Buch. **Syn.:** Silhouette, Umriss.

Schat|ten|sei|te [ˈʃatn̩zai̯tə], die; -, -n:
1. *Seite, die der Sonne, dem Licht abgewandt ist, im Schatten liegt:* sein Zimmer liegt auf der Schattenseite.
2. *negativer Aspekt, andere, weniger angenehme Seite (von etwas sonst Positivem):* die Schattenseiten des neuen Planes; sie leben auf der Schattenseite der Wohlstandsgesellschaft. **Syn.:** Fehler, Makel, Mangel, Manko, Minus, Nachteil, Schwäche.

schat|tie|ren [ʃaˈtiːrən] ⟨tr.; hat⟩: *mit dunkleren Stellen, Flächen, dunklen, farblichen Abstufungen* *versehen und so nuancieren [räumlich, plastischer erscheinen lassen]:* eine Zeichnung, ein Bild schattieren.

schat|tig ['ʃatɪç] ⟨Adj.⟩: *Schatten aufweisend, spendend, im Schatten liegend:* ein schönes schattiges Plätzchen. **Syn.:** dämmrig, dunkel.

Schatz [ʃats], der; -es, Schätze ['ʃɛtsə]:
1. *kostbarer Besitz, wertvolles Gut; Ansammlung von kostbaren Dingen oder Dingen von persönlichem Wert:* einen vergrabenen Schatz finden; stolz zeigte sie uns ihren Schatz, ihre Schätze *(das, was sie an Wertvollem, an lieb Gewordenem angesammelt hatte).* **Syn.:** Besitz, Hort (dichter.), Reichtümer ⟨Plural⟩, Vermögen, Werte ⟨Plural⟩. **Zus.:** Domschatz, Erfahrungsschatz, Goldschatz, Kirchenschatz, Kunstschatz, Märchenschatz, Sagenschatz, Silberschatz, Zitatenschatz.
2. (meist in der Anrede) *Person, die von jmdm. geliebt, besonders bevorzugt wird:* komm her, mein Schatz; du bist mein Schatz! **Syn.:** Liebling.

schät|zen ['ʃɛtsn̩]:
1. ⟨tr.; hat⟩ *hinsichtlich Größe, Alter, Wert, Maß o. Ä. ungefähr zu bewerten, festzulegen versuchen:* man schätzt ihr Vermögen auf mehrere Millionen; den Abstand richtig schätzen; jmdn. älter, jünger schätzen; ein Grundstück schätzen *(seinen Wert bestimmen)* lassen; ⟨auch itr.⟩ ich schätze, wir sind in einer Woche fertig; »Wie groß bist du?« – »Schätz mal!«. **Syn.:** ansetzen, berechnen, beziffern, taxieren, über den Daumen peilen (ugs.), überschlagen, veranschlagen.
2. ⟨tr.; hat⟩ *eine hohe Meinung (von jmdm., etwas) haben, (jmdn., etwas) hoch achten:* alle schätzen die neue Mitarbeiterin sehr; er schätzt *(liebt)* guten Wein; schon ihre Großmutter schätzte *(legte großen Wert auf)* gutes Benehmen. **Syn.:** anbeten, anerkennen, anhimmeln (ugs.), hoch schätzen, lieben, mögen, respektieren, verehren, vergöttern.
3. ⟨itr.; hat⟩ (ugs.) *für sehr wahrscheinlich oder möglich halten:* ich schätze, dass er heute einfach keine Lust hatte. **Syn.:** annehmen, denken, glauben, spekulieren, [2]tippen (ugs.), vermuten.

Schau [ʃau̯], die; -, -en:
1. *größere Veranstaltung, bei der etwas ausgestellt, dargeboten wird:* eine landwirtschaftliche Schau; das Turnfest war eine großartige Schau. **Syn.:** Ausstellung, [2]Messe. **Zus.:** Blumenschau, Hundeschau, Industrieschau, Modenschau, Sonderschau, Tierschau, Verkaufsschau.
2. *Show:* eine Schau mit vielen Stars. **Syn.:** Darbietung, Revue, Varieté, Vorstellung.

Schau|der ['ʃau̯dɐ], der; -s, - (geh.): **a)** *plötzliche Empfindung von Frösteln, Kälte:* Schauder durchrieselten ihn in der Kälte; beim Betreten des Kellers liefen ihr Schauder den Rücken hinunter. **Syn.:** Frösteln, Schauer. **b)** *heftige, innere Empfindung des Grauens, der Angst, des Entsetzens, auch der Ehrfurcht, die jmdn. plötzlich befällt:* ein beklemmender Schauder; ein Schauder ergriff uns alle; ein Schauder religiöser Ehrfurcht. **Syn.:** Angst, Entsetzen, Grauen, Horror, Schauer, Schock, Schreck, Schrecken.

schau|der|haft ['ʃau̯dɐhaft] ⟨Adj.⟩ (ugs. abwertend): *schaudererregend; grässlich:* ein schauderhaftes Verbrechen wurde begangen; die Enge hier ist schauderhaft; die Medizin schmeckt schauderhaft, aber sie wirkt.

schau|dern ['ʃau̯dɐn] ⟨itr.; hat⟩:
1. *für einen Augenblick ein heftiges [von Zittern begleitetes] Gefühl der Kälte empfinden:* beim Betreten des Kellers schauderte ihn / (auch:) ihm. **Syn.:** frieren, frösteln, schauern, schlottern.
2. *ein Grauen, Entsetzen, einen Schauder empfinden:* mich / (auch:) mir schaudert bei dem Gedanken an diese Katastrophe; sie schaudern vor Angst. **Syn.:** das große / das kalte Grausen kriegen (ugs.), eine Gänsehaut bekommen, sich entsetzen, entsetzt sein, sich fürchten, grausen, sich gruseln, schauern, sich schütteln.

schau|en ['ʃau̯ən]:
1. ⟨itr.; hat⟩ (bes. südd., österr.) *in eine bestimmte Richtung sehen, in bestimmter Weise dreinschauen:* freundlich, fragend, traurig schauen; nach oben, zur Seite schauen. **Syn.:** blicken, glotzen (ugs., auch abwertend), gucken (ugs.), sehen, starren.
2. ⟨tr.; hat⟩ (geh.) *intuitiv erkennen, erfassen:* die Unendlichkeit schauen; sie sagt, sie habe Gott geschaut.
3. ⟨itr.; hat⟩ (bes. südd., österr.) *sich (um jmdn., etwas) kümmern:* die Nachbarin schaut nach den Kindern, nach den Blumen.
4. ⟨itr.; hat⟩ (bes. südd., österr.) *sich bemühen, etwas Bestimmtes zu erreichen:* er soll schauen, dass er fertig wird. **Syn.:** aufpassen, dafür sorgen, sich darum bemühen, zusehen.

schauen/sehen

Das Verb **schauen** wird landschaftlich, besonders süddeutsch und österreichisch, anstelle von »sehen« gebraucht; es drückt aber dann immer das bewusste Hinsehen auf etwas aus:

- Ich schaute (statt: sah) auf die Uhr.
- Schau einmal dorthin!
- Du musst mir schon in die Augen schauen.

Im Sinne von *mit den Augen wahrnehmen* wird jedoch nur **sehen** verwendet:

- Ich habe deine Schwester gesehen.

Entsprechendes gilt für die Zusammensetzungen »anschauen«, »nachschauen«, »herüberschauen«, »zuschauen« usw., während »ausschauen« süddeutsch und österreichisch allgemein für »aussehen« steht:

- Du schaust heute schlecht aus.

Schau|er ['ʃau̯ɐ], der; -s, -:
1. *kurzer, heftiger Niederschlag, besonders Regen:* örtliche, gewittrige Schauer; in einen Schauer geraten; wechselhaftes Wetter mit einzelnen Schauern. **Syn.:** Regen. **Zus.:** Aprilschauer, Gewitterschauer, Graupel-

S
scha

schauer, Hagelschauer, Regenschauer, Schneeschauer.
2. (geh.) **a)** *Schauder* (a): als sie, aus der Hitze kommend, das ICE-Abteil betrat, überlief sie ein Schauer. **Zus.:** Fieberschauer, Kälteschauer. **b)** *heftige Empfindung der Ehrfurcht, Ergriffenheit, auch des Grauens, der Angst, die jmdn. plötzlich befällt:* während des Konzerts wurde sie von Schauern ergriffen. **Syn.:** Schauder (geh.). **Zus.:** Angstschauer, Todesschauer, Wonneschauer.

schau|er|lich ['ʃau̯ɐlɪç] ⟨Adj.⟩:
1. *ein Gefühl des Grauens, Entsetzens, Abscheus, der Angst hervorrufend:* ein schauerliches Erlebnis; diese Tat ist schauerlich. **Syn.:** beängstigend, entsetzlich, ²erschreckend, furchtbar, fürchterlich, grässlich (emotional), grauenhaft (emotional), grauenvoll (emotional), grausig, makaber, schauderhaft (ugs. abwertend), schaurig, scheußlich, schrecklich.
2. (ugs. abwertend) **a)** *im höchsten Maße missfallend:* ein schauerlicher Stil, Geschmack, Geruch; ein schauerliches Wetter; ihr neues Kleid fand ich einfach schauerlich. **Syn.:** arg (landsch.), entsetzlich, furchtbar, fürchterlich (ugs.), grässlich (ugs.), grauenhaft (emotional), grauenvoll (emotional), grausig, schauderhaft (ugs. abwertend), schaurig, scheußlich, schrecklich, unerträglich. **b)** ⟨verstärkend bei Adjektiven und Verben⟩ *sehr:* es ist schauerlich kalt; er gibt schauerlich an. **Syn.:** arg (landsch.), entsetzlich (ugs.), furchtbar (ugs.), fürchterlich (ugs.), schaurig (ugs.), scheußlich, schrecklich (ugs.).

schau|ern ['ʃau̯ɐn]:
1. ⟨unpers.; hat⟩ *als Schauer* (1) *niedergehen:* der Himmel war verhangen und es schauerte hin und wieder. **Syn.:** gießen (ugs.), graupeln, hageln, regnen, schütten (ugs.).
2. ⟨itr.; hat⟩ *für einen Augenblick von einem heftigen [von Zittern begleiteten] Gefühl der Kälte erfasst werden:* der eisige Wind, der Gedanke an den nahen Tod ließ uns schauern; ⟨auch unpers.⟩ es schauerte sie/ihr. **Syn.:** frieren, frösteln, schaudern, schlottern.
3. ⟨itr.; hat⟩ *von einem Schauer* (2 b) *ergriffen werden:* sie schauerte vor Entsetzen, vor Glück; ⟨auch unpers.⟩ es schauerte sie/ihr [vor Angst]. **Syn.:** das große Grausen kriegen (ugs.), das kalte Grausen kriegen (ugs.), eine Gänsehaut bekommen, sich entsetzen, entsetzt sein, grausen, sich gruseln, schaudern, sich schütteln.

Schau|fel ['ʃau̯fl̩], die; -, -n:
(zum Aufnehmen und Weiterbefördern von Erde, Sand o. Ä. bestimmtes) Gerät, das aus einem flächigen, in der Mitte etwas vertieften Teil besteht, das an einem meist langen Stiel befestigt ist: ein wenig Erde auf die Schaufel nehmen; das Kind hat seine Schaufel am Strand vergessen. **Syn.:** Schippe, Spaten. **Zus.:** Dreckschaufel, Kehrichtschaufel, Kohlenschaufel, Schneeschaufel.

schau|feln ['ʃau̯fl̩n] ⟨tr.; hat⟩:
a) *mit einer Schaufel ausheben, anlegen:* einen Graben, eine Grube schaufeln; ⟨auch itr.⟩ sie schaufelten stundenlang, bis die Grube fertig war. **Syn.:** buddeln (ugs.), graben, schippen (landsch.). **b)** *mit einer Schaufel von einer Stelle an eine andere bringen, befördern:* Kohlen in den Keller schaufeln; das Kind schaufelte stundenlang Sand in sein Eimerchen; wir schaufelten uns Torte in den Mund *(aßen sehr schnell sehr viel Torte).* **Syn.:** schippen (landsch.).

Schau|fens|ter ['ʃau̯fɛnstɐ], das; -s, -:
Fenster eines Geschäftes, das zur Straße hingeht und in dem Waren zur Ansicht ausgestellt werden: ich würde gern das Kleid aus dem Schaufenster anprobieren. **Syn.:** Vitrine.

Schau|kas|ten ['ʃau̯kastn̩], der; -s, Schaukästen ['ʃau̯kɛstn̩]:
Kasten mit einer Glasscheibe, der an der Wand aufgehängt oder als Tisch aufgestellt wird und in dem etwas ausgestellt wird: in einem Schaukasten am Eingang hing die Speisekarte; sich die Schaukästen am Kino angucken; die Fotos von der Betriebsfeier hängen im Schaukasten. **Syn.:** Vitrine.

Schau|kel ['ʃau̯kl̩], die; -, -n:
an zwei Seilen, Ketten o. Ä. waagerecht aufgehängtes Brett o. Ä., auf dem sitzend jmd., besonders ein Kind, schaukeln kann: sich auf die Schaukel setzen, stellen; jmdn. auf der Schaukel anstoßen, anschubsen. **Syn.:** Trapez.

schau|keln ['ʃau̯kl̩n]:
1. a) ⟨itr.; hat⟩ *sich schwingend, pendelnd hin- und herbewegen:* die Kinder schaukeln auf dem Hof; am Reck, an den Ringen schaukeln. **Syn.:** baumeln (ugs.), pendeln, schwanken, schwingen, wackeln, wanken, wippen. **b)** ⟨tr.; hat⟩ *in eine schwingende o. ä. Bewegung versetzen:* ein Kind [in der Wiege] schaukeln; wir lagen im Boot und ließen uns von den Wellen schaukeln. **Syn.:** wiegen.
2. ⟨tr.; hat⟩ (ugs.) *durch geschicktes Handeln, Taktieren o. Ä. bewerkstelligen:* wir werden die Sache schon schaukeln.

Schau|kel|stuhl ['ʃau̯kl̩ʃtuːl], der; -[e]s, Schaukelstühle:
auf abgerundeten Kufen stehender Sessel, in dem man sich in schaukelnde Bewegung versetzen kann: meine Schwester hat Omas Schaukelstuhl geerbt; er sitzt am liebsten im Schaukelstuhl. **Syn.:** Fauteuil (österr., schweiz.), Stuhl.

schau|lus|tig ['ʃau̯lʊstɪç] ⟨Adj.⟩:
(häufig abwertend) *neugierig zuschauend:* die schaulustige Menge behinderte den Einsatz am Unfallort.

Schaum [ʃau̯m], der; -[e]s:
lockere, weiche, aus einer Vielzahl von luftgefüllten Bläschen bestehende Masse [die sich aus Flüssigkeiten bildet]: der Schaum der Seifenlauge, des Bieres; Eiweiß zu Schaum schlagen; Haarfestiger wird fast nur noch in Form von Schaum verwendet; in die Fugen wird ein Schaum gesprüht. **Syn.:** Gischt. **Zus.:** Bierschaum, Meerschaum, Rasierschaum, Seifenschaum.

schäu|men ['ʃɔy̯mən]:
1. ⟨itr.; hat⟩ **a)** *(von flüssigen Stoffen) an der Oberfläche Schaum bilden:* das Bier schäumt im Glas; die Brandung schäumt. **b)** *in Verbindung mit Wasser Schaum entwickeln; dazu geeignet sein, Schaum zu entwickeln:*

die Seife schäumt gut; eine stark schäumende Zahnpasta.
2. ⟨itr.; hat⟩ (geh.) *(vor Wut, Zorn o. Ä.) außer sich sein; sehr zornig, wütend sein:* sie schäumte [vor Wut]. **Syn.:** sich ärgern, auffahren, sich aufregen, aus dem Häuschen sein (ugs.), außer sich sein, durchdrehen (ugs.), in Rage sein (ugs.), rasen, toben, [vor Wut] kochen (ugs.).
3. ⟨tr.; hat⟩ *mithilfe von Gas oder Luft porös machen, zu Schaum verarbeiten:* Materialien schäumen; eine Verpackung aus geschäumtem Kunststoff.

Schaum|gum|mi [ˈʃaumɡʊmi], der; -s, -[s]:
sehr leichter, poröser Kunststoff: die Matratze ist aus Schaumgummi.

schau|mig [ˈʃaumɪç] ⟨Adj.⟩:
aus Schaum bestehend: eine schaumige Masse; eine schaumige Konsistenz; Butter und Eier schaumig rühren *(so lange rühren, bis aus der Masse ein Schaum geworden ist).*

Schaum|wein [ˈʃaumvain], der; -[e]s, -e:
aus Wein hergestelltes Getränk, das Kohlensäure enthält und beim Öffnen der Flasche perlend schäumt: Prosecco ist zurzeit der beliebteste Schaumwein. **Syn.:** Champagner, Sekt.

Schau|platz [ˈʃauplats], der; -es, Schauplätze [ˈʃauplɛtsə]:
Platz, Ort, an dem sich etwas ereignet, etwas stattfindet: dieses Haus war der Schauplatz des Verbrechens; der Roman spielt an mehreren Schauplätzen in Italien. **Syn.:** Ort der Handlung.

schau|rig [ˈʃaurɪç] ⟨Adj.⟩:
1. *besonders wegen seiner unheimlichen, gruseligen Wirkung Schauder hervorrufend:* eine schaurige Geschichte; dieses öde Gebirge ist eine schaurige Landschaft; der Schrei war einfach schaurig. **Syn.:** entsetzlich, erschreckend, furchtbar, fürchterlich, gespenstisch, grässlich (emotional), grauenhaft (emotional), grauenvoll (emotional), grausig, gruselig, makaber, schauderhaft (ugs. abwertend), schauerlich, scheußlich, schrecklich, unheimlich.
2. (ugs.) **a)** *im höchsten Maße missfallend; sehr unangenehm wirkend:* er sprach ein schauriges Französisch; ein schauriges Wetter; die Aufführung war ja schaurig. **Syn.:** arg (landsch.), entsetzlich, furchtbar, fürchterlich, grässlich (ugs.), grauenhaft (emotional), grauenvoll (emotional), grausig, schauderhaft (ugs. abwertend), scheußlich, schrecklich, unerträglich.
b) ⟨verstärkend bei Adjektiven und Verben⟩ *sehr, überaus:* es ist schaurig kalt; sie haben schaurig übertrieben. **Syn.:** arg (landsch.), entsetzlich (ugs.), furchtbar (ugs.), fürchterlich (ugs.), scheußlich, schrecklich (ugs.).

Schau|spiel [ˈʃauʃpiːl], das; -[e]s, -e:
1. *Theaterstück, Bühnenstück ernsten Inhalts mit gutem Ausgang:* ein Schauspiel schreiben, aufführen. **Syn.:** Drama, Spiel, Stück.
2. *interessanter, die Aufmerksamkeit auf sich ziehender Vorgang, Anblick:* der Untergang der Sonne war ein packendes Schauspiel. **Zus.:** Naturschauspiel.

Schau|spie|ler [ˈʃauʃpiːlɐ], der; -s, -, **Schau|spie|le|rin** [ˈʃauʃpiːlərɪn], die; -, -nen:
Person, die (nach entsprechender Ausbildung) bestimmte Rollen auf der Bühne, im Film o. Ä. künstlerisch gestaltet, darstellt: ein genialer Schauspieler; sie ist Schauspielerin. **Syn.:** Darsteller, Darstellerin, Diva, Komödiant, Komödiantin, Künstler, Künstlerin, [2]Star, Statist, Statistin. **Zus.:** Filmschauspieler, Filmschauspielerin, Laienschauspieler, Laienschauspielerin, Nachwuchsschauspieler, Nachwuchsschauspielerin, Theaterschauspieler, Theaterschauspielerin.

Schau|stel|ler [ˈʃauʃtɛlɐ], der; -s, -, **Schau|stel|le|rin** [ˈʃauʃtɛlərɪn], die; -, -nen:
Person, die auf einem Jahrmarkt o. Ä. ein Karussell o. Ä. betreibt, etwas vorführt, zeigt: die Schausteller schlagen ihre Buden auf; seine Mutter war Schaustellerin.

Schau|stück [ˈʃauʃtʏk], das; -[e]s, -e:
Gegenstand, Artikel, der wegen seines hohen Wertes nur zum Anschauen, Vorführen o. Ä. bestimmt ist: eine Vitrine mit der berühmten alten Handschrift und anderen Schaustücken.

Scheck [ʃɛk], der; -s, -s:
Formular zur Anweisung an eine Bank o. Ä., aus dem Guthaben des Ausstellenden eine bestimmte Summe zu zahlen: einen Scheck über 200 Euro ausstellen. **Syn.:** Wechsel. **Zus.:** Barscheck, Blankoscheck, Postscheck, Reisescheck.

sche|ckig [ˈʃɛkɪç] ⟨Adj.⟩:
Flecken mit unterschiedlicher, meist weißer und schwarzer oder brauner Farbe aufweisend: ein scheckiges Pferd; wir haben uns scheckig gelacht (ugs.; *wir haben sehr gelacht*). **Syn.:** bunt.

Scheck|kar|te [ˈʃɛkkartə], die; -, -n:
1. (Bankw. veraltend) *kleine Karte aus Plastik, die den Namen, die Kontonummer u. a. enthält und dem Aussteller von Schecks als Ausweis dient:* bitte zeigen Sie mir Ihre Scheckkarte.
2. (ugs.) *kleine Karte aus Plastik, die den Namen, die Kontonummer u. a. enthält und mit der man Geld vom Konto abheben oder bargeldlos zahlen kann:* im Geschäft mit der Scheckkarte bezahlen.

scheel [ʃeːl] ⟨Adj.⟩ (ugs.):
ablehnende, missgünstige, geringschätzige Gefühle gegenüber jmdm. ausdrückend: seinen Konkurrenten, Gegner mit scheelen Blicken betrachten; Familien mit vielen Kindern werden oft scheel angesehen.

schef|feln [ˈʃɛfl̩n] ⟨tr.; hat⟩ (ugs., oft abwertend):
in großen Mengen einnehmen und anhäufen: Geld scheffeln; die Mannschaft hat die Medaillen geradezu gescheffelt. **Syn.:** absahnen (ugs.), [1]bekommen, erhalten, kriegen (ugs.), verdienen.

Schei|be [ˈʃaibə], die; -, -n:
1. *flacher, meist runder Gegenstand:* eine dünne, dicke, runde, ovale, hölzerne, metallene Scheibe; der Diskus ist eine Scheibe aus Holz mit einem Metallkern. **Syn.:** Platte. **Zus.:** Bremsscheibe, Dichtungsscheibe, Drehscheibe, Gummischeibe, Kniescheibe, Metall-

scheibe, Schießscheibe, Töpferscheibe, Unterlegscheibe, Wurfscheibe, Zielscheibe.
2. *dünnere Platte aus Glas, die in einen Rahmen eingesetzt ist:* bunte, dünne, blank geputzte, zerbrochene Scheiben; die Scheiben klirrten, zersprangen; sie schlugen die Scheibe des Schaufensters ein; auf der Beifahrerseite war die Scheibe runtergekurbelt. **Syn.:** Fenster. **Zus.:** Fensterscheibe, Frontscheibe, Glasscheibe, Heckscheibe, Milchglasscheibe, Panoramascheibe, Schaufensterscheibe, Spiegelscheibe.
3. *etwas, was von etwas flächig, mehr oder weniger dünn abgeschnitten ist:* eine Scheibe Brot, Wurst, Zitrone; möchtest du noch eine Scheibe [von der] Pastete?; etwas in Scheiben schneiden. **Syn.:** Schnitte, Stück. **Zus.:** Apfelscheibe, Brotscheibe, Wurstscheibe, Zitronenscheibe, Zwiebelscheibe.

Schei|ben|wi|scher [ˈʃai̯bn̩vɪʃɐ], der; -s, -:
Vorrichtung in Form eines Blattes aus Gummi, die an der Windschutzscheibe und an der Heckscheibe von Autos angebracht sowie an einem Arm befestigt ist und Regen u. a. von der Scheibe wischt: die Scheibenwischer einschalten; unter dem Scheibenwischer klemmte ein Handzettel, ein Strafzettel.

Scheich [ʃai̯ç], der; -s, -s und -e:
Oberhaupt eines arabischen Herrschaftsgebietes, eines arabischen Dorfes, eines Familienverbandes o. Ä.: viele Scheichs sind sehr vermögend.

Schei|de [ˈʃai̯də], die; -, -n:
1. *schmale, längliche (der Form der jeweiligen Klinge angepasste) schützende Hülle für Hieb- und Stichwaffen:* er steckte das Schwert in die Scheide. **Syn.:** Etui, Futteral, Hülse. **Zus.:** Degenscheide, Säbelscheide, Schwertscheide.
2. *von der Gebärmutter nach außen führender Teil des weiblichen Geschlechtsorgans:* einen Tampon in die Scheide einführen. **Syn.:** Vagina.

schei|den [ˈʃai̯dn̩], schied, geschieden:
1. ⟨tr.; hat⟩ *(eine Ehe) gerichtlich auflösen, für aufgelöst erklären:* der Richter hatte ihre Ehe geschieden; sich scheiden lassen *(seine Ehe gerichtlich auflösen lassen);* sie hat einen geschiedenen Mann geheiratet *(einen Mann, dessen vorhergehende Ehe gerichtlich aufgelöst ist).*
2. a) ⟨tr.; hat⟩ (meist geh.) *eine Trennung, eine deutliche Unterscheidung zwischen Personen oder Dingen bewirken:* diese Grenze scheidet zwei Welten voneinander; ihre Erziehung scheidet die beiden; »Bedeutung« begrifflich von »Inhalt« scheiden. **Syn.:** absondern, auseinanderhalten, isolieren, trennen, unterscheiden. **b)** ⟨+ sich⟩ *sich als verschieden erweisen; auseinandergehen:* bei dieser Frage scheiden sich unsere Meinungen; da scheiden sich die Geister *(gehen die Meinungen auseinander).* **Syn.:** sich unterscheiden, voneinander abweichen.
3. ⟨itr.; ist⟩ (geh.) **a)** *(von Personen) auseinandergehen, in bestimmter Weise voneinander weggehen:* sie schieden grußlos, als Freunde. **b)** *für längere Zeit, für immer von einem Ort weggehen, einen Aufenthalt beenden:* sie sahen ihn ungern scheiden; die Besucherinnen waren nach dem Fest fröhlich von ihnen geschieden.

Schei|dung [ˈʃai̯dʊŋ], die; -, -en:
gerichtliche Auflösung, Trennung der Ehe: nach jahrelangen Streitereien hat sie endlich die Scheidung eingereicht; sie leben in Scheidung; der Ehemann wollte nicht in die Scheidung einwilligen. **Zus.:** Ehescheidung.

Schein [ʃai̯n], der; -[e]s, -e:
1. ⟨Pl. selten⟩ *einen mehr oder weniger großen Umkreis erhellendes Licht, das von einer Lichtquelle, von etwas Blankem o. Ä. ausgeht:* der helle Schein der Lampe; der silberne Schein des Mondes; sie saßen im Schein einer Kerze; nur der Schein einer Straßenlaterne fiel ins Zimmer. **Syn.:** Glanz, Helligkeit, Schimmer. **Zus.:** Abendschein, Dämmerschein, Feuerschein, Heiligenschein, Kerzenschein, Lichtschein, Mondschein, Silberschein, Sonnenschein, Widerschein.
2. ⟨o. Pl.⟩ *äußeres Aussehen, Bild von etwas; Art, wie etwas jmdm. erscheint; [täuschender] äußerer Eindruck:* der Schein spricht gegen ihn; den Schein des Anstands aufrechterhalten; diesen Spießern ist es nur wichtig, den Schein zu wahren. **Syn.:** Anschein.
3. *[amtliches] Papier, das etwas Bestimmtes bescheinigt:* er hat mir einen Schein ausgestellt; bitte füllen Sie zuerst diesen Schein aus. **Syn.:** Attest, Beleg, Bescheinigung, Diplom, Quittung, Zeugnis. **Zus.:** Bezugsschein, Entlassungsschein, Erbschein, Garantieschein, Lieferschein, Lottoschein, Passierschein, Totenschein, Trauschein, Waffenschein, Zulassungsschein.
4. *Banknote, Geldschein:* er hat keine Münzen, sondern nur Scheine in der Tasche; der Automat nimmt auch Scheine; sie sollten ein Lösegeld von 100 000 Dollar in kleinen Scheinen bezahlen. **Syn.:** Note. **Zus.:** Dollarschein, Eindollarschein, Geldschein, Hundertmarkschein, Zehneuroschein, Zwanzigfrankenschein.

schein-, Schein- [ʃai̯n] ⟨Präfixoid⟩:
1. drückt aus, dass das im Basiswort Genannte nur vorgetäuscht ist: **a)** ⟨substantivisch⟩ Scheinangriff; Scheinargument; Scheinehe; Scheinfirma; Scheingeschäft; Scheinprozess. **b)** ⟨adjektivisch⟩ scheinfromm.
2. besagt, dass etwas wie das im Basiswort Genannte aussieht, aber in Wirklichkeit doch nicht als solches angesehen werden kann, es nur scheinbar ist: **a)** ⟨substantivisch⟩ Scheinlösung; Scheinproblem; Scheinrevolution; Scheinschwangerschaft; Scheintod; Scheinwelt. **b)** ⟨adjektivisch⟩ scheinlegal; scheinobjektiv; scheinwissenschaftlich. **Syn.:** pseudo- (öfter abwertend).

schein|bar [ˈʃai̯nbaːɐ̯] ⟨Adj.⟩:
nur dem äußeren Eindruck nach; in Wirklichkeit nicht vorhanden; nicht wirklich: das ist nur ein scheinbarer Widerspruch; sie ist nur scheinbar glücklich. **Syn.:** dem Anschein nach.

scheinbar / anscheinend:
s. Kasten Seite 102.

Schein|ehe ['ʃai̯nǀe:ə], die; -, -n: *aus bestimmten Gründen (z. B. um eine Aufenthaltserlaubnis zu bekommen) nur zum Schein und ohne bestehendes Liebesverhältnis geschlossene Ehe:* er ging eine Scheinehe ein, um im Land bleiben zu dürfen.

schei|nen ['ʃai̯nən], schien, geschienen ⟨itr.; hat⟩:
1. *Licht ausstrahlen, Helligkeit von sich geben:* die Lampe schien ihm ins Gesicht; die Sonne schien den ganzen Tag; der Mond scheint silbrig durch die Büsche. **Syn.:** glühen, knallen (ugs.), leuchten, sengen, strahlen.
2. *einen bestimmten Eindruck machen, einen bestimmten Anschein erwecken:* diese Erklärung scheint mir plausibel; ein Ziel, das unerreichbar scheint; es scheint so, als wäre längst alles zu spät; ⟨häufig + »zu« + Infinitiv⟩ er scheint glücklich zu sein; sie scheinen gerade wegzugehen; ⟨auch in Verbindung mit »dass«⟩ mir will [es] scheinen, dass einiges auf dem Spiel steht. **Syn.:** anmuten, dünken (geh. veraltend), erscheinen, vorkommen, wirken.

schein|hei|lig ['ʃai̯nhai̯lɪç] ⟨Adj⟩ (abwertend): *eine gute Gesinnung, ein bestimmtes Interesse, Freundlichkeit o. Ä. nur vortäuschend:* dieser scheinheilige Bursche hat mich betrogen; sie machte ein scheinheiliges Gesicht; tu doch nicht so scheinheilig! **Syn.:** falsch, unaufrichtig, unredlich, verlogen (abwertend).

schein|tot ['ʃai̯nto:t] ⟨Adj.⟩: *aufgrund des Fehlens erkennbarer Lebenszeichen einem Toten gleich, nur scheinbar tot:* dieser Typ ist doch längst scheintot (salopp; *sehr alt bzw. auffällig wenig aktiv*).

Schein|wer|fer ['ʃai̯nvɛrfɐ], der; -s, -: *Lampe, deren Licht in eine Richtung gelenkt wird und die deshalb sehr weit leuchtet, einen hellen, weit reichenden Lichtstrahl aussendet:* auf der Bühne, im Licht der Scheinwerfer, fühlt sie sich richtig wohl; das Auto hatte vier Scheinwerfer; die Kirche wird von Scheinwerfern angestrahlt. **Zus.:** Bühnenscheinwerfer, Nebelscheinwerfer.

scheiß-, Scheiß- [ʃai̯s] ⟨Präfixoid; auch das Basiswort wird betont⟩ (salopp verstärkend): drückt ärgerliche Ablehnung, Kritik oder Ironie aus: **a)** ⟨adjektivisch⟩ in Verbindung mit meist positiv wertenden Basiswörtern in Bezug auf menschliches Verhalten; *sehr, ausgesprochen:* scheißegal; scheißfreundlich; scheißliberal; scheißvornehm. **Syn.:** mords- (ugs. emotional verstärkend), stink- (ugs. emotional verstärkend), stock- (ugs. verstärkend). **b)** ⟨substantivisch⟩ Scheißarbeit; Scheißfilm; Scheißjob; Scheißkaff; Scheißkrieg; Scheißladen; Scheißspiel; Scheißstadt; Scheißtelefon; Scheißtyp; Scheißwetter.

schei|ße ['ʃai̯sə] ⟨Adj.; nicht flektierbar⟩ (salopp abwertend): *ausgesprochen schlecht, unerfreulich, ärgerlich:* der Film war scheiße; ich finde diese Musik scheiße; der Typ sieht echt scheiße aus. **Syn.:** erbärmlich, lausig (ugs.), mies (abwertend), minderwertig, miserabel (emotional), saumäßig (salopp abwertend), unter aller Kanone (ugs.), unter aller Kritik (ugs.), unter aller Sau (derb abwertend).

Schei|ße ['ʃai̯sə], die; -:
1. (derb) *Kot:* in [die] Scheiße treten. **Syn.:** Ausscheidung, Exkrement, Kacke (derb), Stuhl (bes. Med.), Stuhlgang.
2. (derb abwertend) *etwas sehr Schlechtes, Unangenehmes o. Ä.:* der Film ist große Scheiße; mach keine Scheiße; so eine Scheiße!; er hat Scheiße gebaut *(einen schweren Fehler gemacht);* [verdammte, verfluchte] Scheiße! **Syn.:** Kacke (derb), Mist (ugs. abwertend), Plunder (ugs.), Ramsch (ugs. abwertend), Schund, Zimt (ugs. abwertend).

schei|ßen ['ʃai̯sn̩], schiss, geschissen (derb):
1. ⟨itr.; hat⟩ *Kot ausscheiden:* scheißen müssen, gehen; die Hunde scheißen immer auf diesen Rasen; sie hat sich vor Angst fast in die Hose geschissen; ⟨auch tr.⟩ man hat ihm einen Haufen vor die Tür geschissen. **Syn.:** Aa machen (Kinderspr.), den Darm entleeren, groß machen (fam.), kacken (derb), machen (ugs. verhüllend), sein [großes] Geschäft verrichten (ugs. verhüllend), seine Notdurft verrichten, Stuhl haben (bes. Med.), Stuhlgang haben (bes. Med.). **Zus.:** ausscheißen.
2. ⟨itr.; hat⟩ *sehr gering schätzen, für vollkommen überflüssig, entbehrlich halten:* ich scheiße auf ihn, auf seine Hilfe; er scheißt auf alle Etikette; da scheiße ich doch drauf! **Syn.:** ablehnen, keinen Wert legen, verachten, verschmähen.

Scheit [ʃai̯t], das; -[e]s, -e: *[durch Spalten von Stämmen entstandenes] größeres Stück Holz zum Brennen:* er steckte drei Scheite Holz in den Ofen. **Syn.:** Stück Brennholz. **Zus.:** Birkenscheit, Buchenscheit, Holzscheit.

Schei|tel ['ʃai̯tl̩], der; -s, -:
1. *Linie, die das Haar des Kopfes teilt:* einen Scheitel ziehen; den Scheitel links, in der Mitte tragen. **Zus.:** Mittelscheitel, Seitenscheitel.
2. *höchster Punkt, oberste Stelle von etwas:* der Scheitel des Gewölbes; der Scheitel des Hochwassers wird heute Abend Bonn erreichen.

schei|teln ['ʃai̯tl̩n] ⟨tr.; hat⟩: *(das Haar) durch einen Scheitel teilen und nach zwei Richtungen kämmen:* die Haare sorgsam scheiteln; das Haar in der Mitte gescheitelt tragen.

schei|tern ['ʃai̯tɐn], scheiterte, gescheitert ⟨itr.; ist⟩: *gänzlich ohne Erfolg bleiben:* er ist [mit seinen Plänen] an den Widerständen der andern gescheitert; der Versuch, die Verunglückten zu retten, scheiterte; ihre Ehe ist gescheitert; dauernde Intrigen brachten schließlich das ganze Projekt zum Scheitern. **Syn.:** auffliegen (ugs.), danebengehen (ugs.), durchfallen, einbrechen (ugs.), fehlschlagen, ins Wasser fallen, missglücken, missraten, platzen (ugs.), schiefgehen (ugs.), Schiffbruch erleiden, stranden (geh.), straucheln, verunglücken (scherzh.), zerbrechen, sich zerschlagen, zu Fall kommen.

schel|len ['ʃɛlən] ⟨itr.; hat⟩ (landsch.):
1. *eine Klingel betätigen:* ich habe schon drei Mal geschellt; ⟨auch unpers.⟩ es hat [an der Tür] geschellt. **Syn.:** bimmeln (ugs.), klingeln, läuten.
2. *durch Klingeln ein Signal für etwas Bestimmtes geben:* zum Ende der Pause wird geschellt; man hat schon zum Konzertbeginn geschellt. **Syn.:** bimmeln (ugs.), klingeln, läuten.

schel|misch ['ʃɛlmɪʃ] ⟨Adj.⟩: *insgeheim über jmdn., etwas belustigt:* sie warf ihm einen schelmischen Blick zu; er lächelte schelmisch; sie blickten sich schelmisch an.

schel|ten ['ʃɛltn̩], schilt, schalt, gescholten:
1. a) ⟨itr.; hat⟩ (geh., landsch.) *schimpfen* (1): er hat furchtbar mit ihr gescholten; sie schalt über seine Unpünktlichkeit. **Syn.:** donnern, fluchen, geifern (geh. abwertend), keifen, kläffen, knurren (ugs.), plärren (abwertend), poltern, wettern, zetern (emotional abwertend). **b)** ⟨tr.; hat⟩ (geh., oft auch landsch.) *mit ärgerlichen Worten tadeln:* sie schalt ihn wegen seines Leichtsinns; die Lehrerin hat zu Recht eure Faulheit gescholten. **Syn.:** anbrüllen, anfahren, anherrschen, anpfeifen (ugs.), anscheißen (salopp), anschnauzen (ugs.), anschreien, ausschelten (geh., landsch.), ausschimpfen, fertigmachen (ugs.), heruntermachen (ugs.), in den Senkel stellen (ugs.), ins Gebet nehmen (ugs.), rüffeln (ugs.), rügen, schmähen, sich vorknöpfen (ugs.), zur Minna machen (ugs.), zur Ordnung rufen, zur Sau machen (derb), zur Schnecke machen (ugs.), zusammenstauchen (ugs.).
2. ⟨tr.; hat⟩ (geh.) *beleidigend, herabsetzend (als etwas) bezeichnen:* er schalt ihn einen Narren; die viel gescholtene Jugend von heute ist besser als ihr Ruf. **Syn.:** hinstellen als, nennen, schimpfen.

Sche|ma ['ʃe:ma], das; -s, -s und Schemata ['ʃe:mata], auch: Schemen ['ʃe:mən]:
a) *bestimmte Ordnung, festgelegter Plan, Konzept von einem Sachverhalt, nach dem sich jmd. bei der Beurteilung, Ausführung von etwas richtet:* ein festes, starres Schema; ein Schema aufstellen; der Ablauf unserer Arbeit ist an ein bestimmtes Schema gebunden. **Syn.:** Muster, Prinzip. **Zus.:** Denkschema, Grundschema, Versschema. **b)** *die wesentlichsten Merkmale von etwas wiedergebende [als Muster, Vorlage für etwas dienende] grafische, zeichnerische Darstellung:* das Schema einer elektrischen Schaltung; sie verdeutlichte das Gesagte durch ein Schema. **Zus.:** Schaltschema.

sche|ma|tisch [ʃe'ma:tɪʃ] ⟨Adj.⟩:
a) *einem [vereinfachten] Schema folgend, entsprechend:* eine schematische Darstellung anfertigen; eine Konstruktion schematisch abbilden. **b)** *zur Routine geworden, mechanisch und ohne eigene Überlegung, immer der gleichen Vorlage folgend:* eine schematische Arbeit, Tätigkeit; eine schematische Erfassung von Texten führt zu vielen Fehlern. **Syn.:** nach Schema F (abwertend).

Sche|mel ['ʃe:ml̩], der; -s, -:
1. *meist niedriges Möbel zum Sitzen ohne Lehne, auf dem eine Person Platz hat:* er hockte sich auf den Schemel. **Syn.:** Hocker, Sitz, Stuhl. **Zus.:** Arbeitsschemel, Betschemel, Drehschemel, Klavierschemel, Melkschemel.
2. *einer kleinen, niedrigen Bank ähnliches Möbelstück, das beim Sitzen als Stütze für die Füße dient.* **Zus.:** Fußschemel, Trittschemel.

sche|men|haft ['ʃe:mənhaft] ⟨Adj.⟩ (geh.):
nur undeutlich, verschwommen zu erkennen: die Bäume ragten schemenhaft in den dunklen Himmel; das Haus war nur noch schemenhaft zu erkennen. **Syn.:** ungenau, unklar, vage.

Schen|ke ['ʃɛŋkə], **Schänke,** die; -, -n:
[kleines] Wirtshaus: eine gemütliche, einfache Schenke. **Syn.:** Ausschank, Beisel (bayr. ugs., österr.), Gasthaus, Gasthof, Gaststätte, Gastwirtschaft, Kneipe (ugs.), Lokal, Restaurant, Spelunke (abwertend), Wirtschaft. **Zus.:** Bierschenke, Dorfschenke, Klosterschenke, Waldschenke, Weinschenke.

Schen|kel ['ʃɛŋkl̩], der; -s, -:
1. *Oberschenkel:* sich lachend auf die Schenkel schlagen. **Zus.:** Froschschenkel, Oberschenkel, Unterschenkel.
2. *eine der beiden Geraden, die einen Winkel bilden:* die beiden Schenkel bilden einen Winkel von 90°.

schen|ken ['ʃɛŋkn̩] ⟨tr.; hat⟩:
1. *unentgeltlich als Eigentum geben; zum Geschenk machen:* jmdm. Blumen, Schokolade schenken; jmdm. etwas als Andenken, zum Geburtstag, zu Weihnachten schenken; sie hat von ihren Eltern ein Auto zum Abitur geschenkt bekommen. **Syn.:** abgeben, darbringen (geh.), darreichen (geh.), geben, hinterlassen, mitgeben, opfern, spenden, spendieren, übereignen, übergeben, überlassen, überreichen, verehren (scherzh.), vererben, vermachen, verschenken, zu Füßen legen (geh.), zum Geschenk machen, zustecken, zuteilwerden lassen (geh.).
2. *jmdm., sich etwas, was lästig, mühevoll o. ä. ist, ersparen:* wir können uns diesen Besuch schenken; den zweiten Teil des Films kannst du dir schenken; den Kindern wird in dieser Schule nichts geschenkt. **Syn.:** sparen.
3. in verblasster Bedeutung: jmdm., einer Sache [keine] Aufmerksamkeit, Beachtung schenken *(jmdn., etwas [nicht] beachten);* jmdm. Gehör schenken *(jmdn. bereitwillig anhören);* jmdm. Glauben schenken *(jmdm. glauben);* jmdm. ein Lächeln schenken *(jmdn. anlächeln);* jmdm. Vertrauen schenken *(jmdm. vertrauen).*

Scher|be ['ʃɛrbə], die; -, -n:
Stück von einem zerbrochenen Gegenstand aus Glas, Porzellan, Ton o. Ä.: das Glas zersprang in tausend Scherben; die Scherben des Tellers, Spiegels; es hat Scherben gegeben; Scherben bringen Glück!; heute stehen wir vor den Scherben unserer Beziehung *(vor der zerstörten, zu Ende gegangenen Beziehung).* **Syn.:** Bruchstück, Splitter. **Zus.:**

Glasscherbe, Spiegelscherbe, Tonscherbe.

Sche|re [ˈʃeːrə], die; -, -n: *Werkzeug zum Schneiden, das im Wesentlichen aus zwei über Kreuz drehbar miteinander verbundenen Klingen besteht:* etwas mit der Schere abschneiden, ausschneiden, schneiden. **Zus.:** Baumschere, Blechschere, Drahtschere, Gartenschere, Geflügelschere, Nagelschere, Papierschere, Rosenschere, Schneiderschere, Zickzackschere.

[1]sche|ren [ˈʃeːrən], schor, geschoren ⟨tr.; hat⟩: *von Haaren befreien; (Haare) mithilfe einer Schere o. Ä. bis zum Ansatz wegschneiden, unmittelbar über der Haut abschneiden:* die Schafe scheren; ihm wurde der Kopf geschoren. **Syn.:** rasieren, schneiden, [1]stutzen (scherzh.).

[2]sche|ren [ˈʃeːrən], scherte, geschert (ugs.):
1. ⟨+ sich⟩ *sich an einen bestimmten Ort begeben, sich irgendwohin entfernen* (meist in Befehlen, Verwünschungen): scher dich zum Teufel! (salopp; *verschwinde!*). **Syn.:** abhauen (ugs.), gehen, sich trollen (ugs.), sich verdrücken (ugs.), verschwinden, sich verziehen (ugs.).
2. nur verneint oder einschränkend: **a)** ⟨+ sich⟩ *jmdm./einer Sache Beachtung schenken, Interesse entgegenbringen:* er schert sich nur wenig um sie; ich schere mich nicht darum. **Syn.:** beachten, sich kümmern, sich interessieren für. **b)** ⟨itr.; hat⟩ *jmdm. Kummer, Verdruss o. Ä. bereiten; für jmdn. störend sein:* was die Leute reden, schert sie gar nicht, [herzlich] wenig. **Syn.:** berühren, kümmern, stören, tangieren.

Scherz [ʃɛrts], der; -es, -e: *nicht ernst gemeinte Äußerung, Handlung o. Ä., die Heiterkeit erregen soll:* er hat einen Scherz gemacht; seine Scherze über jmdn. machen *(sich über jmdn. lustig machen);* etwas aus, im, zum Scherz sagen *(nicht ernst meinen).* **Syn.:** Flachs (ugs.), Gag, Jux (ugs.), Kalauer, Quatsch (ugs.), Schabernack, Spaß, Streich, Ulk, Witz. **Zus.:** Fastnachtsscherz, Silvesterscherz.

scher|zen [ˈʃɛrtsn̩] ⟨itr.; hat⟩ (geh.): *einen Scherz, Scherze machen:* die Freunde scherzten den ganzen Abend; Sie scherzen wohl! *(das kann nicht ihr Ernst sein!);* ich scherze nicht *(ich meine es ernst).* **Syn.:** [1]albern, flachsen (ugs.), Quatsch machen (ugs.), Spaß machen, spaßen, Witze machen.

scherz|haft [ˈʃɛrtshaft] ⟨Adj.⟩: *scherzend, nicht ernst [gemeint]:* eine scherzhafte Bemerkung. **Syn.:** im Scherz, im Spaß.

scheu [ʃɔy] ⟨Adj.⟩:
a) *voller Scheu; sich aus Ängstlichkeit von jmdm., etwas fernhaltend:* ein scheues Wesen haben; der Junge ist sehr scheu. **Syn.:** ängstlich, furchtsam, schüchtern, verängstigt, zurückhaltend. **Zus.:** arbeitsscheu, ehescheu, menschenscheu, wasserscheu. **b)** *(von Tieren) stets auf Gefahren achtend und sofort bereit, zu fliehen; nicht zutraulich:* ein scheuer Vogel; das Pferd wurde plötzlich scheu *(unruhig, wild).*

Scheu [ʃɔy], die; -: *banges und hemmendes Gefühl der Unterlegenheit, der Furcht oder Ehrfurcht; zaghafte Zurückhaltung:* er hat die Scheu vor seinem Lehrer überwunden. **Syn.:** Angst, Furcht, Zurückhaltung.

scheu|chen [ˈʃɔyçn̩] ⟨tr.; hat⟩: *verjagen, irgendwohin treiben:* er scheuchte die Katze vom Sofa, auf die Straße. **Syn.:** hetzen, jagen, treiben, verscheuchen, vertreiben. **Zus.:** fortscheuchen, hinausscheuchen, hinunterscheuchen, hochscheuchen, wegscheuchen.

scheu|en [ˈʃɔyən]:
1. a) ⟨tr.; hat⟩ *aus Scheu, Hemmung, Angst umgehen wollen, zu vermeiden suchen:* sie scheut die Entscheidung; keine Mühe, Arbeit, Kosten scheuen. **Syn.:** fürchten, zurückschrecken vor. **b)** ⟨+ sich⟩ *Angst, Hemmungen, Bedenken haben; (vor etwas) zurückschrecken:* sich vor kriminellen Mitteln scheuen; ich scheue mich nicht, ihn um seine Hilfe zu bitten.
2. ⟨itr.; hat⟩ *(besonders von Pferden) durch etwas erschreckt in Panik geraten, wild werden:* das Pferd scheute vor dem Hindernis; das Fohlen scheut. **Syn.:** durchgehen.

Scheu|er|lap|pen [ˈʃɔyɐlapn̩], der; -s, -: *Lappen zum Scheuern* (1 a): den Scheuerlappen auswringen.

scheu|ern [ˈʃɔyɐn]:
1. ⟨tr.; hat⟩ **a)** *kräftig reiben, um es zu reinigen oder blank zu machen:* Töpfe, den Fußboden scheuern. **Syn.:** abputzen, abreiben, bürsten, frottieren, polieren, rubbeln (ugs.), säubern, schrubben (ugs.), wischen. **b)** *durch kräftiges Reiben entfernen:* den Schmutz von den Dielen scheuern.
2. ⟨itr.; hat⟩ *[in unangenehmer Weise] sich reibend ständig über etwas hinbewegen:* der Kragen scheuert [am Hals], das Tau scheuert an der Bordwand. **Syn.:** kratzen, reiben.
3. ⟨tr.; hat⟩ *an etwas Festem, Rauem o. Ä. kräftig reiben [um ein Jucken zu beseitigen]:* ich scheuere meinen Rücken / mir den Rücken an der Lehne; das Schwein scheuert sich.

Scheu|ne [ˈʃɔynə], die; -, -n: *landwirtschaftliches Gebäude, in dem vor allem Heu, Stroh, Getreide o. Ä. gelagert wird:* er hat dieses Jahr eine volle Scheune. **Syn.:** Silo. **Zus.:** Feldscheune.

Scheu|sal [ˈʃɔyzaːl], das; -s, -e (abwertend):
a) *Ungeheuer; grauenerregendes [Fabel]tier, [Fabel]wesen:* ein drachenartiges Scheusal. **Syn.:** Monster, Monstrum, Ungetüm (veraltend). **b)** *roher, brutaler Mensch; widerliche Person:* er ist ein Scheusal.

scheuß|lich [ˈʃɔyslɪç] ⟨Adj.⟩:
1. a) *sehr unangenehm, kaum erträglich in seiner Wirkung auf die Sinne:* ein scheußlicher Anblick; die Suppe schmeckt scheußlich; ein scheußliches Gebäude. **Syn.:** entsetzlich, [2]erschreckend, furchtbar, fürchterlich (ugs.), grässlich (emotional), grauenhaft (emotional), grauenvoll (emotional), grausig, schauderhaft (ugs. abwertend), schauerlich, schaurig, schlimm, schrecklich. **b)** *durch Gemeinheit, Rohheit o. Ä. entsetzenerregend:* ein scheußliches Verbre-

S
Sche

chen. **Syn.:** entsetzlich, furchtbar, fürchterlich, grässlich (emotional), grauenhaft (emotional), grauenvoll (emotional), grausig, schauderhaft (ugs. abwertend), schauerlich, schaurig, schrecklich.
2. a) *in höchstem Grade unangenehm:* scheußliches Wetter.
b) ⟨verstärkend bei Adjektiven und Verben⟩ *sehr:* es war scheußlich kalt; ich bin scheußlich erkältet. **Syn.:** arg (landsch.), bitter, ekelhaft (ugs.), eklig, entsetzlich (ugs.), erbärmlich (ugs.), furchtbar (ugs.), fürchterlich (ugs.), grauenhaft (emotional), höllisch (emotional), irrsinnig (emotional), jämmerlich, mörderisch, schaurig, schrecklich (ugs.), verflucht (salopp), verteufelt (ugs. emotional).

Schi [ʃiː]: ↑Ski.

Schicht [ʃɪçt], die; -, -en:
1. *über, unter oder zwischen etwas anderem flächenhaft ausgebreitete Masse eines Stoffes o. Ä.:* eine dicke Schicht Staub; eine Schicht Kohle wechselte mit einer Schicht Erz. **Syn.:** Lage. **Zus.:** Außenschicht, Deckschicht, Eisschicht, Erdschicht, Farbschicht, Fettschicht, Gesteinsschicht, Isolierschicht, Luftschicht, Rostschicht, Schlammschicht, Schutzschicht, Staubschicht, Wolkenschicht.
2. *Gruppe innerhalb einer Gesellschaft, deren Angehörige sich in der gleichen (sozialen) Lage befinden:* die herrschenden, besitzenden, bürgerlichen Schichten; die armen, bildungsfernen Schichten der Bevölkerung; zur Schicht der Privilegierten gehören. **Syn.:** Klasse, Kreis, Stand. **Zus.:** Bevölkerungsschicht, Führungsschicht, Gesellschaftsschicht, Mittelschicht, Oberschicht, Unterschicht.
3. a) *Abschnitt eines Arbeitstages in durchgehend arbeitenden Betrieben:* die erste Schicht ist vorbei; die Schicht wechseln. **Zus.:** Frühschicht, Nachtschicht, Spätschicht, Tagschicht. **b)** *Gruppe von gemeinsam in einer Schicht* (3 a) *Arbeitenden:* eine Kollegin aus meiner Schicht. **Zus.:** Frühschicht, Nachtschicht, Spätschicht, Tagschicht.

Schicht|ar|beit [ˈʃɪçt|arbai̯t], die; -: *Arbeit in Schichten* (3 a): Schichtarbeit bringt gesundheitliche Risiken mit sich.

schick [ʃɪk] ⟨Adj.⟩:
1. a) *(in Bezug auf Kleidung o. Ä.) modisch und geschmackvoll:* ein schicker Mantel. **Syn.:** adrett, apart, elegant, fein, flott, geschmackvoll, hübsch, nobel (geh.), schön, smart, vornehm. **Zus.:** superschick, todschick.
b) *hübsch [und flott]:* ein schickes Mädchen; du bist heute sehr schick. **Syn.:** gut angezogen, in großer Toilette (geh. veraltend), wie aus dem Ei gepellt (ugs.).
2. *dem Modetrend entsprechend und darum als besonders erstrebenswert o. ä. angesehen:* es ist/gilt als schick, dort Urlaub zu machen. **Syn.:** cool (ugs.), toll (ugs.).

schi|cken [ˈʃɪkn̩]:
1. ⟨tr.; hat⟩ **a)** *(jmdn.) veranlassen, sich (zu einem bestimmten Zweck o. Ä.) an einen bestimmten Ort zu begeben, einen bestimmten Ort zu verlassen:* sie schickte ihn einkaufen / zum Einkaufen, aufs Feld, aus dem Zimmer, nach Hause. **Syn.:** abkommandieren, abordnen, delegieren, entsenden, kommandieren.
b) *bringen, befördern lassen:* er schickte seinem Vater / an seinen Vater ein Päckchen; etwas an jmds. Adresse, nach Berlin schicken. **Syn.:** anweisen, einsenden, [1]senden, übermitteln, überweisen, zugehen lassen, zuleiten. **Zus.:** mitschicken, nachschicken, wegschicken.
2. * sich in etwas schicken: *etwas (Unangenehmes) geduldig und ohne Widerspruch ertragen:* ich schickte mich in das Unvermeidliche. **Syn.:** etwas auf sich nehmen, etwas hinnehmen, etwas über sich ergehen lassen, sich in etwas ergeben, sich in etwas fügen.
3. * sich schicken: *sich ziemen:* es schickt sich nicht, mit vollem Mund zu sprechen. **Syn.:** angemessen sein, sich gehören, sich geziemen (veraltend), sich ziemen (geh.).

Schick|sal [ˈʃɪkzaːl], das; -s, -e:
a) *von einer höheren Macht über jmdn. Verhängtes, was sich menschlicher Berechnung und menschlichem Einfluss entzieht und das Leben des einzelnen Menschen entscheidend bestimmt:* er fügte sich in sein Schicksal. **Syn.:** Bestimmung, [1]Geschick, Los. **Zus.:** Einzelschicksal, Lebensschicksal, Menschenschicksal. **b)** ⟨ohne Plural⟩ *höhere Macht, die das Leben des Menschen bestimmt und lenkt:* das Schicksal bestimmte ihn zum Retter des Landes. **Syn.:** Fügung.

schie|ben [ˈʃiːbn̩], schob, geschoben:
1. ⟨tr.; hat⟩ **a)** *durch Ausübung von Druck von der Stelle bewegen, vor sich her bewegen, irgendwohin bewegen:* die Kiste über den Flur schieben; den Schrank in die Ecke schieben; ⟨auch itr.⟩ unser Auto sprang nicht an, also schoben wir. **Syn.:** drücken, rücken, verschieben. **Zus.:** davorschieben, dazwischenschieben, wegschieben, zurückschieben, zusammenschieben.
b) *etwas, was Räder hat, angefasst halten und beim Gehen mit vorwärtsbewegen:* einen Kinderwagen, ein Fahrrad schieben; den Einkaufswagen durch den Supermarkt schieben. **Syn.:** drücken, fahren, rollen. **Zus.:** fortschieben, hineinschieben.
2. ⟨tr.; hat⟩ **a)** *nur leicht mit den Fingern gegen etwas drücken und dadurch seine Lage in eine bestimmte Richtung hin verändern:* den Hut in den Nacken, die Blumenvase nach rechts, links schieben. **b)** *in gleitender Weise von etwas weg-, irgendwohin bewegen:* das Brot in den Ofen schieben; den Riegel vor die Tür schieben. **Syn.:** [1]stecken, [2]tun. **Zus.:** hineinschieben, vorschieben.
3. a) ⟨tr.; hat⟩ *durch Schieben* (1 a) *jmdn. irgendwohin drängen:* sie schiebt die Kinder hastig in den Zug, aus dem Zimmer. **b)** ⟨+ sich⟩ *sich mit leichtem Schieben* (1 a) *durch etwas hindurch- oder in etwas hineinbewegen:* er schob sich durchs Gewühl; die Menge schiebt sich durch die Straßen. **Syn.:** sich bewegen, fahren, gehen, laufen.
4. ⟨tr.; hat⟩ *jmdn., etwas für*

etwas Unangenehmes verantwortlich machen: die Schuld, die Verantwortung für etwas auf jmdn. schieben; er schob seine Kopfschmerzen auf den Föhn.
5. ⟨tr.; hat⟩ (ugs.) *gesetzwidrige Geschäfte machen, auf dem schwarzen Markt mit etwas handeln:* Devisen schieben; Kaffee schieben; ⟨auch itr.⟩ mit Zigaretten schieben; er hat nach dem Krieg geschoben. **Syn.:** schmuggeln, Schwarzhandel treiben.

Schie|be|tür [ˈʃiːbətyːɐ̯], die; -, -en:
Tür, die beim Öffnen zur Seite geschoben wird: die beiden Räume sind durch eine Schiebetür miteinander verbunden.

Schieds|rich|ter [ˈʃiːt͜srɪçtɐ], der; -s, -, **Schieds|rich|te|rin** [ˈʃiːt͜srɪçtərɪn], die; -, -nen:
unparteiische Person, die ein Spiel, besonders zwischen Mannschaften, leitet: der Schiedsrichter pfeift das Spiel an; die Schiedsrichterin gibt einen Strafstoß. **Syn.:** Kampfrichter, Kampfrichterin.

schief [ʃiːf] ⟨Adj.⟩:
1. *von der senkrechten oder waagerechten Lage abweichend, nicht gerade:* eine schiefe Mauer; eine schiefe Fläche, Ebene; den Kopf schief halten; den Hut schief auf den Kopf setzen. **Syn.:** diagonal, gebogen, gekrümmt, geneigt, krumm, schräg, verbogen.
2. *dem wahren Sachverhalt nur zum Teil entsprechend und daher einen falschen Eindruck vermittelnd:* ein schiefes Urteil; das war ein schiefer Vergleich; du siehst die Angelegenheit schief. **Syn.:** falsch, fehlerhaft, inkorrekt, irrig, verfehlt, verkehrt.

Schie|fer [ˈʃiːfɐ], der; -s, -:
aus vielen dünnen Schichten bestehendes Gestein: das Dach ist mit Schiefer gedeckt.

schief|ge|hen [ˈʃiːfgeːən], ging schief, schiefgegangen ⟨itr.; ist⟩ (ugs.):
(von einer Unternehmung o. Ä.) nicht so ausgehen, wie man es erwartet, sich gewünscht hat [und möglicherweise eine gefährliche Wendung nehmen]: das Unternehmen ist schiefgegangen; die Sache hätte schiefgehen können. **Syn.:** danebengehen (ugs.), fehlschlagen, ins Auge gehen (ugs.), missglücken, missraten, platzen (ugs.), scheitern.

schief|lie|gen [ˈʃiːfliːgn̩], lag schief, schiefgelegen ⟨itr.; hat, südd., österr., schweiz.: ist⟩ (ugs.):
(bei einer Einschätzung von etwas) einen falschen Standpunkt vertreten, im Irrtum sein: mit ihren Vermutungen liegt sie schief. **Syn.:** auf dem Holzweg sein, sich irren, sich verrechnet haben (ugs.), sich täuschen, sich verrechnen (ugs.), sich versehen, sich vertun (ugs.).

schie|len [ˈʃiːlən] ⟨itr.; hat⟩:
1. *durch die fehlerhafte Stellung eines oder beider Augen nicht geradeaus sehen können:* sie schielte auf dem linken Auge. **Syn.:** einen Knick im Auge haben (ugs.), einen Knick in der Optik haben (ugs.), einen Silberblick haben (ugs.), quer gucken (ugs.), schräg gucken (ugs.).
2. (ugs.) *verstohlen (nach etwas) blicken:* er schielte nach rechts und nach links, ob man ihn beobachtet habe. **Syn.:** blicken, schauen, sehen.

Schien|bein [ˈʃiːnba͜in], das; -[e]s, -e:
der vordere der beiden Knochen des Unterschenkels: er verletzte sich am Schienbein.

Schie|ne [ˈʃiːnə], die; -, -n:
1. *auf einer Trasse verlegter Teil einer Gleisanlage, auf dem sich Schienenfahrzeuge fortbewegen:* Schienen für die Straßenbahn verlegen; ein Wagen ist aus den Schienen gesprungen. **Syn.:** Gleis. **Zus.:** Eisenbahnschiene, Straßenbahnschiene.
2. *schmale lange Latte aus Metall, Kunststoff o. Ä. mit einer Rille, in der Rollen o. Ä. laufen:* die Rollen der Gardine laufen in einer Schiene.
3. (Med.) *Stütze aus Holz, Metall, Kunststoff o. Ä., mit der verletzte Gliedmaßen ruhig gestellt werden:* sie muss die Schiene mehrere Wochen lang tragen.

¹schier [ʃiːɐ̯] ⟨Adverb⟩:
geradezu, nahezu, fast: eine schier unübersehbare Menschenmenge; das ist schier unmöglich; ich bin schier verzweifelt. **Syn.:** bald, beinah[e], praktisch (ugs.), so gut wie, ziemlich.

²schier [ʃiːɐ̯] ⟨Adj.⟩:
unvermischt, ohne Beimengung o. Ä. von anderem: schieres Gold; absolut zartes und schieres Fleisch *(zartes Fleisch ohne Fett und Knochen);* das hat er aus schierer Verzweiflung getan. **Syn.:** pur, ¹rein, unverfälscht.

schie|ßen [ˈʃiːsn̩], schoss, geschossen:
1. a) ⟨itr.; hat⟩ *einen Schuss, Schüsse abgeben:* der Verbrecher hatte [mit einer Pistole] auf den Polizisten geschossen. **Syn.:** abdrücken, ballern (ugs.), beschießen, feuern. **b)** ⟨itr.; hat⟩ *(an einer bestimmten Stelle) mit einem Schuss treffen:* sich ins Herz schießen; er hat ihn/ihm in die Wade geschossen. **Zus.:** niederschießen, zusammenschießen. **c)** ⟨tr.; hat⟩ *(Wild) mit einer Schusswaffe erlegen:* er hat einen Hasen geschossen. **Syn.:** abknallen (ugs.), abschießen, töten, zur Strecke bringen. **Zus.:** anschießen, krankschießen.
2. ⟨itr.; ist⟩ *sich sehr schnell bewegen:* das Boot ist durch das Wasser geschossen; das Auto schoss um die Ecke; sie schoss vom Stuhl in die Höhe. **Syn.:** sich ergießen, fließen, flitzen (ugs.), jagen, sprudeln, strömen. **Zus.:** herausschießen, hervorschießen, hochschießen.
3. ⟨tr.; hat⟩ *(beim Fußball) den Ball mit dem Fuß an eine bestimmte Stelle befördern:* er hatte den Ball ins Tor geschossen. **Syn.:** kicken (ugs.), schlagen.

Schiff [ʃɪf], das; -[e]s, -e:
1. *Wasserfahrzeug mit bauchigem Körper und unterschiedlichen Aufbauten:* mit einem Schiff fahren; zu Schiff den Ozean überqueren. **Syn.:** Boot, Dampfer, Fähre, Fahrzeug. **Zus.:** Dampfschiff, Einwandererschiff, Fährschiff, Fangschiff, Frachtschiff, Handelsschiff, Kriegsschiff, Schlachtschiff, Segelschiff.
2. *lang gestreckter Innenraum bzw. Teil des Innenraums von christlichen Kirchen, der für die Gemeinde bestimmt ist:* die Kirche hat drei Schiffe. **Zus.:** Hauptschiff, Langschiff, Mittelschiff, Querschiff, Seitenschiff.

schiff|bar [ˈʃɪfbaːɐ̯] ⟨Adj.⟩:
für Schiffe befahrbar: ab dieser Stelle ist der Fluss nicht mehr

schiffbar; ein Gewässer schiffbar machen.

Schiff|bruch ['ʃɪfbrʊx], der; -[e]s, Schiffbrüche ['ʃɪfbrʏçə]: *schwerer Unfall eines Schiffes:* die Überlebenden des Schiffbruch[e]s. **Syn.:** Havarie, Kollision; * **Schiffbruch erleiden:** *keinen Erfolg haben; scheitern:* mit seinen Plänen erlitt er Schiffbruch.

Schiff|fahrt ['ʃɪffa:ɐ̯t], die; -: *Schiffsverkehr:* für die Schifffahrt wurden neue Möglichkeiten erschlossen. **Zus.:** Dampfschifffahrt, Seeschifffahrt.

Schi|ka|ne [ʃi'ka:nə], die; -, -n: *[unter Ausnutzung staatlicher oder dienstlicher Machtbefugnisse getroffene] Maßnahme, durch die jmdm. böswillig Schwierigkeiten bereitet werden:* er war den Schikanen seines Vorgesetzten ausgeliefert. **Syn.:** Bosheit, Gemeinheit.

schi|ka|nie|ren [ʃika'ni:rən] ⟨tr.; hat⟩: *mit Schikanen quälen, ärgern:* der Chef schikanierte seine Untergebenen [bis aufs Blut]. **Syn.:** drillen, malträtieren, misshandeln, peinigen (geh.), piesacken (ugs.), plagen, quälen, schinden, striegeln (ugs.), tyrannisieren, verfolgen, zusetzen.

schi|ka|nös [ʃika'nø:s] ⟨Adj.⟩: *eine Schikane darstellend, auf Schikanen bedacht:* eine schikanöse Behandlung; jmdn. schikanös behandeln.

[1]Schild [ʃɪlt], das; -[e]s, -er: *meist rechteckige Tafel, Platte von unterschiedlicher Größe und aus unterschiedlichem Material, die, beschriftet oder mit Zeichen o. Ä. versehen, auf etwas hinweist:* er hatte kein Schild mit seinem Namen an der Tür; das Schild bedeutet »Überholverbot«; im Wartezimmer hing ein Schild »Rauchen verboten«. **Syn.:** Aufkleber, Etikett, Markierung, Piktogramm, Verkehrszeichen, Wegweiser. **Zus.:** Firmenschild, Gebotsschild, Hinweisschild, Ladenschild, Namensschild, Nummernschild, Ortsschild, Stoppschild, Straßenschild, Türschild, Verbotsschild, Warnschild.

[2]Schild [ʃɪlt], der; -[e]s, -e: *aus einer meist runden, leicht gekrümmten Platte mit einem Griff auf der Rückseite bestehende Schutzwaffe, die man gegen Angriffe von vorn vor seinen Oberkörper hält:* im Museum sind auch römische Schilde ausgestellt. **Zus.:** Schutzschild.

schil|dern ['ʃɪldɐn] ⟨tr.; hat⟩: *ausführlich, anschaulich mit Worten wiedergeben, beschreiben:* jmdm. seine Eindrücke schildern; der Lehrer schilderte anschaulich die Eroberung Roms. **Syn.:** ausführen, ausmalen, beschreiben, darlegen, darstellen, erzählen, illustrieren, veranschaulichen.

Schild|krö|te ['ʃɪltkrø:tə], die; -, -n: *Reptil, das besonders in den Tropen und Subtropen lebt, sich schwerfällig bewegt und einen Panzer hat, in den es Kopf und Beine einziehen kann:* Schildkröten können sehr alt werden; diese Schildkröten legen ihre Eier am Strand ab. **Zus.:** Landschildkröte, Meeresschildkröte, Riesenschildkröte, Wasserschildkröte.

Schilf [ʃɪlf], das; -[e]s, -e: *hohes Sumpfgras, das besonders an Ufern und in feuchten Gebieten wächst:* Matten aus Schilf. **Syn.:** Rohr.

schil|lern ['ʃɪlɐn] ⟨itr.; hat⟩: *in verschiedener Stärke, in wechselnden Farben spielen:* das auf dem Wasser schwimmende Öl schillert bunt. **Syn.:** funkeln, glänzen, glitzern, leuchten.

Schil|ling ['ʃɪlɪŋ], der; -s, -e ⟨aber: 30 Schilling⟩: *Währungseinheit in Österreich (bis 2001):* das Heft kostete 7 Schilling; sie hatte nur noch 30 Schilling.

Schim|mel ['ʃɪml̩], der; -s, -:
1. ⟨ohne Plural⟩ *an feuchten organischen Stoffen und Körpern sich bildender, weißlicher oder grünlicher, von Schimmelpilzen hervorgerufener Überzug:* auf dem alten Brot hat sich Schimmel gebildet; etwas ist von/mit Schimmel überzogen.
2. *weißes Pferd:* die Kutsche wurde von Schimmeln gezogen. **Zus.:** Grauschimmel.

schim|me|lig ['ʃɪməlɪç], **schimm|lig** ['ʃɪmlɪç] ⟨Adj.⟩: *von Schimmel (1) überzogen:* schimm[e]liges Brot. **Syn.:** verschimmelt.

schim|meln ['ʃɪml̩n] ⟨itr.; hat/ist⟩: *Schimmel ansetzen:* der Käse fängt an zu schimmeln. **Syn.:** Schimmel ansetzen, verschimmeln.

Schim|mer ['ʃɪmɐ], der; -s:
1. *mattes Leuchten, gedämpfter Glanz:* der Schimmer des Goldes, der Seide, des Haares. **Syn.:** Glanz, Leuchten, Schein. **Zus.:** Kerzenschimmer, Lichtschimmer, Morgenschimmer, Sternenschimmer.
2. *nur leise Andeutung, Spur von etwas:* der Schimmer eines Lächelns. **Syn.:** Anflug, Hauch, Kleinigkeit, Nuance, Schimmer.

schim|mern ['ʃɪmɐn] ⟨itr.; hat⟩: **a)** *einen matten, gedämpften Glanz haben:* das Kleid aus Seide schimmerte silbrig. **b)** *ein schwaches Licht aussenden, verbreiten:* der Stern schimmerte am Horizont.

schimm|lig ['ʃɪmlɪç]: ↑schimmelig.

Schim|pan|se [ʃɪm'panzə], der; -n, -n: *in Gruppen (auf Bäumen) lebender Menschenaffe mit schwarzbraunem Fell:* einen Schimpansen fotografieren. **Syn.:** Affe.

schimp|fen ['ʃɪmpf̮n̩]:
1. ⟨itr.; hat⟩ **a)** *seinem Unwillen (über jmdn., etwas) in heftigen Worten Ausdruck geben:* auf jmdn. schimpfen; er schimpfte maßlos [über das Essen]. **Syn.:** fluchen, geifern (geh. abwertend), keifen, kläffen, knurren (ugs.), plärren (abwertend), poltern, schelten (geh., landsch.), wettern, zetern (emotional abwertend). **b)** *(besonders ein Kind) mit heftigen Worten zurechtweisen:* die Mutter schimpfte mit den Kindern [wegen der zerbrochenen Fensterscheibe]. **Syn.:** anbrüllen, anfahren, anherrschen, anpfeifen (ugs.), anscheißen (salopp), anschnauzen (ugs.), anschreien, ausschelten (geh., landsch.), ausschimpfen, fertigmachen (ugs.), heruntermachen (ugs.), in den Senkel stellen (ugs.), ins Gebet nehmen (ugs.), rüffeln (ugs.), rügen, tadeln, sich vorknöpfen (ugs.), sich vornehmen (ugs.), zur Minna machen (ugs.), zur Ordnung rufen, zur Sau machen (derb), zur Schnecke machen (ugs.), zusammenstauchen (ugs.).

2. ⟨tr.; hat⟩ *im Zorn (als etwas Bestimmtes, Schimpfliches) bezeichnen:* er schimpfte ihn einen Esel. **Syn.:** hinstellen als, nennen, schelten.

Schimpf|wort [ˈʃɪmpfvɔrt], das; -[e]s, Schimpfwörter [ˈʃɪmpfvœrtɐ] und -e: *beleidigender, meist derber Ausdruck, mit dem man im Zorn jmdn. oder etwas belegt:* ein grobes Schimpfwort gebrauchen; mit Schimpfwörtern um sich werfen.

Schin|del [ˈʃɪndl̩], die; -, -n: *kleine, dünne Platte aus Holz zum Decken von Dächern oder Verkleiden von Mauern:* das Dach mit Schindeln decken.

schin|den [ˈʃɪndn̩], schindete, geschunden:
1. ⟨tr.; hat⟩ *schonungslos zu höheren Leistungen antreiben:* Zugtiere, Lasttiere schinden; die Arbeiter werden hier sehr geschunden. **Syn.:** fertigmachen (ugs.), malträtieren, misshandeln, peinigen (geh.), piesacken (ugs.), plagen, quälen, schikanieren, striegeln (ugs.), tyrannisieren.
2. ⟨+ sich⟩ (ugs.) *sich (mit etwas) sehr plagen, abmühen:* du hast dich [in deinem Leben] genug geschunden. **Syn.:** sich abplagen, sich abquälen, sich abrackern (ugs.), sich abschinden (ugs.), sich abschleppen (ugs.), sich anstrengen, sich aufreiben, sich plagen, sich quälen, rackern (ugs.). **Zus.:** abschinden.

Schind|lu|der [ˈʃɪntluːdɐ]: in der Wendung **mit jmdm., etwas Schindluder treiben** (ugs.): *jmdn., etwas schlecht, schändlich behandeln:* er treibt Schindluder mit seiner Gesundheit. **Syn.:** jmdn., etwas malträtieren; jmdn., etwas missbrauchen; jmdn., etwas misshandeln.

Schin|ken [ˈʃɪŋkn̩], der; -s, -:
1. *geräucherte hintere Keule vom Schwein:* roher, gekochter Schinken. **Syn.:** Speck.
2. (ugs.) **a)** *großes, dickes Buch:* solche Schinken lese ich nicht. **Syn.:** ³Band, Schmöker (ugs.), Schwarte (ugs., oft abwertend). **b)** *großes [nicht besonders wertvolles] Gemälde:* für diesen Schinken bekommst du auch auf dem Flohmarkt nichts mehr. **Syn.:** Bild.

Schip|pe [ˈʃɪpə], die; -, -n (landsch.): *Schaufel:* du kannst die Schippe mit auf den Spielplatz nehmen; eine Schippe [voll] Sand.

schip|pen [ˈʃɪpn̩] ⟨tr.; hat⟩ (landsch.): *mit einer Schaufel wegschaffen:* Schnee schippen; wir mussten den ganzen Tag Kartoffeln in den Keller schippen. **Syn.:** schaufeln.

Schirm [ʃɪrm], der; -[e]s, -e: *[tragbarer] Gegenstand, der aufgespannt Schutz gegen Regen bzw. gegen Sonne bietet und aus einem mit Stoff bespannten, zusammenklappbaren Gestell besteht:* den Schirm aufspannen, über sich halten. **Zus.:** Damenschirm, Gartenschirm, Herrenschirm, Kinderschirm, Regenschirm, Sonnenschirm, Stockschirm, Taschenschirm.

Schirm|herr|schaft [ˈʃɪrmhɛrʃaft], die; -: *Ehrenvorsitz, den meist eine Persönlichkeit des öffentlichen Lebens bei einer Veranstaltung o. Ä. übernimmt:* die Schirmherrschaft über die Tagung, Ausstellung übernahm der Bundespräsident.

Schiss [ʃɪs]: in der Wendung **Schiss haben/kriegen** (salopp): *Angst haben/bekommen:* sie hat vor der Prüfung plötzlich Schiss gekriegt. **Syn.:** Angst kriegen, sich ängstigen, Bammel haben/kriegen (salopp), Blut und Wasser schwitzen (ugs.), die Hosen voll haben (salopp), sich fürchten.

schi|zo|phren [ʃit͜soˈfreːn] ⟨Adj.⟩:
1. (Med., Psychol.) *an Schizophrenie leidend, für sie kennzeichnend, auf ihr beruhend:* ein schizophrener Patient.
2. *in sich widersprüchlich, inkonsequent:* eine schizophrene Politik; diese Entscheidung ist doch schizophren.
3. *absurd:* eine völlig schizophrene Idee; unsere Situation ist schizophren.

Schi|zo|phre|nie [ʃit͜sofreˈniː], die; -, -n:
1. (Med., Psychol.) *schwere Psychose, die von Denkstörungen, Wahn und Halluzinationen begleitet wird:* an Schizophrenie erkranken, leiden.
2. ⟨ohne Plural⟩ (bildungsspr.) *das Schizophrensein; schizophrener* (2) *Charakter:* die Schizophrenie dieser Entscheidung muss man zeigen.

schlab|bern [ˈʃlabɐn] ⟨itr.; hat⟩ (ugs.):
1. *eine Flüssigkeit geräuschvoll auflecken:* der Kater schlabbert seine Milch.
2. *sich, seine Kleidung o. Ä. (aus Ungeschicklichkeit od. Achtlosigkeit) beim Essen od. Trinken beschmutzen:* pass auf, dass du nicht schlabberst! **Syn.:** einen Fleck[en] machen, Flecke[n] machen, kleckern (ugs.), klecksen.
3. (ugs.) *sich aufgrund schlabberiger Beschaffenheit schlenkernd [hin und her] bewegen:* das T-Shirt schlabbert an ihr herum.

Schlacht [ʃlaxt], die; -, -en: *schwerer, lang andauernder Kampf zwischen größeren feindlichen Truppenverbänden (im Krieg):* eine Schlacht verlieren. **Syn.:** bewaffnete Auseinandersetzung, Feindseligkeiten ⟨Plural⟩, Gefecht, Kampf, kriegerische Handlungen ⟨Plural⟩. **Zus.:** Feldschlacht, Luftschlacht.

schlach|ten [ˈʃlaxtn̩], schlachtete, geschlachtet ⟨tr.; hat⟩: *(Vieh, Geflügel) fachgerecht töten und zerlegen, um Fleisch für die menschliche Nahrung zu gewinnen:* ein Schwein, eine Ziege, ein Schaf schlachten; ⟨auch itr.⟩ dieser Fleischer schlachtet noch selbst. **Syn.:** abstechen.

Schlach|ter [ˈʃlaxtɐ], der; -s, -, **Schläch|ter** [ˈʃlɛçtɐ], der; -s, -, **Schlach|te|rin** [ˈʃlaxtərɪn], -, -nen, **Schläch|te|rin** [ˈʃlɛçtərɪn], -, -nen (nordd.): *Fleischer, Fleischerin:* sie will Schlachterin werden; die Wurst macht unser Schlächter selbst.

Schlacht|feld [ˈʃlaxtfɛlt], das; -[e]s, -er: *Schauplatz einer Schlacht:* Tausende von Toten blieben auf dem Schlachtfeld zurück.

Schla|cke [ˈʃlakə], die; -, -n:
1. *Rückstand beim Schmelzen von Erz, beim Verbrennen von Koks o. Ä.:* den Ofen von Schlacke reinigen. **Zus.:** Hochofenschlacke.

2. *bei der Verdauung entstehendes Stoffwechselprodukt:* den Körper von Schlacken reinigen.

Schlaf [ʃla:f], der; -[e]s:
a) *Zustand der Ruhe, in dem die körperlichen Funktionen herabgesetzt sind und das Bewusstsein ausgeschaltet ist:* ein langer, ruhiger, tiefer Schlaf; in tiefem Schlaf liegen; aus dem Schlaf erwachen; sie redet im Schlaf. **Syn.:** Ruhe, Schlummer. **Zus.:** Dämmerschlaf, Halbschlaf, Heilschlaf, Nachtschlaf, Todesschlaf, Winterschlaf.
b) *bestimmte Zeit dauerndes Schlafen:* einen kurzen Schlaf halten; versäumten Schlaf nachholen. **Syn.:** Nickerchen (fam.). **Zus.:** Mittagsschlaf.

Schlaf|an|zug [ˈʃla:f|antsu:k], der; -[e]s, Schlafanzüge [ˈʃla:fantsy:gə]:
(aus Jacke und Hose bestehendes) Wäschestück, das im Bett getragen wird: sonntags läuft unser Sohn am liebsten den ganzen Tag im Schlafanzug herum. **Syn.:** Pyjama. **Zus.:** Damenschlafanzug, Herrenschlafanzug, Kinderschlafanzug.

Schlä|fe [ˈʃlɛ:fə], die; -, -n:
Stelle an der Seite des Kopfes, zwischen Auge und Ohr: graue Schläfen haben; der Ball traf ihn an der Schläfe.

schla|fen [ˈʃla:fn̩], schläft, schlief, geschlafen ⟨itr.; hat⟩:
1. *sich im Zustand des Schlafes befinden:* im Bett liegen und schlafen; schlafen gehen; sich schlafen legen. **Syn.:** den Schlaf des Gerechten schlafen (scherzh.), dösen (ugs.), ein Nickerchen machen (fam.), ein Schläfchen machen, in Morpheus' Armen liegen (geh.), pennen (ugs.), ruhen, schlummern (geh.). **Zus.:** durchschlafen, nachschlafen, weiterschlafen.
2. *(an einem bestimmten Ort, in bestimmter Weise) übernachten:* sie haben im Zelt geschlafen; du kannst bei uns schlafen. **Syn.:** kampieren (ugs.), nächtigen (geh.), Quartier nehmen (geh.), sein Lager aufschlagen, seine Zelte aufschlagen (meist scherzh.).
3. *geschlechtlich verkehren:* mit jmdm./miteinander schlafen. **Syn.:** bumsen (salopp), pennen (ugs.).
4. *(in ärgerlicher Weise) bei etwas nicht mit der nötigen Wachheit, Aufmerksamkeit bei der Sache sein:* wenn du schläfst und nicht aufpasst, wirst du die Aufgabe auch nicht lösen können; er schläft bei jedem Vortrag; die Konkurrenz schläft nicht. **Syn.:** abwesend sein, geistig weggetreten sein (ugs.), mit offenen Augen schlafen (ugs.), nicht aufpassen, nicht bei der Sache sein, pennen (ugs.), unaufmerksam sein.

schlaff [ʃlaf] ⟨Adj.⟩:
a) *locker hängend (aus Mangel an Straffheit, festem Gespanntsein oder Ausgefülltsein):* ein schlaffes Segel; die Saite war schlaff gespannt. **Syn.:** lasch, locker, lose, schlapp, schlotternd.
b) *kraftlos:* mit schlaffen Knien ging er zur Tür.

schlaf|los [ˈʃla:flo:s] ⟨Adj.⟩:
ohne Schlaf, ohne schlafen zu können: sie lag stundenlang schlaflos; eine schlaflose Nacht *(Nacht, in der man nicht schlafen kann).*

Schlaf|mit|tel [ˈʃla:fmɪtl̩], das; -s, -:
bei Schlafstörungen helfendes Medikament: ein leichtes, starkes Schlafmittel nehmen.

Schlaf|müt|ze [ˈʃla:fmʏtsə], die; -, -n (ugs.):
a) *Person, die sehr lange schläft:* diese Schlafmütze ist kaum aus dem Bett zu kriegen. **Syn.:** Langschläfer, Langschläferin.
b) *träger, schwerfälliger, auf andere lahm wirkender Mensch:* diese langweilige Schlafmütze. **Syn.:** lahme Ente (ugs. abwertend), Phlegmatiker (bildungsspr.), Phlegmatikerin (bildungsspr.).

schläf|rig [ˈʃlɛ:frɪç] ⟨Adj.⟩:
von Müdigkeit befallen, [schon] halb schlafend und nicht [mehr] aufnahmefähig: um 9 Uhr wurde er schläfrig und ging zu Bett. **Syn.:** benommen, müde, [2]verschlafen.

Schlaf|sack [ˈʃla:fzak], der; -[e]s, Schlafsäcke [ˈʃla:fzɛkə]:
sackartige Hülle, die sich an drei Seiten schließen lässt und in die man beim Übernachten im Freien, im Zelt o. Ä. hineinschlüpft: mit Zelt und Schlafsack in den Urlaub fahren.

schlaf|trun|ken [ˈʃla:ftrʊŋkn̩] ⟨Adj.⟩ (geh.):
vom Schlaf noch ganz benommen, noch nicht ganz wach: jmdn. schlaftrunken ansehen. **Syn.:** benommen, müde, schläfrig, [2]verschlafen.

Schlaf|wa|gen [ˈʃla:fva:gn̩], der; -s, -:
Eisenbahnwagen, der Abteile mit kojenartigen Betten enthält: im Schlafwagen von Berlin nach Budapest fahren. **Syn.:** Liegewagen.

schlaf|wand|le|risch [ˈʃla:fvandlərɪʃ] ⟨Adj.⟩:
unbeirrbar, wie ein Schlafwandler: die Akrobatin bewegte sich mit schlafwandlerischer Sicherheit über das Seil. **Syn.:** beharrlich, unbeirrt.

Schlaf|zim|mer [ˈʃla:ftsɪmɐ], das; -s, -:
Zimmer zum Schlafen: das Schlafzimmer lüften; sie bezieht gerade im Schlafzimmer die Betten.

Schlag [ʃla:k], der; -[e]s, Schläge [ˈʃlɛ:gə]:
1. a) *ein hartes [schmerzhaftes] Auftreffen bewirkende (einmalige) Handlung des Schlagens (mit der Hand, mit einem Gegenstand):* ein Schlag auf den Kopf, mit der Faust, mit dem Schlagstock ließ ihn zu Boden gehen; jmdm. einen Schlag versetzen. **Syn.:** Hieb, Klaps, [1]Puff (ugs.), Schubs (ugs.), Stoß, Stups (ugs.). **Zus.:** Faustschlag, Hammerschlag, Keulenschlag, Stockschlag. **b)** ⟨Plural⟩ *aus wiederholten Schlägen auf den Körper bestehende Züchtigung:* Schläge kriegen, bekommen. **Syn.:** Ohrfeigen, Prügel.
2. *regelmäßige, rhythmisch erfolgende (mit einem bestimmten Geräusch oder Ton verbundene) Bewegung:* der Schlag des Pulses; die einzelnen Schläge des Pendels. **Zus.:** Herzschlag, Pendelschlag, Pulsschlag.
3. *durch einen heftigen Aufprall o. Ä. hervorgerufenes, lautes [einem Knall ähnliches] Geräusch:* man hörte einen Schlag; es tat einen Schlag, als das Gefäß in Stücke sprang. **Syn.:** Knall, Krach. **Zus.:** Donnerschlag, Kanonenschlag.
4. *(bei bestimmten Uhren) durch ein Schlagwerk hervorgebrachter Ton (als akustische Zeitanzeige):* der Schlag *(das Schlagen)* der

Turmuhr. **Zus.:** Glockenschlag, Stundenschlag.
5. *trauriges, einschneidendes Ereignis, das jmdn. sehr hart trifft:* der Tod, die Scheidungsabsicht ihres Mannes war für sie ein schwerer Schlag. **Syn.:** Schock, Tragödie, Trauma, Unglück, Unheil. **Zus.:** Schicksalsschlag.

Schlag|ader [ˈʃlaːk|aːdɐ], die; -, -n: *Ader, die das Blut vom Herzen zu einem Organ oder Gewebe hinführt:* weil eine Schlagader durchtrennt wurde, starb das Opfer noch am Unfallort. **Syn.:** Ader, Arterie.

Schlag|an|fall [ˈʃlaːk|anfal], der; -[e]s, Schlaganfälle [ˈʃlaːk|anfɛlə]: *plötzlicher Ausfall bestimmter Funktionen des Gehirns, durch den Störungen des Bewusstseins und Lähmungen auftreten können:* sie hatte einen Schlaganfall; er leidet an den Folgen eines Schlaganfalls. **Syn.:** Schlag.

schlag|ar|tig [ˈʃlaːk|aːɐ̯tɪç] ⟨Adj.⟩: *plötzlich, schnell und heftig (einsetzend):* nach seiner Beschwerde hörte der Lärm schlagartig auf. **Syn.:** abrupt, auf einmal, jäh, Knall und/auf Fall (ugs.), mit einem Mal, schroff, sprunghaft, über Nacht, überraschend, unerwartet, unverhofft, unvermittelt, unvermutet, unversehens, von heute auf morgen, wie ein Blitz aus heiterem Himmel.

Schlag|ball [ˈʃlaːkbal], der; -[e]s, Schlagbälle [ˈʃlaːkbɛlə]:
1. *kleiner Ball aus Leder:* den Schlagball werfen.
2. ⟨ohne Plural⟩ *Spiel zweier Mannschaften, bei dem der Ball von der einen Partei mit einem Stock geschlagen, von der anderen Partei gefangen und zurückgeworfen wird:* Schlagball spielen.

schla|gen [ˈʃlaːgn̩], schlägt, schlug, geschlagen:
1. a) ⟨tr.; hat⟩ *jmdm., einem Tier einen Schlag, mehrere Schläge versetzen:* er hatte ihn [mit dem Stock ins Gesicht] geschlagen. **Syn.:** boxen, hauen, knuffen (ugs.), ohrfeigen, peitschen, prügeln, verprügeln. **b)** ⟨tr.; hat⟩ *durch einen Schlag o. Ä. verursachen:* er hatte dem Klassenkameraden ein Loch in den Kopf geschlagen. **c)** ⟨+ sich⟩ *eine Schlägerei austragen:* er hat sich mit seinem Nachbarn geschlagen; die beiden Brüder schlagen sich dauernd. **Syn.:** sich balgen, handgemein werden (veraltend), hauen, sich prügeln, raufen.
2. ⟨tr.; hat⟩ *mithilfe eines Schlagwerkzeugs o. Ä. (in etwas) hineintreiben:* er hatte einen Nagel in die Wand geschlagen, um das Bild aufzuhängen. **Syn.:** einrammen, einschlagen, hauen, klopfen, rammen, treiben.
3. ⟨tr.; hat⟩ *durch einen Schlag irgendwohin befördern:* beim Tennis ist es wichtig, den Ball genau in die Ecke des Feldes zu schlagen. **Syn.:** kicken (ugs.), schießen.
4. a) ⟨+ sich⟩ *sich in einem [Wett]kampf o. Ä. in bestimmter Weise bewähren:* sie hat sich [in dem Wettbewerb, in der Diskussion] gut, wacker, vortrefflich geschlagen. **Syn.:** sich behaupten (geh.), sich durchsetzen, sich halten, kämpfen. **b)** ⟨tr.; hat⟩ *in einem [Wett]kampf besiegen:* sie haben ihre Gegner geschlagen. **Syn.:** aus dem Felde schlagen, ausstechen, bezwingen, fertigmachen (ugs.), gewinnen gegen, in die Knie zwingen (geh.), in die Pfanne hauen (salopp), sich [1]durchsetzen gegen, siegen über, triumphieren über, überflügeln, überrollen, überrunden, übertreffen, übertrumpfen, überwältigen, überwinden.
5. a) ⟨itr.; hat⟩ *(die Flügel) heftig und rasch auf und nieder bewegen:* der Vogel schlägt mit den Flügeln. **b)** ⟨itr.; ist⟩ *(bei einem Sturz o. Ä.) mit Heftigkeit gegen etwas fallen:* er ist mit dem Kopf gegen die Tür geschlagen. **Syn.:** anstoßen, bumsen (ugs.), fliegen (ugs.), krachen (ugs.), prallen, stoßen. **c)** ⟨itr.; hat⟩ *einen Schlag, eine Folge von Schlägen hervorbringen (und damit etwas Bestimmtes anzeigen):* der Gong hat geschlagen; die Uhr schlägt, hat neun geschlagen.
6. ⟨tr.; hat⟩ *(auf einem Schlag- oder Saiteninstrument) spielen:* die Trommel, die Harfe schlagen.
7. ⟨tr.; hat⟩ in verblasster Bedeutung: mit dem Zirkel einen Kreis schlagen *(ausführen);* ein Stück Papier um etwas schlagen *(wickeln);* ein Bein über das andere schlagen *(legen).*
8. ⟨itr.; ist⟩ *in Art, Wesen und/oder Aussehen einem anderen Familienmitglied (einer vorausgegangenen Generation) ähnlich sein:* das älteste Kind ist ganz nach meinem Bruder geschlagen. **Syn.:** ähneln, aussehen wie, erinnern an, geraten, gleichen, nachschlagen.

Schla|ger [ˈʃlaːgɐ], der; -s, -:
a) *(zur Unterhaltungsmusik gehörendes) Lied, das für eine bestimmte Zeit sehr beliebt ist, eine eingängige Melodie und meist einen sentimentalen Text hat:* sie hörten, sangen den ganzen Tag Schlager; viele Ältere interessieren sich für die Schlager der 50er- und 60er-Jahre. **Syn.:** Hit (ugs.), Lied, Schnulze (ugs. abwertend). **Zus.:** Karnevalsschlager. **b)** *etwas, was zugkräftig ist, was großen Erfolg hat:* dieses Theaterstück ist der Schlager der Saison; diese Ware ist ein Schlager *(wird sehr gut verkauft).* **Syn.:** Hit (ugs.), Knüller (ugs.), Renner (Jargon). **Zus.:** Exportschlager, Messeschlager, Verkaufsschlager.

Schlä|ger [ˈʃlɛːgɐ], der; -s, -:
1. *(bei verschiedenen Sportarten verwendetes) Gerät, mit dem ein Ball oder eine Kugel in eine bestimmte Richtung geschlagen wird:* den Schläger *(Tennisschläger)* neu bespannen lassen. **Zus.:** Eishockeyschläger, Golfschläger, Hockeyschläger, Tennisschläger, Tischtennisschläger.
2. *männliche Person, die sich gerne an einer Schlägerei beteiligt:* pass auf, dass du dich mit diesem Schläger nicht in einen Streit einlässt! **Syn.:** Rabauke (ugs.), Raufbold (abwertend), Rowdy (abwertend).

Schlä|ge|rei [ʃlɛːgəˈrai̯], die; -, -en: *heftige, oft brutale tätliche Auseinandersetzung zwischen zwei oder mehreren Personen:* in eine Schlägerei verwickelt werden; es kam zu einer wilden Schlägerei. **Syn.:** Handgemenge.

S
Schl

Schlä|ge|rin ['ʃlɛːgərɪn], die; -, -nen:
weibliche Form zu ↑Schläger (2).

schlag|fer|tig ['ʃlaːkfɛrtɪç] ⟨Adj.⟩: *die Gabe besitzend, blitzschnell, gescheit, witzig o. ä. mit einer Gegenrede auf die Äußerung eines anderen zu reagieren:* eine schlagfertige Antwort; sie ist sehr schlagfertig. **Syn.:** geistreich, geistvoll, spritzig, witzig.

Schlag|in|stru|ment ['ʃlaːk|ɪnstrumɛnt], das; -[e]s, -e: *Musikinstrument, bei dem die Töne (auf unterschiedliche Weise) durch Anschlagen hervorgebracht werden:* ein Schlaginstrument spielen.

schlag|kräf|tig ['ʃlaːkkrɛftɪç] ⟨Adj.⟩:
a) *(für einen Krieg) gut ausgerüstet und ausgebildet; Kampfkraft besitzend:* ein schlagkräftiges Heer. **Syn.:** stark. **b)** *von großer Überzeugungskraft und nicht leicht zu widerlegen:* schlagkräftige Argumente vorbringen. **Syn.:** stichhaltig, überzeugend.

Schlag|loch ['ʃlaːklɔx], das; -[e]s, Schlaglöcher ['ʃlaːklœçɐ]: *größeres Loch, defekte Stelle in der Straßendecke; Unebenheit eines Fahrwegs:* die Straße, der Weg ist voller Schlaglöcher; über Schlaglöcher holpern.

Schlag|obers ['ʃlaːk|oːbɐs], das; - (österr.):
Schlagsahne: eine heiße Schokolade mit Schlagobers bitte. **Syn.:** Sahne.

Schlag|sah|ne ['ʃlaːkzaːnə], die; -: *(zum Schlagen vorgesehene bzw. steif geschlagene) süße Sahne:* ein Stück Torte mit Schlagsahne. **Syn.:** Schlagobers (österr.).

Schlag|stock ['ʃlaːkʃtɔk], der; -[e]s, Schlagstöcke ['ʃlaːkʃtœkə]: *kurzer, fester Stock (der der Polizei als Schlagwaffe dient):* die Polizisten mussten ihre Schlagstöcke gebrauchen. **Syn.:** Knüppel, [1]Stock.

Schlag|wort ['ʃlaːkvɔrt], das; -[e]s, Schlagworte ['ʃlaːkvɔrtə], auch: Schlagwörter ['ʃlaːkvœrtɐ]: *kurzer, formelhafter Ausspruch, der oft sehr vereinfachend eine Idee, ein Programm, eine allgemeine Meinung o. Ä. wiedergeben soll:* eine Kampagne unter dem Schlagwort »Soziale Gerechtigkeit« führen. **Syn.:** Parole.

Schlag|zei|le ['ʃlaːktsailə], die; -, -n:
durch große Buchstaben und oft prägnante Formulierung besonders auffällige Überschrift eines Artikels (auf der Titelseite) einer Zeitung: eine reißerische Schlagzeile; die skandalösen Vorgänge lieferten Schlagzeilen für die Presse; *** Schlagzeilen machen:** *über die Presse in der Öffentlichkeit Aufmerksamkeit erregen:* der Fall machte Schlagzeilen.

Schlag|zeug ['ʃlaːktsɔyk], das; -[e]s, -e:
zusammengehörende Gruppe von Schlaginstrumenten (in einem Orchester, einer Band), die von einem einzelnen Musiker gespielt werden: Schlagzeug spielen.

schlak|sig ['ʃlaːksɪç] ⟨Adj.⟩: *(von Jugendlichen) schmal, knochig, hoch aufgeschossen und ungeschickt in den Bewegungen:* ein schlaksiger junger Mann; ein schlaksiges Mädchen. **Syn.:** dünn, dürr (emotional), hager, lang, mager, schlank.

Schla|mas|sel [ʃla'masl̩], der, auch: das; -s (ugs.):
unangenehme, verfahrene Lage, in die jmd. hineingeraten ist: wie werden wir aus diesem Schlamassel wieder herauskommen? **Syn.:** Dilemma, Krise, Not, Probleme ⟨Plural⟩, Schwierigkeiten ⟨Plural⟩, Unannehmlichkeiten ⟨Plural⟩.

Schlamm [ʃlam], der; -[e]s: *(durch Regen, Wasser) in eine breiige Masse verwandelte Erde:* die Straßen waren nach der Überschwemmung voller Schlamm; auf dem Grund des Sees setzt sich Schlamm ab. **Syn.:** Dreck (ugs.), Matsch, Morast.

Schlam|pe ['ʃlampə], die; -, -n (ugs. abwertend):
1. *unordentliche, in ihrem Äußeren nachlässige und ungepflegte weibliche Person; schlampige Frau:* sie ist wirklich eine Schlampe.
2. *Frau, deren Lebensführung als unmoralisch angesehen wird:* die Schlampe treibt es jede Woche mit einem anderen.

schlam|pig ['ʃlampɪç] ⟨Adj.⟩ (ugs.): *in auffälliger Weise unordentlich; überaus nachlässig:* eine schlampige Alte öffnete die Tür; der Mechaniker hat schlampig *(ohne die geringste Sorgfalt)* gearbeitet. **Syn.:** flüchtig, lax, liederlich (abwertend), oberflächlich, schludrig (ugs. abwertend), ungenau.

Schlan|ge ['ʃlaŋə], die; -, -n:
1. *(zu den Reptilien gehörendes) Tier mit lang gestrecktem, walzenförmigem, beinlosem Körper, das sich in Windungen kriechend fortbewegt:* die Schlange kroch auf ihn zu. **Zus.:** Giftschlange, Riesenschlange, Seeschlange.
2. (abwertend) *weibliche Person, die als falsch, hinterlistig, heimtückisch gilt:* sie ist eine richtige Schlange.
3. a) *Anzahl wartender Menschen, die sich in einer Reihe hintereinander aufgestellt haben:* eine lange Schlange steht vor der Theaterkasse. **Syn.:** Kette. **Zus.:** Menschenschlange, Warteschlange. **b)** *größere Anzahl in einem Stau stehender oder sich nur langsam vorwärtsbewegender Autos:* nach dem Unfall bildete sich eine kilometerlange Schlange. **Zus.:** Autoschlange, Fahrzeugschlange.

schlän|geln ['ʃlɛŋl̩n] ⟨+ sich⟩:
a) *sich in Windungen hinziehen, in einer Schlangenlinie verlaufen:* der Bach schlängelte sich durch das Wiesental. **Syn.:** sich winden. **b)** *sich (Hindernissen geschickt ausweichend) vorwärtsbewegen:* er schlängelte sich durch die parkenden Autos. **Zus.:** durchschlängeln, hindurchschlängeln.

schlank [ʃlaŋk] ⟨Adj.⟩:
wohlproportioniert groß oder hoch und zugleich schmal: eine schlanke Gestalt; das Kleid macht dich schlank *(lässt dich schlank erscheinen);* schlanke Pappeln, Säulen. **Syn.:** dünn, lang. **Zus.:** superschlank.

schlank|weg ['ʃlaŋkvɛk] ⟨Adverb⟩ (ugs.):
ohne zu zögern: er hat meinen Vorschlag schlankweg abgelehnt. **Syn.:** einfach, geradeheraus (ugs.), glatt, glattweg (ugs.), kurzerhand, ohne mit der Wimper zu zucken (ugs.), ohne Umschweife, ohne Zaudern, ohne Zögern, rundheraus, rundweg (emotional), unumwunden, unverblümt, unverhohlen (emotional).

schlapp [ʃlap] ⟨Adj.⟩:
a) *vor Erschöpfung sich kraftlos, schwach und matt fühlend:* die Erkältung, das Fieber hat sie ganz schlapp gemacht; sich schlapp fühlen. **Syn.:** entkräftet, ermattet (geh.), geschwächt, schwächlich. **b)** *locker, schlaff:* die Fahne hing schlapp am Mast.

Schlap|pe [ˈʃlapə], die; -, -n (ugs.):
Niederlage, die jmd. bei einem Wettkampf, Wettbewerb o. Ä. erleidet: eine Schlappe erleiden, einstecken müssen. **Syn.:** Debakel, Fehlschlag, Flop (ugs.), Misserfolg, Pleite (ugs.), Reinfall (ugs.). **Zus.:** Riesenschlappe.

schlapp|ma|chen [ˈʃlapmaxn̩], machte schlapp, hat schlappgemacht ⟨itr.; hat⟩ (ugs.):
bei einer körperlichen Anstrengung, Belastung nicht durchhalten, durch sie in einen Schwächezustand geraten: viele machten bei der großen Hitze schlapp; du darfst jetzt nicht schlappmachen. **Syn.:** aufgeben, aufhören, aufstecken (ugs.), resignieren.

Schlapp|schwanz [ˈʃlapʃvant͜s], der; -es, Schlappschwänze [ˈʃlapʃvɛnt͜sə] (salopp abwertend):
willensschwacher, energieloser Mensch; Schwächling: dieser Schlappschwanz traut sich überhaupt nichts zu; (auch als Schimpfwort:) du Schlappschwanz! **Syn.:** Angsthase (ugs.), Drückeberger (ugs. abwertend), Feigling (abwertend), Memme (veraltend abwertend), Waschlappen (ugs. abwertend).

Schla|raf|fen|land [ʃlaˈrafn̩lant], das; -[e]s:
märchenhaftes Land, in dem es nichts als Wohlleben und Müßiggang gibt: man lebt dort wie im Schlaraffenland. **Syn.:** Garten Eden; Land, wo Milch und Honig fließt; Paradies.

schlau [ʃlau̯] ⟨Adj.⟩:
die Fähigkeit besitzend, Vorteile für sich auszunutzen, seine Absichten mit geeigneten Mitteln, die anderen verborgen sind oder auf die sie nicht kommen, zu erreichen: er ist ein schlauer Fuchs; so schlau wie sie bist du nicht. **Syn.:** aufgeweckt, ausgekocht (ugs. abwertend), begabt, clever, durchtrieben, findig, gerissen (ugs.), gewandt, gewieft (ugs.), gewitzt, intelligent, klug, listig, pfiffig, raffiniert, scharfsinnig, [2]verschlagen (abwertend), verschmitzt.

Schlau|ber|ger [ˈʃlau̯bɛrɡɐ], der; -s, - (ugs.; meist scherzh. oder ironisch):
schlauer, pfiffiger Mensch: er ist ein Schlauberger; dieser Schlauberger weiß ja immer alles besser. **Syn.:** Fuchs (ugs.).

Schlauch [ʃlau̯x], der; -[e]s, Schläuche [ˈʃlɔy̯çə]:
a) *biegsame Röhre aus Gummi oder Kunststoff, durch die Flüssigkeiten oder Gase geleitet werden:* ein Schlauch zum Sprengen des Rasens; einen Schlauch aufrollen. **Zus.:** Gummischlauch, Wasserschlauch. **b)** *kreisförmig geschlossener, röhrenartiger Teil von Fahr- oder Autoreifen, der mit Luft gefüllt wird:* der Schlauch hat ein Loch, ist kaputt; den Schlauch aufpumpen, flicken.

schlau|chen [ˈʃlau̯xn̩] ⟨tr.; hat⟩ (ugs.):
bis zur äußersten Erschöpfung anstrengen: diese Arbeit hat mich ganz schön geschlaucht. **Syn.:** strapazieren.

Schläue [ˈʃlɔy̯ə], die; -:
das Schlausein: seine Schläue half ihm hier nicht weiter; seine Züge verrieten Schläue.

Schlau|fe [ˈʃlau̯fə], die; -, -n:
a) *an etwas befestigtes, ringförmig zusammengefasstes Band aus Leder, Kunststoff o. Ä., das als Griff zum Festhalten oder zum Tragen dient:* die Schlaufe an einem Skistock; die Schnur am Paket mit einer Schlaufe versehen. **Syn.:** Schlinge. **b)** *an Kleidungsstücken angenähter Streifen aus Stoff, der den Gürtel o. Ä. hält:* er machte den Gürtel auf und zog ihn aus den Schlaufen. **Zus.:** Gürtelschlaufe.

schlecht [ʃlɛçt] ⟨Adj.⟩:
1. *von geringer Qualität, viele Mängel aufweisend, minderwertig, unzulänglich* /Ggs. gut/: eine schlechte Ernte; der Stoff, das Material ist sehr schlecht; der Kaffee schmeckt schlecht; das Messer schneidet nicht schlecht *(schneidet sehr gut)*. **Syn.:** billig, dürftig, elend (emotional), erbärmlich, kläglich, kümmerlich, lausig, mies, miserabel (emotional), saumäßig (salopp abwertend), schäbig (abwertend), schwach, übel, ungenießbar, unter aller Kanone (ugs.), unter aller Kritik (ugs.), unter aller Sau (derb abwertend).
2. *ungünstig, nachteilig für etwas, nicht glücklich, schlimm* /Ggs. gut/: schlechte Zeiten; schlechte Voraussetzungen, schlechtes Wetter haben; die Prüfung ist schlecht für sie ausgegangen. **Syn.:** erbärmlich, lausig (ugs.), mies, miserabel (emotional), negativ, saumäßig (salopp abwertend), schwach, übel, unerfreulich.
3. *unangenehm:* eine schlechte Angewohnheit; ein schlechter Geruch. **Syn.:** ekelhaft, eklig, fies (ugs.), garstig, grässlich (ugs.), gräulich (emotional), hässlich, lästig (ugs.), scheußlich, störend, übel, unappetitlich, unerfreulich, unerquicklich (geh.), ungut, unliebsam, widerlich (abwertend), widerwärtig.
4. * jmdm. ist/wird schlecht: *jmd. fühlt sich nicht wohl [und muss sich übergeben]:* nach dem Essen wurde ihr ganz schlecht. **Syn.:** übel.
5. (ugs.) *(von Speisen o. Ä.) verdorben und nicht mehr genießbar:* das Kompott ist schlecht [geworden]; du darfst die Sachen nicht schlecht werden lassen. **Syn.:** sauer, ungenießbar.
6. *charakterlich, moralisch nicht einwandfrei* /Ggs. gut/: er ist ein schlechter Mensch; in schlechte Gesellschaft geraten. **Syn.:** böse, lasterhaft, liederlich (abwertend), ruchlos (geh.), schamlos, unanständig, unmoralisch, verdorben, verkommen.

schlech|ter|dings [ˈʃlɛçtɐˈdɪŋs] ⟨Adverb⟩ (veraltend):
geradezu, ganz und gar; ohne Einschränkung, überhaupt: das ist schlechterdings unmöglich; es gefiel ihr schlechterdings alles; es war mir schlechterdings unmöglich, früher zu kommen. **Syn.:** [2]absolut, ganz, gänzlich (emotional), komplett, restlos (ugs.), total, völlig, vollkommen, vollständig.

schlecht|hin [ˈʃlɛçtˈhɪn] ⟨Adverb⟩:
a) ⟨vor einem Adjektiv⟩ *ganz einfach; ohne Einschränkung:* sein Verhalten war schlechthin unverschämt. **Syn.:** einfach,

schlicht. **b)** ⟨einem Substantiv nachgestellt⟩ *in reinster Ausprägung, an sich, als solche[r]:* der Satan gilt als das Böse schlechthin.

Schlech|tig|keit [ˈʃlɛçtɪçkai̯t], die; -, -en:
a) ⟨ohne Plural⟩ *das Schlechtsein; schlechte Eigenschaft, Beschaffenheit:* über die Schlechtigkeit der Menschen klagen; aus purer Schlechtigkeit Böses tun. **Syn.:** Bosheit, Gemeinheit, Niedertracht (geh.). **b)** *moralisch schlechte, verwerfliche Handlung:* sie zählte mir alle seine Schlechtigkeiten auf; für seine Schlechtigkeiten büßen. **Syn.:** Bosheit, Gemeinheit, Niedertracht (geh.).

schlecht|ma|chen [ˈʃlɛçtmaxn̩], machte schlecht, schlechtgemacht ⟨tr.; hat⟩:
Negatives über jmdn., etwas sagen, verbreiten: alles muss sie schlechtmachen; er versuchte, seinen Kollegen bei jeder Gelegenheit schlechtzumachen. **Syn.:** abqualifizieren, [1]anhängen (ugs.), anschwärzen (ugs.), diffamieren, diskriminieren (bildungsspr.), herabsetzen, heruntermachen (ugs.), herziehen über (ugs.), in den Schmutz ziehen, in ein schlechtes Licht setzen, madigmachen (ugs.), miesmachen (ugs. abwertend), mit Schmutz bewerfen, verleumden, verteufeln (abwertend).

schlei|chen [ˈʃlai̯çn̩], schlich, geschlichen:
a) ⟨itr.; ist⟩ *sich leise, vorsichtig und langsam, heimlich [zu einem Ziel] bewegen:* die Katze schleicht; er ist nachts ums Haus geschlichen; er war auf Zehenspitzen geschlichen, um die Kinder nicht zu wecken. **b)** ⟨+ sich⟩ *sich heimlich und unbemerkt nähern oder entfernen:* ich hatte mich aus dem Haus geschlichen. **c)** ⟨itr.; ist⟩ (ugs.) *[vor Müdigkeit, Erschöpfung] langsam und mit schleppenden Schritten gehen:* sie waren, von der Arbeit erschöpft, nach Hause geschlichen. **Syn.:** sich schleppen.

Schlei|er [ˈʃlai̯ɐ], der; -s, -:
[den Kopf oder das Gesicht einer Frau verhüllendes] Stück eines feinen, meist durchsichtigen Gewebes: den Schleier zurückschlagen; einen Schleier tragen. **Zus.:** Brautschleier, Spitzenschleier.

schlei|er|haft [ˈʃlai̯ɐhaft]:
in der Wendung **jmdm. schleierhaft sein, bleiben** (ugs.): *jmdm. unerklärlich, ein Rätsel sein/bleiben:* wie er das geschafft hat, ist mir schleierhaft. **Syn.:** jmdm. rätselhaft sein/bleiben, jmdm. unbegreiflich sein/bleiben, jmdm. unerklärlich sein/bleiben.

Schlei|fe [ˈʃlai̯fə], die; -, -n:
1. *in bestimmter Weise geschlungene Verknüpfung der Enden einer Schnur, eines Bandes o. Ä., die leicht gelöst werden kann:* er löste die Schleife an seinem Schuh; eine Schleife ins Haar binden. **Zus.:** Haarschleife.
2. *starke Biegung eines Wasserlaufs, einer Straße o. Ä., die fast entgegengesetzt zur ursprünglichen Richtung verläuft:* die Straße macht eine Schleife. **Syn.:** Kehre, Kurve, Windung. **Zus.:** Wendeschleife.

[1]**schlei|fen** [ˈʃlai̯fn̩], schliff, geschliffen ⟨tr.; hat⟩:
1. *durch gleichmäßiges Reiben der Oberfläche an etwas Rauem (z. B. an einem Schleifstein, Wetzstahl o. Ä.) schärfen:* ein Messer, eine Schere, Säge schleifen; eine scharf geschliffene Sense. **Syn.:** wetzen.
2. *die Oberfläche von Glas, Edelsteinen o. Ä. mit einem Werkzeug oder einer Maschine bearbeiten, sodass eine bestimmte Form entsteht:* Glas, Diamanten schleifen. **Syn.:** glätten, polieren.
3. (ugs.) *(von Rekruten) einer übermäßig harten Ausbildung, übermäßig hartem Drill unterziehen:* Soldaten schleifen. **Syn.:** drillen.

[2]**schlei|fen** [ˈʃlai̯fn̩], schleifte, geschleift:
1. a) ⟨tr.; hat⟩ *[gewaltsam, mit Mühe] über den Boden oder eine Fläche hinwegziehen:* er schleifte den Sack [aus dem Hof, in eine Ecke]. **Syn.:** abschleppen, schleppen, ziehen. **b)** ⟨itr.; hat⟩ *(von Sachen) in der Bewegung den Boden oder eine Fläche reibend berühren:* das Kleid schleifte auf dem, über den Boden.
2. ⟨tr.; hat⟩ *(der Befestigung dienende Bauten) niederreißen, dem Erdboden gleichmachen:* die Feinde schleiften die Mauern der Stadt. **Syn.:** abreißen.

Schleim [ʃlai̯m], der; -[e]s:
1. *zähflüssige, klebrige Masse, die von Drüsen und Zellen abgesondert wird:* blutiger, eitriger Schleim; Schleim im Hals, im Mund, in der Nase; Schleim absondernde Zellen. **Zus.:** Nasenschleim.
2. *sämige, dickflüssige bis breiartige Speise [für Magenkranke], aus Körnerfrüchten oder Flocken:* er bekommt dreimal täglich Schleim. **Syn.:** Brei. **Zus.:** Haferschleim.

schlei|mig [ˈʃlai̯mɪç] ⟨Adj.⟩:
1. *aus Schleim bestehend, wie Schleim beschaffen:* die Schnecke zog eine schleimige Spur über das Blatt.
2. (abwertend) *falsch, freundlich, schmeichelnd und heuchlerisch:* ein schleimiger Typ.

schlem|men [ˈʃlɛmən] ⟨itr.; hat⟩:
(mit Genuss) gut und zugleich reichlich essen (und trinken): ein Restaurant, in dem man schlemmen kann; einmal im Monat wollen sie richtig schlemmen. **Syn.:** genießen (geh.), schwelgen.

schlen|dern [ˈʃlɛndɐn] ⟨itr.; ist⟩:
lässig und gemächlich gehen [ohne ein festes Ziel zu haben]: sie schlenderte durch die Straßen; wenn wir so schlendern, kommen wir zu spät. **Syn.:** bummeln (ugs.), einen Bummel machen (ugs.), einen Spaziergang machen, flanieren, promenieren (geh.), spazieren, spazieren gehen.

Schlen|dri|an [ˈʃlɛndria:n], der; -[e]s (ugs. abwertend):
von Nachlässigkeit, Trägheit, einer gleichgültigen Einstellung gekennzeichnete Art und Weise, bei etwas zu verfahren: gegen [den alten] Schlendrian ankämpfen.

schlen|kern [ˈʃlɛŋkɐn] ⟨tr.; hat⟩:
(etwas) nachlässig hin und her schwingen; (etwas) locker hin und her bewegen: er schlenkerte seine Arme; ⟨auch itr.⟩ mit den baumelnden Beinen hin und her, über den Boden schlenkern. **Syn.:** schwingen.

schlep|pen [ˈʃlɛpn̩]:
1. ⟨tr.; hat⟩ **a)** *(etwas Schweres) schleppend* (1 b) *irgendwohin*

befördern: Pakete zur Post schleppen; er schleppte seinen Koffer nach Hause. **Syn.:** tragen, transportieren. **Zus.:** herbeischleppen, mitschleppen, wegschleppen. **b)** *(etwas Schweres) unter großer Anstrengung, Mühe tragen:* schwere Kisten schleppen; die Schulanfänger schleppen in ihren Ranzen zu viele und zu schwere Bücher.
c) *(besonders von Fahrzeugen) etwas von großem Gewicht hinter sich herziehen, durch Zugkraft fortbewegen:* ein Dampfschiff schleppt die Kähne stromaufwärts; das Segelflugzeug wird bis auf eine bestimmte Höhe geschleppt. **Syn.:** schleifen, ziehen.
2. ⟨+ sich⟩ *sich mühsam, schwerfällig, mit letzter Kraft fortbewegen, irgendwohin bewegen:* sich gerade noch zum Bett schleppen können; ein schleppender Gang. **Syn.:** schleichen.
3. ⟨tr.; hat⟩ (ugs.) *jmdn. [gegen dessen Willen] mittels Überredung an einen bestimmten Ort bringen oder mitnehmen:* jmdn. mit nach Hause, ins Kino schleppen. **Zus.:** mitschleppen.

Schlep|per [ˈʃlɛpɐ], der; -s, -:
a) *kleines, mit einem starken Motor ausgestattetes Schiff, das größere Schiffe schleppt:* der Schlepper zieht das Schiff an seinen Anlegeplatz. **b)** *Traktor:* der Schlepper steht noch im Stall. **Syn.:** Trecker.

schleu|dern [ˈʃlɔydɐn]:
1. ⟨tr.; hat⟩ **a)** *[aus einer drehenden Bewegung heraus] mit kräftigem Schwung und mit Wucht werfen, durch die Luft fliegen lassen:* den Speer schleudern; er hat das Buch in die Ecke, an die Wand geschleudert. **Syn.:** katapultieren, schmeißen (ugs.), schmettern, werfen. **Zus.:** herunterschleudern, wegschleudern. **b)** *in einer Zentrifuge von anderen Stoffen o. Ä. trennen:* er hat Honig geschleudert; Wäsche schleudern.
2. ⟨itr.; ist⟩ *(von Fahrzeugen) besonders auf glatter Fahrbahn durch zu schnelles Fahren in einem Schwung nach beiden Seiten hin rutschend aus der Spur geraten:* das Auto ist geschleudert, geriet ins Schleudern. **Syn.:** ausbrechen, ins Schleudern geraten.

Schleu|se [ˈʃlɔyzə], die; -, -n:
Anlage, die besonders in Flüssen und Kanälen den durch Stau o. Ä. unterschiedlichen Wasserstand vorübergehend ausgleicht, um Schiffen die Weiterfahrt zu ermöglichen: eine Schleuse öffnen, schließen; durch eine Schleuse fahren.

schleu|sen [ˈʃlɔyzn̩] ⟨tr.; hat⟩:
1. *(ein Wasserfahrzeug) eine Schleuse passieren lassen:* Schiffe, Lastkähne schleusen. **Zus.:** durchschleusen, hin durchschleusen.
2. *jmdn. an einem bestimmten Hindernis, Engpass o. Ä. vorbeigeleiten [und an einen bestimmten Ort gelangen lassen]:* jmdn. durch die Passkontrolle, in den Saal schleusen. **Syn.:** bringen, führen, leiten.

schlicht [ʃlɪçt] ⟨Adj.⟩:
1. a) *auf das Nötigste, das Wesentliche beschränkt; einfach und unauffällig, ohne [überflüssigen] Schmuck oder Zierrat:* ein schlichtes Kleid; schlichte Ornamente, Muster; das Gebäude ist sehr schlicht und funktional. **Syn.:** kunstlos, simpel, unscheinbar. **b)** *nicht besonders gebildet, geistig nicht sehr aufgeschlossen; einfach, ungekünstelt und bescheiden:* ein schlichter Mensch; er hat eine schlichte Art; sie ist von schlichter Herzlichkeit. **Syn.:** genügsam.
2. *nichts weiter als:* das ist eine schlichte Tatsache. **Syn.:** bloß, rein.

schlich|ten [ˈʃlɪçtn̩], schlichtete, geschlichtet ⟨tr.; hat⟩:
als unbeteiligter Dritter zwischen streitenden Parteien vermitteln und eine Einigung herbeiführen: es gelang ihr nicht, den Streit zu schlichten; diese Angelegenheit ist von einem Schiedsrichter geschlichtet worden. **Syn.:** aus der Welt schaffen, ausbügeln (ugs.), beilegen, bereinigen, einrenken (ugs.), einschreiten, geradebiegen (ugs.), ins Lot bringen, ins Reine bringen.

schlie|ßen [ˈʃliːsn̩], schloss, geschlossen:
1. ⟨tr.; hat⟩ *nicht offen lassen; bewirken, dass etwas nicht mehr offen steht, offen ist* /Ggs. öffnen/: die Tür, das Fenster schließen; du musst den Deckel noch schließen. **Syn.:** zumachen, zuschlagen, zustoßen, zuwerfen, zuziehen. **Zus.:** aufschließen, zuschließen.
2. a) ⟨tr.; hat⟩ *machen, dass etwas [vorübergehend, für eine bestimmte Zeit] nicht mehr offen, für einen bestimmten Personenkreis geöffnet, ihm zugänglich ist:* das Geschäft schließen; die Schule musste wegen Einsturzgefahr geschlossen werden. **Syn.:** zumachen. **b)** ⟨tr.; hat⟩ *machen, dass etwas von einer bestimmten Zeit an nicht mehr offen, geöffnet ist:* er schließt den Laden gleich; ⟨auch itr.⟩ sie schließen pünktlich um 12 Uhr. **Syn.:** zumachen. **c)** ⟨itr.; hat⟩ *nicht mehr für die Öffentlichkeit, für einen bestimmten Personenkreis offen, geöffnet sein:* das Geschäft schließt donnerstags um 20 Uhr; der Betrieb schließt für vier Wochen. **Syn.:** zumachen.
3. a) ⟨+ sich⟩ *in einen Zustand des Geschlossenseins gelangen:* die Tür des Aufzugs schließt sich; die Blüte schließt sich am Abend. **Syn.:** zugehen. **b)** ⟨itr.; hat⟩ *sich in bestimmter Weise schließen lassen:* der Deckel schließt nicht richtig; die Tür schließt automatisch. **Syn.:** zugehen.
4. ⟨itr.; hat⟩ **a)** *mit einem Schlüssel eine Drehbewegung machen, wodurch bewirkt wird, dass etwas für andere offen, zugänglich bzw. abgeschlossen, unzugänglich ist:* du musst zweimal schließen; ich schließe schon rein mechanisch. **Zus.:** aufschließen, zuschließen. **b)** *(von einem Schlüssel, einem Schloss) [in einer bestimmten Weise] zu betätigen sein, funktionieren:* das Schloss schließt nicht richtig; der Schlüssel schließt etwas schwer.
5. ⟨tr.; hat⟩ **a)** *jmdn., etwas einschließen* (1 c): den Schmuck in eine Kassette schließen; er schloss ihn in den Keller.
b) *anschließen* (1): das Fahrrad an den Fahrradständer schließen.
6. ⟨tr.; hat⟩ **a)** *machen, dass etwas, was auf irgendeine Weise noch unterbrochen oder unzu-*

S
Schl

sammenhängend war, nun etwas Ganzes, Zusammenhängendes ist, sodass alles miteinander verbunden, nicht mehr durch etwas getrennt ist: einen Stromkreis schließen. **Syn.:** verbinden. **b)** *machen, dass etwas, was aufgrund seines Vorhandenseins etwas unterbricht, trennt oder einen Mangel bedeutet, beseitigt wird:* eine Lücke schließen. **Syn.:** zumachen.
7. ⟨tr.; hat⟩ *(eine Veranstaltung o. Ä.) beenden, für beendet erklären:* ich schließe die Sitzung, die Versammlung.
8. a) ⟨itr.; hat⟩ *zum Ende bringen, beenden:* er schloss den Brief, seinen Vortrag mit folgenden Worten …; hiermit möchte ich für heute schließen. **b)** ⟨tr.; hat⟩ *zu Ende gehen, enden:* mit dieser Szene schließt das Stück; die Feier schloss damit, dass ein Lied gesungen wurde. **Syn.:** enden.
9. ⟨tr.; hat⟩ *in sich bergen:* dieses Argument schließt einen Widerspruch in sich. **Syn.:** einschließen.
10. ⟨itr.; hat⟩ **a)** *als Folge [logisch] aus etwas ableiten:* aus deiner Reaktion schließe ich, dass du anderer Meinung bist. **Syn.:** ableiten, den Schluss ziehen, folgern, herleiten, schlussfolgern, zu dem Schluss kommen. **b)** *aufgrund von etwas annehmen:* der Richter schließt [aufgrund der Ermittlungen] auf Mord. **Syn.:** annehmen, sich ausrechnen, vermuten. **c)** *etwas an einem Fall Beobachtetes, Vorhandenes auch für andere Fälle für zutreffend, gültig halten:* du darfst nicht von dir auf andere schließen. **Syn.:** Rückschlüsse ziehen.
11. ⟨+ sich⟩ *sich wie ein Ring um etwas legen:* seine Hände schlossen sich um den Hals seines Opfers. **Syn.:** sich legen, umfassen.
12. als Funktionsverb: Frieden schließen *(sich versöhnen);* eine Ehe schließen *(heiraten);* einen Vertrag schließen *(sich verbünden);* mit jmdm. Freundschaft schließen *(sich mit jmdm. anfreunden).*

Schließ|fach [ˈʃliːsfax], das; -[e]s, Schließfächer [ˈʃliːsfɛçɐ]:
1. *verschließbares Fach, in dem man Gegenstände [gegen Gebühr] eine Zeit lang aufbewahren kann, z. B. Gepäck auf Bahnhöfen:* wo sind denn hier die Schließfächer?; den Koffer für zwei Stunden im Schließfach einschließen.
2. *Postfach* (a): das Schließfach leeren.

¹schließ|lich [ˈʃliːslɪç] ⟨Adverb⟩: *nach längerem Zögern; zum Schluss:* schließlich gab er nach; schließlich haben wir die Sache doch noch in Angriff genommen. **Syn.:** am Ende, am Schluss, endlich, letztlich, zuletzt.

²schließ|lich [ˈʃliːslɪç] ⟨Partikel⟩: dient dazu, auszudrücken, dass eine Feststellung als Begründung für etwas vorher Genanntes gemeint ist; *immerhin:* das muss man ihr schon zugestehen, sie ist schließlich der Boss / schließlich ist sie der Boss; ich bin schließlich kein Krösus!

Schliff [ʃlɪf], der; -[e]s, -e:
1. *Art und Weise, in der etwas geschliffen ist:* der Schliff der Edelsteine ist schön. **Zus.:** Glasschliff.
2. ⟨ohne Plural⟩ *verfeinerte Umgangsformen (die jmdm. durch eine Erziehung vermittelt werden):* ihm fehlt jeder Schliff; er hat keinen Schliff; jmdm. Schliff beibringen. **Syn.:** Benehmen, Bildung, Erziehung, Kinderstube, Kultur, Manieren ⟨Plural⟩.

schlimm [ʃlɪm] ⟨Adj.⟩:
1. *schwerwiegend und üble Folgen habend:* ein schlimmer Fehler; etwas nimmt ein schlimmes Ende, hat schlimme Folgen; die Sache war nicht so schlimm wie befürchtet. **Syn.:** entsetzlich, ernst, fatal, furchtbar, fürchterlich (ugs.), gefährlich, grässlich (emotional), grauenhaft (emotional), grauenvoll (emotional), grob, katastrophal, kritisch, schauderhaft (ugs. abwertend), schauerlich, schaurig, scheußlich, schrecklich, übel, unheilvoll, verflucht (salopp), verhängnisvoll.
2. *in hohem Maße unangenehm, unerfreulich o. Ä.:* eine schlimme Erfahrung; schlimme Zeiten; eine schlimme Nachricht; das ist doch nicht so schlimm. **Syn.:** arg (landsch.), fatal, misslich, negativ, schlecht, übel, unerquicklich (geh.), ungünstig, ungut, verteufelt (ugs. emotional).
3. *(in moralischer Hinsicht) verwerflich, böse, niederträchtig:* eine schlimme Handlungsweise, Tat. **Syn.:** arg (geh., veraltet), bösartig, boshaft, böswillig, garstig, gemein, niedrig, perfid[e] (bildungsspr.), übel.
4. (fam.) *(von einem bestimmten Körperteil, Organ o. Ä.) entzündet, verletzt, schmerzend:* einen schlimmen Finger, Zahn haben. **Syn.:** böse (ugs.), wund.

Schlin|ge [ˈʃlɪŋə], die; -, -n:
1. *zu runder oder länglicher Form ineinander verknüpftes Stück Schnur, Draht, Stoff o. Ä. [das zusammengezogen werden kann]:* eine Schlinge knüpfen, machen, zuziehen, lockern; eine Schlinge aus Draht. **Syn.:** Schlaufe.
2. *(von Wilderern verwendetes) Gerät zum Fangen von Tieren:* ein Hase hat sich in der Schlinge verfangen. **Syn.:** Falle.

Schlin|gel [ˈʃlɪŋl̩], der; -s, - (scherzh.): *pfiffiger, übermütiger, zu Streichen aufgelegter Junge:* na, du kleiner Schlingel; er ist ein Schlingel. **Syn.:** Junge, Lausbub (ugs.), Lausejunge (ugs.), Lümmel (abwertend), Strolch (fam. scherzh.).

¹schlin|gen [ˈʃlɪŋən], schlang, geschlungen:
a) ⟨tr.; hat⟩ *etwas um etwas legen bzw. [mehrfach] um etwas herumwickeln:* sie hatte ein Tuch lose um den Hals geschlungen. **Syn.:** binden, wickeln. **b)** ⟨+ sich⟩ *sich um etwas [herum]winden:* die Pflanze schlingt sich um die Stäbe des Geländers. **Syn.:** sich ranken, sich ringeln, sich schlängeln. **Zus.:** umschlingen.

²schlin|gen [ˈʃlɪŋən], schlang, geschlungen:
⟨tr.; hat⟩ *gierig und hastig essen:* er schlang seine Suppe; ⟨auch itr.⟩ schling nicht so!

schlin|gern [ˈʃlɪŋɐn]:
a) ⟨itr.; hat⟩: *(von Schiffen bei Seegang) sich um die Längsachse drehen, wobei abwechselnd die eine und die andere Längsseite stärker ins Wasser taucht:* das

Boot, Schiff schlingert. **Syn.:** auf den Wellen tanzen, schaukeln, schwanken, stampfen. **b)** ‹itr.; ist› *sich schlingernd fortbewegen:* die Boote schlingerten durch die raue See. **Syn.:** schaukeln.

Schlips [ʃlɪps], der; -es, -e (ugs.): *Krawatte:* einen Schlips umbinden, tragen. **Syn.:** Binder.

Schlit|ten [ˈʃlɪtn̩], der; -s, -: *niedriger Sitz aus Holz oder Plastik (mit zwei vorn hochgebogenen Kufen verschiedener Länge) zum Fahren im Schnee, der besonders von Kindern verwendet wird:* die Kinder fahren Schlitten, fahren mit dem Schlitten den Hang hinunter. **Syn.:** Bob. **Zus.:** Hundeschlitten, Pferdeschlitten, Rodelschlitten.

schlit|tern [ˈʃlɪtɐn]:
1. a) ‹itr.; hat› *mit einem Anlauf über eine glatte Schnee- od. Eisfläche rutschen:* die Kinder hatten den ganzen Nachmittag geschlittert. **b)** ‹itr.; ist› *sich schlitternd über etwas hin bewegen:* die Kinder sind über die gefrorenen Pfützen geschlittert. **Syn.:** gleiten, rutschen.
2. ‹itr.; ist› *auf einer glatten Fläche, auf glattem Untergrund [aus]gleiten, ins Rutschen kommen:* der Wagen schlitterte auf der vereisten Straße; die Dose schlitterte über die Eisfläche. **Syn.:** rutschen.
3. ‹itr.; ist› *unversehens, ohne Absicht, ohne es zu wollen in eine bestimmte [unangenehme] Situation hineingeraten:* das Unternehmen ist in die Pleite geschlittert. **Syn.:** geraten, rutschen.

Schlitt|schuh [ˈʃlɪtʃuː], der; -[e]s, -e: *Stiefel mit einem unter der Sohle angebrachten schmalen Stück Stahl, mit dem man auf dem Eis gleiten kann:* wir sind/haben [früher viel] Schlittschuh gelaufen; die Schlittschuhe ausziehen.

Schlitz [ʃlɪt͜s], der; -es, -e: *längliche, schmale Öffnung, die in etwas eingeschnitten o. Ä. ist oder durch Verschieben von Teilen vorübergehend hergestellt werden kann:* er schob den Brief durch den Schlitz des Briefkastens; sie steckte eine Münze in den Schlitz des Automaten. **Syn.:** [1]Fuge, Ritze, Spalt, Zwischenraum. **Zus.:** Briefkastenschlitz, Sehschlitz, Türschlitz.

Schloss [ʃlɔs], das; -es, Schlösser [ˈʃlœsɐ]:
1. *(an Türen und an bestimmten, verschließbaren Behältern) Vorrichtung zum Verschließen:* ein einfaches, rostiges Schloss; das Schloss der Tür; den Schlüssel ins Schloss stecken. **Zus.:** Sicherheitsschloss, Türschloss.
2. *meist mehrflügliges (den Baustil seiner Zeit repräsentierendes), prächtig ausgestattetes Wohngebäude fürstlicher Herrschaften:* das Heidelberger Schloss; auf/in einem Schloss wohnen. **Syn.:** Palast. **Zus.:** Barockschloss, Fürstenschloss, Königsschloss.

Schlos|ser [ˈʃlɔsɐ], der; -s, -, **Schlos|se|rin** [ˈʃlɔsərɪn], die; -, -nen: *Person, die als Handwerker, Handwerkerin oder Facharbeiter, Facharbeiterin Metall verarbeitet, bestimmte Gegenstände o. Ä. daraus herstellt, formt, montiert o. Ä.:* der Schlosser montiert unser Garagentor. **Zus.:** Autoschlosser, Autoschlosserin, Maschinenschlosser, Maschinenschlosserin.

Schlot [ʃloːt], der; -[e]s, -e, seltener: Schlöte [ʃløːtə]: *hoher Schornstein (von Fabriken und Dampfschiffen):* die Luft wird von den rauchenden Schloten verpestet; er raucht, qualmt wie ein Schlot (ugs.; *er raucht sehr viel*). **Zus.:** Fabrikschlot.

schlot|tern [ˈʃlɔtɐn] ‹itr.; hat›:
1. *(vor Kälte oder durch eine Gemütsbewegung verursacht) heftig zittern:* sie schlotterten vor Kälte, vor Angst. **Syn.:** beben, vibrieren.
2. (ugs.) *(von Kleidungsstücken, die dem Träger zu weit [geworden] sind) lose, schlaff am Körper herabhängen:* die Kleider schlotterten ihm um den Leib, schlotterten um seinen Körper. **Syn.:** am Leibe hängen, baumeln (ugs.), schlenkern.

Schlucht [ʃlʊxt], die; -, -en: *tief eingeschnittenes, enges Tal mit steil aufragenden Wänden:* eine enge, felsige, dunkle Schlucht. **Syn.:** Klamm. **Zus.:** Bergschlucht, Felsenschlucht, Gebirgsschlucht, Talschlucht.

schluch|zen [ˈʃlʊxt͜sn̩] ‹itr.; hat›: *krampfhaft, stoßweise atmend, weinend [seelischen] Schmerz, tiefe innere Bewegung äußern:* heftig, erbärmlich schluchzen; ins Taschentuch schluchzen; mit schluchzender Stimme.

Schluck [ʃlʊk], der; -[e]s, Schlucke, selten auch: Schlücke [ˈʃlʏkə]: *Flüssigkeitsmenge, die man beim Trinken mit einem Mal schluckt:* einen [kräftigen, tüchtigen, tiefen, großen, kleinen] Schluck trinken; noch drei Schlucke, und die Medizin ist weg; (als Maßangabe) einige Schluck Wasser, Kaffee; etwas bis auf den letzten Schluck austrinken. **Syn.:** Zug (5 a).

Schluck|auf [ˈʃlʊk|a͜uf], der; -s: *wiederholtes, (durch reflexartige Zusammenziehung des Zwerchfells hervorgerufenes) unwillkürliches, ruckartiges Einatmen, das mit einem glucksenden Geräusch verbunden ist:* einen Schluckauf kriegen, bekommen, haben.

schlu|cken [ˈʃlʊkn̩]:
1. a) ‹tr.; hat› *(durch Bewegungen bestimmter Muskeln) vom Mund in die Speiseröhre und den Magen gelangen lassen:* er schluckte die Tablette unzerkaut; sie hat beim Schwimmen versehentlich Wasser geschluckt. **Zus.:** herunterschlucken, hinunterschlucken, runterschlucken. **b)** ‹itr.; hat› *Schluckbewegungen machen:* vor Schmerzen im Hals konnte sie kaum schlucken.
2. ‹tr.; hat› (ugs.) *etwas Unangenehmes widerwillig, aber ohne aufzubegehren, hinnehmen:* er hat den Vorwurf, den Tadel geschluckt. **Syn.:** aushalten, ausstehen, einstecken (ugs.), erdulden, ertragen, sich schicken in, tragen, überstehen, verkraften, verschmerzen.

Schluck|imp|fung [ˈʃlʊk|ɪmpf͜ʊŋ], die; -, -en: *Impfung, bei der der Impfstoff nicht eingespritzt, sondern geschluckt wird:* eine Schluckimpfung gegen Kinderlähmung durchführen; zur Schluckimpfung gehen.

schlu|dern [ˈʃluːdɐn] ‹itr.; hat› (ugs. abwertend): *flüchtig und im Ergebnis unordentlich, nachlässig arbeiten:* bei deinen Aufgaben hast du wieder geschludert. **Syn.:** murksen (ugs. abwertend), Pfusch machen (ugs. abwertend), pfuschen (ugs. abwertend).

schlud|rig [ˈʃluːdrɪç] ⟨Adj.⟩ (ugs. abwertend):
(in Bezug auf die Ausführung o. Ä. von etwas) unordentlich, nachlässig: eine schludrige Arbeit, Schrift; ein schludriger Mensch; schludrig arbeiten. **Syn.:** schlampig (ugs.).

Schlum|mer [ˈʃlʊmɐ], der; -s (geh.):
[als wohltuend, entspannend empfundener] Schlaf: ein leichter, kurzer Schlummer; jmdn. aus dem Schlummer reißen; er wurde in seinem Schlummer gestört; nach kurzem Schlummer erwachte sie. **Syn.:** Ruhe.

schlum|mern [ˈʃlʊmɐn] ⟨itr.; hat⟩ (geh.):
im Schlummer liegen: sanft, ruhig, tief schlummern; der Großvater schlummerte eine Weile im Sessel. **Syn.:** dösen (ugs.), ruhen, schlafen.

Schlund [ʃlʊnt], der; -[e]s, Schlünde [ˈʃlʏndə]:
hinter der Mundhöhle und dem Kehlkopf liegender Raum, der in die Speiseröhre übergeht: er hatte einen trockenen Schlund; mir brennt der Schlund. **Syn.:** Gurgel, Hals, Kehle, Rachen.

schlüp|fen [ˈʃlʏpf̩n] ⟨itr.; ist⟩:
1. *sich schnell und geschmeidig [durch eine enge Öffnung, einen engen Raum] hindurchbewegen:* sie schlüpfte durch den Spalt der Tür; das Wiesel ist durch den Maschendrahtzaun geschlüpft. **Zus.:** durchschlüpfen, hindurchschlüpfen.
2. *(in Bezug auf ein Wäsche-, Kleidungsstück) ohne Mühe, mit einer schnellen Bewegung anziehen, überstreifen:* sie schlüpfte in den Mantel. **Syn.:** anlegen, anziehen, überziehen, umlegen. **Zus.:** hineinschlüpfen.
3. *sich aus dem Ei, der Puppe, der Larve herauslösen; hervorkommen:* die Küken, die Raupen sind geschlüpft. **Syn.:** ausschlüpfen.

Schlüp|fer [ˈʃlʏpfɐ], der; -s, -:
Unterhose mit kurzen Beinen, besonders für Damen und Kinder: ein vergilbter Schlüpfer; einen neuen Schlüpfer, ein Paar neue Schlüpfer anziehen. **Syn.:** Slip.

Schlupf|loch [ˈʃlʊpflɔx], das; -[e]s, Schlupflöcher [ˈʃlʊpflœçɐ]:
Loch, offene Stelle in einem umschlossenen Bereich o. Ä., durch die besonders ein Tier hindurchschlüpfen kann (um so nach draußen bzw. an einen sicheren Ort zu gelangen): die Katze kroch durch das Schlupfloch in der Mauer. **Syn.:** Durchgang, Durchlass.

schlüpf|rig [ˈʃlʏpfrɪç] ⟨Adj.⟩:
a) *(von einer Oberfläche) so feucht und glatt, dass man keinen Halt findet, leicht abrutscht o. Ä.:* schlüpfrige Straßen; schlüpfrig wie ein Aal; auf dem schlüpfrigen Boden rutschte sie aus. **Syn.:** glitschig. **b)** (abwertend) *zweideutig, anstößig:* seine Witze sind immer etwas schlüpfrig. **Syn.:** anrüchig, doppeldeutig, nicht salonfähig, nicht stubenrein (scherzh.), obszön, schamlos, schweinisch (ugs. abwertend), unanständig, unflätig, ungehörig.

schlur|fen [ˈʃlʊrfn̩] ⟨itr.; ist⟩:
a) *geräuschvoll [und schleppend] gehen, indem man die Schuhe über den Boden schleifen lässt:* man hört ihn durchs Haus schlurfen; schlurfende Schritte. **Syn.:** latschen, trotten. **Zus.:** herumschlurfen, hinausschlurfen, umherschlurfen, wegschlurfen. **b)** *sich schlurfend zu etwas, über etwas hin bewegen:* sie schlurfte in die Küche. **Syn.:** latschen, trotten. **Zus.:** herumschlurfen, hinausschlurfen, umherschlurfen, wegschlurfen.

schlür|fen [ˈʃlʏrfn̩] ⟨tr.; hat⟩:
(eine Flüssigkeit) geräuschvoll, mit Genuss, in kleinen Schlucken trinken: ein heißes Getränk vorsichtig schlürfen; er schlürfte genussvoll seinen Kaffee; ⟨auch itr.⟩ laut schlürfen.

Schluss [ʃlʊs], der; -es, Schlüsse [ˈʃlʏsə]:
1. a) ⟨ohne Plural⟩ *Zeitpunkt, an dem etwas aufhört, zu Ende geht:* um 10 Uhr ist Schluss; am Schluss, kurz vor Schluss der Veranstaltung; jetzt ist Schluss damit! **Syn.:** Abschluss, Ausgang, Ausklang (geh.), Ende. **Zus.:** Dienstschluss, Einsendeschluss, Meldeschluss, Redaktionsschluss, Sendeschluss.
b) *letzter Abschnitt, Teil o. Ä. von etwas:* der Schluss des Briefes, des Buches; das Fahrradabteil befindet sich am Schluss des Zuges.
2. *Folgerung als Ergebnis einer Überlegung:* das ist kein zwingender Schluss; aus seinen Äußerungen muss man den Schluss ziehen, dass er Bescheid wusste. **Syn.:** Kombination, Schlussfolgerung.

Schlüs|sel [ˈʃlʏsl̩], der; -s, -:
1. *Gegenstand zum Öffnen und Schließen eines Schlosses:* der Schlüssel für den Koffer; den Schlüssel ins Schloss stecken. **Syn.:** Dietrich. **Zus.:** Autoschlüssel, Ersatzschlüssel, Kellerschlüssel, Kofferschlüssel, Wohnungsschlüssel.
2. *Umstand, Sachverhalt o. Ä., der die Erklärung für etwas sonst nicht Verständliches oder Durchschaubares liefert:* dieser Brief war der Schlüssel zum Verständnis seines Verhaltens. **Syn.:** Lösung.
3. *Anweisung zur Umformung von Informationen, Texten, Zeichen in eine andere Gestalt; Anweisung für das Ver- und Entschlüsseln:* den Schlüssel einer Geheimschrift kennen; ein geheimes Schreiben mit/nach einem Schlüssel entziffern. **Zus.:** Chiffrenschlüssel.

Schlüs|sel- [ʃlʏsl̩] ⟨Präfixoid⟩:
1. drückt aus, dass das im Basiswort Genannte eine zentrale, wichtige Stellung für etwas, jmdn. im Zusammenhang mit anderen hat: Schlüsselbetrieb; Schlüsselbranche; Schlüsselereignis; Schlüsselerlebnis; Schlüsselfigur; Schlüsselfrage; Schlüsselfunktion; Schlüsselindustrie; Schlüsselposition; Schlüsselproblem; Schlüsselrolle; Schlüsselsituation; Schlüsselwort. **Syn.:** Haupt-.
2. drückt aus, dass das im Basiswort Genannte für den Wissenden ein Mittel zum Zugang, zum Verständnis von etwas ist: Schlüsselgedicht; Schlüsselroman.

Schlüs|sel|bund [ˈʃlʏsl̩bʊnt], der und das; -[e]s, -e:
Anzahl von Schlüsseln, die durch einen Ring o. Ä. zusammengehalten werden: er hat sein[en] Schlüsselbund verloren.

schlüs|sel|fer|tig [ˈʃlʏsl̩fɛrtɪç] ⟨Adj.⟩:

(in Bezug auf neue Häuser und Wohnungen) völlig fertiggestellt und bezugsbereit: die Firma verkauft schlüsselfertige Häuser.

schluss|fol|gern ['ʃlʊsfɔlgn̩], schlussfolgerte, geschlussfolgert ⟨itr.; hat⟩:
eine Schlussfolgerung aus etwas ziehen, etwas aus etwas als Schlussfolgerung ableiten: aus den erwähnten Umständen lässt sich die strittige Behauptung nicht schlussfolgern. **Syn.:** folgern, herleiten, kombinieren, schließen.

Schluss|fol|ge|rung ['ʃlʊsfɔlgərʊŋ], die; -, -en:
logische Folgerung; Schluss, mit dem etwas aus etwas gefolgert, abgeleitet wird: eine logische, zwingende, überzeugende Schlussfolgerung; zu einer Schlussfolgerung kommen; aus den Vorgängen hatte er die Schlussfolgerung gezogen, dass man auf seine Mitarbeit wohl keinen Wert legte. **Syn.:** Kombination.

schlüs|sig ['ʃlʏsɪç] ⟨Adj.⟩:
1. *(in Bezug auf eine Argumentation, Begründung o. Ä.) überzeugend, zwingend:* ein schlüssiger Beweis; seine Argumente sind nicht schlüssig. **Syn.:** einleuchtend, hieb- und stichfest, plausibel, schlagkräftig, stichhaltig, triftig.
2. * sich (Dativ) **schlüssig sein:** *entschlossen sein:* sie war sich noch nicht schlüssig, ob sie kündigen sollte; *** sich** (Dativ) **schlüssig werden:** *sich einigen, entscheiden:* sie konnten sich nicht schlüssig werden, ob sie ins Kino gehen oder zu Hause bleiben sollten. **Syn.:** beschließen, eine Entscheidung fällen, eine Entscheidung treffen, einen Beschluss fassen, einen Entschluss fassen, sich entschließen, sich vornehmen, zu einem Entschluss kommen.

Schmach [ʃmaːx], die; - (geh. emotional):
etwas, was als schwere Kränkung, Schande oder Demütigung empfunden wird: Schmach erleiden; jmdm. eine Schmach antun; jmdn. mit Schmach und Schande aus seinem Amt entlassen; etwas als Schmach empfinden. **Syn.:** Blamage, Pleite (ugs.), Reinfall (ugs.).

schmach|ten ['ʃmaxtn̩], schmachtete, geschmachtet ⟨itr.; hat⟩ (geh.):
1. *Entbehrung (besonders Durst, Hunger) leiden:* in der Hitze schmachten; die Gefangenen schmachteten in Lagern und Gefängnissen. **Syn.:** darben (geh.), dursten (geh.), dürsten (geh.), hungern, leiden.
2. *nach etwas, nach einem bestimmten Menschen schmerzlich verlangen:* er schmachtete nach einem Blick von ihr. **Syn.:** brennen auf/nach, dürsten (geh.), gelüsten (geh.), lechzen (geh.), sich sehnen, streben, trachten (geh.), verlangen (geh.), zu erreichen suchen (geh.).

schmäch|tig ['ʃmɛçtɪç] ⟨Adj.⟩:
schmal und dabei sehr zart, schwächlich wirkend: ein schmächtiges Kind; sie war klein und schmächtig. **Syn.:** dünn.

schmack|haft ['ʃmakhaft] ⟨Adj.⟩:
wohlschmeckend, von angenehmem Geschmack: schmackhafte Früchte; das Essen schmackhaft zubereiten. **Syn.:** appetitlich, delikat, fein, köstlich, lecker; *** jmdm. etwas schmackhaft machen** (ugs.): *jmdm. etwas so darstellen, dass er es für gut hält:* jmdm. ein Vorhaben, einen Gedanken, einen Job schmackhaft machen.

schmä|hen ['ʃmɛːən] ⟨tr.; hat⟩:
sich mit herabsetzenden Worten, Reden über jmdn. äußern; mit verächtlichen Reden beleidigen, beschimpfen: ein Regime schmähen; er schmähte seinen Gegner, wann immer er Gelegenheit dazu fand; jmdn. als Ketzer schmähen. **Syn.:** brüskieren, heruntermachen (ugs.), ins Herz treffen (ugs.), kränken, schelten, verletzen, vor den Kopf stoßen (ugs.).

schmäh|lich ['ʃmɛːlɪç] ⟨Adj.⟩ (geh.):
verachtenswert, als eine Schande anzusehen; schändlich: eine schmähliche Behandlung; ein schmählicher Verrat; jmdn. schmählich im Stich lassen. **Syn.:** abscheulich, arg (geh., veraltet), erbärmlich, gemein, perfid[e] (bildungsspr.), schandbar, übel, unrühmlich, verwerflich.

schmal [ʃmaːl], schmaler/schmäler, schmalste/seltener schmälste ⟨Adj.⟩:
1. a) *von ziemlich geringer Ausdehnung in der Breite, in seitlicher Richtung* /Ggs. breit/: ein schmaler Weg; ein schmales Band, Brett, Fenster; der Fluss ist an dieser Stelle sehr schmal. **Syn.:** eng, länglich. **b)** *(in Bezug auf die menschliche Gestalt oder einzelne Körperteile) auffallend schlank, zart wirkend:* er, sie ist sehr schmal [geworden]; seine Hüften, ihre Hände sind sehr schmal; ein schmales Gesicht. **Syn.:** dünn, zart.
2. (geh.) *knapp, unzureichend, karg:* schmale Kost; sie hat nur ein schmales Einkommen; die Erträge werden immer schmaler. **Syn.:** gering, geringfügig, klein, minimal, nicht nennenswert, unbedeutend, unerheblich, winzig.

schmä|lern ['ʃmɛːlɐn] ⟨tr.; hat⟩:
geringer werden lassen; [im Wert] herabsetzen: jmds. Rechte, Verdienste, jmdn. in seinen Rechten, Verdiensten schmälern; diese Ausgaben schmälern den Gewinn; ich will deine Verdienste nicht schmälern. **Syn.:** abschwächen, antasten, bagatellisieren, begrenzen, beschneiden (geh.), beschränken, drosseln, drücken, einschränken, in Mitleidenschaft ziehen, kürzen, mindern, reduzieren, untergraben, verkleinern, verkürzen, vermindern, verringern.

Schmalz [ʃmalts], das; -es, (Sorten:) -e:
Fett, das durch Auslassen von fettem Fleisch (z. B. von Schwein oder Gans) gewonnen wird und sich leicht streichen lässt: ein Brot mit Schmalz; mit Schmalz kochen. **Zus.:** Gänseschmalz, Griebenschmalz, Schweineschmalz.

schmal|zig ['ʃmaltsɪç] ⟨Adj.⟩ (abwertend):
sentimental, übertrieben gefühlvoll: ein schmalziges Lied; mit schmalziger Stimme, schmalzig singen. **Syn.:** rührselig.

schma|rot|zen [ʃma'rɔtsn̩] ⟨itr.; hat⟩:
1. (abwertend) *faul auf Kosten anderer leben:* er schmarotzt

immer noch bei seinen Verwandten. **Syn.:** ausnutzen (bes. nordd.), ausnützen (bes. südd.), schnorren.
2. (Biol.) *(von Tieren und Pflanzen) als Parasit auf oder in einem Lebewesen, einer Pflanze leben:* der Bandwurm schmarotzt im Darm des Menschen; eine schmarotzende Orchidee.

Schma|rot|zer [ʃmaˈrɔt͜sɐ], der; -s, -:
a) *pflanzlicher oder tierischer Organismus, der in oder auf anderen Lebewesen lebt (und aus diesen seine Nahrung saugt):* Pilze sind häufig Schmarotzer. **Syn.:** Parasit, Schädling. **b)** (abwertend) *männliche Person, die gerne schmarotzt:* er ist ein typischer Schmarotzer.

Schma|rot|ze|rin [ʃmaˈrɔt͜sərɪn], die; -, -nen:
weibliche Form zu ↑Schmarotzer (b).

Schmatz [ʃmat͜s], der; -es, -e (ugs.): *herzhafter, von einem schmatzenden Laut begleiteter Kuss:* jmdm. einen Schmatz geben.

schmat|zen [ˈʃmat͜sn̩] ⟨itr.; hat⟩: *beim Essen einen Laut hervorbringen (der durch das Öffnen des vollen Mundes entsteht):* laut, behaglich schmatzen.

schmau|chen [ˈʃmau̯xn̩] ⟨tr.; hat⟩: *mit Genuss rauchen:* am Abend schmaucht er behaglich eine Pfeife. **Syn.:** paffen (ugs.), qualmen (ugs., meist abwertend).

Schmaus [ʃmau̯s], der; -es, Schmäuse [ˈʃmɔy̯zə] (veraltend, noch scherzh.):
reichhaltige, besonders leckere Mahlzeit, die mit Genuss verzehrt wird: das war ein köstlicher Schmaus; einen Schmaus halten; zum Schmaus laden. **Syn.:** Essen, [2]Gericht, Mahl, Mahlzeit. **Zus.:** Hochzeitsschmaus.

schmau|sen [ˈʃmau̯zn̩] ⟨itr.; hat⟩: *mit großem Genuss reichlich und gut essen und trinken:* sie saßen an langen Tischen und schmausten; ⟨auch tr.⟩ er schmauste einen gebratenen Fasan. **Syn.:** genießen (geh.), sich ⟨Dativ⟩ den Bauch vollschlagen mit (ugs.), sich ⟨Dativ⟩ den Wanst vollschlagen mit (salopp abwertend), speisen (geh.), verzehren (geh.).

schme|cken [ˈʃmɛkn̩]:
a) ⟨itr.; hat⟩ *einen bestimmten Geschmack haben:* etwas schmeckt süß, sauer, bitter, nach Knoblauch. **b)** ⟨itr.; hat⟩ *jmds. Vorlieben (bezüglich des Geschmacks o. Ä. einer Speise) in bestimmter Weise entsprechen:* das schmeckt [mir] gut, nicht; das Eis schmeckt wunderbar.
c) ⟨itr.; hat⟩ *jmdm. gut schmecken:* das/es schmeckt [mir]; schmeckts? **Syn.:** munden.
d) ⟨tr.; hat⟩ *als Geschmack bei etwas besonders hervortreten:* man schmeckte den Knoblauch im Salat kaum.

Schmei|che|lei [ʃmai̯çəˈlai̯], die; -, -en:
schmeichelnde (a) Worte: auf Schmeicheleien hereinfallen; jmdm. Schmeicheleien sagen. **Syn.:** Höflichkeit, Kompliment.

schmei|chel|haft [ˈʃmai̯çl̩haft] ⟨Adj.⟩:
das Ansehen und das Selbstbewusstsein hebend: schmeichelhafte Reden; etwas ist sehr, ist wenig schmeichelhaft für jmdn; sie erhielt ein schmeichelhaftes Lob.

schmei|cheln [ˈʃmai̯çl̩n] ⟨itr.; hat⟩:
a) *übertrieben Gutes über jmdn. sagen, ihn wortreich loben [um sich beliebt zu machen]:* er schmeichelte ihr, sie sei eine große Künstlerin; sie schmeicheln ihrem Vorgesetzten. **Syn.:** jmdm. Brei um den Mund schmieren, jmdm. Brei ums Maul schmieren, jmdm. um den Bart gehen, jmdm. zu Gefallen reden, Süßholz raspeln. **b)** *jmdn. freuen, jmds. Selbstbewusstsein heben:* dieses Lob schmeichelte ihm. **Syn.:** begeistern, behagen, entzücken, erfreuen, gefallen, wohltun (geh.), zusagen.
c) ⟨+ sich⟩ *sich etwas Bestimmtes zugutehalten:* ich schmeichle mir, die Sache richtig eingeschätzt zu haben; ohne mir schmeicheln zu wollen. **Syn.:** sich einbilden.

schmei|ßen [ˈʃmai̯sn̩], schmiss, geschmissen:
1. (ugs.) **a)** ⟨tr.; hat⟩ *[mit Vehemenz, im Zorn o. Ä.] an eine bestimmte Stelle werfen oder schleudern:* etwas auf den Boden, in den Papierkorb schmeißen; er hatte ihm einen Stein an den Kopf, den Schlüssel vor die Füße geschmissen. **Syn.:** katapultieren, schmettern. **Zus.:** herausschmeißen, hinschmeißen, rausschmeißen, runterschmeißen, wegschmeißen.
b) ⟨itr., hat⟩ *mit etwas werfen:* mit Steinen schmeißen; die Demonstranten schmissen mit Tomaten.
2. ⟨tr.; hat⟩ (ugs.) *eine bestimmte Arbeit, Aufgabe o. Ä. (in einer bewundernswerten Weise, mit Elan, mühelos) bewältigen:* sie schmeißt die Sache, den Laden hier. **Syn.:** bewerkstelligen (Papierdt.), deichseln (ugs.), drehen (ugs.).
3. ⟨tr.; hat⟩ (Jargon) *[durch Ungeschick, Versagen o. Ä.] verpatzen, misslingen lassen:* durch einen Versprecher hätte er beinahe die ganze Sendung, die Szene geschmissen. **Syn.:** verderben.

schmel|zen [ˈʃmɛlt͜sn̩], schmilzt, schmolz, geschmolzen:
1. ⟨itr.; ist⟩ *unter Einfluss von Wärme flüssig werden:* das Eis schmilzt [an/in der Sonne]; bei einer bestimmten Temperatur schmelzen. **Syn.:** sich auflösen, tauen, zerfließen, zergehen, zerrinnen.
2. ⟨tr.; hat⟩ *durch Wärme flüssig machen:* Erz, Eisen schmelzen; die Sonne schmolz den Schnee. **Syn.:** auflösen, auftauen, zerlassen.

Schmerz [ʃmɛrt͜s], der; -es, -en:
1. *durch Krankheit, Verletzung o. Ä. ausgelöste, sehr unangenehme, körperliche Empfindung:* ein bohrender, dumpfer Schmerz; vor Schmerzen aufschreien; von Schmerzen geplagt sein; hast du Schmerzen?; sie fühlte einen stechenden Schmerz im Kopf. **Syn.:** Leiden, Marter, Qual. **Zus.:** Bauchschmerz, Halsschmerz, Herzschmerz, Kopfschmerz, Rückenschmerz, Zahnschmerz.
2. *tiefe seelische Bedrückung; Kummer, Leid:* der Schmerz über den Tod des Kindes; etwas erfüllt jmdn. mit Schmerz. **Syn.:** Gram, Jammer, Pein (geh.), Qual. **Zus.:** Abschiedsschmerz.

schmer|zen [ˈʃmɛrt͜sn̩] ⟨itr.; hat⟩:
a) *körperliche Schmerzen bereiten, verursachen:* das verletzte Bein schmerzt; der Rücken

schmerzte ihn/ihm. **Syn.:** martern, peinigen (geh.), piesacken (ugs.), plagen, quälen, wehtun (ugs.). **b)** *jmdn. mit Kummer, mit seelischem Schmerz erfüllen:* ihr schroffes Verhalten schmerzte mich. **Syn.:** ins Herz treffen (ugs.), kränken, treffen, verletzen, vor den Kopf stoßen (ugs.).

schmerz|frei [ˈʃmɛrt͜sfrai̯] ⟨Adj.⟩: *frei von Schmerzen, ohne Schmerzen:* die Patientin war den ganzen Tag schmerzfrei. **Syn.:** schmerzlos.

schmerz|haft [ˈʃmɛrt͜shaft] ⟨Adj.⟩: *Schmerzen verursachend; mit Schmerzen verbunden:* eine schmerzhafte Verletzung; ein schmerzhafter Eingriff. **Syn.:** qualvoll.

schmerz|lich [ˈʃmɛrt͜slɪç] ⟨Adj.⟩: *seelische Schmerzen, Kummer verursachend; mit seelischen Schmerzen, mit Kummer verbunden:* ein schmerzlicher Verlust, Verzicht; die schmerzlichsten Erfahrungen. **Syn.:** bitter, hart, herb, schwer, traurig.

schmerz|los [ˈʃmɛrt͜sloːs] ⟨Adj.⟩: *keine Schmerzen verursachend; ohne Schmerzen:* eine schmerzlose Behandlung, Geburt. **Syn.:** schmerzfrei.

Schmet|ter|ling [ˈʃmɛtɐlɪŋ], der; -s, -e: *(in vielen Arten vorkommendes) Insekt mit zwei mehr oder weniger großen, meist farbig gezeichneten Flügelpaaren:* ein farbenprächtiger, unscheinbarer Schmetterling; ein Schmetterling flattert, fliegt von Blüte zu Blüte. **Syn.:** Falter.

schmet|tern [ˈʃmɛtɐn]:
1. ⟨tr.; hat⟩ *heftig und mit lautem Knall werfen, schleudern, schlagen o. Ä.:* er schmetterte das Buch auf den Tisch, die Tür ins Schloss. **Syn.:** schmeißen (ugs.). **Zus.:** niederschmettern, zuschmettern.
2. a) ⟨itr.; hat⟩ *laute, hallende Töne hervorbringen:* die Trompeten schmetterten; ein schmetternder Akkord. **Syn.:** dröhnen, gellen, hallen, schallen. **Zus.:** herausschmettern, hinausschmettern, losschmettern. **b)** ⟨tr.; hat⟩ *mit lauter Stimme singen oder rufen:* ein Lied schmettern; die Kapelle schmetterte einen Marsch, einen Tusch.

Schmied [ʃmiːt], der; -[e]s, -e: *Handwerker oder Facharbeiter, der besonders Eisen (in glühendem Zustand) durch Formen mit dem Hammer (auf einem Amboss) bearbeitet, formt:* er ist gelernter Schmied; das Pferd muss zum Schmied. **Zus.:** Hufschmied, Kesselschmied.

schmie|den [ˈʃmiːdn̩], schmiedete, geschmiedet ⟨tr.; hat⟩:
a) *als Schmied, als Schmiedin bearbeiten:* Eisen in glühendem Zustand schmieden. **Zus.:** zusammenschmieden. **b)** *aus glühendem Metall, besonders Eisen, mit einem Hammer formen, herstellen:* Waffen, Hufeisen, ein Gitter, eine Klinge schmieden; eine geschmiedete Klinge.

Schmie|din [ˈʃmiːdɪn], die; -, -nen: weibliche Form zu ↑Schmied.

schmie|gen [ˈʃmiːgn̩] ⟨tr.; hat⟩: *sich, einen Körperteil (aus einem Bedürfnis nach Nähe, Zärtlichkeit oder Schutz) eng an jmdn., an etwas Weiches, in etwas Weiches drücken:* das Kind schmiegt sich an die Mutter; er schmiegte seinen Kopf in ihre Hand; sich in die Sofaecke, in eine Wolldecke schmiegen. **Syn.:** sich anschmiegen, sich kuscheln (fam.).

schmieg|sam [ˈʃmiːkzaːm] ⟨Adj.⟩: *weich und sich daher einer Form leicht anpassend:* Stiefel aus schmiegsamem Leder. **Syn.:** biegsam, elastisch, geschmeidig.

schmie|ren [ˈʃmiːrən]:
1. ⟨tr.; hat⟩ *mit einem bestimmten Fett oder Öl leicht gleitend machen:* eine Achse, die quietschenden Türangeln schmieren; das Tretlager muss [neu] geschmiert werden; ⟨auch itr.⟩ du musst noch mehr schmieren. **Syn.:** abschmieren, fetten, ölen.
2. ⟨tr.; hat⟩ **a)** *auf etwas streichen, als Brotaufstrich auftragen:* Butter, Honig auf das Brot schmieren. **Syn.:** bestreichen. **b)** *mit einem Aufstrich versehen, bestreichen:* wenn du Hunger hast, schmier dir doch ein Brot; Marmeladenbrötchen, Schmalzbrote schmieren. **c)** *streichend über eine Fläche, irgendwohin verteilen:* Gel ins Haar schmieren; Lehm, Mörtel in die Fugen schmieren; ich habe mir Creme ins Gesicht geschmiert.
3. a) ⟨tr.; hat⟩ (ugs. abwertend) *flüchtig und nachlässig schreiben, zeichnen, malen:* die Schulaufgaben in das Heft schmieren; er schmierte die Nummer hastig auf einen Zettel; ⟨auch itr.⟩ das Kind schmiert [beim Zeichnen, Schreiben] fürchterlich; sie schmiert so, dass man vieles einfach nicht lesen kann. **Syn.:** kritzeln. **b)** ⟨itr.; hat⟩ *(in Bezug auf ein Schreib-, Malgerät o. Ä.) Flecken, unsaubere Striche hervorbringen:* die Feder, der Pinsel schmiert. **Syn.:** kleckern (ugs.).
4. ⟨tr.; hat⟩ (abwertend) *an Wände o. Ä. schreiben, malen und diese dadurch verunzieren:* [politische] Parolen, Symbole an Hauswände schmieren.
5. ⟨tr.; hat⟩ (ugs. abwertend) *bestechen:* einen Stadtrat, Politiker schmieren; die Polizisten waren geschmiert worden; ⟨auch itr.⟩ früher musste man schmieren, wenn man etwas erreichen wollte.

Schmier|geld [ˈʃmiːɐ̯gɛlt], das; -[e]s, -er (ugs. abwertend): *Geld, mit dem jmd. bestochen wird:* Schmiergelder [be]zahlen, kassieren, nehmen; der Politiker soll dafür 100 000 Euro Schmiergeld/ein Schmiergeld von 100 000 Euro gekriegt haben.

schmie|rig [ˈʃmiːrɪç] ⟨Adj.⟩:
1. a) *(in unappetitlich wirkender Form) mit feuchtem, klebrigem Schmutz bedeckt:* schmierige Schuhe; schmierige Hände haben; das Handtuch war nass und schmierig. **Syn.:** dreckig (ugs.), schmutzig. **b)** *von feuchtklebriger bzw. glitschiger Beschaffenheit:* eine schmierige Schicht, ein schmieriger Film bedeckt etwas. **Syn.:** klebrig.
2. (abwertend) **a)** *[durch anbiederndes, unangenehm freundliches Verhalten] widerlich, abstoßend:* ein schmieriger Kerl; er grinste schmierig. **b)** *auf unangenehme Weise zweideutig; unanständig:* schmierige Witze, Andeutungen machen. **Syn.:** anstößig, doppeldeutig, nicht salonfähig, nicht stubenrein (scherzh.), schlüpfrig (abwertend), schweinisch (ugs. abwertend), unflätig.

Schmier|pa|pier [ˈʃmiːɐ̯papiːɐ̯], das; -s (ugs.): *billiges Papier, auf dem schnell etwas entworfen, skizziert oder notiert werden kann:* etwas als Schmierpapier benutzen.

Schmin|ke [ˈʃmɪŋkə], die; -, -n: *kosmetisches Mittel (in Form von getönten Cremes, Puder o. Ä.), das besonders für die Gesichtshaut, für Lippen und Augenbrauen zur Verschönerung oder (besonders in der Schauspielkunst) Veränderung des Aussehens benutzt wird:* Schminke benutzen, auftragen; sie wusch sich die Schminke ab. **Syn.:** Make-up.

schmin|ken [ˈʃmɪŋkn̩] ⟨tr.; hat⟩: *Schminke, Make-up o. Ä. auftragen, auflegen:* den Schauspieler für die Vorstellung schminken; sie hat sich, ihr Gesicht stark geschminkt. **Syn.:** sich anmalen (ugs.), sich aufdonnern (ugs.), sich pudern, sich zurechtmachen.

schmir|geln [ˈʃmɪrgl̩n] ⟨tr.; hat⟩: **a)** *(die Oberfläche von etwas) mit Schmirgelpapier bearbeiten, um es zu schleifen oder zu glätten:* die Rohre vor dem Anstreichen gründlich schmirgeln; wenn die erste Lackschicht trocken ist, werden die Bretter noch einmal mit feinem Schleifpapier geschmirgelt. **Syn.:** blank reiben, polieren. **b)** *durch Schmirgeln* (a) *entfernen:* die alte Farbe, den Rost von den Rohren schmirgeln.

Schmiss [ʃmɪs], der; -es, -e: **1.** *von einem studentischen Zweikampf mit Schläger oder Säbel herrührende Narbe im Gesicht:* der Student hat mehrere Schmisse. **2.** ⟨ohne Plural⟩ (ugs.) *mitreißender Schwung:* der Inszenierung fehlt der Schmiss; Schmiss in eine Sache bringen; die Mannschaft spielte mit sehr viel Schmiss. **Syn.:** Dynamik, Temperament.

schmis|sig [ˈʃmɪsɪç] ⟨Adj.⟩ (ugs.): *mitreißenden Schwung habend:* eine schmissige Musik; die Kapelle spielte schmissig. **Syn.:** beflügelt, beschwingt, dynamisch, flott, forsch, lebhaft, schneidig, schnittig, schwungvoll, temperamentvoll, zackig.

Schmö|ker [ˈʃmøːkɐ], der; -s, - (ugs.): *meist dickeres, inhaltlich weniger anspruchsvolles Buch, das die Lesenden oft in besonderer Weise fesselt:* ein dicker, spannender Schmöker; was liest du denn da für einen Schmöker? **Syn.:** Schwarte (ugs., oft abwertend).

schmö|kern [ˈʃmøːkɐn] ⟨itr.; hat⟩ (ugs.): *gemütlich und längere Zeit etwas Unterhaltsames, Spannendes o. Ä. lesen:* er schmökert gern; in einem Buch schmökern; ⟨auch tr.⟩ sie schmökert Kriminalromane. **Syn.:** sich vertiefen.

schmol|len [ˈʃmɔlən] ⟨itr.; hat⟩: *seine Enttäuschung über jmdn., etwas durch gekränktes Schweigen zum Ausdruck bringen:* wenn sie nicht bekommt, was sie haben will, schmollt sie; er schmollt schon den ganzen Tag mit mir; komm, hör endlich auf zu schmollen! **Syn.:** beleidigt sein, den Beleidigten spielen, die beleidigte Leberwurst spielen (ugs.), ein Gesicht machen, ein Gesicht ziehen, einen Flunsch ziehen (ugs.), einen Schmollmund machen, grollen, sich in den Schmollwinkel zurückziehen (ugs.).

schmo|ren [ˈʃmoːrən] ⟨tr.; hat⟩: *kurz anbraten und anschließend in einem zugedeckten Topf im eigenen Saft garen lassen: langsam kochen:* das Fleisch im eigenen Saft schmoren; ⟨auch itr.⟩ der Braten muss noch eine halbe Stunde schmoren. **Syn.:** backen (landsch.), braten, brutzeln, rösten.

Schmuck [ʃmʊk], der; -[e]s: **a)** *[aus edlem Metall, Edelsteinen hergestellter] schmückender, sichtbar am Körper getragener Gegenstand:* goldener, silberner, echter, wertvoller, alter, modischer Schmuck; sie trug kostbaren Schmuck auf dem Fest; Schmuck besitzen, anlegen; den Schmuck ablegen, in einer Schatulle verwahren; sie behängte sich mit Schmuck. **Syn.:** Geschmeide, [1]Juwel. **Zus.:** Bernsteinschmuck, Brillantschmuck, Goldschmuck, Perlenschmuck, Platinschmuck, Silberschmuck. **b)** *schmückendes Beiwerk an, bei etwas:* der figurale Schmuck der Fassade; die Designerin hat bewusst auf [allen, jeden] Schmuck verzichtet; Blumengestecke standen als Schmuck auf dem Tisch. **Syn.:** Dekoration, Zierde. **Zus.:** Tischschmuck, Wandschmuck, Zimmerschmuck.

schmü|cken [ˈʃmʏkn̩] ⟨tr.; hat⟩: **a)** *etwas, jmdn. (aus besonderem Anlass) mit schönen Dingen, mit Schmuck ausstatten, verschönern, mit Verschönerndem versehen:* den Weihnachtsbaum schmücken; die Straßen mit Girlanden, Blumen, Lampions schmücken; die Braut [mit Schleier und Kranz] schmücken; sie schmückt sich gern *(trägt gern Schmuck und schöne Kleider)*; eine reich, festlich geschmückte Tafel. **Syn.:** ausschmücken, dekorieren, drapieren, garnieren, verzieren. **b)** *als Schmuck, Verzierung bei einer Person oder Sache vorhanden sein und sie dadurch wirkungsvoll verschönern:* Blumen schmückten den Tisch; Malereien schmücken die Wände. **Syn.:** zieren (geh.).

Schmuck|stück [ˈʃmʊkʃtʏk], das; -[e]s, -e: **1.** *oft aus kostbarem Material bestehender Gegenstand (wie Kette, Reif, Ring), der zur Verschönerung, zur Zierde am Körper getragen wird:* ein kostbares, goldenes, altes Schmuckstück; ein Schmuckstück umarbeiten lassen. **Syn.:** Geschmeide, [1]Juwel. **2.** (ugs.) *etwas besonders Schönes, ein besonders schönes Exemplar seiner Art, Gattung:* diese Plastik ist ein Schmuckstück der Sammlung; die Eingangshalle war das Schmuckstück des Hotels. **Syn.:** [2]Juwel (emotional).

schmud|de|lig [ˈʃmʊdəlɪç] ⟨Adj.⟩ (ugs.): *nicht richtig sauber, schmutzig und unordentlich:* schmuddelige Wäsche; sie trug einen schmuddeligen Mantel; das Hotel, der Wirt macht einen schmuddeligen Eindruck; in dem Restaurant war alles ziemlich schmuddelig; er sieht immer etwas schmuddelig aus. **Syn.:** dreckig, schmierig, unansehnlich, verschmutzt.

Schmug|gel [ˈʃmʊgl̩], der; -s: *das Schmuggeln* (1): Schmuggel treiben; sie war beim Schmuggel ertappt worden; vom Schmuggel leben.

schmug|geln [ˈʃmʊgl̩n]: **1.** ⟨tr.; hat⟩: *Waren gesetzeswidrig, unter Umgehung des Zolls ein- oder ausführen:* Diamanten, Waffen, Elfenbein, Schnaps, Zigaretten schmuggeln; ⟨auch itr.⟩ hier an der Grenze schmuggeln alle. **Syn.:** schieben (ugs.). **2. a)** ⟨tr.; hat⟩ *heimlich, unerlaubt irgendwohin bringen, schaffen:* einen Brief aus der Gefängniszelle schmuggeln; Waffen aus dem Land, über die Grenze, nach Afrika schmuggeln; er schmuggelte ihr *(steckte ihr heimlich)* einen Zettel in die Handtasche. **b)** ⟨+ sich⟩ *sich heimlich irgendwohin schleichen:* sich auf ein Schiff schmuggeln.

Schmugg|ler [ˈʃmʊglɐ], der; -s, -, **Schmugg|le|rin** [ˈʃmʊglərɪn], die; -, -nen: *Person, die schmuggelt* (1): gestern wurden zahlreiche Schmuggler verhaftet.

schmun|zeln [ˈʃmʊnt͜sl̩n] ⟨itr.; hat⟩: *mit geschlossenem, leicht breit gezogenem Mund lächeln (als Ausdruck der Zufriedenheit, des Belustigtseins):* belustigt, freundlich schmunzeln; er schmunzelte über meine Bemerkung; sie musste schmunzeln, als sie daran dachte; schmunzelnd hörte sie sich seine Geschichte an. **Syn.:** feixen.

schmu|sen [ˈʃmu:zn̩] ⟨itr.; hat⟩ (ugs.): *mit jmdm. zärtlich sein, Liebkosungen austauschen:* die Mutter schmust mit ihrem Kind; die beiden schmusten [miteinander]; ein schmusendes Paar. **Syn.:** hätscheln, knutschen (ugs.), [1]kraulen, liebkosen, streicheln, tätscheln.

Schmutz [ʃmʊt͜s], der; -es: *etwas, was sich an, auf, in etwas als Verunreinigung befindet:* feuchter, klebriger Schmutz; der Schmutz der Straße, unter den Möbeln; die Handwerker haben viel Schmutz in der Wohnung hinterlassen; den Schmutz zusammenkehren, aufwischen, wegfegen, abwaschen, von den Schuhen kratzen; etwas macht viel, keinen Schmutz; musst du immer durch den größten, dicksten, schlimmsten Schmutz laufen?; die Schuhe waren über und über mit Schmutz bedeckt; etwas vom Schmutz reinigen. **Syn.:** Dreck (ugs.), Sauerei (derb), Schweinerei (ugs.), Unrat (geh.).

schmut|zen [ˈʃmʊt͜sn̩] ⟨itr.; hat⟩: *Schmutz annehmen:* der helle Stoff schmutzt schnell; ein leicht schmutzendes Material.

Schmutz|fink [ˈʃmʊt͜sfɪŋk], der; -en, -en (ugs.): *Person, die immer schmutzig ist oder etwas schmutzig macht:* dieser Schmutzfink läuft mit seinen dreckigen Schuhen durch die ganze Wohnung; wie du wieder aussiehst, du Schmutzfink! **Syn.:** Dreckspatz, Sau (derb, auch als Schimpfwort), Schwein (derb, auch als Schimpfwort).

schmut|zig [ˈʃmʊt͜sɪç] ⟨Adj.⟩: **1.** *mit Schmutz behaftet, nicht sauber:* schmutzige Kleider, Hemden; schmutzige Hände haben; schmutziges *(gebrauchtes, abzuwaschendes)* Geschirr; eine schmutzige *(Schmutz verursachende, mit Schmutz einhergehende)* Arbeit; das Wasser, die Luft ist schmutzig; die Fenster sind schon wieder schmutzig; sich seinen Anzug schmutzig machen. **Syn.:** dreckig (ugs.), schmierig, schmuddelig (ugs.), verschmutzt. **2.** (abwertend) **a)** *unanständig:* schmutzige Gedanken haben; schmutzige Witze; du hast eine schmutzige Fantasie *(denkst immer gleich an etwas Unanständiges, Zweideutiges)*; seine Geschichten sind immer ziemlich schmutzig. **Syn.:** anstößig, derb, doppeldeutig, nicht salonfähig, nicht stubenrein (scherzh.), obszön, schamlos, schlüpfrig (abwertend), schweinisch (ugs. abwertend), unflätig, unmoralisch, wüst (abwertend), zweideutig. **b)** *in moralischer Hinsicht sehr zweifelhaft, anrüchig; unlauter:* schmutzige Geschäfte, Praktiken, Tricks; ein schmutziger Handel; mit schmutzigen Mitteln arbeiten; schmutziges *(auf unredliche Weise erworbenes)* Geld; dieses Gewerbe war ihr zu schmutzig. **Syn.:** dubios, fragwürdig, nicht ganz astrein (ugs.), nicht ganz hasenrein (ugs.), obskur, übel beleumdet, unredlich, verrufen.

Schna|bel [ˈʃna:bl̩], der; -s, Schnäbel [ˈʃnɛ:bl̩]: **a)** *(aus Ober- und Unterkiefer) gebildeter vorspringender, spitzer, von einer Hornschicht überzogener Fortsatz am Kopf des Vogels, mit dem er die Nahrung aufnimmt:* ein langer, kurzer, krummer, kräftiger, gelber Schnabel; die jungen Vögel sperrten die Schnäbel auf; der Vogel pickte, hackte mit dem Schnabel ein Loch in die Rinde. **Zus.:** Entenschnabel, Geierschnabel. **b)** (ugs.) *Mund:* mach, sperr mal deinen Schnabel auf!; halt den Schnabel! *(sei still!)*. **Syn.:** Klappe (salopp), Lippen ⟨Plural⟩, Maul (derb), Schnauze.

Schnal|le [ˈʃnalə], die; -, -n: *Vorrichtung zum Schließen von Gürteln, Taschen u. a.:* eine metallene, runde, ovale Schnalle; die Schnalle am Schuh drückt; die Schnalle des Gürtels öffnen, aufmachen, schließen, zumachen. **Zus.:** Gürtelschnalle, Schuhschnalle.

schnal|zen [ˈʃnalt͜sn̩] ⟨itr.; hat⟩: *einen kurzen, leicht knallenden Laut hervorbringen, z. B. mit der an den Gaumen gedrückten und schnell zurückgezogenen Zunge, auch mit Daumen und Mittelfinger:* mit der Zunge, mit den Fingern schnalzen. **Syn.:** schnippen (ugs.), schnipsen.

Schnäpp|chen [ˈʃnɛpçən], das; -s, - (ugs.): *besonders preiswert angebotene [Marken]ware, Dienstleistung o. Ä.:* im Schlussverkauf gibt es viele Schnäppchen; ein Schnäppchen machen *(etwas vorteilhaft kaufen)*.

schnap|pen [ˈʃnapn̩] (ugs.): ⟨tr.; hat⟩ **a)** *einen Dieb, einen Verbrecher [unmittelbar] nach der Tat ergreifen, festnehmen:* die Polizei hat den Bankräuber geschnappt. **Syn.:** aufgreifen, ertappen, erwischen (ugs.), fangen, fassen, festsetzen, gefangen nehmen, hinter Schloss und Riegel bringen (ugs.), hochgehen lassen (ugs.), in Arrest nehmen, in Gewahrsam nehmen, in

S
Schm

Haft nehmen, kriegen (ugs.), verhaften. **b)** *schnell ergreifen:* er schnappte seine Mappe und rannte die Treppe hinunter; sich schnell ein Brötchen schnappen; ⟨auch itr.:⟩ der Hund schnappte nach meiner Hand. **Syn.:** fassen, greifen, nehmen, packen.

Schnaps [ʃnaps], der; -es, Schnäpse [ˈʃnɛpsə] (ugs.): *hochprozentiges alkoholisches Getränk, besonders Branntwein:* selbst gebrannter, klarer, scharfer Schnaps; eine Flasche Schnaps; er trinkt gern Schnaps; Schnaps brennen. **Syn.:** Fusel (ugs. abwertend), Sprit (ugs.). **Zus.:** Kirschschnaps, Mirabellenschnaps, Pflaumenschnaps.

schnar|chen [ˈʃnarçn̩] ⟨itr.; hat⟩: *im Schlaf beim Atmen mit [leicht] geöffnetem Mund rasselnde, röchelnde Laute hervorbringen:* laut, mit offenem Mund schnarchen; er schnarcht so stark, dass ich nicht schlafen kann.

schnar|ren [ˈʃnarən] ⟨itr.; hat⟩: *[schnell aufeinanderfolgende] durchdringende, sich hölzerntrocken anhörende Töne ohne eigentlichen Klang von sich geben:* die Klingel, der Wecker schnarrt laut; plötzlich fing das alte Telefon an zu schnarren; ein schnarrendes Geräusch. **Syn.:** knarren.

schnat|tern [ˈʃnatɐn] ⟨itr.; hat⟩:
1. *(besonders von Enten und Gänsen) schnell aufeinanderfolgende, helle, harte, fast klappernde Laute von sich geben:* die Gänse schnattern.
2. (ugs.) *eifrig, hastig [und aufgeregt] über allerlei [unwichtige und alberne] Dinge reden:* unaufhörlich schnattern; die Mädchen kicherten und schnatterten. **Syn.:** schwatzen.

schnau|ben [ˈʃnaubn̩] ⟨itr.; hat⟩: *geräuschvoll durch die Nase atmen, besonders Luft heftig und geräuschvoll aus der Nase blasen:* der Hengst schnaubte ungeduldig. **Syn.:** fauchen.

schnau|fen [ˈʃnaufn̩] ⟨itr.; hat⟩: *schwer und hörbar atmen:* heftig, erregt, wütend schnaufen; beim Treppensteigen, vor Anstrengung schnaufte er stark. **Syn.:** pusten.

Schnau|fer [ˈʃnaufɐ], der; -s, - (ugs.): *[hörbares] einmaliges tiefes Ein- und Ausatmen:* einen Schnaufer tun, vernehmen, hören lassen.

Schnau|ze [ˈʃnautsə], die; -, -n:
1. *[stark] hervorspringendes, mit der Nase verbundenes Maul bestimmter Tiere:* eine lange, kurze, spitze Schnauze; die Schnauze des Wolfs, des Fuchses, des Bären; bei einem gesunden Hund fühlt sich die Schnauze kalt und feucht an. **Zus.:** Hundeschnauze.
2. (derb) **a)** ⟨ohne Plural⟩ *Mund:* jmdn. auf die Schnauze hauen; du kannst gleich ein paar auf die Schnauze kriegen; halt die Schnauze! **b)** *Mundwerk:* eine freche, lose Schnauze haben; er hat eine große Schnauze. **c)** *Gesicht:* sie hat ihm die Schnauze zerkratzt; jmdm. in die Schnauze schlagen. **Syn.:** Antlitz (geh.), Fratze, Visage (derb abwertend).

schnäu|zen [ˈʃnɔytsn̩] ⟨+ sich⟩: *sich [durch kräftiges Ausstoßen von Luft] die Nase putzen:* sich kräftig, geräuschvoll schnäuzen; sich in ein Taschentuch schnäuzen. **Syn.:** trompeten (2).

Schnau|zer [ˈʃnautsɐ], der; -s, -:
1. *kleiner, lebhafter Hund mit gedrungenem Körper, rauem, drahtigem Fell von schwarzer oder grauer Farbe, aufrecht stehenden, spitz kupierten Ohren, dichten Brauen und einer Art kräftigem Schnauzbart:* Schnauzer züchten.
2. (ugs.) *kräftiger, wenig gestutzter Oberlippenbart:* er hatte sich einen Schnauzer wachsen lassen. **Syn.:** Bart.

Schne|cke [ˈʃnɛkə], die; -, -n:
1. *kriechendes (Weich)tier mit länglichem Körper, zwei Fühlerpaaren am Kopf, oft mit einem spiralartig geformten, spitz nach oben auslaufenden Gehäuse aus Kalk:* eine Schnecke kriecht über den Weg; die Schnecke zieht ihre Fühler ein, ist in ihrem Gehäuse; er ist langsam wie eine Schnecke.
2. (ugs.) *flaches, rundes Gebäck [mit Zuckerguss], bei dem der Teig in Form einer Spirale zusammengerollt ist:* sie ging zum Bäcker und kaufte zwei Schnecken.

Schnee [ʃneː], der; -s:
1. *Niederschlag (aus gefrorenem Wasser) in Form von Schneeflocken:* weißer, frisch gefallener, pulvriger, hoher, tiefer, matschiger, schmutziger Schnee; gestern fielen zehn Zentimeter Schnee; der Schnee ist schon wieder [weg]getaut, bleibt nicht liegen; es fällt Schnee *(es schneit);* auf den Gipfeln, in den Bergen liegt Schnee; der Schnee knirscht [unter den Sohlen], klebt, pappt [an den Laufflächen der Skier]; Schnee fegen, schippen, räumen; die Landschaft versinkt im Schnee; durch den Schnee stapfen. **Syn.:** Schneegestöber. **Zus.:** Nassschnee, Neuschnee.
2. *geschlagenes Eiweiß:* das Eiweiß zu Schnee schlagen.
3. (Jargon) *Droge, die als weißes Pulver gehandelt wird, besonders Kokain:* hier habe ich noch fünf Gramm reinen Schnee.

Schnee|ball [ˈʃneːbal], der; -[e]s, Schneebälle [ˈʃneːbɛlə]: *kleinere, mit den Händen geformte feste Kugel aus Schnee:* einen Schneeball formen, werfen, an den Kopf kriegen; mit Schneebällen [auf jmdn., nach jmdm.] werfen.

Schnee|be|sen [ˈʃneːbeːzn̩], der; -s, -: *Küchengerät, mit dem früher besonders Eiweiß zu Schaum geschlagen wurde:* das Pulver mit dem Schneebesen in die kochende Milch rühren.

Schnee|flo|cke [ˈʃneːflɔkə], die; -, -n: *kleines, leichtes, lockeres, weißes, zartes Gebilde aus mehreren zusammenhaftenden Eiskristallen:* kleine, dicke Schneeflocken.

Schnee|ge|stö|ber [ˈʃneːgəʃtøːbɐ], das; -s: *von starkem Wind begleiteter Schneefall:* ein dichtes Schneegestöber; wir wurden unterwegs von einem Schneegestöber überrascht. **Syn.:** Schnee.

Schnee|glöck|chen [ˈʃneːglœkçən], das; -s, -: *kleine, zu Beginn des Frühjahrs blühende Pflanze mit langen, schmalen Blättern und glockenförmiger weißer Blüte:* die Schneeglöckchen im Vorgarten blühen schon – es wird Frühling.

Schnee|mann ['ʃne:man], der; -[e]s, Schneemänner ['ʃne:mɛnɐ]: *(im Winter im Freien) aus Schnee geformte menschenähnliche Gestalt:* die Kinder bauen einen Schneemann.

Schnee|we|he ['ʃne:ve:ə], die; -, -n: *von Wind, Sturm zusammengewehte Anhäufung von Schnee:* meterhohe Schneewehen; er blieb mit seinem Auto in einer Schneewehe stecken.

schnee|weiß ['ʃne:'vais] ⟨Adj.⟩: *weiß wie Schnee:* er hat schneeweißes Haar.

Schneid [ʃnait], der; -[e]s: *Mut und Tatkraft, Schwung:* zu diesem Unternehmen fehlt mir der Schneid; es gehört Schneid dazu, das zu wagen; [keinen] Schneid [im Leib, in den Knochen] haben; den Schneid [nicht] aufbringen, seine Meinung zu sagen. **Syn.:** Courage, Zivilcourage.

Schnei|de ['ʃnaidə], die; -, -n: *die scharfe Seite eines Gegenstandes, mit dem man schneidet:* eine scharfe, stumpfe Schneide; die Schneide eines Messers, eines Beiles. **Syn.:** Klinge.

schnei|den ['ʃnaidn̩], schnitt, geschnitten:
1. a) ⟨tr.; hat⟩ *(mit dem Messer oder einem anderen Schneidewerkzeug) zerteilen, zerlegen:* Papier, Pappe, Glas, Holz schneiden; Fleisch, Brot, Käse schneiden; schneidest du bitte mal die Torte, den Braten?; etwas in Stücke, Scheiben, Würfel, zwei Hälften schneiden; Zwiebeln in Ringe schneiden; die Stämme zu Brettern schneiden. **Syn.:** schaben. **b)** ⟨tr.; hat⟩ *(mit dem Messer oder einem anderen Schneidewerkzeug) von etwas abtrennen, ablösen; abschneiden; aus etwas herausschneiden:* Rosen schneiden; jmdm., sich eine Scheibe Brot, ein Stück vom Schinken schneiden; einen Artikel aus der Zeitung schneiden; eine faule Stelle aus dem Apfel schneiden; Gras schneiden *(mähen).* **c)** ⟨itr.; hat⟩ *in bestimmter Weise scharf sein:* das Messer, die Schere schneidet gut, schlecht.
2. ⟨tr.; hat⟩ *(auf eine gewünschte Länge) kürzen, stutzen:* jmdm., sich die Fingernägel schneiden; Bäume, den Rasen, die Hecke, Sträucher schneiden; sich die Haare schneiden lassen; einen Film schneiden *(nicht interessante, auch unerwünschte Teile entfernen).* **Syn.:** beschneiden, kappen, lichten, scheren.
3. ⟨tr.; hat⟩ *einen bestimmten Schnitt geben:* ein Kleid nach einem Muster schneiden; ein gut, weit geschnittener Mantel.
4. ⟨tr.; hat⟩ *jmdn., sich mit einem Messer oder ähnlich scharfem Gegenstand verletzen:* sich beim Kartoffelschälen schneiden; jmdn., sich beim Rasieren schneiden; ich habe mich am Glas, mit dem Messer geschnitten; ich habe mich in den Finger geschnitten; ⟨auch itr.⟩ ich habe mir in den Finger geschnitten.
5. ⟨tr.; hat⟩ **a)** *(eine Kurve) durch Verlassen der äußeren Seite der Fahrbahn abkürzen, nicht ausfahren:* der Fahrer, der Wagen hatte die Kurve geschnitten. **b)** *(beim Überholen, Einordnen) schräg von der Seite her vor ein anderes Fahrzeug fahren und es dabei behindern:* ein Lkw hatte ihn, seinen Wagen geschnitten.
6. ⟨tr.; hat⟩ *(von einer Linie o. Ä.) kreuzen:* die beiden Verkehrswege schneiden sich; die Straße schneidet hier die Bahnlinie; die Gerade g schneidet den Kreis k in den Punkten A und B.
7. ⟨tr.; hat⟩ *(ein bestimmtes Gesicht) machen, durch Verziehen des Gesichts hervorbringen:* eine Grimasse schneiden; ein spöttisches, weinerliches Gesicht schneiden; er schnitt eine Miene, als wolle er weinen.
8. ⟨itr.; hat⟩ *einschneiden* (1): die Gurte schneiden ins Fleisch; der Koffergriff schnitt in ihre Hand.
9. ⟨itr.; hat⟩ *(besonders von Wind, Kälte o. Ä.) einen scharfen Schmerz (auf der Haut) verursachen:* das eiskalte Wasser schneidet; ein schneidender Wind; schneidende Kälte. **Syn.:** beißen.
10. ⟨tr.; hat⟩ *jmdn. bei einer Begegnung absichtlich, demonstrativ nicht beachten, übersehen und ihm damit zeigen, dass man mit ihm nichts mehr zu tun haben möchte:* die Nachbarn, Kollegen schneiden; seit dem Streit wird er von einigen Leuten geschnitten. **Syn.:** ignorieren, keines Blickes würdigen, links liegen lassen (ugs.), mit Nichtachtung strafen, übersehen (ugs.), verachten, verschmähen, wie Luft behandeln (ugs.).

Schnei|der ['ʃnaidɐ], der; -s, -, **Schnei|de|rin** ['ʃnaidərɪn], die; -, -nen: *Person, die im Anfertigen von Kleidung ausgebildet ist:* ein guter, teurer Schneider; sie ist [gelernte] Schneiderin; etwas beim, vom Schneider machen, anfertigen, ändern, nähen lassen. **Zus.:** Änderungsschneider, Änderungsschneiderin, Damenschneider, Damenschneiderin, Herrenschneider, Herrenschneiderin.

schnei|dern ['ʃnaidɐn] ⟨tr.; hat⟩: *[als Schneider, Schneiderin] anfertigen, nähen:* ein Kostüm schneidern; jmdm. etwas schneidern; das Kleid habe ich [mir] selbst geschneidert.

schnei|dig ['ʃnaidɪç] ⟨Adj.⟩:
1. *in imponierender Weise kraftvoll-forsch:* ein schneidiger Offizier; eine schneidige Ansprache halten. **Syn.:** flott, resolut, schwungvoll, wacker, zackig (ugs.).
2. a) *draufgängerisch, waghalsig:* ein schneidiger Bursche; schneidig angreifen. **b)** *flott, sportlich:* eine schneidige Erscheinung; ein schneidiges Auto.

schnei|en ['ʃnaiən]:
1. ⟨itr.; hat; unpers.⟩ *als Schnee vom Himmel fallen:* es schneit heftig, stark, in dicken Flocken, ununterbrochen; es hat aufgehört zu schneien. **Syn.:** Schnee geben.
2. ⟨itr.; ist⟩ (ugs.) *unerwartet, überraschend an einen bestimmten Ort, zu jmdm. kommen:* die ganze Familie ist mir gestern ins Haus geschneit. **Syn.:** aufsuchen, besuchen, vorsprechen bei.

Schnei|se ['ʃnaizə], die; -, -n: *waldfreier Streifen Land in einem Wald, der u. a. für den Abtransport von Holz angelegt ist:* [für eine Straße, eine Bahnlinie] eine Schneise [in den Wald] schlagen, hauen. **Syn.:** Lichtung.

[1]**schnell** [ʃnɛl] ⟨Adj.⟩:
1. a) *mit großer Geschwindigkeit* /Ggs. langsam/: in schneller Fahrt; ein schnelleres Tempo vorlegen; sie hat einen schnellen

S
Schn

Gang; wir bekamen Rückenwind und wurden dadurch noch schneller; schnell laufen, sprechen, lesen, schreiben, arbeiten; er ist [28 km/h] zu schnell gefahren; die Arbeit ging schneller, als ich erwartet hatte. **Syn.:** behänd[e], eilig, fix (ugs.), flink, forsch, geschwind (veraltend, noch landsch.), hastig, hurtig (veraltend, noch landsch.), in [größter/höchster/fliegender/rasender] Eile, leicht, mit achtzig Sachen (ugs.), mit affenartiger Geschwindigkeit, mit einem Affentempo (ugs.), mit einem Affenzahn (salopp), mit fliegender Hast, mit Karacho (ugs.), mit zig Sachen (ugs.), rapid[e], rasant, rasch, rasend, spritzig, stürmisch, wie der Blitz (ugs.), wie der Wind (ugs.), wie die Feuerwehr, wie ein geölter Blitz (ugs.), wie von der Tarantel gestochen, zügig.
b) *innerhalb kurzer Zeit [vor sich gehend], nur wenig Zeit beanspruchend:* eine schnelle Bewegung, Drehung; schnelle Fortschritte machen; ein schneller Entschluss; ich bitte um möglichst schnelle Erledigung; wir müssen schnell handeln, eine Entscheidung treffen; sich schnell ausbreiten, vermehren; die Ware war schnell verkauft; sie waren überraschend schnell fertig; alles ging rasend schnell; sich schnell einleben, an etwas gewöhnen; das macht ihr so schnell keiner nach *(es wird nicht leicht sein, ihr das nachzumachen).* **Syn.:** auf dem schnellsten Wege; auf die Schnelle (ugs.); geschwind (veraltend, noch landsch.); Hals über Kopf (ugs.); im Flug; im Handumdrehen; im Nu (ugs.); in null Komma nichts (ugs.); kurzfristig; rasch; ruck, zuck (ugs.); Schlag auf Schlag; übereilt; überstürzt.
2. *eine hohe Geschwindigkeit ermöglichend:* eine schnelle Straße, Strecke, Piste, Bahn; ein schnelles Schiff, Flugzeug; die Autos, Züge werden immer schneller.
3. *so geartet, dass etwas ohne großen Zeitaufwand herzustellen, auszuführen, zu erwerben o. Ä. ist:* ein schneller Imbiss, Snack, Drink; schnelles Geld.
4. *fähig, gewohnt, geeignet, bestimmte Tätigkeiten innerhalb kurzer Zeit zu verrichten:* eine freundliche und schnelle Bedienung; die Kassiererinnen in dem Supermarkt sind unglaublich schnell; die Handwerker waren nicht sehr schnell; der Computer könnte etwas schneller sein.

²schnell [ˈʃnɛl] ⟨Partikel⟩ (ugs.):
³doch (3): wie heißt sie [noch mal] schnell?

schnel|len [ˈʃnɛlən]:
1. ⟨itr.; ist⟩ *sich plötzlich federnd, mit einem Schwung o. Ä. irgendwohin bewegen:* der Pfeil schnellte in die Luft; der Fisch ist aus dem Wasser geschnellt; erschrocken schnellte er von seinem Sitz. **Syn.:** hüpfen, sich schwingen, springen.
2. a) ⟨tr.; hat⟩ *mit einer schnellen, schwungvollen Bewegung irgendwohin schleudern:* er schnellt die Angelschnur ins Wasser.
b) ⟨+ sich⟩ *sich mit einer schnellen Bewegung irgendwohin bewegen:* der Delfin schnellt sich aus dem Wasser.

schnell|le|big [ˈʃnɛlleːbɪç] ⟨Adj.⟩:
durch [allzu] raschen Wandel gekennzeichnet, sich schnell verändernd; kurzlebig: eine schnelllebige Mode; in unserer schnelllebigen Zeit ist ein Produkt, wenn es in Serie geht, im Grunde schon veraltet; die Welt wird immer schnelllebiger. **Syn.:** flüchtig, kurzfristig, temporär, vorübergehend.

schnells|tens [ˈʃnɛlstn̩s] ⟨Adverb⟩:
auf schnellstem Wege, sehr schnell: das muss schnellstens erledigt werden; diese Fehler müssen schnellstens abgestellt werden. **Syn.:** auf dem schnellsten Wege; auf die Schnelle (ugs.); geschwind (veraltend, noch landsch.); im Flug; im Handumdrehen; im Nu (ugs.); in null Komma nichts (ugs.); kurzfristig; rasch; ruck, zuck (ugs.); Schlag auf Schlag.

Schnell|stra|ße [ˈʃnɛlʃtraːsə], die; -, -n:
gut ausgebaute, meist wenigstens vierspurige Straße für den Verkehr mit schnelleren Kraftfahrzeugen: auf einer Schnellstraße fahren.

Schnell|zug [ˈʃnɛlt͜suːk], der; -[e]s, Schnellzüge [ˈʃnɛlt͜syːɡə] (früher):
D-Zug: früher fuhr ich mit dem Schnellzug zu meiner Oma, heute verkehrt auf dieser Strecke ein Intercity. **Syn.:** Zug. **Zus.:** Nachtschnellzug.

Schnick|schnack [ˈʃnɪkʃnak], der; -[e]s (ugs., meist abwertend):
1. *wertloses Zeug; Beiwerk, Zierrat o. Ä., der als überflüssig empfunden wird:* billiger, überflüssiger Schnickschnack; das neue Modell ist mit sämtlichem technischen Schnickschnack ausgerüstet. **Syn.:** Firlefanz, Kram, Krimskrams (ugs.), Mist (ugs. abwertend), Plunder (ugs.), Ramsch (ugs. abwertend).
2. *inhaltslose Worte; leeres Gerede, Geschwätz:* Schnickschnack reden. **Syn.:** Blech (ugs. abwertend), Blödsinn (ugs. abwertend), dummes Zeug, Krampf (ugs.), Mist (ugs. abwertend), Quark (ugs.), Quatsch (ugs.), Scheiße (derb abwertend), Schwachsinn (ugs. abwertend), Stuss (ugs. abwertend), Zeug.

schnip|peln [ˈʃnɪpl̩n] (ugs.):
1. ⟨itr.; hat⟩ *mit kleinen Schnitten (mit Schere oder Messer) an etwas schneiden und dabei Teile wegschneiden:* an der Wurst schnippeln.
2. ⟨tr.; hat⟩ *(mit dem Messer o. Ä.) klein schneiden, zerkleinern:* Bohnen, Kräuter, Pilze schnippeln; sie schnippelte die gekochten Kartoffeln in eine Schüssel.

schnip|pen [ˈʃnɪpn̩] (ugs.):
schnipsen.

schnip|pisch [ˈʃnɪpɪʃ] ⟨Adj.⟩ (abwertend):
kurz angebunden und etwas frech: ein schnippisches Mädchen; er gab eine schnippische Antwort; schnippisch sein. **Syn.:** pampig (ugs. abwertend), patzig, spitz (ugs.), spöttisch, unartig, ungezogen, vorwitzig.

Schnip|sel [ˈʃnɪpsl̩], der und das; -s, -:
kleines abgerissenes Stück; Fetzen (meist von Papier): die Schnipsel auf dem Boden zusammenkehren. **Zus.:** Papierschnipsel.

schnip|seln [ˈʃnɪpsl̩n] ⟨itr./tr.; hat⟩:
schnippeln. **Syn.:** zerkleinern, zerlegen.

schnip|sen ['ʃnɪpsn̩]:
a) ‹tr.; hat› *(einer Sache) mit schnellendem Finger einen Stoß geben, sodass sie nach vorn fliegt:* er schnipste einen Krümel vom Tisch. **Syn.:** schnippen. **b)** ‹itr.; hat› *mit Daumen und Mittelfinger ein schnalzendes Geräusch machen:* mit den Fingern schnipsen; wenn ein anderes Bild gezeigt werden sollte, schnipste er. **Syn.:** schnalzen, schnippen.

Schnitt [ʃnɪt], der; -[e]s, -e:
1. a) *das Schneiden:* der Schnitt [mit dem Messer] ging tief ins Fleisch; das Geschwür mit einem Schnitt öffnen. **b)** *das Ergebnis des Schneidens:* ein tiefer Schnitt war zu sehen; mit der Rasierklinge hatte er sich einen Schnitt vom Ohr bis zum Hals beigebracht. **Syn.:** Kerbe, Scharte, Spalt.
2. *Ernte, die durch Schneiden gewonnen wird:* der Schnitt des Getreides, Grases.
3. *Bearbeitung eines Films durch das Herausschneiden uninteressanter oder unerwünschter Stellen:* den Schnitt dieses Filmes besorgte Herr Maier.
4. *Art, wie etwas geschnitten wird/ist:* der Schnitt dieses Kleides gefällt mir; der Anzug hat einen eleganten, sportlichen Schnitt; sie, ihr Haar hat einen modischen Schnitt *(Haarschnitt).* **Syn.:** Design, Form, Machart, Zuschnitt. **Zus.:** Haarschnitt.
5. *Durchschnitt:* er fuhr im Schnitt 100 km in der Stunde; sie raucht im Schnitt *(durchschnittlich)* zwanzig Zigaretten am Tag.

Schnitt|blu|me ['ʃnɪtblu:mə], die; -, -n:
a) *Blütenpflanze, von der Schnittblumen* (b) *gewonnen werden, die zu diesem Zweck angepflanzt, gezogen, gezüchtet wird:* Nelken, Rosen sind Schnittblumen; diese kurzstielige Sorte eignet sich kaum als Schnittblume; Schnittblumen anpflanzen. **b)** *(für einen dekorativen Zweck, besonders zum Aufstellen in einer Vase [als Teil eines Blumenstraußes], für Gebinde o. Ä.) abgeschnittene Blume:* frische Schnittblumen; die meisten Schnittblumen kommen aus Holland.

Schnit|te ['ʃnɪtə], die; -, -n:
[belegte oder mit Brotaufstrich bestrichene] Scheibe Brot: eine Schnitte mit Wurst essen; ich nehme mir für die Frühstückspause ein paar Schnitten mit. **Syn.:** belegtes Brot, Brot, Butterbrot, Sandwich, Toast. **Zus.:** Brotschnitte.

schnit|tig ['ʃnɪtɪç] ‹Adj.›:
von eleganter, sportlicher Form: ein schnittiger Sportwagen; eine schnittige Jacht; der Flitzer sieht schnittig aus, ist sehr schnittig gebaut. **Syn.:** elegant, rasant, sportlich.

Schnitt|lauch ['ʃnɪtlau̯x], der; -[e]s:
Pflanze mit dünnen, röhrenartigen Blättern, die klein geschnitten besonders als Salatgewürz verwendet werden: ein Bund Schnittlauch; Quark mit Schnittlauch.

Schnit|zel ['ʃnɪts̮l̩], das; -s, -:
gebratene [panierte] Scheibe Fleisch ohne Knochen: ein saftiges Schnitzel; ein Wiener Schnitzel *(paniertes Schnitzel vom Kalb).* **Zus.:** Kalbsschnitzel, Putenschnitzel, Schweineschnitzel.

schnit|zen ['ʃnɪts̮n̩] ‹tr.; hat›:
durch Schneiden aus Holz formen: eine Madonna, eine Flöte schnitzen; ‹auch itr.› sie schnitzt gut; an einem Kruzifix schnitzen.

Schnit|zer ['ʃnɪts̮ɐ], der; -s, -:
1. *männliche Person, die Gegenstände schnitzt:* er ist ein genialer Schnitzer; bei einem Schnitzer Figuren für die Krippe kaufen. **Syn.:** Bildhauer, Künstler. **Zus.:** Bildschnitzer, Holzschnitzer.
2. (ugs.) *Fehler, der jmdm. aus Unachtsamkeit o. Ä. unterlaufen ist:* einen groben Schnitzer machen; jmdm. unterläuft ein Schnitzer.

Schnit|ze|rin ['ʃnɪts̮ərɪn], die; -, -nen:
weibliche Form zu ↑Schnitzer (1).

schnodd|rig ['ʃnɔdrɪç] ‹Adj.› (ugs. abwertend):
mit/von provozierender Lässigkeit, den angebrachten Respekt vermissen lassend: ein schnodderiger Bursche; ihre schnoddrige Art; er, sein Ton ist schnoddrig; schnoddrig antworten. **Syn.:** dreist (abwertend), frech, pampig (ugs. abwertend), patzig, unverfroren (emotional), unverschämt, vorlaut, vorwitzig.

schnö|de ['ʃnø:də] ‹Adj.› (geh. abwertend):
1. *in besonders hässlicher, gemeiner Weise Geringschätzung, Verachtung zum Ausdruck bringend und dadurch beleidigend, verletzend, demütigend:* eine schnöde Beleidigung, Antwort, Zurechtweisung; jmdn. schnöde behandeln, abweisen, sie wurden schnöde *(kalt und rücksichtslos)* im Stich gelassen. **Syn.:** abscheulich, fies (ugs.), gemein, perfid[e] (bildungsspr.), schändlich, schmählich (geh.), übel.
2. *nichtswürdig, erbärmlich, verachtenswert:* um des schnöden Mammons, Geldes willen; aus schnöder Feigheit, Angst; es war nichts als schnöder Geiz, schnöde Habgier. **Syn.:** gewöhnlich.

Schnör|kel ['ʃnœrkl̩], der; -s, -:
gewundene Linie, die als Verzierung dienen soll: alte Möbel, ein schmiedeeisernes Gitter mit allerlei Schnörkeln; er schrieb seinen Namen mit einem großen Schnörkel.

schnor|ren ['ʃnɔrən] ‹tr.; hat› (ugs.):
in schmarotzender Weise (etwas, was andere haben) erbetteln: Freikarten schnorren; er schnorrt ständig Zigaretten; ‹auch itr.› sie schnorrt immer bei ihren Freunden. **Syn.:** betteln um.

Schnö|sel ['ʃnø:zl̩], der; -s, - (ugs. abwertend):
junger Mann, dessen Benehmen als frech, ungezogen, überheblich empfunden wird: ein unreifer, dummer Schnösel; dieser Schnösel getraut sich da noch zu lachen. **Syn.:** Flegel (abwertend), Lümmel.

schnüf|feln ['ʃnʏfl̩n] ‹itr.; hat›:
1. *die Luft hörbar durch die Nase ziehen [um etwas riechen zu können]:* der Hund schnüffelt an der Tasche. **Syn.:** riechen, schnuppern.
2. (ugs. abwertend) **a)** *[aus Neugier] etwas, was einem anderen gehört, heimlich, ohne dazu berechtigt zu sein, durchsuchen, um sich über ihn zu informieren:*

du sollst nicht in meinen Sachen schnüffeln; es ist nicht meine Art, in fremden Zimmern zu schnüffeln; sie hatte ihn beim Schnüffeln an, in ihrem Schreibtisch erwischt. **Syn.:** auskundschaften, nachforschen, spionieren. **b)** *berufsmäßig, im Auftrag Ermittlungen durchführen, [heimlich] bestimmte Informationen beschaffen:* für die Steuerfahndung, den Verfassungsschutz schnüffeln.

Schnul|ler [ˈʃnʊlɐ], der; -s, -: *eine Art Sauger, den man Säuglingen in den Mund steckt [um sie zu beruhigen]:* die Mutter gab dem Baby den Schnuller.

Schnul|ze [ˈʃnʊlt͜sə], die; -, -n (ugs. abwertend): *etwas (z. B. ein Lied), was als in billiger Weise rührselig empfunden wird:* eine billige Schnulze; eine Schnulze singen, spielen; im Fernsehen läuft die achtteilige Schnulze »Trotzkopf«. **Syn.:** Schlager.

Schnup|fen [ˈʃnʊp͜fn̩], der; -s, -: *mit der Absonderung einer schleimigen Flüssigkeit verbundene Entzündung der Nasenschleimhäute:* [den, einen] Schnupfen haben; einen Schnupfen bekommen; ich habe mir einen Schnupfen geholt; ein Mittel gegen Schnupfen. **Syn.:** Erkältung.

schnup|pern [ˈʃnʊpɐn] ⟨itr.⟩: *durch kurzes, stärkeres Einziehen von Luft etwas riechen wollen:* der Hund schnuppert an meiner Tasche; an einem Glas Wein, am Kochtopf schnuppern. **Syn.:** schnüffeln.

Schnur [ʃnuːɐ̯], die; -, Schnüre [ˈʃnyːrə]:
1. *aus dünneren Fäden oder Fasern gedrehter Bindfaden:* eine dicke, dünne, lange Schnur; drei Meter, eine Rolle, ein Stück Schnur; etwas mit einer kräftigen Schnur festbinden; an meinem Rucksack ist eine Schnur gerissen; ein Kissen zur Verzierung mit Schnüren *(Kordeln o. Ä.)* besetzen; eine Schnur um etwas binden, wickeln, knoten; Perlen auf eine Schnur aufziehen; einen Knoten in eine Schnur machen. **Syn.:** Faden, Kordel, Seil. **Zus.:** Angelschnur, Perlenschnur.
2. (ugs.) *[im Haushalt verwendetes] elektrisches Kabel [an elektrischen Geräten]:* die Schnur des Staubsaugers ist kaputt; unser altes Telefon hatte eine acht Meter lange Schnur; eine neue, längere Schnur an ein Gerät machen. **Zus.:** Telefonschnur.

schnü|ren [ˈʃnyːrən] ⟨tr.; hat⟩: *fest mit einer Schnur [zusammen]binden:* ein Paket, die Schuhe schnüren; einen Strick um etwas schnüren.

schnur|los [ˈʃnuːɐ̯loːs] ⟨Adj.⟩: *ohne Schnur* (2); *keine Schnur* (2) *aufweisend:* ein schnurloses Telefon; eine Akkubohrmaschine lässt sich, da sie schnurlos ist, besser handhaben; schnurlos telefonieren.

Schnurr|bart [ˈʃnʊrbaːɐ̯t], der; -[e]s, Schnurrbärte [ˈʃnʊrbɛːɐ̯tə]: *Bart oberhalb des Mundes:* ein buschiger, gezwirbelter, gepflegter Schnurrbart; ein junger Mann mit einem Schnurrbart; [einen] Schnurrbart tragen.

schnur|ren [ˈʃnʊrən] ⟨itr.; hat⟩:
1. *ein anhaltendes, verhältnismäßig leises, tiefes, gleichförmiges, summendes, aus vielen kurzen, nicht mehr einzeln wahrnehmbaren Lauten bestehendes Geräusch von sich geben:* der Ventilator, das Spinnrad, der Kühlschrank schnurrt. **Syn.:** brummen, summen, surren.
2. *(besonders von Katzen) als Äußerung des Wohlbefindens einen schnurrenden* (1) *Laut hervorbringen:* die Katze schnurrte vor Behagen.

Schnür|sen|kel [ˈʃnyːɐ̯zɛnkl̩], der; -s, - (landsch.): *Band zum Schnüren der Schuhe:* dein Schnürsenkel ist aufgegangen.

schnur|stracks [ˈʃnuːɐ̯ˈʃtraks] ⟨Adverb⟩ (ugs.): *auf dem kürzesten, schnellsten Wege, sofort:* sie lief schnurstracks nach Hause. **Syn.:** auf der Stelle, augenblicklich, direkt, geradewegs, [2]gleich, postwendend, prompt, sogleich, stehenden Fußes, umgehend (bes. Papierdt.), unverzüglich.

Schock [ʃɔk], der; -[e]s, -s: *durch ein außergewöhnlich belastendes Ereignis bei jmdm. ausgelöste seelische Erschütterung:* ein seelischer, psychischer Schock; bei der Todesnachricht erlitt, bekam sie einen [schweren, leichten] Schock; sein Entschluss war ein Schock für sie, hat ihr einen Schock versetzt *(hat sie sehr bestürzt, hart getroffen);* er muss sich erst einmal von dem Schock erholen. **Syn.:** Anfall, Entsetzen, Kollaps (Med.), Schlag, Trauma.

scho|cken [ˈʃɔkn̩] ⟨tr.; hat⟩ (ugs.): *aufs Höchste betroffen machen, durch etwas Unerwartetes erschrecken, aus dem seelischen Gleichgewicht bringen:* dass sich so wenige zum Helfen gemeldet haben, hat ihn geschockt; jmdn. durch etwas, mit etwas schocken; der Horrorfilm schockte das Fernsehpublikum. **Syn.:** ärgern, aufwühlen, [1]bewegen, empören, entrüsten, erschüttern, schockieren, treffen.

scho|ckie|ren [ʃɔˈkiːrən] ⟨tr.; hat⟩: *[durch etwas, was in provozierender Weise von einer moralischen, gesellschaftlichen Norm abweicht] jmdm. einen Schock versetzen, jmdn. fassungslos, entrüstet machen:* der Film schockierte das Publikum; sie waren über sein Verhalten, von seinen Worten schockiert. **Syn.:** ärgern, aufwühlen, betroffen machen, [1]bewegen, empören, entrüsten, erschüttern, schocken (ugs.), treffen.

Schöf|fe [ˈʃœfə], der; -n, -n, **Schöf|fin** [ˈʃœfɪn], die; -, -nen: *bei Gericht ehrenamtlich eingesetzte Person, die zusammen mit dem Richter, der Richterin die Tat des Angeklagten beurteilt und das Ausmaß der Strafe festlegt:* die Schöffinnen waren sich über die Strafe einig; jmdn. zum Schöffen, zur Schöffin berufen, wählen.

Scho|ko|la|de [ʃokoˈlaːdə], die; -, -n:
1. *mit Zucker [Milch o. Ä.] gemischte Kakaomasse, die meist zu Tafeln* (2) *geformt oder in Figuren gegossen ist:* feinste, billige, dunkle, weiße Schokolade; eine Tafel, ein Stück, ein Riegel Schokolade; ein Osterhase aus Schokolade; mit Schokolade überzogene Kekse. **Zus.:** Nugatschokolade, Nussschokolade.

2. *Getränk aus geschmolzener, in Milch aufgekochter Schokolade* (1): eine [Tasse] heiße Schokolade trinken. **Syn.:** Kakao.

Schol|le [ˈʃɔlə], die; -, -n:
1. *zusammenhängender Klumpen Erde, wie er durch den Pflug aufgeworfen wird:* die Schollen zerkleinern. **Zus.:** Ackerscholle, Erdscholle.
2. *größeres, auf dem Wasser schwimmendes Stück Eis:* riesige Schollen haben sich vor der Brücke gestaut.
3. *mittelgroßer Plattfisch mit goldbrauner, gelb bis dunkelrot gefleckter Oberseite (der als Speisefisch sehr geschätzt wird).*

schön [ʃøːn] ⟨Adj.⟩:
1. *sehr angenehm, ästhetisch auf die Sinne wirkend; von vollendeter Gestalt, sodass es Anerkennung, Gefallen, Bewunderung findet:* eine schöne Frau; ein ausgesprochen schöner junger Mann; schöne Augen, Hände, Beine; schöne Kleider, Farben, Stoffe; eine schöne Stimme haben; sie ist sehr schön; sich für jmdn., für das Fest schön machen *(mit der Absicht, sich ein besonders angenehmes, reizvolles Aussehen zu verleihen, sorgfältig Gesichts- und Körperpflege betreiben und sich gut, hübsch anziehen);* etwas ist schön anzusehen, sieht schön aus; er hat sehr schön Orgel gespielt; sie war schön angezogen; sie hat [einen ausgeprägten] Sinn für das Schöne. **Syn.:** adrett, ansehnlich, ansprechend, anziehend, apart, attraktiv, berückend (geh.), bezaubernd, charmant, ebenmäßig, elegant, entzückend, fein, gefällig, geschmackvoll, gut aussehend, herrlich (emotional), hübsch, paradiesisch, prächtig, prachtvoll, reizend, schick, toll (ugs.), wundervoll.
2. *nicht getrübt; angenehm, herrlich:* es war eine schöne Zeit; wir haben einen schönen Urlaub verlebt; das Wetter war schön; (in Höflichkeitsformeln:) ich wünsche Ihnen einen schönen Abend, ein schönes Wochenende; schöne Ferien!; schön, dass du mitkommst!; ich kann mir was Schöneres vorstellen, als bei dem Wetter im Auto zu sitzen. **Syn.:** ausgezeichnet, einmalig (emotional), erfreulich, exzellent, famos (ugs.), fein, genial, grandios, großartig, gut, herrlich (emotional), hervorragend, köstlich, perfekt, prächtig, prima, sehr gut, spitze (ugs.), unübertrefflich, vortrefflich, vorzüglich, wohltuend.
3. *in einer Zustimmung und Zufriedenheit in Bezug auf etwas hervorrufenden Weise; so beschaffen, dass Lob durchaus angebracht ist:* das war [nicht] schön von dir; sie hat eine schöne Arbeit geschrieben; das hast du aber schön gemacht!; er hat ihr gegenüber nicht schön gehandelt; das ist ein schöner Zug an, von ihr. **Syn.:** angenehm, entgegenkommend, freundlich, gefällig, gut, gütig, [1]herzlich, jovial, konziliant (bildungsspr.), lieb, liebenswert, liebenswürdig, nett, sympathisch, verbindlich.
4. (ugs.) *im Hinblick auf Anzahl, Menge, Ausmaß beträchtlich:* einen schönen Schrecken bekommen; er ist ein schöner Angeber, Angsthase; sie hat ein schönes *(hohes)* Alter erreicht; das kostet eine schöne Summe Geld; das war ganz schön leichtsinnig von ihm; sie ist schön dumm, wenn sie das macht; wir mussten uns ganz schön anstrengen, beeilen; das geht mir ganz schön auf den Geist! **Syn.:** gehörig, ordentlich (ugs.), tüchtig (ugs.).
5. (ugs. ironisch) *wenig erfreulich, zu Unmut, Verärgerung Anlass gebend:* du bist mir ein schöner Fahrer, ein schöner Freund!; das sind ja schöne Aussichten; das war eine schöne Bescherung, ein schöner Reinfall; das wird ja immer schöner mit dir!; da hast du etwas Schönes angerichtet!
6. ⟨als verstärkende Partikel bes. in Aufforderungssätzen⟩ (ugs.) *wie es gewünscht, erwartet wird, wie es angebracht ist:* schön der Reihe nach!; schön langsam fahren!; seid schön vorsichtig!; ich habe mich natürlich schön hinten angestellt; ich werde mich schön aus der Sache heraushalten.

[1]schon [ʃoːn] ⟨Adverb⟩:
1. a) dient dazu, auszudrücken, dass etwas verhältnismäßig früh oder früher als erwartet eintritt, geschieht oder eingetreten, geschehen ist: er kommt schon um drei Uhr, heute, morgen, nächste Woche; es ist schon alles vorbereitet; er hat das tatsächlich schon vergessen; das kann ich dir jetzt schon versichern; es ist ja schon acht vorbei!; willst du etwa schon gehen?; er wird nächstes Jahr schon sechzig; ich muss schnell noch was erledigen, aber du kannst ja schon *(schon jetzt)* anfangen; wir können ja schon [mal] einen Aperitif nehmen. **Syn.:** bereits, längst, vorher. **b)** dient dazu, auszudrücken, dass ein Vorgang so kurz auf einen anderen folgt, dass beide Vorgänge fast gleichzeitig zu erfolgen scheinen: er klaute das Fahrrad, und schon war er weg; kaum hatte sie sich umgedreht, ging der Krach schon los.
2. dient dazu, auszudrücken, dass das Genannte [gerade] ausreicht, um die für einen bestimmten Sachverhalt nötigen Voraussetzungen zu erfüllen: ein Milligramm kann schon tödlich sein; schon ein Remis wäre ein Erfolg für ihn; Eintrittskarten gibt es schon für 5 Euro; schon darum muss ich ablehnen; das möchte ich ihr gern ersparen, ihr geht es so schon schlecht genug.
3. a) dient dazu, auszudrücken, dass die gemachte Aussage sich auf einen verhältnismäßig weit zurückliegenden Zeitpunkt oder Zeitraum bezieht [und also keineswegs von etwas Neuem die Rede ist]: schon Platon hat diese Ideen vertreten; das steht [auch] schon in der Bibel; schon als Kinder/als Kinder schon hatten wir eine Vorliebe für sie. **b)** dient dazu, auszudrücken, dass der genannte Sachverhalt zum gegebenen Zeitpunkt nicht mehr in der Zukunft liegt, sondern tatsächlich gegeben ist: das wusste ich schon; diese Briefmarke habe ich schon, aber die da fehlt mir noch. **c)** dient dazu, auszudrücken, dass eine

S
Scho

Erscheinung, ein Ereignis, Vorgang zum gegebenen Zeitpunkt nicht zum ersten Mal auftritt, stattfindet: wie schon gesagt, sollten wir nicht darauf eingehen; eigentlich wollte ich vorhin schon gehen; er hat, wie schon so oft, versagt; hast du so etwas schon [ein]mal erlebt?
4. betont, dass – von allem anderen, oft Wichtigerem abgesehen – etwas allein genügt, um eine Handlung, einen Zustand, Vorgang zu erklären o. Ä.: [allein] schon der Gedanke daran ist schrecklich. **Syn.:** allein, bereits.

²schon [ʃo:n] ⟨Partikel⟩:
1. dient, oft in Ausrufen, dazu, eine Aussage zu bekräftigen: es ist schon ein Elend!; du wirst schon sehen!; er hat schon recht, wenn er das sagt.
2. dient in Aufforderungssätzen dazu, Ungeduld o. Ä. auszudrücken: mach, komm, red schon!; jetzt hör schon auf [mit diesem Blödsinn]!
3. dient in mit »wenn« eingeleiteten konditionalen Gliedsätzen dazu, auszudrücken, dass unter der im Gliedsatz genannten Voraussetzung der im übergeordneten Satz genannte Sachverhalt eine Selbstverständlichkeit ist: wenn ich schon nach Italien fahre, will ich auch Florenz sehen; wenn ich das schon mache, dann [aber] zu meinen Bedingungen.
4. dient besonders in Sätzen im Futur dazu, auszudrücken, dass es keinen Grund gibt, an der Richtigkeit der gemachten Aussage zu zweifeln: es wird schon [gut] gehen; es wird schon nichts passieren; sie wird schon noch kommen; er wird es schon nicht vergessen haben.
5. dient im Gespräch dazu, Zustimmung in der Sache auszudrücken, gleichzeitig aber anzudeuten, dass im gegebenen Zusammenhang etwas ganz anderes viel wichtiger oder entscheidend ist: gut ist das Restaurant schon, nur leider viel zu teuer; Lust hätte ich schon, ich habe aber keine Zeit; »Hast du keine Lust mitzukommen?« – »Schon, nur keine Zeit.«.
6. dient dazu, auszudrücken, dass der genannte Sachverhalt, im Unterschied zu einem bestimmten anderen Sachverhalt oder entgegen einer bestimmten Behauptung, durchaus gegeben ist: er ist mit dem neuen Chef gar nicht zufrieden, [aber] ich schon; »Dafür interessiert sich doch kein Mensch.« – »Ich schon!«.
7. dient in rhetorischen Ergänzungsfragen dazu, auszudrücken, dass die Frage sich eigentlich erübrigt, weil offenkundig ist, wie die einzig richtige Antwort lauten muss: wen interessiert das schon?; was ist schon Geld?

scho|nen [ˈʃo:nən]:
a) ⟨tr.; hat⟩ *jmdn., etwas sorgfältig, vorsichtig, rücksichtsvoll behandeln, gebrauchen:* seine Kleider, seine Kräfte, das Auto schonen; sie trägt beim Abwaschen immer Gummihandschuhe, um ihre Hände zu schonen; jmdm. eine schlechte Nachricht schonend beibringen. **Syn.:** sorgsam behandeln, wenig beanspruchen. **b)** ⟨+ sich⟩ *Rücksicht auf seine Gesundheit nehmen:* du solltest dich [mehr] schonen; sie schont sich nicht, zu wenig; sie ist zwar wieder gesund, muss sich aber noch etwas schonen.

Schön|heit [ˈʃø:nhai̯t], die; -, -en:
a) ⟨ohne Plural⟩ *das Schönsein:* die Schönheit des Stils, seines Gesichts; die Schönheit ihres Gesangs; ein Werk von klassischer Schönheit; ihre strahlende, jugendliche Schönheit. **Syn.:** Anmut, Glanz, Herrlichkeit, Pracht. **Zus.:** Formschönheit, Klangschönheit. **b)** *auffallend schöne Person:* sie war schon als Kind eine kleine Schönheit; er ist nicht gerade eine Schönheit. **Zus.:** Dorfschönheit. **c)** *alles, was [an einer Sache, Gegend] schön ist:* die landschaftlichen Schönheiten kennenlernen; sie zeigte ihm die Schönheiten der Stadt, des Landes, der Umgebung. **Syn.:** Attraktion, Sehenswürdigkeit.

Scho|nung [ˈʃo:nʊŋ], die; -, -en:
1. ⟨ohne Plural⟩ *das Schonen von jmdm., etwas:* ihr Zustand, ihr Magen verlangt Schonung; etwas, jmdn. mit Schonung behandeln; sie flehten um Schonung; das Gesetz kennt keine Schonung. **Syn.:** Nachsicht, Rücksicht, Sanftmut, Verständnis.
2. *eingezäuntes Gelände mit jungen Bäumen in einem Wald:* Betreten der Schonung verboten! **Syn.:** Gehege. **Zus.:** Tannenschonung.

scho|nungs|los [ˈʃo:nʊŋslo:s] ⟨Adj.⟩:
ohne Nachsicht, Rücksicht: jemanden schonungslos kritisieren; etwas mit schonungsloser Offenheit erzählen. **Syn.:** brutal, grausam, hart, rabiat, roh, rücksichtslos, unbarmherzig, ungerührt.

Schopf [ʃɔp͡f], der; -[e]s, Schöpfe [ˈʃœp͡fə]:
dichtes, kräftiges, kürzeres Kopfhaar: ein dichter, wirrer Schopf; sie hat einen blonden Schopf. **Syn.:** Haar, Haare ⟨Plural⟩. **Zus.:** Blondschopf, Haarschopf, Jungenschopf, Mädchenschopf, Rotschopf.

schöp|fen [ˈʃœp͡fn̩] ⟨tr.; hat⟩:
(Flüssigkeit) mit einem Schöpflöffel o. Ä. oder mit der hohlen Hand aus einem Gefäß o. Ä. entnehmen, herausholen: Wasser aus einer Wanne, aus einem Fluss schöpfen.

schöp|fe|risch [ˈʃœp͡fərɪʃ] ⟨Adj.⟩:
etwas Bedeutendes schaffend, hervorbringend, gestaltend: ein schöpferischer Mensch, Kopf, Geist; eine schöpferische Fantasie entfalten; er ist [nicht] schöpferisch veranlagt; schöpferisch tätig sein. **Syn.:** begabt, erfinderisch, fantasievoll, kreativ, künstlerisch, musisch, originell, talentiert. **Zus.:** sprachschöpferisch, wortschöpferisch.

Schöp|fung [ˈʃœp͡fʊŋ], die; -, -en:
1. ⟨ohne Plural⟩ *das Erschaffen:* die Schöpfung der Welt, eines Kunstwerks. **Syn.:** Herstellung, Produktion.
2. *vom Menschen Geschaffenes; Kunstwerk:* die Schöpfungen der Literatur, der bildenden Kunst; diese Bilder sind die kühnsten Schöpfungen des Künstlers. **Syn.:** Erzeugnis, Produkt. **Zus.:** Sprachschöpfung, Wortschöpfung.

Schorf [ʃɔrf], der; -[e]s, -e:
Kruste aus getrocknetem Blut auf Wunden: der Schorf fiel von selbst ab; auf der Wunde hat

sich Schorf gebildet; den Schorf abkratzen. **Zus.:** Wundschorf.

Schor|le [ˈʃɔrlə], die; -, -n: *Getränk aus Wein bzw. Apfelsaft o. Ä. und Mineralwasser:* ich habe mir eine Schorle bestellt. **Zus.:** Apfelsaftschorle, Weinschorle.

Schorn|stein [ˈʃɔrnʃtai̯n], der; -[e]s, -e: *über das Dach hinausragender oder auch frei stehend senkrecht hochgeführter Abzugsschacht für die Rauchgase einer Feuerungsanlage:* die Schornsteine einer Fabrik, eines Schiffes ragen in die Luft, rauchen; der Schornstein zieht nicht richtig; der Schornstein wurde gereinigt, gefegt. **Syn.:** Schlot. **Zus.:** Fabrikschornstein, Schiffsschornstein, Zechenschornstein.

Schorn|stein|fe|ger [ˈʃɔrnʃtai̯nfeːgɐ], der; -s, -, **Schorn|stein|fe|ge|rin** [ˈʃɔrnʃtai̯nfeːgərɪn], die; -, -nen: *Handwerker, Handwerkerin, die den Ruß aus Schornsteinen fegt und die Funktion von Heizungsanlagen sowie ihren Schadstoffausstoß überprüft:* morgen kommt der Schornsteinfeger; sie ist Schornsteinfegerin.

Schoß [ʃoːs], der; -es, Schöße [ˈʃøːsə]: *Vertiefung, die sich beim Sitzen zwischen Oberkörper und Beinen bildet:* sich auf jmds., sich jmdm. auf den Schoß setzen; sie hatte ihre Puppe auf dem Schoß; die Mutter nahm das Kind auf den Schoß; das Kind wollte, kletterte auf den Schoß; ihre Hände lagen im Schoß.

Scho|te [ˈʃoːtə], die; -, -n: *längliche Kapselfrucht bestimmter Pflanzen, die mehrere Samen enthält:* die trockene Schote springt auf; drei Schoten Paprika kaufen; die Erbsen aus den Schoten lösen. **Syn.:** Hülse, Schale. **Zus.:** Erbsenschote, Paprikaschote, Pfefferschote.

Schot|ter [ˈʃɔtɐ], der; -s: *kleine oder zerkleinerte Steine als Untergrund im Straßen- und Gleisbau:* grober, feiner Schotter; Bahngleise werden auf Schotter verlegt. **Zus.:** Gleisschotter, Straßenschotter.

schraf|fie|ren [ʃraˈfiːrən] ⟨tr.⟩: *in einer Zeichnung eine Fläche mit dicht nebeneinander verlaufenden parallelen Strichen ausfüllen:* er schraffierte die unbebauten Gebiete auf dem Stadtplan.

schräg [ʃrɛːk] ⟨Adj.⟩:
1. *von einer [gedachten] senkrechten oder waagerechten Linie in einem spitzen oder stumpfen Winkel abweichend:* eine schräge Linie, Wand; der Mast steht schräg; er geht schräg über die Straße; den Schreibtisch schräg stellen; den Kopf schräg halten; er wohnt schräg gegenüber. **Syn.:** diagonal, schief.
2. (ugs., oft abwertend) *von der Norm, vom Üblichen, Erwarteten abweichend [und daher nicht akzeptabel]:* er ist ein ziemlich schräger Typ, ein ganz schräger Vogel; die Musik ist mir zu schräg; sie malte für damalige Begriffe zu schräg.

Schram|me [ˈʃramə], die; -, -n: *von einem spitzen oder rauen Gegenstand durch Reiben, Kratzen verursachte Verletzung oder Beschädigung:* bei dem Unfall ist er mit ein paar Schrammen [im Gesicht] davongekommen; das Auto, der Tisch hatte schon eine Schramme [abbekommen]. **Syn.:** Kratzer, Ritz.

Schrank [ʃraŋk], der; -[e]s, Schränke [ˈʃrɛŋkə]: *höheres, kastenartiges, mit Türen versehenes, meist verschließbares Möbelstück zur Aufbewahrung von Kleidung, Geschirr, Büchern, Nahrungsmitteln u. a.:* ein schwerer, eichener Schrank; einen Schrank aufstellen, öffnen, abschließen, aufbrechen, ausräumen; sie hat Schränke voll mit Kleidern; etwas aus dem Schrank nehmen; etwas in den Schrank legen, stellen, tun; Kleider in den Schrank hängen. **Syn.:** Kasten (südd., österr., schweiz.), Spind. **Zus.:** Aktenschrank, Arzneischrank, Besenschrank, Bücherschrank, Eichenschrank, Garderobenschrank, Geldschrank, Geschirrschrank, Glasschrank, Hängeschrank, Kleiderschrank, Küchenschrank, Schlafzimmerschrank, Schuhschrank, Wandschrank, Wohnzimmerschrank.

Schran|ke [ˈʃraŋkə], die; -, -n:
1. *in einer Vorrichtung (im Falle der Absperrung) waagerecht liegende größere, dickere Stange:* die Schranken sind geschlossen; die Schranke wird heruntergelassen, geht hoch; das Auto durchbrach die geschlossene Schranke. **Zus.:** Bahnschranke.
2. *Grenze des Erlaubten, Möglichen:* gesetzliche, moralische Schranken; die Schranken der Konvention überwinden; der Fantasie sind keine Schranken gesetzt *(man darf seiner Fantasie freien Lauf lassen);* keine Schranken mehr kennen, sich keinerlei Schranken auferlegen *(hemmungslos, ohne Beherrschung sein).* **Syn.:** Barriere.

Schrau|be [ˈʃrau̯bə], die; -, -n: *mit Gewinde und Kopf versehener [Metall]bolzen, der in etwas eingedreht wird und zum Befestigen oder Verbinden von etwas dient:* die Schraube sitzt fest, hat sich gelockert; eine Schraube anziehen, lockern, lösen; das Türschild mit Schrauben befestigen.

schrau|ben [ˈʃrau̯bn̩] ⟨tr.; hat⟩:
1. *mit einer Schraube, mit Schrauben (in, an, auf etwas) befestigen:* die Kotflügel an die Karosserie schrauben; sein Namensschild auf die Tür schrauben. **Syn.:** festmachen an, montieren. **Zus.:** anschrauben, festschrauben.
2. a) *etwas, was mit einem Gewinde versehen ist, durch Drehen in, auf etwas befestigen:* Haken in die Wand schrauben; den Deckel fest auf die Flasche schrauben.
b) *etwas, was mit einem Gewinde versehen ist, durch Drehen aus, von etwas lösen:* den Deckel vom Marmeladenglas schrauben; die Sicherung aus der Fassung schrauben. **Syn.:** drehen.
3. *bewirken, veranlassen, dass etwas in bestimmtem Maße steigt, zunimmt, wächst:* die Preise, Ansprüche, Erwartungen in die Höhe schrauben.

Schrau|ben|schlüs|sel [ˈʃrau̯bn̩ʃlʏsl̩], der; -s, -: *Werkzeug, mit dem Schrauben und Schraubenmuttern fest ange-*

S
Scho

Schreck/Schrecken	
Die beiden Wörter sind nicht völlig gleichbedeutend: **Schreck** bedeutet *kurze, plötzliche seelische Erschütterung, die durch etwas Unerwartetes, meist Unangenehmes oder Angst Einflößendes, hervorgerufen wird.* – Der Junge fing vor lauter Schreck an, zu weinen. Der Gebrauch des Substantivs »der Schrecken« in dieser Bedeutung ist – abgesehen von der Wendung »mit dem Schrecken davonkommen« – vor allem landschaftlich.	Das Substantiv **Schrecken** bedeutet *lähmende, Entsetzen und Furcht verbreitende Wirkung von etwas [und der daraus folgende länger anhaltende Zustand seelischer Not und Qual]:* – Der Tod hat für ihn seinen Schrecken verloren. – Die Schrecken des Krieges sollen sich nie mehr wiederholen.

zogen oder gelockert werden: ich habe leider keinen passenden Schraubenschlüssel.

Schrau|ben|zie|her ['ʃraubn̩tsi:ɐ], der; -s, -: *Werkzeug zum Anziehen oder Lockern von Schrauben:* gib mir mal bitte den großen Schraubenzieher.

Schre|ber|gar|ten ['ʃre:bɐgartn̩], der; -s, Schrebergärten ['ʃre:bɐgɛrtən]: *einzelner Kleingarten innerhalb einer Gartenkolonie am Stadtrand:* einen Schrebergarten haben; ein Grillfest im Schrebergarten. **Syn.:** Garten.

Schreck [ʃrɛk], der; -[e]s, -e: *heftige Erschütterung des Gemüts, die meist durch das plötzliche Erkennen einer Gefahr oder Bedrohung ausgelöst wird:* ein großer, mächtiger, ungeheurer Schreck; der Schreck fuhr ihm in die Knochen; der Schreck saß, lag ihr noch in den Gliedern; sie bekam einen ordentlichen Schreck, als es plötzlich an die Tür klopfte; jmdm. einen gewaltigen Schreck einjagen, versetzen; ihr fiel vor Schreck die Tasse aus der Hand; sich von dem Schreck erholen. **Syn.:** Entsetzen, Schauder (geh.), Schauer, Schock.

Schreck / Schrecken: *s.* Kasten.

schre|cken ['ʃrɛkn̩] ⟨tr.; hat⟩: **a)** *in Schrecken versetzen, ängstigen:* die Träume, Geräusche schreckten sie; jmdn. mit Drohungen, durch Strafen schrecken [wollen]; das kann mich nicht schrecken. **Syn.:** demoralisieren, einschüchtern, entmutigen. **b)** ⟨+ sich⟩ (österr.) *sich erschrecken:* schreck dich nicht!

Schre|cken ['ʃrɛkn̩], der; -s, -: **1. a)** ⟨ohne Plural⟩ *von Entsetzen und Angst bestimmtes, sehr belastendes, quälendes und oft lähmendes Gefühl:* sie besetzten das Land und verbreiteten überall [Angst und] Schrecken; die Nachricht rief Schrecken hervor, erregte Schrecken; jmdn. in [Angst und] Schrecken versetzen; etwas mit Schrecken feststellen; daran erinnere ich mich noch mit Schrecken. **Syn.:** Angst, Grauen, Horror, Schauder (geh.), Schauer, Schock. **b)** (bes. landsch.) *Schreck:* der Schrecken saß, lag ihr noch in den Gliedern; ich bekam einen riesigen Schrecken. **Syn.:** Entsetzen, Schock. **2.** (geh.) *etwas, was Schrecken, Angst hervorruft:* die Schrecken des Krieges; die Antibiotika haben vielen schlimmen Krankheiten ihre[n] Schrecken genommen. **3.** (emotional) *Person, die Schrecken auslöst, als schrecklich* (2) *empfunden wird:* er ist der Schrecken der Nachbarschaft.

Schrecken / Schreck: *s.* Kasten Schreck/Schrecken.

schreck|haft ['ʃrɛkhaft] ⟨Adj.⟩: *leicht erschreckend, leicht zu erschrecken:* ein schreckhaftes Kind, Tier; sie ist sehr schreckhaft. **Syn.:** ängstlich.

schreck|lich ['ʃrɛklɪç] ⟨Adj.⟩: **1.** *durch seine Art, sein Ausmaß Schrecken, Entsetzen auslösend:* eine schreckliche Entdeckung, Nachricht, Krankheit; es nahm ein schreckliches Ende; sie ist auf ganz schreckliche Weise ums Leben gekommen; der Anblick war schrecklich; das ist ja schrecklich!; die verstümmelte Leiche war schrecklich anzusehen. **Syn.:** beängstigend, beklemmend, entsetzlich, [2]erschreckend, furchtbar, fürchterlich, grässlich, grauenhaft (emotional), grauenvoll (emotional), grausig, katastrophal, schauderhaft (ugs. abwertend), schauerlich, scheußlich, schlimm, unheimlich. **2.** (ugs. abwertend) *in seiner Art, seinem Verhalten o. Ä. so unangenehm, dass es Abneigung oder Entrüstung hervorruft, als unleidlich, unerträglich empfunden wird:* er ist ein schrecklicher Mensch, Kerl!; [es ist] wirklich schrecklich [mit ihr], alles macht sie falsch; er hat sich schrecklich aufgeführt, benommen. **Syn.:** unausstehlich, unerträglich. **3.** ⟨verstärkend bei Adjektiven und Verben⟩ (ugs.) *sehr:* es war ihm schrecklich peinlich; jmdn. schrecklich nett, dumm, eingebildet finden; er war schrecklich eifersüchtig; ich bin schrecklich müde; ich habe schrecklich viel zu tun; sie musste schrecklich lachen; sich schrecklich aufregen. **Syn.:** entsetzlich (ugs.), erbärmlich (ugs.), erheblich, furchtbar (ugs.), fürchterlich (ugs.), gewaltig (emotional), grauenhaft (emotional), grenzenlos, hochgradig, höchst, höllisch (emotional), irre (emotional), irrsinnig, kolossal (ugs. emotional), mächtig (ugs.), maßlos, mörderisch (ugs.), ordentlich (ugs.), reichlich, riesig (ugs.), total (ugs.), unbeschreiblich, unendlich, [1]unerhört, unermesslich, ungeheuer,

unheimlich (ugs.), unmäßig, unsagbar.
4. (ugs.) *unangenehm stark, sehr groß:* zurzeit herrscht eine schreckliche Hitze; ein schrecklicher Lärm; wir hatten schrecklichen Hunger. **Syn.:** arg (landsch.), furchtbar (ugs.), fürchterlich (ugs.), schlimm, unerträglich.

Schrei [ʃrai̯], der; -[e]s, -e: *meist aus Angst ausgestoßener, unartikulierter, oft schriller Laut eines Lebewesens:* er hörte einen lauten, kurzen, markerschütternden, lang gezogenen Schrei; ein Schrei des Entsetzens, der Überraschung; ein Schrei ertönte, war zu hören, durchbrach die Stille; einen Schrei ausstoßen, von sich geben, unterdrücken. **Syn.:** Aufschrei, Ausruf, Geschrei, Ruf. **Zus.:** Angstschrei, Freudenschrei, Hilfeschrei, Jubelschrei, Schmerzensschrei, Schreckensschrei, Todesschrei, Verzweiflungsschrei, Wutschrei.

schrei|ben [ˈʃrai̯bn̩], schrieb, geschrieben:
1. ⟨itr.; hat⟩ *Buchstaben, Zahlen, Noten in bestimmter Reihenfolge mit einem Schreibgerät auf einer Unterlage, meist auf Papier, hervorbringen oder in einen Computer eingeben:* schreiben lernen; schön, sauber, deutlich, unleserlich, schnell, langsam schreiben; mit der Hand, mit dem Bleistift, mit Tinte schreiben; sie schreibt auf blauem/blaues Papier; auf/mit dem Computer schreiben; in gut leserlicher Schrift schreiben; er kann weder lesen noch schreiben. **Syn.:** kritzeln, niederlegen (geh.), schmieren (ugs. abwertend).
2. ⟨tr.; hat⟩ **a)** *aus Schriftzeichen, Buchstaben, Ziffern o. Ä. in einer bestimmten lesbaren Folge bilden, zusammensetzen:* ein Wort, eine Zahl schreiben; den Satz zu Ende schreiben; seinen Namen an die Tafel, die Adresse auf den Umschlag schreiben; etwas falsch, richtig, mit Bindestrich schreiben. **b)** *schreibend* (1), *schriftlich formulieren, gestalten, verfassen:* einen Brief, einen Antrag, ein Protokoll, einen Bericht, eine Rechnung schreiben; jmdm., an jmdn. eine Karte schreiben; sie schreibt Romane, Drehbücher, Gedichte; er hat in dem Artikel die Wahrheit, lauter Lügen, nichts als Unsinn geschrieben; sie hat ein Buch über Afrika geschrieben. **Syn.:** zu Papier bringen.
3. ⟨itr.; hat⟩ *sich schriftlich an jmdn. wenden; [etwas] in schriftlicher Form senden, schicken:* seinem Vater/an seinen Vater schreiben; ihr Sohn hat [ihr] lange nicht geschrieben; ich schreibe dir aus dem Urlaub; sie hat wegen der Sache an den Bundespräsidenten geschrieben; sie hat mir nur wenig von dir, von deinen Plänen/über dich, über deine Pläne geschrieben *(schriftlich mitgeteilt, berichtet).* **Syn.:** anschreiben.
4. ⟨itr.; hat⟩ **a)** *als Autor[in] künstlerisch, schriftstellerisch, journalistisch o. ä. tätig sein:* sie ist Malerin und ihr Freund schreibt *(ist Schriftsteller);* sie schreibt für eine Zeitung. **b)** *in bestimmter Weise sich schriftlich äußern, etwas sprachlich gestalten; einen bestimmten Schreibstil haben:* lebendig, anschaulich, spannend, ziemlich langweilig schreiben; sie schreibt immer in gutem Deutsch. **Syn.:** [1]dichten. **c)** *mit der schriftlichen Formulierung, sprachlichen Gestaltung, Abfassung, Niederschrift von etwas beschäftigt sein:* sie schreibt an einem Roman; er schreibt immer noch an seiner Dissertation. **Syn.:** arbeiten.
5. ⟨itr.; hat⟩ *berichten:* die Zeitung schrieb ausführlich über das Unglück.
6. ⟨itr.; hat⟩ *zum Thema einer [wissenschaftlichen] Abhandlung machen:* er schreibt über den Marxismus, über die Kirche, über den Staat.
7. ⟨+ sich⟩ *korrespondieren:* wir schreiben uns regelmäßig.
8. ⟨tr.; hat⟩ *jmdm. schriftlich einen bestimmten Gesundheitszustand bescheinigen:* er wollte sich arbeitsunfähig, untauglich schreiben lassen. **Syn.:** erklären für.
9. ⟨tr.; hat⟩ *(von Geldbeträgen o. Ä.) irgendwo schriftlich festhalten, eintragen, verbuchen:* schreiben Sie [mir] den Betrag auf die Rechnung, mein Konto; den Betrag haben wir zu Ihren Lasten geschrieben.

Schrei|ben [ˈʃrai̯bn̩], das; -s, -: *offizielle oder sachliche schriftliche Mitteilung:* ein amtliches, dienstliches, vertrauliches Schreiben; ein Schreiben abfassen, aufsetzen; er richtete ein Schreiben an den Bürgermeister; wir bestätigen Ihnen den Eingang Ihres Schreibens vom 25. 01. 2010; auf Ihr Schreiben vom 18. 03. 2010 teilen wir Ihnen mit ...; für Ihr Schreiben danken wir Ihnen. **Syn.:** Botschaft, Brief, Postkarte, Schriftstück, Zeilen ⟨Plural⟩, Zuschrift. **Zus.:** Antwortschreiben, Begleitschreiben, Beileidsschreiben, Bewerbungsschreiben, Empfehlungsschreiben, Entschuldigungsschreiben, Glückwunschschreiben, Kondolenzschreiben, Kündigungsschreiben, Mahnschreiben, Protestschreiben.

Schreib|kraft [ˈʃrai̯pkraft], die; -, Schreibkräfte [ˈʃrai̯pkrɛftə]: *Person, die beruflich Schreibarbeiten ausführt:* in dem Büro sind zwei Schreibkräfte beschäftigt. **Syn.:** Sekretär, Sekretärin, Stenotypist, Stenotypistin. **Zus.:** Büroschreibkraft.

Schreib|ma|schi|ne [ˈʃrai̯pmaʃiːnə], die; -, -n: *Gerät, mit dem man durch Niederdrücken von Tasten Buchstaben- oder Ziffernzeichen mittels eines Farbbandes auf ein eingespanntes Blatt Papier schreibt:* eine mechanische, elektrische Schreibmaschine; sie kann gut Schreibmaschine schreiben; einen Bogen Papier in die Schreibmaschine einspannen; etwas auf/mit der Schreibmaschine schreiben. **Syn.:** Maschine. **Zus.:** Blindenschreibmaschine.

Schreib|tisch [ˈʃrai̯ptɪʃ], der; -[e]s, -e: *einem Tisch ähnliches Möbelstück, das meist an einer oder an beiden Seiten Schubfächer zum Aufbewahren von Schriftstücken, Akten o. Ä. hat und an dem Schreibarbeiten verrichtet werden:* als ich ins Zimmer kam, saß er am, hinter dem Schreibtisch; die Akten liegen auf dem Schreibtisch, sind in meinem Schreibtisch [eingeschlossen]. **Syn.:** Sekretär (2).

schrei|en ['ʃrai̯ən], schrie, geschrie[e]n:
1. ⟨itr.; hat⟩ *einen Schrei, Schreie ausstoßen:* das Baby schrie die ganze Nacht; schrei, wenn du kannst!; vor Angst, Schmerz, Freude schreien. **Syn.:** brüllen, grölen (ugs.), johlen (abwertend), kreischen, plärren (ugs.), rufen. **Zus.:** losschreien.
2. ⟨tr.; hat⟩ *übermäßig laut sprechen:* er schrie ihren Namen so laut, dass ihn jeder verstand; ⟨auch itr.⟩ sie schrie ihm förmlich ins Gesicht. **Syn.:** ausrufen, brüllen, rufen. **Zus.:** herausschreien, herumschreien.

schrei|end ['ʃrai̯ənt] ⟨Adj.⟩:
1. *sehr grell, auffällig, ins Auge fallend:* ein schreiendes Gelb; die Farben des Kleides sind [mir] zu schreiend; schreiend bunte Teppiche. **Syn.:** bunt, kunterbunt (emotional).
2. *große Empörung hervorrufend, skandalös:* eine schreiende Ungerechtigkeit; ihr widerfuhr schreiendes Unrecht. **Syn.:** beispiellos, bodenlos (ugs.), empörend, haarsträubend (emotional), [1]unerhört, ungeheuerlich.

Schrei|hals ['ʃrai̯hals], der; -es, Schreihälse ['ʃrai̯hɛlzə] (ugs.): *Person, die viel Geschrei macht, häufig schreit:* jetzt seid doch mal ruhig, ihr Schreihälse!

Schrei|ner ['ʃrai̯nɐ], der; -s, -, **Schrei|ne|rin** ['ʃrai̯nərɪn], die; -, -nen:
Person, die als Handwerker, Handwerkerin Holz (und auch Kunststoff) verarbeitet, bestimmte Gegenstände, besonders Möbel, daraus herstellt oder bearbeitet, einbaut o. Ä.: die neuen Regale hat ein Schreiner aus der Nachbarschaft gebaut. **Syn.:** Tischler, Tischlerin.

schrei|ten ['ʃrai̯tn̩], schreitet, schritt, geschritten ⟨itr.; ist⟩ (geh.):
1. *[gemessenen Schrittes, langsam und feierlich] gehen:* sie schritt durch die Halle, über den Teppich, zum Ausgang. **Syn.:** sich fortbewegen. **Zus.:** durchschreiten, entlangschreiten, hinabschreiten, voranschreiten.
2. *(mit etwas) beginnen, zu etwas übergehen, etwas in Angriff nehmen:* zur Wahl schreiten; nun wollen wir endlich zur Tat, zu neuen Taten schreiten. **Syn.:** anfangen mit, herangehen an, in die Wege leiten.

Schrift [ʃrɪft], die; -, -en:
1. *System von Zeichen, mit denen die Laute, Wörter, Sätze einer Sprache festgehalten, lesbar gemacht werden:* lateinische Schrift; die russische Schrift lesen können. **Zus.:** Bilderschrift, Blindenschrift, Buchstabenschrift, Geheimschrift, Runenschrift.
2. *für einen Menschen charakteristische handgeschriebene Schrift:* eine schöne, deutliche, leserliche Schrift; jmdn. nach seiner Schrift beurteilen. **Syn.:** Handschrift, Klaue (ugs.). **Zus.:** Krakelschrift, Schnörkelschrift, Schreibschrift.
3. *meist im Druck erschienener längerer Text; Abhandlung:* eine Schrift über Goethes Weltanschauung; sie hat verschiedene Schriften philosophischen Inhalts verfasst, veröffentlicht. **Syn.:** Arbeit, Artikel, Beitrag, Buch. **Zus.:** Anklageschrift, Beschwerdeschrift, Bittschrift, Denkschrift, Erbauungsschrift, Festschrift, Schmähschrift, Streitschrift.

schrift|lich ['ʃrɪftlɪç] ⟨Adj.⟩:
in geschriebener Form /Ggs. mündlich/: schriftliche Anweisungen, Aufforderungen; die Kündigung muss in schriftlicher Form erfolgen; etwas schriftlich mitteilen. **Syn.:** schwarz auf weiß.

Schrift|stel|ler ['ʃrɪftʃtɛlɐ], der; -s, -, **Schrift|stel|le|rin** ['ʃrɪftʃtɛlərɪn], die; -, -nen:
Person, die literarische Werke verfasst: ein zeitgenössischer Schriftsteller; sie will Schriftstellerin werden. **Syn.:** Autor, Autorin, Biograf, Biografin, Dichter, Dichterin, Dramatiker, Dramatikerin, Erzähler, Erzählerin, Publizist, Publizistin, Verfasser, Verfasserin. **Zus.:** Nachwuchsschriftsteller, Nachwuchsschriftstellerin, Unterhaltungsschriftsteller, Unterhaltungsschriftstellerin.

Schrift|stück ['ʃrɪftʃtʏk], das; -[e]s, -e:
schriftlich Niedergelegtes mit offiziellem Charakter; amtliches Schreiben: ein Schriftstück aufsetzen, verlesen, unterzeichnen. **Syn.:** Akte, Dokument, Urkunde.

Schrift|tum ['ʃrɪfttu:m], das; -s:
Gesamtheit der Literatur (über ein bestimmtes Gebiet): das belletristische, wissenschaftliche, politische Schrifttum; das Schrifttum über dieses Problem nimmt ständig zu.

schrill [ʃrɪl] ⟨Adj.⟩:
1. *unangenehm hell, scharf und durchdringend [klingend]:* ein schriller Ton; ein schrilles Geräusch, Kreischen; die Glocke klingt sehr schrill. **Syn.:** durch Mark und Bein gehend, [1]durchdringend, gellend, [1]laut, markerschütternd.
2. *ausfallend, aus dem Rahmen fallend; skurril:* schrille Klamotten, Kleider; ein schrilles Privatleben; sie ist ein echt schriller Typ. **Syn.:** bizarr, eigenartig, überspannt.

schril|len ['ʃrɪlən] ⟨itr.; hat⟩:
schrill [er]tönen: nachts schrillte das Telefon. **Syn.:** dröhnen, gellen, schallen.

Schritt [ʃrɪt], der; -[e]s, -e:
1. *(der Fortbewegung dienendes) Versetzen eines Fußes, meist nach vorn, unter gleichzeitiger Verlagerung des gesamten Körpergewichts auf diesen Fuß:* sie macht kleine, große Schritte; das Geschäft ist nur wenige Schritte *(nicht weit)* von hier entfernt; ein paar Schritte gehen (ugs.; *spazieren gehen*). **Zus.:** Eilschritt, Marschschritt, Trippelschritt.
2. ⟨ohne Plural⟩ *Art und Weise, wie jmd. geht:* jmdn. an seinem Schritt erkennen; sie hat einen schleppenden, schweren Schritt; im Schritt bleiben *(im gleichen Schritt mit anderen bleiben);* aus dem Schritt kommen *(mit anderen nicht im gleichen Schritt bleiben).* **Syn.:** Gang. **Zus.:** Gleichschritt, Laufschritt.
3. *einem ganz bestimmten Zweck dienende, vorgeplante Maßnahme:* ein bedeutsamer, unüberlegter Schritt; ein Schritt in die richtige Richtung; gerichtliche Schritte [gegen jmdn., etwas] veranlassen. **Syn.:** Akt, Aktion, Handlung, Tat. **Zus.:** Rückschritt.

Schritt|tem|po ['ʃrɪttɛmpo], das; -s:
(meist von fahrenden Fahrzeu-

gen) sehr langsames Tempo: im Stau kamen wir nur im Schritttempo vorwärts; Schritttempo/im Schritttempo fahren.

schritt|wei|se [ˈʃrɪtvai̯zə] ⟨Adverb⟩: *in langsamer Weise; Schritt für Schritt:* nur schrittweise vorwärtskommen. **Syn.:** langsam, schleichend, Schritt für Schritt.

schroff [ʃrɔf] ⟨Adj.⟩:
1. *sehr stark, nahezu senkrecht abfallend oder ansteigend und zerklüftet:* schroffe Felsen. **Syn.:** steil.
2. *durch eine abweisende und unhöfliche Haltung ohne viel Worte seine Ablehnung zum Ausdruck bringend:* etwas schroff zurückweisen; ein schroffes Auftreten. **Syn.:** barsch, brüsk, rau, rüde, ruppig (abwertend), unfreundlich, ungehobelt (abwertend).
3. *plötzlich und unvermittelt:* ein schroffer Übergang; sein Verhalten steht in einem schroffen Gegensatz zu seinen Reden; sie wandte sich schroff ab. **Syn.:** abrupt, jäh, schlagartig, sprunghaft.

schröp|fen [ˈʃrœpf̩n] ⟨tr.; hat⟩ (ugs.):
(jmdm.) mit List oder Geschick unverhältnismäßig viel Geld abnehmen: sie haben ihn beim Kartenspiel ordentlich geschröpft; die Steuerzahler werden wieder mal geschröpft. **Syn.:** ausnehmen (ugs.), ausnutzen (bes. nordd.), ausnützen (bes. südd.), erleichtern (ugs. scherzh.).

Schrot [ʃroːt], der oder das; -[e]s, -e:
a) *grob gemahlene Getreidekörner:* Brot aus Schrot backen; das Vieh mit Schrot füttern; Getreide zu Schrot mahlen. **Zus.:** Futterschrot, Roggenschrot, Weizenschrot. **b)** *kleine Kügelchen aus Blei für die Patronen bestimmter Feuerwaffen:* eine Flinte mit Schrot laden; der Jäger schießt mit Schrot. **Syn.:** Munition.

schro|ten [ˈʃroːtn̩], schrotete, geschrotet ⟨tr.; hat⟩:
(besonders Getreide) grob zerkleinern: das Korn schroten; für die Schweine wird das Getreide etwas geschrotet.

Schrott [ʃrɔt], der; -[e]s, -e:
unbrauchbare Abfälle oder [alte] unbrauchbar gewordene Gegenstände aus Metall o. Ä.: Schrott sammeln; mit Schrott handeln; Berge von Schrott; er fuhr den Wagen zu Schrott *(beschädigte ihn bei einem Unfall so, dass er verschrottet werden musste).* **Zus.:** Autoschrott.

schrub|ben [ˈʃrʊbn̩] ⟨tr.; hat⟩ (ugs.):
(etwas) mit einer groben [an einem langen Stiel befestigten] Bürste o. Ä. kräftig reiben und so reinigen: den Boden, die Fliesen schrubben; ⟨auch itr.⟩ du musst kräftig schrubben, damit sich der Schmutz löst. **Syn.:** säubern, scheuern. **Zus.:** abschrubben, wegschrubben.

Schrub|ber [ˈʃrʊbɐ], der; -s, -:
einem Besen ähnliche Bürste mit langem Stiel: den Boden mit Schrubber und Lappen reinigen.

Schrul|le [ˈʃrʊlə], die; -, -n:
1. *seltsame, wunderlich anmutende Angewohnheit, als störend empfundene Absonderlichkeit, die oft zum Wesenszug eines Menschen geworden ist:* das ist eben so eine Schrulle von ihr; er hat den Kopf voller Schrullen. **Syn.:** Eigenart, Eigenheit, fixe Idee, Marotte, Spleen, Tick (ugs.), Unart.
2. (salopp abwertend) *ältere, schrullige Frau:* das ist vielleicht eine alte Schrulle!

schrul|lig [ˈʃrʊlɪç] ⟨Adj.⟩ (ugs.):
(oft von älteren Menschen) befremdende, meist lächerlich wirkende Angewohnheiten habend, auf absonderlichen, launischen Einfällen beharrend; etwas eigen, verrückt: ein schrulliger alter Mann; sie hat schrullige Ansichten. **Syn.:** seltsam.

schrump|fen [ˈʃrʊmpf̩n], schrumpfte, geschrumpft ⟨itr.; ist⟩:
1. *sich zusammenziehen [und eine faltige, runzlige Oberfläche bekommen]:* die Äpfel schrumpfen bei langem Lagern; der Pullover ist beim Waschen geschrumpft. **Syn.:** eingehen, einlaufen, enger werden, kleiner werden, kürzer werden, zusammenlaufen (ugs.). **Zus.:** zusammenschrumpfen.
2. *weniger werden; abnehmen:* der Vorrat, der Umsatz, das Kapital schrumpft. **Syn.:** schwinden (geh.), sich verkleinern, sich verringern, zurückgehen. **Zus.:** zusammenschrumpfen.

schrump|lig [ˈʃrʊmplɪç] ⟨Adj.⟩ (ugs.):
[eingetrocknet und dadurch] viele Falten aufweisend; runzlig, verschrumpelt: eine schrumplige Haut haben; Äpfel mit schrumpliger Schale. **Syn.:** erschlafft, faltig, kraus.

Schub|kar|re [ˈʃuːpkarə], die; -, -n:
einrädrige Karre (zum Befördern kleinerer Lasten), die an zwei Stangen mit Griffen angehoben und geschoben wird: bring mir doch bitte noch ein paar Schubkarren [voll] Sand.

Schub|la|de [ˈʃuːplaːdə], die; -, -n:
1. *herausziehbarer, offener Kasten, herausziehbares Fach in einem Möbelstück wie Kommode, Schrank o. Ä.:* die Schubladen aufziehen, durchstöbern; der Brief liegt in der obersten Schublade. **Zus.:** Nachttischschublade, Schreibtischschublade.
2. (ugs.) *Kategorie, in die etwas [leichtfertig, ungerechtfertigterweise] eingeordnet wird:* seine Musik, Malerei passt eigentlich in keine Schublade; von diesen Leuten wirst du gleich in eine [bestimmte] Schublade gesteckt. **Syn.:** Gattung, Genre.

Schubs [ʃʊps], der; -es, -e (ugs.):
[leichter] Stoß: unversehens bekam ich von hinten einen Schubs. **Syn.:** [1]Puff (ugs.), Ruck, Stoß, Stups (ugs.).

schub|sen [ˈʃʊpsn̩] ⟨tr.; hat⟩ (ugs.):
jmdm. oder einer Sache einen Schubs geben; durch plötzliches Anstoßen in eine bestimmte Richtung in Bewegung versetzen: jmdn. ins Wasser, zur Seite schubsen; ⟨auch itr.⟩ sie drängelten und schubsten. **Syn.:** einen Stoß versetzen, rempeln (ugs.), stoßen. **Zus.:** herumschubsen, wegschubsen.

schüch|tern [ˈʃʏçtɐn] ⟨Adj.⟩:
scheu, zurückhaltend, anderen gegenüber gehemmt: ein schüchternes Kind; ein schüchterner Liebhaber; sie ist noch sehr schüchtern. **Syn.:** ängstlich, furchtsam, scheu.

Schuft [ʃʊft], der; -[e]s, -e (ugs. abwertend):
als gemein, niederträchtig geltende männliche Person: ein

S
schr

elender, gemeiner Schuft. **Syn.:** Betrüger, Gauner (abwertend), Halunke (abwertend), Lump (abwertend), Schurke (abwertend), Schwein (derb; auch als Schimpfwort), Spitzbube (veraltend abwertend).

schuf|ten [ˈʃʊftn̩], schuftete, geschuftet ⟨itr.; hat⟩ (ugs.):
a) *schwer, hart arbeiten:* sein Leben lang schuften müssen; wir haben am Wochenende sehr geschuftet, um mit der Arbeit fertig zu werden. **Syn.:** malochen (salopp), schaffen (bes. südd.), sich hineinknien in (ugs.). **b)** ⟨+ sich⟩ *durch Schuften* (a) *in einen bestimmten Zustand geraten:* sich müde schuften; er hat sich fast zu Tode geschuftet.

Schuh [ʃu:], der; -[e]s, -e:
Fußbekleidung aus einer festen Sohle [mit Absatz] und einem Oberteil meist aus weicherem Leder: der rechte Schuh; ein Paar Schuhe; die Schuhe sind [mir] zu klein; das Kind braucht neue Schuhe. **Syn.:** Latschen (ugs.). **Zus.:** Brautschuh, Damenschuh, Fußballschuh, Hausschuh, Herrenschuh, Kinderschuh, Lackschuh, Lederschuh, Schnürschuh, Skischuh, Sommerschuh, Stöckelschuh, Straßenschuh, Wanderschuh.

Schuh|löf|fel [ˈʃu:lœfl̩], der; -s, -:
länglicher, löffelartiger Gegenstand, der bei der Ferse in den Schuh gehalten wird, um ein leichteres Hineingleiten des Fußes zu ermöglichen: ohne Schuhlöffel komme ich in die engen Schuhe nicht hinein.

Schuh|ma|cher [ˈʃu:maxɐ], der; -s, -, **Schuh|ma|che|rin** [ˈʃu:maxərɪn], die; -, -nen:
Person, die als Handwerker[in] Schuhe repariert, besohlt und auch [nach Maß] anfertigt: der Schuhmacher besohlt die Stiefel neu. **Syn.:** Schuster, Schusterin.

Schul|ar|beit [ˈʃu:l|arbai̯t], die; -, -en:
1. *[schriftliche] Hausaufgabe:* ich muss noch [meine] Schularbeiten machen; er hilft seinem Sohn bei den Schularbeiten. **Syn.:** Aufgabe.
2. (österr.) *Klassenarbeit:* sie schreiben morgen eine Schularbeit.
3. ⟨ohne Plural⟩ *von Lehrer, Lehrerinnen, Schüler und Schülerinnen in der Schule zu leistende Arbeit:* die tägliche Schularbeit; die Unterrichtsstunde als Grundform der Schularbeit.

schuld [ʃʊlt]:
in der Wendung **[an etwas] schuld sein:** *[an etwas] die Schuld haben, [für etwas] verantwortlich sein:* er ist schuld [an dem ganzen Unheil].

Schuld [ʃʊlt], die; -, -en:
1. ⟨ohne Plural⟩ *das Verantwortlichsein für einen unheilvollen, strafwürdigen, bestimmten Geboten o. Ä. zuwiderlaufenden Vorgang, Tatbestand:* er trägt die Schuld am wirtschaftlichen Zusammenbruch; sie fühlt sich frei von jeder Schuld. **Zus.:** Alleinschuld, Hauptschuld, Kollektivschuld, Kriegsschuld, Mitschuld.
2. * **[an etwas] Schuld haben:** *[an etwas] die Schuld haben, [für etwas] verantwortlich sein:* immer soll ich an allem Schuld haben!; * **jmdm., einer Sache [an etwas] Schuld geben:** *jmdn., etwas für etwas verantwortlich machen:* ich gebe dir ja gar nicht Schuld [daran].
3. *Geldbetrag, den jmd. einem anderen schuldet; Verpflichtung zur Rückgabe von Geld oder zur Bezahlung von etwas:* eine Schuld tilgen, löschen; seine Schulden [nicht] bezahlen, loswerden. **Syn.:** Anleihe, Defizit, Minus, Rückstand, Soll. **Zus.:** Spielschuld, Staatsschuld, Steuerschuld.

schul|den [ˈʃʊldn̩], schuldete, geschuldet ⟨tr.; hat⟩:
(zur Begleichung von Schulden oder als Entgelt o. Ä.) zu zahlen haben: ich schulde ihm hundert Euro; was schulde ich Ihnen [für die Reparatur]? **Syn.:** im Rückstand sein, Schulden haben bei, schuldig sein.

schul|dig [ˈʃʊldɪç] ⟨Adj.⟩:
1. *(an etwas) die Schuld tragend, in Bezug auf jmdn., etwas Schuld auf sich geladen habend:* der Angeklagte war schuldig; sie fühlte sich schuldig; er erklärte sie für schuldig. **Zus.:** hauptschuldig, mitschuldig.
2. a) *[als materielle Gegenleistung] zu geben verpflichtet:* jmdm. [noch] Geld schuldig sein; den Beweis hierfür bist du mir noch schuldig geblieben. **b)** *(aus Gründen des Respekts o. Ä.) geboten, gebührend, erforderlich:* jmdm. die schuldige Achtung nicht versagen. **Syn.:** angebracht, angemessen, geziemend (geh.). **Zus.:** pflichtschuldig.

Schuld|ner [ˈʃʊldnɐ], der; -s, -, **Schuld|ne|rin** [ˈʃʊldnərɪn], die; -, -nen:
Person, die einer anderen etwas, besonders Geld, schuldet: die Banken gingen rücksichtslos gegen die säumigen Schuldner vor. **Zus.:** Hauptschuldner, Hauptschuldnerin, Mitschuldner, Mitschuldnerin.

Schu|le [ˈʃu:lə], die; -, -n:
1. *öffentliche oder private Einrichtung, in der Kindern und Jugendlichen durch planmäßigen Unterricht Wissen, Bildung vermittelt wird:* eine öffentliche, private, konfessionelle, weiterführende Schule; die Schule besuchen, wechseln; in die Schule/zur Schule gehen; aus der Schule kommen, entlassen werden; eine Schule für Lernbehinderte. **Zus.:** Abendschule, Berufsschule, Gesamtschule, Grundschule, Handelsschule, Hauptschule, Hochschule, Musikschule, Privatschule, Realschule, Sportschule.
2. ⟨ohne Plural⟩ *in der Schule* (1) *erteilter Unterricht:* die Schule beginnt um acht Uhr; heute haben wir keine Schule; morgen fällt die Schule aus.
3. *Gebäude, in dem eine Schule* (1) *untergebracht ist:* eine neue Schule bauen.
4. ⟨ohne Plural⟩ *Ausbildung, durch die jmds. Fähigkeiten auf einem bestimmten Gebiet zu voller Entfaltung gekommen sind:* sein Spiel verrät eine gute Schule; durch eine harte Schule gehen *(eine harte Ausbildung erfahren);* bei jmdm. in die Schule gehen *(ausgebildet werden).*

schu|len [ˈʃu:lən] ⟨tr.; hat⟩:
a) *(in einem bestimmten Beruf, Tätigkeitsfeld) für eine spezielle Aufgabe, Funktion intensiv ausbilden:* die Mitarbeiter für neue Aufgaben schulen; die Firma hat gut geschultes Personal. **Syn.:** anleiten. **Zus.:** umschulen. **b)** *durch systematische Übung besonders geeignet, leistungsfä-*

hig machen, vervollkommnen: das Auge, das Gedächtnis schulen; ein [gut] geschultes Gehör haben. **Syn.:** ausbilden, trainieren, trimmen.

Schü|ler [ˈʃyːlɐ], der; -s, -, **Schü|le|rin** [ˈʃyːlərɪn], die; -, -nen:
a) *eine Schule besuchendes Kind, eine Schule besuchende jugendliche Person:* ein guter, durchschnittlicher, mittelmäßiger Schüler; sie ist eine ehemalige Schülerin von ihm. **Syn.:** Gymnasiast, Gymnasiastin. **Zus.:** Abendschüler, Abendschülerin, Berufsschüler, Berufsschülerin, Hauptschüler, Hauptschülerin.
b) *Person, die in einem bestimmten wissenschaftlichen oder künstlerischen Gebiet von einer Kapazität ausgebildet wird und deren Lehre, Stilrichtung o. Ä. vertritt:* ein Schüler Raffaels, von Röntgen; eine Schülerin Heideggers. **Syn.:** Anhänger, Anhängerin. **Zus.:** Meisterschüler, Meisterschülerin.

Schul|fe|ri|en [ˈʃuːlfeːri̯ən], die ⟨Plural⟩:
staatlich festgelegte Ferien für die Schulen: bis zum 28. August sind noch Schulferien.

Schul|heft [ˈʃuːlhɛft], das; -[e]s, -e:
dünnes, flexibles Buch mit leeren Blättern, das von den Schülern zum Schreiben, Rechnen oder Zeichnen benutzt wird: neue Schulhefte kaufen; das Kind holte die Schulhefte aus dem Ranzen.

Schul|jahr [ˈʃuːljaːɐ̯], das; -[e]s, -e:
Zeitraum von zwölf Monaten für den Unterricht an der Schule: das neue Schuljahr beginnt am 1. September.

schul|meis|tern [ˈʃuːlmai̯stɐn] ⟨tr.; hat⟩ (abwertend):
in pedantischer Art korrigieren und belehren: er möchte uns immer schulmeistern; ⟨auch itr.⟩ sie schulmeistert gern. **Syn.:** kritisieren.

Schul|ter [ˈʃʊltɐ], die; -, -n:
1. *(beim Menschen) oberer Teil des Rumpfes zu beiden Seiten des Halses, mit dem die Arme verbunden sind:* die linke, rechte Schulter; die Schultern heben, senken; jmdm. auf die Schulter klopfen; breite Schultern haben; Schulter an Schulter *(dicht gedrängt)* stehen.
2. *** jmdm., einer Sache die kalte Schulter zeigen** (ugs.): *einer Person oder Sache keine Beachtung [mehr] schenken:* seit wir uns gestritten haben, zeigt sie mir die kalte Schulter. **Syn.:** abweisen; *** etwas auf die leichte Schulter nehmen:** *etwas nicht ernst genug nehmen:* du solltest diese Krankheit nicht auf die leichte Schulter nehmen.

schul|tern [ˈʃʊltɐn] ⟨tr.; hat⟩:
auf die Schulter[n] nehmen: ein Gewehr, den Rucksack schultern; er trug das Gepäck geschultert *(auf der Schulter).*

Schu|lung [ˈʃuːlʊŋ], die; -, -en:
a) *Ausbildung, Qualifizierung (in einem bestimmten Beruf, Tätigkeitsfeld):* jede Mitarbeiterin nahm freiwillig an der 2-tägigen Schulung teil. **b)** *Vervollkommnung:* die Übungen dienen der Schulung des Gedächtnisses, des Gehörs. **Syn.:** Training.

Schul|zeit [ˈʃuːlt͜sai̯t], die; -, -en:
Jahre, in denen die Schule besucht wird: ich erinnere mich gern an meine Schulzeit; wir kennen uns schon seit unserer Schulzeit.

schum|meln [ˈʃʊml̩n] ⟨itr.; hat⟩ (ugs.):
unehrlich handeln; mogeln: wer [beim Kartenspielen] schummelt, muss ausscheiden. **Syn.:** betrügen.

Schund [ʃʊnt], der; -[e]s:
unbrauchbares Zeug; etwas [künstlerisch] Wertloses, Minderwertiges: dieser Film ist der größte Schund; er wollte uns lauter Schund verkaufen. **Syn.:** Ausschuss, Plunder (ugs.), Ramsch (ugs. abwertend).

schun|keln [ˈʃʊŋkl̩n] ⟨itr.; hat⟩:
sich in einer Gruppe mit untergehakten Armen gemeinsam im Rhythmus einer Musik hin und her wiegen: das [Karnevals]volk schunkelte auf der Straße und in den Sälen.

Schup|pe [ˈʃʊpə], die; -, -n:
a) *den Körper bestimmter Tiere in großer Zahl bedeckendes Gebilde (in Form eines Plättchens) aus unterschiedlicher Substanz:* die Forelle hat silbrige Schuppen. **Zus.:** Fischschuppe, Hornschuppe. **b)** *sehr kleines Hautteilchen, das von der Kopfhaut abgestoßen wird:* er hat [den Kragen voller] Schuppen; ein Shampoo gegen Schuppen. **Zus.:** Hautschuppe, Kopfschuppe.

Schup|pen [ˈʃʊpn̩], der; -s, -:
1. *einfacher Bau [aus Holz] zum Unterstellen von Geräten, Wagen o. Ä.:* ein Schuppen für die Gartengeräte. **Zus.:** Bootsschuppen, Geräteschuppen, Holzschuppen, Lagerschuppen.
2. (ugs.) *[großräumiges] Lokal:* die neue Disco ist ein toller Schuppen.

schü|ren [ˈʃyːrən] ⟨tr.; hat⟩:
1. *(ein Feuer) durch Stochern mit einem Feuerhaken o. Ä. zum Aufflammen bringen:* das Feuer, die Glut schüren. **Syn.:** anheizen.
2. *[in jmdm.] etwas Negatives entstehen lassen, entfesseln [und steigern]:* jmds. Argwohn, Neid schüren; den Hass, den Widerstand, die Unzufriedenheit schüren. **Syn.:** anfeuern, anheizen (ugs.), anstacheln, aufputschen, aufstacheln, beleben.

schür|fen [ˈʃʏrfn̩]:
1. ⟨itr.; hat⟩ *(durch Abtragen von Bodenschichten an der Erdoberfläche) nach Bodenschätzen graben:* man schürfte dort vergeblich nach Gold. **Syn.:** graben, suchen.
2. ⟨tr.; hat⟩ *durch Bergbau (Bodenschätze) gewinnen:* in diesem Gebiet wird viel Erz geschürft. **Syn.:** abbauen.
3. a) ⟨tr.; hat⟩ *(die Haut) durch Schaben, Kratzen o. Ä. mit etwas Scharfem, Rauem an der Oberfläche verletzen:* ich habe mir beim Entlangstreifen an der Wand die Haut geschürft. **Syn.:** aufreißen. **b)** ⟨+ sich⟩ *sich eine Schürfung, eine Schürfwunde zuziehen:* ich habe mich am Ellenbogen geschürft.

Schur|ke [ˈʃʊrkə], der; -n, -n, **Schur|kin** [ˈʃʊrkɪn], die; -, -nen (abwertend):
Person, die Böses tut, moralisch verwerflich handelt, eine niedrige Gesinnung hat: er ist ein ausgemachter Schurke; in dem Stück spielt sie die Schurkin. **Syn.:** Gauner (abwertend), Gaunerin (abwertend), Halunke (abwertend), Lump (abwertend), Schuft (ugs. abwertend).

Schür|ze [ˈʃʏrt͜sə], die; -, -n:
Kleidungsstück, das zum Schutz der übrigen Kleidung über dieser getragen wird: beim Kochen trage ich immer eine Schürze;

eine geblümte, frische Schürze; eine Schürze voll Äpfel; sich eine Schürze umbinden. **Zus.:** Küchenschürze, Leinenschürze, Trägerschürze, Wickelschürze.

schür|zen [ˈʃʏrtsn̩] ⟨tr.; hat⟩ (geh.): **1. a)** *(einen langen, weiten Rock o. Ä.) aufheben, zusammenraffen und in der Höhe der Hüften festhalten, befestigen:* sie schürzte ihr Kleid und stieg die Treppe hinauf; ⟨häufig im 2. Partizip⟩ mit geschürzten Röcken wateten sie durch den Fluss. **Syn.:** aufnehmen, raffen. **b)** *(die Lippen) leicht nach vorne schieben und kräuseln:* sie schürzte verächtlich die Lippen. **2.** *(einen Knoten) binden:* er schürzte einen Knoten; sie schürzte den Faden zu einem Knoten.

Schuss [ʃʊs], der; -ses, Schüsse [ˈʃʏsə], (als Mengenangabe:) -: **1. a)** *das Abschießen eines Geschosses, das Abfeuern einer Waffe:* ein gezielter Schuss; der Schuss aus einer Pistole; mehrere Schüsse waren zu hören; es fielen zwei Schüsse *(es wurde zweimal geschossen).* **Zus.:** Gewehrschuss, Kanonenschuss, Pistolenschuss, Warnschuss. **b)** *abgefeuertes Geschoss:* ein Schuss hatte ihn ins Bein getroffen; ein Schuss geht los; zwei Schüsse waren danebengegangen. **c)** ⟨Plural: Schuss⟩ *für einen Schuss ausreichende Menge Munition, Schießpulver:* er hat noch drei Schuss im Magazin. **Syn.:** Munition. **d)** *das Schlagen, Treten, Stoßen eines Balles o. Ä. (besonders beim Fußball):* der Schuss ging neben das Tor; ein gefährlicher, flacher Schuss. **Zus.:** Fernschuss, Flachschuss, Torschuss. **2.** ⟨ohne Plural⟩ *kleine Menge einer Flüssigkeit:* Tee mit einem Schuss Rum. **3.** (Jargon) *** jmdm., sich einen Schuss setzen/drücken/machen:** *jmdm., sich eine Droge (besonders Heroin) injizieren;* *** der goldene Schuss:** *Injektion einer tödlichen Dosis Heroin.*

Schüs|sel [ˈʃʏsl̩], die; -, -n: *gewöhnlich tieferes, oben offenes Gefäß, besonders zum Auftragen und Aufbewahren von Speisen:* eine Schüssel aus Porzellan, Plastik; eine Schüssel voll Kartoffelbrei, mit Gemüse; ein Satz Schüsseln. **Syn.:** Napf, Schale, Terrine. **Zus.:** Glasschüssel, Kompottschüssel, Kristallschüssel, Salatschüssel, Suppenschüssel.

schus|se|lig [ˈʃʊsəlɪç] ⟨Adj.⟩ (ugs. abwertend): *zur Vergesslichkeit neigend und fahrig:* immer fällt ihr etwas runter, sie ist so schusselig. **Syn.:** kopflos, vergesslich, zerstreut.

Schuss|waf|fe [ˈʃʊsvafə], die; -, -n: *Waffe, mit der man schießen kann:* der Polizist machte von der Schusswaffe Gebrauch. **Syn.:** Bogen, Flinte, Gewehr, Karabiner, Pistole, Revolver.

Schus|ter [ˈʃuːstɐ], der; -s, -, **Schus|te|rin** [ˈʃuːstərɪn], die; -, -nen: *Person, die als Handwerker[in] Schuhe repariert, besohlt und auch [nach Maß] anfertigt:* die Schuhe zum Schuster bringen. **Syn.:** Schuhmacher, Schuhmacherin.

Schutt [ʃʊt], der; -[e]s: *in kleinere und kleinste Stücke zerbröckelte Reste von Gesteinsmassen, Mauerwerk o. Ä., die vormals zu einem größeren [massiven] Ganzen (Fels oder Bauwerk) gehörten:* ein Haufen Schutt; [den] Schutt wegräumen; nach dem Erdbeben blieb von dem Dorf nur Schutt übrig. **Syn.:** Geröll, Trümmer. **Zus.:** Bauschutt, Gebirgsschutt; *** etwas in Schutt und Asche legen:** *etwas völlig zerstören und niederbrennen:* die Armee legte die Stadt in Schutt und Asche.

schüt|teln [ˈʃʏtl̩n]: **1. a)** ⟨tr.; hat⟩: *jmdn., etwas [anfassen und] kräftig, schnell hin und her bewegen:* die Flasche vor Gebrauch schütteln; jmdn. am Arm schütteln; den Kopf schütteln; ⟨auch itr.⟩ mit dem Kopf schütteln. **Syn.:** rütteln. **Zus.:** aufschütteln, durchschütteln. **b)** ⟨+ sich⟩ *heftig hin und her gehende oder drehende Bewegungen machen:* der Hund schüttelt sich; ich schüttelte mich vor Lachen *(musste sehr lachen).* **2.** ⟨tr.; hat⟩ *schüttelnd* (1 a) *von etwas lösen, entfernen:* Nüsse [vom Baum] schütteln; Mehl durch ein Sieb schütteln. **Zus.:** abschütteln, ausschütteln, herausschütteln, herunterschütteln.

schüt|ten [ˈʃʏtn̩], schüttete, geschüttet: **1.** ⟨tr.; hat⟩ *(von flüssigen, körnigen o. ä. Stoffen) in, auf, aus etwas fließen, gleiten lassen:* Wasser in einen Kessel schütten; den Zucker in die Dose schütten; etwas auf den Boden schütten; jmdm., sich etwas ins Glas, über das Kleid schütten. **Syn.:** ausgießen, ausleeren, gießen. **Zus.:** danebenschütten, einschütten, hineinschütten, hinunterschütten, verschütten, wegschütten, zusammenschütten. **2.** ⟨itr.; hat⟩ (ugs.) *in Strömen regnen:* es schüttete die ganze Nacht. **Syn.:** Bindfäden regnen (ugs.), gießen (ugs.).

schüt|ter [ˈʃʏtɐ] ⟨Adj.⟩: *spärlich im Wachstum, nicht dicht stehend; dürftig [wachsend]:* er hat schon schütteres Haar; ein schütterer Fichtenwald; sein Bart ist schütter [geworden]. **Syn.:** dünn, gelichtet, licht.

Schutz [ʃʊts], der; -es: *etwas, was eine Gefährdung abhält oder einen Schaden abwehrt:* jmdm. Schutz gewähren; unter dem Schutz der Polizei verließ er das Stadion; die Hütte bietet Schutz vor Regen; ein Mittel zum Schutz gegen/vor Erkältungen; bei jmdm. Schutz [vor Verfolgung] suchen; ein Schutz suchender Flüchtling. **Syn.:** Geleit (geh.), Obhut (geh.), Sicherheit, Sicherung. **Zus.:** Frostschutz, Kündigungsschutz, Lärmschutz, Regenschutz, Sonnenschutz, Windschutz.

Schüt|ze [ˈʃʏtsə], der; -n, -n: *männliche Person, die mit einer Schusswaffe schießt:* er ist ein guter, sicherer Schütze. **Zus.:** Sportschütze.

schüt|zen [ˈʃʏtsn̩] ⟨tr.; hat⟩: *jmdn., einer Sache Schutz gewähren, einen Schutz [ver]schaffen:* ein Land vor seinen Feinden schützen; jmdn. vor Gefahr, vor persönlichen Angriffen, vor Strafe schützen; Vorsicht allein schützt nicht vor Unfällen; sich vor Krankheit, Kälte, vor Regen schützen; ⟨auch itr.⟩ ein schützendes

Dach; eine geschützte Stelle *(wo kein Regen oder Wind hinkommt).* **Syn.:** abschirmen, behüten, beschützen, bewahren, sichern, verteidigen, wahren. **Zus.:** beschützen.

Schutz|film ['ʃʊt͜sfɪlm], der; -[e]s, -e: *vor Schädigung o. Ä. schützender Film* (3); *dünner Überzug:* das Öl, der Lack bildet auf dem Metall einen Schutzfilm; Holz mit einem Schutzfilm überziehen.

Schüt|zin ['ʃʏt͜sɪn], die; -, -nen: weibliche Form zu ↑Schütze.

Schütz|ling ['ʃʏt͜slɪŋ], der; -s, -e: *Person, die dem Schutz einer anderen anvertraut ist, die betreut, für die gesorgt wird:* die Erzieherin erschien mit ihren Schützlingen; nach dem Spiel zog sich der Trainer mit seinen Schützlingen in die Kabine zurück.

schutz|los ['ʃʊt͜slo:s] ⟨Adj.⟩: *ohne Schutz, hilflos, wehrlos:* dem Gegner, dem Unwetter schutzlos ausgeliefert sein; schutzlose Kinder.

Schutz|mann ['ʃʊt͜sman], der; -[e]s, Schutzmänner ['ʃʊt͜smɛnɐ] und Schutzleute ['ʃʊt͜slɔy̯tə] (veraltend, noch ugs.): *Polizist:* der Schutzmann hatte den Taschendieb schnell gefasst.

schwab|be|lig ['ʃvabəlɪç] ⟨Adj.⟩ (ugs.): *gallertartig weich und unfest [bis dickflüssig] und dabei leicht in eine zitternde, wackelnde Bewegung geratend:* ein schwabbeliger Pudding; eine schwabbelige Qualle. **Syn.:** weich.

schwach [ʃvax], schwächer, schwächste ⟨Adj.⟩:
1. a) *(in körperlicher Hinsicht) keine oder nur geringe Kraft besitzend:* ein schwaches Kind; eine abgemagerte, schwache Frau; er ist schon alt und schwach, fühlt sich sehr schwach. **Syn.:** entkräftet, ermattet (geh.), erschöpft, gebrechlich, klapprig (ugs.), kraftlos, matt, schlapp. **Zus.:** altersschwach. **b)** *(in Bezug auf seine Funktion) nicht sehr leistungsfähig:* ein schwaches Herz; schwache Augen haben. **Syn.:** anfällig. **Zus.:** sehschwach.
2. *keine große Belastung aushaltend:* eine schwache Mauer; ein schwaches Brett; sie hat schwache Nerven *(ist nicht sehr belastbar, regt sich schnell auf).* **Syn.:** dünn, leicht.
3. *nur wenig ausgeprägt; in nur geringem Maße vorhanden, wirkend o. Ä.:* schwacher Beifall; eine schwache Hoffnung haben; die Leistungen der Schülerin sind schwach. **Syn.:** gering, mäßig. **Zus.:** ausdrucksschwach.
4. *nicht sehr zahlreich:* eine schwache Beteiligung; der Saal war nur schwach besetzt; die Ausstellung war nur schwach besucht. **Syn.:** bescheiden, dürftig, kümmerlich, mager, spärlich.
5. *keine gute Qualität aufweisend, wenig gehaltvoll:* ein schwacher Kaffee; eine schwache Salzlösung; der Vortrag war sehr schwach *(oberflächlich, ohne Niveau);* das war ein schwaches Spiel *(ein schlechtes, langweiliges Spiel).* **Syn.:** billig, dürftig, lausig (ugs.), miserabel (emotional), schlecht.
6. (Sprachwiss.) **a)** *(in Bezug auf Verben) durch gleichbleibenden Stammvokal und (bei Präteritum und Partizip) durch das Vorhandensein des Konsonanten »t« gekennzeichnet:* die schwache Konjugation; schwache *(schwach konjugierte)* Verben. **b)** *(in Bezug auf Nomen) in den meisten Formen durch das Vorhandensein des Konsonanten »n« gekennzeichnet:* die schwache Deklination; schwache *(schwach deklinierte)* Substantive; schwach deklinierte Adjektive.

-schwach [ʃvax] ⟨adjektivisches Suffixoid⟩: *das im Basiswort Genannte (meist etwas Positives) nur in geringem Maße besitzend, aufweisend, beherrschend, könnend:* charakterschwach; einkommensschwach; entscheidungsschwach; finanzschwach; geburtenschwach; leistungsschwach; lernschwach; leseschwach; strukturschwach; verkehrsschwach. **Syn.:** -arm.

Schwä|che ['ʃvɛçə], die; -, -n:
1. ⟨ohne Plural⟩ *fehlende körperliche Kraft; [plötzlich auftretende] Kraftlosigkeit:* sein Zustand beruht auf einer allgemeinen Schwäche; die Schwäche der Augen; vor Schwäche zusammenbrechen; sie hat die Schwäche überwunden. **Syn.:** Ohnmacht. **Zus.:** Altersschwäche, Augenschwäche, Gedächtnisschwäche, Herzschwäche, Konzentrationsschwäche, Kreislaufschwäche, Muskelschwäche, Nervenschwäche, Sehschwäche.
2. *charakterliche, moralische Unvollkommenheit, Unzulänglichkeit; nachteilige menschliche Eigenschaft:* jmds. Schwächen ausnützen; seine Schwäche überwinden; er kannte seine eigenen Schwächen; keine Schwächen zeigen. **Zus.:** Charakterschwäche, Willensschwäche.
3. ⟨ohne Plural⟩ *besondere Vorliebe, die jmd. für jmdn., etwas hat, große Neigung zu jmdn., etwas:* eine Schwäche für schöne Frauen, Schokolade haben; er hat eine Schwäche für teure Kleidung. **Syn.:** Hang.
4. ⟨mit Attribut⟩ *etwas, was bei einer Sache als Mangel empfunden wird; nachteilige Eigenschaft:* es ist eine Schwäche dieses Buches, dass es keine Bilder hat. **Syn.:** Fehler, Makel, Manko, Minus, Nachteil.

schwä|cheln ['ʃvɛçl̩n] ⟨itr.; hat⟩ (ugs.):
a) *eine Leistungsschwäche zeigen, in der Leistung nachlassen:* schwächelst du? **b)** *im Leistungsniveau, in seinem Wert, in seiner Beständigkeit o. Ä. nachgeben:* die Währung schwächelt.

schwä|chen ['ʃvɛçn̩] ⟨tr.; hat⟩:
1. *der körperlichen Kräfte berauben; kraftlos, schwach machen:* das Fieber hat sie geschwächt; die Krankheit hat seinen Körper sehr geschwächt; ein geschwächtes Immunsystem. **Syn.:** angreifen, anstrengen, aufreiben, entkräften, Kräfte kosten, schlauchen (ugs.), strapazieren, zehren an, zusetzen. **Zus.:** abschwächen, hungergeschwächt.
2. *seiner Wirksamkeit berauben; in seiner Wirkung herabsetzen, mindern:* jmds. Ansehen, Macht schwächen; der Fehlschlag schwächte ihre Position.

schwäch|lich ['ʃvɛçlɪç] ⟨Adj.⟩: *körperlich, gesundheitlich ziemlich schwach, oft auch kränklich:*

der Junge war von Natur aus schwächlich; ein schwächliches Kind. **Syn.:** anfällig, empfindlich, kraftlos, labil, schwach.

Schwäch|ling ['ʃvɛçlɪŋ], der; -s, -e (abwertend):
schwächlicher, kraftloser Mensch: dieser Schwächling kann nicht einmal diesen Koffer hochheben. **Syn.:** Schlappschwanz (salopp abwertend), Waschlappen (ugs. abwertend), Würstchen (ugs., oft abwertend).

Schwach|sinn ['ʃvaxzɪn], der; -[e]s (ugs. abwertend):
Unsinn: erzähl doch nicht so einen Schwachsinn!; an solchem Schwachsinn beteilige ich mich nicht; so ein Schwachsinn! **Syn.:** Blödsinn (ugs. abwertend), dummes Zeug, Dummheit, Idiotie (ugs. abwertend), Irrsinn (emotional), Mist (ugs. abwertend), Quark (ugs.), Quatsch (ugs.), Stuss (ugs. abwertend), Wahnsinn (ugs.).

schwach|sin|nig ['ʃvaxzɪnɪç] ⟨Adj.⟩ (ugs. abwertend):
unsinnig: das ist ein völlig schwachsinniges Gequatsche. **Syn.:** abstrus, absurd, abwegig, blöd[e] (ugs.), hirnverbrannt (emotional), lächerlich, lachhaft (abwertend).

Schwa|den ['ʃva:dn̩], der; -s, -:
in der Luft treibende, wolkenähnliche Zusammenballung von Dunst, Nebel, Rauch o. Ä.: der Rauch zog in dunklen Schwaden über die Dächer; Nebel zog in Schwaden übers Wasser. **Zus.:** Dunstschwaden, Nebelschwaden, Rauchschwaden.

schwa|dro|nie|ren [ʃvadro'ni:rən] ⟨itr.; hat⟩ (ugs.):
wortreich, laut, lebhaft, unbekümmert, oft auch aufdringlich reden: von seinen Heldentaten schwadronieren; er schwadroniert schon eine halbe Stunde. **Syn.:** predigen (ugs.), salbadern (ugs. abwertend), schnattern (ugs.), schwafeln (ugs.), sprechen.

schwa|feln ['ʃva:fl̩n] ⟨itr.; hat⟩ (ugs.):
sich [ohne genaue Sachkenntnis] wortreich über etwas äußern; unsinnig, töricht daherreden: was schwafelt sie denn da wieder?; bei seinem Vortrag hat er nur geschwafelt. **Syn.:** labern (ugs. [abwertend]), salbadern (ugs. abwertend), schwadronieren (ugs.).

Schwa|ger ['ʃva:gɐ], der; -s, Schwäger ['ʃvɛ:gɐ]:
Ehemann der Schwester; Bruder des Ehemanns, der Ehefrau: mein [zukünftiger] Schwager; sie hat mehrere Schwäger.

Schwä|ge|rin ['ʃvɛ:gərɪn], die; -, -nen:
Ehefrau des Bruders; Schwester des Ehemanns, der Ehefrau: sie hat ein enges Verhältnis zu ihrer Schwägerin.

Schwal|be ['ʃvalbə], die; -, -n:
schnell und gewandt fliegender Singvogel mit braunem oder schwarz-weißem Gefieder, langen, schmalen, spitzen Flügeln und gegabeltem Schwanz: die Schwalben kehren im Frühjahr sehr zeitig zurück.

Schwall [ʃval], der; -[e]s, -e:
mit einer gewissen Heftigkeit sich ergießende, über jmdn., etwas hereinbrechende Menge von etwas, besonders einer Flüssigkeit: ein Schwall Wasser ergoss sich über ihn, schlug gegen die Mauer, schoss an ihm vorbei. **Zus.:** Wasserschwall.

Schwamm [ʃvam], der; -[e]s, Schwämme ['ʃvɛmə]:
1. *niederes Tier mit sehr einfachem Aufbau, das in zahlreichen Arten besonders im Meer lebt, auf dem Grund festsitzt, oft große Kolonien bildet und dessen Körper Hohlräume umschließt, in die durch viele Poren die Nahrung einströmt:* nach Schwämmen tauchen.
2. *weicher, elastischer Gegenstand von großer Saugfähigkeit, der besonders zum Waschen und Reinigen verwendet wird:* ein feuchter, nasser, trockener Schwamm; den Schwamm ausdrücken, ausspülen; er hat die Tafel mit einem Schwamm abgewischt. **Zus.:** Badeschwamm, Gummischwamm.

Schwam|merl ['ʃvamɐl], der; -s, -[n] (österr.):
Pilz: Schwammerl[n] suchen.

schwam|mig ['ʃvamɪç] ⟨Adj.⟩:
weich und porös wie ein Schwamm: eine schwammige Masse; wenn das Material feucht wird, fühlt es sich schwammig an. **Syn.:** schwabbelig (ugs.).

Schwan [ʃva:n], der; -[e]s, Schwäne ['ʃvɛ:nə]:
großer Schwimmvogel mit sehr langem Hals, weißem Gefieder, einem breiten Schnabel und Schwimmfüßen: ein stolzer Schwan; auf dem Teich schwammen zwei Schwäne.

schwa|nen ['ʃva:nən] ⟨itr.; hat⟩ (ugs.):
von jmdm. [als etwas Unangenehmes] vorausgeahnt werden: mir schwant nichts Gutes; ihm schwante, dass es Ärger geben würde. **Syn.:** ahnen, befürchten, denken, erwarten, schätzen (ugs.), [2]tippen (ugs.), vermuten, wähnen (geh.).

schwan|ger ['ʃvaŋɐ] ⟨Adj.⟩:
ein Kind im Mutterleib tragend: eine schwangere Frau; sie ist im achten Monat schwanger; nachdem sie Hormone genommen hatte, wurde sie endlich schwanger.

-schwan|ger [ʃvaŋɐ] ⟨adjektivisches Suffixoid⟩:
voll von dem als Basiswort Genannten, es [als Möglichkeit, Wahrscheinlichkeit] in sich tragend, bergend: bedeutungsschwanger; geschichtsschwanger; theorieschwanger; unheilschwanger; zukunftsschwanger. **Syn.:** -schwer, -trächtig, -voll.

Schwan|ger|schaft ['ʃvaŋɐʃaft], die; -, -en:
das Schwangersein; Zustand einer Frau von der Empfängnis bis zur Geburt des Kindes: eine ungewollte, eingebildete Schwangerschaft; die Ärztin hat bei ihr eine Schwangerschaft im dritten Monat festgestellt. **Zus.:** Eileiterschwangerschaft, Spätschwangerschaft.

Schwank [ʃvaŋk], der; -[e]s, Schwänke ['ʃvɛŋkə]:
kurze, heitere, häufig auch derbe Erzählung [in Versen oder Prosa] von komischen Begebenheiten oder lustigen Streichen: ein Schwank von Hans Sachs; einen Schwank aufführen; er erzählt einen Schwank aus seinem Leben.

schwan|ken ['ʃvaŋkn̩], schwankte, geschwankt:
1. ⟨itr.; hat⟩ *sich schwingend hin und her, auf und nieder bewegen:* die Kronen, Wipfel, Äste schwanken; der Mast des Schiffes schwankt; die Brücke hat

unter der Last der Fahrzeuge geschwankt. **Syn.:** schwingen, wackeln, wanken.
2. ⟨itr.; ist⟩ *sich schwankend fortbewegen, irgendwohin bewegen:* der alte Mann schwankte über die Straße. **Syn.:** taumeln, torkeln, wanken.
3. ⟨itr.; hat⟩ *in seinem Zustand, Befinden, Grad, Maß o. Ä. [ständigen] Veränderungen ausgesetzt sein; nicht stabil sein:* die Preise, Kurse, Temperaturen schwanken; die Zahl der Teilnehmer schwankte zwischen 100 und 150.
4. ⟨itr.; hat⟩ *unsicher sein bei der Entscheidung zwischen zwei oder mehreren [gleichwertigen] Möglichkeiten:* zwischen zwei Möglichkeiten, Methoden schwanken; sie schwankt noch, ob sie zusagen oder ablehnen soll. **Syn.:** unentschlossen sein, unschlüssig sein, zaudern, zögern.

Schwanz [ʃvantṣ], der; -es, Schwänze [ˈʃvɛntṣə]:
1. *(bei Wirbeltieren) Verlängerung der Wirbelsäule über den Rumpf hinaus, meist als beweglicher, schmaler Fortsatz des hinteren Rumpfendes (der zum Fortbewegen, Steuern, Greifen o. Ä. dienen kann):* ein langer, gestutzter, buschiger Schwanz; der Schwanz eines Vogels, Eichhörnchens, Affen; das Kind fasste die Katze am, beim Schwanz; der Hund zog den Schwanz ein. **Syn.:** Rute (Jägersprache), Schweif (geh.), Steiß. **Zus.:** Biberschwanz, Fischschwanz, Fuchsschwanz, Kuhschwanz, Ringelschwanz.
2. (derb) *Penis:* jmdm., sich an den Schwanz greifen. **Syn.:** Glied.

S
Schw

schwän|zen [ˈʃvɛntṣn̩] ⟨tr.; hat⟩ (ugs.):
an etwas planmäßig Stattfindendem, besonders am Unterricht o. Ä., nicht teilnehmen, weil man gerade keine Lust dazu hat: den Unterricht, die Schule schwänzen; ⟨auch itr.⟩ er hat heute schon wieder geschwänzt.

schwap|pen [ˈʃvapn̩], schwappte, geschwappt:
1. a) ⟨itr.; hat⟩ *(von Flüssigem) sich in etwas hin und her bewegen [und dadurch unter Umständen überfließen]:* die Lauge schwappte in der Wanne. **Syn.:** wogen (geh). **b)** ⟨itr.; ist⟩ *sich schwappend* (1 a) *irgendwohin bewegen:* die Suppe ist über den Rand des Tellers geschwappt. **Syn.:** überfließen. **Zus.:** überschwappen.
2. ⟨itr.; hat⟩ *etwas überschwappen lassen und dabei vergießen:* Bier auf den Tisch schwappen. **Zus.:** herausschwappen.

Schwarm [ʃvarm], der; -[e]s, Schwärme [ˈʃvɛrmə]:
1. *größere Anzahl sich [ungeordnet, durcheinanderwimmelnd] zusammen fortbewegender gleichartiger Tiere, Menschen:* ein Schwarm Bienen, Fische; ein Schwarm schwarzer Vögel; ein Schwarm von Reportern, Touristen; ständig war ein Schwarm von Kindern um sie herum. **Syn.:** Herde, Meute (ugs. abwertend), Rudel, Schar. **Zus.:** Bienenschwarm, Fischschwarm, Heuschreckenschwarm, Mückenschwarm, Vogelschwarm.
2. (emotional) *jmd., für den man schwärmt, von dem man begeistert ist:* dieses Mädchen ist sein Schwarm; die neue Lehrerin war der Schwarm der ganzen Klasse. **Syn.:** Idol.

schwär|men [ˈʃvɛrmən], schwärmte, geschwärmt:
1. ⟨itr.; hat⟩ **a)** *von jmdm., etwas hingerissen sein:* für große Hüte, schnelle Pferde schwärmen; sie hat für diese Schauspielerin geschwärmt. **Syn.:** anbeten, angetan sein von, anhimmeln (ugs.), sich begeistern, Feuer und Flamme sein (ugs.), verehren. **b)** *von jmdm., etwas begeistert reden:* von dem Essen, dem Konzert schwärmt er noch heute; sie hat wieder von Italien, von ihrem Chef geschwärmt. **Syn.:** in den Himmel heben (ugs.), loben.
2. a) ⟨itr.; hat⟩ *(von bestimmten Tieren, besonders Insekten) sich im Schwarm* (1) *bewegen:* die Bienen schwärmen; die Fliegen schwärmten um die Lampe. **Syn.:** ausschwärmen. **b)** ⟨itr.; ist⟩ *sich schwärmend* (1 a) *irgendwohin bewegen:* sie sind die ganze Nacht durch die Stadt geschwärmt; die Menschen schwärmten in die Ausstellung.

Schwar|te [ˈʃvartə], die; -, -n:
1. *dicke, derbe Haut, besonders vom Schwein:* eine geräucherte Schwarte; ein Stück Schwarte; die Schwarte mitessen, abschneiden. **Zus.:** Speckschwarte.
2. (ugs.) *(ursprünglich in Schweinsleder gebundenes) dickes [altes] Buch:* komm, diese Schwarte liest du heute doch nicht mehr durch. **Syn.:** Schinken (ugs.), Schmöker (ugs.).

schwarz [ʃvarts̩], schwärzer, schwärzeste ⟨Adj.⟩:
1. *von der dunkelsten Färbung, die alle Lichtstrahlen absorbiert, kein Licht reflektiert* /Ggs. weiß/: schwarzes Haar; schwarzer Samt; ein schwarzer Stoff, Anzug; etwas schwarz färben; schwarz wie Ruß; schwarz wie ein Rabe sein. **Zus.:** kohl[raben]schwarz, pechschwarz, rußschwarz, tiefschwarz.
2. *von sehr dunklem Aussehen:* schwarze Kirschen, Trauben; schwarze Augen haben; den Kaffee schwarz *(ohne Milch)* trinken; das Silber wird schwarz; die unterdrückte schwarze Minderheit; sie sind stolz darauf, schwarz zu sein. **Syn.:** dunkel.
3. (ugs.) *von Schmutz dunkel:* das Hemd, die Wäsche ist schwarz; du bist schwarz an der Nase. **Syn.:** dreckig, schmutzig.
4. (ugs.) *ohne behördliche Genehmigung:* schwarze Geschäfte; etwas schwarz, auf dem schwarzen Markt kaufen; schwarz über die Grenze gehen. **Syn.:** illegal, unerlaubt, unter der Hand.
5. *unheilvoll, düster:* heute war für mich ein schwarzer Tag; alles schwarz in schwarz sehen, malen.

schwarz-, Schwarz- [ʃvarts̩] ⟨Präfixoid⟩:
illegal, verboten, ohne behördliche Erlaubnis in Bezug auf das im Basiswort Genannte: **a)** ⟨substantivisch⟩ Schwarzarbeit *(Lohnarbeit, die die gesetzlichen Bestimmungen umgeht, bei der keine Steuern und Sozialabgaben abgeführt werden);* Schwarzbrennerei; Schwarzfahrer *(Person, die ohne Fahrschein, Fahrkarte fährt);* Schwarzhandel; Schwarzmarkt. **b)** ⟨verbal⟩ schwarzarbeiten; schwarzfah-

ren *(ohne Fahrschein, Fahrkarte fahren);* schwarzhören *(Radio hören, ohne dafür Rundfunkgebühren zu bezahlen).*

Schwar|ze [ˈʃvartsə], die/eine Schwarze; der/einer Schwarzen, die Schwarzen/zwei Schwarze: *weibliche Person, die zu einer Gruppe Menschen mit dunkelbrauner bis schwarzer Haut gehört:* die Sopranistin ist eine Schwarze. **Syn.:** Farbige.

Schwar|zer [ˈʃvartsɐ], der Schwarze/ein Schwarzer; des/eines Schwarzen, die Schwarzen/zwei Schwarze:
Person, die zu einer Gruppe Menschen mit dunkelbrauner bis schwarzer Haut gehört: sie ist mit einem Schwarzen verheiratet. **Syn.:** Farbiger.

schwarz|se|hen [ˈʃvartsze:ən], sieht schwarz, sah schwarz, schwarzgesehen ⟨itr.; hat⟩: *etwas pessimistisch beurteilen; Negatives befürchten:* für deine Urlaubspläne, sein Examen, den Kandidaten sehe ich schwarz.

schwat|zen [ˈʃvatsn̩] ⟨itr.; hat⟩:
1. *zwanglos mit Bekannten über oft belanglose Dinge sprechen; plaudern:* sie kam, um mit uns zu schwatzen; eine fröhlich schwatzende Runde. **Syn.:** klönen (nordd. ugs.), plauschen (landsch.), schwätzen (bes. südd.), sich unterhalten.
2. a) *sich wortreich über oft belanglose Dinge auslassen:* über die Regierung, von einem Ereignis schwatzen. **Syn.:** labern (ugs. abwertend), plappern (ugs.), schwafeln (ugs.). **b)** *sich während des Unterrichts leise mit seinem Nachbarn unterhalten:* wer schwatzt denn da fortwährend? **Syn.:** quasseln (ugs. abwertend), quatschen (ugs. abwertend), schwätzen (bes. südd.).
3. (abwertend) *aus einem unbeherrschten Redebedürfnis heraus Dinge weitererzählen, über die man schweigen sollte:* da muss wieder einer geschwatzt haben! **Syn.:** ausplaudern.

schwät|zen [ˈʃvɛtsn̩]: ↑schwatzen.

Schwät|zer [ˈʃvɛtsɐ], der; -s, -, **Schwät|ze|rin** [ˈʃvɛtsərɪn], die; -, -nen (abwertend):
Person, die viel Unsinn redet oder gern Klatsch erzählt: diesem Schwätzer darfst du nicht alles glauben; sie ist eine [dumme] Schwätzerin. **Zus.:** Klugschwätzer, Klugschwätzerin.

schwe|ben [ˈʃve:bn̩], schwebte, geschwebt:
1. a) ⟨itr.; hat⟩ *sich in der Luft, im Wasser o. Ä. im Gleichgewicht halten, ohne zu Boden zu sinken:* frei schweben; in der Luft, über dem Abgrund, zwischen Himmel und Erde schweben; der Adler schwebt hoch in der Luft; der Ballon hat über den Häusern geschwebt *(hat in der Luft stillgestanden).* **Syn.:** fliegen, gleiten. **b)** ⟨itr.; ist⟩ *sich schwebend* (1 a) *irgendwohin bewegen:* durch die Luft, durchs Wasser schweben; der Ballon ist über die Häuser geschwebt *(ist über die Häuser hinweggeflogen);* ein Blatt schwebt zu Boden. **Syn.:** fliegen, gleiten. **Zus.:** niederschweben, vorüberschweben.
2. ⟨itr.; hat⟩ *unentschieden, noch nicht abgeschlossen sein; im Gange sein:* sein Prozess schwebt noch; man wollte nicht in das schwebende Verfahren eingreifen.

Schweif [ʃvai̯f], der; -[e]s, -e (geh.): *langer, buschiger Schwanz:* der Schweif des Pferdes. **Zus.:** Pferdeschweif, Rossschweif.

schwei|gen [ˈʃvai̯gn̩], schwieg, geschwiegen ⟨itr.; hat⟩:
1. *nichts sagen, keine Antwort geben:* der Angeklagte schweigt; die Regierung schwieg lange zu den Vorwürfen. **Syn.:** den Mund halten (ugs.), dichthalten (ugs.), die Klappe halten (salopp), kein Sterbenswort sagen, kein Sterbenswörtchen sagen, nicht antworten, nicht reden, nichts verraten, ruhig sein, sich in Schweigen hüllen, still sein, stillhalten, stumm sein, verschwiegen sein. **Zus.:** ausschweigen, stillschweigen, totschweigen, verschweigen.
2. *nicht [mehr] erklingen, nicht [mehr] hörbar sein:* die Musik schweigt; seit der Besetzung des Landes schweigt der Sender; die Waffen schweigen [seit heute] *(es wird [seit heute] nicht mehr geschossen, gekämpft).* **Syn.:** nicht mehr spielen, verklungen sein, verstummt sein.

schweig|sam [ˈʃvai̯kza:m] ⟨Adj.⟩: *wenig redend; nicht gesprächig:* er ist von Natur aus ein schweigsamer Mensch; warum bist du heute so schweigsam? **Syn.:** einsilbig, maulfaul (salopp), wortkarg, zugeknöpft (ugs.).

Schwein [ʃvai̯n], das; -[e]s, -e:
1. *kurzbeiniges (Säuge)tier mit gedrungenem Körper, länglichem Kopf, rüsselartig verlängerter Schnauze, meist rosafarbener, mit Borsten bedeckter Haut und meist geringeltem Schwanz:* Schweine züchten, mästen; ein Schwein schlachten. **Syn.:** Eber, Ferkel, Keiler, Sau. **Zus.:** Hausschwein, Mastschwein, Mutterschwein, Schlachtschwein, Warzenschwein, Wildschwein, Zuchtschwein.
2. (derb; auch als Schimpfwort) **a)** *Mensch, dessen Verhalten anstößig, unanständig ist, Anlass zur Entrüstung gibt:* dieses Schwein muss seine dreckigen Witze immer in Gegenwart von Kindern erzählen. **b)** *schmutziger, ungepflegter, nicht auf Sauberkeit achtender Mensch:* wie kannst du nur mit diesen schmutzigen Händen zum Essen gehen, du Schwein. **Syn.:** Dreckspatz (fam.), Sau (derb, auch als Schimpfwort), Schmutzfink (ugs.). **Zus.:** Dreckschwein. **c)** *gemeine männliche Person; Schuft:* das Schwein hat uns bei der Abrechnung übers Ohr gehauen. **Syn.:** Betrüger, Gauner (abwertend), Halunke (abwertend), Lump (abwertend), Schuft (ugs. abwertend), Schurke (abwertend), Spitzbube (veraltend abwertend).
3. (ugs.) *Mensch, den man bedauern muss:* das arme Schwein muss schon wieder ins Krankenhaus; *** kein Schwein** (salopp): *niemand:* das versteht doch kein Schwein!
4. *** Schwein haben** (ugs.): *Glück haben:* da haben wir noch mal Schwein gehabt.

Schwei|ne|fleisch [ʃvai̯nəflai̯ʃ], das; -[e]s:
Fleisch vom Schwein: man soll nicht so viel Schweinefleisch essen.

Schwei|ne|rei [ʃvai̯nəˈrai̯], die; -, -en (ugs.):
1. *abstoßender, unordentlicher, schmutziger Zustand:* wer hat diese Schweinerei angerichtet?

2. *empörendes Verhalten, empörender Vorgang:* es ist eine Schweinerei, dass die Versicherung nicht zahlen will. **Syn.:** Frechheit, Gemeinheit, Unverschämtheit.
3. *anstößige, unanständige Äußerung oder Handlung:* er erzählt immer gerne Schweinereien. **Syn.:** Zote.

Schwei|ne|stall ['ʃvai̯nəʃtal], der; -[e]s, Schweineställe ['ʃvai̯nəʃtɛlə]:
1. *Stall für Schweine:* den alten Schweinestall abreißen.
2. (salopp abwertend) *sehr unordentliches, verschmutztes Zimmer o. Ä.:* in diesem Schweinestall können wir keinen Besuch empfangen.

schwei|nisch ['ʃvai̯nɪʃ] ⟨Adj.⟩ (ugs. abwertend):
pornografischen Charakter habend und daher unanständig, obszön: schweinische Witze, Lieder, Filme, Bücher, Bilder. **Syn.:** anstößig, derb, doppeldeutig, nicht salonfähig, nicht stubenrein (scherzh.), schlüpfrig (abwertend), schmutzig (abwertend), unmoralisch, zweideutig.

Schweiß [ʃvai̯s], der; -es:
besonders bei Hitze oder größerer Anstrengung aus den Poren der Haut austretende wässrige Absonderung: in Schweiß kommen, geraten; ihm steht der Schweiß auf der Stirn; ihr läuft der Schweiß [den Rücken hinunter]. **Syn.:** Wasser. **Zus.:** Angstschweiß, Fußschweiß.

schwei|ßen ['ʃvai̯sn̩] ⟨tr.; hat⟩:
mithilfe von Wärme oder Druck Teile aus Metall oder Kunststoff fest miteinander verbinden: das Material lässt sich nicht schweißen; der kaputte Auspuff muss geschweißt werden; eine Lasche an das Blech schweißen; ⟨auch itr.⟩ kannst du schweißen? **Zus.:** anschweißen, einschweißen, zusammenschweißen.

Schweiz [ʃvai̯ts], die; -:
Staat in Mitteleuropa: sie leben in der Schweiz; in die Schweiz fahren; aus der Schweiz kommen; die französische Schweiz *(Schweiz mit französischsprachiger Bevölkerung).*

[1]Schwei|zer ['ʃvai̯tsɐ] ⟨Adj.; nicht flektierbar⟩:
die Schweiz und ihre Bevölkerung betreffend: die Schweizer Alpen; Schweizer Käse; in Schweizer Franken zahlen.

[2]Schweizer ['ʃvai̯tsɐ], der; -s, -, **Schwei|ze|rin** ['ʃvai̯tsərɪn], die; -, -nen:
Angehörige[r] des schweizerischen Volks: er ist Schweizer; er ist mit einer Schweizerin verheiratet; die Schweizer sagen statt »Bahnsteig« »Perron«.

schwei|ze|risch ['ʃvai̯tsərɪʃ] ⟨Adj.⟩:
die Schweiz und ihre Bevölkerung betreffend: im schweizerischen Neuchâtel; das schweizerische Ufer des Bodensees; die Schweizerische Eidgenossenschaft.

schwe|len ['ʃveːlən] ⟨itr.; hat⟩:
langsam und ohne offene Flamme brennen: das Feuer schwelt unter der Asche. **Syn.:** glimmen, glühen, schmoren.

schwel|gen ['ʃvɛlgn̩] ⟨itr.; hat⟩ (geh.):
1. *von gutem und in großer Menge vorhandenem Essen und Trinken mit großem Behagen genießen:* bei dem Fest wurde geschwelgt und geprasst. **Syn.:** essen und trinken, schlemmen, schmausen, sich den Bauch vollschlagen (ugs.), sich den Wanst vollschlagen (salopp abwertend), speisen (geh.), tafeln (geh.), sich vollfressen (derb).
2. *sich [verzückt und] voll Genuss (einer Sache) hingeben:* in Gefühlen, Erinnerungen, Farben schwelgen.

Schwel|le ['ʃvɛlə], die; -, -n:
1. *(am Boden) in den Türrahmen eingepasster, etwas erhöht liegender Balken als unterer Abschluss einer Türöffnung:* er stolperte an der/über die Schwelle. **Zus.:** Eingangsschwelle, Türschwelle.
2. *Balken oder entsprechend geformter Träger aus Beton oder Stahl, auf dem die Eisenbahnschienen befestigt sind:* neue Schwellen verlegen. **Zus.:** Betonschwelle, Eisenbahnschwelle, Holzschwelle, Stahlschwelle.

[1]schwel|len ['ʃvɛlən], schwillt, schwoll, geschwollen ⟨itr.; ist⟩:
(von einem Organ oder Körperteil) sich (in einem krankhaften Prozess, durch Ansammlung von Wasser oder Blut im Gewebe) vergrößern, dicker werden: seine Mandeln sind geschwollen; geschwollene Beine. **Syn.:** anschwellen, dick werden.

[2]schwel|len ['ʃvɛlən] ⟨tr.; hat⟩ (geh.):
größer machen; dehnen: der Wind schwellte die Segel. **Syn.:** aufbauschen, aufblähen, aufplustern, aufschwemmen, auftreiben, bauschen, blähen. **Zus.:** aufschwellen.

Schwel|lung ['ʃvɛlʊŋ], die; -, -en:
a) ⟨ohne Plural⟩ *das Geschwollensein:* der Arzt stellte eine leichte Schwellung der Leber fest. **Zus.:** Drüsenschwellung, Leberschwellung, Milzschwellung. **b)** *geschwollene Stelle:* er hat eine Schwellung unter dem linken Auge. **Syn.:** Beule.

-schwem|me [ʃvɛmə], die; -, -n ⟨Suffixoid⟩ (emotional):
besonders großes, zu großes Angebot an ..., sehr viel, zu viel von dem/den im substantivischen Basiswort Genannten: Akademikerschwemme; Ärzteschwemme; Geldschwemme; Juristenschwemme; Lehrerschwemme.

schwem|men ['ʃvɛmən] ⟨tr.; hat⟩:
durch die Strömung einer Flüssigkeit aus/von etwas entfernen [und in eine bestimmte Richtung, an einen bestimmten Ort befördern]: das Wasser hat die Erde von dem Hang, in den See geschwemmt; der Tote wurde an die Küste geschwemmt; diese Stoffe werden mit dem Harn aus dem Körper geschwemmt. **Syn.:** spülen. **Zus.:** anschwemmen, ausschwemmen, fortschwemmen, herausschwemmen, überschwemmen, wegschwemmen.

schwen|ken ['ʃvɛŋkn̩]:
1. ⟨tr.; hat⟩ *[mit ausgestrecktem Arm über seinen Kopf] schwingend auf und ab, hin und her bewegen:* er schwenkte den Hut; die Kinder am Straßenrand schwenkten ihre Fähnchen. **Syn.:** schlenkern, schwingen.
2. ⟨tr.; hat⟩ *im Wasser leicht hin und her bewegen und ausspülen:* die Gläser in heißem Wasser schwenken. **Syn.:** abspülen, abwaschen, auswaschen, spülen.
3. ⟨itr.; ist⟩ *die Richtung (in der eine Fortbewegung stattfindet) ändern, in eine andere Richtung bringen:* die Kolonne schwenkte

S
Schw

nach links. **Syn.:** abbiegen, abdrehen, abschwenken.

schwer [ʃveːɐ̯] ⟨Adj.⟩:
1. a) *viel Gewicht habend, nicht leicht [zu tragen]* /Ggs. leicht/: ein schwerer Koffer; die Möbelpacker hatten an der Eichentruhe schwer zu tragen; meine Beine sind schwer wie Blei *(fühlen sich sehr schwer an).* **Syn.:** massig, wuchtig. **Zus.:** bleischwer, sauschwer, tonnenschwer, zentnerschwer. **b)** *ein bestimmtes Gewicht habend:* ein fünf Kilo schwerer Goldklumpen; der Fisch war drei Kilo schwer; dieses Bauteil ist nur wenige Gramm schwer; wie schwer bist du? **c)** *viel Kraft, Gewalt, hohe Leistung habend:* die Soldaten sind mit schweren Waffen ausgerüstet; ein schweres Motorrad; schweres Gerät. **Syn.:** wuchtig. **d)** *(in Bezug auf einen Duft) sehr intensiv und süßlich:* ein schweres Parfüm; der schwere Duft von Jasmin.
2. *einen hohen Schwierigkeitsgrad aufweisend und daher große körperliche und/oder geistige Anstrengung verlangend:* eine schwere Aufgabe; das Problem ist schwer zu lösen; schwer zu verstehen sein; schwer arbeiten müssen; er hat es im Leben immer schwer gehabt. **Syn.:** anstrengend, beschwerlich, ermüdend, hart, mühsam, nicht leicht, schwierig, strapaziös. **Zus.:** sauschwer.
3. *sehr stark ausgeprägt, von sehr großem Ausmaß, deutlich spürbar:* eine schwere Verletzung, Krankheit; ein schwerer Wolkenbruch; ein schweres Verbrechen; ein schwerer Eingriff; ein schwerer Verlust; ein schwerer Vorwurf; sein Tod war ein schwerer Schlag für uns alle; das Unglück, die Strafe traf ihn schwer; eine schwere Strafe erhalten; sie ist schwer verletzt, krank; das wird schwer bestraft. **Syn.:** empfindlich, erheblich, gehörig, gewaltig (emotional), gravierend (bildungsspr.), heftig, kräftig, mächtig (ugs.), massiv, nachhaltig, schwerwiegend, stark, tief greifend, tüchtig (ugs.).
4. a) *den Körper, besonders den Magen, stark belastend, nicht sehr bekömmlich:* schwere Speisen; der Wein, dieser Tabak ist mir zu schwer; das Essen liegt mir schwer im Magen. **Syn.:** schwer verdaulich, unverträglich. **b)** *auf jmdm. lastend, jmdm. Sorge bereitend:* einen schweren Traum haben; schwere Sorgen lasteten auf ihm. **Syn.:** bedrückend, belastend, quälend.
5. *von hohem geistigem Anspruch, nicht zur bloßen Unterhaltung geeignet:* schwere Musik, Lektüre. **Syn.:** anspruchsvoll, nicht leicht zugänglich.
6. ⟨verstärkend bei Adjektiven und Verben⟩ (ugs.) *sehr:* er ist schwer betrunken; hier muss man schwer aufpassen.

-schwer [ʃveːɐ̯] ⟨adjektivisches Suffixoid⟩:
a) *viel von dem im Basiswort Genannten enthaltend, aufweisend, davon wie mit einer Last angefüllt:* bedeutungsschwer; ereignisschwer; erinnerungsschwer; inhaltsschwer. **Syn.:** -intensiv, -reich, -stark, -voll.
b) *viel von dem im Basiswort Genannten besitzend:* dollarschwer; millionenschwer.

schwer|fal|len [ˈʃveːɐ̯falən], fällt schwer, fiel schwer, schwergefallen ⟨itr.; ist⟩:
große Mühe, Schwierigkeiten machen: nach seiner Krankheit fällt ihm das Arbeiten noch schwer; Mathematik ist ihm schon immer schwergefallen. **Syn.:** anstrengen, Mühe machen, Schwierigkeiten machen.

schwer|fäl|lig [ˈʃveːɐ̯fɛlɪç] ⟨Adj.⟩:
(in Bezug auf die körperliche und geistige Beweglichkeit) viel Zeit benötigend und jegliche Leichtigkeit vermissen lassend: schwerfällig laufen; er ist ein schwerfälliger Mensch. **Syn.:** behäbig, gemächlich, [1]langsam, lethargisch, phlegmatisch, schleppend, träge.

schwer|hö|rig [ˈʃveːɐ̯høːrɪç] ⟨Adj.⟩:
in seiner Hörfähigkeit beeinträchtigt; nicht gut hörend: er ist schwerhörig. **Syn.:** fast taub, halb taub.

schwer|lich [ˈʃveːɐ̯lɪç] ⟨Adverb⟩:
höchstwahrscheinlich nicht, wohl kaum: das kann schwerlich so gewesen sein; das wird schwerlich gelingen, zu beweisen sein, zu vermeiden sein, möglich sein. **Syn.:** kaum, wahrscheinlich nicht, wohl nicht.

Schwer|mut [ˈʃveːɐ̯muːt], die; -:
durch Niedergeschlagensein, düster-traurige Stimmung, innere Leere o. Ä. gekennzeichneter, alle Tatkraft lähmender Zustand: Schwermut erfüllte ihn. **Syn.:** Depression, Trauer, Wehmut.

schwer|mü|tig [ˈʃveːɐ̯myːtɪç] ⟨Adj.⟩:
an Schwermut leidend, von Schwermut gekennzeichnet: sie ist schwermütig geworden; eine schwermütige Atmosphäre; schwermütige Lieder singen. **Syn.:** bedrückt, bekümmert, betrübt, depressiv, deprimiert, gemütskrank, melancholisch, niedergeschlagen, traurig, trübsinnig, unglücklich, wehmütig.

Schwer|punkt [ˈʃveːɐ̯pʊŋkt], der; -[e]s, -e:
wichtigster zu berücksichtigender Punkt; das, worauf sich alle Überlegungen, alles Handeln konzentriert: er legt in seiner Arbeit den Schwerpunkt auf die pädagogischen Probleme; hierin liegt der Schwerpunkt seines Schaffens. **Syn.:** Kern, Mitte, Mittelpunkt, Zentrum.

Schwert [ʃveːɐ̯t], das; -[e]s, -er:
Hieb- und Stichwaffe mit kurzem Griff und langer, breiter, ein- oder zweischneidiger Klinge: ein scharfes, kurzes, langes, reich verziertes Schwert; das Schwert ziehen, zücken, wieder in die Scheide stecken; * **ein zweischneidiges Schwert:** *etwas, was Nutzen, aber auch Schaden bringen kann:* Früherkennung ist ein zweischneidiges Schwert.

schwer|tun [ˈʃveːɐ̯tuːn], tat schwer, schwergetan ⟨+ sich⟩:
mit jmdm., etwas Schwierigkeiten haben; etwas nicht gut können: anfangs habe ich mich/mir mit dieser Arbeit schwergetan; die Partei wird sich mit der Durchsetzung der Reformen schwertun.

schwer|wie|gend [ˈʃveːɐ̯viːgn̩t] ⟨Adj.⟩, **schwer wiegend:**
von großer Bedeutung und daher sehr ernst zu nehmen: ein schwerwiegendes Problem, Argument; schwerwiegende Bedenken, Einwände, Vorwürfe, Fehler, Mängel; der Verstoß war nicht sehr schwerwiegend. **Syn.:** bedeutend, einschneidend,

empfindlich, entscheidend, erheblich, ernst, ernsthaft, gewaltig (emotional), gravierend (bildungsspr.), groß, massiv, nachhaltig, schwer, stark, tief greifend.

Schwes|ter [ˈʃvɛstɐ], die; -, -n:
1. *weibliche Person im Verhältnis zu einer anderen, die von denselben Eltern abstammt* /Ggs. Bruder/: meine ältere, kleine, große (fam.; *ältere*) Schwester; die beiden sind Schwestern. **Zus.:** Adoptivschwester, Stiefschwester, Zwillingsschwester.
2. *Krankenschwester:* nach der Schwester klingeln. **Zus.:** Gemeindeschwester, Kinderschwester, Krankenschwester, Nachtschwester, Narkoseschwester, Oberschwester, Rotkreuzschwester, Stationsschwester.
3. *Angehörige einer religiösen Gemeinschaft oder eines Ordens:* die Schwestern des Benediktinerordens. **Syn.:** geistliche Schwester, Nonne. **Zus.:** Missionsschwester, Ordensschwester.

Schwie|ger|el|tern [ˈʃviːɡɐ|ɛltɐn], die ⟨Plural⟩:
Eltern des Ehemanns oder der Ehefrau: wir haben eine Wohnung im Haus meiner Schwiegereltern.

Schwie|ger|mut|ter [ˈʃviːɡɐmʊtɐ], die; -, Schwiegermütter [ˈʃviːɡɐmʏtɐ]:
Mutter des Ehemannes oder der Ehefrau: er versteht sich bestens mit seiner Schwiegermutter.

Schwie|ger|sohn [ˈʃviːɡɐzoːn], der; -[e]s, Schwiegersöhne [ˈʃviːɡɐzøːnə]:
Ehemann der Tochter: wir haben drei sehr nette Schwiegersöhne.

Schwie|ger|toch|ter [ˈʃviːɡɐtɔxtɐ], die; -, Schwiegertöchter [ˈʃviːɡɐtœçtɐ]:
Ehefrau des Sohnes: meine zukünftige Schwiegertochter.

Schwie|ger|va|ter [ˈʃviːɡɐfaːtɐ], der; -s, Schwiegerväter [ˈʃviːɡɐfɛːtɐ]:
Vater des Ehemannes oder der Ehefrau: mein Schwiegervater hat uns beim Hausbau geholfen.

Schwie|le [ˈʃviːlə], die; -, -n:
(durch ständige Reibung, Druck o. Ä. entstandene) harte, verdickte Stelle in der Haut, besonders an den Händen: Schwielen an den Händen haben; er hat vom Sandschippen Schwielen bekommen. **Syn.:** Hornhaut.

schwie|rig [ˈʃviːrɪç] ⟨Adj.⟩:
a) *für jmdn. nicht einfach zu bewältigen, Mühe, Anstrengung verlangend:* eine schwierige Frage, Aufgabe; es ist schwierig, mit ihm zusammenzuarbeiten. **Syn.:** anstrengend, beschwerlich, mühsam, nicht einfach, nicht leicht, schwer. **b)** *in besonderem Maße mit der Gefahr verbunden, dass man etwas falsch macht, und daher ein hohes Maß an Umsicht und Geschick erfordernd:* sich in einer schwierigen Situation befinden; die Verhältnisse in diesem Land sind schwierig geworden. **Syn.:** delikat, haarig (ugs.), heikel, knifflig, kompliziert, prekär, problematisch, vertrackt (ugs.), verwickelt, verzwickt (ugs.). **c)** *schwer zu behandeln:* er ist ein schwieriger Mensch.

Schwie|rig|keit [ˈʃviːrɪçkai̯t], die; -, -en:
a) *etwas, was für jmdn. eine nicht einfach zu bewältigende Angelegenheit darstellt, für jmdn. schwierig* (a) *ist:* die Durchführung des Bauvorhabens stellte uns vor große Schwierigkeiten; die Schwierigkeit bei der Sache war, ihn von der Notwendigkeit seiner Teilnahme zu überzeugen. **Syn.:** Haken (ugs.), Problem. **Zus.:** Anfangsschwierigkeit, Hauptschwierigkeit, Startschwierigkeit, Versorgungsschwierigkeit, Verständigungsschwierigkeit. **b)** ⟨Plural⟩ *etwas, was für jmdn. unangenehm ist, unangenehme Folgen haben kann:* in finanziellen Schwierigkeiten sein; müssen Sie uns immer Schwierigkeiten machen? **Syn.:** Ärger ⟨Singular⟩, Probleme, Unannehmlichkeiten. **Zus.:** Geldschwierigkeiten, Zahlungsschwierigkeiten.

Schwimm|bad [ˈʃvɪmbaːt], das; -[e]s, Schwimmbäder [ˈʃvɪmbɛːdɐ]:
1. *Anlage [mit einem oder mehreren Becken] zum Schwimmen:* ins Schwimmbad gehen. **Zus.:** Freischwimmbad, Hallenschwimmbad.
2. *Becken zum Schwimmen:* sie haben ein Schwimmbad im Garten.

schwim|men [ˈʃvɪmən], schwamm, geschwommen:
1. a) ⟨itr.; hat/ist⟩ *sich im Wasser aus eigener Kraft (durch bestimmte Bewegungen der Flossen, der Arme u. Beine) fortbewegen:* sie hat/ist zwei Stunden geschwommen; er kann nicht schwimmen; sie geht täglich schwimmen; kannst du auf dem Rücken schwimmen?; wir sind über den See, zur Insel geschwommen; im Brunnen schwimmen Goldfische; ⟨auch tr.⟩ sie hat einen neuen Rekord geschwommen. **Syn.:** baden. **Zus.:** brustschwimmen, fortschwimmen, hinausschwimmen, mitschwimmen, rausschwimmen, rückenschwimmen, rumschwimmen, vorbeischwimmen, weiterschwimmen, zurückschwimmen. **b)** ⟨tr.; hat⟩ *eine bestimmte Strecke schwimmend* (1 a) *zurücklegen:* ich bin heute schon drei Bahnen, einige Hundert Meter geschwommen. **Zus.:** brustschwimmen, rückenschwimmen.
2. a) ⟨itr.; hat⟩ *ganz oder teilweise in einer Flüssigkeit liegen und von ihr getragen werden:* was schwimmt denn da [auf dem Wasser, im Wasser, in der Suppe]?; die Kinder ließen auf dem Teich Schiffchen schwimmen; Fett schwimmt oben; ein schwimmendes *(in einem Schiff untergebrachtes)* Restaurant. **b)** ⟨itr.; ist⟩ *sich auf einer Flüssigkeit (besonders auf Wasser) schwimmend* (2 a) *[langsam] irgendwohin bewegen:* der Ball kam wieder ans Ufer geschwommen. **Syn.:** treiben. **Zus.:** anschwimmen, fortschwimmen, vorbeischwimmen, wegschwimmen, weiterschwimmen.
3. ⟨itr.; hat⟩ (ugs.) *(beim Vortragen eines Textes, beim Reden o. Ä.) unsicher werden und daher in seinen Ausführungen, Angaben o. Ä. unpräzise werden, keine einheitliche Gedankenführung mehr erkennen lassen:* der Redner begann zu schwimmen; in der Prüfung bin ich ganz schön ins Schwimmen gekommen/geraten.

Schwin|del [ˈʃvɪndl̩], der; -s:
1. *Zustand der Benommenheit, bei dem man das Gefühl hat,*

S
Schw

alles drehe sich um einen: von einem leichten Schwindel befallen werden. **Syn.:** Taumel.
2. (ugs.) *Betrug, bewusste Täuschung, Irreführung:* der Schwindel kam heraus, flog auf; sie fällt auf jeden Schwindel herein; das ist doch alles Schwindel! **Syn.:** List, Lug und Trug (geh.), Machenschaften ⟨Plural⟩ (abwertend), Trick.

schwin|del|frei [ˈʃvɪndl̩frai̯] ⟨Adj.⟩: *nicht schwindlig werdend:* als Dachdecker muss man schwindelfrei sein.

schwin|deln [ˈʃvɪndl̩n] ⟨itr. hat⟩:
1. *von Schwindel* (1) *befallen werden:* mir schwindelt, es schwindelt mir [vor den Augen], wenn ich in die Tiefe blicke; in schwindelnder *(Schwindel verursachender)* Höhe.
2. (ugs.) *(in einer nicht so wichtigen Angelegenheit) nicht die volle Wahrheit sagen, eine vom wirklichen Sachverhalt [ein wenig] abweichende Darstellung geben:* er hat schon oft geschwindelt; das ist alles geschwindelt. **Syn.:** die Unwahrheit sagen, lügen, nicht bei der Wahrheit bleiben, unaufrichtig sein. **Zus.:** anschwindeln, beschwindeln.

schwin|den [ˈʃvɪndn̩], schwand, geschwunden ⟨itr.; ist⟩ (geh.): *[unaufhaltsam] immer weiter abnehmen, sich verringern [und schließlich restlos verschwinden, erlöschen, aufhören zu existieren]:* die Vorräte schwanden immer schneller; sein Vermögen schwand sehr schnell; der Schmerz begann allmählich zu schwinden; der Mut, die Hoffnung, das Vertrauen, das Interesse schwand immer mehr; die Kräfte des Patienten schwinden zusehends. **Syn.:** abebben, abflauen, abklingen (geh.), abnehmen, sich abschwächen, alle werden (ugs.), aufhören, ausgehen, ausklingen, sich legen, nachlassen, sich neigen (geh.), sinken, vergehen, sich vermindern, zu Ende gehen, zur Neige gehen (geh.), zurückgehen. **Zus.:** dahinschwinden, hinschwinden.

schwind|lig [ˈʃvɪndlɪç] ⟨Adj.⟩: *von Schwindel* (1) *befallen:* ich werde leicht schwindlig; ich bin vom Tanzen [ganz] schwindlig. **Syn.:** benommen, betäubt, dumpf.

Schwin|ge [ˈʃvɪŋə], die; -, -n (geh.): *Flügel eines großen Vogels:* der Adler breitet seine Schwingen aus. **Zus.:** Adlerschwinge, Vogelschwinge.

schwin|gen [ˈʃvɪŋən], schwang, geschwungen:
1. a) ⟨itr.; hat⟩ *sich mit einer gewissen Regelmäßigkeit hin- und herbewegen und dabei einen Bogen beschreiben:* das Pendel schwang immer langsamer und stand schließlich still; an den Ringen, am Reck, am Trapez, auf der Schaukel schwingen. **Syn.:** pendeln, schaukeln. **Zus.:** emporschwingen, hinaufschwingen, hochschwingen.
b) ⟨tr.; hat⟩ *in einem Bogen hin und her, auf und ab bewegen:* eine Fahne schwingen; der Schmied schwang den schweren Hammer; der Priester schwingt den Weihrauchkessel über dem Dankesopfer. **Syn.:** schlenkern, schleudern, schwenken.
2. ⟨+ sich⟩ *sich mit einem kräftigen Sprung, mit Schwung irgendwohin bewegen:* der Vogel schwingt sich in die Luft, in die Lüfte; ich schwang mich in den Sattel, aufs Fahrrad, über die Mauer; der Fahrer schwang sich aus dem Führerhaus, vom Fahrersitz. **Syn.:** springen.

Schwips [ʃvɪps], der; -es, -e (ugs.): *leichtes Betrunkensein:* einen Schwips haben; sich einen Schwips antrinken. **Syn.:** Rausch.

schwir|ren [ˈʃvɪrən], schwirrte, geschwirrt ⟨itr.; ist⟩: *sich mit leisem, hell klingendem Ton durch die Luft bewegen:* Käfer schwirrten uns um die Köpfe, durch das Zimmer; um die Kerze schwirrten Falter; Pfeile, Geschosse schwirrten durch die Luft. **Syn.:** flattern, fliegen. **Zus.:** abschwirren, herumschwirren, losschwirren, umherschwirren.

schwit|zen [ˈʃvɪt͜sn̩] ⟨itr.; hat⟩:
a) *Schweiß absondern:* er schwitzte stark, am ganzen Körper; vor Hitze, Anstrengung, Aufregung, Angst schwitzen; sie, ihre Bluse war total nass geschwitzt. **Zus.:** ausschwitzen, durchschwitzen. **b)** *sich mit einer dünnen Schicht abgesonderter Flüssigkeit, besonders mit Kondenswasser, überziehen:* die Wände, Fenster schwitzen. **Syn.:** [1]beschlagen.

schwö|ren [ˈʃvøːrən], schwor, geschworen:
a) ⟨tr.; hat⟩ *(vor einer Behörde, Institution o. Ä.) ein Gelöbnis ablegen:* einen Eid, den Diensteid, Fahneneid schwören; er hat einen Meineid geschworen. **b)** ⟨itr.; hat⟩ *mit, in einem Schwur, Eid nachdrücklich versichern oder geloben:* der Zeuge musste vor Gericht schwören; sie hat falsch geschworen. **Syn.:** einen Eid ablegen. **c)** ⟨tr.; hat⟩ *feierlich, nachdrücklich [unter Verwendung von Beteuerungsformeln] versichern:* sie schworen Rache, Treue; ich schwöre dir, dass ich nichts verraten habe. **Syn.:** auf seinen Eid nehmen, beteuern, geloben (geh.), versprechen, zusagen, zusichern.

schwul [ʃvuːl] ⟨Adj.⟩ (ugs., auch Eigenbezeichnung): *(besonders von Männern) homosexuell:* er ist schwul; ein schwules Paar.

schwül [ʃvyːl] ⟨Adj.⟩: *durch als unangenehm empfundene feuchte Wärme oder Hitze gekennzeichnet:* ein schwüler Tag; es ist heute furchtbar schwül. **Syn.:** drückend, heiß, warm, wie im Treibhaus (ugs.).

Schwu|ler [ˈʃvuːlɐ], der Schwule/ein Schwuler; des/eines Schwulen, die Schwulen/zwei Schwule: *männliche Person, die homosexuell ist:* die Schwulen fordern die Gleichstellung im Adoptionsrecht. **Syn.:** Homosexueller.

Schwulst [ʃvʊlst], der; -[e]s: *etwas, was in der Gestaltung, Ausdrucksweise o. Ä. überladen, bombastisch wirkt:* ich mag den Schwulst mancher Barockkirchen nicht; auf diesen ganzen Schwulst könnte man verzichten. **Zus.:** Redeschwulst.

schwüls|tig [ˈʃvʏlstɪç] ⟨Adj.⟩ (abwertend): *in der Ausdrucksweise, Gestaltung durch Schwulst gekennzeichnet:* ein schwülstiges Gedicht; ein schwülstiger Film, Schlager; schwülstig reden. **Syn.:** bombastisch, hochtrabend (emotional), pathetisch, pompös, schmalzig (abwertend).

Schwung [ʃvʊŋ], der; -[e]s, Schwünge [ˈʃvʏŋə]:
1. a) *kraftvolle, rasche, schwingend ausgeführte Bewegung:* er sprang mit elegantem Schwung über den Graben. **b)** ⟨ohne Plural⟩ *kraftvolle, rasche Bewegung, in der sich jmd., etwas befindet:* er fuhr mit Schwung den Berg hinauf. **Syn.:** Antrieb, Geschwindigkeit, Tempo.
2. ⟨ohne Plural⟩ *mitreißende Kraft, inneres Feuer, das jmdm., einer Sache innewohnt und auf andere überspringt, andere mitreißt:* seine Rede war ohne Schwung; sein Schwung riss alle anderen mit; diese Musik hat [keinen] Schwung. **Syn.:** Begeisterung, Dynamik, Eifer, Elan, Enthusiasmus, Schmiss (ugs.), Tatkraft, Temperament.

schwung|haft [ˈʃvʊŋhaft] ⟨Adj.⟩:
(besonders in Bezug auf Geschäfte) mit viel Erfolg durchgeführt, viel Erfolg zeitigend: mit etwas einen schwunghaften Handel treiben. **Syn.:** intensiv, lebhaft, rege.

schwung|voll [ˈʃvʊŋfɔl] ⟨Adj.⟩:
a) *viel Schwung, innere Dynamik, Kraft o. Ä. habend, zeigend:* eine schwungvolle Melodie, Inszenierung, Rede; er begrüßt die Gäste mit schwungvollen Worten. **Syn.:** dynamisch, flott, forsch, lebhaft, schmissig (ugs.), temperamentvoll. **b)** *mit viel Schwung, Elan, kraftvoller Bewegung ausgeführt:* schwungvolle Gesten. **Syn.:** dynamisch, kraftvoll.

Schwur [ʃvuːɐ̯], der; -[e]s, Schwüre [ˈʃvyːrə]:
a) *[feierliches] Versprechen:* ein feierlicher, heiliger Schwur; einen Schwur halten, brechen. **Syn.:** Gelöbnis, Gelübde (geh.), Versicherung. **Zus.:** Liebesschwur, Racheschwur, Treueschwur. **b)** *feierliche Beteuerung der Wahrheit einer Aussage (vor einer Behörde o. Ä.):* die Hand zum Schwur erheben; den Schwur auf die Verfassung leisten. **Syn.:** Eid, eidesstattliche Versicherung.

sechs [zɛks] ⟨Kardinalzahl⟩ (als Ziffer: 6):
sechs Eier.

sechst... [ˈzɛkst...] ⟨Ordinalzahl⟩ (als Ziffer: 6.):
der sechste Tag der Woche.

sech|zig [ˈzɛçt͜sɪç] ⟨Kardinalzahl⟩ (in Ziffern: 60):
sechzig Kilogramm.

[1]See [zeː], der; -s, Seen [ˈzeːən]:
eine größere Fläche einnehmendes stehendes Gewässer auf dem Festland: ein kleiner, großer, tiefer See; der See ist zugefroren; der Ort, das Haus liegt direkt am See. **Syn.:** Gewässer, Teich, Wasser, Weiher. **Zus.:** Baggersee, Bergsee, Gebirgssee, Kratersee, Salzsee, Stausee, Waldsee.

[2]See [zeː], die; -:
Meer: die See ist stürmisch; wir hatten eine ruhige See; auf See sein *(mit einem Schiff auf dem Meer unterwegs sein);* an die See fahren; zur See fahren *(Seemann sein).* **Syn.:** Ozean. **Zus.:** Nordsee, Ostsee, Südsee.

See|hund [ˈzeːhʊnt], der; -[e]s, -e:
a) *Robbe mit (beim erwachsenen Tier) weißgrauem bis graubraunem Fell:* an der Nordsee kann man Seehunde beobachten.
b) ⟨ohne Plural⟩ *Pelz aus dem Fell junger Seehunde:* ein Mantel aus Seehund.

see|krank [ˈzeːkraŋk] ⟨Adj.⟩:
an einem Zustand heftiger Übelkeit [mit Erbrechen] leidend, der durch das Schlingern des Schiffs auf dem Meer hervorgerufen wird: auf der Überfahrt wurde er seekrank.

See|le [ˈzeːlə], die; -, -n:
a) *substanz- und körperloser Teil des Menschen, der in religiöser Vorstellung als unsterblich angesehen wird, nach dem Tode weiterlebt:* der Mensch besitzt eine Seele; seine Seele dem Teufel verschreiben; für die Seelen der Verstorbenen beten. **b)** *Gesamtheit, gesamter Bereich dessen, was das Fühlen, Empfinden, Denken eines Menschen ausmacht:* eine zarte, empfindsame, große Seele haben; sich in tiefster Seele verletzt fühlen; jmdm. seine ganze Seele offenbaren. **Syn.:** Gemüt, Herz, Psyche.

see|len|ru|hig [ˈzeːlənˈruːɪç] ⟨Adj.⟩ (emotional):
mit unerschütterlicher Ruhe: obwohl er den Zug herannahen sah, lief er seelenruhig über die Schienen. **Syn.:** gelassen, gemächlich, gleichmütig, kaltblütig, [1]ruhig.

see|lisch [ˈzeːlɪʃ] ⟨Adj.⟩:
die Seele (b) *eines Menschen betreffend:* aus dem seelischen Gleichgewicht geraten; seelische Qualen durchmachen; sie ist seelisch krank; seine Krankheit ist seelisch bedingt. **Syn.:** psychisch.

Seel|sor|ge [ˈzeːlzɔrɡə], die; -:
(in den christlichen Kirchen) geistliche Beratung, Hilfe in wichtigen Lebensfragen: praktische Seelsorge treiben; in der Seelsorge tätig sein.

Seel|sor|ger [ˈzeːlzɔrɡɐ], der; -s, -, **Seel|sor|ge|rin** [ˈzeːlzɔrɡərɪn], die; -, -nen:
geistliche Person, die in der Seelsorge tätig ist: unsere neue Pastorin ist eine ausgezeichnete Seelsorgerin; ein Seelsorger kümmert sich um die traumatisierten Opfer.

See|mann [ˈzeːman], der; -[e]s, Seeleute [ˈzeːlɔytə]:
männliche Person, die auf einem Schiff arbeitet, zur See fährt: erfahrene Seeleute. **Syn.:** Matrose.

See|not [ˈzeːnoːt], die; -:
auf See entstandene lebensgefährliche Notlage: in Seenot sein; in Seenot geraten; jmdn. aus Seenot retten.

See|stern [ˈzeːʃtɛrn], der; -[e]s, -e:
im Meer lebendes sternförmiges Tier mit meist fünf Armen und rauer, stachliger Haut auf der Oberseite: der Arm eines Seesterns kann allein weiterleben.

See|weg [ˈzeːveːk], der; -[e]s, -e:
1. *von der Schifffahrt benutzte Route über das Meer:* der Seeweg nach Indien.
2. ⟨ohne Plural⟩ *Weg des Verkehrs, des Transports über das Meer:* etwas auf dem Seeweg befördern.

Se|gel [ˈzeːɡl̩], das; -s, -:
großflächiges, starkes drei- oder viereckiges Tuch, das am Mast meist eines Wasserfahrzeugs ausgespannt wird, damit der Wind sich darin fängt und so dem Fahrzeug Fahrt gibt: vom Wind geschwellte Segel; die Segel hissen, setzen; bei Sturm die Segel einziehen. **Zus.:** Großsegel, Sturmsegel.

Se|gel|boot [ˈzeːɡl̩boːt], das; -[e]s, -e:

Boot, das sich mithilfe von Segeln fortbewegt: bei dem Sturm kenterte das Segelboot; ein leichtes Segelboot. **Syn.:** Schiff, Segelschiff.

Se|gel|flug|zeug ['ze:gl̩flu:kt͜sɔy̆k], das; -[e]s, -e:
Flugzeug ohne Motor, das durch die Strömungen der Luft fortbewegt wird: das Segelflugzeug gleitet am Horizont entlang.

se|geln ['ze:gl̩n]:
1. a) ⟨itr.; ist⟩ *sich mithilfe eines Segels (und der Kraft des Windes) irgendwohin bewegen:* das Schiff segelt übers Meer, gegen den Wind. **b)** ⟨itr.; ist/hat⟩ *mit einem Segelboot fahren:* morgen, in den Sommerferien wollen wir segeln. **Syn.:** einen Segeltörn machen (Seemannssprache). **c)** ⟨itr.; ist⟩ *sich segelnd* (1 b) *irgendwohin bewegen:* über den See, ans Ufer segeln.
2. ⟨itr.; ist⟩ *sich in der Luft schwebend fortbewegen:* der Adler segelt hoch in der Luft; die Wolken segeln am Himmel. **Syn.:** fliegen, gaukeln, gleiten, schweben.

Se|gel|schiff ['ze:gl̩ʃɪf], das; -[e]s, -e:
Schiff, das sich mithilfe von Segeln fortbewegt: im Hafen hat ein Segelschiff festgemacht. **Syn.:** Segelboot.

Se|gen ['ze:gn̩], der; -s:
1. a) *durch Gebete, Gebärden o. Ä. erbetene göttliche Gnade, gewünschtes Gedeihen bzw. die betreffenden Gebetsworte selbst:* Gottes Segen; jmdm. den Segen erteilen, geben, spenden; um den Segen bitten; der kirchliche, päpstliche Segen; den Segen über jmdn., etwas sprechen. **Zus.:** Erntesegen, Sterbesegen, Tischsegen. **b)** ⟨ohne Plural⟩ (ugs.) *Einwilligung, Zustimmung:* seinen Segen zu etwas geben; meinen Segen hast du!
2. *Gedeihen und Erfolg:* auf seiner Arbeit ruht kein Segen; jmdm. Glück und Segen wünschen; diese Erfindung ist kein Segen für die Menschheit. **Syn.:** Glück, Heil, Wohl.

seg|nen ['ze:gnən], segnete, gesegnet ⟨tr.; hat⟩:
mit einer entsprechenden Gebärde den Segen (1) *erteilen:* der Pfarrer segnet die Gemeinde, die Kinder; segnend die Arme ausbreiten. **Syn.:** einsegnen, weihen.

seh|be|hin|dert ['ze:bəhɪndɐt] ⟨Adj.⟩:
an einer Behinderung, Schwäche des Sehvermögens leidend: er ist [leicht, schwer] sehbehindert. **Syn.:** blind, fast blind, halb blind.

se|hen ['ze:ən], sieht, sah, gesehen:
1. a) ⟨itr.; hat⟩ *mit dem Auge wahrnehmen, erfassen:* gut, schlecht, scharf sehen; er sieht nur noch auf, mit einem Auge. **b)** ⟨tr.; hat; 2. Partizip nach Infinitiv meist: sehen⟩ *als vorhanden feststellen:* man hat ihn zum letzten Mal in der Bahn gesehen; wir haben die Leute auf dem Feld, bei der Arbeit gesehen; er hat ihn schon in der Ferne kommen sehen. **Syn.:** ausmachen, bemerken, beobachten, entdecken, erblicken, gewahr werden (geh.), sichten, wahrnehmen, zu Gesicht bekommen. **c)** ⟨tr.; hat⟩ *sich mit Interesse, Aufmerksamkeit betrachten, ansehen:* haben Sie den Film schon gesehen?; diesen Picasso würde ich gerne mal im Original sehen; lass sehen, was du da hast. **Syn.:** (sich) angucken (ugs.), (sich) anschauen (bes. südd., österr., schweiz.), (sich) ansehen, besichtigen, in Augenschein nehmen. **Zus.:** hersehen, hinsehen, nachsehen, wegsehen, zusehen.
2. ⟨itr.; hat⟩ *ein bestimmtes Verhalten o. Ä. [bei jmdm.] wahrnehmen, erleben:* wir haben den Kollegen noch nie so lustig gesehen wie bei der Feier gestern; noch nie haben wir eine so große Begeisterung gesehen.
3. ⟨tr.; hat⟩ *(in bestimmter Weise) beurteilen:* er sieht alles sehr negativ; du musst die Verhältnisse nüchtern sehen. **Syn.:** beurteilen, bewerten, einschätzen.
4. ⟨itr.; hat⟩ *den Blick auf einen bestimmten Punkt, in eine bestimmte Richtung o. Ä. lenken:* aus dem Fenster sehen; aus Verlegenheit zu Boden sehen; nach der Uhr, zum Himmel sehen. **Syn.:** blicken, glotzen (ugs., auch abwertend), gucken, schauen (bes. südd.).
5. ⟨itr.; hat⟩ *als Ergebnis, Tatsache o. Ä. feststellen:* ich sehe, aus dieser Sache wird nichts; er wird sehen, dass er so nicht weiterkommt; wie ich sehe, ist hier alles in Ordnung. **Syn.:** begreifen, bemerken, einsehen, erkennen, feststellen, kapieren (ugs.), merken, mitbekommen, realisieren, registrieren, sich klar werden über, verstehen.
6. ⟨itr.; hat⟩ *nach Möglichkeiten suchen, festzustellen suchen:* ich will sehen, was sich [in dieser Angelegenheit] machen lässt; er soll sehen, ob es einen Ausweg gibt. **Syn.:** erwägen, nachdenken, [1]überlegen.
7. ⟨tr.; hat⟩ *erkennen, erfassen:* das Wesen, den Kern einer Sache sehen; er sieht nicht die Zusammenhänge. **Syn.:** begreifen, bemerken, [2]durchschauen, ermessen, verstehen.
8. ⟨itr.; hat⟩ *sich sorgend jmds., einer Sache annehmen:* nach den Kindern, dem Kranken sehen; solange du verreist bist, werde ich nach deinen Blumen sehen. **Syn.:** betreuen, schauen nach (bes. südd.), sich kümmern um, sorgen für.

sehen/schauen:
s. Kasten Seite 794.

se|hens|wert ['ze:ənsve:ɐ̯t] ⟨Adj.⟩:
das Ansehen, eine Besichtigung lohnend: eine [wirklich, sehr] sehenswerte Ausstellung.

Se|hens|wür|dig|keit ['ze:ənsvʏrdɪçka͜it], die; -, -en:
etwas (besonders ein Bauwerk, ein Kunstwerk o. Ä.), was es wert ist, angesehen, betrachtet zu werden: das Schloss ist die größte Sehenswürdigkeit, ist nur eine der vielen Sehenswürdigkeiten der Stadt; die Sehenswürdigkeiten des Landes besichtigen. **Syn.:** Attraktion.

Seh|ne ['ze:nə], die; -, -n:
1. *aus einem Bündel von Fasern bestehender Verbindungsstrang zwischen Muskel und Knochen:* die Sehne am Fuß ist entzündet, gerissen, verletzt.
2. *an den beiden Enden eines Bogens festgemachte Schnur o. Ä. zum Spannen des Bogens:* der Pfeil schnellt von der Sehne.
3. *(in der Geometrie) Gerade, die zwei Punkte einer Kurve verbindet:* die Länge der Sehne berechnen.

seh|nen [ˈzeːnən] ⟨+ sich⟩: *starkes, innig und schmerzlich empfundenes Verlangen nach etwas haben, was im Moment unerreichbar ist:* sich nach Ruhe sehnen; er sehnte sich nach seiner Familie. **Syn.:** begehren (geh.), brennen auf, dürsten (geh.), erstreben, sich erträumen, gelüsten (geh.), lechzen (geh.), schmachten (geh.), sich sehnlich wünschen, verlangen (geh.), sich wünschen. **Zus.:** ersehnen, herbeisehnen.

seh|nig [ˈzeːnɪç] ⟨Adj.⟩: **a)** *von Sehnen durchsetzt:* er kaute mühsam an dem sehnigen Fleisch. **b)** *schlank und ohne überflüssiges Fett, aber dabei voller Spannkraft:* die sehnige Gestalt des Sprinters. **Syn.:** athletisch, drahtig, kräftig, muskulös.

Sehn|sucht [ˈzeːnzʊxt], die; -: *das Sichsehnen (nach jmdm., etwas):* Sehnsucht fühlen, empfinden, haben; von Sehnsucht, von [der] Sehnsucht nach etwas gepackt, gequält, getrieben werden; von großer, tiefer, unstillbarer Sehnsucht erfüllt sein. **Syn.:** Heimweh, Verlangen. **Zus.:** Freiheitssehnsucht, Friedenssehnsucht, Todessehnsucht.

sehn|süch|tig [ˈzeːnzʏçtɪç] ⟨Adj.⟩: *voller Sehnsucht:* jmdn., etwas sehnsüchtig erwarten; ein sehnsüchtiges Verlangen nach etwas haben.

sehr [zeːɐ̯] ⟨Adverb⟩: *in großem, hohem Maße:* er ist sehr reich; eine sehr schöne Wohnung; sie bestand die Prüfung mit der Note »sehr gut«; ich bin sehr gespannt, enttäuscht, zufrieden; es geht ihr schon sehr viel besser; sie liebt ihn sehr; [ich] danke [Ihnen] sehr! **Syn.:** arg (ugs.), ausgesprochen, ausnehmend, außergewöhnlich, außerordentlich, äußerst, besonders, bitter, denkbar, enorm (ugs.), entsetzlich (ugs.), extrem, furchtbar (ugs.), fürchterlich (ugs.), ganz, gehörig, gewaltig (emotional), höchst, höllisch (emotional), irre (emotional), irrsinnig, kolossal (ugs. emotional), königlich (ugs.), mächtig (ugs.), mörderisch (ugs.), reichlich, riesig (ugs.), schrecklich (ugs.), sonderlich, tödlich (emotional), total, überaus, unbändig, [1]unerhört, ungeheuer, ungemein, ungewöhnlich, unglaublich, unheimlich, unsagbar, unsterblich (ugs.), unwahrscheinlich (ugs.), verflucht (salopp), verteufelt (ugs. emotional), wahnsinnig (ugs.).

seicht [zai̯çt] ⟨Adj.⟩: **1.** *mit geringer Tiefe:* ein seichtes Gewässer; er kannte die seichten Stellen im See. **Syn.:** flach. **2.** (ugs.) *ohne gedankliche Tiefe:* ein seichtes Gerede; die Unterhaltung war seicht; die Musik ist mir zu seicht. **Syn.:** flach, oberflächlich, ohne Tiefgang.

Sei|de [ˈzai̯də], die; -, -n: **1.** *aus dem Gespinst des Seidenspinners (dem Kokon) gewonnene Faser:* chinesische Seide. **2.** *Stoff aus Seide* (1): ein Kleid aus [echter, reiner, blauer] Seide. **Syn.:** Taft. **Zus.:** Ballonseide, Fallschirmseide, Kunstseide, Naturseide.

sei|den [ˈzai̯dn̩] ⟨Adj.⟩: *aus Seide bestehend:* ein seidenes Kleid. **Zus.:** kunstseiden, naturseiden, reinseiden.

sei|dig [ˈzai̯dɪç] ⟨Adj.⟩: *wie Seide wirkend:* ein seidiges Fell; der Stoff schimmert seidig. **Syn.:** weich.

Sei|fe [ˈzai̯fə], die; -, -n: *feste oder flüssige Substanz zum Waschen, zur Reinigung des Körpers:* sich die Hände mit Seife waschen; die Seife abspülen; ein Stück Seife; Seife aus dem Seifenspender benutzen. **Zus.:** Babyseife, Badeseife, Flüssigseife, Kinderseife, Rasierseife.

Sei|fen|bla|se [ˈzai̯fn̩blaːzə], die; -, -n: *aus den Bläschen von Seifenwasser geblasenes, sehr leichtes, leicht zerplatzendes, kugelartiges Gebilde:* die Kinder machen Seifenblasen.

sei|hen [ˈzai̯ən] ⟨tr.; hat⟩: *(eine Flüssigkeit) durch ein Sieb gießen:* Kaffee, Milch seihen. **Syn.:** filtern, [1]sieben. **Zus.:** durchseihen.

Seil [zai̯l], das; -[e]s, -e: *aus Fasern oder Drähten hergestellte starke Schnur:* ein Seil spannen; etwas mit Seilen hochziehen. **Syn.:** Leine, Schnur, Strang, Strick, [2]Tau. **Zus.:** Abschleppseil, Absperrseil, Drahtseil, Glockenseil, Halteseil, Hanfseil, Kletterseil, Nylonseil, Schleppseil, Sicherungsseil, Springseil, Sprungseil, Stahlseil.

[1]sein [zai̯n], ist, war, gewesen: **1.** ⟨itr.; ist⟩ **a)** dient in Verbindung mit einer Artangabe dazu, einer Person oder Sache eine bestimmte Eigenschaft, Beschaffenheit oder dergleichen zuzuschreiben: die Frau, die Rose ist schön; das Wetter war schlecht; sie ist alles andere als zufrieden; ihr seid wohl verrückt, besoffen!; wie ist der Wein?; wie alt bist du?; die Reise war anstrengend; das, sie ist mir nicht geheuer; ⟨unpers.⟩ wie war es in Paris?; es war kalt, noch dunkel, schon hell; mir ist [es] übel, nicht gut, warm; bei der Sache ist mir nicht wohl; so ist es *(so verhält es sich)* nun mal; *** jmdm. ist, als ...:** *jmd. hat das unbestimmte Gefühl, dass ...:* mir ist, als ob ich einen Schrei gehört hätte/als hätte ich einen Schrei gehört. **Syn.:** jmd. denkt, dass...; jmd. glaubt, dass...; jmd. hat das Gefühl, dass...; jmd. hat den Eindruck, dass...; jmd. meint, dass...; jmdm. kommt es so vor, als...; *** jmdm. ist nach etwas:** *jmd. hat Lust zu etwas:* mir ist nicht nach Feiern. **Syn.:** jmd. hat Bock auf/zu etwas (ugs.), jmd. hat Lust auf/zu etwas. **b)** dient in Verbindung mit einem Gleichsetzungsnominativ dazu, jmdn. oder etwas als etwas Bestimmtes, als einer bestimmten Kategorie zugehörend zu kennzeichnen: er ist Bäcker; sie ist Französin, Künstlerin; wir sind Studenten; du bist ein Lügner; die Katze ist ein Haustier; Löwen sind Raubtiere; das ist eine Gemeinheit; wenn ich du wäre, würde ich ...; das ist mein Hut; das ist meiner; zwei plus, mal, hoch zwei ist *(ist gleich)* vier; *** es sein:** *es getan haben; der Schuldige, Gesuchte sein:* ich weiß, dass du es warst; nachher will es wieder keiner gewesen sein. **c)** *sich (an einem bestimmten Ort) befinden, aufhalten:* sie ist im Garten, zu Hause; er ist in Urlaub, im Kino; wo warst du?; was ist in der Tasche?; ich bin heute zum ersten Mal hier; ich bin gern in Deutschland. **Syn.:**

bleiben, geblieben sein, leben, liegen, sitzen, stehen, verweilen (geh.), weilen (geh.), wohnen. **d)** *(irgendwoher) stammen:* seine Frau ist aus Köln; der Wein ist aus Italien, von der Mosel; das Kind ist nicht von ihm; sie ist aus reichem Hause. **Syn.:** kommen. **e)** dient in Verbindung mit einer Präpositionalgruppe dazu, einer Person oder Sache einen bestimmten Zustand oder dergleichen zuzuschreiben: in Bewegung, beim Essen, am Arbeiten sein; ich bin gerade dabei, einen Brief zu schreiben; es, er ist in Ordnung; sie ist im Recht, in Not, mit den Nerven am Ende; das Gesetz ist in Kraft *(ist gültig).* **f)** ⟨unpers.⟩ dient dazu, Zeitangaben oder Angaben über gegebene Umstände zu machen: es ist spät, noch zu früh, Mitternacht, kurz nach drei, halb zwölf; heute ist der dritte Mai, Dienstag; wie viel Uhr, wie spät ist es?; es ist Nacht, Tag, Sommer, Ebbe, Hochwasser.
2. ⟨itr.; ist⟩ **a)** *sich ereignen, geschehen, stattfinden:* das Erdbeben war im Sommer 1964; wann ist das Konzert?; morgen ist Premiere; wo war das noch?; nächsten Sonntag sind in Hessen Kommunalwahlen; wann sind [die] Osterferien?; Ostern ist im April; es braucht nicht sofort zu sein; was sein muss, muss sein; das kann nicht sein *(das ist unmöglich).* **Syn.:** ablaufen, sich begeben (geh.), eintreten, erfolgen, kommen, passieren, über die Bühne gehen (ugs.), vonstattengehen, vor sich gehen. **b)** *da sein, existieren, bestehen, leben:* alles, was ist, braucht nicht ewig zu sein; was nicht ist, kann noch werden; wenn sie nicht gewesen wäre, hätte es eine Katastrophe gegeben; sie ist nicht mehr *(sie ist gestorben);* das war einmal *(das ist längst vorbei);* was ist denn? (ugs.; *was ist denn los?*). **Syn.:** vorhanden sein, vorkommen.
3. ⟨itr.; ist; mit Infinitiv mit »zu«⟩ **a)** entspricht einem mit »können« verbundenen Passiv: das ist nicht mit Geld zu bezahlen *(kann nicht mit Geld bezahlt werden).* **b)** entspricht einem mit »müssen« verbundenen Passiv: am Eingang ist der Ausweis vorzulegen *(muss der Ausweis vorgelegt werden).*

²sein [zai̯n], ist, war, gewesen ⟨Hilfsverb⟩:
a) dient in Verbindung mit dem 2. Partizip der Perfektumschreibung: sie ist gestern angekommen; die Eintrittskarten sind verfallen. **b)** dient in Verbindung mit dem 2. Partizip der Bildung des Zustandspassivs: wir sind gerettet; damit ist die Sache erledigt, entschieden; die Rechnung ist längst bezahlt.

³sein [zai̯n] ⟨Possessivpronomen⟩: bezeichnet ein Besitz- oder Zugehörigkeitsverhältnis einer (in der dritten Person stehenden) Person oder Sache: sein Hut ist mir zu groß; seine Sorgen kann ich verstehen; ich hatte mein Feuerzeug vergessen und benutzte das seine; alles, was sein ist (geh.; *ihm gehört*).

sei|ner [ˈzai̯nɐ] ⟨Personalpronomen; Gen. von »er« und »es«⟩ (geh.):
sie konnten seiner nicht habhaft werden.

sei|ner|zeit [ˈzai̯nɐtsai̯t] ⟨Adverb⟩: *zu jener Zeit, damals:* diese Vorschrift gab es seinerzeit noch nicht. **Syn.:** ¹da, in jenen Tagen, in jener Zeit, zu der Zeit.

¹seit [zai̯t] ⟨Präp. mit Dativ⟩:
von einem bestimmten Zeitpunkt, Ereignis an: seit meinem Besuch sind wir Freunde; seit Kurzem *(von einem Zeitpunkt an, der noch nicht lange zurückliegt);* seit wann bist du hier?

²seit [zai̯t] ⟨Konj.⟩:
a) *genauso lange wie:* das weiß ich auch erst, seit ich in Mannheim wohne; seit er das Bier kennt, trinkt er kein anderes mehr. **b)** *von dem Zeitpunkt an, als:* seit sie den Unfall hatte, fährt sie nicht mehr Auto; ich fühle mich besser, seit ich die Kur gemacht habe.

¹seit|dem [zai̯tˈdeːm] ⟨Adverb⟩:
von diesem, jenem (vorher genannten) Ereignis, Augenblick an: ich habe ihn seitdem nicht mehr gesehen. **Syn.:** seit damals, seit dem Zeitpunkt, seit der Zeit, seither, von da an, von dem Zeitpunkt an.

²seit|dem [zai̯tˈdeːm] ⟨Konj.⟩:
²seit: seitdem ich weiß, wie er wirklich denkt, traue ich ihm nicht mehr.

seitdem / nachdem:
s. Kasten Seite 665.

Sei|te [ˈzai̯tə], die; -, -n:
1. a) *Fläche, Linie, Region o. Ä., die einen Körper, einen Bereich o. Ä. begrenzt, einen begrenzenden Teil davon bildet:* die hintere Seite des Hauses; die der Erde abgewandte Seite des Mondes; die Seiten des Würfels, Dreiecks; an beiden Seiten des Bahnhofs stehen Taxen; die rechte, die linke Seite des Schranks; er fuhr dem Taxi in die [linke] Seite; mir tut die rechte, die ganze Seite weh; jmdm. einen Stoß in die Seite geben; jmdn., etwas von der Seite fotografieren; auf der anderen Seite *(jenseits)* der Grenze. **Syn.:** Flanke. **Zus.:** Außenseite, Hinterseite, Innenseite, Nordseite, Oberseite, Ostseite, Rückseite, Straßenseite, Südseite, Unterseite, Vorderseite, Westseite. **b)** *eine der beiden Flächen eines Blattes (von einem Druckerzeugnis o. Ä.), eines flachen Gegenstandes:* die Seite zwei der Schallplatte; die vordere Seite der Münze; das Buch hat 500 Seiten; die Nachricht stand auf der ersten Seite der Zeitung.
2. *Richtung:* die Zuschauer kamen von allen Seiten; man muss beim Überqueren der Straße nach beiden Seiten schauen; das Auto kam von der [anderen] Seite; zur Seite gehen, treten *(aus dem Weg gehen).*
3. *eine von mehreren Eigenschaften, Eigenarten, durch die jmd., etwas mit geprägt ist:* auch die guten Seiten an jmdm. sehen; sich von seiner, der besten Seite zeigen; das Frühjahr zeigte sich von der regnerischen Seite; ein Problem von der juristischen Seite beurteilen; der Streit hat auch eine gute Seite; die angenehmen Seiten des Lebens kennenlernen.
4. *eine von zwei oder mehr Personen oder Personengruppen, die in einem bestimmten Verhältnis zueinander stehen, in irgendeiner Weise miteinander zu tun haben:* die andere, die französische Seite zeigte sich kompromissbereit; beide Seiten sind an

Verhandlungen interessiert; das Recht ist auf seiner Seite; von kirchlicher Seite wurden keine Einwände erhoben; von offizieller Seite. **Syn.:** Partei. **Zus.:** Arbeitgeberseite, Arbeitnehmerseite.

Sei|ten- [ˈzai̯tn̩] ⟨Bestimmungswort⟩:
seitlich, zur/nach der Seite: Seitenabweichung; Seitenarm; Seitenausgang; Seitenspross. **Syn.:** Neben-.

sei|tens [ˈzai̯tn̩s] ⟨Präp. mit Gen.⟩ (Papierdt.):
von jmdm., der beteiligt, betroffen ist: seitens des Vorstandes wurden erhebliche Einwände erhoben. **Syn.:** aufseiten, von, vonseiten.

Sei|ten|sprung [ˈzai̯tn̩ʃprʊŋ], der; -[e]s, Seitensprünge [ˈzai̯tn̩ʃprʏŋə]:
vorübergehende sexuelle Beziehung außerhalb einer festen Beziehung oder Ehe: einen Seitensprung wagen, sich erlauben, gestehen, bereuen; jmdm. einen Seitensprung verzeihen. **Syn.:** Abenteuer, Affäre, Ehebruch.

Sei|ten|stra|ße [ˈzai̯tn̩ʃtra:sə], die; -, -n:
Nebenstraße: in den Seitenstraßen wird bei Glatteis und Schnee nicht geräumt und nicht gestreut; er kam aus der Seitenstraße und hat die Vorfahrt missachtet. **Syn.:** Querstraße.

seit|her [zai̯tˈhe:ɐ̯] ⟨Adverb⟩:
von einer gewissen (vorher genannten) Zeit an: ich habe sie im April gesprochen, doch seither habe ich keine Verbindung mehr mit ihnen gehabt. **Syn.:** seit damals, seit dem Zeitpunkt, seit der Zeit, seitdem, von da an, von dem Zeitpunkt an.

-sei|tig [zai̯tɪç] ⟨adjektivisches Suffix⟩:
1. *durch das im Basiswort Genannte [hervorgerufen, verursacht], vonseiten des ...:* empfängerseitig; hörerseitig; lehrerseitig; lernerseitig; senderseitig; sprecherseitig.
2. *in Bezug auf, hinsichtlich, was das im Basiswort Genannte betrifft:* abflussseitig; arbeitnehmerseitig; leistungsseitig; warenseitig; werk[s]seitig. **Syn.:** -mäßig.
3. ⟨lokal⟩ *auf der Seite des/der ...:* anodenseitig; ausgangsseitig; hofseitig; kathodenseitig; nordseitig; ostseitig; stadtseitig.

[1]seit|lich [ˈzai̯tlɪç] ⟨Adj.⟩:
a) *an, auf der Seite:* die seitliche Begrenzung der Straße; das Schild ist seitlich angebracht. **Syn.:** [1]seitwärts. **b)** *zur Seite [hin], nach der Seite:* etwas hat sich seitlich verschoben. **Syn.:** [1]seitwärts. **c)** *von der Seite:* bei seitlichem Wind begann der Wagen zu schlingern; er kam seitlich aus dem Wald. **Syn.:** [1]seitwärts.

[2]seit|lich [ˈzai̯tlɪç] ⟨Präp. mit Gen.⟩:
an der Seite von: die Telefonzelle steht seitlich des Einkaufszentrums; das Haus liegt seitlich der Bahn. **Syn.:** neben, [2]seitwärts.

-seits [zai̯ts] ⟨adverbiales Suffix⟩:
1. *vonseiten dessen, der im [adjektivischen] Basiswort als Person, Institution o. Ä. genannt ist:* ärztlicherseits *(vonseiten des Arztes, der Ärztin);* behördlicherseits; kirchlicherseits; lehrerseits; mütterlicherseits; väterlicherseits.
2. ⟨lokal⟩ *an, auf der Seite des/von:* flussseits; linkerseits *(auf der linken Seite).*
3. *was ... betrifft:* bauseits ist die Arbeit abgeschlossen.

[1]seit|wärts [ˈzai̯tvɛrts] ⟨Adverb⟩:
a) *zur Seite hin:* den Körper etwas seitwärts wenden. **Syn.:** [1]seitlich. **b)** *an, auf der Seite:* seitwärts stehen die Angeklagten. **Syn.:** [2]seitlich.

[2]seit|wärts [ˈzai̯tvɛrts] ⟨Präp. mit Gen.⟩ (geh.):
neben: seitwärts der Straße stehen. **Syn.:** [2]seitlich.

Se|kre|tär [zekreˈtɛ:ɐ̯], der; -s, -e:
1. *männliche Person, die einer Persönlichkeit des öffentlichen Lebens für organisatorische Aufgaben, Korrespondenz o. Ä. zur Verfügung steht:* die Schriftstellerin ließ sich durch ihren Sekretär entschuldigen. **Zus.:** Privatsekretär.
2. *leitender Funktionär einer Organisation:* auf dem letzten Kongress wurde er zum Sekretär gewählt. **Zus.:** Generalsekretär, Gewerkschaftssekretär, Parteisekretär.
3. *Beamter, Angestellter des mittleren Dienstes (bei Bund, Ländern und Gemeinden).* **Zus.:** Bibliothekssekretär.
4. *schrankartiges Möbelstück mit herausklappbarer Platte, auf der man schreiben kann:* sie schreibt am liebsten an ihrem alten Sekretär. **Syn.:** Schreibtisch. **Zus.:** Rokokosekretär, Schreibsekretär.

Se|kre|ta|ri|at [zekretaˈri̯a:t], das; -[e]s, -e:
der Leitung einer Organisation, Institution oder eines Unternehmens beigeordnete, für Verwaltung und organisatorische Aufgaben zuständige Abteilung und deren Räumlichkeiten: bitte lassen Sie sich im Sekretariat einen Termin geben.

Se|kre|tä|rin [zekreˈtɛ:rɪn], die; -, -nen:
a) *Angestellte, die für eine leitende Persönlichkeit die Korrespondenz abwickelt, organisatorische Aufgaben erledigt o. Ä.:* die Sekretärin schreibt gerade die Rechnungen, legt ihrem Chef die Unterlagen heraus. **Syn.:** Schreibkraft. **Zus.:** Arztsekretärin, Chefsekretärin, Direktionssekretärin, Privatsekretärin.
b) weibliche Form zu ↑[1, 2, 3]Sekretär: sie ist unlängst zur Sekretärin dieses Verbands gewählt geworden.

Sekt [zɛkt], der; -[e]s, -e:
aus Wein hergestelltes, Kohlensäure enthaltendes Getränk, das beim Öffnen der Flasche stark schäumt: der Sekt perlt im Glas; drei [Glas/Gläser] Sekt bestellen; die Sekte dieser Kellerei sind besonders zu empfehlen. **Syn.:** Schaumwein. **Zus.:** Erdbeersekt, Krimsekt, Obstsekt.

Sek|te [ˈzɛktə], die; -, -n (meist abwertend):
kleinere Gemeinschaft, die auf meist radikale Weise religionsähnliche Grundsätze vertritt, die nicht den ethischen Normen der Gesellschaft entsprechen: der Großteil der Sekte hatte kollektiven Selbstmord begangen.

Sek|ti|on [zɛkˈtsi̯o:n], die; -, -en:
1. *Abteilung, Gruppe von Mitarbeiter[inne]n innerhalb einer Behörde, Institution, Organisation:* sie leitet die Sektion Fremdenverkehr. **Syn.:** Bereich, Sparte.
2. *(in der Medizin) das Öffnen und Zergliedern einer Leiche:* erst durch eine Sektion konnte die Todesursache festgestellt

werden. **Syn.:** Obduktion. **Zus.:** Schädelsektion, Vivisektion.

Sek|tor ['zɛkto:ɐ̯], der; -s, -en:
1. *Bereich, Gebiet, Sachgebiet:* der gewerbliche, der schulische Sektor. **Syn.:** Abteilung, Branche, Disziplin, Fach, Feld, Komplex, Sektion, Sparte, Sphäre, Zweig. **Zus.:** Dienstleistungssektor, Nahrungsmittelsektor, Wirtschaftssektor.
2. (früher) *eines der vier Besatzungsgebiete in Berlin und Wien nach dem Zweiten Weltkrieg:* Achtung! Sie verlassen hier den amerikanischen Sektor.

se|kun|där [zekʊn'dɛ:ɐ̯] ⟨Adj.⟩:
an zweiter Stelle [stehend], erst in zweiter Linie in Betracht kommend: ein sekundärer Gesichtspunkt; diese Sache ist sekundär; die Höhe des Gehalts hat für sie nur sekundäre Bedeutung. **Syn.:** nebensächlich, nicht so wichtig, untergeordnet.

Se|kun|de [ze'kʊndə], die; -, -n:
a) *sechzigster Teil einer Minute als Einheit für die Bestimmung der Zeit:* es ist auf die Sekunde genau 12 Uhr. **Zus.:** Hundertstelsekunde, Nanosekunde, Tausendstelsekunde, Zehntelsekunde. **b)** (ugs.) *sehr kurze Zeitspanne; Augenblick:* jetzt warte doch mal 'ne Sekunde!; wir dürfen keine Sekunde verlieren; [eine] Sekunde bitte, ich bin gleich fertig. **Syn.:** ²Moment. **Zus.:** Schrecksekunde.

-sel [sl̩], das, auch: der; -s, - ⟨Suffix⟩:
⟨ausschließlich mit betontem verbalen Basiswort⟩ (oft abwertend) drückt in Bildungen mit Verben (Verbstämmen) aus, dass jmd. oder etw. als klein oder unbedeutend angesehen wird: Anhängsel; Füllsel; Geschreibsel; Mitbringsel.

selb... ['zɛlb...] ⟨Demonstrativpronomen⟩:
steht mit dem mit einer Präposition verschmolzenen Artikel und drückt eine Identität aus: beide Konzerte finden am selben Tag statt; wir wohnen im selben Haus; im selben Moment schlug der Blitz ein. **Syn.:** gleich.

sel|ber ['zɛlbɐ] ⟨Demonstrativpronomen; indeklinabel⟩ (ugs.):
¹selbst: mach das bitte selber; du brauchst mir das nicht zu erklären, ich weiß das selber. **Syn.:** eigenhändig, persönlich.

¹selbst [zɛlpst] ⟨indeklinables Demonstrativpronomen⟩:
in eigener Person (und nicht ein anderer): das mache ich selbst; das hast du doch selbst gesagt!; das glauben Sie ja selbst nicht!; man muss sich um alles selbst kümmern; der Minister selbst verteidigte den Beschluss. **Syn.:** eigenhändig, persönlich, selber.

²selbst [zɛlpst] ⟨Partikel⟩:
auch, sogar: selbst mit Geld war er nicht dafür zu gewinnen; das Essen ist selbst mir zu scharf; er reagierte selbst auf die Bitten seiner Mutter nicht.

Selbst- [zɛlpst] ⟨Bestimmungswort⟩:
1. ⟨substantivisches Basiswort, dem ein reflexives Verb zugrunde liegt⟩ *sich selbst ...:*
a) ⟨mit auf -»ung«, -»er« abgeleiteten Substantiven⟩ Selbstbedienung; Selbstbefreiung; Selbstbefriedigung; Selbstbestätigung; Selbstbeweihräucherung; Selbstdarstellung; Selbsterfahrung; Selbsterhaltung[strieb]; Selbstfindung; Selbsttäuschung; Selbstüberschätzung; Selbstverwirklichung; Selbstzerstörung.
b) Selbstanzeige; Selbstaufgabe; Selbstbetrug; Selbsthilfe; Selbstkontrolle; Selbstkritik; Selbstmord; Selbstquälerei. **Syn.:** Eigen-.
2. ⟨substantivisches Basiswort, dem ein transitives Verb zugrunde liegt⟩ *selber ...:* Selbstabholung *(das Selbstabholen);* Selbstentdeckung; Selbstinszenierung; Selbstzahler[in] *(Person, die selber zahlt);* Selbstzerstörung.
3. ⟨das Basiswort ist von einem intransitiven Verb abgeleitet⟩ Selbstbräuner *(Mittel, das selbst, d. h. ohne Sonne, bräunt);* Selbstfahrer[in] *(Person, die [ein gemietetes Fahrzeug] selbst fährt).*
4. a) /mit präpositionaler Auflösung/: Selbstbild; Selbstdisziplin; Selbstgefühl; Selbstmitleid; Selbstreflexion; Selbstrespekt, Selbstwertgefühl; Selbstzufriedenheit; Selbstzweifel. **b)** Selbstjustiz *(selbst Justiz ausüben);* Selbstmedikation.

selb|stän|dig ['zɛlpʃtɛndɪç]:
↑ selbstständig.

Selbst|be|die|nung ['zɛlpstbədi:nʊŋ], die; -:
1. *Form des Einkaufs, bei dem die Kundinnen und Kunden die Waren selbst nehmen und zur Kasse bringen:* bei Wurstwaren bitte keine Selbstbedienung.
2. *Form des Sich-selbst-Bedienens in Gaststätten usw. ohne Bedienungspersonal:* in der Mensa ist natürlich Selbstbedienung.

Selbst|be|frie|di|gung ['zɛlpstbəfri:dɪgʊŋ], die; -, -en:
geschlechtliche Befriedigung der eigenen Person durch manuelle Reizung der Geschlechtsorgane; Onanie: früher glaubte man, Selbstbefriedigung sei schädlich.

selbst|be|wusst ['zɛlpstbəvʊst] ⟨Adj.⟩:
von sich, von seinen Fähigkeiten, vom eigenen Wert überzeugt: er trat sehr selbstbewusst auf; eine moderne, selbstbewusste Frau. **Syn.:** selbstsicher, sicher, souverän.

selbst|ge|fäl|lig ['zɛlpstgəfɛlɪç] ⟨Adj.⟩ (abwertend):
(auf unkritische Weise) von den eigenen Vorzügen, Leistungen sehr überzeugt und sie gegenüber anderen auf penetrante Weise besonders betonend: eine selbstgefällige Miene aufsetzen; selbstgefällig betrachtete er sich im Spiegel; sie ist ungeheuer selbstgefällig. **Syn.:** arrogant, blasiert, dünkelhaft, eingebildet, eitel (abwertend), hochmütig, hochnäsig, selbstgerecht (abwertend), stolz, überheblich.

selbst|ge|recht ['zɛlpstgərɛçt] ⟨Adj.⟩ (abwertend):
von der eigenen Unfehlbarkeit überzeugt; zu keiner Selbstkritik fähig: ein selbstgerechtes Verhalten; sie ist sehr selbstgerecht; selbstgerecht sprach er von den Schwächen seiner Kollegen. **Syn.:** eingebildet, hochmütig, selbstgefällig (abwertend), überheblich.

Selbst|ge|spräch ['zɛlpstgəʃprɛ:ç], das; -[e]s, -e:
jmds. Sprechen zu sich selber; Gespräch, das jmd. mit sich selbst führt: beim Spazierengehen lange Selbstgespräche führen; Selbstgespräche zeugen oft von Kreativität. **Syn.:** Monolog.

S
Selb

selbst|herr|lich ['zɛlpsthɛrlɪç] ⟨Adj.⟩: *allein entscheidend, ohne andere zu fragen; sich in seinen Entscheidungen mit völliger Selbstverständlichkeit über andere hinwegsetzend:* eine selbstherrliche Entscheidung; er ordnet alles sehr selbstherrlich an; sie verhält sich ganz schön selbstherrlich. **Syn.:** despotisch, diktatorisch, eigenmächtig, willkürlich.

Selbst|hil|fe ['zɛlpsthɪlfə], die; -: *das Sich-selbst-Helfen (ohne Inanspruchnahme fremder Hilfe):* in der Notwehr griff, schritt er zur Selbsthilfe; Entwicklungshilfe soll eine Hilfe zur Selbsthilfe sein; sie haben ihr gesamtes Haus in Selbsthilfe gebaut.

selbst|los ['zɛlpstlo:s] ⟨Adj.⟩: *nicht auf den eigenen Vorteil bedacht; nicht eigennützig; die eigenen Bedürfnisse, Belange vernachlässigend:* selbstlos handeln; jmdn. in selbstloser Weise unterstützen; sie ist selbstlos. **Syn.:** edel (geh.), großherzig, gut, gütig, herzensgut.

Selbst|mord ['zɛlpstmɔrt], der; -[e]s, -e: *das vorsätzliche Sich-selbst-Töten:* sie hat Selbstmord begangen; er hat Depressionen und droht häufig mit Selbstmord; Rauchen ist Selbstmord auf Raten. **Syn.:** Freitod (verhüll.), Suizid (bildungsspr.).

Selbst|mör|der ['zɛlpstmœrdɐ], der; -s, -, **Selbst|mör|de|rin** ['zɛlpstmœrdərɪn], die; -, -nen: *Person, die Selbstmord begeht:* viele Depressive sind potenzielle Selbstmörderinnen und Selbstmörder.

selbst|si|cher ['zɛlpstzɪçɐ] ⟨Adj.⟩: *in selbstbewusster Weise von der Richtigkeit seines Verhaltens, seines Tuns überzeugt:* ein selbstsicheres Auftreten ist in Bewerbungsgesprächen besonders wichtig; sie ist sehr selbstsicher. **Syn.:** selbstbewusst, sicher, souverän.

selbst|stän|dig ['zɛlpstʃtɛndɪç], **selb|stän|dig** ['zɛlpʃtɛndɪç] ⟨Adj.⟩: **a)** *ohne Hilfe, Anleitung auskommend, aus eigener Fähigkeit, Initiative handelnd:* er ist für sein Alter schon sehr selbstständig; etwas selbstständig ausführen, erledigen. **Syn.:** allein, eigenhändig, eigenständig, selber, [1]selbst. **b)** *seine eigene Firma besitzend:* eine selbstständige Stellung, Tätigkeit haben; er will sich selbstständig machen *(seine eigene Firma gründen).*

selbst|süch|tig ['zɛlpstzʏçtɪç] ⟨Adj.⟩: *nur auf das eigene Wohl und den eigenen Vorteil bedacht:* dieses Verhalten kann man nur als selbstsüchtig bezeichnen; er handelt meist nur aus selbstsüchtigen Motiven. **Syn.:** egoistisch, eigennützig.

selbst|tä|tig ['zɛlpsttɛ:tɪç] ⟨Adj.⟩: *sich selbst ein- und ausschaltend, von selbst funktionierend:* die Maschine arbeitet selbsttätig; die selbsttätige Regelung eines technischen Vorganges; die Türen schließen selbsttätig. **Syn.:** automatisch, von selber.

selbst|ver|ges|sen ['zɛlpstfɛɐ̯gɛsn̩] ⟨Adj.⟩ (geh.): *so sehr in Gedanken versunken, dass man sich selbst und seine Umwelt völlig vergisst:* selbstvergessen saß er da und träumte. **Syn.:** gedankenvoll, grüblerisch, in Gedanken, in Gedanken vertieft, nachdenklich, verträumt.

[1]**selbst|ver|ständ|lich** ['zɛlpstfɛɐ̯ʃtɛntlɪç] ⟨Adj.⟩: *aus sich selbst heraus verständlich und keiner besonderen Begründung bedürfend:* sie legt eine selbstverständliche Hilfsbereitschaft an den Tag; etwas als selbstverständlich betrachten; es ist für mich ganz selbstverständlich, dass ich sie im Krankenhaus besuche.

[2]**selbst|ver|ständ|lich** ['zɛlpstfɛɐ̯ʃtɛntlɪç] ⟨Adverb⟩: *ohne Frage:* er hat selbstverständlich recht; selbstverständlich käme ich gerne, aber ich habe keine Zeit. **Syn.:** freilich (südd.), natürlich, ohne Zweifel, unstreitig, zweifellos, zweifelsohne.

Selbst|ver|ständ|nis ['zɛlpstfɛɐ̯ʃtɛntnɪs], das; -ses: *Bild, Vorstellung von sich selbst:* das Selbstverständnis einer Partei; es entspricht nicht ihrem weiblichen Selbstverständnis, sich in den Mantel helfen zu lassen.

Selbst|vertrau|en ['zɛlpstfɛɐ̯trau̯ən], das; -s: *Vertrauen in die eigenen Kräfte und Fähigkeiten:* ein gesundes Selbstvertrauen ist ein wichtiges Erziehungsziel; sie hat/besitzt nicht genug Selbstvertrauen; diese Maßnahmen sollen das angeschlagene Selbstvertrauen der Jugendlichen stärken.

Selbst|ver|wirk|li|chung ['zɛlpstfɛɐ̯vɪrklɪçʊŋ], die; -, -en: *Entfaltung der eigenen Persönlichkeit durch Förderung, Entwicklung der in der eigenen Person angelegten Fähigkeiten:* das Spannungsfeld zwischen Beziehungsstress und weiblicher Selbstverwirklichung; viele wünschen sich Selbstverwirklichung am Arbeitsplatz.

selbst|zu|frie|den ['zɛlpsttsu̯fri:dn̩] ⟨Adj.⟩: *(auf unkritische Weise) mit sich und seinen Leistungen zufrieden [und sich daher nicht weiter anstrengend]:* er betonte selbstzufrieden, dass er heute besser sei als gestern; sie sprach selbstzufrieden von ihren Erfolgen.

se|lig ['ze:lɪç] ⟨Adj.⟩: *zutiefst beglückt und zufrieden:* er war selig, dass er die Prüfung bestanden hatte; das Kind saß selig vor der Geburtstagstorte; selig lächelnd gaben sie sich das Jawort. **Syn.:** beglückt, froh, [1]glücklich, glückselig.

-se|lig [ze:lɪç] ⟨adjektivisches Suffixoid⟩ (leicht ironisch oder gutmütig-nachsichtig): *(weil die betreffende Person es gernhat, gern tut, sich gern so verhält) in dem im Basiswort Genannten [zu sehr] schwelgend, von dem damit verbundenen oder dadurch ausgelösten Gefühl freudig, angenehm erfüllt:* bierselig; bücherselig; fußballselig; kunstselig; musikselig; redselig; schnulzenselig; tränenselig; weinselig; wortselig. **Syn.:** -freudig, -froh.

Se|lig|keit ['ze:lɪçkait], die; -, -en: **1.** ⟨ohne Plural⟩ *Vollendung im Reich Gottes und ewige Anschauung Gottes:* wir wünschen den Toten die Erlangung der ewigen Seligkeit. **2.** *tiefes Glücksgefühl:* nach diesem Erlebnis ging sie voll Seligkeit nach Hause; die Seligkeiten der ersten Liebe. **Syn.:** Freude, Glück, Wonne. **Zus.:** Glückseligkeit.

S
selb

Sel|le|rie [ˈzɛləri], der; -s, -[s] und die; -, -, (österr.) -n:
a) *Pflanze mit gefiederten, dunkelgrünen, aromatisch duftenden Blättern und einer als dicke Knolle ausgebildeten Wurzel:* Sellerie anbauen. **b)** *für Gemüse, Salat u. Ä. verwendete dicke weiße Knolle des Selleries* (a): einen/eine Sellerie kaufen. **c)** *als Gemüse verwendete, zu verwendende Knollen des Selleries* (a): ein Kilo Sellerie; zu dem Fleisch gab es Sellerie.

sel|ten [ˈzɛltn̩] ⟨Adj.⟩:
1. *in kleiner Zahl vorkommend, vorhanden, nicht häufig [vorkommend]* /Ggs. oft/: ein seltenes Tier; eine seltene und deshalb sehr wertvolle Briefmarke; ihre Besuche bei uns sind selten geworden; der Vorgang wird selten richtig verstanden; wir wissen selten vorher, was geschehen wird. **Syn.:** alle Jubeljahre (ugs. scherzh.), fast nie, knapp, nicht oft, rar, singulär (bildungsspr.), sporadisch, vereinzelt.
2. ⟨verstärkend bei Adjektiven⟩ ein selten schönes Tier; das Angebot ist selten günstig. **Syn.:** ausnehmend, außergewöhnlich, außerordentlich, sehr, ungewöhnlich, unvergleichlich.

Sel|ten|heit [ˈzɛltn̩hai̯t], die; -, -en:
a) ⟨ohne Plural⟩ *seltenes Vorkommen:* wegen ihrer Seltenheit darf diese Pflanze nicht ausgegraben werden. **b)** *etwas, was es nur ganz selten gibt, worauf man nur ganz selten stößt:* ein solches Exemplar ist heute schon eine Seltenheit; alleinerziehende Väter sind immer noch eine Seltenheit. **Syn.:** Rarität.

selt|sam [ˈzɛltza:m] ⟨Adj.⟩:
vom Üblichen abweichend und nicht recht begreiflich: das kommt mir seltsam vor; er ist ein seltsamer Mensch; ich habe ein seltsames Gefühl bei der Sache; die Geschichte ist höchst seltsam. **Syn.:** bizarr, eigenartig, eigentümlich, komisch, kurios, merkwürdig, sonderbar, verwunderlich.

Se|mes|ter [zeˈmɛstɐ], das; -s, -:
a) *Studienhalbjahr an einer Universität, Hochschule:* er ist im dritten Semester; sie studiert Medizin im achten Semester. **Zus.:** Fachsemester, Freisemester, Sommersemester, Studiensemester, Urlaubssemester, Wintersemester. **b)** (ugs.) *Person, die in einem bestimmten Semester ihres Studiums steht:* die ersten Semester gehen meist noch regelmäßig in die Mensa; er ist auch schon ein höheres Semester. **Zus.:** Erstsemester.

se|mi-, Se|mi- [zemi] ⟨adjektivisches und substantivisches Präfix⟩:
halb-, Halb-; fast, teilweise, eine Zwischenstufe bildend, einen Übergangszustand darstellend: Semifinale *(Halbfinale, bei dem die Teilnehmer am Endkampf ermittelt werden);* semiprofessionell *(nicht mehr amateurhaft, aber auch noch nicht professionell);* Semivokal (*Halbvokal,* z. B. das i in Nation, das wie j gesprochen wird).

Se|mi|nar [zemiˈna:ɐ̯], das; -s, -e:
a) *wissenschaftliches Institut für einen bestimmten Fachbereich an einer Universität oder Hochschule mit den entsprechenden Räumlichkeiten:* er arbeitet im Historischen Seminar. **b)** *Lehrveranstaltung, die unter einem gewissen, eng umrissenen Thema steht und an der sich die Teilnehmenden (mit Referaten o. Ä.) aktiv beteiligen:* an einem Seminar über den modernen Roman teilnehmen; sie hat heute Nachmittag ihr Seminar.

Sem|mel [ˈzɛml̩], die; -, -n (landsch.):
Brötchen: knusprige, weiche Semmeln; eine Semmel mit Wurst, Käse; die neuen CDs gingen weg wie warme Semmeln *(ließen sich besonders schnell und gut verkaufen).* **Zus.:** Käsesemmel, Milchsemmel, Mohnsemmel, Schinkensemmel, Wurstsemmel.

Se|nat [zeˈna:t], der; -[e]s, -e:
1. *Landesregierung der Stadtstaaten Hamburg, Bremen und Berlin:* einen neuen Senat wählen. **Syn.:** Magistrat, Regierung.
2. *(in einem parlamentarischen Zweikammersystem) eine Kammer des Parlaments (z. B. in den USA):* er wurde in den Senat gewählt.
3. *Versammlung im antiken Rom von beratender und beschließender Funktion:* der römische Senat beschloss, das karthagische Reich zu zerschlagen.
4. *Gremium an höheren Gerichten, das sich aus mehreren Richter[inne]n zusammensetzt:* ein Senat möchte in der Entscheidung von der eines anderen Senats abweichen. **Syn.:** [1]Gericht.
5. *aus Professor[inn]en, Verwaltungsfachleuten und Studierenden bestehendes Gremium, das beratende Funktion (und eine gewisse Entscheidungsbefugnis) hat:* der Senat der Universität Bielefeld.

[1]**sen|den** [ˈzɛndn̩], sandte/sendete, gesandt/gesendet ⟨tr.; hat⟩ (geh.):
1. *veranlassen, dass etwas zu jmdm. gelangt:* einen Brief mit der Post senden; er sandte ihr Blumen durch einen Boten. **Syn.:** schicken. **Zus.:** absenden, einsenden, zurücksenden, zusenden.
2. *jmdn. veranlassen, sich mit einem bestimmten Auftrag o. Ä. an einen bestimmten Ort zu begeben:* es wurde eine ganze Abordnung gesandt; wir senden eine Botin. **Syn.:** schicken. **Zus.:** entsenden, hinsenden.

[2]**sen|den** [ˈzɛndn̩], sendete, gesendet ⟨tr.; hat⟩:
eine Rundfunk- bzw. Fernsehsendung über einen Sender verbreiten: ⟨auch itr.⟩ das Fernsehen sendet 24 Stunden am Tag; wir senden eine Zusammenfassung der heutigen Spiele um 22.30 Uhr. **Syn.:** bringen, übertragen.

Sen|der [ˈzɛndɐ], der; -s, -:
a) *technische Anlage, die Signale, Informationen u. a. in elektromagnetische Wellen umwandelt und in dieser Form abstrahlt:* ein [leistungs]starker, schwacher Sender. **Zus.:** Geheimsender, Kurzwellensender. **b)** *Institution, die Fernseh- oder Rundfunksendungen produziert und ausstrahlt:* ein privater, ein öffentlich-rechtlicher Sender; einen anderen Sender einstellen/wählen. **Zus.:** Fernsehsender, Privatsender, Radiosender, Rundfunksender.

Sen|dung [ˈzɛndʊŋ], die; -, -en:
1. *gesandte Menge (von Waren):* eine neue Sendung Seidenstoffe ist eingetroffen. **Zus.:** Briefsendung, Büchersendung, Eilsen-

dung, Expresssendung, Geschenksendung, Paketsendung, Post[wurf]sendung, Warensendung, Wurfsendung.
2. ⟨ohne Plural⟩ (geh.) *historischer Auftrag, zu dem sich jmd. berufen fühlt; das Bestimmtsein (zu etwas):* er glaubte an seine Sendung als Helfer der Menschen. **Syn.:** Berufung.
3. *etwas, was durch Rundfunk oder Fernsehen übertragen, gesendet wird:* eine interessante Sendung zum Jubiläum des Vereins, zum Geburtstag des Dichters; die Sendung wird morgen früh wiederholt; er hört gerne politische Sendungen im Rundfunk. **Zus.:** Fernsehsendung, Gedenksendung, Hörfunksendung, Lieblingssendung, Livesendung, Nachrichtensendung, Radiosendung, Rundfunksendung, Sportsendung, Unterhaltungssendung, Werbesendung.

Senf [zɛnf], der; -[e]s, -e:
a) *in verschiedenen Arten wachsende Pflanze, aus deren Samenkörnern der Senf*(b) *hergestellt wird:* Weißer Senf. **Zus.:** Ackersenf. **b)** *aus dem gemahlenen Samen des Senfs* (a) *hergestellte gelbliche, breiige, scharf schmeckende Paste, die zu bestimmten Fleischgerichten gegessen wird:* Rouladen mit Senf bestreichen; Bratwurst mit viel Senf essen; von dieser Firma gibt es zwei Senfe: einen süßen und einen scharfen.

sen|gen ['zɛŋən]:
1. ⟨tr.; hat⟩ **a)** (selten) *[durch allzu große Hitze] an der Oberfläche leicht verbrennen:* er hat beim Bügeln den Kragen gesengt. **Zus.:** ansengen, versengen. **b)** *durch leichtes, flüchtiges Abbrennen mit einer Flamme von restlichem Flaum und Federn befreien:* gerupftes Geflügel sengen. **Zus.:** absengen.
2. ⟨itr.; hat⟩ *sehr heiß scheinen:* die Sonne sengt; eine sengende Hitze lag über der Stadt. **Syn.:** brennen. **Zus.:** versengen.

se|nil [ze'ni:l] ⟨Adj.⟩:
durch [hohes] Alter geistig und körperlich nicht mehr voll leistungsfähig und dabei oft greisenhaft wirkend: er ist schon recht senil und vergisst alles, was man ihm sagt; der senile Politiker erkannte selbst seine alten Freunde nicht mehr. **Syn.:** alt, gebrechlich, hinfällig, klapprig (ugs.).

Se|ni|or ['ze:ni̯o:ɐ̯], der; -s, Senioren [ze'ni̯o:rən], **Se|ni|o|rin** [ze'ni̯o:rɪn], die; -, -nen:
1. ⟨meist Plural⟩ *Person im Rentenalter:* verbilligte Fahrten für Senior[inn]en; die Essensportionen sind am Appetit von Seniorinnen und Senioren orientiert.
2. *Vater bzw. Mutter (im Verhältnis zum Sohn, zur Tochter):* das Geschäft ist vom Senior auf den Junior übergegangen; die Seniorin war eine strengere Chefin als die Juniorin. **Syn.:** [1]Mutter, Vater.
3. *je nach Sportart Sportler bzw. Sportlerin im Alter von über 18, 20, 21 oder 23 Jahren:* er darf jetzt bei den Senioren starten; seit ihrem Geburtstag schwimmt sie als Seniorin mit.

Se|ni|o|ren|heim [ze:'ni̯o:rənhai̯m], das; -[e]s, -e:
Heim für ältere Menschen: nach dem Tod ihres Mannes ist sie in ein Seniorenheim gezogen. **Syn.:** Altenheim.

Sen|ke ['zɛŋkə], die; -, -n:
[größere, flache] Vertiefung im Gelände: in der Senke ist der Boden sehr feucht. **Syn.:** Grube, Loch, Mulde. **Zus.:** Bodensenke, Landsenke, Talsenke.

sen|ken ['zɛŋkn̩]:
1. a) ⟨itr.; hat⟩ *abwärtsbewegen; sinken lassen:* er senkte den Kopf; sie lief mit gesenktem Blick an ihm vorbei. **Syn.:** neigen, niederschlagen. **Zus.:** absenken, herabsenken, herniedersenken. **b)** ⟨+ sich⟩ *abwärts-, nach unten bewegt werden, sinken:* die Schranke senkt sich; die Äste senkten sich unter der Last des Schnees.
2. ⟨tr.; hat⟩ *nach unten in eine bestimmte Lage bringen, hinabgleiten lassen:* sie senkten den Sarg in die Erde; die Taucherglocke ins Wasser senken. **Syn.:** eintauchen, sinken lassen, tauchen, versenken. **Zus.:** hinabsenken, versenken.
3. a) ⟨tr.; hat⟩ *bewirken, dass etwas niedriger wird:* man senkte den Wasserspiegel. **b)** ⟨+ sich⟩ *allmählich niedriger werden, in die Tiefe gehen:* der Boden hat sich gesenkt; das Gebäude hatte sich um einige Zentimeter gesenkt. **Zus.:** sich herabsenken, hinabsenken.
4. ⟨tr.; hat⟩ *bewirken, dass etwas geringer, weniger wird:* dieses Mittel wird das Fieber senken; der Blutdruck muss gesenkt werden; die Regierung verspricht, die Zahl der Arbeitslosen zu senken; die Zinsen werden gesenkt. **Syn.:** abbauen, ermäßigen, herabsetzen, kürzen, mindern, reduzieren, vermindern, verringern.

senk|recht ['zɛŋkrɛçt] ⟨Adj.⟩:
gerade von oben nach unten oder von unten nach oben führend; mit einer waagerechten Fläche oder Linie einen Winkel von 90° bildend /Ggs. waagerecht/: bitte die Linien ganz senkrecht ziehen; der Rauch stieg senkrecht in die Höhe. **Syn.:** vertikal.

Sen|sa|ti|on [zɛnza'tsi̯o:n], die; -, -en:
ungewöhnliches, großes Aufsehen erregendes, oft unerwartetes Ereignis: der Sieg des unbekannten Sportlers war eine große Sensation; ihre Hochzeit war die Sensation des Jahres; der Roman ist eine literarische Sensation; mit der Zirkusnummer sorgte sie für eine Sensation. **Syn.:** Attraktion, Clou (ugs.), Hit (ugs.), Knüller (ugs.). **Zus.:** Riesensensation, Weltsensation.

sen|sa|ti|o|nell [zɛnzatsi̯o'nɛl] ⟨Adj.⟩:
[unerwartet und] großes Aufsehen erregend: sein Erfolg war sensationell; ihr ist eine geradezu sensationelle Leistung gelungen; der Prozess nahm eine sensationelle Wende. **Syn.:** überraschend, unerwartet.

Sen|se ['zɛnzə], die; -, -n:
Gerät mit langem, am freien Ende spitz zulaufendem bogenförmigem Blatt zum Mähen von Gras oder Getreide: er mähte seine Wiese ganz altmodisch mit der Sense; die Sense dengeln; jetzt ist aber Sense! *(jetzt ist Schluss!).*

sen|si|bel [zɛn'zi:bl̩] ⟨Adj.⟩:
von besonderer Feinfühligkeit, Empfindsamkeit: sensible Menschen sind begehrte Gesprächspartnerinnen und -partner; sie ist so sensibel und nimmt sich alles gleich zu Herzen; ihre

sensibel/sensitiv/sentimental

Sensibel ist gleichbedeutend mit *empfindsam, feinfühlig, leicht verletzbar:*

- Du solltest mit dem Kind nicht so oft schimpfen, es ist sehr sensibel.

Dagegen bedeutet **sensitiv** *ein starkes sinnliches Wahrnehmungsvermögen besitzend.* In übertragener Bedeutung wird es im Sinne von *überempfindlich (und deshalb) leicht reizbar, heikel, instabil* verwendet:

- Sie war für Farben ausgesprochen sensitiv.
- Er präsentierte sich gerne als sensitiver Poet.
- Waffenexporte in sensitive Länder sollten verboten werden.

Sentimental wird meist abwertend im Sinne von *allzu gefühlsbetont* gebraucht:

- Ihre Briefe klingen sehr sentimental.

Haut reagiert sehr sensibel auf Umwelteinflüsse. **Syn.:** empfindlich, empfindsam, feinfühlig, verletzlich. **Zus.:** hypersensibel.

sensibel / sensitiv / sentimental: *s.* Kasten.

sen|si|bi|li|sie|ren [zɛnzibiliˈzi:rən] ⟨tr.; hat⟩: *sensibel machen (für die Aufnahme von Reizen, Eindrücken):* das eigene Leid hat sie sensibilisiert für das Leid anderer.

sen|si|tiv [zɛnziˈti:f] ⟨Adj.⟩ (bildungsspr.): *besonders emfindlich, feinfühlig:* ein sehr sensitiver Mensch.

sensitiv / sensibel / sentimental: *s.* Kasten sensibel/sensitiv/sentimental.

Sen|tenz [zɛnˈtɛnts], die; -, -en (bildungsspr.): *kurz und treffend formulierter Ausspruch, der Allgemeingültigkeit beansprucht:* gerne streute er in seine Reden die Sentenz »Wer verliert, wird vorsichtig« ein. **Syn.:** Bonmot, Devise, geflügeltes Wort, Losung, Motto, Parole, Satz, Sinnspruch, Sprichwort, Spruch, Wort, Zitat.

sen|ti|men|tal [zɛntimɛnˈta:l] ⟨Adj.⟩ (oft abwertend): *übertrieben gefühlvoll:* sie sangen sentimentale Lieder; Sonnenuntergänge machen mich immer sentimental; er schreibt unglaublich sentimental. **Syn.:** rührselig, schmalzig.

sentimental / sensibel / sensitiv: *s.* Kasten sensibel/sensitiv/sentimental.

se|pa|rat [zepaˈra:t] ⟨Adj.⟩: *als etwas Selbstständiges von etwas anderem getrennt:* die Wohnung hat einen separaten Eingang; ich hätte gern eine separate Rechnung für diese Bestellung; die Bände sind auch separat erhältlich; diese Anfragen werden separat beantwortet. **Syn.:** abgesondert, abgetrennt, eigen, einzeln, extra, für sich, isoliert.

Sep|tem|ber [zɛpˈtɛmbɐ], der; -[s], -: *neunter Monat des Jahres:* im September war es noch warm und sonnig.

Se|rie [ˈze:ri̯ə], die; -, -n: **1.** *bestimmte Anzahl, Reihe gleichartiger [zueinanderpassender, eine zusammenhängende Folge darstellender] Dinge:* eine neue Serie von Briefmarken; die Bildbände erscheinen in einer Serie. **Syn.:** Folge, Zyklus. **Zus.:** Artikelserie, Gewinnserie, Romanserie. **2.** ⟨mit Attribut⟩ *Aufeinanderfolge gleicher, ähnlicher Geschehnisse, Erscheinungen:* eine Serie von Erfolgen; die Serie schwerer Unfälle riss nicht ab. **Zus.:** Mordserie, Siegesserie. **3.** *inhaltlich, thematisch zusammengehörende Folge von Fernsehsendungen in meist regelmäßigen Abständen:* eine neue, zwölfteilige Serie läuft heute Abend an. **Zus.:** Arztserie, Fernsehserie, Krankenhausserie, Mysteryserie.

se|ri|ös [zeˈri̯ø:s] ⟨Adj.⟩: **a)** *vertrauenerweckend und solide:* eine seriöse Firma; er macht einen seriösen Eindruck. **Syn.:** anständig, ehrlich, korrekt, rechtschaffen (veraltend), reell. **b)** *ernst gemeint; ernst zu nehmen:* ein seriöser Beruf; die Anzeige ist nicht seriös; bitte nur seriöse Zuschriften. **Syn.:** ernst, ernsthaft.

Ser|pen|ti|ne [zɛrpɛnˈti:nə], die; -, -n: **a)** *schlangenförmig an steilen Berghängen ansteigender Weg mit vielen extrem scharfen Kurven:* die Serpentine herauffahren, herunterfahren. **b)** *extrem scharfe Kurve innerhalb einer Serpentine* (a): die Serpentinen auf dieser Straße sind eine Herausforderung für alle Autofahrenden.

Se|rum [ˈze:rʊm], das; -s, Sera [ˈze:ra] und Seren [ˈze:rən]: **1.** *wässriger Bestandteil des Blutes:* das Serum gerinnt nicht. **Zus.:** Blutserum. **2.** *Impfstoff:* den Patienten mit einem Serum impfen. **Zus.:** Immunserum.

[1]**Ser|vice** [zɛrˈvi:s], das; - oder -s, -: *in Form, Farbe und Muster aufeinander abgestimmtes mehrteiliges Ess- oder Kaffeegeschirr:* zur Hochzeit bekamen sie ein wertvolles Service. **Syn.:** Geschirr. **Zus.:** Essservice, Kaffeeservice, Speiseservice, Tafelservice, Teeservice.

[2]**Ser|vice** [ˈzø:ɐ̯vɪs], der; -, -s: **1.** ⟨ohne Plural⟩ *Bedienung, Betreuung der Kunden, der Gäste; Kundendienst* (1): wegen des schlechten Service habe ich den Provider gewechselt; der Service in diesem Hotel ist ausgezeichnet. **Syn.:** Bedienung, Kundendienst. **Zus.:** Hotelservice, Partyservice, Zimmerservice. **2.** *Einrichtung oder Personengruppe, die etwas wartet* (3) *oder eine Dienstleistung anbietet; Kundendienst* (2): für dieses Fabrikat gibt es einen gut ausgebauten Service. **Syn.:** Kundendienst. **Zus.:** Fernsehservice, Onlineservice, Waschmaschinenservice.

ser|vie|ren [zɛrˈvi:rən] ⟨tr.; hat⟩:

(als Kellner[in], Bedienung) die [bestellten] Speisen zum Essen auf den Tisch bringen: Sie können die Nachspeise servieren; heute servieren wir Ihnen Lachs an Weinschaumsoße; ⟨auch itr.⟩ er serviert nicht an diesem Tisch; sie serviert *(arbeitet als Serviererin)* in einem der besten Restaurants der Stadt. **Syn.:** auffahren (ugs.), auftischen, auftragen, bedienen, kellnern (ugs.), reichen.

Ser|vie|rer [zɛrˈviːrɐ], der; -s, -, **Ser|vie|re|rin** [zɛrˈviːrərɪn], die; -, -nen:
Person, die als Angestellte[r] in einem Hotel, Restaurant o. Ä. den Gästen Speisen und Getränke serviert: er arbeitet als Servierer; fünf Serviererinnen gesucht. **Syn.:** Bedienung, Kellner, Kellnerin, Steward, Stewardess.

Ser|viet|te [zɛrˈvi̯ɛtə], die; -, -n:
meist quadratisches Tuch aus Stoff oder Papier, das beim Essen zum Schutz der Kleidung und zum Abwischen des Mundes benutzt wird: die Serviette entfalten, auf die Knie legen; der Tisch war mit Kerzen und hübschen Servietten dekoriert. **Zus.:** Papierserviette, Stoffserviette.

ser|vus [ˈzɛrvʊs] (bes. südd., österr.):
Gruß zum Abschied, zur Begrüßung: »Ich geh heim. Servus!«.

Ses|sel [ˈzɛsl̩], der; -s, -:
1. *weich gepolstertes, bequemes Sitzmöbel mit Rückenlehne und meist auch mit Armlehnen (für eine Person):* ein niedriger, bequemer, drehbarer Sessel; er saß im Sessel, ließ sich in den Sessel fallen. **Syn.:** Fauteuil. **Zus.:** Drehsessel, Korbsessel, Ledersessel, Ohrensessel, Polstersessel.
2. (österr.) *Stuhl:* Setzen Sie sich bitte auf den Sessel hier!

sess|haft [ˈzɛshaft] ⟨Adj.⟩:
einen festen Wohnsitz, einen bestimmten Ort als ständigen Aufenthalt habend: sesshaft werden; die Regierung möchte die Nomaden sesshaft machen. **Syn.:** ansässig, eingesessen, heimisch.

Set [zɛt], das und der; -[s], -s:
1. *etwas, was aus einer bestimmten Anzahl zusammengehörender Gegenstände besteht:* ein ledernes Set für den Schreibtisch; ein Set aus Kamm, Bürste und Spiegel; sie besitzt ein ganzes Set von Parfümfläschchen. **Syn.:** Garnitur, Kombination, Serie. **Zus.:** Backformenset, Dreierset, Frühstücksset, Kofferset, Taschenset, Topfset.
2. *Deckchen aus Stoff, Bast oder Kunststoff, das unter ein Gedeck gelegt wird:* heute nehmen wir die blauen Sets.
3. ⟨der; -[s], -s⟩ *Aufbau und Dekoration der Szene beim Drehen von Filmen:* die Hauptdarstellerin ist jeden Tag am Set; er hat als Preis eine Reise an den Set der neuen Kultserie gewonnen.

set|zen [ˈzɛtsn̩], setzte, gesetzt:
1. ⟨+ sich⟩ *eine sitzende Stellung einnehmen:* du darfst dich nicht auf den Boden setzen; setzt euch an den Tisch!; sie hat sich in den Schatten gesetzt. **Syn.:** sich niederlassen, Platz nehmen, seinen Platz einnehmen. **Zus.:** sich dazusetzen, hereinsetzen, hinsetzen, niedersetzen.
2. ⟨tr.; hat⟩ *jmdm. oder einer Sache einen bestimmten Platz geben:* sie setzte das Kind auf ihren Schoß; er hat seine Mütze auf den Kopf gesetzt. **Syn.:** platzieren, tun. **Zus.:** absetzen, aufsetzen, hinsetzen, umsetzen.
3. ⟨+ sich⟩ *(in einer Flüssigkeit) langsam zu Boden sinken:* der Kaffee muss sich noch setzen; die weißen Flöckchen in der Lösung haben sich gesetzt. **Syn.:** sich ablagern. **Zus.:** absetzen, ansetzen, niedersetzen.
4. ⟨tr.; hat⟩ *(eine Pflanze) mit den Wurzeln in die Erde senken:* sie haben Kartoffeln gesetzt. **Syn.:** pflanzen. **Zus.:** aussetzen, umsetzen.
5. ⟨itr.; ist, auch: hat⟩ *sich über etwas (mit einem Hilfsmittel, in Sprüngen o. Ä.) hinwegbegeben:* die Römer sind/haben über den Rhein gesetzt; er setzte mit dem Pferd über den Graben. **Syn.:** überqueren, überschreiten. **Zus.:** hinwegsetzen, nachsetzen, übersetzen.
6. ⟨tr.; hat⟩ *die Vorlage für den Druck herstellen:* sie haben das Manuskript bereits gesetzt.
7. ⟨tr.; hat⟩ als Funktionsverb: etwas in Brand setzen *(etwas anzünden);* einen Text in Klammern setzen *(einklammern);* sich zur Wehr setzen *(sich wehren);* etwas aufs Spiel setzen *(etwas riskieren, wagen);* jmdn. auf freien Fuß setzen *(jmdn. aus der Gefangenschaft entlassen);* einer Sache Grenzen, Schranken setzen *(Einhalt gebieten);* sich ein Ziel setzen *(sich etwas zum Ziel, zur Aufgabe machen).*

Seu|che [ˈzɔyçə], die; -, -n:
gefährliche ansteckende Krankheit, die sich schnell ausbreitet: in dem Land wütete eine Seuche, an der viele Menschen starben; das Geklingel von Handys breitet sich aus wie eine Seuche. **Syn.:** Epidemie. **Zus.:** Rinderseuche, Tierseuche, Maul- und Klauenseuche.

seuf|zen [ˈzɔyftsn̩]:
a) ⟨itr.; hat⟩ *(als Ausdruck von Kummer, Traurigkeit o. Ä.) schwer und hörbar ein- und ausatmen:* sie seufzte, als sie an den Abschied dachte. **Syn.:** ächzen, stöhnen. **Zus.:** aufseufzen.
b) ⟨tr.; hat⟩ *seufzend* (a) *äußern, sagen:* »Du liebst mich nicht mehr«, seufzte er.

Seuf|zer [ˈzɔyftsɐ], der; -s, -:
einmaliges Seufzen: mit einem Seufzer [der Erleichterung] verließ sie den Raum; er tat einen tiefen Seufzer. **Zus.:** Angstseufzer, Stoßseufzer.

Sex [zɛks], der; -[es] (ugs.):
a) *Sexualität:* heute spricht man viel von Sex; das Kinopublikum interessiert sich sehr für Sex und Gewalt. **b)** *sexuelle Anziehungskraft, Ausstrahlung:* sie hat viel Sex; er strahlt einen solchen Sex aus, dass die Teenies reihenweise umkippen. **c)** *sexuelle Betätigung:* heute haben viele Mädchen schon mit 12 den ersten Sex; Sex während der Schwangerschaft; geschützter, ungeschützter Sex *(Sex mit bzw. ohne Kondom);* oraler, analer Sex. **Syn.:** Geschlechtsverkehr. **Zus.:** Autosex, Gruppensex, Oralsex, Telefonsex.

Se|xis|mus [zɛˈksɪsmʊs], der; -, Sexismen [zɛˈksɪsmən]:
a) ⟨ohne Plural⟩ *von der Vorstellung, dass ein Geschlecht dem anderen von Natur aus überlegen sei, getragene Diskriminierung, besonders von Frauen durch Männer:* Sexismus beginnt schon bei nicht

S
Serv

geschlechtsneutraler Formulierung von Stellenanzeigen; Sexismus und Rassismus sind üble Formen von Diskriminierung. **Syn.:** Chauvinismus.
b) *auf Sexismus* (a) *beruhende einzelne Äußerung, Verhaltensweise o. Ä.:* das Wort »Milchmädchenrechnung« ist ein Sexismus; der Alltag in patriarchalischen Gesellschaften ist voller Sexismen.

se|xis|tisch [zɛˈksɪstɪʃ] ⟨Adj.⟩:
auf Sexismus beruhend; von Sexismus bestimmt: sexistische Äußerungen sollten sofort der Frauenbeauftragten gemeldet werden; seine Wortwahl ist sexistisch, rassistisch, ausländerfeindlich und in jeder Hinsicht diskriminierend. **Syn.:** chauvinistisch.

Se|xu|a|li|tät [zɛksu̯aliˈtɛ:t], die; -:
Gesamtheit der im Geschlechtstrieb begründeten Lebensäußerungen, Verhaltensweisen, Empfindungen: er behandelt in dem Vortrag Fragen der weiblichen und der männlichen Sexualität; für viele ist Sexualität ohne Liebe unvorstellbar. **Syn.:** Erotik, Sex. **Zus.:** Bisexualität, Heterosexualität, Homosexualität.

Se|xu|al|ver|bre|chen [zɛˈksu̯a:lfɛɐ̯brɛçn̩], das; -s, -:
Verbrechen, das die sexuelle Freiheit eines Menschen verletzt (z. B. Vergewaltigung): Missbrauch von Kindern ist ein besonders scheußliches Sexualverbrechen; durch vorbeugende Maßnahmen und Aufklärung soll die Zahl der Sexualverbrechen verringert werden.

se|xu|ell [zɛˈksu̯ɛl] ⟨Adj.⟩:
die Sexualität betreffend: das sexuelle Verhalten der Bevölkerung erforschen; es ist gesund, bis ins hohe Alter sexuell aktiv zu sein; sexuelle Belästigung am Arbeitsplatz nimmt immer mehr zu; die Kinder sexuell aufklären; sexuelle Gewalt; vor ihrer Ermordung wurde das Mädchen sexuell missbraucht. **Syn.:** geschlechtlich. **Zus.:** bisexuell, heterosexuell, homosexuell.

se|xy [ˈzɛksi] ⟨Adj.; indeklinabel⟩ (ugs.):
sexuell attraktiv, erotisch, anziehend: sie wirkt in dem Kleid richtig sexy; ein sexy Badeanzug; er sieht total sexy aus; ich finde seine Stimme sexy. **Syn.:** erotisch, verführerisch.

se|zie|ren [zeˈt͜si:rən] ⟨tr.; hat⟩:
(einen toten menschlichen oder tierischen Körper) öffnen und anatomisch zerlegen: die Leiche wurde seziert; ⟨auch itr.⟩ wer Medizin studiert, muss ein Semester lang sezieren.

Sham|poo [ˈʃampu], das; -s, -s:
Haarwaschmittel: er benutzt ein Shampoo gegen Schuppen. **Zus.:** Babyshampoo, Haarshampoo, Pflegeshampoo.

shop|pen [ˈʃɔpn̩], shoppte, geshoppt ⟨itr.; hat⟩:
einen Einkaufsbummel machen: morgen gehe ich shoppen; sie shoppt lieber in kleineren Boutiquen; Shoppen macht Spaß. **Syn.:** einkaufen.

Shorts [ʃo:ɐ̯t͜s], die ⟨Plural⟩:
kurze sportliche Hose: im Hochsommer trage ich am liebsten Shorts. **Zus.:** Damenshorts, Herrenshorts, Kindershorts, Tennisshorts.

Show [ʃo:], die; -, -s:
aus einem großen, bunten Unterhaltungsprogramm bestehende Vorstellung, besonders als Fernsehsendung: der Moderator hatte viele Prominente in seine Show eingeladen; er zieht immer 'ne große Show ab (ugs., *er spielt sich auf, setzt sich in Szene*). **Syn.:** Revue, Schau. **Zus.:** Bühnenshow, Diashow, Gameshow, Lasershow, Liveshow, Peepshow, Realityshow, Talkshow.

Show|busi|ness [ˈʃo:bɪznɪs], das; -:
Bereich der Unterhaltungsindustrie, der Shows, öffentliche Darbietungen, die Musikindustrie u. a. umfasst: im Showbusiness tätig sein, sein Geld verdienen.

sich [zɪç] ⟨Reflexivpronomen; Dativ und Akk.⟩:
1. ⟨3. Person Singular und Plural⟩ weist auf ein Substantiv oder Pronomen, meist das Subjekt des Satzes, zurück: sich freuen, schämen, wundern; er hat dich und sich [selbst] getäuscht; damit hat er dir und auch sich geschadet; er nahm die Schuld auf sich; sie haben das Kind zu sich genommen.
2. ⟨3. Person Plural; reziprok⟩ *einer dem/den andern:* die Mädchen frisierten sich [gegenseitig]; sie grüßten sich schon lange nicht mehr; sie prügeln sich oft. **Syn.:** einander, gegenseitig, wechselseitig.

Si|chel [ˈzɪçl̩], die; -, -n:
Gerät mit halbkreisförmig gebogener Klinge zum Schneiden von Gras o. Ä.: Korn mit der Sichel schneiden; über dem Haus stand die Sichel des Mondes *(abnehmender oder zunehmender Mond in der Form der Klinge einer Sichel).*

[1]si|cher [ˈzɪçɐ] ⟨Adj.⟩:
1. *nicht durch eine Gefahr bedroht:* sie wählte einen sicheren Weg; hier kannst du dich sicher fühlen; sie fordern eine sichere Endlagerung von Atommüll; es gibt keine absolut sicheren Verkehrsmittel; sie hat ein sicheres *(festes, gesichertes)* Einkommen. **Syn.:** geborgen, geschützt.
2. *so, dass man es glauben kann; zuverlässig:* die Farbe seines Gesichts war ein sicheres Zeichen für seine Krankheit; diese Nachrichten sind nicht sicher. **Syn.:** authentisch, [1]echt, glaubwürdig, verlässlich. **Zus.:** bombensicher, idiotensicher, narrensicher, todsicher.
3. *aufgrund von Übung, Erfahrung keine Fehler machend:* er hat ein sicheres Urteilsvermögen; als Chirurgin braucht sie eine sichere Hand. **Syn.:** geübt, routiniert, [1]ruhig, zuverlässig.
4. *keine Hemmungen erkennen lassend, zeigend:* er hat ein sicheres Auftreten; sie wirkt, ist sehr sicher. **Syn.:** selbstbewusst, selbstsicher, souverän. **Zus.:** siegessicher.
5. *ohne jeden Zweifel bestehend oder eintretend:* seine Niederlage ist jetzt sicher; die Mannschaft war sich ihres Erfolgs sicher; so viel ist sicher, dass er ein Dieb ist. **Syn.:** gewiss, unstreitig. **Zus.:** bombensicher, todsicher.

[2]si|cher [ˈzɪçɐ] ⟨Adverb⟩:
mit ziemlicher Sicherheit; ohne Zweifel: du hast sicher recht, aber wir können es doch noch einmal überprüfen; mach dir keine Sorgen, er wird sicher bald kommen. **Syn.:** bestimmt, gewiss, sicherlich, zweifellos, zweifelsohne.

S
sich

-sicher [zɪçɐ] ⟨adjektivisches Suffixoid⟩:
1. *Gewähr für jmdn., etwas bietend, zuverlässig im Hinblick auf das im Basiswort Genannte:* erfolgssicher; funktionssicher; instinktsicher; schneesicher; siegessicher; treffsicher; wachstumssicher; zielsicher. **Syn.:** -trächtig.
2. *gegen das im substantivischen, selten verbalen Basiswort Genannte (was einen vermeidbaren schädlichen Einfluss ausüben könnte) geschützt; sicher vor schädlichen Folgen durch das im Basiswort Genannte:* abhörsicher; ausbruchssicher; bruchsicher; diebstahlsicher; einbruchssicher; fälschungssicher; feuersicher; fluchtsicher; frostsicher; krisensicher; kugelsicher; missbrauchsicher; mottensicher; rutschsicher; staubsicher; stoßsicher; unfallsicher. **Syn.:** -beständig, [1]-fest, -frei, -resistent.
3. *sicher für ..., in Bezug auf die im Basiswort genannte Person, Sache oder Tätigkeit geeignet, brauchbar:* idiotensicher *(so beschaffen, dass bei der Handhabung o. Ä. kaum etwas falsch gemacht werden kann);* kindersicher *(für Kinder keine Gefahr darstellend).*
4. *kann ohne Schaden, Schwierigkeiten ... werden:* waschsicher; verlegesicher (Teppichboden).
5. *sicher, Sicherheit zeigend in ...:* koloratursicher (Sängerin).

Si|cher|heit [ˈzɪçɐhai̯t], die; -, -en:
1. ⟨ohne Plural⟩ *das Sichersein vor Gefahr oder Schaden:* die Polizei musste für die Sicherheit der Stadionbesucher sorgen; die Flüchtlinge sind jetzt in Sicherheit. **Syn.:** Schutz.
2. ⟨ohne Plural⟩ *sicheres, keinen Zweifel aufkommen lassendes Gefühl, Wissen:* bei diesem Stoff haben Sie die Sicherheit, dass er sich gut waschen lässt. **Syn.:** Bestimmtheit, Garantie, Gewähr, Gewissheit.
3. ⟨ohne Plural⟩ *das Freisein von Fehlern oder Irrtümern:* die Sicherheit seines Urteils hatte alle Anwesenden überzeugt; sie hat eine große Sicherheit in allen Fragen des Geschmacks. **Zus.:** Fahrsicherheit, Flugsicherheit, Instinktsicherheit, Treffsicherheit, Zielsicherheit.
4. ⟨ohne Plural⟩ *sicheres, gewandtes Auftreten o. Ä.:* er bewegt sich mit großer Sicherheit auf dem diplomatischen Parkett. **Syn.:** Gewandtheit, Souveränität. **Zus.:** Selbstsicherheit.
5. *hinterlegtes Geld, Wertpapiere o. Ä. als Pfand für einen Kredit:* wir mussten eine Monatsmiete als Sicherheit hinterlegen. **Syn.:** Bürgschaft, Garantie, Kaution.

Si|cher|heits|na|del [ˈzɪçɐhai̯tsna:dl̩], die; -, -n:
auf bestimmte Weise gebogene Nadel mit Verschluss, mit deren Hilfe etwas befestigt, zusammengehalten o. Ä. werden kann: sie befestigte die Schleife am Kleid mit einer Sicherheitsnadel; der Vorhang war nur mit einer Sicherheitsnadel zusammengehalten.

si|cher|lich [ˈzɪçɐlɪç] ⟨Adverb⟩:
aller Wahrscheinlichkeit nach; ganz gewiss; mit ziemlicher Sicherheit: sie hat sicherlich recht, aber wir können es doch noch einmal prüfen; sicherlich wird er morgen kommen; das war sicherlich/sicherlich war das nur ein Versehen. **Syn.:** allemal (ugs.), [2]bestimmt, gewiss, sicher, zweifellos, zweifelsohne.

si|chern [ˈzɪçɐn]:
1. ⟨tr.; hat⟩ *sicher machen, vor einer Gefahr o. Ä. schützen:* er hat das Fahrrad durch ein Schloss [gegen Diebstahl] gesichert; das Land sichert seine Grenzen; das Gesetz soll die Rechte aller Menschen sichern. **Syn.:** sicherstellen. **Zus.:** absichern.
2. ⟨itr.; hat⟩ *in seinen Besitz bringen; (für jmdn. oder sich) sicherstellen:* er hat sich einen guten Platz gesichert; ihr Fleiß sicherte ihr Anerkennung. **Syn.:** verschaffen.
3. ⟨itr.; hat⟩ *am Tatort Beweismittel aufnehmen, registrieren, solange sie noch vorhanden, erkennbar sind:* Spuren, Fingerabdrücke sichern. **Syn.:** dokumentieren, erfassen, festhalten.

si|cher|stel|len [ˈzɪçɐʃtɛlən], stellte sicher, sichergestellt ⟨tr.; hat⟩:
1. *dafür sorgen, dass etwas nicht gefährdet wird:* die Energieversorgung muss sichergestellt werden; jmdn. finanziell sicherstellen; stellen Sie sicher, dass Sie die benötigte Unterstützung bekommen. **Syn.:** schützen, sichern.
2. *in behördlichem Auftrag vor unrechtmäßigem Zugriff oder unrechtmäßiger, die Allgemeinheit gefährdender Nutzung schützen:* ein Teil der gestohlenen Waren konnte sichergestellt werden; der Führerschein des Geisterfahrers wurde sichergestellt. **Syn.:** beschlagnahmen.

Si|che|rung [ˈzɪçərʊŋ], die; -, -en:
1. ⟨ohne Plural⟩ *das Sichern, Schützen, Sicherstellen; etwas dem Schutz, der Sicherheit Dienendes:* sich um die Sicherung des Landes bemühen. **Syn.:** Schutz. **Zus.:** Absicherung, Friedenssicherung, Grenzsicherung.
2. *Vorrichtung zum Schutz oder zur Sicherheit:* das Gewehr hat eine Sicherung; die Sicherung [der elektrischen Leitung] ist durchgebrannt.

Sicht [zɪçt], die; -, -en:
1. ⟨ohne Plural⟩ *Möglichkeit, [in die Ferne] zu sehen:* bei diesem Wetter ist die Sicht gut; der Nebel nahm ihnen plötzlich die Sicht; wir hatten schlechte Sicht bei dieser Wanderung. **Syn.:** Aussicht, Blick. **Zus.:** Fernsicht.
2. *Betrachtungsweise, Sehweise, Anschauungsweise:* seine Sicht ist oberflächlich; sie hat eine eigene Sicht der Welt entwickelt; aus meiner Sicht ist das anders. **Syn.:** Ansicht, Vorstellung.

sicht|bar [ˈzɪçtba:ɐ̯] ⟨Adj.⟩:
mit den Augen wahrnehmbar, deutlich zu erkennen: er hat sichtbare Fortschritte gemacht; der Zustand der Kranken hatte sich sichtbar gebessert; der Fleck auf dem Kleid war deutlich sichtbar. **Syn.:** kenntlich, merklich, sichtlich. **Zus.:** unsichtbar.

sich|ten [ˈzɪçtn̩], sichtete, gesichtet ⟨tr.; hat⟩:
1. *in größerer Entfernung wahrnehmen:* sie hatten viele Heißluftballons am Himmel gesichtet. **Syn.:** ausmachen, bemerken, entdecken, erblicken, erkennen, sehen.
2. *überprüfend ansehen und ord-*

nen: sie sichtete das Material für ihre Arbeit. **Syn.:** [1]durchschauen (bes. südd.), durchsehen, mustern, prüfen.

sicht|lich ['zɪçtlɪç] ⟨Adj.⟩:
offenkundig, deutlich erkennbar; in sichtbarem Maße: mit sichtlicher Freude; er hatte sichtliche Schwierigkeiten mit der fremden Aussprache; sie war sichtlich erleichtert. **Syn.:** augenscheinlich, deutlich, merklich, offenbar, sichtbar. **Zus.:** ersichtlich, offensichtlich.

si|ckern ['zɪkɐn], sickerte, gesickert ⟨itr.; ist⟩:
(von Flüssigkeiten) allmählich, tröpfchenweise durch etwas hindurchrinnen, spärlich fließen: das Regenwasser sickert in den Boden; das Blut ist durch den Verband gesickert. **Zus.:** durchsickern, versickern.

sie [ziː]:
1. ⟨Personalpronomen 3. Person Singular Femininum; Nom. und Akk.⟩ sie ist krank; ich kenne sie, weil ich bei ihr Klavierstunden hatte.
2. ⟨Personalpronomen 3. Pers. Plural; Nom. und Akk.⟩ sie sind verreist; wir haben sie beide benachrichtigt.

Sie [ziː] ⟨Personalpronomen 3. Person Plural⟩:
dient dazu, eine oder mehrere Personen höflich und nicht vertraulich anzureden: nehmen Sie bitte Platz, mein Herr, meine Damen!; er redete die junge Frau mit Sie an.

Sieb [ziːp], das; -[e]s, -e:
Gerät, das im Ganzen oder am Boden aus einem gleichmäßig durchlöcherten Material oder aus einem gitterartigen [Draht]geflecht besteht und das dazu dient, Festes aus einer Flüssigkeit auszusondern oder größere Bestandteile einer [körnigen] Substanz von den kleineren zu trennen: Tee durch ein Sieb gießen; Sand auf das Sieb schippen; Kartoffeln durch ein Sieb rühren, streichen, schlagen. **Zus.:** Kaffeesieb, Mehlsieb, Teesieb.

[1]sie|ben ['ziːbn̩] ⟨tr.; hat⟩:
1. *etwas durch ein Sieb schütten, um die größeren Bestandteile einer körnigen Substanz von den kleineren zu trennen:* Sand, Kies sieben; das Mehl in eine Schüssel sieben. **Syn.:** seihen. **Zus.:** aussieben, durchsieben.
2. (ugs.) *eine [größere] Anzahl von Personen, von Sachen kritisch durchgehen, prüfen und eine strenge Auswahl treffen, die Personen, Sachen, die ungeeignet sind, ausscheiden:* die Bewerber, Kandidaten wurden sorgfältig gesiebt; ⟨auch itr.⟩ bei der Prüfung wurde [schwer] gesiebt. **Syn.:** [2]auslesen, aussuchen, auswählen.

[2]sie|ben ['ziːbn̩] ⟨Kardinalzahl⟩ (als Ziffer: 7):
sieben Personen; die sieben Weltwunder.

sie|bent... ['ziːbn̩t...], **siebt...** ['ziːpt...] ⟨Ordinalzahl⟩:
die sieb[en]te Bitte des Vaterunsers.

sieb|zig ['ziːpt͡sɪç] ⟨Kardinalzahl⟩ (in Ziffern: 70):
siebzig Personen.

Siech|tum ['ziːçtuːm], das; -s (geh.):
lange dauernde Zeit schwerer Krankheit, großer Schwäche, Hinfälligkeit ohne Aussicht auf Besserung: er starb nach einem langen Siechtum. **Syn.:** Leiden.

sie|deln ['ziːdl̩n] ⟨itr.; hat⟩:
sich an einem bestimmten Ort (meist in einer noch nicht besiedelten Gegend) niederlassen und sich dort ein [neues] Zuhause schaffen; eine Siedlung gründen: hier haben schon die Kelten gesiedelt; viele Bauern haben in der fruchtbaren Gegend gesiedelt. **Syn.:** sich ansiedeln. **Zus.:** besiedeln, umsiedeln.

sie|den ['ziːdn̩], sott/siedete, gesotten/gesiedet:
1. a) ⟨itr.; hat⟩ (landsch., Fachspr.) *kochen* (2 b): Wasser siedet bei 100°; die Milch fängt an zu sieden; siedend *(kochend)* heißes Öl. **b)** ⟨tr.; hat⟩ *zum Kochen bringen:* Wasser sieden.
2. (landsch.) **a)** ⟨tr.; hat⟩ *in kochendem Wasser gar machen:* einen Fisch sieden; sie hat die Eier gesotten/gesiedet; ⟨2. Partizip in attributiver Stellung nur stark⟩ gesottener Fisch, gesottene Eier. **Syn.:** garen, kochen. **b)** ⟨itr.; hat⟩ *zum Zweck des Garwerdens in kochendem Wasser liegen:* der Reis muss noch ein wenig sieden.

Sie|de|punkt ['ziːdəpʊŋkt], der; -[e]s, -e (Physik):
Temperatur, bei der eine Flüssigkeit in den gasförmigen Zustand übergeht, zu kochen beginnt: der Siedepunkt des Wassers liegt bei 100 °C.

Sied|lung ['ziːdlʊŋ], die; -, -en:
a) *menschliche Niederlassung; Ort, an dem sich Menschen angesiedelt haben:* eine ländliche, städtische Siedlung; eine prähistorische, römische, indianische, verlassene Siedlung; hier gab es schon in früher Zeit menschliche Siedlungen. **Zus.:** Ansiedlung, Urwaldsiedlung.
b) *meist am Rande oder etwas außerhalb gelegener Teil eines Ortes, einer Stadt, der aus meist gleichartigen, zur gleichen Zeit erbauten Häusern besteht:* sie wohnt in einer Siedlung am Stadtrand. **Syn.:** Bezirk, Stadtteil, Viertel. **Zus.:** Arbeitersiedlung, Neubausiedlung, Reihenhaussiedlung.

Sieg [ziːk], der; -[e]s, -e:
Erfolg, der darin besteht, sich in einer Auseinandersetzung, im Kampf, im Wettstreit o. Ä. gegen einen Gegner, Gegenspieler o. Ä. durchgesetzt, ihn überwunden zu haben: ein schwer errungener, knapper, deutlicher Sieg; der Sieg des Fußballteams war sicher; sie kämpften für einen Sieg ihrer Partei; sich selbst zu besiegen, ist der schönste Sieg. **Syn.:** Erfolg, Gewinn, Triumph. **Zus.:** Heimsieg, Olympiasieg, Wahlsieg.

Sie|gel ['ziːgl̩], das; -s, -:
1. a) *Stempel, mit dem ein Siegel* (1 b) *auf etwas gedruckt wird:* bei dem Einbruch im Rathaus wurden mehrere Siegel entwendet. **b)** *Stempelabdruck, mit dem Behörden o. Ä. die Echtheit von Dokumenten bestätigen:* ein amtliches Siegel; die Urkunde trägt ein Siegel der Stadt. **Syn.:** Stempel. **Zus.:** Amtssiegel, Dienstsiegel, Urkundensiegel.
2. * **[jmdm.] etwas unter dem Siegel der Verschwiegenheit mitteilen:** *[jmdm.] etwas unter der Voraussetzung, dass es nicht weitergesagt wird, mitteilen:* sie hat mir unter dem Siegel der Verschwiegenheit mitgeteilt, dass sie ein Kind erwartet.

sie|gen ['ziːgn̩] ⟨itr.; hat⟩:
einen Sieg erringen: unsere

Mannschaft hat diesmal gesiegt; die Vernunft siegte bei ihm über das Gefühl. **Syn.:** sich behaupten (geh.), die Oberhand gewinnen, sich durchsetzen, gewinnen, triumphieren. **Zus.:** besiegen.

Sie|ger ['zi:gɐ], der; -s, **Sie|ge|rin** ['zi:gərɪn], die; -, -nen: *Person, die bei einem Kampf, Wettstreit o. Ä. den Sieg errungen hat:* der strahlende Sieger; die Sieger wurden mit Blumen begrüßt; die Siegerin wurde geehrt. **Syn.:** Champion, Gewinner, Gewinnerin. **Zus.:** Olympiasieger, Olympiasiegerin, Pokalsieger, Pokalsiegerin, Turniersieger, Turniersiegerin, Überraschungssieger, Überraschungssiegerin.

sie|ges|si|cher ['zi:gəszɪçɐ] ⟨Adj.⟩: *fest damit rechnend, dass man siegen, sich durchsetzen, bei einem schwierigen Vorhaben erfolgreich sein wird:* siegessicher lächeln, sein; die Sportlerin gab sich siegessicher. **Syn.:** optimistisch.

sie|zen ['zi:tsn̩] ⟨tr.; hat⟩: *mit »Sie« anreden* /Ggs. duzen/: wir siezen uns; es ist selbstverständlich, dass ich alle unsere Auszubildenden sieze. **Syn.:** per Sie sein mit.

Si|gnal [zɪ'gna:l], das; -s, -e: *optisches oder akustisches Zeichen mit einer festen Bedeutung, das zur Verständigung, Warnung o. Ä. dient:* optische, akustische Signale; bei dem Unglück hatte der Zugführer das Signal nicht beachtet. **Zus.:** Alarmsignal, Lichtsignal, Startsignal, Warnsignal.

si|gna|li|sie|ren [zɪgnali'zi:rən] ⟨tr.; hat⟩: **a)** *(durch ein bestimmtes Signal) übermitteln, ankündigen, anzeigen; (für etwas) ein Signal geben:* eine Nachricht mithilfe von Blinkzeichen signalisieren; ⟨auch itr.⟩ der Apparat signalisiert verlässlich. **b)** (bildungsspr.) *mit Worten mitteilen, andeuten:* die Opposition signalisierte bereits Kompromissbereitschaft.

Si|gna|tur [zɪgna'tu:ɐ̯], die; -, -en: **a)** *Zeichen, das die Unterschrift ersetzt:* sobald sie die Akten durchgesehen hat, setzt sie ihre Signatur darunter. **b)** *Namenszeichen:* die Signatur [des Künstlers] ist auf diesem Bild schwer zu erkennen. **Syn.:** Zeichen. **c)** *Unterschrift:* sie sammelt die Signaturen berühmter Personen. **d)** *Kombination aus Buchstaben und Zahlen, unter der ein bestimmtes Buch in der Bibliothek zu finden ist:* bei der Bestellung müssen Sie auch die Signatur des Buches angeben.

si|gnie|ren [zɪ'gni:rən]: **a)** ⟨tr.; hat⟩ *unterzeichnen:* das Dokument wurde von drei Ministern signiert. **Syn.:** unterschreiben. **b)** *(mit einem kurzen Zeichen) versehen, das eine Unterschrift ersetzt:* sie signiert die durchgesehenen Akten mit ihren Initialen. **Syn.:** abzeichnen. **c)** ⟨tr.; hat⟩ *(ein fertiges Kunstwerk) mit seinem Namen oder Zeichen versehen:* dieser Maler signiert seine Bilder in der rechten unteren Ecke; ⟨auch itr.⟩ sie signiert mit einem großen K.

Sil|be ['zɪlbə], die; -, -n: *kleinste, aus einem oder mehreren Lauten gebildete Einheit innerhalb einer Wortform:* eine betonte, unbetonte, kurze, lange Silbe; das Wort »Haus« hat nur eine Silbe; ein Wort Silbe für Silbe sprechen. **Zus.:** Nachsilbe, Sprechsilbe, Vorsilbe.

Sil|ber ['zɪlbɐ], das; -s:
1. *weiß glänzendes, weiches Edelmetall:* der Becher war aus Silber; die Schüssel glänzt, schimmert wie Silber. **Zus.:** Feinsilber.
2. *Geschirr, Besteck o. Ä. aus Silber:* das Silber muss geputzt werden. **Zus.:** Tafelsilber.

sil|bern ['zɪlbɐn] ⟨Adj.⟩:
1. *aus Silber bestehend:* ein silberner Becher, Löffel.
2. *von der Farbe des Silbers:* das silberne Licht des Mondes; ihr Haar glänzte silbern. **Syn.:** silbrig.

silb|rig ['zɪlbrɪç] ⟨Adj.⟩: *silbern schimmernd, glänzend:* das Kleid glänzte silbrig in dem hellen Licht. **Syn.:** metallisch, silbern.

Sil|hou|et|te [zi'lu̯ɛtə], die; -, -n: *Umriss, der sich [dunkel] vom Hintergrund abhebt:* man sah in der Ferne die Silhouette der Berge. **Syn.:** Kontur, Schattenriss.

Si|lo ['zi:lo], der, auch: das; -s, -s: **a)** *[schacht- oder kastenförmiger] Speicher für Getreide, Erz o. Ä.:* die Silos sind schon alle voll. **Zus.:** Getreidesilo, Zementsilo. **b)** *[hoher] Behälter, Grube o. Ä. zur Einsäuerung von Futter:* der Bauer holt Futter aus dem Silo. **Zus.:** Futtersilo.

-si|lo [zi:lo], der, auch: das; -s, -s ⟨Suffixoid⟩: kennzeichnet auf abwertende Art ein Gebäude, das für eine größere Zahl von Menschen oder Gegenständen bestimmt ist, in Bezug auf das Äußere als nüchtern-unpersönlich: Altensilo *(Altenheim);* Betonsilo; Büchersilo (scherzh. für: *Bibliothek*); Studentensilo; Wohnsilo.

Sil|ves|ter [zɪl'vɛstɐ], der, auch: das; -s, -: *letzter Tag des Jahres; 31. Dezember:* Silvester feiern; an/zu Silvester sind wir nicht zu Hause.

sim|pel ['zɪmpl̩] ⟨Adj.⟩:
1. *so einfach, dass es keines besonderen geistigen Aufwands bedarf, sondern leicht zu bewältigen ist:* ein simpler Trick, Schwindel; der Lehrer stellte nur ganz simple Fragen; eine simple Methode zur Abfallbeseitigung. **Syn.:** einfach, primitiv, unkompliziert.
2. (oft abwertend) *in seiner Beschaffenheit anspruchslos-einfach; nur eben das Übliche und Notwendigste aufweisend:* dies simple Kleid hat 100 Euro gekostet; es fehlte an den simpelsten Dingen; ein simpler Nagel tut es auch. **Syn.:** [2]einfach, schlicht.

sim|pli|fi|zie|ren [zɪmplifi'tsi:rən] ⟨tr.; hat⟩ (bildungsspr.): *[stark, übermäßig] vereinfachen:* das Problem, einen Sachverhalt simplifizieren; die Presse hat die Ausführungen des Ministers stark simplifiziert, in simplifizierter Form wiedergegeben.

Sims [zɪms], der und das; -es, -e: *waagerechter, lang gestreckter [Wand]vorsprung:* Häuser mit breiten Simsen; auf dem Sims über dem Kamin stand eine Nikolausfigur. **Syn.:** Gesims. **Zus.:** Fenstersims, Kaminsims.

Si|mu|lant [zimu'lant], der; -en, -en, **Si|mu|lan|tin** [zimu'lantɪn], die; -, -nen: *Person, die etwas, besonders eine*

Krankheit, simuliert: der Lehrer bezeichnete ihn als [einen] Simulanten; sie ist nicht wirklich blind, sondern eine Simulantin.

si|mu|lie|ren [zimu'li:rən]:
1. ⟨tr.; hat⟩ *(ein Gebrechen oder eine Krankheit) vortäuschen, um sich einer Verpflichtung o. Ä. entziehen zu können:* er simulierte vor der Polizei einen Schwächeanfall; ⟨auch itr.⟩ keiner erkannte, dass sie nur simulierte. **Syn.:** markieren (ugs.), vortäuschen.
2. ⟨tr.; hat⟩ *Sachverhalte, Vorgänge [mit technischen, naturwissenschaftlichen Mitteln] modellhaft zu Übungs-, Erkenntniszwecken nachbilden, wirklichkeitsgetreu nachahmen:* einen Raumflug, die Bedingungen eines Raumflugs simulieren; beim Test der Piloten wurde auch der Absturz eines Flugzeuges simuliert. **Syn.:** nachahmen.

si|mul|tan [zimʊl'ta:n] ⟨Adj.⟩:
zu gleicher Zeit [und gemeinsam] stattfindend: durch ein simultanes Vorgehen mehr erreichen; der Schachmeister spielt simultan gegen 12 Gegner; sie dolmetscht simultan *(während der zu übersetzende Text gesprochen wird).* **Syn.:** gleichzeitig, parallel.

Sin|fo|nie [zɪnfo'ni:], die; -, Sinfonien [zɪnfo'ni:ən]:
Musikwerk für Orchester in mehreren Sätzen: eine Sinfonie von Bruckner; eine Sinfonie komponieren, spielen, dirigieren.

sin|gen ['zɪŋən], sang, gesungen:
a) ⟨itr.; hat⟩ *mit der Stimme eine Melodie hervorbringen:* er singt gut; mehrstimmig, gemeinsam singen; sie hat in einem Chor gesungen; ich kann nicht singen. **Zus.:** mitsingen, weitersingen. **b)** ⟨tr.; hat⟩ *etwas singend* (a) *vortragen:* sie singt Lieder von Schubert; einen Ton, eine Tonleiter singen. **Syn.:** zu Gehör bringen (geh.). **Zus.:** nachsingen.

[1]Sin|gle ['zɪŋl̩], die; -, -[s]:
1. *gesondert veröffentlichter Einzeltitel eines Musikalbums:* hast du schon die neue Single von »Silbermond« gehört?
2. *kleine Schallplatte mit nur je einer einzigen kürzeren Aufnahme auf Vorder- und Rückseite:* seine neueste Single gefällt mir nicht. **Syn.:** Schallplatte. **Zus.:** Maxisingle.

[2]Sin|gle ['zɪŋl̩], der; -[s], -s:
Person, die allein, ohne feste Bindung an eine Partnerin, einen Partner lebt: er, sie ist ein Single; das Leben eines Singles führen. **Syn.:** Junggeselle, Junggesellin.

sin|gu|lär [zɪŋgu'lɛ:ɐ̯] ⟨Adj.⟩ (bildungsspr.):
nur vereinzelt [vorkommend]: solche Erscheinungen sind äußerst singulär, treten nur noch singulär auf. **Syn.:** rar, selten.

sin|ken ['zɪŋkn̩], sank, gesunken ⟨itr.; ist⟩:
1. *sich (in der Luft oder in einer Flüssigkeit) langsam abwärtsbewegen:* der Fallschirm sinkt zur Erde; sie sank vor Müdigkeit auf einen Stuhl. **Zus.:** absinken, herabsinken, heruntersinken, hinuntersinken, niedersinken.
2. *niedriger werden; an Höhe verlieren:* die Temperatur ist gesunken; der Wasserspiegel sank um fünf Meter. **Syn.:** absacken (ugs.). **Zus.:** absinken, herabsinken, heruntersinken, hinuntersinken.
3. *an Wert verlieren; geringer werden:* die Preise sind gesunken; die Aktienkurse werden weiter sinken; der Wert des Hauses ist gesunken; ihr Einfluss sank sehr schnell. **Syn.:** abnehmen, fallen, nachlassen, schwinden (geh.), zurückgehen.

Sinn [zɪn], der; -[e]s, -e:
1. ⟨ohne Plural⟩ *geistiger Gehalt einer Sache:* er konnte den Sinn seiner Worte nicht verstehen; die Lehrerin fragte nach dem Sinn der Fabel; sie wollte es in diesem Sinne verstanden wissen. **Syn.:** Aussage, Bedeutung, Inhalt. **Zus.:** Doppelsinn, Hintersinn, Nebensinn.
2. *die Fähigkeit der Wahrnehmung und Empfindung:* viele Tiere haben schärfere Sinne als der Mensch; die fünf Sinne des Menschen sind: Sehen, Hören, Riechen, Schmecken, Tasten. **Zus.:** Geruchssinn, Geschmackssinn, Gleichgewichtssinn, Orientierungssinn, Tastsinn.
3. ⟨ohne Plural⟩ *innere Beziehung zu etwas, Gefühl (für etwas):* ihm fehlt jeder Sinn für Humor; sie hat viel Sinn für das Schöne. **Syn.:** Gespür. **Zus.:** Familiensinn, Gemeinschaftssinn, Geschäftssinn, Ordnungssinn, Realitätssinn.

Sinn|bild ['zɪnbɪlt], das; -[e]s, -er:
etwas (eine konkrete Vorstellung, ein Gegenstand, Vorgang o. Ä.), was als Bild für einen abstrakten Sachverhalt steht: die Taube ist ein Sinnbild des Friedens; der Anker als Sinnbild der Hoffnung. **Syn.:** Allegorie, Bild, Metapher, Symbol, Zeichen.

sin|nen ['zɪnən], sann, gesonnen ⟨itr.; hat⟩ (geh.):
seine Gedanken auf etwas richten: sie sann, was zu tun sei; er sann auf Rache; sinnend *(in Gedanken versunken)* stand sie am Fenster. **Syn.:** nachdenken, sinnieren, [1]überlegen. **Zus.:** nachsinnen.

Sin|nes|or|gan ['zɪnəs|ɔrga:n], das; -s, -e:
(bei Menschen und höheren Tieren) Organ, durch das Reize [aus der Umwelt] aufgenommen und weitergeleitet werden: die Nase ist ein Sinnesorgan; die Sinnesorgane sind bei Nachttieren besonders ausgeprägt.

sinn|fäl|lig ['zɪnfɛlɪç] ⟨Adj.⟩:
klar erkennbar und einleuchtend: eine sinnfällige Metapher; er suchte nach einem sinnfälligen Vergleich; sie hat die Vorgänge in Bildern sinnfällig dargestellt. **Syn.:** anschaulich.

sin|nie|ren [zɪ'ni:rən] ⟨itr.; hat⟩:
ganz in sich versunken über etwas nachdenken; seinen Gedanken nachhängen; grübeln: sie sitzt im Sessel und sinniert über ihr Leben. **Syn.:** brüten (ugs.), sinnen, spintisieren (abwertend).

sin|nig ['zɪnɪç] ⟨Adj.⟩:
a) *durchdacht und zweckmäßig:* ein sehr sinniges Vorgehen; zu unserer Hochzeit haben wir durchweg sinnige Geschenke bekommen, die wir gut gebrauchen können. **Syn.:** sinnvoll.
b) (iron.) *gut gemeint, aber unpassend:* die Pralinen sind ein sehr sinniges Geschenk für jemanden, der gerade eine Diät macht. **Zus.:** unsinnig.

sinn|lich ['zɪnlɪç] ⟨Adj.⟩:
1. *mit den Sinnen wahrnehmbar:* eine sinnliche Empfindung;

bestimmte Strahlen sind sinnlich nicht wahrnehmbar.
2. *auf den [geschlechtlichen] Genuss ausgerichtet:* sinnliches Verlangen; sinnliche Begierden; er ist eine sehr sinnliche Natur; ihr Mund ist sehr sinnlich. **Syn.:** erotisch, lüstern.

sinn|los ['zɪnlo:s] ⟨Adj.⟩:
1. *ohne Vernunft, ohne erkennbaren Sinn oder Zweck:* sinnloses Geschwätz; es ist sinnlos, noch länger zu warten. **Syn.:** unsinnig, witzlos (ugs.).
2. (abwertend) *übermäßig, maßlos:* sie hatte eine sinnlose Wut; er war sinnlos betrunken. **Syn.:** gewaltig (emotional), zügellos.

Sinn|spruch ['zɪnʃprʊx], der; -[e]s, Sinnsprüche ['zɪnʃprʏçə]:
Spruch oder Satz, der eine allgemein gültige Wahrheit, eine tiefere Erkenntnis enthält: viele Sinnsprüche aus alter Zeit sind auch heute noch aktuell. **Syn.:** Ausspruch, Sentenz (bildungsspr.), Sprichwort, Wort.

sinn|voll ['zɪnfɔl] ⟨Adj.⟩:
durchdacht; vernünftig: eine sinnvolle Arbeit; diese Entscheidung ist nicht sehr sinnvoll; das Geld sinnvoll verwenden. **Syn.:** angemessen, zweckdienlich, zweckmäßig.

Sint|flut ['zɪntflu:t], die; -:
(in Mythos und Sage) große, katastrophale Überschwemmung als göttliche Bestrafung: nach biblischer Überlieferung entgingen nur Noah und seine Familie der Sintflut.

Sin|ti|za ['zɪntit͜sa], die; -, -s:
weibliche Form zu ↑Sinto.

Sin|to ['zɪnto], der; -, Sinti ['zɪnti]:
Angehöriger einer in Deutschland lebenden Gruppe eines ursprünglich aus Südosteuropa stammenden Volkes (Selbstbezeichnung, die das vielfach als diskriminierend empfundene »Zigeuner« ersetzt): es gibt immer mehr Gedenkstätten für verfolgte Sinti und Roma.

Si|phon ['zi:fõ], der; -s, -s:
1. *Vorrichtung bei Ausgüssen und Abflüssen, die ein Aufsteigen von Gasen verhindert:* der Siphon am Waschbecken ist verstopft.
2. *dicht verschlossenes Gefäß, aus dem Getränke unter dem Druck von Kohlendioxid ausfließen:* aus dem Siphon Sodawasser ins Glas spritzen.

Sip|pe ['zɪpə], die; -, -n:
a) *durch bestimmte Vorschriften und Bräuche (besonders im religiösen, rechtlichen und wirtschaftlichen Bereich) verbundene, oft eine Vielzahl von Familien umfassende Gruppe von Menschen mit gemeinsamer Abstammung:* in Sippen leben. **Syn.:** Clan, Geschlecht. **b)** (meist scherzh. oder abwertend) *Gesamtheit der Mitglieder der [weiteren] Familie, der Verwandtschaft:* sie will mit seiner Sippe möglichst wenig zu tun haben. **Syn.:** Anhang, Clan, Familie, Sippschaft (meist abwertend), Verwandtschaft.

Sipp|schaft ['zɪpʃaft], die; -, -en:
a) (meist abwertend) *Sippe* (b); *Gesamtheit der Mitglieder einer Familie o. Ä.:* er mit seiner ganzen Sippschaft kann mir gestohlen bleiben! **Syn.:** Anhang, Clan, Familie, Sippe (meist scherzh. oder abwertend), Verwandtschaft.
b) (abwertend) *üble Gesellschaft, Gruppe von Leuten:* seine Kollegen sind eine ganz üble Sippschaft. **Syn.:** Bande (emotional), Clique, Klüngel (abwertend), ²Pack (salopp abwertend).

Si|re|ne [zi're:nə], die; -, -n:
Gerät, das einen lang anhaltenden, lauten [heulenden] Ton hervorbringt, der als Alarm- oder Warnsignal dient: die Sirene der Feuerwehr, des Unfallwagens; der Wagen ist mit Blaulicht und Sirene ausgerüstet. **Zus.:** Fabriksirene, Luftschutzsirene, Schiffssirene, Werksirene.

Si|rup ['zi:rʊp], der; -s, -e oder -s:
a) *süße, dickflüssige, dunkle Masse, die bei der Gewinnung von Zucker entsteht:* mit Sirup süßen; aus Zuckerrüben Sirup herstellen; diese Firma stellt verschiedene Sirupe her.
b) *durch Einkochen von Obstsaft mit Zucker hergestellter, dickflüssiger Fruchtsaft:* den Pudding mit Sirup servieren. **Zus.:** Himbeersirup, Waldmeistersirup.

Sit|te ['zɪtə], die; -, -n:
1. *für bestimmte Lebensbereiche einer Gemeinschaft geltende, dort übliche, als verbindlich betrachtete Gewohnheit, Gepflogenheit, die im Laufe der Zeit entwickelt, überliefert wurde:* in den Dörfern kennt man noch viele alte Sitten; die Sitten und Gebräuche eines Volkes. **Syn.:** Brauch, Brauchtum. **Zus.:** Bauernsitte, Landessitte.
2. a) *Gesamtheit von Normen, Grundsätzen und Werten, die für eine Gesellschaft grundlegend sind:* die guten Sitten pflegen; früher hätte man dieses Phänomen als Verfall der Sitten bezeichnet. **b)** ⟨Plural⟩ *Benehmen, Manieren, Umgangsformen:* sie achten bei ihren Kindern auf gute Sitten; sie ist ein Mensch mit guten Sitten. **Syn.:** Betragen, Kinderstube. **Zus.:** Tischsitten.

sitt|lich ['zɪtlɪç] ⟨Adj.⟩:
die Sitte, Moral betreffend: sittliche Bedenken, Einwände; die sittliche Natur des Menschen. **Syn.:** ethisch, moralisch.

sitt|sam ['zɪtza:m] ⟨Adj.⟩ (veraltend):
Sitte und Anstand wahrend; schamhaft zurückhaltend: ein sittsames Benehmen. **Syn.:** anständig.

Si|tu|a|ti|on [zitu̯a'tsi̯o:n], die; -, -en:
Verhältnisse, Umstände, in denen sich jmd. befindet: in dieser Situation konnte ich nicht anders handeln; aus dem Gespräch ergab sich eine neue, ganz andere Situation; sie war der Situation gewachsen. **Syn.:** Konstellation, Lage, Sachlage. **Zus.:** Ausgangssituation, Krisensituation, Notsituation.

Sitz [zɪts], der; -es, -e:
1. *Fläche, Vorrichtung o. Ä., die als Sitzgelegenheit bestimmt ist:* der Sitz des Stuhls ist gepolstert; sie hat sich einen Stein als Sitz ausgesucht; die Zuschauer erhoben sich von ihren Sitzen; sie legte ihre Jacke auf den Sitz im Auto. **Syn.:** Platz, Sitzplatz. **Zus.:** Autositz, Beifahrersitz, Klappsitz, Liegesitz, Notsitz, Rücksitz.
2. *Ort, an dem sich eine Institution o. Ä. befindet:* der Sitz der Firma ist Berlin; ein internationales Unternehmen mit Sitz in Mailand. **Zus.:** Bischofssitz, Firmensitz, Regierungssitz, Wohnsitz.

Sitz|ecke ['zɪts|ɛkə], die; -, -n:
in einer Zimmerecke aufgestellte Eckbank [mit weiteren Sitzmö-

beln und einem Tisch]: in/auf der Sitzecke Platz nehmen.

sit|zen ['zɪtsn̩], saß, gesessen ‹itr.; hat/(südd., österr., schweiz.:) ist›:
1. *sich (auf einen Sitz) niedergelassen haben:* sie saß auf einem Stuhl; in diesem Sessel sitzt man sehr bequem; sie kann vor Schmerzen kaum sitzen; wegen seiner Mathenote ist er dieses Jahr sitzen geblieben *(muss er die Klasse wiederholen);* sie hat ihn mit dem Kind sitzen [ge]lassen (ugs.; *hat ihn und das Kind allein gelassen, verlassen*); auf seiner Ware sitzen bleiben (ugs.; *diese nicht verkaufen können*); der Klempner hat uns sitzen [ge]lassen (ugs.; *hat die Verabredung nicht eingehalten*); ich hätte diesen Verdacht nicht auf mir sitzen [ge]lassen (ugs.; *unwidersprochen lassen*); von seinen drei Töchtern ist eine sitzen geblieben (veraltet abwertend; *blieb eine unverheiratet*). **Zus.:** dasitzen, gegenübersitzen.
2. *sich (an einer bestimmten Stelle) befinden; (an einer bestimmten Stelle) befestigt sein:* an ihrem Hut saß eine Feder; der Knopf sitzt an der falschen Stelle; an dem Zweig sitzen mehrere Blüten. **Syn.:** sich befinden, sein.
3. (ugs.) *sich in Haft befinden:* er sitzt seit drei Jahren [im Gefängnis]. **Syn.:** hinter Gittern sitzen (ugs.), hinter Schloss und Riegel sitzen (ugs.), hinter schwedischen Gardinen sitzen (ugs. scherzh.), im Gefängnis sein, Knast schieben (salopp). **Zus.:** absitzen, einsitzen.
4. *(von Kleidungsstücken o. Ä.) in Größe und Schnitt den Maßen, Körperformen des Trägers, der Trägerin entsprechen:* der Anzug sitzt [gut, nicht]; das Kleid sitzt wie angegossen. **Syn.:** passen.

Sitz|mö|bel ['zɪtsmøːbl̩], das; -s, -: *zum Sitzen dienendes Möbel:* moderne Sitzmöbel sind häufig sehr eckig.

Sitz|platz ['zɪtsplats], der; -es, Sitzplätze ['zɪtsplɛtsə]: *Platz in Form einer Sitzgelegenheit, besonders Stuhl, Sessel in einem Zuschauerraum, Verkehrsmittel:* jmdm. einen Sitzplatz anbieten; ein Saal mit 400 Sitzplätzen. **Syn.:** Sitz.

Sit|zung ['zɪtsʊŋ], die; -, -en: *Versammlung, Zusammenkunft einer Vereinigung, eines Gremiums o. Ä., bei der über etwas beraten wird, Beschlüsse gefasst werden:* eine öffentliche, wichtige, turnusmäßige Sitzung; an einer Sitzung teilnehmen; es fand eine geheime Sitzung statt. **Syn.:** Besprechung, Konferenz, Tagung. **Zus.:** Fraktionssitzung, Karnevalssitzung, Redaktionssitzung, Sondersitzung, Vorstandssitzung.

Ska|la ['skaːla], die; -, Skalen ['skaːlən] und -s:
1. *(aus Strichen und Zahlen bestehende) Maßeinteilung an Messinstrumenten:* die Skala der Waage reicht bis 120 kg; einen Messwert von, auf einer Skala ablesen. **Zus.:** Temperaturskala.
2. *vollständige Reihe zusammengehöriger, sich abstufender Erscheinungen o. Ä.:* die Skala der Delikte reicht von Diebstahl bis zu Brandstiftung; eine große Skala von Farben. **Zus.:** Farbskala, Lohnskala, Werteskala.

Skal|pell [skal'pɛl], das; -s, -e: *kleines, bei Operationen verwendetes Messer mit fest stehender Klinge:* mit dem Skalpell die Haut durchtrennen.

Skan|dal [skan'daːl], der; -s, -e: *Vorkommnis, Geschehen, das große Empörung hervorruft:* die Zustände wachsen sich allmählich zum Skandal aus; einen Skandal verursachen, provozieren, vermeiden; sie war in einen Skandal verwickelt. **Syn.:** Eklat. **Zus.:** Bestechungsskandal, Dopingskandal, Finanzskandal.

skan|da|lös [skanda'løːs] ‹Adj.›: *Aufsehen und Empörung erregend; unerhört:* ein skandalöser Vorfall; man hat sie skandalös behandelt. **Syn.:** empörend, haarsträubend (emotional), kriminell (ugs.), [1]unerhört, ungeheuerlich.

skan|die|ren [skan'diːrən] ‹tr.; hat›:
a) *Verse mit starker Betonung der Hebungen sprechen:* ein Gedicht skandieren. **b)** *rhythmisch und abgehackt, in einzelnen Silben sprechen:* die Demonstranten skandierten: »Nazis raus!«.

Skat [skaːt], der; -[e]s, -s und -e:
a) ‹ohne Plural› *ein Kartenspiel, an dem drei Personen teilnehmen:* Skat spielen. **b)** *die beiden verdeckt liegenden Karten beim Skat* (a): das Ass war, lag im Skat.

Ske|lett [ske'lɛt], das; -[e]s, -e: *besonders aus Knochen bestehendes, die Weichteile des Körpers stützendes [bewegliches] Gerüst:* das menschliche Skelett; sie entdeckten das Skelett eines Dinosauriers. **Syn.:** Gebeine ‹Plural›, Gerippe. **Zus.:** Mammutskelett, Pferdeskelett.

Skep|sis ['skɛpsɪs], die; -: *[durch] kritische Zweifel, Bedenken, Misstrauen [bestimmtes Verhalten]; Zurückhaltung:* seine Skepsis sollte sich als unbegründet erweisen; dem neuen Vorschlag begegnete sie mit äußerster Skepsis. **Syn.:** Argwohn, Vorbehalt.

skep|tisch ['skɛptɪʃ] ‹Adj.›: *von Skepsis geprägt, auf ihr beruhend:* er machte ein skeptisches Gesicht; skeptisch betrachtete sie den Himmel. **Syn.:** argwöhnisch, kritisch, misstrauisch, zweifelnd.

Sketch [skɛtʃ], der; -[e]s, -e, **Sketsch:** *(besonders im Kabarett od. Varieté aufgeführte) kurze, effektvolle Szene mit meist witziger Pointierung:* einen Sketch aufführen.

Ski [ʃiː], **Schi,** der; -s, -er, auch: -: *langes, schmales, biegsames, vorn in eine nach oben gebogene Spitze auslaufendes Brett aus Holz, Kunststoff oder Metall, mit dem man sich gleitend über den Schnee fortbewegen kann:* ein Paar Ski; mein linker Ski machte sich selbstständig; Ski laufen, fahren. **Zus.:** Kurzski, Langlaufski, Wasserski.

Skiz|ze ['skɪtsə], die; -, -n:
1. *mit wenigen Strichen ausgeführte, sich auf das Wesentliche beschränkende Zeichnung [die als Entwurf dient]:* eine flüchtige Skizze; sie machte eine Skizze von dem Gebäude. **Syn.:** Zeichnung. **Zus.:** Bleistiftskizze, Geländeskizze, Kartenskizze, Lageskizze.
2. *kurze, stichwortartige Aufzeichnung:* die Skizze einer Rede; für den zweiten Teil seines Romans hatte er nur Skizzen hinterlassen. **Syn.:** Entwurf, Konzept. **Zus.:** Romanskizze.

skiz|zie|ren [skɪˈt̮si:rən] ⟨tr.; hat⟩:
1. *eine Skizze* (1) *anfertigen:* unterwegs skizzierte sie mehrere Gebäude. **Syn.:** zeichnen.
2. a) *in großen Zügen umreißen:* er skizzierte den Inhalt des Buches. **Syn.:** darlegen, schildern. **b)** *eine Skizze* (2) *anfertigen; ein Konzept machen:* sie skizzierte den Text für ihre Ansprache. **Syn.:** aufschreiben, entwerfen, festhalten, notieren.

Skla|ve [ˈskla:və], der; -n, -n:
1. (bes. früher) *männliche Person, die in völliger wirtschaftlicher und rechtlicher Abhängigkeit von einem anderen Menschen als dessen Eigentum lebt:* viele Schwarze wurden als Sklaven verkauft. **Zus.:** Arbeitssklave, Galeerensklave, Haussklave.
2. (oft abwertend) *männliche Person, die (innerlich unfrei) von etwas oder jmdm. sehr abhängig ist:* zum Sklaven seiner Leidenschaft werden.

Skla|ve|rei [skla:vəˈrai̯], die; - (bes. früher):
vollständige Abhängigkeit der Sklaven von ihrem Herrn, von ihrer Herrin: die Schwarzen wurden aus der Sklaverei befreit. **Syn.:** Leibeigenschaft.

Skla|vin [ˈskla:vɪn], die; -, -nen: weibliche Form zu ↑Sklave.

skla|visch [ˈskla:vɪʃ] ⟨Adj.⟩:
a) *blind und ohne eigenen Willen [gehorchend]; willenlos:* in sklavischem Gehorsam; jmdm. sklavisch ergeben sein. **Syn.:** kriecherisch (abwertend), unterwürfig. **b)** *genau und ohne abzuweichen, auch wenn es unvernünftig ist:* sich sklavisch an eine Vorschrift halten. **Syn.:** kleinlich (abwertend), pedantisch (abwertend).

Skru|pel [ˈskru:pl̩], die ⟨Plural⟩:
auf moralischen Bedenken beruhende Hemmung (etwas Bestimmtes zu tun): moralische, religiöse Skrupel; er hatte keine Skrupel zu lügen, zu stehlen. **Syn.:** Gewissensbisse ⟨Plural⟩. **Zus.:** Gewissensskrupel.

skru|pel|los [ˈskru:pl̩lo:s] ⟨Adj.⟩ (abwertend):
ohne Skrupel; gewissenlos: ein skrupelloser Verbrecher, Geschäftemacher; skrupelloser Machtmissbrauch; er hat skrupellos seinen besten Freund betrogen. **Syn.:** bedenkenlos, hemmungslos, rücksichtslos, schamlos, ungeniert.

Skulp|tur [skʊlpˈtu:ɐ̯], die; -, -en:
künstlerische Darstellung aus Stein, Holz oder Metall: reich mit Skulpturen geschmückte Portale. **Syn.:** [1]Plastik, Statue. **Zus.:** Holzskulptur, Marmorskulptur.

skur|ril [skʊˈri:l] ⟨Adj.⟩ (bildungsspr.):
eigenwillig und bizarr; seltsam: er hat skurrile Einfälle, Ideen; durch einen skurrilen Zufall traf ich sie später wieder. **Syn.:** exzentrisch, närrisch, sonderbar, überspannt, verrückt (ugs.).

Sla|lom [ˈsla:lɔm], der; -s, -s (Skisport, Kanusport):
Rennen, bei dem vom Start bis zum Ziel eine Anzahl von Toren durchfahren werden muss, die in Schlangen- oder Zickzacklinien aufgestellt sind: einen Slalom fahren. **Zus.:** Kanuslalom, Riesenslalom.

Slang [slɛŋ], der; -s, -s (oft abwertend):
nachlässige, oft fehlerhafte Ausdrucksweise; saloppe Umgangssprache: der amerikanische, deutsche Slang; er spricht einen fürchterlichen Slang. **Syn.:** Jargon (abwertend).

Slip [slɪp], der; -s, -s:
kleinere Unterhose für Damen, Herren und Kinder, die eng anliegt und deren Beinteil in der Schenkelbeuge endet: sie trug einen schwarzen Slip. **Syn.:** Schlüpfer. **Zus.:** Baumwollslip, Damenslip, Herrenslip.

Slo|gan [ˈslo:gn̩], der; -s, -s:
besonders in Werbung und Politik verwendeter, wirkungsvoll formulierter, einprägsamer Spruch: ein kurzer, treffender, eingängiger Slogan. **Zus.:** Wahlslogan, Werbeslogan.

Slum [slam], der; -s, -s:
Elendsviertel [einer Großstadt]: die Slums der Hauptstadt.

smart [sma:ɐ̯t] ⟨Adj.⟩:
a) *gewandt und gewitzt; geschäftstüchtig:* ein smarter Kurdirektor; er ist viel zu smart, um darauf hereinzufallen. **Syn.:** auf Draht (ugs.), auf Zack (ugs.), ausgekocht (ugs. abwertend), clever, gewieft (ugs.), pfiffig, schlau. **b)** *von modischer und auffallend erlesener Eleganz:* ein smartes Kostüm; eine smarte Erscheinung; sie sieht heute besonders smart aus. **Syn.:** apart, elegant, geschmackvoll, schick.

Smog [smɔk], der; -[s], -s:
mit Abgasen, Rauch u. a. gemischter Dunst oder Nebel über Großstädten, Industriegebieten [wenn kein Luftaustausch mit den oberen Luftschichten stattfindet]: die jüngsten und die ältesten Bewohner trifft der Smog am härtesten; zurzeit herrscht bei uns wieder Smog.

Smo|king [ˈsmo:kɪŋ], der; -s, -s:
[schwarzer] Anzug mit seidenen Aufschlägen für festliche gesellschaftliche Veranstaltungen: beim Diner trugen die Herren [einen] Smoking.

Snob [snɔp], der; -s, -s (abwertend):
Person, die sich gern extravagant gibt und glaubt, aufgrund eines entsprechenden Äußeren oder ausgefallener Interessen besonders vornehm oder intellektuell zu wirken: ein echter Snob liest »Ulysses« natürlich im Original. **Syn.:** Geck (abwertend).

[1]**so** [zo:] ⟨Adverb⟩:
1. a) *in dieser Weise, von dieser Art:* so oder ähnlich, anders; genau so habe ich mir das vorgestellt; es ist so, wie ich es mir gewünscht habe; so betrachtet/gesehen, hat er recht; das ist, wenn ich so sagen darf, eine Unverfrorenheit; recht so!; so kannst du das nicht machen; so ist es nicht gewesen; er spricht so, dass ihn jeder verstehen kann. **Syn.:** derart. **b)** *in solchem Maße, Grade:* er konnte nicht kommen, weil er so erkältet war; die Arbeit war nicht so schwer; einen so heißen Sommer hatten wir schon lange nicht mehr; er kam so spät, dass der Zug schon weg war; du musst so schnell wie möglich kommen; er ist so groß wie sein Bruder. **Syn.:** dermaßen.
c) (ugs.) *etwa, schätzungsweise:* er wird so um zwei Uhr hier ankommen; so an die 30 Leute waren da. **Syn.:** in etwa, ungefähr, wohl. **d)** (ugs.) dient dazu, auszudrücken, dass ein Vorgang ohne etwas Bestimmtes erfolgt, das sonst oft damit verbunden ist: ich hatte meine Mitgliedskarte vergessen, da hat man

S
skiz

mich so reingelassen; »Brauchen Sie eine Tüte?« – »Nein, ich nehme die zwei Flaschen so.«; »Danke, ich brauche kein Brot, ich esse die Wurst so.«; »Wie viel hat das Poster gekostet?« – »Das habe ich so *(umsonst)* gekriegt.«.
2. * **so ein/eine** (ugs.): *solch ein/eine:* so ein Unglück; bei so einem Wetter wird er nicht kommen.

²so [zoː] ⟨Partikel⟩:
1. dient zu Beginn eines Aufforderungssatzes dazu, einer Aufforderung besonderen Nachdruck zu verleihen: so hör doch endlich!
2. dient als Frage im Gespräch dazu, das Gegenüber aufzufordern, eine überraschende Mitteilung noch einmal zu bestätigen: »Ich werde nächste Woche verreisen.« – »So? [Wohin denn?]«.
3. dient dazu, den Abschluss einer Angelegenheit [und den Übergang zu einer anderen] zu markieren: so, das wäre geschafft!; so, jetzt kann es losgehen; so, und was machen wir nun?

so|bald [zoˈbalt] ⟨Konj.⟩:
drückt aus, dass etwas unmittelbar im Anschluss an etwas anderes geschieht; *sofort wenn; sogleich wenn:* sie will anrufen, sobald sie zu Hause angekommen ist. **Syn.:** sowie.

So|cke [ˈzɔkə], die; -, -n:
kurzer, bis an die Wade oder zur Mitte der Wade reichender Strumpf: [ein Paar] dicke, gestrickte, wollene Socken; sich, dem Kind Socken anziehen; Socken stopfen. **Zus.:** Herrensocke, Strumpfsocke.

So|ckel [ˈzɔkl̩], der; -s, -:
1. *unterer [abgesetzter] Teil eines Gebäudes, einer Mauer, eines Möbelstücks o. Ä.:* der Sockel des Hauses ist aus Sandstein; der Schrank hat einen 9 cm hohen Sockel. **Syn.:** Fundament, Fuß.
2. *Block aus Stein o. Ä., auf dem etwas, besonders eine Säule, Statue steht:* das Denkmal steht auf einem Sockel aus Granit; sie stürzten das Standbild des Diktators vom Sockel. **Syn.:** Fuß. **Zus.:** Marmorsockel.

so|dass [zoˈdas] ⟨Konj.⟩, **so dass:**
mit dem Ergebnis, der Folge, dass: sie war krank, sodass sie absagen musste.

So|do|mie [zodoˈmiː], die; -:
Geschlechtsverkehr mit Tieren.

so|eben [zoˈ|eːbn̩] ⟨Adverb⟩:
in diesem Augenblick: soeben kam die Nachricht, dass er gut angekommen ist. **Syn.:** ²eben, gerade, jetzt, just (veraltend, noch scherzh.).

So|fa [ˈzoːfa], das; -s, -s:
gepolstertes Sitzmöbel mit Arm- und Rückenlehne, auf dem mehrere Personen sitzen können: ein bequemes, weich gepolstertes Sofa; auf dem Sofa sitzen, liegen, schlafen; er flegelte sich aufs Sofa. **Syn.:** Couch. **Zus.:** Ledersofa, Liegesofa, Schlafsofa.

so|fern [zoˈfɛrn] ⟨Konj.⟩:
vorausgesetzt, dass: wir werden kommen, sofern es euch passt; sofern es nicht in Strömen regnet, fahre ich mit dem Fahrrad. **Syn.:** falls, wenn.

so|fort [zoˈfɔrt] ⟨Adverb⟩:
unverzüglich; auf der Stelle: der Arzt muss sofort kommen; sie musste sofort operiert werden. **Syn.:** auf der Stelle, augenblicklich, ²gleich, jetzt, prompt, schnurstracks, sogleich.

Sof|tie [ˈzɔfti], der; -s, -s (ugs.):
[jüngerer] Mann von sanftem, zärtlichem, empfindungsfähigem Wesen: ihr neuer Freund ist ein [richtiger] Softie.

Soft|ware [ˈzɔftvɛːɐ̯], die; -, -s:
(im Unterschied zur Hardware) alle nicht technisch-physikalischen Funktionsbestandteile eines Computers, insbesondere Computerprogramme: die neueste Version der Software herunterladen; eine neue Software installieren; diese Software läuft nicht auf meinem Rechner.

Sog [zoːk], der; -[e]s, -e:
(in der nächsten Umgebung eines Strudels oder Wirbels oder hinter einem sich in Bewegung befindenden Gegenstand, z. B. einem fahrenden Fahrzeug, auftretende) saugende Strömung in Wasser oder Luft: einen Sog erzeugen, ausüben; der Sog des Wassers riss das Boot fort; in den Sog der Schiffsschraube geraten.

so|gar [zoˈgaːɐ̯] ⟨Partikel⟩:
²auch (4), *²selbst:* er hat uns eingeladen und hat uns sogar mit dem Auto abgeholt; das war sogar ihr zu teuer; sogar an Wochentagen findet man dort einen Parkplatz. **Syn.:** außerdem, obendrein, überdies, zudem.

so|ge|nannt [ˈzoːɡənant] ⟨Adj.⟩, **so genannt:**
[zu Unrecht] allgemein so bezeichnet; als … bezeichnet: aus den Rückständen, den sogenannten Trestern, brennen sie Schnaps; seine sogenannten Freunde haben ihn im Stich gelassen.

so|gleich [zoˈɡlai̯ç] ⟨Adverb⟩:
sofort: als die Gäste ankamen, wurden sie sogleich in ihre Zimmer geführt; einen Moment bitte, ich komme sogleich. **Syn.:** auf der Stelle, augenblicklich, ²gleich, jetzt, prompt, schnurstracks (ugs.), unverzüglich.

Soh|le [ˈzoːlə], die; -, -n:
1. *untere Fläche des Fußes:* er hat Blasen an den Sohlen. **Zus.:** Fußsohle.
2. *untere Fläche des Schuhs, auch des Strumpfes:* ihre Schuhe haben Sohlen aus Gummi. **Zus.:** Gummisohle, Ledersohle, Schuhsohle.
3. *Boden eines Tales, Flusses o. Ä.:* die Sohle des Tales ist mehrere Kilometer breit. **Zus.:** Talsohle.

Sohn [zoːn], der; -[e]s, Söhne [ˈzøːnə]:
männliche Person im Hinblick auf ihre leibliche Abstammung von den Eltern; unmittelbarer männlicher Nachkomme: ein Sohn aus erster, zweiter Ehe; der älteste, jüngste, einzige, erstgeborene Sohn; Vater und Sohn sehen sich überhaupt nicht ähnlich; die Familie hat zwei Söhne und eine Tochter. **Syn.:** Junior. **Zus.:** Adoptivsohn, Lieblingssohn.

¹so|lang [zoˈlaŋ], **¹so|lan|ge** [zoˈlaŋə] ⟨Konj.⟩:
für die Dauer der Zeit, während deren …: du kannst bleiben, solang[e] du willst; solang[e] du Fieber hast, musst du im Bett bleiben; (bes. verneint oft mit konditionaler Nebenbedeutung) solang[e] du nicht alles aufgegessen hast, darfst du nicht vom Tisch aufstehen.

²so|lang [zoˈlaŋ], **²so|lan|ge** [zoˈlaŋə] ⟨Adverb⟩:
währenddessen: mach das ruhig

erst fertig, ich lese solang[e] Zeitung. **Syn.:** einstweilen, in der Zwischenzeit, inzwischen.

solch [zɔlç] ⟨Demonstrativpronomen⟩:
1. sol|cher, sol|che, sol|ches; ⟨unflektiert⟩ solch: **a)** weist auf die Art oder Beschaffenheit hin; *so geartet, so beschaffen:* [eine] solche Handlungsweise; [ein] solches Vertrauen; ein solcher Glaube; solche Taten; mit solchen Leuten; solche prachtvollen/(auch:) prachtvolle Bauten; zwei, einige solche/solcher Fehler. **Syn.:** derartig, dergleichen. **b)** weist auf den Grad, die Intensität hin; *so groß, so stark:* ich habe solchen Hunger, solche Kopfschmerzen; rede nicht solchen Unsinn! **Syn.:** derartig.
2. ⟨selbstständig⟩ nimmt Bezug auf etwas in einem vorangegangenen oder folgenden Substantiv oder Satz Genanntes: solche wie die fallen doch immer auf die Füße; die Sache als solche *(an sich)* wäre schon akzeptabel.
3. ⟨unflektiert⟩ (geh.) *so [ein]:* solch ein Tag; solch feiner Stoff; bei solch herrlichem Wetter/einem solch herrlichen Wetter/solch einem herrlichen Wetter. **Syn.:** derartig.

Sold [zɔlt], der; -[e]s, -e:
1. (veraltend) *Lohn, Entgelt für Kriegsdienste:* der Sold war nicht hoch; Sold zahlen, auszahlen, empfangen. **Syn.:** Bezahlung.
2. *[monatliche] Bezahlung der Wehrdienst leistenden Soldaten und Soldatinnen:* die Soldaten wurden auf halben Sold gesetzt. **Syn.:** ²Gehalt. **Zus.:** Wehrsold.

Sol|dat [zɔlˈda:t], der; -en, -en, **Sol|da|tin** [zɔlˈda:tɪn], die; -, -nen: *Angehöriger bzw. Angehörige der Streitkräfte eines Landes:* ein einfacher, aktiver Soldat; die Soldaten bekamen Urlaub; sie wollte Soldatin werden. **Syn.:** Bürger/Bürgerin in Uniform, Kämpfer, Kämpferin. **Zus.:** Berufssoldat, Berufssoldatin, Zeitsoldat, Zeitsoldatin.

so|li|da|risch [zoliˈda:rɪʃ] ⟨Adj.⟩: *auf Solidarität beruhend:* eine solidarische Haltung; wir fühlen uns solidarisch mit unseren streikenden Kollegen; meine Schwester hat sich mir gegenüber immer solidarisch verhalten.

so|li|da|ri|sie|ren [zolidariˈzi:rən] ⟨+ sich⟩: *sich solidarisch erklären:* die Partei solidarisierte sich mit den Streikenden, mit dem Beschluss des Vorstandes. **Syn.:** solidarisch sein, Solidarität üben, zu jmdm./etwas stehen.

So|li|da|ri|tät [zolidariˈtɛ:t], die; -: *unbedingtes Zusammenhalten mit jmdm. aufgrund gleicher Anschauungen und Ziele:* die Solidarität zwischen Beschäftigten und Arbeitslosen ist nicht allzu groß; für Solidarität eintreten.

so|li|de [zoˈli:də] ⟨Adj.⟩:
1. *in Bezug auf das Material so beschaffen, dass es fest, massiv, haltbar, gediegen ist:* ein solides Blockhaus; die Mauern sind solide; die Schuhe sind solide gearbeitet. **Syn.:** gediegen.
2. a) *gut fundiert:* solide Kenntnisse haben; das Geschäft ist solide. **Syn.:** gediegen. **b)** *maßvoll (in seiner Lebensweise):* ein solider Lebenswandel; wir leben sehr solide; er hat geheiratet und ist solide geworden.

So|list [zoˈlɪst], der; -en, -en, **So|lis|tin** [zoˈlɪstɪn], die; -, -nen: *Person, die ein Solo* (a) *singt, spielt oder tanzt:* als Solist auftreten; sie trennte sich von der Band und versuchte es als Solistin. **Zus.:** Gesangssolist, Gesangssolistin, Violinsolist, Violinsolistin.

Soll [zɔl], das; -[s], -[s]: *geforderte Arbeitsleistung, festgelegte Menge:* ich habe heute mein Soll nicht erfüllt; ein Soll von 500 Autos pro Tag. **Syn.:** Pensum. **Zus.:** Einnahmesoll, Jahressoll, Tagessoll.

sol|len [ˈzɔlən], soll, sollte, gesollt/sollen:
1. ⟨Modalverb; hat; 2. Partizip: sollen⟩ **a)** *die Aufforderung, Anweisung, den Auftrag haben, etwas Bestimmtes zu tun:* er soll sofort kommen; solltest du nicht bei ihm anrufen? **b)** dient dazu, einen Wunsch, eine Absicht, ein Vorhaben auszudrücken: du sollst dich hier wie zu Hause fühlen; was soll denn das heißen?; wozu soll denn das gut sein?; sie sollen wissen, dass …; es soll *(möge)* ihm nützen; du sollst alles haben, was du brauchst *(es sei dir zugestanden);* ⟨mit Ellipse des Vollverbs⟩ »Der hat vielleicht geflucht!« – »Soll er doch« (ugs.; *meinetwegen*). **c)** ⟨bes. in Fragesätzen⟩ dient dazu, Unsicherheit, Zweifel, Ratlosigkeit auszudrücken: was soll das nur geben?; was soll ich nur machen?; er wusste nicht, wie er aus der Situation herauskommen sollte. **d)** dient dazu, auszudrücken, dass ein bestimmtes Verhalten geboten ist oder [von dritter Seite] verlangt wird: [sag ihm,] er soll sofort nach Hause kommen; du sollst den Mund halten!; das fünfte Gebot lautet: Du sollst nicht töten. **e)** ⟨häufig im 2. Konjunktiv⟩ dient dazu, auszudrücken, dass etwas normalerweise der Fall und daher zu erwarten ist: du sollst, solltest dich schämen, darüber freuen; jetzt sollte es wieder funktionieren; das sollte er längst gemacht haben. **f)** ⟨häufig im 2. Konjunktiv⟩ dient dazu, auszudrücken, dass ein bestimmtes Tun, ein bestimmtes Verhalten wünschenswert, richtig oder geboten ist: auf so etwas sollte man sich gar nicht einlassen; du hättest dich weigern sollen; dieses Buch sollte man gelesen haben. **g)** ⟨gewöhnlich im Präteritum⟩ dient dazu, zu signalisieren, dass (aus der Sicht der Personen einer Erzählung) von Zukünftigem die Rede ist: es sollte jedoch ganz anders kommen; er sollte seine Heimat nicht wiedersehen; es hat nicht sein sollen/hat nicht sollen sein. **h)** ⟨im 2. Konjunktiv⟩ dient dazu, einen abhängigen Satz als Konditionalsatz zu kennzeichnen: sollte es regnen, [dann] bleiben wir zu Hause; wenn du ihn sehen solltest, sag es ihm bitte. **i)** ⟨im Präsens⟩ dient dazu, eine Aussage als bloße Wiedergabe einer von dritter Seite aufgestellten Behauptung zu kennzeichnen und auszudrücken, dass man sich für ihre Wahrheit nicht verbürgt: sie soll im Lotto gewonnen haben; das Restaurant soll sehr gut sein. **j)** ⟨im 2. Konjunktiv⟩ dient in Fragen dazu, Zweifel auszudrücken: sollte das

wirklich wahr sein?; sollte das sein Ernst sein?
2. ⟨itr; hat; 2. Partizip: gesollt⟩
a) *(etwas Bestimmtes) tun sollen, sich (an einen bestimmten Ort) begeben sollen:* gerade das hätte er nicht gesollt; ich hätte heute eigentlich in die/zur Schule gesollt; was soll sie dort?
b) *gebracht werden sollen:* der Brief soll möglichst schnell zur Post. **c)** ⟨bes. in Fragesätzen⟩ *bedeuten, bewirken, nützen sollen:* was soll denn das?

so|lo ['zo:lo] ⟨Adj.; nicht flektierbar⟩:
a) *als Solist, Solistin auftretend:* in diesem Konzert singe, spiele ich solo. **Syn.:** [1]allein, einzeln, ohne Begleitung. **b)** (ugs.) *allein, ohne Partner:* diesmal bin ich solo; ich gehe solo auf die Party. **Syn.:** ohne Begleitung.

So|lo ['zo:lo], das; -s, -s und Soli ['zo:li]:
a) *allein von einer Person vorgetragene, gesungene, auf einem bestimmten Instrument gespielte oder getanzte Partie (innerhalb eines Chores, eines Orchesters oder eines Balletts):* ein Solo singen, spielen, tanzen. **Zus.:** Gitarrensolo, Saxofonsolo, Trompetensolo. **b)** *längeres, äußerst geschicktes Manöver, durch das ein einzelner Spieler mit dem Ball zum gegnerischen Tor vordringt:* durch ein schönes Solo brachte er den Ball vor das Tor. **c)** *Kartenspiel, bei dem ein Einzelner gegen die übrigen Mitspieler spielt.*

so|mit [zo'mɪt] ⟨Adverb⟩:
wie daraus zu schließen, zu folgern ist: sie war bei dem Vorfall nicht anwesend, somit konnte sie nicht darüber berichten. **Syn.:** also, demnach, deshalb, deswegen, folglich, infolgedessen.

Som|mer ['zɔmɐ], der; -s, -:
Jahreszeit zwischen Frühling und Herbst: ein heißer, kurzer, regnerischer, verregneter Sommer; den [ganzen] Sommer über.

Som|mer|fe|ri|en ['zɔmɐfe:ri̯ən], die ⟨Plural⟩:
lange Schulferien im Sommer: in den Sommerferien will sie arbeiten.

som|mer|lich ['zɔmɐlɪç] ⟨Adj.⟩:
dem Sommer gemäß, wie im Sommer üblich: es herrschte sommerliches Wetter; sommerliche Temperaturen; sie trug ein sommerliches Kleid; sich sommerlich anziehen; es war sommerlich warm.

Som|mer|spros|se ['zɔmɐʃprɔsə], die; -, -n:
(besonders im Sommer deutlich hervor- und in großer Zahl auftretender) kleiner bräunlicher Fleck auf der Haut, vor allem im Gesicht: sie hat rote Haare und Sommersprossen.

So|na|te [zo'na:tə], die; -, -n:
zyklisch angelegte Instrumentalkomposition mit drei oder vier Sätzen in kleiner oder solistischer Besetzung: eine Sonate üben, vortragen, spielen. **Zus.:** Klaviersonate, Violinsonate.

Son|de ['zɔndə], die; -, -n:
1. *stab- oder röhrenförmiges Instrument, das zur Untersuchung oder Behandlung in Körperhöhlen oder Gewebe eingeführt wird:* eine Sonde in den Magen einführen. **Zus.:** Blasensonde, Magensonde.
2. *Flugkörper mit Messgeräten:* die Sonde ist in eine Umlaufbahn um den Mars eingeschwenkt. **Zus.:** Marssonde, Mondsonde, Venussonde.

Son|der- [zɔndɐ] ⟨Präfixoid⟩:
drückt aus, dass etwas nicht dem Üblichen entspricht oder für einen besonderen Zweck bestimmt ist: Sonderabteil; Sonderaktion; Sonderanfertigung; Sonderauftrag; Sonderausstellung; Sonderausweis; Sonderbotschafter; Sondergenehmigung; Sonderkonto; Sonderleistung; Sondernutzung; Sonderparteitag; Sonderschicht; Sondersitzung; Sonderurlaub; Sonderverpflegung; Sondervertrag; Sonderwunsch; Sonderzug; Sonderzulage. **Syn.:** Einzel-, Extra-, Spezial-.

Son|der|an|ge|bot ['zɔndɐ|angəbo:t], das; -[e]s, -e:
auf eine kurze Zeitspanne beschränktes preiswertes Angebot einer Ware: auf Sonderangebote achten; der Schinken ist heute im Sonderangebot.

son|der|bar ['zɔndɐba:ɐ̯] ⟨Adj.⟩:
vom Üblichen, Erwarteten abweichend; merkwürdig, eigenartig: ein sonderbarer Mensch; ihr Benehmen war sonderbar; [ich finde es] sonderbar, dass niemand im Haus ist; es war sonderbar still. **Syn.:** bizarr, eigentümlich, kauzig, komisch, kurios, schrullig, seltsam, verschroben, verwunderlich.

son|der|lich ['zɔndɐlɪç] ⟨Adj.; verneint⟩:
a) *besonders groß:* diese Arbeit macht ihr keine sonderliche Freude. **Syn.:** besonder... **b)** ⟨verstärkend bei Adjektiven und Verben⟩ *sehr:* sich nicht sonderlich freuen; dieses Haus ist nicht sonderlich groß. **Syn.:** besonders.

Son|der|ling ['zɔndɐlɪŋ], der; -s, -e:
Person, die durch ihr sonderbares Wesen, durch ausgeprägte Eigenarten auffällt: er/sie ist ein Sonderling, der am liebsten allein lebt. **Syn.:** Außenseiter, Außenseiterin, Eigenbrötler (oft abwertend), Eigenbrötlerin (oft abwertend), Einzelgänger, Einzelgängerin, Kauz (ugs.).

son|dern ['zɔndɐn] ⟨Konj.; steht nach einem verneinten Satzglied oder Satz⟩:
drückt aus, dass sich etwas anders verhält, als zuvor angenommen wurde; *vielmehr:* ich komme nicht heute, sondern morgen; nicht nur die Kinder, sondern auch die Eltern waren krank geworden; du darfst nicht nur mitkommen, sondern ich bitte dich sogar darum.

son|die|ren [zɔn'di:rən] ⟨tr.; hat⟩:
etwas vorsichtig erkunden, um sein eigenes Verhalten der Situation anpassen zu können: die Lage sondieren; ich kam, um zu sondieren, wie die Stimmung der Wähler sei; ⟨auch itr.⟩ bevor wir eine Entscheidung treffen, müssen wir erst einmal sondieren. **Syn.:** auskundschaften, recherchieren, vorfühlen.

Sonn|abend ['zɔn|a:bn̩t], der; -s, -e (bes. nordd.):
Samstag: gehst du am Sonnabend zum Fußball?

Son|ne ['zɔnə], die; -:
1. *als gelb bis glutrot leuchtende Scheibe am Himmel erscheinender, der Erde Licht und Wärme spendender Himmelskörper:* die Sonne war hinter den Wolken verborgen; die Sonne ist aufgegangen, untergegangen. **Zus.:** Abendsonne, Frühlingssonne, Herbstsonne, Märzsonne, Mittagssonne, Morgensonne.

2. *Licht und Wärme der Sonne* (1): diese Pflanzen brauchen viel Sonne; in der prallen Sonne sitzen; ich kann keine Sonne vertragen. **Zus.:** Abendsonne, Frühlingssonne, Herbstsonne, Märzsonne.

son|nen ['zɔnən] ⟨+ sich⟩: *sich von der Sonne bescheinen lassen; ein Sonnenbad nehmen:* ich will mich auf dem Balkon sonnen. **Syn.:** in der Sonne liegen, sich die Sonne auf den Bauch scheinen lassen, sich in der Sonne aalen (ugs.), sich in die Sonne legen.

Son|nen|brand ['zɔnənbrant], der; -[e]s: *durch zu starke Einwirkung der Sonne hervorgerufene Entzündung der Haut:* einen Sonnenbrand haben, bekommen.

Son|nen|bril|le ['zɔnənbrɪlə], die; -, -n: *Brille mit dunkel getönten Gläsern zum Schutz der Augen vor zu starker Helligkeit des Sonnenlichts:* eine Sonnenbrille tragen; sich eine [neue] Sonnenbrille machen lassen.

Son|nen|un|ter|gang ['zɔnən|ʊntɐgaŋ], der; -[e]s, Sonnenuntergänge ['zɔnən|ʊntɐgɛŋə]: *Untergang der Sonne am Abend:* sie saßen auf der Terrasse und genossen den Sonnenuntergang.

son|nig ['zɔnɪç] ⟨Adj.⟩: **a)** *von Sonnenschein erfüllt; mit Sonnenschein:* ein sonniges Zimmer; ein sonniger Tag; das Wetter war sonnig. **Syn.:** heiter. **b)** *(in ärgerlicher Weise) unbekümmert:* du hast ja ein sonniges Gemüt: Die Vorstellung beginnt um acht, und du bist immer noch nicht fertig. **Syn.:** heiter.

Sonn|tag ['zɔnta:k], der; -[e]s, -e: *siebter Tag der mit Montag beginnenden Woche.* **Zus.:** Adventssonntag, Ostersonntag, Pfingstsonntag.

sonn|täg|lich ['zɔntɛ:klɪç] ⟨Adj.⟩: **a)** *so, wie es an Sonntagen üblich ist:* eine sonntägliche Stille; alle waren sonntäglich gekleidet. **Syn.:** feierlich, festlich. **b)** *an jedem Sonntag stattfindend:* der sonntägliche Kirchgang.

Sonn|tags- [zɔnta:ks] ⟨Präfixoid⟩: **a)** *nicht alltäglich; für besondere, feierliche Anlässe bestimmt:* Sonntagsanzug; Sonntagsbraten; Sonntagsessen; Sonntagskleid; Sonntagsstaat *(gute Kleidung, die am Sonntag getragen wird).* **b)** (iron.) *nur ab und zu einmal, nur gelegentlich und wegen der fehlenden Übung nicht so gut:* Sonntagsdichter; Sonntagsfahrer; Sonntagsjäger; Sonntagsmaler. **c)** (iron.) *in nur äußerlicher, zur Schau gestellter Weise feierlich, freundlich, liebenswürdig:* Sonntagsgesicht; Sonntagslächeln; Sonntagsrede. **d)** kennzeichnet einen vom Glück begünstigten Menschen: Sonntagsjunge; Sonntagskind.

sonst [zɔnst] ⟨Adverb⟩: **a)** *im anderen Falle:* ich bat um Hilfe, weil ich fürchtete, sonst nicht rechtzeitig fertig zu werden; was soll man sonst machen? **Syn.:** anders, ander[e]nfalls, ansonsten. **b)** *darüber hinaus:* haben Sie sonst noch eine Frage?; es war sonst niemand im Hause. **Syn.:** ansonsten, außerdem. **c)** *in anderen Fällen, bei anderen Gelegenheiten:* sie hat sich sonst immer bei uns verabschiedet; die sonst so klugen Experten haben sich da geirrt. **Syn.:** für gewöhnlich, gewöhnlich, normalerweise.

sons|tig ['zɔnstɪç] ⟨Adj.⟩: *sonst noch vorhanden, in Betracht zu ziehen; anderweitig:* Bücher und sonstiges Eigentum; das passt nicht zu deinen sonstigen Gewohnheiten; bei Ausnutzung sonstiger arbeitsfreier/(auch:) arbeitsfreien Tage; mit sonstigem unveröffentlichtem/(auch:) unveröffentlichten Material; sonstiges überflüssiges Gepäck; alles Sonstige besprechen wir morgen. **Syn.:** übrig, weiter...

so|oft [zo'|ɔft] ⟨Konj.⟩: *immer wenn:* du kannst kommen, sooft du willst.

So|pran [zo'pra:n], der; -s, -e: **1.** *Stimme in hoher Lage, höchste menschliche Stimmlage (von einer Sängerin, einem Knaben):* sie hat einen schönen Sopran; er singt Sopran. **Zus.:** Knabensopran, Koloratursopran. **2.** *Person, die Sopran* (1) *singt:* unser Sopran ist krank. **Zus.:** Knabensopran, Koloratursopran.

Sor|ge ['zɔrgə], die; -, -n: **1.** *bedrückendes Gefühl der Unruhe und Angst:* ich habe große Sorgen; wir machen uns Sorgen um unseren Freund; etwas erfüllt jmdn. mit Sorge; keine Sorge, wir werden das schon schaffen. **Syn.:** Besorgnis. **Zus.:** Alltagssorge, Existenzsorge, Geldsorge. **2.** ⟨ohne Plural⟩ *das Sorgen für jmdn., das Bemühen um jmds. Wohlergehen:* die Sorge für ihre Familie forderte alle ihre Kräfte.

sor|gen ['zɔrgn̩]: **1.** ⟨+ sich⟩ *in Sorge* (1) *sein:* Mutter sorgt sich wegen jeder Kleinigkeit; du brauchst dich nicht um mich zu sorgen. **Syn.:** bangen (geh.), besorgt sein, sich beunruhigen, sich Gedanken machen, sich Sorgen machen. **2.** ⟨itr.; hat⟩: **a)** *(jmdn., etwas) betreuen, sich um jmdn. kümmern:* sie sorgt gut für ihre Familie; wer sorgt für den Hund? **Syn.:** sich annehmen, versorgen. **b)** *sich darum bemühen, dass etwas Bestimmtes vorhanden ist, erreicht wird o. Ä.:* für Getränke sorgen; für eine gute Erziehung seiner Kinder sorgen; du musst endlich für Ruhe sorgen; dafür ist gesorgt. **Syn.:** sich kümmern um.

Sorg|falt ['zɔrkfalt], die; -: *große Achtsamkeit und Genauigkeit:* es fehlt die nötige Sorgfalt; mit großer Sorgfalt arbeiten; die Bücher mit Sorgfalt behandeln. **Syn.:** Exaktheit, Präzision.

sorg|fäl|tig ['zɔrkfɛltɪç] ⟨Adj.⟩: *mit großer Sorgfalt, von Sorgfalt zeugend:* eine sorgfältige Ausarbeitung; sie legten die Kleidungsstücke sorgfältig in den Schrank. **Syn.:** [1]akkurat, behutsam, [1]genau, gewissenhaft, gründlich, ordentlich, penibel, pfleglich, präzise, säuberlich, sorgsam, vorsichtig.

sorg|los ['zɔrklo:s] ⟨Adj.⟩: **a)** *ohne Sorgfalt:* du gehst zu sorglos mit den kostbaren Gegenständen um. **Syn.:** achtlos, gedankenlos, gleichgültig, leichtsinnig, nachlässig, unachtsam, unbedacht. **b)** *sich keine Sorgen machend:* ein sorgloses Leben führen. **Syn.:** [1]glücklich, unbekümmert, unbeschwert, unbesorgt.

sorg|sam ['zɔrkza:m] ⟨Adj.⟩: *sorgfältig und mit Behutsamkeit:* eine sorgsame Betreuung des Kranken; sorgsam mit seinen Sachen umgehen. **Syn.:** behutsam, gewissenhaft, gründlich, ordentlich, pfleglich, säuberlich, sorgfältig, vorsichtig.

Sor|te ['zɔrtə], die; -, -n: *Art, Qualität (einer Ware, Züchtung o. Ä.), die sich durch bestimmte Merkmale oder Eigenschaften von anderen Exemplaren oder Gruppen der gleichen Gattung unterscheidet:* verschiedene Sorten Äpfel; eine besonders milde Sorte [von] Kaffee; diese Sorte Mensch findet man überall. **Zus.:** Gemüsesorte, Getreidesorte, Kaffeesorte, Käsesorte, Obstsorte, Textsorte.

sor|tie|ren [zɔr'ti:rən] ⟨tr.; hat⟩: *(Dinge) nach bestimmten Merkmalen ordnen:* die Wäsche, Akten, Fotos sortieren.

Sor|ti|ment [zɔrti'mɛnt], das; -[e]s, -e: *Gesamtheit oder bestimmte Auswahl von Waren, die [in einem Geschäft] zur Verfügung stehen:* sein Sortiment an Lebensmitteln erweitern, vergrößern; bei uns gibt es ein reiches Sortiment an Gläsern und Tassen. **Syn.:** Angebot, Kollektion. **Zus.:** Buchsortiment, Warensortiment.

so|sehr [zo'ze:ɐ̯] ⟨Konj.⟩: *wie sehr auch:* sosehr ich mich auch bemühte, ich schaffte es nicht.

¹so|so [zo'zo:] ⟨Interjektion⟩: **a)** drückt Ironie oder Zweifel aus: soso, du warst also gestern krank. **Syn.:** sieh mal einer an. **b)** drückt aus, dass man dem Gesagten relativ gleichgültig gegenübersteht: »Ich habe heute Max getroffen.« – »Soso, das ist nett.«.

²so|so [zo'zo:] ⟨Adverb⟩ (ugs.): *weder gut noch schlecht; mittelmäßig:* mir geht es zurzeit soso. **Syn.:** durchwachsen (ugs.); einigermaßen; erträglich; leidlich; mehr schlecht als recht; so lala (ugs.); teils, teils.

So|ße ['zo:sə], die; -, -n, **Sauce:** *aromatische, meist dickflüssige Beigabe zu Gerichten und Nachspeisen, zum Anmachen von Salaten o. Ä.:* zu Braten und Klößen gab es eine herrliche Soße. **Syn.:** Tunke (landsch.). **Zus.:** Bratensoße, Himbeersoße, Meerrettichsoße, Rahmsoße, Sahnesoße, Salatsoße, Schokoladensoße, Senfsoße, Tomatensoße, Vanillesoße.

Souf|fleur [zu'flø:ɐ̯], der; -s, -e, **Souf|fleu|se** [zu'flø:zə], die; -, -n: *Person, die bei einem Theaterstück den Schauspielern, Schauspielerinnen souffliert:* als Souffleuse arbeiten.

souf|flie|ren [zu'fli:rən] ⟨tr.; hat⟩: *den Schauspielern, Schauspielerinnen während der Aufführung den Text ihrer Rolle leise vorsagen:* den großen Monolog musste sie dem Schauspieler soufflieren; ⟨auch itr.⟩ ich werde beim Schultheaterstück soufflieren.

Sound [zaunt], der; -s, -s: *charakteristischer Klang, charakteristische Klangfarbe:* der unnachahmliche Sound von Glenn Miller.

Sou|per [zu'pe:], das; -s, -s (geh.): *Abendessen in einem festlichen Rahmen:* wir sind heute zu einem Souper geladen. **Syn.:** Diner, Essen.

sou|pie|ren [zu'pi:rən] ⟨itr.; hat⟩ (geh.): *ein Souper einnehmen:* wir soupieren heute beim Minister, mit dem Vizepräsidenten. **Syn.:** dinieren (geh.).

Sou|ter|rain [zutɛ'rɛ̃:], das; -s, -s: *teilweise oder ganz unter der Erde liegendes Geschoss* (2) *eines Hauses:* das Lager befindet sich im Souterrain.

Sou|ve|nir [zuvə'ni:ɐ̯], das; -s, -s: *Gegenstand, den man als Erinnerung von einer Reise mitbringt:* ich will mir noch etwas als Souvenir mitnehmen. **Syn.:** Andenken. **Zus.:** Reisesouvenir.

sou|ve|rän [zuvə'rɛ:n] ⟨Adj.⟩: **1.** *Souveränität* (2) *besitzend:* ein souveräner Staat. **Syn.:** unabhängig. **2.** *überlegen und sicher (im Auftreten und Handeln):* eine souveräne Beherrschung der fremden Sprache; im Unterricht bist du sehr souverän; souverän beantwortete sie alle Fragen.

Sou|ve|rä|ni|tät [zuvərɛni'tɛ:t], die; -: **1.** *höchste Gewalt; Oberhoheit eines Staates:* die Souveränität Italiens über Triest. **2.** *Unabhängigkeit eines Staates (vom Einfluss anderer Staaten):* die Souveränität eines Landes respektieren. **Zus.:** Volkssouveränität. **3.** *souveränes* (2) *Handeln o. Ä.:* mit großer Souveränität leitete sie die Verhandlung. **Syn.:** Sicherheit.

so|viel [zo'fi:l] ⟨Konj.⟩: **a)** *in welch hohem Maß auch immer:* soviel ich auch arbeitete, ich wurde nie fertig. **b)** *nach dem, was:* soviel ich sehe, wird es eine gute Ernte geben. **Syn.:** soweit.

so|weit [zo'vai̯t] ⟨Konj.⟩: **a)** *nach dem, was:* soweit ich weiß, ist sie verreist. **Syn.:** soviel. **b)** *in dem Maße, wie:* soweit ich es beurteilen kann, geht es ihr gut.

so|wie [zo'vi:] ⟨Konj.⟩: **1.** dient der Verknüpfung von Gliedern einer Aufzählung; *und [außerdem], und auch, wie auch:* kleine Flaggen und Fahnen sowie Kerzen und Fackeln schmückten den Saal; der Direktor sowie seine Stellvertreterin war/waren anwesend. **Syn.:** wie. **2.** drückt aus, dass sich ein Geschehen unmittelbar nach oder fast gleichzeitig mit einem anderen vollzieht; *in dem Augenblick, da:* sowie sie ihn erblickte, lief sie davon. **Syn.:** als, sobald.

so|wie|so [zovi'zo:] ⟨Adverb⟩: *auch ohne den vorher genannten Umstand:* du kannst mir das Buch mitgeben, ich gehe sowieso in die Bibliothek; mach langsam, wir kommen sowieso zu spät. **Syn.:** auch so, ohnedies, ohnehin, unabhängig davon.

so|wohl [zo'vo:l]: in der Wendung **sowohl … als/wie [auch]:** betont nachdrücklicher als »und« das gleichzeitige Vorhandensein, Tun o. Ä.: ich spreche sowohl Englisch als/wie [auch] Französisch.

so|zi|al [zo'tsi̯a:l] ⟨Adj.⟩: **a)** *die menschliche Gesellschaft betreffend; auf die menschliche Gemeinschaft bezogen:* soziale Gerechtigkeit fordern; die sozialen Verhältnisse kritisieren. **b)** *die Zugehörigkeit des Menschen zu einer der verschiedenen Gruppen innerhalb der Gesell-*

schaft betreffend: soziale Gruppen, Schichten; soziale Gegensätze, Schranken, Konflikte; Frauen sind sozial benachteiligt. **c)** *der Allgemeinheit dienend; auf das Wohl der Allgemeinheit bedacht:* sie will einen sozialen Beruf ergreifen; das Netz der sozialen Sicherungen soll weiter abgebaut werden. **Syn.:** gemeinnützig, wohltätig.

So|zi|al|ar|bei|ter [zoˈts̮i̯a:l-|arbai̯tɐ], der; -s, -, **So|zi|al|ar|bei|te|rin** [zoˈts̮i̯a:l|arbai̯tərɪn], die; -, -nen:
Person, die andere Personen in schwierigen sozialen Verhältnissen betreut: der Sozialarbeiter betreut straffällig gewordene Jugendliche.

So|zi|al|hil|fe [zoˈts̮i̯a:lhɪlfə] die; -, -n:
1. (früher) *Gesamtheit der finanziellen u. a. Hilfen für Menschen in einer Notlage:* sie lebt von Sozialhilfe. **Syn.:** Stütze (ugs.).
2. *finanzielle Hilfe für Erwerbsunfähige und länger Kranke.*

So|zi|a|lis|mus [zots̮i̯aˈlɪsmʊs], der; -:
politische Lehre und darauf beruhende Richtung oder Bewegung, die den gesellschaftlichen Besitz der Produktionsmittel und eine gerechte Verteilung der Güter an alle Mitglieder der Gemeinschaft verficht: die Auseinandersetzung zwischen Sozialismus und Kapitalismus in der ersten Hälfte des 20. Jahrhunderts. **Syn.:** Kommunismus.

so|zi|a|lis|tisch [zots̮i̯aˈlɪstɪʃ] ⟨Adj.⟩:
dem Sozialismus verpflichtet, zu ihm gehörend, auf ihm beruhend: die sozialistischen Staaten; sozialistisch regierte Länder. **Syn.:** [1]links.

So|zi|o|lo|gie [zots̮i̯oloˈgi:], die; -:
Wissenschaft, Lehre von den Formen des Zusammenlebens der Menschen, von den Voraussetzungen, Erscheinungsformen und Entwicklungen gesellschaftlichen Lebens: Soziologie studieren. **Zus.:** Alterssoziologie, Arbeitssoziologie, Erziehungssoziologie, Geschichtssoziologie, Literatursoziologie, Sprachsoziologie.

so|zi|o|lo|gisch [zots̮i̯oˈlo:gɪʃ] ⟨Adj.⟩:
die Soziologie betreffend: soziologische Untersuchungen; das Gemeinwesen unter historischen und soziologischen Gesichtspunkten.

so|zu|sa|gen [zo:ts̮uˈza:gn̩] ⟨Adverb⟩:
man könnte es so nennen; wenn man so sagen will: unsere Verlobung ist sozusagen offiziell. **Syn.:** gewissermaßen, gleichsam (geh.), im Grunde, im Grunde genommen, [1]praktisch (ugs.), quasi, so gut wie.

Spach|tel [ˈʃpaxtl̩], der; -s, - und die; -, -n:
kleines, aus einem Griff und einem flachen [trapezförmigen] Stück Stahlblech o. Ä. bestehendes Werkzeug zum Auftragen, Glattstreichen oder Abkratzen von Farbe, Mörtel o. Ä.: mit einem/einer Spachtel die alte Farbe entfernen.

Spa|gat [ʃpaˈga:t], der und das; -[e]s, -e:
Figur, bei der die gespreizten Beine eine Linie bilden: [einen] Spagat machen; in den Spagat gehen.

Spa|ghet|ti [ʃpaˈgɛti], die ⟨Plural⟩, **Spagetti:**
lange, dünne, schnurartige Nudeln: es gab Spaghetti mit Tomatensoße.

spä|hen [ˈʃpɛ:ən] ⟨itr.; hat⟩:
forschend ausschauen: die Kinder spähten aus dem Fenster, um zu sehen, was auf der Straße geschah.

Spa|lier [ʃpaˈli:ɐ̯], das; -s, -e:
1. *bei einem besonderen Anlass aus zwei Reihen von Personen gebildete Gasse, durch die eine [geehrte] Person gehen muss:* ein Spalier bilden; durch ein Spalier von Neugierigen gehen. **Zus.:** Ehrenspalier.
2. *meist gitterartiges Gestell aus Holzlatten oder Draht, an dem man besonders Obstbäume hinaufwachsen lässt:* Rosen an einem Spalier ziehen. **Zus.:** Obstspalier, Pfirsichspalier, Weinspalier.

Spalt [ʃpalt], der; -[e]s, -e:
schmale, längliche Öffnung; schmaler Zwischenraum. **Syn.:** Riss, Ritze, Schlitz, Spalte. **Zus.:** Felsspalt, Türspalt.

Spal|te [ˈʃpaltə], die; -, -n:
1. *längerer Riss in einem festen Material:* in den Mauern waren tiefe Spalten zu erkennen. **Syn.:** Ritze, Schlitz, Spalt. **Zus.:** Felsspalte, Gletscherspalte.
2. *blockartiger Teil gleich langer, untereinandergesetzter Textzeilen:* die Seiten des Lexikons haben drei Spalten; der Artikel in der Zeitung war eine Spalte lang. **Syn.:** Kolumne, Rubrik.

spal|ten [ˈʃpaltn̩], spaltete, gespalten und gespaltet:
1. ⟨tr.; hat⟩ **a)** *[der Länge nach, entlang der Faser] in zwei oder mehrere Teile zerteilen:* Holz spalten; ein vom Blitz gespaltener Baum. **b)** *bewirken, dass die Einheit von etwas nicht mehr besteht:* der Bürgerkrieg spaltete das Land in zwei Lager. **Syn.:** teilen.
2. ⟨+ sich⟩ **a)** *sich teilen, [zer]trennen:* meine Fingernägel spalten sich. **b)** *die Einheit verlieren:* die Partei spaltete sich in zwei Gruppen. **Syn.:** sich teilen.

Span [ʃpa:n], der; -[e]s, Späne [ˈʃpɛ:nə]:
beim Bearbeiten von Holz, Metall o. Ä. entstehender kleiner Splitter: auf dem Boden der Werkstatt lagen viele Späne. **Zus.:** Eisenspan, Hobelspan, Holzspan, Metallspan, Sägespan.

Span|ge [ˈʃpaŋə], die; -, -n:
aus festem Material bestehender [als Schmuck dienender] Gegenstand, mit dem etwas eingeklemmt oder zusammengehalten wird: sie steckt die Haare mit einer Spange hoch; unser Sohn muss seine Spange [für die Zähne] nur nachts tragen. **Zus.:** Haarspange, Schuhspange, Zahnspange.

Span|ne [ˈʃpanə], die; -, -n:
1. *kürzerer Zeitraum zwischen zwei Zeitpunkten:* es blieb ihm nur eine kurze Spanne des Glückes. **Syn.:** Frist. **Zus.:** Zeitspanne.
2. *Abstand, Unterschied (in Bezug auf Preise, Gewinn o. Ä.):* die Spanne zwischen den Preisen ist sehr groß. **Zus.:** Gewinnspanne, Verdienstspanne, Zinsspanne.

span|nen [ˈʃpanən]:
1. ⟨tr.; hat⟩ *zwischen zwei oder mehreren Punkten so befestigen, dass es straff, glatt ist:* sie spannten ein Seil zwischen zwei Pfosten; der Maler spannt eine Leinwand auf den Rahmen.
2. ⟨tr.; hat⟩ *ein Zugtier vor einem*

Wagen o. Ä. festmachen: die Pferde vor den Wagen spannen. **3.** ⟨tr.; hat⟩ *etwas so dehnen, ziehen, dass es straff, glatt ist:* die Seiten einer Geige spannen; die Katze spannt ihre Muskeln zum Sprung. **Syn.:** anziehen. **4.** ⟨itr.; hat⟩ *zu eng sein, zu straff [über etwas] sitzen:* das Gummiband spannt; ihr Rock spannte über den Hüften. **5.** ⟨+ sich⟩ *über etwas hinwegführen:* eine Brücke spannt sich über den Fluss. **Syn.:** sich erstrecken.

span|nend [ˈʃpanənt] ⟨Adj.⟩: *große Spannung erregend:* eine spannende Geschichte; der Film ist spannend; du erzählst sehr spannend. **Syn.:** fesselnd, mitreißend, packend.

Span|nung [ˈʃpanʊŋ], die; -, -en: **1.** ⟨ohne Plural⟩ **a)** *gespannte Erwartung auf etwas Zukünftiges; Ungeduld:* die Spannung unter den Zuschauern auf dem Fußballplatz wuchs; mit Spannung *(ungeduldig)* warteten sie auf das Ergebnis. **b)** *innere Erregung, nervöse Unausgeglichenheit:* sich in einem Zustand der Spannung befinden. **2.** *latente Unstimmigkeit; Zustand der Gereiztheit oder der Uneinigkeit:* in der Partei herrschten große Spannungen. **Syn.:** Unstimmigkeit. **3.** *Differenz der elektrischen Potenziale zweier Punkte, aufgrund deren zwischen diesen beiden Punkten ein elektrischer Strom fließen kann:* die Spannung beträgt 220 Volt; die Leitung steht unter Spannung. **Zus.:** Stromspannung.

Spar|buch [ˈʃpa:ɐ̯bu:x], das; -[e]s, Sparbücher [ˈʃpa:ɐ̯by:çɐ]: *kleineres Heft, das eine Sparkasse, eine Bank an jmdn., der sparen will, ausgibt und in dem sie die ein- oder ausgezahlten Beträge quittiert:* ein Sparbuch anlegen, haben; auf meinem Sparbuch sind tausend Euro; für das Geld auf dem Sparbuch gibt es kaum Zinsen.

spa|ren [ˈʃpa:rən]: **1.** ⟨itr.; hat⟩ **a)** *Geld (für einen bestimmten Zweck) zurücklegen, auf ein Konto zahlen:* für/auf ein Auto sparen; fleißig, bei einer Bank sparen; ⟨auch tr.⟩ ich habe nur einen kleinen Betrag sparen können. **Syn.:** auf die hohe Kante legen (ugs.), auf die Seite legen, beiseitelegen (ugs.). **b)** *sparsam sein; haushälterisch mit etwas umgehen:* sie spart sehr; sie spart am Fett; er sparte nicht mit Lob. **Syn.:** haushalten, knausern (ugs.). **Zus.:** einsparen. **2.** ⟨+ sich⟩ **a)** *unterlassen, weil es unnötig, überflüssig ist:* spar dir deine Bemerkung. **b)** *(etwas Unangenehmes) von sich fernhalten, vermeiden:* den Ärger, die Mühe hättest du dir sparen können. **Syn.:** ersparen.

Spar|gel [ˈʃpargl̩], der; -s, -: **a)** *weißlich gelber oder grüner, stangenförmiger Spross der Spargelpflanze, der als Gemüse gegessen wird:* Spargel stechen *(mithilfe eines Messers ernten).* **b)** ⟨ohne Plural⟩ *als Gemüse verwendete Spargel* (a): ein Pfund, zehn Stangen Spargel kochen.

Spar|kas|se [ˈʃpa:ɐ̯kasə], die; -, -n: *Betrieb, in dem Geld eingezahlt, abgehoben oder gewechselt werden kann und der Kredite vergibt:* ein Konto bei der Sparkasse haben/führen. **Syn.:** Bank.

spär|lich [ˈʃpɛ:ɐ̯lɪç] ⟨Adj.⟩: *nur in geringem Maße [vorhanden]; knapp bemessen:* eine spärliche Mahlzeit; spärliche Reste; der Beifall war recht spärlich; sie waren nur spärlich bekleidet. **Syn.:** dürftig, kärglich, knapp, schwach, sparsam.

spar|sam [ˈʃpa:ɐ̯za:m] ⟨Adj.⟩: **a)** *wenig verbrauchend; mit wenig auskommend:* eine sparsame Hausfrau; geh damit sparsam um!; sie leben sehr sparsam. **Syn.:** ökonomisch. **b)** *in geringem Maß [vorhanden]; knapp bemessen:* sparsamer Beifall; eine sparsame Möblierung. **Syn.:** dürftig, kärglich, knapp, schwach, spärlich.

Spar|schwein [ˈʃpa:ɐ̯ʃvai̯n], das; -[e]s, -e: *Behältnis für Geld, das man sparen möchte [in Form eines kleinen Schweins]:* das Geld wird aber ins Sparschwein gesteckt, geworfen!; das Sparschwein schlachten (ugs.; *den Inhalt entnehmen).*

Spar|te [ˈʃpartə], die; -, -n: *(besonders als Untergliederung eines Geschäfts- oder Wissenszweigs) Teilbereich, Abteilung eines Fachgebiets:* sie hat schon in verschiedenen Sparten der Wirtschaft gearbeitet. **Syn.:** Bereich, Branche, Disziplin, Feld, Gebiet, Sachgebiet, Sektor, Zweig.

Spaß [ʃpa:s], der; -es, Späße [ˈʃpɛ:sə]: **1.** *ausgelassen-scherzhafte, lustige Äußerung, Handlung o. Ä., die auf Heiterkeit abzielt:* glaub es nicht, es war nur ein Spaß; die Kinder lachten über die Späße des Clowns. **Syn.:** Jux (ugs.), Scherz, Ulk. **2.** ⟨ohne Plural⟩ *Vergnügen, Freude, die man bei einem bestimmten Tun empfindet:* der Spaß an dem Spiel verging ihm schnell; diese Arbeit macht ihr keinen Spaß. **Syn.:** Wohlgefallen.

spa|ßen [ˈʃpa:sn̩] ⟨itr.; hat⟩: *Scherze machen:* Sie spaßen wohl?; mit diesen gefährlichen Stoffen ist nicht zu spaßen. **Syn.:** flachsen (ugs.), scherzen (geh.), Spaß machen.

spa|ßig [ˈʃpa:sɪç] ⟨Adj.⟩: **a)** *Vergnügen bereitend, zum Lachen reizend:* eine spaßige Geschichte. **Syn.:** amüsant, drollig, komisch, lustig, ulkig (ugs.), witzig. **b)** *gern scherzend, humorvoll:* der Komiker ist auch privat sehr spaßig. **Syn.:** lustig, ulkig (ugs.), witzig.

spät [ʃpɛ:t] ⟨Adj.⟩: **1.** *in der Zeit ziemlich weit fortgeschritten, am Ende liegend:* am späten Abend; die späten Werke des Malers; es ist schon spät. **2.** *nach einem bestimmten üblichen, angenommenen Zeitpunkt liegend:* ein später Sommer; zur Reue ist es jetzt zu spät; in diesem Jahr liegt Ostern spät. **Syn.:** überfällig, verspätet.

Spa|tel [ˈʃpa:tl̩], der; -s, - und die; -, -n: *in der Medizin verwendetes schmales, flaches Stäbchen aus Holz, Kunststoff o. Ä.:* Salbe mit einem/einer Spatel auftragen; der Arzt drückte ihr mit einem/einer Spatel die Zunge herunter. **Zus.:** Holzspatel.

Spa|ten [ˈʃpa:tn̩], der; -s, -: *Gerät zum Umgraben, Ausheben von Erde o. Ä.:* er gräbt mit einem Spaten ein tiefes Loch für den neuen Baum. **Syn.:** Schaufel.

¹spä|ter [ˈʃpɛːtɐ] ⟨Adj.⟩:
nach einer bestimmten oder unbestimmten Zeit eintretend: spätere Generationen; in späteren Jahren ging es ihr sehr gut. **Syn.:** kommend, künftig, zukünftig.

²spä|ter [ˈʃpɛːtɐ] ⟨Adverb⟩:
a) *zu einem in der Zukunft liegenden Zeitpunkt:* später wollen sie sich ein Haus bauen; bis später! **Syn.:** dereinst (geh.), einmal, einst, in Zukunft. **b)** ⟨in Verbindung mit einer Zeitangabe⟩ *danach:* einige Minuten später; drei Jahre später war sie tot. **Syn.:** darauf, hinterher, nachher.

spä|tes|tens [ˈʃpɛːtəstn̩s] ⟨Adverb⟩:
nicht nach (einem bestimmten Zeitpunkt); nicht später als /Ggs. frühestens/: wir sehen uns spätestens morgen; er muss spätestens um 12 Uhr zu Hause sein. **Syn.:** längstens (ugs.).

Spatz [ʃpaʦ], der; -en und -es, -en:
1. *Sperling:* Spatzen lärmen vor dem Fenster; du isst wie ein Spatz *(sehr wenig).*
2. (fam.) *[schmächtiges] kleines Kind:* unser Spatz ist zurzeit krank; na, du kleiner Spatz (liebevolle Anrede).

Spätz|le [ˈʃpɛʦlə], die ⟨Plural⟩:
kleine, längliche Stücke aus [selbst hergestelltem] Nudelteig, die in siedendem Salzwasser gekocht werden: die Kinder aßen Spätzle mit Soße. **Syn.:** Nudeln.

spa|zie|ren [ʃpaˈʦiːrən] ⟨itr.; hat⟩:
langsam, ohne Eile [und ohne ein bestimmtes Ziel zu haben] gehen: sie spazierte gemächlich durch die Straßen. **Syn.:** bummeln (ugs.), einen Bummel machen (ugs.), einen Spaziergang machen, flanieren, promenieren (geh.), schlendern; *** spazieren gehen:** *zur Entspannung und Erholung im Freien gehen:* sie geht jeden Tag eine Stunde mit dem Hund spazieren; wollen wir ein bisschen spazieren gehen? **Syn.:** an die Luft gehen, ein paar Schritte gehen (ugs.), einen Spaziergang machen, spazieren.

Spa|zier|gang [ʃpaˈʦiːɐ̯gaŋ], der; -[e]s, Spaziergänge [ʃpaˈʦiːɐ̯gɛŋə]:
Gang im Freien (den man zu seiner Erholung unternimmt): sie haben einen langen, weiten Spaziergang gemacht; auf meinem Spaziergang traf ich eine alte Bekannte. **Syn.:** Bummel (ugs.). **Zus.:** Abendspaziergang, Morgenspaziergang, Sonntagsspaziergang, Verdauungsspaziergang.

Spa|zier|gän|ger [ʃpaˈʦiːɐ̯gɛŋɐ], der; -s, -, **Spa|zier|gän|ge|rin** [ʃpaˈʦiːɐ̯gɛŋərɪn], die; -, -nen:
Person, die einen Spaziergang macht: auf der Promenade trifft man viele Spaziergänger; eine Spaziergängerin entdeckte die Leiche.

Spa|zier|stock [ʃpaˈʦiːɐ̯ʃtɔk], der; -[e]s, Spazierstöcke [ʃpaˈʦiːɐ̯ʃtœkə]:
auf Spaziergängen verwendeter Stock, der älteren oder gebrechlichen Menschen das Gehen erleichtert: sich auf seinen Spazierstock stützen.

Specht [ʃpɛçt], der; -[e]s, -e:
Vogel mit langem, geradem, kräftigem Schnabel, mit dem er, am Baumstamm kletternd, Insekten und deren Larven aus der Rinde herausholt: der Specht trommelt, hackt, klopft.

Speck [ʃpɛk], der; -[e]s:
1. a) *(besonders beim Schwein vorkommendes) viel Fett enthaltendes Gewebe, das als dicke Schicht unter der Haut sitzt:* das Schwein hat viel Speck. **b)** *aus Speck* (1 a) *gewonnenes Nahrungsmittel:* zum Essen gab es Kartoffeln mit Speck.
2. (ugs. scherzh.) *Ablagerung von Fett im menschlichen Körper:* Speck ansetzen; sie hat ganz schön Speck um die Hüften.

Spe|di|teur [ʃpediˈtøːɐ̯], der; -s, -e, **Spe|di|teu|rin** [ʃpediˈtøːrɪn], die; -, -nen:
Person, die gewerbsmäßig die Spedition von Gütern besorgt: mit dem Umzug beauftragen wir einen Spediteur; sich als Spediteurin selbstständig machen. **Zus.:** Möbelspediteur, Möbelspediteurin.

Spe|di|ti|on [ʃpediˈʦi̯oːn], die; -, -en:
a) ⟨ohne Plural⟩ *gewerbsmäßiges Verfrachten und Befördern von Gütern:* die Firma übernahm die Spedition bei unserer Übersiedlung. **Syn.:** Transport. **b)** *Unternehmen, das gewerbsmäßig Güter verfrachtet und befördert:* er hat eine Spedition; der Spedition gehören fünf Lkws.

Speer [ʃpeːɐ̯], der; -[e]s, -e:
a) *Waffe zum Stoßen oder Werfen in Form eines langen, dünnen, zugespitzten oder mit einer [Metall]spitze versehenen Stabes:* sie jagen noch mit dem Speer. **Syn.:** Lanze. **b)** *zum Werfen benutztes Sportgerät von der Form eines Speers* (a): sie wirft den Speer über 70 m weit.

Spei|che [ˈʃpai̯çə], die; -, -n:
1. *strebenartiger Teil des Rades, der mit anderen zusammen strahlenförmig von der Nabe ausgeht und die Felge stützt:* eine Speiche ersetzen, einsetzen, einfädeln, einziehen, spannen.
2. *Knochen des Unterarms auf der Seite des Daumens:* Elle und Speiche; er hat sich bei dem Sturz die Speiche [des linken Arms] gebrochen.

Spei|chel [ˈʃpai̯çl̩], der; -s:
von den im Mund befindlichen Drüsen abgesonderte Flüssigkeit: der Speichel lief ihm über das Kinn; den Speichel abwischen, wegwischen. **Syn.:** Spucke.

Spei|chel|le|cker [ˈʃpai̯çl̩lɛkɐ], der; -s, -, **Spei|chel|le|cke|rin** [ˈʃpai̯çl̩lɛkərɪn], die; -, -nen (abwertend):
Person, die sich in unterwürfiger Weise um die Gunst eines anderen bemüht: so ein widerlicher Speichellecker!; sie macht dem Chef häufig Komplimente und gilt deshalb als Speichelleckerin.

Spei|cher [ˈʃpai̯çɐ], der; -s, -:
1. *Gebäude, das zur Lagerung von Vorräten dient:* die Speicher waren mit Korn gefüllt. **Zus.:** Getreidespeicher.
2. (landsch.) *Dachboden:* sie haben die alten Möbel auf den Speicher gestellt. **Syn.:** Boden (landsch.).
3. *Bestandteil des Computers, in dem digitale Daten gespeichert werden:* mein Laptop, mein PC, mein Handy verfügt über einen großen, kleinen Speicher. **Zus.:** Datenspeicher.

spei|chern [ˈʃpai̯çɐn] ⟨tr.; hat⟩:
1. *ansammeln und aufbewahren:* Vorräte, Getreide speichern; in dem großen Becken wird Wasser gespeichert. **Syn.:** lagern.
2. *(Daten) in einem elektronischen Speicher aufbewahren:*

S
spät

Daten [auf einer CD, einem USB-Stick] speichern.

spei|en ['ʃpai̯ən], spie, gespien ⟨itr./tr.; hat⟩ (geh.): *spucken:* Blut speien.

Spei|se ['ʃpai̯zə], die; -, -n: *zubereitete Nahrung, Gericht:* warme und kalte Speisen; Speisen und Getränke sind im Preis inbegriffen. **Syn.:** Essen, [2]Gericht. **Zus.:** Eierspeise, Fleischspeise, Lieblingsspeise, Mehlspeise, Milchspeise, Süßspeise, Vorspeise.

Spei|se|kam|mer ['ʃpai̯zəkamɐ], die; -, -n: *kleiner Raum, in dem Lebensmittel aufbewahrt werden:* sie stellte den Kuchen in die Speisekammer.

Spei|se|kar|te ['ʃpai̯zəkartə], die; -, -n: *Verzeichnis der Speisen, die in einem Lokal angeboten werden:* der Ober brachte die Speisekarte. **Syn.:** Karte.

spei|sen ['ʃpai̯zn̩]:
1. ⟨itr.; hat⟩ (geh.) *(eine Mahlzeit) in kultiviertem Rahmen zu sich nehmen:* ausgiebig, zu Abend speisen; sie speisten in einem teuren Restaurant; ⟨auch tr.⟩ was wollen Sie speisen? **Syn.:** essen.
2. ⟨tr.; hat⟩ *(mit etwas Bestimmtem) versorgen:* der See wird von einem kleinen Fluss gespeist.

Spei|se|röh|re ['ʃpai̯zərøːrə], die; -, -n: *einer Röhre ähnliches Organ, durch das die Nahrung vom Schlund in den Magen befördert wird:* der Bissen steckte in der Speiseröhre fest.

Spei|se|wa|gen ['ʃpai̯zəvaːgn̩], der; -s, -: *Wagen eines Schnellzugs, in dem sich ein Restaurant befindet:* sie aßen während der Fahrt im Speisewagen.

[1]Spek|ta|kel [ʃpɛk'taːkl̩], der; -s (ugs.):
1. *großer Lärm:* die Kinder machten im Hof einen großen Spektakel.
2. *laute Auseinandersetzung:* es gab einen fürchterlichen Spektakel.

[2]Spek|ta|kel [ʃpɛk'taːkl̩], das; -s, -: *aufsehenerregendes, beeindruckendes [auf Wirkung abzielendes] Geschehen:* die Sturmflut, das Gewitter, die Preisverleihung war ein beeindruckendes Spektakel. **Syn.:** Schauspiel.

Spe|ku|lant [ʃpeku'lant], der; -en, -en, **Spe|ku|lan|tin** [ʃpeku'lantɪn], die; -, -nen: *Person, die dadurch hohe Gewinne zu erzielen sucht, dass sie Preisveränderungen bei Aktien, Grundstücken u. a., mit denen sie rechnet, zu günstigen Geschäften ausnutzt:* die Spekulanten haben sich diesmal getäuscht; sie betätigte sich als Spekulantin. **Zus.:** Börsenspekulant, Börsenspekulantin, Grundstücksspekulant, Grundstücksspekulantin, Währungsspekulant, Währungsspekulantin.

Spe|ku|la|ti|on [ʃpekula'tsi̯oːn], die; -, -en:
a) *das Eingehen auf ein Geschäft, bei dem man sich aufgrund eventuell eintretender Preisveränderungen erhebliche Gewinne erhofft, ohne dabei das große, damit verbundene Risiko zu scheuen:* eine verfehlte, geglückte Spekulation. **Zus.:** Börsenspekulation, Grundstücksspekulation, Währungsspekulation. **b)** *Überlegung, Erwartung, die sich nur wenig auf Tatsachen stützt, sondern auf bloßen Annahmen, Mutmaßungen beruht:* sich in sinnlosen Spekulationen verlieren.

spe|ku|lie|ren [ʃpeku'liːrən] ⟨itr.; hat⟩:
a) *durch Preisveränderungen bei Aktien, Grundstücken u. a. hohe Gewinne anstreben:* mit Aktien spekulieren. **b)** (ugs.) *fest rechnen (mit etwas):* auf eine reiche Erbschaft spekulieren. **Syn.:** erwarten, rechnen mit. **c)** *Spekulationen* (b) *anstellen:* die Journalisten spekulieren bereits über einen Rücktritt des Ministers. **Syn.:** vermuten.

Spe|lun|ke [ʃpe'lʊŋkə], die; -, -n (abwertend): *kleines verrufenes Lokal, schmutzige Kneipe:* du verkehrst in den übelsten Spelunken.

Spel|ze ['ʃpɛlt̮sə], die; -, -n: *kleines hartes Blatt, das beim Getreide das einzelne Korn, bei den Gräsern den Samen umhüllt:* die Formen der Spelzen sind sehr vielfältig.

spen|da|bel [ʃpɛn'daːbl̩] ⟨Adj.⟩: *freigebig:* ein spendabler Herr; unsere Oma war diesmal recht spendabel.

Spen|de ['ʃpɛndə], die; -, -n: *etwas, was zur Hilfe, Unterstützung, Förderung einer Person oder Sache gegeben wird, beitragen soll:* Spenden an Geld, Kleidung, Medikamenten; man bat sie um eine Spende für die Verunglückten. **Syn.:** Beitrag. **Zus.:** Blumenspende, Geldspende, Kranzspende.

spen|den ['ʃpɛndn̩], spendete, gespendet:
1. ⟨tr.; hat⟩ *(für einen wohltätigen Zweck) geben, schenken:* viele Menschen spendeten Kleider und Geld für die Opfer des Erdbebens; ⟨auch itr.⟩ reichlich, für eine gute Sache spenden. **Syn.:** spendieren.
2. ⟨tr.; hat⟩ als Funktionsverb: Trost spenden *(trösten);* Freude spenden *(erfreuen);* Wärme spenden *(wärmen).*

Spen|der ['ʃpɛndɐ], der; -s, -, **Spen|de|rin** ['ʃpɛndərɪn], die; -, -nen: *Person, die etwas spendet oder gespendet hat:* eine großzügige Spenderin; der Spender des Geldes wollte anonym bleiben.

spen|die|ren [ʃpɛn'diːrən] ⟨tr.; hat⟩: *(für jmdn.) bezahlen; (jmdn.) zu etwas einladen:* er spendierte uns einen Kasten Bier; sie spendiert eine Flasche Sekt. **Syn.:** ausgeben, [2]einladen, lockermachen (ugs.), spenden, springen lassen (ugs.).

Speng|ler ['ʃpɛŋlɐ], der; -s, -, **Speng|le|rin** ['ʃpɛŋlərɪn], die; -, -nen (bes. südd., österr., schweiz.): *Installateur[in], Klempner[in]:* der Spengler hat die Dachrinnen angefertigt.

Sper|ling ['ʃpɛrlɪŋ], der; -s, -e: *kleiner Vogel mit graubraunem Gefieder:* ein frecher, kleiner, unscheinbarer Sperling; die Sperlinge tschilpen. **Syn.:** Spatz.

Sper|ma ['ʃpɛrma], das; -s, Spermen ['ʃpɛrmən]: *Samen* (2): das Sperma untersuchen lassen.

Sper|re ['ʃpɛrə], die; -, -n:
1. a) *Vorrichtung, die etwas absperrt, die verhindert, dass sich jmd., etwas vorwärtsbewegt:* die Sperre wurde geöffnet, damit das Wasser durchfließen konnte. **Syn.:** Barriere, Barri-

S
Sper

kade, Hindernis, Schranke. **Zus.:** Panzersperre, Straßensperre, Talsperre, Wegfahrsperre. **b)** *schmaler Durchgang, an dem man Eintrittskarten, Fahrkarten o. Ä. vorzeigen oder sich ausweisen muss:* die Sperre kann man erst nach strengen Sicherheitskontrollen passieren. **2. a)** *Verbot, eine bestimmte Ware ein- oder auszuführen:* über die Einfuhr von Geflügel wurde eine Sperre verhängt. **Zus.:** Ausfuhrsperre, Einfuhrsperre, Exportsperre, Handelssperre, Importsperre. **b)** *Verbot, weiterhin an sportlichen Wettkämpfen teilzunehmen:* gegen jmdn. eine [sechsmonatige] Sperre verhängen; ihre Sperre wurde wieder aufgehoben. **Syn.:** Ausschluss, Disqualifikation.

sper|ren [ˈʃpɛrən]:
1. ⟨tr.; hat⟩: **a)** *den Zugang oder den Aufenthalt (an einem bestimmten Ort) verbieten; unzugänglich machen:* das ganze Gebiet, die Straße, die Durchfahrt, die Brücke wurde gesperrt. **Syn.:** abriegeln, absperren, blockieren. **b)** *(den Gebrauch von etwas) unmöglich machen, unterbinden:* [jmdm.] den Strom, das Telefon, das Konto sperren; seine ec-Karte, Kreditkarte sperren lassen.
2. ⟨itr.; hat⟩ *in einen bestimmten Raum bringen und dort gefangen halten:* die Tiere wurden in einen Käfig gesperrt; man sperrte den Gefangenen in eine Zelle. **Syn.:** einsperren.
3. ⟨+ sich⟩ *(für etwas) nicht zugänglich sein; sich (einer Sache gegenüber) verschließen:* er sperrte sich gegen alle Vorschläge. **Syn.:** sich entgegenstellen, sich stemmen, sich sträuben, sich widersetzen, Widerstand leisten.

Sperr|ge|biet [ˈʃpɛrgəbi:t], das; -[e]s, -e:
Gebiet das (wegen militärischer Übungen, Krankheiten, Seuchen o. Ä.) für den allgemeinen Zugang offiziell gesperrt ist: ein militärisches Sperrgebiet; wegen der Seuche wurde die Gegend zum Sperrgebiet erklärt; im Sperrgebiet finden Manöver statt.

sper|rig [ˈʃpɛrɪç] ⟨Adj.⟩:
viel Platz erfordernd; nicht handlich: das Gepäck war sehr sperrig. **Syn.:** unhandlich.

Sperr|müll [ˈʃpɛrmʏl], der; -s:
sperriger Müll, der nicht in die Mülltonne o. Ä. passt (und in Sonderaktionen zur Mülldeponie gefahren wird): heute ist Sperrmüll *(heute wird der Sperrmüll abgeholt);* sie stellten den Sperrmüll auf die Straße.

Spe|sen [ˈʃpe:zn̩], die ⟨Plural⟩:
Ausgaben im Dienst o. Ä., die vom Arbeitgeber ersetzt werden: die Spesen für Taxi und Hotelunterkunft bekomme ich zurück. **Zus.:** Geschäftsspesen, Reisespesen, Telefonspesen.

Spe|zi|al|ge|biet [ʃpeˈt͜si̯a:lgəbi:t], das; -[e]s, -e:
Gebiet, auf das sich jemand spezialisiert hat, für das jmd. Spezialist ist: die Lungenheilkunde ist ihr Spezialgebiet.

spe|zi|a|li|sie|ren [ʃpet͜si̯aliˈzi:rən] ⟨+ sich⟩:
sich auf ein bestimmtes Fachgebiet o. Ä. festlegen: diese Buchhandlung hat sich auf Kinder- und Jugendliteratur spezialisiert.

Spe|zi|a|list [ʃpet͜si̯aˈlɪst], der; -en, -en, **Spe|zi|a|lis|tin** [ʃpet͜si̯aˈlɪstɪn], die; -, -nen:
Person, die in einem bestimmten Fach genaue Kenntnisse hat, die auf einem Gebiet spezielle Fähigkeiten erworben hat: ein Spezialist für Stadtentwässerung und Kläranlagen; frag doch mal einen Spezialisten. **Syn.:** Experte, Expertin, Fachfrau, Fachmann. **Zus.:** Computerspezialist, Computerspezialistin, Herzspezialist, Herzspezialistin, Raumfahrtspezialist, Raumfahrtspezialistin.

Spe|zi|a|li|tät [ʃpet͜si̯aliˈtɛ:t], die; -, -en:
a) *etwas, was als eine Besonderheit von jmdm., etwas bekannt ist [und geschätzt wird]:* dieses Gericht, Getränk, Gebäck ist eine Kölner, eine italienische Spezialität; Gulasch ist die Spezialität des Hauses. **b)** *etwas, was jmd. besonders gut beherrscht oder besonders gerne tut:* das Restaurieren von Antiquitäten ist ihre Spezialität; solche Recherchen sind seine Spezialität.

spe|zi|ell [ʃpeˈt͜si̯ɛl] ⟨Adj.⟩:
von besonderer, eigener Art; in besonderem Maße auf einen bestimmten Zusammenhang o. Ä. ausgerichtet, bezogen; nicht allgemein: er hat spezielle Kenntnisse auf diesem Gebiet; speziell *(besonders, vor allem)* an diesen Büchern war sie interessiert. **Syn.:** besonder…, besonders, eigens.

Spe|zi|es [ˈʃpe:t͜si̯ɛs], die; -, -:
a) *Art (einer Pflanze, eines Tieres):* eine [vom Aussterben] bedrohte, nur in Australien vorkommende Spezies; die Krankheit kann nur innerhalb der Spezies übertragen werden. **b)** (geh.; iron.) *Gattung mit besonderen charakteristischen Merkmalen; Art, die für etwas schon berüchtigt ist:* eine bestimmte Spezies Mensch; er ist ein Mensch von der Spezies unseres Chefs. **Syn.:** Art, Kaliber (ugs.), Sorte.

spe|zi|fisch [ʃpeˈt͜si:fɪʃ] ⟨Adj.⟩:
(dem Wesen einer Sache) zugehörig, eigentümlich: der spezifische Duft dieser Blumen ist sehr herb; eine spezifisch weibliche Eigenschaft. **Syn.:** charakteristisch, kennzeichnend, typisch.

-spe|zi|fisch [ʃpet͜si:fɪʃ] ⟨adjektivisches Suffixoid⟩:
sich aus der Eigenart der im Basiswort genannten Person oder Sache ergebend, ihr wesenseigen, davon in seiner Art bestimmt, geprägt: altersspezifisch; auftragsspezifisch; fachspezifisch; firmenspezifisch; frauenspezifisch; geschlechtsspezifisch; gruppenspezifisch; schicht[en]spezifisch; verkehrsspezifisch.

Sphä|re [ˈsfɛ:rə], die; -, -n:
Bereich, Gebiet, dem jmd., etwas angehört, in dem sich jmd., etwas bewegt, betätigt: die politische, private Sphäre; die Sphäre der Familie; das liegt nicht in meiner Sphäre. **Zus.:** Einflusssphäre, Interessensphäre, Intimsphäre, Machtsphäre.

spi|cken [ˈʃpɪkn̩] ⟨tr.; hat⟩:
1. *(von bestimmtem, zum Braten vorgesehenem Fleisch) mit Streifen von Speck versehen:* sie spickte den Hasenrücken vor dem Braten.
2. *reichlich versehen (mit etwas):* er spickte seine Rede mit Zita-

S
sper

ten; er hatte eine gespickte *(viel Geld enthaltende)* Brieftasche. **Syn.:** ausstatten, versehen.
3. (Schülerspr.) *von einem anderen Schüler heimlich abschreiben:* sie hat mal wieder gespickt, versucht zu spicken; er ist beim Spicken erwischt worden.

Spie|gel ['ʃpi:gl̩], der; -s, -:
1. *Gegenstand aus Glas oder Metall, dessen glatte Fläche das Bild von Personen oder Dingen, die sich vor ihm befinden, wiedergibt:* sich im Spiegel betrachten. **Zus.:** Außenspiegel, Brennspiegel, Frisierspiegel, Garderobenspiegel, Handspiegel, Hohlspiegel, Innenspiegel, Konkavspiegel, Rasierspiegel, Rückspiegel, Taschenspiegel, Toilettenspiegel, Wandspiegel, Zahnspiegel, Zerrspiegel.
2. *(glatte) Oberfläche eines Gewässers:* der Spiegel des Sees glänzte in der Sonne, kräuselte sich im Wind. **Zus.:** Grundwasserspiegel, Meeresspiegel, Wasserspiegel.

Spie|gel|bild ['ʃpi:gl̩bɪlt], das; -[e]s, -er:
Bild, das ein Spiegel wiedergibt: er sah sein Spiegelbild im Wasser.

Spie|gel|ei ['ʃpi:gl̩|ai], das; -[e]s, -er:
Ei, das nicht verrührt in der Pfanne gebraten wird: heute gibt es Spiegeleier und Spinat.

Spie|gel|fech|te|rei [ʃpi:gl̩fɛçtə'rai], die; -, -en (abwertend):
vom Wesentlichen ablenkendes, heuchlerisches, nur zum Schein oder zur Täuschung gezeigtes Verhalten: eine politische, juristische Spiegelfechterei; die ganze Diskussion ist doch reine Spiegelfechterei.

spie|geln ['ʃpi:gl̩n]:
a) ⟨itr.; hat⟩ *glänzen (sodass es wie ein Spiegel wirkt):* der frisch geputzte Fußboden spiegelte; die glatte, spiegelnde Fläche des Sees. **b)** ⟨+ sich⟩ *auf einer glänzenden, glatten Fläche als Spiegelbild erscheinen:* die Sonne spiegelte sich in den Fenstern.
c) ⟨tr.; hat⟩ *erkennen lassen, zeigen, wiedergeben:* seine Bücher spiegeln die Not des Krieges.

Spiel [ʃpi:l], das; -[e]s, -e:
1. a) *Beschäftigung zur Unterhaltung, zum Zeitvertreib; Tätigkeit ohne besonderen Sinn, ohne größere Anstrengung:* ein spannendes, lustiges, unterhaltsames, langweiliges Spiel; ein Spiel mit Würfeln, Karten; Spiele für Kinder und Erwachsene; ein Spiel spielen. **Zus.:** Brettspiel, Fangspiel, Frage-und-Antwort-Spiel, Geduld[s]spiel, Geschicklichkeitsspiel, Gesellschaftsspiel, Hüpfspiel, Kartenspiel, Kinderspiel, Puzzlespiel, Ratespiel, Würfelspiel. **b)** *Anzahl zusammengehörender, zum Spielen (besonders von Gesellschaftsspielen) bestimmter Gegenstände:* das Spiel besteht aus einem Spielplan, vierundzwanzig Spielsteinen und zwei Würfeln; ein Spiel Karten; das Spiel ist nicht mehr vollständig; was habt ihr denn für Spiele? **Zus.:** Brettspiel, Damespiel, Dominospiel, Kartenspiel, Mühlespiel, Schachspiel, Skatspiel, Würfelspiel.
2. *Glücksspiel:* dem Spiel verfallen, ergeben sein; sein Geld beim, im Spiel verlieren. **Zus.:** Lotteriespiel, Lottospiel, Roulettespiel, Vabanquespiel.
3. *nach bestimmten Regeln erfolgender sportlicher Wettkampf, bei dem zwei Parteien um den Sieg kämpfen:* es war ein faires, spannendes, hartes, schönes Spiel; ein Spiel anpfeifen, abbrechen, wiederholen, verschieben, austragen, im Fernsehen übertragen, am Bildschirm verfolgen; ein Spiel gewinnen, verlieren. **Syn.:** Match. **Zus.:** Angriffsspiel, Aufstiegsspiel, Ausscheidungsspiel, Ballspiel, Basketballspiel, Benefizspiel, Billardspiel, Defensivspiel, Endspiel, Entscheidungsspiel, Federballspiel, Freundschaftsspiel, Fußballspiel, Geländespiel, Handballspiel, Hinspiel, Länderspiel, Mannschaftsspiel, Meisterschaftsspiel, Pokalspiel, Punktspiel, Qualifikationsspiel, Rückspiel.
4. a) ⟨ohne Plural⟩ *künstlerischer Vortrag, musikalische Darbietung:* der Pianist begeisterte mit seinem Spiel das Publikum; das Spiel des Hauptdarstellers wirkte recht natürlich. **Zus.:** Ensemblespiel, Flötenspiel, Gitarrenspiel, Klavierspiel, Orgelspiel. **b)** *einfaches Schauspiel, Bühnenstück:* ein mittelalterliches Spiel; ein Spiel für Laien; geistliche Spiele. **Syn.:** Stück, Theaterstück. **Zus.:** Fastnachtsspiel, Kammerspiel, Kasperlespiel, Krippenspiel, Laienspiel, Lustspiel, Märchenspiel, Mysterienspiel, Passionsspiel, Puppenspiel, Satyrspiel, Schäferspiel, Schattenspiel, Singspiel, Stegreifspiel, Trauerspiel, Weihnachtsspiel.
5. *unverbindliches, leichtfertiges Tun:* es war alles nur [ein] Spiel; das Spiel zu weit treiben *(in einer Sache zu weit gehen).* **Zus.:** Intrigenspiel, Ränkespiel.
6. ⟨ohne Plural⟩ *unregelmäßige, nicht durch einen Zweck bestimmte Bewegung:* das Spiel der Blätter im Wind; das lebhafte Spiel seiner Augen; das Spiel des Lichts, der Lichter, des Wassers, der Wellen. **Zus.:** Farbenspiel, Gebärdenspiel, Mienenspiel, Wechselspiel, Wellenspiel.

Spiel|bank ['ʃpi:lbaŋk], die; -, -en:
gewerbliches Unternehmen, in dem um Geld gespielt wird: sein ganzes Vermögen hat er in der Spielbank verloren. **Syn.:** Spielhölle (abwertend), Spielkasino.

spie|len ['ʃpi:lən]:
1. a) ⟨itr.; hat⟩ *sich zum Zeitvertreib, aus Vergnügen mit etwas beschäftigen:* die Kinder spielen auf der Straße, im Hof, mit dem Ball. **b)** ⟨tr.; hat⟩ *ein bestimmtes Spiel* (1 b) *zum Zeitvertreib, aus Vergnügen machen:* Ball, Karten, Skat, Halma spielen; wir spielten Schach miteinander/gegeneinander; wollt ihr noch eine Partie spielen? **c)** ⟨itr.; hat⟩ *sich mit dem Glücksspiel beschäftigen:* im Lotto, in der Lotterie spielen; er spielt *(er ist ein Spieler* 2); sie spielt hoch, riskant *(mit hohem Einsatz, Risiko).*
2. a) ⟨tr.; hat⟩ *eine bestimmte Ballsportart betreiben:* Fußball, Tennis spielen; sie spielt hervorragend Hockey. **b)** ⟨itr.; hat⟩ *sich in bestimmter Weise sportlich betätigen:* er spielt in der Nationalmannschaft, als Stürmer, im Tor. **c)** ⟨itr.; hat⟩ *ein sportliches Spiel, einen Wettkampf austragen:* die deutsche Mannschaft spielt gegen die Schweiz, in der Halle um Punkte. **Syn.:** antreten.
3. ⟨tr.; hat⟩ *(eine Melodie, ein*

Musikstück o. Ä.) erklingen lassen, wiedergeben: eine Sonate für Cello spielen.
4. a) ⟨tr.; hat⟩ *aufführen* (1): Theater, ein Stück, eine Komödie spielen. **Syn.:** auf die Bühne bringen, darbieten (geh.). **b)** ⟨tr.; hat⟩ *als Schauspieler in einer bestimmten Rolle agieren:* er spielt den Hamlet. **Syn.:** auftreten als, darstellen, verkörpern. **c)** ⟨itr.; hat⟩ *auftreten, ein Konzert geben:* bei den Festspielen werden berühmte Solisten spielen; morgen spielt die Band in Köln.
5. ⟨tr.; hat⟩ **a)** *etwas Bestimmtes zu sein vorgeben; vortäuschen, vorgeben:* den reichen Mann, den Überlegenen, die große Dame spielen; ⟨häufig im 2. Partizip⟩ mit gespielter Gleichgültigkeit; bei ihr ist alles nur gespielt. **Syn.:** markieren (ugs.), mimen (ugs. abwertend). **b)** *eine bestimmte Rolle, Funktion übernehmen:* den Schiedsrichter spielen; könntest du nicht mal [den] Kellner, [die] Dolmetscherin spielen?; ich denke ja gar nicht daran, schon wieder den Chauffeur zu spielen.
6. ⟨itr.; hat⟩ *sich an einem bestimmten Ort, zu einer bestimmten Zeit ereignen:* der Roman, die Oper spielt in Italien, [am] Ende des 19. Jahrhunderts.
7. ⟨itr.; hat⟩ *keinem bestimmten Zweck dienende Bewegungen ausführen:* der Wind spielt in den Zweigen; die Wellen spielen um die Felsen.
8. ⟨itr.; hat⟩ *schimmern, schillern:* der Edelstein spielt in allen Farben.
9. ⟨itr.; hat⟩ **a)** *(etwas) zeigen, einsetzen [um etwas zu erreichen]:* sie spielte mit all ihren Reizen; sie ließ ihren Charme spielen. **Syn.:** anwenden, gebrauchen. **b)** *sich nicht ernsthaft (mit jmdm., etwas) befassen:* er spielt nur mit ihr, ihren Gefühlen.

spie|lend [ˈʃpiːlənt] ⟨Adj.⟩: *mit Leichtigkeit, ohne Mühe, Anstrengung:* er bewältigte die Aufgabe spielend; der Apparat ist spielend leicht *(mit großer Leichtigkeit)* zu handhaben. **Syn.:** leicht, mit Leichtigkeit, mühelos, ohne Mühe, unschwer.

Spie|ler [ˈʃpiːlɐ], der; -s, -: **1.** *männliche Person, die aktiv an sportlichen Veranstaltungen teilnimmt, die in einer Mannschaft spielt:* ein fairer Spieler; unser bester Spieler. **2.** *männliche Person, die dem Glücksspiel verfallen ist:* er ist als Spieler bekannt.

Spie|le|rei [ʃpiːləˈrai̯], die; -, -en: **a)** *nicht sinnvolles, ernst zu nehmendes Tun:* das sind alles nur Spielereien. **b)** *leichte Aufgabe:* die Arbeit war für ihn eine Spielerei.

Spie|le|rin [ˈʃpiːlərɪn], die; -, -nen: weibliche Form zu ↑Spieler: die Spielerin verletzte sich beim Warmmachen.

spie|le|risch [ˈʃpiːlərɪʃ] ⟨Adj.⟩: **a)** *sich wie bei einem Spiel verhaltend; eine große Leichtigkeit, keinerlei Verkrampfung (bei etwas) zeigend; nur so leichthin:* fast spielerisch betätigte er den Hebel. **b)** (bes. Sport) *die Technik des Spiels betreffend:* wir hatten es mit einem spielerisch hervorragenden Gegner zu tun.

Spiel|feld [ˈʃpiːlfɛlt], das; -[e]s, -er: *abgegrenzte Fläche für sportliche Spiele:* die Zuschauer liefen auf das Spielfeld. **Syn.:** Feld, Platz.

Spiel|film [ˈʃpiːlfɪlm], der; -[e]s, -e: *(für Kino oder Fernsehen hergestellter) aus inszenierten, gespielten Szenen zusammengesetzter Film:* ihr erster Spielfilm war gleich ein großer Erfolg; einen Spielfilm drehen.

Spiel|höl|le [ˈʃpiːlhœlə], die; -, -n (abwertend): *Spielbank:* das dunkle Treiben in den Spielhöllen. **Syn.:** Spielkasino.

Spiel|kar|te [ˈʃpiːlkartə], die; -, -n: *Karte eines Kartenspiels:* neue Spielkarten kaufen.

Spiel|ka|si|no [ˈʃpiːlkaziːno], das; -s, -s: *Spielbank:* im Spielkasino Roulette spielen; ein Spielkasino besuchen. **Syn.:** Spielhölle (abwertend).

Spiel|plan [ˈʃpiːlplaːn], der; -[e]s, Spielpläne [ˈʃpiːlplɛːnə]: *Plan, auf dem für eine bestimmte Zeit die Termine der Aufführungen einer Bühne festgelegt und öffentlich bekannt gegeben werden:* der Spielplan für die nächsten drei Monate; das Stück steht auf dem Spielplan des städtischen Theaters, ist vom Spielplan abgesetzt worden. **Syn.:** Programm. **Zus.:** Sommerspielplan, Winterspielplan.

Spiel|platz [ˈʃpiːlplat͜s], der; -es, Spielplätze [ˈʃpiːlplɛt͜sə]: *[öffentlicher] für Kinder eingerichteter Platz zum Spielen:* die Kinder sind auf dem Spielplatz. **Zus.:** Kinderspielplatz.

Spiel|raum [ˈʃpiːlrau̯m], der; -[e]s, Spielräume [ˈʃpiːlrɔy̯mə]: **a)** *Zwischenraum, freier Raum, der für den ungehinderten Ablauf einer Bewegung (eines Maschinenteils o. Ä.) notwendig ist:* das Lager muss so eingestellt sein, dass die Welle noch ein bisschen Spielraum hat. **Syn.:** Zwischenraum. **b)** *Möglichkeit, sich frei zu bewegen, sich in seiner Tätigkeit frei zu entfalten:* jmdm., den Interessen einen möglichst großen Spielraum gewähren, lassen. **Syn.:** Freiheit, Freiraum.

Spiel|re|gel [ˈʃpiːlreːgl̩], die; -, -n: *Regel, nach der ein Spiel vor sich geht:* dieser Fußballer scheint die Spielregeln nicht zu kennen; gegen die Spielregeln verstoßen; sich an die Spielregeln halten.

Spiel|ver|der|ber [ˈʃpiːlfɛɐ̯dɛrbɐ], der; -s, -, **Spiel|ver|der|be|rin** [ˈʃpiːlfɛɐ̯dɛrbərɪn], die; -, -nen: *Person, die durch ihr Verhalten, ihre Stimmung anderen die Freude an etwas nimmt:* sei [doch] kein Spielverderber!; [du] Spielverderberin!

Spiel|wa|ren [ˈʃpiːlvaːrən], die ⟨Plural⟩: *als Spielzeug für Kinder angebotene Waren:* Spielwaren führen wir nicht, finden Sie im vierten Obergeschoss. **Syn.:** Spielzeug ⟨Singular⟩.

Spiel|zeit [ˈʃpiːlt͜sai̯t], die; -, -en: **1. a)** *Zeitabschnitt innerhalb eines Jahres, während dessen ein Theater geöffnet hat:* dieses Jahr gab es während der ganzen Spielzeit nur drei Premieren. **Syn.:** Saison. **b)** *Zeit, während der in einem Kino ein Film läuft:* nach einer Spielzeit von vier Wochen wurde der Film wieder abgesetzt. **2.** *Zeit, die zur Durchführung eines Spieles vorgeschrieben ist:* während der regulären Spielzeit war noch kein Tor gefallen.

Spiel|zeug [ˈʃpiːlt͜sɔy̯k], das; -[e]s, -e:

a) ⟨ohne Plural⟩ *zum Spielen verwendete Gegenstände:* das Spielzeug aufräumen. **Zus.:** Holzspielzeug. **b)** *einzelner zum Spielen verwendeter Gegenstand:* die Puppe, der Teddy, die Eisenbahn ist ihr liebstes Spielzeug; dem Kind zum Geburtstag ein Spielzeug kaufen; lass das Mikroskop, das ist kein Spielzeug!

Spieß [ʃpiːs], der; -es, -e:
an einem Ende spitzer Stab [aus Metall], auf den Fleisch zum Braten und Wenden [über offenem Feuer] aufgespießt wird: Fleisch, einen Ochsen am Spieß braten. **Zus.:** Bratspieß, Holzspieß, Schaschlikspieß.

Spieß|bür|ger [ˈʃpiːsbʏrɡɐ], der; -s, -, **Spieß|bür|ge|rin** [ˈʃpiːsbʏrɡərɪn], die; -, -nen (abwertend):
starr am Althergebrachten hängender, kleinlich denkender Mensch mit einem äußerst engen Horizont: er ist ein richtiger Spießbürger geworden; ich möchte mit dieser Spießbürgerin möglichst wenig zu tun haben. **Syn.:** Spießer (ugs. abwertend), Spießerin (ugs. abwertend).

spieß|bür|ger|lich [ˈʃpiːsbʏrɡɐlɪç] ⟨Adj.⟩ (abwertend):
engstirnig, kleinlich (wie ein Spießbürger): spießbürgerliche Ansichten vertreten. **Syn.:** kleinkariert (ugs. abwertend), spießig (ugs. abwertend).

spie|ßen [ˈʃpiːsn̩] ⟨tr.; hat⟩:
a) *(auf einen spitzen Gegenstand) stecken:* die Kartoffel auf die Gabel spießen. **Syn.:** aufspießen. **b)** *(mit einem spitzen Gegenstand) befestigen:* das Bild, den Schmetterling mit einer Nadel auf das Brett spießen.

Spie|ßer [ˈʃpiːsɐ], der; -s, -, **Spie|ße|rin** [ˈʃpiːsərɪn], die; -, -nen (ugs. abwertend):
Spießbürger, Spießbürgerin: diese Spießer gehen mir gehörig auf die Nerven.

Spieß|ge|sel|le [ˈʃpiːsɡəzɛlə], der; -n, -n, **Spieß|ge|sel|lin** [ˈʃpiːsɡəzɛlɪn], die; -, -nen (abwertend):
Person, die jmdm. bei der Ausführung einer unrechten Tat hilft: der Verbrecher und seine Spießgesellen; er floh mit seiner Spießgesellin. **Syn.:** Helfershelfer (abwertend), Helfershelferin (abwertend), Komplize, Komplizin (abwertend), Kumpan (abwertend), Kumpanin (ugs.).

spie|ßig [ˈʃpiːsɪç] ⟨Adj.⟩ (ugs. abwertend):
spießbürgerlich: spießige Ansichten, Nachbarn; ihre Wohnung ist fürchterlich spießig eingerichtet. **Syn.:** kleinkariert (ugs. abwertend), kleinlich (abwertend).

Spike [ʃpai̯k], der; -s, -s:
1. *[1]Stift (1) an den Schuhsohlen von Läufern oder an Autoreifen, der das [Aus]gleiten verhindert:* Schuhe, Autoreifen mit Spikes.
2. ⟨Plural⟩ *Laufschuhe, an deren Sohlen sich Spikes (1) befinden:* ein Paar Spikes; mit Spikes ist er noch schneller.

Spi|nat [ʃpiˈnaːt], der; -[e]s, (Sorten:) -e:
1. *Pflanze mit dunkelgrünen Blättern, aus denen Gemüse gekocht wird:* den Spinat ernten.
2. *als Gemüse verwendete Blätter des Spinats (1):* viele Kinder mögen keinen Spinat; es gab Spiegeleier mit Spinat.

Spind [ʃpɪnt], das und der; -[e]s, -e:
einfacher, schmaler Schrank besonders in Kasernen und Heimen: er muss seinen Spind aufräumen. **Zus.:** Kleiderspind, Küchenspind, Wäschespind.

Spin|ne [ˈʃpɪnə], die; -, -n:
(zu den Gliederfüßern gehörendes) [Spinndrüsen besitzendes] Tier mit einem in Kopf-Brust-Stück und Hinterleib gegliederten Körper und vier Beinpaaren: eine große, giftige Spinne; die Spinne sitzt, lauert im Netz; sie ekelt sich vor Spinnen. **Zus.:** Giftspinne.

spin|nen [ˈʃpɪnən], spann, gesponnen:
1. ⟨tr.; hat⟩ **a)** *(Fasern) mit dem Spinnrad oder der Spinnmaschine zu einem Faden drehen:* Wolle spinnen. **b)** *spinnend (1 a) herstellen:* Garn, einen Faden spinnen; Wolle spinnen. **c)** *(von Spinnen und bestimmten Raupen) Fäden erzeugen:* die Spinne spann einen Faden, an dem sie sich herunterließ.
2. ⟨itr.; hat⟩ (ugs. abwertend) *nicht recht bei Verstand sein, durch sein absonderliches, skurriles, spleeniges Verhalten auffallen:* den darfst du nicht ernst nehmen, der spinnt [ein bisschen]; du spinnst wohl! *(was fällt dir ein!).* **Syn.:** eine Macke haben (salopp), eine Meise haben (salopp), einen Dachschaden haben (salopp), einen Haschmich haben (salopp), einen Hau haben (salopp), einen kleinen Mann im Ohr haben (salopp), einen Knacks haben (ugs.), einen Knall haben (salopp), einen Rappel haben (ugs.), einen Sprung in der Schüssel haben (salopp), einen Stich haben (salopp), einen Tick haben (ugs.), einen Vogel haben (salopp), meschugge sein (salopp), nicht alle beisammenhaben (ugs. abwertend), nicht alle Tassen im Schrank haben (ugs.), nicht bei Sinnen sein, nicht bei Trost sein (ugs.), nicht ganz dicht sein (ugs. abwertend), nicht ganz gescheit sein (ugs.), nicht ganz richtig im Oberstübchen sein (ugs.), nicht ganz richtig sein (ugs.), plemplem sein (salopp), verrückt sein (salopp), von allen guten Geistern verlassen sein (ugs.).

Spin|ner [ˈʃpɪnɐ], der; -s, -, **Spin|ne|rin** [ˈʃpɪnərɪn], die; -, -nen:
1. *Person, die aus Wolle oder anderen Fasern Garn spinnt.*
2. (ugs. abwertend) *Person, die wegen ihres absonderlichen, skurrilen, spleenigen Verhaltens auffällt, als Außenseiter, Außenseiterin betrachtet wird:* er war schon immer ein großer Spinner; die Spinnerin darfst du nicht ernst nehmen.

Spinn|we|be [ˈʃpɪnveːbə], die; -, -n:
von einer Spinne angefertigtes Netz aus feinen, dünnen Fäden: mit einem Besen die Spinnweben von der Wand entfernen.

spin|ti|sie|ren [ʃpɪntiˈziːrən] ⟨itr.; hat⟩ (abwertend):
abwegigen Gedanken nachhängen, grübeln: er sollte nicht so viel spintisieren. **Syn.:** brüten (ugs.), nachdenken, sinnieren.

Spi|on [ʃpi̯oːn], der; -s, -e:
männliche Person, die Spionage treibt: er wurde als Spion entlarvt. **Syn.:** Agent, Spitzel.

Spi|o|na|ge [ʃpi̯oˈnaːʒə], die; -:
das Ermitteln von [Staats]geheimnissen, geheimen Informationen [im Auftrag einer ausländischen Macht]: Spionage trei-

ben; jmdn. unter dem Verdacht der Spionage verhaften. **Zus.:** Wirtschaftsspionage.

spi|o|nie|ren [ʃpi̯oˈniːrən] ⟨itr.; hat⟩:
a) *Spionage treiben:* er hat für eine ausländische Macht spioniert. **Syn.:** auskundschaften, schnüffeln (ugs. abwertend).
b) *aus Neugier überall herumsuchen, nachforschen:* sie will hier nur spionieren; er spioniert im ganzen Betrieb, in allen Schreibtischen. **Syn.:** auskundschaften, schnüffeln (ugs. abwertend).

Spi|o|nin [ˈʃpi̯oːnɪn], die; -, -nen: weibliche Form zu ↑Spion.

Spi|ra|le [ʃpiˈraːlə], die; -, -n:
1. *Kurve, die sich um eine Achse oder mit wachsendem Abstand um einen Punkt windet:* eine Spirale zeichnen; die Feder hat die Form einer Spirale.
2. (ugs.) *Verhütungsmittel für Frauen in Form eines kleinen spiralförmigen Gegenstandes aus Kunststoff:* sich eine Spirale einsetzen lassen.

Spi|ri|tu|o|se [ʃpiriˈtu̯oːzə], die; -, -n:
Getränk mit hohem Gehalt an Alkohol: mit Spirituosen handeln; ein Geschäft für Weine und Spirituosen. **Syn.:** Alkohol.

Spi|ri|tus [ˈʃpiːritʊs], der; -:
technischen Zwecken dienender, vergällter (Ethyl)alkohol: mit Spiritus *(auf einem Spirituskocher)* kochen.

Spi|tal [ʃpiˈtaːl], das; -[e]s, Spitäler [ʃpiˈtɛːlɐ] (bes. österr., schweiz.):
Krankenhaus: der Krankenwagen brachte sie ins Spital. **Syn.:** Anstalt (veraltend), Hospital, Klinik.

spitz [ʃpɪt͜s] ⟨Adj.⟩:
1. a) *mit einer scharfen Spitze endend:* eine spitze Nadel, Gabel; spitze Zähne; der Bleistift ist nicht spitz genug; der Nagel ist sehr spitz. **Syn.:** scharf. **Zus.:** nadelspitz. **b)** *in eine Spitze zulaufend; eine Spitze bildend:* der Turm hat ein spitzes Dach; spitze Schuhe tragen; ein spitzer Winkel *(ein Winkel von weniger als 90 Grad).*
2. (ugs.) *boshaft:* spitze Bemerkungen machen; spitze Reden führen. **Syn.:** anzüglich, bissig.

Spitz|bart [ˈʃpɪt͜sbaːɐ̯t], der; -[e]s, Spitzbärte [ˈʃpɪt͜sbɛːɐ̯tə]:
nach unten spitz zulaufender Kinnbart: Spitzbärte sind ganz aus der Mode.

Spitz|bu|be [ˈʃpɪt͜sbuːbə], der; -n, -n, **Spitz|bü|bin** [ˈʃpɪt͜sbyːbɪn], die; -, -nen:
1. (veraltend abwertend) *gerissener, nicht ganz ehrlicher Mensch:* diesem Spitzbuben ist er bald auf die Schliche gekommen; sie ist eine Spitzbübin. **Syn.:** Betrüger, Betrügerin, Gauner (abwertend), Gaunerin (abwertend).
2. (fam.) *auf liebenswürdig-schalkhafte Art freches [kleines] Kind:* hab ich dich schon wieder beim Naschen erwischt, du Spitzbube/Spitzbübin.

spitz|bü|bisch [ˈʃpɪt͜sbyːbɪʃ] ⟨Adj.⟩:
verschmitzt, schalkhaft, schelmisch: spitzbübisch lächeln; ein spitzbübisches Gesicht, Lächeln. **Syn.:** pfiffig.

spit|ze [ˈʃpɪt͜sə] ⟨Adj.; nicht flektierbar⟩ (ugs.):
klasse: ein spitze Hallenbad haben die hier; sie hat spitze gespielt. **Syn.:** ausgezeichnet, exzellent, großartig (emotional), hervorragend, klasse (ugs.), prima (ugs.), super (ugs.), toll (ugs.), vortrefflich, vorzüglich.

Spit|ze [ˈʃpɪt͜sə], die; -, -n:
1. a) *in einem Punkt spitz zusammenlaufendes Ende von etwas:* die Spitze des Turms; die Spitze der Klinge, der Schraube, des Zahns, des Bleistifts ist abgebrochen; auf der Spitze des Berges; die südliche Spitze der Insel. **Zus.:** Bergspitze, Bleistiftspitze, Eisenspitze, Felsspitze, Fingerspitze, Haarspitze, Kirchturmspitze, Landspitze, Messerspitze, Nadelspitze, Nasenspitze, Ostspitze, Pfeilspitze, Schuhspitze, Schwertspitze, Speerspitze, Turmspitze, Zehenspitze, Zungenspitze.
b) *vorderster, anführender Teil; führende Position:* bei der Demonstration marschierte er an der Spitze des Zuges; an der Spitze des Konzerns, des Staates stehen; die Mannschaft liegt an der Spitze der Tabelle. **Syn.:** Führung. **Zus.:** Firmenspitze, Heeresspitze, Konzernspitze, Parteispitze, Tabellenspitze, Truppenspitze.
2. (ugs.) *höchste Leistung, Geschwindigkeit o. Ä.; höchstes Maß:* die absolute Spitze in diesem Jahr waren 2 Millionen verkaufte Exemplare; (ugs.) der Wagen fährt 220 km/h Spitze. **Syn.:** Gipfel, Höchstmaß, Maximum. **Zus.:** Produktionsspitze, Saisonspitze, Verkehrsspitze.
3. *ironische, boshafte Bemerkung:* seine Rede enthielt einige Spitzen gegen die Regierung. **Syn.:** Anspielung.
4. ⟨ohne Plural⟩ (ugs.) *höchste Qualität:* der Wein, das Essen war einsame Spitze.
5. *feines, durchbrochenes Gewebe:* eine Bluse aus echter Spitze.

Spit|zel [ˈʃpɪt͜sl̩], der; -s, -:
Person, die in fremdem Auftrag heimlich beobachtet, mithört oder aufpasst und ihre Beobachtungen ihrem Auftraggeber mitteilt: jmdn. als Spitzel einsetzen, entlarven; ihr Chef hat sie im Büro als Spitzel eingesetzt. **Syn.:** Agent, Agentin, Spion, Spionin. **Zus.:** Polizeispitzel.

spit|zen [ˈʃpɪt͜sn̩] ⟨tr.; hat⟩:
mit einer Spitze versehen, spitz machen: den Bleistift spitzen. **Syn.:** anspitzen.

Spit|zen- [ˈʃpɪt͜sn̩] ⟨Präfixoid⟩:
1. a) (emotional) *Person, die als die im Basiswort genannte Person besonders gut, erstklassig ist, zur Spitze gehört:* Spitzendarsteller; Spitzenkönnerin; Spitzenkraft; Spitzenmann; Spitzenmannschaft; Spitzenspieler; Spitzensportlerin; Spitzenteam. **b)** (emotional) *etwas, was qualitativ o. Ä. mit an oberster Stelle steht:* Spitzenbetrieb; Spitzenerzeugnis; Spitzenfilm; Spitzenleistung; Spitzenprodukt; Spitzentitel; Spitzenwein; Spitzenzeit *(Bestzeit eines Sportlers, Rekordzeit).* **Syn.:** Bomben- (ugs. verstärkend), Klasse- (ugs. verstärkend), Meister-, [1]Ober- (emotional verstärkend), Super- (emotional verstärkend), Top- (ugs. emotional verstärkend).
2. *Person oder Sache, die als die im Basiswort genannte Person oder Sache eine hohe Position hat, von hohem Rang, Einfluss ist:* Spitzenagent; Spitzenfunktionärin; Spitzengespräch; Spitzenkandidat; Spitzenpolitikerin; Spitzentechnologie.

S
spio

3. kennzeichnet das im Basiswort Genannte als etwas, was den Höchstwert, das Höchstmaß davon darstellt: Spitzenbedarf; Spitzenbelastung; Spitzeneinkommen; Spitzengehalt; Spitzengeschwindigkeit; Spitzenpreis; Spitzenqualität; Spitzentemperatur; Spitzenverdiener; Spitzenwert; Spitzenzeit *(Zeit der stärksten Belastung z. B. im Verkehr)*. **Syn.:** Höchst-.

spitz|fin|dig [ˈʃpɪt͜sfɪndɪç] ⟨Adj.⟩: *übertrieben scharfe Unterscheidungen treffend:* diese Unterscheidung ist mir zu spitzfindig; jetzt wirst du [aber ein bisschen sehr] spitzfindig; spitzfindig argumentieren.

Spitz|na|me [ˈʃpɪt͜sna:mə], der; -ns, -n: *Name, den jmd., etwas aus Scherz oder aus Spott aufgrund einer auffallenden Eigenschaft erhält:* jmdm. einen Spitznamen geben; einen Spitznamen bekommen; sein Spitzname ist »Bulldogge«.

Spleen [ʃpli:n], der; -s, -e und -s: *überspannte Idee, Marotte:* sie hat den Spleen, nur grüne Kleider zu tragen; das ist so ein Spleen von dir! **Syn.:** Angewohnheit, Eigenart, Eigenheit, fixe Idee, Schrulle, Tick (ugs.), Unart.

Split|ter [ˈʃplɪtɐ], der; -s, -: *spitzes, dünnes Teilchen, Bruchstück von einem spröden Material:* überall lagen Splitter des zersprungenen Fensters; einen Splitter haben *(einen winzigen Fremdkörper in der Haut)*. **Syn.:** Span. **Zus.:** Glassplitter, Holzsplitter, Knochensplitter, Lacksplitter.

split|tern [ˈʃplɪtɐn]:
a) ⟨itr.; hat⟩ *so beschaffen sein, dass sich am Rand Splitter ablösen:* pass auf, dass das Holz nicht splittert; dieses Glas, dieser Kunststoff splittert leicht, nicht. **Zus.:** absplittern. **b)** ⟨itr.; ist⟩ *in der Weise zerbrechen, dass Splitter entstehen:* die Scheibe splitterte [in tausend Stücke].

split|ter|nackt [ˈʃplɪtɐˈnakt] ⟨Adj.⟩ (ugs.): *(von einem Menschen) völlig nackt:* er lief splitternackt auf die Straße.

spon|sern [ˈʃpɔnzɐn] ⟨tr.; hat⟩: *(jmdn., etwas) materiell, besonders durch Geld, unterstützen, um dafür seinerseits Leistungen zu erhalten, die der eigenen Werbung oder der Pflege des eigenen Images dienen:* einen Künstler, einen Sportler, einen Verein, eine Veranstaltung sponsern.

Spon|sor [ˈʃpɔnzo:ɐ̯], der; -s, Sponsoren [ʃpɔnˈzo:rən], **Spon|so|rin** [ʃpɔnˈzo:rɪn], die; -, -nen: *Person, Organisation oder Firma, die jmdn. oder etwas sponsert:* ohne die Sponsoren wäre die Ausstellung, die Tournee, das Rennen nicht zustande gekommen; als er beim Doping erwischt wurde, ließ seine Sponsorin ihn fallen wie eine heiße Kartoffel. **Syn.:** Gönner, Gönnerin, Mäzen, Mäzenin. **Zus.:** Hauptsponsor, Hauptsponsorin.

spon|tan [ʃpɔnˈta:n] ⟨Adj.⟩: *ohne lange Überlegung, aus einem plötzlichen Antrieb, Impuls heraus:* spontan seine Hilfe anbieten; nach dieser Bemerkung des Redners verließen die Zuhörer spontan den Saal. **Syn.:** abrupt, impulsiv, jäh, plötzlich, unvermittelt.

spo|ra|disch [ʃpoˈra:dɪʃ] ⟨Adj.⟩:
a) *verstreut, vereinzelt [vorkommend]:* dieses Metall findet man nur sporadisch. **Syn.:** vereinzelt.
b) *gelegentlich, nur selten:* sporadische Besuche; ich lese diese Zeitung nur sporadisch; sie nimmt nur sporadisch am Unterricht teil.

Spo|re [ˈʃpo:rə], die; -, -n: *Zelle (niederer Pflanzen), die der ungeschlechtlichen Fortpflanzung dient:* die Sporen der Pilze werden vom Wind verbreitet.

Sporn [ʃpɔrn], der; -[e]s, Sporen [ˈʃpo:rən]:
a) *am Absatz des Stiefels befestigter Dorn oder kleines Rädchen, mit dem der Reiter das Pferd antreibt:* Sporen tragen; dem Pferd die Sporen geben.
b) *spitze, nach hinten gerichtete Kralle am Fuß von Vögeln:* die Sporen des Hahns.

Sport [ʃpɔrt], der; -[e]s:
1. *nach bestimmten festen Regeln [im Wettkampf mit anderen] ausgeübte körperliche Betätigung (aus Freude an Bewegung und Spiel und/oder zur körperlichen Ertüchtigung):* Sport treiben; sich für [den] Sport begeistern. **Zus.:** Angelsport, Rasensport, Reitsport, Schulsport, Schwimmsport, Segelsport, Versehrtensport, Wassersport, Wintersport.
2. *sportliche Disziplin:* Golfspielen ist ein teurer Sport; welchen Sport kann man hier treiben? **Syn.:** Sportart.

Sport|art [ˈʃpɔrt|a:ɐ̯t], die; -, -en: *sportliche Disziplin:* sie ist in mehreren Sportarten aktiv.

Sport|ler [ˈʃpɔrtlɐ], der; -s, -, **Sport|le|rin** [ˈʃpɔrtlərɪn], die; -, -nen:
Person, die Sport treibt: er ist ein guter, fairer, professioneller Sportler; eine leidenschaftliche, erfolgreiche Sportlerin. **Syn.:** Athlet, Athletin. **Zus.:** Amateursportler, Amateursportlerin, Berufssportler, Berufssportlerin.

sport|lich [ˈʃpɔrtlɪç] ⟨Adj.⟩:
1. a) *den Sport betreffend:* seine sportliche Laufbahn beenden; sich sportlich betätigen. **b)** *wie vom Sporttreiben geprägt und daher elastisch-schlank:* sie hat eine sportliche Figur; er ist ein sportlicher Typ; sie wirkt sehr sportlich. **Syn.:** athletisch, drahtig, sehnig.
2. *in seinem Schnitt einfach, zweckmäßig und zugleich flott:* ein sportliches Kostüm; ein sportlicher Anzug; sich sportlich kleiden.

Sport|platz [ˈʃpɔrtplat͜s], der; -es, Sportplätze [ˈʃpɔrtplɛt͜sə]: *Sportanlage im Freien:* der Sportplatz des Fußballvereins, der Schule.

Spot [spɔt], der; -s, -s:
1. *kurzer, prägnanter Werbetext im Hörfunk oder kurzer Werbefilm in Kino oder Fernsehen:* er produziert Werbefilme und Spots. **Zus.:** Fernsehspot, Radiospot, Werbespot.
2. *(besonders in Wohnräumen verwendete) dreh- u. schwenkbar befestigte Leuchte, die ein stark gebündeltes Licht abgibt:* die Spots an der Decke anbringen.

Spott [ʃpɔt], der; -[e]s: *Äußerung, mit der man sich über jmdn. oder etwas lustig macht, bei der man Schadenfreude, auch Verachtung empfindet:* er sprach mit Spott von seinen Gegnern; jmdn. dem Spott der Öffentlichkeit preisgeben. **Syn.:** Hohn.

spöt|teln [ˈʃpœtl̩n] ⟨itr.; hat⟩: *sich mit leicht spöttischen Bemerkungen (über jmdn., etwas) lustig machen:* er spöttelte über den Eifer der anderen. **Syn.:** aufziehen, frotzeln (ugs.).

spot|ten [ˈʃpɔtn̩], spottete, gespottet ⟨itr.; hat⟩: *Spott äußern:* über jmdn., jmds. Kleidung spotten; du hast gut spotten, du musst ja nicht ins Krankenhaus. **Syn.:** aufziehen, sich lustig machen, verspotten.

spöt|tisch [ˈʃpœtɪʃ] ⟨Adj.⟩: **a)** *zum Spotten neigend:* ein spöttischer Mensch. **b)** *Spott ausdrückend:* ein spöttisches Lächeln; spöttisch grinsen; etwas spöttisch bemerken.

Spra|che [ˈʃpra:xə], die; -, -n: **1.** ⟨ohne Plural⟩ *das Sprechen; die Fähigkeit zu sprechen:* durch den Schock verlor er die Sprache; die Sprache wiederfinden. **2.** *System von Zeichen und Lauten, das von Angehörigen einer bestimmten sozialen Gemeinschaft (z. B. von einem Volk) in gesprochener und geschriebener Form als Mittel zur Verständigung benutzt wird:* die deutsche, englische, russische Sprache; er beherrscht mehrere Sprachen; einen Text in eine andere Sprache übersetzen; eine lebende, tote Sprache. **Zus.:** Bantusprache, Gaunersprache, Geheimsprache, Indianersprache, Welthilfssprache, Zeichensprache. **3.** *Art zu sprechen, zu formulieren:* seine Sprache ist sehr lebendig, poetisch, nüchtern; sie schreibt in der Sprache des einfachen Volkes; die Sprache Goethes. **Syn.:** [1]Ausdruck, Ausdrucksweise, Diktion, Stil. **Zus.:** Bergmannssprache, Jägersprache, Jugendsprache, Kindersprache, Schülersprache, Seemannssprache, Soldatensprache, Studentensprache, Vulgärsprache.

Sprach|ge|fühl [ˈʃpra:xgəfy:l], das; -[e]s: *Gefühl, Sinn für den richtigen, der geltenden Sprachnorm entsprechenden Gebrauch von Sprache:* sich auf sein Sprachgefühl verlassen; sie hat ein sehr gutes, ein ausgeprägtes, überhaupt kein Sprachgefühl; nach meinem Sprachgefühl ist das falsch.

Sprach|kennt|nis|se [ˈʃpra:xkɛntnɪsə], die ⟨Plural⟩: *Kenntnisse einer oder mehrerer Fremdsprachen:* sie hat gute Sprachkenntnisse in Deutsch und Englisch; ohne Sprachkenntnisse ist es schwer, eine interessante Arbeit zu finden.

Sprach|kri|tik [ˈʃpra:xkriti:k], die; -, -en: *Kritik an einer bestimmten Art, die Sprache zu verwenden:* die feministische Sprachkritik.

Sprach|kurs [ˈʃpra:xkʊrs], der; -es, -e: *Kurs in einer Fremdsprache:* sich zum Sprachkurs anmelden.

Sprach|la|bor [ˈʃpra:xlabo:ɐ̯], das; -s, -s: *mit den verschiedensten Mitteln moderner Technik ausgerüstete Einrichtung für den Sprech- und Sprachunterricht, bei der jeder Teilnehmer sich selbst beim Sprechen kontrollieren kann:* immer häufiger werden Sprachlabors durch Computerarbeitsräume ersetzt.

sprach|lich [ˈʃpra:xlɪç] ⟨Adj.⟩: *die Sprache betreffend, auf sie bezogen:* sich mit sprachlichen Mitteln äußern, auseinandersetzen; eine sprachliche Eigentümlichkeit; der Aufsatz ist inhaltlich und sprachlich hervorragend.

sprach|los [ˈʃpra:xlo:s] ⟨Adj.⟩: *vor Erstaunen außerstande zu sprechen:* er war sprachlos [vor Entsetzen, Schrecken]; ich bin sprachlos *(das ist ja unglaublich).*

Spray [ʃpre:], der und das; -s, -s: *(für verschiedene Zwecke verwendete) Flüssigkeit, die aus einer speziellen Dose fein zerstäubt wird:* das Deo gibt es auch als Spray; ein Spray gegen Insekten. **Zus.:** Fußspray, Haarspray, Körperspray, Lackspray, Nasenspray, Raumspray.

spre|chen [ˈʃprɛçn̩], spricht, sprach, gesprochen: **1.** ⟨itr.; hat⟩ **a)** *sprachliche Laute, Wörter, Sätze bilden:* das Kind lernt sprechen; vor Schreck konnte er nicht mehr sprechen. **b)** *sich in bestimmter Weise ausdrücken:* laut, schnell, undeutlich, mit Akzent, in ernstem Ton sprechen; er hat bei seinem Vortrag frei gesprochen *(nicht vom Manuskript abgelesen).* **2.** ⟨tr.; hat⟩ *eine Sprache beherrschen:* er spricht mehrere Sprachen; sie spricht fließend Französisch; dieser Dialekt wird kaum noch, nur noch von wenigen gesprochen. **3.** ⟨itr.; hat⟩ *eine Meinung darlegen; urteilen:* gut, schlecht über jmdn., etwas, von jmdm., etwas sprechen. **Syn.:** sich äußern, reden, urteilen. **4.** ⟨itr.; hat⟩ **a)** *Worte wechseln, ein Gespräch führen, sich unterhalten:* die Frauen sprechen schon seit einer halben Stunde [miteinander]; wir sprachen gerade von dir, von den Preisen. **Syn.:** plaudern, quatschen (ugs.), reden, schwatzen, schwätzen (bes. südd.), sich unterhalten. **b)** *(mit jmdm.) ein Gespräch führen, sich unterhalten, reden:* wir haben ihn nach dem Theater gesprochen; kann ich Herrn Meyer sprechen? **5.** ⟨itr.; hat⟩ *erzählen, berichten:* er spricht von seiner Reise nach Amerika; vor aller Öffentlichkeit sprach er über seine familiären Verhältnisse; wovon wollte ich [jetzt] sprechen? **Syn.:** reden. **6.** ⟨itr.; hat⟩ *über etwas diskutieren, sich besprechen:* darüber müssen wir noch sprechen; ich habe mit dir noch zu sprechen. **Syn.:** sich beraten, durchsprechen, erörtern, reden. **7.** ⟨itr.; hat⟩ *eine Rede, Ansprache o. Ä. halten:* der Professor spricht heute Abend [im Rundfunk]; der Vorsitzende hat nur kurz gesprochen und dann sofort die Diskussion eröffnet; worüber hat sie gesprochen? *(was war das Thema ihres Vortrags?).*

Spre|cher [ˈʃprɛçɐ], der; -s, -, **Spre|che|rin** [ˈʃprɛçərɪn], die; -, -nen: **a)** *Person, die (in Rundfunk oder Fernsehen) als Ansager bzw. als Ansagerin arbeitet, Nachrichten o. Ä. liest:* er ist Sprecher beim Rundfunk, Fernsehen. **Syn.:** Ansager, Ansagerin. **Zus.:** Fernsehsprecher, Fernsehsprecherin, Nachrichtensprecher, Nachrichtensprecherin, Rundfunksprecher, Rundfunksprecherin. **b)** *Person, die im Namen einer bestimmten Gruppe o. Ä. spricht, deren Interessen in der Öffentlichkeit vertritt:* die Sprecher und Sprecherinnen der beteiligten Bürgerinitiativen. **Zus.:**

Fraktionssprecher, Fraktionssprecherin, Klassensprecher, Klassensprecherin, Pressesprecher, Pressesprecherin, Regierungssprecher, Regierungssprecherin, Vorstandssprecher, Vorstandssprecherin.

Sprech|stun|de ['ʃprɛçʃtʊndə], die; -, -n:
Zeit, in der jmd. für Beratungen (bzw. ein Arzt für Beratung und Behandlung) zur Verfügung steht: mein Zahnarzt hat heute keine Sprechstunde; zur Klassenlehrerin in die Sprechstunde gehen.

sprei|zen ['ʃprai̯tsn̩]:
1. ⟨tr.; hat⟩ *so weit wie möglich auseinanderstrecken, (von etwas) wegstrecken:* die Arme, Beine, Finger spreizen. **Syn.:** ausstrecken, grätschen.
2. ⟨+ sich⟩ **a)** *sich unnötig lange bitten lassen, etwas Bestimmtes zu tun:* sie spreizte sich erst eine Weile, dann machte sie schließlich auch mit. **Syn.:** sich zieren. **b)** *sich besonders eitel und eingebildet gebärden:* er spreizte sich wie ein Pfau in seinem neuen Anzug. **Syn.:** sich aufblähen (abwertend), sich aufblasen (ugs.), sich aufplustern (ugs.).

spren|gen ['ʃprɛŋən] ⟨tr.; hat⟩:
1. a) *mithilfe von Sprengstoff zum Bersten bringen, zerstören:* eine Brücke, ein Gebäude, einen Felsen sprengen. **b)** *mit Gewalt auseinanderreißen, öffnen, zertrümmern:* Ketten, das Tor sprengen; das Wasser sprengte das Eis. **Syn.:** aufbrechen.
2. *mit Wasser bespritzen, besprühen:* den Rasen, die Straßen bei Trockenheit sprengen; die Wäsche vor dem Bügeln sprengen. **Syn.:** begießen, besprengen, bewässern, gießen, spritzen, sprühen, wässern.

Spreng|kör|per ['ʃprɛŋkœrpɐ], der; -s, -:
mit Sprengstoff gefüllte Kapsel, Hülle o. Ä., mit deren Hilfe man etwas zerstören, sprengen kann: der Sprengkörper konnte rechtzeitig entschärft werden, explodierte, ging hoch; in dem Fahrzeug wurde ein Sprengkörper mit einem Zeitzünder gefunden. **Syn.:** Bombe, Mine.

Spreng|stoff ['ʃprɛŋʃtɔf], der; -[e]s, -e:
chemischer Stoff, der explodiert, wenn er gezündet wird: Dynamit ist ein sehr gefährlicher Sprengstoff.

Spreu [ʃprɔy̯], die; -:
aus Hülsen, Spelzen o. Ä. bestehender Abfall beim Dreschen: die Spreu zusammenfegen; *** die Spreu vom Weizen trennen/sondern:** *Wertloses vom Wertvollen trennen:* bei der Bearbeitung dieses Textes muss man erst einmal die Spreu vom Weizen trennen.

Sprich|wort ['ʃprɪçvɔrt], das; -[e]s, Sprichwörter ['ʃprɪçvœrtɐ]:
kurz gefasster, lehrhafter und einprägsamer Satz, der eine immer wieder gemachte Erfahrung ausdrückt: »Man soll den Tag nicht vor dem Abend loben« ist ein altes Sprichwort.

sprich|wört|lich ['ʃprɪçvœrtlɪç] ⟨Adj.⟩:
a) *als Sprichwort [verwendet]; zu einem Sprichwort, zu einer festen Floskel geworden:* sprichwörtliche Redensarten; dieser Ausspruch wird bereits sprichwörtlich gebraucht. **b)** *häufig in einem bestimmten Zusammenhang zitiert, allgemein bekannt:* die sprichwörtliche deutsche Gründlichkeit; ihre Unpünktlichkeit ist schon sprichwörtlich. **Syn.:** gang und gäbe.

sprie|ßen ['ʃpri:sn̩], spross, gesprossen ⟨itr.; ist⟩:
zu wachsen beginnen: die Blumen sprießen, seit es so warm geworden ist; sein Bart beginnt zu sprießen. **Syn.:** aufgehen, ausschlagen, austreiben, grünen, keimen. **Zus.:** emporsprießen, hervorsprießen.

Spring|brun|nen ['ʃprɪŋbrʊnən], der; -s, -:
Brunnen, bei dem das Wasser aus Düsen in kräftigem Strahl in die Höhe steigt und in ein Becken zurückfällt: im Mai werden die Springbrunnen in der Stadt angestellt; der Springbrunnen plätschert.

sprin|gen ['ʃprɪŋən], sprang, gesprungen:
1. a) ⟨itr.; ist⟩ *sich kräftig mit den Beinen vom Boden abstoßend in die Höhe und/oder in eine bestimmte Richtung bewegen:* aus dem Stand, mit Anlauf, in die Höhe springen. **Syn.:** hopsen, hüpfen. **Zus.:** emporspringen, herunterspringen, hinabspringen, hinaufspringen, hineinspringen, hochspringen, wegspringen, zurückspringen. **b)** ⟨itr.; ist⟩ *sich springend* (1 a) *irgendwohin bewegen:* auf den fahrenden Zug springen; aus dem Fenster, ins Wasser springen; durch einen brennenden Reifen springen; das Kind sprang über die Straße, über Bord; zur Seite springen. **Syn.:** hopsen, hüpfen. **c)** ⟨itr.; hat/ist⟩ *(als sportliche Diziplin) eine bestimmte Distanz in Höhe oder Weite mit einem Sprung überwinden:* sie ist/hat 6,48 m [weit], 2 m [hoch] gesprungen; er ist/hat noch nicht gesprungen; ⟨auch tr.⟩ sie ist/hat einen neuen Rekord gesprungen.
2. ⟨itr.; ist⟩ (geh.) *spritzend, sprudelnd, sprühend (aus etwas) hervortreten:* Funken sind aus dem Holzstoß gesprungen; Blut sprang aus der Wunde. **Syn.:** spritzen, sprühen, stieben (geh.), wirbeln.
3. ⟨itr.; ist⟩ *(von bestimmtem, sprödem Material) einen Sprung, Sprünge bekommen:* das Porzellan ist gesprungen.

Sprint [ʃprɪnt], der; -s, -s:
Wettlauf, Wettrennen über eine kurze Strecke: solche Schuhe sind für Sprints am besten geeignet.

sprin|ten ['ʃprɪntn̩], sprintete, gesprintet:
a) ⟨itr.; hat/ist⟩ *einen Sprint machen:* auf den letzten 100 Metern sprinten. **b)** ⟨itr.; ist⟩ (ugs.) *schnell [irgendwohin] laufen:* über den Hof sprinten; ich musste ganz schön sprinten, um den Zug noch zu erreichen. **Syn.:** flitzen (ugs.), rasen (ugs.), rennen, sausen (ugs.), schießen, spurten (ugs.).

Sprit [ʃprɪt], der; -[e]s (ugs.):
1. *Treibstoff, Benzin:* der Sprit reicht nicht mehr; Sprit sparen.
2. *Branntwein, Schnaps:* langsam ging auf der Party der Sprit aus. **Syn.:** Alkohol, Fusel (ugs. abwertend), Spirituosen ⟨Plural⟩.

Sprit|ze ['ʃprɪt͡sə], die; -, -n:
1. *meist mit einer motorgetriebenen Pumpe arbeitendes Gerät (der Feuerwehr) zum Löschen von Bränden mithilfe von Wasser o. Ä.:* die Feuerwehr löschte mit

fünf Spritzen. **Zus.:** Wasserspritze.
2. a) *medizinisches Gerät, mit dem ein Medikament o. Ä. in flüssiger Form injiziert wird:* eine Spritze aufziehen, auskochen. **Zus.:** Giftspritze, Injektionsspritze. **b)** *das Hineinspritzen eines Medikamentes in flüssiger Form in den Körper:* jmdm. Spritzen geben. **Syn.:** Injektion. **Zus.:** Beruhigungsspritze, Penizillinspritze. **c)** *in den Körper gespritztes Medikament in flüssiger Form:* die Spritzen wirkten schnell. **Zus.:** Beruhigungsspritze, Penizillinspritze.

sprit|zen [ˈʃprɪt͜sn̩]:
1. a) ⟨tr.; hat⟩ *Flüssigkeit in Form von Tropfen oder Strahlen irgendwohin gelangen lassen:* die Feuerwehr hat Wasser und Schaum in das Feuer gespritzt; das Kind spritzte mir Wasser ins Gesicht. **Syn.:** sprengen, sprühen. **b)** ⟨tr.; hat⟩ *über jmdn., etwas gießen, sprühen:* der Bauer spritzt die Bäume [gegen Schädlinge]; sein Auto neu spritzen lassen. **Syn.:** besprengen, besprühen. **c)** ⟨itr.; ist/hat⟩ *plötzlich in einem Strahl hervorschießen; in Tropfen auseinandersprühen:* Wasser spritzt aus der defekten Leitung; heißes Fett spritzt aus der Pfanne. **Syn.:** sprühen, stieben (geh.).
2. ⟨itr.; ist⟩ (ugs.) *sehr schnell laufen, sich eilen:* wenn der Chef rief, bist du immer sofort gespritzt. **Syn.:** flitzen (ugs.), rasen (ugs.), rennen, sausen (ugs.), schießen, sprinten (ugs.), spurten.
3. ⟨tr.; hat⟩ *mithilfe einer Spritze (2 a) in den Körper gelangen lassen:* die Schwester hat ihr ein Beruhigungsmittel gespritzt; ⟨auch itr.⟩ seit er nicht mehr spritzt *(sich Rauschgift injiziert)*, säuft er.

Sprit|zer [ˈʃprɪt͜sɐ], der; -s, -:
a) *in Form von Tropfen oder in einem kurzen Strahl weggeschleuderte Flüssigkeit:* einige Spritzer trafen seinen Anzug; die Soße mit einem Spritzer Wein abschmecken. **Zus.:** Wasserspritzer. **b)** *kleiner, durch das Spritzen einer Flüssigkeit hervorgerufener Fleck:* auf ihrem Gesicht waren Spritzer von roter Farbe zu sehen. **Zus.:** Blutspritzer, Farbspritzer, Tintenspritzer.

sprit|zig [ˈʃprɪt͜sɪç] ⟨Adj.⟩:
a) *flott, geistreich o. Ä. und dadurch unterhaltsam:* spritzige Musik; eine spritzig geschriebene Reportage. **Syn.:** schlagfertig, schmissig (ugs.), witzig.
b) *durch seinen Geschmack, seine Wirkung im Körper einen bestimmten Reiz, eine Belebung verursachend, hervorrufend:* ein spritziger Wein. **Syn.:** anregend, belebend, prickelnd, rassig.
c) *großes Beschleunigungsvermögen aufweisend:* ein spritziges Auto; der Motor ist sehr spritzig. **Syn.:** rasant, [1]schnell.

sprö|de [ˈʃprøːdə] ⟨Adj.⟩:
a) *(von einem harten Stoff) leicht brechend oder reißend:* sprödes Material; das Holz ist für diese Arbeit zu spröde. **Syn.:** nicht geschmeidig. **b)** *abweisend, schwer zugänglich, verschlossen:* ein sprödes Wesen; sie ist sehr spröde. **Syn.:** reserviert, unnahbar, unzugänglich, zugeknöpft (ugs.). **c)** *schwer zu handhaben, zu gestalten:* ein sprödes Thema; der Stoff des Buches ist sehr spröde.

Spross [ʃprɔs], der; -es, -e:
1. (geh.) *Nachkomme (einer Familie):* der jüngste Spross aus diesem Hause. **Syn.:** Kind.
2. *[junger] Trieb (einer Pflanze):* dieses Jahr bekam der Strauch viele junge Sprosse.

Spros|se [ˈʃprɔsə], die; -, -n:
[rundes] Querholz, Querstange als Stufe einer Leiter: eine Sprosse ist gebrochen.

Spruch [ʃprʊx], der; -[e]s, Sprüche [ˈʃprʏçə]:
1. *kurzer, einprägsamer Satz, der eine allgemeine Regel oder Weisheit zum Inhalt hat:* ein alter, frommer Spruch; Sprüche aus der Bibel. **Syn.:** Äußerung, Ausspruch, Bonmot, Devise, geflügeltes Wort, Losung, Motto, Parole, Sentenz (bildungsspr.), Sinnspruch, Sprichwort, Wort, Zitat. **Zus.:** Kalenderspruch, Werbespruch, Zauberspruch.
2. *[verkündete] Entscheidung einer Recht sprechenden Institution o. Ä.:* die Geschworenen müssen jetzt zu ihrem Spruch kommen. **Syn.:** Urteil. **Zus.:** Richterspruch, Urteilsspruch.
3. a) (ugs.) *immer wiederkehrende Formulierung:* der Vertreter leierte seinen Spruch herunter. **b)** (abwertend) *nichtssagende Phrase:* das sind alles nur Sprüche. **Syn.:** Floskel, Gemeinplatz; *** Sprüche machen/klopfen** (ugs. abwertend): *sich in groß tönenden Worten äußern, hinter denen nicht viel steckt:* er klopft immer große Sprüche und dann passiert nichts. **Syn.:** angeben, sich aufblähen (abwertend), sich aufblasen (ugs.), sich aufplustern (ugs.), aufschneiden, sich aufspielen, sich brüsten, das große Wort führen, den Mund voll nehmen (ugs.), dick auftragen, ein großes Maul haben (salopp), große Reden schwingen (ugs.), große Töne spucken (ugs.), großtun (abwertend), prahlen, renommieren (bildungsspr.), Wind machen (ugs.).

spruch|reif [ˈʃprʊxrai̯f] ⟨Adj.⟩:
(von einer Sache, einem Sachverhalt) sich in dem Stadium befindend, in dem darüber gesprochen, geschrieben werden kann: die Sache wird so langsam spruchreif; meine Versetzung ist noch längst nicht spruchreif.

Spru|del [ˈʃpruːdl̩], der; -s, -:
stark kohlensäurehaltiges Mineralwasser: eine Flasche Sprudel mit zur Arbeit nehmen.

spru|deln [ˈʃpruːdl̩n]:
1. ⟨itr.; ist⟩ *wallend und schäumend hervorströmen, sich irgendwohin ergießen:* der Bach sprudelt über das Geröll; eine Quelle sprudelte aus dem Felsen. **Syn.:** fließen, rinnen, schießen, strömen. **Zus.:** heraussprudeln, hervorsprudeln.
2. ⟨itr.; hat⟩ *in heftiger, wallender Bewegung sein und Blasen aufsteigen lassen:* das kochende Wasser sprudelte im Topf; der Sekt sprudelt im Glas. **Syn.:** blubbern, brodeln.

sprü|hen [ˈʃpryːən]:
a) ⟨tr.; hat⟩ *in kleinen Teilchen von sich schleudern, irgendwohin fliegen lassen:* das Feuer, die alte Dampflok sprüht Funken. **Syn.:** ausstoßen, auswerfen. **b)** ⟨itr.; ist⟩ *(in Form von kleinen Teilchen) durch die Luft fliegen:* die Funken sind nach allen Seiten gesprüht. **Syn.:** fliegen, stieben (geh.), wirbeln. **c)** ⟨tr.; hat⟩ *in vielen kleinen Tropfen, in zer-*

S
spri

stäubter Form irgendwohin gelangen lassen: sie sprüht Wasser auf die Blätter; ich sprühte mir ein Deodorant unter die Achseln. **Syn.:** zerstäuben.

Sprung [ʃprʊŋ], der; -[e]s, Sprünge [ˈʃprʏŋə]:
1. *Bewegung, bei der man sich mit einem Fuß oder mit beiden Füßen abstößt und möglichst weit oder hoch zu kommen sucht:* der Sportler kam bei beiden Sprüngen über 7 Meter; sie machte einen mächtigen Sprung über den Graben. **Syn.:** Satz (5). **Zus.:** Grätschsprung, Hochsprung, Spreizsprung, Trampolinsprung, Weitsprung.
2. ⟨ohne Plural⟩ *kurze Entfernung; kurzer Zeitraum:* bis zur Wohnung meiner Freundin ist es nur ein Sprung; komm doch auf einen Sprung *(für einen Augenblick)* zu mir herüber.
3. *kleiner Spalt, Stelle, an der etwas [leicht] eingerissen ist:* das Glas, die Scheibe hat einen Sprung; die Decke hat Sprünge bekommen. **Syn.:** Riss, Ritze.

sprung|haft [ˈʃprʊŋhaft] ⟨Adj.⟩:
1. *sich oft und plötzlich etwas anderem zuwendend:* sie hat ein sehr sprunghaftes Wesen; du denkst, arbeitest zu sprunghaft. **Syn.:** launenhaft, launisch, unausgeglichen, unbeständig.
2. *ohne dass man damit gerechnet hat und übergangslos:* der sprunghafte Anstieg der Preise; der Verkehr hat sich sprunghaft entwickelt. **Syn.:** abrupt, auf einmal, jäh, Knall auf Fall (ugs.), Knall und Fall (ugs.), kurzfristig, mit einem Mal, plötzlich, schlagartig, über Nacht, überraschend, unerwartet, unverhofft, unvermittelt, unvermutet, unversehens, unvorhergesehen, von heute auf morgen, wie ein Blitz aus heiterem Himmel.

Sprung|schan|ze [ˈʃprʊŋʃant͡sə], die; -, -n:
Anlage für das Skispringen mit einer stark abschüssigen Bahn zum Anlaufnehmen: den Anlauf der Sprungschanze verkürzen.

Spu|cke [ˈʃpʊkə], die; - (ugs.):
Speichel: die Briefmarke mit etwas Spucke befeuchten.

spu|cken [ˈʃpʊkn̩]:
a) ⟨itr.; hat⟩ *Speichel mit Druck aus dem Mund [irgendwohin] ausstoßen:* jmdm. ins Gesicht spucken; auf die Straße spucken. **Syn.:** speien. **b)** ⟨tr.; hat⟩ *spuckend* (a) *von sich geben:* Blut spucken. **Syn.:** speien. **c)** ⟨tr.; hat⟩ *durch Spucken* (a) *irgendwohin treffen lassen:* spuck doch die Kirschkerne nicht einfach aus dem Fenster. **Syn.:** speien.

Spuk [ʃpu:k], der; -s:
1. *Geistererscheinung, unheimliches Treiben von Geistern o. Ä.:* um Mitternacht wiederholte sich der Spuk in dem alten, verlassenen Schloss.
2. *Geschehen, das so schrecklich, ungeheuerlich ist, dass es unwirklich anmutet:* der faschistische Spuk; die Polizei machte dem ganzen Spuk ein Ende.

spu|ken [ˈʃpu:kn̩]:
a) ⟨itr.; hat⟩ *(als Gespenst o. Ä.) sein Unwesen treiben:* der Geist der Schlossherrin soll hier spuken; ⟨auch unpers.⟩ bei uns spukt es im Keller. **Syn.:** [1]umgehen. **b)** ⟨itr.; ist⟩ *sich spukend* (a) *irgendwohin bewegen:* ein Gespenst spukt durch das alte Haus.

Spu|le [ˈʃpu:lə], die; -, -n:
a) *Gegenstand, um dessen mittleren zylindrischen Teil etwas gewickelt wird oder ist:* die leere Spule auf einem Tonbandgerät; Zwirn auf die Spule wickeln.
b) *um einen zylindrischen Gegenstand Gewickeltes (Garn, [Ton]band, Draht o. Ä.):* die Spulen eines elektrischen Geräts; eine Spule weißen Zwirn kaufen.

Spüle [ˈʃpy:lə], die; -, -n:
Möbel in der Küche mit Becken und Anschluss für Wasser: das schmutzige Geschirr in die Spüle stellen.

spu|len [ˈʃpu:lən] ⟨tr.; hat⟩:
[mit einer eigenen Vorrichtung] (von einer oder auf eine Spule) wickeln: vom Tonband ein Stück auf die leere Spule spulen; Zwirn auf die Spule spulen. **Syn.:** aufrollen, aufwickeln.

spü|len [ˈʃpy:lən]:
1. ⟨tr.; hat⟩ *(durch Handbewegungen) in einer Flüssigkeit reinigen, von Rückständen o. Ä. befreien:* das Geschirr, die Wäsche spülen. **Syn.:** abspülen, abwaschen, schwenken, waschen.
2. ⟨tr.; hat⟩ *mitreißen, mit sich führen und irgendwohin gelangen lassen:* das Meer spülte Trümmer eines Bootes an den Strand. **Syn.:** antreiben. **Zus.:** fortspülen, hinunterspülen, wegspülen.
3. ⟨itr.; hat⟩ *die Wasserspülung der Toilette betätigen:* vergiss nicht, zu spülen!

Spül|ma|schi|ne [ˈʃpy:lmaʃi:nə]:
↑ Geschirrspüler.

Spül|mit|tel [ˈʃpy:lmɪtl̩], das; -s, -:
Mittel, mit dem Geschirr gereinigt werden kann: ein paar Tropfen Spülmittel ins Wasser geben; ein neues Spülmittel ausprobieren.

Spur [ʃpu:ɐ̯], die; -, -en:
1. a) *Abdruck von etwas im weichen Boden, im Schnee o. Ä.:* die Spuren eines Schlittens im Schnee; die Räder hinterließen eine Spur im Sand. **Syn.:** Fährte. **Zus.:** Bremsspur, Fußspur, Radspur, Reifenspur, Schleifspur, Skispur. **b)** *von einer äußeren Einwirkung zeugende [sichtbare] Veränderung, verbliebenes Zeichen:* der Einbrecher hinterließ keine Spur; bei den Ausgrabungen stieß man auf Spuren alter Kulturen. **Syn.:** Anzeichen, Hinweis, Merkmal, Überrest. **Zus.:** Blutspur, Kratzspur, Ölspur, Siedlungsspur.
2. *sehr kleine Menge von etwas:* im Wasser fanden sich Spuren eines Giftes; in der Suppe ist keine Spur, nicht die Spur Salz *(überhaupt kein Salz).* **Syn.:** Anflug, Hauch, Nuance, Schimmer.
3. *abgegrenzter Streifen einer Fahrbahn auf einer Straße [für den Verkehr in einer bestimmten Richtung]:* die Spur wechseln; auf der linken, falschen Spur fahren. **Zus.:** Abbiegespur, Linksabbiegerspur, Standspur, Überholspur.

spu|ren [ˈʃpu:rən]:
1. ⟨itr.; hat⟩ (ugs.) *sich fügen und ohne Widerspruch tun, was jmd. bestimmt:* sie spurte sofort, als man ihr mit Entlassung drohte. **Syn.:** folgen, sich fügen, gehorchen, [2]parieren.
2. ⟨tr.; hat⟩ *mit den Skiern im tiefen Schnee eine Spur machen:* eine Loipe spuren; gespurte Wege.

spü|ren [ˈʃpy:rən] ⟨tr.; hat⟩:
a) *mit den Sinnen wahrnehmen:* Hunger, Kälte, Durst, Müdigkeit

spüren; sie spürte seine Hand auf ihrer Schulter. **Syn.:** bemerken, erkennen, gewahr werden (geh.), verspüren. **b)** *seelisch empfinden:* er spürte plötzlich ihre Erregung, ihre Unruhe; ich spürte Erleichterung, Verärgerung, Enttäuschung. **Syn.:** fühlen, merken, verspüren.

Spurt [ʃpʊrt], der; -[e]s, -s: *Steigerung der Geschwindigkeit bei einem Lauf- oder Rennwettbewerb [besonders kurz vor dem Ziel]:* er legte bei dem 10 000-m-Lauf mehrere Spurts ein; sie gewann das Rennen im Spurt. **Zus.:** Endspurt, Schlussspurt, Zwischenspurt.

spur|ten [ˈʃpʊrtn̩], spurtete, gespurtet:
1. ⟨itr.; hat/ist⟩ *einen Spurt einlegen:* 100 m vor dem Ziel begann er zu spurten; sie hat/ist zu früh gespurtet und wurde kurz vor dem Ziel überholt.
2. ⟨itr.; ist⟩ (ugs.) *schnell [irgendwohin] laufen:* über den Hof spurten; wir mussten ganz schön spurten, um den Bus noch zu bekommen. **Syn.:** flitzen (ugs.), rasen (ugs.), rennen, sausen (ugs.), schießen (2), sprinten (ugs.).

spu|ten [ˈʃpuːtn̩], sputete, gesputet ⟨+ sich⟩ (veraltend, noch landsch.):
schnell machen im Hinblick auf etwas, was mit Eile, bis zu einem bestimmten Zeitpunkt erledigt sein soll: spute dich!; wir müssen uns sputen, wenn wir noch rechtzeitig fertig werden wollen. **Syn.:** sich beeilen, dalli machen (ugs.), sich dranhalten (ugs.), schnell machen (ugs.).

Staat [ʃtaːt], der; -[e]s, -en:
a) ⟨ohne Plural⟩ *Gesamtheit der Institutionen, deren Zusammenwirken das dauerhafte und geordnete Zusammenleben der in einem bestimmten abgegrenzten Staatsgebiet lebenden Menschen gewährleisten soll:* den Staat bekämpfen, verteidigen; die Trennung von Staat und Kirche.
b) *durch eine einheitliche politische Ordnung und Organisationsform gekennzeichnetes Land:* die Staaten Südamerikas; das Treffen der Regierungschefs benachbarter Staaten. **Syn.:** Macht, Nation, Reich. **Zus.:** Heimatstaat, Küstenstaat, Nachbarstaat, Siegerstaat.

staa|ten|los [ˈʃtaːtn̩loːs] ⟨Adj.⟩: *keine Staatsangehörigkeit besitzend:* ein staatenloser Flüchtling; danach war sie staatenlos.

staat|lich [ˈʃtaːtlɪç] ⟨Adj.⟩: *den Staat betreffend; dem Staat gehörend; vom Staat ausgehend, veranlasst:* staatliche Aufgaben; ein staatliches Museum; dieser Betrieb ist staatlich, wird staatlich subventioniert. **Syn.:** national. **Zus.:** innerstaatlich, zwischenstaatlich.

Staats|an|ge|hö|rig|keit [ˈʃtaːt͜slangəhøːrɪçkai̯t], die; -, -en: *Zugehörigkeit zu einem Staat:* die deutsche Staatsangehörigkeit besitzen; jmdm. die Staatsangehörigkeit ab-, zuerkennen. **Syn.:** Nationalität.

Staats|an|walt [ˈʃtaːt͜slanvalt], der; -[e]s, Staatsanwälte [ˈʃtaːt͜slanvɛltə], **Staats|an|wäl|tin** [ˈʃtaːtslanvɛltɪn], die; -, -nen: *Person, die als Jurist, als Juristin die Interessen des Staates vertritt (besonders als Ankläger, als Anklägerin in Strafverfahren):* der Staatsanwalt hielt sein Plädoyer; die Staatsanwältin beantragte eine Haftstrafe. **Syn.:** Ankläger, Anklägerin.

Staats|frau [ˈʃtaːtsfrau̯], die; -, -en: weibliche Form zu ↑Staatsmann: sie wurde als »Staatsfrau des Jahres« ausgezeichnet.

Staats|mann [ˈʃtaːtsman], der; -[e]s, Staatsmänner [ˈʃtaːtsmɛnɐ], **Staats|män|nin** [ˈʃtaːt͜smɛnɪn], die; -, -nen: *bedeutender Politiker, bedeutende Politikerin eines Staates:* Bismarck war ein großer Staatsmann; die Staatsmännin Golda Meir wurde in Kiew geboren.

Staats|streich [ˈʃtaːtsʃtrai̯ç], der; -[e]s, -e: *illegales [gewaltsames] Absetzen einer Regierung durch andere etablierte Träger staatlicher Funktionen (z. B. durch das Militär):* die Generale sind durch einen Staatsstreich an die Macht gekommen. **Syn.:** Putsch, Umsturz.

Stab [ʃtaːp], der; -[e]s, Stäbe [ˈʃtɛːbə]:
1. a) *meist runder, verhältnismäßig dünner und meist nicht sehr langer, einem Stock ähnlicher Gegenstand aus unterschiedlichem hartem Material (z. B. Holz, Metall):* die Stäbe eines Gitters; der Stab des Dirigenten. **Syn.:** Stange. **Zus.:** Bambusstab, Eisenstab, Gitterstab, Hirtenstab, Holzstab, Messstab, Metallstab, Pilgerstab, Staffelstab, Zauberstab. **b)** *beim Stabhochsprung verwendete lange, runde, elastische Stange:* die Springerin legt sich den Stab für ihren Weltrekordversuch zurecht.
2. *Gruppe von verantwortlichen Mitarbeitern und Mitarbeiterinnen [die eine leitende Persönlichkeit umgeben oder begleiten]:* ein Stab von Sachverständigen; der General kam mit seinem ganzen Stab. **Syn.:** Mannschaft (ugs.), Team. **Zus.:** Beraterstab, Führungsstab, Krisenstab, Mitarbeiterstab.

sta|bil [ʃtaˈbiːl] ⟨Adj.⟩:
1. *so beschaffen, dass es sicher steht und einer bestimmten Belastung standhält:* ein stabiler Schrank; der Korb ist stabil; das Haus ist stabil gebaut. **Syn.:** robust, solide, tragfähig.
2. *so sicher, dass es nicht so leicht durch etwas gefährdet ist:* eine stabile Regierung; die Währung ist stabil. **Syn.:** beständig, unverwüstlich, widerstandsfähig.
3. *gekräftigt und daher nicht anfällig:* eine stabile Gesundheit haben; ihr Immunsystem ist inzwischen stabil. **Syn.:** widerstandsfähig.

sta|bi|li|sie|ren [ʃtabiliˈziːrən] ⟨tr.; hat⟩:
1. *so sichern, dass es großen Belastungen standhält:* ein Gerüst durch Stützen stabilisieren; bei diesem Auto muss die Federung stabilisiert werden.
2. *beständig machen, sodass es nicht so leicht durch etwas gefährdet wird:* die Preise müssen stabilisiert werden. **Syn.:** festigen, stärken.

Sta|bi|li|tät [ʃtabiliˈtɛːt], die; -:
1. *das Stabilsein* (1) *gegenüber großen Belastungen:* die Stabilität der Konstruktion ist beachtlich.
2. *das Stabilsein* (2): die Stabilität der Währung muss durch sofortige Maßnahmen gesichert werden. **Zus.:** Geldstabilität,

Preisstabilität, Währungsstabilität.
3. *das Stabilsein* (3): die Stabilität der Konstitution, der Gesundheit.

Sta|chel [ˈʃtaxl̩], der; -s, -n:
a) *(bei bestimmten Pflanzen) spitzes, hartes Gebilde an Zweigen [und Blättern]:* die Stacheln der Rose. **Syn.:** Dorn. **b)** *(bei bestimmten Tieren) in oder auf der Haut, auf dem Panzer o. Ä. sitzendes hartes, spitzes Gebilde aus Horn, Chitin o. Ä.:* die Stacheln des Igels. **Syn.:** Borste. **Zus.:** Bienenstachel, Giftstachel, Igelstachel, Wespenstachel.

Sta|chel|bee|re [ˈʃtaxl̩be:rə], die; -, -n:
a) *(besonders in Gärten gezogener) Strauch mit einzeln wachsenden, dickschaligen, oft borstig behaarten, grünlichen bis gelblichen Beeren mit süßlich herbem Geschmack:* mehrere Sträucher Stachelbeeren im Garten haben. **b)** *Beere der Stachelbeere* (a): einen Kuchen mit Stachelbeeren und Baiser backen.

stach|lig [ˈʃtaxlɪç] ⟨Adj.⟩:
mit Stacheln versehen, voll Stacheln: ein stachliger Zweig. **Syn.:** borstig, dornig.

Sta|di|on [ˈʃta:di̯ɔn], das; -s, Stadien [ˈʃta:di̯ən]:
große Anlage für sportliche Wettkämpfe mit Rängen und Tribünen für die Zuschauer: im Stadion findet ein Fußballspiel statt. **Syn.:** Sportplatz. **Zus.:** Fußballstadion, Schwimmstadion, Sportstadion.

Sta|di|um [ˈʃta:di̯ʊm], das; -s, Stadien [ˈʃta:di̯ən]:
Abschnitt innerhalb einer Entwicklung: in einem frühen Stadium kann die Krankheit noch geheilt werden. **Syn.:** Phase. **Zus.:** Anfangsstadium, Durchgangsstadium, Endstadium, Entwicklungsstadium, Experimentierstadium, Frühstadium, Planungsstadium, Übergangsstadium, Versuchsstadium, Zwischenstadium.

Stadt [ʃtat], die; -, Städte [ˈʃtɛ:tə]:
1. a) *größere, geschlossene Siedlung, die mit bestimmten Rechten ausgestattet ist und den verwaltungsmäßigen, wirtschaftlichen und kulturellen Mittelpunkt eines Gebietes darstellt:* die Stadt Wien; die Einwohner einer Stadt; am Rande, im Zentrum einer Stadt wohnen; die Leute aus der Stadt; in der Stadt leben; sie geht, muss in die Stadt *(in die Innenstadt, ins Einkaufszentrum der Stadt).* **Zus.:** Grenzstadt, Großstadt, Hafenstadt, Industriestadt, Kleinstadt, Kongressstadt, Messestadt, Millionenstadt, Provinzstadt, Universitätsstadt. **b)** ⟨ohne Plural⟩ *Gesamtheit der Einwohner einer Stadt* (1 a): die ganze Stadt empörte sich über den Theaterskandal.
2. *Verwaltung einer Stadt:* bei der Stadt angestellt; die Verschuldung der Städte nimmt immer mehr zu.

Städ|ter [ˈʃtɛ:tɐ], der; -s, -, **Städ|te|rin** [ˈʃtɛ:tərɪn], die; -, -nen:
Person, die in einer Stadt wohnt: die Städter fahren zur Erholung aufs Land; sie ist Städterin aus Überzeugung.

städ|tisch [ˈʃtɛ:tɪʃ] ⟨Adj.⟩:
a) *wie in der Stadt üblich; nicht ländlich:* städtische Wohnverhältnisse. **b)** *die Verwaltung einer Stadt betreffend:* die städtischen Beamten, Verkehrsmittel; das Seniorenheim wird städtisch verwaltet.

Stadt|plan [ˈʃtatpla:n], der; -[e]s, Stadtpläne [ˈʃtatplɛ:nə]:
Plan (2) *einer Stadt auf einem zusammenfaltbaren Blatt:* einen Stadtplan von Dresden kaufen; auf dem Stadtplan eine Straße suchen.

Stadt|prä|si|dent [ˈʃtatprɛzidɛnt], der; -en, -en, **Stadt|prä|si|den|tin** [ˈʃtatprɛzidɛntɪn], die; -, -nen (schweiz.):
Bürgermeister, Bürgermeisterin in Schweizer Städten.

Stadt|teil [ˈʃtatta̯il], der; -[e]s, -e:
Teil einer Stadt, der eine gewisse Einheit darstellt: ein neuer Stadtteil entsteht; in einen anderen Stadtteil umziehen.

Sta|fet|te [ʃtaˈfɛtə], die; -, -n:
1. *Gruppe (besonders von Reitern, Fahrzeugen o. Ä.), die sich in einer bestimmten Ordnung fortbewegen:* die Polizisten ritten in einer Stafette.
2. *Gesamtheit von Personen, die – miteinander wechselnd – etwas (z. B. eine Nachricht) schnell übermitteln:* die Polizei richtete eine Stafette ein, die die Blutkonserven auf dem schnellsten Weg in die Klinik brachte.

Staf|fel [ˈʃtafl̩], die; -, -n:
1. a) *Gruppe von Sportlern oder Sportlerinnen, deren Leistung bei einem Wettkampf gemeinsam gewertet wird:* die Staffel der Gewichtheber. **Syn.:** Crew, Mannschaft, Riege, Team. **b)** *Gruppe von Sportlern oder Sportlerinnen, die im Wettkampf gegen andere entsprechende Gruppen nacheinander eine bestimmte Strecke zurücklegen:* im Schwimmen siegte die amerikanische Staffel. **Zus.:** Kraulstaffel, Leichathletikstaffel, Schwimmstaffel.
2. a) *(der Kompanie vergleichbare) Einheit eines Geschwaders der Luftwaffe:* eine Staffel Düsenjäger. **Zus.:** Fliegerstaffel. **b)** *(bei der Kriegsmarine) Formation von Schiffen, die nebeneinanderfahrend den gleichen Kurs steuern.*

staf|feln [ˈʃtafl̩n] ⟨tr.; hat⟩:
nach bestimmten Stufen, Rängen einteilen, festsetzen: das Gehalt nach Dienstgraden staffeln; ⟨auch + sich⟩ das Gehalt staffelt sich nach Dienstjahren. **Syn.:** aufschlüsseln.

sta|gnie|ren [ʃtaˈgni:rən] ⟨itr.; hat⟩:
in einer Bewegung, Entwicklung nicht weiterkommen: die Wirtschaft des Landes stagniert. **Syn.:** sich festfahren, ins Stocken geraten, stocken.

Stahl [ʃta:l], der; -[e]s, Stähle [ˈʃtɛ:lə]:
Eisen in einer Legierung, die aufgrund ihrer Festigkeit, Elastizität und ihrer besonderen chemischen Beschaffenheit besonders gut geschmiedet und gehärtet werden kann: hochwertiger, rostfreier Stahl; eine Konstruktion aus Stahl; Stahl härten, herstellen, kochen.

stäh|len [ˈʃtɛ:lən] ⟨tr.; hat⟩:
widerstandsfähig machen: den Körper durch Sport stählen; sich für den Kampf stählen. **Syn.:** abhärten.

Stall [ʃtal], der; -[e]s, Ställe [ˈʃtɛlə]:
geschlossener Raum, Gebäude[teil], in dem besonders Nutztiere untergebracht sind, gehalten werden: die Kühe in den Stall treiben. **Syn.:** Scheune.

Zus.: Hühnerstall, Kuhstall, Pferdestall, Rinderstall, Schafstall, Viehstall, Ziegenstall.

Stamm [ʃtam], der; -[e]s, Stämme [ˈʃtɛmə]:
1. *fester, verholzter Teil des Baumes, der in die verästelte Krone übergeht:* der Stamm der Eiche. **Zus.:** Baumstamm, Fichtenstamm.
2. *Gruppe von Menschen mit gemeinsamer Abstammung, Sprache, Kultur und gemeinsamem Siedlungsgebiet:* die germanischen Stämme. **Syn.:** Nation, Volk. **Zus.:** Hirtenstamm, Indianerstamm, Nomadenstamm.
3. ⟨ohne Plural⟩ *Gruppe von Personen als fester Bestandteil von etwas:* die Spielerin gehört zum Stamm der Mannschaft. **Syn.:** Kern. **Zus.:** Abonnentenstamm, Besucherstamm, Gästestamm, Kundenstamm.

stam|meln [ˈʃtamḷn] ⟨tr.; hat⟩: *(in einer bestimmten Situation, durch Angst, Aufregung o. Ä. verursacht) Laute oder Wörter nicht richtig hervorbringen können; stockend sprechen:* einige Worte der Entschuldigung stammeln; ⟨auch itr.⟩ vor Verlegenheit begann ich zu stammeln. **Syn.:** stottern.

stam|men [ˈʃtamən] ⟨itr.; hat⟩:
a) *seinen Ursprung in einem bestimmten räumlichen Bereich haben:* die Früchte stammen aus Italien; sie stammt aus Saarbrücken. **Syn.:** herkommen, kommen, [1]sein. **b)** *seine Herkunft, seinen Ursprung in einem bestimmten zeitlichen Bereich haben:* diese Urkunde stammt aus dem Mittelalter. **Syn.:** datieren. **c)** *seine Herkunft, seinen Ursprung in einem bestimmten Bereich, in einer bestimmten Gegebenheit, einem bestimmten Umstand haben:* aus einfachen Verhältnissen, von einfachen Leuten stammen; das Wort stammt aus dem Lateinischen; der Schmuck stammt von ihrer Mutter. **Syn.:** entspringen, herkommen, hervorgehen, rühren (geh.), [1]sein. **d)** *auf jmdn., etwas, auf jmds. Arbeit, Tätigkeit, Betätigung zurückgehen:* der Satz stammt aus der Bibel; die Plastik stammt von ihrer Hand; die Angaben stammen nicht von mir. **Syn.:** ausgehen, sich herleiten, zurückgehen auf.

Stamm|gast [ˈʃtamgast], der; -[e]s, Stammgäste [ˈʃtamgɛstə]: *Person, die ein Lokal, ein Hotel o. Ä. häufig, regelmäßig besucht:* wir haben hier viele Stammgäste.

stäm|mig [ˈʃtɛmɪç] ⟨Adj.⟩: *athletisch gebaut und meist gedrungen:* ein stämmiger Bursche; sie ist ganz schön stämmig. **Syn.:** kompakt (ugs.), untersetzt.

Stamm|tisch [ˈʃtamtɪʃ], der; -[e]s, -e:
a) *meist größerer Tisch in einem Lokal, an dem ein Kreis von Stammgästen regelmäßig zusammenkommt [und der für diese Gäste reserviert ist]:* nur der Stammtisch ist noch frei.
b) *Kreis von Personen, die regelmäßig am Stammtisch* (a) *zusammenkommen:* unser Stammtisch macht eine Fahrt nach Berlin. **c)** *regelmäßige Zusammenkunft eines Stammtisches* (b): montags habe ich Stammtisch.

stamp|fen [ˈʃtampf̩n]:
1. a) ⟨itr.; hat⟩ *(mit dem Fuß) heftig und laut auftreten:* vor Zorn [mit dem Fuß] auf den Boden stampfen. **Syn.:** trampeln.
b) ⟨itr.; hat⟩ *mit regelmäßigen harten Stößen laufen, in Betrieb sein:* die Maschine stampft laut.
c) ⟨itr.; ist⟩ *stampfend* (1 a) *[irgendwohin] gehen:* durchs Zimmer, ins Haus stampfen. **Syn.:** stapfen, stiefeln (ugs.). **Zus.:** hereinstampfen, wegstampfen. **d)** ⟨itr.; hat⟩ *(von Schiffen bei Seegang) sich um die Längsachse heftig auf und nieder bewegen:* das Schiff hat im hohen Wellengang ganz schön gestampft. **Syn.:** schlingern, schwanken.
2. ⟨tr.; hat⟩ *mit einem bestimmten Gerät stoßen:* sie hat die Kartoffeln zu Brei gestampft. **Syn.:** pürieren.

Stand [ʃtant], der; -[e]s, Stände [ˈʃtɛndə]:
1. ⟨ohne Plural⟩ *das aufrechte Stehen; Art des Stehens:* einen sicheren Stand haben.
2. ⟨ohne Plural⟩ *zu einem bestimmten Zeitpunkt erreichte Stufe der Entwicklung (im Ablauf von etwas):* der heutige Stand der Wissenschaft; das Spiel wurde beim Stand von 2 : 0 abgebrochen. **Syn.:** Lage, Situation, Zustand. **Zus.:** Ausbildungsstand, Bildungsstand, Endstand, Entwicklungsstand, Höchststand, Informationsstand, Kenntnisstand, Leistungsstand, Qualifikationsstand, Tiefstand, Übergangsstand, Vorkriegsstand, Wissensstand, Zwischenstand.
3. *Gruppe von Menschen mit gleichem Beruf oder gleicher sozialer Stellung (innerhalb einer Gesellschaft):* der geistliche Stand; der Stand der Arbeiter, der Bauern, der Gelehrten. **Syn.:** Klasse, Kreis, Schicht. **Zus.:** Adelsstand, Arbeiterstand, Handwerkerstand, Ritterstand.
4. *Gestell, Tisch eines Händlers, einer Händlerin (auf dem Markt) oder Koje eines Unternehmens in einer Messehalle:* an vielen Ständen wird Obst angeboten. **Zus.:** Eisstand, Erfrischungsstand, Gemüsestand, Getränkestand, Informationsstand, Käsestand, Marktstand, Messestand, Obststand, Verkaufsstand, Würstchenstand, Wurststand.

Stan|dard [ˈʃtandart], der; -s, -s: *etwas, was in Bezug auf Qualität, Leistung o. Ä. als mustergültig, modellhaft angesehen wird und nach dem sich anderes richtet:* der technische Standard der Industrie; gemessen am internationalen Standard ist das Hotel recht gut. **Syn.:** Niveau, Stand. **Zus.:** Leistungsstandard, Qualitätsstandard, Sicherheitsstandard.

Stan|dard|spra|che [ˈʃtandartʃpraːxə], die; -, -n: *Hochsprache:* sie spricht Standardsprache und nicht Dialekt.

Stan|dar|te [ʃtanˈdartə], die; -, -n:
a) *Fahne berittener oder motorisierter Truppen:* die Standarte im Kampf mitführen. **b)** *Flagge als Hoheitszeichen eines Staatsoberhauptes (besonders am Auto):* die Standarte der Bundeskanzlerin.

Stän|dchen [ˈʃtɛntçən], das; -s, -: *Musik, die als Huldigung (aus einem besonderen Anlass) vor jmds. Haus, Wohnung o. Ä. dargebracht wird:* man hat ihr ein

S
Stam

Ständchen gebracht. **Zus.:** Geburtstagsständchen.

Stän|der ['ʃtɛndɐ], der; -s, -:
1. *Vorrichtung, Gestell, auf das etwas gelegt, gestellt oder gehängt werden kann:* die Noten liegen auf dem Ständer; den Mantel am Ständer aufhängen; eine Kerze auf einen Ständer stecken. **Zus.:** Fahrradständer, Garderobenständer, Gepäckständer, Gewürzständer, Kartenständer, Kleiderständer, Notenständer, Pfeifenständer, Schirmständer, Wäscheständer, Zeitungsständer.
2. (ugs.) *erigierter Penis:* einen Ständer haben, bekommen.

stan|des|ge|mäß ['ʃtandəsgəmɛːs] ⟨Adj.⟩:
dem [höheren] gesellschaftlichen Stand, Status entsprechend: eine standesgemäße Heirat; das Mädchen galt als nicht standesgemäß; (ironisch) wir waren gestern standesgemäß essen.

stand|fest ['ʃtantfɛst] ⟨Adj.⟩:
fest und sicher stehend: standfeste Halme; die Leiter ist standfest.

stand|haft ['ʃtanthaft] ⟨Adj.⟩:
trotz Versuchungen, Hindernissen o. Ä. fest zu seinem Entschluss stehend; beharrlich im Erdulden, Handeln o. Ä.: ein standhafter Mensch; sich standhaft weigern, die Namen seiner Freunde zu nennen. **Syn.:** eisern, fest, konsequent, unbeirrt, unerbittlich.

stand|hal|ten ['ʃtanthaltn̩], hält stand, hielt stand, standgehalten ⟨itr.; hat⟩:
1. *trotz Belastung nicht brechen, nicht nachgeben:* die Tür konnte dem Anprall nicht standhalten; die Verteidiger hielten dem Sturm der Gegner stand. **Syn.:** aushalten, bestehen, durchhalten, durchstehen, widerstehen.
2. *bestehen können (vor etwas):* ihre Behauptung hielt einer genauen Prüfung nicht stand. **Syn.:** sich behaupten gegen (geh.).

stän|dig ['ʃtɛndɪç] ⟨Adj.⟩:
a) *sich oft wiederholend:* sie hat ständig an ihm etwas auszusetzen. **b)** *regelmäßig wiederkehrend, sich steigernd o. Ä.:* in ständiger Angst leben; der Verkehr auf den Straßen nimmt ständig zu. **Syn.:** dauernd (emotional), fortwährend, permanent, unaufhörlich.

Stand|ort ['ʃtantlɔrt], der; -[e]s, -e:
Ort, Punkt, an dem jmd., etwas steht, an dem man sich gerade befindet: der Pilot stellte den Standort des Flugzeugs fest; seinen Standort wechseln; von ihrem Standort aus konnte sie das Haus nicht sehen. **Syn.:** Lage, Position.

Stand|punkt ['ʃtantpʊŋkt], der; -[e]s, -e:
bestimmte Einstellung, Art und Weise, wie jmd. einen bestimmten Sachverhalt sieht, beurteilt: ein sehr vernünftiger Standpunkt; ihr Standpunkt in dieser Sache ist schwer nachvollziehbar; ich habe darin einen anderen Standpunkt als du. **Syn.:** Anschauung, Ansicht, Auffassung, Meinung, Urteil, Vorstellung.

Stan|ge ['ʃtaŋə], die; -, -n:
langer und im Verhältnis zur Länge dünner Gegenstand aus Holz, Metall o. Ä. (mit rundem Querschnitt): etwas mit einer Stange aus dem Wasser fischen. **Syn.:** Latte, Leiste, Stab, [1]Stock. **Zus.:** Eisenstange, Fahnenstange, Kletterstange, Korsettstange, Querstange, Reckstange.

Stän|gel ['ʃtɛŋl̩], der; -s, -:
langer, dünner Teil der Pflanze zwischen Wurzeln und Blüte: ein dünner, kräftiger Stängel; die Blüten sitzen auf langen Stängeln.

stän|kern ['ʃtɛŋkɐn] ⟨itr.; hat⟩ (ugs.):
mit jmdm., einer Sache nicht einverstanden sein und daher – mehr auf versteckte, nicht offene Art – gegen ihn, gegen etwas opponieren: er stänkert schon wieder gegen seine Kollegin.

stan|zen ['ʃtant͜sn̩] ⟨tr.; hat⟩:
a) *(ein Material) maschinell, unter Anwendung von Druck in eine bestimmte Form pressen:* Bleche stanzen. **b)** *maschinell, unter Anwendung von Druck in einem bestimmten Material (durch Herausschneiden) herstellen:* in ein Stück Leder werden Löcher gestanzt.

Sta|pel ['ʃtaːpl̩], der; -s, -:
1. *[ordentlich] aufgeschichtete, übereinandergelegte Menge gleicher Dinge:* ein Stapel Bücher, Holz. **Syn.:** Stoß. **Zus.:** Aktenstapel, Bücherstapel, Holzstapel, Wäschestapel.
2. *** vom Stapel laufen:** *[von neu gebauten Schiffen] zu Wasser gelassen werden:* morgen läuft das neue Kreuzfahrtschiff in der Werft vom Stapel; *** etwas vom Stapel lassen:** **1)** *(ein neu gebautes Schiff) zu Wasser lassen:* morgen wird das neue Schiff in der Werft vom Stapel gelassen. **2)** *etwas sagen, von sich geben:* da hat er ja wieder was vom Stapel gelassen.

sta|peln ['ʃtaːpl̩n]:
1. ⟨tr.; hat⟩ *zu einem Stapel* (1) *aufschichten:* Bücher, Waren im Lager stapeln. **Syn.:** aufstapeln, auftürmen (geh.).
2. ⟨+ sich⟩ *sich in größerer Menge [unerledigt] anhäufen:* im Laden stapelten sich die unverkauften Waren; die Briefe stapeln sich auf dem Schreibtisch. **Syn.:** sich auftürmen (geh.), sich türmen.

stap|fen ['ʃtapf̩n] ⟨itr.; ist⟩:
mit schweren Schritten gehen: sie stapfen durch den Schnee. **Syn.:** stampfen, stiefeln (ugs.).

[1]Star [ʃtaːɐ̯], der; -[e]s, -e:
größerer Singvogel mit grünlich blau schillerndem schwarzem Gefieder, kurzem Hals und langem, spitzem Schnabel: die Stare sind schon wieder im Kirschbaum.

[2]Star [staːɐ̯], der; -s, -s:
Person aus Showgeschäft, Sport o. Ä., die sehr berühmt ist: ein Film mit vielen Stars; sie ist ein Star geworden. **Syn.:** Diva. **Zus.:** Filmstar, Fußballstar, Kinderstar, Schlagerstar, Showstar, Theaterstar.

[3]Star [ʃtaːɐ̯], der; -[e]s (ugs.):
Erkrankung der Augenlinse: grauer, grüner Star; am Star operiert werden.

stark [ʃtark], stärker, stärkste ⟨Adj.⟩:
1. a) *viel körperliche Kraft besitzend:* für diese Arbeit brauchen wir einen starken Mann; ich bin nicht sehr stark. **Syn.:** kräftig. **b)** *(in Bezug auf seine Funktion im menschlichen Körper) sehr leistungsfähig, Belastungen gewachsen:* ein starkes Herz haben; für diesen Beruf braucht man starke Nerven. **Syn.:** abge-

S
star

härtet, gestählt, robust, widerstandsfähig.
2. a) *(von Materialien o. Ä.) dick, fest, massiv o. Ä. und daher Belastungen aushaltend:* starke Bohlen, Bretter, Seile; diese Stütze ist nicht stark genug. **Syn.:** breit, mächtig, massig, robust, stabil. **b)** (verhüll.) *(von der Figur oder von einzelnen Körperteilen) dick:* Kleider für die stärkere Figur; du bist etwas stark geworden. **Syn.:** beleibt, füllig, korpulent, rund, üppig (ugs.), vollschlank. **c)** *zahlenmäßig groß:* eine starke Beteiligung; ein starkes Aufgebot an Polizeikräften. **Syn.:** gewaltig (emotional), immens, zahlreich.
3. *einen hohen Gehalt eines bestimmten Inhaltsstoffes aufweisend:* starker Kaffee; eine starke Zigarre; das Bier ist mir zu stark.
4. *hohe Leistung bringend:* ein starker Motor; eine stärkere Glühbirne einschrauben; ein starker Gegner; sie hat stark gespielt.
5. *in hohem Maße vorhanden; sehr ausgeprägt:* eine starke Hitze, Übertreibung; starker Frost, Beifall; sie spürte einen starken Druck auf den Ohren; sie ist eine starke Raucherin; stark duften, regnen, erkältet sein; du erinnerst mich stark an deine Mutter. **Syn.:** arg (landsch.), außerordentlich, enorm (ugs.), gehörig, heftig, intensiv, kolossal (ugs. emotional), lebhaft, sehr.
6. (ugs.) *großartig, hervorragend:* starke Musik; die Party war echt stark; ich finde den Typ stark. **Syn.:** ausgezeichnet, bestens, cool, famos (ugs.), fett (Jugendspr.), geil (salopp, bes. Jugendspr.), heiß (emotional), klasse (ugs.), prima (ugs.), riesig (ugs.), scharf (ugs.), spitze (ugs.), super, toll (ugs.).
7. (Sprachw.) **a)** *(in Bezug auf Verben) durch einen sich ändernden Stammvokal und (beim 2. Partizip) durch das Vorhandensein der Endung -en gekennzeichnet:* die starke Konjugation; starke *(stark konjugierte)* Verben. **b)** *(in Bezug auf Substantive) in den Formen der Maskulina und Neutra durch das Vorhandensein der Endung -[e]s im Genitiv Singular gekennzeichnet:* die starke Deklination; starke *(stark deklinierte)* Substantive; ein Wort stark deklinieren.

-stark [ʃtark] ⟨adjektivisches Suffixoid⟩:
1. a) *das im Basiswort Genannte (das meist als etwas Positives angesehen wird) in hohem Maße habend, aufweisend:* ausdrucksstark; charakterstark; konditionsstark; leistungsstark; nervenstark; prinzipienstark; willensstark. **Syn.:** [1]-fest, -intensiv, -kräftig, -reich, -trächtig, -tüchtig, -voll. **b)** *viel, eine hohe Zahl, Menge von dem im Basiswort Genannten habend:* auflagenstark; finanzstark; geburtenstark; umsatzstark.
2. *in dem im Basiswort Genannten besonders gut, darin besondere Qualitäten habend:* kampfstark; kopfballstark; spielstark; spurtstark; stimmstark; wurfstark.

Stär|ke [ˈʃtɛrkə], die; -, -n:
1. ⟨ohne Plural⟩ *körperliche Kraft (die jmdn. zu bestimmten Leistungen befähigt):* er besiegte die Gegner durch seine Stärke. **Zus.:** Körperstärke, Muskelstärke.
2. *besondere Fähigkeit auf einem bestimmten Gebiet, durch die jmd. eine außergewöhnliche, hohe Leistung erbringt:* Mathematik war schon immer ihre Stärke; Diplomatie war noch nie meine Stärke.
3. ⟨ohne Plural⟩ *Grad der Intensität von etwas:* die Stärke des Lichts; die Stärke der Empfindung; eine Brille mittlerer Stärke. **Syn.:** Grad, Intensität, Maß. **Zus.:** Bebenstärke, Beleuchtungsstärke, Orkanstärke.
4. *Umfang, Ausmaß, zahlenmäßige Größe o. Ä., in der etwas Bestimmtes vorhanden und zugleich wirksam ist:* die militärische Stärke eines Landes; die Stärke einer rechtsradikalen Bewegung unterschätzen. **Syn.:** Gewalt, Macht, Potenz (bildungsspr.). **Zus.:** Belegschaftsstärke, Gefechtsstärke, Truppenstärke.
5. *Stabilität, Festigkeit bewirkende Dicke:* Bretter, Platten von unterschiedlicher Stärke. **Zus.:** Nadelstärke, Wandstärke.
6. ⟨ohne Plural⟩ *aus verschiedenen Pflanzen gewonnene, weiße, pulvrige Substanz, die u. a. in der Nahrungsmittelindustrie und zum Stärken von Wäsche verwendet wird:* aus Kartoffeln wird Stärke gewonnen. **Zus.:** Kartoffelstärke, Maisstärke, Reisstärke, Wäschestärke.

stär|ken [ˈʃtɛrkn̩]:
1. ⟨tr.; hat⟩ *stark machen; jmdm. (neue, zusätzliche) physische oder psychische Kräfte geben:* der Schlaf stärkt den Menschen; Lob stärkt das Selbstvertrauen. **Syn.:** bestärken, festigen, stabilisieren.
2. ⟨+ sich⟩ *Nahrung zu sich nehmen, um für etwas Kraft zu haben:* ich muss mich vorher noch stärken. **Syn.:** essen.
3. ⟨tr.; hat⟩ *durch Stärke (6) steif machen:* das Hemd, den Kragen stärken.

Stär|kung [ˈʃtɛrkʊŋ], die; -, -en:
1. *etwas, was stärkt, kräftigt:* nach der langen Wanderung nahmen wir eine kleine Stärkung zu uns. **Syn.:** Erfrischung.
2. *das Gestärktwerden:* durch diese Behandlung erfuhr ihre Gesundheit eine sichtliche Stärkung.

starr [ʃtar] ⟨Adj.⟩:
1. *vollkommen unbeweglich, steif:* der starre Körper einer Toten; meine Finger sind starr vor Kälte.
2. *regungs-, bewegungslos, ohne Lebendigkeit und Ausdruck:* ein starrer Blick; ihre Miene war starr. **Syn.:** glasig, stier.

star|ren [ˈʃtarən] ⟨itr.; hat⟩:
1. *unentwegt, starr (2) in eine Richtung sehen:* sie starrte auf den Fremden, in die Dunkelheit. **Syn.:** stieren.
2. (emotional) *ganz, völlig bedeckt sein mit etwas [und dadurch starr, steif wirken]:* ihre Kleider starren vor Schmutz.

starr|sin|nig [ˈʃtarzɪnɪç] ⟨Adj.⟩ (abwertend):
fest auf der eigenen Meinung beharrend: ein starrsinniger Mensch; wie kannst du nur so starrsinnig sein? **Syn.:** bockbeinig (ugs.), bockig, eigensinnig, eisern, halsstarrig, störrisch, stur (ugs. abwertend), trotzig, verstockt (emotional).

Start [ʃtart], der; -[e]s, -s:
1. a) *Beginn eines Wettlaufs, eines Rennens o. Ä.:* das Zeichen zum

Start geben. **Syn.:** Auftakt.
b) *Stelle, an der beim Wettkampf der Lauf oder die Fahrt beginnt:* die Läufer versammeln sich am Start. **Syn.:** Ausgangspunkt.
2. *Abflug:* der Start des Flugzeugs. **Zus.:** Raketenstart, Senkrechtstart.
3. *das Sich-in-Bewegung-Setzen, das Anlaufen einer Unternehmung, einer Entwicklung o. Ä.:* der Start einer Unternehmung. **Syn.:** Anfang, Beginn.

star|ten [ˈʃtartn̩], startete, gestartet:
1. ⟨itr.; ist⟩ **a)** *(bei einem Wettkampf) den Lauf, die Fahrt beginnen:* sie startete sehr schnell. **Syn.:** anfahren, anfangen. **b)** *(an einem Wettkampf) aktiv teilnehmen:* ich starte bei allen großen Rennen; er ist für unseren Verein gestartet *(er hat für unseren Verein am Wettkampf teilgenommen).* **Syn.:** an den Start gehen, dabei sein, mitmachen.
2. ⟨itr.; ist⟩ *(den Flughafen) fliegend verlassen* /Ggs. landen/: das Flugzeug ist um 9 Uhr gestartet. **Syn.:** abfliegen, abheben.
3. ⟨tr.; hat⟩ **a)** *in Gang setzen:* das Auto, eine Rakete starten. **Syn.:** anlassen, anwerfen, in Betrieb setzen, in Bewegung setzen, in Schwung setzen. **b)** *beginnen lassen:* das Autorennen starten. **c)** *dafür sorgen, dass etwas in Bewegung gesetzt wird, seinen Anfang und Fortgang nimmt:* sie startete eine große Aktion gegen den Hunger. **Syn.:** organisieren, unternehmen, veranstalten.

Sta|ti|on [ʃtaˈt̮si̯oːn], die; -, -en:
1. *Haltestelle für öffentliche Verkehrsmittel oder [kleinerer] Bahnhof:* an, bei der nächsten Station müssen wir aussteigen. **Syn.:** Haltestelle. **Zus.:** Bahnstation, Endstation, Talstation, Umsteigestation, Verladestation, Zwischenstation.
2. *bestimmter Punkt, Abschnitt in einem Vorgang, einer Entwicklung:* die wichtigsten Stationen meines Lebens.
3. *Abteilung eines Krankenhauses:* die chirurgische Station. **Zus.:** Entbindungsstation, Isolierstation, Kinderstation, Seuchenstation.

sta|ti|o|när [ʃtat̮si̯oˈnɛːɐ̯] ⟨Adj.⟩.:
1. *an einen Ort gebunden:* ein stationäres Laboratorium.
2. *mit einem Krankenhausaufenthalt verbunden:* eine stationäre Behandlung. **Syn.:** klinisch.

sta|ti|o|nie|ren [ʃtat̮si̯oˈniːrən] ⟨tr.; hat⟩:
a) *(Truppen) in ein bestimmtes Land, nach einem bestimmten Ort) verlegen und dort verweilen lassen:* Truppen im Grenzgebiet stationieren; die in Deutschland stationierten NATO-Truppen. **b)** *(etwas) an einem bestimmten strategischen Standort aufstellen:* Atomraketen stationieren.

Sta|tist [ʃtaˈtɪst], der; -en, -en:
1. *Darsteller einer kleinen, meist stummen Rolle (auf der Bühne oder im Film):* zahlreiche Statisten wurden für die Szene verpflichtet.
2. *unbedeutende Person:* in dieser Regierung ist der Wissenschaftsminister nur [ein] Statist.

Sta|tis|tik [ʃtaˈtɪstɪk], die; -, -en:
a) *Wissenschaft von der zahlenmäßigen Erfassung, Untersuchung und Auswertung von Massenerscheinungen:* vielen BWL-Studierenden fällt Statistik schwer. **b)** *schriftliche Zusammenstellung der Ergebnisse von Massenuntersuchungen (meist in Form von Tabellen oder Grafiken):* eine Statistik über die Einwohnerzahlen in den letzten hundert Jahren. **Syn.:** Aufstellung, Liste.

Sta|tis|tin [ʃtaˈtɪstɪn], die; -, -nen: weibliche Form zu ↑Statist.

Sta|tiv [ʃtaˈtiːf], das; -s, -e:
[zusammenschiebbare] meist dreibeinige Vorrichtung, auf die feinmechanische Apparate (z. B. Kameras, Messgeräte) aufgeschraubt werden: die Kamera auf dem Stativ befestigen; das Stativ wird für die Aufnahme bereitgestellt. **Syn.:** Gestell.

[1]statt [ʃtat] ⟨Konj.⟩:
dient dazu, einen Satzteil anzuschließen, in dem etwas bezeichnet wird, was einen Ersatz, eine Alternative o. Ä. darstellt: er schenkte ihr ein Buch statt einen Blumenstrauß; sie setzte sich neben statt auf den Stuhl; du solltest lieber arbeiten, statt zu jammern; statt dass du es abholst, kann ich es dir auch bringen. **Syn.:** anstatt.

[2]statt [ʃtat] ⟨Präp. mit Gen.⟩:
anstelle: statt des Geldes gab sie ihm ihren Schmuck; statt des bestellten Buchs haben sie eine CD-ROM geliefert; ⟨im Plural mit Dativ, wenn der Genitiv nicht erkennbar ist⟩ statt Worten will ich endlich Taten sehen. **Syn.:** anstatt, [1]für.

[3]statt [ʃtat]:
in den Wendungen **an jmds. statt:** *an jmds. Stelle; für jmdn.:* er bat meinen Bruder an meiner statt; **an Eides statt** (Rechtsspr.): *statt eines Eides;* **Annahme an Kindes statt** (Rechtsspr. veraltet): *Adoption.*

statt|des|sen [ʃtatˈdɛsn̩] ⟨Adverb⟩:
anstelle dessen, dafür: sie passt im Unterricht nicht auf und schwatzt stattdessen die ganze Zeit; da ich keine Lust hatte, sie zu fahren, bestellte ich ihr stattdessen ein Taxi.

Stät|te [ˈʃtɛtə], die; -, -n:
Ort, Platz (im Hinblick auf eine bestimmte Bedeutung, die ihm zukommt oder auf einen besonderen Zweck, dem er dient): eine heilige, historische Stätte; eine Stätte der Andacht, des Gedenkens; an die Stätten seiner Kindheit, Jugend zurückkehren. **Syn.:** Stelle. **Zus.:** Arbeitsstätte, Begegnungsstätte, Begräbnisstätte, Brandstätte, Geburtsstätte, Gedenkstätte, Grabstätte, Kultstätte, Produktionsstätte, Ruhestätte, Sportstätte, Unglücksstätte, Wirkungsstätte, Wohnstätte, Zufluchtsstätte.

statt|fin|den [ˈʃtatfɪndn̩], fand statt, stattgefunden ⟨itr.; hat⟩:
(von einer Veranstaltung o. Ä.) ablaufen: das Gastspiel findet Ende Mai statt; die Veranstaltung konnte wegen schlechten Wetters nicht im Freien stattfinden. **Syn.:** erfolgen, geschehen, [1]sein, über die Bühne gehen (ugs.), vonstattengehen, sich zutragen.

statt|haft [ˈʃtathaft] ⟨Adj.⟩ (geh.):
von einer Behörde o. Ä. erlaubt, zugelassen: ein statthaftes Verfahren; es ist nicht statthaft, Waren ins Ausland zu bringen, ohne sie zu verzollen. **Syn.:** gestattet, legal, zulässig.

statt|lich [ˈʃtatlɪç] ⟨Adj.⟩:
1. *von großer und zugleich kräftiger Statur:* ein stattlicher Mann; er sieht stattlich aus.
2. *von beträchtlicher Größe, ansehnlich:* eine stattliche Villa; er hat eine stattliche Summe gewonnen. **Syn.:** beachtlich, beträchtlich, [1]groß, imposant, mächtig.

Sta|tue [ˈʃta:tu̯ə], die; -, -n:
bildhauerisches Kunstwerk, das einen Menschen oder ein Tier in ganzer Figur darstellt: eine Statue aus Stein, Marmor, Bronze; eine Statue des Kaisers. **Syn.:** Figur. **Zus.:** Bronzestatue, Heiligenstatue, Marmorstatue, Reiterstatue.

Sta|tur [ʃtaˈtu:ɐ̯], die; -, -en:
körperliches Erscheinungsbild, Gestalt (eines Menschen): er hat eine kräftige Statur; sie ist von zierlicher, kleiner, schlanker Statur. **Syn.:** Erscheinung, Figur.

Sta|tus [ˈʃta:tʊs], der; -, - [ˈʃta:tu:s]:
a) *Stand, Stellung, Rang in der Gesellschaft, innerhalb einer Gruppe o. Ä.:* Besitz und Bildung kennzeichnen den gesellschaftlichen, sozialen Status; was hat er in der Firma für einen Status?; der Status der Frau in der Gesellschaft, in der Familie, in der Kirche, im Buddhismus.
b) *rechtliche Stellung:* der völkerrechtliche Status des Gebiets ist umstritten; sie haben einen beamtenähnlichen Status; dazu müsste sie ihren Status als Amateurin aufgeben. **Zus.:** Amateurstatus, Beamtenstatus, Beobachterstatus, Rechtsstatus, Sonderstatus.

Sta|tut [ʃtaˈtu:t], das; -[e]s, -en:
schriftlich niedergelegte Ordnung, Satzung: die Statuten des Vereins. **Zus.:** Parteistatut, Redaktionsstatut, Vereinsstatut.

Stau [ʃtau̯], der -[e]s, -s und -e:
größere Zahl von Fahrzeugen, die durch eine den Verkehrsfluss blockierende oder stark beeinträchtigende Ursache an der [zügigen] Weiterfahrt gehindert sind: Staus und Behinderungen [gibt es] auf folgenden Strecken: ...; in einen Stau geraten; im Stau stehen, stecken; es bildeten sich kilometerlange Staus; der gemeldete Stau hatte sich schon wieder aufgelöst.

Staub [ʃtau̯p], der; -[e]s, -e und Stäube [ˈʃtɔy̯bə]:
Gesamtheit feinster Teilchen (z. B. von Sand), die auf dem Boden liegen, an der Oberfläche von etwas haften bleiben oder vom Wind durch die Luft getragen werden: die Möbel waren mit Staub bedeckt; der Wind wirbelte den Staub auf; den Staub wegwischen; den Staub [aus dem Tuch] ausschütteln.

stau|ben [ˈʃtau̯bn̩] ⟨itr.; hat⟩:
a) *Staub abgeben, von sich geben:* die Straße, der Teppich staubt; ⟨unpers.⟩ auf der Straße staubt es. **b)** *Staub aufwirbeln:* du sollst beim Fegen nicht so stauben.

stäu|ben [ˈʃtɔy̯bn̩]:
a) ⟨itr.; ist⟩ *in kleinen Teilchen (irgendwohin) gewirbelt werden:* der Schnee stäubt in die Höhe. **Syn.:** stieben (geh.). **b)** ⟨tr.; hat⟩ *kleine Teilchen (von etwas) fein verteilen:* ich stäubte ein wenig Puderzucker auf den Kuchen.

stau|big [ˈʃtau̯bɪç] ⟨Adj.⟩:
voll Staub, mit Staub bedeckt: staubige Straßen; die Schuhe sind staubig.

staub|sau|gen [ˈʃtau̯pzau̯gn̩], staubsaugte, gestaubsaugt ⟨itr.; hat⟩, **Staub saugen:**
mit einem Staubsauger arbeiten: ich staubsauge/sauge Staub; hast du [nebenan] schon gestaubsaugt/Staub gesaugt?; ⟨auch tr.⟩ ich muss nur noch das Wohnzimmer staubsaugen.

Staub|sau|ger [ˈʃtau̯pzau̯gɐ], der; -s, -:
elektrisches Gerät, mit dem man Staub und Schmutz von etwas absaugt: den Beutel im Staubsauger wechseln.

Stau|damm [ˈʃtau̯dam], der; -[e]s, Staudämme [ˈʃtau̯dɛmə]:
Damm, der Wasser aufstaut: einen Staudamm bauen, errichten.

Stau|de [ˈʃtau̯də], die; -, -n:
mehrjährige Pflanze mit mehreren, aus einer Wurzel wachsenden kräftigen Stängeln: verschiedene Stauden im Garten pflanzen.

stau|en [ˈʃtau̯ən]:
1. ⟨tr.; hat⟩ *durch eine Absperrung am Weiterfließen hindern:* einen Fluss stauen.
2. ⟨+ sich⟩ *wegen eines Hindernisses o. Ä. an der Weiterbewegung gehindert sein, sich an einer Stelle in größerer Zahl, Menge sammeln:* das Eis staut sich am Wehr, an den Brückenpfeilern; der Verkehr staute sich in den engen Gassen.

stau|nen [ˈʃtau̯nən] ⟨itr.; hat⟩:
über etwas, was man nicht erwartet, nicht für möglich gehalten hat, beeindruckt, verwundert sein: ich staune, was du alles kannst; da staunst du [wohl]!; ihr werdet staunen, wenn ihr seht, wen sie mitgebracht hat. **Syn.:** bestaunen, erstaunt sein, überrascht sein, sich verwundern, sich wundern.

Steak [ste:k], das; -s, -s:
kurz gebratene Fleischschnitte aus der Lende (besonders von Rind oder Kalb): ein saftiges Steak essen, zubereiten. **Zus.:** Kalbssteak, Lendensteak, Pfeffersteak, Rindersteak, Schweinerückensteak, Schweinesteak.

ste|chen [ˈʃtɛçn̩], sticht, stach, gestochen:
1. ⟨tr.; hat⟩ *durch Stechen* (2) *mit einem spitzen Gegenstand, einem Stachel o. Ä. verletzen:* die Wespe hat mich [ins Bein, am Hals] gestochen; er ist von einer Hornisse gestochen worden; pass auf, dass du dich [mit der Nadel, an den Dornen] nicht stichst; ⟨auch itr.⟩ Wespen stechen nur, wenn sie sich bedroht fühlen; bei den Mücken stechen nur die Weibchen; dein Bart sticht *(kratzt auf der Haut, wenn man damit in Berührung kommt).* **Syn.:** piken (ugs.).
2. a) ⟨itr.; hat⟩ *mit einer Spitze, einem spitzen Gegenstand, einem Stachel o. Ä. (in etwas) eindringen:* stich doch mal mit der Gabel in den Braten; jmdm. [mit dem Dolch] in den Rücken stechen; die Biene hat mir ins Bein gestochen; ich habe mir [mit einer Nadel] in den Finger gestochen. **b)** ⟨tr.; hat⟩ *(einen spitzen Gegenstand) stechend* (2) *in etwas eindringen lassen, etwas durchbohren lassen:* eine Gabel in den Braten, einen Spieß durch das Fleisch stechen; jmdm. ein Messer in den Bauch, in die Brust, in den Rücken stechen. **c)** ⟨tr.; hat⟩ *durch Stechen* (2) *entstehen lassen:* er stach mit einer Nadel ein paar Löcher in

die Folie; ich lasse mir Löcher in die Ohrläppchen stechen.
3. ⟨itr.; hat; unpers.⟩ *in einer Weise schmerzen, die ähnlich wie Nadelstiche wirkt:* es sticht mich im Rücken; stechende Schmerzen. **Syn.:** beißen, brennen.

stechen/stecken

Die beiden Wörter dürfen nicht miteinander verwechselt werden, wie es zuweilen in der Umgangssprache, besonders in Norddeutschland, geschieht. Für das intransitive **stecken** *(sich irgendwo, in etwas befinden, dort festsitzen, eingefügt sein)* wird dabei fälschlicherweise **stechen** gebraucht, z. B. »Der Schlüssel sticht (statt richtig: steckt) im Schloss«.

Steck|do|se [ˈʃtɛkdo:zə], die; -, -n: *[in die Wand eingelassene] Vorrichtung, die zusammen mit einem passenden Stecker die Möglichkeit bietet, elektrische Geräte an das Stromnetz anzuschließen und wieder davon zu trennen:* den Stecker aus der Steckdose ziehen; gibt es hier irgendwo eine Steckdose?

[1]ste|cken [ˈʃtɛkn̩] ⟨tr.; hat⟩:
a) *(etwas mit einer Spitze Versehenes) so in etwas fügen, dass es haften bleibt:* die Nadel in den Stoff stecken; den Stock in den Boden stecken. **Syn.:** spießen.
b) *(durch eine Öffnung o. Ä.) hindurchführen und (an eine bestimmte Stelle) gelangen lassen:* die Hände in die Taschen, Geld ins Portemonnaie stecken; den Schlüssel ins Schloss stecken; den Brief in einen Umschlag, in den Kasten stecken. **Syn.:** stopfen, tun (ugs.). **Zus.:** hineinstecken, reinstecken.

[2]ste|cken [ˈʃtɛkn̩]:
1. ⟨itr.; hat; Präteritum geh. auch: stak⟩ *(an eine bestimmte Stelle) gesteckt sein, fest (an einer bestimmten Stelle) sitzen:* der Schlüssel steckt [in der Tür, im Schloss]; du kannst den Zündschlüssel stecken lassen; ein Ring steckte/stak an ihrem Finger; der Dolch steckte/stak noch in der Brust des Ermordeten; die Brille steckt in einem ledernen Futteral; die Kastanien stecken in einer stacheligen Hülle. **Syn.:** sich befinden, [1]sein.
2. ⟨itr.; ist; Präteritum geh. auch: stak⟩ *aus etwas nicht mehr herauskommen; von einer bestimmten Stelle nicht mehr weiterkommen:* das Auto blieb [im Matsch, Sand, Schnee] stecken; sie war mitten im Vortrag stecken geblieben.

stecken/stechen:
s. Kasten stechen/stecken.

Ste|cker [ˈʃtɛkɐ], der; -s, -: *Vorrichtung am Ende eines Kabels, die in die Steckdose gesteckt wird:* den Stecker in die Steckdose stecken, rausziehen. **Zus.:** Antennenstecker, Flachstecker, Gerätestecker, Lautsprecherstecker, Telefonstecker.

Steck|na|del [ˈʃtɛkna:dl̩], die; -, -n: *kleine, zum Heften von Stoff o. Ä. verwendete Nadel mit einem Kopf aus Metall oder buntem Glas:* eine Naht vor dem Zusammennähen mit Stecknadeln abstecken.

Steg [ʃte:k], der; -[e]s, -e:
1. *schmale, nur für Fußgänger bestimmte Brücke:* auf einem schwankenden Steg überquerten sie den Bach.
2. *vom Ufer aus ein Stück weit ins Wasser hinausgebaute schmale Brücke, an der Schiffe anlegen, über die Passagiere aus- und einsteigen können:* sie machten das Boot am Steg fest. **Zus.:** Anlegesteg, Bootssteg, Landungssteg.

ste|hen [ˈʃte:ən], stand, gestanden ⟨itr.; hat, südd., österr., schweiz.: ist⟩:
1. a) *in aufrechter Haltung, aufgerichtet sein und mit seinem Körpergewicht auf den Füßen ruhen:* das Kind kann noch nicht [alleine] stehen; wir mussten während der ganzen Zugfahrt stehen; die Menschen standen dicht gedrängt; auf einem Bein stehen; steh bitte gerade; wollen wir uns setzen oder stehen bleiben? **Zus.:** dastehen, davorstehen, gegenüberstehen, strammstehen. **b)** *sich stehend* (1a) *irgendwo befinden, aufhalten:* sie stand am Fenster, neben mir, hinter dem Vorhang, in der Ecke. **Syn.:** sich befinden, [1]sein. **c)** in verblasster Bedeutung: der Mond steht *(befindet sich, ist sichtbar)* [hoch] am Himmel; das Spiel steht *(hat einen Stand von)* 0 : 0; das Thermometer steht auf 10 Grad *(zeigt 10 Grad an);* die Ampel steht auf Rot *(zeigt rotes Licht);* im Rentenalter stehen *(im Rentenalter sein);* vor einer Entscheidung stehen *(eine Entscheidung zu treffen haben);* vor dem Bankrott stehen *(vom Bankrott bedroht sein).*
2. *sich in Ruhe befinden, nicht [mehr] in Bewegung sein:* die Maschine, die Uhr steht; müsst ihr vor jedem Schaufenster stehen bleiben?; ich würde das Fahrrad hier nicht stehen lassen; er ist auf einen stehenden Wagen aufgefahren; das Auto zum Stehen bringen; ein stehendes *(nicht fließendes)* Gewässer. **Syn.:** aussetzen, stehen bleiben, stillstehen, stocken, streiken (ugs.).
3. *(von Gegenständen) mit der Unterseite nach unten auf einer Unterlage ruhen, sich in aufrechter Stellung [an einer bestimmten Stelle] befinden:* das Haus steht noch; der Baum steht direkt an der Straße; die Blumen stehen in der Vase; die Gläser, die Tassen, die Teller stehen schon auf dem Tisch; die Flasche, das Öl steht im Schrank; das Essen steht auf dem Herd; der Stuhl steht schief; ihr könnt das Geschirr einfach auf dem Tisch stehen lassen.
4. *(von Kleidungsstücken o. Ä.) zu jmdm. passen, an jmdm. gut aussehen:* das Kleid, die Brille steht dir [nicht, gut]. **Syn.:** kleiden.
5. als Funktionsverb: unter Aufsicht stehen *(beaufsichtigt werden);* in Blüte stehen *(blühen);* in Flammen stehen *(brennen);* mit etwas in Zusammenhang stehen *(mit etwas zusammenhängen).*
6. * **zu etwas stehen:** *sich zu etwas bekennen, etwas nicht verleugnen:* zu seinem Wort, zu seinem Versprechen stehen; * **zu/hinter jmdm. stehen:** *zu jmdm. halten, jmdn. nicht im Stich lassen.*

steh|len [ˈʃte:lən], stiehlt, stahl, gestohlen:
1. ⟨tr.; hat⟩ *(etwas, was einem anderen gehört) unerlaubterweise [heimlich] an sich nehmen:* er hat [mir] meine Uhr gestohlen; gestohlenes Geld; ⟨auch itr.⟩

ich glaube nicht, dass sie stiehlt; er hat schon öfter gestohlen. **Syn.:** entwenden (geh.), klauen (ugs.), mausen (fam., meist scherzh.), mitgehen lassen (ugs.), rauben, stibitzen (ugs.), wegnehmen.
2. ⟨+ sich⟩ *heimlich, unbemerkt von einem bestimmten Ort weggehen, sich an einen bestimmten Ort begeben:* er stahl sich aus dem Haus, in die Wohnung. **Syn.:** abhauen (ugs.), sich absetzen (ugs.), sich davonmachen (ugs.), sich dünnmachen (ugs.), durchbrennen (ugs.), sich aus dem Staub[e] machen (ugs.), sich verdrücken (ugs.), von der Bildfläche verschwinden (ugs.).

steif [ʃtai̯f] ⟨Adj.⟩:
1. a) *sich aufgrund seiner Beschaffenheit nicht leicht biegen, knicken lassend:* steifes Blech, Papier; ein steifer Hut; die Wäsche war ganz steif [gefroren]; sein Penis wurde steif. **Syn.:** fest, hart, starr.
b) *(besonders von Gelenken, Gliedmaßen) von verminderter oder nicht mehr bestehender Beweglichkeit:* ein steifer Hals; ein steifes Bein; ich hatte so lange keinen Sport getrieben, dass ich ganz steif war. **Syn.:** klamm, starr, unbeweglich.
c) *(von bestimmten, in ihrem Ausgangsstadium mehr oder weniger flüssigen Nahrungsmitteln) [schaumig und] fest:* die Sahne ist nicht steif genug; Eiweiß steif schlagen.
2. a) *verkrampft und unbeholfen; nicht graziös:* er machte eine steife Verbeugung. **Syn.:** eckig, hölzern, linkisch, ungelenk.
b) *förmlich und unpersönlich:* bei dem Empfang ging es sehr steif zu. **Syn.:** formell, verkrampft.

S
stei

Steig|bü|gel ['ʃtai̯kby:gl̩], der; -s, -: *metallener Bügel als Stütze für die Füße des Reiters:* ohne Steigbügel reiten.

stei|gen ['ʃtai̯gn̩], stieg, gestiegen ⟨itr.; ist⟩:
1. *sich nach oben, nach unten oder über etwas fortbewegen:* auf einen Berg steigen; in den Keller, auf den Dachboden steigen; in die Badewanne, in den Pool, ins Wasser steigen; auf die Leiter steigen; mit einer Leiter aufs Dach steigen; aus dem Bett steigen; über den Zaun steigen. **Syn.:** klettern, kraxeln (ugs., bes. südd., österr.).
2. *sich in die Höhe bewegen:* der Ballon, das Flugzeug steigt [schnell]; einen Drachen steigen lassen; die warme Luft steigt nach oben, in die Höhe. **Syn.:** auffliegen, aufsteigen.
3. *stärker, größer, höher werden:* die Temperatur, der Umsatz, die Spannung steigt; die Preise, die Kurse sind gestiegen. **Syn.:** anschwellen, ansteigen, anwachsen, anziehen (Börsenw., Kaufmannsspr.), sich vergrößern, sich vermehren, zunehmen.
4. (österr.) *treten:* auf eine Scherbe steigen.

stei|gern ['ʃtai̯gɐn]:
1. ⟨tr.; hat⟩ *verstärken, vergrößern:* das Tempo, die Leistung, die Produktion steigern. **Syn.:** anheben, anheizen (ugs.), ankurbeln, beschleunigen, erhöhen, eskalieren, heben, in die Höhe treiben, mehren (geh.), vermehren, vervielfachen.
2. ⟨+ sich⟩ **a)** *zu immer höherer Leistung, Erregung o. Ä. gelangen:* die Mannschaft steigerte sich in den letzten Minuten des Spiels prächtig. **b)** *stärker werden:* die Schmerzen steigerten sich. **Syn.:** anschwellen, ansteigen, anwachsen, sich auswachsen, sich ausweiten, eskalieren, sich vergrößern, sich verstärken, zunehmen.

Stei|gung ['ʃtai̯gʊŋ], die; -, -en:
1. *Ausmaß, Grad, in dem die Höhe zunimmt:* die Straße hat eine Steigung von 15 Grad.
2. *ansteigendes Gelände; aufwärtsführender Weg:* das Auto schaffte die Steigung leicht.

steil [ʃtai̯l] ⟨Adj.⟩:
stark ansteigend oder abfallend: ein steiler Abhang; die Straße führt steil bergauf. **Syn.:** abschüssig, schroff.

Stein [ʃtai̯n], der; -[e]s, -e:
1. a) *harte, feste mineralische Substanz:* der Fußboden, der Trog ist aus Stein. **Syn.:** Gestein. **Zus.:** Feuerstein, Kalkstein, Naturstein, Sandstein. **b)** *Stück Stein* (1 a): mit Steinen werfen. **Zus.:** Kieselstein, Mosaikstein, Schotterstein. **c)** *für einen bestimmten Zweck aus Stein* (1 a) *hergestellter Gegenstand:* das Grab schmückte ein schlichter Stein; eine Mauer aus quaderförmigen Steinen; das Kernstück der Mühle ist der Stein. **Zus.:** Baustein, Bordstein, Eckstein, Gedenkstein, Grabstein, Grenzstein, Grundstein, Mahlstein, Mauerstein, Mühlstein, Pflasterstein, Randstein, Taufstein, Wetzstein.
2. *Edelstein:* ein Ring mit einem grünen, kostbaren, glitzernden Stein.
3. *harter Kern (bestimmter Früchte):* die Aprikose hat einen flachen Stein; eine Dose Oliven ohne Stein[e]. **Zus.:** Aprikosenstein, Dattelstein, Kirschstein, Mangostein, Mirabellenstein, Nektarinenstein, Olivenstein, Pfirsichstein, Pflaumenstein, Zwetsch[g]enstein.
4. *Figur beim Brettspiel:* den Stein in ein anderes Feld schieben. **Zus.:** Dominostein, Halmastein, Mühlestein, Spielstein.

stein- [ʃtai̯n] ⟨adjektivisches Präfixoid; auch das Basiswort wird betont⟩ (emotional verstärkend):
sehr: steinalt; steinhart; steinreich. **Syn.:** ur- (emotional verstärkend).

Stein|bruch ['ʃtai̯nbrʊx], der; -[e]s, Steinbrüche ['ʃtai̯nbrʏçə]:
Stelle, an der das von Natur aus vorhandene Gestein abgebaut wird: im Steinbruch arbeiten.

stei|nern ['ʃtai̯nɐn] ⟨Adj.⟩:
aus Stein [bestehend]: eine steinerne Bank.

stei|nig ['ʃtai̯nɪç] ⟨Adj.⟩:
von vielen Steinen bedeckt: ein steiniger Acker, Weg.

Stein|koh|le ['ʃtai̯nko:lə], die; -, -n:
schwarze, harte Kohle: Steinkohle abbauen, fördern, exportieren; mit Steinkohle heizen.

Stein|metz ['ʃtai̯nmɛt͜s], der; -en, -en, **Stein|met|zin** ['ʃtai̯nmɛt͜sɪn], die; -, -nen:
Person, deren Handwerk es ist, Steine [künstlerisch] zu bearbeiten: einen Grabstein beim Steinmetzen bestellen; sie will unbedingt Steinmetzin werden.

Stein|obst ['ʃtai̯n|o:pst], das; -[e]s:
Obst, dessen Samen im Innern der Frucht von einer sehr harten Hülle umgeben ist: Kirschen, Pflaumen, Pfirsiche und anderes Steinobst.

Stein|pilz ['ʃtai̯npɪlt͜s], der; -es, -e:
essbarer großer Röhrenpilz mit

fleischigem, halbkugeligem, dunkelbraunem Hut und knolligem, weißem bis bräunlichem Stiel: Klöße mit Steinpilzen bestellen.

Stein|schlag ['ʃtai̯nʃla:k], der; -[e]s:
das Herabfallen von Steinen, die sich von einem Hang gelöst haben: die Straße ist durch Steinschlag gefährdet.

Stein|zeit ['ʃtai̯ntsai̯t], die; -:
Zeitalter in der Geschichte der Menschheit, in dem als Werkstoff (für Werkzeuge, Waffen) vorwiegend Stein verwendet wurde: archäologische Funde aus der Steinzeit.

Steiß [ʃtai̯s], der; -es, -e:
unteres Ende der Wirbelsäule: auf den Steiß fallen.

-stel: ↑-tel.

Stel|la|ge [ʃtɛ'la:ʒə], die; -, -n:
Gestell, Regal zum Abstellen, Ablegen, Unterbringen von Gegenständen: die Einmachgläser kommen auf die Stellage im Keller. **Syn.:** Regal.

Stell|dich|ein ['ʃtɛldɪçlai̯n], das; -[s], -[s] (veraltend):
vorher verabredetes Zusammentreffen von Verliebten: zu einem Stelldichein gehen; mit jmdm. ein Stelldichein haben. **Syn.:** Rendezvous, Verabredung.

Stel|le ['ʃtɛlə], die; -, -n:
1. *bestimmter, genau angegebener Ort, Platz [an dem sich etwas befindet oder ereignet]:* an dieser Stelle geschah der Unfall; sie suchten eine Stelle zum Lagern. **Syn.:** Punkt, Stätte. **Zus.:** Absturzstelle, Anlegestelle, Baustelle, Bruchstelle, Feuerstelle, Fundstelle, Futterstelle, Gefahrenstelle, Haltestelle, Kochstelle, Körperstelle, Müllabladestelle, Sammelstelle, Schlafstelle, Tankstelle, Unfallstelle, Unglücksstelle, Wasserstelle, Zapfstelle.
2. *berufliche Stellung:* eine Stelle suchen; eine neue Stelle antreten. **Syn.:** Anstellung, Arbeitsplatz, Position, Posten. **Zus.:** Arbeitsstelle.
3. *(für etwas Bestimmtes zuständige) Behörde o. Ä.:* staatliche Stellen; sich an die zuständige Stelle wenden. **Syn.:** Amt. **Zus.:** Annahmestelle, Ausgabestelle, Auskunftsstelle, Einwohnermeldestelle, Passstelle, Regierungsstelle, Verwaltungsstelle.

stel|len ['ʃtɛlən]:
1. ⟨tr.; hat⟩ **a)** *so an einen Platz bringen, dass es steht:* die Flasche, die Tassen, die Teller, das Essen, den Wein auf den Tisch stellen; das Fahrrad, Auto in die Garage stellen. **Syn.:** hinstellen, platzieren, [1]tun. **b)** *in eine bestimmte Lage bringen:* die Zeiger einer Uhr, die Uhr, die Weichen stellen; er stellte sich einen Wecker; auf wie viel Uhr soll ich den Wecker stellen?
2. ⟨+ sich⟩ **a)** *sich an einen Platz, eine bestimmte Stelle begeben und dort stehen bleiben:* er stellte sich vor die Tür, ans Fenster, neben mich. **Syn.:** sich aufstellen, sich hinstellen, sich postieren, treten. **b)** *eine Herausforderung annehmen, einer Auseinandersetzung nicht ausweichen:* er stellte sich dem Feind, der Diskussion; die Politikerin stellte sich der Presse, den Fragen der Journalisten.
3. ⟨+ sich⟩ *sich in einer bestimmten Weise verstellen:* warum hast du dich schlafend gestellt?; sich bewusstlos, taub stellen; er stellte sich, als ob er schliefe; sie stellt sich dümmer, als sie ist.
4. als Funktionsverb: [jmdm.] eine Frage stellen *([jmdn.] etwas fragen);* [jmdm.] eine Aufgabe stellen *([jmdm.] etwas aufgeben);* eine Forderung stellen *(etwas fordern);* einen Antrag stellen *(etwas beantragen).*

stel|len|wei|se ['ʃtɛlənvai̯zə] ⟨Adverb⟩:
an manchen Stellen: stellenweise liegt noch Schnee.

Stel|lung ['ʃtɛlʊŋ], die; -, -en:
1. *Art, wie jmd., etwas steht, angeordnet ist:* in aufrechter Stellung; er saß zwei Stunden in derselben Stellung; die Stellung der Gestirne am Himmel. **Syn.:** Haltung, Position, Stand. **Zus.:** Abseitsstellung, Lippenstellung, Mundstellung, Ruhestellung, Schalterstellung, Schrägstellung, Wortstellung.
2. *Posten, den jmd. als Angestellter in einer Firma innehat:* er hat eine interessante Stellung in einem Verlag, als Pressesprecher. **Syn.:** Anstellung, Arbeitsplatz, Position, Stelle. **Zus.:** Aushilfsstellung, Dauerstellung, Halbtagsstellung, Vertrauensstellung.
3. *Grad des Ansehens, der Wichtigkeit in der Gesellschaft; Rang:* ihre Stellung als führende Politikerin ihrer Partei ist erschüttert; ihre gesellschaftliche, soziale Stellung. **Syn.:** Position, Rang, Stand. **Zus.:** Machtstellung, Mittelstellung, Monopolstellung, Sonderstellung, Spitzenstellung, Vormachtstellung, Vorrangstellung.
4. *befestigte Anlage:* die feindlichen Stellungen angreifen.

Stel|lung|nah|me ['ʃtɛlʊŋna:mə], die; -, -n:
[offizielle] Äußerung: die Presse forderte vom Minister eine klare Stellungnahme zu diesem Vorfall; eine Stellungnahme abgeben; sie war zu keiner Stellungnahme bereit. **Syn.:** Ausführungen ⟨Plural⟩, Aussage, Äußerung, Erklärung, Kommentar.

stell|ver|tre|tend ['ʃtɛlfɛɐ̯tre:tn̩t] ⟨Adj.⟩:
den Posten eines Stellvertreters innehabend; an jmds. Stelle [handelnd]: er ist stellvertretender Abteilungsleiter; sie leitete die Sitzung stellvertretend [für den erkrankten Kollegen].

Stell|ver|tre|ter ['ʃtɛlfɛɐ̯tre:tɐ], der; -s, -, **Stell|ver|tre|te|rin** ['ʃtɛlfɛɐ̯tre:tərɪn], die; -, -nen:
Person, die beauftragt ist, deren Aufgabe es ist, jmdn. zu vertreten: während der Krankheit des Chefs führt sein Stellvertreter die Geschäfte; sie ist meine Stellvertreterin. **Syn.:** Vertreter, Vertreterin.

Stel|ze ['ʃtɛltsə], die; -, -n:
Stange mit Stützen für die Füße, die paarweise (besonders von Kindern zum Spielen) benutzt wird, um in erhöhter Stellung zu gehen: auf Stelzen laufen; wie auf Stelzen gehen *(mit steifen Bewegungen gehen).*

stel|zen ['ʃtɛltsn̩] ⟨itr.; ist⟩ (scherzh.):
mit steifen Beinen gehen: er stelzte über den Hof.

stem|men ['ʃtɛmən]:
1. ⟨tr.; hat⟩ **a)** *indem man die Arme langsam durchstreckt, mit großem Kraftaufwand über den Kopf bringen, in die Höhe drücken:* ein Gewicht [in die Höhe] stemmen. **Syn.:** heben, wuchten (ugs.). **b)** *mit großem Kraftaufwand sich, einen bestimmten*

Körperteil in steifer Haltung fest gegen etwas drücken (um sich abzustützen, einen Widerstand zu überwinden o. Ä.): ich stemmte meinen Rücken, mich [mit dem Rücken, mit aller Kraft] gegen die Tür.
2. ⟨+ sich⟩ *einer Entwicklung o. Ä. energischen Widerstand entgegensetzen:* ich werde mich nicht gegen diese Entwicklung stemmen; sich gegen den Fortschritt stemmen. **Syn.:** sich entgegenstellen, sich sträuben, sich wehren, sich widersetzen.

Stem|pel [ˈʃtɛmpl̩], der; -s, -:
a) *Gerät mit Buchstaben oder Zeichen aus Gummi, das auf etwas aufgedrückt werden kann:* er hat einen Stempel mit seiner Adresse. **Zus.:** Datumsstempel, Nummernstempel, Prägestempel. **b)** *Abdruck eines Stempels* (a): den Brief mit Stempel und Unterschrift versehen. **Syn.:** Siegel. **Zus.:** Bibliotheksstempel, Datumsstempel, Firmenstempel, Namen[s]stempel.

stem|peln [ˈʃtɛmpl̩n] ⟨tr.; hat⟩:
mit einem Stempel (b) *versehen; durch einen Stempel kennzeichnen:* das Formular, den Ausweis stempeln; der Brief, die Briefmarke ist nicht gestempelt. **Syn.:** abstempeln.

Ste|no|gra|fie [ʃtenograˈfiː], die; -, Stenografien [ʃtenograˈfiːən], **Stenographie:**
Schrift, die durch besondere Zeichen sehr schnelles Schreiben ermöglicht: Stenografie wird heute kaum noch angewendet.

ste|no|gra|fie|ren [ʃtenograˈfiːrən] ⟨tr.; hat⟩, **stenographieren:**
in Stenografie schreiben: sie hat den Brief stenografiert und muss ihn noch mit der Maschine schreiben; ⟨auch itr.⟩ er kann [gut] stenografieren.

Ste|no|gramm [ʃtenoˈgram], das; -[e]s, -e:
in Stenografie geschriebener Text: ein Stenogramm in Langschrift übertragen.

Ste|no|gra|phie [ʃtenograˈfiː]: ↑Stenografie.

ste|no|gra|phie|ren [ʃtenograˈfiːrən]: ↑stenografieren.

Ste|no|ty|pist [ʃtenotyˈpɪst], der; -en, -en, **Ste|no|ty|pis|tin** [ʃtenotyˈpɪstɪn], die; -, -nen:
(in einem Büro o. Ä. beschäftigte) Person, die Stenografieren und Maschinenschreiben beherrscht: Sekretärinnen können eine Zusatzausbildung als Stenotypistin machen.

Stepp|de|cke [ˈʃtɛpdɛkə], die; -, -n:
gesteppte Bettdecke mit dicker Einlage: sich mit einer Steppdecke zudecken. **Syn.:** Decke.

Step|pe [ˈʃtɛpə], die; -, -n:
trockene, mit Gras und Stauden, aber nicht mit Bäumen bewachsene Ebene: die Steppen Südafrikas; die Tiere der Steppe. **Zus.:** Grassteppe, Wüstensteppe.

step|pen [ˈʃtɛpn̩] ⟨tr.; hat⟩:
mit eng aufeinanderfolgenden Stichen nähen: eine Naht steppen.

ster|ben [ˈʃtɛrbn̩], stirbt, starb, gestorben ⟨itr.; ist⟩:
1. *aufhören zu leben:* sie ist plötzlich gestorben; er ist an Krebs gestorben; einen langsamen, qualvollen Tod/(geh.:) eines langsamen qualvollen Todes sterben. **Syn.:** abkratzen (derb); aus unserer, eurer usw. Mitte gerissen werden; das Zeitliche segnen (veraltet verhüllend); den Arsch zukneifen (derb); den Löffel abgeben (salopp); den/seinen Geist aufgeben (veraltet); die Augen für immer schließen (verhüllend); die Augen zumachen (verhüllend); dran glauben müssen (salopp); draufgehen (ugs.); einschlafen; entschlafen (geh.); erlöst werden (verhüllend); fallen (veraltend); für immer von jmdm. gehen (verhüllend); in die ewigen Jagdgründe eingehen (verhüllend ironisch); in die Ewigkeit abberufen werden (geh. verhüllend); in die Grube fahren (geh. veraltet, salopp, ironisch); ins Gras beißen (salopp); krepieren (ugs.); sein Dasein vollenden (geh. verhüllend); sein Leben verlieren; sein Leben vollenden (geh. verhüllend); umkommen; ums Leben kommen; vergehen (geh.); vom Schauplatz abtreten (geh. verhüllend); von der Bühne abtreten (geh. verhüllend).
2. * **[für jmdn.] gestorben sein:** *jmds. Erwartungen o. Ä. in hohem Maße enttäuscht haben und deshalb für ihn gleichsam nicht mehr existieren, nicht mehr zur Diskussion stehen:* dieser Heuchler ist für mich gestorben; die Sache ist gestorben.

-ster|ben [ʃtɛrbn̩], das; -s ⟨Grundwort⟩:
durch als beklagenswert empfundene Einwirkungen, Entwicklungen sich vollziehender Prozess, bei dem das im Basiswort Genannte an Quantität oder Qualität immer geringer wird: Baumsterben; Bodensterben; Fischsterben; Gebäudesterben; Vogelsterben; Waldsterben; Zeitungssterben.

sterb|lich [ˈʃtɛrplɪç] ⟨Adj.⟩:
nicht ewig lebend: der Mensch ist ein sterbliches Wesen.

ste|reo|typ [ʃtereoˈtyːp] ⟨Adj.⟩:
feststehend, unveränderlich, ständig [wiederkehrend]: ein schlechter Roman mit stereotypen Phrasen, Figuren. **Syn.:** abgedroschen (ugs.), formelhaft, nichtssagend.

ste|ril [ʃteˈriːl] ⟨Adj.⟩:
1. *frei von Krankheitserregern:* ein steriler Verband; etwas steril machen. **Syn.:** desinfiziert, keimfrei, sterilisiert.
2. *nicht fähig, Kinder zu zeugen oder zu gebären:* sie ist seit ihrer Operation steril. **Syn.:** impotent, unfruchtbar (Med., Biol.).
3. *geistig unfruchtbar; nicht schöpferisch; keine Ergebnisse zeigend:* eine sterile Diskussion. **Syn.:** akademisch, eintönig, monoton, öde.

ste|ri|li|sie|ren [ʃteriliˈziːrən] ⟨tr.; hat⟩:
1. *keimfrei machen:* die Instrumente des Arztes werden sterilisiert; sterilisierte Milch. **Syn.:** auskochen, desinfizieren.
2. *unfruchtbar, zur Fortpflanzung unfähig machen:* er hat sich sterilisieren lassen. **Syn.:** kastrieren (Med.).

Stern [ʃtɛrn], der; -[e]s, -e:
1. *als silbrig-weißer, funkelnder Punkt besonders am nächtlichen Himmel sichtbares Gestirn:* die Sterne funkeln, leuchten. **Syn.:** Himmelskörper. **Zus.:** Abendstern, Doppelstern, Morgenstern, Schweifstern, Wandelstern.
2. *Figur, Gegenstand mit kreis-, bzw. strahlenförmig angeordneten Zacken:* die Kinder schnitten Sterne aus buntem Papier.

S
Stem

Zus.: Blütenstern, Schneestern, Strohstern.

Stern|bild [ˈʃtɛrnbɪlt], das; -[e]s, -er:
Gruppe von Sternen am Himmel, die zusammen eine Figur darstellen: die Sternbilder des Tierkreises, des nördlichen Sternenhimmels.

Ster|nen|him|mel [ˈʃtɛrnənhɪməl], der; -s:
1. *klarer nächtlicher Himmel, an dem Sterne sichtbar sind:* wir hatten einen herrlichen Sternenhimmel.
2. *Himmel mit den (zu bestimmten Zeiten an bestimmten Punkten beobachtbaren) Sternen, Planeten und anderen Himmelskörpern:* der nördliche, südliche, winterliche Sternenhimmel.

Stern|fahrt [ˈʃtɛrnfa:ɐ̯t], die; -, -en:
Rennen, das von verschiedenen Ausgangspunkten zum gleichen Ziel führt: eine Sternfahrt veranstalten. **Syn.:** Rallye.

stern|ha|gel|voll [ˈʃtɛrnˈha:gl̩ˈfɔl] ⟨Adj.⟩ (ugs.):
sehr betrunken: der Kerl ist schon sternhagelvoll. **Syn.:** besoffen (salopp), blau (ugs.), voll (ugs.).

Stern|schnup|pe [ˈʃtɛrnʃnʊpə], die; -, -n:
mit bloßem Auge sichtbarer Meteor: eine Sternschnuppe leuchtete am Himmel auf.

Stern|stun|de [ˈʃtɛrnʃtʊndə], die; -, -n:
durch einen großartigen Erfolg, einen besonderen Gücksfall o. Ä. gekennzeichneter Moment: diese Entdeckung war eine Sternstunde der Wissenschaft; was wir an diesem Tage erleben durften, war eine Sternstunde der Demokratie; dieser Moment gehört zu den Sternstunden meines [beruflichen] Lebens.

Stern|war|te [ˈʃtɛrnvartə], die; -, -n:
wissenschaftliches Institut, in dem Sterne beobachtet werden: die Sternwarte besichtigen. **Syn.:** Observatorium.

ste|tig [ˈʃte:tɪç] ⟨Adj.⟩:
über eine relativ lange Zeit gleichmäßig, ohne Unterbrechung sich fortsetzend: das Unternehmen steht in stetigem Wettkampf mit der Konkurrenz; eine stetige Entwicklung; stetig zunehmen. **Syn.:** dauernd (emotional), fortgesetzt, fortwährend, in einem fort, permanent, unablässig (emotional), unaufhörlich, unausgesetzt (veraltend), unentwegt, ununterbrochen.

stets [ʃte:ts] ⟨Adverb⟩:
in immer gleichbleibender Weise; jedes Mal: er hat mir stets geholfen, wenn ich ihn gebraucht habe. **Syn.:** immer.

[1]**Steu|er** [ˈʃtɔyɐ], das; -s, -:
Vorrichtung an Fahrzeugen, mit der man die Richtung der Fahrt regelt: das Steuer eines Schiffes; am Steuer sitzen *(ein Fahrzeug führen).* **Syn.:** Lenkstange.

[2]**Steu|er** [ˈʃtɔyɐ], die; -, -n:
gesetzlich festgelegter Teil der Einnahmen, den man an den Staat zahlen muss: Steuern zahlen; Alkohol wurde mit einer neuen Steuer belegt. **Syn.:** Abgabe. **Zus.:** Branntweinsteuer, Einkommen[s]steuer, Erbschaft[s]steuer, Kraftfahrzeugsteuer, Lohnsteuer, Mineralölsteuer, Tabaksteuer, Umsatzsteuer, Vergnügung[s]steuer, Vermögen[s]steuer.

Steu|er|bord [ˈʃtɔyɐbɔrt], das; -[e]s, -e:
rechte Seite eines Schiffes /Ggs. Backbord/: der Matrose geht nach Steuerbord.

Steu|er|er|klä|rung [ˈʃtɔyɐ|ɛɐ̯klɛ:rʊŋ], die; -, -en:
Gesamtheit der Angaben zum Einkommen jedes Einzelnen, die das Finanzamt benötigt, um die Höhe der Steuer festsetzen zu können: ich muss noch meine Steuererklärung machen und sie dann beim Finanzamt abgeben.

Steu|er|mann [ˈʃtɔyɐman], der; -[e]s, Steuermänner [ˈʃtɔyɐmɛnɐ] und Steuerleute [ˈʃtɔyɐlɔytə]:
Seemann, dessen Aufgabe es ist, das Schiff zu steuern: der Steuermann vertritt im Notfall den Kapitän.

steu|ern [ˈʃtɔyɐn] ⟨tr.; hat⟩:
(bei einem Fahrzeug) das Steuer, die Lenkung bedienen: das Schiff, Auto steuern. **Syn.:** fahren, führen, lenken, manövrieren.

Steu|e|rung [ˈʃtɔyərʊŋ], die; -, -en:
1. *das Steuern (eines Fahrzeugs):* die Steuerung [des Schiffes] übernehmen. **Syn.:** Bedienung. **Zus.:** Fernsteuerung.
2. *Vorrichtung zur Lenkung:* der Pilot stellt die automatische Steuerung des Flugzeuges ein. **Zus.:** Handsteuerung.

Ste|ward [ˈstju:ɐt], der; -s, -s:
männliche Person, die Passagiere auf Schiffen, in Flugzeugen o. Ä. betreut: er fährt als Steward zur See. **Zus.:** Schiffssteward.

Ste|war|dess [ˈstju:ɐdɛs], die; -, -en:
(meist jüngere) Frau, die auf Schiffen, in Flugzeugen o. Ä. die Passagiere betreut: sie möchte gern Stewardess werden.

sti|bit|zen [ʃtiˈbɪtsn̩] ⟨tr.; hat⟩ (ugs.):
(etwas von geringem Wert) entwenden, sich aneignen: Schokolade stibitzen; wer hat [mir] meinen Bleistift stibitzt? **Syn.:** abstauben (ugs.), klauen (ugs.), mausen (fam., meist scherzh.), mitgehen lassen (ugs.), stehlen, wegnehmen.

Stich [ʃtɪç], der; -[e]s, -e:
1. *das Stechen eines spitzen Gegenstandes (in etwas):* der Stich der Biene; sie wurde durch einen Stich [mit einem Dolch] in den Rücken getötet. **Zus.:** Bienenstich, Hornissenstich, Insektenstich, Messerstich, Mückenstich, Nadelstich, Schnakenstich, Wespenstich.
2. *plötzlicher stechender Schmerz:* er spürte einen Stich im Arm; als sie von dem Unfall hörte, gab es ihr einen Stich *(erschrak sie heftig).* **Zus.:** Herzstich.
3. *Art, wie man beim Nähen, Sticken die Nadel in den Stoff einsticht:* das Kleid mit großen Stichen heften. **Zus.:** Kreuzstich, Zierstich.

sti|cheln [ˈʃtɪçl̩n] ⟨itr.; hat⟩:
spitze Bemerkungen, boshafte Anspielungen machen: er stichelt dauernd gegen seine Kameraden.

Stich|flam|me [ˈʃtɪçflamə], die; -, -n:
hoch aufschießende Flamme, die besonders unter dem Druck ausströmender Gase entsteht: eine riesige Stichflamme schoss in den nächtlichen Himmel empor.

stich|hal|tig [ˈʃtɪçhaltɪç] ⟨Adj.⟩:
so gut begründet, dass es allen

gegnerischen Argumenten standhält: seine Beweise sind nicht stichhaltig; das ist kein stichhaltiger Grund. **Syn.:** hieb- und stichfest, plausibel, schlagkräftig, schlüssig, triftig, überzeugend.

Stich|pro|be [ˈʃtɪçpro:bə], die; -, -n:
Überprüfung eines beliebigen Teiles, einer Teilmenge von etwas in der Absicht, daraus auf die Beschaffenheit o. Ä. des Ganzen zu schließen: die Grenzkontrollen beschränkten sich auf einige Stichproben.

Stich|tag [ˈʃtɪçta:k], der; -[e]s, -e:
festgesetzter, als verbindlich geltender Termin für behördliche Maßnahmen, Gesetze o. Ä.: der Stichtag für die Statistik.

Stich|waf|fe [ˈʃtɪçvafə], die; -, -n:
Waffe mit Griff und Klinge zum Stechen, Stoßen: der Dolch ist eine Stichwaffe.

Stich|wort [ˈʃtɪçvɔrt], das; -[e]s, -e und Stichwörter [ˈʃtɪçvœrtɐ]:
1. ⟨Plural: Stichwörter⟩: *Wort, das in einem Wörterbuch oder Lexikon behandelt wird und an alphabetisch sortierter Stelle zu finden ist:* das Wörterbuch hat 10 000 Stichwörter.
2. ⟨Plural: Stichworte⟩: *Bemerkung, auf die hin etwas geschieht oder geschehen soll:* bei diesem Stichwort tritt der Schauspieler auf die Bühne; damit gab er der Interviewerin das Stichwort zu ihrer nächsten Frage.
3. ⟨nur im Plural: Stichworte⟩: *Wörter, die für einen größeren Zusammenhang stehen:* er notierte sich einige Stichworte für seine Rede. **Syn.:** Punkte ⟨Plural⟩.

sti|cken [ˈʃtɪkn̩] ⟨tr.; hat⟩:
durch bestimmte Stiche mit einer Nadel und [farbigem] Garn auf Geweben Muster o. Ä. herstellen: sie stickte ihren Namen in das Tuch; eine gestickte Decke; ⟨auch itr.⟩ am Abend stickt sie gern.

Sti|cke|rei [ʃtɪkəˈrai̯], die; -, -en:
durch Sticken hergestelltes Muster o. Ä.: eine wertvolle alte Stickerei . **Syn.:** Handarbeit.

sti|ckig [ˈʃtɪkɪç] ⟨Adj.⟩:
(von der Luft besonders in einem Raum) dumpf, nicht frisch, so, dass es beim Atmen unangenehm ist: stickige Luft; ein stickiger Raum; es ist furchtbar stickig hier drin. **Syn.:** muffig.

stie|ben [ˈʃti:bn̩], stob, gestoben ⟨itr.; ist⟩ (geh.):
in kleinsten Teilchen durch die Luft fliegen: Funken stoben von dem Schleifstein, aus dem brennenden Holzstoß. **Syn.:** sprühen, wirbeln.

Stief|bru|der [ˈʃti:fbru:dɐ], der; -s, Stiefbrüder [ˈʃti:fbry:dɐ]:
a) *nicht blutsverwandter Bruder, der aus einer anderen Ehe des Stiefvaters oder der Stiefmutter stammt.* **b)** (ugs.) *Bruder, der mit einem Geschwister nur einen Elternteil gemeinsam hat; Halbbruder.*

Stie|fel [ˈʃti:fl̩], der; -s, -:
a) *Schuh, der bis über die Knöchel reicht:* die Stiefel imprägnieren; ich brauche neue Stiefel zum Wandern. **Zus.:** Bergstiefel, Fußballstiefel, Schnürstiefel, Skistiefel, Wanderstiefel.
b) *Schuh mit hohem Schaft, der bis zu den Knien reicht:* enge, weite, hohe, gefütterte Stiefel; er watete in hohen Stiefeln durchs Wasser. **Zus.:** Gummistiefel, Lederstiefel, Pelzstiefel, Reitstiefel, Schaftstiefel, Wasserstiefel.

stie|feln [ˈʃti:fl̩n] ⟨itr.; ist⟩ (ugs.):
mit stapfenden, gemächlichen Schritten gehen: sie stiefelten durch die Dünen. **Syn.:** stampfen, stapfen.

Stief|el|tern [ˈʃti:f|ɛltɐn], die ⟨Plural⟩:
Elternpaar, bei dem der Stiefvater bzw. die Stiefmutter wieder geheiratet hat, sodass das Kind mit keinem Elternteil mehr blutsverwandt ist: meine Stiefeltern haben mich großgezogen.

Stief|ge|schwis|ter [ˈʃti:fgəʃvɪstɐ], die ⟨Plural⟩:
a) *nicht blutsverwandte Geschwister, die aus verschiedenen Ehen der Stiefeltern stammen.* **b)** *Geschwister, die nur einen Elternteil gemeinsam haben; Halbgeschwister.*

Stief|kind [ˈʃti:fkɪnt], das; -[e]s, -er:
1. *Kind aus einer früheren Ehe des Ehepartners:* meine Stiefkinder sind mir genauso lieb wie meine eigenen Kinder.
2. *etwas, was im Verhältnis zu anderem zu wenig beachtet, gefördert wird:* das Gesundheitswesen ist ein Stiefkind dieser Regierung.

Stief|mut|ter [ˈʃti:fmʊtɐ], die; -, Stiefmütter [ˈʃti:fmʏtɐ]:
Frau des Vaters, die nicht die leibliche Mutter des Kindes ist: sie ist nicht meine leibliche, sondern meine Stiefmutter.

Stief|müt|ter|chen [ˈʃti:fmʏtɐçən], das; -s, -:
kleine Pflanze mit dunkelgrünen, gezähnten Blättern und zahlreichen in ihrer Form dem Veilchen ähnlichen Blüten: die Rabatten mit Stiefmütterchen bepflanzen.

stief|müt|ter|lich [ˈʃti:fmʏtɐlɪç] ⟨Adj.⟩:
schlechter, als angemessen wäre: jmdn., etwas stiefmütterlich behandeln. **Syn.:** lieblos, nachlässig.

Stief|schwes|ter [ˈʃti:fʃvɛstɐ], die; -, -n:
a) *nicht blutsverwandte Schwester, die aus einer anderen Ehe des Stiefvaters oder der Stiefmutter stammt.* **b)** *Schwester, die mit einem Geschwister nur einen Elternteil gemeinsam hat; Halbschwester.*

Stief|sohn [ˈʃti:fzo:n], der; -[e]s, Stiefsöhne [ˈʃti:fzø:nə]:
Sohn aus einer früheren Ehe des Ehepartners.

Stief|toch|ter [ˈʃti:ftɔxtɐ], die; -, Stieftöchter [ˈʃti:ftœçtɐ]:
Tochter aus einer früheren Ehe des Ehepartners.

Stief|va|ter [ˈʃti:ffa:tɐ], der; -s, Stiefväter [ˈʃti:ffɛ:tɐ]:
Mann der Mutter, der nicht leiblicher Vater des Kindes ist.

Stie|ge [ˈʃti:gə], die; -, -n:
1. *einfache, schmale Treppe [aus Holz]:* über eine steile Stiege gelangte er in den Keller.
2. (südd., österr.) *Treppe:* sie ist die Stiege hinuntergefallen.

Stiel [ʃti:l], der; -[e]s, -e:
a) *[ziemlich langer] fester Griff an einem [Haushalts]gerät:* der Stiel des Besens, der Pfanne. **Zus.:** Besenstiel, Hammerstiel, Holzstiel, Löffelstiel, Pfannenstiel, Pinselstiel. **b)** *Stängel einer Blume:* eine Rose mit einem langen Stiel. **Syn.:** Halm. **Zus.:** Blattstiel, Blumenstiel.

stier [ʃti:ɐ̯] ⟨Adj.⟩:
(vom Blick) ausdruckslos und unbeweglich, starr: mit stierem

S
Stic

Blick, stieren Blickes dasitzen. **Syn.:** glasig.

Stier [ʃtiːɐ̯], der; -[e]s, -e: *männliches Rind; Bulle:* ein gereizter, wütender Stier. **Syn.:** Bulle, Ochse. **Zus.:** Jungstier, Kampfstier, Zuchtstier.

stie|ren [ˈʃtiːrən] ⟨itr.; hat⟩: *starr, ohne Ausdruck in den Augen blicken:* in die Gegend, vor sich hin stieren; er saß im Wirtshaus und stierte auf sein Glas. **Syn.:** glotzen (ugs., auch abwertend), gucken (ugs.), schauen (bes. südd.), sehen, starren.

Stier|kampf [ˈʃtiːɐ̯kampf], der; -[e]s, Stierkämpfe [ˈʃtiːɐ̯kɛmpfə]: *in einer Arena stattfindender, nach festen Regeln ablaufender Schaukampf mit einem Stier:* sich einen Stierkampf ansehen.

¹Stift [ʃtɪft], der; -[e]s, -e:
1. *dünneres, längliches, an einem Ende zugespitztes Stück aus Metall oder Holz, das als Befestigung, zum Verbinden von etwas in etwas hineingetrieben wird:* ein Stift aus Metall; etwas mit einem Stift befestigen. **Syn.:** Bolzen, Dübel, Nadel, Nagel, Reißnagel, Reißzwecke, Zapfen, Zwecke.
2. *Schreib-, Zeichen-, Malstift:* mit einem roten Stift schreiben; kann ich mal kurz deinen Stift haben? **Zus.:** Bleistift, Buntstift, Farbstift, Filzstift, Kohlestift, Lippenstift, Tintenstift.

²Stift [ʃtɪft], das; -[e]s, -e: *religiöse Körperschaft mit eigenem Vermögen:* das Stift St. Florian. **Syn.:** Kloster. **Zus.:** Damenstift.

¹stif|ten [ˈʃtɪftn̩], stiftete, gestiftet ⟨tr.; hat⟩:
1. *zur Errichtung oder Förderung von etwas größere Mittel bereitstellen:* er stiftete einen Preis für den Sieger; ein Krankenhaus stiften. **Syn.:** geben, schenken, spenden, spendieren, überlassen, zuteilwerden lassen (geh.).
2. *entstehen lassen, verursachen, auslösen:* Frieden, Ordnung, Unheil, Verwirrung stiften. **Syn.:** anrichten, bedingen, bewirken, entfesseln (geh.), erzeugen, heraufbeschwören, herbeiführen, zeitigen (geh.).

²stif|ten [ˈʃtɪftn̩]: in der Wendung **stiften gehen** (ugs.): *sich heimlich, schnell, unauffällig entfernen, um einer Gefahr oder einer unangenehmen Situation zu entkommen:* ich fürchte, er wird stiften gehen, sobald es gefährlich wird. **Syn.:** abhauen (ugs.), sich absetzen (ugs.), ausbrechen, ausreißen (ugs.), sich davonmachen (ugs.), sich dünne[e]machen (ugs.), entfliehen, entlaufen, entweichen, entwischen (ugs.), fliehen, flüchten, untertauchen, sich verdrücken (ugs.), sich verflüchtigen, sich verziehen (ugs.), weggehen.

Stif|ter [ˈʃtɪftɐ], der; -s, -, **Stif|te|rin** [ˈʃtɪftərɪn], die; -, -nen: *Person, die etwas ¹stiftet* (1): die heilige Brigitta ist Stifterin eines Ordens; er ist der Stifter dieses berühmten Preises. **Syn.:** Gründer, Gründerin, Initiator, Initiatorin, Urheber, Urheberin. **Zus.:** Ordensstifter, Ordensstifterin, Religionsstifter, Religonsstifterin.

Stif|tung [ˈʃtɪftʊŋ], die; -, -en:
1. *das ¹Stiften* (1): eine private, öffentliche Stiftung; für die Stiftung des Kreuzes hat er einen großen Teil seines Vermögens geopfert. **Syn.:** Gründung, Schaffung.
2. *durch eine Stiftung* (1) *geschaffene Einrichtung, Institution:* eine Stiftung des bürgerlichen Rechts; dieses Kloster ist eine Stiftung Karls des Großen.

stig|ma|ti|sie|ren [ʃtɪgmatiˈziːrən] ⟨tr.; hat⟩: *jmdn. oder etwas als in irgendeiner Weise negativ von anderen oder anderem abweichend einstufen und entsprechend behandeln:* Homosexualität wird von der Kirche häufig stigmatisiert; Behinderte sind leider immer noch stigmatisiert; die Gruppe stigmatisierte sie als Außenseiterin.

Stil [ʃtiːl], der; -[e]s, -e:
1. a) *Art der Formen, in der etwas gestaltet wird:* der Stil eines Gebäudes, Romans; er schreibt einen guten Stil. **Syn.:** Art, Art und Weise, ¹Ausdruck, Ausdrucksweise, Diktion, Manier, Masche (ugs.), Weise. **Zus.:** Arbeitsstil, Briefstil, Feuilletonstil, Lebensstil, Redestil, Sprachstil, Telegrammstil.
b) *Art, in der die [Kunst]werke einer Epoche oder eines Künstlers, einer Künstlerin in ihrer Gesamtheit gestaltet sind, und die durch bestimmte Merkmale gekennzeichnet ist:* die Kirche ist in barockem Stil erbaut; inzwischen hat die Rockband ihren eigenen Stil entwickelt; sie malt in einem Stil, der mir nicht gefällt. **Zus.:** Barockstil, Baustil, Jugendstil, Kolonialstil.
2. *Art und Weise des Verhaltens:* sein Benehmen zeugt von schlechtem Stil; es gehört zum guten Stil, sich rechtzeitig zu entschuldigen; herumzujammern entspricht nicht meinem Stil. **Zus.:** Fahrstil, Führungsstil, Lebensstil.
3. *bestimmte Technik bei der Ausübung einer Sportart:* er läuft wahnsinnig schnell, aber mit schlechtem Stil. **Zus.:** Freistil, Laufstil, Schwimmstil.

Sti|lett [ʃtiˈlɛt], das; -s, -e: *kleiner Dolch mit dreikantiger Klinge:* jmdn. mit einem Stilett töten. **Syn.:** Stichwaffe, Waffe.

sti|lis|tisch [ʃtiˈlɪstɪʃ] ⟨Adj.⟩: *den Stil* (1) *betreffend:* sein Aufsatz ist stilistisch einwandfrei; die Formulierung ist grammatikalisch korrekt, aber stilistisch fragwürdig.

still [ʃtɪl] ⟨Adj.⟩:
1. *ohne ein Geräusch [zu verursachen]; ohne einen Laut [von sich zu geben]:* im Wald war es ganz still; er saß still an seinem Platz. **Syn.:** geräuschlos, lautlos, leise, ¹ruhig, verschwiegen. **Zus.:** mäuschenstill, mucksmäuschenstill, totenstill.
2. *ruhig und zurückhaltend in seinem Wesen; nicht viel redend:* er ist ein stiller und bescheidener Junge; du bist heute so still – was ist los? **Syn.:** schweigsam.

Stil|le [ˈʃtɪlə], die; -: *Zustand, bei dem kaum ein Laut zu hören ist; Ruhe:* die Stille der Nacht; es herrschte eine friedliche Stille; plötzlich trat eine beklemmende Stille ein. **Syn.:** Friede[n], Schweigen. **Zus.:** Abendstille, Friedhofsstille, Kirchhofsstille, Mittagsstille, Todesstille, Totenstille.

stil|len [ˈʃtɪlən] ⟨tr.; hat⟩:
1. *(ein Kind) an der Brust trinken lassen:* die Mutter stillt ihr Kind; ⟨auch itr.⟩ wegen einer

Brustentzündung konnte sie nicht stillen. **Syn.:** an die Brust nehmen, ernähren, nähren, säugen.
2. *(ein bestimmtes Bedürfnis) befriedigen:* das Verlangen stillen; den Hunger stillen *(essen, um satt zu werden);* wir versuchen zuerst, die Schmerzen zu stillen *(einzudämmen, zu beseitigen);* die Sehnsucht stillen (geh.; *etwas Ersehntes erreichen*); das Blut stillen *([durch einen Verband] verhindern, dass es weiter fließt).*

still|hal|ten [ˈʃtɪlhaltn̩], hält still, hielt still, stillgehalten ⟨itr.; hat⟩:
1. *sich nicht bewegen:* beim Fotografieren musst du stillhalten.
2. *sich etwas gefallen lassen, sich nicht dagegen wehren:* die Gewerkschaften werden stillhalten und dieses Jahr keine höheren Löhne fordern; sie hatte lange stillgehalten, sich schließlich aber doch von ihrem Mann getrennt. **Syn.:** den Mund halten (ugs.), die Klappe halten (salopp), sich fügen, schweigen, sich zurückhalten.

Still|le|ben [ˈʃtɪlle:bn̩], das; -s, -:
Darstellung nicht bewegter Gegenstände in künstlerischer Anordnung: Stillleben waren in der holländischen Malerei des 17. und 18. Jahrhunderts besonders beliebt.

still|le|gen [ˈʃtɪlle:gn̩], legte still, stillgelegt ⟨tr.; hat⟩:
(den Betrieb von etwas) einstellen: ein Bergwerk, eine Fabrik stilllegen; eine stillgelegte Telefonleitung. **Syn.:** einstellen, schließen.

Still|le|gung [ˈʃtɪlle:gʊŋ], die; -, -en:
das Stilllegen; das Stillgelegtwerden: es herrscht große Verbitterung über die Stilllegung der Zeche; die Stilllegung von Bahnstrecken.

S
stil

Still|stand [ˈʃtɪlʃtant], der; -[e]s:
Zustand, in dem etwas aufhört, sich zu entwickeln, in dem etwas nicht vorankommt: in der Entwicklung der Firma ist ein Stillstand eingetreten.

still|ste|hen [ˈʃtɪlʃte:ən], stand still, stillgestanden ⟨itr.; hat, südd., österr., schweiz auch: ist⟩:
in seiner Tätigkeit, Bewegung, seinem Verlauf unterbrochen sein: die Räder stehen still; der Verkehr stand vorübergehend still; die Zeit schien stillzustehen. **Syn.:** aufhören, aussetzen, stehen bleiben, streiken (ugs.).

Stil|mö|bel [ˈʃti:lmø:bl̩], das; -s, - ⟨meist Plural⟩:
Möbel, das im Stil einer vergangenen Epoche hergestellt ist: sie wohnen in protzigen altenglischen Stilmöbeln.

Stimm|bruch [ˈʃtɪmbrʊx], der; -[e]s:
Wechsel der Stimme bei männlichen Jugendlichen in der Pubertät, der sich durch eine zwischen Höhe und Tiefe stark schwankende und allmählich immer tiefer werdende Stimme ausdrückt: er ist im Stimmbruch; bis zum Stimmbruch hat er im Knabenchor gesungen.

Stim|me [ˈʃtɪmə], die; -, -n:
1. *das, was (von Menschen, Tieren) mit einer bestimmten [charakteristischen] Klangfarbe an Lauten, Tönen erzeugt wird:* eine dunkle, laute Stimme; sie erkannte ihn an der Stimme; sie hat eine schöne Stimme *(Singstimme).* **Syn.:** Organ. **Zus.:** Flüsterstimme, Frauenstimme, Jungenstimme, Kinderstimme, Kommandostimme, Mädchenstimme, Männerstimme, Menschenstimme, Rednerstimme.
2. *in einer bestimmten Tonlage gespielte oder gesungene Melodie, die mit anderen zusammen ein Musikstück ergibt:* er singt die zweite Stimme des Liedes; die Stimmen aus der Partitur abschreiben. **Syn.:** Thema, Weise. **Zus.:** Altstimme, Chorstimme, Einzelstimme, Flötenstimme, Grundstimme, Oberstimme.
3. *Entscheidung für jmdn., etwas bei einer Abstimmung, Wahl o. Ä.:* seine Stimme bei der Wahl abgeben; der konservative Kandidat erhielt die meisten Stimmen. **Zus.:** Gegenstimme, Jastimme, Neinstimme, Wählerstimme.

stim|men [ˈʃtɪmən]:
1. ⟨itr.; hat⟩ *den Tatsachen entsprechen, keinen Anlass zu Beanstandungen geben:* die Rechnung, die Adresse stimmt nicht; von seinem Gerede stimmt kein einziges Wort; stimmt es, dass du kündigen willst? **Syn.:** der Wahrheit entsprechen, korrekt sein, richtig sein, wahr sein, zutreffen, zutreffend sein.
2. ⟨tr.; hat⟩ *einem Instrument die richtige Tonhöhe geben:* das Orchester stimmt die Instrumente vor der Vorstellung; das Klavier muss mal wieder gestimmt werden.
3. ⟨tr.; hat⟩ *in eine bestimmte Stimmung versetzen:* das stimmt mich traurig; die Vorgänge stimmen mich nicht gerade zuversichtlich; jmdn. fröhlich stimmen. **Syn.:** machen.

stimm|haft [ˈʃtɪmhaft] ⟨Adj.⟩ (Sprachwiss.):
(von Lauten) weich auszusprechen; mit Schwingung der Stimmbänder gebildet: b, d und g sind stimmhafte Konsonanten; das s in »Rose« wird stimmhaft ausgesprochen.

stimm|los [ˈʃtɪmlo:s] ⟨Adj.⟩ (Sprachwiss.):
(von Lauten) hart auszusprechen; ohne Schwingung der Stimmbänder gebildet: p, t und k sind stimmlose Konsonanten; das s in »Bus« wird stimmlos ausgesprochen.

Stim|mung [ˈʃtɪmʊŋ], die; -, -en:
Zustand, Verfassung des Gemüts; Art der psychischen Reaktion auf Eindrücke: es herrschte eine fröhliche Stimmung; die Stimmung war gedrückt; er war in schlechter Stimmung *(Laune);* lass mich in Ruhe, ich bin nicht in Stimmung. **Syn.:** Atmosphäre, Klima, Laune, Verfassung. **Zus.:** Abschiedsstimmung, Arbeitsstimmung, Aufbruchsstimmung, Festtagsstimmung, Hochstimmung, Kampfstimmung, Karnevalsstimmung, Katerstimmung, Reisestimmung, Siegesstimmung, Untergangsstimmung, Weihnachtsstimmung.

Stimm|zet|tel [ˈʃtɪmt͜sɛtl̩], der; -s, -:
Formular, mit dessen Hilfe schriftlich eine Stimme (3) *abgegeben wird:* auf dem Stimmzettel darf nur ein Kreuz gemacht werden; Kandidatinnen und Kandidaten auf dem Stimmzettel ankreuzen.

stink- [ʃtɪŋk] ⟨adjektivisches Präfixoid⟩ /bes. als Kennzeichnung von Personen/ (emotional verstärkend, oft abwertend):
sehr, ganz besonders, in fast

extremer Weise: stinkbesoffen; stinkfaul; stinkfein; stinklangweilig; stinknormal; stinkreich; stinksauer; stinkvornehm; stinkwütend. **Syn.:** mords- (ugs., emotional verstärkend), scheiß- (derb verstärkend), stock-.

stin|ken [ˈʃtɪŋkn̩], stank, gestunken ⟨itr.; hat⟩:
1. (abwertend) *einen üblen Geruch von sich geben:* die Abwässer der Fabrik stinken; sie stinkt nach billigem Parfüm; ⟨auch unpers.⟩ draußen stinkt es nach Jauche. **Syn.:** Gestank verbreiten, Mief verbreiten (salopp abwertend), riechen, schlecht riechen, übel riechen, unangenehm riechen.
2. (salopp) *jmds. Missfallen, Widerwillen erregen:* die Arbeit, die Schule stinkt mir schon lange; mir stinkt, dass du ständig zu spät kommst; ⟨auch unpers.⟩ mir stinkts. **Syn.:** ärgern, missfallen.

Sti|pen|di|um [ʃtiˈpɛndi̯ʊm], das; -s, Stipendien [ʃtiˈpɛndi̯ən]:
von öffentlichen Stellen, aus Stiftungen o. Ä. für eine bestimmte Zeit bzw. für eine bestimmte Arbeit gewährte finanzielle Unterstützung für Studierende, Künstler[innen] o. Ä.: sie hat ein Stipendium beantragt; er hat ein Stipendium von der Kirche bekommen. **Syn.:** Beihilfe, Hilfe, Zuschuss. **Zus.:** Auslandsstipendium, Forschungsstipendium, Leistungsstipendium.

Stirn [ʃtɪrn], die; -, -en:
Teil des Gesichtes, [sich vorwölbender] Teil des Vorderkopfes über den Augen und zwischen den Schläfen: er wischte sich den Schweiß von der Stirn.

stö|bern [ˈʃtøːbɐn] ⟨itr.; hat⟩ (ugs.):
[wühlend] nach etwas suchen [und dabei Unruhe verursachen]: als er in der Bibliothek stöberte, fand er eine alte Handschrift; sie stöbert gern in alten Fotos. **Syn.:** wühlen.

sto|chern [ˈʃtɔxɐn] ⟨itr.; hat⟩:
mit einem spitzen Gegenstand wiederholt bohren, (in etwas) hineinstechen: in den Zähnen stochern; in der Glut, in der Erde stochern.

[1]Stock [ʃtɔk], der; -[e]s, Stöcke [ˈʃtœkə]:
a) *von einem Baum oder Strauch abgeschnittener, meist gerade gewachsener dünner Ast[teil]:* der Opa schnitzte für die Kinder einen Stock; früher wurden Kinder noch mit dem Stock geschlagen. **Syn.:** Gerte, Knüppel, Rute, Stab, Stange. **Zus.:** Bambusstock, Eichenstock, Schlagstock, Weidenstock.
b) *aus Holz oder anderem Material hergestellter, einem [1]Stock* (a) *ähnlicher Gegenstand, der als Gehhilfe o. Ä. benutzt wird:* seit dem Schlaganfall muss sie am Stock gehen; beim Laufen stützt er sich gern auf seinen Stock. **Zus.:** Gehstock, Spazierstock.

[2]Stock [ʃtɔk], der; -s, -:
Etage, die höher liegt als das Erdgeschoss: er wohnt im dritten Stock; das Haus hat drei Stock. **Syn.:** Geschoss, Stockwerk. **Zus.:** Zwischenstock.

stock- [ʃtɔk] ⟨adjektivisches Präfixoid⟩ (ugs., verstärkend):
ganz und gar, durch und durch, völlig: /vor allem in Verbindung mit Eigenschaften o. Ä., die in dem Textzusammenhang nicht erwartet, nicht als positiv angesehen werden, bes. als Kennzeichnung von Personen/: stockbesoffen; stockbetrunken; stockdumm; stockdunkel; stockduster; stockfinster; stockkatholisch; stockkonservativ; stocknormal; stocknüchtern; stockreaktionär; stocksauer; stocksolide; stocksteif; stocktaub; stocktrocken; stockvoll. **Syn.:** erz- (emotional verstärkend, meist in negativer Bedeutung), scheiß- (derb verstärkend), stink- (ugs., emotional verstärkend), ur- (emotional verstärkend).

sto|cken [ˈʃtɔkn̩] ⟨itr.; hat⟩:
in seinem normalen Ablauf zeitweise behindert, unterbrochen sein: die Produktion stockt; an der engen Stelle stockte der Verkehr; sein Puls stockte; vor Entsetzen stockte ihr der Atem; beim Vorlesen stockte sie kein einziges Mal. **Syn.:** stagnieren, stecken bleiben (ugs.).

Stock|werk [ˈʃtɔkvɛrk], das; -[e]s, -e:
[2]Stock: das Haus hat drei Stockwerke. **Syn.:** Etage, Geschoss.

Stoff [ʃtɔf], der; -[e]s, -e:
1. *Material, Substanz:* weiche, harte Stoffe; ein künstlicher, natürlicher Stoff; körperfremde, körpereigene Stoffe. **Zus.:** Ballaststoff, Baustoff, Brennstoff, Ersatzstoff, Farbstoff, Geruchsstoff, Giftstoff, Grundstoff, Impfstoff, Klebstoff, Kraftstoff, Kunststoff, Rohstoff, Sauerstoff, Schmierstoff, Sprengstoff, Stickstoff, Süßstoff, Treibstoff, Wasserstoff, Wirkstoff, Zellstoff.
2. *aus natürlichen und/oder synthetischen Fasern in breiten Bahnen hergestelltes Gewebe, das besonders für Kleidung und Wäsche verarbeitet wird:* ein leichter, knitterfreier, reinseidener Stoff; er trug einen Mantel aus grobem Stoff; sie ließ den Stoff von der Schneiderin zuschneiden und zu einem Kleid verarbeiten. **Syn.:** Gespinst, Material, textiles Material, Textilien ⟨Plural⟩, Tuch. **Zus.:** Baumwollstoff, Bezugsstoff, Brokatstoff, Dekorationsstoff, Futterstoff, Gardinenstoff, Kleiderstoff, Leinenstoff, Mantelstoff, Seidenstoff.
3. *etwas, was die thematische Grundlage für eine künstlerische Gestaltung, eine wissenschaftliche Abhandlung bildet:* er sammelte Stoff für einen neuen Roman; der fachliche Stoff ist viel zu umfangreich für einen Vortrag. **Syn.:** Gegenstand, Material, Materie, Motiv, Thema, Thematik. **Zus.:** Diskussionsstoff, Gesprächsstoff, Konfliktstoff, Lehrstoff, Lernstoff, Romanstoff, Unterrichtsstoff, Wissensstoff.
4. ⟨ohne Plural⟩ (Jargon) *Rauschgift:* Stoff brauchen; sich Stoff besorgen.

stoff|lich [ˈʃtɔflɪç] ⟨Adj.⟩:
1. *den Stoff*(1)*, die Substanz betreffend:* die stoffliche Zusammensetzung des menschlichen Körpers.
2. *den Stoff*(3) *betreffend:* die stoffliche Fülle war kaum zu bewältigen.

Stoff|tier [ˈʃtɔftiːɐ̯], das; -[e]s, -e:
als Kinderspielzeug hergestellte Nachbildung eines echten Tiers aus Stoff(2)*, Plüsch o. Ä.:* zum ersten Geburtstag hatte das Kind drei Stofftiere geschenkt bekommen.

Stoff|wech|sel [ˈʃtɔfvɛksl̩], der; -s: *alle Vorgänge, die mit der chemischen Umsetzung von Stoffen im Körper zusammenhängen:* die Tropfen regen den Stoffwechsel an; seine Krankheit beruht auf einer Störung des Stoffwechsels.

stöh|nen [ˈʃtø:nən] ⟨itr.; hat⟩:
a) *mit einem tiefen, lang gezogenen Laut schwer ausatmen:* leise, wohlig, vor Schmerz, Lust stöhnen; der Kranke stöhnte laut; in der Nacht hörten wir ein Stöhnen. **Syn.:** ächzen, seufzen.
b) *stöhnend* (a) *äußern:* »Muss das sein?«, stöhnte sie.

Stol|le [ˈʃtɔlə], die; -, -n: *²Stollen:* ich möchte bitte noch ein Stück Stolle.

¹Stol|len [ˈʃtɔlən], der; -s, -: *unterirdischer Gang [in einem Bergwerk]:* einen Stollen in den Berg treiben. **Syn.:** Tunnel.

²Stol|len [ˈʃtɔlən], der; -s, -: *länglich geformtes Gebäck aus Hefeteig mit Rosinen, Mandeln, Zitronat und Gewürzen oder mit einer Füllung aus Mohn o. Ä., das besonders in der Weihnachtszeit gebacken wird:* Stollen backen; einen halben Stollen kaufen. **Syn.:** Stolle.

stol|pern [ˈʃtɔlpɐn], stolperte, gestolpert ⟨itr.; ist⟩: *beim Gehen mit dem Fuß an einer Unebenheit o. Ä. hängen bleiben, wobei man das Gleichgewicht verliert und zu fallen droht:* pass auf, dass du nicht stolperst!; er ist über einen Stein gestolpert und gestürzt. **Syn.:** straucheln.

stolz [ʃtɔlt͜s] ⟨Adj.⟩:
1. a) *mit Selbstbewusstsein und Freude über einen Besitz, eine eigene Leistung oder über die Leistung eines geliebten oder verehrten Menschen erfüllt:* die stolze Mutter; er ist stolz auf seine Freundin, die eine bekannte Sportlerin ist; ich bin richtig stolz auf mich selbst, weil ich schon um 6 Uhr aufgestanden bin. **Syn.:** selbstbewusst. **b)** *eingebildet, überheblich und abweisend:* er war zu stolz, um sich helfen zu lassen; weil er so viel gelobt wurde, ist er stolz geworden; sie ist eine stolze Frau. **Syn.:** anmaßend, arrogant, aufgeblasen (ugs.), blasiert, dünkelhaft, eitel (abwertend), hochmütig, hochnäsig, selbstgefällig (abwertend).
2. *so geartet, dass es imponiert:* mit dem Werk habt ihr eine stolze Leistung erbracht; ein stolzes Gebäude. **Syn.:** beachtlich, bemerkenswert, großartig, imponierend, imposant, toll (ugs.).

Stolz [ʃtɔlt͜s], der; -es:
1. *ausgeprägtes Selbstwertgefühl [das sich in Überheblichkeit, Eingebildetheit o. Ä. äußert]:* ihr Stolz hat sie unbeliebt gemacht; männlicher Stolz verbietet oft das Eingeständnis von Schwächen; sie hat überhaupt keinen Stolz *(nimmt alles hin);* wir hatten unseren ganzen Stolz daran gesetzt, ein tolles Abendessen zu bereiten. **Syn.:** Arroganz, Dünkel (geh. abwertend), Einbildung, Eitelkeit (abwertend), Hochmut, Überheblichkeit. **Zus.:** Nationalstolz.
2. *berechtigte, selbstbewusste Freude (besonders über etwas, was man als besondere Leistung o. Ä. ansieht):* voller Stolz berichtete er über seine Erfolge; die schulischen Leistungen der Kinder erfüllen uns mit Stolz. **Syn.:** Freude. **Zus.:** Besitzerstolz, Entdeckerstolz, Vaterstolz.

stol|zie|ren [ʃtɔlˈt͜si:rən], stolzierte, stolziert ⟨itr.; ist⟩: *sich sehr wichtig nehmend einhergehen; gravitätisch schreiten:* er stolzierte mit seiner schönen Tochter über die Promenade. **Syn.:** gehen, spazieren.

stop|fen [ˈʃtɔp͜fn̩]:
1. ⟨tr.; hat⟩ *etwas [ohne besondere Sorgfalt] schiebend in etwas hineinstecken und darin verschwinden lassen, bis nichts mehr hineingeht:* die Kleider in den Koffer stopfen; er stopfte sich Watte ins Ohr; der Postbote hatte die ganze Post einfach in den Briefkasten gestopft. **Syn.:** packen, quetschen, ¹stecken, ²tun (ugs.). **Zus.:** ausstopfen, hineinstopfen, vollstopfen.
2. ⟨tr.; hat⟩ *mit Nadel und Faden und mit bestimmten Stichen ausbessern:* Socken, Strümpfe, die zerrissenen Hosen stopfen. **Syn.:** flicken, instand setzen, nähen, reparieren. **Zus.:** kunststopfen, zustopfen.
3. ⟨itr.; hat⟩ (ugs.) *das Essen rasch und gierig hinunterschlingen:* stopf nicht so! **Syn.:** schlingen.
4. ⟨itr.; hat⟩ *für die Verdauung hemmend sein:* Kakao und bittere Schokolade stopfen.

Stop|pel [ˈʃtɔpl̩], die; -, -n:
1. *nach dem Mähen stehen gebliebener Teil des [Getreide]halms:* die Stoppeln auf dem Feld.
2. (ugs.) **a)** *kurzes, stechendes Haar des unrasierten oder nachgewachsenen Bartes:* er muss sich noch rasieren, weil die Stoppeln seine Freundin beim Küssen stören. **Zus.:** Bartstoppel. **b)** *kurzes, nachwachsendes Kopfhaar:* nach dem Haarausfall zeigen sich schon wieder die ersten Stoppeln. **Zus.:** Haarstoppel.

stop|pe|lig [ˈʃtɔpəlɪç] ⟨Adj.⟩: *voller Stoppeln* (2): ein stoppeliges Kinn; es macht Spaß, mit der Hand über den stoppeligen Hinterkopf zu fahren. **Syn.:** borstig, rau.

stop|pen [ˈʃtɔpn̩]:
1. a) ⟨tr.; hat⟩ *(eine Bewegung oder einen Vorgang) zum Stillstand bringen:* er stoppte den Wagen; die Produktion stoppen. **Syn.:** anhalten, zum Halten bringen, zum Stehen bringen.
b) ⟨itr.; hat⟩ *in einer Vorwärtsbewegung innehalten; seine Fahrt o. Ä. unterbrechen:* der Wagen stoppte, als das Kind auf die Straße rannte. **Syn.:** abstoppen, anhalten, bremsen, halten, zum Halten kommen, zum Stehen kommen, zum Stillstand kommen.
2. ⟨tr.; hat⟩ *bei einem [Wett]lauf oder Rennen (die benötigte Zeit) mit der Stoppuhr ermitteln:* sie stoppte die Zeit der Favoritin im Abfahrtslauf; den 100-m-Lauf stoppen. **Syn.:** abstoppen.

Stöp|sel [ˈʃtœp͜sl̩], der; -s, -:
1. *kleiner Gegenstand, der dazu dient, die Öffnung eines Gefäßes zu verschließen:* den Stöpsel aus dem Waschbecken ziehen; die Karaffe ist mit einem schönen Stöpsel verschlossen. **Syn.:** Kork (landsch.), Korken, Pfropfen, Verschluss, Zapfen. **Zus.:** Glasstöpsel, Gummistöpsel, Korkstöpsel.
2. (ugs. scherzh.) *kleiner [dicker]*

Junge: der Stöpsel hielt sich am Mantel des Vaters fest.

Storch [ʃtɔrç], der; -[e]s, Störche [ˈʃtœrçə]:
größerer, schwarz und weiß gefiederter Stelzvogel mit langem Hals, sehr langem, rotem Schnabel und langen, roten Beinen: der Storch hat sein Nest auf dem Dach; in Europa werden Störche immer seltener.

stö|ren [ˈʃtøːrən] ⟨tr.; hat⟩:
(jmdn. bei etwas) belästigen, (von etwas) ablenken; einen Vorgang, ein Vorhaben hemmen, ärgerlicherweise aufhalten: stör sie nicht bei der Arbeit!; die Versammlung wurde von den Gegnern gestört; die Atomkraftgegner störten den geplanten Ablauf; die Unruhe stört den Unterricht; ⟨auch itr.⟩ das Kind stört in der Schule, ist durch häufiges Stören aufgefallen. **Syn.:** beeinträchtigen, behindern, unterbrechen.

stör|risch [ˈʃtœrɪʃ] ⟨Adj.⟩:
sich eigensinnig, starrsinnig widersetzend oder eine entsprechende Haltung erkennen lassend: ein störrisches Kind; er ist störrisch wie ein Esel. **Syn.:** bockbeinig (ugs.), bockig, halsstarrig, stur (ugs. abwertend), trotzig, verstockt (emotional), widerborstig (abwertend), widersetzlich, widerspenstig.

Stö|rung [ˈʃtøːrʊŋ], die; -, -en:
a) *das Stören, das Gestörtwerden:* wegen der Störung konnte die Versammlung nicht weitergeführt werden. **Syn.:** Unterbrechung. **Zus.:** Ruhestörung.
b) *das Gestörtsein; Beeinträchtigung des normalen Ablaufs:* wegen einer betrieblichen Störung hat der Zug 60 Minuten Verspätung; eine Störung der Verdauung; er leidet an nervösen Störungen; aufgrund atmosphärischer Störungen war der Fernsehempfang schlecht. **Syn.:** Defekt, Panne. **Zus.:** Betriebsstörung, Bewusstseinsstörung, Bildstörung, Darmstörung, Durchblutungsstörung, Empfangsstörung, Ernährungsstörung, Funktionsstörung, Gesundheitsstörung, Sendestörung, Sinnesstörung, Sprachstörung, Stoffwechselstörung, Stromstörung, Verkehrsstörung, Wachstumsstörung.

Sto|ry [ˈstoːri], die; -, -s:
1. *den Inhalt eines Films, Romans o. Ä. ausmachende Geschichte:* er liest eine spannende Story; sie erzählte die Story des Films mit wenigen Worten. **Syn.:** Fabel, Handlung, Inhalt. **Zus.:** Lovestory, Shortstory.
2. (ugs.) *etwas Spannendes, Unterhaltsames, Turbulentes o. Ä., was jmd. [als selbst Erlebtes] erzählt, berichtet:* diese Story nimmt dir niemand ab; das ist ja eine geradezu unglaubliche Story! **Syn.:** Geschichte.

Stoß [ʃtoːs], der; -es, Stöße [ˈʃtøːsə]:
1. a) *das Stoßen; heftiger Ruck:* er gab, versetzte ihm einen Stoß, dass er umfiel. **Syn.:** Hieb, Klaps, [1]Puff (ugs.), Schlag, Schubs (ugs.), Stups (ugs.).
b) *ruckartige Bewegung:* die Stöße eines Erdbebens. **Syn.:** Erschütterung.
2. *aufgeschichtete Menge gleicher Dinge; Stapel:* ein ganzer Stoß ungelesener Zeitungen. **Zus.:** Aktenstoß, Bretterstoß, Bücherstoß, Holzstoß, Wäschestoß, Zeitungsstoß.

sto|ßen [ˈʃtoːsn̩], stößt, stieß, gestoßen:
1. ⟨tr.; hat⟩ **a)** *mit einer in gerader Richtung geführten heftigen Bewegung treffen, von sich wegschieben:* er hat ihn so heftig vor die Brust gestoßen, dass er hinfiel. **Syn.:** rempeln (ugs.), schubsen (ugs.), stupsen (ugs.), treten. **Zus.:** herabstoßen, hinabstoßen, hinausstoßen, hineinstoßen, hinunterstoßen, niederstoßen, umstoßen. **b)** ⟨mit näherer Bestimmung⟩ *mit kurzer, heftiger Bewegung eindringen lassen, in etwas hineintreiben:* sie hat ihm das Messer in den Rücken gestoßen; eine Stange in den Boden stoßen. **Syn.:** einrammen, rammen. **Zus.:** durchstoßen, einstoßen, hineinstoßen.
2. ⟨itr.; ist; mit näherer Bestimmung⟩ *in einer schnellen Bewegung unbeabsichtigt kurz und heftig auf jmdn., etwas auftreffen:* er ist mit dem Fuß an einen Stein gestoßen. **Syn.:** anstoßen, prallen. **Zus.:** anstoßen, dranstoßen, draufstoßen, zusammenstoßen.
3. ⟨+ sich⟩ *(durch Ungeschick) an etwas heftig anstoßen [und sich dabei verletzen]:* sie hat sich am Knie, an der Stirn, am Ellbogen gestoßen. **Zus.:** wundstoßen.
4. ⟨itr.; ist⟩ *unvermutet finden, entdecken, auf etwas treffen:* auf Erdöl stoßen; wir sind beim Aufräumen auf alte Fotos gestoßen. **Syn.:** auffinden, entdecken, treffen.

stot|tern [ˈʃtɔtɐn]:
a) ⟨itr.; hat⟩ *stockend und unter häufiger, krampfartiger Wiederholung einzelner Laute und Silben sprechen:* er stottert; vor Aufregung stotterte sie; der Motor stottert *(läuft ungleichmäßig).* **b)** ⟨tr.; hat⟩ *stockend vorbringen, sagen; stammeln:* »Es tut mir sehr leid«, stotterte er; sie stotterte eine Entschuldigung. **Syn.:** stammeln.

Stöv|chen [ˈʃtøːfçən], das; -s, -:
kleineres Gefäß aus Porzellan, Glas oder Metall, in das ein Teelicht gestellt wird und auf dem etwas (besonders Kaffee oder Tee) warm gehalten werden kann: stell die Teekanne auf das Stövchen!

Straf|an|stalt [ˈʃtraːf|anʃtalt], die; -, -en:
Gebäude, in dem Häftlinge ihre Strafe absitzen: er sitzt in einer Strafanstalt. **Syn.:** Gefängnis, Kerker (früher), Kittchen (ugs.), Knast (ugs.).

straf|bar [ˈʃtraːfbaːɐ̯] ⟨Adj.⟩:
gegen das Gesetz verstoßend und unter Strafe gestellt: eine strafbare Handlung; unterlassene Hilfeleistung ist strafbar.

Stra|fe [ˈʃtraːfə], die; -, -n:
a) *etwas, womit jmd. bestraft wird, was jmdm. zur Vergeltung, zur Sühne für ein begangenes Unrecht, eine unüberlegte Tat auferlegt wird:* eine hohe, schwere, grausame, disziplinarische Strafe; zur Strafe durfte er nicht ins Kino gehen. **Syn.:** Buße, Denkzettel, Sühne (geh.). **b)** *Freiheitsstrafe:* er muss noch zehn Monate seiner Strafe verbüßen. **c)** *Geldsumme, die jmd. für eine kleine Verletzung des Rechts zahlen muss:* falsches Parken kostet 10 Euro Strafe.

stra|fen [ˈʃtraːfn̩] ⟨tr.; hat⟩:
eine Strafe auferlegen: das Schicksal hat ihn schwer

gestraft *(er hat ein schweres Schicksal zu tragen);* ⟨auch itr.⟩ Gott straft gerecht; sie wurde mit strafenden Worten zurechtgewiesen; sie sah ihn strafend an; ein strafender Blick. **Syn.:** belangen, bestrafen, maßregeln, mit einer Strafe belegen.

straff [ʃtraf] ⟨Adj.⟩:
1. *glatt, fest gespannt oder gedehnt:* ein straffes Seil; sie hat schöne straffe Haut. **Syn.:** fest, prall, stramm.
2. *[gut durchorganisiert und] keinen Raum für Nachlässigkeiten, Abschweifungen, Überflüssiges usw. lassend:* eine straffe Leitung, Organisation; der Tagesablauf war straff durchorganisiert. **Syn.:** energisch, hart, rigoros, streng.

straf|fäl|lig [ˈʃtra:ffɛlɪç] ⟨Adj.⟩:
einer Straftat schuldig: die meisten Vorbestraften werden wieder straffällig.

straf|fen [ˈʃtrafn̩]:
1. ⟨tr.; hat⟩ *straff machen:* das Seil straffen; dieses Produkt strafft Ihre Haut. **Syn.:** spannen.
2. ⟨+ sich⟩ *straff werden:* sein ganzer Körper straffte sich, als er aufstand, um zu reden.

sträf|lich [ˈʃtrɛ:flɪç] ⟨Adj.⟩:
so, dass es eigentlich bestraft werden sollte; unverantwortlich, auf unverantwortliche Weise: sie hatte das Üben sträflich vernachlässigt; es ist sträflicher Leichtsinn, bei diesen Temperaturen zu schwimmen. **Syn.:** kriminell (ugs.), unverzeihlich.

Strahl [ʃtra:l], der; -[e]s, -en:
1. *aus enger Öffnung hervorschießende Flüssigkeit:* ein Strahl kam aus dem Rohr; aus der Wunde schoss ein Strahl von Blut. **Zus.:** Blutstrahl, Dampfstrahl, Feuerstrahl, Luftstrahl, Wasserstrahl.
2. *von einer Lichtquelle ausgehendes Licht, das dem Auge als schmaler Streifen erscheint:* durch die Fuge drang ein Strahl ins Zimmer; die Strahlen der Sonne; ein blasser Strahl fiel durch den Türspalt. **Zus.:** Blitzstrahl, Laserstrahl, Lichtstrahl, Projektionsstrahl, Sonnenstrahl.
3. ⟨Plural⟩ *sich in gerader Linie fortbewegende kleinste Teilchen, elektromagnetische Wellen o. Ä.:* Radium sendet schädliche Strahlen aus; sich vor Strahlen schützen. **Zus.:** Elektronenstrahl, Infrarotstrahl, Radarstrahl, Radiostrahl, Radiumstrahl, Röntgenstrahl.

strah|len [ˈʃtra:lən] ⟨itr.; hat⟩:
1. *Lichtstrahlen aussenden; große Helligkeit verbreiten:* die Lichter strahlen; die strahlende Sonne, ein strahlender *(sonniger)* Tag. **Syn.:** glühen, knallen (ugs.), leuchten, scheinen, sengen. **Zus.:** überstrahlen.
2. *froh, glücklich aussehen:* der Kleine strahlte, als er gelobt wurde; am Hochzeitstag strahlten beide vor Glück; sie strahlten um die Wette. **Syn.:** ein fröhliches Gesicht machen, sich freuen.
3. *Strahlen* (3) *aussenden:* der radioaktive Müll wird noch in tausend Jahren strahlen.

Strähn|chen [ˈʃtrɛ:nçən], die ⟨Plural⟩:
einzelne blondierte, getönte oder gefärbte Haarsträhnen: beim nächsten Friseurtermin lasse ich mir Strähnchen machen.

Sträh|ne [ˈʃtrɛ:nə], die; -, -n:
eine meist größere Anzahl glatter, streifenähnlich liegender oder hängender Haare: eine Strähne hing ihm ins Gesicht; sie ließ sich eine Strähne lila färben; sein Bart zeigt erste graue Strähnen. **Zus.:** Bartsträhne, Haarsträhne.

sträh|nig [ˈʃtrɛ:nɪç] ⟨Adj.⟩:
(besonders von jmds. Haar) Strähnen bildend, in Form von Strähnen [herabhängend]: ihre Haare hingen strähnig über die Schultern. **Zus.:** grausträhnig, langsträhnig, weißsträhnig.

stramm [ʃtram] ⟨Adj.⟩:
1. *etwas, besonders den Körper, fest umschließend:* die Hose sitzt [zu] stramm; das Gummiband so kurz machen, dass es stramm ist; der Sicherheitsgurt muss stramm sitzen. **Syn.:** eng, fest, knapp.
2. a) *kräftig gebaut und gesund, kraftvoll aussehend:* ein strammer Bursche; sie hat ganz schön stramme Waden. **Syn.:** athletisch, kräftig, muskulös. **b)** *mit kraftvoll angespannten Muskeln gerade aufgerichtet:* eine stramme Haltung; stramm gehen, grüßen. **Syn.:** aufrecht, gerade.

stram|peln [ˈʃtrampl̩n], strampelte, gestrampelt ⟨itr.; hat⟩:
1. *(von Babys) mit den Beinen heftige, zappelnde Bewegungen machen:* der Kleine hat vor Vergnügen mit den Beinen gestrampelt. **Syn.:** zappeln.
2. (ugs.) *Rad fahren:* heute sind wir 80 km gestrampelt. **Zus.:** losstrampeln.

Strand [ʃtrant], der; -[e]s, Strände [ˈʃtrɛndə]:
flacher sandiger oder steiniger Küstenstreifen (besonders am Meer): sie lagen am Strand und sonnten sich; alle Urlauberinnen und Urlauber träumen von einem einsamen Strand mit weißem Sand. **Syn.:** Gestade (geh.), Küste, Ufer. **Zus.:** Badestrand, Meeresstrand, Sandstrand.

stran|den [ˈʃtrandn̩], strandete, gestrandet ⟨itr.; ist⟩:
1. *(von Schiffen) an einer flachen Stelle oder einem Ufer auflaufen und festsitzen:* das Schiff ist gestrandet.
2. (geh.) *mit etwas keinen Erfolg haben und aufgeben müssen:* er ist mit seiner Politik gestrandet. **Syn.:** durchfallen, scheitern, Schiffbruch erleiden, straucheln, verunglücken (scherzh.), zu Fall kommen.

Strand|korb [ˈʃtrantkɔrp], der; -[e]s, Strandkörbe [ˈʃtrantkœrbə]:
(an Badestränden aufgestellter) großer, mit Segeltuch o. Ä. ausgeschlagener Korbstuhl mit meist beweglichem Rückenteil (der Schutz bietet gegen Wind und Sonne): im Strandkorb sitzen und lesen.

Strang [ʃtraŋ], der; -[e]s, Stränge [ˈʃtrɛŋə]:
1. *starker Strick [mit dem etwas gezogen oder bewegt wird]:* die Glocke wurde durch Ziehen an einem Strang geläutet. **Syn.:** Leine, Schnur, Seil, ²Tau. **Zus.:** Glockenstrang.
2. *Bündel von Fasern o. Ä.* **Zus.:** Hauptstrang, Muskelstrang, Nervenstrang, Seitenstrang.

Stra|pa|ze [ʃtraˈpa:t͜sə], die; -, -n:
große [körperliche], über einige Zeit sich erstreckende Anstrengung: die Teilnehmer der Expedition mussten große Strapazen

S
stra

aushalten; der alten Dame kann man diese Strapaze nicht mehr zumuten. **Syn.:** Mühsal (geh.), Plage, Stress. **Zus.:** Reisestrapaze.

stra|pa|zie|ren [ʃtrapaˈtsi:rən]:
1. ⟨tr.; hat⟩ *stark in Anspruch nehmen, (bei der Benutzung) nicht schonen:* die Kleider strapazieren; er hat das Auto bei der Fahrt über den Berg stark strapaziert. **Syn.:** beanspruchen, belasten.
2. ⟨+ sich⟩ *seine Kräfte rücksichtslos einsetzen; sich körperlich nicht schonen:* sie hat sich so sehr strapaziert, dass ihr Herz Schaden gelitten hat. **Syn.:** sich abmühen, sich abplagen, sich abquälen, sich abrackern (ugs.), sich abschinden (ugs.), sich anstrengen, sich aufreiben, sich ausgeben, sich plagen, sich quälen, rackern (ugs.), sich schinden (ugs.). **Zus.:** überstrapazieren.

stra|pa|zi|ös [ʃtrapaˈtsi̯ø:s] ⟨Adj.⟩: *mit Strapazen verbunden:* eine strapaziöse Reise; der Umzug war sehr strapaziös. **Syn.:** anstrengend, beschwerlich, ermüdend, hart, mühsam, mühselig, schwer.

Stra|ße [ˈʃtra:sə], die; -, -n:
1. *(in Städten, Ortschaften gewöhnlich aus Fahrbahn und zwei Gehsteigen bestehender) befestigter Verkehrsweg für Fahrzeuge und (besonders in Städten und Ortschaften) Fußgänger:* auf der Straße nach Potsdam kam es zu mehreren Unfällen; die Straße ist nach einer Ehrenbürgerin der Stadt benannt; man darf nur bei Grün über die Straße gehen; die Straße ist wegen Hochwassers nicht befahrbar; die Straßen der Stadt waren am Abend still und leer. **Syn.:** Fahrbahn, Gasse, Weg. **Zus.:** Asphaltstraße, Ausfallstraße, Autostraße, Einbahnstraße, Einfallstraße, Fahrstraße, Fern[verkehrs]straße, Geschäftsstraße, Handelsstraße, Haupt[verkehrs]straße, Hochstraße, Landstraße, Mautstraße, Nebenstraße, Parallelstraße, Passstraße, Prachtstraße, Querstraße, Ringstraße, Schnellstraße, Seitenstraße, Stoppstraße, Uferstraße, Umgehungsstraße, Verbindungsstraße, Vorfahrtsstraße, Zubringerstraße, Zufahrtsstraße.
2. *enge Stelle im Meer als Weg für die Schifffahrt:* die Straße von Gibraltar. **Zus.:** Schifffahrtsstraße.

Stra|ßen|bahn [ˈʃtra:sn̩ba:n], die; -, -en:
schienengebundenes, mit elektrischer Energie betriebenes Verkehrsmittel für den Stadtverkehr: er fährt täglich mit der Straßenbahn zur Schule. **Syn.:** Bahn, Tram (südd., schweiz.).

Stra|te|gie [ʃtrateˈgi:], die; -, Strategien [ʃtrateˈgi:ən]:
genauer Plan für ein Verhalten, der dazu dient, ein (militärisches, politisches, psychologisches o. ä.) Ziel zu erreichen, und in dem man alle Faktoren von vornherein einzukalkulieren versucht: eine Strategie festlegen, anwenden; sich eine Strategie für eine Verhandlung überlegen; die Strategie des atomaren Gleichgewichts. **Syn.:** Politik, Taktik. **Zus.:** Doppelstrategie, Nuklearstrategie, Überlebensstrategie, Verhandlungsstrategie.

stra|te|gisch [ʃtraˈte:gɪʃ] ⟨Adj.⟩: *die Strategie betreffend, auf ihr beruhend:* strategische Bedeutung haben; strategische Waffen; eine strategisch wichtige Brücke; strategisch planen, überlegen. **Syn.:** taktisch. **Zus.:** militärstrategisch.

sträu|ben [ˈʃtrɔy̯bn̩] ⟨+ sich⟩:
1. *(von Fell, Gefieder o. Ä.) sich aufrichten, aufstellen:* das Fell der Katze sträubt sich; die Haare sträubten sich.
2. *sich [einer Sache] widersetzen, sich [gegen etwas] wehren:* er sträubte sich mit allen Mitteln, mit Händen und Füßen dagegen; sie wollte ins Theater gehen, aber er sträubte sich hartnäckig. **Syn.:** auf die Barrikaden gehen (ugs.), sich aufbäumen, aufbegehren (geh.), aufmucken (ugs.), aufstehen, sich erheben, meckern (ugs. abwertend), meutern (ugs.), sich mucksen (ugs.), murren, opponieren, Protest erheben, protestieren, rebellieren, revoltieren, sich sperren, Widerstand leisten.

Strauch [ʃtrau̯x], der; -[e]s, Sträucher [ˈʃtrɔy̯çɐ]:
Pflanze mit mehreren an der Wurzel beginnenden holzigen Stängeln und vielen Zweigen: einen Strauch pflanzen, [be]schneiden, abernten; an diesem Strauch wachsen Johannisbeeren. **Syn.:** Busch, Pflanze, Staude. **Zus.:** Brombeerstrauch, Fliederstrauch, Haselnussstrauch, Himbeerstrauch, Holunderstrauch, Kaffeestrauch, Pfefferstrauch, Rosenstrauch.

strau|cheln [ˈʃtrau̯xl̩n], strauchelte, gestrauchelt ⟨itr.; ist⟩:
1. (geh.) *im Gehen mit dem Fuß unabsichtlich an etwas anstoßen und in Gefahr kommen, zu fallen:* sie strauchelte auf der schmalen Brücke und stürzte ins Wasser. **Syn.:** hängen bleiben, stolpern.
2. *sein Ziel nicht erreichen; scheitern:* in der Großstadt ist er total gestrauchelt und lebt jetzt als Penner; zwei Favoriten sind in dem Wettbewerb bereits gestrauchelt. **Syn.:** Schiffbruch erleiden, stranden (geh.).

[1]Strauß [ʃtrau̯s], der; -es, -e:
großer, flugunfähiger Laufvogel mit schwarz-weißem bis graubraunem Gefieder: Strauße züchten.

[2]Strauß [ʃtrau̯s], der; -es, Sträuße [ˈʃtrɔy̯sə]:
Blumen, Zweige, die zu einem Ganzen zusammengefasst oder zusammengebunden in eine Vase gestellt werden: sie pflückte einen schönen Strauß für ihre Mutter; in dem neuen Blumenladen kann man die schönsten Sträuße kaufen. **Zus.:** Blumenstrauß, Brautstrauß, Geburtstagsstrauß, Hochzeitsstrauß, Willkommensstrauß.

stre|ben [ˈʃtre:bn̩], strebte, gestrebt:
1. ⟨itr.; hat⟩ *sich unter Anstrengung aller Kräfte, unbeirrt um etwas bemühen:* er hat immer nach Ruhm, Geld gestrebt; wir alle sollen nach Vollkommenheit streben. **Syn.:** erstreben, ringen um, trachten nach (geh.), verfolgen, zu erreichen suchen (geh.). **Zus.:** widerstreben.
2. ⟨itr.; ist⟩ *sich zielbewusst, unbeirrt auf möglichst kurzem Weg und ohne sich ablenken zu lassen an einen bestimmten Ort begeben:* wir sind nach der Vorstellung gleich nach Hause

gestrebt. **Syn.:** fahren, gehen, laufen, ziehen. **Zus.:** fortstreben, vorwärtsstreben, wegstreben.

Stre|ber [ˈʃtreːbɐ], der; -s, -, **Stre|be|rin** [ˈʃtreːbərɪn], die; -, -nen (abwertend): *Person, die sich sehr ehrgeizig und in egoistischer Weise bemüht, in der Schule oder im Beruf vorwärtszukommen:* er ist ein rücksichtsloser und ehrgeiziger Streber; sie ist sehr fleißig, wird aber von ihren Mitschülern als Streberin bezeichnet.

streb|sam [ˈʃtreːpzaːm] ⟨Adj.⟩: *fleißig und ausdauernd ein berufliches o. ä. Ziel anstrebend:* strebsame Schülerinnen und Schüler, junge Menschen. **Syn.:** ehrgeizig, fleißig.

Stre|cke [ˈʃtrɛkə], die; -, -n: *bestimmte [von zwei Punkten begrenzte] Entfernung:* eine lange, weite, kleine, kurze Strecke; die Strecke von Rostock bis Greifswald; jmdn. eine Strecke [Weges] begleiten; eine Strecke fliegen, fahren; der Athlet läuft, schwimmt nur die kurzen Strecken. **Syn.:** Abstand, Distanz, Linie. **Zus.:** Bahnstrecke, Fahrstrecke, Flugstrecke, Kurzstrecke, Langstrecke, Rennstrecke, Riesenstrecke, Teilstrecke, Teststrecke, Versuchsstrecke, Wegstrecke.

stre|cken [ˈʃtrɛkn̩]:
1. a) ⟨tr.; hat⟩ *in eine gerade, ausgestreckte Haltung, Stellung bringen; ausgestreckt irgendwohin halten, recken:* er streckte die Beine; den Arm in die Höhe strecken; den Kopf aus dem Fenster strecken; sie streckte ihre Glieder auf dem weichen Sofa. **Syn.:** ausstrecken, in die Höhe recken, spreizen, von sich strecken. **b)** ⟨+ sich⟩ *sich irgendwo ausgestreckt hinlegen, Körper und Glieder dehnen:* sie streckte sich in der Sonne; sich aufs Sofa, ins Gras strecken. **Syn.:** sich recken.
2. ⟨tr.; hat⟩ *durch entsprechende Behandlung, Bearbeitung größer, breiter, weiter machen:* Eisenblech durch Hämmern strecken; sie hat die Schuhe strecken lassen. **Syn.:** ausdehnen, ausweiten, dehnen, in die Länge ziehen, weiten.
3. ⟨itr.; hat⟩ **a)** *durch Verdünnen, Vermischen mit Zutaten in der Menge ergiebiger machen:* die Soße, Suppe [mit Wasser] strecken. **Syn.:** panschen, verdünnen. **b)** *durch Rationieren, Einteilen länger ausreichen lassen:* die Vorräte ein wenig strecken.

Streich [ʃtrai̯ç], der; -[e]s, -e: *etwas [Unerlaubtes], was zum Spaß aus Übermut, Mutwillen angestellt wird:* in ihrer Schulzeit hatten die Jungen viele lustige Streiche ausgeheckt. **Syn.:** Jux (ugs.), Schabernack, Scherz, Spaß, Ulk. **Zus.:** Dummejungenstreich, Lausbubenstreich, Schildbürgerstreich.

strei|cheln [ˈʃtrai̯çl̩n] ⟨tr.; hat⟩: *liebkosend berühren, mit sanften Bewegungen über etwas streichen:* er streichelte sie, ihr Gesicht, ihr Haar; eine Katze streicheln; es ist verboten, die Tiere zu streicheln. **Syn.:** hätscheln, [1]kraulen, liebkosen, tätscheln.

strei|chen [ˈʃtrai̯çn̩], strich, gestrichen:
1. ⟨tr.; hat⟩ **a)** *mit gleitender, glättender Bewegung als dünne Schicht auftragen:* er hat Butter aufs Brot gestrichen. **Syn.:** schmieren. **b)** *durch Streichen* (1 a) *mit einem Aufstrich versehen:* ein Brot streichen. **Syn.:** bestreichen, schmieren.
2. ⟨tr.; hat⟩ *mithilfe eines Pinsels mit einem Anstrich, mit Farbe versehen:* sie hat die Tür, den Zaun gestrichen; wir müssen noch die Wände streichen; Vorsicht, der Zaun ist frisch gestrichen. **Syn.:** anmalen, anstreichen, bemalen, bestreichen, lackieren, pinseln (ugs.), tünchen.
3. ⟨itr.; hat⟩ **a)** *die Oberfläche von etwas gleitend berühren; mit einer gleitenden Bewegung über etwas hinfahren:* jmdm. liebevoll durch die Haare, über den Kopf streichen; sie hat mit dem Bogen über die Saiten gestrichen. **b)** *mit einer gleitenden, glättenden o. ä. Bewegung irgendwohin befördern:* sie strich sich die Haare aus der Stirn; er hat den Kitt in die Fugen gestrichen.
4. ⟨itr.; ist⟩ **a)** *ohne erkennbares Ziel irgendwo umhergehen:* er ist durch die Straßen, um ihr Haus gestrichen. **Syn.:** streifen, streunen, strolchen, vagabundieren. **b)** *sich in ruhigem Flug und meist dicht über einer Fläche bewegen:* der Vogel ist über den See gestrichen.
5. ⟨tr.; hat⟩ *(etwas Geschriebenes, Gedrucktes o. Ä.) durch einen oder mehrere Striche ungültig machen, tilgen:* er hat einen Satz aus dem Manuskript gestrichen; es mussten einige Szenen gestrichen werden. **Syn.:** ausstreichen, [1]durchkreuzen, durchstreichen.

Streich|holz [ˈʃtrai̯çhɔlt͡s], das; -es, Streichhölzer [ˈʃtrai̯çhœlt͡sɐ]: *kleines Stäbchen aus Pappe oder Holz mit leicht entzündbarer Masse an einem Ende, die beim Reiben an einer Reibfläche zu brennen beginnt:* er steckte ein Streichholz an; sie kramte in ihren Taschen nach Streichhölzern; hat jemand Streichhölzer oder ein Feuerzeug dabei? **Syn.:** Zündholz.

Streich|in|stru|ment [ˈʃtrai̯ç|ɪnstrumɛnt], das; -[e]s, -e: *Musikinstrument, dessen Saiten durch Streichen mit einem Bogen zum Erklingen gebracht werden:* Streichinstrumente sind viel schwerer zu spielen als Tasten- oder Blasinstrumente.

Strei|fe [ˈʃtrai̯fə], die; -, -n:
a) *kleine Einheit bei Militär und Polizei, die Fahrten oder Gänge zur Kontrolle o. Ä. durchführt:* er wurde von einer Streife festgenommen. **Syn.:** Patrouille. **Zus.:** Funkstreife, Polizeistreife.
b) *von einer Streife* (a) *durchgeführte Fahrt, durchgeführter Gang:* sie haben in der Nacht mehrere Streifen durchgeführt; auf Streife gehen, sein. **Syn.:** Patrouille.

strei|fen [ˈʃtrai̯fn̩], streifte, gestreift:
1. ⟨tr.; hat⟩ *im Verlauf einer [schnellen] Bewegung etwas leicht berühren, über die Oberfläche von etwas streichen:* sie streifte [mit dem Kleid] die Wand; er hat mit seinem Auto den Baum gestreift. **Syn.:** berühren.
2. ⟨tr.; hat⟩ *nur oberflächlich, nebenbei behandeln:* die geschichtlichen Aspekte des Problems hatte sie in ihrem Vortrag nur gestreift.

S
Stre

3. ⟨tr.; hat⟩ *(Kleidungsstücke o. Ä.) mit einer leichten, gleitenden Bewegung irgendwohin bringen, über etwas ziehen, von etwas herunterziehen:* einen Ring auf den Finger, den Ärmel nach oben streifen; sie hat die Handschuhe von den Fingern, den nassen Badeanzug vom Körper gestreift. **Syn.:** ziehen.
4. ⟨itr.; ist⟩ *[ohne festes Ziel] einige Zeit (durch eine Gegend) wandern, ziehen:* er ist durch den Wald gestreift; ziellos durch die Gegend streifen. **Syn.:** streichen, streunen, strolchen, vagabundieren.

Strei|fen ['ʃtrai̯fn̩], der; -s, -:
1. a) *langes, schmales Stück von etwas:* ein Streifen Papier; ein Streifen Tuch. **Zus.:** Geländestreifen, Grünstreifen, Küstenstreifen, Landstreifen, Nebelstreifen, Pelzstreifen, Rasenstreifen. **b)** *in der Art eines Bandes verlaufender langer, schmaler Abschnitt einer Fläche, der sich durch eine andere Farbe von der Umgebung abhebt:* das Kleid hat blaue Streifen; hinter dem Flugzeug sah man einen weißen Streifen am Himmel. **Zus.:** Farbstreifen, Längsstreifen, Nadelstreifen, Querstreifen, Silberstreifen.
2. (ugs.) *Film* (2): ein alter, amüsanter Streifen. **Syn.:** Film. **Zus.:** Filmstreifen.

Streik [ʃtrai̯k], der; -[e]s, -s:
gemeinsames, meist gewerkschaftlich organisiertes Einstellen der Arbeit (durch Arbeitnehmer[innen]) zur Durchsetzung bestimmter Forderungen gegenüber den Arbeitgebern: die Gewerkschaft rief zu einem Streik auf; ein wilder *(von der Gewerkschaft nicht beschlossener)* Streik. **Syn.:** Ausstand, Dienst nach Vorschrift. **Zus.:** Generalstreik, Hungerstreik, Sitzstreik, Sympathiestreik, Warnstreik.

strei|ken ['ʃtrai̯kn̩] ⟨itr.; hat⟩:
1. *einen Streik durchführen, sich im Streik befinden:* die Arbeiter hatten immer wieder für höhere Löhne gestreikt; hier wird gestreikt. **Syn.:** die Arbeit niederlegen, in den Ausstand treten, in [den] Streik treten.
2. (ugs.) *plötzlich nicht mehr funktionieren:* der Motor, die Maschine streikt. **Syn.:** ausfallen, aussetzen.

Streit [ʃtrai̯t], der; -[e]s, -e:
heftiges Zanken, Sichauseinandersetzen mit jmdm. in oft erregten Erörterungen, hitzigen Wortwechseln, oft auch in Handgreiflichkeiten: ein heftiger, langer, erbitterter Streit; über dieses Thema gibt es seit Jahrzehnten einen wissenschaftlichen Streit; ein Streit entsteht, bricht aus; einen Streit entfachen, anzetteln, austragen; den Streit zwischen zwei Parteien schlichten; im Streit liegen, leben. **Syn.:** Auseinandersetzung, Disput (bildungsspr.), Konflikt, Kontroverse, Krach, Meinungsverschiedenheit (verhüllend), Reiberei, Streitigkeit, Stunk (ugs. abwertend), Unfrieden, Unstimmigkeit, Zank, Zoff (ugs.), Zusammenstoß (ugs.). **Zus.:** Ehestreit, Gelehrtenstreit, Glaubensstreit, Meinungsstreit, Rechtsstreit, Tarifstreit.

streit|bar ['ʃtrai̯tba:ɐ̯] ⟨Adj.⟩ (geh.):
stets bereit oder den Willen habend, sich mit jmdm. zu streiten, auseinanderzusetzen, zu kämpfen, sich einzusetzen: sie ist ein streitbarer Mensch; dahinter steht eine streitbare Gesinnung; streitbar pochte er auf sein Recht. **Syn.:** engagiert.

strei|ten ['ʃtrai̯tn̩], stritt, gestritten:
1. ⟨+ sich⟩ *(mit jmdm.) in Streit sein, Streit haben, sich heftig, oft auch handgreiflich auseinandersetzen:* müsst ihr immer streiten?; ⟨auch itr.⟩ er stritt sich mit dem Händler über den Preis; streitet euch doch nicht immer! **Syn.:** anbändeln (ugs.), aneinandergeraten, sich anlegen, einen Zusammenstoß haben, sich kabbeln (ugs.), kämpfen, Krach haben (ugs.), sich in den Haaren liegen (ugs.), sich in der Wolle haben/liegen (ugs.), zusammenstoßen, [sich] zanken.
2. ⟨itr.; hat⟩ *heftig über etwas diskutieren und dabei die eigene Meinung durchsetzen wollen:* sie stritten lange über diese Frage; sie stritten erbittert um das Erbe. **Syn.:** debattieren, ringen.

Streit|ge|spräch ['ʃtrai̯tgəʃprɛ:ç], das; -[e]s, -e:
längeres [heftig geführtes] Gespräch über ein Thema, bei dem Meinungsverschiedenheit besteht: ein Streitgespräch zum Thema Atommüll; das Fernsehen bringt ein Streitgespräch zwischen dem Bundeskanzler und der Oppositionsführerin. **Syn.:** Auseinandersetzung, Aussprache, Debatte, Diskussion.

strei|tig ['ʃtrai̯tɪç]:
1. * jmdm. etwas streitig machen: *etwas, was ein anderer hat, für sich beanspruchen:* er wollte ihr ihren neuen Posten streitig machen; der Hund machte den Katzen das Futter streitig. **Syn.:** jmdm. etwas abspenstig machen wollen, jmdm. etwas wegnehmen wollen.
2. (Rechtsspr.) *den Gegenstand eines Rechtsstreites darstellend:* streitige Tatsachen, Ansprüche.

streitig/strittig

Das Adjektiv **streitig** wird außer in der Wendung »jemandem etwas streitig machen« und in der Verneinung »unstreitig« nur noch im juristischen Sinne von »anhängig« gebraucht. Sonst ist heute **strittig** üblich:

- Das bleibt eine strittige Sache.
- Dieser Punkt ist strittig.

Strei|tig|keit ['ʃtrai̯tɪçkai̯t], die; -, -en:
dauerndes Streiten; heftige Auseinandersetzung: es gab wegen dieser Sache bereits endlose Streitigkeiten. **Syn.:** Disput (bildungsspr.), Konflikt, Kontroverse, Krach (ugs.), Meinungsverschiedenheit, Reiberei, Streit, Stunk (ugs. abwertend), Unfrieden, Unstimmigkeit, Zank, Zoff (ugs.), Zusammenstoß (ugs.).

streit|süch|tig ['ʃtrai̯tzʏçtɪç] ⟨Adj.⟩ (abwertend):
bei jeder Gelegenheit auf Streit aus, Streit hervorrufend: er war ein streitsüchtiger Junge; sie war in streitsüchtiger Laune. **Syn.:** aggressiv.

streng [ʃtrɛŋ] ⟨Adj.⟩:
1. a) *nicht durch Freundlichkeit, Milde, Nachsichtigkeit gekennzeichnet, sondern eine gewisse Härte, Unerbittlichkeit zeigend; unnachsichtig auf Ordnung und*

Disziplin bedacht: ein strenger Lehrer, Vater, Richter; strenge Strafen, Vorschriften; eine strenge Erziehung, Leitung, Prüfung; er sah sie mit strengem Blick, strenger Miene an; sie ist sehr streng [mit den Kindern, zu den Schülern]; er sieht streng aus, wirkt sehr streng; sie urteilt sehr streng, zensiert zu streng; jmdn. streng zurechtweisen. **Syn.:** drakonisch, drastisch, energisch, entschieden, hart, rigoros, scharf, straff, strikt, unerbittlich, unnachsichtig. **b)** *keine Einschränkung, Abweichung, Ausnahme duldend; ein höchstes Maß an Unbedingtheit, Diszipliniertheit, Konsequenz, Exaktheit verlangend; sehr korrekt, genau, exakt; strikt:* eine strenge Ordnung; es wurde strengste Pünktlichkeit gefordert; er hatte die strenge Weisung, niemanden einzulassen; strengste Diskretion, Verschwiegenheit ist Voraussetzung; strenge Sitten; der Arzt verordnete ihr strenge Bettruhe; eine strenge Diät; die Anweisungen müssen streng befolgt werden; sich streng an die Regeln, Vorschriften halten; Rauchen ist hier streng verboten; die beiden Bereiche sind streng voneinander zu trennen; streng genommen dürfte sie an dem Wettkampf nicht teilnehmen *(im Grunde genommen; wenn man ganz genau ist).* **c)** *in der Ausführung, Bearbeitung o. Ä. ein Prinzip genau, konsequent befolgend:* der strenge Aufbau eines Dramas; der strenge Stil eines Bauwerks; ein streng geschnittenes Kleid.
2. *nicht weich, anmutig, lieblich, sondern von einer gewissen Härte, Verschlossenheit zeugend:* strenge Züge; diese Frisur macht ihr Gesicht zu streng.
3. *herb und scharf, durchdringend im Geruch, im Geschmack:* ein strenger Geruch; das Fleisch ist ein wenig streng im Geschmack; der Käse schmeckt etwas streng. **Syn.:** bitter, penetrant.
4. *durch niedrige Temperaturen gekennzeichnet und dabei als recht unangenehm empfunden:* ein strenger Winter; strenger *(starker)* Frost. **Syn.:** eisig, hart, heftig, rau, scharf.

Stress [ʃtrɛs], der; -es:
1. *erhöhte körperliche oder seelische Anspannung, Belastung, die bestimmte Reaktionen hervorruft und zu Schädigungen der Gesundheit führen kann:* körperlicher, seelischer Stress; der Stress eines Arbeitstages, beim Autofahren; im Stress sein, stehen; unter Stress stehen. **Syn.:** Anstrengung, Strapaze.
2. (ugs.) *Ärger:* sie hat ständig Stress mit ihren Eltern. **Syn.:** Krach (ugs.), Probleme ⟨Plural⟩, Schwierigkeiten ⟨Plural⟩, Zoff (ugs.).

streu|en [ˈʃtrɔy̯ən] ⟨tr.; hat⟩:
1. a) *meist mit leichtem Schwung werfen oder fallen lassen und dabei einigermaßen gleichmäßig über eine Fläche verteilen:* Laub, Torf streuen; Sand, Asche [auf das Glatteis] streuen; sie streute noch etwas Salz auf, über die Kartoffeln. **Syn.:** verstreuen.
b) *bei Glatteis wegen bestehender Rutschgefahr mit Sand o. Ä. bestreuen:* die Straßen [mit Salz, Granulat] streuen; ⟨auch itr.⟩ die Hausbesitzer sind verpflichtet zu streuen.
2. (ugs.) *(Informationen, Behauptungen o. Ä.) [aus einer bestimmten Absicht heraus] verbreiten:* Gerüchte [unter die Leute] streuen; die Geschäftsleitung ließ streuen, das Unternehmen stehe kurz vor dem Konkurs.

streu|nen [ˈʃtrɔy̯nən] ⟨itr.; ist/selten: hat⟩:
ohne erkennbares Ziel irgendwo herumlaufen, -ziehen, bald hier, bald dort auftauchen: er ist/selten auch: hat den ganzen Tag gestreunt; ein streunender Hund; nachts ist sie durch die Stadt gestreunt. **Syn.:** herumlungern (ugs.), sich herumtreiben, streichen, streifen, strolchen, vagabundieren.

Streu|sel [ˈʃtrɔy̯zl̩], der oder das; -s, -:
aus Butter, Zucker und etwas Mehl zubereitetes Klümpchen oder Bröckchen zum Bestreuen von Kuchen: Apfelkuchen mit Streuseln.

Strich [ʃtrɪç], der; -[e]s, -e:
1. a) *mit einem Bleistift o. Ä. gezogene, meist gerade verlaufende, nicht allzu lange Linie:* ein dicker, dünner, breiter, langer, kurzer Strich; einen Strich mit dem Lineal ziehen; sie hat die Skizze Strich für Strich nachgezeichnet; die Fehler waren mit dicken roten Strichen unterstrichen; etwas in großen, schnellen Strichen zeichnen. **Zus.:** Kreidestrich, Querstrich, Schrägstrich. **b)** *(verschiedenen Zwecken dienendes) Zeichen in Form eines kleinen Striches* (1 a): die Striche auf der Skala eines Thermometers, einer Waage; der Kompass hat 32 Striche; der Strich steht für einen langen Ton.
2. ⟨ohne Plural⟩ *Art und Weise der Führung des Zeichenstiftes, Pinsels o. Ä.:* mit feinem, elegantem Strich zeichnen. **Zus.:** Pinselstrich.
3. *in einem Text durch Weglassen bestimmter Passagen erreichte Kürzung:* im Drehbuch einige Striche vornehmen.
4. *das Streichen* (3 a): einige Striche mit der Bürste; der kräftige, weiche Strich des Geigers.
5. ⟨ohne Plural⟩ *Richtung, in der die Haare liegen, die Fasern verlaufen:* die Haare, das Fell gegen den Strich, mit dem Strich bürsten.
6. ⟨ohne Plural⟩ (ugs.) **a)** *Prostitution, bei der sich Frauen oder Männer auf der Straße [in bestimmten Gegenden] um bezahlten sexuellen Verkehr bemühen:* der Strich hat sie kaputtgemacht. **Zus.:** Straßenstrich; * **auf den Strich gehen** (salopp): *der Prostitution auf der Straße nachgehen:* sie geht schon seit Jahren auf den Strich. **Syn.:** anschaffen gehen (salopp), auf die Straße gehen (ugs.), Prostitution betreiben.
b) *Straße, Gegend, in der sich jmd. zur Prostitution anbietet:* der Strich ist im Bahnhofsviertel.

Strick [ʃtrɪk], der; -[e]s, -e:
kurzes, starkes Seil; dicke Schnur, besonders zum Anbinden, Festbinden von etwas: ein kurzer, langer, dicker Strick; der Strick hält, reißt; einen Strick um etwas binden, schlingen; das Opfer war mit einem Strick an den Baum gebunden. **Syn.:** Leine, Schnur, Seil, Strang, [2]Tau. **Zus.:** Baststrick, Hanfstrick.

stri|cken [ˈʃtrɪkn̩]:
a) ⟨itr.; hat⟩ *einen Faden mit Nadeln oder einer Maschine zu einer Art (einem Gewebe ähnelnden) Geflecht von Maschen verschlingen:* sie sitzt am Fenster und strickt; sie strickt gern, zum Zeitvertreib; er kann, lernt stricken; an einem Pullover stricken. **b)** ⟨tr.; hat⟩ *strickend* (a) *anfertigen, herstellen:* Strümpfe, einen Pullover stricken; eine gestrickte Strampelhose.

Strick|ja|cke [ˈʃtrɪkjakə], die; -, -n: *gestrickte Jacke:* über der Bluse trug sie eine Strickjacke.

strie|geln [ˈʃtriːgl̩n] ⟨tr.; hat⟩:
1. *(Pferde, Rinder) mit einer harten Bürste, einem Striegel säubern:* der Bauer striegelt sein Pferd.
2. (ugs.) *übertrieben hart herannehmen, ausbilden:* gestern wurden wir beim Training ganz schön gestriegelt; es macht ihm Spaß, seinen Untergebenen zu striegeln. **Syn.:** drillen, piesacken (ugs.), schikanieren, schinden, tyrannisieren, zusetzen.

Strie|men [ˈʃtriːmən], der; -s, -: *Streifen auf der Haut, der durch Schläge mit einer Rute, Peitsche o. Ä. entstanden ist:* er hatte breite, dicke, blutige Striemen auf dem Rücken.

strikt [ʃtrɪkt] ⟨Adj.⟩:
(in Bezug auf die Ausführung oder Befolgung von etwas) sehr genau, streng; keine Abweichung zulassend: sie hatten strikten Befehl, nicht zu schießen; eine strikte Weisung, Bestimmung; strikten Gehorsam, strikte Einhaltung der Gebote fordern; ein Verbot strikt beachten; eine Anordnung strikt befolgen.

strit|tig [ˈʃtrɪtɪç] ⟨Adj.⟩:
noch nicht geklärt, noch nicht entschieden; verschieden deutbar: eine strittige Angelegenheit; einige strittige Fälle sind noch zu klären; dieser Punkt der Anweisung ist strittig. **Syn.:** fraglich, umstritten, unentschieden.

strittig/streitig:
s. Kasten Seite 901.

Stroh [ʃtroː], das; -[e]s: *trockene Halme von gedroschenem Getreide:* frisches, trockenes, feuchtes Stroh; Stroh ausbreiten, aufschütteln, binden, flechten; in einer Scheune auf Stroh, im Stroh schlafen. **Zus.:** Flachsstroh, Haferstroh, Maisstroh, Reisstroh.

Stroh|feu|er [ˈʃtroːfɔyɐ], das; -s: *große, aber nur flüchtige, schnell vorübergehende Begeisterung für etwas, jmdn.:* das Interesse an den Aktien flaute nach einem ersten Strohfeuer bald ab.

stro|hig [ˈʃtroːɪç] ⟨Adj.⟩:
a) *im Aussehen an Stroh erinnernd; ausgetrocknet und dadurch spröde, ungepflegt:* strohiges Haar. **b)** *hart, trocken und geschmacklos:* strohiger Zwieback; die alten Bohnen sind ganz strohig; strohig schmecken.

Stroh|mann [ˈʃtroːman], der; -[e]s, Strohmänner [ˈʃtroːmɛnɐ]: *Person, die von einer anderen vorgeschoben wird, um in deren Interesse und Auftrag einen Vertrag abzuschließen, ein Geschäft abzuwickeln o. Ä.:* ein Strohmann kaufte für ihn die Aktien; den Strohmann abgeben, machen.

Strolch [ʃtrɔlç], der; -[e]s, -e:
1. (abwertend) *Person, die verwahrlost aussieht, betrügerisch handelt, durchtrieben, gewalttätig ist:* sie wurde von zwei Strolchen angefallen. **Syn.:** Unhold.
2. (fam. scherzh.) *wilder, kleiner Junge, Schlingel:* komm her, du Strolch! **Syn.:** Lausbub (ugs.), Lümmel (abwertend).

strol|chen [ˈʃtrɔlçn̩] ⟨itr.; ist⟩: *untätig und ohne festes Ziel durch die Gegend streichen* (4 a): durch die Straßen strolchen. **Syn.:** streifen, streunen, vagabundieren.

Strom [ʃtroːm], der; -[e]s, Ströme [ˈʃtrøːmə]:
1. *in einer Richtung sich bewegende elektrische Ladung, fließende Elektrizität:* elektrischer Strom; starker, schwacher Strom; den Strom abschalten, einschalten; dieses Gerät verbraucht viel Strom; eine Strom sparende *(wenig Strom verbrauchende)* Leuchtstoffröhre; mit Strom heizen; das Gerät steht unter Strom.
2. *großer, breiter Fluss:* ein breiter, langer, mächtiger Strom; der Strom fließt ins Meer; einen Strom regulieren, befahren; die Ufer des Stromes; das Unwetter hatte die Bäche in reißende Ströme verwandelt.
3. ⟨mit Attribut⟩ **a)** *viel, eine größere Menge (in Bezug auf Flüssigkeiten, die aus etwas herausfließen, -strömen):* ein Strom von Tränen; ein Strom von Wasser ergoss sich über den Fußboden. **Zus.:** Blutstrom, Lavastrom, Tränenstrom. **b)** *größere, sich langsam in einer Richtung vorwärtsbewegende Menge:* ein Strom von Menschen, von Fahrzeugen; der Strom der Besucher wälzt sich durch die Hallen. **Zus.:** Besucherstrom, Touristenstrom, Urlauberstrom.
4. *Strömung* (1): der Strom trieb ihn vom Ufer ab; sie schwimmt mit dem Strom, versucht, gegen den Strom anzuschwimmen.

strö|men [ˈʃtrøːmən] ⟨itr.; ist⟩:
a) *sich in großer, gleichmäßiger Geschwindigkeit in großen Mengen fließend dahinbewegen:* der Fluss strömt breit und ruhig durch das Land. **Syn.:** sich ergießen, fließen, schießen, sprudeln. **b)** *(von Flüssigkeiten oder Gasen) sich von einem Punkt her oder in eine bestimmte Richtung [gleichmäßig] fort-, hinbewegen:* Wasser strömt aus der Leitung, ins Becken; die Flut strömte über den Deich; das Blut strömt aus der Wunde, durch die Adern, zum Herzen; Gas strömte aus der schadhaften Leitung; bei, in strömendem Regen. **c)** *sich in Massen in eine bestimmte Richtung fortbewegen:* die Leute strömten aus der Stadt, durch die Straßen, ins Theater, zum Sportplatz; das Publikum strömt *(kommt in Scharen).*

Strö|mung [ˈʃtrøːmʊŋ], die; -, -en:
1. *das Strömen; strömende, fließende Bewegung (von Wasser oder Luft):* eine warme, kalte, schwache, reißende Strömung; eine Strömung erfasste ihn, riss ihn um; der Fluss hat eine starke Strömung; gegen die Strömung, mit der Strömung schwimmen; das Boot wurde von der Strömung abgetrieben. **Zus.:** Meeresströmung, Windströmung.
2. *in einer bestimmten Richtung verlaufende Tendenz, Entwicklung, geistige Bewegung:* politische, geistige, literarische Strö-

mungen. **Syn.:** Bewegung, Richtung, Tendenz, Trend. **Zus.:** Geistesströmung, Modeströmung, Zeitströmung.

Stro|phe ['ʃtro:fə], die; -, -n: *[in gleicher Form sich wiederholender] Abschnitt eines Liedes oder Gedichtes, der aus mehreren rhythmisch gegliederten und oft sich reimenden Versen besteht:* kurze, lange, vielzeilige, kunstvoll gebaute Strophen; wir singen die erste und die letzte Strophe; das Gedicht hat zehn Strophen. **Zus.:** Anfangsstrophe, Liedstrophe, Schlussstrophe.

strot|zen ['ʃtrɔt͜sn̩] ⟨itr.; hat⟩: **a)** *über eine Eigenschaft, Fähigkeit so uneingeschränkt verfügen, dass sie auffallend zutage tritt:* sie strotzt vor/von Gesundheit, Energie. **b)** *etwas in großer Menge, Zahl aufweisen:* der kleine Junge strotzte *(starrte)* vor Dreck; das Diktat strotzt *(wimmelt)* von/vor Fehlern.

strub|be|lig ['ʃtrʊbəlɪç] ⟨Adj.⟩: *nicht gekämmt und daher zerzaust:* strubbelige Haare; ein strubbeliges Fell; strubbelig aussehen. **Syn.:** struppig.

Stru|del ['ʃtru:dl̩], der; -s, -: **1.** *Stelle in einem Gewässer, wo sich das Wasser schnell und drehend [nach unten] bewegt:* ein gefährlicher, tückischer Strudel; ein Strudel zog die Schwimmerin in die Tiefe; in einen Strudel geraten; von einem Strudel erfasst werden. **Syn.:** Wirbel. **Zus.:** Wasserstrudel. **2.** (bes. südd., österr.) *mit Obst (besonders mit Apfelstückchen) u. a. gefüllte und gebackene oder gekochte Teigrolle:* ein Strudel mit Äpfeln, mit Kirschen. **Zus.:** Apfelstrudel.

Struk|tur [ʃtrʊk'tu:ɐ̯], die; -, -en: **1.** *innerer Aufbau, Gefüge, Anordnung der Teile eines Ganzen:* eine komplizierte Struktur; die Struktur eines Atoms, Kristalls; die politische, gesellschaftliche, wirtschaftliche Struktur eines Landes; die Struktur sichtbar machen; etwas in seiner Struktur verändern. **Syn.:** Anlage, Bau, Form, Gliederung, Konstruktion, Organisation, Zusammensetzung. **Zus.:** Bevölkerungsstruktur, Gesellschaftsstruktur, Klassenstruktur, Persönlichkeitsstruktur, Sprachstruktur, Verwaltungsstruktur, Wirtschaftsstruktur. **2.** *reliefartig gestaltete Oberfläche (besonders von Stoffen):* die Struktur eines Kleiderstoffes; eine Tapete mit Struktur. **Syn.:** Profil.

Strumpf [ʃtrʊmp͜f], der; -[e]s, Strümpfe ['ʃtrʏmp͜fə]: *den Fuß und das Bein oder einen Teil des Beines bedeckendes Kleidungsstück:* dicke, dünne, nahtlose, wollene Strümpfe; Strümpfe aus Nylon; Strümpfe stricken, stopfen; die Strümpfe anziehen, ausziehen; sie trägt keine Strümpfe; er kam auf Strümpfen *(ohne Schuhe)* ins Zimmer; ein Loch, eine Laufmasche im Strumpf haben. **Zus.:** Damenstrumpf, Gummistrumpf, Herrenstrumpf, Nylonstrumpf, Seidenstrumpf, Wollstrumpf.

Strunk [ʃtrʊŋk], der; -[e]s, Strünke ['ʃtrʏŋkə]: *kurzer, dicker fleischiger Stamm oder Stängel bestimmter Pflanzen [der als Rest übrig geblieben ist]:* den Strunk herausschneiden; der Kohl war bis auf die Strünke abgefressen. **Syn.:** Stiel, Stumpf. **Zus.:** Kohlstrunk, Salatstrunk.

strup|pig ['ʃtrʊpɪç] ⟨Adj.⟩: *zerzaust, unordentlich [nach allen Seiten abstehend]:* struppige Haare; ein struppiges Fell; ein struppiger Hund *(ein Hund mit struppigem Fell);* struppig aussehen. **Syn.:** strubbelig, zerzaust.

Stu|be ['ʃtu:bə], die; -, -n (veraltend, noch landsch.): *Zimmer, Wohnraum:* eine kleine, große, helle, wohnliche Stube; in die Stube treten; im Winter saßen wir gern in der warmen Stube. **Syn.:** Bude (ugs.), Gemach (geh.), Kammer, Klause, Raum, Salon. **Zus.:** Dachstube, Schlafstube, Wohnstube.

Stuck [ʃtʊk], der; -[e]s: *kunstvolle, aus einem Gemisch von Gips, Sand, Kalk und Wasser geformte Verzierung an Wänden und Decken:* überall bröckelte der Stuck ab; Altbauwohnungen mit hohen Decken und Stuck.

Stück [ʃtʏk], das; -[e]s, -e: **1. a)** *[abgeschnittener, abgetrennter] Teil eines Ganzen:* ein kleines, rundes, schmales, unregelmäßiges Stück; ein Stück Stoff, Papier; ein Stück Kuchen; einzelne Stücke bröckeln ab; aus vielen kleinen Stücken wieder ein Ganzes machen; Papier in Stücke reißen; vor Wut haben sie alles in Stücke geschlagen; die Scheibe zerbrach in tausend Stücke; wir müssen die Scherben Stück für Stück einsammeln; aus einem Text ein Stück *(einen Absatz, Abschnitt)* vorlesen. **Syn.:** Brocken, Happen (ugs.), Schnitte. **Zus.:** Fleischstück, Kuchenstück, Lendenstück, Rippenstück, Tortenstück. **b)** *einzelner Gegenstand, einzelnes Tier, einzelne Pflanze o. Ä. aus einer größeren Menge von Gleichartigem, aus einer Gattung:* drei Stück Gepäck; zwanzig Stück Vieh; bitte fünf Stück von den rosa Rosen!; es sind nur noch drei Stück da; die Eier kosten das Stück 30 Cent/30 Cent das Stück; die Gegenstände wurden Stück für Stück nummeriert; die Arbeit wird nach Stück bezahlt; ⟨als Mengenangabe⟩ wir brauchen drei Stück von diesen Maschinen; er nahm vier Stück Zucker in seinen Kaffee. **Syn.:** Exemplar. **Zus.:** Ausstellungsstück, Gepäckstück, Kleidungsstück, Möbelstück, Wäschestück. **c)** *[in seiner Besonderheit auffallendes] Exemplar von etwas:* dieser Ring, Schrank ist ein seltenes, besonders schönes Stück; die ältesten Stücke stammten aus der Barockzeit. **2. a)** *Theaterstück:* ein modernes, klassisches, lustiges, langweiliges, unterhaltsames Stück; dieses Stück ist bisher noch nicht aufgeführt worden; ein Stück schreiben, inszenieren; wer spielt in dem Stück die Hauptrolle? **Syn.:** Drama, Schauspiel, Spiel. **Zus.:** Bühnenstück, Kriminalstück. **b)** *musikalische Komposition:* ein Stück für Cello und Klavier; ein Stück von Mozart spielen; das Stück muss ich erst üben. **Zus.:** Gesangsstück, Klavierstück, Musikstück, Orchesterstück. **3.** *üble Tat, dummer Streich:* da hat er sich ein [tolles, freches] Stück geleistet.

Stück|werk [ˈʃtʏkvɛrk]:
in der Wendung **Stückwerk sein/bleiben:** *recht unvollkommen und daher unbefriedigend sein, bleiben:* unser Wissen ist Stückwerk.

Stu|dent [ʃtuˈdɛnt], der; -en, -en, **Stu|den|tin** [ʃtuˈdɛntɪn], die; -, -nen:
Person, die an einer Hochschule studiert: sie ist Studentin im dritten Semester, an der Musikhochschule; er ist Student der Theologie. **Syn.:** Studierende, Studierender. **Zus.:** Jurastudent, Jurastudentin, Kunststudent, Kunststudentin, Medizinstudent, Medizinstudentin, Sportstudent, Sportstudentin, Theologiestudent, Theologiestudentin.

Stu|die [ˈʃtuːdi̯ə], die; -, -n:
kürzere wissenschaftliche oder künstlerische Arbeit, Betrachtung: eine Studie über moderne Musik schreiben; dieses Porträt ist eine Studie *(eine Skizze, ein Versuch).* **Syn.:** Abhandlung, Artikel, Aufsatz, Beitrag, Referat.

Stu|di|en|platz [ˈʃtuːdi̯ənplat͜s], der; -es, Studienplätze [ˈʃtuːdi̯ənplɛt͜sə]:
Platz für ein Universitätsstudium: einen Studienplatz [für Medizin] bekommen.

Stu|di|en|rat [ˈʃtuːdi̯ənraːt], der; -[e]s, Studienräte [ˈʃtuːdi̯ənrɛːtə], **Stu|di|en|rä|tin** [ˈʃtuːdi̯ənrɛːtɪn], die; -, -nen:
beamteter Lehrer, beamtete Lehrerin an einer höheren Schule: sie ist Studienrätin an einem Gymnasium.

stu|die|ren [ʃtuˈdiːrən], studierte, studiert:
1. a) ⟨itr.; hat⟩ *eine Hochschule besuchen, Student sein:* er studiert in Berlin; seine Kinder studieren lassen; sie studiert jetzt im achten Semester, hat zehn Semester studiert. **b)** ⟨tr.; hat⟩ *an einer Hochschule wissenschaftlich (in etwas) ausgebildet werden:* er studiert Medizin; sie studiert Gesang bei Professor Hansen; sie studierte in Heidelberg *(an der Universität Heidelberg).* **Syn.:** lernen.
2. ⟨tr.; hat⟩ **a)** *genau untersuchen, beobachten, erforschen:* eine Frage, ein Problem studieren; die Verhältnisse eines Landes studieren; die Sitten fremder Völker studieren. **b)** *genau, prüfend durchlesen, durchsehen:* die Akten studieren; die Polizistin studierte seinen Ausweis; er studierte die Immobilienangebote in der Zeitung. **Syn.:** lesen.

Stu|die|ren|de [ʃtuˈdiːrəndə], die/eine Studierende; der/einer Studierenden, die Studierenden/zwei Studierende:
Studentin: die Studierende hat hat ihr Examen erfolgreich abgelegt.

Studierender [ʃtuˈdiːrəndɐ], der Studierende/ein Studierender; des/eines Studierenden, die Studierenden/zwei Studierende:
Student: ein Studierender aus Leipzig hat den Bundeswettbewerb gewonnen.

Stu|dio [ˈʃtuːdi̯o], das; -s, -s:
kleinerer Raum für künstlerische Arbeiten, Proben, Aufführungen, Vorführungen, Fernseh-, Rundfunksendungen o. Ä.: die Aufnahmen fanden in einem kleinen Studio statt. **Syn.:** Atelier, Theater, Werkstatt. **Zus.:** Fernsehstudio, Filmstudio.

Stu|di|um [ˈʃtuːdi̯ʊm], das; -s, Studien [ˈʃtuːdi̯ən]:
1. ⟨ohne Plural⟩ *das Studieren; Ausbildung in einem Fach, einer Wissenschaft an einer Hochschule:* ein langes Studium; das medizinische Studium; das Studium der Theologie; dieses Studium dauert mindestens acht Semester; das Studium [an einer Universität] aufnehmen, [mit dem Staatsexamen] abschließen; sein Studium abbrechen, beenden; er hat sein Studium erfolgreich absolviert; sie ist noch im Studium, geht nach dem Studium ein Jahr ins Ausland; mit dem Studium beginnen. **Zus.:** Germanistikstudium, Geschichtsstudium, Hochschulstudium, Jurastudium, Mathematikstudium, Medizinstudium, Theologiestudium, Universitätsstudium.
2. a) *eingehende [wissenschaftliche] Beschäftigung mit etwas:* umfangreiche Studien; gründliche Studien der historischen Quellen; Studien [über etwas] treiben, anstellen; sich dem Studium antiker Münzen widmen. **Zus.:** Quellenstudium. **b)** ⟨ohne Plural⟩ *kritische Prüfung [eines Textes], kritisches Durchlesen:* er ist beim Studium der Akten; (ugs.) ins Studium der Zeitung vertieft sein. **Zus.:** Aktenstudium.

Stu|fe [ˈʃtuːfə], die; -, -n:
1. a) *einzelne Trittfläche einer Treppe bzw. Treppenleiter:* die unterste, oberste Stufe; die Treppe hat hohe Stufen; die Stufen hinuntersteigen; zwei Stufen auf einmal nehmen; die Stufen zum Altar, zum Thron hinaufsteigen; Vorsicht, Stufe!; Achtung, Stufe! **Syn.:** Sprosse. **Zus.:** Altarstufe, Steinstufe, Treppenstufe. **b)** *aus festem Untergrund (Fels, Eis o. Ä.) herausgearbeiteter Halt für die Füße:* Stufen ins Eis, in den Fels schlagen.
2. a) *Stadium, Etappe einer Entwicklung o. Ä.:* auf einer hohen geistigen, kulturellen Stufe, auf der Stufe von Steinzeitmenschen stehen; sie strebt beruflich die nächsthöhere Stufe an. **Syn.:** Dienstgrad, Grad, Rang. **Zus.:** Altersstufe, Bildungsstufe, Entwicklungsstufe, Kulturstufe, Rangstufe. **b)** *Grad, Ausmaß von etwas:* die höchste Stufe des Glücks; die tiefste Stufe der Erniedrigung.

Stuhl [ʃtuːl], der; -[e]s, Stühle [ˈʃtyːlə]:
1. *mit vier Beinen, einer Rückenlehne und gelegentlich mit Armlehnen versehenes Möbel, auf dem eine Person sitzen kann:* ein harter, gepolsterter, drehbarer Stuhl; ein Stuhl mit hoher Lehne; Stühle stehen um den Tisch; Stühle aufstellen; jmdm. einen/keinen Stuhl anbieten *(ihn [nicht] zum Sitzen auffordern);* sich auf einen Stuhl setzen; sie rutschte unruhig auf dem Stuhl hin und her; vom Stuhl aufspringen. **Syn.:** Fauteuil (österr., schweiz.), Hocker, Schemel, Sitzmöbel. **Zus.:** Drehstuhl, Gartenstuhl, Holzstuhl, Kinderstuhl, Klappstuhl, Klavierstuhl, Küchenstuhl, Lehnstuhl, Polsterstuhl, Schaukelstuhl, Schreibtischstuhl.
2. ⟨ohne Plural⟩ **a)** (bes. Med.) *Kot des Menschen:* den Stuhl untersuchen lassen. **Syn.:** Ausscheidung, Exkrement, Kacke

(derb), Scheiße (derb), Stuhlgang. **b)** *Stuhlgang* (a): der Arzt fragte sie, ob sie regelmäßig Stuhl habe.

Stuhl|gang [ˈʃtuːlgaŋ], der; -[e]s:
a) *Entleerung des Darms:* [keinen, regelmäßig] Stuhlgang haben. **b)** *Stuhl* (2 a): harter, weicher Stuhlgang. **Syn.:** Ausscheidung, Exkrement, Kacke (derb), Kot, Scheiße (derb).

stül|pen [ˈʃtʏlpn̩] ⟨tr.; hat⟩:
a) *etwas (was in der Form dem zu bedeckenden Gegenstand entspricht) auf, über etwas decken:* den Kaffeewärmer über die Kanne stülpen; er stülpte die Abdeckung über die Tastatur. **b)** *(besonders in Bezug auf eine Kopfbedeckung) rasch, nachlässig aufsetzen, über den Kopf ziehen:* ich stülpte mir den Hut auf den Kopf. **c)** *das Innere von etwas nach außen wenden, kehren:* die Taschen nach außen stülpen; die Lippen [verdrossen] nach vorn stülpen.

stumm [ʃtʊm] ⟨Adj.⟩:
1. *nicht fähig, Laute hervorzubringen, zu sprechen:* ein stummes Kind; er ist von Geburt an stumm.
2. a) *schweigsam; sich nicht mit Worten, Lauten äußernd:* ein stummer Zuhörer; alle waren, blieben stumm *(sprachen nicht);* warum bist du so stumm? *(sprichst du so wenig?).* **Syn.:** wortlos. **b)** *nicht von Sprechen begleitet; wortlos:* eine stumme Geste; ein stummer Schmerz, Gruß; sie sahen sich stumm *(schweigend)* an; stumm [und starr] dasitzen.

Stum|mel [ˈʃtʊml̩], der; -s, - (ugs.): *übrig gebliebenes kurzes Stück (von einem kleineren länglichen Gegenstand):* der Stummel einer Zigarre; die Kerzen sind bis auf kurze Stummel heruntergebrannt; mit dem Stummel eines Bleistifts schreiben. **Syn.:** Rest, Stumpf. **Zus.:** Bleistiftstummel, Kerzenstummel, Zigarettenstummel.

Stüm|per [ˈʃtʏmpɐ], der; -s, -, **Stüm|pe|rin** [ˈʃtʏmpərɪn], die; -, -nen (abwertend):
Person, die schlechte Arbeit leistet, weil sie nicht viel von der (jeweiligen) Sache versteht: sie ist eine Stümperin; hier waren Stümper am Werk. **Syn.:** Dilettant (abwertend), Dilettantin (abwertend), Kurpfuscher (ugs. abwertend), Kurpfuscherin (ugs. abwertend).

stumpf [ʃtʊmpf] ⟨Adj.⟩:
1. a) *(von Schneidwerkzeugen) nicht scharf, nicht [mehr] gut schneidend:* ein stumpfes Messer; das Werkzeug ist stumpf [geworden]. **b)** *(von einem länglichen Gegenstand) nicht in eine Spitze auslaufend, nicht [mehr] spitz:* eine stumpfe Nadel; die Farbstifte sind stumpf geworden. **c)** *an einem Ende abgestumpft, ohne Spitze:* ein stumpfer Kegel.
2. *(in Bezug auf die Oberfläche von etwas) leicht rau; nicht glatt und ohne Glanz:* stumpfes Metall; die Oberfläche des Holzes ist stumpf; ihr Haar ist von der Sonne ganz stumpf geworden. **Syn.:** matt, rau.
3. *(besonders von Farben) matt, glanzlos:* ein stumpfes Rot; die Farbe wurde allmählich stumpf. **Syn.:** blind.
4. *(von Winkeln) zwischen 90° und 180° betragend:* ein stumpfer Winkel; der Winkel ist stumpf.
5. a) *ohne Lebendigkeit, geistige Aktivität; ohne Empfindungsfähigkeit:* ein ganz stumpfer Mensch; stumpf dahinleben. **Syn.:** dumpf, lethargisch, passiv, phlegmatisch, stumpfsinnig, träge. **b)** *abgestumpft und teilnahmslos, fast leblos:* ein stumpfer Blick; er blieb stumpf gegenüber den Schönheiten der Natur; sie starrte stumpf vor sich hin.

Stumpf [ʃtʊmpf], der; -[e]s, Stümpfe [ˈʃtʏmpfə]:
kurzes Stück, das von etwas (seiner Form nach Langgestrecktem) übrig geblieben ist: der Stumpf eines gefällten Baumes; der Stumpf einer Kerze; seine Zähne waren nur noch Stümpfe. **Syn.:** Strunk, Stummel (ugs.). **Zus.:** Baumstumpf, Kerzenstumpf, Säulenstumpf.

Stumpf|sinn [ˈʃtʊmpfzɪn], der; -[e]s:
1. *geistige Trägheit:* er verfiel, versank in Stumpfsinn.
2. *Langweiligkeit, Monotonie:* der Stumpfsinn einer Arbeit. **Syn.:** Langeweile.

stumpf|sin|nig [ˈʃtʊmpfzɪnɪç] ⟨Adj.⟩:
1. *geistig träge:* ein stumpfsinniges Leben; er starrte mich stumpfsinnig an. **Syn.:** beschränkt, dumpf, einfältig, stumpf, stupid[e].
2. *stupide und monoton:* die Arbeit in der Fabrik ist stumpfsinnig. **Syn.:** einförmig, eintönig, gleichförmig, grau, langweilig, öde, stupid[e], trist.

Stun|de [ˈʃtʊndə], die; -, -n:
1. a) *Zeitraum von 60 Minuten:* eine halbe, viertel, ganze, volle, gute, knappe Stunde; sie musste zwei Stunden warten; eine Stunde früher, später; eine Stunde vor Tagesanbruch; es ist noch keine Stunde vergangen; eine Stunde Zeit haben; wir mussten eine geschlagene (ugs.; *ganze*) Stunde, über eine Stunde warten; er hat eine Stunde [lang] telefoniert; sie bekommt 30 Euro für die Stunde, in der Stunde, pro Stunde *(pro Arbeitsstunde);* in drei viertel Stunden; er ist vor einer Stunde heimgekommen; von einer Stunde zur anderen hatte sich das Wetter geändert. **b)** *Zeitraum von kürzerer Dauer (in dem etwas Bestimmtes geschieht):* eine gemütliche Stunde; die abendlichen, morgendlichen Stunden; Stunden der Verzweiflung; sie haben schöne Stunden miteinander verlebt; in Stunden der Not; in guten und bösen Stunden zusammenstehen; sich etwas in einer stillen Stunde durch den Kopf gehen lassen. **Syn.:** Zeit. **Zus.:** Abendstunde, Besuchsstunde, Dämmerstunde, Feierstunde, Gedenkstunde, Mußestunde, Nachtstunde, Plauderstunde, Ruhestunde. **c)** *Augenblick; Zeitpunkt:* die Stunde der Bewährung, der Rache ist gekommen; die Gunst der Stunde *(den günstigen Augenblick)* nutzen. **Syn.:** Augenblick, [2]Moment, Zeitpunkt. **Zus.:** Abschiedsstunde, Geburtsstunde, Sterbestunde, Todesstunde.
2. a) *Unterricht von etwa 45 Minuten (in der Schule):* wie viele Stunden habt ihr morgen?; die letzte Stunde fällt heute aus. **Zus.:** Deutschstunde, Geschichtsstunde, Latein-

stunde, Musikstunde, Physikstunde, Sportstunde, Unterrichtsstunde. **b)** (ugs.) *als Privat-, Nachhilfestunde o. Ä. erteilter Unterricht:* die Stunde kostet 20 Euro; Stunden [in Physik, Latein] erteilen, geben, nehmen. **Syn.:** Nachhilfe, Unterricht. **Zus.:** Geigenstunde, Klavierstunde.

stun|den [ˈʃtʊndn̩] ⟨tr.; hat⟩: *einen Aufschub für die Zahlung einer Schuld gewähren:* jmdm. den Kredit, die Schulden, die Zinsen stunden; er hat ihm die Miete [einen Monat] gestundet.

stun|den|lang [ˈʃtʊndn̩laŋ] ⟨Adj.⟩: **a)** *einige, mehrere Stunden lang; einige mehrere Stunden dauernd:* stundenlange Wanderungen; sich stundenlang mit etwas beschäftigen. **b)** (emotional übertreibend) *[in ärgerlicher Weise] sehr lang, übermäßig lang:* stundenlang telefonieren; ich kann nicht stundenlang auf dich warten! **Syn.:** endlos, ewig (ugs.), fortwährend, unendlich (emotional).

Stun|den|lohn [ˈʃtʊndn̩lo:n], der; -[e]s, Stundenlöhne [ˈʃtʊndn̩lø:nə]: *Bezahlung, die man für eine Stunde Arbeit bekommt:* er arbeitet für 10 Euro Stundenlohn als Kellner; sie bekommt einen Stundenlohn von 15 Euro.

Stun|den|plan [ˈʃtʊndn̩pla:n], der; -[e]s, Stundenpläne [ˈʃtʊndn̩plɛ:nə]: *festgelegte Abfolge, Aufstellung über die Reihenfolge von Arbeits-, Unterrichtsstunden o. Ä.:* wir bekamen einen neuen Stundenplan.

stünd|lich [ˈʃtʏntlɪç] ⟨Adj.⟩: **a)** *jede Stunde, alle Stunde:* ein stündlicher Wechsel; ein Medikament stündlich einnehmen; der Zug verkehrt, fährt stündlich. **b)** *in der allernächsten Zeit; jeden Augenblick:* sein Tod kann stündlich eintreten. **Syn.:** bald, demnächst, in Kürze. **c)** *ständig, dauernd; immerzu; zu jeder Stunde:* diese Frage quälte mich stündlich; die Lage verändert sich stündlich *(von Stunde zu Stunde)*. **Syn.:** am laufenden Band (ugs.), andauernd, dauernd (emotional), in einem fort, permanent, ununterbrochen.

Stunk [ʃtʊŋk], der; -s (ugs. abwertend): *Streit; Ärger:* Stunk anfangen; mit jmdm. Stunk haben; jedes Mal, wenn er kam, gab es Stunk. **Syn.:** Krach (ugs.), Theater (ugs. abwertend), Zoff (ugs.).

stu|pid [ʃtuˈpi:t], **stu|pi|de** [ʃtuˈpi:də] ⟨Adj.⟩: **a)** *ohne geistige Beweglichkeit, Interessen; von Geistlosigkeit, Beschränktheit zeugend:* ein stupider Blick, Kerl; stupid[e] in den Tag dösen. **Syn.:** beschränkt, einfältig, stumpfsinnig. **b)** *stumpfsinnig* (2): die Arbeit ist stupid[e]. **Syn.:** einförmig, eintönig, fade, gleichförmig, langweilig, öde.

Stups [ʃtʊps], der; -es, -e (ugs.): *leichter Stoß [um auf etwas aufmerksam zu machen]:* er gab mir einen Stups. **Syn.:** [1]Puff, Schubs (ugs.), Stoß.

stup|sen [ˈʃtʊpsn̩] ⟨tr.; hat⟩ (ugs.): *jmdm. einen Stups geben:* sie stupste ihn mit der Hand. **Syn.:** schubsen (ugs.), stoßen.

Stups|na|se [ˈʃtʊpsna:zə], die; -, -n: *kleine, leicht aufwärtsgebogene Nase:* ein kleines Mädchen mit einer Stupsnase.

stur [ʃtu:ɐ̯] ⟨Adj.⟩: **a)** *nicht imstande, nicht willens, sich auf jmdn., etwas einzustellen, etwas einzusehen; eigensinnig an seinen Vorstellungen o. Ä. festhaltend:* ein sturer Beamter; er gab seine sture Haltung nicht auf; stur an etwas festhalten, auf etwas bestehen; sie bleibt stur [bei ihrer Meinung]; auf stur schalten (ugs.; *auf keinen Einwand, keine Bitte o. Ä. eingehen*). **Syn.:** beharrlich, bockbeinig (ugs.), eigensinnig, halsstarrig, rechthaberisch (abwertend), unbelehrbar, unnachgiebig. **b)** *ohne von etwas abzuweichen:* stur geradeaus gehen; stur nach Vorschrift arbeiten; er führte den Befehl stur aus.

Sturm [ʃtʊrm], der; -[e]s, Stürme [ˈʃtʏrmə]: **1.** *heftiger, starker Wind:* ein furchtbarer, verheerender Sturm; ein Sturm kommt auf; der Sturm wütet, tobt, wühlt das Meer auf, hat viele Bäume entwurzelt, Dächer abgedeckt, hat sich gelegt, lässt nach, flaut ab, fegt über das Land; bei/in Sturm und Regen draußen sein; die Schiffe kämpften gegen den, mit dem Sturm; die Fischer waren in einen Sturm geraten. **Syn.:** Orkan. **Zus.:** Frühlingssturm, Gewittersturm, Herbststurm, Schneesturm. **2.** *heftiger, schnell vorgetragener [den Gegner überrumpelnder] Angriff:* eine Festung im Sturm nehmen; den Befehl zum Sturm auf die Stadt geben; zum Sturm blasen. **Syn.:** Attacke, Überfall. **3.** *heftiger Andrang, Ansturm:* beim Ausverkauf setzte ein Sturm auf die Geschäfte ein. **Syn.:** Run. **4.** *Gesamtheit der Stürmer oder Stürmerinnen einer Mannschaft:* der Sturm der Nationalelf; die Mannschaft verlor das Spiel, weil der Sturm versagt hatte; im Sturm spielen.

stür|men [ˈʃtʏrmən]: **1.** ⟨itr.; hat; unpers.⟩ *(vom Wind) mit großer Heftigkeit wehen:* es stürmte heftig, die ganze Nacht. **Syn.:** auffrischen. **2.** ⟨tr.; hat⟩ *im Sturm* (2) *erobern, besetzen:* die Soldaten haben die feindlichen Stellungen gestürmt. **Syn.:** einnehmen, nehmen, okkupieren. **3.** ⟨itr.; ist⟩ *[in einer Menge] sehr schnell und ohne sich durch irgendwelche Hindernisse beirren zu lassen, von einem Ort weg- oder auf ein Ziel zulaufen:* aus dem Haus stürmen; die Schüler sind auf den Sportplatz gestürmt; der Chef stürmte ins Büro. **Syn.:** flitzen, laufen, rennen, sausen. **4.** ⟨itr.; hat⟩ **a)** *(besonders im Fußball) offensiv, auf Angriff spielen und versuchen, Tore zu erzielen:* in der zweiten Halbzeit stürmte unsere Mannschaft pausenlos. **Syn.:** angreifen. **b)** *als Stürmer, Stürmerin spielen:* er hat am linken Flügel, für einen neuen Verein gestürmt.

Stür|mer [ˈʃtʏrmɐ], der; -s, -, **Stür|me|rin** [ˈʃtʏrmərɪn], die; -, -nen: *Spieler, Spielerin beim Fußball o. Ä., der bzw. die besonders angreifen und Tore schießen soll:* sie spielt als Stürmerin; die Stürmer waren zu langsam. **Zus.:** Außenstürmer,

Außenstürmerin, Mittelstürmer, Mittelstürmerin.

stür|misch [ˈʃtʏrmɪʃ] ⟨Adj.⟩:
1. a) *mit Sturm* (1), *sehr windig:* ein stürmischer Tag; stürmisches Wetter; die Überfahrt war sehr stürmisch *(dabei herrschte stürmisches Wetter).* **Syn.:** rau, windig. **b)** *von Sturm* (1) *bewegt; sehr unruhig:* das stürmische Meer; die See war sehr stürmisch.
2. a) *ungestüm, leidenschaftlich:* ein stürmischer Liebhaber; eine stürmische Begrüßung; sie wurde stürmisch umarmt, umjubelt. **Syn.:** ausgelassen, übermütig. **b)** *vehement; mit Verve, mit Schärfe; mit einer ungezügelten Gefühlsäußerung:* ein stürmischer Protest; stürmischer *(sehr großer, frenetischer)* Beifall; die Debatte war, verlief sehr stürmisch.
3. *sehr schnell vor sich gehend, sich vollziehend:* die stürmische Entwicklung der modernen Wissenschaft; der Aufschwung war, vollzog sich sehr stürmisch. **Syn.:** rapid[e], rasant, rasch, [1]schnell.

Sturz [ʃtʊrt͜s], der; -es, Stürze [ˈʃtʏrt͜sə]:
1. a) *das Fallen, Stürzen* (1 a): das Kind überlebte den Sturz aus dem 3. Stock; er hat sich bei einem Sturz vom Pferd den Arm gebrochen. **Syn.:** Fall. **b)** *das Hinstürzen aus aufrechter Haltung:* ein Sturz auf dem Eis, mit dem Fahrrad; bei der Abfahrt gab es schwere Stürze. **Syn.:** Unfall.
2. *erzwungenes Abtreten einer Regierung, eines Ministers, einer Ministerin o. Ä.; gewaltsame Absetzung:* den Sturz der Regierung, eines Ministers vorbereiten, herbeiführen; den Sturz *(die Abschaffung)* der Monarchie erzwingen; etwas führt zum Sturz des Regimes. **Syn.:** Ende, Entlassung, Untergang, Zusammenbruch.

stür|zen [ˈʃtʏrt͜sn̩]:
1. ⟨itr.; ist⟩ **a)** *aus einer gewissen Höhe jäh in die Tiefe fallen:* aus dem Fenster, in die Tiefe stürzen; er ist vom Dach gestürzt; das Flugzeug stürzte ins Meer. **Syn.:** fliegen (ugs.). **b)** *zu Boden fallen, mit Wucht hinfallen:* das Pferd stürzte; sie ist schwer, unglücklich, nach hinten gestürzt; beim Rollschuhlaufen, auf der Straße, mit dem Fahrrad stürzen. **Syn.:** fliegen.
2. ⟨itr.; ist; mit näherer Bestimmung⟩ **a)** *plötzlich sehr schnell, mit großen Sätzen auf eine Stelle zu-, von ihr wegeilen:* er war ans Fenster gestürzt, als er den Schuss hörte; sie stürzte aus dem Zimmer, ins Haus, zum Ausgang. **Syn.:** flitzen (ugs.), laufen, rennen, sausen (ugs.). **b)** *(von Wasser o. Ä.) mit Wucht, Vehemenz hervorbrechen, herausfließen, irgendwohin fließen:* das Wasser stürzt über die Felsen, ins Tal; der Regen ist vom Himmel gestürzt.
3. ⟨tr.; hat⟩ *gewaltsam absetzen, aus dem Amt entfernen, zu Fall bringen:* eine Regierung stürzen; der Präsident wurde gestürzt. **Syn.:** aus dem Amt entfernen, entlassen, entmachten, kaltstellen (ugs.), zu Fall bringen (geh.).
4. ⟨+ sich⟩ *wild, ungestüm über jmdn. herfallen, ihn anfallen:* er stürzte sich auf eine Passantin; der Löwe hat sich auf das Zebra gestürzt. **Syn.:** anfallen, angreifen, attackieren.
5. ⟨tr.; hat⟩ *[in zerstörerischer, (selbst)mörderischer Absicht] aus einer gewissen Höhe hinunterstürzen:* jmdn., sich in die Tiefe, von der Brücke, aus dem Fenster stürzen.
6. ⟨+ sich⟩ *sich mit Eifer, Leidenschaft einer Sache annehmen, sich ihr widmen:* er hat sich in die Arbeit gestürzt; sich ins Vergnügen, ins Nachtleben stürzen *(intensiv daran teilnehmen).*
7. ⟨tr.; hat⟩ **a)** *(ein Gefäß) umkippen, sodass der Inhalt sich herauslöst, herausfällt:* sie hat die Kuchenform, den Topf gestürzt; ⟨auch itr.⟩ [bitte] nicht stürzen! **b)** *durch Stürzen* (7 a) *aus einer Form herauslösen:* den Kuchen stürzen.

Sturz|helm [ˈʃtʊrt͜shɛlm], der; -[e]s, -e:
(für das Motorradfahren o. Ä.) über Ohren und Nacken reichende, gepolsterte, helmartige Kopfbedeckung aus Kunststoff oder Leichtmetall, die bei einem Sturz Kopf und Genick schützen soll: der Motorradfahrer trug einen Sturzhelm, hatte einen Sturzhelm auf. **Syn.:** Helm.

Stuss [ʃtʊs], der; -es (ugs. abwertend):
(in ärgerlicher Weise) unsinnige Äußerung, Handlung; Unsinn: so ein Stuss!; er redete, verzapfte vielleicht einen Stuss! **Syn.:** Blech (ugs. abwertend), Blödsinn (ugs. abwertend), dummes Zeug, Kohl (ugs. abwertend), Quark (ugs.), Quatsch (ugs.), Schwachsinn (ugs. abwertend).

Stu|te [ˈʃtu:tə], die; -, -n:
a) *weibliches Pferd:* die Stute hat in diesem Sommer ein Fohlen bekommen. **Zus.:** Zuchtstute. **b)** *(von Eseln, Kamelen, Zebras) weibliches Tier.* **Zus.:** Eselstute, Kamelstute.

Stüt|ze [ˈʃtʏt͜sə], die; -, -n:
1. *Gegenstand, der jmdn., etwas stützt, der gegen oder unter etwas gestellt wird, damit es in der vorgesehenen Lage bleibt:* der Baum braucht eine Stütze; ein Stock diente ihm als Stütze; Sitze mit Stützen für Kopf und Füße. **Syn.:** Halt. **Zus.:** Buchstütze, Fußstütze, Kopfstütze.
2. *jmd., der einem andern hilft, beisteht, ihn unterstützt:* an jmdm. eine wertvolle Stütze haben; für jmdn. eine Stütze sein. **Syn.:** Beistand, Halt, Hilfe, Rückhalt.
3. (ugs.) *staatliche (finanzielle) Unterstützung:* mit Gelegenheitsarbeiten besserte sie ihre Stütze auf; er lebt jetzt von der Stütze.

stüt|zen [ˈʃtʏt͜sn̩]:
1. ⟨tr.; hat⟩ *das Fallen, das Einstürzen durch eine Stütze verhindern; (jmdm., einer Sache) durch eine Stütze, durch Festhalten o. Ä. Halt geben:* eine Mauer, einen Ast stützen; das Gewölbe wird von Säulen gestützt; der Verletzte wurde von zwei Personen gestützt *(sie fassten ihn beim Gehen unter).* **Syn.:** abstützen.
2. a) ⟨+ sich⟩ *etwas, jmdn. als Stütze brauchen, benutzen; sich aufstützen:* er stützte sich auf seinen Stock; sich [mit den Händen, den Ellenbogen] auf den Tisch stützen; sich auf die Ellenbogen stützen. **b)** ⟨tr.; hat⟩

etwas auf etwas aufstützen: die Hände in die Seiten stützen; sie stützte den Kopf in die Hände.
3. ⟨+ sich⟩ *etwas als Grundlage haben, als Beweis, Argument o. Ä. verwenden:* etwas stützt sich auf Fakten, auf bloße Vermutungen; das Urteil stützt sich auf Indizien. **Syn.:** basieren (geh.), beruhen, fußen, sich gründen.

[1]**stut|zen** [ˈʃtʊt͜sn̩] ⟨itr.; hat⟩:
bei einer Tätigkeit o. Ä. plötzlich verwundert, irritiert einhalten, aufmerken: einen Augenblick lang stutzen; als er seinen Namen hörte, stutzte er. **Syn.:** argwöhnisch werden, aussetzen, innehalten, stutzig werden, Verdacht fassen, Verdacht schöpfen.

[2]**stut|zen** [ˈʃtʊt͜sn̩] ⟨tr.; hat⟩:
a) *kürzer schneiden [und in eine bestimmte Form bringen]:* Bäume stutzen; die Wege führen an gestutzten Hecken entlang; die Regierung muss in Zukunft ihre Ausgaben stutzen *(verringern).* **Syn.:** abschneiden, beschneiden, kappen. **b)** *durch Schneiden kürzen:* einem Hund den Schwanz stutzen; Hühner mit gestutzten Flügeln. **Syn.:** verkürzen. **c)** (scherzh.) *(besonders in Bezug auf Kopf- und Barthaar) kürzer, kurz schneiden:* jmdm., sich den Bart, die Haare stutzen; der Friseur hat ihn mächtig gestutzt *(hat ihm die Haare sehr kurz geschnitten).* **Syn.:** abschneiden, kürzen, schneiden.

stut|zig [ˈʃtʊt͜sɪç]:
in den Wendungen **jmdn. stutzig machen:** *jmdm. befremdlich erscheinen, jmdn. Verdacht schöpfen lassen:* seine häufigen Entschuldigungen machten mich stutzig. **Syn.:** jmdn. argwöhnisch machen, jmdn. misstrauisch machen, jmdn. skeptisch machen; **stutzig werden:** *plötzlich über etwas nachzudenken beginnen, Verdacht schöpfen, misstrauisch werden:* als ihn alle so übertrieben freundlich grüßten, wurde er stutzig. **Syn.:** argwöhnisch werden, misstrauisch werden, skeptisch werden.

Stütz|punkt [ˈʃtʏt͜spʊŋkt], der; -[e]s, -e:
wichtige, in einem bestimmten Gebiet errichtete Niederlassung, Ort, von dem aus bestimmte Aktionen, Bestrebungen o. Ä. ihren Ausgang nehmen: militärische Stützpunkte; einen Stützpunkt beziehen, errichten. **Syn.:** Plattform.

sub-, Sub- [zʊp] ⟨Präfix⟩:
vorwiegend im Fachwortschatz; bezeichnet vor allem die räumliche Lage unterhalb oder in unmittelbarer Nähe von etwas sowie ein Unterordnungsverhältnis als Gliederung oder Rangordnung:
1. ⟨substantivisch⟩ Subdiakon *(Geistlicher, der um einen Weihegrad unter einem Diakon steht);* Subkategorie *(Untergruppe einer Kategorie);* Subkultur *(innerhalb einer Gesellschaft bestehende, von einer bestimmten gesellschaftlichen Gruppe getragene Kultur mit eigenen Normen und Werten);* Subsystem; Subunternehmer *(Unternehmer, der für einen anderen Unternehmer, eine andere Firma, die einen Auftrag übernommen hat, einen Teil dieses Auftrags ausführt).* **Syn.:** Hypo-, Unter-.
2. ⟨adjektivisch⟩ subakut *([von krankhaften Prozessen] nicht sehr heftig verlaufend);* subalpin; subglazial *(unter dem Gletschereis befindlich);* subkulturell; subkutan *(unter der/die Haut).*
3. ⟨verbal⟩ subdifferenzieren; subkategorisieren; subklassifizieren *(in Unterklassen einteilen, in weitere Klassen untergliedern);* subordinieren. **Syn.:** unter-.

Sub|jekt [zʊpˈjɛkt], das; -[e]s, -e:
1. *mit Bewusstsein ausgestattetes, denkendes, erkennendes, handelndes Wesen:* die Stellung des Subjekts in der modernen Philosophie.
2. (abwertend) *verachtenswerter Mensch:* ein übles, heruntergekommenes, gemeines Subjekt; kriminelle Subjekte.

sub|jek|tiv [zʊpjɛkˈtiːf] ⟨Adj.⟩:
vom einseitigen, parteiischen Standpunkt einer Person aus gesehen; von Gefühlen, Vorurteilen, persönlichen Meinungen bestimmt: ein subjektives Urteil über etwas abgeben; etwas subjektiv beurteilen. **Syn.:** einseitig, individuell, persönlich.

Sub|kul|tur [ˈzʊpkʊltuːɐ̯], die; -, -en:
innerhalb eines Kulturbereichs, einer Gesellschaft bestehende, von einer bestimmten gesellschaftlichen, ethnischen o. ä. Gruppe getragene Kultur mit eigenen Normen und Werten: Punk war eine Subkultur der 80er-Jahre.

sub|lim [zuˈbliːm] ⟨Adj.⟩ (bildungsspr.):
a) *nur mit großer Feinsinnigkeit wahrnehmbar, verständlich; nur einem sehr feinen Verständnis, Empfinden zugänglich:* ein sublimer Unterschied; sublime Ironie. **b)** *von Feinsinnigkeit, einem feinen Verständnis, Empfinden zeugend:* ihre Interpretation der Sonate war sehr sublim; ein großartig fotografierter und äußerst sublim geschnittener Film.

Sub|stanz [zʊpˈstant͜s], die; -, -en:
1. *Stoff, Materie:* eine in Wasser lösliche Substanz; eine gasförmige, chemische Substanz. **Syn.:** Material.
2. ⟨ohne Plural⟩ *das Wesentliche, das den Wert, den Gehalt von etwas ausmacht; Kern einer Sache:* die geistige Substanz einer Nation; der Roman hat wenig Substanz. **Syn.:** [1]Gehalt.
3. ⟨ohne Plural⟩ *[als Grundstock] Vorhandenes, [fester] Bestand:* die Firma lebt von der Substanz *(vom Vermögen, Kapital).*

sub|til [zʊpˈtiːl] ⟨Adj.⟩ (bildungsspr.):
a) *mit viel Feingefühl, mit großer Sorgfalt, Genauigkeit vorgehend oder ausgeführt; in die Feinheiten gehend; differenziert:* die subtile Beschreibung einer Person; eine subtile Unterscheidung; an die Stelle der Folter sind subtilere *(feiner ausgeklügelte, verfeinerte)* Methoden getreten. **Syn.:** fein. **b)** *fein strukturiert [und daher schwer zu durchschauen, zu verstehen]:* subtiler Humor; ein subtiles Problem, System; seine Anspielungen waren sehr subtil.

sub|tra|hie|ren [zʊptraˈhi:rən] ⟨tr.; hat⟩:
eine Zahl von einer anderen in einem rechnerischen Vorgang wegnehmen /Ggs. addieren/: zwei von drei subtrahieren. **Syn.:** abziehen.

Sub|trak|ti|on [zʊptrakˈtsi̯o:n], die; -, -en:
das Subtrahieren, Abziehen /Ggs. Addition/: Gleichungen durch Subtraktion umformen.

Sub|ven|ti|on [zʊpvɛnˈtsi̯o:n], die; -, -en:
zweckgebundener, von der öffentlichen Hand gewährter Zuschuss zur Unterstützung bestimmter Wirtschaftszweige, einzelner Unternehmen: das Unternehmen erhielt hohe Subventionen; die Subventionen wurden gekürzt. **Syn.:** Beihilfe.

Su|che [ˈzu:xə], die; -:
das Suchen; Vorgang, Tätigkeit des Suchens: eine vergebliche Suche; die Suche nach den Verschütteten aufgeben; eine Suche beginnen, ergebnislos abbrechen; etwas nach langer Suche wiederfinden; er ist auf der Suche nach einem Job, nach einer Wohnung *(er ist dabei, einen Job, eine Wohnung zu suchen);* auf die Suche gehen, sich auf die Suche [nach jmdm., etwas] machen *(aufbrechen, um jmdn., etwas zu suchen).* **Zus.:** Arbeitssuche, Fehlersuche, Nahrungssuche, Stellungssuche, Wohnungssuche, Zimmersuche.

su|chen [ˈzu:xn̩]:
1. ⟨tr.; hat⟩ **a)** *sich bemühen, etwas Verlorenes, Verstecktes zu finden:* jmdn., etwas fieberhaft, krampfhaft, verzweifelt suchen; sie sucht in der ganzen Wohnung den verlorenen Schlüssel, ihre Brille; eine Stelle in einem Buch, einen Ort auf einer Landkarte suchen; im Wald Beeren, Pilze suchen *(sammeln);* wir haben dich schon überall gesucht!; ⟨auch itr.⟩ nach jmdm. suchen; die Polizei sucht noch nach dem Täter, nach Spuren; ich habe stundenlang [vergeblich] gesucht; da kannst du lange suchen *(dein Suchen ist zwecklos).* **Syn.:** auf der Suche sein nach, Ausschau halten nach, durchsuchen nach, fahnden nach. **b)** *sich bemühen, etwas Bestimmtes, was man braucht, zu erlangen, zu erwerben:* einen Job, eine Wohnung suchen; er sucht eine Frau *(möchte gern heiraten und versucht, eine zu ihm passende Frau kennenzulernen);* die Polizei sucht Zeugen; (in Anzeigen:) Verkäuferin gesucht; Bungalow [zu kaufen, zu mieten] gesucht. **Syn.:** auf der Suche sein nach. **c)** *bemüht sein, durch Überlegen, Nachdenken etwas herauszufinden, zu entdecken, zu erkennen:* einen Ausweg, eine Lösung suchen; ⟨auch itr.⟩ nach dem Fehler in der Rechnung, nach Gründen suchen; nach dem Sinn des Lebens suchen.
2. ⟨itr.; hat; oft in verblasster Bedeutung⟩ *bemüht, bestrebt sein, eine Absicht zu verwirklichen, die Realisierung, Erfüllung von etwas zu erreichen:* seinen Vorteil suchen; [jmds./bei jmdm.] Rat, Schutz suchen; jmds. Gesellschaft, Nähe suchen; sie sucht das Gespräch mit der Jugend; er sucht Streit *(will offensichtlich streiten).*
3. ⟨suchen + zu + Infinitiv⟩ *(um etwas) bemüht sein:* jmdm. zu helfen suchen; etwas zu vergessen suchen; ich suchte mich zu konzentrieren. **Syn.:** trachten nach (geh.), versuchen.

Sucht [zʊxt], die; -, Süchte [ˈzʏçtə] und Suchten [ˈzʊxtn̩]:
1. *maßlos oder krankhaft übersteigertes Verlangen nach etwas:* ihre Sucht nach Vergnügungen; ihn trieb die Sucht nach Geld. **Syn.:** Drang, Hang, Neigung. **Zus.:** Abenteuersucht, Kaufsucht, Putzsucht, Sensationssucht, Vergnügungssucht.
2. *krankhaftes Abhängigsein von einem bestimmten Genuss- oder Rauschmittel o. Ä.:* die Sucht nach Alkohol; eine Sucht bekämpfen; an einer Sucht leiden; das Tablettenschlucken ist bei ihr zur Sucht geworden. **Syn.:** Abhängigkeit, Gewöhnung. **Zus.:** Alkoholsucht, Drogensucht, Fresssucht, Heroinsucht, Tablettensucht.

süch|tig [ˈzʏçtɪç] ⟨Adj.⟩:
1. *an einer Sucht* (2) *leidend:* ein süchtiger Patient; süchtig sein, werden; von etwas süchtig werden. **Syn.:** abhängig. **Zus.:** alkoholsüchtig, drogensüchtig, fresssüchtig, tablettensüchtig.
2. *ein übersteigertes Verlangen, eine Sucht* (1) *habend; versessen, begierig:* ein nach Sensationen süchtiges Publikum. **Zus.:** abenteuersüchtig, genusssüchtig, herrschsüchtig, prunksüchtig, putzsüchtig, rachsüchtig, sensationssüchtig, streitsüchtig, vergeltungssüchtig, vergnügungssüchtig.

-süch|tig [ˈzʏçtɪç] ⟨adjektivisches Suffixoid⟩:
einen übermäßig starken Hang nach dem im Basiswort Genannten habend, darauf ausgehend, darauf versessen, begierig danach: abenteuersüchtig; aktualitätssüchtig; eroberungssüchtig; fernsehsüchtig; fortschrittssüchtig; herrschaftssüchtig; profitsüchtig; reklamesüchtig; sexsüchtig; todessüchtig. **Syn.:** -bewegt, -durstig, -freudig, -geil (ugs.).

Süd [zy:t] ⟨ohne Artikelwort, nicht flektierbar⟩:
Süden: der Wind kommt aus, von Süd; Menschen aus Nord und Süd kommen zusammen.

Sü|den [ˈzy:dn̩], der; -s:
1. *dem Norden entgegengesetzte Himmelsrichtung, in der die Sonne am Mittag ihren höchsten Stand erreicht:* die Straße führt nach Süden.
2. a) *im Süden* (1) *gelegener Bereich, Teil eines Landes:* im Süden Frankreichs. **b)** *südlicher Bereich der Erde; Gebiet der südlichen Länder:* der sonnige Süden; sie fahren in den Süden.

Süd|frucht [ˈzy:tfrʊxt], die; -, Südfrüchte [ˈzy:tfrʏçtə]:
Frucht, die aus südlichen Ländern mit warmem Klima stammt: Apfelsinen, Bananen und andere Südfrüchte.

Süd|län|der [ˈzy:tlɛndɐ], der; -s, -, **Süd|län|de|rin** [ˈzy:tlɛndərɪn], die; -, -nen:
Person, die aus Südeuropa, aus einem der Mittelmeerländer stammt: er hat das Temperament des Südländers; sie ist eine Südländerin.

S
subt

süd|län|disch [ˈzyːtlɛndɪʃ] ⟨Adj.⟩: *für Südeuropa, die Bewohner Südeuropas typisch; zu Südeuropa, den Bewohnern Südeuropas gehörend; aus Südeuropa stammend:* das südländische Klima; südländische Sitten und Bräuche.

[1]**süd|lich** [ˈzyːtlɪç] ⟨Adj.; attributiv⟩:
1. *im Süden liegend:* der südliche Teil des Landes.
2. *nach Süden gerichtet:* in südliche Richtung fahren.

[2]**süd|lich** [ˈzyːtlɪç] ⟨Präp. mit Gen.⟩:
im Süden von: die Straße verläuft südlich des Waldes.

[3]**süd|lich** [ˈzyːtlɪç] ⟨Adverb; in Verbindung mit *von*⟩:
südlich von München.

Süd|pol [ˈzyːtpoːl], der; -s:
1. *südlicher Pol eines Planeten (besonders der Erde) und der Himmelskugel:* eine Expedition zum Südpol.
2. *Pol eines Magneten, der das natürliche Bestreben hat, sich nach Süden auszurichten.*

süf|feln [ˈzʏfl̩n] ⟨tr.; hat⟩ (ugs.):
(besonders ein alkoholisches Getränk) genüsslich trinken: abends süffelten wir immer einen Wein.

süf|fig [ˈzʏfɪç] ⟨Adj.⟩ (ugs.):
(besonders von Wein) angenehm schmeckend und gut zu trinken: der Wein ist sehr süffig. **Syn.:** schmackhaft.

süf|fi|sant [zʏfiˈzant] ⟨Adj.⟩ (geh. abwertend):
in oft selbstgefälliger, überheblicher, auch spöttischer Weise ein Gefühl von Überlegenheit zur Schau tragend: mit süffisanter Miene; eine süffisante Bemerkung; süffisant lächeln. **Syn.:** arrogant, dünkelhaft, hochmütig, selbstgefällig (abwertend), überheblich.

sug|ge|rie|ren [zʊgeˈriːrən] ⟨tr.; hat⟩:
1. *jmdm. etwas [ohne dass es ihm bewusst wird] einreden oder auf andere Weise eingeben [um dadurch seine Meinung, sein Verhalten o. Ä. zu beeinflussen]:* sie suggerierte ihm, dass er störte.
2. *darauf abzielen, einen bestimmten [den Tatsachen nicht entsprechenden] Eindruck entstehen zu lassen:* die vielen Fachtermini sollen Wissenschaftlichkeit suggerieren. **Syn.:** vortäuschen.

Sug|ges|ti|on [zʊgɛsˈti̯oːn], die; -, -en:
1. a) ⟨ohne Plural⟩ *geistig-seelische Beeinflussung eines Menschen [mit dem Ziel, ihn zu einem bestimmten Verhalten zu veranlassen]:* jmds. Meinung durch Suggestion manipulieren. **b)** *etwas, was jmdm. suggeriert wird:* einer Suggestion erliegen.
2. ⟨ohne Plural⟩ *suggestive* (b) *Wirkung, Kraft:* sie erlag der Suggestion seiner Worte.

sug|ges|tiv [zʊgɛsˈtiːf] ⟨Adj.⟩:
a) *darauf abzielend, jmdm. etwas zu suggerieren; auf Suggestion* (1 a) *beruhend:* die suggestive Wirkung der Werbung; dem Angeklagten wurden suggestive Fragen gestellt. **Syn.:** beeinflussend. **b)** *eine starke psychische, emotionale Wirkung ausübend; einen anderen Menschen [stark] beeinflussend:* ein suggestiver Blick; von seiner Person geht eine suggestive Wirkung aus; suggestiv *(beschwörend)* sprechen.

suh|len [ˈzuːlən] ⟨+ sich⟩:
(besonders von [Wild]schweinen) sich in einer Suhle, im Schlamm wälzen: der Eber suhlte sich [im Schlamm].

Süh|ne [ˈzyːnə], die; - (geh.):
etwas, was jmd. als Ausgleich für eine Schuld oder für ein Verbrechen auf sich nimmt oder auf sich nehmen muss: Sühne [für etwas] leisten; jmdm. eine Sühne auferlegen; von jmdm. Sühne verlangen, erhalten; er zahlte als Sühne für sein Vergehen einen größeren Betrag. **Syn.:** Buße, Strafe.

süh|nen [ˈzyːnən] ⟨tr.; hat⟩ (geh.):
(ein Unrecht) unter persönlichen Opfern wiedergutmachen, eine Schuld abbüßen; für etwas eine Strafe, Sühne auf sich nehmen: ein Verbrechen sühnen; er wollte durch sein Verhalten das Unrecht sühnen, das man diesen Menschen angetan hatte. **Syn.:** büßen.

Su|i|zid [zuiˈt͜siː], der oder das; -[e]s, -e (bildungsspr.):
Selbstmord: Suizid machen, begehen. **Syn.:** Freitod (verhüll.).

Sul|ta|ni|ne [zʊltaˈniːnə], die; -, -n:
helle, große Rosine ohne Kerne: Sultaninen in den Kuchenteig rühren.

Sül|ze [ˈzʏlt͜sə], die; -, -n:
zerkleinertes Fleisch, zerkleinerter Fisch o. Ä. in Aspik: eine Scheibe Sülze. **Zus.:** Schweinesülze.

Sum|me [ˈzʊmə], die; -, -n:
1. *Ergebnis beim Addieren:* die Summe von 10 plus 4 ist/beträgt 14; eine Summe ausrechnen, errechnen, herausbekommen. **Zus.:** Endsumme, Gesamtsumme.
2. *Geldbetrag in bestimmter, meist nicht näher angegebener Höhe:* eine größere, beträchtliche, stattliche Summe; er hat eine Summe von tausend Euro gespendet; die volle Summe zahlen; der Bau der Brücke kostete riesige Summen. **Syn.:** Betrag. **Zus.:** Abfindungssumme, Bestechungssumme, Darlehnssumme, Geldsumme, Kaufsumme, Millionensumme, Versicherungssumme.

sum|men [ˈzʊmən]:
1. ⟨itr.; hat⟩ *einen leisen, etwas dumpfen, brummenden, gleichmäßig vibrierenden Ton von sich geben:* die Bienen summen; der Ventilator, die Kamera summte. **Syn.:** brummen, schnurren, surren.
2. ⟨tr.; hat⟩ *(Töne, eine Melodie) mit geschlossenem Mund, ohne Worte zu artikulieren, singen:* sie summte ein Lied, eine Melodie, einen Ton; ⟨auch itr.⟩ er summte leise vor sich hin.

Sumpf [zʊmp͜f], der; -[e]s, Sümpfe [ˈzʏmp͜fə]:
ständig feuchtes Gelände [mit stehendem Wasser] besonders an Ufern von Flüssen und Seen: Sümpfe entwässern, trockenlegen, austrocknen; auf der Wanderung ist er in einen Sumpf geraten. **Syn.:** Moor, Morast.

sump|fig [ˈzʊmp͜fɪç] ⟨Adj.⟩:
(in der Art eines Sumpfes) ständig von Wasser durchtränkt: eine sumpfige Wiese; das Ufer ist sumpfig.

Sün|de [ˈzʏndə], die; -, -n:
a) *Übertretung eines göttlichen Gebotes:* eine schwere, lässliche Sünde; eine Sünde begehen;

seine Sünden beichten, bekennen, bereuen; jmdm. seine Sünden vergeben. **Syn.:** Frevel (geh.), Schuld, Verfehlung, Verstoß. **b)** *Handlung der Unvernunft, die nicht zu verantworten ist; Verfehlung gegen bestehende [moralische] Normen:* architektonische Sünden; die Sünden der früheren Bildungspolitik; es wäre eine [wahre] Sünde *(eine Dummheit),* wenn ...; es ist eine Sünde [und Schande] *(es ist empörend),* wie ...; sie hat ihm seine Sünden *(Fehltritte)* verziehen. **Syn.:** Dummheit, Fehler, Irrtum.

sünd|haft ['zʏnthaft] ⟨Adj.⟩ (geh.):
1. *gegen das Gebot Gottes verstoßend; mit Sünde behaftet:* sündhafte Gedanken; ein sündhaftes Leben führen; sündhaft handeln. **Syn.:** lasterhaft.
2. (ugs.) **a)** *überaus hoch:* das ist ein sündhafter Preis. **b)** ⟨verstärkend bei Adjektiven⟩ *sehr:* sündhaft faul, schön sein; das Kleid ist sündhaft teuer. **Syn.:** [1]unerhört, entsetzlich (ugs.), extrem (ugs.), furchtbar (ugs.), fürchterlich (ugs.), höllisch (emotional), irre (emotional), irrsinnig (emotional), mächtig (ugs.), maßlos, schrecklich (ugs.), unheimlich (ugs.), unwahrscheinlich (ugs.), wahnsinnig (ugs.).

sün|di|gen ['zʏndɪgn̩] ⟨itr.; hat⟩:
a) *ein Gebot Gottes übertreten, gegen die Gebote Gottes verstoßen:* er hat [gegen Gott] gesündigt; in Gedanken, mit Worten sündigen. **Syn.:** eine Sünde begehen, einen Fehltritt begehen, sich versündigen. **b)** *gegen bestehende [Verhaltens]normen verstoßen; etwas tun, was man eigentlich nicht tun dürfte:* gegen die Natur, auf dem Gebiet des Städtebaus sündigen; ich habe gestern wieder gesündigt (scherzh.; *zu viel gegessen).*

su|per ['zu:pɐ] ⟨Adj.; nicht flektierbar⟩ (ugs.):
überragend, Begeisterung hervorrufend: eine super Schau; das Restaurant ist super; sie tanzt super. **Syn.:** ausgezeichnet, einmalig (emotional), exzellent, genial, großartig, herrlich (emotional), hervorragend, klasse, prima (ugs.), sehr gut, spitze (ugs.), toll (ugs.), unübertrefflich, vortrefflich, vorzüglich.

su|per-, Su|per- [zu:pɐ] ⟨Präfix⟩ (ugs.; emotional verstärkend) /im Unterschied zu »hyper«- überwiegend als positive Kennzeichnung/:
drückt das Überschreiten einer Norm bzw. einen besonders hohen Steigerungsgrad aus:
1. ⟨adjektivisch⟩ *sehr, äußerst, höchst-:* superaktuell; superbequem; superblond; superböse; superdoof; superelegant; superfrech; supergeheim; supergroß; supergünstig; superhart; superklein; superlässig; superleicht; superleise; supermännlich; supermodern; supernervös; superschmal; superschnell; superschwer; supersensibel; superweich; /auch kritisch-ironisch oder ablehnend/ *übertrieben, zu ..., über das akzeptierte Maß hinaus:* superbürokratisch; superfein; superklug; superleise *(zu leise);* superschlau. **Syn.:** erz- (emotional verstärkend, meist in negativer Bedeutung), hyper- (emotional verstärkend), supra-, [1]über-, ultra- (verstärkend).
2. ⟨substantivisch⟩ *sehr groß, gut, schön; überaus beachtlich, beeindruckend, Vergleichbares überragend:* Superauto; Superchance; Superding; Superdisco; Supererfolg; Superessen; Superfigur; Superfilm; Superfrau; Supergage; Superhit; Superhotel; Superidee; Superjahr; Superprämie; Superpreis; Supersommer; Supersonderpreis; Supertalent; Superwetter; /auch kritisch-ablehnend/: Supergescheiter; Superimperialismus; Superstuss. **Syn.:** Erz- (emotional verstärkend, meist in negativer Bedeutung), Mammut- (emotional verstärkend), Monster- (verstärkend), Riesen- (ugs. emotional verstärkend), Supra-, Top- (ugs. emotional verstärkend).

Su|per|markt ['zu:pɐmarkt], der; -[e]s, Supermärkte ['zu:pɐmɛrktə]:
groß ausgebautes Geschäft (1 b) *mit reichhaltigem Sortiment, oft etwas niedrigeren Preisen und Selbstbedienung:* in einem Supermarkt einkaufen.

Sup|pe ['zʊpə], die; -, -n:
warme oder auch kalte flüssige Speise [mit Einlage], die vor dem Hauptgericht oder als selbstständiges Gericht serviert wird: eine warme, klare, legierte, dicke Suppe; eine Suppe mit Einlage; eine Suppe kochen; ein Teller Suppe; auf der Suppe schwammen Fettaugen. **Syn.:** Bouillon, Brühe. **Zus.:** Bohnensuppe, Erbsensuppe, Fischsuppe, Gemüsesuppe, Gulaschsuppe, Kartoffelsuppe, Linsensuppe, Nudelsuppe, Ochsenschwanzsuppe, Reissuppe, Rindfleischsuppe, Spargelsuppe, Tomatensuppe, Zwiebelsuppe.

su|pra-, Su|pra- [zu:pra] ⟨adjektivisches und substantivisches Präfix⟩:
a) *über; über das im Basiswort Genannte hinausgehend, anderes dieser Art mit einschließend* /das Basiswort bildet auch das Gegenwort/: supranational; Supranationalität. **b)** *kennzeichnet einen Grad: über-; in besonders starker [übertriebener] Weise:* supraminutiöse Reportage. **Syn.:** hyper- (emotional verstärkend), super- (emotional verstärkend), ultra- (verstärkend).

Surf|brett ['zø:ɐ̯fbrɛt], das; -[e]s, -er:
flaches, stromlinienförmiges Brett aus Holz oder Kunststoff, das beim Surfen (1, 2) *verwendet wird:* an dem See kann man Surfbretter ausleihen.

sur|fen ['zø:ɐ̯fn̩] ⟨itr.; hat/ist⟩:
1. *einen Wassersport betreiben, bei dem man sich, auf einem Surfbrett stehend, von den Wellen [der Brandung] tragen lässt:* sie hat/ist heute drei Stunden auf der Ostsee gesurft.
2. a) *windsurfen.* **b)** *surfend* (2 a) *irgendwohin gelangen:* über den See surfen.
3. *im Internet gezielt oder wahllos nach Informationen suchen:* er hat/ist heute eine Stunde gesurft, ohne die Information zu finden.

sur|ren ['zʊrən] ⟨itr.; hat⟩:
ein durch eine sehr schnelle, gleichmäßige Bewegung hervorgerufenes, dunkel tönendes sum-

S
sünd

mendes Geräusch von sich geben, vernehmen lassen: die Maschinen, die Räder surren; man hörte nur das Surren der Kamera. **Syn.:** brummen, sausen, schnurren, summen.

süß [zy:s] ⟨Adj.⟩:
1. *nicht sauer oder bitter, sondern den Geschmack von Zucker, Honig o. Ä. habend:* süße Trauben; die Kirschen schmecken süß. **Syn.:** gesüßt, süßlich.
2. (emotional) *niedlich, lieblich, hübsch o. ä. und dabei Entzücken hervorrufend:* ein süßes Mädchen; das Kleid ist süß. **Syn.:** bezaubernd, entzückend, goldig, herzig, lieb, reizend.

sü|ßen [ˈzy:sn̩] ⟨tr.; hat⟩:
süß machen: den Tee mit Zucker, Honig, Süßstoff süßen; gesüßter Tee. **Syn.:** zuckern.

Sü|ßig|keit [ˈzy:sɪçkai̯t], die; -, -en:
etwas Süßes in Form von Bonbons, Pralinen, Schokolade o. Ä.: gerne Süßigkeiten essen, knabbern. **Syn.:** Leckerei.

süß|lich [ˈzy:slɪç] ⟨Adj.⟩:
1. *auf oft etwas unangenehme Weise süß:* ein süßlicher Geruch; ein süßliches Parfüm.
2. a) *sehr weich, gefühlvoll und ins Kitschige abgleitend:* ein süßliches Gedicht. **Syn.:** kitschig. **b)** *übertrieben und meist geheuchelt liebenswürdig, freundlich:* ein süßliches Lächeln.

Süß|spei|se [ˈzy:sʃpai̯zə], die; -, -n:
häufig als Nachtisch verzehrte süße Speise: eine Süßspeise zubereiten. **Syn.:** Dessert, Nachspeise, Nachtisch.

Süß|stoff [ˈzy:sʃtɔf], der; -[e]s, -e:
synthetisch hergestellter oder aus einer natürlichen Verbindung bestehender Stoff zum Süßen (ohne den entsprechenden Nährwert des Zuckers): haben Sie auch Süßstoff statt Zucker?

Sweat|shirt [ˈsvɛtʃø:ɐ̯t], das; -s, -s:
bequem geschnittener [Sport]pullover (meist aus Baumwolle): sich nach dem Training ein Sweatshirt überziehen.

Sym|bol [zʏmˈbo:l], das; -s, -e:
1. *Sinnbild:* ein religiöses Symbol; der Ring ist ein Symbol der Liebe. **Syn.:** Zeichen. **Zus.:** Friedenssymbol.
2. (Fachspr.) *Formelzeichen, Zeichen:* ein mathematisches, chemisches Symbol.

sym|bo|lisch [zʏmˈbo:lɪʃ] ⟨Adj.⟩:
a) *als Zeichen, Symbol* (1) *für etwas anderes stehend:* als symbolisches Geschenk wurden dem Gast die Schlüssel der Stadt überreicht. **Syn.:** bildlich. **b)** *Symbole* (1) *enthaltend; Symbole* (1) *als Ausdrucksmittel verwendend:* ein symbolisches Gedicht; eine symbolische Ausdrucksweise. **Syn.:** allegorisch, anschaulich, bildlich.

Sym|me|trie [zʏmeˈtri:], die; -, Symmetrien [zʏmeˈtri:ən]:
Eigenschaft von Figuren, Körpern o. Ä., beiderseits einer Achse ein Spiegelbild zu ergeben; spiegelbildliche Gleichheit: die Symmetrie zweier geometrischer Figuren; die Symmetrie eines Gesichts.

sym|me|trisch [zʏˈme:trɪʃ] ⟨Adj.⟩:
in Bezug auf eine Achse spiegelbildlich gleich, ein Spiegelbild ergebend: eine symmetrische geometrische Figur.

Sym|pa|thie [zʏmpaˈti:], die; -, Sympathien [zʏmpaˈti:ən]:
Zuneigung, positive gefühlsmäßige Einstellung zu jmdm., etwas /Ggs. Antipathie/: er bringt ihr viel Sympathie entgegen; sie hat große Sympathie für ihn; ihre Sympathie gehört der Opposition. **Syn.:** Gefallen, Neigung, Schwäche, Wohlgefallen.

sym|pa|thisch [zʏmˈpa:tɪʃ] ⟨Adj.⟩:
auf andere angenehm wirkend; das persönliche Vertrauen und Wohlwollen anderer gewinnend; Sympathie erweckend: ein sympathischer Mensch; sie sieht sehr sympathisch aus. **Syn.:** angenehm, liebenswert, liebenswürdig, nett.

Symp|tom [zʏmpˈto:m], das; -s, -e:
a) (Med.) *Anzeichen einer Krankheit; für eine Krankheit charakteristische Erscheinungen:* die Symptome der Krankheit lassen auf Krebs schließen. **b)** (bildungsspr.) *Merkmal, Zeichen, aus dem etwas [Negatives] erkennbar wird:* die Symptome deuten auf eine schlechte wirtschaftliche Entwicklung hin. **Syn.:** Anzeichen, Indiz (bes. Rechtsspr.).

Symptom/Syndrom

Ein **Symptom** ist ein Zeichen, aus dem man etwas – meist etwas Negatives – erkennen kann, z. B. eine Krankheit, eine ungünstige Entwicklung:

- Typische Symptome bei Masern sind hohes Fieber, Husten, Bindehautentzündung und Hautausschlag.

Unter einem **Syndrom** versteht man einen Symptomenkomplex, eine Gruppe charakterischer Krankheitszeichen (Symptome) mit unbekannter oder verschiedenartiger Ursache:

- Das Kind leidet unter dem hyperkinetischen Syndrom: Es kann nicht still sitzen, sich nicht konzentrieren und neigt zu Wutausbrüchen.

syn-, Syn- [zʏn] ⟨Präfix; mit fremdsprachlichem Basiswort⟩:
kennzeichnet ein Miteinander, eine Gemeinsamkeit: synoptisch *(zusammenschauend);* Synorganisation (Biologie; *Zusammenwirken verschiedener Zellen und Gewebe bei der Bildung von Organen*); Synthese *(Zusammenfügung, Verknüpfung einzelner Teile zu einem höheren Ganzen).* **Syn.:** Mit-, Zusammen-.

Sy|na|go|ge [zynaˈgo:gə], die; -, -n:
Raum, Gebäude für die jüdischen gottesdienstlichen Versammlungen: in der Synygoge beten; die Synagoge weihen.

syn|chro|ni|sie|ren [zʏnkroniˈzi:rən] ⟨tr.; hat⟩:
1. a) *Bild und Ton eines Films aufeinander abstimmen, in zeitliche Übereinstimmung bringen.* **b)** *zu einem fremdsprachigen Film den Text in der eigenen Sprache sprechen und so aufnehmen, dass die Lippenbewegungen der Schauspieler im Film in etwa mit den gesprochenen Worten übereinstimmen:* einen Film synchronisieren; die synchronisierte Fassung eines Films; die Szene ist schlecht synchronisiert.

2. (Technik) *verschiedenartige [technische] Bewegungsabläufe aufeinander abstimmen:* das Getriebe eines Autos synchronisieren.
3. *zeitlich aufeinander abstimmen:* die Abläufe in der Produktion synchronisieren.

Syn|drom [zʏnˈdroːm], das; -s, -e (Med.):
durch das gemeinsame Auftreten bestimmter charakteristischer Symptome gekennzeichnetes Krankheitsbild: an einem Syndrom leiden. **Syn.:** Krankheit.

Syndrom/Symptom:
s. Kasten Seite 913.

Sy|no|nym [zynoˈnyːm], das; -s, -e:
Wort, das einem oder mehreren anderen der Bedeutung nach gleich oder ähnlich ist (sodass beide in einem bestimmten Zusammenhang ausgetauscht werden können): »Metzger« ist ein Synonym für »Fleischer«.

Sys|tem [zʏsˈteːm], das; -s, -e:
1. *Ordnung, nach der etwas organisiert, aufgebaut wird; Plan, der als Richtlinie für etwas dient:* die Forschungen wurden nach einem genau durchdachten System durchgeführt; die Maschine ist nach einem neuen System gebaut worden; System in eine Sache bringen. **Syn.:** Anordnung, Methode, Prinzip, Strategie, Taktik, Verfahren. **Zus.:** Ordnungssystem, Röhrensystem.
2. *Form der staatlichen, wirtschaftlichen und gesellschaftlichen Organisation:* das demokratische System; das herrschende System eines Staates ändern. **Syn.:** Regime. **Zus.:** Gesellschaftssystem, Schulsystem, Wahlsystem, Währungssystem, Wirtschaftssystem.
3. *wissenschaftliches Schema:* das philosophische System.

sys|te|ma|tisch [zʏsteˈmaːtɪʃ] ⟨Adj.⟩:
nach einem System (1), *Plan [geordnet]; in einer sinnvollen Ordnung:* eine systematische Darstellung; man muss bei diesem Problem streng systematisch vorgehen; die Gegend wurde systematisch nach dem vermissten Kind abgesucht. **Syn.:** methodisch, planmäßig.

Sze|ne [ˈstseːnə], die; -, -n:
1. *kurzer, abgeschlossener, besonders durch das Auf- oder Abtreten von Personen begrenzter Teil eines Theaterstückes, Films o. Ä.:* erster Akt, fünfte Szene; die Szene spielt im Garten; eine Szene drehen, proben. **Syn.:** Auftritt, Aufzug. **Zus.:** Abschiedsszene, Filmszene, Liebesszene, Schlussszene, Sterbeszene.
2. a) *Vorgang, Anblick, der jmdm. bemerkenswert oder eigenartig erscheint:* bei der Begrüßung gab es stürmische Szenen. **b)** *heftige Vorwürfe, die jmdm. im Rahmen einer Auseinandersetzung gemacht werden:* wenn sie dies vorbrachte, gab es jedes Mal eine Szene; jmdm. eine Szene, Szenen machen. **Syn.:** Auseinandersetzung, Krach (ugs.), Streit, Stunk (ugs. abwertend), Vorwürfe (Plural).
3. *charakteristischer Bereich, Ort für bestimmte Aktivitäten, Lebensformen, für ein bestimmtes Milieu:* die literarische, politische Szene; die Szene der Hausbesetzer; er kennt sich in der Szene aus. **Syn.:** Milieu.

T *t*

Ta|bak [ˈtaːbak], der; -s, -e:
aus den Blättern der Tabakpflanze gewonnenes Produkt zum Rauchen: der Tabak schmeckt mir. **Zus.:** Kautabak, Orienttabak, Pfeifentabak, Rauchtabak, Schnupftabak, Virginiatabak, Zigarettentabak.

Ta|bel|le [taˈbɛlə], die; -, -n:
Zusammenstellung, Aufstellung von Zahlen u. Ä., die übersichtlich in Spalten eingeteilt ist: die Ergebnisse wurden in einer Tabelle dargestellt. **Syn.:** Aufstellung, Register, Statistik, Verzeichnis. **Zus.:** Einkommenstabelle, Gewichtstabelle, Preistabelle, Zahlentabelle.

Ta|blett [taˈblɛt], das; -[e]s, -s:
Platte, Brett mit erhöhtem Rand zum Auf- oder Abtragen von Speisen, Geschirr o. Ä.: ein Tablett mit Geschirr hereinbringen.

Ta|blet|te [taˈblɛtə], die; -, -n:
Medikament von der Form eines kleinen, flachen Scheibchens: eine Tablette einnehmen. **Syn.:** Mittel, Pille, Präparat. **Zus.:** Kopfschmerztablette, Schlaftablette, Schmerztablette, Vitamintablette.

ta|bu [taˈbuː]:
in der Wendung **tabu sein:** *so beschaffen sein, dass bestimmte mit der Sache zusammenhängende Dinge nicht getan werden dürfen, dass nicht darüber geredet werden darf, sie einem Verbot unterliegen:* dieses Thema war bei uns tabu.

Ta|bu [taˈbuː], das; -s, -s:
allgemein anerkannte Regel, nach der man bestimmte Dinge nicht tut: ein gesellschaftliches Tabu; ein Tabu errichten, verletzen; an ein/einem Tabu rühren; gegen ein Tabu verstoßen.

Ta|cho [ˈtaxo], der; -s, -s (ugs.):
Tachometer: der Tacho zeigte 190 km/h an.

Ta|cho|me|ter [taxoˈmeːtɐ], der, auch: das; -s, -:
Messgerät, das die Geschwindigkeit eines Fahrzeugs anzeigt: laut Tachometer war sie nicht schneller als 50 km/h gefahren.

Ta|del [ˈtaːdl̩], der; -s, -:
in meist scharfer Weise vorgebrachte, missbilligende Worte, die sich auf jmds. Tun, Verhalten beziehen /Ggs. Lob/: er erhielt einen Tadel. **Syn.:** Anpfiff (ugs.), Anschiss (salopp), Denkzettel, Rüffel (ugs.), Rüge, Verweis, Vorwurf.

ta|del|los [ˈtaːdl̩loːs] ⟨Adj.⟩:
in bewundernswerter Weise gut, einwandfrei: der Anzug sitzt tadellos; sie hat ein tadelloses Benehmen. **Syn.:** fehlerlos, hervorragend, ideal, makellos, meisterhaft, perfekt, untadelig, unübertrefflich, vollkommen, vorbildlich.

ta|deln [ˈtaːdl̩n] ⟨tr.; hat⟩:
sich missbilligend (über jmdn., etwas) äußern, in scharfer Weise sein Missfallen zum Ausdruck bringen /Ggs. loben/: jmds. Benehmen tadeln; sie tadelte ihn wegen seines Leichtsinns.

Syn.: ausschelten (geh., landsch.), ausschimpfen, beanstanden, bemängeln, kritisieren, meckern über (ugs. abwertend), monieren, rüffeln (ugs.), rügen, schelten (geh.), schimpfen mit, sich vorknöpfen (ugs.), zusammenstauchen (ugs.).

Ta|fel [ˈta:fl̩], die; -, -n:
1. *Platte, größeres Brett [an der Wand] zum Beschreiben, Beschriften, Anbringen von Zetteln o. Ä.:* hölzerne, steinerne Tafeln; der Lehrer schreibt eine Formel an die Tafel. **Zus.:** Anschlagtafel, Ehrentafel, Gedenktafel, Holztafel, Marmortafel, Rechentafel, Schautafel, Schiefertafel, Schreibtafel, Schultafel, Wandtafel.
2. *flaches, plattenförmiges Stück besonders einer essbaren Ware:* eine Tafel Schokolade. **Zus.:** Schokoladentafel.
3. *besondere Seite für Abbildungen u. Ä.; ganzseitige Illustration (besonders in Büchern):* das Werk enthält zahlreiche Tafeln. **Zus.:** Bildtafel, Falttafel, Farbtafel.
4. *großer, [festlich] gedeckter Tisch:* die Tafel war festlich geschmückt; sich von der Tafel erheben. **Zus.:** Festtafel, Frühstückstafel, Geburtstagstafel, Hochzeitstafel, Kaffeetafel, Mittagstafel.

ta|feln [ˈta:fl̩n] ⟨itr.; hat⟩ (geh.):
genussvoll, oft ausgedehnt essen und trinken: die Gäste tafelten bis in die Nacht hinein. **Syn.:** speisen (geh.).

tä|feln [ˈtɛ:fl̩n] ⟨tr.; hat⟩:
mit Holz verkleiden: die Wände, die Decke des Raumes täfeln. **Syn.:** auskleiden, [2]umkleiden, verblenden.

Tä|fe|lung [ˈtɛ:fəlʊŋ], die; -, -en:
Verkleidung einer Wand, Decke aus Holz: die dunkle Täfelung macht den Raum sehr gemütlich.

Taft [taft], der; -[e]s -e:
matt glänzender, ziemlich steifer Stoff aus Seide oder Kunstfaser: ein Kleid aus Taft; der Mantel ist mit Taft gefüttert.

Tag [ta:k], der; -[e]s, -e:
1. *Zeitraum von 24 Stunden, von Mitternacht bis Mitternacht:* die sieben Tage der Woche; welchen Tag haben wir heute?; dreimal am Tag; von einem Tag auf den andern. **Syn.:** Datum. **Zus.:** Abreisetag, Arbeitstag, Besuchstag, Bußtag, Feiertag, Ferientag, Geburtstag, Gedenktag, Glückstag, Hochzeitstag, Jahrestag, Kalendertag, Markttag, Namenstag, Neujahrstag, Regentag, Ruhetag, Sonnentag, Todestag, Urlaubstag, Vortag, Wandertag, Waschtag, Wochentag, Zahltag.
2. *Zeit der Helligkeit zwischen Aufgang und Untergang der Sonne:* ein heller, regnerischer Tag; es wird Tag; die Tage werden kürzer, länger; die Arbeit musst du am/bei Tag machen. **Syn.:** Tageslicht.
3. *Ehren-, Gedenktag:* Tag der Deutschen Einheit.
4. *Zeit, die jmd. durchlebt, erlebt:* sie hat schon bessere Tage gesehen *(früher ging es ihr besser).*
5. ⟨Plural⟩ (ugs. verhüllend) *[Tage der] Menstruation:* sie bekommt/hat ihre Tage. **Syn.:** Blutung, Periode, Regel.

Ta|ge|buch [ˈta:gəbʊ:x], das; -[e]s, Tagebücher [ˈta:gəby:çɐ]:
Buch, Heft für tägliche Eintragungen persönlicher Erlebnisse und Gedanken: ein Tagebuch führen.

ta|ge|lang [ˈta:gəlaŋ] ⟨Adj.⟩:
mehrere Tage, eine Reihe von Tagen dauernd: die tagelange Aufregung hat sie fast krank gemacht; sie bekamen tagelang nichts zu essen.

ta|gen [ˈta:gn̩] ⟨itr.; hat⟩:
eine Tagung oder Sitzung abhalten: der Verband tagt alle zwei Jahre.

Ta|ges|licht [ˈta:gəslɪçt], das; -[e]s:
Licht, natürliche Helligkeit des Tages: diese Arbeit muss man bei Tageslicht machen.

Ta|ges|mut|ter [ˈta:gəsmʊtɐ], die; -, Tagesmütter [ˈta:gəsmʏtɐ]:
Frau, die kleinere Kinder vor allem berufstätiger Eltern tagsüber, meist zusammen mit ihren eigenen, gegen Bezahlung betreut: es ist sehr schwer, eine Tagesmutter zu finden.

Ta|ges|ord|nung [ˈta:gəs|ɔrdnʊŋ], die; -, -en:
Gesamtheit der Themen, die bei einer Sitzung, Versammlung behandelt werden sollen: der Vorstand setzte diesen Punkt auf die Tagesordnung; auf der Tagesordnung stehen; erster Punkt der Tagesordnung ist der Bericht der Präsidentin.

Ta|ges|sup|pe [ˈta:gəszʊpə], die; -, -n:
Suppe, die in einem Restaurant an dem jeweiligen Tag zu verschiedenen Gerichten, Menüs gereicht wird: die Tagessuppe ist heute eine Kürbiscremesuppe.

Ta|ges|zei|tung [ˈta:gəstsai̯tʊŋ], die; -, -en:
täglich erscheinende Zeitung: er gab ein Inserat in einer Tageszeitung auf.

tag|hell [ˈta:kˈhɛl] ⟨Adj.⟩:
hell wie am Tage: die Bühne war taghell erleuchtet.

täg|lich [ˈtɛ:klɪç] ⟨Adj.⟩:
an jedem Tag [wiederkehrend, vorkommend]: die tägliche Arbeit; wir sehen uns täglich; die Tabletten müssen zwei Mal täglich eingenommen werden. **Zus.:** halbtäglich, sonntäglich.

tags [ta:ks]:
in den Wendungen **tags zuvor:** *am vorhergehenden Tag:* er hatte tags zuvor alles vorbereitet; **tags darauf:** *am darauffolgenden Tag:* tags darauf meldete sie den Vorfall bei der Polizei.

tags|über [ˈta:ks|y:bɐ] ⟨Adverb⟩:
am Tage, während des Tages: tagsüber sind sie nicht zu Hause.

Ta|gung [ˈta:gʊŋ], die; -, -en:
größere Versammlung, ein- oder mehrtägige Zusammenkunft von Fachleuten, Wissenschaftlern und Wissenschaftlerinnen, besonders Mitgliedern von Institutionen, Fachverbänden o. Ä.: eine Tagung veranstalten, besuchen; sie ist auf einer Tagung. **Syn.:** Besprechung, Kolloquium, Konferenz, Kongress, Sitzung. **Zus.:** Arbeitstagung, Ärztetagung, Fachtagung, Jahrestagung, Klausurtagung, Präsidiumstagung.

Tail|le [ˈtaljə], die; -, -n:
(beim Menschen) Stelle des Rumpfes zwischen Brustkorb und Hüfte: sie hat eine schlanke Taille; der Gürtel betont die Taille; jmdn. um die Taille fassen.

Takt [takt], der; -[e]s, -e:
1. a) ⟨ohne Plural⟩ *den musikalischen, besonders den rhythmischen Ablauf in gleiche Einheiten gliedernde Einteilung eines Musikstücks:* der Takt eines

Walzers; den Takt angeben, schlagen. **b)** *(durch Taktstriche begrenzte) kleinste festgelegte Einheit im Aufbau eines Musikstücks:* wir spielen jetzt die Takte 24 bis 80.
2. ⟨ohne Plural⟩ *zeitliche Aufeinanderfolge, Ablauf von Tönen, Bewegungen o. Ä. nach einem bestimmten Zeitmaß:* der Takt der Räder; im Takt bleiben, rudern; den Takt wechseln.
3. ⟨ohne Plural⟩ *Gefühl für Anstand und Höflichkeit:* er hat die Angelegenheit mit viel Takt behandelt. **Syn.:** Aufmerksamkeit, Taktgefühl, Zartgefühl.

Takt|ge|fühl ['taktgəfy:l], das; -[e]s: *richtiges Empfinden für Anstand und Höflichkeit:* er ist ohne jedes Taktgefühl; aus Taktgefühl wagte sie nicht, ihn auf die Sache anzusprechen. **Syn.:** Takt, Zartgefühl.

[1]tak|tie|ren [tak'ti:rən] ⟨itr.; hat⟩: *den Takt angeben:* der Dirigent taktierte mit den Händen. **Syn.:** dirigieren.

[2]tak|tie|ren [tak'ti:rən] ⟨itr.; hat⟩: *taktisch vorgehen, verfahren; eine bestimmte Taktik anwenden:* die Ministerin hat bei den Verhandlungen klug, ungeschickt taktiert. **Syn.:** lavieren, manövrieren.

Tak|tik ['taktɪk], die; -, -en: *im Hinblick auf Zweckmäßigkeit, Erfolg festgelegtes, planmäßiges Vorgehen oder Verhalten:* mit dieser Taktik hatte sie viel Erfolg. **Syn.:** Strategie. **Zus.:** Verhandlungstaktik, Verschleierungstaktik, Wahltaktik.

tak|tisch ['taktɪʃ] ⟨Adj.⟩: *die Taktik betreffend, auf [einer] Taktik beruhend:* taktisches Herangehen hat sich bewährt; er hat sich taktisch klug verhalten. **Syn.:** strategisch.

takt|los ['taktlo:s] ⟨Adj.⟩: *kein Gefühl für Anstand habend, ohne Takt:* eine taktlose Bemerkung machen; sein Benehmen war taktlos. **Syn.:** geschmacklos, unangebracht, unpassend.

takt|voll ['taktfɔl] ⟨Adj.⟩: *viel Gefühl für Anstand, Takt habend; auf die Gefühle eines anderen Rücksicht nehmend:* er ist immer sehr taktvoll; sie übersah taktvoll den Fehler. **Syn.:** dezent, diskret, feinfühlig, höflich, rücksichtsvoll, zuvorkommend.

Tal [ta:l], das; -[e]s, Täler ['tɛ:lɐ]: **1.** *mehr oder weniger lang gestreckter Einschnitt in der Erdoberfläche; tiefer liegendes Gelände, besonders zwischen Bergen:* ein enges, tiefes, weites Tal. **Zus.:** Flusstal, Gebirgstal, Seitental, Wiesental.
2. ⟨ohne Plural⟩ *Gesamtheit der Bewohner und Bewohnerinnen eines Tals* (1): das ganze Tal kam zu der Feier.

Ta|lar [ta'la:ɐ̯], der; -s, -e: *langes, weites Gewand mit weiten Ärmeln, das Geistliche, Richter, Richterinnen u. Ä. bei der Ausübung ihres Amtes tragen:* vor der Verhandlung zieht die Richterin den Talar über.

Ta|lent [ta'lɛnt], das; -[e]s, -e: **1.** *besondere Begabung auf einem bestimmten, [künstlerischen] Gebiet:* musikalisches, mathematisches Talent; er besaß großes Talent zum/im Malen. **Syn.:** Anlage, Befähigung, Fähigkeit, Gabe, Genialität. **Zus.:** Maltalent, Organisationstalent, Sprachtalent, Zeichentalent.
2. *Person, die Begabung* (1) *besitzt:* ein aufstrebendes Talent; die Regisseurin sucht junge Talente. **Syn.:** Genie, Phänomen. **Zus.:** Organisationstalent, Schauspielertalent, Sprachtalent.

ta|len|tiert [talɛn'ti:ɐ̯t] ⟨Adj.⟩: *Talent besitzend:* er ist ein talentierter Geiger; sie ist wirklich sehr talentiert. **Syn.:** befähigt, begabt, begnadet, fähig, genial.

Talg [talk], der; -[e]s: **1.** *durch Schmelzen gewonnenes, gelbliches Fett (besonders aus dem Fettgewebe der Nieren von Rindern und Schafen):* aus Talg werden Kerzen hergestellt. **Zus.:** Rindertalg.
2. *Fett, das von den Drüsen an den Haarwurzeln abgesondert wird.*

Ta|lis|man ['ta:lɪsman], der; -s, -e: *kleiner Gegenstand, der Glück bringen soll:* diese Münze ist ihr Talisman. **Syn.:** Amulett, Maskottchen.

Talk|show ['tɔ:kʃo:], die; -, -s: *Unterhaltungssendung, in der ein Moderator, eine Moderatorin [bekannte] Personen befragt:* die Talkshow läuft sehr erfolgreich im Fernsehen; in einer Talkshow auftreten.

Tal|sper|re ['ta:lʃpɛrə], die; -, -n: *Anlage aus einem Staudamm, einem dahinter aufgestauten See:* die Talsperre fluten.

Tam|bu|rin [tambu'ri:n], das; -s, -e: *flache, kleine, unten offene Trommel mit Schellen:* das Tamburin schlagen.

Tam|pon ['tampɔn], der; -s, -s: **a)** *Wattebausch, Gazestreifen zum Aufsaugen von Flüssigkeiten:* das Blut mit einem Tampon stillen. **b)** *Tampon* (a) *von länglicher Form, der von Frauen während der Menstruation benutzt wird:* den Tampon einführen.

Tang [taŋ], der; -[e]s, -e: *große, in der Nähe der Küste ins Meer wachsende, meist auf Felsen festsitzende Alge:* Tange und sonstige Algen. **Zus.:** Seetang.

Tan|gen|te [taŋ'gɛntə], die; -, -n: **1.** *Gerade, die eine Kurve berührt:* eine Tangente ziehen.
2. *Verkehrsstraße, die am Rande eines Ortes vorbeiführt:* die Tangente im Süden soll das Zentrum entlasten. **Zus.:** Nordtangente, Osttangente, Südtangente, Westtangente.

tan|gie|ren [taŋ'gi:rən] ⟨tr.; hat⟩: *für jmdn. von Bedeutung sein, in bestimmter Weise [innerlich] berühren, beeinflussen:* das tangiert mich nicht; die politischen Veränderungen tangieren uns, unsere Interessen sehr. **Syn.:** angehen, anlangen, beeinflussen, berühren, betreffen.

Tan|go ['taŋgo], der; -s, -s: *(aus Südamerika stammender) Tanz in langsamem Zweiertakt mit synkopiertem Rhythmus:* einen Tango tanzen, spielen.

Tank [taŋk], der; -s, -s, seltener: -e: *größerer Behälter für Flüssigkeiten, besonders für Benzin u. Ä.:* er hatte den Tank nicht ganz voll gemacht. **Zus.:** Benzintank, Reservetank, Wassertank.

tan|ken ['taŋkn̩] ⟨tr.; hat⟩: *Treibstoff o. Ä. in einen Tank füllen [lassen]:* Benzin, Öl tanken; ⟨auch itr.⟩ ich muss tanken.

Tan|ker ['taŋkɐ], der; -s, -: *mit großen Tanks ausgerüstetes Schiff für den Transport von Erdöl:* der Tanker ist havariert (verunglückt). **Zus.:** Öltanker.

Tank|stel|le ['taŋkʃtɛlə], die; -, -n: *Einrichtung, bei der sich Kraft-*

fahrzeuge (an Zapfsäulen) mit Treibstoff und Öl versorgen können: die Tankstelle war geschlossen, ist rund um die Uhr geöffnet; er betreibt eine Tankstelle.

Tan|ne ['tanə], die; -, -n:
hoher immergrüner Nadelbaum mit auf der Oberseite dunkelgrünen, auf der Unterseite zwei weiße Streifen aufweisenden Nadeln und aufrecht stehenden Zapfen: als Weihnachtsbaum kaufen die Deutschen meistens eine Tanne. **Zus.:** Blautanne, Edeltanne, Rottanne.

Tan|nen|zap|fen ['tanəntsapfn̩], der; -s, -:
zapfenförmige, verholzte Frucht der Tanne: die Kinder sammeln Tannenzapfen.

Tan|te ['tantə], die; -, -n:
1. a) *Schwester oder Schwägerin der Mutter oder des Vaters:* meine Tante; Tante Sophies Besuch. **Zus.:** Erbtante, Patentante. **b)** (Kinderspr. veraltend) *[dem Kind bekannte] weibliche Erwachsene:* sag der Tante guten Tag!
2. (ugs. abwertend) *weibliche Person:* was will diese komische Tante hier? **Zus.:** Kaffeetante, Klatschtante.

Tanz [tants], der; -es, Tänze ['tɛntsə]:
1. *zum Vergnügen, als Ausdruck bestimmter Vorstellungen o. Ä. nach einem bestimmten, meist durch Musik hervorgebrachten Rhythmus ausgeführte Abfolge von Bewegungen des Körpers:* alte, moderne, kultische Tänze; jmdn. um einen Tanz bitten, zum Tanz auffordern. **Zus.:** Ausdruckstanz, Bauchtanz, Bauerntanz, Gesellschaftstanz, Kunsttanz, Modetanz, Reihentanz, Schautanz, Spitzentanz, Standardtanz, Turniertanz, Volkstanz.
2. *Musikstück, zu dem getanzt werden kann oder das in ähnlicher Art komponiert ist:* einen Tanz komponieren.
3. *Veranstaltung, auf der getanzt wird:* zum Tanz gehen. **Syn.:** [2]Ball.

tän|zeln ['tɛntsl̩n] ⟨itr.; ist⟩:
mit kleinen federnden Schritten gehen: sie tänzelte durch das Zimmer. **Syn.:** trippeln.

tan|zen ['tantsn̩]:
1. ⟨itr.; hat⟩ *einen Tanz* (1), *Tänze ausführen:* gut tanzen; tanzen gehen; mit jmdm. tanzen. **Syn.:** das Tanzbein schwingen, ein Tänzchen wagen.
2. ⟨tr.; hat⟩ *tanzend* (1) *ausführen:* einen Wiener Walzer, Tango tanzen.
3. ⟨itr.; ist⟩ *sich tanzend oder mit hüpfenden Schritten irgendwohin bewegen:* durch den Saal tanzen.

Tän|zer ['tɛntsɐ], der; -s, -, **Tän|ze|rin** ['tɛntsərɪn], die; -, nen:
1. *Person, die tanzt bzw. beim Tanzen jmds. Partner bzw. Partnerin ist:* sie ist eine gute Tänzerin; die Frauen fanden keine Tänzer.
2. *Person, die den künstlerischen Tanz ausübt:* ein berühmter Tänzer; sie ist Tänzerin. **Syn.:** Ballerina. **Zus.:** Balletttänzer, Balletttänzerin, Bauchtänzerin, Eintänzer, Eintänzerin, Solotänzer, Solotänzerin, Stepptänzer, Stepptänzerin, Stripteasetänzer, Stripteasetänzerin.

Ta|pe|te [ta'pe:tə], die; -, -n:
(zu Rollen gewickeltes) Papier oder Gewebe [mit farbigen Mustern], mit dem die Wände von Zimmern beklebt werden, um ihnen ein schöneres Aussehen zu geben: eine teure, einfache Tapete; wir brauchen neue Tapeten. **Zus.:** Papiertapete, Raufasertapete, Seidentapete, Stofftapete.

ta|pe|zie|ren [tape'tsi:rən] ⟨tr.; hat⟩:
mit Tapete verkleiden, ausstatten: eine Wand, ein Zimmer [neu] tapezieren.

tap|fer ['tapfɐ] ⟨Adj.⟩:
beherrscht und ohne Furcht gegen Gefahren und Schwierigkeiten kämpfend: sie hat sich tapfer gewehrt; er hat die Schmerzen tapfer ertragen. **Syn.:** heldenhaft, mutig, unverzagt.

tap|pen ['tapn̩] ⟨itr.; ist⟩:
mit leisen Schritten [ungeschickt oder unsicher] gehen: er tappte barfuß durch das Zimmer.

Ta|ra ['ta:ra], die; -, Taren ['ta:rən]:
Gewicht der Verpackung einer Ware.

Ta|rif [ta'ri:f], der; -[e]s, -e:
1. *festgesetzter Preis:* die Tarife der Bahn, der Post.
2. *ausgehandelte und vertraglich festgesetzte Höhe, Staffelung, festgelegtes System oder Verzeichnis von Löhnen, Gebühren u. Ä.:* einen Tarif aufstellen; die Angestellten werden nach, über Tarif bezahlt.

ta|rif|lich [ta'ri:flɪç] ⟨Adj.⟩:
dem Tarif (2) *entsprechend:* eine tarifliche Vereinbarung; etwas tariflich festsetzen.

tar|nen ['tarnən] ⟨tr.; hat⟩:
[durch Verhüllen] unkenntlich machen, der Umgebung angleichen: das Geschütz war gut getarnt; er hat sich geschickt getarnt. **Syn.:** sich verkleiden, sich verstecken.

Ta|sche ['taʃə], die; -, -n:
1. *ein- oder aufgenähtes Teil in einem Kleidungsstück, in das kleinere Dinge hineingesteckt werden können:* er steckte den Ausweis in die Tasche seiner Jacke; die Hose hat drei Taschen. **Zus.:** Außentasche, Brusttasche, Hosentasche, Innentasche, Manteltasche, Seitentasche.
2. *[flacher] Behälter aus Leder, Stoff o. Ä. mit einem oder zwei Henkeln oder einem Tragegriff, der zum Unterbringen von Dingen bestimmt ist, die jmd. bei sich tragen möchte:* hilfst du mir die Tasche tragen? **Syn.:** Beutel, Tüte. **Zus.:** Aktentasche, Büchertasche, Damentasche, Einkaufstasche, Ledertasche, Reisetasche, Satteltasche, Tragetasche, Umhängetasche.

Ta|schen|buch ['taʃn̩bu:x], das; -[e]s, Taschenbücher ['taʃn̩by:çɐ]:
broschiertes Buch in einem handlichen Format: ich warte, bis der Titel als Taschenbuch erscheint.

Ta|schen|geld ['taʃn̩gɛlt], das; -[e]s, Taschengelder ['taʃn̩gɛldɐ]:
kleinerer Geldbetrag, der jmdm., der sonst keine Einkünfte hat (besonders einem Kind), regelmäßig gegeben wird: viele Kinder bekommen ihr erstes Taschengeld, wenn sie sechs Jahre alt sind.

Ta|schen|lam|pe ['taʃn̩lampə], die; -, -n:
kleine Lampe, die mit Batterie funktioniert: neben der Kellertür hängt immer eine Taschenlampe.

Ta|schen|rech|ner, der; -s, -:

kleiner elektronischer Rechner, der in der Tasche mitgeführt werden kann: ein elektronischer Taschenrechner.

Ta|schen|tuch [ˈtaʃn̩tuːx], das; -[e]s, Taschentücher [ˈtaʃn̩tyːçɐ]: *kleineres viereckiges Tuch zum Naseputzen o. Ä.:* ein weißes, frisch gewaschenes Taschentuch; hast du mal ein Taschentuch für mich? **Zus.:** Papiertaschentuch, Stofftaschentuch.

Tas|se [ˈtasə], die; -, -n: *kleineres Gefäß unterschiedlicher Form aus Porzellan o. Ä. mit einem Henkel an der Seite, das zum Trinken dient:* die Tassen in den Schrank stellen; sie trank eine Tasse starken Kaffee / (geh.:) starken Kaffees; eine Tasse voll Reis; trink deine Tasse aus; aus einer Tasse trinken. **Zus.:** Henkeltasse, Kaffeetasse, Mokkatasse, Sammeltasse, Teetasse, Untertasse.

Tas|ta|tur [tastaˈtuːɐ̯], die; -, -en: **1.** *Gesamtheit der Tasten* (1) *eines Musikinstruments:* ein Deckel schützt die Tastatur des Klaviers. **2.** *Gesamtheit von Tasten* (2) *an einem Gerät, die in einer bestimmten Weise angeordnet sind:* die Tastatur des Telefons, der Schreibmaschine. **3.** (EDV) *Gerät mit in einer bestimmten Weise angeordneten Tasten, über die Befehle und Daten eingegeben werden:* die neue Tastatur an den Computer anschließen.

Tas|te [ˈtastə], die; -, -n: **1.** *Teil an Musikinstrumenten, der beim Spielen mit einem Finger niedergedrückt wird, um einen bestimmten Ton zu erzeugen:* eine Taste anschlagen; er setzt sich ans Klavier und greift in die Tasten. **Zus.:** Klaviertaste. **2.** *Teil bestimmter Geräte oder Maschinen, der bei der Benutzung, Bedienung mit dem Finger niedergedrückt wird:* die Tasten des Computers, Telefons. **Zus.:** Drucktaste.

tas|ten [ˈtastn̩], tastete, getastet: **1.** ⟨itr.; hat⟩ *(besonders mit den ausgestreckten Händen) vorsichtig fühlende, suchende Bewegungen machen, vorsichtig oder suchend greifen:* er tastete nach dem Lichtschalter; sie bewegte sich tastend zur Tür. **2.** ⟨+ sich⟩ *sich tastend* (1) *irgendwohin bewegen, mithilfe des Tastsinns einen Weg suchen:* der Blinde tastete sich zur Tür.

Tat [taːt], die; -, -en: *das Tun, Handeln; Ausführung eines Vorhabens; etwas, was jmd. getan hat:* eine gute, böse Tat; er bereut seine Tat; zur Tat schreiten; einen Entschluss in die Tat umsetzen *(ausführen).* **Syn.:** Akt, Aktion, Handlung, Leistung, Stück, Unterfangen, Unternehmen, Unternehmung, Vorhaben, Werk. **Zus.:** Bluttat, Freveltat, Gewalttat, Heldentat, Schandtat, Straftat, Wundertat.

Tat|be|stand [ˈtaːtbəʃtant], der; -[e]s, Tatbestände [ˈtaːtbəʃtɛndə]: *Gesamtheit der unter einem bestimmten Gesichtspunkt bedeutsamen Gegebenheiten, Tatsachen:* dieser Tatbestand lässt sich nicht leugnen. **Syn.:** Fakten ⟨Plural⟩, Sachverhalt.

Ta|ten|drang [ˈtaːtn̩draŋ], der; -[e]s: *Drang, Eifer, etwas zu unternehmen, sich zu betätigen:* sein Tatendrang verleitet ihn zu immer neuen Unternehmungen. **Syn.:** Aktivität, Energie, Tatkraft.

Tä|ter [ˈtɛːtɐ], der; -s, -, **Tä|te|rin** [ˈtɛːtərɪn], die, -, -nen: *Person, die eine Straftat begangen hat:* der Täter hat das Verbrechen gestanden; die Täterin wurde verhaftet. **Syn.:** Verbrecher, Verbrecherin. **Zus.:** Gewalttäter, Gewalttäterin, Missetäter, Missetäterin, Mittäter, Mittäterin, Straftäter, Straftäterin, Übeltäter, Übeltäterin.

-tä|ter [tɛːtɐ], der; -s, - ⟨Grundwort⟩: *männliche Person, die etwas Strafbares getan hat, wobei das Basiswort die dem Tun zugrunde liegende Art oder Situation kennzeichnet:* Drogentäter; Einzeltäter *(Person, die allein eine strafbare Handlung begangen hat);* Ersttäter *(jmd., der zum ersten Mal eine strafbare Handlung begangen hat);* Gewalttäter; Mehrfachtäter; Nachahmungstäter; Rauschgifttäter; Rückfalltäter; Serientäter; Sexualtäter; Spontantäter; Triebtäter; Überzeugungstäter; Wiederholungstäter *(Person, die eine bestimmte strafbare Handlung immer wieder begeht);* Zufallstäter.

tä|tig [ˈtɛːtɪç] ⟨Adj.⟩: **1. a)** *sich betätigend, eifrig handelnd:* ein tätiger Mensch; er ist noch in der Küche tätig. **Syn.:** aktiv, arbeitsam (veraltend), beflissen (geh.), betriebsam, diensteifrig, emsig (geh., oft iron.), fleißig, geschäftig, rührig, tatkräftig. **b)** *beruflich arbeitend:* sie ist bei der Gemeinde, für eine Bank tätig. **Syn.:** berufstätig. **Zus.:** erwerbstätig, werktätig. **2.** *sich in Taten, Handlungen zeigend, darin wirksam werdend:* tätige Mithilfe, Anteilnahme, Nächstenliebe. **Zus.:** gewalttätig, mildtätig, wohltätig, wundertätig.

tä|ti|gen [ˈtɛːtɪɡn̩] ⟨tr.; hat⟩ als Funktionsverb: einen Kauf tätigen *(etwas kaufen):* einen Einkauf tätigen *(etwas einkaufen);* einen Abschluss tätigen *([ein Geschäft o. Ä.] abschließen);* ein Geschäft tätigen *(ein Geschäft abschließen).*

Tä|tig|keit [ˈtɛːtɪçkai̯t], die; -, -en: **a)** *das Tätigsein, das Sichbeschäftigen mit etwas:* er entfaltete eine fieberhafte Tätigkeit. **Syn.:** Arbeit, Beschäftigung. **Zus.:** Gewalttätigkeit, Mildtätigkeit, Wohltätigkeit. **b)** *berufliches Tätigsein; Ausübung eines Berufs:* eine interessante, gut bezahlte Tätigkeit; was für eine Tätigkeit haben Sie früher ausgeübt? **Syn.:** Arbeit, Gewerbe, Handwerk, Job (ugs.), Metier. **Zus.:** Amtstätigkeit, Diensttätigkeit, Lehrtätigkeit.

-tä|tig|keit [tɛːtɪçkai̯t], die; -, -en ⟨Grundwort⟩: **a)** *das Tätigsein, die Aktivität, das In-Aktion-Sein in Bezug auf das im Basiswort Genannte:* Atemtätigkeit; Auslandstätigkeit; Bautätigkeit; Bohrtätigkeit; Ermittlungstätigkeit; Investitionstätigkeit; Kontrolltätigkeit; Lehrtätigkeit; Pflegetätigkeit; Publikationstätigkeit; Reisetätigkeit; Spionagetätigkeit; Umsatztätigkeit; Untersuchungstätigkeit; Vortragstätigkeit. **b)** *das In-Aktion-Sein als das* *im Basiswort Genannte:* Agententätigkeit; Kartelltätigkeit; Neuerertätigkeit; Vulkantätigkeit.

Tat|kraft ['ta:tkraft], die; -: *Fähigkeit, etwas zu leisten, zu vollbringen:* sie besaß, entwickelte eine große Tatkraft. **Syn.:** Aktivität, Elan, Energie, Entschlossenheit, Initiative, Schwung, Temperament.

tat|kräf|tig ['ta:tkrɛftɪç] ⟨Adj.⟩: *mit Tatkraft handelnd; Tatkraft erkennen lassend:* tatkräftige Unterstützung; er hat mir tatkräftig geholfen. **Syn.:** aktiv, eifrig, emsig (geh., oft iron.), geschäftig, rührig, zielstrebig, zupackend.

tät|lich ['tɛ:tlɪç] ⟨Adj.⟩: *körperliche Gewalt einsetzend; mit körperlicher Gewalt ausgeführt, verbunden:* tätliche Auseinandersetzungen; jmdn. tätlich angreifen; der Betrunkene wurde [gegen den Fremden] tätlich. **Syn.:** gewalttätig, handgreiflich.

tä|to|wie|ren [tɛto'vi:rən] ⟨tr.; hat⟩: **a)** *(bei jmdm.) durch Einritzen und Färben eine Zeichnung so auf die Haut bringen, dass sie nicht mehr entfernt werden kann:* der Matrose ließ sich tätowieren. **b)** *durch Tätowieren* (a) *entstehen lassen:* jmdm. eine Rose auf den Arm tätowieren.

Tat|sa|che ['ta:tzaxə], die; -, -n: *etwas, was geschehen oder vorhanden ist, gegebener Umstand:* eine bekannte Tatsache; nackte Tatsachen; du musst dich mit den Tatsachen abfinden. **Syn.:** Fakt, Faktum, Realität, Sachlage, Sachverhalt, Tatbestand, Wirklichkeit. **Zus.:** Erfahrungstatsache, Grundtatsache.

[1]**tat|säch|lich** ['ta:tzɛçlɪç] ⟨Adj.⟩: *den Tatsachen, der Wirklichkeit entsprechend; als Tatsache bestehend, vorhanden:* das ist der tatsächliche Grund für diese Entwicklung. **Syn.:** [1]echt, greifbar, konkret, real, reell, [1]richtig, wahr, wirklich, zutreffend.

[2]**tat|säch|lich** ['ta:tzɛçlɪç] ⟨Adverb⟩: dient der Bestätigung einer Vermutung, Erwartung; bekräftigt die Richtigkeit einer Aussage, Behauptung: ist das tatsächlich wahr?; er ist es tatsächlich!; da habe ich mich doch tatsächlich geirrt. **Syn.:** auch, fürwahr (geh. veraltend), gewiss, wahrhaftig, wirklich.

tät|scheln ['tɛtʃl̩n] ⟨tr.; hat⟩: *als Liebkosung mit der Hand leicht und zärtlich (auf etwas) schlagen:* er tätschelte den Hals des Pferdes. **Syn.:** liebkosen (geh. veraltend), streicheln.

Tat|ze ['tat͜sə], die; -, -n: *Pfote großer Raubtiere:* der Bär hob seine Tatzen. **Syn.:** Pranke. **Zus.:** Bärentatze.

[1]**Tau** [tau̯], der; -[e]s: *Feuchtigkeit, die sich meist in den frühen Morgenstunden in Form von Tröpfchen auf dem Boden, an Pflanzen u. Ä. niederschlägt:* am Morgen lag Tau auf den Wiesen. **Zus.:** Morgentau, Nachttau.

[2]**Tau** [tau̯], das; -[e]s, -e: *starkes Seil (besonders auf Schiffen):* ein kräftiges, dickes Tau; ein Tau auswerfen; er hielt sich an den Tauen fest. **Syn.:** Strick. **Zus.:** Haltetau, Schiffstau, Schlepptau, Stahltau.

taub [tau̯p] ⟨Adj.⟩:
1. *nicht [mehr] hören könnend:* die alte Dame ist völlig taub; er stellt sich taub. **Syn.:** gehörlos, schwerhörig.
2. *(von Körperteilen) ohne Empfindung, wie abgestorben:* die Finger waren von der Kälte taub. **Syn.:** eingeschlafen, gefühllos.
3. *eine bestimmte, eigentlich charakteristische Eigenschaft nicht habend, ohne den nutzbaren Inhalt:* eine taube Nuss; taubes *(kein Erz enthaltendes)* Gestein.

Tau|be ['tau̯bə], die; -, -n: *mittelgroßer Vogel mit gedrungenem Körper, langem, leicht gekrümmtem Schnabel und häufig blaugrauem Gefieder, der auch gezüchtet und als Haustier gehalten wird:* die Tauben girren, gurren, rucksen, schnäbeln [sich]. **Zus.:** Brieftaube, Wildtaube.

tau|chen ['tau̯xn̩]:
1. ⟨itr.; hat/ist⟩ *unter die Wasseroberfläche gehen [und dort eine Weile bleiben]:* die Ente taucht; das U-Boot ist [auf den Grund des Meeres] getaucht; nach einer Münze tauchen.
2. ⟨tr.; hat⟩ *in eine Flüssigkeit senken, hineinhalten:* er tauchte den Pinsel in die Farbe. **Syn.:** eintauchen, tunken.

Tau|cher ['tau̯xɐ], der; -s, -, **Tau|che|rin** ['tau̯xərɪn], die; -, -nen: *Person, die taucht:* das gesunkene Schiff wurde von Tauchern und Taucherinnen gefunden. **Zus.:** Perlentaucher, Perlentaucherin, Schwammtaucher, Schwammtaucherin, Sporttaucher, Sporttaucherin, Tiefseetaucher, Tiefseetaucherin.

tau|en ['tau̯ən]:
1. ⟨itr.; ist⟩ *(von Gefrorenem) durch Einwirkung von Wärme zu Wasser werden:* das Eis, der Schnee taut; ⟨auch unpers.; hat⟩ es taut *(es herrscht Tauwetter).* **Syn.:** auftauen, schmelzen, zerfließen, zergehen, zerrinnen.
2. ⟨tr.; hat⟩ *(etwas Gefrorenes) zum Tauen* (1) *bringen:* die Sonne hat den Schnee getaut. **Syn.:** abtauen, auftauen.

Tau|fe ['tau̯fə], die; -, -n: *Sakrament der Aufnahme in die christliche Kirche (bei dem der, die Geistliche den Täufling mit Wasser benetzt oder auch in Wasser untertaucht):* die Taufe empfangen, erhalten. **Zus.:** Erwachsenentaufe, Kindertaufe, Kindtaufe, Nottaufe, Wiedertaufe.

tau|fen ['tau̯fn̩] ⟨tr.; hat⟩:
1. *(an jmdm.) die Taufe vollziehen:* der Pfarrer hat das Kind getauft.
2. *(jmdm., einer Sache) [in einem feierlichen Akt] einen Namen geben:* ein Schiff, ein Flugzeug taufen; wir wollen das Kind Susanne taufen.

Täuf|ling ['tɔy̯flɪŋ], der; -s, -e: *jmd. (besonders ein Kind), an dem die Taufe vollzogen wird:* den Täufling über das Taufbecken halten.

tau|gen ['tau̯gn̩] ⟨itr.; hat⟩: *für einen bestimmten Zweck geeignet, brauchbar sein; einen bestimmten Wert, Nutzen haben* (meist verneint oder fragend gebraucht): er taugt nicht zu schwerer Arbeit; das Messer taugt nichts; ob der Film wohl etwas taugt?

taug|lich ['tau̯klɪç] ⟨Adj.⟩: *bestimmten Anforderungen genügend, für bestimmte Aufgaben taugend, geeignet:* ein nicht taugliches Gerät; er ist für die Arbeit, dazu nicht tauglich. **Syn.:** angebracht, angemessen, brauchbar, nutzbar, nützlich, sinnvoll, zweckdienlich, zweckmäßig.

Tau|mel [ˈtauml̩], der; -s: *durch ein Übermaß an Glück, Freude, Begeisterung o. Ä. hervorgerufene innere Erregung; überschwänglicher, rauschhafter Gemütszustand:* ein Taumel der Freude; sie gerieten nach dem Sieg in einen Taumel der Begeisterung. **Zus.:** Begeisterungstaumel, Freudentaumel, Glückstaumel, Siegestaumel.

tau|meln [ˈtaumln̩]: **a)** ⟨itr.; hat/ist⟩ *unsicher hin und her schwanken [und zu fallen drohen]:* er taumelt vor Müdigkeit; das Flugzeug begann zu taumeln. **Syn.:** wackeln, wanken. **b)** ⟨itr.; ist⟩ *sich schwankend irgendwohin bewegen:* er taumelte über den Flur. **Syn.:** stolpern.

Tausch [tauʃ], der; -[e]s, -e: *das Tauschen:* einen guten, schlechten Tausch machen. **Syn.:** Austausch. **Zus.:** Briefmarkentausch, Ringtausch, Rücktausch, Studienplatztausch, Umtausch, Wohnungstausch.

tau|schen [ˈtauʃn̩]: **a)** ⟨tr.; hat⟩ *etwas geben, um etwas anderes dafür zu bekommen:* mit jmdm. Briefmarken tauschen; seine Wohnung gegen eine größere tauschen. **Syn.:** austauschen, eintauschen, umtauschen, wechseln. **b)** ⟨itr.; hat⟩ *im Hinblick auf etwas Bestimmtes einen Wechsel, Tausch vornehmen:* sie tauschten mit den Plätzen.

täu|schen [ˈtɔyʃn̩]: **1. a)** ⟨tr.; hat⟩ *[durch falsche Angaben o. Ä.] absichtlich einen falschen Eindruck vermitteln:* er hat mich mit seinen Behauptungen getäuscht; wenn mich nicht alles täuscht *(wenn ich mich nicht sehr irre)*, kommt sie morgen. **Syn.:** anscheißen (salopp), anschmieren (ugs.), aufs Glatteis führen, aufs Kreuz legen (salopp), betrügen, düpieren, hereinlegen, hintergehen, hinters Licht führen, irreführen, leimen (ugs.), linken (ugs.), neppen (ugs. abwertend), prellen, über den Löffel balbieren (ugs.), überfahren (ugs.), überlisten, übers Ohr hauen (ugs.), übertölpeln, übervorteilen, verraten. **b)** ⟨itr.; hat⟩ *einen falschen Eindruck entstehen lassen:* dieses Licht täuscht; der Turm ist nicht so hoch, das täuscht. **2.** ⟨+ sich⟩ *einem Irrtum, einer Täuschung unterliegen:* wenn ich mich nicht täusche, kommt er dort vorne; ich kann mich natürlich täuschen; darin täuschst du dich; ich habe mich in ihr getäuscht *(ich habe sie falsch eingeschätzt)*. **Syn.:** sich irren, schiefliegen (ugs.), sich verrechnen (ugs.).

täu|schend [ˈtɔyʃn̩t] ⟨Adj.⟩: *eine Verwechslung (mit etwas sehr Ähnlichem) sehr nahelegend:* er sieht ihm täuschend ähnlich.

Täu|schung [ˈtɔyʃʊŋ], die; -, -en: **1.** *das Täuschen:* eine plumpe, arglistige Täuschung; auf eine Täuschung hereinfallen. **Syn.:** Bluff, Finte, List, Schwindel. **2.** *das Sichtäuschen, Getäuschtsein:* einer Täuschung erliegen; sich einer Täuschung hingeben; eine optische Täuschung. **Syn.:** Einbildung, Hirngespinst, Illusion, Luftschloss, Utopie, Vorstellung, Wahn. **Zus.:** Gehörtäuschung, Gesichtstäuschung, Selbsttäuschung, Sinnestäuschung.

tau|send [ˈtauzn̩t] ⟨Kardinalzahl⟩ (in Ziffern: 1 000): tausend Personen; die Zahlen von eins bis tausend.

[1]Tau|send [ˈtauzn̩t], das; -s, -e und (nach unbestimmten Zahlwörtern) -: **1.** *Einheit von tausend gleichartigen Dingen, Lebewesen, von tausend Stück:* ein volles, halbes Tausend; das erste bis fünfte Tausend der Auflage; eine Packung mit einem Tausend Büroklammern; zwei vom Tausend (*Promille;* Abk.: v. T.; Zeichen: ‰). **2.** ⟨Plural⟩ *eine unbestimmte große Anzahl:* Tausende, (auch:) tausende Zuschauer waren begeistert; den Tod Tausender, (auch:) tausender Kinder verursachen.

[2]Tau|send [ˈtauzn̩t], die; -, -en: *die Zahl 1 000.*

tau|sendst... [ˈtauzn̩tst...] ⟨Ordinalzahl⟩ (in Ziffern: 1 000.): der tausendste Besucher der Ausstellung.

Tau|wet|ter [ˈtauvɛtɐ], das; -s: **1.** *warmes Wetter [im Frühling], bei dem der Schnee schmilzt:* bei Tauwetter schwellen die Flüsse an. **2.** *politische Periode, in der größere Bereitschaft für Verhandlungen und friedliche Regelungen vorhanden ist:* die Regierung hofft auf ein Tauwetter, um die Freilassung der Gefangenen zu erreichen.

Tau|zie|hen [ˈtautsi:ən], das; -s: *sportlicher Wettkampf, bei dem zwei Mannschaften an den beiden Enden eines Taus ziehen, um die gegnerische Mannschaft auf die eigene Seite herüberzuziehen:* die Mannschaft wurde Sieger im Tauziehen.

Tax|card [ˈtakska:ɐ̯t], die; -, -s (schweiz.): *Telefonkarte.* **Syn.:** Telefonwertkarte (österr.).

Ta|xe [ˈtaksə], die; -, -n: **1.** *[amtlich] festgesetzte Gebühr, Abgabe:* die Taxe kassieren; für jeden Gast wird vom Vermieter eine Taxe erhoben. **Zus.:** Kurtaxe. **2.** *Taxi:* sie fuhr mit einer Taxe nach Hause; das Unternehmen betreibt vier Taxen.

Ta|xi [ˈtaksi], das, schweiz. auch: der; -s, -s: *(von einem Berufsfahrer, einer Berufsfahrerin gelenktes) Auto, mit dem man sich (besonders innerhalb einer Stadt) befördern lassen kann:* ein Taxi bestellen, nehmen. **Syn.:** Taxe. **Zus.:** Funktaxi, Ruftaxi.

ta|xie|ren [taˈksi:rən] ⟨tr.; hat⟩ (ugs.): **a)** *den Wert (von etwas) feststellen oder schätzen:* er taxierte das Haus auf 100 000 Euro; sie hat die Entfernung zu kurz taxiert. **Syn.:** berechnen, über den Daumen peilen (ugs.), veranschlagen. **b)** *prüfend ansehen:* sie taxierte den Diamantring mit Kennerblick; er taxierte sie von oben bis unten. **Syn.:** angucken (ugs.), anschauen (bes. südd., österr., schweiz.), begutachten, besichtigen, betrachten, in Augenschein nehmen, inspizieren, mit Blicken messen (geh.), mustern, prüfen.

Ta|xi|fah|rer [ˈtaksifa:rɐ], der; -s, -, **Ta|xi|fah|re|rin** [ˈtaksifa:rərɪn], die; -, -nen: *Person, die ein Taxi fährt:* während des Studiums hat sie in den Ferien immer als Taxifahrerin gejobbt.

Team [ti:m], das; -s, -s:
1. *Gruppe von Personen, die gemeinsam an einer Aufgabe arbeiten:* ein Team von Fachleuten bilden; wir sind ein junges, dynamisches Team; sie gehört zu unserem Team. **Syn.:** Besatzung, Crew, Kollektiv, Mannschaft (ugs.), Stab. **Zus.:** Arbeitsteam, Ärzteteam, Kamerateam.
2. *(im Sport) Mannschaft:* das dänische Team; sie spielt in unserem Team. **Syn.:** Riege, Staffel. **Zus.:** Fußballteam, Hockeyteam, Olympiateam.

Team|work ['ti:mvø:ɐ̯k], das; -s:
Zusammenarbeit von mehreren Personen an einer gemeinsamen Aufgabe: das Buch entstand im Teamwork. **Syn.:** Kooperation.

Tech|nik ['tɛçnɪk], die; -, -en:
1. ⟨ohne Plural⟩ *alle Maßnahmen, Einrichtungen und Verfahren, die dazu dienen, die Kräfte der Natur für den Menschen nutzbar zu machen:* die moderne Technik; die Technik unserer Zeit; im Zeitalter der Technik. **Syn.:** Technologie. **Zus.:** Bautechnik, Chemotechnik, Fernmeldetechnik, Flugtechnik, Funktechnik, Kraftfahrzeugtechnik, Nachrichtentechnik, Raumfahrttechnik, Tontechnik, Wärmetechnik.
2. *besondere Art, Methode des Vorgehens, der Ausführung von etwas:* neue Techniken erlernen; die brillante Technik der Pianistin; die Technik des Speerwerfens. **Syn.:** Fertigkeit, System, Verfahren, Weg.
3. ⟨ohne Plural⟩ *technische Ausrüstung, Einrichtung für die Produktion:* eine Werkstatt mit modernster Technik.
4. ⟨ohne Plural⟩ *technische Beschaffenheit eines Geräts, einer Maschine o. Ä.:* mit der Technik einer Maschine vertraut sein.

Tech|ni|ker ['tɛçnikɐ], der; -s, -, **Tech|ni|ke|rin** ['tɛçnikərɪn], die; -, -nen:
Fachmann bzw. Fachfrau in einem technischen Beruf: sie arbeitet als Technikerin bei/in einem großen Unternehmen. **Syn.:** Ingenieur, Ingenieurin. **Zus.:** Chemotechniker, Chemotechnikerin, Elektrotechniker, Elektrotechnikerin, Tontechniker, Tontechnikerin, Zahntechniker, Zahntechnikerin.

tech|nisch ['tɛçnɪʃ] ⟨Adj.⟩:
die Technik betreffend, zur Technik gehörend: technische Hochschulen; technischer Unterricht; sie ist technisch begabt; diese Änderung ist technisch, aus technischen Gründen unmöglich. **Zus.:** elektrotechnisch, funktechnisch.

-tech|nisch [tɛçnɪʃ] ⟨adjektivisches Suffixoid⟩:
hinsichtlich des im Basiswort Genannten, seine Planung, seinen Ablauf o. Ä. betreffend, sich darauf beziehend; was … betrifft: abfalltechnisch; angebotstechnisch; betriebstechnisch; erziehungstechnisch; haushaltstechnisch; heiztechnisch; kassentechnisch; lerntechnisch; produktionstechnisch; sicherheitstechnisch; umbautechnisch; verfahrenstechnisch; verwaltungstechnisch; werbetechnisch. **Syn.:** -bezogen, -mäßig, -politisch.

Tech|no|lo|gie [tɛçnolo'gi:], die; -, Technologien [tɛçnolo'gi:ən]:
[Wissenschaften von der] Produktionstechnik; Gesamtheit der Kenntnisse, Fähigkeiten und Möglichkeiten auf dem Gebiet der Produktionstechnik: der Minister für Forschung und Technologie. **Zus.:** Biotechnologie, Weltraumtechnologie.

Tech|tel|mech|tel [tɛçtl̩'mɛçtl̩], das; -s, - (ugs.):
Flirt: sie hatte angeblich früher einmal ein Techtelmechtel mit einem Schauspieler. **Syn.:** Abenteuer, Affäre, Liaison (bildungsspr. veraltend), Liebelei (abwertend), Verhältnis.

Ted|dy|bär ['tɛdibɛ:ɐ̯], der; -en, -en:
Bär aus Stoff als Spielzeug für Kinder: die Kleine nimmt ihren Teddybären immer mit ins Bett.

Tee [te:], der; -s, -s:
1. *getrocknete Blätter eines asiatischen Strauches (aus denen Tee zubereitet wird):* schwarzer, aromatisierter, grüner, chinesischer Tee; eine Dose Tee.
2. a) *aus Tee (1) zubereitetes Getränk:* heißen Tee trinken; Tee mit Rum, mit Milch, mit Zitrone. **b)** *als Heilmittel benutztes Getränk aus getrockneten Pflanzenteilen:* eine Krankheit mit Tee kurieren; ein Tee aus Lindenblüten. **Zus.:** Blasentee, Brusttee, Gallentee, Kamillentee, Salbeitee.
3. *gesellige Zusammenkunft [am Nachmittag], bei der Tee [und Gebäck] gereicht wird:* jmdn. zum Tee einladen. **Zus.:** Fünfuhrtee.

Tee|beu|tel ['te:bɔy̯tl̩], der; -s, -:
kleiner Beutel (aus wasserbeständigem Material), der eine portionierte, zum Aufbrühen bestimmte Menge Tee enthält: einen Teebeutel in die Kanne, ins Glas hängen.

Tee|licht ['te:lɪçt], das; -s, -er und -e:
kleine flache Kerze für ein Stövchen, ein Windlicht o. Ä.: ein neues Teelicht für das Duftlämpchen anzünden.

Tee|löf|fel ['te:lœfl̩], der; -s, -:
kleiner Löffel: silberne Teelöffel; zwei Teelöffel [voll] Zucker.

Teen|ager ['ti:n|e:d͡ʒɐ], der; -s, -:
jugendliche Person etwa im Alter zwischen 13 und 19 Jahren: kichernde, verwöhnte Teenager; er/sie hat sich wie ein Teenager aufgeführt. **Syn.:** Jugendliche, Jugendlicher.

Teer [te:ɐ̯], der; -[e]s, -e:
aus Kohle, Holz o. Ä. hergestellte flüssige, schwarze Masse: die Bretter riechen nach Teer. **Zus.:** Braunkohlenteer, Holzteer, Steinkohlenteer.

tee|ren ['te:rən] ⟨tr.; hat⟩:
mit Teer bestreichen, mit einer Teerdecke versehen: das Dach teeren.

Tee|wa|gen ['te:va:gn̩], der; -s, -:
kleiner Wagen zum Transportieren von Geschirr und Speisen in einer Wohnung: ein filigraner, hölzerner Teewagen; die Torte auf einem Teewagen servieren.

Teich ['ta͜iç], der; -[e]s, -e:
kleineres stehendes Gewässer: einen Teich anlegen; in diesem Teich gibt es viele Fische. **Syn.:** [1]See, stehendes Gewässer, Tümpel, Wasser, Weiher. **Zus.:** Ententeich, Forellenteich, Karpfenteich.

Teig [ta͜ik], der; -[e]s, -e:
(aus Mehl und Wasser, Milch und anderen Zutaten bereitete) weiche, zähe [knetbare] Masse, aus

T
Teig

der Brot, Kuchen o. Ä. hergestellt wird: Teig ansetzen, gehen lassen; den Teig kneten, rühren. **Zus.:** Biskuitteig, Brotteig, Hefeteig, Kuchenteig, Mürbeteig, Nudelteig, Rührteig, Sauerteig.

Teig|wa|re ['taikva:rə], die; -, -n: *aus Teig hergestelltes Nahrungsmittel als Einlage für Suppen, Beilage zu Speisen usw.:* wir essen viel Teigwaren. **Syn.:** Nudeln ⟨Plural⟩.

Teil [tail]:
1. der, auch: das; -[e]s, -e: *Glied oder Abschnitt eines Ganzen:* der vordere Teil des Gartens; der erste Teil des Romans; weite Teile des Landes sind verwüstet; der fünfte Teil *(ein Fünftel)* von etwas; einen großen Teil des Tages verbrachten sie am Strand. **Syn.:** Anteil, Ausschnitt, Auszug, Bestandteil, Brocken, Hälfte, Partie, Passage, Portion, Ration, Stelle, Stück, Zuteilung. **Zus.:** Bevölkerungsteil, Elternteil, Erbteil, Großteil, Hauptteil, Körperteil, Ortsteil, Schlussteil, Schrankteil, Seitenteil, Stadtteil.
2. das; -[e]s, -e: *einzelnes [kleines] Stück, das zwar auch zu einem Ganzen gehört, dem aber eine gewisse Selbstständigkeit zukommt:* ein wesentliches Teil des Bausatzes fehlt; sie prüfte jedes Teil sorgfältig; er hat wichtige Teile des Motors ausgebaut. **Syn.:** Element. **Zus.:** Bauteil, Einzelteil, Ersatzteil, Fertigteil, Verschlussteil, Zubehörteil, Zusatzteil.

tei|len ['tailən] ⟨tr.; hat⟩:
1. *(ein Ganzes oder eine Menge) in Teile zerlegen:* ein Land, einen Kuchen teilen; wir teilten die Äpfel unter uns; ⟨auch itr.⟩ er teilt nicht gern *(gibt nicht gern an andere etwas ab)*; ⟨auch + sich⟩ der Weg teilt sich *(gabelt sich)*. **Syn.:** aufschlüsseln, aufteilen, [1]durchschneiden, einteilen, fifty-fifty machen (ugs.), gliedern, halbe-halbe machen (ugs.), halbieren, halbpart machen (ugs.), spalten, unterteilen, verteilen. **Zus.:** dreiteilen, vierteilen, zweiteilen.
2. *eine Zahl mithilfe einer anderen in gleich große Teile zerlegen; dividieren:* eine Zahl durch eine andere teilen.

teil|ha|ben ['tailha:bn̩], hat teil, hatte teil, teilgehabt ⟨itr.; hat⟩: *beteiligt sein; teilnehmen, partizipieren:* an der Macht, an der Regierung teilhaben; an einem Erlebnis, Geheimnis teilhaben. **Syn.:** dazugehören, mit von der Partie sein (ugs.).

Teil|ha|ber ['tailha:bɐ], der; -s, -, **Teil|ha|be|rin** ['tailha:bərɪn], die; -, -nen:
Person, die an einer Firma finanziell beteiligt ist: er hat einen Teilhaber in seinem Unternehmen; sie ist meine Teilhaberin. **Syn.:** Partner, Partnerin.

teil|haf|tig ['tailhaftɪç]:
in der Wendung **einer Sache teilhaftig werden/sein** (geh. veraltend): *in den Besitz oder Genuss einer Sache gelangen, gelangt sein:* eines Anblicks teilhaftig werden *(etwas sehen dürfen)*; sie war eines großen Glücks teilhaftig.

Teil|nah|me ['tailna:mə], die; -:
1. *das Teilnehmen, Mitmachen:* die Teilnahme an diesem Lehrgang ist freiwillig.
2. a) *innere [geistige] Beteiligung; Interesse; Anteilnahme:* ohne besondere Teilnahme; ehrliche Teilnahme an etwas zeigen.
b) (geh.) *durch eine innere Regung angesichts des Schmerzes, der Not anderer hervorgerufenes Mitgefühl:* jmds. Teilnahme erwecken; jmdm. seine herzliche Teilnahme *(sein Beileid)* aussprechen.

teil|nahms|los ['tailna:mslo:s] ⟨Adj.⟩:
kein Interesse, keine Teilnahme zeigend: ein teilnahmsloses Gesicht; mit teilnahmslosen Augen; er saß teilnahmslos an unserem Tisch. **Syn.:** abgebrüht (ugs.), abgestumpft, achtlos, dickfellig (ugs.), gleichgültig, innerlich unbeteiligt, lethargisch, passiv, phlegmatisch, stumpf, stumpfsinnig, träge, ungerührt.

teil|neh|men ['tailne:mən], nimmt teil, nahm teil, teilgenommen ⟨itr.; hat⟩:
1. *sich beteiligen, (etwas) mitmachen:* an einer Versammlung teilnehmen; er hatte noch nie an einer Demonstration teilgenommen; sie wollte nicht am Kongress teilnehmen. **Syn.:** sich anschließen, beteiligt sein, dazugehören, mit von der Partie sein (ugs.), mitarbeiten, mitspielen, mitwirken, sich einlassen auf, sich solidarisch erklären mit, teilhaben.
2. *Teilnahme, Interesse zeigen:* an jmds. Glück teilnehmen; sie nahm an meiner Freude teil. **Syn.:** mitfühlen.

Teil|neh|mer ['tailne:mɐ], der; -s, -, **Teil|neh|me|rin** ['tailne:mərɪn], die; -, -nen:
Person, die an etwas teilnimmt: für den Wettkampf haben sich 200 Teilnehmer gemeldet. **Syn.:** Akteur, Akteurin, Angehörige, Angehöriger, Beteiligte, Beteiligter, Publikum. **Zus.:** Diskussionsteilnehmer, Diskussionsteilnehmerin, Kongressteilnehmer, Kongressteilnehmerin, Olympiateilnehmer, Olympiateilnehmerin, Seminarteilnehmer, Seminarteilnehmerin, Wettkampfteilnehmer, Wettkampfteilnehmerin.

teils [tails]:
in der Wendung **teils ..., teils ...:** *je zu einem Teil:* wir hatten im Urlaub teils Regen, teils Sonnenschein; ihre Kinder leben teils in Köln, teils in Berlin. **Syn.:** bald ..., bald ...; teilweise.

Teil|stück ['tailʃtʏk], das; -[e]s, -e: *einzelnes Stück, das Teil von einem Ganzen ist:* am Freitag wurden die letzten Arbeiten auf diesem Teilstück der Autobahn beendet. **Syn.:** Abschnitt, Etappe.

Tei|lung ['tailʊŋ], die; -, -en: *das Teilen; das Geteiltwerden; das Geteiltsein:* die frühere Teilung Deutschlands. **Zus.:** Arbeitsteilung, Gewaltenteilung, Kernteilung, Zellteilung.

teil|wei|se ['tailvaizə] ⟨Adverb⟩: *zum Teil; in einigen Fällen:* das Haus wurde teilweise zerstört; sie sind teilweise gefahren und teilweise zu Fuß gegangen. **Syn.:** nicht uneingeschränkt; teils ..., teils ...

Teil|zah|lung ['tailtsa:lʊŋ], die; -, -en:
Zahlung in Raten: sie kaufte das Auto auf Teilzahlung. **Syn.:** Abschlag.

Teil|zeit ['tailtsait], die; -: *Beschäftigungsverhältnis, bei dem der Mitarbeiter, die Mitarbeiterin nur einen Teil der tariflich vereinbarten Arbeitszeit abzuleisten hat:* er arbeitet jetzt

Teilzeit mit 30 Stunden die Woche.

Teint [tɛ̃ː], der; -s, -s:
Zustand und Farbe der Haut, besonders im Gesicht: ein blasser, dunkler Teint; einen gesunden Teint haben; er hat einen unreinen Teint.

¹-tel [tɛl] ⟨zweiter Wortbestandteil; verkürzt aus »Hotel«⟩ das; -s, -s (auch scherzh.):
zur Übernachtung eingerichtetes Gebäude, Räumlichkeit: Botel *(als Hotel ausgebautes, verankertes Schiff);* Motel *(an Autostraßen gelegenes Hotel für Autofahrer).*

²-tel [tl̩] ⟨Suffix; ergibt mit einer Zahl als Basiswort eine entsprechende Bruchzahl⟩:
a) ⟨adjektivisch⟩ achtel; neuntel; zehntel. **b)** ⟨substantivisch; das; -s, -⟩ Achtel; Fünftel; Neuntel; ⟨mit Fugen-s⟩ Hundertstel; Tausendstel.

te|le-, Te|le- [tele/telə] ⟨erster Wortbestandteil⟩:
1. *fern-, Fern-, in der/die Ferne, weit-, Weit-:* telegrafieren; Telekommunikation; Teleobjektiv; Telepathie *(Gedankenübertragung);* Television.
2. ⟨verkürzt aus: Television⟩ *(Fernsehen):* Telekolleg, Telemarathon, Teleshow.

Te|le|fon [teleˈfoːn], das; -s, -e:
Apparat (mit Drucktasten oder Wählscheibe), der über eine Drahtleitung oder drahtlos (über eine Funkverbindung) Gespräche über beliebige Distanzen möglich macht: das Telefon läutet, klingelt; das neue schnurlose Telefon; Telefon *(ein Anruf)* für dich; das Telefon umstellen; ans Telefon gehen; jmdn. ans Telefon rufen. **Syn.:** Fernsprecher. **Zus.:** Autotelefon, Diensttelefon, Kartentelefon, Mobiltelefon.

Te|le|fon|buch [teleˈfoːnbuːx], das; -[e]s, Telefonbücher [teleˈfoːnbyːçɐ]:
Verzeichnis der Inhaber[innen] eines Telefonanschlusses in einem bestimmten Bezirk: er steht nicht im Telefonbuch.

Te|le|fon|ge|spräch [teleˈfoːngəʃprɛːç], das; -[e]s, -e:
am Telefon geführtes Gespräch: am Vormittag führte er mehrere lange Telefongespräche; wir haben die Frage in einem langen Telefongespräch erörtert. **Syn.:** Anruf, Telefonat.

te|le|fo|nie|ren [telefoˈniːrən] ⟨itr.; hat⟩:
(mit jmdm.) mithilfe eines Telefons sprechen: ich habe mit ihr telefoniert; nach einem Taxi telefonieren *(telefonisch ein Taxi rufen).*

te|le|fo|nisch [teleˈfoːnɪʃ] ⟨Adj.⟩:
per Telefon; mithilfe des Telefons geschehend: eine telefonische Auskunft geben; etwas telefonisch beantworten.

Te|le|fon|ka|bi|ne [teleˈfoːnkabiːnə], die; -, -n (schweiz.):
Telefonzelle.

Te|le|fon|kar|te [teleˈfoːnkartə], die; -, -n:
kleine Karte, auf der eine bestimmte Anzahl von Gebühreneinheiten gespeichert ist und die anstelle von Münzen zum Telefonieren in öffentlichen Telefonzellen verwendet wird: eine leere Telefonkarte; Telefonkarten sammeln. **Syn.:** Taxcard (schweiz.), Telefonwertkarte (österr.).

Te|le|fon|num|mer [teleˈfoːnnʊmɐ], die; -, -n:
Nummer, unter der jmd. telefonisch erreicht werden kann: hast du meine Telefonnummer? **Syn.:** Rufnummer.

Te|le|fon|rech|nung [teleˈfoːnrɛçnʊŋ], die; -, -en:
Rechnung über die Gebühren für das Telefon: wenn sie ihre Telefonrechnung weiterhin nicht bezahlen, wird ihr Anschluss gesperrt.

Te|le|fon|wert|kar|te [teleˈfoːnveːɐ̯tkartə], die; -, -n (österr.):
Telefonkarte. **Syn.:** Taxcard (schweiz.).

Te|le|fon|zel|le [teleˈfoːnt͜sɛlə], die; -, -n:
Kabine, in der ein Telefon installiert ist: eine behindertengerechte Telefonzelle; er hatte mit seinem Wagen eine Telefonzelle gerammt. **Syn.:** Telefonkabine (schweiz.).

te|le|gra|fie|ren [telegraˈfiːrən] ⟨tr.; hat⟩:
eine Nachricht telegrafisch übermitteln: er hat mir die Zeit seiner Ankunft telegrafiert; ⟨auch itr.⟩ ich muss telegrafieren *(ein Telegramm aufgeben).* **Syn.:** ein Telegramm aufgeben/schicken, telegrafisch mitteilen.

te|le|gra|fisch [teleˈgraːfɪʃ] ⟨Adj.⟩:
auf drahtlosem Wege; durch ein Telegramm [übermittelt]: eine telegrafische Mitteilung; Geld telegrafisch anweisen.

Te|le|gramm [teleˈgram], das; -s, -e:
[kurze] Nachricht, die auf drahtlosem Wege durch bestimmte Zeichen übermittelt wird: ein Telegramm aufgeben, bekommen, zustellen, schicken. **Zus.:** Beileidstelegramm, Glückwunschtelegramm, Grußtelegramm, Schmuckblatttelegramm.

Te|le|ob|jek|tiv [ˈteːlə|ɔpjɛktiːf], das; -s, -e:
Objektiv, mit dem man Detailaufnahmen oder Großaufnahmen von relativ weit entfernten Objekten machen kann: etwas mit einem Teleobjektiv aufnehmen.

Te|le|vi|si|on [televiˈzi̯oːn], die; -:
Fernsehen (Abkürzung: TV).

Tel|ler [ˈtɛlɐ], der; -s, -:
Teil des Geschirrs von runder (flacher oder tiefer) Form, von dem Speisen gegessen werden: ein tiefer, flacher, vorgewärmter Teller; ein Teller aus Porzellan; er hat nur einen Teller [voll] Suppe gegessen. **Syn.:** Schale, Schüssel, Untertasse. **Zus.:** Porzellanteller, Suppenteller, Unterteller, Zinnteller.

Tem|pel [ˈtɛmpl̩], der; -s, -:
[geweihtes] Gebäude als Kultstätte einer nicht christlichen Glaubensgemeinschaft: ein heidnischer, antiker, prächtiger, verfallener Tempel; ein Tempel der Artemis. **Zus.:** Felsentempel, Zeustempel.

Tem|pe|ra|ment [tɛmpəraˈmɛnt], das; -[e]s, -e:
1. ⟨ohne Plural⟩ *lebhafte, leicht erregbare Wesensart:* sie hat [viel] Temperament; sein Temperament geht oft mit ihm durch. **Syn.:** Begeisterung, Dynamik, Elan, Leidenschaft, Schmiss (ugs.), Schwung, Tatkraft.
2. *für ein Individuum spezifische, relativ konstante Weise des Fühlens, Erlebens, Handelns und Reagierens:* sie hat ein aufbrausendes, ausgeglichenes Temperament; die vier Temperamente. **Syn.:** Anlage, Art, Charakter,

Eigenart, Gepräge, Individualität, Natur, Naturell, Wesen.

tem|pe|ra|ment|voll [tɛmpəraˈmɛntfɔl] ⟨Adj.⟩: *voll Temperament, [sehr] lebhaft; lebendig, schwungvoll:* er dirigierte sehr temperamentvoll; eine temperamentvolle Frau; sie hielt eine temperamentvolle Rede. **Syn.:** dynamisch, explosiv, feurig, flott, heftig, rassig, rege, schmissig (ugs.), stürmisch, vital, wild, zackig.

Tem|pe|ra|tur [tɛmpəraˈtuːɐ̯], die; -, -en: *messbare Wärme der Luft oder eines Körpers:* mittlere, gleichbleibende, ansteigende, sinkende Temperaturen; eine angenehme, unerträgliche Temperatur; eine hohe, niedrige Temperatur haben. **Zus.:** Außentemperatur, Höchsttemperatur, Innentemperatur, Körpertemperatur, Raumtemperatur, Tiefsttemperatur, Wassertemperatur, Zimmertemperatur.

tem|pe|rie|ren [tɛmpəˈriːrən] ⟨tr.; hat⟩: *ein wenig erwärmen:* ein Zimmer temperieren; temperiertes Wasser. **Syn.:** beheizen, heizen, warm machen.

Tem|po [ˈtɛmpo], das; -s, -s: *Geschwindigkeit:* sie fährt in langsamem, rasendem Tempo; das Tempo erhöhen; ein bestimmtes Tempo vorlegen; das Tempo einhalten *(nicht verändern).* **Syn.:** Schwung. **Zus.:** Eiltempo, Lauftempo, Marschtempo, Schritttempo.

Tempo/Tempus

Tempo bedeutet *Geschwindigkeit, Schnelligkeit.* In dieser Bedeutung wird das Wort in der Regel ohne Plural verwendet:

– Sie kam in einem mächtigen Tempo die Treppe heruntergerannt.

Unter dem **Tempus** versteht man in der Sprachwissenschaft die Zeitform des Verbs, z. B. Präsens, Präteritum, Perfekt usw. Der Plural dazu lautet **Tempora.**

tem|po|rär [tɛmpoˈrɛːɐ̯] ⟨Adj.⟩: *zeitweilig [auftretend]; vorübergehend:* ein temporärer Einsatz; diese Störungen treten nur temporär auf. **Syn.:** auf Zeit, eine Zeit lang, zeitweise.

Tem|pus [ˈtɛmpʊs], das; -, Tempora [ˈtɛmpora] (Sprachwiss.): *Form des Verbs, durch die der mit dem Verb bezeichnete Vorgang oder Sachverhalt in einer bestimmten Weise zeitlich eingeordnet wird:* Nennen Sie bitte die Tempora des Deutschen! **Syn.:** Zeit.

Tempus/Tempo: *s.* Kasten Tempo/Tempus.

Ten|denz [tɛnˈdɛnt͜s], die; -, -en:
1. *sich abzeichnende, jmdm. oder einer Sache innewohnende Entwicklung; Strömung, Richtung:* eine Tendenz zeichnet sich ab; die Preise haben eine steigende Tendenz; neue Tendenzen in der Musik. **Syn.:** Neigung, Trend, Zug. **Zus.:** Entwicklungstendenz.
2. *erkennbare Absicht oder Neigung:* er hat die Tendenz, alles negativ zu beurteilen; eine Tendenz zum Dogmatismus. **Syn.:** Disposition, Drang, Hang. **Zus.:** Grundtendenz.

ten|den|zi|ös [tɛndɛnˈt͜si̯øːs] ⟨Adj.⟩ (abwertend): *von einer [weltanschaulichen, politischen] Tendenz beeinflusst; nicht objektiv:* ein tendenziöser Bericht; die Sendung ist mir zu tendenziös; seine Darstellung der Ereignisse ist tendenziös gefärbt. **Syn.:** befangen (bes. Rechtsspr.), einseitig, parteiisch, subjektiv, voreingenommen.

ten|die|ren [tɛnˈdiːrən] ⟨itr.; hat⟩: *(zu etwas) neigen, (auf etwas) gerichtet sein:* die Partei tendiert nach links; sie tendiert mehr zu einer gemäßigten Richtung; ich tendiere dazu, den Vertrag abzuschließen. **Syn.:** vorhaben.

Ten|ne [ˈtɛnə], die; -, -n: *großer Raum in einem Bauernhaus oder in der Scheune, in dem die Wagen entladen, die Maschinen zum Dreschen aufgestellt werden o. Ä.:* die Kinder spielten auf der Tenne.

Ten|nis [ˈtɛnɪs], das; -: *Ballspiel, bei dem ein kleiner Ball von zwei Spielenden (oder Paaren von Spielenden) nach bestimmten Regeln über ein Netz hin- und zurückgeschlagen wird:* Tennis spielen. **Zus.:** Hallentennis, Rasentennis, Tischtennis.

[1]Te|nor [teˈnoːɐ̯], der; -s, Tenöre [teˈnøːrə]:
a) *Männersingstimme in hoher Lage:* er hat einen strahlenden, hellen Tenor. **b)** *Sänger mit Tenorstimme:* dieser Chor hat zu wenig Tenöre. **Syn.:** Tenorsänger. **Zus.:** Heldentenor, Operettentenor.

[2]Te|nor [ˈteːnoːɐ̯], der; -s: *grundlegender Gehalt, Sinn (einer Äußerung o. Ä.); grundsätzliche Einstellung:* alle seine Äußerungen hatten den gleichen Tenor; der Tenor ihres Buches ist die Absage an jeden Radikalismus. **Syn.:** Bedeutung, Essenz (bildungsspr.), [1]Gehalt. **Zus.:** Grundtenor, Haupttenor.

Tep|pich [ˈtɛpɪç], der; -s, -e: *geknüpfter, gewebter oder gewirkter rechteckiger oder runder Fußbodenbelag:* ein echter, alter, wertvoller Teppich; der Teppich ist abgetreten; für den Staatsbesuch wurde ein roter Teppich ausgerollt; einen Teppich knüpfen; sie besitzt wertvolle alte Teppiche. **Syn.:** Läufer, Matte. **Zus.:** Orientteppich, Perserteppich, Veloursteppich.

Ter|min [tɛrˈmiːn], der; -s, -e: *festgelegter Zeitpunkt; Tag, an dem etwas geschehen soll:* der festgesetzte Termin rückte heran; der Termin passt mir nicht; einen Termin festsetzen, vereinbaren, einhalten. **Zus.:** Einsendetermin, Liefertermin, Prüfungstermin, Räumungstermin, Sendetermin, Zahlungstermin.

Ter|mi|nus [ˈtɛrminʊs], der; -, Termini [ˈtɛrmini]: *festgelegte Bezeichnung; Fachausdruck, Fachwort:* ein philosophischer Terminus. **Syn.:** [1]Ausdruck, Begriff, Vokabel, Wort. **Zus.:** Fachterminus.

Ter|rain [tɛˈrɛ̃ː], das; -s, -s: *Gelände:* das Terrain erkunden; ein bebautes, übersichtliches Terrain; mit diesem Thema begibt sie sich auf ein gefährliches Terrain. **Syn.:** Areal, Bereich, Bezirk, Gebiet, Gegend, Gelände, Region, Revier, Territorium, Zone.

Ter|ra|ri|um [tɛˈraːri̯ʊm], das; -s, Terrarien [tɛˈraːri̯ən]: *[Glas]behälter, in dem Lurche, Kriechtiere o. Ä. gehalten werden:* das Terrarium reinigen.

Ter|ras|se [tɛˈrasə], die; -, -n:
1. *waagerechte Stufe an einem Hang:* auf den Terrassen des Südhanges wurde Wein angebaut. **Zus.:** Fels[en]terrasse.
2. *[überdachter] abgegrenzter freier Platz an einem Haus für den Aufenthalt im Freien:* auf der Terrasse frühstücken. **Zus.:** Dachterrasse, Gartenterrasse, Hotelterrasse.

Ter|ri|er [ˈtɛri̯ɐ], der; -s, -:
in vielen Rassen gezüchteter, kleiner bis mittelgroßer, meist stichelhaariger Hund. **Zus.:** Foxterrier, Scotchterrier, Yorkshireterrier.

Ter|ri|ne [tɛˈriːnə], die; -, -n:
große runde oder ovale Schüssel [für Suppe] mit Deckel: die Suppe aus der Terrine schöpfen. **Syn.:** Schale. **Zus.:** Suppenterrine.

Ter|ri|to|ri|um [tɛriˈtoːri̯ʊm], das; -s, Territorien [tɛriˈtoːri̯ən]:
1. *Gebiet, Land, Bezirk; Grund und Boden:* ein unbesiedeltes, unerforschtes Territorium; die Hunde lassen niemanden auf das Territorium ihrer Herrin. **Syn.:** Areal, Bereich, Fläche, Gelände, Region, Revier, Terrain.
2. *Hoheitsgebiet eines Staates, Herrschaftsbereich:* hier betritt man russisches Territorium; fremdes Territorium verletzen; hier befinden wir uns auf deutschem Territorium.

Ter|ror [ˈtɛroːɐ̯], der; -s:
1. *gewalttätiges, rücksichtsloses Vorgehen, mit dessen Hilfe bestimmte Ziele erreicht werden sollen:* blutiger Terror; er kann sich nur durch Terror an der Macht halten. **Syn.:** Ausschreitungen, Zwang. **Zus.:** Bombenterror, Polizeiterror.
2. *Zwang, Druck [durch Gewaltanwendung]:* Terror verbreiten; ihr Leben ist beherrscht vom Terror der Norm.

ter|ro|ri|sie|ren [tɛroriˈziːrən] ⟨tr.; hat⟩:
durch Terror einschüchtern und unterdrücken: die Gangster terrorisierten die ganze Stadt. **Syn.:** bedrängen, bedrohen.

Ter|ro|ris|mus [tɛroˈrɪsmʊs], der; -:
das Ausüben von Terror: die Ursachen des Terrorismus; der Kampf gegen den Terrorismus.

Ter|ro|rist [tɛroˈrɪst], der; -en, -en,

Ter|ro|ris|tin [tɛroˈrɪstɪn], die; -, -nen:
Person, die Terror ausübt, durch Terror ein Ziel erreichen will: linke, rechte Terroristen; die Terroristen sprengten ein Gebäude in die Luft.

Test [tɛst], der; -[e]s, -s und -e:
[wissenschaftlicher oder technischer] Versuch zur Feststellung bestimmter Eigenschaften, Leistungen o. Ä.: ein psychologischer Test; Tests haben es bestätigt; jmdn./eine Maschine einem Test unterziehen. **Syn.:** Experiment, Probe, Prüfung. **Zus.:** Eignungstest, Intelligenztest, Sprachtest, Verträglichkeitstest.

Tes|ta|ment [tɛstaˈmɛnt], das; -[e]s, -e:
letztwillige schriftliche Erklärung, mit der jmd. für den Fall seines Todes die Verteilung seines Vermögens festlegt: ein handgeschriebenes, [un]gültiges Testament; sie hat ihr Testament gemacht; sie will das Testament anfechten. **Syn.:** letzter Wille. **Zus.:** Nottestament.

tes|ten [ˈtɛstn̩], testete, getestet ⟨tr.; hat⟩:
durch einen Test prüfen, einem Test unterziehen: das neue Modell muss noch getestet werden; einen Werkstoff [auf seine Festigkeit] testen. **Syn.:** ausprobieren, einer Prüfung unterziehen, einer Revision unterziehen, erproben, inspizieren, kontrollieren, [1]kosten, nachprüfen, nachsehen, probieren, überprüfen, untersuchen, versuchen.

teu|er [ˈtɔy̯ɐ] ⟨Adj.⟩:
1. **a)** *einen hohen Preis habend, viel Geld kostend* /Ggs. billig/: ein teurer Mantel; dieses Buch ist [mir] zu teuer; diese Reise war ein teures Vergnügen, ein teurer Spaß; sie trägt teuren *(wertvollen)* Schmuck. **Syn.:** aufwendig, kostbar, kostspielig, nicht zu bezahlen, unerschwinglich. **b)** *große Ausgaben verursachend:* ein teurer Unfall; es sind teure Zeiten.
2. (geh.) *sehr geschätzt, lieb, wert:* mein teurer Freund; dieser Ring war mir lieb und teuer.

Teu|e|rung [ˈtɔy̯ərʊŋ], die; -, -en:
das Teurerwerden; Preisanstieg: die Maßnahmen der Regierung sollen die Teuerung aufhalten; zur Teuerung trugen erneut die Mieten bei.

Teu|fel [ˈtɔy̯fl̩], der; -s, -:
Gestalt, die das Böse verkörpert: der leibhaftige Teufel; den Teufel austreiben, verjagen. **Syn.:** der Böse, Satan.

teuf|lisch [ˈtɔy̯flɪʃ] ⟨Adj.⟩:
1. *äußerst bösartig und grausam; den Schaden, das Leid eines anderen bewusst, boshaft herbeiführend und sich daran freuend; diabolisch; satanisch:* das ist ein teuflischer Plan; ein teuflisches Spiel; er grinste teuflisch. **Syn.:** böse, böswillig, dämonisch.
2. (ugs.) **a)** *sehr groß, stark, mächtig:* eine teuflische Ähnlichkeit; ein teuflischer Durst. **Syn.:** enorm, gewaltig (emotional), gigantisch, immens, kolossal (ugs. emotional), kräftig, riesig, ungeheuer. **b)** ⟨intensivierend bei Adjektiven und Verben⟩ *sehr, überaus:* es ist teuflisch kalt. **Syn.:** besonders, bitter, denkbar, enorm (ugs.), entsetzlich (ugs.), erbärmlich (ugs.), extrem, furchtbar (ugs.), fürchterlich (ugs.), gehörig, gewaltig (emotional), grauenhaft (emotional), höllisch (emotional), irre (emotional), irrsinnig (emotional), jämmerlich (emotional), kolossal (ugs. emotional), mörderisch (ugs.), reichlich, riesig (ugs.), schrecklich (ugs.), tödlich (emotional), total (ugs.), tüchtig, unheimlich (ugs.), unmäßig, unsagbar, verflucht (salopp), verteufelt (ugs.), wahnsinnig (ugs.), zutiefst.

Text [tɛkst], der; -[e]s, -e:
a) *[schriftlich fixierte] im Wortlaut festgelegte, inhaltlich zusammenhängende Folge von Aussagen:* ein literarischer Text; einen Text entwerfen, lesen; der Text des Vertrages bleibt geheim; sie schrieb die Texte *(Erläuterungen)* zu den Abbildungen. **Zus.:** Begleittext, Bibeltext, Gesetzestext, Originaltext, Quellentext, Rollentext, Übungstext, Vertragstext, Werbetext. **b)** *zu einem Musikstück gehörende Worte:* der Text des Songs ist von John Lennon; er hat den Text zu der Oper verfasst. **Zus.:** Lied[er]text, Operettentext, Operntext, Schlagertext.

tex|ten ['tɛkstn̩] ⟨itr.⟩:
Werbe- oder Schlagertexte verfassen: sie kann singen und texten; Designer, die auch texten können; ⟨auch tr.⟩ lustige Reime texten.

Tex|ter ['tɛkstɐ], der; -s, -, **Tex|te|rin** ['tɛkstərɪn], die; -, -nen:
Person, die Texte für die Werbung, für Schlager o. Ä. verfasst: als Texter in einer Werbeagentur arbeiten. **Zus.:** Schlagertexter, Schlagertexterin, Werbetexter, Werbetexterin.

Tex|ti|li|en [tɛks'ti:li̯ən], die ⟨Plural⟩:
aus Fasern hergestellte Stoffe, besonders Bekleidung, Wäsche usw.: ein Waschmittel für farbige Textilien. **Syn.:** Wirkwaren.

The|a|ter [te'a:tɐ], das; -s, -:
1. *zur Aufführung von Bühnenwerken bestimmtes Gebäude:* ein kleines, modernes Theater; ein neues Theater bauen. **Zus.:** Filmtheater, Kellertheater, Kindertheater, Stadttheater, Zimmertheater.
2. *Theater* (1) *als kulturelle Institution:* beim Theater abonniert sein; wir haben hier ein gutes Theater; sie will zum Theater gehen (ugs.; *will Schauspielerin werden*). **Syn.:** Bühne; die Bretter, die die Welt bedeuten; Kabarett. **Zus.:** Bauerntheater, Nationaltheater, Provinztheater, Sommertheater, Stadttheater, Studententheater.
3. ⟨ohne Plural⟩ *Vorstellung, Aufführung:* das Theater ist ausverkauft; nach dem Theater trafen wir uns in einem Café. **Zus.:** Kasperletheater, Marionettentheater, Puppentheater, Schattentheater.
4. ⟨ohne Plural⟩ (ugs. abwertend) *Unruhe, Verwirrung, Aufregung:* es gab viel Theater um diese Sache, wegen dieses Vorfalls. **Syn.:** Getue (ugs. abwertend), Krach (ugs.), Rummel (ugs.), Wirbel, Zirkus.

The|a|ter|stück [te'a:tɐʃtʏk], das; -[e]s, -e:
für die Bühne geschriebene Dichtung: ein Theaterstück aufführen. **Syn.:** Drama, Schauspiel, Spiel, Stück.

the|a|tra|lisch [tea'tra:lɪʃ] ⟨Adj.⟩:
in seinem Gehaben, seinen Äußerungen gespreizt-feierlich, pathetisch: theatralische Gebärden; er machte eine theatralische Bewegung; sie trat gern theatralisch auf. **Syn.:** affektiert (bildungsspr.), affig (ugs.), geschraubt (ugs. abwertend), geschwollen, gespreizt, geziert, hochtrabend (emotional), schwülstig.

-thek [te:k], die; -, -en ⟨zweiter Wortbestandteil; wohl verkürzt aus »Bibliothek«⟩ (auch scherzh.):
bezeichnet etwas als eine Zusammenstellung, Sammlung von etwas (z. B. von Büchern, Geräten), die sich auf das im ersten Wortbestandteil angegebene Gebiet o. Ä. bezieht, oder auch die dafür bestimmte Räumlichkeit: Artothek *(Raum, in dem sich eine Sammlung von Bildern befindet);* Diathek *(Sammlung von Diapositiven);* Diskothek; Fotothek; Infothek; Kartothek; Linguathek *(Einrichtung mit Lehrkursen in Fremdsprachen auf Tonträgern);* Lusothek *(Einrichtung, in der Denk- und Unterhaltungsspiele entliehen werden können);* Mediothek; Phonothek; Videothek.

The|ke ['te:kə], die; -, -n:
hoher, nach einer Seite abgeschlossener Tisch, an dem Gäste oder Kunden bedient werden: ein dicker Wirt stand hinter der Theke; sie reichte ihm die Brötchen über die Theke. **Syn.:** Schanktisch, Tresen. **Zus.:** Biertheke, Kühltheke, Ladentheke, Salattheke.

The|ma ['te:ma], das; -s, Themen ['te:mən]:
1. *Gegenstand oder leitender Gedanke einer Untersuchung, eines Gesprächs o. Ä.:* ein aktuelles, unerschöpfliches, politisches Thema; dieses Thema ist tabu; ein Thema behandeln; über ein Thema sprechen; wir wollen beim Thema bleiben *(nicht abschweifen)*. **Syn.:** Angelegenheit, Betreff, Frage, Gegenstand, Materie, Objekt, Punkt, Sache, Stoff. **Zus.:** Diskussionsthema, Gesprächsthema, Hauptthema, Lieblingsthema.
2. *Folge von Tönen, die einer Komposition zugrunde liegt:* das Thema einer Fuge; ein Thema verarbeiten, variieren. **Syn.:** Melodie, Weise. **Zus.:** Fugenthema, Sonatenthema.

The|ma|tik [te'ma:tɪk], die; -, -en:
Thema (1), *besonders im Hinblick auf seine Komplexität, die Vielfältigkeit seiner Aspekte:* der Vortrag war wegen der schwierigen Thematik schwer zu verstehen.

the|ma|tisch [te'ma:tɪʃ] ⟨Adj.⟩:
ein Thema betreffend, ihm entsprechend: etwas nach thematischen Gesichtspunkten ordnen; der Roman ist thematisch sehr interessant.

The|o|lo|ge [teo'lo:gə], der; -n, -n:
männliche Person, die Theologie studiert [hat] und auf diesem Gebiet beruflich, wissenschaftlich tätig ist: die Theologen streiten schon lange über dieses Problem. **Syn.:** Geistlicher, Pastor (landsch.), Pfarrer, Priester, Seelsorger.

The|o|lo|gie [teolo'gi:], die; -, Theologien [teolo'gi:ən]:
wissenschaftliche Lehre von einer als wahr vorausgesetzten [christlichen] Religion, ihrer Offenbarung, Überlieferung und Geschichte: katholische, evangelische Theologie studieren.

The|o|lo|gin [teo'lo:gɪn], die; -, -nen:
weibliche Form zu ↑Theologe.

the|o|lo|gisch [teo'lo:gɪʃ] ⟨Adj.⟩:
die Theologie betreffend, zu ihr gehörend, auf ihr beruhend: ein theologisches Problem erörtern; die theologische Fakultät.

The|o|re|ti|ker [teo're:tikɐ], der; -s, -, **The|o|re|ti|ke|rin** [teo're:tikərɪn], die; -, -nen:
1. *Person, die die theoretischen Grundlagen für etwas erarbeitet, die sich mit der Theorie eines [Fach]gebietes auseinandersetzt:* er gilt als Theoretiker der Partei; sie ist eine anerkannte Theoretikerin. **Syn.:** Akademiker, Akademikerin, Forscher, Forscherin, Gelehrte, Gelehrter, Wissenschaftler, Wissenschaftlerin. **Zus.:** Sprachtheoretiker, Sprachtheoretikerin, Wirtschaftstheoretiker, Wirtschaftstheoretikerin.
2. *Person, die sich nur gedanklich mit etwas beschäftigt, aber von der praktischen Ausführung nichts versteht:* der Minister ist nur ein Theoretiker, aber kein praktischer Politiker; Theoreti-

kerinnen haben wir schon genug.

the|o|re|tisch [teo're:tɪʃ] ⟨Adj.⟩:
1. *die Theorie von etwas betreffend:* theoretische Kenntnisse; eine theoretische Ausbildung erhalten; sie hat ein großes theoretisches Wissen; theoretische Chemie, Physik. **Syn.:** abstrakt, akademisch, wissenschaftlich. **Zus.:** erkenntnistheoretisch, sprachtheoretisch.
2. *[nur] gedanklich, die Wirklichkeit nicht [genügend] berücksichtigend:* theoretische Möglichkeiten; was du sagst, ist theoretisch richtig, aber die Wirklichkeit ist anders. **Syn.:** abstrakt, gedacht, ideell, vorgestellt.

The|o|rie [teo'ri:], die; -, Theorien [teo'ri:ən]:
System wissenschaftlich begründeter Aussagen zur Erklärung bestimmter Tatsachen oder Erscheinungen und der ihnen zugrunde liegenden Gesetzmäßigkeiten: eine kühne, unbeweisbare Theorie; eine Theorie aufstellen, beweisen; etwas in der Theorie beherrschen. **Syn.:** Lehre. **Zus.:** Erkenntnistheorie, Literaturtheorie, Quantentheorie, Relativitätstheorie, Sprachtheorie.

The|ra|pie [tera'pi:], die; -, Therapien [tera'pi:ən]:
Verfahren, Methode zur Heilung einer Krankheit; Heilbehandlung: sie wurde während der Kur nach einer neuen Therapie behandelt; sie macht eine Therapie *(Psychotherapie).* **Zus.:** Bewegungstherapie, Chemotherapie, Frischzellentherapie, Paartherapie, Psychotherapie.

Ther|mo|me|ter [tɛrmo'me:tɐ], das; -s, -:
Gerät zum Messen der Temperatur: das Thermometer zeigt 5 Grad über null; das Thermometer steigt *(es wird wärmer).* **Zus.:** Außenthermometer, Fieberthermometer, Quecksilberthermometer, Zimmerthermometer.

Ther|mos|tat [tɛrmo'sta:t], der; -[e]s und -en, -e[n]:
Vorrichtung, die das Einhalten einer bestimmten gewünschten Temperatur bewirkt: durch den Thermostat[en] wird die Temperatur immer auf 20 Grad gehalten.

The|se ['te:zə], die; -, -n (bildungsspr.):
behauptend aufgestellter Satz, der als Ausgangspunkt für die weitere Argumentation dient: eine kühne, überzeugende, fragwürdige These; eine These aufstellen, verteidigen. **Syn.:** Ansatz, Lehre, Theorie. **Zus.:** Grundthese, Hauptthese.

Thril|ler ['θrɪlɐ], der; -s, -:
Film, auch Roman oder Theaterstück, der Spannung und Nervenkitzel erzeugt: dieser Film ist ein ausgesprochener Thriller; sie wollen sich einen Thriller ansehen. **Zus.:** Politthriller, Psychothriller.

Thron [tro:n], der; -[e]s, -e:
[erhöhter Sitz] eines Monarchen für feierliche Anlässe: ein prächtiger, goldener Thron; die neue Königin bestieg den Thron *(übernahm die Regierung).* **Zus.:** Fürstenthron, Kaiserthron, Königsthron.

thro|nen ['tro:nən] ⟨itr.; hat⟩:
auf erhöhtem oder exponiertem Platz sitzen und dadurch die Szene beherrschen: er thronte auf dem Podium hinter seinem Tisch.

Thron|fol|ger ['tro:nfɔlgɐ], der; -s, -, **Thron|fol|ge|rin** ['tro:nfɔlgərɪn], die; -, -nen:
Person, die nach dem Tod eines Monarchen, einer Monarchin dessen bzw. deren Nachfolger[in] wird: der spanische Thronfolger Felipe.

Thun|fisch ['tu:nfɪʃ], der; -[e]s, -e, **Tunfisch:**
a) *(besonders im Atlantik und Mittelmeer lebender) großer Fisch mit blauschwarzem Rücken, silbrig grauen Seiten, weißlichem Bauch und mondsichelförmiger Schwanzflosse:* Hochseefische wie Thunfisch und Hai sind vom Aussterben bedroht. **b)** *Fleisch des Thunfisches:* eine Büchse Thunfisch essen.

Tick [tɪk], der; -s, -s (ugs.):
lächerlich oder befremdlich wirkende Eigenheit, Angewohnheit: er hatte den Tick, sich nach jedem Händedruck die Hände zu waschen. **Syn.:** Eigenart, fixe Idee, Marotte, Schrulle, Spleen, Unart.

ti|cken ['tɪkn̩] ⟨itr.; hat⟩:
1. *in [schneller] gleichmäßiger Aufeinanderfolge einen kurzen, hellen [metallisch klingenden] Ton hören lassen:* die Uhr tickt; der Holzwurm tickt im Gebälk.
2. (ugs.) *denken und handeln:* du tickst wohl/bei dir tickt es wohl nicht [ganz] richtig *(du bist wohl nicht recht bei Verstand).*

Ti|cket ['tɪkət], das; -s, -s:
Fahrschein (besonders für eine Schiffs- oder Flugreise): er bestellte zwei Tickets nach Rom; sie hatte kein gültiges Ticket. **Syn.:** Billett (schweiz., sonst veraltet), Fahrkarte, Karte. **Zus.:** Flugticket, Jobticket.

tief [ti:f] ⟨Adj.⟩:
1. a) *weit nach unten ausgedehnt oder gerichtet:* ein tiefes Tal; ein tiefer Abgrund; der Brunnen ist [sehr] tief; tief graben, bohren. **Syn.:** bodenlos. **Zus.:** abgrundtief. **b)** *weit in das Innere von etwas hineinreichend, sich im Inneren befindend:* eine tiefe Wunde; die Bühne ist sehr tief; er wohnt tief im Walde. **c)** *in niedriger Lage:* das Haus liegt tiefer als die Straße.
2. ⟨in Verbindung mit Angaben von Maßen⟩ *eine bestimmte Tiefe habend:* eine zwei Meter tiefe Grube; die Bohrung ist 2 cm tief. **Zus.:** knöcheltief, zentimetertief.
3. *durch eine niedrige Zahl von Schwingungen dunkel klingend* /Ggs. hoch/: ein tiefer Ton.
4. *nicht oberflächlich, vordergründig, sondern zum Wesentlichen vordringend:* eine tief greifende *(grundlegende)* Wandlung, Veränderung; tiefe Gedanken; eine tiefe Einsicht; das hat einen tiefen Sinn. **Syn.:** drastisch, einschneidend, empfindlich, entscheidend, gravierend (bildungsspr.), merklich, nachhaltig.
5. *sehr groß oder stark:* ein tiefer Schmerz; in tiefer Not sein; tief erschüttert sein. **Syn.:** heftig.

Tief [ti:f], das; -s, -s:
Gebiet mit niedrigem Luftdruck /Ggs. Hoch/: ein ausgedehntes Tief; von Westen zieht ein Tief heran. **Zus.:** Randtief, Sturmtief.

tief- [ti:f] ⟨adjektivisches Präfixoid, auch das Basiswort ist betont; Basiswort ist eine meist dunkle Farbe⟩:
besonders intensiv, dunkel: tief-

blau; tiefbraun; tiefgrün; tiefrot; tiefschwarz. **Syn.:** dunkel-.

Tie|fe ['ti:fə], die; -, -n:
1. *Ausdehnung oder Richtung nach unten oder innen:* eine schwindelerregende Tiefe; die Tiefe eines Schachtes messen; in die Tiefe stürzen, dringen. **Zus.:** Meerestiefe.
2. *tief gelegene Stelle:* dieser Fisch lebt in großen Tiefen des Meeres.
3. ⟨ohne Plural⟩ *Tiefgründigkeit, wesentlicher, geistiger Gehalt:* die philosophische Tiefe ihrer Gedanken; Gedanken von großer Tiefe.
4. ⟨ohne Plural⟩ *(von Gefühlen, Empfindungen) das Tiefsein; großes Ausmaß, Heftigkeit:* die Tiefe ihres Schmerzes, ihrer Liebe. **Syn.:** Ausmaß, Dimension, Stärke.

Tiefe/Untiefe

Unter **Tiefe** versteht man die *senkrechte Ausdehnung nach unten* und die *Ausdehnung einer Fläche von vorn nach hinten.*
Davon zu unterscheiden ist das Wort **Untiefe,** das in gegensätzlichen Bedeutungen gebräuchlich ist:
1. *seichte, flache Stelle in einem Gewässer:*
– Das Schiff saß auf einer Untiefe auf.

2. *abgrundartige, sehr große Tiefe in einem Gewässer:*
– Die Untiefen unweit des Ufers machten das Baden gefährlich.

Tief|ga|ra|ge ['ti:fgara:ʒə], die; -, -n:
unterirdische Garage: er fährt das Auto in die Tiefgarage; sie hat einen Parkplatz in der Tiefgarage gemietet.

tief|grün|dig ['ti:fgrʏndɪç] ⟨Adj.⟩:
a) *tiefen Sinn habend:* sie stellt tiefgründige Fragen. **Syn.:** tief gehend, tiefsinnig. **b)** *etwas gründlich durchdenkend:* eine tiefgründige Untersuchung.

Tief|punkt ['ti:fpʊŋkt], der; -[e]s, -e:
tiefster Punkt, negativster oder besonders negativer Abschnitt einer Entwicklung, eines Ablaufs o. Ä.: die Stimmung hatte ihren Tiefpunkt erreicht; einen seelischen Tiefpunkt haben *(sehr deprimiert sein).* **Syn.:** Tiefstand.

tief|sin|nig ['ti:fzɪnɪç] ⟨Adj.⟩:
von gründlichem Nachdenken zeugend; gehaltvoll: sie machte eine tiefsinnige Bemerkung. **Syn.:** tief gehend, tiefgründig.

Tief|stand ['ti:fʃtant], der; -[e]s:
sehr schlechte, kritische Situation (innerhalb einer Entwicklung): das Land hat einen sozialen, wirtschaftlichen Tiefstand erreicht. **Syn.:** Tiefpunkt.

Tie|gel ['ti:gl̩], der; -s, -:
oft feuerfestes, meist flacheres rundes Gefäß zum Erhitzen, Schmelzen, auch zum Aufbewahren bestimmter Stoffe: ein metallener Tiegel; Metall in einem Tiegel schmelzen. **Zus.:** Schmelztiegel.

Tier [ti:ɐ̯], das; -[e]s, -e:
Lebewesen, das sich vom Menschen durch die stärkere Ausbildung der Sinne und Instinkte und durch das Fehlen von Vernunft und Sprache unterscheidet: ein zahmes, wildes Tier; die niederen, höheren Tiere; sie kann mit Tieren toll umgehen. **Syn.:** Bestie, Biest (emotional). **Zus.:** Fabeltier, Jungtier.

Tier|gar|ten ['ti:ɐ̯gartn̩], der; -s, Tiergärten [ti:ɐ̯gɛrtn̩]:
öffentliche Einrichtung zur Haltung von [exotischen] Tieren in Gehegen, Gärten, Käfigen usw.: der Frankfurter Tiergarten; im Tiergarten gibt es junge Löwen. **Syn.:** Zoo.

tie|risch ['ti:rɪʃ] ⟨Adj.⟩:
1. *zum Tier gehörend, vom Tier stammend:* tierische Eiweiße; tierisches Fett; tierischer Dünger.
2. (abwertend) *triebhaft wie ein Tier; roh, nicht menschlich:* tierisches Verlangen; tierische Grausamkeit. **Syn.:** hemmungslos.

Tier|ver|such ['ti:ɐ̯fɛɐ̯zu:x], der; -[e]s, -e:
wissenschaftliches Experiment an oder mit lebenden Tieren: Cremes, die im Tierversuch getestet wurden.

Ti|ger ['ti:gɐ], der; -s, -:
großes Raubtier von rotbrauner Färbung mit schwarzen Streifen, das in Asien zu Hause ist: die Zahl der frei lebenden Tiger ist dramatisch gesunken.

til|gen ['tɪlgn̩] ⟨tr.; hat⟩:
a) *endgültig beseitigen, löschen:* die Spuren eines Verbrechens tilgen; eine Erinnerung aus seinem Gedächtnis tilgen. **Syn.:** ausrotten, ausstreichen, entfernen, streichen. **b)** *durch Zurückzahlen aufheben:* ein Darlehen [durch monatliche Ratenzahlungen nach und nach] tilgen. **Syn.:** abstottern (ugs.), abzahlen, [1]löschen.

Til|gung ['tɪlgʊŋ], die; -, -en:
a) *das Tilgen* (a); *das Getilgtwerden:* die Tilgung aller Druckfehler. **b)** *das Tilgen* (b); *das Getilgtwerden:* die Tilgung der Hypothek. **Zus.:** Schuldentilgung.

tin|geln ['tɪŋl̩n], tingelte, getingelt (Jargon):
a) ⟨itr.; hat⟩ *als Akteur[in] im Schaugeschäft abwechselnd an verschiedenen Orten bei Veranstaltungen unterschiedlicher Art auftreten:* er hat jahrelang in Diskotheken getingelt. **b)** ⟨itr.; ist⟩ *tingelnd* (a) *umherziehen, umherreisen:* sie ist durch Kasinos und Kneipen getingelt.

Tin|te ['tɪntə], die; -, -n:
schwarze oder andersfarbige Flüssigkeit, die zum Schreiben dient: sie schreibt gern mit grüner Tinte.

Tipp [tɪp], der; -s, -s:
nützlicher Hinweis, Wink, guter Rat: ein nützlicher, wertvoller Tipp; jmdm. einen Tipp geben; das war ein guter Tipp. **Syn.:** Anregung, Empfehlung, Ratschlag, Vorschlag.

tip|peln ['tɪpl̩n], tippelte, getippelt ⟨itr.; ist⟩:
[einen weiten, lästigen Weg] zu Fuß gehen, wandern: wir mussten bis zur nächsten Bahnstation tippeln; wir sind die ganze Strecke getippelt.

[1]tip|pen ['tɪpn̩]:
a) ⟨itr.; hat⟩ *(etwas, jmdn.) irgendwo leicht berühren:* an die Scheibe tippen; er hat mir/mich auf die Schulter getippt. **Syn.:** klopfen, schlagen. **b)** ⟨tr.; hat⟩ (ugs.) *auf einer Tastatur schreiben:* eine Nummer auf dem Handy tippen; er hat den Brief [selbst] in den Computer getippt; sie tippte pausenlos E-Mails in ihren Laptop; ⟨auch itr.⟩ ich kann nur mit zwei Fingern tippen.

[2]tip|pen ['tɪpn̩] ⟨itr.; hat⟩:
1. (ugs.) *etwas voraussagen oder vermuten:* mit deiner Vermu-

tung hast du richtig getippt; ich tippe [darauf], dass er morgen kommt. **Syn.:** annehmen, sich ausrechnen, denken, sich einbilden, erwarten, schätzen (ugs.). **2.** *im Toto oder Lotto wetten:* sie tippt jede Woche.

tipp|topp ['tɪp'tɔp] ⟨Adj.⟩ (ugs.): *sehr gut, tadellos, ausgezeichnet:* sie ist immer tipptopp gekleidet. **Syn.:** bestens, einwandfrei, exzellent, hervorragend, klasse (ugs.), korrekt, prima, schön, super (ugs.), toll (ugs.), vortrefflich.

Tisch [tɪʃ], der; -[e]s, -e: *Möbelstück, das aus einer waagerecht auf einer Stütze, in der Regel auf vier Beinen, ruhenden Platte besteht, an der gegessen, gearbeitet, auf die etwas gestellt, gelegt werden kann:* ein großer, runder, viereckiger Tisch; sie sitzt am Tisch; ein reich gedeckter Tisch; ein Tisch im Lokal war noch frei; sie mussten ein paar Tische zusammenrücken. **Syn.:** Tafel. **Zus.:** Campingtisch, Eichentisch, Esstisch, Gartentisch, Holztisch, Klapptisch, Küchentisch, Marmortisch.

Tisch|ler ['tɪʃlɐ], der; -s, -, **Tisch|le|rin** ['tɪʃlərɪn], die; -, -nen: *Person, die beruflich Holz (und auch Kunststoff) verarbeitet, bestimmte Gegenstände, besonders Möbel, daraus herstellt oder bearbeitet, einbaut o. Ä.:* ein Regal vom Tischler passgenau bauen lassen. **Syn.:** Schreiner, Schreinerin. **Zus.:** Möbeltischler, Möbeltischlerin.

Ti|tel ['ti:tl̩], der; -s, -: **1. a)** *jmds. Rang, Stand, Amt, Würde kennzeichnende Bezeichnung, die als Zusatz vor den Namen gestellt werden kann:* ein akademischer, diplomatischer Titel; den Titel einer Professorin haben; er führt den Titel »Regierender Bürgermeister«; sie macht keinen Gebrauch von ihrem Titel. **Syn.:** Grad. **Zus.:** Adelstitel, Doktortitel, Ehrentitel, Professorentitel. **b)** *im sportlichen Wettkampf errungene Bezeichnung eines bestimmten Ranges, einer bestimmten Würde:* den Titel eines Weltmeisters abgeben müssen; sie hat sich mit dieser Übung den Titel im Bodenturnen gesichert; sie hat in dieser Disziplin sämtliche Titel errungen. **Zus.:** Meistertitel, Siegertitel. **2.** *kennzeichnender Name eines Buches, einer Schrift, eines Kunstwerks o. Ä.:* ein kurzer, prägnanter Titel; das Buch trägt einen vielversprechenden Titel; der Roman hat den Titel »Der Bär«; ein Film mit dem Titel »Titanic«. **Syn.:** Überschrift. **Zus.:** Buchtitel, Filmtitel, Romantitel. **3.** (schweiz.) *Überschrift:* ein gelungener Titel.

Toast [to:st], der; -[e]s, -e und -s: **1. a)** *getoastetes Weißbrot:* eine Scheibe Toast. **Syn.:** Schnitte. **b)** *Scheibe Toast* (1 a): zum Frühstück isst er nur einen Toast mit Marmelade. **Syn.:** Schnitte. **Zus.:** Schinkentoast. **2.** *bei festlichen Gelegenheiten zu jmds. Ehren gehaltene kleine Rede o. Ä., verbunden mit der Aufforderung, die Gläser zu erheben und gemeinsam auf das Wohl des Geehrten zu trinken:* einen Toast [auf jmdn.] ausbringen. **Syn.:** Trinkspruch.

Toast|brot ['to:stbro:t], das; -[e]s, -e: **1.** *[in Scheiben geschnittenes] Weißbrot zum Toasten:* denkst du bitte daran, ein Toastbrot einzukaufen? **2.** *einzelne Scheibe Toast:* Rührei mit Toastbrot.

toas|ten ['to:stn̩] ⟨tr.; hat⟩: *(besonders Weißbrotscheiben) [mithilfe eines Toasters] rösten:* soll ich noch eine Scheibe toasten?; getoastetes Weißbrot.

Toas|ter ['to:stɐ], der; -s, -: *elektrisches Gerät zum Rösten von (in Scheiben geschnittenem) Brot, auch von Brötchen:* den Toaster auskühlen lassen und in den Schrank stellen.

to|ben ['to:bn̩], tobte, getobt: **1.** ⟨itr.; hat⟩ *in wilder Bewegung [und von zerstörerischer Wirkung] sein:* das Meer, der Sturm tobte; hier hat ein Unwetter getobt. **Syn.:** wüten. **2. a)** ⟨itr.; hat⟩ *(von Kindern) wild und ausgelassen lärmend herumtollen:* im Garten können die Kinder toben, so viel sie wollen. **Syn.:** sich austoben, lärmen, tollen. **Zus.:** umhertoben, [he]rumtoben. **b)** ⟨itr.; ist⟩ *sich tobend* (2 a) *irgendwohin bewegen:* die Kinder toben durchs Haus. **3.** ⟨itr.; hat⟩ *sich wild gebärden, außer sich sein:* er tobte vor Wut. **Syn.:** rasen, wüten.

Toch|ter ['tɔxtɐ], die; -, Töchter ['tœçtɐ]: *unmittelbarer weiblicher Nachkomme:* eine Tochter aus erster Ehe; unsere älteste, jüngste, einzige, kleine Tochter; Mutter und Tochter sehen sich sehr ähnlich; sie haben zwei Töchter und einen Sohn. **Zus.:** Adoptivtochter, Lieblingstochter.

Tod [to:t], der; -[e]s, -e: *das Sterben eines Lebewesens:* einen sanften, schweren Tod haben; der Tod ist durch Ersticken eingetreten; der Arzt konnte nur noch den Tod feststellen; jmdm., sich den Tod wünschen; der Mörder wurde zum Tode verurteilt. **Syn.:** Ableben (geh.). **Zus.:** Erstickungstod, Feuertod, Flammentod, Hungertod, Kältetod, Strahlentod, Unfalltod.

tod- [to:t] ⟨adjektivisches Präfixoid⟩ (emotional verstärkend): *sehr, ganz, äußerst:* todernst; todhungrig; todkrank; todlangweilig; todmüde; todschick; todsicher; todtraurig; todunglücklich. **Syn.:** erz- (emotional verstärkend, meist in negativer Bedeutung), stock- (ugs., verstärkend).

To|des|stra|fe ['to:dəsʃtra:fə], die; -, -n: *Strafe, die darin besteht, dass die zu bestrafende Person getötet wird:* die Todesstrafe abschaffen.

töd|lich ['tø:tlɪç] ⟨Adj.⟩: **1. a)** *den Tod herbeiführend:* eine tödliche Verletzung, Krankheit; das tödliche Gift; eine tödliche Dosis; ein tödlicher Unfall; ein Abenteuer mit tödlichem Ausgang; er ist tödlich verunglückt *(durch einen Unfall zu Tode gekommen).* **b)** *das Leben bedrohend:* eine tödliche Gefahr. **2. a)** (emotional) *sehr groß:* tödlicher Hass, Ernst; tödliche Langeweile; mit tödlicher Sicherheit. **b)** ⟨verstärkend bei Verben⟩ (emotional) *sehr:* er hat sich tödlich gelangweilt, war tödlich beleidigt. **Syn.:** entsetzlich, furchtbar (ugs.), fürchterlich (ugs.), grauenhaft (emotional), kolossal (ugs.), maßlos, schrecklich (ugs.), ungeheuer.

[1]Toi|let|te [to̯a'lɛtə], die; -, -n:
a) *meist kleinerer Raum mit einer [1]Toilette* (b) *[und einer Waschgelegenheit]:* auf die, zur Toilette gehen, müssen; sich in der Toilette einschließen. **Syn.:** Abort (veraltend), Klo (fam.), Klosett, Latrine, sanitäre Anlagen, WC. **Zus.:** Damentoilette, Gästetoilette, Herrentoilette. **b)** *Becken zur Aufnahme und zum Wegspülen besonders der Ausscheidungen des Menschen:* etwas in die Toilette werfen; bitte keine Damenbinden in die Toilette werfen. **Syn.:** Kloschüssel (ugs.), Klosettbecken.

[2]Toi|let|te [to̯a'lɛtə], die; - ⟨ohne Plural⟩:
das Sichankleiden, Sichzurechtmachen: die morgendliche Toilette; Toilette machen. **Zus.:** Abendtoilette, Morgentoilette.

Toi|let|ten|pa|pier [to̯a'lɛtn̩papi:ɐ̯], das; -s, -e:
saugfähiges Papier zum Sichabwischen nach der Toilettenbenutzung: ein Stück, eine Rolle Toilettenpapier. **Syn.:** Klopapier.

toi, toi, toi ['tɔy̯ 'tɔy̯ 'tɔy̯] (ugs.):
Ausruf, mit dem man jmdm. für ein Vorhaben Glück, Erfolg wünscht: na, dann toi, toi, toi [für deine Prüfung, für dein Vorstellungsgespräch, für morgen]!

to|le|rant [tole'rant] ⟨Adj.⟩:
1. *großzügig gegenüber Andersdenkenden; andere Meinungen, Verhaltensweisen gelten lassend:* er hat eine tolerante Gesinnung; er war tolerant gegenüber fremden Meinungen. **Syn.:** aufgeschlossen, duldsam, freiheitlich, freizügig, nachsichtig, verständnisvoll, weitherzig.
2. (ugs. verhüll.) *in sexueller Hinsicht freizügig, ohne Vorurteile, aufgeschlossen:* er, 38, sucht für Freizeitgestaltung tolerante Dame.

To|le|ranz [tole'rants], die; -:
tolerante Gesinnung, tolerantes Verhalten: Toleranz zeigen, üben. **Syn.:** Entgegenkommen, Verständnis.

to|le|rie|ren [tole'ri:rən] ⟨tr.; hat⟩:
dulden, gelten lassen (obwohl die betreffende Person oder Sache nicht den eigenen Vorstellungen o. Ä. entspricht): sie toleriert sein Verhalten, seine Meinung; die Parteien tolerieren sich gegenseitig. **Syn.:** akzeptieren, anerkennen, billigen, respektieren.

toll [tɔl] ⟨Adj.⟩ (ugs.):
1. *übermütig:* tolle Streiche machen.
2. a) *sehr schön, begeisternd, aufregend o. Ä.:* er fährt einen tollen Wagen; das Fest war einfach toll; sie hat ganz toll gesungen. **Syn.:** ausgezeichnet, bezaubernd, einmalig, entzückend, exzellent, famos (ugs.), fein, fetzig (jugendspr.), grandios, großartig, herrlich (emotional), hervorragend, klasse (ugs.), prima, spitze, super (ugs.), unübertrefflich, unwiderstehlich, vortrefflich, vorzüglich. **b)** *schlimm:* ein toller Lärm; er treibt es gar zu toll.

tol|len ['tɔlən]:
a) ⟨itr.; hat⟩ *beim Spielen wild und lärmend umherjagen:* im Garten können die Kinder nach Herzenslust tollen. **Syn.:** sich austoben, lärmen, toben. **Zus.:** umhertollen, [he]rumtollen.
b) ⟨itr.; ist⟩ *sich tollend* (a) *irgendwohin bewegen:* die Kinder tollen durch den Garten.

toll|kühn ['tɔlky:n] ⟨Adj.⟩ (emotional):
von einem Wagemut [zeugend], der die Gefahr nicht achtet: ein tollkühner Reiter; tollkühn wagte er den Sprung. **Syn.:** beherzt, couragiert, furchtlos, heldenhaft, kühn, mutig, tapfer, unerschrocken, unverzagt, verwegen (emotional), wagemutig, waghalsig.

Toll|patsch ['tɔlpatʃ], der; -[e]s, -e (abwertend):
ungeschickter, unbeholfener Mensch: du bist ein Tollpatsch!; mit diesem Tollpatsch kann man nichts anfangen. **Syn.:** Tölpel (abwertend).

Töl|pel ['tœlpl̩], der; -s, - (abwertend):
einfältiger, ungeschickter Mensch: dieser Tölpel macht auch alles verkehrt! **Syn.:** Tollpatsch.

To|ma|te [to'ma:tə], die; -, -n:
a) *als Gemüsepflanze angebaute Pflanze mit Fiederblättern, gelben, sternförmigen Blüten und runden [orange]roten, fleischigen Früchten:* im Garten Tomaten anpflanzen. **Zus.:** Treibhaustomate. **b)** *[als Gemüse verwendete] Frucht der Tomate* (a): getrocknete, gegrillte Tomaten.

To|ma|ten|sup|pe [to'ma:tn̩zʊpə], die; -, -n:
aus gekochten und passierten Tomaten hergestellte Suppe: ein Teller Tomatensuppe.

Tom|bo|la ['tɔmbola], die; -, -s:
Verlosung von [gestifteten] Gegenständen bei einem Fest: eine Tombola veranstalten. **Syn.:** Glücksspiel.

[1]Ton [to:n], der; -[e]s, -e:
besonders zur Herstellung von Töpferwaren verwendetes lockeres, feinkörniges Sediment von gelblicher bis grauer Farbe: Ton kneten; etwas in Ton modellieren; eine Vase aus Ton. **Zus.:** Töpferton.

[2]Ton [to:n], der; -[e]s, Töne ['tø:nə]:
1. *auf das Gehör wirkende gleichmäßige Schwingung der Luft:* leise, tiefe Töne; das Instrument hat einen schönen Ton *(Klang).* **Syn.:** Klang, Laut, Schall. **Zus.:** Fanfarenton, Flötenton, Geigenton, Glockenton, Harfenton, Orgelton, Pfeifton.
2. ⟨ohne Plural⟩ *Betonung:* der Ton liegt auf der ersten Silbe; die erste Silbe trägt den Ton.
3. ⟨ohne Plural⟩ *Art und Weise des [Miteinander]redens und Schreibens:* er ermahnte uns in freundlichem Ton; der überhebliche Ton seines Briefs ärgerte mich; bei uns herrscht ein rauer Ton. **Syn.:** Akzent, Aussprache. **Zus.:** Befehlston, Plauderton.
4. *Farbton:* ein Gemälde in blauen, satten Tönen. **Syn.:** Farbe. **Zus.:** Blauton, Braunton, Bronzeton, Gelbton, Goldton, Grauton, Grünton, Lilaton, Pastellton, Rotton, Silberton, Violettton.

Ton|band ['to:nbant], das; -[e]s, Tonbänder ['to:nbɛndɐ]:
schmales, auf einer Spule aufgewickeltes, mit einer magnetisierbaren Schicht versehenes Kunststoffband, das zur magnetischen Speicherung besonders von Sprache und Musik dient: etwas auf Tonband aufnehmen; das Tonband anhalten, abspielen, löschen, zurückspulen. **Syn.:** Band, Kassette. **Zus.:** Magnettonband.

tö|nen ['tøːnən]:
1. ⟨itr.; hat⟩ *als Ton oder Schall hörbar sein:* Musik tönte aus dem Lokal. **Syn.:** dröhnen, ertönen, gellen, hallen, klingen, schallen. **Zus.:** ertönen, forttönen, übertönen.
2. ⟨tr.; hat⟩ *in der Farbe verändern, mit einer Nuance versehen:* sie hat ihr Haar dunkel getönt; die Wand ist [leicht] gelb getönt.

Ton|lei|ter ['toːnlai̯tɐ], die; -, -n (Musik):
Abfolge von in bestimmten Abständen aufeinanderfolgenden Tönen: die Tonleiter üben.

ton|los ['toːnloːs] ⟨Adj.⟩:
[leise und] ohne Klang, ohne Wechsel in Tonfall oder Ausdruck: mit tonloser Stimme las er ihr den Brief vor.

Ton|ne ['tɔnə], die; -, -n:
1. *großer, zylindrischer, einem Fass ähnlicher Behälter (zum Aufnehmen, Transportieren besonders von flüssigen Stoffen):* der Müll wird sortiert und in drei Tonnen gesammelt. **Zus.:** Abfalltonne, Benzintonne, Blechtonne, Eisentonne, Holztonne, Mülltonne.
2. Einheit der Masse (Abkürzung: t): *tausend Kilogramm:* eine Tonne Getreide; die Maschine wiegt fünf Tonnen.

top- [tɔp] ⟨Präfixoid; besonders in der Journalistensprache⟩ (emotional verstärkend):
in höchstem Maße, sehr, in unübertrefflich schöner o. ä. Weise: topaktuell; topeingerichtet; topfit; topmodisch.

Top- [tɔp] ⟨Präfixoid; besonders in der Journalistensprache⟩ (emotional verstärkend):
a) *Höchst-, Best-:* Topausbildung; Topform; Topjob; Topkarriere; Topleistung; Topmaterial; Topzeit; Topziel; Topzustand. **b)** *an der Spitze stehend, in seiner Art herausragend:* Topangebot; Topereignis; Topfahrzeug; Topform; Tophit; Topkamera; Toplage; Topposition; Topqualität. **c)** *(in Bezug auf Personen) zur Spitze gehörend, von höchstem Rang, in führender Stellung:* Topagent; Topathletin; Topbesetzung; Topfavorit; Topgitarrist; Topingenieurin; Topkraft; Topmanagerin; Topmodell; Topspiel; Topspion; Topteam; Topterroristin. **Syn.:** Bomben- (ugs., verstärkend), Chef-, Klasse- (ugs. verstärkend), Meister-, Riesen- (ugs., emotional verstärkend), Spitzen- (emotional), Super- (emotional verstärkend).

Topf [tɔp͡f], der; -[e]s, Töpfe ['tœp͡fə]:
1. *(aus feuerfestem Material bestehendes) zylindrisches Gefäß [mit Deckel], in dem Speisen gekocht werden:* einen Topf auf den Herd setzen; welchen Topf nimmst du für die Nudeln? **Syn.:** Kessel, Kochtopf, Pfanne (schweiz.). **Zus.:** Aluminiumtopf, Blechtopf, Email[le]topf, Fleischtopf, Henkeltopf, Kupfertopf, Schmortopf, Schnellkochtopf, Wassertopf.
2. *[zylindrisches] Gefäß aus unterschiedlichem Material, für unterschiedliche Zwecke:* ein Topf aus Porzellan für Milch; Töpfe mit Blumen. **Syn.:** Behälter, Behältnis. **Zus.:** Blumentopf, Farbtopf, Honigtopf, Kaffeetopf, Kleistertopf, Leimtopf, Marmeladentopf, Milchtopf, Mustopf, Salbentopf, Schminktopf, Senftopf, Steintopf, Tontopf.

Top|fen ['tɔp͡fn̩], der; -s (österr.):
[1]*Quark* (1): ein Strudel mit Topfen.

Töp|fer ['tœp͡fɐ], der; -s, -, **Töp|fe|rin** ['tœp͡fərɪn], die; -, -nen:
Person, deren Handwerk es ist, Gefäße o. Ä. aus Ton herzustellen: diese Übertöpfe habe ich mir extra von der Töpferin anfertigen lassen.

Topf|lap|pen ['tɔp͡flapn̩], der; -s, -:
kleiner, dicker Lappen zum Anfassen heißer Kochtöpfe, Backbleche o. Ä.: ein Paar [selbst gehäkelte] Topflappen.

[1]**Tor** [toːɐ̯], das; -[e]s, -e:
1. a) *zum Hindurchgehen, Hindurchfahren bestimmte große Öffnung in einem Gebäude, in der Einfriedung eines Grundstücks:* der Hof hat zwei Tore. **Syn.:** Ausfahrt, Einfahrt, Eingang, Portal. **b)** *[ein- oder zweiflügelige] Vorrichtung aus Holz, Metall o. Ä. zum Verschließen eines Tors* (1 a): ans Tor klopfen; das Tor öffnen, schließen, abschließen; ein schmiedeeisernes Tor. **Syn.:** Tür. **Zus.:** Burgtor, Einfahrtstor, Eingangstor, Garagentor, Gartentor, Gattertor, Hoftor, Parktor, Scheunentor, Schlosstor.
2. a) *(besonders bei Ballspielen) durch zwei Pfosten und eine sie verbindende Querlatte markiertes Ziel, in das der Ball zu spielen ist:* er trat, warf den Ball ins Tor; sie steht bei uns im Tor *(sie ist unsere Torwartin).* **Zus.:** Eishockeytor, Fußballtor, Handballtor. **b)** *Treffer mit dem Ball in das* [1]*Tor* (2 a): ein Tor schießen; die Mannschaft siegte mit 4 : 2 Toren. **Zus.:** Ausgleichstor, Kopfballtor, Siegestor.

[2]**Tor** [toːɐ̯], der; -en, -en (geh. veraltend):
Mensch, dessen Handlungsweise unklug ist: was war er, bin ich für ein Tor! **Syn.:** Depp (bes. südd., österr., schweiz. abwertend), doofe Nuss (ugs. abwertend), Dummkopf (abwertend), Dussel (abwertend), Hammel (salopp abwertend), Idiot (ugs. abwertend), Kamel (salopp abwertend), Kindskopf (ugs.), Narr (geh. veraltend), Spinner (ugs.), Tropf (oft abwertend), Trottel (ugs. abwertend).

Torf [tɔrf], der; -[e]s, -e:
in Mooren abgelagerter, durch Zersetzung von Pflanzen entstandener Stoff, der als Material zum Heizen, als Dünger oder in Heilbädern verwendet wird: mit Torf heizen; Torf abbauen, stechen.

Tor|heit ['toːɐ̯hai̯t], die; -, -en (geh.):
törichte Handlung: er beging die Torheit, mit vollem Magen zu baden. **Syn.:** Blödsinn (ugs. abwertend), Dummheit, Idiotie (ugs. abwertend), Irrsinn (emotional), Quatsch (ugs.), Schwachsinn (ugs. abwertend), Stuss (ugs. abwertend), Unsinn, Unvernunft.

tö|richt ['tøːrɪçt] ⟨Adj.⟩ (abwertend):
unklug, unvernünftig, ohne Verstand [handelnd]: eine törichte Frage; es wäre töricht, so etwas zu tun, zu verlangen. **Syn.:** dumm, ungeschickt.

Tö|rin ['tøːrɪn], die; -, -nen (geh. veraltend):
weibliche Form zu ↑ [2]Tor.

tor|keln ['tɔrkl̩n]:
a) ⟨itr.; hat/ist⟩ *(durch Trunkenheit oder durch einen Schwächezustand verursacht) schwan-*

kend, taumelnd gehen: sie konnte nur noch torkeln. **Syn.:** wanken. **Zus.:** herumtorkeln, rumtorkeln, umhertorkeln. **b)** ⟨itr.; ist⟩ *sich torkelnd* (a) *irgendwohin bewegen:* der Betrunkene torkelte auf die Fahrbahn, über die Straße.

Tor|nis|ter [tɔrˈnɪstɐ], der; -s, -: **a)** *(als Marschgepäck) auf dem Rücken getragenes sackartiges Behältnis:* den Tornister auf den Rücken nehmen. **Syn.:** Rucksack. **b)** (landsch.) *auf dem Rücken getragene Schultasche.* **Syn.:** Ranzen. **Zus.:** Schultornister.

tor|pe|die|ren [tɔrpeˈdiːrən] ⟨tr.; hat⟩:
1. *mit Torpedos beschießen:* ein Schiff torpedieren. **Syn.:** schießen auf, unter Beschuss nehmen, unter Feuer nehmen.
2. *durch Gegenmaßnahmen behindern, vereiteln:* einen Plan, eine Politik torpedieren. **Syn.:** angehen gegen, ankämpfen gegen, begegnen (geh.), bekämpfen, entgegentreten.

Tor|pe|do [tɔrˈpeːdo], der; -s, -s: *längliches Geschoss mit eigenem Antrieb, das besonders von U-Booten gegen feindliche Schiffe abgeschossen wird.*

Tor|te [ˈtɔrtə], die; -, -n: *runder, aus mehreren Schichten bestehender, feiner Kuchen:* eine selbst gemache Torte; ein Stück Torte essen. **Zus.:** Apfeltorte, Buttercremetorte, Cremetorte, Erdbeertorte, Geburtstagstorte, Himbeertorte, Kirschtorte, Marzipantorte, Nusstorte, Obsttorte, Quarktorte, Sahnetorte, Schokoladentorte.

Tor|tur [tɔrˈtuːɐ̯], die; -, -en: *als Qual empfundene Strapaze:* der Marsch durch die glühende Hitze war eine Tortur. **Syn.:** Marter, Mühsal (geh.), Pein (geh.), Plage, Qual.

T Torn

Tor|wart [ˈtoːɐ̯vart], der; -[e]s, -e, **Tor|war|tin** [ˈtoːɐ̯vartɪn], die; -, -nen: *(bei bestimmten Ballspielen zur Mannschaft gehörende) Person, die im Tor steht, um den Ball abzuwehren:* der Torwart hat sehr gut gehalten.

to|sen [ˈtoːzn̩] ⟨itr.; hat⟩: *in heftiger, wilder Bewegung sein und dabei ein brausendes Geräusch hervorbringen:* der Sturm, der Wasserfall tost; tosender *(anhaltender, lauter)* Beifall. **Syn.:** brausen, rauschen.

tot [toːt] ⟨Adj.⟩: *gestorben, nicht mehr am Leben:* ein toter Fisch; sie ist schon seit über zehn Jahren tot; ein toter *(abgestorbener)* Ast. **Syn.:** abgekratzt (derb), abgestorben, eingegangen, krepiert (ugs.), leblos, verendet.

to|tal [toˈtaːl] ⟨Adj.⟩:
1. *vollständig, gänzlich, alles umfassend:* totale Zerstörung; ein totaler Misserfolg; eine totale Sonnenfinsternis, Mondfinsternis; ich habe es total vergessen; sie ist total nett; ich bin total erschöpft, pleite. **Syn.:** absolut, ganz, ganz und gar, gänzlich (emotional), hundertprozentig (ugs.), in extenso (bildungsspr.), in jeder Beziehung, in toto (bildungsspr.), komplett, mit Haut und Haar[en] (ugs.), mit Stumpf und Stiel, restlos (ugs.), völlig, vollkommen, vollständig, vom Scheitel bis zur Sohle, vom Wirbel bis zur Zehe, von A bis Z (ugs.), von Anfang bis Ende, von Kopf bis Fuß, von oben bis unten, von vorn bis hinten, zur Gänze.
2. (ugs.) *sehr:* der Film ist total gut. **Syn.:** ausgesprochen, ausnehmend, außergewöhnlich, außerordentlich, äußerst, enorm (ugs.), extrem, irrsinnig (emotional), kolossal (ugs. emotional), sehr, überaus, ungeheuer, unglaublich (ugs.), wahnsinnig (ugs.).

to|ta|li|tär [totaliˈtɛːɐ̯] ⟨Adj.⟩: *mit diktatorischen Methoden jegliche Demokratie unterdrückend, sich alle Lebensbereiche total unterwerfend:* eine totalitäre Herrschaft; ein totalitäres Regime; der Diktator regiert totalitär. **Syn.:** autoritär, despotisch, diktatorisch.

To|te [ˈtoːtə], die/eine Tote; der/einer Toten, die Toten/zwei Tote: *weibliche Person, die tot, gestorben ist:* bei der Toten handelt es sich um die seit drei Wochen vermisste Frau. **Syn.:** Leiche, Leichnam, Verstorbene. **Zus.:** Drogentote, Herointote, Hitzetote, Hungertote, Kältetote, Krebstote, Rauschgifttote, Unfalltote.

tö|ten [ˈtøːtn̩], tötete, getötet ⟨tr.; hat⟩: *den Tod eines Lebewesens herbeiführen, verursachen:* einen Menschen, ein Tier [mit Gift, durch einen Schuss] töten; diese Dosis reicht aus, um einen Menschen zu töten; der Aufprall hat ihn auf der Stelle getötet; ⟨auch itr.⟩ du sollst nicht töten. **Syn.:** abmurksen (ugs.), abschlachten (emotional), beseitigen (verhüllend), ermorden, fertigmachen (ugs.), kaltmachen (salopp), killen (salopp), liquidieren, meucheln (veraltend), morden, über die Klinge springen lassen (ugs.), um die Ecke bringen (ugs.), umbringen, ums Leben bringen, unter die Erde bringen (ugs.), vernichten.

To|ter [ˈtoːtɐ], der Tote/ein Toter; des/eines Toten, die Toten/zwei Tote: *Person, die tot ist:* bei dem Unfall gab es zwei Tote *(Todesopfer);* die Toten begraben. **Syn.:** Leiche, Leichnam, Verstorbener. **Zus.:** Drogentoter, Herointoter, Hitzetoter, Hungertoter, Kältetoter, Krebstoter, Rauschgifttoter, Unfalltoter.

tot|schwei|gen [ˈtoːtʃvai̯gn̩], schwieg tot, totgeschwiegen ⟨tr.; hat⟩: *(eine Tatsache) bewusst nicht erwähnen, der Öffentlichkeit vorenthalten (um bestimmte, sonst zu erwartende Reaktionen der Öffentlichkeit zu vermeiden):* der Reaktorunfall wurde totgeschwiegen. **Syn.:** geheim halten, unterschlagen, verbergen, verhehlen (geh.), verheimlichen, verschweigen.

Tö|tung [ˈtøːtʊŋ], die; -, -en: *das Töten:* man versuchte die Seuche durch die Tötung Hunderttausender von Tieren unter Kontrolle zu bringen.

Tour [tuːɐ̯], die; -, -en:
1. *Ausflug, Fahrt, Wanderung (meist von kürzerer Dauer):* eine Tour ins Gebirge machen. **Syn.:** Exkursion, Reise, Trip (ugs.). **Zus.:** Autotour, Bergtour, Fahrradtour, Klettertour, Radtour.
2. (ugs.) *Art und Weise, mit Tricks, Täuschungsmanövern o. Ä. etwas zu erreichen:* die Tour zieht bei mir nicht; das ist ja eine ganz fiese Tour!; jetzt versucht er es auf dieselbe Tour bei

Hans. **Syn.:** Dreh (ugs.), Kniff (ugs.), Masche (ugs.), Methode.
3. ⟨Plural⟩ *Umdrehungen [pro Minute] (eines rotierenden Körpers, besonders einer Welle):* die Waschmaschine schleudert mit bis zu 1 400 Touren; der Motor läuft mit 3 000 Touren, auf vollen Touren.

Tou|ris|mus [tuˈrɪsmʊs], der; -: *das Reisen, der Reiseverkehr [in organisierter Form] zum Kennenlernen fremder Orte und Länder und zur Erholung:* der Tourismus hat in den letzten Jahren stark zugenommen; in der Gegend gibt es kaum Tourismus; die Leute dort leben hauptsächlich vom Tourismus. **Zus.:** Autotourismus, Fahrradtourismus, Massentourismus.

-tou|ris|mus [turɪsmʊs], der; - ⟨Grundwort⟩: *das [betriebsame Herum]reisen im Zusammenhang mit dem im Basiswort genannten Anliegen, Anlass:* Abtreibungstourismus; Friedenstourismus; Gaytourismus; Konferenztourismus; Polittourismus; Sextourismus.

Tou|rist [tuˈrɪst], der; -en, -en: *männliche Person, die reist, um fremde Orte und Länder kennenzulernen:* dieses Land wird von vielen Touristen besucht. **Syn.:** Reisender. **Zus.:** Autotourist, Bahntourist, Fahrradtourist.

Tou|ris|tik [tuˈrɪstɪk], die; -: *alles, was mit dem Tourismus zusammenhängt:* auf der Konferenz wurden auch Probleme der Touristik besprochen. **Zus.:** Autotouristik, Bustouristik, Flugtouristik, Jugendtouristik.

Tou|ris|tin [tuˈrɪstɪn], die; -, -nen: weibliche Form zu ↑Tourist.

Tour|nee [tʊrˈneː], die; -, -s und Tourneen [tʊrˈneːən]: *Gastspielreise von Sängern, Schauspielern o. Ä.:* eine Tournee [durch Europa] machen; auf Tournee gehen. **Zus.:** Auslandstournee, Deutschlandtournee, Europatournee, Japantournee, Konzerttournee, Sommertournee.

Trab [traːp], der; -[e]s: *beschleunigter Gang des Pferdes:* er reitet im Trab.

tra|ben [ˈtraːbn̩]:
1. a) ⟨itr.; hat/ist⟩: *im Trab laufen oder reiten:* ich trabe nicht gern. **Zus.:** davontraben, herantraben, lostraben, vortraben. **b)** ⟨itr.; ist⟩ *sich trabend (1 a) irgendwohin bewegen:* wir trabten über die Wiese.
2. ⟨itr.; ist⟩ (ugs.) *gemächlich irgendwohin gehen:* der Junge trabte nach Hause. **Syn.:** laufen, schlendern. **Zus.:** davontraben, herantraben, lostraben, vorbeitraben, weitertraben.

Tracht [traxt], die; -, -en: *besondere Kleidung, die in bestimmten Landschaften oder von Angehörigen bestimmter Berufe getragen wird:* bunte, Tiroler Trachten. **Zus.:** Amtstracht, Bauerntracht, Berufstracht, Biedermeiertracht, Frauentracht, Landestracht, Männertracht, Ordenstracht, Priestertracht, Schwesterntracht, Vereinstracht, Volkstracht.

trach|ten [ˈtraxtn̩], trachtete, getrachtet ⟨itr.; hat⟩ (geh.): *bemüht sein, etwas Bestimmtes zu erreichen, zu erlangen:* nach Ehre, Ruhm trachten; sie trachtete danach, möglichst schnell wieder nach Hause zu kommen. **Syn.:** erstreben, ringen um, streben nach, suchen, verfolgen, zu erreichen suchen (geh.).

träch|tig [ˈtrɛçtɪç] ⟨Adj.⟩: *(von Säugetieren) ein Junges tragend:* eine trächtige Kuh.

-träch|tig [trɛçtɪç] ⟨adjektivisches Suffixoid⟩: *in beachtlichem Maße mit dem im Basiswort Genannten erfüllt, es als Möglichkeit, Wahrscheinlichkeit in sich bergend, tragend:* einschaltträchtig; erfolgsträchtig; fehlerträchtig; geschichtsträchtig; hoffnungsträchtig; karriereträchtig; konfliktträchtig; kostenträchtig; prestigeträchtig; profitträchtig; schicksalsträchtig; schlagzeilenträchtig; skandalträchtig; symbolträchtig; unfallträchtig; zukunftsträchtig. **Syn.:** -reich, -schwanger, -schwer, -sicher, -verdächtig, -voll.

Tra|di|ti|on [tradiˈtsi̯oːn], die; -, -en: *das, was im Hinblick auf Verhaltensweisen, Ideen, Kultur o. Ä. in der Geschichte, von Generation zu Generation entwickelt und weitergegeben wird:* alte Traditionen pflegen; dieses Fest ist bereits [zur] Tradition geworden *(es findet schon seit längerem regelmäßig statt).* **Syn.:** Brauch, Brauchtum, Gepflogenheit, Sitte, Usus. **Zus.:** Bautradition, Familientradition, Kulturtradition.

tra|di|ti|o|nell [tradits̮i̯oˈnɛl] ⟨Adj.⟩: *der, einer Tradition entsprechend, auf ihr beruhend:* am Sonntag findet der traditionelle Festzug statt. **Syn.:** herkömmlich, überliefert, üblich.

Tra|fik [traˈfɪk], die; -, -en (österr.): *Laden, in dem Zeitungen, Zigaretten u. Ä. verkauft werden:* ich gehe noch schnell in die Trafik und hole *(kaufe)* die Zeitung.

trag|bar [ˈtraːkbaːɐ̯]:
1. *sich [gut, ohne große Mühe] tragen lassend:* tragbare Radios, Fernseher.
2. *keine [zu] große [finanzielle] Belastung darstellend:* die Kosten sind für uns, die Firma nicht mehr, gerade noch tragbar; die Vorsitzende ist für die Partei nicht länger tragbar *(sie schadet der Partei so sehr, dass sie abgelöst werden muss).*

trä|ge [trɛːɡə] ⟨Adj.⟩: *lustlos und ohne Schwung, sich nur ungern bewegend:* ein träger Mensch; die Hitze macht mich ganz träge. **Syn.:** bequem, faul (emotional), lethargisch, phlegmatisch, stumpf, stumpfsinnig, teilnahmslos, untätig.

Tra|ge [ˈtraːɡə], die; -, -n: *Bahre:* die Sanitäter legten den Verletzten auf eine Trage.

tra|gen [ˈtraːɡn̩], trägt, trug, getragen:
1. ⟨tr.; hat⟩ *mit/in der Hand, in den Händen halten und mit sich nehmen, irgendwohin bringen:* ein Kind [auf dem Arm] tragen; einen Koffer [zum Bahnhof] tragen; etwas in der Hand, über der Schulter tragen; ⟨auch itr.⟩ wir hatten schwer zu tragen. **Syn.:** befördern, schaffen, schleppen, transportieren. **Zus.:** forttragen, herauftragen, hereintragen, hertragen, heruntertragen, hinauftragen, hineintragen, hintragen, hinuntertragen, hochtragen, rauftragen, raustragen, reintragen, runtertragen, vorbeitragen, wegtragen, zurücktragen, zusammentragen.
2. ⟨tr.; hat⟩ *(ein bestimmtes Kleidungsstück) anhaben, (mit etwas Bestimmtem) bekleidet sein:* ein

T
trag

langes, schwarzes Kleid tragen; Schmuck, eine Brille tragen; getragene *(gebrauchte)* Kleider, Schuhe. **Syn.:** auf dem Leib[e] haben, aufhaben.
3. a) ⟨tr.; hat⟩ *haben* (1): einen Namen tragen; die Verantwortung für etwas tragen.
b) ⟨+ sich⟩ *sich (mit einem Vorhaben o. Ä.) im Geiste beschäftigen:* sich mit dem Gedanken, Plan tragen, aufs Land zu ziehen. **Syn.:** beschäftigt sein mit, sich auseinandersetzen mit, sich befassen mit, sich widmen.
4. ⟨tr.; hat⟩ *[in bestimmter Weise] ertragen:* sie trägt ihr Schicksal tapfer. **Syn.:** aushalten, dulden, durchstehen, erdulden, fertigwerden mit, hinnehmen, sich [1]ergeben in, sich fügen in, sich schicken in.
5. ⟨itr.; hat⟩ *hervorbringen:* der Baum trägt Früchte; der Acker trägt gut *(ist fruchtbar).*

Trä|ger ['trɛ:gɐ], der; -s, -:
1. *männliche Person, die Lasten trägt:* für die Expedition wurden einheimische Träger gesucht. **Zus.:** Fackelträger, Fahnenträger, Gepäckträger, Kofferträger, Möbelträger.
2. *tragender Teil einer technischen Konstruktion:* die Decke ruht auf eisernen Trägern. **Zus.:** Deckenträger, Eisenträger, Stahlträger.

-trä|ger [trɛ:gɐ], der; -s, - ⟨Suffixoid⟩:
1. a) besagt, dass das im Basiswort Genannte wesentlich in dem Bezugswort enthalten ist: Bakterienträger; Bedeutungsträger; Datenträger; Eiweißträger; Energieträger; Inhaltsträger; Tonträger. **b)** besagt, dass das im Basiswort Genannte in der Vorstellung mit dem im Bezugswort Genannten verbunden wird: Hoffnungsträger; Sympathieträger.
2. dient als zusammenfassende Bezeichnung für bestimmte für etwas zuständige Personen, Institutionen, Einrichtungen: Bedarfsträger *(Einrichtungen, die im Handel als Käufer auftreten);* Entscheidungsträger; Erziehungsträger *(an der Erziehung Jugendlicher Beteiligte wie Elternhaus, Schule u. a.);* Herrschaftsträger; Kontaktträger; Kostenträger; Krankenhausträger; Kulturträger; Leistungsträger; Lizenzträger; Nahverkehrsträger; Programmträger; Sanierungsträger; Schulträger; Versicherungsträger; Werbeträger.

Trä|ge|rin ['trɛ:gərɪn], die; -, -nen: weibliche Form zu ↑Träger (1).

trag|fä|hig ['tra:kfɛ:ɪç] ⟨Adj.⟩: *geeignet, eine Last zu tragen:* die Brücke ist nicht tragfähig genug. **Syn.:** robust, solide, stabil.

Tra|gik ['tra:gɪk], die; -: *schweres, schicksalhaftes, von Trauer und Mitempfinden begleitetes Leid:* die Tragik [seines Lebens, in seinem Leben, dieses Unfalls] lag darin, dass ... **Syn.:** Unglück.

tra|gisch ['tra:gɪʃ] ⟨Adj.⟩: *von großer Tragik und daher menschliche Erschütterung auslösend:* ein tragisches Schicksal; auf tragische Weise ums Leben kommen. **Syn.:** verhängnisvoll.

Tra|gö|die [tra'gø:di̯ə], die; -, -n:
1. *dramatisches Stück, in dem menschliches Leid und menschliche Konflikte mit tragischem Ausgang geschildert werden:* eine Tragödie schreiben, aufführen. **Syn.:** Drama, Schauspiel, Trauerspiel.
2. *tragisches Geschehen, schrecklicher Vorfall:* in diesem Hause hat sich eine furchtbare Tragödie abgespielt. **Syn.:** Unglück. **Zus.:** Ehetragödie, Eifersuchtstragödie, Familientragödie, Liebestragödie.

Trai|ner ['trɛ:nɐ], der; -s, -, **Trai|ne|rin** ['trɛ:nərɪn], die; -, -nen: *Person, die Sportler[innen] trainiert:* der neue Trainer der Nationalmannschaft; den Trainer, die Trainerin entlassen, wechseln.

trai|nie|ren [trɛ'ni:rən]:
1. ⟨tr.; hat⟩ *durch systematisches Training auf sportliche Wettkämpfe vorbereiten:* jmdn., eine Mannschaft trainieren; ein trainierter Körper.
2. ⟨itr.; hat⟩ *Training betreiben:* sie trainiert täglich. **Syn.:** trimmen, üben.

Trai|ning ['trɛ:nɪŋ], das; -s, -s: *planmäßige Durchführung eines Programms von vielfältigen Übungen zur Steigerung der Leistungsfähigkeit:* sie hat sich beim Training verletzt; zum Training gehen; am Training teilnehmen. **Syn.:** Übung. **Zus.:** Fußballtraining, Konditionstraining, Kreislauftraining, Leichtathletiktraining, Schwimmtraining.

Trakt [trakt], der; -[e]s, -e: *Flügel eines Gebäudes; seitlicher Teil eines Gebäudes:* im südlichen, linken Trakt des Schlosses ist die Bibliothek untergebracht. **Zus.:** Gebäudetrakt, Ladentrakt, Seitentrakt.

Trak|tor ['trakto:ɐ̯], der; -s, Traktoren [trak'to:rən]: *(besonders in der Landwirtschaft verwendete) Zugmaschine:* mit dem Traktor aufs Feld fahren. **Syn.:** Schlepper, Trecker.

träl|lern ['trɛlɐn] ⟨tr.; hat⟩: *fröhlich, ohne Worte singen:* eine Melodie trällern; ⟨auch itr.⟩ sie trällert den ganzen Tag [vor sich hin].

Tram [tram], die; -, -s, (schweiz.:) das; -s, -s (südd., schweiz.): *Straßenbahn:* mit der Tram zur Arbeit fahren.

tram|peln ['trampl̩n]:
a) *mit den Füßen wiederholt stampfen:* trample doch nicht so! **Syn.:** stampfen. **b)** ⟨itr.; ist⟩ (abwertend) *stampfend irgendwohin gehen, treten:* ihr sollt nicht immer durch die Beete trampeln!; der Tollpatsch trampelt mir dauernd auf die Füße. **Syn.:** stampfen, stapfen. **Zus.:** heraustrampeln, hereintrampeln, niedertrampeln, tottrampeln, zertrampeln.

tram|pen ['trɛmpn̩] ⟨itr.; ist⟩: *reisen, indem man Autos anhält und sich mitnehmen lässt:* als ich noch kein Auto hatte, bin ich viel getrampt; sie will nach Chemnitz trampen. **Syn.:** per Anhalter fahren.

Trä|ne ['trɛ:nə], die; -, -n: *(bei starker Gemütsbewegung oder durch äußeren Reiz) im Auge entstehende und als Tropfen heraustretende klare Flüssigkeit:* jmdm. treten Tränen in die Augen; Tränen rollen über ihre Wangen. **Zus.:** Abschiedsträne, Freudenträne, Kinderträne, Reueträne, Rührungsträne.

Trank [traŋk], der, -[e]s, Tränke ['trɛŋkə] (geh.): *Getränk:* ein bitterer Trank. **Zus.:** Gifttrank, Zaubertrank.

trän|ken ['trɛŋkn̩] ⟨tr.; hat⟩:
1. *(Tieren) zu trinken geben:* er

T
Träg

tränkt sein Pferd. **Syn.:** ernähren.
2. *sich mit einer Flüssigkeit vollsaugen lassen:* einen Lappen mit Öl tränken. **Syn.:** nass machen.

trans-, Trans- [trans] ⟨Präfix; fremdsprachliches Basiswort⟩:
a) *quer durch, durch ... hindurch, über eine Oberfläche hin, von einem Ort zu einem anderen:* Transaktion; transkontinental; transplantieren; transsibirisch. **b)** *jenseits, über ... hinaus, hinüber:* transalpin *(jenseits der Alpen liegend)* /Ggs. zisalpin/; transhuman; transnational *(die Grenze der einzelnen Nationen überschreitend);* transsexuell.

Trans|for|ma|tor [transfɔrˈmaːtoːɐ̯], der; -s, Transformatoren [transfɔrmaˈtoːrən]:
Gerät, elektrische Maschine, mit der die Spannung des elektrischen Stroms erhöht oder vermindert werden kann: den Transformator einschalten.

Trans|fu|si|on [transfuˈzi̯oːn], die; -, -en:
intravenöse Übertragung von Blut eines Spenders auf einen Empfänger: eine Transfusion brauchen, kriegen; bei jmdm. eine Transfusion vornehmen. **Zus.:** Bluttransfusion.

trans|pa|rent [transpaˈrɛnt] ⟨Adj.⟩:
1. *Licht durchlassend:* transparentes Papier. **Syn.:** durchscheinend, durchsichtig.
2. *durchsichtig* (2): in dieser Darstellung werden die Zusammenhänge transparent.

Trans|pa|rent [transpaˈrɛnt], das; -[e]s, -e:
breites Band aus Stoff, Papier o. Ä., auf dem [politische] Forderungen, Parolen, o. Ä. stehen: bei der Demonstration wurden mehrere Transparente mitgeführt.

Trans|plan|ta|ti|on [transplantaˈtsi̯oːn], die; -, -en:
Verpflanzung eines Gewebes oder eines Organs auf einen anderen Körperteil oder einen anderen Menschen: eine Transplantation der Nieren, des Herzens. **Zus.:** Gewebetransplantation, Hauttransplantation, Herztransplantation, Knochenmarktransplantation, Lebertransplantation, Nierentransplantation, Organtransplantation.

Trans|port [transˈpɔrt], der; -[e]s, -e:
1. *das Transportieren von Dingen oder Lebewesen:* die Waren wurden beim/auf dem Transport beschädigt; der Verletzte hat den Transport ins Krankenhaus nicht überstanden. **Syn.:** Beförderung, Spedition, Überführung. **Zus.:** Bahntransport, Flüchtlingstransport, Gütertransport, Kindertransport, Krankentransport, Lufttransport, Möbeltransport, Sammeltransport, Schwertransport, Tiertransport, Verwundetentransport, Waffentransport.
2. *zur Beförderung zusammengestellte Menge, Anzahl von Waren oder Lebewesen:* ein Transport Pferde, Autos; ein Transport mit Lebensmitteln. **Syn.:** Fuhre, Ladung.

trans|por|tie|ren [transpɔrˈtiːrən] ⟨tr.; hat⟩:
a) *befördern:* Waren auf Lastwagen, per Schiff, mit der Bahn transportieren; der Kühlschrank muss stehend transportiert werden; der Verletzte kann nur liegend transportiert werden; die Güter werden mit einem Lkw zum Hafen transportiert. **b)** *weiterbefördern, -bewegen:* der Fotoapparat transportiert den Film nicht mehr.

Tra|pez [traˈpeːts], das; -es, -e:
1. *Viereck mit zwei [nicht gleich langen] parallelen Seiten:* ein gleichschenkliges Trapez.
2. *an zwei frei hängenden Seilen befestigte kurze Holzstange für turnerische, artistische Schwungübungen:* Vorführungen am, auf dem Trapez. **Syn.:** Schaukel.

Tras|se [ˈtrasə], die; -, -n:
a) *im Gelände abgesteckte Linienführung eines Verkehrsweges, einer Versorgungsleitung o. Ä.:* die Trasse für die neue Autobahn führt im Norden an der Stadt vorbei. **b)** *Bahn- oder Straßendamm.*

trat|schen [ˈtraːtʃn̩] ⟨itr.; hat⟩ (ugs. emotional):
viel und nicht sehr freundlich über andere Leute reden: sie tratscht den ganzen Tag. **Syn.:** herziehen über (ugs.), klatschen, lästern. **Zus.:** herumtratschen, weitertratschen.

Trau|be [ˈtrau̯bə], die; -, -n:
a) *Anzahl von Beeren, die in einer bestimmten Weise um einen Stiel angeordnet sind:* die Trauben eines Weinstocks, der Johannisbeere. **b)** *Weintraube:* ein Pfund Trauben kaufen.

Trau|ben|zu|cker [ˈtrau̯bn̩tsʊkɐ], der; -s:
natürlicher Zucker, der besonders in Pflanzensäften, Früchten und im Honig vorkommt: mit Traubenzucker süßen.

[1]**trau|en** [ˈtrau̯ən] ⟨itr.; hat⟩:
a) ⟨itr.; hat⟩ *(zu jmdm., etwas) Vertrauen haben; jmdm., einer Sache Glauben schenken:* du kannst ihm trauen; ich traue seinen Angaben nicht. **Syn.:** glauben, sich verlassen auf, vertrauen. **b)** ⟨+ sich⟩ *den Mut haben, etwas Bestimmtes zu tun:* ich traute mich nicht, ins Wasser zu springen. **Syn.:** sich getrauen, riskieren, wagen. **Zus.:** hertrauen, hinaustrauen, hineintrauen, hintrauen, raustrauen, reintrauen, zurücktrauen.

[2]**trau|en** [ˈtrau̯ən] ⟨tr.; hat⟩:
in einer staatlichen oder kirchlichen Zeremonie ehelich verbinden: dieser Pfarrer hat uns getraut; sie haben sich auf dem Standesamt trauen lassen. **Syn.:** verheiraten.

Trau|er [ˈtrau̯ɐ], die; -:
1. *seelischer Schmerz über ein Unglück oder einen Verlust:* diese Nachricht erfüllte ihn mit Trauer; in Trauer um einen Verstorbenen sein. **Syn.:** Schwermut, Wehmut (geh.).
2. *die zum Zeichen der Trauer getragene Kleidung:* Trauer anlegen, tragen; eine Dame in Trauer.

trau|ern [ˈtrau̯ɐn] ⟨itr.; hat⟩:
seelischen Schmerz (über etwas) empfinden: er trauert um seine Mutter, über den Verlust, über den Tod seiner Frau. **Syn.:** sich grämen, traurig sein. **Zus.:** betrauern, mittrauern, nachtrauern.

Trau|er|spiel [ˈtrau̯ɐʃpiːl], das; -[e]s, -e:
Tragödie.

träu|feln [ˈtrɔy̯fl̩n] ⟨tr.; hat⟩:
in Tropfen (auf, in etwas) fallen lassen: er träufelte sich etwas Zitronensaft auf, über den Fisch; jmdm. eine Arznei ins

Ohr träufeln. **Syn.:** tröpfeln, tropfen. **Zus.:** beträufeln, hineinträufeln.

Traum [traum], der; -[e]s, Träume ['trɔymə]:
1. *während des Schlafens auftretende Vorstellungen und Bilder:* ein schöner, schrecklicher Traum; einen Traum haben, deuten; jmdm. einen Traum erzählen; etwas im Traum erleben, sehen. **Zus.:** Angsttraum.
2. *sehnlicher, unerfüllter Wunsch:* damit ging für ihn ein Traum in Erfüllung; sich einen Traum erfüllen; es war immer ihr Traum, ein Haus am Meer zu besitzen. **Syn.:** Luftschloss. **Zus.:** Jugendtraum, Jungmädchentraum, Kindheitstraum, Lebenstraum, Menschheitstraum.

traum-, Traum- [traum] ⟨substantivisches, selten adjektivisches Präfixoid⟩:
drückt aus, dass das im Basiswort Genannte so schön, ideal ist, wie man es sich erträumt, in einer Art ist, von der man träumt: Traumarbeit; Traumarzt; Traumauto; Traumbeziehung; Traumehe; Traumergebnis; Traumfrau; Traumgage; Traumhaus; Traumhochzeit; Traumkarriere; Traummann; Traumpaar; Traumtor; Traumurlaub; Traumvilla; ⟨adjektivisch⟩ traumbraun. **Syn.:** Bilderbuch-.

Trau|ma ['trauma], das; -s, -ta und Traumen ['traumən]:
starke, schreckähnliche seelische Erschütterung, die lange nachwirkt: der Kranke ist mit einem schrecklichen Trauma belastet. **Syn.:** Schock.

träu|men ['trɔymən] ⟨itr.; hat⟩:
1. *einen Traum haben:* ich habe heute Nacht [schlecht] geträumt, von meinem Vater geträumt.
2. a) *seine Gedanken schweifen lassen:* du träumst zu viel bei der Arbeit. **Syn.:** dösen.
b) *[ohne Bezug auf die Wirklichkeit] (auf etwas) hoffen:* er träumt von einer großen Zukunft. **Syn.:** erhoffen. **Zus.:** erträumen.

traum|haft ['traumhaft] ⟨Adj.⟩:
a) *wie in einem Traum:* er ging seinen Weg mit traumhafter Sicherheit. **b)** (emotional) *überaus schön:* eine traumhafte Landschaft; das Kleid ist traumhaft [schön]. **Syn.:** berückend (geh.), betörend, bezaubernd, entzückend, wunderschön.

trau|rig ['traurɪç] ⟨Adj.⟩:
1. *von Trauer erfüllt:* traurige Augen haben; sie war traurig über den Verlust ihres Ringes; warum guckst du so traurig? **Syn.:** am Boden zerstört, bedrückt, bekümmert, betrübt, gedrückt, niedergeschlagen, schmerzlich berührt, schwermütig, trübsinnig, unglücklich, wehmütig.
2. a) *Trauer, Kummer, Betrübnis hervorrufend, verursachend:* dieser Brief macht mich [sehr, ganz] traurig; ein trauriger Anlass; ein trauriges Ereignis; traurige Zustände. **Syn.:** bedauerlich, betrüblich.
b) *erbärmlich, kümmerlich:* es war nur noch ein trauriger Rest vorhanden; es ist wirklich traurig, wie wenig man sich auf sie verlassen kann. **Syn.:** armselig, jämmerlich, kläglich.

Trau|rig|keit ['traurɪçkait], die; -:
das Traurigsein: ihn befiel, überkam tiefe Traurigkeit.

Treck [trɛk], der; -s, -s:
Zug von Menschen, die sich mit ihrer meist auf Fuhrwerken geladenen Habe gemeinsam aus ihrer Heimat wegbegeben (besonders als Flüchtlinge, Siedler o. Ä.): ein Treck mit Wagen und Pferden. **Zus.:** Flüchtlingstreck.

Tre|cker ['trɛkɐ], der; -s, -:
Traktor. **Syn.:** Schlepper.

Treff [trɛf], der; -s, -s (ugs.):
a) *Zusammenkunft, Treffen:* einen Treff vereinbaren, mit jmdm. haben. **Syn.:** Begegnung, Meeting. **b)** *Treffpunkt:* die Kneipe war früher immer unser Treff. **Zus.:** Jugendtreff, Künstlertreff.

tref|fen ['trɛfn̩], trifft, traf, getroffen:
1. ⟨tr.; hat⟩ **a)** *(von einem Geschoss, einem Schuss, Schlag o. Ä.) jmdn., etwas erreichen (und verletzen, beschädigen o. Ä.):* der Stein hat ihn getroffen; der Schuss traf ihn in den Rücken; von einer Kugel tödlich getroffen, sank er zu Boden; ⟨auch itr.⟩ der erste Schuss traf [nicht]. **b)** *(mit einem Schlag, Stoß, Wurf, Schuss) erreichen (und verletzen, beschädigen o. Ä.):* er hat geschossen, aber glücklicherweise niemanden getroffen; ein Ziel treffen; ⟨auch itr.⟩ er hat [gut, schlecht, ins Schwarze, nicht] getroffen. **Zus.:** danebentreffen, vorbeitreffen.
2. a) ⟨itr.; hat⟩ *jmdm., den man kennt, zufällig begegnen:* er hat einen Kollegen zufällig, unterwegs auf der Straße getroffen. **Syn.:** sehen. **Zus.:** zusammentreffen. **b)** ⟨itr.; hat⟩ *mit jmdm. ein Treffen haben, aufgrund einer Verabredung zusammenkommen:* er hat seine Freunde zu einem gemeinsamen Mittagessen getroffen; sie treffen sich regelmäßig [zum Kartenspielen]. **Syn.:** sich sammeln, sich ein Stelldichein geben (veraltend), sich versammeln, zusammentreffen.
c) ⟨+ sich⟩ *(mit jmdm.) zu einem Treffen zusammenkommen:* ich treffe mich heute mit ihr.
3. ⟨itr.; ist⟩ *unvermutet an einem bestimmten Ort, einer bestimmten Stelle antreffen:* sie ist bei ihren Recherchen auf merkwürdige Dinge getroffen. **Syn.:** auffinden, aufspüren, aufstöbern, auftreiben (ugs.), auftun (ugs.), ausfindig machen, ausmachen, begegnen, entdecken, finden, stoßen auf, vorfinden.
4. ⟨itr.; ist⟩ *(bei einem Wettkampf) jmdn. als Gegner [zu erwarten] haben:* im Finale wird die deutsche Mannschaft auf Italien treffen.
5. ⟨tr.; hat⟩ *(in Bezug auf etwas, wofür man Kenntnisse oder einen sicheren Instinkt o. Ä. braucht) [heraus]finden:* den richtigen Ton (im Umgang mit jmdm.) treffen; mit dem Geschenk hast du seinen Geschmack [nicht, genau] getroffen; auf dem Foto ist er [nicht] gut getroffen *(es zeigt ihn [nicht] so, wie man ihn kennt).* **Syn.:** erfassen, erkennen, erraten.
6. ⟨tr.; hat⟩ *(im Innersten) ver-*

letzen: jmdn. tief, schwer treffen; die Todesnachricht hat ihn furchtbar getroffen. **Syn.:** anrühren, aufregen, aufwühlen, berühren, betroffen machen, [1]bewegen, ergreifen, erregen, erschüttern, schocken, schockieren.
7. ⟨tr.; hat⟩ *jmdm., einer Sache [bewusst, absichtlich] Schaden zufügen:* mit dem Boykott hat man die Wirtschaft des Landes empfindlich getroffen; weshalb musste es immer mich treffen? *(warum musste immer ich leiden, betroffen sein?).* **Syn.:** schaden, schädigen.
8. ⟨itr.; hat⟩ *in bestimmter Weise vorfinden:* es gut, schlecht treffen; sie haben es im Urlaub mit dem Wetter bestens getroffen.
9. ⟨+ sich; unpers.⟩ *sich in bestimmter Weise fügen:* es hat sich gut, ausgezeichnet, schlecht getroffen, dass ...
10. als Funktionsverb: Anordnungen treffen *(Verschiedenes anordnen);* eine Vereinbarung, Absprache treffen *(etwas vereinbaren, absprechen).*

treffen / begegnen:
s. Kasten Seite 187.

Tref|fen ['trɛfn̩], das; -s, -:
geplante Zusammenkunft, Begegnung: ein Treffen der Abiturienten abhalten, planen, organisieren; zu einem Treffen fahren; an einem Treffen teilnehmen; unser nächstes Treffen findet in München statt. **Syn.:** Meeting, Rendezvous, Treff (ugs.), Verabredung, Wiedersehen. **Zus.:** Familientreffen, Jugendtreffen, Klassentreffen.

tref|fend ['trɛfn̩t] ⟨Adj.⟩:
genau richtig; der Sache völlig angemessen, entsprechend: ein treffender Ausdruck, Vergleich; etwas treffend charakterisieren. **Syn.:** klar, prägnant, treffsicher.

Tref|fer ['trɛfɐ], der; -s -:
1. a) *Schlag, Wurf o. Ä., der trifft:* auf zehn Schüsse acht Treffer haben; der feindliche Panzer erhielt mehrere Treffer *(wurde mehrmals getroffen).* **b)** [1]*Tor* (2 b): einen Treffer erzielen. **c)** (EDV Jargon) *bei einer Suche im Internet gefundene Stelle, Website:* die Abfrage ergab mehr als 1000 Treffer.
2. *Gewinn (in einer Lotterie o. Ä.):* auf zwanzig Nieten kommt ein Treffer. **Syn.:** erster Preis, großes Los.

Treff|punkt ['trɛfpʊŋkt], der; -[e]s, -e:
Ort, an dem man sich [einer Vereinbarung, Verabredung folgend] trifft: einen Treffpunkt ausmachen, vereinbaren; das Lokal ist ein Treffpunkt der Schickeria. **Syn.:** Treff (ugs.).

treff|si|cher ['trɛfzɪçɐ] ⟨Adj.⟩:
a) *ein Ziel sicher treffend:* ein treffsicherer Schütze. **b)** *sicher in der Beurteilung, Einschätzung o. Ä. von etwas:* eine treffsichere Bemerkung. **Syn.:** prägnant, treffend.

trei|ben ['traibn̩], trieb, getrieben:
1. ⟨tr.; hat⟩ **a)** *(durch Antreiben, Vor-sich-her-Treiben o. Ä.) dazu bringen, sich in eine bestimmte Richtung zu bewegen, an einen bestimmten Ort zu begeben:* Kühe auf die Weide treiben; die Polizei trieb die Demonstranten mit Wasserwerfern von der Straße. **Syn.:** scheuchen, verjagen, vertreiben. **Zus.:** davontreiben, forttreiben, hineintreiben, hintreiben, wegtreiben, weitertreiben, zurücktreiben. **b)** *(durch sein Verhalten o. Ä.) in einen bestimmten Zustand geraten lassen, dazu bringen, etwas Bestimmtes (Unkontrolliertes) zu tun:* jmdn. zum Wahnsinn, zum Selbstmord, in den Tod treiben; der Junge treibt seine Lehrer zur Verzweiflung. **Syn.:** anstacheln, antreiben, nötigen, veranlassen. **c)** *laufen lassen, in Gang halten:* der Bach treibt ein Mühlrad; der Motor treibt die Säge. **d)** *durch Bohrung o. Ä. irgendwo herstellen, schaffen:* einen Tunnel durch den Berg, einen Stollen in den Berg treiben. **Syn.:** einrammen, rammen. **e)** *(zu Platten dünn ausgewalztes Metall) in kaltem Zustand mit dem Hammer o. Ä. formen, gestalten:* Messing treiben; eine Schale aus getriebenem Gold. **f)** *(von Pflanzen) hervorbringen:* der Baum treibt Blüten, Knospen.
2. a) ⟨tr., hat⟩ *sich (mit etwas) beschäftigen, sich (mit etwas) zum Zwecke des Erwerbs befassen:* er treibt viel Sport, Mathematik; Waffenschmuggel treiben; [mit jmdm.] Unzucht treiben; Handel, ein Gewerbe, Ackerbau, Viehzucht treiben. **Syn.:** ausüben, durchführen, [1]durchziehen (ugs.), machen, tätigen, verrichten, vollziehen. **b)** *** es [gar] zu bunt, arg, wild, weit treiben:** *etwas Bestimmtes im Übermaß tun, in einem bestimmten Tun zu weit gehen;* *** es mit jmdm. treiben** (ugs.): *mit jmdm. Geschlechtsverkehr haben:* er, sie hat es mit vielen getrieben. **Syn.:** mit jmdm. bumsen (salopp), mit jmdm. ficken (derb), mit jmdm. Geschlechtsverkehr haben, mit jmdm. ins Bett gehen (ugs.), mit jmdm. ins Bett steigen (ugs.), mit jmdm. intime Beziehungen haben, mit jmdm. koitieren, mit jmdm. schlafen, mit jmdm. Sex haben. **c)** ⟨tr.; hat⟩ in verblasster Bedeutung: Spionage treiben *(spionieren);* seinen Spott mit jmdm. treiben *(jmdn. verspotten);* mit etwas Missbrauch treiben *(etwas missbrauchen).*
3. a) ⟨itr.; ist/hat⟩ *von einer Strömung fortbewegt werden:* auf dem Wasser, dem Fluss trieben Eisschollen; im Kanal treibt eine Leiche. **Syn.:** schwimmen. **Zus.:** abtreiben, dahintreiben, davontreiben, forttreiben, hertreiben, vorbeitreiben, wegtreiben, zurücktreiben. **b)** ⟨itr.; ist⟩ *von einer Strömung, vom Wind in eine bestimmte Richtung bewegt werden:* der Ballon trieb landeinwärts; das Boot treibt aufs offene Meer, an den Strand. **c)** ⟨tr.; hat⟩ *irgendwohin schwimmen, schweben, fliegen lassen:* die Flut, der Wind hat das Öl an den Strand, aufs offene Meer getrieben; der Ballon wurde aufs Meer getrieben. **Syn.:** spülen.

Trei|ben ['traibn̩], das; -s, -:
1. ⟨ohne Plural⟩ *Tun, Tätigsein:* ein reges, geschäftiges, hektisches Treiben; wir müssen dem, ihrem schändlichen, kriminellen Treiben ein Ende set-

zen; das bunte Treiben in den Straßen gefiel mir; am Rosenmontag erreicht das närrische Treiben seinen Höhepunkt. **Syn.:** Betrieb. **Zus.:** Jahrmarktstreiben, Karnevalstreiben.
2. *Jagd, bei der das Wild durch Treiber aufgescheucht und den Schützen zugetrieben wird:* bei dem Treiben wurden zehn Hasen geschossen.

Trend [trɛnt], der; -s, -s: *erkennbare Richtung einer Entwicklung; starke Tendenz:* der Trend im Automobilbau geht zu sparsamen Modellen. **Syn.:** Neigung. **Zus.:** Modetrend.

tren|nen [ˈtrɛnən]:
1. ⟨tr.; hat⟩ *(durch Zerschneiden der verbindenden Teile) von etwas lösen:* das Futter aus der Jacke trennen. **Syn.:** ablösen, abmachen, abnehmen, abtrennen, entfernen.
2. ⟨tr.; hat⟩ *(Personen, Sachen) in eine räumliche Distanz voneinander bringen, auseinanderreißen, ihre Verbindung aufheben:* der Krieg hatte die Familie getrennt; Mutter und Kind voneinander trennen; die männlichen Tiere wurden von den weiblichen getrennt. **Syn.:** absondern, isolieren, scheiden (meist geh.).
3. ⟨+ sich⟩ **a)** *von einer bestimmten Stelle an einen gemeinsamen Weg o. Ä. nicht weiter fortsetzen:* sie trennten sich an der Straßenecke, vor der Haustür; nach zwei Stunden Diskussion trennte man sich. **b)** *eine Gemeinschaft, Partnerschaft auflösen, aufgeben:* das Paar hat sich getrennt; sie hat sich von ihrem Mann getrennt. **Syn.:** auseinandergehen. **c)** *etwas hergeben, weggeben, nicht länger behalten (obgleich es einem schwerfällt, es zu entbehren):* sich von Erinnerungsstücken nicht trennen können. **Syn.:** aussondern, aussortieren.
4. ⟨tr.; hat⟩ *zwischen einzelnen Personen oder Gruppen eine Kluft bilden:* die verschiedene Herkunft trennte sie; uns trennen Welten *(wir sind auf unüberbrückbare Weise verschieden).*
5. ⟨tr.; hat⟩ *sich zwischen verschiedenen Bereichen o. Ä. befinden; etwas gegen etwas abgrenzen:* ein Zaun trennte die Grundstücke; der Kanal trennt England vom Kontinent. **Syn.:** teilen.

Trep|pe [ˈtrɛpə], die; -, -n: *aus mehreren Stufen bestehender Aufgang, der unterschiedlich hoch liegende Ebenen verbindet:* eine Treppe hinaufsteigen; vom Ufer führt eine Treppe zum Fluss hinunter. **Syn.:** Stiege. **Zus.:** Dielentreppe, Eisentreppe, Flurtreppe, Holztreppe, Kellertreppe, Marmortreppe, Steintreppe, Terrassentreppe.

Trep|pen|ge|län|der [ˈtrɛpn̩gəlɛndɐ], das; -s, -: *Geländer an einer Treppe:* du sollst dich am Treppengeländer festhalten!

Trep|pen|haus [ˈtrɛpn̩haus̯], das; -es, Treppenhäuser [ˈtrɛpn̩hɔy̯zɐ]: *abgeschlossener [mit Fenstern versehener] Teil eines Hauses, in dem sich die Treppe befindet:* das Treppenhaus neu streichen lassen.

Tre|sen [ˈtreːzn̩], der; -s, -: *Theke:* am Tresen stehen. **Syn.:** Ausschank, Bar, Schanktisch.

Tre|sor [treˈzoːɐ̯], der; -s, -e: *gegen Feuer und Diebstahl gesicherter größerer Raum oder sicheres Fach:* ihr Schmuck ist in einem Tresor aufbewahrt. **Syn.:** Safe.

tre|ten [ˈtreːtn̩], tritt, trat, getreten:
1. ⟨itr.; ist⟩ *einen Schritt, ein paar Schritte in eine bestimmte Richtung machen; sich mit einem Schritt, einigen Schritten an eine bestimmte Stelle bewegen:* nach hinten treten; treten Sie näher!; ans Fenster treten; auf den Balkon treten; vor den Spiegel treten; zur Seite treten *(einen Schritt zur Seite tun [um Platz zu machen]);* er ist zwischen die Streithähne getreten. **Syn.:** [1]betreten, sich stellen. **Zus.:** darauftreten, drauftreten, eintreten, hervortreten, hinaustreten, hineintreten, nähertreten, vortreten, wegtreten, zurücktreten.
2. ⟨tr.; hat⟩ *jmdm., einem Tier, einer Sache einen Tritt versetzen:* den Hund treten; bei der Schlägerei hatte er den Mann [mit dem Fuß, dem Stiefel] getreten; er hat ihm/(seltener:) ihn ans, gegen das Schienbein getreten.
3. ⟨tr.; hat⟩ *durch Tritte, durch wiederholtes Betreten (in etwas) bahnen:* sie haben einen Pfad [durch den Schnee, durch das hohe Gras] getreten.
4. ⟨tr.; ist⟩ in verblasster Bedeutung in Verbindung mit Substantiven; *drückt den Beginn einer Handlung o. Ä. aus:* in jmds. Dienste treten; in Verhandlungen treten; in Aktion treten; in den Hungerstreik treten; er ist mit 65 in den Ruhestand getreten.

treu [trɔy̯] ⟨Adj.⟩: *beständig in seiner Gesinnung; fest zu Menschen und Dingen stehend, denen man sich verpflichtet fühlt:* ein treuer Freund; treue Liebe; jmdm., einer Sache treu sein, bleiben. **Syn.:** anhänglich, [1]ergeben, loyal (bildungsspr.).

-treu [trɔy̯] ⟨adjektivisches Suffixoid⟩:
1. *getreu dem im Basiswort Genannten, ihm (als Vorbild) genau entsprechend:* buchstabentreu; inhaltstreu; linientreu; pflichttreu; prinzipientreu; texttreu; verfassungstreu; vertragstreu; wahrheitstreu; wirklichkeitstreu; worttreu. **Syn.:** -echt, [1]-fest, -gemäß, -gerecht, -getreu, -richtig.
2. *an der engen Bindung zu dem im Basiswort Genannten zuverlässig festhaltend, darin beständig, ihm treu:* **a)** auf Personen oder Institutionen bezogen: kaisertreu; königstreu; regierungstreu. **b)** formtreu; mischungstreu (Tabak).

Treue [ˈtrɔy̯ə], die; -: *das Treusein:* jmdm. Treue schwören. **Syn.:** Anhänglichkeit. **Zus.:** Freundestreue, Gesinnungstreue, Heimattreue.

Tri|an|gel [ˈtriːaŋl̩], der; -s, - oder die; -, -n, österr.: das; -s, -: *Musikinstrument aus einem zum Dreieck gebogenen Stahlstab, der mit einem Metallstäbchen angeschlagen wird:* die Triangel schlagen.

Tri|bü|ne [triˈbyːnə], die; -, -n:

[überdachte] Anlage mit ansteigenden Sitzreihen für Zuschauer (von unter freiem Himmel stattfindenden Veranstaltungen): Plätze auf der Tribüne haben. **Zus.:** Pressetribüne, Zuschauertribüne.

Trich|ter ['trɪçtɐ], der; -s, -: *oben weites Gefäß zum Füllen von Flaschen o. Ä., das sich nach unten verengt und in ein kurzes Rohr übergeht:* Motoröl mit einem Trichter einfüllen. **Zus.:** Einfülltrichter.

Trick [trɪk], der; -s, -s:
a) *einfache, aber wirksame Methode, mit der man sich eine Arbeit erleichtert:* einen Trick anwenden. **Syn.:** Dreh (ugs.), Kniff (ugs.), Kunststück, Masche (ugs.), Raffinesse.
b) *listig ausgedachtes, geschicktes Vorgehen, mit dem man jmdn. täuscht:* er ist auf den Trick eines Betrügers hereingefallen. **Syn.:** Betrug, betrügerische Machenschaften ⟨Plural⟩ (abwertend), List, Machenschaften ⟨Plural⟩ (abwertend), Schwindel, Tour (ugs.). **Zus.:** Ganoventrick, Gaunertrick.

Trieb [tri:p], der; -[e]s, -e:
1. *[oft vom Instinkt gesteuerter] innerer Antrieb, der auf die Befriedigung starker, oft lebensnotwendiger Bedürfnisse abzielt:* sie folgte einem inneren Trieb, als sie sich zu dieser Tat entschloss. **Syn.:** Impuls, Instinkt. **Zus.:** Fortpflanzungstrieb, Freiheitstrieb, Gestaltungstrieb, Selbsterhaltungstrieb, Spieltrieb, Tätigkeitstrieb, Wissenstrieb.
2. *Teil einer Pflanze, der neu hervorgewachsen, noch nicht verholzt ist:* die Bäume zeigen frische Triebe. **Zus.:** Blatttrieb.

trieb|haft ['tri:phaft] ⟨Adj.⟩: *von einem Trieb (1) (und nicht vom Verstand) bestimmt oder beherrscht:* triebhaft handeln; er ist ein triebhafter Mensch. **Syn.:** hemmungslos, tierisch.

Trieb|wa|gen ['tri:pva:gn̩], der; -s, -: *Schienenfahrzeug (der Eisenbahn, Straßenbahn o. Ä.) mit eigenem Antrieb durch Elektro- oder Dieselmotor:* auf dieser Strecke verkehrt ein Triebwagen.

trie|fen ['tri:fn̩]:
a) ⟨itr.; ist⟩ *in großen Tropfen von etwas herabfließen:* der Schweiß ist ihm von der Stirn getrieft. **Syn.:** fließen, laufen, rinnen, tröpfeln, tropfen.
b) ⟨itr.; hat⟩ *tropfend nass sein:* mein Hut hat vom Regen getrieft. **Zus.:** fetttriefend, schweißtriefend.

trif|tig ['trɪftɪç] ⟨Adj.⟩: *sehr überzeugend, schwerwiegend:* einen triftigen Grund für etwas haben; eine triftige Entschuldigung. **Syn.:** einleuchtend, hieb- und stichfest, plausibel, stichhaltig.

[1]Tri|kot [tri'ko:], der, auch das; -s, -s: *gestricktes oder gewirktes, elastisches, dehnbares Gewebe:* Unterwäsche aus Trikot.

[2]Tri|kot [tri'ko:], das; -s, -s: *meist eng anliegendes Kleidungsstück aus dehnbarem, gewirktem Stoff, das besonders bei sportlicher Betätigung getragen wird:* die Mannschaft spielt in blauen Trikots. **Zus.:** Balletttrikot, Fußballtrikot, Ringertrikot, Turnertrikot.

tril|lern ['trɪlɐn] ⟨itr.; hat⟩: *singen oder pfeifen mit schneller Wiederholung von einem oder zwei hellen Tönen:* der Vogel trillert laut.

trim|men ['trɪmən] ⟨tr.; hat⟩: *durch sportliche Betätigung oder bestimmte körperliche Übungen leistungsfähig machen:* er trimmt seine Schützlinge; sich durch tägliche Waldläufe trimmen. **Syn.:** fit halten, in Form bringen, trainieren.

trin|ken ['trɪŋkn̩], trank, getrunken:
1. a) ⟨tr.; hat⟩ *ein bestimmtes Getränk zu sich nehmen:* Milch trinken; wir tranken noch ein Glas Bier. **b)** ⟨itr.; hat⟩ *Flüssigkeit zu sich nehmen:* schnell trinken; sie trinkt aus der Flasche. **Syn.:** saufen (derb). **Zus.:** austrinken, wegtrinken.
2. ⟨itr.; hat⟩ *[viel] Alkohol zu sich nehmen:* der Kraftfahrer hatte getrunken; ihr Mann trinkt. **Syn.:** bechern (ugs. scherzh.), sich besaufen (derb), sich betrinken, einen auf die Lampe gießen (salopp), einen heben (ugs.), einen zur Brust nehmen (ugs.), einen zwitschern (ugs.), saufen (derb), sich einen hinter die Binde gießen (ugs.), zechen.

Trin|ker ['trɪŋkɐ], der; -s, -, **Trin|ke|rin** ['trɪŋkərɪn], die; -, -nen: *Alkoholiker, Alkoholikerin:* sein Vater ist ein Trinker; die Trinkerin braucht eine Therapie.

Trink|ge|fäß ['trɪŋkgəfɛ:s], das; -es, -e: *Gefäß, aus dem man trinken kann.*

Trink|geld ['trɪŋkgɛlt], das; -[e]s, -er: *[kleinere] Geldsumme, die jmd. für eine von ihm erbrachte Leistung zusätzlich zum eigentlichen Preis bekommt:* ein großes, kleines, fürstliches Trinkgeld; der Kellnerin ein Trinkgeld geben; viele Trinkgelder bekommen.

Trink|spruch ['trɪŋkʃprʊx], der; -[e]s, Trinksprüche ['trɪŋkʃprʏçe]: *bei einem Festessen o. Ä. vorgebrachte kleine Rede mit der Aufforderung, die Gläser zu erheben und gemeinsam zu trinken:* einen Trinkspruch auf jmdn. ausbringen; jmdn. mit einem Trinkspruch würdigen. **Syn.:** Toast.

Trink|was|ser ['trɪŋkvasɐ], das; -s, Trinkwässer ['trɪŋkvɛsɐ]: *Wasser, das nach entsprechender Aufbereitung vom Menschen unbedenklich getrunken werden kann:* Trinkwasser ist kostbar; das Trinkwasser ist hier sehr gut; kein Trinkwasser!

Trio ['tri:o], das; -s, -s:
1. *Musikstück für drei Instrumente:* ein Trio komponieren, aufführen.
2. a) *Gruppe von drei Musikern:* sie spielt in einem Trio. **Zus.:** Klaviertrio. **b)** *Gruppe von drei Personen, die häufig gemeinsam in Erscheinung treten, an einer [strafbaren] Handlung beteiligt sind o. Ä.:* die Polizei fand das Trio nach dem Einbruch in einer Bar. **Syn.:** Bande, Haufen (ugs.), Mannschaft. **Zus.:** Gaunertrio.

Trip [trɪp], der; -s, -s (ugs.):
1. *[kurzfristig, ohne große Vorbereitung unternommene] Reise, Fahrt:* einen kurzen Trip unternehmen; einen Trip nach

Venedig machen. **Syn.:** Ausflug, Exkursion, Tour.
2. a) *mit Halluzinationen o. Ä. verbundener Rauschzustand nach dem Genuss von Rauschgift, Drogen:* der Trip war vorbei; auf dem Trip *(im Rauschzustand)* sein. **Syn.:** Rausch.
b) *kleine Menge einer halluzinogenen Droge, besonders von LSD:* einen Trip [ein]werfen, [ein]schmeißen *(nehmen).*
3. (oft abwertend) *Phase, in der sich jmd. mit etwas Bestimmtem besonders intensiv beschäftigt, in der ihn eine Sache besonders stark interessiert, begeistert:* zurzeit ist er auf seinem religiösen Trip. **Zus.:** Biotrip, Friedenstrip, Ökotrip, Polittrip.

trip|peln [ˈtrɪpl̩n] ⟨itr.; ist⟩:
mit kleinen Schritten laufen: das Kind trippelt durch das Zimmer. **Syn.:** gehen, tänzeln.

trist [trɪst] ⟨Adj.⟩:
traurig anzusehen; durch Trostlosigkeit, Eintönigkeit gekennzeichnet: eine triste Häuserfront, Gegend. **Syn.:** einförmig, eintönig, fade, gleichförmig, langweilig, monoton, öde.

Tritt [trɪt], der; -[e]s, -e:
a) ⟨ohne Plural⟩ *Art und Weise, wie jmd. seine Schritte setzt:* einen festen Tritt haben. **Syn.:** Gang, Schritt. **b)** *Stoß mit dem Fuß:* jmdm. einen Tritt geben. **Zus.:** Fußtritt.

Tri|umph [triˈʊmf], der; -[e]s, -e:
a) *großer, mit großer Genugtuung, Freude erlebter Erfolg:* die Sängerin feiert Triumphe; diese Maschine ist ein Triumph der Technik. **Syn.:** Gewinn, Sieg. **b)** ⟨ohne Plural⟩ *große Genugtuung, Freude über einen errungenen Erfolg:* der erneute Wahlsieg war für die Oberbürgermeisterin ein großer Triumph.

tri|um|phie|ren [triʊmˈfi:rən] ⟨itr.; hat⟩:
a) *(über einen Gegner [in einem Wettkampf]) einen Sieg davontragen:* er triumphierte über seine Gegner. **Syn.:** sich behaupten (geh.), die Oberhand gewinnen, sich durchsetzen, gewinnen, siegen. **b)** *seiner Freude über einen Erfolg (einen als übertrieben, hämisch o. ä. gewerteten) Ausdruck geben:* er triumphierte, als er das hörte; ein triumphierendes Lächeln. **Syn.:** sich freuen.

tri|vi|al [triˈvi̯a:l] ⟨Adj.⟩:
a) *ohne Ideengehalt und daher wenig bedeutungsvoll:* eine triviale Äußerung; ein trivialer Gedanke. **Syn.:** gewöhnlich, nichtssagend, oberflächlich, ohne Gehalt, ohne Tiefgang, seicht (ugs.). **b)** *alltäglich, gewöhnlich; nichts Auffälliges aufweisend:* ein triviales Essen; es erschien ihr trivial, nach Mallorca zu reisen. **Syn.:** simpel.

tro|cken [ˈtrɔkn̩] ⟨Adj.⟩:
1. *frei von Feuchtigkeit:* trockenes Wetter; die Wäsche ist trocken. **Syn.:** ausgetrocknet, dürr, verdorrt, vertrocknet.
2. a) *sehr nüchtern, allzu sachlich, ohne Ausschmückung, Fantasie:* ein trockener Vortrag. **Syn.:** akademisch, eintönig, ermüdend, gleichförmig, langweilig, monoton, öde. **b)** *in seiner Sachlichkeit und zugleich Unverblümtheit erheiternd, witzig wirkend:* eine trockene Bemerkung, Feststellung; trockener Humor.
3. *(von Weinen o. Ä.) wenig unvergorenen Zucker enthaltend:* ein trockener Sekt. **Syn.:** herb.
4. (Jargon) *nicht mehr alkoholabhängig:* er ist seit einiger Zeit trocken.

Tro|cken|heit [ˈtrɔkn̩hai̯t], die; -, -en:
das Trockensein, trockene Beschaffenheit, trockener Zustand: die Trockenheit macht der Landwirtschaft zu schaffen.

tro|cken|le|gen [ˈtrɔkn̩le:gn̩], legte trocken, trockengelegt ⟨tr.; hat⟩:
1. *(ein Baby) säubern und mit frischen Windeln versehen:* sie muss ihr Baby trockenlegen. **Syn.:** wickeln.
2. *durch Entzug der überschüssigen Feuchtigkeit fruchtbar machen:* einen Sumpf, Land trockenlegen.

trock|nen [ˈtrɔknən], trocknete, getrocknet:
1. ⟨tr.; hat⟩ **a)** *trocken machen, trocken werden lassen:* Holz [am Ofen] trocknen; sie hat ihre Haare getrocknet. **Syn.:** abtrocknen. **b)** *trocknend beseitigen, entfernen, zum Verschwinden bringen:* sie trocknete den Fleck mit einem Tuch. **c)** *einer Sache Feuchtigkeit, Wasser entziehen, um sie haltbar zu machen:* Äpfel, Pflaumen, Aprikosen trocknen. **Syn.:** dörren.
2. ⟨itr.; ist⟩ *trocken werden (als erwünschtes Ergebnis in Bezug auf etwas, was üblicherweise nicht nass, feucht ist):* die Wäsche ist schnell getrocknet. **Syn.:** abtrocknen, dorren (geh.), vertrocknen. **Zus.:** antrocknen, austrocknen, eintrocknen, vertrocknen.

trocknen/austrocknen

Von **austrocknen** spricht man, wenn etwas (z. B. Sümpfen, Wäldern, Böden, der Haut) die ihm eigene Feuchtigkeit entzogen wird. Häufig ist das Austrocknen nicht erwünscht:

- Die Sonne hat den Boden völlig ausgetrocknet.
- Ihre Haut war ausgetrocknet.

Trocknen wird dagegen verwendet, wenn man etwas (das vorher nass gemacht worden ist) absichtlich wieder trocknet oder trocknen lässt:

- Die Wäsche trocknet auf der Leine.
- Sie trocknet die Haare mit dem Föhn.
- In diesem Laden gibt es frische und getrocknete Feigen zu kaufen.

Trock|ner [ˈtrɔknɐ], der; -s, -:
1. *Gerät zum Trocknen der Hände mit heißer Luft (in öffentlichen Toiletten u. Ä.):* die Hände unter den Trockner halten.
2. *Wäschetrockner:* er nahm die Wäsche aus dem Trockner und legte sie zusammen.

trö|deln [ˈtrø:dl̩n] ⟨itr.; hat⟩ (ugs., oft abwertend):
langsam sein, nicht zügig vorankommen, Zeit verschwenden: bei der Arbeit, auf dem Nachhauseweg trödeln. **Syn.:** bummeln. **Zus.:** herumtrödeln, vertrödeln.

Trog [tro:k], der; -[e]s, Tröge [ˈtrø:gə]:
großes, meist längliches, offenes [Stein-, Holz]gefäß: die Schweine

fressen aus dem Trog. **Zus.:** Futtertrog, Holztrog, Schweinetrog, Steintrog, Waschtrog, Wassertrog.

trol|len ['trɔlən] ⟨+ sich⟩ (ugs.): *sich langsam und ein wenig zögernd entfernen, weggehen:* als ich ihn ausschimpfte, hat er sich getrollt; troll dich! **Syn.:** abmarschieren, sich davonmachen (ugs.), hinausgehen, sich verdrücken (ugs.).

Trom|mel ['trɔml̩], die; -, -n:
1. *Schlaginstrument mit zylindrischem, an beiden Seiten mit [Kalb]fell bespanntem Resonanzkörper:* eine große, kleine Trommel; die Trommel schlagen, rühren.
2. *zylindrischer Behälter [als Teil eines Geräts o. Ä.] zur Aufnahme von etwas:* die Trommel der Waschmaschine, des Revolvers.

trom|meln ['trɔml̩n] ⟨itr.; hat⟩:
a) *die Trommel schlagen.* **b)** *fortgesetzt und schnell auf einen Gegenstand schlagen, klopfen:* mit den Fingern auf den Tisch trommeln; der Regen trommelte auf das Dach. **Syn.:** klatschen, peitschen, prasseln.

Trom|pe|te [trɔm'pe:tə], die; -, -n: *Blechblasinstrument mit oval gebogenem Rohr und drei Ventilen:* er bläst, spielt [die] Trompete, auf der Trompete. **Syn.:** Blechblasinstrument.

trom|pe|ten [trɔm'pe:tn̩], trompetete, trompetet ⟨itr.; hat⟩:
1. *Trompete blasen.* **Syn.:** tuten.
2. *Laute hervorbringen, die denen einer Trompete ähnlich sind:* der Elefant trompetet; sie trompetet (ugs. scherzh.; *schnäuzt sich laut*).

Tro|pen ['tro:pn̩], die ⟨Plural⟩: *zu beiden Seiten des Äquators liegende Zone mit sehr heißem Klima:* diese Pflanzen kommen nur in den Tropen vor.

Tropf [trɔp͜f], der; -[e]s, Tröpfe ['trœp͜fə] (oft abwertend): *Person, die [in bedauernswerter Weise] einfältig ist:* so ein Tropf!; er ist ein armer Tropf. **Syn.:** Depp (bes. südd., österr., schweiz. abwertend), Dummkopf (abwertend), Idiot (ugs. abwertend), Kindskopf (ugs.), Narr, [2]Tor (geh. veraltend), Trottel (ugs. abwertend).

tröp|feln ['trœp͜fl̩n]:
1. ⟨itr.; ist⟩ *in wenigen, kleinen Tropfen schwach [und langsam] niederfallen oder rinnen:* das Blut ist aus der Wunde auf den Boden getröpfelt. **Syn.:** fließen.
2. ⟨tr.; hat⟩ *in kleinen Tropfen fließen lassen:* sie hat ihm die Arznei in die Augen getröpfelt. **Syn.:** träufeln, tropfen. **Zus.:** einträpfeln.
3. ⟨unpers.; hat⟩ (ugs.) *in vereinzelten kleinen Tropfen regnen:* es tröpfelt schon, nur.

trop|fen ['trɔp͜fn̩]:
a) ⟨itr.; ist⟩ *in einzelnen Tropfen herabfallen:* das Blut ist aus der Wunde getropft. **Syn.:** fließen, [1]quellen, sickern, tröpfeln. **Zus.:** herabtropfen. **b)** ⟨itr.; hat⟩ *einzelne Tropfen herabfallen lassen:* der Wasserhahn hat getropft.

Trop|fen ['trɔp͜fn̩], der; -s, -:
1. *kleine Flüssigkeitsmenge von kugeliger oder länglich runder Form:* ein Tropfen Blut; es regnet in großen Tropfen. **Zus.:** Blutstropfen, Fetttropfen, Regentropfen, Schweißtropfen, Wassertropfen.
2. ⟨Plural⟩ *Medizin (die in Tropfen genommen wird):* hast du deine Tropfen schon genommen? **Syn.:** Arznei, Medikament, Mittel. **Zus.:** Augentropfen, Beruhigungstropfen, Hustentropfen, Nasentropfen.

Tross [trɔs], der; -es, -e: *Gefolgschaft:* die Königin mit ihrem Tross. **Syn.:** Anhang, Anhänger ⟨Plural⟩.

Trost [tro:st], der; -[e]s: *etwas, was jmdn. in seinem Leid, seiner Niedergeschlagenheit aufmuntert, tröstet:* ihre Worte waren nur ein [schwacher] Trost; in etwas Trost finden. **Syn.:** Wohltat, Zuspruch.

trös|ten ['trø:stn̩], tröstete, getröstet:
a) ⟨tr.; hat⟩ *Trost spenden, zusprechen, wieder zuversichtlich machen:* die Mutter tröstet das Kind; dieser Gedanke tröstete ihn. **Syn.:** aufrichten, erbauen, erheben, stärken.
b) ⟨+ sich⟩ *(etwas Unangenehmes, Bedrückendes) überwinden:* ich tröstete mich schnell über den Verlust. **Syn.:** sich abfinden, sich abreagieren, sich beruhigen, sich erholen, sich fassen.

tröst|lich ['trø:stlɪç] ⟨Adj.⟩: *hoffnungsfroh stimmend (in einer an und für sich anstrengenden o. ä. Situation):* es ist ein tröstlicher Gedanke, dass ...; es ist tröstlich zu wissen, dass wir nach dieser vielen Arbeit in [den] Urlaub fahren können. **Syn.:** beruhigend, ermutigend.

Trott [trɔt], der; -[e]s: *langsamer, schwerfälliger Gang:* das Pferd geht im Trott.

Trot|tel ['trɔtl̩], der; -s, - (ugs. abwertend): *Person, die als einfältig, dumm, ungeschickt angesehen wird:* so ein Trottel! **Syn.:** Depp (bes. südd., österr., schweiz. abwertend), Dummkopf, Dussel (ugs.), Hammel (salopp abwertend), Idiot (ugs. abwertend), Ignorant (abwertend), Kamel (salopp abwertend), Kindskopf (ugs.), Narr, Spinner (ugs.), Tölpel (abwertend), [2]Tor (geh. veraltend), Tropf (oft abwertend). **Zus.:** Dorftrottel.

trot|ten ['trɔtn̩], trottete, getrottet ⟨itr.; ist⟩: *langsam und schwerfällig gehen:* er trottete müde durch den Sand. **Syn.:** latschen, schlurfen. **Zus.:** dahertrotten, davontrotten, hinterhertrotten, vorbeitrotten, weitertrotten.

Trot|toir [trɔ'to̯a:ɐ̯], das; -s, -e und -s (schweiz.): *Bürgersteig:* das Trottoir ist sehr schmal hier. **Syn.:** Gehsteig (bes. bayr., österr.), Gehweg.

trotz [trɔt͜s] ⟨Präp. mit Gen.; bes. südd., österr. und schweiz. auch mit Dativ⟩: *obwohl eine Person oder Sache einem bestimmten Vorgang, Tatbestand o. Ä. entgegensteht, ihn eigentlich unmöglich machen sollte; ungeachtet; ohne Rücksicht auf etwas, jmdn:* trotz aller Bemühungen; trotz heftiger Schmerzen; trotz Beweisen; trotz dichten Nebels/dichtem Nebel; trotz Frosts und Schnees/trotz Frost und Schnee; trotz des Regens gingen wir spazieren.

Trotz [trɔt͜s], der; -es: *hartnäckiger [eigensinniger] Widerstand gegen eine Autorität (aus dem Gefühl, im Recht zu sein):* er tut es aus lauter Trotz; den Trotz eines Kindes zu brechen versuchen. **Syn.:** Eigensinn.

trotz|dem ['trɔt͜sde:m] ⟨Adverb⟩: *trotz hindernder Umstände:* ich bin nicht verreist, trotzdem habe ich mich erholt; es ist verboten, aber ich habe es trotzdem getan. **Syn.:** allein (geh.), allerdings, dennoch, dessen ungeachtet, doch, gleichwohl, indes (geh.), indessen (geh.), trotz allem.

trot|zig ['trɔtsɪç] ⟨Adj.⟩: *(besonders von Kindern) hartnäckig bestrebt, seinen eigenen Willen durchzusetzen:* ein trotziges Gesicht machen; eine trotzige Antwort geben. **Syn.:** halsstarrig, starrsinnig, störrisch, stur, widerspenstig.

trü|be ['try:bə] ⟨Adj.⟩:
1. a) *(besonders von etwas Flüssigem) [verschmutzt und] undurchsichtig wirkend:* trüber Apfelsaft; trübes Glas; das Wasser in der Pfütze war erst klar, doch als er mit seinen Lehmstiefeln hineintrat, wurde es trübe. **Syn.:** schmutzig. **b)** *matt leuchtend, kein helles Licht von sich gebend:* der trübe Schein einer verstaubten Lampe; eine trübe Wintersonne. **Syn.:** dunkel, düster.
2. *von traurigen oder düsteren Gedanken erfüllt, auf solche hindeutend:* eine trübe Stimmung; trübe saß er in einer Ecke des Zimmers. **Syn.:** bedrückt, bekümmert, niedergeschlagen, schwermütig, trist, trübselig, trübsinnig.

Tru|bel ['tru:bl̩], der; -s: *[mit Gewühl verbundenes] lebhaftes, geschäftiges oder lustiges Treiben:* in der Stadt herrschte [ein] großer Trubel; sich in den Trubel des Verkehrs stürzen. **Syn.:** Betrieb. **Zus.:** Faschingstrubel, Weihnachtstrubel.

trü|ben ['try:bn̩]:
1. a) ⟨tr.; hat⟩ *trübe, undurchsichtig machen:* die Abwässer haben das Wasser getrübt. **b)** ⟨+ sich⟩ *trübe werden:* das Wetter hat sich getrübt.
2. ⟨tr.; hat⟩ *eine gute Gemütsverfassung, einen guten Zustand o. Ä. beeinträchtigen:* dein Kummer hat mir die Freude getrübt; seit dem Zwischenfall war ihr gutes Verhältnis getrübt. **Syn.:** erschweren, stören.

trüb|se|lig ['try:pze:lɪç] ⟨Adj.⟩: *traurig gestimmt:* trübselige Gedanken; die Stimmung war trübselig. **Syn.:** bedrückt, bekümmert, niedergeschlagen, schwermütig, trist, trübe, trübsinnig.

trüb|sin|nig ['try:pzɪnɪç] ⟨Adj.⟩: *trübe gestimmt, niedergeschlagen:* trübsinnige Gedanken; er geht oft tagelang trübsinnig umher. **Syn.:** bedrückt, bekümmert, betrübt, schwermütig, traurig, trübe, trübselig.

tru|deln ['tru:dl̩n] ⟨itr.; ist⟩: *langsam und ungleichmäßig fallen oder rollen und sich dabei um seine Längsachse drehen:* der Ball, die Kugel trudelt; die welken Blätter sind auf die Erde getrudelt; das Flugzeug ist getrudelt. **Syn.:** rotieren, wirbeln.

trü|gen ['try:gn̩], trog, getrogen ⟨itr.; hat⟩: *einen falschen Eindruck erwecken, zu falschen Vorstellungen verleiten:* wenn mich mein Gedächtnis nicht trügt, dann war sie damals dabei; der [äußere] Schein trügt. **Syn.:** hereinlegen (ugs.), hinters Licht führen, in die Irre führen, in die Irre leiten, irreführen, täuschen.

trü|ge|risch ['try:gərɪʃ] ⟨Adj.⟩: *zu falschen Annahmen oder Hoffnungen verleitend; auf einer Fehleinschätzung der Lage beruhend:* trügerische Hoffnungen; die glänzende Fassade der großen Feste war trügerisch, denn dahinter gab es im Volk großes Elend. **Syn.:** illusorisch, täuschend, utopisch.

Tru|he ['tru:ə], die; -, -n: *Möbelstück in Form eines Kastens mit einem Deckel zum Aufklappen an der Oberseite:* sie legte die Wäsche in die Truhe. **Zus.:** Holztruhe, Kleidertruhe, Schatztruhe, Wäschetruhe.

Trüm|mer ['trʏmɐ], die ⟨Plural⟩: *Bruchstücke, Überreste eines zerstörten größeren Ganzen:* die Trümmer eines Hauses, eines Spiegels. **Syn.:** Ruine ⟨Singular⟩, Schutt ⟨Singular⟩, Überbleibsel ⟨Singular⟩, Wrack ⟨Singular⟩. **Zus.:** Felstrümmer, Gesteinstrümmer, Mauertrümmer, Säulentrümmer.

Trumpf [trʊmpf], der; -[e]s, Trümpfe ['trʏmpfə]: *eine der [wahlweise] höchsten Karten bei Kartenspielen, mit der andere Karten gestochen werden können:* Pik ist Trumpf; einen Trumpf, Trümpfe ausspielen.

Trunk [trʊŋk], der; -[e]s, selten: Trünke ['trʏŋkə] (geh.):
a) *Getränk (das man im Glas o. Ä. vor sich hat):* ein kühler, erfrischender Trunk labte die Wanderer. **b)** *das Trinken* (2): er neigt zum Trunk, ist dem Trunk verfallen.

trun|ken ['trʊŋkn̩] ⟨Adj.⟩ (geh.):
1. *sich (durch die Wirkung des Alkohols) in einem Rauschzustand befindend:* er war trunken von Wein. **Syn.:** angeheitert, angetrunken, berauscht, beschwipst (ugs.), besoffen (salopp), betrunken, blau (ugs.), sternhagelvoll (ugs.), voll (ugs.).
2. *überaus glücklich und begeistert, von Gefühlen überwältigt:* trunken vor Freude; der Sieg machte sie ganz trunken. **Zus.:** glückstrunken, siegestrunken.

Trupp [trʊp], der; -s, -s: *kleine [in Bewegung befindliche] geschlossene Gruppe von Menschen (die in einem gemeinsamen Tun begriffen sind):* ein Trupp marschierender/(seltener:) marschierende Polizisten, Soldaten, Bauarbeiter kam vorüber. **Syn.:** Abteilung, Einheit, Kolonne, Zug. **Zus.:** Bautrupp, Spähtrupp.

Trup|pe ['trʊpə], die; -, -n:
1. *zusammen auftretende Gruppe von Schauspielern, Artisten o. Ä.:* eine Truppe von Artisten. **Syn.:** Ensemble. **Zus.:** Artistentruppe, Balletttruppe, Komödiantentruppe.
2. a) *militärischer Verband:* Truppen zusammenziehen, zurückziehen. **Syn.:** Armee, Division, Einheit, Kompanie. **Zus.:** Besatzungstruppe, Elitetruppe, Pioniertruppe. **b)** ⟨ohne Plural⟩ *im Kampf stehende Truppe* (2 a): die Moral der Truppe; eine Strafe für die Entfernung von der Truppe; zur Truppe versetzt werden.

Trut|hahn ['tru:tha:n], der; -[e]s, Truthähne ['tru:thɛ:nə]: *männliches Truthuhn.* **Syn.:** Puter.

Trut|hen|ne ['tru:thɛnə], die; -, -n: *weibliches Truthuhn.* **Syn.:** Pute.

Trut|huhn ['tru:thu:n], das; -[e]s, Truthühner ['tru:thy:nɐ]:

1. *dem Huhn ähnlicher, aber größerer Vogel mit meist dunklem Gefieder und rötlich-violettem nacktem Kopf und Hals, der besonders wegen seines Fleisches als Haustier gehalten wird:* Truthühner halten, züchten.
2. *Truthenne.*

tschüs [tʃy:s], **tschüss** [tʃʏs] (ugs.) ⟨Interjektion⟩:
Grußformel; *auf Wiedersehen!:* tschüs[s] dann, bis morgen!

T-Shirt ['ti:ʃø:ɐ̯t], das; -s, -s:
kurzärmeliges Oberteil aus [1]Trikot ohne Kragen: er zog ein sauberes T-Shirt an.

Tu|ba ['tu:ba], die; -, Tuben ['tu:bn̩]:
Blechblasinstrument mit gewundenem Rohr und nach oben gerichtetem Schalltrichter.

Tu|be ['tu:bə], die; -, -n:
kleinerer röhrenartiger Gegenstand aus weichem Material (Metall, Kunststoff), dessen Inhalt (pastenartige Stoffe) durch eine Öffnung am oberen Ende herausgedrückt wird: eine Tube Zahnpasta, Senf; eine Tube aufschrauben, verschließen, zusammendrücken, zudrehen. **Syn.:** Behälter.

Tuch [tu:x], das; -[e]s, Tücher ['ty:çɐ] und -e:
1. ⟨Plural: Tücher⟩ *meist viereckiges, gesäumtes Stück Stoff für bestimmte Zwecke:* sich ein Tuch um den Kopf, um den Hals binden; etwas mit einem Tuch zudecken; ein Tuch zum Säubern, Abstauben verwenden. **Zus.:** Halstuch, Kopftuch, Scheuertuch, Seidentuch, Staubtuch, Tischtuch, Wischtuch, Wolltuch.
2. ⟨Plural: Tuche⟩ *(für Kleidungsstücke verwendetes) glattes Gewebe mit leicht filziger Oberfläche:* ein Anzug aus feinem Tuch. **Syn.:** Stoff.

tüch|tig ['tʏçtɪç] ⟨Adj.⟩:
1. **a)** *(in Bezug auf einen Menschen) gute Arbeit leistend:* eine tüchtige Kauffrau; er ist als Arzt sehr tüchtig. **Syn.:** arbeitsam (veraltend), auf Draht (ugs.), beflissen (geh.), eifrig, emsig (geh., oft iron.), fleißig, patent (ugs.). **b)** *(in Bezug auf eine Arbeit, Leistung) in anerkennenswerter Weise gut:* das ist eine tüchtige Leistung. **Syn.:** anständig, beachtlich, beträchtlich, gehörig, ordentlich (ugs.), schön.
2. (ugs.) **a)** *eine bestimmte Qualität darstellend, sehr groß:* das war ein tüchtiger Schrecken; einen tüchtigen Schluck nehmen. **Syn.:** anständig (ugs.), gebührend, gehörig, gewaltig, kräftig, ordentlich (ugs.), schön (ugs.). **b)** ⟨intensivierend bei Verben⟩ *sehr, in hohem Maß:* er hat tüchtig gefroren; sie haben ihn tüchtig ausgelacht. **Syn.:** arg (landsch.), enorm (ugs.), erbärmlich (ugs.), furchtbar (ugs.), fürchterlich (ugs.), gehörig, gewaltig (emotional), mächtig (ugs.).

-tüch|tig ['tʏçtɪç] ⟨adjektivisches Suffixoid⟩:
1. *in Bezug auf das im Basiswort Genannte [gut] brauchbar und die damit verbundenen Aufgaben gut erfüllend, in Bezug darauf leistungsfähig, einsatzbereit:* fahrtüchtig; flugtüchtig; funktionstüchtig; schwimmtüchtig; verkehrstüchtig; ⟨elliptisch⟩ eistüchtig (Schiff); hochseetüchtig (Bohrinsel); lufttüchtig *(kann in die Luft aufsteigen und fliegen);* seetüchtig (Schiff); ⟨passivisch⟩ bergtüchtig (bergtüchtige Schuhe: *Schuhe, die gut zum Bergsteigen verwendet werden können*); gebrauchstüchtig; kriegsverwendungstüchtig *(kann im Krieg eingesetzt/für den Kriegsdienst verwendet werden).* **Syn.:** -fähig.
2. *in dem im Basiswort Genannten durch entsprechende Aktivitäten erfolgreich:* geschäftstüchtig; lebenstüchtig.

tü|ckisch ['tʏkɪʃ] ⟨Adj.⟩:
a) *durch versteckte Bosheit, Hinterhältigkeit gefährlich:* ein tückischer Gegner, Plan; er ist tückisch und falsch. **Syn.:** bösartig, böse. **b)** *eine verborgene Gefahr in sich bergend:* eine tückische Krankheit; die abschüssige Straße ist bei Glätte sehr tückisch. **Syn.:** gefährlich.

Tu|gend ['tu:gn̩t], die; -, -en:
a) ⟨ohne Plural⟩ *moralische Untadeligkeit, vorbildliche Haltung eines Menschen:* er, sie ist ein Mensch von unangefochtener Tugend. **Syn.:** Anstand.
b) *bestimmte moralisch wertvolle Eigenschaft:* demokratische Tugenden; die Tugend der Geduld ist nicht gerade ihre Stärke. **Syn.:** Qualität.

Tul|pe ['tʊlpə], die; -, -n:
(im zeitigen Frühjahr blühende, aus einer Zwiebel hervorwachsende) Pflanze mit einer auf einem hohen Stängel sitzenden, großen, kelchartigen Blüte in leuchtender Farbe: im Garten blühen schon die ersten Tulpen.

-tum [tu:m], das; -s ⟨Suffix⟩:
1. kennzeichnet die Tatsache, dass jmd. das im Basiswort Genannte – meist ein Maskulinum – ist oder so lebt bzw. handelt, bezeichnet die Art des Verhaltens von Personen, die durch das im Basiswort Genannte charakterisiert wird: Chaotentum; Chauvitum; Denunziantentum; Epigonentum; Heldentum; Künstlertum; Lesbentum; Mannestum; Mönchstum; Neuerertum; Patriarchentum; Priestertum; Rowdytum; Simulantentum; Spitzeltum; Strebertum; Sympathisantentum; Virtuosentum; Witwentum.
2. bezeichnet eine Personengruppe, eine Gesamtheit in Bezug auf das im Basiswort Genannte: Bürgertum *(alle, die gesamten Bürger);* Christentum; Emigrantentum; Gangstertum; Judentum; Spekulantentum. **Syn.:** -schaft.

tum|meln ['tʊml̩n] ⟨+ sich⟩:
sich irgendwo lebhaft, ausgelassen hin und her bewegen: die Kinder tummeln sich im Garten, im Wasser.

Tu|mor ['tu:mo:ɐ̯], der; -s, -en [tu'mo:rən]:
Geschwulst: er hat einen Tumor im Gehirn.

Tüm|pel ['tʏmpl̩], der; -s, -:
kleiner Teich mit stehendem Wasser. **Syn.:** Gewässer, [1]See, stehendes Gewässer, Wasser, Weiher. **Zus.:** Schlammtümpel, Wassertümpel.

Tu|mult [tu'mʊlt], der; -[e]s, -e:
von Menschen, einer Menschenansammlung ausgehendes lärmendes, aufgeregtes Durcheinander: als die Rednerin die Tribüne betrat, entstand ein Tumult; seine Worte gingen in dem allgemeinen Tumult unter. **Syn.:** Krawall (ugs.), Rabatz (ugs.).

tu|mul|tu|a|risch [tumʊlˈtu̯aːrɪʃ] ⟨Adj.⟩: *mit Lärm und großer Aufregung verbunden; einen Tumult darstellend:* tumultuarische Ereignisse. **Syn.:** stürmisch, turbulent.

[1]tun [tuːn], tat, getan:
1. a) ⟨tr.; hat⟩ *eine Handlung ausführen; sich mit etwas beschäftigen:* etwas ungern, freiwillig tun; du musst etwas für deine Gesundheit tun; so etwas tut er nicht; sie hat viel Gutes getan; er tat, wie ihm befohlen; ich habe anderes zu tun, als hier herumzusitzen; er tut nichts als meckern (ugs.; *meckert ständig*); ich weiß nicht, was ich tun soll *(wie ich mich verhalten soll);* so etwas tut man nicht *(gehört sich nicht);* so tu doch [et]was! *(handle!, greife ein!);* dagegen muss man etwas, kann man nichts tun *(dagegen muss man, kann man nicht angehen);* sie hat ihr Möglichstes, Bestes getan *(sich nach Kräften bemüht);* du kannst tun und lassen, was du willst *(niemand macht dir Vorschriften);* tu, was du willst! *(es ist mir gleichgültig, wie du handelst, dich verhältst);* er hat getan, was er konnte *(sich nach Kräften bemüht);* was tust du hier? *(was willst du hier, warum bist du hier?);* was kann ich für dich tun? *(wie kann ich dir behilflich sein, was möchtest du?);* kann ich etwas für dich tun *(dir helfen)?;* es hat sich so ergeben, ohne dass ich etwas dazu getan hätte *(ohne mein Dazutun);* dafür müssen wir etwas tun *(uns einsetzen);* ⟨auch itr.⟩ was tun? *(was soll man in dieser Situation tun?).* **Syn.:** machen. **b)** ⟨tr.; hat⟩ *(etwas Bestimmtes) verrichten, erledigen, vollbringen:* er tut seine Arbeit, Pflicht; Dienst tun; es bleibt nur noch eines zu tun; wer hat das getan? *(wer ist der Schuldige?);* der Tischler hat viel zu tun *(viele Aufträge);* er tut nichts, keinen Handschlag (ugs.; *arbeitet nicht*); ich muss noch etwas [für die Schule] tun *(arbeiten);* du tust es ja doch nicht *(ich glaube dir nicht, dass du es wirklich tust);* ⟨auch itr.⟩ ich habe zu tun *(muss arbeiten);* ich hatte dort [geschäftlich] zu tun *(war dort, um etwas [Geschäftliches] zu erledigen).* **Syn.:** machen. **c)** ⟨itr.; hat⟩ nimmt die Aussage eines vorher im Kontext gebrauchten Verbs auf: ich riet ihm zu verschwinden, was er auch schleunigst tat; ⟨unpers.:⟩ es sollte am nächsten Tag regnen, und das tat es dann auch. **Syn.:** machen. **d)** ⟨tr.; hat⟩ als Funktionsverb, besonders in Verbindung mit Verbalsubstantiven; *ausführen, machen:* einen Blick aus dem Fenster, einen Sprung tun; eine Äußerung, einer Sache Erwähnung tun. **e)** ⟨tr.; hat⟩ *zustande bringen, bewirken:* ein Wunder tun; (verblasst:) seine Wirkung tun *(wirken);* ⟨auch itr.⟩ was tut das schon? (ugs.; *was macht das schon?*); das tut nichts *(das ist unerheblich, spielt keine Rolle).* **Syn.:** machen. **f)** ⟨tr.; hat⟩ *zuteilwerden lassen; zufügen, antun:* jmdm. einen Gefallen tun; er hat viel an ihm getan (ugs.; *hat ihm viel Gutes getan*); er tut dir nichts *(fügt dir kein Leid zu);* ⟨auch ohne Dativobj.⟩ der Hund tut nichts *(beißt nicht).* **Syn.:** anrichten.
2. ⟨tr.; hat⟩ (ugs.) *irgendwohin bringen, befördern:* Salz an, in die Suppe tun; das Brot in den Ofen tun; das Geld tue ich auf die Bank. **Syn.:** legen, packen, schieben, setzen, stellen.
3. ⟨itr.; hat⟩ *durch sein Verhalten einen bestimmten Anschein erwecken:* freundlich, vornehm, geheimnisvoll tun; sie tut [so], als ob/als wenn/wie wenn sie nichts wüsste, als wüsste sie nichts, als sei nichts gewesen; ⟨elliptisch⟩ er tut nur so [als ob] *(er gibt das nur vor, verstellt sich nur);* tu doch nicht so! *(verstell dich doch nicht so!).* **Syn.:** sich geben, sich verhalten.
4. ⟨+ sich⟩ *geschehen; im Gange sein:* im Lande tut sich etwas, einiges; es tut sich immer noch nichts. **Syn.:** sich ändern, sich ereignen, sich wandeln (geh.).

[2]tun [tuːn], tat, getan ⟨Hilfsverb⟩ (ugs.):
a) ⟨mit vorangestelltem betontem Infinitiv am Satzanfang⟩ dient dazu, das im Infinitiv genannte Tun, Geschehen zu betonen: stricken tut sie nicht gern *(sie strickt nicht gern);* machen tu ich das schon *(das mache ich schon).* **b)** ⟨mit nachgestelltem Infinitiv⟩ ich tu bloß noch den Garten sprengen *(ich sprenge bloß noch den Garten).* **c)** ⟨täte + Infinitiv⟩ umschreibt den Konjunktiv: ich täte ja zahlen *(ich würde ja zahlen),* aber ich habe kein Geld; er täte dir helfen *(er würde dir helfen),* wenn er Zeit hätte.

tün|chen [ˈtʏnçn̩] ⟨tr.; hat⟩: *mit Kalk- oder Leimfarbe streichen:* er hat die Mauer, die Wände getüncht. **Syn.:** anmalen, anstreichen.

Tun|fisch [ˈtuːnfɪʃ]: ↑Thunfisch.

Tun|ke [ˈtʊŋkə], die; -, -n (landsch.): *Soße.* **Syn.:** Marinade.

tun|ken [ˈtʊŋkn̩] ⟨tr.; hat⟩ (landsch.): *(etwas kurz in eine Flüssigkeit) hineintauchen [um es damit zu tränken]:* sie tunkten das harte Brot in die Milch. **Syn.:** eintauchen, tauchen. **Zus.:** eintunken.

tun|lichst [ˈtuːnlɪçst] ⟨Adverb⟩: *nach Möglichkeit (weil es ratsam ist):* jede Aufregung für die Patientin sollte man tunlichst vermeiden. **Syn.:** gefälligst, [2]lieber, möglichst, wenn möglich.

Tun|nel [ˈtʊnl̩], der; -s, - und -s: *unter der Erde verlaufender bzw. durch einen Berg hindurch geführter Verkehrsweg:* die Bahn fährt durch mehrere Tunnel[s].

tup|fen [ˈtʊpf̮n̩] ⟨tr.; hat⟩: *unter einer leichten Berührung auftragen oder entfernen:* Salbe auf eine Wunde tupfen; jmdm., sich den Schweiß von der Stirn tupfen.

Tup|fen [ˈtʊpf̮n̩], der; -s, -: *größerer Punkt (besonders in großer Zahl als grafisches Muster auf Textilien aufgedruckt, eingewebt o. Ä.):* ein Kleid mit roten Tupfen.

Tür [tyːɐ̯], die; -, -en:
1. a) *Öffnung von bestimmter Breite und Höhe in einer Wand, Mauer o. Ä., die den Zugang zu einem Raum, Gebäude o. Ä. ermöglicht:* die Tür öffnen, schließen; durch eine Tür gehen. **Zus.:** Haustür, Hintertür, Kellertür, Kirchentür, Wohnungstür, Zimmertür; * **zwischen Tür und Angel** (ugs.): *in großer Eile; ohne genügend Zeit für etwas zu haben:* ich habe das wieder nur zwischen Tür und

Angel erledigen können. **Syn.:** Ausgang, Ausstieg, Eingang, Einstieg, [1]Tor, Zugang. **b)** *aus Holz oder anderem Material bestehender, beweglich in den Türrahmen eingepasster Teil, mit dem die Tür (1 a) verschlossen werden kann:* eine weiß lackierte Tür; eine Tür aus Glas. **Syn.:** Pforte, [1]Tor. **Zus.:** Pendeltür, Schiebetür, Tapetentür.
2. *Vorrichtung zum Verschließen einer Öffnung:* die Tür des Schrankes, des Ofens, des Vogelkäfigs. **Zus.:** Autotür, Ofentür, Schranktür.

Tur|ban [ˈtʊrbaːn], der; -s, -e:
1. *aus einer kleinen Kappe und/oder einem in bestimmter Weise um den Kopf gewundenen Tuch bestehende Kopfbedeckung (besonders der Moslems und Hindus):* einen Turban tragen.
2. *um den Kopf drapierter Schal (als Kopfbedeckung für Damen).* **Syn.:** Kopfbedeckung.

Tur|bi|ne [tʊrˈbiːnə], die; -, -n: *Kraftmaschine, durch die die Energie von fließendem Wasser, Gas oder Dampf zur Erzeugung einer drehenden Bewegung ausgenutzt wird:* die Turbinen eines Kraftwerkes. **Zus.:** Abgasturbine, Dampfturbine, Gasturbine, Wasserturbine.

tur|bu|lent [tʊrbuˈlɛnt] ⟨Adj.⟩: *durch allgemeine Aufregung, Erregung, wildes Durcheinander gekennzeichnet:* eine turbulente Versammlung; turbulente Szenen spielten sich ab; es ging sehr turbulent zu. **Syn.:** tumultuarisch.

Tür|klin|ke [ˈtyːɐ̯klɪŋkə], die; -, -n: *Klinke.*

Turm [tʊrm], der; -[e]s, Türme [ˈtʏrmə]:
1. *frei stehendes oder als Teil eines Gebäudes existierendes, hoch aufragendes Bauwerk, bei dem besonders der obere Teil bestimmten Zwecken dient:* der Turm der Kirche; ein Turm mit Aussichtsplattform; einen Turm besteigen. **Zus.:** Aussichtsturm, Bohrturm, Glockenturm, Kirchturm, Kontrollturm, Kühlturm, Wachtturm, Wasserturm.
2. *Figur im Schachspiel, die beliebig weit gerade zieht.*

[1]tür|men [ˈtʏrmən] ⟨+ sich⟩: *sich übereinanderlagern, schichten, übereinanderliegen:* die Akten türmen sich auf seinem Tisch; Wolken türmen sich am Himmel. **Syn.:** sich aufhäufen, sich auftürmen (geh.), sich häufen.

[2]tür|men [ˈtʏrmən] ⟨itr.; ist⟩ (ugs.): **a)** *schnell davonlaufen (und sich damit einer heiklen Situation entziehen):* der Dieb ist vor dem Polizisten getürmt. **Syn.:** abhauen (ugs.), sich absetzen (ugs.), ausbrechen, ausreißen (ugs.), sich davonmachen (ugs.), sich dünnmachen (ugs.), durchbrennen (ugs.), entfliehen, entkommen, entlaufen, entweichen, entwischen (ugs.), fliehen, flüchten, sich verdrücken (ugs.), sich verziehen (ugs.). **b)** *einen Ort, besonders einen Gewahrsam, durch Flucht verlassen:* sie sind aus der Gefangenschaft getürmt. **Syn.:** abhauen (ugs.), sich absetzen (ugs.), ausbrechen, ausreißen (ugs.), sich davonmachen (ugs.), sich dünnmachen (ugs.), durchbrennen (ugs.), entfliehen, entkommen, entlaufen, entweichen, entwischen (ugs.), fliehen, flüchten, sich verdrücken (ugs.), sich verziehen (ugs.).

tur|nen [ˈtʊrnən] ⟨itr.; hat⟩: *Übungen an bestimmten Sportgeräten bzw. gymnastische Übungen ausführen:* sie kann gut turnen; er turnt an den Ringen.

Tur|ner [ˈtʊrnɐ], der; -s, -, **Tur|ne|rin** [ˈtʊrnərɪn], die; -, -nen: *Person, die [an Geräten] turnt:* die deutschen Turner errangen mehrere Medaillen. **Syn.:** Athlet, Athletin, Sportler, Sportlerin.

Tur|nier [tʊrˈniːɐ̯], das; -s, -e: *sportlicher Wettkampf, der aus mehreren einzelnen Wettkämpfen besteht:* an einem Turnier teilnehmen; sie siegte bei einem internationalen Turnier im Tennis. **Syn.:** Meisterschaft. **Zus.:** Fußballturnier, Golfturnier, Hallenturnier, Reitturnier, Schachturnier, Tanzturnier, Tennisturnier.

Turn|schuh [ˈtʊrnʃuː], der; -[e]s, -e: *absatzloser Schuh aus flexiblem Material, der beim Ausüben bestimmter Sportarten oder aufgrund seiner Bequemlichkeit in der Freizeit getragen wird:* in der Sporthalle bemerkte sie, dass sie ihre Turnschuhe vergessen hatte.

Tur|nus [ˈtʊrnʊs], der; -, -se: *festgelegte, sich wiederholende Reihenfolge:* das Amt wechselte im Turnus unter den Mitgliedern; die Meisterschaften werden in einem Turnus von zwei Jahren ausgetragen. **Syn.:** Zyklus.

Tür|schnal|le [ˈtyːɐ̯ʃnalə], die; -, -n (österr.): *Türklinke:* sie wollte gehen und hatte die Hand schon an der Türschnalle.

Tusch [tʊʃ], der; -[e]s, -e: *von einer Kapelle [mit Blasinstrumenten] schmetternd gespielte kurze Tonfolge (mit der eine Gratulation o. Ä. begleitet wird):* die Kapelle spielte einen Tusch.

Tu|sche [ˈtʊʃə], die; -, -n: *zum Zeichnen, Malen oder Beschriften verwendete, der Tinte ähnliche, intensiv gefärbte Flüssigkeit:* eine Zeichnung in Tusche ausführen. **Syn.:** Farbe.

tu|scheln [ˈtʊʃl̩n] ⟨itr.; hat⟩: *in flüsterndem Ton [und darauf bedacht, dass niemand mithört] zu jmdm. hingewendet sprechen:* die Frauen tuschelten [miteinander]; ⟨auch tr.⟩ sie tuschelte ihm etwas ins Ohr. **Syn.:** flüstern.

Tü|te [ˈtyːtə], die; -, -n: **a)** *einem Trichter oder einem Beutel ähnliches Behältnis aus stärkerem Papier zum Einpacken loser Waren:* eine Tüte [mit, voll] Kirschen, Pommes. **Syn.:** Beutel. **Zus.:** Papiertüte. **b)** Kurzform von Plastiktüte: könnten Sie mir bitte eine Tüte für die Aktenordner geben?

tu|ten [ˈtuːtn̩], tutete, getutet ⟨itr.; hat⟩: **a)** *eine Hupe, ein Horn o. Ä. laut ertönen lassen:* das Schiff tutet [im Nebel]. **Syn.:** hupen. **b)** *mit einem Horn o. Ä. einen [lang gezogenen] dunklen Ton hervorbringen:* er tutete auf seinem Horn. **Syn.:** blasen, trompeten.

Twen [tvɛn], der; -[s], -s: *Person im Alter zwischen zwanzig und dreißig Jahren:* Mode für Teens und Twens.

Typ [tyːp], der; -s, -en:
1. *Person, die aufgrund ihrer Eigenschaften einer bestimmten*

Kategorie zuzuordnen ist, diese besonders deutlich erkennen lässt: ein hagerer, blonder Typ; er ist der Typ eines Kaufmanns; dieses Mädchen ist nicht mein Typ *(gefällt mir nicht).* **Zus.:** Managertyp, Menschentyp, Schlägertyp, Verbrechertyp.
2. ⟨auch mit schwachen Formen: des Typen⟩ (ugs.) *bestimmte [junge] männliche Person:* einen Typ/Typen kennenlernen; die Frau hat dem Typ/Typen eine gedonnert; er hat sich mit dem Typ/Typen von der Schülerzeitung getroffen. **Syn.:** Bursche, junger Mann, Kerl (ugs.), Mann.
3. *[technisches] Modell:* die Firma bringt einen neuen Typ auf den Markt. **Syn.:** Muster. **Zus.:** Autotyp, Flugzeugtyp, Schiffstyp.

Ty|pe [ˈty:pə], die; -, -n:
1. *gegossener Buchstabe für den Druck oder in der Schreibmaschine:* die Typen reinigen. **Syn.:** Letter. **Zus.:** Drucktype.
2. (ugs.) *eigenartiger, seltsamer o. ä. Mensch:* das ist auch so eine Type. **Syn.:** Erscheinung.

ty|pisch [ˈty:pɪʃ] ⟨Adj.⟩:
a) *einen bestimmten Typ verkörpernd, dessen charakteristische Merkmale in ausgeprägter Form aufweisend:* eine typische Karrierefrau; er ist ein typischer Seemann. **Syn.:** ausgesprochen, [1]echt, klassisch, richtig, unverkennbar, unverwechselbar, wahr. **b)** *für eine bestimmte Person oder Sache charakteristisch:* bring doch mal ein typisches Beispiel!; es war typisch für sie, dass sie zu spät kam; typisch Mann, Frau!; typisch! (ugs. abwertend; *es war nicht anders zu erwarten!*). **Syn.:** bezeichnend, kennzeichnend, unverkennbar.

Ty|rann [tyˈran], der; -en, -en, **Ty|ran|nin** [tyˈranɪn], die; -, -nen:
Person, die ihre Macht über andere rücksichtslos zur Geltung bringt, die andere tyrannisiert: ihr Vater ist ein Tyrann; die Vorgesetzte war eine Tyrannin. **Syn.:** Despot, Despotin, Diktator, Diktatorin.

ty|ran|nisch [tyˈranɪʃ] ⟨Adj.⟩:
übermäßig streng, rücksichtslos, herrschsüchtig: ein tyrannischer Ehemann; tyrannisch sein. **Syn.:** despotisch, diktatorisch, herrisch.

ty|ran|ni|sie|ren [tyraniˈzi:rən] ⟨tr.; hat⟩:
anderen seinen Willen aufzwingen, sie seine Macht fühlen lassen: er tyrannisiert die ganze Familie. **Syn.:** bimsen (ugs.), malträtieren, peinigen, quälen, schikanieren.

U *u*

U-Bahn [ˈu:ba:n], die; -, -en:
unterirdisch auf Schienen laufende schnelle elektrische Bahn für den Personenverkehr in Großstädten und Stadtgebieten: wir fahren mit der U-Bahn zum Theater.

übel [ˈy:bl̩] ⟨Adj.⟩:
1. *moralisch schlecht, fragwürdig:* eine üble Gesellschaft; einen üblen Ruf haben. **Syn.:** abscheulich, arg (geh., veraltet), böse, gemein, perfid[e] (bildungsspr.), schlimm, verwerflich.
2. a) *(in Bezug auf eine Situation, gegebene Umstände o. Ä.) sehr ungünstig, unerfreulich:* sie befindet sich in einer üblen Lage; die Sache ist sehr übel ausgegangen. **Syn.:** elend (emotional), fatal, lausig (ugs.), mies (abwertend), miserabel, misslich, schlecht, schlimm, unangenehm, ungut, verteufelt (ugs. emotional). **b)** *(in seiner Wirkung auf die Sinnesorgane, besonders Geruch, Geschmack) sehr unangenehm, Widerwillen auslösend:* ein übler Geruch; das schmeckt ganz übel. **Syn.:** abscheulich, abstoßend, ekelhaft, eklig, fies (ugs.), grässlich (ugs.), grauenhaft, gräulich (emotional), scheußlich, unappetitlich, widerlich (abwertend), widerwärtig.
3. * jmdm. ist/wird übel: *jmd. fühlt sich nicht wohl, muss sich übergeben:* ich muss mich schnell hinsetzen, mir wird ganz übel. **Syn.:** jmdm. ist/wird schlecht; *** jmdm. etwas übel nehmen:** *durch das Verhalten einer Person gekränkt oder beleidigt sein:* sie hat ihm seine Unhöflichkeit übel genommen. **Syn.:** ankreiden (ugs.), anlasten, krummnehmen (ugs.), nachtragen, verübeln.

Übel [ˈy:bl̩], das; -s, -:
1. *etwas, was als schädlich, unheilvoll o. Ä. angesehen wird:* die Kriminalität in den Innenstädten ist ein Übel. **Syn.:** Katastrophe, Misere, Plage, Unglück, Unheil.
2. *[schwere] langwierige Krankheit, Leiden:* ein unheilbares Übel.

Übel|keit [ˈy:bl̩kai̯t], die; -:
Zustand des Unwohlseins: die Krankheit begann mit Fieber und Übelkeit.

üben [ˈy:bn̩]:
1. ⟨tr.; hat⟩ *sich bemühen, etwas durch wiederholtes Ausführen zu erlernen, Fertigkeit darin zu erlangen:* einparken, das Einparken, [den] Handstand, bestimmte Handgriffe, Tanzschritte üben; sie übt immer dieselben Stücke; ⟨auch itr.⟩ ich übe täglich auf dem Klavier. **Syn.:** trainieren.
2. ⟨tr.; hat⟩ als Funktionsverb: Nachsicht üben *(nachsichtig sein);* Rache üben *(sich rächen);* Kritik an jmdm., etwas üben *(jmdn., etwas kritisieren).*

[1]**über** [ˈy:bɐ] ⟨Präp. mit Dativ und Akk.⟩:
1. a) ⟨räumlich; mit Dativ⟩ kennzeichnet die Lage oberhalb von jmdm., etwas als in bestimmter Höhe darunter Befindlichem: die Lampe hängt über dem Tisch; sie wohnt über mir *(ein Stockwerk höher);* der Ort liegt fünfhundert Meter über dem Meer. **b)** ⟨räumlich; mit Akk.⟩ drückt aus, dass etwas an einen höher liegenden Platz gebracht werden soll oder gebracht worden ist: das Bild über das Sofa hängen. **c)** drückt aus, dass sich etwas unmittelbar auf etwas befindet und es ganz oder teilweise bedeckt: sie trägt einen Mantel über dem Kleid; Nebel liegt über der Wiese. **d)** ⟨räumlich; mit Akk.⟩ drückt aus, dass etwas direkt auf etwas zu liegen kommt und bedeckend, verdeckend wirkt: eine Decke über

den Tisch breiten; er nahm die Jacke über die Schulter. **e)** ⟨räumlich; mit Akk.⟩ kennzeichnet eine Stelle, die von jmdm. oder etwas überquert wird: über die Straße gehen; sie entkamen über die Grenze; ich schwamm über den See; ein Flug über die Alpen. **f)** ⟨räumlich; mit Akk.⟩ kennzeichnet eine Stelle, über die sich etwas in unmittelbarer Berührung bewegt: seine Hand strich über ihr Haar; Tränen liefen ihr über die Wangen; ein Schauer lief mir über den Rücken. **g)** ⟨räumlich; mit Dativ⟩ kennzeichnet eine Lage auf der anderen Seite von etwas: sie wohnen über der Straße; über den Bergen leben. **h)** ⟨räumlich; mit Akk.⟩ kennzeichnet eine Erstreckung, Ausdehnung von unten nach oben oder von oben nach unten, zu einem bestimmten höher bzw. tiefer gelegenen Punkt, der dabei überschritten wird: bis über die Knöchel im Schlamm versinken; der Rock reicht über das Knie *(er bedeckt das Knie).* **i)** ⟨räumlich; mit Akk.⟩ bezeichnet eine Fortbewegung in horizontaler Richtung, wobei eine bestimmte Stelle überschritten wird, über sie hinausgegangen, -gefahren wird: unser Spaziergang führte uns über die Altstadt hinaus. **j)** ⟨räumlich; mit Akk.⟩ drückt aus, dass ein bestimmter Ort, Bereich passiert wird, um irgendwohin zu gelangen: wir sind über die Dörfer gefahren; dieser Zug fährt nicht über Mannheim.
2. a) ⟨zeitlich; mit Akk.⟩ drückt eine Zeitdauer, eine zeitliche Erstreckung aus; *während:* ich komme über Mittag nach Hause; ich will über das Wochenende segeln; ⟨nachgestellt⟩ den ganzen Tag über fleißig lernen. **b)** ⟨zeitlich; mit Dat.⟩ drückt aus, dass etwas während eines anderen Vorgangs erfolgt; *bei:* sie ist über der Arbeit eingeschlafen; seine Mutter ist über *(während)* seiner langen Reise gestorben. **c)** ⟨zeitlich; mit Akk.⟩ drückt aus, dass eine bestimmte zeitliche Grenze überschritten ist: du solltest über dieses Alter hinaus sein; es ist zwei Stunden über die Zeit.
3. a) ⟨mit Dativ⟩ zur Angabe einer Reihen- oder Rangfolge: mit seiner Leistung über dem Durchschnitt liegen. **b)** ⟨mit Dativ⟩ bezeichnet einen Wert o. Ä., der überschritten wird: eine Temperatur über null; über dem Mittelwert liegen. **c)** ⟨mit Akk.⟩ drückt die höchste Stufe einer Rangordnung o. Ä. aus: Musik geht ihr über alles.
4. ⟨mit Akk.⟩ in Verbindung mit zwei gleichen Substantiven als Ausdruck einer Häufung des im Substantiv Genannten: Schulden über Schulden; Fehler über Fehler.
5. ⟨mit Dativ⟩ drückt eine Folge von etwas aus; *infolge:* über dem Streit ging ihre Freundschaft in die Brüche; die Kinder sind über dem Lärm aufgewacht.
6. ⟨mit Akk.⟩ drückt aus, dass das Ausmaß von etwas eine bestimmte Grenze überschreitet: etwas geht über jmds. Kraft, Verstand.
7. ⟨mit Akk.⟩ bezeichnet Inhalt oder Thema einer mündlichen oder schriftlichen Äußerung: ein Essay über Schiller.
8. ⟨mit Akk.⟩ bezeichnet die Höhe eines Betrages, einen Wert; *in Höhe von, im Wert von:* eine Rechnung über 500 Euro.
9. ⟨mit Akk.⟩ bezeichnet das Mittel, die Mittelsperson o. Ä. bei der Durchführung von etwas: einen Aufruf über alle Sender bringen; sie bekam die Anschrift über einen Freund *(durch die Vermittlung eines Freundes).*
10. ⟨mit Akk.⟩ in Abhängigkeit von bestimmten Verben: über etwas weinen, lachen; sich über etwas freuen; sich über etwas einigen.
11. ⟨mit Akk.⟩ kennzeichnet in Verbindung mit Kardinalzahlen das Überschreiten einer bestimmten Anzahl; *von mehr als:* Kinder über 10 Jahre.

[2]über ['y:bɐ] ⟨Adverb⟩:
1. bezeichnet das Überschreiten einer Quantität, Qualität, Intensität o. Ä.; *mehr als:* der Stoff ist über einen Meter breit; über 18 Jahre [alt] sein; Gemeinden von über 10 000 Einwohnern; die über Siebzigjährigen; über eine Woche [lang] dauern; * **über und über:** *völlig, von oben bis unten:* sein Körper ist über und über mit Tätowierungen bedeckt.
2. drückt aus, dass etwas über etwas gelegt, genommen o. Ä. wird: Gewehr über!

[1]über- [y:bɐ] ⟨adjektivisches Präfixoid⟩:
1. a) *mehr als üblich, nötig, zu viel in Bezug auf das im Basiswort Genannte:* überaktiv; überdimensional; übereifrig; überempfindlich; überfürsorglich; überhöflich; überreif; ⟨oft in Verbindung mit dem 2. Partizip⟩ überbehütet; überbelegt; übermotorisiert. **b)** *in besonderem, in hohem Maße, sehr, überaus:* überdeutlich; überglücklich. **Syn.:** hyper- (emotional verstärkend), super- (emotional verstärkend), supra-.
2. *über das im Basiswort Genannte hinausgehend, mehr als nur …:* überbetrieblich; übereinzelsprachlich; überindividuell; übernatürlich; überregional. **Syn.:** inter-, trans-.

[2]über- [y:bɐ] ⟨verbales Präfix; wenn betont, dann wird getrennt; wenn unbetont, dann nicht trennbar⟩:
1. ⟨betont, trennbar⟩ **a)** drückt aus, dass das im Basiswort genannte Tun sich über etwas hin erstreckt; *darüber hin/hinaus/hinweg …:* übergehen (das Geschäft geht in andere Hände über/ist in andere Hände übergegangen); überpolieren; überpudern. **Syn.:** be-. **b)** *hinüber:* übersiedeln (sie siedelt nach Berlin über/siedelte über/ist übergesiedelt/um überzusiedeln); überspringen (das Feuer ist auf die Scheune übergesprungen).
2. ⟨unbetont, wird nicht getrennt⟩ **a)** *das im Basiswort Genannte zu viel tun:* überdüngen (er überdüngt/überdüngte/hat überdüngt/um es nicht zu überdüngen); überwürzen. **b)** ⟨räumlich und zeitlich⟩ *darüber hin/hinweg/hinaus:* überarbeiten (sie überarbeitet den Aufsatz/überarbeitete/hat überarbeitet/um ihn zu überarbeiten); überbacken; überfliegen; überfluten; (jmdn. bei etwas) übergehen; überkleben; ⟨gebildet nach dem Muster: über + Substantiv + en⟩ über/

brụck/en; über/dạch/en; über/gọld/en; über/lịst/en; über/trụmpf/en.
3. drückt aus, dass das im Basiswort genannte Tun, Geschehen o. Ä. zu stark, zu viel ist, dass das übliche Maß überschritten ist, was meist als negativ gewertet wird:
a) ⟨betont; aber im Präsens und Präteritum nicht getrennt⟩ ü̲berbeanspruchen (er überbeansprucht/überbeanspruchte/hat überbeansprucht/um es nicht überzubeanspruchen); ü̲berbelasten; ü̲berbelichten; ü̲berbewerten; ü̲berdosieren; ü̲bererfüllen; ü̲bergeneralisieren; ü̲berinterpretieren; ü̲berversichern.
b) ⟨unbetont, nicht trennbar⟩ überfọrdern (er überfordert/überforderte ihn/hat ihn überfordert/um ihn nicht zu überfordern); ⟨partizipiale Bildungen⟩ überạltert; überbụcht; (ich bin) überfrạgt; überschụldet. **c)** ⟨betont, trennbar⟩ drückt aus, dass von etwas so viel vorhanden ist, dass man dessen überdrüssig wird: ü̲berbekommen (er bekommt die Arbeit über/bekam über/hat überbekommen/um sie nicht überzubekommen); ü̲berhaben (Schokolade); (sich etwas) ü̲beressen.
4. ⟨unbetont, nicht trennbar⟩ *hinüber...:* übersi̲edeln (er übersiedelt nach Berlin/übersiedelte/ist übersiedelt/um zu übersiedeln).

[1]Über- [y:bɐ] ⟨Präfixoid⟩:
1. kennzeichnet ein Zuviel an dem im Basiswort Genannten: Überangebot; Überdosis; Überdramatisierung; Überdüngung; Übereifer; Übergewicht; Überlänge; Überproduktion; Überreaktion; Übersubventionierung.
2. *etwas, was einer anderen Sache übergeordnet ist:* Überministerium. **Syn.:** Super-.
3. *etwas, was [im Rang, in der Stufenfolge qualitativ] mehr ist als das im Basiswort Genannte:* Übererfüllung; Übermensch; Übervater. **Syn.:** Super-.

[2]Über- [y:bɐ] ⟨Präfix⟩:
kennzeichnet die räumliche Bedeckung: Überrock; Überstrumpf.

über|all [y:bɐˈ|al] ⟨Adverb⟩:
a) *an allen Orten, an jeder Stelle* /Ggs. nirgends/: sie haben dich überall gesucht; überall *(bei allen Leuten)* beliebt sein. **Syn.:** allgemein, an allen Ecken und Enden, rings, so weit das Auge reicht, weit und breit. **b)** *bei jeder Gelegenheit:* du drängst dich überall vor. **Syn.:** durchweg, generell, immer, jedes Mal, ständig.

über|an|stren|gen [y:bɐˈ|anʃtrɛŋən] ⟨tr.; hat⟩:
(jmdm., sich) eine zu große körperliche oder geistige Anstrengung zumuten (und dadurch gesundheitlich schaden): ich habe mich, meine Kräfte überanstrengt; man darf Kranke nicht überanstrengen; überanstrengt aussehen. **Syn.:** sich übernehmen.

über|ant|wor|ten [y:bɐˈ|antvɔrtn̩] ⟨tr.; hat⟩ (geh.):
1. *(jmdm.) die volle Verantwortung (für jmdn., etwas) übertragen:* das Kind wurde den Pflegeeltern überantwortet. **Syn.:** anvertrauen, ausliefern, übergeben, überlassen, übertragen.
2. *jmdm., einer Sache ausliefern:* der Täter wurde dem Richter überantwortet.

über|ar|bei|ten [y:bɐˈ|arbai̯tn̩]:
1. ⟨tr.; hat⟩ *noch einmal bearbeiten und dabei verbessern; eine neue Fassung (von etwas) herstellen:* eine wissenschaftliche Abhandlung, ein Theaterstück überarbeiten. **Syn.:** ändern, modifizieren (bildungsspr.), umarbeiten, [1]umschreiben.
2. ⟨+ sich⟩ *sich durch eine zu große Arbeitsbelastung in einen Zustand von Erschöpfung bringen:* ich habe mich überarbeitet; du bist völlig überarbeitet. **Syn.:** sich überanstrengen, sich übernehmen.

über|aus [ˈy:bɐ|au̯s] ⟨Adverb⟩:
in einem ungewöhnlich hohen Grade: überaus geschickt sein. **Syn.:** ausgesprochen, ausnehmend, außergewöhnlich, außerordentlich, äußerst, enorm, höchst, irre (emotional), irrsinnig (emotional), kolossal (ugs. emotional), unbeschreiblich, ungeheuer, ungemein, unglaublich (ugs.), unheimlich (ugs.), unsagbar, unwahrscheinlich (ugs.), verflucht (salopp), verteufelt (ugs. emotional), wahnsinnig (ugs.).

über|be|to|nen [ˈy:bɐbəto:nən] ⟨tr.; hat⟩:
im Übermaß, zu stark betonen, hervorheben: sie überbetonte ihre Rolle; der Politiker neigte dazu, seine Erfolge überzubetonen.

über|be|wer|ten [ˈy:bɐbəve:ɐ̯tn̩], überbewertete, überbewertet ⟨tr.; hat⟩:
zu hoch bewerten, zu große Bedeutung beimessen: dein Fehler ist, solche Faktoren überzubewerten. **Syn.:** überschätzen.

über|bie|ten [y:bɐˈbi:tn̩], überbot, überboten ⟨tr.; hat⟩:
1. *mehr bieten als ein anderer Interessent, eine andere Interessentin:* sie hat ihn bei der Versteigerung um fünfzig Euro überboten.
2. a) *(eine Höchstleistung o. Ä.) übertreffen:* den Rekord [beim Kugelstoßen] um 2 Zentimeter überbieten. **b)** *jmdn., sich (gegenseitig) übertreffen:* du überbietest mich noch an Höflichkeit; sie überboten sich [gegenseitig] in Witzen und Bonmots.

Über|bleib|sel [ˈy:bɐblai̯psl̩], das; -s, -:
etwas, was als (wertloser) Rest von etwas übrig geblieben ist: wenige Steine waren die einzigen Überbleibsel der Kapelle, die hier gestanden hatte; die Überbleibsel vom Mittagessen beseitigen. **Syn.:** Relikt, Überrest.

Über|blick [ˈy:bɐblɪk], der; -[e]s, -e:
a) *Zusammenfassung von Kenntnissen über ein bestimmtes Gebiet:* sie gab in ihrem Vortrag einen Überblick über die moderne Kunst, über die neuesten Forschungsergebnisse. **Syn.:** Abriss, Skizze, Übersicht.
b) ⟨ohne Plural⟩ *Fähigkeit, ein bestimmtes Gebiet zu überschauen, in seinen Zusammenhängen zu erkennen:* ich habe den Überblick verloren; es fehlt ihr an Überblick. **Syn.:** Übersicht.

über|bli|cken [y:bɐˈblɪkn̩] ⟨tr.; hat⟩:
1. *(von einem erhöhten, hoch gelegenen Standort aus) mit den Augen ganz erfassen können:* von hier kann man die Stadt gut

überblicken. **Syn.:** überschauen, [1]übersehen.
2. *einen Überblick über etwas haben:* sie hatte die Lage sofort überblickt; er überblickt noch nicht, was hier vorgeht. **Syn.:** einschätzen, erkennen, ermessen, überschauen, [2]übersehen.

über|brin|gen [y:bɐˈbrɪŋən], überbrachte, überbracht ⟨tr.; hat⟩: *(jmdm. etwas) im Auftrag eines anderen, als Bote o. Ä. bringen, zustellen:* ich überbrachte das Geld im Auftrage des Vereins; eine Nachricht, eine Botschaft, eine Urkunde überbringen; Glückwünsche überbringen *(in jmds. Namen gratulieren).* **Syn.:** abgeben, abliefern, aushändigen, übergeben.

über|brü|cken [y:bɐˈbrʏkn̩] ⟨tr.; hat⟩:
a) *eine schwierige Situation, eine in ihrer Dauer absehbare schwierige Zeitspanne überstehen:* den finanziellen Engpass durch Aufnahme eines Kredits überbrücken; ich muss die Zeit, bis die Läden öffnen, irgendwie überbrücken. **Syn.:** durchstehen, überstehen. **b)** *Gegensätze, Trennendes überwinden:* die Minister bemühten sich, die aufgetretenen Differenzen zu überbrücken.

über|da|chen [y:bɐˈdaxn̩] ⟨tr.; hat⟩: *mit einem Dach versehen:* die Terrasse überdachen.

über|dau|ern [y:bɐˈdau̯ɐn] ⟨tr.; hat⟩: *unbeschadet überstehen:* das Museum hat den Krieg überdauert; diese Kirche hat viele Jahrhunderte überdauert. **Syn.:** überleben.

über|den|ken [y:bɐˈdɛŋkn̩], überdachte, überdacht ⟨tr.; hat⟩: *(über etwas) einige Zeit, noch einmal nachdenken:* ich wollte die Sache, den Fall noch einmal überdenken. **Syn.:** bedenken, [2]durchdenken, sich durch den Kopf gehen lassen, sich überlegen, überschlafen.

über|dies [y:bɐˈdi:s] ⟨Adverb⟩: *über dies alles hinaus:* sie hatte keinen Platz mehr für weitere Gäste, überdies war sie ohne Hilfe im Haushalt. **Syn.:** außerdem, darüber hinaus, obendrein, sogar, zudem.

über|di|men|si|o|nal [ˈy:bɐdimɛnzi̯ona:l] ⟨Adj.⟩: *über das übliche Maß, die üblichen Maße, Verhältnisse o. Ä. hinausgehend; übermäßig groß:* ein überdimensionales Gemälde hing an der Wand; die Zahl der Ausfälle hat überdimensional zugenommen. **Syn.:** außerordentlich, kolossal (ugs.), riesig (ugs.).

Über|druss [ˈy:bɐdrʊs], der; -es: *Widerwille, Abneigung gegen etwas (nach zu langer Beschäftigung damit):* du scheinst einen gewissen Überdruss an deiner Arbeit zu haben; solche Ermahnungen habe ich bis zum Überdruss gehört. **Syn.:** Abscheu, Unlust, Verdruss, Widerwille. **Zus.:** Lebensüberdruss.

über|drüs|sig [ˈy:bɐdrʏsɪç]: in der Wendung **jmds., einer Sache überdrüssig sein:** *(in Bezug auf eine Person, eine Sache, einen Sachverhalt) Überdruss empfinden:* sie war seiner überdrüssig geworden; ich bin der dauernden Diskussionen überdrüssig. **Syn.:** genug von jmdm., etwas haben; jmdn., etwas leid sein; jmdn., etwas satthaben; jmdn., etwas überhaben.

über|eig|nen [y:bɐˈ|ai̯gnən], übereignete, übereignet ⟨tr.; hat⟩: *als Eigentum übertragen:* jmdm. ein Haus, ein Geschäft übereignen. **Syn.:** übergeben, überschreiben.

über|ei|len [y:bɐˈ|ai̯lən]:
a) ⟨tr.; hat⟩ *zu schnell, ohne genügend Überlegung ausführen:* du solltest deine Abreise, deinen Entschluss nicht übereilen. **Syn.:** übers Knie brechen (ugs.), überstürzen. **b)** ⟨+ sich⟩ (veraltend) *zu schnell, ohne genügend Überlegung handeln:* bei dem Bau des Hauses habe ich mich übereilt.

über|ei|n|an|der [y:bɐ|ai̯ˈnandɐ] ⟨Adverb⟩:
1. a) *eines über das andere:* die Dosen übereinander aufstapeln. **Syn.:** aufeinander. **b)** *eines über dem anderen:* sie trug zwei Pullover übereinander. **Syn.:** aufeinander.
2. *über sich (gegenseitig):* sie haben übereinander gesprochen.

über|ei|n|an|der|schla|gen [y:bɐ|ai̯ˈnandɐʃla:gn̩], schlägt übereinander, schlug übereinander, übereinandergeschlagen ⟨tr.; hat⟩: *schräg übereinanderlegen:* die Beine, die beiden Zipfel des Tuches übereinanderschlagen. **Syn.:** kreuzen.

über|ein|kom|men [y:bɐˈ|ai̯nkɔmən], kam überein, übereingekommen ⟨itr.; ist⟩ (geh.): *eine bestimmte Abmachung mit jmdm. treffen:* er kam mit ihr/sie kamen überein, dass sie ihren Urlaub abwechselnd an der See und im Gebirge verbringen wollten. **Syn.:** abmachen, absprechen, sich arrangieren, aushandeln, ausmachen (ugs.), ein Übereinkommen treffen, eine Übereinkunft treffen, sich einigen, verabreden, vereinbaren.

Über|ein|kunft [y:bɐˈ|ai̯nkʊnft], die; -, Übereinkünfte [y:bɐˈ|ai̯nkʏnftə]: *das Übereinkommen:* zu einer Übereinkunft gelangen. **Syn.:** Abmachung, Absprache, Verabredung, Vereinbarung.

über|ein|stim|men [y:bɐˈ|ai̯nʃtɪmən], stimmte überein, übereingestimmt ⟨itr.; hat⟩:
1. *(in einer bestimmten Angelegenheit) mit jmdm./miteinander einer Meinung sein:* ich stimme mit den Kollegen überein, dass sich etwas ändern muss; wir stimmen darin [nicht] überein. **Syn.:** einverstanden sein mit.
2. *miteinander in Einklang stehen:* ihre Aussagen stimmten nicht überein. **Syn.:** sich entsprechen, sich gleichen, zusammenstimmen.

über|fah|ren [y:bɐˈfa:rən], überfährt, überfuhr, überfahren ⟨tr.; hat⟩:
1. *mit einem Fahrzeug (über jmdn., ein Tier) hinwegfahren und (ihn, es) dabei [tödlich] verletzen:* er hat eine alte Frau überfahren. **Syn.:** über den Haufen fahren (ugs.), überrollen, [1]umfahren, zusammenfahren (ugs.).
2. a) *(als Fahrer, Fahrerin eines Kraftfahrzeugs o. Ä.) unachtsam an etwas vorbeifahren und dabei etwas übersehen:* ein Signal überfahren. **Syn.:** missachten, nicht beachten, [2]übersehen.
b) *passieren:* wir haben gerade die Grenze des Bundeslandes überfahren.

3. (ugs.) *jmdm. bei etwas keine Zeit zum Überlegen bzw. zu einer Entscheidung o. Ä. lassen und ihm so seine eigenen Vorstellungen, seinen eigenen Willen aufzwingen:* ich lasse mich nicht überfahren; sie fühlte sich von seiner Einladung überfahren. **Syn.:** überrumpeln.

Über|fahrt [ˈyːbɐfaːɐ̯t], die; -, -en: *Fahrt über ein Gewässer (von dem einen zum gegenüberliegenden Ufer):* die Überfahrt [über den Kanal] war sehr stürmisch.

Über|fall [ˈyːbɐfal], der; -[e]s, Überfälle [ˈyːbɐfɛlə]: **a)** *überraschender Angriff auf eine Person, Einrichtung o. Ä., bei dem der oder die Täter mit [Waffen]gewalt auf jmdn. eindringen, sich seiner bzw. bestimmter Wertgegenstände zu bemächtigen suchen:* ein Überfall auf die Bank. **Zus.:** Banküberfall, Raubüberfall. **b)** *(von Militär ausgeführter) überraschender Angriff, Einfall in fremdes Territorium:* ein feindlicher Überfall; einen Überfall vereiteln. **Syn.:** Angriff, Attacke, Einfall, Invasion, Offensive.

über|fal|len [yːbɐˈfalən], überfällt, überfiel, überfallen: **1.** ⟨tr.; hat⟩ *auf jmdn., etwas einen Überfall machen:* der Kassierer des Vereins wurde auf dem Weg zur Bank überfallen. **2. a)** ⟨itr.; hat⟩ *(von Gedanken, Gefühlen, körperlichen Zuständen) jmdn. mit großer Intensität überkommen:* jmdn. überfällt Angst, eine Ahnung, Müdigkeit, Heimweh. **Syn.:** befallen, beschleichen, erfassen, erfüllen, ergreifen. **b)** ⟨tr.; hat⟩ *heftig bedrängen:* die Kinder überfielen sie mit tausend Fragen. **Syn.:** bestürmen, zusetzen.

über|fäl|lig [ˈyːbɐfɛlɪç] ⟨Adj.⟩: **a)** *verspätet, noch nicht eingetroffen:* die überfällige Maschine trifft endlich ein; das Flugzeug ist seit zwei Stunden überfällig. **b)** *längst fällig:* ein seit Langem überfälliger Schritt; dein Besuch bei uns ist schon lange überfällig.

über|flie|gen [yːbɐˈfliːɡn̩], überflog, überflogen ⟨tr.; hat⟩: **1.** *(einen bestimmten geografischen Bereich) mit dem Flugzeug überqueren:* eine Stadt, den Ozean überfliegen. **Syn.:** fliegen über. **2.** *(einen geschriebenen, gedruckten Text) flüchtig lesen:* ich habe den Brief, die Zeitung nur überflogen. **Syn.:** überlesen.

über|flie|ßen [ˈyːbɐfliːsn̩], floss über, übergeflossen ⟨itr.; ist⟩: **a)** *(von einer Flüssigkeit in einem Gefäß) über den Rand fließen:* das Wasser ist übergeflossen. **Syn.:** schwappen über, [1]überlaufen, [1]überströmen. **b)** *[1]überlaufen* (1 b): der Eimer ist übergeflossen; ihr Herz floss über von Mitleid. **Syn.:** schwappen über, überquellen.

über|flü|geln [yːbɐˈflyːɡl̩n] ⟨tr.; hat⟩: *(ohne große Anstrengung) in seinen Leistungen übertreffen:* du hast die anderen Schüler längst überflügelt. **Syn.:** in den Sack stecken (ugs.), in den Schatten stellen, in die Tasche stecken (ugs.), überbieten, überragen, überrunden, übertreffen, übertrumpfen.

Über|fluss [ˈyːbɐflʊs], der; -es: *große, über den eigentlichen Bedarf hinausgehende Menge:* einen Überfluss an Nahrungsmitteln haben; Geld ist bei ihnen im Überfluss vorhanden. **Syn.:** Übermaß, Überschuss.

über|flüs|sig [ˈyːbɐflʏsɪç] ⟨Adj.⟩: *[über den Bedarf hinausgehend] überzählig oder unnötig, sodass es nicht gebraucht wird:* ein überflüssiges Gerät; Maschinen machen die menschliche Arbeitskraft überflüssig; ich komme mir hier überflüssig vor; Bildtelefone für überflüssig halten. **Syn.:** entbehrlich, gegenstandslos, müßig, überflüssig wie ein Kropf (ugs.), überschüssig, überzählig, zu viel.

über|flu|ten [yːbɐˈfluːtn̩], überflutete, überflutet ⟨tr.; hat⟩: *(von fließendem, strömendem Wasser) einen Bereich überschwemmen:* die stürmische See überflutete den Küstenstreifen. **Syn.:** [1]überströmen, unter Wasser setzen.

über|for|dern [yːbɐˈfɔrdɐn] ⟨tr.; hat⟩: *von jmdm. mehr verlangen, als er körperlich oder geistig leisten kann:* du überforderst die Kinder mit dieser Aufgabe; ich fühle mich überfordert.

[1]über|füh|ren [ˈyːbɐfyːrən/yːbɐˈfyːrən], führte über/überführte, übergeführt/überführt ⟨tr.; hat⟩: *(an einen anderen Ort) bringen:* die Patientin wurde in eine Klinik übergeführt/überführt. **Syn.:** befördern, schaffen, transportieren.

[2]über|füh|ren [yːbɐˈfyːrən], überführte, überführt ⟨tr.; hat⟩: *(jmdm. eine Schuld oder Verfehlung) nachweisen:* der Angeklagte wurde [des Verbrechens] überführt.

Über|füh|rung [yːbɐˈfyːrʊŋ], die; -, -en: **1.** *Brücke, die über eine Eisenbahnlinie, eine Straße u. a. führt:* unter der Überführung hindurchfahren. **Syn.:** Übergang. **Zus.:** Eisenbahnüberführung. **2.** *das Transportieren von einem Ort an einen anderen:* die Überführung des Leichnams. **Syn.:** Beförderung, Transport. **3.** *das Beweisen, dass jmd. schuldig ist:* die Überführung des Schuldigen ist gelungen.

über|füllt [yːbɐˈfʏlt] ⟨Adj.⟩: *mit zu vielen Menschen besetzt:* ein überfüllter Saal; zu Weihnachten waren die Züge überfüllt. **Syn.:** gerammelt voll (ugs.), gestopft voll (ugs.), [3]überlaufen, zum Bersten voll.

Über|gang [ˈyːbɐɡaŋ], der; -[e]s, Übergänge [ˈyːbɐɡɛŋə]: **1. a)** *das Hinübergehen, das Überqueren (von einem Bereich):* der Übergang der Truppen über den Rhein. **b)** *Stelle, an der etwas, das schwer zu passieren ist oder nicht überall passiert werden darf, überquert werden kann/darf:* ein Übergang für Fußgänger; alle Übergänge werden bewacht. **Syn.:** Brücke, Überführung. **Zus.:** Bahnübergang, Fußgängerübergang, Grenzübergang. **2.** *das Fortschreiten und Hinüberwechseln zu etwas anderem, Neuem:* der Übergang vom Schlafen zum Wachen; der Übergang aus einer Tonart in die andere; ohne Übergang von jetzt auf nachher ausrasten. **3.** *Zeit zwischen zwei Entwicklungsphasen, Epochen o. Ä.; Zeit des Übergangs* (2): für den Übergang genügt das. **Syn.:** Zwischenzeit.

U
Über

über|ge|ben [y:bɐˈge:bn̩], übergibt, übergab, übergeben:
1. ⟨tr.; hat⟩ **a)** *(jmdm. etwas) aushändigen und ihn damit in den Besitz von etwas setzen:* dem neuen Mieter den Wohnungsschlüssel übergeben; der Brief muss [ihr] persönlich übergeben werden. **Syn.:** anvertrauen, aushändigen, ausliefern, geben, überantworten (geh.), überlassen, überreichen. **b)** *als Eigentum geben:* sie hat das Geschäft ihrem Sohn übergeben. **Syn.:** schenken, übereignen, überlassen, überschreiben.
2. ⟨tr.; hat⟩ **a)** *(jmdm. eine Aufgabe) übertragen, (die Weiterführung einer bestimmten Arbeit, die weitere Beschäftigung mit jmdm., etwas) überlassen:* die Angelegenheit dem Anwalt übergeben; der Verbrecher wurde der Polizei übergeben; das Museum der Öffentlichkeit übergeben. **Syn.:** anvertrauen, ausliefern, überantworten (geh.), übertragen. **b)** *zur Nutzung freigeben:* eine Brücke dem Verkehr, ein Gebäude seiner Bestimmung übergeben. **Syn.:** überlassen.
3. ⟨tr.; hat⟩ *dem Feind ausliefern:* die Stadt wurde nach schweren Kämpfen übergeben. **Syn.:** überantworten (geh.).
4. ⟨+ sich⟩ *erbrechen:* ich musste mich mehrmals übergeben. **Syn.:** brechen.

[1]über|ge|hen [ˈy:bɐge:ən], ging über, übergegangen ⟨itr.; ist⟩:
1. *mit etwas aufhören und sich etwas anderem zuwenden:* zu einem andern Thema übergehen; man geht immer mehr dazu über, Kunststoffe zu verwenden.
2. *allmählich (zu etwas anderem) werden; sich (in etwas anderes) verwandeln:* in Gärung übergehen; die Unterhaltung ging in lautes Schreien über.
3. *Besitz eines anderen, einer anderen werden:* das Grundstück wird in den Besitz der Gemeinde, in fremde Hände, vom Vater auf den Sohn übergehen.

[2]über|ge|hen [y:bɐˈge:ən], überging, übergangen ⟨tr.; hat⟩:
a) *über jmdn., etwas hinweggehen, jmdn., etwas absichtlich nicht beachten, berücksichtigen o. Ä.:* einen Einwand, eine Frage übergehen; jmdn. bei der Gehaltserhöhung, in seinem Testament übergehen. **Syn.:** auslassen, aussparen, ignorieren, missachten, sich hinwegsetzen über, vernachlässigen.
b) *(bestimmte körperliche Bedürfnisse) für eine gewisse Zeit unterdrücken:* den Hunger, den Schlaf übergehen. **Syn.:** verdrängen.

Über|ge|wicht [ˈy:bɐgəvɪçt], das; -[e]s:
1. *über dem normalen Gewicht liegendes Gewicht von Personen:* Übergewicht haben.
2. a) *Vormachtstellung, Vorherrschaft:* das militärische Übergewicht über jmdn. **b)** *größere Bedeutung, größere Wichtigkeit:* im Lehrplan haben die naturwissenschaftlichen Fächer ein deutliches Übergewicht.

über|gie|ßen [y:bɐˈgi:sn̩], übergoss, übergossen ⟨tr.; hat⟩:
(eine Flüssigkeit über jmdn., etwas) gießen: die Teeblätter mit kochendem Wasser übergießen; sie übergoss die nassen Sachen vor dem Verbrennen mit Petroleum. **Syn.:** begießen, überschütten.

über|grei|fen [ˈy:bɐgrai̯fn̩], griff über, übergegriffen ⟨itr.; hat⟩:
sich rasch (auf etwas anderes) ausbreiten; (etwas anderes) miterfassen: das Feuer griff sofort auf andere Häuser über; die Seuche griff auf weitere Gebiete über. **Syn.:** sich ausbreiten, [1]überspringen.

Über|griff [ˈy:bɐgrɪf], der; -[e]s, -e:
Handlung, mit der man die Rechte, den Kompetenzbereich eines anderen verletzt, bestimmte Grenzen überschreitet: ein feindlicher Übergriff; Übergriffe auf die Zivilbevölkerung. **Syn.:** Angriff, Attacke, Eingriff, Überfall.

über|ha|ben [ˈy:bɐha:bn̩], hat über, hatte über, übergehabt ⟨itr.; hat⟩ (ugs.):
1. (landsch.) *(als Rest) übrig haben:* ich habe von meinem Geld nichts mehr über. **Syn.:** erübrigen, übrig behalten, übrig haben.
2. *(jmds., einer Sache) überdrüssig sein:* ich habe ihr ewiges Nörgeln über. **Syn.:** genug haben von, leid sein (ugs.), satthaben (ugs.).

über|hand|neh|men [y:bɐˈhantne:mən], nimmt überhand, nahm überhand, überhandgenommen ⟨itr.; hat⟩:
(von bestimmten negativ bewerteten Dingen o. Ä.) zu häufig vorkommen, ein erträgliches Maß übersteigen: die Unregelmäßigkeiten haben in letzter Zeit überhandgenommen; das Ungeziefer, das Unkraut nimmt überhand. **Syn.:** außer Kontrolle geraten, sich auswachsen, sich breitmachen, sich häufen, zur Plage werden.

über|hän|gen [ˈy:bɐhɛŋən], hing über, übergehangen ⟨itr.; hat⟩:
(von etwas Herabhängendem) über etwas hinausragen: wir schnitten die Zweige ab, die überhingen.

über|häu|fen [y:bɐˈhɔy̯fn̩] ⟨tr.; hat⟩:
(jmdm.) zu viel von etwas, etwas im Übermaß zukommen, zuteilwerden lassen: man überhäufte sie mit Angeboten, Geschenken; er war mit Arbeit überhäuft. **Syn.:** eindecken, überschütten.

[1]über|haupt [y:bɐˈhau̯pt] ⟨Adverb⟩:
1. *aufs Ganze gesehen:* ich habe sie gestern nicht angetroffen, sie ist überhaupt selten zu Hause; er hat überhaupt wenig Verständnis dafür. **Syn.:** alles in allem, insgesamt.
2. ⟨in Verbindung mit einer Negation⟩ *ganz und gar:* das war überhaupt nicht vorgesehen; davon kann überhaupt keine Rede sein.
3. *abgesehen davon:* ich kann dir diesen Vorwurf nicht ersparen, überhaupt, wir müssen uns noch über vieles unterhalten. **Syn.:** außerdem, darüber hinaus, im Übrigen, ohnedies, ohnehin, sowieso, überdies.

[2]über|haupt [y:bɐˈhau̯pt] ⟨Partikel⟩:
1. dient in Fragen dazu auszudrücken, dass man eine bestimmte Grundannahme infrage stellen oder in Zweifel ziehen will: kann, will, darf er das überhaupt?; stimmt das überhaupt? **Syn.:** denn, eigentlich.
2. dient in Fragen dazu, Unwillen oder Ärger über ein bestimmtes Verhalten auszudrücken: was willst du über-

haupt?; wie denkst du dir das überhaupt?; wer sind Sie überhaupt? **Syn.:** denn, eigentlich.

über|heb|lich [y:bɐˈhe:plɪç] ⟨Adj.⟩: *sich selbst überschätzend, in anmaßender Weise auf andere herabsehend:* ein überheblicher Mensch; sie ist sehr überheblich. **Syn.:** anmaßend, arrogant, aufgeblasen (ugs.), blasiert, dünkelhaft, eingebildet, eitel, hochmütig, hochnäsig, selbstgefällig (abwertend), stolz.

Über|heb|lich|keit [y:bɐˈhe:plɪçkai̯t], die; -: *überhebliche Art:* deine Überheblichkeit ist schwer zu ertragen. **Syn.:** Arroganz, Dünkel (geh. abwertend), Einbildung, Eitelkeit (abwertend), Hochmut.

über|ho|len [y:bɐˈho:lən] ⟨tr.; hat⟩:
1. *durch größere Geschwindigkeit einholen und vorbeifahren, -laufen, -gehen o. Ä.:* mehrere Autos überholen; er hat ihn beim 10 000-m-Lauf in der dritten Runde überholt; ⟨auch itr.⟩ man darf nur links überholen. **Syn.:** hinter sich lassen.
2. *durch bessere Leistungen andere übertreffen, über ihren Leistungsstand hinausgelangen:* sie hat alle ihre Mitschüler überholt. **Syn.:** aus dem Felde schlagen, in den Sack stecken (ugs.), in den Schatten stellen, in die Tasche stecken (ugs.), überbieten, überrunden, übertreffen, übertrumpfen.
3. *besonders auf technische Mängel hin überprüfen und instand setzen:* den Wagen überholen lassen; die Maschine muss einmal gründlich überholt werden. **Syn.:** ausbessern, in Ordnung bringen, reparieren, richten.

über|holt [y:bɐˈho:lt] ⟨Adj.⟩: *nicht mehr der gegenwärtigen Zeit entsprechend, nicht mehr zeitgemäß:* eine überholte Vorstellung; diese Anschauung ist heute überholt. **Syn.:** altmodisch, antiquiert, gestrig, rückständig, unmodern.

über|hö|ren [y:bɐˈhø:rən] ⟨tr.; hat⟩: **a)** *(durch ein Abgelenktsein, durch mangelnde Aufmerksamkeit o. Ä.) akustisch nicht wahrnehmen, nicht hören:* das Klingeln, ein Hupsignal überhören. **Syn.:** nicht bemerken. **b)** *so tun, als ob man etwas nicht gehört habe:* eine Mahnung, eine spöttische Bemerkung überhören. **Syn.:** ignorieren, nicht beachten.

über|kle|ben [y:bɐˈkle:bn̩] ⟨tr.; hat⟩: *etwas auf etwas kleben und es dadurch verdecken:* Plakate mit gelben Zetteln überkleben.

über|ko|chen [ˈy:bɐkɔxn̩], kochte über, übergekocht ⟨itr.; ist⟩: *wallend kochen und dabei über den Rand des Gefäßes laufen:* die Milch kocht gleich über, ist übergekocht. **Syn.:** [1]überlaufen.

über|kom|men [y:bɐˈkɔmən], überkam, überkommen ⟨itr.; hat⟩: *(von einem Gefühl, einer Gemütsbewegung) plötzlich und mit großer Intensität ergreifen:* Angst, Zorn überkam ihn, als er das sah; bei diesem Anblick überkam sie Mitleid; bei diesem Gedanken überkam es uns heiß, kalt *(schauderte uns).* **Syn.:** ankommen (geh.), aufsteigen in, befallen, erfassen, erfüllen, erschüttern, packen, überfallen, [2]überlaufen, übermannen, überwältigen.

über|la|den [y:bɐˈla:dn̩], überlädt, überlud, überladen ⟨tr.; hat⟩: *zu schwer beladen:* einen Wagen, ein Schiff überladen.

über|las|sen [y:bɐˈlasn̩], überlässt, überließ, überlassen:
1. ⟨tr.; hat⟩ *[gegen Bezahlung] ganz oder zeitweise zur Verfügung stellen, geben:* sie hat uns für die Zeit ihrer Abwesenheit ihre Wohnung überlassen; jmdm. etwas leihweise, kostenlos, bereitwillig, nur ungern überlassen; er hat mir seinen alten Wagen billig, für 1 000 Euro überlassen *(verkauft).* **Syn.:** aushändigen, geben, übergeben.
2. ⟨tr.; hat⟩ *jmds. Obhut anvertrauen:* sie überlässt den Hund oft den Nachbarn; die Kinder sind oft sich selbst überlassen *(sind ohne Betreuung, ohne Aufsicht o. Ä.).*
3. ⟨tr.; hat⟩ *jmdn. etwas nach dessen eigenem Urteil entscheiden, tun lassen, ohne sich einzumischen:* die Wahl, die Entscheidung überlasse ich dir; man muss es den Eltern überlassen, ob sie das Kind bestrafen wollen; überlass das gefälligst mir! *(misch dich hier nicht ein!);* sie überließ nichts dem Zufall. **Syn.:** anheimstellen (geh.), freistellen.
4. a) ⟨+ sich⟩ *sich einer Empfindung, einem bestimmten seelischen Zustand o. Ä. ganz hingeben:* sich [ganz] seinem Schmerz überlassen; du hast dich zu sehr deiner Verzweiflung, deinen Träumereien überlassen. **b)** ⟨tr.; hat⟩ *jmdm. in einer schwierigen Situation (in der er Hilfe o. Ä. braucht) nicht zur Seite stehen, ihn alleinlassen:* jmdn. seiner Verzweiflung überlassen; du darfst ihn jetzt nicht sich selbst/seinem Schicksal überlassen. **Syn.:** sitzen lassen mit (ugs.).
5. ⟨tr.; hat⟩ *nicht selbst tun (wie es eigentlich zu erwarten wäre), sondern einem andern zu tun übrig lassen, zuschieben:* jmdm. die Arbeit, die Ausführung eines Planes, die Erziehung der Kinder überlassen. **Syn.:** aufbürden, aufhalsen (ugs.), zuschieben.

über|las|tet [y:bɐˈlastət] ⟨Adj.⟩: *von zu vielen Pflichten oder Aufgaben belastet:* sie fühlt sich hoffnungslos überlastet. **Syn.:** überfordert.

[1]**über|lau|fen** [ˈy:bɐlau̯fn̩], läuft über, lief über, übergelaufen ⟨itr.; ist⟩:
1. a) *über den Rand eines Gefäßes, Behältnisses fließen:* die Milch läuft gleich über; das Benzin ist [aus dem Tank] übergelaufen. **Syn.:** überfließen. **b)** *(in Bezug auf ein Gefäß) die enthaltene Flüssigkeit nicht mehr fassen, sodass sie über den Rand fließt:* die Wanne läuft gleich über!; der Eimer, der Topf ist übergelaufen.
2. *auf die Seite des Gegners überwechseln:* Hunderte von Soldaten sind [zu den Rebellen, zum Feind] übergelaufen. **Syn.:** desertieren.

[2]**über|lau|fen** [y:bɐˈlau̯fn̩], überläuft, überlief, überlaufen ⟨itr.; hat⟩: *als unangenehme, bedrohliche Empfindung über jmdn. kommen:* ein Schauder, ein Frösteln überlief mich. **Syn.:** befallen, ergreifen, überkommen.

[3]**über|lau|fen** [y:bɐˈlau̯fn̩] ⟨Adj.⟩: *von zu vielen Menschen aufgesucht, in Anspruch genommen o. Ä.:* der Arzt, die Praxis ist

U
über

furchtbar überlaufen; die Universitäten, die Sprachkurse sind stark überlaufen; ein schöner, nicht zu überlaufener Skiort. **Syn.:** überfüllt.

Über|läu|fer ['y:bɐlɔyfɐ], der; -s, -, **Über|läu|fe|rin** ['y:bɐlɔyfərɪn], die; -, -nen:
Person, die zum Gegner [1]*überläuft* (2): der Überläufer wurde lange verhört . **Syn.:** Deserteur, Deserteurin.

über|le|ben [y:bɐ'le:bn̩]:
1. ⟨itr.; hat⟩ *(eine Gefahrensituation) lebend überstehen:* einen Unfall, den Krieg überleben; nur die Hälfte der Einwohner hat die Katastrophe überlebt; der Patient wird die Nacht nicht überleben; du wirsts schon überleben! (oft ironisch; Ausdruck der Beschwichtigung). **Syn.:** durchstehen, überstehen. **2.** ⟨itr.; hat⟩ *über jmds. Tod hinaus am Leben sein:* er hat seine Frau [um zwei Jahre] überlebt. **3.** ⟨+ sich⟩ *nicht mehr in die Zeit passen, veralten:* diese Mode wird sich schnell überleben; überlebte Vorstellungen. **Syn.:** unmodern werden.

über|le|bens|groß ['y:bɐle:bn̩sgro:s] ⟨Adj.⟩:
größer, als es der natürlichen, wirklichen Größe entspricht: eine überlebensgroße Büste; eine überlebensgroße Darstellung des Herrschers. **Syn.:** gewaltig, gigantisch, kolossal (ugs. emotional), monumental, riesig.

[1]**über|le|gen** [y:bɐ'le:gn̩] ⟨tr.; hat⟩:
sich in Gedanken mit etwas beschäftigen, um zu einer bestimmten Entscheidung zu kommen: etwas gründlich, reiflich überlegen; überlege dir alles genau, und dann gib uns Bescheid; es ist, wäre zu überlegen *(erwägen)*, ob sich das wirklich lohnt; das muss alles gut, in Ruhe überlegt sein; ich muss mir die Sache noch einmal überlegen; ⟨auch itr.⟩ [lange] hin und her überlegen; sie überlegte kurz und meinte dann ... **Syn.:** abwägen, bedenken, [1]durchdenken, nachdenken über, überdenken.

[2]**über|le|gen** [y:bɐ'le:gn̩] ⟨Adj.⟩:
a) *in Bezug auf bestimmte Fähigkeiten, auf Stärke oder Anzahl andere weit übertreffend* /Ggs. [3]unterlegen/: ein überlegener Kopf, Geist; er ist ihm an Talent, Kraft [weit] überlegen; sie waren uns kräftemäßig, zahlenmäßig überlegen; sich [in etwas] überlegen zeigen; die Mannschaft war dem Gegner [haushoch] überlegen, hat überlegen 3 : 0 *(mit einem klaren Sieg von 3 : 0)* gewonnen. **b)** *Überheblichkeit, Herablassung zum Ausdruck bringend:* eine überlegene Miene aufsetzen; sie lächelte überlegen. **Syn.:** selbstgefällig (abwertend), überheblich.

Über|le|gung [y:bɐ'le:gʊŋ], die; -, -en:
a) ⟨ohne Plural⟩ *das Nachdenken,* [1]*Überlegen (vor einer bestimmten Entscheidung):* das ist der Überlegung, einer [kurzen] Überlegung wert; ohne, mit [wenig] Überlegung handeln; bei ruhiger, sorgfältiger Überlegung wird man dies einsehen; nach reiflicher Überlegung stimmten die Delegierten für die Reform. **Syn.:** Besinnung, Reflexion. **b)** ⟨Plural⟩ *Folge von Gedanken, durch die man sich vor einer Entscheidung über etwas klar zu werden versucht:* Überlegungen anstellen; etwas in seine Überlegungen [mit] einbeziehen.

über|lei|ten ['y:bɐlaitn̩], leitete über, übergeleitet ⟨itr.; hat⟩:
(zu etwas Neuem) hinführen, einen Übergang (zu etwas anderem) herstellen: zu einem anderen Thema überleiten; die kurze Szene leitet in den nächsten Akt über.

über|le|sen [y:bɐ'le:zn̩], überliest, überlas, überlesen ⟨tr.; hat⟩:
1. *(etwas Bestimmtes) beim Lesen nicht bemerken:* bei der Korrektur Fehler überlesen; diese Einschränkung, Fußnote habe ich glatt überlesen. **Syn.:** übersehen.
2. *(einen kürzeren Text) [noch einmal] schnell und nur oberflächlich lesen:* vor der Rede überlas er noch einmal das Manuskript. **Syn.:** überfliegen.

über|lie|fern [y:bɐ'li:fɐn] ⟨tr.; hat⟩:
(etwas, was einen kulturellen Wert darstellt) einer späteren Generation weitergeben: ein Werk der Nachwelt überliefern; etwas ist nur als Fragment überliefert; überlieferte Bräuche, Sitten; etwas ist mündlich, schriftlich überliefert.

über|lis|ten [y:bɐ'lɪstn̩], überlistete, überlistet ⟨tr.; hat⟩:
eine List (gegen jmdn.) anwenden und ihn auf diese Weise übervorteilen: es gelang dem Flüchtenden, seine Verfolger zu überlisten; die gegnerische Abwehr, den Torwart überlisten. **Syn.:** düpieren (geh.), hereinlegen (ugs.), leimen (ugs.), linken (ugs.), übertölpeln.

Über|macht ['y:bɐmaxt], die; -:
in Anzahl oder Stärke [weit] überlegene Macht: die militärische Übermacht eines Landes; die Übermacht besitzen; jmdn. seine Übermacht spüren lassen; mit großer Übermacht angreifen; vor der feindlichen Übermacht zurückweichen; in der Übermacht sein *(die Übermacht haben)*. **Syn.:** Überzahl, Vorherrschaft.

über|ma|len [y:bɐ'ma:lən] ⟨tr.; hat⟩:
(mit Farbe o. Ä.) so überdecken, dass es nicht mehr sichtbar, lesbar, erkennbar ist: die Wandgemälde, Fresken wurden übermalt; man hatte den Namen der Straße übermalt.

über|man|nen [y:bɐ'manən] ⟨tr.; hat⟩:
(von Gefühlen, einem körperlichen Bedürfnis o. Ä.) jmdn. mit einer Heftigkeit ergreifen, gegen die er sich nicht wehren kann: der Schmerz, der Schlaf übermannte ihn; von einem Gefühl der Verlassenheit, der Ohnmacht übermannt werden. **Syn.:** befallen, erfassen, erfüllen, packen, überfallen, überkommen, überwältigen.

Über|maß ['y:bɐma:s], das; -es:
über ein normales Maß hinausgehende [und nicht mehr erträgliche oder zuträgliche] Intensität, Menge (von etwas): ein Übermaß an/von Leid; ein Übermaß an Arbeit; ein Übermaß von Freude; etwas im Übermaß haben, besitzen, genießen; der Februar hatte vielen Regionen Schnee im Übermaß gebracht; sie ist bis zum Übermaß beschäftigt.

über|mä|ßig ['y:bɐmɛ:sɪç] ⟨Adj.⟩:
a) *über das normale oder erträgliche Maß hinausgehend:* eine übermäßige Hitze, Kälte, Belas-

tung; übermäßiger Alkoholgenuss; in übermäßiger Eile; sie trank nicht übermäßig. **Syn.:** außerordentlich, enorm, gewaltig (emotional), immens, ungeheuer. **b)** ⟨verstärkend bei Adjektiven und Verben⟩ *sehr, über die Maßen, überaus:* übermäßig hohe Kosten; die Ware ist übermäßig teuer; sich übermäßig anstrengen; übermäßig essen, rauchen. **Syn.:** arg (ugs.), ausnehmend, außergewöhnlich, außerordentlich, irrsinnig (emotional), schrecklich (ugs.), überaus, ungeheuer, unglaublich (ugs.), unwahrscheinlich (ugs.), wahnsinnig (ugs.).

über|mensch|lich [ˈyːbɐmɛnʃlɪç] ⟨Adj.⟩: *das menschliche Maß, die menschliche Kraft eigentlich übersteigend:* eine übermenschliche Anstrengung, Leistung. **Syn.:** enorm, gewaltig (emotional), gigantisch, kolossal (ugs. emotional), riesig, ungeheuer, unglaublich.

über|mit|teln [yːbɐˈmɪtl̩n] ⟨tr.; hat⟩: **a)** *(mithilfe von etwas) zukommen, an jmdn. gelangen lassen:* jmdm. eine Nachricht [telefonisch] übermitteln. **Syn.:** schicken, [1]senden (geh.). **b)** *als Mittler überbringen:* der Bürgermeister übermittelte der Versammlung die Grüße der Stadt. **Syn.:** ausrichten, bestellen, mitteilen.

über|mor|gen [ˈyːbɐmɔrgn̩] ⟨Adverb⟩: *an dem Tag, der dem morgigen Tag folgt:* sie kommen übermorgen zurück; vielleicht können wir uns übermorgen [Mittag, um acht Uhr] treffen.

über|mü|det [yːbɐˈmyːdət] ⟨Adj.⟩: *(durch eine große Anstrengung, durch Schlafentzug o. Ä.) übermäßig ermüdet, erschöpft:* von der Anstrengung übermüdet, schlief ich sofort ein; das Kind war total übermüdet. **Syn.:** übernächtigt.

Über|mut [ˈyːbɐmuːt], der; -[e]s: *ausgelassene Fröhlichkeit, die kein Maß kennt und sich oft in mutwilligem oder leichtsinnigem Verhalten ausdrückt:* jmds. Übermut dämpfen; etwas aus purem, lauter Übermut tun; die Kinder wussten vor Übermut nicht, was sie tun sollten; sie hat es im Übermut gesagt. **Syn.:** Leichtsinn.

über|mü|tig [ˈyːbɐmyːtɪç] ⟨Adj.⟩: *ausgelassen fröhlich, voller Übermut:* ein übermütiger Streich; die Kinder waren ganz übermütig, tobten übermütig durchs Haus; werdet nicht übermütig, Kinder! **Syn.:** außer Rand und Band, stürmisch, unbändig, ungebärdig (geh.), ungestüm (geh.), wild.

über|nächst... [ˈyːbɐnɛːçst...] ⟨Adj.⟩: *dem nächsten folgend:* übernächstes Jahr.

über|nach|ten [yːbɐˈnaxtn̩], übernachtete, übernachtet ⟨itr.; hat⟩: *über Nacht an einem bestimmten Ort bleiben und dort schlafen:* im Hotel, bei Freunden, unter freiem Himmel übernachten; auf der Rückreise haben wir zweimal in Lyon übernachtet. **Syn.:** die Nacht verbringen, nächtigen (geh.), Quartier nehmen (geh.), schlafen, sein Lager aufschlagen.

über|näch|tigt [yːbɐˈnɛçtɪçt] ⟨Adj.⟩: *durch zu langes Wachbleiben übermüdet (und die Spuren der Übermüdung deutlich im Gesicht tragend):* einen übernächtigten Eindruck machen; wir waren alle völlig übernächtigt; übernächtigt aussehen. **Syn.:** übermüdet.

Über|nah|me [ˈyːbɐnaːmə], die; -: **1.** ⟨ohne Plural⟩ *das Übernehmen* (1, 2) *von etwas, jmdm:* die Übernahme des Geschäfts birgt gewisse Risiken; sich für die Übernahme von mehr Verantwortung aussprechen. **2.** *etwas, was übernommen* (1 b) *worden ist:* wörtliche Übernahmen aus einem Werk; die Sendung ist eine Übernahme des WDR. **Syn.:** Zitat.

über|na|tür|lich [ˈyːbɐnatyːɐ̯lɪç] ⟨Adj.⟩: *(von bestimmten Erscheinungen, Kräften) mit dem Verstand, mit den Naturgesetzen scheinbar nicht übereinstimmend:* die Angst verlieh ihm übernatürliche Kräfte; übernatürliche Erscheinungen. **Syn.:** übersinnlich.

über|neh|men [yːbɐˈneːmən], übernimmt, übernahm, übernommen: **1.** ⟨tr.; hat⟩ **a)** *als Nachfolger in Besitz, in Verwaltung nehmen, weiterführen:* sie hat inzwischen das Geschäft, die Praxis [ihres Vaters] übernommen; er übernahm den Hof in eigene Bewirtschaftung; die Küche haben wir vom Vormieter übernommen. **b)** *von einem andern nehmen und für eigene Zwecke verwenden:* Gedanken, Ideen, Methoden [von jmdm.] übernehmen; eine Textstelle wörtlich übernehmen; das deutsche Fernsehen hat diese Sendung vom britischen Fernsehen übernommen. **Syn.:** zitieren. **2.** ⟨tr.; hat⟩ **a)** *(etwas, was einem übertragen wird) annehmen und sich bereit erklären, die damit verbundenen Aufgaben zu erfüllen:* eine Aufgabe [freiwillig, nur ungern, notgedrungen] übernehmen; ein Amt, einen Posten, einen Auftrag, die Aufsicht [über etwas], die Leitung, die Verteidigung des Angeklagten, die Titelrolle übernehmen; Regierungsverantwortung übernehmen *(sich an der Regierung beteiligen);* er übernahm die Kosten für ihren Aufenthalt *(kam dafür auf).* **Syn.:** auf sich nehmen. **b)** als Funktionsverb: die Verantwortung für etwas übernehmen *(etwas verantworten);* die Verpflichtung zu etwas übernehmen *(sich zu etwas verpflichten);* keine Garantie, Gewähr für etwas übernehmen *(etwas nicht garantieren, gewährleisten);* keine Haftung für etwas übernehmen *(für etwas nicht haften);* die Bürgschaft für etwas, jmdn. übernehmen *(für etwas, jmdn. bürgen).* **3.** ⟨+ sich⟩ **a)** *sich etwas vornehmen, dem man seinen (körperlichen, geistigen, finanziellen o. ä.) Kräften nach nicht gewachsen ist:* mit dieser Arbeit, Aufgabe habe ich mich übernommen; er hat sich mit dem Hausbau finanziell übernommen *(seine Mittel überzogen).* **Syn.:** sich überschätzen. **b)** *so viel von sich selbst verlangen, dass die Kräfte versagen:* sie hat sich beim Umzug, bei der Klettertour übernommen; übernimm dich nur nicht! **Syn.:** sich zu viel zumuten, sich überanstrengen.

über|par|tei|lich [ˈyːbɐpartai̯lɪç] ⟨Adj.⟩:
über den Parteien stehend, von ihnen unabhängig: eine überparteiliche Zeitung; diese Vereinigung ist überparteilich.

über|prü|fen [yːbɐˈpryːfn̩] ⟨tr.; hat⟩:
a) *nochmals prüfen, ob etwas in Ordnung ist, seine Richtigkeit hat, funktioniert:* eine Rechnung, jmds. Angaben, die Richtigkeit von etwas überprüfen; eine Anlage auf ihre Funktionstüchtigkeit überprüfen; bei der Kontrolle überprüfte *(kontrollierte)* die Polizei nahezu alle Fahrzeuge; alle verdächtigen Personen *(ihre Papiere, Personalien o. Ä.)* sind von der Polizei überprüft worden. **Syn.:** kontrollieren, nachprüfen. **b)** *nochmals überdenken, durchdenken:* eine Entscheidung überprüfen; er sollte das zum Anlass nehmen, seine Position, Haltung, Methode zu überprüfen; ich habe alle Möglichkeiten überprüft.

überprüfen/prüfen:
s. Kasten Seite 732.

über|quel|len [ˈyːbɐkvɛlən], quillt über, quoll über, übergequollen ⟨itr.; ist⟩:
a) *über den Rand eines Gefäßes, Behältnisses quellen:* der Teig ist übergequollen. **b)** *(von einem Behältnis) so voll sein, dass der Inhalt über den Rand quillt, hinausragt o. Ä.:* der Papierkorb, die Schublade quillt allmählich über von Zeitungen und Prospekten; ein überquellender Briefkasten. **Syn.:** [1]überlaufen.

über|que|ren [yːbɐˈkveːrən] ⟨tr.; hat⟩:
sich in Querrichtung über eine Fläche hinwegbewegen: eine Straße, eine Kreuzung, einen Fluss überqueren. **Syn.:** passieren, überschreiten.

über|ra|gen [yːbɐˈraːgn̩] ⟨tr.; hat⟩:
1. *durch seine Größe, Höhe über jmdn., etwas hinausragen:* der Turm überragte die Stadt; er überragte seinen Vater um Haupteslänge.
2. *in auffallendem Maße, weit übertreffen:* sie überragte alle an Mut, Geist, Kultiviertheit.

über|ra|schen [yːbɐˈraʃn̩] ⟨tr.; hat⟩:
a) *anders als erwartet sein, unerwartet kommen, etwas Unerwartetes tun und deshalb in Erstaunen versetzen:* seine Absage, die Nachricht, die Entscheidung hat mich [wenig, nicht weiter, nicht im Geringsten] überrascht; ich war von seiner Leistung überrascht; wir waren über den herzlichen Empfang überrascht; sich überrascht von etwas zeigen; das Angebot kam völlig überraschend; das Problem wurde auf überraschende Weise gelöst; bei diesen Worten hob sie überrascht den Kopf. **Syn.:** erstaunen, verblüffen, verwundern. **b)** *mit etwas nicht Erwartetem erfreuen:* jmdn. mit einem Geschenk überraschen; sie überraschte mich mit ihrem Besuch. **Syn.:** beglücken. **c)** *bei einem heimlichen oder verbotenen Tun völlig unerwartet antreffen:* die Einbrecher wurden [von der Polizei] überrascht; sie überraschte die beiden bei einem Schäferstündchen. **Syn.:** ertappen, erwischen (ugs.).
d) *(von Naturereignissen) jmdn. ganz unvorbereitet treffen, über ihn hereinbrechen:* vom Regen, von einem Gewitter überrascht werden; das Erdbeben überraschte die meisten Menschen im Schlaf.

Über|ra|schung [yːbɐˈraʃʊŋ], die; -, -en:
1. ⟨ohne Plural⟩ *das Überraschtsein* (1), *Erstaunen:* die Überraschung war groß, als sie plötzlich zur Tür hereinkam; etwas löst Überraschung aus; in der ersten Überraschung konnte sie nicht antworten; vor/(seltener) aus lauter Überraschung ließ er die Gabel fallen; zu meiner [großen, nicht geringen] Überraschung musste ich erleben, wie schnell sich doch alles änderte; zur allgemeinen Überraschung konnte er sich durchsetzen.
2. a) *etwas, was jmdn. überrascht* (a), *was keiner erwartet hätte:* das war eine angenehme, erfreuliche, schöne, unangenehme, schlimme, böse Überraschung; eine Überraschung erleben; jmdm. eine Überraschung bereiten. **b)** *etwas Schönes, womit jmd. nicht gerechnet hat:* das ist aber eine Überraschung!; sag ihr bitte nichts davon, das soll eine Überraschung sein; für jmdn. eine kleine Überraschung *(ein kleines Geschenk)* haben.

über|re|den [yːbɐˈreːdn̩], überredete, überredet ⟨tr.; hat⟩:
(jmdn.) durch eindringliches Zureden, mit vielen Worten, die ihn überzeugen sollen, dazu bringen, etwas zu tun, was er ursprünglich nicht vorhatte: jmdn. zum Mitmachen, zum Kauf überreden; sie ließ sich überreden, mit uns zu kommen; wir lassen uns wohl überzeugen, aber nicht überreden. **Syn.:** bekehren, herumkriegen (ugs.).

über|rei|chen [yːbɐˈrai̯çn̩] ⟨tr.; hat⟩:
(etwas, was jmdm. zum Geschenk gemacht wird, in feierlicher Form) einhändigen, übergeben: jmdm. ein Geschenk, einen Scheck, einen Blumenstrauß überreichen; der Präsident überreichte dem Sportler die Urkunde; der Preis wurde im Rahmen einer Feier überreicht. **Syn.:** aushändigen, geben, verleihen.

über|ren|nen [yːbɐˈrɛnən], überrannte, überrannt ⟨tr.; hat⟩:
1. *in einem schnellen Angriff besetzen und selbst weiter vorrücken:* die Kompanie überrannte die feindlichen Stellungen. **Syn.:** überrollen.
2. *so (gegen jmdn.) rennen, dass er zu Boden stürzt:* als er in vollem Lauf um die Ecke bog, hätte er fast ein kleines Mädchen überrannt. **Syn.:** über den Haufen rennen (ugs.).

Über|rest [ˈyːbɐrɛst], der; -[e]s, -e:
etwas, was [verstreut, wahllos oder ungeordnet] von einem ursprünglich Ganzen als Letztes zurückgeblieben ist: ein kläglicher, trauriger Überrest; die Überreste des Mittagessens, des Picknicks beseitigen; die Überreste einer alten Festung. **Syn.:** Bruchstück, Fragment, Relikt, Rest, Überbleibsel.

über|rol|len [yːbɐˈrɔlən] ⟨tr.; hat⟩:
1. *(einen militärischen Gegner) mit überlegenen Mitteln und ohne große Mühe besiegen, vernichten [und selbst weiter vorrücken]:* das Gros der Truppen wurde von starken gegnerischen Verbänden überrollt. **Syn.:** überrennen.
2. *über jmdn., etwas hinwegrollen, -fahren o. Ä.:* sie, das Auto

wurde von einem Panzer überrollt. **Syn.:** überfahren.

über|rum|peln [y:bɐˈrʊmpl̩n] ⟨tr.; hat⟩:
jmdn., der völlig unvorbereitet ist, mit etwas überraschen, sodass er sich nicht wehren oder ausweichen kann: man muss den Gegner überrumpeln; er hat sie mit seiner Frage überrumpelt; lass dich von dem Vertreter bloß nicht überrumpeln! **Syn.:** überfahren.

über|run|den [y:bɐˈrʊndn̩], überrundete, überrundet ⟨tr.; hat⟩:
1. *(jmdn.) bei einem Wettlauf oder bei einer Wettfahrt so weit überholen, dass man eine ganze Runde voraus ist:* ein Läufer wurde beim 10 000-m-Lauf überrundet.
2. *in seiner Leistung übertreffen:* die Firma hat die Konkurrenz überrundet; er hat in Mathematik seine Mitschüler längst überrundet. **Syn.:** ausstechen, hinter sich lassen, in den Schatten stellen, überflügeln.

über|sät [y:bɐˈzɛ:t] ⟨Adj.⟩:
dicht mit etwas, was aus vielen [kleinen] Einzeldingen besteht, bedeckt: ein mit/von Sternen übersäter Himmel; sein ganzer Körper war mit/von Pickeln übersät.

über|schät|zen [y:bɐˈʃɛt͜sn̩] ⟨tr.; hat⟩:
zu hoch einschätzen /Ggs. unterschätzen/: den Wert einer Sache, seine Kräfte überschätzen; die Wirkung seiner Lehre ist kaum zu überschätzen; er neigt dazu, sich zu überschätzen; wenn du dich da mal nicht überschätzt! **Syn.:** überbewerten.

über|schau|bar [y:bɐˈʃa͜uba:ɐ̯] ⟨Adj.⟩:
a) *in seiner Anlage, seinem Aufbau klar und mit einem Blick zu erfassen:* die Kontoauszüge überschaubarer gestalten. **Syn.:** übersichtlich. **b)** *in seinem Umfang begrenzt und so eine konkrete Vorstellung von etwas ermöglichend:* eine [gerade noch] überschaubare Größe, Menge, Anzahl; ein überschaubarer Zeitraum; das Risiko blieb überschaubar.

über|schau|en [y:bɐˈʃa͜uən] ⟨tr.; hat⟩:
1. *(von einem erhöhten Standort aus) als Ganzes sehen, mit dem Auge erfassen können:* von hier aus überschaut man die Stadt sehr gut. **Syn.:** überblicken, ²übersehen.
2. *sich ein Bild (von etwas) machen und es (als Ganzes) richtig einschätzen, beurteilen können:* es war für ihn unmöglich, die Folgen seines Tuns zu überschauen; ich überschaue noch nicht ganz, was wir an Material nötig haben. **Syn.:** erkennen, ermessen, überblicken, ²übersehen.

über|schäu|men [ˈy:bɐʃɔ͜ymən], schäumte über, übergeschäumt ⟨itr.; ist⟩:
schäumend über den Rand eines Gefäßes fließen: der Sekt schäumt über. **Syn.:** überfließen, ¹überlaufen.

über|schla|fen [y:bɐˈʃla:fn̩], überschläft, überschlief, überschlafen ⟨itr.; hat⟩:
(eine Angelegenheit, die eine Entscheidung verlangt) überdenken und sich dafür wenigstens bis zum nächsten Tage Zeit lassen: die Sache, Frage muss ich noch einmal überschlafen. **Syn.:** überdenken.

über|schla|gen [y:bɐˈʃla:gn̩], überschlägt, überschlug, überschlagen:
1. ⟨tr.; hat⟩ *etwas, was Teil einer Abfolge o. Ä. ist, auslassen, überspringen:* beim Lesen ein paar Kapitel, Seiten überschlagen; eine Mahlzeit überschlagen. **Syn.:** aussparen, übergehen.
2. ⟨tr.; hat⟩ *(die ungefähre Größe einer Summe oder Anzahl) durch kurzes Nachrechnen abschätzen:* die Kosten, den Gewinn, die Zahl der Teilnehmer überschlagen; sie überschlug, was die Reise kosten würde, ob ihr Geld noch für ein Kleid reichen würde. **Syn.:** schätzen, taxieren.
3. ⟨+ sich⟩ *nach vorn oder hinten überkippen und sich um die eigene Querachse drehen:* das Auto stürzte den Abhang hinunter und überschlug sich mehrmals.
4. ⟨+ sich⟩ *(von der Stimme) plötzlich sehr hoch und schrill klingen:* seine Stimme überschlug sich im Zorn.
5. ⟨+ sich⟩ *so dicht aufeinanderfolgen, dass man [fast] den Überblick verliert:* die Ereignisse, die Nachrichten überschlugen sich. **Syn.:** sich überstürzen.

über|schnap|pen [ˈy:bɐʃnapn̩], schnappte über, übergeschnappt ⟨itr.; ist⟩ (salopp):
nicht länger fähig sein, vernünftig zu denken und zu handeln: du bist wohl übergeschnappt! **Syn.:** den Verstand verlieren, verrückt werden (ugs. abwertend).

über|schnei|den [y:bɐˈʃna͜idn̩], überschnitt, überschnitten ⟨+ sich⟩:
1. *sich in einem oder mehreren Punkten schneiden:* die beiden Linien überschneiden sich. **Syn.:** sich kreuzen.
2. a) *zeitlich zusammenfallen:* die Vorlesungen überschneiden sich. **b)** *bestimmte Bereiche gemeinsam haben:* die Arbeitsgebiete der beiden Wissenschaftler überschneiden sich.

über|schrei|ben [y:bɐˈʃra͜ibn̩], überschrieb, überschrieben ⟨tr.; hat⟩:
1. *(einem Text) als Überschrift geben:* der Autor überschrieb das erste Kapitel des Buches mit »Grundlegende Fragen«. **Syn.:** nennen.
2. *jmdm. schriftlich, notariell als Eigentum übertragen:* er hat das Haus [auf den Namen] seiner Frau/auf seine Frau überschreiben lassen. **Syn.:** abtreten, übereignen.

über|schrei|ten [y:bɐˈʃra͜itn̩], überschritt, überschritten ⟨tr.; hat⟩:
1. *über etwas hinübergehen:* die Schwelle eines Hauses, eine Grenze überschreiten; Überschreiten der Gleise verboten! **Syn.:** passieren, überqueren.
2. *(eine Vorschrift) nicht beachten, sich nicht (an ein bestimmtes Maß) halten:* ein Gesetz, seine Befugnisse überschreiten; sie hat das Tempolimit um mindestens 50 km/h überschritten. **Syn.:** missachten, ²übertreten, verstoßen gegen.

Über|schrift [ˈy:bɐʃrɪft], die; -, -en:
etwas, was zur Kennzeichnung des Inhalts über einem Text geschrieben steht: eine kurze, lange, fett gedruckte Überschrift; wie lautet die Überschrift des Artikels, des Aufsatzes?; er hatte in der Zeitung nur die Überschriften gelesen. **Syn.:** Schlagzeile, Titel. **Zus.:** Kapitel-

überschrift, Zeitungsüberschrift.

Über|schuss ['y:bɐʃʊs], der; -es, Überschüsse ['y:bɐʃʏsə]:
a) *Ertrag von etwas nach Abzug der Unkosten:* durch die billigere Herstellung erzielten sie hohe Überschüsse. **Syn.:** Ertrag, Gewinn, Plus, Profit, Reingewinn, Rendite. **b)** *über den notwendigen Bedarf, über ein bestimmtes Maß hinausgehende Menge:* das Kind hat einen Überschuss an Kraft und Temperament; anstatt eines Überschusses an Lehrern haben wir heute einen Lehrermangel. **Syn.:** Überfluss, Übermaß. **Zus.:** Bevölkerungsüberschuss, Exportüberschuss, Frauenüberschuss, Geburtenüberschuss, Männerüberschuss.

über|schüs|sig ['y:bɐʃʏsɪç] ⟨Adj.⟩:
über den eigentlichen Bedarf hinausgehend und daher nicht verbraucht oder nicht genutzt: überschüssige Wärme; überschüssige Kräfte; der Gemeinderat beschloss, das überschüssige Geld für die Sanierung des Hallenbades auszugeben. **Syn.:** restlich, überzählig, übrig.

über|schüt|ten [y:bɐ'ʃʏtn̩], überschüttete, überschüttet ⟨tr.; hat⟩:
(jmdm. etwas) besonders reichlich oder in allzu großem Maße zuteilwerden lassen; überhäufen: jmdn. mit Lob, Vorwürfen überschütten; an ihrem Geburtstag wurde sie mit Geschenken überschüttet; bei seiner Ankunft wurde er mit Fragen überschüttet *(wurden ihm Fragen über Fragen gestellt).* **Syn.:** eindecken, überhäufen.

Über|schwang ['y:bɐʃvaŋ], der; -[e]s:
Übermaß an Gefühl, Begeisterung: im Überschwang der Freude, der Begeisterung umarmten sie sich; etwas in jugendlichem Überschwang, im ersten Überschwang tun. **Syn.:** Begeisterung, Eifer, Enthusiasmus. **Zus.:** Gefühlsüberschwang.

über|schwäng|lich ['y:bɐʃvɛŋlɪç] ⟨Adj.⟩:
von [übermäßig] heftigen Gefühlsäußerungen begleitet, auf exaltierte Weise [vorgebracht]: eine überschwängliche Freude, Begeisterung; sich überschwänglich bedanken; sie wurde überschwänglich gelobt, gefeiert.

über|schwem|men [y:bɐ'ʃvɛmən] ⟨tr.; hat⟩:
1. *über etwas strömen und es ganz mit Wasser bedecken:* der Fluss hat die Uferstraße überschwemmt; die Auen werden bei Hochwasser regelmäßig überschwemmt. **Syn.:** überfluten, [1]überströmen, unter Wasser setzen.
2. *in überreichlichem Maße mit etwas versehen:* der Markt wurde mit Billigprodukten überschwemmt; mit Informationen überschwemmt werden. **Syn.:** sättigen.

Über|see ['y:bɐze:]:
in der Wendung **aus, in, nach, von Übersee:** *aus, in, nach, von Gebieten, die jenseits des Meeres, des Ozeans (besonders in Amerika) liegen:* nach Übersee auswandern; zu dem Sportereignis werden 65 000 Touristen aus Übersee erwartet; Freunde in Übersee haben; in Übersee leben; von Übersee importierte Güter.

über|seh|bar [y:bɐ'ze:ba:ɐ̯] ⟨Adj.⟩:
1. *sich [in einer bestimmten Weise] [2]übersehen* (1) *lassend:* ein gut übersehbares Gelände; der See war von hier aus gut übersehbar.
2. *sich [in einer bestimmten Weise] [2]übersehen* (2) *lassend:* der bei dem Brand entstandene Schaden war noch [nicht] übersehbar. **Syn.:** überschaubar.

[1]**über|se|hen** ['y:bɐze:ən], sieht über, sah über, übergesehen ⟨+ sich⟩ (ugs.):
(etwas) nicht mehr sehen mögen, weil man es schon so häufig gesehen hat: ich habe mir das Bild übergesehen; die Tapete sieht man sich schnell über.

[2]**über|se|hen** [y:bɐ'ze:ən], übersieht, übersah, übersehen ⟨tr.; hat⟩:
1. *(von einem erhöhten Standort aus) frei, ungehindert über etwas hinwegsehen können:* von seinem Fenster konnte er den ganzen Platz übersehen. **Syn.:** überblicken, überschauen.
2. *in seinen Zusammenhängen erfassen, verstehen:* die Folgen, das Ausmaß von etwas, seine Situation übersehen; ob das möglich sein wird, ist, lässt sich noch nicht übersehen. **Syn.:** überblicken, überschauen.
3. a) *unbeabsichtigt, versehentlich nicht sehen:* einen Fehler, einen Hinweis, ein Stoppschild übersehen; der Defekt an der Bremse war bei der Inspektion übersehen worden; mit ihren roten Haaren ist sie nicht zu übersehen. **Syn.:** nicht bemerken. **b)** *absichtlich nicht sehen, bemerken:* sie übersah seine obszöne Geste; jmdn. geflissentlich, hochmütig übersehen. **Syn.:** ignorieren, mit Nichtachtung strafen, schneiden, wie Luft behandeln (ugs.).

über|sen|den [y:bɐ'zɛndn̩], übersandte/(auch:) übersendete, übersandt/(auch:) übersendet ⟨tr.; hat⟩:
schicken: jmdm. eine Nachricht übersenden; wir übersenden Ihnen die Ware umgehend; als Anlage/in der Anlage übersenden wir Ihnen die Unterlagen. **Syn.:** [1]senden (geh.), übermitteln.

[1]**über|set|zen** ['y:bɐzɛt͜sn̩], setzte über, übergesetzt:
1. ⟨tr.; hat⟩ *ans andere Ufer befördern:* jmdn. ans andere Ufer, auf die Insel übersetzen; der Fährmann hat uns übergesetzt; wir ließen uns mit der Fähre übersetzen.
2. ⟨itr.; hat/ist⟩ *ans andere Ufer fahren:* wir haben/sind ans andere Ufer, nach Rügen übergesetzt; den Truppen gelang es, auf das südliche Flussufer überzusetzen.

[2]**über|set|zen** [y:bɐ'zɛt͜sn̩], übersetzte, übersetzt ⟨tr.; hat⟩:
schriftlich oder mündlich in einer anderen Sprache wiedergeben: etwas wörtlich, Wort für Wort, frei, sinngemäß übersetzen; einen Text aus dem/vom Englischen ins Deutsche übersetzen; kannst du mir diesen Brief übersetzen?; der Roman ist in viele Sprachen übersetzt worden. **Syn.:** dolmetschen, übertragen.

Über|set|zer [y:bɐ'zɛt͜sɐ], der; -s, -, **Über|set|ze|rin** [y:bɐ'zɛt͜sərɪn], die; -, -nen:
Person, die berufsmäßig Übersetzungen (b) *anfertigt:* mehrere Übersetzer übertrugen die Rede

ins Deutsche, Französische und Spanische; sie will Übersetzerin werden. **Syn.:** Dolmetscher, Dolmetscherin.

Über|set|zung [y:bɐˈzɛt͜sʊŋ], die; -, -en:
a) ⟨ohne Plural⟩ *das Übersetzen:* die Übersetzung des Textes [aus dem/vom Spanischen ins Deutsche] ist schwierig. **Syn.:** Übertragung. **b)** *²übersetzter Text:* eine wörtliche, wortgetreue, neue, moderne Übersetzung; die Übersetzung ist nicht gut, zu frei; eine Übersetzung von etwas machen, anfertigen, liefern; einen Roman in der Übersetzung lesen. **Syn.:** Übertragung. **Zus.:** Bibelübersetzung.

Über|sicht [ˈy:bɐzɪçt], die; -, -en:
1. ⟨ohne Plural⟩ *Fähigkeit, ein bestimmtes Gebiet oder größere Zusammenhänge zu übersehen:* jmdm. fehlt die Übersicht; er hat die Übersicht verloren; [eine] klare Übersicht [über etwas] haben; ich muss mir zunächst die nötige Übersicht über die Lage verschaffen. **Syn.:** Überblick.
2. *bestimmte Zusammenhänge wiedergebende, knappe [tabellenartige] Darstellung:* eine Übersicht der unregelmäßigen Verben; eine Übersicht über die Konzerte des kommenden Winters; in seiner Rede gab er eine Übersicht über die anstehenden Fragen. **Syn.:** Abriss, Skizze, Überblick, Zusammenfassung.

über|sicht|lich [ˈy:bɐzɪçtlɪç] ⟨Adj.⟩:
1. *sich leicht überblicken lassend:* ein übersichtliches Gelände; die Straßenkreuzung ist sehr übersichtlich [angelegt].
2. *aufgrund seiner Anlage gut und schnell lesbar, erfassbar:* eine übersichtliche Darstellung; ein übersichtlicher Stadtplan; das Buch ist sehr übersichtlich [gestaltet, gegliedert]. **Syn.:** überschaubar.

über|sie|deln [ˈy:bɐzi:dl̩n], siedelte über, übergesiedelt, *auch* **über|sie|deln** [y:bɐˈzi:dl̩n], übersiedelte, übersiedelt ⟨itr.; ist⟩:
sich mit seinen Möbeln und anderem Besitz an einem andern Ort niederlassen [um dort dauernd oder für längere Zeit zu wohnen]: er ist vor zehn Jahren hierher übergesiedelt; wir überlegen noch, ob wir nicht endgültig nach Heidelberg übersiedeln sollen; die Firma wird [von Mainz] nach Köln übersiedeln. **Syn.:** seinen Wohnsitz verlegen, umziehen, ziehen.

über|sinn|lich [ˈy:bɐzɪnlɪç] ⟨Adj.⟩:
über das sinnlich Erfahrbare hinausgehend: übersinnliche Kräfte besitzen. **Syn.:** übernatürlich.

über|spannt [y:bɐˈʃpant] ⟨Adj.⟩:
a) *über das Maß des Vernünftigen hinausgehend:* überspannte Ideen, Ansichten; überspannte *(zu hohe)* Forderungen. **b)** *übermäßig erregt, lebhaft und dabei verschroben; exaltiert:* ein überspanntes Wesen haben; er ist ein etwas überspannter Mensch; ich finde sein Verhalten manchmal etwas überspannt. **Syn.:** bizarr, exzentrisch, närrisch, verrückt (ugs.).

über|spie|len [y:bɐˈʃpi:lən] ⟨tr.; hat⟩:
1. a) *(Daten, Bilder, Filme, Musik) von einem Speichermedium auf ein anderes übertragen:* eine CD auf eine Kassette, das Video vom Camcorder auf die Festplatte überspielen; kann ich mir die CD, das Video, den Film mal überspielen? **Syn.:** aufnehmen, kopieren. **b)** *(ein Band, eine auf einem Band vorhandene Aufnahme) durch erneutes Bespielen des Bandes löschen:* den Film überspiele ich wieder, wenn ich ihn mir angesehen habe.
c) *(besonders einen Film oder eine akustische Aufnahme) per Funk, Telefon o. Ä. an einen anderen Ort übermitteln:* den folgenden Bericht hat uns unser Korrespondent soeben aus Kairo überspielt.
2. *schnell (über etwas Unangenehmes oder Peinliches) hinweggehen und (es) durch geschicktes Verhalten anderen nicht bewusst werden lassen:* eine peinliche Situation [mit Humor, geschickt] überspielen; seine Nervosität, Ängstlichkeit überspielen; sie weiß ihre Fehler gut zu überspielen.

über|spitzt [y:bɐˈʃpɪt͜st] ⟨Adj.⟩:
übertrieben scharf ausgesprochen, unterscheidend; zu genau, zu fein: eine überspitzte Formulierung; das ist leicht, etwas überspitzt [ausgedrückt].

¹über|sprin|gen [ˈy:bɐʃprɪŋən], sprang über, übergesprungen ⟨itr.; ist⟩:
1. *sich schnell, wie mit einem Sprung an eine andere Stelle bewegen:* die Funken sprangen von dem einen zum anderen Pol, von der brennenden Scheune auf das Haus über. **Syn.:** übergreifen.
2. *schnell, unvermittelt zu etwas anderem übergehen:* der Redner sprang auf ein anderes Thema über. **Syn.:** wechseln.

²über|sprin|gen [y:bɐˈʃprɪŋən], übersprang, übersprungen ⟨tr.; hat⟩:
1. *mit einem Sprung überwinden:* einen Graben, einen Zaun, ein Hindernis überspringen; sie hat im Hochsprung 1,80 m übersprungen.
2. *(einen Teil von etwas) auslassen:* ein Kapitel, einige Seiten, den Sportteil überspringen; eine Klasse überspringen *(wegen außergewöhnlicher schulischer Leistungen in die übernächste Klasse versetzt werden).* **Syn.:** aussparen, ²übergehen.

über|ste|hen [y:bɐˈʃte:ən], überstand, überstanden ⟨tr.; hat⟩:
(etwas, was mit Schwierigkeiten, Anstrengungen, Schmerzen o. Ä. verbunden ist) hinter sich bringen: Gefahren, eine Krise überstehen; sie hat die schwere Krankheit überstanden; der Patient hat die Operation gut, glücklich überstanden; das Schlimmste ist überstanden; das hätten wir, das wäre überstanden! **Syn.:** bewältigen, meistern, überleben, überwinden.

über|stei|gen [y:bɐˈʃt͜aign̩], überstieg, überstiegen ⟨tr.; hat⟩:
1. *(über etwas) steigen, klettern:* einen Zaun, eine Mauer übersteigen. **Syn.:** überqueren.
2. *über etwas hinausgehen, größer sein als etwas:* das übersteigt unsere [finanziellen] Möglichkeiten; die Kosten übersteigen den Voranschlag [um etwa 50 000 Euro]; das übersteigt unsere Kräfte; das übersteigt unsere Erwartungen [bei Weitem]; diese Frechheit übersteigt jedes Maß. **Syn.:** übertreffen.

über|stei|gern [y:bɐˈʃt͜aigɐn] ⟨tr.; hat⟩:
über das normale Maß hinaus

U
Über

steigern: die Forderungen dürfen nicht übersteigert werden; ⟨häufig im 2. Partizip⟩ ein übersteigertes Geltungsbedürfnis, Selbstbewusstsein haben. **Syn.:** übertreiben.

über|stei|gert [y:bɐˈʃtai̯gɐt] ⟨Adj.⟩: *über das normale Maß hinausgehend; zu groß:* ein übersteigertes Geltungsbedürfnis, Selbstbewusstsein haben.

über|stim|men [y:bɐˈʃtɪmən] ⟨tr.; hat⟩: *in einer Abstimmung besiegen:* der Vorsitzende wurde von der Mehrheit überstimmt.

über|strei|fen [ˈy:bɐʃtrai̯fn̩], streifte über, übergestreift ⟨tr.; hat⟩: **a)** *über einen Körperteil streifen:* [jmdm., sich] einen Ring überstreifen. **Syn.:** anstecken. **b)** *(ein Kleidungsstück) rasch, ohne besondere Sorgfalt anziehen:* ich streife [mir] noch schnell einen Pullover, Handschuhe über. **Syn.:** anziehen.

¹über|strö|men [ˈy:bɐʃtrø:mən], strömte über, übergeströmt ⟨itr.; ist⟩ (geh.): **1.** *über den Rand eines Gefäßes strömen:* das Wasser strömte über. **Syn.:** überfließen, ²überlaufen, überquellen. **2.** *auf jmdn. übergehen:* seine gute Laune ist auf alle übergeströmt.

²über|strö|men [y:bɐˈʃtrø:mən], überströmte, überströmt ⟨tr.; hat⟩: *über eine Fläche strömen und sich darauf ausbreiten:* der Fluss überströmte bei Hochwasser die Wiesen; sein Körper war von Schweiß, Blut überströmt. **Syn.:** überfluten, überschwemmen, unter Wasser setzen.

Über|stun|de [ˈy:bɐʃtʊndə], die; -, -n: *Stunde, in der über die festgesetzte Zeit hinaus gearbeitet wird:* bezahlte, unbezahlte Überstunden; Überstunden machen *(über die festgesetzte Zeit hinaus arbeiten);* Überstunden anordnen.

über|stür|zen [y:bɐˈʃtʏrt͜sn̩]: **1.** ⟨tr.; hat⟩ *übereilt, in Hast und ohne genügend Überlegung tun:* eine Entscheidung überstürzen; man soll nichts überstürzen; ⟨häufig im 2. Partizip⟩ eine überstürzte Flucht, Abreise; überstürzt handeln, reagieren. **Syn.:** übereilen. **2.** ⟨+ sich⟩ *[allzu] rasch aufeinanderfolgen:* manchmal überstürzen sich die Ereignisse; seine Worte überstürzten sich. **Syn.:** sich überschlagen.

über|töl|peln [y:bɐˈtœlpl̩n] ⟨tr.; hat⟩: *(jmdn., der in einem bestimmten Fall nicht gut aufgepasst hat) in plumper, dummdreister Weise überlisten:* er hat versucht, mich zu übertölpeln; lass dich [von ihm] nicht übertölpeln!; sie bemerkte zu spät, dass sie übertölpelt worden war. **Syn.:** aufs Kreuz legen (salopp), hereinlegen (ugs.), leimen (ugs.), linken (ugs.), übers Ohr hauen (ugs.), übervorteilen.

über|tö|nen [y:bɐˈtø:nən] ⟨tr.; hat⟩: *lauter sein als eine Person oder Sache und dadurch bewirken, dass diese nicht gehört wird:* der Chor übertönte die Solistin; er übertönte alle mit seiner lauten Stimme.

Über|trag [ˈy:bɐtra:k], der; -[e]s, Überträge [ˈy:bɐtrɛ:gə]: *auf die nächste Seite übertragene Summe:* bei der Abrechnung steckte im Übertrag ein Fehler.

über|trag|bar [y:bɐˈtra:kba:ɐ̯] ⟨Adj.⟩: **1.** *sich übertragen* (3) *lassend:* diese Methode ist [nicht ohne Weiteres, auch] auf andere Gebiete übertragbar; das Ergebnis aus dem Tierversuch ist auf den Menschen übertragbar. **2.** *ansteckend:* eine [leicht] übertragbare Krankheit, Infektion; es kann nicht ausgeschlossen werden, dass die Krankheit auch auf den Menschen, auch von Mensch zu Mensch übertragbar ist. **3.** *sich, ohne seine Gültigkeit zu verlieren, vom Inhaber an jmdn. anderes weitergeben lassend:* ein übertragbarer Ausweis; diese verbilligte Fahrkarte ist nicht übertragbar.

über|tra|gen [y:bɐˈtra:gn̩], überträgt, übertrug, übertragen: **1.** ⟨tr.; hat⟩ *an anderer Stelle nochmals hinschreiben, zeichnen o. Ä.:* einen Aufsatz ins Heft übertragen; ein Muster auf den Stoff übertragen; die Zwischensumme auf die nächste Seite übertragen. **2.** ⟨tr.; hat⟩ *²übersetzen:* einen Text vom/aus dem Englischen ins Deutsche übertragen. **Syn.:** dolmetschen. **3.** ⟨tr.; hat⟩ *auf etwas anderes, ein anderes Gebiet anwenden:* die Gesetze der Malerei dürfen nicht auf die Grafik übertragen werden; man kann diese Maßstäbe nicht auf die dortige Situation übertragen; ein Wort übertragen, in übertragener *(nicht wörtlich zu verstehender, sondern sinnbildlicher)* Bedeutung gebrauchen. **4.** ⟨tr.; hat⟩ *(eine Aufgabe, ein Recht) anvertrauen, (jmdn. mit etwas) beauftragen:* jmdm. eine Arbeit, ein Amt, ein Recht übertragen. **Syn.:** abgeben an, delegieren an, überantworten (geh.), übergeben, überlassen, vergeben an. **5. a)** ⟨tr.; hat⟩ *(eine Krankheit o. Ä.) weitergeben:* Insekten übertragen die Krankheit [auf den Menschen]; neue Tests haben bestätigt, dass das Virus beim Geschlechtsverkehr übertragen wird. **Syn.:** verbreiten. **b)** ⟨+ sich⟩ *(jmdn.) befallen:* die Krankheit überträgt sich auf Menschen. **6.** ⟨tr.; hat⟩ *²senden:* das Fußballspiel [live, direkt] aus dem Stadion übertragen; das Konzert wird von allen Sendern übertragen. **Syn.:** ausstrahlen.

Über|tra|gung [y:bɐˈtra:gʊŋ], die; -, -en: **1. a)** *Sendung* (3) *direkt vom Ort des Geschehens:* hat die Übertragung des Fußballspiels schon angefangen?; das Fernsehen bringt, sendet eine Übertragung aus dem Konzertsaal. **b)** *Übermittlung von Daten:* die Übertragung der Daten erfolgt über das Internet. **2. a)** *Übersetzung, übersetzter Text:* die Übertragung des Romans aus dem Russischen stammt von ... **b)** *das ²Übersetzen:* für die Übertragung des Textes aus dem Englischen ins Deutsche hat sie drei Stunden gebraucht. **3.** *Anwendung:* die Übertragung dieses Prinzips auf andere Bereiche. **4.** ⟨ohne Plural⟩ *das Übertragen* (4): die Übertragung aller Ämter auf den Nachfolger.

5. *das Übertragen* (5 a); *Ansteckung, Infektion:* die Übertragung dieser Krankheit erfolgt durch Insekten.

über|tref|fen [y:bɐˈtrɛfn̩], übertrifft, übertraf, übertroffen ⟨tr.; hat⟩:
a) *(auf einem bestimmten Gebiet, in bestimmter Hinsicht) besser sein als jmd.:* jmdn. in der Leistung, leistungsmäßig übertreffen; jmdn. an Ausdauer, Fleiß [weit, bei Weitem, um vieles] übertreffen; im Schach ist er kaum zu übertreffen; sie hat sich selbst übertroffen *(hat mehr geleistet, als man von ihr erwartet hat).* **Syn.:** aus dem Felde schlagen, in den Schatten stellen, in die Tasche stecken (ugs.), überbieten, überragen, überrunden, übertrumpfen.
b) *bestimmte Eigenschaften in größerem Maße besitzen:* dieser Turm übertrifft alle anderen an Höhe. **c)** *über etwas hinausgehen:* das Ergebnis übertraf alle Erwartungen, die schlimmsten Befürchtungen. **Syn.:** übersteigen.

über|trei|ben [y:bɐˈtraibn̩], übertrieb, übertrieben ⟨tr.; hat⟩:
1. *größer, wichtiger oder schlimmer darstellen, als die betreffende Sache wirklich ist* /Ggs. untertreiben/: die Zahl der Verletzten wurde absichtlich übertrieben; die Gefahr wurde stark übertrieben; ⟨auch itr.⟩ er übertrieb maßlos, furchtbar; sie muss immer übertreiben. **Syn.:** allzu dick auftragen (ugs. abwertend), aufbauschen, aus einer Mücke einen Elefanten machen, dick auftragen (ugs. abwertend), hochspielen, prahlen mit, ²überziehen, viel Aufheben[s] machen.
2. *etwas (an sich Positives, Vernünftiges o. Ä.) zu weit treiben, in übersteigertem Maße tun:* die Sparsamkeit/es mit der Sparsamkeit übertreiben; man kann alles übertreiben; übertreib es nicht mit dem Training!

U
über

Über|trei|bung [y:bɐˈtraibʊŋ], die; -, -en:
1. a) *übertreibendes Darstellen von etwas:* man kann ohne Übertreibung sagen, dass ...
b) *übertreibende* (1) *Äußerung, Schilderung:* er neigt zu Übertreibungen.
2. a) *das Übertreiben* (2): die Übertreibung der Sparsamkeit.
b) *Handlung, mit der man etwas übertreibt* (2): sich vor Übertreibungen hüten. **Syn.:** Auswuchs, Exzess.

¹über|tre|ten [ˈy:bɐtre:tn̩], tritt über, trat über, übergetreten:
1. ⟨itr.; hat/ist⟩ *im Anlauf über die zum Abspringen o. Ä. festgelegte Stelle treten:* sein Sprung ist ungültig, weil er übergetreten hat/ist.
2. ⟨itr.; ist⟩ *über die Ufer treten:* der Fluss ist nach den heftigen Regenfällen übergetreten. **Syn.:** sein Bett verlassen, über die Ufer treten.
3. ⟨itr.; ist⟩ *seine religiösen, politischen o. ä. Anschauungen ändern und einer anderen Gemeinschaft beitreten:* er ist zur evangelischen Kirche, zu einer anderen Partei übergetreten. **Syn.:** sich bekehren, den Glauben wechseln, die Konfession wechseln.

²über|tre|ten [y:bɐˈtre:tn̩], übertritt, übertrat, übertreten ⟨tr.; hat⟩:
(eine Vorschrift, ein Gesetz o. Ä.) verletzen, nicht beachten: ein Gesetz, ein Verbot übertreten. **Syn.:** missachten, nicht einhalten, sich hinwegsetzen über, sich vergehen gegen, überschreiten, verstoßen gegen, zuwiderhandeln.

über|trie|ben [y:bɐˈtri:bn̩] ⟨Adj.⟩:
a) *durch Übertreibungen gekennzeichnet:* eine übertriebene Schilderung; übertriebene *(überspannte)* Ansichten. **Syn.:** überschwänglich, überspannt, überspitzt. **b)** *zu weit gehend, zu stark:* übertriebenes Misstrauen; übertriebene Pünktlichkeit, Genauigkeit; solche aufwendigen Geschenke [zu machen] finde ich [etwas, reichlich] übertrieben; ⟨häufig verstärkend bei Adjektiven⟩ er ist übertrieben *(allzu)* vorsichtig, ehrgeizig. **Syn.:** extrem, maßlos, über alle Maßen, über die Maßen (geh.), unmäßig.

Über|tritt [ˈy:bɐtrɪt], der; -[e]s, -e:
das ¹Übertreten (3) *zu einer anderen Religion, Partei o. Ä.:* der Übertritt zum Islam; die Zahl der Übertritte zu dieser Partei nimmt zu. **Syn.:** Wechsel.

über|trump|fen [y:bɐˈtrʊmp͜fn̩] ⟨tr.; hat⟩:
besser sein (als jmd.); überbieten: jmds. Leistung übertrumpfen; mit dieser großartigen Leistung hat er alle übertrumpft. **Syn.:** aus dem Felde schlagen, in den Schatten stellen, in die Tasche stecken (ugs.), überbieten, überragen, überrunden, übertreffen.

über|völ|kert [y:bɐˈfœlkɐt] ⟨Adj.⟩:
von zu vielen Menschen bewohnt: in dem übervölkerten Land wurde die Geburtenkontrolle eingeführt; die Region ist übervölkert.

über|vor|tei|len [y:bɐˈfɔrtai̯lən] ⟨tr.; hat⟩:
sich durch Geschicklichkeit oder List auf Kosten eines anderen einen Vorteil verschaffen, indem man dessen Unwissenheit ausnutzt: seine Kunden übervorteilen; bei dem Kauf des Hauses ist er sehr übervorteilt worden; sich [von jmdm.] übervorteilt fühlen. **Syn.:** anschmieren (ugs.), aufs Kreuz legen (salopp), betrügen, hereinlegen (ugs.), leimen (ugs.), linken (ugs.), neppen (ugs. abwertend), prellen, übers Ohr hauen (ugs.).

über|wa|chen [y:bɐˈvaxn̩] ⟨tr.; hat⟩:
1. *genau verfolgen, was jmd. (der verdächtig ist) tut; jmdn., etwas durch ständiges Beobachten kontrollieren:* jmdn. ständig, auf Schritt und Tritt, scharf überwachen; der Häftling wurde von nun an strenger überwacht; sie wurde vom Verfassungsschutz überwacht; jmds. Wohnung, Telefon überwachen. **Syn.:** achtgeben auf, aufpassen auf, ausspionieren, beaufsichtigen, belauschen, beobachten, beschatten, bespitzeln, bewachen, im Auge behalten, nicht aus den Augen lassen, observieren.
2. *durch ständiges Beobachten kontrollieren:* die Ausführung einer Arbeit, eines Befehls überwachen; der Supermarkt wird mit Videokameras überwacht; die Polizei überwacht den Verkehr.

Über|wa|chung [y:bɐˈvaxʊŋ], die; -, -en:
1. *das Überwachen* (1), *Überwachtwerden:* die Überwachung

des Tatverdächtigen, seines Telefons [durch die Geheimpolizei] war illegal.
2. *das Überwachen* (2), *Überwachtwerden:* die Überwachung des Straßenverkehrs durch die Polizei.

über|wäl|ti|gen [y:bɐˈvɛltɪɡn̩] ‹tr.; hat›:
1. *im Kampf besiegen; dafür sorgen, dass sich jmd. nicht mehr wehren kann:* er überwältigte seinen Gegner; der Verbrecher wurde schließlich von den Passanten überwältigt. **Syn.:** aus dem Felde schlagen, besiegen, bezwingen, fertigmachen (ugs.), gewinnen gegen, in die Knie zwingen (geh.), schlagen, sich [1]durchsetzen gegen, siegen über, triumphieren über, überrollen, überwinden.
2. *mit solcher Intensität ergreifen, dass die betreffende Person sich der Wirkung nicht entziehen kann:* das Schauspiel, die Erinnerung überwältigte ihn; Angst, Neugier, Freude überwältigte sie; sie wurde vom Schlaf überwältigt *(übermannt);* ‹häufig im 1. Partizip› ein überwältigender Anblick; seine Leistungen waren nicht überwältigend *(waren mittelmäßig);* eine überwältigende *(außergewöhnlich große)* Mehrheit.

über|wei|sen [y:bɐˈvai̯zn̩], überwies, überwiesen ‹tr.; hat›:
1. *(einen Geldbetrag) zulasten eines Kontos einem bestimmten anderen Konto gutschreiben lassen:* die Miete [per Dauerauftrag] überweisen; das Stipendium bekommt sie auf ihr Girokonto überwiesen; die Bank hat das Geld überwiesen *(hat den Überweisungsauftrag bearbeitet).* **Syn.:** anweisen.
2. *einen Patienten zur weiteren Behandlung mit einem entsprechenden Schreiben zu einem anderen Arzt schicken:* der Arzt hat ihn zum Spezialisten, in die Klinik überwiesen.
3. *zur Erledigung, Bearbeitung o. Ä. zuweisen:* eine Akte einer anderen/an eine andere Behörde überweisen. **Syn.:** schicken, [1]senden (geh.), zuleiten.

Über|wei|sung [y:bɐˈvai̯zʊŋ], die; -, -en:
1. a) *das Überweisen (von Geld):* Sie können Ihre Überweisungen auch online oder telefonisch tätigen; ich habe meine Bank mit der Überweisung der Summe beauftragt; eine Rechnung per Überweisung bezahlen. **Syn.:** Zahlung. **b)** *überwiesener Geldbetrag:* die Überweisung ist noch nicht [auf meinem Konto] eingegangen; ich habe die Überweisung erhalten.
c) *[Formular mit einem] Überweisungsauftrag:* ich habe die Überweisung bei der Bank abgegeben.
2. a) *das Überweisen* (2) *an einen Facharzt:* er erwog eine Überweisung des Patienten an einen Neurologen. **b)** *vom behandelnden Arzt ausgestellter Schein zur Überweisung des Patienten an einen anderen Arzt:* haben Sie eine Überweisung?; der Arzt schrieb ihr eine Überweisung ins Krankenhaus.

über|wer|fen [y:bɐˈvɛrfn̩], überwirft, überwarf, überworfen ‹+ sich›:
sich wegen einer bestimmten Angelegenheit mit jmdm. streiten und sich deshalb von ihm trennen: wegen der Erbschaft haben sich die Geschwister überworfen; er hat sich mit seinem besten Freund überworfen. **Syn.:** sich verfeinden.

über|wie|gen [y:bɐˈvi:ɡn̩], überwog, überwogen ‹itr.; hat›:
a) *das Übergewicht haben, vorherrschen und das Bild, den Charakter von etwas bestimmen:* im Süden des Landes überwiegen Laubwälder; in dieser Gesellschaft überwiegt die Toleranz; es überwog die Meinung, dass ...; ‹häufig im 1. Partizip› der überwiegende *(größte)* Teil der Bevölkerung ist katholisch; es waren überwiegend *(meist)* hilfsbereite Menschen, denen sie begegnete. **Syn.:** das Feld beherrschen, dominieren, stärker sein, vorherrschen. **b)** *stärker, einflussreicher, bedeutender sein als etwas anderes:* die Neugier überwog seine Ehrfurcht; bei ihr überwog das Gefühl die Vernunft.

über|win|den [y:bɐˈvɪndn̩], überwand, überwunden:
a) ‹tr.; hat› *durch eigene Anstrengung mit etwas, was ein Hindernis darstellt, was Schwierigkeiten bietet, fertigwerden; meistern:* einen hohen Zaun, eine Mauer, eine Hürde, ein Hindernis überwinden; mit einem Mountainbike kannst du praktisch jede Steigung überwinden; Schwierigkeiten, Probleme überwinden; seinen Widerwillen, seine Angst, seine Bedenken, seine Schüchternheit überwinden. **Syn.:** bewältigen, meistern.
b) ‹tr.; hat› *im Laufe einer Entwicklung [indem man sie vorantreibt] hinter sich lassen:* die Teilung des Landes, die Apartheid, den Imperialismus überwinden; die Gotik, den Kubismus überwinden; die Krise ist jetzt überwunden; diesen Standpunkt hat man heute längst überwunden. **Syn.:** abkommen von, aufgeben, fallen lassen, sich lossagen von.
c) ‹+ sich› *nach anfänglichem Zögern doch etwas tun, was einem schwerfällt:* er hat sich schließlich überwunden, ihm einen Besuch abzustatten; zu einer Entschuldigung konnte ich mich nicht überwinden. **Syn.:** sich aufraffen, sich aufrappeln (ugs.), es über sich bringen, es übers Herz bringen, sich zwingen. **d)** ‹tr.; hat› *(mit einer seelischen Belastung, Erschütterung o. Ä.) fertigwerden; verarbeiten, verkraften:* sie musste erst einmal den Schock überwinden; er hat den Tod seiner Frau nie ganz überwunden. **Syn.:** verschmerzen.

über|win|tern [y:bɐˈvɪntɐn]:
1. ‹itr.; hat› *den Winter an einem bestimmten [vor zu großer Kälte geschützten Ort] verbringen:* unsere Schildkröte überwintert im Gewächshaus; nächstes Jahr werde ich auf Mallorca überwintern.
2. ‹tr.; hat› *(besonders Pflanzen) den Winter über vor Frost geschützt aufbewahren:* die Geranien müssen an einem kühlen, dunklen Ort überwintert werden.

über|wu|chern [y:bɐˈvu:xɐn] ‹tr.; hat›:
dicht und üppig (über etwas) wachsen: das Unkraut hat die jungen Pflanzen, den Gartenweg überwuchert; eine von Efeu [dicht] überwucherte Mauer.

Über|wurf [ˈy:bɐvʊrf], der; -[e]s, Überwürfe [ˈy:bɐvʏrfə]:
1. *loser Umhang:* sie hängte sich

einen Überwurf um. **Syn.:** Cape, Mantel.
2. *Decke, die zur Zierde über Betten, Stühle usw. gelegt wird:* das Bett war mit einem kostbaren Überwurf bedeckt.

Über|zahl ['y:bɐt͜sa:l], die; -: *größere Anzahl von einer bestimmten Menge; Mehrzahl, Mehrheit:* bei der Versammlung waren die Liberalen in der Überzahl; bei den Arbeitslosen sind Frauen meist in der Überzahl. **Syn.:** Majorität.

über|zäh|lig ['y:bɐt͜sɛ:lɪç] ⟨Adj.⟩: *über den Bedarf hinausgehend, zu viel vorhanden:* die überzähligen Exemplare wurden an Interessentinnen verteilt. **Syn.:** überflüssig, überschüssig, übrig.

über|zeu|gen [y:bɐ't͜sɔygn̩]:
1. ⟨tr.; hat⟩ *jmdm. durch Argumente Gewissheit über etwas verschaffen; jmdn. durch Argumente dahin bringen, dass er etwas für wahr oder notwendig hält:* schließlich konnten wir die Polizei von der Schuld des anderen überzeugen; auch dieses Argument konnte sie nicht überzeugen.
2. ⟨itr.; hat⟩ *in seiner Leistung den Erwartungen voll entsprechen:* die Mannschaft überzeugte vor allem durch ihre Einsatzbereitschaft; ⟨häufig im 1. Partizip⟩ überzeugende *(plausible, glaubhafte)* Gründe; eine überzeugende Darstellung; ⟨häufig im 2. Partizip⟩ er ist überzeugter Moslem.
3. ⟨+ sich⟩ *sich durch eigenes Nachprüfen vergewissern:* als Notar habe ich mich persönlich von der Rechtmäßigkeit überzeugt; der Kleiderschrank ist leer, überzeugen Sie sich selbst!; ich bin von Ihren Fähigkeiten überzeugt *(glaube an Ihre Fähigkeiten).*

Über|zeu|gung [y:bɐ't͜sɔygʊŋ], die; -, -en: *durch jmdn. oder durch eigene Prüfung oder Erfahrung gewonnene Gewissheit, feste Meinung:* eine religiöse, politische Überzeugung; das war seine feste Überzeugung; sie war nicht von ihrer Überzeugung abzubringen; ich bin der Überzeugung, dass Sonnenenergie die Energieform der Zukunft ist. **Syn.:** Anschauung, Ansicht, Auffassung, Einstellung, Erachten, Glaube, Meinung, Standpunkt.

[1]über|zie|hen ['y:bɐt͜si:ən], zog über, übergezogen ⟨tr.; hat⟩: *(ein Kleidungsstück) über den Körper oder einen Körperteil ziehen:* ich zog mir einen Pullover über; vor dem Kauf zog sie den Rock in der Kabine über *(probierte sie ihn an).* **Syn.:** anziehen.

[2]über|zie|hen [y:bɐ't͜si:ən], überzog, überzogen ⟨tr.; hat⟩:
1. *mit einem Überzug (aus etwas) versehen:* einen Deckel mit Stoff überziehen; die Sessel, das Sofa neu überziehen lassen *(mit einem neuen Bezug versehen lassen);* die Betten [frisch] überziehen *(die Bettwäsche erneuern);* ⟨häufig im 2. Partizip⟩ frisch überzogene Betten. **Syn.:** beziehen.
2. *einen das Guthaben übersteigenden Betrag (von seinem Konto) abheben:* er hatte sein Konto [um 400 Euro] überzogen.
3. *übertreiben, zu weit treiben:* man sollte seine Kritik nicht überziehen; ⟨häufig im 2. Partizip⟩ eine völlig überzogene Reaktion.

über|zo|gen [y:bɐ't͜so:gn̩] ⟨Adj.⟩: *übertrieben:* überzogene Forderungen; eine völlig überzogene Reaktion.

Über|zug ['y:bɐt͜su:k], der; -[e]s, Überzüge ['y:bɐt͜sy:gə]:
a) *Schicht, mit der etwas überzogen ist:* Holz mit einem feinen Überzug aus klarem Lack versehen; ein Überzug aus Schokolade. **Syn.:** Anstrich, Auflage, Belag. **Zus.:** Kunststoffüberzug, Schokoladenüberzug. **b)** *auswechselbare Hülle:* einen Überzug für einen Sessel nähen. **Syn.:** Bezug. **Zus.:** Kissenüberzug, Stoffüberzug.

üb|lich ['y:plɪç] ⟨Adj.⟩: *den allgemeinen Gewohnheiten, Bräuchen entsprechend, immer wieder vorkommend:* die übliche Begrüßung; etwas zu den üblichen Preisen kaufen; er verspätete sich wie üblich; es ist bei uns üblich, freitags Fisch zu essen; das ist schon lange nicht mehr üblich *(tut man schon lange nicht mehr).* **Syn.:** alltäglich, gang und gäbe, gängig, gebräuchlich, gewöhnlich, gewohnt, herkömmlich, landläufig, normal, regulär. **Zus.:** branchenüblich, handelsüblich, landesüblich.

U-Boot ['u:bo:t], das; -[e]s, -e: *Schiff [für militärische Zwecke], das längere Zeit unter Wasser fahren kann:* das U-Boot tauchte und ging auf große Tiefe.

üb|rig ['y:brɪç] ⟨Adj.⟩: *[als Rest] noch vorhanden:* drei Äpfel waren übrig; er hat nicht das ganze Geld ausgegeben, sondern noch einige Euro übrig behalten; es ist noch eine kleine Summe übrig geblieben; von der köstlichen Torte ist kein einziges Stück übrig geblieben; er hat den ganzen Kuchen aufgegessen und ihr nichts übrig gelassen; nur eine kleine Gruppe war noch im Saal, die Übrigen *(anderen)* waren schon gegangen; wir hatten nichts mehr übrig *(es war kein Rest geblieben).* **Syn.:** ander..., letzt..., restlich, überflüssig, überschüssig, überzählig, weiter..., zurückbleibend.

üb|ri|gens ['y:brɪgn̩s] ⟨Adverb⟩: *um noch etwas hinzuzufügen, nebenbei bemerkt:* übrigens könntest du mir noch einen Gefallen tun; das Buch hatte er übrigens vergessen; übrigens, hast du davon schon gehört? **Syn.:** im Übrigen.

Übung ['y:bʊŋ], die; -, -en:
1. ⟨ohne Plural⟩ *das Üben; regelmäßige Wiederholung von etwas, um Fertigkeit darin zu erlangen; das Geübtsein:* ein Stück zur Übung spielen; ihm fehlt die Übung. **Syn.:** Erfahrung, Praxis, Routine, Training.
2. *[zum Training häufig wiederholte] Folge bestimmter Bewegungen:* eine Übung am Barren. **Zus.:** Entspannungsübung, Fingerübung, Geschicklichkeitsübung, Lockerungsübung, Recklübung, Stilübung, Turnübung.
3. *Unterrichtsstunde an der Hochschule, bei der die Studierenden aktiv mitarbeiten; Seminar:* dieses Semester belege ich eine Übung [in] Statistik.
4. *probeweise durchgeführte Veranstaltung oder Unternehmung, um für den Ernstfall geschult zu sein:* militärische Übungen; die Feuerwehr rückt zur Übung aus.

U
Über

Syn.: Manöver. **Zus.:** Feuerwehrübung, Geländeübung, Truppenübung.

Ufer ['u:fɐ], das; -s, -:
Begrenzung eines Gewässers durch das Festland: ein steiles, flaches Ufer; der Fluss ist über die Ufer getreten. **Syn.:** Gestade (geh.), Küste, Strand. **Zus.:** Bachufer, Felsenufer, Flussufer, Meeresufer, Seeufer, Steilufer.

ufer|los ['u:fɐlo:s] ⟨Adj.⟩ (emotional):
ohne Maß, endlos, fruchtlos: sie ließ sich mit den Männern auf eine uferlose Diskussion ein; die Kosten werden ins Uferlose steigen. **Syn.:** ausufernd, grenzenlos, maßlos, ohne Ende.

Uhr [u:ɐ̯], die; -, -en:
1. *Gerät, das die Zeit misst:* eine automatische, vergoldete, wertvolle, quarzgesteuerte Uhr; digitale Uhren sind nicht mehr modern; die Uhr geht nach; die Uhr aufziehen, stellen, auf Sommerzeit, auf Winterzeit umstellen. **Syn.:** Wecker. **Zus.:** Armbanduhr, Bahnhofsuhr, Damenuhr, Eieruhr, Herrenuhr, Kirchenuhr, Küchenuhr, Kuckucksuhr, Parkuhr, Pendeluhr, Quarzuhr, Rathausuhr, Sanduhr, Schachuhr, Sonnenuhr, Spieluhr, Standuhr, Stoppuhr, Taschenuhr, Turmuhr, Weckuhr, Weltzeituhr.
2. ⟨ohne Plural⟩ *bestimmte Stunde der Uhrzeit:* wie viel Uhr ist es? *(wie spät ist es?);* es ist Punkt acht Uhr; es geschah gegen drei Uhr früh; der Zug fährt [um] elf Uhr sieben/11.07 Uhr; Sprechstunde von 16 bis 19 Uhr.

Uhr|ma|cher ['u:ɐ̯maxɐ], der; -s, -, **Uhr|ma|che|rin** ['u:ɐ̯maxərɪn], die; -, -nen:
Person, die Uhren [herstellt und] repariert: die defekte Uhr zum Uhrmacher bringen; sie macht gerade ihre Meisterprüfung als Uhrmacherin.

Uhr|zei|ger|sinn ['u:ɐ̯tsai̯gɐzɪn], der; -s:
Richtung, in der die Zeiger einer Uhr laufen: das Fahrzeug drehte sich entgegen dem Uhrzeigersinn; beim Spielen werden Karten immer im Uhrzeigersinn ausgegeben.

Uhr|zeit ['u:ɐ̯tsai̯t], die; -, -en:
die durch die Uhr angezeigte Zeit: kannst du mir die genaue Uhrzeit sagen?; um welche Uhrzeit kommst du?

Uhu ['u:hu], der; -s, -s:
(zu den Eulen gehörender) großer, in der Dämmerung jagender Vogel mit gelbbraunem, dunkelbraun geflecktem Gefieder, großen, orangeroten Augen, dickem, rundem Kopf und langen Federn an den Ohren: aus der Ferne ertönte der Ruf eines Uhus.

Ulk [ʊlk], der; -[e]s:
Spaß, lustiger Unfug: einen Ulk machen; das ist ja wohl nur ein Ulk! **Syn.:** Flachs (ugs.), Jux (ugs.), Quatsch (ugs.), Schabernack, Scherz, Spaß, Streich, Witz. **Zus.:** Studentenulk.

ul|ken ['ʊlkn̩] ⟨itr.; hat⟩:
mit jmdm. Ulk machen: sie ulkten mit der neuen Kollegin. **Syn.:** frotzeln (ugs.).

ul|kig ['ʊlkɪç] ⟨Adj.⟩ (ugs.):
belustigend und komisch wirkend: sie hat eine ulkige kleine Geschichte geschrieben; ein ulkiger Kerl; ulkige Masken. **Syn.:** amüsant, drollig, komisch, lustig, spaßig, witzig.

Ul|me ['ʊlmə], die; -, -n:
1. *Laubbaum mit eiförmigen, gesägten Blättern und büschelig angeordneten Blüten und Früchten:* die Ulme war krank und musste gefällt werden.
2. ⟨ohne Plural⟩ *Holz der Ulme* (1): ein Wohnzimmer in Ulme.

ul|ti|ma|tiv [ʊltima'ti:f] ⟨Adj.⟩:
1. *mit Nachdruck [fordernd]; [unter Androhung harter Gegenmaßnahmen] eine Entscheidung erzwingen wollend; in Form eines Ultimatums [erfolgend]:* der Unterhändler überbrachte die ultimativen Forderungen des Gegners; die Regierung verlangte ultimativ die Freilassung ihres Botschafters. **Syn.:** [1]bestimmt, energisch, entschieden, nachdrücklich.
2. (ugs.) *nicht mehr zu verbessern; das höchste Stadium einer Entwicklung erreicht habend:* heute Abend steigt die ultimative Hip-Hop-Party. **Syn.:** best..., optimal.

Ul|ti|ma|tum [ʊlti'ma:tʊm], das; -s, Ultimaten [ʊlti'ma:tn̩]:
Aufforderung, binnen einer Frist eine schwebende Angelegenheit befriedigend zu lösen (unter der Androhung harter Maßnahmen, falls der Aufforderung nicht entsprochen wird): in einem Ultimatum wurde die Regierung aufgefordert, die Gefangenen binnen 24 Stunden freizulassen; ein Ultimatum stellen; das Ultimatum *(die in dem Ultimatum gesetzte Frist)* läuft morgen ab.

Ul|ti|mo ['ʊltimo], der; -s, -s (Kaufmannsspr.):
letzter Tag [des Monats]: die Rechnung ist bis [zum] Ultimo zu bezahlen.

ul|tra-, Ul|tra- [ʊltra] ⟨Präfix⟩:
1. (verstärkend) kennzeichnet oft die ablehnende Wertung des Sprechers, der Sprecherin; *äußerst, in besonders extremer Weise, in hohem Maße:* **a)** ⟨adjektivisch⟩ ultrakonservativ; ultrakritisch; ultrakurz; ultralang; ultralinks; ultramodern; ultrarechts. **Syn.:** extra-, hyper-, super-, [2]über-. **b)** ⟨substantivisch⟩ Ultramarathon.
2. /in der Fachsprache/ *jenseits von ..., über ... hinaus:* ultramundan *(über die Welt hinausgehend, jenseitig);* Ultraschall *(Schallwellen, die oberhalb der menschlichen Hörgrenze liegen);* ultraviolett; ultravisibel *(nicht mehr [im Mikroskop] sichtbar).*

[1]um [ʊm] ⟨Präp. mit Akk.⟩:
1. ⟨räumlich⟩ kennzeichnet die Lage, Bewegung im Hinblick auf einen Bezugspunkt in der Mitte: alle standen um ihn; er schlug um sich; um das Dorf lagen die Felder.
2. ⟨zeitlich⟩ **a)** *genau zu einer bestimmten Zeit:* um 12 Uhr wird gegessen. **b)** *ungefähr zu einer Zeit:* um Ostern [herum] beginnt der Frühling.
3. stellt in Abhängigkeit von bestimmten Wörtern eine Beziehung zu einem Objekt her: sich um etwas sorgen; sie machte sich Sorgen um ihn.
4. kennzeichnet einen Zweck: um Hilfe rufen; sie bat um Aufschub.
5. a) kennzeichnet einen regelmäßigen Wechsel: sie besuchten sich einen um den anderen Tag *(jeden zweiten Tag).* **b)** kennzeichnet eine ununterbrochene Reihenfolge: er zahlte Runde um Runde.
6. *betreffend:* wie steht es um ihn?; [großen] Wirbel um etwas

machen; eine Kontroverse um ethische Fragen; ein Roman um Freud und die Psychoanalyse.
7. kennzeichnet einen Unterschied bei Maßangaben: der Rock wurde um 5 cm gekürzt; sie sieht um vieles jünger aus.
8. in bestimmten Verbindungen: ich würde ihn um alles in der Welt nicht besuchen; er hat mich um mein ganzes Vermögen gebracht.
9. * um … willen: *wegen:* um des lieben Friedens willen *(um Zank und Streit zu vermeiden)* gab sie meistens nach.

[2]um [ʊm] ⟨Adverb⟩:
ungefähr: ich brauche so um [die] 50 Euro [herum]; es waren um [die] 20 Mädchen.

[3]um [ʊm] ⟨Konj. mit Infinitiv⟩:
in der Wendung **um zu:** kennzeichnet einen Zweck: sie ging in die Stadt, um einzukaufen; sie trafen sich, um gemeinsam für die Prüfung zu lernen.

um- [ʊm] ⟨verbales Präfix; wenn betont, dann wird getrennt; wenn unbetont, dann nicht trennbar⟩:
1. a) ⟨nicht trennbar⟩ kennzeichnet eine kreis-, bogenförmige Bewegung im Hinblick auf einen Bezugspunkt in der Mitte; *im Kreis, Bogen, von allen Seiten um jmdn., etwas herum:* umfahren (er umfährt, umfuhr das Hindernis, hat das Hindernis umfahren); umfassen; umlagern; ummauern; umrahmen; umstellen (sie wurde von den Rowdys umstellt); umzäunen. **b)** ⟨wird getrennt⟩ drückt aus, dass etwas am Körper getragen wird [und den Körper umschließt]: ụmbehalten (er behält/behielt die Schürze um/hat die Schürze umbehalten/um sie umzubehalten); ụmbinden, ụmhaben; ụmhängen; ụmnehmen; ụmschnallen.
2. ⟨wird getrennt⟩ /Richtungsänderung/: **a)** *nach allen Seiten, ringsherum:* sich ụmblicken (sie blickt/blickte sich um/hat sich umgeblickt/um sich umzublicken). **b)** *in eine andere Richtung, Lage:* ụmbiegen (er biegt/bog um/hat umgebogen/um es umzubiegen); sich ụmorientieren. **c)** *auf die andere Seite:* ụmblättern (sie blättert/blätterte um/hat umgeblättert/um umzublättern); ụmdrehen (eine Münze umdrehen); ụmklappen. **d)** *um 180 Grad:* sich ụmdrehen (sie dreht/drehte sich um/hat sich umgedreht/um sich umzudrehen).
3. ⟨wird getrennt⟩ **a)** *von innen nach außen:* ụmkrempeln (er krempelt/krempelte den Ärmel um/hat ihn umgekrempelt/um ihn umzukrempeln). **b)** *von unten nach oben:* ụmgraben (sie gräbt/grub um/hat umgegraben/um umzugraben); ụmwirbeln.
4. ⟨wird getrennt⟩ *von der vertikalen in die horizontale Lage, zu Boden:* ụmballern (er ballert/ballerte ihn um/hat ihn umgeballert/um ihn umzuballern); ụmfahren (ein Verkehrsschild umfahren); ụmfallen; ụmpusten; ụmschmeißen.
5. ⟨wird getrennt⟩ **a)** *von einer Stelle, einem Ort an einen anderen, woandershin:* ụmbetten (man bettet/bettete den Toten um/hat ihn umgebettet/um ihn umzubetten); ụmbuchen; ụmgruppieren; ụmpflanzen; ụmstellen (sie hat den Tisch umgestellt); ụmverteilen; ụmziehen (er ist nach Berlin umgezogen). **b)** *aus einem Behältnis o. Ä./von einem Fahrzeug o. Ä. in bzw. auf ein anderes:* ụmfüllen (er füllt/füllte die Milch um/hat sie umgefüllt/um sie umzufüllen); ụmgießen; ụmladen.
6. ⟨wird getrennt⟩ drückt aus, dass durch die im Basiswort genannte Tätigkeit etwas so verändert wird, dass es anders, neu ist: ụmarbeiten (er arbeitet/arbeitete um/hat umgearbeitet/um umzuarbeiten); ụmbauen; ụmbenennen; ụmdatieren; ụmformulieren; ụmgestalten; ụmorganisieren; ụmschulen; ụmstrukturieren; sich ụmziehen.
7. ⟨wird getrennt⟩ (verstärkend) ụmtauschen (er tauscht/tauschte die Krawatte um/hat sie umgetauscht/um sie umzutauschen); ụmwechseln.

um|än|dern [ˈʊmlɛndɐn], änderte um, umgeändert ⟨tr.; hat⟩:
in eine andere Form bringen: die zweite Fassung des Dramas änderte er um; nach ihrer Diät konnte sie alle ihre Kleider umändern lassen. **Syn.:** abwandeln, ändern, modifizieren (bildungsspr.), überarbeiten, umarbeiten, umbilden, umformen, umkrempeln (ugs.), [1]umschreiben, variieren, verändern, verwandeln.

um|ar|bei|ten [ˈʊmlarbaitn̩], arbeitete um, umgearbeitet ⟨tr.; hat⟩:
noch einmal anfertigen; nach neuen Gesichtspunkten überholen und dadurch der betreffenden Sache ein anderes Aussehen geben: einen Mantel nach der neuen Mode umarbeiten lassen; sie arbeitete ihren Roman zu einem Drama um. **Syn.:** abwandeln, ändern, modifizieren (bildungsspr.), überarbeiten, umformen, [1]umschreiben, verändern.

um|ar|men [ʊmˈlarmən], umarmte, umarmt ⟨tr.; hat⟩:
die Arme (um jmdn.) legen: die Mutter umarmte ihr Kind; sie umarmten sich/einander; bereits auf dem Bahnhof umarmte sich das Liebespaar leidenschaftlich; ich bin so glücklich, ich könnte die ganze Welt umarmen. **Syn.:** in die Arme nehmen, in die Arme schließen, umfassen.

Um|bau [ˈʊmbau̯], der; -[e]s, -ten:
1. ⟨ohne Plural⟩ *bauliche Veränderung von Gebäuden, Räumen o. Ä.:* der Umbau des Hauses kostete viel Geld.
2. *umgebautes Gebäude:* im Umbau wurde eine Klimaanlage installiert.

[1]um|bau|en [ˈʊmbau̯ən], baute um, umgebaut ⟨tr.; hat⟩:
(Gebäude, Räume o. Ä.) baulich verändern: die alte Turnhalle wurde umgebaut und modernisiert; ⟨auch itr.⟩ wir bauen gerade um, das gibt viel Schmutz.

[2]um|bau|en [ʊmˈbau̯ən], umbaute, umbaut ⟨tr.; hat⟩:
mit Bauten umgeben, einschließen: man hat den Platz mit modernen Wohnhäusern umbaut.

um|bet|ten [ˈʊmbɛtn̩], bettete um, umgebettet ⟨tr.; hat⟩:
1. *(eine[n] Kranke[n], Bettlägerige[n]) in ein anderes Bett legen:* die Schwerkranke wurde umgebettet.
2. *(eine Leiche) aus dem ursprünglichen Grab nehmen*

und in einem anderen bestatten: der Leichnam wurde in einen Sarkophag umgebettet.

um|bie|gen ['ʊmbi:gn̩], bog um, umgebogen:
1. ⟨tr.; hat⟩ *auf die Seite, in eine andere Richtung biegen:* er hat den Draht umgebogen; diese Entscheidung darf nicht wieder umgebogen *(anders entschieden)* werden. **Syn.:** falten.
2. ⟨itr.; ist⟩ *in die entgegengesetzte Richtung gehen oder fahren:* an dieser Stelle sind wir umgebogen. **Syn.:** drehen, umdrehen, umkehren, wenden.

um|bil|den ['ʊmbɪldn̩], bildete um, umgebildet ⟨tr.; hat⟩:
in anderer Form bilden, verändern, in seiner Zusammensetzung ändern: der harmlose Stoff wird im Körper zu purem Gift umgebildet; nach dem Ausscheiden der beiden Minister wurde das Kabinett umgebildet. **Syn.:** abwandeln, ändern, modifizieren (bildungsspr.), umändern, umformen, verwandeln.

um|bin|den ['ʊmbɪndn̩], band um, umgebunden ⟨tr.; hat⟩:
durch Binden am Körper befestigen: sie band dem Kind, sich eine Schürze um; zu festlichen Anlässen binde ich mir eine Krawatte um; großen Hunden muss ein Maulkorb umgebunden werden. **Syn.:** anlegen, anziehen, umlegen.

um|blät|tern ['ʊmblɛtɐn], blätterte um, umgeblättert ⟨itr.; hat⟩:
ein Blatt in einem Buch o. Ä. auf die andere Seite wenden: als ihr Nachbar mitlesen wollte, blätterte sie um; er blättert für die Pianistin um; ⟨auch tr.⟩ die Zeitung umblättern; er blättert die Seiten rasch um. **Syn.:** umschlagen.

um|brin|gen ['ʊmbrɪŋən], brachte um, umgebracht ⟨tr.; hat⟩:
gewaltsam ums Leben bringen: die Geiseln sind auf bestialische Weise umgebracht worden; jmdn. kaltblütig, mit Gift umbringen; es ist anzunehmen, dass er sich umgebracht hat; vor Sorgen bringt sie sich beinahe um; wenn du nicht bald mit dem Rauchen aufhörst, wirst du dich noch umbringen! *(wird du an den Folgen des Rauchens sterben).* **Syn.:** abmurksen (ugs.), abschlachten (emotional), beseitigen (verhüllend), ermorden, kaltmachen (salopp), killen (salopp), liquidieren, meucheln (veraltend), morden, töten, über die Klinge springen lassen (ugs.), um die Ecke bringen (ugs.), unter die Erde bringen (ugs.), vernichten.

Um|bruch ['ʊmbrʊx], der; -[e]s, Umbrüche ['ʊmbrʏçə]:
grundlegende Änderung: die Entdeckung des Atoms kennzeichnet einen Umbruch in der Geschichte der Naturwissenschaften; das gesamte Gesellschaftssystem befindet sich in einem massiven Umbruch. **Syn.:** Übergang, Umsturz, Veränderung, Verwandlung, Wandel, Wandlung, Wende.

um|dre|hen ['ʊmdre:ən], drehte um, umgedreht:
a) ⟨tr.; hat⟩ *auf die entgegengesetzte Seite drehen:* ein Blatt Papier umdrehen; wenn die Tischdecke schmutzig ist, drehen wir sie einfach um; du musst den Schlüssel im Schloss [ganz] umdrehen. **Syn.:** umkehren, umkrempeln, umlegen, umschlagen, wenden.
b) ⟨+ sich⟩ *den Kopf so drehen, dass man jmdn., etwas hinter sich sehen kann:* als ich mich umdrehte, konnte ich ihr Gesicht sehen; sie drehte sich nach ihr/nach dem Geräusch um; er drehte sich auf dem Absatz um und ging sofort wieder hinaus. **Syn.:** sich umsehen.

¹um|fah|ren ['ʊmfa:rən], fährt um, fuhr um, umgefahren ⟨tr.; hat⟩:
(gegen jmdn., etwas) fahren und zu Boden werfen: der Betrunkene hat die Frau, das Verkehrsschild einfach umgefahren. **Syn.:** anfahren, über den Haufen fahren (ugs.), überfahren, überrollen, zusammenfahren (ugs.).

²um|fah|ren [ʊm'fa:rən], umfährt, umfuhr, umfahren ⟨tr.; hat⟩:
(um etwas) fahren und (ihm) dadurch ausweichen: wir müssen versuchen, die Großstadt mit ihrem dichten Verkehr zu umfahren.

um|fal|len ['ʊmfalən], fällt um, fiel um, umgefallen ⟨itr.; ist⟩:
1. a) *auf die Seite fallen:* die Lampe fiel um, dabei ging die Birne kaputt; das Fahrrad ist umgefallen; pass auf, die Vase fällt leicht um!; ein umgefallenes Verkehrsschild. **Syn.:** kentern, kippen, umkippen, umschlagen. **b)** *infolge eines Schwächeanfalls sich nicht mehr aufrecht halten können und [ohnmächtig] zu Boden fallen:* es war so heiß, dass einige Teilnehmende der Kundgebung umfielen; er ist ganz plötzlich tot umgefallen. **Syn.:** bewusstlos werden, das Bewusstsein verlieren, ohnmächtig werden, umkippen (ugs.), zusammenbrechen, zusammenklappen (ugs.).
2. (abwertend) *seinen bisher vertretenen Standpunkt aufgeben, seine Meinung ändern:* bei der Abstimmung ist er dann doch noch umgefallen; eine kleine Bemerkung vom Chef, und die Hälfte der Belegschaft fällt sofort um. **Syn.:** anderen Sinnes werden (geh.), klein beigeben, schwach werden, umschwenken (abwertend), weich werden (ugs.).

Um|fang ['ʊmfaŋ], der; -[e]s:
1. *Länge einer die äußere Begrenzung bildenden, zum Ausgangspunkt zurücklaufenden Linie:* alte Eichen erreichen einen Umfang von bis zu 10 Metern, von mehr als 9 Metern; den Umfang des Kreises berechnen. **Syn.:** Weite. **Zus.:** Brustumfang, Erdumfang, Hüftumfang, Kreisumfang.
2. *[räumliche] Ausdehnung, Weite eines Körpers, einer Fläche; Gesamtheit dessen, was etwas umfasst:* der Umfang des Buches beträgt ca. 500 Seiten; ihre Stimme hat einen großen Umfang *(sie kann sehr hoch und sehr tief singen);* man muss das Problem in seinem vollen Umfang sehen. **Syn.:** Ausmaß, Grad, Intensität, Maß, Stärke. **Zus.:** Buchumfang, Stimmumfang.

um|fas|sen [ʊm'fasn̩], umfasst, umfasste, umfasst:
1. ⟨tr.; hat⟩ *die Hände (um etwas) legen:* jmds. Knie, Hände umfassen; er umfasste ihren Arm. **Syn.:** in die Arme nehmen, in die Arme schließen, umarmen.
2. ⟨itr.; hat⟩ *zum Inhalt haben:* die neue Ausgabe umfasst Gedichte und Prosa des Autors; der Tagebuchband umfasst die

Jahre 1900 bis 1910; der Begriff umfasst verschiedene Inhalte. **Syn.:** beinhalten, einschließen, enthalten.

um|fas|send [ʊmˈfasn̩t] ⟨Adj.⟩: *sich auf vieles, alles erstreckend; nahezu alles enthaltend:* umfassende Vorbereitungen; er legte ein umfassendes Geständnis ab; die Opposition verlangte, umfassend informiert zu werden; die ganze Siedlung wurde umfassend renoviert. **Syn.:** ausführlich, reichhaltig, vielseitig, vollständig. **Zus.:** allumfassend.

um|for|men [ˈʊmfɔrmən], formte um, umgeformt ⟨tr.; hat⟩: *(einer Sache) eine andere Form geben:* ein System allmählich umformen; der Schall wird vom Mikrofon in ein elektrisches Signal umgeformt. **Syn.:** abwandeln, ändern, modifizieren (bildungsspr.), umändern, umbilden, umwandeln, verändern, verwandeln.

um|for|mu|lie|ren [ˈʊmfɔrmuli:rən], formulierte um, umformuliert ⟨tr.; hat⟩: *neu, anders formulieren:* dieser Satz ist zweideutig, bitte formulieren Sie ihn um; das Kapitel über diese Autorin musste komplett umformuliert werden.

Um|fra|ge [ˈʊmfra:gə], die; -, -n: *[systematisches] Befragen einer [größeren] Anzahl von Personen nach ihrer Meinung zu einem Problem o. Ä.:* wir müssen durch eine Umfrage feststellen, ob sich diese Methode bewährt hat; eine Umfrage unter der Bevölkerung [zur Atomkraft/über die Atomkraft] hat ergeben, dass ... **Syn.:** Erhebung. **Zus.:** Hörerumfrage, Leserumfrage, Meinungsumfrage, Verbraucherumfrage, Wählerumfrage, Zuschauerumfrage.

um|funk|ti|o|nie|ren [ˈʊmfʊŋkt̮sioni:rən], funktionierte um, umfunktioniert ⟨tr.; hat⟩: *(etwas in etwas anderes) verwandeln und es für einen anderen Zweck verwenden:* sie hat kurzerhand ihren Strumpf zum Keilriemen umfunktioniert; die Veranstaltung wurde in eine politische Diskussion umfunktioniert. **Syn.:** umbilden, umformen, verwandeln.

Um|gang [ˈʊmgaŋ], der; -[e]s: *das Befreundetsein, gesellschaftlicher Verkehr (mit jmdm.):* sie haben einen sehr vertrauten Umgang miteinander; außer mit Bernd hatte er keinen Umgang; diese Menschen sind kein Umgang für dich *(sie passen [aus gesellschaftlichen Gründen] nicht zu dir).* **Syn.:** Gesellschaft.

Um|gangs|spra|che [ˈʊmgaŋsʃpra:xə], die; -, -n: *von regionalen, soziologischen und gruppenspezifischen Gegebenheiten beeinflusste Sprache, die im täglichen Umgang mit anderen Menschen verwendet wird und eine Stilschicht zwischen Standardsprache und den Mundarten darstellt:* die Verwendung von »wegen« mit dem Dativ ist ein Phänomen der Umgangssprache.

um|ge|ben [ʊmˈge:bn̩], umgibt, umgab, umgeben ⟨tr.; hat⟩: **a)** *veranlassen, dass etwas auf allen Seiten (um etwas) herum ist:* sie haben ihr Grundstück mit einer Mauer umgeben; sie umgibt ihn mit ihrer Liebe; der neue Star umgibt sich gern mit seinen Fans. **Syn.:** einfassen, rahmen, [1]säumen, umrahmen, umranden. **b)** *auf allen Seiten (um etwas) herum sein:* eine hohe Hecke umgibt den Garten; der Verletzte war von neugierigen Gaffern umgeben. **Syn.:** belagern, einschließen, sich drängen um, umringen, [2]umstellen, umzingeln.

Um|ge|bung [ʊmˈge:bʊŋ], die; -, -en: **a)** *das, was als Landschaft, Häuser o. Ä. in der Nähe eines Ortes, Hauses o. Ä. liegt:* das Haus hat eine schöne, reizvolle Umgebung; sie machten oft Ausflüge in die Umgebung. **Syn.:** Nachbarschaft. **b)** *Kreis von Menschen oder Bereich, in dem man lebt:* selbst der nächsten Umgebung versuchten sie alles zu verheimlichen; das Kind musste sich erst an die neue Umgebung gewöhnen. **Syn.:** Milieu, soziales Umfeld, Umwelt.

[1]um|ge|hen [ˈʊmge:ən], ging um, umgegangen ⟨itr.; ist⟩: **1. a)** *im Umlauf sein; sich von einem zum andern ausbreiten:* dieses Gerücht geht bereits seit Tagen um; in unserer Gegend geht die Grippe um. **Syn.:** kursieren, zirkulieren. **b)** *als Gespenst erscheinen:* der Geist des Toten soll noch im Schloss umgehen. **Syn.:** spuken. **2.** *auf bestimmte Weise behandeln:* er geht immer ordentlich mit seinen Sachen um; mit Kindern muss man behutsam umgehen; mit Kritik kann sie ziemlich gut umgehen; Männer können schlecht damit umgehen, wenn Frauen weinen. **Syn.:** anfassen, begegnen, behandeln, umspringen (ugs. abwertend), [1]verfahren.

[2]um|ge|hen [ʊmˈge:ən], umging, umgangen ⟨tr.; hat⟩: *(etwas, was eigentlich geschehen müsste) nicht tun oder nicht zustande kommen lassen, weil es für einen selbst oder für andere unangenehm wäre:* Schwierigkeiten, ein Thema zu umgehen versuchen; eine Vorschrift umgehen. **Syn.:** ausweichen, sich entziehen, fliehen vor, kneifen vor (ugs. abwertend), meiden, sich drücken vor, vermeiden.

um|ge|hend [ˈʊmge:ənt] ⟨Adj.⟩ (bes. Papierdt.): *sofort, bei der ersten Gelegenheit:* bitte setzen Sie sich umgehend mit uns in Verbindung; er hat umgehend geantwortet; die Bestellung wurde umgehend ausgeführt. **Syn.:** auf der Stelle, direkt, geradewegs, [2]gleich, ohne Aufschub, postwendend, schnurstracks (ugs.), sogleich, stehenden Fußes, unverzüglich.

um|ge|kehrt [ˈʊmgəke:ɐ̯t] ⟨Adj.⟩: *entgegengesetzt, gegenteilig; gerade andersherum:* die Namen wurden in umgekehrter Reihenfolge aufgerufen; im umgekehrten Fall wärst du sicher auch beleidigt; die Sache verhält sich genau umgekehrt; je höher das spezifische Gewicht eines Stoffes ist, desto kleiner ist das Volumen eines Kilogramms davon, und umgekehrt. **Syn.:** konträr.

Um|hang [ˈʊmhaŋ], der; -[e]s, Umhänge [ˈʊmhɛŋə]: *lose über den Schultern hängendes Kleidungsstück ohne Ärmel:* der Geistliche trug einen schwarzen Umhang. **Syn.:** Cape, Mantel, Überwurf. **Zus.:** Frisierumhang, Regenumhang.

U
umfa

um|her [ʊmˈheːɐ̯] ⟨Adverb⟩ (meist geh.):
ringsum, nach allen Seiten; bald hier[hin], bald dort[hin]: weit umher lagen Trümmer.

um|her- [ʊmheːɐ̯] ⟨trennbares, betontes verbales Bestimmungswort⟩:
1. *nach allen Seiten:* umherblicken.
2. *herum-, bald hierin, bald dorthin:* umherlaufen.

Um|kehr [ˈʊmkeːɐ̯], die; -:
das Zurückgehen, das Umkehren: das schlechte Wetter zwang die Bergsteiger zur Umkehr; Umkehr zum wahren Leben. **Zus.:** Schubumkehr.

um|keh|ren [ˈʊmkeːrən], kehrte um, umgekehrt:
1. ⟨itr.; ist⟩ *nicht in einer bestimmten Richtung weitergehen, sondern sich umwenden und zurückgehen oder -fahren:* wir mussten umkehren, weil der Weg versperrt war; er ist auf halbem Wege umgekehrt; sie kehrte unverrichteter Dinge um. **Syn.:** drehen, kehrtmachen, umdrehen, wenden.
2. ⟨tr.; hat⟩ *in die entgegengesetzte Richtung bringen, sodass dabei das Innere nach außen, das Vordere nach hinten kommt o. Ä.:* er hat die Taschen seines Mantels umgekehrt; ein umgekehrtes Blatt Papier. **Syn.:** umdrehen, umkrempeln, umlegen, umschlagen.

um|kip|pen [ˈʊmkɪpn̩], kippte um, umgekippt:
1. ⟨itr.; ist⟩ *aus dem Gleichgewicht kommen und [zur Seite] fallen:* durch die starke Zugluft ist die Vase umgekippt; das Boot kippte im Sturm um. **Syn.:** kentern, kippen, umfallen, umschlagen.
2. ⟨itr.; ist⟩ (ugs.) *infolge eines Schwächeanfalls [ohnmächtig] der Länge nach hinfallen:* die Luft im Saal war so schlecht, dass einige umgekippt sind. **Syn.:** bewusstlos werden, das Bewusstsein verlieren, ohnmächtig werden, umfallen, zusammenbrechen, zusammenklappen (ugs.).
3. ⟨tr.; hat⟩ *zum Umkippen* (1) *bringen:* sie hat aus Versehen die Tasse umgekippt.
4. ⟨itr.; ist⟩ *(von Gewässern) biologisch absterben und nicht mehr die Voraussetzung für organisches Leben bieten:* der See ist umgekippt; wenn nichts geschieht, wird die Nordsee umkippen.

[1]um|klei|den [ˈʊmklai̯dn̩], kleidete um, umgekleidet ⟨+ sich⟩ (geh.):
andere Kleidung anziehen: bevor du gehst, musst du dich noch umkleiden; in bestimmten Kreisen muss man sich zum Abendessen umkleiden. **Syn.:** sich umziehen.

[2]um|klei|den [ʊmˈklai̯dn̩], umkleidete, umkleidet ⟨tr.; hat⟩:
auf allen Seiten mit Stoff o. Ä. bedecken und dadurch verhüllen: ein Gestell mit Tuch umkleiden. **Syn.:** verblenden, verkleiden.

um|kom|men [ˈʊmkɔmən], kam um, umgekommen ⟨itr.; ist⟩:
1. *bei einem Unglück den Tod finden:* in den Flammen umkommen; seine Angehörigen sind im Krieg umgekommen. **Syn.:** abkratzen (derb), aus unserer/eurer Mitte gerissen werden, draufgehen (ugs.), eingehen, fallen (veraltend), krepieren (ugs.), sein Leben verlieren, sterben, ums Leben kommen, verenden, vergehen (geh.), zugrunde gehen.
2. ⟨meist verneint⟩ *nicht verbraucht werden, sondern so lange liegen bleiben, bis es schlecht geworden ist:* die Reste werden für das Abendbrot verwertet, damit nichts umkommt; sie lässt nichts umkommen. **Syn.:** verderben, verkommen.

um|krem|peln [ˈʊmkrɛmpl̩n], krempelte um, umgekrempelt ⟨tr.; hat⟩:
1. a) *mehrmals nach oben umschlagen:* die Ärmel des Hemdes, eine Hose umkrempeln. **b)** *von innen nach außen kehren:* vor dem Waschen krempelte sie die Jacke um. **Syn.:** umdrehen, umkehren, umlegen, umschlagen.
2. (ugs.) *von Grund auf umgestalten, anders machen:* man kann einen Menschen nicht umkrempeln; der neue Mitarbeiter hätte am liebsten alles umgekrempelt. **Syn.:** ändern, überarbeiten, umändern, umarbeiten, umbilden, umformen, verändern.

um|le|gen [ˈʊmleːgn̩], legte um, umgelegt ⟨tr.; hat⟩:
1. *um den Hals, die Schultern, den Körper, einen Körperteil legen:* jmdm./sich eine Kette, einen Schal, einen Pelz umlegen; einen Verband umlegen. **Syn.:** anlegen, anziehen, umbinden.
2. *der Länge nach auf den Boden legen:* einen Mast umlegen; der Wind hat das Getreide umgelegt.
3. (ugs.) *kaltblütig umbringen, bes. erschießen:* die Verbrecher haben den Polizisten einfach umgelegt. **Syn.:** abknallen (ugs.), abmurksen (ugs.), abschießen, beseitigen (verhüllend), ermorden, erschießen, kaltmachen (salopp), killen (salopp), liquidieren, meucheln (veraltend), morden, töten, über den Haufen schießen (ugs.), um die Ecke bringen (ugs.), ums Leben bringen.
4. *(die Zahlung von etwas) gleichmäßig verteilen:* ein Teil der Nebenkosten kann auf die einzelnen Mieter umgelegt werden.

um|lei|ten [ˈʊmlai̯tn̩], leitete um, umgeleitet ⟨tr.; hat⟩:
vom bisherigen [direkten] auf einen anderen Weg bringen: wegen Straßenarbeiten den Verkehr umleiten; die Anrufe werden automatisch auf einen anderen Apparat umgeleitet.

Um|lei|tung [ˈʊmlai̯tʊŋ], die; -, -en:
1. *das Umleiten:* die Umleitung der Anrufe auf einen anderen Apparat.
2. *Strecke, über die der Verkehr umgeleitet wird:* die Strecke ist gesperrt, bitte fahren Sie die Umleitung; eine Umleitung wurde eingerichtet; nach dem Unfall mussten die Züge eine Umleitung fahren.

um|lie|gend [ˈʊmliːgn̩t] ⟨Adj.⟩:
in der näheren Umgebung, im Umkreis von etwas liegend: die Stadt wird die umliegenden Dörfer wohl nach und nach eingemeinden; sie hatte die Bewohnerinnen und Bewohner der umliegenden Höfe eingeladen. **Syn.:** in der Nähe/Umgebung liegend.

um|rah|men [ʊmˈraːmən] ⟨tr.; hat⟩:
einen Rahmen bilden (um etwas); wie mit einem Rahmen umgeben: ein Bart umrahmte sein

Gesicht; die Feier wurde von musikalischen Darbietungen umrahmt.

um|ran|den [ʊmˈrandn̩], umrandete, umrandet ⟨tr.; hat⟩: *mit einem Rand umgeben:* die Lehrerin hat die Fehler rot umrandet; die Beete im Park waren mit einer Hecke umrandet. **Syn.:** einfassen, fassen, rahmen.

¹um|rei|ßen [ˈʊmrai̯sn̩], riss um, umgerissen ⟨tr.; hat⟩: *umwerfen, zu Boden reißen:* das Auto fuhr in die Menge und riss mehrere Fußgänger um; der Sturm hatte das Zelt umgerissen. **Syn.:** ¹umfahren, zu Fall bringen.

²um|rei|ßen [ʊmˈrai̯sn̩], umriss, umrissen ⟨tr.; hat⟩: *in großen Zügen, knapp darstellen; das Wesentliche (von etwas) mitteilen:* er verstand es, die politische Situation in wenigen Worten zu umreißen; sie hat fest umrissene Vorstellungen von der Zukunft. **Syn.:** skizzieren.

um|rin|gen [ʊmˈrɪŋən], umringte, umringt ⟨tr.; hat⟩: *dicht (um jmdn., etwas) herumstehen:* sie umringten ihn, um die Neuigkeit zu erfahren; sie ist immer von Fans umringt. **Syn.:** bedrängen, belagern, einkesseln, einschließen, sich drängen um, umgeben, ²umstellen, umzingeln.

Um|riss [ˈʊmrɪs], der; -es, -e: *äußere Linie eines Körpers, die sich von dem Hintergrund abhebt:* der Umriss einer Figur; das Modell ist nur in groben Umrissen gezeichnet; die Umrisse des Schlosses waren in der Dämmerung kaum zu erkennen. **Syn.:** Kontur, Schattenriss, Silhouette.

ums [ʊms] ⟨Verschmelzung von »um« + »das«⟩: **a)** ⟨die Verschmelzung kann aufgelöst werden⟩ ums Haus gehen. **b)** ⟨die Verschmelzung kann nicht aufgelöst werden⟩ ums Leben kommen.

um|sat|teln [ˈʊmzatl̩n], sattelte um, umgesattelt ⟨itr.; hat⟩ (ugs.): *etwas anderes anfangen als das, was man bisher beruflich getan, studiert hat o. Ä.:* er hat [auf Programmierer] umgesattelt; sie hat von Germanistik auf Informatik umgesattelt. **Syn.:** umsteigen, sich verändern, wechseln.

Um|satz [ˈʊmzats], der; -es, Umsätze [ˈʊmzɛtsə]: *gesamter Wert aller Waren und Leistungen, die in einem bestimmten Zeitraum verkauft bzw. erbracht wurden:* einen guten Umsatz haben; den Umsatz durch Werbemaßnahmen steigern; die Kneipe macht jeden Abend mehrere Hundert Euro Umsatz; in dieser Branche ist es üblich, Verkäufer und Vertreter am Umsatz zu beteiligen. **Zus.:** Jahresumsatz, Rekordumsatz, Warenumsatz.

Um|schau [ˈʊmʃau̯]: in der Wendung **nach jmdm., etwas Umschau halten:** *sich nach jmdm., etwas suchend umsehen:* er hat vergebens nach ihr Umschau gehalten.

Um|schlag [ˈʊmʃlaːk], der; -[e]s, Umschläge [ˈʊmʃlɛːgə]: **1. a)** *etwas, womit etwas, besonders ein Buch, eingeschlagen, eingebunden ist:* einen Umschlag um ein Buch legen. **Syn.:** Deckel, Einband, Hülle. **Zus.:** Buchumschlag, Schutzumschlag. **b)** *zuklebbare Hülle aus Papier, in der Briefe verschickt werden:* den Brief in einen Umschlag stecken; den Umschlag zukleben; jeder Stimmzettel wird in einen Umschlag gesteckt, der nicht zugeklebt werden darf. **Syn.:** Briefumschlag, Kuvert. **Zus.:** Freiumschlag, Rückumschlag. **2.** *feuchtes Tuch, das zu Heilzwecken um einen Körperteil gelegt wird:* einen kalten, warmen Umschlag machen; der Arzt verordnete Umschläge. **Syn.:** Verband, Wickel. **Zus.:** Brustumschlag. **3.** *umgeschlagener Rand einer Hose:* eine Hose mit, ohne Umschlag. **Syn.:** Aufschlag, Manschette, Revers. **4.** ⟨ohne Plural⟩ *plötzliche, unvermittelte starke Veränderung, plötzliche Umkehrung, Verkehrung; das Umschlagen* (5): der plötzliche Umschlag des Wetters störte die Erntearbeiten; der Umschlag der Stimmung war deutlich zu merken. **Syn.:** Umschwung. **Zus.:** Stimmungsumschlag, Wetterumschlag. **5.** ⟨ohne Plural⟩ *das Umladen, Umschlagen* (3): in diesem Hafen findet der Umschlag von den Schiffen auf die Eisenbahn statt. **Zus.:** Güterumschlag, Warenumschlag.

um|schla|gen [ˈʊmʃlaːgn̩], schlägt um, schlug um, umgeschlagen: **1.** ⟨tr.; hat⟩ *(etwas oder den Rand von etwas) so biegen oder wenden, dass das Innere nach außen kommt:* einen Kragen, einen Ärmel umschlagen; er hat die Hose umgeschlagen; eine Seite im Buch umschlagen. **Syn.:** umdrehen, umkehren, umkrempeln, umlegen. **2.** ⟨tr.; hat⟩ *durch Schlagen zum Umstürzen bringen:* einen Baum umschlagen. **Syn.:** fällen. **3.** ⟨tr.; hat⟩ *(in größeren Mengen und regelmäßig) von einem Fahrzeug, besonders einem Schiff, auf ein anderes Fahrzeug laden:* im Hafen werden Waren, Güter umgeschlagen. **Syn.:** verladen. **4.** ⟨itr.; ist⟩ *sich plötzlich (in seiner ganzen Länge oder Breite) zur Seite neigen und umstürzen:* der Kahn, das Boot ist im Sturm umgeschlagen. **Syn.:** kentern, kippen, umfallen, umkippen. **5.** ⟨itr.; ist⟩ *plötzlich [vorübergehend] anders werden, sich ins Gegenteil verwandeln:* das Wetter ist umgeschlagen; plötzlich schlug die gute Stimmung um und alle gingen nach Hause. **Syn.:** ändern, umspringen, sich wandeln.

¹um|schrei|ben [ˈʊmʃrai̯bn̩], schrieb um, umgeschrieben ⟨tr.; hat⟩: *neu, anders [und besser] schreiben, neu bearbeiten:* einen Aufsatz umschreiben; die Autorin hat ihr Stück mindestens sechs Mal umgeschrieben. **Syn.:** abwandeln, ändern, modifizieren (bildungsspr.), überarbeiten, umändern, umarbeiten, umkrempeln (ugs.), verändern.

²um|schrei|ben [ʊmˈʃrai̯bn̩], umschrieb, umschrieben ⟨tr.; hat⟩: **a)** *in großen Zügen ab-, umgrenzend darlegen:* diese Aufgabe lässt sich mit wenigen Worten umschreiben. **Syn.:** skizzieren, ¹umreißen. **b)** *anders, mit anderen, besonders mit mehr als den direkten Worten [verhüllend]*

U umra

ausdrücken oder beschreiben: sie suchte nach Worten, mit denen sie den Sachverhalt umschreiben konnte.

um|schu|len [ˈʊmʃuːlən], schulte um, umgeschult ⟨tr.; hat⟩:
1. *in einem anderen Beruf ausbilden:* nach der Schließung der Zeche wurde eine große Anzahl von Bergleuten umgeschult; ⟨auch itr.⟩ sie hat auf Programmiererin umgeschult.
2. *in eine andere Schule schicken, einweisen:* als die Eltern in eine andere Stadt zogen, mussten sie ihr Kind umschulen.

Um|schu|lung [ˈʊmʃuːlʊŋ], die; -, -en:
1. *Ausbildung für eine andere Tätigkeit:* weil sie gegen Mehlstaub allergisch wurde, macht sie eine Umschulung zur Altenpflegerin.
2. *Einweisung in eine andere Schule:* die Umschulung war während des Kriegs angeordnet worden.

um|schwär|men [ʊmˈʃvɛrmən] ⟨tr.; hat⟩:
1. *in Schwärmen (um jmdn., etwas) fliegen:* die Insekten umschwärmten die brennende Lampe. **Syn.:** fliegen um, schwirren um.
2. *schwärmerisch verehrend, bewundernd in großer Zahl umgeben:* die Fans umschwärmen die Boygroup; sie wird von vielen Männern umschwärmt.

um|schwen|ken [ˈʊmʃvɛŋkn̩], schwenkte um, umgeschwenkt ⟨itr.; ist⟩ (abwertend): *seine Meinung, Absicht o. Ä. ändern:* als er sah, dass diese Haltung mit Gefahren verbunden war, schwenkte er sogleich um; sie schwenkte auf einen eher neutralen Kurs um. **Syn.:** anderen Sinnes werden (geh.), klein beigeben, schwach werden, umfallen (abwertend), weich werden (ugs.).

Um|schwung [ˈʊmʃvʊŋ], der; -[e]s, Umschwünge [ˈʊmʃvʏŋə]: *das Sichverändern ins Gegenteil:* der Umschwung der öffentlichen Meinung brachte die Regierung zum Sturz; der Umschwung des Wetters bewirkte eine Verschiebung der Heuernte; der plötzliche Umschwung der Stimmung wirkte geradezu beunruhigend. **Zus.:** Meinungsumschwung, Wetterumschwung.

um|se|hen [ˈʊmzeːən], sieht um, sah um, umgesehen ⟨+ sich⟩: *sich umwenden, umdrehen, um (jmdn., etwas) zu sehen:* er hat sich noch mehrmals nach ihr umgesehen; sie konnte nicht fortgehen, ohne sich immer wieder nach dem Haus umzusehen. **Syn.:** zurückblicken.

um|set|zen [ˈʊmzɛt͜sn̩], setzte um, umgesetzt ⟨tr.; hat⟩:
1. *an eine andere Stelle, an einen anderen Platz setzen:* dieses Bäumchen müssen wir umsetzen; die Lehrerin setzte den Schüler um, weil er die anderen ständig gestört hatte.
2. *innerhalb eines bestimmten Zeitraums absetzen, zum Verkauf bringen:* Waren umsetzen; die Firma hat Milliarden umgesetzt; wegen der Hitze haben sie in den letzten Monaten viele Getränke umgesetzt. **Syn.:** absetzen, verkaufen.

Um|sicht [ˈʊmzɪçt], die; -: *kluges, zielbewusstes Beachten aller wichtigen Umstände, das zu besonnenem Handeln befähigt:* in dieser kritischen Lage bewies er viel Umsicht; mit Umsicht handeln, vorgehen; sie vermittelte in dem Konflikt mit Realitätssinn und erstaunlicher Umsicht. **Syn.:** Aufmerksamkeit, Vorsicht, Weitblick.

um|sich|tig [ˈʊmzɪçtɪç] ⟨Adj.⟩: *Umsicht zeigend, mit Umsicht [handelnd]:* eine umsichtige Sekretärin; ihre Assistentin ist sehr umsichtig; der Fahrer hatte sich sehr umsichtig verhalten und rechtzeitig auf die Gefahr reagiert. **Syn.:** aufmerksam, bedächtig, besonnen, klug, überlegt, vorsichtig, weitsichtig.

um|so [ˈʊmzoː] ⟨Konj.⟩:
a) drückt [in Verbindung mit »je« und Komparativ] eine Verstärkung aus: je früher wir es tun, umso besser ist es; je schneller man fährt, umso größer die Gefahr; nach einer Pause wird es umso besser gehen! **Syn.:** desto. **b)** drückt eine Verstärkung aus [die als Folge des im Nebensatz Genannten anzusehen ist]: du musst jetzt ins Bett, umso mehr, als du morgen früh aufstehen musst; er darf nicht meckern, umso weniger, als er selbst kein gutes Gewissen hat; umso besser *(das ist ja noch besser).*

um|sonst [ʊmˈzɔnst] ⟨Adverb⟩:
1. a) *ohne die erwartete oder erhoffte Wirkung:* ich bin umsonst hingegangen, es war niemand zu Hause; sie haben umsonst so große Anstrengungen gemacht. **Syn.:** für nichts und wieder nichts, vergebens, vergeblich. **b)** *ohne Grund:* nicht umsonst hielt er sich verborgen.
2. *ohne Bezahlung:* er hat die Arbeit umsonst gemacht; wir durften umsonst mitfahren. **Syn.:** frei, gebührenfrei, gratis, kostenlos, um Gotteslohn, unentgeltlich.

umsonst/vergebens

Obwohl die Verwendung von **umsonst** im Sinn von *vergebens* gelegentlich kritisiert wird, ist gegen den schon im Mittelhochdeutschen gebräuchlichen Austausch beider Wörter nichts einzuwenden. Man sollte jedoch auf die verschiedenen Bedeutungen von »umsonst« achten: Man kann »umsonst« nur in der unter 1a aufgeführten Bedeutung durch »vergebens« ersetzen.

um|sor|gen [ʊmˈzɔrgn̩] ⟨tr.; hat⟩: *sich (um jmdn.) in besonderem Maße sorgen, kümmern:* sie hat die Kinder mit großer Hingabe umsorgt; Katzen wollen umsorgt werden. **Syn.:** betreuen, hegen (geh.), pflegen.

um|sprin|gen [ˈʊmʃprɪŋən], sprang um, umgesprungen ⟨itr.; ist⟩:
1. *(plötzlich, unvermittelt) wechseln:* die Ampel war bereits auf Rot umgesprungen; der Wind sprang dauernd um.
2. (ugs. abwertend) *in unangemessener bzw. unwürdiger Art und Weise behandeln:* die Aufseher sind mit den Gefangenen ziemlich rücksichtslos umgesprungen; es ist empörend, wie Männer mit ihren eigenen Frauen umspringen. **Syn.:** anfassen, begegnen, umgehen, verfahren.

Um|stand [ˈʊmʃtant], der; -[e]s, Umstände [ˈʊmʃtɛndə]:
1. *etwas, was für ein Geschehen wichtig ist und es mit bestimmt:* das Konzert fand unter beson-

deren Umständen statt; ein unvorhergesehener, entscheidender Umstand ist eingetreten; wenn es die Umstände *(die Verhältnisse)* erlauben, kommen wir gern; das Befinden des Kranken ist den Umständen entsprechend *(ist so gut, wie es eben in dem Zustand sein kann);* du musst unter allen Umständen *(unbedingt)* verhindern, dass sich ein solcher Streit wiederholt. **Syn.:** Bedingung, Faktor, [1]Moment, Tatsache. **Zus.:** Lebensumstand.
2. ⟨Plural⟩ *in überflüssiger Weise zeitraubende, die Ausführung von etwas [Wichtigem] unnötig verzögernde Handlung, Verrichtung o. Ä.:* machen Sie sich meinetwegen keine Umstände; ich komme nur, wenn ihr keine großen Umstände macht; mach doch nicht immer so viele Umstände mit ihm, er soll essen, was auf den Tisch kommt. **Syn.:** Aufwand, Theater (ugs. abwertend).

um|ständ|lich [ˈʊmʃtɛntlɪç] ⟨Adj.⟩: **a)** *nicht gewandt; mehr Zeit als sonst üblich benötigend:* er ist ein umständlicher Mensch; umständlich nahm sie jedes einzelne Buch aus dem Regal, um das gesuchte Werk zu finden; er hat eine umständliche Sprechweise. **Syn.:** hilflos, [1]langsam, schwerfällig, unbeholfen, ungeschickt. **b)** *unnötig und daher zeitraubend:* umständliche Vorbereitungen; er hat den Vorgang sehr umständlich erzählt. **Syn.:** ausführlich, breit, eingehend, lang und breit, langatmig, weitläufig, weitschweifig.

um|stei|gen [ˈʊmʃtai̯gn̩], stieg um, umgestiegen ⟨itr.; ist⟩:
1. *aus einem Fahrzeug in ein anderes steigen (besonders von Zügen, Straßenbahnen o. Ä.):* Sie müssen in Hannover umsteigen, weil dieser Zug nicht bis Bremen durchfährt; am Marktplatz ist sie in die Linie 10 umgestiegen; die Bankräuber stiegen in einen anderen Fluchtwagen um.
2. (ugs.) *zu etwas anderem, Neuem überwechseln:* auf einen anderen Wagen umsteigen; schon bald stieg er von Alkohol auf Drogen um.

[1]um|stel|len [ˈʊmʃtɛlən], stellte um, umgestellt:
1. ⟨tr.; hat⟩ *an einen anderen Platz stellen:* Bücher, Möbel umstellen. **Syn.:** umsetzen.
2. ⟨tr.; hat⟩ *(einen Betrieb) bestimmten Erfordernissen entsprechend verändern:* sie haben ihre Fabrik auf die Herstellung von Kunststoffen umgestellt.
3. ⟨+ sich⟩ *sich auf veränderte Verhältnisse einstellen:* ich konnte mich nur schwer [auf das andere Klima] umstellen. **Syn.:** sich assimilieren (bildungsspr.), sich anpassen an.

[2]um|stel|len [ʊmˈʃtɛlən], umstellte, umstellt ⟨tr.; hat⟩:
sich auf allen Seiten (um jmdn., etwas) aufstellen, sodass niemand entkommen kann: die Polizei umstellte das Haus. **Syn.:** belagern, einkesseln, einschließen, sich drängen um, umgeben, umringen, umzingeln.

um|strit|ten [ʊmˈʃtrɪtn̩] ⟨Adj.⟩:
(in seiner Gültigkeit, seinem Wert o. Ä.) nicht völlig geklärt, sondern verschiedenen Meinungen unterliegend: eine umstrittene Theorie; die Echtheit des Gemäldes ist nach wie vor umstritten. **Syn.:** fraglich, strittig, unentschieden, zweifelhaft.

Um|sturz [ˈʊmʃtʊrt͜s], der; -es, Umstürze [ˈʊmʃtʏrt͜sə]:
gewaltsame grundlegende Änderung der bisherigen politischen Ordnung: einen Umsturz planen, vorbereiten. **Syn.:** Putsch, Revolution, Staatsstreich.

um|tau|schen [ˈʊmtau̯ʃn̩], tauschte um, umgetauscht ⟨tr.; hat⟩:
a) *(etwas, was einem nicht gefällt oder was den Wünschen nicht entspricht) zurückgeben und etwas anderes dafür erhalten:* ein Geschenk umtauschen; wenn du das Buch schon kennst, kannst du es umtauschen. **Syn.:** tauschen. **b)** *(Geld) hingeben, einzahlen und es sich in einer anderen Währung auszahlen lassen:* wir müssen vor dem Urlaub noch Geld umtauschen.

Um|trunk [ˈʊmtrʊŋk], der; -[e]s:
gemeinsames Trinken in einer Runde (aus bestimmtem Anlass): anschließend fand ein Umtrunk statt; einen Umtrunk veranstalten; jmdn. zu einem kleinen Umtrunk einladen.

um|tun [ˈʊmtuːn], tat um, umgetan (ugs.):
1. ⟨tr.; hat⟩ *jmdm., sich umlegen, umbinden:* tu dir bitte eine Schürze um. **Syn.:** anlegen, anziehen, umbinden, umlegen.
2. ⟨+ sich⟩ **a)** *näher kennenzulernen versuchen:* ich habe mich in der Stadt, in der Welt umgetan. **b)** *sich um etwas bemühen:* ich muss mich nach einer neuen Wohnung, Arbeit umtun.

um|wan|deln [ˈʊmvandl̩n], wandelte um, umgewandelt ⟨tr.; hat⟩:
(jmdn., etwas) zu etwas anderem machen, die Eigenschaften (von jmdm., etwas) verändern: mechanische Energie in Elektrizität umwandeln; während des Krieges war die Kirche in ein Lazarett umgewandelt worden; die Freiheitsstrafe wurde in eine Geldstrafe umgewandelt; nach dem Tod des Sohnes war sie wie umgewandelt. **Syn.:** verwandeln.

Um|weg [ˈʊmveːk], der; -[e]s, -e:
Weg, der länger ist als der direkte Weg: wir haben einen Umweg gemacht; durch das Hochwasser waren viele Straßen gesperrt, und sie konnten ihr Ziel nur auf Umwegen erreichen.

Um|welt [ˈʊmvɛlt], die; -:
a) *alles, was einen Menschen umgibt, auf ihn einwirkt und seine Lebensbedingungen beeinflusst, insbesondere die Natur:* eine gesunde, natürliche, saubere Umwelt; die Umwelt schützen, schonen, verschmutzen, belasten; die Schadstoffe gelangen in die Umwelt; jeder ist den Einflüssen der Umwelt ausgesetzt. **Syn.:** Umgebung. **b)** *Kreis von Menschen, in dem jmd. lebt, mit dem jmd. Kontakt hat, in Beziehung steht:* sie war in einer Umwelt aufgewachsen, für die soziale Spannungen kennzeichnend waren; er fühlt sich von seiner Umwelt missverstanden. **Syn.:** Gesellschaft, Milieu, soziales Umfeld, Umgebung.

Um|welt|schutz [ˈʊmvɛltʃʊt͜s], der; -es:
Gesamtheit der Maßnahmen zum Schutz der natürlichen Umwelt: wer anstatt mit dem Auto mit dem Fahrrad fährt,

leistet einen Beitrag zum Umweltschutz. **Syn.:** Naturschutz.

Um|welt|ver|schmut|zung [ˈʊmvɛltfɛɐ̯ʃmʊtsʊŋ], die; -, -en:
Belastung, Schädigung der Umwelt durch Schmutz, Schadstoffe o. Ä.: die Meere sind durch die Umweltverschmutzung besonders gefährdet.

um|zie|hen [ˈʊmtsi:ən], zog um, umgezogen:
1. ⟨itr.; ist⟩ *in eine andere Wohnung, Unterkunft ziehen; seinen Sitz wechseln:* nach München umziehen; sie sind inzwischen in eine größere Wohnung umgezogen. **Syn.:** seinen Wohnsitz verlegen, übersiedeln, wegziehen, ziehen.
2. ⟨tr.; hat⟩ *(bei jmdm., sich) die Kleidung wechseln:* bitte, zieh doch die Kleine schon mal um!; ich muss mich erst noch umziehen, ehe wir gehen; sich zum Essen, fürs Theater umziehen. **Syn.:** sich umkleiden.

um|zin|geln [ʊmˈtsɪŋl̩n], umzingelte, umzingelt ⟨tr.; hat⟩:
(einen Feind oder Fliehenden) auf allen Seiten umgeben und ein Entweichen verhindern: die Feinde umzingeln; Hände hoch, du bist umzingelt! **Syn.:** belagern, einkesseln, einschließen, sich drängen um, umgeben, umringen, ²umstellen.

Um|zug [ʊmˈtsu:k], der; -[e]s, Umzüge [ʊmˈtsy:gə]:
1. *das Umziehen in eine andere Wohnung:* sich für den Umzug einen Tag Urlaub nehmen. **Syn.:** Auszug, Einzug.
2. *Veranstaltung, bei der sich eine größere Gruppe aus bestimmtem Anlass durch die Straßen bewegt:* politische Umzüge waren verboten; an einem Umzug teilnehmen. **Syn.:** Demo (Jargon), Demonstration, Prozession, Zug. **Zus.:** Fackelumzug, Faschingsumzug, Karnevalsumzug, Laternenumzug.

un- [ʊn] ⟨adjektivisches Präfix⟩:
verneint das im Basiswort Genannte; enthält im Unterschied zu »nicht« oft eine emotionale Wertung, z. B. nicht christliche Religion – unchristliche Handlungsweise: unaggressiv; unamerikanisch; unangebracht; unangepasst; unappetitlich; unattraktiv; unaufmerksam; unausgeglichen; unausgeschlafen; unausgewogen; unbebaut; unbedeutend; unbegründet; unbehaart; unbekannt; unbelebt; unbewaffnet; unbürokratisch; unehrlich; unemanzipiert; unerotisch; unerwünscht; unethisch; unfair; unfein; ungekocht; ungenutzt; ungerade; ungeschickt; ungesund; unhöflich; unhygienisch; unkompliziert; unkonventionell; unmissverständlich; unpopulär; unrein; unseriös; unsozial; unsportlich; unsystematisch; unübersehbar; unverbindlich; unverheiratet; unverklemmt; unverkrampft; unzumutbar; unzusammenhängend. **Syn.:** nicht-.

Un- [ʊn] ⟨substantivisches Präfix⟩:
1. a) drückt die bloße Verneinung aus: Unabhängigkeit; Unaufmerksamkeit; Unordnung; Unthema; Untiefe *(nicht tiefe, flache Stelle);* Unvermögen. **b)** drückt aus, dass die als Basiswort genannte Bezeichnung für den Betreffenden/das Betreffende gar nicht zutrifft, dass man ihn/es gar nicht [mehr] als solchen/solches bezeichnen kann: Unperson; Untext; Untoter *(Vampir).* **c)** in Verbindung mit einem wertneutralen oder positiv bewerteten Basiswort, wodurch etwas als vom Üblichen in negativer Weise – zum Falschen, Verkehrten, Schlimmen, Schlechten – Abweichendes charakterisiert wird: Unding; Ungedanke; Unmensch; Unsitte; Untat; Unwort.
2. (emotional verstärkend; bei Mengenbezeichnungen)
sehr groß, stark: Unmenge; Unsumme; Untiefe *(sehr große Tiefe);* Unzahl.

un|ab|än|der|lich [ʊnlapˈlɛndɐlɪç] ⟨Adj.⟩:
nicht mehr zu ändern oder rückgängig zu machen: eine unabänderliche Entscheidung; mein Entschluss ist unabänderlich, steht unabänderlich fest. **Syn.:** definitiv, ein für alle Mal, endgültig, unumstößlich, unwiderruflich.

un|ab|ding|bar [ʊnlapˈdɪŋba:ɐ̯] ⟨Adj.⟩:
so notwendig oder von solcher Art, dass man nicht darauf verzichten kann: eine unabdingbare Forderung; es ist unabdingbar, dass dieses Gesetz beschlossen wird. **Syn.:** unbedingt erforderlich, unbedingt nötig, unbedingt notwendig, unentbehrlich, unerlässlich.

un|ab|hän|gig [ˈʊnlaphɛŋɪç] ⟨Adj.⟩:
1. a) *auf jmdn., etwas nicht angewiesen:* ein unabhängiges Institut; vom Geld unabhängig sein. **b)** *souverän* (1): ein unabhängiger Staat; das Land wurde im Jahre 1960 unabhängig. **Syn.:** selbstständig.
2. *für sich bestehend, von jmdm. etwas losgelöst:* zwei voneinander unabhängige Bremsen; völlig unabhängig voneinander erforschten sie diese Tierart.

un|ab|kömm|lich [ˈʊnlapkœmlɪç] ⟨Adj.⟩:
bei etwas dringend dabei sein müssend und nicht frei für anderes: die Kollegin ist zurzeit unabkömmlich.

un|ab|läs|sig [ʊnlapˈlɛsɪç] ⟨Adj.⟩ (emotional):
ohne Unterbrechung, nicht nachlassend: unablässiges Geschrei; es regnete unablässig. **Syn.:** am laufenden Band (ugs.), andauernd, beharrlich, beständig, endlos, ewig (ugs.), fortgesetzt, fortwährend, immer, in einem fort, in einer Tour (ugs.), ohne Ende, permanent, ständig, stetig, unaufhörlich, unausgesetzt (veraltend), unentwegt, unermüdlich, ununterbrochen.

un|ab|seh|bar [ʊnlapˈze:ba:ɐ̯] ⟨Adj.⟩:
sich in seiner Auswirkung nicht voraussehen lassend: diese Entscheidung würde unabsehbare Folgen haben; die Konsequenzen wären unabsehbar.

un|ab|sicht|lich [ˈʊnlapzɪçtlɪç] ⟨Adj.⟩:
nicht absichtlich: eine unabsichtliche Kränkung; sie hat mich unabsichtlich getreten. **Syn.:** aus Versehen, ohne Absicht, unbewusst, unwillkürlich, versehentlich, von ungefähr, zufällig.

un|acht|sam [ˈʊnlaxtza:m] ⟨Adj.⟩:
nachlässigerweise nicht auf etwas achtend: eine unachtsame Bewegung; sie ließ unachtsam eine Tasse fallen. **Syn.:** fahrlässig, gedankenlos, nachlässig, sorglos, unvorsichtig.

un|an|ge|bracht ['ʊnlangəbraxt] ⟨Adj.⟩:
nicht angebracht; nicht in einen bestimmten Rahmen, in eine bestimmte Situation passend; fehl am Platz: eine unangebrachte Bemerkung; dieser Scherz war bei der ernsten Lage unangebracht. **Syn.:** geschmacklos, taktlos, unpassend.

un|an|ge|mes|sen ['ʊnlangəmɛsn̩] ⟨Adj.⟩:
nicht angemessen, (zu etwas) in einem falschen Verhältnis stehend: unangemessene Forderungen; diese Behandlung des Problems ist unangemessen; diese leichte Arbeit wurde unangemessen hoch bezahlt.

un|an|ge|nehm ['ʊnlangəne:m] ⟨Adj.⟩:
Unbehagen verursachend oder Widerwärtigkeiten mit sich bringend: eine unangenehme Geschichte; ich habe die unangenehme Aufgabe, Ihnen Ihre Entlassung mitzuteilen; ein unangenehmer *(schlechter)* Geruch; die Schulden machten sich unangenehm bemerkbar; sie war unangenehm berührt *(ärgerlich, beleidigt),* als sie das hörte. **Syn.:** ärgerlich, blöd[e] (ugs.), böse, dumm (ugs.), fatal, lästig (ugs.), leidig, misslich, peinlich, schlecht, störend, übel, unbequem, unerfreulich, unerquicklich (geh.), ungemütlich, ungut, unliebsam, verdrießlich (geh. veraltend).

un|an|nehm|bar [ʊnlan'ne:mba:ɐ̯] ⟨Adj.⟩:
übertrieben (und deshalb abzulehnen), eine Zustimmung nicht zulassend: unannehmbare Forderungen stellen.

Un|an|nehm|lich|keit ['ʊnlanne:mlɪçkai̯t], die; -, -en:
unangenehme Sache, die Verdruss bereitet: wenn Sie sich genau an die Vorschrift halten, können Sie sich Unannehmlichkeiten ersparen. **Syn.:** Ärger, Ärgernis, Problem, Schlamassel (ugs.), Schwierigkeit, Unbilden ⟨Plural⟩ (geh.), Verdruss.

un|an|sehn|lich ['ʊnlanze:nlɪç] ⟨Adj.⟩:
durch seine Ärmlichkeit, Ungepflegtheit oder durch häufigen Gebrauch nicht [mehr] gut aussehend: unansehnliche Möbel; der Umschlag ist schon etwas unansehnlich.

un|an|stän|dig ['ʊnlanʃtɛndɪç] ⟨Adj.⟩:
den gesellschaftlichen Anstand verletzend: eine unanständige Bemerkung; unanständige Witze; sich unanständig benehmen. **Syn.:** anstößig, doppeldeutig, lasterhaft, nicht salonfähig, nicht stubenrein (scherzh.), obszön, schlüpfrig (abwertend), schmutzig (abwertend), schweinisch (ugs. abwertend), unflätig, ungebührlich (geh.), ungehörig, unschön, verdorben, wüst (abwertend), zweideutig.

un|ap|pe|tit|lich ['ʊnlapeti:tlɪç] ⟨Adj.⟩:
nicht appetitlich, sondern abstoßend, widerwärtig: das angegammelte Fleisch sah unappetitlich aus.

Un|art ['ʊnla:ɐ̯t], die; -, -en:
schlechte Angewohnheit, die sich besonders im Umgang mit anderen unangenehm bemerkbar macht; schlechtes Benehmen: kindliche Unarten; diese Unart musst du dir abgewöhnen. **Syn.:** Marotte, Schrulle, Spleen, Tick (ugs.), unangenehme Eigenheit.

un|ar|tig ['ʊnla:ɐ̯tɪç] ⟨Adj.⟩:
ungezogen, frech: ein unartiger kleiner Junge; die Kinder waren heute sehr unartig. **Syn.:** frech, ungezogen, unverfroren (emotional), unverschämt.

un|auf|fäl|lig ['ʊnlau̯ffɛlɪç] ⟨Adj.⟩:
in keiner Weise hervortretend oder Aufmerksamkeit auf sich lenkend: ein unauffälliges Aussehen; ich wollte mich unauffällig entfernen. **Syn.:** diskret, in aller Stille, ohne viel Aufheben[s], sang- und klanglos (ugs.), unscheinbar, verstohlen.

un|auf|find|bar [ʊnlau̯f'fɪntba:ɐ̯] ⟨Adj.⟩:
verborgen (sodass man jmdn., etwas nicht [mehr] finden kann): unauffindbare Unterlagen; ihr Freund blieb in der Menge unauffindbar; die Schlüssel waren in dem Durcheinander unauffindbar. **Syn.:** vermisst, verschollen.

un|auf|ge|for|dert ['ʊnlau̯fgəfɔrdɐt] ⟨Adj.⟩:
ohne Aufforderung, von der eigenen Initiative ausgehend, von sich aus: die unaufgeforderte Rückgabe der Bücher; Sie haben sich unaufgefordert bei der Behörde zu melden. **Syn.:** aus eigenem Antrieb, aus freien Stücken, freiwillig, ohne Aufforderung, von allein.

un|auf|halt|sam [ʊnlau̯f'haltza:m] ⟨Adj.⟩:
sich nicht aufhalten lassend, sondern stetig mit der Zeit fortschreitend: bei ihr ist ein unaufhaltsamer Verfall festzustellen; die technische Entwicklung schreitet unaufhaltsam voran. **Syn.:** unvermeidlich, unweigerlich.

un|auf|hör|lich [ʊnlau̯f'hø:ɐ̯lɪç] ⟨Adj.⟩:
(in Bezug auf etwas, dessen Ende erwartet oder erhofft wird) längere Zeit dauernd: unaufhörliche Bemühungen; es regnete unaufhörlich. **Syn.:** am laufenden Band (ugs.), andauernd, beharrlich, beständig, dauernd, endlos, ewig (ugs.), fortgesetzt, fortwährend, in einem fort, in einer Tour (ugs.), ohne Ende, permanent, rund um die Uhr (ugs.), ständig, stetig, Tag und Nacht, unablässig (emotional), unausgesetzt (veraltend), unentwegt, ununterbrochen.

un|auf|merk|sam ['ʊnlau̯fmɛrkza:m] ⟨Adj.⟩:
nicht aufmerksam, nicht mit Interesse folgend: unaufmerksame Zuhörer; einige Schülerinnen waren unaufmerksam. **Syn.:** abgelenkt, abwesend, geistesabwesend, zerfahren, zerstreut.

un|auf|rich|tig ['ʊnlau̯frɪçtɪç] ⟨Adj.⟩:
nicht seine tatsächliche Überzeugung äußernd, nicht ehrlich in seinen Äußerungen und Handlungen: ein unaufrichtiger Mensch; ich war dir gegenüber unaufrichtig. **Syn.:** falsch (abwertend), link (ugs.), verlogen (abwertend).

un|aus|ge|gli|chen ['ʊnlau̯sgəglɪçn̩] ⟨Adj.⟩:
nicht ausgeglichen, sondern von seinen Stimmungen, Launen abhängig: ein unausgeglichener Mensch; du wirkst in letzter Zeit sehr unausgeglichen. **Syn.:** launenhaft, launisch, sprunghaft, unbeständig.

un|aus|ge|setzt ['ʊnlau̯sgəzɛt͜st] ⟨Adj.⟩ (veraltend):

unaufhörlich: unausgesetzte Anfeindungen; es hat gestern unausgesetzt geregnet. **Syn.:** am laufenden Band (ugs.), andauernd, beharrlich, beständig, dauernd (emotional), endlos, ewig (ugs.), fortgesetzt, fortwährend, immer, in einem fort, in einer Tour (ugs.), ohne Ende, permanent, rund um die Uhr (ugs.), ständig, stetig, Tag und Nacht, unablässig (emotional), unaufhörlich, unentwegt, ununterbrochen.

un|aus|lösch|lich [ʊn|a͜usˈlœʃlɪç] ⟨Adj.⟩: *sich über die Zeiten hin in der Erinnerung haltend:* die Feier hinterließ einen unauslöschlichen Eindruck; dein Bild bleibt unauslöschlich in meinem Herzen. **Syn.:** bleibend, unvergesslich.

un|aus|sprech|lich [ʊn|a͜usˈʃprɛçlɪç] ⟨Adj.⟩: *so stark empfunden, so sehr, dass man es nicht ausdrücken kann:* unaussprechliche Freude; du tust mir unaussprechlich *(sehr)* leid. **Syn.:** unbeschreiblich, unsagbar.

un|aus|steh|lich [ʊn|a͜usˈʃteːlɪç] ⟨Adj.⟩: *in seinem Wesen nicht auszustehen:* eine unausstehliche Person; wenn ich Hunger habe, bin ich unausstehlich. **Syn.:** abscheulich, ekelhaft, eklig, unerträglich, ungenießbar (ugs., abwertend), widerlich, widerwärtig.

un|aus|weich|lich [ʊn|a͜usˈva͜içlɪç] ⟨Adj.⟩: *so, dass ein Ausweichen nicht möglich ist; sicher [eintretend], unvermeidlich:* unausweichliche Maßnahmen; die Zuspitzung des Konflikts war unausweichlich. **Syn.:** unumgänglich, unvermeidlich.

un|bän|dig [ˈʊnbɛndɪç] ⟨Adj.⟩: *nicht zu bändigen; ohne Maß und Beschränkung (sich äußernd):* eine unbändige Freude, Lebenslust, Wut; ein unbändiges Verlangen; unbändig lachen. **Syn.:** maßlos, über alle Maßen (geh.), über die Maßen (geh.), übermütig, ungehemmt, ungestüm (geh.), unmäßig, wild.

un|bar [ˈʊnbaːɐ̯] ⟨Adj.⟩: *nicht bar; über ein Konto erfolgend:* unbare Zahlungen; eine Rechnung unbar bezahlen.

un|barm|her|zig [ˈʊnbarmhɛrt͜sɪç] ⟨Adj.⟩: *kein Mitleid habend und seine Hilfe verweigernd:* ein unbarmherziger Mensch; wenn es ums Geld geht, bist du so unbarmherzig; unbarmherzig die Rückgabe des Gewinns verlangen. **Syn.:** gefühllos, grausam, hart, hartherzig, herzlos, inhuman, kalt, lieblos, ungerührt, unmenschlich, zynisch.

un|be|an|stan|det [ˈʊnbə|anʃtandət] ⟨Adj.⟩: *nicht beanstandet; ohne Beanstandung:* unbeanstandete Forderungen; das Auto ging unbeanstandet durch die Kontrolle; der Fehler blieb unbeanstandet.

un|be|dacht [ˈʊnbədaxt] ⟨Adj.⟩: *nicht genügend überlegt; voreilig:* eine unbedachte Äußerung; unbedacht handeln, daherreden. **Syn.:** fahrlässig, gedankenlos, leichtfertig, leichtsinnig, unüberlegt, unvorsichtig.

un|be|darft [ˈʊnbədarft] ⟨Adj.⟩: *keine Erfahrung besitzend, gewisse Zusammenhänge nicht durchschauend, naiv:* für den unbedarften Wähler sind diese komplizierten Probleme nicht verständlich; sie gibt sich unbedarft. **Syn.:** blauäugig, unerfahren.

un|be|denk|lich [ˈʊnbədɛŋklɪç] ⟨Adj.⟩: *ohne Bedenken [auszulösen oder zu haben]:* eine unbedenkliche Lektüre; dieses Angebot kannst du unbedenklich annehmen.

un|be|deu|tend [ˈʊnbədɔ͜ytn̩t] ⟨Adj.⟩: **a)** *wenig Bedeutung oder Einfluss habend:* ein unbedeutender Mensch; einige unbedeutende Filme; meine Stellung hier ist unbedeutend. **Syn.:** bedeutungslos, belanglos, gleichgültig, nebensächlich, nichtig (geh.), unerheblich, unwesentlich, unwichtig. **b)** *sehr klein, sehr wenig, gering:* eine unbedeutende Änderung; der Schaden war zum Glück unbedeutend; sie hat sich nur unbedeutend verändert. **Syn.:** geringfügig, leicht, minimal, nicht nennenswert, schwach, unerheblich, winzig.

[1]**un|be|dingt** [ˈʊnbədɪŋt] ⟨Adj.⟩: *uneingeschränkt:* unbedingte Treue; für diese Stellung wird unbedingte Zuverlässigkeit verlangt. **Syn.:** [1]absolut, total, völlig, vollkommen.

[2]**un|be|dingt** [ˈʊnbədɪŋt] ⟨Adverb⟩: *ohne Rücksicht auf Hindernisse oder Schwierigkeiten; unter allen Umständen:* du musst unbedingt zum Arzt gehen; ich will unbedingt herausfinden, wer mich denunziert hat. **Syn.:** [1]absolut; auf Biegen oder Brechen (ugs.); auf jeden Fall; auf Teufel komm raus (ugs.); durchaus; koste es, was es wolle; um jeden Preis; unter allen Umständen.

un|be|fan|gen [ˈʊnbəfaŋən] ⟨Adj.⟩: *sich in seiner Meinung oder seinem Handeln nicht durch andere gehemmt fühlend:* unbefangene Zuschauer äußerten ihre Meinung; jmdn. unbefangen ansehen, etwas fragen. **Syn.:** gelöst, lässig, leger, locker, natürlich, salopp, ungehemmt, ungeniert, ungezwungen, unvoreingenommen, zwanglos.

un|be|frie|di|gend [ˈʊnbəfriːdɪgn̩t] ⟨Adj.⟩: *nicht befriedigend:* unbefriedigende Zugeständnisse; das Ergebnis der Verhandlungen war unbefriedigend. **Syn.:** enttäuschend, mangelhaft, mäßig, nicht das Wahre (ugs.), ungenügend, unzulänglich (geh.).

Un|be|fug|te [ˈʊnbəfuːktə], die/eine Unbefugte; der/einer Unbefugten, die Unbefugten/zwei Unbefugte: *weibliche Person, die zu etwas nicht befugt oder berechtigt ist:* den Bestimmungen nach müsste sie als Unbefugte gelten.

Un|be|fug|ter [ˈʊnbəfuːktɐ], der Unbefugte/ein Unbefugter; des/eines Unbefugten, die Unbefugten/zwei Unbefugte: *Person, die zu etwas nicht befugt oder berechtigt ist:* Unbefugten ist der Zutritt verboten!

un|be|gabt [ˈʊnbəgaːpt] ⟨Adj.⟩: *nicht begabt; ohne Begabung:* eine unbegabte Schauspielerin; ich bin zu unbegabt für die Kunsthochschule; zum Malen, Schreiben, künstlerisch unbegabt sein. **Syn.:** nicht talentiert, schwach.

un|be|greif|lich ['ʊnbəgraiflɪç] ⟨Adj.⟩:
nicht begreifbar, nicht verständlich; rätselhaft: eine unbegreifliche Dummheit; auf unbegreifliche Weise war der Schmuck verschwunden; es ist [mir] unbegreiflich, wie es zu diesem Unfall kommen konnte. **Syn.:** geheimnisvoll, mysteriös, schleierhaft (ugs.), unergründlich, unerklärlich, unfassbar, unklar, unverständlich.

un|be|grenzt ['ʊnbəgrɛntst] ⟨Adj.⟩:
nicht durch etwas begrenzt oder eingeschränkt: unbegrenzte Vollmacht haben; ihr kann man unbegrenzt vertrauen. **Syn.:** grenzenlos, unbeschränkt, unendlich.

un|be|grün|det ['ʊnbəgrʏndət] ⟨Adj.⟩:
ohne stichhaltigen Grund; nicht begründet: ein unbegründeter Verdacht; dein Misstrauen ist völlig unbegründet. **Syn.:** aus der Luft gegriffen, gegenstandslos, grundlos, haltlos, unmotiviert.

Un|be|ha|gen ['ʊnbəha:gn̩], das; -s:
jmds. Wohlbehagen störendes, beeinträchtigendes, unangenehmes, Verstimmung, Unruhe, Abneigung, Unwillen hervorrufendes Gefühl: sie empfand ein leichtes Unbehagen, als er sie lobte; die Vorstellung, wieder von anderen abhängig zu sein, bereitete ihr Unbehagen. **Syn.:** Unlust, Unmut, Verdruss, Verstimmung, Widerwille.

un|be|hag|lich ['ʊnbəha:klɪç] ⟨Adj.⟩:
a) *Unbehagen auslösend:* eine unbehagliche Atmosphäre; sich in einer Situation unbehaglich fühlen. **b)** *ungemütlich:* ein unbehagliches Zimmer.

un|be|hel|ligt ['ʊnbəhɛlɪçt] ⟨Adj.⟩:
ohne jede Behinderung, Belästigung: die Posten ließen mich unbehelligt passieren; sie blieb unbehelligt. **Syn.:** unbehindert.

un|be|herrscht ['ʊnbəhɛrʃt] ⟨Adj.⟩:
zügellos sich einer Empfindung überlassend oder davon zeugend: eine unbeherrschte Äußerung; er ist oft unbeherrscht; unbeherrscht herumbrüllen. **Syn.:** cholerisch, heftig, hemmungslos, hitzig, jähzornig, ungehemmt, ungeniert.

un|be|hin|dert [ʊnbə'hɪndɐt] ⟨Adj.⟩:
[von Behinderung] frei: zu der Veranstaltung hatte die Presse unbehinderten Zutritt; ich kam unbehindert durch die Kontrollen. **Syn.:** unbehelligt.

un|be|hol|fen ['ʊnbəhɔlfn̩] ⟨Adj.⟩:
ungeschickt [und sich nicht recht zu helfen wissend], nicht gewandt: eine unbeholfene Bewegung; alte Leute sind oft unbeholfen; sie trug ihre Thesen recht unbeholfen vor. **Syn.:** hilflos, umständlich.

un|be|irrt [ʊnbə'|ɪrt] ⟨Adj.⟩:
nicht beirrt, nicht beeinflusst von Hindernissen: unbeirrt an seinen Anschauungen festhalten; sie ist unbeirrt ihren Weg gegangen. **Syn.:** beharrlich, eisern, entschlossen, hartnäckig, konsequent, ungebrochen, unverdrossen, zielstrebig.

un|be|kannt ['ʊnbəkant] ⟨Adj.⟩:
a) *dem eigenen Erfahrungsbereich nicht angehörend; dem Wissen verborgen; nicht gekannt:* eine unbekannte Gegend; eine weithin unbekannte Theorie; der Täter ist unbekannt. **Syn.:** fremd.
b) *nicht berühmt, nicht angesehen:* eine unbekannte Schauspielerin; als Journalist ist er noch ziemlich unbekannt.

un|be|küm|mert ['ʊnbəkʏmɐt] ⟨Adj.⟩:
keine Sorgen um irgendwelche möglichen Schwierigkeiten erkennen lassend: ein unbekümmertes Wesen; ihr Lachen klang völlig unbekümmert. **Syn.:** ausgelassen, fidel (ugs.), heiter, sorglos, unbeschwert, unbesorgt, vergnügt.

un|be|lehr|bar ['ʊnbəle:ɐ̯ba:ɐ̯] ⟨Adj.⟩:
unzugänglich für jmds. Rat oder nicht bereit, aus einer negativen Erfahrung zu lernen: ein unbelehrbarer Fanatiker; immer wieder begeht sie denselben Fehler, sie ist einfach unbelehrbar. **Syn.:** halsstarrig, unzugänglich, widerborstig (abwertend).

un|be|liebt ['ʊnbəli:pt] ⟨Adj.⟩:
nicht beliebt; allgemein nicht gern gesehen: ein unbeliebter Lehrer; sie machte sich durch diese Maßnahme/mit diesen Maßnahmen bei allen unbeliebt. **Syn.:** verhasst.

un|be|mannt ['ʊnbəmant] ⟨Adj.⟩:
mit keiner Besatzung, Mannschaft versehen: ein unbemanntes Raumschiff.

un|be|merkt ['ʊnbəmɛrkt] ⟨Adj.⟩:
von niemandem bemerkt, beachtet: ein unbemerkter Fehler; der Einbrecher ist unbemerkt in die Wohnung gelangt, unbemerkt entkommen; der Verlust blieb unbemerkt. **Syn.:** bei Nacht und Nebel, diskret, heimlich, im Geheimen, in aller Stille, insgeheim, ohne viel Aufhebens, sang- und klanglos (ugs.), still und leise, unauffällig, unbeobachtet, unter der Hand, verstohlen.

un|be|mit|telt ['ʊnbəmɪtl̩t] ⟨Adj.⟩ (veraltend; noch Rechtsspr.):
kein Geld besitzend, ohne Geld: unbemittelte Flüchtlinge; weil sie unbemittelt war, erhielt sie Prozesskostenhilfe. **Syn.:** arm, bedürftig, mittellos, Not leidend.

un|be|nom|men [ʊnbə'nɔmən]:
in der Wendung **jmdm. unbenommen sein/bleiben:** *jmds. eigener Entscheidung überlassen sein/bleiben:* es bleibt jedem unbenommen, sich gegen solche Angriffe zu verteidigen. **Syn.:** jmdm. anheimgestellt sein, jmdm. freistehen, jmdm. offenstehen.

un|be|o|bach|tet ['ʊnbə|o:baxtət] ⟨Adj.⟩:
von keinem beobachtet; den Blicken anderer verborgen: in einem unbeobachteten Augenblick machte sie sich davon; er glaubte sich unbeobachtet und gähnte, ohne sich die Hand vor den Mund zu halten.

un|be|quem ['ʊnbəkve:m] ⟨Adj.⟩:
1. *für den Gebrauch nicht bequem:* unbequeme Schuhe; der Stuhl ist unbequem.
2. *störend, lästig, beunruhigend:* eine unbequeme Frage, Politikerin; der Kritiker ist der Regierung unbequem geworden. **Syn.:** hinderlich, störend, unangenehm, unliebsam.

un|be|re|chen|bar [ʊnbə'rɛçn̩ba:ɐ̯] ⟨Adj.⟩:
so beschaffen, dass man seine Reaktionen und Handlungen nicht voraussehen kann: ein unberechenbarer Gegner; sie ist

U
unbe

in ihrer Wut unberechenbar. **Syn.:** kapriziös, launenhaft, launisch.

un|be|rech|tigt ['ʊnbərɛçtɪçt] ⟨Adj.⟩: *nicht berechtigt; der Berechtigung entbehrend:* unberechtigte Ansprüche; die Forderungen waren völlig unberechtigt. **Syn.:** unrechtmäßig, widerrechtlich.

un|be|rührt ['ʊnbəry:ɐ̯t] ⟨Adj.⟩:
1. *[mit den Fingern, der Hand] nicht berührt, noch nicht angefasst:* noch unberührte Servietten; Spuren im unberührten *(makellosen)* Schnee; das Bett war unberührt *(nicht benutzt worden).* **Syn.:** frisch.
2. *nicht beeindruckt, nicht bewegt:* ich blieb von dem ganzen Lärm, den Erlebnissen unberührt.
3. (veraltend) *jungfräulich:* ein unberührtes Mädchen; unberührt in die Ehe gehen. **Syn.:** keusch.

[1]un|be|scha|det ['ʊnbəʃa:dət] ⟨Präp. mit Gen.⟩:
1. *trotz:* sein Ziel unbeschadet aller Rückschläge verfolgen; unbeschadet seiner Verdienste darf man nicht vergessen, dass er seine Macht mitunter missbraucht hat.
2. *ohne Schaden, ohne Nachteil für, im Einklang mit:* unbeschadet des Widerspruchrechts/(auch:) des Widerspruchrechts unbeschadet ist der Befehl in jedem Falle auszuführen.

[2]un|be|scha|det ['ʊnbəʃa:dət] ⟨Adverb⟩: *ohne Schaden zu nehmen:* etwas unbeschadet überstehen.

un|be|schol|ten ['ʊnbəʃɔltn̩] ⟨Adj.⟩ (veraltend): *einen untadeligen Ruf besitzend:* sie galt allgemein als eine unbescholtene Dame; der Angeklagte war bis dahin vollkommen unbescholten. **Syn.:** anständig, korrekt, rechtschaffen (veraltend).

un|be|schrankt ['ʊnbəʃraŋkt] ⟨Adj.⟩: in der Wendung **unbeschrankter Bahnübergang:** *nicht mit Schranken versehen.*

un|be|schränkt ['ʊnbəʃrɛŋkt] ⟨Adj.⟩: *nicht durch etwas eingeschränkt:* einen unbeschränkten Kredit erhalten. **Syn.:** grenzenlos, unbegrenzt, unendlich.

un|be|schreib|lich [ʊnbə'ʃrai̯plɪç] ⟨Adj.⟩:
a) *alles sonst Übliche übertreffend [sodass man keine Worte dafür findet]:* eine unbeschreibliche Frechheit; das Durcheinander war unbeschreiblich. **Syn.:** unaussprechlich, unglaublich, unsagbar. **b)** ⟨verstärkend bei Adjektiven und Verben⟩ *sehr:* unbeschreiblich dick, frech; er hat unbeschreiblich gelitten; sie hat sich unbeschreiblich gefreut. **Syn.:** außergewöhnlich, außerordentlich, äußerst, extrem, furchtbar (ugs.), fürchterlich (ugs.), gewaltig (emotional), grauenhaft (emotional), höllisch (emotional), irre (emotional), irrsinnig, kolossal (ugs. emotional), riesig (ugs.), schrecklich (ugs.), unglaublich (ugs.), unheimlich (ugs.), unmäßig, unsagbar, wahnsinnig.

un|be|schwert ['ʊnbəʃve:ɐ̯t] ⟨Adj.⟩: *frei von Sorgen; nicht von etwas bedrückt:* ein unbeschwertes Gemüt; eine unbeschwerte Kindheit; sie konnten unbeschwert ihre Jugend genießen, in Urlaub fahren. **Syn.:** fidel (ugs.), fröhlich, heiter, lustig, munter, sorglos, unbekümmert, unbesorgt, vergnügt.

un|be|se|hen [ʊnbə'ze:ən] ⟨Adj.⟩: *ohne Prüfung, ohne Bedenken [geschehend]:* die unbesehene Hinnahme der Anordnung hatte unangenehme Folgen; das glaube ich unbesehen. **Syn.:** anstandslos, bedenkenlos, bereitwillig, gern, ohne Bedenken, ohne Weiteres.

un|be|sorgt ['ʊnbəzɔrkt] ⟨Adj.⟩: *von Sorge frei; ohne Sorge, Bedenken:* eine unbesorgte Kindheit verbringen; sei unbesorgt, ihr ist sicher nichts zugestoßen. **Syn.:** arglos, bedenkenlos, frohen Herzens, leichten Herzens, mit gutem Gewissen, [1]ruhig, seelenruhig, sorglos, unbekümmert, unbeschwert, vergnügt.

un|be|stän|dig ['ʊnbəʃtɛndɪç] ⟨Adj.⟩:
a) *seine Absichten oder Meinungen ständig ändernd; in seinen Neigungen oft wechselnd:* ein unbeständiger Charakter; du bist sehr unbeständig in deinen Gefühlen. **Syn.:** flatterhaft (abwertend), sprunghaft, unausgeglichen, untreu, unzuverlässig, wankelmütig (geh. abwertend). **b)** *wechselhaft, nicht beständig, nicht gleichbleibend:* unbeständiges Wetter; das Glück ist unbeständig. **Syn.:** schwankend, veränderlich, wandelbar, wechselhaft, wechselvoll.

un|be|stech|lich ['ʊnbəʃtɛçlɪç] ⟨Adj.⟩: *nicht zu bestechen; sich in seinem Urteil durch nichts beeinflussen lassend:* ein unbestechlicher Mann, Charakter; sie war in ihrem Urteil unbestechlich. **Syn.:** [1]lauter, loyal (bildungsspr.), rechtschaffen, redlich, untad[e]lig.

un|be|stimmt ['ʊnbəʃtɪmt] ⟨Adj.⟩: *nicht bestimmt; vage, zweifelhaft:* über den Preis konnte sie nur eine unbestimmte Auskunft geben; eine Frau unbestimmten Alters; ob ich komme, ist noch unbestimmt. **Syn.:** fraglich, offen, umstritten, unentschieden, ungewiss, unklar, unsicher, unverbindlich, vage, verschwommen, zweifelhaft.

un|beug|sam [ʊn'bɔy̯kza:m] ⟨Adj.⟩: *sich keinem fremden Willen beugend; jeder Beeinflussung verschlossen:* ein unbeugsamer Charakter; ihr Wille war unbeugsam. **Syn.:** beharrlich, eisern, fest, konsequent, standhaft, unbeirrt, unerbittlich.

un|be|wacht ['ʊnbəvaxt] ⟨Adj.⟩: *nicht bewacht:* die Geräte wurden nachts gestohlen, als die Baustelle unbewacht war; in einem unbewachten Augenblick *(als sie einen Augenblick nicht bewacht war)* lief sie davon.

un|be|weg|lich ['ʊnbəve:klɪç] ⟨Adj.⟩:
1. *nicht zu bewegen oder sich nicht bewegend:* unbeweglich dastehen; er saß unbeweglich auf seinem Platz.
2. *nicht beweglich:* geistig unbeweglich sein. **Syn.:** starr.

un|be|wusst ['ʊnbəvʊst] ⟨Adj.⟩: *nicht ins Bewusstsein gedrungen, nicht im Bewusstsein vorhanden:* eine unbewusste Angst; sie hat unbewusst *(instinktiv)* das Richtige getan. **Syn.:** im Unterbewusstsein, instinktiv, unabsichtlich, unterschwellig, unwillkürlich.

un|be|zähm|bar [ʊnbəˈt͜sɛːmbaːɐ̯] ⟨Adj.⟩: *so groß, heftig, stark, dass es nicht übergangen werden kann:* eine unbezähmbare Abneigung; ihre Neugierde war unbezähmbar. **Syn.:** unüberwindlich.

Un|bil|den [ˈʊnbɪldn̩], die ⟨Plural⟩ (geh.): *sehr unangenehme Auswirkungen einer Sache:* die alte Dame litt sehr unter den Unbilden des Winters. **Syn.:** Ärger ⟨Singular⟩, Ärgernis ⟨Singular⟩, Problem ⟨Singular⟩, Schwierigkeit ⟨Singular⟩.

un|blu|tig [ˈʊnbluːtɪç] ⟨Adj.⟩: *nicht mit Verletzten oder Toten verbunden; ohne dass Blut vergossen wurde:* durch einen unblutigen Putsch wurde die Regierung gestürzt; das Geiseldrama endete unblutig.

un|brauch|bar [ˈʊnbra͜uxbaːɐ̯] ⟨Adj.⟩: *[für eine weitere Verwendung] nicht geeignet, nicht [mehr] zu gebrauchen:* unbrauchbare Kabel; unbrauchbare Hinweise; durch falsche Lagerung sind die Geräte unbrauchbar geworden.

und [ʊnt] ⟨Konj.⟩:
a) drückt aus, dass jmd., etwas zu jmdm., etwas hinzukommt oder hinzugefügt wird: ich traf den Chef und seine Frau auf der Straße; arme und reiche Leute; es ging ihr besser, und sie konnte wieder arbeiten; und, und, und (ugs. emotional; *und dergleichen mehr*); (bei Additionen zwischen zwei Zahlen:) drei und *(plus)* vier ist sieben. **Syn.:** auch, außerdem, darüber hinaus, des Weiteren, ³plus, samt, sowie, überdies, wie, zugleich, zusätzlich, zuzüglich. **b)** dient der Steigerung und Verstärkung, indem es gleiche Wörter verbindet: nach und nach; sie überlegte und überlegte, aber das Wort fiel ihr nicht ein.
c) drückt einen Gegensatz aus; *aber:* alle verreisen, und ich allein soll zu Hause bleiben?
d) ⟨in Konditionalsätzen⟩ *selbst wenn:* man muss es versuchen, und wäre es noch so schwer.
e) ⟨elliptisch⟩ verknüpft (meist ironisch, zweifelnd, abwehrend o. Ä.) Gegensätzliches, unvereinbar Scheinendes: du und hilfsbereit!; ich und singen?

un|dank|bar [ˈʊndaŋkbaːɐ̯] ⟨Adj.⟩:
1. *kein Gefühl des Dankes zeigend (den man jmdm. schuldet):* einem so undankbaren Menschen sollte man nicht mehr helfen; sie verhielt sich ziemlich undankbar.
2. *nicht lohnend, nachteilig:* es ist meist ein undankbares Geschäft, einen Streit zu schlichten; die Aufgabe ist undankbar.

un|de|fi|nier|bar [ˈʊndefiniːɐ̯baːɐ̯] ⟨Adj.⟩: *sich nicht [genau] bestimmen, festlegen lassend:* ein undefinierbares Gefühl; undefinierbare Laute, Geräusche; die Farbe ist undefinierbar. **Syn.:** unbestimmt, vage.

un|denk|bar [ʊnˈdɛŋkbaːɐ̯] ⟨Adj.⟩: *so, dass es jmds. Vorstellung, Erwartung, Denken übersteigt:* ich halte es für undenkbar, dass sie so gemein ist; so viel nackte Haut im Fernsehen wäre früher undenkbar gewesen. **Syn.:** indiskutabel, unmöglich, unvorstellbar.

un|deut|lich [ˈʊndɔ͜ytlɪç] ⟨Adj.⟩: *nicht klar; schlecht zu verstehen, zu entziffern, wahrzunehmen:* eine undeutliche Aussprache, Schrift; undeutlich sprechen; sich undeutlich an etwas erinnern; ich habe mich wohl undeutlich ausgedrückt. **Syn.:** diffus, unbestimmt, ungenau, unklar, vage, verschwommen.

un|dicht [ˈʊndɪçt] ⟨Adj.⟩: *nicht dicht* (2): ein undichtes Dach, Fenster; undichte Leitungen; das Ventil, der Tank ist undicht. **Syn.:** leck.

Un|ding [ˈʊndɪŋ]: in der Wendung **ein Unding sein:** *unsinnig, widersinnig sein:* es ist ein Unding, so etwas zu verlangen. **Syn.:** abstrus sein, absurd sein, abwegig sein, sinnlos sein.

un|duld|sam [ˈʊndʊltzaːm] ⟨Adj.⟩: *keine Geduld, keine Nachsicht gegenüber seinen Mitmenschen zeigend:* eine unduldsame Heimleiterin; gegen seine politischen Gegner war er, zeigt er sich äußerst unduldsam. **Syn.:** engherzig, intolerant.

un|durch|dring|lich [ʊndʊrçˈdrɪŋlɪç] ⟨Adj.⟩:
a) *nicht zu durchdringen, sehr dicht:* eine undurchdringliche Wildnis; der Wald war undurchdringlich. **Syn.:** dicht, unwegsam, unzugänglich. **b)** *nicht zu durchschauen oder in seinem eigentlichen Wesen zu erkennen:* eine undurchdringliche Miene; sie lächelte undurchdringlich.

un|eben [ˈʊn|eːbn̩] ⟨Adj.⟩:
a) *nicht flach, sondern hügelig:* unebenes Land, Gelände; der Boden ist uneben. **b)** *nicht glatt:* die Tischplatte ist uneben.

un|echt [ˈʊn|ɛçt] ⟨Adj.⟩:
a) *künstlich [hergestellt], nachgemacht:* sie trägt unechten Schmuck, unechtes Haar; das Bild ist unecht. **Syn.:** falsch, gefälscht, imitiert, künstlich, nachgebildet. **b)** *nur vorgetäuscht, nicht wirklich gedacht, empfunden o. Ä.:* sie begrüßte uns mit unechter Freundlichkeit; sein Mitgefühl wirkt unecht.

un|ehe|lich [ˈʊn|eːəlɪç] ⟨Adj.⟩: *nicht ehelich, nicht aus einer Ehe hervorgegangen* /Ggs. ehelich/: ein uneheliches Kind; sie war unehelich [geboren].

un|ei|gen|nüt|zig [ˈʊn|a͜ign̩nʏt͜sɪç] ⟨Adj.⟩: *selbstlos, nicht den eigenen Interessen nützend:* eine uneigennützige Unterstützung; uneigennützig helfen.

un|ein|ge|schränkt [ˈʊn|a͜ingəʃrɛŋkt] ⟨Adj.⟩: *ohne Einschränkung geltend, voll:* das verdient uneingeschränktes Lob; einer Aussage uneingeschränkt zustimmen; die Anerkennung war uneingeschränkt. **Syn.:** ausschließlich, bedingungslos, ohne Wenn und Aber, rückhaltlos, unbedingt.

un|ei|nig [ˈʊn|a͜inɪç] ⟨Adj.⟩: *nicht gleicher Meinung seiend:* eine uneinige Partei; sie waren uneinig [darüber], wie man am besten vorgehen solle. **Syn.:** uneins.

un|eins [ˈʊn|a͜ins] ⟨Adj.⟩: *uneinig:* die Experten sind uneins; die Parteien blieben uneins, schieden uneins voneinander; in dieser Frage war sie mit ihrem Lehrer uneins.

un|emp|find|lich [ˈʊn|ɛmpfɪntlɪç] ⟨Adj.⟩:
1. *nicht empfindlich gegenüber*

etwas, was auf den Körper oder die Seele einwirkt: gegen Hitze oder Kälte unempfindlich sein; sich gegen Beleidigungen unempfindlich zeigen. **Syn.:** abgebrüht (ugs.), abgestumpft, dickfellig (ugs.), gefühllos, gleichgültig, hart, robust. **Zus.:** schmerzunempfindlich.
2. *widerstandsfähig, immun:* einige Bakterienstämme sind schon gegen Antibiotika unempfindlich geworden.

un|end|lich [ʊnˈ|ɛntlɪç] ⟨Adj.⟩:
1. *so groß, so lange dauernd, dass es scheint, als ob es kein Ende hätte:* das unendliche Meer; unendliche Wälder; die Zeit bis zu einem Wiedersehen kam ihr unendlich vor. **Syn.:** endlos, ewig, grenzenlos, ohne Ende, unbegrenzt, unbeschränkt, unermesslich, unübersehbar.
2. (emotional) **a)** *stark ausgeprägt:* unendliche Liebe, Güte, Geduld; es kostete sie unendliche Mühe. **Syn.:** enorm, gewaltig, gigantisch, heftig, immens, kolossal (ugs. emotional), ungeheuer, unglaublich, unheimlich (ugs.), unwahrscheinlich (ugs.), wahnsinnig. **b)** ⟨verstärkend bei Adjektiven und Verben⟩ *sehr:* sie war unendlich froh, dass sie den Schmuck wiedergefunden hatte; das dauerte unendlich lang; der Kranke hat sich unendlich über den Besuch gefreut. **Syn.:** ausgesprochen, ausnehmend, außerordentlich, enorm (ugs.), gewaltig (emotional), kolossal (ugs. emotional), riesig (ugs.), schrecklich (ugs.), überaus, unbändig, [1]unerhört, ungeheuer, ungemein, ungewöhnlich, unsagbar, wahnsinnig (ugs.), zutiefst.

un|ent|behr|lich [ˈʊn|ɛntbeːɐ̯lɪç] ⟨Adj.⟩:
unbedingt nötig, sodass man nicht darauf verzichten kann: mein unentbehrlicher Glücksbringer; das Handy ist für meine Arbeit unentbehrlich; für das Verständnis ist hier eine kurze Erläuterung unentbehrlich; du hast dich unentbehrlich gemacht *(man kann auf deine Mitarbeit nicht mehr verzichten).* **Syn.:** unabdingbar, unerlässlich, unumgänglich, [unbedingt] erforderlich, [unbedingt] nötig, [unbedingt] notwendig.

un|ent|gelt|lich [ˈʊn|ɛntɡɛltlɪç] ⟨Adj.⟩:
umsonst, ohne dass dafür bezahlt zu werden braucht: unentgeltliche Bemühungen; sie hat diese Arbeiten unentgeltlich ausgeführt. **Syn.:** ehrenamtlich, frei, gebührenfrei, gratis, kostenlos, um Gotteslohn, umsonst.

un|ent|schie|den [ˈʊn|ɛntʃiːdn̩] ⟨Adj.⟩:
1. a) *nicht entschieden:* eine unentschiedene Frage; es ist noch unentschieden, ob ich das Haus verkaufe. **Syn.:** fraglich, offen, unbestimmt, ungewiss, unklar, unsicher, zweifelhaft.
b) *(in Bezug auf zwei Mannschaften oder Spieler, Spielerinnen) die gleiche Anzahl von Punkten oder Toren erzielt habend:* ein unentschiedenes Spiel; der Kampf endete unentschieden.
2. *unentschlossen:* unentschiedene Wähler; unentschieden die Schultern heben. **Syn.:** unschlüssig, zögernd.

Un|ent|schie|den [ˈʊn|ɛntʃiːdn̩], das; -s, -:
unentschiedenes Ergebnis: bei einem Unentschieden muss das Spiel verlängert werden.

un|ent|schlos|sen [ˈʊn|ɛntʃlɔsn̩] ⟨Adj.⟩:
sich nicht entschließen könnend /Ggs. entschlossen/: ein unentschlossener Kunde; ich bin noch unentschlossen; sie machte ein unentschlossenes *(keine Entscheidung ausdrückendes)* Gesicht, einen unentschlossenen Eindruck *(schien sich nicht entschließen zu können).* **Syn.:** unentschieden, unschlüssig, zögernd.

un|ent|wegt [ʊn|ɛntˈveːkt] ⟨Adj.⟩:
stetig, beharrlich, unermüdlich; mit gleichmäßiger Ausdauer bei etw. bleibend, durchhaltend: ein paar unentwegte Fans harrten im Regen aus; er sah sich unentwegten Anfeindungen ausgesetzt; das Telefon klingelte unentwegt *(ununterbrochen).* **Syn.:** andauernd, ausdauernd, beständig, entschlossen, geduldig, hartnäckig, ständig, unausgesetzt (veraltend), unbeirrt, unendlich, ungebrochen, unverdrossen.

un|er|bitt|lich [ʊn|ɛɐ̯ˈbɪtlɪç] ⟨Adj.⟩:
1. *sich durch nichts erweichen, umstimmen lassend:* ein unerbittlicher Kritiker; sie blieb unerbittlich bei ihren Forderungen. **Syn.:** despotisch, fest, streng, stur (ugs. abwertend), unversöhnlich.
2. *durch nichts zu verhindern, aufzuhalten:* das unerbittliche Schicksal; unerbittlich wütete die Pest. **Syn.:** unaufhaltsam, unvermeidlich.

un|er|fah|ren [ˈʊn|ɛɐ̯faːrən] ⟨Adj.⟩:
[noch] nicht die nötige Erfahrung besitzend, nicht erfahren: ein unerfahrener Autofahrer; in der Liebe war sie noch ziemlich unerfahren. **Syn.:** arglos, jung, naiv, unbedarft, unschuldig, unwissend.

un|er|find|lich [ˈʊn|ɛɐ̯fɪntlɪç] ⟨Adj.⟩:
nicht zu begreifen, rätselhaft: aus unerfindlichen Gründe; es ist, bleibt unerfindlich, warum sie sich so verhalten hat. **Syn.:** geheimnisvoll, unerklärlich, unfassbar, unklar.

un|er|freu|lich [ˈʊn|ɛɐ̯frɔylɪç] ⟨Adj.⟩:
Ärger oder Unbehagen bereitend: eine unerfreuliche Angelegenheit, Nachricht; die Lage ist ziemlich unerfreulich; der Abend endete unerfreulich.
Syn.: ärgerlich, dumm (ugs.), fatal, leidig, misslich, nachteilig, negativ, peinlich, schädlich, schlecht, schlimm, unangebracht, unangenehm, unerquicklich (geh.), unersprießlich (geh.), unerwünscht, ungut, unliebsam, verdrießlich (geh. veraltend).

un|er|füll|bar [ʊn|ɛɐ̯ˈfʏlbaːɐ̯] ⟨Adj.⟩:
nicht zu erfüllen: unerfüllbare Wünsche; die Bedingungen waren unerfüllbar.

un|er|gie|big [ˈʊn|ɛɐ̯ɡiːbɪç] ⟨Adj.⟩:
wenig Ertrag oder Nutzen bringend: eine unergiebige Arbeit; diese Methode ist unergiebig.

un|er|gründ|lich [ʊn|ɛɐ̯ˈɡrʏntlɪç] ⟨Adj.⟩:
nicht zu ergründen; undurchschaubar: aus unergründlichen Motiven verstieß er immer wieder gegen die Gesetze; ihr Blick war unergründlich. **Syn.:** geheimnisvoll, mysteriös, rätselhaft, unbegreiflich, undurchdringlich, unerklärlich, unfassbar, unverständlich.

un|er|heb|lich ['ʊnlɛɐ̯he:plɪç] ⟨Adj.⟩: *nicht erheblich; unbedeutend:* an dem Fahrzeug entstand bei dem Unfall nur [ein] unerheblicher Schaden; die Unterschiede sind unerheblich. **Syn.:** bedeutungslos, belanglos, gering, geringfügig, klein, lächerlich, minimal, nebensächlich, nicht der Rede wert, nicht nennenswert, nichtig (geh.), sekundär, untergeordnet, unwesentlich, unwichtig.

[1]**un|er|hört** ['ʊnlɛɐ̯'hø:ɐ̯t] ⟨Adj.⟩: **1.** *empörend, unglaublich:* eine unerhörte Beleidigung, Frechheit; ihr Verhalten ist unerhört. **Syn.:** beispiellos, bodenlos (ugs.), haarsträubend (emotional), kaum glaublich, kriminell (ugs.), schreiend, skandalös, ungeheuerlich, unglaublich. **2. a)** *außerordentlich groß:* eine unerhörte Summe; mit unerhörter Geschwindigkeit. **b)** ⟨intensivierend bei Adjektiven und Verben⟩ *sehr:* unerhört interessant, schnell, schwierig sein; sie hat sich unerhört gefreut.

[2]**un|er|hört** ['ʊnlɛɐ̯hø:ɐ̯t] ⟨Adj.⟩: *nicht erfüllt:* eine unerhörte Bitte; ihr Flehen, ihre Liebe blieb unerhört.

un|er|klär|lich [ʊnlɛɐ̯'klɛ:ɐ̯lɪç] ⟨Adj.⟩: *mit dem Verstand nicht zu erklären; nicht verständlich:* unerklärliche Handlungen, Verhaltensweisen; es ist mir unerklärlich, wie das geschehen konnte. **Syn.:** geheimnisvoll, mysteriös, rätselhaft, unbegreiflich, unbestimmt, unerfindlich, unergründlich, unfassbar, unklar, unverständlich.

un|er|läss|lich [ʊnlɛɐ̯'lɛslɪç] ⟨Adj.⟩: *unbedingt nötig:* unerlässliche Voraussetzungen; ein abgeschlossenes Studium ist für diesen Posten unerlässlich. **Syn.:** notwendig, unabdingbar, unbedingt erforderlich, unentbehrlich, unumgänglich.

un|er|laubt ['ʊnlɛɐ̯laupt] ⟨Adj.⟩: **a)** *ohne Erlaubnis [geschehend]:* unerlaubtes Fernsehen; sie blieben dem Unterricht unerlaubt fern. **Syn.:** tabu, verboten. **b)** *dem Gesetz widersprechend:* unerlaubter Waffenbesitz; unerlaubte Werbung. **Syn.:** gesetzwidrig, illegal, illegitim (bildungsspr.), kriminell, schwarz (ugs.), strafbar, ungesetzlich, unrechtmäßig, unzulässig, verboten, widerrechtlich.

un|er|mess|lich [ʊnlɛɐ̯'mɛslɪç] ⟨Adj.⟩: **1.** *unabsehbar groß, unbegrenzt scheinend:* die unermessliche Weite der Wälder; in unermesslicher Ferne. **Syn.:** endlos, grenzenlos, ohne Ende, unbegrenzt, unbeschränkt, unendlich. **2.** (emotional) **a)** *in einem kaum vorstellbaren Maße groß:* unermessliche Leiden, unermessliches Elend ertragen. **Syn.:** grenzenlos, ungezählt, unglaublich, unvorstellbar. **b)** ⟨intensivierend bei Adjektiven und Verben⟩ *sehr:* unermesslich hoch, reich. **Syn.:** außerordentlich, äußerst, enorm (ugs.), entsetzlich (ugs.), extrem, furchtbar (ugs.), fürchterlich (ugs.), ganz, gehörig, gewaltig (emotional), höchst, höllisch (emotional), irre (emotional), irrsinnig (emotional), kolossal (ugs. emotional), mächtig (ugs.), maßlos, schrecklich (ugs.), sehr, total (ugs.), tüchtig, überaus, unendlich, [1]unerhört, ungeheuer, ungemein, unglaublich (ugs.), unheimlich (ugs.), unwahrscheinlich (ugs.), verflucht (salopp), verteufelt (ugs. emotional), wahnsinnig (ugs.).

un|er|müd|lich [ʊnlɛɐ̯'my:tlɪç] ⟨Adj.⟩: *unentwegt und ausdauernd; mit Ausdauer und Fleiß ein Ziel anstrebend:* unermüdlicher Eifer; unermüdlich im Einsatz sein. **Syn.:** aktiv, beflissen (geh.), beharrlich, beständig, eifrig, emsig (geh., oft iron.), rastlos, rührig, tätig, tatkräftig, unaufhörlich, unentwegt, ununterbrochen.

un|er|quick|lich ['ʊnlɛɐ̯kvɪklɪç] ⟨Adj.⟩ (geh.): *nicht erfreulich und nicht angenehm:* dies war ein unerquickliches Gespräch; es fing recht unerquicklich an. **Syn.:** misslich, peinlich, übel, unangenehm, unbequem, unerfreulich, unersprießlich (geh.), ungemütlich, ungut.

un|er|reich|bar [ʊnlɛɐ̯'raiçba:ɐ̯] ⟨Adj.⟩: **1.** *sich mit dem Arm, den Händen nicht erreichen lassend:* das Glas mit den Bonbons stand für den kleinen Jungen unerreichbar im obersten Regal. **2.** *sich nicht durchsetzen, verwirklichen lassend:* ein unerreichbares Ziel; diese Stellung bleibt für sie unerreichbar.

un|er|reicht [ʊnlɛɐ̯'raiçt] ⟨Adj.⟩: *nicht erreicht, von niemandem erreicht:* eine unerreichte Leistung; dieser Rekord ist bis heute unerreicht. **Syn.:** beispiellos, einmalig (emotional), einzigartig, unvergleichbar.

un|er|sätt|lich [ʊnlɛɐ̯'zɛtlɪç] ⟨Adj.⟩: *nicht zu befriedigen; ungeheuer groß:* eine unersättliche Lust auf Neues verspüren; unersättlich in seinem Wissensdurst sein. **Syn.:** maßlos, unmäßig, unstillbar, zügellos.

un|er|schöpf|lich [ʊnlɛɐ̯'ʃœpflɪç] ⟨Adj.⟩: *so groß, dass es nicht zu Ende, zur Neige geht:* unerschöpfliche Vorräte; deine finanziellen Mittel scheinen unerschöpflich zu sein. **Syn.:** gewaltig, gigantisch, immens, riesig, ungeheuer, unglaublich, unheimlich (ugs.), unsagbar, unvorstellbar (emotional), unwahrscheinlich (ugs.).

un|er|schro|cken ['ʊnlɛɐ̯ʃrɔkn̩] ⟨Adj.⟩: *sich durch nichts abschrecken lassend; ohne Furcht:* die unerschrockenen Helfer in den Krisengebieten; unerschrocken für die gerechte Sache eintreten. **Syn.:** beherzt, couragiert, furchtlos, heldenhaft, mutig.

un|er|schüt|ter|lich [ʊnlɛɐ̯'ʃʏtɐlɪç] ⟨Adj.⟩: *durch nichts aus der Ruhe zu bringen; beherrscht:* unerschütterliche Liebe, Treue; mit unerschütterlicher Ruhe ließ sie seine Vorwürfe über sich ergehen. **Syn.:** beharrlich, eisern, fest, standhaft, unbeirrt.

un|er|schwing|lich [ʊnlɛɐ̯'ʃvɪŋlɪç] ⟨Adj.⟩: *(für jmdn. im Preis) zu teuer (sodass man es sich nicht leisten kann):* dieses Auto ist für uns unerschwinglich. **Syn.:** nicht zu bezahlend, zu kostspielig.

un|er|sprieß|lich ['ʊnlɛɐ̯ʃpri:slɪç] ⟨Adj.⟩ (geh.): *nicht vorteilhaft, keinen Nutzen oder Gewinn bringend, nicht erfreulich:* die Arbeit an diesem

Projekt war für beide Seiten unersprießlich. **Syn.:** ärgerlich, misslich, nachteilig, negativ, schädlich, schlecht, schlimm, unangebracht, unangenehm, unerfreulich, unerquicklich (geh.), unerwünscht, ungut, unliebsam.

un|er|träg|lich [ʊnlɛɐ̯ˈtrɛ:klɪç] ⟨Adj.⟩:
1. *so stark auftretend, dass man es kaum ertragen kann:* sie litt unerträgliche Schmerzen; das Leid war einfach unerträglich. **Syn.:** entsetzlich, furchtbar, fürchterlich, grässlich (emotional), grauenhaft (emotional), grauenvoll (emotional), grausig, heillos, katastrophal, schlimm, schrecklich.
2. *unsympathisch; den Mitmenschen lästig seiend:* ein unerträglicher Kerl. **Syn.:** abscheulich, ekelhaft, eklig, unausstehlich, unbeliebt, ungenießbar (ugs., abwertend), unsympathisch (meist abwertend), verhasst, widerlich, widerwärtig.

un|er|war|tet [ˈʊnlɛɐ̯vartət] ⟨Adj.⟩: *überraschend:* sein unerwarteter Besuch stellte uns vor einige Probleme. **Syn.:** auf einmal, mit einem Mal, plötzlich, über Nacht, unverhofft, unvermittelt, unvermutet, unversehens, unvorhergesehen, [wie ein Blitz] aus heiterem Himmel.

un|er|wünscht [ˈʊnlɛɐ̯vʏnʃt] ⟨Adj.⟩: *nicht erwünscht; jmds. Wünschen, Vorstellungen widersprechend:* in diesem Hotel sind Gäste mit Hunden unerwünscht. **Syn.:** nicht gern gesehen.

un|fä|hig [ˈʊnfɛ:ɪç] ⟨Adj.⟩:
a) *nicht die körperlichen Voraussetzungen, die nötige Kraft (für etwas) habend:* er ist seit seinem Unfall unfähig zu arbeiten. **Syn.:** nicht in der Lage. **Zus.:** arbeitsunfähig, berufsunfähig, bewegungsunfähig, erwerbsunfähig, haftunfähig, kampfunfähig, zeugungsunfähig. **b)** *seinen Aufgaben nicht gewachsen:* der unfähige Mitarbeiter wurde versetzt. **Syn.:** inkompetent.

un|fair [ˈʊnfɛ:ɐ̯] ⟨Adj.⟩: *einer anderen Person gegenüber einen Vorteil in nicht feiner Weise ausnutzend und sie dadurch benachteiligend; nicht fair, nicht den üblichen Regeln des Verhaltens entsprechend:* die unfaire Spielerin wurde vom Platz gewiesen; sein Verhalten war unfair. **Syn.:** unredlich, unschön.

Un|fall [ˈʊnfal], der; -[e]s, Unfälle [ˈʊnfɛlə]: *Ereignis, bei dem jmd. verletzt oder getötet wird oder materieller Schaden entsteht:* ein schwerer, tödlicher Unfall; in der Fabrik wurden Maßnahmen ergriffen, um Unfälle zu verhüten. **Zus.:** Arbeitsunfall, Autounfall, Betriebsunfall, Reaktorunfall, Sportunfall, Verkehrsunfall.

un|fass|bar [ʊnˈfasba:ɐ̯] ⟨Adj.⟩:
a) *so, dass man es nicht begreifen kann:* ein unfassbares Wunder; es ist mir unfassbar, wie das geschehen konnte. **Syn.:** geheimnisvoll, mysteriös, nicht zu begreifend, nicht zu fassend, nicht zu verstehend, rätselhaft, schleierhaft (ugs.), unbegreiflich, unergründlich, unerklärlich, unklar, unverständlich.
b) *so, dass man es kaum wiedergeben kann:* unfassbare Armut. **Syn.:** unglaublich.

un|fehl|bar [ʊnˈfe:lba:ɐ̯] ⟨Adj.⟩:
a) *auf jeden Fall richtig; nicht bezweifelt werden könnend:* die Entscheidungen des Papstes gelten als unfehlbar; du hältst dich wohl für unfehlbar!
b) (geh.) *ganz bestimmt, unweigerlich:* das Haus war so eigenartig, dass man unfehlbar davor stehen blieb; sie wird unfehlbar scheitern. **Syn.:** allemal (ugs.), bestimmt, fürwahr (geh. veraltend), gewiss, mit Sicherheit, ohne Frage, ohne Zweifel, unweigerlich, zweifellos, zweifelsohne.

un|flä|tig [ˈʊnflɛ:tɪç] ⟨Adj.⟩ (geh. abwertend): *in höchst ungebührlicher Weise derb, grob, unanständig:* er gebrauchte unflätige Ausdrücke; er hat sich der Dame gegenüber sehr unflätig benommen; unflätig schimpfen. **Syn.:** anstößig, gewöhnlich, obszön, ordinär, primitiv, rüpelhaft, schlüpfrig (abwertend), schmutzig (abwertend), schweinisch (ugs. abwertend), ungebührlich (geh.), ungehobelt (abwertend), ungehörig, vulgär.

un|för|mig [ˈʊnfœrmɪç] ⟨Adj.⟩: *groß und breit, aber keine angenehme Form, keine Proportion habend:* eine unförmige Kiste; der gequetschte Finger sah ganz unförmig aus.

un|frei [ˈʊnfrai̯] ⟨Adj.⟩:
1. *abhängig, gebunden:* in diesem totalitären Staat sind die Bürger unfrei.
2. *nicht frankiert (sodass das Entgelt vom Empfänger bezahlt werden muss):* er schickte die Sendung unfrei.

un|freund|lich [ˈʊnfrɔyntlɪç] ⟨Adj.⟩:
a) *ohne Freundlichkeit, ohne Entgegenkommen, nicht liebenswürdig:* sie machte eine unfreundliche Miene; eine unfreundliche Antwort. **Syn.:** barsch, brüsk, herb, lieblos, reserviert, rüde, rüpelhaft, ruppig (abwertend), schroff, unhöflich, unschön.
b) *(in Bezug auf das Wetter) so, dass es als nicht freundlich* (b) *empfunden wird:* dort war das Wetter kalt, regnerisch und unfreundlich. **Syn.:** schlecht, unangenehm, unerfreulich, unerquicklich (geh.), ungemütlich.

Un|frie|den [ˈʊnfri:dn̩], der; -s: *Zustand der Gereiztheit, der durch ständige Unstimmigkeiten, Zerwürfnisse hervorgerufen wird:* er hat vom ersten Tag an versucht, zwischen den Kolleginnen und Kollegen Unfrieden zu stiften. **Syn.:** Feindseligkeiten ⟨Plural⟩, Gezänk, Konflikt, Krach (ugs.), Meinungsverschiedenheit (verhüllend), Reiberei, Streit, Streitigkeit, Stunk (ugs. abwertend), Unstimmigkeit, Zank, Zoff (ugs.), Zwietracht (geh.), Zwist (geh.), Zwistigkeit (geh.).

un|frucht|bar [ˈʊnfrʊxtba:ɐ̯] ⟨Adj.⟩:
1. *nicht geeignet, Pflanzen oder Früchte hervorzubringen; wenig Ertrag bringend:* der Boden ist unfruchtbar; auf das unfruchtbare Gelände werden die Schafe getrieben. **Syn.:** dürr, karg, mager.
2. (Biol., Med.) *zur Zeugung, Fortpflanzung nicht fähig:* ein unfruchtbarer Mann; die Frau ist unfruchtbar; die unfruchtbaren Tage der Frau *(Tage, an denen eine Empfängnis nicht möglich ist).* **Syn.:** impotent, steril.
3. *keinen Nutzen bringend,*

unnütz; zu keinen positiven Ergebnissen führend: eine unfruchtbare Diskussion, Debatte. **Syn.:** entbehrlich, nutzlos, überflüssig, wirkungslos.

Un|fug ['ʊnfu:k], der; -[e]s:
1. *andere belästigendes, störendes Benehmen, Treiben [durch das Schaden entsteht]:* das Beschmieren des Denkmals war ein grober Unfug.
2. *etwas Dummes, Törichtes:* rede keinen Unfug!; das ist doch alles Unfug! **Syn.:** Blech (ugs. abwertend), Blödsinn, dummes Zeug, Dummheit, Firlefanz (ugs. abwertend), Flachs (ugs.), Idiotie (ugs. abwertend), Irrsinn (emotional), Kohl (ugs. abwertend), Krampf (ugs.), Mätzchen ‹Plural› (ugs.), Mist (ugs. abwertend), Quark (ugs.), Quatsch (ugs.), Scheiße (derb abwertend), Schnickschnack (ugs., meist abwertend), Schwachsinn (ugs. abwertend), Stuss (ugs. abwertend), Torheit (geh.), Unsinn, Wahnsinn (ugs.), Zeug.

-ung/-heit [ʊŋ]/[hai̯t], die; -, -en: das Suffix -»ung« substantiviert vor allem transitive Verben und bezeichnet die entsprechende Tätigkeit, den entsprechenden Vorgang oder das Ergebnis davon, während -»heit« in Verbindung mit einem Adjektiv oder Partizip des Perfekts die Art und Weise, das Wesen, die Beschaffenheit, Eigenschaft bezeichnet; oft finden sich beide Bildungen nebeneinander mit den genannten inhaltlichen Unterschieden: Im Plural werden diese Wörter gebraucht, wenn einzelne Handlungen oder Zustände gemeint sind; vgl. auch -»igkeit«, -»keit«: Abnutzung/Abgenutztheit; Beklemmung/Beklommenheit; Belebung/Belebtheit; Bemühung/Bemühtheit; Beschränkung/Beschränktheit; Bestechung/Bestechlichkeit; Bestürzung/Bestürztheit; Brechung/Gebrochenheit; Erlösung/Erlöstheit; Erregung/Erregtheit; Isolierung/Isoliertheit; Verantwortung/Verantwortlichkeit (die Verantwortung tragen, übernehmen, ablehnen; die parlamentarische Verantwortlichkeit; wenn man die Jugendlichen Verantwortung tragen lässt, werden sie sich auch ihrer Verantwortlichkeit bewusst). **Syn.:** -ation.

un|ge|ach|tet ['ʊngəlaxtət] ‹Präp. mit Gen.›:
ohne Rücksicht (auf etwas): ungeachtet wiederholter Mahnungen/wiederholter Mahnungen ungeachtet besserte er sich nicht. **Syn.:** trotz.

un|ge|ahnt ['ʊngəla:nt] ‹Adj.›:
die Erwartung übersteigend: ungeahnte Möglichkeiten, Schwierigkeiten; ungeahnte Kräfte. **Syn.:** überraschend, unerwartet, unverhofft, unvermutet.

un|ge|bär|dig ['ʊngəbɛ:ɐ̯dɪç] ‹Adj.› (geh.):
sich kaum zügeln lassend; widersetzlich und wild: ungebärdige Kinder; ein ungebärdiges Betragen. **Syn.:** außer Rand und Band, stürmisch, unbändig, ungestüm (geh.).

un|ge|be|ten ['ʊngəbe:tn̩] ‹Adj.›:
unerwartet und unerwünscht: die ungebetenen Gäste blieben bis zum späten Abend; sie kamen ungebeten. **Syn.:** lästig, ungelegen.

un|ge|bil|det ['ʊngəbɪldət] ‹Adj.› (oft abwertend):
von geringer Bildung, geringem Wissen zeugend /Ggs. gebildet/: sie hielten ihn für ungebildet. **Syn.:** primitiv (abwertend), simpel, unbedarft.

un|ge|boren ['ʊngəbo:rən] ‹Adj.›:
[noch] nicht geboren: ein ungeborenes Kind.

un|ge|bro|chen ['ʊngəbrɔxn̩] ‹Adj.›:
(trotz schwieriger Umstände) nicht geschwächt, anhaltend: mit ungebrochenem Optimismus nach vorne schauen; nach dem Brand begann er mit ungebrochener Energie, das Haus wiederaufzubauen; ihr Wille scheint nach wie vor ungebrochen zu sein. **Syn.:** beharrlich, hartnäckig, unausgesetzt (veraltend), unbeirrt, unentwegt, unverdrossen, zielstrebig.

un|ge|bühr|lich ['ʊngəby:ɐ̯lɪç] ‹Adj.› (geh.):
ohne den nötigen Respekt; ohne gebührenden Anstand: ein ungebührliches Benehmen; er hat sich dem Lehrer gegenüber ungebührlich benommen. **Syn.:** anstößig, unanständig, ungehörig, unschön.

un|ge|bun|den ['ʊngəbʊndn̩] ‹Adj.›:
1. *mit keinem Einband versehen:* ungebundene Bücher.
2. *ohne bindende Verpflichtung:* die zwei Junggesellen führten ein ungebundenes Leben. **Syn.:** frei, unabhängig.

Un|ge|duld ['ʊngədʊlt], die; -:
fehlende Geduld, Mangel an innerer Ruhe /Ggs. Geduld/: voller Ungeduld ging er auf und ab. **Syn.:** Nervosität, Unrast, Unruhe.

un|ge|dul|dig ['ʊngədʊldɪç] ‹Adj.›:
von Ungeduld erfüllt /Ggs. geduldig/: ein ungeduldiger Mensch; ungeduldig wartete sie auf den verspäteten Zug. **Syn.:** gespannt, kribbelig (ugs.), nervös, reizbar, ruhelos, unleidlich, unruhig, unstet, zappelig (ugs.).

[1]un|ge|fähr ['ʊngəfɛ:ɐ̯] ‹Adverb›:
nicht ganz genau; möglicherweise etwas mehr oder weniger als: ich komme ungefähr um 5 Uhr; ungefähr in drei Wochen/in ungefähr drei Wochen/in drei Wochen ungefähr komme ich zurück; es waren ungefähr 20 Personen. **Syn.:** etwa, gegen, in etwa, rund, so, über den Daumen gepeilt (ugs.), vielleicht, wohl.

[2]ungefähr ‹Adj.›:
nur ungenau [bestimmt]: er konnte nur eine ungefähre Zahl nennen. **Syn.:** über den Daumen gepeilt (ugs.), ungenau.

un|ge|fähr|lich ['ʊngəfɛ:ɐ̯lɪç] ‹Adj.›:
mit keiner Gefahr verbunden, keine Gefahr bringend /Ggs. gefährlich/: ein ungefährliches Vorhaben; die Kurve ist verhältnismäßig ungefährlich. **Syn.:** gutartig, harmlos, unschädlich, unverfänglich.

un|ge|hal|ten ['ʊngəhaltn̩] ‹Adj.› (geh.):
empört, verärgert über etwas: er war sehr ungehalten über diese Störung. **Syn.:** ärgerlich, böse, entrüstet, erbost, erzürnt (geh.), gereizt, missmutig, sauer (ugs.), wütend, zornig.

un|ge|hemmt ['ʊngəhɛmt] ‹Adj.›:
durch nichts gehemmt: eine ungehemmte Entwicklung; sie benahm sich völlig ungehemmt; er äußerte ungehemmt seine

Meinung. **Syn.:** aufgelockert, ausschweifend, entspannt, formlos, gelöst, hemmungslos, lässig, leger, locker, natürlich, salopp, unbefangen, ungeniert, ungezwungen, zügellos, zwanglos.

un|ge|heu|er ['ʊngəhɔyɐ] ⟨Adj.⟩:
a) *sehr groß, stark:* ein Wald von ungeheurer Ausdehnung; es war eine ungeheure Anstrengung. **Syn.:** astronomisch, außerordentlich, beträchtlich, enorm, gewaltig, gigantisch, heftig, immens, irre (salopp), irrsinnig (emotional), kolossal (ugs. emotional), riesig, übermäßig, unvorstellbar. **b)** ⟨verstärkend bei Adjektiven und Verben⟩ *sehr:* die Aufgabe ist ungeheuer schwer; er war ungeheuer erregt.

Un|ge|heu|er ['ʊngəhɔyɐ], das; -s, -:
großes, wildes, furchterregendes Tier (bes. in Märchen): ein siebenköpfiges, drachenartiges Ungeheuer; in dieser Höhle lebte ein schreckliches Ungeheuer. **Syn.:** Monster, Monstrum, Scheusal (abwertend), Ungetüm (veraltend).

un|ge|heu|er|lich [ʊngəˈhɔyɐlɪç] ⟨Adj.⟩:
als empörend, skandalös empfunden: ein ungeheuerliches Benehmen; diese Behauptung ist ungeheuerlich. **Syn.:** empörend, haarsträubend, pervers (ugs., oft emotional übertreibend), skandalös, [1]unerhört.

un|ge|ho|belt ['ʊngəho:bl̩t] ⟨Adj.⟩:
a) (abwertend) *grob und unhöflich:* er ist ein ungehobelter Mensch; sein Benehmen ist sehr ungehobelt. **Syn.:** derb, flegelhaft (abwertend), gewöhnlich, grobschlächtig (abwertend), plump, rau, rüde, rüpelhaft, ruppig (abwertend), unfreundlich, wie die Axt im Walde. **b)** *schwerfällig, unbeholfen:* eine ungehobelte Ausdrucksweise; er war linkisch und ungehobelt.

un|ge|hö|rig ['ʊngəhø:rɪç] ⟨Adj.⟩ (geh.):
die Regeln des Anstands, der guten Sitten verletzend: er ist schon einige Male durch seine ungehörigen Antworten aufgefallen. **Syn.:** anstößig, ausfallend, ausfällig, dreist (abwertend), frech, unanständig, unartig, ungebührlich (geh.), ungezogen, unpassend, unverfroren (emotional), unverschämt.

un|ge|hor|sam ['ʊngəho:ɐ̯za:m] ⟨Adj.⟩:
sich dem Willen, den Anordnungen einer Autoritätsperson widersetzend: die Eltern hatten Mühe mit ihr, sie war frech und ungehorsam. **Syn.:** aufmüpfig (ugs.), aufsässig, rebellisch, renitent (geh.).

Un|ge|hor|sam ['ʊngəho:ɐ̯za:m], der; -s:
das Ungehorsamsein: wegen Ungehorsams bestraft werden.

un|ge|le|gen ['ʊngəle:gn̩] ⟨Adj.⟩:
zu einem ungünstigen Zeitpunkt; nicht passend: er kam zu ungelegener Zeit; ihr Besuch kommt mir jetzt ungelegen. **Syn.:** störend, unpassend.

un|ge|lenk ['ʊngəlɛŋk] ⟨Adj.⟩:
steif und unbeholfen: er tanzte mit ungelenken Bewegungen; eine ungelenke Schrift. **Syn.:** eckig, hölzern, linkisch, steif, unbeholfen, ungeschickt.

un|ge|lernt ['ʊngəlɛrnt] ⟨Adj.⟩:
für ein bestimmtes Handwerk, einen bestimmten Beruf nicht ausgebildet: er ist [ein] ungelernter Arbeiter.

un|ge|lo|gen ['ʊngəlo:gn̩] ⟨Adverb⟩ (emotional):
ohne zu lügen, zu übertreiben: ich habe ungelogen keinen Cent mehr in der Tasche; er hat 13 Gläser Schnaps getrunken – ungelogen! **Syn.:** fürwahr (geh. veraltend), tatsächlich, wahrhaftig, wirklich.

un|ge|mein ['ʊngəmai̯n] ⟨Adj.⟩:
a) *sehr groß, stark:* er hat ungemeine Fortschritte gemacht. **Syn.:** außerordentlich, beträchtlich, enorm, gewaltig (emotional), gigantisch, immens, irre (salopp), irrsinnig (emotional), kolossal (ugs. emotional), riesig, ungeheuer, unvorstellbar. **b)** ⟨verstärkend bei Adjektiven und Verben⟩ *sehr:* sie ist ungemein fleißig, hübsch, nett, freundlich; dein Besuch hat ihn ungemein gefreut. **Syn.:** außerordentlich, äußerst, besonders, enorm (ugs.), entsetzlich (ugs.), gehörig, gewaltig (emotional), irre, irrsinnig (emotional), kolossal (ugs. emotional), mächtig (ugs.), riesig (ugs.), schrecklich, total (ugs.), tüchtig, überaus, unbändig, [1]unerhört, ungeheuer, unheimlich (ugs.), zutiefst.

un|ge|müt|lich ['ʊngəmy:tlɪç] ⟨Adj.⟩:
1. a) *eine unangenehme, unbehaglich-kalte Atmosphäre verbreitend:* ein ungemütlicher Raum; hier ist es ungemütlich und kalt. **Syn.:** rau, trist, unbehaglich, unbequem, unwirtlich. **b)** *nicht gemütlich* (b), *nicht gesellig:* eine ungemütliche Stimmung.
2. *unerfreulich, unangenehm, misslich:* in eine ungemütliche Lage geraten. **Syn.:** peinlich, übel, unangenehm, unerfreulich, unerquicklich (geh.).

un|ge|nannt ['ʊngənant] ⟨Adj.⟩:
ohne Nennung des Namens und daher unbekannt: er spendete einen höheren Betrag, wollte aber ungenannt bleiben. **Syn.:** anonym.

un|ge|nau ['ʊngənau̯] ⟨Adj.⟩:
a) *nicht [1]genau* (a): eine ungenaue Waage; ungenaue Angaben machen. **b)** *nicht [1]genau* (b): [nur] ungenaue Kenntnis von etwas haben; sie ist, arbeitet ungenau. **Syn.:** flüchtig, lax, nachlässig, oberflächlich.

un|ge|niert ['ʊnʒeni:ɐ̯t] ⟨Adj.⟩:
ohne sich zu genieren: er griff ungeniert zu und aß, was ihm schmeckte. **Syn.:** bedenkenlos, formlos, gelöst, hemmungslos, lässig, leger, locker, skrupellos (abwertend), unbefangen, ungehemmt, ungezwungen, zwanglos.

un|ge|nieß|bar ['ʊngəni:sba:ɐ̯] ⟨Adj.⟩:
a) *zum Essen, Trinken ungeeignet:* dieser Pilz ist ungenießbar. **Syn.:** schlecht. **b)** *so beschaffen, dass dessen Erleben, Betrachten o. Ä. keinen Genuss bereitet:* der Film war ungenießbar. **c)** (ugs. abwertend) *schlecht, unerträglich:* der Chef ist heute wieder ungenießbar. **Syn.:** schlecht drauf (ugs.), schlecht gelaunt, unausstehlich, unerträglich, widerlich, widerwärtig.

un|ge|nü|gend ['ʊngəny:gn̩t] ⟨Adj.⟩:
a) *deutliche Mängel aufweisend, in keinem ausreichenden Maß [vorhanden]:* er hatte seinen Vortrag ungenügend vorbereitet. **Syn.:** mangelhaft, unzuläng-

lich (geh.). **b)** *der schlechtesten Schulnote entsprechend:* er hat in der Mathematikarbeit die Note »ungenügend« *(die Note »Sechs«)* bekommen.

un|ge|ra|de [ˈʊngəra:də] ⟨Adj.⟩: *(von Zahlen) nicht ohne Rest durch zwei teilbar:* die ungerade Zahl 31; die Hausnummern sind auf dieser Straßenseite ungerade.

un|ge|recht [ˈʊngərɛçt] ⟨Adj.⟩: **a)** *nicht gerecht* (1 a): ein ungerechter Richter; ein ungerechter Anspruch; ungerecht sein, handeln. **b)** *nicht gerecht* (1 b): eine ungerechte Verteilung, Sache; etwas ungerecht aufteilen.

un|ge|reimt [ˈʊngəraimt] ⟨Adj.⟩: *keinen richtigen Sinn ergebend:* ungereimtes Zeug reden. **Syn.:** abstrus, absurd, abwegig, dubios, grotesk, sinnlos, unsinnig.

un|gern [ˈʊngɛrn] ⟨Adverb⟩: *nicht gern:* er tat es höchst ungern; er isst ungern Fisch.

un|ge|rührt [ˈʊngəry:ɐ̯t] ⟨Adj.⟩: *keine innere Beteiligung zeigend:* er sah ungerührt zu, als das Tier geschlachtet wurde. **Syn.:** abgebrüht (ugs.), abgestumpft, gleichgültig, innerlich unbeteiligt, kalt, kaltschnäuzig (ugs.), teilnahmslos.

un|ge|schickt [ˈʊngəʃɪkt] ⟨Adj.⟩: **a)** *(im Benehmen o. Ä.) linkisch und unbeholfen:* ich bin zu ungeschickt, um das zu reparieren; mit ungeschickten Händen öffnete er das Paket. **Syn.:** ungelenk. **b)** *(in Ausdrucksweise o. Ä.) unsicher und unbeholfen:* ich hatte mich wohl zu ungeschickt ausgedrückt, denn sie verstanden mich nicht. **Syn.:** unverständlich.

un|ge|setz|lich [ˈʊngəzɛt͜slɪç] ⟨Adj.⟩: *vom Gesetz nicht erlaubt; gesetzwidrig; illegal:* eine ungesetzliche Handlung, Tat, Methode; ungesetzlich handeln. **Syn.:** illegitim (bildungsspr.), kriminell, strafbar, unerlaubt, unrechtmäßig, unzulässig, verboten, widerrechtlich.

un|ge|stört [ˈʊngəʃtø:ɐ̯t] ⟨Adj.⟩: *durch nichts, niemanden gestört; ohne Unterbrechung:* ein ungestörter Abend; ungestört sein, arbeiten.

un|ge|stüm [ˈʊngəʃty:m] ⟨Adj.⟩ (geh.): *ohne jede Zurückhaltung seinem Temperament, seiner Erregung Ausdruck gebend:* mit einer ungestümen Umarmung begrüßte sie mich; er sprang ungestüm auf. **Syn.:** ausgelassen, außer Rand und Band, stürmisch, übermütig, unbändig, ungebärdig (geh.), vehement, wild.

un|ge|sund [ˈʊngəzʊnt], ungesünder, ungesündeste ⟨Adj.⟩: **1.** *auf Krankheit hinweisend; kränklich:* eine ungesunde Gesichtfarbe; sie sieht ungesund aus. **2.** *der Gesundheit abträglich:* eine ungesunde Ernährung; seine Lebensweise ist [äußerst] ungesund. **3.** *so geartet, dass es zu keinem guten Ergebnis führt; einem Menschen oder einer Sache nicht zuträglich ist:* eine ungesunde Entwicklung; ein ungesunder Ehrgeiz.

Un|ge|tüm [ˈʊngəty:m], das; -[e]s, -e: **a)** *etwas, was einem übermäßig groß und unförmig erscheint:* ihr Hut ist ein wahres Ungetüm; ein Ungetüm von Schrank. **Syn.:** Monstrum. **b)** (veraltend) *Ungeheuer:* der Märchenheld kämpft gegen das Ungeheuer. **Syn.:** Monster, Monstrum, Scheusal (abwertend). **Zus.:** Meerungetüm, Seeungetüm.

un|ge|wiss [ˈʊngəvɪs] ⟨Adj.⟩: *(in Bezug auf etwas, was kommen wird) unbestimmt, unsicher* /Ggs. gewiss/: eine ungewisse Zukunft; es ist noch ungewiss, ob er heute kommt. **Syn.:** fraglich, offen, strittig, umstritten, unbestimmt, unentschieden, unklar, unsicher, zweifelhaft.

un|ge|wöhn|lich [ˈʊngəvø:nlɪç] ⟨Adj.⟩: **1.** *vom Gewohnten, Üblichen, Erwarteten abweichend:* das Denkmal sieht ungewöhnlich aus. **Syn.:** anders, auffallend, ausgefallen, außergewöhnlich, außerordentlich, einmalig (emotional), einzigartig, exotisch, extravagant, fremd, ungewohnt, unnachahmlich, unvergleichlich. **2. a)** *das gewohnte Maß übersteigend:* schon in jungen Jahren hatte sie ungewöhnliche Erfolge. **Syn.:** außergewöhnlich, beachtlich, bemerkenswert, beträchtlich, enorm, erstaunlich, imposant, nennenswert, ordentlich (ugs.), stattlich, unvergleichlich. **b)** ⟨verstärkend bei Adjektiven und Verben⟩ *sehr:* eine ungewöhnlich schöne Frau; die Schauspielerin ist ungewöhnlich vielseitig.

un|ge|wohnt [ˈʊngəvo:nt] ⟨Adj.⟩: *nicht gewohnt:* ein ungewohnter Anblick; die ungewohnte Arbeit fiel ihr schwer; sich in der ungewohnten Umgebung einleben. **Syn.:** anders, fremd, neu.

un|ge|zählt [ˈʊngət͜sɛ:lt] ⟨Adj.⟩: **1.** *ohne (etwas) gezählt zu haben:* er steckte das Geld ungezählt in seine Tasche. **2.** *in großer Zahl [vorhanden]:* er hat dich ungezählte Male zu erreichen versucht. **Syn.:** in großer Zahl, in Hülle und Fülle, in rauen Mengen (ugs.), massig (ugs.), mehr als genug, unendlich, wie Sand am Meer (ugs.), zahllos, zahlreich.

Un|ge|zie|fer [ˈʊngət͜si:fɐ], das; -s: *[schmarotzende] tierische Schädlinge* (z. B. Flöhe, Läuse, Motten, aber auch Ratten und Mäuse): das Haus war voller Ungeziefer; ein Mittel gegen Ungeziefer aller Art.

un|ge|zo|gen [ˈʊngət͜so:gn̩] ⟨Adj.⟩: *(besonders von Kindern) im Verhalten, Benehmen anderen gegenüber frech und ungebührlich:* sie hatten ungezogene Kinder; deine Antwort war sehr ungezogen. **Syn.:** unartig, unverfroren (emotional), unverschämt.

un|ge|zwun|gen [ˈʊngət͜svʊŋən] ⟨Adj.⟩: *natürlich, frei und ohne Hemmungen:* hier kann man in ungezwungener Atmosphäre miteinander reden; sich ungezwungen benehmen. **Syn.:** aufgelockert, burschikos, entspannt, formlos, gelöst, hemmungslos, lässig, leger, locker, salopp, unbefangen, ungehemmt, ungeniert, vertraut, zwanglos.

Un|glau|be [ˈʊnglaubə], der; -ns: **1.** *Zweifel an der Richtigkeit einer Behauptung, einer Einschätzung o. Ä.:* jmds. Unglauben spüren.

2. *fehlender Glaube an die Existenz, an das Wirken Gottes, an die Lehre der [christlichen] Kirche:* der Unglaube stellt eine Herausforderung für die Kirche dar.

un|gläu|big ['ʊnglɔy̯bɪç] ⟨Adj.⟩:
1. *Zweifel [an der Richtigkeit von etwas] erkennen lassend:* als er ihr die Geschichte erzählt hatte, lächelte sie ungläubig. **Syn.:** argwöhnisch, misstrauisch, skeptisch, zweifelnd.
2. *nicht an Gott glaubend* /Ggs. gläubig/: er versuchte, die ungläubigen Menschen zu bekehren. **Syn.:** gottlos (abwertend).

un|glaub|lich [ʊn'gla̯uplɪç] ⟨Adj.⟩:
1. *so unwahrscheinlich, dass man es nicht glauben kann:* es ist unglaublich, was sie in so kurzer Zeit geleistet hat. **Syn.:** beispiellos, kaum zu glauben, [1]unerhört, ungeheuerlich.
2. (ugs.) **a)** *sehr groß, stark:* er legte ein unglaubliches Tempo vor. **b)** ⟨verstärkend bei Adjektiven und Verben⟩ *sehr:* er ist unglaublich frech; sie hat unglaublich geprahlt.

un|glaub|wür|dig ['ʊngla̯upvʏrdɪç] ⟨Adj.⟩:
so geartet, dass man dem betreffenden Menschen kein Vertrauen entgegenzubringen, der betreffenden Sache keinen Glauben zu schenken vermag: eine unglaubwürdige Aussage; der Zeuge ist unglaubwürdig.

Un|glück ['ʊnglʏk], das; -[e]s, -e:
1. *plötzlich hereinbrechendes, einen oder viele Menschen treffendes, unheilvolles, trauriges Ereignis oder Geschehen:* in dieser Zeit ereignete sich ein Unglück nach dem anderen in ihrer Familie; der Pilot konnte ein Unglück gerade noch verhindern. **Syn.:** Katastrophe, Tragödie. **Zus.:** Grubenunglück, Zugunglück.
2. ⟨ohne Plural⟩ **a)** *Elend, Verderben:* der Krieg brachte Unglück über das Land. **Syn.:** Leid, Misere, Unheil. **b)** *Pech, Missgeschick:* von Unglück verfolgt werden; der Familie widerfuhr, die Familie traf ein Unglück *(Schicksalsschlag);* Glück im Unglück haben. **Syn.:** Malheur (ugs.), Missgeschick, Pech, Schlag, Übel, Unstern (geh.).

un|glück|lich ['ʊnglʏklɪç] ⟨Adj.⟩:
1. *traurig und bedrückt:* er versuchte vergebens, das unglückliche Mädchen zu trösten; sie war sehr unglücklich über diesen Verlust. **Syn.:** bedrückt, bekümmert, betrübt, gedrückt, melancholisch, niedergeschlagen, traurig, trübsinnig, wehmütig.
2. *sich äußerst ungünstig auswirkend:* das war ein unglücklicher Zufall, ein unglückliches Zusammentreffen verschiedener Umstände; er stürzte so unglücklich, dass er sich ein Bein brach. **Syn.:** unglückselig, unheilvoll, unselig, verhängnisvoll, widrig.

un|glück|li|cher|wei|se ['ʊnglʏklɪçɐ'va̯izə] ⟨Adverb⟩:
zu allem Unglück: unglücklicherweise wurde sie während der Probezeit krank. **Syn.:** leider.

un|glück|se|lig ['ʊnglʏkze:lɪç] ⟨Adj.⟩:
a) *unglücklich [verlaufend]:* er versuchte vergeblich, die ganze unglückselige Zeit des Krieges zu vergessen. **Syn.:** unheilvoll, unselig, verhängnisvoll, widrig. **b)** *von Unglück verfolgt und daher bedauernswert:* die unglückselige Frau wusste sich keinen Rat mehr. **Syn.:** unglücklich.

un|gnä|dig ['ʊngnɛ:dɪç] ⟨Adj.⟩:
gereizt und unfreundlich: der Chef ist heute wieder sehr ungnädig; sie reagierte ungnädig auf seine Frage. **Syn.:** ärgerlich, bärbeißig, brummig, missmutig, schlecht drauf (ugs.), schlecht gelaunt, unleidlich.

un|gül|tig ['ʊngʏltɪç] ⟨Adj.⟩:
keine Gültigkeit [mehr] habend: eine ungültige Fahrkarte; eine Urkunde für ungültig erklären. **Syn.:** abgelaufen, verfallen.

un|güns|tig ['ʊngʏnstɪç] ⟨Adj.⟩:
eine nachteilige, negative Wirkung habend: ungünstiges Klima; die Sache ist ungünstig für ihn ausgegangen. **Syn.:** misslich, nachteilig, schädlich, schlecht, übel, unangenehm, unerfreulich, unerquicklich (geh.), unvorteilhaft.

un|gut ['ʊngu:t] ⟨Adj.⟩:
a) *[von vagen Befürchtungen begleitet und daher] unbehaglich:* er hatte ein ungutes Gefühl bei dieser Sache. **Syn.:** mulmig. **b)** *ungünstig; schlecht; negativ:* ich halte es für ungut, ihn jetzt auch noch anzulügen. **Syn.:** falsch, nachteilig.

un|halt|bar ['ʊnhaltba:ɐ̯] ⟨Adj.⟩:
a) *Besserung erfordernd; dringend der Änderung bedürfend:* in dieser Firma herrschen unhaltbare Zustände. **Syn.:** indiskutabel, unerträglich, unmöglich, untragbar. **b)** *in seiner derzeitigen Form, Beschaffenheit nicht [mehr] einleuchtend, gültig, gerechtfertigt:* unhaltbare Behauptungen, Theorien.

un|hand|lich ['ʊnhantlɪç] ⟨Adj.⟩:
wegen seiner Größe, seines Gewichts o. Ä. schwer zu handhaben: ein unhandlicher Koffer; dieses Gerät ist zu unhandlich. **Syn.:** sperrig.

Un|heil ['ʊnha̯il], das; -[e]s:
verhängnisvolles, schreckliches Geschehen, das einem oder vielen Menschen großes Leid, großen Schaden zufügt: das Unheil des Krieges; ich sah das Unheil [schon] kommen. **Syn.:** Katastrophe, Unglück.

un|heil|bar ['ʊn'ha̯ilba:ɐ̯] ⟨Adj.⟩:
so geartet, dass keine Heilung möglich ist: eine unheilbare Krankheit; unheilbar krank sein.

un|heil|voll ['ʊnha̯ilfɔl] ⟨Adj.⟩:
Unheil mit sich bringend: die unheilvolle Entwicklung der Politik eines Landes. **Syn.:** bedenklich, bedrohlich, brenzlig (ugs.), ernst, fatal, gefährlich, kritisch, ominös, schlimm, übel, unglücklich, unglückselig, unselig, verhängnisvoll, widrig.

un|heim|lich ['ʊnha̯imlɪç] ⟨Adj.⟩:
1. *ein unbestimmtes Gefühl der Angst, des Grauens hervorrufend:* eine unheimliche Gestalt kam in der Dunkelheit auf ihn zu; in seiner Nähe habe ich ein unheimliches Gefühl; in dem einsamen Haus war es ihr unheimlich [zumute]. **Syn.:** beklemmend, gespenstisch, gruselig, schauerlich, schaurig.
2. (ugs.) **a)** *sehr groß, stark:* bei ihm ist ständig ein unheimliches Durcheinander. **b)** ⟨verstärkend bei Adjektiven und Verben⟩ *sehr:* sie hat sich über die Blumen unheimlich gefreut.

un|höf|lich ['ʊnhø:flɪç] ⟨Adj.⟩:
gegen Takt und Umgangsformen verstoßend: ich hatte nach dem

Weg gefragt, bekam aber nur eine unhöfliche Antwort. **Syn.:** barsch, brüsk, grob, rau, rüde, rüpelhaft, ruppig (abwertend), schroff, unfreundlich, ungehobelt (abwertend).

Un|hold [ˈʊnhɔlt], der; -[e]s, -e: **1.** *(besonders im Märchen o. Ä.) böser Geist, furchterregendes Wesen, Ungeheuer:* der Unhold entführte die Prinzessin. **2.** (abwertend, oft scherzh.) *bösartige männliche Person:* der Kommandant war ein Unhold. **Syn.:** Barbar, Unmensch.

Un|hol|din [ˈʊnhɔldɪn], die; -, -nen: weibliche Form zu ↑Unhold (2).

Uni [ˈʊni], die; -, -s (ugs.): Kurzform von *Universität:* ich bin seit drei Jahren an der Uni.

Uni|form [uniˈfɔrm], die; -, -en: *in Material, Form und Farbe einheitlich gestaltete Kleidung, die bei Militär, Polizei o. Ä. im Dienst getragen wird:* in vielen Ländern der Welt tragen die Polizisten eine blaue Uniform. **Zus.:** Ausgehuniform, Matrosenuniform, Offiziersuniform, Polizeiuniform.

Uni|kum [ˈuːnikʊm], das; -s, -s (ugs.): *Person, die aufgrund bestimmter Verhaltensweisen belustigend wirkt, als merkwürdig, eigenartig angesehen wird:* er ist ein in der ganzen Stadt bekanntes Unikum; sie trägt immer die tollsten Hüte – sie ist ein richtiges Unikum! **Syn.:** Original, Sonderling, Type (ugs.).

Uni|on [uˈni̯oːn], die; -, -en: *Bund, Zusammenschluss (besonders von Staaten):* die Staaten schlossen sich zu einer Union zusammen. **Syn.:** Block, [1]Bund, Organisation, Verband, Vereinigung.

Uni|ver|si|tät [univɛrziˈtɛːt], die; -, -en: *in mehrere Fakultäten gegliederte Institution für wissenschaftliche Ausbildung und Forschung:* eine Universität besuchen; an einer Universität studieren. **Syn.:** Akademie, Hochschule.

Uni|ver|sum [uniˈvɛrzʊm], das; -s: *Weltall:* das ganze Universum. **Syn.:** All, Kosmos, Welt, Weltall, Weltraum.

un|ken [ˈʊŋkn̩] ⟨itr.; hat⟩ (ugs.): *aus einer pessimistischen Haltung oder Einstellung heraus Schlechtes, Unheil voraussagen:* sie unkte, es sei sicher ein Unglück passiert. **Syn.:** prophezeien, vorhersagen.

un|kennt|lich [ˈʊnkɛntlɪç] ⟨Adj.⟩: *so verändert, entstellt, dass jmd. oder etwas nicht mehr zu erkennen ist:* er versuchte, die durch das Alter fast unkenntlich gewordene Schrift zu entziffern; die Schminke hatte ihr Gesicht [völlig] unkenntlich gemacht.

Un|kennt|nis [ˈʊnkɛntnɪs], die; -: *das Nichtwissen; mangelnde Kenntnis:* in seinen Äußerungen zeigte sich seine Unkenntnis auf diesem Gebiet; aus Unkenntnis etwas falsch machen. **Syn.:** Unwissenheit.

un|klar [ˈʊnklaːɐ̯] ⟨Adj.⟩: **1. a)** *nur unbestimmt und vage:* unklare Vorstellungen von/über etwas haben. **Syn.:** allgemein, diffus, dumpf, dunkel, nebelhaft, unbestimmt, ungenau, unverbindlich, vage, verschwommen. **b)** *nur undeutlich zu erkennen:* einen Gegenstand in der Ferne nur unklar erkennen. **Syn.:** schemenhaft, undeutlich, ungenau, vage, verschwommen. **2.** *so beschaffen, dass man es kaum verstehen, begreifen kann:* er drückt sich zu unklar aus; mir ist noch [völlig] unklar, wie sie das zustande gebracht hat. **Syn.:** mysteriös, rätselhaft, unerklärlich, unverständlich.

un|klug [ˈʊnkluːk] ⟨Adj.⟩: *taktisch, psychologisch ungeschickt:* es war sehr unklug von mir, ihm das zu sagen. **Syn.:** dämlich (ugs.), dumm, gedankenlos, leichtfertig, leichtsinnig, töricht (abwertend), unbedacht, unüberlegt, unvernünftig, unvorsichtig.

un|kom|pli|ziert [ˈʊnkɔmplitsiːɐ̯t] ⟨Adj.⟩: *nicht kompliziert:* er hat ein unkompliziertes Wesen; unkomplizierte Apparate. **Syn.:** einfach, leicht, simpel.

Un|kos|ten [ˈʊnkɔstn̩], die ⟨Plural⟩: **a)** *[unvorhergesehene] Kosten, die neben den normalen Ausgaben entstehen:* durch seinen Umzug sind ihm große Unkosten entstanden; * **sich in Unkosten stürzen** (ugs.): *für etwas besonders viel Geld ausgeben:* für so etwas stürzt du dich in Unkosten? **b)** (ugs.) *finanzielle Ausgaben:* hatten Sie Unkosten? **Syn.:** Aufwand ⟨Singular⟩, Aufwendungen, Ausgaben, Auslagen, Kosten. **Zus.:** Reiseunkosten.

Unkosten / Kosten: s. Kasten Seite 573.

Un|kraut [ˈʊnkra̯ut], das; -[e]s: *Gesamtheit der Pflanzen, die für den Menschen in störender, unerwünschter Weise zwischen angebauten Pflanzen wild wachsen:* wir müssen jetzt endlich das Unkraut im Garten jäten.

un|längst [ˈʊnlɛŋst] ⟨Adverb⟩: *vor kurzer Zeit:* sie hat mich unlängst besucht. **Syn.:** jüngst, kürzlich, letztens, neulich, vor Kurzem.

un|lau|ter [ˈʊnla̯utɐ] ⟨Adj.⟩: *unehrlich und unkorrekt:* sich unlauterer Mittel bedienen; unlauterer Wettbewerb. **Syn.:** betrügerisch, unaufrichtig, unredlich.

un|leid|lich [ˈʊnla̯itlɪç] ⟨Adj.⟩: *missmutig und schlecht gelaunt [und daher schwer zu ertragen]:* sie ist heute unleidlich und verträgt kein kritisches Wort. **Syn.:** schlecht drauf (ugs.), unausstehlich.

un|le|ser|lich [ˈʊnleːzɐlɪç] ⟨Adj.⟩: *sehr schlecht geschrieben und daher nicht oder nur sehr schwer zu lesen* /Ggs. leserlich/: eine unleserliche Unterschrift; er schreibt unleserlich.

un|lieb|sam [ˈʊnliːpzaːm] ⟨Adj.⟩: *[in peinlicher Weise] unangenehm:* er erlebte eine unliebsame Überraschung; sie ist durch ihr schlechtes Benehmen unliebsam aufgefallen. **Syn.:** negativ, nicht gern gesehen, peinlich, unerfreulich, unerquicklich (geh.), unersprießlich (geh.), unerwünscht, ungut.

un|lös|bar [ʊnˈløːsbaːɐ̯] ⟨Adj.⟩: *sehr schwierig und daher nicht zu lösen, nicht zu bewältigen:* eine unlösbare Aufgabe; das Rätsel ist für ihn unlösbar.

Un|lust [ˈʊnlʊst], die; -: *Mangel an Lust, an innerem Antrieb:* er geht mit Unlust an die Arbeit. **Syn.:** Abneigung, Überdruss, Unbehagen, Unmut, Unwille, Verdruss, Verstimmung, Widerwille. **Zus.:** Arbeitsunlust.

un|mä|ßig ['ʊnmɛːsɪç] ⟨Adj.⟩:
a) *nicht mäßig; maßlos:* ein unmäßiger Alkoholkonsum; er ist unmäßig in seinen Forderungen. **Syn.:** hemmungslos, krass, ungehemmt, zügellos. **b)** *sehr groß, stark:* er hatte ein unmäßiges Verlangen nach dieser Speise. **Syn.:** groß, stark, unersättlich, unstillbar. **c)** ⟨verstärkend bei Adjektiven⟩ *sehr:* sein Hunger war unmäßig groß.

Un|men|ge ['ʊnmɛŋə], die; -, -n: *überaus große Menge:* er hat heute eine Unmenge Äpfel gegessen; eine Unmenge an/von Büchern.

Un|mensch ['ʊnmɛnʃ], der; -en, -en (abwertend):
Person, die unmenschlich ist: wer seine Kinder so sehr verprügelt, ist ein Unmensch. **Syn.:** Barbar, Barbarin, Unhold (abwertend), Unholdin (abwertend).

un|mensch|lich ['ʊnmɛnʃlɪç] ⟨Adj.⟩:
1. (abwertend) *roh und brutal gegen Menschen oder Tiere; ohne menschliches Mitgefühl* /Ggs. menschlich/: die Gefangenen wurden unmenschlich behandelt. **Syn.:** gefühllos, grausam, hart, hartherzig, herzlos, inhuman, kalt, unbarmherzig.
2. a) *sehr groß, stark:* sie mussten unmenschliche Schmerzen ertragen. **b)** ⟨verstärkend bei Adjektiven und Verben⟩ *sehr:* es ist unmenschlich kalt.

un|merk|lich [ʊn'mɛrklɪç] ⟨Adj.⟩:
so beschaffen, dass es nicht oder kaum zu merken, wahrzunehmen ist: mit ihm war eine unmerkliche Veränderung vor sich gegangen; unmerklich fortschreiten, vorangehen. **Syn.:** latent, unter der Oberfläche, unterschwellig, ¹verborgen, verdeckt, versteckt.

un|miss|ver|ständ|lich ['ʊnmɪsfɛɐ̯ʃtɛntlɪç] ⟨Adj.⟩:
klar und eindeutig; keinen Zweifel aufkommen lassend: eine unmissverständliche Absage erhalten; seine Meinung unmissverständlich sagen. **Syn.:** deutlich, eindringlich, energisch, entschieden, fest, in aller Deutlichkeit, mit Bestimmtheit, nachdrücklich.

un|mit|tel|bar ['ʊnmɪtl̩baːɐ̯] ⟨Adj.⟩:
ohne räumlichen oder zeitlichen Abstand, ohne vermittelndes Glied: der Baum steht in unmittelbarer Nähe des Hauses; er betrat den Raum unmittelbar nach dir; sie hat sich unmittelbar an den Chef gewandt. **Syn.:** direkt, geradewegs, ²gleich, ohne Umweg, schnurstracks (ugs.), umgehend (bes. Papierdt.), unmittelbar, unverzüglich.

un|mo|dern ['ʊnmodɛrn] ⟨Adj.⟩:
dem Geschmack, dem Stil, den Gegebenheiten der Gegenwart entgegenstehend: ein unmoderner Hut; seine Ansichten über die Erziehung der Kinder sind ziemlich unmodern. **Syn.:** altertümlich, altmodisch, antiquiert, gestrig, konservativ, nicht mehr zeitgemäß, rückständig, überholt.

¹un|mög|lich ['ʊnmøːklɪç] ⟨Adj.⟩:
1. a) *nicht zu bewerkstelligen, nicht durchführbar, nicht zu verwirklichen:* das ist ein unmögliches Verlangen; das Unwetter hat mein Kommen unmöglich gemacht; es ist [uns] unmöglich, die Ware heute schon zu liefern. **Syn.:** unerträglich, unhaltbar, untragbar. **b)** *nicht denkbar, nicht in Betracht kommend:* es ist unmöglich, ihr jetzt die Hilfe zu verweigern. **Syn.:** indiskutabel, undenkbar.
2. (ugs., meist abwertend) *in als unangenehm empfundener Weise von der Erwartungsnorm abweichend; sehr unpassend:* sie trug einen unmöglichen Hut; du hast dich unmöglich benommen. **Syn.:** ungebührlich (geh.), ungehörig.

²un|mög|lich ['ʊnmøːklɪç] ⟨Adverb⟩:
a) (ugs.) *(weil es unmöglich ist) nicht:* mehr ist unmöglich zu erreichen. **b)** *(weil es nicht rechtens, nicht zulässig, nicht anständig, nicht zu vertreten wäre) nicht:* ich kann sie jetzt unmöglich verlassen.

un|mo|ra|lisch ['ʊnmoraːlɪʃ] ⟨Adj.⟩:
gegen eine als verbindlich angesehene Moral verstoßend: ein unmoralisches Leben führen; sie nannte das Verhalten ihrer Tochter unmoralisch. **Syn.:** anstößig, schamlos, schlecht, unanständig, ungebührlich (geh.), ungehörig.

un|mo|ti|viert ['ʊnmotiviːɐ̯t] ⟨Adj.⟩:
ohne erkennbaren Grund: sein plötzlicher Zorn war [ganz] umotiviert, denn niemand hatte ihm Anlass dazu gegeben. **Syn.:** gegenstandslos, grundlos, haltlos, unbegründet.

un|mu|si|ka|lisch ['ʊnmuzikaːlɪʃ] ⟨Adj.⟩:
ohne musikalisches Empfinden: von ihren Kindern war nur das jüngste unmusikalisch.

Un|mut ['ʊnmuːt], der; -[e]s (geh.): *durch Enttäuschung, Unzufriedenheit o. Ä. hervorgerufene Verstimmtheit:* sie konnte ihren Unmut über sein schlechtes Benehmen nicht verbergen. **Syn.:** Ärger, Empörung, Groll, Rage (ugs.), schlechte Laune, Verstimmung, Wut, Zorn.

un|nach|ahm|lich ['ʊnnaːx|aːmlɪç] ⟨Adj.⟩:
in einer Art, die als einzigartig, unvergleichlich empfunden wird: sie hat eine unnachahmliche Gabe, Geschichten zu erzählen. **Syn.:** einzigartig, noch nie da gewesen, ohne Beispiel, ohnegleichen, unvergleichlich, unverwechselbar.

un|nach|gie|big ['ʊnnaːxgiːbɪç] ⟨Adj.⟩:
zu keinem Zugeständnis bereit: eine unnachgiebige Haltung einnehmen; er blieb trotz aller Bitten, Drohungen unnachgiebig. **Syn.:** halsstarrig, starrsinnig, störrisch, stur (ugs. abwertend), unzugänglich.

un|nach|sich|tig ['ʊnnaːxzɪçtɪç] ⟨Adj.⟩:
keine Nachsicht übend, erkennen lassend: nach dem Vorfall hat er die Schüler unnachsichtig bestraft.

un|nah|bar [ʊn'naːbaːɐ̯] ⟨Adj.⟩: *sehr auf Distanz bedacht; jeden Versuch einer Annäherung mit kühler Zurückhaltung beantwortend:* er wagte nicht, sie anzusprechen, weil sie ihm immer so unnahbar erschienen war. **Syn.:** abweisend, reserviert, spröde, unzugänglich, verschlossen, zugeknöpft (ugs.).

un|na|tür|lich ['ʊnnatyːɐ̯lɪç] ⟨Adj.⟩:
a) *zu einem als natürlich angesehenen Verhalten, Aussehen o. Ä. im Widerspruch stehend:* ihr Gesicht hatte eine unnatürliche Blässe. **Syn.:** abnorm, abnormal (bes. österr. u. schweiz.), anormal, ausgefallen, krankhaft.
b) *unecht wirkend:* seine Fröh-

lichkeit war unnatürlich. **Syn.:** affektiert (bildungsspr.), falsch, gekünstelt, künstlich, unecht.

un|nö|tig ['ʊnnøːtɪç] ⟨Adj.⟩:
nicht notwendig, erforderlich: es ist unnötig, dass du mich begleitest.

un|nütz ['ʊnnʏt͜s] ⟨Adj.⟩:
zu nichts taugend; keinen Nutzen, Gewinn bringend: mach dir keine unnützen Gedanken darüber; es ist unnütz, darüber zu streiten. **Syn.:** nutzlos, überflüssig.

un|or|dent|lich ['ʊn|ɔrdn̩tlɪç] ⟨Adj.⟩:
nicht geordnet, aufgeräumt: ein unordentlicher Schreibtisch; er ist der unordentlichste Mensch, den ich kenne.

Un|ord|nung ['ʊn|ɔrdnʊŋ], die; -:
durch das Fehlen von Ordnung gekennzeichneter Zustand: in seinem Zimmer herrschte große Unordnung. **Syn.:** Chaos, Durcheinander, Gewirr, Kuddelmuddel (ugs.), Wirrnis (geh.), Wirrwarr, Wirtschaft (ugs.).

un|par|tei|isch ['ʊnparta͜iɪʃ] ⟨Adj.⟩:
(in seinem Urteil) von keiner Seite beeinflusst; keine Partei ergreifend: eine unparteiische Haltung einnehmen; er bemühte sich, bei diesem Streit unparteiisch zu sein. **Syn.:** gerecht, neutral, unvoreingenommen.

un|pas|send ['ʊnpasn̩t] ⟨Adj.⟩:
(in Anstoß oder Missfallen erregender Weise) unangebracht, unangemessen: eine unpassende Bemerkung machen. **Syn.:** anstößig, fehl am Platz, peinlich, taktlos, ungebührlich (geh.), ungehörig, unqualifiziert.

un|päss|lich ['ʊnpɛslɪç] ⟨Adj.⟩:
von leichtem Unwohlsein befallen; sich unwohl fühlend, ohne jedoch richtig krank zu sein: sie hatte den ganzen Tag das Haus nicht verlassen, weil sie sich unpässlich fühlte. **Syn.:** krank, mies (ugs.).

un|per|sön|lich ['ʊnpɛrzøːnlɪç] ⟨Adj.⟩:
kein individuelles, persönliches Gepräge aufweisend; alles Persönliche, Emotionale vermeidend, unterdrückend: der Brief war in sehr unpersönlichem Stil geschrieben; die Einrichtung seines Zimmers war sehr unpersönlich. **Syn.:** formell, förmlich, nüchtern, sachlich, steif.

un|prak|tisch ['ʊnpraktɪʃ] ⟨Adj.⟩:
ungeschickt: er ist ein sehr unpraktischer Mensch, er kann nicht einmal einen Nagel in die Wand schlagen.

un|pünkt|lich ['ʊnpʏŋktlɪç] ⟨Adj.⟩:
dazu neigend, nicht pünktlich zu sein: er ist ein furchtbar unpünktlicher Mensch; der Zug kommt immer unpünktlich.

un|qua|li|fi|ziert ['ʊnkvalifit͜siːɐ̯t] ⟨Adj.⟩:
1. a) *keine [besondere] Qualifikation* (1) *aufweisend:* ein unqualifizierter Hilfsarbeiter. **b)** *nicht qualifiziert:* unqualifizierte Arbeit.
2. *von einem Mangel an Sachkenntnis, an Urteilsvermögen und [geistigem] Niveau zeugend:* unqualifizierte Äußerungen. **Syn.:** dumm, fehl am Platz, unpassend, verfehlt.

Un|rast ['ʊnrast], die; -:
innere Unruhe, die jmdn. dazu treibt, sich ständig zu betätigen: seine Unrast ließ ihn nicht zur Ruhe kommen; sie war voller Unrast. **Syn.:** Nervosität, Ungeduld, Unruhe.

Un|rat ['ʊnraːt], der; -[e]s (geh.):
etwas, was aus Abfällen, Weggeworfenem besteht: sie mussten den Unrat beseitigen, von der Straße entfernen. **Syn.:** Abfall, Dreck (ugs.), Kehricht, Müll, Schmutz.

Un|recht ['ʊnrɛçt], das; -[e]s:
a) *dem Recht entgegengesetztes Prinzip:* ein Leben lang gegen das Unrecht ankämpfen. **b)** *als falsch, verwerflich empfundene Verhaltensweise, Tat:* unrecht/Unrecht haben; sie hat damit ein großes Unrecht begangen. **Syn.:** Delikt, Frevel (geh.), Sünde, Verbrechen, Verfehlung, Vergehen, Verstoß.

un|recht|mä|ßig ['ʊnrɛçtmɛːsɪç] ⟨Adj.⟩:
ohne rechtlichen Anspruch, ohne rechtliche Begründung: ein unrechtmäßiger Besitz; er hat sich das Buch unrechtmäßig angeeignet. **Syn.:** gesetzwidrig, illegal, illegitim (bildungsspr.), unerlaubt, ungesetzlich, unzulässig, verboten, widerrechtlich.

un|red|lich ['ʊnreːtlɪç] ⟨Adj.⟩ (geh.):
nicht redlich, nicht ehrlich /Ggs. redlich/: ein unredlicher Kaufmann; so etwas zu behaupten ist unredlich; er handelt unredlich. **Syn.:** betrügerisch, falsch (abwertend), unaufrichtig, unfair, unlauter, verlogen (abwertend).

un|re|gel|mä|ßig ['ʊnreːgl̩mɛːsɪç] ⟨Adj.⟩:
nicht regelmäßig, in ungleichen Abständen aufeinanderfolgend: sie hatte den Kurs nur unregelmäßig besucht.

Un|ru|he ['ʊnruːə], die; -, -n:
1. ⟨ohne Plural⟩ *als störend empfundener Mangel an Ruhe; durch Lärm, ständige Bewegung o. Ä. hervorgerufene Störung:* er konnte die Unruhe, die in dem Raum herrschte, nicht länger ertragen; seine innere Unruhe machte sie ganz nervös. **Syn.:** Lärm.
2. ⟨ohne Plural⟩ **a)** *durch Angst und Sorge gekennzeichnete Stimmung:* als die Kinder nicht kamen, wuchs ihre Unruhe immer mehr. **Syn.:** Besorgnis, Nervosität. **b)** *unter einer größeren Anzahl von Menschen herrschende, von Unmut, Unzufriedenheit oder Empörung gekennzeichnete Stimmung:* nach diesen Verordnungen wuchs die Unruhe im Volk.
3. ⟨Plural⟩ *meist politisch motivierte, gewalttätige, in der Öffentlichkeit ausgetragene Auseinandersetzungen:* bei den Unruhen in den Straßen der Stadt wurden mehrere Menschen verletzt; der Korruptionsskandal sorgte für erhebliche Unruhe. **Syn.:** Aufruhr ⟨Singular⟩, Aufstand ⟨Singular⟩, Erhebung ⟨Singular⟩, Krawall ⟨Singular⟩, Rebellion ⟨Singular⟩, Revolte ⟨Singular⟩, Tumult ⟨Singular⟩. **Zus.:** Arbeiterunruhen, Rassenunruhen, Studentenunruhen.

un|ru|hig ['ʊnruːɪç] ⟨Adj.⟩:
1. a) *ständig in Bewegung befindlich:* die unruhigen Kinder störten sie bei der Arbeit; die Tiere liefen unruhig in ihrem Käfig auf und ab. **Syn.:** fahrig, nervös, rastlos, ruhelos, unstet, zappelig (ugs.). **b)** *durch Unruhe* (1) *gekennzeichnet:* er wohnt in einer unruhigen Gegend. **Syn.:** [1]laut.
2. *von Unruhe* (2) *erfüllt:* sie sieht unruhige Zeiten auf sich

zukommen; sie wartete unruhig auf die Rückkehr der Kinder. **Syn.:** aufgeregt, fahrig, gereizt, hektisch, kribbelig (ugs.), nervös, ungeduldig.

un|rühm|lich ['ʊnry:mlɪç] ⟨Adj.⟩: *so geartet, dass man sich dafür schämen muss, dass es dem Ansehen abträglich ist:* seine Karriere nahm ein unrühmliches Ende. **Syn.:** kläglich, schmählich (geh.).

uns [ʊns] ⟨Personalpronomen; Dativ und Akk. von »wir«⟩: **a)** das hat sie uns versprochen; er hat uns belogen. **b)** ⟨reflexivisch⟩ wir haben uns Mühe gegeben; darüber freuen wir uns sehr. **c)** ⟨reziprok⟩ wir sind uns begegnet; wir haben uns [gegenseitig] belogen.

un|sach|lich ['ʊnzaxlɪç] ⟨Adj.⟩: *von Gefühlen, Vorurteilen bestimmt; vom Sachlichen abweichend* /Ggs. sachlich/: unsachliche Argumente; etwas unsachlich beurteilen. **Syn.:** emotional, parteiisch, subjektiv, tendenziös (abwertend).

un|sag|bar [ʊn'za:kba:ɐ̯] ⟨Adj.⟩: **a)** *sehr groß, stark:* sie litt unsagbare Schmerzen; der Krieg brachte unsagbares Leid über die Bevölkerung. **Syn.:** außergewöhnlich, außerordentlich, enorm, furchtbar, gewaltig, gigantisch, heftig, irrsinnig (emotional), kolossal (ugs. emotional), kräftig, mächtig (ugs.), massiv, riesig, unaussprechlich, unbeschreiblich, unglaublich, wahnsinnig (ugs.). **b)** ⟨verstärkend bei Adjektiven und Verben⟩ *sehr:* sie war unsagbar glücklich; sie freuten sich unsagbar.

un|schäd|lich ['ʊnʃɛ:tlɪç] ⟨Adj.⟩: *keine schädliche Wirkung habend; keinen Schaden bringend:* unschädliche Insekten; dieses Mittel ist völlig unschädlich. **Syn.:** gutartig, harmlos, ungefährlich.

un|schätz|bar [ʊn'ʃɛt͜sba:ɐ̯] ⟨Adj.⟩: *außerordentlich groß:* er hat unschätzbare Verdienste um die Menschenrechte; von unschätzbarem Wert sein. **Syn.:** enorm, gewaltig (emotional), gigantisch, immens, kolossal (ugs. emotional).

un|schein|bar ['ʊnʃa͜inba:ɐ̯] ⟨Adj.⟩: *keinen besonderen Eindruck machend; ohne charakteristische, einprägsame Merkmale:* sie war früher ein ganz unscheinbares Mädchen; der Angeklagte ist klein und unscheinbar. **Syn.:** unauffällig.

un|schlüs|sig ['ʊnʃlʏsɪç] ⟨Adj.⟩: *sich nicht zu etwas entschließen könnend oder von dieser Unfähigkeit zeugend:* sie tadelte ihn wegen seiner unschlüssigen Haltung; er blieb unschlüssig stehen; bist du [dir] immer noch unschlüssig, ob du morgen fahren sollst? **Syn.:** unentschieden, unentschlossen, wankelmütig (geh. abwertend), zögernd.

un|schön ['ʊnʃø:n] ⟨Adj.⟩:
1. *gar nicht schön* (1); *hässlich* (1): ein unschönes Gebäude. **Syn.:** hässlich, scheußlich.
2. a) *eine menschlich unerfreuliche Haltung erkennen lassend:* es war sehr unschön von dir, ihn so zu behandeln. **Syn.:** garstig, hässlich, unanständig, unfair, unfreundlich. **b)** *nicht schön* (2): ein unschönes Wetter.

Un|schuld ['ʊnʃʊlt], die; -: *das Freisein von Schuld:* er konnte seine Unschuld nicht beweisen.

un|schul|dig ['ʊnʃʊldɪç] ⟨Adj.⟩:
1. *frei von Schuld:* unschuldig im Gefängnis sitzen; er ist an dem Unfall nicht ganz unschuldig. **Syn.:** unverschuldet.
2. *nichts Schlechtes, Böses ahnend, vorhabend, darstellend:* das unschuldige Kind wusste nicht, was es mit diesen Worten eigentlich gesagt hatte; lass ihm doch sein unschuldiges Vergnügen! **Syn.:** arglos, harmlos, naiv.

un|schwer ['ʊnʃve:ɐ̯] ⟨Adverb⟩: *keiner großen Mühe bedürfend; ohne dass große Anstrengungen unternommen werden müssten:* es ließ sich unschwer erraten, worum es sich handelte; er konnte unschwer feststellen, dass sie geweint hatte. **Syn.:** einfach, leicht, mit Leichtigkeit, mühelos, ohne Mühe, spielend.

un|selbst|stän|dig ['ʊnzɛlpstʃtɛndɪç], **un|selb|stän|dig** ['ʊnzɛlpʃtɛndɪç] ⟨Adj.⟩: *auf die Hilfe anderer angewiesen:* für seine 18 Jahre ist er noch sehr unselbstständig. **Syn.:** abhängig.

un|se|lig ['ʊnze:lɪç] ⟨Adj.⟩: **a)** *schlimm, übel, in höchster Weise beklagenswert:* eine unselige Geschichte, Tradition. **b)** *Unheil, Unglück bringend:* eine unselige Diskussion führen; auf seine Bemerkung hin kam es zu jenem unseligen Streit. **Syn.:** unglücklich, unglückselig, unheilvoll, verhängnisvoll, widrig.

[1]**un|ser** ['ʊnzɐ] ⟨Possessivpronomen⟩: dient dazu, ein Besitz- oder Zugehörigkeitsverhältnis einer Gruppe, die die eigene Person einschließt, zu bezeichnen: unser Haus ist größer als eures; unser großer Bruder wird uns beschützen; auf unseren rustikalen Stühlen sitzt man ausgezeichnet; unsere neue Waschmaschine ist schon kaputt.

[2]**un|ser** ['ʊnzɐ] ⟨Personalpronomen; Gen. von »wir«⟩ (geh.): sie erinnern sich unser.

un|si|cher ['ʊnzɪçɐ] ⟨Adj.⟩:
1. *durch eine Gefahr bedroht; keine Sicherheit bietend:* eine unsichere Gegend; Einbrecher machen seit Wochen die Gegend unsicher; in jenen Zeiten lebte man sehr unsicher. **Syn.:** gefährdet, gefährlich, riskant.
2. *das Risiko eines Misserfolgs in sich bergend; keine Gewissheit bietend; nicht feststehend:* auf diese unsichere Sache würde ich mich nicht einlassen; sie hatte dabei ein unsicheres Gefühl; es ist noch unsicher, ob sie überhaupt kommt. **Syn.:** fraglich, offen, strittig, umstritten, unbestimmt, unentschieden, ungewiss, unklar, zweifelhaft.
3. *innerlich ungefestigt; Hemmungen habend:* mit unsicheren Schritten; sein unsicheres Auftreten verwunderte alle; sie wirkt, ist sehr unsicher.

Un|sinn ['ʊnzɪn], der; -[e]s:
1. *etwas Unsinniges, Sinnloses, Törichtes; unsinniger Gedanke, unsinnige Handlung:* das ist blanker Unsinn; es wäre Unsinn zu glauben, dass das funktioniert; er redet viel Unsinn; was du hier tust, ist reiner Unsinn. **Syn.:** Blech (ugs. abwertend), Blödsinn, dummes Zeug, Dummheit, Idiotie (ugs. abwertend), Irrsinn (emotional), Kohl (ugs. abwertend), Krampf (ugs.), Mist (ugs. abwertend), Quark

(ugs.), Quatsch (ugs.), Schwachsinn (ugs. abwertend), Stuss (ugs. abwertend), Torheit (geh.), Wahnsinn (ugs.).
2. *unsinniges Benehmen; Unfug:* lass doch den Unsinn!; sie machten, trieben den ganzen Tag Unsinn; er hat nichts als Unsinn im Kopf. **Syn.:** Blödsinn (ugs. abwertend), Dummheiten ⟨Plural⟩, Flausen ⟨Plural⟩ (ugs.), Mätzchen ⟨Plural⟩ (ugs.), Quatsch (ugs.), Unfug.

un|sin|nig ['ʊnzɪnɪç] ⟨Adj.⟩:
1. *keinen Sinn, Zweck habend; töricht:* unsinniges Gerede; ein unsinniges Vorhaben; es ist unsinnig, so große Forderungen zu stellen. **Syn.:** abstrus, absurd, abwegig, blöd[e], grotesk, hirnverbrannt (emotional), lachhaft (abwertend), ohne Sinn und Verstand, sinnlos, ungereimt, witzlos (ugs.).
2. a) (ugs.) *sehr groß, stark:* ich habe unsinnigen Durst. **b)** ⟨verstärkend bei Adjektiven und Verben⟩ *in übertriebenem, übersteigertem Maße:* er hat unsinnig hohe Forderungen gestellt; sie hat sich unsinnig gefreut.

Un|sit|te ['ʊnzɪtə], die; -, -n:
schlechter Brauch; schlechte Gewohnheit, Angewohnheit: eine Unsitte ablegen; es ist eine Unsitte von dir, beim Essen so viel zu schwätzen. **Syn.:** schlechte Angewohnheit.

un|sterb|lich ['ʊnʃtɛrplɪç] ⟨Adj.⟩:
1. *nicht sterblich:* die unsterbliche Seele; die Götter sind unsterblich. **Syn.:** ewig bleibend, ewig lebend.
2. *im Gedenken der Menschen fortlebend; unvergesslich, unvergänglich:* die unsterblichen Werke Beethovens; damit hat sie sich unsterblich gemacht. **Syn.:** unauslöschlich.
3. ⟨verstärkend bei bestimmten Verben⟩ (ugs.) *sehr; über die Maßen:* er hat sich unsterblich blamiert; sie war unsterblich verliebt.

Un|stern ['ʊnʃtɛrn], der; -[e]s (geh.):
schlechtes Vorzeichen; ungünstiges, böses Geschick: ihr Vorhaben schien unter einem Unstern zu stehen.

un|stet ['ʊnʃte:t] ⟨Adj.⟩:
von innerer Unruhe getrieben; rastlos: ein unstetes Leben führen. **Syn.:** hektisch, nervös, rastlos, ruhelos, ungeduldig, unruhig.

un|still|bar [ʊn'ʃtɪlba:ɐ̯] ⟨Adj.⟩:
nicht gestillt(2) *werden können:* ein unstillbarer Durst; ein unstillbares Verlangen; ihre Sehnsucht war unstillbar. **Syn.:** extrem, heftig, maßlos, unersättlich, ungehemmt, unmäßig, zügellos.

Un|stim|mig|keit ['ʊnʃtɪmɪçkai̯t], die; -, -en:
1. *etwas, was sich in einem bestimmten Zusammenhang als Widerspruch, als nicht ganz richtig erweist:* bei der Überprüfung der Rechnung fand sich eine Unstimmigkeit. **Syn.:** Fehler, Irrtum.
2. ⟨meist Plural⟩ *(in Bezug auf eine bestimmte Meinung) unterschiedliche Auffassung; Dissonanz:* erhebliche, kleine Unstimmigkeiten; bei der Verhandlung kam es zu Unstimmigkeiten zwischen den Parteien. **Syn.:** Auseinandersetzung, Differenz, Diskrepanz, Disput (bildungsspr.), Feindseligkeiten ⟨Plural⟩, [1]Kluft, Konflikt, Kontroverse, Krach (ugs.), Meinungsverschiedenheit, Reiberei, Streit, Streitigkeit, Zusammenstoß (ugs.), Zwietracht (geh.), Zwist (geh.), Zwistigkeit (geh.).

un|strei|tig ['ʊnʃtrai̯tɪç] ⟨Adj.⟩:
den Sachverhalt genau treffend; sicher und gewiss: unstreitige Tatsachen; es wäre unstreitig das Beste gewesen, sofort abzureisen. **Syn.:** allemal (ugs.), einwandfrei, natürlich, offenbar, ohne Zweifel, selbstverständlich, unumstritten, zweifellos, zweifelsohne (emotional).

Un|sum|me ['ʊnzʊmə], die; -, -n (emotional verstärkend):
sehr große, übermäßig große Summe: das Haus hat eine Unsumme [Geldes] gekostet; für diesen Zweck sind schon Unsummen ausgegeben worden.

un|sym|pa|thisch ['ʊnzʏmpa:tɪʃ] ⟨Adj.⟩:
1. (meist abwertend) *unangenehm wirkend, Antipathie erweckend:* sie ist [mir] unsympathisch; er sieht unsympathisch aus.
2. *nicht gefallend; missfallend:* eine gar nicht so unsympathische Vorstellung; dieser Gedanke ist mir höchst unsympathisch. **Syn.:** übel, unerfreulich, unerquicklich (geh.), ungut, unliebsam.

un|ta|de|lig ['ʊnta:dəlɪç], **un|tad|lig** ['ʊnta:dlɪç] ⟨Adj.⟩:
keinerlei Anlass zu einem Tadel bietend: er fiel durch sein untad[e]liges Benehmen auf; sie war untad[e]lig gekleidet. **Syn.:** anständig, einwandfrei, ordentlich, rechtschaffen, solide, vertrauenswürdig, vollkommen.

Un|tat ['ʊnta:t], die; -, -en (emotional):
eine Tat, die großen Abscheu, Entsetzen erregt: eine abscheuliche Untat; für seine Untaten büßen. **Syn.:** Blutbad (emotional), Delikt, Frevel (geh.), Gemetzel (emotional), Gräuel ⟨Plural⟩, Massaker, Verbrechen, Verfehlung, Vergehen.

un|tä|tig ['ʊntɛ:tɪç] ⟨Adj.⟩:
nichts tuend; müßig: er saß den ganzen Tag untätig im Sessel; sie sah dem Streit untätig zu. **Syn.:** abwartend, bequem, faul (emotional), passiv, träge.

un|ten ['ʊntn̩] ⟨Adverb⟩:
1. a) *an einer (vom Sprechenden aus betrachtet) tiefer gelegenen Stelle, an einem (vom Sprechenden aus betrachtet) tief gelegenen Ort* /Ggs. oben/: die Schüsseln stehen unten im Schrank; sie ging nach unten; sie schaute nach unten; weiter unten [im Tal] ist die Luft viel schlechter. **b)** *am unteren Ende, an der Unterseite von etwas:* die Kiste ist unten isoliert. **c)** *einer Unterlage o. Ä. zugekehrt:* die matte Seite des Stoffs ist unten; mit dem Gesicht nach unten.
2. *am unteren Ende einer Hierarchie, einer Rangordnung:* sie hat sich von unten hochgearbeitet; die da oben kümmern sich doch nicht um uns hier unten.

[1]un|ter ['ʊntɐ] ⟨Präp. mit Dativ und Akk.⟩:
1. a) ⟨räumlich; mit Dativ⟩ kennzeichnet einen Abstand in vertikaler Richtung und bezeichnet die tiefere Lage im Verhältnis zu einem anderen Genannten: unter einem Baum sitzen; sie steht unter der Dusche; sie gingen zusammen unter einem Schirm; sie wohnt unter mir *(ein*

Stockwerk tiefer). **b)** ⟨räumlich; mit Akk.⟩ (in Verbindung mit Verben der Bewegung) kennzeichnet eine Bewegung an einen Ort, eine Stelle unterhalb eines anderen Genannten: sich unter die Dusche stellen; die Scheune war bis unter die Decke mit Heu gefüllt. **c)** ⟨räumlich; mit Dativ⟩ kennzeichnet einen Ort, eine Stelle, die von jmdm., etwas unterquert wird: unter einem Zaun durchkriechen; der Zug fährt unter der Brücke durch. **d)** ⟨räumlich; mit Dativ⟩ kennzeichnet eine Stelle, Lage, in der jmd., etwas unmittelbar von etwas bedeckt, von etwas darüber Befindlichem unmittelbar berührt wird: unter einer Decke liegen; sie trägt eine Bluse unter dem Pullover. **e)** ⟨räumlich; mit Akk.⟩ kennzeichnet eine Bewegung an einen Ort, eine Stelle, wo jmd., etwas von etwas darüber Befindlichem unmittelbar berührt wird: er kriecht unter die Decke; sie zog eine Jacke unter den Mantel. **f)** ⟨räumlich; mit Dativ⟩ kennzeichnet ein Abgesunkensein, bei dem ein bestimmter Wert, Rang o. Ä. unterschritten wird: unter dem Durchschnitt sein; etwas unter Preis verkaufen; die Temperatur liegt unter dem Gefrierpunkt. **g)** ⟨räumlich; mit Akk.⟩ kennzeichnet ein Absinken, bei dem ein bestimmter Wert, Rang o. Ä. unterschritten wird: unter null sinken. **h)** ⟨räumlich; mit Dativ⟩ kennzeichnet das Unterschreiten einer bestimmten Zahl; *von weniger als:* Kinder unter 10 Jahren; in Mengen unter 100 Stück.
2. ⟨zeitlich; mit Dativ⟩ **a)** (südd.) kennzeichnet einen Zeitraum, für den etwas gilt, in dem etwas geschieht; *während:* unter der Woche hat sie keine Zeit. **b)** (veraltend) bei Datumsangaben, an die sich eine bestimmte Handlung o. Ä. anknüpft: die Chronik verzeichnet unter dem Datum des 1. Januar 1850 eine große Sturmflut.
3. ⟨mit Dativ⟩ **a)** kennzeichnet einen Begleitumstand: unter Tränen, Schmerzen; unter dem Beifall der Menge zogen sie durch die Stadt. **b)** kennzeichnet die Art und Weise, in der etwas geschieht; *mit:* unter Zwang; unter Lebensgefahr; unter Vorspiegelung falscher Tatsachen; es geschah alles unter großem Zeitdruck. **c)** kennzeichnet eine Bedingung o. Ä.: unter der Voraussetzung, Bedingung; sie akzeptierte es nur unter Vorbehalt.
4. ⟨mit Dativ⟩ kennzeichnet die Gleichzeitigkeit eines durch ein Verbalsubstantiv ausgedrückten Vorgangs: etwas geschieht unter Ausnutzung, Verwendung von etwas anderem.
5. ⟨mit Dativ und Akk.⟩ kennzeichnet eine Abhängigkeit, Unterordnung o. Ä.: unter Aufsicht; unter jmds. Leitung; unter ärztlicher Kontrolle; unter jmdm. arbeiten *(jmds. Mitarbeiter sein);* unter jmdm. stehen *(jmdm. unterstellt, untergeordnet sein);* jmdn., etwas unter sich haben *(jmdm., einer Sache übergeordnet sein; für eine Sache verantwortlich sein).*
6. a) ⟨mit Dativ und Akk.⟩ kennzeichnet eine Zuordnung: etwas steht unter einem Motto; etwas unter ein Thema stellen. **b)** ⟨mit Dativ⟩ kennzeichnet eine Zugehörigkeit: jmdn. unter einer bestimmten Rufnummer erreichen; unter falschem Namen; das Schiff fährt unter französischer Flagge.
7. a) ⟨mit Dativ⟩ kennzeichnet ein Vorhanden- bzw. Anwesendsein inmitten von, zwischen anderen Sachen bzw. Personen; *inmitten von; bei; zwischen:* der Brief befand sich unter seinen Papieren; sie saß unter den Zuschauern. **b)** ⟨mit Akk.⟩ kennzeichnet das Sichhineinbegeben in eine Menge, Gruppe o. Ä.: sie mischte sich unter die Gäste.
8. ⟨mit Dativ⟩ kennzeichnet einen Einzelnen oder eine Anzahl, die sich aus einer Menge, Gruppe in irgendeiner Weise heraushebt o. Ä.; *von:* nur einer unter vierzig Bewerbern; unter den vielen Einsendungen waren nur drei mit der richtigen Lösung.
9. ⟨mit Dativ⟩ kennzeichnet eine Wechselbeziehung; *zwischen:* es gab Streit unter den Erben; sie haben die Beute unter sich aufgeteilt.
10. a) ⟨mit Dativ⟩ kennzeichnet einen Zustand, in dem sich etwas befindet: der Kessel steht unter Druck; die Leitung steht unter Strom. **b)** ⟨mit Akk.⟩ kennzeichnet einen Zustand, in den etwas gebracht wird: etwas unter Strom setzen.
11. ⟨kausal; mit Dativ⟩ kennzeichnet die Ursache des im Verb Genannten: unter einer Krankheit, unter Gicht leiden; sie stöhnte unter der Hitze.

²un|ter [ˈʊntɐ] ⟨Adverb⟩:
weniger als: ein Kind von unter 4 Jahren; die Bewerber waren unter 30 [Jahre alt]; der Bach ist sicherlich unter 5 Meter breit.

un|ter... [ˈʊntər...] ⟨Adj.⟩:
1. *(räumlich gesehen) sich [weiter] unten befindend; tiefer gelegen:* in einem der unteren Stockwerke; der untere Teil des Ärmels; die unteren Zweige des Baumes.
2. *dem Rang nach, in einer Hierarchie o. Ä. unter anderem, anderen stehend:* die unteren, untersten Instanzen; die unteren Klassen, Ränge; die unteren Lohngruppen.

¹un|ter- [ʊntɐ] ⟨adjektivisches Präfixoid⟩:
weniger als üblich, nötig, zu wenig in Bezug auf das im Basiswort Genannte: unterdurchschnittlich; untergewichtig; ⟨oft in Verbindung mit dem 2. Partizip⟩ unterbelegt; unterbeschäftigt; unterbezahlt.

²un|ter- [ʊntɐ] ⟨verbales Präfix; wenn betont, handelt es sich um ein trennbares, wenn unbetont, um ein untrennbares Verb⟩:
1. a) ⟨nicht trennbar⟩ *von unten her:* unterbauen (sie unterbaut/unterbaute/hat unterbaut/um zu unterbauen); untergraben (den Stacheldrahtzaun); unterqueren; unterstellen. **b)** ⟨wird getrennt⟩ *von oben nach unten, unter etwas:* unterfassen (er fasst/fasste sie unter/hat sie untergefasst/um sie unterzufassen); untergraben (das Unkraut untergraben), unterpflügen; unterschieben; untertauchen.
2. a) ⟨nicht trennbar⟩ *darunter, unter etwas:* unterschreiben (sie unterschreibt/unterschrieb/hat unterschrieben/um zu unterschreiben); unterschlängeln; unterstreichen. **b)** ⟨wird

U
unte

getrennt⟩ unterhaben (er hat/hatte eine Jacke unter/hat untergehabt/um unterzuhaben); sich unterstellen (er stellt/stellte sich unter/hat sich untergestellt/um sich unterzustellen).
3. a) ⟨betont; aber im Präsens und Präteritum nicht getrennt⟩ drückt aus, dass das im Basiswort genannte Tun, Geschehen o. Ä. zu schwach, zu wenig ist, dass es der Person oder Sache nicht gerecht wird, dass es unter dem üblichen Maß liegt, was oft als negativ gewertet wird: unterbewerten (er unterbewertet/unterbewertete ihre Leistung/hat unterbewertet/um sie nicht unterzubewerten); unterbezahlen; unterversichern; ⟨partizipiale Bildungen⟩ unterernährt; unterversorgt.
b) ⟨nicht trennbar⟩ *unter einer angenommenen Grenze, einem Maß:* unterbieten (sie unterbietet/unterbot ihn/hat ihn unterboten/um ihn zu unterbieten); unterschätzen; unterschreiten; untertreiben.

[1]Un|ter- [ʊntɐ] ⟨Präfixoid⟩:
1. kennzeichnet ein Zuwenig an dem im Basiswort Genannten: Unterdeckung (der Kosten); Unterfunktion; Untergewicht; Unterrepräsentierung.
2. *etwas, was [im Rang, in der Stufenfolge qualitativ] weniger ist als das im Basiswort Genannte; etwas, was Teil des im Basiswort Genannten ist, was einer anderen Sache untergeordnet ist:* Unterausschuss; Unterbezirk; Untergruppe; Unterhaus; Unteroffizier; Unterpunkt.

[2]Un|ter- [ʊntɐ] ⟨Präfix; räumlich⟩:
darunter, unter etwas anderem befindlich: **a)** *(unterhalb der Oberfläche) verdeckt durch etwas, was sich darüber befindet:* Unterbekleidung; Unterhose; Unterrock; Unterwäsche. **b)** *vertikal darunter:* Unterarm; Untergeschoss; Unterhitze; Unterkiefer; Unterlippe; Unterschenkel.

Un|ter|arm [ˈʊntɐ|arm], der; -[e]s, -e:
Teil des Arms zwischen Hand und Ellenbogen: nach dem Tennisspielen schmerzte ihn sein Unterarm.

Un|ter|be|wusst|sein [ˈʊntɐbəvʊstzai̯n], das; -s:
die seelisch-geistigen Vorgänge unter der Schwelle des Bewusstseins: die Erinnerung an diesen Vorgang stieg langsam aus seinem Unterbewusstsein wieder auf.

un|ter|bie|ten [ʊntɐˈbiːtn̩], unterbot, unterboten ⟨tr.; hat⟩:
a) *für eine Ware, eine Arbeit o. Ä. weniger Geld fordern als ein anderer:* seinen Konkurrenten unterbieten; jmds. Preise unterbieten. **b)** *im sportlichen Wettkampf beim Laufen, Schwimmen o. Ä. weniger Zeit benötigen als ein anderer:* er hat den Rekord [seines Rivalen] unterboten.

un|ter|bin|den [ʊntɐˈbɪndn̩], unterband, unterbunden ⟨tr.; hat⟩:
Maßnahmen ergreifen, damit etwas, was ein anderer oder andere tun oder zu tun beabsichtigen, unterbleibt: man hat alle Kontakte zwischen ihnen unterbunden; jede Diskussion, Störung unterbinden. **Syn.:** abstellen, im Keim ersticken, nicht zulassen, sabotieren, unmöglich machen, vereiteln, verhindern, verhüten.

un|ter|blei|ben [ʊntɐˈblai̯bn̩], unterblieb, unterblieben ⟨itr.; ist⟩:
nicht [mehr] geschehen, stattfinden: eine Sache, die besser unterblieben wäre; eine Untersuchung der Vorfälle ist leider unterblieben.

un|ter|bre|chen [ʊntɐˈbrɛçn̩], unterbricht, unterbrach, unterbrochen ⟨tr.; hat⟩:
1. *vorübergehend einstellen; für kürzere oder längere Zeit (mit etwas) aufhören:* sie unterbrach ihre Arbeit, um zu frühstücken; eine Reise unterbrechen; die Sendung musste leider für einige Minuten unterbrochen werden; eine unterbrochene Verbindung wiederherstellen. **Syn.:** abbrechen, aufhören mit, aussetzen, einhalten in, einstellen, innehalten in.
2. *am Fortführen einer Tätigkeit hindern:* die Kinder unterbrachen ihn öfter bei seiner Arbeit; sie unterbrach den Redner mit einer Frage. **Syn.:** aufhalten, stören.

Un|ter|bre|chung [ʊntɐˈbrɛçʊŋ], die; -, -en:
1. *Zeitraum, während dessen etwas unterbrochen ist:* nach einer kurzen Unterbrechung geht es gleich weiter im Programm; die häufigen Unterbrechungen bekamen ihrer Arbeit nicht. **Syn.:** Halt, Pause. **Zus.:** Arbeitsunterbrechung, Fahrtunterbrechung.
2. *das Unterbrochenwerden* (2): durch die vielen Unterbrechungen kam ich nicht weiter in meiner Arbeit. **Syn.:** Störung.

un|ter|brei|ten [ʊntɐˈbrai̯tn̩], unterbreitete, unterbreitet ⟨tr.; hat⟩:
[mit entsprechenden Erläuterungen, Darlegungen] zur Kenntnisnahme, Begutachtung oder Entscheidung vorlegen: sie unterbreitete uns ihr Angebot, ihren Plan, Vorschlag. **Syn.:** informieren über, mitteilen, unterrichten über/von, verständigen über/von, vortragen.

un|ter|brin|gen [ˈʊntɐbrɪŋən], brachte unter, untergebracht ⟨tr.; hat⟩:
1. *für jmdn., etwas irgendwo [noch] den erforderlichen Platz finden:* sie konnte das ganze Gepäck und die drei Kinder im Wagen unterbringen. **Syn.:** verstauen.
2. a) *jmdm. irgendwo eine Unterkunft beschaffen:* er brachte seine Gäste in einem guten Hotel unter; die Kinder sind [bei den Großeltern] gut untergebracht. **b)** (ugs.) *jmdm. irgendwo eine Stellung, einen Posten verschaffen:* sie brachte seinen Neffen bei einer großen Firma unter.

un|ter|des|sen [ʊntɐˈdɛsn̩] ⟨Adverb⟩:
in der Zwischenzeit: sie hat unterdessen geheiratet; ich gehe einkaufen, du passt unterdessen bitte auf die Kinder auf. **Syn.:** einstweilen, indes (geh.), indessen (geh.), inzwischen.

un|ter|drü|cken [ʊntɐˈdrʏkn̩] ⟨tr.; hat⟩:
1. a) *(Gefühle, Gedanken o. Ä.) zurückhalten, nicht zeigen, nicht nach außen dringen lassen:* er konnte seinen Zorn, seine Erregung nur mit Mühe unterdrücken; sie konnte die Bemerkung gerade noch unterdrücken; ein Lachen, ein Weinen unterdrücken. **Syn.:** unter den Teppich kehren (ugs.), verdrängen.

U
Unte

b) *nicht zulassen, dass etwas Bestimmtes an die Öffentlichkeit kommt, jmdm. bekannt wird:* Nachrichten, Informationen unterdrücken. **Syn.:** geheim halten, verschweigen.
2. *(in seiner Existenz, Entfaltung) stark behindern; einzuschränken, niederzuhalten versuchen:* Minderheiten unterdrücken; jmdn. psychisch unterdrücken; einen Aufstand unterdrücken; das Volk wurde lange Zeit von seinen Herrschern unterdrückt. **Syn.:** terrorisieren.

un|ter|ei|n|an|der [ʊntɐlai̯ˈnandɐ] ⟨Adverb⟩:
1. *eines unter das andere; eines unter dem anderen:* die Bilder untereinander aufhängen.
2. *(in einem engeren Kreis von Personen) einer mit [dem] anderen, mehrere mit [einem] anderen; unter uns, unter euch, unter sich:* das müsst ihr untereinander ausmachen; sich untereinander helfen. **Syn.:** miteinander, zwischen uns/euch/sich.

un|ter|ei|n|an|der|le|gen [ʊntɐlai̯ˈnandɐle:gn̩], legte untereinander, untereinandergelegt ⟨tr.; hat⟩:
eines unter das andere legen: die Spielkarten nach Farben geordnet untereinanderlegen.

un|ter|ent|wickelt [ˈʊntɐlɛntvɪkl̩t] ⟨Adj.⟩:
a) *in der Entwicklung, Ausprägung, Reife, im Wachstum o. Ä. eine bestimmte Norm nicht erreichend:* das Kind ist geistig und körperlich unterentwickelt.
b) *wirtschaftlich zurückgeblieben, nur wenig (moderne) Industrie besitzend:* unterentwickelte Regionen werden besonders gefördert.

un|ter|er|nährt [ˈʊntɐlɛɐ̯nɛ:ɐ̯t] ⟨Adj.⟩:
aufgrund mangelhafter und unzureichender Ernährung in schlechter körperlicher Verfassung: die Familie ist bettelarm, die Kinder sind offensichtlich unterernährt. **Syn.:** abgemagert.

Un|ter|fan|gen [ʊntɐˈfaŋən], das; -s:
Unternehmen [dessen Erfolg nicht unbedingt gesichert ist, das im Hinblick auf sein Gelingen durchaus gewagt ist]: ein kühnes, gefährliches Unterfangen; es ist ein aussichtsloses Unterfangen, ihn von seiner Ansicht abzubringen. **Syn.:** Aktion, Projekt, Tat, Unternehmung, Vorhaben.

un|ter|fas|sen [ˈʊntɐfasn̩], fasst unter, fasste unter, untergefasst ⟨tr.; hat⟩:
unter den Arm fassen [und so stützen], (mit jmdm.) Arm in Arm gehen: er hatte die ältere Dame untergefasst; sie gingen untergefasst.

Un|ter|füh|rung [ʊntɐˈfy:rʊŋ], die; -, -en:
Straße, Weg o. Ä., der unter einer anderen Straße, einer Brücke o. Ä. hindurchführt: die Unterführung war schlecht beleuchtet und es stank nach Urin. **Syn.:** Tunnel. **Zus.:** Bahnunterführung, Fußgängerunterführung.

Un|ter|funk|ti|on [ˈʊntɐfʊŋktsi̯o:n], die; -, -en (Med.):
mangelhafte Funktion eines Organs: sie leidet an einer Unterfunktion der Schilddrüse.

Un|ter|gang [ˈʊntɐgaŋ], der; -[e]s, Untergänge [ˈʊntɐgɛŋə]:
das Zugrundegehen: der Untergang einer Kultur, eines Volkes; der Untergang des Römischen Reiches; vom Untergang bedroht sein; etwas vor dem Untergang bewahren. **Syn.:** Ende, Ruin, Verderben, Zusammenbruch. **Zus.:** Weltuntergang.

Un|ter|ge|be|ne [ʊntɐˈge:bənə], die/eine Untergebene; der/einer Untergebenen, die Untergebenen/zwei Untergebene:
weibliche Person, die einer anderen unterstellt und von ihr abhängig ist: behandle mich doch nicht wie deine Untergebene! **Syn.:** Mitarbeiterin.

Un|ter|ge|be|ner [ʊntɐˈge:bənɐ], der Untergebene/ein Untergebener; des/eines Untergebenen, die Untergebenen/zwei Untergebene:
Person, die einer anderen unterstellt und von ihr abhängig ist: der Chef behandelt seine Untergebenen sehr schlecht.

un|ter|ge|hen [ˈʊntɐge:ən], ging unter, untergegangen ⟨itr.; ist⟩:
1. *unter der Wasseroberfläche verschwinden und nicht mehr nach oben gelangen; versinken:* das Boot kippte um und ging sofort unter; sie drohte unterzugehen. **Syn.:** absacken (ugs.), sinken.
2. *hinter dem Horizont verschwinden:* die Sonne, der Mond, die Venus geht unter.
3. *vernichtet, zerstört werden; zugrunde gehen:* es war, als ob die Welt untergehen wollte; diese Dynastie ist untergegangen; untergegangene Kulturen, Städte. **Syn.:** aufhören, zu existieren; verfallen; vergehen; verschwinden; von der Erde verschwinden; zerfallen.

un|ter|ge|ord|net [ˈʊntɐgəɔrdnət] ⟨Adj.⟩:
(in seiner Funktion, Bedeutung) weniger wichtig, weniger bedeutend, nur zweitrangig: das ist von untergeordneter Bedeutung; eine untergeordnete Stellung innehaben. **Syn.:** sekundär, weniger wichtig.

un|ter|glie|dern [ʊntɐˈgli:dɐn] ⟨tr.; hat⟩:
in [kleinere] Abschnitte gliedern, unterteilen: diesen umfangreichen Text hätte er lieber untergliedern sollen; wie ist die Abteilung untergliedert?; ⟨auch + sich⟩ das Forum untergliedert sich in mehrere Untergruppen. **Syn.:** aufschlüsseln, aufteilen, einteilen, klassifizieren.

un|ter|gra|ben [ʊntɐˈgra:bn̩], untergräbt, untergrub, untergraben ⟨tr.; hat⟩:
nach und nach an der Vernichtung von etwas arbeiten; etwas kaum merklich, aber zielstrebig, unausbleiblich [von innen heraus] zerstören: einen Kompromiss untergraben; diese Gerüchte untergruben ihr Ansehen, ihre Autorität, Glaubwürdigkeit; diese Bilder untergraben das Vertrauen in den Rechtsstaat. **Syn.:** aushöhlen, ins Wanken bringen, schwächen, unterminieren, zersetzen.

Un|ter|grund [ˈʊntɐgrʊnt], der; -[e]s:
1. a) *unter der Erdoberfläche liegende Bodenschicht:* den Untergrund lockern; Metropolen verlagern immer mehr Straßen in den Untergrund. **b)** *Grundfläche, auf der etwas stattfindet, auf der etwas ruht, besonders Bodenschicht als Grundlage für einen Bau:* ein fester, felsiger, sandiger Untergrund; auf dem rutschigen Untergrund ist das Anfah-

ren extrem schwierig. **Syn.:** Boden, Grund. **c)** *unterste Farbschicht von etwas; Fläche eines Gewebes o. Ä. in einer bestimmten Farbe, von der sich andere Farben abheben:* eine schwarze Zeichnung auf rotem Untergrund.
2. ⟨ohne Plural⟩ (bes. Politik) *gesellschaftlicher Bereich außerhalb der etablierten Gesellschaft, der Legalität:* die verbotene Partei arbeitete im Untergrund, ging in den Untergrund. **Syn.:** Illegalität.

[1]**un|ter|halb** [ˈʊntɐhalp] ⟨Präp. mit Gen.⟩: *tiefer als etwas gelegen* /Ggs. oberhalb/: eine Verletzung unterhalb des Knies; die Wiese liegt unterhalb des Weges. **Syn.:** [1]unter.

[2]**un|ter|halb** [ˈʊntɐhalp] ⟨Adverb; in Verbindung mit »von«⟩: *unter etwas, tiefer als etwas gelegen* /Ggs. oberhalb/: die Altstadt liegt unterhalb [vom Schloss]. **Syn.:** darunter, unten, weiter unten.

Un|ter|halt [ˈʊntɐhalt], der; -[e]s: **1.** *Lebensunterhalt:* zum Unterhalt einer Familie beitragen. **2.** *das Instandhalten von etwas und die damit verbundenen Kosten:* der neue Wagen ist im Unterhalt günstiger; die Stadt hat eine größere Summe für den Unterhalt der Sportanlagen bereitgestellt.

un|ter|hal|ten [ʊntɐˈhaltn̩], unterhält, unterhielt, unterhalten: **1.** ⟨+ sich⟩ *[zwanglos, auf angenehme Weise] mit jmdm. über etwas sprechen; ein Gespräch führen:* sie hat sich lange mit ihm unterhalten; sie unterhielten sich über den neuesten Film. **Syn.:** klönen (nordd. ugs.), Konversation machen (bildungsspr.), plaudern, plauschen (landsch.), schwatzen, schwätzen (bes. südd.), Zwiesprache halten (geh.). **2. a)** ⟨tr.; hat⟩ *für Zerstreuung, Zeitvertreib sorgen; jmdm. auf Vergnügen bereitende, entspannende Weise die Zeit vertreiben:* er unterhielt seine Gäste mit Musik und Spielen; ⟨häufig im 1. Partizip⟩ unterhaltende Lektüre; der Abend war recht unterhaltend. **Syn.:** amüsieren, erfreuen. **b)** ⟨+ sich⟩ *sich auf angenehme Weise die Zeit vertreiben:* sie hat sich im Theater gut unterhalten. **Syn.:** sich amüsieren, sich die Zeit vertreiben, sich vergnügen, sich zerstreuen. **3.** ⟨tr.; hat⟩ *für jmds. Lebensunterhalt aufkommen:* sie muss neben ihrer Familie noch verschiedene Verwandte unterhalten. **Syn.:** durchbringen (ugs.), ernähren. **4.** ⟨tr.; hat⟩ **a)** *für das Instandsein (von etwas) sorgen:* Straßen, Brücken, Anlagen müssen unterhalten werden; schlecht unterhaltene Gleisanlagen. **Syn.:** instand halten, pflegen, warten. **b)** *[als Besitzer] etwas halten, einrichten, betreiben und dafür aufkommen:* einen Reitstall, ein Geschäft unterhalten; eine Pension unterhalten. **Syn.:** führen, haben, leiten, vorstehen. **c)** *über etwas (Beziehungen, Kontakte o. Ä.) verfügen:* gute Verbindungen, Kontakte unterhalten; die beiden Staaten unterhalten diplomatische Beziehungen. **Syn.:** haben, pflegen.

un|ter|halt|sam [ʊntɐˈhaltza:m] ⟨Adj.⟩: *unterhaltend, auf angenehme Weise die Zeit vertreibend:* ein unterhaltsamer Abend, Film; in dieser lustigen Gesellschaft verbrachten wir manchen unterhaltsamen Abend; das Treffen war recht unterhaltsam. **Syn.:** amüsant, lustig, spannend, spaßig.

Un|ter|hal|tung [ʊntɐˈhaltʊŋ], die; -, -en: **1.** *das Sichunterhalten* (1): eine lebhafte, interessante, anregende Unterhaltung; es kam keine vernünftige Unterhaltung zustande. **Syn.:** Dialog, Gespräch, Konversation. **2.** *das Unterhalten* (2 a); *das Sichunterhalten* (2 b): die Unterhaltung der Gäste war nicht einfach; für Unterhaltung sorgen; sie hat zur Unterhaltung der Besucher beigetragen. **Syn.:** Abwechslung, Amüsement (bildungsspr.), Vergnügen, Zeitvertreib, Zerstreuung. **Zus.:** Abendunterhaltung.

Un|ter|hemd [ˈʊntɐhɛmt], das; -[e]s, -en: *unter dem Hemd, der Bluse oder dem Pullover getragenes Kleidungsstück, das direkt auf der Haut liegt:* im Sommer trägt er kein Unterhemd. **Zus.:** Baumwollunterhemd, Damenunterhemd, Herrenunterhemd.

Un|ter|holz [ˈʊntɐhɔlts], das; -es: *niedrig (unter den Kronen älterer Bäume) wachsendes Gehölz, Gebüsch im Wald:* undurchdringliches Unterholz versperrte uns den Weg; das Wild huscht durchs Unterholz. **Syn.:** Dickicht, Gestrüpp.

Un|ter|ho|se [ˈʊntɐho:zə], die; -, -n: *unter der Oberbekleidung unmittelbar auf dem Körper getragene Hose:* im Winter trägt er lange Unterhosen. **Syn.:** Schlüpfer, Slip.

un|ter|ir|disch [ˈʊntɐlɪrdɪʃ] ⟨Adj.⟩: *unter der Erde, unter dem Erdboden [befindlich]:* unterirdische Höhlen, Quellen; die Ölleitung verläuft unterirdisch; die Bahn fährt unterirdisch.

un|ter|jo|chen [ʊntɐˈjɔxn̩] ⟨tr.; hat⟩: *unter seine Herrschaft, Gewalt bringen und unterdrücken:* andere Völker, Minderheiten unterjochen; die Eroberer unterjochten die einheimische Bevölkerung und beuteten sie aus. **Syn.:** besiegen, unterwerfen.

un|ter|kel|lern [ʊntɐˈkɛlɐn] ⟨tr.; hat⟩: *(ein Gebäude o. Ä.) mit einem Keller versehen:* wenn wir das Haus unterkellern, erhöhen sich die Baukosten; ⟨häufig im 2. Partizip⟩ in England findet man wenig unterkellerte Häuser.

un|ter|kom|men [ˈʊntɐkɔmən], kam unter, untergekommen ⟨itr.; ist⟩: **1.** *eine Unterkunft, Anstellung finden:* sie ist bei Freunden, in einer Pension untergekommen; er ist bei, in einem Verlag untergekommen. **2.** (ugs.) *erreichen, dass etwas angenommen wird, einen Interessenten findet:* sie konnte mit ihrem Roman woanders unterkommen. **3.** (ugs.) *jmdm. vorkommen* (1), *begegnen:* so etwas ist mir noch nicht untergekommen. **Syn.:** erleben, passieren, vorkommen bei.

Un|ter|kunft [ˈʊntɐkʊnft], die; -, Unterkünfte [ˈʊntɐkʏnftə]:

Wohnung, Raum o. Ä., wo jmd. als Gast o. Ä. vorübergehend wohnt: eine Unterkunft für eine Nacht suchen; für Unterkunft und Frühstück bezahlen. **Syn.:** Bleibe, Obdach (veraltend), Quartier. **Zus.:** Behelfsunterkunft, Notunterkunft.

Un|ter|la|ge ['ʊntɐla:gə], die; -, -n: **1.** *etwas, was zu einem bestimmten Zweck, zum Schutz o. Ä. unter etwas gelegt wird:* die schweren Gegenstände standen alle auf einer Unterlage aus Gummi; etwas als Unterlage benutzen; eine Unterlage zum Schreiben. **Syn.:** Untersatz, Untersetzer. **Zus.:** Filzunterlage, Gummiunterlage, Schreibunterlage. **2.** ⟨Plural⟩ *schriftlich Niedergelegtes, das als Beweis, Beleg, Bestätigung o. Ä. für etwas dient; Dokumente; Urkunden; Akten o. Ä.:* sämtliche Unterlagen verlangen, anfordern, beschaffen, vernichten; einer Bewerbung die üblichen Unterlagen beifügen; dies geht aus den Unterlagen hervor. **Syn.:** Schriftstück. **Zus.:** Abrechnungsunterlagen, Bewerbungsunterlagen.

un|ter|las|sen [ʊntɐ'lasn̩], unterlässt, unterließ, unterlassen ⟨tr.; hat⟩: *darauf verzichten, etwas zu tun, zu sagen o. Ä.; mit etwas aufhören:* es wird gebeten, das Rauchen zu unterlassen; unterlass bitte diese Bemerkungen!; sie hat es unterlassen, die Sache rechtzeitig zu prüfen. **Syn.:** lassen, sein lassen, versäumen.

un|ter|lau|fen [ʊntɐ'laufn̩], unterläuft, unterlief, unterlaufen ⟨itr.; ist⟩: *bei jmds. Tätigkeit, Ausführungen, Äußerungen, Überlegungen o. Ä. als Versehen o. Ä. vorkommen, auftreten:* bei der Berechnung muss ein Fehler unterlaufen sein; ihr ist ein großer Irrtum unterlaufen. **Syn.:** geschehen, passieren.

¹un|ter|le|gen ['ʊntɐle:gn̩], legte unter, untergelegt ⟨tr.; hat⟩: **a)** *etwas unter jmdn., etwas legen:* er legte dem Kind ein Kissen unter; sie hat der Henne Eier zum Brüten untergelegt. **b)** *Worte, Texte o. Ä. abweichend von ihrer Intention auslegen:* sie hat meinen Worten einen anderen Sinn untergelegt.

²un|ter|le|gen [ʊntɐ'le:gn̩], unterlegte, unterlegt ⟨tr.; hat⟩: **a)** *die Unterseite von etwas mit etwas aus einem anderen Material versehen:* sie hat die Glasplatte mit Filz unterlegt; mit Seide unterlegte Spitzen. **b)** *etwas nachträglich mit Musik, mit einem [anderen] Text versehen:* einer Melodie einen Text unterlegen.

³un|ter|le|gen [ʊntɐ'le:gn̩] ⟨Adj.⟩: *schwächer als ein anderer; nicht so gut o. Ä. wie ein anderer* /Ggs. ²überlegen/: ein [zahlenmäßig] unterlegener Feind; [dem Gegner] an Zahl unterlegen sein; er ist seiner Frau geistig unterlegen.

Un|ter|le|gen|heit [ʊntɐ'le:gn̩hait], die; -: *das Unterlegensein:* körperliche Unterlegenheit; die Unterlegenheit der Mannschaft fand in der hohen Niederlage ihren Ausdruck.

Un|ter|leib ['ʊntɐlaip], der; -[e]s: *unterer Teil des Bauches:* einen Tritt in den Unterleib bekommen; Schmerzen im Unterleib haben. **Syn.:** Leib, Ranzen (ugs.).

un|ter|lie|gen [ʊntɐ'li:gn̩], unterlag, unterlegen: **1.** ⟨itr.; ist⟩ *besiegt werden, bezwungen werden:* er unterlag im Kampf, bei der Wahl; ⟨häufig im 2. Partizip⟩ die unterlegene Mannschaft. **Syn.:** verlieren. **2.** ⟨itr.; hat⟩ *einer Sache ausgesetzt sein, preisgegeben sein:* harten Schwankungen unterliegen; die Mode unterliegt dem Wechsel der Zeit; etwas unterliegt der Schweigepflicht. **Syn.:** unterworfen sein.

un|ter|ma|len [ʊntɐ'ma:lən] ⟨tr.; hat⟩: *etwas mit Musik, Geräuschen o. Ä. begleiten:* eine Erzählung mit Flötenmusik untermalen; der Gesang der Vögel untermalte die abendliche Idylle.

un|ter|mau|ern [ʊntɐ'mauɐn] ⟨tr.; hat⟩: **1.** *mit Grundmauern versehen; mit stabilen Mauern von unten her befestigen, stützen:* ein Gebäude, einen Turm untermauern. **2.** *etwas mit [stichhaltigen] Argumenten, Fakten o. Ä. absichern, stützen:* etwas theoretisch, exakt, wissenschaftlich untermauern; er versuchte seine Behauptung zu untermauern. **Syn.:** belegen, beweisen, dokumentieren, glaubhaft machen, nachweisen, plausibel machen, zeigen.

Un|ter|mie|ter ['ʊntɐmi:tɐ], der; -s, -, **Un|ter|mie|te|rin** ['ʊntɐmi:tərɪn], die; -, -nen: *Person, die von jmdm. Wohnraum gemietet hat, der selbst unmittelbarer Mieter ist:* er wohnt bei einer älteren Dame als Untermieter.

un|ter|mi|nie|ren [ʊntɐmi'ni:rən] ⟨tr.; hat⟩ (bildungsspr.): *in einem allmählichen Prozess bewirken, dass etwas zerstört, geschwächt o. Ä. wird:* jmds. Autorität, Ansehen unterminieren; die vielen Misshandlungen haben seine Widerstandskraft völlig unterminiert. **Syn.:** aushöhlen, ins Wanken bringen, untergraben, zersetzen.

un|ter|neh|men [ʊntɐ'ne:mən], unternimmt, unternahm, unternommen: **a)** ⟨tr.; hat⟩ *etwas, was bestimmte Handlungen, Aktivitäten o. Ä. erfordert, in die Tat umsetzen, ins Werk setzen; Maßnahmen ergreifen:* wir unternahmen einen letzten Versuch, sie umzustimmen; einen Ausflug unternehmen; etwas gegen die Missstände unternehmen. **Syn.:** machen, tun. **b)** ⟨itr.; hat⟩ *sich irgendwohin begeben und etwas tun, was Spaß, Freude o. Ä. macht:* sie haben viel zusammen unternommen; was unternehmen wir heute Abend? **Syn.:** machen, tun.

Un|ter|neh|men [ʊntɐ'ne:mən], das; -s, -: **1.** *etwas, was unternommen* (a) *wird; Vorhaben:* ein schwieriges, aussichtsloses Unternehmen; dieser Flug ist ein gewagtes Unternehmen. **Syn.:** Aktion, Projekt, Tat, Unterfangen, Unternehmung. **Zus.:** Forschungsunternehmen, Raumfahrtunternehmen. **2.** *[aus mehreren Werken, Fabriken, Filialen bestehender] Betrieb (im Hinblick auf seine wirtschaftliche Einheit):* ein finanzstarkes, mittleres, privates Unternehmen; dieses Unternehmen wurde erst nach dem Kriege gegründet. **Syn.:** Firma, Geschäft, Gesellschaft, Konzern, Unternehmung. **Zus.:** Handelsunternehmen, Konkurrenzunternehmen, Transportunternehmen.

Un|ter|neh|mer [ʊntɐˈneːmɐ], der; -s, -, **Un|ter|neh|me|rin** [ʊntɐˈneːmərɪn], die; -, -nen: *Eigentümer bzw. Eigentümerin eines Unternehmens:* das liegt nicht im Interesse der Unternehmer. **Syn.:** Arbeitgeber, Arbeitgeberin, Fabrikant, Fabrikantin, Inhaber, Inhaberin. **Zus.:** Bauunternehmer, Bauunternehmerin.

Un|ter|neh|mung [ʊntɐˈneːmʊŋ], die; -, -en:
1. *Unternehmen* (1): er hat sich geweigert, über seine Unternehmungen an dem betreffenden Vormittag Rechenschaft abzulegen.
2. *Unternehmen* (2): privatwirtschaftliche Unternehmungen. **Syn.:** Betrieb, Firma, Geschäft, Gesellschaft, Konzern.

un|ter|ord|nen [ˈʊntɐ|ɔrdnən], ordnete unter, untergeordnet:
a) ⟨tr.; hat⟩ *etwas zugunsten einer anderen Sache zurückstellen:* seine eigenen Interessen den Notwendigkeiten unterordnen; er ordnete seine eigenen Pläne denen seines Bruders unter. **b)** ⟨+ sich⟩ *sich in eine bestimmte Ordnung einfügen und sich nach dem Willen, den Anweisungen eines anderen oder den Erfordernissen, Gegebenheiten richten:* es fällt ihr nicht leicht, sich [anderen] unterzuordnen. **Syn.:** sich einfügen, sich einordnen, sich fügen.

Un|ter|pfand [ˈʊntɐp͡fant], das; -[e]s, Unterpfänder [ˈʊntɐp͡fɛndɐ] (geh.):
Gegenstand, Person, Eigenschaft o. Ä. als Beweis, Zeichen von etwas: drei symbolische Ringe als Unterpfand ihrer Liebe.

Un|ter|re|dung [ʊntɐˈreːdʊŋ], die; -, -en:
wichtiges, meist förmliches, offizielles Gespräch, bei dem bestimmte Fragen besprochen, verhandelt werden: eine Unterredung unter vier Augen; eine wichtige Unterredung vereinbaren; bei einer Unterredung seine Meinung äußern; die Unterredung ist beendet. **Syn.:** Aussprache, Besprechung, Unterhaltung, Verhandlung.

Un|ter|richt [ˈʊntɐrɪçt], der; -[e]s:
planmäßiges, regelmäßiges Vermitteln von Kenntnissen, Fertigkeiten durch einen Lehrenden: ein lebendiger, langweiliger Unterricht; der Unterricht dauert von 8 bis 12 Uhr; der Unterricht fällt aus; Unterricht in Englisch geben, erteilen; den Unterricht stören, versäumen, schwänzen. **Syn.:** Kolleg, Kurs, Kursus, Lehrgang, Lektion, Schule, Seminar, Stunde. **Zus.:** Deutschunterricht, Gesangsunterricht, Klavierunterricht, Nachhilfeunterricht, Schauspielunterricht.

un|ter|rich|ten [ʊntɐˈrɪçtn̩], unterrichtete, unterrichtet:
1. ⟨tr.; hat⟩ *(als Lehrperson) Unterricht erteilen:* sie unterrichtet diese Klasse schon seit drei Jahren; sie unterrichtet Englisch und Französisch; ⟨auch itr.⟩ wo unterrichtet sie? **Syn.:** ausbilden, lehren, schulen, unterweisen (geh.).
2. a) ⟨tr.; hat⟩ *von etwas in Kenntnis setzen; benachrichtigen:* sie hat ihn über ihre Abreise/von dem Vorgang rechtzeitig unterrichtet; hat er dich nicht davon unterrichtet?; dies war aus sehr gut unterrichteten Kreisen zu hören. **Syn.:** aufklären, informieren. **b)** ⟨+ sich⟩ *sich Kenntnisse, Informationen o. Ä. über etwas verschaffen:* sich aus der Presse, an Ort und Stelle über den Stand der Dinge unterrichten; ich habe mich über die Vorgänge genau unterrichtet; er hat sich davon unterrichtet, dass alles in Ordnung ist. **Syn.:** sich erkundigen, sich informieren, sich orientieren.

Un|ter|rock [ˈʊntɐrɔk], der; -[e]s, Unterröcke [ˈʊntɐrœkə]:
unter einem Kleid oder Rock zu tragendes Wäschestück: ein seidener Unterrock; ein Unterrock aus Spitze.

un|ter|sa|gen [ʊntɐˈzaːgn̩] ⟨tr.; hat⟩:
anordnen, dass etwas zu unterlassen ist: die Ärztin untersagte ihm, Alkohol zu trinken; es ist untersagt, die Waren zu berühren. **Syn.:** verbieten, versagen (geh.), verwehren (geh.).

Un|ter|satz [ˈʊntɐzat͡s], der; -es, Untersätze [ˈʊntɐzɛt͡sə]:
etwas, was unter etwas gestellt, gelegt, angebracht wird, um darauf etwas abzustellen: den heißen Topf auf einen Untersatz stellen; die Kaffeekanne stand auf einem silbernen Untersatz. **Syn.:** Unterlage, Untersetzer. **Zus.:** Flaschenuntersatz, Plastikuntersatz.

un|ter|schät|zen [ʊntɐˈʃɛt͡sn̩] ⟨tr.; hat⟩:
zu gering einschätzen: eine Entfernung [erheblich] unterschätzen; jmds. Kraft, Fähigkeiten unterschätzen; er hat seinen Gegner, die Kräfte seines Gegners unterschätzt.

un|ter|schei|den [ʊntɐˈʃaidn̩], unterschied, unterschieden:
1. ⟨tr.; hat⟩ *etwas unter, zwischen etwas anderem, vielem anderen in seinen Einzelheiten optisch oder akustisch wahrnehmen:* am Horizont unterschied er deutlich die beiden Schiffe. **Syn.:** ausmachen, bemerken, entdecken, erblicken, erkennen, sehen, sichten.
2. ⟨tr.; hat⟩ **a)** *einen Unterschied machen (zwischen jmdm., etwas); die Verschiedenheit (von jmdm., etwas) erkennen:* die Zwillinge sind kaum zu unterscheiden; kannst du die beiden Pflanzen voneinander unterscheiden?; er unterscheidet die Schnäpse am Geruch. **Syn.:** auseinanderhalten. **b)** *eine bestimmte Einteilung vornehmen; etwas von etwas anderem trennen:* verschiedene Bedeutungen unterscheiden; sie unterscheidet genau das Richtige vom Falschen; wir müssen bei dieser Entwicklung drei Phasen unterscheiden; ⟨auch itr.⟩ man unterscheidet zwischen abstrakter und gegenständlicher Kunst. **Syn.:** auseinanderhalten.
3. ⟨+ sich⟩ *im Hinblick auf bestimmte Merkmale, Eigenschaften o. Ä. anders sein (als jmd., etwas):* er unterscheidet sich kaum von seinem Bruder; die beiden Kleider unterscheiden sich nur durch ihre Farbe. **Syn.:** sich abheben, abstechen, abweichen.

Un|ter|schen|kel [ˈʊntɐʃɛŋkl̩], der; -s, -:

U
Unte

Teil des Beines zwischen Knie und Fuß: die Stiefel bedeckten die Unterschenkel.

¹un|ter|schie|ben ['ʊntɐʃi:bn̩], schob unter, untergeschoben ⟨tr.; hat⟩:
unter jmdn., etwas schieben: sie schob der Kranken ein Kissen unter.

²un|ter|schie|ben [ʊntɐ'ʃi:bn̩], unterschob, unterschoben ⟨tr.; hat⟩:
in ungerechtfertigter Weise jmdm. etwas Negatives zuschreiben: diese Äußerung habe ich nie getan, man hat sie mir unterschoben. **Syn.:** ²unterstellen.

Un|ter|schied ['ʊntɐʃi:t], der; -[e]s, -e:
etwas, worin zwei oder mehrere Dinge nicht übereinstimmen, verschieden, anders sind: ein großer, himmelweiter, gewaltiger Unterschied; zwischen den beiden Brüdern ist, besteht ein großer Unterschied; es bestehen erhebliche soziale, klimatische Unterschiede; ein Unterschied in der Qualität ist kaum festzustellen. **Syn.:** Differenz, Diskrepanz, Gegensatz, Kontrast. **Zus.:** Altersunterschied, Bedeutungsunterschied, Größenunterschied, Niveauunterschied, Qualitätsunterschied.

un|ter|schied|lich ['ʊntɐʃi:tlɪç] ⟨Adj.⟩:
einen Unterschied, Unterschiede aufweisend; nicht gleich: unterschiedliche Auffassungen, Charaktere; zwei Häuser von unterschiedlicher Größe; Parteien unterschiedlichster Richtungen; die beiden Bewerber wurden unterschiedlich behandelt. **Syn.:** andersartig, verschieden.

un|ter|schla|gen [ʊntɐ'ʃla:gn̩], unterschlägt, unterschlug, unterschlagen ⟨tr.; hat⟩:
a) (bes. Rechtsspr.) *Gelder, Werte o. Ä., die jmdm. anvertraut sind, vorsätzlich nicht für den vom rechtmäßigen Eigentümer gewollten Zweck verwenden, sondern für sich behalten, verwenden o. Ä.:* sie hat Geld, große Summen unterschlagen; er hat versucht, das Testament zu unterschlagen. **Syn.:** hinterziehen, veruntreuen. **b)** *etwas Wichtiges nicht erwähnen, berichten o. Ä.; jmdm. etwas Mitteilens-, Erwähnenswertes vorenthalten, verheimlichen:* eine wichtige Nachricht, entscheidende Tatsachen unterschlagen; der Redner unterschlug verschiedene wichtige Fakten; warum hast du mir diese Neuigkeit unterschlagen? **Syn.:** verbergen, verhehlen (geh.), verschweigen.

Un|ter|schlupf ['ʊntɐʃlʊpf], der; -[e]s, -e:
Ort, an dem man Schutz findet oder an dem man sich vorübergehend verbirgt: als das Gewitter kam, suchten sie einen Unterschlupf im Wald; auf der Flucht fanden sie Unterschlupf bei einem Bauern. **Syn.:** Asyl, Obdach (veraltend), Versteck, Zuflucht.

un|ter|schlüp|fen ['ʊntɐʃlʏpfn̩], schlüpfte unter, untergeschlüpft ⟨itr.; ist⟩ (ugs.):
Unterschlupf finden: in einer Scheune, bei Freunden unterschlüpfen.

un|ter|schrei|ben [ʊntɐ'ʃraibn̩], unterschrieb, unterschrieben ⟨tr.; hat⟩:
[zum Zeichen des Einverständnisses o. Ä.] seinen Namen (unter etwas) schreiben: ein Dokument, eine Erklärung, einen Vertrag unterschreiben; er hat den Scheck blanko unterschrieben; ⟨auch itr.⟩ sie wollte nicht unterschreiben. **Syn.:** gegenzeichnen, quittieren, signieren, unterzeichnen.

un|ter|schrei|ten [ʊntɐ'ʃraitn̩], unterschritt, unterschritten ⟨tr.; hat⟩:
unter einer bestimmten angenommenen, festgelegten Grenze als Maß bleiben, liegen: ein Planziel, die vorgesehene Fahrzeit unterschreiten; diese Summe hat den geplanten Betrag unterschritten.

Un|ter|schrift ['ʊntɐʃrɪft], die; -, -en:
zum Zeichen der Bestätigung, des Einverständnisses o. Ä. eigenhändig unter ein Schriftstück, einen Text geschriebener Name: eine schöne, unleserliche Unterschrift; seine Unterschrift unter etwas setzen; jmds. Unterschrift nachahmen, fälschen; der Antrag ist ohne Unterschrift nicht gültig; ihre Unterschrift kann man nicht lesen. **Syn.:** Autogramm, Signatur. **Zus.:** Bildunterschrift, Blankounterschrift.

Un|ter|schrif|ten|samm|lung ['ʊntɐʃrɪftn̩zamlʊŋ], die; -, -en:
Sammlung von Unterschriften in Listen für oder gegen jmdn., etwas: eine Unterschriftensammlung gegen die Rentenpläne der Bundesregierung; ein Aufruf zur Unterschriftensammlung.

un|ter|schwel|lig ['ʊntɐʃvelɪç] ⟨Adj.⟩:
a) *(besonders vom Bewusstsein, von Gefühlen) verdeckt; unbewusst vorhanden, wirkend:* unterschwellige Ängste. **Syn.:** latent, unbewusst, ²verborgen, verdeckt, versteckt. **b)** *nicht direkt gesagt, aber doch unmissverständlich zum Ausdruck kommend:* unterschwellig drohte er damit, sie zu verlassen.

Un|ter|see|boot ['ʊntɐze:ˌbo:t], das; -[e]s, -e:
Schiff, das tauchen und längere Zeit unter Wasser fahren kann und besonders für militärische Zwecke eingesetzt wird (Abkürzung: U-Boot): das Unterseeboot geht auf Tauchgang.

Un|ter|set|zer ['ʊntɐzɛt͜sɐ], der; -s, -:
kleiner, flächiger Gegenstand, auf dem etwas abgestellt wird: die Gläser standen auf Untersetzern aus Metall. **Syn.:** Unterlage, Untersatz. **Zus.:** Bierglasuntersetzer, Korkuntersetzer, Tischuntersetzer.

un|ter|setzt [ʊntɐ'zɛt͜st] ⟨Adj.⟩:
(in Bezug auf den Körperbau) nicht besonders groß, aber stämmig: ein untersetzter Typ. **Syn.:** breit, dick, gedrungen, kompakt (ugs.), korpulent, pummelig, rundlich, vollschlank.

un|terst... ['ʊntɐst...] ⟨Adj.; Superlativ von »unter...«⟩:
1. *sich (räumlich gesehen) ganz unten, an der tiefsten Stelle befindend* /Ggs. oberst.../: die Abteilung für Lebensmittel ist in der untersten Etage.
2. *dem Rang nach an niedrigster Stelle stehend:* die untersten Schichten der Bevölkerung.

Un|ter|stand ['ʊntɐʃtant], der; -[e]s, Unterstände ['ʊntɐʃtɛndə]:
1. *(im Krieg) unter der Erde liegender Raum zum Schutz vor*

Beschuss und vor feindlichen Angriffen: die Soldaten warteten in ihren Unterständen. **Syn.:** Bunker, Graben, Stellung.
2. *behelfsmäßige, primitive Hütte zum Schutz vor Unwettern:* während des Gewitters fanden wir im Wald in einem Unterstand Zuflucht.

un|ter|ste|hen [ʊntɐˈʃte:ən], unterstand, unterstanden:
1. ⟨itr.; hat⟩ *einem Vorgesetzten, einer vorgesetzten Institution unterstellt sein; unter jmds. Kontrolle, Aufsicht stehen:* sie untersteht einer staatlichen Behörde.
2. ⟨+ sich⟩ *sich herausnehmen, etwas zu tun, zu sagen o. Ä.:* wie konntest du dich unterstehen, ihm zu widersprechen! **Syn.:** sich anmaßen, sich erdreisten (geh.), sich erlauben, sich getrauen, riskieren, sich [1]trauen, sich [1]vermessen (geh.), wagen.

[1]**un|ter|stel|len** [ˈʊntɐʃtɛlən], stellte unter, untergestellt:
1. ⟨tr.; hat⟩ *zur Aufbewahrung abstellen:* er hat sein Fahrrad bei ihnen untergestellt.
2. ⟨+ sich⟩ *sich zum Schutz vor Regen o. Ä. in, unter etwas stellen:* sie stellten sich während des Regens [in einer Hütte] unter. **Syn.:** Schutz suchen, Zuflucht suchen.

[2]**un|ter|stel|len** [ʊntɐˈʃtɛlən], unterstellte, unterstellt ⟨tr.; hat⟩:
1. a) *(jmdm.) die Leitung, Aufsicht (von etwas) übertragen:* er hat der neuen Mitarbeiterin einen Programmbereich unterstellt. **b)** *unter jmds. Leitung, Aufsicht stellen:* man hat ihn einer neuen Chefin unterstellt. **Syn.:** übertragen.
2. a) *etwas [vorläufig] als gegeben annehmen:* wir wollen einmal unterstellen, dass seine Angaben richtig sind; die Richtigkeit ihrer Angaben wird zunächst einmal unterstellt. **Syn.:** als Tatsache hinstellen, annehmen, davon ausgehen. **b)** *jmdm. in ungerechtfertigter Weise etwas Negatives zuschreiben:* er hat mir die übelsten Absichten unterstellt; ihr wurde unterstellt, die Kollegin gemobbt zu haben. **Syn.:** [2]unterschieben.

un|ter|strei|chen [ʊntɐˈʃtraiçn̩], unterstrich, unterstrichen ⟨tr.; hat⟩:
a) *zur Hervorhebung einen Strich (unter etwas Geschriebenes, Gedrucktes) ziehen:* bitte unterstreichen Sie im Text alle unregelmäßigen Verben; auf einer Seite waren einige Wörter unterstrichen. **b)** *nachdrücklich hervorheben, betonen:* in seiner Rede unterstrich er besonders die Verdienste der Partei; ich möchte unterstreichen, dass ich darüber nichts weiß. **Syn.:** betonen, herausstellen, hervorheben, hinweisen auf.

un|ter|stüt|zen [ʊntɐˈʃtʏtsn̩], unterstützte, unterstützt ⟨tr.; hat⟩:
(jmdm.) [durch Zuwendungen] Beistand, Hilfe gewähren: jmdn. mit Rat und Tat, finanziell, moralisch unterstützen; sein Onkel unterstützte ihn während des Studiums mit Geld; jmdn. bei seiner Arbeit unterstützen; solchen Eifer muss man unterstützen. **Syn.:** assistieren, aushelfen, beispringen, beistehen, entlasten, fördern, helfen, nachhelfen.

Un|ter|stüt|zung [ʊntɐˈʃtʏtsʊŋ], die; -, -en:
1. *das Unterstützen, Helfen, Fördern:* bei jmdm. Unterstützung finden; er ist nur ungern auf die Unterstützung anderer angewiesen. **Syn.:** Hilfe.
2. *bestimmter Geldbetrag, mit dem jmd. unterstützt wird:* eine Unterstützung beantragen, beziehen. **Syn.:** Hilfe, Zuwendung.

un|ter|su|chen [ʊntɐˈzu:xn̩] ⟨tr.; hat⟩:
1. *etwas genau beobachten und zu erkennen suchen:* etwas gründlich, sorgfältig, eingehend untersuchen; wir werden diesen Fall genau untersuchen; sie untersucht die gesellschaftlichen Verhältnisse dieser Kultur. **Syn.:** analysieren, inspizieren, prüfen.
2. *jmds. Gesundheitszustand feststellen:* die Ärztin hat mich/den ganzen Körper gründlich untersucht; die Tiere mussten auf Maul- und Klauenseuche untersucht werden.

Un|ter|su|chung [ʊntɐˈzu:xʊŋ], die; -, -en:
1. *das Untersuchen (1) einer Sache, über die man bestimmte Erkenntnisse bekommen möchte:* eine genaue, sorgfältige Untersuchung anordnen; die Untersuchung des Sachverhalts ist dringend erforderlich. **Syn.:** Inspektion, Prüfung.
2. *das Untersuchen (2) eines Patienten, eines Organismus usw.:* sie musste sich einer gründlichen Untersuchung unterziehen; die ärztliche Untersuchung hatte einen Tumorverdacht ergeben.

Un|ter|tan [ˈʊntɐta:n], der; -s, auch: -en, -en, **Un|ter|ta|nin** [ˈʊntɐta:nɪn], die; -, -nen (früher):
dem Landesherrn zu Gehorsam und Dienstbarkeit verpflichtete[r] Bürger[in] einer Monarchie oder eines Fürstentums: sorgte sich der Kaiser um das Wohl seiner Untertanen?

Un|ter|tas|se [ˈʊntɐtasə], die; -, -n: *kleinerer Teller, in dessen leichte Vertiefung in der Mitte die Tasse gestellt wird:* er legte den Teebeutel auf die Untertasse.

un|ter|tau|chen [ˈʊntɐtauxn̩], tauchte unter, untergetaucht:
1. a) ⟨itr.; ist⟩ *ganz im Wasser versinken; völlig unter der Oberfläche des Wassers verschwinden:* als Kind traute sie sich nicht, den Kopf/mit dem Kopf unterzutauchen. **b)** ⟨tr.; hat⟩ *jmdn. unter Wasser drücken:* er hatte seinen Freund beim Schwimmen aus Spaß untergetaucht.
2. ⟨itr.; ist⟩ *sich irgendwo hineinbegeben (in eine Menschenmenge, eine Stadt o. Ä.) und sich dadurch den Blicken anderer, dem Zugriff der Behörden o. Ä. entziehen:* sie tauchte in der Menge der Theatergäste unter; nach drei Brandanschlägen ist er in Amerika untergetaucht. **Syn.:** verschwinden.

un|ter|tei|len [ʊntɐˈtailən] ⟨tr.; hat⟩:
ein Ganzes in mehrere Teile aufteilen, gliedern: einen Schrank in mehrere Fächer unterteilen; die Gruppen sind nach Alter unterteilt. **Syn.:** einteilen, teilen, untergliedern.

un|ter|trei|ben [ʊntɐˈtraibn̩], untertrieb, untertrieben ⟨itr.; hat⟩:
a) *etwas kleiner, geringer, unbedeutender darstellen, erscheinen lassen (als es in Wirklichkeit ist)*

/Ggs. übertreiben/: er hat ziemlich untertrieben, als er sagte, man brauche dazu nur zwei Stunden. **Syn.:** bagatellisieren, beschönigen. **b)** *den Wert einer Sache verkennen, zu gering einschätzen:* 5 000 Euro für ein ganzes Haus – das ist wohl leicht untertrieben!; drei Sterne für dieses Hotel halte ich für untertrieben.

un|ter|wan|dern [ʊntɐˈvandɐn] ⟨tr.; hat⟩: *allmählich und in unauffälliger Weise fremde Personen, Ideen (in einen Kreis von Personen) hineinbringen und (ihn) dadurch zersetzen:* die Streitkräfte des Landes unterwandern; die Feministinnen versuchten, den Machozirkel zu unterwandern.

Un|ter|wä|sche [ˈʊntɐvɛʃə], die; -: *Wäsche, die unter der Kleidung unmittelbar auf dem Körper getragen wird:* er trägt nur weiße Unterwäsche.

un|ter|wegs [ʊntɐˈveːks] ⟨Adverb⟩: *sich auf dem Weg irgendwohin befindend; auf, während der Fahrt, Reise:* wir haben unterwegs viel Neues gesehen; sie ist den ganzen Tag unterwegs; der Brief ist schon unterwegs; »Kannst du bitte mal kommen?« – »Bin schon unterwegs.«. **Syn.:** auf Achse (ugs.), auf dem Weg[e], auf Reisen.

un|ter|wei|sen [ʊntɐˈvai̯zn̩], unterwies, unterwiesen ⟨tr.; hat⟩ (geh.): *(jmdm.) durch Anleitung oder Belehrung Kenntnisse oder Fertigkeiten vermitteln:* jmdn. in einer Sprache, in Geschichte unterweisen. **Syn.:** lehren, schulen, unterrichten.

Un|ter|welt [ˈʊntɐvɛlt], die; -:
1. *Reich der Toten in der antiken Mythologie:* der Gott der Unterwelt.
2. *zwielichtiges Milieu von Berufsverbrechern [in Großstädten]:* er ist der berühmteste Gangster der Londoner Unterwelt; in der Unterwelt verkehren.

un|ter|wer|fen [ʊntɐˈvɛrfn̩], unterwirft, unterwarf, unterworfen:
1. ⟨tr.; hat⟩ *mit Gewalt unter seine Herrschaft bringen und sich untertan machen:* ein Volk, ein Land unterwerfen. **Syn.:** besiegen, bezwingen, unterjochen.
2. ⟨+ sich⟩ *sich unter jmds. Herrschaft stellen; sich jmds. Willen, Anordnungen o. Ä. unterordnen:* sich jmds. Urteil unterwerfen; die Feinde waren nicht bereit, sich bedingungslos zu unterwerfen. **Syn.:** sich beugen, den Schwanz einziehen (salopp), die Waffen strecken (geh.), sich fügen, kapitulieren.

un|ter|wür|fig [ʊntɐˈvʏrfɪç] ⟨Adj.⟩: *sich in würdeloser Weise ganz dem Willen eines anderen unterwerfend:* ein unterwürfiger Angestellter; sie näherte sich seinem Chef in unterwürfiger Haltung. **Syn.:** demütig, devot, [2]ergeben, kriecherisch (abwertend).

un|ter|zeich|nen [ʊntɐˈt͜sai̯çnən], unterzeichnete, unterzeichnet ⟨tr.; hat⟩: *dienstlich, in amtlichem Auftrag unterschreiben; mit seiner Unterschrift den Inhalt eines Schriftstücks bestätigen:* einen Vertrag unterzeichnen; ⟨auch itr.⟩ der Antrag ist erst gültig, wenn Sie unterzeichnet haben. **Syn.:** gegenzeichnen, quittieren, signieren.

un|ter|zie|hen [ʊntɐˈt͜siːən], unterzog, unterzogen:
a) ⟨+ sich⟩ *etwas, dessen Erledigung o. Ä. mit gewissen Mühen oder Unannehmlichkeiten verbunden ist, auf sich nehmen:* diesem Auftrag werde ich mich gern unterziehen; er musste sich einer schmerzhaften Zahnbehandlung unterziehen. **Syn.:** auf sich nehmen. **b)** als Funktionsverb: etwas einer genauen Prüfung unterziehen *(prüfen);* das Gebäude wurde einer gründlichen Reinigung unterzogen.

Un|tie|fe [ˈʊntiːfə], die; -, -n:
1. *flache, seichte Stelle in einem Gewässer:* das Schiff war in eine Untiefe geraten und dann auf eine Sandbank aufgelaufen.
2. *sehr große Tiefe in einem Gewässer:* das Schiff versank in den Untiefen des Ozeans.

Untiefe / Tiefe:
s. Kasten Seite 928.

un|trag|bar [ʊnˈtraːkbaːɐ̯] ⟨Adj.⟩: *nicht länger zu ertragen, zu dulden:* dort herrschen untragbare Zustände; wegen seines Alkoholismus ist er für die Firma untragbar geworden; die Ausgaben sind untragbar geworden, in untragbare Höhen gestiegen. **Syn.:** nicht akzeptabel, nicht hinnehmbar, unerträglich, unhaltbar, unmöglich.

un|treu [ˈʊntrɔy̯] ⟨Adj.⟩: *einem Versprechen oder einer Verpflichtung zuwiderhandelnd:* ein untreuer Ehemann; du bist deinen eigenen Grundsätzen untreu geworden *(hast sie nicht beachtet).* **Syn.:** abtrünnig (geh.).

un|tröst|lich [ʊnˈtrøːstlɪç] ⟨Adj.⟩: *sehr traurig und nicht zu trösten:* das Kind war untröstlich darüber, dass es nicht mitfahren durfte; ich bin untröstlich (übertreibend: *es tut mir leid*), dass ich vergessen habe, das Buch mitzubringen.

un|über|brück|bar [ʊn|yːbɐˈbrʏkbaːɐ̯] ⟨Adj.⟩: *durch keinerlei Maßnahmen zu überwinden, zu überbrücken:* unüberbrückbare Gegensätze; die Kluft zwischen beiden ist unüberbrückbar geworden. **Syn.:** unüberwindlich.

un|über|legt [ˈʊn|yːbɐleːkt] ⟨Adj.⟩: *ohne genügend nachzudenken:* sein unüberlegtes Handeln hat ihm schon oft geschadet; sie hat unüberlegt geantwortet und sich später darüber geärgert. **Syn.:** fahrlässig, gedankenlos, leichtfertig, leichtsinnig, unbedacht, unvorsichtig, voreilig, vorschnell.

un|über|seh|bar [ʊn|yːbɐˈzeːbaːɐ̯] ⟨Adj.⟩:
1. a) *sehr groß (sodass man es nicht überblicken kann):* eine unübersehbare Menge von Menschen hatte sich versammelt. **Syn.:** endlos, unendlich, unermesslich. **b)** ⟨verstärkend bei Adjektiven⟩ *sehr:* das Gelände war unübersehbar groß.
2. *so geartet, dass man es sehen, bemerken muss:* das Material hat unübersehbare Fehler; die Risiken dieses Verfahrens sind einfach unübersehbar.

un|über|sicht|lich [ˈʊn|yːbɐzɪçtlɪç] ⟨Adj.⟩: *nicht leicht zu überblicken:* bitte vorsichtig fahren, diese Kreuzung ist sehr unübersichtlich; auf dieser unübersichtlichen Straßenkarte kann ich gar nichts erkennen.

un|über|treff|lich [ʊn|y:bɐˈtrɛflɪç] ⟨Adj.⟩:
so hervorragend, dass jmd., etwas nicht zu übertreffen ist: sie ist eine unübertreffliche Köchin; das Gebäude ist von geradezu unübertrefflicher Hässlichkeit; wir haben uns unübertrefflich gut amüsiert. **Syn.:** beispiellos, einmalig.

un|über|wind|lich [ʊn|y:bɐˈvɪntlɪç] ⟨Adj.⟩:
nicht zu überwinden: ein unüberwindliches Hindernis; wir stehen vor unüberwindlichen Schwierigkeiten.

un|um|gäng|lich [ʊn|ʊmˈgɛŋlɪç] ⟨Adj.⟩:
so notwendig, erforderlich, dass etwas nicht zu umgehen, zu vermeiden ist: es wurden unumgängliche Maßnahmen eingeleitet; die Behandlung dieser Fragen ist unumgänglich. **Syn.:** unausweichlich, unbedingt erforderlich, unentbehrlich, unerlässlich, unvermeidlich.

un|um|stöß|lich [ʊn|ʊmˈʃtø:slɪç] ⟨Adj.⟩:
so endgültig, dass etwas nicht mehr zu ändern ist: das ist nun mal eine unumstößliche Tatsache; sein Vorsatz stand unumstößlich fest. **Syn.:** definitiv, ein für alle Mal, endgültig, unabänderlich, unwiderruflich.

un|um|strit|ten [ʊn|ʊmˈʃtrɪtn̩] ⟨Adj.⟩:
allgemeingültig und anerkannt: das ist eine unumstrittene Tatsache; es ist inzwischen unumstritten, dass Frauen gesellschaftlich benachteiligt sind. **Syn.:** unstreitig.

un|um|wun|den [ˈʊn|ʊmvʊndn̩] ⟨Adverb⟩:
ohne Umschweife; offen und frei heraus: unumwunden seine Meinung sagen; ich gebe unumwunden zu, dass ich bei diesem Film furchtbar geweint habe. **Syn.:** einfach, geradeheraus (ugs.), geradewegs, glatt (ugs.), glattweg (ugs.), kurzerhand, ohne Umschweife, ohne Zaudern, ohne Zögern, rundheraus (ugs.), rundweg (emotional), schlankweg (ugs.), unverblümt, unverhohlen (emotional).

un|un|ter|bro|chen [ˈʊn|ʊntɐbrɔxn̩] ⟨Adj.⟩:
eine längere Zeit ohne die geringste Unterbrechung (andauernd): er redet ununterbrochen; die Wohnung war ununterbrochen vermietet; es regnete ununterbrochen. **Syn.:** am laufenden Band (ugs.), andauernd, dauernd (emotional), fortgesetzt, fortwährend, immer, in einem fort, in einer Tour (ugs.), ohne Ende, permanent, ständig, unablässig (emotional), unaufhörlich, unausgesetzt (veraltend), unentwegt.

un|ver|än|der|lich [ʊnfɛɐ̯ˈlɛndɐlɪç] ⟨Adj.⟩:
keine Veränderung zeigend; gleichbleibend: die unveränderlichen Gesetze der Natur; unter historischem Aspekt ist gar nichts unveränderlich. **Syn.:** beständig, bleibend, dauerhaft, dauernd, fest, von Dauer.

un|ver|ant|wort|lich [ʊnfɛɐ̯ˈ|antvɔrtlɪç] ⟨Adj.⟩:
die nötige Vorsicht, Aufmerksamkeit, das nötige Verantwortungsgefühl fehlen lassend: durch sein unverantwortliches Verhalten hat er viele Menschen gefährdet; es war unverantwortlich von ihm, auf dieser Straße so schnell zu fahren. **Syn.:** fahrlässig, leichtfertig, leichtsinnig, sträflich.

un|ver|bes|ser|lich [ʊnfɛɐ̯ˈbɛsɐlɪç] ⟨Adj.⟩:
nicht zu ändern; nicht bereit, sich zu bessern: sie ist eine unverbesserliche Optimistin; du bist wirklich unverbesserlich. **Syn.:** eingefleischt, unbelehrbar.

un|ver|bind|lich [ˈʊnfɛɐ̯bɪntlɪç] ⟨Adj.⟩:
1. *keinerlei bindende Verpflichtung aufweisend:* wir können Ihnen leider nur eine unverbindliche Auskunft geben; in diesem Geschäft kann man sich alles unverbindlich ansehen.
2. *ohne freundliches Entgegenkommen:* er ist wegen seiner unverbindlichen Art nicht sehr beliebt; sie antwortete kurz und unverbindlich. **Syn.:** barsch, brüsk, schroff, unfreundlich, unhöflich.

un|ver|blümt [ʊnfɛɐ̯ˈbly:mt] ⟨Adj.⟩:
ganz offen und ohne Umschweife: sie hat ihm unverblümt die Meinung gesagt. **Syn.:** einfach, geradeheraus (ugs.), geradewegs, glatt (ugs.), glattweg (ugs.), kurzerhand, ohne Umschweife, ohne Zaudern, ohne Zögern, rundheraus (ugs.), rundweg (emotional), schlankweg (ugs.), unumwunden, unverhohlen (emotional).

un|ver|dros|sen [ˈʊnfɛɐ̯drɔsn̩] ⟨Adj.⟩:
unermüdlich und ohne Anzeichen von Ärger oder Verdruss: trotz vieler Hindernisse arbeitete er unverdrossen an seinem Plan; seit Jahren hatte sie sich unverdrossen darum gekümmert. **Syn.:** beharrlich, geduldig, hartnäckig, unablässig, unbeirrt.

un|ver|ein|bar [ʊnfɛɐ̯ˈ|ainba:ɐ̯] ⟨Adj.⟩:
nicht in Einklang mit etwas anderem zu bringen: unvereinbare Anschauungen haben; unvereinbare Positionen einnehmen; deine Wünsche sind mit seinem Plan unvereinbar. **Syn.:** diametral entgegengesetzt (bildungsspr.), entgegengesetzt, gegensätzlich, gegenteilig, konträr, paradox, widersprechend, widersprüchlich.

un|ver|fälscht [ˈʊnfɛɐ̯fɛlʃt] ⟨Adj.⟩:
ganz rein und ursprünglich: er sprach unverfälschte westfälische Mundart. **Syn.:** [1]echt, natürlich, original, pur, rein, ursprünglich, urwüchsig.

un|ver|fäng|lich [ˈʊnfɛɐ̯fɛŋlɪç] ⟨Adj.⟩:
harmlos; keine Verlegenheit, kein Misstrauen hervorrufend: unverfängliche Fragen stellen; die Situation, in der er die beiden antraf, schien ganz unverfänglich zu sein; das Wetter ist immer ein unverfängliches Thema. **Syn.:** unbedenklich, ungefährlich.

un|ver|fro|ren [ˈʊnfɛɐ̯fro:rən] ⟨Adj.⟩ (emotional):
auf eine ungehörige und rücksichtslose Art dreist und skrupellos: er reizte seine Lehrer immer wieder durch unverfrorene Antworten; ein solches Benehmen ist dreist und unverfroren. **Syn.:** frech, impertinent (bildungsspr.), keck, rücksichtslos, schamlos, ungehörig, ungezogen, unverschämt.

un|ver|ges|sen [ˈʊnfɛɐ̯gɛsn̩] ⟨Adj.⟩:
so bedeutungsvoll, einprägsam, dass jmd., etwas nicht vergessen wird: mein unvergessener

U
unüb

Mann; diese Reise wird unvergessen bleiben. **Syn.:** denkwürdig, unvergesslich.

un|ver|gess|lich [ʊnfɛɐ̯ˈɡɛslɪç] ⟨Adj.⟩: *in der Zukunft als Erinnerung immer lebendig:* es waren unvergessliche Stunden, die sie im Hause dieses Künstlers verbracht hatten; dieses Ereignis ist mir unvergesslich. **Syn.:** denkwürdig, unvergessen.

un|ver|gleich|lich [ʊnfɛɐ̯ˈɡlai̯çlɪç] ⟨Adj.⟩: **a)** *(in seiner Schönheit, Großartigkeit oder dergleichen) mit nichts zu vergleichen:* die untergehende Sonne über dem Meer bot einen unvergleichlichen Anblick; ihre Schokoladentorte schmeckt unvergleichlich. **Syn.:** beispiellos, einmalig (emotional), einzigartig, nie gekannt, noch nie da gewesen, unverwechselbar. **b)** ⟨verstärkend bei Adjektiven⟩ *sehr [viel]:* eine unvergleichlich schöne Frau; es geht ihm heute unvergleichlich besser als gestern. **Syn.:** beträchtlich, deutlich, erheblich, viel.

un|ver|hält|nis|mä|ßig [ˈʊnfɛɐ̯hɛltnɪsmɛ:sɪç] ⟨Adverb⟩: *vom normalen Maß abweichend, im Verhältnis (zum Üblichen), [all]zu:* für sein Alter ist das Kind unverhältnismäßig groß; draußen ist es unverhältnismäßig kalt.

un|ver|hofft [ˈʊnfɛɐ̯hɔft] ⟨Adj.⟩: *(zu jmds. positiver Überraschung) plötzlich eintretend:* das unverhoffte Wiedersehen mit seinem alten Freund hatte ihn sehr gefreut; wir trafen uns gestern ganz unverhofft; unverhofft kommt oft! **Syn.:** plötzlich, überraschend, unerwartet, unvermittelt, unvermutet, unversehens, unvorhergesehen.

un|ver|hoh|len [ˈʊnfɛɐ̯ho:lən] ⟨Adj.⟩ (emotional): *ganz offen gezeigt:* mit unverhohlener Neugier betrachtete sie ihre Nachbarin. **Syn.:** freimütig, offen, unverblümt.

un|ver|käuf|lich [ˈʊnfɛɐ̯kɔy̯flɪç] ⟨Adj.⟩: *nicht zum Verkauf bestimmt oder geeignet:* diese persönlichen Lieblingsbilder der Künstlerin sind unverkäuflich; es handelt sich um ein unverkäufliches Muster; drei Tage alte Bananen sind unverkäuflich.

un|ver|kenn|bar [ʊnfɛɐ̯ˈkɛnba:ɐ̯] ⟨Adj.⟩: *eindeutig erkennbar:* das ist unverkennbar sein Stil; dieser Schmerz ist ein unverkennbares Symptom für Migräne. **Syn.:** unverwechselbar.

un|ver|letz|lich [ʊnfɛɐ̯ˈlɛts̮lɪç] ⟨Adj.⟩: *(von Rechten, Gesetzen o. Ä.) allgemein anerkannt, sodass es nicht angetastet werden darf:* die Grundrechte sind unverletzlich.

un|ver|meid|lich [ʊnfɛɐ̯ˈmai̯tlɪç] ⟨Adj.⟩: *nicht zu verhindern, zu vermeiden; sich notwendig ergebend:* unvermeidliche Auseinandersetzungen; eine Verzögerung war leider unvermeidlich. **Syn.:** unausweichlich, unumgänglich.

un|ver|min|dert [ˈʊnfɛɐ̯mɪndɐt] ⟨Adj.⟩: *in gleichbleibender Stärke weiterwirkend:* der Sturm dauerte mit unverminderter Stärke an.

un|ver|mit|telt [ˈʊnfɛɐ̯mɪtl̩t] ⟨Adj.⟩: *ohne Übergang oder Zusammenhang [erfolgend]:* er brach seine Rede unvermittelt ab; ganz unvermittelt kamen wir auf das Thema zu sprechen. **Syn.:** abrupt, auf einmal, jäh, Knall und Fall (ugs.), mit einem Mal, plötzlich, schlagartig, schroff, über Nacht, überraschend, unerwartet, unverhofft, unvermutet, unversehens, unvorhergesehen, von heute auf morgen, wie ein Blitz aus heiterem Himmel.

Un|ver|mö|gen [ˈʊnfɛɐ̯mø:ɡn̩], das; -s: *Mangel an Können oder Fähigkeit (zu etwas):* sein Unvermögen, sich einer Situation schnell anzupassen, hat ihm schon manchmal geschadet; leider zeugt der neue Roman von erzählerischem Unvermögen. **Syn.:** Ohnmacht.

un|ver|mu|tet [ˈʊnfɛɐ̯mu:tət] ⟨Adj.⟩: *überraschend eintretend oder erfolgend, ohne dass man damit gerechnet hat:* unvermutete Schwierigkeiten; sie erschien ganz unvermutet bei dem Fest. **Syn.:** überraschend, unerwartet, unverhofft, unversehens, unvorhergesehen, wie ein Blitz aus heiterem Himmel.

Un|ver|nunft [ˈʊnfɛɐ̯nʊnft], die; -: *Mangel an Vernunft und Einsicht:* es ist reine Unvernunft, bei diesem Sturm mit dem Boot aufs Meer hinauszufahren; mit wirtschaftlicher Unvernunft hat er die Firma in den Ruin getrieben. **Syn.:** Dummheit, Irrsinn, Schwachsinn (ugs. abwertend), Torheit, Unverstand.

un|ver|nünf|tig [ˈʊnfɛɐ̯nʏnftɪç] ⟨Adj.⟩: *Unvernunft zeigend:* du benimmst dich wie ein unvernünftiges Kind; es ist sehr unvernünftig, bei dieser Kälte schwimmen zu gehen. **Syn.:** dumm, idiotisch (ugs. abwertend), leichtsinnig, töricht (abwertend), unklug, unverständig, unvorsichtig.

un|ver|schämt [ˈʊnfɛɐ̯ʃɛ:mt] ⟨Adj.⟩: *mit aufreizender Respektlosigkeit sich frech über die Grenzen des Taktes und des Anstands hinwegsetzend:* dieser unverschämte Bursche nannte mich eine alte Schlampe; er grinste unverschämt; es ist unverschämt, den anderen das letzte Kuchenstück wegzuessen. **Syn.:** ausfallend, ausfällig, dreist (abwertend), frech, impertinent (bildungsspr.), schamlos, ungezogen, unverfroren (emotional).

Un|ver|schämt|heit [ˈʊnfɛɐ̯ʃɛ:mthai̯t], die; -, -en: **1.** ⟨ohne Plural⟩ *das Unverschämtsein:* die Unverschämtheit seiner Frage; diese Bemerkung ist Ausdruck einer grenzenlosen Unverschämtheit. **2.** *unverschämte Handlung, Verhaltensweise, Äußerung:* er schleuderte ihr einige Unverschämtheiten ins Gesicht; das ist ja eine Unverschämtheit! **Syn.:** Frechheit.

un|ver|schul|det [ˈʊnfɛɐ̯ʃʊldət] ⟨Adj.⟩: *ohne eigenes Verschulden, ohne schuld zu sein:* er ist unverschuldet in Not geraten. **Syn.:** unschuldig.

un|ver|se|hens [ˈʊnfɛɐ̯ze:əns] ⟨Adverb⟩: *überraschend, ohne dass man es voraussehen konnte:* er kam unversehens ins Zimmer; das Buch wurde unversehens zum

Bestseller. **Syn.:** auf einmal, Knall und Fall (ugs.), mit einem Mal, plötzlich, über Nacht, unerwartet, unverhofft, unvermittelt, unvermutet, von heute auf morgen, wie ein Blitz aus heiterem Himmel.

un|ver|sehrt ['ʊnfɛɐ̯zeːɐ̯t] ⟨Adj.⟩: *ohne Verletzung oder Beschädigung:* nach drei Tagen Geiselhaft wurde sie unversehrt freigelassen; das Siegel ist unversehrt. **Syn.:** ganz (ugs.), heil.

un|ver|söhn|lich ['ʊnfɛɐ̯zøːnlɪç] ⟨Adj.⟩: **a)** *zu keinerlei Versöhnung bereit:* er blieb unversöhnlich trotz aller Bitten. **b)** *keinen Ausgleich zulassend:* Ökonomie und Ökologie müssen keine unversöhnlichen Gegensätze sein. **Syn.:** unvereinbar.

Un|ver|stand ['ʊnfɛɐ̯ʃtant], der; -[e]s: *erheblicher Mangel an Verstand und Einsicht:* in seinem Unverstand hat er einen großen Fehler gemacht; es zeugt von blindem Unverstand, bei Minustemperaturen Wasser auf die Treppe zu schütten. **Syn.:** Dummheit, Torheit, Unvernunft.

un|ver|stan|den ['ʊnfɛɐ̯ʃtandn̩] ⟨Adj.⟩: *kein Verständnis bei anderen findend:* er fühlt sich von seiner Frau unverstanden.

un|ver|stän|dig ['ʊnfɛɐ̯ʃtɛndɪç] ⟨Adj.⟩ (bildungsspr.): **a)** *[noch] nicht den nötigen Verstand für etwas habend:* er ist doch noch ein unschuldiges und unverständiges Kind. **Syn.:** blöd[e] (ugs.), dämlich, doof (ugs.), dumm, duss[e]lig (ugs.), einfältig, töricht (abwertend), unvernünftig. **b)** *kein Verständnis für etwas aufbringend; etwas nicht verstehen könnend:* sie schüttelte unverständig mit dem Kopf. **Syn.:** verständnislos.

un|ver|ständ|lich ['ʊnfɛɐ̯ʃtɛntlɪç] ⟨Adj.⟩: **a)** *nicht deutlich genug hörbar:* er murmelte unverständliche Worte. **Syn.:** nicht zu verstehend, undeutlich. **b)** *nicht begreifbar:* die Abkürzungen und die gesamte Ausdrucksweise waren unverständlich; es ist mir unverständlich, wie so etwas passieren konnte. **Syn.:** abstrus, mysteriös, nicht zu begreifend, nicht zu fassend, nicht zu verstehend, rätselhaft, schleierhaft (ugs.), unbegreiflich, unergründlich, unerklärlich, unfassbar, unklar.

Un|ver|ständ|nis ['ʊnfɛɐ̯ʃtɛntnɪs], das; -ses: *mangelndes, fehlendes Verständnis:* mit ihren Ausführungen stieß sie allgemein auf Unverständnis.

un|ver|träg|lich ['ʊnfɛɐ̯trɛːklɪç] ⟨Adj.⟩:
1. *schwer zu verdauen:* Pilze sind eine unverträgliche Speise; dieses Medikament ist für manche Menschen unverträglich. **Syn.:** schwer, schwer verdaulich, schwer verträglich.
2. *von schwierigem, streitsüchtigem, zänkischem Charakter:* ein unverträglicher Mensch; er ist unverträglich und reizbar. **Syn.:** streitsüchtig, zänkisch.
3. *mit etwas anderem nicht in Einklang zu bringen:* unverträgliche Gegensätze; in den beiden Staaten herrschten ganz unverträgliche Wertvorstellungen. **Syn.:** unvereinbar.

un|ver|wandt ['ʊnfɛɐ̯vant] ⟨Adj.⟩: *unaufhörlich und forschend oder interessiert den Blick (auf etwas, jmdn.) richtend:* er sah mich unverwandt an; mit unverwandtem Blick.

un|ver|wech|sel|bar [ʊnfɛɐ̯'vɛksl̩baːɐ̯] ⟨Adj.⟩: *so eindeutig zu erkennen, dass es mit nichts zu verwechseln ist:* er hat einen unverwechselbaren Stil; sie ist wirklich unverwechselbar. **Syn.:** einzigartig, unnachahmlich, unvergleichlich, unverkennbar.

un|ver|wüst|lich [ʊnfɛɐ̯'vyːstlɪç] ⟨Adj.⟩: *auch andauernden starken Belastungen standhaltend:* dieser Stoff ist unverwüstlich; er ist und bleibt ein unverwüstlicher Optimist. **Syn.:** beständig, haltbar, langlebig, nicht kaputtzukriegen (ugs.), nicht kleinzukriegen (ugs.), stabil, widerstandsfähig.

un|ver|zagt ['ʊnfɛɐ̯tsaːkt] ⟨Adj.⟩: *(in einer schwierigen Situation) zuversichtlich und unerschrocken:* unverzagt ging er an die schwierige Aufgabe heran; seid unverzagt und traut euch! **Syn.:** beherzt, couragiert, furchtlos, mutig, tapfer.

un|ver|zeih|lich [ʊnfɛɐ̯'tsailɪç] ⟨Adj.⟩: *sich nicht verzeihen lassend:* das war ein unverzeihlicher Fehler; dieses Benehmen ist für mich unverzeihlich. **Syn.:** kriminell (ugs.), sträflich, unverantwortlich.

un|ver|züg|lich [ʊnfɛɐ̯'tsyːklɪç] ⟨Adj.⟩: *sofort [geschehend]; ohne Zeit zu verlieren:* sie schrieb unverzüglich an seinen Vater; wir bekamen unverzügliche Hilfe. **Syn.:** auf der Stelle, augenblicklich, ²gleich, ohne Aufschub, ohne Verzug, postwendend, prompt, schnurstracks (ugs.), sofort, sogleich, stehenden Fußes, umgehend (bes. Papierdt.).

un|voll|en|det ['ʊnfɔlɛndət] ⟨Adj.⟩: *nicht abgeschlossen, nicht ganz fertig:* ein unvollendetes Gedicht; die Symphonie ist unvollendet geblieben. **Syn.:** halb fertig, nicht vollendet, unvollkommen.

un|voll|kom|men ['ʊnfɔlkɔmən] ⟨Adj.⟩:
1. *mit Schwächen, Fehlern oder Mängeln behaftet:* der Mensch ist seinem Wesen nach unvollkommen; die Kratzer machen die Tasse unvollkommen.
2. *unvollständig:* er hat nur unvollkommene Kenntnisse in Physik. **Syn.:** rudimentär.

un|vor|ein|ge|nom|men ['ʊnfoːɐ̯lainɡənɔmən] ⟨Adj.⟩: *frei von Vorurteilen:* seit dem Unfall seiner Tochter ist er bei diesem Thema nicht mehr unvoreingenommen; etwas unvoreingenommen beobachten, beurteilen. **Syn.:** neutral, unparteiisch.

un|vor|her|ge|se|hen ['ʊnfoːɐ̯heːɐ̯ɡəzeːən] ⟨Adj.⟩: *überraschend eintretend, ohne dass man es hätte vorhersehen können:* ein unvorhergesehenes Ereignis; es traten unvorhergesehene Schwierigkeiten auf. **Syn.:** nicht eingeplant, nicht vorgesehen, plötzlich, überraschend, unerwartet, unverhofft, unvermittelt, unvermutet, unversehens eintretend.

un|vor|sich|tig ['ʊnfoːɐ̯zɪçtɪç] ⟨Adj.⟩: *wenig klug und zu impulsiv, ohne*

U
unve

an die nachteiligen Folgen zu denken; ohne Vorsicht: eine unvorsichtige Bemerkung, Handlung; der unvorsichtige Umgang mit Feuer, stark ätzenden Säuren, elektrischen Geräten; es war sehr unvorsichtig von dir, ihm deinen Schlüssel zu geben. **Syn.:** fahrlässig, gedankenlos, leichtfertig, leichtsinnig, unbedacht, unüberlegt, unvernünftig.

un|vor|stell|bar [ʊnfo:ɐ̯ˈʃtɛlba:ɐ̯] ⟨Adj.⟩ (emotional): *das menschliche Vorstellungsvermögen übersteigend:* bis zum Mars ist es eine unvorstellbare Entfernung; eine unvorstellbare Summe, Zahl; den Gefangenen wurde unvorstellbares Leid zugefügt; es ist mir unvorstellbar, dass man Schlangen essen kann. **Syn.:** undenkbar, ungeheuer.

un|vor|teil|haft [ˈʊnfɔrta̯ilhaft] ⟨Adj.⟩:
1. *(in Bezug auf die äußere Erscheinung) einen schlechten Eindruck machend:* das Kleid hat einen unvorteilhaften Schnitt; sie kleidet sich sehr unvorteilhaft. **Syn.:** ungünstig.
2. *keinen, kaum Nutzen bringend:* es wäre sehr unvorteilhaft für mich, jetzt die Stelle zu kündigen. **Syn.:** abträglich, blöd[e], dumm (ugs.), fatal, nachteilig, negativ, schädlich, ungünstig.

un|wahr [ˈʊnva:ɐ̯] ⟨Adj.⟩: *der Wahrheit nicht entsprechend:* eine unwahre Behauptung; diese Aussage ist unwahr; unwahr ist, dass die Erde eine Scheibe ist. **Syn.:** falsch, inkorrekt, irrig, nicht korrekt, nicht wahr, nicht zutreffend, verkehrt.

un|wahr|schein|lich [ˈʊnva:ɐ̯ʃa̯inlɪç] ⟨Adj.⟩:
1. a) *kaum anzunehmen, kaum möglich:* es ist unwahrscheinlich, dass er so spät noch kommt; dass man im April draußen schwimmen kann, ist eher unwahrscheinlich. **Syn.:** undenkbar, unmöglich. **b)** *kaum der Wirklichkeit entsprechend:* seine Geschichte klingt sehr unwahrscheinlich. **Syn.:** abenteuerlich, unglaublich, unglaubwürdig.
2. (ugs.) **a)** *sehr groß, stark:* du hast unwahrscheinliches Glück gehabt. **Syn.:** außergewöhnlich, außerordentlich, beachtlich, bemerkenswert, besonder..., besonders, einmalig (emotional), enorm, erstaunlich, imposant, ungewöhnlich, unglaublich (ugs.), unsagbar, unvergleichlich. **b)** ⟨verstärkend bei Adjektiven und Verben⟩ *sehr:* der kleine Wagen fährt unwahrscheinlich schnell; sie hat sich unwahrscheinlich gefreut. **Syn.:** arg (ugs.), ausnehmend, außergewöhnlich, außerordentlich, äußerst, besonders, enorm (ugs.), entsetzlich (ugs.), extrem, furchtbar (ugs.), fürchterlich (ugs.), gewaltig (emotional), [2]herzlich (emotional), höchst, höllisch (emotional), irre (emotional), irrsinnig (emotional), kolossal (ugs. emotional), maßlos, riesig (ugs.), schrecklich (ugs.), sehr, tödlich (emotional), total (ugs.), überaus, unbändig, [1]unerhört, ungeheuer, ungemein, ungewöhnlich, unglaublich, unheimlich (ugs.), unmäßig, unsagbar, verflucht (salopp), verteufelt (ugs. emotional), wahnsinnig (ugs.).

un|weg|sam [ˈʊnve:kza:m] ⟨Adj.⟩: *(wegen seiner Undurchdringlichkeit, Wildheit, Unzugänglichkeit o. Ä.) schwer zu begehen bzw. zu befahren:* die Fahrt ging durch unwegsames Gelände. **Syn.:** undurchdringlich, unzugänglich.

un|wei|ger|lich [ʊnˈva̯igɐlɪç] ⟨Adj.⟩: *(als etwas Unangenehmes) sich notwendig aus etwas ergebend und deshalb unvermeidlich:* das wäre die unweigerliche Folge, Konsequenz; wenn er bei diesem Wetter seine Bergtour macht, gibt es unweigerlich ein Unglück. **Syn.:** allemal (ugs.), [2]bestimmt, garantiert, gewiss, mit Gewissheit, mit Sicherheit, ohne Frage, ohne Zweifel, sicher, sicherlich, unausweichlich, unumgänglich, zwangsläufig, zweifellos, zweifelsohne.

[1]un|weit [ˈʊnva̯it] ⟨Präp. mit Gen.⟩: *in der Nähe (von jmdm., etwas):* das Haus liegt unweit des Flusses; sie wohnt jetzt unweit Berlins. **Syn.:** bei, nahe.

[2]un|weit [ˈʊnva̯it] ⟨Adverb⟩: *nicht weit [entfernt]:* unweit von Neudorf liegt ein kleiner See. **Syn.:** in der Nähe.

Un|we|sen [ˈʊnve:zn̩], das; -s: *verwerfliches, übles Treiben:* eine Bande von Dieben treibt in der Gegend ihr Unwesen. **Syn.:** Unfug.

un|we|sent|lich [ˈʊnve:zn̩tlɪç] ⟨Adj.⟩: *für das Wesen, den Kern einer Sache ohne Bedeutung:* wir müssen nur einige unwesentliche Änderungen vornehmen; diese Tatsache ist dabei nicht ganz unwesentlich. **Syn.:** bedeutungslos, belanglos, gleichgültig, nebensächlich, sekundär, unbedeutend, unerheblich, untergeordnet, unwichtig.

Un|wet|ter [ˈʊnvɛtɐ], das; -s, -: *sehr schlechtes, stürmisches, meist von starkem Niederschlag [und Gewitter] begleitetes [Schäden verursachendes] Wetter:* Überschwemmungen und Unwetter zerstörten die gesamte Ernte; bei dem Unwetter waren fünf Personen ums Leben gekommen. **Syn.:** Gewitter, Hagel, Hurrikan, Sturm.

un|wich|tig [ˈʊnvɪçtɪç] ⟨Adj.⟩: *keine oder nur geringe Bedeutung habend:* diese Tatsache ist vorläufig unwichtig; wir sollten uns nicht mit unwichtigen Detailfragen aufhalten. **Syn.:** bedeutungslos, belanglos, gleichgültig, nebensächlich, sekundär, unbedeutend, unerheblich, untergeordnet, unwesentlich.

un|wi|der|ruf|lich [ʊnvi:dɐˈru:flɪç] ⟨Adj.⟩: *endgültig feststehend; so, dass es auf keinen Fall geändert wird:* das Stück wird heute unwiderruflich zum letzten Mal gespielt; meine Entscheidung ist unwiderruflich. **Syn.:** definitiv, ein für alle Mal, endgültig, unabänderlich, unumstößlich.

un|wi|der|steh|lich [ʊnvi:dɐˈʃte:lɪç] ⟨Adj.⟩:
1. *so beschaffen, dass man kaum widerstehen kann:* sie verspürten einen unwiderstehlichen Drang zu essen.
2. *einen großen Zauber ausübend:* ihr Charme ist einfach unwiderstehlich; er hält sich für unwiderstehlich.

un|wie|der|bring|lich [ʊnvi:dɐˈbrɪŋlɪç] ⟨Adj.⟩ (geh.): *für immer verloren oder vergangen:* wir haben unwiederbringliche Stunden verlebt; ein unwiederbringlicher Verlust; die guten Zeiten sind unwiederbringlich zu Ende gegangen.

Un|wil|le ['ʊnvɪlə], der; -ns: *Missfallen, das sich in Ungehaltenheit, Gereiztheit, unfreundlicher oder ablehnender Haltung äußert:* sie äußerte unverhohlen ihren Unwillen; sein angeberisches Benehmen erregte heftigen Unwillen. **Syn.:** Ärger, Groll, Unmut, Verdruss, Verstimmung, Zorn.

un|wil|lig ['ʊnvɪlɪç] ‹Adj.›: *Unwillen empfindend, erkennen lassend:* er schüttelte unwillig den Kopf; sehr unwillig putzte sie jeden Freitag die Treppe. **Syn.:** ärgerlich, gereizt, missmutig, mürrisch, unfreundlich, ungnädig, verärgert, verdrossen.

un|will|kür|lich ['ʊnvɪlky:ɐ̯lɪç] ‹Adj.›: *ganz von selbst geschehend, ohne dass man es will:* als er die Stimme hörte, drehte er sich unwillkürlich um; bei der Erzählung erinnerte sie sich unwillkürlich an ihre eigene Jugend. **Syn.:** automatisch, instinktiv, mechanisch, unabsichtlich, unbewusst, zwangsläufig.

un|wirk|sam ['ʊnvɪrkza:m] ‹Adj.›: *die beabsichtigte Wirkung verfehlend:* die Maßnahme stellte sich bald als völlig unwirksam heraus; eine unwirksame Methode. **Syn.:** nutzlos, wirkungslos, zwecklos.

un|wirsch ['ʊnvɪrʃ] ‹Adj.›: *mürrisch und unfreundlich:* er gab eine unwirsche Antwort; auf ihre freundliche Anfrage reagierte er äußerst unwirsch. **Syn.:** bärbeißig, brummig, gereizt, griesgrämig, grimmig, missmutig, muffig, sauer (ugs.), ungehalten, ungnädig, unleidlich, unwillig.

un|wirt|lich ['ʊnvɪrtlɪç] ‹Adj.›: *durch Kargheit, Öde, Kälte o. Ä. unattraktiv, abstoßend:* eine unwirtliche Gegend. **Syn.:** rau, ungemütlich.

un|wis|send ['ʊnvɪsn̩t] ‹Adj.›: *(in bestimmter Hinsicht) kein oder nur geringes Wissen habend:* dumm und unwissend sein; obwohl er gut informiert war, stellte er sich unwissend. **Syn.:** ahnungslos, arglos, nichts ahnend, unerfahren.

Un|wis|sen|heit ['ʊnvɪsn̩hai̯t], die; -: **a)** *fehlende Kenntnis von einer Sache:* sie hat es aus Unwissenheit falsch gemacht. **Syn.:** Dummheit, Ignoranz, Unkenntnis. **b)** *Mangel an [wissenschaftlicher] Bildung:* in vielen Ländern der Erde herrscht noch große Unwissenheit.

Un|wohl|sein ['ʊnvo:lzai̯n], das; -s: *[leichte und vorübergehende] Störung des körperlichen Wohlbefindens:* ein leichtes Unwohlsein befiel sie. **Syn.:** Übelkeit.

un|wür|dig ['ʊnvʏrdɪç] ‹Adj.›: **a)** *Würde vermissen lassend:* die unwürdige Behandlung der Flüchtlinge wurde scharf kritisiert; dort herrschen unwürdige Zustände. **Zus.:** menschenunwürdig. **b)** *jmds. Würde nicht wert:* er war nur ein unwürdiger Gegner; du bist meines Vertrauens unwürdig geworden.

Un|zahl ['ʊnt͜sa:l], die; - (emotional): *sehr große [unübersehbare] Anzahl:* eine Unzahl von Briefen traf bei der Redaktion ein. **Syn.:** Berg, Haufen (ugs.), Masse, Menge, riesige Menge, Unmenge.

un|zäh|lig [ʊn't͜sɛ:lɪç] ‹Adj.› (emotional): *in großer Zahl [vorhanden]:* unzählige Menschen standen an der Straße. **Syn.:** ungezählt, zahllos.

un|zer|trenn|lich [ʊnt͜sɛɐ̯'trɛnlɪç] ‹Adj.› (emotional): *eng miteinander verbunden:* die beiden Jungen waren unzertrennliche Freunde.

un|zu|frie|den ['ʊnt͜sufri:dn̩] ‹Adj.›: **a)** *(mit jmdm., etwas) nicht zufrieden:* dieser Mensch ist ewig unzufrieden; mit sich selbst unzufrieden sein; der Lehrer ist mit seinen Schülern, mit unseren Leistungen unzufrieden. **Syn.:** frustriert. **b)** *Unzufriedensein ausdrückend:* sie macht ein unzufriedenes Gesicht. **Syn.:** brummig, griesgrämig, missmutig, muffig, mürrisch, sauer (ugs.), säuerlich, verbittert, verdrießlich, verdrossen, verhärmt.

un|zu|gäng|lich ['ʊnt͜su:gɛŋlɪç] ‹Adj.›: **a)** *nur schwer oder überhaupt nicht zu betreten, zu befahren:* ein unzugängliches Gelände, Grundstück; das Haus ist für Unbefugte unzugänglich. **Syn.:** undurchdringlich. **b)** *dem näheren Kontakt mit anderen Menschen abgeneigt:* er ist sehr unzugänglich. **Syn.:** kalt, reserviert, spröde, unnahbar, verschlossen, zugeknöpft (ugs.).

un|zu|läng|lich ['ʊnt͜su:lɛŋlɪç] ‹Adj.› (geh.): *den gestellten Anforderungen, den bestehenden Bedürfnissen nur in einem vollkommen unzureichenden Maße Genüge tuend:* er hat unzulängliche Kenntnisse; die Versorgung der Bevölkerung mit Lebensmitteln war unzulänglich; ihre Arbeit war vom Lehrer als unzulänglich bezeichnet worden. **Syn.:** dilettantisch (abwertend), mangelhaft, nicht gut genug, nicht zufriedenstellend, unbefriedigend, ungenügend.

un|zu|läs|sig ['ʊnt͜su:lɛsɪç] ‹Adj.›: *nicht erlaubt:* die Firma wandte bei der Werbung unzulässige Methoden an; eine unzulässige Einschränkung der privaten Rechte; dieses Verfahren ist rechtlich unzulässig. **Syn.:** gesetzwidrig, illegal, illegitim (bildungsspr.), kriminell, strafbar, unerlaubt, ungesetzlich, unrechtmäßig, verboten, widerrechtlich.

un|zu|ver|läs|sig ['ʊnt͜su:fɛɐ̯lɛsɪç] ‹Adj.›: *nicht zuverlässig:* meine Freundin ist leider sehr unzuverlässig; seine Angaben sind unzuverlässig. **Syn.:** nicht verlässlich, untreu.

un|zwei|deu|tig ['ʊnt͜svai̯dɔy̯tɪç] ‹Adj.›: *klar und unmissverständlich; eindeutig:* aus seinen Kommentaren geht unzweideutig hervor, dass er gegen dieses Projekt ist. **Syn.:** deutlich, einwandfrei.

üp|pig ['ʏpɪç] ‹Adj.›: **a)** *in großer Fülle [vorhanden]:* eine üppige Vegetation, Blütenpracht; das Frühstück war recht üppig. **Syn.:** feudal, fürstlich, großzügig, lukullisch (bildungsspr.), luxuriös, reich, reichhaltig, verschwenderisch. **b)** (ugs.) *von rundlichen, vollen Formen:* ein üppiger Busen;

Rubens' üppige Frauengestalten; sie hat üppige weibliche Formen. **Syn.:** beleibt, breit, dick, drall, füllig, korpulent, kugelrund (scherzh.), mollig, rund, rundlich, stark (verhüllend).

up to date ['ap tu 'de:t]:
der Zeit entsprechend, gemäß: trotz ihres hohen Alters ist ihre Kleidung immer up to date; er ist in seinen Ansichten nicht mehr ganz up to date. **Syn.:** aktuell, auf dem neusten Stand, auf der Höhe der Zeit, ²modern, zeitgemäß.

ur- [u:ɐ̯] ⟨adjektivisches Präfix⟩:
1. a) (emotional verstärkend) kennzeichnet den hohen Grad des im Basiswort Genannten; *sehr, ganz, äußerst:* uralt; ureigen; urgemütlich; urgesund; urkomisch; urplötzlich. **Syn.:** erz- (emotional verstärkend, meist in negativer Bedeutung), grund- (emotional verstärkend), hoch-. **b)** *durch und durch:* /in Bezug auf Ursprünglichkeit, Eigenart/ uramerikanisch; urdeutsch.
2. kennzeichnet das im Basiswort Genannte als etwas, was der Ausgangspunkt, die Grundlage ist, als weit zurückliegend, am Anfang liegend, ursprünglich: urchristlich; urverwandt.

Ur- [u:ɐ̯] ⟨substantivisches Präfix⟩:
1. a) kennzeichnet das im Basiswort Genannte als etwas, was der Ausgangspunkt, die Grundlage ist, als weit zurückliegend, am Anfang liegend, ursprünglich: Urabstimmung; Urängste; Urchristentum; Ureinwohner; Urgewalt; Urinstinkt; Urmensch; Urtrieb; Urvertrauen; Urwald; Urzustand. **Syn.:** Grund-. **b)** kennzeichnet das im Basiswort Genannte als das Erste: Uraufführung; Urdruck (Briefmarken); Urfassung; Urgötz *(Goethes »Götz von Berlichingen« in der ersten Fassung);* Urschrift; Urversion.
2. kennzeichnet den im Basiswort genannten Verwandtschaftsgrad als zeitlich vorher oder nachher; dritte Generation: Urenkel; Urgroßmutter; Urgroßvater *(Vater des Großvaters oder der Großmutter);* Uropa; Ururgroßvater (vierte Generation: *Großvater des Großvaters oder der Großmutter).*
3. (verstärkend) weist die im Basiswort genannte Person als jmdn. aus, der auf eine lange Zeit in Bezug auf etwas zurückblicken kann: Urberliner; Urfreak; Urmitglied.

ur|bar ['u:ɐ̯ba:ɐ̯]:
in der Wendung **urbar machen:** *zur landwirtschaftlichen Nutzung geeignet machen:* ein Stück Land urbar machen.

Ur|ein|woh|ner ['u:ɐ̯'|ai̯nvo:nɐ], der; -s, -, **Ur|ein|woh|ne|rin** ['u:ɐ̯'|ai̯nvo:nərɪn], die; -, -nen:
ursprünglicher Bewohner bzw. ursprüngliche Bewohnerin eines später von anderen Menschengruppen besiedelten Gebietes: die Ureinwohner und Ureinwohnerinnen Australiens und Amerikas.

Ur|he|ber ['u:ɐ̯he:bɐ], der; -s, -, **Ur|he|be|rin** ['u:ɐ̯he:bərɪn], die; -, -nen:
a) *Person, die etwas Bestimmtes bewirkt oder veranlasst hat:* die Urheber des Staatsstreichs wurden verhaftet; sie wird als Urheberin des Sprengstoffanschlags angeklagt. **Syn.:** Erfinder, Erfinderin, Gründer, Gründerin, Initiator, Initiatorin. **b)** *Schöpfer eines Werkes der Literatur, Musik od. bildenden Kunst; Autor:* der Urheber hat das Recht, sein Werk zu vervielfältigen. **Syn.:** Autor, Autorin, Verfasser, Verfasserin.

urig ['u:rɪç] ⟨Adj.⟩:
urwüchsig-originell: in einer urigen Kneipe tranken wir noch ein Bier; er ist eine urige Type. **Syn.:** kernig, rustikal, urwüchsig, zünftig.

Urin [u'ri:n], der; -s, -e:
[ausgeschiedener] Harn: den Urin [auf Bakterien] untersuchen; es riecht nach Urin. **Syn.:** Harn, Wasser. **Zus.:** Hundeurin, Pferdeurin.

uri|nie|ren [uri'ni:rən] ⟨itr.; hat⟩:
Urin ausscheiden: an einen Baum, gegen die Wand, in ein Röhrchen urinieren. **Syn.:** ein Bächlein machen (Kinderspr.), klein machen (fam.), pinkeln (ugs.), Pipi machen (Kinderspr.), pissen (derb), sein Wasser abschlagen (salopp), sich das Wasser abschlagen (salopp), Wasser lassen (verhüllend).

Ur|kun|de ['u:ɐ̯kʊndə], die; -, -n:
[amtliches] Schriftstück, durch das etwas beglaubigt oder bestätigt wird: eine notariell beglaubigte Urkunde; alle Teilnehmer bekommen am Schluss eine Urkunde; sie erhielt eine Urkunde über die Verleihung des Preises. **Syn.:** Akte, Diplom, Dokument, Schriftstück, Unterlagen ⟨Plural⟩. **Zus.:** Abdankungsurkunde, Ernennungsurkunde, Geburtsurkunde, Heiratsurkunde, Sterbeurkunde.

Ur|laub ['u:ɐ̯lau̯p], der; -[e]s, -e:
einem Arbeitnehmer zustehende arbeits- bzw. dienstfreie Zeit, die der Erholung dient: Urlaub haben, nehmen, machen; wir fliegen im Urlaub nach Zypern; er verbrachte seinen Urlaub in der Schweiz; der Soldat kam auf Urlaub nach Hause. **Syn.:** Ferien ⟨Plural⟩. **Zus.:** Abenteuerurlaub, Erholungsurlaub, Kurzurlaub, Sommerurlaub, Sonderurlaub, Winterurlaub.

Ur|lau|ber ['u:ɐ̯lau̯bɐ], der; -s, -, **Ur|lau|be|rin** ['u:ɐ̯lau̯bərɪn], die; -, -nen:
Person, die gerade Urlaub macht, ihn an einem Urlaubsort verbringt: die Urlauber sonnten sich am Strand; als allein reisende Urlauberin hatte sie viele Chancen bei den Männern.
Syn.: Reisende, Reisender, Tourist, Touristin. **Zus.:** Kurzurlauber, Kurzurlauberin, Wochenendurlauber, Wochenendurlauberin.

Ur|laubs|geld ['u:ɐ̯lau̯psgɛlt], das; -[e]s:
zusätzliches Gehalt, das im Sommer gezahlt wird: das Urlaubsgeld überweist mein Arbeitgeber immer im Juni.

ur|laubs|reif ['u:ɐ̯lau̯psrai̯f] ⟨Adj.⟩ (ugs.):
durch viel Arbeit so erschöpft, dass man dringend Urlaub braucht: nach dieser Woche voller Katastrophen bin ich echt urlaubsreif!

Ur|ne ['ʊrnə], die; -, -n:
1. *bauchiges, meist verziertes Gefäß zum Aufnehmen der Asche eines Toten:* die Urne wurde gestern bestattet.
2. *kastenförmiger [Holz]behälter mit einem schmalen Schlitz an der Oberseite, in den bei Wahlen der Stimmzettel geworfen wird:*

den Stimmzettel in die Urne stecken, werfen. **Zus.:** Wahlurne.
3. *Gefäß, in dem sich die Lose befinden, die gezogen werden sollen:* der Sportler zog Startplatz 9 aus der Urne.

Ur|sa|che [ˈuːɐ̯zaxə], die; -, -n: *etwas, was einen Vorgang, eine Erscheinung oder einen Zustand bewirkt, veranlasst:* das war die unmittelbare Ursache; die Ursache des Brandes/für den Brand ist noch nicht geklärt; die Ursache ermitteln, feststellen; oft weiß man nicht, was Ursache ist und was Wirkung. **Syn.:** Anlass, Grund, Veranlassung. **Zus.:** Brandursache, Krankheitsursache, Schadensursache, Todesursache, Unfallursache.

ur|säch|lich [ˈuːɐ̯zɛçlɪç] ⟨Adj.⟩: *auf einer Ursache beruhend, in Bezug auf die Ursache:* die Dinge stehen in einem ursächlichen Zusammenhang.

Ur|sprung [ˈuːɐ̯ʃprʊŋ], der; -[e]s, Ursprünge [ˈuːɐ̯ʃprʏŋə]: *Ort oder Zeitraum, in dem der Anfang von etwas liegt, von dem etwas ausgegangen ist:* der Ursprung des Christentums liegt in Palästina; der Brauch hat seinen Ursprung im 16. Jahrhundert; das Gestein ist vulkanischen Ursprungs; die Ursprünge der Befreiungsbewegung. **Syn.:** Anfang, Ausgangspunkt, Beginn, Quelle.

ur|sprüng|lich [ˈuːɐ̯ʃprʏŋlɪç] ⟨Adj.⟩:
1. *so, wie es am Anfang war; zuerst [vorhanden]:* der ursprüngliche Plan ist geändert worden; ursprünglich wollte sie Kindergärtnerin werden, sie studierte aber dann Medizin. **Syn.:** anfangs, erst, original, [1]primär, von Haus aus, zuerst, zunächst.
2. *echt, natürlich, unverfälscht:* sie leben ganz einfach und ursprünglich.

U
Ursa

Ur|teil [ˈʊrtai̯l], das; -s, -e:
1. *richterliche Entscheidung, die den [vorläufigen] Abschluss eines gerichtlichen Verfahrens bildet:* die Richterin fällte ein mildes Urteil; das Urteil gegen N. lautet auf Freispruch, auf sieben Jahre [Freiheitsstrafe]; ein Urteil aufheben, anfechten, anerkennen, vollstrecken. **Syn.:** Entscheidung, Spruch. **Zus.:** Gerichtsurteil, Todesurteil.
2. *sorgfältig abgewogene Meinung:* ich kann mir kein Urteil darüber bilden; sein Urteil steht bereits fest; hier ist man auf das Urteil von Fachleuten angewiesen. **Syn.:** Anschauung, Ansicht, Auffassung, Meinung, Standpunkt. **Zus.:** Gesamturteil, Pauschalurteil, Vorurteil.

ur|teilen [ˈʊrtai̯lən] ⟨itr.; hat⟩:
1. *seine Ansicht äußern; ein Urteil* (2) *über jmdn., etwas abgeben:* er urteilte sehr hart über sie. **Syn.:** begutachten, beurteilen, bewerten, einschätzen, werten. **Zus.:** aburteilen, verurteilen.
2. *sich ein Urteil* (2) *bilden:* man soll nie nach dem ersten Eindruck urteilen.

Ur|wald [ˈuːɐ̯valt], der; -[e]s, Urwälder [ˈuːɐ̯vɛldɐ]: *ursprünglicher, unkultivierter Wald mit reicher Fauna (besonders in den Tropen):* etwas zum Schutz des Urwaldes beitragen. **Syn.:** Busch, Dschungel.

ur|wüch|sig [ˈuːɐ̯vyːksɪç] ⟨Adj.⟩: **a)** *natürlich und unverfälscht:* die Landschaft ist sehr urwüchsig; er hat eine urwüchsige Sprache. **Syn.:** [1]echt, original, ursprünglich. **b)** *von unverbildet-derber Art:* ein urwüchsiger Kerl. **Syn.:** kernig, rustikal, urig, zünftig.

Usus [ˈuːzʊs], der; -: *durch häufiges Wiederholen üblich gewordene Verhaltensweise einer kleineren Gruppe von Personen:* es ist in diesem Betrieb [so] Usus, dass die Geburtstage der Beschäftigten gefeiert werden. **Syn.:** Angewohnheit, Brauch, Gepflogenheit, Gewohnheit, Sitte, Tradition, Übung.

Uten|sil [utɛnˈziːl], das; -s, Utensilien [utɛnˈziːli̯ən] ⟨meist Plural⟩: *Gegenstand, den man zu einem bestimmten Zweck braucht:* alle Utensilien findest du im Bad; in ihrer Handtasche befanden sich die üblichen Utensilien. **Syn.:** Requisit. **Zus.:** Malutensil, Reiseutensil, Waschutensil.

Uto|pie [utoˈpiː], die; -, Utopien [utoˈpiːən]: *etwas, was in der Vorstellung von Menschen existiert, aber [noch] nicht Wirklichkeit ist:* eine konkrete, schöne, sozialistische, linke Utopie; eine Utopie entwerfen; die Idee eines allgemeinen Friedens ist bis jetzt Utopie geblieben; eine Fahrt zum Mond ist keine Utopie mehr. **Syn.:** Hirngespinst, Luftschloss, Vision, Vorstellung.

uto|pisch [uˈtoːpɪʃ] ⟨Adj.⟩: *nur in der Vorstellung, Fantasie existierend; mit der Wirklichkeit unvereinbar:* das sind utopische Vorstellungen; diese Pläne wurden vielfach als utopisch angesehen.

V v

Va|ga|bund [vagaˈbʊnt], der; -en, -en (veraltend): *nicht sesshafte männliche Person:* das Leben eines Vagabunden führen. **Syn.:** Landstreicher, Obdachloser.

va|ga|bun|die|ren [vagabʊnˈdiːrən], vagabundierte, vagabundiert:
1. ⟨itr.; hat⟩ *ohne festen Wohnsitz leben:* immer mehr Frauen vagabundieren. **Syn.:** auf der Straße leben, keinen festen Wohnsitz haben, obdachlos sein, wohnsitzlos sein. **Zus.:** herumvagabundieren, umhervagabundieren.
2. ⟨itr.; ist⟩ *ohne festes Ziel umherziehen:* er hat es nie lange an einem Ort ausgehalten und ist lieber durch die Länder vagabundiert. **Syn.:** streichen, streifen, streunen, strolchen.

Va|ga|bun|din [vagaˈbʊndɪn], die; -, -nen (veraltend): weibliche Form zu ↑Vagabund.

va|ge [ˈvaːɡə] ⟨Adj.⟩: *unbestimmt und ungenau; nur flüchtig angedeutet:* sie hat nur eine vage Vorstellung von ihrem Vater; es wurden nur vage Hoffnungen geäußert; er hatte die Sache nur vage angedeutet. **Syn.:** diffus, dumpf, dunkel, nebelhaft, schemenhaft, unbestimmt, undeutlich, unklar, verschwommen.

Va|gi|na [vaˈgiːna], die; -, Vaginen [vaˈgiːnən]:
von der Gebärmutter nach außen führender Teil des weiblichen Geschlechtsorgans: eine Entzündung in der Vagina. **Syn.:** Scheide.

va|kant [vaˈkant] ⟨Adj.⟩ (bildungsspr.):
im Augenblick frei, von niemandem besetzt: eine vakante Stelle; der Posten des Personalchefs ist vakant. **Syn.:** leer.

Va|ku|um [ˈvaːkuʊm], das; -s, Vakua [ˈvaːku̯a] und Vakuen [ˈvaːku̯ən]:
1. *fast luftleerer Raum; Raum mit ganz geringem Druck:* in der Pumpe wird ein Vakuum erzeugt.
2. *Bereich, der unausgefüllt ist, der jedem Einfluss offensteht:* nach dem Krieg war in Mitteleuropa ein politisches Vakuum entstanden; ein soziales, wirtschaftliches Vakuum. **Zus.:** Machtvakuum.

Vamp [vɛmp], der; -s, -s:
verführerische, ihre erotische Anziehungskraft unterstreichende, meist kalt berechnende Frau: wenn sie in Gesellschaft ist, gefällt sie sich darin, den Vamp zu spielen; sie ist der Typ des männermordenden Vamps.

Vam|pir [ˈvampiːɐ̯], der; -s, -e, **Vam|pi|rin** [vamˈpiːrɪn], die; -, -nen:
(nach dem Volksglauben) verstorbene Person, die nachts ihrem Sarg entsteigt, um insbesondere jungen Mädchen Blut auszusaugen: Graf Dracula dürfte wohl der berühmteste Vampir der Filmwelt sein.

Van|da|lis|mus [vandaˈlɪsmʊs], der; -, **Wandalismus:**
blinde Zerstörungswut: die Kunstwerke fielen dem Vandalismus der Eroberer zum Opfer.

Vanille [vaˈnɪljə], die; -:
a) *zu den Orchideen gehörende Pflanze mit oft gelblich weißen, duftenden Blüten und langen, schotenähnlichen Früchten:* die Vanille wächst nur in den Tropen. **b)** *aus den Früchten der Vanille* (a) *gewonnener Stoff mit besonderem Aroma:* eine Soße, ein Kuchen, ein Pudding mit echter Vanille.

va|ri|a|bel [vaˈri̯aːbl̩] ⟨Adj.⟩:
so, dass man es ändern kann; nicht auf eine Möglichkeit beschränkt: variable Größen; meine Arbeitszeit ist variabel; wir können diese Räume variabel gestalten. **Syn.:** flexibel.

Va|ri|an|te [vaˈri̯antə], die; -, -n:
etwas, was von etwas in kleineren Einzelheiten abweicht: zu dieser Stelle der Handschrift gibt es mehrere Varianten; sein Plan ist nur eine Variante zu den früheren Vorschlägen. **Syn.:** Variation. **Zus.:** Farbvariante, Modellvariante.

Va|ri|a|ti|on [variaˈt̮si̯oːn], die; -, -en:
1. *das Variieren, Abwandeln:* dieses Prinzip der Baukunst hat einige Variationen erfahren; die Variation eines Stils; Variationen über ein musikalisches Thema. **Syn.:** Veränderung.
2. *etwas Variiertes, Abgewandeltes:* Hüte, Jacken, Hemden in vielen, modischen Variationen; (Musik) Variationen über ein Thema von J. S. Bach, zu einem Volkslied. **Syn.:** Variante.

Va|ri|e|té [vari̯eˈteː], das; -s, -s, **Varietee:**
Theater, das durch ein buntes Programm mit akrobatischen, tänzerischen, musikalischen u. ä. Darbietungen gekennzeichnet ist: er besorgte Karten fürs Varieté. **Syn.:** Revue, Schau, Show.

va|ri|ie|ren [variˈiːrən]:
a) ⟨tr.; hat⟩: *(ein Thema, einen Gedanken) abwandeln, umgestalten:* seit den letzten Jahren variierte er immer dasselbe Thema in seiner Malerei. **Syn.:** ändern, modifizieren (bildungsspr.), umändern, umbilden, umformen, verändern. **b)** ⟨itr.; hat⟩ *in verschiedenen Abstufungen voneinander abweichen, unterschiedlich sein:* das Klima variiert sehr stark in den einzelnen Landschaften.

Va|sall [vaˈzal], der; -en, -en:
1. (früher) *Freier in der Gefolgschaft eines Herrn, in dessen Schutz er sich begeben hat:* die Vasallen des Königs.
2. (abwertend) *Lakai* (2).

Va|se [ˈvaːzə], die; -, -n:
aus Glas, Ton oder Porzellan gefertigtes Gefäß für Blumen o. Ä.: die Blumen in eine Vase stellen. **Zus.:** Blumenvase, Kristallvase.

Va|se|li|ne [vazeˈliːnə], die; -:
weiche, farb- und geruchlose Masse zur Herstellung von Salben, kosmetischen Mitteln o. Ä.: eine Dose Vaseline kaufen. **Syn.:** Creme, Salbe.

Va|ter [ˈfaːtɐ], der; -s, Väter [ˈfɛːtɐ]:
a) *Mann, der ein oder mehrere Kinder gezeugt hat:* Vater und Mutter; ihr [leiblicher] Vater; er ist Vater zweier Töchter, Kinder. **Syn.:** alter Herr (ugs. scherzh.), Papa (fam.), Senior. **Zus.:** Brautvater, Kindesvater. **b)** *Mann, der in der Rolle eines Vaters ein oder mehrere Kinder versorgt, erzieht:* bei seinem neuen Vater ging es ihm schlecht.

Va|ter|land [ˈfaːtɐlant], das; -[e]s, Vaterländer [ˈfaːtɐlɛndɐ] (geh., oft emotional):
Land, Staat, in dem jmd. geboren ist und dem er sich zugehörig fühlt: er liebt sein Vaterland. **Syn.:** Heimat.

vä|ter|lich [ˈfɛːtɐlɪç] ⟨Adj.⟩:
1. *dem Vater zugehörend, vom Vater kommend:* er soll einmal das väterliche Geschäft übernehmen; in der väterlichen Linie sind schon mehrere Selbstmorde vorgekommen.
2. *sich einem anderen gegenüber fürsorglich und wohlwollend wie ein Vater verhaltend:* ein väterlicher Freund.

Va|ter|un|ser [ˈfaːtɐˈʊnzɐ], das; -s, -:
in verschiedene Bitten gegliedertes Gebet der Christen: ein, das Vaterunser beten.

Ve|ge|ta|ri|er [vegeˈtaːri̯ɐ], der; -s, -, **Ve|ge|ta|rie|rin** [vegeˈtaːri̯ərɪn], die; -, -nen:
Person, die ausschließlich oder vorwiegend pflanzliche Nahrung zu sich nimmt: sie ist Vegetarierin.

ve|ge|ta|risch [vegeˈtaːrɪʃ] ⟨Adj.⟩:
überwiegend auf pflanzlichen Stoffen beruhend, sich von pflanzlichen Stoffen ernährend: eine vegetarische Kost; vegetarisch leben, essen. **Syn.:** pflanzlich.

Ve|ge|ta|ti|on [vegetaˈt̮si̯oːn], die; -, -en:
Gesamtheit der Pflanzen, die in einem bestimmten Gebiet wach-

sen: die Vegetation Europas, Südamerikas.

ve|ge|tie|ren [vege'ti:rən] ⟨itr.; hat⟩: *sehr kärglich, kümmerlich leben, sein Leben fristen:* die Flüchtlinge vegetieren seit Jahren in Lagern. **Syn.:** ein Hundeleben führen (ugs. abwertend), sein Dasein fristen. **Zus.:** dahinvegetieren.

ve|he|ment [vehe'mɛnt] ⟨Adj.⟩: **a)** *ungestüm, heftig:* eine vehemente Debatte. **Syn.:** dynamisch, feurig, heftig, lebhaft, schwungvoll, stürmisch, ungestüm (geh.), vital, wild. **b)** *energisch, mit Nachdruck:* ein vehementer Befürworter, Gegner einer Sache sein; ein Ziel vehement verteidigen; sich vehement gegen etwas wehren.

Ve|hi|kel [ve'hi:kl̩], das; -s, -: **1.** (oft abwertend) *[altes, schlechtes] Fahrzeug:* sie schwang sich wieder auf ihr Vehikel und radelte weiter; mit diesem klapprigen Vehikel kommst du niemals bis Spanien. **Syn.:** fahrbarer Untersatz (ugs. scherzh.), Gefährt (geh., auch scherzh.), Mühle (ugs., oft abwertend), Wagen. **2.** (geh.) *etwas, was als Mittel dazu dient, etwas anderes deutlich, wirksam werden zu lassen, zu ermöglichen:* die Sprache als Vehikel der dichterischen Idee. **Syn.:** Medium.

Veil|chen ['fai̯lçən], das; -s, -: *im Frühjahr blühende Pflanze mit kleinen violetten, stark duftenden Blüten:* ein Strauß duftende[r] Veilchen.

Ve|lo ['ve:lo], das; -s, -s (schweiz.): *Fahrrad:* Velo fahren. **Syn.:** Rad.

[1]Ve|lours [və'lu:ɐ̯], der; -, -: *Gewebe mit gerauter, weicher, samt- oder plüschartiger Oberfläche:* ein Teppich aus Velours.

[2]Ve|lours [və'lu:ɐ̯], das; -, -: *Leder mit einer aufgerauten samtähnlichen Oberfläche:* Schuhe aus Velours kaufen. **Syn.:** Wildleder.

Ve|ne ['ve:nə], die; -, -n: *Ader, die das Blut dem Herzen zuführt:* sich etwas in die Vene spritzen.

Ven|til [vɛn'ti:l], das; -s, -e: *Vorrichtung, durch die das Austreten von flüssigen oder gasförmigen Stoffen gesteuert werden kann:* das Ventil eines Dampfkessels, Reifens; ein Ventil öffnen. **Zus.:** Absperrventil, Auslassventil, Autoventil, Einlassventil, Entlüftungsventil, Fahrradventil.

Ven|ti|la|ti|on [vɛntila'tsi̯o:n], die; -, -en: *Bewegung von Luft (oder Gasen) besonders in geschlossenen Räumen zur Erneuerung, Beseitigung verbrauchter, verunreinigter Luft:* für [ausreichende, gute] Ventilation sorgen.

Ven|ti|la|tor [vɛnti'la:to:ɐ̯], der; -s, Ventilatoren [vɛntila'to:rən]: *elektrisches Gerät, das durch ein sich sehr schnell drehendes Rad die Luft besonders zum Entlüften oder Kühlen in Bewegung bringt:* der Ventilator surrt, dreht sich. **Zus.:** Deckenventilator, Tischventilator, Zimmerventilator.

[1]ver- [fɛɐ̯] ⟨verbales Präfix; Basiswörter sind Substantive oder Adjektive, z. B. ver-kopf-t, vernetz-t ⟩:
1. *zu dem im Basiswort Genannten im Laufe der Zeit werden* /Ggs. ent-/: verarmen; verdummen; vermännlichen; verslumen; verspießern.
2. *zu dem im Basiswort Genannten machen, in den im Basiswort genannten Zustand versetzen:* vereinheitlichen; verkitschen; verkomplizieren *(kompliziert machen);* verkompostieren (Laub); vermosten; vernetzen; verschriftlichen; verschulen (das Studium verschulen: *das Studium schulmäßig machen*); versprachlichen; verstromen (Kohle verstromen: *zu Strom machen*); vertexten; verunsichern; verwestlichen.
3. *bewirken, dass etwas für das im Basiswort Genannte geeignet ist:* vermarkten.
4. *so wie das im Basiswort Genannte werden:* verblauen.
5. *[ganz und gar] mit dem im Basiswort Genannten versehen:* verdrahten; verdübeln; verkabeln.
6. *in das im Basiswort Genannte bringen, umsetzen:* verrenten; verstoffwechseln.
7. *mehr und mehr von dem im Basiswort genannten Inhalt bestimmt, angefüllt werden:* veralgen; vermoosen; verunkrauten (er lässt den Garten verunkrauten).
8. *ganz und gar mit dem im Basiswort Genannten versehen sein:* verrunzeln; verschorfen.
9. *durch das im Basiswort Genannte beseitigt, verbraucht, aufgelöst werden:* verbauen (2 Millionen verbauen); verknipsen (einen Film verknipsen); verplanen; vertelefonieren (25 Euro vertelefonieren).
10. *durch den im Basiswort genannten Vorgang nicht mehr vorhanden sein:* verkochen (das Wasser verkocht).
11. *durch das im Basiswort genannte Tun o. Ä. versäumt werden:* verpennen; verschlafen.
12. *sich (in Bezug auf das im Basiswort genannte Tun) als falsch erweisen:* verbremsen (wer sich beim Slalom einmal verbremst, verliert wertvolle Zehntelsekunden), verspekulieren.
13. *die im Basiswort genannte Tätigkeit verkehrt, falsch tun:* verinszenieren; verretuschieren.
14. *durch das im Basiswort Genannte beeinträchtigen:* verwaschen; verwohnen.
15. (verstärkend) verbessern; verbleiben; verkomplizieren; verlegen; vermahlen (frisch vermahlenes Korn); vermelden; vermerken; vermessen; vermischen; vermodern; verspüren.

[2]ver- [fɛɐ̯] ⟨Präfix; Basiswörter sind Substantive oder Adjektive, z. B. ver-dorf-en; ver-kopf-t; vernetz-t; ver-schul(e)-en; ver-diesseit-ig-en⟩: ⟨adjektivisch⟩ **a)** *ganz und gar von dem im Basiswort genannten Inhalt gekennzeichnet:* verbeamtet; verkauderwelscht; verkrebst; verluthert; verplüscht; verschwärmt; verwissenschaftlicht. **b)** *ganz und gar mit dem im Basiswort Genannten versehen:* verkotet (die Toiletten sind verkotet); verrotzt.

ver|ab|re|den [fɛɐ̯'|apre:dn̩], verabredete, verabredet: **1.** ⟨tr.; hat⟩ *eine bestimmte Abmachung mit jmdm. treffen, einen bestimmten Plan, eine bestimmte Vorgehensweise festlegen:* ich habe mit ihm verabredet, dass wir uns morgen treffen; ein Erkennungszeichen verabreden; ⟨häufig im 2. Partizip⟩

V
vege

am verabredeten Ort; zur verabredeten Zeit; sie rief mich, wie verabredet, um fünf Uhr an. **Syn.:** abmachen, absprechen, aushandeln, ausmachen, sich einigen auf, sich verständigen auf, übereinkommen, vereinbaren.
2. ⟨+ sich⟩ *eine Zusammenkunft mit jmdm. verabreden* (2): ich habe mich mit ihm, wir haben uns zum Tennisspielen, auf ein Glas Wein verabredet; ich bin [für] heute Abend mit ihr verabredet.

Ver|ab|re|dung [fɛɐ̯'|apre:dʊŋ], die; -, -en:
1. *das Verabreden, Vereinbaren:* Zweck des Telefonats war die Verabredung eines Treffpunkts, eines Treffens. **Syn.:** Absprache, Vereinbarung.
2. a) *etwas Verabredetes, Vereinbartes:* sich an eine Verabredung halten; eine Verabredung einhalten; eine Verabredung mit jmdm. [getroffen] haben. **Syn.:** Abmachung, Abschluss, Vereinbarung. **b)** *verabredete Zusammenkunft:* zu einer Verabredung [mit jmdm.] gehen; eine Verabredung absagen. **Syn.:** Rendezvous (veraltend, meist noch scherzh.), Stelldichein (veraltend), Treffen, Zusammenkunft.

ver|ab|rei|chen [fɛɐ̯'|apraiçn̩] ⟨tr.; hat⟩ (Papierdt.):
in bestimmten Mengen, Portionen etwas geben, das eine zuträgliche, heilsame, kräftigende o. Ä. Wirkung haben soll: die Schwester verabreichte ihm das Antibiotikum, eine Spritze, eine Beruhigungspille. **Syn.:** darreichen (geh.), reichen, verpassen (ugs.), versehen mit, versorgen mit, zuteilen.

ver|ab|scheu|en [fɛɐ̯'|apʃɔyən] ⟨tr.; hat⟩:
Abscheu (gegenüber jmdm., etwas) empfinden: sie verabscheute solche Leute; er verabscheute jede Art von Schmeichelei. **Syn.:** abscheulich finden, ekelhaft finden, gefressen haben (ugs.), hassen, nicht ausstehen können, nicht leiden können, nicht mögen, nicht riechen können (ugs. emotional), sich ekeln vor, unerträglich finden, verabscheuenswert finden, verabscheuenswürdig finden, widerwärtig finden.

ver|ab|schie|den [fɛɐ̯'|apʃi:dn̩], verabschiedete, verabschiedet:
1. ⟨+ sich⟩ *beim Aufbruch einige [formelhafte] Worte, einen Gruß o. Ä. an den/die Bleibenden richten:* er verabschiedete sich von allen mit Handschlag. **Syn.:** sich empfehlen (geh.).
2. ⟨tr.; hat⟩ *an jmdn. anlässlich seines Ausscheidens aus dem Dienst in förmlich-feierlicher Weise Worte des Dankes, der Anerkennung o. Ä. richten:* einen Offizier, einen hohen Beamten verabschieden.
3. ⟨tr.; hat⟩ *(ein Gesetz o. Ä., nachdem darüber verhandelt wurde) annehmen, beschließen:* nach heftigen Diskussionen wurde das Gesetz vom Parlament verabschiedet.

ver|ach|ten [fɛɐ̯'|axtn̩], verachtete, verachtet ⟨tr.; hat⟩:
eine Person oder Sache für schlecht, für geringfügig halten und deswegen auf sie herabsehen: er verachtet ihn [wegen seiner Feigheit]; sie verachtet sein Verhalten; die Gefahr, den Tod verachten *(nicht fürchten).* **Syn.:** mit Nichtachtung behandeln.

ver|ächt|lich [fɛɐ'|ɛçtlɪç] ⟨Adj.⟩:
1. *Verachtung ausdrückend:* ein verächtliches Lachen; du darfst von ihm nicht verächtlich sprechen. **Syn.:** abfällig, abschätzig, despektierlich (geh.), geringschätzig.
2. *wegen der moralischen Minderwertigkeit Verachtung verdienend:* eine verächtliche Gesinnung. **Syn.:** abscheulich, elend (emotional), erbärmlich, gemein, jämmerlich (abwertend), niedrig, schäbig (abwertend), schändlich, schmählich (geh.), schmutzig, schnöde (geh. abwertend).

Ver|ach|tung [fɛɐ'|axtʊŋ], die; -:
das Verachten, starke Geringschätzung: jmdn. voll Verachtung anblicken; Verachtung für/gegen jmdn. empfinden; jmdn. mit Verachtung strafen. **Zus.:** Menschenverachtung.

ver|all|ge|mei|nern [fɛɐ̯'-|algə'mainɐn] ⟨tr.; hat⟩:
etwas, was als Erfahrung, Erkenntnis aus einem oder mehreren Fällen gewonnen worden ist, auf andere Fälle ganz allgemein anwenden, übertragen: du darfst diese Feststellung nicht verallgemeinern; ⟨auch itr.⟩ sie verallgemeinert gerne, zu sehr.

ver|al|ten [fɛɐ̯'|altn̩], veraltete, veraltet ⟨itr.; ist⟩:
von einer Entwicklung überholt werden, unmodern werden: Computer veralten schnell; eine völlig veraltete Technik. **Syn.:** sich überleben.

Ve|ran|da [ve'randa], die; -, Veranden [ve'randn̩]:
kleinerer Vorbau an Wohnhäusern [mit Wänden aus Glas]: sie saßen auf, in der Veranda und tranken Kaffee. **Zus.:** Glasveranda, Holzveranda.

ver|än|der|lich [fɛɐ'|ɛndɐlɪç] ⟨Adj.⟩:
sich leicht, von selbst ändernd; der Veränderung unterworfen: er hat ein veränderliches Wesen; das Wetter ist dort meist sehr veränderlich. **Syn.:** schwankend, unbeständig, wechselhaft.

ver|än|dern [fɛɐ̯'|ɛndɐn]:
1. ⟨tr.; hat⟩ *(jmdm., einer Sache) ein anderes Aussehen oder Wesen geben:* einen Raum verändern; die Erlebnisse der letzten Zeit haben ihn sehr verändert; sie war völlig verändert. **Syn.:** abwandeln, ändern, modifizieren (bildungsspr.), umändern, umarbeiten, umbilden, umformen, umkrempeln (ugs.), variieren, verwandeln, wandeln (geh.).
2. ⟨+ sich⟩ **a)** *ein anderes Aussehen oder Wesen bekommen; anders werden:* sie hat sich sehr zu ihrem Vorteil verändert; bei uns hat sich seitdem vieles verändert. **Syn.:** sich ändern, umschlagen, sich verwandeln, sich wandeln (geh.). **b)** *die berufliche Stellung wechseln:* sie hat sich beruflich verändert; nach zehn Jahren in demselben Betrieb wollte er sich verändern. **Syn.:** etwas anderes machen, umsatteln (ugs.), umsteigen (ugs.), wechseln.

Ver|än|de|rung [fɛɐ̯'|ɛndərʊŋ], die; -, -en:
das [Sich]verändern: an etwas eine Veränderung vornehmen; jede bauliche Veränderung, jede Veränderung des Textes muss vorher genehmigt werden; in ihr geht eine Veränderung vor. **Syn.:** Umbruch, Umschlag, Umschwung, Verwandlung, Wandel, Wandlung, Wechsel, Wende. **Zus.:** Bewusstseinsver-

änderung, Klimaveränderung, Strukturveränderung, Systemveränderung, Umweltveränderung.

ver|ängs|tigt [fɛɐ̯ˈlɛŋstɪçt] ⟨Adj.⟩:
in Angst versetzt, von Angst erfüllt: die verängstigten Bewohner wagten sich nicht auf die Straße; das Kind war ganz verängstigt. **Syn.:** ängstlich, bang[e], beklommen, eingeschüchtert, furchtsam.

ver|an|kern [fɛɐ̯ˈlaŋkɐn] ⟨tr.; hat⟩:
1. a) *(Schiffe) [im Hafen] durch einen Anker befestigen:* ein Schiff verankern. **b)** *(im Boden o. Ä.) so gut befestigen, dass es nicht wegbewegt werden kann:* etwas mit Dübeln in der Wand verankern; die Hütte ist mit Pfählen fest [im Boden] verankert.
2. *einen festen Platz (in etwas) geben, einen wichtigen Bestandteil von etwas bilden lassen:* das Asylrecht ist in der Verfassung verankert. **Syn.:** festschreiben.

ver|an|lagt [fɛɐ̯ˈlanla:kt] ⟨Adj.⟩:
von Natur aus bestimmte Fähigkeiten oder Eigenschaften habend: ein musikalisch veranlagtes Kind; sie ist etwas sentimental veranlagt.

Ver|an|la|gung [fɛɐ̯ˈlanla:gʊŋ], die; -, -en:
Art und Weise, in der jmd. veranlagt ist: die künstlerischen Fähigkeiten sind im Allgemeinen eine Sache der Veranlagung; sein Neid ist eine krankhafte Veranlagung. **Syn.:** Anlage, Befähigung, Begabung, Disposition, Fähigkeit, Gabe, Talent.

ver|an|las|sen [fɛɐ̯ˈlanlasn̩] ⟨tr.; hat⟩:
auf irgendeine Weise dahin wirken, dass etwas Bestimmtes geschieht oder dass jmd. etwas Bestimmtes tut: er veranlasste eine genaue Prüfung des Vorfalls; niemand wusste, was ihn zu diesem Entschluss veranlasst hatte; er fühlte sich veranlasst *(hielt es für angebracht),* auf die Folgen aufmerksam zu machen. **Syn.:** anhalten zu, anordnen, anregen, anreizen, anspornen, anweisen, auslösen, beauftragen, befehlen, ²bewegen, bewirken, drängen, ermutigen, heißen, in Gang setzen, ins Rollen bringen (ugs.), inspirieren, motivieren, nötigen, treiben, überreden, zwingen.

Ver|an|las|sung [fɛɐ̯ˈlanlasʊŋ], die; -, -en:
1. *das Veranlassen:* auf wessen Veranlassung [hin] ist er verhaftet worden?
2. *etwas, was jmdn. zu etwas veranlasst:* ich habe, sehe keine Veranlassung, meine Meinung zu ändern. **Syn.:** Anlass, Beweggrund, Grund.

ver|an|schau|li|chen [fɛɐ̯ˈlanʃaulɪçn̩] ⟨tr.; hat⟩:
(zum besseren Verständnis) anschaulich machen: eine Beschreibung durch Bilder veranschaulichen. **Syn.:** illustrieren.

ver|an|schla|gen [fɛɐ̯ˈlanʃla:gn̩] ⟨tr.; hat⟩:
aufgrund einer Schätzung, einer vorläufigen Berechnung als voraussichtliche Anzahl, Summe o. Ä. annehmen: die Kosten für den Bau des Theaters wurden mit 50 Millionen veranschlagt; er hat für die Arbeiten drei Wochen veranschlagt. **Syn.:** ansetzen, ausgehen von, kalkulieren, schätzen auf.

ver|an|stal|ten [fɛɐ̯ˈlanʃtaltn̩], veranstaltete, veranstaltet ⟨tr.; hat⟩:
1. *als Verantwortlicher und Organisator stattfinden lassen, durchführen [lassen]:* ein Fest, eine Ausstellung, eine Umfrage veranstalten; Fernsehen veranstalten *(Fernsehprogramme ausstrahlen).* **Syn.:** abhalten, arrangieren, aufziehen, austragen, geben, halten, organisieren.
2. (ugs.) *(etwas meist negativ Bewertetes) machen, vollführen:* Lärm veranstalten; veranstalte bloß nicht wieder so einen Zirkus wie letztes Mal, falls ich heute etwas zu spät kommen sollte!

Ver|an|stal|tung [fɛɐ̯ˈlanʃtaltʊŋ], die; -, -en:
1. *das Veranstalten:* er ist auf die Veranstaltung solcher Konzerttourneen spezialisiert.
2. *etwas, was veranstaltet wird, veranstaltetes Ereignis:* kulturelle, künstlerische, sportliche, karnevalistische, mehrtägige Veranstaltungen; die Veranstaltung findet im Freien statt.

ver|ant|wor|ten [fɛɐ̯ˈlantvɔrtn̩], verantwortete, verantwortet:
a) ⟨tr.; hat⟩ *es auf sich nehmen, für die eventuell aus etwas sich ergebenden Folgen einzustehen:* eine Maßnahme verantworten; er wird sein Tun selbst verantworten müssen; ich kann es nicht verantworten, den Kindern das zu erlauben. **Syn.:** geradestehen für, ²haften für. **b)** ⟨+ sich⟩ *sein Verhalten oder seine Absicht einer Anklage oder einem Vorwurf gegenüber rechtfertigen:* er hatte sich wegen seiner Äußerung vor Gericht zu verantworten. **Syn.:** sich verteidigen.

ver|ant|wort|lich [fɛɐ̯ˈlantvɔrtlɪç] ⟨Adj.⟩:
a) *die Verantwortung tragend:* der verantwortliche Herausgeber einer Zeitschrift; die verantwortliche Ingenieurin, Redakteurin; der für den Einkauf verantwortliche Mitarbeiter; die Eltern sind für ihre Kinder verantwortlich; sie ist dafür verantwortlich, dass die Termine eingehalten werden; ich fühle mich dafür verantwortlich. **b)** *mit Verantwortung verbunden, Verantwortung mit sich bringend:* eine verantwortliche Stellung.

Ver|ant|wor|tung [fɛɐ̯ˈlantvɔrtʊŋ], die; -, -en:
Verpflichtung, eine Entscheidung, eine Verhaltensweise, eine Äußerung o. Ä. zu verantworten: die Verantwortung für etwas übernehmen, ablehnen; du kannst es auf meine Verantwortung tun.

ver|ar|bei|ten [fɛɐ̯ˈlarbai̯tn̩], verarbeitete, verarbeitet ⟨tr.; hat⟩:
1. *in einem Herstellungsprozess (einen Rohstoff, ein Material) zu etwas Bestimmtem gestalten, machen:* Gold zu Schmuck verarbeiten; sie verarbeitete den Stoff zu einem Mantel; wir verarbeiten nur erstklassige Rohstoffe.
2. *geistig, seelisch bewältigen:* sie muss die vielen neuen Eindrücke, diese Enttäuschung, das schreckliche Erlebnis erst einmal verarbeiten.

ver|ar|gen [fɛɐ̯ˈlargn̩] ⟨tr.; hat⟩ (geh.):
übel nehmen: man kann [es] ihm nicht verargen, dass er sich absichern will. **Syn.:** krummnehmen (ugs.), verübeln.

ver|är|gern [fɛɐ̯ˈlɛrgɐn] ⟨tr.; hat⟩:

V
verä

durch bestimmte Äußerungen, Verhaltensweisen in üble Laune, in gereizte Stimmung o. Ä. bringen: mit der Bemerkung hat er sie verärgert; verärgert wandte er sich ab. **Syn.:** ärgerlich machen, ärgern, aufbringen, aufregen, empören, erbosen, erzürnen (geh.), verstimmen.

ver|arz|ten [fɛɐ̯ˈ|a:ɐ̯tstn̩], verarztete, verarztet ⟨tr.; hat⟩: *(jmdm.) bei einem leichten Unfall o. Ä. Erste Hilfe leisten, sich (seiner) annehmen, (ihn) verbinden o. Ä.:* er musste den Kleinen verarzten. **Syn.:** behandeln.

ver|äu|ßern [fɛɐ̯ˈ|ɔysɐn] ⟨tr.; hat⟩: *einem andern als Eigentum überlassen, abgeben, besonders verkaufen:* sie war gezwungen, ihren Schmuck zu veräußern; ehe er auswanderte, veräußerte er all seine Habe. **Syn.:** abstoßen, in klingende Münze umsetzen, sich trennen von, zu Geld machen.

ver|ball|hor|nen [fɛɐ̯ˈbalhɔrnən] ⟨tr.; hat⟩ (ugs.): *entstellen, verdrehen (um eine komische Wirkung zu erzielen oder auch in der Absicht, etwas vermeintlich Falsches zu berichtigen):* ein Wort, einen Namen verballhornen.

Ver|band [fɛɐ̯ˈbant], der; -[e]s, Verbände [fɛɐ̯ˈbɛndə]:
1. *zum Schutz einer Wunde o. Ä., zur Ruhigstellung dienende in mehreren Lagen um einen Körperteil gewickelte Binde o. Ä.:* die Krankenschwester legte ihm einen Verband an, wechselte den Verband. **Syn.:** Bandage. **Zus.:** Kopfverband, Schutzverband, Stützverband, Wundverband.
2. *größere Vereinigung, die (zur Durchsetzung gemeinsamer Interessen) durch Zusammenschluss von Vereinen oder Gruppen entsteht:* politische Verbände; einen Verband gründen; einem Verband angehören. **Syn.:** [1]Bund, Genossenschaft, Klub, Organisation, Ring, Union, Verein. **Zus.:** Arbeitgeberverband, Bauernverband, Einzelhandelsverband, Großhandelsverband, Journalistenverband, Jugendverband, Nachbarschaftsverband, Sportverband, Unternehmerverband.
3. *Zusammenschluss mehrerer kleinerer, militärischer Einheiten:* starke motorisierte Verbände. **Syn.:** Abteilung, Armee, Einheit, Trupp, Truppe. **Zus.:** Flottenverband, Panzerverband, Truppenverband.

Ver|bands|zeug [fɛɐ̯ˈbantstsɔyk], das; -[e]s: *Material, um eine Wunde zu verbinden, einen Verband zu machen:* hast du auch Verbandszeug in den Rucksack eingepackt?

ver|ban|nen [fɛɐ̯ˈbanən] ⟨tr.; hat⟩: *(als Strafe) aus dem Land weisen, an einen entlegenen Ort schicken und zwingen, dort zu bleiben:* jmdn. auf eine ferne Insel verbannen; er wurde aus seinem Vaterland verbannt. **Syn.:** abschieben, ausbürgern, aussiedeln, ausweisen, des Landes verweisen, vertreiben.

ver|bau|en [fɛɐ̯ˈbau̯ən] ⟨tr.; hat⟩:
1. *durch Bauen versperren:* jmdm. die Aussicht verbauen.
2. *beim Bauen verwenden:* Holz, Steine verbauen; sie haben ihr ganzes Geld verbaut *(beim Bauen verbraucht).*
3. *falsch und unzweckmäßig bauen:* der Architekt hat das Haus völlig verbaut; ein verbautes Haus.

ver|ber|gen [fɛɐ̯ˈbɛrgn̩], verbirgt, verbarg, verborgen ⟨tr.; hat⟩:
1. *für eine gewisse Zeit fremden [suchenden] Blicken entziehen:* etwas unter seinem Mantel verbergen; er suchte sein Gesicht, seine Tränen zu verbergen; der Flüchtling verbarg sich im Wald. **Syn.:** tarnen, verdecken, verhüllen, verstecken.
2. *(jmdn.) aus irgendeinem Grund nicht wissen lassen; dem Wissen, der Kenntnis anderer entziehen:* sie verbarg ihm ihre wahre Meinung; er hat etwas, nichts zu verbergen. **Syn.:** geheim halten, nicht preisgeben, nicht sagen, nicht verraten, unterschlagen, verhehlen (geh.), verheimlichen.

ver|bes|sern [fɛɐ̯ˈbɛsɐn]:
1. a) ⟨tr.; hat⟩ *verändern und dadurch besser machen:* eine Erfindung verbessern; seine wirtschaftliche Lage verbessern. **Syn.:** aufarbeiten, aufbessern, aufmöbeln (ugs.), ausbauen, bessern, kultivieren, modernisieren, sanieren, überarbeiten, überholen, verfeinern, vervollkommnen. **b)** ⟨tr.; hat⟩ *von Fehlern, Mängeln befreien:* einen Aufsatz, jmds. Stil verbessern. **Syn.:** berichtigen, korrigieren. **c)** ⟨tr.; hat⟩ *(einen Fehler o. Ä.) beseitigen:* einen Druckfehler verbessern. **Syn.:** berichtigen, korrigieren. **d)** ⟨+ sich⟩ *besser, vollkommener werden:* die Verhältnisse haben sich entscheidend verbessert; er hat sich in der Schule, in Mathematik [um eine Note] verbessert. **Syn.:** sich bessern, sich steigern.
2. ⟨+ sich⟩ *in eine bessere [wirtschaftliche] Lage kommen; sich eine bessere Stellung verschaffen:* er wollte sich [beruflich, wohnungsmäßig] verbessern. **Syn.:** sich vorarbeiten.
3. ⟨tr.; hat⟩ *(bei jmdm., sich) eine als unzutreffend, fehlerhaft o. ä. erkannte Äußerung richtigstellen, berichtigen:* ich muss mich verbessern; du darfst ihn nicht ständig verbessern. **Syn.:** belehren, korrigieren.

Ver|bes|se|rung [fɛɐ̯ˈbɛsərʊŋ], die; -, -en:
1. *das Verbessern:* wir arbeiten ständig an der Verbesserung unserer Produkte.
2. *Änderung, durch die etwas verbessert wurde:* ein neues Modell mit zahlreichen großen und kleinen Verbesserungen.
3. *verbesserter (fehlerfreier) Text:* eine Verbesserung anfertigen.

ver|beu|gen [fɛɐ̯ˈbɔygn̩] ⟨+ sich⟩: *(zur Begrüßung, als Ausdruck der Ehrerbietung, des Dankes o. Ä.) Kopf und Oberkörper nach vorn neigen:* sich tief verbeugen; du brauchst dich vor mir nicht zu verbeugen. **Syn.:** eine Verbeugung machen, einen Bückling machen (ugs. scherzh.), einen Diener machen, sich verneigen (geh.).

Ver|beu|gung [fɛɐ̯ˈbɔygʊŋ], die; -, -en: *das Sichverbeugen:* eine Verbeugung machen. **Syn.:** [1]Bückling (ugs. scherzh.), Diener.

ver|bie|gen [fɛɐ̯ˈbi:gn̩], verbog, verbogen:
a) ⟨tr.; hat⟩ *durch Biegen aus der Form bringen, krumm [und dadurch unbrauchbar, unansehnlich] machen:* ein Stück Draht, einen Nagel verbiegen.

verbieten/verbitten

Zwischen beiden Verben ist klar zu unterscheiden: Das Verb **verbieten** (»verbot«, »verboten«) wird dann gebraucht, wenn eine bestimmte Tätigkeit oder Verhaltensweise nicht erlaubt wird:

- Jugendlichen unter 18 Jahren ist der Eintritt verboten.
- Der Stolz verbot es ihnen, bei anderen Menschen um Almosen zu betteln.

Das Verb **verbitten** (»verbat«, »verbeten«) dagegen kann nur reflexiv gebraucht werden. Es drückt aus, dass jemand einen anderen nachdrücklich dazu auffordert, eine bestimmte Tätigkeit oder Verhaltensweise zu unterlassen:

- Ich verbitte mir diesen Ton.
- Die Regierung verbat sich jegliche Einmischung in ihre inneren Angelegenheiten.

b) ⟨+ sich⟩ *durch Sichbiegen aus der Form geraten, krumm oder eingedrückt [und dadurch unbrauchbar, unansehnlich] werden:* die Schienen haben sich verbogen.

ver|bie|ten [fɛɐ̯ˈbiːtn̩], verbot, verboten:
1. ⟨tr.; hat⟩ *für nicht erlaubt, für unzulässig erklären; zu unterlassen gebieten:* er hat ihm verboten, sie zu besuchen; du hast mir nichts zu verbieten; es ist strengstens verboten, hier zu rauchen; »Betreten verboten«. **Syn.:** untersagen, verwehren (geh.).
2. ⟨+ sich⟩ *nicht in Betracht kommen, ausgeschlossen sein:* so etwas verbietet sich [von selbst].

verbieten / verbitten:
s. Kasten.

ver|bin|den [fɛɐ̯ˈbɪndn̩], verband, verbunden:
1. ⟨tr.; hat⟩ *mit einer Binde oder einem Verband versehen:* jmdm. die Augen verbinden; eine Wunde verbinden; die Verwundeten mussten verbunden werden. **Syn.:** bandagieren.
2. a) ⟨tr.; hat⟩ *untereinander in Berührung, Kontakt bringen, zusammenbringen, -halten und [zu einem Ganzen] zusammenfügen:* zwei Drähte [durch Löten, mit einem Knoten, mit einer Lüsterklemme] [miteinander] verbinden. **b)** ⟨+ sich⟩ *mit etwas zusammen-, in Kontakt kommen und dabei etwas Neues ergeben:* Natrium und Chlor verbinden sich zu Kochsalz.
3. ⟨tr.; hat⟩ *(durch etwas zwei Dinge oder Teile) zusammenbringen, miteinander in Kontakt bringen, in engere Beziehung zueinander setzen:* zwei Stadtteile mit einer Brücke verbinden; beide Orte wurden durch eine Buslinie miteinander verbunden.
4. ⟨tr.; hat⟩ *(jmdm.) ein Telefongespräch vermitteln:* verbinden Sie mich bitte mit meinem Büro; einen Augenblick, ich verbinde Sie; ⟨auch itr.⟩ einen Moment, ich verbinde.
5. a) ⟨tr.; hat⟩ *(zwei Dinge, die nicht notwendig zusammengehören) zugleich haben oder tun:* er verbindet Großzügigkeit mit einer gewissen Strenge; sie verbindet immer das Praktische mit dem Schönen. **Syn.:** verknüpfen, verquicken.
b) ⟨+ sich⟩ *mit etwas zusammenkommen, zusammen auftreten [und dabei zu etwas Neuem werden]:* bei ihm verbinden sich Mut und Besonnenheit; damit sind große Probleme verbunden; das ist mit gewissen Schwierigkeiten verbunden. **Syn.:** sich vereinen.
6. ⟨tr.; hat⟩ *eine Beziehung zwischen Personen herstellen und aufrechterhalten, die Grundlage einer Beziehung zu jmdm. sein:* mit ihm verbinden mich/uns verbinden gemeinsame Interessen; sie verbindet nichts mehr; sie waren freundschaftlich miteinander verbunden.
7. ⟨+ sich⟩ *sich (zu einem Bündnis, einer Partnerschaft o. Ä.) zusammentun:* die Studenten wollten sich mit den Arbeitern verbinden; sich mit jmdm. ehelich verbinden. **Syn.:** sich binden, eine Fusion eingehen, eine Koalition eingehen, gemeinsame Sache machen, sich liieren, sich verbünden, sich vereinigen, sich zusammenrotten, sich zusammenschließen.
8. a) ⟨tr.; hat⟩ *in einen [assoziativen] Zusammenhang (mit etwas) bringen:* ich verbinde mit diesem Wort, Bild etwas ganz anderes als du. **Syn.:** verknüpfen. **b)** ⟨+ sich⟩ *(mit etwas) in einem [assoziativen] Zusammenhang stehen:* mit dieser Melodie verbinden sich [für mich] schöne Erinnerungen.

ver|bind|lich [fɛɐ̯ˈbɪntlɪç] ⟨Adj.⟩:
1. *persönliches, freundliches Entgegenkommen zeigend, spüren lassend:* verbindliche Worte; er lächelte verbindlich. **Syn.:** entgegenkommend, freundlich, konziliant (bildungsspr.).
2. *durch eine bindende Zusage, Erklärung festgelegt; eine Verpflichtung, ein Versprechen enthaltend:* eine verbindliche Zusage; das Abkommen wurde für verbindlich erklärt. **Syn.:** bindend, verpflichtend.

Ver|bin|dung [fɛɐ̯ˈbɪndʊŋ], die; -, -en:
1. *das Verbinden:* man hat eine Verbindung der beiden Flüsse durch einen Kanal in Erwägung gezogen.
2. a) *das Verbundensein:* eine feste, dauerhafte, lösbare Verbindung zwischen zwei Teilen herstellen. **b)** *etwas, was durch ein Sichverbinden entstanden ist:* die beiden Stoffe gehen eine [chemische] Verbindung ein; eine sauerstoffhaltige Verbindung.
3. *Zusammenschluss, Bündnis, Partnerschaft:* eine geschäftliche, eheliche Verbindung (mit jmdm.) eingehen, auflösen. **Syn.:** Beziehung.

ver|bis|sen [fɛɐ̯ˈbɪsn̩] ⟨Adj.⟩:
1. a) *allzu hartnäckig und zäh, nicht bereit nachzugeben, aufzugeben:* ein verbissener Gegner; er kämpfte verbissen um seinen Vorteil. **Syn.:** ausdauernd, beharrlich, entschlossen, unbeirrt, zielstrebig. **b)** *von innerer Verkrampftheit, Angespanntheit zeugend:* ein verbissenes Gesicht; verbissen dreinschauen. **Syn.:** verkrampft.
2. (ugs.) *nicht großzügig und tolerant, sondern unfrei und*

kleinlich, pedantisch: das darf man alles nicht so verbissen nehmen. **Syn.:** eng, engherzig, engstirnig (abwertend), intolerant, kleinkariert (ugs. abwertend), kleinlich (abwertend), pedantisch (abwertend).

ver|bit|ten [fɛɐ̯ˈbɪtn̩], verbat, verbeten ⟨+ sich⟩:
die Unterlassung (von etwas) energisch verlangen: ich verbitte mir diesen Ton, solche Frechheiten.

verbitten/verbieten:
s. Kasten Seite 1010.

ver|bit|tert [fɛɐ̯ˈbɪtɐt] ⟨Adj.⟩:
von [ständigem] Groll gegen das eigene, als allzu hart empfundene Schicksal oder gegen eine als ungerecht empfundene Behandlung erfüllt: eine verbitterte alte Frau; er war sehr verbittert über seine Entlassung. **Syn.:** enttäuscht, unzufrieden.

ver|blas|sen [fɛɐ̯ˈblasn̩] ⟨itr.; ist⟩:
a) *in der, als Farbe an Intensität verlieren; blass werden:* die Farben, die Tapeten sind schon etwas verblasst. **Syn.:** ²bleichen. **b)** *im Bewusstsein undeutlich werden:* die Erinnerungen an die Kindheit verblassten immer mehr.

ver|blen|den [fɛɐ̯ˈblɛndn̩], verblendete, verblendet ⟨tr.; hat⟩:
1. *bewirken, dass jmd. die Einsicht, die richtige Einschätzung der Lage verliert, nicht mehr vernünftig überlegt:* der Ruhm hat ihn ganz verblendet; er ist ganz verblendet.
2. *(mit schönerem, wertvollerem Material) verkleiden:* ein Gebäude verblenden; eine Fassade mit Aluminium verblenden. **Syn.:** auskleiden, auslegen, ausschlagen, täfeln, ²umkleiden.

ver|blüf|fen [fɛɐ̯ˈblʏfn̩] ⟨tr.; hat⟩:
(jmdn.) so überraschen, dass er sprachlos ist, die Sache gar nicht richtig beurteilen kann: ihre Antwort verblüffte uns; sich [durch etwas] nicht verblüffen lassen; sie verblüffte ihre Lehrer durch geistreiche Bemerkungen; er hat eine verblüffende Ähnlichkeit mit seinem Bruder; ein verblüfftes Gesicht machen; er stand verblüfft da. **Syn.:** erstaunen, frappieren, überraschen, verwundern, wundern.

ver|blü|hen [fɛɐ̯ˈblyːən] ⟨itr.; ist⟩:
zu blühen aufhören und zu welken beginnen: die Blumen verblühen schon, sind verblüht.

ver|blu|ten [fɛɐ̯ˈbluːtn̩], verblutete, verblutet ⟨itr.; ist⟩:
durch starken Blutverlust sterben: er ist an der Unfallstelle verblutet.

¹ver|bor|gen [fɛɐ̯ˈbɔrgn̩] ⟨tr.; hat⟩:
vorübergehend einem andern zur Benutzung überlassen: ich verborge nicht gerne meine Sachen. **Syn.:** verleihen.

²ver|bor|gen [fɛɐ̯ˈbɔrgn̩] ⟨Adj.⟩:
1. *abgelegen und deshalb nicht leicht auffindbar:* ein verborgenes Tal. **Syn.:** einsam, entlegen, gottverlassen (ugs.), verschwiegen.
2. *nicht sichtbar, nicht ohne Weiteres als vorhanden feststellbar, erkennbar:* verborgene Gefahren; verborgene Mängel; das [im Fleisch enthaltene] verborgene Fett; es bleibt nichts verborgen; das ist mir nicht verborgen geblieben. **Syn.:** latent, unterschwellig, verdeckt, versteckt.

Ver|bot [fɛɐ̯ˈboːt], das; -[e]s, -e:
von einer dazu befugten Stelle oder Person ausgehende Anordnung, die etwas zu tun verbietet, etwas für unzulässig, für nicht erlaubt erklärt: das [gesetzliche] Verbot der Kinderarbeit; ein strenges Verbot; ein Verbot übertreten; er verstieß gegen das ausdrückliche Verbot des Arztes zu rauchen. **Zus.:** Alkoholverbot, Ausfuhrverbot, Ausgehverbot, Badeverbot, Bauverbot, Demonstrationsverbot, Diskriminierungsverbot, Druckverbot, Durchfahrtsverbot, Einfuhrverbot, Einreiseverbot, Fahrverbot, Flugverbot, Halteverbot, Landeverbot, Nachtfahrverbot, Parkverbot, Rauchverbot, Schreibverbot, Sonntagsfahrverbot, Sprechverbot, Startverbot, Überholverbot, Zutrittsverbot.

ver|brä|men [fɛɐ̯ˈbrɛːmən] ⟨tr.; hat⟩:
1. *am Rand, Saum mit etwas versehen, was ziert, verschönert:* einen Mantel mit Pelz verbrämen.
2. *(etwas Negatives, Ungünstiges) durch etwas Positives, Beschönigendes abschwächen, weniger spürbar werden lassen:* eine negative Beurteilung durch höfliche Floskeln zu verbrämen suchen; wissenschaftlich verbrämter Unsinn. **Syn.:** bemänteln (geh.), beschönigen.

Ver|brauch [fɛɐ̯ˈbraux], der; -[e]s:
a) *das Verbrauchen:* diese Seife ist sparsam im Verbrauch; die Konserve ist zum alsbaldigen Verbrauch bestimmt. **Syn.:** Konsum. **Zus.:** Benzinverbrauch, Bierverbrauch, Brennstoffverbrauch, Energieverbrauch, Gasverbrauch, Holzverbrauch, Jahresverbrauch, Kerosinverbrauch, Kraftstoffverbrauch, Ölverbrauch, Spritverbrauch, Stromverbrauch, Tagesverbrauch, Treibstoffverbrauch, Wasserverbrauch. **b)** *verbrauchte Menge, Anzahl o. Ä. von etwas:* der Verbrauch an Butter ist gestiegen; den Verbrauch von etwas steigern, drosseln; der Wagen ist sparsam im Verbrauch.

ver|brau|chen [fɛɐ̯ˈbrauxn̩]:
1. ⟨tr.; hat⟩ **a)** *[regelmäßig] (eine gewisse Menge von etwas) nehmen und für einen bestimmten Zweck verwenden:* sie haben viel Strom verbraucht; für das Kleid verbrauchte sie drei Meter Stoff. **Syn.:** brauchen. **b)** *allmählich, nach und nach aufzehren:* sie hatten alle ihre Vorräte verbraucht; das letzte Stück Seife war inzwischen verbraucht; verbrauchte *(im Gebrauch entladene, nicht wieder aufladbare)* Batterien. **Syn.:** auf den Kopf hauen (ugs.), aufbrauchen, durchbringen (ugs.), konsumieren, um die Ecke bringen (salopp), vergeuden, verjubeln (ugs.), verschwenden, vertun (ugs.), zum Fenster hinauswerfen.
2. ⟨tr.; hat⟩ *durch häufiges Gebrauchen, Anwenden, Verwenden [bis zur Unbrauchbarkeit] abnützen, verschleißen o. Ä.:* so ein Paar Schuhe verbraucht er in einem halben Jahr; das Material ist nach einer gewissen Zeit verbraucht und brüchig. **Syn.:** abnutzen (bes. nordd.), abnützen (bes. südd.).
3. ⟨+ sich⟩ *seine Kräfte erschöpfen; sich abarbeiten und nicht mehr leistungsfähig sein:* sich in der Arbeit völlig verbrauchen; sie war mit fünfzig schon total verbraucht.

Ver|brau|cher [fɛɐ̯ˈbrau̯xɐ], der; -s, -, **Ver|brau|che|rin** [fɛɐ̯ˈbrau̯xərɪn], die; -, -nen:
Person, die Waren zum Verbrauch oder Gebrauch kauft: sie ist eine sehr kritische Verbraucherin; vor solchen Machenschaften muss der Staat die Verbraucher wirksam schützen. **Syn.:** Konsument, Konsumentin.

Ver|bre|chen [fɛɐ̯ˈbrɛçn̩], das; -s, -:
a) *Handlung, die so schwer gegen das Gesetz verstößt, dass sie sehr hoch bestraft wird:* ein schweres, grauenvolles Verbrechen; ein Verbrechen gegen die Menschlichkeit; ein Verbrechen begehen; das Verbrechen konnte noch nicht aufgeklärt werden. **Syn.:** Delikt, Frevel (geh.), Gräuel ⟨Plural⟩, Sünde, Untat, Verfehlung, Vergehen, Verstoß. **Zus.:** Gewaltverbrechen, Kriegsverbrechen, Sexualverbrechen, Sittlichkeitsverbrechen. **b)** *verabscheuenswürdige, verantwortungslose Handlung:* Kriege sind ein Verbrechen an der Menschheit; es ist ein Verbrechen, diese Kunstschätze so verkommen zu lassen, Kinder auf so grausame Weise zu strafen.

Ver|bre|cher [fɛɐ̯ˈbrɛçɐ], der; -s, -, **Ver|bre|che|rin** [fɛɐ̯ˈbrɛçərɪn], die; -, -nen:
Person, die ein Verbrechen begangen hat: ein gefährlicher Verbrecher; die Verbrecherin konnte gefasst werden. **Syn.:** Bandit, Banditin, Gangster, Ganove (ugs. abwertend), Ganovin (ugs. abwertend), Gauner (abwertend), Gaunerin (abwertend), Spitzbube (veraltend abwertend), Spitzbübin (veraltend abwertend), Täter, Täterin, Unhold (abwertend). **Zus.:** Gewaltverbrecher, Gewaltverbrecherin, Kriegsverbrecher, Kriegsverbrecherin, Sexualverbrecher, Sexualverbrecherin, Sittlichkeitsverbrecher, Sittlichkeitsverbrecherin.

ver|brei|ten [fɛɐ̯ˈbrai̯tn̩], verbreitete, verbreitet:
1. a) ⟨tr.; hat⟩ *durch Weitergabe an viele Leute in einem weiten Umkreis bekannt machen:* ein Gerücht verbreiten; sie verbreiteten sofort die Nachricht im Dorf. **Syn.:** an die große Glocke hängen (ugs.), ausposaunen (ugs.), ausstreuen, bekannt geben, in die Welt setzen (ugs.), in Umlauf bringen, mitteilen, unter die Leute bringen (ugs.), verkünden (geh.). **b)** ⟨+ sich⟩ *in einem weiten Umkreis bekannt werden, in Umlauf kommen:* die Nachricht verbreitete sich durch die Presse; sein Ruf verbreitete sich schnell.
2. a) ⟨tr.; hat⟩ *in einen weiten Umkreis gelangen lassen:* die Tiere verbreiteten Krankheiten. **Syn.:** übertragen. **b)** ⟨+ sich⟩ *sich in einem weiten Umkreis ausdehnen, ausbreiten, um sich greifen:* ein übler Geruch verbreitete sich im ganzen Haus; die Seuche verbreitete sich über das ganze Land. **Syn.:** sich fortpflanzen, um sich greifen.
3. ⟨tr.; hat⟩ *durch sich selbst seiner Umgebung mitteilen; von sich ausgehen lassen:* sie verbreiteten Angst und Schrecken; er verbreitet Ruhe und Heiterkeit [um sich]. **Syn.:** ausstrahlen.
4. ⟨+ sich⟩ *(über etwas) ausführlich, weitschweifig schreiben oder sprechen:* in seiner Einleitung verbreitete er sich über die historischen Voraussetzungen. **Syn.:** sich ausbreiten, sich auslassen, sich äußern, sich aussprechen, sich ergehen, reden.

ver|brei|tern [fɛɐ̯ˈbrai̯tɐn], verbreiterte, verbreitert:
a) ⟨tr.; hat⟩ *breiter machen:* eine Straße, einen Weg, eine Fahrrinne verbreitern. **Syn.:** ausbauen, erweitern, vergrößern. **b)** ⟨+ sich⟩ *breiter werden:* nach vorne hin verbreiterte sich die Bühne.

ver|bren|nen [fɛɐ̯ˈbrɛnən], verbrannte, verbrannt:
1. ⟨itr.; ist⟩: **a)** *vom Feuer verzehrt, vernichtet, getötet werden:* bei dem Feuer ist ihre ganze Einrichtung verbrannt; drei kleine Kinder sind in der Wohnung verbrannt. **b)** *(beim Braten o. Ä.) durch zu große Hitze verderben, unbrauchbar, ungenießbar werden:* der Braten ist total verbrannt.
2. ⟨itr.; ist⟩ *unter der sengenden Sonne völlig ausdorren:* die Vegetation ist [von der glühenden Hitze] völlig verbrannt.
3. ⟨tr.; hat⟩ *vom Feuer verzehren, vernichten lassen:* er hat Holz, Papier verbrannt; eine Leiche verbrennen. **Syn.:** einäschern, in Flammen aufgehen lassen, in Schutt und Asche legen.
4. a) ⟨itr.; hat⟩ *durch übermäßige Hitze beschädigen, verletzen:* ich habe mir die Hand verbrannt. **b)** ⟨+ sich⟩ *sich eine Brandwunde zuziehen:* verbrenn dich nicht an dem heißen Ofen.

ver|brin|gen [fɛɐ̯ˈbrɪŋən], verbrachte, verbracht ⟨tr.; hat⟩:
sich (eine bestimmte Zeit an einem bestimmten Ort) aufhalten oder (die Zeit in einer bestimmten Weise) vergehen lassen: sie verbringen ihren Urlaub an der See; er hatte die Zeit mit Warten verbracht; er verbrachte den Abend in angenehmer Gesellschaft. **Syn.:** herumkriegen (ugs.).

ver|bum|meln [fɛɐ̯ˈbʊml̩n], verbummelte, verbummelt (ugs.):
a) ⟨tr.; hat⟩ *nutzlos verbringen:* sie hat die letzten Monate, das ganze Semester verbummelt. **b)** ⟨itr.; ist⟩ *aus Faulheit, Leichtsinn o. Ä. nichts Rechtes mehr leisten, arbeiten und so herunterkommen:* er verbummelt immer mehr. **Syn.:** auf Abwege geraten, auf den Hund kommen (ugs.), auf die schiefe Bahn geraten, in der Gosse enden, unter die Räder kommen (ugs.), verkommen, verwahrlosen, verwildern, vom rechten Weg abkommen. **c)** ⟨tr.; hat⟩ *aus Faulheit, Leichtsinn o. Ä. versäumen, verlieren, verlegen, vergessen o. Ä.:* eine Rechnung, einen Termin, seinen Schlüssel verbummeln; er hat die Anmeldung verbummelt. **Syn.:** liegen lassen, stehen lassen.

ver|bün|den [fɛɐ̯ˈbʏndn̩], verbündete, verbündet ⟨+ sich⟩:
ein Bündnis schließen; sich zu einem [militärischen] Bündnis zusammenschließen: er hat sich mit ihm gegen uns verbündet; die beiden Länder waren verbündet. **Syn.:** eine Fusion eingehen, eine Koalition eingehen, gemeinsame Sache machen, sich verbinden, sich vereinen, sich vereinigen, sich zusammenrotten, sich zusammentun.

ver|bür|gen [fɛɐ̯ˈbʏrgn̩]:
1. ⟨tr.; hat⟩ *die Gewähr geben, dass etwas geschieht, eintritt, dafür garantieren:* eine gute Werbung verbürgt den guten

V
Verb

Absatz der Ware; eine verbürgte *(sichere, bewiesene)* Tatsache. **Syn.:** bürgen für, einstehen für, gewährleisten.
2. ⟨+ sich⟩ *(von jmds. guten Eigenschaften, von der Wahrheit, Richtigkeit einer Sache) überzeugt sein und mit seiner Person eine Sicherheit dafür bieten:* ich verbürge mich für ihn, für die Richtigkeit dieser Informationen, für seine Anständigkeit. **Syn.:** bürgen, einstehen, garantieren, geradestehen.

ver|bü|ßen [fɛɐ̯'by:sn̩] ⟨tr.; hat⟩: *(eine Freiheitsstrafe) ableisten:* sie verbüßt dort zurzeit eine [dreimonatige] Haftstrafe. **Syn.:** absitzen.

Ver|dacht [fɛɐ̯'daxt], der; -[e]s: *argwöhnische Vermutung, besonders dahin gehend, dass eine bestimmte Person eine heimliche [böse] Absicht verfolge oder in einer bestimmten Angelegenheit der Schuldige sei:* Verdacht schöpfen; ihr kam ein schlimmer Verdacht; sie hatte einen bestimmten Verdacht; der Verdacht richtete sich nicht gegen ihn, sondern gegen seinen Freund; sein Verhalten brachte ihn in den Verdacht der Untreue; sie steht im Verdacht der Spionage, spioniert zu haben; ich habe ihn im, in Verdacht; bei dem Patienten besteht Verdacht auf Krebs *(eine gewisse Wahrscheinlichkeit, dass er Krebs hat).* **Zus.:** Dopingverdacht, Fluchtverdacht, Krebsverdacht, Mordverdacht, Spionageverdacht, Tatverdacht.

ver|däch|tig [fɛɐ̯'dɛçtɪç] ⟨Adj.⟩: *durch seine Erscheinung oder sein Tun zu einem bestimmten Verdacht Anlass gebend; in einer bestimmten Hinsicht fragwürdig, nicht geheuer:* ein verdächtiges Geräusch; die Sache ist mir verdächtig; eine eines schweren Verbrechens verdächtige Frau; durch sein Verhalten machte er sich verdächtig; die Polizei hat bereits eine verdächtige Person, mehrere Verdächtige verhaftet. **Zus.:** fluchtverdächtig, krebsverdächtig, mordverdächtig, tatverdächtig.

-ver|däch|tig [fɛɐ̯dɛçtɪç] ⟨adjektivisches Suffixoid⟩:
1. *aufgrund der Gegebenheiten mit dem im Basiswort Genannten rechnen könnend; die Aussicht habend, das im Basiswort Genannte zu werden, zu bekommen:* bestsellerverdächtig; goldverdächtig (die Hochspringerin ist goldverdächtig: *die Hochspringerin könnte vielleicht eine Goldmedaille gewinnen*); hitverdächtig; medaillenverdächtig; nobelpreisverdächtig *(vielleicht den Nobelpreis bekommend);* ohrwurmverdächtig; oscarverdächtig *(vielleicht einen Oscar bekommend);* preisverdächtig; rekordverdächtig. **Syn.:** -schwanger, -trächtig.
2. drückt aus, dass bei, von einer Person oder Sache etwas vermutet wird oder befürchtet werden muss: linksverdächtig; plagiatverdächtig; pleiteverdächtig; putschverdächtig.

ver|däch|ti|gen [fɛɐ̯'dɛçtɪɡn̩] ⟨tr.; hat⟩: *(von jmdm.) annehmen, er verfolge eine bestimmte böse Absicht oder habe sich einer bestimmten unerlaubten Handlung schuldig gemacht:* man verdächtigte ihn, gestohlen zu haben, des Diebstahls; man hat sie zu Unrecht verdächtigt. **Syn.:** anschuldigen, beschuldigen, bezichtigen, im/in Verdacht haben.

ver|dam|men [fɛɐ̯'damən] ⟨tr.; hat⟩: *mit Nachdruck für schlecht, verwerflich oder strafwürdig erklären, vollständig verurteilen, verwerfen:* seine Einstellung wurde von allen verdammt; ich will niemanden verdammen. **Syn.:** ächten, brandmarken.

ver|dan|ken [fɛɐ̯'daŋkn̩] ⟨tr.; hat⟩: *[mit einem Gefühl der Dankbarkeit] (einem Urheber oder einer Ursache) zuschreiben:* ihm verdankt ihr eure Rettung; sie verdankt ihrem Lehrer sehr viel; das hat sie nur dem Umstand zu verdanken *(das liegt nur daran),* dass ich zufällig noch im Haus war; die Erhaltung der Statue ist einem Zufall zu verdanken *(zuzuschreiben).* **Syn.:** danken.

ver|dau|en [fɛɐ̯'dauən] ⟨tr.; hat⟩: *(aufgenommene Nahrung) im Körper auflösen und in verwertbare Stoffe verwandeln:* sie hatte das Essen noch nicht verdaut; Erbsen sind schwer zu verdauen.

Ver|deck [fɛɐ̯'dɛk], das; -[e]s, -e: **a)** *oberstes Deck eines Schiffes.* **b)** *Dach eines Wagens, das zurückgeschoben, aufgeklappt werden kann:* mit offenem, geschlossenem Verdeck fahren; das Verdeck zurückschlagen, aufrollen, aufmachen, abnehmen. **Zus.:** Klappverdeck, Rollverdeck.

ver|de|cken [fɛɐ̯'dɛkn̩] ⟨tr.; hat⟩: **a)** *durch sein Vorhandensein den Blicken, der Sicht entziehen:* eine Wolke verdeckt die Sonne; die Krempe des Hutes verdeckte fast völlig sein Gesicht; die Bäume verdecken das Haus; die Hochhäuser verdeckten die Sicht auf die Kirche. **b)** *bedecken, zudecken und dadurch den Blicken entziehen:* er verdeckte sein Gesicht mit den Händen; sie verdeckte die Karte mit der Hand; auf dem Foto ist sie fast ganz verdeckt *(fast nicht zu sehen).* **Syn.:** verbergen, zudecken.

ver|der|ben [fɛɐ̯'dɛrbn̩], verdirbt, verdarb, verdorben:
1. a) ⟨itr.; ist⟩ *durch längeres Aufbewahren über die Dauer der Haltbarkeit hinaus schlecht, ungenießbar werden:* das Fleisch, die Wurst verdirbt leicht; das ganze Obst war verdorben; verdorbene Lebensmittel. **Syn.:** faulen, umkommen, verfaulen, verkommen. **b)** ⟨tr.; hat⟩ *durch falsche Behandlung o. Ä. unbrauchbar, ungenießbar machen:* das Essen mit zu viel Salz verderben; mit diesem Waschmittel hast du den Pulli verdorben.
2. ⟨+ sich⟩ *sich (an einem Körperteil, Organ o. Ä.) einen Schaden, eine Schädigung zuziehen:* du wirst dir noch die Augen verderben; ich habe mir den Magen verdorben; sie hat einen verdorbenen Magen.
3. ⟨tr.; hat⟩ *(durch ein Verhalten o. Ä.) zunichte machen, zerstören:* jmdm. die Freude an etwas verderben; er hat ihr alles, die gute Laune, den ganzen Abend verdorben; du verdirbst uns mit deinen Reden noch den Appetit.
4. ⟨tr.; hat⟩ (geh.) *(auf jmdn.) einen schlechten Einfluss ausüben, jmdn. (besonders in moralischer Hinsicht) negativ beeinflussen:* diese Leute haben ihn

verdorben; ein verdorbener Geschmack.

Ver|der|ben [fɛɐ̯ˈdɛrbn̩], das; -s: **1.** *das Verderben* (1 a): Lebensmittel vor dem Verderben schützen. **2.** (geh.) *Unglück, Verhängnis, das über jmdn. kommt:* der Alkohol war sein Verderben *(hat ihn zugrunde gerichtet);* ein großes Verderben bringender Orkan; sie sind offenen Auges ins/in ihr Verderben gerannt. **Syn.:** Ende, Ruin, Tod, Untergang.

ver|deut|li|chen [fɛɐ̯ˈdɔy̯tlɪçn̩] ⟨tr.; hat⟩: *durch Veranschaulichung besser verständlich, deutlicher, klarer machen:* seinen Standpunkt an einem Beispiel verdeutlichen; sie hat die Ergebnisse grafisch verdeutlichen können. **Syn.:** deutlich machen, erklären, erläutern, klarmachen.

ver|die|nen [fɛɐ̯ˈdiːnən]: **1.** ⟨tr.; hat⟩ *(eine bestimmte Summe) als entsprechenden Lohn für eine bestimmte Leistung oder für eine bestimmte Tätigkeit erhalten, als Gewinn erzielen:* in diesem Beruf verdient man viel Geld; der Händler verdient 50 % an einigen Waren; ich habe mir das Studium selbst verdient *(das Geld fürs Studium durch eigene Arbeit beschafft);* das ist sauer, ehrlich verdientes Geld. **Syn.:** [1]bekommen, einnehmen, erwerben, kriegen, scheffeln (ugs., oft abwertend). **2.** ⟨itr.; hat⟩ *zu Recht bekommen; gemäß seiner Beschaffenheit, seinem Tun o. Ä. einer bestimmten Reaktion, Einschätzung o. Ä. wert, würdig sein:* ihre Tat verdient Anerkennung; er verdient kein Vertrauen; dieses Schicksal hat sie nicht verdient; er hat die verdiente Strafe bekommen.

[1]**Ver|dienst** [fɛɐ̯ˈdiːnst], der; -[e]s, -e: *durch Arbeit erworbenes Geld, Einkommen:* ein guter, geringer, ausreichender Verdienst; sie hat einen hohen Verdienst; er hat die Arbeit nicht um des Verdienstes willen übernommen. **Syn.:** Bezüge ⟨Plural⟩, Einkünfte ⟨Plural⟩, Entgelt, [2]Gehalt, Lohn. **Zus.:** Bruttoverdienst, Jahresverdienst, Monatsverdienst.

[2]**Ver|dienst** [fɛɐ̯ˈdiːnst], das; -[e]s, -e: *Tat, Leistung, durch die sich jmd. verdient macht und sich Anspruch auf Anerkennung erwirbt:* ein überragendes, bleibendes Verdienst; ihr Verdienst um die Wissenschaft ist sehr groß; das Verdienst für diese Erfindung gebührt ihr allein; du hast dir große Verdienste um die Stadt erworben *(hast Großes für die Stadt geleistet).*

ver|dop|peln [fɛɐ̯ˈdɔpl̩n]: **a)** ⟨tr.; hat⟩ *auf die doppelte Anzahl, Menge, Größe o. Ä. bringen; um dasselbe Maß o. Ä. vermehren:* den Einsatz, die Geschwindigkeit verdoppeln; die Zahl der Sitzplätze wurde verdoppelt. **b)** ⟨+ sich⟩ *doppelt so groß werden:* der Wasserverbrauch hat sich mehr als verdoppelt.

ver|dor|ren [fɛɐ̯ˈdɔrən], verdorrte, verdorrt ⟨itr.; ist⟩: *durch große Hitze, Trockenheit völlig trocken, dürr werden:* die Felder sind in der Hitze verdorrt; verdorrte Blumen und Sträucher. **Syn.:** dorren (geh.), trocknen, vertrocknen.

ver|drän|gen [fɛɐ̯ˈdrɛŋən] ⟨tr.; hat⟩: **1.** *jmdn. von seinem Platz drängen, wegdrängen, um ihn selbst einzunehmen:* jmdn. aus seiner Position verdrängen wollen; er wollte mich aus meiner Stellung verdrängen. **Syn.:** abdrängen, an die Wand drücken (ugs.), aus dem Feld schlagen, aus dem Sattel heben, ausbooten, ausstechen, beiseitedrängen, beiseiteschieben, beiseitestoßen, entmachten, zur Seite drängen. **2.** (Psychol.) *(etwas Unangenehmes, Bedrängendes) unbewusst aus dem Bewusstsein verbannen:* einen Wunsch, ein Erlebnis verdrängen; er versuchte das schreckliche Erlebnis durch Alkohol zu verdrängen. **Syn.:** unterdrücken.

ver|dre|hen [fɛɐ̯ˈdreːən] ⟨tr.; hat⟩: **1.** *[durch Drehen] aus seiner natürlichen Stellung, Haltung in eine ungewohnte, unbequeme Stellung bringen:* den Kopf, die Augen verdrehen; sie verdrehte den Hals, um alles sehen zu können; er verdrehte ihm den Arm. **2.** *den Sinn (von etwas) entstellen, unrichtig wiedergeben; falsch auslegen:* die Wahrheit, den Sachverhalt verdrehen; er hat deine Worte ganz verdreht. **Syn.:** auf den Kopf stellen (ugs.), entstellen, ins Gegenteil verkehren, verfälschen, verzeichnen, verzerren.

ver|drieß|lich [fɛɐ̯ˈdriːslɪç] ⟨Adj.⟩: **a)** *leicht verärgert; nicht in der besten Laune [und das in Miene und Verhalten zum Ausdruck bringend]:* ein verdrießliches Gesicht machen; verdrießlich packte sie die nicht verkauften Sachen wieder ein. **Syn.:** ärgerlich, brummig, griesgrämig, missmutig, mürrisch, sauer (ugs.), säuerlich, unzufrieden, verdrossen. **b)** (geh. veraltend) *Verdruss, Verdrossenheit erzeugend:* eine verdrießliche Angelegenheit; das ist, klingt recht verdrießlich. **Syn.:** ärgerlich, blöd[e] (ugs.), böse, dumm (ugs.), fatal, leidig, misslich, störend, unangenehm, unerfreulich, unerquicklich (geh.), unliebsam, verteufelt (ugs. emotional).

ver|dros|sen [fɛɐ̯ˈdrɔsn̩] ⟨Adj.⟩: *durch etwas um seine gute Laune gebracht und seine Verstimmung in Missmut, Lustlosigkeit deutlich werden lassend; lustlos:* er war sehr verdrossen; ein verdrossenes Gesicht; verdrossen machte sie sich wieder an ihre Arbeit. **Syn.:** ärgerlich, brummig, griesgrämig, missmutig, muffig, mürrisch, sauer (ugs.), unzufrieden, verdrießlich.

ver|drü|cken [fɛɐ̯ˈdrʏkn̩] (ugs.): **1.** ⟨+ sich⟩ *sich unauffällig, heimlich davonmachen, entfernen:* der hat sich wohl verdrückt; sich ins Nebenzimmer, Gebüsch verdrücken. **Syn.:** abhauen (ugs.), sich absetzen (ugs.), sich davonmachen (ugs.), die Flatter machen (salopp), die Fliege machen (salopp), die Kurve kratzen (salopp), sich dünnmachen (ugs.), gehen, sich aus dem Staub[e] machen (ugs.), sich stehlen, stiften gehen (ugs.), sich verziehen (ugs.), weggehen. **2.** ⟨tr.; hat⟩ *eine große Menge von etwas [hastig] essen, ohne viel Aufhebens davon zu machen:* Unmengen von Kuchen verdrücken; er hat schon ein ganzes Huhn verdrückt. **Syn.:** aufessen, auffressen (derb), fressen (derb), vertilgen (ugs.), verzehren (geh.).

Ver|druss [fɛɐ̯ˈdrʊs], der; -es, -e: *durch Unzufriedenheit, Ärger, Enttäuschung hervorgerufenes anhaltendes Unlustgefühl:* etwas bereitet jmdm. viel Verdruss; sie war voll Verdruss über die Vorgänge; zu seinem Verdruss kam sie regelmäßig zu spät. **Syn.:** Ärgernis.

ver|dün|nen [fɛɐ̯ˈdʏnən] ⟨tr.; hat⟩: *(besonders von flüssigen Substanzen) durch Hinzufügen von Wasser o. Ä. dünnflüssig, weniger stark machen:* Farbe, Wein verdünnen; den Whisky mit Wasser verdünnen; sie verdünnt sich den Kaffee mit viel Milch. **Syn.:** panschen, strecken.

ver|duns|ten [fɛɐ̯ˈdʊnstn̩], verdunstete, verdunstet ⟨itr.; ist⟩: *in einen gasförmigen Zustand, besonders in Wasserdampf übergehen; sich in Dunst auflösen:* das Wasser im Topf ist fast völlig verdunstet; der Regen war schnell verdunstet. **Syn.:** verfliegen, sich verflüchtigen.

ver|durs|ten [fɛɐ̯ˈdʊrstn̩], verdurstete, verdurstet ⟨itr.; ist⟩: *aus Mangel an trinkbarer Flüssigkeit sterben, zugrunde gehen:* sie sind in der Wüste verdurstet; wir sind in der Hitze fast verdurstet (emotional; *hatten sehr großen Durst*). **Syn.:** vor Durst sterben, vor Durst umkommen.

ver|dutzt [fɛɐ̯ˈdʊtst] ⟨Adj.⟩ (ugs.): *überrascht, verblüfft, verwirrt:* sie war ganz verdutzt; er machte ein verdutztes Gesicht. **Syn.:** sprachlos, überrascht, verblüfft.

ver|eh|ren [fɛɐ̯ˈleːrən] ⟨tr.; hat⟩:
1. a) (geh.) *jmdn. sehr hoch schätzen, bewundern; jmdm. – aus einer gewissen Distanz – mit Ehrerbietung begegnen:* er verehrte seinen Lehrer; sie hat ihre Mutter sehr verehrt; unser verehrter Herr Präsident. **Syn.:** achten, anbeten, anhimmeln (ugs.), aufblicken zu, hoch achten, hoch schätzen, schwärmen für, vergöttern. **b)** *als göttliches Wesen ansehen [und in kultischen Handlungen ehren]:* Heilige verehren; die Griechen verehrten viele Götter. **Syn.:** anbeten.
2. (scherzh.) *jmdm. etwas schenken, als freundliche Geste überreichen:* sie verehrten der Gastgeberin einen Blumenstrauß. **Syn.:** darbringen (geh.), darreichen (geh.), geben, schenken, übergeben, zu Füßen legen (geh.), zum Geschenk machen, zuteilwerden lassen (geh.).

ver|ei|di|gen [fɛɐ̯ˈlai̯dɪɡn̩] ⟨tr.; hat⟩: *jmdn. durch einen Eid auf, zu etwas verpflichten:* die Zeugen wurden vereidigt; der Präsident wurde auf die Verfassung vereidigt.

vereidigen/beeiden/beeidigen: s. Kasten Seite 184.

Ver|ein [fɛɐ̯ˈlai̯n], der; -[e]s, -e:
1. *Organisation, in der sich Personen mit bestimmten gemeinsamen Interessen, Zielen zu gemeinsamem Tun zusammengeschlossen haben:* ein Verein für Menschenrechte; einen Verein gründen; in einen Verein gehen, eintreten; sich zu einem Verein zusammenschließen. **Syn.:** [1]Bund, Gesellschaft, Klub, Ring, Union, Verband, Vereinigung. **Zus.:** Kunstverein, Musikverein, Sportverein, Turnverein, Wohltätigkeitsverein.
2. * im Verein mit: *im Zusammenwirken, gemeinsam, zusammen, gepaart mit:* im Verein mit dem Roten Kreuz versuchte man zu helfen, die Not zu lindern. **Syn.:** mit.

ver|ein|ba|ren [fɛɐ̯ˈlai̯nbaːrən] ⟨tr.; hat⟩: *durch gemeinsamen Beschluss festlegen:* ein Treffen, einen Termin vereinbaren; einen Preis für etwas vereinbaren; sie kam, wie vereinbart, am Abend des gleichen Tages; sie vereinbarten, dass sie trotzdem kommen würden. **Syn.:** abmachen, abschließen, absprechen, aushandeln, ausmachen, sich einigen auf, sich verständigen auf, übereinkommen, verabreden.

Ver|ein|ba|rung [fɛɐ̯ˈlai̯nbaːrʊŋ], die; -, -en:
1. *das Vereinbaren von etwas:* die Vereinbarung einer Zusammenkunft; eine Vereinbarung [mit jmdm.] treffen. **Syn.:** Abmachung, Abschluss, Absprache, Verabredung.
2. *etwas Vereinbartes:* sich an eine Vereinbarung halten. **Syn.:** Abkommen, Abmachung, Absprache, Arrangement, Kontrakt, Pakt, Übereinkunft, Verabredung, Vertrag.

ver|ei|nen [fɛɐ̯ˈlai̯nən] (geh.):
1. ⟨tr.; hat⟩ *zu einer größeren Einheit zusammenfassen, zusammenführen:* mehrere Unternehmen zu einem Konzern, in einem Dachverband vereinen; mit vereinten Kräften. **Syn.:** paaren, vereinigen, verschmelzen, zusammenschließen.
2. ⟨tr.; hat⟩ *in Übereinstimmung, Einklang bringen:* diese Gegensätze ließen sich nicht vereinen. **Syn.:** vereinigen.
3. ⟨+ sich⟩ *in jmdm., einer Sache gemeinsam vorhanden sein, sich verbinden:* Schönheit und Zweckmäßigkeit haben sich, sind in diesem Bau vereint. **Syn.:** zusammenkommen.

ver|ein|fa|chen [fɛɐ̯ˈlai̯nfaxn̩] ⟨tr.; hat⟩: *einfacher machen:* ein Verfahren, eine Methode vereinfachen; ein vereinfachtes Verfahren. **Syn.:** simplifizieren (bildungsspr.).

ver|ein|heit|li|chen [fɛɐ̯ˈlai̯nhai̯tlɪçn̩] ⟨tr.; hat⟩: *Unterschiedliches [normierend] einheitlich[er] machen:* Maße, Normen vereinheitlichen.

ver|ei|ni|gen [fɛɐ̯ˈlai̯nɪɡn̩]:
1. a) ⟨tr.; hat⟩ *zu einer Einheit, einem Ganzen zusammenfassen:* Teile zu einem Ganzen vereinigen; seine Feier vereinigte nach langer Zeit alle Familienmitglieder; verschiedene Unternehmen vereinigen; sie vereinigte sehr gegensätzliche Eigenschaften in sich. **Syn.:** paaren, vereinen, zusammenschließen. **b)** ⟨+ sich⟩ *sich zu einem größeren Ganzen verbinden:* sich zu einer Arbeitsgruppe vereinigen; aus wirtschaftlichen Gründen vereinigten sich zwei kleinere zu einem großen Orchester. **Syn.:** sich verbünden, sich vereinen, sich zusammenschließen, sich zusammentun.
2. ⟨tr.; hat⟩ *in Übereinstimmung bringen:* sein Handeln lässt sich mit seinen politischen Ansichten nicht vereinigen. **Syn.:** vereinen.

Ver|ei|ni|gung [fɛɐ̯ˈlai̯nɪɡʊŋ], die; -, -en:
1. *das Vereinigen; das Sichvereinigen:* die Vereinigung der bei-

den Unternehmen brachte Schwierigkeiten mit sich.
2. (Rechtsspr.) *Zusammenschluss, auch lockere Verbindung von [gleich gesinnten] Personen zur Verfolgung eines gemeinsamen Zwecks; Verein:* eine politische, studentische Vereinigung; eine Vereinigung der Freunde klassischer Musik. **Syn.:** Allianz, [1]Bund, Klub, Organisation, Ring, Union, Verband.

ver|ein|zelt [fɛɐ̯ˈlaintsl̩t] ⟨Adj.⟩: *nur in geringer Zahl, einzeln vorkommend oder auftretend; sporadisch:* es fielen nur noch vereinzelt Schüsse; abweichende Merkmale lassen sich nur vereinzelt feststellen. **Syn.:** rar, selten, singulär (bildungsspr.), wenig.

ver|eist [fɛɐ̯ˈlaist] ⟨Adj.⟩: *mit einer Eisschicht bedeckt:* eine vereiste Straße; vereiste Fenster; die Fahrbahn ist vereist. **Syn.:** mit Eis bedeckt.

ver|ei|teln [fɛɐ̯ˈlaitl̩n] ⟨tr.; hat⟩: *etwas, was ein anderer vorhat und von dem man nicht will, dass es geschieht, ausgeführt wird o. Ä., verhindern, zum Scheitern bringen:* einen Plan, ein Unternehmen, jmds. Absichten vereiteln; das Attentat wurde vereitelt.

ver|en|den [fɛɐ̯ˈlɛndn̩], verendete, verendet ⟨itr.; ist⟩: *(von größeren Tieren) [langsam und qualvoll] sterben:* das Reh war in der Schlinge verendet; in dem harten Winter sind viele Tiere verendet. **Syn.:** eingehen, krepieren (ugs.), umkommen.

ver|er|ben [fɛɐ̯ˈlɛrbn̩]:
1. ⟨tr.; hat⟩ *(jmdm. etwas) als Erbe hinterlassen:* sie hat ihrem Neffen ihr ganzes Vermögen vererbt. **Syn.:** vermachen.
2. ⟨tr.; hat⟩ (Biol., Med.) *als Veranlagung (auf die Nachkommen) übertragen:* sie hat ihren Kindern ihre schwachen Gelenke vererbt.
3. ⟨+ sich⟩ *(von Eigenschaften, Anlagen o. Ä.) sich auf die Nachkommen übertragen:* die musikalische Begabung hat sich in der Familie seit Generationen vererbt.

ver|ewi|gen [fɛɐ̯ˈle:vɪgn̩] ⟨tr.; hat⟩: *(jmdn., etwas) schriftlich erwähnen und dadurch unvergesslich machen:* der Dichter hat seine Frau in einem Roman verewigt; du hattest dich, deinen Namen im Gästebuch verewigt.

[1]**ver|fah|ren** [fɛɐ̯ˈfa:rən], verfährt, verfuhr, verfahren:
1. ⟨itr.; ist⟩ *eine Sache auf bestimmte Weise in Angriff nehmen; nach einer bestimmten Methode vorgehen:* sie verfährt immer nach demselben Schema; er ist sehr eigenmächtig verfahren. **Syn.:** agieren, handeln.
2. ⟨itr.; ist⟩ *in einer bestimmten Angelegenheit, Situation mit jmdm. auf bestimmte Weise umgehen; jmdn. auf bestimmte Weise behandeln:* schlecht, übel mit jmdm./gegen jmdn. verfahren; er ist grausam, wenig rücksichtsvoll mit ihr verfahren. **Syn.:** anfassen, begegnen, umspringen (ugs. abwertend).
3. ⟨tr.; hat⟩ *durch, für das Fahren, für bestimmte Fahrten verbrauchen:* wir haben in der letzten Zeit viel Geld verfahren.
4. ⟨+ sich⟩ *vom richtigen Weg abkommen und in die falsche Richtung fahren:* er hat sich in der Stadt verfahren. **Syn.:** den Weg verfehlen, falsch fahren, sich verirren.

[2]**ver|fah|ren** [fɛɐ̯ˈfa:rən] ⟨Adj.⟩: *falsch behandelt und daher ausweglos scheinend:* eine verfahrene Angelegenheit; die Situation war völlig verfahren. **Syn.:** aussichtslos, hoffnungslos.

Ver|fah|ren [fɛɐ̯ˈfa:rən], das; -s, -:
1. *bestimmte Art und Weise, nach der jmd. bei seiner Arbeit vorgeht:* ein modernes Verfahren; ein neues Verfahren entwickeln, anwenden, erproben. **Syn.:** Methode, Praktik, System, Technik, Weg. **Zus.:** Auswahlverfahren, Herstellungsverfahren, Produktionsverfahren.
2. (Rechtsspr.) *(von Behörden bzw. Gerichten vorgenommene) Untersuchung zur Klärung eines rechtlich relevanten Sachverhalts:* ein Verfahren gegen jmdn. einleiten, eröffnen. **Zus.:** Ermittlungsverfahren, Gerichtsverfahren.

Ver|fall [fɛɐ̯ˈfal], der; -[e]s:
a) *das allmähliche Verfallen, Baufälligwerden:* der Verfall des Hauses; ein Gebäude dem Verfall preisgeben. **b)** *das Schwinden der körperlichen und geistigen Kräfte:* ein schneller, körperlicher, geistiger Verfall; es war erschütternd, den Verfall der Kranken mit anzusehen. **Zus.:** Kräfteverfall. **c)** *allmählicher Niedergang:* der kulturelle Verfall einer Epoche. **Syn.:** Dekadenz.

ver|fal|len [fɛɐ̯ˈfalən], verfällt, verfiel, verfallen ⟨itr.; ist⟩:
1. a) *baufällig werden und allmählich in sich zusammenfallen:* sie ließen das Schloss verfallen; ein verfallenes Gemäuer. **Syn.:** in Verfall geraten, verkommen, verwahrlosen, zerfallen. **b)** *seine körperliche [und geistige] Kraft verlieren:* der Kranke verfällt zusehends. **c)** *eine Epoche des Niedergangs durchmachen; sich auflösen:* die Sitten verfielen in dieser Zeit; das Großreich verfiel. **Syn.:** sich auflösen, untergehen, verschwinden, zerfallen.
2. *nach einer bestimmten Zeit wertlos oder ungültig werden:* eine Briefmarke, ein Wechsel verfällt; die Eintrittskarten waren inzwischen verfallen.
3. *in einen bestimmten Zustand, eine bestimmte Verhaltensweise o. Ä. geraten:* in Schlaf, in Schweigen verfallen; in Trübsinn verfallen; er verfiel wieder in den alten Fehler.
4. *auf etwas kommen, sich etwas Merkwürdiges, Ungewöhnliches ausdenken:* auf einen abwegigen Plan verfallen; er verfiel auf den Gedanken, die Idee, alles noch einmal von vorne zu beginnen.
5. *in einen Zustand der physischen und/oder psychischen Abhängigkeit von jmdm., einer Sache geraten:* einem Mann, einer Frau, dem Alkohol, der Spielleidenschaft verfallen. **Syn.:** erliegen.

Ver|falls|da|tum [fɛɐ̯ˈfalsda:tʊm], das; -s, Verfallsdaten [fɛɐ̯ˈfalsda:tn̩]: *Datum, bis zu dem etwas haltbar ist:* das Verfallsdatum für diesen Joghurt ist abgelaufen.

ver|fäl|schen [fɛɐ̯ˈfɛlʃn̩] ⟨tr.; hat⟩:
1. *in seiner Qualität mindern:* sie hatten den Wein, die Lebensmittel durch Zusätze verfälscht.
2. *[bewusst] falsch darstellen:* einen Text absichtlich verfälschen; in diesem Roman wird das Bild Mozarts verfälscht. **Syn.:** auf den Kopf stellen (ugs.),

V
vere

entstellen, ins Gegenteil verkehren, verdrehen, vergewaltigen, verzeichnen, verzerren.
3. (Rechtsspr.) *durch Fälschen verändern:* eine Urkunde verfälschen; verfälschte Banknoten. **Syn.:** manipulieren.

verfälschen/fälschen:
s. Kasten Seite 364.

ver|fan|gen [fɛɐ̯ˈfaŋən], verfängt, verfing, verfangen:
1. ⟨+ sich⟩ *in etwas [Netzartigem] hängen bleiben, sich darin festhaken:* der Fuß hat sich in den Schnüren verfangen; der Ball verfing sich im Gestrüpp. **Syn.:** sich verheddern (ugs.), sich verwickeln.
2. ⟨itr.; hat⟩ (meist verneint); *die gewünschte Wirkung, Reaktion [bei jmdm.] hervorrufen:* solche Mittel, Tricks verfangen bei mir nicht. **Syn.:** anschlagen, sich auswirken, fruchten, funktionieren, wirken, wirksam sein.

ver|fäng|lich [fɛɐ̯ˈfɛŋlɪç] ⟨Adj.⟩: *sich möglicherweise so auswirkend, dass jmd. dadurch in Schwierigkeiten, Verlegenheit o. Ä. kommt:* eine verfängliche Frage, Situation; dieser Brief könnte verfänglich für dich werden. **Syn.:** delikat, haarig (ugs.), heikel, knifflig, prekär, schwierig.

ver|fas|sen [fɛɐ̯ˈfasn̩] ⟨tr.; hat⟩: *(einen bestimmten Text) gedanklich ausarbeiten und in eine schriftliche Form bringen:* einen Brief, eine Rede, einen Artikel für eine Zeitung verfassen; über eine Sache ein Protokoll verfassen. **Syn.:** schreiben, zu Papier bringen.

Ver|fas|ser [fɛɐ̯ˈfasɐ], der; -s, -, **Ver|fas|se|rin** [fɛɐ̯ˈfasərɪn], die; -, -nen:
Person, die etwas Schriftliches, ein literarisches Werk o. Ä. verfasst hat: ein unbekannter, anonymer Verfasser; die Verfasserin des Dramas; der Verfasser des Briefes blieb anonym. **Syn.:** Autor, Autorin.

Ver|fas|sung [fɛɐ̯ˈfasʊŋ], die; -, -en:
1. ⟨ohne Plural⟩ *Zustand, in dem sich jmd. geistig-seelisch oder körperlich befindet:* sie traf ihn in bester gesundheitlicher Verfassung an; ich war, befand mich in guter Verfassung; er fühlte sich nicht in der Verfassung *(Stimmung, Lage),* das Fest mitzumachen. **Syn.:** Befinden, Konstitution, Lage, Stimmung. **Zus.:** Geistesverfassung, Gemütsverfassung.
2. *Gesamtheit der Grundsätze, die die Form eines Staates und die Rechte und Pflichten seiner Bürger festlegen:* eine demokratische, parlamentarische Verfassung; die Verfassung tritt in, außer Kraft; die Verfassung ändern; auf die Verfassung schwören, vereidigt werden. **Syn.:** Grundgesetz.

Ver|fas|sungs|ge|richt [fɛɐ̯ˈfasʊŋsgərɪçt], das; -[e]s, -e:
Gericht zur Entscheidung verfassungsrechtlicher Fragen: auch Verfassungsgerichte müssen zügig entscheiden.

Ver|fas|sungs|schutz [fɛɐ̯ˈfasʊŋsʃʊts], der; -es:
Gesamtheit der Normen, Einrichtungen und Maßnahmen zum Schutz der in der Verfassung (2) *festgelegten Ordnung.*

ver|fau|len [fɛɐ̯ˈfaulən] ⟨itr.; ist⟩: *gänzlich faul werden, in Fäulnis übergehen (und sich zersetzen):* die Kartoffeln verfaulen; das Obst war bereits verfault; verfaultes Holz; ein verfaulter Zahn. **Syn.:** faulen, [1]modern, schlecht werden, umkommen, verderben, verkommen, verwesen, sich zersetzen.

ver|fech|ten [fɛɐ̯ˈfɛçtn̩], verficht, verfocht, verfochten ⟨tr.; hat⟩: *energisch für etwas eintreten, einstehen:* eine Meinung, einen Standpunkt, eine Idee verfechten. **Syn.:** kämpfen für, sich bekennen zu, sich engagieren für, verteidigen, vertreten.

ver|feh|len [fɛɐ̯ˈfe:lən] ⟨tr.; hat⟩:
1. *jmdn. an dem Ort, an dem man ihn zu treffen hofft, nicht bemerken, nicht finden:* ich wollte ihn am Bahnhof abholen, habe ihn aber verfehlt; wir haben einander, uns [gegenseitig] verfehlt. **Syn.:** verpassen.
2. *(ein angestrebtes Ziel o. Ä.) nicht treffen oder erreichen:* sie hat das Ziel, den Zweck, den Ausgang verfehlt.

ver|fehlt [fɛɐ̯ˈfe:lt] ⟨Adj.⟩: *für den vorgesehenen Zweck ganz ungeeignet:* eine verfehlte Aktion; der Plan ist völlig verfehlt. **Syn.:** falsch, fehl am Platz[e], unangemessen, unpassend, verkehrt.

Ver|feh|lung [fɛɐ̯ˈfe:lʊŋ], die; -, -en:
Verstoß gegen bestimmte Grundsätze, Vorschriften, eine bestimmte Ordnung: eine moralische Verfehlung; sie hat ihre Verfehlung eingestanden; dem Minister konnten keine Verfehlungen im Amt vorgeworfen werden; er wurde wegen seiner Verfehlung entlassen. **Syn.:** Delikt, Frevel (geh.), Sünde, Unrecht, Untat (emotional), Verbrechen, Vergehen.

ver|fein|den [fɛɐ̯ˈfaindn̩], verfeindete, verfeindet ⟨+ sich⟩: *jmds. Feind werden; sich völlig zerstreiten:* er hat sich mit ihm/die beiden haben sich [miteinander] verfeindet; sie hatten sich wegen einer Kleinigkeit verfeindet; die verfeindeten Parteien zogen vor Gericht; zwei [miteinander] verfeindete Familien. **Syn.:** sich überwerfen, uneins werden.

ver|fei|nern [fɛɐ̯ˈfainɐn]:
a) ⟨tr.; hat⟩ *durch bestimmte Zusätze o. Ä. verbessern:* den Geschmack einer Soße mit etwas Wein verfeinern; ein verfeinerter Geschmack. **b)** ⟨tr.; hat⟩ *durch Fortentwicklung o. Ä. exakter, präziser machen:* eine Methode, eine Systematik verfeinern. **Syn.:** kultivieren, verbessern, vervollkommnen.
c) ⟨+ sich⟩ *feiner werden und eine bessere Qualität erhalten:* ihre Umgangsformen hatten sich verfeinert.

ver|fil|men [fɛɐ̯ˈfɪlmən] ⟨tr.; hat⟩: *(einen vorgegebenen Stoff) als Film gestalten:* einen Roman verfilmen; dieser Stoff wurde schon mehrmals verfilmt. **Syn.:** auf die Leinwand bringen, filmisch darstellen, filmisch gestalten, filmisch umsetzen, für die Leinwand adaptieren.

ver|flie|gen [fɛɐ̯ˈfli:gn̩], verflog, verflogen:
1. ⟨+ sich⟩ *sich beim Fliegen verirren:* der Pilot hat sich im Nebel verflogen; der Vogel hat sich verflogen. **Syn.:** falsch fliegen.
2. ⟨itr.; ist⟩ (geh.) *rasch vergehen, vorübergehen:* die Stunden verflogen im Nu; sein Fieber, ihre Magenverstimmung war verflogen; die Träume waren verflogen. **Syn.:** abebben, aufhören, entschwinden (geh.), hingehen,

sich legen, schwinden (geh.), verfließen (geh.), verstreichen. **3.** ⟨itr.; ist⟩ *(besonders von gasförmigen Stoffen) sich in der Luft verteilen und dadurch verschwinden:* ein Duft, ein Aroma verfliegt, ist schnell verflogen. **Syn.:** verdunsten, sich verflüchtigen.

ver|flie|ßen [fɛɐ̯ˈfliːsn̩], verfloss, verflossen ⟨itr.; ist⟩:
1. *auseinanderfließen und dabei in etwas anderes übergehen (sodass keine scharfen Grenzen mehr bestehen); verschwimmen:* die Farben verfließen.
2. (geh.) *kontinuierlich dahingehen, vergehen:* die Stunden und Tage verflossen; in den verflossenen *(letzten)* Jahren. **Syn.:** entschwinden (geh.), hingehen, ins Land gehen, ins Land ziehen, verfliegen (geh.), verstreichen.

ver|flu|chen [fɛɐ̯ˈfluːxn̩] ⟨tr.; hat⟩:
a) *den Zorn Gottes, schlimmes Unheil auf jmdn. herabwünschen:* der Vater hatte seinen Sohn verflucht. **Syn.:** zum Teufel schicken, zum Teufel wünschen.
b) *sich heftig über eine Person oder Sache ärgern und sie verwünschen:* seinen Einfall, Leichtsinn, sein Schicksal verfluchen; er hat schon oft verflucht, dass er damals mitgemacht hat; ich könnte mich verfluchen, dass ich nicht selbst darauf gekommen bin.

ver|flucht [fɛɐ̯ˈfluːxt] ⟨Adj.⟩:
1. (salopp) **a)** drückt Wut, Ärger o. Ä. aus und steigert das im Substantiv Genannte: ein verfluchter Mist; eine ganz verfluchte Sache. **b)** drückt (in Bezug auf Personen) eine Verwünschung aus: dieser verfluchte Kerl, Idiot; diese verfluchten Schweine haben mich belogen. **c)** *(in Bezug auf Sachen) im höchsten Grade widerwärtig, lästig o. Ä.:* diese verfluchte Warterei; dieser verfluchte Regen.
2. (ugs.) **a)** *sehr groß:* wir hatten verfluchtes Glück. **Syn.:** enorm, gewaltig (emotional), immens, irre (salopp), irrsinnig (emotional), kolossal (ugs. emotional), mächtig (ugs.), riesig, ungeheuer, unglaublich (ugs.), unheimlich (ugs.), unwahrscheinlich (ugs.), wahnsinnig (ugs.). **b)** ⟨intensivierend bei Adjektiven und Verben⟩ *sehr, äußerst:* es ist verflucht kalt heute. **Syn.:** ekelhaft (ugs.), eklig (ugs.), entsetzlich (ugs.), furchtbar (ugs.), fürchterlich (ugs.), grauenhaft (emotional), höllisch (emotional), scheußlich, schrecklich (ugs.), verteufelt (ugs. emotional), wahnsinnig (ugs.).

ver|flüch|ti|gen [fɛɐ̯ˈflʏçtɪɡn̩] ⟨+ sich⟩:
a) *in einen gasförmigen Zustand übergehen und unsichtbar werden, verschwinden:* Alkohol verflüchtigt sich leicht. **Syn.:** verdunsten, verfliegen. **b)** *sich (in der Luft) auflösen und verschwinden:* der Nebel, der Parfümgeruch hat sich verflüchtigt. **Syn.:** weggehen.

ver|fol|gen [fɛɐ̯ˈfɔlɡn̩] ⟨tr.; hat⟩:
1. a) *durch Hinterhergehen, -laufen o. Ä. einzuholen [und einzufangen] suchen:* einen Verbrecher verfolgen; die Hunde verfolgten das Wild; sie fühlte sich überall verfolgt. **Syn.:** hetzen, jagen, nachlaufen, zu fangen suchen. **b)** *(einer Spur o. Ä.) nachgehen, folgen:* eine Spur, einen Hinweis verfolgen; die Polizei verfolgte die falsche Fährte.
2. *(mit etwas) hartnäckig, unablässig bedrängen:* jmdn. mit Bitten, mit seiner Eifersucht verfolgen; er verfolgte sie mit seinem Hass. **Syn.:** plagen, quälen, zusetzen.
3. *durch konsequentes Bemühen zu erreichen oder zu verwirklichen suchen:* ein Ziel, einen Plan verfolgen; dieses Thema wurde nicht weiter verfolgt. **Syn.:** erstreben, ringen um, streben nach, trachten nach (geh.), zielen auf, zu erreichen suchen (geh.).
4. *die Entwicklung, den Verlauf (von etwas) genau beobachten:* eine Angelegenheit, die politischen Ereignisse verfolgen; sie verfolgte die Szene schweigend. **Syn.:** aufpassen auf, belauschen, im Auge behalten, nicht aus den Augen lassen.
5. *(aus politischen, religiösen, rassischen Gründen) in seinen Freiheiten beschränken, seiner Existenzgrundlage berauben:* Minderheiten wurden überall grausam verfolgt. **Syn.:** schikanieren, tyrannisieren, zusetzen.

ver|frem|den [fɛɐ̯ˈfrɛmdn̩] ⟨tr.; hat⟩:
auf ungewohnte, unübliche Weise sprachlich, dramatisch, grafisch darstellen, gestalten (um das Publikum auf das Neue der künstlerischen Darstellung und der in ihr vermittelten Wirklichkeit aufmerksam zu machen): eine Sprache verfremden; sie verfremdet ihre Motive durch die Wahl der Farben; verfremdete Figuren.

ver|füg|bar [fɛɐ̯ˈfyːkbaːɐ̯] ⟨Adj.⟩:
[im Augenblick] zur Verfügung stehend; für den sofortigen Gebrauch vorhanden: alle verfügbaren Polizisten sollen sofort zum Tatort kommen; sie will nicht mehr rund um die Uhr verfügbar sein.

ver|fü|gen [fɛɐ̯ˈfyːɡn̩]:
1. ⟨tr.; hat⟩ *[von Amts wegen] anordnen, bestimmen:* etwas durch Gesetz verfügen; das Gesundheitsamt verfügt die Schließung des Lokals; sie verfügte in ihrem Testament, dass ihre Nichte ihren gesamten Besitz erben sollte. **Syn.:** anweisen, festlegen, festsetzen, verordnen.
2. ⟨itr.; hat⟩ **a)** *etwas besitzen, haben (und sich dessen uneingeschränkt bedienen, es nach Belieben einsetzen können):* sie verfügt über ein ansehnliches Kapital; sie verfügen über gute Beziehungen; er verfügt über große Erfahrung, enorme körperliche Kräfte. **b)** *bestimmen, was mit jmdm., etwas geschehen soll:* sie kann noch nicht selbst über ihr Geld verfügen; er verfügt über ihn wie über eine Sache. **Syn.:** kommandieren.
3. ⟨+ sich⟩ (Papierdt., auch scherzh.) *sich irgendwohin begeben:* er fühlte sich nicht wohl und hat sich schließlich ins Bett verfügt. **Syn.:** sich begeben (geh.).

Ver|fü|gung [fɛɐ̯ˈfyːɡʊŋ], die; -, -en:
1. *[behördliche od. gerichtliche] Anordnung:* eine amtliche, einstweilige Verfügung.
2. * etwas zur Verfügung haben: *über etwas verfügen können:* sie hat im Monat 500 Euro zur [freien] Verfügung;

V
verf

*** [jmdm.] etwas zur Verfügung stellen:** *geben, sodass andere es nutzen können:* ich stelle dir mein Auto zur Verfügung; *** zur Verfügung stehen:** *bereitstehen:* sie steht für dieses Amt zur Verfügung.

ver|füh|ren [fɛɐ̯ˈfyːrən] ⟨tr.; hat⟩: **a)** *jmdn. dazu bringen, etwas Unkluges, Unrechtes, Unerlaubtes gegen seine eigentliche Absicht zu tun:* sie hat ihn zum Trinken verführt; der niedrige Preis verführte ihn zum Kauf. **Syn.:** hinreißen, locken, reizen, verleiten, verlocken (geh.). **b)** *zum Geschlechtsverkehr verleiten:* er hat das Mädchen, den Jungen verführt.

ver|füh|re|risch [fɛɐ̯ˈfyːrərɪʃ] ⟨Adj.⟩: **a)** *geeignet, jmdn. (zu etwas) zu verführen:* die Auslagen, Angebote sind sehr verführerisch; das Essen riecht ja äußerst verführerisch. **Syn.:** attraktiv, zugkräftig. **b)** *äußerst attraktiv, sehr reizvoll:* ein verführerisches Lächeln, Persönchen. **Syn.:** anziehend, berückend (geh.), betörend, erotisch, sexy (ugs.).

Ver|gan|gen|heit [fɛɐ̯ˈɡaŋənhai̯t], die; -: **a)** *der Gegenwart vorangegangene Zeit [und das in ihr Geschehene]:* die jüngste Vergangenheit; die Vergangenheit lebendig werden lassen, heraufbeschwören; aus den Fehlern der Vergangenheit lernen; sich in die Vergangenheit zurückversetzen. **b)** *(jmds.) Leben [in der vergangenen Zeit] bis zum gegenwärtigen Zeitpunkt:* seine Vergangenheit war dunkel; sie hat eine bewegte Vergangenheit hinter sich; die Stadt ist stolz auf ihre Vergangenheit *(Geschichte).*

ver|gäng|lich [fɛɐ̯ˈɡɛŋlɪç] ⟨Adj.⟩: *ohne Bestand in der Zeit; nicht dauerhaft, vom Vergehen bedroht:* vergänglicher Besitz; leicht vergängliche Substanzen; alles Irdische ist vergänglich. **Syn.:** flüchtig, kurzlebig, zeitlich.

ver|ge|ben [fɛɐ̯ˈɡeːbn̩], vergibt, vergab, vergeben ⟨tr.; hat⟩: **1.** (geh.) *verzeihen:* sie hat ihm die Kränkung vergeben; die Sache ist vergeben und vergessen; ⟨auch itr.⟩ vergib mir. **Syn.:** entschuldigen, nachsehen. **2.** *jmdm. eine Aufgabe o. Ä. übertragen, jmdm. etwas geben:* eine Arbeit, einen Auftrag, eine Stelle vergeben; der erste Preis wurde an eine Amerikanerin vergeben; die Landesgartenschau wurde damals nach Schwerin vergeben. **Syn.:** zuteilen. **3.** *** sich** (Dativ) **etwas, nichts vergeben:** *seinem Ansehen durch ein Tun schaden, nicht schaden:* er glaubte, sich etwas zu vergeben, wenn er seine Fehler zugeben würde; gib doch endlich nach – du vergibst dir doch dabei nichts!

ver|ge|bens [fɛɐ̯ˈɡeːbn̩s] ⟨Adverb⟩: *ohne Erfolg, ohne sein Ziel zu erreichen:* sie hat vergebens gewartet; man hat vergebens versucht, ihn von seinem Vorhaben abzubringen; alles war vergebens. **Syn.:** für nichts und wieder nichts, umsonst, vergeblich.

vergebens/umsonst: s. Kasten Seite 969.

ver|geb|lich [fɛɐ̯ˈɡeːplɪç] ⟨Adj.⟩: *erfolglos; ohne die erwartete oder erhoffte Wirkung:* ein vergebliches Opfer; eine vergebliche Anstrengung; ihr Besuch war vergeblich; er hat sich bisher vergeblich um diesen Posten bemüht. **Syn.:** für nichts und wieder nichts, umsonst, vergebens.

ver|ge|gen|wär|ti|gen [fɛɐ̯ˈɡeːɡn̩vɛrtɪɡn̩] ⟨+ sich⟩: *sich etwas klarmachen, deutlich ins Bewusstsein, in Erinnerung rufen:* ich konnte mir alles genau vergegenwärtigen; man muss sich die damalige Situation einmal vergegenwärtigen. **Syn.:** sich ausmalen, sich vor Augen führen, sich vorstellen.

ver|ge|hen [fɛɐ̯ˈɡeːən], verging, vergangen: **1.** ⟨itr.; ist⟩ **a)** *(in Bezug auf die Zeit, eine bestimmte Zeitspanne) vorübergehen, dahinschwinden und Vergangenheit werden:* die Zeit vergeht; der Urlaub war vergangen wie im Fluge; es vergeht kein Tag, an dem er nicht anruft; vergangene Zeiten; im vergangenen *(letzten)* Jahr. **Syn.:** entschwinden (geh.), hingehen, ins Land gehen, ins Land ziehen, verfliegen (geh.), verfließen (geh.), verstreichen. **b)** *(von einer Empfindung, einem bestimmten Gefühl o. Ä.) in jmdm. [nachlassen und schließlich] aufhören, [ver]schwinden:* der Schmerz, die Müdigkeit vergeht wieder; die Lust, der Appetit ist ihm vergangen; die Schmerzen vergingen, nachdem sie das Medikament eingenommen hatte. **Syn.:** abebben, ein Ende haben, sich legen, sich neigen (geh.), schwinden (geh.), zu Ende gehen. **c)** *ein bestimmtes übermächtiges Gefühl sehr stark empfinden (sodass man glaubt, die Besinnung verlieren, sterben zu müssen):* sie ist vor Scham, Angst, Durst [fast] vergangen; sie vergingen fast vor Neugier. **2.** ⟨itr.; ist⟩ (geh.) *als vergängliches Wesen sterben:* die Generationen sind gekommen und vergangen. **Syn.:** aussterben, untergehen, von der Erde verschwinden. **3.** ⟨+ sich⟩ *durch sein Handeln gegen ein Gesetz, eine Norm o. Ä. verstoßen:* du hast dich gegen das Gesetz, gegen die guten Sitten vergangen. **Syn.:** missachten, sich hinwegsetzen über, sich versündigen an, sündigen, überschreiten, ²übertreten, zuwiderhandeln. **4.** ⟨+ sich⟩ *(jmdn.) sexuell missbrauchen:* er hat sich an der Frau, an einem Kind vergangen. **Syn.:** schänden, vergewaltigen.

Ver|ge|hen [fɛɐ̯ˈɡeːən], das; -s, -: *gegen Bestimmungen, Vorschriften oder Gesetze verstoßende strafbare Handlung:* ein leichtes, schweres Vergehen; sie hat sich eines Vergehens schuldig gemacht. **Syn.:** Delikt, Frevel (geh.), Sünde, Unrecht, Verfehlung, Verstoß. **Zus.:** Steuervergehen, Wirtschaftsvergehen.

ver|gel|ten [fɛɐ̯ˈɡɛltn̩], vergilt, vergalt, vergolten ⟨tr.; hat⟩: *mit einem bestimmten feindlichen oder seltener auch freundlichen Verhalten auf etwas reagieren:* man soll nicht Böses mit Bösem vergelten; Gleiches mit Gleichem vergelten; er hat stets Hass mit Liebe zu vergelten gesucht; wie soll ich dir das vergelten? *(wie soll ich mich dafür erkenntlich zeigen?).* **Syn.:** ausgleichen, erwidern, sich revanchieren.

Ver|gel|tung [fɛɐ̯ˈɡɛltʊŋ], die; -: *das Vergelten einer Tat:* auf Vergeltung sinnen; jmdm. Vergeltung androhen; für etwas [blutige] Vergeltung üben. **Syn.:** Rache, Revanche, Strafe, Sühne (geh.).

ver|ges|sen [fɛɐ̯'gɛsn̩], vergisst, vergaß, vergessen:
1. ⟨tr.; hat⟩ **a)** *aus dem Gedächtnis verlieren; nicht behalten, sich nicht merken können:* eine Telefonnummer vergessen; ich habe vergessen, was ich noch mitbringen wollte; sie hatte den Namen der Straße vergessen; ⟨österr. auch itr.⟩ er hat auf den Termin vergessen. **Syn.:** nicht im Gedächtnis behalten, nicht im Kopf behalten. **b)** *nicht [mehr] an jmdn., etwas denken:* etwas sein Leben lang, sein Lebtag nicht vergessen [können]; ich habe vergessen, ihr zu schreiben; den Schlüssel vergessen *(nicht daran denken, ihn einzustecken, mitzunehmen);* sie hatten ihn längst vergessen *(er war aus ihrer Erinnerung geschwunden);* vergiss es; das, den kannst du vergessen (ugs.); ein vergessener *(kaum noch bekannter)* Schriftsteller. **Syn.:** verbummeln (ugs.).
2. ⟨+ sich⟩ *die Beherrschung verlieren:* in seinem Zorn vergaß er sich völlig; wie konntest du dich so weit vergessen, sie zu schlagen? **Syn.:** ausflippen (ugs.), ausrasten (Jargon), die Fassung verlieren, die Nerven verlieren, durchdrehen (ugs.).

ver|gess|lich [fɛɐ̯'gɛslɪç] ⟨Adj.⟩: *leicht und immer wieder etwas vergessend:* ein vergesslicher Mensch; im Alter vergesslich werden; sie ist sehr vergesslich.

ver|geu|den [fɛɐ̯'gɔydn̩], vergeudete, vergeudet ⟨tr.; hat⟩: *leichtsinnig und verschwenderisch mit etwas beim Verbrauch umgehen:* sein Geld, seine Kräfte vergeuden; er hat sein Leben vergeudet; mit dieser Arbeit wurde nur Zeit vergeudet; es ist keine Zeit mehr zu vergeuden *(es ist sehr eilig).* **Syn.:** auf den Kopf hauen (ugs.), durchbringen (ugs.), verjubeln (ugs.), verschwenden, vertun (ugs.).

ver|ge|wal|ti|gen [fɛɐ̯gə'valtɪgn̩] ⟨tr.; hat⟩:
a) *jmdn. durch Anwendung, Androhung von Gewalt zum Geschlechtsverkehr zwingen:* das Mädchen, die Frau wurde vergewaltigt. **Syn.:** missbrauchen, schänden, sich vergehen an. **b)** *mit Gewalt oder Terror unterdrücken:* ein Volk vergewaltigen. **c)** *verfälschen, indem man einer Sache etwas aufzwingt, was ihr nicht gemäß ist:* das Recht, die Sprache vergewaltigen. **Syn.:** entstellen, verdrehen.

ver|ge|wis|sern [fɛɐ̯gə'vɪsɐn] ⟨+ sich⟩: *nachsehen, prüfen, ob etwas tatsächlich geschehen ist, zutrifft:* bevor er fortging, vergewisserte er sich, dass die Fenster geschlossen waren. **Syn.:** sich Gewissheit verschaffen.

ver|gie|ßen [fɛɐ̯'gi:sn̩], vergoss, vergossen ⟨tr.; hat⟩: *(eine Flüssigkeit) unabsichtlich aus einem Gefäß überschwappen oder auf andere Weise ausfließen lassen:* sie hat die ganze Milch vergossen. **Syn.:** kleckern (ugs.), schlabbern (ugs.), verschütten.

ver|gif|ten [fɛɐ̯'gɪftn̩], vergiftete, vergiftet:
1. ⟨tr.; hat⟩ *mit Gift vermischen, giftig machen:* Speisen vergiften; das Essen, der Wein war vergiftet; ein vergifteter Pfeil. **Syn.:** verseuchen.
2. ⟨+ sich⟩ *sich eine Vergiftung zuziehen:* sie hatten sich an Pilzen, durch schlechtes Fleisch, mit Fisch vergiftet.
3. ⟨tr.; hat⟩ *durch Gift töten:* Ratten vergiften; er hat seine Frau vergiftet; sie hat sich mit Tabletten vergiftet. **Syn.:** beseitigen (verhüllend), umbringen.

Ver|gif|tung [fɛɐ̯'gɪftʊŋ], die; -, -en: *durch Eindringen eines Giftstoffes in den Organismus hervorgerufene Erkrankung:* Verlauf und Behandlung von Vergiftungen; an einer Vergiftung sterben.

ver|gilbt [fɛɐ̯'gɪlpt] ⟨Adj.⟩: *(besonders von Papier o. Ä.) mit der Zeit, durch Einwirkung des Lichtes gelblich geworden:* ein vergilbtes Foto; vergilbte Tapeten.

Ver|giss|mein|nicht [fɛɐ̯'gɪsmai̯nnɪçt], das; -[e]s, -[e]: *kleine, besonders an feuchten Standorten wachsende Pflanze mit schmalen, länglichen Blättern und kleinen, hellblauen Blüten:* ein Sträußchen Vergissmeinnicht.

Ver|gleich [fɛɐ̯'glai̯ç], der; -[e]s, -e:
1. *Betrachtung oder Überlegung, in der Personen, Sachen mit anderen Personen, Sachen verglichen werden:* ein treffender, kritischer Vergleich; keinen Vergleich mit etwas anderem aushalten; das ist gar kein Vergleich! *(ist viel besser [als dasjenige, womit es verglichen wird]);* im Vergleich zu ihm *(verglichen mit ihm)* ist er unbegabt. **Zus.:** Leistungsvergleich, Preisvergleich.
2. (Rechtsspr.) *gütlicher Ausgleich, Einigung in einem Streitfall:* einen Vergleich anstreben, anbieten, schließen; der Streit wurde durch einen Vergleich beendet. **Syn.:** Kompromiss.

ver|gleich|bar [fɛɐ̯'glai̯çba:ɐ̯] ⟨Adj.⟩: *sich mit etwas anderem vergleichen* (1) *lassend:* eine vergleichbare Arbeit; die Kunst seiner Bilder ist nicht vergleichbar mit der seines Lehrers.

ver|glei|chen [fɛɐ̯'glai̯çn̩], verglich, verglichen:
1. ⟨tr.; hat⟩ *prüfend nebeneinanderhalten oder gegeneinander abwägen, um Unterschiede oder Übereinstimmungen festzustellen:* eine Kopie mit dem Original vergleichen; Bilder, Preise vergleichen; die Uhrzeit vergleichen; vergleichende Sprachwissenschaft. **Syn.:** gegenüberstellen.
2. ⟨+ sich⟩ (Rechtsspr.) *durch beiderseitiges Einlenken, Nachgeben einen Streit beenden, sich einigen:* die streitenden Parteien haben sich verglichen. **Syn.:** sich arrangieren, aushandeln, übereinkommen.

ver|gnü|gen [fɛɐ̯'gny:gn̩] ⟨+ sich⟩: *sich mit etwas, was unterhaltsam ist, was Spaß macht, die Zeit vertreiben:* sich auf einem Fest vergnügen; er vergnügte sich mit seiner Geliebten auf den Bahamas. **Syn.:** sich amüsieren, sich unterhalten, sich zerstreuen.

Ver|gnü|gen [fɛɐ̯'gny:gn̩], das; -s: *Befriedigung, Freude, die jmdm. die Beschäftigung oder der Anblick von etwas [Schönem o. Ä.] bereitet:* mit ihrem Besuch bereitete sie uns ein großes Vergnügen; es ist ein Vergnügen, ihr zuzuhören; [ich wünsche euch] viel Vergnügen. **Syn.:**

Amüsement (bildungsspr.), Lust, Spaß, Wonne.

ver|gnügt [fɛɐ̯ˈgny:kt] ⟨Adj.⟩: **a)** *fröhlich, in guter Laune:* eine vergnügte Gesellschaft; sie ist immer vergnügt; sie lächelte vergnügt vor sich hin. **Syn.:** aufgedreht (ugs.), aufgekratzt (ugs.), fidel (ugs.), froh, munter. **b)** *jmdm. Vergnügen bereitend:* sich vergnügte Stunden, einen vergnügten Tag machen; es war ein vergnügter Abend. **Syn.:** amüsant, heiter, köstlich, lustig, spaßig, unterhaltsam.

ver|göt|tern [fɛɐ̯ˈgœtɐn] ⟨tr.; hat⟩: *in einer schwärmerischen, übersteigerten Weise lieben, verehren, bewundern:* die Schüler vergötterten ihre Lehrerin; er vergötterte seine beiden Töchter. **Syn.:** anbeten, anhimmeln (ugs.).

ver|gra|ben [fɛɐ̯ˈgra:bn̩], vergräbt, vergrub, vergraben:
1. ⟨tr.; hat⟩ *durch Eingraben verstecken, vor anderen verbergen:* der Schatz, die Beute wurde [in der Erde] vergraben; sie vergruben die tote Katze im Garten. **Syn.:** eingraben.
2. ⟨tr.; hat⟩ *(von den Händen) tief in die Taschen (eines Kleidungsstückes) stecken:* die Hände in den Taschen vergraben.
3. ⟨+ sich⟩ *sich intensiv mit etwas beschäftigen, sodass man für die Umwelt kaum noch ansprechbar oder sichtbar ist:* sie hatte sich ganz in ihre Bücher vergraben. **Syn.:** sich versenken, sich vertiefen.

ver|grif|fen [fɛɐ̯ˈgrɪfn̩] ⟨Adj.⟩: *(besonders von Druck-Erzeugnissen) nicht mehr lieferbar:* ein vergriffenes Buch; diese Ausgabe ist [zurzeit] vergriffen. **Syn.:** ausverkauft.

ver|grö|ßern [fɛɐ̯ˈgrø:sɐn]:
1. ⟨tr.; hat⟩ **a)** *(in Bezug auf seine räumliche Ausdehnung, seinen Umfang) größer machen:* einen Raum, ein Geschäft vergrößern; den Garten um das Doppelte vergrößern; den Abstand zwischen zwei Pfosten vergrößern. **Syn.:** ausdehnen, ausweiten, erweitern. **b)** *(im Hinblick auf Menge oder Ausmaß) vermehren:* sein Kapital vergrößern; die Zahl der Mitarbeiter vergrößern; die Dosis vergrößern *(erhöhen);* diese Maßnahme hatte das Übel noch vergrößert *(verschlimmert).* **Syn.:** aufstocken, mehren (geh.), steigern, verstärken. **c)** *von etwas eine größere Reproduktion herstellen:* eine Fotografie vergrößern.
2. ⟨+ sich⟩ **a)** *(im Hinblick auf Umfang, Ausdehnung, Kapazität o. Ä.) größer werden:* der Betrieb hat sich wesentlich vergrößert. **Syn.:** sich ausdehnen, sich auswachsen, sich ausweiten. **b)** *zunehmen, sich vermehren:* die Zahl der Mitarbeiter hatte sich inzwischen vergrößert. **Syn.:** ansteigen, sich steigern.

Ver|güns|ti|gung [fɛɐ̯ˈgʏnstɪgʊŋ], die; -, -en: *[finanzieller] Vorteil, den jmd. aufgrund bestimmter Voraussetzungen genießt:* soziale, steuerliche Vergünstigungen; Vergünstigungen bieten, gewähren, genießen; die bisherigen Vergünstigungen wurden ihr entzogen.

ver|gü|ten [fɛɐ̯ˈgy:tn̩], vergütete, vergütet ⟨tr.; hat⟩: **a)** *jmdn. für Unkosten oder finanzielle Nachteile entschädigen:* jmdm. seine Auslagen, einen Verlust, den Verdienstausfall vergüten. **Syn.:** ersetzen, erstatten. **b)** (Amtsspr.) *jmds. [Arbeits]leistungen bezahlen:* eine Arbeit, eine Tätigkeit vergüten; die Leistungen werden nach einheitlichen Sätzen vergütet. **Syn.:** besolden für, entlohnen für, honorieren.

ver|haf|ten [fɛɐ̯ˈhaftn̩], verhaftete, verhaftet ⟨tr.; hat⟩: *aufgrund einer gerichtlichen Anordnung, eines Haftbefehls festnehmen:* er ließ ihn verhaften; sie ist unschuldig verhaftet worden; die Polizei hat den Täter verhaftet; verhaftete Demonstranten. **Syn.:** abführen, abholen (ugs. verhüllend), dingfest machen, einsperren, ergreifen, erwischen (ugs.), fassen, festsetzen, gefangen nehmen, hinter Schloss und Riegel bringen (ugs.), hochgehen lassen (ugs.), in Gewahrsam nehmen, in Haft nehmen, schnappen (ugs.).

ver|hal|ten [fɛɐ̯ˈhaltn̩], verhält, verhielt, verhalten ⟨+ sich⟩:
1. a) *eine bestimmte Art der Reaktion zeigen:* sich still, abwartend, richtig, korrekt verhalten; sie hat sich völlig passiv verhalten. **Syn.:** sich aufführen, auftreten, sich benehmen, sich betragen, sich gebärden, sich geben, handeln, sich zeigen. **b)** *in bestimmter Weise geartet sein:* die Sache verhält sich in Wirklichkeit ganz anders. **Syn.:** sich darstellen, sein, sich erweisen als.
2. *(zu etwas) in einem bestimmten [zahlenmäßig auszudrückenden] Verhältnis stehen:* die beiden Gewichte verhalten sich zueinander wie 1 : 2.

Ver|hal|ten [fɛɐ̯ˈhaltn̩], das; -s: *Art und Weise, wie sich ein Lebewesen, etwas verhält:* ein tadelloses Verhalten; ich kann mir ihr Verhalten nicht erklären; er versuchte, sein Verhalten zu rechtfertigen. **Syn.:** Auftreten, Benehmen, Betragen, Gebaren, Gehabe (abwertend), Haltung. **Zus.:** Fahrverhalten, Konsumverhalten, Sexualverhalten, Verbraucherverhalten, Wählerverhalten.

-ver|hal|ten [fɛɐ̯haltn̩], das; -s ⟨Suffixoid⟩: **a)** *bestimmte Art des Verhaltens in Bezug auf das im Basiswort Genannte:* Arbeitsverhalten; Brutverhalten; Einkaufsverhalten; Erziehungsverhalten; Essverhalten; Freizeitverhalten; Instinktverhalten; Lernverhalten; Leseverhalten; Reiseverhalten; Rollenverhalten; Schlafverhalten; Sexualverhalten; Spielverhalten; Trinkverhalten; Urlaubsverhalten; Wahlverhalten; /auch bezogen auf Sachen/: Kurvenverhalten (das Kurvenverhalten des Wagens); Störverhalten (eines Reglers). **b)** *bestimmte Art des Verhaltens der im Basiswort genannten Personengruppen:* Erstwählerverhalten; Verbraucherverhalten; Wählerverhalten. **c)** *Verhaltensweise, wie sie der im Basiswort genannten Person eigen ist:* Mackerverhalten. **Syn.:** -rolle, -tum.

Ver|hält|nis [fɛɐ̯ˈhɛltnɪs], das; -ses, -se:
1. *Beziehung, in der sich etwas mit etwas vergleichen lässt oder in der etwas an etwas anderem gemessen wird; Relation:* sie teilten im Verhältnis 2 : 1; der Lohn steht in keinem Verhältnis zur Arbeit *(ist zu gering, gemessen*

an der Arbeit). **Zus.:** Größenverhältnis, Kräfteverhältnis, Mischungsverhältnis.
2. *persönliche Beziehung, durch die man jmdn., etwas gut kennt:* das Verhältnis zu seiner Mutter ist gestört; in einem freundschaftlichen Verhältnis zu jmdm. stehen; in ein näheres Verhältnis zu jmdm. treten; er hat ein Verhältnis *(eine Liebesbeziehung)* mit diesem Mädchen. **Syn.:** Bezug, Verbindung. **Zus.:** Abhängigkeitsverhältnis, Freundschaftsverhältnis, Liebesverhältnis, Vertrauensverhältnis.
3. ⟨Plural⟩ *durch die Zeit oder das Milieu geschaffene Umstände, in denen jmd. lebt:* sie ist ein Opfer der politischen Verhältnisse; aus kleinen, gesicherten Verhältnissen kommen; er lebt über seine Verhältnisse *(gibt mehr Geld aus, als er sich leisten kann).* **Syn.:** Bedingungen ⟨Plural⟩, Gegebenheiten ⟨Plural⟩, Konstellation ⟨Singular⟩, Lage ⟨Singular⟩, Situation ⟨Singular⟩, Zustand ⟨Singular⟩. **Zus.:** Besitzverhältnisse, Einkommensverhältnisse, Lebensverhältnisse, Vermögensverhältnisse.

ver|hält|nis|mä|ßig [fɛɐ̯ˈhɛltnɪsmɛːsɪç] ⟨Adverb⟩:
im Verhältnis zu etwas anderem; verglichen mit etwas anderem: eine verhältnismäßig hohe Besucherzahl; in verhältnismäßig kurzer Zeit; diese Arbeit geht verhältnismäßig schnell; es waren verhältnismäßig viele Leute gekommen. **Syn.:** relativ.

Ver|hält|nis|mä|ßig|keit [fɛɐ̯ˈhɛltnɪsmɛːsɪçkai̯t], die; -, -en:
Angemessenheit einer Handlung o. Ä. (in einem bestimmten, meist rechtlich relevanten Zusammenhang): bei der Bestrafung sollte der Grundsatz der Verhältnismäßigkeit nicht außer Acht gelassen werden; die Verhältnismäßigkeit der Mittel gilt es zu beachten.

ver|han|deln [fɛɐ̯ˈhandl̩n] ⟨itr.; hat⟩:
(über etwas) eingehend sprechen, Verhandlungen führen, um zu einer Klärung, Einigung o. Ä. zu kommen: die Vertreter verhandelten [mit uns] über die Verkaufsbedingungen; es wurde lange verhandelt, ohne dass man zu einem Ergebnis gekommen wäre; ⟨auch tr.⟩ einen Plan verhandeln. **Syn.:** sich auseinandersetzen, sich beraten, besprechen, debattieren, erörtern.

Ver|hand|lung [fɛɐ̯ˈhandlʊŋ], die; -, -en:
a) *das Verhandeln:* offizielle, diplomatische Verhandlungen. **b)** *Behandlung [und Entscheidung] eines Rechtsfalles vor Gericht:* eine öffentliche Verhandlung; die Verhandlung musste unterbrochen werden. **Syn.:** Prozess.

ver|hän|gen [fɛɐ̯ˈhɛŋən] ⟨tr.; hat⟩:
1. *(etwas) vor etwas hängen, um es zu verdecken:* ein Fenster mit einem Tuch verhängen.
2. *als Strafe oder als notwendige und unangenehme Maßnahme anordnen:* eine Strafe, Sperre über jmdn., etwas verhängen. **Syn.:** erlassen, festsetzen, verfügen, verordnen.

Ver|häng|nis [fɛɐ̯ˈhɛŋnɪs], das; -ses, -se:
etwas Unheilvolles (das wie von einer höheren Macht verhängt ist), dem jmd. nicht entgehen kann: das Verhängnis brach über ihn herein; ihre Leidenschaft wurde ihr zum Verhängnis. **Syn.:** Schicksal.

ver|häng|nis|voll [fɛɐ̯ˈhɛŋnɪsfɔl] ⟨Adj.⟩:
so geartet, dass es unheilvolle Folgen nach sich zieht: ein verhängnisvoller Irrtum; die Entscheidung wirkte sich verhängnisvoll aus. **Syn.:** fatal, schlimm, unglücklich, unglückselig, unheilvoll.

ver|härmt [fɛɐ̯ˈhɛrmt] ⟨Adj.⟩:
von Kummer und Leid gezeichnet, elend und kränklich aussehend: eine verhärmte Gestalt; verhärmt aussehen. **Syn.:** abgespannt, bedrückt, bekümmert, elend (ugs.), fertig (ugs.).

ver|här|ten [fɛɐ̯ˈhɛrtn̩], verhärtete, verhärtet:
1. ⟨tr.; hat⟩ *hart, unempfindlich machen (für die Leiden anderer Menschen):* das Leben, sein Schicksal hat ihn verhärtet. **Syn.:** abstumpfen.
2. ⟨+ sich⟩ **a)** *hart werden:* das Gewebe, die Geschwulst hat sich verhärtet. **b)** *sich (gegen jmdn., etwas) verschließen:* du verhärtest dich gegen deine Mitmenschen; ihr Gemüt, Herz ist verhärtet.

ver|hasst [fɛɐ̯ˈhast] ⟨Adj.⟩:
großen Widerwillen in jmdm. erregend: ein mir verhasster Mensch; eine verhasste Pflicht; diese Arbeit war mir verhasst.

ver|hed|dern [fɛɐ̯ˈhɛdɐn] ⟨+ sich⟩ (ugs.):
a) *sich (in etwas) verfangen und darin hängen bleiben:* ich verhedderte mich im Gestrüpp. **Syn.:** sich verwickeln. **b)** *beim Sprechen, beim Vortragen eines Textes sich an einer Stelle mehrmals versprechen:* sie verhedderte sich immer wieder bei der gleichen Strophe.

ver|hee|rend [fɛɐ̯ˈheːrənt] ⟨Adj.⟩:
(von etwas Unheilvollem) sehr schlimm, furchtbar in seinem Ausmaß: ein verheerender Brand, Wirbelsturm; diese Maßnahmen wirkten sich verheerend aus, hatten eine verheerende Wirkung.

ver|heh|len [fɛɐ̯ˈheːlən] ⟨tr.; hat⟩ (geh.):
(besonders eine Gefühlsregung) verbergen, unterdrücken, einen anderen nicht erkennen lassen: meist verneint: er konnte seine Enttäuschung über den Misserfolg nicht verhehlen. **Syn.:** unterschlagen, verheimlichen, verschweigen.

ver|hei|len [fɛɐ̯ˈhai̯lən] ⟨itr.; ist⟩:
(von Wunden) wieder heilen, zuheilen: die Wunden waren noch nicht ganz verheilt; eine schlecht verheilte Wunde. **Syn.:** abheilen.

ver|heim|li|chen [fɛɐ̯ˈhai̯mlɪçn̩] ⟨tr.; hat⟩:
(jmdn.) bewusst (von etwas) nicht in Kenntnis setzen; vor jmdm. verbergen: ich habe nichts zu verheimlichen; man verheimlichte ihm seinen Zustand; da gab es nichts zu verheimlichen. **Syn.:** geheim halten, verhehlen (geh.), verschweigen, vertuschen.

ver|hei|ra|ten [fɛɐ̯ˈhai̯raːtn̩], verheiratete, verheiratet:
a) ⟨+ sich⟩ *eine Ehe eingehen, die Ehe mit jmdm. schließen:* ich werde mich [mit ihm] verheiraten; ein verheirateter Mann. **Syn.:** heiraten, Hochzeit feiern, in den heiligen Stand der Ehe treten (geh.), in den Stand der

V
verh

Ehe treten (geh.), sich trauen lassen, sich vermählen (geh.). **b)** ⟨tr.; hat⟩ *(jmdm.) zur Ehe geben:* die Prinzessin wurde mit einem Herzog verheiratet.

ver|hei|ra|tet [fɛɐ̯ˈhai̯raːtət] ⟨Adj.⟩: *in einer Ehe lebend:* ist er verheiratet oder geschieden?; sie ist schon seit vielen Jahren glücklich verheiratet.

ver|hei|ßungs|voll [fɛɐ̯ˈhai̯sʊŋsfɔl] ⟨Adj.⟩: *zu großen Erwartungen berechtigend:* seine Worte klangen sehr verheißungsvoll. **Syn.:** hoffnungsvoll.

ver|hel|fen [fɛɐ̯ˈhɛlfn̩], verhilft, verhalf, verholfen ⟨itr.; hat⟩: *dafür sorgen, dass (jmd. etwas, was er erstrebt) erhält, erlangt:* jmdm. zu seinem Eigentum, zu seinem Recht verhelfen. **Syn.:** [1]beschaffen, verschaffen.

ver|herr|li|chen [fɛɐ̯ˈhɛrlɪçn̩] ⟨tr.; hat⟩: *durch überschwängliches Lob preisen:* Heldenlieder verherrlichten seine Taten. **Syn.:** feiern, in den Himmel heben (ugs.), loben, preisen (geh.), rühmen.

ver|hin|dern [fɛɐ̯ˈhɪndɐn] ⟨tr.; hat⟩: *(durch bestimmte Maßnahmen o. Ä.) bewirken, dass etwas nicht geschieht bzw. getan, ausgeführt werden kann:* ein Unglück, einen Diebstahl verhindern; das muss ich unter allen Umständen verhindern. **Syn.:** abbiegen (ugs.), abblocken, abwehren, abwenden, aufhalten, ausschließen, [2]durchkreuzen, hindern, im Keim ersticken, sabotieren, unmöglich machen, unterbinden, vereiteln, verhüten.

verhindern/behindern/hindern: *s.* Kasten Seite 495.

ver|höh|nen [fɛɐ̯ˈhøːnən] ⟨tr.; hat⟩: *höhnisch auslachen und lächerlich zu machen suchen:* willst du mich verhöhnen? **Syn.:** spotten über, verspotten.

Ver|hör [fɛɐ̯ˈhøːɐ̯], das; -[e]s, -e: *richterliche oder polizeiliche Befragung einer Person (bei der ein möglicher Straftatbestand abgeklärt werden soll):* das Verhör des Gefangenen dauerte mehrere Stunden; jmdn. einem Verhör unterziehen *(jmdn. verhören).*

ver|hö|ren [fɛɐ̯ˈhøːrən]: **1.** ⟨tr.; hat⟩ *richterlich oder polizeilich vernehmen* (2): die Angeklagte, die Zeugen verhören. **Syn.:** ausfragen, ausquetschen (ugs.), befragen, fragen. **2.** ⟨+ sich⟩ *eine Äußerung missverstehen in dem Sinne, dass man etwas falsch hört, versteht:* du musst dich verhört haben, er hatte »morgen« und nicht »übermorgen« gesagt.

ver|hül|len [fɛɐ̯ˈhʏlən] ⟨tr.; hat⟩: **1. a)** *mit etwas bedecken, in etwas einhüllen in der Absicht, es zu verbergen, den Blicken zu entziehen:* sie verhüllte ihr Gesicht mit einem Schleier; bis zur Einweihung war das Denkmal verhüllt. **Syn.:** verdecken, zudecken. **b)** *(als Sache) durch sein Vorhandensein etwas verbergen, den Blicken entziehen:* eine Wolke verhüllte die Bergspitze. **Syn.:** verdecken. **2.** *(etwas) so darstellen oder ausdrücken, dass es weniger unangenehm oder schockierend wirkt:* mit seinen Worten versuchte er, die Wahrheit zu verhüllen; ein verhüllender Ausdruck; eine [kaum] verhüllte *(versteckte)* Drohung.

ver|hun|gern [fɛɐ̯ˈhʊŋɐn] ⟨itr.; ist⟩: *aus Mangel an Nahrung sterben:* täglich verhungern in der Welt viele Menschen; er sah sehr verhungert *(elend und abgemagert)* aus. **Syn.:** an Hunger sterben, den Hungertod sterben, Hungers sterben (geh.).

ver|hü|ten [fɛɐ̯ˈhyːtn̩], verhütete, verhütet ⟨tr.; hat⟩: *das Eintreten (von etwas) durch vorbeugende Maßnahmen verhindern und jmdn., sich davor bewahren:* ein Unglück, eine Katastrophe verhüten; sie konnte das Schlimmste verhüten; die Empfängnis verhüten; ⟨auch itr.⟩ sie verhüten *(benutzen empfängnisverhütende Mittel).* **Syn.:** abbiegen (ugs.), abblocken, abwehren, abwenden, aufhalten, ausschließen, hindern, unterbinden, vereiteln.

Ver|hü|tung [fɛɐ̯ˈhyːtʊŋ], die; -, -en: **1.** *das Verhindern von etwas, was man nicht will, was gefährlich ist:* die Verhütung von Bränden. **2.** ⟨meist ohne Pl.⟩ *Verhinderung einer Schwangerschaft:* die Eltern sprachen mit ihren Söhnen sehr offen über das Thema Verhütung.

Ver|hü|tungs|mit|tel [fɛɐ̯ˈhyːtʊŋsmɪtl̩], das; -s, -: *empfängnisverhütendes Mittel:* Verhütungsmittel gibt es im Supermarkt und in der Apotheke. **Syn.:** Antibabypille, Kondom, Pille (ugs.), Präservativ.

ver|ir|ren [fɛɐ̯ˈɪrən] ⟨+ sich⟩: **a)** *(in einem bestimmten Bereich, in dem man unterwegs ist) die Orientierung verlieren und bald in diese, bald in jene Richtung gehen, ohne an sein Ziel zu gelangen:* ich hatte mich im Wald, im Nebel verirrt. **Syn.:** sich verlaufen. **b)** *(auf seinem Weg) irgendwohin gelangen, wohin man nicht wollte:* sie hatten sich in eine abgelegene Gegend verirrt.

ver|ja|gen [fɛɐ̯ˈjaːgn̩] ⟨tr.; hat⟩: *fortjagen, gewaltsam vertreiben:* sie wurden von Haus und Hof verjagt; die Tiere aus dem Garten verjagen. **Syn.:** verscheuchen.

ver|jäh|ren [fɛɐ̯ˈjɛːrən] ⟨itr.; ist⟩: *(von einer Forderung bzw. einer Schuld) aufgrund eines Gesetzes nach einer bestimmten Zeit hinfällig werden, gerichtlich nicht mehr verfolgt werden können:* die Forderung, Anklage, das Verbrechen ist verjährt; die Schulden sind inzwischen verjährt.

ver|ju|beln [fɛɐ̯ˈjuːbl̩n] ⟨tr.; hat⟩ (ugs.): *bedenkenlos für Vergnügungen ausgeben, verschwenden:* er hat gestern Abend sein ganzes Geld verjubelt. **Syn.:** auf den Kopf hauen (ugs.), durchbringen (ugs.), vertun (ugs.).

ver|jün|gen [fɛɐ̯ˈjʏŋən]: **1. a)** ⟨tr.; hat⟩ *(jmdm.) ein jüngeres Aussehen verleihen:* der neue Haarschnitt hat ihn um Jahre verjüngt. **b)** ⟨+ sich⟩ *jünger wirken als vorher:* du hast dich verjüngt. **2.** ⟨+ sich⟩ *nach oben, nach einem Ende hin schmaler, dünner werden:* die Säule verjüngt sich nach oben.

ver|ka|beln [fɛɐ̯ˈkaːbl̩n] ⟨tr.; hat⟩: *mithilfe von Kabeln an ein Netz* (2) *anschließen:* Haushalte verkabeln; wir sind nicht verkabelt *(ans Netz des Kabelfernsehens angeschlossen).*

Ver|kauf [fɛɐ̯ˈkau̯f], der; -[e]s, Verkäufe [fɛɐ̯ˈkɔy̯fə]:
1. *das Verkaufen:* der Verkauf von Gebrauchtwagen ist ein gutes Geschäft; ein Verkauf über die Straße; das Haus steht zum Verkauf; die Summe stammt aus mehreren Verkäufen. **Syn.:** Absatz, Vertrieb.
2. ⟨ohne Plural⟩ *Abteilung eines Unternehmens, die sich mit dem Verkauf* (1) *befasst:* der Verkauf ist heute geschlossen.

ver|kau|fen [fɛɐ̯ˈkau̯fn̩]:
a) ⟨tr.; hat⟩ *jmdm. etwas gegen Bezahlung als Eigentum überlassen:* etwas teuer, billig, für drei Euro, für wenig Geld verkaufen; sie mussten ihr Haus verkaufen; er hat sein Auto einem Kollegen/an einen Kollegen verkauft; sie verkaufen Düngemittel und Kohlen *(handeln mit Düngemitteln und Kohlen);* sie verkauft Blumen auf dem Markt *(bietet auf dem Markt Blumen zum Kauf an).* **Syn.:** abgeben, absetzen, an den Mann bringen (ugs.), loswerden (ugs.), veräußern, vertreiben. **Zus.:** weiterverkaufen.
b) ⟨+ sich⟩ *in bestimmter Weise zu verkaufen* (a) *sein:* die frische Ware verkauft sich gut.

Ver|käu|fer [fɛɐ̯ˈkɔy̯fɐ], der; -s, -, **Ver|käu|fe|rin** [fɛɐ̯ˈkɔy̯fərɪn], die, -, -nen:
1. *Person, die in einem Geschäft oder Unternehmen angestellt ist und Waren oder Dienstleistungen verkauft:* sie ist Verkäuferin in einem Schuhgeschäft; Verkäufer für Sportartikel gesucht. **Zus.:** Autoverkäufer, Autoverkäuferin, Eisverkäufer, Eisverkäuferin, Gebrauchtwagenverkäufer, Gebrauchtwagenverkäuferin, Schuhverkäufer, Schuhverkäuferin, Zeitungsverkäufer, Zeitungsverkäuferin.
2. *Person, die [als Besitzer/Besitzerin] etwas verkauft:* der Verkäufer des Hauses; die Verkäuferin von Tonwaren auf dem Markt.

Ver|kehr [fɛɐ̯ˈkeːɐ̯], der; -s, -e:
1. *Beförderung oder Bewegung von Personen, Sachen, Fahrzeugen, Nachrichten auf dafür vorgesehenen Wegen:* in der Stadt herrscht lebhafter Verkehr; der Verkehr auf Schiene und Straße; Nebel brachte den gesamten Verkehr zum Erliegen; auf den Ämtern herrscht zeitweilig starker Verkehr *(Publikumsverkehr);* der Verkehr über Funk *(Funkverkehr)* ist gestört. **Zus.:** Ausflugsverkehr, Autoverkehr, Fährverkehr, Flugverkehr, Funkverkehr, Gegenverkehr, Güterverkehr, Ortsverkehr, Pendelverkehr, Schnellverkehr, Straßenverkehr.
2. *gesellschaftlicher Kontakt zwischen Personen, der in privatem, geselligem Umgang miteinander besteht:* sie haben nur wenig Verkehr [mit anderen Menschen]; eine alte Bekannte war ihr einziger Verkehr; den Verkehr mit jmdm. abbrechen. **Syn.:** Beziehung, Verbindung.
3. *Geschlechtsverkehr:* Verkehr [mit jmdm.] haben. **Syn.:** Beischlaf (geh., Rechtsspr.), Koitus, Sex. **Zus.:** Mundverkehr.

ver|keh|ren [fɛɐ̯ˈkeːrən]:
1. ⟨itr.; hat/ist⟩ *(als öffentliches Verkehrsmittel) regelmäßig auf einer Strecke fahren:* der Omnibus verkehrt alle fünfzehn Minuten; dieser Zug ist/hat nicht an Sonn- und Feiertagen, auf dieser Strecke verkehrt.
2. ⟨itr.; hat⟩ **a)** *(mit jmdm.) Kontakt pflegen, sich regelmäßig (mit jmdm.) treffen, schreiben o. Ä.:* die Frauen der beiden Kollegen verkehrten miteinander; sie hat mit niemandem verkehrt.
b) *regelmäßig (ein Lokal) besuchen:* in diesem Restaurant haben besonders Künstler verkehrt. **Syn.:** aufsuchen, einkehren.
3. a) ⟨tr.; hat⟩ *in etwas Bestimmtes (Gegenteiliges) wenden:* damit hast du Recht in Unrecht verkehrt; eine solche Auslegung hieße den Sinn der Worte ins Gegenteil verkehren. **Syn.:** auf den Kopf stellen (ugs.), verdrehen, verfälschen. **b)** ⟨+ sich⟩ *sich in sein Gegenteil verwandeln:* seine Freundlichkeit hatte sich plötzlich in Schroffheit verkehrt. **Syn.:** sich ändern, umschlagen, sich verändern, sich wandeln (geh.).
4. ⟨itr.; hat⟩ *mit jmdm. Geschlechtsverkehr haben:* sie hatte mit mehreren Männern verkehrt. **Syn.:** sich begatten, bumsen (salopp), es treiben (ugs.), ficken (derb), ins Bett gehen (ugs.), ins Bett steigen (ugs.), intime Beziehungen haben, koitieren, sich lieben, sich paaren, schlafen, Sex haben.

Ver|kehrs|am|pel [fɛɐ̯ˈkeːɐ̯s|ampl̩], die; -, -n:
mit roten, gelben und grünen Lichtsignalen arbeitende Anlage, mit deren Hilfe der Verkehr geregelt wird: die Verkehrsampel zeigt Rot, ist auf Grün gesprungen. **Syn.:** Ampel.

Ver|kehrs|mit|tel [fɛɐ̯ˈkeːɐ̯smɪtl̩], das; -s, -:
(besonders im öffentlichen Verkehr) zur Beförderung von Personen eingesetztes Fahrzeug, Flugzeug: Straßenbahnen, Busse, Flugzeuge, die Eisenbahn, alle öffentlichen Verkehrsmittel waren bei diesem Schnee behindert.

Ver|kehrs|un|fall [fɛɐ̯ˈkeːɐ̯s|ʊnfal], der; -[e]s, Verkehrsunfälle [fɛɐ̯ˈkeːɐ̯s|ʊnfɛlə]:
Unfall im Straßenverkehr: die Autobahn war wegen eines Verkehrsunfalls mehrere Stunden lang gesperrt.

Ver|kehrs|zei|chen [fɛɐ̯ˈkeːɐ̯stsai̯çn̩], das; -s, -:
Zeichen (1 c) *zur Regelung des Straßenverkehrs:* die Autofahrerin hatte das Verkehrszeichen übersehen und prallte deswegen mit dem Lastwagen zusammen. **Syn.:** Verkehrsschild.

ver|kehrt [fɛɐ̯ˈkeːɐ̯t] ⟨Adj.⟩:
dem Richtigen, Zutreffenden, Sinngemäßen entgegengesetzt: du hast eine verkehrte Einstellung zu dieser Sache; er macht alles verkehrt; es ist ganz verkehrt, so zu handeln; hier sind Sie verkehrt; ein Wort verkehrt schreiben; er hat den Pullover verkehrt herum angezogen *(den vorderen Teil nach hinten genommen bzw. die linke Seite nach außen).* **Syn.:** falsch.

ver|ken|nen [fɛɐ̯ˈkɛnən], verkannte, verkannt ⟨tr.; hat⟩:
nicht richtig, nicht in seiner wirklichen Bedeutung erkennen und daher falsch beurteilen: jmds. Worte, den Ernst der Lage verkennen; ihre Absicht war nicht zu verkennen *(war deutlich zu erkennen);* er wurde von allen verkannt *(in seinem Wert unterschätzt).* **Syn.:** missachten, missverstehen.

ver|kla|gen [fɛɐ̯ˈklaːgn̩] ⟨tr.; hat⟩:

V
Verk

eine Klage (gegen jmdn.) vor Gericht erheben: jmdn. auf Unterhaltszahlung, auf Schadenersatz verklagen. **Syn.:** belangen.

ver|klei|den [fɛɐ̯ˈklai̯dn̩], verkleidete, verkleidet:
1. ⟨+ sich⟩ *(besonders zum Fasching) sein Äußeres durch Kleidung, ein bestimmtes Kostüm, Schminke o. Ä. verändern, um als ein anderer zu erscheinen, nicht erkannt zu werden:* die Kinder verkleiden sich gern; ich verkleide mich als Harlekin. **Syn.:** sich kostümieren, sich maskieren.
2. ⟨tr.; hat⟩ *(besonders Wände, Decken o. Ä. zum Schutz oder in schmückender Absicht) über die ganze Fläche mit etwas bedecken:* Wände mit Holz verkleiden; die Fassade ist mit Marmor verkleidet. **Syn.:** auskleiden, verblenden.

ver|klei|nern [fɛɐ̯ˈklai̯nɐn]:
1. ⟨tr.; hat⟩ **a)** *(in Bezug auf eine räumliche Ausdehnung) kleiner machen:* einen Raum, ein Geschäft verkleinern. **Syn.:** verkürzen, verringern. **b)** *geringer erscheinen lassen, schmälern:* er versuchte, ihre Leistungen zu verkleinern. **Syn.:** abschwächen, bagatellisieren, mindern, reduzieren, vermindern, verringern. **c)** *eine kleinere Reproduktion (von etwas) herstellen:* ein Bild verkleinern.
2. ⟨+ sich⟩ **a)** *(an Umfang, Ausdehnung, Kapazität o. Ä.) kleiner werden:* dadurch, dass sie einige Räume als Büro benutzen, hat sich ihre Wohnung verkleinert. **b)** *(in seinem Ausmaß o. Ä.) geringer werden:* durch diese Umstände verkleinert sich seine Schuld nicht. **Syn.:** abnehmen, sich abschwächen, nachlassen, schrumpfen, schwinden (geh.), sinken, sich vermindern, sich verringern, zurückgehen.

ver|knal|len [fɛɐ̯ˈknalən]:
1. ⟨tr.; hat⟩ (ugs.) *[sinnlos] verschießen:* Silvester wird viel Geld für Feuerwerk verknallt.
2. ⟨+ sich⟩ (salopp) *sich heftig verlieben:* ich habe mich unheimlich verknallt; die beiden sind ineinander verknallt. **Syn.:** Feuer fangen, sein Herz verlieren an (geh.), sich verlieben.

ver|knüp|fen [fɛɐ̯ˈknʏpfn̩] ⟨tr.; hat⟩:
1. *durch Knoten miteinander verbinden:* Fäden, die Enden der Kordel [miteinander] verknüpfen.
2. a) *ein Vorhaben o. Ä. mit einem anderen verbinden, es in dessen zeitlichen Ablauf einbauen, mit ausführen o. Ä.:* er verknüpfte die Urlaubsreise mit einem Besuch bei seinen Eltern. **b)** *[in einen gedanklichen, logischen] Zusammenhang bringen:* zwei Gedanken logisch verknüpfen; der Name des Architekten ist mit den großen Bauwerken seiner Zeit verknüpft. **Syn.:** abstimmen, koordinieren, verbinden.

ver|kom|men [fɛɐ̯ˈkɔmən], verkam, verkommen ⟨itr.; ist⟩:
a) *(in einem Zustand von Elend, innerer Haltlosigkeit o. Ä.) zunehmend verwahrlosen:* in den Slums verkommen die Menschen in Schmutz und Armut; er trinkt und verkommt seitdem immer mehr. **Syn.:** verwildern. **b)** *zu etwas (Ungutem) werden:* das ursprünglich so freiheitliche Land ist zu einer Diktatur verkommen. **Syn.:** sich verkehren in, umschlagen.
c) *(von Lebensmitteln, die nicht rechtzeitig verbraucht werden) verderben, ungenießbar werden:* zentnerweise ist hier das Obst verkommen; du lässt zu viel verkommen. **Syn.:** schlecht werden, umkommen. **d)** *nicht erhalten, gepflegt werden und dadurch nach und nach verfallen o. Ä.:* sie lassen ihr Haus, ihren Besitz verkommen. **Syn.:** verwahrlosen, zerfallen.

ver|kör|pern [fɛɐ̯ˈkœrpɐn] ⟨tr.; hat⟩:
a) *(eine bestimmte Gestalt) auf der Bühne o. Ä. darstellen:* die Schauspielerin verkörperte die Iphigenie. **Syn.:** auftreten als, spielen. **b)** *(etwas) durch sein Wesen vollkommen zur Anschauung bringen, fast damit gleichzusetzen sein:* er verkörpert die höchsten Tugenden seines Volkes.

ver|kös|ti|gen [fɛɐ̯ˈkœstɪɡn̩] ⟨tr.; hat⟩:
mit den täglichen Mahlzeiten, mit der nötigen Nahrung versorgen: die Teilnehmer mussten sich auf ihrer Reise selbst verköstigen; sie haben ihre Hilfskräfte auch verköstigt. **Syn.:** verpflegen.

ver|kraf|ten [fɛɐ̯ˈkraftn̩], verkraftete, verkraftet ⟨tr.; hat⟩:
in der Lage sein, etwas Bestimmtes seelisch bzw. in materieller Hinsicht zu bewältigen: es ist fraglich, ob sie diese [seelischen, finanziellen] Belastungen überhaupt verkraften wird. **Syn.:** aushalten, durchstehen, ertragen, überwinden.

ver|kramp|fen [fɛɐ̯ˈkrampfn̩] ⟨+ sich⟩:
a) *sich wie im Krampf zusammenziehen:* von der Anspannung verkrampften sich die Muskeln; sie saß in verkrampfter Haltung am Schreibtisch.
b) *(unter bestimmten, irritierenden Einflüssen) innerlich unfrei und gehemmt werden und in seinem Verhalten unnatürlich wirken:* ich verkrampfte mich bei den Versuchen, meine Hemmungen abzulegen, immer mehr; sie lächelte verkrampft.

ver|krie|chen [fɛɐ̯ˈkriːçn̩], verkroch, verkrochen ⟨+ sich⟩:
a) *in, unter etwas kriechen, um sich zu verstecken:* das Tier hat sich im Gebüsch verkrochen.
b) *sich scheu von der Umwelt zurückziehen:* ich verkrieche mich meist in meiner Wohnung. **Syn.:** sich abkapseln, sich absondern, sich entziehen (geh.), sich fernhalten.

ver|küh|len [fɛɐ̯ˈkyːlən] ⟨+ sich⟩ (österr.):
sich erkälten: ich habe mich bei diesem Regenwetter verkühlt.

ver|küm|mern [fɛɐ̯ˈkʏmɐn] ⟨itr.; ist⟩:
(durch Mangel an Nahrung, an einem falschen Ort wachsend, lebend o. Ä.) nicht mehr recht gedeihen und allmählich in einen schlechten Zustand kommen: durch die lange Trockenheit, bei dem Mangel an Licht verkümmern die Pflanzen; die Tiere verkümmern in der Gefangenschaft; ein verkümmerter Strauch. **Syn.:** absterben, eingehen, verwelken, welken.

ver|kün|den [fɛɐ̯ˈkʏndn̩], verkündete, verkündet ⟨tr.; hat⟩ (geh.):
a) *(Wichtiges, allgemein Interessierendes) öffentlich bekannt geben:* ein Urteil verkünden;

die Anordnungen der Behörde werden in der Zeitung verkündet; im Radio wurde das Ergebnis des Wettkampfes verkündet. **Syn.:** bekannt machen, melden, mitteilen, verbreiten, verkündigen (geh.). **b)** *laut [und mit Nachdruck] erklären:* sie verkündete stolz, dass sie gewonnen habe. **Syn.:** berichten, mitteilen.

ver|kün|di|gen [fɛɐ̯ˈkʏndɪɡn̩] ⟨tr.; hat⟩ (geh.):
[in feierlicher Form] bekannt machen, mitteilen: das Evangelium, jmds. Ruhm, eine Lehre verkündigen. **Syn.:** bekannt geben, melden, verbreiten, verkünden (geh.).

ver|kür|zen [fɛɐ̯ˈkʏrt͜sn̩] ⟨tr.; hat⟩:
1. *die Dauer von etwas verringern:* die Arbeitszeit soll verkürzt werden; ein verkürzter Urlaub.
2. *kürzer machen, in seiner Länge reduzieren:* ein Seil um einen Meter, auf einen Meter verkürzen. **Syn.:** abschneiden, beschneiden, kürzen, stutzen.

ver|la|den [fɛɐ̯ˈla:dn̩], verlädt, verlud, verladen ⟨tr.; hat⟩:
zur Beförderung in ein bestimmtes Transportmittel laden: Güter, Waren verladen; Truppen verladen; im Hafen wurden Autos verladen. **Syn.:** aufladen, einladen, umschlagen.

Ver|lag [fɛɐ̯ˈla:k], der; -[e]s, -e:
Unternehmen, das Manuskripte erzeugt und erwirbt, diese als Bücher o. Ä. veröffentlicht und über den Buchhandel verkauft: unser Verlag gibt Taschenbücher heraus. **Zus.:** Buchverlag, Zeitungsverlag.

ver|la|gern [fɛɐ̯ˈla:ɡɐn]:
1. ⟨tr.; hat⟩ *an einen anderen Ort bringen und dort lagern:* im Krieg wurden viele wertvolle Bilder des Museums aufs Land verlagert.
2. a) ⟨tr.; hat⟩ *(das Gewicht, den Schwerpunkt von etwas) räumlich verschieben:* das Gewicht von einem Bein aufs andere verlagern. **b)** ⟨+ sich⟩ *eine veränderte Lage o. Ä. einnehmen:* der Kern des Hochdruckgebietes hat sich verlagert. **Syn.:** verschieben.

ver|lan|gen [fɛɐ̯ˈlaŋən]:
1. ⟨tr.; hat⟩ **a)** *(etwas) haben wollen; nachdrücklich fordern:* mehr Rechte, Freiheiten verlangen; von jmdm. eine Antwort verlangen; das ist zu viel verlangt. **Syn.:** anfordern, sich ausbitten, beanspruchen, begehren (geh.), bestehen auf, wollen. **Zus.:** zurückverlangen. **b)** *(als Gegenleistung) fordern, haben wollen:* für seine Arbeit 250 Euro verlangen. **Syn.:** abnehmen, wollen.
2. ⟨tr.; hat⟩ *(jmdn.) zu sprechen wünschen:* Sie werden am Telefon verlangt; ⟨auch itr.⟩ der Chef hat nach ihm verlangt.
3. ⟨tr.; hat⟩ *als notwendige Voraussetzung haben:* diese Arbeit verlangt viel Geduld. **Syn.:** beanspruchen, bedürfen (geh.), erfordern.
4. ⟨itr.; hat⟩ (geh.) *sich (nach etwas) sehnen:* er verlangte/ihn verlangte [es] danach, seine Heimat, seine Familie wiederzusehen. **Syn.:** brennen auf, dürsten (geh.), gelüsten (geh.), schmachten (geh.), sich verzehren (geh.).

Ver|lan|gen [fɛɐ̯ˈlaŋən], das; -s:
1. *ausgeprägter Wunsch; starkes inneres Bedürfnis:* er hatte ein großes Verlangen danach, sie wiederzusehen. **Syn.:** Leidenschaft, Lust, Sehnsucht.
2. *nachdrückliche Bitte:* ein unbilliges Verlangen; auf ihr Verlangen hin wurde die Polizei gerufen; jmdm. auf Verlangen etwas zusenden. **Syn.:** Ersuchen, Wunsch.

ver|län|gern [fɛɐ̯ˈlɛŋɐn]:
a) ⟨tr.; hat⟩ *länger machen:* ein Kleid verlängern. **b)** ⟨tr.; hat⟩ *länger dauern lassen als vorgesehen:* er verlängerte seinen Urlaub; sie verlängerten den Vertrag um ein Jahr; seinen Pass verlängern lassen. **Syn.:** ausdehnen. **c)** ⟨+ sich⟩ *länger gültig, in Kraft bleiben als vorgesehen:* der Vertrag verlängert sich um ein Jahr.

ver|lang|sa|men [fɛɐ̯ˈlaŋza:mən]:
a) ⟨tr.; hat⟩ *(die Geschwindigkeit von etwas) geringer, langsamer werden lassen:* die Fahrt, den Schritt verlangsamen. **Syn.:** abschwächen, drosseln, herabsetzen, mäßigen, vermindern, verringern. **b)** ⟨+ sich⟩ *langsamer werden:* das Tempo verlangsamt sich immer mehr. **Syn.:** abnehmen, sich abschwächen, nachlassen, sich vermindern, sich verringern.

Ver|lass [fɛɐ̯ˈlas]:
in der Wendung **auf jmdn. ist [kein] Verlass:** *auf jmdn. kann man sich [nicht] verlassen:* auf ihn ist [kein] Verlass.

ver|las|sen [fɛɐ̯ˈlasn̩], verlässt, verließ, verlassen:
1. ⟨tr.; hat⟩ *(von jmdm., von einem Ort) weggehen:* um 10 Uhr hatte er das Haus verlassen; sie hatten ihre Heimat verlassen müssen. **Syn.:** gehen aus, hinausgehen aus, sich entfernen aus, sich verziehen aus (ugs.), [1]weichen.
2. ⟨+ sich⟩ *(mit jmdm., etwas) fest rechnen; (auf jmdn., etwas) vertrauen:* sie verlässt sich darauf, dass du kommst; ich kann mich auf meine Freundinnen und Freunde verlassen. **Syn.:** bauen, glauben an, vertrauen, zählen.
3. ⟨tr.; hat⟩ *sich von jmdm., dem man einmal nahegestanden hat, trennen, von ihm fortgehen:* er hat seine Frau, seine Familie verlassen. **Syn.:** weggehen von.

ver|läss|lich [fɛɐ̯ˈlɛslɪç] ⟨Adj.⟩:
so geartet, dass man sich darauf verlassen, darauf bauen kann: verlässliche Nachrichten; er, sein Gedächtnis ist nicht verlässlich. **Syn.:** zuverlässig.

Ver|lauf [fɛɐ̯ˈlau̯f], der; -[e]s, Verläufe [fɛɐ̯ˈlɔy̯fə]:
1. *Abfolge der einzelnen Stadien eines Vorgangs vom Anfang bis zum Ende:* der Verlauf der Krankheit war normal; im Verlauf *(während)* dieser Aktion; nach Verlauf mehrerer Stunden *(nachdem mehrere Stunden vergangen waren).* **Syn.:** Ablauf, Gang. **Zus.:** Krankheitsverlauf, Prozessverlauf, Tagesverlauf.
2. *Richtung, in der etwas verläuft:* den Verlauf der Straße festlegen.

Verlauf/Ablauf:
s. Kasten Seite 55.

ver|lau|fen [fɛɐ̯ˈlau̯fn̩], verläuft, verlief, verlaufen:
1. ⟨+ sich⟩ *(als Wanderer, Fußgänger) vom richtigen Weg abkommen und in die Irre gehen:* ich hatte mich im Wald verlaufen. **Syn.:** sich verirren.
2. ⟨+ sich⟩ **a)** *(in Bezug auf eine Menschenansammlung) sich zerstreuen, auflösen:* die Menge hat

V
verk

sich schnell verlaufen. **b)** *(von Wassermassen) abfließen und damit verschwinden:* das Wasser hat sich wieder verlaufen.
3. ⟨itr.; ist⟩ *einen bestimmten Verlauf nehmen:* die Sache ist gut verlaufen; die Krankheit verlief normal. **Syn.:** abgehen, ablaufen, gehen, geschehen, sich vollziehen, vonstattengehen.
4. ⟨itr.; ist⟩ *sich in einer bestimmten Richtung erstrecken:* die beiden Linien verlaufen parallel; die Straße ist früher hier verlaufen.
5. ⟨itr.; ist⟩ *(in Bezug auf flüssige Farbe o. Ä.) auseinanderlaufen:* die Farbe ist verlaufen.

ver|le|ben [fɛɐ̯ˈleːbn̩] ⟨tr.; hat⟩: *(eine bestimmte Zeit [an einem bestimmten Ort]) verbringen, zubringen:* er hat eine glückliche Jugend verlebt; sie hat drei Jahre in Amerika verlebt. **Syn.:** durchleben, leben.

ver|lebt [fɛɐ̯ˈleːbt] ⟨Adj.⟩: *durch ein ausschweifendes Leben vorzeitig gealtert und verbraucht (aussehend):* er sieht verlebt aus. **Syn.:** heruntergekommen, verkommen.

¹ver|le|gen [fɛɐ̯ˈleːgn̩] ⟨tr.; hat⟩:
1. *von seinem bisherigen an einen anderen Platz, Ort legen:* sie hat ihren Wohnsitz [nach Frankfurt] verlegt; die Haltestelle wurde vorübergehend verlegt.
2. *auf einen späteren Zeitpunkt legen, verschieben:* die Veranstaltung ist [auf die nächste Woche] verlegt worden. **Syn.:** vertagen. **Zus.:** vorverlegen.
3. *an einen Platz legen, an dem man es nicht wiederfindet:* seine Brille verlegen.
4. *(von Leitungen, Rohren o. Ä.) an der vorgesehenen Stelle befestigen, montieren o. Ä.:* sie verlegten die Rohre für die Wasserleitung. **Syn.:** anbringen, festmachen, legen.
5. *(als Verlag) ein Druckwerk herausbringen:* dieser Verlag verlegt Bücher und Zeitungen. **Syn.:** auflegen, drucken, herausgeben, machen, publizieren.

²ver|le|gen [fɛɐ̯ˈleːgn̩] ⟨Adj.⟩: *in eine peinliche Lage versetzt und dabei befangen, verwirrt:* er fühlte sich durchschaut und lachte verlegen. **Syn.:** ²betreten, schamhaft.

Ver|le|gen|heit [fɛɐ̯ˈleːgn̩hai̯t], die; -, -en:
a) ⟨ohne Plural⟩ *das Verlegensein:* man merkte ihm seine Verlegenheit deutlich an. **Syn.:** Befangenheit. **b)** *peinliche Lage:* sie hat mir aus der Verlegenheit geholfen.

Ver|le|ger [fɛɐ̯ˈleːgɐ], der; -s, -, **Ver|le|ge|rin** [fɛɐ̯ˈleːgərɪn], die; -, -nen: *Person, die (als Verlagsinhaber[in]) Druckwerke verlegt, einen Verlag führt:* er sucht einen Verleger für seinen Roman; die Verlegerin hat großen Erfolg mit ihrem Programm.

ver|lei|den [fɛɐ̯ˈlai̯dn̩], verleidete, verleidet ⟨tr.; hat⟩: *bewirken, dass jmd. an etwas keine Freude mehr hat:* das schlechte Zimmer hat mir den ganzen Urlaub verleidet.

ver|lei|hen [fɛɐ̯ˈlai̯ən], verlieh, verliehen ⟨tr.; hat⟩:
a) *[gegen Gebühr] etwas vorübergehend weggeben, um es einem anderen zur Verfügung zu stellen:* er hat seinen Schirm [an einen Bekannten] verliehen. **Syn.:** ausborgen (landsch.), ausleihen, borgen, leihen.
b) *(jmdm.) als Auszeichnung überreichen:* ihr wurde ein hoher Orden verliehen. **Syn.:** überreichen. **c)** (geh.) *zuteilwerden lassen:* dieses Make-up verleiht dem Gesicht ein frisches Aussehen; mit diesen Worten hatte er der Meinung aller Ausdruck verliehen *(hatte er die Meinung aller ausgedrückt).*

ver|lei|ten [fɛɐ̯ˈlai̯tn̩], verleitete, verleitet ⟨tr.; hat⟩: *(jmdn.) dazu bringen, etwas zu tun, was er eigentlich für unklug oder unerlaubt hält:* er verleitete mich zu einer unvorsichtigen Äußerung. **Syn.:** ²bewegen, hinreißen, überreden, verführen.

ver|ler|nen [fɛɐ̯ˈlɛrnən] ⟨tr.; hat⟩: *(einmal Gelerntes, eine Fertigkeit, die man brachliegen lässt o. Ä.) nach einer gewissen Zeit schließlich nicht mehr beherrschen:* Radfahren verlernt man nicht.

ver|le|sen [fɛɐ̯ˈleːzn̩], verliest, verlas, verlesen:
1. ⟨tr.; hat⟩ *öffentlich vorlesen, um es zur Kenntnis zu bringen o. Ä.:* einen Befehl verlesen; die Namen der Anwesenden wurden verlesen. **Syn.:** vortragen.
2. ⟨+ sich⟩ *(beim Lesen) etwas falsch lesen:* ich hatte mich in dem einen Satz mehrmals verlesen.

ver|let|zen [fɛɐ̯ˈlɛt͜sn̩] ⟨tr.; hat⟩:
1. *(jmdm.) eine Wunde beibringen:* ich habe ihn, mich an einem Nagel, beim Spülen, mit der Schere verletzt; mit dem ausrutschenden Messer habe ich mir die Hand verletzt; mehrere Arbeiter wurden schwer verletzt.
2. *(jmdn.) in seinem Stolz treffen, ihn kränken:* seine Äußerung hatte sie sehr verletzt; eine verletzende Bemerkung. **Syn.:** beleidigen, ins Herz treffen (ugs.), treffen, vor den Kopf stoßen (ugs.).

ver|letz|lich [fɛɐ̯ˈlɛt͜slɪç] ⟨Adj.⟩: *sensibel und daher leicht zu verletzen* (2); *empfindlich:* ein leicht verletzlicher Mensch; sie ist sehr verletzlich.

Ver|letz|te [fɛɐ̯ˈlɛt͜stə], die/eine Verletzte; der/einer Verletzten, die Verletzten/zwei Verletzte: *weibliche Person, die verletzt* (1) *ist:* bei der Verletzten handelt es sich um ein Mitglied des Bundestages.

Ver|letz|ter [fɛɐ̯ˈlɛt͜stɐ], der Verletzte/ein Verletzter; des/eines Verletzten, die Verletzten/zwei Verletzte: *Person, die verletzt* (1) *ist:* die Verletzten ins Krankenhaus fahren.

Ver|let|zung [fɛɐ̯ˈlɛt͜sʊŋ], die; -, -en:
1. *verletzte Stelle:* er wurde nach dem Unfall mit schweren Verletzungen ins Krankenhaus gebracht. **Zus.:** Kopfverletzung, Kriegsverletzung.
2. *das Nichtbeachten, Übertreten (einer Vorschrift, eines Gesetzes):* ihm wurde eine Verletzung der Aufsichtspflicht vorgeworfen. **Zus.:** Grenzverletzung, Menschenrechtsverletzung, Rechtsverletzung.

ver|leug|nen [fɛɐ̯ˈlɔy̆gnən], verleugnete, verleugnet ⟨tr.; hat⟩: *sich anderen gegenüber nicht zu jmdm., einer Sache bekennen:* er verleugnet seine Herkunft, seine Freunde.

ver|leum|den [fɛɐ̯ˈlɔy̆mdn̩], verleumdete, verleumdet ⟨tr.; hat⟩:

(über jmdn.) Unwahres verbreiten und seinem Ruf dadurch schaden: als Politiker wird man oft verleumdet. **Syn.:** [1]anhängen (ugs.), anschwärzen (ugs.), diffamieren.

ver|lie|ben [fɛɐ̯'li:bn̩] ⟨+ sich⟩: *von Liebe (zu jmdm.) ergriffen werden:* ich hatte mich heftig in die Frau verliebt; ein verliebtes Paar; sie war in ihn, sie waren ineinander verliebt. **Syn.:** Feuer fangen, sein Herz verlieren an (geh.), sich verknallen (salopp).

ver|lie|ren [fɛɐ̯'li:rən], verlor, verloren:
1. ⟨tr.; hat⟩ *(etwas, was man gehabt, besessen, bei sich getragen hat o. Ä.) [plötzlich] nicht mehr haben:* sie hat ihren Schlüsselbund, ihr Portemonnaie verloren; meine Brieftasche war verloren gegangen *(verschwunden).* **Syn.:** verbummeln (ugs.).
2. ⟨itr.; hat⟩ **a)** *(in einer Menschenmenge) von einem anderen, voneinander getrennt werden:* auf einmal hatten sich die beiden, hatten die Kinder im Gedränge ihre Begleiterin verloren. **b)** *(einen Menschen) durch Trennung oder durch Tod plötzlich nicht mehr haben:* er hat seine Frau verloren.
3. ⟨itr.; hat⟩ *durch bestimmte Umstände einbüßen:* sie hat ihr ganzes Vermögen verloren; bei dem Unfall verlor er ein Bein. **Syn.:** kommen um, loswerden (ugs.).
4. ⟨itr.⟩ *(an Schönheit, Reiz o. Ä.) einbüßen:* durch den Weggang einiger Schauspieler hat das Theater sehr verloren. **Syn.:** nachlassen.
5. ⟨tr.; hat⟩ *(in einem Kampf, Wettstreit o. Ä.) der Unterlegene sein* /Ggs. gewinnen/: er hat das Match verloren; ⟨auch itr.⟩ sie hat [in diesem Spiel] hoch verloren. **Syn.:** besiegt werden, bezwungen werden, eine Niederlage einstecken müssen, eine Niederlage erleiden, eine Schlappe erleiden, unterliegen.

ver|lo|ben [fɛɐ̯'lo:bn̩] ⟨+ sich⟩: *(öffentlich) die Absicht kundgeben, jmdn./einander zu heiraten:* wir haben uns verlobt; ich verlobte mich mit der Tochter des Nachbarn.

Ver|lob|te [fɛɐ̯'lo:btə], die/eine Verlobte; der/einer Verlobten, die Verlobten/zwei Verlobte: *weibliche Person, die mit einer anderen Person verlobt ist:* meine [ehemalige] Verlobte.

Ver|lob|ter [fɛɐ̯'lo:btɐ], der Verlobte/ein Verlobter; des/eines Verlobten, die Verlobten/zwei Verlobte:
männliche Person, die mit einer anderen Person verlobt ist: ihr [zukünftiger] Verlobter.

ver|lo|cken [fɛɐ̯'lɔkn̩] ⟨tr.; hat⟩ (geh.):
(auf jmdn.) einen großen Reiz ausüben, sodass er kaum widerstehen kann: der blaue See verlockte sie zum Baden; ein verlockendes Angebot. **Syn.:** anreizen, locken, reizen, verführen, verleiten.

ver|lo|gen [fɛɐ̯'lo:gn̩] ⟨Adj.⟩ (abwertend):
a) *immer wieder lügend:* ein verlogener Mensch. **Syn.:** unaufrichtig. **b)** *heuchlerisch, unaufrichtig:* eine verlogene Moral. **Syn.:** falsch (abwertend).

ver|lo|sen [fɛɐ̯'lo:zn̩] ⟨tr.; hat⟩: *(den Gewinner von etwas) durch Los bestimmen:* es wurden drei Autos verlost.

verlosen/auslosen:
s. Kasten Seite 156.

Ver|lust [fɛɐ̯'lʊst], der; -[e]s, -e: *das Verlieren, Abhandenkommen:* der Verlust seiner Brieftasche; der Verlust *(die Einbuße)* ihres gesamten Vermögens; der Verlust an Ansehen *(die Abnahme, die Verringerung des Ansehens);* dieses Geschäft brachte 1 000 Euro Verlust (*Defizit;* Ggs. Gewinn); materielle Verluste *(Schäden);* den Verlust *(Tod)* der Mutter beklagen *(Defizit).* **Zus.:** Blutverlust, Ehrverlust, Gewichtsverlust, Prestigeverlust, Stimmenverlust.

ver|ma|chen [fɛɐ̯'maxn̩] ⟨tr.; hat⟩: *(jmdm.) durch testamentarische Verfügung als Erbe hinterlassen:* sie hat ihm ihr Haus vermacht. **Syn.:** vererben.

ver|mäh|len [fɛɐ̯'mɛ:lən] ⟨+ sich⟩ (geh.):
sich verheiraten: ich habe mich mit der Tochter des Nachbarn vermählt; wir haben uns vermählt. **Syn.:** heiraten.

ver|mark|ten [fɛɐ̯'marktn̩] ⟨tr.; hat⟩:
1. *[an die Öffentlichkeit bringen und] ein gutes Geschäft daraus machen:* das Privatleben bekannter Persönlichkeiten vermarkten; einen Olympiasieger vermarkten; jmds. Talent vermarkten.
2. (Wirtsch.) *(für den Verbrauch bedarfsgerecht zubereitet) auf den Markt bringen:* ein Produkt, eine Ware vermarkten.

ver|meh|ren [fɛɐ̯'me:rən]:
1. a) ⟨tr.; hat⟩ *an Menge, Anzahl o. Ä. größer machen:* er vermehrt sein Vermögen in jedem Jahr um eine Million. **Syn.:** erhöhen, mehren (geh.), steigern, vergrößern, verstärken. **b)** ⟨+ sich⟩ *an Menge, Anzahl o. Ä. größer werden:* die Bevölkerung der Erde vermehrt sich sehr schnell. **Syn.:** anschwellen, ansteigen, anwachsen, sich steigern, sich vergrößern, sich verstärken, zunehmen.
2. ⟨+ sich⟩ *sich fortpflanzen:* sich geschlechtlich, ungeschlechtlich vermehren.

ver|mehrt [fɛɐ̯'me:ɐ̯t] ⟨Adj.⟩: *in zunehmendem Maß:* diese Krankheit tritt in letzter Zeit vermehrt auf. **Syn.:** gehäuft, häufig, verstärkt, zunehmend.

ver|mei|den [fɛɐ̯'maidn̩], vermied, vermieden ⟨tr.; hat⟩: *es nicht zu etwas kommen lassen; einer Sache aus dem Wege gehen:* man sollte diese heiklen Fragen vermeiden; er vermied alles, was einen Verdacht hätte erregen können. **Syn.:** meiden, [2]umgehen, unterlassen.

vermeiden/meiden:
s. Kasten Seite 637.

[1]**ver|mes|sen** [fɛɐ̯'mɛsn̩], vermisst, vermaß, vermessen:
1. ⟨tr.; hat⟩ *(eine Bodenfläche) genau messen:* das Feld vermessen.
2. ⟨+ sich⟩ (geh.) *sich (etwas Unangemessenes) anmaßen:* du hast dich vermessen, ihn zu kritisieren? **Syn.:** sich erdreisten (geh.), sich erlauben, sich unterstehen.

[2]**ver|mes|sen** [fɛɐ̯'mɛsn̩] ⟨Adj.⟩: *sich zu sehr auf die eigenen Kräfte oder auf das Glück verlassend:* eine vermessene Handlungsweise; es ist vermessen, so zu reden. **Syn.:** anmaßend.

ver|mie|ten [fɛɐ̯'mi:tn̩], vermietete, vermietet ⟨tr.; hat⟩ /Ggs. mieten/:

(besonders Räumlichkeiten, eine Wohnung) gegen Bezahlung für eine bestimmte Zeit zur [Be]nutzung überlassen: [jmdm./an jmdn.] eine Wohnung, ein Auto vermieten. **Syn.:** verpachten.

Ver|mie|ter [fɛɐ̯ˈmiːtɐ], der; -s, -, **Ver|mie|te|rin** [fɛɐ̯ˈmiːtərɪn], die; -, -nen:
Person, die eine Wohnung oder ein Haus vermietet: unsere Vermieterin hat die Miete erhöht.

ver|min|dern [fɛɐ̯ˈmɪndɐn]:
a) ⟨tr.; hat⟩ *geringer machen, abschwächen:* die Gefahr eines Krieges wurde vermindert. **Syn.:** drosseln, herabsetzen, mindern, reduzieren, schmälern, verkleinern, verringern. **b)** ⟨+ sich⟩ *geringer, schwächer werden, abnehmen:* ihr Einfluss verminderte sich. **Syn.:** abebben, abflauen, sich abschwächen, nachlassen, schwinden (geh.), sinken, sich verkleinern, sich verringern, zurückgehen.

ver|mi|schen [fɛɐ̯ˈmɪʃn̩] ⟨tr.; hat⟩:
1. a) *(verschiedene Stoffe) zusammenbringen und durch Schütteln, Kneten, Rühren o. Ä. bewirken, dass eine einheitliche Masse daraus entsteht:* die Zutaten müssen gut vermischt werden; Wein mit Wasser vermischt trinken. **Syn.:** mischen. **b)** ⟨+ sich⟩ *sich mit etwas, miteinander verbinden, eine Mischung entstehen lassen:* Öl vermischt sich nicht mit Wasser. **Syn.:** sich mischen.
2. *(Sachverhalte o. Ä.) miteinander verquicken:* er vermischt in seinen Erzählungen Traum und Wirklichkeit. **Syn.:** verbinden, verknüpfen, verquicken.

ver|mis|sen [fɛɐ̯ˈmɪsn̩] ⟨tr.; hat⟩:
1. *sich mit Bedauern bewusst sein, dass jmd., etwas nicht mehr in der Nähe ist, nicht mehr zur Verfügung steht, und dies als persönlichen Mangel empfinden:* seine Kinder, seine Frau [sehr] vermissen.
2. *das Fehlen von etwas bemerken:* ich vermisse meine Handschuhe; das war ein hervorragendes Essen, aber ich vermisse den Nachtisch *(Nachtisch hätte ich noch gern gehabt).*

vermissen/missen:
s. Kasten Seite 647.

ver|misst [fɛɐ̯ˈmɪst] ⟨Adj.⟩:
seit einer bestimmten Zeit unauffindbar; gesucht werdend: die Bergsteiger sind seit Tagen vermisst; er war im Krieg vermisst; jmdn., ein Flugzeug als vermisst melden.

ver|mit|teln [fɛɐ̯ˈmɪtl̩n]:
1. ⟨tr.; hat⟩ *(als Vermittler, Vermittlerin) (jmdm.) zu etwas verhelfen:* jmdm. eine Wohnung vermitteln. **Syn.:** [1]beschaffen, besorgen, verschaffen.
2. ⟨itr.; hat⟩ *bei einem Streit als Schiedsrichter, Schiedsrichterin tätig sein:* sie vermittelte zwischen den beiden streitenden Parteien.

Ver|mitt|ler [fɛɐ̯ˈmɪtlɐ], der; -s, -, **Ver|mitt|le|rin** [fɛɐ̯ˈmɪtlərɪn], die; -, -nen:
1. *Person, die zwischen streitenden Personen, Parteien vermittelt:* sie hat sich als Vermittlerin angeboten. **Syn.:** Mittelsperson, Schiedsrichter, Schiedsrichterin.
2. *Person, die berufsmäßig Geschäfte vermittelt:* das Geschäft ist über einen Vermittler abgeschlossen worden. **Syn.:** Makler, Maklerin.

Ver|mitt|lung [fɛɐ̯ˈmɪtlʊŋ], die; -, -en:
1. *das Vermitteln:* die Vermittlung eines Zimmers erfolgt kostenlos.
2. *das Vermitteln* (2): ihre Vermittlung zwischen den beiden war erfolgreich.
3. *Telefonzentrale:* um ihn zu erreichen, muss man über die Vermittlung gehen.

ver|mö|ge [fɛɐ̯ˈmøːɡə] ⟨Präp. mit Gen.⟩ (geh.):
benennt die Eigenschaft, die etwas Bestimmtes ermöglicht; *aufgrund, mit, durch:* vermöge seines Reichtums konnte er sich Vorteile verschaffen; ihre Begabung, vermöge deren sie für das Stipendium vorgeschlagen wurde. **Syn.:** dank, mithilfe.

ver|mö|gen [fɛɐ̯ˈmøːɡn̩], vermag, vermochte, vermocht ⟨itr.; + zu + Infinitiv⟩ (geh.):
die Kraft, Fähigkeit haben, etwas Bestimmtes zu tun: er vermochte nicht, die Freunde zu überzeugen; nur wenige vermochten sich zu retten. **Syn.:** fähig sein, imstande sein, in der Lage sein, können.

Ver|mö|gen [fɛɐ̯ˈmøːɡn̩], das; -s, -:
1. ⟨ohne Plural⟩ (geh.) *Kraft, Fähigkeit, etwas Bestimmtes zu tun:* sein Vermögen, die Menschen zu beeinflussen, ist groß. **Syn.:** Befähigung, Begabung, Gabe, Können. **Zus.:** Abstraktionsvermögen, Anpassungsvermögen, Aufnahmevermögen, Denkvermögen, Durchhaltevermögen, Einfühlungsvermögen, Erinnerungsvermögen, Erkenntnisvermögen, Expansionsvermögen, Konzentrationsvermögen, Leistungsvermögen, Reaktionsvermögen, Sehvermögen, Urteilsvermögen, Vorstellungsvermögen, Wahrnehmungsvermögen.
2. *gesamter Besitz, der einen materiellen Wert darstellt:* ein großes Vermögen besitzen; sie hatte das gesamte Vermögen geerbt. **Syn.:** Finanzen ⟨Plural⟩ (ugs.), Kapital, Reichtum. **Zus.:** Barvermögen, Betriebsvermögen, Millionenvermögen, Privatvermögen, Sondervermögen, Staatsvermögen, Volksvermögen.

ver|mö|gend [fɛɐ̯ˈmøːɡn̩t] ⟨Adj.⟩:
ein größeres Vermögen (2) *besitzend:* eine vermögende Familie; sie waren sehr vermögend. **Syn.:** begütert, betucht (ugs.), gut situiert, reich, wohlhabend.

ver|mu|ten [fɛɐ̯ˈmuːtn̩], vermutete, vermutet ⟨tr.⟩:
aufgrund bestimmter Anzeichen annehmen, mutmaßen: ich vermute, dass sie nicht kommt; ich vermute ihn in der Bibliothek; das ist/steht zu vermuten. **Syn.:** ahnen, sich ausrechnen, denken, erwarten, rechnen mit, schätzen (ugs.), schließen auf, schwanen (ugs.), [2]tippen (ugs.), [2]unterstellen, wähnen (geh.).

[1]**ver|mut|lich** [fɛɐ̯ˈmuːtlɪç] ⟨Adj.⟩:
für möglich, wahrscheinlich gehalten; einer gefühlsmäßigen oder auch verstandesmäßig begründbaren Annahme entsprechend: er ist der vermutliche Täter; wir präsentieren Ihnen das vermutliche Ergebnis der Wahl. **Syn.:** mutmaßlich.

[2]**ver|mut|lich** [fɛɐ̯ˈmuːtlɪç] ⟨Adverb⟩:
wie man vermuten kann: sie wird vermutlich morgen kommen; er ist vermutlich krank. **Syn.:** mutmaßlich, wohl.

ver|nach|läs|si|gen [fɛɐ̯ˈnaːxlɛsɪɡn̩] ⟨tr.; hat⟩:
1. *(jmdm.) nicht genügend Aufmerksamkeit widmen; verwahr-*

Vernunft/Verstand

Zwischen den beiden Substantiven besteht ein inhaltlicher Unterschied. **Verstand** bezeichnet die Fähigkeit der Menschen, das Wahrgenommene sinngemäß aufzufassen und es zu begreifen, die Fähigkeit, mit Begriffen umzugehen, Schlüsse zu ziehen, zu denken:

– Der Verstand reicht nicht aus, dies zu begreifen.

Vernunft bezeichnet das Vermögen des Menschen, Einsichten zu gewinnen, Zusammenhänge zu erkennen, etwas zu überschauen und sinnvoll einzuordnen, das Vermögen, die Rangordnung der gegebenen Werte zu erkennen und sein Handeln danach zu richten.

– Es ist nicht gut, wenn die Menschheit den Verstand überanstrengt und Dinge mithilfe der Vernunft zu ordnen sucht, die der Vernunft noch gar nicht zugänglich sind (Hermann Hesse).

losen lassen; sich nicht genügend (um jmdn., etwas) kümmern: während seiner persönlichen Krise vernachlässigte er seine Arbeit; sich, seine Familie vernachlässigen; die Balkonpflanzen und den Garten hatte sie vernachlässigt; ab einem bestimmten Alter darf man die Pflege der Haut nicht mehr vernachlässigen.
2. *bewusst unberücksichtigt, außer Acht lassen:* die Stellen hinter dem Komma kann man hier vernachlässigen; die bisher vernachlässigte Sonnenenergie spielt eine immer größere Rolle. **Syn.:** ignorieren, ²übergehen.

ver|neh|men [fɛɐ̯ˈneːmən], vernimmt, vernahm, vernommen ⟨tr.; hat⟩:
1. (geh.) *mit dem Gehör wahrnehmen:* er vernahm leise Schritte. **Syn.:** hören.
2. *gerichtlich, polizeilich befragen:* die Angeklagte wurde drei Stunden lang vernommen. **Syn.:** verhören.

ver|nei|gen [fɛɐ̯ˈnai̯gn̩] ⟨+ sich⟩ (geh.):
sich verbeugen: ich verneigte mich ehrfürchtig vor dem Heiligen Vater; sie verneigte sich tief. **Syn.:** eine Verbeugung machen, einen Bückling machen (ugs. scherzh.), einen Diener machen.

ver|nei|nen [fɛɐ̯ˈnai̯nən] ⟨tr.; hat⟩:
a) *(zu etwas) Nein sagen:* er verneinte die Frage heftig; sie verneinte die Möglichkeit einer Einigung *(schloss sie aus, ließ sie nicht gelten).* **b)** *einer Sache ablehnend gegenüberstehen, mit etwas nicht einverstanden sein:* sie verneint die Gewalt. **Syn.:** ablehnen, missbilligen, negieren.

ver|net|zen [fɛɐ̯ˈnɛt͡sn̩] ⟨tr.; hat⟩:
verbinden, verknüpfen: Polizei, Kliniken und Hilfsorganisationen sollen vernetzt werden; alle Firmencomputer vernetzen; modernen Informationssystemen entspricht nur vernetztes Denken.

Ver|net|zung [fɛɐ̯ˈnɛt͡sʊŋ], die; -, -en:
das Vernetzen; das Vernetztwerden: die Vernetzung der Computer stellt eine große Arbeitserleichterung dar; es herrscht heute eine ungeahnte Vernetzung von Denksystemen.

ver|nich|ten [fɛɐ̯ˈnɪçtn̩] ⟨tr.; hat⟩:
völlig zerstören, gänzlich zunichtemachen: die Stadt wurde vernichtet; seine Feinde vernichten; ihnen wurde eine vernichtende Niederlage beigebracht; ihr Urteil über das neue Theaterstück ist vernichtend ausgefallen. **Syn.:** auslöschen (geh.), ausmerzen, ausrotten, tilgen.

Ver|nunft [fɛɐ̯ˈnʊnft], die; -:
geistige Fähigkeit des Menschen, Einsichten zu gewinnen, sich ein Urteil zu bilden, die Zusammenhänge und die Ordnung des Wahrgenommenen zu erkennen und sich in seinem Handeln danach zu richten: die menschliche Vernunft; wir sollten Vernunft walten lassen; das ist gegen alle Vernunft; er hat richtig getobt, wir mussten ihn zur Vernunft bringen.

Vernunft/Verstand:
s. Kasten.

ver|nünf|tig [fɛɐ̯ˈnʏnftɪç] ⟨Adj.⟩:
1. a) *von Vernunft geleitet; Vernunft, Einsicht und Besonnenheit besitzend:* er ist ein vernünftiger Mensch; für sein Alter ist das Mädchen schon sehr vernünftig; sei doch vernünftig; vernünftig denken, handeln. **Syn.:** rational. **b)** *von Einsicht und Vernunft zeugend und daher angemessen, einleuchtend:* ein vernünftiger Rat; diese Frage ist vernünftig. **Syn.:** einsichtig, plausibel.
2. (ugs.) *der Vorstellung von etwas, den Erwartungen entsprechend:* endlich ist wieder vernünftiges Wetter; wir brauchen eine vernünftige Wohnung; kannst du dich nicht mal vernünftig anziehen?; unsere Kinder sollen mal was Vernünftiges lernen. **Syn.:** angemessen, anständig (ugs.), ordentlich (ugs.), richtig.

ver|öf|fent|li|chen [fɛɐ̯ˈ|œfn̩tlɪçn̩] ⟨tr.; hat⟩:
in gedruckter o. ä. Form der Öffentlichkeit zugänglich machen: etwas in den Medien veröffentlichen; einen Roman veröffentlichen; der Text wurde zuerst im Internet veröffentlicht. **Syn.:** abdrucken, drucken, herausbringen, herausgeben, publizieren, unter die Leute bringen (ugs.).

Ver|öf|fent|li|chung [fɛɐ̯ˈ|œfn̩tlɪçʊŋ], die; -, -en:
publiziertes literarisches oder wissenschaftliches Werk: eine wissenschaftliche Veröffentlichung; eine Veröffentlichung in einer Zeitschrift vorbereiten; bitte schicken Sie uns eine Liste Ihrer Veröffentlichungen. **Syn.:** Publikation.

ver|ord|nen [fɛɐ̯ˈ|ɔrdnən] ⟨tr.; hat⟩:
1. *(als Arzt, als Ärztin) festlegen, was zur Heilung eingenommen oder getan werden soll; ärztliche Anordnungen treffen:* der Arzt hat [ihm] ein Medikament und Bettruhe verordnet; die Ärztin verordnete zunächst eine strenge Diät. **Syn.:** verschreiben.
2. *von öffentlicher, amtlicher Seite anordnen:* es wird hiermit verordnet, dass von 2 bis 4 Uhr keine Autos fahren dürfen.

Syn.: anweisen, bestimmen, erlassen, festlegen, verfügen.

ver|pach|ten [fɛɐ̯'paxtn̩], verpachtete, verpachtet ⟨tr.; hat⟩: *für längere Zeit gegen Zahlung eines bestimmten Betrages zur Nutzung überlassen:* jmdm./an jmdn. ein Gut, eine Jagd verpachten. **Syn.:** vermieten.

ver|pa|cken [fɛɐ̯'pakn̩] ⟨tr.; hat⟩: *zum Transport (in etwas) packen, (in etwas) unterbringen:* sie verpackte die Eier in eine/auch: einer Kiste; die Ware wird maschinell verpackt. **Syn.:** einpacken.

ver|pas|sen [fɛɐ̯'pasn̩] ⟨tr.; hat⟩:
1. *versäumen:* du wirst noch den Zug verpassen; eine Chance verpassen; sie hat immer Angst, sie könnte etwas verpassen; er jammerte über die verpasste Gelegenheit. **Syn.:** auslassen, kommen um, sich durch die Lappen gehen lassen (ugs.), sich entgehen lassen, verfehlen, [1]verschlafen (ugs.).
2. (ugs.) *jmdm. etwas gegen seinen Willen, ohne seine Wünsche zu berücksichtigen, zuteilwerden lassen:* jmdm. eine Spritze verpassen; wir bekamen zwei Tage Hausarrest verpasst; wer hat dir denn diesen Haarschnitt verpasst? **Syn.:** geben, verabreichen.

ver|pes|ten [fɛɐ̯'pɛstn̩], verpestete, verpestet ⟨tr.; hat⟩: *mit Gestank erfüllen, mit schädlichen, übel riechenden Stoffen verderben:* die Luft in der Stadt wird durch die Fabriken verpestet; mit deiner Zigarre verpestest du das ganze Zimmer; das Warmlaufenlassen von Motoren verpestet unnötig die Umwelt.

ver|pfle|gen [fɛɐ̯'pfle:gn̩] ⟨tr.; hat⟩: *mit Nahrung versorgen:* auf der Tour mussten sich die Teilnehmenden selbst verpflegen; bei meinen Eltern werde ich immer gut verpflegt. **Syn.:** verköstigen.

ver|pflich|ten [fɛɐ̯'pflɪçtn̩], verpflichtete, verpflichtet:
1. a) ⟨tr.; hat⟩ *(jmdn. an etwas) vertraglich o. ä. binden; jmdn. für eine bestimmte, besonders eine künstlerische Tätigkeit unter Vertrag nehmen:* sie wurde für das Amt der Staatssekretärin verpflichtet; er ist als Schauspieler nach München verpflichtet worden. **Syn.:** anheuern (ugs.), anstellen, einstellen, engagieren, gewinnen. **b)** ⟨+ sich⟩ *sich für eine bestimmte, besonders eine künstlerische Tätigkeit vertraglich binden:* er hat sich bei der Bundeswehr für drei Jahre verpflichtet; sie wird sich für fünf Jahre in New York verpflichten.
2. a) ⟨tr.; hat⟩ *(jmdn.) verbindlich (auf etwas) festlegen, (von jmdm.) ein bestimmtes Verhalten, eine bestimmte Handlungsweise verlangen:* das Gericht verpflichtete die Regierung zur Erhöhung des Kindergeldes; jmdn. feierlich, durch Eid, zu einer Zahlung verpflichten; das verpflichtet dich zu nichts; sein Amt verpflichtet ihn [dazu], sich um die Sorgen der Bürgerinnen und Bürger zu kümmern. **Syn.:** binden. **b)** ⟨+ sich⟩ *versprechen, fest zusagen, etwas Bestimmtes zu tun:* ich habe mich verpflichtet, diese Aufgabe zu übernehmen; er hat sich zu dieser Zahlung verpflichtet. **Syn.:** zusichern.

ver|prü|geln [fɛɐ̯'pry:gl̩n] ⟨tr.; hat⟩: *jmdn. heftig schlagen; prügeln* (1): er hat seine Ehefrau und die Kinder regelmäßig verprügelt. **Syn.:** hauen.

Ver|putz [fɛɐ̯'pʊts], der; -es: *Putz:* der Verputz fällt schon von den alten Mauern.

ver|qui|cken [fɛɐ̯'kvɪkn̩]: *(nicht Zusammengehörendes, nicht Zusammenpassendes) in einen festen Zusammenhang, in enge Verbindung bringen:* zwei verschiedene Dinge miteinander verquicken; hier werden politische und wissenschaftliche Probleme verquickt. **Syn.:** in einen Topf werfen (ugs.), verbinden, verknüpfen, vermischen.

Ver|rat [fɛɐ̯'ra:t], der; -[e]s:
1. *das Weitersagen von etwas, was geheim bleiben sollte:* der Verrat militärischer Geheimnisse wird hart bestraft. **Zus.:** Geheimnisverrat.
2. *Bruch der Treue, eines Vertrauensverhältnisses durch Täuschung, Hintergehen, Betrügen o. Ä.:* ein schändlicher, gemeiner, übler Verrat; Verrat begehen, üben, treiben; dass er heimlich verschwunden ist, ist Verrat an seinen Freunden. **Zus.:** Landesverrat.

ver|ra|ten [fɛɐ̯'ra:tn̩], verrät, verriet, verraten:
1. a) ⟨tr.; hat⟩ *(etwas, was geheim bleiben sollte) weitersagen, preisgeben:* ein Geheimnis, einen Plan verraten; er hat [ihm] verraten, wo das Geheimtreffen stattfinden soll; ich will dir verraten *(im Vertrauen mitteilen),* wie viel ich abgenommen habe. **Syn.:** auspacken (ugs.), ausplaudern, ausposaunen (ugs.), petzen (ugs. abwertend), schwatzen (abwertend). **b)** ⟨+ sich⟩ *durch eine Äußerung, Handlung etwas ungewollt preisgeben, mitteilen:* mit dieser Geste, diesem Wort hat er sich verraten; sie hat sich als Täterin verraten.
2. ⟨tr.; hat⟩ *(jmdn.) durch Weitersagen von etwas Geheimem an einen anderen ausliefern; Verrat* (2) *an jmdm., etwas begehen:* er hat seinen Freund, die gemeinsame Sache verraten; die Partei hat die sozialistische Grundidee verraten.
3. *erkennen lassen; offenbar werden lassen:* seine Miene verriet tiefe Bestürzung; bereits ihre Kinderzeichnungen verrieten eine große künstlerische Begabung. **Syn.:** beweisen, demonstrieren, zeigen, [2]zeugen von.

Ver|rä|ter [fɛɐ̯'rɛ:tɐ], der; -s, -, **Ver|rä|te|rin** [fɛɐ̯'rɛ:tərɪn], die; -, -nen: *Person, die Verrat* (2) *übt:* der Verräter wurde hingerichtet. **Zus.:** Landesverräter, Landesverräterin.

ver|rech|nen [fɛɐ̯'rɛçnən]:
1. ⟨tr.; hat⟩ *Forderungen, die auf zwei Seiten bestehen, miteinander ausgleichen; bei einer Abrechnung berücksichtigen, in die Rechnung einbeziehen:* bei der Bezahlung verrechnet die Verkäuferin den Gutschein; wir können beide Beträge miteinander verrechnen. **Syn.:** anrechnen.
2. ⟨+ sich⟩ **a)** *falsch rechnen; beim Rechnen einen Fehler machen:* du hast dich bei dieser Aufgabe verrechnet; sie hat sich um zwei Euro verrechnet. **b)** (ugs.) *jmdn., etwas falsch einschätzen:* er hatte sich in diesem Menschen sehr verrechnet; wenn du glaubst, ich mache das für dich, hast du dich aber ganz gewaltig verrechnet! **Syn.:** sich

irren, schiefliegen (ugs.), sich täuschen.

ver|rei|sen [fɛɐ̯ˈrai̯zn̩] ⟨itr.; ist⟩: *für eine bestimmte Zeit seinen Wohnort verlassen, an einen anderen Ort fahren und dort bleiben; eine Reise unternehmen:* er ist für drei Wochen verreist; nächste Woche muss sie dienstlich verreisen. **Syn.:** fortfahren.

ver|rei|ßen [fɛɐ̯ˈrai̯sn̩], verriss, verrissen ⟨tr.; hat⟩: *sehr schlecht beurteilen, kritisieren:* die Kritikerin hat das Buch in der Zeitung total verrissen; das neue Theaterstück wurde von den Kritikern völlig verrissen.

ver|ren|ken [fɛɐ̯ˈrɛnkn̩] ⟨itr.; hat⟩: *durch eine unglückliche Bewegung o. Ä. aus der normalen Lage im Gelenk bringen [und dadurch das Gelenk verletzen]:* ich habe mir den Arm verrenkt. **Syn.:** ausrenken, verstauchen.

ver|rich|ten [fɛɐ̯ˈrɪçtn̩], verrichtete, verrichtet ⟨tr.; hat⟩: *ordnungsgemäß ausführen, tun:* eine Arbeit, eine Dienstleistung verrichten; sie verrichtete ein stilles Gebet; er verrichtete seine Notdurft im Garten. **Syn.:** bewerkstelligen (Papierdt.), durchführen, [1]durchziehen (ugs.), erledigen, realisieren, verwirklichen, zustande bringen, zuwege bringen.

ver|rin|gern [fɛɐ̯ˈrɪŋɐn]:
a) ⟨tr.; hat⟩ *kleiner, geringer machen, werden lassen:* den Abstand verringern; die Kosten müssen verringert werden. **Syn.:** abschwächen, beschneiden (geh.), drosseln, drücken, herabsetzen, kürzen, mindern, reduzieren, schmälern, verkleinern, verkürzen, vermindern.
b) ⟨+ sich⟩ *kleiner, geringer werden:* die Kosten haben sich in diesem Jahr nicht verringert; die Aussichten auf Besserung verringern sich leider täglich. **Syn.:** abebben, abflauen, abklingen (geh.), abnehmen, sich abschwächen, nachlassen, schrumpfen, schwinden (geh.), sinken, sich verkleinern, sich vermindern, zurückgehen.

ver|rückt [fɛɐ̯ˈrʏkt] ⟨Adj.⟩ (ugs.):
1. (abwertend) *im Denken und Handeln erheblich verwirrt:* bei diesem Lärm könnte man ja verrückt werden.
2. *auf absonderliche, auffällige Weise ungewöhnlich, nicht alltäglich:* er hat eine verrückte Idee; sie ist eine verrückte Nudel. **Syn.:** exzentrisch, närrisch, überspannt.

ver|ru|fen [fɛɐ̯ˈruːfn̩] ⟨Adj.⟩: *in einem sehr schlechten Ruf stehend; übel beleumundet:* das ist eine verrufene Gegend; als Geschäftsmann ist er ziemlich verrufen. **Syn.:** anrüchig, anstößig, berüchtigt.

Vers [fɛrs], der; -es, -e:
1. *rhythmische [durch Reim begrenzte] Einheit, Zeile eines Gedichts, einer Dichtung in gebundener Rede:* gereimte, reimlose, jambische, kunstvolle Verse; etwas in Versen abfassen, schreiben. **Zus.:** Kindervers, Spottvers.
2. a) *Strophe eines Liedes, besonders eines Kirchenliedes:* wir singen Lied Nr. 331, Verse 1 bis 6. **b)** *kleinster Abschnitt eines Textes der Bibel:* sie predigte über Lukas 2, Vers 1 bis 15. **Zus.:** Bibelvers.

ver|sa|gen [fɛɐ̯ˈzaːgn̩]:
1. a) ⟨tr.; hat⟩ (geh.) *(etwas Erwartetes, Gewünschtes o. Ä.) nicht gewähren, nicht zubilligen:* er versagte ihnen seinen Schutz; Gott möge euch eure Bitten nicht versagen. **Syn.:** ablehnen, abschlagen, ausschlagen, verwehren (geh.). **b)** ⟨+ sich⟩ *auf etwas verzichten, es sich nicht gönnen:* er musste sich vieles versagen; ich kann es mir nicht versagen, darauf hinzuweisen; sie versagt sich Alkohol und Zigaretten. **Syn.:** absehen von, entsagen (geh.). **c)** ⟨+ sich⟩ (geh.) *sich für jmdn., etwas nicht zur Verfügung stellen:* er versagte sich ihr, ihrem Wunsch; die Bischöfe hatten sich der Reformation versagt.
2. ⟨itr.; hat⟩ **a)** *nicht das Erwartete leisten können, es nicht erreichen:* jämmerlich, kläglich, total versagen; er hat im Examen versagt; da versagt auch die ärztliche Kunst; die Regierung hat versagt; bei der Einführung neuer Technologien versagen. **b)** *nicht mehr funktionieren:* plötzlich versagten die Bremsen; vor Rührung versagte ihr die Stimme.

Ver|sa|ger [fɛɐ̯ˈzaːgɐ], der; -s, -:
1. *männliche Person, die nicht das Erwartete leistet, die versagt hat:* er ist in seinem Beruf, in der Liebe, im Leben ein Versager. **Syn.:** [1]Niete (ugs. abwertend), Null (ugs. abwertend).
2. a) *etwas, was nicht funktioniert, nicht den erwarteten Erfolg hat:* das Gerät war ein Versager. **b)** *bei etwas plötzlich auftretender Fehler, Ausfall:* auf der ganzen Fahrt gab es keinen Versager; bei der Kür hatte das Eistanzpaar mehrere Versager. **Syn.:** Ausrutscher (ugs.), Panne, Schnitzer (ugs.).

Ver|sa|ge|rin [fɛɐ̯ˈzaːgərɪn], die; -, -nen: weibliche Form zu ↑Versager (1).

ver|sam|meln [fɛɐ̯ˈzamln̩]:
a) ⟨tr.; hat⟩ *(mehrere Menschen) veranlassen, sich zu einer Zusammenkunft für einige Zeit an einen bestimmten Ort zu begeben:* die Schülerinnen und Schüler in der Aula versammeln; er versammelte seine Familie um sich. **Syn.:** zusammenkommen lassen. **b)** ⟨+ sich⟩ *sich an einen bestimmten Ort begeben, um dort für einige Zeit mit anderen zusammen zu sein:* bitte versammelt euch vor der Schule; wir versammeln uns morgen zur Gedenkfeier; sie versammelten sich in der Kantine. **Syn.:** sich sammeln, sich scharen, sich treffen, zusammenkommen, zusammentreffen.

Ver|samm|lung [fɛɐ̯ˈzamlʊŋ], die; -, -en:
a) ⟨ohne Plural⟩ *das Versammeln; das Sichversammeln; das Zusammenkommen:* die Versammlung auf dem Bahnhofsvorplatz löst sich immer schnell auf. **Zus.:** Volksversammlung.
b) *Zusammenkommen, Beisammensein einer größeren Anzahl von Personen zu einem bestimmten Zweck:* eine große, öffentliche, politische Versammlung; wir berufen für nächste Woche eine Versammlung ein; ich erkläre die Versammlung für eröffnet, für geschlossen; auf der Versammlung wird der Vorstand neu gewählt und es findet eine Abstimmung zu wichtigen Themen statt. **Syn.:** Besprechung, Tagung. **Zus.:** Aktionärs-

V
verr

versammlung, Betriebsversammlung, Delegiertenversammlung, Fraktionsversammlung, Gemeindeversammlung, Generalversammlung, Gläubigerversammlung, Hauptversammlung, Innungsversammlung, Jahreshauptversammlung, Mitgliederversammlung, Parteiversammlung. **c)** *Anzahl von Personen, die sich zu einem bestimmten Zweck versammelt haben:* anschließend geht die Versammlung geschlossen zum Sektempfang. **Syn.:** Abteilung, Bande (emotional), Clique, Gespann, Gruppe, Haufen (ugs.), Horde (emotional abwertend), Meute (ugs. abwertend), Pulk, Schar, Trupp.

Ver|sand [fɛɐ̯ˈzant], der; -[e]s:
1. *das Versenden von Waren:* der Versand der Bücher muss noch vor Weihnachten abgeschlossen sein; das Getreide zum Versand fertig machen. **Zus.:** Buchversand, Postversand.
2. *für das Versenden von Waren zuständige Abteilung in einem Betrieb:* im Versand arbeiten.

ver|säu|men [fɛɐ̯ˈzɔy̯mən] ⟨tr.; hat⟩:
(die Möglichkeit zu etwas) ungenutzt vorübergehen lassen, nicht nutzen; (etwas Beabsichtigtes, Erforderliches) nicht tun, nicht erreichen: er hat die Gelegenheit versäumt, ihr seine Meinung zu sagen; versäume nicht, dieses Buch zu lesen; sie wird den Zug versäumen *(nicht erreichen).* **Syn.:** nicht [mehr] kriegen (ugs.), sich durch die Lappen gehen lassen (ugs.), sich entgehen lassen, verfehlen, verpassen, [1]verschlafen (ugs.).

Ver|säum|nis [fɛɐ̯ˈzɔy̯mnɪs], das; -ses, -se:
das Versäumen, Unterlassen (von etwas, was hätte getan werden müssen): das war ein verhängnisvolles Versäumnis; die Versäumnisse der Regierung in den letzten Jahren rächen sich jetzt; er hat sich ein schweres Versäumnis zuschulden kommen lassen. **Zus.:** Pflichtversäumnis.

ver|schaf|fen [fɛɐ̯ˈʃafn̩] ⟨tr.; hat⟩:
dafür sorgen, dass jmdm. etwas zuteil wird, jmd. etwas bekommt (was nicht ohne Weiteres erreichbar ist): er hat uns geheime Informationen verschafft; sie verschaffte sich Geld, um auswandern zu können; wir verschafften uns Zutritt; sie wollte sich unbedingt zunächst Gewissheit über diese Sache verschaffen. **Syn.:** auftreiben (ugs.), [1]beschaffen, besorgen, holen, organisieren (ugs.).

ver|schan|deln [fɛɐ̯ˈʃandl̩n] ⟨tr.; hat⟩ (ugs.):
durch sein Vorhandensein das gute Aussehen (von etwas) verderben; sehr hässlich erscheinen lassen: das neue Hochhaus verschandelt den ganzen Ort. **Syn.:** entstellen, verunstalten, verunzieren.

ver|schen|ken [fɛɐ̯ˈʃɛŋkn̩]:
1. ⟨tr.; hat⟩ *schenkend austeilen, als Geschenk weggeben:* er hat seine Bücher verschenkt; an die Damen wurden Rosen verschenkt; ich habe nichts zu verschenken *(ich bin nicht wohlhabend).* **Syn.:** bedenken mit (geh.), beschenken mit, darbringen (geh.), darreichen (geh.), schenken, spendieren, übereignen, übergeben, überlassen, überreichen, verehren (scherzh.), verteilen.
2. ⟨+ sich⟩ *sich jmdm. [der dessen nicht würdig ist] hingeben:* sie hat sich an ihn verschenkt.
3. *ungewollt nicht nutzen:* beim Absprung hat er einige Zentimeter verschenkt; die Mannschaft hat die einzige gute Torchance verschenkt.

ver|scher|zen [fɛɐ̯ˈʃɛrt͜sn̩] ⟨tr.; hat⟩:
durch Leichtsinn und Gedankenlosigkeit verlieren, einbüßen: du hast dir das Wohlwollen des Chefs verscherzt; durch seine ständigen blöden Witze hat er es sich mit allen Frauen verscherzt.

ver|scheu|chen [fɛɐ̯ˈʃɔy̯çn̩] ⟨tr.; hat⟩:
durch Scheuchen fortjagen, vertreiben: die Mücken verscheuchen; bleib ruhig hier, wir wollten dich nicht verscheuchen!; auch der starke Kaffee konnte unsere Müdigkeit nicht verscheuchen. **Syn.:** aufscheuchen, verjagen.

ver|schi|cken [fɛɐ̯ˈʃɪkn̩] ⟨tr.; hat⟩:
1. *versenden:* diese Waren können leider nicht verschickt werden; wir haben 40 Einladungen verschickt. **Syn.:** schicken, [1]senden (geh.), übermitteln, überweisen, zugehen lassen, zuleiten.
2. *zur Erholung, zu einer Kur o. Ä. an einen anderen Ort schicken, reisen lassen:* Kinder in ein Erholungsheim verschicken; Kranke [zur Kur] verschicken.

ver|schie|ben [fɛɐ̯ˈʃi:bn̩], verschob, verschoben:
1. a) ⟨tr.; hat⟩ *in eine andere Stellung, an eine andere Stelle schieben:* wir mussten den Schrank [um einige Zentimeter] verschieben; mit großem Lärm wurden Möbel verschoben. **Syn.:** rücken. **b)** ⟨+ sich⟩ *in eine andere Stellung, an eine andere Stelle geschoben werden, sich bewegen:* der Tisch hatte sich durch die Erschütterung verschoben.
2. a) ⟨tr.; hat⟩ *von einem bestimmten vorgesehenen Zeitpunkt auf einen späteren verlegen:* seine Reise ist auf nächste Woche verschoben worden; ich muss den Termin leider verschieben. **Syn.:** auf die lange Bank schieben (ugs.), auf Eis legen (ugs.), aufschieben, vertagen. **b)** ⟨+ sich⟩ *von einem bestimmten vorgesehenen Zeitpunkt auf einen späteren gelegt, aufgeschoben werden:* der Termin hat sich verschoben; der Vorstellungsbeginn verschiebt sich um einige Minuten. **Syn.:** sich hinausziehen, sich verzögern.

ver|schie|den [fɛɐ̯ˈʃi:dn̩] ⟨Adj.⟩:
1. *nicht gleich; in wesentlichen oder allen Merkmalen voneinander abweichend; Unterschiede aufweisend:* verschiedener Ansicht, Meinung sein; die Stoffe hatten verschiedene Muster; die beiden Brüder sind ganz verschieden; das ist von Fall zu Fall verschieden. **Syn.:** anders, andersartig, unterschiedlich. **Zus.:** wesensverschieden.
2. ⟨dem Indefinitpronomen und unbestimmten Zahlwort nahestehend⟩ **a)** ⟨verschiedene; Plural⟩ *einige, mehrere, manche:* verschiedene Punkte der Tagesordnung; der Einspruch verschiedener Delegierter/auch: Delegierten; Verschiedene wollten sich nicht beteiligen. **Syn.:** divers..., ein paar, eine Anzahl, eine Reihe, einig..., etlich..., mehrer... **b)** ⟨Verschiedenes; Sin-

gular⟩ *dieses und jenes; manches, einiges:* Verschiedenes war noch zu besprechen; Verschiedenes ist mir unklar.

ver|schim|meln [fɛɐ̯ˈʃɪml̩n], verschimmelte, verschimmelt ⟨itr.; ist⟩:
sich mit Schimmel beziehen, durchsetzen; durch Schimmel verderben: Marmelade verschimmelt leicht; das Brot war verschimmelt.

[1]ver|schla|fen [fɛɐ̯ˈʃla:fn̩], verschläft, verschlief, verschlafen:
1. ⟨tr.; hat⟩ **a)** *schlafend verbringen:* er hat den ganzen schönen Sommertag verschlafen.
b) (ugs.) *aus Vergesslichkeit o. Ä. versäumen:* die Verabredung habe ich total verschlafen. **Syn.:** nicht [mehr] kriegen (ugs.), sich durch die Lappen gehen lassen (ugs.), sich entgehen lassen, verbummeln (ugs.), verfehlen, verpassen.
2. ⟨itr.; hat⟩ *zu lange schlafen, nicht pünktlich genug aufwachen:* ich habe verschlafen; ⟨auch + sich⟩ hast du dich schon wieder verschlafen?

[2]ver|schla|fen [fɛɐ̯ˈʃla:fn̩] ⟨Adj.⟩:
noch nicht ganz wach; noch vom Schlaf benommen: verschlafen öffnete er die Tür; sie sieht ganz verschlafen aus; die beiden wohnen in einem verschlafenen *(ruhig-langweiligen)* Dorf. **Syn.:** müde, schläfrig, schlaftrunken.

Ver|schlag [fɛɐ̯ˈʃla:k], der; -[e]s, Verschläge [fɛɐ̯ˈʃlɛ:gə]:
einfacher, kleinerer Raum, Schuppen, dessen Wände aus Brettern bestehen: die Geräte und Werkzeuge befinden sich in einem Verschlag hinter dem Wohnhaus. **Zus.:** Bretterverschlag, Lattenverschlag.

[1]ver|schla|gen [fɛɐ̯ˈʃla:gn̩], verschlägt, verschlug, verschlagen:
1. ⟨tr.; hat⟩ *(eine bestimmte bereits aufgeschlagene Seite in einem Buch) nach erfolgtem [Um]blättern nicht mehr finden, nicht aufgeschlagen lassen:* er hat [mir] die Seite im Buch verschlagen.
2. ⟨tr.; hat⟩ *(den Ball) so schlagen, dass ein Fehler daraus entsteht:* beim Tennis den Ball verschlagen.
3. ⟨tr.; hat⟩ *durch besondere Umstände, durch Zufall ungewollt (irgendwohin) gelangen lassen, treiben:* der Sturm verschlug das Schiff an eine unbekannte Küste; ⟨auch unpers.⟩ es hat sie als Ärztin aus Berlin in ein kleines Dorf verschlagen.
4. ⟨itr.; hat⟩ *(eine Fähigkeit, ein Gefühl o. Ä.) plötzlich für eine gewisse Zeit wegnehmen:* der Anblick verschlug ihm die Sprache, den Atem; die Diskussion um Gammelfleisch verschlägt mir den Appetit. **Syn.:** entziehen, nehmen, rauben.

[2]ver|schla|gen [fɛɐ̯ˈʃla:gn̩] ⟨Adj.⟩ (abwertend):
auf hinterlistige Weise schlau und gerissen: er ist ein verschlagener Mensch; verschlagen grinsen. **Syn.:** ausgekocht (ugs. abwertend), durchtrieben, falsch (abwertend), findig, gerissen (ugs.), link (ugs.), listig, unaufrichtig.

ver|schlech|tern [fɛɐ̯ˈʃlɛçtɐn]:
a) ⟨tr.; hat⟩ *schlechter werden lassen, machen:* der Fieberanfall hat den Zustand des Kranken sehr verschlechtert; damit hast du deine Lage wesentlich verschlechtert. **b)** ⟨+ sich⟩ *schlechter, schlimmer werden:* ihre Gesundheit hat sich verschlechtert; ich habe mich verschlechtert *(ich bin in eine [finanziell] ungünstigere Lage gekommen).* **Syn.:** abwärtsgehen (ugs.), bergab gehen.

Ver|schleiß [fɛɐ̯ˈʃlai̯s], der; -es:
durch langen, häufigen Gebrauch verursachte starke Abnutzung: ein starker Verschleiß der Reifen; der Körper unterliegt einem natürlichen Verschleiß. **Zus.:** Kräfteverschleiß, Materialverschleiß.

ver|schlep|pen [fɛɐ̯ˈʃlɛpn̩] ⟨tr.; hat⟩:
1. *gewaltsam an einen fremden Ort bringen:* die Frauen wurden von Soldaten verschleppt; die Dissidenten waren in Lager verschleppt worden. **Syn.:** deportieren, entführen, kidnappen.
2. *die Entscheidung (von etwas) immer wieder hinauszögern:* einen Prozess, Verhandlungen verschleppen. **Syn.:** auf die lange Bank schieben (ugs.), hinausziehen, verschieben, verzögern.
3. *(eine Krankheit) nicht rechtzeitig behandeln und so die Gesundung hinauszögern:* sie hat den Infekt verschleppt; er leidet schon wochenlang an einer verschleppten Grippe.

ver|schlie|ßen [fɛɐ̯ˈʃli:sn̩], verschloss, verschlossen:
1. ⟨tr.; hat⟩ **a)** *mit einem Schloss o. Ä. zumachen, schließen, sichern; durch Zuschließen unzugänglich machen:* er verschloss alle Zimmer; die Fenster waren verschlossen. **Syn.:** abriegeln, abschließen, absperren (bes. österr., südd.), versperren (bes. österr., südd.), zuschließen, zusperren (bes. österr., südd.).
b) *in etwas hineinlegen und es abschließen:* sie verschloss das Geld in ihrem/auch: ihren Schreibtisch. **Syn.:** einschließen, schließen in. **c)** *mithilfe eines Gegenstandes, einer Vorrichtung o. Ä. bewirken, dass etwas nach außen hin fest zu ist:* die Flasche mit einem Korken verschließen; nach dem ersten Öffnen wird die Packung mit der Lasche verschlossen.
2. a) ⟨tr.; hat⟩ *(für sich) behalten, niemandem mitteilen, nicht offenbaren:* seine Gedanken, seine Gefühle in sich, in seinem Herzen verschließen; ihr Charakter blieb mir verschlossen.
b) ⟨+ sich⟩ *(jmdm., der Meinung eines anderen o. Ä.) nicht zugänglich sein:* er verschloss sich ihren Argumenten; er konnte sich [gegenüber] dieser Überlegung nicht verschließen *(er musste sie anerkennen, einsehen).* **Syn.:** ablehnen, abweisen, versagen (geh.). **c)** ⟨+ sich⟩ *sein Wesen, seine Gefühle nicht zu erkennen geben:* du darfst dich nicht so verschließen; nach diesem Vorfall verschloss sie sich immer mehr.

[1]ver|schlin|gen [fɛɐ̯ˈʃlɪŋən], verschlang, verschlungen ⟨tr.; hat⟩:
ineinanderschlingen, umeinander-, ineinanderwinden: er hatte die Fäden zu einem Knäuel verschlungen.

[2]ver|schlin|gen [fɛɐ̯ˈʃlɪŋən], verschlang, verschlungen ⟨tr.; hat⟩:
gierig und hastig in großen Bissen, ohne viel zu kauen, essen: voller Heißhunger verschlang sie die Brötchen; der Hund verschlang das Fleisch. **Syn.:** sich den Bauch vollschlagen mit (ugs.), sich den Wanst vollschlagen mit (salopp abwertend).

ver|schlu|cken [fɛɐ̯ˈʃlʊkn̩]:

1. ⟨tr.; hat⟩ *hinunterschlucken; durch Schlucken in den Magen bringen:* er hat aus Versehen den Kirschkern verschluckt; sie hatte zu viel Luft verschluckt und musste deshalb aufstoßen. **2.** ⟨+ sich⟩ *etwas in die Luftröhre bekommen:* ich habe mich [an der Suppe, beim Essen] verschluckt; vor lauter Lachen hat sie sich verschluckt.

Ver|schluss [fɛɐ̯ˈʃlʊs], der; -es, Verschlüsse [fɛɐ̯ˈʃlʏsə]: *Vorrichtung zum Verschließen von etwas:* der Verschluss einer Kette; er öffnete den Verschluss der Flasche. **Zus.:** Flaschenverschluss, Hakenverschluss, Magnetverschluss, Schnappverschluss, Schraubverschluss, Tankverschluss, Ventilverschluss.

ver|schlüs|seln [fɛɐ̯ˈʃlʏsl̩n] ⟨tr.; hat⟩: *in Geheimschrift abfassen* /Ggs. entschlüsseln/: einen Text, ein Telegramm verschlüsseln. **Syn.:** chiffrieren.

ver|schmä|hen [fɛɐ̯ˈʃmɛ:ən] ⟨tr.; hat⟩: *aus Verachtung, Geringschätzung o. Ä. ablehnen, zurückweisen, nicht annehmen:* er hat meine Hilfe verschmäht; sie verschmähte doch tatsächlich meine liebevoll selbst gebackene Torte. **Syn.:** ausschlagen, mit Nichtachtung behandeln, verachten.

ver|schmel|zen [fɛɐ̯ˈʃmɛltsn̩], verschmilzt, verschmolz, verschmolzen: **a)** ⟨tr.; hat⟩ *(Metalle) durch Schmelzen und Zusammenfließenlassen miteinander verbinden:* er hat Kupfer und Zinn verschmolzen; dadurch wurde beides zu einer Einheit verschmolzen. **Syn.:** vereinen, vereinigen, zusammenschließen. **b)** ⟨itr.; ist⟩ *sich durch Schmelzen und Zusammenfließen verbinden:* Kupfer und Zinn sind auf diese Weise [miteinander] verschmolzen; Wachs und Honig verschmelzen [miteinander]; die beiden Parteien sind zu einer verschmolzen. **Syn.:** sich vereinigen, sich zusammenschließen.

ver|schmer|zen [fɛɐ̯ˈʃmɛrtsn̩] ⟨tr.; hat⟩: *sich (mit einem Verlust o. Ä.) abfinden, darüber hinwegkommen:* eine Enttäuschung, Niederlage verschmerzen; bei dem schönen Wetter kann ich leicht verschmerzen, nicht in Urlaub fahren zu können. **Syn.:** aushalten, ertragen, hinnehmen, schlucken (ugs.), sich fügen in, sich schicken in, stillhalten, überstehen, überwinden, verarbeiten, verkraften.

ver|schmie|ren [fɛɐ̯ˈʃmi:rən] ⟨tr.; hat⟩: **1.** *(einen Hohlraum) mit etwas ausfüllen und die Oberfläche glätten:* ein Loch in der Wand verschmieren. **2.** *durch hässliches, unsauberes Schreiben, Zeichnen o. Ä. verunstalten:* er hat sein Heft verschmiert. **3.** *(etwas auf etwas) streichen, schmieren und es dadurch schmutzig, unsauber machen:* Farbe, Marmelade auf dem Tisch verschmieren; ihr Gesicht ist ganz verschmiert. **Syn.:** beschmutzen.

ver|schmitzt [fɛɐ̯ˈʃmɪtst] ⟨Adj.⟩: *auf sympathische Weise listig und pfiffig:* ein verschmitzter kleiner Kerl; sie lächelte verschmitzt. **Syn.:** aufgeweckt, gerissen (ugs.), gewitzt, raffiniert, scharfsinnig, schelmisch, schlau, spitzbübisch.

ver|schmut|zen [fɛɐ̯ˈʃmʊtsn̩], verschmutzte, verschmutzt: **1.** ⟨tr.; hat⟩ *ganz schmutzig machen:* du hast mit den Straßenschuhen den Teppich verschmutzt; die Industrie verschmutzt die Luft. **Syn.:** beschmutzen, dreckig machen (ugs.), verunreinigen. **2.** ⟨itr.; ist⟩ *schmutzig werden:* bei dieser schmutzigen Luft verschmutzt die Wäsche; dieser Teppich verschmutzt leicht.

ver|schnau|fen [fɛɐ̯ˈʃnaufn̩] ⟨itr.; hat⟩: *eine Pause machen, um wieder zu Atem zu kommen oder um Atem zu schöpfen:* oben auf dem Berg verschnaufte er ein wenig; ⟨auch + sich⟩ ich muss mich erst verschnaufen. **Syn.:** abschalten (ugs.), sich ausruhen, ausruhen, ausspannen, der Ruhe pflegen (geh.), dösen (ugs.), eine Ruhepause einlegen, sich entspannen, sich erholen, rasten, relaxen (ugs.), ruhen, sich Ruhe gönnen.

-ver|schnitt [fɛɐ̯ʃnɪt], der; -[e]s, -e ⟨Suffixoid⟩ (abwertend): drückt aus, dass die so bezeichnete Person oder Sache im Vergleich zu dem im Basiswort Genannten als nur zweitrangig, als dem dort Genannten höchstens ähnlich angesehen wird, dass sie aber in der Qualität nicht an es heranreicht: James-Bond-Verschnitt; Lessingverschnitt; Monroeverschnitt; Operettenverschnitt.

ver|schnör|kelt [fɛɐ̯ˈʃnœrkl̩t] ⟨Adj.⟩: *mit Schnörkeln versehen, verziert:* verschnörkelte Buchstaben; sie hat eine schwer lesbare, furchtbar verschnörkelte Schrift.

ver|schol|len [fɛɐ̯ˈʃɔlən] ⟨Adj.⟩: *für längere Zeit abwesend und nicht auffindbar, für verloren gehalten oder als tot betrachtet:* sie ist seit zehn Jahren verschollen; das Flugzeug war verschollen; manchmal ist er tagelang verschollen; eine bisher als verschollen geltende Handschrift wurde im Keller des Museums gefunden. **Syn.:** unauffindbar, vermisst.

ver|scho|nen [fɛɐ̯ˈʃo:nən] ⟨tr.; hat⟩: *davon absehen, (jmdm.) etwas Schlimmes anzutun; einer Sache keinen Schaden zufügen:* der Sturm hat kein Haus verschont; bisher sind wir von der Seuche verschont werden; verschone mich *(belästige mich nicht)* mit diesen Fragen! **Syn.:** schonen, sorgsam behandeln.

ver|schrän|ken [fɛɐ̯ˈʃrɛŋkn̩] ⟨tr.; hat⟩: *gekreuzt übereinanderlegen:* er verschränkte die Hände hinter dem Kopf; wütend verschränkte sie die Arme vor der Brust. **Syn.:** kreuzen.

ver|schrei|ben [fɛɐ̯ˈʃraibn̩], verschrieb, verschrieben: **1.** ⟨tr.; hat⟩ *(als Arzt, Ärztin) schriftlich verordnen:* die Ärztin hat ihm mehrere Medikamente verschrieben; lass dir was gegen dein Rheuma verschreiben!; ⟨auch itr.⟩ die Ärzte dürfen heute nicht mehr so viel verschreiben. **2.** ⟨+ sich⟩ *beim Schreiben einen Fehler machen:* ich habe mich mehrmals verschrieben und

musste den Brief dann neu schreiben.
3. ⟨tr.; hat⟩ *beim Schreiben verbrauchen:* wir haben schon wieder den ganzen Block verschrieben.
4. ⟨+ sich⟩ *sich (einer Sache) widmen; (in einer Sache) ganz aufgehen:* er hat sich völlig seinem Beruf verschrieben; sie hat sich mit Leib und Seele der guten Sache verschrieben. **Syn.:** beschäftigt sein, sich hingeben, sich befassen mit, sich hineinknien in (ugs.).
5. ⟨tr.; hat⟩ (veraltend) *(jmdm.) den Besitz von etwas urkundlich zusichern:* er hat den Hof seiner Tochter verschrieben. **Syn.:** hinterlassen, schenken, übereignen, übergeben, vererben, vermachen.

ver|schro|ben [fɛɐ̯ˈʃro:bn̩] ⟨Adj.⟩:
in seinem Wesen, Aussehen, Verhalten absonderlich wirkend: ein verschrobener Mensch; sie hat völlig verschrobene Ansichten; die beiden sind ein wenig verschroben, aber wirklich nett. **Syn.:** eigenartig, eigentümlich, kauzig, schrullig, seltsam, sonderbar.

ver|schul|den [fɛɐ̯ˈʃʊldn̩], verschuldete, verschuldet:
1. ⟨tr.; hat⟩ *in schuldhafter Weise bewirken, die Schuld für etwas tragen:* den Unfall hatte er verschuldet; sie hat ihr Unglück selbst verschuldet. **Syn.:** schuld sein an, schuldig sein an, verantwortlich sein für, verursachen.
2. a) ⟨itr.; ist⟩ *in Schulden geraten:* durch seinen Lebensstil wird er immer mehr verschulden; eine hoch verschuldete Firma. **b)** ⟨+ sich⟩ *Schulden machen:* für den Hausbau habe ich mich hoch verschulden müssen.

ver|schüt|ten [fɛɐ̯ˈʃʏtn̩], verschüttete, verschüttet ⟨tr.; hat⟩:
1. *völlig zudecken; ganz bedecken [unter sich] begraben:* die Lawine verschüttete einige Häuser des Dorfes.
2. *unbeabsichtigt aus einem Gefäß schütten:* er verschüttete die Milch; sie füllte das Wasser in die Flasche um, ohne einen Tropfen zu verschütten. **Syn.:** kleckern (ugs.), schlabbern (ugs.), vergießen.

ver|schwei|gen [fɛɐ̯ˈʃvai̯gn̩], verschwieg, verschwiegen ⟨tr.; hat⟩:
(etwas) bewusst nicht erzählen, sondern es verheimlichen: er hat mir seine schwere Krankheit verschwiegen; sie hat selbst ihrem Mann verschwiegen, dass sie eine Tochter hat. **Syn.:** geheim halten, nicht sagen, unterschlagen, verbergen, verhehlen (geh.).

ver|schwen|den [fɛɐ̯ˈʃvɛndn̩], verschwendete, verschwendet ⟨tr.; hat⟩:
in allzu reichlichem Maße und ohne entsprechenden Nutzen leichtsinnig ausgeben, verbrauchen, gebrauchen: seine Kräfte, seine Zeit verschwenden; für den Neubau wurden viele öffentliche Gelder verschwendet; wir müssen dringend lernen, keine Energie mehr zu verschwenden; beim Baden wird viel Wasser verschwendet. **Syn.:** aasen (ugs.), aufwenden, ausgeben, durchbringen (ugs.), lockermachen (ugs.), vergeuden, verjubeln (ugs.), vertun (ugs.), zum Fenster hinauswerfen.

ver|schwen|de|risch [fɛɐ̯ˈʃvɛndərɪʃ] ⟨Adj.⟩:
leichtsinnig und allzu großzügig im Ausgeben oder Verbrauchen von Geld o. Ä.: er führt ein verschwenderisches Leben; sie ist mit seinem Geld verschwenderisch umgegangen; in diesem Haus herrscht ein verschwenderischer Umgang mit Wasser und Energie.

ver|schwie|gen [fɛɐ̯ˈʃvi:gn̩] ⟨Adj.⟩:
1. *zuverlässig im Bewahren eines Geheimnisses; nicht geschwätzig:* du kannst ihn ruhig einweihen, er ist verschwiegen. **Syn.:** dezent, diskret, taktvoll.
2. *still und einsam, nur von wenigen Menschen aufgesucht:* ein verschwiegenes Plätzchen; eine verschwiegene Bucht.

ver|schwin|den [fɛɐ̯ˈʃvɪndn̩], verschwand, verschwunden ⟨itr.; ist⟩:
a) *wegfahren, weggehen, sich entfernen o. Ä. und nicht mehr zu sehen sein:* der Zug verschwand in der Ferne; sie verschwand gleich nach der Besprechung; die Sonne verschwand hinter den Bergen; er hat Geld verschwinden lassen *(gestohlen).* **Syn.:** abhauen (ugs.), abschieben (ugs.), abschwirren (ugs.), sich absetzen (ugs.), sich aufmachen, das Weite suchen, sich davonmachen (ugs.), die Kurve kratzen (salopp), sich dünnmachen (ugs.), entschwinden, Leine ziehen (ugs.), seiner Wege gehen (geh.), sich auf die Socken machen (ugs.), sich aus dem Staub[e] machen (ugs.), sich in die Büsche schlagen (ugs.), sich trollen (ugs.), sich verdrücken (ugs.), sich verflüchtigen, sich verfügen (Papierdt., auch scherzh.), verlassen, sich verziehen (ugs.), von der Bildfläche verschwinden (ugs.), [1]weichen. **b)** *verloren gehen, gestohlen werden, nicht zu finden sein:* seine Brieftasche war verschwunden; er wollte das Testament einfach verschwinden lassen *(beiseiteschaffen, vernichten).*

ver|schwom|men [fɛɐ̯ˈʃvɔmən] ⟨Adj.⟩:
1. *in den Umrissen nicht deutlich erkennbar:* man konnte den Gipfel des Berges nur ganz verschwommen sehen. **Syn.:** schemenhaft, undeutlich, ungenau, unklar, vage.
2. *nicht fest umrissen; nicht eindeutig festgelegt:* ihre Vorstellungen über dieses Projekt sind noch sehr verschwommen; er drückt sich immer so verschwommen aus. **Syn.:** diffus, mysteriös, rätselhaft, undeutlich, unklar, vage.

ver|schwö|ren [fɛɐ̯ˈʃvø:rən], verschwor, verschworen ⟨+ sich⟩:
sich heimlich verbünden: die Offiziere hatten sich damals gegen den Diktator verschworen; wir sind eine kleine verschworene Gemeinschaft; alles scheint sich gegen uns verschworen zu haben *(alles misslingt uns).* **Syn.:** ein Komplott anzetteln, gemeinsame Sache machen mit, paktieren.

Ver|schwö|rung [fɛɐ̯ˈʃvø:rʊŋ], die; -, -en:
gemeinsame Planung einer Unternehmung, die gegen jmdn. oder etwas (besonders gegen die staatliche Ordnung) gerichtet ist: die Verschwörung wurde aufgedeckt. **Syn.:** Komplott.

ver|se|hen [fɛɐ̯ˈze:ən], versieht, versah, versehen:
1. ⟨tr.; hat⟩ *dafür sorgen, dass*

V
vers

jmd. etwas bekommt, mit etwas versorgt wird, dass etwas irgendwo vorhanden ist, dass etwas mit etwas ausgestattet wird: jmdn., sich für die Reise mit Proviant versehen; einen Text mit Anmerkungen versehen. **Syn.:** ausrüsten.
2. ⟨tr.; hat⟩ *(eine Aufgabe, einen Dienst o. Ä.) ausüben, erfüllen:* seinen Dienst gewissenhaft versehen. **Syn.:** bekleiden (geh.), innehaben.
3. ⟨+ sich⟩ *irrtümlich, aus Unachtsamkeit einen Fehler machen:* da habe ich mich beim Ausfüllen des Formulars wohl versehen. **Syn.:** auf dem Holzweg sein, im Irrtum sein, irren, sich vertun (ugs.).

Ver|se|hen [fɛɐ̯ˈzeːən], das; -s, -: *etwas, was irrtümlich, aus Unachtsamkeit falsch gemacht wurde:* ihm ist ein Versehen unterlaufen; sein Versehen bedauern; Entschuldigung, das war ein Versehen von mir; das geschah aus Versehen *(nicht mit Absicht).* **Syn.:** Ausrutscher (ugs.), Fauxpas (bildungsspr.), Fehler, Fehlgriff, Irrtum.

ver|se|hent|lich [fɛɐ̯ˈzeːəntlɪç] ⟨Adj.⟩: *aus Versehen, nicht mit Absicht [geschehen]:* das versehentliche Betreten eines fremden Zimmers; ich bin versehentlich in eine Versammlung geraten; der Ehering ist versehentlich in die Toilette gefallen. **Syn.:** fälschlich, irrtümlich, ohne Absicht, unabsichtlich, unwillkürlich.

ver|sen|ken [fɛɐ̯ˈzɛnkn̩]:
1. ⟨tr.; hat⟩ *bewirken, dass etwas im Wasser untergeht:* ein Schiff versenken.
2. ⟨tr.; hat⟩ *bewirken, dass etwas in etwas, unter der Oberfläche von etwas verschwindet:* der Behälter für das Öl wird in die Erde versenkt; die Hände in die Hosentaschen versenken *(sie ganz hineinstecken).* **Syn.:** eintauchen, vergraben.
3. ⟨+ sich⟩ *sich ganz fest und ohne sich ablenken zu lassen (in etwas) vertiefen:* ich versenkte mich in den Anblick des Bildes. **Syn.:** sich konzentrieren, meditieren, sich sammeln, sich vergraben.

ver|ses|sen [fɛɐ̯ˈzɛsn̩]: in der Wendung **auf jmdn., etwas versessen sein:** *jmdn., etwas unbedingt haben wollen:* sie ist ganz versessen auf Kinder; er ist auf Süßigkeiten ganz versessen. **Syn.:** auf jmdn., etwas geil sein (salopp, bes. Jugendsprache); nach jmdm., etwas begierig sein.

ver|set|zen [fɛɐ̯ˈzɛtsn̩]:
1. ⟨tr.; hat⟩ **a)** *an eine andere Stelle, einen anderen Ort bringen, setzen:* Bäume versetzen; man sagt, der Glaube versetzt Berge. **b)** *an eine andere Dienststelle (in einem anderen Ort) beordern:* sie ist nach Frankfurt versetzt worden. **c)** *(eine Schülerin, einen Schüler) in die nächste Klasse aufnehmen:* er konnte wegen des schlechten Zeugnisses nicht versetzt werden. **Syn.:** das Klassenziel erreichen.
2. ⟨tr.; hat⟩ *[ver]mischen [und dadurch in der Qualität mindern]:* das Leitungswasser ist mit Kohlensäure versetzt.
3. ⟨itr.; hat⟩ *mit einer gewissen Entschiedenheit, energisch antworten:* auf meine Frage versetzte sie, sie sei nicht meiner Ansicht. **Syn.:** einwenden, einwerfen, entgegenhalten, entgegnen, erwidern, kontern, reagieren, zur Antwort geben.
4. ⟨tr.; hat⟩ (ugs.) *vergeblich warten lassen:* wir waren heute verabredet, doch sie hat mich versetzt. **Syn.:** sitzen lassen.
5. ⟨tr.; hat⟩ (ugs.) *[aus einer gewissen Not heraus] verkaufen, verpfänden, um zu Geld zu kommen:* er musste seine Uhr versetzen, um die Miete bezahlen zu können; endlich konnte sie den versetzten Ring wieder auslösen.
6. als Funktionsverb: **a)** jmdm. einen Schlag versetzen *(jmdn. schlagen);* jmdm. einen Stoß versetzen *(jmdn. stoßen).* **b)** jmdn. in Angst versetzen *(bewirken, dass jmd. Angst hat);* jmdn. in Hypnose versetzen *(jmdn. hypnotisieren);* etwas in Bewegung versetzen *(bewirken, dass sich etwas bewegt).*
7. ⟨+ sich⟩ *sich in jmdn. oder etwas hineindenken; sich vorstellen, dass man sich in einer bestimmten Lage befände:* versetzen wir uns doch einmal in die Zeit vor 1900!; bitte versetze dich doch einmal in meine Lage! **Syn.:** sich hineinversetzen, nachempfinden, sich einfühlen in.

ver|seu|chen [fɛɐ̯ˈzɔyçn̩] ⟨tr.; hat⟩: *mit gesundheitsschädlichen Stoffen, Krankheitserregern durchsetzen:* das Trinkwasser der Stadt wurde [mit Bakterien] verseucht; bei dem Unfall waren fünf Menschen radioaktiv verseucht worden. **Syn.:** vergiften, verpesten.

ver|si|chern [fɛɐ̯ˈzɪçɐn]:
1. ⟨tr.; hat⟩ *(etwas) als sicher oder gewiss hinstellen, etwas in der Absicht, jmdn. zu überzeugen, als den Tatsachen entsprechend bezeichnen:* er versicherte [ihr], dass er nicht der Täter sei; ich versicherte ihm das Gegenteil; sie konnte mir glaubhaft versichern, dass die Gerüchte unwahr sind. **Syn.:** bekräftigen, beschwören, bestätigen, beteuern, bezeugen.
2. a) ⟨itr.; hat⟩ *jmdm. Gewissheit über etwas geben, ihm zusagen, dass er mit Gewissheit auf etwas zählen kann:* jmdn. seiner Freundschaft, seines Vertrauens versichern; Sie können versichert sein, dass es sich so verhält. **b)** ⟨+ sich⟩ *sich Sicherheit oder Gewissheit verschaffen:* ich wollte mich seiner Hilfe, ihrer Treue versichern.
3. ⟨tr.; hat⟩ *eine Versicherung* (2 a) *abschließen:* ich habe mein Gepäck gegen Diebstahl versichert; die Gesellschaft versichert uns zu Sonderkonditionen; ⟨auch + sich⟩ er hat sich gegen alles Mögliche versichert.

Ver|si|cher|ten|kar|te [fɛɐ̯ˈzɪçɐtn̩kartə], die; -, -n: *kleine computerlesbare Karte, durch die die Mitgliedschaft der Inhaberin, des Inhabers in einer bestimmten Krankenkasse bestätigt wird:* in jedem neuen Quartal muss man zum Arztbesuch die Versichertenkarte mitbringen.

Ver|si|che|rung [fɛɐ̯ˈzɪçərʊŋ], die; -, -en:
1. *Erklärung, dass etwas sicher, gewiss, richtig sei:* eine eidesstattliche Versicherung; die Schwiegermutter gab die feierliche Versicherung ab, uns dieses Jahr nicht mehr zu besuchen. **Syn.:** Aussage, Äußerung, Erklärung.

2. a) *Vertrag mit einem entsprechenden Unternehmen, aufgrund dessen dieses gegen Zahlung von Beiträgen bestimmte Schäden oder Kosten ersetzt oder einen bestimmten Betrag auszahlt:* eine Versicherung abschließen, kündigen; wir haben eine Versicherung über eine halbe Million Euro. **Zus.:** Angestelltenversicherung, Arbeitslosenversicherung, Diebstahlversicherung, Feuerversicherung, Gebäudeversicherung, Haftpflichtversicherung, Hausratversicherung, Kraftfahrzeugversicherung, Krankenversicherung, Lebensversicherung, Pflegeversicherung, Pflichtversicherung, Privatversicherung, Rechtsschutzversicherung, Reisegepäckversicherung, Rentenversicherung, Sozialversicherung, Unfallversicherung. **b)** *Betrag, der für bestimmte Leistungen der Versicherung* (2 a) *bezahlt werden muss:* ich zahle jeden Monat über 500 Euro Versicherung. **c)** *Unternehmen, bei dem man eine Versicherung* (2 a) *abschließen kann:* die großen Versicherungen wehren sich gegen die neue Gesetzgebung; in diesem Fall zahlt die Versicherung nicht; es ist häufig schwierig, zu einer anderen Versicherung zu wechseln.

ver|sie|gen [fɛɐ̯ˈziːgn̩], versiegte, versiegt ⟨itr.; ist⟩ (geh.): *zu fließen aufhören:* die Quelle ist versiegt; ihre Tränen versiegten erst nach Stunden.

ver|sin|ken [fɛɐ̯ˈzɪŋkn̩], versank, versunken ⟨itr.; ist⟩:
1. a) *unter die Oberfläche von etwas geraten und verschwinden:* das Schiff versank im Meer; vor Scham wäre ich am liebsten im/in den Erdboden versunken. **Syn.:** sinken, untergehen. **b)** *einsinken:* wir versanken bis an die Knie im Schnee. **Syn.:** einbrechen.
2. (geh.) *sich einer Sache ganz hingeben und nichts anderes mehr bemerken, spüren:* sie versank in Trauer; er war ganz in seine Arbeit versunken.

Ver|si|on [vɛrˈzi̯oːn], die; -, -en:
1. *Art der Auslegung, Darstellung eines Sachverhalts o. Ä. unter mehreren möglichen Arten:* die amtliche, offizielle Version; von dem Hergang des Unfalls gibt es verschiedene Versionen; jetzt erzähle ich einmal meine Version der Geschichte! **Syn.:** Fassung, Variante.
2. *Ausführung, die in bestimmter Weise vom ursprünglichen Typ, Modell o. Ä. abweicht:* die neue Version eines Automodells.

ver|söh|nen [fɛɐ̯ˈzøːnən]:
a) ⟨tr.; hat⟩ *(zwischen Streitenden) Frieden stiften, einen Streit beilegen:* wir haben die Parteien [miteinander] versöhnt; sie hat ihn mit seiner Mutter versöhnt. **b)** ⟨+ sich⟩ *(mit jmdm.) Frieden schließen, sich wieder vertragen:* ich habe mich entschlossen, mich mit meinem Gegner zu versöhnen; die beiden sind wieder versöhnt.

ver|söhn|lich [fɛɐ̯ˈzøːnlɪç] ⟨Adj.⟩:
a) *zur Versöhnung und friedlichen Verständigung bereit:* ein versöhnlicher Mensch; sie zeigte sich diesmal recht versöhnlich; es herrschte eine versöhnliche Stimmung. **Syn.:** duldsam, tolerant. **b)** *als etwas Erfreuliches, Tröstliches, Hoffnungsvolles erscheinend:* das Buch hat einen versöhnlichen Schluss. **Syn.:** tröstlich.

ver|sor|gen [fɛɐ̯ˈzɔrgn̩] ⟨tr.; hat⟩:
a) *(jmdm. etwas Fehlendes, notwendig Gebrauchtes) [in ausreichender Menge] überlassen, zukommen lassen:* jmdn. mit Lebensmitteln, Informationen versorgen; sein Vater versorgte ihn mit Geld; die Stadt versorgt sich mit Wasser aus dem See. **Syn.:** kaufen, sich eindecken mit. **b)** *für jmds. Unterhalt, für alles Nötige sorgen, was jmd., etwas braucht; sich (um jmdn., etwas) kümmern:* drei Jahre lang versorgte sie ihre kranke Mutter und deren Haus; er hat eine Familie zu versorgen; der Hausmeister versorgt die Heizung. **Syn.:** bedienen, sorgen für, unterstützen.

ver|spä|ten [fɛɐ̯ˈʃpɛːtn̩], verspätete, verspätet ⟨+ sich⟩: *später als geplant, gewünscht oder gewöhnlich kommen, eintreffen:* die meisten Gäste verspäteten sich um ein paar Minuten; eine verspätete Einladung; der Zug traf verspätet ein. **Syn.:** verspätet sein, Verspätung haben, zu spät kommen.

Ver|spä|tung [fɛɐ̯ˈʃpɛːtʊŋ], die; -, -en: *verspätetes Kommen; verspätetes Sichereignen:* bitte entschuldigen Sie meine Verspätung; der Zug hat über eine halbe Stunde Verspätung; die Veranstaltung begann mit einer viertelstündigen Verspätung. **Zus.:** Zugverspätung.

ver|sper|ren [fɛɐ̯ˈʃpɛrən] ⟨tr.; hat⟩:
1. (bes. österr., südd.) *verschließen:* die Zimmer, Türen versperren. **Syn.:** abriegeln, abschließen, absperren (bes. österr., südd.), zuschließen, zusperren (bes. österr., südd.).
2. a) *durch Aufstellen von Hindernissen o. Ä. unpassierbar, unzugänglich machen:* sie versperrte die Einfahrt [mit Kisten]; jmdm. den Weg versperren *(sich jmdm. in den Weg stellen und ihn aufhalten).* **Syn.:** besetzen, blockieren, verstellen, zustellen. **b)** *im Weg stehen und so unpassierbar, unzugänglich machen:* ein Auto versperrte die Einfahrt; ein Neubau versperrt *(nimmt)* den Blick auf den See.

ver|spie|len [fɛɐ̯ˈʃpiːlən] ⟨tr.; hat⟩:
a) *beim Spielen verlieren:* er hat sein ganzes Geld verspielt. **b)** *durch eigenes Verschulden, durch Leichtsinn verlieren:* sein Glück verspielen; durch diesen Vertrauensbruch hast du jedes Recht verspielt.

ver|spot|ten [fɛɐ̯ˈʃpɔtn̩], verspottete, verspottet ⟨tr.; hat⟩: *(jmdn., etwas) zum Gegenstand seines Spottes machen:* er verspottete seine politischen Gegner; sie wurde wegen ihrer Naivität verspottet. **Syn.:** auf den Arm nehmen (ugs.), auf die Schippe nehmen (ugs.), aufziehen, auslachen, durch den Kakao ziehen (ugs.), hänseln, lachen über, necken, persiflieren (bildungsspr.), sich amüsieren über, sich lustig machen über, spotten über, verhöhnen, witzeln über.

ver|spre|chen [fɛɐ̯ˈʃprɛçn̩], verspricht, versprach, versprochen:
1. a) ⟨tr.; hat⟩ *(jmdm.) verbindlich erklären, dass etwas getan wird, geschehen wird; zusichern:* er hat mir versprochen, pünktlich zu kommen; der Vater hatte ihm Geld versprochen; du hast doch verspro-

chen, keinen Alkohol mehr anzurühren! **Syn.:** zusagen, zusichern. **b)** ⟨itr.; hat⟩ *erwarten lassen:* der Junge verspricht ein Fußballstar zu werden; hiervon verspreche ich mir wenig; das Barometer verspricht gutes Wetter.
2. ⟨+ sich⟩ *beim Reden einzelne Laute oder Wörter verwechseln, falsch aussprechen o. Ä.:* der Vortragende war sehr nervös und versprach sich ständig; diese Aussage bitte nicht ernst nehmen, ich habe mich nur versprochen. **Syn.:** sich verheddern (ugs.).

Ver|spre|chen [fɛɐ̯'ʃprɛçn̩], das; -s, -:
verbindliche Erklärung, dass etwas Bestimmtes getan werden wird, geschehen wird; Zusage: er hat sein Versprechen, nichts zu sagen, nicht gehalten; ich gebe dir mein Versprechen; das Versprechen hat sie mir noch auf dem Sterbebett abgenommen; er war mit dem politischen Versprechen der absoluten Gleichberechtigung angetreten. **Syn.:** Ehrenwort. **Zus.:** Eheversprechen, Heiratsversprechen, Treueversprechen, Wahlversprechen.

ver|spü|ren [fɛɐ̯'ʃpy:rən] ⟨tr.; hat⟩:
a) *durch die Sinne wahrnehmen, spüren:* er verspürte einen kalten Hauch an seinem Nacken. **Syn.:** bemerken, entdecken, erkennen, feststellen, konstatieren, merken, mitbekommen, registrieren. **b)** *(ein bestimmtes Gefühl o. Ä.) haben:* sie verspürte große Lust, zu baden. **Syn.:** empfinden, fühlen, spüren.

ver|staat|li|chen [fɛɐ̯'ʃta:tlɪçn̩] ⟨tr.; hat⟩:
zum Eigentum des Staates machen: einen Betrieb verstaatlichen; die Eisenbahnen waren verstaatlicht worden. **Syn.:** enteignen, in Staatseigentum überführen.

Ver|stand [fɛɐ̯'ʃtant], der; -[e]s:
Kraft des Menschen, das Wahrgenommene sinngemäß aufzufassen und es zu begreifen; Fähigkeit, mit Begriffen umzugehen: der menschliche Verstand; sie hat einen scharfen Verstand; bei klarem Verstand *(klarer Überlegung)* kann man so nicht urteilen. **Syn.:** Einsicht, Erkenntnis, Vernunft. **Zus.:** Kunstverstand, Sachverstand.

Verstand/Vernunft:
s. Kasten Seite 1030.

ver|stän|dig [fɛɐ̯'ʃtɛndɪç] ⟨Adj.⟩:
a) *klug, einsichtig:* er fand einen verständigen Chef. **b)** *mit Verstand begabt:* der Kleine ist für sein Alter schon sehr verständig. **Syn.:** gescheit, klug, schlau, vernünftig. **Zus.:** kunstverständig, sachverständig.

verständig/verständlich

Die beiden Wörter dürfen nicht miteinander verwechselt werden. **Verständig** bedeutet *klug, einsichtig, vernünftig.* »Der Pfarrer sprach sehr verständig über Sterben und Tod« heißt, dass er sehr klug über die Themen Sterben und Tod sprach. Ob seine Worte auch **verständlich,** also *gut zu verstehen,* waren, geht aus diesem Satz jedoch nicht hervor.

ver|stän|di|gen [fɛɐ̯'ʃtɛndɪgn̩]:
1. ⟨tr.; hat⟩ *(jmdm. etwas) mitteilen; (jmdn. von etwas) in Kenntnis setzen; (jmdn. über etwas) informieren:* er verständigte die Polizei über diesen, von diesem Vorfall. **Syn.:** bekannt geben, bekannt machen, benachrichtigen, berichten, durchblicken lassen, melden, unterrichten über/von, verbreiten, verkünden (geh.), zu erkennen geben.
2. ⟨+ sich⟩ **a)** *sich verständlich machen; (jmdm.) deutlich machen, was man sagen will:* ich konnte mich mit ihr nur durch Zeichen verständigen. **b)** *über etwas einig werden, sich auf etwas einigen:* ich konnte mich mit ihm über alle strittigen Punkte verständigen. **Syn.:** absprechen, sich arrangieren, aushandeln, ausmachen (ugs.), ein Übereinkommen treffen, eine Übereinkunft treffen, übereinkommen, vereinbaren.

ver|ständ|lich [fɛɐ̯'ʃtɛntlɪç] ⟨Adj.⟩:
a) *so beschaffen, dass es gut zu hören, deutlich zu vernehmen ist:* der Vortragende sprach mit leiser, doch verständlicher Stimme. **Syn.:** artikuliert, deutlich, gut zu verstehen, hörbar, klar. **b)** *so beschaffen, dass es leicht zu begreifen, in Sinn und Bedeutung leicht zu erfassen ist:* der Text ist verständlich geschrieben. **Syn.:** anschaulich, deutlich, klar, prägnant, präzis[e], treffend. **c)** *so beschaffen, dass man Verständnis dafür hat, dass man die Gründe und Ursachen einsieht:* ihr Verhalten ist durchaus verständlich.

Ver|ständ|nis [fɛɐ̯'ʃtɛntnɪs], das; -ses:
1. *das Verstehen* (2 a): dem Leser das Verständnis des Textes erleichtern.
2. *Vermögen des Menschen, sich in jmdn. hineinzuversetzen, sich in etwas hineinzudenken; Fähigkeit, jmdn., etwas zu verstehen:* er hat kein Verständnis für die Jugend. **Syn.:** Nachsicht.

ver|ständ|nis|los [fɛɐ̯'ʃtɛntnɪslo:s] ⟨Adj.⟩:
1. *nichts verstehend:* ein verständnisloses Staunen; »Wieso nicht?«, fragte er verständnislos.
2. *ohne Verständnis* (2) /Ggs. verständnisvoll/: der modernen Kunst steht sie völlig verständnislos gegenüber. **Syn.:** verschlossen, zugeknöpft (ugs.).

ver|ständ|nis|voll [fɛɐ̯'ʃtɛntnɪsfɔl] ⟨Adj.⟩:
voll Verständnis für jmdn., etwas; fähig, sich in jmdn., etwas hineinzuversetzen /Ggs. verständnislos/: er hatte einen verständnisvollen Lehrer; verständnisvoll lächeln; sie hörte ihm verständnisvoll zu. **Syn.:** nachsichtig, tolerant, verstehend, wissend.

ver|stär|ken [fɛɐ̯'ʃtɛrkn̩]:
a) ⟨tr.; hat⟩ *an Zahl, dem Grad nach o. Ä. größer machen, stärker machen:* die Wachen vor dem Schloss verstärken; den Druck verstärken *(erhöhen);* eine Mauer verstärken *(dicker machen).* **Syn.:** anheizen (ugs.), ankurbeln, beschleunigen, forcieren, fördern, nachhelfen, steigern, vermehren, vertiefen. **b)** ⟨+ sich⟩ *dem Grad nach o. Ä. größer werden, stärker werden; wachsen:* meine Zweifel, die Schmerzen haben sich verstärkt; verstärkte Nachfrage. **Syn.:** anschwellen, ansteigen, anwachsen, sich ausweiten, sich vergrößern, sich vermehren, zunehmen.

Ver|stär|ker [fɛɐ̯'ʃtɛrkɐ], der; -s, -:
Gerät zum Verstärken von elek-

trischen Strömen, Leistungen: den Verstärker aufdrehen; der Verstärker der Stereoanlage.

ver|stau|chen [fɛɐ̯ˈʃtau̯xn̩] ⟨+ sich⟩: *sich durch eine übermäßige oder unglückliche Bewegung eine Verzerrung am Gelenk (eines Gliedes) zuziehen:* ich habe mir die Hand verstaucht; er ist so unglücklich gefallen, dass er sich den Fuß verstaucht hat.

ver|stau|en [fɛɐ̯ˈʃtau̯ən] ⟨tr.; hat⟩: *auf relativ engem, gerade noch ausreichendem Raum [für den Transport] unterbringen:* er verstaute seine Koffer hinten im Auto. **Syn.:** einpacken, packen, verpacken.

Ver|steck [fɛɐ̯ˈʃtɛk], das; -[e]s, -e: *geheimer, anderen nicht bekannter Ort; Ort, an dem man jmdn., etwas verstecken kann:* ich weiß ein gutes Versteck; ein Versteck für sein Geld suchen. **Syn.:** Schlupfloch, Unterschlupf, Zuflucht.

ver|ste|cken [fɛɐ̯ˈʃtɛkn̩]:
1. ⟨tr.; hat⟩ *(jmdn., etwas) heimlich an einem unbekannten Ort unterbringen, sodass die Person oder Sache nicht gesehen wird:* das Geld im Schreibtisch verstecken; er versteckte den Flüchtling in einem Schuppen; etwas versteckt halten.
2. ⟨+ sich⟩ *an eine Stelle gehen, wo man nicht gesehen oder gefunden wird:* sich vor jmdm. hinter einem Baum verstecken. **Syn.:** sich tarnen, sich verbergen, sich verkriechen.

ver|ste|hen [fɛɐ̯ˈʃte:ən], verstand, verstanden:
1. ⟨tr.; hat⟩ *deutlich hören, klar vernehmen:* der Vortragende sprach so laut, dass alle im Saal ihn gut verstehen konnten. **Syn.:** vernehmen (geh.).
2. a) ⟨tr.; hat⟩ *Sinn und Bedeutung (von etwas) verstandesmäßig erfassen; begreifen:* ich habe seine Argumente verstanden; dieses Buch ist schwer zu verstehen. **Syn.:** auffassen, durchblicken durch (ugs.), ²durchschauen, einsehen, erkennen, fassen, intus kriegen (ugs.), kapieren, mitbekommen, realisieren, schalten (ugs.), sehen, sich durchfinden durch, sich klar werden über. **b)** ⟨tr.; hat⟩ *den Grund (für etwas) einsehen; aus einem gewissen Einfühlungsvermögen heraus richtig beurteilen und einschätzen können:* erst jetzt verstehe ich sein sonderbares Verhalten. **Syn.:** verständlich sein. **c)** ⟨tr.; hat⟩ *Verständnis für jmdn., etwas haben:* nur seine engsten Freunde verstanden ihn; [keinen] Spaß verstehen. **d)** ⟨+ sich⟩ *gleicher Meinung sein, gleiche Ansichten haben:* in dieser Frage verstehe ich mich mit ihm [gut, nicht].
3. ⟨itr.; hat⟩ *gut kennen, können; gelernt haben:* sein Handwerk, Metier, seinen Beruf verstehen. **Syn.:** sich auskennen, in- und auswendig kennen, wie seine Westentasche kennen, zu Hause sein in.

ver|stei|fen [fɛɐ̯ˈʃtai̯fn̩]:
1. ⟨tr.; hat⟩ *steif machen und dadurch stützen:* einen Zaun mit/durch Latten versteifen.
2. ⟨+ sich⟩ **a)** das Gelenk versteift sich. **b)** *sich verstärken:* ihr Widerstand versteifte sich.
3. ⟨+ sich⟩ *hartnäckig an etwas festhalten, auf etwas beharren:* sich auf sein Recht, auf eine Idee versteifen. **Syn.:** bestehen auf, bleiben bei, dringen auf, fordern, pochen auf, reklamieren, verlangen.

ver|stei|gern [fɛɐ̯ˈʃtai̯gɐn] ⟨tr.; hat⟩: *mehreren Interessenten anbieten und an den verkaufen, der das meiste Geld dafür bietet:* Gemälde versteigern. **Syn.:** unter den Hammer bringen (ugs.).

Ver|stei|ge|rung [fɛɐ̯ˈʃtai̯gərʊŋ], die; -, -en: *das Versteigern; Veranstaltung, bei der etwas versteigert wird:* zu einer Versteigerung gehen. **Zus.:** Zwangsversteigerung.

ver|stei|nern [fɛɐ̯ˈʃtai̯nɐn] ⟨itr.; ist⟩: *zu Stein werden:* die Pflanzen, Tiere sind versteinert; er stand wie versteinert *(starr vor Schreck, Erstaunen o. Ä.)* da.

Ver|stei|ne|rung [fɛɐ̯ˈʃtai̯nərʊŋ], die; -, -en:
1. ⟨ohne Plural⟩ *das Versteinern:* dieses Gebilde entstand durch Versteinerung.
2. *versteinertes Lebewesen, versteinerte Pflanze:* der Forscher fand an der Küste aufschlussreiche Versteinerungen.

ver|stel|len [fɛɐ̯ˈʃtɛlən]:
1. ⟨tr.; hat⟩ *durch etwas in den Weg Gestelltes versperren:* die Tür, den Eingang [mit Kisten] verstellen. **Syn.:** blockieren, die Zufahrt/den Zugang behindern, zustellen.
2. ⟨tr.; hat⟩ **a)** *an einen anderen, an einen falschen Platz stellen:* beim Putzen sind die Bücher verstellt worden. **b)** *so einstellen, wie man es braucht:* die Höhe des Liegestuhls, den Liegestuhl kann man verstellen.
3. a) ⟨tr.; hat⟩ *absichtlich ändern, um zu täuschen:* seine Schrift, seine Stimme verstellen. **b)** ⟨+ sich⟩ *sich anders geben, als man ist; heucheln:* er verstellte sich und tat, als ob er schliefe. **Syn.:** markieren (ugs.), mimen (ugs. abwertend), simulieren, vorgaukeln, vorgeben, vormachen, vorschützen, vorspiegeln, vortäuschen.

Ver|stel|lung [fɛɐ̯ˈʃtɛlʊŋ], die; -, -en: *Täuschung, Heuchelei:* ihre Trauer ist nur Verstellung. **Syn.:** Getue (ugs. abwertend).

ver|steu|ern [fɛɐ̯ˈʃtɔy̯ɐn] ⟨tr.; hat⟩: *(für etwas) Steuern bezahlen:* sein Vermögen versteuern; diese Einkünfte müssen nicht versteuert werden.

ver|stim|men [fɛɐ̯ˈʃtɪmən] ⟨tr.; hat⟩: *ärgerlich machen; [ver]ärgern:* diese Absage hatte sie sehr verstimmt; ⟨häufig im 2. Partizip⟩ verstimmt verließ er das Zimmer; verstimmt sein. **Syn.:** auf die Palme bringen (ugs.), aufbringen, aufregen, empören, erbosen, in Rage bringen (ugs.), in Wut bringen, rasend machen, reizen, wütend machen.

ver|stimmt [fɛɐ̯ˈʃtɪmt] ⟨Adj.⟩:
1. *(von Musikinstrumenten) nicht richtig gestimmt; falsch klingend:* ein verstimmtes Klavier; das Instrument ist total verstimmt.
2. *verärgert, schlecht gelaunt:* sie war über die Absage verstimmt.

Ver|stim|mung [fɛɐ̯ˈʃtɪmʊŋ], die; -, -en: *das Verstimmtsein, das Verärgertsein.* **Syn.:** Ärger, gereizte Stimmung, Groll, schlechte Laune, Unmut, Verdruss.

ver|stockt [fɛɐ̯ˈʃtɔkt] ⟨Adj.⟩ (emotional): *ohne Einsicht in einer bestimm-*

ten inneren Haltung verharrend, bei etwas bleibend; zu keinem Nachgeben bereit: ein verstockter Mensch; der Angeklagte zeigte sich verstockt. **Syn.:** eigensinnig, eisern, halsstarrig, rechthaberisch, starrsinnig, störrisch, stur (ugs. abwertend), trotzig, unnachgiebig, unzugänglich, verschlossen, zugeknöpft (ugs.).

ver|stoh|len [fɛɐ̯ˈʃtoːlən] ⟨Adj.⟩: *auf scheue, zurückhaltende Weise, sodass es nicht bemerkt wird; vorsichtig, heimlich:* die neue Kollegin wurde verstohlen gemustert. **Syn.:** bei Nacht und Nebel, diskret, geheim, hinter jmds. Rücken, im Geheimen, im Stillen, im Verborgenen, insgeheim, unauffällig, unbemerkt, unter der Hand.

ver|stop|fen [fɛɐ̯ˈʃtɔpfn̩] ⟨tr.; hat⟩: *ganz ausfüllen, sodass nichts mehr durchgehen, durchfließen kann:* ein Loch verstopfen; ⟨häufig im 2. Partizip⟩ die Straße war völlig verstopft. **Syn.:** ²dichten.

Ver|stop|fung [fɛɐ̯ˈʃtɔpfʊŋ], die; -, -en: *körperlicher Zustand, bei dem der Betroffene keinen oder nur selten Stuhlgang hat:* sie leidet an Verstopfung.

Ver|stor|be|ne [fɛɐ̯ˈʃtɔrbənə], die/eine Verstorbene; der/einer Verstorbenen, die Verstorbenen/zwei Verstorbene: *weibliche Person, die verstorben ist:* das war der letzte Wunsch der Verstorbenen. **Syn.:** Tote.

Ver|stor|be|ner [fɛɐ̯ˈʃtɔrbənɐ], der Verstorbene/ein Verstorbener; des/eines Verstorbenen, die Verstorbenen/zwei Verstorbene: *Person, die verstorben ist:* wir verlieren in dem Verstorbenen einen lieben Kollegen. **Syn.:** Toter.

ver|stört [fɛɐ̯ˈʃtøːɐ̯t] ⟨Adj.⟩: *völlig verwirrt; zutiefst erschüttert:* sie war durch den plötzlichen Tod ihres Mannes ganz verstört. **Syn.:** betroffen, entgeistert, entsetzt, erschrocken, fassungslos.

Ver|stoß [fɛɐ̯ˈʃtoːs], der; -es, Verstöße [fɛɐ̯ˈʃtøːsə]: *das Verstoßen gegen ein Gesetz, eine Anordnung o. Ä.; Verletzung eines Gesetzes, einer Anordnung o. Ä.:* das ist ein Verstoß gegen das Arbeitsschutzgesetz; ein Verstoß gegen alle Regeln des Anstands. **Syn.:** Delikt, Unrecht, Untat (emotional), Verbrechen, Verfehlung, Vergehen. **Zus.:** Gesetzesverstoß.

ver|sto|ßen [fɛɐ̯ˈʃtoːsn̩], verstößt, verstieß, verstoßen:
1. ⟨tr.; hat⟩ *aus einer Gemeinschaft ausschließen:* er hat seine Tochter verstoßen. **Syn.:** ächten, bannen (Geschichte), sich lossagen, verbannen, verweisen.
2. ⟨itr.; hat⟩ *(gegen ein Gesetz o. Ä.) handeln; (ein Gesetz o. Ä.) übertreten, verletzen:* er hat mit dieser Tat gegen das Gesetz verstoßen. **Syn.:** ein Angriff sein auf/gegen, ein Verstoß sein gegen, missachten, nicht beachten, nicht einhalten, sich hinwegsetzen über, sich nicht halten an, sich nicht kehren an, sich richten gegen, sich vergehen gegen, überschreiten, untergraben, unterlaufen, zuwiderhandeln.

ver|strei|chen [fɛɐ̯ˈʃtrai̯çn̩], verstrich, verstrichen:
1. ⟨tr.; hat⟩ **a)** *ausfüllen, indem man etwas in etwas streicht; verschmieren:* er hat das Loch in der Wand, die Fuge verstrichen. **b)** *(auf etwas) streichen; gleichmäßig verteilen:* die Butter [gleichmäßig] auf dem Brot verstreichen.
2. ⟨itr.; ist⟩ *vergehen:* das Jahr ist schnell verstrichen; Monate waren ungenutzt verstrichen. **Syn.:** entschwinden (geh.), hingehen, ins Land gehen, ins Land ziehen, verfliegen (geh.), verfließen (geh.).

ver|streu|en [fɛɐ̯ˈʃtrɔyən] ⟨tr.; hat⟩: **a)** *unabsichtlich [auf den Boden] streuen:* sie hat das Salz verstreut. **b)** *durcheinander ausbreiten; ohne [erkennbare] Ordnung hinlegen oder liegen lassen:* die Kinder haben die Spielsachen im ganzen Zimmer verstreut; ⟨häufig im 2. Partizip⟩ verstreute *(weit auseinanderliegende)* Häuser, Dörfer. **Syn.:** streuen, verteilen, zerstreuen.

ver|stri|cken [fɛɐ̯ˈʃtrɪkn̩] ⟨tr.; hat⟩: *(in etwas) verwickeln:* jmdn. in einen Skandal, in eine unangenehme Angelegenheit verstricken; er ist ständig in Streitigkeiten verstrickt; ⟨auch + sich⟩ du hast dich in deinen eigenen Lügen verstrickt. **Syn.:** einbrocken (ugs.).

ver|stüm|meln [fɛɐ̯ˈʃtʏml̩n] ⟨tr.; hat⟩: *schwer verletzen, wobei eines oder mehrere Glieder abgetrennt werden:* der Mörder hatte sein Opfer grausam verstümmelt. **Syn.:** entstellen, verschandeln, verunstalten.

ver|stum|men [fɛɐ̯ˈʃtʊmən], verstummte, verstummt ⟨itr.; ist⟩: *zu sprechen, singen, schreien o. Ä. aufhören:* vor Freude, vor Entsetzen verstummen; das Gespräch verstummte *(wurde [für eine bestimmte Zeit] nicht mehr fortgeführt);* die Glocken verstummten *(hörten auf zu läuten).* **Syn.:** schweigen.

Ver|such [fɛɐ̯ˈzuːx], der; -[e]s, -e: **a)** *Verfahren, mit dem man etwas erforschen, untersuchen will:* ein physikalischer Versuch. **Syn.:** Experiment, Test. **Zus.:** Laborversuch, Tierversuch. **b)** *Bemühung, Unternehmen, durch das man etwas zu verwirklichen sucht:* es war ein gewagter Versuch, aus dem Gefängnis zu entfliehen. **Syn.:** Anstrengung, Experiment, Unterfangen, Unternehmung, Vorhaben. **Zus.:** Fluchtversuch, Gehversuch, Mordversuch, Selbstmordversuch, Wiederbelebungsversuch.

ver|su|chen [fɛɐ̯ˈzuːxn̩]:
1. a) ⟨tr.; hat⟩ *(etwas) in Angriff nehmen, unternehmen; prüfen, ob es möglich ist, und wagen; (etwas) zu verwirklichen suchen:* sie versuchte, aus dem Gefängnis zu entfliehen; er hatte versucht *(sich darum bemüht),* Klavier spielen zu lernen; ⟨auch itr.⟩ wir werden es mit ihm versuchen *(wir werden ihn einstellen o. Ä. und dann feststellen, ob er geeignet ist).* **Syn.:** ausprobieren, sich bemühen, die Probe machen, einen Versuch machen, probieren. **b)** ⟨+ sich⟩ *sich noch ohne Erfahrung auf einem bestimmten Gebiet betätigen:* er versuchte sich auch in diesem Beruf, an einem Roman.
2. ⟨tr.; hat⟩ *(eine Speise, ein Getränk) kosten, probieren:* sie versuchte den Wein, doch er schmeckte ihr zu süß. **Syn.:** eine Kostprobe nehmen.
3. * versucht sein/sich ver-

sucht fühlen: *die Neigung verspüren, aber noch zögern, etwas Bestimmtes zu tun:* ich war, fühlte mich versucht, ihm einmal unverblümt meine Meinung zu sagen. **Syn.:** sich danach sehnen.

Ver|su|chung [fɛɐ̯ˈzuːxʊŋ], die; -, -en:
Anreiz, etwas [eigentlich nicht Beabsichtigtes] zu tun: dieses Angebot war eine große Versuchung für ihn; sie erlag, widerstand der Versuchung, das Geld zu behalten.

ver|sün|di|gen [fɛɐ̯ˈzʏndɪgn̩] ⟨+ sich⟩:
(an jmdm., etwas) unrecht handeln und dadurch Schuld auf sich laden: er hat sich an seinen Eltern versündigt; das Land hat sich an seinen Kunstschätzen versündigt *(hat sie nicht genügend gepflegt).*

ver|ta|gen [fɛɐ̯ˈtaːgn̩] ⟨tr.; hat⟩:
auf einen späteren Zeitpunkt legen; aufschieben: die Verhandlung wurde vertagt; ⟨auch + sich⟩ der Landtag hat sich vertagt *(hat beschlossen, seine Tagung zu einem späteren Zeitpunkt fortzusetzen).* **Syn.:** [1]verlegen, verschieben.

ver|tau|schen [fɛɐ̯ˈtau̯ʃn̩] ⟨tr.; hat⟩:
aus Versehen, irrtümlich etwas Falsches statt des Richtigen nehmen: die Schirme, Mäntel wurden vertauscht. **Syn.:** durcheinanderbringen, verwechseln.

ver|tei|di|gen [fɛɐ̯ˈtai̯dɪgn̩] ⟨tr.; hat⟩:
1. *Angriffe (auf jmdn., etwas) abwehren; vor Angriffen schützen:* wer angegriffen wird, darf sich verteidigen; die Demokratie verteidigen; drei Spielerinnen blieben hinten, um das Tor zu verteidigen. **Syn.:** decken, eintreten für, wahren, sich wehren, Widerstand leisten.
2. *für eine Person, Sache eintreten, sprechen, argumentieren:* seine Auffassung verteidigen; er verteidigte die hohen Preise; sie verteidigte *(rechtfertigte)* sich sehr geschickt. **Syn.:** eine Lanze brechen, Partei ergreifen, verfechten, sich verwenden (geh.).
3. *vor Gericht vertreten:* der Angeklagte wird von einem sehr bekannten Anwalt verteidigt, will sich selbst verteidigen.

Ver|tei|di|gung [fɛɐ̯ˈtai̯dɪgʊŋ], die; -, -en:
1. *das Verteidigen* (1), *das Verteidigtwerden* /Ggs. Angriff/: die Verteidigung der Stadt; die Mannschaft konzentriert sich ganz auf die Verteidigung.
2. *das Verteidigen* (2), *das Sichverteidigen:* was hast du zu deiner Verteidigung vorzubringen?
3. *das Verteidigen* (3): er ist mit der Verteidigung der Angeklagten beauftragt.
4. *Partei, die einen Angeklagten, eine Angeklagte vor Gericht vertritt:* die Verteidigung zieht ihren Antrag zurück.

ver|tei|len [fɛɐ̯ˈtai̯lən]:
a) ⟨tr.; hat⟩ *in meist gleicher Menge [ab]geben, bis der Vorrat erschöpft ist:* er verteilte Schokolade an die Kinder. **Syn.:** ausgeben, austeilen. **b)** ⟨tr.; hat⟩ *aufteilen und in gleicher Menge oder Anzahl an verschiedene Stellen bringen:* das Gewicht der Ladung möglichst gleichmäßig auf beide Achsen verteilen; die Salbe gleichmäßig auf der/auch: auf die Wunde verteilen.
c) ⟨+ sich⟩ *ein bestimmtes Gebiet einnehmen; sich über eine Fläche hin verstreuen:* die Polizisten verteilten sich über den Platz; die Bevölkerung dieses Landes verteilt sich auf drei große Städte *(die Mehrzahl der Bewohner dieses Landes lebt in drei großen Städten).*

ver|teu|ern [fɛɐ̯ˈtɔy̯ɐn] ⟨+ sich⟩:
teurer werden: die Lebensmittel haben sich weiter, um 3 % verteuert. **Syn.:** ansteigen, anziehen (Börsenw., Kaufmannsspr.), aufschlagen.

ver|teu|feln [fɛɐ̯ˈtɔy̯fl̩n] ⟨tr.; hat⟩ (abwertend):
als böse, schlimm, schlecht, gefährlich usw. hinstellen: der Politiker verteufelte die Opposition als korrupt und machtgierig. **Syn.:** diffamieren, diskriminieren (bildungsspr.), herabsetzen, heruntermachen (ugs.), herziehen über (ugs.), miesmachen (ugs. abwertend), schlechtmachen (ugs.).

ver|teu|felt [fɛɐ̯ˈtɔy̯fl̩t] ⟨Adj.⟩ (ugs. emotional):
a) *lästig und unangenehm, weil man mit etwas nicht fertig wird, etwas nicht bewältigt:* eine verteufelte Angelegenheit! **Syn.:** ärgerlich, blöd[e] (ugs.), böse, dumm (ugs.), fatal, lästig (ugs.), leidig, misslich, übel, unerfreulich, unerquicklich (geh.), ungemütlich, ungut, unliebsam, verdrießlich (geh. veraltend).
b) ⟨verstärkend bei Adjektiven und Verben⟩ *sehr:* das ist verteufelt schwer; es riecht hier ganz verteufelt nach Benzin.

ver|tie|fen [fɛɐ̯ˈtiːfn̩]:
1. a) ⟨tr.; hat⟩ *tiefer machen:* einen Graben vertiefen.
b) ⟨+ sich⟩ *tiefer werden:* die Falten in ihrem Gesicht haben sich vertieft.
2. a) ⟨tr.; hat⟩ *bewirken, dass etwas größer, intensiver wird, zunimmt:* die Musik des Films vertiefte noch die Wirkung der Bilder; sie will ihr Wissen vertiefen *(bereichern).* **Syn.:** festigen, fördern, stabilisieren, stärken, steigern, stützen, vermehren, verstärken. **b)** *intensiver, detaillierter behandeln, ausführen:* dieses Thema will ich jetzt nicht weiter vertiefen; den Lehrstoff, das bereits Gelernte noch vertiefen.
3. ⟨+ sich⟩ *sich auf etwas konzentrieren; sich mit etwas intensiv beschäftigen:* sich in seine Zeitung, in ein Buch vertiefen; sie waren ins Gespräch vertieft.

ver|ti|kal [vɛrtiˈkaːl] ⟨Adj.⟩:
sich in einer senkrechten Linie erstreckend /Ggs. horizontal/: die vertikale Startrichtung der Rakete. **Syn.:** senkrecht.

ver|til|gen [fɛɐ̯ˈtɪlgn̩] ⟨tr.; hat⟩ (ugs.):
ganz aufessen: sie hatten den Kuchen bereits vertilgt. **Syn.:** auffressen (derb), verdrücken (ugs.), verzehren (geh.).

ver|to|nen [fɛɐ̯ˈtoːnən] ⟨tr.; hat⟩:
(einen Text) in Musik setzen, (zu einem Text) eine Musik schreiben: dieses Gedicht ist von Schubert vertont worden.

ver|trackt [fɛɐ̯ˈtrakt] ⟨Adj.⟩ (ugs.):
besonders schwierig zu bewältigen, kaum lösbar erscheinend und daher lästig und unangenehm: er wollte mit dieser vertrackten Geschichte nichts zu tun haben. **Syn.:** delikat, haarig (ugs.), heikel, knifflig, kompliziert, prekär, problematisch, schwierig, subtil, verfänglich, verwickelt, verzwickt (ugs.).

Ver|trag [fɛɐ̯'traːk], der; -[e]s, Verträge [fɛɐ̯'trɛːgə]: *[schriftliche] rechtlich gültige Vereinbarung zweier oder mehrerer Partner, in der die gegenseitigen Verbindlichkeiten und Rechte festgelegt sind:* ein fester, mehrjähriger Vertrag; einen Vertrag mit jmdm. [ab]schließen; einen Vertrag brechen, erfüllen, verlängern. **Syn.:** Abmachung, Abschluss. **Zus.:** Anstellungsvertrag, Arbeitsvertrag, Ausbildungsvertrag, Bausparvertrag, Ehevertrag, Friedensvertrag, Handelsvertrag, Kaufvertrag, Mietvertrag, Staatsvertrag, Tarifvertrag.

ver|tra|gen [fɛɐ̯'traːgn̩], verträgt, vertrug, vertragen:
1. ⟨tr.; hat⟩ *widerstandsfähig genug (gegen etwas) sein:* er kann die Hitze gut vertragen; sie verträgt keine fetten Speisen *(kann sie nicht verdauen; fette Speisen bekommen ihr nicht);* er kann nicht viel vertragen (ugs.; viel Alkohol trinken, ohne betrunken zu werden) *(wird schnell betrunken);* er verträgt *(duldet)* keinen Widerspruch. **Syn.:** aushalten, einstecken (ugs.), erdulden, erleiden, ertragen, fertigwerden mit, sich fügen in, hinnehmen, verkraften, verschmerzen.
2. ⟨+ sich⟩ *sich (mit jmdm.) nicht streiten; ohne Streit, in Frieden und Eintracht (mit jmdm.) leben; gut (mit jmdm.) auskommen:* er verträgt sich mit seiner Schwester; die Nachbarn vertragen sich nicht miteinander.

ver|trag|lich [fɛɐ̯'traːklɪç] ⟨Adj.⟩: *in einem Vertrag festgelegt, geregelt, dem Vertrag entsprechend:* eine vertragliche Vereinbarung; etwas vertraglich regeln.

ver|träg|lich [fɛɐ̯'trɛːklɪç] ⟨Adj.⟩:
1. *so beschaffen, dass man es gut verträgt:* verträgliche Speisen; das Medikament ist gut verträglich. **Syn.:** bekömmlich, leicht.
2. *nicht leicht streitend oder in Streit geratend; friedlich, umgänglich:* er ist ein verträglicher Mensch, man kann gut mit ihm auskommen. **Syn.:** friedfertig, friedliebend, versöhnlich.

ver|trau|en [fɛɐ̯'trau̯ən] ⟨itr.; hat⟩: *sicher sein, dass man sich auf jmdn., etwas verlassen kann:* er vertraute seinen Freunden; fest auf Gott vertrauen; sie vertraute ihren/auf ihre Fähigkeiten. **Syn.:** zählen auf.

Ver|trau|en [fɛɐ̯'trau̯ən], das; -s: *sichere Erwartung, fester Glauben daran, dass man sich auf jmdn., etwas verlassen kann:* sein Vertrauen zu seinen Freunden ist unbegrenzt; Vertrauen zueinander haben, füreinander aufbringen; er schenkte ihr sein Vertrauen. **Syn.:** Hoffnung, Zutrauen, Zuversicht. **Zus.:** Gottvertrauen, Selbstvertrauen.

ver|trau|ens|se|lig [fɛɐ̯'trau̯ənszeːlɪç] ⟨Adj.⟩: *allzu schnell oder leicht bereit, anderen zu vertrauen:* du bist immer zu vertrauensselig! **Syn.:** arglos, blauäugig, einfältig, gutgläubig, leichtgläubig, naiv, sorglos, unbekümmert, unbeschwert, unbesorgt.

ver|trau|ens|wür|dig [fɛɐ̯'trau̯ənsvʏrdɪç] ⟨Adj.⟩: *Vertrauen verdienend; zuverlässig:* sie ist, wirkt [nicht, wenig] vertrauenswürdig; einen vertrauenswürdigen Eindruck machen. **Syn.:** aufrichtig, ehrlich, glaubwürdig, rechtschaffen, verlässlich.

ver|trau|lich [fɛɐ̯'trau̯lɪç] ⟨Adj.⟩:
a) *nur für einige besondere Personen bestimmt; geheim:* eine vertrauliche Mitteilung; etwas streng vertraulich behandeln *(Außenstehenden nicht weitererzählen).* **Syn.:** diskret, im Vertrauen, im Vertrauen gesagt, inoffiziell, intern, nicht öffentlich. **b)** *(auf Vertrauen gegründet und daher) freundschaftlich:* er sah sie in einem vertraulichen Gespräch mit einem Herrn; er wird sehr schnell [allzu] vertraulich. **Syn.:** persönlich, privat.

ver|träumt [fɛɐ̯'trɔy̯mt] ⟨Adj.⟩:
a) *in seinen Träumen* (2), *Fantasien (nicht in der Wirklichkeit) lebend:* ein verträumtes Kind; er ist zu verträumt; verträumt lächeln. **Syn.:** ganz in Gedanken, gedankenvoll, in Gedanken vertieft, nachdenklich, selbstvergessen (geh.), weltfremd.
b) *still, idyllisch [gelegen]:* ein verträumtes Dörfchen. **Syn.:** beschaulich, friedlich, gemütlich, lauschig.

ver|traut [fɛɐ̯'trau̯t] ⟨Adj.⟩:
a) *freundschaftlich verbunden; eng befreundet:* etwas in einem vertrauten Kreis aussprechen; sie sind sehr vertraut miteinander. **Syn.:** familiär, intim, persönlich, privat. **b)** *bekannt und daher in keiner Weise fremd:* er fühlte sich wohl in der vertrauten *(gewohnten)* Umgebung; er sah kein vertrautes Gesicht *(keinen bekannten Menschen).* **Syn.:** alltäglich, ans Herz gewachsen, geläufig, gewohnt, heimatlich, üblich, wohlbekannt. **c)** *** mit etwas vertraut sein:** *etwas genau kennen; sich gut in etwas auskennen;* *** jmdn., sich mit etwas vertraut machen:** *jmdn., sich in etwas einführen:* sie macht sich mit dem neuen Computerprogramm vertraut.

ver|trei|ben [fɛɐ̯'trai̯bn̩], vertrieb, vertrieben ⟨tr.; hat⟩:
1. *veranlassen oder zwingen, einen Ort zu verlassen:* jmdn. aus seiner Heimat vertreiben; der Lärm hat das Wild vertrieben; der Wind vertrieb die Wolken schnell *(wehte sie schnell weg).* **Syn.:** austreiben, ausweisen, des Landes verweisen, verjagen, verscheuchen.
2. *im Großen verkaufen; (mit etwas) handeln:* er vertreibt seine Waren in verschiedenen Ländern. **Syn.:** absetzen, abstoßen, umsetzen, veräußern, vermarkten.

ver|tret|bar [fɛɐ̯'treːtbaːɐ̯] ⟨Adj.⟩: *so [beschaffen], dass man es vertreten, von einem bestimmten Standpunkt aus für berechtigt und gut halten kann:* das Projekt übersteigt die wirtschaftlich vertretbaren Kosten; etwas für vertretbar halten. **Syn.:** begründet, legitim.

ver|tre|ten [fɛɐ̯'treːtn̩], vertritt, vertrat, vertreten:
1. ⟨tr.; hat⟩ **a)** *vorübergehend jmds. Stelle einnehmen und dessen Aufgaben übernehmen:* er vertritt seinen kranken Kollegen. **Syn.:** aushelfen, einspringen, eintreten für, helfen, in die Bresche springen, Vertretung machen. **b)** *jmds. Interessen wahrnehmen; für jmdn. sprechen:* ein bekannter Anwalt vertritt ihn vor Gericht. **c)** *(für eine bestimmte Institution o. Ä.) erscheinen, auftreten; (eine bestimmte Institution o. Ä.) repräsentieren:* sie vertritt auf

dieser Tagung den hiesigen Sportverein. **d)** *(für eine Firma) Waren vertreiben:* er vertritt die Firma »Müller und Söhne«.
2. ⟨tr.; hat⟩ *sich (zu etwas) bekennen; (für etwas) einstehen, eintreten:* sie vertritt diesen Standpunkt ganz entschieden. **Syn.:** geradestehen für, verantworten.
3. * vertreten sein: *anwesend, zugegen sein:* von dem Betrieb war niemand vertreten.
4. * sich (Dativ) **die Füße/ Beine vertreten:** *[nach längerem Sitzen] ein wenig umhergehen, um sich Bewegung zu verschaffen:* ich habe so lange gesessen, ich muss mir mal die Beine vertreten. **Syn.:** ein paar Schritte gehen (ugs.), spazieren gehen.

Ver|tre|ter [fɛɐ̯'tre:tɐ], der; -s, -, **Ver|tre|te|rin** [fɛɐ̯'tre:tərɪn], die; -, -nen:
1. a) *Person, die vorübergehend jmds. Stelle einnimmt:* der Vertreter/die Vertreterin des Chefs. **Syn.:** Stellvertreter, Stellvertreterin. **b)** *Person, die jmds. Interessen vertritt:* er ist vor Gericht ihr Vertreter; sie gilt als Vertreterin der Unterprivilegierten. **Syn.:** Anwalt, Anwältin, Bevollmächtigte, Bevollmächtigter, Jurist, Juristin, Verwalter, Verwalterin. **Zus.:** Anklagevertreter, Anklagevertreterin, Interessenvertreter, Interessenvertreterin, Prozessvertreter, Prozessvertreterin. **c)** *Person, die eine bestimmte Institution o. Ä. vertritt:* sie ist auf der Tagung die Vertreterin unseres Vereins; ein gewählter Vertreter des Volkes *(ein Abgeordneter).* **Zus.:** Gewerkschaftsvertreter, Gewerkschaftsvertreterin, Pressevertreter, Pressevertreterin, Regierungsvertreter, Regierungsvertreterin. **d)** *Person, die beruflich für eine Firma Waren vertreibt:* er ist Vertreter für Staubsauger. **Syn.:** Agent, Agentin, Reisende, Reisender. **Zus.:** Auslandsvertreter, Auslandsvertreterin, Handelsvertreter, Handelsvertreterin, Versicherungsvertreter, Versicherungsvertreterin.
2. *Person, die einen bestimmten Standpunkt o. Ä. vertritt:* ein Vertreter, eine Vertreterin dieser Ideologie. **Syn.:** Anhänger, Anhängerin.
3. *Person, die etwas Bestimmtes repräsentiert, verkörpert:* ein Vertreter des Expressionismus; sie gilt als eine führende Vertreterin dieser Methode.

Ver|trieb [fɛɐ̯'tri:p], der; -[e]s, -e:
a) ⟨ohne Plural⟩ *das Vertreiben, Verkaufen:* die Firma übernimmt den Vertrieb des Artikels für die Schweiz. **Syn.:** Absatz, Umsatz, Verkauf. **Zus.:** Alleinvertrieb, Auslandsvertrieb, Inlandsvertrieb. **b)** *Abteilung eines Unternehmens, die den Vertrieb der Produkte abwickelt:* die Leiterin des Vertriebs.

Ver|trie|be|ne [fɛɐ̯'tri:bənə], die/eine Vertriebene; der/einer Vertriebenen, die Vertriebenen/zwei Vertriebene:
weibliche Person, die aus ihrer Heimat vertrieben (1), *ausgewiesen wurde:* sie lebt als Vertriebene im Ausland.

Ver|trie|be|ner [fɛɐ̯'tri:bənɐ], der Vertriebene/ein Vertriebener; des/eines Vertriebenen, die Vertriebenen/zwei Vertriebene:
Person, die aus ihrer Heimat vertrieben (1), *ausgewiesen wurde:* er wurde als Vertriebener anerkannt.

ver|trock|nen [fɛɐ̯'trɔknən], vertrocknete, vertrocknet ⟨itr.; ist⟩:
völlig trocken werden [und dadurch zusammenschrumpfen]: vertrocknetes Gras; der Baum ist vertrocknet; die Quelle ist vertrocknet *(hat kein Wasser mehr).* **Syn.:** dorren (geh.), trocknen, verdorren.

ver|trös|ten [fɛɐ̯'trø:stn̩], vertröstete, vertröstet ⟨tr.; hat⟩:
jmdn., dessen Wunsch oder Forderungen man nicht erfüllen kann, zum Warten bewegen, indem man ihm die Erfüllung für einen späteren Zeitpunkt verspricht: er vertröstet ihn von einem Termin zum anderen.

ver|tun [fɛɐ̯'tu:n], vertat, vertan (ugs.):
1. ⟨tr.; hat⟩ *(Geld, Zeit) verbrauchen, ohne auf Sinn und Nutzen zu achten:* er hat sein ganzes Geld vertan; wir vertun viel zu viel Zeit mit nutzlosen Debatten. **Syn.:** durchbringen (ugs.), vergeuden, [1]verzetteln.
2. ⟨+ sich⟩ *sich irren:* ich habe mich da vertan. **Syn.:** auf dem Holzweg sein, im Irrtum sein, schiefliegen (ugs.), sich täuschen.

ver|tu|schen [fɛɐ̯'tʊʃn̩] ⟨tr.; hat⟩:
weil man nicht möchte, dass etwas Bestimmtes bekannt wird, sich bemühen, alles, was darauf hindeutet, vor anderen zu verbergen: ein Verbrechen vertuschen. **Syn.:** bemänteln (geh.), verheimlichen, verschweigen.

ver|übeln [fɛɐ̯'ly:bl̩n] ⟨tr.; hat⟩:
etwas, was ein anderer tut, mit Verärgerung aufnehmen; übel nehmen: er hat ihr die Kritik sehr verübelt; sie hat es ihr sehr verübelt, dass sie sie kritisiert hat.

ver|üben [fɛɐ̯'ly:bn̩] ⟨tr.; hat⟩:
als Funktionsverb: eine Erpressung verüben *(jmdn. erpressen);* einen Einbruch verüben *(in etwas einbrechen).*

ver|ul|ken [fɛɐ̯'lʊlkn̩] ⟨tr.; hat⟩ (ugs.):
sich (über jmdn.) lustig machen: seine Kameraden verulkten ihn. **Syn.:** auf den Arm nehmen (ugs.), auf die Schippe nehmen (ugs.), aufziehen, durch den Kakao ziehen (ugs.), foppen, frotzeln (ugs.), hänseln, necken, spötteln über, spotten über, sticheln gegen, verspotten, witzeln über.

ver|un|glimp|fen [fɛɐ̯'lʊnglɪmpf̩n], verunglimpfte, verunglimpft ⟨tr.; hat⟩ (geh.):
schmähen, beleidigen, mit Worten herabsetzen: jmdn. verunglimpfen; den politischen Gegner verunglimpfen. **Syn.:** brüskieren, kränken, verletzen, vor den Kopf stoßen (ugs.).

ver|un|glü|cken [fɛɐ̯'lʊnglʏkn̩], verunglückte, verunglückt ⟨itr.; ist⟩:
1. *bei einem Unfall verletzt oder getötet werden; einen Unfall erleiden:* er ist mit dem Auto, in der Fabrik verunglückt. **Syn.:** einen Unfall haben/bauen, Schaden nehmen, zu Schaden kommen.
2. (scherzh.) *missglücken; misslingen:* der Kuchen ist verunglückt *(nicht geraten);* ein etwas verunglücktes *(schlechtes)* Bild. **Syn.:** missraten, schiefgehen (ugs.).

ver|un|rei|ni|gen [fɛɐ̯'lʊnrai̯nɪgn̩] ⟨tr.; hat⟩ (geh.):
schmutzig machen: den Fußbo-

den, seine Kleider verunreinigen; verunreinigtes Wasser. **Syn.:** beschmutzen, verschmutzen.

ver|un|si|chern [fɛɐ̯ˈʊnzɪçɐn] ⟨tr.; hat⟩: *(im Hinblick auf den Standpunkt, die Überzeugung o. Ä.) unsicher machen:* die Bevölkerung verunsichern; ihre Worte haben ihn verunsichert.

ver|un|stal|ten [fɛɐ̯ˈʊnʃtaltn̩], verunstaltete, verunstaltet ⟨tr.; hat⟩: *das Aussehen von jmdm./etwas so beeinträchtigen, dass es hässlich oder unansehnlich wird:* du verunstaltest dich mit dieser Frisur; der Betonbau hat den gesamten Marktplatz verunstaltet. **Syn.:** entstellen, verschandeln, verunzieren.

ver|un|treu|en [fɛɐ̯ˈʊntrɔyən] ⟨tr.; hat⟩ (bes. Rechtsspr.): *(anvertrautes Geld o. Ä.) für sich oder andere Zwecke unrechtmäßig ausgeben, unrechtmäßig behalten:* sie haben die Gelder ihres Bruders veruntreut. **Syn.:** hinterziehen, unterschlagen.

ver|un|zie|ren [fɛɐ̯ˈʊnt͜siːrən] ⟨tr.; hat⟩: *verunstalten:* an die Wände geschmierte Parolen verunzieren das Gebäude. **Syn.:** entstellen, verschandeln.

ver|ur|sa|chen [fɛɐ̯ˈluːɐ̯zaxn̩] ⟨tr.; hat⟩: *die Ursache, der Urheber (von etwas nicht Beabsichtigtem) sein:* Mühe, Arbeit, Kosten verursachen; seine unvorsichtige Bemerkung verursachte große Aufregung. **Syn.:** anrichten, auslösen, bedingen, bewirken, entfesseln (geh.), erzeugen, heraufbeschwören, herbeiführen, in Bewegung setzen, in Gang setzen, ins Rollen bringen (ugs.), [1]stiften, veranlassen, verschulden, wachrufen, wecken, zeitigen (geh.), zur Folge haben.

ver|ur|tei|len [fɛɐ̯ˈlʊrta͜ilən] ⟨tr.; hat⟩:
1. *durch ein Urteil für schuldig erklären und bestrafen:* er wurde zu einem Jahr Gefängnis verurteilt. **Syn.:** für schuldig befinden, schuldig sprechen. **Zus.:** vorverurteilen.
2. *(über jmdn., etwas) eine scharfe Kritik aussprechen; heftig ablehnen:* sie verurteilte sein Benehmen entschieden. **Syn.:** anprangern, brandmarken, missbilligen, verdammen.

ver|viel|fa|chen [fɛɐ̯ˈfiːlfaxn̩]:
1. a) ⟨tr.; hat⟩ *(eine Menge, Anzahl) um das Vielfache vermehren, vergrößern:* der Umsatz konnte vervielfacht werden. **Syn.:** erweitern, steigern.
b) ⟨+ sich⟩ *sich um das Vielfache vermehren, vergrößern:* der Umsatz hat sich vervielfacht. **Syn.:** sich ausweiten, sich vergrößern.
2. *multiplizieren:* ich vervielfache 3 mit 5 und erhalte 15.

ver|viel|fäl|ti|gen [fɛɐ̯ˈfiːlfɛltɪgn̩] ⟨tr.; hat⟩: *(von etwas) eine größere Menge Kopien herstellen:* einen Artikel, ein Bild vervielfältigen. **Syn.:** kopieren, reproduzieren.

ver|voll|komm|nen [fɛɐ̯ˈfɔlkɔmnən], vervollkommnete, vervollkommnet ⟨tr.; hat⟩: *vollkommen machen; verbessern:* das Verfahren zur Herstellung dieses Produktes ist vervollkommnet worden.

ver|voll|stän|di|gen [fɛɐ̯ˈfɔlʃtɛndɪgn̩] ⟨tr.; hat⟩: *vollständig[er] machen; (etwas Fehlendes einer Sache) hinzufügen:* seine Bibliothek vervollständigen; sie vervollständigte mit den Funden ihre Sammlung. **Syn.:** nachtragen, vervollkommnen.

[1]ver|wach|sen [fɛɐ̯ˈvaksn̩], verwächst, verwuchs, verwachsen:
1. ⟨itr.; ist⟩ *durch Wachsen verschwinden, heilen:* die Narbe, Wunde ist verwachsen. **Syn.:** verheilen.
2. ⟨itr.; ist⟩ *zu einer Einheit wachsen, werden; zusammenwachsen:* die Blätter verwachsen langsam miteinander; sie ist mit ihrer Arbeit völlig verwachsen *(aufs Engste verbunden).*

[2]ver|wach|sen [fɛɐ̯ˈvaksn̩] ⟨Adj.⟩: *von Pflanzen dicht bewachsen, überwuchert:* ein verwachsenes Grundstück; der Weg ist völlig verwachsen. **Syn.:** undurchdringlich.

ver|wa|ckeln [fɛɐ̯ˈvakl̩n] ⟨tr.; hat⟩ (ugs.): *(beim Fotografieren) durch eine Bewegung, durch Wackeln eine Aufnahme unscharf werden lassen:* er hat das Bild verwackelt.

ver|wah|ren [fɛɐ̯ˈvaːrən] (geh.):
1. ⟨tr.; hat⟩ *gut und sicher aufheben:* er verwahrte sein Geld in einem Safe. **Syn.:** aufbewahren, bewahren, deponieren, lagern.
2. ⟨+ sich⟩ *protestieren; Widerspruch erheben:* ich verwahre mich gegen deine Verdächtigungen. **Syn.:** ableugnen, abstreiten, bestreiten, dementieren, leugnen, negieren, verleugnen, verneinen, zurückweisen.

ver|wahr|lo|sen [fɛɐ̯ˈvaːɐ̯loːzn̩], verwahrloste, verwahrlost ⟨itr.; ist⟩: *durch Mangel an Pflege, Vernachlässigung o. Ä. in einen unordentlichen, schlechten Zustand geraten:* einen Garten verwahrlosen lassen; verwahrloste Jugendliche; die alte Dame war hilflos und deshalb völlig verwahrlost; sie wurde in völlig verwahrlostem Zustand aufgegriffen. **Syn.:** auf Abwege geraten, auf die schiefe Bahn geraten, in der Gosse landen (salopp), unter die Räder kommen (ugs.), verkommen, verwildern, vor die Hunde gehen (ugs.).

ver|wai|sen [fɛɐ̯ˈva͜izn̩], verwaiste, verwaist ⟨itr.; ist⟩: *Waise werden, die Eltern verlieren:* sie ist schon früh verwaist; verwaiste Kinder; die Ferienorte sind im Winter verwaist *(menschenleer);* das Büro ist schon lange verwaist *(steht leer).*

ver|wal|ten [fɛɐ̯ˈvaltn̩], verwaltete, verwaltet ⟨tr.; hat⟩: *(für etwas) verantwortlich sein und die damit verbundenen Geschäfte führen, Angelegenheiten regeln o. Ä.:* ein Vermögen, eine Gemeinde verwalten. **Syn.:** leiten, lenken, regieren, vorstehen.

Ver|wal|ter [fɛɐ̯ˈvaltɐ], der; -s, -, **Ver|wal|te|rin** [fɛɐ̯ˈvaltərɪn], die; -, -nen: *Person, die etwas verwaltet:* wer ist der Verwalter dieses Hauses? **Zus.:** Hausverwalter, Hausverwalterin, Konkursverwalter, Konkursverwalterin, Lagerverwalter, Lagerverwalterin, Nachlassverwalter, Nachlassverwalterin, Vermögensverwalter, Vermögensverwalterin.

Ver|wal|tung [fɛɐ̯ˈvaltʊŋ], die; -, -en:

1. *das Verwalten:* in eigener, staatlicher Verwaltung sein; unter staatlicher Verwaltung stehen. **Syn.:** Führung, Leitung, Regie. **Zus.:** Finanzverwaltung, Grundstücksverwaltung.
2. *verwaltende Stelle (eines Unternehmens o. Ä.):* sie arbeitet in der Verwaltung des Krankenhauses. **Zus.:** Gemeindeverwaltung, Hauptverwaltung, Schulverwaltung, Stadtverwaltung, Universitätsverwaltung.

ver|wan|deln [fɛɐ̯'vandl̩n]:
a) ⟨tr.; hat⟩ *völlig anders machen; völlig [ver]ändern:* der Schnee hatte die ganze Landschaft verwandelt; das Erlebnis verwandelte sie. **Syn.:** abwandeln, modifizieren (bildungsspr.), umformen, umkrempeln (ugs.).
b) ⟨+ sich⟩ *völlig anders werden; sich völlig [ver]ändern:* nach dem Tod ihres Vaters hat sie sich sehr verwandelt. **Syn.:** umschlagen, umspringen, sich verkehren, sich wandeln (geh.).

Ver|wand|lung [fɛɐ̯'vandlʊŋ], die; -, -en:
das [Sich]verwandeln, Umformen, Umwandeln: die Zuschauer beobachteten voller Staunen die Verwandlung eines Hasen in eine Taube. **Syn.:** Übergang, Umbruch, Umschlag, Umschwung, Veränderung, Wandel, Wandlung, Wechsel, Wende.

ver|wandt [fɛɐ̯'vant] ⟨Adj.⟩:
1. *zur gleichen Familie gehörend; von gleicher Abstammung:* die beiden sind miteinander verwandt, er ist ihr Onkel. **Syn.:** angeheiratet, blutsverwandt, zur Familie gehörend.
2. *in wichtigen Merkmalen gleich:* ihn bewegten verwandte Gedanken; sie sind sich geistig sehr verwandt; verwandte Seelen. **Syn.:** [1]ähnlich. **Zus.:** geistesverwandt, seelenverwandt, sinnverwandt, sprachverwandt, wesensverwandt.

Ver|wand|te [fɛɐ̯'vantə], die/eine Verwandte; der/einer Verwandten, die Verwandten/zwei Verwandte:
weibliche Person, die mit einer anderen verwandt ist: eine nahe, entfernte Verwandte von mir. **Syn.:** Angehörige.

Ver|wand|ter [fɛɐ̯'vantɐ], der Verwandte/ein Verwandter; des/eines Verwandten, die Verwandten/zwei Verwandte:
Person, die mit einer anderen verwandt ist: ein naher, entfernter Verwandter von mir. **Syn.:** Angehöriger.

Ver|wandt|schaft [fɛɐ̯'vantʃaft], die; -, -en:
1. a) *gleiche Abstammung; das Verwandtsein:* die Verwandtschaft zwischen ihnen bindet sie eng aneinander. **b)** *alle Verwandten von jmdm:* die ganze Verwandtschaft war gekommen. **Syn.:** Clan, Familie, Sippe (meist scherzh. oder abwertend), Sippschaft (meist abwertend).
2. *Übereinstimmung in wichtigen Merkmalen:* zwischen den beiden Plänen bestand eine gewisse Verwandtschaft. **Syn.:** Ähnlichkeit, Analogie, Gemeinsamkeit.

ver|war|nen [fɛɐ̯'varnən] ⟨tr.; hat⟩:
zurechtweisen, rügen und für den Fall einer Wiederholung des Vergehens eine Bestrafung androhen: der unfaire Spieler wurde vom Schiedsrichter verwarnt; er wurde polizeilich verwarnt. **Syn.:** ermahnen.

ver|wech|seln [fɛɐ̯'vɛksl̩n] ⟨tr.; hat⟩:
irrtümlich eines für das andere halten, nehmen: er hatte die Mäntel verwechselt; ich habe dich mit deinem Bruder verwechselt. **Syn.:** durcheinanderbringen, durcheinanderwerfen, vertauschen.

ver|we|gen [fɛɐ̯'ve:gn̩] ⟨Adj.⟩ (emotional):
sich unerschrocken, oft in Überschätzung der eigenen Kräfte in eine Gefahr begebend; überaus kühn: ein verwegener Reiter; einen verwegenen Plan fassen; verwegen griff er seine übermächtigen Gegner an. **Syn.:** beherzt, couragiert, frech, furchtlos, heldenhaft, mutig, tapfer, tollkühn (emotional), unverzagt, wagemutig, waghalsig.

ver|weh|ren [fɛɐ̯'ve:rən] ⟨tr.; hat⟩ (geh.):
nicht erlauben; nicht die Möglichkeit zu etwas geben: sie verwehrte ihm den Zutritt; seine Krankheit verwehrte ihm die Teilnahme *(hinderte ihn an der Teilnahme).* **Syn.:** untersagen, verbieten, versagen (geh.).

ver|wei|gern [fɛɐ̯'vaigɐn] ⟨tr.; hat⟩:
(etwas Erwartetes, Gewünschtes o. Ä.) nicht tun; (jmdm.) nicht gewähren: Sie können die Aussage verweigern; sie verweigerte ihm jede Hilfe. **Syn.:** ablehnen, abschlagen, abweisen, versagen (geh.).

ver|wei|len [fɛɐ̯'vailən] ⟨itr.; hat⟩ (geh.):
a) *(einen Ort oder einen Platz für eine bestimmte Zeit) nicht verlassen, (dort) bleiben:* er verweilte noch einige Wochen in der Stadt. **Syn.:** sich aufhalten, sich befinden, haltmachen, lagern, pausieren, rasten, weilen (geh.). **b)** *(für eine bestimmte Zeit) eine bestimmte Stellung beibehalten:* sie verweilten lange vor dem Gemälde. **Syn.:** innehalten.

Ver|weis [fɛɐ̯'vais], der; -es, -e:
1. *Hinweis, dass an einer anderen Stelle [des Buches] etwas über das Gesuchte zu finden ist; Aufforderung, an einer anderen Stelle nachzuschlagen:* im Lexikon steht unter »Deutsch« ein Verweis auf »Sprachen«.
2. *in meist scharfer Weise vorgebrachte missbilligende Äußerung, mit der man jmds. Tun oder Verhalten als falsch, schlecht o. Ä. rügt:* ein milder, strenger Verweis; jmdm. einen Verweis erteilen; der Schüler hat einen Verweis bekommen/erhalten. **Syn.:** Anpfiff (ugs.), Anschiss (salopp), Rüffel (ugs.), Rüge, Tadel.

ver|wei|sen [fɛɐ̯'vaizn̩], verwies, verwiesen ⟨tr.; hat⟩:
1. a) *aufmerksam machen:* den Leser auf eine frühere Stelle des Buches verweisen; ein Schild verwies auf den Tagungsraum. **Syn.:** hindeuten, hinweisen, zeigen.
b) *(jmdm.) empfehlen, sich an eine bestimmte zuständige Person zu wenden:* man hat mich an den Inhaber verwiesen.
2. a) *(jmdm.) das weitere Bleiben (in einer Schule o. Ä.) verbieten:* man verwies ihn aus dem Saal, von der Schule; der Spieler wurde nach dem groben Foul des Spielfeldes/vom Spielfeld verwiesen. **Syn.:** ausschließen.
b) (geh.) *tadelnd verbieten:* die

Mutter verwies dem Jungen die vorlauten Worte.

ver|wel|ken [fɛɐ̯ˈvɛlkn̩], verwelkte, verwelkt ⟨itr.; ist⟩: *(aus Mangel an Wasser) welk werden:* die Blumen verwelken schnell, sind schon verwelkt; verwelkte Blätter. **Syn.:** eingehen, verblühen, welken.

ver|wen|den [fɛɐ̯ˈvɛndn̩], verwandte/verwendete, verwandt/verwendet:
1. ⟨tr.; hat⟩ **a)** *(für einen bestimmten Zweck, zur Herstellung, Ausführung o. Ä. von etwas) nutzen, anwenden:* zum Kochen verwende ich nur Butter; im Unterricht ein bestimmtes Lehrbuch, eine bestimmte Methode verwenden; sie hat in ihrem Text zu viele Fremdwörter verwendet; etwas noch einmal, nicht mehr, mehrmals verwenden können. **Syn.:** benutzen (bes. nordd.), benützen (bes. südd.), brauchen, einsetzen, gebrauchen. **Zus.:** weiterverwenden, wiederverwenden. **b)** *für etwas aufwenden; gebrauchen, verbrauchen:* Zeit, Mühe, Sorgfalt auf etwas verwenden *(daran wenden);* sie hat viel Fleiß auf diese Arbeit verwandt; er hat sein ganzes Geld für Zigaretten verwendet *(ausgegeben).* **Syn.:** aufbieten, ausgeben, investieren, lockermachen (ugs.). **c)** *jmdn. für eine bestimmte Arbeit o. Ä. einsetzen:* sie ist so ungeschickt, man kann sie zu nichts verwenden. **Syn.:** gebrauchen. **d)** *(Kenntnisse, Fertigkeiten) nutzen, verwerten:* hier kann sie ihr Englisch gut verwenden. **Syn.:** anwenden, einsetzen, gebrauchen, nutzen (bes. nordd.), nützen (bes. südd.).
2. ⟨+ sich⟩ (geh.) *seine Verbindungen, seinen Einfluss geltend machen und sich für jmdn., etwas einsetzen:* ich werde mich bei seinem Chef für ihn verwenden; ich werde mich dafür verwenden, dass sie befördert wird. **Syn.:** eine Lanze brechen, eintreten, sich engagieren, fördern, kämpfen, lancieren, Partei ergreifen, protegieren, sponsern, unterstützen.

ver|wer|fen [fɛɐ̯ˈvɛrfn̩], verwirft, verwarf, verworfen ⟨tr.; hat⟩: *als unbrauchbar, untauglich, unrealisierbar aufgeben, nicht weiter berücksichtigen, in Erwägung ziehen; als unannehmbar zurückweisen:* einen Gedanken, Plan verwerfen; sein Vorschlag wurde verworfen; eine Klage, Berufung verwerfen *(als unberechtigt ablehnen);* die Kirche hat diese Lehre verworfen *(für verwerflich, böse erklärt).* **Syn.:** ablehnen, abweisen, ausschlagen, missbilligen, negieren, verschmähen.

ver|werf|lich [fɛɐ̯ˈvɛrflɪç] ⟨Adj.⟩: *in moralischer Hinsicht unannehmbar, schlecht und daher tadelnswert:* eine verwerfliche Tat; was du tust, ist verwerflich. **Syn.:** bösartig, böse, gemein, niedrig, perfid[e] (bildungsspr.), schandbar, schändlich, schmählich (geh.).

ver|wer|ten [fɛɐ̯ˈveːɐ̯tn̩], verwertete, verwertet ⟨tr.; hat⟩: *(etwas, was brachliegt, was nicht mehr oder noch nicht genutzt wird) verwenden, etwas daraus machen:* die Reste, Abfälle [noch zu etwas] verwerten können; etwas ist noch zu verwerten, lässt sich nicht mehr verwerten; sie hat die Erfindung kommerziell verwertet; Ideen, Erfahrungen verwerten. **Syn.:** ausbeuten, ausnutzen (bes. nordd.), ausnützen (bes. südd.), ausschlachten (ugs.), auswerten, benutzen (bes. nordd.), benützen (bes. südd.), erschließen, nutzbar machen, nutzen, nützen (bes. südd.), sich zunutze machen.

ver|we|sen [fɛɐ̯ˈveːzn̩], verweste, verwest ⟨itr.; ist⟩: *in Fäulnis übergehen* (von toten menschlichen oder tierischen Körpern): die Leichen waren schon stark verwest; ein verwesender Leichnam, Kadaver.

ver|wi|ckeln [fɛɐ̯ˈvɪkl̩n]:
1. ⟨tr.; hat⟩ *jmdn. in eine unangenehme Sache hineinziehen, ihn daran beteiligen:* jmdn. in eine Affäre, eine Schlägerei verwickeln; sie war in einen Skandal, einen Streit verwickelt; er hatte ihn in ein Gespräch verwickelt *(ein Gespräch mit ihm angeknüpft).* **Syn.:** verstricken.
2. ⟨+ sich⟩ **a)** *(von Fäden, Schnüren o. Ä.) sich so ineinanderschlingen und so durcheinandergeraten, dass ein Entwirren nur mit Mühe möglich ist:* die Wolle, die Schnur, das Garn hat sich verwickelt. **Syn.:** sich verfangen, sich verheddern (ugs.). **b)** *in etwas hineingeraten, worin es sich verhakt und hängen bleibt:* das Seil des Ballons hatte sich in die Hochspannungsleitungen verwickelt *(in ihnen verfangen);* sie hat sich in Widersprüche verwickelt *(hat Widersprüchliches gesagt).*

ver|wi|ckelt [fɛɐ̯ˈvɪkl̩t] ⟨Adj.⟩: *schwer zu durchschauen, zu erklären, zu lösen:* eine verwickelte Angelegenheit, Situation; diese Geschichte ist sehr verwickelt. **Syn.:** knifflig, schwierig, vertrackt (ugs.), verworren, verzwickt (ugs.).

ver|wil|dern [fɛɐ̯ˈvɪldɐn], verwilderte, verwildert ⟨itr.; ist⟩: **a)** *schlechte Manieren annehmen, in einen Zustand von Unkultiviertheit [zurück]fallen:* das Kind verwildert immer mehr; verwildert aussehen. **Syn.:** verwahrlosen. **b)** *durch mangelnde Pflege von Wildkräutern überwuchert werden, zur Wildnis werden:* der Garten verwilderte zusehends; ein verwilderter Park.

ver|wirk|li|chen [fɛɐ̯ˈvɪrklɪçn̩]:
1. a) ⟨tr.; hat⟩ *Wirklichkeit werden lassen:* einen Plan, eine Idee, seinen Traum vom eigenen Haus verwirklichen; das Projekt lässt sich nicht verwirklichen. **Syn.:** abwickeln, arrangieren, auf die Beine stellen, ausführen, bewerkstelligen (Papierdt.), deichseln (ugs.), durchführen, [1]durchziehen (ugs.), einrichten, erfüllen, erledigen, fertig machen, fertigbringen (ugs.), fertigstellen, hinbringen (ugs.), hinkriegen (ugs.), in die Tat umsetzen, ins Werk setzen (geh.), inszenieren, machen, organisieren, realisieren, tätigen, verrichten, vollstrecken, vollziehen, wahr machen, zustande bringen, zuwege bringen. **b)** ⟨+ sich⟩ *Wirklichkeit werden:* ihre Hoffnungen, Träume haben sich nie verwirklicht. **Syn.:** eintreffen, sich erfüllen, in Erfüllung gehen, wahr werden.
2. ⟨+ sich⟩ *sich, seine Fähigkeiten unbehindert entfalten:* jeder sollte die Möglichkeit haben, sich [selbst] zu verwirklichen; sich in seiner Arbeit verwirkli-

chen *(Befriedigung darin finden).*

ver|wir|ren [fɛɐ̯ˈvɪrən]:
1. a) ⟨tr.; hat⟩ *durch Ineinanderverschlingen o. Ä. in Unordnung bringen:* beim Stricken die Wolle verwirren; der Wind verwirrte ihre Haare. **Syn.:** durcheinanderbringen. **b)** ⟨+ sich⟩ *durch Ineinanderschlingen o. Ä. in Unordnung geraten:* das Garn hat sich verwirrt.
2. a) ⟨tr.; hat⟩ *jmdn. in seinem klaren Denken beeinträchtigen und dadurch unsicher machen:* die Frage hat ihn verwirrt; seine Anwesenheit verwirrte sie; im Kaufhaus gibt es eine verwirrende Fülle von Waren; sie waren durch den ungewohnten Anblick ganz verwirrt. **Syn.:** aus dem Konzept bringen, beunruhigen, durcheinanderbringen, in Verwirrung bringen/versetzen, irremachen, irritieren, verunsichern. **b)** ⟨+ sich⟩ *in einen Zustand der Unordnung, Verstörtheit o. Ä. geraten:* seine Sinne hatten sich verwirrt.

ver|wi|schen [fɛɐ̯ˈvɪʃn̩]:
1. ⟨tr.; hat⟩ *durch Wischen [unabsichtlich] undeutlich, unkenntlich machen:* er hat durch seine Unachtsamkeit die Schrift auf der Tafel verwischt; das Meer verwischte die Spuren im Sand. **Syn.:** auswischen, beseitigen, verschmieren.
2. ⟨+ sich⟩ *undeutlich, unklar werden:* die Konturen verwischten sich; die Erinnerungen an jene Zeit haben sich verwischt.
3. ⟨tr.; hat⟩ *beseitigen, tilgen:* der Mörder hat versucht, alle Spuren zu verwischen. **Syn.:** entfernen, [1]löschen, zum Verschwinden bringen.

ver|wit|wet [fɛɐ̯ˈvɪtvət] ⟨Adj.⟩:
im Stand einer Witwe, eines Witwers lebend: die verwitwete Frau Schulz; er ist seit 1990 verwitwet; Frau Meier, verwitwete Schmidt *(die in der früheren Ehe mit Herrn Schmidt Witwe geworden ist).*

ver|wöh|nen [fɛɐ̯ˈvøːnən] ⟨tr.; hat⟩:
a) *jmdn. zu nachgiebig, mit zu großer Fürsorge behandeln und dadurch daran gewöhnen, dass jeder Wunsch erfüllt wird:* sie hat ihre Kinder sehr verwöhnt; du darfst deinen Mann nicht so verwöhnen, er soll sich sein Bier ruhig selbst holen; sein Sohn ist maßlos verwöhnt. **Syn.:** hätscheln, verziehen. **b)** *durch besondere Aufmerksamkeit, Zuwendung dafür sorgen, dass sich jmd. wohlfühlt:* er verwöhnte seine Frau mit Geschenken. **Syn.:** auf Händen tragen, auf Rosen betten.

ver|wor|ren [fɛɐ̯ˈvɔrən] ⟨Adj.⟩:
nicht klar zu ersehen; unübersichtlich und nicht ohne Schwierigkeiten zu verstehen: niemand hatte seine verworrene Rede richtig verstanden; die ganze Angelegenheit ist ziemlich verworren; das hört sich ziemlich verworren an. **Syn.:** abstrus, dunkel, konfus, kraus, nebelhaft, unbestimmt, unklar, wirr.

ver|wun|den [fɛɐ̯ˈvʊndn̩], verwundete, verwundet ⟨tr.; hat⟩:
(besonders im Krieg durch Waffen o. Ä.) jmdm. eine Wunde, Wunden beibringen: der Schuss verwundete ihn am Arm; er wurde im Krieg schwer, tödlich verwundet. **Syn.:** verletzen.

ver|wun|der|lich [fɛɐ̯ˈvʊndɐlɪç] ⟨Adj.⟩:
Erstaunen, Verwunderung hervorrufend: das ist doch sehr verwunderlich!; ich fände es nicht weiter verwunderlich, wenn sie heute nicht käme; die Sache schien ihm höchst verwunderlich. **Syn.:** bizarr, eigenartig, eigentümlich, komisch, kurios, merkwürdig, seltsam, sonderbar.

ver|wun|dern [fɛɐ̯ˈvʊndɐn]:
a) ⟨itr.; hat⟩ *bewirken, dass jmd. über etwas erstaunt ist:* es verwunderte mich, dass sie gar nichts dazu sagte; das verwundert mich gar nicht, nicht im Geringsten, dass er so reagiert hat; er schaute verwundert zu; sie schüttelte verwundert den Kopf. **Syn.:** befremden, erstaunen, überraschen, verblüffen.
b) ⟨+ sich⟩ *in Erstaunen über etwas geraten:* wir hatten uns sehr über dein Benehmen verwundert. **Syn.:** erstaunen, erstaunt sein, staunen, überrascht sein, sich wundern.

ver|wün|schen [fɛɐ̯ˈvʏnʃn̩] ⟨tr.; hat⟩:
(aus heftigem Unwillen gegenüber einer Person oder Sache) auf sie schimpfen, ihr etwas Böses wünschen, sie mit einem Fluch belegen: sie verwünschte den Tag, an dem sie diesem Menschen begegnet war; das ist eine ganz verwünschte Geschichte! **Syn.:** verfluchen.

ver|wur|zelt [fɛɐ̯ˈvʊrt͜sl̩t]:
in der Wendung **in etwas verwurzelt sein:** *an etwas eine feste innere Bindung haben:* er ist tief in seiner Heimat, in der Tradition verwurzelt.

ver|wüs|ten [fɛɐ̯ˈvyːstn̩], verwüstete, verwüstet ⟨tr.; hat⟩:
durch Zerstörung in einen unbewohnbaren Zustand versetzen, einer Wüste gleichmachen: der Sturm, das Erdbeben hat das Land verwüstet; die Rebellen haben das Dorf verwüstet. **Syn.:** auslöschen (geh.), dem Erdboden gleichmachen, demolieren, kaputt machen (ugs.), ruinieren, vernichten, zerstören.

ver|za|gen [fɛɐ̯ˈt͜saːɡn̩], verzagte, verzagt ⟨itr.; ist⟩ (geh.):
(in einer schwierigen Situation) die Zuversicht, die Hoffnung, das Selbstvertrauen und die Lust zum Handeln verlieren: man darf nicht immer gleich verzagen; er wollte schon verzagen, als ihm endlich eine Stellung angeboten wurde; sie war völlig verzagt, weil sich ihr Zustand nicht besserte. **Syn.:** aufgeben, aufstecken (ugs.), den Mut verlieren, den Schwanz einziehen (salopp), die Segel streichen (geh.), die Waffen strecken (geh.), kapitulieren, kleinmütig werden, mutlos werden, resignieren, verzweifeln.

ver|zäh|len [fɛɐ̯ˈt͜sɛːlən] ⟨+ sich⟩:
beim Zählen einen Fehler machen: du musst dich verzählt haben, es waren nicht zwölf, sondern nur zehn Personen. **Syn.:** sich verrechnen.

ver|zau|bern [fɛɐ̯ˈt͜saubɐn] ⟨tr.; hat⟩:
a) *durch Zauber verwandeln:* die Hexe verzauberte die Kinder [in Vögel]; ein verzauberter Prinz.
b) *durch seinen Zauber, Reiz ganz für sich einnehmen, gefangen nehmen:* der Anblick, ihr Charme verzauberte uns. **Syn.:** betören, bezaubern, entzücken, faszinieren, in seinen Bann ziehen.

ver|zeh|ren [fɛɐ̯ˈt͜seːrən] (geh.):
1. ⟨tr.; hat⟩ *essen [und trinken], bis nichts mehr von etwas übrig*

ist: als er sein Brot verzehrt hatte, begann er wieder zu arbeiten; der Gast hat nichts verzehrt. **Syn.:** aufessen, auffressen (derb), essen, trinken, verdrücken (ugs.), vertilgen (ugs.).
2. ⟨tr.; hat⟩ *bis zur völligen körperlichen und seelischen Erschöpfung aufbrauchen:* der Gram verzehrt sie; die Krankheit hat ihre Kräfte völlig verzehrt; ein verzehrendes Fieber. **Syn.:** aufreiben, schlauchen (ugs.), strapazieren, zehren.
3. ⟨+ sich⟩ *nach jmdm., etwas heftiges Verlangen haben, sich sehr nach jmdm., etwas sehnen:* sie verzehrte sich nach ihrer Heimat; er verzehrte sich in Liebe zu ihr, vor Sehnsucht nach ihr. **Syn.:** begehren (geh.), brennen auf, gelüsten (geh.), lechzen nach (geh.), schmachten (geh.), verlangen (geh.), sich wünschen.

ver|zeich|nen [fɛɐ̯ˈt͜sai̯çnən], verzeichnete, verzeichnet ⟨tr.; hat⟩:
1. a) *falsch zeichnen:* der Maler hat eine der beiden Figuren auf diesem Bild etwas verzeichnet. **b)** *entstellt, falsch darstellen:* der Schriftsteller hat den historischen Helden seines Romans ziemlich verzeichnet. **Syn.:** verdrehen, verzerren.
2. a) *(in einem Verzeichnis) schriftlich festhalten:* die Namen sind alle in der Liste verzeichnet. **Syn.:** aufs Papier werfen, aufschreiben, aufzeichnen, buchen, festhalten, niederlegen, niederschreiben, notieren, schriftlich niederlegen (geh.), skizzieren, zusammenstellen. **b)** *aufweisen, erzielen; registrieren:* Fortschritte wurden nicht verzeichnet; die Sportlerin hatte in der letzten Zeit viele Erfolge zu verzeichnen; die Insel verzeichnet immer mehr Urlaubsgäste. **Syn.:** aufzuweisen haben, erkennen lassen.

Ver|zeich|nis [fɛɐ̯ˈt͜sai̯çnɪs], das; -ses, -se:
nach einem bestimmten System geordnete schriftliche Aufstellung mehrerer unter einem bestimmten Gesichtspunkt zusammengehörender Dinge o. Ä.; listenmäßige Zusammenstellung von etwas: ein amtliches, vollständiges Verzeichnis; sie legte ein alphabetisches Verzeichnis der Namen an; etwas in ein Verzeichnis aufnehmen, eintragen. **Syn.:** Index, Kartei, Katalog, Liste, Register, Statistik, Tabelle. **Zus.:** Abkürzungsverzeichnis, Adressenverzeichnis, Bücherverzeichnis, Hotelverzeichnis, Inhaltsverzeichnis, Literaturverzeichnis, Namensverzeichnis, Ortsverzeichnis, Personenverzeichnis, Preisverzeichnis, Quellenverzeichnis, Stichwortverzeichnis, Straßenverzeichnis, Vorlesungsverzeichnis, Wörterverzeichnis.

ver|zei|hen [fɛɐ̯ˈt͜sai̯ən], verzieh, verziehen ⟨tr.; hat⟩:
(ein Unrecht, eine Kränkung o. Ä.) nicht zum Anlass für eine heftige Reaktion, eine Vergeltungsmaßnahme nehmen, sondern mit Nachsicht und Großzügigkeit reagieren: diese Äußerung wird sie mir nie verzeihen; er verzieh ihr alles, was sie ihm je angetan hatte; verzeihen *(entschuldigen)* Sie bitte die Störung; ⟨auch itr.⟩ verzeihen Sie bitte!; verzeihen Sie bitte, können Sie mir sagen, wie viel Uhr es ist? **Syn.:** durchgehen lassen, entschuldigen, nachsehen, vergeben.

Ver|zei|hung [fɛɐ̯ˈt͜sai̯ʊŋ], die; -:
das Verzeihen: jmdn. um Verzeihung bitten; Verzeihung! **Syn.:** Entschuldigung.

ver|zer|ren [fɛɐ̯ˈt͜sɛrən] ⟨tr.; hat⟩:
1. *aus seiner üblichen Form bringen und dadurch entstellen:* der Schmerz verzerrte sein Gesicht; dieser Spiegel verzerrt die Gestalt; die Stimmen auf dem Tonband klangen sehr verzerrt. **Syn.:** verunstalten.
2. *falsch, entstellt darstellen:* er verzerrte in seinem Artikel die Vorgänge völlig; er hat den Vorfall ziemlich verzerrt wiedergegeben; eine verzerrte Darstellung. **Syn.:** verdrehen, verfälschen.

¹ver|zet|teln [fɛɐ̯ˈt͜sɛtl̩n]:
a) ⟨itr.; hat⟩ *durch viele kleine, unwichtige Dinge verbrauchen und dadurch etwas Großes, Wichtiges nicht leisten können:* sie verzettelte ihre Kraft, ihr Geld mit unnützen Dingen. **Syn.:** vergeuden, vertun. **b)** ⟨+ sich⟩ *sich mit zu vielem [Nebensächlichen] beschäftigen, aufhalten und dadurch nichts richtig, ganz tun oder nicht zu dem eigentlich Wichtigen kommen:* du verzettelst dich zu sehr; er verzettelte sich in/mit seinen Liebhabereien.

²ver|zet|teln [fɛɐ̯ˈt͜sɛtl̩n] ⟨tr.; hat⟩:
(Wörter) einzeln auf Zettel, Karten schreiben [um diese in eine Kartei o. Ä. einordnen zu können]: er hat für eine wissenschaftliche Arbeit den gesamten Wortschatz von Goethes »Faust« verzettelt.

Ver|zicht [fɛɐ̯ˈt͜sɪçt], der; -[e]s, -e:
das Verzichten; Aufgabe eines Anspruchs, eines Vorhabens o. Ä.: ein freiwilliger Verzicht; der Verzicht auf diese Reise fiel ihr sehr schwer; seinen Verzicht erklären; ich sehe nicht ein, dass du alles darfst, ich aber immer Verzicht leisten muss. **Syn.:** Enthaltsamkeit. **Zus.:** Erbverzicht, Gebietsverzicht, Konsumverzicht, Lohnverzicht, Thronverzicht.

ver|zich|ten [fɛɐ̯ˈt͜sɪçtn̩], verzichtete, verzichtet ⟨itr.; hat⟩:
(etwas) nicht [länger] beanspruchen; nicht (auf einer Sache) bestehen; (einen Anspruch) nicht länger geltend machen: sie verzichtete auf das Geld, das ihr zustand; es fiel ihm schwer, auf dieses Amt zu verzichten; zu jmds. Gunsten, schweren Herzens, freiwillig verzichten; ich verzichte auf deine Hilfe, deine Begleitung *(brauche, möchte sie nicht)*; auf die Anwendung von Gewalt verzichten *(Gewalt nicht anwenden wollen)*; sie verzichtete auf eine Stellungnahme *(gab sie nicht)*; auf ihre Unterstützung konnten wir nicht verzichten; auf seine Gesellschaft müsst ihr heute Abend leider verzichten *(ihr müsst sie heute entbehren)*. **Syn.:** ablassen von, abschreiben (ugs.), abschwören, absehen von, aufgeben, sich begeben (geh.), sich enthalten (geh.), entsagen (geh.), fallen lassen, lassen, preisgeben, sich lossagen von, zurücktreten von.

ver|zie|hen [fɛɐ̯ˈt͜siːən], verzog, verzogen:
1. a) ⟨tr.; hat⟩ *aus seiner normalen Form bringen:* den Mund schmerzlich, angewidert, zu einem spöttischen Lächeln verziehen; sie verzog das Gesicht zu einer Grimasse; keine Miene

V
verz

verziehen *(sich eine Gefühlsregung nicht anmerken lassen, sie nicht zeigen);* das Kleid ist ganz verzogen. **Syn.:** verzerren.
b) ⟨+ sich⟩ *seine normale Form in bestimmter Weise verändern:* sein Gesicht verzog sich schmerzlich, zu einer Grimasse; der Pullover hat sich beim Waschen verzogen; bei Feuchtigkeit verziehen sich die Bretter.
2. a) ⟨itr.; ist⟩ *an einen anderen Ort, in eine andere Wohnung ziehen:* diese Familie ist [nach Berlin, in eine andere Stadt] verzogen; Empfänger, Adressat verzogen [neuer Wohnsitz unbekannt]. **Syn.:** seinen Wohnsitz verlegen, übersiedeln, umziehen. **b)** ⟨+ sich⟩ *allmählich verschwinden, wegziehen:* der Nebel, das Gewitter hat sich verzogen; die Regenwolken verziehen sich; der Schmerz hat sich verzogen *(ist abgeklungen).* **Syn.:** weggehen. **c)** ⟨+ sich⟩ (ugs.) *sich [unauffällig] entfernen, zurückziehen:* als die Gäste kamen, verzog sie sich; sie verzogen sich in eine stille Ecke und plauderten; ich glaube, ich verziehe mich besser, bevor er kommt; verzieh dich! (ugs.; *verschwinde!*). **Syn.:** abhauen (ugs.), abmarschieren, abrücken, abschieben (ugs.), abschwirren (ugs.), sich absetzen (ugs.), abtreten, abziehen, aufbrechen, sich aufmachen, ausscheiden, auswandern, das Weite suchen, sich davonmachen (ugs.), die Kurve kratzen (salopp), durchbrennen (ugs.), sich empfehlen, enteilen (geh.), fliehen, gehen, hinausgehen, Leine ziehen (ugs.), seiner Wege gehen (geh.), seines Weges gehen (geh.), sich auf die Socken machen (ugs.), sich aus dem Staub[e] machen (ugs.), sich stehlen, sich trollen (ugs.), sich verdrücken (ugs.), sich verflüchtigen, von dannen gehen (veraltet), weggehen, [1]weichen.
3. ⟨tr.; hat⟩ *falsch erziehen:* sie haben ihre Kinder verzogen; er ist ein verzogenes Muttersöhnchen. **Syn.:** hätscheln, verwöhnen.

ver|zie|ren [fɛɐ̯ˈt͜siːrən] ⟨tr.; hat⟩: *mit etwas Schmückendem, mit verschönerndem Beiwerk versehen:* sie verzierte das Kleid mit Spitzen; einen Schrank mit Schnitzereien verzieren; eine Torte, Wurstplatte verzieren *(garnieren).* **Syn.:** dekorieren, garnieren, schmücken, zieren.

ver|zin|sen [fɛɐ̯ˈt͜sɪnzn̩]:
1. ⟨tr.; hat⟩ *Zinsen in bestimmter Höhe (für etwas) zahlen:* die Bank verzinst das Geld mit fünf Prozent.
2. ⟨+ sich⟩ *Zinsen bringen:* das Kapital verzinst sich gut, mit sechs Prozent.

ver|zö|gern [fɛɐ̯ˈt͜søːgɐn]:
a) ⟨tr.; hat⟩ *langsamer geschehen, ablaufen lassen; in seinem Ablauf, Fortgang hemmen:* die Mannschaft versuchte das Spiel zu verzögern; der strenge Winter verzögerte die Baumblüte [um drei Wochen] *(bewirkte, dass sie [drei Wochen] später als erwartet oder üblich eintrat).* **Syn.:** aufschieben, behindern, hinausziehen, [1]verlegen, verschieben. **b)** ⟨+ sich⟩ *später geschehen, eintreten als vorgesehen:* die Fertigstellung des Manuskripts verzögert sich [um zwei Monate]; seine Ankunft hat sich verzögert. **Syn.:** aufgeschoben werden, hinausgezögert werden, sich hinausziehen, sich verschieben, verschoben werden.

ver|zol|len [fɛɐ̯ˈt͜sɔlən] ⟨tr.; hat⟩: *(für etwas) Zoll bezahlen:* diese Waren müssen verzollt werden.

ver|zwei|feln [fɛɐ̯ˈt͜svai̯fl̩n], verzweifelte, verzweifelt ⟨itr.; ist⟩: *(in einer schwierigen Situation) jede Hoffnung, Zuversicht verlieren; keinen Ausweg mehr sehen:* der Kranke wollte schon verzweifeln, als ihm schließlich dieses Mittel doch noch half; sie verzweifelte am Leben, an den Menschen, an ihrer Arbeit; man könnte über so viel Unverstand verzweifeln; nur nicht verzweifeln!; es besteht kein Grund, zu verzweifeln!; es ist [wirklich] zum Verzweifeln [mit dir, mit deiner Faulheit]! (Ausdruck des Verdrusses, des Unwillens, der erschöpften Geduld; *es ist unerträglich, katastrophal*); sie machte ein verzweifeltes Gesicht; er war ganz verzweifelt. **Syn.:** aufgeben, aufstecken (ugs.), den Mut verlieren, den Schwanz einziehen (salopp), die Segel streichen (geh.), die Waffen strecken (geh.), kapitulieren, kleinmütig werden, mutlos werden, resignieren, verzagen.

ver|zwei|felt [fɛɐ̯ˈt͜svai̯fl̩t] ⟨Adj.⟩:
1. *sehr schwierig und keine Hoffnung auf Besserung bietend:* sie war in einer verzweifelten Lage. **Syn.:** ausweglos, hoffnungslos.
2. *[wegen drohender Gefahr o. Ä.] unter Aufbietung aller Kräfte, mit äußerster Anstrengung [durchgeführt]:* ein verzweifelter Kampf ums Überleben; er machte verzweifelte Anstrengungen, sich zu befreien.

ver|zwei|gen [fɛɐ̯ˈt͜svai̯gn̩] ⟨+ sich⟩: *sich in mehrere Zweige teilen:* der Ast verzweigt sich; die Krone des Baumes ist weit verzweigt. **Syn.:** sich gabeln.

ver|zwickt [fɛɐ̯ˈt͜svɪkt] ⟨Adj.⟩ (ugs.): *sehr kompliziert; schwer zu durchschauen oder zu lösen:* eine verzwickte Angelegenheit, Geschichte; die Sache ist ganz schön verzwickt. **Syn.:** delikat, haarig (ugs.), heikel, knifflig, prekär, problematisch, schwierig, verfänglich, vertrackt (ugs.), verwickelt.

Ve|te|ran [veteˈraːn], der; -en, -en, **Ve|te|ra|nin** [veteˈraːnɪn], die; -, -nen:
1. *Person, die an einem früheren Krieg teilgenommen hat; Person, die (beim Militär) altgedient ist, sich in langer Dienstzeit bewährt hat:* ein Veteran der Marine; die Veteranen des Ersten Weltkrieges; die neue Verteidigungsministerin ist Veteranin zweier Kriege. **Zus.:** Kriegsveteran, Kriegsveteranin.
2. *Person, die zu den ältesten Mitgliedern, zu den altgedienten [und erfahrenen] Mitarbeiter[inne]n gehört:* die Veteraninnen und Veteranen des Vereins, der Partei. **Zus.:** Gewerkschaftsveteran, Gewerkschaftsveteranin, Parteiveteran, Parteiveteranin, Vereinsveteran, Vereinsveteranin.

Ve|te|ri|när [veteriˈnɛːɐ̯], der; -s, -e, **Ve|te|ri|nä|rin** [veteriˈnɛːrɪn], die; -, -nen:
Tierarzt, Tierärztin: den Veterinär rufen.

Vet|ter [ˈfɛtɐ], der; -s, -n:
Sohn eines Onkels oder einer Tante: er ist nicht mein Vetter; sie sind Vetter und Cousine;

Vettern ersten Grades. **Syn.:** Cousin.

vi|brie|ren [vi'bri:rən] ⟨itr.; hat⟩: *in leicht schwingender Bewegung sein [und einen Ton von sich geben]:* das Deck des Schiffes vibriert; die Wand vibrierte durch den, von dem Lärm; seine Stimme vibrierte *(zitterte)* leicht; die Luft vibrierte *(flimmerte).* **Syn.:** beben, zittern.

Vi|deo ['vi:deo], das; -s, -s: Kurzform von *Videofilm:* am Wochenende leihe ich mir drei Videos aus; Video gucken (ugs.; *sich einen Videofilm ansehen*).

Vi|deo- [vi:deo] ⟨erster Wortbestandteil⟩: bezeichnet Gegenstände usw. im Zusammenhang mit den Möglichkeiten der Bildübertragung über den Fernsehschirm: *zum Fernsehen gehörend:* Videoaufzeichnung; Videoband; Videoclip; Videokamera; Videokassette; Videorekorder; Videotechnik; Videotelefon; Videotext.

Vi|deo|film ['vi:deofɪlm], der; -[e]s, -e: **a)** *mit einer Videokamera aufgenommener Film:* einen Videofilm machen, drehen. **Syn.:** Video. **b)** *Kinofilm auf Videokassette:* sie lieh sich fürs Wochenende einige Videofilme aus. **Syn.:** Video.

Vi|deo|ka|me|ra ['vi:deokaməra], die; -, -s: *Kamera zur Aufnahme von Filmen auf Videobändern:* der Film ist mit einer Videokamera gedreht.

Vi|deo|re|kor|der ['vi:deorekɔrdɐ], der; -s, -, **Videorecorder:** *Rekorder zur Aufzeichnung von Fernsehsendungen, zum Kopieren von Videofilmen und zum Abspielen von Videokassetten:* den Videorekorder programmieren.

Vi|deo|thek [video'te:k], die; -, -en: **1.** *Sammlung von Filmen und Fernsehsendungen, die auf Videobändern aufgezeichnet sind:* sie haben eine stattliche Videothek zu Hause. **2.** *Laden, in dem gegen Gebühr Videofilme* (b) *ausgeliehen werden können:* die Videothek an der Ecke hat nur bis 18 Uhr geöffnet.

Vieh [fi:], das; -[e]s: **1. a)** *Tiere, die zu einem bäuerlichen Betrieb gehören (wie Rinder, Schweine, Schafe o. Ä.):* der Bauer hat fast all sein Vieh verkauft; das Vieh füttern, schlachten. **Zus.:** Jungvieh, Schlachtvieh, Zuchtvieh. **b)** *Bestand an Rindern:* das Vieh auf die Weide treiben, zur Tränke führen. **Syn.:** Kühe ⟨Plural⟩, Rinder ⟨Plural⟩. **Zus.:** Rindvieh. **2.** (ugs.) *Tier:* das arme Vieh sieht ja halb verhungert aus!; dieses verdammte Vieh hat wieder den Salat abgefressen.

viel [fi:l], mehr, meist... ⟨Indefinitpronomen und unbestimmtes Zahlwort⟩: **1. a)** ⟨Singular⟩ *eine große Menge von, ein beträchtliches Maß an:* viel[er] schöner Schmuck; der viele Regen hat der Ernte geschadet; das viele, sein vieles Geld macht ihn auch nicht glücklich; viel[e] Übung gehört dazu; viel[es] gutes Reden nützte nichts; jmdm. viel Vergnügen, viel Spaß, viel Glück wünschen; das kostet viel Zeit, Mühe; mit viel gutem Willen schaffst du es; trotz vielem Angenehmen; es begegnete ihm vieles Unbekannte/viel Unbekanntes; sie hat viel Arbeit; er hat auf seiner Reise viel[es] gesehen; du hast viel gegessen; das ist nicht, recht, ziemlich, unendlich viel; sie weiß viel *(hat ein fundiertes Wissen);* ihr Blick sagte viel; er verdient nicht viel; er kann nicht viel vertragen (ugs.; *viel Alkohol trinken, ohne betrunken zu werden*). **Syn.:** ein gerüttelt Maß, ein Haufen, haufenweise (ugs.), in großer Zahl, in Hülle und Fülle, in Massen, in rauen Mengen (ugs.), massenhaft (oft emotional), massig (ugs.), mehr als genug, nicht wenig, reichlich, wie Sand am Meer (ugs.), zur Genüge. **b)** ⟨Plural⟩ *eine große Anzahl; zahlreich:* viel[e] hohe Häuser; das Ergebnis vieler genauer Untersuchungen; die vielen fremden Gesichter verwirrten sie; es waren viele Reisende unterwegs; viel[e] nützliche Hinweise; die Bedenken vieler verantwortungsbewusster Bürger wurden von den Politikern nicht ernst genommen; mach nicht so viel[e] Worte!; in vielen Fällen wusste sie Rat; viele können das nicht verstehen; viele von uns; die Interessen vieler/von vielen vertreten; es waren viele unter ihnen, die ich nicht kannte. **Syn.:** divers..., Dutzende von, ein Haufen, ein paar, eine Anzahl, eine ganze Reihe, eine Reihe, einig..., etlich..., manch..., mehrer..., unzählig, verschieden, zahllos. **c)** ⟨adverbial⟩ *häufig oder lange anhaltend:* er schläft viel; ich bin früher viel geschwommen, ins Theater gegangen; die Kinder gucken zu viel fern. **Syn.:** ausgiebig, mehr als genug, nicht wenig, oft, sattsam (emotional). **2.** ⟨verstärkend bei Adjektiven im Komparativ oder vor »zu« + Adjektiv⟩ *in hohem Maß, weitaus:* sein Haus ist viel kleiner als deines; sie weiß [sehr] viel mehr als ich; es geht ihm jetzt [sehr] viel besser; es wäre mir viel lieber, wenn du hier bliebest; hier ist es auch nicht viel anders; die Schuhe sind mir viel zu klein. **Syn.:** bedeutend, beträchtlich, deutlich, ein ganzes Stück, ein gutes Stück, erheblich, um ein Beträchtliches, um einiges, weit, wesentlich.

vie|ler|lei ['fi:lɐ'lai̯] ⟨unbestimmtes Zahlwort⟩: *viele unterschiedliche Dinge, Arten o. Ä. umfassend:* vielerlei neue Angebote; auf dem Tisch lagen vielerlei Dinge; vielerlei zu erzählen haben; im Urlaub haben wir vielerlei Neues gesehen. **Syn.:** allerhand, allerlei, eine Menge, mancherlei, viel.

viel|fach ['fi:lfax] ⟨Adj.⟩: **1. a)** *viele Male so groß (wie eine Bezugsmenge):* eine vielfache Menge von etwas; das Vielfache, ein Vielfaches an Unkosten haben. **b)** *sich in gleicher Form viele Male wiederholend; ziemlich häufig vorkommend:* ein vielfacher Millionär; eine vielfache Meisterin im Tennis; das Konzert wird auf vielfachen Wunsch wiederholt; sein Name wurde in diesem Zusammenhang vielfach genannt. **Syn.:** des Öfteren, immer wieder, mehrmals, oft, wiederholt, x-mal (ugs.). **2.** *vielfältig, von vielerlei Art, auf vielerlei Weise:* vielfache Wand-

lungen; wegen unserer vielfachen internationalen Verbindungen sind Englischkenntnisse erforderlich. **Syn.:** viel.
3. (ugs.) *gar nicht so selten; recht oft:* man kann dieser Meinung vielfach begegnen; die Gefahr ist größer, als vielfach angenommen wird; dies ist vielfach festgestellt worden. **Syn.:** häufig.

Viel|falt ['fi:lfalt], die; -:
Fülle von verschiedenen Arten, Formen o. Ä., in denen etwas Bestimmtes vorhanden ist, vorkommt, sich manifestiert: eine erstaunliche, bunte, verwirrende Vielfalt aufweisen; die Vielfalt der Formen und Farben beeindruckte uns sehr; dieses Fachgeschäft bietet eine Vielfalt an/von preiswerten Markenartikeln. **Syn.:** Reichtum. **Zus.:** Farbenvielfalt, Formenvielfalt, Meinungsvielfalt.

viel|fäl|tig ['fi:lfɛltɪç] ⟨Adj.⟩:
durch Vielfalt gekennzeichnet: ein vielfältiges Freizeitangebot; vielfältige Farben; er erhielt vielfältige Anregungen. **Syn.:** abwechslungsreich, allerhand, divers..., kunterbunt (emotional), mancherlei, mannigfach, mannigfaltig, mehrer..., reichhaltig.

[1]**viel|leicht** [fiˈlai̯çt] ⟨Adverb⟩:
1. dient dazu, auszudrücken, dass das Zutreffen der Äußerung nicht ganz sicher ist: vielleicht kommt er morgen; vielleicht habe ich mich geirrt; im Urlaub werde ich gründlich faulenzen und vielleicht ein paar Briefe schreiben. **Syn.:** allenfalls, eventuell, unter Umständen, womöglich.
2. *schätzungsweise:* sie ist vielleicht dreißig; ein Mann von vielleicht fünfzig Jahren. **Syn.:** an die, etwa, gegen, in etwa, rund, so, über den Daumen gepeilt (ugs.), ungefähr, wohl.

[2]**viel|leicht** [fiˈlai̯çt] ⟨Partikel⟩:
a) dient in Ausrufen dazu, auszudrücken, dass man den genannten Sachverhalt besonders bemerkenswert findet, und zu betonen, dass er wirklich gegeben ist: ich war vielleicht aufgeregt!; du bist vielleicht ein Idiot! **b)** dient dazu, einer Aufforderung in Form eines Aussagesatzes einen unwilligen oder drohenden Unterton zu verleihen: vielleicht wartest du, bis du an der Reihe bist! **c)** [2]*etwa:* ist das vielleicht meine Schuld?; hat sie uns vielleicht nicht im Stich gelassen?

viel|mals ['fi:lma:ls] ⟨Adverb⟩:
zur Kennzeichnung eines hohen Grades in Verbindung mit Verben des Grüßens, Dankens oder Entschuldigens; *ganz besonders [herzlich]; sehr:* ich bitte vielmals um Entschuldigung; sie lässt vielmals grüßen; ich danke Ihnen vielmals.

viel|mehr [fi:lˈme:ɐ̯] ⟨Adverb⟩:
im Gegenteil; genauer, richtiger gesagt: er verehrt sie, vielmehr er liebt sie; man sollte ihn nicht verurteilen, vielmehr sollte man ihm helfen; nicht er, vielmehr sie war gemeint; ich kann dir darin nicht zustimmen, vielmehr bin ich/ich bin vielmehr der Meinung, dass ...; ⟨oft verstärkend nach der Konjunktion »sondern«⟩ das ist kein Spaß, sondern vielmehr bitterer Ernst. **Syn.:** dagegen, eher, [2]lieber, [2]mehr.

viel|sa|gend ['fi:lza:gn̩t] ⟨Adj.⟩:
so, dass Einverständnis, Kritik, Verachtung o. Ä. ausgedrückt wird, ohne dass es direkt gesagt wird: ein vielsagender Blick; sie ging mit einem vielsagenden Lächeln aus dem Zimmer; sie nickten sich vielsagend zu. **Syn.:** bedeutsam, bedeutungsvoll.

viel|sei|tig ['fi:lzai̯tɪç] ⟨Adj.⟩:
1. a) *an vielen Dingen interessiert; auf vielen Gebieten bewandert:* eine vielseitige Wissenschaftlerin, Künstlerin; er ist nicht sehr vielseitig. **b)** *viele Gebiete betreffend, beinhaltend:* eine vielseitige Ausbildung; vielseitige Freizeitangebote; das Programm ist sehr vielseitig; ihre neue Arbeit ist vielseitig und abwechslungsreich; das Gerät lässt sich vielseitig verwenden.
2. *von vielen Personen (geäußert, kundgetan):* auf vielseitigen Wunsch wird die Aufführung wiederholt; die vielseitige Zustimmung ermutigte sie. **Syn.:** vielfach.

vier [fi:ɐ̯] ⟨Kardinalzahl⟩ (als Ziffer: 4):
vier Personen.

Vier|eck ['fi:ɐ̯|ɛk], das; -[e]s, -e:
von vier geraden Linien begrenzte Fläche mit vier Ecken: der Lehrer zeichnete ein Viereck an die Tafel. **Syn.:** Karo, Quadrat, Rechteck.

vier|schrö|tig ['fi:ɐ̯ʃrø:tɪç] ⟨Adj.⟩:
(von Männern) von breiter, kräftiger, gedrungener Gestalt und dabei derb-ungehobelt wirkend: ein großer, vierschrötiger Kerl kam auf uns zu. **Syn.:** bäurisch, grobschlächtig (abwertend), klobig, klotzig (abwertend), plump.

viert... [fi:ɐ̯t] ⟨Ordinalzahl⟩ (als Ziffer: 4.):
das vierte Kind.

Vier|tel ['fɪrtl̩], das; -s, -:
1. *vierter Teil von einem Ganzen:* ein Viertel der Bevölkerung; drei Viertel des Weges liegen hinter uns; es ist Viertel vor, nach eins *(15 Minuten vor, nach ein Uhr);* er hatte schon einige Viertel *(Viertelliter Wein)* getrunken; im zweiten Viertel des 12. Jahrhunderts.
2. *Teil eines Ortes, einer Stadt; bestimmte Gegend in einer Stadt:* ein verrufenes, vornehmes Viertel; sie wohnen in einem sehr ruhigen Viertel. **Syn.:** Bezirk, Siedlung, Stadtteil. **Zus.:** Altstadtviertel, Arbeiterviertel, Armenviertel, Bahnhofsviertel, Bankenviertel, Geschäftsviertel, Hafenviertel, Handwerkerviertel, Regierungsviertel, Stadtviertel, Vergnügungsviertel, Villenviertel, Wohnviertel.

Vier|tel|jahr [fɪrtl̩ˈja:ɐ̯], das; -[e]s, -e:
vierter Teil eines Jahres; Zeitraum von drei Monaten: er bestellte die Zeitung für ein Vierteljahr. **Syn.:** Quartal.

Vier|tel|stun|de [fɪrtl̩ˈʃtʊndə], die; -, -n:
vierter Teil einer Stunde; Zeitraum von fünfzehn Minuten: er ist eine Viertelstunde zu spät gekommen.

vier|zig ['fɪrt͜sɪç] ⟨Kardinalzahl⟩ (in Ziffern: 40):
vierzig Personen.

Vil|la ['vɪla], die; -, Villen ['vɪlən]:
größeres, komfortables, in einem Garten oder Park [am Stadtrand] liegendes Einfamilienhaus: eine Villa aus dem 19. Jh. **Syn.:** Gebäude, Haus. **Zus.:** Luxusvilla, Prunkvilla.

Vi|o|la ['vi̯o:la], die; -, Violen ['vi̯o:lən]:
Bratsche.

vi|o|lett [vi̯o'lɛt] ⟨Adj.⟩:
(in der Färbung) zwischen Rot und Blau liegend: ein violetter Schal; Veilchen sind violett; ihr Gesicht lief violett an, als sie das hörte. **Syn.:** blau, lila, rot. **Zus.:** blassviolett, blauviolett, dunkelviolett, hellviolett, rotviolett, tiefviolett.

Vi|o|li|ne [vi̯o'li:nə], die; -, -n:
Geige: ein Konzert für Violine und Orchester.

Vi|o|lon|cel|lo [vi̯olɔn'tʃɛlo], das; -s, -s und Violoncelli [vi̯olɔn'tʃɛli]:
Cello.

Vir|tu|o|se [vɪr'tu̯o:zə], der; -n, -n, **Vir|tu|o|sin** [vɪr'tu̯o:zɪn], die; -, -nen:
Person, die [als Instrumentalsolist bzw. -solistin] ihre Kunst technisch vollendet beherrscht: er ist ein Virtuose auf dem Klavier; sie ist eine Virtuosin auf der Geige. **Syn.:** Interpret, Interpretin. **Zus.:** Geigenvirtuose, Geigenvirtuosin, Klaviervirtuose, Klaviervirtuosin.

Vi|rus ['vi:rʊs], das, nicht fachsprachlich auch: der; -, Viren ['vi:rən]:
1. *kleinster, auf lebendem Gewebe gedeihender Krankheitserreger:* ein gefährliches Virus; diese Krankheit, die Grippe wird durch Viren hervorgerufen, übertragen. **Syn.:** Keim. **Zus.:** Aidsvirus, Gelbfiebervirus, Grippevirus, Pockenvirus, Tollwutvirus.
2. *Computerprogramm, das unbemerkt in einen Rechner eingeschleust wird in der Absicht, die vorhandene Software zu manipulieren oder zu zerstören:* das Virus hatte sämtliche E-Mails vernichtet. **Zus.:** Computervirus.

Vi|sa|ge [vi'za:ʒə], die; -, -n (derb abwertend):
Gesicht: er hat eine widerliche, fiese, ekelhafte Visage; ich hau dir eins, eine in die Visage! **Syn.:** Antlitz (geh.), Fratze, Schnauze (derb).

[1]vis-à-vis [viza'vi:] ⟨Präp. mit Dativ⟩:
[1]gegenüber (1): sie saßen vis-à-vis dem Büfett; vis-à-vis dem Park ist das Hallenbad.

[2]vis-à-vis [viza'vi:] ⟨Adverb⟩:
[2]gegenüber: sie saßen im Abteil vis-à-vis; vis-à-vis vom Rathaus ist ein Park; sie wohnt gleich vis-à-vis *(auf der anderen Straßenseite);* das ist das Mädchen von vis-à-vis *(drüben).*

Vi|si|on [vi'zi̯o:n], die; -, -en:
a) *übernatürliche Erscheinung als religiöse Erfahrung:* die Visionen der Apokalypse.
b) *optische Halluzination:* sie hat öfter Visionen. **c)** *in jmds. Vorstellung besonders in Bezug auf Zukünftiges entworfenes Bild:* die Vision eines geeinten Europas; sie wollte ihre künstlerische, politische Vision verwirklichen. **Syn.:** Utopie.

Vi|si|te [vi'zi:tə], die; -, -n:
a) *regelmäßiger Besuch des Arztes bei den Kranken einer Krankenhausstation [in Begleitung der Assistenzärzte und der Stationsschwester]:* die morgendliche, wöchentliche Visite im Krankenhaus; die Ärztin macht gerade Visite; der Arzt kommt zur Visite. **Zus.:** Morgenvisite.
b) *Visite* (a) *machender Arzt mit Assistenzärzten und Stationsschwester:* in einer halben Stunde kommt die Visite.

Vi|sum ['vi:zʊm], das; -s, Visa ['vi:za]:
Vermerk in einem Pass, der jmdm. gestattet, die Grenze eines Landes zu überschreiten: mein Visum ist abgelaufen; ein Visum beantragen; jmdm. ein Visum erteilen, verweigern; für dieses Land benötigen Sie kein Visum mehr. **Zus.:** Ausreisevisum, Durchreisevisum, Einreisevisum, Transitvisum.

vi|tal [vi'ta:l] ⟨Adj.⟩:
1. *voll Energie, Tatkraft und Temperament; im Besitz seiner vollen Leistungskraft:* ein vitaler Mensch; für ihr Alter war sie noch außerordentlich vital. **Syn.:** agil, beweglich, dynamisch, feurig, flott, lebhaft, mobil, rege, temperamentvoll.
2. *wichtig für das Leben, für die Existenz:* die vitalen Interessen, Bedürfnisse einer Person, eines Staates. **Syn.:** entscheidend, lebenswichtig.

Vi|ta|min [vita'mi:n], das; -s, -e:
für den Körper wichtiger Stoff, der vorwiegend in Pflanzen gebildet und dem Körper durch die Nahrung zugeführt wird: Orangen enthalten viel Vitamin C; das Kind braucht mehr Vitamine.

Vi|tri|ne [vi'tri:nə], die; -, -n:
a) *an einer Wand aufgehängter oder als Tisch aufgestellter, an der Vorderseite bzw. Oberseite mit einer Glasscheibe versehener Kasten, in dem etwas ausgestellt wird:* die Vitrinen eines Museums; in den Vitrinen waren antike Funde ausgestellt. **Syn.:** Schaukasten. **b)** *Glasschrank:* sie bewahrte ihr Porzellan in einer Vitrine auf. **Syn.:** Schrank.

Vi|ze- [fi:tsə] ⟨Präfixoid; mit einer Personenbezeichnung als Basiswort, die auf ein Amt, einen gesellschaftlichen Status, eine Verwaltungsfunktion o. Ä. hinweist⟩:
1. *Person, die Stellvertreter des im Basiswort Genannten ist:* Vizefeldwebel; Vizekanzler; Vizekonsulin; Vizepräsidentin.
2. a) *Person, die sich an zweiter Stelle hinter jmdm. befindet, die den zweiten Platz [bei einer Meisterschaft] belegt:* Vizeeuropameister; Vizeweltmeisterin.
b) (ugs.) *Person, die neben einer im Basiswort genannten anderen Person als zweite mit der gleichen Funktion steht:* Vizemutti; Vizepapst (der Kardinalstaatssekretär wird scherzhaft Vizepapst genannt).

Vo|gel ['fo:gl̩], der; -s, Vögel ['fø:gl̩]:
1. *zweibeiniges, gefiedertes (Wirbel)tier unterschiedlicher Größe mit einem Schnabel und zwei Flügeln, das im Allgemeinen fliegen, oft auch schwimmen kann:* ein kleiner, großer, bunter, exotischer Vogel; der Vogel fliegt auf den Baum, schlägt mit den Flügeln, flattert, hüpft, singt, zwitschert, nistet, brütet, mausert sich; die Vögel ziehen im Herbst nach dem Süden; einen Vogel fangen, wieder fliegen lassen; Vögel füttern. **Syn.:** gefiederter Freund. **Zus.:** Jungvogel, Laufvogel, Meeresvogel, Schwimmvogel, Seevogel, Singvogel, Waldvogel, Wasservogel, Zugvogel.
2. (ugs., oft scherzh.) *Person, die durch ihre Art, ihr [als belustigend empfundenes] Auftreten auffällt:* dein Freund ist ein lus-

tiger Vogel; was will denn dieser schräge Vogel hier bei uns? **Syn.:** Bursche, junger Mann, Kerl (ugs.), Mann, Mensch, Typ, Type.

Vo|ka|bel [vo'ka:bl̩], die; -, -n: *[fremdsprachiges] Wort:* lateinische Vokabeln lernen; jmdn. die Vokabeln abfragen. **Syn.:** [1]Ausdruck, Begriff, Bezeichnung, Terminus.

Vo|kal [vo'ka:l], der; -s, -e: *sprachlicher Laut, den man hervorbringt, indem man die ausgeatmete Luft mehr oder weniger ohne Hindernisse ausstößt:* ein heller, dunkler, offener, nasaler Vokal. **Syn.:** Selbstlaut.

Volk [fɔlk], das, -[e]s, Völker ['fœlkɐ]:
1. *Gemeinschaft von Menschen, die nach Sprache, Kultur und Geschichte zusammengehören:* das deutsche Volk; ein freies, unterdrücktes Volk; die Völker Asiens. **Syn.:** Bevölkerung, Bewohner ⟨Plural⟩, Einwohner ⟨Plural⟩, ethnische Gruppe, Nation, Nationalität, Stamm.
2. ⟨ohne Plural⟩ *Masse der Angehörigen einer Gesellschaft, der Bevölkerung eines Landes, eines Staates:* das arbeitende, werktätige Volk; das Volk steht hinter der Regierung, empörte sich gegen die Gewaltherrschaft; das Volk befragen; das Volk aufwiegeln, aufhetzen; die Abgeordneten sind die gewählten Vertreter des Volkes; im Volk begann es zu gären; der Staatspräsident sprach zum Volk. **Syn.:** Nation.
3. ⟨ohne Plural⟩ *[mittlere und] untere Schichten der Bevölkerung:* das einfache, niedere Volk; ein Mann aus dem Volke; sie rechnete sich nicht zum [gemeinen] Volk. **Syn.:** gemeines Volk, Masse, Menge, Meute (ugs. abwertend), Pöbel (abwertend).
4. ⟨ohne Plural⟩ **a)** (ugs.) *größere Anzahl von Menschen, Menschenmenge; Menschen, Leute:* das Volk drängte sich auf dem Platz; an den Feiertagen war viel Volk unterwegs; unter den Teilnehmern war auch viel junges Volk (scherzh.; *viele junge Leute*); das kleine Volk (scherzh.; *die Kinder*) stürmte herein; sich unters Volk mischen; etwas unters Volk bringen *(verbreiten, bekannt machen)*. **Syn.:** Leute ⟨Plural⟩, Menschen ⟨Plural⟩. **b)** *Gruppe, Sorte von Menschen:* dieses liederliche Volk hat natürlich nicht aufgeräumt; die Künstler waren ein lustiges Volk. **Syn.:** Leute ⟨Plural⟩, Menschen ⟨Plural⟩.

Volks|schu|le ['fɔlksʃu:lə], die; -, -n (österr.): *Grundschule:* sie geht noch zur Volksschule.

volks|tüm|lich ['fɔlksty:mlɪç] ⟨Adj.⟩: *in seiner Art dem Denken und Fühlen des Volkes* (2) *entsprechend und daher allgemein verständlich [und beliebt]:* volkstümliche Lieder; ein volkstümliches Theaterstück; er schreibt sehr volkstümlich. **Syn.:** allgemein verständlich, populär.

voll [fɔl] ⟨Adj.⟩:
1. a) *in einem solchen Zustand, dass nichts mehr oder kaum noch etwas hineingeht, -passt, darin Platz hat* /Ggs. leer/: ein voller Eimer, Sack; ein volles Bücherregal; ein voller Bus; der Koffer ist nur halb voll; der Saal ist brechend, gestopft, gerammelt voll; es war sehr voll in den Geschäften; den Mund gerade voll haben; beide Hände gerade voll haben *(in beiden Händen etwas halten, tragen)*; ein Gesicht voll/voller Pickel; sie hatte die Augen voll/voller Tränen; die Straßen lagen voll/voller Schnee; einen Teller voll [Suppe] essen; ein Korb voll/voller frischer Eier; ein Korb voll [mit] frischen Eiern; ich habe so viel gegessen, dass ich voll bis obenhin bin; das Zimmer war voll von/mit schönen antiken Möbeln. **Syn.:** überfüllt, voll besetzt, vollgeladen, vollgepfropft, vollgestellt, vollgestopft, vollgetankt, [ganz] gefüllt. **b)** *erfüllt, durchdrungen von:* ein Herz voll/voller Liebe; er sah mich voll/voller Angst an; sie warteten voll/voller Spannung auf das Ergebnis; du hast den Kopf voll/voller Unsinn; den Kopf voll [mit seinen eigenen Sorgen] haben (ugs.; *an vieles zu denken haben*).
2. *völlig, vollständig und ohne jede Einschränkung o. Ä.:* er musste ein volles Jahr warten; er bezahlte die volle Summe; die Uhr schlägt die vollen Stunden; mit vollem Namen unterschreiben; die Bäume stehen in voller Blüte; die Maschine arbeitet mit voller Kraft; die volle Wahrheit sagen; für etwas die volle Verantwortung übernehmen; sie haben seine Leistung voll anerkannt; er hat sich voll für diesen Plan eingesetzt; er trat voll *(mit voller Wucht)* auf die Bremse; sie bekam das Geld voll *(ohne Abzüge)* ausbezahlt; sie arbeitet jetzt wieder voll *(in vollem Umfang)*. **Syn.:** ganz, ganz und gar, gänzlich (emotional), hundertprozentig (ugs.), in vollem Umfang, in voller Höhe, komplett, mit voller Wucht, restlos (ugs.), total, uneingeschränkt, völlig, vollkommen, vollständig, zur Gänze.
3. a) *füllig, rundlich:* sie hat ein volles Gesicht; volle Lippen; er ist etwas voller geworden. **Syn.:** dick, korpulent, kugelrund (scherzh.), mollig, rund, stark (verhüllend), üppig. **b)** *dicht:* volles Haar. **c)** *in kräftiger, reicher Entfaltung:* volle Töne, Farben; eine volle Stimme haben; der volle Geschmack des Kaffees.
4. (ugs.) *völlig betrunken:* Mensch, ist der voll!; gestern kam er wieder voll nach Hause. **Syn.:** angeheitert, angetrunken, berauscht, beschwipst (ugs.), besoffen (salopp), betrunken, blau (ugs.), sternhagelvoll (ugs.), trunken (geh.).

voll-, Voll- [fɔl] ⟨Präfixoid⟩:
a) ⟨adjektivisch⟩ *ganz und gar, vollständig, in vollem Umfang:* vollautomatisch; vollbeschäftigt; vollelastisch; vollelektronisch; vollmechanisiert; volltrunken; vollverkleidet; vollwaschbar. **b)** ⟨substantivisch⟩ kennzeichnet den höchsten erreichbaren Stand o. Ä. in Bezug auf das im Basiswort Genannte: Vollautomatik; Vollbad *(Bad für den ganzen Körper)*; Vollbeschäftigung *(Zustand einer Volkswirtschaft, in dem die Nachfrage nach Arbeitskräften mit dem Angebot übereinstimmt)*; Vollbesitz; Vollbremsung; Vollgenuss; Vollglatze; Vollinvalidität; Volljurist *(Jurist, der nach Ablegen der zweiten Staatsprüfung die Vor-*

aussetzung für den juristischen Staatsdienst sowie für die freiberufliche Tätigkeit als Rechtsanwalt erworben hat); Vollmitglied; Vollnarkose; Vollprofi; Vollstudium; Vollversammlung; Vollwaise *(Kind, das sowohl Vater als auch Mutter verloren hat).*

-voll [fɔl]:
1. ⟨adjektivisches Suffixoid; Basiswort ist in der Regel ein Abstraktum⟩ *mit [viel] …* /Ggs. -los/: anspruchsvoll; fantasievoll; gefahrvoll; geschmackvoll; hoffnungsvoll; humorvoll; kraftvoll; lustvoll; mühevoll; schuldvoll; schwungvoll; sinnvoll; taktvoll; temperamentvoll; verantwortungsvoll; wertvoll. **Syn.:** -haft, -ig, -isch, -reich, -schwer, -selig, -stark, -trächtig.
2. ⟨adjektivisches Grundwort⟩ *voll, erfüllt von …* /Ggs. -leer/: früchtevoll; menschenvoll; schätzevoll.

Voll|bart ['fɔlba:ɐ̯t], der; -[e]s, Vollbärte ['fɔlbɛ:ɐ̯tə]: *dichter Bart, der die Hälfte des Gesichts bedeckt:* er hat einen Vollbart.

Voll|blut- [fɔlblu:t] ⟨Präfixoid⟩ (emotional): charakterisiert – in der Regel anerkennend – den so Bezeichneten als eine Person, die ganz von ihrer Tätigkeit erfüllt ist und sie entsprechend ausübt, vor Augen führt, oder als eine Person, die in ihrer Art den Vorstellungen, Erwartungen in höchstem Maße entspricht: Vollblutdramatiker; Vollblutpolitikerin.

voll|brin|gen [fɔl'brɪŋən], vollbrachte, vollbracht ⟨tr.; hat⟩ (geh.): *(besonders etwas Außergewöhnliches) zustande bringen, ausführen:* ein Meisterstück, ein gutes Werk vollbringen; sie hat eine große Tat vollbracht. **Syn.:** bewältigen, bewerkstelligen (Papierdt.), hinter sich bringen, meistern, schaffen, schmeißen (ugs.).

voll|en|den [fɔl'|ɛndn̩], vollendete, vollendet ⟨tr.; hat⟩: *(etwas Begonnenes) zum Abschluss bringen, zu Ende führen:* sie vollendete ihren Satz nicht und stürzte aus dem Zimmer; er hat seine Arbeit, sein Lebenswerk vollendet. **Syn.:** abschließen, beenden, beschließen, fertig machen, fertigstellen, über die Bühne bringen, unter Dach und Fach bringen.

voll|en|det [fɔl'|ɛndət] ⟨Adj.⟩: *ohne jeden Fehler und nahezu unübertrefflich:* ein vollendeter Gastgeber; sie war von vollendeter Schönheit; er hat das Konzert vollendet gespielt. **Syn.:** [1]absolut, einwandfrei, fehlerlos, ideal, klassisch, makellos, meisterhaft, perfekt, tadellos, untadelig, vollkommen.

voll|ends ['fɔlɛnt͜s] ⟨Adverb⟩: *völlig, gänzlich:* der Saal hatte sich vollends geleert; die heutige Nachricht hat ihn vollends aus der Fassung gebracht. **Syn.:** [1]absolut, ganz, ganz und gar, hundertprozentig (ugs.), komplett, restlos (ugs.), schlechterdings (veraltend), total (ugs.), vollkommen, vollständig, zur Gänze.

Vol|ley|ball ['vɔlibal], der; -[e]s, Volleybälle ['vɔlibɛlə]:
1. ⟨ohne Plural⟩ *Spiel zwischen zwei Mannschaften, bei dem ein Ball mit den Händen über ein Netz [zurück]geschlagen werden muss und nicht den Boden berühren darf:* im Sportunterricht haben wir heute Volleyball gespielt.
2. *beim Volleyball* (1) *verwendeter Ball:* soll ich meinen Volleyball mitbringen?

völ|lig ['fœlɪç] ⟨Adj.⟩: *gänzlich, vollständig:* völlige Gleichberechtigung; sie ließ ihm völlige Freiheit; ein völliges Durcheinander; das ist völlig ausgeschlossen; völlig betrunken, durchnässt, sprachlos sein. **Syn.:** [1]absolut, ganz, ganz und gar, gänzlich (emotional), hundertprozentig (ugs.), komplett, mit Haut und Haar[en] (ugs.), mit Stumpf und Stiel, restlos (ugs.), schlechterdings (veraltend), total, vollkommen, vom Scheitel bis zur Sohle, vom Wirbel bis zur Zehe, von A bis Z (ugs.), von Anfang bis Ende, von Kopf bis Fuß, von oben bis unten, von vorn bis hinten, zur Gänze.

voll|jäh|rig ['fɔljɛ:rɪç] ⟨Adj.⟩: *nach Erreichung eines bestimmten Alters gesetzlich zur Vornahme von Rechtshandlungen berechtigt* /Ggs. minderjährig/: sie braucht die Erlaubnis ihrer Eltern, weil sie noch nicht volljährig ist. **Syn.:** [2]erwachsen, [1]groß, mündig.

voll|kom|men [fɔl'kɔmən] ⟨Adj.⟩:
1. *ohne jeden Fehler und keiner Verbesserung oder Ergänzung bedürfend:* ein vollkommenes Kunstwerk; ein Bild von vollkommener Schönheit; das Spiel des Pianisten war vollkommen. **Syn.:** [1]absolut, einwandfrei, fehlerlos, ideal, klassisch, makellos, meisterhaft, perfekt, tadellos, untadelig, unübertrefflich, vollendet.
2. (ugs.) *völlig, gänzlich:* eine vollkommene Niederlage; vollkommene Übereinstimmung erzielen; du hast vollkommen recht; ich bin vollkommen deiner Meinung; sie hat mir damit die Freude vollkommen verdorben; das genügt vollkommen. **Syn.:** [1]absolut, ganz, ganz und gar, gänzlich (emotional), hundertprozentig (ugs.), komplett, mit Haut und Haar[en] (ugs.), mit Stumpf und Stiel, restlos (ugs.), schlechterdings (veraltend), total, vollständig, vom Scheitel bis zur Sohle, vom Wirbel bis zur Zehe, von A bis Z (ugs.), von Anfang bis Ende, von Kopf bis Fuß, von oben bis unten, von vorn bis hinten, zur Gänze.

Voll|macht ['fɔlmaxt], die; -, -en: *schriftlich gegebene Erlaubnis, bestimmte Handlungen anstelle eines anderen vorzunehmen:* die Firmenleitung hat mir die Vollmacht für die Verhandlungsführung/zur Vorbereitung des Vertrags gegeben, erteilt; wenn Sie diese Sendung für ihn abholen wollen, brauchen Sie eine Vollmacht; [die] Vollmacht haben [etwas zu tun]; jmdm. die Vollmacht entziehen; sie wurde mit weitreichenden Vollmachten ausgestattet; damit hast du deine Vollmacht/Vollmachten überschritten. **Syn.:** Befugnis, Berechtigung, Recht.

Voll|pen|si|on ['fɔlpãsi̯o:n], die; -: *Art der Unterbringung in einem Hotel o. Ä., die aus der Unterkunft, dem Frühstück und zwei warmen Mahlzeiten am Tag besteht:* wir hatten im Urlaub dieses Mal Vollpension. **Syn.:** Pension.

voll|schlank ['fɔlʃlaŋk] ⟨Adj.⟩: (verhüll.) *(besonders von Frauen) füllig, rundlich:* eine vollschlanke Figur; sie ist vollschlank. **Syn.:** beleibt, dick, drall, kompakt (ugs.), korpulent, mollig, pummelig, rund, stämmig, stark (verhüllend), untersetzt, üppig (ugs.).

voll|stän|dig ['fɔlʃtɛndɪç] ⟨Adj.⟩:
1. *mit allen dazugehörenden Teilen, Stücken vorhanden; keine Lücken, Mängel aufweisend:* ein vollständiges Verzeichnis; das Museum hat eine fast vollständige Sammlung der Bilder dieses Malers; das Service ist nicht mehr vollständig; einen Text vollständig abdrucken. **Syn.:** abgeschlossen, fertig, komplett, vollzählig.
2. *völlig, gänzlich:* vollständige Finsternis; sie ließ ihm vollständige Freiheit; die Stadt wurde vollständig zerstört. **Syn.:** [1]absolut, ganz, ganz und gar, gänzlich (emotional), hundertprozentig (ugs.), komplett, mit Haut und Haar[en] (ugs.), mit Stumpf und Stiel, restlos, total, vollkommen, vom Scheitel bis zur Sohle, vom Wirbel bis zur Zehe, von A bis Z (ugs.), von Anfang bis Ende, von Kopf bis Fuß, von oben bis unten, von vorn bis hinten, zur Gänze.

voll|stre|cken [fɔl'ʃtrɛkn̩] ⟨tr.; hat⟩: *(einen Rechtsanspruch, eine gerichtliche Entscheidung o. Ä.) verwirklichen, vollziehen:* [an jmdm.] ein Urteil, eine Strafe vollstrecken; ein Testament vollstrecken. **Syn.:** abwickeln, ausführen, durchführen, [1]durchziehen (ugs.), erledigen, in die Tat umsetzen, ins Werk setzen (geh.), machen, realisieren.

Voll|tref|fer ['fɔltrɛfɐ], der; -s, -:
1. *Treffer genau ins Ziel; Schuss, Schlag, Wurf o. Ä., der voll getroffen hat:* das Schiff bekam einen Volltreffer; der Boxer konnte einen Volltreffer landen.
2. *etwas, was eine große Wirkung hat, großen Anklang findet, viel Erfolg hat:* der Film wurde ein Volltreffer; mit diesem Buch ist dem Autor ein Volltreffer gelungen. **Syn.:** Hit (ugs.), Knüller (ugs.), Schlager.

voll|wer|tig ['fɔlve:ɐ̯tɪç] ⟨Adj.⟩:
a) *den vollen Wert, alle erwarteten Eigenschaften besitzend:* ein vollwertiges Material; er verlangte vollwertigen *(gleichwertigen)* Ersatz für den Schaden.
b) *(von Nahrungsmitteln) naturbelassen, unverarbeitet und frei von chemischen Stoffen:* vollwertige Gerichte; wir kochen fast nur noch vollwertig.

voll|zäh|lig ['fɔltsɛ:lɪç] ⟨Adj.⟩: *die vorgeschriebene, gewünschte Anzahl aufweisend; alle ohne Ausnahme:* ein vollzähliger Satz Briefmarken; wir sind noch nicht vollzählig; die Familie war vollzählig versammelt. **Syn.:** komplett, vollständig.

Voll|zeit ['fɔltsait], die; -: *Beschäftigungsverhältnis, bei dem der Mitarbeiter, die Mitarbeiterin die volle tariflich vereinbarte Arbeitszeit abzuleisten hat:* 70 % der Mitarbeiter dieses Unternehmens arbeiten Vollzeit.

voll|zie|hen [fɔl'tsi:ən], vollzog, vollzogen:
1. ⟨tr.; hat⟩ **a)** *in die Tat umsetzen, ausführen:* eine Trennung vollziehen; eine [Amts]handlung vollziehen; mit der standesamtlichen Trauung ist die Ehe rechtlich vollzogen *(ist sie rechtsgültig).* **Syn.:** abwickeln, durchführen, [1]durchziehen (ugs.), erledigen, ins Werk setzen (geh.), machen, realisieren, verrichten, verwirklichen, vollstrecken. **b)** *die Anweisungen, Erfordernisse o. Ä., die den Inhalt von etwas ausmachen, erfüllen, verwirklichen:* einen Auftrag, Befehl vollziehen; [an jmdm.] ein Urteil vollziehen *(vollstrecken).* **Syn.:** ausführen, erledigen, verrichten, vollstrecken.
2. ⟨+ sich⟩ *nach und nach vor sich gehen, ablaufen:* dieser Vorgang vollzieht sich sehr langsam; in ihr vollzog sich ein Wandel; diese Entwicklung war bereits im 9. Jahrhundert vollzogen. **Syn.:** eintreten, sich ereignen, erfolgen, geschehen, kommen, passieren, stattfinden, über die Bühne gehen, vonstattengehen, vorgehen, sich zutragen.

Vo|lu|men [vo'lu:mən], das; -s, - und Volumina [vo'lu:mina]:
1. *räumliche Ausdehnung; Rauminhalt:* das Volumen einer Kugel berechnen; der Ballon hat ein Volumen von 1 000 m^3; der Schnitt gibt dem Haar Volumen *(Fülle).* **Syn.:** Fassungsvermögen, Größe, Inhalt, Kapazität.
2. *Umfang, Gesamtmenge von etwas (innerhalb eines bestimmten Zeitraums):* das Volumen des Außenhandels ist angestiegen. **Syn.:** Größe.

vom [fɔm] ⟨Verschmelzung von »von« + »dem«⟩:
a) ⟨die Verschmelzung kann aufgelöst werden⟩ sie war vom Baum gefallen. **b)** ⟨die Verschmelzung kann nicht aufgelöst werden⟩ sie war wie vom Donner gerührt; vom Fleisch fallen; das kommt vom Saufen.

von [fɔn] ⟨Präp. mit Dativ⟩:
1. a) gibt einen räumlichen Ausgangspunkt an: der Zug kommt von Berlin; von Norden nach Süden; von hier; von oben; es tropft von den Bäumen; von woher stammst du?; von hier an ist die Strecke eingleisig; von diesem Fenster aus hat man einen herrlichen Blick. **b)** gibt einen zeitlichen Ausgangspunkt an: das Brot ist von gestern *(gestern gebacken);* ich kenne sie von früher; von heute an wird sich das ändern; das ist sie von Jugend an/auf gewöhnt; von morgens bis abends; die Nacht von Samstag auf/zu Sonntag; von 10 bis 12 Uhr. **c)** gibt eine Person oder Sache als Urheber oder Grund an: Post von einer Freundin; ein Roman von Goethe; die Idee stammt von ihm; grüße sie von mir; von der Sonne gebräunt; sie war müde von der Arbeit; die Stadt wurde von einem Erdbeben zerstört.
2. dient der Angabe bestimmter Eigenschaften, Maße, Entfernungen o. Ä.: ein Gesicht von großer Schönheit; ein Mann von Charakter; eine Sache von großer Wichtigkeit; eine Frau von dreißig Jahren; eine Fahrt von drei Stunden; eine Stadt von 100 000 Einwohnern; ein Abstand von fünf Metern.
3. steht bei der Bezeichnung des Teils eines Ganzen oder einer Gesamtheit: er aß nur die Hälfte von dem Apfel; einen Zweig von einem Baum brechen; keines von diesen Bildern gefällt mir; einer von meinen Freunden.
4. in Abhängigkeit von

bestimmten Wörtern: ob wir fahren können, hängt von dir ab; er ist nicht frei von Schuld; anstelle von langen Reden; angesichts von so viel Elend; sie stand unterhalb von mir auf einem Felsvorsprung.
5. als Adelsprädikat: Otto von Bismarck; die Dichtungen Johann Wolfgang von Goethes.
6. drückt in Verbindung mit »ein« aus, dass jmd., etwas in seiner Qualität, Beschaffenheit mit jmdm., etwas gleichgesetzt wird: er ist ein Hüne von Mann; er ist ein Teufel von einem Vorgesetzten; dieses Wunderwerk von Brücke; da ist dir ja ein Prachtwerk von Kuchen gelungen.
7. a) meist durch einen Genitiv ersetzbar oder anstelle eines Genitivs: der König von Schweden; der Vertrag von Locarno; in der Umgebung von München; gegen den Protest von Tausenden wurde das Kernkraftwerk gebaut; sie ist Mutter von vier Söhnen. **b)** gibt den Bereich an, für den das Gesagte gilt; *hinsichtlich, in Bezug auf:* sie ist Lehrerin von Beruf; er ist schwer von Begriff. **c)** (ugs.) nennt als Ersatz für ein Genitivattribut oder ein Possessivpronomen den Besitzer einer Sache: der Hut von [meiner] Mutter; die Stimme von Caruso; ist das Taschentuch von dir? *(ist es dein Taschentuch?).*

von|sei|ten [fɔnˈzai̯tn̩] ⟨Präp. mit Gen.⟩, **von Seiten:** *seitens, von jmds. Seite:* vonseiten der Arbeitnehmerschaft bestehen keine Bedenken mehr. **Syn.:** seitens (Papierdt.), von.

von|stat|ten|ge|hen [fɔnˈʃtatn̩ge:ən], ging vonstatten, vonstattengegangen ⟨itr.; ist⟩:
1. *stattfinden:* wann soll das Fest vonstattengehen?
2. *verlaufen, sich entwickeln, vorwärtsgehen:* die Verhandlungen gingen nur sehr langsam vonstatten. **Syn.:** ablaufen, sich ereignen, erfolgen, geschehen, passieren, stattfinden, über die Bühne gehen, sich vollziehen, vor sich gehen, vorgehen, sich zutragen.

vor [fo:ɐ̯] ⟨Präp. mit Dativ und Akk.⟩:
1. ⟨räumlich⟩ **a)** ⟨mit Dativ; auf die Frage: wo?⟩ *auf der vorderen Seite, auf der dem Betrachter oder dem Bezugspunkt zugewandten Seite einer Person, Sache:* der Baum steht vor dem Haus; vor dem Schaufenster, vor dem Spiegel stehen; warte vor dem Eingang, vor dem Kino auf mich!; der Friedhof liegt etwa zwei Kilometer vor *(außerhalb)* der Stadt; sie hatte das Buch vor sich liegen; plötzlich stand er vor mir. **b)** ⟨mit Akk.; auf die Frage: wohin?⟩ *an die vordere Seite, auf die dem Betrachter oder dem Bezugspunkt zugewandte Seite einer Person, Sache:* er stellte das Auto vor das Haus; sich vor den Spiegel stellen; sie stellte die Blumen vor das Fenster; er trat vor die Tür; setz dich bitte vor mich!
2. ⟨mit Dativ; zeitlich⟩ drückt aus, dass etwas dem genannten Zeitpunkt oder Vorgang [unmittelbar] vorausgeht; *früher als:* sie kommt nicht vor dem Abend; vor Ablauf der Frist; vor der Wiedervereinigung; das war schon vor [vielen] Jahren, vor meiner Zeit; einen Tag vor ihrer Abreise; heute vor [genau] vierzig Jahren; im Jahre 33 vor Christi Geburt, vor Christus; als Junge hatte er vor der Schule *(bevor die Schule morgens anfing)* Zeitungen ausgetragen.
3. ⟨mit Dativ⟩ gibt den Grund, die Ursache an; *aufgrund von etwas; durch etwas bewirkt:* sie zitterte vor Angst; er platzte fast vor Neugier; er schrie vor Schmerzen; sie weinte vor Freude; sie war starr vor Schreck.
4. ⟨mit Dativ⟩ in Abhängigkeit von bestimmten Wörtern: sich vor der Kälte schützen; Angst vor jmdm. haben; jmdn. vor etwas warnen; sich vor jmdm. schämen; Achtung vor dem Gesetz haben.
5. ⟨mit Dativ⟩ gibt eine Reihenfolge oder Rangordnung an: vor jmdm. durchs Ziel gehen; bin ich vor dir an der Reihe?
6. ⟨mit Dativ⟩ weist auf die Beziehung zu einem Gegenüber hin; *in jmds. Gegenwart, Beisein:* vor vielen Zuschauern; etwas vor Zeugen erklären; sie spielte vor geladenen Gästen.

¹vor-, ¹Vor- [fo:ɐ̯] ⟨sowohl trennbares, betontes verbales als auch substantivisches Präfix⟩:
1. ⟨räumlich⟩ **a)** *nach vorn, voraus:* (sich) vorbeugen; vorfahren; (sich) vorwagen; (einen Stuhl) vorziehen. **b)** *davor:* (den Vorhang) vorziehen. **c)** *sich davor befindend:* Vorhof; Vorraum; Vorspann; Vorzimmer. **d)** *hervor:* vorgucken; vorstehen (eine Ecke steht vor).
2. ⟨zeitlich⟩ **a)** *im Voraus:* vorfeiern; vorkochen; vorsorgen; vorprogrammieren; ⟨bei fremdsprachlichen Basiswörtern oder bei Basiswörtern mit Präfix im Präsens und Präteritum nicht getrennt; vgl. ¹»unter«-⟩: vorbelasten; vorfabrizieren; vorfinanzieren; vorverpacken; vorverurteilen. **b)** *davor liegend:* Vorabend; Voralarm. **c)** kennzeichnet ein Geschehen, das ein nachfolgendes mit vorbereitet; *vorausschickend:* vorformen; vorstreichen; vorverhandeln. **d)** *dem im Basiswort Genannten als Gleichartiges vorausgehend:* Vorentwurf; Vorfreude; Vorruhestand; Vorverständigung; Vorvertrag; Vorwäsche; Vorwissen. **e)** *nach vorn:* vordatieren; vorverlegen.
3. drückt aus, dass das im Basiswort genannte Tun anderen gezeigt, [als Schau] vorgeführt wird: vordeklamieren; (jmdm. etwas) vorflunkern; (jmdm. etwas) vorheulen.
4. drückt aus, dass das im Basiswort genannte Tun in seiner Art über anderes dominiert: vorschmecken (die Zwiebel schmeckt stark vor); vorwiegen (die Landwirtschaft wiegt vor).
5. drückt aus, dass das im Basiswort genannte Tun anderen zeigt, wie etwas ist, gemacht o. Ä. wird: vorbeten; vorexerzieren; vordemonstrieren; Vordenker; Vorturner.

²vor-, ²Vor- [fo:ɐ̯] ⟨adjektivisches und substantivisches Präfix⟩:
a) ⟨adjektivisch⟩ *zeitlich vor dem im Basiswort Genannten liegend:* vorgeburtlich *(vor der Geburt);* vorehelich; vorklassisch; vorkolonial; vorösterlich; vorpubertär; vorschulisch. **Syn.:** prä-.
b) ⟨substantivisch⟩ *unmittelbar davor liegend:* Vorfrühling; Vorjahr; Vormonat; Vorsaison *(die*

Zeit vor der eigentlichen, der Hauptsaison).

vo|r|an [fo'ran] ⟨Adverb⟩:
vorne, an der Spitze: der Sohn voran, der Vater hinterher, kamen sie auf uns zu.

vo|r|an|ge|hen [fo'range:ən], ging voran, vorangegangen ⟨itr.; ist⟩:
1. *vorne, an der Spitze gehen:* dem Festzug ging ein Mann mit einer Fahne voran; der Führer ging [der Gruppe] voran.
2. *Fortschritte machen:* die Arbeiten gehen gut, zügig, nur sehr langsam voran. **Syn.:** sich [gut] entwickeln, vorwärtsgehen, vorwärtskommen.

vor|ar|bei|ten ['fo:ɐ̯larbai̯tn̩], arbeitete vor, vorgearbeitet:
1. ⟨tr.; hat⟩ *im Voraus mehr arbeiten, um später mehr freie Zeit zu haben:* wir haben für Weihnachten zwei Tage vorgearbeitet.
2. ⟨+ sich⟩ *[durch harte Arbeit, Fleiß] vorankommen, eine bessere Stellung erreichen:* du kannst dich bis zum Abteilungsleiter vorarbeiten. **Syn.:** sich verbessern.
3. ⟨itr.; hat⟩ *vorbereitende Arbeit leisten:* sie hat [ihm] gut vorgearbeitet.

Vor|ar|bei|ter ['fo:ɐ̯larbai̯tɐ], der; -s, -, **Vor|ar|bei|te|rin** ['fo:ɐ̯larbai̯tərɪn], die; -, -nen:
Person, die eine Gruppe von Arbeitern, Arbeiterinnen leitet: unsere Vorarbeiterin; der Vorarbeiter teilt den einzelnen Leuten die Arbeit zu. **Syn.:** Boss (ugs.), Chef, Chefin, Vorgesetzte, Vorgesetzter.

vo|r|aus [fo'rau̯s] ⟨Adverb⟩:
vor den anderen, an der Spitze: der Schnellste war den anderen weit voraus.

vo|r|aus|ha|ben [fo'rau̯sha:bn̩], hat voraus, hatte voraus, vorausgehabt ⟨itr.; hat⟩:
(etwas, was eine bestimmte andere Person nicht hat) haben: er hat den anderen Mitarbeitern einige Erfahrungen voraus.

Vo|r|aus|sa|ge [fo'rau̯sza:gə], die; -, -n:
Aussage über die Zukunft, über Kommendes: Voraussagen [über den Wahlausgang] machen; das Wetter hat sich mal wieder nicht an die Voraussage gehalten. **Syn.:** Horoskop, Prognose, Vorhersage. **Zus.:** Wettervoraussage.

vo|r|aus|sa|gen [fo'rau̯sza:gən] ⟨tr.; hat⟩:
eine Voraussage machen; vorhersagen: das habe ich vorausgesagt. **Syn.:** prophezeien.

vo|r|aus|se|hen [fo'rau̯sze:ən], sah voraus, vorausgesehen ⟨tr.; hat⟩:
(etwas, besonders den Ausgang eines Geschehens) im Voraus ahnen, erwarten: eine Entwicklung voraussehen; es war vorauszusehen, dass sie nicht kommen würde. **Syn.:** absehen.

vo|r|aus|set|zen [fo'rau̯szɛtsn̩], setzte voraus, vorausgesetzt ⟨tr.; hat⟩:
als vorhanden, als gegeben annehmen: diese Kenntnisse kann man bei ihm nicht [unbedingt] voraussetzen; ⟨häufig im 2. Partizip⟩ ich komme gegen Abend zu dir, vorausgesetzt, du bist um diese Zeit zu Hause. **Syn.:** ausgehen von, bedingen, bedürfen, brauchen, erfordern, verlangen.

Vo|r|aus|set|zung [fo'rau̯szɛtsʊŋ], die; -, -en:
1. *Annahme, von der man bei seinen Überlegungen ausgeht:* du gehst von falschen Voraussetzungen aus. **Syn.:** Hypothese.
2. *etwas, ohne das etwas bestimmtes anderes nicht möglich ist:* das ist eine unabdingbare, die wichtigste Voraussetzung für den Erfolg; die Voraussetzungen für etwas schaffen, mitbringen, erfüllen; unter der Voraussetzung *(Bedingung)*, dass du mitmachst, stimme ich zu. **Syn.:** Bedingung.

vo|r|aus|sicht|lich [fo'rau̯szɪçtlɪç] ⟨Adj.⟩:
mit einiger Gewissheit zu erwarten: die voraussichtliche Verspätung des Zuges wurde bekannt gegeben; sie kommt voraussichtlich erst morgen. **Syn.:** aller Voraussicht nach, vermutlich, wahrscheinlich, wohl.

vor|bau|en ['fo:ɐ̯bau̯ən], baute vor, vorgebaut ⟨itr.; hat⟩:
rechtzeitig etwas unternehmen, Vorkehrungen treffen: er hat viel gespart und für Notfälle vorgebaut; für den Fall habe ich natürlich vorgebaut.

Vor|be|halt ['fo:ɐ̯bəhalt], der; -[e]s, -e:
Einschränkung, geltend gemachte Bedenken gegen eine Sache [der man sonst im Ganzen zustimmt]: er hatte viele Vorbehalte gegen diesen Plan; mit, ohne Vorbehalt zusagen; sie machte nur unter dem Vorbehalt mit, jederzeit wieder aufhören zu können. **Syn.:** Einwand, Klausel.

vor|be|hal|ten ['fo:ɐ̯bəhaltn̩], behält vor, behielt vor, vorbehalten ⟨itr.; hat⟩:
sich die Möglichkeit offenlassen, gegebenenfalls anders zu entscheiden: die letzte Entscheidung in dieser Frage hast du dir hoffentlich vorbehalten; das zu entscheiden ist, bleibt dem Chef vorbehalten; gerichtliche Schritte behalte ich mir vor; »Alle Rechte vorbehalten«. **Syn.:** sich ausbedingen (geh.), beanspruchen, bestehen auf.

vor|bei [fo:ɐ̯'bai̯] ⟨Adverb⟩:
1. ⟨räumlich⟩ *neben jmdm., etwas, an etwas entlang und weiter fort:* der Wagen kam sehr schnell angefahren und war im Nu an uns vorbei. **Syn.:** vorüber.
2. ⟨zeitlich⟩ *vergangen, zu Ende:* der Sommer ist vorbei. **Syn.:** vorüber.

vor|bei|fah|ren [fo:ɐ̯'bai̯fa:rən], fährt vorbei, fuhr vorbei, vorbeigefahren ⟨itr.; ist⟩:
1. *sich fahrend (an jmdm., etwas) vorbei-, fortbewegen:* an jmdm., etwas vorbeifahren; sie ist hier vor ein paar Minuten vorbeigefahren.
2. (ugs.) *für einen kurzen Aufenthalt (zu jmdm., an einen bestimmten Ort) fahren:* ich muss noch kurz bei der Bank, bei Petra vorbeifahren.

vor|bei|re|den [fo:ɐ̯'bai̯re:dn̩], redete vorbei, vorbeigeredet ⟨itr.; hat⟩:
(über etwas) reden, ohne das eigentlich Wichtige, den Kern der Sache zu treffen: er hat dauernd an dem eigentlichen Problem vorbeigeredet; sie reden aneinander vorbei *(reden im Grunde von verschiedenen Dingen und verstehen sich infolgedessen nicht).*

Vor|be|mer|kung ['fo:ɐ̯bəmɛrkʊŋ], die; -, -en:
einleitende erläuternde Bemerkung: in einer Vorbemerkung äußert sich der Autor über den

Zweck seines Buches. **Syn.:** Einleitung, Vorspann, Vorwort.

vor|be|rei|ten ['fo:ɐ̯bəra͜itn̩], bereitete vor, vorbereitet ⟨tr.; hat⟩:
1. *auf etwas einstellen, für etwas leistungsfähig, geeignet machen:* jmdn., sich auf/für eine Prüfung, einen Wettkampf vorbereiten; sich seelisch auf etwas vorbereiten; die Patientin für die Operation vorbereiten; der Saal wird für ein Fest vorbereitet; darauf war ich nicht vorbereitet; der Prüfling hat sich, ist gut, schlecht, nicht vorbereitet. **Syn.:** sich einrichten, sich einstellen, planen, sich präparieren, sich rüsten für, sich wappnen für.
2. *(ein Vorhaben o. Ä.) durch die Erledigung bestimmter Arbeiten, die schon im Voraus erledigt werden können oder müssen, [leichter] durchführbar machen:* ein Fest, eine Reise, eine Operation, einen Krieg, einen Putsch vorbereiten; der Lehrer bereitet seinen Unterricht, eine Stunde vor; sie hatte ihren Auftritt, ihre Rede gut vorbereitet.

Vor|be|rei|tung ['fo:ɐ̯bəra͜itʊŋ], die; -, -en:
1. *das Vorbereiten* (1), *Sichvorbereiten:* die Vorbereitung auf/für die Prüfung.
2. *das Vorbereiten* (2): sie ist mit der Vorbereitung des Essens beschäftigt.

vor|be|straft ['fo:ɐ̯bəʃtra:ft] ⟨Adj.⟩: *bereits früher gerichtlich verurteilt:* ein mehrfach einschlägig vorbestrafter Betrüger.

vor|beu|gen ['fo:ɐ̯bɔ͜ygn̩], beugte vor, vorgebeugt:
1. ⟨+ sich⟩ *sich nach vorn beugen:* er beugte sich so weit vor, dass er fast aus dem Fenster gefallen wäre.
2. ⟨itr.; hat⟩ *durch bestimmtes Verhalten oder bestimmte Maßnahmen (etwas) verhindern:* einer Gefahr, einer Krankheit vorbeugen. **Syn.:** verhüten, vorbauen, vorsorgen.

Vor|bild ['fo:ɐ̯bɪlt], das; -[e]s, -er: *Person oder Sache, die als [mustergültiges] Beispiel dient:* er war ein Vorbild für seine Brüder; du solltest ihnen ein Vorbild sein. **Syn.:** Idol.

vor|bild|lich ['fo:ɐ̯bɪltlɪç] ⟨Adj.⟩: *so hervorragend, dass es jederzeit als Vorbild dienen kann:* sein Verhalten ist vorbildlich. **Syn.:** beispielhaft, einwandfrei, fehlerlos, ideal, makellos, perfekt, vollkommen.

vor|brin|gen ['fo:ɐ̯brɪŋən], brachte vor, vorgebracht ⟨tr.; hat⟩: *[an zuständiger Stelle] als Wunsch, Meinung oder Einwand vortragen, zur Sprache bringen:* ein Anliegen, eine Frage vorbringen; dagegen lässt sich manches vorbringen. **Syn.:** anbringen, anführen, angeben, anmelden, äußern, bekunden, darlegen, erwähnen, erzählen, geltend machen, ins Feld führen, mitteilen, sagen.

Vor|den|ker ['fo:ɐ̯dɛŋkɐ], der; -s, -, **Vor|den|ke|rin** ['fo:ɐ̯dɛŋkərɪn], die; -, -nen: *Person, die die Ideologie, Programmatik o. Ä. einer Partei o. Ä. beeinflusst, vorbestimmt:* sie entwickelt sich immer mehr zur Vordenkerin ihrer Partei. **Syn.:** Ideologe, Ideologin.

vorder... ['fɔrdər...] ⟨Adj.⟩: *sich vorn befindend:* die vorderen Zähne; im vorderen Teil des Hauses; wir saßen in der vordersten *(ersten)* Reihe.

Vor|der|grund ['fɔrdɐgrʊnt], der; -[e]s: *vorderer, unmittelbar im Blickfeld stehender Bereich (eines Raumes, Bildes o. Ä.)* /Ggs. Hintergrund/: ein heller, dunkler Vordergrund; der Vordergrund der Bühne; eine Wiese bildet den Vordergrund des Bildes; wer ist die Person im Vordergrund [des Fotos]?

vor|der|grün|dig ['fɔrdɐgrʏndɪç] ⟨Adj.⟩: *leicht durchschaubar und ohne tiefere Bedeutung:* die vordergründige Behandlung einer Frage. **Syn.:** durchsichtig, fadenscheinig (abwertend).

Vor|der|mann ['fɔrdɐman], der; -[e]s, Vordermänner ['fɔrdɐmɛnɐ]: *Person, die sich (in einer Reihe, Gruppe o. Ä.) vor einer anderen befindet* /Ggs. Hintermann/: er klopfte seinem Vordermann auf die Schulter. **Syn.:** Nachbar, Nachbarin.

vor|drän|geln ['fo:ɐ̯drɛŋl̩n] ⟨+ sich⟩: *sich drängelnd nach vorn, vor andere schieben:* sich überall vordrängeln; sie hat versucht, sich an der Kasse vorzudrängeln.

vor|drin|gen ['fo:ɐ̯drɪŋən], drang vor, vorgedrungen ⟨itr.; ist⟩: *[gewaltsam in etwas] eindringen, vorstoßen:* in unbekanntes Gelände, in den Weltraum vordringen.

vor|dring|lich ['fo:ɐ̯drɪŋlɪç] ⟨Adj.⟩: *sehr dringend, mit Vorrang zu behandeln:* die vordringlichen Aufgaben zuerst erledigen; diese Frage muss vordringlich behandelt werden. **Syn.:** dringlich, eilig, keinen Aufschub duldend.

Vor|druck ['fo:ɐ̯drʊk], der; -[e]s, -e: *Blatt, auf dem die Fragen o. Ä. bereits gedruckt sind, sodass man es nur noch auszufüllen braucht:* einen Vordruck ausfüllen. **Syn.:** Formular.

vor|ei|lig ['fo:ɐ̯|a͜ilɪç] ⟨Adj.⟩: *zu schnell und unbedacht:* eine voreilige Entscheidung treffen. **Syn.:** allzu früh, allzu frühzeitig, allzu zeitig, unüberlegt, vorschnell.

vor|ein|ge|nom|men ['fo:ɐ̯|a͜ingənɔmən] ⟨Adj.⟩: *von einem Vorurteil bestimmt und deshalb nicht objektiv:* seine voreingenommene Haltung ändern; er ist gegen den neuen Mitarbeiter, ihr gegenüber voreingenommen. **Syn.:** befangen (bes. Rechtsspr.), einseitig, parteiisch, subjektiv, tendenziös (abwertend).

vor|ent|hal|ten ['fo:ɐ̯|ɛnthaltn̩], enthält vor, enthielt vor, vorenthalten ⟨tr.; hat⟩: *(jmdm. etwas) [worauf er Anspruch hat] nicht geben:* man hat ihm sein Erbe vorenthalten; jmdm. wichtige Informationen vorenthalten; warum hast du mir das vorenthalten? *(nichts davon gesagt?).* **Syn.:** verbergen, verhehlen (geh.), verheimlichen, versagen (geh.), verschweigen, verweigern.

vor|erst ['fo:ɐ̯|e:ɐ̯st] ⟨Adverb⟩: *zunächst einmal, fürs Erste:* ich möchte vorerst nichts unternehmen. **Syn.:** bis auf Weiteres, einstweilen, erst einmal, erst mal (ugs.), vorläufig, zunächst, zunächst mal (ugs.).

Vor|fahr ['fo:ɐ̯fa:ɐ̯], der; -en, -en, **Vor|fah|re** ['fo:ɐ̯fa:rə], der; -n, -n,

Vor|fah|rin ['fo:ɐ̯fa:rɪn], die; -, -nen:
Angehörige[r] einer früheren Generation [der Familie]: unsere Vorfahren stammten aus Frankreich; er hat eine berühmte Vorfahrin. **Syn.:** Ahn, Ahne, Ahnin.

Vor|fahrt ['fo:ɐ̯fa:ɐ̯t], die; -:
Recht, an einer Kreuzung o. Ä. zuerst zu fahren: welcher Wagen hat hier [die] Vorfahrt?; er hat die Vorfahrt nicht beachtet; sie hat mir die Vorfahrt genommen. **Syn.:** Vorrang, Vortritt (schweiz.).

Vor|fall ['fo:ɐ̯fal], der; -[e]s, Vorfälle ['fo:ɐ̯fɛlə]:
plötzlich eintretendes Ereignis, Geschehen (das für die Beteiligten meist unangenehm ist): er wollte sich für den peinlichen Vorfall entschuldigen. **Syn.:** Affäre, Angelegenheit, Begebenheit (geh.), Episode, Erlebnis, Fall, Geschehnis (geh.), Geschichte, Sache, Vorgang, Vorkommnis, Zwischenfall.

vor|fal|len ['fo:ɐ̯falən], fällt vor, fiel vor, vorgefallen ⟨itr.; ist⟩:
sich [als etwas Unangenehmes] plötzlich ereignen: er wollte wissen, was vorgefallen war, und sie berichtete ihm von dem Streit. **Syn.:** ablaufen, sich begeben, erfolgen, geschehen, passieren, [1]sein, vonstattengehen, vor sich gehen, vorgehen, sich zutragen.

vor|fin|den ['fo:ɐ̯fɪndn̩], fand vor, vorgefunden ⟨tr.; hat⟩:
an einem bestimmten Ort [in einem bestimmten Zustand] antreffen: als er nach Hause kam, fand er die Kinder in schlechtem gesundheitlichem Zustand vor. **Syn.:** entdecken, finden, stoßen auf, treffen auf.

vor|füh|len ['fo:ɐ̯fy:lən], fühlte vor, vorgefühlt ⟨itr.; hat⟩:
vorsichtig herauszufinden versuchen, wie eine bestimmte Person zu einer bestimmten Frage steht: er hat bei seinem Chef wegen einer Gehaltserhöhung vorgefühlt. **Syn.:** die Fühler ausstrecken, sondieren.

V
Vorf

vor|füh|ren ['fo:ɐ̯fy:rən], führte vor, vorgeführt ⟨tr.; hat⟩:
a) *zur Untersuchung o. Ä. vor jmdn. bringen:* einen Kranken dem Arzt, einen Dieb dem Haftrichter vorführen. **Syn.:** gegenüberstellen, konfrontieren.
b) *jmdn. mit jmdm., etwas bekannt machen, einem Publikum zeigen:* der Verkäufer führte der Kundin verschiedene Geräte vor; bei der Modenschau wurden die neuesten Modelle vorgeführt; einen Film vorführen. **Syn.:** auf die Bühne bringen, aufführen, darbieten (geh.), geben, spielen, zur Aufführung bringen.

Vor|gang ['fo:ɐ̯gaŋ], der; -[e]s, Vorgänge ['fo:ɐ̯gɛŋə]:
1. *etwas, was vor sich geht, abläuft, sich entwickelt:* ein chemischer, physikalischer, technischer, biologischer, komplizierter, [ganz] natürlicher Vorgang; er schilderte den Vorgang in allen Einzelheiten; jmdn. über interne Vorgänge unterrichten. **Syn.:** Begebenheit (geh.), Episode, Ereignis, Erlebnis, Geschehnis (geh.), Prozess, Vorfall, Vorkommnis, Zwischenfall. **Zus.:** Arbeitsvorgang, Bearbeitungsvorgang, Gärungsvorgang, Überholvorgang, Verbrennungsvorgang, Wachstumsvorgang.
2. *Gesamtheit der Akten, die über eine bestimmte Person, Sache angelegt sind:* einen Vorgang heraussuchen, anfordern, einsehen. **Syn.:** Akte.

Vor|gän|ger ['fo:ɐ̯gɛŋɐ], der; -s, -, **Vor|gän|ge|rin** ['fo:ɐ̯gɛŋərɪn], die; -, -nen:
Person, die vor einer anderen deren Stelle, Amt o. Ä. innehatte /Ggs. Nachfolger/: er wurde von seinem Vorgänger in sein Amt eingeführt; sie setzte die Politik ihrer Vorgängerin fort. **Zus.:** Amtsvorgänger, Amtsvorgängerin.

Vor|gar|ten ['fo:ɐ̯gartn̩], der; -s, Vorgärten ['fo:ɐ̯gɛrtn̩]:
kleinerer, vor einem Haus gelegener Garten: das Unkraut im Vorgarten jäten.

vor|gau|keln ['fo:ɐ̯gaukl̩n], gaukelte vor, vorgegaukelt ⟨tr.; hat⟩:
jmdm. etwas so schildern, dass er sich falsche Vorstellungen, Hoffnungen macht: jmdm. ein Paradies, eine heile Welt vorgaukeln; du darfst nicht alles für bare Münze nehmen, was man dir vorgaukelt. **Syn.:** vormachen, vorspiegeln, vortäuschen.

vor|ge|ben ['fo:ɐ̯ge:bn̩], gibt vor, gab vor, vorgegeben ⟨tr.; hat⟩:
etwas, was nicht den Tatsachen entspricht, als Grund für etwas angeben: sie gab vor, krank gewesen zu sein; er gab dringende Geschäfte vor. **Syn.:** heucheln, vorschieben, vorschützen.

vor|ge|fasst ['fo:ɐ̯gəfast] ⟨Adj.⟩:
von vornherein feststehend; auf Vorurteilen beruhend: eine vorgefasste Meinung; ein vorgefasstes Urteil.

vor|ge|hen ['fo:ɐ̯ge:ən], ging vor, vorgegangen ⟨itr.; ist⟩:
1. *vor einem anderen, früher als ein anderer gehen:* ich gehe schon vor, ihr könnt dann später nachkommen. **Syn.:** vorangehen.
2. *in einer bestimmten Situation vor sich gehen, sich zutragen:* er weiß nicht, was in der Welt vorgeht; sie zeigte nicht, was in ihr vorging. **Syn.:** ablaufen, sich begeben, sich ereignen, erfolgen, geschehen, passieren, stattfinden, sich vollziehen, vonstattengehen, vorfallen.
3. *etwas unternehmen, bestimmte Maßnahmen ergreifen:* gegen diese Missstände muss man energisch vorgehen; bei der Behandlung dieses Falles gingen sie sehr rücksichtslos vor. **Syn.:** agieren, handeln, [1]verfahren.
4. *als wichtiger, dringender erachtet oder behandelt werden (als etwas anderes):* diese Arbeit geht jetzt vor. **Syn.:** Vorrang haben, [höchste] Priorität haben.
5. *(von Messgeräten o. Ä.) zu viel, zu früh anzeigen, zu schnell gehen:* deine Uhr, der Tacho geht vor.

Vor|ge|schich|te ['fo:ɐ̯gəʃɪçtə], die; -, -n:
1. *das, was einem Fall, Vorfall, Ereignis o. Ä. vorausgegangen und dafür von Bedeutung ist:* die Vorgeschichte einer Krankheit; der Skandal hat eine lange Vorgeschichte.
2. ⟨ohne Plural⟩ *Zeitraum in der Geschichte, der vor dem Beginn der schriftlichen Überlieferung liegt:* die Zeugnisse für die Besiedlung der Gegend reichen bis in die Vorgeschichte zurück.

Vor|ge|setz|te ['fo:ɐ̯gəzɛt͜stə], die/eine Vorgesetzte; der/einer Vorgesetzten, die Vorgesetzten/zwei Vorgesetzte:
weibliche Person, die anderen in

ihrer beruflichen Stellung übergeordnet ist und damit berechtigt ist, Anweisungen zu geben: er wurde zu seiner Vorgesetzten zitiert. **Syn.:** Chefin. **Zus.:** Dienstvorgesetzte.

Vor|ge|setz|ter ['fo:ɐ̯ɡəzɛt͜stɐ], der Vorgesetzte/ein Vorgesetzter; des/eines Vorgesetzten, die Vorgesetzten/zwei Vorgesetzte: *Person, die anderen in ihrer beruflichen Stellung übergeordnet ist und damit berechtigt ist, Anweisungen zu geben:* den Vorgesetzten über den Arbeitsunfall informieren. **Syn.:** Boss (ugs.), Chef. **Zus.:** Dienstvorgesetzter.

vor|ges|tern ['fo:ɐ̯ɡɛstɐn] ⟨Adverb⟩: *am Tag vor gestern:* ich habe ihn vorgestern getroffen.

vor|grei|fen ['fo:ɐ̯ɡra͜ifn̩], griff vor, vorgegriffen ⟨itr.; hat⟩: **a)** *etwas sagen, tun, was ein anderer [etwas später] selbst hätte sagen, tun wollen:* Sie greifen meinen Worten vor!; ich wollte dir nicht vorgreifen. **b)** *etwas tun, ohne abzuwarten, was vorher erfolgen müsste:* wir dürfen ihrer Entscheidung, seiner Stellungnahme, dem Spruch des Gerichts, dem Gutachten nicht vorgreifen.

vor|ha|ben ['fo:ɐ̯ha:bn̩], hat vor, hatte vor, vorgehabt ⟨itr.; hat⟩: *die Absicht haben, etwas Bestimmtes zu tun:* er hat eine Reise vor/hat vor, eine größere Reise zu machen; hast du morgen Abend schon etwas vor?; was hast du denn mit der Axt vor? **Syn.:** beabsichtigen, beschlossen haben, daran denken, den Vorsatz gefasst haben, denken an, gedenken, im Sinn haben, sich entschlossen haben, sich in den Kopf gesetzt haben, sich mit dem Gedanken tragen, sich vorgenommen haben.

Vor|ha|ben ['fo:ɐ̯ha:bn̩], das; -s, -: *etwas, was man zu tun beabsichtigt:* er konnte sein Vorhaben [eine Reise nach Paris zu machen] nicht ausführen; sie war von ihrem Vorhaben nicht abzubringen; das Vorhaben ließ sich aus Kostengründen nicht verwirklichen, umsetzen. **Syn.:** Absicht, Plan, Projekt, Unterfangen, Unternehmen, Vorsatz. **Zus.:** Bauvorhaben, Forschungsvorhaben, Investitionsvorhaben, Rationalisierungsvorhaben.

vor|hal|ten ['fo:ɐ̯haltn̩], hält vor, hielt vor, vorgehalten ⟨tr.; hat⟩: **1.** *(zum Schutz o. Ä.) vor jmdn., sich halten:* als sie das Badezimmer betrat, hielt er sich rasch ein Handtuch vor; jmdm. einen Spiegel vorhalten. **2.** *jmdm. gegenüber kritisch-vorwurfsvolle Äußerungen in Bezug auf etwas machen:* sie hielt ihm immer wieder sein Benehmen vor/hielt ihm vor, dass er zu viel Geld für Zigaretten ausgebe. **Syn.:** unter die Nase reiben (ugs.), vorwerfen, zum Vorwurf machen.

vor|han|den [fo:ɐ̯'handn̩] ⟨Adj.⟩: *zur Verfügung stehend; als existierend feststellbar:* alle vorhandenen Tücher waren gebraucht; es müsste noch etwas Mehl vorhanden sein. **Syn.:** existent, existierend.

Vor|hang ['fo:ɐ̯haŋ], der; -[e]s, Vorhänge ['fo:ɐ̯hɛŋə]: *größere Stoffbahn, die vor Öffnungen wie Fenster, Türen, Bühnen o. Ä. gehängt wird, um sie zu verdecken, abzuschließen:* schwere, samtene Vorhänge; sie zog die Vorhänge [an den Fenstern] auf, zu; der Vorhang im Theater ging langsam auf. **Syn.:** Gardine. **Zus.:** Duschvorhang, Fenstervorhang, Samtvorhang, Theatervorhang, Türvorhang.

vor|her [fo:ɐ̯'he:ɐ̯] ⟨Adverb⟩: *vor einem bestimmten Zeitpunkt, vor einem anderen Geschehen; davor, zuvor:* warum hast du mir das nicht vorher gesagt?; kurz, am Abend, einige Tage vorher. **Syn.:** im Vorfeld, im Vorhinein (bes. österr.).

Vor|herr|schaft ['fo:ɐ̯hɛrʃaft], die; -: *Macht, die so groß ist, dass andere von ihr abhängig, ihr unterworfen sind; führende Rolle:* um die Vorherrschaft kämpfen.

vor|herr|schen ['fo:ɐ̯hɛrʃn̩], herrschte vor, vorgeherrscht ⟨itr.; hat⟩: *in seiner Wirkung stärker als alles andere sein; am stärksten in Erscheinung treten:* diese Meinung herrscht allgemein vor; auf diesem Gemälde herrscht das Rot vor. **Syn.:** das Feld beherrschen, dominieren, überwiegen.

Vor|her|sa|ge [fo:ɐ̯'he:ɐ̯za:ɡə], die; -, -n: *etwas, was jmd. sagt in Bezug auf etwas, was sich zukünftig ereignen od. darauf, wie etwas in nächster Zeit verlaufen wird:* langfristige Vorhersagen; ... und nun die Vorhersage *(Wettervorhersage)* für morgen, Donnerstag, den 15. Mai: ... **Syn.:** Voraussage. **Zus.:** Wettervorhersage.

vor|her|sa|gen [fo:ɐ̯'he:ɐ̯za:ɡn̩], sagte vorher, vorhergesagt ⟨tr.; hat⟩: *im Voraus sagen, wie etwas verlaufen, ausgehen wird:* es ist schwierig, das Wetter für längere Zeit vorherzusagen. **Syn.:** prophezeien, wahrsagen, weissagen.

vor|her|se|hen [fo:ɐ̯'he:ɐ̯ze:ən], sieht vorher, sah vorher, vorhergesehen ⟨tr.; hat⟩: *im Voraus erkennen, wie etwas verlaufen, ausgehen wird:* dass sich die Sache so entwickeln würde, war nicht vorherzusehen.

vor|hin ['fo:ɐ̯hɪn] ⟨Adverb⟩: *gerade eben; vor wenigen Augenblicken, Minuten oder Stunden:* vorhin hatte ich das Buch noch in der Hand, und jetzt finde ich es nicht mehr. **Syn.:** [2]eben, gerade.

vo|ri|g... ['fo:rɪɡ...] ⟨Adj.⟩: *dem Genannten unmittelbar vorausgegangen:* in der vorigen Woche; ich habe ihn vorigen Mittwoch gesehen; das vorige Jahr. **Syn.:** letzt...

Vor|kämp|fer ['fo:ɐ̯kɛmp͜fɐ], der; -s, -, **Vor|kämp|fe|rin** ['fo:ɐ̯kɛmp͜fərɪn], die; -, -nen: *Person, die sich schon für die Ausbreitung einer Idee o. Ä. mit großem Eifer einsetzt, bevor auch andere dafür kämpfen:* sie war eine Vorkämpferin des europäischen Gedankens. **Syn.:** Pionier, Pionierin.

Vor|keh|rung ['fo:ɐ̯ke:rʊŋ], die; -, -en ⟨meist Plural⟩: *Maßnahme, Anordnung zum Schutz, zur Sicherheit:* die Vorkehrungen der Polizei waren nicht ausreichend; Vorkehrungen treffen.

vor|knöp|fen ['fo:ɐ̯knœp͜fn̩], knöpfte vor, vorgeknöpft ⟨itr.; hat⟩ (ugs.): *zur Rede stellen und scharf* *zurechtweisen:* den werde ich mir einmal vorknöpfen. **Syn.:** ausschelten (geh., landsch.), ausschimpfen, fertigmachen (ugs.), heruntermachen (ugs.), in den Senkel stellen (ugs.), ins Gebet nehmen (ugs.), rüffeln (ugs.), rügen, schelten (geh.), tadeln, zur Minna machen (ugs.), zur Ordnung rufen, zur Sau machen (derb), zur Schnecke machen (ugs.), zusammenstauchen (ugs.).

vor|kom|men [ˈfoːɐ̯kɔmən], kam vor, vorgekommen ⟨itr.; ist⟩:
1. *als eine Art (oft unangenehmer) Überraschung sich ereignen:* solche Verbrechen kommen immer wieder vor; so etwas darf nicht wieder vorkommen; ist dir so etwas schon einmal vorgekommen? **Syn.:** auftreten, begegnen, sich [1]ergeben, erscheinen, geschehen, passieren, unterlaufen, sich zeigen, zustoßen.
2. *(irgendwo) vorhanden sein:* in dem englischen Text kamen viele Wörter vor, die er nicht kannte; diese Pflanzen kommen nur im Gebirge vor. **Syn.:** anzutreffen sein, existieren, leben, wachsen, zu finden sein.
3. *(in bestimmter Weise) erscheinen, (von jmdm.) empfunden, wahrgenommen werden; (auf jmdn.) einen bestimmten Eindruck machen:* dieses Bild kommt mir sehr bekannt vor; es kam ihm vor *(er hatte das Gefühl),* als hätte er sie schon einmal gesehen; du kommst dir wohl sehr schlau vor *(hältst dich wohl für sehr schlau).* **Syn.:** anmuten, dünken (geh. veraltend), scheinen, zu sein scheinen.
4. a) *nach vorn kommen:* der Schüler musste [an die Tafel] vorkommen; komm mal vor!
b) *zum Vorschein kommen:* hinter dem Vorhang vorkommen.

Vor|komm|nis [ˈfoːɐ̯kɔmnɪs], das; -ses, -se:
Vorfall: nach diesem Vorkommnis verließ er die Stadt für immer; gab es während meiner Abwesenheit irgendwelche besonderen Vorkommnisse? **Syn.:** Begebenheit (geh.), Episode, Ereignis, Erlebnis, Geschehnis (geh.), Vorgang, Zwischenfall.

vor|la|den [ˈfoːɐ̯laːdn̩], lädt vor, lud vor, vorgeladen ⟨tr.; hat⟩:
auffordern, vor einer Behörde (besonders Gericht, Polizei) zu erscheinen: er wurde als Zeuge vorgeladen. **Syn.:** [2]laden, vor Gericht zitieren.

Vor|la|ge [ˈfoːɐ̯laːgə], die; -, -n:
1. *das Vorlegen zur Ansicht, Begutachtung o. Ä.:* eine Bescheinigung zur Vorlage beim Finanzamt.
2. *etwas, was bei der Anfertigung von etwas als Grundlage, Modell o. Ä. dient:* eine Vorlage zum Stricken; etwas als Vorlage benutzen; sich genau an die Vorlage halten; das Bild war nach einer Vorlage gemalt. **Syn.:** Muster, Schema. **Zus.:** Arbeitsvorlage, Bastelvorlage, Druckvorlage.
3. *(besonders beim Fußball) Pass, der einen Torschuss einleiten soll:* [jmdm.] eine Vorlage geben; eine Vorlage aufnehmen, verwandeln.

vor|las|sen [ˈfoːɐ̯lasn̩], lässt vor, ließ vor, vorgelassen ⟨tr.; hat⟩:
1. (ugs.) *jmdm. den Vortritt lassen; beim Warten damit einverstanden sein, dass jmd., der später gekommen ist, früher als man selbst an die Reihe kommt:* ich habe die Frau mit ihrem Baby an der Kasse vorgelassen.
2. *(jmdm.) Zutritt (zu jmdm.) gewähren; in einer amtlichen Angelegenheit empfangen:* er wurde beim Minister nicht vorgelassen. **Syn.:** empfangen.

Vor|läu|fer [ˈfoːɐ̯lɔyfɐ], der; -s, -, **Vor|läu|fe|rin** [ˈfoːɐ̯lɔyfərɪn], die; -, -nen:
Person, deren Schaffen eine später aufkommende Denk-/Kunstrichtung in wichtigen Aspekten vorwegnimmt; etwas, was einem später auftretenden Bauwerk, Ereignis o. Ä. vorangeht und es bereits in den Grundzügen erkennen lässt: dieser Dichter ist ein Vorläufer des Expressionismus; die Vorläuferin des Doms war eine Kirche im romanischen Stil.

vor|läu|fig [ˈfoːɐ̯lɔyfɪç] ⟨Adj.⟩:
noch nicht endgültig, aber bis auf Weiteres so verlaufend: das ist nur eine vorläufige Regelung; vorläufig wohnt sie noch im Hotel. **Syn.:** einstweilen, erst einmal, erst mal (ugs.), fürs Erste, zunächst einmal, zunächst mal (ugs.).

vor|laut [ˈfoːɐ̯laut] ⟨Adj.⟩:
(besonders von Kindern) sich ohne Zurückhaltung in einer Weise äußernd, dass es als unangenehm, unangemessen o. Ä. empfunden wird: er ist ein vorlauter kleiner Junge; sei nicht so vorlaut! **Syn.:** frech, naseweis, vorwitzig.

vor|le|gen [ˈfoːɐ̯leːgn̩], legte vor, vorgelegt:
1. ⟨tr.; hat⟩ **a)** *(vor jmdn.) zur Ansicht, Kontrolle, Begutachtung o. Ä. hinlegen:* seinen Ausweis, Zeugnisse vorlegen; er legte ihr den Brief [zur Unterschrift] vor.
b) *übergeben, einreichen, damit es behandelt, diskutiert oder beschlossen werden kann:* einen Plan, Entwurf vorlegen; der Minister legte das Budget für das kommende Jahr vor; jmdm. eine Frage vorlegen (verblasst; *jmdn. etwas fragen*). **Syn.:** abgeben, präsentieren, überreichen.
c) *der Öffentlichkeit vorweisen, präsentieren:* der Autor hat ein neues Buch vorgelegt. **Syn.:** herausgeben, publizieren, veröffentlichen.
2. ⟨tr.; hat⟩ *zur Sicherung, Befestigung vor etwas legen, anbringen:* eine Kette, einen Riegel vorlegen.
3. ⟨+ sich⟩ *den Oberkörper nach vorn neigen, sich weit vorbeugen, nach vorn beugen:* ich legte mich auf meinem Rad ganz vor.
4. ⟨tr.; hat⟩ *(jmdm. die Speisen) auf den Teller legen:* sie legte uns den Braten vor; ⟨auch itr.⟩ der Kellner legte ihm vor. **Syn.:** auflegen, auftun.
5. ⟨tr.; hat⟩ *(besonders beim Fußball) den Ball mit einem Stoß, Pass, einer Vorlage (für sich oder einen anderen Spieler) in eine gute Position zum Schießen bringen:* einem Mitspieler den Ball vorlegen; sie legte sich den Ball zu weit vor.
6. ⟨tr.; hat⟩ *(für jmdn.) vorläufig bezahlen:* eine Summe vorlegen; kannst du mir 5 Euro vorlegen? **Syn.:** auslegen, zahlen.

vor|le|sen [ˈfoːɐ̯leːzn̩], liest vor, las vor, vorgelesen ⟨tr.; hat⟩:
laut lesen, um (jmdn. über etwas) zu unterrichten, zu unterhalten, um (jmdm. etwas) mitzuteilen: den Kindern Geschichten

vorlesen; ⟨auch itr.⟩ er liest den Kindern jeden Abend vor; dem Partner aus der Zeitung vorlesen.

Vor|le|sung [ˈfoːɐ̯leːzʊŋ], die; -, -en:
an einer Hochschule von einem Professor oder Dozenten gehaltene, über das ganze Semester laufende Reihe von zusammenhängenden wissenschaftlichen Vorträgen über ein bestimmtes Thema: eine Vorlesung halten, besuchen, versäumen. **Zus.:** Antrittsvorlesung, Gastvorlesung.

Vor|lie|be [ˈfoːɐ̯liːbə], die; -, -n:
besonderes Interesse, spezielle Neigung für etwas: seine Vorliebe gilt der alten Musik; sie hat eine Vorliebe für antike Möbel; bei Brathähnchen isst sie mit Vorliebe die knusprige Haut. **Syn.:** Hang, Schwäche.

vor|lie|gen [ˈfoːɐ̯liːgn̩], lag vor, vorgelegen ⟨itr.; hat, südd., österr., schweiz.: ist⟩:
a) *zur genaueren Prüfung, Untersuchung, Bearbeitung, Beobachtung o. Ä. (vor jmdm.) liegen, sich in (jmds.) Besitz befinden:* der Antrag liegt dem Anwalt bereits vor; schon früh hatte ein Foto des mutmaßlichen Entführers vorgelegen. **Syn.:** existieren, geben, vorhanden sein. **b)** *als Faktum für eine entsprechende Beurteilung zu erkennen sein; als zu berücksichtigende Tatsache bestehen:* ein Verschulden des Fahrers liegt nicht vor; gewichtige Gründe liegen nicht vor. **Syn.:** existieren, geben, vorhanden sein.

vor|ma|chen [ˈfoːɐ̯maxn̩], machte vor, vorgemacht ⟨tr.; hat⟩:
1. *(etwas) tun, um (jmdm.) zu zeigen, wie etwas gemacht wird, ihn mit einer bestimmten Fertigkeit vertraut machen:* jmdm. jeden Handgriff vormachen müssen. **Syn.:** lehren.
2. *(mit etwas) absichtlich einen falschen Eindruck, ein falsches Bild (bei jmdm.) erwecken, um ihn dadurch täuschen oder belügen zu können:* jmdm. ein Theater vormachen; sich [gegenseitig] etwas vormachen; so leicht kann er mir nichts vormachen!; da machst du dir doch [selbst] was vor!

vor|mer|ken [ˈfoːɐ̯mɛrkn̩], merkte vor, vorgemerkt ⟨tr.; hat⟩:
für eine spätere Berücksichtigung aufschreiben, eintragen: ich werde diese Plätze für Sie vormerken; eine Bestellung vormerken. **Syn.:** reservieren, zurücklegen.

Vor|mie|ter [ˈfoːɐ̯miːtɐ], der; -s, -, **Vor|mie|te|rin** [ˈfoːɐ̯miːtərɪn], die; -, -nen:
Person, die die Wohnung vorher gemietet hatte: die Küche haben wir von den/unseren Vormietern übernommen.

Vor|mit|tag [ˈfoːɐ̯mɪtaːk], der; -s, -e:
Zeit vom Morgen bis zum Mittag: den Vormittag verbrachte sie meist im Bett; am späten Vormittag; heute, morgen, gestern Vormittag. **Syn.:** Morgen. **Zus.:** Dienstagvormittag, Septembervormittag, Sommervormittag.

vor|mit|tags [ˈfoːɐ̯mɪtaːks] ⟨Adverb⟩:
am Vormittag; jeden Vormittag: vormittags ist er nie zu Hause. **Syn.:** am Morgen, morgens.

Vor|mund [ˈfoːɐ̯mʊnt], der; -[e]s, -e und Vormünder [ˈfoːɐ̯mʏndɐ]:
männliche Person, die vom Gericht dazu bestimmt ist, die rechtlichen Angelegenheiten einer anderen Person (meist eines Minderjährigen) zu regeln: einen Vormund bestellen, berufen.

Vor|mun|din [ˈfoːɐ̯mʊndɪn], die; -, -nen:
weibliche Form zu ↑Vormund.

vorn: ↑vorne.

Vor|na|me [ˈfoːɐ̯naːmə], der; -ns, -n:
persönlicher Name, der jmdm. zu seinem Familiennamen gegeben wurde: sie hat drei Vornamen; jmdn. beim Vornamen rufen, mit dem Vornamen anreden. **Syn.:** Rufname.

vor|ne [ˈfɔrnə], **vorn** [fɔrn] ⟨Adverb⟩:
1. *(von einem bestimmten Punkt, einer bestimmten Stelle aus betrachtet) auf der nahe gelegenen, der zugewandten Seite, im nahe gelegenen Teil* /Ggs. hinten/: der Schrank steht gleich vorn[e] an der Tür.
2. *an erster oder an einer der ersten Stellen [einer Reihe]; vor den anderen; an der Spitze* /Ggs. hinten/: bei den Wanderungen marschierte sie immer [ganz] vorn[e]; nach der ersten Runde des Rennens war der amerikanische Läufer noch vorn[e].

vor|nehm [ˈfoːɐ̯neːm] ⟨Adj.⟩:
1. *sich durch untadeliges Benehmen, durch Zurückhaltung und Feinheit des Benehmens und der Denkart auszeichnend:* ein vornehmer Mensch; eine vornehme Gesinnung; er denkt und handelt sehr vornehm; das ist vornehm *(beschönigend, untertreibend)* ausgedrückt nicht gerade nett von ihr gewesen. **Syn.:** edel, fein, feinfühlig, kultiviert, nobel.
2. *in meist unaufdringlicher Weise geschmackvoll, elegant, qualitativ hochwertig:* eine vornehme Wohnung; sie waren sehr vornehm gekleidet. **Syn.:** fein, gewählt, schick.

vor|neh|men [ˈfoːɐ̯neːmən], nimmt vor, nahm vor, vorgenommen:
1. ⟨+ sich⟩ *den Entschluss zu etwas fassen; beabsichtigen, etwas Bestimmtes zu tun:* er hat sich vorgenommen, in Zukunft darauf zu verzichten; du musst es dir fest vornehmen; ich habe mir einiges vorgenommen für heute. **Syn.:** beabsichtigen, beschließen, planen, sich entschließen zu, vorhaben.
2. als Funktionsverb: [an etwas] eine Änderung vornehmen *([an etwas] etwas ändern)*; eine Prüfung des Textes vornehmen *(den Text prüfen)*; eine Untersuchung des Falles vornehmen *(den Fall untersuchen)*.

vorn|he|rein [ˈfɔrnhɛrai̯n]:
in der Wendung **von vornherein:** *gleich von Anfang an:* sie hat den Plan von vornherein abgelehnt. **Syn.:** gleich.

Vor|ort [ˈfoːɐ̯lɔrt], der; -[e]s, -e:
kleiner Ort, Ortsteil am Rand einer größeren Stadt: aus dem Zentrum weg in einen Vorort ziehen. **Zus.:** Villenvorort.

Vor|rang [ˈfoːɐ̯raŋ], der; -[e]s:
1. *wichtigere oder bevorzugte Stellung, größere Beachtung (im Vergleich mit jmd., etwas anderem):* den Vorrang vor jmdm., etwas haben; jmdm. den Vorrang streitig machen. **Syn.:** Priorität, Vorzug.
2. (österr.) *Vorfahrt:* er hat mir den Vorrang genommen.

Vor|rat [ˈfoːɐ̯raːt], der; -[e]s, Vorräte [ˈfoːɐ̯rɛːtə]:
etwas, was in mehr oder weniger großer Menge oder Anzahl zum späteren Gebrauch beschafft, gesammelt, angehäuft wurde, zur Verfügung steht: Vorräte anlegen; sie hat in ihrem Schrank einen großen Vorrat von/an Lebensmitteln, Schnaps, Zigaretten, Büroklammern; die, alle Vorräte sind aufgebraucht. **Syn.:** Reserve. **Zus.:** Benzinvorrat, Brotvorrat, Heizölvorrat, Holzvorrat, Kohlevorrat, Kraftstoffvorrat, Lebensmittelvorrat, Mehlvorrat, Nahrungsvorrat, Notvorrat, Sauerstoffvorrat, Wasservorrat, Wintervorrat.

vor|rä|tig [ˈfoːɐ̯rɛːtɪç] ⟨Adj.⟩:
(als Vorrat) vorhanden, zur Verfügung stehend: alle noch vorrätigen Waren; etwas vorrätig haben; davon ist nichts mehr vorrätig. **Syn.:** verfügbar.

Vor|recht [ˈfoːɐ̯rɛçt], das; -[e]s, -e:
besonderes Recht, das jmd. (im Gegensatz zu den meisten anderen) genießt: Vorrechte genießen; er machte von seinem Vorrecht, kostenlos zu reisen, reichlich Gebrauch. **Syn.:** Monopol, Privileg, Vergünstigung, Vorrang, Vorzug.

Vor|rich|tung [ˈfoːɐ̯rɪçtʊŋ], die; -, -en:
Gegenstand oder Teil eines Gegenstandes, der einen bestimmten Zweck erfüllt, [als Hilfsmittel] eine bestimmte Funktion hat: eine Vorrichtung zum Belüften, Kippen. **Syn.:** Apparat, Gerät, Maschine. **Zus.:** Absperrvorrichtung, Aufhängevorrichtung, Bremsvorrichtung, Haltevorrichtung, Kippvorrichtung, Schutzvorrichtung, Sperrvorrichtung, Zusatzvorrichtung.

vor|rü|cken [ˈfoːɐ̯rʏkn̩], rückte vor, vorgerückt:
1. ⟨tr.; hat⟩ **a)** *nach vorn schieben, rücken:* er hat den Stuhl etwas vorgerückt, um in der Sonne zu sitzen. **Syn.:** vorschieben, vorziehen. **b)** (ugs.) *vor etwas rücken:* wenn du den Schrank vorgerückt hast, kann niemand die Tür öffnen.
2. ⟨itr.; ist⟩ **a)** *sich (mit etwas, was gerückt, geschoben werden soll oder muss) ein Stück nach vorn bewegen:* wenn du mit deinem Stuhl etwas vorrückst, haben wir auch noch Platz; der Zeiger ist vorgerückt. **b)** *sich aufgrund militärischer Erfolge vorwärtsbewegen:* die Truppen rücken rasch vor. **Syn.:** angreifen. **c)** *(besonders im sportlichen Bereich) in der Bewertung einen besseren Platz als früher einnehmen:* unser Verein ist auf den zweiten Platz vorgerückt. **Syn.:** aufsteigen.
d) *unaufhaltsam auf einen späteren Zeitpunkt zugehen, sich einer bestimmten, schon späten Tageszeit nähern:* der Abend ist schon vorgerückt; die Nacht rückte immer mehr vor; zu vorgerückter Stunde (geh.; *spät am Abend*).

vor|sa|gen [ˈfoːɐ̯zaːɡn̩], sagte vor, vorgesagt:
1. ⟨tr.; hat⟩ *(einem anderen, der etwas nicht weiß) sagen, zuflüstern, was er sagen, schreiben soll:* er musste ihm jeden Satz vorsagen; das hat ihm sein Banknachbar vorgesagt; ⟨auch itr.⟩ wer in der Schule vorsagt, wird bestraft; sie hat mir falsch vorgesagt.
2. ⟨+ sich⟩ *[leise] vor sich hin sprechen, um es sich einzuprägen und im Gedächtnis zu behalten:* ich sagte mir den Satz ein paarmal vor. **Syn.:** ²wiederholen.

Vor|satz [ˈfoːɐ̯zat͜s], der; -es, Vorsätze [ˈfoːɐ̯zɛt͜sə]:
etwas, was sich jmd. bewusst, entschlossen, fest vorgenommen hat; fester Entschluss, feste Absicht: einen Vorsatz fassen, fallen lassen; gute Vorsätze haben; an seinem Vorsatz festhalten; bei seinem Vorsatz bleiben, nicht mehr zu rauchen.

vor|sätz|lich [ˈfoːɐ̯zɛt͜slɪç] ⟨Adj.⟩:
ganz bewusst und absichtlich; mit Vorsatz: eine vorsätzliche Beleidigung; jmdn. vorsätzlich töten. **Syn.:** absichtlich, bewusst.

Vor|schein [ˈfoːɐ̯ʃai̯n]:
in der Wendung **zum Vorschein kommen:** *sichtbar, erkennbar werden:* beim Aufräumen kamen die Papiere wieder zum Vorschein; plötzlich kam ihr Hass zum Vorschein. **Syn.:** ans Licht kommen, offenbar werden, sich zeigen.

vor|schie|ben [ˈfoːɐ̯ʃiːbn̩], schob vor, vorgeschoben:
1. a) ⟨tr.; hat⟩ *nach vorn bewegen, schieben:* sie schoben den Wagen ein paar Meter vor; sie schob den Kopf etwas vor.
b) ⟨tr.; hat⟩ *[von der Seite her] vor etwas Bestimmtes schieben:* den Riegel vorschieben *(die Tür verriegeln);* wenn du für die Tür keinen Schlüssel hast, lass uns doch den Schrank vorschieben (ugs.; *davorschieben*). **Syn.:** vorrücken.
c) ⟨+ sich⟩ *sich nach vorn schieben:* ich schob mich [durch die Menge] vor, um die Bühne besser sehen zu können.
2. ⟨tr.; hat⟩ *(etwas nicht Zutreffendes) als Grund angeben, als Vorwand nehmen:* sie schob eine wichtige Besprechung vor. **Syn.:** sich herausreden mit.
3. ⟨tr.; hat⟩ *(eine unangenehme Aufgabe o. Ä.) von jmdm. für sich erledigen lassen und selbst im Hintergrund bleiben:* einen Strohmann vorschieben; wenn es um Gehaltserhöhungen geht, schieben die Kollegen immer sie vor.

Vor|schlag [ˈfoːɐ̯ʃlaːk], der; -[e]s, Vorschläge [ˈfoːɐ̯ʃlɛːɡə]:
etwas, was jmd. vorschlägt, Empfehlung eines Plans: er lehnte den Vorschlag des Architekten ab; sie machte ihr den Vorschlag *(schlug ihr vor),* gemeinsam eine Reise um die Welt zu unternehmen. **Syn.:** Angebot, Ansinnen (geh.), Antrag, Rat, Ratschlag, Tipp. **Zus.:** Alternativvorschlag, Änderungsvorschlag, Ergänzungsvorschlag, Gegenvorschlag, Kompromissvorschlag, Lösungsvorschlag, Reformvorschlag, Verbesserungsvorschlag.

vor|schla|gen [ˈfoːɐ̯ʃlaːɡn̩], schlägt vor, schlug vor, vorgeschlagen ⟨tr.; hat⟩:
a) *als mögliche und empfehlenswerte Vorgehensweise, Handlungsweise nennen, anbieten:* ich schlage vor, wir gehen jetzt nach Hause; er schlug ihr vor, mit ihm zu kommen; ich schlage Ihnen dieses Hotel vor

(schlage Ihnen vor, dieses Hotel zu wählen). **Syn.:** anregen, ans Herz legen, empfehlen, nahelegen, raten, vorbringen. **b)** *für eine bestimmte Rolle, Aufgabe o. Ä. empfehlen:* jmdn. als Kandidaten, für ein Amt vorschlagen.

vor|schnell ['fo:ɐ̯ʃnɛl] ⟨Adj.⟩: *allzu schnell und unüberlegt:* einen vorschnellen Entschluss rückgängig machen; vorschnell handeln. **Syn.:** überstürzt, voreilig.

vor|schrei|ben ['fo:ɐ̯ʃrai̯bn̩], schrieb vor, vorgeschrieben ⟨tr.; hat⟩: *durch eine bestimmte Anweisung, einen Befehl o. Ä. ein bestimmtes Verhalten, Handeln fordern:* der Gesetzgeber schreibt hier einen bestimmten Prozentsatz vor; ich lasse mir von ihr nicht vorschreiben, wann ich gehen soll; du hast mir überhaupt nichts vorzuschreiben; das Gesetz schreibt vor, dass das Gericht darüber zu entscheiden hat; das ist vorgeschrieben. **Syn.:** verlangen.

Vor|schrift ['fo:ɐ̯ʃrɪft], die; -, -en: *verbindliche Anweisung, die ein bestimmtes Verhalten, Handeln fordert:* gesetzliche, religiöse Vorschriften; sie hat uns reingelassen, obwohl es gegen die Vorschrift ist; er hat die Vorschriften des Arztes nicht befolgt; der Beamte erklärte, er müsse sich an die, seine Vorschriften halten; die Medizin muss genau nach Vorschrift eingenommen werden. **Syn.:** Anordnung, Befehl, Bestimmung, Direktive (geh.), Gebot, Gesetz, Satzung, Statut, Weisung. **Zus.:** Bauvorschrift, Bedienungsvorschrift, Dienstvorschrift, Gebrauchsvorschrift, Korrekturvorschrift, Sicherheitsvorschrift, Verkehrsvorschrift, Verwaltungsvorschrift, Zollvorschrift.

Vor|schuss ['fo:ɐ̯ʃʊs], der; -es, Vorschüsse ['fo:ɐ̯ʃʏsə]: *im Voraus ausbezahlter Teil des Lohns, des Gehalts oder eines Honorars:* [jmdn.] um einen Vorschuss bitten; ich habe mir 1 000 Euro Vorschuss geben lassen.

vor|schüt|zen ['fo:ɐ̯ʃʏt͜sn̩], schützte vor, vorgeschützt ⟨tr.; hat⟩: *(etwas nicht Zutreffendes) als Grund, als Entschuldigung angeben; als Ausrede, Ausflucht gebrauchen:* er lehnte die Einladung ab und schützte eine Krankheit vor. **Syn.:** heucheln, vorspielen, vortäuschen.

vor|se|hen ['fo:ɐ̯ze:ən], sieht vor, sah vor, vorgesehen:
1. ⟨tr.; hat⟩ **a)** *durchzuführen beabsichtigen:* man sah vor, einige Bestimmungen zu ändern; dass wir hier übernachten, war eigentlich nicht vorgesehen; der vorgesehene Aufenthalt fiel aus. **Syn.:** planen. **b)** *festlegen, bestimmen:* den größten Raum sah er für seine Bibliothek vor; das Gesetz sieht für diese Tat eine hohe Strafe vor. **c)** *zu einem bestimmten Zweck einsetzen, verwenden wollen:* wir haben das Geld für etwas anderes vorgesehen; sie war für dieses Amt vorgesehen. **Syn.:** ausersehen (geh.), bestimmen.
2. ⟨+ sich⟩ *sich in Acht nehmen:* sieh dich vor dem Hund vor!; du musst dich vorsehen, dass du dich nicht erkältest. **Syn.:** achtgeben, auf der Hut sein (geh.), aufpassen, sich hüten, Obacht geben (südd.), vorsichtig sein.

Vor|sicht ['fo:ɐ̯zɪçt], die; - ⟨meist ohne Artikel⟩: *gesteigerte Aufmerksamkeit, Besonnenheit bei Gefahr oder in bestimmten kritischen Situationen:* bei dieser gefährlichen Arbeit ist große Vorsicht nötig; bei diesem Geschäft rate ich dir zur Vorsicht; Vorsicht, Glas!; Vorsicht, frisch gestrichen! **Syn.:** Achtung, Umsicht.

vor|sich|tig ['fo:ɐ̯zɪçtɪç] ⟨Adj.⟩: *behutsam, besonnen, mit Vorsicht [handelnd, vorgehend]:* er ist ein vorsichtiger Mensch; bei ihr muss man sich vorsichtig ausdrücken; sei vorsichtig, sonst fällst du! **Syn.:** aufmerksam, bedächtig, mit Besonnenheit, pfleglich, sacht, sanft, schonend, sorgfältig, sorgsam, überlegt, umsichtig. **Zus.:** übervorsichtig.

vor|sichts|hal|ber ['fo:ɐ̯zɪçtshalbɐ] ⟨Adverb⟩: *zur Vorsicht:* sie hatte vorsichtshalber einen Regenschirm mitgenommen; schreib es dir doch vorsichtshalber lieber auf.

Vor|sitz ['fo:ɐ̯zɪt͜s], der; -es: *Leitung einer Versammlung, die etwas berät, diskutiert oder beschließt:* den Vorsitz haben, abgeben; die Verhandlungen finden unter dem Vorsitz von Herrn X statt. **Zus.:** Ehrenvorsitz, Fraktionsvorsitz, Landesvorsitz, Parteivorsitz, Vereinsvorsitz.

Vor|sit|zen|de ['fo:ɐ̯zɪt͜səndə], die/eine Vorsitzende; der/einer Vorsitzenden, die Vorsitzenden/zwei Vorsitzende: *weibliche Person, die einen Verein, eine Partei o. Ä. leitet, in einer Gruppe als Verantwortliche[r] die leitende Position hat:* die stellvertretende Vorsitzende des Aufsichtsrats; die Partei wählte eine neue Vorsitzende. **Syn.:** Präsidentin. **Zus.:** Aufsichtsratsvorsitzende, Ehrenvorsitzende, Fraktionsvorsitzende, Vorstandsvorsitzende.

Vor|sit|zen|der ['fo:ɐ̯zɪt͜səndɐ], der Vorsitzende/ein Vorsitzender; des/eines Vorsitzenden, die Vorsitzenden/zwei Vorsitzende: *Person, die einen Verein, eine Partei o. Ä. leitet, in einer Gruppe als Verantwortlicher die leitende Position hat :* er ist erster, zweiter, stellvertretender Vorsitzender des Aufsichtsrats; jmdn. zum Vorsitzenden wählen. **Syn.:** Präsident, Vorstand. **Zus.:** Aufsichtratsvorsitzender, Ehrenvorsitzender, Fraktionsvorsitzender, Vorstandsvorsitzender.

vor|sor|gen ['fo:ɐ̯zɔrgn̩], sorgte vor, vorgesorgt ⟨itr.; hat⟩: *in Hinblick auf die Zukunft im Voraus etwas unternehmen, (für etwas) sorgen:* sie hat für schlechtere Zeiten, fürs Alter vorgesorgt; für diesen Fall habe ich vorgesorgt. **Syn.:** vorbauen, vorbeugen.

Vor|spann ['fo:ɐ̯ʃpan], der; -[e]s, -e:
1. *einem Film, einer Fernsehsendung vorausgehende Angaben über die Mitwirkenden, den*

Autor, die Regisseurin o. Ä.: im Vorspann genannt werden.
2. *kurze Einleitung, die vor dem eigentlichen Text eines Zeitungs- oder Zeitschriftenartikels steht.* **Syn.:** Einleitung, Vorbemerkungen ⟨Plural⟩.

Vor|spei|se [ˈfoːɐ̯ʃpai̯zə], die; -, -n:
kleinere, appetitanregende Speise, die eine aus mehreren Gängen bestehende Mahlzeit einleitet: eine kalte, warme Vorspeise; als Vorspeise gab es Artischocken, einen Krabbencocktail, eine Frühlingsrolle, eine Suppe.

vor|spie|geln [ˈfoːɐ̯ʃpiːgl̩n] ⟨tr.; hat⟩:
vortäuschen: [jmdm.] eine Idylle vorspiegeln.

vor|spre|chen [ˈfoːɐ̯ʃprɛçn̩], spricht vor, sprach vor, vorgesprochen:
1. ⟨tr.; hat⟩ *(jmdm. gegenüber) deutlich sprechen, damit er es sofort richtig wiederholen kann:* er sprach ihm das schwierige Wort immer wieder vor; ich sprach ihr die Eidesformel vor. **Syn.:** soufflieren, vorsagen.
2. ⟨tr.; hat⟩ *(um eine Probe seiner schauspielerischen o. ä. Fähigkeiten zu geben) vortragen:* er sprach die Rede des Antonius vor; ⟨auch itr.⟩ sie sprach beim Staatstheater vor und bekam sofort ein Engagement. **Syn.:** aufsagen, deklamieren.
3. ⟨itr.; hat⟩ *(jmdm., den man eigens zu diesem Zweck aufgesucht hat) ein bestimmtes Anliegen vortragen:* bei jmdm., bei einer Behörde [wegen etwas, in einer Angelegenheit] vorsprechen. **Syn.:** aufsuchen, besuchen.

vor|sprin|gen [ˈfoːɐ̯ʃprɪŋən], sprang vor, vorgesprungen ⟨itr.; ist⟩:
1. *aus einer bestimmten Stellung heraus [plötzlich] nach vorn springen:* er sprang aus dem Versteck, aus der Deckung vor; plötzlich kam sie hinter der Mauer vorgesprungen.
2. *aus etwas auffallend herausragen und stark in Erscheinung treten:* der Erker des Hauses springt weit vor; eine vorspringende Nase. **Syn.:** ragen.

Vor|sprung [ˈfoːɐ̯ʃprʊŋ], der; -[e]s, Vorsprünge [ˈfoːɐ̯ʃprʏŋə]:
1. *vorspringender Teil (von etwas):* der Vorsprung eines Felsens.
2. *Abstand, um den jmd. einem anderen voraus ist:* der erste der Läufer hatte einen Vorsprung von drei Metern.
3. *überlegene Position, Überlegenheit:* den [technischen] Vorsprung der Konkurrenz aufholen.

Vor|stand [ˈfoːɐ̯ʃtant], der; -[e]s, Vorstände [ˈfoːɐ̯ʃtɛndə]:
a) *Gremium, dem die Leitung und Geschäftsführung eines Vereins, eines Verbandes, einer Genossenschaft o. Ä. obliegt:* den Vorstand bilden, wählen; der Vorstand tritt morgen zusammen. **Syn.:** Direktion, Führung, Management. **Zus.:** Bezirksvorstand, Bundesvorstand, Familienvorstand, Fraktionsvorstand, Gemeindevorstand, Haushaltsvorstand, Kirchenvorstand, Kreisvorstand, Parteivorstand, Vereinsvorstand. **b)** *Mitglied eines Vorstands* (a): er ist Vorstand geworden.

vor|stel|len [ˈfoːɐ̯ʃtɛlən], stellte vor, vorgestellt:
1. ⟨tr.; hat⟩ **a)** *nach vorn stellen:* den Sessel [ein Stück weiter] vorstellen; das rechte Bein [ein wenig] vorstellen. **b)** *vor etwas Bestimmtes stellen, davorstellen:* eine spanische Wand vorstellen. **c)** *(eine Uhr) auf eine spätere Zeit stellen:* die Uhr [um] eine Stunde vorstellen.
2. a) ⟨tr.; hat⟩ *durch Nennen des Namens bekannt machen:* er stellte ihn seiner Frau vor; nachdem sie sich ihnen vorgestellt hatte, nahm sie Platz.
b) ⟨+ sich⟩ *(bei der Bewerbung um eine Stelle, bei einer Wahl o. Ä.) einen ersten Besuch machen, sich zeigen und bekannt machen:* der Kandidat stellt sich den Wählern vor; heute stellt sich ein junger Mann vor, der bei uns arbeiten will.
3. ⟨itr.; hat⟩ *(im Bild o. Ä.) wiedergeben, darstellen:* was soll denn das, die Skulptur eigentlich vorstellen?
4. ⟨+ sich⟩ *sich (von jmdm., etwas) ein Bild, einen Begriff machen:* ich kann ihn mir nicht als Politiker vorstellen; ich hatte mir den Verkehr schlimmer vorgestellt; ich kann mir das alte Haus noch gut vorstellen; darunter kann ich mir nichts vorstellen. **Syn.:** an seinem geistigen Auge vorüberziehen lassen, sich ausmalen, sich denken, Revue passieren lassen, sich vor Augen führen, sich vergegenwärtigen.

Vor|stel|lung [ˈfoːɐ̯ʃtɛlʊŋ], die; -, -en:
1. *das Vorstellen, Bekanntmachen; das Sichvorstellen:* seine persönliche Vorstellung, die Vorstellung der neuen Mitarbeiter fand um 9 Uhr statt.
2. *Aufführung (eines Stücks, eines Films o. Ä.):* nach der Vorstellung gingen wir nach Hause. **Syn.:** Darbietung, Schau, Show. **Zus.:** Abendvorstellung, Abschiedsvorstellung, Galavorstellung, Gastvorstellung, Kindervorstellung, Nachmittagsvorstellung, Spätvorstellung, Theatervorstellung, Zirkusvorstellung.
3. *in jmds. Bewusstsein auftretendes, nicht auf unmittelbarer Wahrnehmung beruhendes Abbild der Wirklichkeit; Bild, das sich jmd. in seinen Gedanken von etwas macht:* er hat seltsame Vorstellungen von diesem Ereignis; das entspricht meinen Vorstellungen; das existiert nur in deiner Vorstellung. **Syn.:** Eindruck, Gedanke. **Zus.:** Gehaltsvorstellung, Idealvorstellung, Klischeevorstellung, Moralvorstellung, Wunschvorstellung, Zielvorstellung, Zukunftsvorstellung, Zwangsvorstellung.

Vor|stel|lungs|ge|spräch [ˈfoːɐ̯ʃtɛlʊŋsgəʃprɛːç], das; -[e]s, -e:
Gespräch mit den Verantwortlichen in einer Firma, bei der man sich beworben hat: jmdn. zum Vorstellungsgespräch einladen.

Vor|stra|fe [ˈfoːɐ̯ʃtraːfə], die; -, -n:
zurückliegende Strafe aufgrund einer früheren gerichtlichen Verurteilung: wegen seiner vielen Vorstrafen kann er kein mildes Urteil erwarten.

vor|täu|schen ['fo:ɐ̯tɔyʃn̩], täuschte vor, vorgetäuscht ⟨tr.; hat⟩:
(mit etwas) absichtlich einen falschen Eindruck erwecken; (von etwas) ein falsches Bild, den Anschein von etwas geben: er täuschte [ihr] Gefühle vor, die er nicht empfand; eine Krankheit vortäuschen. **Syn.:** heucheln, mimen (ugs. abwertend), simulieren, vorgaukeln, vormachen, vorspiegeln.

Vor|teil ['fɔrtai̯l], der; -s, -e:
etwas (Umstand, Lage, Eigenschaft o. Ä.), was jmdm. [gegenüber anderen] Nutzen, Gewinn bringt, was sich für jmdn. günstig auswirkt: finanzielle Vorteile; die Sache hat den einen Vorteil, dass ...; auf seinen eigenen Vorteil bedacht sein; er ist ihr gegenüber im Vorteil *(in einer günstigeren Lage).* **Syn.:** Plus. **Zus.:** Standortvorteil, Steuervorteil, Zeitvorteil.

vor|teil|haft ['fɔrtai̯lhaft] ⟨Adj.⟩:
einen persönlichen Vorteil, Gewinn, Nutzen bringend: er hat ihm ein sehr vorteilhaftes Angebot gemacht; eine für beide Seiten vorteilhafte Lösung; diese Farbe ist vorteilhaft für dich *(steht dir gut).* **Syn.:** günstig, gut, positiv.

Vor|trag ['fo:ɐ̯tra:k], der; -[e]s, Vorträge ['fo:ɐ̯trɛ:gə]:
1. ⟨ohne Plural⟩ *das Vortragen, Darbieten von etwas:* der Vortrag des Gedichtes war nicht fließend genug. **Zus.:** Gesangsvortrag, Klaviervortrag, Solovortrag.
2. *ausführliche mündliche Darlegung, Rede über ein bestimmtes, oft wissenschaftliches Thema:* sie hat bei dem Kongress einen interessanten Vortrag gehalten. **Syn.:** Ansprache, Referat. **Zus.:** Diavortrag, Einführungsvortrag, Festvortrag, Gastvortrag.

vor|tra|gen ['fo:ɐ̯tra:gn̩], trägt vor, trug vor, vorgetragen ⟨tr.; hat⟩:
1. *künstlerisch vorsprechen oder vorsingen:* sie trug ein Gedicht, einige Lieder von Schubert vor. **Syn.:** aufsagen, deklamieren, interpretieren, lesen, rezitieren, verlesen, vorlesen, zu Gehör bringen (geh.), zum Besten geben.
2. *sachlich darlegen; in förmlichen Worten zur Kenntnis bringen:* er trug dem Minister sein Anliegen vor. **Syn.:** anbringen, bekannt geben, bekannt machen, berichten, erklären, erzählen, informieren über, melden, mitteilen, sagen, unterrichten über/von.

vor|treff|lich [fo:ɐ̯'trɛflɪç] ⟨Adj.⟩:
sehr gut, sich durch seine Qualität, Begabung, sein Können o. Ä. auszeichnend: er ist ein vortrefflicher Koch; das ist ein vortrefflicher Einfall; der Kuchen schmeckt vortrefflich. **Syn.:** ausgezeichnet, bestens, blendend, einmalig (emotional), exzellent, famos (ugs.), fein, fetzig (Jugendspr.), genial, grandios, großartig, gut, herrlich (emotional), hervorragend, klasse (ugs.), köstlich, meisterhaft, perfekt, prima (ugs.), spitze (ugs.), stark (ugs.), super (ugs.), toll (ugs.), vorzüglich.

Vor|tritt [fo:ɐ̯'trɪt], der; -[e]s:
1. *(aus Höflichkeit gewährte) Gelegenheit voranzugehen:* er ließ ihr den Vortritt.
2. (schweiz.) *Vorfahrt.*

vo|r|ü|ber [fo'ry:bɐ] ⟨Adverb⟩:
vorbei: das Gewitter ist vorüber.

vo|r|ü|ber|ge|hend [fo'ry:bɐge:ənt] ⟨Adj.⟩:
nur eine gewisse Zeit, nicht lange dauernd; für kurze Zeit: vorübergehende Beschwerden; eine vorübergehende Wetterbesserung. **Syn.:** auf Zeit, augenblicklich, flüchtig, kurz, kurzfristig, temporär, zeitweilig, zeitweise.

Vor|ur|teil ['fo:ɐ̯|ʊrtai̯l], das; -s, -e:
nicht objektive, meist von feindseligen Gefühlen bestimmte Meinung, die sich jmd. ohne Prüfung der Tatsachen voreilig, im Voraus über jmdn., etwas gebildet hat: die Vorurteile der Bevölkerung gegen diese neue Einrichtung; Vorurteile haben, hegen, ablegen.

Vor|ver|kauf ['fo:ɐ̯fɛɐ̯kau̯f], der; -[e]s, Vorverkäufe:
Verkauf von Eintrittskarten schon [längere Zeit] vor der Vorstellung, nicht erst an der Abendkasse: der Vorverkauf für das Konzert beginnt vier Wochen vorher; die Karten im Vorverkauf erwerben. **Zus.:** Kartenvorverkauf.

Vor|wahl ['fo:ɐ̯va:l], die; -, -en:
Telefonnummer, die man bei Ferngesprächen wählen muss, bevor man die Nummer des Anschlusses, den man erreichen will, wählt: was ist die Vorwahl von Duisburg, Frankreich?

Vor|wand ['fo:ɐ̯vant], der; -[e]s, Vorwände ['fo:ɐ̯vɛndə]:
nicht zutreffender, nur vorgegebener, als Ausrede benutzter Grund: er findet immer irgendeinen Vorwand, um sie in ihrem Büro aufzusuchen; sie ist unter einem Vorwand verreist; etwas zum Vorwand nehmen. **Syn.:** Ausflucht, Entschuldigung, vorgeschobener Grund.

vor|wärts ['fo:ɐ̯vɛrts] ⟨Adverb⟩:
1. *nach vorn* /Ggs. rückwärts/: ein Blick vorwärts; zwei Schritte vorwärts machen. **Syn.:** nach vorn[e], voran, weiter.
2. *in Richtung des Endpunktes; von vorne nach hinten:* das Alphabet vorwärts und rückwärts aufsagen.

vor|wärts|ge|hen ['fo:ɐ̯vɛrtsge:ən], ging vorwärts, vorwärtsgegangen ⟨itr.; ist⟩:
1. *mit der Vorderseite voran gehen:* man konnte nur langsam vorwärtsgehen.
2. (ugs.) *besser werden, sich fortentwickeln:* mit dem Projekt geht es gut, rasch, nur langsam vorwärts. **Syn.:** sich gut entwickeln, vorangehen.

vor|wärts|kom|men ['fo:ɐ̯vɛrtskɔmən], kam vorwärts, vorwärtsgekommen ⟨itr.; ist⟩:
Erfolge haben; Fortschritte machen: sie sind heute mit ihrer Arbeit gut vorwärtsgekommen.

vor|weg|neh|men [fo:ɐ̯'vɛkne:mən], nimmt vorweg, nahm vorweg, vorweggenommen ⟨tr.; hat⟩:
(etwas) sagen, tun, bevor es an der Reihe wäre, bevor es andere sagen, tun: die Pointe vorwegnehmen; das Ergebnis gleich vorwegnehmen.

vor|wei|sen ['fo:ɐ̯vai̯zn̩], wies vor, vorgewiesen ⟨tr.; hat⟩:
vorzeigen: seinen Pass, eine Vollmacht vorweisen; der Fah-

rer konnte [dem Polizisten] keine gültige Fahrerlaubnis vorweisen; * **etwas vorzuweisen haben:** *über etwas verfügen:* sie hat eine gute Ausbildung, hervorragende Englischkenntnisse, als Autorin schon einige Erfolge vorzuweisen.

vor|wer|fen [ˈfoːɐ̯vɛrfn̩], wirft vor, warf vor, vorgeworfen ‹tr.; hat›:
jmds. Handlungsweise heftig kritisieren, sie ihm heftig tadelnd vor Augen führen: jmdm. Faulheit vorwerfen; sie warf ihm vor, dass er ihr nicht geholfen habe. **Syn.:** ankreiden (ugs.), anlasten, krummnehmen (ugs.), übel nehmen, unter die Nase reiben (ugs.), verübeln, vorhalten, zur Last legen.

vor|wie|gend [ˈfoːɐ̯viːgn̩t] ‹Adverb›:
in erster Linie, ganz besonders; zum größten Teil: die vorwiegend jugendlichen Hörer; in diesem Sommer herrschte vorwiegend trockenes Wetter. **Syn.:** [2]hauptsächlich, in den meisten Fällen, in der Hauptsache, insbesondere, meist, meistens, namentlich, vor allem, vor allen Dingen.

vor|wit|zig [ˈfoːɐ̯vɪt͡sɪç] ‹Adj.›:
neugierig, vorlaut und sich oft ungehörig vordrängend: ein vorwitziger kleiner Kerl. **Syn.:** dreist (abwertend), frech, keck, kühn, lose, naseweis.

Vor|wort [ˈfoːɐ̯vɔrt], das; -[e]s, Vorworte [ˈfoːɐ̯vɔrtə]:
einem Buch, besonders einer wissenschaftlichen Abhandlung o. Ä. vorangestellte Bemerkungen /Ggs. Nachwort/: leider wird das Vorwort nur von wenigen Menschen gelesen. **Syn.:** Einleitung, Vorbemerkung, Vorbemerkungen ‹Plural›, Vorspann.

Vor|wurf [ˈfoːɐ̯vʊrf], der; -[e]s, Vorwürfe [ˈfoːɐ̯vʏrfə]:
Äußerung, mit der jmd. jmdm. etwas vorwirft, sein Handeln, Verhalten rügt: ein versteckter, leiser, schwerer Vorwurf; die Vorwürfe trafen ihn schwer. **Syn.:** Angriff, Kritik.

Vor|zei|chen [ˈfoːɐ̯t͡sai̯çn̩], das; -s, -:
Anzeichen, das auf etwas Kommendes hinweist: diese Vorzeichen deuten auf einen strengen Winter. **Syn.:** Anhaltspunkt, Hinweis, Zeichen.

vor|zei|gen [ˈfoːɐ̯t͡sai̯gn̩], zeigte vor, vorgezeigt ‹tr.; hat›:
zum Betrachten, Prüfen, Begutachten o. Ä. zeigen: den Ausweis, Pass, die Fahrkarte vorzeigen; Enkel zum Vorzeigen *(mit denen man Eindruck machen kann).* **Syn.:** vorweisen.

vor|zei|tig [ˈfoːɐ̯t͡sai̯tɪç] ‹Adj.›:
früher als vorgesehen, erwartet: eine vorzeitige Abreise; sich vorzeitig pensionieren lassen; der Strafgefangene ist vorzeitig entlassen worden; sie ist vorzeitig gealtert, gestorben. **Syn.:** allzu früh, allzu frühzeitig, allzu zeitig, früh, vor der Zeit, zu früh.

vor|zie|hen [ˈfoːɐ̯t͡siːən], zog vor, vorgezogen ‹tr.; hat›:
1. a) *nach vorn ziehen:* den Schrank [ein Stück] vorziehen. **Syn.:** vorrücken. **b)** *vor etwas Bestimmtes ziehen, davorziehen:* den Vorhang vorziehen. **c)** *(aus etwas, unter etwas) hervorziehen:* die Säge unter dem Gerümpel vorziehen.
2. *(etwas für später Vorgesehenes) früher ansetzen, beginnen, erledigen o. Ä.:* einen Termin [um eine Stunde] vorziehen.
3. a) *lieber mögen; eine größere Vorliebe für jmdn., etwas haben als für eine andere Person oder Sache:* ich ziehe eine Verständigung dem ständigen Streit vor; er zog es vor, zu Hause zu bleiben. **Syn.:** bevorzugen. **b)** *besser behandeln (als andere):* der Lehrer zieht diesen Schüler [den anderen] vor. **Syn.:** bevorzugen.

Vor|zug [ˈfoːɐ̯t͡suːk], der; -[e]s, Vorzüge [ˈfoːɐ̯t͡syːgə]:
1. a) *einer Person oder Sache eingeräumter Vorrang:* jmdm., einer Sache den Vorzug geben, einräumen; den Vorzug vor jmdm., etwas erhalten; diese Methode verdient gegenüber anderen den Vorzug. **Syn.:** Priorität. **b)** *Vorrecht:* ich genieße den Vorzug, ihn persönlich zu kennen.
2. *gute Eigenschaft, die eine Person oder Sache vor anderen auszeichnet:* Pünktlichkeit ist einer seiner Vorzüge; dieses Material hat alle Vorzüge.

vor|züg|lich [foːɐ̯ˈt͡syːklɪç] ‹Adj.›:
vortrefflich: er ist ein vorzüglicher Redner; der Kuchen schmeckt vorzüglich.

Vo|tum [ˈvoːtʊm], das; -s, Voten [ˈvoːtn̩]:
Äußerung einer Meinung; Äußerung dessen, wofür sich jmd. [bei einer Abstimmung] entscheidet: das Wahlergebnis ist ein eindeutiges Votum für die Politik der Regierung. **Zus.:** Minderheitsvotum, Misstrauensvotum, Vertrauensvotum.

vul|gär [vʊlˈgɛːɐ̯] ‹Adj.›:
auf abstoßende Weise gewöhnlich, derb und ordinär: er gebraucht häufig vulgäre Ausdrücke; sie ist mir zu vulgär. **Syn.:** obszön, primitiv (abwertend), schamlos (meist abwertend), unanständig.

Vul|kan [vʊlˈkaːn], der; -s, -e:
Berg, aus dessen Innerem glühende Massen von Gestein o. Ä. geschleudert werden: ein aktiver Vulkan. **Syn.:** Feuer speiender Berg.

W w

Waa|ge [ˈvaːgə], die; -, -n:
Gerät zum Feststellen des Gewichts: etwas auf die Waage legen; sich auf die Waage stellen. **Zus.:** Apothekerwaage, Briefwaage, Dezimalwaage, Federwaage, Feinwaage, Goldwaage, Haushaltswaage, Küchenwaage, Personenwaage, Präzisionswaage, Säuglingswaage.

waa|ge|recht [ˈvaːgərɛçt], **waag|recht** [ˈvaːkrɛçt] ‹Adj.›:
im rechten Winkel zu einer senkrechten Fläche oder Linie verlaufend /Ggs. senkrecht/: eine waag[e]rechte Fläche; etwas waag[e]recht legen; der Herd muss genau waag[e]recht stehen. **Syn.:** flach, horizontal.

Wa|be ['va:bə], die; -, -n:
sechseckige Zelle [aus Wachs] in einem Bienenstock oder Wespennest: den Honig aus den Waben schleudern. **Zus.:** Bienenwabe, Honigwabe.

wach [vax] ⟨Adj.⟩:
a) *nicht mehr schlafend, nicht mehr schläfrig:* ich war heute schon früh wach; um 7 Uhr wurde er wach *(erwachte er).* **Syn.:** ausgeschlafen, munter. **Zus.:** hellwach, überwach. **b)** *von großer Aufmerksamkeit, Aufgeschlossenheit zeugend:* etwas mit wachem Bewusstsein tun; ein wacher Geist. **Syn.:** aufgeweckt, findig, geistreich, gewitzt, intelligent, klug, listig, pfiffig, rege, scharfsinnig. **Zus.:** hellwach.

Wa|che ['vaxə], die; -, -n:
a) *Person oder Gruppe von Personen, die etwas bewacht:* die Wache hatte von dem Einbruch nichts bemerkt. **Syn.:** Garde, Posten. **Zus.:** Ehrenwache, Grenzwache, Leibwache, Palastwache, Torwache. **b)** ⟨ohne Plural⟩ *das Bewachen bestimmter Einrichtungen, Anlagen, Örtlichkeiten o. Ä.:* die Wache an jmdn. übergeben, von jmdm. übernehmen. **Syn.:** Aufsicht, Beobachtung. **Zus.:** Bordwache, Brandwache, Krankenwache, Mahnwache, Nachtwache, Totenwache. **c)** *Räumlichkeit, in der die Wache* (a) *stationiert ist:* er ist in der Wache. **d)** *Polizeiwache:* er wurde auf die Wache gebracht; Sie müssen mit zur Wache kommen. **Syn.:** Revier. **Zus.:** Hauptwache, Polizeiwache.

wa|chen ['vaxn̩] ⟨itr.; hat⟩:
1. *wach sein, nicht schlafen:* ich habe die ganze Nacht gewacht; sie wachte, bis ihr Mann nach Hause kam. **Syn.:** auf sein (ugs.), aufbleiben, kein Auge zutun können, keinen Schlaf finden, wach liegen. **Zus.:** durchwachen.
2. *wach bleiben und auf jmdn., etwas aufpassen, achtgeben:* sie wachte die ganze Nacht bei dem Kranken. **Syn.:** Wache halten. **Zus.:** bewachen, überwachen.
3. *sehr genau, aufmerksam auf jmdn., etwas achten, aufpassen:* streng, eifersüchtig über etwas (Akk.) wachen; er wacht [streng] darüber, dass die Vorschriften eingehalten werden; sie wachte stets darüber, dass den Kindern nichts geschah.

wach|ru|fen ['vaxru:fn̩], rief wach, wachgerufen ⟨tr.; hat⟩:
[wieder] ins Bewusstsein, in Erinnerung bringen: Gefühle, Empfindungen in jmdm. wachrufen; das Gespräch rief längst vergessene Erlebnisse wach. **Syn.:** appellieren, aufrühren, aufrütteln.

Wachs [vaks], das; -es:
[von Bienen gebildete] fettähnliche Masse, die bei höheren Temperaturen schmilzt: Kerzen aus echtem Wachs; den Boden, das Auto mit Wachs polieren. **Zus.:** Autowachs, Bienenwachs, Bohnerwachs, Kerzenwachs, Skiwachs.

wach|sam ['vaxza:m] ⟨Adj.⟩:
vorsichtig, gespannt mit wachen Sinnen etwas beobachtend, verfolgend: wachsame Hunde; ein wachsamer Hüter der Demokratie; seinem wachsamen Blick entging nichts; angesichts dieser Gefahr gilt es, wachsam zu sein; eine Entwicklung wachsam verfolgen. **Syn.:** aufmerksam, hellhörig, konzentriert.

[1]**wach|sen** ['vaksn̩], wächst, wuchs, gewachsen ⟨itr.; ist⟩:
a) *größer, stärker werden; an Umfang, Ausdehnung zunehmen:* der Junge ist im letzten Jahr sehr gewachsen; er ließ sich die Haare [lang] wachsen; die Erregung im Volk wuchs von Stunde zu Stunde; etwas mit wachsendem Interesse beobachten; ständig wachsende Ausgaben; sie ist gut gewachsen *(hat eine gute Figur).* **Syn.:** im Wachstum begriffen sein, in die Höhe schießen (ugs.). **Zus.:** auswachsen, heranwachsen, weiterwachsen. **b)** *(von Pflanzen) sich entwickeln [können], gedeihen, vorkommen:* auf diesem Boden wachsen keine Reben; überall wächst Unkraut. **Syn.:** sprießen, wuchern. **Zus.:** anwachsen, bewachsen, festwachsen, hinauswachsen, hochwachsen, überwachsen, weiterwachsen.

[2]**wach|sen** ['vaksn̩] ⟨tr.; hat⟩:
mit Wachs behandeln, einreiben: die Skier wachsen; ⟨auch itr.⟩ er hatte zu stumpf gewachst. **Zus.:** einwachsen.

wäch|sern ['vɛksɐn] ⟨Adj.⟩:
1. *aus Wachs [bestehend]:* wächserne Kerzen.
2. (geh.) *so bleich wie Wachs:* mit wächsernem Gesicht lag sie auf der Bahre. **Syn.:** blass, fahl.

Wachs|tum ['vakstu:m], das; -s:
das Größerwerden, Wachsen: das Wachstum der Pflanzen wird durch viel Licht gefördert. **Syn.:** Entwicklung, Zunahme. **Zus.:** Dickenwachstum, Längenwachstum.

Wäch|ter ['vɛçtɐ], der; -s, -, **Wäch|te|rin** ['vɛçtərɪn], die; -, -nen:
Person, die jmdn., etwas bewacht. **Syn.:** Aufseher, Aufseherin, Aufsicht, Leibwächter, Leibwächterin, Posten, Wärter, Wärterin. **Zus.:** Leibwächter, Leibwächterin, Nachtwächter, Nachtwächterin, Parkplatzwächter, Parkplatzwächterin, Parkwächter, Parkwächterin, Torwächter, Torwächterin.

wa|cke|lig ['vakəlɪç], **wacklig** ['vaklɪç] ⟨Adj.⟩:
wackelnd; nicht fest gefügt, nicht [mehr] stabil: die Leiter steht sehr wack[e]lig; wack[e]liges Mobiliar; ich fühle mich [nach der Krankheit] noch etwas wack[e]lig *(schwach).* **Syn.:** locker, lose, schwankend, wankend.

Wa|ckel|kon|takt ['vakəlkɔntakt], der; -[e]s, -e:
schadhafter elektrischer Kontakt: der Scheinwerfer hat einen Wackelkontakt.

wa|ckeln ['vakl̩n]:
1. ⟨itr.; hat⟩: *nicht fest stehen, nicht fest sitzen; locker sein und sich daher etwas hin und her bewegen:* der Tisch, Stuhl wackelt; sie wackelt mit den Hüften. **Syn.:** schwingen, wanken.
2. ⟨itr.; ist⟩: *mit unsicheren, schwankenden Schritten irgendwohin gehen:* der alte Mann wackelte über die Straße.

wa|cker ['vakɐ] ⟨Adj.⟩ (veraltend):
1. *rechtschaffen, ehrlich und anständig:* er war der Sohn eines wackeren Bauern. **Syn.:** fair, redlich.
2. *sich frisch und kraftvoll einsetzend:* wackere junge Leute; er schritt wacker voran; (scherzh., mit wohlwollendem Spott) er ist ein wackerer Esser, Zecher; sie hat sich wacker gehalten. **Syn.:**

wägen/wiegen

Zwischen den ursprünglich sinngleichen unregelmäßigen Verben **wiegen** und **wägen** wird heute in der Allgemeinsprache klar unterschieden:
Das Verb **wiegen** wird gebraucht, wenn das Gewicht eines Gegenstandes festgestellt werden soll. Es kann transitiv und intransitiv verwendet werden:

- Er musste den ganzen LKW vor Fahrtbeginn wiegen.
- (Bildlich): Diese Worte wiegen schwer.
- Gedankenverloren wog sie die Waffe in der Hand *(schätzte sie das Gewicht der Waffe mit der Hand ab).*

Das Verb **wägen** wird dagegen im Sinne von *genau prüfend bedenken* gebraucht:

- Erst wägen, dann wagen!
- Sie wog/wägte jedes ihrer Worte.

In seiner alten konkreten Bedeutung *wiegen, das Gewicht von etwas bestimmen* wird »wägen« heute gelegentlich in den Fachsprachen verwendet; im Sinne von *das Gewicht in der Hand abschätzen* ist es dagegen veraltet.

beherzt, eifrig, forsch, mutig, tapfer, tüchtig.

wack|lig: ↑wackelig.

Wa|de [ˈva:də], die; -, -n: *durch einen großen Muskel gebildete hintere Seite des Unterschenkels beim Menschen:* kräftige Waden.

Waf|fe [ˈvafə], die; -, -n: *Gerät, Mittel o. Ä. zum Kämpfen, zum Angriff oder zur Verteidigung:* eine Waffe bei sich tragen; nukleare, chemische, biologische, konventionelle Waffen. **Zus.:** Abschreckungswaffe, Angriffswaffe, Atomwaffe, Bordwaffe, Defensivwaffe, Dienstwaffe, Faustfeuerwaffe, Feuerwaffe, Geheimwaffe, Handfeuerwaffe, Hiebwaffe, Kernwaffe, Kriegswaffe, Lenkwaffe, Massenvernichtungswaffe, Mordwaffe, Offensivwaffe, Schlagwaffe, Schusswaffe, Sportwaffe, Stichwaffe, Stoßwaffe, Tatwaffe, Vernichtungswaffe, Verteidigungswaffe, Weltraumwaffe.

Waf|fel [ˈvafl̩], die; -, -n: *süßes, flaches Gebäck, das auf beiden Seiten mit einem wabenförmigen Muster versehen ist:* Waffeln backen. **Zus.:** Eiswaffel, Schokoladenwaffel.

Waf|fen|ge|walt [ˈvafn̩gəvalt], die; -: *Gewaltanwendung unter Einsatz von Waffen:* etwas mit Waffengewalt erzwingen.

Waf|fen|ru|he [ˈvafn̩ru:ə], die; -, -n: *vorübergehende Einstellung von Kampfhandlungen:* eine Waffenruhe vereinbaren, fordern, einhalten, brechen.

wa|ge|mu|tig [ˈva:gəmu:tɪç] ⟨Adj.⟩: *Mut zum Risiko besitzend:* ein wagemutiger Forscher; eine wagemutige Tat. **Syn.:** beherzt, couragiert, furchtlos, heldenhaft, kühn, mutig, tapfer, tollkühn (emotional), unerschrocken, verwegen (emotional), waghalsig.

wa|gen [ˈva:gn̩]:
1. ⟨tr.; hat⟩ *ohne die Gefahr, das Risiko zu scheuen, etwas tun, dessen Ausgang ungewiss ist; um jmds., einer Sache willen ein hohes Risiko eingehen:* viel, einen hohen Einsatz, sein Leben wagen. **Syn.:** aufs Spiel setzen, sich getrauen, riskieren, sich [1]trauen.
2. a) ⟨tr.; hat⟩ *trotz der Möglichkeit eines Fehlschlages, Nachteils o. Ä., des Heraufbeschwörens einer Gefahr den Mut zu etwas haben:* einen Versuch wagen; niemand wagte [es], ihm zu widersprechen; ich wage nicht zu behaupten *(bin durchaus nicht sicher),* dass dies alles richtig ist. **Syn.:** sich anmaßen, sich erdreisten (geh.), sich getrauen, riskieren, sich [1]trauen, sich unterstehen. **b)** ⟨+ sich⟩ *den Mut haben, sich nicht scheuen, irgendwohin zu gehen:* sie wagt sich nicht mehr auf die Straße, aus dem Haus. **Syn.:** sich getrauen, sich [1]trauen. **Zus.:** heranwagen, hereinwagen, herwagen, hinauswagen, hineinwagen, hinwagen, vorwagen.

wä|gen [ˈvɛ:gn̩], wog/(seltener:) wägte, gewogen/(seltener:) gewägt ⟨tr.; hat⟩:
1. (fachspr., sonst veraltet) *das Gewicht von etwas mit einer Waage bestimmen:* die Rückstände genau wägen. **Syn.:** wiegen.
2. (geh.) *genau prüfend bedenken; genau überlegend und vergleichend prüfen:* jmds. Worte genau wägen. **Syn.:** abwägen, bedenken.

wägen/wiegen:
s. Kasten.

Wa|gen [ˈva:gn̩], der; -s, -:
a) *Fahrzeug mit Rädern zum Transport von Personen und Lasten, das gezogen oder geschoben wird:* Pferde an, vor den Wagen spannen; an den Zug wurden noch zwei Wagen angehängt. **Syn.:** Anhänger, Gefährt (geh., auch scherzh.), Gespann, Karre, Kutsche, Waggon. **Zus.:** Aussichtswagen, Campingwagen, Doppelstockwagen, Eisenbahnwagen, Erntewagen, Gepäckwagen, Großraumwagen, Kippwagen, Kühlwagen, Liegewagen, Personenwagen, Postwagen, Salonwagen, Schlafwagen, Servierwagen, Sonderwagen, Speisewagen, Spezialwagen, Straßenbahnwagen, Viehwagen.
b) *Kraft-, Personenwagen:* sie ist mit dem, ihrem neuen Wagen da; er hat seinen Wagen auf der Straße geparkt. **Syn.:** Auto, fahrbarer Untersatz (ugs. scherzh.), Fahrzeug, Limousine, Mühle (ugs., oft abwertend), Pkw, Vehikel (oft abwertend). **Zus.:** Dienstwagen, Gebrauchtwagen, Kleinwagen, Leichenwagen, Leihwagen, Lieferwagen, Mietwagen, Möbelwagen, Müllwagen, Neuwagen, Polizeiwagen, Rennwagen, Rettungswagen, Streuwagen.

Wag|gon [vaˈgõ:], der; -s, -s: *Wagen besonders bei Eisenbahn oder Straßenbahn:* ein Waggon mit Gemüse. **Zus.:** Eisenbahnwaggon, Kohlenwaggon, Kühlwaggon, Viehwaggon.

wag|hal|sig [ˈva:khalzɪç] ⟨Adj.⟩:

[in leichtsinniger Weise] mutig, [toll]kühn: waghalsige Piloten; ein waghalsiges Überholmanöver. **Syn.:** beherzt, couragiert, furchtlos, heldenhaft, tapfer, unerschrocken, verwegen (emotional), wagemutig.

Wag|nis ['va:knɪs], das; -ses, -se: *kühnes Unternehmen, gefährliches Vorhaben:* sich auf kein Wagnis einlassen; dieses Wagnis hat sich gelohnt. **Syn.:** Abenteuer, Unterfangen.

Wahl [va:l], die; -, -en:
a) ⟨ohne Plural⟩ *das Sichentscheiden für eine von mehreren Möglichkeiten:* die Wahl fällt mir schwer; eine gute Wahl treffen; Strümpfe erster Wahl *(der besten Qualität).* **Syn.:** Auslese, Auswahl, Entscheidung, Entschluss. **Zus.:** Arztwahl, Berufswahl, Damenwahl, Motivwahl, Namenswahl, Ortswahl, Partnerwahl, Seitenwahl, Stoffwahl, Themenwahl, Wortwahl.
b) *Abgabe der Stimme beim Wählen von Abgeordneten u. a.:* freie, geheime Wahlen; zur Wahl gehen; Wahlen fordern, abhalten. **Syn.:** Abstimmung. **Zus.:** Abwahl, Betriebsratswahl, Briefwahl, Bundestagswahl, Direktwahl, Gemeinderatswahl, Kanzlerwahl, Kommunalwahl, Landtagswahl, Listenwahl, Mehrheitswahl, Nachwahl, Neuwahl, Papstwahl, Parlamentswahl, Persönlichkeitswahl, Präsidentenwahl, Präsidentschaftswahl, Reichstagswahl, Schöffenwahl, Stichwahl, Testwahl, Unterhauswahl, Urwahl, Verhältniswahl, Volkskammerwahl, Vorwahl, Wiederwahl.

wäh|len ['vɛ:lən]:
1. a) ⟨tr.; hat⟩ *sich (eines von mehreren Dingen) aussuchen:* als Vorspeise wählte sie die Weinbergschnecken; er wählte die Freiheit. **Zus.:** auswählen, erwählen. **b)** ⟨itr.; hat⟩ *sich entscheiden:* der Gewinner konnte zwischen einer Reise und 1 000 Euro wählen; haben Sie schon gewählt *(sich entschieden, was Sie bestellen wollen).*
2. a) ⟨tr.; hat⟩ *sich durch Abgeben seiner Stimme bei einer Wahl für jmdn., etwas entscheiden; durch Wahl bestimmen:* einen neuen Präsidenten wählen; welche Partei hast du gewählt?; jmdn. in einen Ausschuss, zum Vorsitzenden wählen; eine demokratisch gewählte Volksvertretung. **Zus.:** abwählen, hineinwählen. **b)** ⟨itr.; hat⟩ *bei einer Wahl seine Stimme abgeben; zur Wahl gehen:* noch nicht wählen dürfen; er wählt konservativ *(gibt seine Stimme für eine konservative Partei ab).* **Syn.:** abstimmen.
3. ⟨tr.; hat⟩ *beim Telefon durch Drücken der entsprechenden Ziffferntaste bzw. durch Drehen der Wählscheibe die Telefonnummer eines anderen Teilnehmers zusammensetzen, um eine Verbindung herzustellen:* die Nummer 36 33 wählen; ⟨auch itr.⟩ erst nach Ertönen des Wähltons wählen! **Zus.:** anwählen, durchwählen, verwählen, vorwählen.

Wäh|ler ['vɛ:lɐ], der; -s, -, **Wäh|le|rin** ['vɛ:lərɪn], die; -, -nen:
1. *Person, die an einer Wahl teilnimmt oder dazu berechtigt ist:* die Wähler haben die Politik der Regierung honoriert.
2. *Person, die eine bestimmte Person oder Partei wählt:* die Wähler der Sozialistischen Partei; unsere Wählerinnen und Wähler.

wäh|le|risch ['vɛ:lərɪʃ] ⟨Adj.⟩: *besondere Ansprüche stellend, nur schwer zufriedenzustellen:* er ist im Essen sehr wählerisch; sie ist in ihren Mitteln nicht besonders wählerisch. **Syn.:** anspruchsvoll, empfindlich, heikel, kritisch, verwöhnt.

wahl|los ['va:llo:s] ⟨Adj.⟩: *in oft gedankenloser, unüberlegter Weise ohne bestimmte Ordnung, Reihenfolge, Auswahl o. Ä. verfahrend, nicht nach einem durchdachten Prinzip vorgehend:* er trank alles wahllos durcheinander; etwas wahllos herausgreifen. **Syn.:** beliebig, planlos, willkürlich.

Wahn [va:n], der; -[e]s:
1. (geh.) *falsche, trügerische Vorstellung:* er lebt in dem Wahn, dass er krank sei. **Syn.:** Einbildung, Erfindung, Fantasie, Halluzination, Hirngespinst, Illusion, Luftschloss, Täuschung, Vision. **Zus.:** Größenwahn.
2. (bes. Med.) *krankhafte, zwanghafte Einbildung:* Wahn ist ein Kennzeichen der Schizophrenie. **Zus.:** Verfolgungswahn.

wäh|nen ['vɛ:nən] ⟨tr.; hat⟩ (geh.): *[fälschlich] glauben, vermuten:* er wähnte, die Sache sei längst erledigt; ich wähnte dich zu Hause, auf Reisen; sie wähnte ihn, sich in Sicherheit. **Syn.:** annehmen, denken.

Wahn|sinn ['va:nzɪn], der; -[e]s (ugs.): *sehr unvernünftiges, unsinniges Denken, Verhalten, Handeln; grenzenlose Unvernunft:* es ist Wahnsinn, bei diesem Wetter eine Bergtour zu unternehmen. **Syn.:** Blödsinn (ugs. abwertend), Idiotie (ugs. abwertend), Irrsinn (emotional), Schwachsinn (ugs. abwertend), Unsinn.

wahn|sin|nig ['va:nzɪnɪç] ⟨Adj.⟩ (ugs.):
a) *ganz töricht, unvernünftig:* ein wahnsinniger Plan; bist du wahnsinnig? **Syn.:** gedankenlos, sinnlos, unsinnig, unüberlegt.
b) *übermäßig groß:* ich habe einen wahnsinnigen Schreck bekommen. **c)** ⟨verstärkend bei Adjektiven und Verben⟩ *sehr:* sich wahnsinnig freuen; er fährt wahnsinnig schnell. **Syn.:** außerordentlich, gewaltig (emotional), irre (emotional), irrsinnig (emotional), kolossal (ugs. emotional), riesig (ugs.), unheimlich (ugs.).

Wahn|sinns- [va:nzɪns] ⟨Präfixoid⟩ (emotional verstärkend): kennzeichnet die Empfindung, Beurteilung – sowohl Bewunderung als auch Kritik – in Bezug auf das im Basiswort Genannte; *in seiner Art kaum glaublich, schier unfassbar [groß]:* Wahnsinnsanordnung; Wahnsinnsarbeit; Wahnsinnsbefehl; Wahnsinnserfolg; Wahnsinnsidee; Wahnsinnskarriere; Wahnsinnsmaschine; Wahnsinnsmiete; Wahnsinnspreise; Wahnsinnsproblem; Wahnsinnstyp. **Syn.:** Mords- (ugs., emotional verstärkend).

wahr [va:ɐ̯] ⟨Adj.⟩:
1. *der Wahrheit, der Wirklichkeit, den Tatsachen entsprechend:* eine wahre Geschichte; der wahre Grund; was er behauptet, ist nicht wahr. **Syn.:** [1]richtig, tatsächlich, zutreffend. **Zus.:** unwahr.
2. *echt, recht, richtig, wirklich:* das ist wahre Kunst; es ist ein wahres Wunder, dass ihm

nichts passiert ist. **Syn.:** ausgesprochen, regelrecht, typisch.

wah|ren ['va:rən] ⟨tr.; hat⟩: *(einen bestimmten Zustand, ein bestimmtes Verhalten o. Ä.) aufrechterhalten, nicht verändern:* seine Interessen wahren; Distanz, einen gewissen Abstand wahren; die Neutralität wahren; die Form wahren *(nicht gegen die Umgangsformen verstoßen);* ein Geheimnis wahren *(nicht preisgeben);* er hat bei der Auseinandersetzung den Anstand gewahrt *(sich so verhalten, wie es der Anstand erfordert).* **Syn.:** beibehalten, erhalten, schützen, verteidigen.

wäh|ren ['vɛ:rən] ⟨itr.; hat⟩ (geh.): *dauern:* der Winter war streng und währte lange; nichts währt ewig. **Syn.:** andauern, anhalten, Bestand haben.

[1]**wäh|rend** ['vɛ:rənt] ⟨Präp. mit Gen.⟩: dient dazu, eine Zeitdauer, in deren Verlauf etwas vorgeht, anzugeben; *im Verlauf von:* während des Krieges lebten sie im Ausland; es hat während des ganzen Urlaubs geregnet; während der Woche *(an den Werktagen);* ⟨mit Dativ, wenn bei einem stark gebeugten Substantiv im Plural der Gen. formal nicht zu erkennen ist oder wenn ein weiteres stark gebeugtes Substantiv (Genitivattribut) zwischen »während« und das von ihm abhängende Substantiv tritt⟩ während fünf Jahren; während des Ministers aufschlussreichem Vortrag. **Syn.:** bei, binnen, im Laufe, [1]in, in der Zeit, innerhalb.

[2]**wäh|rend** ['vɛ:rənt] ⟨Konj.⟩:
1. ⟨zeitlich⟩ dient dazu, einen temporalen Gliedsatz einzuleiten und Gleichzeitigkeit auszudrücken; *in der Zeit, als ...:* während sie verreist waren, hat man bei ihnen eingebrochen. **Syn.:** [1]als, solang[e].
2. ⟨adversativ⟩ dient dazu, einen adversativen Gliedsatz einzuleiten; *indes; wohingegen:* während die einen sich freuten, waren die anderen eher enttäuscht. **Syn.:** indem, indes[sen] (geh.).

wahr|haf|tig [va:ɐ̯'haftɪç] ⟨Adverb⟩: *in der Tat, wirklich:* um ihn brauchst du dich wahrhaftig nicht zu sorgen. **Syn.:** [2]bestimmt, fürwahr (geh. veraltend), gar, gewiss, tatsächlich, ungelogen (emotional).

Wahr|heit ['va:ɐ̯hai̯t], die; -: *der Wirklichkeit entsprechende Darstellung, Schilderung; Übereinstimmung zwischen Gesagtem und Geschehenem oder Bestehendem, zwischen Gesagtem und Gedachtem:* das ist die Wahrheit; die Wahrheit erfahren; [jmdm.] die Wahrheit sagen; in Wahrheit *(tatsächlich)* verhält es sich genau umgekehrt. **Zus.:** Binsenwahrheit, Glaubenswahrheit, Halbwahrheit, Lebenswahrheit, Teilwahrheit.

wahr|neh|men ['va:ɐ̯ne:mən], nimmt wahr, nahm wahr, wahrgenommen ⟨tr.; hat⟩:
1. *mit den Sinnen aufnehmen, erfassen:* eine Gestalt, ein Geräusch, einen Geruch wahrnehmen. **Syn.:** ansichtig werden (geh.), bemerken, beobachten, entdecken, erkennen, gewahr werden (geh.), hören, merken, mitbekommen, registrieren, sehen, spüren, verspüren.
2. a) *(etwas, was sich als Möglichkeit o. Ä. anbietet) nutzen:* seinen Vorteil wahrnehmen; jede Gelegenheit wahrnehmen, etwas zu erreichen. **Syn.:** ausnutzen (bes. nordd.), ausnützen (bes. südd.), gebrauchen, nutzen (bes. nordd.), nützen (bes. südd.). **b)** *berücksichtigen, vertreten:* die Interessen seiner Firma wahrnehmen.

wahr|sa|gen ['va:ɐ̯za:gn̩], wahrsagte/sagte wahr, gewahrsagt/wahrgesagt ⟨tr.; hat⟩: *mithilfe bestimmter (auf Aberglauben oder Schwindel beruhender) Praktiken Vorhersagen machen:* die alte Frau wahrsagte ihm [aus den Handlinien] die Zukunft; ⟨auch itr.⟩ sie hat [mir] aus den Karten wahrgesagt. **Syn.:** prophezeien, voraussehen, vorhersagen, vorhersehen, weissagen.

[1]**wahrscheinlich** [va:ɐ̯'ʃai̯nlɪç], wahrscheinlicher, am wahrscheinlichsten ⟨Adj.⟩: *mit ziemlicher Sicherheit anzunehmen, in Betracht kommend:* der wahrscheinliche Täter; es ist nicht wahrscheinlich, dass sie kommt. **Syn.:** mutmaßlich, voraussichtlich.

[2]**wahr|schein|lich** [va:ɐ̯'ʃai̯nlɪç] ⟨Adverb⟩: *mit ziemlicher Sicherheit:* sie hat wahrscheinlich recht; er wird wahrscheinlich verreisen. **Syn.:** allem Anschein nach, anscheinend, vermutlich, wohl.

Wäh|rung ['vɛ:rʊŋ], die; -, -en: *in einem oder mehreren Ländern als gesetzliches Zahlungsmittel geltendes Geld:* die französische, europäische Währung; die Währung der Schweiz.

Wahr|zei|chen ['va:ɐ̯tsai̯çn̩], das; -s, -: *etwas, was als Erkennungszeichen, als Sinnbild (besonders einer Stadt, eines Landes, einer Landschaft) gilt:* der Kreml ist das Wahrzeichen Moskaus.

Wai|se ['vai̯zə], die; -, -n: *minderjähriges Kind, das einen Elternteil oder beide Eltern verloren hat:* sie ist schon zeitig Waise geworden. **Zus.:** Halbwaise, Scheidungswaise, Vollwaise.

Wal [va:l], der; -[e]s, -e: *sehr großes, im Meer lebendes Säugetier mit massigem Körper, zu Flossen umgebildeten Vordergliedmaßen und waagerecht stehender Schwanzflosse:* der Wal bläst. **Zus.:** Blauwal, Buckelwal, Grauwal, Grönlandwal, Killerwal, Mörderwal, Riesenwal, Schwertwal, Weißwal, Zahnwal.

Wald [valt], der; -[e]s, Wälder ['vɛldɐ]: *größeres Stück Gelände, das dicht mit Bäumen bewachsen ist:* riesige Wälder; im Wald spazieren gehen; sich im Wald verirren; einen Wald abholzen. **Syn.:** Forst. **Zus.:** Birkenwald, Buchenwald, Buschwald, Eichenwald, Fichtenwald, Kastanienwald, Kiefernwald, Laubwald, Mischwald, Nadelwald, Regenwald, Stadtwald, Tannenwald, Winterwald.

Wald|meis|ter ['valtmai̯stɐ], der; -s, -: *in Laubwäldern wachsende, aromatische Pflanze mit kleinen weißen Blüten, die zum Aromatisieren von Bowlen verwendet wird:* zu einer Maibowle gehört frischer Waldmeister.

Wald|ster|ben ['valtʃtɛrbn̩], das; -s: *verstärkt auftretendes Absterben von Bäumen in Waldgebieten infolge zunehmender Umweltver-*

schmutzung: das Waldsterben eindämmen.

Wall [val], der; -[e]s, Wälle [ˈvɛlə]: *mehr oder weniger hohe Aufschüttung aus Erde, Steinen o. Ä., mit der ein Bereich schützend umgeben oder abgeschirmt wird:* ein hoher, breiter Wall; einen Wall aufschütten; die Burg ist durch Wall und Graben geschützt. **Syn.:** Damm, Mauer. **Zus.:** Burgwall, Erdwall, Festungswall, Grenzwall, Ringwall, Rundwall, Schutzwall, Stadtwall, Steinwall.

wal|len [ˈvalən] ⟨itr.; hat⟩ (geh.): *(von Flüssigkeiten, besonders von Wasser im Zustand des Kochens) in sich in heftiger Bewegung sein:* das kochende Wasser wallte im Topf. **Syn.:** brodeln, sprudeln. **Zus.:** aufwallen.

Wal|nuss [ˈvalnʊs], die; -, Walnüsse [ˈvalnʏsə]: *Nuss mit grüner äußerer und hellbrauner, harter innerer Schale und einem essbaren, fettreichen Samen:* Weihnachten stand immer eine Schale mit Äpfeln, Orangen und Walnüssen auf dem Tisch.

wal|ten [ˈvaltn̩], waltete, gewaltet ⟨itr.; hat⟩ (geh.): *als wirkende Kraft o. Ä. vorhanden sein:* überall waltete Vernunft; ich will noch einmal Gnade walten lassen *(nachsichtig sein).* **Syn.:** existieren, herrschen, wirken.

Wal|ze [ˈvaltsə], die; -, -n:
1. *zylindrischer Körper.* **Syn.:** Rolle, Trommel, Zylinder.
2. *Maschine mit einem walzenförmigen Teil, das die Funktion des Transportierens, Glättens o. Ä. hat:* den frischen Asphalt mit einer Walze festigen. **Zus.:** Ackerwalze, Dampfwalze, Motorwalze, Straßenwalze.

wäl|zen [ˈvɛltsn̩]:
1. ⟨tr.; hat⟩ *langsam rollend auf dem Boden fortbewegen und an eine bestimmte Stelle schaffen:* den Stein zur Seite wälzen; einen Verletzten auf den Bauch wälzen. **Syn.:** rollen. **Zus.:** abwälzen, fortwälzen, heranwälzen, herwälzen, hineinwälzen, hinwälzen, umwälzen, wegwälzen.
2. ⟨+ sich⟩ *sich im Liegen hin und her drehen, hin und her werfen; sich schwerfällig in eine bestimmte Richtung drehen:* ich wälzte mich die ganze Nacht im Bett, weil ich nicht schlafen konnte; der Hund wälzt sich im Gras. **Syn.:** sich kugeln, sich rollen. **Zus.:** herumwälzen, rumwälzen.

Wal|zer [ˈvaltsɐ], der; -s, -: *Tanz im $^3/_4$-Takt, bei dem sich die Paare um sich selbst drehend bewegen:* [einen] Wiener Walzer tanzen.

Wand [vant], die; -, Wände [ˈvɛndə]: *gewöhnlich senkrecht aufgeführter Bauteil als seitliche Begrenzung eines Raumes, Gebäudes o. Ä.:* an der Wand hängt ein Bild; sich an die Wand lehnen. **Syn.:** Mauer. **Zus.:** Außenwand, Betonwand, Bootswand, Bordwand, Bretterwand, Hauswand, Holzwand, Innenwand, Rückwand, Schiffswand, Seitenwand, Trennwand, Ziegelwand, Zwischenwand.

Wan|da|lis|mus [vandaˈlɪsmʊs]: ↑Vandalismus.

Wan|del [ˈvandl̩], der; -s: *[sich allmählich vollziehende] Veränderung; Wechsel:* der Wandel in der Sprache. **Syn.:** Umschwung, Wandlung, Wende. **Zus.:** Bedeutungswandel, Gesinnungswandel, Sinneswandel, Sprachwandel, Strukturwandel.

wan|deln [ˈvandl̩n] (geh.):
1. ⟨itr.; ist⟩ *gemächlich und gemessen gehen:* sie wandelten unter Palmen, im Schatten der Bäume. **Syn.:** bummeln (ugs.), flanieren, promenieren (geh.), schlendern, spazieren. **Zus.:** daherwandeln, dahinwandeln, entlangwandeln, umherwandeln.
2. ⟨+ sich⟩ *sich [grundlegend] verändern:* seine Ansichten haben sich im Laufe der Zeit gewandelt. **Syn.:** sich ändern, umschlagen, umspringen, sich verwandeln.

Wan|de|rer [ˈvandərɐ], der; -s, -, **Wan|de|rin** [ˈvandərɪn], die; -, -nen: *Person, die wandert, eine Wanderung macht:* in den Herbstferien sind hier immer viele Wanderer unterwegs; sie ist eine begeisterte Wanderin *(sie wandert sehr gern).*

wan|dern [ˈvandɐn] ⟨itr.; ist⟩:
1. *eine größere Strecke über Land zu Fuß gehen:* durch den Wald, durchs Gebirge, über die Alpen, durch die ganze Schweiz wandern; in den Ferien gehen sie immer wandern; dort kann man sehr schön wandern. **Syn.:** laufen, ziehen. **Zus.:** durchwandern, fortwandern, herumwandern, hinauswandern, skiwandern, umherwandern.
2. (ugs.) *zu einem bestimmten Zweck an einen bestimmten Ort geschafft, gebracht werden:* der Ball wandert von Mann zu Mann; der Brief wanderte gleich in den Papierkorb; er wanderte für zwei Jahre ins Gefängnis. **Syn.:** gelangen, landen, sich wiederfinden.

Wan|de|rung [ˈvandərʊŋ], die; -, -en: *längerer Weg durchs Land, der zu Fuß zurückgelegt wird:* eine [kleine, große, lange, fünfstündige, ganztägige, achttägige] Wanderung machen, planen; eine Wanderung durch die Vogesen, im Harz.

Wan|der|weg [ˈvandɐveːk], der; -[e]s, -e: *Weg für Wanderungen (der entsprechend markiert ist):* die Karte zeigt die schönsten Wanderwege der näheren Umgebung.

Wand|lung [ˈvandlʊŋ], die; -, -en: *das Sichwandeln, Gewandeltwerden:* es trat eine bedeutsame Wandlung in seinem Leben ein. **Syn.:** Umschwung, Veränderung, Wandel, Wechsel, Wende. **Zus.:** Abwandlung, Umwandlung, Verwandlung.

Wan|ge [ˈvaŋə], die; -, -n (geh.): *Backe:* hohle, eingefallene, volle, rote Wangen; ein Kuss auf die Wange; eine dicke Träne lief ihr über die Wange. **Syn.:** Backe (ugs.).

wan|kel|mü|tig [ˈvaŋkl̩myːtɪç] ⟨Adj.⟩ (geh. abwertend): *(oft in störender, als unangenehm empfundener Weise) schwankend in der Stimmung, Gesinnung, Haltung:* ein wankelmütiger Mensch. **Syn.:** flatterhaft, sprunghaft, unausgeglichen, unbeständig, unentschlossen, unschlüssig, untreu.

wan|ken [ˈvaŋkn̩], wankte, gewankt:
a) ⟨itr.; ist⟩ *sich schwankend*

bewegen und umzufallen drohen: er wankte durchs Zimmer. **Syn.:** schwanken, taumeln, torkeln. **Zus.:** davonwanken, hereinwanken, hinauswanken. **b)** ⟨itr.; hat⟩: *sich unsicher hin und her bewegen; schwankend stehen:* der Mast, Turm wankte im Sturm. **Syn.:** schwingen, wackeln.

wann [van] ⟨Adverb⟩:
1. ⟨zeitlich⟩ *zu welchem Zeitpunkt, zu welcher Zeit:* **a)** ⟨interrogativ⟩ wann kommst du?; wann bist du geboren?; bis, seit wann bist du hier? **b)** ⟨relativisch⟩ du kannst kommen, wann du Lust hast; den Termin, wann die Wahlen stattfinden sollen, festlegen.
2. ⟨konditional; interrogativ⟩ *unter welchen Voraussetzungen, Bedingungen:* wann spricht man denn von Mord [und wann von Totschlag]?; ich weiß nie genau, wann man rechts überholen darf [und wann nicht].

Wan|ne ['vanə], die; -, -n: *größeres, tieferes, längliches, offenes Gefäß, besonders zum Baden:* in die Wanne steigen; in der Wanne sitzen; die Wanne putzen. **Syn.:** Bottich. **Zus.:** Badewanne, Blechwanne, Einbauwanne, Holzwanne, Kupferwanne, Zinkwanne.

Wan|ze ['vantsə], die; -, -n:
1. *(in vielen Arten vorkommendes) als Schädling lebendes Insekt mit meist abgeflachtem Körper.* **Zus.:** Bettwanze, Hauswanze, Wasserwanze.
2. (Jargon) *Abhörgerät in Form eines winzigen Senders, der im Zimmer versteckt angebracht ist:* eine Wanze einbauen, entdecken; jmdn. mithilfe einer Wanze belauschen. **Zus.:** Abhörwanze.

Wap|pen ['vapn̩], das; -s, -: *in stilisierender Darstellung und meist mehrfarbig gestaltetes, meist schildförmiges Zeichen, das symbolisch für eine Person, eine Familie, eine Dynastie, eine Körperschaft u. a. steht:* das Wappen der Habsburger, der Stadt Erfurt; eine Fahne mit dem Wappen der Republik Österreich. **Zus.:** Adelswappen, Familienwappen, Landeswappen, Staatswappen, Stadtwappen.

wapp|nen ['vapnən], wappnete, gewappnet ⟨+ sich⟩: *sich auf etwas Unangenehmes o. Ä., was einem möglicherweise bevorsteht, vorbereiten:* sich gegen Kritik, Anfeindungen wappnen; dagegen musst du dich wappnen; sich mit Geduld für die Auseinandersetzung wappnen; ich bin [für alle Eventualitäten] gewappnet. **Syn.:** sich rüsten, sich einrichten auf, sich einstellen auf.

Wa|re ['va:rə], die; -, -n: *etwas, was gehandelt, verkauft oder getauscht wird:* eine teure, leicht verderbliche Ware; die Ware verkauft sich gut; im Preis reduzierte Ware ist vom Umtausch ausgeschlossen; Waren produzieren, exportieren; Waren bestellen. **Syn.:** Artikel, Erzeugnis, Fabrikat, Konsumgut, Produkt. **Zus.:** Auslegeware, Delikatessware, Exportware, Fabrikware, Fertigware, Gebrauchsware, Gebrauchtware, Glasware, Handelsware, Importware, Industrieware, Kommissionsware, Konfektionsware, Konsumware, Lederware, Markenware, Massenware, Modeware, Räucherware, Rauchware, Rohware, Tabakware, Teigware, Töpferware, Wollware.

Wa|ren|haus ['va:rənhau̯s], das; -es, Warenhäuser ['va:rənhɔy̯zɐ]: *Kaufhaus:* ein großes, neues, billiges Warenhaus; in einem Warenhaus einkaufen.

warm [varm], wärmer, wärmste ⟨Adj.⟩:
a) *eine verhältnismäßig hohe Temperatur habend* /Ggs. kalt/: warme Luft; warmes Wasser; warmes Bier; ein warmes Meer, Klima; warmes Wetter; ein [verhältnismäßig] warmer Winter; der Kaffee ist noch warm; der Heizkörper ist noch warm; mir ist warm *(ich friere nicht)*. **Syn.:** behaglich, lau, lind (geh.), mollig, schwül, sommerlich. **Zus.:** körperwarm, lauwarm, ofenwarm, sonnenwarm, zimmerwarm. **b)** *den Körper warm haltend; gegen Kälte schützend:* warme Kleidung; eine warme Decke; der Mantel ist sehr warm; sich warm anziehen. **c)** *herzliches Gefühl, Empfinden zeigend:* warme Anteilnahme, Herzlichkeit; mit warmen Worten würdigte sie die Verdienste ihrer Mitarbeiterin. **Syn.:** einfühlsam, freundlich, gütig, herzlich.

Wär|me ['vɛrmə], die; -:
a) *Zustand des Warmseins:* eine angenehme, feuchte, sommerliche Wärme; heute wurden 30° Wärme gemessen; die Kranke braucht viel Wärme; die Wärme der letzten Tage ist plötzlich in bittere Kälte umgeschlagen. **Syn.:** Glut, Hitze. **Zus.:** Bettwärme, Körperwärme, Luftwärme, Ofenwärme, Sonnenwärme, Wasserwärme. **b)** *aufrichtige Freundlichkeit, Herzlichkeit:* Wärme ausstrahlen; mit großer Wärme von jmdm. sprechen. **Syn.:** Güte. **Zus.:** Gefühlswärme, Herzenswärme.

wär|men ['vɛrmən]:
a) ⟨tr.; hat⟩ *[wieder] warm machen, erwärmen:* das Essen wärmen; er nahm sie in die Arme, um sie zu wärmen; ⟨+ sich⟩ ich habe mich, mir die Hände am Ofen gewärmt. **Syn.:** anwärmen, aufwärmen, erhitzen. **Zus.:** anwärmen, vorwärmen. **b)** ⟨itr.; hat⟩ *Wärme geben; warm halten:* Wolle wärmt; der Ofen wärmt gut; die Wintersonne wärmt kaum. **Syn.:** warm machen.

Wärm|fla|sche ['vɛrmflaʃə], die; -, -n: *meist aus Gummi o. Ä. bestehender flacher, beutelartiger, mit heißem Wasser zu füllender Behälter, der zur Wärmebehandlung, zum Anwärmen von Betten o. Ä. benutzt wird:* jmdm., sich eine Wärmflasche machen; sich mit einer Wärmflasche ins Bett legen.

warm|hal|ten ['varmhaltn̩], hält warm, hielt warm, warmgehalten ⟨+ · sich⟩: in der Wendung **sich jmdn. warmhalten** (ugs.): *sich jmds. Gunst, Wohlwollen erhalten:* ich habe mir diesen einflussreichen Bekannten warmgehalten. **Syn.:** jmdn. bei der Stange halten (ugs.).

Warn|drei|eck ['varndrai̯|ɛk], das; -[e]s, -e (Kfz-Technik): *(im Falle einer Panne oder eines Unfalls auf der Straße aufzustellendes) Warnzeichen in Form*

warten/erwarten

Warten [auf] bedeutet *eine Zeit lang eine Tätigkeit verschieben oder einen Platz nicht verlassen, um dem Eintritt eines Ereignisses, dem Beginn eines Vorganges oder dem Kommen eines Menschen entgegenzusehen:*

- Ich warte auf eine Antwort!
- Er wartete, bis es dunkel wurde, auf ihre Rückkehr.

Während bei »warten« also im Vordergrund steht, dass absichtlich keine Veränderung stattfindet, dass ein gewisser Stillstand eintritt, wird bei **erwarten** betont, dass man fest mit dem Eintreffen eines Ereignisses oder einer Person rechnet. So wird in dem Satz

- Sie erwartet ihren Freund um 9 Uhr vor dem Bahnhof

ausgedrückt, dass sie fest davon ausgeht, ihren Freund um 9 Uhr vor dem Bahnhof zu treffen, in der Zwischenzeit kann sie sich jedoch mit ganz anderen Dingen beschäftigen.

eines weißen Dreiecks mit rotem Rand: die Unfallstelle mit einem Warndreieck sichern; ein Warndreieck aufstellen, wegräumen.

war|nen ['varnən] ⟨tr.; hat⟩: **a)** *mit aller Deutlichkeit auf eine Gefahr, eine Schwierigkeit aufmerksam machen, hinweisen:* die Bevölkerung vor einem Betrüger warnen; ich habe sie mehrmals gewarnt *(ihr abgeraten),* sich auf diesen Handel einzulassen; ⟨auch itr.⟩ die Polizei warnt vor dem Genuss dieser Lebensmittel; warnend seine Stimme erheben; ein warnender Zuruf. **Zus.:** vorwarnen. **b)** *jmdm. nachdrücklich, dringend [und unter Drohungen, unter Hinweis auf mögliche unangenehme Folgen] von etwas abraten:* ich habe sie nachdrücklich, ausdrücklich davor gewarnt [es zu tun]; ich warne dich [mir zu nahe zu kommen]!

war|ten ['vartn̩], wartete, gewartet:
1. ⟨itr.; hat⟩ *(jmdn., etwas) erwarten und deshalb an demselben Ort bleiben, bis er kommt oder etwas eintritt:* im Foyer [auf jmdn.] warten; ich habe schon eine Stunde [auf dich] gewartet; auf den Bus warten; [an der Ampel stehen und] auf Grün warten; ich kann warten *(ich habe Zeit, ich kann mich gedulden).* **Syn.:** abwarten, ausharren, durchhalten, sich gedulden, harren (geh.), lauern. **Zus.:** erwarten.
2. ⟨itr.; hat⟩ *(das Eintreffen einer Person, einer Sache) [mit Ungeduld] erwarten:* auf das Ergebnis der Untersuchung warten; auf einen Studienplatz warten; auf ihre Rückkehr warten; er wartet nur auf eine Gelegenheit, sich zu rächen. **Syn.:** entgegensehen, erwarten.
3. ⟨tr.; hat⟩ (Technik) *(an etwas) Arbeiten ausführen, die zur Erhaltung der Funktionsfähigkeit von Zeit zu Zeit notwendig sind:* die Maschine, die Heizung regelmäßig warten [lassen]; die ganze Anlage kann von einer einzigen Person gewartet werden. **Syn.:** betreuen, pflegen, unterhalten.

warten/erwarten: *s.* Kasten.

Wär|ter ['vɛrtɐ], der; -s, -, **Wär|te|rin** ['vɛrtərɪn], die; -, -nen: *Person, die jmdn. betreut, auf jmdn., etwas aufpasst:* der Wärter im Gefängnis, im Zoo. **Syn.:** Aufseher, Aufseherin, Pfleger, Pflegerin, Wächter, Wächterin. **Zus.:** Bahnwärter, Bahnwärterin, Gefangenenwärter, Gefangenenwärterin, Gefängniswärter, Gefängniswärterin, Leuchtturmwärter, Leuchtturmwärterin, Museumswärter, Museumswärterin.

War|te|zim|mer ['vartət͜sɪmɐ], das; -s, -: *Zimmer (z. B. in einer Arztpraxis), in dem sich Wartende aufhalten können:* stundenlang im Wartezimmer herumsitzen; nehmen Sie bitte [noch einen Moment] im Wartezimmer Platz.

War|tung ['vartʊŋ], die; -, -en: *[von einer Firma übernommene] Instandhaltung von etwas durch entsprechende Pflege, regelmäßige Überprüfung und Ausführung notwendiger Reparaturen:* regelmäßige, sorgfältige, fachmännische Wartung; die Wartung des Aufzugs; den Wagen zur Wartung in die Werkstatt bringen. **Zus.:** Fahrzeugwartung, Maschinenwartung.

wa|rum [va'rʊm] ⟨Adverb⟩:
1. ⟨interrogativ⟩ *aus welchem Grund?:* warum hast du das getan?; warum tust du das?; ich weiß nicht, warum sie abgesagt hat. **Syn.:** weshalb, wieso, wofür, wozu.
2. ⟨relativ⟩ *aus welchem Grund:* der Beweggrund, warum sie so entschied, blieb verborgen. **Syn.:** weshalb, wieso.

War|ze ['vart͜sə], die; -, -n: *kleine, rundliche Wucherung der Haut mit oft stark verhornter, zerklüfteter Oberfläche:* er hat eine Warze an der Hand; sich eine Warze entfernen lassen. **Zus.:** Brustwarze.

[1]was [vas] ⟨Interrogativpronomen⟩:
1. fragt nach etwas, dessen Nennung oder Bezeichnung erwartet oder gefordert wird: was ist das?; was hast du getan; was sind Bakterien?; weißt du, was du bist? Stinkfaul [bist du]; ⟨Gen.⟩ weißt du, wessen man sie beschuldigt?; ⟨ugs. in Verbindung mit Präp.⟩ für was *(wofür)* ist das gut?; um was *(worum)* geht es?; zu was *(wozu)* kann man das gebrauchen?; ⟨in Ausrufesätzen⟩ was es [nicht] alles gibt!; was? (salopp; *[wie bitte?).*
2. als saloppe [unhöfliche] Nachfrage: was? **Syn.:** bitte?.

[2]was [vas] ⟨Relativpronomen⟩:
1. bezeichnet in Relativsätzen, die sich nicht auf Personen beziehen, dasjenige, worüber im Relativsatz etwas ausgesagt ist: sie haben [alles] mitgenommen, was nicht niet- und nagelfest war; was mich betrifft, so bin ich ganz zufrieden; ⟨Gen.:⟩ [das,] wessen sie sich rühmt, ist kein besonderes Verdienst; ⟨ugs. in Verbindung mit Präp.:⟩ das ist das Einzige, zu was *(wozu)* er taugt; ⟨was + »auch«, »immer«, »auch immer«:⟩ was sie auch [immer] *(alles, was sie)* anfing, wurde ein Erfolg.

2. *wer:* was ein richtiger Kerl ist, [der] wehrt sich.

³was [vas] ⟨Indefinitpronomen⟩ (ugs.):
[irgend]etwas: das ist ja ganz was anderes!; ist schon was [Näheres] bekannt?; ist was? *(ist etwas geschehen?);* eine Flasche mit was drin; tu doch was!; weißt du was? Ich lade dich ein!; * **so was** (ugs.): **a)** *so etwas:* so was Dummes!; so was von blöd!; na, so was! **b)** (abwertend) *so jemand:* und so was schimpft sich Experte!; * **so was wie …** (ugs.): *so etwas wie …:* er ist so was wie ein Dichter; gibt es hier so was wie 'n Klo?

⁴was [vas] ⟨Adverb⟩ (ugs.):
1. *warum* (1): was regst du dich so auf?; was stehst du hier herum?; ⟨in Ausrufesätzen:⟩ was musstest du sie auch so provozieren!
2. *wie [sehr]:* lauf, was *(so schnell wie)* du kannst!; ⟨meist in Ausrufesätzen⟩ was hast du dich verändert!

Wasch|be|cken ['vaʃbɛkn̩], das; -s, -:
[an der Wand befestigtes] Becken zum Waschen der Hände, des Körpers, der Haare: sie stand am Waschbecken und wusch sich die Hände. **Zus.:** Abwaschbecken, Handwaschbecken.

Wä|sche ['vɛʃə], die; -:
1. *Gesamtheit der Kleidungsstücke, die man unmittelbar auf dem Körper und unter der Kleidung trägt:* seidene Wäsche; die Wäsche wechseln; frische Wäsche anziehen. **Syn.:** Unterwäsche. **Zus.:** Damenwäsche, Herrenwäsche, Reizwäsche, Rheumawäsche.
2. a) *Gesamtheit von Textilien (besonders Kleidungsstücke, Bett- und Tischwäsche, Handtücher), die gewaschen werden:* die Wäsche ist noch nicht ganz trocken; Wäsche bügeln; die Wäsche waschen, aufhängen, bleichen, trocknen; ein Beutel für schmutzige Wäsche. **Zus.:** Bettwäsche, Buntwäsche, Feinwäsche, Kochwäsche, Tischwäsche. **b)** *das Waschen [von Wäsche]; Vorgang des Waschens:* der Pullover ist bei der Wäsche eingelaufen; die Bluse ist gerade in der Wäsche *(wird gerade gewaschen).*

wa|schen ['vaʃn̩], wäscht, wusch, gewaschen ⟨tr.; hat⟩:
1. *unter Verwendung eines Waschmittels oder von Seife durch häufiges Bewegen in Wasser [und durch Reiben, Drücken o. Ä.] von Schmutz befreien:* Wäsche, Hemden, Strümpfe waschen; den Pullover wasche ich mit der Hand. **Syn.:** reinigen, säubern. **Zus.:** auswaschen, durchwaschen, vorwaschen.
2. *mit Wasser und Seife von anhaftendem Schmutz befreien:* sich [mit Wasser und Seife] waschen; die Krankenschwester wäscht den Patienten; ich wasche dem Kind die Hände.

Wä|sche|rei [vɛʃəˈrai̯], die; -, -en:
Betrieb, in dem Wäsche gegen Entgelt gewaschen wird: er holt die Wäsche aus der Wäscherei. **Syn.:** Reinigung.

Wä|sche|trock|ner ['vɛʃətrɔknɐ], der; -s, -:
1. *Maschine zum Trocknen von Wäsche mit Heißluft:* sie legte die Wäsche in den Wäschetrockner und stellte ihn an.
2. *Gestell, auf das Wäsche zum Trocknen gehängt wird:* den Wäschetrockner ins Kinderzimmer stellen.

Wasch|lap|pen ['vaʃlapn̩], der; -s, -:
1. *Lappen [aus Frotteestoff] zum Waschen des Körpers:* er wusch sich mit einem Waschlappen.
2. (ugs. abwertend) *Schwächling:* er ist ein richtiger Waschlappen! **Syn.:** Feigling, Schlappschwanz (salopp abwertend), Schwächling (abwertend).

Wasch|ma|schi|ne ['vaʃmaʃiːnə], die; -, -n:
Maschine zum automatischen Wäschewaschen: diesen Pullover darf man nicht in der Waschmaschine waschen.

Wasch|mit|tel ['vaʃmɪtl̩], das; -s, -:
meist aus synthetischen Substanzen bestehendes, meist pulverförmiges Mittel, das, in Wasser gelöst, eine reinigende Wirkung entwickelt und besonders zum Wäschewaschen gebraucht wird: sie füllte etwas Waschmittel in die Waschmaschine [ein].

Was|ser ['vasɐ], das; -s, - und Wässer ['vɛsɐ]:
1. *natürliche, durchsichtige, weitgehend farb-, geruch- und geschmacklose Flüssigkeit:* hartes, weiches, enthärtetes Wasser; ein Glas, Eimer Wasser; ein Tropfen, ein Liter Wasser; Wasser verdunstet, gefriert; das Wasser kocht, siedet; das Wasser tropft, rinnt, fließt; Wasser lassen *(urinieren);* vor Rührung trat uns das Wasser in die Augen *(begannen wir zu weinen);* es war heiß, sodass allen das Wasser *(der Schweiß)* nur so von der Stirn rann. **Syn.:** das feuchte Element, das nasse Element, Feuchtigkeit. **Zus.:** Abwasser, Badewasser, Bergwasser, Brunnenwasser, Frischwasser, Grundwasser, Industriewasser, Kaffeewasser, Kühlwasser, Leitungswasser, Löschwasser, Meerwasser, Quellwasser, Regenwasser, Schmelzwasser, Schmutzwasser, Teewasser, Trinkwasser.
2. ⟨ohne Plural⟩ *Gewässer:* das Wasser ist sehr tief; am Wasser liegen und sich sonnen; kommst du mit ins Wasser?; etwas schwimmt, treibt auf dem Wasser. **Zus.:** Fahrwasser, Fischwasser, Wildwasser.

Was|ser|fall ['vasɐfal], der; -[e]s, Wasserfälle ['vasɐfɛlə]:
über eine oder mehrere Stufen, über Felsen in die Tiefe stürzendes Wasser eines Baches oder Flusses: sie liefen durch den Wald, bis sie an einen kleinen Wasserfall kamen.

Was|ser|hahn ['vasɐhaːn], der; -[e]s, Wasserhähne ['vasɐhɛːnə]:
Vorrichtung zum Öffnen und Schließen von Wasserleitungen: der Wasserhahn tropft; den Wasserhahn auf-, zu-, an-, abdrehen. **Zus.:** Kaltwasserhahn, Warmwasserhahn.

Was|ser|ko|cher ['vasɐkɔxɐ], der; -s, -:
elektrisch geheiztes Gefäß, in dem man Wasser zum Kochen bringt: er goss etwas Wasser in den Wasserkocher und stellte ihn an.

was|sern ['vasɐn] ⟨itr.; hat⟩:
(von Vögeln, Flugzeugen o. Ä.) auf dem Wasser niedergehen: die Raumkapsel hat im Atlantik gewassert. **Syn.:** aufsetzen, landen. **Zus.:** notwassern.

wäs|sern ['vɛsɐn] ⟨tr.; hat⟩:
1. *längere Zeit in Wasser legen, um bestimmte Stoffe herauszulösen o. Ä.:* Salzheringe wässern;

die Fotos sind nicht lange genug gewässert worden.
2. *(Pflanzen) reichlich mit Wasser versorgen:* Bäume, Felder wässern; in diesem Sommer mussten wir sehr viel wässern. **Syn.:** bewässern, gießen, sprengen. **Zus.:** bewässern, entwässern.

was|ser|scheu ['vasɐʃɔy] ⟨Adj.⟩:
sich scheuend, mit Wasser in Berührung zu kommen: das Kind ist furchtbar wasserscheu.

wäss|rig ['vɛsrɪç] ⟨Adj.⟩:
reichlich Wasser enthaltend [und entsprechend fade schmeckend]: eine wässrige Suppe; die Kartoffeln sind dieses Jahr sehr wässrig; wässriger Wein; die Erdbeeren sind, schmecken wässrig. **Syn.:** geschmacklos, kraftlos.

wa|ten ['va:tn̩], watete, gewatet ⟨itr.; ist⟩:
im Wasser oder auf nachgiebigem Untergrund einsinkend langsam gehen: am Ufer waten; durch den Bach, Schlamm waten; wir sind bis an die Knöchel im Schmutz gewatet. **Syn.:** stapfen. **Zus.:** durchwaten, herauswaten, hineinwaten.

wat|scheln ['va:tʃl̩n], watschelte, gewatschelt ⟨itr.; ist⟩ (ugs.):
wackelnd, schleppend gehen: Enten watschelten über den Weg; einen watschelnden Gang haben. **Syn.:** stapfen. **Zus.:** herauswatscheln, hereinwatscheln, herumwatscheln.

Watt [vat], das; -[e]s, -en:
seichter, von Prielen durchzogener Küstenstreifen, dessen Meeresboden aus Sand und Schlick bei Ebbe nicht überflutet ist: das Watt fällt bei Ebbe trocken; eine Wanderung durch das Watt.

Wat|te ['vatə], die; -, -n:
aus weichen Fasern hergestelltes Material, das besonders für Verbandszwecke, zur Polsterung o. Ä. dient: die Pfote mit Watte polstern; sich Watte in die Ohren stopfen; etwas in Watte packen. **Zus.:** Verbandwatte.

WC [ve:'t͜se:], das; -[s], -[s]:
Toilette mit Wasserspülung: ein öffentliches WC. **Syn.:** Abort (veraltend), Klo, Klosett, Latrine, [1]Toilette.

we|ben ['ve:bn̩] ⟨tr.; hat⟩:
durch kreuzweises Verbinden von Längs- und Querfäden zu einem Gewebe herstellen: Leinen, Spitze, Teppiche weben; mit der Hand gewebte Teppiche; ⟨auch itr.⟩ sie webt gern. **Syn.:** wirken. **Zus.:** einweben, umweben.

Wech|sel ['vɛksl̩], der; -s, -:
1. ⟨ohne Plural⟩ **a)** *[(nach gewissen Gesetzen) öfter oder immer wieder vor sich gehende] Veränderung in bestimmten Erscheinungen, Dingen, Geschehnissen o. Ä.:* ein rascher, dauernder Wechsel; der Wechsel der Gezeiten; es trat ein entscheidender Wechsel ein; alles ist dem Wechsel unterworfen. **Syn.:** Umbruch, Umschwung, Wandel, Wandlung, Wende. **Zus.:** Jahreswechsel, Temperaturwechsel, Wetterwechsel, Witterungswechsel. **b)** *das Wechseln:* der Wechsel der Reifen, des Motoröls; der Wechsel des Arbeitsplatzes, des Wohnsitzes; der Wechsel von einem Betrieb zu einem andern. **Zus.:** Berufswechsel, Gesinnungswechsel, Klimawechsel, Ölwechsel, Ortswechsel, Programmwechsel, Reifenwechsel, Richtungswechsel, Schulwechsel, Seitenwechsel, Taktwechsel, Tapetenwechsel, Themawechsel, Wohnungswechsel. **c)** *das Auswechseln:* der Wechsel eines oder mehrerer Spieler; der Wechsel der Pferde; einen Wechsel im Regierungskabinett vornehmen. **Syn.:** Austausch. **Zus.:** Personalwechsel, Regierungswechsel, Spielerwechsel.
2. *schriftliche Verpflichtung zur Zahlung in einem bestimmten Zeitraum:* mit einem Wechsel bezahlen. **Syn.:** Scheck. **Zus.:** Blankowechsel.

wech|sel|haft ['vɛksl̩haft] ⟨Adj.⟩:
ohne Bestand, öfter wechselnd: wechselhaftes Wetter; das Wetter bleibt wechselhaft; in seinen Leistungen wechselhaft sein. **Syn.:** schwankend, unausgeglichen, unbeständig, veränderlich.

wech|seln ['vɛksl̩n] ⟨wechselt, wechselte, gewechselt⟩:
1. ⟨tr.; hat⟩ *aus einem bestimmten Grund etwas durch etwas Neues derselben Art ersetzen, eine Person (an einer bestimmten Stelle) durch eine andere (in der gleichen Funktion) austauschen:* die Wäsche, Wohnung wechseln; sie hat den Arzt, die Zigarettenmarke gewechselt; er hat den Verein gewechselt. **Syn.:** erneuern, ersetzen, tauschen. **Zus.:** auswechseln.
2. ⟨itr.; hat⟩ *sich ändern; sich ins Gegenteil verkehren:* seine Stimmung wechselt schnell; die Ampel wechselte von Grün auf Gelb; er kämpfte mit wechselndem Erfolg. **Syn.:** umschlagen, umspringen, sich verwandeln, sich wandeln (geh.). **Zus.:** abwechseln.
3. ⟨tr.; hat⟩ *für einen größeren Betrag, meist einem Geldschein, mehrere kleinere Münzen oder Scheine im gleichen Wert geben:* jmdm. hundert Euro wechseln; bevor sie die Grenze überschritt, hat sie noch etwas Geld gewechselt *(in eine andere Währung umgetauscht);* ⟨auch itr.⟩ ich kann leider nicht wechseln *(habe kein passendes Geld zum Herausgeben).* **Syn.:** eintauschen, tauschen, umtauschen. **Zus.:** einwechseln.

wech|sel|sei|tig ['vɛksl̩zai̯tɪç] ⟨Adj.⟩:
von der einen und der anderen Seite in gleicher Weise ausgehend, aufeinander bezogen: eine wechselseitige Abhängigkeit; wechselseitiges Lob; die wechselseitigen Beziehungen zwischen den Staaten Europas. **Syn.:** gegenseitig.

we|cken ['vɛkn̩] ⟨tr.; hat⟩:
1. *wach machen, zum Erwachen bringen:* jmdn. vorsichtig, rechtzeitig wecken; sich [telefonisch] wecken lassen; weck mich bitte um sechs Uhr! **Syn.:** aufwecken.
2. *etwas [in jmdm.] entstehen lassen:* schlummernde Kräfte, Interesse wecken; neue Bedürfnisse [bei jmdm.] wecken; alte Erinnerungen wecken *(wieder ins Bewusstsein rufen).* **Syn.:** aufrühren, auslösen, bewirken, erzeugen, heraufbeschwören, herbeiführen, verursachen, wachrufen, zur Folge haben. **Zus.:** erwecken.

We|cker ['vɛkɐ], der; -s, -:
Uhr, die zu einer gewünschten Zeit ein Klingelzeichen ertönen lässt: ein elektrischer Wecker; der Wecker rasselte; sie hat den Wecker nicht gehört. **Zus.:** Radiowecker, Reisewecker.

we|deln ['ve:dl̩n]:
1. ⟨itr.; hat⟩ *(etwas Leichtes) hin und her bewegen:* mit der Hand, einem Tuch wedeln; der Hund wedelte mit dem Schwanz. **Syn.:** schlenkern, schwenken. **Zus.:** herumwedeln, schweifwedeln.
2. ⟨itr.; ist⟩ *die parallel geführten Skier in kurzen Schwüngen von einer Seite zur anderen bewegen:* schön wedeln können. **Syn.:** schwingen.

we|der ['ve:dɐ]:
in der Wendung **weder … noch …:** *nicht … und auch nicht …:* dafür habe ich weder Zeit noch Geld [noch Lust]; weder er noch sie wusste[n] Bescheid; es waren weder ein Hinweis noch Bestätigungen zu finden.

weg [vɛk] ⟨Adverb⟩ (ugs.):
a) bezeichnet ein [Sich]entfernen von einem bestimmten Ort, Platz, einer bestimmten Stelle; *von diesem an einen anderen Ort, Platz, von dieser an eine andere Stelle:* (in Aufforderungen:) weg da!; weg mit euch, damit!; schnell, nichts wie weg!; Hände, Finger weg [von den Möbeln]! **Syn.:** fort. **b)** bezeichnet das Ergebnis des [Sich]entfernens; *an einem bestimmten Ort, Platz, einer bestimmten Stelle nicht mehr anwesend, vorhanden, zu finden:* zur Tür hinaus und weg war sie; die Schmerzen, meine Schlüssel sind weg. **Syn.:** abwesend, fort, unterwegs.

Weg [ve:k], der; -[e]s, -e:
1. *etwas, was wie eine Art Streifen – im Unterschied zur Straße oft nicht befestigt – durch ein Gebiet, Gelände führt und zum Begehen [und Befahren] dient:* ein steiler, holpriger Weg; dieser Weg führt ins nächste Dorf; der Weg gabelt sich, führt am Fluss entlang, schlängelt sich durch Wiesen; einen Weg verbreitern; zwischen den Beeten einen Weg anlegen. **Syn.:** Bahn, Pfad, Route, Straße. **Zus.:** Fahrradweg, Fahrweg, Feldweg, Forstweg, Fußweg, Gehweg, Parkweg, Privatweg, Radweg, Waldweg, Wanderweg, Wiesenweg, Zufahrtsweg.
2. *Richtung, die einzuschlagen ist, Strecke, die zurückzulegen ist, um an ein bestimmtes Ziel zu kommen:* jmdm. den Weg [zum Bahnhof] zeigen; [im Nebel] vom Weg abkommen; der kürzeste Weg zum Flughafen; einen weiten Weg zur Schule haben. **Zus.:** Anfahrtsweg, Heimweg, Hinweg, Nachhauseweg, Reiseweg, Rückweg, Schulweg.
3. *Gang, Fahrt, um etwas zu besorgen, zu erledigen:* ich habe noch einige Wege zu machen, zu erledigen; mein erster Weg war nach Hause; er hat einen schweren Weg vor sich; sie ist auf dem Weg nach München.
4. *Art und Weise, in der jmd. vorgeht, um ein bestimmtes Ziel zu erreichen:* dieser Weg steht dir noch offen; ich sehe nur diesen einen Weg; etwas auf schriftlichem Weg[e] regeln; einen Streit auf friedlichem Weg[e] beilegen. **Syn.:** Methode, Mittel, Möglichkeit, Taktik, Verfahren, Vorgehen. **Zus.:** Amtsweg, Ausweg, Behördenweg, Dienstweg, Instanzenweg, Postweg, Rechtsweg, Verwaltungsweg.

weg- [vɛk] ⟨trennbares, betontes verbales Präfix⟩:
1. a) drückt aus, dass durch die im Verb genannte Tätigkeit, durch den genannten Vorgang oder Zustand etwas, jmd. nicht dort bleibt, wo es oder er sich vorher befunden hat, dass etwas, jmd. an einer bestimmten Stelle nicht [mehr] ist: (sich) wegbegeben; wegbeißen (der Hund beißt die Katze weg); wegbleiben; wegbringen; wegbröckeln; wegdrängen; wegdrücken; wegfangen; wegfließen; weghalten; weghören; wegloben; wegräumen; wegrennen; wegtauchen; wegtreten; wegwollen. **Syn.:** fort-, hinweg-. **b)** besagt in Verbindung mit dem Dativ der Person, dass etwas, was jmd. für sich hätte nehmen wollen, nicht mehr vorhanden ist, weil es ein anderer nimmt: (jmdm. etwas) wegangeln; wegessen; wegnaschen; wegschnappen. **c)** drückt aus, dass durch die im Verb genannte Tätigkeit etwas einem anderen nicht mehr zugänglich, ihm verborgen ist: wegsperren; wegschließen; wegstecken. **d)** drückt aus, dass sich etwas von einem festen Ausgangspunkt in eine Richtung erstreckt: wegstehen (Haare).
2. a) drückt aus, dass mit der im Verb genannten Tätigkeit das Ziel verfolgt wird, etwas zu beseitigen, nicht existieren zu lassen: wegarbeiten; wegbrechen; wegdiskutieren; weggießen; wegkratzen; wegoperieren; wegrasieren; wegretuschieren; wegsaufen; wegwaschen; wegwischen. **Syn.:** los-. **b)** drückt aus, dass durch die im Verb genannte Tätigkeit, durch den genannten Vorgang als Ergebnis etwas, jmd. nicht mehr vorhanden ist, nicht mehr existiert: (Widersprüche) wegdefinieren; wegsterben. **c)** drückt aus, dass sich eine nicht gewünschte, nicht beabsichtigte Beseitigung von etwas als Folge der im Verb genannten Maßnahme ergibt; als Folge des … beseitigt werden, aufhören zu bestehen, vorhanden zu sein: wegadministrieren; wegrationalisieren; wegreformieren; wegsanieren.

we|gen ['ve:gn̩] ⟨Präp. mit Gen.; allein stehende starke Substantive können im Singular auch ungebeugt bleiben bzw. im Plural im Dativ stehen⟩:
a) stellt ein ursächliches Verhältnis her; *aufgrund von:* wegen des schlechten Wetters/(geh.) des schlechten Wetters wegen; wegen Umbau[s] geschlossen; wegen Geschäften war sie drei Tage verreist; welches sind die wesentlichen Anliegen, wegen deren Sie bei uns anrufen? **Syn.:** aus, dank, durch, infolge, kraft, um … willen. **b)** drückt einen Bezug aus; *bezüglich:* wegen dieser Angelegenheit müssen Sie sich an den Vorstand wenden. **Syn.:** angesichts (geh.), anlässlich, hinsichtlich. **c)** bezeichnet den beabsichtigten Zweck eines bestimmten Tuns, den Beweggrund für ein bestimmtes Tun; *um … willen:* sie hat es wegen des Geldes/(geh.) des Geldes wegen getan; (ugs.) wegen mir (ugs.; *meinetwegen*) brauchst du deine Pläne nicht zu ändern. **Syn.:** halber, zu, zwecks. **Zus.:** deinetwegen, dere[n]twegen, dessentwegen,

deswegen, dieserwegen, euretwegen, ihretwegen, meinetwegen, seinetwegen, unsertwegen, unsretwegen, weswegen.

weg|fal|len ['vɛkfalən], fällt weg, fiel weg, weggefallen ‹itr.; ist›: *fortfallen, nicht mehr in Betracht kommen:* dieser Grund fällt jetzt weg; das Programm war so groß, dass die letzten Punkte wegfallen mussten. **Syn.:** ausfallen, ausscheiden, entfallen, sich erübrigen, flachfallen (ugs.), unterbleiben.

weg|ge|hen ['vɛkge:ən], ging weg, weggegangen ‹itr.; ist›:
1. *sich von einem Ort, von jmdm. entfernen:* sie ist vor einer halben Stunde weggegangen; bei dem Regen werde ich nicht mehr weggehen *(ausgehen, spazieren gehen);* die Karten gingen rasend weg *(waren sehr schnell verkauft).* **Syn.:** abhauen (ugs.), abmarschieren, abrücken, abschieben (ugs.), abschwirren (ugs.), sich absetzen (ugs.), abtreten, abziehen, aufbrechen, sich aufmachen, ausscheiden, auswandern, das Weite suchen, sich davonmachen (ugs.), die Kurve kratzen (salopp), durchbrennen (ugs.), sich empfehlen, enteilen (geh.), fliehen, gehen, hinausgehen, Leine ziehen (ugs.), seiner Wege gehen (geh.), seines Weges gehen (geh.), sich auf die Socken machen (ugs.), sich aus dem Staub[e] machen (ugs.), sich trollen (ugs.), sich verdrücken (ugs.), sich verflüchtigen, sich verziehen (ugs.), von dannen gehen (veraltet), [1]weichen.
2. *sich entfernen lassen:* der Fleck auf der Hose geht nicht mehr weg.

weg|kom|men ['vɛkkɔmən], kam weg, weggekommen ‹itr.; ist› (ugs.):
a) *[es schaffen,] sich von einem Ort [zu] entfernen:* beeilen wir uns, dass wir von hier wegkommen!; es ist noch so viel zu tun, dass ich bestimmt nicht vor 18 Uhr von hier wegkomme. **Syn.:** abhauen (ugs.), sich aufmachen, verschwinden.
b) *[durch Diebstahl] abhandenkommen:* es ist ihr Geld weggekommen. **Syn.:** verloren gehen, verschwinden. **c)** *(etwas) überwinden, (mit etwas) fertigwerden:* sie ist über den Verlust noch nicht weggekommen. **Syn.:** verarbeiten, verkraften, verschmerzen. **d)** *(bei etwas) in bestimmter Weise behandelt, berücksichtigt werden:* das nächste Mal kommt er nicht so billig weg. **Syn.:** davonkommen, durchkommen.

weg|lau|fen ['vɛklau̯fn̩], lief weg, weggelaufen ‹itr.; ist›: *sich von einem Ort, von jmdm. schnell entfernen:* die Kinder liefen vor dem Hund weg; der Junge ist von zu Hause weggelaufen; ihm ist die Freundin, seine Frau weggelaufen. **Syn.:** davonlaufen, fliehen.

weg|neh|men ['vɛkne:mən], nimmt weg, nahm weg, weggenommen ‹tr.; hat›:
a) *von einer Stelle nehmen, fortnehmen:* das oberste Buch wegnehmen; würden Sie bitte Ihre Sachen hier wegnehmen? **Syn.:** entfernen, entnehmen.
b) *(etwas, was ein anderer hat) an sich nehmen:* der Vater nahm dem Kind den Ball weg; pass auf, dass dir nichts weggenommen *(gestohlen)* wird! **Syn.:** abnehmen, abstauben (ugs.), sich aneignen, beiseiteschaffen, enteignen, entreißen, entwenden (geh.), klauen (ugs.), mitgehen lassen (ugs.), stehlen, stibitzen (ugs.), veruntreuen (bes. Rechtsspr.). **c)** *(durch sein Vorhandensein) bewirken, dass etwas nicht mehr vorhanden, verfügbar ist:* der Baum nimmt viel Licht weg; der Schrank nimmt viel Platz weg. **Syn.:** beanspruchen, brauchen, einnehmen.

weg|tre|ten ['vɛktre:tn̩], tritt weg, trat weg, weggetreten ‹itr.; ist›: *(besonders von militärischen Formationen) [auf Befehl hin] die Stelle, wo man steht, verlassen:* der Leutnant lässt die Kompanie gerade wegtreten; (als Kommando) wegtreten!, weggetreten! **Syn.:** abtreten.

Weg|wei|ser ['ve:kvai̯zɐ], der; -s, -: *[pfeilförmiges] Schild, auf dem angegeben wird, wohin der jeweilige Weg, die jeweilige Straße führt:* ein hölzerner Wegweiser; auf den Wegweiser achten. **Syn.:** Markierung.

Weg|werf- [vɛkvɛrf] ‹Bestimmungswort›: *Einweg-:* Wegwerffeuerzeug; Wegwerfkamera; Wegwerfwindel.

weg|wer|fen ['vɛkvɛrfn̩], warf weg, weggeworfen ‹tr.; hat›:
1. *etwas auf den Boden fallen und liegen lassen:* er warf seine Zigarette weg; im Wald darf man nichts wegwerfen. **Syn.:** wegschmeißen (ugs.).
2. *etwas, was man nicht mehr braucht, in den Müll werfen:* alte Zeitungen, die Quittung wegwerfen. **Syn.:** beseitigen, entsorgen, wegschmeißen (ugs.).

weg|zie|hen ['vɛkts̮i:ən], zog weg, weggezogen:
1. ‹tr.; hat› *zur Seite ziehen, durch Ziehen von einer Stelle entfernen:* den Karren von der Einfahrt wegziehen; die Vorhänge wegziehen; jmdm. die Bettdecke wegziehen.
2. ‹itr.; ist› *an einen anderen Ort [um]ziehen:* sie sind [aus Rom] weggezogen; im Herbst ziehen die Schwalben weg. **Syn.:** abziehen, übersiedeln, ziehen.

weh [ve:] ‹Adj.›:
1. (ugs.) *schmerzend:* wehe Füße, einen wehen Finger, einen wehen Zahn haben.
2. (geh.) *von seelischem Schmerz, Leid erfüllt, geprägt; schmerzlich:* ein wehes Gefühl; ein wehes Lächeln; jmdm. ist [so, ganz] weh zumute, ums Herz.

We|he ['ve:ə], die; -, -n: *schmerzhaftes Zusammenziehen der Muskeln der Gebärmutter bei der Geburt:* die Wehen setzen ein, haben begonnen; [starke, schwache] Wehen haben. **Zus.:** Geburtswehe, Presswehe.

we|hen ['ve:ən]:
a) ‹itr.; hat› *durch Luftströmung bewegt werden:* die Fahnen wehen im Wind; ihre Haare wehten im Wind. **Syn.:** flattern.
b) ‹itr.; hat› *als spürbare Luftströmung in Erscheinung treten:* es weht ein laues Lüftchen; heute weht ein kalter Wind aus Osten. **Syn.:** blasen, brausen, pfeifen, säuseln, stürmen. **Zus.:** hereinwehen, herüberwehen, hineinwehen, hinüberwehen, umwehen, wegwehen. **c)** ‹tr.; hat› *wehend von etwas entfernen, in eine bestimmte Richtung, an eine bestimmte Stelle treiben:* der Wind wehte mir den Sand ins Gesicht; ein Luftzug wehte

die Zettel vom Tisch. **Syn.:** blasen.

weh|lei|dig ['ve:laidıç] ⟨Adj.⟩ (abwertend):
überempfindlich und schon beim geringsten Schmerz o. Ä. klagend und jammernd: ein wehleidiger Mensch; das Kind ist sehr wehleidig. **Syn.:** zimperlich.

Weh|mut ['ve:mu:t], die; - (geh.):
verhaltene Trauer, stiller Schmerz (bei der Erinnerung an etwas Vergangenes, Verlorenes): eine leise Wehmut erfasste ihn; Wehmut empfinden; mit Wehmut dachte sie daran zurück. **Syn.:** Schwermut.

weh|mü|tig ['ve:my:tıç] ⟨Adj.⟩:
von Wehmut erfüllt oder geprägt: wehmütig dachte er an diese Zeit; mit einem wehmütigen Lächeln sah sie den Kindern zu. **Syn.:** bedrückt, bekümmert, betrübt, gedrückt, melancholisch, niedergeschlagen, schwermütig, traurig, trübsinnig, unglücklich.

Wehr|dienst ['ve:ɐ̯di:nst], der; -[e]s:
Dienst, der aufgrund der Wehrpflicht beim Militär geleistet werden muss: den Wehrdienst [ab]leisten; aus dem Wehrdienst entlassen, vom Wehrdienst freigestellt, zum Wehrdienst einberufen/eingezogen werden.

weh|ren ['ve:rən]:
1. ⟨+ sich⟩ *etwas nicht einfach hinnehmen, sondern dagegen angehen, [körperlich] Widerstand leisten:* sich tapfer gegen einen Angriff wehren; sich heftig gegen die Vorwürfe wehren; sie weiß sich zu wehren. **Syn.:** abwehren, sich stemmen, sich sträuben, sich verteidigen, sich widersetzen. **Zus.:** abwehren, erwehren.
2. ⟨itr., hat⟩ (geh.) *jmdm., einer Sache entgegenwirken:* den feindlichen Umtrieben wehren; wehret den Anfängen! **Syn.:** abwehren, begegnen (geh.), bekämpfen, entgegentreten.

wehr|los ['ve:ɐ̯lo:s] ⟨Adj.⟩:
nicht fähig, sich zu wehren, sich zu verteidigen: ein wehrloses Opfer, Kind, Tier; wir waren völlig wehrlos gegen diesen Vorwurf; den Feinden wehrlos ausgeliefert sein.

Wehr|pflicht [ve:ɐ̯pflıçt], die; -:
Pflicht, Wehrdienst zu leisten: die allgemeine Wehrpflicht einführen, abschaffen.

weh|tun ['ve:tu:n] ⟨itr.; hat⟩ (ugs.):
schmerzen: mein/der Kopf, Bauch tut [mir] weh *(ich habe Kopf-, Bauchschmerzen);* wo tut es [dir] denn weh? *(wo hast du Schmerzen?);* ich habe mir [an der scharfen Kante] wehgetan *(habe mich [daran] so gestoßen, geritzt o. Ä., dass es geschmerzt hat);* ihre Worte haben ihm wehgetan *(haben ihn sehr verletzt).*

Weib [vaip], das; -[e]s, -er:
a) (ugs.) *[junge] Frau als Gegenstand sexueller Begierde:* ein schönes, prächtiges Weib; ein rassiges, tolles Weib. **Zus.:** Klasseweib. **b)** (abwertend) *unangenehme weibliche Person, Frau:* ein intrigantes Weib; das Weib hat ihn ruiniert; (als Schimpfwort:) blödes Weib! **Zus.:** Klatschweib, Teufelsweib.

Weib|chen ['vaipçən], das; -s, -:
weibliches Tier: das Weibchen legt die Eier. **Zus.:** Affenweibchen, Vogelweibchen.

wei|bisch ['vaibıʃ] ⟨Adj.⟩ (abwertend):
nicht die für einen Mann als charakteristisch erachteten Eigenschaften habend, nicht männlich: er wirkt sehr weibisch; ein Schönling mit weibischen Zügen. **Syn.:** feminin.

weib|lich ['vaiplıç] ⟨Adj.⟩:
1. *dem gebärenden Geschlecht angehörend* /Ggs. männlich/: eine weibliche Person; die weiblichen Mitglieder, Tiere; das weibliche Geschlecht *(die Frauen).* **Syn.:** feminin.
2. *für eine Frau typisch, charakteristisch:* eine typisch weibliche Eigenschaft; ein sehr weiblicher Duft; eine sehr weibliche *(die weiblichen Formen betonende)* Mode. **Syn.:** feminin, fraulich.

weich [vaiç] ⟨Adj.⟩:
1. *einem Druck leicht nachgebend, sich schmiegsam, zart o. ä. anfühlend:* ein weiches Polster; ein weicher Stoff; ein weiches Fell; weiche Plätzchen; die Früchte sind sehr weich; etwas ist weich wie Seide; weich gedünstetes Gemüse. **Syn.:** flauschig, matschig, mürbe, samtig, schwabbelig (ugs.), schwammig, seidig. **Zus.:** butterweich, samtweich, seidenweich, wachsweich.
2. *leicht zu rühren; empfindsam und voller Mitgefühl:* er hat ein weiches Gemüt; für dieses Geschäft ist sie viel zu weich. **Syn.:** nachgiebig, sanft, weichlich (abwertend), willenlos, willensschwach.

Wei|che ['vaiçə], die; -, -n:
Konstruktion miteinander verbundener Gleise, mit deren Hilfe die Fahrtrichtung eines Schienenfahrzeugs geändert werden kann: der Fahrer der Straßenbahn stellte die Weiche; die Weiche war falsch, richtig gestellt. **Zus.:** Eisenbahnweiche.

[1]wei|chen ['vaiçn̩], wich, gewichen ⟨itr.; ist⟩:
a) *sich von jmdm., etwas entfernen:* jmdm. nicht von der Seite/nicht von jmds. Seite weichen; sie wich nicht von dem Bett der Kranken. **Syn.:** gehen, verlassen, weggehen. **Zus.:** abweichen.
b) *(besonders einer Übermacht o. Ä.) Platz machen, das Feld überlassen:* der Gewalt, dem Feind weichen; vor dem Auto mussten sie zur Seite weichen; der Baum musste einem Neubau weichen *(er wurde wegen des Neubaus gefällt);* die Mauer wich dem Druck des Wassers. **Syn.:** nachgeben. **Zus.:** ausweichen, zurückweichen.

[2]wei|chen ['vaiçn̩], weichte, geweicht:
a) ⟨itr.; ist⟩ *[durch Liegen in Flüssigkeit o. Ä.] weich werden:* die Wäsche, die Erbsen einige Stunden weichen lassen. **Zus.:** aufweichen, durchweichen. **b)** ⟨tr.; hat⟩ *weichen* (a) *lassen:* die Wäsche vor dem Waschen weichen; die Bohnen über Nacht weichen. **Zus.:** aufweichen, einweichen.

weich|lich ['vaiçlıç] ⟨Adj.⟩ (abwertend):
ohne die nötige [innere] Festigkeit und Kraft; allzu nachgiebig und schwankend: er ist ein sehr weichlicher Mensch; ein weichlicher Charakter; eine weichliche Haltung, Art. **Syn.:** willenlos, willensschwach.

[1]Wei|de ['vaidə], die; -, -n:
(auf feuchtem Boden oder in Wassernähe wachsender) Baum mit lanzettförmigen Blättern an

W
wehl

biegsamen Zweigen und Blüten in Kätzchen: am Fluss stehen hohe Weiden. **Zus.:** Korbweide, Trauerweide.

²Wei|de ['vai̯də], die; -, -n: *grasbewachsenes Stück Land, auf dem das Vieh weiden kann:* eine grüne, fette Weide; Kühe grasen auf der Weide. **Syn.:** Alm, Wiese. **Zus.:** Bergweide, Sommerweide, Viehweide.

wei|den ['vai̯dn̩], weidete, geweidet:
1. a) ⟨itr.; hat⟩ *(von pflanzenfressenden Tieren) auf der Weide Nahrung suchen und fressen; grasen:* Kühe weideten auf der Wiese; das Vieh weiden lassen. **Syn.:** äsen, grasen. **Zus.:** abweiden, beweiden. **b)** ⟨tr.; hat⟩ *(Tiere) grasen lassen [und dabei beaufsichtigen]:* Kühe, Ziegen weiden; der Junge weidete die Ziegen auf den Bergen. **Syn.:** hüten.
2. ⟨+ sich⟩ **a)** (geh.) *sich an etwas, besonders einem schönen Anblick, [er]freuen, ergötzen:* sich an der schönen Natur weiden; sie weidete sich an dem schönen Anblick. **Syn.:** Freude haben, sich freuen. **b)** (abwertend) *etwas mitleidlos, schadenfroh betrachten:* sich an jmds. Angst weiden; er weidete sich an ihrer Unsicherheit.

wei|gern ['vai̯gɐn] ⟨+ sich⟩: *es ablehnen, etwas Bestimmtes zu tun:* er weigerte sich, den Befehl auszuführen; ich weigere mich einfach, das zu glauben. **Syn.:** sich sträuben. **Zus.:** verweigern.

wei|hen ['vai̯ən]:
1. ⟨tr.; hat⟩ *nach einem bestimmten religiösen Zeremoniell segnen:* einen Altar, Kerzen weihen; der Bischof weihte die neuen Glocken. **Syn.:** einsegnen, salben. **Zus.:** einweihen.
2. ⟨tr.; hat⟩ (geh.) *uneigennützig zur Gänze widmen:* er hat sein Leben, sich [ganz] der Arbeit geweiht.

Wei|her ['vai̯ɐ], der; -s, - (bes. südd.): *kleiner Teich:* das Dorf hat einen Weiher. **Syn.:** Gewässer, ¹See, Tümpel. **Zus.:** Dorfweiher, Fischweiher.

Weih|nach|ten ['vai̯naxtn̩], das; -, - ⟨meist ohne Artikel⟩: *Fest der Geburt Christi:* Weihnachten war verregnet; [(bes. nordd.:) zu/(bes. südd.:) an] Weihnachten verreisen; wir hatten ein schönes Weihnachten; ⟨landschaftlich und in bestimmten Wunschformeln und Fügungen auch im Plural:⟩ wir hatten schöne Weihnachten; fröhliche Weihnachten! **Syn.:** Heiligabend.

weih|nacht|lich ['vai̯naxtlɪç] ⟨Adj.⟩: *Weihnachten betreffend, für Weihnachten bestimmt:* weihnachtlicher Tannenschmuck; weihnachtliche Motive; es herrschte weihnachtliche Stimmung; alle Räume sind weihnachtlich geschmückt. **Syn.:** festlich.

Weih|nachts|baum ['vai̯naxtsbau̯m], der, -[e]s, Weihnachtsbäume ['vai̯naxtsbɔy̯mə]: *[kleine] Tanne, Fichte, Kiefer, die man zu Weihnachten [besonders im Zimmer] aufstellt und mit Kerzen, Kugeln, Lametta o. Ä. schmückt:* ein Weihnachtsbaum mit elektrischen, echten Kerzen; den Weihnachtsbaum schmücken, plündern; jmdm. etwas unter den Weihnachtsbaum legen *(zu Weihnachten schenken).* **Syn.:** Christbaum.

Weih|nachts|mann ['vai̯naxtsman], der; -[e]s, Weihnachtsmänner ['vai̯naxtsmɛnɐ]: *im Aussehen dem Nikolaus ähnliche Gestalt, die nach einem alten Brauch den Kindern zu Weihnachten Geschenke bringt:* morgen kommt der Weihnachtsmann; was hat der Weihnachtsmann dir denn gebracht?

Weih|nachts|markt ['vai̯naxtsmarkt], der; -[e]s, Weihnachtsmärkte ['vai̯naxtsmɛrktə]: *in der Weihnachtszeit abgehaltener Markt mit Buden und Ständen, an denen Geschenkartikel, Schmuck für den Weihnachtsbaum, Süßigkeiten o. Ä. verkauft werden:* auf den Weihnachtsmarkt gehen.

weil [vai̯l] ⟨Konj.⟩:
1. leitet begründende Gliedsätze ein, deren Inhalt neu oder besonders gewichtig ist und nachdrücklich hervorgehoben werden soll: er ist [deshalb] so traurig, weil sein Vater gestorben ist; weil sie eine Panne hatte, kam sie zu spät; ⟨auch vor verkürzten Gliedsätzen, begründenden Attributen o. Ä.:⟩ sie ist – weil Fachfrau – auf diesem Gebiet versiert; das schlechte, weil fehlerhafte Buch.
2. leitet begründende oder erläuternde Gliedsätze ein, auf denen kein besonderer Nachdruck liegt; *da:* sie hat gute Zensuren, weil sie fleißig ist; ich werde nochmals anrufen, weil er sich nicht gemeldet hat; ich konnte nicht kommen, weil ja gestern meine Prüfung war.
3. leitet die Antwort auf eine direkte Frage nach dem Grund von etwas ein: »Warum kommst du jetzt erst?« – »Weil der Bus Verspätung hatte.«.
4. mit temporalem Nebensinn; *jetzt, da:* weil wir gerade davon sprechen, möchte ich auch meinen Standpunkt erläutern. **Zus.:** alldieweil.

Wei|le ['vai̯lə], die; -: *[kürzere] Zeitspanne von unbestimmter Dauer:* nachdem sie angeklopft hatte, dauerte es eine Weile, bis die Tür geöffnet wurde. **Syn.:** Augenblick, ²Moment, Zeit.

wei|len ['vai̯lən] ⟨itr.; hat⟩ (geh.): *an einem bestimmten Ort bleiben, eine bestimmte Zeit verbringen:* sie weilten längere Zeit in dieser Stadt. **Syn.:** sich aufhalten, sich befinden, leben, ¹sein, verweilen (geh.), wohnen.

Wein [vai̯n], der; -[e]s, -e:
a) *alkoholisches Getränk aus Weintrauben o. Ä.:* weißer, roter, herber, trockener, süßer, spritziger Wein; ein junger, teurer Wein; Wein vom Fass; eine Flasche, drei Gläser Wein; weiße und rote Weine. **Zus.:** Apfelwein, Dessertwein, Eiswein, Johannisbeerwein, Kirschwein, Landwein, Moselwein, Perlwein, Portwein, Prädikatswein, Qualitätswein, Rheinwein, Rotwein, Schaumwein, Schoppenwein, Spitzenwein, Tafelwein, Weißwein. **b)** ⟨ohne Plural⟩ *Weintrauben:* Wein anbauen, lesen, keltern.

Wein|brand ['vai̯nbrant], der; -[e]s, Weinbrände ['vai̯nbrɛndə]: *aus Wein hergestellter Branntwein:* einen Weinbrand bestellen.

wei|nen ['vai̯nən] ⟨itr.; hat⟩: *(als Ausdruck von Schmerz, von starker innerer Erregung) Tränen* *vergießen [und dabei in kurzen, hörbaren Zügen einatmen und klagende Laute von sich geben]:* heftig, bitterlich weinen; vor Freude, Angst weinen; sie weinte über den Tod ihres Kindes; ⟨auch tr.⟩ das Kind weinte bittere Tränen *(sehr heftig)*. **Syn.:** brüllen (ugs.), flennen (ugs. abwertend), heulen (ugs.), plärren (abwertend), schluchzen, wimmern. **Zus.:** ausweinen, beweinen, losweinen, nachweinen.

wei|ner|lich [ˈvainɐlɪç] ⟨Adj.⟩: *dem Weinen nahe:* ein übermüdetes, weinerliches Kind; sie sprach mit weinerlicher Stimme.

Wein|re|be [ˈvainre:bə], die; -, -n: *rankende Pflanze mit gelappten oder gefiederten Blättern, in Rispen stehenden Blüten und in Trauben wachsenden Beerenfrüchten (aus deren Saft Wein hergestellt wird):* die Weinreben schneiden.

Wein|trau|be [ˈvaintraubə], die; -, -n: *einzelne Beerenfrucht der Weinrebe:* ein Kilo Weintrauben.

wei|se [ˈvaizə] ⟨Adj.⟩: *Weisheit besitzend; von Weisheit zeugend:* ein weiser Richter; sie hat sehr weise gehandelt in ihrem Amt. **Syn.:** abgeklärt, gescheit, klug, reif, salomonisch, ²überlegen, umsichtig, vernünftig, verständig, wissend.

Wei|se [ˈvaizə], die; -, -n:
1. *Form, Art, wie etwas geschieht oder getan wird:* die Sachen sind auf geheimnisvolle Weise verschwunden; das erledige ich auf meine Weise. **Syn.:** Manier, Methode, Stil. **Zus.:** Arbeitsweise, Ausdrucksweise, Bauweise, Ernährungsweise, Fahrweise, Lebensweise, Produktionsweise.
2. *kurze, einfache Melodie [eines Liedes]:* eine bekannte, volkstümliche Weise; das Kirchenlied wird nach einer alten weltlichen Weise gesungen. **Syn.:** Thema. **Zus.:** Kinderweise, Volksweise.

-wei|se [vaizə] ⟨Suffix⟩:
1. ⟨adverbial⟩ *in der im Basiswort genannten Art und Weise:* **a)** ⟨mit adjektivischem oder partizipialem Basiswort + Fugenzeichen -»er«-⟩ begreiflicherweise *(was begreiflich ist);* bezeichnenderweise; dankenswerterweise; dummerweise; ehrlicherweise; entgegenkommenderweise; fairerweise; höflicherweise; merkwürdigerweise *(was merkwürdig ist);* möglicherweise; netterweise; normalerweise; notwendigerweise; paradoxerweise; pikanterweise; realistischerweise; verbotenerweise; verhängnisvollerweise; überraschenderweise; unverschämterweise. **Syn.:** -maßen. **b)** ⟨mit partizipialem Basiswort + Fugenzeichen -»er«-⟩ knienderweise *(durch/beim Knien);* lesenderweise; rauchenderweise (ich habe ihn rauchenderweise *[beim Rauchen]* angetroffen); schreibenderweise.
2. ⟨adverbial, aber auch adjektivisch vor einem Substantiv, das ein Geschehen kennzeichnet⟩ **a)** ⟨mit substantivischem Basiswort⟩ *in Form von ..., als ...:* andeutungsweise; annäherungsweise; aushilfsweise; besuchsweise; gerücht[e]weise; gesprächsweise; kreuzweise; probeweise; zwangsweise; ⟨adjektivisch⟩ probeweise (Anstellung), strafweise (Versetzung) *(Versetzung als Strafe)*. **b)** ⟨mit substantivischem Basiswort, das eine Einheit (z. B. Menge, Maß) angibt⟩ *in jeweils der als Basiswort genannten Mengen-, Maßeinheit:* bezirksweise *(nach Bezirken, Bezirk für Bezirk);* bündelweise *(in Bündeln);* dutzendweise; eimerweise; gebietsweise; gradweise; grammweise; gruppenweise; kiloweise, klassenweise; literweise; löffelweise; monatsweise; scheibchenweise; schluckweise; stoßweise; streckenweise; stückweise; tropfenweise; zentimeterweise; ⟨adjektivisch⟩ schrittweise (Annäherung) *(eine Annäherung Schritt für Schritt)*.
3. ⟨adverbial; mit verbalem Basiswort⟩ (selten) *in der Form des im Basiswort Genannten:* kleckerweise (bezahlen); leihweise (geben); mietweise (anbieten).

wei|sen [ˈvaizn̩], wies, gewiesen:
1. a) ⟨tr.; hat⟩ *zeigen:* sie wies dem Fremden den Weg. **b)** ⟨itr.; hat⟩ *(auf etwas) zeigen, deuten:* sie wies mit der Hand zur Tür. **Zus.:** hinausweisen, hinweisen.
2. ⟨tr.; hat⟩ *den weiteren Verbleib an einem bestimmten Ort untersagen; wegschicken:* sie wies den aufdringlichen Vertreter aus dem Haus; der Schüler wurde von der Schule gewiesen *(durfte die Schule nicht mehr besuchen);* sie hat den Vorschlag [weit] von sich gewiesen *(zurückgewiesen, abgelehnt)*. **Syn.:** verweisen. **Zus.:** abweisen.

Weis|heit [ˈvaishait], die; -, -en:
1. ⟨ohne Plural⟩ *durch Lebenserfahrung, Abgeklärtheit gewonnene innere Reife:* die Weisheit des Alters; sie ist eine Frau von großer Weisheit. **Zus.:** Altersweisheit, Lebensweisheit.
2. *durch Erfahrung gewonnene Lehre:* diese Sprüche enthalten viele Weisheiten. **Syn.:** Erkenntnis, Moral.

weis|ma|chen [ˈvaismaxn̩], machte weis, weisgemacht ⟨tr.; hat⟩ (ugs.): *jmdm. etwas Unzutreffendes glauben machen:* das kannst du mir nicht weismachen/machst du mir nicht weis. **Syn.:** suggerieren.

weiß [vais] ⟨Adj.⟩: *von der Farbe des Schnees* /Ggs. schwarz/: weiße Haare; ein weißer Hai; weiße Wäsche; die Blüten des Kirschbaumes sind weiß; weiß *(in Weiß)* gekleidet sein; vor Angst war er ganz weiß *(sehr bleich)* geworden. **Syn.:** blass, bleich, fahl. **Zus.:** grauweiß, grellweiß, kalkweiß, kreideweiß, mattweiß, schneeweiß, silberweiß.

weis|sa|gen [vaisza:gn̩], weissagte, geweissagt:
a) ⟨tr.; hat⟩ *Künftiges vorhersagen:* Kassandra weissagte den Untergang Trojas; ⟨auch itr.⟩ sie kann weissagen, hat die Gabe des Weissagens. **Syn.:** prophezeien, wahrsagen. **b)** ⟨itr.; hat⟩ *ahnen, erkennen lassen:* seine Miene weissagte mir nichts Gutes. **Syn.:** verraten, zeigen.

wei|ßen [ˈvaisn̩], weißte, geweißt ⟨tr.; hat⟩: *mit weißer Tünche streichen:* die Decken der Zimmer müssen neu geweißt werden. **Syn.:** tünchen.

weiß|lich [ˈvaislɪç] ⟨Adj.⟩: *sich im Farbton dem Weiß nähernd:* weißliche Blüten; der

Himmel hatte eine weißliche Färbung. **Syn.:** blass, milchig.

Weiß|wein ['vai̯svai̯n], der; -[e]s, -e: *[aus hellen Trauben hergestellter] heller, gelblicher Wein:* ein trockener Weißwein.

Weiß|wurst ['vai̯svʊrst], die; -, Weißwürste ['vai̯svʏrstə]: *aus Kalbfleisch und Kräutern hergestellte Wurst von weißlicher Farbe, die vor dem Verzehr in siedendem Wasser heiß gemacht wird:* zum Frühstück aßen wir Weißwürste.

Wei|sung ['vai̯zʊŋ], die; -, -en: *Anordnung, Anweisung:* jmdm. Weisung geben, etwas zu tun; sie folgten den Weisungen der Chefin; sie handelte nicht nach seiner Weisung. **Syn.:** Auftrag, Befehl, Diktat, Direktive (geh.), Erlass, Gebot, Kommando.

weit [vai̯t] ⟨Adj.⟩:
1. a) *von großer räumlicher Ausdehnung:* eine weite Ebene; der Himmel über dem Meer war unermesslich weit. **Syn.:** ausgedehnt, geräumig, [1]groß. **Zus.:** weltweit. **b)** *räumlich oder zeitlich ausgedehnt, entfernt:* sie hat einen weiten Weg zur Schule; man hat von hier aus einen weiten Blick; bis zur nächsten Stadt ist es sehr weit; der nächste Flughafen liegt weit weg von hier; sie tanzten bis weit in die Nacht. **Zus.:** kilometerweit, meilenweit.
2. *locker sitzend, nicht fest anliegend* /Ggs. eng/: ein weiter Rock; die Schuhe sind ihm zu weit.
3. ⟨verstärkend bei Verben und Adjektiven im Komparativ⟩ *weitaus:* sie hat ihn darin weit übertroffen; ihr Haus ist weit größer als das ihres Bruders. **Syn.:** bei Weitem, erheblich, viel, wesentlich.

weit|aus ['vai̯t'|au̯s] ⟨Adverb⟩: ⟨in Verbindung mit einem Komparativ oder Superlativ⟩ *mit großem Abstand, Unterschied:* weitaus jünger; sie sang weitaus besser als die beiden anderen; sein Spiel war weitaus am besten; sie haben die anderen weitaus übertroffen. **Syn.:** bei Weitem, erheblich, viel, weit, wesentlich.

Weit|blick ['vai̯tblɪk], der; -[e]s: *Fähigkeit, vorauszuschauen, die Erfordernisse der Zukunft richtig zu erkennen und einzuschätzen:* politischen Weitblick haben; mit diesem Plan bewies sie einen erstaunlichen Weitblick.

Wei|te ['vai̯tə], die; -, -n:
1. *große räumliche Ausdehnung, Unendlichkeit:* unermessliche, unendliche Weite; die Weite des Landes, des Meeres; sie blickte in die Weite. **Zus.:** Hörweite, Rufweite, Sehweite, Sichtweite.
2. *Umfang, Größe; Durchmesser eines Hohlraums, einer Öffnung o. Ä.:* die Öffnung des Gefäßes hat eine geringe Weite; in der Weite passt der Rock.
3. *(bei einem Sprung, Wurf o. Ä.) erreichte Entfernung:* beim ersten Sprung erreichte sie eine beachtliche Weite. **Zus.:** Rekordweite.

wei|ten ['vai̯tn̩], weitete, geweitet:
1. ⟨tr.; hat⟩ *(besonders Schuhe) weiter machen:* sie ließ die Schuhe weiten. **Syn.:** ausdehnen, ausweiten, dehnen.
2. ⟨+ sich⟩ *weiter werden, sich dehnen:* die Schuhe haben sich mit der Zeit geweitet; die Pupillen weiteten sich im Dunkeln; das Tal weitet sich zum Kessel. **Syn.:** sich ausdehnen, sich ausweiten. **Zus.:** ausweiten.

wei|ter ['vai̯tɐ] ⟨Adverb⟩:
1. bezeichnet die Fortsetzung, Fortdauer einer Bewegung, einer Handlung: halt, nicht weiter!; weiter! **Syn.:** voran, vorwärts.
2. *darüber hinaus, sonst:* sie sagte, dass sie weiter nichts wisse; es gibt dort einen breiten, langen Strand, weiter gibt es viele Möglichkeiten der Unterhaltung. **Syn.:** ansonsten, auch, auch noch, außerdem, daneben, dann, dazu, des Weiteren, ferner, im Übrigen, obendrein, sodann, überdies, weiterhin, zudem, zusätzlich.
3. *im weiteren Verlauf:* sie versprach, weiter für ihn zu sorgen. **Syn.:** weiterhin.

wei|ter... ['vai̯tər...] ⟨Adj.⟩: *(anschließend) hinzukommend; sich als Fortsetzung ergebend:* haben Sie noch weitere Fragen?; alle weiteren Versuche scheiterten; wir warten auf weitere Nachrichten; eine weitere Schwierigkeit. **Syn.:** neu, sonstig, übrig, zusätzlich.

Wei|ter|bil|dung ['vai̯tɐbɪldʊŋ], die; -: *das [Sich]weiterbilden:* fachliche, berufliche, politische Weiterbildung. **Syn.:** Fortbildung.

wei|ter|fah|ren ['vai̯tɐfa:rən], fährt weiter, fuhr weiter, weitergefahren ⟨itr.; ist⟩: *eine begonnene Fahrt fortsetzen:* der Zug fährt weiter; sie ist mit der Straßenbahn, nach Wien weitergefahren.

wei|ter|hin ['vai̯tɐ'hɪn] ⟨Adverb⟩:
1. *immer noch, auch jetzt noch:* sie ist weiterhin skeptisch; wir haben ihn trotz allem weiterhin unterstützt. **Syn.:** weiter.
2. *(auch) künftig, (auch) in Zukunft:* sie leben weiterhin im Hause ihrer Eltern; [auch] weiterhin alles Gute! **Syn.:** weiter.
3. *darüber hinaus; ferner:* weiterhin forderte er, dass man sofort mit der Arbeit beginnen solle. **Syn.:** ansonsten, auch, auch noch, außerdem, daneben, dann, darüber hinaus, dazu, des Weiteren, im Übrigen, sodann, sogar, sonst, überdies, weiter, zudem, zusätzlich.

weit|ge|hend ['vai̯tge:ənt], weiter gehend/weitgehender, weitestgehend/weitgehendst ⟨Adj.⟩: *fast vollständig, nahezu gänzlich; umfangreich:* sie hatte weitgehende Freiheit in ihrer Arbeit; die Zustände hatten sich weitgehend *(sehr)* gebessert; der Plan konnte weitgehend verwirklicht werden. **Syn.:** im großen Ganzen, im Großen und Ganzen.

weit|her|zig ['vai̯thɛrt͡sɪç] ⟨Adj.⟩:
1. *großzügig* (1): weitherzig über einen Fehler hinwegsehen. **Syn.:** duldsam, entgegenkommend, freizügig, gütig, konziliant (bildungsspr.), nachsichtig, tolerant, verständnisvoll, wohlwollend.
2. *großzügig* (2): weitherzig auf etwas verzichten. **Syn.:** freigebig, freizügig, großzügig.

weit|hin ['vai̯t'hɪn] ⟨Adverb⟩:
a) *bis in große Entfernung; in einem großen Umkreis:* weithin sichtbar sein; der Lärm war weithin zu hören. **b)** *im Allgemeinen; weitgehend:* der Erfolg ist weithin ihr Verdienst; dieser Künstler ist noch weithin *(bei vielen)* unbekannt.

weit|läu|fig [ˈvaitlɔyfɪç] ⟨Adj.⟩:
1. *groß und viel Raum bietend; ausgedehnt:* ein weitläufiges Gebäude; der Park war sehr weitläufig.
2. *(bezogen auf den Grad der Verwandtschaft) nicht unmittelbar:* sie ist eine weitläufige Verwandte von ihm; die beiden sind nur weitläufig verwandt. **Syn.:** entfernt.
3. *mit großer Ausführlichkeit und daher umständlich [wirkend]:* weitläufige Ausführungen; etwas weitläufig schildern. **Syn.:** ausführlich, breit, eingehend, langatmig, umfassend, weitschweifig.

weit|räu|mig [ˈvaitrɔymɪç] ⟨Adj.⟩:
1. *eine große Fläche einnehmend, über große Entfernungen erfolgend:* ein weiträumiges Land, Gebiet; die Polizei hat die Unglücksstelle weiträumig abgesperrt; der Verkehr wird weiträumig umgeleitet.
2. *viel Raum, viel Platz bietend:* eine weiträumige Halle; ein weiträumiges Zimmer. **Syn.:** geräumig, groß.
3. (Sport) *den auf dem Spielfeld zur Verfügung stehenden Platz in hohem Maße nutzend, über große Teile des Spielfeldes hinweg erfolgend:* weiträumige Pässe.

weit|schwei|fig [ˈvaitʃvaifɪç] ⟨Adj.⟩: *(beim Erzählen, Schildern usw.) breit und umständlich, viel Nebensächliches, Überflüssiges mit darstellend:* ein weitschweifiger Vortrag; seine Berichte sind immer sehr weitschweifig. **Syn.:** ausführlich, langatmig, umfassend, weitläufig.

weit|sich|tig [ˈvaitzɪçtɪç] ⟨Adj.⟩: **a)** *nur entfernte Dinge gut sehend* /Ggs. kurzsichtig/: der Arzt hat festgestellt, dass ich weitsichtig bin. **Syn.:** sehbehindert. **b)** *(zum eigenen Nutzen) an die Folgen o. Ä. in der Zukunft denkend, sie mit bedenkend:* sie hat in diesem Fall sehr weitsichtig gehandelt. **Syn.:** besonnen, gescheit, klug, mit Besonnenheit, mit Vorsicht, mit Weitblick, überlegt, umsichtig, vernünftig, weise.

Wei|zen [ˈvaitsn̩], der; -s: *Getreideart mit langem Halm [und Grannen], deren Frucht besonders zu weißem Mehl für Brot und feines Backwerk verarbeitet wird:* Weizen anbauen.

[1]wel|cher [vɛlçɐ], welche, welches ⟨Interrogativpronomen⟩:
1. dient der Frage nach einem Einzelwesen, -ding usw. aus einer Gesamtheit, Gruppe, Gattung o. Ä.: welcher Mantel gehört dir?; welcher [der/von den/von beiden] ist besser?; welches/(seltener) welcher ist dein Hut?; welches/welchen Kindes Spielzeug ist das?; ⟨in indirekten Fragesätzen⟩ sie fragte mich, welcher [Teilnehmer] das gesagt habe; ⟨in anderen abhängigen Sätzen:⟩ es ist gleichgültig, welcher [von beiden] es getan hat; ⟨in Verbindung mit »auch [immer]«, »immer«⟩ welches [auch] immer deine Gründe waren, du hättest es nicht tun dürfen.
2. (geh.) drückt in Ausrufen oder abhängigen Sätzen einen besonderen Grad, ein besonderes Ausmaß aus; *was für ein[er]:* welch schöner Tag ist das heute!; ⟨oft unflektiert⟩ welch ein Glück!

[2]wel|cher [vɛlçɐ], welche, welches ⟨Relativpronomen; ohne Gen.⟩: *der, die, das:* Personen, für welche (besser: für die) das gilt; die, welche die beste Arbeit geleistet hatten.

[3]wel|cher [vɛlçɐ], welche, welches ⟨Indefinitpronomen⟩: steht besonders stellvertretend für ein vorher genanntes Substantiv; bezeichnet eine unbestimmte Menge, Anzahl: ich habe keine Zigaretten, hast du welche?; (ugs. auch auf Personen bezogen:) sind schon welche [von uns] zurückgekommen?

welk [vɛlk] ⟨Adj.⟩: *(durch einen Mangel an Feuchtigkeit) nicht mehr frisch; schlaff geworden:* welkes Laub, Gemüse; eine welke Haut; die Blumen sind auf dem langen Weg welk geworden. **Syn.:** erschlafft, faltig, kraus, runzlig.

wel|ken [ˈvɛlkn̩] ⟨itr.; ist⟩: *besonders durch Mangel an Feuchtigkeit welk, schlaff werden:* die Blumen welkten, weil sie vergessen hatte, sie zu gießen. **Syn.:** erschlaffen, verblühen, vertrocknen, verwelken.

Wel|le [ˈvɛlə], die; -, -n:
1. *der aus der Wasseroberfläche sich für kurze Zeit herauswölbende Teil bei bewegtem Wasser:* hohe, schäumende Wellen; die Wellen gehen hoch; eine Welle warf das Boot um; die Wellen brechen sich an den Klippen. **Syn.:** Brandung, Woge (geh.). **Zus.:** Meereswelle.
2. *etwas, was in großem Ausmaß bzw. in mehr oder weniger dichter Folge in Erscheinung tritt [und sich ausbreitet, steigert]:* eine Welle wütender Proteste war die Reaktion der Belegschaft auf die Sparmaßnahmen der Firmenleitung; eine Welle der Gewalt erfasste das Land; eine Welle der Begeisterung ging durch den Saal, als die Sängerin auftrat. **Syn.:** Flut; *** grüne Welle:** *zeitlich in der Weise abgestimmte Einstellung der Verkehrsampeln auf einer Strecke, dass die Autofahrer bei vorgeschriebener [Höchst]geschwindigkeit nicht an den Ampeln zu halten brauchen, weil sie immer grünes Licht haben:* bei 70 km/h grüne Welle haben.
3. *Haare, die in geschwungener Form liegen:* sich Wellen legen lassen. **Syn.:** Dauerwelle, Locke.
4. *Teil einer Maschine, der drehende Bewegungen überträgt:* die Welle ist gebrochen.
5. *Turnübung [am Reck], bei der der Körper um die Stange des Recks geschwungen wird.* **Syn.:** Umschwung.
6. a) *sich fortpflanzende Schwingung:* elektromagnetische Wellen; Wellen des Schalls, des Lichts. **Zus.:** Schallwelle, Ultraschallwelle. **b)** *Bereich, in dem ein Sender sendet:* diese Welle wird meist von einem ausländischen Sender überlagert.

-wel|le [vɛlə], die; -, -n ⟨Suffixoid⟩: *eine plötzlich in stärkerem Maße auftretende, akute, wie eine Welle herandringende Entwicklung, Erscheinung in Bezug auf das im Basiswort Genannte:* Ausreisewelle; Biowelle; Computerwelle; Drogenwelle; Erfolgswelle; Flüchtlingswelle; Fresswelle; Gesundheitswelle; Grippewelle; Hitzewelle; Joggingwelle; Kältewelle; Kaufwelle; Konjunkturwelle; Protestwelle; Reisewelle; Rück-

W
weit

trittswelle; Streikwelle; Verhaftungswelle.

Wel|len|sit|tich ['vɛlənzɪtɪç], der; -s, -e:
(in Australien heimischer) gelbgrüner kleiner Vogel mit langem, keilförmigem Schwanz und wellenförmiger dunkler Zeichnung auf der Oberseite, der als Stubenvogel beliebt ist: zwei Wellensittiche haben.

Welt [vɛlt], die; -, -en:
1. ⟨ohne Plural⟩ *(der Planet) Erde (als Lebensraum des Menschen):* Europa und die übrige Welt; sie hat eine Reise um die Welt gemacht; diese Briefmarke gibt es nur zweimal auf der Welt; diese Künstlerin ist in der ganzen Welt bekannt; etwas von der Welt gesehen haben.
2. ⟨ohne Plural⟩ *Weltall, Universum:* Theorien über die Entstehung der Welt.
3. ⟨ohne Plural⟩ **a)** *Gesamtheit der Menschen:* die Welt hofft auf den Frieden; die [ganze] Welt hielt den Atem an. **b)** *größerer Kreis von Menschen, die durch bestimmte Gemeinsamkeiten verbunden sind, besonders gesellschaftliche Schicht, Gruppe:* die gelehrte Welt konnte sich mit Einsteins Theorien nicht gleich anfreunden; die vornehme Welt *(die Vornehmen);* Repräsentanten der großen Welt *(einflussreiche, hochgestellte, prominente Persönlichkeiten)* luden zu diesem Abend ein. **Zus.:** Artistenwelt, Damenwelt, Filmwelt, Gelehrtenwelt, Männerwelt.
4. *[Lebens]bereich, Sphäre:* die Welt des Kindes; die Welt der Technik, der Träume. **Zus.:** Arbeitswelt, Bergwelt, Erwachsenenwelt, Fantasiewelt, Gefühlswelt, Ideenwelt, Märchenwelt, Pflanzenwelt, Sagenwelt, Tierwelt, Traumwelt, Unterwasserwelt, Vogelwelt, Zauberwelt, Zirkuswelt.
5. ⟨mit Attribut⟩ *[als bedrohlich empfundene] große Anzahl von Menschen:* eine Welt von Feinden umgab ihn.

-welt [vɛlt], die; -, -en ⟨Suffixoid⟩:
1. dient zur Bezeichnung der im Basiswort genannten Personen- oder Tiergruppe als Gesamtheit: Artistenwelt; Damenwelt; Gelehrtenwelt; Herrenwelt; Kinderwelt; Männerwelt; Tierwelt; Verbrecherwelt; Vogelwelt. **Syn.:** -kreis, -reich, -volk.
2. dient zur Bezeichnung der im Basiswort genannten Größe als Gesamtheit: Alltagswelt; Arbeitswelt; Bankwelt; Bergwelt; Erfahrungswelt; Erlebniswelt; Fantasiewelt; Filmwelt; Finanzwelt; Gedankenwelt; Gefühlswelt; Geschäftswelt; Hochgebirgswelt; Ideenwelt; Inselwelt; Pflanzenwelt; Sagenwelt; Sinnenwelt; Sportwelt; Staatenwelt; Sternenwelt; Theaterwelt; Traumwelt; Unterwasserwelt; Vorstellungswelt; Winterwelt; Wunderwelt; Zauberwelt; Zirkuswelt. **Syn.:** -gut, -reich.

Welt|all ['vɛlt|al], das; -s:
der ganze Weltraum und alle darin existierenden materiellen Dinge, Systeme: das unendliche Weltall; das Weltall erforschen. **Syn.:** All, Kosmos, Universum, Welt.

Welt|an|schau|ung ['vɛlt|anʃau̯ʊŋ], die; -, -en:
bestimmte Art, die Welt, die Natur und das Wesen des Menschen zu begreifen: sie hat eine religiös bestimmte Weltanschauung. **Syn.:** Denkart, Denkweise, Einstellung, Geist, Gesinnung, Ideologie, Mentalität.

welt|fremd ['vɛltfrɛmt] ⟨Adj.⟩:
ohne Bezug zur Wirklichkeit; die Realitäten des Lebens nicht richtig einschätzend oder anerkennend: seine Ideen sind etwas weltfremd. **Syn.:** verträumt.

Welt|krieg ['vɛltkri:k], der; -[e]s, -e:
Krieg, an dem viele Länder der Welt, besonders die Großmächte beteiligt sind: einen [neuen] Weltkrieg anzetteln; zwischen den beiden Weltkriegen.

welt|lich ['vɛltlɪç] ⟨Adj.⟩:
der Welt angehörend oder zugewandt; nicht geistlich oder kirchlich: das Buch enthält weltliche und geistliche Lieder; sie ist sehr weltlich eingestellt. **Syn.:** profan.

welt|män|nisch ['vɛltmɛnɪʃ] ⟨Adj.⟩:
erfahren, sicher und geschickt im Umgang mit Menschen und dadurch Überlegenheit ausstrahlend: weltmännisches Auftreten; weltmännische Manieren. **Syn.:** gewandt.

Welt|raum ['vɛltrau̯m], der; -[e]s:
Raum außerhalb der Erdatmosphäre: der erdnahe Weltraum; den Weltraum erforschen; die Astronauten sind aus dem Weltraum zurückgekehrt. **Syn.:** All, Kosmos, Universum, Welt, Weltall.

Welt|raum|fahrt ['vɛltrau̯mfa:ɐ̯t], die; -:
Gesamtheit der wissenschaftlichen und technischen Bestrebungen des Menschen, mithilfe von Raketen o. Ä. in den Weltraum vorzudringen: die Weltraumfahrt brachte der Wissenschaft auf vielen Gebieten neue Erkenntnisse. **Syn.:** Raumfahrt.

Welt|re|kord ['vɛltrekɔrt], der; -[e]s, -e:
offiziell als höchste Leistung der Welt anerkannter Rekord: den Weltrekord [im Weitsprung] halten, brechen; einen neuen Weltrekord aufstellen.

Welt|wun|der ['vɛltvʊndɐ], das; -s, -:
etwas ganz Außergewöhnliches, das allgemeine Bewunderung erregt: jmdn., etwas bestaunen wie ein Weltwunder; die sieben Weltwunder *(sieben außergewöhnliche Bau- und Kunstwerke des Altertums).*

wem [ve:m] ⟨Interrogativpronomen und Relativpronomen; Dativ von »[1, 2]wer«.⟩

wen [ve:n] ⟨Interrogativpronomen, Relativpronomen und Indefinitpronomen; Akk. von »[1-3]wer«⟩.

Wen|de ['vɛndə], die; -, -n:
Wendung, Umschwung; einschneidende Veränderung: in ihrem Schicksal trat eine unerwartete Wende ein; an der Wende *(am Ende)* des 20. Jahrhunderts; die neue Firmenpolitik stellt wohl eher eine Wende zum Schlechten dar. **Syn.:** Umbruch, Umschlag, Wandel, Wandlung, Wechsel.

Wen|del|trep|pe ['vɛndl̩trɛpə], die; -, -n:
Treppe, deren einzelne Stufen spiralförmig um eine Achse angeordnet sind: eine sehr enge Wendeltreppe.

wen|den ['vɛndn̩]:
1. ⟨wendete, gewendet⟩ **a)** ⟨tr.; hat⟩ *in eine andere Lage bringen:* sie wendete den Braten im Topf; die Bauern haben das Heu

W
wend

gewendet. **Syn.:** umdrehen, umkehren. **Zus.:** umwenden. **b)** ⟨itr.; hat⟩ *in die entgegengesetzte Richtung bringen:* er konnte in der engen Straße [mit dem Wagen] nicht wenden. **Syn.:** umkehren. **Zus.:** umwenden.
2. ⟨wendete/wandte, gewendet/gewandt; itr.; hat⟩ *in eine bestimmte Richtung drehen:* den Kopf zur Seite wenden; ⟨auch + sich⟩ als es klopfte, wandten sich ihre Augen zur Tür. **Zus.:** abwenden, hinwenden, wegwenden, zuwenden.
3. ⟨wendete/wandte, gewendet/gewandt; + sich⟩ *(an jmdn.) eine Frage, eine Bitte richten:* sich vertrauensvoll, Hilfe suchend an jmdn. wenden; sie hat sich schriftlich ans Konsulat gewandt/gewendet. **Syn.:** angehen, ansprechen, bitten.

wen|dig ['vɛndɪç] ⟨Adj.⟩:
1. *aufgrund besonderer Beweglichkeit schnell auf entsprechende Handhabung reagierend:* ein wendiger Kleinbus; dieses Auto ist sehr wendig. **Syn.:** beweglich, nicht schwerfällig.
2. *fähig, sich schnell an eine bestimmte Situation anzupassen:* sie ist eine wendige Geschäftsfrau. **Syn.:** flexibel, geschickt, gewandt.

Wen|dung ['vɛndʊŋ], die; -, -en:
1. *das [Sich]wenden:* eine rasche Wendung des Kopfes; durch eine schnelle Wendung nach der Seite entging der Fahrer dem Hindernis. **Zus.:** Abwendung, Hinwendung, Linkswendung, Rechtswendung.
2. *aus mehreren Wörtern bestehende sprachliche Einheit:* sie gebrauchte in ihrem Brief eine Wendung, die viele nicht kannten. **Syn.:** Redensart, Redewendung.

we|nig ['ve:nɪç] ⟨Indefinitpronomen und unbestimmtes Zahlwort⟩:
1. a) ⟨Singular⟩ *eine geringe Menge (von etwas); nicht viel:* das wenige Wasser; mit sehr wenig Geld auskommen; weniger, aber echter Schmuck; sie hat heute wenig Zeit; das Kind hat wenig gegessen; in dem Geschäft gefiel mir nur weniges. **b)** ⟨Plural⟩ *eine geringe Anzahl (einzelner Personen oder Sachen):* die Arbeit weniger Menschen; es sind nur wenige mitgegangen; sie hat es mit wenig[en] Worten erklärt. **Syn.:** ein paar, einig…, lumpig (ugs. abwertend), spärlich. **c)** ⟨adverbial⟩ *selten oder nur für kurze Zeit:* er schläft zu wenig; sie kommt wenig unter Leute; ich komme leider nur wenig zum Lesen. **Syn.:** kaum.
2. ⟨unflektiert; vor einem Adjektiv⟩ *nicht sehr:* diese Handlung war wenig schön.

we|nigs|tens ['ve:nɪçstn̩s] ⟨Adverb⟩:
zumindest, immerhin: er sollte sich wenigstens entschuldigen; gut, dass es wenigstens nicht regnet. **Syn.:** jedenfalls, mindestens.

wenn [vɛn] ⟨Konj.⟩:
1. ⟨konditional⟩ *für den Fall, dass:* wenn es dir recht ist; wir wären viel früher da gewesen, wenn es nicht so geregnet hätte; wenn nötig, komme ich sofort. **Syn.:** falls; insofern; sofern; unter der Bedingung, dass; unter der Voraussetzung, dass; vorausgesetzt, dass.
2. ⟨temporal⟩ **a)** *sobald:* sag bitte Bescheid, wenn du fertig bist!; wenn die Ferien anfangen, [dann] werden wir gleich losfahren. **b)** drückt mehrfache [regelmäßige] Wiederholung aus; *sooft:* jedes Mal, wenn wir kommen, ist sie nicht zu Hause.
3. ⟨konzessiv in Verbindung mit »auch«, »schon« u. a.⟩ *obwohl, obgleich:* wenn es auch anstrengend war, Spaß hat es doch gemacht; ⟨mit kausalem Nebensinn:⟩ wenn er schon nichts weiß, sollte er [wenigstens] den Mund halten.
4. ⟨in Verbindung mit »doch« oder »nur«⟩ leitet einen Wunschsatz ein: wenn sie doch endlich käme!
5. ⟨in Verbindung mit »als« oder »wie«⟩ leitet eine irreale vergleichende Aussage ein: es ist, wie wenn alles sich gegen uns verschworen hätte.

wenn|gleich [vɛn'glai̯ç] ⟨Konj.⟩:
obwohl, wenn … auch: er gab sich große Mühe, wenngleich ihm die Arbeit wenig Freude machte. **Syn.:** auch wenn, obgleich, obschon (geh.), selbst wenn.

[1]**wer** [ve:ɐ̯] ⟨Interrogativpronomen⟩:
a) fragt nach männlichen oder weiblichen Personen: ⟨Nom.⟩ wer war das?; wer kommt mit?; wer da?; ⟨Gen.⟩ wessen erinnerst du dich?; wessen Buch ist das?; ⟨Dativ⟩ wem hast du das Buch gegeben?; mit wem spreche ich?; ⟨Akk.⟩ wen stört das?; für wen ist der Pullover?
b) kennzeichnet eine rhetorische Frage: wer anders als du kann das getan haben!; das hat wer weiß wie viel Geld gekostet.

[2]**wer** [ve:ɐ̯] ⟨Relativpronomen⟩:
derjenige, welcher: ⟨Nom.⟩ wer das tut, hat die Folgen zu tragen; ⟨Gen.⟩ wessen er sich erbarmte, der wurde verschont; ⟨Dativ⟩ wem es nicht gefällt, der soll es bleiben lassen; ⟨Akk.⟩ wen man in seine Wohnung lässt, dem muss man auch vertrauen können.

[3]**wer** [ve:ɐ̯] ⟨Indefinitpronomen⟩ (ugs.):
a) *irgendjemand:* ist da wer?
b) *jemand, der es zu etwas gebracht hat und der allgemein geachtet wird:* in ihrer Firma ist sie wer.

wer|ben ['vɛrbn̩], wirbt, warb, geworben:
a) ⟨itr.; hat⟩ *jmdn. (für jmdn., etwas) zu interessieren, einzunehmen suchen, indem man die Vorzüge o. Ä. der betreffenden Person oder Sache lobend hervorhebt:* für eine Zeitung, eine Partei werben; die Agentur wirbt für verschiedene Firmen *(für die Produkte verschiedener Firmen).* **Syn.:** agitieren (abwertend), Propaganda machen, Reklame machen, Werbung machen. **b)** ⟨tr.; hat⟩ *(jmdn.) durch Werben* (1) *zu interessieren, zu überzeugen suchen:* neue Kunden, Abonnenten werben; die Partei will jetzt verstärkt Mitglieder werben. **Syn.:** anwerben, gewinnen. **Zus.:** abwerben, anwerben. **c)** ⟨itr.; hat⟩ (geh.) *sich bemühen (um jmdn., etwas):* die Stadt wirbt um Besucher; um jmds. Vertrauen werben; er wirbt schon lange um sie *(sucht sie [zur Frau] zu gewinnen).* **Syn.:** sich heranmachen an (ugs.). **Zus.:** umwerben.

Wer|bung ['vɛrbʊŋ], die; -, -en:
1. a) ⟨ohne Plural⟩ *Gesamtheit*

aller werbenden (a) *Maßnahmen:* aufdringliche, störende Werbung; diese Werbung kommt [nicht] an; die Werbung für unsere Produkte muss verbessert werden. **Syn.:** Propaganda, Publicity, Reklame. **Zus.:** Fernsehwerbung, Rundfunkwerbung, Zeitungswerbung.
b) *Abteilung eines Betriebes o. Ä., die für die Werbung zuständig ist:* sie arbeitet in der Werbung.
2. *das Werben* (b): die Werbung neuer Kundenkreise. **Zus.:** Abwerbung, Anwerbung.
3. (geh.) *das Werben* (c); *Bemühen, jmds. Gunst, besonders die Liebe einer Frau zu gewinnen:* sie schlug seine Werbung aus; jmds. Werbungen nachgeben.

Wer|de|gang ['vɛrdəgaŋ], der; -[e]s:
Gang der Ausbildung oder Entwicklungsprozess: der Werdegang einer Nation; jmdm. kurz seinen beruflichen Werdegang schildern. **Syn.:** Entwicklung.

[1]wer|den ['veːɐ̯dn̩], wird, wurde, geworden/worden ⟨itr.; ist; 2. Partizip: geworden⟩:
1. *in einen bestimmten Zustand kommen; eine bestimmte Eigenschaft bekommen:* er wird alt, müde; meine Mutter ist gestern 70 [Jahre alt] geworden; das Wetter wird wieder besser; morgen soll es sehr heiß werden; ⟨unpers.⟩ plötzlich wurde [es] ihr übel, schwindlig.
2. a) ⟨in Verbindung mit einem Gleichsetzungsnominativ⟩ *eine Entwicklung durchmachen:* er wird Bäcker; sie will seine Frau werden; er ist gestern Vater geworden; Mode für werdende Mütter. **b)** *sich (zu etwas) entwickeln:* sie ist zur Frau geworden; er wird immer mehr zum Pantoffelhelden; das Wasser ist zu Eis geworden. **c)** *sich (aus etwas) entwickeln:* aus Liebe wurde Hass; aus diesem Plan wird nichts; was wird aus ihr bloß werden! **d)** *sich (von/aus etwas zu etwas) entwickeln:* er wurde über Nacht vom Bettler zum Millionär; das Buch wurde im Laufe der Zeit vom kleinen Hilfswörterbuch zum unentbehrlichen Nachschlagewerk.
3. a) ⟨unpers.⟩ *sich einem bestimmten Zeitpunkt nähern:* es wird Abend; es wird gleich 12 Uhr. **b)** ⟨itr.; ist; 2. Partizip: geworden⟩ (ugs.) *sich so im Ergebnis zeigen, darstellen, wie es auch beabsichtigt war:* das Haus wird allmählich; die Zeichnung, das Foto ist nichts geworden.

[2]wer|den ['veːɐ̯dn̩] ⟨Hilfsverb; 2. Partizip: worden⟩:
1. a) dient in Verbindung mit einem Infinitiv der Bildung des Futurs: es wird [bald] regnen; wir werden nächste Woche in Urlaub fahren. **b)** kennzeichnet ein vermutetes Geschehen: sie werden bei dem schönen Wetter im Garten sein; sie wird schon wissen, was sie tut.
2. dient in Verbindung mit dem 2. Partizip der Bildung des Passivs: sie ist dabei beobachtet worden; du wirst gerufen; jetzt wird aber geschlafen!; der Künstler wurde um eine Zugabe gebeten; (unpers.; oft statt einer aktivischen Ausdrucksweise mit »man«) es wurde gemunkelt, dass sie schwanger sei.
3. ⟨Konjunktiv »würde« + Infinitiv⟩ zur Umschreibung des Konjunktivs, besonders bei Verben, die keine eigenen unterscheidbaren Formen des Konjunktivs bilden können; drückt vor allem konditionale oder irreale Verhältnisse aus: ich würde kommen/gekommen sein, wenn das Wetter besser wäre/gewesen wäre; würdest du das bitte erledigen?

wer|fen ['vɛrfn̩], wirft, warf, geworfen:
1. ⟨tr.; hat⟩ **a)** *mit einem Schwung durch die Luft fliegen lassen:* sie hat den Ball 10 Meter weit geworfen; er warf alle Kleider von sich; ⟨auch itr.⟩ sie wirft gut. **Syn.:** katapultieren, schleudern, schmeißen (ugs.), schmettern. **Zus.:** abwerfen, herauswerfen, herüberwerfen, herunterwerfen, hinabwerfen, hinauswerfen, hinterherwerfen, hinunterwerfen, nachwerfen, vorbeiwerfen, zuwerfen. **b)** *mit Schwung irgendwohin befördern; fallen lassen:* sie hat das Papier einfach auf den Boden geworfen. **Syn.:** feuern, knallen, pfeffern (ugs.), schmeißen (ugs.), schnippen, schnipsen.
2. ⟨itr.; hat⟩ *(durch bestimmte Vorgänge) hervorbringen, bilden:* die Tapete wirft Blasen; der Baum wirft gegen Abend einen langen Schatten.
3. ⟨+ sich⟩ **a)** *sich unvermittelt, mit Wucht irgendwohin fallen lassen:* sie warf sich aufs Bett; mutig warfen sich die Ordner gegen die Flut der anstürmenden Fußballfanatiker; er wollte sich vor den Zug werfen.
b) *durch bestimmte Einwirkungen, Vorgänge uneben werden, Unregelmäßigkeiten hervorbringen:* das Holz wirft sich; die Schienen haben sich geworfen. **Syn.:** sich verziehen.
4. ⟨tr.; hat⟩ *(von Säugetieren) gebären:* die Katze hat 3 Junge geworfen.

Werft [vɛrft], die; -, -en:
Anlage zum Bauen und Ausbessern von Schiffen: das Schiff kommt zur Reparatur in die Werft. **Syn.:** Dock. **Zus.:** Bootswerft, Schiffswerft.

Werk [vɛrk], das; -[e]s, -e:
1. *(einer bestimmten Aufgabe dienendes) Handeln, Tätigsein; angestrengtes Arbeiten:* ein mühevolles Werk; ein Werk der Barmherzigkeit; die Helfer haben ihr Werk beendet. **Syn.:** Arbeit.
2. *etwas, was durch [künstlerische] Arbeit hervorgebracht wurde oder wird:* ein großes Werk der Malerei; sie kennt alle Werke dieses Dichters; ein großes Werk schaffen. **Syn.:** Schöpfung. **Zus.:** Bauwerk, Bühnenwerk, Chorwerk, Kunstwerk, Musikwerk.
3. *technische Anlage; großer Industriebetrieb:* in diesem Werk werden bestimmte Flugzeugteile hergestellt. **Syn.:** Fabrik. **Zus.:** Eisenwerk, Elektrizitätswerk, Gaswerk, Kaliwerk, Stahlwerk, Zementwerk.
4. *Getriebe eines Apparates, einer Maschine o. Ä.:* das Werk einer Uhr; die alte Orgel hat noch ein mechanisches Werk. **Zus.:** Uhrwerk.

-werk [vɛrk], das; -[e]s ⟨Suffixoid⟩: bezeichnet eine Gesamtheit von Sachen in Bezug auf das im Basiswort Genannte, mehrere entsprechend zusammengehörende oder gleichartige Dinge: Astwerk; Blattwerk; Blätterwerk; Buschwerk; Fahrwerk; Gesetzeswerk; Kartenwerk;

Laufwerk; Mauerwerk; Räderwerk; Reformwerk; Schuhwerk; Triebwerk; Vertragswerk; Wurzelwerk; Zählwerk; Zuckerwerk. **Syn.:** Ge-[e], -material, -zeug.

wer|ken ['vɛrkn̩] ⟨itr.; hat⟩ (bes. österr., schweiz.): *(handwerklich, körperlich) tätig sein:* er werkt als Grafiker. **Syn.:** arbeiten, sich beschäftigen, beschäftigt sein, sich betätigen, hantieren, malochen (salopp), schaffen (bes. südd.), schuften (ugs.).

Werk|statt ['vɛrkʃtat], die; -, Werkstätten ['vɛrkʃtɛtn̩]: *Arbeitsraum eines Handwerkers mit den für seine Arbeit benötigten Geräten:* der Schreiner arbeitet in seiner Werkstatt; den Wagen in die Werkstatt *(zur Inspektion, Reparatur in die Autowerkstatt)* bringen. **Syn.:** Atelier, Studio. **Zus.:** Autowerkstatt, Reparaturwerkstatt, Schreinerwerkstatt, Schuhmacherwerkstatt, Tischlerwerkstatt.

Werk|tag ['vɛrkta:k], der; -[e]s, -e: *jeder Tag einer Woche mit Ausnahme von Sonn- und Feiertagen:* der Bus verkehrt nur an Werktagen; an Werktagen haben wir ab 9 Uhr geöffnet. **Syn.:** Alltag, Wochentag.

werk|tags ['vɛrkta:ks] ⟨Adverb⟩: *an Werktagen:* werktags hat sie wenig Zeit zum Lesen. **Syn.:** in der Woche, unter der Woche.

werk|tä|tig ['vɛrktɛ:tɪç] ⟨Adj.⟩ (bes. DDR): *einen Beruf ausübend:* die werktätige Bevölkerung, Klasse. **Syn.:** arbeitend, berufstätig.

Werk|zeug ['vɛrkts͜ɔyk], das; -[e]s, -e:
a) *einzelner, je nach Verwendungszweck geformter Gegenstand, mit dessen Hilfe etwas bearbeitet oder hergestellt wird:* der Hammer ist ein Werkzeug. **Syn.:** Gerät, Instrument.
b) ⟨ohne Plural⟩ *alle Geräte, die für die Arbeit gebraucht werden:* die Handwerker haben ihr Werkzeug mitgebracht; das Werkzeug der Klempnerin. **Syn.:** Utensilien ⟨Plural⟩.

wert [ve:ɐ̯t] ⟨Adj.⟩:
1. (geh.) *jmds. Hochachtung besitzend:* mein werter Freund; wie war bitte Ihr werter Name?; werter Herr. **Syn.:** geehrt, geliebt, geschätzt, gnädig, lieb, sehr geehrt, sehr verehrt, teuer, verehrt.
2. * etwas (Akk.) **wert sein:** *einen bestimmten Wert, Preis haben:* der Schmuck war eine halbe Million Euro wert; diese Maschine ist nichts wert, ist ihr Geld nicht wert; *** jmds., einer Sache** (Gen.) **wert sein:** *jmds., einer Sache würdig sein; jmdn., etwas verdienen:* das Thema ist einer näheren Betrachtung wert; die Umbaukosten sind nicht der Rede wert; das ist nicht der Mühe wert.

Wert [ve:ɐ̯t], der; -[e]s, -e:
1. a) *[in Geld ausgedrücktes] Äquivalent einer Sache (im Hinblick auf ihren Verkauf o. Ä.):* das Haus hat einen Wert von 200 000 Euro; der Wert des Schmuckes ist gering. **Zus.:** Anschaffungswert, Materialwert, Sachwert, Tauschwert, Versicherungswert, Warenwert.
b) ⟨Plural⟩ *Gegenstände oder Besitz, der sehr wertvoll ist:* der Krieg hat viele Werte zerstört. **Syn.:** Vermögen.
2. ⟨ohne Plural⟩ *Bedeutung, die einer Sache zukommt; [an einem bestimmten Maßstab gemessene] Wichtigkeit:* der künstlerische Wert des Bildes; der Wert dieser Entdeckung wurde erst später erkannt; ihre Hilfe war uns von großem Wert. **Syn.:** Güte, Niveau, Qualität. **Zus.:** Aussagewert, Wohnwert.
3. *in Zahlen oder Zeichen ausgedrücktes Ergebnis einer Messung oder Untersuchung o. Ä.:* die Werte von einer Skala, einem Messgerät ablesen. **Syn.:** Zahl. **Zus.:** Durchschnittswert, Extremwert, Höchstwert, Messwert, Mindestwert, Mittelwert, Normalwert, Zahlenwert.

-wert [ve:ɐ̯t] ⟨adjektivisches Suffixoid; Basiswort ist ein Nomen, meist in Form eines substantivierten transitiven Verbs⟩: (das so Bezeichnete wird überwiegend als positiv empfunden); *verdient, ... zu werden; sollte ... werden, sollte man ...:* achtenswert; anhörenswert; anerkennenswert; beachtenswert; bedauernswert; begehrenswert; begrüßenswert; beklagenswert; beneidenswert; dankenswert; empfehlenswert; erstrebenswert; erwähnenswert; lebenswert; lesenswert; liebenswert; lobenswert; nennenswert; sehenswert; überlegenswert. **Syn.:** -bar, -lich, -würdig.

wer|ten ['ve:ɐ̯tn̩], wertete, gewertet ⟨tr.; hat⟩: *einen bestimmten Wert zuerkennen, im Hinblick auf einen bestimmten Wert[maßstab] betrachten:* seine durchschnittliche Note in der Prüfung ist bei ihm noch als Erfolg zu werten; der schlechteste Sprung eines Skispringers wird nicht gewertet; ⟨auch itr.⟩ die Schiedsrichter haben sehr unterschiedlich gewertet. **Syn.:** ansehen, beurteilen, bewerten, einschätzen, urteilen über.

Wert|ge|gen|stand ['ve:ɐ̯tge:gn̩ʃtant], der; -[e]s, Wertgegenstände ['ve:ɐ̯tge:gn̩ʃtɛndə]: *Gegenstand, der einen gewissen materiellen Wert darstellt:* Wertgegenstände und Bargeld bitte im Tresor einschließen!

Wert|pa|pier ['ve:ɐ̯tpapi:ɐ̯], das; -s, -e (Wirtsch.): *Urkunde über ein privates [Vermögens]recht, das meist mit regelmäßigen Erträgen aus Zinsen oder Dividenden verbunden ist:* Wertpapiere besitzen.

wert|voll ['ve:ɐ̯tfɔl] ⟨Adj.⟩:
1. *von hohem [materiellem, künstlerischem oder ideellem] Wert:* wertvoller Schmuck. **Syn.:** kostbar.
2. *sehr gut zu verwenden, nützlich:* ein wertvoller Hinweis, Ratschlag. **Syn.:** hilfreich.

We|sen ['ve:zn̩], das; -s, -:
1. ⟨ohne Plural⟩ *das Besondere, Kennzeichnende einer Sache, Erscheinung, wodurch sie sich von anderem unterscheidet:* das ist nicht das Wesen der Sache; das liegt im Wesen der Kunst. **Syn.:** Natur.
2. ⟨ohne Plural⟩ *Summe der geistigen Eigenschaften, die einen Menschen auf bestimmte Weise in seinem Verhalten, in seiner Lebensweise, seiner Art, zu denken und zu fühlen und sich zu äußern, charakterisieren:* sein Wesen blieb ihr fremd; ihr ganzes Wesen strahlt Zuversicht aus; ein freundliches, einnehmendes Wesen haben; sein wahres Wesen zeigte er nie.

Syn.: Charakter, Natur, Naturell, Temperament.
3. a) *etwas, was in bestimmter Gestalt, auf bestimmte Art und Weise (oft nur gedacht, vorgestellt) existiert, in Erscheinung tritt:* fantastische, irdische Wesen; weit und breit war kein menschliches Wesen zu sehen; sie glaubten nicht an ein höheres Wesen. **Zus.:** Fabelwesen, Fantasiewesen. **b)** *Mensch (als Lebewesen):* sie ist ein freundliches, stilles Wesen; das arme Wesen wusste sich nicht zu helfen. **Syn.:** Geschöpf, Kreatur. **Zus.:** Menschenwesen.

-we|sen [veːzn̩], das; -s ⟨Suffixoid; besonders in der Verwaltungssprache⟩:
alles, was zu dem im Basiswort Genannten gehört: Bandenwesen; Bauwesen; Bildungswesen; Erziehungswesen; Fernmeldewesen; Gesundheitswesen; Hochschulwesen; Ingenieurwesen; Kreditwesen; Parlamentswesen; Rechnungswesen; Schulwesen; Steuerwesen; Transportwesen; Vereinswesen; Versicherungswesen.

we|sent|lich [ˈveːzn̩tlɪç] ⟨Adj.⟩:
a) *den Kern einer Sache ausmachend und daher von entscheidender Bedeutung:* zwischen den beiden Methoden besteht ein wesentlicher Unterschied. **Syn.:** bedeutend, bedeutsam, bedeutungsvoll, gewichtig, maßgeblich, relevant, schwerwiegend, triftig, von besonderer Bedeutung, von Gewicht, von großem Gewicht, von großer Bedeutung, von Wichtigkeit, wichtig, zentral. **b)** ⟨verstärkend bei Adjektiven im Komparativ und bei Verben⟩ *um vieles; in hohem Grad:* er ist wesentlich größer als sein Bruder; sie hat sich nicht wesentlich verändert; das ist wesentlich teurer, als ich dachte. **Syn.:** bei Weitem, erheblich, viel, weit, weitaus.

wes|halb [vɛsˈhalp] ⟨Adverb⟩:
1. ⟨interrogativ⟩ *aus welchem Grund?:* weshalb willst du nach Hause gehen? **Syn.:** warum, wieso, wofür, wozu.
2. ⟨relativisch⟩ *aus welchem Grund:* der Beweggrund, weshalb sie sich so entschieden hatte, blieb verborgen. **Syn.:** warum, wieso.

Wes|pe [ˈvɛspə], die; -, -n:
einer Biene ähnliches Insekt mit schlankem, nicht behaartem Körper und schwarzgelb gezeichnetem Hinterleib: sie wurde von einer Wespe gestochen.

wes|sen [ˈvɛsn̩] ⟨Interrogativpronomen und Relativpronomen; Gen. von »[1,2]wer« und »[1,2]was«⟩.

West [vɛst], [vɛst] ⟨ohne Artikelwort, nicht flektierbar⟩:
Westen: der Wind kommt aus, von West; Menschen aus Ost und West kommen zusammen.

Wes|te [ˈvɛstə], die; -, -n:
bis zur Taille reichendes, ärmelloses, vorne meist [einreihig] durchgeknöpftes Kleidungsstück, das über dem Oberhemd oder über einer Bluse getragen wird: ein Anzug mit Weste. **Zus.:** Anzugweste, Strickweste.

Wes|ten [ˈvɛstn̩], der; -s:
1. ⟨ohne Artikel; gewöhnlich in Verbindung mit einer Präposition⟩ *Himmelsrichtung, in der die Sonne untergeht:* von, nach, im Westen; die Sonne stand schon tief im Westen; die Wolken kommen von/vom Westen [her].
2. a) *im Westen* (1) *gelegener Bereich, Teil eines Landes:* wir fahren im Urlaub in den Westen Frankreichs; *** der Wilde Westen:** *Gebiet im Westen Nordamerikas zur Zeit der Kolonisation im 19. Jh.:* in den Wilden Westen ziehen. **b)** *(besonders während des Kalten Kriegs) Westeuropa, Kanada und die USA im Hinblick auf ihre politische, weltanschauliche o. ä. Gemeinsamkeit:* eine Stellungnahme des Westens liegt noch nicht vor.

Wes|ten|ta|schen- [vɛstn̩taʃn̩] ⟨Präfixoid⟩ (ironisch):
Person, die sich so benimmt, vorkommt, als ob sie so sei wie die im Basiswort genannte Person, obgleich sie in Wirklichkeit im Vergleich zum Vorbild unbedeutend ist: Westentaschen-Al-Capone; Westentaschencasanova; Westentaschenpolitikerin; Westentaschenrevolutionär. **Syn.:** Mini-, Möchtegern- (ironisch), -verschnitt (abwertend).

Wes|tern [ˈvɛstɐn], der; -[s], -:
Film, der im Wilden Westen spielt (der besonders tätliche Auseinandersetzungen und Schießereien zeigt): im Fernsehen kommt heute Abend ein Western.

[1]west|lich [ˈvɛstlɪç] ⟨Adj.⟩:
1. *im Westen liegend:* die westliche Grenze; der westliche Teil des Landes.
2. *nach Westen gerichtet:* in westlicher Richtung; das Schiff steuert westlichen Kurs.

[2]west|lich [ˈvɛstlɪç] ⟨Präp. mit Gen.⟩:
im Westen (von etwas): die Autobahn verläuft westlich der Stadt.

[3]west|lich [ˈvɛstlɪç] ⟨Adverb; in Verbindung mit »von«⟩:
westlich von Lindau.

wes|we|gen [vɛsˈveːgn̩] ⟨Adverb⟩:
weshalb:
1. ⟨interrogativ⟩ weswegen erzähle ich dir das eigentlich?
2. ⟨relativisch⟩ das Motiv, weswegen sie ihn tötete, ist noch unklar.

Wett|be|werb [ˈvɛtbəvɛrp], der; -[e]s, -e:
Kampf, Wettstreit von mehreren Beteiligten um die beste Leistung, um eine führende Stellung o. Ä.: ein internationaler Wettbewerb; sie bekam den ersten Preis in dem Wettbewerb um die Gestaltung eines modernen Schwimmbades; unter den Firmen herrscht ein harter Wettbewerb. **Syn.:** Konkurrenz. **Zus.:** Fotowettbewerb, Mannschaftswettbewerb, Schönheitswettbewerb, Schwimmwettbewerb, Tanzwettbewerb.

Wet|te [ˈvɛtə], die; -, -n:
1. *Vereinbarung zwischen zwei oder mehreren Personen, nach der derjenige, der in einer fraglichen Sache recht behält, einen vorher bestimmten Preis bekommt:* die Wette ging um 50 Euro; jmdm. eine Wette anbieten.
2. *mit dem Einsatz von Geld verbundene, schriftlich festgehaltene Vorhersage von Siegern bei einem sportlichen Wettkampf, von Zahlen bei Lotteriespielen o. Ä., die bei Richtigkeit einen Gewinn bringt.*

wett|ei|fern [ˈvɛtlaifɐn] ⟨itr.; hat⟩:
sich zugleich mit einem oder mehreren anderen um etwas bemühen, etwas Bestimmtes zu erreichen suchen: miteinander wetteifern; sie haben gewetteifert; die beiden Hotels wettei-

ferten um die Gunst der Touristen. **Syn.:** konkurrieren, rivalisieren.

wet|ten ['vɛtn̩], wettete, gewettet ⟨itr.; hat⟩:
1. a) *eine Wette* (1) *abschließen:* er wettete um einen Kasten Bier, dass diese Mannschaft gewinnen werde; ich wette *(bin überzeugt),* sie kommt heute nicht. **b)** *als Preis für eine Wette* (1) *einsetzen:* ich wette einen Kasten Bier, dass diese Mannschaft nicht gewinnt.
2. *eine Wette* (2) *abschließen:* auf ein Pferd wetten; auf Platz, Sieg wetten.

Wet|ter ['vɛtɐ], das; -s, -:
1. ⟨ohne Plural⟩ *wechselnde Erscheinungen von Sonne, Regen, Wind, Kälte, Wärme o. Ä. auf der Erde:* heute ist sonniges Wetter; der Wetterbericht hat schlechtes Wetter gemeldet; das Wetter ändert sich, ist beständig, schlägt um; wir bekommen anderes Wetter. **Syn.:** Klima, Witterung. **Zus.:** Badewetter, Flugwetter, Föhnwetter, Frostwetter, Frühlingswetter, Grippewetter, Herbstwetter, Regenwetter, Reisewetter, Schneewetter, Sommerwetter, Tauwetter, Urlaubswetter.
2. *zur Explosion neigendes Gemisch von Luft, Gas und Dunst in Bergwerken:* schlagende Wetter.

Wet|ter|be|richt ['vɛtɐbərɪçt], der; -[e]s, -e:
Voraussage über das zu erwartende Wetter, die von einer entsprechenden Institution erstellt und über die Medien (besonders Presse, Rundfunk, Fernsehen und Internet) verbreitet wird: der Wetterbericht meldet Regen und Höchsttemperaturen von acht Grad.

Wet|ter|leuch|ten ['vɛtɐlɔyçtn̩], das; -s:
Widerschein entfernter Blitze: ein Wetterleuchten erhellte dann und wann den Himmel.

wet|tern ['vɛtɐn] ⟨itr.; hat⟩:
laut und heftig schimpfen: er wetterte über die schlechten Straßen; am Stammtisch wird gegen die Regierung gewettert; warum musst du immer gegen alles wettern, was sie sagt? **Syn.:** donnern, fluchen, geifern (geh. abwertend), keifen, kläffen (ugs.), poltern, schelten, zetern (emotional abwertend). **Zus.:** loswettern.

wet|ter|wen|disch ['vɛtɐvɛndɪʃ] ⟨Adj.⟩:
leicht seine Einstellung oder seine Meinung ändernd; launenhaft und daher unberechenbar: er ist ein sehr wetterwendischer Mensch. **Syn.:** launisch, sprunghaft, unbeständig.

Wett|kampf ['vɛtkampf], der; -[e]s, Wettkämpfe ['vɛtkɛmpfə]:
Kampf um die beste [sportliche] Leistung: einen Wettkampf veranstalten, durchführen, gewinnen. **Syn.:** Wettbewerb, Wettstreit.

wett|ma|chen ['vɛtmaxn̩], machte wett, wettgemacht ⟨tr.; hat⟩:
(durch etwas anderes) ersetzen (und dadurch einen Ausgleich schaffen): er bemühte sich, seine geringere Begabung durch Fleiß wettzumachen; die Mannschaft konnte die Niederlage der Vorwoche wieder wettmachen. **Syn.:** aufholen, ausgleichen.

Wett|streit ['vɛtʃtrai̯t], der; -[e]s, -e:
Bemühen, sich in einer bestimmten Hinsicht gegenseitig zu übertreffen: ein sportlicher, musikalischer Wettstreit; sie lieferten sich einen richtigen Wettstreit; der Wettstreit um die Teilnahme am Schlagerfestival. **Syn.:** Konkurrenz, Wettbewerb. **Zus.:** Sängerwettstreit.

wet|zen ['vɛtsn̩] ⟨tr.; hat⟩:
(durch Schleifen an einem harten Gegenstand) wieder scharf machen, glätten: der Fleischer wetzt sein Messer; der Vogel wetzt seinen Schnabel an einem Zweig. **Syn.:** schärfen, [1]schleifen.

wich|tig ['vɪçtɪç] ⟨Adj.⟩:
von wesentlicher Bedeutung: eine wichtige Mitteilung; diese Arbeit ist nicht sehr wichtig; sie hielt die Sache für sehr wichtig. **Syn.:** bedeutend, bedeutsam, bedeutungsvoll, denkwürdig, ernst, gewichtig, [1]groß, interessant, maßgeblich, relevant, schwerwiegend, von [großem] Gewicht, von [großer] Bedeutung, von [großer] Wichtigkeit, wesentlich, zentral. **Zus.:** lebenswichtig.

Wi|ckel ['vɪkl̩], der; -s, -:
1. *feuchtes Tuch, das zu Heilzwecken um einen Körperteil gewickelt wird:* dem Kranken wurde ein warmer Wickel gemacht. **Syn.:** Umschlag, Verband. **Zus.:** Brustwickel, Halswickel, Wadenwickel.
2. *etwas Gewickeltes, Zusammengerolltes.*

wi|ckeln ['vɪkl̩n] ⟨tr.; hat⟩:
1. *etwas durch eine drehende Bewegung der Hand so umeinanderlegen, dass es in eine feste, meist runde Form gebracht wird:* Garn, Wolle [zu einem Knäuel] wickeln; Schnur auf eine Rolle wickeln; ich wickelte mir einen Schal um den Hals. **Syn.:** binden, schlingen.
2. a) *(als Umhüllung) um sich, jmdn. oder etwas legen:* ein Geschenk, Buch in Papier wickeln; bei dem Sturm wickelte sie sich [fest] in ihren Mantel. **Syn.:** einpacken, einschlagen, einwickeln, verpacken. **b)** *(einem Säugling) eine Windel umlegen:* der Kleine war frisch gewickelt; ich muss das Baby noch schnell wickeln. **Syn.:** trockenlegen. **c)** *mit einem Verband, einer Bandage versehen:* das Bein muss gewickelt werden.
3. *aus einer Umhüllung, Verpackung o. Ä. lösen:* das Buch aus dem Papier wickeln. **Syn.:** auspacken. **Zus.:** auswickeln.

Wid|der ['vɪdɐ], der; -s, -:
männliches Schaf. **Syn.:** Bock, Hammel.

wi|der ['vi:dɐ] ⟨Präp. mit Akk.⟩ (geh.):
bezeichnet einen Gegensatz, Widerstand, eine Abneigung; *gegen:* das geschah wider meinen Willen; er handelte wider besseres Wissen; wider Erwarten wurde sie befördert. **Syn.:** entgegen.

wi|der|bors|tig ['vi:dɐbɔrstɪç] ⟨Adj.⟩:
a) *(vom Haar) nur schwer zu glätten, zu frisieren:* diese widerborstigen Haare sehen auch nach stundenlangem Kämmen noch ungekämmt aus. **Syn.:** widerspenstig. **b)** (abwertend) *hartnäckig widerstrebend:* ein widerborstiges Kind; der Schüler war widerborstig. **Syn.:** aufmüpfig, aufsässig, bockbeinig (ugs.), bockig, eigensinnig, halsstarrig, renitent (geh.), starrsin-

W
wett

nig, störrisch, stur (ugs. abwertend), trotzig, ungehorsam, unnachgiebig, verstockt (emotional), widersetzlich, widerspenstig.

wi|der|fah|ren [viːdɐˈfaːrən], widerfährt, widerfuhr, widerfahren ⟨itr.; ist⟩ (geh.):
(wie etwas Schicksalhaftes) zuteilwerden, (von jmdm.) erlebt, erfahren werden: in seinem Leben ist ihm viel Leid widerfahren; mir ist viel Gutes widerfahren; bitte, lass mir Gerechtigkeit widerfahren! **Syn.:** begegnen, geschehen, passieren, vorkommen, zustoßen.

Wi|der|ha|ken [ˈviːdɐhaːkn̩], der; -s, -:
Haken, der so gekrümmt ist, dass er das Zurück-, Herausziehen aus etwas unmöglich macht: ein harpunenartiges Geschoss mit Widerhaken.

Wi|der|hall [ˈviːdɐhal], der; -[e]s, -e:
Hall, der (von einer Wand o. Ä.) zurückgeworfen wird: der Widerhall des Donners erschreckte uns ein zweites Mal; aus ganz Europa gab es Widerhall *(Resonanz)* auf ihre theoretischen Schriften. **Syn.:** Echo, Resonanz.

wi|der|hal|len [ˈviːdɐhalən], hallte wider, widergehallt ⟨itr.; hat⟩:
den Schall zurückwerfen: die Schritte hallten auf dem Pflaster wider; laut hallte der Schuss von den Bergwänden wider.

wi|der|le|gen [viːdɐˈleːgn̩] ⟨tr.; hat⟩:
nachweisen, dass etwas nicht zutrifft: es war nicht schwer, seine Behauptungen zu widerlegen; diese Theorie gilt seit Langem als widerlegt. **Syn.:** entkräften, Lügen strafen.

wi|der|lich [ˈviːdɐlɪç] ⟨Adj.⟩ (abwertend):
a) *Widerwillen, Ekel hervorrufend:* ein widerlicher Geruch kam aus der Kiste; diese Insekten sind [mir] widerlich; das Essen schmeckt ja widerlich. **Syn.:** abscheulich, abstoßend, ekelhaft, eklig, fies (ugs.), garstig, grässlich, gräulich (emotional), hässlich, scheußlich, unappetitlich, widerwärtig. **b)** *in hohem Maße abstoßend:* ich fühlte mich von dem widerlichen Typ bedroht; euer Verhalten ist widerlich. **Syn.:** fies (ugs.), garstig, unerträglich, unsympathisch (meist abwertend), verhasst.

wi|der|recht|lich [ˈviːdɐrɛçtlɪç] ⟨Adj.⟩:
zu Unrecht; gegen das Recht [geschehend]: eine widerrechtliche Verhaftung; die Verhafteten wurden widerrechtlich zurückgehalten. **Syn.:** gesetzwidrig, illegal, illegitim (bildungsspr.), kriminell, unerlaubt, ungesetzlich, unrechtmäßig, unzulässig, verboten.

Wi|der|re|de [ˈviːdɐreːdə], die; -, -n:
Äußerung, mit der einer anderen Äußerung widersprochen wird: der Vater duldete keine Widerrede; sie gehorchte ohne Widerrede. **Syn.:** Widerspruch.

Wi|der|ruf [ˈviːdɐruːf], der; -[e]s, -e:
Zurücknahme einer Aussage, Erlaubnis o. Ä.: sie bestand auf öffentlichem Widerruf der verleumderischen Aussage; die Durchfahrt ist bis auf Widerruf gestattet. **Syn.:** Dementi.

wi|der|ru|fen [viːdɐˈruːfn̩], widerrief, widerrufen ⟨tr.; hat⟩:
(eine eigene Aussage) für falsch oder für ungültig erklären: er hat seine Behauptung von gestern bereits heute widerrufen; die Angeklagte hat ihr Geständnis widerrufen; ⟨auch itr.⟩ der Angeklagte hat widerrufen. **Syn.:** abrücken von, dementieren, rückgängig machen, zurücknehmen, zurückziehen.

Wi|der|sa|cher [ˈviːdɐzaxɐ], der; -s, -, **Wi|der|sa|che|rin** [ˈviːdɐzaxərɪn], die; -, -nen:
Person, die als Gegner[in] versucht, die Bestrebungen o. Ä. der anderen Person zu hintertreiben, ihr zu schaden: sie hatte mehrere Widersacher in der eigenen Partei; er betrachtet die neue Kollegin als erbitterte Widersacherin. **Syn.:** Feind, Feindin, Konkurrent, Konkurrentin, Konkurrenz, Kontrahent (bildungsspr.), Kontrahentin (bildungsspr.), Rivale, Rivalin.

wi|der|set|zen [viːdɐˈzɛt͜sn̩] ⟨+ sich⟩:
sich heftig weigern (etwas Bestimmtes zu tun), sich gegen jmdn., etwas auflehnen: er widersetzte sich der Aufforderung, seinen Ausweis vorzuzeigen; ihrer freundlichen Bitte konnte sich niemand widersetzen; dieser Ansicht möchte ich mich widersetzen. **Syn.:** angehen gegen, ankämpfen gegen, aufbegehren gegen (geh.), aufmucken gegen (ugs.), aufstehen gegen, sich entgegenstellen, entgegentreten, meutern gegen (ugs.), opponieren gegen, protestieren gegen, rebellieren gegen, revoltieren gegen, sich aufbäumen gegen, sich erheben gegen, sich sperren gegen, sich stemmen gegen, sich sträuben gegen.

wi|der|setz|lich [viːdɐˈzɛt͜slɪç] ⟨Adj.⟩:
leicht geneigt, sich zu widersetzen: der Junge ist sehr widersetzlich und darum schwer zu erziehen. **Syn.:** aufmüpfig (ugs.), aufrührerisch, aufsässig, rebellisch, renitent, störrisch, trotzig, ungehorsam, widerborstig (abwertend), widerspenstig.

wi|der|sin|nig [ˈviːdɐzɪnɪç] ⟨Adj.⟩:
der Vernunft zuwiderlaufend: die widersinnigen Anordnungen wurden nicht ausgeführt; diese Regelung ist widersinnig; es erscheint widersinnig, gesunde Tiere zu töten und dann zu vernichten. **Syn.:** absurd, paradox, sinnlos, unsinnig.

wi|der|spens|tig [ˈviːdɐʃpɛnstɪç] ⟨Adj.⟩:
sich gegen jmds. Willen, Absicht sträubend, sich jmds. Anweisung mit trotziger Hartnäckigkeit widersetzend: ein widerspenstiges Kind; das Pferd ist sehr widerspenstig; meine Haare sind heute wieder furchtbar widerspenstig *(lassen sich nicht leicht glätten)*. **Syn.:** aufmüpfig (ugs.), aufrührerisch, aufsässig, halsstarrig, rebellisch, renitent, starrsinnig, störrisch, trotzig, ungehorsam, widerborstig (abwertend).

wi|der|spie|geln [ˈviːdɐʃpiːgl̩n], spiegelte wider, widergespiegelt:
a) ⟨tr.; hat⟩ *erkennbar werden lassen, zum Ausdruck bringen:* sein Gesicht spiegelt seinen Zorn wider; ihr Roman spiegelt die gesellschaftlichen Verhältnisse wider. **b)** ⟨+ sich⟩ *erkennbar werden:* in ihrem Gesicht spiegelt sich ihr Zorn wider; in

dieser Dichtung spiegeln sich die politischen Verhältnisse der Zeit wider.

wi|der|spre|chen [vi:dɐˈʃprɛçn̩], widerspricht, widersprach, widersprochen:
a) ⟨itr.; hat⟩ *der Meinung, Äußerung eines anderen entgegentreten; jmds. Äußerung für unrichtig erklären:* er widersprach dem Redner heftig und mit Nachdruck; warum musst du ihr ständig widersprechen?
b) ⟨+ sich⟩ *sich entgegengesetzt zu seiner eigenen, vorher gemachten Aussage äußern, sich selbst widerlegen:* du widersprichst dir ja ständig selbst.
c) ⟨itr.; hat⟩ *sich ausschließen; im Gegensatz zu etwas stehen:* diese Entwicklung widerspricht den bisherigen Erfahrungen; die Darstellungen widersprechen einander; in vielen Punkten widersprechen sich die beiden Theorien. **Syn.:** abweichen von, entgegenstehen. **d)** *einer Sache nicht zustimmen; gegen etwas Einspruch erheben:* der Betriebsrat widersprach den geplanten Entlassungen; dem Gutachten wurde vor Gericht widersprochen.

Wi|der|spruch [ˈvi:dɐʃprʊx], der; -[e]s, Widersprüche [ˈvi:dɐʃprʏçə]:
1. *Äußerung, durch die man einer anderen Meinung o. Ä. entgegentritt:* es erhob sich allgemeiner Widerspruch; ihr Widerspruch war berechtigt; er duldet keinen Widerspruch. **Syn.:** Widerrede.
2. *das Sichausschließen; fehlende Übereinstimmung zweier oder mehrerer Aussagen, Erscheinungen o. Ä.:* zwischen seinem Reden und Handeln besteht ein heftiger Widerspruch. **Syn.:** Diskrepanz, Gegensatz, Konflikt, Widerstreit, Zwiespalt.
3. *das Widersprechen* (d): wir werden Widerspruch gegen dieses Gutachten einlegen. **Syn.:** Einspruch.

wi|der|sprüch|lich [ˈvi:dɐʃprʏçlɪç] ⟨Adj.⟩:
a) *einander widersprechend:* wir haben widersprüchliche Meldungen gehört; die Aussagen der Zeugen waren widersprüchlich. **Syn.:** entgegengesetzt, unvereinbar, [einander] diametral entgegengesetzt (bildungsspr.). **b)** *Widersprüche aufweisend:* sie ist ein in sich widersprüchlicher Mensch; er verhält sich widersprüchlich. **Syn.:** inkonsequent.

wi|der|spruchs|los [ˈvi:dɐʃprʊxslo:s] ⟨Adj.⟩:
keinen Widerspruch erhebend, ohne Widerspruch: sie fügte sich widerspruchslos ihrem Schicksal; dieser Kriecher nimmt alles widerspruchslos hin; früher hat man gelernt, widerspruchslos zu gehorchen. **Syn.:** anstandslos, bereitwillig, gern, gerne, ohne Weiteres.

Wi|der|stand [ˈvi:dɐʃtant], der; -[e]s, Widerstände [ˈvi:dɐʃtɛndə]:
1. *das Sichwidersetzen, Sichentgegenstellen:* der organisierte, antifaschistische, innere Widerstand; der Widerstand der Bevölkerung gegen das Regime wurde immer größer; ihr Widerstand gegen diesen Plan war heftig; sie waren im Widerstand *(in einer politischen Bewegung, die Widerstand organisierte).* **Syn.:** Abwehr, Gegenwehr, Kampf, Protest, Verteidigung, Widerspruch.
2. *etwas, was jmdm., einer Sache entgegenwirkt:* es ist am leichtesten, den Weg des geringsten Widerstandes zu gehen; sie schaffte es allen Widerständen zum Trotz. **Syn.:** Hindernis, Problem, Schwierigkeit.

wi|der|stands|fä|hig [ˈvi:dɐʃtants̮fɛ:ɪç] ⟨Adj.⟩:
gegen Belastungen, schädliche Einflüsse, Krankheitserreger u. Ä. unempfindlich: der Aufenthalt an der See hat die Kinder sehr widerstandsfähig gegen Erkältungen gemacht; ein widerstandsfähiges Material; das Getreide ist sehr widerstandsfähig gegen Pestizide. **Syn.:** abgehärtet, beständig, gestählt, haltbar, immun, resistent (Med., Biol.), robust, stabil.

wi|der|stands|los [ˈvi:dɐʃtants̮lo:s] ⟨Adj.⟩:
ohne Widerstand zu leisten: der Dieb ließ sich widerstandslos verhaften. **Syn.:** ohne Gegenwehr.

wi|der|ste|hen [vi:dɐˈʃte:ən], widerstand, widerstanden ⟨itr.; hat⟩:
1. a) *etwas [ohne Schaden zu nehmen] aushalten:* die Häuser widerstanden dem heftigen Sturm. **Syn.:** durchhalten, durchstehen, standhalten, überdauern, überleben, überstehen.
b) *der Versuchung, etwas Bestimmtes zu tun, standhalten:* sie widerstand tapfer dem Alkohol; ihrem charmanten Lächeln kann niemand widerstehen.
2. *bei jmdm. Widerwillen, Abneigung, Ekel hervorrufen:* dieses Fett widersteht mir; mir widersteht es, zu lügen.

wi|der|stre|ben [vi:dɐˈʃtre:bn̩] ⟨itr.; hat⟩:
eine innerliche Abneigung, ein heftiges innerliches Sichsträuben hervorrufen: es widerstrebte ihm, über diese Angelegenheit zu sprechen; ihr widerstrebte jegliche Abhängigkeit. **Syn.:** gegen den Strich gehen (ugs.), missfallen; ein Gräuel sein, nicht passen, zuwider sein.

Wi|der|streit [ˈvi:dɐʃtrai̯t], der; -[e]s, -e:
Zwiespalt, in dem verschiedene Kräfte, Wünsche im Menschen gegeneinander kämpfen: zwischen beiden Meinungen herrscht ein heftiger Widerstreit; er lebte in einem Widerstreit zwischen Pflicht und Neigung. **Syn.:** Konflikt.

wi|der|wär|tig [ˈvi:dɐvɛrtɪç] ⟨Adj.⟩:
höchst unangenehm; heftigen Ekel erregend: der schmutzige Raum bot einen widerwärtigen Anblick; die Angelegenheit war ihr widerwärtig; das Fleisch schmeckte so widerwärtig, dass wir nichts davon essen konnten. **Syn.:** abscheulich, abstoßend, ekelhaft, eklig, fies (ugs.), garstig, grässlich (ugs.), gräulich (emotional), hässlich, scheußlich, unappetitlich, widerlich (abwertend).

Wi|der|wil|le [ˈvi:dɐvɪlə], der; -ns:
heftige Abneigung: er hat einen Widerwillen gegen fettes Fleisch; sie hegt einen Widerwillen gegen ungepflegte Männer; versuch, deinen Widerwillen zu unterdrücken. **Syn.:** Abscheu, Antipathie (bildungsspr.), Aversion (geh.), Ekel.

wi|der|wil|lig [ˈvi:dɐvɪlɪç] ⟨Adj.⟩:
a) *Unmut, Widerwillen ausdrü-*

ckend: sie gab nur eine widerwillige Antwort. **Syn.:** lustlos, unwillig. **b)** *sehr ungern:* Pferdefleisch esse ich nur widerwillig; widerwillig ging sie mit; er macht diese Arbeit nur widerwillig. **Syn.:** lustlos, unwillig.

wid|men [ˈvɪtmən], widmete, gewidmet:
1. ⟨tr.; hat⟩ *(als Zeichen der Verehrung o. Ä.) ein eigenes künstlerisches, wissenschaftliches Werk für einen anderen bestimmen:* er widmete seine Sinfonien dem König; sie hat die Erstausgabe handschriftlich ihrem Ehemann gewidmet.
2. a) ⟨tr.; hat⟩ *ausschließlich für jmdn. oder zu einem gewissen Zweck bestimmen, verwenden:* er hat der Sache nicht die nötige Aufmerksamkeit gewidmet; sie widmete ihre freie Zeit der Malerei. **b)** ⟨+ sich⟩ *sich (jmds., einer Sache) annehmen; sich eingehend (mit jmdm., einer Sache) beschäftigen:* sie widmet sich ganz ihrem Beruf; du musst dich den Gästen widmen. **Syn.:** arbeiten an, behandeln, beschäftigt sein mit, eingehen auf, sich hingeben, sich abgeben mit (ugs.), sich aufhalten bei/mit, sich auseinandersetzen mit, sich befassen mit, sich einlassen auf, sich hineinknien in (ugs.).

Wid|mung [ˈvɪtmʊŋ], die; -, -en:
für jmdn. ganz persönlich bestimmte Worte, die in ein Buch o. Ä. geschrieben werden: in dem Buch stand eine Widmung des Verfassers; er ist ganz stolz auf das Foto der Diva mit persönlicher Widmung.

wid|rig [ˈviːdrɪç] ⟨Adj.⟩:
so gegen jmdn., eine Sache gerichtet, dass es sich äußerst ungünstig, behindernd auswirkt: wir mussten gegen widrige Winde ansegeln; widrige Umstände verhinderten unser rechtzeitiges Kommen; es herrschen widrige Witterungsverhältnisse. **Syn.:** unglücklich.

-wid|rig [viːdrɪç] ⟨adjektivisches Suffixoid⟩:
dem im substantivischen Basiswort Genannten zuwiderlaufend, dagegen gerichtet, ihm nicht entsprechend, es hemmend /Ggs. -gemäß/: absprachewidrig; befehlswidrig; formwidrig; gesetz[es]widrig; normwidrig; ordnungswidrig; polizeiwidrig; protokollwidrig; rechtswidrig; regelwidrig; satzungswidrig; sittenwidrig; verkehrswidrig; verfassungswidrig; vertragswidrig; vorschriftswidrig; wahrheitswidrig; ⟨selten mit adjektivischem Basiswort⟩ sozialwidrige Kündigung.

¹wie [viː] ⟨Adverb⟩:
1. ⟨interrogativ⟩ **a)** *auf welche Art und Weise:* wie soll ich das machen?; wie komme ich von hier aus zum Bahnhof? **b)** *in welcher Menge, in welchem Maß, in welcher Anzahl?:* wie viel[e] Kinder haben Sie?; wie oft spielst du Tennis?; wie viel Mehl braucht man für diesen Kuchen?; wie warm war es heute?
2. ⟨relativisch⟩ **a)** *auf welche Art und Weise:* mich stört die Art, wie er isst und trinkt. **b)** *in welchem Maße:* die Preise steigen in dem Maße, wie die Löhne erhöht werden; ich weiß nicht, wie viel *(wie viel Geld)* sie verdient.
3. drückt als Ausruf Erstaunen, Freude, Bedauern o. Ä. aus: wie dumm, dass du keine Zeit hast!; wie schön du bist!; ⟨auch allein stehend⟩ drückt Erstaunen, Entrüstung u. Ä. aus: wie! Du willst nicht mitgehen?; bestätigt und verstärkt in Verbindung mit »und« das vorher Gesagte: ist es kalt draußen? Und wie!

²wie [viː] ⟨Konj.⟩:
1. a) schließt ein Satzglied oder ein Attribut an: sie ist so groß wie ich; eine Frau wie sie; ich fühle mich wie gerädert; alles ist wie immer. **b)** in Vergleichssätzen: Wolfgang ist ebenso groß, wie sein Bruder im gleichen Alter war. **c)** schließt Beispiele an, die einen vorher genannten Begriff veranschaulichen: Haustiere, wie Pferde, Schweine, Hühner.
2. verknüpft die Glieder einer Aufzählung: Männer wie Frauen nahmen daran teil; das Haus innen wie außen renovieren. **Syn.:** sowie, und, und auch, wie auch.
3. leitet einen Objektsatz ein: ich sah, wie das Kind auf die Straße lief.

wie|der [ˈviːdɐ] ⟨Adverb⟩:
1. *ein weiteres Mal; wie früher schon einmal:* er ist in diesem Jahr wieder nach Prag gefahren; sie hat wieder nach dir gefragt. **Syn.:** abermals, aufs Neue, erneut, neuerlich, noch einmal, nochmals, von Neuem.
2. drückt die Rückkehr in den früheren Zustand o. Ä. aus: der junge Mann wurde wieder freigelassen; der umgefallene Stuhl wurde wieder aufgestellt; sie hob den Bleistift wieder auf.

wie|der|auf|be|rei|ten [viːdɐˈaufbəraitn̩], bereitete wieder auf, wiederaufbereitet ⟨tr.; hat⟩:
zu einer erneuten Verwendung aufbereiten: die Brennelemente werden in Frankreich wiederaufbereitet. **Syn.:** recyceln.

wie|der|be|le|ben [ˈviːdɐbəˈleːbn̩], belebte wieder, wiederbelebt ⟨tr.; hat⟩:
jmds. lebensbedrohlich gestörte oder bereits zum Stillstand gekommene Atmung und Herztätigkeit durch gezielte Maßnahmen wieder in Gang bringen: durch künstliche Atmung konnte man den Verunglückten wiederbeleben.

wie|der|er|ken|nen [ˈviːdɐɛrkɛnən], erkannte wieder, wiedererkannt ⟨tr.; hat⟩:
am Angesicht einer Person oder Sache erkennen, dass man die Person/Sache bereits früher gekannt, schon einmal gesehen o. Ä. hat: nach den vielen Jahren hatte ich sie kaum wiedererkannt.

wie|der|fin|den [ˈviːdɐfɪndn̩], fand wieder, wiedergefunden ⟨tr.; hat⟩:
(etwas Verlorenes) finden: ich habe die Schere wiedergefunden; nach vielen Jahren fanden sie sich wieder.

Wie|der|ga|be [ˈviːdɐgaːbə], die; -, -n:
1. *Darstellung, Bericht:* die wörtliche Wiedergabe der Rede.
2. a) *in einem Druckverfahren hergestellte Abbildung, Vervielfältigung eines Kunstwerks:* eine gute Wiedergabe eines Gemäldes von Picasso. **Syn.:** ²Druck, ²Nachdruck, Reproduktion. **Zus.:** Bildwiedergabe, Farbwiedergabe, Textwiedergabe. **b)** *Aufführung, Interpretation eines musikalischen Werkes:* diese CD

bietet eine vollendete Wiedergabe einer der bekanntesten Bach-Kantaten. **Syn.:** Spiel. **Zus.:** Klangwiedergabe, Tonwiedergabe.

wie|der|ge|ben ['vi:dɐge:bn̩], gibt wieder, gab wieder, wiedergegeben ⟨tr.; hat⟩:
1. *(dem Eigentümer, der Eigentümerin) zurückgeben:* gib dem Kind sein Spielzeug wieder! **Syn.:** wieder herausgeben, wieder herausrücken (ugs.), wieder hergeben.
2. a) *mit Worten darstellen, berichten:* er versuchte seine Eindrücke wiederzugeben; er hatte den Vorgang völlig falsch wiedergegeben. **Syn.:** ausmalen, beschreiben, erzählen, schildern, skizzieren. **b)** *vortragen, darbieten:* sie hat die Lieder vollendet wiedergegeben.

wie|der|gut|ma|chen [vi:dɐ'gu:tmaxn̩], machte wieder gut, wiedergutgemacht ⟨tr.; hat⟩:
Entschädigung (für etwas, was man verschuldet hat) leisten: wie willst du das wiedergutmachen, was du da angerichtet hast?; einen Schaden wiedergutmachen; das war ein nicht wiedergutzumachendes Unrecht. **Syn.:** aufkommen für, einstehen für, geradestehen für, gutmachen, haften für.

wie|der|her|stel|len [vi:dɐ'he:ɐ̯ʃtɛlən], stellte wieder her, wiederhergestellt ⟨tr.; hat⟩:
in den früheren guten Zustand zurückversetzen: das alte Gebäude wurde wiederhergestellt; das Gleichgewicht wurde wiederhergestellt; die Heilpraktikerin hat den Patienten, seine Gesundheit wiederhergestellt. **Syn.:** aufarbeiten, aufmöbeln (ugs.), aufpolieren, ausbessern, erneuern, flicken, heil machen (ugs.), heilen, instand setzen, kurieren, rekonstruieren, renovieren, reparieren, richten, überholen, wieder auf die Beine bringen, wieder ganz machen (ugs.), wieder gesund machen.

[1]**wie|der|ho|len** ['vi:dɐho:lən], holte wieder, wiedergeholt ⟨tr.; hat⟩:
wieder an den alten Platz, zu sich holen: er wird [sich] sein Buch morgen wiederholen.

[2]**wie|der|ho|len** [vi:dɐ'ho:lən], wiederholte, wiederholt:
1. ⟨tr.; hat⟩ *noch einmal sagen oder tun:* er wiederholte ihre Worte; die Untersuchung musste wiederholt werden. **Syn.:** nachsagen.
2. ⟨+ sich⟩ *ein weiteres Mal, immer wieder von Neuem geschehen oder eintreten:* diese seltsame Szene wiederholte sich mehrmals; eine solche Katastrophe darf sich niemals wiederholen. **Syn.:** wiederkehren, wiederkommen.
3. ⟨tr.; hat⟩ *(Lernstoff o. Ä.) nochmals durchgehen, sich von Neuem einprägen:* wir müssen zur nächsten Stunde die Vokabeln wiederholen.

wie|der|holt [vi:dɐ'ho:lt] ⟨Adj.⟩:
mehrmals, immer wieder [erfolgend]: er wurde wiederholt aufgefordert, sich zu melden. **Syn.:** des Öfteren, häufig, oft, öfter, vielfach, x-mal (ugs.).

Wie|der|ho|lung [vi:dɐ'ho:lʊŋ], die; -, -en:
a) *das [Sich]wiederholen, das nochmalige Ausführen einer Handlung o. Ä.:* es gibt für diese Prüfung nicht die Möglichkeit der Wiederholung; ich verzichte auf die wörtliche Wiederholung seiner Worte; es wird eine Wiederholung der angefochtenen Wahl geben. **b)** *Sendung, Film, der im Rundfunk oder Fernsehen erneut ausgestrahlt wird:* während der Sommermonate gibt es viele Wiederholungen im Fernsehen.

Wie|der|hö|ren ['vi:dɐhø:rən]:
in der Wendung **[auf] Wiederhören!:** beim Telefonieren gebräuchliche Abschiedsformel. **Syn.:** tschüs (ugs.), tschüss (ugs.).

wie|der|käu|en ['vi:dɐkɔyən], käute wieder, wiedergekäut:
1. ⟨tr.; hat⟩ *(bereits teilweise verdaute, aus dem Magen wieder ins Maul beförderte Nahrung) nochmals kauen:* Kühe käuen ihre Nahrung wieder; ⟨auch itr.⟩ die Kuh käut wieder, steht wiederkäuend auf der Weide.
2. ⟨tr.; hat⟩ (ugs.) *wieder und wieder sagen, vorbringen:* wie oft soll ich denn den Lehrstoff noch wiederkäuen!

Wie|der|käu|er ['vi:dɐkɔyɐ], der; -s, -:
Tier, das wiederkäut: Kühe gehören zu den Wiederkäuern.

wie|der|keh|ren ['vi:dɐke:rən], kehrte wieder, wiedergekehrt ⟨itr.; ist⟩ (geh.):
1. *wiederkommen* (a): er ist von seiner Reise bis jetzt nicht wiedergekehrt. **Syn.:** heimkehren, zurückkehren (geh.), zurückkommen.
2. *sich wiederholen, (an anderer Stelle) ebenfalls auftreten:* dieser Gedanke kehrt in dem Aufsatz häufig wieder. **Syn.:** sich [2]wiederholen, wiederkommen.

wie|der|kom|men ['vi:dɐkɔmən], kam wieder, wiedergekommen ⟨itr.; ist⟩:
a) *sich an der Ausgangsstelle erneut einfinden, sie wieder aufsuchen:* sie wollte in einer Woche wiederkommen. **Syn.:** heimkehren, wiederkehren (geh.), zurückkehren (geh.), zurückkommen. **b)** *sich noch einmal ereignen, erneut auftreten:* der Ausschlag ist trotz Salbenbehandlung wiedergekommen; wenn die Depression wiederkommt, gehe ich sofort in Behandlung. **Syn.:** sich [2]wiederholen, wiederkehren (geh.).

wie|der|se|hen ['vi:dɐze:ən], sieht wieder, sah wieder, wiedergesehen ⟨itr.; hat⟩:
(nach einer Trennung) erneut sehen, wieder einmal begegnen: ich habe Klaus nach acht Jahren in Berlin wiedergesehen; die Freundinnen sahen sich nach vielen Jahren wieder; ich würde Sie gerne wiedersehen!; können wir uns nächste Woche wiedersehen? **Syn.:** wiedertreffen.

Wie|der|se|hen ['vi:dɐze:ən], das; -s, -:
a) *das [Sich]wiedersehen:* als alle Kinder wieder zu Hause waren, gab es ein fröhliches Wiedersehen; sie feierten ihr Wiedersehen; lasst uns auf ein baldiges Wiedersehen anstoßen!; das Wiedersehen verlief freudig. **Syn.:** Begegnung. **b)** * **[auf] Wiedersehen!:** /Abschiedsformel/. **Syn.:** tschüs (ugs.), tschüss (ugs.).

Wie|der|ver|ei|ni|gung ['vi:dɐfɛɐ̯laɪ̯nɪgʊŋ], die; -, -en:
das Vereinigen von etwas, was zuvor geteilt worden war, besonders von einem geteilten Staat: die friedliche Wiedervereinigung beider Landesteile; wir feierten den zwanzigsten Jahres-

tag der deutschen Wiedervereinigung.

Wie|ge ['vi:gə], die; -, -n:
(auf Kufen stehendes) kleines Bett; Kinderbett für einen Säugling, das in schaukelnde Bewegung gebracht werden kann: das Kind in die Wiege legen; das Baby in der Wiege schaukeln. **Zus.:** Holzwiege, Kinderwiege, Puppenwiege.

¹wie|gen ['vi:gn̩], wog, gewogen:
1. ⟨tr.; hat⟩ *das Gewicht (von jmdm., einer Sache) mit einer Waage feststellen:* sie wog die Äpfel; er hat sich heute gewogen und festgestellt, dass er zugenommen hat. **Syn.:** abwiegen, wägen (fachspr., sonst veraltet). **Zus.:** nachwiegen.
2. ⟨itr.; hat⟩ *ein bestimmtes Gewicht haben:* er wiegt nur 60 kg; ich wiege doppelt so viel wie sie. **Syn.:** auf die Waage bringen, schwer sein.

²wie|gen ['vi:gn̩], wiegte, gewiegt:
a) ⟨tr.; hat⟩ *[in einer Wiege] sanft schwingend hin und her bewegen:* das kleine Mädchen wiegt seine Puppe in den Schlaf. **Syn.:** schaukeln. **b)** ⟨itr.; hat⟩ *langsam, schwingend hin und her bewegen:* er wiegte sorgenvoll den Kopf; ⟨auch + sich⟩ sie wiegt sich beim Gehen in den Hüften.

wiegen/wägen:
s. Kasten Seite 1070.

Wie|gen|lied ['vi:gn̩li:t], das; -[e]s, -er:
Lied, das einem Kind vorgesungen wird, damit es leichter einschläft: die Wiegenlieder kommen heute meist von einer Kassette oder CD.

wie|hern ['vi:ɐn] ⟨itr.; hat⟩:
(besonders von Pferden) ungleichmäßig laute, helle, durchdringende Laute von sich geben: das Pferd wieherte ununterbrochen; wir amüsierten uns köstlich und wieherten vor Lachen.

Wie|se ['vi:zə], die; -, -n:
mit Gras bewachsene, wenig oder nicht bearbeitete Fläche: Kühe weideten auf der Wiese; wir machten ein Picknick auf einer schönen blühenden Wiese; wir müssen die Wiese mähen, um Heu zu machen. **Syn.:** Alm, Rasen, ²Weide. **Zus.:** Bergwiese, Liegewiese, Spielwiese, Waldwiese.

Wie|sel ['vi:zl̩], das; -s, -:
kleines, sehr schlankes, gewandtes und flinkes Raubtier mit oberseits braunrotem, unterseits weißem Fell: das Kind ist flink wie ein Wiesel.

wie|so [vi'zo:] ⟨Adverb⟩:
aus welchem Grund:
1. ⟨interrogativ⟩ wieso muss ich denn immer diese Arbeiten machen? **Syn.:** warum, weshalb, wofür, wozu.
2. ⟨relativisch⟩ der Grund, wieso sie das gesagt hat, ist mir vollkommen unbekannt. **Syn.:** warum, weshalb.

wie|weit [vi'vai̯t] ⟨Adverb⟩:
bis zu welchem Maß, Grad: ich bin im Zweifel darüber, wieweit ich mich darauf verlassen kann.

wild [vɪlt] ⟨Adj.⟩:
1. *in der freien Natur lebend oder wachsend; nicht gezüchtet oder angebaut:* wilde Kaninchen; diese Pflanzen kommen nur wild vor. **Syn.:** wild lebend, wild wachsend.
2. a) *ungestüm, sehr lebhaft, stürmisch:* die Kinder sind sehr wild; wilde Leidenschaft erfüllte sie. **Syn.:** außer Rand und Band, übermütig, unbändig, ungebärdig (geh.), vehement. **b)** *sehr zornig; heftig erregt:* der Gefangene schlug wild um sich. **Syn.:** aggressiv, aufgebracht, erzürnt (geh.), grimmig, rabiat, rasend, wütend.

Wild [vɪlt], das; -[e]s:
1. *wild lebende Tiere, die gejagt werden dürfen:* das Wild ist sehr scheu.
2. *Fleisch vom Wild:* wir essen heute Wild.

Wild|bret ['vɪltbrɛt], das; -s (geh.):
Wild (2): beim Fleischer Wildbret bestellen.

Wild|dieb ['vɪltdi:p], der; -[e]s, -e, **Wild|die|bin** ['vɪltdi:bɪn], die; -, -nen:
Person, die wildert: die Polizei stellte den Wilddieb. **Syn.:** Wilderer, Wilderin.

Wil|de|rer ['vɪldərɐ], der; -s, -, **Wil|de|rin** ['vɪldərɪn], die; -, -nen:
Wilddieb[in].

wil|dern ['vɪldɐn] ⟨itr.; hat⟩:
a) *ohne Jagderlaubnis Wild schießen, fangen:* heute Nacht geht er wildern. **b)** *(besonders von Hunden und Katzen) dem Wild nachstellen:* wildernde Hunde werden erschossen.

Wild|fang ['vɪltfaŋ], der; -[e]s, Wildfänge ['vɪltfɛŋə]:
wildes, lebhaftes Kind: unsere jüngste Tochter ist ein kleiner Wildfang. **Syn.:** wilde Hummel (scherzh.).

wild|fremd ['vɪlt'frɛmt] ⟨Adj.⟩ (emotional):
ganz, völlig fremd: selbst mit wildfremden Menschen ist sie nach einer Stunde per Du.

Wild|le|der ['vɪltle:dɐ], das; -s:
weiches Leder von Rehen, Gämsen, Antilopen o. Ä. mit rauer Oberfläche: sie trägt gern Schuhe und Lederjacken aus Wildleder.

Wild|nis ['vɪltnɪs], die; -, -se:
unbewohntes, unwegsames, nicht kultiviertes oder bebautes Land: eine tierreiche Wildnis. **Syn.:** Busch, Dschungel, Urwald.

Wild|schwein ['vɪltʃvai̯n], das; -[e]s, -e:
a) *wild lebendes Schwein mit braunschwarzem bis hellgrauem, borstigem Fell, großem Kopf und starken Eckzähnen, die seitlich aus der Schnauze hervorstehen:* plötzlich stand ein Wildschwein mitten auf dem Waldweg. **Syn.:** Keiler, Sau. **b)** *Fleisch von Wildschweinen:* Wildschwein schmeckt am besten mit Knödeln und Preiselbeeren.

Wild|was|ser ['vɪltvasɐ], das; -s, -:
reißender Gebirgsbach mit starkem Gefälle: Wildwasser befahren.

Wil|le ['vɪlə], der; -ns, -n ⟨Plural selten⟩:
das Wollen; Fähigkeit des Menschen, sich für bestimmte Handlungen zu entscheiden: das Kind hat bereits einen starken Willen; er hatte den festen Willen, sich zu bessern; es war der Wille der Verstorbenen, dass das Grundstück nicht aufgeteilt wird. **Syn.:** Wunsch. **Zus.:** Abrüstungswille, Arbeitswille, Friedenswille, Kampfeswille, Lebenswille, Leistungswille, Mehrheitswille, Opferwille, Siegeswille, Volkswille, Wählerwille, Widerstandswille.

wil|len ['vɪlən]:
in der Wendung **um … willen:** *jmdm., einer Sache zuliebe; mit Rücksicht auf jmdn., eine Sache; im Interesse einer Person, Sache:* um ihrer Kinder willen haben sie auf vieles verzichtet; um des

lieben Friedens willen hat sie sich zurückgehalten. **Syn.:** halber, wegen.

wil|len|los ['vɪlənlo:s] ⟨Adj.⟩: *ohne eigenen Willen; keinen festen Willen zeigend:* der Alkohol hatte sie völlig willenlos gemacht; er ließ alles willenlos über sich ergehen. **Syn.:** haltlos, nachgiebig, weich, weichlich, willensschwach.

wil|lens ['vɪləns]: in der Wendung **willens sein, etwas zu tun** (geh.): *bereit, entschlossen sein, etwas zu tun:* er war willens, uns zu helfen; bist du willens, dich zu bessern? **Syn.:** beabsichtigen, etwas zu tun; daran denken, etwas zu tun; den Vorsatz haben, etwas zu tun; die Absicht haben, etwas zu tun; gedenken, etwas zu tun; geneigt sein, etwas zu tun; gesonnen sein, etwas zu tun; gewillt sein, etwas zu tun; planen, etwas zu tun; vorhaben, etwas zu tun.

wil|lens|schwach ['vɪlənsʃvax] ⟨Adj.⟩: *nur einen schwachen Willen besitzend:* er ist ein willensschwacher Trinker; sie ist eine unselbstständige und willensschwache Persönlichkeit. **Syn.:** haltlos, nachgiebig, weich, weichlich, willenlos.

wil|lens|stark ['vɪlənsʃtark] ⟨Adj.⟩: *einen starken Willen besitzend:* willensstarke Menschen bewältigen persönliche Krisen schneller. **Syn.:** beharrlich, energisch, entschlossen, resolut, zäh, zielstrebig.

will|fäh|rig ['vɪlfɛ:rɪç] ⟨Adj.⟩ (geh., oft abwertend): *ohne Bedenken, in würdeloser Weise bereit, zu tun, was ein anderer von einem fordert:* er war ein willfähriger Vollstrecker des Diktators.

wil|lig ['vɪlɪç] ⟨Adj.⟩: *gern bereit, zu tun, was gefordert wird; guten Willen zeigend:* die Arbeiter zeigten sich sehr willig; sie ließ sich willig unterweisen. **Syn.:** folgsam, fügsam, gehorsam.

-wil|lig [vɪlɪç] ⟨adjektivisches Suffixoid⟩: **1.** ⟨aktivisch⟩ *bereit, das im Basiswort Genannte zu tun, auszuführen:* adoptionswilliges Ehepaar *(das gern ein Kind adoptieren will);* amüsierwillig; änderungswillig; arbeitswillig; aufbauwillig; aussagewillig; auswanderungswillig; einsatzwillig; emanzipationswillig; fluchtwillig; heiratswillig; integrationswillig; koalitionswillig; kooperationswillig; lernwillig; verhandlungswillig; verkaufswillig; verständigungswillig; zahlungswillig. **Syn.:** -bereit.
2. ⟨passivisch⟩ *bereit, das im Basiswort Genannte mit sich geschehen zu lassen:* impfwillig *(bereit, sich impfen zu lassen);* therapiewillig.
3. ⟨passivisch⟩ (selten) *so beschaffen, dass das im Basiswort Genannte gut, leicht mit dem Bezugswort gemacht werden kann:* frisierwilliges Haar *(Haar, das sich leicht, gut frisieren lässt).*

will|kom|men [vɪl'kɔmən] ⟨Adj.⟩: *sehr passend und erwünscht:* eine willkommene Nachricht; sie ist uns ein willkommener Gast; du bist uns immer willkommen; herzlich willkommen!; wir möchten Sie alle herzlich willkommen heißen. **Syn.:** angenehm, erfreulich, lieb.

Will|kür ['vɪlky:ɐ̯], die; -: *Verhaltensweise, die ohne Rücksicht auf andere nur den eigenen Wünschen und Interessen folgt:* sie waren der Willkür eines launischen Vorgesetzten ausgeliefert. **Zus.:** Beamtenwillkür, Unternehmerwillkür.

will|kür|lich ['vɪlky:ɐ̯lɪç] ⟨Adj.⟩: **a)** *vom Willen oder Bewusstsein gesteuert:* man unterscheidet willkürliche und unwillkürliche Bewegungen. **Syn.:** beabsichtigt, bewusst, gewollt. **b)** *durch Willkür gekennzeichnet:* den willkürlichen Anordnungen des Herrschers gehorchen müssen. **Syn.:** autoritär, despotisch, diktatorisch, eigenmächtig, totalitär. **c)** *unsystematisch und auf Zufall beruhend:* eine willkürliche Auswahl treffen; etwas ganz willkürlich festlegen. **Syn.:** beliebig, planlos, wahllos, zufällig.

wim|meln ['vɪml̩n] ⟨itr.; hat⟩: *voll, erfüllt sein von einer sich rasch, lebhaft durcheinanderbewegenden Menge:* im Schwimmbad wimmelte es von Kindern; die Straße wimmelte von Menschen; in der Vorratskammer wimmelt es nur so von Ungeziefer.

wim|mern ['vɪmɐn] ⟨itr.; hat⟩: *leise, klagend weinen:* das kranke Kind wimmerte; sie konnte vor Schmerzen nur noch wimmern. **Syn.:** flennen (ugs. abwertend), heulen (ugs.), schluchzen.

Wim|pel ['vɪmpl̩], der; -s, -: *kleine dreieckige oder trapezförmige Fahne:* die Jungen hatten bei der Wanderung einen Wimpel bei sich; das Festzelt war mit bunten Wimpeln geschmückt. **Syn.:** Flagge, Standarte. **Zus.:** Ehrenwimpel.

Wim|per ['vɪmpɐ], die; -, -n: *relativ kurzes, kräftiges, meist leicht gebogenes Haar, das mit anderen zusammen am vorderen Rand des Augenlids sitzt:* das Kind hatte lange, seidige Wimpern. **Zus.:** Augenwimper.

Wim|pern|tu|sche ['vɪmpɐntʊʃə], die; -, -n: *Paste, die mit einem speziellen Bürstchen auf die Wimpern aufgetragen wird, um sie länger, voller und farbiger erscheinen zu lassen:* schwarze, blaue, braune Wimperntusche; Wimperntusche auftragen.

Wind [vɪnt], der; -[e]s, -e: *spürbar stärker bewegte Luft:* ein leichter Wind erhob sich; auf den Bergen wehte ein heftiger Wind; der Wind kommt von Osten; der Wind blähte die Segel und zerrte an den Kleidern. **Syn.:** Bö, Brise, Orkan, Sturm. **Zus.:** Abendwind, Fahrtwind, Föhnwind, Gegenwind, Herbstwind, Monsunwind, Nordwind, Ostwind, Seewind, Seitenwind, Südwind, Westwind.

Wind|beu|tel ['vɪntbɔy̯tl̩], der; -s, -: **1.** *leichtes, mit Sahne gefülltes Gebäckstück:* zum Nachtisch gab es Windbeutel. **Syn.:** Gebäck.
2. (ugs. abwertend) *leichtlebiger, unzuverlässiger Mensch:* einen solchen Windbeutel würde ich an ihrer Stelle nicht heiraten. **Syn.:** Luftikus.

Win|de ['vɪndə], die; -, -n: *mit einer Kurbel angetriebene Vorrichtung zum Heben von Lasten:* einen schweren Stein mit der Winde heben. **Syn.:** Aufzug, Flaschenzug.

Win|del ['vɪndl̩], die; -, -n:
a) *weiches Tuch aus Stoff, das um den Unterkörper eines Säuglings geschlungen wird, um dessen Ausscheidungen aufzunehmen:* sie hat viele Windeln zu waschen; viele benutzen heute wieder die alten Windeln aus Stoff. **Zus.:** Mullwindel, Stoffwindel. **b)** *durch Klebestreifen zusammengehaltene, einem Höschen ähnliche Kunststofffolie mit dicker Zellstofflage mit der Funktion einer Windel* (a), *die nach dem Gebrauch weggeworfen wird:* ein Paket Windeln kaufen. **Zus.:** Wegwerfwindel.

win|den ['vɪndn̩], wand, gewunden ⟨+ sich⟩:
1. *sich (vor Schmerzen) krümmen, sich hin und her werfen:* der Verletzte wand sich vor Schmerzen.
2. *durch ausweichende Reden eine klare Antwort oder Entscheidung zu umgehen suchen:* er wand sich in seinen Reden, um die unangenehme Sache zu verbergen. **Syn.:** Ausflüchte machen, einen Eiertanz aufführen (ugs.), einen Eiertanz vollführen (ugs.), um den heißen Brei herumreden (ugs.).

win|dig ['vɪndɪç] ⟨Adj.⟩:
mit viel Wind: windiges Wetter; heute ist es sehr windig draußen. **Syn.:** stürmisch.

Wind|ja|cke ['vɪntjakə], die; -, -n:
sportliche Jacke aus leichtem, meist wasserundurchlässigem Material: die Windjacke mit an die Ostsee nehmen. **Syn.:** Anorak, Parka.

Wind|müh|le ['vɪntmy:lə], die; -, -n:
Mühle, die durch die Kraft des Windes mithilfe von großen Flügeln angetrieben wird: Holland ist das Land der Windmühlen.

wind|schief ['vɪntʃi:f] ⟨Adj.⟩:
(von einem Bau, einer Wand o. Ä.) nicht mehr gerade stehend, leicht geneigt und daher baufällig wirkend: die Hütte ist schon ganz windschief.

wind|still ['vɪntʃtɪl] ⟨Adj.⟩:
vor Wind geschützt; ohne Wind: hier ist es windstill; ein windstilles Plätzchen.

Wind|stoß ['vɪntʃto:s], der; -es, Windstöße ['vɪntʃtøsə]:
plötzlich auftretende heftige Luftbewegung: zwei Windstöße genügten, und der Sonnenschirm war umgefallen. **Syn.:** Bö.

wind|sur|fen ['vɪntzø:ɐ̯fn̩], windsurfte, windgesurft ⟨itr.; hat/ist⟩:
auf einem mit einem Segel ausgestatteten speziellen Brett stehend segeln: wir haben/sind den ganzen Tag windgesurft. **Syn.:** surfen.

Win|dung ['vɪndʊŋ], die; -, -en:
Krümmung in Form eines Bogens: der Bach fließt in vielen Windungen durch das Tal. **Syn.:** Biegung, Kurve. **Zus.:** Flusswindung, Gehirnwindung, Hirnwindung, Spiralwindung.

Wink [vɪŋk], der; -[e]s, -e:
1. *durch eine Bewegung der Hand o. Ä. gegebenes Zeichen (mit dem man etwas andeuten, auf etwas hinweisen will):* auf einen Wink des Gastes kam die Kellnerin herbei. **Syn.:** Gebärde, Geste, Handzeichen.
2. *Äußerung, mit der man jmdn. meist unauffällig auf etwas aufmerksam machen will:* man hatte ihm einen Wink gegeben, dass die Polizei ihn suchte; ich habe einen Wink von ihm bekommen; nützliche Tipps und Winke für die Hausfrau; ein Wink des Schicksals. **Syn.:** Anregung, Geheimtipp, Hinweis, Idee, Tipp.

Win|kel ['vɪŋkl̩], der; -s, -:
1. *geometrisches Gebilde aus zwei Geraden, die von einem Punkt ausgehen:* die beiden Linien bilden einen Winkel von 60°.
2. *Gerät zum Zeichnen, Messen von Winkeln* (1) *in Form eines rechtwinkligen Dreiecks:* den Winkel anlegen.
3. *Ecke, die von zwei Wänden gebildet wird:* in einem Winkel des Zimmers stand ein Sessel.
4. *meist abgelegene, etwas verborgene Gegend, Stelle:* wir wohnen in einem ganz abgelegenen Winkel der Stadt. **Syn.:** Ort. **Zus.:** Erdenwinkel.

Win|kel|zug ['vɪŋkl̩tsu:k], der; -[e]s, Winkelzüge ['vɪŋkl̩tsy:gə]:
geschicktes, nicht gleich durchschaubares Vorgehen zur Erreichung eines bestimmten, dem eigenen Interesse dienenden Ziels: durch einen schlauen Winkelzug hat er sich aus der Affäre gezogen. **Syn.:** Finte, Intrige, Kniff (ugs.), List, Masche (ugs.), Methode, Trick.

win|ken ['vɪŋkn̩], winkte, gewinkt/(ugs.:) gewunken ⟨itr.; hat⟩:
1. *eine Hand oder einen Gegenstand hoch erhoben hin und her bewegen, um jmdn. zu grüßen, jmdm. ein Zeichen zu geben o. Ä.:* du kannst der Oma winken, wenn du an ihrem Haus vorbeigehst; die Kinder standen auf dem Bahnsteig und winkten, als die Mutter abreiste; der Gast winkte dem Kellner, weil er zahlen wollte. **Zus.:** herbeiwinken.
2. *für jmdn. in Aussicht stehen:* dem Finder winkte eine hohe Belohnung; es winken bis zu 30% Ermäßigung. **Syn.:** bevorstehen, zu erwarten sein.

win|seln ['vɪnzl̩n] ⟨itr.; hat⟩:
1. *(von einem Hund) in leisem Ton klagende, jammernde Laute hervorbringen:* der Hund winselte vor der Tür.
2. (abwertend) *in unwürdiger Weise um etwas flehen:* er winselte um Gnade. **Syn.:** betteln, bitten.

Win|ter ['vɪntɐ], der; -s, -:
Jahreszeit zwischen Herbst und Frühling als kälteste Zeit des Jahres: ein extrem kalter Winter.

Win|ter|gar|ten ['vɪntɐgartn̩], der; -s, Wintergärten ['vɪntɐgɛrtn̩]:
mit großen Fenstern oder Glaswänden [für die Haltung von Zimmerpflanzen] ausgestatteter Raum oder Teil eines Raums: einen Wintergarten an das Haus anbauen. **Syn.:** Erker, Veranda.

win|ter|lich ['vɪntɐlɪç] ⟨Adj.⟩:
dem Winter entsprechend; wie im Winter: noch im April herrschte winterliches Wetter; winterliche Kleidung; wir mussten uns winterlich anziehen.

Win|ter|sport ['vɪntɐʃpɔrt], der; -[e]s:
auf Eis oder Schnee besonders während der Wintermonate betriebener Sport: Skilanglauf ist ein für jedermann geeigneter Wintersport.

Win|zer ['vɪnt͜sɐ], der; -s, -, **Win|ze|rin** ['vɪnt͜sərɪn], die; -, -nen:
Person, die Wein anbaut: eine bekannte Winzerin.

win|zig ['vɪnt͜sɪç] ⟨Adj.⟩:
sehr klein: das Haus hat winzige

Fenster; wir haben nur eine winzige Chance; man glaubt nicht, wie winzig so ein Baby sein kann; von oben sieht alles ganz winzig aus. **Syn.:** gering, geringfügig.

Wip|fel ['vɪpfl̩], der; -s, -: *oberer Teil, Spitze eines meist hohen Baumes:* der Junge kletterte in den Wipfel des Baumes; der Wind bewegt geräuschvoll die hohen Wipfel. **Syn.:** Krone. **Zus.:** Baumwipfel.

Wip|pe ['vɪpə], die; -, -n: *langes, stabiles Brett o. Ä., das in der Mitte auf einem Ständer angebracht ist und auf dessen Enden sitzend man auf und ab schwingt:* auf dem Kinderspielplatz gibt es eine tolle Wippe. **Syn.:** Schaukel.

wip|pen ['vɪpn̩]: **a)** ⟨itr.; hat/ist⟩ *auf einer Wippe o. Ä. auf und ab schwingen:* die beiden Kinder wippten den ganzen Nachmittag auf dem Spielplatz. **Syn.:** schaukeln. **b)** ⟨itr.; hat⟩ *federnd auf und nieder bewegen:* der Junge wippte mit den Beinen. **Syn.:** wackeln.

wir [viːɐ̯] ⟨Personalpronomen; 1. Person Plural⟩: bezeichnet eine die eigene Person einschließende Gruppe: wir arbeiten zusammen; wir Deutschen/(seltener:) Deutsche; wir Liberalen/(seltener:) Liberale.

Wir|bel ['vɪrbl̩], der; -s, -:
1. *schnelle, um einen Mittelpunkt kreisende Bewegung von Wasser, Luft o. Ä.:* in dem Strom sind starke Wirbel; es ist sehr gefährlich, in einen Wirbel zu geraten. **Syn.:** Strudel. **Zus.:** Luftwirbel, Sandwirbel, Wasserwirbel, Windwirbel.
2. *Knochen der Wirbelsäule:* der fünfte Wirbel wurde verletzt. **Zus.:** Knochenwirbel, Schwanzwirbel.
3. *schnelle Aufeinanderfolge kurzer, harter Schläge auf einen Gegenstand, besonders eine Trommel:* die Trommler empfingen die Ministerin mit einem Wirbel. **Zus.:** Trommelwirbel.
4. *großes Aufsehen, große Aufregung, die um jmdn. oder um eine Sache entsteht:* viel Wirbel machen; mit ihrer Rede hat sie großen Wirbel verursacht; er hat sich ohne großen Wirbel aus seinem Amt verabschiedet. **Syn.:** Betrieb, Getue (ugs. abwertend), Rummel (ugs.), Zirkus.

wir|beln ['vɪrbl̩n]:
1. a) ⟨itr.; ist⟩ *[sich] schnell und drehend, kreisend bewegen:* der Staub ist in die Höhe gewirbelt; die Paare wirbelten über die Tanzfläche. **Syn.:** fliegen, stieben (geh.). **Zus.:** emporwirbeln, herumwirbeln. **b)** ⟨tr.; hat⟩ *in schnelle, kreisende Bewegung versetzen, in schneller Drehung irgendwohin bewegen:* der Wind wirbelte die Blätter durch die Luft; er wirbelte seine Partnerin über die Tanzfläche.
2. ⟨itr.; hat⟩ *einen Wirbel (6) ertönen lassen:* die Trommler hatten gewirbelt, und dann fielen die Schüsse.

Wir|bel|säu|le ['vɪrbl̩zɔy̯lə], die; -, -n: *aus miteinander verbundenen Wirbeln (2) und dazwischenliegenden Bandscheiben gebildete Achse des Skeletts bei Menschen und höher entwickelten Tieren:* dieser Stuhl unterstützt die natürliche Krümmung der Wirbelsäule; die Lähmung beruht auf einer Verletzung der Wirbelsäule. **Syn.:** Rückgrat. **Zus.:** Brustwirbelsäule, Halswirbelsäule, Lendenwirbelsäule.

wir|ken ['vɪrkn̩]:
1. ⟨itr.; hat⟩ *in seinem Beruf, Bereich, an einem Ort mit gewisser Einflussnahme tätig sein:* er hat hier als Arzt lange gewirkt; sie wirkt an dieser Schule schon seit 20 Jahren als Lehrerin; wir hatten mit großem Eifer in der Küche gewirkt. **Syn.:** agieren, arbeiten, sich betätigen, walten (geh.). **Zus.:** mitwirken, weiterwirken.
2. ⟨tr.; hat⟩ (geh.) *etwas hervorbringen, schaffen, vollbringen:* sie hat viel Gutes gewirkt.
3. ⟨itr.; hat⟩ *aufgrund seiner Beschaffenheit eine bestimmte Wirkung haben:* die Tabletten wirken schnell; viele Pflanzen wirken als Medizin; ihre Heiterkeit wirkt ansteckend; Sekt wirkt bei mir nicht anregend, sondern ermüdend; man muss diese Musik erst auf sich wirken lassen. **Syn.:** anschlagen, sich auswirken, einwirken, fruchten, verfangen, wirksam sein.
4. ⟨itr.; hat⟩ **a)** *einen bestimmten Eindruck hervorrufen:* sie wirkte ausgeglichen, heiter und fröhlich; der Faltenrock wirkt altmodisch; diese Aussage kann provozierend wirken. **Syn.:** sich anhören, anmuten, aussehen, erscheinen. **b)** *zur Geltung kommen:* das Bild, die Farbe wirkt in diesem Raum nicht; auf mich wirkt sein Machogehabe überhaupt nicht; mit den Spiegeln an den Wänden wirkt der Raum doppelt so groß. **Syn.:** beeindrucken, bestechen, hermachen (ugs.), imponieren.
5. ⟨tr.; hat⟩ *(Textilien) herstellen durch Verschlingen von Fäden zu Maschen mit speziellen Nadeln, wobei im Unterschied zum Stricken eine ganze Maschenreihe auf einmal gebildet wird:* Unterwäsche wirken. **Syn.:** weben.

[1]**wirk|lich** ['vɪrklɪç] ⟨Adj.⟩: *in Wirklichkeit vorhanden; der Wirklichkeit entsprechend:* sie erzählt eine wirkliche Begebenheit; das wirkliche Leben sieht ganz anders aus; was du wirklich willst, weiß ich nicht; die Geschichte hat sich wirklich zugetragen; er interessiert sich nicht wirklich dafür. **Syn.:** existent, [1]faktisch, gegenständlich, greifbar, konkret, leibhaftig, materiell, praktisch (ugs.), real, reell, richtig, stofflich, tatsächlich, wahr.

[2]**wirk|lich** ['vɪrklɪç] ⟨Adverb⟩: dient der Bekräftigung, Verstärkung; *in der Tat:* sie wird wirklich kommen; ich weiß wirklich nicht, wo er ist; er hat sich wirklich entschuldigt; das ist doch Blödsinn, also wirklich!; darauf kommt es nun wirklich nicht an; es tut mir wirklich leid. **Syn.:** auch, [2]echt, gewiss, tatsächlich, wahrhaftig, zweifellos.

Wirk|lich|keit ['vɪrklɪçkai̯t], die; -: *Zustand, wie man ihn tatsächlich antrifft, erlebt; Bereich dessen, was als Gegebenheit, Erscheinung wahrnehmbar ist:* die raue, harte, politische Wirklichkeit; du musst endlich lernen, dich mit der Wirklichkeit auseinanderzusetzen; was er sagte, war von der Wirklichkeit weit entfernt. **Syn.:** Fakt, Realität, Sachlage, Tatsache. **Zus.:** Berufswirklichkeit, Schulwirklichkeit.

wirk|sam ['vɪrkza:m] ⟨Adj.⟩:
die beabsichtigte Wirkung erzielend, mit Erfolg wirkend: ein wirksames Mittel gegen Husten; die Maßnahme hat sich als [sehr, wenig] wirksam erwiesen; nur so kann man die Seuche wirksam bekämpfen. **Syn.:** brauchbar, effektiv, nützlich.

-wirk|sam [vɪrkza:m] ⟨adjektivisches Suffixoid⟩:
a) *in Bezug auf das im Basiswort Genannte Wirkung habend, erzielend, darauf einwirkend:* krisenwirksam; massenwirksam; öffentlichkeitswirksam; publikumswirksam; wählerwirksam; wetterwirksam; zielwirksam. **b)** *für das im Basiswort Genannte (als wirkungsvoll) geeignet:* bühnenwirksam; planwirksam; theaterwirksam; versorgungswirksam (versorgungswirksam werden). **c)** *das im Basiswort Genannte bewirkend, fördernd:* beschäftigungswirksam; breitenwirksam; erfolgswirksam; produktionswirksam; vermögenswirksam (vermögenswirksame Leistungen); werbewirksam.

Wir|kung ['vɪrkʊŋ], die; -, -en:
durch eine verursachende Kraft bewirkte Veränderung, bewirktes Ergebnis: eine schnelle Wirkung erkennen lassen; zwischen Ursache und Wirkung unterscheiden; ohne Wirkung bleiben. **Syn.:** Effekt, Erfolg, Folge, Konsequenz, Reaktion, Resultat. **Zus.:** Bremswirkung, Heilwirkung, Sprengwirkung.

wir|kungs|los ['vɪrkʊŋslo:s] ⟨Adj.⟩:
ohne Wirkung bleibend; keine Reaktion hervorrufend: alle Maßnahmen waren wirkungslos. **Syn.:** nutzlos, unwirksam, zwecklos.

wir|kungs|voll ['vɪrkʊŋsfɔl] ⟨Adj.⟩:
große, starke Wirkung erzielend: die Schaufenster sind wirkungsvoll dekoriert. **Syn.:** anziehend, attraktiv, effektiv, effektvoll, nachdrücklich, wirksam, zugkräftig.

Wirk|wa|ren ['vɪrkva:rən], die ⟨Plural⟩:
gewirkte (5) *Waren, besonders Strümpfe, Pullover, Unterwäsche o. Ä.:* sie sind auf die Herstellung von Strick- und Wirkwaren spezialisiert. **Syn.:** Textilien ⟨Plural⟩.

wirr [vɪr] ⟨Adj.⟩:
a) *durcheinandergebracht, ungeordnet:* die Haare hingen ihr wirr ins Gesicht. **Syn.:** durcheinander, strubbelig, zerzaust. **b)** *unklar, verworren (und deshalb schwer zu verstehen, durchschauen):* wirres Zeug reden. **Syn.:** abstrus, konfus, kraus, unübersichtlich, ²verfahren, verwickelt.

Wir|ren ['vɪrən], die ⟨Plural⟩:
ungeordnete politische, gesellschaftliche Verhältnisse, Unruhen: er hat die politischen Wirren zu seinem Vorteil ausgenutzt. **Syn.:** Chaos ⟨Singular⟩, Durcheinander ⟨Singular⟩, Wirrnis ⟨Singular⟩ (geh.), Wirrwarr ⟨Singular⟩. **Zus.:** Bürgerkriegswirren, Kriegswirren, Nachkriegswirren, Revolutionswirren.

Wirr|kopf ['vɪrkɔp͜f], der; -[e]s, Wirrköpfe ['vɪrkœp͜fə]:
Person, deren Denken und Äußerungen wirr (b) *erscheinen:* er ist ein harmloser Wirrkopf.

Wirr|nis ['vɪrnɪs], die; -, -se (geh.):
a) *Verworrenheit von etwas Geschehendem:* die Wirrnisse der Revolution. **Syn.:** Chaos, Durcheinander, Wirren ⟨Plural⟩, Wirrwarr. **b)** *Verworrenheit im Denken, Fühlen o. Ä.:* die Wirrnis in seinen Gedanken. **Syn.:** Chaos, Durcheinander, Kuddelmuddel (ugs.), Unordnung. **c)** *ungeordnete Menge, Masse:* durch die Wirrnis uralter Bäume gehen. **Syn.:** Gewirr, Wirrwarr.

Wirr|warr ['vɪrvar], der oder das; -s:
wirres Durcheinander: ein Wirrwarr von Stimmen. **Syn.:** Chaos, Gewirr, Kuddelmuddel (ugs.), Unordnung, Wirren ⟨Plural⟩, Wirrnis (geh.).

Wir|sing ['vɪrzɪŋ], der; -s:
Kohl mit [gelb]grünen, krausen, sich zu einem lockeren Kopf zusammenschließenden Blättern: Wirsing ist ein Wintergemüse.

Wirt [vɪrt], der; -[e]s, -e, **Wir|tin** ['vɪrtɪn], die; -, -nen:
Person, die eine Wirtschaft (2) *betreibt:* beim Wirt bestellen, bezahlen. **Syn.:** Gastwirt, Gastwirtin. **Zus.:** Kneipenwirt, Kneipenwirtin.

Wirt|schaft ['vɪrtʃaft], die; -, -en:
1. *Gesamtheit der Einrichtungen, Maßnahmen und Vorgänge, die mit der Produktion, dem Handel und dem Konsum von Waren, Gütern in Zusammenhang stehen:* die Wirtschaft soll angekurbelt werden. **Syn.:** Industrie. **Zus.:** Bauwirtschaft, Energiewirtschaft, Filmwirtschaft, Finanzwirtschaft, Fischwirtschaft, Milchwirtschaft, Wasserwirtschaft, Weltwirtschaft, Werbewirtschaft.
2. *einfachere Gaststätte:* in die Wirtschaft gehen, um ein Bier zu trinken. **Syn.:** Gasthof, Gastwirtschaft, Kneipe (ugs.), Schenke, Wirtshaus. **Zus.:** Bahnhofswirtschaft.
3. (ugs.) *unordentlicher Zustand, unordentliche Art, Arbeitsweise:* was ist denn das für eine Wirtschaft! **Syn.:** Chaos, Durcheinander, Kuddelmuddel (ugs.), Unordnung, Wirrwarr.

wirt|schaf|ten ['vɪrtʃaftn̩], wirtschaftete, gewirtschaftet ⟨itr.; hat⟩:
in einem bestimmten wirtschaftlichen Bereich die zur Verfügung stehenden Mittel möglichst rationell verwenden: in der Firma wurde schlecht gewirtschaftet; seine Frau muss sehr genau wirtschaften, um mit dem Geld auszukommen; er kann einfach nicht wirtschaften. **Syn.:** disponieren (bildungsspr.), einteilen, haushalten.

wirt|schaft|lich ['vɪrtʃaftlɪç] ⟨Adj.⟩:
a) *den Bereich der Wirtschaft betreffend; auf die Wirtschaft bezogen, sie betreffend:* die wirtschaftliche Lage, Entwicklung eines Staates. **Syn.:** ökonomisch. **b)** *finanziell günstig; größtmöglichen Erfolg mit den gegebenen Mitteln erzielend:* dieses Verfahren ist nicht wirtschaftlich; wirtschaftlich denken. **Syn.:** effizient, ökonomisch, rationell, sparsam.

Wirt|schafts|wun|der ['vɪrtʃaft͜svʊndɐ], das; -s, -:
überraschender wirtschaftlicher Aufschwung: das deutsche Wirtschaftswunder.

Wirts|haus ['vɪrtsha͜us], das; -es, Wirtshäuser ['vɪrt͜shɔ͜yzɐ]:
einfaches Gasthaus: er geht oft ins Wirtshaus. **Syn.:** Gasthof, Gaststätte, Gastwirtschaft,

Kneipe (ugs.), Schenke, Wirtschaft.

Wisch [vɪʃ], der; -[e]s, -e (salopp abwertend):
[wertloses] Schriftstück: ich habe den Wisch weggeworfen.

wi|schen [ˈvɪʃn̩] ⟨tr.; hat⟩:
a) *durch Streichen, Gleiten über eine Oberfläche entfernen:* den Staub von den Büchern wischen; ich wischte mir den Schweiß von der Stirn. **Syn.:** streichen. **Zus.:** fortwischen, wegwischen. **b)** *(den Boden) mit feuchtem Lappen säubern:* den Fußboden, die Treppe, die Küche wischen; ⟨auch itr.⟩ hast du hier schon gewischt? **Syn.:** putzen, sauber machen, scheuern, schrubben.

wis|pern [ˈvɪspɐn] ⟨tr.; hat⟩:
in flüsterndem Ton (so, dass besonders die s-Laute hörbar sind) sprechen: sie wisperte ihm etwas ins Ohr; ⟨auch itr.⟩ warum wisperst du so? **Syn.:** hauchen, murmeln, raunen, tuscheln, zischeln.

Wiss|be|gier [ˈvɪsbəgiːɐ̯], **Wiss|be|gier|de** [ˈvɪsbəgiːɐ̯də], die; -:
Wunsch, Wille, etwas zu erfahren, zu wissen: die Wissbegier[de] der Kinder war groß. **Syn.:** Aufmerksamkeit, Interesse, Neugier.

wiss|be|gie|rig [ˈvɪsbəgiːrɪç] ⟨Adj.⟩:
voll Wissbegier: wissbegierig blätterte er in dem Buch. **Syn.:** interessiert, neugierig.

wis|sen [ˈvɪsn̩], weiß, wusste, gewusst ⟨itr.; hat⟩:
1. *Kenntnis von einer Sache, einer Person haben, die betreffende Sache im Bewusstsein, im Gedächtnis haben (und wiedergeben können):* er weiß viel auf diesem Gebiet; ich weiß weder seinen Namen noch seine Adresse; ich weiß nicht mehr, wo ich das gelesen habe. **Syn.:** kennen, sich erinnern.
2. *sich (über etwas) im Klaren sein; sich (einer Sache) sicher sein:* er weiß nicht, was er will; ich weiß wohl, welche Folgen dieser Entschluss für mich hat; man weiß inzwischen um die Gefährdung der Umwelt.
3. ⟨mit Infinitiv mit »zu«⟩ *die Fähigkeit haben, etwas Bestimmtes zu tun:* die Kleine weiß sich zu helfen; einen guten Kognak wusste sie zu schätzen.

Wis|sen [ˈvɪsn̩], das; -s:
Gesamtheit der Kenntnisse, die jmd. [auf einem bestimmten Gebiet] hat: er hat ein enormes Wissen. **Syn.:** Bildung, Erfahrung, Kenntnisse ⟨Plural⟩. **Zus.:** Hintergrundwissen, Insiderwissen, Spezialwissen.

Wis|sen|schaft [ˈvɪsn̩ʃaft], die; -, -en:
Wissen hervorbringende forschende Tätigkeit in einem bestimmten Bereich: die Wissenschaft fördern; die Akademie der Wissenschaften. **Syn.:** Forschung. **Zus.:** Altertumswissenschaft, Ernährungswissenschaft, Erziehungswissenschaft, Geschichtswissenschaft, Gesellschaftswissenschaft, Kunstwissenschaft, Literaturwissenschaft, Medienwissenschaft, Musikwissenschaft, Politikwissenschaft, Rechtswissenschaft, Religionswissenschaft, Sprachwissenschaft, Theaterwissenschaft, Wirtschaftswissenschaft, Zeitungswissenschaft.

Wis|sen|schaft|ler [ˈvɪsn̩ʃaftlɐ], der; -s, -, **Wis|sen|schaft|le|rin** [ˈvɪsn̩ʃaftlərɪn], die; -, -nen:
Person mit abgeschlossener Hochschulbildung, die im Bereich der Wissenschaft tätig ist: ein namhafter, bedeutender Wissenschaftler; an dem Projekt arbeiten Wissenschaftler mehrerer Fachrichtungen. **Syn.:** Forscher, Forscherin, Gelehrte, Gelehrter.

wis|sen|schaft|lich [ˈvɪsn̩ʃaftlɪç] ⟨Adj.⟩:
der Wissenschaft entsprechend, zur Wissenschaft gehörend: ein wissenschaftliches Buch; wissenschaftlich arbeiten, forschen. **Syn.:** akademisch, gelehrt, theoretisch.

wis|sens|wert [ˈvɪsn̩sveːɐ̯t] ⟨Adj.⟩:
wert, dass man es wissen sollte: er hat ihm wissenswerte Neuigkeiten erzählt. **Syn.:** aufschlussreich, interessant, lehrreich.

wis|sent|lich [ˈvɪsn̩tlɪç] ⟨Adj.⟩:
in vollem Bewusstsein der negativen Auswirkung [handelnd, geschehend]: er hat wissentlich falsche Angaben gemacht. **Syn.:** absichtlich, bewusst, vorsätzlich.

wit|tern [ˈvɪtɐn] ⟨tr.; hat⟩:
1. *(von Hunden und von Wild) mit dem Geruchssinn wahrnehmen:* der Hund wittert Wild.
2. *mit feinem Gefühl etwas, was einen betrifft, erahnen:* eine Möglichkeit, zu Geld zu kommen, wittern; Unheil, Verrat wittern. **Syn.:** ahnen, sich ausrechnen, rechnen mit, vermuten, wähnen (geh.).

Wit|te|rung [ˈvɪtərʊŋ], die; -, -en:
1. *Art des Wetters:* warme, feuchte Witterung. **Syn.:** Klima.
2. *(von Hunden und vom Wild) Fähigkeit, Gerüche wahrzunehmen:* der Hund hat eine feine Witterung.

Wit|we [ˈvɪtvə], die; -, -n:
Frau, deren Ehemann gestorben ist: sie ist seit drei Jahren Witwe.

Wit|wer [ˈvɪtvɐ], der; -s, -:
Mann, dessen Ehefrau gestorben ist: er ist Witwer.

Witz [vɪts], der; -es, -e:
kurze, prägnante Geschichte mit einer Pointe am Schluss, die zum Lachen reizt: ein guter, politischer Witz; einen Witz erzählen; Witze reißen.

Witz|bold [ˈvɪt͜sbɔlt], der; -[e]s, -e:
1. *Person, die es liebt, Witze zu machen:* sie, er ist ein Witzbold.
2. (abwertend) *Person, die sich einen Scherz mit anderen erlaubt:* irgendein Witzbold hatte mir die Luft aus den Reifen gelassen und die Ventile weggeworfen.

wit|zeln [ˈvɪt͜sl̩n] ⟨itr.; hat⟩:
witzig-spöttische Bemerkungen machen: sie haben über alles und jedes gewitzelt. **Syn.:** spötteln, spotten.

wit|zig [ˈvɪt͜sɪç] ⟨Adj.⟩:
auf geistreiche Art spaßig; einfallsreich und lustig: eine witzige Bemerkung; der Hut sieht aber witzig aus. **Syn.:** amüsant, geistreich, geistvoll, humorvoll, komisch, spritzig, ulkig (ugs.).

witz|los [ˈvɪt͜sloːs] ⟨Adj.⟩ (ugs.):
ohne Sinn und ohne Reiz; der eigentlichen Absicht nicht mehr entsprechend: es ist ja witzlos, bei diesem Wetter zu verreisen. **Syn.:** abstrus, absurd, abwegig, blöd[e] (ugs.), lächerlich, lachhaft, ohne Sinn und Verstand, sinnlos, unsinnig.

wo [voː] ⟨Adverb⟩:
1. ⟨interrogativ⟩ *an welchem Ort, an welcher Stelle:* wo ist das

Buch?; ich weiß nicht, wo er wohnt.
2. ⟨relativisch⟩ (ugs.) **a)** ⟨lokal⟩ *an welchem Ort, an welcher Stelle:* die Stelle, wo das Unglück passierte; die Stadt, wo ich geboren wurde. **b)** ⟨temporal⟩ *zu welcher Zeit:* jetzt, wo ich es eilig habe, fragst du mich das!; die Zeit, wo es nichts zu kaufen gab, ist mir noch gut in Erinnerung.
3. ⟨indefinit⟩ (ugs.) *irgendwo:* das Buch muss doch wo liegen.

Wo|che ['vɔxə], die; -, -n:
Zeitraum von sieben Tagen (der als Kalenderwoche mit dem Montag beginnt und mit dem Sonntag endet): die dritte Woche im Monat; er bekommt vier Wochen Urlaub. **Zus.:** Ferienwoche, Osterwoche.

Wo|chen|en|de ['vɔxn̩|ɛndə], das; -s, -n:
(Samstag und Sonntag umfassendes) Ende der Woche, an dem im Allgemeinen nicht gearbeitet wird: jmdm. ein schönes Wochenende wünschen; ich bin am Wochenende zu Hause; übers Wochenende verreisen.

Wo|chen|tag ['vɔxn̩ta:k], der; -[e]s, -e:
Tag der Woche außer Sonntag: das Geschäft ist an allen Wochentagen geöffnet. **Syn.:** Werktag.

wö|chent|lich ['vœçn̩tlɪç] ⟨Adj.⟩:
in jeder Woche [wiederkehrend, erfolgend, vorkommend]: bei einer ihrer wöchentlichen Zusammenkünfte; wir treffen uns wöchentlich zweimal/zweimal wöchentlich. **Zus.:** halbwöchentlich, vierwöchentlich.

Wöch|ne|rin ['vœçnərɪn], die; -, -nen:
Frau in der Zeit nach der Entbindung: die Wöchnerin muss geschont werden.

Wod|ka ['vɔtka], der; -s, -s:
[russischer] Branntwein aus Kartoffeln: eine Flasche Wodka; bringen Sie uns bitte noch zwei Wodka *(zwei Gläser Wodka);* was für Wodkas habt ihr hier?

wo|durch [vo'dʊrç] ⟨Pronominaladverb⟩: *durch welche Sache, durch welchen Umstand:*
1. ⟨interrogativ⟩ wodurch wurde der Unfall verursacht? **Syn.:** durch was (ugs.).
2. ⟨relativisch⟩ alles, wodurch es zu Verzögerungen kommen kann, ist zu unterlassen.

wo|für [vo'fy:ɐ̯] ⟨Pronominaladverb⟩: *für welche Sache, für welchen Zweck:*
1. ⟨interrogativ⟩ wofür brauchst du das Geld? **Syn.:** für was (ugs.), wozu.
2. ⟨relativisch⟩ es gibt noch einiges, wofür ich bisher keine Erklärung habe; das war etwas, wofür mir sämtliches Verständnis fehlte.

Wo|ge ['vo:gə], die; -, -n (geh.):
große, mächtige Welle: die Wogen schlugen über dem Schiff zusammen. **Zus.:** Meereswoge.

wo|gen [vo'gn̩] ⟨itr.; hat⟩ (geh.):
sich in Wellen auf und nieder bewegen: das Wasser wogte; die wogende See.

wo|her [vo'he:ɐ̯] ⟨Adverb⟩: *von welcher Stelle; aus welchem Ort:*
1. ⟨interrogativ⟩ woher kommst du?
2. ⟨relativisch⟩ er soll wieder dorthin gehen, woher er gekommen ist.

wo|hin [vo'hɪn] ⟨Adverb⟩: *in welche Richtung; an welchen Ort:*
1. ⟨interrogativ⟩ wohin gehen wir?
2. ⟨relativisch⟩ er eilte ins Haus, wohin sie ihm in kurzem Abstand folgte.

¹wohl [vo:l] ⟨Adj.⟩ (meist geh.):
a) *in angenehm-behaglichem Zustand befindlich:* ist dir jetzt wohler? **Syn.:** wohlig. **b)** *in einem guten körperlichen [und seelischen] Zustand befindlich:* wohl aussehen; jmdm. ist nicht wohl. **Syn.:** gesund, gesund und munter.

²wohl [vo:l] ⟨Adverb⟩:
1. *gut:* das ist wohl das Beste; er muss wohl oder übel kommen; leb wohl!; wohl bekomms!
2. *etwa, ungefähr:* es ist wohl ein Jahr her, dass ich dort war. **Syn.:** an die, gegen, in etwa, rund, so, über den Daumen gepeilt (ugs.), vielleicht.

³wohl [vo:l] ⟨Partikel⟩:
1. dient dazu, einer Aufforderung (in Frageform) besonderen Nachdruck zu verleihen: gehst du da wohl weg!; wirst, willst du wohl den Mund halten!
2. a) dient in Fragen dazu, auszudrücken, dass man etwas Bestimmtes gern wüsste, aber eine klare Antwort eigentlich gar nicht erwartet: wo bleibt er wohl so lange?/ wo er wohl so lange bleibt?; kommt er wohl noch/ob er wohl noch kommt? **b)** dient in einer Bitte (in Frageform) dazu, vorsichtige Zurückhaltung auszudrücken: würdest du mir wohl dabei helfen?; kann/könnte ich mir wohl mal die Hände waschen?
3. dient dazu, eine Aussage als Ausdruck einer [naheliegenden] Annahme oder Vermutung zu kennzeichnen: das ist wohl das Beste, was man tun kann; er wird wohl seinen Zug verpasst haben; sie ist wohl verrückt! (ugs.; *man könnte glauben, sie ist verrückt*); du bist wohl lebensmüde! (ugs.; *man könnte glauben, dass du lebensmüde bist*). **Syn.:** allem Anschein nach, anscheinend, offenbar, offensichtlich.

Wohl [vo:l], das; -[e]s:
Zustand, in dem sich jmd. wohlfühlt: für das Wohl der Familie sorgen. **Syn.:** Glück, Heil, Segen. **Zus.:** Staatswohl, Volkswohl.

Wohl|be|fin|den ['vo:lbəfɪndn̩], das; -s:
gutes körperliches, seelisches Befinden: etwas ist wichtig für jmds. Wohlbefinden; auf jmds. Wohlbefinden bedacht sein.

Wohl|ge|fal|len ['vo:lgəfalən], das; -s:
innere Freude und Befriedigung, die man in Bezug auf jmdn., etwas empfindet: er betrachtete das Kunstwerk mit Wohlgefallen. **Syn.:** Freude, Gefallen, Lust, Sympathie, Zuneigung.

wohl|ge|fäl|lig ['vo:lgəfɛlɪç] ⟨Adj.⟩:
Wohlgefallen ausdrückend, erregend: er sah wohlgefällig an seiner untadeligen Kleidung hinab.

wohl|ha|bend ['vo:lha:bn̩t] ⟨Adj.⟩:
Vermögen besitzend: wohlhabende Leute; sie sind nicht besonders wohlhabend. **Syn.:** begütert, betucht (ugs.), gut situiert, reich, vermögend.

woh|lig ['vo:lɪç] ⟨Adj.⟩:
als angenehm, wohltuend empfunden: wohlige Wärme durchströmte ihn. **Syn.:** behaglich, gemütlich, lauschig.

Wohl|stand ['vo:lʃtant], der; -[e]s:
hoher Lebensstandard: die Familie lebt im Wohlstand.

Wohl|tat ['vo:lta:t], die; -, -en:

a) *Handlung, mit der jmd. einer anderen Person selbstlose Hilfe, Unterstützung o. Ä. bietet:* jmdm. eine Wohltat erweisen. **Syn.:** gute Tat. **b)** ⟨ohne Plural⟩ *etwas, was in einer bestimmten Situation als besonders angenehm in seiner Wirkung empfunden wird:* der Regen ist nach der Hitze eine wahre Wohltat; sie empfand die Ruhe als große Wohltat. **Syn.:** Annehmlichkeit.

wohl|tä|tig ['vo:ltɛ:tɪç] ⟨Adj.⟩: *Wohltaten, Hilfsmaßnahmen ermöglichend:* Gelder für wohltätige Zwecke. **Syn.:** humanitär, karitativ, menschlich, mildtätig, sozial.

wohl|tu|end ['vo:ltu:ənt] ⟨Adj.⟩: *angenehm wirkend, erquickend, lindernd:* eine wohltuende Ruhe. **Syn.:** wohlig.

wohl|tun ['vo:ltu:n], tat wohl, wohlgetan ⟨itr.; hat⟩ (geh.): *guttun:* die Kur hat mir wohlgetan.

wohl|ver|dient ['vo:lfɛɐ̯di:nt] ⟨Adj.⟩: *jmdm. in hohem Maße zukommend, zustehend:* er wird morgen seinen wohlverdienten Urlaub antreten.

Wohl|wol|len ['vo:lvɔlən], das; -s: *freundliche Geneigtheit, freundschaftliche Gesinnung:* er genießt das Wohlwollen des Direktors. **Syn.:** Entgegenkommen, Freundlichkeit.

wohl|wol|lend ['vo:lvɔlənt] ⟨Adj.⟩: *Wohlwollen zeigend, erkennen lassend:* eine wohlwollende Haltung, Beurteilung; einen Antrag wohlwollend prüfen.

Wohn|block ['vo:nblɔk], der; -s, -s, auch: Wohnblöcke ['vo:nblœkə]: *größeres mehrstöckiges Gebäude, in dem viele Wohnungen sind:* in diesem Stadtteil gibt es viele Wohnblocks.

woh|nen ['vo:nən] ⟨itr.; hat⟩: **a)** *seine Wohnung, seinen ständigen Wohnsitz haben:* er wohnt jetzt in Brandenburg; der Mieter, der über mir wohnt, ist verreist. **Syn.:** ansässig sein. **Zus.:** zusammenwohnen. **b)** *vorübergehend eine Unterkunft haben:* ich wohne im Hotel, in einer Pension, bei Verwandten. **Syn.:** absteigen, sich aufhalten, bleiben, sich einquartieren, leben, nächtigen (geh.), Quartier nehmen (geh.), schlafen, [1]sein, sein Lager aufschlagen, seine Zelte aufschlagen (meist scherzh.), übernachten, weilen (geh.), Wohnung nehmen (geh. veraltend).

Wohn|ge|mein|schaft ['vo:ngəmai̯nʃaft], die; -, -en: *Gruppe von Personen, die als Gemeinschaft [mit gemeinsamem Haushalt] ein Haus od. eine Wohnung bewohnen:* [mit jmdm.] in einer Wohngemeinschaft wohnen. **Zus.:** Frauenwohngemeinschaft, Studentenwohngemeinschaft.

wohn|haft ['vo:nhaft] ⟨Adj.⟩ (Amtsspr.): *irgendwo wohnend, seinen Wohnsitz habend:* er ist seit dem 1. Januar hier wohnhaft.

Wohn|kü|che ['vo:nkʏçə], die; -, -n: *Küche, die gleichzeitig als Wohn- und Aufenthaltsraum dient:* eine gemütliche Wohnküche.

wohn|lich ['vo:nlɪç] ⟨Adj.⟩: *so ausgestattet, dass man sich behaglich fühlt:* ein wohnlich eingerichtetes Zimmer. **Syn.:** gemütlich.

Wohn|ort ['vo:n|ɔrt], der; -[e]s, -e: *Ort, in dem jmd. Bestimmtes wohnt:* ihr Wohnort ist Dresden, sie arbeitet aber in Leipzig.

Wohn|sitz ['vo:nzɪt͜s], der; -es, -e: *Wohnung an einem bestimmten Ort, die jmdm. zum ständigen Aufenthalt dient:* er ist ohne festen Wohnsitz; sein zweiter Wohnsitz ist Wien. **Syn.:** Behausung (geh.), Bleibe, Domizil, Heim, Zuhause. **Zus.:** Alterswohnsitz, Erstwohnsitz, Hauptwohnsitz, Nebenwohnsitz, Zweitwohnsitz.

Woh|nung ['vo:nʊŋ], die; -, -en: *Einheit von mehreren Räumen als ständige Unterkunft für eine oder mehrere Personen:* eine [größere] Wohnung suchen. **Zus.:** Altbauwohnung, Dachwohnung, Eigentumswohnung, Ferienwohnung, Kellerwohnung, Luxuswohnung, Mansardenwohnung, Mietwohnung, Neubauwohnung, Parterrewohnung, Souterrainwohnung, Stadtwohnung, Zweitwohnung.

Woh|nungs|markt ['vo:nʊŋsmarkt], der; -[e]s, Wohnungsmärkte ['vo:nʊŋsmɛrktə]: *Markt für (zu verkaufende oder zu vermietende) Wohnungen:* bei der angespannten Lage auf dem [Frankfurter] Wohnungsmarkt kann es Monate dauern, bis er eine Wohnung findet.

Wohn|wa|gen ['vo:nva:gn̩], der; -s, -: *zum Wohnen eingerichteter Anhänger für einen Pkw:* mit dem Wohnwagen in den Urlaub fahren.

Wohn|zim|mer ['vo:nt͜sɪmɐ], das; -s, -: *Zimmer einer Wohnung für den Aufenthalt während des Tages:* er sitzt im Wohnzimmer und sieht fern.

wöl|ben ['vœlbn̩] ⟨+ sich⟩: *sich (über jmdm., etwas) ausspannen:* der Himmel wölbt sich über uns. **Syn.:** sich spannen.

Wolf [vɔlf], der; -[e]s, Wölfe ['vœlfə]:
1. *einem Schäferhund ähnliches, häufig in Rudeln lebendes Raubtier:* die Wölfe heulen; ein Rudel Wölfe.
2. *Maschine zum Zerkleinern (z. B. von Fleisch, Papier o. Ä.):* er hat das Fleisch durch den Wolf gedreht. **Zus.:** Fleischwolf.

Wol|ke ['vɔlkə], die; -, -n:
1. *hoch in der Luft schwebendes, weißes oder graues Gebilde als Ansammlung von Wassertröpfchen oder Eiskristallen:* eine Wolke steht am Himmel; Wolken bringen Regen; die Sonne hat sich hinter einer Wolke versteckt. **Zus.:** Eiswolke, Gewitterwolke, Regenwolke, Schneewolke, Schönwetterwolke.
2. *einer Wolke* (1) *ähnliches Gebilde, das aus einer in der Luft schwebenden Ansammlung von etwas Bestimmtem besteht:* eine Wolke aus Staub, aus Dampf, aus Rauch, von Mücken; eine duftende Wolke. **Zus.:** Dampfwolke, Dunstwolke, Rauchwolke, Staubwolke.

Wol|ken|krat|zer ['vɔlkn̩krat͜sɐ], der; -s, -: *sehr hohes Hochhaus:* die Wolkenkratzer von Manhattan. **Syn.:** Bauwerk, Gebäude, Haus.

wol|kig ['vɔlkɪç] ⟨Adj.⟩: *(vom Himmel) zum größeren Teil mit Wolken bedeckt:* der Himmel ist wolkig; es ist wolkig. **Syn.:** bewölkt, bezogen, grau.

Woll|de|cke ['vɔldɛkə], die; -, -n: *wollene Decke:* sich mit einer Wolldecke zudecken.

Wol|le ['vɔlə], die; -, -n:

1. *Haar von bestimmten Säugetieren, besonders vom Schaf, das durch Scheren der Tiere gewonnen und zu Garn versponnen wird:* Wolle waschen, verarbeiten, spinnen.
2. *aus Wolle* (1) *gesponnenes Garn:* ein Knäuel Wolle zum Stricken.

wol|len ['vɔlən], will, wollte, gewollt/wollen:
1. ⟨Modalverb; hat; 2. Partizip: wollen⟩ **a)** *die Absicht, den Wunsch, den Willen haben, etwas Bestimmtes zu tun:* er will uns morgen besuchen; wir wollten gerade gehen; das hätte ich nicht erleben wollen; er will ins Ausland gehen; willst *(möchtest)* du mitfahren?; das will ich hoffen! *(das hoffe ich sehr!);* das will ich meinen! *(das meine ich allerdings auch!).* **Syn.:** sich anschicken, Anstalten machen, beabsichtigen, erstreben, mögen, sich rüsten zu (geh.), vorhaben, wünschen. **b)** ⟨im Präteritum⟩ dient der Umschreibung einer Bitte, eines Wunsches: ich wollte Sie bitten, fragen, ob ... **Syn.:** mögen. **c)** ⟨im Konjunktiv Präsens⟩ (veraltend) dient dazu, einen Wunsch, eine höfliche, aber zugleich bestimmte Aufforderung auszudrücken: du wollest, man wolle bitte darauf achten, dass ...; das wolle Gott verhüten! **d)** dient dazu, eine von dritter Seite aufgestellte Behauptung wiederzugeben und gleichzeitig auszudrücken, dass man an deren Richtigkeit Zweifel haben kann: er will es [nicht] gewusst, gesehen haben *(behauptet, es [nicht] gewusst, gesehen zu haben);* und er will ein Kenner sein! *(hält sich für einen Kenner!).* **e)** dient in verneinten Aussagesätzen dazu, auszudrücken, dass ein bestimmtes Ereignis, dessen Eintreten man sich wünscht, nicht eintritt und sich auch nicht herbeiführen lässt: die Wunde will [und will] nicht heilen; der Motor wollte [einfach] nicht anspringen; die Sache will nicht gelingen, kein Ende nehmen. **f)** dient in Verbindung mit einem Verb im Zustandspassiv dazu, auszudrücken, dass es erforderlich, notwendig ist, dass etwas Bestimmtes geschieht, getan wird: das will gelernt sein; so ein Schritt will gut überlegt sein. **g)** dient dazu, den Zweck, die Funktion von etwas Bestimmtem anzugeben; *sollen:* die Aktion will über die Lage der religiösen Minderheiten in Asien aufklären; das will nichts heißen, will nicht viel sagen *(heißt, bedeutet nicht viel).*
2. ⟨itr.; hat; 2. Partizip: gewollt⟩ **a)** *(etwas Bestimmtes) tun, bewirken, erreichen wollen:* das habe ich nicht gewollt; er weiß [nicht], was er will; ich will auf keinen Fall, dass dir dadurch Kosten entstehen; nimm dir, so viel du willst *(nimm dir so viel, wie du nehmen möchtest);* ich will *(wünsche, verlange),* dass du das tust; es wird so werden, ob du willst *(ob es nach deinem Wunsch ist)* oder nicht; wenn du willst, können wir gleich gehen; du musst nur wollen *(den festen Willen haben),* dann geht es auch; er wollte etwas von dir (ugs.; *hatte ein Anliegen*); du kannst es halten, wie du willst *(hast völlig freie Hand);* was willst du [noch] mehr? *(du hast doch alles erreicht, was du erreichen wolltest!);* ich weiß nicht, was du willst (ugs.; *warum du dich so aufregst*), es ist doch alles in Ordnung; da ist nichts [mehr] zu wollen! (ugs.; *da kann man nichts machen*); nichts zu wollen! (ugs.; Ausdruck der Ablehnung, der Zurückweisung); das ist, wenn man so will *(man könnte es so einschätzen),* ein einmaliger Vorgang. **b)** (ugs.) *irgendwohin gehen, fahren usw. wollen:* sie wollen ans Meer, ins Gebirge; ich will ins Bett, nach Hause; sie will zum Theater *(will Schauspielerin werden).* **c)** *haben wollen, sich wünschen:* er hat alles bekommen, was er wollte; er hat für seine Arbeit nichts, kein Geld gewollt; er will nur seine Ruhe. **Syn.:** begehren (geh.), fordern, verlangen. **d)** ⟨im Konjunktiv Präteritum⟩ dient dazu, einen irrealen Wunsch auszudrücken; *wünschen:* ich wollte, es wäre alles vorüber; ich wollte, ich hätte es nicht getan. **e)** (ugs.) *funktionieren, sich für seinen Zweck einsetzen lassen:* der Motor will nicht [mehr]; seine Beine wollten nicht mehr *(versagten ihm den Dienst).* **f)** (ugs.) *für sein Gedeihen o. Ä. brauchen:* diese Blume will viel Sonne; Tiere wollen ihre Pflege. **Syn.:** beanspruchen, verlangen.

Wol|lust ['vɔlʊst], die; -, Wollüste ['vɔlʏstə] (geh.):
Gefühl höchster Lust bei der Befriedigung des Geschlechtstriebes: er ergab sich der Wollust. **Syn.:** Begierde, Lust.

wo|mit [vo'mɪt] ⟨Pronominaladverb⟩:
1. ⟨interrogativ⟩ *mit welcher Sache; auf welche Weise:* womit kann ich dir helfen? **Syn.:** mit was (ugs.).
2. ⟨relativisch⟩ *mit welcher (eben erwähnten) Sache, mit welchen (eben erwähnten) Worten u. Ä.:* sie tut nichts, womit du nicht einverstanden bist.

wo|mög|lich [vo'mø:klɪç] ⟨Adverb⟩:
a) *wenn es möglich ist:* ich möchte womöglich schon heute abreisen. **Syn.:** möglichst; wenn es geht, wenn es sich machen lässt. **b)** *vielleicht [sogar]:* er ist womöglich schon da. **Syn.:** eventuell, unter Umständen.

wo|nach [vo'na:x] ⟨Pronominaladverb⟩:
1. ⟨interrogativ⟩ *nach welcher Sache:* wonach suchst du? **Syn.:** nach was (ugs.).
2. ⟨relativisch⟩ *nach welcher (eben erwähnten) Sache:* etwas, wonach sie sich sehnt; der Bericht, wonach *(dem zufolge)* er verunglückt ist, trifft nicht zu.

Won|ne ['vɔnə], die; -, -n:
Gefühl der Beglückung, höchster Freude: etwas mit Wonne tun, genießen; die Wonnen der Liebe; die Kinder jubelten vor Wonne. **Syn.:** Lust, Vergnügen.

wo|ran [vo'ran] ⟨Pronominaladverb⟩:
1. ⟨interrogativ⟩ **a)** *an welcher Sache:* woran erkennst du ihn?; ich frage mich, woran das liegt. **Syn.:** an was (ugs.). **b)** *an welche Sache:* woran denkst du? **Syn.:** an was (ugs.).
2. ⟨relativisch⟩ **a)** *an welcher (eben erwähnten) Sache:* das ist etwas, woran es uns nicht mangelt. **Syn.:** an dem. **b)** *an welche (eben erwähnte) Sache:* das ist alles, woran ich mich erinnern kann. **Syn.:** an das.

Worte/Wörter

Das Substantiv »Wort« hat zwei Pluralformen. Im Sinn von *Lautgebilde bestimmter Bedeutung, Einzelwort* hat es den Plural **die Wörter:**	In den Bedeutungen *Äußerung, zusammenhängende Rede; Ausspruch, Beteuerung, Erklärung, Begriff* dagegen hat »Wort« den Plural **die Worte:**
– Einzelwörter, Hauptwörter, Zeitwörter, Eigenschaftswörter, Fremdwörter – Wie viele Wörter hat diese Zeile? – Diese Wörter kenne ich nicht.	– Seine letzten Worte galten seiner Mutter. – Die aufgebrachte Menge hörte nicht auf seine Worte.
	In einigen Fällen sind durchaus beide Pluralformen möglich.

wo|rauf [vo'rau̯f] ⟨Pronominaladverb⟩:
1. ⟨interrogativ⟩ **a)** *auf welche Sache:* worauf kommt es hier an? **Syn.:** auf was (ugs.). **b)** *auf welcher Sache:* worauf liegst du? **Syn.:** auf was (ugs.).
2. ⟨relativisch⟩ **a)** *auf welche (eben erwähnte) Sache:* das ist genau das, worauf ich gewartet habe. **Syn.:** auf das. **b)** *auf welcher (eben erwähnten) Sache:* etwas, worauf du dich ausruhen kannst. **Syn.:** auf dem. **c)** *auf welchen (eben erwähnten) Vorgang folgend:* ich gab ihm den Brief, worauf er das Zimmer verließ.

wo|raus [vo'rau̯s] ⟨Pronominaladverb⟩:
1. ⟨interrogativ⟩ *aus welcher Sache; aus welchen Teilen:* woraus besteht dein Frühstück? **Syn.:** aus was (ugs.).
2. ⟨relativisch⟩ **a)** *aus welcher (eben erwähnten) Sache:* es gibt nichts, woraus man das schließen könnte. **Syn.:** aus dem. **b)** *aus welchem (eben erwähnten) Vorgang folgend:* er war sofort bereit, woraus ich schließe, dass er schon Bescheid wusste.

wo|rin [vo'rɪn] ⟨Pronominaladverb⟩:
1. ⟨interrogativ⟩ *in welcher Sache:* worin besteht der Vorteil? **Syn.:** in was (ugs.).
2. ⟨relativisch⟩ *in welcher (eben erwähnten) Sache:* es gibt nichts, worin sie ihm nicht überlegen wäre. **Syn.:** in dem.

Wort [vɔrt], das; -[e]s, Wörter ['vœrtɐ] und -e:
1. a) ⟨Plural Wörter, selten -e⟩ *kleinste selbstständige sprachliche Einheit, die eigene Bedeutung oder Funktion hat:* ein mehrsilbiges, zusammengesetztes Wort; Wörter schreiben, buchstabieren; etwas in Worten ausdrücken; ein Satz von zehn Wörtern. **Zus.:** Eigenschaftswort, Fragewort, Neuwort, Reimwort. **b)** ⟨Plural -e⟩ *Wort als Träger eines Sinnes:* die Worte »Frieden« und »Freiheit« werden oft missbraucht.
2. ⟨Plural -e⟩ *von jmdm. gemachte Äußerung, ausgesprochener Gedanke:* ein Wort von Goethe; das war ein mutiges Wort; tröstende Worte sprechen; unnötige Worte machen. **Syn.:** Ausspruch. **Zus.:** Abschiedswort, Dankeswort, Grußwort, Schlusswort, Trostwort.

Worte/Wörter:
s. Kasten.

Wör|ter|buch ['vœrtɐbu:x], das; -[e]s, Wörterbücher ['vœrtɐby:çɐ]:
Nachschlagewerk, in dem die Wörter einer Sprache nach bestimmten Gesichtspunkten verzeichnet [und erklärt] sind: ein einsprachiges, zweisprachiges, etymologisches, deutsches Wörterbuch; ein Wörterbuch der deutschen Umgangssprache.

wort|karg ['vɔrtkark] ⟨Adj.⟩:
nicht geneigt, viel zu sagen: er war sehr wortkarg. **Syn.:** einsilbig, lakonisch, maulfaul (salopp), schweigsam, zugeknöpft (ugs.).

wört|lich ['vœrtlɪç] ⟨Adj.⟩:
(dem Text, der Äußerung, auf die Bezug genommen wird) im Wortlaut genau entsprechend: eine wörtliche Übersetzung; so hat er wörtlich gesagt. **Syn.:** Wort für Wort, wortwörtlich.

wort|los ['vɔrtlo:s] ⟨Adj.⟩:
a) *schweigend, ohne (ein Wort) zu sprechen:* er reichte mir wortlos die Hand. **Syn.:** stumm, stumm wie ein Fisch. **b)** *ohne das Mittel der Sprache, ohne Worte:* eine wortlose Verständigung.

Wort|schatz ['vɔrtʃat͡s], der; -es, Wortschätze ['vɔrtʃɛt͡sə]:
a) *alle zu einer Sprache gehörenden Wörter:* den Wortschatz des Deutschen erforschen. **Zus.:** Spezialwortschatz.
b) *Gesamtheit der Wörter, die jmd. kennt [und verwendet]:* sein Wortschatz ist nicht sehr groß.

wort|wört|lich ['vɔrt'vœrtlɪç] ⟨Adj.⟩:
Wort für Wort: er schrieb alles wortwörtlich ab. **Syn.:** wörtlich.

wo|rü|ber [vo'ry:bɐ] ⟨Pronominaladverb⟩:
1. ⟨interrogativ⟩ **a)** *über welche Sache:* worüber freust du dich so? **Syn.:** über was (ugs.).
b) *über welcher Sache:* worüber steht sie?
2. ⟨relativisch⟩ **a)** *über welche (eben erwähnte) Sache:* das ist etwas, worüber wir noch sprechen müssen. **Syn.:** über das.
b) *über welcher (eben erwähnten) Sache:* dies war es, worüber er schon wochenlang brütete. **Syn.:** über dem.

wo|rum [vo'rʊm] ⟨Pronominaladverb⟩:
1. ⟨interrogativ⟩ *um welche Sache:* worum handelt es sich denn? **Syn.:** um was (ugs.).
2. ⟨relativisch⟩ *um welche (eben erwähnte) Sache:* es gibt vieles, worum ich dich bitten könnte. **Syn.:** um das.

wo|run|ter [vo'rʊntɐ] ⟨Pronominaladverb⟩:
1. ⟨interrogativ⟩ **a)** *unter welche Sache:* worunter hatte er sich zu beugen? **Syn.:** unter was (ugs.). **b)** *unter welcher Sache:* worunter hat er zu leiden? **Syn.:** unter was (ugs.).
2. ⟨relativisch⟩ **a)** *unter welche (eben erwähnte) Sache:* wir

suchten etwas, worunter wir uns stellen konnten. **Syn.:** unter das. **b)** *unter welcher (eben erwähnten) Sache:* vieles von dem, worunter sie leidet. **Syn.:** unter dem.

wo|von [vo'fɔn] ⟨Pronominaladverb⟩:
1. ⟨interrogativ⟩ *von welcher Sache:* wovon sprichst du? **Syn.:** von was (ugs.).
2. ⟨relativisch⟩ *von welcher (eben erwähnten) Sache:* er erwähnte etwas, wovon ich schon gehört hatte. **Syn.:** von dem.

wo|vor [vo'fo:ɐ̯] ⟨Pronominaladverb⟩:
1. ⟨interrogativ⟩ **a)** *vor welche Sache:* wovor hatte er sich gestellt? **Syn.:** vor was (ugs.). **b)** *vor welcher Sache:* wovor hat das Kind Angst? **Syn.:** vor was (ugs.).
2. ⟨relativisch⟩ **a)** *vor welche (eben erwähnte) Sache:* eine Mauer oder irgendwas, wovor man den Busch setzen könnte. **Syn.:** vor das. **b)** *vor welcher (eben erwähnten) Sache:* das ist das Einzige, wovor ich Angst habe. **Syn.:** vor dem.

wo|zu [vo'tsu:] ⟨Pronominaladverb⟩:
1. ⟨interrogativ⟩ *zu welcher Sache:* wozu gehört dieses Bild?; wozu *(zu welchem Zweck)* machst du das? **Syn.:** zu was (ugs.).
2. ⟨relativisch⟩ *zu welcher (eben genannten) Sache:* das ist etwas, wozu ich überhaupt keine Lust habe. **Syn.:** zu dem.

Wrack [vrak], das; -[e]s, -s:
[durch Zerstörung] unbrauchbar gewordenes [nur noch in Bruchstücken vorhandenes] Schiff, Flugzeug o. Ä.: ein Wrack liegt am Strand; das Wrack eines Flugzeugs. **Syn.:** Trümmer ⟨Plural⟩, Überbleibsel. **Zus.:** Autowrack, Flugzeugwrack, Schiffswrack.

wu|chern ['vu:xɐn]:
a) ⟨itr.; hat⟩ *(von Pflanzen) üppig und wild wachsen:* überall wucherte saftiges Grün. **Syn.:** sprießen. **b)** ⟨itr.; ist⟩ *sich wuchernd* (a) *irgendwohin ausbreiten:* die Pflanzen sollen nur nicht über den Weg wuchern.

Wuchs [vu:ks], der; -es:
a) *das Wachsen:* Pflanzen mit/von üppigem Wuchs. **Zus.:** Bartwuchs, Baumwuchs, Haarwuchs. **b)** *Art, wie jmd., etwas gewachsen ist:* ein Baum, ein Mädchen von schlankem Wuchs. **Syn.:** Gestalt, Konstitution, Statur.

Wucht [vʊxt], die; -:
(besonders durch sein Gewicht erzeugte) Heftigkeit, mit der etwas auf jmdn., etwas auftrifft: der Stein traf sie mit voller Wucht; unter der Wucht des Schlages brach er zusammen. **Syn.:** Gewalt, Kraft.

wuch|ten ['vʊxtn̩], wuchtete, gewuchtet ⟨tr.; hat⟩ (ugs.):
mit großer Kraftanstrengung an eine bestimmte Stelle heben, schieben: sechs Männer wuchteten den Stein auf den Wagen. **Syn.:** stemmen.

wuch|tig ['vʊxtɪç] ⟨Adj.⟩:
a) *mit Wucht ausgeführt:* ein wuchtiger Schlag. **Syn.:** heftig, kräftig, kraftvoll. **b)** *schwer und massig:* eine wuchtige Mauer; der Bau ist sehr wuchtig.

wüh|len ['vy:lən]:
a) ⟨itr.; hat⟩ *(in etwas) mit beiden Händen oder mit den Pfoten graben:* sie wühlte in ihrem Koffer; der Hund wühlte in der Erde. **Syn.:** stöbern. **b)** ⟨tr.; hat⟩ *grabend, wühlend* (a) *hervorbringen:* ein Loch wühlen; die Tiere wühlten sich unterirdische Gänge. **Syn.:** buddeln (ugs.), graben.

Wulst [vʊlst], der; -es, Wülste ['vʏlstə]:
lang gezogene, sich hochwölbende Stelle, besonders am Rand einer Fläche o. Ä.: der Deckel hat einen Wulst am Rand. **Zus.:** Fettwulst.

wuls|tig ['vʊlstɪç] ⟨Adj.⟩:
einen Wulst bildend, aufweisend: wulstige Lippen.

wund [vʊnt] ⟨Adj.⟩:
(in Bezug auf die Haut einer Körperstelle o. Ä.) durch Reibung o. Ä. verletzt: wunde Füße; seine Ferse war von dem scheuernden Schuh ganz wund; sich wund laufen, reiten. **Syn.:** böse (ugs.), schlimm (fam.).

Wun|de ['vʊndə], die; -, -n:
(durch Unfall oder beabsichtigten Eingriff entstandene) offene Stelle in der Haut [und dem darunterliegenden Gewebe]: eine klaffende, eiternde Wunde; die Wunde blutet, heilt; sie blutete aus einer Wunde am Kopf; der Verunglückte war mit Wunden bedeckt. **Syn.:** Verletzung. **Zus.:** Bisswunde, Brandwunde, Hautwunde, Kopfwunde, Operationswunde, Quetschwunde, Schnittwunde, Schürfwunde, Schusswunde, Stichwunde.

Wun|der ['vʊndɐ], das; -s, -:
a) *außerordentlicher, staunenerregender, der Erfahrung oder den Naturgesetzen zuwiderlaufender Vorgang:* es ist ein Wunder geschehen; es war ein Wunder, dass er befreit wurde; nur ein Wunder kann sie noch retten; die Geschichte klingt wie ein Wunder; sie hofften auf ein Wunder. **b)** *etwas, was in seiner Art, durch sein Maß an Vollkommenheit das Gewohnte, Übliche weit übertrifft und Staunen erregt:* diese Brücke ist ein Wunder der Technik; die Apparate sind wahre Wunder an Präzision. **Zus.:** Naturwunder.

wun|der|bar ['vʊndɐba:ɐ̯] ⟨Adj.⟩:
1. a) *überaus schön, gut, Entzücken hervorrufend:* ein wunderbarer Abend; sie singt wunderbar. **Syn.:** bezaubernd, fantastisch, großartig (emotional), märchenhaft, zauberhaft. **b)** ⟨verstärkend bei Adjektiven⟩ *sehr schön:* ein wunderbar bequemer Sessel; es war alles wunderbar sauber. **Syn.:** äußerst, bemerkenswert, denkbar, selten, unvergleichlich, wunderschön (emotional), wundervoll (emotional).
2. *wie ein Wunder* (a) *erscheinend:* seine wunderbare Errettung.

wun|dern ['vʊndɐn]:
1. ⟨itr.; hat⟩ *jmds. Erwartungen nicht entsprechen, ihn darum erstaunen, befremden:* es wundert mich, dass er nicht kommt; das wundert mich überhaupt nicht. **Syn.:** verwundern.
2. ⟨+ sich⟩ *(über etwas Unerwartetes) überrascht, erstaunt oder befremdet sein:* ich wunderte mich über seine merkwürdigen Ansichten, seine klugen Antworten; ich wundere mich nicht darüber, dass es

ihm jetzt schlecht geht; wenn du so leichtsinnig bist, brauchst du dich nicht zu wundern, wenn du krank wirst. **Syn.:** staunen, sich verwundern.

wun|der|schön [ˈvʊndɐˈʃøːn] ⟨Adj.⟩ (emotional):
a) *ungewöhnlich schön, Entzücken, Freude hervorrufend:* ein wunderschöner Tag. **Syn.:** bezaubernd, fantastisch, grandios, großartig, herrlich, märchenhaft, schön, toll (ugs.), wunderbar, wundervoll (emotional). **b)** ⟨verstärkend bei Adjektiven⟩ *sehr schön:* der Tag war wunderschön warm. **Syn.:** äußerst, bemerkenswert, denkbar, selten, unvergleichlich, wunderbar, wundervoll (emotional).

wun|der|voll [ˈvʊndɐfɔl] ⟨Adj.⟩ (emotional):
a) *durch seine Beschaffenheit, Art begeisternd:* wundervolle Blumen. **Syn.:** bezaubernd, fantastisch, grandios, großartig (emotional), herrlich, märchenhaft, schön, toll (ugs.), wunderbar, wunderschön (emotional). **b)** ⟨verstärkend bei Adjektiven⟩ *sehr schön:* der Stoff ist wundervoll weich. **Syn.:** äußerst, bemerkenswert, denkbar, selten, unvergleichlich, wunderbar, wunderschön (emotional).

Wunsch [vʊnʃ], der; -[e]s, Wünsche [ˈvʏnʃə]:
1. *etwas, was sich jmd. wünscht, was er haben, erreichen möchte [und was er als Bitte anderen, einem anderen gegenüber vorbringt]:* er hat den Wunsch, Arzt zu werden; einen Wunsch aussprechen; sie ist auf ihren [ausdrücklichen] Wunsch [hin] versetzt worden; jmdm., sich einen Wunsch erfüllen. **Syn.:** Traum, Verlangen. **Zus.:** Berufswunsch, Geburtstagswunsch, Hörerwunsch, Kinderwunsch, Kundenwunsch, Leserwunsch, Sonderwunsch, Weihnachtswunsch, Zuschauerwunsch.
2. *Glückwunsch:* mit den besten Wünschen für das neue Jahr. **Syn.:** Gratulation. **Zus.:** Neujahrswunsch.

Wunsch- [vʊnʃ] ⟨Präfixoid⟩: drückt aus, dass die im Basiswort genannte Person oder Sache die oder das Erhoffte, Erwünschte ist: Wunschauto; Wunschelf; Wunschgegner *(Person, Mannschaft, die man sich als Gegner [z. B. beim Sport] wünscht);* Wunschkandidatin; Wunschmannschaft; Wunschpartner. **Syn.:** Traum-.

wün|schen [ˈvʏnʃn̩] ⟨tr.; hat⟩:
a) *etwas (für sich oder andere) gern haben wollen:* etwas aufrichtig, heimlich, von Herzen wünschen; ich wünsche mir [von euch] ein Fahrrad zum Geburtstag; sie wünschen sich ein Kind; er war so, wie man sich einen Lehrer wünscht; das ist ihr nicht zu wünschen; ich wünsche ihnen gutes Wetter, dass sie gutes Wetter haben; ich wünschte, es wäre schon Sommer; ich wünschte, ich hätte ihr geglaubt. **Syn.:** begehren, sich erhoffen, sich erträumen, sich sehnen nach. **Zus.:** herbeiwünschen, wegwünschen, zurückwünschen.
b) *verlangen, erbitten:* eine Änderung wünschen; er wünscht eine baldige Antwort; sich an etwas zu beteiligen wünschen; sie wünscht, nach Hause gehen zu dürfen; er wünscht, um 6 Uhr geweckt zu werden; es wünscht Sie jemand zu sprechen; was wünschen Sie [zum Abendbrot]?; ihre Mitwirkung wurde nicht gewünscht; ich wünsche das nicht *(ich verbiete das);* die gewünschte Auskunft haben wir erhalten; ⟨auch itr.⟩ wie Sie wünschen; Sie wünschen bitte? *(womit kann ich Ihnen dienen?; was darf ich Ihnen verkaufen?).* **Syn.:** bitten um, mögen, wollen. **c)** *(jmdm. gegenüber) zum Ausdruck bringen, dass man sich für ihn wünscht, es möge ihm etwas bestimmtes Gutes zuteilwerden:* jmdm. [eine] gute Nacht, guten Appetit, gute Besserung, alles Gute, [eine] gute Reise, [viel] Glück, ein gutes neues Jahr, fröhliche Weihnachten wünschen; [ich] wünsche, wohl zu speisen, wohl geruht zu haben.

wün|schens|wert [ˈvʏnʃn̩sveːɐ̯t] ⟨Adj.⟩:
wert, gewünscht zu werden; erstrebenswert: das ist, wäre eine wünschenswerte Veränderung. **Syn.:** erwünscht.

Wür|de [ˈvʏrdə], die; -, -n:
1. ⟨ohne Plural⟩ **a)** *dem Menschen innewohnender Wert und innerer Rang:* die Würde des Menschen achten; jmdn. in seiner Würde verletzen. **Zus.:** Menschenwürde. **b)** *Haltung, die durch das Bewusstsein vom eigenen Wert oder von einer geachteten Stellung bestimmt wird:* er strahlt Würde aus; er hat alles mit Würde ertragen.
2. *mit bestimmten Ehren, hohem Ansehen verbundenes Amt, verbundene Stellung:* er hat die höchsten Würden erreicht. **Syn.:** Amt.

Wür|den|trä|ger [ˈvʏrdn̩trɛːɡɐ], der; -s, -, **Wür|den|trä|ge|rin** [ˈvʏrdn̩trɛːɡərɪn], die; -, -nen: *Person, die ein hohes weltliches oder geistliches Amt bekleidet:* hohe Würdenträger und Würdenträgerinnen nahmen an der Premiere teil.

wür|de|voll [ˈvʏrdəfɔl] ⟨Adj.⟩:
[in seinem Verhalten] von einer bestimmten feierlichen Steifheit und betonten Würde: sich würdevoll benehmen; würdevoll aussehen, grüßen; eine würdevolle Haltung. **Syn.:** erhaben, feierlich, majestätisch, würdig.

wür|dig [ˈvʏrdɪç] ⟨Adj.⟩:
Würde besitzend, ausstrahlend, zeigend: eine würdige Haltung; ein würdiger Gruß; das Jubiläum wurde würdig *(angemessen)* begangen. **Syn.:** erhaben, würdevoll.

-wür|dig [vʏrdɪç] ⟨adjektivisches Suffixoid; meist mit einem Basiswort positiven Inhalts⟩:
a) *so, dass das im Basiswort Genannte getan werden sollte, könnte; das im Basiswort Genannte verdient habend, erfordernd:* anbetungswürdig; anerkennungswürdig; auszeichnungswürdig; bewunderungswürdig; diskussionswürdig; erbarmungswürdig; erhaltungswürdig; förderungswürdig; kritikwürdig; lobenswürdig; schutzwürdig; sehenswürdig; strafwürdig; tadelnswürdig; verabscheuenswürdig; veröffentlichungswürdig. **Syn.:** -wert. **b)** *die Voraussetzungen für das im Basiswort Genannte*

W
wund

habend: abbauwürdig; erschließungswürdig; hitparadenwürdig; klassifikationswürdig; koalitionswürdig; kreditwürdig; verallgemeinerungswürdig; veröffentlichungswürdig; vertrauenswürdig. **Syn.:** -fähig.

wür|di|gen ['vʏrdɪɡn̩] ⟨tr.; hat⟩:
1. *jmds. Leistung, Verdienst, den Wert einer Sache anerkennen [und mit Worten kundtun]:* der Redner würdigte die Verdienste des Ministers; ich hoffe, sie weiß deine Hilfe zu würdigen. **Syn.:** honorieren, loben, preisen (geh.), rühmen.
2. *(jmdm., einer Sache) etwas Bestimmtes zuteilwerden lassen, dessen man ihn, sie für würdig erachtet:* sie würdigte ihn, sein neues Fahrrad keines Blickes; jmdn. keines Grußes, keiner Antwort würdigen.

Wurf [vʊrf], der; -[e]s, Würfe ['vʏrfə]:
das Werfen: das war ein Wurf!; zum Wurf ausholen. **Zus.:** Hammerwurf, Probewurf, Siebenmeterwurf, Speerwurf, Steinwurf.

Wür|fel ['vʏrfl̩], der; -s, -:
1. *von sechs Quadraten begrenzter geometrischer Körper:* die Kanten eines Würfels sind alle gleich lang.
2. *(zum Würfeln verwendeter) kleiner Gegenstand von der Form eines Würfels* (1), *dessen sechs Seiten Punkte tragen (von 1 bis 6):* ein Gesellschaftsspiel, das mit Würfeln gespielt wird.

wür|feln ['vʏrfl̩n]:
1. a) ⟨itr.; hat⟩ *mit Würfeln* (2) *(um etwas) spielen:* sie würfelten darum, wer anfangen solle; es wurde um Geld gewürfelt. **Syn.:** knobeln, Würfel spielen. **b)** ⟨tr.; hat⟩ *mit dem Würfel* (2) *eine bestimmte Zahl werfen:* eine Sechs würfeln.
2. ⟨tr.; hat⟩ *(von bestimmten festen Nahrungsmitteln) in kleine Würfel* (1) *schneiden:* Kartoffeln würfeln; gewürfelter Speck. **Syn.:** klein schneiden.

Wür|fel|zu|cker ['vʏrfl̩tsʊkɐ], der; -s, -:
Zucker in würfelförmigen Stücken: sie nahm zwei Stück Würfelzucker in den Kaffee.

wür|gen ['vʏrɡn̩]:
1. ⟨tr.; hat⟩ *jmdn. an der Kehle fassen und ihm die Luft abdrücken [in der Absicht, ihn zu ersticken]:* der Mörder hatte sein Opfer gewürgt; jmdn. am Hals würgen.
2. ⟨itr.; hat⟩ **a)** *etwas nicht oder nur mit Mühe hinunterschlucken können, weil einem der Hals wie zugeschnürt ist:* sie würgte an dem Bissen. **b)** *einen starken Brechreiz haben:* sie musste heftig würgen. **Syn.:** brechen, erbrechen, sich übergeben.

Wurm [vʊrm], der; -[e]s, Würmer ['vʏrmɐ]:
wirbelloses Tier mit lang gestrecktem Körper ohne Gliedmaßen, das sich durch Zusammenziehen und Strecken des Körpers voranschiebt: ein langer, dünner, fetter Wurm; im Apfel sitzt ein Wurm; von Würmern befallene Früchte; die Amsel hat einen Wurm im Schnabel.

wur|men ['vʊrmən] ⟨itr.; hat⟩ (ugs.):
nachhaltig mit Ärger, Groll erfüllen: die Niederlage wurmt mich; es wurmte ihn sehr, dass er nicht eingeladen wurde. **Syn.:** ärgern, nerven (ugs.), reizen.

Wurst [vʊrst], die; -, Würste ['vʏrstə]:
Nahrungsmittel aus fein gehacktem Fleisch, Speck, Gewürzen o. Ä., das in natürliche oder künstliche Därme gefüllt wird: eine ganze, halbe, dicke, lange Wurst; frische, geräucherte, grobe, feine, hausgemachte Wurst; eine Scheibe Wurst aufs Brot legen, streichen; Wurst aufschneiden; Wurst am/im Stück kaufen. **Zus.:** Bratwurst, Geflügelwurst, Knoblauchwurst, Leberwurst, Streichwurst.

Würst|chen ['vʏrstçən], das; -s, -:
1. *kleine, dünne Wurst, die vor dem Verzehr in Wasser heiß gemacht wird:* Frankfurter Würstchen mit Senf. **Syn.:** Wurst.
2. (ugs., oft abwertend) *armseliger, unbedeutender Mensch:* er ist nur ein kleines Würstchen.

wurs|tig ['vʊrstɪç] ⟨Adj.⟩ (ugs.):
gleichgültig, die Dinge treiben lassend: ein wurstiges Benehmen; er ist wurstig.

Wür|ze ['vʏrtsə], die, -, -n:
a) *Substanz aus Extrakten von Fleisch, Gewürzen, Gemüse, Hefe o. Ä., mit der der Geschmack einer Speise verstärkt oder verfeinert wird:* eine scharfe, flüssige, pulverförmige Würze. **Syn.:** Aroma, Gewürz. **b)** *würziger, aromatischer Geschmack oder Geruch:* die besondere Würze von Wildbret; ein Wein mit Würze. **Syn.:** Aroma, Geschmack.

Wur|zel ['vʊrtsl̩], die; -, -n:
1. *Teil der Pflanzen, mit dem sie sich in der Erde festhalten und über den sie ihre Nahrung aus dem Boden aufnehmen:* dicke, weit verzweigte, flach sitzende Wurzeln; die Pflanzen haben neue Wurzeln ausgebildet, getrieben; Unkraut mit der Wurzel ausziehen.
2. *im Kiefer sitzender Teil des Zahnes:* der Zahn hat noch eine gesunde Wurzel; der Zahnarzt muss die Wurzel behandeln. **Zus.:** Zahnwurzel.
3. *etwas, worauf etwas als Ursprung, Ursache zurückzuführen ist:* die geistigen, geschichtlichen Wurzeln; der Streit hat seine Wurzeln in einem lange zurückliegenden Vorfall; das Übel an der Wurzel packen, mit der Wurzel ausrotten *(von seiner Ursache her energisch angehen, bis aufs Letzte beseitigen).*

wur|zeln ['vʊrtsl̩n] ⟨itr.; hat⟩:
1. *(von einer Pflanze) mit den Wurzeln im Boden festsitzen:* die Bäume wurzeln tief im Boden.
2. *in jmdm., etwas seinen Ursprung, seine Ursache haben:* diese Gedanken wurzeln im demokratischen Sozialismus; er wurzelt mit seinem Denken in der Tradition des 19. Jahrhunderts.

wür|zen ['vʏrtsn̩] ⟨tr.; hat⟩:
mit Gewürzen, Kräutern o. Ä. versehen und damit einer Speise einen bestimmten Geschmack verleihen bzw. sie überhaupt schmackhaft machen: das Gulasch, die Suppe würzen; Reis mit Curry würzen; die Soße ist pikant gewürzt. **Syn.:** abschmecken.

wür|zig ['vʏrtsɪç] ⟨Adj.⟩:
kräftig schmeckend oder duf-

tend: eine würzige Suppe; die würzige Landluft; ein Parfüm mit einer würzigen Note; sie kochte immer sehr würzig. **Syn.:** herzhaft, pikant, scharf.

wüst [vy:st] ⟨Adj.⟩:
1. *nicht von Menschen bewohnt, öde und verlassen:* eine wüste Gegend. **Syn.:** einsam.
2. *in höchstem Maße unordentlich, unsauber o. Ä.:* eine wüste Unordnung; in seinem Zimmer sieht es wüst aus. **Syn.:** chaotisch, wirr.
3. (abwertend) **a)** *wild und ungezügelt:* ein wüster Kerl, Geselle; ein wüstes Treiben; eine wüste Schlägerei; wüste *(ausschweifende)* Orgien feiern; wüst toben. **Syn.:** ausschweifend, grob (abwertend), heftig, rabiat, roh, unanständig.
b) *rüde, sehr derb:* sie sangen wüste Lieder; wüst fluchen. **Syn.:** deftig, drastisch, nicht salonfähig, nicht stubenrein (scherzh.), rau, ungehobelt (abwertend), vulgär.
c) *schlimm, furchtbar:* eine wüste Hetze; wüste *(sehr heftige)* Schmerzen haben. **Syn.:** enorm, gewaltig (emotional), heftig, immens, massiv, übel.
d) *hässlich, abscheulich:* eine wüste Narbe; ein wüstes Wetter; ein wüster Wind, Sturm; er wurde bei der Schlägerei wüst zugerichtet. **Syn.:** entsetzlich, furchtbar (ugs.), fürchterlich (ugs.), grässlich (emotional), grauenhaft (emotional), grauenvoll (emotional), scheußlich, schrecklich.

Wust [vu:st], der; -[e]s (abwertend):
ungeordnete Menge, Durcheinander von [gleichartigen] Dingen: er erstickte fast in dem Wust von Akten; sie fand ihre Brille schließlich unter einem Wust von Papieren. **Syn.:** Chaos, Durcheinander, Gewirr.

Wüs|te ['vy:stə], die; -, -n:
a) *durch Trockenheit, Hitze und oft gänzlich fehlende Vegetation gekennzeichnetes Gebiet der Erde, das ganz von Sand und Steinen bedeckt ist:* die heißen Wüsten der Tropen und Subtropen; über 60 Prozent des Landes sind Wüste; die Wüste mit Kamelen durchqueren; eine Oase in der Wüste. **Zus.:** Sandwüste. **b)** *ödes, verlassenes oder verwüstetes Gebiet:* das Land zur Wüste machen, in eine Wüste verwandeln. **Syn.:** Einöde.

Wut [vu:t], die; -:
sich in heftigen, zornigen Worten und/oder unbeherrschten Handlungen äußernder Zustand äußerster Erregung: eine ohnmächtige, unsägliche, große Wut; jmdn. erfasst jähe Wut; eine wilde Wut stieg in ihr auf, erfüllte sie; seine Wut an jmdm., etwas auslassen; Wut auf jmdn. haben; in Wut kommen, geraten; in seiner Wut wusste er nicht mehr, was er tat; aus Wut heulen; vor Wut schäumen; voller Wut sein. **Syn.:** Ärger, Empörung, Groll, Rage (ugs.), Zorn.

-wut [vu:t], die; - ⟨Suffixoid⟩:
in Bezug auf das im Basiswort Genannte als zu groß, heftig, leidenschaftlich empfundener Eifer: Arbeitswut; Bauwut; Daten[sammel]wut; Heiratswut; Lesewut; Reformwut; Sammelwut; Tanzwut.

wü|ten ['vy:tn̩], wütete, gewütet ⟨itr.; hat⟩:
a) *in einem Zustand von Wut o. Ä. toben, rasen, gewalttätig, zerstörerisch agieren:* die Soldaten hatten in der Stadt gewütet; gegen die Obrigkeit wüten. **b)** *von zerstörender, vernichtender Wirkung sein:* draußen wütete der Sturm, das Feuer; hier hat der Krieg furchtbar gewütet; Seuchen wüteten in allen Ländern. **Syn.:** rasen, toben.

wü|tend ['vy:tn̩t] ⟨Adj.⟩:
a) *von Wut erfüllt, voller Wut:* sie kam wütend ins Zimmer; er schrie mit wütender Stimme; wütend auf/über jmdn. sein. **Syn.:** ärgerlich, empört, entrüstet, erzürnt (geh.), verärgert, zornig. **b)** *sehr groß, sehr heftig:* mit wütendem Hass; wütenden Hunger haben; wütende Schmerzen auszuhalten haben. **Syn.:** enorm, gewaltig, gigantisch, heftig, irre (salopp), irrsinnig (emotional), kolossal (ugs. emotional), mächtig (ugs.), massiv, monumental, riesig, ungeheuer, unglaublich, unheimlich (ugs.), unwahrscheinlich (ugs.), wahnsinnig (ugs.).

-wü|tig [vy:tɪç] ⟨adjektivisches Suffixoid⟩:
das im Basiswort Genannte mit einer Art Versessenheit, in übertriebener Weise, gern und oft machend, ausübend, anstrebend: aufräumwütig; heiratswütig; kampfwütig; kaufwütig; lesewütig; neuerungswütig; schießwütig; sparwütig; tanzwütig; verschreibungswütig (Arzt). **Syn.:** -freudig, -süchtig.

Xx

x-be|lie|big [ɪksbə'li:bɪç] ⟨Adj.⟩ (ugs.):
irgendein; gleichgültig, wer oder was für ein: ein x-beliebiges Buch; jeder x-beliebige Mensch kann das machen; das kannst du x-beliebig verwenden; sie zeigte diese Dinge nicht jedem x-Beliebigen. **Syn.:** beliebig.

x-mal ['ɪksma:l] ⟨Adverb⟩ (ugs.):
unzählige Male: das habe ich dir doch schon x-mal gesagt!; wir haben schon x-mal darüber gesprochen. **Syn.:** oft, viele Male.

Yy

Yo|ga ['jo:ga], das, auch: der; -[s], **Joga:**
a) *indische philosophische Lehre, die durch Meditation, Askese und bestimmte körperliche Übungen den Menschen vom Gebundensein an die Last der Körperlichkeit befreien will:* sie ist eine überzeugte Anhängerin des/von

Yoga. **b)** *Gesamtheit der Übungen, die aus dem Yoga herausgelöst und zum Zwecke einer gesteigerten Beherrschung des Körpers, der Konzentration und Entspannung ausgeführt werden:* Yoga machen.

Zz

Za|cke ['t͜sakə], die; -, -n:
aus etwas hervorragende Spitze, spitzer Vorsprung: die Zacken einer Krone, des Sägeblatts; an dem Kamm, der Harke ist eine Zacke abgebrochen; die Blätter haben am Rand viele spitze Zacken; ein Stern mit fünf Zacken. **Syn.:** Zacken (landsch.), Zahn. **Zus.:** Eiszacke, Felsenzacke, Sternzacke.

Za|cken ['t͜sakn̩], der; -s, - (landsch.):
Zacke: an dem Rechen fehlt ein Zacken; hier ragt ein Zacken hervor. **Syn.:** Zacke, Zahn.

za|ckig ['t͜sakɪç] ⟨Adj.⟩:
1. *viele Zacken, Spitzen aufweisend:* zackige Felsen. **Syn.:** gezackt.
2. (ugs.) *(in soldatischer Weise) forsch u. selbstbewusst; mit Schneid:* ein zackiger Bursche; zackige Bewegungen; der Soldat grüßte, marschierte zackig. **Syn.:** flott, forsch, schneidig.

zag|haft ['t͜sa:khaft] ⟨Adj.⟩:
unsicher, ängstlich und zugleich unentschlossen, zögernd in seinem Handeln: einen zaghaften Annäherungsversuch machen; ihr Lächeln war, wirkte sehr zaghaft; zaghaft klopfte er an die Tür des Direktors; sie antwortete zaghaft. **Syn.:** scheu.

zäh [t͜sɛ:] ⟨Adj.⟩:
1. a) *von zwar biegsam-weicher, aber in sich fester, kaum dehnbarer Konsistenz:* zähes Leder; der Kunststoff ist extrem zäh; das Steak ist ja zäh wie Leder! **b)** *von zähflüssiger, teigiger Beschaffenheit:* ein zäher Hefeteig; eine zähe Paste; das Motoröl wird bei solchen Temperaturen zäh. **Syn.:** dick, dickflüssig. **c)** *nur sehr mühsam, langsam [vorankommend], schleppend:* eine furchtbar zähe Unterhaltung; die Arbeit kommt nur zäh voran; zäh fließender *(immer wieder stockender)* Verkehr.
2. a) *körperlich ausdauernd, widerstandsfähig:* ein zäher Bursche, Mensch; eine besonders genügsame und zähe Pferderasse; eine zähe Gesundheit; Frauen sind oft zäher als Männer. **Syn.:** kräftig, robust, stark. **b)** *beharrlich, mit Ausdauer ein bestimmtes Ziel verfolgend:* ein zäher Unterhändler, Kämpfer; mit zähem Fleiß erreichte sie ihr Ziel; nach zähem Kampf, Ringen; zähen Widerstand leisten; sie hielt zäh an ihren Forderungen fest.

zäh|flüs|sig ['t͜sɛ:flʏsɪç] ⟨Adj.⟩:
zäh (1 b): zähflüssiges Öl. **Syn.:** dick, dickflüssig.

Zahl [t͜sa:l], die; -, -en:
1. *Angabe einer Menge, Größe:* die Zahl 1 000; zwei Zahlen addieren, zusammenzählen, dividieren, teilen, [voneinander] abziehen, subtrahieren; eine Zahl mit sich selbst multiplizieren; die Summe zweier Zahlen; eine gerade *(durch zwei teilbare)* Zahl; genaue Zahlen *(Zahlenangaben)* liegen uns bislang nicht vor. **Syn.:** Nummer, Wert, Ziffer.
2. ⟨ohne Plural⟩ *Anzahl von Personen, Dingen o. Ä.:* die Zahl der Mitglieder steigt ständig; eine große Zahl Besucher war/(auch:) waren gekommen; eine große Zahl hübscher/(seltener:) hübsche Sachen; es waren, sie waren sieben an der Zahl *(sie waren sieben);* solche Bäume wachsen dort in großer Zahl; sie sind in voller Zahl *(vollzählig)* erschienen. **Syn.:** Anzahl, Menge, Quantität.

Zahl/Anzahl:
s. Kasten.

zahl|bar ['t͜sa:lba:ɐ̯] ⟨Adj.⟩ (Kaufmannsspr.):
fällig zu zahlen: die Summe ist zahlbar zum 1. April; zahlbar bei Erhalt, binnen zehn Tagen.

zah|len ['t͜sa:lən]:
1. ⟨tr.; hat⟩ **a)** *(einen Geldbetrag) als Gegenleistung geben, bezahlen:* 50 Euro, eine bestimmte Summe, einen bestimmten Preis für etwas zahlen; an wen muss ich das Geld zahlen?; den Betrag zahle ich [in] bar, in Raten, mit einem Scheck, per Überweisung; wie viel hast du dafür gezahlt?; ⟨auch itr.⟩ die Versicherung will nicht zahlen; ich zahle in/mit Dollar[s], mit [meiner] Kreditkarte; sie

Zahl/Anzahl

Zahl und **Anzahl** werden heute häufig gleichbedeutend gebraucht. Wo es auf eine präzise Aussage ankommt, sollte jedoch die folgende Unterscheidung beachtet werden:
Zahl bezieht sich auf die Gesamtzahl, die Gesamtmenge als eine Einheit, als Ganzes. Das Wort wird mit dem bestimmten Artikel gebraucht und ist oft mit einem Genitivattribut verbunden.

- Die Zahl meiner Bekannten ist groß.
- Die Zahl der Geladenen war beschränkt.

Anzahl umfasst eine gewisse, aber unbestimmte Menge von Dingen oder Personen, die als einzeln vorhanden gedacht werden, und unterscheidet sich von dem Wort »Zahl«, das einen Einheitsbegriff darstellt. »Anzahl« wird meist mit unbestimmtem Artikel gebraucht und oft in Verbindung mit einem Genitiv- oder Präpositionalattribut in partitiver Funktion:

- Eine große Anzahl von Demonstranten wurde verhaftet.

zahlen/bezahlen

Zwischen **zahlen** und **bezahlen** besteht ein Bedeutungsunterschied, der jedoch vielfach nicht mehr empfunden wird, sodass beide Verben weitgehend unterschiedslos gebraucht werden.
Zahlen wird sinngemäß nur auf Wörter bezogen, die einen Geldbetrag bezeichnen, einen Preis, eine Summe o. Ä.:

- Sie zahlte einen hohen Preis.
- Die Stadt zahlte Unsummen für Gemälde und Skulpturen berühmter Meister.

Bezahlen kann man eine Ware, eine [Arbeits]leistung o. Ä., indem man einen Geldbetrag dafür hingibt:

- Er hat die Bücher bezahlt.
- Diese Arbeit wird schlecht bezahlt.

In manchen Fällen kommt es auf die Sehweise des Sprechers an, der etwas als zu zahlende Summe oder als zu bezahlende Leistung ansehen kann. Dann sind beide Verben zulässig:

- Herr Ober, ich möchte zahlen/bezahlen.
- Ich habe die Steuern schon gezahlt/bezahlt.
- Haben wir die Miete schon gezahlt/bezahlt?

zahlte für uns mit *(bezahlte unsere Zeche mit);* Herr Ober, [ich möchte] bitte zahlen! *(ich möchte meine Rechnung begleichen);* er zahlt immer noch an seinem Auto *(er ist immer noch dabei, es abzubezahlen).* **Syn.:** aufwenden, ausbezahlen, ausgeben, auslegen, auszahlen, blechen (ugs.), erstatten, investieren, lockermachen (ugs.), vorlegen. **Zus.:** dazuzahlen, vorauszahlen, zurückzahlen. **b)** *eine bestehende Geldschuld tilgen; etwas regelmäßig zu Entrichtendes bezahlen:* Miete, Steuern, Versicherungsbeiträge, Rundfunkgebühren zahlen; [eine] Strafe zahlen; jmdm. Unterhalt, eine Rente, eine Abfindung, einen Finderlohn zahlen. **Syn.:** ausbezahlen, auszahlen, bezahlen, entrichten.
2. ⟨tr.; hat⟩ (ugs.) **a)** *(eine Ware, eine Dienstleistung) bezahlen:* das Hotelzimmer, das Taxi, die Reparatur zahlen; den Schaden zahlt die Versicherung *(für den Schaden kommt die Versicherung auf);* die Rechnung habe ich längst gezahlt *(beglichen);* kannst du mir die Fahrt, ein Bier zahlen? **Syn.:** honorieren. **b)** *bezahlen, entlohnen:* die Putzfrau zahlen; ⟨auch itr.⟩ die Firma zahlt miserabel, recht ordentlich, unter Tarif.

zahlen/bezahlen: s. Kasten.

zäh|len ['tsɛ:lən]:
1. ⟨itr.; hat⟩ *Zahlen der Reihe nach nennen:* das Kind kann schon bis 100 zählen; ich zähle bis drei. Wenn du dann nicht verschwunden bist, gibt es Ärger!
2. ⟨tr.; hat⟩ *[zählend und addierend] die Anzahl von etwas, den Betrag einer Geldsumme feststellen:* die Äpfel zählen; sein Geld zählen; er zählte, wie viel Leute anwesend waren; er zählte das Geld auf den Tisch *(legte es in einzelnen Scheinen, Münzen hin und zählte es dabei);* sie zählt schon die Stunden bis zu seiner Ankunft *(kann seine Ankunft kaum mehr erwarten);* ⟨auch itr.⟩ du hast offenbar falsch gezählt. **Syn.:** abzählen, zusammenzählen.
3. ⟨itr.; hat⟩ *sich verlassen:* du kannst auf mich, auf meine Hilfe, auf meine Verschwiegenheit zählen; können wir heute Abend auf dich zählen? *(wirst du mitmachen, dabei sein?).* **Syn.:** bauen, rechnen mit, vertrauen.
4. ⟨itr.; hat⟩ *von Bedeutung sein:* bei ihm/für ihn zählt nur die Leistung eines Mitarbeiters; nicht das Lebensalter zählt, sondern das Dienstalter. **Syn.:** gelten.
5. ⟨itr.; hat⟩ *zu etwas/jmdm. gehören:* sie zählt fast schon zu unserer Familie; die Menschenaffen zählen zu den Primaten; er zählt zu den bedeutendsten Autoren seiner Zeit; diese Tage zählen zu den schönsten ihres Lebens. **Syn.:** rechnen.
6. ⟨tr.; hat⟩ *für etwas Bestimmtes halten, als etwas Bestimmtes ansehen:* ich zähle ihn zu meinen Freunden. **Syn.:** rechnen.
7. ⟨itr.; hat⟩ (geh.) *eine bestimmte Anzahl von etwas haben:* das Dorf zählt 2 000 Einwohner. **Syn.:** haben.
8. ⟨itr.; hat⟩ **a)** *wert sein:* das Ass zählt 11 Punkte; ein Turm zählt mehr als ein Läufer; das Leben eines Menschen zählt dort nicht mehr viel. **b)** *gewertet werden, gültig sein:* das Tor zählt nicht; es zählt nur der dritte Versuch. **Syn.:** berücksichtigt werden, gelten, gezählt werden.

zahl|los ['tsa:llo:s] ⟨Adj.⟩ (emotional):
sehr viele, unzählige: zahllose Lichter; dafür gibt es zahllose Beispiele; die Beschwerdebriefe waren zahllos. **Syn.:** unendlich viel, ungezählt, unübersehbar viel, viel, zahlreich.

zahl|reich ['tsa:lraiç] ⟨Adj.⟩:
a) *sehr viele:* es haben sich zahlreiche schwere Unfälle ereignet; er hat zahlreiche Briefe bekommen; solche Fälle sind nicht sehr zahlreich *(häufig);* ich freue mich, dass ihr so zahlreich *(in so großer Zahl)* gekommen seid. **Syn.:** ohne Zahl, ungezählt, viel, zahllos. **b)** *aus vielen einzelnen Personen oder Dingen bestehend, umfangreich, groß:* seine zahlreiche Nachkommenschaft; sie musste die zahlreiche Post beantworten; das Publikum war nicht sehr zahlreich.

Zah|lung ['tsa:lʊŋ], die; -, -en:
1. *das Zahlen:* die Zahlung der Miete erfolgt monatlich; eine Zahlung leisten; die Firma hat die Zahlungen eingestellt *(hat*

Konkurs gemacht); er wurde zur Zahlung einer Entschädigung verurteilt. **Syn.:** Bezahlung. **Zus.:** Barzahlung, Ratenzahlung, Rückzahlung, Vorauszahlung.
2. * etwas in Zahlung nehmen: *einen gebrauchten Gegenstand beim Kauf eines neuen mit dem Preis verrechnen:* der Händler hat das alte Auto in Zahlung genommen; *** etwas in Zahlung geben:** *beim Kauf eines neuen Gegenstandes den Preis teilweise mit einem alten, gebrauchten Gegenstand begleichen:* er kauft sich ein neues Auto und gibt das alte in Zahlung.

Zäh|lung [ˈt͡sɛːlʊŋ], die; -, -en: *das Feststellen der Anzahl (von Personen oder Sachen):* durch eine Zählung den Bestand an Vieh feststellen; eine Zählung durchführen. **Zus.:** Verkehrszählung, Volkszählung.

Zah|lungs|mit|tel [ˈt͡saːlʊŋsmɪtl̩], das; -s, -: *etwas, womit etwas bezahlt werden kann* (z. B. Geld, Scheckkarte): der Euro ist das gesetzliche Zahlungsmittel in vielen Ländern Europas.

zahm [t͡saːm] ⟨Adj.⟩: **1. a)** *(von bestimmten wild lebenden Tieren) an die Nähe von Menschen, an das Leben unter Menschen gewöhnt, keine Scheu vor dem Menschen habend, zutraulich:* eine zahme Krähe, Dohle; ein zahmes Reh; der Igel ist ganz zahm. **Syn.:** gebändigt, gezähmt. **Zus.:** handzahm. **b)** *(von Tieren) sich nicht wild, nicht angriffslustig zeigend und deshalb nicht gefährlich:* ich gebe dir das zahmste unserer Pferde; der Ziegenbock ist ganz zahm, du kannst ihn ruhig streicheln. **Syn.:** friedlich, harmlos.
2. (ugs.) **a)** *gefügig, brav, sich nicht widersetzend:* eine ausgesprochen zahme Klasse. **Syn.:** folgsam, fügsam. **b)** *gemäßigt, milde:* eine sehr zahme Kritik; jmdn. nur zahm zurechtweisen.

zäh|men [ˈt͡sɛːmən] ⟨tr.; hat⟩: *(von wild lebenden Tieren) an den Menschen gewöhnen, zahm machen:* einen Löwen zähmen. **Syn.:** bändigen.

Zahn [t͡saːn], der; -[e]s, Zähne [ˈt͡sɛːnə]: **1.** *in einem der beiden Kiefer wurzelndes, in die Mundhöhle ragendes, knochenähnliches Gebilde, das zur Zerkleinerung der Nahrung dient:* scharfe, strahlend weiße, regelmäßige, schöne, gepflegte, gesunde, schlechte Zähne; ein fauler, lockerer, kranker Zahn; sich die Zähne putzen; die Zähne kommen, brechen durch; der Zahn wackelt, schmerzt; mir ist ein Zahn abgebrochen; der Zahn muss gezogen werden; der Hund zeigte, fletschte, bleckt die Zähne; einen Zahn plombieren; jmdm. einen Zahn ausschlagen; die Nahrung mit den Zähnen zerkauen, zermahlen; mit den Zähnen knirschen.
2. *Zacke am Rand eines Gegenstandes innerhalb einer längeren Reihe:* die Zähne einer Säge, einer Briefmarke; in deinem Kamm sind ein paar Zähne ausgebrochen. **Syn.:** Zacke, Zacken (landsch.).
3. (ugs.) *hohe Geschwindigkeit:* der Wagen hatte einen ziemlichen, einen ganz schönen Zahn drauf; er kam mit einem höllischen Zahn um die Kurve. **Syn.:** Geschwindigkeit, Tempo.

Zahn|arzt [ˈt͡saːn|aːɐ̯t͡st], der; -es, Zahnärzte [ˈt͡saːn|ɛːɐ̯t͡stə], **Zahn|ärz|tin** [ˈt͡saːnɛ|ːɐ̯t͡stɪn], die; -, -nen: *Person, die kontrolliert, ob die Zähne gesund sind, und kranke Zähne behandelt:* zum Zahnarzt gehen, müssen; der Zahnarzt hat mir einen Backenzahn gezogen, einen Zahn plombiert.

Zahn|bürs|te [ˈt͡saːnbʏrstə], die; -, -n: *kleine, langstielige Bürste zum Reinigen der Zähne:* eine weiche, harte, elektrische Zahnbürste.

Zahn|creme [ˈt͡saːnkreːm], die; -, -s: *Zahnpasta:* eine Tube Zahncreme.

zahn|los [ˈt͡saːnloːs] ⟨Adj.⟩: *keine Zähne habend:* ein noch zahnloses Baby; ein zahnloser Greis.

Zahn|pas|ta [ˈt͡saːnpasta], die; -, Zahnpasten [ˈt͡saːnpastn̩]: *Paste, die zum Zähneputzen verwendet wird:* eine Tube Zahnpasta; Zahnpasta auf die Zahnbürste machen. **Syn.:** Zahncreme. **Zus.:** Kinderzahnpasta.

Zan|ge [ˈt͡saŋə], die; -, -n: *besonders zum Greifen, Halten, Durchtrennen o. Ä. dienendes Werkzeug:* eine Zange zu Hilfe nehmen; etwas mit einer Zange fassen, greifen, packen, [fest]halten; einen Nagel mit einer Zange herausziehen; mit der Zange einen Draht abkneifen. **Zus.:** Beißzange, Flachzange, Kneifzange, Kombizange, Lochzange, Rohrzange, Zuckerzange.

Zank [t͡saŋk], der; -[e]s: *mit lauten Beschimpfungen und gegenseitigen Vorwürfen ausgetragener Streit:* es gab dauernd Zank zwischen den beiden; bei ihnen herrscht nichts als Zank und Streit; in Zank um, über etwas geraten. **Syn.:** Auseinandersetzung, Disput (bildungsspr.), Gezänk, Konflikt, Kontroverse, Krach, Meinungsverschiedenheit (verhüllend), Reiberei, Streit, Streitigkeit, Stunk (ugs. abwertend), Szene, Zoff (ugs.), Zusammenstoß (ugs.).

zan|ken [ˈt͡saŋkn̩] ⟨+ sich⟩: *sich in kleinlicher, gehässiger Weise streiten:* ich habe mich mit ihm gezankt; die Geschwister zanken sich schon wieder; die Kinder zanken sich um ein Spielzeug; ⟨auch itr.⟩ hört endlich auf zu zanken! **Syn.:** sich kabbeln (ugs.), kämpfen, Krach haben (ugs.), sich in den Haaren liegen (ugs.), sich in der Wolle haben/liegen (ugs.), Streit haben, zusammenstoßen, [sich] streiten.

zän|kisch [ˈt͡sɛŋkɪʃ] ⟨Adj.⟩: *oft Streit suchend:* ein zänkisches altes Weib; er ist ein zänkischer Mensch; sie ist zänkisch geworden. **Syn.:** streitsüchtig, unverträglich.

Zäpf|chen [ˈt͡sɛpfçən], das; -s, -: *Medikament in der Form eines kleinen Kegels zum Einführen in den After oder die Scheide:* die Mutter gab dem Kind ein Zäpfchen gegen die Schmerzen.

zap|fen ['t̮sapf̮n̩] ⟨tr.; hat⟩: *mithilfe eines Hahns* (2) *o. Ä. aus einem Behälter, einer Leitung herausfließen lassen [und in einem Gefäß auffangen]:* Bier, Wein, Benzin zapfen; kannst du mir mal zwei Pils zapfen? **Syn.:** ausschenken.

Zap|fen ['t̮sapf̮n̩], der; -s, -: **1.** *holzige, die Samen enthaltende Frucht der Nadelbäume:* Nadelbäume mit stehenden, hängenden Zapfen. **Zus.:** Fichtenzapfen, Kiefernzapfen, Tannenzapfen. **2.** *zapfenförmiger Verschluss zum Schließen des Spundloches (an Fässern):* einen Zapfen in das Fass schlagen. **Syn.:** Pfropfen, Stöpsel.

Zapf|säu|le ['t̮sapf̮zɔ̮ylə], die; -, -n: *zu einer Tankstelle gehörendes Gehäuse in Form eines hochgestellten Kastens, das dem Zapfen von Kraftstoff dient und auf dessen Anzeige abgelesen werden kann, wie viel Kraftstoff getankt wurde und welcher Betrag dafür zu bezahlen ist:* an den Zapfsäulen hatten sich lange Schlangen gebildet.

zap|pe|lig ['t̮sapəlɪç] ⟨Adj.⟩ (ugs.): **a)** *(besonders von Kindern) sich ständig unruhig [hin und her] bewegend:* ein zappeliges Kind; was bist du denn so zappelig? **Syn.:** fahrig, nervös, unruhig. **b)** *aufgeregt, innerlich unruhig, nervös:* sie war ganz zappelig vor Aufregung. **Syn.:** kribbelig (ugs.).

zap|peln ['t̮sapl̩n] ⟨itr.; hat⟩: *(vor Unruhe o. Ä.) heftige, unkontrollierte Bewegungen mit den Gliedmaßen, mit dem ganzen Körper ausführen:* die Kinder zappelten vor Ungeduld; mit den Beinen, Armen zappeln; der Fisch zappelte an der Angel. **Syn.:** strampeln.

Zar [t̮sa:ɐ̯], der; -en, -en: **a)** ⟨ohne Plural⟩ *Titel des Monarchen im vorrevolutionären Russland (zeitweise auch in Bulgarien und Serbien):* er wurde zum Zaren gekrönt. **b)** *Träger des Titels Zar:* die Familie des Zaren; das Russland der Zaren. **Syn.:** Herrscher, Monarch, Regent.

-zar [t̮sa:ɐ̯], der; -en, -en ⟨Suffixoid⟩: *männliche Person, die auf dem im Basiswort genannten Gebiet als herrschend, beherrschend, mächtigster Mann gilt:* Fernsehzar; Filmzar; Kinozar; Modezar; Popzar; Pressezar; Zeitungszar. **Syn.:** -papst (scherzh.).

Za|rin ['t̮sa:rɪn], die; -, -nen: **1. a)** ⟨ohne Plural⟩ weibliche Form zu ↑Zar (1 a). **b)** weibliche Form zu ↑Zar (1 b). **2.** *Ehefrau eines Zaren.*

zart [t̮sa:ɐ̯t] ⟨Adj.⟩: **1. a)** *verletzlich, zerbrechlich wirkend (und daher eine besonders behutsame, pflegliche Behandlung verlangend):* ein zartes Gebilde, Geschöpf; ein zartes Kind; zarte Knospen, Triebe, Blüten; zarte Haut; ihre zarten Finger, Hände; zarte *(feine)* Spitzen; ein zarter *(feiner, weicher)* Flaum; die Pflänzchen sind noch sehr zart. **Syn.:** ätherisch (geh.), dünn, empfindlich, fein, grazil, schwach, zierlich. **b)** *sehr empfindlich [reagierend], sensibel:* ein zartes Gemüt; solche brutalen Szenen sind nichts für zarte Gemüter. **Syn.:** empfindlich, feinfühlig, verletzlich. **2.** *(von bestimmten Speisen) angenehm weich, mürbe, im Mund zergehend:* zartes Fleisch, Gemüse, Gebäck; das Steak ist sehr zart. **Syn.:** leicht zerfallend, locker. **Zus.:** butterzart. **3.** *(in seiner Intensität) auf eine angenehme Weise sanft, leise, unaufdringlich:* ein zartes Blau, Rosa; ein zarter *(heller)* Teint; zarte Klänge; der Duft ist sehr zart; ihre Stimme ist, klingt weich und zart. **Syn.:** duftig, fein. **4. a)** *einfühlsam, rücksichtsvoll:* sie geht nicht gerade zart mit ihm um. **Syn.:** feinfühlig, sanft, sensibel, zartfühlend. **b)** *zurückhaltend, nur angedeutet, nur andeutungsweise, dezent:* eine zarte Berührung, Geste, Andeutung; etwas nur zart andeuten; sie lächelte zart; sie strich ihm zart über den Kopf.

zart|be|sai|tet ['t̮sa:ɐ̯tbəzai̮tət] ⟨Adj.⟩ (oft scherzh.), **zart besai|tet:** *sehr empfindsam, sensibel, in seinen Gefühlen sehr leicht zu verletzen, leicht zu schockieren:* ein zartbesaitetes Gemüt.

zart|bit|ter ['t̮sa:ɐ̯tbɪtɐ] ⟨Adj.⟩: *(von Schokolade) dunkel und von leicht bitterem Geschmack:* eine zartbittere Schokolade.

zart|füh|lend ['t̮sa:ɐ̯tfy:lənt] ⟨Adj.⟩: *Zartgefühl, Taktgefühl habend:* ein zartfühlender Mensch; es war nicht sehr zartfühlend von dir, dieses Thema anzuschneiden. **Syn.:** einfühlsam, feinfühlig, rücksichtsvoll, sensibel, taktvoll.

Zart|ge|fühl ['t̮sa:ɐ̯tgəfy:l], das; -[e]s: *ausgeprägtes Einfühlungsvermögen, Taktgefühl:* ich hätte ihm eigentlich etwas mehr Zartgefühl zugetraut; sie ging mit dem größten Zartgefühl zu Werke. **Syn.:** Fingerspitzengefühl, Takt.

zärt|lich ['t̮sɛ:ɐ̯tlɪç] ⟨Adj.⟩: **1.** *(in seinem Verhalten einem anderen gegenüber) große Zuneigung ausdrückend, davon zeugend:* ein zärtlicher Blick, Kuss; zärtliche Worte; zärtlich zu jmdm. sein; die Mutter strich dem Kind zärtlich übers Haar; sich zärtlich küssen, streicheln. **2.** (geh.) *fürsorglich, liebevoll:* eine zärtliche Ehefrau; ein zärtlicher Vater.

Zärt|lich|keit ['t̮sɛ:ɐ̯tlɪçkai̮t], die; -, -en: **1.** ⟨ohne Plural⟩ *starkes Gefühl der Zuneigung und damit verbundener Drang, dieser Zuneigung Ausdruck zu geben; das Zärtlichsein:* aus seinem Blick sprach Zärtlichkeit; er empfand eine große Zärtlichkeit für sie; voller Zärtlichkeit küssten, umarmten sie sich. **Syn.:** Liebe, Zuneigung. **2.** ⟨Plural⟩ *zärtliche* (1) *Liebkosung:* Zärtlichkeiten austauschen; es ist zwischen den beiden zu Zärtlichkeiten gekommen. **3.** ⟨ohne Plural⟩ (geh.) *Fürsorglichkeit:* sie pflegte ihre alte Mutter mit der größten Zärtlichkeit.

Zä|sur [t̮sɛ'zu:ɐ̯], die; -, -en: (bildungsspr.) *Einschnitt (besonders in einer geschichtlichen Entwicklung); markanter Punkt:* eine markante, deutlich sichtbare Zäsur; dieses Werk bildet eine Zäsur im Schaffen des Künstlers. **Syn.:** Einschnitt.

Zau|ber [ˈts̮aubɐ], der; -s:
1. a) *Handlung des Zauberns; magische Handlung:* jmdn. durch einen Zauber heilen; einen Zauber anwenden; Zauber treiben; der Fleck, der Schmerz ist wie durch einen Zauber verschwunden; es war wie durch einen Zauber wiederhergestellt. **Syn.:** Magie, Schwarze Kunst, Zauberei; *** fauler Zauber** (ugs. abwertend): *Schwindel, Betrug:* diese Wundermittel sind doch fauler Zauber! **b)** *Zauberkraft; magische Wirkung:* in dem Amulett steckt ein geheimer Zauber; einen Zauber *(Zauberspruch)* über jmdn., etwas aussprechen.
2. *Faszination, geheimnisvoller Reiz, der von einer Person oder Sache ausgeht:* der Zauber ihres Lächelns; der Zauber der Landschaft, der Berge; jmds. Zauber erliegen; ihr Gesang übt einen großen Zauber auf ihn aus; ein großer Zauber geht von jmdm., etwas aus. **Syn.:** Anziehungskraft, Bann (geh.).
3. (ugs. abwertend) *etwas, was man für übertrieben, unnötig, lästig hält:* einen mächtigen Zauber veranstalten; ich mach den Zauber nicht mit; was kostet der ganze Zauber *(das Zeug, alles zusammen)?* **Syn.:** Rummel (ugs.), Theater (ugs. abwertend), Umstände ‹Plural›, Wirbel, Zirkus (ugs. abwertend).

Zau|be|rei [ts̮aubəˈra̮i], die; -, -en:
1. ‹ohne Plural› *das Zaubern:* er glaubt an Zauberei; was sie da macht, grenzt schon an Zauberei. **Syn.:** Magie, Schwarze Kunst, Zauber.
2. *(von einem Zauberkünstler, einer Zauberkünstlerin vorgeführtes) Zauberkunststück:* sie führte allerlei Zaubereien vor.

zau|ber|haft [ˈts̮aubɐhaft] ‹Adj.›:
von großer Schönheit, bezaubernd, entzückend: ein zauberhaftes Kleid, Bild; das war ein zauberhafter Abend; die Stimmung war ganz zauberhaft; sie sah zauberhaft aus, hat ganz zauberhaft getanzt; sie ist zauberhaft natürlich, unbefangen. **Syn.:** märchenhaft, schön.

zau|bern [ˈts̮aubɐn]:
1. ‹itr.; hat› *durch magische Kräfte, durch Zauberei hervorbringen:* die Hexe konnte zaubern; ‹auch tr.› die Fee zauberte ein Schloss auf die Wiese. **Zus.:** wegzaubern.
2. ‹itr.; hat› *Zauberkunststücke vorführen:* kannst du zaubern?; ‹auch tr.› der Zauberer zauberte ein Kaninchen aus seinem Hut *(zauberte es hervor).*
3. ‹tr.; hat› *mit großem Können, mit Geschicklichkeit hervorbringen, schaffen:* der Maler zauberte eine Landschaft auf das Papier; sie hatte in der Küche ein köstliches Mahl gezaubert. **Syn.:** erschaffen, schaffen.

zau|dern [ˈts̮audɐn] ‹itr.; hat›:
aus Angst, Unentschlossenheit o. Ä. immer wieder mit, bei etwas zögern: er tat es, ohne zu zaudern; sie zauderten mit der Ausführung des Planes; sie hatte lange gezaudert, bevor sie schließlich doch zusagte; er hielt zaudernd inne; sie willigte ohne Zaudern ein. **Syn.:** säumen (geh.), zögern.

Zaum [ts̮aum], der; -[e]s, Zäume [ˈts̮ɔymə]:
aus dem Riemenwerk für den Kopf und der Trense bestehende Vorrichtung zum Führen und Lenken von Reit- oder Zugtieren, besonders von Pferden: einem Pferd den Zaum anlegen; *** jmdn., sich, etwas im Zaum/in Zaum/**(geh.) **im Zaume halten:** *jmdn., sich, etwas zügeln, unter Kontrolle halten:* er versuchte, seine Gefühle, seine Eifersucht im Zaum zu halten.

Zaun [ts̮aun], der; -[e]s, Zäune [ˈts̮ɔynə]:
aus Metall- oder Holzstäben oder aus Drahtgeflecht bestehende Begrenzung eines Grundstücks: ein hoher, niedriger, elektrischer Zaun; ein Zaun aus Maschendraht, aus Latten; ein lebender Zaun *(eine Hecke);* einen Zaun ziehen, errichten, reparieren, anstreichen; über den Zaun klettern; durch den Zaun schlüpfen, kriechen. **Syn.:** Gatter. **Zus.:** Bretterzaun, Drahtzaun, Gartenzaun, Gitterzaun, Holzzaun, Lattenzaun, Stacheldrahtzaun.

Ze|bra|strei|fen [ˈts̮eːbraʃtra̮ifn̩], der; -s, -:
durch weiße Streifen auf der Fahrbahn gekennzeichnete Stelle, an der Fußgänger die Straße überqueren dürfen: den Zebrastreifen benutzen; das Auto hielt am, vor dem Zebrastreifen; über den Zebrastreifen gehen.

Ze|che [ˈts̮ɛçə], die; -, -n:
1. *Rechnung für die in einem Gasthaus verzehrten Speisen und Getränke:* eine kleine, teure Zeche; seine Zeche bezahlen, begleichen; er hat den Wirt um die Zeche *(den Betrag der Zeche)* betrogen. **Syn.:** Rechnung; *** die Zeche prellen** (ugs.): *seine Rechnung im Restaurant o. Ä. nicht bezahlen;* *** die Zeche [be]zahlen** (ugs.): *die unangenehmen Folgen von etw. tragen; für einen entstandenen Schaden aufkommen:* die Zeche für die Fehler der Geschäftsführung müssen die Arbeitnehmer bezahlen.
2. *Bergwerk:* die Zeche wurde stillgelegt; auf einer Zeche arbeiten.

ze|chen [ˈts̮ɛçn̩] ‹itr.; hat› (veraltend, noch scherzh.):
mit anderen gemeinsam ausgiebig Alkohol trinken: sie zechten fröhlich, die ganze Nacht hindurch, bis in den frühen Morgen. **Syn.:** bechern (ugs. scherzh.), sich besaufen (derb), sich betrinken, einen auf die Lampe gießen (salopp), einen heben (ugs.), einen trinken, einen zur Brust nehmen (ugs.), einen zwitschern (ugs.), saufen (derb), sich einen hinter die Binde gießen (ugs.), trinken.

Zeh [ts̮eː], der; -s, -en, **Ze|he** [ˈts̮eːə], die; -, -n:
bewegliches Glied am Fuß: aus seinem Strumpf schaute ein Zeh hervor; ich habe mir den großen Zeh gebrochen; sie stellte sich auf die Zehen, schlich auf [den] Zehen durchs Zimmer.

zehn [ts̮eːn] ‹Kardinalzahl› (in Ziffern: 10):
zehn Personen.

zehnt... [ts̮eːnt...] ‹Ordinalzahl› (in Ziffern: 10.):
der zehnte Mann.

zeh|ren ['tse:rən] ⟨itr.; hat⟩:
1. a) *die körperlichen Kräfte stark angreifen, verbrauchen; schwächen:* Fieber zehrt; da die Seeluft zu sehr zehrte, reiste sie wieder ab; eine zehrende Krankheit. **Syn.:** anstrengend sein, stapaziös sein. **b)** *jmdm. sehr zusetzen, sich bei jmdm. schädigend auswirken, etwas stark in Mitleidenschaft ziehen:* der Kummer, die Sorge hat sehr an ihr gezehrt; die Krankheit zehrt an seinen Kräften; der Stress, die ständigen Aufregungen zehrten an ihren Nerven. **Syn.:** angreifen, anstrengen, aufreiben, strapazieren.
2. *von etwas Vorhandenem leben (und es dabei aufbrauchen):* sie zehrten bereits von den letzten Reserven; er zehrte von seinen Ersparnissen. **Syn.:** verbrauchen.
3. *an früher Erlebtes noch immer denken, sich daran freuen und darin innere Kraft und Trost finden:* sie zehrte von ihren Erinnerungen; von diesem Konzert zehrte er noch lange.

Zei|chen ['tsai̯çn̩], das; -s, -:
1. a) *etwas Sichtbares, Hörbares (besonders eine Geste, Gebärde, ein Laut o. Ä.), das als Hinweis dient, mit dem jmd. auf etwas aufmerksam gemacht, zu etwas veranlasst o. Ä. wird:* ein heimliches, unmissverständliches Zeichen; das Zeichen zum Aufbruch, Angriff ertönte; jmdm. mit der Taschenlampe ein Zeichen geben; sie machte [ihm] ein Zeichen, er solle sich entfernen; sich durch Zeichen miteinander verständigen; zum Zeichen *(um erkennen zu lassen),* dass er sie verstanden habe, nickte er mit dem Kopf; zum Zeichen/als Zeichen *(zur Besiegelung, Verdeutlichung)* ihrer Versöhnung umarmten sie sich. **Syn.:** Gebärde, Geste, Handzeichen, Signal, Wink. **b)** *der Kenntlichmachung von etwas, dem Hinweis auf etwas dienende Kennzeichnung, Markierung oder als solche dienender Gegenstand:* ein kreisförmiges, dreieckiges, rätselhaftes Zeichen; mach dir ein Zeichen auf die Seite; er machte, kerbte ein Zeichen in den Baum; sie legte sich als Zeichen einen Zettel, legte sich ein Zeichen in das Buch; setzen Sie bitte Ihr Zeichen *(das Abkürzungszeichen Ihres Namens)* unter das Schriftstück. **Syn.:** Kennzeichen, Markierung. **c)** *festgelegte, mit einer bestimmten Bedeutung verknüpfte, eine bestimmte Information vermittelnde grafische Einheit:* mathematische, chemische Zeichen; die Zeichen der chinesischen Schrift; das Zeichen für »Paragraf«, »Dollar«; mit der Tastatur kann man über 80 verschiedene Zeichen schreiben; du musst die Zeichen *(Satzzeichen)* richtig setzen; das Zeichen *(Verkehrszeichen)* für Überholverbot. **Syn.:** Sinnbild, Symbol. **Zus.:** Ausrufezeichen, Fragezeichen, Pausenzeichen.
2. *etwas (Sichtbares, Spürbares, besonders eine Verhaltensweise, Erscheinung, ein Geschehen, Vorgang, Ereignis o. Ä.), was jmdm. etwas zeigt, für jmdn. ein Anzeichen, Symptom, Vorzeichen darstellt:* ein eindeutiges, untrügliches, klares, alarmierendes Zeichen; das ist kein gutes Zeichen; die ersten Zeichen einer Krankheit; das ist ein Zeichen dafür, dass er ein schlechtes Gewissen hat; die Zeichen des Verfalls sind nicht zu übersehen; wenn nicht alle Zeichen trügen, wird es besser; er hielt es für ein Zeichen von Schwäche. **Syn.:** Hinweis, Indiz (bes. Rechtsspr.). **Zus.:** Krankheitszeichen, Krisenzeichen, Lebenszeichen, Schwangerschaftszeichen, Unglückszeichen.

zeich|nen ['tsai̯çnən], zeichnete, gezeichnet:
1. ⟨tr.; hat⟩ **a)** *mit einem Bleistift o. Ä. in Linien, Strichen [künstlerisch] gestalten; mit zeichnerischen Mitteln herstellen:* ein Porträt, eine Skizze, eine Karikatur, einen Grundriss, einen Längsschnitt zeichnen; ein Bild zeichnen; etwas auf ein Blatt Papier, aus dem Gedächtnis zeichnen. **Syn.:** malen. **b)** *zeichnend* (1 a) *ein Bild von jmdm., einer Sache herstellen:* jmdn. in Kohle, mit Tusche, mit ein paar Strichen zeichnen; einen Baum, eine Landschaft zeichnen; ⟨auch itr.⟩ nach der Natur zeichnen. **Syn.:** aufzeichnen, darstellen, malen, porträtieren, skizzieren.
2. ⟨tr.; hat⟩ *zu einem bestimmten Zweck mit einem Zeichen, einer Kennzeichnung versehen:* die Wäsche [mit einem Monogramm] zeichnen; Waren zeichnen; Bäume zum Fällen zeichnen; die Rinder wurden mit dem Brenneisen gezeichnet. **Syn.:** kennzeichnen, markieren.

Zeich|ner ['tsai̯çnɐ], der; -s, -, **Zeich|ne|rin** ['tsai̯çnərɪn], die; -, -nen:
Person, die (künstlerische bzw. technische) Zeichnungen herstellt: er ist technischer Zeichner; sie war eine bekannte Zeichnerin. **Syn.:** Künstler, Künstlerin. **Zus.:** Karikaturenzeichner, Karikaturenzeichnerin, Kartenzeichner, Kartenzeichnerin.

Zeich|nung ['tsai̯çnʊŋ], die; -, -en:
etwas in Linien, Strichen Gezeichnetes: eine naturgetreue, saubere, künstlerische, technische, maßstabgetreue Zeichnung; Zeichnungen berühmter Künstler; die Zeichnung für einen Neubau anfertigen; etwas nach einer Zeichnung anfertigen. **Syn.:** Abbildung, Bild, Bildnis (geh.), Darstellung, Grafik, Skizze. **Zus.:** Bleistiftzeichnung, Federzeichnung, Kohlezeichnung, Kreidezeichnung, Tuschzeichnung.

Zei|ge|fin|ger ['tsai̯gəfɪŋɐ], der; -s, -:
zweiter Finger der Hand vom Daumen aus: mit dem Zeigefinger auf etwas deuten; etwas mit Daumen und Zeigefinger halten.

zei|gen ['tsai̯gn̩]:
1. ⟨itr.; hat⟩ *mit dem Finger, Arm eine bestimmte Richtung angeben, ihn auf jmdn., etwas, auf die Stelle, an der sich jmd., etwas befindet, richten und damit darauf aufmerksam machen:* sie zeigte [mit dem Finger] auf das Haus; er zeigte auf den Täter; sie zeigte nach oben, in unsere Richtung, nach Norden. **Syn.:** deuten, hindeuten, hinweisen, weisen.
2. ⟨tr.; hat⟩ *(jmdn.) etwas ansehen, betrachten lassen:* er hat

uns sein neues Haus gezeigt; sie zeigte ihre Bücher; jmdm. die Sehenswürdigkeiten der Stadt, die Stadt zeigen; sie hat mir den Brief gezeigt; sie ließ sich ihr Zimmer zeigen *(ließ sich zu ihrem Zimmer führen)*; er zeigt gern, was er hat, was er kann; das Kino zeigt einen Western *(im Kino wird ein Western gespielt)*. **Syn.:** sehen lassen, vorweisen, vorzeigen.
3. *mit Hinweisen, Erläuterungen, Gesten o. Ä. erklären, deutlich machen:* jmdm. den Weg, die Richtung zeigen; jmdm. einen Kniff, einen Trick zeigen; der Meister zeigte dem Lehrling, wie die Maschine funktioniert; sein Können zeigen *(beweisen)*. **Syn.:** beibringen, vormachen.
4. ⟨+ sich⟩ *von anderen zu sehen sein, irgendwo gesehen werden, sich sehen lassen:* sich in der Öffentlichkeit zeigen; sie zeigte sich am Fenster, auf dem Balkon; in diesem Aufzug kannst du dich unmöglich in der Stadt zeigen; mit ihr kann man sich überall zeigen. **Syn.:** auftreten, sich blicken lassen.
5. ⟨tr.; hat⟩ *in seinem Verhalten, seinen Äußerungen zum Ausdruck bringen, andere merken, spüren lassen; an den Tag legen:* Verständnis, Interesse für etwas zeigen; er will seine Gefühle nicht zeigen; seine Ungeduld, Freude zeigen; jmdm. seine Zuneigung, Liebe zeigen; er hat mir seinen Unwillen, seine Verärgerung deutlich gezeigt; damit will er nur seine Macht, Überlegenheit zeigen. **Syn.:** beweisen, enthüllen, offenbar werden lassen, verraten. **Zus.:** anzeigen.
6. ⟨+ sich⟩ *(an einer bestimmten Stelle) zum Vorschein kommen, sichtbar werden:* am Himmel zeigten sich die ersten Sterne; auf ihrem Gesicht zeigte sich ein schwaches Lächeln. **Syn.:** auftauchen, sich ausbilden, sich ausprägen, sich bilden, sich entfalten, entstehen, sich entwickeln, erscheinen, erwachen, kommen, zum Vorschein kommen.
7. ⟨+ sich⟩ *in bestimmter Weise wirken, einen bestimmten Eindruck machen; sich als etwas erweisen, herausstellen:* sich freundlich, großzügig zeigen; sie zeigte sich darüber sehr befriedigt, erfreut, enttäuscht; er zeigte sich ein wenig erstaunt, gekränkt; er wollte sich von seiner besten Seite zeigen *(wollte den besten Eindruck machen)*.
8. ⟨+ sich⟩ *deutlich werden, klar werden:* es zeigte sich, dass seine Berechnung falsch war. **Syn.:** sich herausstellen, sichtbar werden, zutage treten.

Zei|ger [ˈt͜saiɡɐ], der; -s, -: *beweglicher Teil an Messgeräten, besonders an Uhren, der die Zeit oder den gemessenen Wert (durch seine jeweilige Stellung auf einer Skala bzw. auf dem Zifferblatt) anzeigt:* der große, kleine Zeiger der Uhr; der Zeiger steht auf zwölf. **Zus.:** Minutenzeiger, Sekundenzeiger, Stundenzeiger, Uhrzeiger.

zei|hen [ˈt͜saiən], zieh, geziehen ⟨tr.; hat⟩ (geh. veraltend): *bezichtigen, beschuldigen:* du zeihst ihn, dich zu Unrecht eines solchen Verbrechens; sie ziehen sich gegenseitig der Lüge. **Syn.:** anklagen, vorhalten, vorwerfen.

Zei|le [ˈt͜sailə], die; -, -n:
a) *(geschriebene, gedruckte) Reihe nebeneinanderstehender Wörter eines Textes, Zahlen [in einer Tabelle] o. Ä.:* die erste Zeile, die ersten zwei Zeilen eines Gedichts; auf der letzten Seite stehen nur drei Zeilen; der Brief war nur wenige Zeilen lang; eine neue Zeile anfangen; jeweils die erste Zeile einrücken; er schickte ihr ein paar Zeilen *(eine kurze Mitteilung, einen kurzen Brief)*; davon habe ich noch nicht eine Zeile *(noch gar nichts)* gelesen; sie hat das Buch [von der ersten] bis zur letzten Zeile *(ganz)* gelesen; einen Text Zeile für Zeile durchgehen. **Zus.:** Gedichtzeile, Verszeile; *** zwischen den Zeilen lesen:** *aus einem Text auch das herauslesen, was nicht ausdrücklich gesagt wird:* bei einem Reiseprospekt sollten Sie immer zwischen den Zeilen lesen. **b)** *Reihe gleichartiger, nebeneinanderstehender Dinge (besonders Gebäude, Bäume):* eine Zeile von Häusern, Bäumen. **Syn.:** Linie, Reihe. **Zus.:** Häuserzeile.

zeit [t͜sait] ⟨Präp. mit Gen.⟩: in der Wendung **zeit meines, deines** usw. **Lebens:** *mein, dein* usw. *Leben lang; solange ich lebe, du lebst* usw.: das werde ich zeit meines Lebens nicht vergessen.

Zeit [t͜sait], die; -, -en:
1. ⟨ohne Plural⟩ *Ablauf, Nacheinander, Aufeinanderfolge der Augenblicke, Stunden, Tage, Wochen, Jahre:* die Zeit vergeht [schnell, wie im Fluge], verstreicht, verrinnt, scheint stillzustehen; die Zeit anhalten, zurückdrehen wollen; die Zeit drängt *(es ist Eile geboten)*; im Laufe der Zeit *(mit der Zeit)*.
2. a) *Zeitpunkt; eng begrenzter Zeitraum (in Bezug auf seine Stelle im Zeitablauf), Augenblick:* die Zeit der Ernte; die Zeit für etwas ist gekommen, steht bevor; es ist jetzt nicht die Zeit, das zu erörtern; eine Zeit, Zeit und Ort mit jmdm. vereinbaren; feste Zeiten einrichten *(etwas immer zum gleichen Zeitpunkt stattfinden lassen)*; etwas auf unbestimmte Zeit vertagen; außer der Zeit/außerhalb der üblichen Zeit; seit dieser Zeit; um diese Zeit; vor der Zeit *(vor der festgelegten Zeit, verfrüht)*; sie ruft immer zu den unmöglichsten Zeiten an; zu jeder Zeit *(jederzeit, immer)*; zu der Zeit, als/(geh.:) da …; zur selben/zur gleichen/zu gleicher Zeit *(gleichzeitig)*; zu gegebener *(passender, dafür vorgesehener)* Zeit; nur zu bestimmten Zeiten; zur Zeit der Tat. **Syn.:** ²Moment. **Zus.:** Essenszeit, Jahreszeit, Regenzeit, Schlafenszeit, Tageszeit, Tatzeit, Trockenzeit. **b)** *von einem Zeitmesser, der Uhr angegebene Stunde:* welche Zeit ist es?; hast du [die] genaue Zeit?; die Zeit ansagen; jmdn. nach der Zeit fragen; sie kam jeden Tag um dieselbe Zeit. **Zus.:** Uhrzeit.
3. a) *Zeitraum (in seiner Ausdehnung, Erstreckung, in seinem Verlauf):* die Zeit des Studiums; die schönste Zeit des Lebens/im Leben; er hat Zeiten, in denen er sehr reizbar

ist; eine schöne Zeit verbringen, verleben; der Vorfall liegt schon einige Zeit zurück; sie sind schon längere Zeit verheiratet; er hat die ganze Zeit *(ständig, ununterbrochen)* telefoniert; die erste Zeit *(in der ersten Zeit)* ist alles ungewohnt; kurze Zeit warten; er hat eine Zeit lang *([für] eine gewisse Zeit)* als Taxifahrer gearbeitet; für einige, längere, kurze Zeit verreist sein; ein Vertrag auf Zeit *(auf befristete Zeit);* in kurzer Zeit fertig sein; für alle Zeit *(für immer);* in der nächsten/in nächster Zeit *(bald);* das Auto steht die meiste Zeit *(während des größten Teils der Zeit)* in der Garage; in der letzten/in letzter Zeit; in absehbarer Zeit; nach kurzer Zeit; seit einiger Zeit; vor einiger, langer Zeit; während dieser Zeit; zu aller Zeit/allen Zeiten *(immer, allezeit).* **Zus.:** Jugendzeit, Schulzeit, Studienzeit. **b)** *verfügbarer Teil des Nacheinanders, der Abfolge von Augenblicken, Stunden, Tagen usw.:* jmdm. bleibt noch Zeit, es ist noch Zeit genug, das zu erledigen; dafür ist mir meine Zeit zu schade; [keine, wenig, eine Stunde] Zeit [für jmdn./für etwas] haben; sie gönnt sich kaum [die] Zeit zum Essen; noch nicht die Zeit [dazu] gefunden haben, etwas Bestimmtes zu tun; seine Zeit einteilen, nützen, mit etwas verbringen; viel Zeit [und Mühe] an etwas wenden, auf etwas verwenden; seine Zeit vergeuden; Zeit sparen; etwas braucht, kostet, erfordert [viel] Zeit, dauert seine Zeit, nimmt viel Zeit in Anspruch; wir dürfen jetzt keine Zeit verlieren *(müssen uns beeilen);* jmdm. die Zeit stehlen (ugs.; *jmdn. unnötig lange aufhalten*). **Zus.:** Freizeit, Ruhezeit, Urlaubszeit. **c)** *für eine Leistung, besonders zum Zurücklegen einer Strecke benötigter Zeitraum:* das war bisher meine beste Zeit; eine gute Zeit laufen, fahren; die Zeit stoppen, nehmen.
4. *Zeitabschnitt des Lebens, der Geschichte, Naturgeschichte usw. (einschließlich der herrschenden Verhältnisse):* eine vergangene, die heutige, die wilhelminische, die Weimarer Zeit; kommende, künftige Zeiten; die Zeit Goethes, des Barocks; die Zeit, als es noch kein elektrisches Licht gab; das waren böse, finstere Zeiten; das waren [noch] Zeiten *(das war eine schöne Zeit!);* die Zeit war noch nicht reif dafür *(die Entwicklung war noch nicht genug fortgeschritten);* das ist ein Zug der Zeit *(der gegenwärtigen Zeit);* eine Sage aus alter Zeit; in jüngster Zeit; in früheren Zeiten; in Zeiten des Krieges, der Not; mit der Zeit gehen *(sich der Entwicklung, den jeweiligen Verhältnissen anpassen);* seit ewigen Zeiten (emotional; *schon lange*); zu jener Zeit; zu seiner Zeit *(als er noch lebte);* zu keiner Zeit *(niemals).* **Syn.:** Abschnitt, Ära (geh.), Epoche, Periode, Phase, Zeitalter, Zeitraum. **Zus.:** Barockzeit, Friedenszeit, Goethezeit, Kriegszeit, Nazizeit, Reformationszeit, Vorkriegszeit.

Zeit|al|ter [ˈt͡sa͜itlaltɐ], das; -s, -: *Abschnitt, Epoche der Geschichte (mit besonderer Prägung):* das atomare, elektronische, digitale Zeitalter; das Zeitalter der Reformation, der Raumfahrt; das Zeitalter der Entdeckungen; der Beginn eines neuen Zeitalters. **Syn.:** Ära (geh.), Periode, Phase. **Zus.:** Atomzeitalter, Computerzeitalter.

Zeit|an|sa|ge [ˈt͡sa͜itlanza:gə], die; -, -n:
1. *Ansage der genauen Uhrzeit, besonders im Rundfunk:* die Uhr nach der Zeitansage im Radio stellen.
2. *telefonischer Ansagedienst, durch den man jederzeit die genaue Uhrzeit erfahren kann:* die Zeitansage anrufen.

Zeit|geist [ˈt͡sa͜itga͜ist], der; -[e]s: *für eine bestimmte geschichtliche Zeit charakteristische allgemeine Gesinnung, geistige Haltung:* der Zeitgeist war von der Erinnerung an den Krieg geprägt.

zeit|ge|mäß [ˈt͡sa͜itgəmɛ:s] ‹Adj.›: *den Erfordernissen der jeweiligen Gegenwart entsprechend:* ein zeitgemäßes Design; seine Ansichten sind nicht mehr zeitgemäß. **Syn.:** aktuell, auf dem neusten Stand, auf der Höhe der Zeit, in (ugs.), [2]modern, modisch, up to date.

Zeit|ge|nos|se [ˈt͡sa͜itgənɔsə], der; -n, -n, **Zeit|ge|nos|sin** [ˈt͡sa͜itgənɔsɪn], die; -, -nen:
1. *Person, die zur gleichen Zeit lebt, gelebt hat wie eine bestimmte andere Person:* ein Zeitgenosse Luthers; sie waren Zeitgenossinnen.
2. (ugs., häufig abwertend) *[Mit]mensch:* ein rücksichtsloser Zeitgenosse; eine sonderbare Zeitgenossin. **Syn.:** Bursche, Frau, Kerl (ugs.), Mann, Mensch, Mitmensch, Typ.

zeit|ge|nös|sisch [ˈt͡sa͜itgənœsɪʃ] ‹Adj.›:
1. *zu den Zeitgenossen* (1) *gehörend, von ihnen stammend:* zeitgenössische Dokumente; der Bericht eines zeitgenössischen Autors.
2. *gegenwärtig, heutig:* die zeitgenössische Musik, Kunst, Literatur.

zei|tig [ˈt͡sa͜itɪç] ‹Adj.›: *(in Bezug auf einen bestimmten Zeitraum) früh:* am zeitigen Vormittag; ein zeitiger Winter; zeitig aufstehen; du hättest zeitiger kommen müssen. **Syn.:** frühzeitig.

zei|ti|gen [ˈt͡sa͜itɪgn̩] ‹tr.; hat› (geh.): *als Ergebnis, Folge hervorbringen, nach sich ziehen:* diese Entwicklung zeitigte überraschende Erfolge, Ergebnisse. **Syn.:** anrichten, auslösen, bewirken, entfesseln (geh.), erzeugen, heraufbeschwören, herbeiführen, [1]stiften, veranlassen, verschulden, verursachen, wachrufen, wecken, zur Folge haben.

zeit|le|bens [t͡sa͜itˈle:bn̩s] ‹Adverb›: *während des ganzen Lebens:* er hat zeitlebens schwer gearbeitet; daran werde ich mich zeitlebens erinnern. **Syn.:** dein, euer, ihr, mein usw. Leben lang.

zeit|lich [ˈt͡sa͜itlɪç] ‹Adj.›:
1. *die Zeit betreffend; im Hinblick auf die zur Verfügung stehende Zeit:* der zeitliche Ablauf; in großem, kurzem zeitlichem Abstand; der

Besuch des Museums war zeitlich nicht mehr möglich; die Erlaubnis ist zeitlich begrenzt. **2.** *vergänglich:* zeitliche und ewige Werte; die zeitlichen Güter.

zeit|los ['tsaitlo:s] ⟨Adj.⟩: *(in Stil, Form, Gehalt o. Ä.) nicht von der augenblicklichen Mode o. Ä. abhängig; in jede Zeit passend:* zeitlose Möbel, Mäntel; zeitloses Design. **Syn.:** klassisch.

Zeit|lu|pe ['tsaitlu:pə], die; -: *Verfahren, bei dem die auf einem Film, einem Video aufgenommenen Vorgänge, Szenen bei der Wiedergabe in stark verlangsamtem Tempo erscheinen:* durch die Zeitlupe wurde klar erkennbar, dass er gefoult hatte; etwas in Zeitlupe aufnehmen, filmen; sich eine Szene in Zeitlupe ansehen.

Zeit|not ['tsaitno:t], die; -: *Bedrängtsein, Notlage durch einen Mangel an verfügbarer Zeit:* in Zeitnot geraten; in Zeitnot sein.

Zeit|punkt ['tsaitpʊŋkt], der; -[e]s, -e: *bestimmte kurze Zeitspanne, Augenblick in einem zeitlichen Ablauf:* etwas im geeigneten Zeitpunkt tun; den richtigen Zeitpunkt [für etwas] abwarten, verpassen; zu diesem Zeitpunkt war sie schon abgereist, war es schon zu spät. **Syn.:** Augenblick, ²Moment, Zeit.

zeit|rau|bend ['tsaitraubn̩t] ⟨Adj.⟩: *übermäßig viel Zeit in Anspruch nehmend:* ein zeitraubendes Verfahren; eine zeitraubende Recherche; diese Arbeit ist sehr zeitraubend. **Syn.:** langwierig, mit hohem Zeitaufwand verbunden, viel Zeit kostend.

Zeit|raum ['tsaitraum], der; -[e]s, Zeiträume ['tsaitrɔymə]: *Zeit, Zeitabschnitt von meist längerer Dauer [in dem etwas besteht oder geschieht]:* ein Zeitraum von drei Monaten; etwas umfasst, umspannt einen Zeitraum von mehreren Tagen; in einem bestimmten Zeitraum muss die Arbeit fertig sein; das Reich bestand über riesige Zeiträume hin. **Syn.:** Abschnitt, Ära (geh.), Epoche, Periode, Phase, Zeit.

Zeit|schrift ['tsaitʃrɪft], die; -, -en: *geheftete, broschierte Druckschrift mit verschiedenen Beiträgen, Artikeln o. Ä., die meist regelmäßig (wöchentlich, monatlich oder vierteljährlich) erscheint:* eine medizinische, wissenschaftliche, satirische Zeitschrift; eine Zeitschrift für Mode, Kunst; eine Zeitschrift abonnieren, herausgeben; sie blätterte in einer Zeitschrift. **Syn.:** Blatt, Illustrierte, Journal, Magazin, Organ. **Zus.:** Fachzeitschrift, Frauenzeitschrift, Kunstzeitschrift, Literaturzeitschrift, Modezeitschrift, Musikzeitschrift, Wochenzeitschrift.

Zei|tung ['tsaitʊŋ], die; -, -en: **a)** *täglich oder wöchentlich erscheinendes Erzeugnis der Presse, das besonders neueste [politische] Nachrichten, Kommentare unterschiedlicher Art enthält:* eine gute, linke, bürgerliche, unabhängige, überregionale Zeitung; die Zeitung von gestern; ein Stapel alter Zeitungen; eine Zeitung gestalten, machen, herausgeben, verlegen, drucken; [die] Zeitung lesen; die Zeitung aufschlagen; eine Zeitung abonnieren, abbestellen, beziehen, [regelmäßig] lesen; der Junge trägt vor der Schule Zeitungen aus; etwas aus der Zeitung erfahren, wissen, haben; sie hat ihre Stelle durch die Zeitung *(durch eine Anzeige in der Zeitung)* gefunden; in einer Zeitung blättern; das weiß ich aus der Zeitung; das stand gestern in der Zeitung; ein Inserat in die Zeitung setzen *(in der Zeitung erscheinen lassen).* **Syn.:** Blatt, Journal, Organ. **Zus.:** Abendzeitung, Morgenzeitung, Provinzzeitung, Sonntagszeitung, Tageszeitung, Wochenzeitung. **b)** *Redaktion bzw. Unternehmung, die eine Zeitung* (a) *gestaltet, herstellt:* die Zeitung brachte die Meldung auf der ersten Seite; man muss nicht alles glauben, was die Zeitungen schreiben; bei einer Zeitung arbeiten; für eine Zeitung schreiben; sie ist, kommt von der Zeitung.

Zeit|ver|treib ['tsaitfɛɐ̯traip], der; -[e]s, -e: *Beschäftigung, mit der jmd. Zeit zu überbrücken, der Langeweile zu entgehen sucht:* Lesen ist mein liebster Zeitvertreib/ist mir der liebste Zeitvertreib; die Kinder malen während der Fahrt zum Zeitvertreib. **Syn.:** Abwechslung, Amüsement (bildungsspr.), Unterhaltung, Vergnügen, Zerstreuung.

zeit|wei|lig ['tsaitvailɪç] ⟨Adj.⟩: **1.** *auf eine kürzere Zeit beschränkt, zeitlich begrenzt:* zeitweilige Schwierigkeiten; wegen des Hochwassers musste die Straße zeitweilig gesperrt werden. **Syn.:** auf Zeit, eine Zeit lang, kurzfristig, temporär, vorübergehend, zeitweise. **2.** *hin und wieder für eine kürzere Zeit:* durch zeitweiligen Schneefall kam es zu Behinderungen; er ist zeitweilig nicht ansprechbar. **Syn.:** ab und zu, bisweilen, gelegentlich, manchmal, mitunter, von Zeit zu Zeit, zuweilen (geh.).

zeit|wei|se ['tsaitvaizə] ⟨Adverb⟩: **1.** *von Zeit zu Zeit, hin und wieder:* [nur] zeitweise anwesend sein; zeitweise schien auch die Sonne; er hilft zeitweise im Geschäft seiner Eltern. **Syn.:** ab und zu, bisweilen, gelegentlich, manchmal, mitunter, zuweilen (geh.). **2.** *zeitweilig* (1), *vorübergehend, eine Zeit lang:* zeitweise schien es so, als sei alles wieder in Ordnung; die Straße war zeitweise gesperrt. **Syn.:** auf Zeit, kurzfristig, temporär.

ze|le|brie|ren [tsele'bri:rən], zelebrierte, zelebriert ⟨tr.; hat⟩: **1.** *eine kirchliche Zeremonie abhalten, durchführen:* feierlich die Messe zelebrieren. **Syn.:** halten. **2.** (bildungsspr., oft scherzh.) *(bewusst) feierlich, weihevoll tun, ausführen:* ein Essen zelebrieren.

Zel|le ['tsɛlə], die; -, -n: **1.** *(besonders in Klöstern und Strafanstalten) enger und sehr einfach, nur mit dem Nötigsten ausgestatteter Raum (in dem Personen abgeschieden bzw. von anderen abgetrennt leben):* der Festgenommene wurde in eine Zelle gesperrt; der Wärter brachte ihn wieder in seine Zelle; die Gefangene hat sich in

ihrer Zelle erhängt. **Syn.:** Gelass (geh.), Kabine, Kammer, Klause, Raum, Zimmer. **Zus.:** Arrestzelle, Einzelzelle, Gefängniszelle, Klosterzelle, Mönchszelle.
2. *kleinste lebende Einheit in einem pflanzlichen oder tierischen Lebewesen:* die Zellen wachsen, teilen sich, sterben ab.

Zelt [tsɛlt], das; -[e]s, -e: *aus Stoff oder aus Fellen mithilfe von Stangen leicht auf- und abzubauende Behausung:* ein Zelt aufschlagen, aufstellen, aufbauen, abbauen, abbrechen; auf der Wiese steht ein Zelt; in einem, im Zelt schlafen, übernachten; ins Zelt kriechen; mit dem Zelt Urlaub machen. **Zus.:** Beduinenzelt, Campingzelt, Nomadenzelt, Zirkuszelt.

zel|ten ['tsɛltn̩], zeltete, gezeltet ⟨itr.; hat⟩: *ein Zelt aufschlagen und darin wohnen, schlafen:* an einem See zelten; sie wollen im Urlaub zelten [gehen]; sie zelten zu jeder Jahreszeit. **Syn.:** biwakieren, campen, Camping machen.

Ze|ment [tse'mɛnt], der; -[e]s, -e: *Baustoff aus Kalk, Ton und anderen Bestandteilen, der (mit Wasser vermengt) erhärtet:* Zement mischen, anrühren; einen Sack Zement kaufen. **Syn.:** Beton, Mörtel.

ze|men|tie|ren [tsemɛn'ti:rən] ⟨tr.; hat⟩: *mit Zement versehen und dadurch einen festen Untergrund für etwas schaffen:* den Gehweg, den Hof zementieren.

Ze|nit [tse'ni:t], der; -[e]s: **1.** *gedachter höchster Punkt des Himmelsgewölbes senkrecht über dem Standort des Beobachters bzw. über einem bestimmten Bezugspunkt auf der Erde:* die Sonne hat den Zenit erreicht; der Stern hat den Zenit überschritten, steht im Zenit.
2. *[Zeit]punkt der höchsten Entfaltung, Wirkung; Höhepunkt:* der Künstler hat den Zenit seiner Karriere erreicht, überschritten; die Sängerin stand im Zenit ihres Ruhms, ihrer Schaffenskraft. **Syn.:** Gipfel.

zen|sie|ren [tsɛn'zi:rən]: **a)** ⟨tr.; hat⟩ *(eine schulische Leistung) mit einer Zensur* (1) *bewerten:* ihr Aufsatz wurde mit »gut« zensiert; die schulischen Leistungen des Schülers zensieren; ⟨auch itr.⟩ der Lehrer zensiert streng, milde. **Syn.:** beurteilen, bewerten. **b)** *(im Hinblick auf Unerlaubtes, Unerwünschtes) der Zensur* (2 a) *unterwerfen:* jmds. Post, einen Brief zensieren; die Zeitungen werden in diesem Land scharf zensiert. **Syn.:** kontrollieren, überwachen.

Zen|sur [tsɛn'zu:ɐ̯], die; -, -en: **1.** *Note* (2): jmdm. [in einer Prüfung, für eine Arbeit] eine gute Zensur geben; sie bekam im Zeugnis eine schlechte Zensur in Deutsch. **Zus.:** Zeugniszensur.
2. a) ⟨ohne Plural⟩ *von zuständiger, besonders staatlicher Stelle angeordnete Kontrolle, Überprüfung von Druckwerken, Filmen, Briefen o. Ä. im Hinblick auf Unerlaubtes oder Unerwünschtes:* in diesem Staat gibt es keine Zensur der Presse; eine scharfe, strenge Zensur ausüben; etwas unterliegt der Zensur. **Syn.:** Kontrolle, Überwachung. **Zus.:** Briefzensur, Filmzensur, Postzensur, Pressezensur. **b)** *Stelle, Behörde, die die Zensur* (2 a) *ausübt:* die Zensur hat den Film verboten, [für Erwachsene] freigegeben.

Zen|ti|me|ter [tsɛnti'me:tɐ], der, auch: das; -s, -: Einheit der Länge (Abkürzung: cm); *hundertster Teil eines Meters:* 50 Zentimeter Stoff reicht/reichen für das Tuch.

Zent|ner ['tsɛntnɐ], der; -s, -: Einheit der Masse; *50 Kilogramm (in Deutschland) bzw. 100 Kilogramm (in Österreich und in der Schweiz):* ein Zentner Kartoffeln kostet/kosten 13 Euro; ein Schwein von drei Zentnern.

zen|tral [tsɛn'tra:l] ⟨Adj.⟩: **a)** *sich im Zentrum befindend; im Zentrum [einer Stadt] gelegen:* ein Geschäft in zentraler Lage; das Haus ist zentral gelegen, liegt sehr zentral. **Syn.:** im Herzen, im Kern, im Mittelpunkt, in der Mitte. **b)** *von übergeordneter Stelle aus organisiert, geleitet o. Ä.:* eine zentrale Stelle; eine zentrale Lenkung, Planung, Verbrechensbekämpfung; die Daten werden zentral ausgewertet. **c)** *im Mittelpunkt stehend und für alles andere von entscheidender Bedeutung:* ein zentrales Problem, eine zentrale Frage; die zentrale Figur in diesem Drama; etwas ist von zentraler Bedeutung. **Syn.:** besonders wichtig, hauptsächlich, wesentlich.

Zen|tra|le [tsɛn'tra:lə], die; -, -n: **a)** *zentrale Stelle, von der aus etwas organisiert, verwaltet oder geleitet wird:* die Zentrale der Partei, der Organisation, des Konzerns; die Anordnungen wurden von der Zentrale ausgegeben; die Filialen werden von der Zentrale aus geleitet. **b)** *Stelle, von der aus Telefongespräche vermittelt werden:* die Zentrale meldet sich nicht; die Nummer der Zentrale; jmdn. über die Zentrale zu erreichen versuchen; sich von der Zentrale verbinden lassen. **Zus.:** Telefonzentrale.

-zen|triert [tsɛntri:ɐ̯t] ⟨adjektivisches Suffixoid⟩: *(in Bezug auf ein Handeln) speziell auf das im Basiswort Genannte gerichtet, davon bestimmt:* ichzentriert; konfliktzentriert; mutterzentriert; patientenzentriert; themenzentriert.

Zen|trum ['tsɛntrʊm], das; -s, Zentren ['tsɛntrən]: **1.** *Mitte, Mittelpunkt von etwas:* das Zentrum eines Kreises; im Zentrum des Platzes steht ein Denkmal.
2. *Innenstadt:* sie wohnt im Zentrum. **Zus.:** Stadtzentrum.
3. a) *Gruppe von Menschen, Institution o. Ä., die bei etwas führend ist, von der etwas ausgeht:* das Zentrum der Revolution; das geistige Zentrum des Landes. **b)** *einem bestimmten Zweck dienende zentrale Einrichtung:* ein Zentrum für Senioren. **Zus.:** Einkaufszentrum, Forschungszentrum, Pressezentrum, Rechenzentrum, Sportzentrum.

zer- [tsɛɐ̯] ⟨verbales Präfix⟩: **1.** *durch das im Basiswort genannte Tun, Geschehen bewirken, dass etwas (ein Ganzes,*

eine glatte Fläche) beschädigt, aufgelöst, zerstört, getrennt wird: zerbeulen *(viele Beulen auf einer glatten Fläche verursachen);* zerbomben *(durch Bomben, Bombardierung zerstören);* zerfallen; zerfleischen; zerfließen; zerfressen; zerkochen; zerlegen; zermalmen; zermartern; zerreden; zersägen; zerschmettern; zersetzen; zersiedeln; (sich) zerstreiten. **Syn.:** ab-, dis-, durch-.
2. *bewirken, dass etwas zu dem im substantivischen oder adjektivischen Basiswort Genannten wird:* zerfasern; zerkleinern; zerkrümeln; zertrümmern.
3. verstärkend: zerbrechen; zerreißen; zerspringen; zertrennen.

zer|bre|chen [t͜sɛɐ̯ˈbrɛçn̩], zerbricht, zerbrach, zerbrochen:
1. ⟨tr.; hat⟩ *(etwas) durch Drücken, Schlagen, Fallenlassen o. Ä. zerstören, entzweibrechen:* sie hat ihre Brille zerbrochen; voller Wut zerbrach er den Stock. **Syn.:** beschädigen, brechen, [1]durchbrechen, in Stücke brechen, kaputt machen (ugs.), ruinieren, zerschlagen, zerschmettern, zerstören, zertrümmern.
2. ⟨itr.; ist⟩ *(von etwas Sprödem, Hartem) [durch ein Missgeschick, durch Hinfallen o. Ä.] in Stücke brechen:* der Teller zerbrach in zwei Teile; das Glas ist zu Boden gefallen und zerbrochen; zerbrochenes Spielzeug, Porzellan. **Syn.:** brechen, [1]durchbrechen, entzweigehen, in die Brüche gehen, krachen (ugs.), reißen, springen, zu Bruch gehen.

zer|brech|lich [t͜sɛɐ̯ˈbrɛçlɪç] ⟨Adj.⟩:
1. *leicht zerbrechend:* zerbrechliches Geschirr; Glas ist zerbrechlich. **Syn.:** empfindlich.
2. (geh.) *von sehr zarter, schmächtiger Gestalt, Figur:* ein zerbrechliches Persönchen; sie ist, wirkt sehr zerbrechlich. **Syn.:** fein, grazil, zart.

Ze|re|mo|nie [t͜seremoˈniː], die; -, Zeremonien [t͜seremoˈniːən]: *in bestimmten festen Formen bzw. nach einem Ritus ablaufende feierliche Handlung:* eine kirchliche, prunkvolle, schlichte Zeremonie; der Rektor der Universität wurde in/mit einer feierlichen Zeremonie in sein Amt eingeführt. **Zus.:** Begrüßungszeremonie, Einweihungszeremonie, Krönungszeremonie.

zer|fah|ren [t͜sɛɐ̯ˈfaːrən] ⟨Adj.⟩: *in hohem Maße nervös, zerstreut, unkonzentriert:* er wirkte zerfahren und verlegte ständig seine Unterlagen. **Syn.:** abgelenkt, abwesend, geistesabwesend, unaufmerksam.

zer|fal|len [t͜sɛɐ̯ˈfalən], zerfällt, zerfiel, zerfallen ⟨itr.; ist⟩:
1. *in seine einzelnen Teile auseinanderfallen:* die alte Mauer zerfällt langsam; nach dem Tode zerfällt der Körper; eine zerfallende Stadt. **Syn.:** sich auflösen, bröckeln, einfallen, verfallen, sich zersetzen.
2. *seinen inneren Zusammenhalt verlieren und dadurch nicht länger fortbestehen können:* das Reich ist zerfallen. **Syn.:** sich auflösen, untergehen, verfallen, vergehen, verschwinden.
3. *in bestimmter Weise eingeteilt, gegliedert sein:* das Buch zerfällt in drei Kapitel. **Syn.:** sich gliedern.

zer|flei|schen [t͜sɛɐ̯ˈflai̯ʃn̩] ⟨tr.; hat⟩: *(die Beute) mit den Zähnen, dem Schnabel, den Klauen in Stücke reißen, zerreißen:* die Wölfe haben den Hirsch zerfleischt; die Hunde zerfleischen sich [gegenseitig].

zer|flie|ßen [t͜sɛɐ̯ˈfliːsn̩], zerfloss, zerflossen ⟨itr.; ist⟩:
1. *(durch den Einfluss von Wärme) flüssig werden, sich auflösen:* der Schnee ist in der Sonne zerflossen. **Syn.:** schmelzen, tauen, zergehen, zerrinnen.
2. *sich fließend ausbreiten; auseinanderfließen:* die Farbe, Tinte ist zerflossen.

zer|fres|sen [t͜sɛɐ̯ˈfrɛsn̩], zerfrisst, zerfraß, zerfressen ⟨tr.; hat⟩:
1. *durch Fressen zerstören, beschädigen:* die Motten hatten den Stoff zerfressen; der Schrank war von Holzwürmern zerfressen.
2. *in seine Bestandteile zerfallen lassen; zersetzen:* der Rost, die Säure hat das Eisen zerfressen. **Syn.:** ätzen, beschädigen, kaputt machen (ugs.), zerstören.

zer|ge|hen [t͜sɛɐ̯ˈgeːən], zerging, zergangen ⟨itr.; ist⟩: *aus dem festen Zustand in den flüssigen übergehen; sich auflösen:* das Eis zergeht in der Sonne; Fett in der Pfanne zergehen lassen. **Syn.:** schmelzen, tauen, zerfließen, zerrinnen.

zer|klei|nern [t͜sɛɐ̯ˈklai̯nɐn] ⟨tr.; hat⟩: *in kleine Stücke zerteilen:* etwas grob, fein zerkleinern; die Nahrung mit den Zähnen zerkleinern; er hat das Holz mit der Axt zerkleinert. **Syn.:** zerlegen.

zer|klüf|tet [t͜sɛɐ̯ˈklʏftət] ⟨Adj.⟩: *von tiefen Felsspalten durchzogen:* ein zerklüftetes Gebirge; eine zerklüftete Küste.

zer|knirscht [t͜sɛɐ̯ˈknɪrʃt] ⟨Adj.⟩: *sich einer Schuld bewusst und daher voller Reue:* ein zerknirschtes Gesicht machen; zerknirscht räumte er ein, Fehler gemacht zu haben, und gelobte Besserung. **Syn.:** reumütig.

zer|las|sen [t͜sɛɐ̯ˈlasn̩], zerlässt, zerließ, zerlassen ⟨tr.; hat⟩: *(Fett) zergehen, schmelzen, sich auflösen lassen:* das Fett in der Pfanne zerlassen; Spargel mit zerlassener Butter übergießen. **Syn.:** auflösen, auslassen, flüssig machen, flüssig werden lassen.

zer|le|gen [t͜sɛɐ̯ˈleːgn̩] ⟨tr.; hat⟩: **a)** *ein zusammengesetztes Ganzes auseinandernehmen, in seine [Einzel]teile auflösen:* die Uhr, den Motor [in seine Bestandteile] zerlegen; der Schrank lässt sich gut zerlegen. **Syn.:** abbauen, abbrechen, demontieren. **b)** *in Teile schneiden:* ein Huhn, den Braten zerlegen. **Syn.:** aufschneiden, zerkleinern, zerteilen.

zer|le|sen [t͜sɛɐ̯ˈleːzn̩] ⟨Adj.⟩: *(von Druckwerken) durch häufige Benutzung unansehnlich geworden:* eine zerlesene alte Schwarte.

zer|lumpt [t͜sɛɐ̯ˈlʊmpt] ⟨Adj.⟩: **a)** *sehr abgetragen, zerrissen:* zerlumpte Kleider; seine Hosen waren zerlumpt. **b)** *mit Lumpen bekleidet:* ein zerlumpter Bettler; zerlumpt herumlaufen, sein.

zer|mal|men [t͜sɛɐ̯ˈmalmən] ⟨tr.; hat⟩:

vollständig zerdrücken, zerquetschen: die herabstürzende Geröllawine zermalmte drei Häuser. **Syn.:** zu Brei machen (ugs.), zu Mus machen (ugs.).

zer|mür|ben [tsɛɐ̯ˈmʏrbn̩] ⟨tr.; hat⟩: *jmdn. durch längere Beeinflussung nachgiebig machen; jmds. Widerstandskraft brechen:* der Gefangene wurde durch die ständigen Verhöre zermürbt. **Syn.:** demoralisieren, ermüden, fertigmachen (ugs.), kleinkriegen (ugs.).

Zerr|bild [ˈtsɛrbɪlt], das; -[e]s, -er: *Vorstellung, Bild, Darstellung von jmdm., einer Sache, die die Wirklichkeit [bewusst] verzerrt wiedergibt:* in diesem Buch entwirft die Autorin ein Zerrbild der Wirklichkeit. **Syn.:** Karikatur.

zer|rei|ßen [tsɛɐ̯ˈraisn̩], zerriss, zerrissen:
1. ⟨tr.; hat⟩ **a)** *mit Gewalt in Stücke reißen; auseinanderreißen:* Papier, einen Brief zerreißen; sie zerriss das Foto in kleine Stücke; pass auf, dass du den Faden nicht zerreißt; ein Käfer hat das Netz der Spinne zerrissen. **Syn.:** zerstören. **b)** *(durch ein Missgeschick) ein Loch, Löcher in etwas reißen:* ich habe [mir] an den Dornen meine Strümpfe zerrissen. **Syn.:** beschädigen.
2. ⟨itr.; ist⟩ **a)** *(einem Zug nicht standhaltend) mit einem Ruck (in [zwei] Teile) auseinandergehen:* der Faden, das Seil zerriss [in zwei Stücke]. **Syn.:** entzweigehen, kaputtgehen (ugs.), reißen. **b)** *Löcher, Risse bekommen:* der Stoff, das Papier zerreißt leicht; er läuft mit ganz zerrissenen Kleidern umher. **Syn.:** entzweigehen, kaputtgehen (ugs.), reißen.

zer|ren [ˈtsɛrən] ⟨tr.; hat⟩: *mit Gewalt, gegen einen Widerstand, meist ruckartig ziehen:* er zerrte ihn ins Zimmer; ⟨auch itr.⟩ der Hund zerrt an der Leine. **Syn.:** reißen, rupfen, ziehen, zupfen. **Zus.:** fortzerren, herauszerren, hervorzerren, hineinzerren, wegzerren.

zer|rin|nen [tsɛɐ̯ˈrɪnən], zerrann, zerronnen ⟨itr.; ist⟩: *allmählich flüssig werden:* das Eis ist in der Sonne zerronnen. **Syn.:** sich auflösen, schmelzen, tauen, zerfließen, zergehen.

Zer|rung [ˈtsɛrʊŋ], die; -, -en: *Verletzung, die durch zu starke Dehnung eines Muskels, einer Sehne o. Ä. entstanden ist:* sie musste wegen einer Zerrung aus dem Wettkampf ausscheiden. **Zus.:** Muskelzerrung, Sehnenzerrung.

zer|rüt|tet [tsɛɐ̯ˈrʏtət] ⟨Adj.⟩: *[durch zu große Aufregung, Anstrengung, Belastung] (körperlich, seelisch) in Unordnung geraten, sehr erschöpft:* eine zerrüttete Gesundheit, Ehe, Familie; er hat zerrüttete Nerven; sie kommt aus zerrütteten Verhältnissen; er ist [körperlich, seelisch] zerrüttet. **Syn.:** abgespannt, am Ende, erledigt (ugs.), ermattet, fertig (ugs.), groggy (ugs.), k. o. (ugs.), kaputt (ugs.).

zer|schel|len [tsɛɐ̯ˈʃɛlən], zerschellte, zerschellt ⟨itr.; ist⟩: *(gegen etwas) prallen und auseinanderbrechen:* das Schiff ist an den Klippen zerschellt; das Flugzeug zerschellte an einem Berg.

zer|schla|gen [tsɛɐ̯ˈʃla:gn̩], zerschlägt, zerschlug, zerschlagen:
1. ⟨tr.; hat⟩ *durch Hinwerfen oder Fallenlassen zerbrechen:* einen Teller zerschlagen. **Syn.:** demolieren, kaputt machen (ugs.), kleinkriegen (ugs.), kurz und klein schlagen, zerschmettern, zerstören, zertrümmern, zusammenschlagen.
2. ⟨+ sich⟩ *sich nicht erfüllen; nicht zustande kommen:* der Plan, die Verlobung hat sich zerschlagen; die Sache hat sich leider zerschlagen. **Syn.:** auffliegen (ugs.), ins Wasser fallen, nichts werden (ugs.), platzen (ugs.), scheitern.

zer|schmet|tern [tsɛɐ̯ˈʃmɛtɐn] ⟨tr.; hat⟩: *mit großer Wucht zerschlagen, zertrümmern:* sie zerschmetterte vor Zorn eine Vase; ein Geschoss hatte sein Bein zerschmettert. **Syn.:** kaputt machen (ugs.), kleinkriegen (ugs.), kurz und klein schlagen, zerstören, zusammenschlagen.

zer|set|zen [tsɛɐ̯ˈzɛtsn̩] ⟨tr.; hat⟩:
1. *in seine Bestandteile auflösen; im Gefüge lockern; durch chemische Einwirkung o. Ä. zerstören:* die Säure zersetzt das Metall; die organischen Substanzen werden von Bakterien zersetzt; ⟨auch sich⟩ der Körper zersetzt sich nach dem Tod. **Syn.:** faulen, [1]modern, verfaulen, verwesen, zerfallen.
2. *allmählich zerstören, zur Auflösung bringen:* die ständige Propaganda zersetzt die Gesinnung der Bürger, den Staat; zersetzende Strömungen, Schriften. **Syn.:** aushöhlen, durchlöchern, kaputt machen (ugs.), untergraben, unterminieren (bildungsspr.).

zer|stäu|ben [tsɛɐ̯ˈʃtɔybn̩] ⟨tr.; hat⟩: *(eine Flüssigkeit) mit Druck durch eine feine Düse austreten lassen (sodass sie sich in feinen Tropfen verteilt):* Parfüm, Wasser zerstäuben. **Syn.:** sprühen.

zer|stö|ren [tsɛɐ̯ˈʃtø:rən] ⟨tr.; hat⟩: *etwas so stark beschädigen, dass es nicht mehr brauchbar ist, dass davon nur noch Trümmer übrig sind:* ein Gebäude, eine Brücke zerstören; bei dem Erdbeben wurden viele Häuser zerstört; [von Bomben] zerstörte Städte. **Syn.:** auslöschen (geh.), brechen, dem Erdboden gleichmachen, demolieren, durchbrechen, kaputt machen, kleinkriegen (ugs.), kurz und klein schlagen, lädieren, ramponieren, ruinieren, untergraben, unterminieren (bildungsspr.), vernichten, verwüsten, zerbrechen, zerschlagen, zerschmettern, zersetzen, zertrümmern, zusammenschlagen.

zer|streu|en [tsɛɐ̯ˈʃtrɔyən]:
1. ⟨tr.; hat⟩ *weit auseinanderstreuen:* der Wind zerstreut die Blätter; ihre Kleider lagen im ganzen Raum zerstreut. **Syn.:** verstreuen, verteilen.
2. ⟨tr.; hat⟩ *auseinandertreiben, trennen:* die Polizei zerstreute die Demonstranten; die Bewohner dieses Gebietes wurden im Krieg in die ganze Welt zerstreut *(gelangten in verschiedene Teile der Welt).*
3. ⟨+ sich⟩ *nach verschiedenen Richtungen auseinandergehen:* die Menge hat sich [wieder] zerstreut; die Zuschauer zerstreuten sich nach dem Ende

der Vorstellung. **Syn.:** sich verlaufen.
4. ⟨+ sich⟩ *sich zur Entspannung, Erholung ablenken:* sie geht ins Kino, um sich zu zerstreuen. **Syn.:** sich amüsieren, sich auf andere Gedanken bringen, sich unterhalten, sich vergnügen.
5. ⟨tr.; hat⟩ *durch Argumente, Zureden beseitigen:* jmds. Zweifel, Bedenken zerstreuen. **Syn.:** ausräumen.

zer|streut [tsɛɐ̯ˈʃtrɔyt] ⟨Adj.⟩:
1. *abwesend und ganz unkonzentriert:* ein zerstreuter Mensch; einen zerstreuten Eindruck machen; sie vergisst sehr vieles und ist oft zerstreut. **Syn.:** abgelenkt, geistesabwesend, unaufmerksam, vergesslich, zerfahren.
2. *einzeln und weit voneinander entfernt liegend oder wohnend:* seine Verwandten sind im ganzen Land zerstreut; zerstreut liegende Häuser.

Zer|streu|ung [tsɛɐ̯ˈʃtrɔyʊŋ], die; -, -en:
dem Zeitvertreib dienendes Vergnügen: zur Zerstreuung der Gäste spielte eine Kapelle. **Syn.:** Abwechslung, Amüsement (bildungsspr.), Unterhaltung.

Zer|ti|fi|kat [tsɛrtifiˈka:t], das; -[e]s, -e:
1. (veraltend) *[amtliche] Bescheinigung, Beglaubigung.* **Syn.:** ²Schein.
2. *Zeugnis über eine abgelegte Prüfung; Diplom:* ein benotetes Zertifikat; ein Zertifikat bekommen, erhalten, ausstellen.

zer|trüm|mern [tsɛɐ̯ˈtrʏmɐn] ⟨tr.; hat⟩:
mit Gewalt in Stücke schlagen, vollständig zerstören: bei der Schlägerei wurden die Möbel zertrümmert; jmdm. den Schädel zertrümmern. **Syn.:** demolieren, kurz und klein schlagen, zerschmettern, zusammenschlagen.

Zer|würf|nis [tsɛɐ̯ˈvʏrfnɪs], das; -ses, -se:
durch ernste Auseinandersetzungen, Streitigkeiten verursachter Bruch einer zwischenmenschlichen Beziehung: eheliche, häusliche Zerwürfnisse; Anlass für das Zerwürfnis war ein Streit um geliehenes Geld. **Syn.:** Krach (ugs.), Streit, Zwietracht (geh.), Zwist (geh.).

zer|zaust [tsɛɐ̯ˈtsaust] ⟨Adj.⟩:
in Unordnung gebracht; wirr durcheinander: eine zerzauste Frisur; ihre Haare sind vom Wind ganz zerzaust. **Syn.:** strubbelig, struppig.

ze|tern [ˈtse:tɐn] ⟨itr.; hat⟩ (emotional abwertend):
vor Wut, Zorn o. Ä. mit lauter, schriller Stimme schimpfen, jammern: er zetert wegen des verlorenen Schlüssels. **Syn.:** keifen, kläffen, schelten, wettern. **Zus.:** rumzetern.

Zet|tel [ˈtsɛtl̩], der; -s, -:
kleines loses Blatt Papier: etwas auf einem Zettel notieren; einen Zettel [mit einer Nachricht] an die Tür kleben; ich habe den Zettel verloren, verlegt. **Syn.:** Blatt, Stück Papier. **Zus.:** Beipackzettel, Bestellzettel, Handzettel, Kassenzettel, Lottozettel, Merkzettel, Notizzettel, Stimmzettel, Tippzettel, Wahlzettel, Wunschzettel.

Zeug [tsɔyk], das; -[e]s, -e:
1. ⟨ohne Plural⟩ **a)** (ugs.) *Substanz unbestimmter Art:* das Zeug stinkt widerlich, schmeckt verdammt gut; pass auf, dass du das Zeug nicht einatmest!; im Gasthaus bekam ich ein furchtbares Zeug zu trinken. **b)** *Gegenstände, Dinge, Sachen unbestimmter Art:* sie packte allerlei Zeug in ihre Tasche; das alte Zeug kauft dir doch niemand ab. **Syn.:** Kram, Krimskrams (ugs.), Plunder (ugs.), Schnickschnack (ugs., meist abwertend), Zimt (ugs. abwertend). **Zus.:** Dreckzeug, Kleinzeug. **c)** *etwas Gesprochenes, Gelesenes o. Ä., was wenig wert, unsinnig ist:* das ist doch dummes Zeug!; sie träumte wirres Zeug; er soll nicht immer so sinnloses Zeug reden. **Syn.:** Blödsinn, Mist (ugs. abwertend), Quark (ugs.), Quatsch (ugs.), Schwachsinn (ugs. abwertend), Stuss (ugs. abwertend), Unsinn.
2. a) ⟨ohne Plural⟩ (ugs.) *Bekleidung, die jmd. besitzt:* er hielt sein Zeug in Ordnung. **Syn.:** Garderobe, Klamotten ⟨Plural⟩ (salopp), Kleider ⟨Plural⟩, Kleidung, ²Kluft (ugs.), Sachen ⟨Plural⟩ (ugs.). **Zus.:** Badezeug, Lederzeug, Turnzeug. **b)** (veraltet) *Tuch, Stoff, Gewebe:* ein Mantel aus dickem Zeug. **Syn.:** Material. **Zus.:** Leinenzeug, Weißzeug.
3. ⟨in bestimmten Verwendungen; ohne Plural⟩ *die nötigen Voraussetzungen, Fähigkeiten:* sie hatte/besaß das Zeug zu einer guten Ärztin; in ihm steckt das Zeug zum Politiker. **Syn.:** Befähigung, Begabung, Talent.

-zeug [tsɔyk], das; -[e]s ⟨Suffixoid; als Sammelbezeichnung⟩:
1. *für einen Zweck:* **a)** fasst Mittel, Dinge, Gegenstände zusammen, mit denen eine mit dem Basiswort genannte Tätigkeit durchgeführt wird: Angelzeug; Badezeug; Flickzeug; Nähzeug; Rasierzeug; Schreibzeug; Strickzeug; Turnzeug. **b)** fasst Dinge, Materialien zusammen, die in Bezug auf das im Basiswort Genannte gebraucht werden: Nachtzeug *(Sachen für die Nacht);* Schulzeug; Sommerzeug; Winterzeug. **Syn.:** -werk.
2. *zusammengehörende gleichartige Dinge:* Grünzeug; Lederzeug; Weißzeug; Wurzelzeug; Zuckerzeug.

Zeu|ge [ˈtsɔygə], der; -n, -n:
männliche Person, die bei einem Ereignis anwesend war und darüber berichten kann: er war Zeuge des Unfalls; sie sagten als Zeugen vor Gericht aus. **Syn.:** Zuschauer. **Zus.:** Augenzeuge, Belastungszeuge, Entlastungszeuge, Hauptzeuge, Kronzeuge.

¹zeu|gen [ˈtsɔygn̩] ⟨tr.; hat⟩:
(vom Mann, auch von Paaren) durch Geschlechtsverkehr, Befruchtung ein Lebewesen entstehen lassen: er hat [mit ihr], sie haben [zusammen] ein Kind gezeugt.

²zeu|gen [ˈtsɔygn̩] ⟨itr.; hat⟩:
1. *als Zeuge aussagen:* sie hat vor Gericht gegen ihn gezeugt. **Syn.:** auspacken (ugs.), eine Aussage machen, Zeugnis ablegen. **Zus.:** bezeugen.
2. *** von etwas zeugen:** *aufgrund von Beschaffenheit, Art etwas erkennen lassen, zeigen:* ihre Arbeit zeugt von großem

Können; sein Verhalten zeugt nicht gerade von Intelligenz. **Syn.:** etwas beweisen, etwas verraten.

Zeu|gin [ˈt͜sɔygɪn], die; -, -nen: weibliche Form zu ↑Zeuge.

Zeug|nis [ˈt͜sɔyknɪs], das; -ses, -se:
1. *urkundliche Bescheinigung, Urkunde, die die meist in Noten ausgedrückte Bewertung der Leistungen eines Schülers, einer Schülerin o. Ä. enthält:* ein glänzendes, mäßiges Zeugnis; sie hat nur gute Noten im Zeugnis; morgen gibt es Zeugnisse. **Syn.:** Diplom, Zertifikat. **Zus.:** Abgangszeugnis, Abschlusszeugnis, Halbjahreszeugnis, Reifezeugnis, Schulzeugnis.
2. (geh.) *beweiskräftige Aussage vor Gericht:* sie legte vor Gericht ein Zeugnis ab.
3. *etwas, was das Vorhandensein von etwas anzeigt, beweist:* die alten Burgen sind wichtige Zeugnisse der Vergangenheit. **Zus.:** Selbstzeugnis.

Zick|zack [ˈt͜sɪkt͜sak]:
in der Wendung **im Zickzack:** *von der geraden Linie in mehreren scharfen Knicken nach rechts und links abweichend:* im Zickzack laufen.

Zie|ge [ˈt͜siːgə], die; -, -n:
mittelgroßes Säugetier mit [kurzhaarigem] rauem, weißem bis braunschwarzem Fell und großen, nach hinten gekrümmten Hörnern beim männlichen und kleinen, wenig gekrümmten Hörnern beim weiblichen Tier: Ziegen halten, hüten, melken. **Zus.:** Angoraziege, Bergziege, Hausziege, Melkziege, Zwergziege.

Zie|gel [ˈt͜siːgl̩], der; -s, -:
a) *[roter bis bräunlicher] Stein aus gebranntem Ton, Lehm zum Bauen:* Ziegel brennen; ein Haus, eine Mauer aus roten Ziegeln. **Syn.:** Backstein, Klinker. **Zus.:** Lehmziegel, Tonziegel. **b)** *Stein aus gebranntem Ton, Lehm zum Dachdecken:* ein Dach mit Ziegeln decken. **Syn.:** Dachpfanne, Dachziegel. **Zus.:** Dachziegel, Firstziegel, Flachziegel.

Zie|gen|kä|se [ˈt͜siːgn̩kɛːzə], der; -s, -:
unter Verwendung von Ziegenmilch hergestellter Käse: sie tranken Rotwein und aßen Weißbrot und Ziegenkäse.

zie|hen [ˈt͜siːən], zog, gezogen:
1. ⟨tr.; hat⟩ **a)** *[unter Anwendung von Kraft] hinter sich her bewegen:* einen Handwagen ziehen; das Pferd hat den Wagen gezogen. **Syn.:** ²schleifen, schleppen. **Zus.:** fortziehen, herbeiziehen, hervorziehen, herziehen, mitziehen, nachziehen, wegziehen. **b)** *(etwas) unter Anwendung von Kraft in, aus oder auf etwas in Richtung zu sich selbst bewegen:* sie hat das Boot aus dem Wasser, ans Land gezogen. **Syn.:** zerren. **Zus.:** herausziehen, hereinziehen, hinaufziehen, hochziehen. **c)** *(einen Zug auf etwas ausüben und es dadurch) aus, von etwas entfernen, es von einer bestimmten Stelle wegbewegen:* [jmdm.] einen Zahn ziehen; jmdm./sich einen Splitter aus dem Fuß ziehen. **Syn.:** ausziehen, herausnehmen. **Zus.:** herausziehen, hervorziehen.
2. ⟨itr.; ist⟩ **a)** *sich irgendwohin begeben; irgendwohin unterwegs sein:* die Demonstranten sind zum Rathaus gezogen *(marschiert);* die Vögel ziehen *(fliegen)* nach Süden. **Syn.:** sich bewegen, sich fortbewegen, wandern. **Zus.:** fortziehen, wegziehen. **b)** *übersiedeln:* die Familie ist in eine andere Stadt gezogen. **Zus.:** umziehen, wegziehen.
3. ⟨tr.; hat⟩ *züchten:* früher haben sie Schweine, Hühner gezogen. **Zus.:** großziehen, heranziehen.
4. ⟨+ sich⟩ **a)** *bis irgendwohin verlaufen, sich [auf irgendeine Weise] irgendwohin erstrecken:* die Grenze zieht sich quer durch den Kontinent. **b)** *sehr lange dauern; kein Ende zu nehmen scheinen:* die Feier hat sich [in die Länge] gezogen. **Syn.:** sich hinausziehen. **Zus.:** hinziehen.
5. ⟨itr.; hat; unpers.⟩ *als Luftzug in Erscheinung treten, unangenehm zu verspüren sein:* es zieht!; es hat im Zimmer so stark gezogen, dass sie sich erkältete.
6. ⟨als Funktionsverb⟩: sie hat einen Vergleich gezogen *(sie hat verglichen);* einen Schluss aus etwas ziehen *(aus etwas schließen);* aus etwas Nutzen, Vorteil ziehen *(etwas so auswerten, dass man daraus einen Nutzen, Vorteil hat);* jmdn. zur Verantwortung ziehen *(jmdn. verantwortlich machen).*

Ziel [t͜siːl], das; -[e]s, -e:
1. *Punkt, Ort, den man erreichen will:* das Ziel ihrer Reise ist Paris; der Läufer ist am Ziel angelangt. **Zus.:** Ausflugsziel, Etappenziel, Reiseziel, Wanderziel.
2. *etwas, worauf jmds. Handeln, Tun o. Ä. ganz bewusst gerichtet ist, was man als Sinn und Zweck, angestrebtes Ergebnis seines Handelns, Tuns zu erreichen sucht:* ein klares Ziel vor Augen haben; die soziale Sicherheit des Landes war das Ziel ihrer Politik. **Syn.:** Absicht. **Zus.:** Arbeitsziel, Berufsziel, Hauptziel, Lebensziel, Produktionsziel, Tagesziel, Verhandlungsziel.

Ziel- [t͜siːl] ⟨Präfixoid⟩:
kennzeichnet das im Basiswort Genannte als etwas, was angestrebt wird, worauf sich etwas richtet, was mit entsprechendem Bemühen erreicht werden soll: Zielgebiet; Zielgruppe; Zielhafen; Zielpublikum; Zielsprache.

zie|len [ˈt͜siːlən] ⟨itr.; hat⟩:
1. *(etwas, womit man schießt oder wirft) genau auf ein Ziel richten, um treffen zu können:* gut, genau, scharf zielen; der Jäger zielt auf den Hasen. **Syn.:** anlegen.
2. *ein bestimmtes Ziel, einen bestimmten Zweck verfolgen:* ihre Bemühungen zielten auf eine Änderung der politischen Verhältnisse; worauf zielte deine Frage? **Syn.:** abzielen, bezwecken.

Ziel|grup|pe [ˈt͜siːlgrʊpə], die; -, -n:
Gruppe von Personen (mit vergleichbaren Merkmalen), die gezielt auf etwas angesprochen, mit etwas erreicht werden soll: Zielgruppen der Werbung; das Produkt ist auf genau definierte Zielgruppen ausgerichtet.

ziel|stre|big [ˈt͜siːlʃtreːbɪç] ⟨Adj.⟩: *ausdauernd und energisch auf sein Ziel hinarbeitend:* zielstre-

Z
Zeug

big etwas verfolgen; eine zielstrebige junge Frau. **Syn.:** entschlossen, konsequent, resolut, unbeirrt.

zie|men ['tsi:mən] ⟨+ sich⟩ (geh.): *den üblichen Regeln von Sitte und Anstand entsprechen:* es ziemt sich nicht zu sitzen, wenn ältere Leute stehen. **Syn.:** angemessen sein, sich gehören, sich geziemen (veraltend), sich schicken.

¹ziemlich ['tsi:mlɪç] ⟨Adj.⟩ (ugs.): *von großem, aber nicht übermäßig großem Ausmaß:* sie erbt ein ziemliches Vermögen; das ist eine ziemliche Frechheit; das Haus hat eine ziemliche Höhe. **Syn.:** ansehnlich, beachtlich, beträchtlich, erheblich, ganz schön.

²ziem|lich ['tsi:mlɪç] ⟨Adverb⟩: **a)** *sehr, aber nicht übermäßig:* es ist ziemlich kalt; ich kenne ihn ziemlich gut. **Syn.:** einigermaßen, ganz, recht. **b)** (ugs.) *ungefähr, annähernd, fast:* das ist ziemlich dasselbe; sie ist ziemlich fertig; er ist so ziemlich in meinem Alter. **Syn.:** bald (ugs.), beinah[e], etwa, in etwa, nahezu, praktisch (ugs.), quasi.

Zier|de ['tsi:ɐ̯də], die; -, -n: *etwas, was etwas ziert, schmückt:* der alte Dom ist eine Zierde der Stadt; sein Orden steckt als Zierde am Frack. **Syn.:** Dekoration, Schmuck.

zie|ren ['tsi:rən]: **1.** ⟨tr.; hat⟩ (geh.) *bei jmdm., etwas als Zierde vorhanden sein:* eine Schleife ziert ihr Haar; adlige Namen zieren den Briefkopf. **Syn.:** schmücken. **2.** ⟨+ sich⟩ *in unnatürlicher, gekünstelter Weise etwas [zunächst] ablehnen, was man eigentlich gern haben oder tun möchte:* er zierte sich erst eine Weile, bevor er den Kuchen nahm; zier dich nicht so!

zier|lich ['tsi:ɐ̯lɪç] ⟨Adj.⟩: *(auf anmutige, ansprechende Weise) klein und fein [gestaltet]:* ein zierlicher Körper; eine zierliche Schrift; ein zierliches Sesselchen. **Syn.:** grazil, schmal, zart, zerbrechlich.

Zif|fer ['tsɪfɐ], die; -, -n: *schriftliches Zeichen für eine Zahl:* die Zahl 52 hat zwei Ziffern; die Summe in Worten und Ziffern eintragen.

Zif|fer|blatt ['tsɪfɐblat], das; -[e]s, Zifferblätter ['tsɪfɐblɛtɐ]: *mit Zahlen, Ziffern oder Zeichen versehene Scheibe der Uhr, auf der sich die Zeiger drehen:* ein Zifferblatt mit römischen Zahlen.

Zi|ga|ret|te [tsiga'rɛtə], die; -, -n: *zum Rauchen dienende, etwa fingerlange dünne Hülle aus Papier, die mit fein geschnittenem Tabak gefüllt ist:* selbst gedrehte Zigaretten; Zigaretten mit, ohne Filter; eine Packung, Schachtel, Stange Zigaretten; eine Zigarette rauchen. **Syn.:** Kippe (ugs.), Stummel.

Zi|ga|ril|lo [tsiga'rɪlo], der, auch: das; -s, -s, ugs. auch: die; -, -s: *kleine, dünne Zigarre:* ich kaufte mir eine Schachtel leichte Zigarillos.

Zi|gar|re [tsi'garə], die; -, -n: *zum Rauchen dienende dickere Rolle aus fest zusammengedrücktem, grob geschnittenem oder gerissenem Tabak, der mit einem Tabakblatt oder einer aus gemahlenem Tabak hergestellten Hülle umschlossen ist:* eine Zigarre rauchen; eine starke Zigarre; sich eine Zigarre anstecken.

Zi|geu|ner [tsi'gɔynɐ], der; -s, -, **Zi|geu|ne|rin** [tsi'gɔynərɪn], die; -, -nen: (heute meist als diskriminierend empfundene) Bezeichnung für; *Angehörige[r] des Volkes der Sinti und Roma.* **Syn.:** Rom, Romni, Sintiza, Sinto.

Zim|mer ['tsɪmɐ], das; -s, -: *(für den Aufenthalt von Menschen bestimmter) einzelner Raum in einer Wohnung oder einem Haus:* sie bewohnt ein Zimmer im dritten Stock; ein [möbliertes] Zimmer mieten; ein Zimmer mit Balkon; eine Wohnung mit 3 Zimmern; jedes Kind hat sein eigenes Zimmer. **Zus.:** Arbeitszimmer, Badezimmer, Behandlungszimmer, Dienstzimmer, Doppelzimmer, Einzelzimmer, Esszimmer, Fremdenzimmer, Gästezimmer, Hotelzimmer, Kinderzimmer, Klassenzimmer, Krankenzimmer, Lehrerzimmer, Nachbarzimmer, Schlafzimmer, Sprechzimmer, Wartezimmer, Wohnzimmer.

Zim|mer|laut|stär|ke ['tsɪmɐlaut∫tɛrkə], die; -, -n: *Lautstärke, bei der etwas nicht außerhalb des Zimmers der Wohnung gehört werden kann (sodass keine Nachbarn belästigt werden):* das Radiogerät auf Zimmerlautstärke einstellen.

Zim|mer|mäd|chen ['tsɪmɐmɛ:tçən], das; -s, -: *Angestellte in Hotels o. Ä., die die Zimmer der Gäste aufräumt und sauber macht:* das Zimmermädchen hatte das Bett frisch bezogen.

zim|mern ['tsɪmɐn]: **a)** ⟨tr.; hat⟩ *aus Holz bauen, herstellen:* einen Schrank, Tisch, eine Laube zimmern. **Syn.:** erbauen, errichten, erstellen. **b)** ⟨itr.; hat⟩ *an einer Konstruktion aus Holz arbeiten:* er hat den ganzen Nachmittag an dem Regal gezimmert; sie zimmert gern. **Syn.:** bauen. **Zus.:** zurechtzimmern, zusammenzimmern.

zim|per|lich ['tsɪmpɐlɪç] ⟨Adj.⟩ (abwertend): *übertrieben empfindlich:* ein zimperliches Kind; er ist immer so zimperlich; sei nicht so zimperlich, es ist doch gar nicht so kalt. **Syn.:** wehleidig (abwertend).

Zimt [tsɪmt], der; -[e]s: **1.** *braunes, süßlich schmeckendes Gewürz in Form von gemahlenem Pulver oder länglichen, dünnen Stangen:* Milchreis mit Zimt und Zucker. **2.** (ugs. abwertend) *etwas, was für dumm, unsinnig, wertlos gehalten wird, was jmdm. lästig o. ä. ist:* rede nicht solchen Zimt!; lass mich doch mit dem ganzen Zimt in Ruhe!; warum wirfst du den alten Zimt nicht weg? **Syn.:** Kram, Krimskrams (ugs.), Plunder (ugs.), Schnickschnack (ugs., meist abwertend), Schund, Unsinn, Zeug.

Zins [tsɪns], der; -es, -en: *in Prozenten ausgedrückter Betrag, den jmd. von der Bank für seine Einlagen erhält oder den er für zeitweilig ausgeliehenes Geld bezahlen muss:* er hat ein Sparbuch und bekommt dafür 3 Prozent Zinsen; sie muss für ihr Darlehen 6 Prozent Zinsen zahlen; die Wertpapiere bringen Zinsen. **Syn.:**

Ertrag. **Zus.:** Bankzins, Darlehenszins, Verzugszins, Wucherzins.

Zip|fel ['tsɪpfl̩], der; -s, -: *spitz zulaufendes, unregelmäßiges Ende (besonders von etwas aus Stoff Bestehendem):* der Zipfel der Schürze, der Decke; ein Zipfel *(kleines Endstück)* von der Wurst ist noch übrig. **Syn.:** Ecke, Spitze. **Zus.:** Bettzipfel, Mützenzipfel, Schürzenzipfel, Wurstzipfel.

zir|ka ['tsɪrka]: ↑circa.

Zir|kel ['tsɪrkl̩], der; -s, -:
1. *Gerät zum Zeichnen von Kreisen:* mit dem Zirkel einen Kreis ziehen, schlagen.
2. *Gruppe von Personen mit bestimmten gemeinsamen Interessen:* die Künstler bildeten einen Zirkel; sich in politischen, elitären, geheimen Zirkeln treffen; zu einem Zirkel gehören. **Syn.:** Ausschuss, Gremium, Komitee, Kreis. **Zus.:** Lesezirkel, Literaturzirkel, Musikzirkel, Schachzirkel, Studentenzirkel, Theaterzirkel.

zir|ku|lie|ren [tsɪrku'li:rən], zirkulierte, zirkuliert ⟨itr.; ist/hat⟩: **a)** *(in einer bestimmten Bahn) kreisen:* die Luft ist/hat in dem Raum zirkuliert; das im Körper zirkulierende Blut. **b)** *in Umlauf sein:* vor Kurzem ist/hat Falschgeld in der Stadt zirkuliert. **Syn.:** kursieren, umgehen.

Zir|kus ['tsɪrkʊs], der; -ses, -se: *Unternehmen, das Vorführungen mit Tieren, Artisten, Clowns o. Ä. in einem großen Zelt zeigt:* sie ist Dompteurin beim Zirkus. **Zus.:** Raubtierzirkus, Wanderzirkus.

zir|pen ['tsɪrpn̩] ⟨itr.; hat⟩: *eine Folge von kurzen, feinen, hellen, leicht vibrierenden Tönen von sich geben:* eine Grille zirpte im Gras. **Syn.:** summen.

zi|scheln ['tsɪʃl̩n] ⟨tr.; hat⟩: **a)** *[in ärgerlichem Ton] zischend flüstern:* etwas durch die Zähne zischeln; jmdm. etwas ins Ohr zischeln. **Syn.:** wispern. **b)** *heimlich [Gehässiges] über jmdn., etwas reden:* die beiden haben dauernd etwas miteinander zu zischeln; hinter ihrem Rücken wurde über sie gezischelt. **Syn.:** tuscheln.

zi|schen ['tsɪʃn̩] ⟨itr.; hat⟩: *einen scharfen Laut hervorbringen, wie er beim Aussprechen eines s-Lautes entsteht:* das Wasser zischt, wenn es auf eine heiße Platte kommt; die Schlange zischt; das Publikum zischte *(zeigte durch Zischen sein Missfallen).* **Syn.:** fauchen.

Zi|tat [tsi'ta:t], das; -[e]s, -e: *[als Beleg] wörtlich zitierte Textstelle:* sie schloss ihren Vortrag mit einem Zitat aus Goethes »Faust«. **Syn.:** Ausspruch, Auszug, geflügeltes Wort, Stelle.

Zi|ther ['tsɪtɐ], die; -, -n: *Zupfinstrument mit einem flachen, mit Saiten bespannten Resonanzkörper:* die Zither/auf der Zither spielen.

zi|tie|ren [tsi'ti:rən] ⟨tr.; hat⟩:
1. *eine Stelle aus einem Text unter Berufung auf die Quelle wörtlich wiedergeben:* sie zitiert oft Schiller. **Syn.:** anführen, erwähnen.
2. *jmdn. auffordern, irgendwohin zu kommen, um ihn für etwas zur Rechenschaft zu ziehen:* er wurde vor Gericht zitiert. **Syn.:** ²laden, rufen, vorladen, zu sich befehlen, zu sich bestellen. **Zus.:** herbeizitieren, herzitieren.

Zi|tro|ne [tsi'tro:nə], die; -, -n: *gelbe, länglich runde Zitrusfrucht mit saftigem, sauer schmeckendem Fruchtfleisch:* eine Zitrone auspressen.

Zi|trus|frucht ['tsi:trʊsfrʊxt], die; -, Zitrusfrüchte ['tsi:trʊsfrʏçtə]: *Frucht einer Zitruspflanze mit meist dicker Schale und sehr saftigem, aromatischem Fruchtfleisch:* Apfelsinen und Zitronen sind Zitrusfrüchte.

zit|tern ['tsɪtɐn] ⟨itr.; hat⟩: *sich in ganz kurzen, schnellen und unwillkürlichen Schwingungen hin und her bewegen:* er zitterte vor Angst; sie zittert vor ihrem Vater *(hat Angst vor ihm);* das Laub zittert im Wind. **Syn.:** beben, vibrieren, zucken.

zitt|rig ['tsɪtrɪç] ⟨Adj.⟩: *(wegen eines körperlichen Gebrechens, aus Erregung o. Ä.) zitternd:* mit vor Aufregung zittrigen Fingern; ein zittriger alter Herr; sie antwortete mit zittriger Stimme.

zi|vil [tsi'vi:l] ⟨Adj.⟩:
1. *nicht militärisch; bürgerlich* (1): der zivile Beruf des Offiziers ist Ingenieur; ein Flughafen für den zivilen Verkehr.
2. *verhältnismäßig anständig und daher annehmbar, nicht übertrieben:* eine zivile Chefin; zivile Preise, Forderungen. **Syn.:** gemäßigt, maßvoll.

Zi|vil [tsi'vi:l], das; -s: *bürgerliche Kleidung (im Unterschied zur Uniform):* die Beamtin trug Zivil; der Soldat war, ging in Zivil.

Zi|vil|cou|ra|ge [tsi'vi:lkura:ʒə], die; -: *Mut, für seine Überzeugung trotz eines zu erwartenden Widerstandes oder Nachteils einzustehen, seine Meinung offen und ohne Rücksicht auf eventuelle negative Folgen in der Öffentlichkeit, gegenüber Vorgesetzten o. Ä. zu vertreten:* Zivilcourage haben, beweisen. **Syn.:** Courage, Schneid.

Zi|vil|dienst [tsi'vi:ldi:nst], der; -[e]s: *Dienst, den ein Kriegsdienstverweigerer anstelle des Wehrdienstes leistet:* Zivildienst machen.

Zi|vi|li|sa|ti|on [tsiviliza'tsi̯o:n], die; -: *Gesamtheit der durch Technik und Wissenschaft gestalteten und verbesserten sozialen und materiellen Lebensbedingungen:* Ägypten verfügte früh über eine hoch entwickelte Zivilisation.

Zi|vi|list [tsivi'lɪst], der; -en, -en, **Zi|vi|lis|tin** [tsivi'lɪstɪn], die; -, -nen: *Person, die nicht zum Militär gehört:* der Zutritt zur Kaserne ist für Zivilistinnen und Zivilisten gesperrt. **Syn.:** Bürger, Bürgerin.

Zoff [tsɔf], der; -s (ugs.): *Streit, Zank und Unfrieden:* er hatte Zoff mit seinen Freunden. **Syn.:** Auseinandersetzung, Disput (bildungsspr.), Gezänk, Händel ⟨Plural⟩ (geh.), Krach (ugs.), Meinungsverschiedenheit (verhüllend), Reiberei, Streitigkeit, Stunk (ugs. abwertend), Szene, Zusammenstoß (ugs.), Zwist (geh.), Zwistigkeit (geh.).

zö|gern ['tsø:gɐn] ⟨itr.; hat⟩: *mit einer Handlung oder Entscheidung unschlüssig warten, sie hinausschieben:* einen Augenblick zögern; sie zögerte mit der Antwort; er gehorchte, ohne zu zögern. **Syn.:** abwarten, ²säumen (geh. veraltend), schwanken, unentschlossen sein, unschlüssig sein, zaudern.

Zoll [tsɔl], der; -[e]s, Zölle ['tsœlə]:
1. *Abgabe, die für bestimmte Waren beim Überschreiten der Grenze zu zahlen ist:* wir mussten für den Kaffee Zoll bezahlen; auf dieser Ware liegt kein, ein hoher Zoll. **Zus.:** Ausfuhrzoll, Binnenzoll, Schutzzoll.
2. ⟨ohne Plural⟩ *Behörde, die den Zoll* (1) *erhebt:* er ist beim Zoll beschäftigt.

Zo|ne ['tso:nə], die; -, -n:
a) *nach bestimmten Gesichtspunkten abgegrenztes Gebiet:* das Land wurde in vier Zonen eingeteilt. **Syn.:** Bereich, Bezirk. **Zus.:** Besatzungszone, Fußgängerzone, Sperrzone.
b) *Gebiet mit bestimmten Merkmalen, geografischen, klimatischen o. ä. Eigenschaften:* die [sub]tropische, arktische Zone; das Klima der gemäßigten Zone; über 2 000 m Höhe beginnt die baumlose Zone. **Zus.:** Gewitterzone, Kaltluftzone, Klimazone, Polarzone.
c) *(nach Entfernungen) festgelegter Bereich, für den einheitliche Gebühren, Fahrpreise o. Ä. gelten:* innerhalb der ersten Zone kostet die Fahrt 2 Euro.

Zoo [tso:], der; -s, -s: *große Anlage, in der viele exotische und heimische Tiere gehalten und öffentlich gezeigt werden:* den Frankfurter Zoo besuchen; in den Zoo gehen.

Zo|o|lo|gie [tsoolo'gi:], die; -: *Lehre und Wissenschaft von den Tieren als Teilgebiet der Biologie:* seinen Doktor in Zoologie machen.

Zopf [tsɔpf], der; -[e]s, Zöpfe ['tsœpfə]: *Haare, die in mehrere, meist drei dickere Strähnen geteilt und geflochten sind:* lange, kurze, dicke, blonde Zöpfe; sie hat lange Zöpfe; sich Zöpfe flechten. **Zus.:** Haarzopf.

Zorn [tsɔrn], der; -[e]s: *heftiger, leidenschaftlicher Unwille über etwas als Unrecht Empfundenes, dem eigenen Willen Zuwiderlaufendes:* ein lodernder, flammender, heiliger Zorn; sie hatte einen furchtbaren Zorn auf ihn; er gerät leicht in Zorn. **Syn.:** Ärger, Rage (ugs.), Wut. **Zus.:** Jähzorn.

zor|nig ['tsɔrnɪç] ⟨Adj.⟩: *voll Zorn; durch Ärger und Zorn erregt, erzürnt:* zornige Blicke; ein zorniger Mensch; er schimpfte zornig. **Syn.:** ärgerlich, böse, erbost, erzürnt (geh.), grimmig, sauer (ugs.), ungehalten, wütend.

Zo|te ['tso:tə], die; -, -n: *derber, obszöner Witz:* ich will solche Zoten nicht mehr hören. **Syn.:** Schweinerei.

¹zu [tsu:] ⟨Präp. mit Dativ⟩:
1. a) (räumlich) gibt die Richtung einer Bewegung auf ein bestimmtes Ziel hin an: das Kind läuft zu der Nachbarin; er kommt morgen zu mir; sich zu jmdm. beugen, wenden; gehst du auch zu diesem Fest *(nimmst du auch daran teil)?*
b) (räumlich) drückt aus, dass etwas zu etwas anderem hinzukommt, hinzugefügt, hinzugegeben wird: zu dem Essen gab es einen trockenen Wein; da kommt Geld zu Geld; zu Obstkuchen nehme ich gern etwas Sahne. **c)** (räumlich) kennzeichnet den Ort, die Lage des Sichbefindens, Sichabspielens o. Ä. von etwas: zu ebener Erde; zu beiden Seiten des Gebäudes; sie ist zu Hause *(in ihrer Wohnung);* man erreicht diesen Ort zu Wasser und zu Lande *(auf dem Wasser- und auf dem Landweg);* (vor Ortsnamen:) der Dom zu (veraltet; *in*) Speyer; (in Namen von Gaststätten:) Gasthaus zu den Drei Eichen.
2. (zeitlich) kennzeichnet den Zeitpunkt einer Handlung, eines Geschehens, die Zeitspanne, in der sich etwas abspielt, ereignet o. Ä.: zu Anfang des Jahres; zu Lebzeiten ihrer Mutter; zu gegebener Zeit.
3. a) kennzeichnet die Art und Weise, in der etwas geschieht, sich abspielt, sich darbietet o. Ä.: sie erledigte alles zu meiner Zufriedenheit; er verkauft alles zu niedrigsten Preisen.
b) kennzeichnet die Art und Weise einer Fortbewegung: wir gehen zu Fuß; sie kamen zu Pferd.
4. a) kennzeichnet, meist in Verbindung mit Mengen- oder Zahlenangaben, die Menge, Anzahl, Häufigkeit o. Ä. von etwas: zu Dutzenden, zu zweien; zu 50 %. **b)** kennzeichnet ein in Zahlen ausgedrücktes Verhältnis: drei zu eins; das Spiel endete 2 zu 1 (mit Zeichen: 2 : 1). **c)** steht in Verbindung mit Zahlenangaben, die den Preis von etwas nennen: das Pfund Kartoffeln wurde damals zu einer Mark angeboten; es gab Stoff zu 15 Euro der Meter. **Syn.:** für. **d)** steht in Verbindung mit Zahlenangaben, die ein Maß, Gewicht o. Ä. von etwas nennen: ein Fass zu zehn Litern; Portionen zu je einem Pfund. **Syn.:** von.
5. drückt Zweck, Grund, Ziel, Ergebnis einer Handlung, Tätigkeit aus: jmdm. etwas zu Weihnachten schenken; zu seinen Ehren; sie kaufte Stoff zu einem *(für ein)* Kleid; es kam zu einem Eklat. **Syn.:** anlässlich.
6. kennzeichnet das Ergebnis eines Vorgangs, einer Handlung, die Folge einer Veränderung, Wandlung, Entwicklung o. Ä.: das Eiweiß zu Schaum schlagen; Obst zu Schnaps verarbeiten; das Eis wird wieder zu Wasser.
7. kennzeichnet in Abhängigkeit von anderen Wörtern verschiedener Wortart eine Beziehung: das war der Auftakt zu dieser Veranstaltung; zu diesem Thema wollte sie sich nicht äußern; freundlich zu jmdm. sein.

²zu [tsu:] ⟨Adverb⟩:
1. kennzeichnet ein (hohes oder geringes) Maß, das nicht mehr angemessen oder akzeptabel erscheint: das Kleid ist zu groß, zu teuer; es ist zu viel Milch im Kaffee, zu wenig Salz in der Suppe; du kommst leider zu spät; sie ist zu alt; sie hat viel zu viel geredet; er arbeitet,

leistet zu wenig; es ist/wird ihr alles zu viel *(sie fühlt sich dem allen nicht mehr gewachsen)*; dafür bin ich mir zu schade.
2. kennzeichnet die Bewegungsrichtung auf einen bestimmten Punkt, ein Ziel hin: gegen die Grenze zu, zur Grenze zu vermehrten sich die Kontrollen; der Balkon geht nach dem Hof zu.
3. ⟨elliptisch⟩ (ugs.) **a)** drückt als Aufforderung aus, dass etwas geschlossen werden, bleiben soll: Tür zu!; Augen zu! **b)** drückt aus, dass etwas geschlossen ist: die Tür ist zu; ihre Augen waren zu; der Laden, das Museum war schon zu; ihre Nase, der Abfluss ist zu *(verstopft)*; *** zu sein** (ugs.): *betrunken sein:* nach der halben Flasche Wodka war er total zu.
4. (ugs.) drückt als Aufforderung aus, dass mit etwas begonnen, etwas weitergeführt werden soll: na, dann zu!; immer zu, wir müssen uns beeilen!

³zu [t͜su:] ⟨Konj.⟩:
1. in Verbindung mit dem Infinitiv und abhängig von Wörtern verschiedener Wortart, besonders von Verben: sie bat ihn zu helfen; hilf mir bitte, das Gepäck zu tragen; sie ist heute nicht zu sprechen; er kam, um sich zu vergewissern.
2. drückt in Verbindung mit einem 1. Partizip eine Möglichkeit, Erwartung, Notwendigkeit, ein Können, Sollen oder Müssen aus: die zu erledigende Post; der zu erwartende Protest; es gab noch einige zu bewältigende Probleme.

zu- [t͜su:] ⟨trennbares, betontes verbales Präfix⟩:
1. kennzeichnet die Richtung auf ein Ziel hin: (auf jmdn.) zugehen; zulächeln; zuprosten; zuschicken.
2. *von auswärts/woanders hierher, an eine bestimmte Stelle o. Ä.:* zufächeln; zufliegen (der Vogel ist ihm zugeflogen); zuziehen (sie ist hier zugezogen).
3. a) *dazu-, hinzu-:* zufügen; zugewinnen; zukaufen; zuschalten; zusteuern; zuverdienen. **b)** *für jmdn., etwas bestimmt:* zuerkennen; zuordnen; zuteilen; zuweisen.
4. kennzeichnet das Schließen, Bedecken; besagt, dass der Zugang o. Ä. zu etwas unmöglich gemacht wird: zubauen; zubetonieren; zubinden; zubleiben; zudecken; zudrehen; zugehen (die Tür geht zu); zuhalten; zuhängen; zumachen; zumauern; zunähen.
5. *in eine vorgesehene Form bringen:* zufeilen; zuschneiden.
6. *die im Basiswort genannte Tätigkeit schnell in Richtung auf jmdn., etwas tun:* zubeißen; zupacken; zustechen.

Zu|be|hör ['t͜su:bəhøːɐ̯], das; -[e]s, -e:
etwas, was zu etwas (einem Haus, einer Maschine o. Ä.) dazugehört, es vervollständigt, ergänzt: das Zubehör einer Kamera; ein Haus mit allem Zubehör. **Syn.:** Ausstattung, Extra, Requisit, Utensil. **Zus.:** Autozubehör, Campingzubehör.

zu|bei|ßen ['t͜su:bai̯sn̩], biss zu, zugebissen ⟨itr.; hat⟩:
mit den Zähnen packen und beißen: der Hund biss plötzlich zu.

zu|be|rei|ten ['t͜su:bərai̯tn̩], bereitete zu, zubereitet ⟨tr.; hat⟩:
(von Speisen o. Ä.) aus einzelnen Bestandteilen herstellen, zum Gebrauch fertig machen: das Essen, Frühstück zubereiten; die Gerichte, Speisen waren mit Liebe, lieblos zubereitet. **Syn.:** anrichten, bereiten, fertigen, kochen.

zu|bil|li|gen ['t͜su:bɪlɪgn̩], billigte zu, zugebilligt ⟨tr.; hat⟩:
(etwas, worauf Anspruch erhoben wird) als berechtigt anerkennen und gewähren: jmdm. eine Entschädigung, mildernde Umstände zubilligen; dem Volk wurde größere Freiheit zugebilligt. **Syn.:** bewilligen, einräumen, erlauben, geben, zugestehen, zuteilwerden lassen.

zu|bin|den ['t͜su:bɪndn̩], band zu, zugebunden ⟨tr.; hat⟩:
durch Binden mit einem Band, einer Schnur verschließen: er bindet den Sack mit einer Kordel zu; du musst dir die Schnürsenkel [fester] zubinden. **Syn.:** zuschnüren.

zu|blei|ben ['t͜su:blai̯bn̩], blieb zu, zugeblieben ⟨itr., ist⟩ (ugs.):
geschlossen bleiben: das Fenster muss zubleiben; die Kiste bleibt zu.

zu|brin|gen ['t͜su:brɪŋən], brachte zu, zugebracht ⟨tr.; hat⟩:
1. *(eine Zeitspanne irgendwo) unter oft ungünstigen Umständen verbringen:* sie brachte die ganzen Ferien auf dem Land zu; er musste einige Wochen im Bett zubringen *(aus Krankheitsgründen im Bett liegen)*. **Syn.:** sich aufhalten, sich befinden, verweilen (geh.), weilen (geh.), wohnen.
2. (ugs.) *(nur mit Mühe) schließen können:* die Tür, den Koffer nicht zubringen.

Zucht [t͜sʊxt], die; -:
1. *das Züchten (von Tieren oder Pflanzen):* die Zucht von Pferden, von Rosen. **Zus.:** Bienenzucht, Fischzucht, Hundezucht, Pferdezucht, Rosenzucht, Schafzucht, Viehzucht.
2. (veraltend) *straffe Unterordnung unter eine Autorität oder Regel; das Gewohntsein an strenge Ordnung:* in der Klasse herrscht keine Zucht; für Zucht und Ordnung sorgen. **Syn.:** Disziplin. **Zus.:** Kirchenzucht, Selbstzucht.

züch|ten ['t͜sʏçtn̩], züchtete, gezüchtet ⟨tr.; hat⟩:
durch Auswahl, Kreuzung von Arten oder Rassen mit besonderen, erwünschten Merkmalen und Eigenschaften für die Vermehrung und Verbesserung von Pflanzen- oder Tierarten sorgen: hier werden besonders Pferde gezüchtet; Rosen, Blumen züchten. **Syn.:** kreuzen, paaren, ziehen.

Züch|ter ['t͜sʏçtɐ], der; -s, -, **Züch|te|rin** ['t͜sʏçtərɪn], die; -, -nen:
Person, die Tiere oder Pflanzen züchtet: sie ist eine begeisterte Züchterin von Rosen; er hat den Hund beim Züchter gekauft. **Zus.:** Bienenzüchter, Bienenzüchterin, Hundezüchter, Hundezüchterin, Pferdezüchter, Pferdezüchterin, Rosenzüchter, Rosenzüchterin.

züch|ti|gen [t͜sʏçtɪgn̩] ⟨tr.; hat⟩ (geh.):
durch Schläge hart strafen: er hatte seinen Sohn mit dem Stock gezüchtigt.

zu|cken ['t͡sʊkn̩] ⟨itr.; hat⟩: *eine plötzliche, jähe, oft unwillkürliche, ruckartige Bewegung machen:* ihre Lippen zuckten; er zuckte mit der Hand; der ganze kleine Körper zuckte von unterdrücktem Schluchzen; ⟨auch unpers.⟩ es zuckte in ihrem Gesicht.

zü|cken [t͡sʏkn̩] ⟨tr.; hat⟩: *rasch hervorholen, hervorziehen:* den Bleistift, die Geldbörse zücken; plötzlich hatte er ein Messer gezückt und zugestochen.

Zu|cker ['t͡sʊkɐ], der; -s, -: **a)** *aus bestimmten Pflanzen hergestelltes, meist in Form einer weißen, feinkörnigen Substanz verwendetes Nahrungsmittel zum Süßen von Speisen:* für den Teig zuerst Mehl und Zucker mischen, dann mit Butter und Ei verkneten; er trinkt den Kaffee ohne Zucker. **Zus.:** Fruchtzucker, Industriezucker, Milchzucker, Puderzucker, Rübenzucker, Vanillezucker, Würfelzucker. **b)** *eine wasserlösliche chemische Verbindung:* für die Verbrennung des Zuckers braucht der Körper Insulin. **Zus.:** Blutzucker, Harnzucker.

zu|ckern ['t͡sʊkɐn] ⟨tr.; hat⟩: *mit Zucker süßen:* den Brei zuckern; den Zwetschgenkuchen zuckern *(mit Zucker bestreuen).* **Zus.:** überzuckern, verzuckern.

Zu|cker|wat|te ['t͡sʊkɐvatə], die; -: *wie Watte aussehende Süßigkeit, die aus geschmolzenem und gesponnenem Zucker hergestellt wird:* auf dem Weihnachtsmarkt essen wir immer Zuckerwatte.

zu|de|cken ['t͡su:dɛkn̩], deckte zu, zugedeckt ⟨tr.; hat⟩: *(mit etwas Schützendem, Verhüllendem) bedecken:* die Mutter deckte das Kind mit einer Decke zu; es ist kalt, du musst dich gut zudecken.

zu|dem [t͡su'de:m] ⟨Adverb⟩: *außerdem:* es war sehr kalt, zudem regnete es; sie ist äußerst klug und zudem noch schön. **Syn.:** auch noch, darüber hinaus, dazu, des Weiteren, ferner, im Übrigen, nebenbei bemerkt, obendrein, überdies, weiterhin, zusätzlich.

zu|dre|hen ['t͡su:dre:ən], drehte zu, zugedreht: **1.** ⟨tr.; hat⟩ *durch Drehen eines Hahnes o. Ä. verschließen:* bitte dreh den Wasserhahn zu! **2.** ⟨tr.; hat⟩ *in einer drehenden Bewegung zu jmdm. wenden:* er dreht mir immer den Rücken zu; ⟨auch + sich⟩ sie drehte sich ihm zu, um ihn besser verstehen zu können. **Syn.:** zuwenden.

zu|dring|lich ['t͡su:drɪŋlɪç] ⟨Adj.⟩: *durch Aufdringlichkeit, zu große Vertraulichkeit lästig fallend:* ein zudringlicher Vertreter; Schülerinnen beklagten sich, er sei zudringlich geworden *(er habe sie sexuell belästigt).* **Syn.:** aufdringlich, indiskret, penetrant, unverschämt.

zu|drü|cken ['t͡su:drʏkn̩], drückte zu, zugedrückt ⟨tr.; hat⟩: **1.** *(gegen etwas) drücken und es so schließen:* die Tür, den Deckel der Truhe zudrücken; sie drückte dem Toten die Augen zu. **2.** *[umschließen und] kräftig drücken:* beim Händeschütteln drückt er immer ganz schön [fest] zu.

zu|er|ken|nen ['t͡su:|ɛɐ̯kɛnən], erkennt zu/(seltener:) zuerkennt, erkannte zu/(seltener:) zuerkannte, zuerkannt ⟨tr.; hat⟩: *durch einen Beschluss erklären, dass jmdm. etwas zusteht, gegeben werden soll:* ihm wurde eine hohe Belohnung zuerkannt; die Fakultät hat ihr den Doktortitel zuerkannt. **Syn.:** zusprechen.

zu|erst [t͡su'|e:ɐ̯st] ⟨Adverb⟩: **a)** *als Erster, Erste, Erstes:* zuerst kam mein Bruder, dann folgten die andern; zuerst solltest du etwas essen; er ist mit dem Kopf zuerst ins Wasser gesprungen. **b)** *am Anfang:* zuerst dachte ich, es würde misslingen, dann ging aber alles gut; zuerst mochten sie sich nicht, und jetzt sind sie verheiratet. **Syn.:** anfangs, erst, ursprünglich, zunächst.

Zu|fall ['t͡su:fal], der; -[e]s, Zufälle ['t͡su:fɛlə]: *etwas, was man nicht vorausgesehen hat, wofür keine Ursache, kein Zusammenhang, keine Gesetzmäßigkeit erkennbar ist:* das war purer Zufall; es war ein Zufall, dass wir uns in Paris trafen; durch Zufall erfuhr ich von seiner Heirat; ich glaube nicht an Zufälle.

zu|fal|len ['t͡su:falən], fällt zu, fiel zu, zugefallen ⟨itr.; ist⟩: **1.** *sich von selbst sehr schnell schließen:* der Deckel, die Tür ist zugefallen; vor Müdigkeit sind ihr von selbst die Augen zugefallen. **Syn.:** einschnappen, zuschlagen. **2. a)** *[unverdient oder unerwartet] gegeben sein, zuteilwerden:* sein Reichtum ist ihm nicht einfach zugefallen, er musste hart dafür arbeiten; ihr ist die ganze Erbschaft zugefallen; eines Tages fiel uns ein Riesengewinn zu. **Syn.:** abbekommen, entfallen auf, zusprechen, zuteilen. **b)** *jmdm. zugeteilt, zugewiesen, aufgetragen werden:* ihm ist die Aufgabe zugefallen, die Rede zu halten; die gesamte Verantwortung fällt dir zu.

zu|fäl|lig ['t͡su:fɛlɪç] ⟨Adj.⟩: *durch Zufall; auf einem Zufall beruhend:* ein zufälliges Zusammentreffen; sie haben sich ganz zufällig wiedergetroffen; er hat das Buch zufällig in einem Schaufenster gesehen; Kolumbus hat Amerika ganz zufällig entdeckt. **Syn.:** ohne Absicht, unabsichtlich, von ungefähr.

Zu|flucht ['t͡su:flʊxt], die; -, Zuflüchte ['t͡su:flʏçtə]: *Person oder Ort, den jmd. in der Not aufsucht, um Schutz, Hilfe zu bekommen:* er ist meine Zuflucht; die Flüchtlinge fanden schließlich in Amerika eine Zuflucht; sie gewährte einem Freund [in ihrem Haus] Zuflucht. **Syn.:** Asyl, Schlupfloch, Versteck.

zu|flüs|tern ['t͡su:flʏstɐn], flüsterte zu, zugeflüstert ⟨itr.; hat⟩: *leise, flüsternd mitteilen:* der Schüler flüsterte seinem Nachbarn heimlich die Antwort zu. **Syn.:** ins Ohr flüstern.

zu|fol|ge [t͡su'fɔlgə] ⟨Präp.; nachgestellt mit Dativ, seltener vorangestellt mit Gen.⟩: *als Folge, aufgrund:* seinem Wunsch zufolge/zufolge seines Wunsches fuhren wir einen Tag später; unbestätigten

Gerüchten zufolge ist sie wieder schwanger. **Syn.:** entsprechend, gemäß, [2]laut, nach. **Zus.:** demzufolge.

zu|frie|den [t̮su'fri:dn̩] ⟨Adj.⟩: **a)** *innerlich ausgeglichen, sich mit den Gegebenheiten in Einklang befindend und keine Veränderung der Umstände wünschend:* ein zufriedener Mensch; sie dachte zufrieden an die vergangenen Tage; sie haben dort glücklich und zufrieden gelebt; zufrieden lächelnd lehnte sie sich zurück. **Syn.:** befriedigt, froh, fröhlich, [1]glücklich. **b)** *mit den gegebenen Verhältnissen, Leistungen o. Ä. einverstanden; nichts auszusetzen habend:* der Lehrer ist mit seinen Schülerinnen nicht zufrieden; sie ist mit der neuen Stellung zufrieden.

zu|frie|den|ge|ben [t̮su'fri:dn̩ge:bn̩], gibt zufrieden, gab zufrieden, zufriedengegeben ⟨+ sich⟩: *(etwas) als ausreichend, als gut genug akzeptieren, (damit) zufrieden sein:* mit diesem geringen Verdienst wollte ich mich nicht zufriedengeben; mit dieser Antwort gab er sich schließlich zufrieden. **Syn.:** sich begnügen, sich beschränken.

Zu|frie|den|heit [t̮su'fri:dn̩hai̯t], die; -: *das Zufriedensein:* er strahlt Zufriedenheit aus.

zu|frie|den|las|sen [t̮su'fri:dn̩lasn̩], lässt zufrieden, ließ zufrieden, zufriedengelassen ⟨tr.; hat⟩: *in Ruhe lassen; nicht behelligen:* du sollst deine kleine Schwester zufriedenlassen!; lass mich doch endlich [mit deinen Vorwürfen] zufrieden!

zu|frie|den|stel|len [t̮su'fri:dn̩ʃtɛlən], stellte zufrieden, zufriedengestellt ⟨tr.; hat⟩: *jmds. Wünsche, Erwartungen, Ansprüche erfüllen und ihn so zufrieden machen:* die Wirtin versuchte alles, um ihre Gäste zufriedenzustellen; seine Leistungen stellen uns nicht zufrieden. **Syn.:** befriedigen.

zu|fü|gen ['t̮su:fy:gn̩], fügte zu, zugefügt ⟨tr.; hat⟩: *(etwas) tun, was für jmdn. unangenehm, von Nachteil ist, ihm schadet:* jmdm. ein Leid, Schaden zufügen; man hatte ihr großes Unrecht zugefügt; was du nicht willst, dass man dir tu, das füg auch keinem andern zu! **Syn.:** antun, beibringen.

zu|füh|ren ['t̮su:fy:rən], führte zu, zugeführt:
1. ⟨tr.; hat⟩ **a)** *(zu etwas) gelangen lassen, (in etwas) leiten:* einer Maschine Strom, Treibstoff zuführen; der Erlös wird einer karitativen Organisation zugeführt. **b)** *(jmdn. oder etwas mit jmdm. oder etwas) versorgen, zusammenbringen:* einer Firma Kunden zuführen; (oft verblasst:) eine Sache einer vernünftigen Lösung zuführen *(für eine Sache eine vernünftige Lösung finden).*
2. ⟨itr.; hat⟩ *(auf etwas) hinführen, in die Richtung (auf etwas hin) verlaufen:* der Weg führt genau auf das Tor zu.

Zug [t̮su:k], der; -[e]s, Züge ['t̮sy:gə]:
1. *Lokomotive oder Triebwagen mit den dazugehörenden Wagen (besonders bei der Eisenbahn):* sie fährt gern[e] Zug; bei Glatteis nehme ich lieber den Zug; der Zug hat keinen Anschluss; er fuhr mit dem letzten Zug nach Hause; morgens bringt er die Kinder zum Zug, abends holt sie sie vom Zug ab. **Syn.:** Bahn, Eisenbahn. **Zus.:** Fernverkehrszug, Nahverkehrszug, Schnellzug.
2. *sich fortbewegende Schar, Kolonne, Gruppe:* der Zug der Trauernden nahm kein Ende; die Demonstrierenden bildeten einen langen Zug. **Zus.:** Demonstrationszug, Fackelzug, Fastnachtszug, Festzug, Geleitzug, Rosenmontagszug.
3. *das Ziehen, Wandern, Sichfortbewegen [in einer Gruppe]:* der Zug der Vögel in den Süden. **Zus.:** Vogelzug.
4. a) *das Ziehen, ziehende Kraft, die auf etwas einwirkt:* ein starker Zug nach unten, nach der Seite; mit einem Zug an der Leine öffnete sie den Fallschirm. **Zus.:** Klimmzug. **b)** *Vorrichtung (wie Hebel, Griff, Band o. Ä.) zum Ziehen:* der Zug am Rollladen; sie hat sich einen Zug an die Gardine gemacht. **Zus.:** Flaschenzug, Glockenzug, Klingelzug.
5. a) *das zügige Trinken, Hinunterschlucken einer meist größeren Menge eines Getränkes:* sie leerte das Glas in einem Zug; er tat einen kräftigen Zug aus der Flasche; du hast ja einen guten Zug (ugs.; *kannst viel trinken, ohne das Glas/die Flasche abzusetzen).* **b)** *das Einatmen der Luft, das Einziehen des Rauches:* sie atmete in tiefen Zügen; er machte einen Zug aus seiner Pfeife. **Zus.:** Atemzug; *** etwas in vollen Zügen genießen:** *etwas voll und ganz genießen, auskosten:* sie genoss das Leben in vollen Zügen; *** in den letzten Zügen liegen** (ugs.): *im Sterben liegen:* der Schwerkranke lag in den letzten Zügen.
6. *als unangenehm empfundener Luftzug:* hier herrscht ein ständiger Zug; sie hat einen ganz steifen Nacken, weil sie im Zug gesesssen hat. **Syn.:** Durchzug.
7. *charakterliche Eigenart:* das ist ein sympathischer Zug an ihm; manchmal nimmt das nationale Bewusstsein gefährliche Züge an. **Zus.:** Charakterzug, Grundzug, Wesenszug.
8. *typische Linie des Gesichts:* jugendliche, hagere Züge; sie hat so einen verträumten Zug um den Mund. **Zus.:** Gesichtszug.
9. *das Bewegen, Weiterrücken einer Figur beim Spiel:* er machte mit dem Springer einen falschen Zug; matt in drei Zügen; *** zum Zuge kommen:** *die Möglichkeit zum Handeln bekommen:* ich habe versucht etwas zu ändern, aber ich bin nicht recht zum Zuge gekommen.

Zu|ga|be ['t̮su:ga:bə], die; -, -n:
1. ⟨ohne Plural⟩ *das Zugeben* (1) *von etwas:* den Teig unter Zugabe von Milch glatt rühren; durch Zugabe von Safran wird der Teig schön gelb.
2. a) *etwas, was zusätzlich gegeben wird:* das Kind bekam beim Einkauf einen Bonbon als Zugabe. **b)** *zusätzliche Darbietung bei einer künstlerischen Veranstaltung:* der Sänger sang als Zugabe zwei Lieder von Schubert.

Zu|gang ['tsu:gaŋ], der; -[e]s, Zugänge ['tsu:gɛŋə]:
1. a) *Stelle, Ort, von dem aus ein Weg in einen Raum, Ort hineinführt:* ein unterirdischer Zugang zum Schloss; die Polizei ließ alle Zugänge sperren. **Syn.:** Eingang. **b)** *das Betreten, das Hineingehen:* jmdm. den Zugang verwehren. **Syn.:** Zutritt. **Zus.:** Treppenzugang.
2. *Fähigkeit, sich einzufühlen, etwas zu verstehen; Sinn (für etwas):* er hat keinen Zugang zur modernen Malerei.
3. *hinzugekommene Sache oder Person:* die Bibliothek verzeichnet über 1 000 Zugänge; die Zugänge spielen im Training bereits mit. **Zus.:** Neuzugang.

zu|gan|ge ['tsu:gaŋə]:
in der Wendung **zugange sein** (ugs.): *mit etwas beschäftigt sein, eine bestimmte Tätigkeit o. Ä. ausüben:* die Helfer waren den ganzen Tag mit Spürhunden und Schaufeln zugange; ich bin gerade in der Küche zugange.

zu|gäng|lich ['tsu:gɛŋlɪç] ⟨Adj.⟩:
1. a) *Zugang bietend und so betretbar, erreichbar:* ein schwer zugängliches Dorf im Gebirge. **b)** *für die Benutzung o. Ä. zur Verfügung stehend:* das Museum wurde der Öffentlichkeit zugänglich gemacht; die Bücher sind für jeden zugänglich.
2. *gegenüber anderen Menschen, für Eindrücke, Ideen o. Ä. aufgeschlossen:* sie ist vernünftigen Vorschlägen immer zugänglich; er ist ein schwer zugänglicher Mensch.

zu|ge|ben ['tsu:ge:bn̩], gibt zu, gab zu, zugegeben ⟨tr.; hat⟩:
1. *hinzufügen:* das Öl unter langsamem Rühren zugeben. **Syn.:** beifügen, zusetzen.
2. a) *[nach längerem Zögern oder Leugnen] gestehen:* der Junge hat zugegeben, dass er das Fenster eingeworfen hat; sie hat die Tat schließlich zugegeben; sie will nicht zugeben, dass sie selbst Angst hatte. **Syn.:** bekennen. **b)** *als zutreffend anerkennen:* du wirst zugeben müssen, dass es nur so geht.
3. *seine Zustimmung (zu etwas) geben:* /meist verneint oder fragend/: der Vater wird nie zugeben, dass seine Tochter diese Reise allein unternimmt. **Syn.:** bewilligen, billigen, einverstanden sein mit, einwilligen in, erlauben, genehmigen, gestatten, zulassen, zustimmen.

zu|ge|hen ['tsu:ge:ən], ging zu, zugegangen:
1. ⟨itr.; ist⟩ *in Richtung auf jmdn. oder etwas gehen:* er ging auf das Haus zu; strahlend ging sie auf ihre Freundin zu. **Syn.:** herangehen an, kommen an/zu, sich nahen, sich nähern.
2. ⟨itr.; ist⟩ (ugs.) *geschlossen werden, sich schließen [lassen]:* die Tür ging langsam zu; der Koffer geht nicht zu; der Reißverschluss geht nur ganz schwer zu.
3. ⟨itr.; ist⟩ *jmdm. geschickt, zugestellt, überbracht werden:* die Bescheinigung geht Ihnen in Kürze mit der Post zu.
4. ⟨unpers.; ist⟩ *in bestimmter Weise vor sich gehen, verlaufen, sich ereignen:* bei dem Fest ging es fröhlich, laut zu; nicht immer und überall geht es so ordentlich zu wie hier; hier geht es nicht mit rechten Dingen zu *(hier stimmt etwas nicht).* **Syn.:** ablaufen, erfolgen, geschehen, passieren, [1]sein, stattfinden, sich vollziehen, vonstattengehen, vorgehen, sich zutragen.

zu|ge|hö|rig ['tsu:gəhø:rɪç] ⟨Adj.⟩:
zu jmdm. oder etwas gehörend, dazugehörend: wir haben ein Haus mit zugehörigem Garten gekauft; Polen hat sich immer dem Westen zugehörig gefühlt.

zu|ge|knöpft ['tsu:gəknœpft] ⟨Adj.⟩ (ugs.):
abweisend und auf Gespräche o. Ä. nicht leicht eingehend: er war sehr zugeknöpft; bei diesem Thema zeigt sie sich immer sehr zugeknöpft; mit Auskünften zu diesem Thema gibt sich die Behörde zugeknöpft. **Syn.:** reserviert, schweigsam, spröde, unnahbar, unzugänglich, verschlossen.

Zü|gel ['tsy:gl̩], der; -s, -:
Riemen, mit dem ein Reit- oder Zugtier gelenkt, geführt wird: die Zügel anlegen, in die Hand nehmen, halten; die Zügel [straff] anziehen. **Zus.:** Hilfszügel.

zü|gel|los ['tsy:gl̩lo:s] ⟨Adj.⟩:
nicht von Vernunft und Einsicht kontrolliert; ohne jedes Maß und ohne Hemmung: dort herrscht ein zügelloses Treiben; sie essen und trinken völlig zügellos. **Syn.:** ausschweifend, extrem, heftig, hemmungslos, lasterhaft, maßlos, orgiastisch (bildungsspr.), unersättlich, ungehemmt, wild.

zü|geln ['tsy:gl̩n]:
1. ⟨tr.; hat⟩ *durch Anziehen, Straffen des Zügels zur Ruhe bringen, zurückhalten:* sein Pferd zügeln.
2. ⟨+ sich⟩ *sich zurückhalten, beherrschen:* er konnte sich kaum noch zügeln; sein Temperament, seine Leidenschaften zügeln. **Syn.:** bändigen, beruhigen, bezähmen, bremsen, im Zaum halten, in Schranken halten, mäßigen, zähmen.

Zu|ge|ständ|nis ['tsu:gəʃtɛntnɪs], das; -ses, -se:
Entgegenkommen in einer bestimmten Angelegenheit, wobei bestimmte Wünsche, Bedürfnisse der anderen Seite berücksichtigt werden: Zugeständnisse verlangen, machen; der Kompromiss ist ein Zugeständnis an die Eltern. **Syn.:** Konzession.

zu|ge|ste|hen ['tsu:gəʃte:ən], gestand zu, zugestanden ⟨tr.; hat⟩:
a) *jmds. berechtigtem Anspruch auf etwas stattgeben, ihn berücksichtigen:* jmdm. ein Recht zugestehen; ich gestehe Ihnen eine Provision von drei Prozent zu. **Syn.:** bewilligen, billigen, einverstanden sein mit, erlauben, genehmigen, gewähren, zuteilwerden lassen. **b)** *die Korrektheit, Richtigkeit o. Ä. von jmds. Verhalten eingestehen:* ich muss ihr zugestehen, dass sie korrekt gehandelt hat; du wirst mir zugestehen, dass meine Verhandlungsposition nicht einfach ist. **Syn.:** einräumen, gestehen, zugeben.

zu|gig ['tsu:gɪç] ⟨Adj.⟩:
der Zugluft ausgesetzt: sie musste stundenlang in einem zugigen Korridor warten; auf Bahnsteigen ist es immer besonders zugig.

zü|gig ['t͜sy:gɪç] ⟨Adj.⟩:
schnell und stetig; in einem Zuge: die Arbeiten gehen zügig voran; wir müssen zügig fahren, sonst kommen wir zu spät. **Syn.:** fix (ugs.), flink, geschwind (veraltend, noch landsch.), hurtig (veraltend, noch landsch.), rasch, [1]schnell.

zug|kräf|tig ['t͜su:kkrɛftɪç] ⟨Adj.⟩:
Anziehungskraft auf jmdn., besonders ein Publikum, ausübend: ein zugkräftiges Theaterstück; das Plakat war sehr zugkräftig. **Syn.:** anziehend, attraktiv, wirksam, wirkungsvoll.

zu|gleich [t͜su'gla͜iç] ⟨Adverb⟩:
a) *im selben Augenblick, zur gleichen Zeit:* sie griffen beide zugleich nach dem Buch; sie erklärte es ihm und wusste zugleich, dass er es nie begreifen würde. **Syn.:** gleichzeitig, parallel, simultan. **b)** *in gleicher Weise; gleichzeitig:* er wollte mich loben und zugleich ermahnen; er ist Dichter und Maler zugleich; sie war gerührt und zugleich genervt von seinen Liebesschwüren. **Syn.:** auch, außerdem, sowie, überdies, und, wie.

Zug|luft ['t͜su:klʊft], die; -:
als unangenehm empfundene, stetig strömende kühle Luft: in diesem Raum herrscht Zugluft. **Syn.:** Durchzug, Zug.

zu|grei|fen ['t͜su:gra͜ifn̩], griff zu, zugegriffen ⟨itr.; hat⟩:
1. *nach etwas greifen und es festhalten oder an sich nehmen:* er hat mit beiden Händen zugegriffen und nicht mehr losgelassen; überall lagen die schönsten Dinge, man brauchte nur zuzugreifen; bitte greifen Sie zu! *(nehmen Sie sich von dem Angebotenen!);* sie bekam eine Stelle als Pressesprecherin angeboten und hat natürlich, ohne zu zögern, zugegriffen *(zugesagt).* **Syn.:** sich bedienen.
2. *tüchtig arbeiten, irgendwo mithelfen:* er kann im Haushalt ordentlich zugreifen. **Syn.:** helfen.

Zu|griff ['t͜su:grɪf], der; -[e]s, -e:
1. *das Zugreifen; Griff nach jmdm. oder etwas:* er hat sich dem Zugriff der Polizei erfolgreich entzogen.
2. *Möglichkeit, bestimmte Daten zu nutzen:* wir bekommen Zugriff auf die neue Datenbank; hier haben Sie Zugriff auf die elektronischen Fahrpläne der Deutschen Bahn.

[1]zu|guns|ten [t͜su'gʊnstn̩] ⟨Präp. mit Gen.⟩, **zu Gunsten:**
für jmdn. oder etwas; zum Vorteil oder Nutzen von jmdm. oder etwas: sie verzichtete zugunsten ihrer Tochter; die Villa zugunsten einer Eigentumswohnung aufgeben; ⟨seltener auch nachgestellt mit Dativ⟩ ihr zugunsten verzichtete er auf die Eintrittskarte.

[2]zu|guns|ten [t͜su'gʊnstn̩] ⟨Adverb⟩, **zu Gunsten:**
in der Wendung **zugunsten von ...:** *zum Vorteil, Nutzen von jmdm.:* zugunsten von Frau Müller hat sie nicht kandidiert; eine Organisation, die weltweit zugunsten von Flüchtlingen tätig ist.

zu|ha|ben ['t͜su:ha:bn̩], hat zu, hatte zu, zugehabt ⟨itr.; hat⟩ (ugs.):
nicht geöffnet haben: der Laden hat mittwochs nachmittags zu; ich wollte noch schnell einkaufen gehen, aber der Laden hatte schon zu. **Syn.:** geschlossen haben, nicht geöffnet sein.

zu|hal|ten ['t͜su:haltn̩], hält zu, hielt zu, zugehalten:
1. ⟨tr.; hat⟩ *mit der Hand bedecken; geschlossen halten, nicht öffnen:* die Tür zuhalten; sie hat die Öffnung die ganze Zeit mit der Hand zuhalten müssen; wegen des Lärms haben wir uns einfach die Ohren zugehalten.
2. ⟨itr.; hat⟩ *in Richtung auf etwas fahren, Kurs auf ein bestimmtes Ziel nehmen:* das Boot hielt auf den Dampfer zu.

zu|hau|se [t͜su'ha͜uzə]: ↑Haus (1 b).

Zu|hau|se [t͜su'ha͜uzə], das; -s:
Heim, Wohnung, in der jmd. zu Hause ist und sich wohl fühlt: wir haben uns ein behagliches Zuhause geschaffen; in diesem Geschäft gibt es alles für ein schönes Zuhause. **Syn.:** Domizil, Haus.

zu|hö|ren ['t͜su:hø:rən], hörte zu, zugehört ⟨itr.; hat⟩:
seine Aufmerksamkeit auf Worte oder Töne richten; mit Aufmerksamkeit hören, hörend in sich aufnehmen: das Publikum hat höflich, aber nur mit halbem Ohr zugehört; alle hörten interessiert und gebannt der Geschichtenerzählerin zu; bei einer Unterhaltung zuhören; du hast mir nicht richtig zugehört; sie kann gut zuhören; hör zu! **Syn.:** anhören, aufpassen, die Ohren aufsperren/spitzen (ugs.), folgen, ganz Ohr sein (ugs.), horchen, mitgehen.

Zu|hö|rer ['t͜su:hø:rɐ], der; -s, -, **Zu|hö|re|rin** ['t͜su:hø:rərɪn], die; -, -nen:
Person, die jmdm., einer Sache zuhört: die Zuhörerinnen und Zuhörer lauschten gebannt seiner Interpretation der Sinfonie. **Syn.:** Publikum ⟨Singular⟩.

zu|kom|men ['t͜su:kɔmən], kam zu, zugekommen ⟨itr.; ist⟩:
1. *sich (jmdm., einer Sache) nähern, sich (auf jmdn., etwas zu) bewegen:* er kam mit schnellen Schritten auf mich zu; das Eichhörnchen kam völlig ohne Scheu auf uns zu.
2. (geh.) **a)** *(jmdm., einer Sache) zuteilwerden:* ihm ist eine Erbschaft zugekommen; sie hat ihm schon öfter Geld zukommen lassen. **b)** *übermittelt, zugestellt werden:* ihr ist eine geheime Nachricht zugekommen; jmdm. eine Botschaft zukommen lassen.
3. a) *sich (für jmdn.) gehören; (zu etwas) berechtigt sein:* in dieser Angelegenheit kommt es ihm nicht zu, Kritik zu üben. **Syn.:** gebühren, zustehen. **b)** *(für jmdn.) aufgrund seiner Fähigkeiten o. Ä. angemessen sein:* ihr kommt eine Führungsstellung zu.
4. *(für etwas) angemessen, zutreffend sein; (einer Sache) beizumessen sein:* dieser Entscheidung kommt eine erhöhte Bedeutung zu.

Zu|kunft ['t͜su:kʊnft], die; -, (selten:) Zukünfte ['t͜su:kʏnftə]:
die Zeit, die noch bevorsteht, noch nicht da ist, noch vor jmdm. liegt; kommende, spätere Zeit: die Zukunft der Menschen; ängstlich in die Zukunft schauen; wir sehen beruhigt der Zukunft entgegen; die Zukunft voraussehen; du musst an deine Zukunft den-

ken; die gemeinsame Zukunft planen; *** in Zukunft:** *künftig, von jetzt an:* ich möchte in Zukunft immer benachrichtigt werden, wenn eine Sitzung stattfindet.

¹zu|künf|tig ['tsu:kʏnftɪç] ⟨Adj.⟩: *in der Zukunft liegend, kommend:* zukünftige Entwicklungen lassen sich immer schwerer vorhersagen; meine zukünftige Wohnung; heute hat er mir seine zukünftige Frau vorgestellt. **Syn.:** angehend, künftig, später.

²zu|künf|tig ['tsu:kʏnftɪç] ⟨Adverb⟩: *von jetzt an, in Zukunft:* er verlangte von allen, zukünftig seinen Anweisungen nachzukommen; ich bitte dies zukünftig zu unterlassen.

Zu|la|ge ['tsu:la:gə], die; -, -n: *etwas, was zusätzlich zu etwas gegeben wird; zusätzliche Zahlung von Geld zum Gehalt o. Ä.:* in diesen Betrieben gibt es Zulagen für Schwerarbeiter; der Betrieb zahlt eine freiwillige Zulage auf den Tariflohn. **Zus.:** Erschwerniszulage, Familienzulage, Gefahrenzulage, Gehaltszulage, Kinderzulage, Schmutzzulage.

zu|las|sen ['tsu:lasn̩], lässt zu, ließ zu, zugelassen ⟨tr.; hat⟩:
1. *(etwas) geschehen lassen, nichts unternehmen, es zu verhindern:* ich kann [es] nicht zulassen, dass sie übergangen wird; wie konntest du das nur zulassen! **Syn.:** akzeptieren, billigen, dulden, einverstanden sein mit, einwilligen in, erlauben, für richtig halten, genehmigen, gestatten.
2. *(jmdm.) zur Ausübung, zu einem bestimmten Zweck, für eine bestimmte Betätigung o. Ä. die [amtliche] Erlaubnis erteilen:* sie ist als Rechtsanwältin beim Gericht zugelassen; der Kraftwagen ist noch nicht [zum Verkehr] zugelassen.
3. *(als Sache) die Möglichkeit zu etwas geben:* etwas lässt keinen Zweifel zu; die Angelegenheit lässt nur einen einzigen Schluss zu; die Formulierung lässt mehrere Auslegungen zu. **Syn.:** erlauben, ermöglichen, gestatten.
4. (ugs.) *geschlossen lassen, nicht öffnen:* das Fenster, die Schublade zulassen; mein Kleid hatte einen Fleck, deshalb musste ich die ganze Zeit den Mantel zulassen.

zu|läs|sig ['tsu:lɛsɪç] ⟨Adj.⟩: *(meist von einer amtlichen o. ä. Stelle) zugelassen, erlaubt:* Sie haben die zulässige Geschwindigkeit überschritten; dieses Verfahren ist nicht zulässig; diese Zusatzstoffe sind rechtlich nicht zulässig. **Syn.:** gestattet, legal, statthaft (geh.).

Zu|lauf ['tsu:lau̯f], der; -[e]s, Zuläufe ['tsu:lɔy̯fə]:
1. ⟨ohne Plural⟩ *Zuspruch, den jmd. oder etwas hat:* das neue chinesische Lokal hat großen Zulauf; radikale Parteien bekommen wieder größeren Zulauf; als Ärztin kann ich mich über mangelnden Zulauf nicht beklagen. **Syn.:** Andrang.
2. *Stelle an oder in einer technischen Anlage, an der Wasser einströmt:* der Zulauf war verstopft. **Zus.:** Wasserzulauf.

zu|lau|fen ['tsu:lau̯fn̩], läuft zu, lief zu, zugelaufen ⟨itr.; ist⟩:
1. *in Richtung auf jmdn., eine Sache laufen:* voller Hoffnung lief sie auf das Haus zu.
2. *(von herrenlosen, entlaufenen Haustieren) sich (jmdm.) anschließen:* dieser junge Hund ist uns vor einigen Tagen zugelaufen.
3. a) *in eine bestimmte Form auslaufen:* der Bolzen lief spitz, konisch zu. **b)** *sich in Richtung auf etwas hin erstrecken:* die Straße läuft auf das Haus zu.
4. *(zu einer schon vorhandenen Flüssigkeitsmenge noch zusätzlich) hinzukommen:* das Wasser ist zu heiß, lass noch kaltes zulaufen.

zu|le|gen ['tsu:le:gn̩], legte zu, zugelegt (ugs.):
1. ⟨+ sich⟩: **a)** *sich etwas kaufen, anschaffen:* sie hat sich ein Auto zugelegt; wollen wir uns nicht einen Hund zulegen? **Syn.:** erstehen, erwerben, sich leisten (ugs.). **b)** *sich etwas verschaffen, beilegen:* Vater hat sich inzwischen einen Bart zugelegt; die Künstlerin hat sich einen anderen Namen zugelegt; ich werde mir einen Doppelnamen zulegen.
2. ⟨itr.; hat⟩ *sich (in Bezug auf Tempo, Leistung, Wachstum o. Ä.) steigern:* der Läufer hat tüchtig zugelegt; bei den letzten Wahlen konnte die Partei noch einmal zulegen; in den letzten Monaten habe ich ziemlich zugelegt *(an Gewicht zugenommen).*

zu|lei|ten ['tsu:lai̯tn̩], leitete zu, zugeleitet ⟨tr.; hat⟩:
1. *etwas an eine bestimmte Stelle leiten, gelangen lassen:* einer Maschine Wasser, Strom zuleiten.
2. *(etwas Schriftliches) übermitteln:* dieser Bescheid wird Ihnen in Kürze zugeleitet. **Syn.:** schicken, ¹senden (geh.), übermitteln, überweisen, zugehen lassen.

zu|letzt [tsu'lɛtst] ⟨Adverb⟩:
a) *als Letzter, Letzte, Letztes:* mein Vater kam zuletzt; das beste Fleischstück aßen wir erst zuletzt; daran habe ich zuletzt gedacht. **b)** *schließlich, zum Schluss:* wir mussten zuletzt doch umkehren; sie arbeitete bis zuletzt. **Syn.:** am Ende, am Schluss, endlich, letztlich.

zum [tsʊm] ⟨Verschmelzung von »zu« + »dem«⟩:
1. a) ⟨die Verschmelzung kann aufgelöst werden⟩: sie lief zum Auto ihres Mannes. **b)** ⟨die Verschmelzung kann nicht aufgelöst werden⟩: zum Glück; zum Schluss; zum Beispiel.
2. ⟨in Verbindung mit einem substantivierten Infinitiv; die Verschmelzung kann nicht aufgelöst werden⟩: das Wasser zum Kochen bringen.

zu|ma|chen ['tsu:maxn̩], machte zu, zugemacht (ugs.) /Ggs. aufmachen/:
1. a) ⟨tr.; hat⟩ *schließen:* ich habe die ganze Nacht kein Auge zugemacht; mach bitte die Tür zu! **Syn.:** verschließen. **b)** ⟨itr.; hat⟩ *geschlossen werden (sodass kein Verkauf von Waren mehr stattfindet):* an Samstagen machen viele Läden früher zu. **Syn.:** schließen.
2. ⟨tr.; hat⟩ *(in Bezug auf ein Unternehmen o. Ä.) aufgeben:* sie hat ihre Boutique zugemacht; der Laden hat schon nach kurzer Zeit wieder zugemacht. **Syn.:** schließen.

¹zu|mal [tsu'ma:l] ⟨Adverb⟩: *besonders, vor allem:* unsere Straße wird zumal gegen Abend viel von Autos befahren; alle, zumal die Neuen, waren begeistert/alle waren begeistert, zumal die Neuen; ⟨häufig in Verbindung mit »da« und »wenn«⟩ sie nimmt die Einladung gern an, zumal da/wenn sie nichts vorhat.

²zu|mal [tsu'ma:l] ⟨Konj.⟩: *besonders da, weil:* sie nimmt die Einladung gerne an, zumal sie nichts vorhat.

zu|min|dest [tsu'mɪndəst] ⟨Adverb⟩: *als Wenigstes, auf jeden Fall:* ich kann zumindest verlangen, dass er mich anhört; sie hat zumindest Anspruch auf Arbeitslosengeld. **Syn.:** immerhin, jedenfalls, mindestens, wenigstens.

zu|mut|bar ['tsu:mu:tba:ɐ̯] ⟨Adj.⟩: *so beschaffen, dass es jmdm. zugemutet werden kann:* zumutbare Steuern; der Betrag stellt eine zumutbare Belastung dar; diese Arbeit ist für niemanden zumutbar.

zu|mu|ten ['tsu:mu:tn̩], mutete zu, zugemutet ⟨tr.; hat⟩: *von jmdm. oder von sich selbst etwas verlangen, was man nicht oder nur schwer leisten oder ertragen kann:* er mutete uns zu, zwei Stunden zu stehen; sie mutete uns einen Besuch im Schlachthof zu; das kannst du ihr nicht zumuten; du hast dir zu viel zugemutet. **Syn.:** abverlangen.

zu|nächst [tsu'nɛ:çst] ⟨Adverb⟩: **a)** *am Anfang; als Erstes:* er ging zunächst nach Hause, dann ins Theater; es sah zunächst nach schönem Wetter aus, dann regnete es aber doch. **Syn.:** anfänglich, anfangs, erst, ursprünglich, zu Anfang, zuerst. **b)** *vorerst, in diesem Augenblick:* daran denke ich zunächst noch nicht; diesen Aspekt lassen wir zunächst beiseite. **Syn.:** einstweilen, fürs Erste, vorläufig.

Zu|nah|me ['tsu:na:mə], die; -, -n: *das Zunehmen:* die Zunahme des Gewichtes um mehr als 1 kg pro Woche ist bedenklich; viele Städte verzeichnen eine rasche Zunahme des Verkehrs; auch die allgemeine Zunahme des Wissens kann die brennenden Fragen der Zukunft nicht klären. **Syn.:** Anstieg, Ausweitung, Eskalation, Explosion, Wachstum, Zuwachs. **Zus.:** Bevölkerungszunahme, Gewichtszunahme.

Zu|na|me ['tsu:na:mə], der; -ns, -n: *(in der Regel mit dem Familiennamen identischer) Name, der zusammen mit dem oder den Vornamen den Namen einer Person bildet:* bitte unterschreiben Sie mit Vor- und Zunamen. **Syn.:** Familienname, Nachname.

zün|den ['tsʏndn̩], zündete, gezündet:
1. ⟨tr.; hat⟩ *in Brand setzen, zur Explosion bringen:* eine Bombe, Mine zünden; die Rakete wird in drei Stunden gezündet; Knallkörper dürfen nur an Silvester gezündet werden. **Zus.:** anzünden, entzünden.
2. ⟨itr.; hat⟩ *Stimmung, Begeisterung hervorrufen:* dieser Vorschlag zündete sofort; sie hat eine zündende Rede gehalten. **Syn.:** anregen, anstacheln, aufpeitschen, aufputschen, beflügeln (geh.), begeistern, berauschen, bezaubern, entzücken, erfreuen, fesseln, gefangen nehmen, hinreißen, mitreißen, motivieren.

Zun|der ['tsʊndɐ], der; -s, -: *leicht brennbares Material, das früher zum Feueranzünden verwendet wurde:* pass mit den trockenen Blättern auf, die brennen wie Zunder.

Zün|der ['tsʏndɐ], der; -s, -: *Teil eines Sprengkörpers, der den in ihm enthaltenen Sprengstoff entzündet:* den Zünder aus einer Granate schrauben. **Zus.:** Spätzünder, Zeitzünder.

Zünd|holz ['tsʏnthɔlts], das; -es, Zündhölzer ['tsʏnthœltsɐ]: *Streichholz:* eine Packung Zündhölzer gehört zur Ausrüstung für Notfälle.

Zünd|ker|ze ['tsʏntkɛrtsə], die; -, -n: *Teil des Motors, mit dem das Gemisch aus Kraftstoff und Luft elektrisch gezündet wird:* die Zündkerzen müssen ausgewechselt, gewechselt werden.

Zünd|schlüs|sel ['tsʏntʃlʏsl̩], der; -s, -: *Schlüssel, mit dem man ein Auto startet:* hast du meinen Zündschlüssel gesehen?

Zünd|stoff ['tsʏntʃtɔf], der; -[e]s, -e:
1. *leicht entzündlicher Sprengstoff, der einen schwer entzündlichen Sprengstoff zur Explosion bringt:* die Lagerung von Zündstoffen erfordert äußerste Sorgfalt.
2. *etwas, was eine Auseinandersetzung o. Ä. auslösen kann:* ihre Rede enthielt viel politischen Zündstoff.

Zün|dung ['tsʏndʊŋ], die; -, -en:
1. *das Zünden:* die Zündung einer Bombe. **Zus.:** Fehlzündung, Fernzündung, Selbstzündung, Spätzündung.
2. *elektrische Anlage bei Verbrennungsmotoren, die den zur Entzündung des Kraftstoff-Luft-Gemischs nötigen Zündfunken hervorbringt:* die Zündung ausschalten; die Zündung muss neu eingestellt werden.

zu|neh|men ['tsu:ne:mən], nimmt zu, nahm zu, zugenommen ⟨itr.; hat⟩ /Ggs. abnehmen/:
a) *größer, stärker, mehr werden:* die Kälte nimmt zu; seit einigen Tagen nehmen ihre Schmerzen ständig zu; sein Einfluss hat zugenommen; in den letzten Jahren hat das Umweltbewusstsein merklich zugenommen. **Syn.:** anschwellen, ansteigen, anwachsen, sich ausweiten, explodieren, sich vergrößern, sich vermehren, sich verstärken, sich vervielfachen. **b)** *sein Gewicht vermehren:* ich habe [3 Pfund] zugenommen; seitdem ich täglich koche, nehme ich immer mehr zu. **Syn.:** auseinandergehen (ugs.), dicker werden, zulegen (ugs.).

Zu|nei|gung ['tsu:naigʊŋ], die; -, -en: *herzliches Gefühl des Wohlwollens; liebevolle Empfindung für jmdn.* /Ggs. Abneigung/: sie fasste schnell Zuneigung zu ihm; zu jmdm. eine herzliche Zuneigung haben; es dauerte lange, bis er endlich ihre Zuneigung gewinnen konnte. **Syn.:** Gefallen, Liebe, Neigung,

Schwäche, Sympathie, Wohlgefallen, Zuwendung.

Zunft [tsʊnft], die; -, Zünfte ['tsʏnftə]: *(im Mittelalter) Zusammenschluss, Organisation besonders von Handwerkern:* die Zunft der Bäcker. **Zus.:** Bäckerzunft, Handwerkerzunft, Schneiderzunft.

zünf|tig ['tsʏnftɪç] ⟨Adj.⟩: *ländlich-schlicht, dabei robust, urig:* beim Wandern trägt man Lederhosen und andere zünftige Kleidung; in der Kneipe ging es zünftig zu; wir wollen mal wieder einen richtig zünftigen Skat kloppen. **Syn.:** derb, handfest, herzhaft, ordentlich (ugs.), rustikal.

Zun|ge ['tsʊŋə], die; -, -n:
1. *bewegliches, mit Schleimhaut bedecktes, muskulöses Organ im Mund der meisten Wirbeltiere und des Menschen, das besonders bei der Nahrungsaufnahme beteiligt ist:* die Zunge zeigen; sie schnalzte mit der Zunge; sich auf die Zunge beißen; das freche Kind streckte uns sofort die Zunge heraus. **Zus.:** Kalbszunge, Ochsenzunge.
2. *etwas, was in seiner Form an eine Zunge* (1) *erinnert:* die Zungen der Flammen; der Gletscher läuft in einer Zunge aus. **Zus.:** Gletscherzunge, Landzunge, Seezunge.

zün|geln ['tsʏŋl̩n], züngelte, gezüngelt ⟨itr.; hat⟩:
a) *(besonders von Schlangen) die Zunge schnell hin und her, nach vorn und wieder nach hinten bewegen:* die Schlange züngelte. **b)** *in der Weise einer züngelnden Schlange in Bewegung sein:* die Flammen züngelten bereits aus dem Dach.

Zun|gen|bre|cher ['tsʊŋənbrɛçɐ], der; -s, - (ugs.): *etwas, was sehr schwer auszusprechen ist:* Kennst du den Zungenbrecher »Fischers Fritze fischt frische Fische«? – Nein, aber einen anderen: »Blaukraut bleibt Blaukraut und Brautkleid bleibt Brautkleid.«.

zu|oberst [tsu'|o:bɐst] ⟨Adverb⟩: *ganz oben* /Ggs. zuunterst/: die Hemden lagen im Koffer zuoberst.

zu|ord|nen ['tsu:|ɔrdnən], ordnete zu, zugeordnet ⟨tr.; hat⟩: *zu etwas, was als klassenmäßig zugehörig, als mit dem Betreffendem zusammengehörig angesehen wird, hinzufügen, etwas einordnen:* etwas einer Gattung, einem System zuordnen; der Telefonnummer konnten mühelos die Adressen zugeordnet werden.

zu|pa|cken ['tsu:pakn̩], packte zu, zugepackt ⟨itr.; hat⟩:
1. *schnell und fest zugreifen:* er packte zu und würgte ihn.
2. *energisch und kraftvoll mitarbeiten:* wir schaffen es nur, wenn alle kräftig zupacken; sie kann gut zupacken.

zup|fen ['tsʊpfn̩], zupfte, gezupft:
1. ⟨tr.; hat⟩: *vorsichtig und mit einem leichten Ruck an etwas ziehen:* das Kind zupfte die Mutter ständig am Ärmel; ⟨auch itr.⟩ er zupfte nervös an seinem Bart. **Syn.:** rupfen, zerren. **Zus.:** herauszupfen, zurechtzupfen.
2. ⟨tr.; hat⟩ *lockern und herausziehen:* wir müssen noch im Garten Unkraut zupfen; alle zwei Tage zupft sie ihre Augenbrauen; er zupft sich immer die grauen Haare aus dem Bart.
3. ⟨tr.; hat⟩ *(bei einem Zupfinstrument) die Saiten mit den Fingerspitzen oder mit einem Plättchen anreißen und sie so zum Klingen bringen:* die Saiten der Gitarre zupfen; sie zupfte die Harfe.

Zupf|in|stru|ment ['tsʊpf|ɪnstrumɛnt], das; -[e]s, -e: *Saiteninstrument, dessen Saiten durch Zupfen* (3) *zum Klingen gebracht werden:* Gitarre, Laute, Mandoline und Zither sind Zupfinstrumente.

zur [tsu:ɐ̯] ⟨Verschmelzung von »zu« + »der«⟩:
a) ⟨die Verschmelzung kann aufgelöst werden⟩: sie geht noch zur Freundin. **b)** ⟨die Verschmelzung kann nicht aufgelöst werden⟩: zur Ruhe kommen; zur Neige gehen; zur Schule gehen.

zu|ra|ten ['tsu:ra:tn̩], rät zu, riet zu, zugeraten ⟨itr.; hat⟩: *empfehlen, etwas Bestimmtes zu tun, anzunehmen o. Ä.* /Ggs. abraten/: sie riet mir zu, diese Aktien zu kaufen; zur Heirat mit dieser Frau kann ich nur zuraten. **Syn.:** auffordern, aufmuntern, befürworten, bestärken, ermuntern, ermutigen, zureden.

zu|recht|fin|den [tsu'rɛçtfɪndn̩], fand zurecht, zurechtgefunden ⟨+ sich⟩: *die räumlichen, zeitlichen o. ä. Zusammenhänge, die gegebenen Verhältnisse, Umstände erkennen, sie richtig einschätzen, damit fertigwerden:* sie fand sich in der Stadt schnell zurecht; er konnte sich im Leben nicht mehr zurechtfinden. **Syn.:** sich durchfinden (ugs.), sich orientieren.

zu|recht|kom|men [tsu'rɛçtkɔmən], kam zurecht, zurechtgekommen ⟨itr.; ist⟩:
1. *(mit etwas) fertigwerden; (mit jmdm. oder etwas) richtig umgehen können:* ich komme mit der Maschine, mit meinem Kollegen nicht zurecht; in der Wohnung kommt er auch ohne Rollstuhl zurecht; die beiden sind zwar schon älter, kommen aber ganz gut allein zurecht. **Syn.:** bewältigen, bewerkstelligen (Papierdt.), fertigbringen (ugs.), meistern, schaffen.
2. *zur rechten Zeit kommen:* er kam gerade noch zurecht, ehe der Zug abfuhr.

zu|recht|le|gen [tsu'rɛçtle:gn̩], legte zurecht, zurechtgelegt ⟨tr.; hat⟩:
1. *zum Gebrauch passend hinlegen:* er legte Hut und Mantel zurecht; sie legte die Unterlagen zurecht.
2. *sich für einen bestimmten Fall im Voraus etwas überlegen und sich so darauf einstellen:* er legte sich eine Ausrede zurecht; sie hat sich das Alibi ganz schön zurechtgelegt.

zu|recht|ma|chen [tsu'rɛçtmaxn̩], machte zurecht, zurechtgemacht ⟨tr.; hat⟩:
a) *für den Gebrauch vorbereiten:* den Salat zurechtmachen; ich mache dir schnell das Gästebett zurecht. **b)** ⟨+ sich⟩ *sich [für einen bestimmten Anlass] besonders schön machen, herrichten:* sie brauchte nur 10 Minuten, um sich fürs Theater zurechtzumachen. **Syn.:** sich aufdonnern (ugs.), sich

schminken, sich schmücken, sich in Schale werfen (ugs.).

zu|recht|rü|cken [tsu'rɛçtrʏkn̩], rückte zurecht, zurechtgerückt ⟨tr.; hat⟩:
an die passende, für einen bestimmten Zweck geeignete Stelle rücken, schieben: die Krawatte zurechtrücken; wir rückten die Stühle zurecht; du solltest die Angelegenheit endlich zurechtrücken *(in Ordnung bringen).*

zu|re|den ['tsu:re:dn̩], redete zu, zugeredet ⟨itr.; hat⟩:
(jmdn.) durch Worte veranlassen wollen, etwas Bestimmtes zu tun; (jmdn.) durch Reden beeinflussen: wir haben ihm gut zugeredet, sich hinzulegen; alles Zureden half nichts. **Syn.:** anhalten, auffordern, bitten, drängen, ermahnen, mahnen, nötigen, predigen (ugs.), zuraten.

zu|rich|ten ['tsu:rɪçtn̩], richtete zu, zugerichtet ⟨tr.; hat⟩:
a) *durch Beschädigung in einen üblen Zustand bringen:* die Kinder haben die Möbel schlimm zugerichtet. **Syn.:** beschädigen, demolieren, kaputt machen (ugs.), lädieren, ramponieren, ruinieren, verunstalten, verwüsten, zerstören, zertrümmern. **b)** *durch Verletzungen in einen üblen Zustand bringen:* bei der Schlägerei ist er übel zugerichtet worden.

zür|nen ['tsʏrnən] ⟨itr.; hat⟩ (geh.):
(auf jmdn.) böse, zornig sein: er zürnte mir wegen meiner Absage; Gott zürnt denen, die so reden. **Syn.:** grollen, hadern (geh.).

zu|rück [tsu'rʏk] ⟨Adverb⟩:
a) *wieder an den Ausgangspunkt, in umgekehrter Richtung:* wir wollen hin und zurück mit der Bahn fahren; hin sind wir gelaufen, zurück haben wir ein Taxi genommen. **Syn.:** auf dem Rückweg. **b)** *wieder am Ausgangspunkt:* sie ist noch nicht von der Reise zurück; ich bin in zehn Minuten zurück. **Syn.:** wieder da.

zu|rück- [tsu'rʏk] ⟨trennbares verbales Bestimmungswort⟩:
1. a) *wieder zum Ausgangspunkt hin, in den Ausgangszustand:* (sich) zurückbegeben; (jmdn.) zurückbegleiten; zurückdenken; zurückgehen; zurückgießen; zurückhängen; zurücklaufen; zurückrechnen; zurückschneiden; zurückstellen; zurückstoßen; (sich) zurückträumen; zurückverfolgen; zurückwollen. **Syn.:** rück-.
b) *wieder in den Besitz gelangen:* zurückbekommen; zurückerobern.
2. *hinten, hinter jmdn., etwas:* zurückbehalten; zurückbleiben.
3. *nach hinten:* zurückbeugen; zurückblicken.
4. drückt aus, dass man mit dem im Basiswort genannten Tun auf gleiche Art reagiert, dass dieses Tun eine gleichartige Erwiderung ist: zurückgiften *(zurückschimpfen);* zurückschießen; zurückschlagen; zurückschreiben.

zu|rück|blei|ben [tsu'rʏkblaibn̩], blieb zurück, zurückgeblieben ⟨itr.; ist⟩:
1. a) *an einer Stelle bleiben; nicht mitgenommen werden:* mein Koffer blieb im Hotel zurück; weil ich krank war, musste ich als Einzige zurückbleiben. **Syn.:** fernbleiben.
b) *als Folge, als dauerhafte Schädigung bleiben:* von seinem Unfall blieb ein Gehörschaden zurück.
2. *nicht näher kommen; nicht weitergehen:* bleiben Sie von der Bahnsteigkante zurück!
3. *sich nicht wie erwartet entwickeln:* die Mannschaftsleistung blieb weit hinter unseren Erwartungen zurück; die Gehälter bleiben weiterhin hinter der Einkommensentwicklung zurück.

zu|rück|bli|cken [tsu'rʏkblɪkn̩], blickte zurück, zurückgeblickt ⟨itr.; hat⟩:
a) *nach hinten blicken:* der Wanderer drehte sich um und blickte zurück. **Syn.:** sich umsehen. **b)** *sich Vergangenes vergegenwärtigen, vor Augen führen:* sie blickt auf ein erfülltes Leben zurück; wenn ich auf die vergangenen Wochen zurückblicke, bin ich froh, dass jetzt alles vorbei ist. **Syn.:** sich besinnen, sich erinnern, Rückschau halten, sich ins Gedächtnis zurückrufen, zurückdenken, sich zurückversetzen.

zu|rück|den|ken [tsu'rʏkdɛŋkn̩], dachte zurück, zurückgedacht ⟨itr.; hat⟩:
an etwas Zurückliegendes, an jmdn., den man gekannt hat, denken: sie dachte gern an diese schöne Zeit zurück; soweit ich zurückdenken kann, hat sich ein solcher Fall noch nicht ereignet. **Syn.:** sich besinnen, sich entsinnen, sich erinnern, Rückschau halten, sich ins Gedächtnis zurückrufen, zurückblicken, sich zurückversetzen.

zu|rück|fah|ren [tsu'rʏkfa:rən], fährt zurück, fuhr zurück, zurückgefahren:
1. ⟨itr.; ist⟩ *wieder an den, in Richtung auf den Ausgangspunkt fahren:* er ist gestern früh mit dem Zug nach Hamburg zurückgefahren; als sie die traurige Nachricht bekam, ist sie sofort zurückgefahren.
2. ⟨tr.; hat⟩ *(mit einem Fahrzeug) wieder an den Ausgangspunkt befördern:* er hat seine Eltern mit dem Auto nach Hause zurückgefahren.
3. ⟨itr.; ist⟩ *(aus Angst, vor Schreck) sich plötzlich nach hinten bewegen, nach hinten ausweichen:* bei dem Knall bin ich erschrocken zurückgefahren; sie fuhr mit einem Schrei des Entsetzens zurück. **Syn.:** zurückschrecken, zurückweichen, zusammenfahren, zusammenzucken.

zu|rück|fal|len [tsu'rʏkfalən], fällt zurück, fiel zurück, zurückgefallen ⟨itr.; ist⟩:
1. *nach hinten fallen:* er ließ sich in den Sessel zurückfallen. **Syn.:** sinken.
2. *in Rückstand geraten; auf ein niedriges Leistungsniveau sinken:* kurz vor dem Ziel war der Läufer weit zurückgefallen; durch diese Niederlage fiel die Mannschaft auf den letzten Platz zurück. **Syn.:** abfallen.
3. *zu einer alten [schlechten] Gewohnheit o. Ä. zurückkehren:* sie ist [wieder] in ihren alten Fehler zurückgefallen; ohne es zu merken, waren wir schon wieder in den alten Trott zurückgefallen.
4. *(jmdm.) angelastet, als*

Schuld, Fehler angerechnet werden: seine schlechte Erziehung fällt auf seine Eltern zurück; leider fällt auffälliges Benehmen von Schulkindern meist auf die Mutter zurück. **Syn.:** ein schlechtes Licht werfen auf.

zu|rück|fin|den [t͜suˈrʏkfɪndn̩], fand zurück, zurückgefunden ⟨itr.; hat⟩:
den Weg zu seinem Ausgangspunkt wiederfinden: er verlief sich, fand aber nach einiger Zeit zum Dorf zurück; danke, ich finde alleine zurück; Tauben finden meistens von selbst den Weg zurück; nach einer Krise hat sie wieder zu ihrem Mann zurückgefunden.

zu|rück|füh|ren [t͜suˈrʏkfyːrən], führte zurück, zurückgeführt ⟨tr.; hat⟩:
1. *jmdn. wieder an den Ausgangspunkt führen:* sie führte uns ins Dorf zurück.
2. *(etwas) als Folge von etwas erklären, aus etwas ableiten:* er führte den Unfall auf ein Versehen zurück; Krankheiten sind meist auf mehrere Faktoren zurückzuführen.

zu|rück|ge|ben [t͜suˈrʏkgeːbn̩], gibt zurück, gab zurück, zurückgegeben ⟨tr.; hat⟩:
wieder dem [ursprünglichen] Besitzer o. Ä. übergeben: die Bücher in der Bibliothek zurückgeben; kannst du mir meine CD zurückgeben?

zu|rück|ge|hen [t͜suˈrʏkgeːən], ging zurück, zurückgegangen ⟨itr.; ist⟩:
1. a) *wieder an den, in Richtung auf den Ausgangspunkt gehen:* ins Haus zurückgehen; bitte gehen Sie fünf Schritte zurück. **b)** *seinen Ursprung (in jmdm., etwas) haben:* diese Verordnung geht noch auf Napoleon zurück; der Osterbrauch geht wahrscheinlich auf die heidnische Zeit zurück. **Syn.:** entspringen, herkommen, hervorgehen, rühren (geh.), stammen, zurückzuführen sein auf.
2. *abnehmen, geringer werden:* das Fieber ist in den letzten Tagen zurückgegangen; mit dem Medikament sollte der Schmerz rasch zurückgehen. **Syn.:** abebben, abflauen, abklingen, sich abschwächen, aufhören, ausklingen, sich beruhigen, enden, sich legen, nachlassen, sich neigen, schwinden, sinken, sich vermindern, sich verringern.

zu|rück|ge|zo|gen [t͜suˈrʏkgət͜soːgn̩] ⟨Adj.⟩:
in Abgeschiedenheit vor sich gehend; für sich, in der Stille lebend: in den letzten Jahren hatten sie sehr zurückgezogen gelebt. **Syn.:** allein, einsam.

zu|rück|grei|fen [t͜suˈrʏkgrai̯fn̩], griff zurück, zurückgegriffen ⟨itr.; hat⟩:
1. *von etwas Vorhandenem Gebrauch machen:* wenn wir in Schwierigkeiten geraten, können wir immer noch auf unsere Ersparnisse zurückgreifen; bei Erkältung greift sie immer auf alte Hausmittel zurück.
2. *auf zeitlich weiter Zurückliegendes zurückgehen:* diese Universitätsreform greift auf ältere Vorschläge zurück.

zu|rück|hal|ten [t͜suˈrʏkhaltn̩], hält zurück, hielt zurück, zurückgehalten:
1. ⟨tr.; hat⟩ **a)** *am Weglaufen hindern:* er konnte das Kind gerade noch zurückhalten. **Syn.:** festhalten. **b)** *(Gefühle, Meinungen o. Ä.) nicht merken lassen:* sie hatte ihren Ärger viel zu lange zurückgehalten; ⟨auch itr.⟩ er hält sich mit seiner Wut sehr zurück. **Syn.:** beherrschen, bezähmen, im Zaum halten, mäßigen, zügeln.
2. ⟨+ sich⟩ **a)** *sich (beim Gebrauch o. Ä. von etwas) mäßigen:* sich beim Trinken zurückhalten; bei Schokoladentorte kann ich mich einfach nicht zurückhalten. **Syn.:** sich beherrschen, sich zügeln, sich zusammennehmen. **b)** *sich (gegenüber anderen) im Hintergrund halten, sich nicht stark bei etwas beteiligen:* sie hält sich bei solchen Auseinandersetzungen immer sehr zurück. **Syn.:** Abstand wahren, reserviert sein.

Zu|rück|hal|tung [t͜suˈrʏkhaltʊŋ], die; -:
a) *unaufdringliche, bescheidene Wesensart; bescheidenes Verhalten:* sie ist geprägt von vornehmer Zurückhaltung; er wird in dieser Angelegenheit Zurückhaltung üben. **b)** *reservierte, kühle Wesensart; reserviertes Verhalten:* seine Zurückhaltung wirkte fast verletzend; der politische Gegner reagierte mit Zurückhaltung auf die Einladung; ihr neuer Roman wurde mit Zurückhaltung zur Kenntnis genommen.

zu|rück|keh|ren [t͜suˈrʏkkeːrən], kehrte zurück, zurückgekehrt ⟨itr.; ist⟩ (geh.):
zurückkommen (1): sie ging fort, um nie wieder zurückzukehren; der Großvater war aus dem Krieg nie zurückgekehrt; das verlorene Glück kehrt selten zurück. **Syn.:** heimkehren, wiederkehren, wiederkommen, zurückfinden.

zu|rück|kom|men [t͜suˈrʏkkɔmən], kam zurück, zurückgekommen ⟨itr.; ist⟩:
1. *wieder an den Ausgangspunkt kommen:* sie kommt am Montag aus dem Urlaub zurück; er hatte sie angefleht, zu ihm zurückzukommen; die Schmerzen waren wieder zurückgekommen. **Syn.:** heimkehren, wiederkehren (geh.), wiederkommen, zurückfinden, zurückkehren (geh.).
2. *einen Gedanken o. Ä. wieder aufgreifen:* ich komme auf mein Angebot von gestern zurück; lassen Sie uns noch einmal auf den ersten Gedanken zurückkommen. **Syn.:** anknüpfen an, anschließen an.

zu|rück|las|sen [t͜suˈrʏklasn̩], lässt zurück, ließ zurück, zurückgelassen ⟨tr.; hat⟩:
1. *etwas oder jmdn. an dem Ort, von dem man sich entfernt, lassen, es nicht mitnehmen:* als wir flohen, mussten wir fast unseren ganzen Besitz zurücklassen; sie musste ihr Kind bei den ungeliebten Schwiegereltern zurücklassen; er hatte eine Nachricht zurückgelassen *(hinterlassen).* **Syn.:** hinterlassen, im Stich lassen, liegen lassen.
2. *hinter sich lassen, übertreffen, überholen:* er hat seine Konkurrenten weit [hinter sich] zurückgelassen.

zu|rück|le|gen [t͜suˈrʏkleːgn̩], legte zurück, zurückgelegt ⟨tr.; hat⟩:
1. a) *wieder an den früheren Platz legen:* den Hammer [in den Kasten] zurücklegen; leg

sofort meinen guten Füllfederhalter zurück! **b)** *(für einen bestimmten Kunden o. Ä.) aufbewahren:* sie hatten sich Eintrittskarten zurücklegen lassen; können Sie mir den Pullover bis morgen zurücklegen? **Syn.:** reservieren. **c)** *(Geld o. Ä.) aufbewahren, sparen:* sie hatte sich etwas Geld [für den Urlaub] zurückgelegt; wer jeden Monat etwas zurücklegt, hat am Schluss eine schöne Summe Geld zusammen. **Syn.:** anhäufen, hamstern, häufen, horten, sammeln.
2. *eine Strecke hinter sich bringen:* kürzere Strecken kann man gut zu Fuß zurücklegen; wir haben jeden Tag 15 km zurückgelegt. **Syn.:** laufen.

zu|rück|lie|gen [t͜suˈrʏkliːgn̩], lag zurück, zurückgelegen ⟨itr.; hat, südd., österr., schweiz.: ist⟩:
1. *in der Vergangenheit liegen:* das Ereignis liegt schon einige Jahre zurück. **Syn.:** her sein.
2. *(in einem Wettbewerb, einem Spiel o. Ä.) im Rückstand sein:* die Mannschaft liegt um drei Punkte, mit 0:3 zurück.

zu|rück|neh|men [t͜suˈrʏkneːmən], nimmt zurück, nahm zurück, zurückgenommen:
1. ⟨tr., hat⟩ **a)** *(etwas, was man einem anderen gegeben hat) wieder an sich nehmen:* sie wollte das Geld, das sie uns geliehen hatte, nicht zurücknehmen. **b)** *(etwas, was man verkauft hat) wieder annehmen und das beim Verkauf erhaltene Geld zurückgeben:* diese Ware wird nicht zurückgenommen.
2. ⟨+ sich⟩ *Zurückhaltung üben; sich beherrschen, sich zügeln:* wenn es um die Partei geht, nehme ich mich persönlich immer sehr zurück; er kennt sein Temperament und versucht deshalb immer, sich zurückzunehmen. **Syn.:** sich mäßigen, sich im Zaum halten, sich zurückhalten, sich zusammennehmen.
3. *rückgängig machen, für nichtig erklären:* eine Beleidigung, ein Versprechen zurücknehmen; die Klage konnte nicht mehr zurückgenommen werden; beim Schach darf man einen Zug nicht zurücknehmen. **Syn.:** widerrufen.

zu|rück|ru|fen [t͜suˈrʏkruːfn̩], rief zurück, zurückgerufen:
1. ⟨tr.; hat⟩ *durch Rufen zum Zurückkommen auffordern:* als ich mich schon entfernt hatte, rief sie mich noch einmal zurück.
2. ⟨tr.; hat⟩ *in Erinnerung rufen, wieder ins Bewusstsein bringen:* ich rief den Kindern, mir die vergangenen Ereignisse ins Gedächtnis zurück. **Syn.:** sich besinnen, sich entsinnen, sich erinnern, zurückblicken, zurückdenken, sich zurückversetzen.
3. ⟨itr.; hat⟩ *jmdn., von dem man angerufen worden ist, wieder anrufen:* sobald ich in dieser Angelegenheit etwas erfahre, werde ich zurückrufen; bitte hinterlassen Sie eine Nachricht auf Band, wir rufen bestimmt zurück; ich bin momentan in Eile, kann ich zurückrufen?

zu|rück|schla|gen [t͜suˈrʏkʃlaːgn̩], schlägt zurück, schlug zurück, zurückgeschlagen:
1. ⟨tr.; hat⟩ **a)** *wieder in Richtung Ausgangspunkt schlagen:* der Verteidiger schlug den Ball in die Mitte des Feldes zurück. **b)** *(einen Gegner im Kampf) abwehren, zum Rückzug zwingen:* die feindlichen Truppen konnten zurückgeschlagen werden.
2. ⟨tr.; hat⟩ *in umgekehrter Richtung, nach hinten, zur Seite schlagen* (7): sie schlug die Bettdecke zurück und sprang aus dem Bett.
3. ⟨itr.; hat⟩ *(jmdn., von dem man geschlagen wurde) seinerseits schlagen:* er schlug seinem Gegner bei dem Streit ins Gesicht, und dieser schlug sofort zurück; zur christlichen Lehre gehört es, nicht zurückzuschlagen, auch wenn man selbst geschlagen wird.

zu|rück|schre|cken [t͜suˈrʏkʃrɛkn̩], schreckte/schrak zurück, zurückgeschreckt ⟨itr.; ist⟩: *(aus Angst vor unangenehmen Folgen) von etwas Abstand nehmen:* du schreckst aber auch vor nichts zurück!; so brutal er ist, vor einem Mord schreckt er doch zurück. **Syn.:** sich scheuen.

zu|rück|set|zen [t͜suˈrʏkzɛt͜sn̩], setzte zurück, zurückgesetzt ⟨tr.; hat⟩:
1. *wieder an seinen [früheren] Platz setzen:* den Topf auf die Herdplatte zurücksetzen; sie setzte das Kind in den Kinderwagen zurück.
2. *(gegenüber anderen, Gleichgestellten) in kränkender Weise benachteiligen:* wir fühlten uns zurückgesetzt; du darfst sie gegenüber ihrem Bruder nicht so zurücksetzen. **Syn.:** abqualifizieren, diffamieren, diskriminieren, herabsetzen, heruntermachen (ugs.), miesmachen (ugs. abwertend), schlechtmachen (ugs.), ungerecht behandeln.

zu|rück|ste|cken [t͜suˈrʏkʃtɛkn̩], steckte zurück, zurückgesteckt:
1. ⟨tr.; hat⟩ *wieder (an seinen ursprünglichen Platz) stecken:* er steckte die Zeitung in die Tasche zurück; steck sofort das Messer zurück!
2. ⟨tr.; hat⟩ *weiter nach hinten stecken:* einen Pflock einen halben Meter zurückstecken.
3. ⟨itr.; hat⟩ *in seinen Ansprüchen bescheidener werden, sich mit weniger zufriedengeben:* seit er arbeitslos ist, muss er ziemlich zurückstecken. **Syn.:** Abstriche machen, kleine[re] Brötchen backen (ugs.), sich mäßigen.

zu|rück|ste|hen [t͜suˈrʏkʃteːən], stand zurück, zurückgestanden ⟨itr.; hat; südd., österr., schweiz.: ist⟩:
an Wert oder Leistungen geringer sein: er steht hinter seinen Kollegen zurück; sie will nicht zurückstehen. **Syn.:** benachteiligt werden, hintangesetzt werden, ins Hintertreffen geraten, schlecht wegkommen, zu kurz kommen, zurückgesetzt werden.

zu|rück|stel|len [t͜suˈrʏkʃtɛlən], stellte zurück, zurückgestellt ⟨tr.; hat⟩:
1. a) *wieder an den [früheren] Platz stellen:* ein Buch in den Schrank zurückstellen.
b) *zurücklegen:* Waren für eine Kundin zurückstellen. **Syn.:** reservieren. **c)** *kleiner, niedriger,*

geringer einstellen: die Heizung, die Uhr zurückstellen.
2. *auf etwas [vorläufig] verzichten; etwas [vorerst] nicht geltend machen:* seine Pläne, Bedenken zurückstellen. **Syn.:** unterordnen.
3. *(jmdm.) gewähren, dass er vorläufig von etwas befreit bleibt:* wegen seines Studiums wurde er vom Wehrdienst zurückgestellt; sollen wir die Kleine einschulen oder lieber zurückstellen lassen? **Syn.:** befreien, entbinden, entheben, freistellen.

zu|rück|tre|ten [t͜suˈrʏktreːtn̩], tritt zurück, trat zurück, zurückgetreten ⟨itr.; ist⟩:
1. *nach hinten treten:* einen Schritt zurücktreten.
2. *eine Stellung, ein Amt aufgeben:* die Ministerin ist zurückgetreten. **Syn.:** abdanken, abtreten, ausscheiden, aussteigen (ugs.), gehen, kündigen, verlassen, weggehen.

zu|rück|ver|set|zen [t͜suˈrʏkfɛɐ̯zɛt͜sn̩], versetzte zurück, zurückversetzt:
1. ⟨tr.; hat⟩ *wieder (in den früheren Zustand, Rang o. Ä., in die frühere Stellung) versetzen:* nach diesen Vorfällen wurde er wieder auf seinen alten Posten zurückversetzt.
2. ⟨+ sich⟩ *sich (in eine vergangene Zeit) versetzen:* versetz dich einmal in die Zeit zurück, als wir noch zusammen in die Schule gingen! **Syn.:** sich besinnen, denken an, sich entsinnen, sich erinnern, gedenken (geh.), zurückblicken, zurückdenken.

zu|rück|wei|chen [t͜suˈrʏkvai̯çn̩], wich zurück, zurückgewichen ⟨itr.; ist⟩:
einige Schritte zurücktreten, nach hinten ausweichen: die Menge wich ehrfürchtig zurück; der Feind wich zurück. **Syn.:** zurückfahren.

zu|rück|wei|sen [t͜suˈrʏkvai̯zn̩], wies zurück, zurückgewiesen ⟨tr.; hat⟩:
1. *[schroff, entschieden] ablehnen, abweisen:* einen Bittsteller zurückweisen; sie wies mein Angebot zurück. **Syn.:** abwehren, abwimmeln (ugs.), ausschlagen, verschmähen.
2. *sich (gegen etwas) verwahren, (einer Sache) widersprechen, für falsch, unwahr erklären:* eine Behauptung zurückweisen; etwas als Verleumdung zurückweisen. **Syn.:** ableugnen, abstreiten, anfechten, angehen gegen, bestreiten, dementieren, in Abrede stellen (Papierdt.), leugnen, nicht wahrhaben wollen, sich verwahren gegen (geh.), verneinen.

zu|rück|wer|fen [t͜suˈrʏkvɛrfn̩], wirft zurück, warf zurück, zurückgeworfen ⟨tr.; hat⟩:
1. *wieder an den, in Richtung auf den Ausgangspunkt werfen:* den Ball zurückwerfen; die Brandung warf den Schwimmer immer wieder zurück.
2. *in Rückstand bringen; in die Lage bringen, an einem früheren Punkt nochmals von Neuem beginnen zu müssen:* eine Reifenpanne warf den Europameister zurück; wir wurden durch falsche Planung um Jahre zurückgeworfen.
3. *mit einer raschen Bewegung nach hinten setzen, legen, werfen:* den Kopf zurückwerfen; ich warf mich in den Sessel zurück.

zu|rück|zie|hen [t͜suˈrʏkt͜siːən], zog zurück, zurückgezogen:
1. ⟨tr.; hat⟩ **a)** *zur Seite, nach hinten, wieder an den Ausgangspunkt ziehen:* den Vorhang, den Riegel zurückziehen; ich zog meine Hand zurück; sie zog mich ins Zimmer zurück. **b)** *(etwas) rückgängig machen, (auf etwas) verzichten:* einen Antrag, Auftrag zurückziehen. **Syn.:** abrücken von, aufheben, dementieren, widerrufen, zurücknehmen. **c)** *zur Umkehr, zur Rückkehr veranlassen:* den Botschafter zurückziehen; der Einsatzleiter hat die Feuerwehr zurückgezogen. **Syn.:** abziehen lassen.
2. ⟨+ sich⟩ **a)** *sich (aus einer Gesellschaft, einer Menge o. Ä.) entfernen, sich absondern:* ich zog mich in mein Zimmer zurück. **Syn.:** sich ausklinken (ugs.). **b)** *eine Arbeit o. Ä. aufgeben:* er zog sich von den Geschäften, aus der Politik zurück. **Syn.:** aufhören, aussteigen (ugs.), in den Ruhestand treten, sich zur Ruhe setzen. **c)** *den Kontakt (mit jmdm.) aufgeben:* nach diesem Krach habe ich mich [von ihr] zurückgezogen. **Syn.:** abrücken von, brechen, die Freundschaft einschlafen lassen, sich distanzieren.

Zu|ruf [ˈt͜suːruːf], der; -[e]s, -e:
a) ⟨ohne Plural⟩ *das Zurufen:* der Vorstand wurde durch Zuruf gewählt. **b)** *kurzer, lauter, an jmdn. gerichteter Ruf:* anfeuernde, höhnische Zurufe.

zu|ru|fen [ˈt͜suːruːfn̩], rief zu, zugerufen ⟨tr.; hat⟩:
rufend mitteilen: sie rief mir zu, alles sei in Ordnung; jmdm. einen Gruß zurufen.

zur|zeit [t͜sʊrˈt͜sai̯t] ⟨Adverb⟩:
im Augenblick, zum gegenwärtigen Zeitpunkt: wir haben zurzeit Betriebsferien. **Syn.:** augenblicklich, gegenwärtig, gerade, im ²Moment, jetzt, momentan.

Zu|sa|ge [ˈt͜suːzaːɡə], die; -, -n:
a) *das Zusagen* (1 a): jmdm. eine Zusage machen; seine Zusagen einhalten. **Syn.:** Versprechen. **b)** *zustimmender Bescheid auf eine Einladung hin* /Ggs. Absage/: auf unsere Einladung bekamen wir zahlreiche Zusagen.

zu|sa|gen [ˈt͜suːzaːɡn̩], sagte zu, zugesagt:
1. ⟨tr.; hat⟩ **a)** *jmdm. zusichern, sich in einer bestimmten Angelegenheit seinen Wünschen entsprechend zu verhalten, ihm etwas zuteilwerden zu lassen:* sie hat mir schnelle Hilfe zugesagt. **Syn.:** versprechen, zusichern. **b)** *versichern, dass man einer Einladung folgen will* /Ggs. absagen/: sie hat ihre Teilnahme fest zugesagt; ⟨auch itr.⟩ komm doch auch, dein Bruder hat schon zugesagt.
2. ⟨itr.; hat⟩ *jmds. Vorstellungen entsprechen:* diese Wohnung sagt mir zu. **Syn.:** Anklang finden, ankommen (ugs.), ansprechen, gefallen, liegen.

zu|sam|men [t͜suˈzamən] ⟨Adverb⟩:
a) *einer mit einem anderen oder etwas mit etwas anderem:* wir waren gestern Abend noch lange zusammen; die Bände werden nur zusammen verkauft. **b)** *als Einheit gerechnet, miteinander addiert:* alles zusammen kostet 10 Euro.

Syn.: alles in allem, im Ganzen, insgesamt, summa summarum.

zu|sam|men- [tsuzamən] ⟨trennbares verbales Präfix⟩:
1. (ugs.) *jmdn. durch das im Basiswort Genannte so stark verletzen, dass er zu Boden sinkt:* zusammenknüppeln; zusammenprügeln; zusammenschießen; zusammenschlagen; zusammentreten.
2. (abwertend) *viel, aber ohne System und Plan das im Basiswort Genannte tun:* zusammenfantasieren; zusammenfotografieren; zusammenschwafeln; zusammenschwatzen; zusammenspielen (was die wieder [beim Fußballspiel] zusammengespielt haben!).

Zu|sam|men|ar|beit [tsu'zamən|arbait], die; -:
gemeinsames Arbeiten, Wirken an der gleichen Sache, auf dem gleichen Gebiet: die Zusammenarbeit mit dem Betriebsrat; durch Zusammenarbeit in der Forschung und Entwicklung wollen die Firmen Geld sparen. **Syn.:** Kooperation, Teamwork.

zu|sam|men|ar|bei|ten [tsu'zamən|arbaitn̩], arbeitete zusammen, zusammengearbeitet ⟨itr.; hat⟩:
an der gleichen Sache gemeinsam arbeiten, auf dem gleichen Gebiet gemeinsam wirken: auf einem Gebiet, in einer Organisation zusammenarbeiten; bei diesem Projekt haben mehrere Forscher zusammengearbeitet. **Syn.:** kooperieren.

zu|sam|men|bal|len [tsu'zamənbalən], ballte zusammen, zusammengeballt:
1. ⟨tr.; hat⟩ *zu einem Klumpen o. Ä. ballen:* sie ballte das Papier, etwas Schnee zusammen.
2. ⟨+ sich⟩ *sich ballen:* auf dem riesigen Platz ballten sich Menschenmassen zusammen. **Syn.:** sich zusammendrängen.

zu|sam|men|bei|ßen [tsu'zamənbaisn̩], biss zusammen, zusammengebissen ⟨tr.; hat⟩:
(die Zähne, die Lippen) kräftig gegeneinanderpressen: sie biss vor Schmerz die Zähne zusammen.

zu|sam|men|bin|den [tsu'zamənbɪndn̩], band zusammen, zusammengebunden ⟨tr.; hat⟩:
durch Binden zusammenfügen, vereinigen: sie bindet die Blumen zu einem Strauß zusammen; ich habe mir die Haare mit einem Haarband zusammengebunden.

zu|sam|men|brau|en [tsu'zamənbrauən], braute zusammen, zusammengebraut:
1. ⟨tr.; hat⟩ (ugs.) *ein Getränk aus verschiedenen Zutaten (ohne besondere Fertigkeit) zubereiten:* in dem Glas war irgendein Zeug, das sie zusammengebraut hatte. **Syn.:** mischen, mixen.
2. ⟨+ sich⟩ *sich als etwas Unangenehmes, Bedrohliches entwickeln:* ein Gewitter braut sich zusammen. **Syn.:** aufkommen, aufziehen, im Anzug sein.

zu|sam|men|bre|chen [tsu'zamənbrɛçn̩], bricht zusammen, brach zusammen, zusammengebrochen ⟨itr.; ist⟩:
a) *zum Einsturz kommen, in Trümmer gehen:* die Brücke brach unter der schweren Last zusammen. **Syn.:** einbrechen, einfallen, einstürzen. **b)** *einen Schwächeanfall erleiden; ohnmächtig werden o. Ä.:* die Frau war [ohnmächtig, tot] zusammengebrochen. **Syn.:** zusammenklappen (ugs.). **c)** *zum Erliegen kommen:* der Angriff, der Verkehr brach zusammen.

zu|sam|men|brin|gen [tsu'zamənbrɪŋən], brachte zusammen, zusammengebracht ⟨tr.; hat⟩:
a) *etwas, was für einen bestimmten Zweck als erforderlich angesehen wird, beschaffen:* ich habe das für diese Unternehmung nötige Geld nicht zusammengebracht. **Syn.:** aufbringen, auftreiben (ugs.), [1]beschaffen, besorgen. **b)** (ugs.) *einen Text o. Ä. vollständig [aus dem Gedächtnis] wiedergeben können:* gestern konnte ich das Gedicht noch sehr gut, jetzt bringe ich es nicht mehr zusammen; sie brachte keinen Satz zusammen. **c)** *Kontakte zwischen zwei oder mehreren Personen herstellen, ihre Bekanntschaft stiften:* ich brachte die beiden bei einer Einladung zusammen.

Zu|sam|men|bruch [tsu'zamənbrʊç], der; -[e]s, Zusammenbrüche [tsu'zamənbrʏçə]:
a) *das Zusammenbrechen* (c): der wirtschaftliche Zusammenbruch; der Staat stand vor dem Zusammenbruch. **Syn.:** Untergang. **b)** *das Zusammenbrechen* (b): die vielen Aufregungen führten bei ihr zu einem Zusammenbruch.

zu|sam|men|drän|gen [tsu'zamən drɛŋən], drängte zusammen, zusammengedrängt ⟨tr.; hat⟩:
a) *(eine größere Anzahl von Personen, Tieren auf einen im Verhältnis engen Raum) drängen:* die Menge wurde von der Polizei auf einem Platz zusammengedrängt. **b)** ⟨+ sich⟩ *von allen Seiten zusammenkommen und sich immer dichter auf engem Raum drängen:* wir stiegen in die Straßenbahn ein und mussten uns ziemlich zusammendrängen.

zu|sam|men|fah|ren [tsu'zamənfa:rən], fährt zusammen, fuhr zusammen, zusammengefahren:
1. ⟨itr.; ist⟩ **a)** (ugs.) *beim Fahren zusammenstoßen:* zwei Autos sind zusammengefahren.
b) *[vor Schreck] zusammenzucken:* ich fuhr bei dem lauten Knall zusammen.
2. ⟨tr.; hat⟩ (ugs.) *(gegen jmdn., etwas) fahren und dadurch verletzen, töten, beschädigen:* er hat eine Frau, eine Mauer zusammengefahren.

zu|sam|men|fal|len [tsu'zamənfalən], fällt zusammen, fiel zusammen, zusammengefallen ⟨itr.; ist⟩:
1. *den Zusammenhalt verlieren und auf einen Haufen fallen:* die schön aufgebaute Dekoration fiel durch den starken Wind zusammen. **Syn.:** einfallen, einstürzen.
2. *zur gleichen Zeit stattfinden:* meine Krankheit fiel mit Weihnachten zusammen; ihre Geburtstage, die beiden Veranstaltungen fallen zusammen. **Syn.:** sich überschneiden.
3. *körperlich zunehmend schwächer werden:* sie fällt immer mehr zusammen. **Syn.:** hinfällig werden.

zu|sam|men|fal|ten [tsu'zamən-

Z
zusa

faltn̩], faltete zusammen, zusammengefaltet ⟨tr.; hat⟩: *(einer Sache) durch Falten, durch Übereinanderlegen, Übereinanderklappen ein kleineres Format geben:* ein Stück Papier, das Tischtuch, die Servietten zusammenfalten. **Syn.:** falten, zusammenlegen, zusammenschlagen.

zu|sam|men|fas|sen [tsu'zamənfasn̩], fasste zusammen, zusammengefasst ⟨tr.; hat⟩:
1. *in, zu einem größeren Ganzen vereinigen:* man hat alle Gruppen in diesem Verband zusammengefasst.
2. *auf eine kurze Form bringen, als Resümee formulieren:* seine Gedanken, Ergebnisse in wenigen Sätzen zusammenfassen; zusammenfassend kann man Folgendes sagen.

Zu|sam|men|fas|sung [tsu'zamənfasʊŋ], die; -, -en:
kurz zusammengefasste schriftliche oder mündliche Darstellung von etwas: eine Zusammenfassung der Ereignisse geben. **Syn.:** Abriss, Resümee.

zu|sam|men|ge|hö|rig [tsu'zamənɡəhøːrɪç] ⟨Adj.⟩:
zueinandergehörend: alle zusammengehörigen Teile ordnen; sie fühlen sich zusammengehörig.

Zu|sam|men|halt [tsu'zamənhalt], der; -[e]s:
innere Verbundenheit, feste innere Bindung: die Mannschaft hat keinen Zusammenhalt. **Syn.:** Solidarität.

zu|sam|men|hal|ten [tsu'zamənhaltn̩], hält zusammen, hielt zusammen, zusammengehalten:
1. ⟨itr.; hat⟩ *einander beistehen, fest zueinanderstehen:* wir wollen immer zusammenhalten.
2. ⟨tr.; hat⟩ *Geld o. Ä. nicht ausgeben, sondern zurückbehalten, zurücklegen:* sie hielt ihr Vermögen nach Kräften zusammen. **Syn.:** sparen.
3. ⟨tr.; hat⟩ *beieinanderhalten, am Auseinanderstreben hindern:* die Lehrerin konnte die Schüler bei dem Ausflug nur schwer zusammenhalten.
4. ⟨tr.; hat⟩ *vergleichend nebeneinanderhalten:* sie hat die beiden Stoffe, Farben, Muster zusammengehalten.
5. ⟨itr.; hat⟩ *(von den Teilen eines Ganzen) fest miteinander verbunden bleiben:* die verleimten Teile halten nicht mehr zusammen.

Zu|sam|men|hang [tsu'zamənhaŋ], der; -[e]s, Zusammenhänge [tsu'zamənhɛŋə]:
innere Beziehung, Verbindung (zwischen Vorgängen, Sachverhalten o. Ä.): zwischen diesen Vorgängen besteht kein Zusammenhang; dieser Satz ist aus dem Zusammenhang gerissen. **Zus.:** Gedankenzusammenhang.

zu|sam|men|hän|gen [tsu'zamənhɛŋən], hing zusammen, zusammengehangen ⟨itr.; hat⟩:
a) *mit etwas, miteinander fest verbunden sein:* die beiden Teile hängen nur lose zusammen. **b)** *in Zusammenhang, Beziehung stehen:* mit der Abrüstung hängt die Frage der nationalen Sicherheit eng zusammen; alle damit zusammenhängenden Fragen erörtern.

zu|sam|men|klap|pen [tsu'zamənklapn̩], klappte zusammen, zusammengeklappt:
1. ⟨tr.; hat⟩ *(etwas mit Scharnieren o. Ä. Versehenes) durch Einklappen seiner Teile verkleinern:* den Tisch, das Taschenmesser zusammenklappen.
2. ⟨itr.; ist⟩ (ugs.) *einen Schwächeanfall erleiden:* sie ist im Restaurant zusammengeklappt. **Syn.:** zusammenbrechen.

zu|sam|men|kom|men [tsu'zamənkɔmən], kam zusammen, zusammengekommen ⟨itr.; ist⟩:
1. *sich treffen, sich versammeln:* im Klub, zu einer Kundgebung zusammenkommen.
2. a) *sich gleichzeitig ereignen:* eine Reihe unglücklicher Umstände kam zusammen; heute kommt aber auch wieder alles zusammen! **b)** *sich anhäufen, ansammeln:* einiges an Spenden kam zusammen; sie ließ ihre Überstunden zusammenkommen, um dann Urlaub zu machen.

zu|sam|men|krat|zen [tsu'zamənkratsn̩], kratzte zusammen, zusammengekratzt ⟨tr.; hat⟩:
etwas (besonders Geld), von dem nur noch ein Rest vorhanden ist, mühsam zusammenbringen: sein letztes Geld für den Urlaub zusammenkratzen.

Zu|sam|men|kunft [tsu'zamənkʊnft], die; -, Zusammenkünfte [tsu'zamənkʏnftə]:
Treffen, Versammlung; Sitzung: der Termin für die nächste Zusammenkunft liegt noch nicht fest. **Syn.:** Begegnung, Meeting, Sitzung, Treff (ugs.).

zu|sam|men|läp|pern [tsu'zamənlɛpɐn], läpperte zusammen, zusammengeläppert ⟨+ sich⟩ (ugs.):
sich aus kleinen Mengen zu einem umfangreicheren Ganzen ansammeln: die zusätzlichen Ausgaben haben sich ganz schön zusammengeläppert.

zu|sam|men|lau|fen [tsu'zamənlaufn̩], läuft zusammen, lief zusammen, zusammengelaufen ⟨itr.; ist⟩:
1. *(von Menschen, Tieren) von verschiedenen Seiten an eine bestimmte Stelle laufen:* die Menschen liefen zusammen; nach der Explosion liefen alle zusammen.
2. *(besonders von Wasser) von verschiedenen Seiten zusammenfließen:* das Wasser ist in der Vertiefung zusammengelaufen.
3. *sich an einem bestimmten Punkt treffen:* an diesem Punkt laufen die Linien zusammen.
4. (ugs.) *(von aufgetragenen Farben) ineinanderfließen und sich vermischen:* die Farben sind leider zusammengelaufen.
5. (ugs.) *einlaufen* (4): der Stoff ist beim Waschen zusammengelaufen. **Syn.:** eingehen (5), schrumpfen.

zu|sam|men|le|ben [tsu'zamənleːbn̩], lebte zusammen, zusammengelebt ⟨itr.; hat⟩:
(mit jmdm.) in Gemeinschaft leben: sie leben schon fünf Jahre zusammen und wollen jetzt heiraten. **Syn.:** einen gemeinsamen Haushalt führen, in wilder Ehe leben.

zu|sam|men|le|gen [tsu'zamənleːɡn̩], legte zusammen, zusammengelegt:
1. ⟨tr.; hat⟩ *(einer Sache) durch Falten, durch Übereinanderlegen, Übereinanderklappen ein kleineres Format geben:* Papier, Decken, Zelte zusammenlegen;

den Tisch kann man zusammenlegen.
2. ⟨tr.; hat⟩ *verschiedene Gruppen, Bereiche, Teile o. Ä. zu einem Ganzen, einer Einheit werden lassen:* verschiedene Abteilungen, Ämter zusammenlegen; Grundstücke zusammenlegen.
3. ⟨itr.; hat⟩ *gemeinsam die für etwas erforderliche Geldsumme aufbringen:* wenn wir zusammenlegen, dürfte es für das Geschenk reichen.

zu|sam|men|neh|men [t͜su'zamənne:mən], nimmt zusammen, nahm zusammen, zusammengenommen:
1. ⟨tr.; hat⟩ *(geistige, körperliche Kräfte) konzentriert verfügbar machen, einsetzen:* alle seine Gedanken, Kräfte, den Verstand zusammennehmen.
2. ⟨+ sich⟩ *sich beherrschen, unter Kontrolle haben:* nimm dich doch zusammen und trink nicht so viel!

zu|sam|men|pas|sen [t͜su'zamənpasn̩], passte zusammen, zusammengepasst ⟨itr.; hat⟩: *miteinander harmonieren:* Friederike und Lars passen gut zusammen; die beiden Farben passen großartig zusammen.

zu|sam|men|pral|len [t͜su'zamənpralən], prallte zusammen, zusammengeprallt ⟨itr.; ist⟩: *mit Kraft, Wucht aneinanderstoßen:* der Linksaußen war mit dem gegnerischen Torhüter zusammengeprallt und hatte sich am Auge verletzt. **Syn.:** zusammenstoßen.

zu|sam|men|pres|sen [t͜su'zamənprɛsn̩], presste zusammen, zusammengepresst ⟨tr.; hat⟩: *mit Kraft zusammendrücken, gegeneinander pressen:* sie presste die Hände zusammen.

zu|sam|men|raf|fen [t͜su'zamənrafn̩], raffte zusammen, zusammengerafft ⟨tr.; hat⟩ (abwertend): *gierig in seinen Besitz bringen:* ein großes Vermögen zusammenraffen. **Syn.:** raffen (abwertend).

zu|sam|men|rei|men [t͜su'zamənra͜imən], reimte zusammen, zusammengereimt ⟨+ sich⟩: *sich den Sinn, Zusammenhang von etwas aus einzelnen Informationen erklären:* ich kann mir die Geschichte aus verschiedenen Andeutungen zusammenreimen.

zu|sam|men|rot|ten [t͜su'zamənrɔtn̩], rottete zusammen, zusammengerottet ⟨+ sich⟩: *sich in aufrührerischer Absicht spontan zusammenschließen:* Jugendliche und Studenten rotteten sich zusammen und stürmten das Rathaus. **Syn.:** sich zusammentun.

zu|sam|men|rü|cken [t͜su'zamənrʏkn̩], rückte zusammen, zusammengerückt:
1. ⟨tr.; hat⟩ *so schieben, dass etwas näher beisammensteht:* Tische, Stühle zusammenrücken.
2. ⟨itr.; ist⟩ *sich enger nebeneinandersetzen:* sie sind auf der Bank zusammengerückt.

zu|sam|men|sa|cken [t͜su'zamənzakn̩], sackte zusammen, zusammengesackt ⟨itr.; ist⟩ (ugs.): *kraftlos und schwer hinsinken, in sich zusammensinken:* er ist unter dem Gewicht, bei der Urteilsverkündung zusammengesackt.

zu|sam|men|schla|gen [t͜su'zamənʃla:gn̩], schlägt zusammen, schlug zusammen, zusammengeschlagen:
1. a) ⟨tr.; hat⟩ *[kräftig] gegeneinanderschlagen:* die Hacken, Absätze zusammenschlagen. **b)** ⟨itr.; ist⟩ *jmdn., etwas (als Zusammenballung o. Ä.) von verschiedenen Seiten einschließen und [vorübergehend] unter sich begraben:* die Wellen sind über ihr, über dem sinkenden Schiff zusammengeschlagen.
2. ⟨tr.; hat⟩ *falten, zusammenlegen:* die Fahne, Zeitung zusammenschlagen. **Syn.:** zusammenfalten.
3. ⟨tr.; hat⟩ **a)** *auf jmdn. so einschlagen, dass er zusammenbricht:* der Einbrecher hat ihn zusammengeschlagen. **b)** *mit Gewalt entzweischlagen:* in seiner Wut schlug er alle Möbel zusammen. **Syn.:** zerstören, zertrümmern.

zu|sam|men|schlie|ßen [t͜su'zamənʃli:sn̩], schloss zusammen, zusammengeschlossen ⟨+ sich⟩: *sich mit jmdm. zu einem bestimmten Zweck verbinden:* die beiden Vereine wollen sich zusammenschließen; die beiden Firmen haben sich zusammengeschlossen. **Syn.:** sich vereinigen, sich zusammentun.

zu|sam|men|schrump|fen [t͜su'zamənʃrʊmp͜fn̩], schrumpfte zusammen, zusammengeschrumpft ⟨itr.; ist⟩: *immer weniger werden (in Bezug auf vorhandene Dinge):* unser Vorrat schrumpft immer mehr zusammen. **Syn.:** abnehmen, schrumpfen, schwinden (geh.), sich verkleinern, sich vermindern, sich verringern, zurückgehen.

zu|sam|men|set|zen [t͜su'zamənzɛt͜sn̩], setzte zusammen, zusammengesetzt:
1. ⟨tr.; hat⟩ **a)** *[gleichartige Teile] aneinanderfügen:* Steine zu einem Mosaik, bunte Platten zu einem Muster zusammensetzen. **b)** *zu einem Ganzen fügen:* eine Wand aus Platten, das Fahrrad aus den einzelnen Teilen zusammensetzen; zusammengesetzte Wörter, Verben.
2. ⟨+ sich⟩ **a)** *sich zueinander-, nebeneinandersetzen:* wir wollen uns im Kino zusammensetzen. **b)** *zusammenkommen, um gemeinsam zu beraten:* wir müssen uns unbedingt mal zusammensetzen und einen Plan machen.
3. ⟨+ sich⟩ *als Ganzes aus verschiedenen Bestandteilen, Personen bestehen:* die Uhr setzt sich aus vielen Teilen zusammen. **Syn.:** sich rekrutieren.

Zu|sam|men|set|zung [t͜su'zamənzɛt͜sʊŋ], die; -, -en:
1. a) *zusammengesetzter Stoff:* eine explosive Zusammensetzung. **b)** *Art und Weise, wie etwas als Ganzes zusammengesetzt, in sich strukturiert ist:* die Zusammensetzung dieses Mittels ist mir unbekannt. **Syn.:** Aufbau, Gefüge, Struktur.
2. *aus zwei oder mehreren Wörtern zusammengesetztes Wort:* »Eisenbahn« ist eine Zusammensetzung aus »Eisen« und »Bahn«. **Zus.:** Wortzusammensetzung.

Zu|sam|men|spiel [t͜su'zamənʃpi:l], das; -[e]s: *gemeinsames, harmonisches Spiel; das Eingehen der Spieler,*

Spielerinnen aufeinander: das hervorragende Zusammenspiel der beiden Darsteller, innerhalb der Mannschaft.

zu|sam|men|stau|chen [t͜suˈzamənʃtau̯xn̩], stauchte zusammen, zusammengestaucht ⟨tr.; hat⟩ (ugs.): *jmdn. nachdrücklich zurechtweisen, maßregeln:* wegen einiger kleiner Fehler wurde ich vom Chef gleich zusammengestaucht. **Syn.:** heruntermachen (ugs.), in den Senkel stellen (ugs.), rüffeln (ugs.), rügen, schelten (geh.), tadeln, sich vorknöpfen (ugs.), zur Minna machen (ugs.), zur Sau machen (derb).

zu|sam|men|ste|cken [t͜suˈzamənʃtɛkn̩], steckte zusammen, zusammengesteckt:
1. ⟨tr.; hat⟩ *durch Feststecken miteinander verbinden:* der Stoff wird mit Nadeln zusammengesteckt.
2. ⟨itr.; hat⟩ (ugs.) *häufig [von anderen abgesondert] beisammen sein:* die beiden stecken immer zusammen.

zu|sam|men|stel|len [t͜suˈzamənʃtɛlən], stellte zusammen, zusammengestellt ⟨tr.; hat⟩:
a) *an die gleiche Stelle zueinanderstellen, nebeneinanderstellen:* Stühle, Tische zusammenstellen. **b)** *etwas (was man unter einem bestimmten Aspekt ausgewählt hat) so anordnen, gestalten, dass etwas Einheitliches, Zusammenhängendes entsteht:* eine Ausstellung, eine Mannschaft, eine Speisekarte zusammenstellen.

zu|sam|men|stim|men [t͜suˈzamənʃtɪmən], stimmte zusammen, zusammengestimmt ⟨itr.; hat⟩:
1. *miteinander harmonieren, einander im Klang entsprechen:* die zwei Instrumente stimmen zusammen.
2. *mit etwas übereinstimmen:* die Angaben stimmen nicht zusammen.

Zu|sam|men|stoß [t͜suˈzamənʃto:s], der; -es, Zusammenstöße [t͜suˈzamənʃtø:sə]:
a) *(besonders von Fahr-, Flugzeugen) das Zusammenstoßen* (a): ein Zusammenstoß von zwei Autos auf der Straßenkreuzung. **Syn.:** Karambolage (ugs.), Kollision. **Zus.:** Beinahezusammenstoß, Flugzeugzusammenstoß, Frontalzusammenstoß. **b)** (ugs.) *heftige Auseinandersetzung:* ich hatte kürzlich einen Zusammenstoß mit meinem Hauswirt; es kam zu Zusammenstößen zwischen Polizei und Demonstranten. **Syn.:** Krach (ugs.), Streit, Zank.

zu|sam|men|sto|ßen [t͜suˈzamənʃto:sn̩], stößt zusammen, stieß zusammen, zusammengestoßen ⟨itr.; ist⟩:
a) *mit Wucht gegeneinanderprallen:* die Straßenbahn ist mit dem Bus zusammengestoßen. **Syn.:** zusammenprallen.
b) *sich an einem Punkt treffen; eine gemeinsame Grenze haben:* die Linien stoßen in diesem Punkt zusammen; unsere Gärten stoßen zusammen. **c)** *eine Auseinandersetzung (mit jmdm.) haben:* ich bin heute heftig mit ihr zusammengestoßen. **Syn.:** aneinandergeraten, sich anlegen, einen Zusammenstoß haben, sich streiten, sich zanken.

zu|sam|men|tref|fen [t͜suˈzaməntrɛfn̩], trifft zusammen, traf zusammen, zusammengetroffen ⟨itr.; ist⟩:
1. *einander begegnen, sich treffen:* mit alten Bekannten zusammentreffen. **Syn.:** sich treffen.
2. *gleichzeitig, sich ergänzend geschehen, stattfinden:* die beiden Ereignisse trafen zusammen; mehrere günstige Umstände treffen hier zusammen. **Syn.:** sich überschneiden.

zu|sam|men|tre|ten [t͜suˈzaməntre:tn̩], tritt zusammen, trat zusammen, zusammengetreten:
1. ⟨tr.; hat⟩ *jmdn., etwas so stark treten, dass er, es zu Boden sinkt:* als er sich wehrte, wurde er zusammengetreten.
2. ⟨itr.; ist⟩ *(von den Mitgliedern einer Organisation, Institution o. Ä.) sich versammeln:* zu Beratungen zusammentreten; die Regierung, der Vorstand ist zusammengetreten. **Syn.:** zusammenkommen.

zu|sam|men|trom|meln [t͜suˈzaməntrɔml̩n], trommelte zusammen, zusammengetrommelt ⟨tr.; hat⟩ (ugs.): *alle infrage kommenden Personen zu einem bestimmten Zweck zusammenrufen:* sie hat ihre Freunde zusammengetrommelt, damit sie ihr beim Umzug helfen.

zu|sam|men|tun [t͜suˈzaməntu:n], tat zusammen, zusammengetan ⟨+ sich⟩: *sich zu einem bestimmten Zweck mit jmdm. verbinden:* sich zu einem gemeinsamen Urlaub, sich gegen jmdn. zusammentun; ich tat mich mit meiner Nachbarin zusammen, um gemeinsam gegen den Hauseigentümer vorzugehen. **Syn.:** paktieren, sich verbünden.

zu|sam|men|wach|sen [t͜suˈzamənvaksn̩], wächst zusammen, wuchs zusammen, zusammengewachsen ⟨itr.; ist⟩: *[wieder] in eins wachsen:* die beiden Städte wachsen zusammen; die siamesischen Zwillinge sind an den Hüften zusammengewachsen; der Knochenbruch will nicht zusammenwachsen.

zu|sam|men|zäh|len [t͜suˈzamənt͜sɛ:lən], zählte zusammen, zusammengezählt ⟨tr.; hat⟩: *(von Zahlen, Dingen o. Ä.) eins zum andern zählen:* die verschiedenen Beträge zusammenzählen. **Syn.:** addieren; *** eins und eins zusammenzählen:** *einen Zusammenhang herstellen.*

zu|sam|men|zie|hen [t͜suˈzamənt͜si:ən], zog zusammen, zusammengezogen:
a) ⟨tr.; hat⟩ *durch Ziehen verkleinern, enger machen, schließen o. Ä.:* das Loch im Strumpf zusammenziehen; sie zog die Augenbrauen zusammen.
b) ⟨+ sich⟩ *sich verkleinern, enger werden, sich schließen:* die Wunde zieht sich zusammen; bei Kälte ziehen sich alle Körper zusammen. **c)** ⟨itr.; ist⟩ *eine gemeinsame Wohnung beziehen:* sie ist mit ihrer Freundin, die beiden Freundinnen sind zusammengezogen.

zu|sam|men|zu|cken [t͜suˈzamənt͜sʊkn̩], zuckte zusammen, zusammengezuckt ⟨itr.; ist⟩: *(vor Schreck, Schmerz o. Ä.) eine ruckartige Bewegung machen:* sie zuckte bei dem Knall heftig zusammen. **Syn.:** zusammenfahren.

Zu|satz [ˈt͜suːzat͜s], der; -es, Zusätze [ˈt͜suːzɛt͜sə]:
1. ⟨ohne Plural⟩ *das Hinzufügen:* unter Zusatz von Wasser wird das Pulver verrührt.
2. *[später] hinzugefügter Teil:* die Zusätze zu dem Vertrag müssen beachtet werden. **Syn.:** Anhang, Nachtrag.

zu|sätz|lich [ˈt͜suːzɛt͜slɪç] ⟨Adj.⟩:
zu etwas bereits Vorhandenem, Gegebenem als Ergänzung, Erweiterung o. Ä. hinzukommend: es entstehen keine zusätzlichen Kosten; zusätzlich einen Gutschein für eine Reise bekommen. **Syn.:** auch noch, außerdem, daneben, darüber hinaus, dazu, des Weiteren, extra, ferner, obendrein, überdies, weiter..., zudem.

zu|schan|den [t͜suˈʃandn̩], **zu Schan|den** ⟨Adverb⟩ (geh.):
in einem Zustand des Zerstörtseins, Zugrunde-gerichtet-Seins, Unbrauchbarseins: jmds. Hoffnungen zuschanden machen; alle Pläne wurden zuschanden; ich habe den neuen Wagen zuschanden gefahren.

zu|schan|zen [ˈt͜suːʃant͜sn̩], schanzte zu, zugeschanzt ⟨tr.; hat⟩ (ugs.):
jmdm. unter der Hand etwas Vorteilhaftes verschaffen oder zukommen lassen: sie hat ihm diese Stellung zugeschanzt. **Syn.:** zuspielen.

zu|schau|en [ˈt͜suːʃau̯ən], schaute zu, zugeschaut ⟨itr.; hat⟩ (bes. südd., österr., schweiz.):
(bei etwas) aufmerksam zusehen: ich schaue dir gern bei der Arbeit zu. **Syn.:** gaffen (abwertend), glotzen (ugs., auch abwertend), gucken (ugs.).

Zu|schau|er [ˈt͜suːʃau̯ɐ], der; -s, -, **Zu|schau|e|rin** [ˈt͜suːʃau̯ərɪn], die; -, -nen:
Person, die einem Vorgang, besonders einer Aufführung, Vorführung o. Ä. zuschaut: die Zuschauer waren von dem Fußballspiel enttäuscht; ich mache nicht mit, ich bin nur Zuschauerin. **Syn.:** Augenzeuge, Augenzeugin, Neugierige, Neugieriger, Publikum. **Zus.:** Fernsehzuschauer, Fernsehzuschauerin, Theaterzuschauer, Theaterzuschauerin.

zu|schi|cken [ˈt͜suːʃɪkn̩], schickte zu, zugeschickt ⟨tr.; hat⟩:
(zu jmdm.) schicken; (jmdm.) zugehen lassen: der Verlag schickte dem Verfasser drei Exemplare des Buches zu; ich schicke Ihnen Informationsmaterial zu. **Syn.:** [1]senden (geh).

zu|schie|ben [ˈt͜suːʃiːbn̩], schob zu, zugeschoben ⟨tr.; hat⟩:
1. *durch Schieben schließen:* die Tür des Waggons zuschieben. **Syn.:** zumachen, zusperren (bes. österr., südd.).
2. a) *(in Richtung auf jmdn., etwas) schieben:* sie schob ihm das Glas zu. **b)** *etwas Unangenehmes, Lästiges einem anderen übertragen, zur Last legen:* man hat ihr die Schuld, die Verantwortung zugeschoben. **Syn.:** abwälzen, aufbürden, aufhalsen (ugs.), delegieren, überantworten (geh.), übergeben, überlassen.

zu|schie|ßen [ˈt͜suːʃiːsn̩], schoss zu, zugeschossen:
1. ⟨tr.; hat⟩ **a)** *(in Richtung auf jmdn., etwas) schießen:* jmdm. den Ball zuschießen. **b)** (ugs.) *(Geld) zu dem Vorhandenen unterstützend beisteuern:* die Regierung hat weitere Millionen zugeschossen. **Syn.:** zuzahlen.
2. ⟨itr.; ist⟩ (ugs.) *sich rasch und geradewegs (auf jmdn., etwas) zubewegen:* sie schoss plötzlich auf mich zu.

Zu|schlag [ˈt͜suːʃlaːk], der; -[e]s, Zuschläge [ˈt͜suːʃlɛːɡə]:
1. *bestimmter Betrag, um den ein Preis, ein Gehalt o. Ä. erhöht wird:* die Ware wurde mit einem Zuschlag von fünf Euro verkauft. **Syn.:** Aufpreis, Aufschlag.
2. a) *besondere Gebühr für die Benutzung schnell fahrender Züge:* für die Fahrt mit dem Intercity musste man 5 Euro Zuschlag zahlen. **b)** *Fahrkarte, die dokumentiert, dass ein Zuschlag bezahlt wurde:* der Zuschlag kann im Zug gelöst werden.
3. *durch Hammerschlag gegebene Erklärung des Versteigerers, dass er das betreffende Angebot als Höchstgebot annimmt:* der Zuschlag wurde mir erteilt.

zu|schla|gen [ˈt͜suːʃlaːɡn̩], schlägt zu, schlug zu, zugeschlagen:
1. a) ⟨itr.; hat⟩ *einen Schlag (mit der Faust, einem Stock o. Ä.) gegen jmdn. führen:* er stürzte sich auf ihn und schlug mit geballter Faust zu. **b)** ⟨tr.; hat⟩ *durch Schläge mit einem Werkzeug [mit Nägeln o. Ä.] etwas zumachen, verschließen:* Fässer, Kisten zuschlagen.
2. a) ⟨tr.; hat⟩ *mit Schwung, Heftigkeit geräuschvoll zumachen, schließen:* das Fenster zuschlagen; ein Buch wütend zuschlagen. **b)** ⟨itr.; ist⟩ *sich heftig mit einem lauten Knall schließen:* die Tür ist zugeschlagen. **Syn.:** zufallen, zugehen (ugs.), zuschnappen.

zu|schlie|ßen [ˈt͜suːʃliːsn̩], schloss zu, zugeschlossen ⟨tr.; hat⟩:
(mit einem Schlüssel) abschließen, verschließen /Ggs. aufschließen/: das Zimmer, den Koffer zuschließen. **Syn.:** abriegeln, absperren (bes. österr., südd.), schließen, versperren (bes. österr., südd.), zumachen, zusperren (bes. österr., südd.).

zu|schnap|pen [ˈt͜suːʃnapn̩], schnappte zu, zugeschnappt:
1. ⟨itr.; ist⟩ *mit einem schnappenden Geräusch ins Schloss fallen:* die Tür ist zugeschnappt. **Syn.:** zufallen, zuschlagen.
2. ⟨itr.; hat⟩ *plötzlich nach jmdm., einer Sache schnappen und den Betreffenden, das Betreffende zu fassen bekommen:* der Hund schnappte gleich zu.

zu|schnei|den [ˈt͜suːʃnai̯dn̩], schnitt zu, zugeschnitten ⟨tr.; hat⟩:
a) *so schneiden, dass eine bestimmte Form entsteht; für etwas passend schneiden:* Bretter zuschneiden; die Schneiderin schnitt den Stoff für den Anzug zu. **b)** *(etwas aus Stoff) nach bestimmten Maßen so schneiden, dass es anschließend genäht werden kann:* ein Kleid, eine Hose zuschneiden.

Zu|schnitt [ˈt͜suːʃnɪt], der; -[e]s, -e:
Art, wie etwas zugeschnitten ist: der Zuschnitt des Anzuges ist ganz modern. **Syn.:** Design, Form, Machart, Schnitt.

zu|schnü|ren ['t̮su:ʃny:rən], schnürte zu, zugeschnürt ⟨tr.; hat⟩:
mit einer Schnur o. Ä. fest zubinden: das Paket zuschnüren. **Syn.:** zubinden.

Zu|schrift ['t̮su:ʃrɪft], die; -, -en:
Schreiben, das sich auf ein Angebot, ein bestimmtes Thema o. Ä. bezieht: zu diesem Artikel bekam die Zeitung zahlreiche Zuschriften. **Syn.:** Brief, Mitteilung, Schreiben, Zeilen ⟨Plural⟩. **Zus.:** Hörerzuschrift, Leserzuschrift.

Zu|schuss ['t̮su:ʃʊs], der; -es, Zuschüsse ['t̮su:ʃʏsə]:
Betrag, der jmdm. zur Verfügung gestellt wird, um ihm bei der Finanzierung einer Sache zu helfen; finanzielle Hilfe: für den Bau des Hauses erhielten sie vom Staat einen Zuschuss. **Syn.:** Beihilfe, Beitrag, Subvention. **Zus.:** Baukostenzuschuss, Mietzuschuss, Reisezuschuss.

zu|se|hen ['t̮su:ze:ən], sieht zu, sah zu, zugesehen ⟨itr.; hat⟩:
1. *(einem Vorgang) mit den Augen folgen; (jmdn., etwas) beobachten, betrachten:* jmdm. bei der Arbeit zusehen; sie sah der Prügelei aus sicherer Entfernung zu. **Syn.:** gaffen (abwertend), glotzen (ugs., auch abwertend), gucken (ugs.), zuschauen (bes. südd., österr., schweiz.).
2. *[ab]warten; mit einer Entscheidung zögern:* wir werden noch eine Weile zusehen, ehe wir eingreifen.
3. ⟨mit Nebensatz⟩ *(für etwas) sorgen; (auf etwas) achtgeben:* sieh zu, dass du nicht fällst; ich werde zusehen *(mich darum bemühen),* dass ich pünktlich bin. **Syn.:** sich kümmern um.

zu|se|hends ['t̮su:ze:ənt̮s] ⟨Adverb⟩:
in so kurzer Zeit, dass man die Veränderung [fast] mit den Augen verfolgen kann: du wirst zusehends dicker. **Syn.:** merklich, offenbar, offenkundig, offensichtlich, sichtlich.

zu|set|zen ['t̮su:zɛt̮sn̩], setzte zu, zugesetzt:
1. ⟨tr.; hat⟩ *(etwas zu etwas) tun, mischen, hinzufügen:* dem Wein Zucker, Wasser zusetzen. **Syn.:** beifügen, mischen in/unter, vermischen mit, zugeben.
2. ⟨tr.; hat⟩ *(Geld für etw. aufwenden und) verlieren, einbüßen; mit Verlust arbeiten:* bei diesem Unternehmen hat sie viel Geld zugesetzt; ⟨auch itr.⟩ ich setze immer nur zu. **Syn.:** kommen um, loswerden (ugs.), verlieren.
3. ⟨itr., hat⟩ **a)** *(jmdn.) hartnäckig zu überreden versuchen, bedrängen, bestürmen:* sie setzte mir so lange zu, bis ich versprach, zu kommen. **Syn.:** behelligen, belästigen, betteln, bitten, bohren (ugs.), drängeln, drängen, nerven (ugs.), peinigen, piesacken (ugs.), plagen, quälen. **b)** *in unangenehmer Weise, quälend, peinigend auf jmdn. einwirken, ihn schwächen:* die Krankheit setzt ihr sehr zu. **Syn.:** aufreiben, entkräften, schlauchen (ugs.), strapazieren, zehren an.

zu|si|chern ['t̮su:zɪçɐn], sicherte zu, zugesichert ⟨tr.; hat⟩:
fest versprechen: jmdm. freies Geleit zusichern; der Handwerker hat mir zugesichert, dass er heute kommen werde. **Syn.:** zusagen.

zu|sper|ren ['t̮su:ʃpɛrən] (bes. österr., südd.):
1. ⟨tr.; hat⟩ *zuschließen, abschließen, verschließen:* die Tür, das Auto zusperren. **Syn.:** abriegeln, absperren (bes. österr., südd.), schließen, versperren (bes. österr., südd.), zumachen.
2. a) ⟨tr.; hat⟩ *schließen* (2 a): das Geschäft wegen Ferien zusperren. **Syn.:** zumachen. **b)** ⟨tr.; hat⟩ *schließen* (2 b): sie sperrt den Laden mittags zu; ⟨auch itr.⟩ sie sperrt mittags zu. **Syn.:** zumachen. **c)** ⟨itr.: hat⟩ *geschlossen werden:* die Geschäfte in der Innenstadt sperren um 20 Uhr zu. **Syn.:** zumachen.

zu|spie|len ['t̮su:ʃpi:lən], spielte zu, zugespielt:
⟨tr.; hat⟩ **a)** *(den Ball o. Ä. zu einem anderen Spieler, einer anderen Spielerin) schießen, werfen o. Ä.:* er spielte mir den Ball zu; ⟨auch itr.⟩ du musst genauer zuspielen. **Syn.:** abgeben. **b)** *dafür sorgen, dass jmd. etwas bekommt; jmdm. etwas zukommen lassen:* der Presse Informationen, Geheimmaterial zuspielen. **Syn.:** zuschanzen, zustecken.

zu|spit|zen ['t̮su:ʃpɪt̮sn̩], spitzte zu, hat zugespitzt ⟨+ sich⟩:
zunehmend ernster, bedrohlicher o. ä. werden; zu einer Entscheidung drängen: die Situation spitzte sich dramatisch zu.

zu|spre|chen ['t̮su:ʃprɛçn̩], spricht zu, sprach zu, zugesprochen:
1. ⟨itr.; hat⟩ *in bestimmter Weise zu jmdm. sprechen, um ihn zu trösten, zu beruhigen oder um ihm Mut zu machen:* jmdm. beruhigend zusprechen; ⟨auch tr.⟩ jmdm. Mut, Trost zusprechen *(jmdn. trösten).*
2. ⟨itr.; hat⟩ *(etwas) reichlich und gern zu sich nehmen, genießen:* er sprach eifrig dem Bier zu.
3. ⟨tr.; hat⟩ *erklären, dass etwas jmds. Eigentum sein soll:* jmdm. das Erbe zusprechen. **Syn.:** zuerkennen.

Zu|spruch ['t̮su:ʃprʊx], der; -[e]s:
1. *tröstendes, aufmunterndes o. ä. Zureden:* ein freundlicher Zuspruch. **Syn.:** Trost.
2. *Besuch, Andrang:* das Lokal hatte mittags viel Zuspruch; die Vortragsreihe erfreut sich großen Zuspruchs. **Syn.:** Zulauf; *** Zuspruch finden:** *Anklang finden:* ihre Vorschläge fanden großen Zuspruch.

Zu|stand ['t̮su:ʃtant], der; -[e]s, Zustände ['t̮su:ʃtɛndə]:
Beschaffenheit, Lage, in der sich jmd., etwas befindet; Verfassung: ihr körperlicher Zustand war gut; das Haus war in einem verwahrlosten Zustand. **Syn.:** Bedingungen ⟨Plural⟩, Gegebenheiten ⟨Plural⟩, Konstellation, Lage, Sachlage, Situation, Stand, Status, Stellung, Verhältnisse ⟨Plural⟩. **Zus.:** Dauerzustand, Erschöpfungszustand, Geisteszustand, Gemütszustand, Gesundheitszustand, Gleichgewichtszustand, Idealzustand, Rohzustand, Ruhezustand, Schockzustand, Schwächezustand, Schwebezustand, Seelenzustand, Straßenzustand, Verteidigungszustand, Wachzustand.

zu|stan|de [t̮su'ʃtandə], **zu Stande:**
in den Wendungen **etwas**

zustande bringen: *etwas erreichen, fertigbringen, bewerkstelligen können:* eine Einigung zustande bringen; ich habe leider nichts zustande gebracht. **Syn.:** etwas [1]durchziehen (ugs.), etwas fertig machen, etwas fertigstellen, etwas hinbringen (ugs.), etwas hinkriegen (ugs.), etwas verwirklichen; **zustande kommen:** *verwirklicht, erreicht werden, gelingen:* das Geschäft ist doch noch zustande gekommen; es ist nicht viel zustande gekommen. **Syn.:** geschehen, über die Bühne gehen, vonstattengehen, vor sich gehen.

zu|stän|dig [ˈt͜suːʃtɛndɪç] ⟨Adj.⟩: *(für ein bestimmtes Sachgebiet) verantwortlich; kompetent:* an die zuständige Stelle verwiesen werden; für die Müllbeseitigung bin ich nicht zuständig. **Syn.:** befugt, kompetent.

zu|stat|ten|kom|men [t͜suˈʃtatn̩kɔmən], kam zustatten, zustattengekommen ⟨itr.; ist⟩: *für jmdn., etwas nützlich, hilfreich, von Vorteil sein:* diese Kenntnisse werden dir noch zustattenkommen; für diesen Sport kommt mir meine Größe sehr zustatten. **Syn.:** dienlich sein, fördern, gute Dienste leisten, helfen, nutzen (bes. nordd.), nützen (bes. südd.), von Nutzen sein.

zu|ste|cken [ˈt͜suːʃtɛkn̩], steckte zu, zugesteckt ⟨tr.; hat⟩: *heimlich in jmds. Hände, Tasche stecken:* Oma hat ihr immer Geld zugesteckt. **Syn.:** geben, in die Hand drücken, lockermachen (ugs.), schenken, spendieren, versehen mit, versorgen mit, zur Verfügung stellen, zuschanzen (ugs.), zuschieben, zuspielen, zuteilwerden lassen (geh.).

zu|ste|hen [ˈt͜suːʃteːən], stand zu, zugestanden ⟨itr.; hat⟩:
1. *etwas sein, worauf jmd. Anspruch hat:* der größere Anteil stand mir zu; ihr stehen im Jahr 30 Tage Urlaub zu. **Syn.:** gebühren, jmds. gutes Recht sein.
2. *zukommen* (3): ein Urteil steht mir nicht zu; es steht mir zu, euch so etwas zu fragen. **Syn.:** gebühren.

zu|stel|len [ˈt͜suːʃtɛlən], stellte zu, zugestellt ⟨tr.; hat⟩:
1. *durch etwas in den Weg Gestelltes versperren:* die Tür [mit einem Schrank] zustellen. **Syn.:** besetzen, blockieren, verstellen.
2. *(jmdm. einen Brief o. Ä.) [durch die Post] übergeben, aushändigen [lassen]; zuschicken, zugehen lassen:* den Kunden einen Katalog zustellen. **Syn.:** liefern, zuleiten.

Zu|stel|ler [ˈt͜suːʃtɛlɐ], der; -s, -, **Zu|stel|le|rin** [ˈt͜suːʃtɛlərɪn], die; -, -nen: *Person, die Briefe, Pakete o. Ä. zustellt.* **Syn.:** Briefträger, Briefträgerin, Postbote, Postbotin. **Zus.:** Briefzusteller, Briefzustellerin, Paketzusteller, Paketzustellerin, Zeitungszusteller, Zeitungszustellerin.

zu|steu|ern [ˈt͜suːʃtɔ͜yɐn], steuerte zu, zugesteuert:
1. ⟨itr.; ist⟩ *in Richtung auf jmdn., etwas zugehen, steuern, fahren:* das Schiff steuerte auf den Hafen zu; er steuerte auf die nächste Kneipe zu.
2. ⟨tr.; hat⟩ *etwas in Richtung auf jmdn., zu einem Ziel fahren, hinlenken:* sie steuerte das Fahrrad auf eine Pfütze, auf uns zu.
3. ⟨tr.; hat⟩ (ugs.) *beitragen:* ich steuere zu dem Geschenk zehn Euro zu. **Syn.:** beisteuern, sich beteiligen, helfen, zugeben.

zu|stim|men [ˈt͜suːʃtɪmən], stimmte zu, zugestimmt ⟨itr.; hat⟩: *erklären, dass man die Meinung eines anderen teilt oder sein Vorhaben billigt:* er stimmte ihr, dem Plan zu. **Syn.:** absegnen (ugs.), akzeptieren, anerkennen, annehmen, sich anschließen, begrüßen, bejahen, bewilligen, billigen, einwilligen in, erlauben, genehmigen, gestatten, gutheißen, hinnehmen, legitimieren (bildungsspr.), respektieren, sanktionieren, tolerieren, zulassen.

Zu|stim|mung [ˈt͜suːʃtɪmʊŋ], die; -, -en: *das Zustimmen, zustimmende Äußerung, Haltung:* seine Zustimmung [zu etwas] geben, verweigern, versagen; ihr Vorschlag fand lebhafte, allgemeine Zustimmung; jmds. Zustimmung einholen. **Syn.:** Beifall, Billigung, Einverständnis, Erlaubnis, Genehmigung, Resonanz.

zu|sto|ßen [ˈt͜suːʃtoːsn̩], stößt zu, stieß zu, zugestoßen:
1. ⟨itr.; hat⟩ *einen Stoß (mit einem Messer o. Ä.) gegen jmdn. führen:* er hatte mit dem Messer zweimal zugestoßen.
2. ⟨tr.; hat⟩ *durch einen Stoß mit dem Arm oder Fuß schließen, zumachen* /Ggs. aufstoßen/: die Tür zustoßen.
3. ⟨itr.; ist⟩ *jmdm. geschehen, passieren:* ihr ist ein Unglück zugestoßen. **Syn.:** begegnen (geh.), unterlaufen, vorkommen, widerfahren (geh.), zuteilwerden.

zu|ta|ge [t͜suˈtaːgə], **zu Tage:** in den Wendungen **zutage treten/kommen: a)** *an der Erdoberfläche sichtbar werden:* das Gestein tritt dort zutage. **Syn.:** erscheinen, sich zeigen, zum Vorschein kommen. **b)** *in Erscheinung treten, offenkundig werden:* die Missstände sind erst jetzt zutage getreten. **Syn.:** ans Licht kommen, deutlich werden, sich enthüllen, offenbar werden, sich zeigen; **etwas zutage bringen/fördern:** *etwas zum Vorschein bringen:* die Untersuchung hat viel Material zutage gebracht. **Syn.:** etwas ans Licht bringen, etwas aufdecken, etwas aufzeigen, etwas enthüllen; **offen/klar zutage liegen:** *deutlich erkennbar sein:* ihre Schuld liegt nun offen zutage; der Fehler liegt klar zutage. **Syn.:** auf der Hand liegen, mit Händen zu greifen sein, offenbar sein.

Zu|tat [ˈt͜suːtaːt], die; -, -en:
1. *zur Herstellung einer Speise benötigtes Nahrungsmittel:* die einzelnen Zutaten für den Kuchen abwiegen. **Syn.:** Bestandteil. **Zus.:** Backzutat.
2. *zusätzlicher Teil eines Ganzen:* schmückende Zutaten an einem Kleid. **Syn.:** Anteil, Beilage, Beiwerk, Zugabe, Zulage.

zu|tei|len [ˈt͜suːta͜ilən], teilte zu, zugeteilt ⟨tr.; hat⟩:
a) *(an jmdn.) vergeben; (jmdm.) übertragen:* jmdm. eine Arbeit, einen Auftrag zuteilen. **Syn.:** anordnen, anweisen, auferle-

gen, auftragen, beauftragen, befassen, befehlen, ermächtigen, festlegen, festsetzen, gebieten, veranlassen, verfügen, vergeben, verordnen.
b) *(jmdm.) den ihm zukommenden Teil geben:* den Kindern das Essen, ihre Portionen zuteilen; den Parteien werden die Mandate nach der Zahl der Stimmen zugeteilt; er teilte [ihnen] die Geschenke zu; etwas zugeteilt bekommen. **Syn.:** ausgeben, austeilen, reichen, versehen mit, versorgen mit.

Zu|tei|lung ['t̮su:tai̮lʊŋ], die; -, -en:
1. *das Zuteilen:* die Zuteilung der Nahrungsmittelrationen erfolgt nächste Woche. **Syn.:** Ausgabe, Lieferung.
2. *das Zugeteilte, zugeteilte Menge, Ration:* ich hatte meine Zuteilung schon verbraucht. **Syn.:** Portion, Teil. **Zus.:** Extrazuteilung, Fleischzuteilung, Sonderzuteilung.

zu|tiefst [t̮su'ti:fst] ⟨Adverb⟩: *aufs Tiefste; äußerst:* zutiefst beleidigt, enttäuscht, gekränkt, verunsichert sein; etwas zutiefst bedauern, bereuen, verabscheuen; jmdn. zutiefst verachten. **Syn.:** besonders, extrem, gehörig, gewaltig (emotional), höllisch (emotional), maßlos, sehr, tödlich (emotional), total (ugs.).

zu|tra|gen ['t̮su:tra:gn̩], trägt zu, trug zu, zugetragen:
1. ⟨tr.; hat⟩ *(jmdm. etwas) heimlich berichten:* sie trägt ihm alles zu, was sie hört; das muss ihr [von irgendjemandem] zugetragen worden sein. **Syn.:** anvertrauen, ausplaudern (ugs.), beibringen, hinterbringen, mitteilen.
2. ⟨+ sich⟩ *[als etwas Besonderes] eintreten, sich ereignen:* die Geschichte hat sich wirklich [so] zugetragen; es hatte sich etwas Seltsames zugetragen. **Syn.:** ablaufen, sich begeben, erfolgen, geschehen, passieren, sich vollziehen, vorfallen, vorgehen, zugehen.

zu|träg|lich ['t̮su:trɛ:klɪç] ⟨Adj.⟩: *guttuend, nützlich, förderlich* /Ggs. abträglich/: die neblige Luft war ihr nicht zuträglich; das der Gesundheit zuträgliche Maß darf nicht überschritten werden. **Syn.:** bekömmlich, gesund, verträglich.

zu|trau|en ['t̮su:trau̮ən], traute zu, zugetraut ⟨tr.; hat⟩:
a) *glauben, dass jmd. bestimmte Fähigkeiten, Eigenschaften o. Ä. hat, dass jmd. in der Lage ist, etwas Bestimmtes zu tun, zu bewältigen:* so viel Talent, Einfühlungsvermögen hätte ich ihm gar nicht zugetraut; traust du dir diese Aufgabe zu?; ich würde es mir schon zutrauen, das selbst zu reparieren. **b)** *bei jmdm. ein bestimmtes [unerlaubtes, unerwünschtes] Verhalten für möglich, für nicht ausgeschlossen halten:* jmdm. einen Mord, keine Lüge zutrauen; ich traue ihm nicht zu, dass er lügt; ihr ist alles zuzutrauen; das hätte ich ihm nie zugetraut!

Zu|trau|en ['t̮su:trau̮ən], das; -s: *Vertrauen (besonders in die Verlässlichkeit einer Person):* ich habe kein Zutrauen mehr zu ihm. **Syn.:** Zuversicht.

zu|trau|lich ['t̮su:trau̮lɪç] ⟨Adj.⟩: *ohne Scheu, Fremdheit und Ängstlichkeit; voll Vertrauen:* ein zutraulicher Mensch; das Kind blickte ihn zutraulich an; die Eichhörnchen im Park sind ganz zutraulich.

zu|tref|fen ['t̮su:trɛfn̩], trifft zu, traf zu, zugetroffen ⟨itr.; hat⟩: *richtig sein, stimmen; den Sachverhalt genau treffen, den Tatsachen entsprechen:* seine Beschreibung traf genau zu; die Annahme, die Behauptung, die Feststellung, der Vorwurf trifft [nicht im Entferntesten] zu; was du da über ihn sagst, trifft für/auf dich genauso zu; es trifft [nachweislich] nicht zu, dass er zur fraglichen Zeit in Köln war; das Attribut »umweltfreundlich« trifft auf diese Produkte nur bedingt zu. **Syn.:** sich bestätigen, sich bewahrheiten, der Wahrheit entsprechen, korrekt sein, sich als richtig/wahr erweisen, sich als richtig/wahr herausstellen, wahr sein.

zu|tref|fend ['t̮su:trɛfn̩t] ⟨Adj.⟩: *der Wirklichkeit entsprechend, mit ihr übereinstimmend, richtig:* eine zutreffende Bemerkung, Behauptung, Vermutung, These; seine Prognose, Diagnose, Annahme erwies sich als zutreffend; er hat den Sachverhalt zutreffend dargestellt; zutreffender hätte man es nicht sagen können; Zutreffendes bitte ankreuzen. **Syn.:** korrekt.

Zu|tritt ['t̮su:trɪt], der; -[e]s: *das Eintreten, das Hineingehen:* jmdm. den Zutritt verwehren; »[Unbefugten ist der] Zutritt verboten«; »Kein Zutritt«; er hat im Museum jederzeit Zutritt *(er darf jederzeit ins Museum hineingehen).* **Syn.:** Zugang.

Zu|tun ['t̮su:tu:n]: in der Wendung **ohne jmds. Zutun:** *ohne dass jmd. etwas dazu tut oder getan hätte:* dazu wird es auch ohne unser Zutun irgendwann kommen; es geschah ganz ohne mein Zutun; er hat die Stellung nicht ohne Zutun seines Freundes bekommen. **Syn.:** ohne jmds. Hilfe.

zu|un|terst [t̮su'|ʊntɐst] ⟨Adverb⟩: *ganz unten* /Ggs. zuoberst/: das Buch liegt ganz zuunterst.

zu|ver|läs|sig ['t̮su:fɛɐ̯lɛsɪç] ⟨Adj.⟩: *so beschaffen, dass man sich darauf verlassen kann:* er ist ein zuverlässiger Arbeiter, Verbündeter; das ist eine recht zuverlässige Messmethode; er hat diese Nachricht aus zuverlässiger Quelle; das Auto, das Wörterbuch hat sich als sehr zuverlässig erwiesen; die Maschine muss zuverlässig funktionieren, arbeiten. **Syn.:** glaubwürdig, sicher, verlässlich, vertrauenswürdig.

Zu|ver|läs|sig|keit ['t̮su:fɛɐ̯lɛsɪçkai̮t], die; -: *das Zuverlässigsein:* ich schätze ihn, das Auto, das Lexikon vor allem wegen seiner [großen] Zuverlässigkeit.

Zu|ver|sicht ['t̮su:fɛɐ̯zɪçt], die; -: *festes Vertrauen (auf etwas zu erwartendes Gutes):* ruhige, gelassene, heitere, feste, unerschütterliche, große Zuversicht erfüllte ihn; seine Zuversicht verlieren; sie strahlt Zuversicht aus; ich sehe dem Spruch des Gerichts mit Zuversicht entgegen; ich teile ihre Zuversicht, dass wir eine Lösung finden werden; voll/voller Zuversicht sein. **Syn.:** Hoffnung. **Zus.:** Siegeszuversicht.

zu|ver|sicht|lich ['t͜suːfɛɐ̯zɪçtlɪç] ⟨Adj.⟩: *mit Zuversicht (erfüllt); hoffnungsvoll:* er war im Hinblick auf die Zukunft der Firma sehr zuversichtlich; da bin ich ganz zuversichtlich; der Arzt gibt sich zuversichtlich; ich bin zuversichtlich, dass es gelingen wird. **Syn.:** optimistisch, unverzagt.

zu|vor [t͜su'foːɐ̯] ⟨Adverb⟩: *zeitlich vorhergehend; davor; zuerst:* ich muss zuvor noch telefonieren; wir haben ihn nie zuvor gesehen; im Jahr zuvor hatte er uns besucht. **Syn.:** vorher.

zu|vor|kom|men [t͜su'foːɐ̯kɔmən], kam zuvor, zuvorgekommen ⟨itr.; ist⟩: **a)** *schneller sein (als eine andere Person, die das Gleiche tun wollte):* ich wollte das Bild kaufen, aber es ist mir jemand zuvorgekommen; die Konkurrenz kam uns zuvor. **b)** *handeln, bevor etwas Erwartetes, Vermutetes eintrifft, geschieht:* allen Vorwürfen, einem Angriff zuvorkommen. **Syn.:** vorwegnehmen.

zu|vor|kom|mend [t͜su'foːɐ̯kɔmənt] ⟨Adj.⟩: *hilfsbereit und liebenswürdig:* er hat ein zuvorkommendes Wesen; sie ist sehr zuvorkommend, ist ein sehr zuvorkommender Mensch; jmdn. zuvorkommend behandeln. **Syn.:** galant (veraltend), höflich.

Zu|wachs ['t͜suːvaks], der; -es, Zuwächse ['t͜suːvɛksə]: *Vergrößerung, Vermehrung, Steigerung:* der Verein hatte im letzten Jahr einen [leichten, großen] Zuwachs an/von Mitgliedern zu verzeichnen. **Syn.:** Anstieg, Ausweitung, Wachstum, Zunahme. **Zus.:** Bevölkerungszuwachs, Einkommenszuwachs, Ertragszuwachs, Gebietszuwachs, Machtzuwachs, Produktionszuwachs, Stimmenzuwachs, Vermögenszuwachs, Wertzuwachs.

zu|we|ge [t͜su'veːgə]: in der Wendung **etwas zuwege bringen:** *etwas, was man sich zu tun vorgenommen hat, erledigen, zustande bringen, fertigbringen:* ich habe heute nicht viel zuwege gebracht. **Syn.:** etwas arrangieren, etwas auf die Beine stellen, etwas ausführen, etwas bewältigen, etwas bewerkstelligen (Papierdt.), etwas deichseln (ugs.), etwas durchführen, etwas durchziehen (ugs.), etwas hinbringen (ugs.), etwas hinkriegen (ugs.), etwas realisieren, etwas schaffen, etwas tätigen, etwas verrichten.

zu|wei|len [t͜su'vai̯lən] ⟨Adverb⟩ (geh.): *zu gewissen Zeiten, manchmal:* sie besucht uns zuweilen; zuweilen scheint es, als sei er etwas verwirrt. **Syn.:** ab und an, ab und zu, bisweilen, dann und wann, das eine oder andere Mal, gelegentlich, hin und wieder, mitunter.

zu|wei|sen ['t͜suːvai̯zn̩], wies zu, zugewiesen ⟨tr.; hat⟩: *übertragen, zuteilen, zur Verfügung stellen:* jmdm. eine Arbeit, einen Platz, eine Rolle, eine Aufgabe, eine Wohnung zuweisen; den Instituten werden jährlich feste Beträge aus dem Etat zugewiesen; jmdm. Hilfskräfte zuweisen; etwas zugewiesen bekommen. **Syn.:** anweisen, überantworten (geh.), vergeben.

zu|wen|den ['t͜suːvɛndn̩], wandte/wendete zu, zugewandt/zugewendet ⟨tr.; hat⟩:
1. *(in die Richtung von jmdm., etwas) wenden:* jmdm. den Rücken zuwenden; sie wandte ihr Gesicht, sich der Sonne zu; sich seinem Nebenmann zuwenden; sie saßen, einander zugewandt, am Tisch. **Syn.:** zudrehen.
2. *seine Aufmerksamkeit o. Ä. auf etwas richten; sich mit jmdm., etwas befassen, beschäftigen:* sein Interesse, seine Aufmerksamkeit, sich einer Sache zuwenden; sich dem Studium, einer Angelegenheit, einem Problem, einem anderen Thema, wieder seiner Arbeit zuwenden.

Zu|wen|dung ['t͜suːvɛndʊŋ], die; -, -en:
1. *[einmalige] finanzielle Unterstützung:* jmdm. Zuwendungen machen; ich habe von der Stiftung eine Zuwendung erhalten. **Syn.:** Hilfe, Unterstützung. **Zus.:** Geldzuwendung.
2. *das Sichbeschäftigen (mit einem anderen Menschen):* was ihr vor allem fehlt, ist [menschliche] Zuwendung; Kinder brauchen viel Zuwendung. **Syn.:** Zuneigung.

zu|wer|fen ['t͜suːvɛrfn̩], wirft zu, warf zu, zugeworfen ⟨tr.; hat⟩:
1. a) *mit Schwung schließen:* er warf die Tür zu. **Syn.:** zuschlagen, zustoßen. **b)** *mit werfenden Bewegungen zuschütten:* eine Grube [mit Sand] zuwerfen.
2. *(in Richtung auf jmdn.) werfen:* er wirft ihr den Ball zu.

zu|wi|der [t͜su'viːdɐ]: in der Wendung **jmdm. zuwider sein:** *jmdm. unangenehm, widerwärtig sein; jmdm. widerstreben:* er ist mir zuwider; dieses Essen war ihr schon immer zuwider. **Syn.:** jmdm. ein Gräuel sein, jmdn. abstoßen, jmdn. anekeln, jmdn. anwidern, jmdn. ekeln.

zu|wi|der|han|deln [t͜su'viːdɐhandl̩n], handelte zuwider, zuwidergehandelt ⟨itr.; hat⟩: *(gegen eine Vorschrift o. Ä.) verstoßen:* dem Gesetz, einer Anordnung, einer Vorschrift, einem Verbot zuwiderhandeln. **Syn.:** sich hinwegsetzen über, sich vergehen gegen, überschreiten, ²übertreten.

zu|win|ken ['t͜suːvɪŋkn̩], winkte zu, zugewinkt ⟨itr.; hat⟩: *(in die Richtung von jmdm.) winken:* er hat mir aus dem Auto zugewinkt.

zu|zah|len ['t͜suːt͜saːlən], zahlte zu, zugezahlt ⟨tr.; hat⟩: *zusätzlich bezahlen:* die Krankenkasse zahlt nur 60 Prozent, den Rest muss der Patient [selbst] zuzahlen. **Syn.:** zuschießen (ugs.).

zu|zie|hen ['t͜suːt͜siːən], zog zu, zugezogen:
1. ⟨tr.; hat⟩ *durch Ziehen schließen* /Ggs. aufziehen/: den Vorhang, den Reißverschluss, die Schlinge zuziehen; die Tür [hinter sich] zuziehen.
2. ⟨tr.; hat⟩ *als Helfer, Berater o. Ä. hinzuziehen:* wir haben einen Arzt zugezogen. **Syn.:** heranziehen, konsultieren, zurate ziehen.
3. ⟨+ sich⟩ *[durch eigenes Verhalten, Verschulden] bekom-*

Z
zuve

men, auf sich ziehen: er hat sich eine Krankheit, eine Verletzung, den Zorn des Chefs, die Kritik des Publikums zugezogen.
4. ⟨itr.; ist⟩ *von auswärts als Einwohner, Einwohnerin hinzukommen:* sie sind [dort] erst vor kurzer Zeit zugezogen.

Zu|zug [ˈt͜suːt͜suːk], der; -[e]s: *das Zuziehen (an einen bestimmten Ort):* schon wenige Monate nach ihrem Zuzug haben sie die Region wieder verlassen; in der Stadt ist ein verstärkter Zuzug [aus dem Umland, von Ausländern] zu verzeichnen.

zu|züg|lich [ˈt͜suːt͜syːklɪç] ⟨Präp. mit Gen.⟩: *plus* /Ggs. abzüglich/: der Apparat kostet 200 Euro zuzüglich des Portos für den Versand; ⟨aber: starke Substantive im Singular bleiben ungebeugt, wenn sie ohne Artikel und ohne adjektivisches Attribut stehen; im Plural stehen sie dann im Dativ⟩ zuzüglich Porto; zuzüglich Beträgen für Transporte. **Syn.:** ²plus (bes. Kaufmannsspr.).

zuzüglich/einschließlich: s. Kasten Seite 312.

Zwang [t͜svaŋ], der; -[e]s, Zwänge [ˈt͜svɛŋə]:
1. *zwingende Notwendigkeit, Pflicht:* physischer Zwang; Zwang auf jmdn. ausüben; jmdm. Zwang auferlegen; seine Kinder mit, ohne Zwang erziehen; es besteht kein Zwang zur Teilnahme; unter dem Zwang der Verhältnisse verkaufte er das Haus; etwas nur aus Zwang tun. **Syn.:** Diktat, ¹Druck, Gewalt, Terror. **Zus.:** Abstimmungszwang, Impfzwang, Kaufzwang, Konsumzwang, Leistungszwang, Meldezwang, Verzehrzwang.
2. *das Sich-gezwungen-Fühlen (zu einem bestimmten Verhalten), Beschränkung der Handlungsfreiheit:* unter einem moralischen, inneren Zwang stehen; seinen Gefühlen, sich keinen Zwang antun, auferlegen *(sich frei und ungezwungen benehmen, verhalten).*
3. *die Handlungsfreiheit einschränkender Umstand:* wirtschaftliche, biologische, technische Zwänge; der Zwang zur Kürze, Selbstbehauptung; unter dem Zwang der Verhältnisse stimmte er schließlich doch zu.

zwän|gen [ˈt͜svɛŋən] ⟨tr.; hat⟩: *drücken, drängen, quetschen:* er zwängte seinen Finger durch den Spalt; ich zwängte mich durch die Menge. **Syn.:** pressen.

zwang|los [ˈt͜svaŋloːs] ⟨Adj.⟩:
a) *ungezwungen; ohne gesellschaftliche Förmlichkeit:* sich zwanglos benehmen; ein zwangloses Beisammensein. **Syn.:** aufgelockert, formlos, lässig, leger, locker. **b)** *unregelmäßig, nicht in fester Folge:* die Zeitschrift erscheint in zwangloser Folge.

zwangs|läu|fig [ˈt͜svaŋslɔyfɪç] ⟨Adj.⟩: *aufgrund bestimmter Gegebenheiten gar nicht anders möglich:* das ist die zwangsläufige Folge dieser Entscheidung; das führt zwangsläufig zur Katastrophe. **Syn.:** automatisch, notgedrungen, unwillkürlich, wohl oder übel.

zwan|zig [ˈt͜svant͜sɪç] ⟨Kardinalzahl⟩ (in Ziffern: 20): zwanzig Personen.

zwar [t͜svaːɐ̯] ⟨Adverb⟩: in den Wendungen **zwar ... aber ...:** *einerseits durchaus ..., andererseits aber ...:* der Wagen ist zwar gut gepflegt, er hat aber doch einige verrostete Stellen; zwar war er dabei, aber angeblich hat er nichts gesehen; **und zwar ...:** dient dazu, eine nähere Bestimmung oder einen erläuternden Zusatz zu etwas unmittelbar vorher Gesagtem anzuschließen: er muss ins Krankenhaus, und zwar sofort; rechne die Kosten für das neue Geschäft aus, und zwar genau; das wusste sie, und zwar auch schon, bevor du es ihr erzählt hast.

Zweck [t͜svɛk], der; -[e]s, -e: *Ziel einer Handlung:* welchen Zweck verfolgst du damit?; was ist der Zweck Ihrer Reise?; die Annonce, die Maßnahme hat ihren Zweck erfüllt, verfehlt; das Werkzeug ist nicht viel wert, aber es erfüllt seinen Zweck; ich brauche die Bücher für private Zwecke; das Gerät ist für meine, für militärische Zwecke nicht geeignet; das hat doch alles keinen Zweck *(das ist doch sinnlos);* das Geld ist für einen guten Zweck. **Syn.:** Aufgabe, Bestimmung, Funktion, Sinn. **Zus.:** Erholungszweck, Erwerbszweck, Forschungszweck, Gebrauchszweck, Kriegszweck, Lebenszweck, Privatzweck, Propagandazweck, Reklamezweck, Studienzweck, Übungszweck, Unterrichtszweck, Vergleichszweck, Versuchszweck, Verwendungszweck, Werbezweck.

zweck|dien|lich [ˈt͜svɛkdiːnlɪç] ⟨Adj.⟩: *für einen bestimmten Zweck nützlich:* die Maßnahme erwies sich als wenig zweckdienlich; zweckdienliche Hinweise nimmt jede Polizeidienststelle entgegen. **Syn.:** brauchbar, geeignet, konstruktiv (bildungsspr.), tauglich, zweckmäßig.

zweck|ent|frem|den [ˈt͜svɛk|ɛntfrɛmdn̩], zweckentfremdete, zweckentfremdet ⟨tr.; hat⟩: *für einen anderen als den vorgesehenen Zweck verwenden:* Geldmittel, ein Werkzeug zweckentfremden.

zweck|los [ˈt͜svɛkloːs] ⟨Adj.⟩: *keinen Sinn, Zweck habend, keinen Erfolg versprechend:* ein zweckloses Unternehmen; angesichts der Beweise wäre weiteres Leugnen völlig zwecklos gewesen; der Versuch war von vornherein zwecklos; es ist zwecklos, ihn davon abhalten zu wollen. **Syn.:** nutzlos, unwirksam, wirkungslos.

zweck|mä|ßig [ˈt͜svɛkmɛːsɪç] ⟨Adj.⟩: *dem Zweck entsprechend, von ihm bestimmt; praktisch:* eine zweckmäßige Einrichtung; die Ausstattung des Wagens ist zweckmäßig. **Syn.:** adäquat, angebracht, angemessen, brauchbar, durchdacht, empfehlenswert, geeignet, handlich, konstruktiv (bildungsspr.), nützlich, passend, praktikabel, rationell, ratsam, sinnvoll, tauglich, vernünftig, wie geschaffen für, zu empfehlen, zweckdienlich.

zwecks [tsvɛks] ⟨Präp. mit Gen.⟩: dient dazu, das im folgenden Substantiv [und dessen Attributen] Genannte als den Zweck einer Handlung zu kennzeichnen: er wurde zwecks Feststellung der Personalien auf die Wache gebracht. **Syn.:** um … willen, wegen.

zwei [tsvai̯] ⟨Kardinalzahl⟩ (als Ziffer: 2): zwei Personen; es mit zweien *(mit zwei Gegnern)* aufnehmen können. **Syn.:** beide.

Zwei|bett|zim|mer [ˈtsvai̯bɛttsɪmɐ], das; -s, -: *Hotelzimmer mit zwei getrennt stehenden Betten:* ich hätte gern ein Zweibettzimmer für eine Nacht.

zwei|deu|tig [ˈtsvai̯dɔytɪç] ⟨Adj.⟩: **1.** *doppeldeutig; unklar:* die Aussage, die Frage ist zweideutig. **Syn.:** mehrdeutig, missverständlich. **2.** *anstößig, schlüpfrig:* zweideutige Witze erzählen. **Syn.:** obszön, schlüpfrig (abwertend), schmutzig (abwertend), schweinisch (ugs. abwertend), unanständig.

Zwei|fel [ˈtsvai̯fl̩], der; -s, -: *Bedenken; schwankende Ungewissheit darüber, ob man etwas glauben soll oder ob etwas richtig ist:* Zweifel an der Richtigkeit seiner Aussage haben; er ließ keinen Zweifel daran, dass es ihm ernst war; das unterliegt keinem Zweifel; daran besteht kein Zweifel; ihre Loyalität ist über jeden Zweifel erhaben; es waren Zweifel [an der Echtheit des Textes] aufgekommen; das ist ohne Zweifel *(ganz gewiss)* richtig. **Syn.:** Unglaube, Verdacht, Vorbehalt. **Zus.:** Glaubenszweifel, Selbstzweifel.

zwei|fel|haft [ˈtsvai̯fl̩haft] ⟨Adj.⟩: **a)** *fraglich, unsicher (in Hinblick auf den Ausgang o. Ä.):* es ist zweifelhaft, ob das Gesetz vom Parlament gebilligt wird. **Syn.:** offen, strittig, umstritten, unbestimmt, unentschieden, ungewiss, unklar. **b)** *zu [moralischen] Bedenken Anlass gebend, bedenklich, fragwürdig, anrüchig:* seine Geschäfte erscheinen mir zweifelhaft; sein zweifelhafter Ruf. **Syn.:** obskur, ominös, problematisch, zwielichtig.

zwei|fel|los [ˈtsvai̯fl̩loːs] ⟨Adverb⟩: *ohne Zweifel; gewiss; bestimmt:* er hat zweifellos recht; die Einrichtungen sind zweifellos vorbildlich. **Syn.:** allemal (ugs.), einwandfrei, freilich (südd.), ganz bestimmt, natürlich, offenbar, ohne Frage, selbstverständlich, sicher, sicherlich, unstreitig, wirklich, zweifelsohne.

zwei|feln [ˈtsvai̯fl̩n] ⟨itr.; hat⟩: *Zweifel haben, bekommen; unsicher sein, werden (in Bezug auf etwas Bestimmtes):* ich zweifle [noch], ob die Angaben stimmen; machmal zweifle ich an seiner Treue, an seinem Verstand; zweifelst du etwa daran [dass er wiederkommt]?; er zweifelt am Erfolg des Unternehmens; daran ist nicht zu zweifeln. **Syn.:** anzweifeln, bezweifeln, in Zweifel ziehen, infrage stellen.

zweifeln/bezweifeln

Das Verb **bezweifeln** bedeutet *etwas infrage stellen, etwas für unwahrscheinlich halten:*

– Ich bezweifle seine Angaben.

zweifeln kann im gleichen Sinne wie »bezweifeln« verwendet werden, hat darüber hinaus aber noch die Bedeutung *in Bezug auf etwas unsicher sein:*

– Ich zweifle an meinem Verstand.

Nach **bezweifeln** darf ein Nebensatz nur mit »dass« (nicht mit »ob«) angeschlossen werden:

– Ich bezweifle, dass sie das getan hat.

Auf **zweifeln** kann dagegen sowohl ein indirekter (mit »ob« angeschlossener) Fragesatz als auch ein mit »dass« eingeleiteter Inhaltssatz folgen:

– Ich zweifle daran, ob sie kommt/dass sie kommt.

Zwei|fels|fall [ˈtsvai̯fl̩sfal], der; -[e]s, Zweifelsfälle [ˈtsvai̯fl̩sfɛlə]: *unklarer, Zweifel erweckender Fall:* schwer zu entscheidende Zweifelsfälle; im Zweifelsfall[e] rufen Sie bitte den Kundendienst an.

zwei|fels|oh|ne [tsvai̯fl̩sˈloːnə] ⟨Adverb⟩: *ohne Zweifel; gewiss; bestimmt:* das ist zweifelsohne richtig. **Syn.:** allemal (ugs.), einwandfrei, freilich (südd.), ganz bestimmt, natürlich, offenbar, ohne Frage, selbstverständlich, sicher, sicherlich, unstreitig, wirklich.

Zweig [tsvai̯k], der; -[e]s, -e: **1.** *[von einer Gabelung ausgehendes] Laub oder Nadeln, Blüten und Früchte tragendes Teilstück eines Astes an Baum oder Strauch; seitlicher Trieb:* er brach die dürren Zweige des Baumes ab. **Syn.:** Ast, Spross. **Zus.:** Blütenzweig, Dornenzweig, Fichtenzweig, Kastanienzweig, Lorbeerzweig, Mistelzweig, Myrtenzweig, Tannenzweig. **2.** *[Unter]abteilung, Sparte eines größeren Gebietes:* ein Zweig der Naturwissenschaften, der Wirtschaft, der Physik, der Forschung. **Syn.:** Abteilung, Bereich, Branche, Disziplin, Fach, Feld, Gebiet, Genre, Kategorie, Sachgebiet, Sektion, Sektor, Spezies (geh.; ironisch). **Zus.:** Berufszweig, Erwerbszweig, Forschungszweig, Gewerbezweig, Handelszweig, Industriezweig, Produktionszweig, Wirtschaftszweig, Wissenschaftszweig, Wissenszweig.

Zweig|stel|le [ˈtsvai̯kʃtɛlə], die; -, -n: *Filiale:* eine [neue] Zweigstelle eröffnen. **Syn.:** Agentur, Geschäftsstelle, Niederlassung.

Zwei|kampf [ˈtsvai̯kampf], der; -[e]s, Zweikämpfe [ˈtsvai̯kɛmpfə]: **1.** *mit Waffen ausgetragener Kampf zwischen zwei Personen:* jmdn. zum Zweikampf herausfordern. **Syn.:** Duell. **2.** *sportlicher Wettkampf zwischen zwei Personen oder Mannschaften:* die beiden Spieler lieferten sich spannende Zweikämpfe. **Syn.:** Duell.

zwei|mal [ˈtsvai̯maːl] ⟨Adverb⟩: *zwei Male:* er hat schon zweimal angerufen; sie ist zweimal so alt wie ihr kleiner Bruder. **Syn.:** doppelt.

zwei|schnei|dig [ˈt͜svai̯ʃnai̯dɪç] ⟨Adj.⟩:
1. *zwei Schneiden habend:* eine zweischneidige Waffe.
2. *ambivalent; nicht eindeutig; Vor- und Nachteile habend:* die moderne Technik ist oft eine zweischneidige Angelegenheit. **Syn.:** bedenklich, dubios, fragwürdig, heikel, ominös, problematisch, zweifelhaft, zwiespältig.

zwei|sei|tig [ˈt͜svai̯zai̯tɪç] ⟨Adj.⟩:
1. *auf beiden Seiten [bestehend]:* das Blatt ist zweiseitig bedruckt.
2. *nach zwei Seiten hin; zwischen zwei Parteien o. Ä.:* zweiseitige Verträge.
3. *zwei Seiten lang:* ein zweiseitiger Brief, Aufsatz, Artikel.

zwei|spra|chig [ˈt͜svai̯ʃpraːxɪç] ⟨Adj.⟩:
a) *in zwei verschiedenen Sprachen:* eine zweisprachige Ausgabe der Schriften Platons; das Wörterbuch ist zweisprachig.
b) *[von Kind auf] zwei Sprachen sprechend:* ein zweisprachiges Kind; er wurde zweisprachig erzogen; ein zweisprachiges Gebiet *(Gebiet, in dem zwei Sprachen gesprochen werden).*

zweit... [t͜svai̯t...] ⟨Ordinalzahl⟩ (als Ziffer: 2.):
der zweite Tag der Woche.

Zweit|schrift [ˈt͜svai̯tʃrɪft], die; -, -en:
dem Original genau entsprechende zweite Aufzeichnung eines Textes: eine Zweitschrift bei den Akten aufbewahren. **Syn.:** Abschrift, Doppel, Duplikat, Durchschlag, Fotokopie, Kopie, Reproduktion.

Zwerch|fell [ˈt͜svɛrçfɛl], das; -[e]s, -e:
Scheidewand zwischen Brust- und Bauchhöhle (bei Mensch und Säugetier): das Zwerchfell kontrahiert beim Einatmen.

Zwerg [t͜svɛrk], der; -[e]s, -e:
kleines, meist hilfreiches Wesen des Volksglaubens /Ggs. Riese/: Schneewittchen und die sieben Zwerge. **Syn.:** Kobold.

Zwet|sche [ˈt͜svɛt͜ʃə], **Zwetsch|ge** [ˈt͜svɛt͜ʃgə] (südd., schweiz. u. Fachspr.), **Zwetsch|ke** [ˈt͜svɛt͜ʃkə] (österr.), die; -, -n:
süße, länglich-eiförmige dunkelblaue Frucht mit gelbem Fruchtfleisch: die Zwetschen für den Kuchen entkernen. **Syn.:** Pflaume.

zwi|cken [ˈt͜svɪkn̩]:
1. ⟨tr.; hat⟩ *mit zwei Fingern o. Ä. drücken, kneifen:* jmdn. [ins Bein] zwicken; ⟨auch itr.⟩ er zwickt ihr in den Arm.
2. ⟨tr.; hat⟩ *unangenehm beengen:* der Kragen zwickt mich; ⟨auch itr.⟩ die Hose zwickt [am Bund]. **Syn.:** kneifen.

Zwick|müh|le [ˈt͜svɪkmyːlə], die; -, -n:
1. *Stellung der Steine im Mühlespiel, bei der man durch Hin- u. Herschieben eines Steines jeweils eine neue Mühle hat:* drei Zwickmühlen haben.
2. (ugs.) *unangenehme Situation, bei der die Beseitigung einer Schwierigkeit eine andere Schwierigkeit hervorruft:* sich in einer Zwickmühle befinden; in einer Zwickmühle sitzen, stecken; wie kommen wir aus dieser Zwickmühle heraus?

Zwie|back [ˈt͜sviːbak], der; -[e]s, -e und Zwiebäcke [ˈt͜sviːbɛkə]:
a) *nach dem Backen in Scheiben geschnittenes und zusätzlich geröstetes weißbrotähnliches Gebäck:* eine Packung Zwieback; magst du Zwieback? **Zus.:** Schiffszwieback.
b) *Scheibe Zwieback* (a): nimm doch noch einen Zwieback.

Zwie|bel [ˈt͜sviːbl̩], die; -, -n:
1. *knolliger, meist unterirdisch wachsender Pflanzenspross:* im Frühjahr müssen die Zwiebeln gesetzt werden. **Zus.:** Blumenzwiebel, Tulpenzwiebel.
2. *als Gewürz oder Gemüse verwendete Zwiebel* (1) *mit meist hellbrauner, dünner Schale und aromatisch riechendem, scharf schmeckendem Inneren:* ein Pfund Zwiebeln; eine Zwiebel enthäuten, in Ringe schneiden.

Zwie|licht [ˈt͜sviːlɪçt], das; -[e]s:
a) *Dämmerlicht (in dem die Umrisse von etwas Entfernterem nicht mehr genau zu erkennen sind):* im Zwielicht der Abenddämmerung; im morgendlichen Zwielicht. **Syn.:** Dämmerung. **b)** *Licht, das durch Mischung von natürlichem, dämmrigem und künstlichem Licht entsteht:* bei Zwielicht zu lesen erzeugt oft Kopfschmerzen.

zwie|lich|tig [ˈt͜sviːlɪçtɪç] ⟨Adj.⟩:
nicht zu durchschauen; misstrauen-, verdachterregend: er ist ein zwielichtiger Charakter; seine Haltung war etwas zwielichtig. **Syn.:** anrüchig, obskur, ominös, problematisch, zweifelhaft.

Zwie|spalt [ˈt͜sviːʃpalt], der; -[e]s, -e und Zwiespälte [ˈt͜sviːʃpɛltə]:
inneres Schwanken, Widersprüchlichkeit, Zerrissenheit (im Hinblick auf eine zutreffende Entscheidung o. Ä.): in einen Zwiespalt geraten; was diese Frage angeht, bin ich ein wenig im Zwiespalt; der Zwiespalt zwischen Gefühl und Verstand. **Syn.:** Diskrepanz, Gegensatz, Konflikt, Widerspruch, Widerstreit.

zwie|späl|tig [ˈt͜sviːʃpɛltɪç] ⟨Adj.⟩:
unsicher, schwankend; innerlich zerrissen: etwas hinterlässt zwiespältige Gefühle; meine Einstellung zu dieser Frage ist durchaus zwiespältig; ein zwiespältiges Wesen. **Syn.:** ungewiss, zweifelhaft, zweischneidig.

Zwie|spra|che [ˈt͜sviːʃpraːxə], die; - (geh.):
das Sichaussprechen mit einem [imaginären] Partner: [stumme] Zwiesprache mit jmdm. halten. **Syn.:** Dialog, Gespräch, innerer Monolog.

Zwie|tracht [ˈt͜sviːtraxt], die; - (geh.):
Zustand der Uneinigkeit und des Streits: zwischen den beiden herrscht Zwietracht; Zwietracht säen. **Syn.:** Auseinandersetzung, Disput (bildungsspr.), Feindseligkeiten ⟨Plural⟩, Gezänk, Konflikt, Kontroverse, Krach (ugs.), Meinungsverschiedenheit (verhüllend), Reiberei, Streit, Streitigkeit, Unfrieden, Unstimmigkeit, Zank, Zoff (ugs.), Zwist (geh.), Zwistigkeit (geh.).

Zwil|ling [ˈt͜svɪlɪŋ], der; -s, -e:
eines von zwei gleichzeitig im Mutterleib entwickelten Kindern: die beiden Brüder, Geschwister sind Zwillinge; eineiige, zweieiige Zwillinge.

zwin|gen [ˈt͜svɪŋən], zwang, gezwungen ⟨tr.; hat⟩:
durch Drohung, Zwang veranlassen, etwas Bestimmtes zu

tun: jmdn. zu einem Geständnis zwingen; wenn du keinen Hunger hast, dann musst du dich eben zum Essen zwingen; sich zu nichts zwingen lassen; es lagen zwingende *(schwerwiegende, wichtige)* Gründe vor; der Schluss ist nicht zwingend. **Syn.:** sich aufraffen, sich aufrappeln (ugs.), nötigen, sich überwinden. **Zus.:** aufzwingen.

Zwin|ger ['tsvɪŋɐ], der; -s, -: *von einem Gitter, Zaun o. Ä. umgebener Platz im Freien (besonders für die Haltung von Hunden):* der Hund wird in einem Zwinger gehalten. **Zus.:** Hundezwinger, Löwenzwinger.

zwin|kern ['tsvɪŋkɐn], zwinkerte, gezwinkert ⟨itr.; hat⟩: *die Augenlider [wiederholt] schnell schließen und wieder öffnen:* nervös, vielsagend, unruhig, vergnügt, schelmisch, vertraulich [mit den Augen] zwinkern; ich musste unwillkürlich zwinkern. **Syn.:** blinzeln.

Zwirn [tsvɪrn], der; -[e]s, -e: *Garn, das aus mehreren einzelnen, ineinandergedrehten Fäden besteht und zum Nähen verwendet wird:* er nähte das Leder mit starkem Zwirn. **Syn.:** Faden. **Zus.:** Baumwollzwirn.

[1]**zwi|schen** ['tsvɪʃn̩] ⟨Präp.⟩:
1. ⟨mit Dativ; Frage: wo?⟩ *ungefähr in der Mitte von; mitten in, mitten unter:* der Garten liegt zwischen dem Haus und dem Wald; ich saß zwischen zwei Gästen.
2. ⟨mit Akk.; Frage: wohin?⟩ *ungefähr in die Mitte von; mitten in, mitten hinein:* er stellte sich zwischen die beiden Damen; etwas zwischen die Bücher legen.
3. ⟨mit Dativ; Frage: wann?⟩ *innerhalb eines bestimmten Zeitraumes, bestimmter Altersgrenzen:* das Buch ist für Kinder zwischen 10 und 12 Jahren geeignet; er will zwischen den Feiertagen Urlaub nehmen; der Arzt ist zwischen neun und zehn Uhr zu sprechen.
4. ⟨mit Dativ⟩ dient dazu, Wörter anzuschließen, die Personen oder Sachen bezeichnen, die in irgendeiner Beziehung zueinander stehen: zwischen ihm und seiner Frau bestehen seit einiger Zeit Spannungen, gibt es dauernd Streit; was ist der Unterschied zwischen einem Stern und einem Planeten?; sie versuchte, zwischen den Parteien zu vermitteln.

[2]**zwischen** ['tsvɪʃn̩] ⟨Adverb⟩: dient in Verbindung mit »und« dazu, bei Alters- und Mengenangaben eine unbestimmte Zahl innerhalb bestimmter Grenzen anzugeben: die Bewerber waren zwischen 25 und 30 Jahre alt; er hat zwischen 90 und 100 Exemplare verkauft.

Zwi|schen|ding ['tsvɪʃn̩dɪŋ], das; -[e]s, -e und (ugs.) -er: *Mittelding:* das Gerät ist ein Zwischending zwischen Computer und Musikanlage.

zwi|schen|durch [tsvɪʃn̩'dʊrç] ⟨Adverb⟩: *[gelegentlich] zwischen der einen und der nächsten Tätigkeit:* ich werde zwischendurch telefonieren; du darfst nicht so viel zwischendurch essen. **Syn.:** dazwischen.

Zwi|schen|fall ['tsvɪʃn̩fal], der; -[e]s, Zwischenfälle ['tsvɪʃn̩fɛlə]: *kurzer, überraschender Vorgang, der den bisherigen Gang der Dinge unangenehm stört:* ein kleiner Zwischenfall; es gab keine größeren Zwischenfälle; bei der Veranstaltung kam es zu mehreren schweren Zwischenfällen. **Syn.:** Begebenheit (geh.), Ereignis, Geschehen, Geschehnis (geh.), Vorfall, Vorkommnis. **Zus.:** Grenzzwischenfall.

Zwi|schen|lan|dung ['tsvɪʃn̩landʊŋ], die; -, -en: *Landung, besonders eines Flugzeugs, durch die eine Reise unterbrochen wird:* eine Zwischenlandung machen, einlegen; sie will die Erde ohne Zwischenlandung in einem Ballon umrunden; wir fliegen nach Kanada mit Zwischenlandung in London.

Zwi|schen|raum ['tsvɪʃn̩raum], der; -[e]s, Zwischenräume ['tsvɪʃn̩rɔymə]: *freier Raum zwischen zwei Dingen:* er will den Zwischenraum zwischen den Schränken für Regale ausnutzen. **Syn.:** Lücke. **Zus.:** Zahnzwischenraum, Zeilenzwischenraum.

Zwi|schen|spiel ['tsvɪʃn̩ʃpi:l], das; -[e]s, -e:
a) *meist kurzes, einen Übergang bildendes Spiel in einem Musikstück.* **b)** *meist kurzes [eine Pause ausfüllendes] Spiel in einem Theaterstück.*
c) *kleine, unbedeutende Begebenheit am Rande des Geschehens:* dieses Treffen der Politiker wurde allgemein nur als Zwischenspiel gewertet. **Syn.:** Episode.

Zwi|schen|zeit ['tsvɪʃn̩tsait], die; -, -en:
1. *Zeitraum zwischen zwei Zeitpunkten oder Zeiträumen:* ich komme in einer Stunde wieder, in der Zwischenzeit kannst du dich ausruhen; in den Zwischenzeiten widmete sie sich ihrer Schriftstellerei.
2. *Zeit, die für das Zurücklegen einer Teilstrecke gestoppt wird:* diese Zwischenzeit über 1 000 m lässt auf einen neuen Rekord über 1 500 m hoffen.

Zwist [tsvɪst], der; -es, -e (geh.): *durch Uneinigkeit hervorgerufener Zustand des Zerwürfnisses, der Feindseligkeit; durch meist langwierige, oft mit Verbissenheit geführte Streitigkeiten charakterisierter Konflikt:* mit jmdm. in Zwist geraten, in/im Zwist leben. **Syn.:** Auseinandersetzung, Disput (bildungsspr.), Feindseligkeiten ⟨Plural⟩, Gezänk, Kontroverse, Krach (ugs.), Meinungsverschiedenheit (verhüllend), Reiberei, Streit, Streitigkeit, Unfrieden, Unstimmigkeit, Zank, Zoff (ugs.), Zwietracht (geh.), Zwistigkeit (geh.). **Zus.:** Familienzwist, Parteienzwist.

Zwi|stig|keit ['tsvɪstɪçkait], die; -, -en ⟨meist Plural⟩ (geh.): *[mit Verbissenheit geführte] Streitigkeit:* eheliche, familiäre Zwistigkeiten; alle Zwistigkeiten vergessen, beenden. **Syn.:** Auseinandersetzung, Disput (bildungsspr.), Feindseligkeiten ⟨Plural⟩, Gezänk, Konflikt, Kontroverse, Krach (ugs.), Meinungsverschiedenheit (verhüllend), Reiberei, Streit, Unfrieden, Unstimmigkeit, Zank, Zoff (ugs.), Zwietracht (geh.), Zwist (geh.).

zwit|schern [ˈt͜svɪt͜ʃɐn] ⟨itr.; hat⟩: *(von Vögeln) trillernde Töne von sich geben:* die Vögel fangen schon wieder an zu zwitschern.

Zwit|ter [ˈt͜svɪtɐ], der; -s, -: *Pflanze, Lebewesen, das seinen geschlechtlichen Eigenschaften und Merkmalen nach sowohl männlich als auch weiblich ist:* der Regenwurm ist ein Zwitter.

zwölf [t͜svœlf] ⟨Kardinalzahl⟩ (in Ziffern: 12): zwölf Personen.

zwölft... [t͜svœlft...] ⟨Ordinalzahl⟩ (in Ziffern: 12.): der zwölfte Mann.

Zy|klus [ˈt͜sy:klʊs], der; -, Zyklen [ˈt͜sy:klən]:
1. a) *sich regelmäßig wiederholender Ablauf:* der Zyklus des Jahres. **Syn.:** Kreislauf, Reihenfolge, Turnus. **Zus.:** Fortpflanzungszyklus, Jahreszyklus.
b) *regelmäßiges Auftreten der Menstruation:* ein regelmäßiger Zyklus dauert etwa 28 Tage. **Syn.:** Menstruation.
2. *Folge inhaltlich zusammengehörender [literarischer] Werke:* ein Zyklus von Gedichten über die Jahreszeiten. **Syn.:** Kranz, Reihe, Serie. **Zus.:** Bilderzyklus, Gedichtzyklus, Liederzyklus, Romanzyklus, Vortragszyklus.

Zy|lin|der [t͜siˈlɪndɐ], der; -s, -:
1. *(bei feierlichen Anlässen oder als Teil der Berufskleidung getragener) hoher, steifer [Herren]hut [aus schwarzem Seidensamt] mit zylindrischem Kopf und fester Krempe:* einen Zylinder tragen; er erschien in Frack und Zylinder.
2. *röhrenförmiger Hohlkörper, in dem sich ein Kolben bewegt:* der Motor hat vier Zylinder. **Syn.:** Rohr, Röhre. **Zus.:** Bremszylinder, Messzylinder.
3. *röhren-, walzenförmiger geometrischer Körper mit zwei parallelen, ebenen, kongruenten Grundflächen:* den Rauminhalt eines Zylinders berechnen; die Dose hat die Form eines [flachen] Zylinders.

zy|nisch [ˈt͜sy:nɪʃ] ⟨Adj.⟩:
a) *auf grausame Weise spöttisch:* ein zynischer Mensch; spar dir deine zynischen Bemerkungen; seine vielen Enttäuschungen haben ihn zynisch werden lassen; sie grinste nur zynisch. **Syn.:** kaltschnäuzig (ugs.).
b) *durch Verachtung der Gefühle und rücksichtslose Missachtung der Interessen oder der Rechte anderer gekennzeichnet:* ein zynischer Machtmensch; ein zynisches, ein zynisch klingendes Argument; eine zynische und menschenverachtende Handlungsweise; es ist zynisch, die Notlage eines anderen auszunutzen. **Syn.:** gefühllos, grausam, hart, hartherzig, herzlos, inhuman, kalt, lieblos, unbarmherzig, unmenschlich.

Zy|nis|mus [t͜syˈnɪsmʊs], der; -, Zynismen [t͜syˈnɪsmən]:
1. ⟨ohne Plural⟩ *zynische Art, Haltung:* Zynismus hilft uns in dieser Situation auch nicht weiter. **Syn.:** Sarkasmus, Spott, Verachtung.
2. *zynische Bemerkung:* mit seinen Zynismen schockiert er oft seine Umgebung.

Zy|pres|se [t͜syˈprɛsə], die; -, -n: *Baum, der zu den Nadelgehölzen gehört, in warmen Regionen besonders des Mittelmeerraums wächst und kleine, schuppenförmige Blätter, kleine, kugelige Zapfen sowie hochstrebende, eine dichte Pyramide bildende Äste hat:* aus den Blättern der Zypressen wird ätherisches Öl gewonnen; Zypressen prägen unser Bild von der Toskana.

Deutsch als Fremdsprache

Inhalt

1 Das politische System Deutschlands, Österreichs und der Schweiz

1.1 Deutschland

Der amtliche Name Deutschlands lautet Bundesrepublik Deutschland. Die Hauptstadt ist Berlin. In den Jahren nach dem Zweiten Weltkrieg (1939–1945) hatten sich in den westlichen Besatzungszonen der drei Alliierten – Großbritannien, USA, Frankreich – auf der einen und der sowjetischen Besatzungszone auf der anderen Seite zwei Ordnungssysteme herausgebildet, die 1949 in die Gründung zweier deutscher Staaten mündeten. Die marktwirtschaftlich ausgerichtete Bundesrepublik Deutschland wurde vor dem Hintergrund des Ost-West-Konflikts Teil des westlichen Bündnis- und Wirtschaftssystems und die Deutsche Demokratische Republik (DDR) verstand sich als sozialistischer Staat, der sich als Mitglied des Ostblocks politisch, wirtschaftlich und kulturell am Vorbild der UdSSR orientierte. Am 3. Oktober 1990 trat die DDR nach Artikel 23 des Grundgesetzes der Bundesrepublik Deutschland bei.

Parlamentarische Demokratie

Nach der Verfassung der Bundesrepublik Deutschland, dem *Grundgesetz,* war der neue Staat eine parlamentarische Demokratie mit föderalistischer Struktur. Dieser Grundsatz ist bis heute gültig. „Parlamentarische Demokratie“ bedeutet, dass ein vom Volk gewähltes Parlament (der *Bundestag*) die oberste politische Instanz darstellt, die unter anderem den Regierungschef – den *Bundeskanzler* – wählt und die Regierung kontrolliert.

Verhältniswahlrecht

In Deutschland gilt das personalisierte Verhältniswahlrecht, nach dem die Parteien entsprechend ihrem Stimmenanteil bei den Wahlen im Parlament vertreten sind. Absolute Mehrheiten einer Partei sind eher selten; meist sind zwei oder mehr Parteien gezwungen, zur Bildung einer regierungsfähigen Mehrheit Koalitionen zu bilden.

Parteien und Fraktionen

Die Mitglieder des Bundestages (abgekürzt MdB) sind entsprechend ihrer Parteizugehörigkeit in Fraktionen organisiert. Im aktuellen Bundestag sind derzeit (Stand Dezember 2009) folgende Parteien vertreten:

- die Sozialdemokratische Partei Deutschlands (SPD)
- die Christlich-Demokratische Union (CDU, bundesweit außer Bayern)
- die Christlich-Soziale-Union (CSU, nur in Bayern)
- Bündnis 90/Die Grünen
- die Freie Demokratische Partei (FDP)
- die Linkspartei

Föderalismus

Das föderalistische Prinzip bedeutet zunächst, dass die BRD kein zentralistischer Einheitsstaat, sondern in Länder gegliedert ist, die in bestimmten politischen Bereichen eine gewisse Eigenständigkeit besitzen. Die politischen Entscheidungsprozesse in der Zusammenarbeit zwischen den für das Ganze zuständigen Bundesinstanzen (im Wesentlichen *Bundestag* und *Bundesregierung*) und den Bundesländern machen den föderalistischen Charakter Deutschlands aus.

Die Länder wirken durch ein eigenes parlamentarisches Gremium, den *Bundesrat*, bei der Gesetzgebung und Verwaltung des Bundes und in Angelegenheiten der Europäischen Union mit. Vielen Gesetzen, die im Bundestag mehrheitlich beschlossen werden, muss der Bundesrat zustimmen, damit sie in Kraft treten können. Die Länder haben im Bundesrat je nach Einwohnerzahl zwischen drei und sechs Stimmen.

Deutschland besteht seit der deutsch-deutschen Vereinigung im Jahr 1990 aus 16 Bundesländern:

Baden-Württemberg – Bayern – Berlin – Brandenburg – Bremen – Hamburg – Hessen – Mecklenburg-Vorpommern – Niedersachsen – Nordrhein-Westfalen – Rheinland-Pfalz – Saarland – Sachsen – Sachsen-Anhalt – Schleswig-Holstein – Thüringen

Deutschland – Verwaltungsgliederung

Die Abgeordneten des Bundestags und eine gleiche Anzahl von Personen, die von den 16 Landtagen nach den jeweiligen Mehrheitsverhältnissen entsandt werden, bilden die *Bundesversammlung*, deren einzige Aufgabe es ist, den *Bundespräsidenten* zu wählen. Dessen Amtszeit beträgt fünf Jahre.

1.2 Österreich

Österreichs heutiges politisches System wurde wie das deutsche in den Jahren nach dem 2. Weltkrieg geformt. Die erste demokratische Verfassung Österreichs von 1920/1929 – nach der Annexion durch Deutschland 1938 aufgehoben – wurde nach dem Ende des Krieges am 1.Mai 1945 wieder in Kraft gesetzt. Wie Deutschland war auch Österreich zunächst in Besatzungszonen aufgeteilt. Es erhielt am 15. Mai 1955 seine volle Souveränität zurück. Am 26. Oktober (Nationalfeiertag) 1955 erklärte Österreich seine ewige Neutralität.

Parlamentarische Demokratie

Das Parlament besteht aus zwei Kammern, dem vom Volk alle vier Jahre gewählten *Nationalrat* sowie dem *Bundesrat*, der Vertretung der Länder. Der Nationalrat entscheidet über alle Bundesangelegenheiten und kontrolliert die Regierung. Es gilt das Verhältniswahlsystem, nach dem die Parteien entsprechend dem Wahlergebnis ihre Abgeordneten in das Parlament entsenden. Die wichtigsten Parteien sind die *Sozialdemokratische Partei Österreichs (SPÖ)*, die *Österreichische Volkspartei (ÖVP)*, die *Freiheitliche Partei Österreichs (FPÖ)* und die *Grüne Alternative (GAL)*. Sie sind momentan (Stand Dezember 2009) im 183 Sitze umfassenden Nationalrat vertreten. Absolute Mehrheiten im Parlament sind selten; lediglich die SPÖ stellte zwischen 1970 und 1983 alleine die Regierung.

Föderalismus

Die Länder wirken über den Bundesrat zwar an der Gesetzgebung des Bundes mit, haben aber nicht den Einfluss auf die Legislative wie die Länder in Deutschland. Sie haben für bestimmte Bereiche eine eigene politische Gestaltungskompetenz. Die neun Bundesländer Österreichs sind:

Burgenland – Kärnten – Niederösterreich – Oberösterreich – Salzburg – Steiermark – Tirol – Vorarlberg – Wien.

Der Bundespräsident wird, anders als in Deutschland, direkt vom Volk gewählt und seine Amtszeit beträgt sechs Jahre.

Österreich – Verwaltungsgliederung

1.3 Schweiz

Die Schweiz blickt auf eine lange Verfassungstradition zurück. 1848 wurde sie Bundesstaat und die im gleichen Jahr in Kraft getretene Verfassung gilt im Wesentlichen noch heute, wurde allerdings 1999 modernisiert. Neben einer stärkeren Betonung des föderalistischen Gedankens (vgl. *Bildungssystem*) ist das politische System vor allem durch das Element der direkten Demokratie geprägt. Im Zweifelsfall haben bei Angelegenheiten der Gemeinde, des Kantons oder des Bundes die Bürger selbst das letzte Wort. Die Kantone der Schweiz sind (in Klammern die zugehörigen Halbkantone):

Aargau – Appenzell (Innerrhoden; Außerrhoden) – Basel – Bern – Freiburg – Genf – Glarus – Graubünden – Jura – Luzern – Neuenburg – Schaffhausen – Schwyz – Solothurn – Tessin – Thurgau – Unterwalden (Obwalden; Nidwalden) – Uri – Waadt – Wallis – Zug – Zürich

Das Parlament *(Bundesversammlung)* besteht aus zwei gleichberechtigten Kammern, dem vom Volk gewählten *Nationalrat* und dem *Ständerat,* dessen Mitglieder von den 23 Kantonen gestellt werden. Beide Kammern wählen die siebenköpfige Regierung, den *Bundesrat,* dessen Amtszeit vier Jahre beträgt. Der *Bundespräsident* wird turnusmäßig aus den Reihen des Bundesrats jeweils für ein Jahr gewählt.

Traditionell (seit 1959) gehören dem Bundesrat gemäß der »Zauberformel« Repräsentanten der vier großen Parteien an: Freisinnig-Demokratische Partei (FDP), Sozialdemokratische Partei der Schweiz (SPS), Christlich-Demokratische Volkspartei der Schweiz (CVP) und Schweizer Volkspartei (SVP).

Schweiz – Verwaltungsgliederung

2 Das Bildungssystem in Deutschland, Österreich und der Schweiz

2.1 Deutschland

Das Bildungswesen als Teil der Kulturpolitik ist im Wesentlichen Sache der Bundesländer. Da jedoch auch dem Bund in bestimmten Bereichen (Hochschulrahmengesetz, Hochschulbau, Forschungsförderung) vom Grundgesetz Entscheidungskompetenzen eingeräumt werden, arbeiten der Bund und die Länder auf dem Bildungssektor eng zusammen.

Schulpflicht

Kinder und Jugendliche, die in Deutschland leben, unterliegen der Schulpflicht. Sie beginnt mit dem 7. Lebensjahr; die *allgemeine Schulpflicht* umfasst in der Regel neun Jahre (in manchen Bundesländern auch zehn Jahre), gefolgt von einer *Berufsschulpflicht* von drei Jahren (etwa an einer Berufsschule) oder an einer weiterführenden Vollzeitschule (Realschule, Gymnasium, Gesamtschule etc.).

Elementarbereich

Die Schulpflicht erstreckt sich nicht auf den Elementarbereich. Eltern können ihre Kinder ab dem 4. Lebensjahr in Kindergärten, Vorschulklassen oder ähnliche Einrichtungen schicken. Inzwischen werden auch zunehmend Betreuungsplätze für Kinder unter 3 Jahren angeboten. Besonders für alleinerziehende Elternteile oder Familien, in denen beide Eltern berufstätig sind, erfüllt der Elementarbereich eine wichtige Funktion.

Primarbereich

Der Primarbereich umfasst die ersten vier, in manchen Bundesländern die ersten sechs Schuljahre, die *Grundschule*. Die Kinder erwerben hier die für den weiteren Bildungsweg elementaren Kenntnisse (Lesen, Schreiben, Rechnen etc.). Auch Grundkenntnisse in einer Fremdsprache werden vermittelt. Die Leistungen in der vierten bzw. sechsten Klasse entscheiden oft über den Weg in die Sekundarstufe.

Sekundarbereich I

Der Sekundarbereich I umfasst im Wesentlichen die Jahrgangsstufen 5–10 bzw. 7–10, wobei je nach Leistungsvermögen und Bildungsziel verschiedene Schulformen infrage kommen.

Die *Hauptschule* erstreckt sich auf das 5./7.–9. (in manchen Bundesländern 10.) Schuljahr. Es wird ein breites Angebot an Fächern (inkl. einer Fremdsprache) unterrichtet, um den Schülern eine fundierte Allgemeinbildung zu vermitteln, die den Übergang in einen Ausbildungsberuf (mit Besuch einer Berufsschule) ermöglichen soll. Zurzeit werden die Hauptschulen in vielen Bundesländern aufgelöst und mit den Realschulen zu neuen Schulformen verschmolzen.

Die *Realschule* bietet über das Fächerangebot der Hauptschule hinaus oft eine zweite Fremdsprache an, dazu spezielle berufsbezogene Fächer wie Sozialwesen, Hauswirtschaft oder Technik. Sie führt mit der 10. Klasse zum Realschulabschluss, der sogenannten mittleren Reife.

Das *Gymnasium* bereitet in der Sekundarstufe I (Klassen 5/7–10) auf die Oberstufe (= Sekundarstufe II, Klassen 11–12/13) vor. Der Fächerkanon umfasst je nach inhaltlichem Schwerpunkt ab dem 5. Schuljahr die erste, ab dem 6. Schuljahr die zweite Fremdsprache und eventuell eine dritte Fremdsprache ab dem 8. Schuljahr (manche Gymnasien beginnen in der 5. Klasse mit zwei Fremdsprachen). Die Gewichtung der einzelnen Fächer richtet sich danach, ob es sich um ein *altsprachliches Gymnasium,* ein *neusprachliches Gymnasium* oder ein *mathematisch-naturwissenschaftliches Gymnasium* handelt.

In manchen Bundesländern gibt es *Gesamtschulen,* die in der Form der *integrierten Gesamtschule* die Trennung nach Schularten zugunsten eines übergreifenden Angebots an Kern- und Kursfächern aufgegeben haben.

Grundstruktur des Bildungswesens in der Bundesrepublik Deutschland

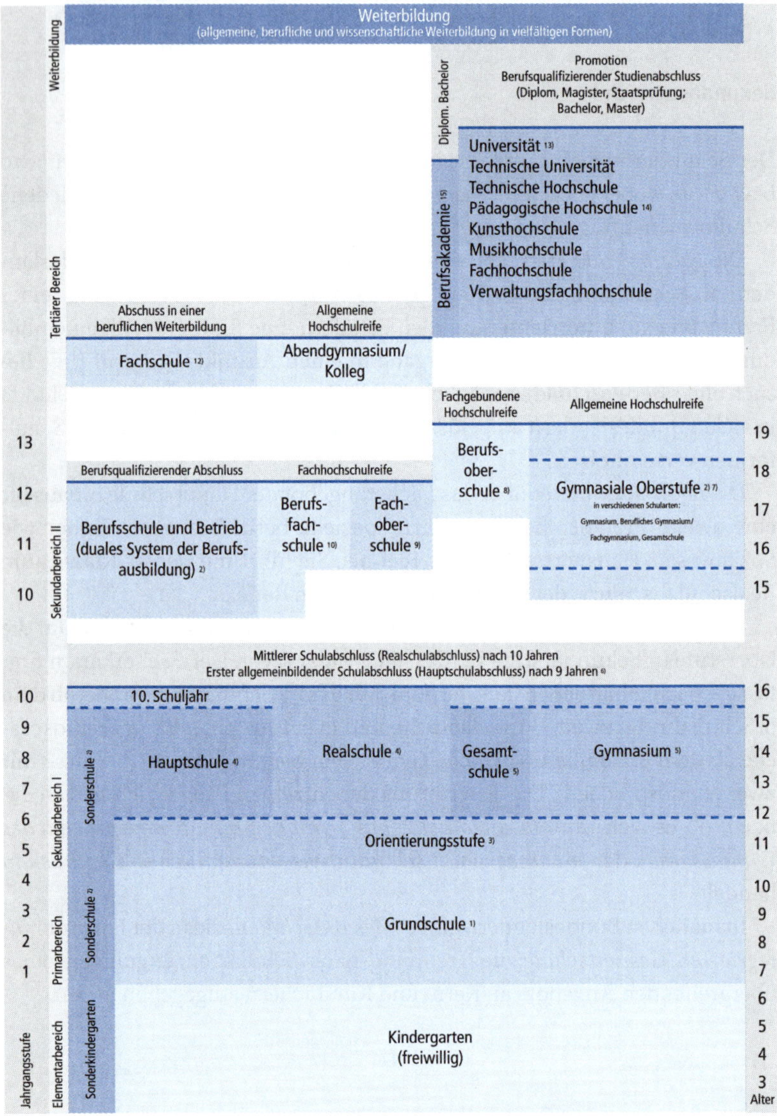

Herausgeber: Sekretariat der Ständigen Konferenz der Kultusminister der Länder in der Bundesrepublik Deutschland, Dokumentations- und Bildungsinformationsdienst, Lennéstr. 6, 53113 Bonn, Tel.: 0228 501-0.

Anmerkungen

Schematisierte Darstellung des Bildungswesens. Die Verteilung der Schülerzahlen in der Jahrgangsstufe 8 für das Jahr 2007 stellt sich im Bundesdurchschnitt wie folgt dar: Hauptschule 20,6 %, Realschule 26,5 %, Gymnasium 33,4 %, integrierte Gesamtschule 8,5 %, Schularten mit mehreren Bildungsgängen 6,4 %, Sonderschulen 3,8 %.

Die Durchlässigkeit zwischen den Schularten und die Anerkennung der Schulabschlüsse ist bei Erfüllung der zwischen den Ländern vereinbarten Voraussetzungen grundsätzlich gewährleistet. Die Dauer der Vollzeitschulpflicht (allgemeine Schulpflicht) beträgt neun Jahre, in vier Ländern 10 Jahre, und die anschließende Teilzeitschulpflicht (Berufsschulpflicht) drei Jahre.

1 In einigen Ländern bestehen besondere Formen des Übergangs vom Kindergarten in die Grundschule (Vorklassen, Schulkindergärten). In Berlin und Brandenburg umfasst die Grundschule sechs Jahrgangsstufen.

2 Beschulung von Behinderten entsprechend den Behinderungsarten in Sonderformen der allgemeinbildenden und beruflichen Schulen, teilweise auch integrativ zusammen mit Nichtbehinderten. Schulbezeichnung nach Landesrecht unterschiedlich (Sonderschule / Schule für Behinderte / Förderschule / Förderzentrum).

3 Die Jahrgangsstufen 5 und 6 bilden unabhängig von ihrer organisatorischen Zuordnung eine Phase besonderer Förderung, Beobachtung und Orientierung über den weiteren Bildungsgang mit seinen fachlichen Schwerpunkten.

4 Die Bildungsgänge der Hauptschule und der Realschule werden auch an Schularten mit mehreren Bildungsgängen mit nach Ländern unterschiedlichen Bezeichnungen angeboten. Hierzu zählen die Mittelschule (Sachsen), Regelschule (Thüringen), Erweiterte Realschule (Saarland), Sekundarschule (Bremen, Sachsen-Anhalt), Integrierte Haupt- und Realschule (Hamburg), Verbundene oder Zusammengefasste Haupt- und Realschule (Berlin, Hessen, Mecklenburg-Vorpommern, Niedersachsen), Regionale Schule (Mecklenburg-Vorpommern, Rheinland-Pfalz), Oberschule (Brandenburg), Duale Oberschule (Rheinland-Pfalz), Regionalschule (Schleswig-Holstein), Gemeinschaftsschule (Schleswig-Holstein) sowie die Gesamtschule.

5 Der Bildungsgang des Gymnasiums wird auch an Gesamtschulen angeboten. In der kooperativen Gesamtschule sind drei Bildungsgänge (der Hauptschule, der Realschule und des Gymnasiums) pädagogisch und organisatorisch zusammengefasst, in der integrierten Gesamtschule bilden sie eine pädagogische und organisatorische Einheit. Die Einrichtung von Gesamtschulen ist nach dem Schulrecht der Länder unterschiedlich geregelt.

6 Die allgemeinbildenden Schulabschlüsse nach Jahrgangsstufe 9 und 10 tragen in einzelnen Ländern besondere Bezeichnungen. Der nachträgliche Erwerb dieser Abschlüsse an Abendschulen und beruflichen Schulen ist möglich.

7 Zugangsvoraussetzung ist die formelle Berechtigung zum Besuch der gymnasialen Oberstufe, die nach Jahrgangsstufe 9 oder 10 erworben wird. Der Erwerb der allgemeinen Hochschulreife erfolgt zurzeit in der Mehrzahl der Länder noch nach Jahrgangsstufe 13 (neunjähriges Gymnasium). Gegenwärtig findet jedoch in den meisten Ländern die Umstellung auf das achtjährige Gymnasium statt, in dem die allgemeine Hochschulreife bereits nach Jahrgangsstufe 12 erworben wird.

8 Die Berufsoberschule besteht bisher nur in einigen Ländern und bietet Absolventen mit mittlerem Schulabschluss und abgeschlossener Berufsausbildung bzw. fünfjähriger Berufstätigkeit die Möglichkeit zum Erwerb der fachgebundenen Hochschulreife. Bei Nachweis von Kenntnissen in einer zweiten Fremdsprache ist der Erwerb der allgemeinen Hochschulreife möglich.

9 Die Fachoberschule ist eine zweijährige Schulart, die aufbauend auf dem mittleren Schulabschluss mit Jahrgangsstufe 11 und 12 zur Fachhochschulreife führt. Für Absolventen mit mittlerem Schulabschluss und einer beruflichen Erstausbildung ist der unmittelbare Eintritt in Jahrgangsstufe 12 der Fachoberschule möglich. Die Länder können auch eine Jahrgangsstufe 13 einrichten. Der Besuch der Jahrgangsstufe 13 führt zur fachgebundenen Hochschulreife und unter bestimmten Voraussetzungen zur allgemeinen Hochschulreife.

10 Berufsfachschulen sind berufliche Vollzeitschulen verschiedener Ausprägung im Hinblick auf Zugangsvoraussetzungen, Dauer und Abschlüsse. In ein- oder zweijährigenBildungsgängen wird eine berufliche Grundausbildung, in zwei- oder dreijährigen Bildungsgängen eine Berufsausbildung vermittelt. In Verbindung mit dem Abschluss eines mindestens zweijährigen Bildungsgangs kann unter bestimmten Voraussetzungen die Fachhochschulreife erworben werden.

11 Zusätzlich zum berufsqualifizierenden Abschluss ggf. Erwerb des Hauptschulabschlusses oder des mittleren Schulabschlusses.

12 Fachschulen dienen der beruflichen Weiterbildung (Dauer 1–3 Jahre) und setzen grundsätzlich den Abschluss einer einschlägigen Berufsausbildung in einem anerkannten Ausbildungsberuf und eine entsprechende Berufstätigkeit voraus. Unter bestimmten Voraussetzungen ist zusätzlich der Erwerb der Fachhochschulreife möglich.

13 Einschließlich Hochschulen mit einzelnen universitären Studiengängen (z. B. Theologie, Philosophie, Medizin, Verwaltungswissenschaften, Sport).

14 An pädagogischen Hochschulen (nur in Baden Württemberg) wird für verschiedene Lehrämter ausgebildet. Im Einzelfall ist auch ein Studium für Berufe im außerschulischen Bildungs- und Erziehungsbereich möglich.

15 Die Berufsakademie ist eine Einrichtung des tertiären Bereichs in einigen Ländern, die eine wissenschaftsbezogene und zugleich praxisorientierte berufliche Bildung durch die Ausbildung an einer Studienakademie und in einem Betrieb im Sinne des dualen Systems vermittelt.

Stand: Januar 2009

Sekundarbereich II

Der Sekundarbereich II umfasst im Wesentlichen die *gymnasiale Oberstufe* (Klassen 11–12/13) bzw. die entsprechenden Jahrgangsstufen an den Gesamtschulen. Die Abschlussprüfung des Sekundarbereichs II, das *Abitur*, ist die Voraussetzung, um ein Universitätsstudium aufzunehmen. Die Abschlüsse an Fachoberschulen, auch *Fachabitur* genannt, qualifizieren zu einem Studium an einer Fachhochschule.

In den letzten Jahren wurde die Schulzeit bis zum Erreichen des Abiturs auf zwölf Jahre reduziert, sodass momentan in allen Bundesländern das sogenannte G 8 (Gymnasium in acht Jahren) neben dem G 9 (Gymnasium in neuen Jahren) existiert.

Tertiärbereich

Darunter versteht man den der Kompetenz der Bundesländer unterstehenden Universitätsbereich (es gab in Deutschland im Wintersemester 2008/2009 104 Universitäten, 71 Hochschulen und 219 Fachhochschulen) und die Erwachsenenbildung (Volkshochschulen etc.).

Universitäten und *Fachhochschulen* unterscheiden sich darin, dass an den Universitäten der Schwerpunkt auf der *wissenschaftlichen Forschung und Lehre* liegt, während die *Fachhochschulen* sich verstärkt den *pragmatischen Aspekten der unterrichteten Fächer* widmen. In der akademischen Gewichtung stehen die Fachhochschulen nach den Universitäten.

An den deutschen Hochschulen kann man verschiedene *akademische Grade* erwerben. Im Rahmen des sogenannten Bolognaprozesses wurden die Studiengänge und -abschlüsse reformiert: Nun erlangt man nach einem dreijährigen Studium den Titel eines *Bachelors*, der in den englischsprachigen Ländern schon sehr lange üblich ist. Anschließend kann man, wenn man bestimmte Voraussetzungen erfüllt, ein meist zweijähriges Masterstudium absolvieren und den Titel eines *Master of …* erwerben. Für bestimmte Berufe, beispielsweise den des Lehrers, ist weiterhin ein *Staatsexamen* notwendig. Die *Promotion* zum *Dr.* ist für die Absolventen, die danach ins Berufsleben gehen, der höchste akademische Grad. Wer sich für eine Karriere in Forschung und Lehre entscheidet und den Titel eines Professors/einer Professorin anstrebt, kann sich auf eine Stelle als *Juniorprofessor/-in* bewerben oder sich *habilitieren.*

Auskünfte über die Studienordnungen an den Universitäten und Fachhochschulen geben die örtlichen Akademischen Auslandsämter.

Die Rolle der Erwachsenenbildung, die hauptsächlich an den Volkshochschulen stattfindet, ist in den letzten Jahren angewachsen. Strukturelle Veränderungen auf dem Arbeitsmarkt, technischer Fortschritt und die seit 20 Jahren ziemlich hohe Zahl an Langzeitarbeitslosen hat der Erwachsenenbildung eine neue Bedeutung zukommen lassen. Viele an der Volkshochschule erworbenen Zusatzqualifikationen werden mittlerweile in der Wirtschaft als Kriterien für Beförderung oder Weiterbeschäftigung anerkannt.

2.2 Österreich

Das österreichische Bildungssystem ist landesweit einheitlich geregelt. Wie in Deutschland umfasst die Schulpflicht neun Jahre, von denen die ersten vier an der *Volksschule* absolviert werden. Danach besucht man entweder die *Hauptschule* oder tritt in die Unterstufe der *Allgemeinbildenden Höheren Schule* (AHS) ein. Die AHS führt zur allgemeinen Hochschulreife, der *Matura.* Die Matura kann auch an verschiedenen berufsbildenden Schulen und Akademien abgelegt werden.

Das Studium an österreichischen Hochschulen setzt die Matura oder eine gleichwertige Qualifikation voraus (wie das deutsche Abitur). Es gibt verschiedene Studienabschlüsse, so den *Bachelor,* das *Diplom* und den *Master.* Für österreichische Staatsbürger und EU-Bürger ist das Studium an österreichischen Hochschulen kostenlos.

2.3 Schweiz

Das Schweizer Bildungssystem ist noch stärker regionalisiert als das deutsche. Jeder der 26 Kantone ist für sein Bildungswesen selbst zuständig und regelt Schultyp und -dauer, Lehrpläne oder Bezahlung der Lehrkräfte. Eine landesweite Chancengleichheit ist jedoch durch eine zentrale Rahmengesetzgebung gewährleistet. Die obligatorische *Volksschule* umfasst je nach Kanton vier bis sechs Jahre in der *Primarstufe* und drei bis fünf Jahre in der *Sekundarstufe I*, wobei es je nach Leistungsfähigkeit der Schüler Abstufungen gibt. Die *Sekundarstufe II* führt zur Hochschulreife *(Maturität)*.

3 Wie bekomme ich einen Studienplatz?

Die Voraussetzung für das Erhalten eines Studienplatzes an einer **deutschen Universität** ist die *allgemeine Hochschulreife*, das *Abitur*. Zum Studium an einer der Fachhochschulen benötigt man die *fachgebundene Hochschulreife*, das *Fachabitur*.

Interessierte Studierende aus dem Ausland, die nicht an einer deutschen Schule die Hochschulreife erlangt haben, sollten sich rechtzeitig darüber informieren, ob der im Heimatland erreichte Schulabschluss ausreicht, um ein Studium in Deutschland aufzunehmen. Auskünfte darüber geben die Akademischen Auslandsämter der jeweiligen Hochschulen bzw. die ZVS, die Zentralstelle für die Vergabe von Studienplätzen, in Dortmund (www.zzvs.de).

Die ZVS vergibt etwa ein Drittel der Plätze für Studienanfänger, um die anderen zwei Drittel bewirbt man sich direkt an den Universitäten und Hochschulen. Für die Studiengänge Medizin, Pharmazie, Tiermedizin, Zahnmedizin und Psychologie (Diplom) werden die Plätze zentral über die ZVS vergeben. Für einige Studiengänge gibt es wegen der großen Nachfrage Zulassungsbeschränkungen (den Numerus Clausus, NC). In einigen Bundesländern werden inzwischen Studiengebühren erhoben, die bis zu 500 Euro pro Semester betragen können.

Die Voraussetzung, um in **Österreich** einen Studienplatz zu erhalten, ist die *Matura* oder ein gleichwertiger Schulabschluss. Mit den meisten europäischen Staaten bestehen Abkommen über die gegenseitige Anerkennung der im jeweiligen Land erworbenen Hochschulreife. Die erforderlichen Antragsformulare und Nachweise müssen rechtzeitig bei der gewünschten Universität eingereicht werden. Pro Semester fallen für ausländische Studierende Studiengebühren an. Dies gilt nicht für EU-Bürger. Genauere Angaben zum Studium in Österreich findet man im Internet unter www.bmwv.gv.at.

In der **Schweiz** haben die in den letzten Jahren gestiegenen Studentenzahlen dazu geführt, dass Nicht-Schweizer nicht immer den gewünschten Studienplatz an der gewünschten Universität bekommen. Für bestimmte Fächer (Medizin, Pharmazie, Psychologie usw.) existieren Zulassungsbeschränkungen.

Bei einem geplanten Studium in der Schweiz sollte man sich vorab erkundigen, in welcher Sprache an der ins Auge gefassten Universität unterrichtet wird – Deutsch (Basel, Bern, Luzern, St. Gallen, Zürich), Französisch (Genf, Lausanne, Neuchâtel) oder Italienisch (Lugano). An manchen Hochschulen wird auch zweisprachig gelehrt (Fribourg).

Studienvoraussetzung ist die *Maturität* oder ein entsprechender Abschluss. Alle Schweizer Hochschulen fordern Studiengebühren, die zum Teil sehr hoch sein können. Weitere Informationen findet man im Internet unter www.crus.ch/deutsch/iud/Studien.html

4 Tipps zum Umgang mit Behörden

Viele Verwaltungsangelegenheiten können Sie in Deutschland recht unkompliziert auf den sogenannten Bürgerämtern erledigen. Diese befinden sich in größeren Städten meistens in jedem Stadtteil; die Adressen und Öffnungszeiten finden Sie leicht im Internet. Auf diesen Bürgerämtern können Sie sich beispielsweise anmelden, das Auto ummelden, einen Parkausweis ausstellen lassen o. Ä. Für andere Angelegenheiten gibt es zentrale Ämter, bei denen Sie beispielsweise das Kindergeld oder andere finanzielle Unterstützung beantragen können. Bei solchen Vorgängen müssen Sie oft bestimmte Vorschriften und Termine beachten, deshalb sind hier einige Hinweise zusammengestellt:

I Allgemeine Tipps

1. Bleiben Sie freundlich und regen Sie sich nicht auf! Wenn ein Beamter unfreundlich oder persönlich wird, weisen Sie ihn höflich darauf hin, dass das

nicht in Ordnung ist. Sollte sich das Verhalten nicht ändern, beschweren Sie sich (legen Sie Dienstaufsichtsbeschwerde ein).

2. Lassen Sie sich grundsätzlich nicht mit mündlichen „Bescheiden“ der Beamten, was angeblich geht oder nicht geht, abspeisen! Verlangen Sie höflich, aber bestimmt einen schriftlichen Bescheid! Sollte Ihnen das verweigert werden, kommen Sie mit einem Zeugen wieder. Dann soll der Beamte den mündlichen Bescheid in Gegenwart des Zeugen wiederholen. Machen Sie und der Zeuge sich in diesen Fällen unmittelbar danach eine schriftliche Gedächtnisnotiz!

II Wenn Sie etwas beantragen wollen (Wohngeld, Arbeitslosengeld, Kindergeld u. Ä.)

1. Informieren Sie sich genau, welche Unterlagen gebraucht werden (über allgemeine Informationsbroschüren, direkte Fragen beim Amt, schriftliche Auskunft des Amtes …) und wann diese spätestens beim Amt ankommen müssen.

2. Notieren Sie sich die vom Amt gesetzte Frist in Ihrem Kalender (am besten mit einer Vorfrist von 14 Tagen, damit Sie Zeit für eine eventuell vorher notwendige Beratung haben).

3. Machen Sie sich vor Abgabe der Unterlagen eine komplette Kopie des von Ihnen ausgefüllten Antrages sowie aller dazu beigefügten Anlagen.

4. Geben Sie die Unterlagen (Antrag und Anlagen) – sofern möglich – entweder persönlich beim Amt ab oder lassen Sie diese durch einen vertrauenswürdigen Boten abgeben. Bitte unbedingt die Abgabe der Unterlagen direkt auf Ihrer Kopie mit Datum, Unterschrift und Behördenstempel bestätigen lassen. (Im Zweifel müssen Sie beweisen, dass und wann Sie die Unterlagen eingereicht haben! Geben Sie bitte nie Originale von Urkunden und/oder Zeugnissen ab! Sollte die Behörde ausdrücklich darauf bestehen, lassen Sie sich den Erhalt der Originalurkunde extra bestätigen! Ansonsten reicht es oftmals aus, wenn Sie das Original mitbringen und vor Ort von der Behörde kopieren lassen; danach können Sie das Original meistens wieder mit nach Hause nehmen).

5. Notieren Sie das Datum der Abgabe des Antrages in Ihrem Kalender.

6. Heften Sie Ihre Unterlagen geordnet ab, sodass Sie diese jederzeit bei einer Nachfrage der Behörde oder Ihres Anwaltes schnell wiederfinden.

III Wenn Sie einen Bescheid oder Widerspruchsbescheid erhalten

1. Überprüfen Sie zunächst, ob Sie der richtige Adressat des Bescheides sind.

2. Notieren Sie das Eingangsdatum des Bescheides handschriftlich auf dem Bescheid und heben Sie den Briefumschlag auf (wegen des Poststempels).

3. Gehen Sie ans Ende des Bescheides und lesen Sie die „Rechtsbehelfsbelehrung".

4. Notieren Sie sich die aus der Rechtsbehelfsbelehrung ergebende Widerspruchs- oder Klagefrist in Ihrem Kalender (oder wenigstens handschriftlich auf Ihrem Bescheid). Meistens handelt es sich hierbei um eine Monatsfrist (aber nicht immer).

Berechnung behördlicher und/oder gesetzlicher Fristen: (Normalerweise) Beginn des Laufes der Frist am Tage nach Erhalt oder Verkündung der Entscheidung (z. B. Erhalt des Briefes am 25. 07., Beginn des Laufes der Frist am 26. 07.), auch wenn dieser Tag ein Samstag, Sonn- oder Feiertag wäre. Ende der Frist ist genau einen Monat später (nicht 4 Wochen!) um 23.59 Uhr 59 sek. Am einfachsten ist Folgendes: Wenn Sie den Brief am 25.07. bekommen haben, ist das Ende der Frist der 25. 08. um 23.59 Uhr 59 sek! Wenn das Ende der Frist auf einen Samstag, Sonn- oder Feiertag fällt, endet die Frist nicht an diesem Tage, sondern am nächstmöglichen Werktag um 23.59 Uhr 59 sek. (Das gilt aber nur für behördliche und nicht unbedingt für private Fristen!)

5. Rechnen Sie gegebenenfalls die Daten des Bescheides mit Ihrem Taschenrechner nach.

6. Wenn Sie mit dem Bescheid oder Widerspruchsbescheid nicht oder teilweise nicht einverstanden sind, legen Sie innerhalb der Frist (siehe oben Pkt. 4) Widerspruch oder Teilwiderspruch bei der Widerspruchsbehörde oder Klage beim Verwaltungsgericht bzw. Sozialgericht ein. (Beides können Sie im Regelfall auch ohne Probleme oder erhebliche Kosten einfach zurücknehmen. Dann würden die angegriffenen Bescheide allerdings rechtskräftig).

WICHTIG: Innerhalb der Frist muss der Widerspruch oder die Klage bei der Behörde oder dem Gericht ankommen! (Es reicht also nicht das Absendedatum aus!)

Sie können die ablaufende Frist bis 23.59 Uhr 59 sek des Tages voll ausschöpfen. Wenn Sie den Widerspruch oder die Klage selbst zu Gericht brin-

Übersicht Verwaltungsverfahren/Widerspruchsverfahren

Mögliche Ausgangssituationen

Antrag eines Bürgers auf Erteilung einer Genehmigung oder Erhalt von Leistungen an die Ausgangsbehörde

↓ Behörde entscheidet

↓ Behörde lehnt teilweise oder mit Auflagen ab → (Widerspruch)

↓ Behörde lehnt voll ab → (Widerspruch)

Eingriff der Verwaltung (Ausgangsbehörde) zur Gefahrenabwehr durch Bescheid oder tatsächliches Handeln gegenüber dem Bürger (eventuell vorgeschaltete Anhörung) [evtl. ist hier vorläufiger Rechtsschutz zum Gericht nötig]

↓

Bürger reicht **Widerspruch/Teilwiderspruch** gegen die behördliche Entscheidung ein **(Frist: 1 Monat nach Bekanntgabe der Entscheidung).** In der Regel Einreichung des Widerspruchs bei der Ausgangsbehörde oder bei der Widerspruchsbehörde. (§ 79 VwVfG; §§ 68 ff. VwGO; Fachgesetze). Beachte: In manchen Fällen ist das Widerspruchsverfahren ausgeschlossen; dann wäre nur eine direkte Klage zum Verwaltungs-/Sozialgericht möglich.

↓

Ausgangsbehörde prüft nochmals ihre eigene Entscheidung → Bürger erhält Genehmigung oder Leistung in vollem Umfang oder Behörde nimmt belastenden Bescheid zurück

↓

Ausgangsbehörde bleibt bei ihrer Entscheidung und legt die Akten mit Stellungnahme der Widerspruchsbehörde vor

↓

Widerspruchsbehörde prüft und entscheidet den Fall erneut. Eventuell findet nochmals eine Anhörung des Bürgers statt (nicht zwingend!). Beachte: Die Widerspruchsbehörde kann den Ursprungs-Bescheid sogar verschlechtern! → Bürger erhält Genehmigung oder Leistung in vollem Umfang oder Behörde nimmt belastenden Bescheid zurück

↓

Widerspruchsbehörde lehnt ganz, teilweise oder mit Auflagen ab (oft durch Bestätigung des ersten Bescheides)

↓

Bürger kann nun gegen die Entscheidung Klage zum Verwaltungs-/Sozialgericht einreichen **(Frist: 1 Monat nach Bekanntgabe/Zustellung des Bescheides)**

gen und dies erst am letzten Tage nach Dienstschluss geschieht, müssen Sie den sogenannten Frist- oder Nachtbriefkasten suchen und dort Ihre Papiere einwerfen.

Sie können den Widerspruch oder die Klage zunächst auch noch ohne Begründung einlegen.

Die Behörde ist im Widerspruchsverfahren verpflichtet, den Bescheid auch dann vollständig zu überprüfen, wenn Sie Ihren Widerspruch nicht begründen. Allerdings sollten Sie den Widerspruch oder die Klage immer dann begründen, wenn Sie schon eine Begründung haben.

Bei der Klage muss aber mindestens der Bescheid, gegen den Sie klagen, in Kopie an die Klage angeheftet sein. Das Gericht wird Sie dann innerhalb einer bestimmten Frist zur Begründung Ihrer Klage auffordern. In der Zeit können Sie immer noch einen Anwalt zur Beratung aufsuchen, wenn Sie es bis dahin noch nicht getan haben sollten.

7. Falls Sie sich von einem Anwalt beraten oder vertreten lassen wollen, aber nicht über das nötige Einkommen verfügen, können Sie eventuell außergerichtlich Beratungshilfe und gerichtlich Prozesskostenhilfe beantragen. Kostenlose Informationsbroschüren hierzu liegen bei den Gerichten aus oder können bei den Justizministerien bestellt werden.

(Die Hinweise und die Grafik wurden formuliert bzw. gestaltet von Rechtsanwalt Jörg Gerlach, Köln; www.rechtsanwalt-gerlach.com.)

5 Feiertage

Feiertage sind wie Sonntage – die meisten Menschen gehen nicht zur Arbeit, da Firmen, Behörden, Schulen und Universitäten geschlossen sind. Gleichzeitig müssen jedoch viele Menschen in den sogenannten Dienstleistungsberufen arbeiten – Bus-, Zug- und Taxifahrer, Krankenhauspersonal, Angestellte in der Gastronomie usw.

Nicht wenige Persönlichkeiten aus Wirtschaft und – der ihr nahestehenden – Politik kritisieren immer wieder die angeblich zu große Anzahl an Feiertagen in Deutschland. Ein Vergleich mit anderen europäischen Ländern zeigt jedoch, dass Deutschland mit seinen Feiertagen durchaus im Durchschnitt liegt. Man unterscheidet zwischen gesetzlichen Feiertagen, die in der gesamten Bundesrepublik gelten, und Feiertagen, die nur in bestimmten Bundesländern begangen werden. Daneben gibt es noch ein kleine Anzahl von Festtagen, die aus historischen Gründen in bestimmten Städten gefeiert werden, z. B. das Friedensfest (8. August) im Stadtkreis Augsburg. Die meisten Feiertage haben religiöse Wurzeln.

Gesetzliche Feiertage im gesamten Bundesgebiet

Neujahr	1. Januar
Karfreitag	Datum richtet sich nach dem Kirchenjahr
Ostersonntag	Datum richtet sich nach dem Kirchenjahr
Ostermontag	Datum richtet sich nach dem Kirchenjahr
1. Mai	
Christi Himmelfahrt	40 Tage nach Ostern
Pfingstsonntag	50 Tage nach Ostern
Pfingstmontag	
Tag der Deutschen Einheit	3. 10.; zum Gedenken an die deutsche Wiedervereinigung am 3. Oktober 1990; vorher wurde der 17. Juni als Tag der Deutschen Einheit begangen
1. Weihnachtsfeiertag	25. 12.
2. Weihnachtsfeiertag	26. 12.

Feiertage in einzelnen Bundesländern

Heilige Drei Könige (6. Januar);
in Baden-Württemberg, Bayern, Sachsen-Anhalt

Fronleichnam (2. Donnerstag nach Pfingsten);
in Baden-Württemberg, Bayern, Hessen, Nordrhein-Westfalen, Rheinland-Pfalz, Saarland, Sachsen, Thüringen

Maria Himmelfahrt (15. August);
im Saarland; in Bayern in Gemeinden mit überwiegend katholischer Bevölkerung

Reformationstag (31. Oktober);
in Brandenburg, Mecklenburg-Vorpommern, Sachsen, Sachsen-Anhalt, Thüringen
Allerheiligen (1. November);
in Baden-Württemberg, Bayern, Nordrhein-Westfalen, Rheinland-Pfalz, Saarland
Buß- und Bettag (im November, letzter Mittwoch im Kirchenjahr);
in Sachsen

In **Österreich** und der **Schweiz** entsprechen die aus der religiösen Tradition kommenden Feiertage weitgehend denen in Deutschland.

Daneben feiert man in **Österreich** den 26. Oktober als Nationalfeiertag. Am 26. Oktober 1955 erklärte die Republik Österreich ihre immerwährende Neutralität und erlangte damit, in Verbindung mit dem Staatsvertrag vom 15. Mai 1955, wieder die volle staatliche Souveränität.

Nationalfeiertag der **Schweiz** ist der 1. August – man gedenkt damit des legendären Rütlischwurs vom 1. August 1291, mit dem die Ur-Kantone Uri, Schwyz und Unterwalden einen ewigen Bund schlossen und so das Fundament für die heutige Schweiz legten.

Das Wochenende – ein Tabu?

In den letzten Jahren ist im Zusammenhang mit der Diskussion um die Ladenöffnungszeiten auch das arbeitsfreie Wochenende öfter infrage gestellt worden. Die meisten Firmen arbeiten von Montag bis Freitag und haben am Samstag und Sonntag geschlossen, d. h., die dort beschäftigten Arbeitnehmer haben ein freies Wochenende. Davon ausgenommen waren schon immer die Dienstleistungsberufe: die Bahn, der öffentliche Nahverkehr (Busse, U-Bahnen etc.), Taxis, Hotels und Gaststätten, Krankenhäuser etc. In Touristenorten gibt es häufig besondere Regelungen: So dürfen beispielsweise in Ostseebädern die Supermärkte während der Hauptsaison auch sonntags öffnen. Neue Arbeitszeitmodelle zielen auf mehr Flexibilität unter Einbeziehung des herkömmlichen Wochenendes ab, d. h., Angestellte, die am Wochenende arbeiten, erhalten dafür unter der Woche Freizeit.

6 Siezen – Duzen

Im sprachlichen Umgang unterscheidet man im Deutschen zwischen dem förmlichen, eine gewisse persönliche Distanz ausdrückenden „Sie“ und dem eher ungezwungenen, einen gewissen Grad an Vertrautheit ausdrückenden „Du“.

Die Anrede mit „Du“ plus Vornamen findet man im Familienverband (Eltern, Kinder, Geschwister, Tanten, Onkel etc.) und dort, wo ein freundschaftlicher (Freundeskreis, Sportverein etc.) oder zumindest vertrauter (Arbeitsplatz, wenn alle mit dem „Du“ einverstanden sind) Umgangston herrscht. Jüngere Menschen (Schüler, Studenten) sprechen sich durchweg mit „Du“ an.

Da das Duzen in bestimmten Situationen auch Rangunterschiede (etwa: ein älterer, langjähriger Angestellter gegenüber einem jüngeren, neuen Auszubildenden) oder Mangel an persönlichem Respekt ausdrücken kann, sollte man, wenn man sich nicht sicher ist, ob das „Du“ angebracht ist, die betreffende Person vorsichtshalber fragen.

Die Anrede mit „Sie“ plus Nachnamen ist unter nicht miteinander verwandten oder befreundeten Erwachsenen üblich, also vor allem am Arbeitsplatz oder wenn man in der Öffentlichkeit mit Leuten spricht, die einem fremd sind. Wenn man einer fremden Person vorgestellt wird und diese sofort mit „Du“ anspricht, so mag das auf manche „locker“ oder „cool“ wirken, die Mehrheit der so Angesprochenen wird jedoch – eben weil es unüblich ist – mit Befremden reagieren (siehe letzter Absatz). Hin und wieder trifft man auf eine – aus dem Englischen entlehnte – Mischform: Man spricht sich mit „Sie“ plus Vornamen an.

Der Wechsel vom förmlichen „Sie“ zum vertrauten „Du“ erfolgt meist, indem eine Person die Initiative ergreift und dies vorschlägt. Oft wird der Wechsel vom Siezen zum Duzen bei geselligen Anlässen (Betriebsausflug, Party etc.) vollzogen und man „trinkt Brüderschaft“, d. h., man stößt mit den Gläsern oder Krügen auf das „Du“ an und trinkt dann gleichzeitig, worauf meistens eine Umarmung oder ein Kuss folgen.

7 Uhrzeiten

Uhrzeit

Wie spät ist es?	gesprochen	im Radio oder geschrieben		
	acht (Uhr) / (Es ist) acht.	8^{00} / 8.00 (Uhr) acht Uhr	bzw.	20^{00} / 20.00 (Uhr) zwanzig Uhr
	halb (neun) / (Es ist) halb (neun).	8^{30} / 8.30 (Uhr) acht Uhr dreißig	bzw.	20^{30} / 20.30 (Uhr) zwanzig Uhr dreißig
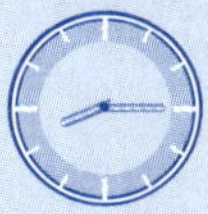	Viertel nach (acht) / (Es ist) Viertel nach (acht) / auch (Es ist) viertel neun.	8^{15} / 8.15 (Uhr) acht Uhr fünfzehn	bzw.	20^{15} / 20.15 (Uhr) zwanzig Uhr fünfzehn
	Viertel vor (acht) / drei viertel acht / drei Viertel / (Es ist) Viertel vor / drei viertel acht.	7^{45} / 7.45 (Uhr) sieben Uhr fünfundvierzig	bzw.	19^{45} / 19.45 (Uhr) neunzehn Uhr fünfundvierzig
	(Es ist) Mitternacht / zwölf Uhr (nachts). / (Es ist) Mittag / zwölf Uhr (mittags).	0^{00} / 0.00 (Uhr) null Uhr 12^{00} / 12.00 (Uhr)	bzw.	24^{00} / 24.00 (Uhr) vierundzwanzig Uhr
	fünf vor halb (neun) / (Es ist) fünf vor halb (neun).	8^{25} / 8.25 (Uhr) acht Uhr fünfundzwanzig	bzw.	20^{25} / 20.25 (Uhr) zwanzig Uhr fünfundzwanzig
	fünf nach halb (neun) / (Es ist) fünf nach halb (neun).	8^{35} / 8.35 (Uhr) acht Uhr fünfunddreißig	bzw.	20^{35} / 20.35 (Uhr) zwanzig Uhr fünfunddreißig

Geht die Uhr richtig? Es ist acht Uhr:

	Die Uhr geht vor.		Die Uhr geht genau / richtig.		Die Uhr geht nach.

In Deutschland, Österreich und der Schweiz gilt die Mitteleuropäische Zeit (MEZ). Es gibt Sommer- und Winterzeit; auf die Sommerzeit wird an einem Wochenende Ende März umgestellt, indem die Uhren um eine Stunde vorgestellt werden. Ende Oktober beginnt die Winterzeit und die Uhren werden um eine Stunde zurückgestellt.

Redensarten mit Uhrzeitangaben

Es ist fünf Minuten vor zwölf

es ist fast schon zu spät, ein Problem zu lösen, eine bedrohliche Situation in den Griff zu bekommen: Für die wild lebenden Pandabären ist es fünf Minuten vor zwölf – sie sind vom Aussterben bedroht.

Jetzt schlägts dreizehn – das geht zu weit!

als Ausdruck der Empörung, der Verärgerung

Er/sie denkt nicht von zwölf Uhr bis Mittag

er/sie ist ziemlich dumm.

Rund um die Uhr

24 Stunden lang, den ganzen Tag:
In New York sind die Rettungskräfte rund um die Uhr im Einsatz.

Meine innere Uhr

mein Zeitgefühl: Nach meiner inneren Uhr müsste es bald Mittagessen geben.

Die biologische Uhr

das fortschreitende Alter: Sie fühlte, dass ihre biologische Uhr tickte – dass das Alter, in dem sie keine Kinder mehr bekommen kann, näher rückte.

Seine/ihre Uhr ist abgelaufen

1. er/sie wird bald sterben
2. seine/ihre Amtszeit nähert sich dem Ende: Alle Anzeichen deuten darauf hin, dass die Uhr des Trainers abgelaufen ist.

In Bayern etc. gehen die Uhren anders

1. in Bayern etc. gelten andere Maßstäbe, Gesetzmäßigkeiten
2. in Bayern etc. ist man rückständig.

Jetzt weißt du, was die Uhr geschlagen hat
jetzt weißt du, wie die Lage wirklich ist.

Er/sie führt ein Leben nach der Uhr
sein/ihr Tagesablauf ist strikt nach immer dem gleichen Schema geregelt.

8 Mundarten des Deutschen

Mundarten (oder Dialekte) gibt es in allen Sprachen. Sie weichen vor allem in Lautung und Wortschatz von einer als Standard angenommenen *Hochsprache* ab. Ihre Entstehung hat meist historische Wurzeln, die dazu führten, dass sich eine *Hochsprache* in ihrem Verbreitungsgebiet regional unterschiedlich entwickelt.

Manche Sprachwissenschaftler vertreten die Meinung, das *Hochdeutsche* sei nur ein theoretisches Konstrukt und existiere in Wirklichkeit nicht, andere sehen es auf den Raum um Hannover begrenzt.

Es ist daher sinnvoller, stattdessen den Begriff *Schriftsprache* zu verwenden, also diejenige Anwendung der deutschen Sprache, die etwa in überregionalen Zeitungen oder im offiziellen Schriftverkehr anzutreffen ist und die in den Duden-Wörterbüchern dokumentiert wird.

Zwischen den einzelnen Mundarten des deutschen Sprachraums bestehen mitunter so große Unterschiede in Lautung und Wortschatz, dass Sprecher bestimmter Mundarten, die nicht das *Hochdeutsche* als gemeinsame „Fremdsprache" beherrschen, kaum miteinander kommunizieren können.

Für das Wort „Toilette" etwa lautet die Entsprechung im Plattdeutschen „dat Gemack" oder „dat Schiethus", im Schwäbischen „Gloo", im Sächsischen „dä Hidde" oder „s'Glou" und im Bayerischen „s'Hoisl".

Wer in Franken zum Frühstück „a Weggla" genießt, wird in Sachsen „een Breedchn" bestellen und in plattdeutschen Sprachraum nördlich von Hamburg „ein Rundstück" erhalten.

Auch bei den Begrüßungsformeln sind große Unterschiede festzustellen. Das hochdeutsche „Guten Tag!" lautet im Fränkischen „Hawedeehre", im Bayerischen „Griasgood", im Schwäbischen „Grißgoddle", im Sächsischen „Mohrschn" oder „Dahch ooch" und im Plattdeutschen „Moin, moin".

Der lockere und vorwiegend norddeutsche Abschiedsgruß „Tschüss“ schließlich ist für den gestandenen Oberbayern ein Graus. Der verabschiedet sich mit „Pfiadi“ oder „Pfiagod“, der Franke mit „Servus“ und in Ostwestfalen wird man „Jo, dann bis de Tage“ hören.

Zu den Mundarten der deutschen Sprache zählen auch das in **Österreich** bzw. in der **Schweiz** gesprochene Deutsch. Das Österreichische ähnelt in mancher Hinsicht dem Bayerischen, enthält aber auch Dialektformen, die aus den slawischen Sprachen stammen. „Typisch“ österreichisch sind Wörter wie „Paradeiser“ (Tomate), „Häfen“ (Gefängnis), „Melange“ (Milchkaffee mit 50% Milchanteil) oder (speziell im Wiener Dialekt) „leiwand“ (super, spitze, sehr schön).

Das Schweizer Deutsch *(Schwyzerdütsch)* ist ein alemannischer Dialekt, den man auch im südlichen Baden-Württemberg, in Liechtenstein, im Elsass und im österreichischen Vorarlberg spricht. Am bekanntesten ist wohl die Grußformel für „Guten Tag“: „Grüezi“! Andere sogenannte Helvetismen sind beispielsweise „Abwart“ (Hausmeister), „Ammann“ (etwa: Bürgermeister) oder „Saaltocher“ (Bedienung in einem Lokal).

9 Idiomatik der Körperteile

Der menschliche Körper bildet das greifbare, spürbare, stets bewusste Element der menschlichen Existenz. Seinem Entstehen (bzw. Verhindern), seiner „Wartung“ oder „Reparatur“, seiner „Entsorgung“ widmen sich ganze Erwerbszweige. Er ist Objekt philosophischer und literarischer Betrachtungen, seine äußere Erscheinung ist Gegenstand wechselnder Schönheitsideale, mit seiner Pflege werden in den Volkswirtschaften rund um den Globus Billionen von Euro umgesetzt, sein „richtiges“ Gewicht wird zum Thema an Stammtischen und im Fitnessstudio. Mit seinem Unterhalt, der Ernährung, entstanden Kunstformen (etwa die Nouvelle Cuisine), aber auch kontroverse Debatten (etwa Fleischesser gegen Vegetarier) …

Kurz: Er ist das Hauptobjekt des menschlichen Bewusstseins, um ihn dreht sich die Gesamtheit menschlichen Denkens. Da die Sprache den lautlichen oder schriftlichen Ausdruck des Denkens darstellt, ist es nicht verwunderlich, dass in fast allen Sprachen der Welt der menschliche Körper die sprachliche Substanz für eine Vielzahl von idiomatischen Wendungen bildet.

Auf den folgenden Seiten werden einige der wichtigsten/häufigsten Wendungen der deutschen Sprache aufgelistet und erläutert, die den menschlichen Körper bzw. seine Bestandteile bildhaft thematisieren.

Der Kopf (als Gesamtheit)

Der Chef wird dir nicht gleich den Kopf abreißen

ugs.; der Chef wird dich nicht so schlimm behandeln, wie du befürchtest.

Mir brummt der Kopf

ugs.; ich habe heftige Kopfschmerzen.

Ihm schwirrte der Kopf

er war aufgrund sehr vieler Eindrücke verwirrt.

Mir raucht der Kopf

ugs.; ich habe längere Zeit angestrengt nachgedacht und bin jetzt geistig erschöpft.

Ich weiß nicht, wo mir der Kopf steht

ich habe so viel Arbeit, dass ich verwirrt bin und nicht weiß, wo ich anfangen soll.

Als sie die Nachricht bekamen, standen sie kopf / hat das ganze Haus kopfgestanden

ugs.; als sie die Nachricht bekamen, waren sie völlig überrascht, durcheinander, verwirrt, bestürzt.

Ich hatte gestern einen dicken/schweren Kopf

ich hatte Kopfschmerzen bzw. einen Kater.

Als er sie sah, bekam er einen roten Kopf

als er sie sah, errötete er.

Kopf hoch!

nur nicht den Mut verlieren!

Lass den Kopf nicht hängen!
lass dich nicht unterkriegen, nur Mut!

Seine Frau hat ihm (kräftig) den Kopf gewaschen
ugs.; seine Frau hat ihn scharf kritisiert bzw. zurechtgewiesen.

Mach dir deswegen keinen Kopf!
ugs.; mach dir deswegen keine Gedanken oder Sorgen.

Ich habe keine Lust, meinen Kopf / Kopf und Kragen zu riskieren
ich habe keine Lust, mein Leben, meine Existenz aufs Spiel setzen.

Wenn es schiefgeht, muss ich den Kopf hinhalten
ugs.; wenn es schiefgeht, muss ich dafür geradestehen.

Es gelang ihm, den Kopf aus der Schlinge zu ziehen
durch geschicktes Verhalten konnte er einer Bestrafung entgehen.

Es hilft nichts, wenn wir den Kopf in den Sand stecken
es hilft nichts, wenn wir eine Gefahr nicht sehen wollen, die Realität ignorieren; nach der irrigen Annahme, dass der Vogel Strauß bei Gefahr den Kopf in den Sand steckt.

In letzter Zeit trägt er den Kopf sehr hoch
in letzter Zeit gibt er sich sehr stolz und arrogant.

Ich muss ihm wieder mal den Kopf zurechtsetzen/zurechtrücken
ugs.; ich muss ihn durch Kritik und Zureden zur Vernunft bringen.

Gestern Abend haben sie sich wieder (gegenseitig/einander) die Köpfe eingeschlagen
ugs.; gestern Abend haben sie sich heftig gestritten.

Wenn ich so einen Unsinn höre, kann ich mir nur an den Kopf greifen
ugs.; dafür habe ich kein Verständnis.

Sie warf ihm Unverschämtheiten/Beleidigungen an den Kopf
sie wurde zu ihm unverschämt/beleidigend.

Am Wochenende habe ich zweihundert Euro auf den Kopf gehauen
ugs.; am Wochenende habe ich zweihundert Euro auf einmal für Vergnügungen o. Ä. ausgeben.

Etwas auf den Kopf stellen; *ugs.:*

1. Die Kinder haben beim Spielen das ganze Haus/Zimmer auf den Kopf gestellt
   die Kinder haben das Haus/Zimmer völlig durcheinandergebracht, ein Chaos angerichtet .
2. Ich habe das ganze Haus auf den Kopf gestellt und trotzdem meine Brille nicht gefunden
   ich habe gründlichst gesucht, aber die Brille nicht gefunden.
3. Das Ergebnis stellte den Spielverlauf auf den Kopf
   die eigentlich bessere Mannschaft, der bessere Spieler hat verloren.

Seine Tochter tanzt/trampelt ihm ständig auf dem Kopf herum
ugs.; seine Tochter missbraucht seine Gutmütigkeit, lässt sich von ihm nichts sagen und behandelt ihn respektlos.

Sie ist nicht auf den Kopf gefallen
ugs.; sie ist nicht dumm, sie ist schlau.

Ich sagte ihm auf den Kopf zu, dass ich ihn für einen Betrüger hielt
ich sagte es direkt, ohne zu zögern.

Jemandem in den Kopf steigen:

1. Der Wein ist mir in den Kopf gestiegen
   der Wein hat mich [leicht] betrunken, benommen gemacht.
2. Seine Beförderung ist ihm in den Kopf gestiegen
   seine Beförderung hat ihn eingebildet, überheblich gemacht.

Er will immer mit dem Kopf durch die Wand
ugs.; er will Unmögliches erzwingen; er ist stur und nicht bereit, Kompromisse einzugehen.

Das wurde über meinen Kopf hinweg entschieden
das wurde entschieden, ohne mich zu fragen, zu informieren.

Jemandem über den Kopf wachsen:

1. Er ist seinem Vater längst über den Kopf gewachsen
   er hat sich so entwickelt, dass sein Vater ihm nicht mehr gewachsen ist.
2. Die Arbeit ist mir über den Kopf gewachsen
   die Arbeit kann von mir nicht mehr bewältigt werden.

Jetzt geht es um Kopf und Kragen

ugs.; jetzt geht es um das Leben, die Existenz.

Wie kannst du sie so vor den Kopf stoßen?

ugs.; wie kannst du sie in so plumper Weise kränken, enttäuschen, verletzen?

Ich war wie vor den Kopf geschlagen

ugs.; ich war vor Überraschung, Schreck wie gelähmt.

Der Hut

In den letzten Jahrzehnten ist der Anblick von Männern, die Hüte tragen, fast völlig aus dem Alltag verschwunden. Auch in der Mode für Frauen spielen Hüte, also „Kopf-Bedeckungen" nicht mehr die Rolle wie in vergangenen Zeiten. Dabei war der „Hut", die „Kopf-Bedeckung", in manchen Zeiten und Gesellschaften weit mehr als nur Schutz gegen Sonne und Regen. Er konnte Herrschaftsstrukturen repräsentieren (*vgl.* etwa die Rolle des Hutes in Schillers „Wilhelm Tell", Szene III/3) oder wurde, in dem man ihn vor jemandem abnahm („den Hut vor jemandem ziehen") zum Mittel der Ehrerweisung. Daraus entstanden viele idiomatische Wendungen, die bis heute benutzt werden, ohne dass Sprecher oder Hörer den Ursprung einer solchen Wendung durchschauen:

Da geht mir doch der Hut hoch!

ugs.; das macht mich wütend.

Hut ab!

ugs.; alle Achtung, allen Respekt!

Das ist doch ein alter Hut

ugs.; das ist doch längst nichts mehr Neues,
das ist seit Langem bekannt.

Nach Bekanntwerden des Skandals musste der Bürgermeister seinen Hut nehmen

ugs.; nach Bekanntwerden des Skandals musste der Bürgermeister aus dem Amt scheiden, zurücktreten.

Von den Parteifreunden gedrängt, warf sie den Hut in den Ring

von den Parteifreunden gedrängt, gab sie ihre Kandidatur bekannt; LÜ von *engl.* to throw one's hat in[to] the ring.

Ich ziehe den Hut vor ihr / vor ihrer Leistung

ich habe alle Achtung vor ihr / vor ihrer Leistung.

Deinen Dank / dein Geld kannst du dir an den Hut stecken

ugs.; ich lege keinen Wert auf deinen Dank, dein Geld macht auf mich keinen Eindruck.

Ich habe mit Religion etc. nichts am Hut

ugs.; Religion etc. interessiert mich nicht.

Der Trainer hat ihm eins auf den Hut gegeben

ugs.; der Trainer hat ihn scharf kritisiert, ihm einen Verweis, eine Rüge erteilt.

Ich will nicht schon wieder eins auf den Hut kriegen, bekommen

ugs.; ich will nicht schon wieder Kritik einstecken müssen, einen Verweis, eine Rüge erhalten.

Es ist schwer, viele unterschiedliche Interessen unter einen Hut zu bringen

ugs.; es ist schwer, unterschiedliche Interessen in Einklang, Übereinstimmung zu bringen.

Das Auge

Das Auge als Sehorgan ist neben den direkt lebenserhaltenden Organen wohl das im menschlichen Denken am tiefsten verwurzelte Organ, ermöglicht es doch den unmittelbaren direkten, sinnlichen Kontakt mit der Umwelt. Im Mythos wie in der Literatur stellt der Verlust des „Augenlichts" die ultimative Katastrophe bzw. Strafe vor dem Tod dar (z. B. in den Bearbeitungen des Ödipus-Mythos von Sophokles bis Max Frisch in „Homo Faber"). So ist es nachvollziehbar, dass mit dem Auge wohl die meisten idiomatischen Wendungen überhaupt gebildet werden.

Deine Augen sind wieder mal größer als der Magen

du hast dir mehr auf den Teller getan, als du essen kannst.

Aus den Augen, aus dem Sinn
wer [längere Zeit] abwesend ist, wird leicht vergessen.

Das Auge des Gesetzes
scherzh.; die Polizei.

In dem Tal stehen Obstbäume, so weit das Auge reicht
in dem Tal stehen Obstbäume, so weit man sehen kann.

Jetzt gehen mir die Augen auf
jetzt durchschaue ich plötzlich, was gespielt wird, jetzt erkenne ich Zusammenhänge, die ich vorher nicht gesehen hatte.

Mir gingen die Augen über
ich war durch einen Anblick überwältigt.

Er führt die Firma sehenden Auges in den Konkurs
geh.; er handelt leichtsinnig und verantwortungslos, obwohl er die Gefahr kommen sieht.

Ich traute meinen Augen nicht
ugs.; ich konnte etwas vor Überraschung nicht fassen, konnte etwas kaum glauben.

Diese Architektur beleidigt mein Auge
diese Architektur ist vom ästhetischen Gesichtspunkt aus betrachtet sehr unschön, unharmonisch.

Ich denke, ich werde ein Auge voll Schlaf nehmen
ich denke, ich werde ein wenig, für ganz kurze Zeit schlafen.

Sie hat Augen wie ein Luchs
sie sieht sehr scharf und bemerkt alles.

Ich habe hinten keine Augen
ugs.; ich kann doch nicht sehen, was hinter mir vor sich geht.

Sie hat ihre Augen überall
sie passt auf alles auf, sie lässt sich nichts entgehen.

Ja, da machst du große Augen!
ugs.; da staunst du, da wunderst du dich.

Alex macht Laura schöne Augen
ugs.; er flirtet mit ihr.

Sie verschließt die Augen vor der Tatsache, dass er sie betrügt

sie nimmt es nicht zur Kenntnis, sie will es nicht wahrhaben, dass er sie betrügt.

Ich will noch einmal ein Auge / beide Augen zudrücken

ugs.; ich will das noch einmal nachsichtig, wohlwollend übersehen, ohne Strafe durchgehen lassen.

In dem Café da vorne sitzen immer Promis – lass uns ein Auge riskieren

ugs.; aus Neugier einen verstohlenen Blick auf jemanden / etwas werfen.

Auf dieses Auto habe ich schon seit einiger Zeit ein Auge geworfen

ugs.; ich interessiere mich seit einiger Zeit für dieses Auto, möchte es haben.

Auf kleine Kinder muss man immer ein Auge haben

auf kleine Kinder muss man immer aufpassen, achtgeben.

Gibs ruhig zu – du hast ein Auge auf Evi

gib zu, dass Evi dir gefällt.

Er macht Augen wie ein gestochenes Kalb

ugs.; er macht ein dämliches Gesicht.

Als Designer hat er ein Auge für Farben

als Designer hat er das richtige Verständnis, ein Urteilsvermögen für Farben.

Ich habe die ganze Nacht kein Auge zugetan

ugs.; ich habe nicht schlafen können.

Lüg mich nicht an – ich habe doch Augen im Kopf

ugs.; lüg mich nicht an – ich habe die Sache durchschaut, ich erkenne, was los ist.

Hast du keine Augen im Kopf?

ugs.; kannst du nicht aufpassen?

Ich muss dir die Augen öffnen

ich muss dir schonungslos die unangenehme Wahrheit sagen.

Er liest ihr jeden Wunsch an den Augen ab

er erkennt ihre unausgesprochenen Wünsche.

Der Chef hat mir ein neues Projekt aufs Auge gedrückt

salopp; der Chef hat mir etwas Unangenehmes, Lästiges aufgetragen.

Ich lasse ihn nicht aus den Augen

ich werde ihn scharf beobachten.

Jetzt haben wir ihn doch glatt aus den Augen verloren

jetzt ist er verschwunden.

Hugo habe ich seit 20 Jahren aus den Augen verloren

ich habe seit 20 Jahren keinen Kontakt mehr zu Hugo.

Ich gehe ins Bett – ich kann nicht mehr / kaum noch aus den Augen sehen

ugs.; ich gehe ins Bett – ich bin sehr müde, erschöpft.

Geh mir aus den Augen!

geh weg!, lass dich hier nicht mehr blicken!

In meinen Augen ist er geizig

nach meiner Ansicht ist er geizig.

Mir ist sofort in die Augen gefallen/gesprungen, wie geschmackvoll sie sich kleidet

mir ist ihr geschmackvolles Äußeres sofort aufgefallen.

Welche Vorhaben haben Sie für nächstes Jahr ins Auge gefasst?

was haben Sie sich für nächstes Jahr vorgenommen?

Das kann ins Auge gehen

ugs.; das kann schlecht enden, üble Folgen haben.

Ich sehe die Sache mit einem lachenden und einem weinenden Auge

ich sehe die Sache teils erfreut, teils betrübt; wohl nach Shakespeare, Hamlet I, 2.

Wir sind noch einmal mit einem blauen Auge davonkommen

ugs.; wir sind ohne großen Schaden, glimpflich davongekommen.

Sie sieht ihn jetzt mit anderen Augen

sie hat jetzt eine andere Meinung von ihm.

In dem Konflikt gilt seit 40 Jahren: Auge um Auge, Zahn um Zahn

in dem Konflikt wird Gleiches mit Gleichem vergolten;
nach 2. Mos. 21, 24.

Kann ich Sie bitte unter vier Augen sprechen?

Können wir uns zu zweit, allein, ohne weitere Zeugen unterhalten?

Die Tat geschah unter den Augen der Polizei

Die Tat geschah in Anwesenheit von Polizisten.

Ich kann ihr nie wieder unter die Augen treten

ich kann mich bei ihr nie wieder sehen lassen.

Komme mir nie wieder unter die Augen!

du bist bei mir unerwünscht, ich will dich nie wieder sehen.

Mir wurde (es) schwarz vor (den) Augen

ich wurde ohnmächtig.

Er hat sie vor aller Augen geschlagen

er hat sie in der Öffentlichkeit, vor allen Leuten geschlagen.

Wir müssen uns die Situation realistisch vor Augen führen

wir müssen die Dinge sehen, wie sie sind.

Mir schwebt eine Vierzimmerwohnung vor Augen

ich habe vor, eine Vierzimmerwohnung zu kaufen / zu mieten.

Der Polizei wurde vorgeworfen, sie sei auf dem rechten Auge blind

der Polizei wurde vorgeworfen, sie ignoriere die Gefahr, die für den Staat von rechten Extremisten droht, und gehe nur gegen Linke vor.

Das Ohr

Der Ort des Gehörsinns war im Bewusstsein der Menschen seit jeher fast ebenso wichtig wie das Auge. In der mittelalterlichen Justiz spielte es – ebenso wie das Auge – eine gewisse Rolle bei Strafen. Das Ohrenabschneiden galt als eine Strafe für leichtere Verbrechen, die aber den Delinquenten für alle Zeiten als ehrlos kennzeichnete. In dem Wort Schlitzohr ist diese historische Bedeutung bis heute erhalten.

In allen Sprachen rund um den Globus findet man idiomatische Wendungen, die mit dem Ohr und/oder seiner Funktion zu tun haben:

Es gibt gleich (einen Satz) rote Ohren!

ugs. scherzh.; Drohung, jemandem ein paar Ohrfeigen zu geben.

Ich habe ihm nur eins / ein paar hinter die Ohren gegeben

ugs.; ich habe ihn nur geohrfeigt.

Es wird Zeit, dass er wieder mal eins / ein paar hinter die Ohren bekommt

ugs.; er benimmt sich so, dass er bald eine Ohrfeige verdient.

Wo hast du denn deine Ohren?

ugs.; kannst du nicht aufpassen?; wirst du wohl zuhören!

Sprich nur weiter – ich bin ganz Ohr

ich bin aufmerksam, ich höre zu.

Ich habe die ganze Zeit an dich gedacht – haben dir nicht die Ohren geklungen?

ugs. scherzh.; jemand spürt, dass andere an ihn denken od. über ihn sprechen; der leise, hohe Ton, den man gelegentlich in den Ohren hat, wird im Volksglauben damit in Verbindung gebracht, dass ein anderer über einen redet oder intensiv an einen denkt.

Sie hat Ohren wie ein Luchs

sie hat ein sehr gutes Gehör.

Und jetzt spitze die Ohren!

ugs.; höre jetzt aufmerksam, genau zu.

Wenn ich meiner Tochter einen Rat gebe, stellt sie die Ohren auf Durchzug

ugs. scherzh.; meine Tochter hört sich meinen Rat vielleicht an, beherzigt ihn aber nicht, sondern vergisst ihn gleich wieder.

Würden Sie mir freundlicherweise Ihr Ohr leihen?

geh.; würden Sie mir bitte zuhören.

Er hat immer ein offenes Ohr für seine Mitarbeiter

er ist für die Sorgen, Bitten u. Wünsche seiner Mitarbeiter zugänglich.

Halt[e] die Ohren steif!

ugs.; lass dich nicht unterkriegen!; verliere nicht den Mut.

Ich muss ihm wieder mal die Ohren lang ziehen

ugs.; Ich muss ihn zurechtweisen, ihm seine Grenzen aufzeigen, ihn auf Fehler hinweisen.

Seit Wochen jammert er mir wegen dieser Sache die Ohren voll

ugs.; seit Wochen geht er mir mit seinen ständigen Klagen, seinem Anliegen auf die Nerven.

Ich traute meinen Ohren nicht

ugs.; ich war völlig überrascht von dem, was ich hörte; ich konnte kaum glauben, was ich da hörte.

Ich werde mich jetzt aufs Ohr legen / *(salopp:)* hauen

ugs.; ich gehe jetzt schlafen.

Sitzt du auf den Ohren?

ugs.; hörst du nicht, was ich sage?

Gehaltserhöhung? Auf dem/diesem Ohr ist der Chef taub

ugs.; Gehaltserhöhung, davon will der Chef nichts wissen.

Unsere Vorschläge stießen auf taube Ohren

ugs.; man wollte nichts davon wissen.

Was ich jetzt sage, ist nichts für fremde Ohren

Was ich jetzt sage, ist streng geheim, vertraulich.

Hier ist Rauchverbot – schreib[e] dir das hinter die Ohren!

ugs.; hier ist Rauchverbot – vergiss das nicht!

Sie hat es faustdick hinter den Ohren

ugs.; sie ist schlau, gerissen; auch: man kann ihr nicht trauen.

Seit Tagen liegt er mir wegen des Ausflugs in den Ohren

ugs.; seit Tagen spricht er immer wieder von dem Ausflug.

Ich habe ihre Worte noch im Ohr

ich kann mich daran erinnern, was sie gesagt hat.

Das ist eine Melodie, die ins Ohr geht

das ist eine Melodie, die man sich leicht merken kann, die sehr eingängig ist.

Als ich das hörte, habe ich ganz schön mit den Ohren geschlackert

ugs.; als ich das hörte, war ich vor Überraschung, Schreck sprachlos, ratlos.

Entschuldigung – ich habe nur mit halbem Ohr zugehört

Entschuldigung – ich habe ohne rechte Aufmerksamkeit zugehört und nicht alles mitbekommen.

Beim Kauf dieses Autos hat man dich übers Ohr gehauen
ugs.; beim Kauf dieses Autos hat man dich übervorteilt, betrogen.

Ich stecke bis über die Ohren in der Arbeit
ugs.; ich habe sehr viel Arbeit.

Sie steckt bis über die Ohren in Schulden
ugs.; sie ist hoch verschuldet.

Wir stecken bis über die Ohren in Schwierigkeiten
ugs.; wir haben große Probleme.

Sie sind bis über die / über beide Ohren verliebt
ugs.; sie sind sehr verliebt.

Hast du zurzeit viel um die Ohren?
ugs.; hast du zurzeit viel zu tun?

Die Nase

Als Riechorgan und Bestandteil der Atemwege kommt der Nase ebenfalls eine wichtige Funktion innerhalb des menschlichen Körpers zu. Und besonders heute verdienen sich Schönheitschirurgen eine goldene Nase, wenn sie die tatsächlichen oder eingebildeten Mängel an den Nasen ihrer Patientinnen und Patienten korrigieren.

Ich weiß nicht wieso – aber ihr gefällt meine Nase nicht
ugs.; ich weiß nicht wieso – sie kann mich nicht leiden.

Von Latein hatte ich nach der 10. Klasse die Nase (gestrichen) voll
ugs.; ich wollte mit Latein nie wieder etwas zu tun haben.

Von Elke habe ich die Nase (gestrichen) voll
ugs.; ich will nichts mehr von Elke wissen.

Bei Umfragen hat momentan die Opposition die Nase vorn
ugs.; bei Umfragen hat momentan die Opposition einen Vorteil, ist bei den Wählern beliebter als die Regierung.

Musst du deine Nase in alles hineinstecken?
ugs.; musst du dich ständig um Dinge kümmern, die dich nichts angehen?

Sie trägt die Nase hoch

sie ist stolz, arrogant.

Bei dem Begriff „Fast Food“ rümpfen Feinschmecker die Nase

bei dem Begriff „Fast Food“ zeigen Feinschmecker ihre Geringschätzung, Verachtung.

Mit Spekulationsgeschäften hat er sich eine goldene Nase verdient

ugs.; mit Spekulationsgeschäften hat er sehr viel Geld verdient.

Sie hat mir eine (lange) Nase gedreht

ugs.; sie hat sich über mich lustig gemacht, hat mich ausgelacht.

Wohin geht es zum Bahnhof? – Immer der Nase nach

ugs.; Wohin geht es zum Bahnhof? – immer geradeaus.

Bevor du mich kritisierst, solltest du dich an die eigene Nase fassen

ugs.; bevor du mich kritisierst, solltest du dich um deine eigenen Fehler und Schwächen kümmern.

Sie hat mich wochenlang an der Nase herumgeführt

ugs.; sie hat mich absichtlich getäuscht, betrogen.

Ulla liegt schon wieder auf der Nase

ugs.; Ulla ist schon wieder krank.

Ich bin mit diesen Aktien schon mal auf die Nase gefallen

ugs.; ich hatte mit diesen Aktien Pech, habe damit schlechte Erfahrungen gemacht.

Das werde ich dir bestimmt nicht auf die Nase binden

ugs.; das werde ich dir mit Sicherheit nicht erzählen, weil es dich nichts angeht.

Die Kinder tanzen ihm auf der Nase herum

ugs.; die Kinder missbrauchen seine Gutmütigkeit und lassen sich nichts sagen.

Als er mich anspuckte, habe ich ihm eins auf die Nase gegeben

ugs.; als er mich anspuckte, habe ich ihn geschlagen, verprügelt.

Der Chef hat ihm gestern eins auf die Nase gegeben

ugs.; der Chef hat ihn scharf kritisiert, hat ihm deutlich die Meinung gesagt.

Muss man dir jedes Wort einzeln aus der Nase ziehen?

ugs.; jetzt erzähle schon und lasse dich nicht ständig fragen.

Das macht 25 Euro pro Nase

ugs.; das macht 25 Euro pro Person.

Die U-Bahn ist mir vor der Nase weggefahren

ugs.; die U-Bahn ist losgefahren, kurz bevor ich sie erreichte.

Sie haben ihm seine ehemalige Stellvertreterin vor die Nase gesetzt

ugs.; sie haben seine ehemalige Stellvertreterin zu seiner Vorgesetzten gemacht.

Ein Kollege hat mir in der Kantine das letzte Schnitzel vor der Nase weggeschnappt

ugs.; ein Kollege hat in der Kantine das letzte Schnitzel bekommen und ich musste etwas anderes nehmen.

Wer will schon ein Kernkraftwerk direkt vor der Nase haben?

ugs.; wer will schon ein Kernkraftwerk in seiner unmittelbaren Wohnumgebung haben?

Der Mund, die Zunge

Als „Werkzeug" der Kommunikation und des Austauschs von Zärtlichkeiten sowie lebensnotwendige „Schleuse" für Essen und Trinken erfüllt der Mund eine Vielzahl von Funktionen, die sich auch in idiomatischen Redewendungen mit dem Wort „Mund" niederschlagen. Gleiches gilt für die Zunge, die die Artikulation ermöglicht und der Ort des Geschmacksempfindens ist:

Er nimmt oft den Mund zu voll

ugs.; er gibt oft an, übertreibt oft.

Er hat einen großen Mund

ugs.; er ist ein Angeber.

Ich kann den Mund halten

ugs.; ich kann schweigen, ich kann ein Geheimnis bewahren.

Ich habe mir den Mund fusselig geredet, aber sie wollte nicht nachgeben

ugs.; ich habe lange und vergeblich auf sie eingeredet, aber sie wollte nicht nachgeben.

Er wird unverschämt – jemand muss ihm den Mund stopfen

ugs.; er wird unverschämt – man muss ihn dazu bringen, dass er schweigt.

Willst du ihr etwa den Mund verbieten?

willst du ihr untersagen, ihre Meinung zu äußern?

Eines Tages wirst du dir den Mund verbrennen

ugs.; eines Tages wirst du dir durch dein unbedachtes Reden selbst schaden.

Mit dem Schwärmen über Lanzarote hat sie uns den Mund wässrig gemacht

ugs.; mit dem Schwärmen über Lanzarote hat sie uns Lust darauf gemacht.

Laura ist nicht auf den Mund gefallen

ugs.; Laura ist schlagfertig und hat immer eine passende Antwort.

Wie ich aus berufenem Munde weiß, hat er nie Jura studiert

wie ich aus sicherer Quelle, von kompetenter Seite erfahren habe, hat er nie Jura studiert.

Das Lied ist jetzt in aller Munde

das Lied ist gerade sehr bekannt, populär.

Sein Anwalt hat ihm die Worte in den Mund gelegt

sein Anwalt hat ihn zu einer bestimmten Aussage veranlasst.

Ich habe nie behauptet, dass Rosi doof ist – das wurde mir in den Mund gelegt

ich habe nie behauptet, dass Rosi doof ist – andere sagen, ich hätte das gesagt.

Er redet seiner Chefin ständig nach dem Munde

er stimmt allem zu, sagt immer das, was die Meinung seiner Chefin ist bzw. was sie gern hören will.

Er ist mir einfach über den Mund gefahren

ugs.; er hat mir das Wort abgeschnitten, mich unterbrochen, mir scharf geantwortet.

Die Geschichte ging von Mund zu Mund

die Geschichte wurde durch Weitererzählen verbreitet.

Das Fahrrad hat sich Evi vom Munde abgespart

Evi hat sich das Fahrrad durch Opfer, durch persönliche Einschränkung erspart.

Sie hat eine spitze, scharfe, lose, böse o. ä. Zunge

sie neigt zu spitzen, scharfen usw. Äußerungen, Bemerkungen.

Er hat eine falsche Zunge

geh.; er ist ein Lügner.

Bei dem Namen, Wort bricht man sich die Zunge ab / verrenkt man sich die Zunge

ugs.; ein Name, ein Wort ist sehr schwer auszusprechen.

Sie spricht mit doppelter / gespaltener Zunge

geh.; sie ist unaufrichtig, doppelzüngig, ihr ist nicht zu trauen.

Sie hat eine feine, verwöhnte Zunge

geh.; sie hat einen feinen, verwöhnten Geschmack.

Wir kamen mit heraushängender Zunge am Bahnhof an

ugs.; wir waren ganz außer Atem.

Nach einigen Schoppen lösten sich die Zungen

geh.; nachdem man Wein getrunken hatte, wurde man redseliger.

Sie ließ den Namen, das Wort auf der Zunge zergehen

sie sprach den Namen, das Wort genüsslich aus.

Das muss man sich auf der Zunge zergehen lassen

das ist so eine gute Nachricht, das ist so erfreulich, dass man es genießen muss.

Böse Zungen behaupten, Felix hätte sich seinen Doktortitel gekauft

boshafte Menschen, Lästerer behaupten, Felix hätte sich seinen Doktortitel gekauft.

Hüte deine Zunge!

sei vorsichtig mit deinen Äußerungen, Behauptungen.

Eines Tages wirst du dir die Zunge verbrennen

ugs.; eines Tages wirst du dir durch dein unbedachtes Reden schaden.

Der Wein hat ihm die Zunge gelöst

der Wein hat ihn zum Sprechen, Reden gebracht; u. U. über etwas, was er eigentlich verschweigen wollte.

Eher beiße ich mir die Zunge ab, als ihm diese Information zu geben

ich bin unter keinen Umständen bereit, eine bestimmte Information preiszugeben.

Der Name der Stadt liegt mir auf der Zunge

der Name der Stadt fällt mir beinahe, aber doch nicht wirklich wieder ein.

Der Arm, die Hand, der Fuß

Mittels der „Extremitäten" erlangt der Mensch Mobilität, eine lebenswichtige Funktion. Ihre Bedeutung für das menschliche Bewusstsein spiegelt sich in der idiomatischen Vielfalt, in der „Arm", „Hand" und „Fuß" anzutreffen sind:

Willst du mich auf den Arm nehmen?

ugs.; willst du dich über mich lustig machen?

Gestern bin ich deiner Frau in die Arme gelaufen

ugs.; gestern bin ich zufällig deiner Frau begegnet.

Die soziale Not treibt viele den Radikalen in die Arme

die soziale Not ist dafür verantwortlich, dass sich viele radikalen Parteien zuwenden.

Schon mit 16 warf sie sich dieser Sekte in die Arme

abwertend; schon mit 16 hat sie sich ganz dieser Sekte verschrieben.

Wir wurden an unserer Partnerschule mit offenen Armen empfangen

wir wurden an unserer Partnerschule überaus freundlich empfangen.

Für den Umzug haben wir Freunde, die uns unter die Arme greifen

wir haben Freunde, die uns beim Umzug helfen

Eine Hand wäscht die andere – du kannst heute Abend mein Auto haben, dafür machst du morgen für mich Küchendienst

ich tue dir heute einen Gefallen, du mir dafür morgen – du kannst heute Abend mein Auto haben, dafür machst du morgen für mich Küchendienst.

Sie ist die rechte Hand des Chefs

sie ist die wichtigste Mitarbeiterin des Chefs.

Da ist mir einfach die Hand ausgerutscht

ugs.; ich habe im Affekt zugeschlagen.

Es tut mir leid, aber in dieser Sache sind mir die Hände gebunden

es tut mir leid, aber ich kann in dieser Sache nichts unternehmen, weil das meine Kompetenzen überschreitet.

Ich lasse meinen Mitarbeitern freie Hand

ich lasse meine Mitarbeiter selbstständig und nach eigenem Ermessen arbeiten.

Der Vorschlag hat Hand und Fuß

der Vorschlag ist gut durchdacht, fundiert.

Wir haben uns abgerackert, aber Eugen saß da und hat keine Hand gerührt

ugs.; wir haben uns abgerackert, aber Eugen hat uns nicht geholfen, obwohl er sah, wie schwer die Arbeit war.

Sie reichte ihm die Hand zum Bund fürs Leben

geh.; sie heiratete ihn.

Die beiden können sich die Hand reichen – einer so faul wie der andere

beide sind gleichermaßen faul.

Ich habe zurzeit alle Hände voll zu tun

ugs.; ich bin zurzeit sehr beschäftigt, habe viel zu tun.

Er sagt, er fühle sich noch zu jung, um die Hände in den Schoß zu legen

er sagt, er fühle sich zu jung, um [als Rentner] nichts mehr zu tun zu haben.

Bei dieser Intrige hatte doch sicher wieder Uwe seine Hand, seine Hände [mit] im Spiel

an dieser Intrige war sicherlich Uwe heimlich beteiligt.

Ich wasche meine Hände in Unschuld!

geh.; ich versichere, dass ich an dieser Sache nicht beteiligt war, dass ich keine Schuld an einer negativen Entwicklung habe; nach Matth. 27, 24 u. Ps. 26, 6; Pilatus wusch sich vor der Verurteilung Jesu die Hände zum Zeichen, dass er an seinem Tode unschuldig sei.

Für ihn lege ich meine Hand ins Feuer

ich vertraue ihm vorbehaltlos, ich bin von seiner Unschuld absolut überzeugt; bezogen auf die mittelalterlichen Feuerurteile, bei denen der Angeklagte, um seine Unschuld zu beweisen, seine Hand ins Feuer halten musste und als unschuldig galt, wenn er keine Verbrennungen erlitt.

Sie schlug die Hände überm Kopf zusammen, als sie sein Piercing sah

ugs.; sie war schockiert, entsetzt, als sie sein Piercing sah; eigtl. eine Gebärde, durch die man in der Gefahr den Kopf zu schützen sucht.

Meine Mutter sagte schon, ich hätte zwei linke Hände

ugs.; meine Mutter sagte schon, ich sei für manuelle Arbeiten sehr ungeeignet.

Bei der Besetzung der neuen Stelle hatte er eine glückliche Hand

bei der Auswahl des geeignetsten Bewerbers hat er intuitiv richtig gehandelt.

Einige in der Partei haben schmutzige Hände

geh.; einige in der Partei sind in eine ungesetzliche Angelegenheit verwickelt.

Der Wagen ist aus erster Hand

der Wagen stammt vom ersten Besitzer.

Ich habe die Information aus erster Hand

ich habe die Informationen von jemandem, der direkt an einem Geschehen beteiligt war; ich habe sie aus sicherer, vertrauenswürdiger Quelle.

Der Wagen ist aus zweiter Hand

der Wagen ist gebraucht, nicht neu, hatte zwei Vorbesitzer.

Ich habe die Information aus zweiter Hand

ich habe die Information von jemandem, der nicht direkt am Geschehen beteiligt war.

Die Schüler fressen ihr aus der Hand

ugs.; die Schüler sind ihr ergeben, sie tun alles, was sie sagt.

Sie sagte ihm das hinter vorgehaltener Hand

sie sagte ihm das im Geheimen, inoffiziell.

Ihm war klar, dass sie ihn wegen der Falschaussage in der Hand hatte

ihm war klar, dass sie ihn wegen der Falschaussage in ihrer Gewalt hatte, dass er ihr ausgeliefert war.

Ich werde die Sache in die Hand nehmen

ich werde mich um die Sache kümmern.

Ist sie in festen Händen?

ugs.; hat sie eine feste Beziehung?

Wirst du um ihre Hand anhalten/bitten?

geh. veraltend; wirst du ihr einen Heiratsantrag machen?

Darf ich Sie um die Hand Ihrer Tochter bitten?

geh. veraltend; Formel, mit der der Mann um Einwilligung der Eltern bittet, ihre Tochter heiraten zu dürfen.

Das Grundstück wurde unter der Hand verkauft

das Grundstück wurde im Stillen, heimlich und unter Missachtung geltender Regeln verkauft.

Der Überfall war von langer Hand vorbereitet, geplant

der Überfall war lange und sorgfältig vorbereitet.

Ich würde die Möglichkeit nicht von der Hand weisen

ich halte es schon für möglich, für wahrscheinlich.

Es lässt sich doch nicht von der Hand weisen,
dass er von dem Plan wusste

es ist offenkundig, nicht zu verkennen, dass er von dem Plan wusste.

Ein Drittel der Einwohner lebt von der Hand in den Mund

ein Drittel der Einwohner muss sein geringes Einkommen zur Finanzierung von Lebensmitteln usw. ausgeben und kann nichts sparen.

Die Suppe schmeckt wie eingeschlafene Füße

salopp; die Suppe schmeckt fade.

Ich hatte nach zwei Monaten in Rostock Fuß gefasst

ich hatte mich nach zwei Monaten in Rostock etabliert.

Ich glaube, er hat kalte Füße bekommen

ugs.; ich glaube, er hat das Vorhaben aufgegeben, weil er inzwischen Bedenken bekommen hat.

Unser Architekt hat beim Bauamt einen Fuß in der Tür

unser Architekt hat beim Bauamt [inoffiziell] Einfluss.

Mit 20 solltest du auf eigenen Füßen stehen

mit 20 solltest du selbstständig, unabhängig sein.

Ich habe mich schon mit 18 auf eigene Füße gestellt

ich habe mich mit 18 von zu Hause unabhängig, mich selbstständig gemacht.

Die Täter sind noch immer auf freiem Fuß

die Täter sind noch nicht / nicht mehr in Haft, im Gefängnis.

Sie lebt auf großem Fuß

1. sie lebt aufwendig und luxuriös;
2. *scherzh.;* sie hat eine große Schuhgröße.

Die Bank steht seit geraumer Zeit auf tönernen/schwankenden/(*ugs.*:) wackligen Füßen

die Bank ist seit geraumer Zeit in einer wirtschaftlichen Krisensituation.

Der Verlag steht auf festen Füßen

der Verlag hat eine gesicherte materielle Grundlage.

Ich muss ihm mal wieder auf die Füße treten

ugs.; ich muss ihn mal wieder auf seine Fehler hinweisen, ihn zurechtweisen.

Handwerkern muss man ständig auf die Füße treten
bei Handwerkern muss man ständig aufpassen, dass die Arbeit vorangeht und richtig gemacht wird.

Der Ausgleichstreffer zum 1:1 folgte auf dem Fuße
der Ausgleichstreffer wurde sofort nach der 1:0-Führung erzielt.

Er hat unser Vertrauen mit Füßen getreten
er hat unser Vertrauen missbraucht.

Ich bin nicht mehr so gut zu Fuß wie früher
ich kann nicht mehr so schnell oder lange gehen wie früher.

Ganz Paris lag dem Toursieger zu Füßen
geh.; die Menschen in Paris feierten den Sieger, jubelten ihm zu.